FRAG DEN SCHMITT/KÖHLER

FRAG DEN SCHMITT/KÖHLER ist eine Online-Anwendung der KI-basierten Produkt-Kategorie »Chat-Book« des Verlags C.H.BECK, mit der Sie online mit dem Buch interagieren können.

Ein Chat-Book erschließt den Inhalt eines Werkes mit Hilfe Künstlicher Intelligenz.
Nutzerinnen und Nutzer können:

- komplexere Sachverhalte im Dialog entwickeln (»Sprich mit dem Schmitt/Köhler«),
- in sich abgeschlossene Fragen stellen (»Frag den Schmitt/Köhler«) und
- gezielt nach Begriffen oder Randnummern suchen (»Suche im Schmitt/Köhler«).

Die Antworten basieren auf den Inhalten des Werkes und enthalten Fundstellen. Die betreffenden Fundstellen können im Original Kommentar-Text sowie in einem durch KI aufbereiteten Langform-Text angezeigt werden, um den Lesekomfort zu erhöhen. Wenn die Fundstellen Verweise auf externe Quellen enthalten (z. B. auf Zeitschriften oder Kommentare), werden diese – sofern in beck-online.DIE DATENBANK vorhanden – verlinkt und können von den Nutzerinnen und Nutzern durch Klicken auf den Link in beck-online abgerufen werden.

SO EINFACH GEHT'S:

1. Jeweils den Code im Buch und auf der Karte freirubbeln.
2. In die Chat-Book-Kollektion auf **chat-books.de** einloggen oder einen Account erstellen.
3. Schmitt/Köhler, StPO, 69. Auflage auswählen, auf »Chat-Book freischalten« klicken und die Codes eingeben.
4. Nach erfolgreicher Eingabe beider Codes können Sie die Anwendung FRAG DEN SCHMITT/KÖHLER nutzen.

Bitte beachten:
Beide Codes sind einmalig einlösbar und verlieren danach ihre Gültigkeit.

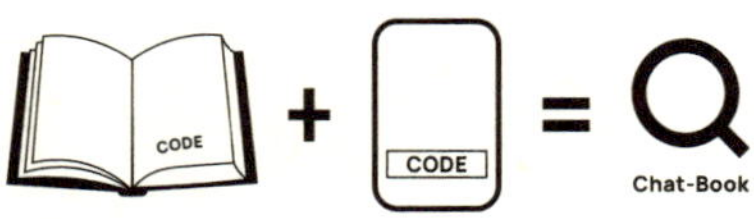

Schmitt/Köhler, StPO, 69. Auflage 2026

WICHTIG!

Rubbeln Sie den Code im Buch nur dann frei, wenn Sie die Schmitt/Köhler-Karte gekauft haben und FRAG DEN SCHMITT/KÖHLER nutzen möchten. **Ein etwaiges Rückgaberecht für das Buch besteht nur bei unbeschädigtem Rubbelfeld.** Beide Codes sind nur einmalig einlösbar und verlieren nach erfolgter Freischaltung ihre Gültigkeit. Das Nutzungsrecht für FRAG DEN SCHMITT/KÖHLER ist an die Laufzeit dieser Auflage gebunden und endet automatisch mit Ablauf des 31.5.2027.
Weitere Informationen auf **beck.chat-books.de.**

Hinweis: Die KI-Anwendung erbringt und ersetzt keine Rechtsdienstleistungen iSd RDG.

Schmitt/Köhler
Strafprozessordnung

Beck'sche Kurz-Kommentare

Band 6

Strafprozessordnung

Gerichtsverfassungsgesetz, Nebengesetze und ergänzende Bestimmungen

Erläutert von

Dr. Bertram Schmitt

Richter am Internationalen Strafgerichtshof a. D.
Richter am Bundesgerichtshof a. D.
Schlichter der Schlichtungsstelle der Rechtsanwaltschaft
Honorarprofessor an der Universität Würzburg

und

Marcus Köhler

Richter am Bundesgerichtshof
Lehrbeauftragter an der Universität Leipzig

69. Auflage 2026

C.H.BECK

Zitiervorschlag:
Schmitt/Köhler/Bearbeiter Gesetz Paragraf Randnummer
Schmitt/Köhler/Schmitt StPO § 1 Rn. 1

69., neu bearbeitete Auflage
des von Otto Schwarz begründeten,
in der 23. bis 35. Auflage von Theodor Kleinknecht und
in der 36. bis 39. Auflage von Karlheinz Meyer,
in der 40.–60. Auflage von Lutz Meyer-Goßner
in der 51.–53. Auflage zusammen mit Jürgen Cierniak,
seit der 54. Auflage zusammen mit Bertram Schmitt
seit der 61. Auflage von Bertram Schmitt
zusammen mit Marcus Köhler
bearbeiteten Werkes

Im Einzelnen haben bearbeitet:

Schmitt: Einleitung, §§ 1–31, 33–40, 42–93, 112–157, 164–420, 443–459f, 460–473a StPO, GVG, EGStPO (ohne §§ 14, 16), EGGVG, EGStGB (ohne Art. 316h, 316j), EMRK, StrEG

Köhler: §§ 32–32f, 41, 94–111q, 158–163g, 421–439, 459g–459o, 474–500 StPO, §§ 14, 16 EGStPO, Art. 316h, 316j EGStGB

beck.de

ISBN PRINT 978 3 406 83844 6

Wilhelmstraße 9, 80801 München
info@beck.de
Druck und Bindung: CPI – Clausen & Bosse GmbH, Birkstraße 10, 25917 Leck
Satz und Umschlag: Druckerei C.H.Beck Nördlingen
(Adresse wie Verlag)

myclimate
shape our future

chbeck.de/nachhaltig
produktsicherheit.beck.de

Gedruckt auf säurefreiem, alterungsbeständigem Papier
(hergestellt aus chlorfrei gebleichtem Zellstoff)

Vorwort

Die 69. Auflage befindet sich hinsichtlich Gesetzgebung, Rechtsprechung und Schrifttum auf dem Stand 1. März 2026.

In die Neuauflage war eine Fülle grundlegender und für die Praxis relevanter höchstrichterlicher Rechtsprechung einzuarbeiten, vor allem zahlreiche Entscheidungen des BGH, etwa zum Entsperren von Smartphones mittels biometrischer Daten (BGH NJW 2025, 2265), zur Rechtzeitigkeit eines Befangenheitsgesuchs der StA (BGH NStZ 2025, 696), zum Begriff der Vernehmung in § 247 StPO (BGH NJW 2025, 3007), zur Vorführung der Bild-Ton-Aufzeichnung einer früheren Vernehmung in der Hauptverhandlung (BGH BeckRS 2025, 25598), zur ergänzenden Verlesung eines Vernehmungsprotokolls (BGH NStZ 2026, 55) und zur Signierung elektronischer Anklageschriften (BGH NJW 2026, 183). Hervorzuheben sind ferner Entscheidungen des BVerfG, des BGH und des EGMR zur Erhebung und Verwertung von Daten aus verdeckten Ermittlungsmaßnahmen, insbesondere zur Verwertbarkeit von ANOM Chat-Daten zur Aufklärung schwerer Verbrechen (BGH NJW 2025, 1584) sowie deren Verfassungsmäßigkeit (BVerfG BeckRS 2025, 25383), zur verfassungsrechtlichen Zulässigkeit der Online-Durchsuchung (BVerfG NVwZ 2025, 1821 – „Trojaner II"), und zu den Grenzen der Auswertung von Datenträgern (EGMR NJW 2025, 3343). Eingearbeitet sind auch weitere grundlegende Entscheidungen des BVerfG zum Strafprozessrecht wie z. B. zur Ablehnung der audiovisuellen Vernehmung eines Auslandszeugen (BVerfG BeckRS 2025, 24851) und zur Berufungshauptverhandlung in Abwesenheit von Angeklagtem und Verteidiger (BVerfG NJW 2025, 2232), sowie des EGMR, etwa zur Unschuldsvermutung bei Ausführungen in einem Urteil gegen einen getrennt verfolgten Mitverdächtigen (EGMR NJW 2025, 2083).

Erläutert sind ferner die erst im Dezember 2025 beschlossenen „Opt-Out"-Regelungen (§ 15 EGStPO) zu der seit 1. Januar 2026 verpflichtenden Führung elektronischer Akten (BGBl. 2025 I Nr. 319).

Ein Dank gilt wiederum den Benutzern des Werkes für mancherlei freundliche und hilfreiche Hinweise sowie Herrn Prof. Dr. Weber, Frau Maier und Frau Steinmüller vom Verlag C.H.Beck für die stets hervorragende Zusammenarbeit.

Berlin und Leipzig im März 2026

Bertram Schmitt
Marcus Köhler

Inhaltsverzeichnis

1. Strafprozeßordnung (StPO)

Erstes Buch. Allgemeine Vorschriften

Zweites Buch. Verfahren im ersten Rechtszug

Inhaltsverzeichnis

Anhang

Verzeichnis der allgemeinen Abkürzungen

aA	andere(r) Ansicht/Auffassung
AA	Auswärtiges Amt
Abb.	Abbildung
Abg.	Abgeordnete(r)
abgedr.	abgedruckt
AbgG	Gesetz über die Rechtsverhältnisse der Mitglieder des Deutschen Bundestages idF vom 21.2.1996 (BGBl. I 326; FNA 1101-8)
Abh.	Abhandlung(en)
Abk.	Abkommen
ABl.	Amtsblatt
abl.	ablehnend
Abs.	Absatz
abschl.	abschließend
Abschn.	Abschnitt
Abt.	Abteilung
abw.	abweichend
abwM	abweichende Meinung
abzgl.	abzüglich
AdR	Ausschuss der Regionen
aE	am Ende
AEUV	Vertrag über die Arbeitsweise der Europäischen Union vom 9.5.2008 (ABl. EU 2008 C 115, 47)
aF	alte Fassung
aG	auf Gegenseitigkeit
AG	Aktiengesellschaft; Amtsgericht; Ausführungsgesetz
AGH	Anwaltsgerichtshof
AktG	Aktiengesetz vom 6.9.1965 (BGBl. I 1089; FNA 4121-1)
allg.	allgemein
allgA	allgemeine Ansicht
allgM	allgemeine Meinung
Alt.	Alternative
aM	andere Meinung
amtl.	amtlich
Änd.	Änderung
ÄndG	Änderungsgesetz
ÄndVO	Änderungsverordnung
Anh.	Anhang
Anl.	Anlage
Anm.	Anmerkung
AnwG	Anwaltsgericht
AO	Abgabenordnung idF vom 23.1.2025 (BGBl. I 3866, ber. 2003 61; I 2025, 24; FNA 610-1-3)
AöR	Anstalt des öffentlichen Rechts
AR	Aufsichtsrat
ArbG	Arbeitsgericht
ArbGG	Arbeitsgerichtsgesetz vom 2.7.1979 (BGBl. I 853, ber. 1036; FNA 320-1)
Arch.	Archiv
Arg.	Argumentation
Art.	Artikel

Abkürzungen

Ast.	Antragsteller
AStBV (St) 2023/ 2024	Gleich lautende Erlasse betr. Anweisungen für das Straf- und Bußgeldverfahren (Steuer) – AStBV (St) 2023/2024 vom 16.10.2023 (Oberste Finanzbehörde der Länder S 0700; S 0720; BGBl. I 1798)
AsylG	Asylverfahrensgesetz idF vom 2.9.2008 (BGBl. I 1798; FNA 26-7)
AT	Allgemeiner Teil
ATDG	Gesetz zur Errichtung einer standardisierten zentralen Antiterrordatei von Polizeibehörden und Nachrichtendiensten von Bund und Ländern (Antiterrordateigesetz – ATDG) vom 22.12.2006 (BGBl. I 3409; FNA 12-11)
AufenthG	Gesetz über den Aufenthalt, die Erwerbstätigkeit und die Integration von Ausländern im Bundesgebiet (Aufenthaltsgesetz – AufenthG) idF vom 25.2.2008 (BGBl. I 162; FNA 26-12)
Auff.	Auffassung
aufgeh.	aufgehoben
Aufl.	Auflage
Aufs.	Aufsatz
ausdr.	ausdrücklich
ausf.	ausführlich
ausl.	ausländisch
ausschl.	ausschließlich
AV	Allgemeine Verfügung
AWG	Außenwirtschaftsgesetz (AWG) vom 6.6.2013 (BGBl. I 1482; FNA 7400-4)
Az	Aktenzeichen
AZRG	Gesetz über das Ausländerzentralregister (AZR-Gesetz) vom 2.9.1994 (BGBl. I 2265; FNA 26-8)
Bad.	Baden
bad.	badisch
BaFin	Bundesanstalt für Finanzdienstleistungsaufsicht
BAG	Bundesarbeitsgericht
BAnz	Bundesanzeiger
BÄO	Bundesärzteordnung idF vom 16.4.1987 (BGBl. I 1218; FNA 2122-1)
BArbBl	Bundesarbeitsblatt
BAT	Bundes-Angestelltentarifvertrag (Bund, Länder, Gemeinden) (BAT) vom 23.2.1961 (GMBl. 137)
Bay.	Bayern
bay.	bayerisch
BayAGGVG	Gesetz zur Ausführung des Gerichtsverfassungsgesetzes und von Verfahrensgesetzen des Bundes (Gerichtsverfassungsausführungsgesetz – AGGVG) vom 23.6.1981 (BayRS IV 483; BayRS 300-1-1-J)
BayGZVJu	Bayerische Verordnung über gerichtliche Zuständigkeiten im Bereich des Staatsministeriums der Justiz vom 11.6.2012 (GVBl. 295; BayRS 300-3-1-J)
BayJMBl.	Bayerisches Justizministerialblatt (zitiert nach Jahr und Seite)
BayObLG	Bayerisches Oberstes Landesgericht
BayPAG	Bayerisches Polizeiaufgabengesetz idF vom 14.9.1990 (GVBl. 397)

BayStVollzG .... Bayerisches Strafvollzugsgesetz vom 10.12.2007 (GVBl. 866)
BayVBl. .... Bayerische Verwaltungsblätter (zitiert nach Jahr und Seite)
BayVerf .... Verfassung des Freistaates Bayern idF vom 15.12.1998 (GVBl. 991, 992; BayRS 100-1-I; BayBS I 3)
BayVerfGH .... Bayerischer Verfassungsgerichtshof
BayVerfGHE .... Entscheidungen des Bayerischen Verfassungsgerichtshofes (zitiert nach Band und Seite)
BBergG .... Bundesberggesetz (BBergG) vom 13.8.1980 (BGBl. I 1310; FNA 750-15)
BBG .... Bundesbeamtengesetz (BBG) vom 5.2.2009 (BGBl. I 160; FNA 2030-2-30)
Bbg. .... Brandenburg
bbg. .... brandenburgisch
Bd. .... Band
Bde. .... Bände
BDG .... Bundesdisziplinargesetz (BDG) vom 9.7.2001 (BGBl. I 1510; FNA 2031-4)
BDiG .... Bundesdisziplinargericht
BDiszH .... Bundesdisziplinarhof
BeamtStG .... Gesetz zur Regelung des Statusrechts der Beamtinnen und Beamten in den Ländern (Beamtenstatusgesetz – BeamtStG) vom 17.6.2008 (BGBl. I 1010; FNA 2030-1-9)
Bearb. .... Bearbeiter/Bearbeiterin, Bearbeitung
bearb. .... bearbeitet
Begr. .... Begründung
Beil. .... Beilage
Bek. .... Bekanntmachung
Bekl. .... Beklagte(r)
bekl. .... beklagt
Belg. .... Belgien
belg. .... belgisch
Bem. .... Bemerkung
BerlVerfGH .... Berliner Verfassungsgerichtshof
bes. .... besonders
Beschl. .... Beschluss
Bespr. .... Besprechung
bespr. .... besprochen
bestr. .... bestritten
Bet. .... Beteiligte(r)
bet. .... beteiligt
Betr. .... Betreff
betr. .... betrifft, betreffend
BezG .... Bezirksgericht
Bf. .... Beschwerdeführer/Beschwerdeführerin
BfDI .... Bundesbeauftragter für den Datenschutz und die Informationsfreiheit
BFH .... Bundesfinanzhof
BFHE .... Sammlung der Entscheidungen des Bundesfinanzhofs (zitiert nach Jahr und Seite)
BGB .... Bürgerliches Gesetzbuch idF vom 2.1.2002 (BGBl. I 42, ber. 2909 und 2003 I 738; FNA 400-2)
BGBl. .... Bundesgesetzblatt
BGH .... Bundesgerichtshof
BGHR .... BGH-Rechtsprechung in Strafsachen (zitiert nach Gesetz, Paragraf und Stichwort)

Abkürzungen

BGHSt .... Entscheidungen des Bundesgerichtshofs in Strafsachen (zitiert nach Band und Seite)
BGHZ .... Entscheidungen des Bundesgerichtshofs in Zivilsachen (zitiert nach Band und Seite)
BGSG .... Gesetz über den Bundesgrenzschutz (Bundesgrenzschutzgesetz – BGSG) vom 18.8.1972 (BGBl. I 1834; FNA 13-4)
BinSchVerfG .... Gesetz über das gerichtliche Verfahren in Binnenschifffahrtssachen vom 27.9.1952 (BGBl. I 641; FNA 310-5)
BJagdG .... Bundesjagdgesetz idF vom 29.9.1976 (BGBl. I 2849; FNA 792-1)
BKA .... Bundeskriminalamt
BKAG .... Gesetz über das Bundeskriminalamt und die Zusammenarbeit des Bundes und der Länder in kriminalpolizeilichen Angelegenheiten (Bundeskriminalamtgesetz BKAG) vom 1.6.2017 (BGBl. I 1354, ber. 2019 I 400; FNA 2190-3)
Bl. .... Blatt
Bln. .... Berlin
bln. .... berlinerisch
BMG .... Bundesmeldegesetz (BMG) vom 3.5.2013 (BGBl. I 1084; FNA 210-7)
BMI .... Bundesministerium des Innern
BMinG .... Gesetz über die Rechtsverhältnisse der Mitglieder der Bundesregierung (Bundesministergesetz – BMinG) idF vom 27.7.1971 (BGBl. I 1166; FNA 1103-1)
BMJ .... Bundesministerium der Justiz
BMJV .... Bundesministerium für Justiz und Verbraucherschutz
BMVg .... Bundesministerium der Verteidigung
BMVI .... Bundesministerium für Verkehr und digitale Infrastruktur
BNotO .... Bundesnotarordnung (BNotO) idF vom 24.2.1961 (BGBl. I 97; FNA 303-1)
BORA .... Berufsordnung für Rechtsanwälte idF vom 5.12.2022 (BRAK-Mitt. 2023 Nr. 2 S. 100)
BPatG .... Bundespatentgericht
BPolG .... Gesetz über die Bundespolizei (Bundespolizeigesetz – BPolG) vom 19.10.1994 (BGBl. I 2978; FNA 13-7-2)
BPolZV .... Verordnung über die Zuständigkeit der Bundespolizeibehörden (BPolZV) vom 22.2.2008 (BGBl. I 250; FNA 13-7-2-4)
BPräs. .... Bundespräsident
BR .... Bundesrat
BRAK .... Bundesrechtsanwaltskammer
BRAO .... Bundesrechtsanwaltsordnung vom 1.8.1959 (BGBl. I 565; FNA 303-8)
BRD .... Bundesrepublik Deutschland
BR-Drs. .... Bundesrats-Drucksache
BReg. .... Bundesregierung
Brem. .... Bremen
brem. .... bremisch
BRH .... Bundesrechnungshof
brit. .... britisch
BR-Prot. .... Bundesrats-Protokoll
BRRG .... Rahmengesetz zur Vereinheitlichung des Beamtenrechts (Beamtenrechtsrahmengesetz – BRRG) idF vom 31.3.1999 (BGBl. I 654; FNA 2030-1)
BSG .... Bundessozialgericht
Bsp. .... Beispiel
bspw. .... beispielsweise

BStBl .... Bundessteuerblatt
BT .... Bundestag; Besonderer Teil
BT-Drs. .... Bundestags-Drucksache
BtMG .... Gesetz über den Verkehr mit Betäubungsmitteln (Betäubungsmittelgesetz – BtMG) idF vom 1.3.1994 (BGBl. I 358; FNA 2121-6-24)
BT-Prot. .... Bundestags-Protokoll
Buchst. .... Buchstabe
BVerfG .... Bundesverfassungsgericht
BVerfGE .... Entscheidungen des Bundesverfassungsgerichts (zitiert nach Band und Seite)
BVerfGG .... Gesetz über das Bundesverfassungsgericht (Bundesverfassungsgerichtsgesetz – BVerfGG) idF vom 11.8.1993 (BGBl. I 1473; FNA 1104-1)
BVerfSchG .... Gesetz über die Zusammenarbeit des Bundes und der Länder in Angelegenheiten des Verfassungsschutzes und über das Bundesamt für Verfassungsschutz (Bundesverfassungsschutzgesetz – BVerfSchG) vom 20.12.1990 (BGBl. I 2954; FNA 12-4)
BVerslG .... Gesetz über die Wahl des Bundespräsidenten durch die Bundesversammlung vom 25.4.1959 (BGBl. I 230; FNA 1100-1)
BVerwG .... Bundesverwaltungsgericht
BVerwGE .... Entscheidungen des Bundesverwaltungsgerichts (zitiert nach Band und Seite)
BW .... Baden-Württemberg
bw. .... baden-württembergisch
BWAGGVG .... Gesetz zur Ausführung des Gerichtsverfassungsgesetzes und von Verfahrensgesetzen der ordentlichen Gerichtsbarkeit (AGGVG) vom 16.12.1975 (GBl. 868; BWGültV Sachgebiet 3000)
BWG .... Bundeswahlgesetz idF vom 23.7.1993 (BGBl. I 1288, ber. 1594; FNA 111-1)
BwVollzO .... Verordnung über den Vollzug von Freiheitsstrafe, Strafarrest, Jugendarrest und Disziplinararrest durch Behörden der Bundeswehr (Bundeswehrvollzugsordnung (BwVollzO) vom 29.11.1972 (BGBl. I 2205; FNA 452-3)
bzgl. .... bezüglich
BZR .... Bundeszentralregister
BZRG .... Gesetz über das Zentralregister und das Erziehungsregister (Bundeszentralregistergesetz – BZRG) idF vom 21.9.1984 (BGBl. I 1229, ber. 1985 I 195; FNA 312-7)
bzw. .... beziehungsweise

ca. .... circa
cic .... culpa in contrahendo
CKÜ .... Übereinkommen über Computerkriminalität vom 23.11.2001 (BGBl. 2008 II 1242, 1243; SEV 185)

d. .... der/die/das/den/des/durch
Darst .... Darstellung
DDG .... Digitale-Dienste-Gesetz (DDG) vom 6.5.2024 (BGBl. I Nr. 149; FNA 772-10)
DDR .... Deutsche Demokratische Republik
ders. .... derselbe
dgl. .... dergleichen, desgleichen
dh .... das heißt

Abkürzungen

dies.	dieselbe
diesbzgl.	diesbezüglich
diff.	differenziert, differenzierend
Dig.	Digesten
Diss.	Dissertation
div.	diverse
Dok.	Dokument
DRB	Deutscher Richterbund
DRiG	Deutsches Richtergesetz
Drs.	Drucksache
dt.	deutsch
DTJ	Deutscher Juristentag
DVBl	Deutsches Verwaltungsblatt
DVO	Durchführungsverordnung
E.	Entwurf
EAG	Europäische Atomgemeinschaft
ebd.	ebenda
Ed.	Edition
EDV	Elektronische Datenverarbeitung
EG	Europäische Gemeinschaft
eG	eingetragene Genossenschaft
EGGVG	Einführungsgesetz zum Gerichtsverfassungsgesetz vom 27.1.1877 (RGBl. 77; FNA 300-1)
EGH	Ehrengerichtshof
EGMR	Europäischer Gerichtshof für Menschenrechte
EGStGB	Einführungsgesetz zum Strafgesetzbuch vom 2.3.1974 (BGBl. I 469, ber. 1975 I 1916 und 1976 I 507; FNA 450-16)
EGStPO	Einführungsgesetz zur Strafprozeßordnung vom 1.2.1877 (RGBl. 346; FNA 312-1)
EGWStG	Einführungsgesetz zum Wehrstrafgesetz vom 30.3.1957 (BGBl. I 306; FNA 452-1)
ehem.	ehemalig/e/er/es
Einf.	Einführung
einf.	einführend
eing.	eingehend
einhM	einhellige Meinung
Einl.	Einleitung
einschl.	einschließlich
einschr.	einschränkend
EJG	Gesetz über Eurojust und das Europäische Justizielle Netz in Strafsachen (Eurojust-Gesetz-EJG) vom 9.12.2019 (BGBl. I 2010; FNA 319-119)
eK	eingetragener Kaufmann
EKMR	Europäische Kommission für Menschenrechte
EL	Ergänzungslieferung
Empf.	Empfehlung
EMRK	Konvention zum Schutz der Menschenrechte und Grundfreiheiten idF vom 22.10.2010 (BGBl. II 1198; SEV 005)
endg.	endgültig
engl.	englisch
Entsch.	Entscheidung
Entschl.	Entschluss
entspr.	entspricht, entsprechend
EP	Europäisches Parlament
ER	Europäischer Rat, Ermittlungsrichter

Erg.	Ergebnis, Ergänzung
erg.	ergänzend
Ergbd.	Ergänzungsband
Erkl.	Erklärung
Erl.	Erläuterung
Erwgr.	Erwägungsgrund
EStG	Einkommensteuergesetz idF vom 8.10.2009 (BGBl. I 3366, ber. 2009 I 3862; FNA 611-1)
etc.	et cetera (und so weiter)
EU	Europäische Union
EuAbgG	Europaabgeordnetengesetz vom 6.4.1979 (BGBl. I 413; FNA 111-6)
EuAuslÜbk	Europäisches Auslieferungsübereinkommen vom 27.9.1996 (BGBl. 1998 II 2254)
EuG	Gericht erster Instanz der Europäischen Gemeinschaften
EuGH	Europäischer Gerichtshof
EuHB	Europäischer Haftbefehl
EuHbG	Gesetz zur Umsetzung des Rahmenbeschlusses über den Europäischen Haftbefehl und die Übergabeverfahren zwischen den Mitgliedstaaten der Europäischen Union (Europäisches Haftbefehlsgesetz – EuHbG) vom 20.7.2006 (BGBl. I 1721)
eur.	europäisch
EuRAG	Gesetz über die Tätigkeit europäischer Rechtsanwälte in Deutschland vom 9.3.2000 (BGBl. I 182, ber. 1349; FNA 303-19)
EuRHÜbk	Europäisches Übereinkommen über die Rechtshilfe in Strafsachen vom 20.4.1959 (BGBl. 1964 II 1369, 1386; 1976 II 1799) und vom 29.5.2000 (BGBl. 2005 II 651)
EUStA-VO	Verordnung (EU) 2017/1939 des Rates vom 12. Oktober 2017 zur Durchführung einer Verstärkten Zusammenarbeit zur Errichtung der Europäischen Staatsanwaltschaft (EUStA) (ABl. L 283, 1; Celex Nr. 3 2017 R 1939)
eV	eingetragener Verein
ev.	evangelisch
EVertr	Einigungsvertrag (Vertrag zwischen der Bundesrepublik Deutschland und der Deutschen Demokratischen Republik über die Herstellung der Einheit Deutschlands) vom 31.8.1990 (BGBl. II 889)
evtl.	eventuell
EWG	Europäische Wirtschaftsgemeinschaft
EWIV	Europäische wirtschaftliche Interessenvereinigung
EWR	Europäischer Wirtschaftsraum
EZB	Europäische Zentralbank
f., ff.	folgende Seite bzw. Seiten
FA	Finanzamt
FamFG	Gesetz über das Verfahren in Familiensachen und in den Angelegenheiten der freiwilligen Gerichtsbarkeit vom 17.12.2008 (BGBl. I 2587; FNA 315-24)
FamG	Familiengericht
FBeh	Finanzbehörde
FeV	Verordnung über die Zulassung von Personen zum Straßenverkehr (Fahrerlaubnis-Verordnung) vom 13.12.2010 (BGBl. I 1980; FNA 9231-1-19)
FG	Finanzgericht; Festgabe

Abkürzungen

FGG	Gesetz über die Angelegenheiten der freiwilligen Gerichtsbarkeit idF vom 20.5.1898 (RGBl. 771; FNA 315-1), außer Kraft seit 1.9.2009
FGG-RG	FGG-Refomgesetz vom 17.12.2008 (BGBl. I 2586)
FGO	Finanzgerichtsordnung vom 28.3.2001 (BGBl. I 442; FNA 350-1)
FinB	Finanzbehörde
FlRG	Flaggenrechtsgesetz idF vom 26.10.1994 (BGBl. I 3140; FNA 9514-1)
FMBl	Finanzministerialblatt
Fn.	Fußnote
Frankr.	Frankreich
frz.	französisch
FS	Festschrift
G	Gesetz
G 10	Gesetz zur Beschränkung des Brief-, Post- und Fernmeldegeheimnisses (Artikel 10-Gesetz – G 10) vom 26.6.2001 (BGBl. I 1254, ber. 2298, 2017 I 157; FNA 190-4)
GA	Generalanwalt/Generalanwältin
GABl	Gemeines Amtsblatt
gAG	Gemeinnützige Aktiengesellschaft
GBA	Generalbundesanwalt/Generalbundesanwältin
GBl.	Gesetzblatt
GbR	Gesellschaft bürgerlichen Rechts
GE	Gesetzesentwurf
geänd.	geändert
geb.	geboren
GebGabe	Geburtstagsgabe
gem.	gemäß
GerPräsWahlO	Wahlordnung für die Präsidien der Gerichte vom 19.9.1972 (BGBl. I 1821; FNA 300-2-2)
ges.	gesetzlich
GeschO	Geschäftsordnung
GeschOBGH	Geschäftsordnung des Bundesgerichtshofes vom 3.3.1952 (BAnz Nr. 83 vom 30.4.1952)
GewO	Gewerbeordnung idF vom 22.2.1999 (BGBl. I 202; FNA 7100-1)
gewöhnl.	gewöhnlich
GewR	Gewerberecht
GewRS	Gewerblicher Rechtsschutz
GG	Grundgesetz für die Bundesrepublik Deutschland vom 23.5.1949 (BGBl. 1; FNA 100-1)
ggf.	gegebenenfalls
gGmbH	gemeinnützige Gesellschaft mit beschränkter Haftung
ggü.	gegenüber
GKG	Gerichtskostengesetz idF vom 27.2.2014 (BGBl. I 154; FNA 360-7)
glA	gleicher Ansicht
GLE	Gleichlautendende Ländererlasse
GmbH	Gesellschaft mit beschränkter Haftung
GmbH & Atypisch Still	Gesellschaft mit beschränkter Haftung und atypische stille Gesellschafter
GmbH & Co. KG	Gesellschaft mit beschränkter Haftung und Compagnie Kommanditgesellschaft

GmbH & Still .... Gesellschaft mit beschränkter Haftung und stille Gesellschafter
GMBl .... Gemeinsames Ministerialblatt
GmS-OBG .... Gemeinsamer Senat der obersten Gerichtshöfe des Bundes
GnO .... Gnadenordnung
GNotKG .... Gesetz über Kosten der freiwilligen Gerichtsbarkeit für Gerichte und Notare vom 23.7.2013 (BGBl. I 2586; FNA 361-6)
GO-BT .... Geschäftsordnung des Deutschen Bundestages idF vom 16.10.2025 (BGBl. I Nr. 250, S. 2; FNA 1101-1)
GRCh .... Charta der Grundrechte der Europäischen Union
Grdl. .... Grundlage
grdl. .... grundlegend
grds. .... grundsätzlich
Griech. .... Griechenland
GrS .... Großer Senat
GS .... Gedenkschrift, Gedächtnisschrift, Gesetzessammlung
GSSt .... Großer Senat für Strafsachen
GStA .... Generalstaatsanwalt/Generalstaatsanwältin, Generalstaatsanwaltschaft
GüKG .... Güterkraftverkehrsgesetz vom 22.6.1998 (BGBl. I 1485; FNA 9241-34)
GVBl. .... Gesetz- und Verordnungsblatt
GVG .... Gerichtsverfassungsgesetz vom 9.5.1975 (BGBl. I 1077; FNA 300-2)
GVNW .... Gesetz und Verordnungsblatt für das Land Nordrhein-Westfalen
GVO .... Gruppenfreistellungsverordnung; Grundverordnung
GVOBl. .... Gesetz- und Verordnungsblatt
GVPl. .... Geschäftsverteilungsplan
GWB .... Gesetz gegen Wettbewerbsbeschränkungen idF vom 26.6.2013 (BGBl. I 1750, ber. 3245; FNA 703-5)
GwG .... Gesetz über das Aufspüren von Gewinnen aus schweren Straftaten (Geldwäschegesetz – GWG) vom 23.6.2017 (BGBl. I 1822; FNA 7613-3)

hA .... herrschende Ansicht/Auffassung
Halbbd .... Halbband
HdB .... Handbuch
Hess. .... Hessen
hess. .... hessisch
HGB .... Handelsgesetzbuch vom 10.5.1897 (RGBl. 219; FNA 4100-1)
hins. .... hinsichtlich
hL .... herrschende Lehre
hM .... herrschende Meinung
Hmb. .... Hamburg
hmb. .... hamburgisch
HmbAGGVG .... Hamburgisches Gesetz zur Ausführung des Gerichtsverfassungsgesetzes vom 31.5.1965 (GVBl. 99; BS Hbg 300-1)
HmbUVollzG .... Hamburgisches Untersuchungshaftvollzugsgesetz vom 15.12.2009 (GVBl. 473; BS Hbg 3120-9)
HRRS .... Onlinezeitschrift für Höchstrichterliche Rechtsprechung im Strafrecht
Hrsg. .... Herausgeber
hrsg. .... herausgegeben
Hs. .... Halbsatz

HSOG	Hessisches Gesetz über die öffentliche Sicherheit und Ordnung idF vom 14.1.2005 (GVBl. I 14; FFN 310-63)
HV	Hauptversammlung; Handelsvertreter; Hauptverhandlung
ic	in concreto/in casu
idF	in der Fassung
idR	in der Regel
idS	in diesem Sinne
iE	im Einzelnen
iErg	im Ergebnis
ieS	im engeren Sinne
IfSG	Gesetz zur Verhütung und Bekämpfung von Infektionskrankheiten beim Menschen vom 20.7.2000 (BGBl. I 1045; FNA 2126-13)
IGH	Internationaler Gerichtshof
iGr	in Gründung
iHd	in Höhe des/der
IHK	Industrie- und Handelskammer
iHv	in Höhe von
iJ	im Jahre
iL	in Liquidation
insbes.	insbesondere
insges.	insgesamt
InsO	Insolvenzordnung vom 5.10.1994 (BGBl. I 2866; FNA 311-13)
int.	international
InvAG	Investmentaktiengesellschaft
iRd	im Rahmen des/der
iRe	im Rahmen eines/einer
IRG	Gesetz über die internationale Rechtshilfe in Strafsachen idF vom 27.6.1994 (BGBl. I 1537; FNA 319-87)
iRv	im Rahmen von
iS	im Sinne
iSd	im Sinne des/der
ISG	Internationaler Seegerichtshof
IStGH	Internationaler Strafgerichtshof
IStGHG	Gesetz über die Zusammenarbeit mit dem Internationalen Strafgerichtshof (IStGH-Gesetz – IStGHG) vom 21.6.2002 (BGBl. I 2144; FNA 319-103)
IStGHSt	Römisches Statut des Internationalen Strafgerichtshofs vom 17.7.1998 (BGBl. 2000 II 1393)
iSv	im Sinne von
it.	italienisch
iÜ	im Übrigen
iVm	in Verbindung mit
iwS	im weiteren Sinne
iZw	im Zweifel
JBl	Justizblatt
JBlRP	Justizblatt Rheinland-Pfalz
jew.	jeweils
Jg.	Jahrgang
Jge.	Jahrgänge
JGG	Jugendgerichtsgesetz idF vom 11.12.1974 (BGBl. I S. 3427; FNA 451-1)
Jh.	Jahrhundert
JM	Justizminister/Justizministerin, Justizministerium

JMBl .... Justizministerialblatt
JP .... Juristische Person
JugG .... Jugendgericht
JugK .... Jugendkammer
JugSchG .... Jugendschöffengericht
JugSchutzK .... Jugendschutzkammer
JuMiG .... Justizmitteilungsgesetz und Gesetz zur Änderung kostenrechtlicher Vorschriften und anderer Gesetze vom 18.6.1997 (BGBl. I 1430)
1. JuMoG .... Justizmodernisierungsgesetz (1. JuMoG vom 24.8.2004, BGBl. I 2198
2. JuMoG .... Zweites Gesetz zur Modernisierung der Justiz (2. Justizmodernisierungsgesetz) vom 22.12.2006 (BGBl. I 3416)
jur. .... juristisch
JV .... Justizverwaltung
JVA .... Justizvollzugsanstalt
JVEG .... Gesetz über die Vergütung von Sachverständigen, Dolmetscherinnen, Dolmetschern, Übersetzerinnen und Übersetzern sowie die Entschädigung von ehrenamtlichen Richterinnen, ehrenamtlichen Richtern, Zeuginnen, Zeugen und Dritten (Justizvergütungs- und -entschädigungsgesetz vom 5.5.2004 (BGBl. I 776; FNA 367-3))
JVerwA .... Justizverwaltungsakt
JVerwB .... Justizverwaltungsbehörde
JVollzGB II .... Gesetzbuch über den Justizvollzug in Baden-Württemberg (Justizvollzugsgesetzbuch – JVollzGB), Buch 2. Untersuchungshaftvollzug (JVollzGB II) – vom 10.11.2009 (GBl. 545)

Kap. .... Kapitel, Kapital
kath. .... katholisch
Kfz .... Kraftfahrzeug
KG .... Kommanditgesellschaft; Kammergericht
KGaA .... Kommanditgesellschaft auf Aktien
Kj. .... Kalenderjahr
Kl. .... Kläger
kl. .... klagend
Kom. .... Komitee, Kommission
Komm. .... Kommentar
KonsG .... Gesetz über die Konsularbeamten, ihre Aufgaben und Befugnisse vom 11.9.1974 (BGBl. I 2317; FNA 27-5)
KöR .... Körperschaft des öffentlichen Rechts
KostRÄndG 1994 ... Gesetz zur Änderung von Kostengesetzen und anderen Gesetzen (Kostenrechtsänderungsgesetz 1994) vom 24.6.1994 (BGBl. I 1325); aufgeh. mWv 25.4.2006 durch Gesetz vom 19.4.2006 (BGBl. I 866)
KostVfg .... Kostenverfügung idF vom 5.9.2023 (BAnz AT 7.4.2014 B1)
KrG .... Kreisgericht
krit. .... kritisch
KUG .... Gesetz betr. das Urheberrecht an Werken der bildenden Künste und der Fotografie vom 9.1.1907 (RGBl. 7; FNA 440-3)
KV .... Kostenverzeichnis zum GKG
KWG .... Gesetz über das Kreditwesen (Kreditwesengesetz) idF vom 9.9.1998 (BGBl. I 2776; FNA 7610-1)

KWKG .... Ausführungsgesetz zu Artkel 26 Abs. 2 des Grundgesetzes (Gesetz über die Kontrolle von Kriegswaffen idF vom 22.11.1990 (BGBl. I 2506; FNA 190-1)

LAG .... Landesarbeitsgericht
lat. .... lateinisch
LBerufsG .... Landesberufsgericht
LBG LSA .... Beamtengesetz des Landes Sachsen-Anhalt vom 15.12.2009 (GVBl. 648; BS LSA 2030.77)
LFBG .... Lebensmittel-, Bedarfsgegenstände- und Futtermittelgesetzbuch (Lebensmittel- und Futtermittelgesetzbuch – LFGB) idF vom 15.9.2021 (BGBl. I 4253; ber. 2022 I 28; FNA 2125-44)
lfd. .... laufend
Lfg. .... Lieferung
LG .... Landgericht
li. .... links, linke(r)
Liecht. .... Liechtenstein
liecht. .... liechtensteinisch
Lit. .... Literatur
lit. .... litera
LJV .... Landesjustizverwaltung
LKA .... Landeskriminalamt
Lkw .... Lastkraftwagen
LMBG .... s. nun LFBG
LPartG .... Gesetz über die Eingetragene Lebenspartnerschaft (Lebenspartnerschaftsgesetz – LPartG) vom 16.2.2001 (BGBl. I 266; FNA 400-15)
LPG .... Landespressegesetz
Ls. .... Leitsatz
LSA .... Sachsen-Anhalt
LSG .... Landessozialgericht
lt. .... laut
Ltd. .... Limited (britische Unternehmensform)
LT-Drs. .... Landtags-Drucksache
LT-Prot. .... Landtags-Protokoll
LuftVG .... Luftverkehrsgesetz (LuftVG) idF vom 10.5.2007 (BGBl. I 698; FNA 96-1)
Lux. .... Luxemburg
lux. .... luxemburgisch
LV .... Landesverfügung

MABl. .... Ministerialblatt
mablAnm .... mit ablehnender Anmerkung
mÄnd .... mit Änderungen
mAnm .... mit Anmerkung
MarkenG .... Gesetz über den Schutz von Marken und sonstigen Kennzeichen vom 25.10.1994 (BGBl. 3082, ber. 1995 I 156; FNA 423-5-2)
Mat. .... Materialien
maW .... mit anderen Worten
max. .... maximal
mBespr .... mit Besprechung
MBl. .... Ministerialblatt
mE .... meines Erachtens
MEPolG .... Musterentwurf eines einheitlichen Polizeigesetzes des Bundes und der Länder idF des Beschlusses der Innenminister-

	konferenz vom 25.11.1977 (veröffentlicht von Heise/Riegel, 2. Aufl. 1978)
mind.	mindestens
Mio.	Million(en)
mkritAnm	mit kritischer Anmerkung
mN	mit Nachweisen
MOG	Gesetz zur Durchführung der Gemeinsamen Marktorganisationen idF vom 7.11.2017 (BGBl. I 1397; FNA 7847-11)
Mot.	Motive
Mrd.	Milliarde(n)
mtl.	monatlich
MV	Mecklenburg-Vorpommern
mv	mecklenburg-vorpommerisch
mwH	mit weiteren Hinweisen
mwN	mit weiteren Nachweisen
mWv	mit Wirkung vom
mzustAnm	mit zustimmender Anmerkung
nachf.	nachfolgend
Nachw	Nachweise
Nds.	Niedersachsen
nds.	niedersächsisch
nF	neue Fassung
Nov.	Novelle
Nr.	Nummer(n)
nrkr	nicht rechtskräftig
NRW	Nordrhein-Westfalen
nrw	nordrhein-westfälisch
NRWUVollzG	Untersuchungshaftvollzugsgesetz Nordrhein-Westfalen vom 27.10.2009 (GVBl. 540; SGV. NRW. 46)
NTS	NATO-Truppenstatut
NTS-AG	Gesetz zum Abkommen zwischen den Parteien des Nordatlantikvertrags vom 19. Juni 1951 über die Rechtsstellung ihrer Truppen und zu den Zusatzvereinbarungen vom 3. August 1959 zu diesem Abkommen (Gesetz zum NATO-Truppenstatut und den Zusatzvereinbarungen vom 18.8.1961 (BGBl. II 1883; FNA 5-1))
NTSG	Gesetz über den Schutz der Truppen des Nordatlantikpaktes durch das Straf- und Ordnungswidrigkeitenrecht (Nato-Truppen-Schutzgesetz) idF vom 27.3.2008 (BGBl. I 491; FNA 450-5)
NTS-ZA	Zusatzabkommen zu dem Abkommen zwischen den Parteien des Nordatlantikvertrags über die Rechtsstellung ihrer Truppen hinsichtlich der in der Bundesrepublik Deutschland stationierten Truppen vom 3.8.1959 (BGBl. 1961 II 1218)
NTS-ZA-UProt	Unterzeichnungsprotokoll zum Zusatzabkommen zum NATO-Truppenstatut
nv	nicht veröffentlicht
o.	oben, oder
o. a.	oben angegeben(e/es/er)
o. g.	oben genannte(r/s)
oÄ	oder Ähnliche/s
ObLG	Oberstes Landesgericht
öffentl.	öffentlich(e/en/er)
OHG	Offene Handelsgesellschaft

Abkürzungen

oJ	ohne Jahrgang
OLG	Oberlandesgericht
OpferRRG	Opferrechtsreformgesetz, 1. – vom 24.6.2004 (BGBl. I 1354), 2. – vom 29.7.2009 (BGBl. I 2280)
OrgKG	Gesetz zur Bekämpfung des illegalen Rauschgifthandels und anderer Erscheinungsformen der Organisierten Kriminalität vom 15.7.1992 (BGBl. I 1302; FNA 450-23)
OrgStA	Anordnung über Organisation und Dienstbetrieb der Staatsanwaltschaften (bundeseinheitlich)
Öst.	Österreich
öst.	österreichisch
OStA	Oberstaatsanwalt
oV	ohne Verfasser
OVG	Oberverwaltungsgericht
OWiG	Gesetz über Ordnungswidrigkeiten idF vom 19.2.1987 (BGBl. I 602; FNA 454-1)
ParlStG	Gesetz über die Rechtsverhältnisse der parlamentarischen Staatssekretäre vom 24.7.1974 (BGBl. I 1538; FNA 1103-3)
PassG	Passgesetz idF vom 30.10.2023 (BGBl. I 537; FNA 210-5)
PatAO	Patentanwaltsordnung vom 7.9.1966 (BGBl. I 557; FNA 424-5-1)
PatG	Patentgesetz idF vom 16.12.1980 (BGBl. 1981 I 1; FNA 420-1)
PersAuswG	Personalausweisgesetz vom 18.6.2009 (BGBl. I 1346; FNA 210-6)
PflVersG	Gesetz über die Pflichtversicherung für Kraftfahrzeughalter idF vom 5.4.1965 (BGBl. I 213; FNA 925-1)
Pkw	Personenkraftwagen
POGRP	Polizei- und Ordnungsbehördengesetz (des Landes Rheinland-Pfalz) idF vom 10.11.1993 (GVBl. 595)
Pol	Polen
PolG BW	Polizeigesetz (des Landes Baden-Württemberg) vom 6.10.2020 (GBl. 735, ber. 1092)
PolG NRW	Polizeigesetz (des Landes Nordrhein-Westfalen) idF vom 25.7.2003 (GVNW 441; SGV. NRW. 205)
poln.	polnisch
port.	portugiesisch
Port.	Portugal
PostG	Postgesetz idF vom 15.7.2024 (BGBl. I Nr. 236; FNA 900-18)
Präs.	Präsident
PräsLG	Präsident des Landgerichts
PräsOLG	Präsident des Oberlandesgerichts
Preuß	Preußen
preuß.	preußisch
Prot.	Protokoll
PruemVAG	Ausführungsgesetz zum Prümer Vertrag und zum Ratsbeschluss Prüm vom 10.7.2006 (BGBl. 2006 I 1458; FNA 188-97)
PsychPbG	Gesetz über die psychosoziale Prozessbegleitung im Strafverfahren (PsychPbG) vom 21.12.2015 (BGBl. I 2525, 2529; FNA 312-15)
PUAG	Untersuchungsausschussgesetz vom 19.6.2001 (BGBl. I 1142; FNA 1101-10)
PV	Personenvereinigung
pVV	positive Vertragsverletzung

RA	Rechtsanwalt
RAK	Rechtsanwaltskammer
RAnz	Reichsanzeiger
rd.	rund
RdErl	Runderlass
RDG	Gesetz über außergerichtliche Rechtsdienstleistungen (Rechtsdienstleitungsgesetz – RDG) vom 12.12.2007 (BGBl. I 2840; FNA 303-20)
RdSchr	Rundschreiben
re.	rechts, rechte(r)
RefE	Referentenentwurf
RegBl.	Regierungsblatt
RegE	Regierungsentwurf
REIT-AG	Real-Estate-Investment-Trust Aktiengesellschaft
RGBl.	Reichsgesetzblatt
RhPf.	Rheinland-Pfalz
rhpf.	rheinland-pfälzisch
RiJGG	Richtlinien zum Jugendgerichtsgesetz mit Wirkung vom 1.10.2024 (bundeseinheitlich)
RiStBV	Richtlinien für das Strafverfahren und das Bußgeldverfahren (RiStBV) idF der Bek. vom 28.3.2023 (BAnz. AT 19.6.2023 B1)
RiVASt	Richtlinien für den Verkehr mit dem Ausland in strafrechtlichen Angelegenheiten idF vom 1.1.2017 (bundeseinheitlich; BAnz. 10550)
rkr.	rechtskräftig
RL	Richtlinie
RMBL	Reichsministerialblatt
RMBliV	Reichsministerialblatt der inneren Verwaltung
Rn.	Randnummer/Randnote
RpflAnpG	Rechtspflege-Anpassungsgesetz vom 26.6.1992 (BGBl. I 1147); aufgeh. durch Gesetz vom 19.4.2006 (BGBl. I 866)
RpflEntlG	Gesetz zur Entlastung der Rechtspflege vom 11.1.1993 (BGBl. I 50; FNA 302-6); aufgeh. durch Gesetz vom 6.12.2011 (BGBl. I 2554)
RPflG	Rechtspflegergesetz (RPflG) idF vom 14.4.2013 (BGBl. I 778; ber. 2014 I 46; FNA 302-2)
RPGerOrgG	Gerichtsorganisationsgesetz (des Landes Rheinland-Pfalz) vom 5.10.1977 (GVBl. 333; BS Rh-Pf 300-1)
RPLJVollzG	Landesjustizvollzugsgesetz (des Landes Rheinland-Pfalz) (LJVollzG) vom 8.5.2013 (GVBl. 79; BS Rh-Pf 35-1)
Rs.	Rechtssache
Rspr.	Rechtsprechung
RT	Reichstag
RT-Drs	Reichstags-Drucksache
RT-Prot	Reichstags-Protokoll
russ	russisch
Russl	Russland
RV	Rundverfügung
RVG	Rechtsanwaltsvergütungsgesetz idF vom 15.3.2022 (BGBl. I 788; FNA 368-3)
RVO	Rechtsverordnung; Reichsversicherungsordnung idF vom 15.12.1924 (FNA 820-1)
S.	Seite(n), Satz
s.	siehe
s. a.	siehe auch

s. o.	siehe oben
s. u.	siehe unten
Saarl.	Saarland
saarl.	saarländisch
Sachs.	Sachsen
sächs.	sächsisch
sachsanh.	sachsen-anhaltinisch
SchG	Schöffengericht
SchlA	Schlussantrag
SchlH	Schleswig-Holstein
schlh.	schleswig-holsteinisch
Schr.	Schrifttum, Schreiben
SchrAG	s. nun Gesetz zur Aufbewahrung und Speicherung von Akten der Gerichte und Staatsanwaltschaften nach Beendigung des Verfahrens (Justizaktenaufbewahrungsgesetz – JAKTAG) vom 22.3.2005 (BGBl. I 837, 852; FNA 224-20)
SchRegO	Schiffsregisterordnung idF vom 26.5.1994 (BGBl. I 1133; FNA 315-18)
SchwarzArbG	Gesetz zur Bekämpfung der Schwarzarbeit und illegalen Beschäftigung (Schwarzarbeitsbekämpfungsgesetz – SchwarzArbG) vom 23.7.2004 (BGBl. I 1842; FNA 453-22)
schweiz.	schweizerisch
SchwurG	Schwurgericht
SDÜ	Übereinkommen zur Durchführung des Übereinkommens von Schengen vom 14. Juni 1985 zwischen den Regierungen der Staaten der Benelux-Wirtschaftsunion, der Bundesrepublik Deutschland und der Französischen Republik betreffend den schrittweisen Abbau der Kontrollen an den gemeinsamen Grenzen vom 19.6.1990 (ABl. 2000 L 239, 19; EU-DOK.-Nr. 4 2000 A 0922 (2) (Schengener Durchführungsübereinkommen)
SE	Europäische Aktiengesellschaft (Societas Europaea)
Sen.	Senat
SG	Sozialgericht, Soldatengesetz idF vom 30.5.2005 (BGBl. I 1482; FNA 51-1)
SGB I	Erstes Buch Sozialgesetzbuch – Allgemeiner Teil – vom 11.12.1975 (BGBl. I 3015; FNA 860-1)
SGB III	Drittes Buch Sozialgesetzbuch – Arbeitsförderung – vom 24.3.1997 (BGBl. I 595; FNA 860-3)
SGB VIII	Achtes Buch Sozialgesetzbuch – Kinder und Jugendhilfe – idF vom 11.9.2012 (BGBl. I 2022; FNA 860-8)
SGB X	Zehntes Buch Sozialgesetzbuch – Sozialverwaltungsverfahren und Sozialdatenschutz – idF vom 18.1.2001 (BGBl. I 130; FNA 860-10-1/2)
SGG	Sozialgerichtsgesetz idF vom 23.9.1975 (BGBl. I 2535; FNA 330-1)
Slg.	Sammlung
sog.	sogenannt(e/en/er/es)
Sp.	Spalte
span.	spanisch
Span.	Spanien
st.	ständig
StA	Staatsanwaltschaft oder Staatsanwalt/Staatsanwältin
StBerG	Steuerberatungsgesetz idF vom 4.11.1975 (BGBl. I 2735; FNA 610-10)

Stellungn. .... Stellungnahme
StGB .... Strafgesetzbuch (StGB) idF vom 13.11.1998 (BGBl. I 3322; FNA 450-2)
StGH .... Staatsgerichtshof
Stichw. .... Stichwort
StM .... Staatsministerium
StORMG .... Gesetz zur Stärkung der Rechte von Opfern sexuellen Missbrauchs vom 26.6.2013 (BGBl. I 1805)
StPO .... Strafprozeßordnung (StPO) idF vom 7.4.1987 (BGBl. I 1074, ber. I 1319; FNA 312-2)
str. .... streitig, strittig
StrÄndG .... Strafänderungsgesetz
StrEG .... Gesetz über die Entschädigung für Strafverfolgungsmaßnahmen (StrEG) vom 8.3.1971 (BGBl. I 157; FNA 313-4)
StrK .... Strafkammer
StrRehaG .... Strafrechtliches Rehabilitierungsgesetz
StrRG .... Gesetz zur Reform des Strafrechts (1. StrRG vom 25.6.1969, BGBl. I 645/FNA 450-13-1; 2. StrRG vom 4.7.1969, BGBl. I 717/FNA 450-13-2; 4. StrRG vom 23.11.1973, BGBl. I 1725/FNA 450-13-4; 5. StrRG vom 18.6.1974, BGBl. I 1297/FNA 450-13-5; 6. StrRG vom 26.1.1998, BGBl. I 164/FNA 450-13-5; StrRG vom 26.1.1998, BGBl. I 164/FNA 450-13-6)
stRspr .... ständige Rechtsprechung
StS .... Strafsenat
StVÄG 1987 .... Strafverfahrensänderungsgesetz 1987 vom 27.1.1987 (BGBl. I 475)
StVÄG 1999 .... Strafverfahrensänderungsgesetz 1999 vom 2.8.2000 (BGBl. I 1253)
StVG .... Straßenverkehrsgesetz (StVG) idF vom 5.3.2003 (BGBl. I 310; FNA 9231-1)
StVO .... Straßenverkehrs-Ordnung vom 6.3.2013 (BGBl. I 367; FNA 9233-2)
StVollstrK .... Strafvollstreckungskammer
StVollstrO .... Strafvollstreckungsordnung vom 1.8.2011 (BAnz. Nr. 112a, 1)
StVollzG .... Gesetz über den Vollzug der Freiheitsstrafe und der freiheitsentziehenden Maßregeln der Besserung und Sicherung – Strafvollzugsgesetz (StVollzG) vom 16.3.1976 (BGBl. I 581, ber. I 2088, 1977 I 436; FNA 312-9-1)
Suppl. .... Supplement

TDDDG .... Gesetz über den Datenschutz und den Schutz der Privatsphäre in der Telekommunikation und bei digitalen Diensten (Telekommunikation-Digitale-Dienste-Datenschutz-Gesetz – TDDDG) vom 23.6.2021 (BGBl. II 1982, ber. 2022, 1045; FNA 204-5)
teilw. .... teilweise
ThUG .... Gesetz zur Therapierung und Unterbringung psychisch gestörter Gewalttäter – Therapieunterbringungsgesetz – ThUG) vom 22.12.2010 (BGBl. I 2300; FNA 450-331)
Thür. .... Thüringen
thür. .... thüringisch
ThürBG .... Thüringer Beamtengesetz vom 12.8.2014 (GVBl. 482)
ThürPAG .... Thüringer Polizeiaufgabengesetz vom 4.6.1992 (GVBl. 199; BS Thür 2012-2)

TiefseebergbauG ..... s. nun Gesetz zur Regelung des Meeresbodenbergbaus (Meeresbodenbergbaugesetz – MBergG) vom 6.6.1995 (BGBl. I 778; FNA 750-18)
TierSchG .... Tierschutzgesetz idF vom 18.5.2006 (BGBl. I 1206, ber. I 1313; FNA 7833-3)
TKG .... Telekommunikationsgesetz (TKG) vom 23.6.2021 (BGBl. I 1858; FNA 900-17)
TKÜV .... Verordnung über die technische und organisatorische Umsetzung von Maßnahmen zur Überwachung der Telekommunikation (Telekommunikations-Überwachungsverordnung – TKÜV) idF vom 11.7.2017 (BGBl. I 2316; FNA 900-15-3)
TMG .... Telemediengesetz (TMG) vom 26.2.2007 (BGBl. I 179; FNA 722-4); aufgeh. durch Gesetz vom 6.5.2024 (BGBl. I Nr. 149); s. nun DDG
TOA .... Täter-Opfer-Ausgleich
türk. .... türkisch
Türk. .... Türkei
TV .... Testamentsvollstrecker/Testamentsvollstreckerin; Testamentsvollstreckung; Tarifvertrag
tvA .... teilweise vertretene Ansicht
Tz. .... Textziffer

u. .... und, unter, unten
UA .... Untersuchungsausschuss
ua .... und andere, unter anderem
uÄ .... und Ähnliches
UAbs. .... Unterabsatz
UAbschn. .... Unterabschnitt
uam .... und anderes mehr
uÄm .... und Ähnliches mehr
überarb. .... überarbeitet
Überbl. .... Überblick
überw. .... überwiegend
Übk. .... Übereinkommen
uE .... unseres Erachtens
UG .... Unternehmergesellschaft
UHaft .... Untersuchungshaft
Umf. .... Umfang
umfangr. .... umfangreich
umstr. .... umstritten
ung. .... ungarisch
Ung. .... Ungarn
unstr. .... unstreitig
unv. .... unverändert, unveränderte Auflage
unveröff. .... unveröffentlicht
unzutr. .... unzutreffend(e/en/er)
UrhG .... Gesetz über das Urheberrecht und verwandte Schutzrechte vom 9.9.1965 (BGBl. I 1273; FNA 440-1)
Urk. .... Urkunde
UrkB .... Urkundsbeamter/Urkundsbeamtin
Urt. .... Urteil
usw .... und so weiter
uU .... unter Umständen
uvam .... und vieles anderes mehr
uvm .... und viele mehr

UVollzG Bln	Berliner Untersuchungshaftvollzugsgesetz vom 3.12.2009 (GVBl. 686; BRV 350-4)
UVollzG LSA	Gesetz über den Vollzug der Untersuchungshaft in Sachsen-Anhalt (Untersuchungshaftvollzugsgesetz Sachsen-Anhalt – UVollzG LSA) vom 22.3.2010 (GVBl. LSA S. 157; BS LSA 312.10); aufgeh. durch Gesetz vom 18.12.2015 (GVBl. LSA 666)
UVollzO	Untersuchungshaftvollzugsordnung idF vom 1.1.1977
UWG	Gesetz gegen den unlauteren Wettbewerb idF vom 3.3.2010 (BGBl. I 254; FNA 43-1)
UZwG	Gesetz über den unmittelbaren Zwang bei Ausübung öffentlicher Gewalt durch Vollzugsbeamte des Bundes vom 10.3.1961 (BGBl. I 165; FNA 201-5)
UZwGBw	Gesetz über die Anwendung unmittelbaren Zwanges und die Ausübung besonderer Befugnisse durch Soldaten der Bundeswehr und zivile Wachpersonen vom 12.8.1965 (BGBl. I 796; FNA 55-6)
v.	vom, von
va	vor allem
VAG	Gesetz über die Beaufsichtigung der Versicherungsunternehmen (Versicherungsaufsichtsgesetz – VAG) vom 1.4.2015 (BGBl. I 434; FNA 7631-11)
Var.	Variante
vAw	von Amts wegen
VereinsG	Gesetz zur Regelung des öffentlichen Vereinsrechts (Vereinsgesetz) vom 5.8.1964 (BGBl. I 593; FNA 2180-1)
Verf.	Verfasser/Verfasserin, Verfassung, Verfahren
VerfG	Verfassungsgericht
VerfGH	Verfassungsgerichtshof
Verh.	Verhandlung
vern.	verneinend
Veröff.	Veröffentlichung
Vers.	Versicherung
Vertr.	Vertrag
vertragl.	vertraglich
Verw.	Verwaltung
VerwA	Verwaltungsakt
VerwB	Verwaltungsbehörde
Vfg.	Verfügung
VG	Verwaltungsgericht
VGH	Verwaltungsgerichtshof
vgl.	vergleiche
vH	von Hundert
VMBl	Ministerialblatt des Bundesministers der Verteidigung
VO	Verordnung
VOBl.	Verordnungsblatt
Vol., vol.	volume (Band)
VollstrB	Vollstreckungsbehörde
Vor/Vorb.	Vorbemerkung/im Kostenverzeichnis zum GKG oder Vergütungsverzeichnis zum RVG
vorl.	vorläufig
Vorschr.	Vorschrift
VorsRi.	Vorsitzender Richter/Vorsitzende Richterin
vs.	versus
VStGB	Völkerstrafgesetzbuch vom 26.6.2002 (BGBl. I 2254; FNA 453-21)

VU .... Versäumnisurteil
VV .... Vergütungsverzeichnis zum RVG
VVG .... Gesetz über den Versicherungsvertrag (Versicherungsvertragsgesetz) vom 23.11.2007 (BGBl. I 2631; FNA 7632-6)
VwGO .... Verwaltungsgerichtsordnung idF vom 19.3.1991 (BGBl. I 685; FNA 340-1)
VwVfG .... Verwaltungsverfahrensgesetz idF vom 23.1.2003 (BGBl. I 102; FNA 201-6)

WaffG .... Waffengesetz vom 11.10.2002 (BGBl. I 3970, 4592, 2003 I 1957; FNA 7133-4)
WDO .... Wehrdisziplinarordnung vom 17.12.2024 (BGBl. 2024 I Nr. 424)
WehrDiszH .... Wehrdisziplinarhof
WeimRV .... Verfassung des Deutschen Reichs vom 11.8.1919 (RGBl. 1383)
WiPrO .... Wirtschaftsprüferordnung idF vom 5.11.1975 (BGBl. I 2803; FNA 702-1)
Wiss. .... Wissenschaft
wiss. .... wissenschaftlich
WiStG 1954 .... Gesetz zur Vereinfachung des Wirtschaftsrechts idF vom 3.6.1975 (BGBl. I 1313; FNA 453-11)
Wj .... Wirtschaftsjahr
wN .... weitere Nachweise
WpHG .... Wertpapierhandelsgesetz idF vom 9.9.1998 (BGBl. I 2708; FNA 4110-4)
WStG .... Wehrstrafgesetz idF vom 24.5.1974 (BGBl. I 1213; FNA 452-2)
WÜD .... Wiener Übereinkommen vom 18.4.1961 (BGBl. 1964 II 957)
WÜK .... Wiener Übereinkommen über konsularische Beziehungen vom 24.4.1963 (BGBl. 1969 II 1585)
Württ. .... Württemberg
württ. .... württembergisch

zahlr. .... zahlreich
ZahnHkG .... Gesetz über die Ausübung der Zahnheilkunde idF vom 16.4.1987 (BGBl. I 1225; FNA 2123-1)
zB .... zum Beispiel
ZEG .... Gesetz zur Ergänzung von Zuständigkeiten auf den Gebieten des Bürgerlichen Rechts, des Handelsrechts und des Strafrechts (Zuständigkeitsergänzungsgesetz) vom 7.8.1952 (BGBl. I 407; FNA 310-1)
ZFdG .... Gesetz über das Zollkriminalamt und die Zollfahndungsämter (Zollfahndungsdienstgesetz – ZFdG) vom 30.3.2021 (BGBl. I 402; FNA 602-4)
Ziff. .... Ziffer
zit. .... zitiert
ZKA .... Zollkriminalamt
ZollVG .... Zollverwaltungsgesetz vom 21.12.1992 (BGBl. I 2125; FNA 613-7)
ZP .... Zusatzprotokoll
ZPO .... *Zivilprozessordnung idF vom 5.12.2005 (BGBl. 3202;* 2006 I 431; 2007 I 1781; FNA 310-4)
ZS .... Zivilsenat
ZSchG .... Gesetz zur Änderung der Strafprozessordnung und der Bundesgebührenordnung für Rechtsanwälte (Gesetz zum

	Schutz von Zeugen bei Vernehmungen im Strafverfahren und zur Verbesserung des Opferschutzes; Zeugenschutzgesetz) vom 30.4.1998 (BGBl. I 820)
ZSHG	Zeugenschutz-Harmonisierungsgesetz vom 11.12.2001 (BGBl. I 3510; FNA 312-14)
zT	zum Teil
zul.	zuletzt
zusf.	zusammenfassend
zust.	zustimmend
zutr.	zutreffend(e/en/er)
ZV	Zwangsvollstreckung; Zwangsversteigerung
zVb	zur Veröffentlichung bestimmt
ZVG	Gesetz über die Zwangsversteigerung und die Zwangsverwaltung idF vom 20.5.1898 (RGBl. 713; FNA 310-14)
zw.	zweifelhaft
zzgl.	zuzüglich
zzt.	zurzeit, zur Zeit

Verzeichnis der abgekürzt zitierten Literatur

Die Bearbeiter sind der Werkabkürzung nachgestellt.

AfP	Archiv für Presserecht, Zeitschrift (zitiert nach Jahr und Seite)
AK-StPO	Wassermann, Alternativkommentar zur Strafprozessordnung, Kommentar, 1. Aufl. 1992, Bd. 1 (Einl.–§ 93) 1988, Bd. 2 Teilbd. 1 (§ 94–§ 212b) 1992, Bd. 2 Teilbd. 2 (§ 213–§ 275) 1993, Bd. 3 (§ 276–§ 477) 1996 (zitiert nach Paragraf und Randnummer)
Alsberg Beweisantrag	Alsberg, Der Beweisantrag im Strafprozess, Handbuch, 8. Aufl. 2021 (zitiert nach Randnummern)
Ambos Beweisverwertungsverbote	Ambos, Beweisverwertungsverbote, Monografie, 1. Aufl. 2010 (zitiert nach Seite)
Amelung Rechtsschutz	Amelung, Rechtsschutz gegen strafprozessuale Grundrechtseingriffe, Monografie, 1. Aufl. 1976 (zitiert nach Seite)
Amelunxen Nebenkläger	Amelunxen, Der Nebenkläger im Strafverfahren, Monografie, 1. Aufl. 1980 (zitiert nach Seite)
Amelunxen Staatsanwaltschaft	Amelunxen, Die Revision der Staatsanwaltschaft, Monografie, 1. Aufl. 1980 (zitiert nach Seite)
Amelunxen Strafsachen	Amelunxen, Die Berufung in Strafsachen, Monografie, 1. Aufl. 1982 (zitiert nach Seite)
ANM	Alsberg/Nüse/Meyer, Der Beweisantrag im Strafprozess, 5. Aufl. 1983 (zitiert nach Randnummern)
AnwBl	Anwaltsblatt, Zeitschrift (zitiert nach Jahr und Seite)
AnwK Untersuchungshaft	König, AnwaltKommentar Untersuchungshaft, Kommentar, 1. Aufl. 2010 (zitiert nach Paragraf und Randnummer)
AöR	Archiv des Öffentlichen Rechts, Zeitschrift (zitiert nach Jahr und Seite)
ArchKrim	Archiv für Kriminologie, Zeitschrift (zitiert nach Jahr und Seite)
ArchPF	Archiv für das Post- und Fernmeldegeheimnis, Zeitschrift (zitiert nach Jahr und Seite)
Arzt Strafrichter	Arzt, Der befangene Strafrichter, Monografie, 1. Aufl. 1969 (zitiert nach Seite)
BB	Betriebsberater, Zeitschrift (zitiert nach Jahr und Seite)
BeckOK StPO	Graf, BeckOK StPO mit RiStBV und MiStra, Kommentar, 57. Edition 2025 (zitiert nach Paragraf und Randnummer)
Beulke Strafverfahren	Beulke, Der Verteidiger im Strafverfahren, Funktionen und Rechtsstellung, Monografie, 1. Aufl. 1980 (zitiert nach Seite)
Beulke/Swoboda JugendStrafR	Beulke/Swoboda, Jugendstrafrecht, Lehrbuch, 16. Aufl. 2020 (zitiert nach Paragraf und Randnummer)

Literatur

Beulke/Swoboda StrafProzR .... Beulke/Swoboda, Strafprozessrecht, Lehrbuch, 17. Aufl. 2025 (zitiert nach Randnummern)

BewHi .... Bewährungshilfe, Fachzeitschrift für Bewährungs-, Gerichts-, und Straffälligenhilfe (zitiert nach Jahr und Seite)

Bittmann/Köhler/Seeger/Tschakert Strafrechtl. Vermögensabschöpfung-HdB .... Bittmann/Köhler/Seeger/Tschackert, Handbuch der strafrechtlichen Vermögensabschöpfung, Handbuch, 2020 (zitiert nach Randnummern)

Blaese/Wielop Revision .... Blaese/Wielop, Die Förmlichkeiten der Revision in Strafsachen, Monografie, 3. Aufl. 1991 (zitiert nach Seite)

Blutalkohol .... Blutalkohol, Zeitschrift für die medizinische und juristische Praxis (zitiert nach Jahr und Seite)

Bockemühl Private Ermittlungen .... Bockemühl, Private Ermittlungen im Strafprozeß – Ein Beitrag zu der Lehre von den Beweisverboten, Monografie, 1. Aufl. 1996 (zitiert nach Seite)

Bohnert Strafprozessuale Revision .... Bohnert, Beschränkungen der strafprozessualen Revision durch Zwischenverfahren, Monografie, 1. Aufl. 1982 (zitiert nach Seite)

Bosbach/Ackermann/Caba Ermittlungsverfahren .... Bosbach/Ackermann/Caba, Verteidigung im Ermittlungsverfahren, Handbuch, 9. Aufl. 2021 (zitiert nach Randnummern)

Bringewat Gesamtstrafe .... Bringewat, Die Bildung der Gesamtstrafe, Monografie, 1. Aufl. 1987 (zitiert nach Randnummern)

Bringewat Strafvollstreckung .... Bringewat, Strafvollstreckung – Kommentar zu den §§ 449–463d StPO, Kommentar, 1. Aufl. 1993 (zitiert nach Paragraf und Randnummer)

Brodag StrafVerfR .. Brodag, Strafverfahrensrecht – Kurzlehrbuch zum Ermittlungsverfahren der StPO, Lehrbuch, 12. Aufl. 2008 (zitiert nach Randnummern)

Brunner/Dölling .... Brunner/Dölling, Jugendgerichtsgesetz, Kommentar, 14. Aufl. 2023 (zitiert nach Paragraf und Randnummer)

BtPrax .... Betreuungsrechtliche Praxis, Zeitschrift (zitiert nach Jahr und Seite)

Bumiller/Harders/Schwamb .... Bumiller/Harders/Schwamb, FamFG, Kommentar, 13. Aufl. 2022 (zitiert nach Paragraf und Randnummer)

Burhoff StrafREV-HdB .... Burhoff, Handbuch für das strafrechtliche Ermittlungsverfahren, Handbuch, 10. Aufl. 2024 (zitiert nach Randnummern)

Burhoff StrafRHV-HdB .... Burhoff, Handbuch für die strafrechtliche Hauptverhandlung, Handbuch, 10. Aufl. 2021 (zitiert nach Randnummern)

Burhoff/Kotz StrafR-Rechtsmittel-HdB	Burhoff/Kotz, Handbuch für die strafrechtlichen Rechtsmittel und Rechtsbehelfe, Handbuch, 3. Aufl. 2024 (zitiert nach Teil und Randnummer)
CR	Computer und Recht, Zeitschrift (zitiert nach Jahr und Seite)
Dahs Strafprozessrevision	Dahs, Die Revision im Strafprozess, Monografie, 9. Aufl. 2017 (zitiert nach Randnummern)
Dahs Strafverteidiger-HdB	Dahs, Handbuch des Strafverteidigers, Handbuch, 8. Aufl. 2015 (zitiert nach Randnummern)
DANA	Datenschutz Nachrichten, Zeitschrift (zitiert nach Jahr und Seite)
DAR	Deutsches Autorecht, Zeitschrift (zitiert nach Jahr und Seite)
DB	Der Betrieb, Zeitschrift (zitiert nach Jahr und Seite)
Dencker Verwertungsverbote	Dencker, Verwertungsverbote im Strafprozess, Monografie, 1. Aufl. 1977 (zitiert nach Seite)
Diemer/Schatz/Sonnen	Diemer/Schatz/Sonnen, Jugendgerichtsgesetz, Kommentar, 8. Aufl. 2020 (zitiert nach Paragraf und Randnummer)
Dippel Sachverständige	Dippel, Die Stellung des Sachverständigen im Strafprozess, Monografie, 1. Aufl. 1986 (zitiert nach Seite)
Dürig/Herzog/Scholz	Dürig/Herzog/Scholz, Grundgesetz, Kommentar, 108. EL August 2025 (zitiert nach Artikel und Randnummer)
Ebert Strafrechtspflege	Ebert (Hrsg.), Aktuelle Probleme der Strafrechtspflege, Monografie, 1. Aufl. 1991 (zitiert nach Seite)
Eisenberg BeweisR StPO	Eisenberg, Beweisrecht der StPO, Kommentar, 10. Aufl. 2017 (zitiert nach Paragraf und Randnummer)
Eisenberg/Kölbel JGG	Eisenberg/Kölbel, Jugendgerichtsgesetz, Kommentar, 26. Aufl. 2025 (zitiert nach Paragraf und Randnummer)
Ellersiek Beschwerde	Ellersiek, Die Beschwerde im Strafprozess, Monografie, 1. Aufl. 1981 (zitiert nach Seite)
Erker Beanstandungsrecht	Erker, Das Beanstandungsrecht gemäß § 238 II StPO, Monografie, 1. Aufl. 1988 (zitiert nach Seite)
Fahl Rechtsmißbrauch	Fahl, Rechtsmißbrauch im Strafprozeß, Handbuch, 1. Aufl. 2003 (zitiert nach Seite)
Fezer StrafProzR	Fezer, Strafprozeßrecht, Lehrbuch, 2. Aufl. 1995 (zitiert nach Paragraf und Randnummer)
Fischer	Fischer/Anstötz/Lutz, Fischer, Strafgesetzbuch: StGB, Kommentar, 73. Aufl. 2026 (zitiert nach Paragraf und Randnummer)

Literatur

Franke/Wienroeder — Franke/Wienroeder, Betäubungsmittelgesetz, Kommentar, 3. Aufl. 2008 (zitiert nach Randnummer)

FS 125 Jahre StA-Schleswig-Holstein, 1992 ………………… Ostendorf, Strafverfolgung und Strafverzicht – Festschrift zum 125jährigen Bestehen der Staatsanwaltschaft Schleswig-Holstein, Festschrift, 1992 (zitiert nach Seite)

FS 25 Jahre AG StrafR DAV, 2009 … Arbeitsgemeinschaft Strafrecht des Deutschen Anwaltvereins, Strafverteidigung im Rechtsstaat – 25 Jahre Arbeitsgemeinschaft Strafrecht des Deutschen Anwaltvereins, 2009 (zitiert nach Seite)

FS 50 Jahre BGH, 2000 ………………… Geiß/Nehm/Brandner/Hagen, Festschrift aus Anlass des 50jährigen Bestehens von Bundesgerichtshof, Bundesanwaltschaft und Rechtsanwaltschaft beim Bundesgerichtshof, Festschrift, 2000 (zitiert nach Seite)

FS 75 Jahre BGH, 2025 ………………… Festschrift zum fünfundsiebzigjährigen Bestehen von Bundesgerichtshof, Bundesanwaltschaft und Rechtsanwaltschaft beim Bundesgerichtshof

FS 600 Jahre JurFak Würzburg, 2002 ….. Dreier/Forkel/Laubenthal, Raum und Recht – Festschrift 600 Jahre Würzburger Juristenfakultät, Festschrift, 2002 (zitiert nach Seite)

FS Achenbach, 2011 — Schröder/Hellmann, Festschrift für Hans Achenbach, Festschrift, 2011 (zitiert nach Seite)

FS Amelung, 2009 … Böse/Sternberg-Lieben, Grundlagen des Straf- und Strafverfahrensrechts – Festschrift für Knut Amelung zum 70. Geburtstag, Festschrift, 2009 (zitiert nach Seite)

FS Barton, 2023 ….. Eidam/Lindemann/Neuhaus/Ransiek, Festschrift für Stephan Barton zum 70. Geburtstag, Festschrift, 2023 (zitiert nach Seite)

FS Baumann, 1992 .. Arzt/Fezer/Weber/Schlüchter/Rössner, Festschrift für Jürgen Baumann zum 70. Geburtstag am 22. Juni 1992, Festschrift, 1992 (zitiert nach Seite)

FS Bemmann, 1997 .. Schulz/Vormbaum, Festschrift für Günter Bemmann zum 70. Geburtstag, Festschrift, 1997 (zitiert nach Seite)

FS Beulke, 2015 ….. Fahl, Festschrift für Werner Beulke zum 70. Geburtstag – Ein menschengerechtes Strafrecht als Lebensaufgabe, Festschrift, 2015 (zitiert nach Seite)

FS Blau, 1985 ……. Schwind/Berz/Geilen/Herzberg/Warda, Festschrift für Günter Blau zum 70. Geburtstag am 18. Dezember 1985, Festschrift, 1985 (zitiert nach Seite)

FS Böhm, 1999 …… Feuerhelm/Schwind/Bock, Festschrift für Alexander Böhm zum 70. Geburtstag am 14. Juni 1999, Festschrift, 1999 (zitiert nach Seite)

FS Böttcher, 2007 … Schöch/Dölling/Helgerth/König, Recht gestalten – dem Recht dienen – Festschrift für Reinhard Böttcher zum 70. Geburtstag am 29. Juli 2007, Festschrift, 2007 (zitiert nach Seite)

FS Boujong, 1996 … Ebenroth/Hesselberger/Rinne, Boujong: Verantwortung und Gestaltung – Festschrift für Karlheinz Boujong zum 65. Geburtstag, Festschrift, 1996 (zitiert nach Seite)

FS BRAK, 2006 ….. Beulke/Müller, Festschrift zu Ehren des Strafrechtsausschusses der Bundesrechtsanwaltskammer: Anlässlich des Ausscheidens seines Vorsitzenden Gunter Widmaier und der Mitglieder Egon Müller, Eberhard Wahle und Matthias Weihrauch sowie der ständigen Gäste Herbert Bölter, Herbert Landau, Georg Linden und Lothar Senge bei der 196. Tagung vom 13.–15. Oktober 2006 in Münster, Festschrift, 2006 (zitiert nach Seite)

FS Breidling, 2017 … Bockemühl/Heintschel-Heinegg/Ricarda/Nagler, Festschrift für Ottmar Breidling zum 70. Geburtstag, Festschrift, 2017 (zitiert nach Seite)

FS Bruns, 1978 ……. Frisch, Festschrift für Hans-Jürgen Bruns zum 70. Geburtstag, Festschrift, 1978 (zitiert nach Seite)

FS Dahs, 2005 ……. Widmaier/Lesch/Müssig/Wallau, Festschrift für Hans Dahs zum 70. Geburtstag, Festschrift, 2005 (zitiert nach Seite)

FS Dencker, 2012 … Degener/Heghmanns, Festschrift für Friedrich Dencker zum 70. Geburtstag, Festschrift, 2012 (zitiert nach Seite)

FS Dreher, 1977 ….. Jescheck/Lüttger, Festschrift für Eduard Dreher zum 70. Geburtstag am 29. April 1977, Festschrift, 1977 (zitiert nach Seite)

FS Dünnebier, 1982 Hanack/Rieß/Wendisch, Festschrift für Hanns Dünnebier zum 75. Geburtstag am 12. Juni 1982, Festschrift, 1982 (zitiert nach Seite)

FS E. Müller, 2008 .. Jung/Luxenburger/Wahle, Festschrift für Egon Müller, Festschrift, 2008 (zitiert nach Seite)

FS E. Schmidt, 1961 Bockelmann/Gallas/Schmidt, Festschrift für Eberhard Schmidt zum 70. Geburtstag, Festschrift, 1961 (zitiert nach Seite)

FS Eisenberg, 2009 .. Müller/Sander/Válková, Festschrift für Ulrich Eisenberg zum 70. Geburtstag, Festschrift, 2009 (zitiert nach Seite)

FS Eisenberg, 2019 .. Goeckenjan/Puschke/Singelnstein, Für die Sache – Kriminalwissenschaften aus unabhängiger Perspektive. Festschrift für Ulrich Eisenberg zum 80. Geburtstag, Festschrift, 2019 (zitiert nach Seite)

FS Engisch, 1969 …. Bockelmann/Kaufmann, Festschrift für Karl Engisch zum 70. Geburtstag, Festschrift, 1969 (zitiert nach Seite)

FS Eser, 2005 ……… Arnold/Burkhardt/Gropp/Heine/Koch/Lagodny/Perron/Walther, Menschengerechtes Strafrecht: Festschrift für Albin Eser zum 70. Geburtstag, Festschrift, 2005 (zitiert nach Seite)

FS Faller, 1984 ……. Zeidler, Festschrift Hans Joachim Faller, Festschrift, 1984 (zitiert nach Seite)

FS Feigen, 2014 …… Livonius/Graf/Wolter/Zöller, Strafverteidigung im Wirtschaftsleben: Festgabe für Hanns W. Feigen, Festschrift, 2014 (zitiert nach Seite)

FS Fezer, 2008 ……. Wesslau/Wohlers, Festschrift für Gerhard Fezer zum 70. Geburtstag am 29. Oktober 2008, Festschrift, 2008 (zitiert nach Seite)

FS Fischer, 2018 ….. Barton/Eschelbach/Hettinger/Kempf/Krehl/Salditt, Festschrift für Thomas Fischer, Festschrift, 2018 (zitiert nach Seite)

FS Friebertshäuser, 1997 ………………. Bandisch, Festgabe für den Strafverteidiger Heino Friebertshäuser – mit Beiträgen von Praktikern zu Ehren des Praktikers und für die Praxis, Festschrift, 1997 (zitiert nach Seite)

FS Frisch, 2013 ……. Freund/Murmann/Bloy/Perron, Grundlagen und Dogmatik des gesamten Strafrechtssystems: Festschrift für Wolfgang Frisch zum 70. Geburtstag, Festschrift, 2013 (zitiert nach Seite)

FS G. Pfeiffer, 1988 .. von Gamm/Raisch/Tiedemann, Strafrecht, Unternehmensrecht, Anwaltsrecht: Festschrift für Gerd Pfeiffer, Festschrift, 1988 (zitiert nach Seite)
FS Gallas, 1973 .... Lackner/Leferenz/Schmidt/Welp/Wolff, Festschrift für Wilhelm Gallas zum 70. Geburtstag, Festschrift, 1973 (zitiert nach Seite)
FS Geerds, 1995 ..... Schlüchter, Kriminalistik und Strafrecht: Festschrift für Friedrich Geerdts zum 70. Geburtstag, Festschrift, 1995 (zitiert nach Seite)
FS Geiß, 2000 .... Brandner, Festschrift für Karlmann Geiß zum 65. Geburtstag, Festschrift, 2000 (zitiert nach Seite)
FS Geppert, 2011 .... Geisler/Kraatz Kretschmer/Schneider/Sowada, Festschrift für Klaus Geppert zum 70. Geburtstag, Festschrift, 2011 (zitiert nach Seite)
FS Gössel, 2002 ...... Dölling/Erb, Festschrift für Karl Heinz Gössel zum 70. Geburtstag, Festschrift, 2002 (zitiert nach Seite)
FS Gollwitzer, 2004 .. Böttcher, Verfassungsrecht – Menschenrechte – Strafrecht – Kolloquium für Dr. Walter Gollwitzer zum 80. Geburtstag, Festschrift, 2004 (zitiert nach Seite)
FS Goltdammer, 1993 .... Wolter/Frisch/Gössel/Grasnik, 140 Jahre Goltdammer's Archiv für Strafrecht, Festschrift, 1993 (zitiert nach Seite)
FS Graf-Schlicker, 2018 .... Czerwenka/Korte/Kübler, Festschrift zu Ehren von Marie Luise Graf-Schlicker, Festschrift, 2018 (zitiert nach Seite)
FS Graßhof, 1998 .... Pfeiffer/Roth/Burgermeister, Der verfasste Rechtsstaat – Festgabe für Karin Graßhof, Festschrift, 1998 (zitiert nach Seite)
FS Graulich, 2019 ... Dietrich/Gärditz, Sicherheitsverfassung – Sicherheitsrecht. Festgabe für Kurt Graulich zum 70. Geburtstag, Festschrift, 2018 (zitiert nach Seite)
FS Grünwald, 1999 .. Samson/Dencker/Frisch/Frister/Reiß, Festschrift für Gerald Grünwald zum siebzigsten Geburtstag, Festschrift, 1999 (zitiert nach Seite)
FS Grützner, 1970 ... Oehler, Aktuelle Probleme des internationalen Strafrechts – Beiträge zur Gestaltung des internationalen und supranationalen Strafrechts – Heinrich Grützner zum 65. Geburtstag, Festschrift, 1970 (zitiert nach Seite)
FS H. Mayer, 1966 .. Geerds/Naucke, Beiträge zur gesamten Strafrechtswissenschaft: Festschrift für Hellmuth Mayer zum 70. Geburtstag am 1. Mai 1965, Festschrift, 1966 (zitiert nach Seite)
FS Hamm, 2008 ..... Michalke/Köberer/Pauly/Kirsch, Festschrift für Rainer Hamm zum 65. Geburtstag, Festschrift, 2008 (zitiert nach Seite)
FS Hanack, 1999 .... Ebert/Rieß/Roxin/Wahle, Festschrift für Ernst-Walter Hanack zum 70. Geburtstag am 30. August 1999, Festschrift, 1999 (zitiert nach Seite)
FS Hassemer, 2010 .. Neumann/Herzog, Festschrift für Winfried Hassemer, Festschrift, 2010 (zitiert nach Seite)
FS Heinitz, 1987 ..... Lüttger/Blei/Hanau, Festschrift für Ernst Heinitz zum 70. Geburtstag am 1. Januar 1972, Festschrift, 1987 (zitiert nach Seite)
FS Heinz, 2012 ...... Hilgendorf/Rengier, Festschrift für Wolfgang Heinz zum 70. Geburtstag, Festschrift, 2012 (zitiert nach Seite)
FS Herzberg, 2008 .. Putzke/Hardtung/Hörnle/Merkel/Scheinfeld/Schlehofer/Seier, Strafrecht zwischen System und Telos: Festschrift für

Rolf Dietrich Herzberg zum siebzigsten Geburtstag, Festschrift, 2008 (zitiert nach Seite)

FS Heusinger, 1968 .. Heusinger/Glanzmann, Ehrengabe für Bruno Heusinger: Gewidmet von Mitgl. des Bundesgerichtshofes, der Bundesanwaltschaft und der Rechtsanwaltschaft beim Bundesgerichtshof, Festschrift, 1968 (zitiert nach Seite)

FS Hilger, 2003 …… Wolter/Schenke/Rieß/Zöller, Datenübermittlungen und Vorermittlungen. Festgabe für Hans Hilger, Festschrift, 2003 (zitiert nach Seite)

FS Hirsch, 1968 …… Juristische Fakultät Berlin, Berliner Festschrift für Ernst E. Hirsch zum 65. Geburtstag, Festschrift, 1968 (zitiert nach Seite)

FS Hirsch, 1999 …… Weigend/Küpper, Festschrift für Hans Joachim Hirsch zum 70. Geburtstag am 11. April 1999, Festschrift, 1999 (zitiert nach Seite)

FS HRRS Fezer, 2008 ………………… Gaede/Meyer/Schlegel, HRRS-Festgabe für Gerhard Fezer zum 70. Geburtstag am 29. Oktober 2008, Festschrift, 2008 (zitiert nach Seite)

FS Ignor, 2023 ……. Berthau/Beulke/Jahn/Müller-Jacobson/Schmitt-Leonardy, Festschrift für Alexander Ignor zum 70. Geburtstag, Festschrift, 2023 (zitiert nach Seite)

FS Imme Roxin, 2012 ……………… Schulz/Reinhart/Sahan, Festschrift für Imme Roxin, Festschrift, 2012 (zitiert nach Seite)

FS Jahrreiss, 1974 …. Institut für Völkerrecht, Festschrift für Hermann Jahrreiss zum 80. Geburtstag, Festschrift, 1974 (zitiert nach Seite)

FS Jescheck II, 1985 .. Vogler/Herrmann/Krümpelmann/Moos/Triffterer/Leibinger/Schaffmeister/Meyer/Hüne, Festschrift für Hans-Heinrich Jescheck zum 70. Geburtstag, Festschrift, 1985 (zitiert nach Seite)

FS Jung, 2007 ……. Müller-Dietz/Müller/Kunz/Radtke/Britz/Momsen/Koriath, Festschrift für Heike Jung zum 65. Geburtstag am 23. April 2007, Festschrift, 2007 (zitiert nach Seite)

FS Kaiser II, 1998 … Albrecht/Dünkel/Kerner/Kürzinger/Schöch/Sessar/Villmow, Internationale Perspektiven in Kriminologie und Strafrecht: Festschrift für Günther Kaiser zum 70. Geburtstag, Band 2, Festschrift, 1998 (zitiert nach Seite)

FS Kargl, 2015 ……. Albrecht/Kirsch/Neumann/Sinner, Festschrift für Walter Kargl zum 70. Geburtstag, Festschrift, 2015 (zitiert nach Seite)

FS Kern, 1968 …….. Bachof/Kern, Tübinger Festschrift für Eduard Kern, Festschrift, 1968 (zitiert nach Seite)

FS Kerner, 2013 ….. Boers/Kerner/Feltes/Kinzig, Kriminologie – Kriminalpolitik – Strafrecht: Festschrift für Hans-Jürgen Kerner zum 70. Geburtstag, Festschrift, 2013 (zitiert nach Seite)

FS Kindhäuser, 2019 Böse/Schumann/Toepel, Festschrift für Urs Kindhäuser zum 70. Geburtstag, Festschrift, 2019 (zitiert nach Seite)

FS Kleinknecht, 1985 ………………… Kleinknecht/Gössel/Kauffmann, Strafverfahren im Rechtsstaat: Festschrift für Theodor Kleinknecht zum 75. Geburtstag am 18. August 1985, Festschrift, 1985 (zitiert nach Seite)

FS Klug, 1983 …….. Kohlmann, Festschrift für Ulrich Klug zum 70. Geburtstag, Festschrift, 1983 (zitiert nach Seite)

Literatur

FS Koch, 1989 .... Gatzweiler/Jungfer, Strafverteidigung und Strafprozess: Festgabe für Ludwig Koch, Festschrift, 1989 (zitiert nach Seite)

FS Kohlmann, 2003 .. Hirsch/Wolter/Brauns, Festschrift für Günter Kohlmann zum 70. Geburtstag, Festschrift, 2003 (zitiert nach Seite)

FS Krause, 1990 ...... Schlüchter/Laubenthal, Recht und Kriminalität: Festschrift für Friedrich-Wilhelm Krause zum 70. Geburtstag, Festschrift, 1990 (zitiert nach Seite)

FS Kreuzer, 2018 .... Bartsch/Görgen/Hoffmann-Holland/Kemme/Stock, Mittler zwischen Recht und Wirklichkeit. Festschrift für Arthur Kreuzer zum 80. Geburtstag, Festschrift, 2018 (zitiert nach Seite)

FS Krey, 2010 .... Erb/Graalmann-Scheerer/Stuckenberg, Festschrift für Volker Krey zum 70. Geburtstag, Festschrift, 2010 (zitiert nach Seite)

FS Krüger, 2017 ..... Hertel/Lorenz/Stresemann, Simplex Sigillum Veri – Festschrift für Wolfgang Krüger zum 70. Geburtstag, Festschrift, 2017 (zitiert nach Seite)

FS Kühl, 2014 .... Heger/Kelker/Schramm, Festschrift für Kristian Kühl zum 70. Geburtstag, Festschrift, 2014 (zitiert nach Seite)

FS Kühne, 2013 ...... Esser/Günther/Jäger/Mylonopoulos/Öztürk, Festschrift für Hans-Heiner Kühne zum 70. Geburtstag, Festschrift, 2013 (zitiert nach Seite)

FS Küper, 2007 ...... Hettinger, Festschrift für Wilfried Küper zum 70. Geburtstag, Festschrift, 2007 (zitiert nach Seite)

FS Lange, 1976 ...... Warda/Waider/von Hippel/Meurer, Festschrift für Richard Lange zum 70. Geburtstag, Festschrift, 1976 (zitiert nach Seite)

FS Larenz, 1973 ...... Paulus, Festschrift für Karl Larenz zum 70. Geburtstag, Festschrift, 1973 (zitiert nach Seite)

FS Laun, 1962 .... Forschungsstelle für Völkerrecht und Ausländisches Öffentliches Recht der Universität Hamburg, Festschrift für Rudolf Laun zu seinem achtzigsten Geburtstag, Festschrift, 1962 (zitiert nach Seite)

FS Leferenz, 1983 ... Kerner/Göppinger/Streng, Kriminologie – Psychiatrie-Strafrecht: Festschrift für Heinz Leferenz zum 70. Geburtstag, Festschrift, 1983 (zitiert nach Seite)

FS Lenckner, 1998 .. Eser, Festschrift für Theodor Lenckner zum 70. Geburtstag, Festschrift, 1998 (zitiert nach Seite)

FS Lent, 1957 .... Rosenberg/Schwab, Festschrift für Friedrich Lent zum 75. Geburtstag, Festschrift, 1957 (zitiert nach Seite)

FS Löffler, 1980 ...... Studienkreis für Presserecht und Pressefreiheit, Presserecht und Pressefreiheit – Festschrift für Martin Löffler zum 75. Geburtstag, Festschrift, 1980 (zitiert nach Seite)

FS Lübtow, 1980 ..... Harder, De iustitia et iure – Festgabe für Ulrich von Lübtow zum 80. Geburtstag, Festschrift, 1980 (zitiert nach Seite)

FS Lüderssen, 2002 .. Prittwitz/Baurmann/Günther, Festschrift für Klaus Lüderssen, Festschrift, 2002 (zitiert nach Seite)

FS Maihofer, 1988 ... Kaufmann/Mestmäcker/Zacher, Festschrift für Werner Maihofer zum 70. Geburtstag: Rechtsstaat und Menschenwürde, Festschrift, 1988 (zitiert nach Seite)

FS Maiwald, 2010 ... Bloy/Böse/Hillenkamp/Momsen/Rackow, Gerechte Strafe und legitimes Strafrecht: Festschrift für Manfred Maiwald zum 75. Geburtstag, Festschrift, 2010 (zitiert nach Seite)

FS Maunz, 1971 ..... Spanner, Festgabe für Theodor Maunz zum 70. Geburtstag am 1. September 1971, Festschrift, 1971 (zitiert nach Seite)

FS Maurach, 1972 ... Maurach/Schroeder, Festschrift für Reinhart Maurach zum 70. Geburtstag, Festschrift, 1972 (zitiert nach Seite)

FS Mehle, 2009 ...... Hiebl/Kassebohm/Lille, Festschrift für Vokmar Mehle: zum 65. Geburtstag am 11.11.2009, Festschrift, 2009 (zitiert nach Seite)

FS Meyer-Goßner, 2001 .... Eser/Goydke/Maatz/Meurer, Strafverfahrensrecht in Theorie und Praxis: Festschrift für Lutz Meyer-Gossner zum 65. Geburtstag, Festschrift, 2001 (zitiert nach Seite)

FS Middendorff, 1986 .... Kürzinger/Müller, Festschrift für Wolf Middendorff zum 70. Geburtstag, Festschrift, 1986 (zitiert nach Seite)

FS Miyazawa, 1995 .. Kühne, Festschrift für Koichi Miyazawa, Festschrift, 1995 (zitiert nach Seite)

FS Möhring .... Möhring/Hefermehl/Nipperdey, Festschrift für Philipp Möhring zum 65. Geburtstag, Festschrift, 1965 (zitiert nach Seite)

FS Müller-Dietz, 2001 .... Britz/Jung/Koriath/Müller, Festschrift für Heinz Müller-Dietz zum 70. Geburtstag, Festschrift, 2001 (zitiert nach Seite)

FS Nehm, 2006..... Griesbaum/Schnarr/Hannich, Strafrecht und Justizgewährung: Festschrift für Kay Nehm zum 65. Geburtstag, Festschrift, 2006 (zitiert nach Seite)

FS Neumann, 2017 .. Saliger/Kim/Liu/Mylonopoulos/Yamanaka/Tavares, Rechtsstaatliches Strafrecht – Festschrift für Ulfrid Neumann zum 70. Geburtstag, Festschrift, 2017 (zitiert nach Seite)

FS Odersky, 1996 .... Böttcher/Hueck/Jähnke, Festschrift für Walter Odersky zum 65. Geburtstag am 17. Juli 1996, Festschrift, 1996 (zitiert nach Seite)

FS Oehler, 1985 ..... Herzberg, Festschrift für Dietrich Oehler: Zum 70. Geburtstag, Festschrift, 1985 (zitiert nach Seite)

FS Ostendorf, 2015 .. Rotsch/Brüning/Schady, Strafrecht, Jugendstrafrecht, Kriminalprävention in Wissenschaft und Praxis: Festschrift für Heribert Ostendorf zum 70. Geburtstag am 7. Dezember 2015, Festschrift, 2015 (zitiert nach Seite)

FS Otto, 2007 .... Dannecker/Langer/Ranft/Schmitz/Brammsen, Festschrift für Harro Otto, Festschrift, 2007 (zitiert nach Seite)

FS Paeffgen, 2015 ... Stuckenberg/Gärditz, Strafe und Prozess im freiheitlichen Rechtsstaat: Festschrift für Hans-Ullrich Paeffgen zum 70. Geburtstag am 2. Juli 2015, Festschrift, 2015 (zitiert nach Seite)

FS Paulus, 2009 ..... Laubenthal, Festgabe des Instituts für Strafrecht und Kriminologie der Juristischen Fakultät der Julius-Maximilians-Universität Würzburg für Rainer Paulus zum 70. Geburtstag am 20. Januar 2009, Festschrift, 2009 (zitiert nach Seite)

FS Peters, 1974 ...... Baumann/Tiedemann, Einheit und Vielfalt des Strafrechts: Festschrift für Karl Peters zum 70. Geburtstag, Festschrift, 1974 (zitiert nach Seite)

FS Peters, 1984 ...... Wasserburg/Haddenhorst, Wahrheit und Gerechtigkeit im Strafverfahren: Festgabe für Karl Peters aus Anlass seines 80. Geburtstages, Festschrift, 1984 (zitiert nach Seite)

FS Pfenninger, 1966 Pfenninger, Probleme des Schweizerischen Strafprozessrechts. Ausgewählte Aufsätze von Hans Felix Pfenninger. Festgabe zum 80. Geburtstag des Verfassers, mit einem Porträt des Jubilars, Festschrift, 1966 (zitiert nach Seite)

FS Puppe, 2011 …… Paeffgen/Böse/Kindhäuser/Stübinger/Verrel/Zaczyk, Strafrechtswissenschaft als Analyse und Konstruktion: Festschrift für Ingeborg Puppe zum 70. Geburtstag, Festschrift, 2010 (zitiert nach Seite)

FS Rebmann, 1989 .. Rebmann/Eyrich/Odersky/Säcker, Festschrift für Kurt Rebmann zum 65. Geburtstag, Festschrift, 1989 (zitiert nach Seite)

FS Remmers, 1995 .. Goydke, Vertrauen in den Rechtsstaat: Beiträge zur deutschen Einheit im Recht – Festschrift für Walter Remmers, Festschrift, 1995 (zitiert nach Seite)

FS Rengier, 2018 …. Hecker/Weißer/Brand, Festschrift für Rudolf Rengier zum 70. Geburtstag, Festschrift, 2018 (zitiert nach Seite)

FS Richter II, 2006 .. Kempf, Festschrift für Christian Richter II: Verstehen und Widerstehen, Festschrift, 2006 (zitiert nach Seite)

FS Riess, 2002 ……. von Hanack/Hilger/Mehle/Widmaier, Festschrift für Peter Rieß zum 70. Geburtstag am 4. Juni 2002, Festschrift, 2002 (zitiert nach Seite)

FS Rissing-van Saan, 2011 ……………… Fischer/Bernsmann, Festschrift für Ruth Rissing-van Saan zum 65. Geburtstag am 25. Januar 2011, Festschrift, 2011 (zitiert nach Seite)

FS Rogall, 2018 …… Stein/Greco/Jäger/Wolter, Systematik in Strafrechtswissenschaft und Gesetzgebung. Festschrift für Klaus Rogall zum 70. Geburtstag am 10. August 2018, Festschrift, 2018 (zitiert nach Seite)

FS Rolinski, 2002 … Kühne, Festschrift für Klaus Rolinski: zum 70. Geburtstag am 11. Juli 2002, Festschrift, 2002 (zitiert nach Seite)

FS Roxin, 2001 …… Schünemann/Achenbach/Bottke/Haffke/Rudolphi, Festschrift für Claus Roxin zum 70. Geburtstag am 15. Mai 2001, Festschrift, 2001 (zitiert nach Seite)

FS Roxin, 2011 …… Heinrich/Jäger/Achenbach/Amelung/Bottke/Haffke/Schünemann/Wolter, Festschrift für Claus Roxin zum 80. Geburtstag am 15. Mai 2011, Festschrift, 2011 (zitiert nach Seite)

FS Rudolphi, 2004 .. Rogall/Puppe/Stein/Wolter, Festschrift für Hans-Joachim Rudolphi zum 70. Geburtstag, Festschrift, 2004 (zitiert nach Seite)

FS Rüßmann, 2013 .. Stamm, Festschrift für Helmut Rüßmann, Festschrift, 2013 (zitiert nach Seite)

FS Salger, 1995 …… Eser/Salger, Straf- und Strafverfahrensrecht, Recht und Verkehr, Recht und Medizin: Festschrift für Hannskarl Salger zum Abschied aus dem Amt als Vizepräsident des Bundesgerichtshofes, Festschrift, 1995 (zitiert nach Seite)

FS Samson, 2010 …. Joecks, Recht – Wirtschaft – Strafe: Festschrift für Erich Samson zum 70. Geburtstag, Festschrift, 2010 (zitiert nach Seite)

FS Sarstedt, 1981 …. Hamm, Festschrift für Werner Sarstedt zum 70. Geburtstag, Festschrift, 1981 (zitiert nach Seite)

FS Sauer, 1949 ……. Sauer, Festschrift für Wilhelm Sauer zu seinem 70. Geburtstag, Festschrift, 1949 (zitiert nach Seite)

FS Schäfer, 1979 ….. Hassenpflug, Festschrift für Karl Schäfer zum 80. Geburtstag am 11. Dezember 1979, Festschrift, 1979 (zitiert nach Seite)

FS Schaffstein, 1975 .. Grünwald, Festschrift für Friedrich Schaffstein zum 70. Geburtstag am 28. Juli 1975, Festschrift, 1975 (zitiert nach Seite)

FS Schiller, 2014 ..... Lüderssen/Volk/Wahle, Festschrift für Wolf Schiller zum 65. Geburtstag am 12. Januar 2014, Festschrift, 2014 (zitiert nach Seite)

FS Schlothauer, 2018 .... Barton/Fischer/Jahn/Park, Festschrift für Reinhold Schlothauer zum 70. Geburtstag, 2018 (zitiert nach Seite)

FS Schlüchter, 1998 Duttge, Freiheit und Verantwortung in Schwieriger Zeit: Kritische Studien aus vorwiegend strafprozessrechtlicher Sicht zum 60. Geburtstag von Prof. Dr. Ellen Schlüchter, Festschrift, 1988 (zitiert nach Seite)

FS Schmidt-Leichner, 1977 .... Hamm/Matzke, Festschrift für Erich Schmidt-Leichner zum 65. Geburtstag, Festschrift, 1977 (zitiert nach Seite)

FS Schneider I, 1998 Schwind, Festschrift für Hans Joachim Schneider zum 70. Geburtstag am 14. November 1998: Kriminologie an der Schwelle zum 21. Jahrhundert/Essays in honor of Hans Joachim Schneider, Festschrift, 1998 (zitiert nach Seite)

FS Schöch, 2010 ..... Dölling/Götting/Meier/Verrel, Verbrechen – Strafe – Resozialisierung: Festschrift für Heinz Schöch zum 70. Geburtstag am 20. August 2010, Festschrift, 2010 (zitiert nach Seite)

FS Schreiber, 2003 .. Amelung, Strafrecht – Biorecht – Rechtsphilosophie: Festschrift für Hans-Ludwig Schreiber zum 70. Geburtstag am 10. Mai 2003, Festschrift, 2003 (zitiert nach Seite)

FS Schroeder, 2006 .. Hoyer, Festschrift für Friedrich-Christian Schroeder zum 70. Geburtstag, Festschrift, 2006 (zitiert nach Seite)

FS Schüler-Springorum, 1993 .... Albrecht, Festschrift für Horst Schüler-Springorum zum 65. Geburtstag, Festschrift, 1993 (zitiert nach Seite)

FS Schünemann, 2015 .... Hefendehl/Hörnle/Greco, Festschrift für Bernd Schünemann zum 70. Geburtstag am 1. November 2014: Streitbare Strafrechtswissenschaft, Festschrift, 2015 (zitiert nach Seite)

FS Schwind, 2006 ... Feltes, Kriminalpolitik und ihre wissenschaftlichen Grundlagen: Festschrift für Professor Dr. Hans-Dieter Schwind zum 70. Geburtstag, Festschrift, 2006 (zitiert nach Seite)

FS Seebode, 2008 .... Schneider, Festschrift für Manfred Seebode zum 70. Geburtstag am 15. September 2008, Festschrift, 2008 (zitiert nach Seite)

FS Spendel, 1992 .... Seebode, Festschrift für Günter Spendel zum 70. Geburtstag am 11. Juli 1992, Festschrift, 1992 (zitiert nach Seite)

FS Stock, 1966 .... Spendel/Stock, Studien zur Strafrechtswissenschaft: Festschrift für Ulrich Stock zum 70. Geburtstag am 8. Mai 1966, Festschrift, 1966 (zitiert nach Seite)

FS Stöckel, 2010 ..... Jahn/Kudlich/Streng, Strafrechtspraxis und Reform: Festschrift für Heinz Stöckel zum 70. Geburtstag, Festschrift, 2010 (zitiert nach Seite)

FS Stree/Wessels, 1993 .... Küper/Welp/Dencker/Marxen/Schneider/Schumann/Struensee/Vormbaum, Festschrift für Walter Stree und Johannes Wessels zum 70. Geburtstag, Festschrift, 1993 (zitiert nach Seite)

FS Streng, 2017 ...... Safferling/Kett-Straub/Jäger/Kudlich, Festschrift für Franz Streng zum 70. Geburtstag, Festschrift, 2017 (zitiert nach Seite)

FS Tolksdorf, 2014 .. Dencker/Galke/Voßkuhle, Festschrift für Klaus Tolksdorf zum 65. Geburtstag, Festschrift, 2014 (zitiert nach Seite)
FS Triffterer, 1996 ... Schmoller, Festschrift für Otto Triffterer zum 65. Geburtstag, Festschrift, 1996 (zitiert nach Seite)
FS Tröndle, 1989 .... Jescheck/Vogler, Festschrift für Herbert Tröndle zum 70. Geburtstag am 24. August 1989, Festschrift, 1989 (zitiert nach Seite)
FS Trusen, 1994 ..... Brieskorn/Mikat/Müller/Willoweit, Vom mittelalterlichen Recht zur neuzeitlichen Rechtswissenschaft: Bedingungen, Wege und Probleme der europäischen Rechtsgeschichte. Festschrift für Winfried Trusen zum 70. Geburtstag, Festschrift, 1994 (zitiert nach Seite)
FS v. Heintschel-Heinegg, 2015 .... Bockenmühl/Gierhake/Müller/Walter, Festschrift für Bernd von Heintschel-Heinegg, Festschrift, 2015 (zitiert nach Seite)
FS Volk, 2009 .... Hassemer/Kempf/Moccia, In dubio pro libertate – Festschrift für Klaus Volk zum 65. Geburtstag, Festschrift, 2009 (zitiert nach Seite)
FS Wacke, 1972 ...... Vogel/Tipke, Verfassung, Verwaltung, Finanzen – Festschrift für Gerhard Wacke zum 70. Geburtstag, Festschrift, 1972 (zitiert nach Seite)
FS Wassermann, 1985 .... Broda, Festschrift für Rudolf Wassermann zum sechzigsten Geburtstag, Festschrift, 1985 (zitiert nach Seite)
FS Weber, 2004 ...... Bernd/Hilgendorf/Mitsch/Sternberg-Lieben, Festschrift für Ulrich Weber zum 70. Geburtstag, Festschrift, 2004 (zitiert nach Seite)
FS Welzel, 1974 ...... Stratenwerth/Kaufmann/Geilen/Hirsch/Schreiber/Jakobs/Loos, Festschrift für Hans Welzel zum 70. Geburtstag am 25. März 1974, Festschrift, 1974 (zitiert nach Seite)
FS Wessing, 2016 .... Ahlbrecht/Dann/Wessing/Frister/Bock, Unternehmensstrafrecht: Festschrift für Jürgen Wessing zum 65. Geburtstag, Festschrift, 2015 (zitiert nach Seite)
FS Widmaier, 2008 .. Schöch/Satzger/Schäfer/Ignor/Knauer, Strafverteidigung, Revision und die gesamten Strafrechtswissenschaften: Festschrift für Gunter Widmaier zum 70. Geburtstag, Festschrift, 2008 (zitiert nach Seite)
FS Wolf, 1985 .... Bickel/Hadding/Jahnke/Lüke, Recht und Rechtserkenntnis. Festschrift für Ernst Wolf zum 70. Geburtstag, Festschrift, 1985 (zitiert nach Seite)
FS Wolff, 1998 .... Zaczyk/Kühler/Kahlo, Festschrift für E. A. Wolff zum 70. Geburtstag am 1.10.1998, Festschrift, 1998 (zitiert nach Seite)
FS Wolter, 2013 ..... Roxin/Zöller/Hilger/Küper, Gesamte Strafrechtswissenschaft in internationaler Dimension: Festschrift für Jürgen Wolter zum 70. Geburtstag am 7. September 2013, Festschrift, 2013 (zitiert nach Seite)

Geerds Vernehmungstechnik .... Geerds, Vernehmungstechnik, Monografie, 5. Aufl. 1976 (zitiert nach Paragraf und Randnummer)
Glaser Rechtsschutz Glaser, Der Rechtsschutz nach § 98 Abs. 2 Satz 2 StPO, Monografie, 1. Aufl. 2024 (zitiert nach Seite)
Göhler .... Göhler, Gesetz über Ordnungswidrigkeiten: OWiG, Kommentar, 19. Aufl. 2024 (zitiert nach Paragraf und Randnummer)

Gola/Heckmann	Gola/Heckmann, Datenschutz-Grundverordnung, Bundesdatenschutzgesetz: DS-GVO/BDSG, Kommentar, 3. Aufl. 2022 (zitiert nach Paragraf und Randnummer)
Gössel StrafVerfR ...	Gössel, Strafverfahrensrecht, Lehrbuch, 1. Aufl. 1977 (zitiert nach Seite)
Grabenwarter/Pabel EMRK	Grabenwarter/Pabel, Europäische Menschenrechtskonvention, Lehrbuch, 7. Aufl. 2021 (zitiert nach Paragraf und Randnummer)
Grünwald BeweisR ..	Grünwald, Das Beweisrecht der Strafprozeßordnung, Monografie, 1. Aufl. 1997 (zitiert nach Seite)
Grünwald Teilrechtskraft	Grünwald, Die Teilrechtskraft im Strafverfahren, Handbuch, 1. Aufl. 1964 (zitiert nach Seite)
Grunst Prozesshandlungen	Grunst, Prozesshandlungen im Strafprozess, Handbuch, 1. Aufl. 2002 (zitiert nach Seite)
GS Blomeyer, 2004 ..	Krause/Veelken/Vieweg, Recht der Wirtschaft und der Arbeit in Europa – Gedächtnisschrift für Wolfgang Blomeyer, Festschrift, 2004 (zitiert nach Seite)
GS Eckert, 2008	Hoyer, Gedächtnisschrift für Jörn Eckert, Festschrift, 2008 (zitiert nach Seite)
GS Kaufmann, 1986	Hirsch/Kaiser/Marquardt, Gedächtnisschrift für Hilde Kaufmann, Festschrift, 1986 (zitiert nach Seite)
GS Kaufmann, 1989	Dornseifer/Horn/Schilling/Schöne/Struensee/Zielinski, Gedächtnisschrift für Armin Kaufmann, Festschrift, 1989 (zitiert nach Seite)
GS Keller, 2003	Günther, Gedächtnisschrift für Rolf Keller, Festschrift, 2003 (zitiert nach Seite)
GS Küchenhof, 1987	Just/Wollenschläger/Eggers/Hablitzel, Recht und Rechtsbesinnung: Gedächtnisschrift für Günther Küchenhof (1907–1983), Festschrift, 1987 (zitiert nach Seite)
GS Lisken, 2004	Roggan, Lauschen im Rechtsstaat Zu den Konsequenzen des Urteils des Bundesverfassungsgerichts zum grossen Lauschangriff – Gedächtnisschrift für Hans Lisken, Festschrift, 2004 (zitiert nach Seite)
GS Meurer, 2002	Graul/Wolf, Gedächtnisschrift für Dieter Meurer, Festschrift, 2002 (zitiert nach Seite)
GS Meyer, 1990	Geppert/Dehnicke, Gedächtnisschrift für Karlheinz Meyer, Festschrift, 1990 (zitiert nach Seite)
GS Peters, 1967	Conrad/Jahrreiss/Mikat/Mosler/Nipperdey/Salzwedel, Gedächtnisschrift Hans Peters, Festschrift, 1967 (zitiert nach Seite)
GS Schlüchter, 2002	Duttge, Gedächtnisschrift für Ellen Schlüchter, Festschrift, 2002 (zitiert nach Seite)
GS Schröder, 1978 ..	Stree, Gedächtnisschrift für Horst Schröder, Festschrift, 1978 (zitiert nach Seite)
GS Vogler, 2004	Triffterer, Gedächtnisschrift für Theo Vogler, Festschrift, 2004 (zitiert nach Seite)
GS Weßlau, 2016	Herzog/Schlothauer/Wohlers/Wolter, Rechtsstaatlicher Strafprozess und Bürgerrechte: Gedächtnisschrift für Edda Weßlau, Festschrift, 2016 (zitiert nach Seite)
GS Zipf, 1999	Gössel/Triffterer, Gedächtnisschrift für Heinz Zipf, Festschrift, 1999 (zitiert nach Seite)
Guradze EMRK	Guradze, Die Europäische Menschenrechtskonvention – EMRK-Kommentar, Kommentar, 1. Aufl. 1968 (zitiert nach Artikel und Randnummer)

Literatur

Hamm/Pauly Revision .... Hamm/Pauly, Die Revision in Strafsachen, Handbuch, 8. Aufl. 2020 (zitiert nach Randnummer)

Harris/O'Boyle/Warbrick/Bates Law of the European Convention .... Harris/O'Boyle/Warbrick/Bates, Law of the European Convention on Human Rights, Handbuch, 2. Aufl. 2003 (zitiert nach Seite)

Heghmanns/Herrmann Staatsanwalt ... Heghmanns/Herrmann, Das Arbeitsgebiet des Staatsanwalts, Lehrbuch, 6. Aufl. 2021 (zitiert nach Randnummer)

Heghmanns/Scheffler StrafVerf-HdB .... Heghmanns/Scheffler, Handbuch zum Strafverfahren, Handbuch, 1. Aufl. 2007 (zitiert nach Kapitel und Randnummer)

Hellebrand Staatsanwaltschaft .... Hellebrand, Die Staatsanwaltschaft, Monografie, 1999 (zitiert nach Randnummer)

Hentschel Trunkenheit .... Hentschel, Trunkenheit, Fahrerlaubnisentziehung, Fahrverbot, Handbuch, 10. Aufl. 2006 (zitiert nach Randnummer)

Hilgendorf/Kudlich/Valerius .... Hilgendorf/Kudlich/Valerius, Handbuch des Strafrechts, 2022 ff. (zitiert nach Verfasser, Band, Paragraf und Randnummer)

HK-EMRK .... Meyer-Ladewig/Nettesheim/v. Raumer, EMRK, Kommentar, 5. Aufl. 2023 (zitiert nach Artikel und Randnummer)

HK-StrafR .... Dölling/Duttge/König/Rössner, Gesamtes Strafrecht, Kommentar, 5. Aufl. 2022 (zitiert nach Randnummer)

HK-StPO .... Gercke/Temming/Zöller, Heidelberger Kommentar zur Strafprozessordnung (StPO), Kommentar, 7. Aufl. 2023 (zitiert nach Randnummer)

IntKommEMRK .... Golsong/Karl/Miehsler, Internationaler Kommentar zur Europäischen Menschenrechtskonvention (EMRK), Loseblattsammlung, Kommentar, 24. Aufl. 2019 (zitiert nach Randnummer)

Isele BRAO .... Isele, Bundesrechtsanwaltsordnung, Kommentar, 1. Aufl. 1976 (zitiert nach Seite)

Jäger Beweisverwertung .... Jäger, Beweisverwertung und Beweisverwertungsverbote im Strafprozess, Monografie, 1. Aufl. 2003 (zitiert nach Seite)

Jahn/Krehl/Löffelmann/Güntge Verfassungsbeschwerde .. Jahn/Krehl/Löffelmann/Güntge, Die Verfassungsbeschwerde in Strafsachen, Handbuch, 3. Aufl. 2025 (zitiert nach Randnummer)

Jahn/Nack Strafprozessrechtspraxis .... Jahn/Nack, Strafprozessrechtspraxis und Rechtswissenschaft – getrennte Welten?, Materialiensammlung, 1. Aufl. 2008 (zitiert nach Randnummer)

Literatur

Janiszewski Verkehrs-StrafR .... Janiszewski, Verkehrsstrafrecht, Lehrbuch, 5. Aufl. 2004 (zitiert nach Randnummer)

Jarass/Pieroth .... Jarass/Pieroth, Grundgesetz für die Bundesrepublik Deutschland: GG, Kommentar, 18. Aufl. 2024 (zitiert nach Artikel und Randnummer)

Joecks/Jäger/Randt .. Joecks/Jäger/Randt, Steuerstrafrecht, Kommentar, 9. Aufl. 2023 (zitiert nach Paragraf und Randnummer)

Jung/Müller-Dietz Dogmatik und Praxis StrafVerf .... Jung/Müller-Dietz, Dogmatik und Praxis des Strafverfahrens, Monografie, 1. Aufl. 1989 (zitiert nach Seite)

Katholnigg .... Katholnigg, Strafgerichtsverfassungsrecht, Kommentar, 3. Aufl. 1999 (zitiert nach Paragraf und Randnummer)

Kaum Beistand .... Kaum, Der Beistand im Strafprozessrecht, Monografie, 1. Aufl. 1992 (zitiert nach Seite)

Keller/Braun/Hoppe Telekommunikationsüberwachung ..... Keller/Braun/Hoppe, Telekommunikationsüberwachung und andere verdeckte Ermittlungsmaßnahmen, Monografie, 2. Aufl. 2015 (zitiert nach Seite)

Kindhäuser StrafProzR .... Kindhäuser, Strafprozessrecht, Lehrbuch, 4. Aufl. 2015 (zitiert nach Paragraf und Randnummer)

Kindhäuser/Schumann StrafProzR .... Kindhäuser/Schumann, Strafprozessrecht, Lehrbuch, 7. Aufl. 2023 (zitiert nach Paragraf und Randnummer)

Kissel/Mayer .... Kissel/Mayer, GVG, Kommentar, 11. Aufl. 2025 (zitiert nach Paragraf und Randnummer)

KK-OWiG .... Mitsch, Karlsruher Kommentar zum Gesetz über Ordnungswidrigkeiten: OWiG, Kommentar, 6. Aufl. 2025 (zitiert nach Paragraf und Randnummer)

KK-StPO .... Barthe/Gericke, Karlsruher Kommentar zur Strafprozessordnung: StPO, Kommentar, 9. Aufl. 2023 (zitiert nach Paragraf und Randnummer)

KMR-StPO .... von Heintschel-Heinegg/Bockemühl, KMR-Kommentar StPO, Loseblatt, Kommentar, 126. Edition 2024 (zitiert nach Paragraf und Randnummer)

Krack Rehabilitierung .... Krack, Rehabilitierung des Beschuldigten im Strafverfahren, Monografie, 1. Aufl. 2002 (zitiert nach Seite)

Kramer StrafVerfR .. Kramer, Grundbegriffe des Strafverfahrensrechts, Lehrbuch, 5. Aufl. 2002 (zitiert nach Randnummer)

Krause Urkundenbeweis .... Krause, Zum Urkundenbeweis im Strafprozess, Monografie, 1. Aufl. 1966 (zitiert nach Seite)

Krause/Nehring StrafVerfR .... Krause/Nehring, Strafverfahrensrecht in der Polizeipraxis, Handbuch, 1. Aufl. 1978 (zitiert nach Randnummer)

Krekeler/Löffelmann/Sommer .... Krekeler/Löffelmann/Sommer, Anwaltkommentar StPO, Kommentar, 2. Aufl. 2010 (zitiert nach Paragraf und Randnummer)

Krey Private Ermittlungen .... Krey, Zur Problematik privater Ermittlungen des durch eine

Straftat Verletzten, Monografie, 1. Aufl. 1994 (zitiert nach Seite)

Krey Rechtsprobleme ... Krey, Rechtsprobleme des strafprozessualen Einsatzes Verdeckter Ermittler, Monografie, 1. Aufl. 1993 (zitiert nach Randnummer)

Krey/Heinrich Dt. StrafverfR ... Krey/Heinrich, Deutsches Strafverfahrensrecht, Lehrbuch, 2. Aufl. 2018 (zitiert nach Paragraf und Randnummer)

Kube/Leineweber Polizeibeamte ... Kube/Leineweber, Polizeibeamte als Zeugen und Sachverständige, Monografie, 2. Aufl. 1980 (zitiert nach Seite)

Kühne StrafProzR ... Kühne, Strafprozessrecht, Monografie, 9. Aufl. 2015 (zitiert nach Randnummer)

Kunz StrEG ... Kunz, Gesetz über die Entschädigung für Strafverfolgungsmaßnahmen: StrEG, Kommentar, 4. Aufl. 2010 (zitiert nach Paragraf und Randnummer)

Lackner/Kühl/Heger ... Lackner/Kühl/Heger, StGB, Kommentar, 31. Aufl. 2025 (zitiert nach Paragraf und Randnummer)

Laubenthal/Nestler Strafvollstreckung ... Laubenthal/Nestler, Strafvollstreckung, Lehrbuch, 2. Aufl. 2018 (zitiert nach Randnummer)

Lauterwein Akteneinsicht ... Lauterwein, Akteneinsicht und -auskünfte für den Verletzten, Privatpersonen und sonstige Stellen: §§ 406e und 475 StPO, Monografie, 1. Aufl. 2011 (zitiert nach Seite)

Lechner/Zuck ... Lechner/Zuck, Bundesverfassungsgerichtsgesetz: BVerfGG, Kommentar, 8. Aufl. 2019 (zitiert nach Paragraf und Randnummer)

Lesch StrafProzR ... Lesch, Strafprozessrecht, Lehrbuch, 2. Aufl. 2002 (zitiert nach Paragraf und Randnummer)

Liebig Computerinhaltsdaten ... Liebig, Der Zugriff auf Computerinhaltsdaten im Ermittlungsverfahren – Cloud Computing, E-Mail und IP-Telefonie als neue rechtliche und technische Herausforderungen für die Strafverfolger, Monografie, 1. Aufl. 2015 (zitiert nach Seite)

Litwinski/Bublies Strafverteidigung ... Litwinski/Bublies, Strafverteidigung im Strafvollzug, Monografie, 1. Aufl. 1989 (zitiert nach Seite)

LK-StGB ... Cirener/Radtke/Rissing-van Saan/Rönnau/Schluckebier, Leipziger Kommentar Strafgesetzbuch: StGB, Kommentar, 14. Aufl. 2024 f. (zitiert nach Paragraf und Randnummer)

Löffler ... Löffler, Presserecht, Kommentar, 7. Aufl. 2023 (zitiert nach Paragraf und Randnummer)

Löwe/Rosenberg ... Löwe/Rosenberg, Die Strafprozessordnung und das Gerichtsverfassungsgesetz: StPO, Kommentar, 27. Aufl. 2017 ff. (zitiert nach Paragraf und Randnummer)

Marxen/Tiemann Strafsachen ... Marxen/Tiemann, Die Wiederaufnahme in Strafsachen, Handbuch, 3. Aufl. 2013 (zitiert nach Randnummer)

Meißner/Schütrumpf Vermögensabschöpfung	Meißner/Schütrumpf, Vermögensabschöpfung, Handbuch, 2. Aufl. 2022 (zitiert nach Randnummer)
Mellinghoff Strafverfahren	Mellinghoff, Fragestellung, Abstimmungsverfahren und Abstimmungsgeheimnis im Strafverfahren, Monografie, 1. Aufl. 1988 (zitiert nach Seite)
Meyer StrEG	Meyer, Strafrechtsentschädigung: Kommentar zum Gesetz über die Entschädigung für Strafverfolgungsmaßnahmen (StrEG), Kommentar, 11. Aufl. 2020 (zitiert nach Paragraf und Randnummer)
Meyer-Goßner Prozessvoraussetzungen	Meyer-Goßner, Prozessvoraussetzungen und Prozesshindernisse, Monografie, 1. Aufl. 2011 (zitiert nach Seite)
Meyer-Goßner/Appl Strafsachen	Meyer-Goßner/Appl, Die Urteile in Strafsachen, Lehrbuch, 30. Aufl. 2021 (zitiert nach Randnummer)
Miebach/Hohmann Wiederaufnahme	Miebach/Hohmann, Wiederaufnahme in Strafsachen, Handbuch, 1. Aufl. 2016 (zitiert nach Teil und Randnummer)
Montenbruck In dubio reo	Montenbruck, In dubio pro reo aus normentheoretischer, straf- und strafverfahrensrechtlicher Sicht, Monografie, 1. Aufl. 1985 (zitiert nach Seite)
MüKoStGB	Erb/Schäfer, Münchener Kommentar zum Strafgesetzbuch: StGB, Kommentar, 4. Aufl. 2020 ff. (zitiert nach Paragraf und Randnummer)
MüKoStPO	Knauer/Kudlich/Schneider, Münchener Kommentar zur Strafprozessordnung: StPO, Kommentar, 2. Aufl. 2023 (zitiert nach Paragraf und Randnummer)
Müller Sachverständigenbeweis-HdB	Müller, Der Sachverständige im gerichtlichen Verfahren – Handbuch des Sachverständigenbeweises, Handbuch, 3. Aufl. 1988 (zitiert nach Randnummer)
Münchhalffen/Gatzweiler Untersuchungshaft	Münchhalffen/Gatzweiler, Das Recht der Untersuchungshaft, Monografie, 3. Aufl. 2009 (zitiert nach Randnummer)
Niemöller/Schlothauer/Weider Verständigung	Niemöller/Schlothauer/Weider, Gesetz zur Verständigung im Strafverfahren, Kommentar, 1. Aufl. 2010 (zitiert nach Randnummer)
NK-JGG	Ostendorf, Jugendgerichtsgesetz, Kommentar, 11. Aufl. 2021 (zitiert nach Paragraf und Randnummer)
Paeffgen UntersuchungshaftR	Paeffgen, Vorüberlegungen zu einer Dogmatik des Untersuchungshaftrechts, Monografie, 1. Aufl. 1986 (zitiert nach Seite)
Park Durchsuchung	Park, Durchsuchung und Beschlagnahme, Handbuch, 5. Aufl. 2022 (zitiert nach Paragraf und Randnummer)
Patzak/Fabricius	Patzak/Fabricius, Betäubungsmittelgesetz, Kommentar, 11. Aufl. 2024 (zitiert nach Paragraf und Randnummer)

Literatur

Pelz StrafR .... Pelz, Strafrecht in Krise und Insolvenz, Monografie, 2. Aufl. 2011 (zitiert nach Randnummer)

Peters Fehlerquellen III .... Peters, Fehlerquellen im Strafprozess, Bd. 3: Wiederaufnahmerecht, Lehrbuch, 1. Auflage 1974 (zitiert nach Seite)

Peters StrafProzR .... Peters, Strafprozess, Lehrbuch, 4. Aufl. 1985 (zitiert nach Randnummer)

Peters/Altwicker EMRK .... Peters/Altwicker, Europäische Menschenrechtskonvention, Lehrbuch, 2. Aufl. 2012 (zitiert nach Artikel und Randnummer)

Pfeiffer .... Pfeiffer, Strafprozessordnung: StPO, Kommentar, 5. Aufl. 2005 (zitiert nach Paragraf und Randnummer)

Piller/Hermann ...... Justizverwaltungsvorschriften, Loseblatt bis 2011

Radtke/Hohmann .. Radtke/Hohmann, Strafprozessordnung: StPO, Kommentar, 1. Aufl. 2011 (zitiert nach Paragraf und Randnummer)

Ranft StrafProzR .... Ranft, Strafprozessrecht, Kommentar, 3. Aufl. 2005 (zitiert nach Randnummer)

Reid ECHR .... Reid, A Practitioner's Guide to the European Convention on Human Rights, Handbuch, 6. Aufl. 2019 (zitiert nach Seite)

Rengier ZeugnisverweigerungsR .... Rengier, Die Zeugnisverweigerungsrechte im geltenden und künftigen Strafverfahrensrecht, Monografie, 1. Aufl. 1979 (zitiert nach Seite)

Rogall Beweismittel Rogall, Der Beschuldigte als Beweismittel gegen sich selbst, Monografie, 1. Aufl. 1977 (zitiert nach Seite)

Rosenberg/Schwab/Gottwald ZivilProzR .... Rosenberg/Schwab/Gottwald, Zivilprozessrecht, Lehrbuch, 18. Aufl. 2018 (zitiert nach Paragraf und Randnummer)

Rosenmeier ErwachsenenStrafR .... Rosenmeier, Die Verbindung von Strafsachen im Erwachsenenstrafrecht, Monografie, 1. Aufl. 1973 (zitiert nach Seite)

Röttle/Wagner/Theurer Strafvollstreckung .... Röttle/Wagner/Theurer, Strafvollstreckung, Handbuch, 9. Aufl. 2023 (zitiert nach Randnummer)

Roxin/Schünemann StrafVerfR .... Roxin/Schünemann, Strafverfahrensrecht, Handbuch, 30. Aufl. 2022 (zitiert nach Paragraf und Randnummer)

Rüping Strafverfahren .... Rüping, Das Strafverfahren, Monografie, 3. Aufl. 1997 (zitiert nach Randnummer)

Satzger IntStrafR .... Satzger, Internationales und Europäisches Strafrecht – Strafanwendungsrecht: Europäisches Straf- und Strafverfahrensrecht, Völkerstrafrecht, Lehrbuch, 10. Aufl. 2022 (zitiert nach Paragraf und Randnummer)

SSW StGB .... Satzger/Schluckebier/Werner, StGB-Strafgesetzbuch, Kommentar, 6. Aufl. 2024 (zitiert nach Randnummer)

SSW StPO .... Satzger/Schluckebier/Werner, StPO-Strafprozessordnung, Kommentar, 6. Aufl. 2025 (zitiert nach Randnummer)

Scheffler Strafverfahren .... Scheffler, Die überlange Dauer von Strafverfahren, Handbuch, 1. Aufl. 1991 (zitiert nach Seite)

Schilken GerichtsVerfR .... Schilken, Gerichtsverfassungsrecht, Lehrbuch, 4. Aufl. 2007 (zitiert nach Randnummer)

Schlothauer/Nobis/Voigt/Wolf Untersuchungshaft .... Schlothauer/Nobis/Voigt/Wolf, Untersuchungshaft – mit Erläuterungen zu den UVollzG der Länder, Handbuch, 6. Aufl. 2023 (zitiert nach Randnummer)

Schlüchter RPflEntlG .... Schlüchter, Weniger ist mehr, Aspekte zum Rechtspflegeentlastungsgesetz, Monografie, 1. Aufl. 1992 (zitiert nach Seite)

Schlüchter Strafverfahren .... Schlüchter, Das Strafverfahren, Handbuch, 2. Aufl. 1983 (zitiert nach Paragraf und Randnummer)

Schmidt StPO/GVG Schmidt, Lehrkommentar zur Strafprozessordnung und zum Gerichtsverfassungsgesetz Teil II, Kommentar, 1. Aufl. 1957 (zitiert nach Paragraf und Randnummer)

Schmidt StPO/GVG Nachtrag .... Schmidt, Lehrkommentar zur Strafprozessordnung und zum Gerichtsverfassungsgesetz – Nachträge und Ergänzungen, Kommentar, 1. Aufl. 1966 (zitiert nach Paragraf und Randnummer)

Schmidt-Hieber StrafVerfR .... Schmidt-Hieber, Verständigung im Strafverfahren, Monografie, 1. Aufl. 1986 (zitiert nach Randnummer)

Schmidt-Räntsch .... Schmidt-Räntsch, Deutsches Richtergesetz: DRiG, Kommentar, 6. Aufl. 2019 (zitiert nach Paragraf und Randnummer)

Schomburg/Lagodny .... Schomburg/Lagodny, Internationale Rechtshilfe in Strafsachen = International Cooperation in Criminal Matters, Kommentar, 6. Aufl. 2020 (zitiert nach Gesetz und Randnummer)

Schorn .... Schorn, Die Europäische Konvention zum Schutze der Menschenrechte und Grundfreiheiten und ihr Zusatzprotokoll in Einwirkung auf das deutsche Recht, Kommentar, 1. Aufl. 1965 (zitiert nach Seite)

Schorn/Stanicki Präsidialverfassung .... Schorn/Stanicki, Die Präsidialverfassung der Gerichte aller Rechtswege, 2. Aufl. 1975 (zitiert nach Seite)

Schroeder/Verrel StrafProzR .... Schroeder/Verrel, Strafprozessrecht, Lehrbuch, 8. Aufl. 2022 (zitiert nach Randnummer)

Schünemann-Symposium .... Hefendehl/Bottke, Empirische und dogmatische Fundamente, kriminalpolitischer Impetus, Monografie, 1. Aufl. 2005 (zitiert nach Seite)

Seebode Untersuchungshaft .... Seebode, Der Vollzug der Untersuchungshaft, Monografie, 1. Aufl. 1985 (zitiert nach Seite)

Seier Beschwerde .... Seier, Das Rechtsmittel der sofortigen Beschwerde gegen strafprozessuale Nebenentscheidungen, 1. Aufl. 1980 (zitiert nach Seite)

Literatur

SK-StPO .... Wolter, Systematischer Kommentar zur Strafprozeßordnung und zum Gerichtsverfassungsgesetz, Kommentar, 6. Aufl. 2022 ff. (zitiert nach Paragraf und Randnummer)

Soiné StPO .... Soiné, Strafprozessordnung – Kommentar für Polizeibeamte im Ermittlungsdienst, Loseblatt (zitiert nach Paragraf und Randnummer)

Solbach/Klein .... Solbach/Klein, Anklageschrift, Einstellungsverfügung, Dezernat und Plädoyer, Kommentar, 12. Aufl. 2003 (zitiert nach Seite)

Sowada Gesetzliche Richter .... Sowada, Der gesetzliche Richter im Strafverfahren, Handbuch, 1. Aufl. 2002 (zitiert nach Seite)

Theuner Schweigepflicht .... Theuner, Die ärztliche Schweigepflicht im Strafrecht, Monografie, 1. Aufl. 2009 (zitiert nach Seite)

Thomas/Putzo .... Thomas/Putzo, Zivilprozessordnung: ZPO, Kommentar, 45. Aufl. 2024 (zitiert nach Paragraf und Randnummer)

TK-StGB .... Eisele, Tübinger Kommentar Strafgesetzbuch, Kommentar, 31. Aufl. 2025 (zitiert nach Paragraf und Randnummer)

Toepel Sachverständigenbeweis .... Toepel, Grundstrukturen des Sachverständigenbeweises, Monografie, 1. Aufl. 2002 (zitiert nach Seite)

Toussaint .... Toussaint, Kostenrecht: KostR, Kommentar, 55. Aufl. 2025 (zitiert nach Paragraf und Randnummer)

Tsambikakis Strafprozessuale Zeugnisverweigerungsrechte .... Tsambikakis, Strafprozessuale Zeugnisverweigerungsrechte aus beruflichen Gründen – Studien zu § 53a StPO, Monografie, 1. Aufl. 2011 (zitiert nach Seite)

Uhlenbruck .... Uhlenbruck, Insolvenzordnung: InsO, Kommentar, 16. Aufl. 2023 (zitiert nach Paragraf und Randnummer)

Ulrich Sachverständiger-HdB .... Ulrich, Der gerichtliche Sachverständige. Ein Handbuch für die Praxis, Handbuch, 13. Aufl. 2019 (zitiert nach Randnummer)

Volckart Verteidigung .... Volckart, Verteidigung in der Strafvollstreckung und im Vollzug, Monografie, 5. Aufl. 2014 (zitiert nach Randnummer)

Volk Prozessvoraussetzungen .... Volk, Prozessvoraussetzungen im Strafrecht, Handbuch, 1. Aufl. 1978 (zitiert nach Seite)

Volk/Engländer GK StPO .... Volk/Engländer, Grundkurs StPO, Lehrbuch, 10. Aufl. 2021 (zitiert nach Paragraf und Randnummer)

Wasserburg Strafverfahren .... Wasserburg, Die Wiederaufnahme des Strafverfahrens, Handbuch, 1. Aufl. 1983 (zitiert nach Seite)

Weigend Deliktsopfer .... Weigend, Deliktsopfer und Strafverfahren, Lehrbuch, 1. Aufl. 1989 (zitiert nach Seite)

Welp Strafprozessuale Überwachung .... Welp, Die strafprozessuale Überwachung des Post- und Fernmeldeverkehrs, Monografie, 1. Aufl. 1974 (zitiert nach Seite)

Wessing/Ahlbrecht Zeugenbeistand ...... Wessing/Ahlbrecht, Der Zeugenbeistand, Handbuch, 1. Aufl. 2013 (zitiert nach Randnummer)

Wohlers Staatsanwaltschaft .... Wohlers, Entstehung und Funktion der Staatsanwaltschaft, Monografie, 1. Aufl. 1994 (zitiert nach Seite)

Wolf GerichtsVerfassungsR .... Wolf, Gerichtsverfassungsrecht aller Verfahrenszweige, Lehrbuch, 6. Aufl. 1987 (zitiert nach Seite)

Wolf/Kempfer .... Wolf/Kempfer, StrVollstrO – Kommentar zur Strafvollstreckungsordnung, Kommentar, 10. Aufl. 2024 (zitiert nach Paragraf und Randnummer)

Wolter Theorie und Systematik StrafProzR .... Wolter, Zur Theorie und Systematik des Strafprozessrechts. Symposium zur Ehren von Hans-Joachim Rudolphi, 1995 (zitiert nach Seite)

Zipf StrafProzR ...... Zipf, Strafprozeßrecht, Lehrbuch, 2. Aufl. 1976

Zöller .... Zöller, Zivilprozessordnung: ZPO, Kommentar, 35. Aufl. 2024 (zitiert nach Paragraf und Randnummer)

Zopfs In dubio reo .. Zopfs, Der Grundsatz „in dubio pro reo“, Monografie, 1. Aufl. 1999 (zitiert nach Seite)

Einleitung

Übersicht

1 **A. Wesen des Strafprozesses. I. Begriff und Ziel des Prozesses.** Der **Prozess** ist ein rechtlich geordneter, v. Lage zu Lage sich entwickelnder Vorgang zur Gewinnung einer richterlichen Entsch. (innerhalb der ordentlichen Gerichtsbarkeit; Art. 95 Abs. 1 GG) über ein materielles Rechtsverhältnis (Schmidt StPO/GVG Rn. 56).

2 Sein **Ziel** ist nicht die Überführung des Angeklagten (wie im Inquisitionsprozess), sondern ein objektiver Ausspruch über Schuld, Strafe o. sonstige strafrechtliche Maßnahmen.

3 **1.** Die **Förmlichkeiten** des Rechtsganges haben neben ihrer Ordnungsfunktion weitgehend sachliche Bedeutung: Sie realisieren das Rechtsstaatsprinzip im Prozess (→ Rn. 18–22) u. die auf diesem begründete Unschuldsvermutung nach Art. 6 Abs. 2 **EMRK** (→ EMRK Art. 6 Rn. 12 ff.; BVerfGE 22, 265; BVerfG NJW 2013, 1058 (1061), um deren Widerlegung o. Bestätigung es im Prozess geht (weshalb das freisprechende Urt. kein Gestaltungsurteil ist im Gegensatz zum verurteilenden, das die Rechtswirkung des „Bestraftseins" herbeiführt; Schmidt StPO/GVG Rn. 31). Darüber hinaus sollen sie die Gefahr menschlichen Irrens in der Entsch. möglichst in Schranken halten (Geerds SchlHA 1964, 57). Sie sind „Wegweiser sowohl für Handeln als auch für Erkennen im Strafverfahren" (Hassemer FS Volk, 2009, 212).

4 **2. Ziel des Strafprozesses** ist die Schaffung v. Rechtsfrieden auf dem Wege des gewissenhaften Strebens nach Gerechtigkeit (Dölling FS Beulke, 2015, 679; Wolter Theorie und Systematik StrafProzR/Schlüchter S. 216). Normwidersprüche zwischen materiellem u. prozessualen Strafrecht sind durch einen grds. Vorrang des prozessualen Rechts aufzulösen (Sieber FS Roxin, 2001, 1138).

II. Staatliche Aufgabe. Der **Staat – für die Rechtsgemeinschaft** – macht dem Beschuldigten den Prozess. Daher gehört das Strafprozessrecht – das formelle Strafrecht – dem öffentl. Recht an. Die StPO ist ein Codex zur dynamischen Verteidigung der Gemeinschaft gegen den Rechtsbrecher, zur Durchsetzung u. Bewährung des materiellen Strafrechts, in rechtsstaatlicher Justizförmigkeit. Das Strafverfahrensrecht wird „als angewandtes Verfassungsrecht" verstanden (BVerfGE 32, 373 (383); BGHSt 19, 325 (330); vgl. → Rn. 18 ff.). Die Vorschr. der StPO dürfen Verfassungsrecht nicht verletzen, ihre Auslegung muss mit dem GG vereinbar sein (BVerfGE 12, 113 (124); → Rn. 193). Die StPO regelt, wann die einzelnen Bet. (→ Rn. 70 ff.) als Prozesssubjekte das Recht o. die Pflicht haben, sich in das Verf. einzuschalten, u. welche Mittel der Prozessgestaltung sie haben. Subjekt v. Prozesshandlungen (→ Rn. 94) ist auch der Beschuldigte, dessen Tat u. Verschulden Objekt der Untersuchung sind. **5**

Das Strafprozessrecht wird ergänzt durch die **„Strafprozesslehre"**, die sich mit dem Ablauf der prozessualen Vorgänge innerhalb der rechtlichen Regeln, mit den tatsächlichen Gegebenheiten u. Vollzügen im Prozess befasst (Peters, Fehlerquellen im Strafprozess, Bd. I 1970, Bd. 2 1972). Beispiele: → StPO § 162 Rn. 4, → StPO § 163 Rn. 28. **6**

1. Nur das durch den Kläger geltend gemachte Straf- und Rechtsfolgenverlangen wegen der in der Anklage bezeichneten Tat (vgl. §§ 151, 207, 264 Abs. 1 StPO), die dem Beschuldigten vorgeworfen wird (§ 155 Abs. 1 StPO), der Strafanspruch der Rechtsgemeinschaft, ist Gegenstand des Verf. (BGH StV 2014, 475). Auch der Schuldausspruch ist wesentlicher Bestandteil des Urt.; seine „Repressivwirkung" – diese ist kennzeichnend für das Strafverfahren – besteht in der Missbilligung durch die Rechtsgemeinschaft, einer „negativen sozialethischen Kennzeichnung des Täters" (Bruns, Teilrechtskraft und innerprozessuale Bindungswirkung des Strafurteils, 1961, S. 44). Er ist nicht Ahndung, dient aber als solcher sowohl spezial- als auch generalpräventiven Zwecken (Wagner GA 1973, 42). **7**

2. Die **Rehabilitation** des Verletzten o. des unschuldigen Angeklagten ist Nebenzweck des Verf. (Tiedemann FS Peters, 1984, 142; vgl. → StPO § 260 Rn. 40; → StPO § 267 Rn. 38), u. zwar aufgrund des materiellen Rechts, soweit es darüber Bestimmungen enthält (zB §§ 165, 200 StGB; BGHSt 11, 273), o. aus Gründen der Fairness (→ EMRK Art. 6 Rn. 4; → Rn. 155). Dieser Nebenzweck rechtfertigt aber nicht, das Verf. bei Entscheidungsreife noch wesentlich zu verlängern (→ StPO § 244 Rn. 13) o. gar eine im Entscheidungssatz nicht beschwerende Entsch. anzufechten (→ StPO Vor § 296 Rn. 11). Der Beschuldigte kann nicht verlangen, dass ein Strafverfahren allein zu dem Zweck fortgeführt wird, seine Unschuld zu beweisen (BGHSt 10, 88 (93); teilw. anders Krack Rehabilitierung S. 180). Wichtig ist jedoch: Jeder Freispruch enthält der Sache nach zumindest eine Bestätigung dafür, dass die Unschuldsvermutung nach Art. 6 Abs. 2 **EMRK** unwiderlegt geblieben ist (vgl. → Rn. 2 ff.). **8**

3. Der **Strafprozess ist kein Parteienprozess** wie das zivilrechtliche Verf. (vgl. aber Spendel FS Kohlmann, 2003, 683). **9**

Im Gegensatz zu diesem, das v. der Dispositionsmaxime (dh v. der Verfügungsfreiheit der Parteien) beherrscht ist u. in dem die Entsch. aufgrund einer v. Parteivorbringen abhängigen (formellen) Wahrheit ergeht, besteht im Strafprozess für die StA der Verfolgungszwang, das sog. Legalitätsprinzip (§ 152 Abs. 2 StPO), u. für StA u. das Gericht der Grundsatz der **Erforschung der materiellen Wahrheit** (§§ 160, 244 Abs. 2 StPO; vgl. dazu – in Abgrenzung zum amerikanischen Strafprozessrecht – Schünemann FS Fezer, 2008, 555). Dabei klärt das Gericht die Sache, mit der es befasst ist (vgl. → Rn. 37), vAw auf (sog. Ermittlungsgrundsatz, vgl. → StPO § 244 Rn. 10 ff.). **10**

III. Steuerstrafverfahren. Das Steuerstrafverfahren (wegen Steuer- u. Zollstraftaten, vgl. § 369 **AO**) ist in den §§ 385–408 **AO** geregelt. Es gelten folgende Besonderheiten: **11**

12 **1. FBeh an Stelle der StA:** Im reinen Steuerstrafverfahren führt die FBeh (FA, Hauptzollamt, Bundesamt für Finanzen; § 386 Abs. 1 S. 2 **AO**) das Ermittlungsverfahren wegen Steuerstraftaten anstelle der StA in eigener Verantwortung (§ 386 Abs. 2 **AO**), ohne an Weisungen der StA gebunden zu sein (BFHE 104, 187; OLG Stuttgart NStZ 1991, 291). Die StA kann jedoch das Ermittlungsverfahren jederzeit an sich ziehen; die FBeh kann es auch v. sich aus jederzeit an die StA abgeben. Wenn die StA das Verf. betreibt o. die Polizei nach § 163 StPO ermittelt, haben die Dienststellen u. Beamten der Steuer- u. Zollfahndung dieselben Rechte u. Pflichten wie die Behörden u. Beamten des Polizeidienstes; es gelten § 161 Abs. 1 S. 2 StPO sowie § 152 GVG (§ 404 **AO;** eing. dazu Harms GS Schlüchter, 2002, 451).

13 **2. Antrag auf Strafbefehl durch die FBeh:** Im Rahmen des § 407 Abs. 2 StPO kann die FBeh wegen einer Steuerstraftat den Erläuterungen eines Strafbefehls beim AG beantragen u. dadurch die öffentl. Klage erheben (§ 400 **AO;** → StPO § 407 Rn. 5). Hat sie einen Strafbefehl beantragt, so geht die weitere Zuständigkeit auf die StA über, wenn das Gericht den Strafbefehl nicht erlässt, sondern HV anberaumt (§ 408 Abs. 3 S. 2 StPO), o. wenn der Beschuldigte Einspruch gegen den Strafbefehl einlegt (§ 406 Abs. 1 **AO**). So entsteht das (zunächst eingeschränkte) Anklagemonopol der StA (§ 152 Abs. 1 StPO) wieder in Form der Befugnis, die Klage nach § 411 StPO zurückzunehmen, eine andere Anklage zu erheben o. das Ermittlungsverfahren einzustellen.

14 **3. Nebenbeteiligt** im Steuerstrafverfahren ist die FBeh in allen Abschn. des staatsanwaltschaftlichen o. gerichtlichen Verfahrens. Führt die StA das Ermittlungsverfahren, so hat die FBeh nicht nur dieselben Rechte u. Pflichten wie die Polizei (§ 402 **AO**), sondern ein eigenes Recht zur Akteneinsicht (§ 395 **AO**) u. zur Teilnahme an den Ermittlungshandlungen (§ 403 **AO**). Anklageschrift u. Strafbefehlsantrag werden ihr mitgeteilt (§ 403 Abs. 3 **AO**); vor Einstellung des Verf. durch die StA wird sie gehört (§ 403 Abs. 4 **AO**). Im gerichtlichen Verf. hat die FBeh ein selbstständiges Anhörungs- u. Informationsrecht (§ 407 **AO;** → Rn. 73).

15 **4. Zuständiges Gericht:**

a) AG-Sachen, konzentriert ab Anklage nach § 391 **AO:** Im vorbereitenden Verf. ist für alle richterlichen Entsch. u. Untersuchungshandlungen das AG zuständig, das auch bei anderen Delikten zuständig wäre, insbes. in den Fällen der §§ 98, 105, 111, 111e, 114, 125, 126a Abs. 2, 162 StPO. Wird die öffentl. Klage erhoben, sei es durch Einreichung einer Anklageschrift, sei es durch Strafbefehlsantrag, so ist das AG am Sitz des LG für das weitere Verf. zuständig, auch die StA bei diesem Gericht (§ 143 Abs. 1 GVG). Im Vorverfahren ist dieses AG nur für eine Prozesshandlung zuständig: Für die Zustimmung nach §§ 153 Abs. 1 und 153a Abs. 1 StPO. Die Konzentration für das Verf. nach Anklageerhebung gilt auch, wenn die Anklage auch andere Straftaten als Steuerstraftaten zum Gegenstand hat (§ 391 Abs. 4 **AO**).

16 **b) LG-Sachen:** Hier besteht die bes. Zuständigkeit der WirtschaftsStrK nach § 74c Abs. 1 Nr. 3 GVG.

17 **IV. Bußgeldverfahren.** Das Bußgeldverfahren nach dem OWiG liegt primär in der Hand der VerwB (§ 35 OWiG; vgl. aber II); ihre Entsch. unterliegen jedoch der gerichtlichen Nachprüfung (§§ 67 ff. OWiG). Für Bußgeldverfahren wegen Steuerordnungswidrigkeiten (einschl. Zollordnungswidrigkeiten, vgl. § 377 **AO**), gelten die §§ 409–412 **AO;** für die Einleitung gilt § 397 **AO** entspr. (§ 410 Abs. 1 Nr. 5 **AO**).

18 **V. Rechtsstaatsprinzip.** Das Rechtsstaatsprinzip – iSe materialen Wertordnung – besteht aus 2 Postulaten: dem der Rechtssicherheit u. dem der materiellen Gerechtigkeit. Strafprozessuale Zeugnisverweigerungsrechte u. Beschlagnahmeverbote stellen Ausnahmen v. der Pflicht zur umfassenden Aufklärung der materiellen Wahrheit dar u. können nicht beliebig begründet o. erweitert werden; danach kann die Vertraulichkeit journalistischer Arbeit nicht umfassend gewährleistet sein, u. §§ 94, 97 Abs. 5 StPO iVm § 53 Abs. 1 StPO sind mit Art. 5 Abs. 1 S. 2 GG vereinbar (BVerfG NJW 1988, 329 (330)). Ein wesentlicher Bestandteil der Ge-

rechtigkeit ist aber auch die Aufrechterhaltung einer funktionstüchtigen Rechtspflege, ohne die Gerechtigkeit nicht verwirklicht werden kann (BVerfGE 33, 367 (383); 74, 257 (262); eing. Landau NStZ 2011, 544; 2015, 669); aus diesem mit Verfassungsrang ausgestatteten Prinzip folgt das Gebot einer effektiven Strafverfolgung u. die wirksame Aufklärung gerade schwerer Straftaten (vgl. BT-Drs. 15/4533, 10; ausf. Nowrousian Kriminalistik 2020, 624 ff.). Den Widerstreit zwischen den beiden Postulaten muss in 1. Hinsicht der Gesetzgeber (ohne Willkür) entscheiden (BVerfGE 25, 269 (290); BVerfG NJW 2004, 739 (741). Das Rechtsstaatsprinzip erfordert ein Verf. vor dem ges. (Art. 101 Abs. 1 S. 2 GG; → GVG § 16 Rn. 4) u. unabhängigen (Art. 97 Abs. 1 GG; → GVG § 1 Rn. 1) Richter, in dem die gewährleisteten Grundrechte beachtet werden (Art. 1 Abs. 3 GG; Art. 2 ff. **EMRK**), insbes. die Würde des Menschen (Art. 1 Abs. 1 GG; BGHSt 5, 333), das allg. Persönlichkeitsrecht (Art. 2 Abs. 1 GG; BGHZ 13, 337), die Freiheit der Person (Art. 2 Abs. 2 S. 2 GG; BVerfGE 10, 273 (322)), die Gleichheit vor dem G (Art. 3 GG) u. das darin enthaltene Willkürverbot sowie der Ausschluss unmenschlicher Behandlung (→ EMRK Art. 3 Rn. 2).

1. Das Recht auf ein **faires, rechtsstaatliches Verfahren** gewährleistet das **19** Rechtsstaatsprinzip (Art. 20 Abs. 3 GG) iVm dem allg. Freiheitsrecht nach Art. 2 Abs. 1 GG (BVerfGE 26, 66 (71); 66, 313 (318); 24.8.2025 – 2 BvR 64/25; BGH NJW 2024, 3603). Es handelt sich um einen auf der Ebene des Verfassungsrechts angesiedelten allg. Grundsatz des Verfahrensrechts, der sich aus Art. 6 Abs. 1 S. 1 **EMRK** ergibt (→ EMRK Art. 6 Rn. 4); die zu Art. 6 **EMRK** entwickelte Rspr. des EGMR ist bei der Auslegung und Anwendung deutschen Strafverfahrensrechts mit zu berücksichtigen (BVerfG BeckRS 2025, 24851; im Einzelnen → EMRK Art. 6 Rn. 1 ff.). Den fair-trial-Grundsatz muss auch der Gesetzgeber als Leitlinie bei der Gesetzgebung zum Verfahrensrecht beachten. An ihm ist die Ausgestaltung des Strafprozesses zu messen, wenn und soweit keine spezielle verfassungsrechtliche Gewährleistung existiert BVerfG BeckRS 2025, 24851 mwN). Der Grundsatz darf nicht etwa an die Stelle v. Vorschr. der StPO oder v. Verfahrensgrundsätzen gesetzt werden, die sich aus ihnen ergeben (verfehlt daher BGHSt 32, 44: Wahlrecht des Angeklagten zwischen Rüge der Verletzung der StPO o. des fair trial-Grundsatzes; abl. auch Herdegen NStZ 1984, 343). Für die Strafgerichte kommt der Grundsatz somit nur zur Anwendung, wenn die StPO keine Einzelbestimmung zur Vfg. stellt (zur Anwendung des Grundsatzes im Strafverfahren vgl. BGHSt 49, 112 (120); BGH NJW 2024, 3603). Eine Verletzung des Rechtes auf ein faires Verf. liegt erst vor, „wenn eine Gesamtschau auf das Verfahrensrecht auch in seiner Auslegung und Anwendung durch die Fachgerichte ergibt, dass rechtsstaatlich zwingende Folgerungen nicht gezogen worden sind oder rechtsstaatlich Unverzichtbares preisgegeben wurde“; dabei sind auch die Berücksichtigung der Belange einer funktionstüchtigen Strafrechtspflege u. der Beschleunigungsgrundsatz in den Blick zu nehmen (BVerfG NJW 2012, 907 (909); 24.8.2025 – 2 BvR 64/25; BGH NJW 2024, 3603).

Die **Verfahrensrüge des Verstoßes gegen den Grundsatz des fairen Verf.** **19a** kann idR nicht in Betracht kommen, wenn der Angeklagte es unterlassen hat, den Tatrichter wegen Besorgnis der Befangenheit (§ 24 StPO) abzulehnen (BGH NStZ 2009, 168). Auch ohne Ablehnung des Richters hat BGHSt 53, 294 aber einen solchen zu einem Beweisverwertungsverbot führenden Verstoß in dem Fall angenommen, in dem eine heimliche Überwachung v. Ehegattengesprächen in einem eigens dafür zugewiesenen separaten Besuchsraum in der UHaft ohne die übliche erkennbare Überwachung vorgenommen worden war (nur iErg zust. Engländer JZ 2009, 1179; Klesczewski StV 2010, 462; Zuck JR 2010, 17; krit. unter Hinweis auf die Rspr. des EGMR zu Art. 6 EMRK Hauck NStZ 2010, 17; scharf abl. Rogall HRRS 2010, 289; zust. hingegen Brunhöber ZIS 2010, 761). Der Grundsatz gilt auch im Ermittlungsverfahren (dazu Soiné NStZ 2010, 597) u. ggü. allen Verfahrensbeteiligten (Lorenzen/Schiemann SchlHA 1997, 145 – OLG Schleswig RsprÜ; Böttcher FS Schöch, 2010, 937) u. kommt insbes. in Betracht, wenn das Gericht gegen einen v. ihm selbst geschaffenen Vertrauenstatbestand verstoßen hat

(VerfGH Thüringen NJW 2003, 740; erg. → StPO § 154a Rn. 2). Die Verletzung des Rechtsstaatsprinzips führt nicht zum Entstehen eines Prozesshindernisses (→ Rn. 148).

20 **2.** Der **Grundsatz der Verhältnismäßigkeit** v. Mittel u. Zweck, Methode u. Ziel, Stärke des Zugriffs u. Gemeinwohlnutzen ist mit Verfassungsrang ausgestattet (BVerfG NJW 1986, 767 (769)). Er verlangt, dass eine strafprozessuale Maßnahme unter Würdigung aller persönlichen u. tatsächlichen Umstände des Einzelfalles zur Erreichung des angestrebten Zwecks geeignet u. erforderlich ist, was nicht der Fall ist, wenn ein milderes Mittel ausreicht, u. dass der mit ihr verbundene Eingriff nicht außer Verhältnis zur Bedeutung der Sache u. zur Stärke des bestehenden Tatverdachts steht (BVerfGE 59, 95; 67, 157 (173); BVerfG BeckRS 2023, 28302; BayObLGSt 1978, 152 (157). Der Grundsatz ist in zahlreiche ges. Bestimmungen ausdr. aufgenommen worden, zB in §§ 81 Abs. 2 S. 2, 97 Abs. 5 S. 2 Hs. 2, 112 Abs. 1 S. 2, 120 Abs. 1 S. 1, 160a Abs. 2 S. 1, 163b Abs. 2 S. 2; 163d Abs. 1 S. 1 StPO; §§ 62, 74b Abs. 1 StGB; § 24 Abs. 1 OWiG.

21 **3.** Dieses **Verbot des Übermaßes** setzt der Zulässigkeit eines sonst zulässigen Eingriffs bei dessen Anordnung, Vollziehung u. Fortdauer eine Grenze (BVerfGE 32, 373 (379); 34, 238 (246)), zB bei körperlichen Eingriffen (→ StPO § 81a Rn. 18), bei Beschlagnahme u. Durchsuchung (→ StPO § 94 Rn. 18; → StPO § 102 Rn. 15a; → StPO § 103 Rn. 1a), bei Eingriffen in die Pressefreiheit (Art. 5 Abs. 1 S. 2 GG), bei denen zwischen den Erfordernissen einer freien Presse u. denen der Strafverfolgung abzuwägen ist (BVerfGE 15, 223; 20, 162 (186)). Dies gilt nach der Rspr. des BVerfG gleichermaßen für Eingriffe in die Wissenschaftsfreiheit (Art. 5 Abs. 3 S. 1 GG) bei der Beschlagnahme vertraulicher Daten eines Forschungsprojekts (BVerfG BeckRS 2023, 28302).

22 **4.** Dabei ergibt sich eine **Stufung in der Zulässigkeit** prozessualer Eingriffe nach der Schwere des Tatvorwurfs u. der Stärke des Tatverdachts. ZB kann eine Maßnahme zunächst unzulässig sein, aber nach gewissen Beweiserhebungen zulässig werden (vgl. BVerfGE 17, 117) o. sonst bei erst entstehendem Übergewicht des Interesses der Allgemeinheit gerechtfertigt sein (BVerfGE 27, 344).

23 **VI. Rechtliches Gehör.** Rechtliches Gehör (Art. 103 Abs. 1 GG) muss jedermann vor Gericht erhalten. Der Anspruch bedeutet, dass dem Betroffenen Gelegenheit gegeben werden muss, sich dem Gericht ggü. zu den gegen ihn erhobenen Vorwürfen zu äußern (BVerfGE 60, 175 (210)), Anträge zu stellen u. Ausführungen zu machen (BVerfGE 6, 19 (20); 36, 85 (87)), sowie dass das Gericht seine Ausführungen zur Kenntnis nehmen u. in Erwägung ziehen muss (BVerfGE 64, 135 (144); 65, 305 (307); BVerfG NJW 2021, 3654; BGHSt 28, 44 (46) mwN).

23a Die nähere Ausgestaltung des rechtlichen Gehörs ist den einzelnen Verfahrensordnungen überlassen (BVerfGE 67, 208 (211); 74, 228 (233)). Die Verletzung solcher Vorschr. stellt nicht zugleich einen Verstoß gegen Art. 103 Abs. 1 GG dar, es sei denn, das Gericht hätte bei ihrer Auslegung u. Anwendung die Bedeutung u. Tragweite des Anspruchs auf rechtliches Gehör verkannt (BVerfGE 60, 305 (310); 74, 228 (233)). Ein subjektives verfassungsmäßiges Recht, v. allen Behörden vor jeglichen belastenden Maßnahmen gehört zu werden, ist dagegen nicht gewährleistet (BayVerfGHE 18 II 140, 152; 25 II 143).

24 **1.** Auf die **Pflicht zur Wahrung der Menschenwürde** geht dieses Recht zurück (BVerfGE 7, 275 (279)). Es soll verhindern, dass der Mensch zum bloßen Objekt eines Verf. gemacht wird (BVerfGE 7, 53 (58); 9, 89 (95)), dient also keineswegs nur der Erforschung der Wahrheit.

25 **2. Jedermann** hat Anspruch auf rechtliches Gehör, dh jeder, der nach der maßgebenden Verfahrensordnung an einem gerichtlichen Verf. als Beschuldigter, Partei o. in ähnlicher Stellung bet. ist (BVerfGE 17, 361; → Rn. 73), gleichgültig, ob er eine natürliche o. jur., eine inländische o. ausl. Person ist (BVerfGE 12, 6). Der Bet. muss wissen, dass ein Beschwerdeverfahren anhängig ist (BVerfGE 19, 49 (51)) o. eine Prüfung im Vollstreckungsverfahren ansteht (zB § 454 StPO), bevor zu seinem Nachteil entschieden wird.

In manchen Fällen lässt das G die **Anhörung des Verteidigers** genügen, zB § 81 StPO. Sonst sind der Beschuldigte u. der Verteidiger zu hören (OLG Karlsruhe JZ 1969, 710). Jedoch darf bei schriftlicher Anhörung außerhalb der HV davon ausgegangen werden, dass eine Äußerung des Verteidigers im Hinblick auf seine Funktion (→ Rn. 82 ff., → StPO Vor § 137 Rn. 1 ff.) zugleich eine solche des Beschuldigten ist (Dallinger MDR 1974, 367 – BGH RsprÜ), nicht umgekehrt. **26**

Da das Strafverfahren nicht in die Rechtsstellung des Staates eingreift, hat **die StA nicht** den durch das GG garantierten Anspruch auf rechtliches Gehör, sondern nur ein verfahrensrechtlich gewährleistetes Recht auf Anhörung (vgl. § 33 Abs. 1, 2 StPO; OLG Braunschweig NJW 1962, 753; **aM** Schmidt StPO/GVG Nachtrag Rn. 16; Röhl NJW 1964, 275; erg. → StPO § 33a Rn. 3). **27**

3. Gelegenheit zur Äußerung muss dem Verfahrensbeteiligten gegeben werden, u. zwar in Kenntnis des Entscheidungsthemas zum Sachverhalt, zum Tatsachenstoff des Prozesses, den Tatsachen u. Beweisergebnissen, auch zu rechtserheblichen Verfahrenstatsachen (VerfGH Bayern VerwRspr 2016, 3). Dies gilt ferner in zumutbarer Weise (BGH NJW 1959, 1330) u. mit genügend Zeit (BVerfGE 8, 89), auch zu ihm bekannten Tatsachen o. Beweisergebnissen (BVerfGE 20, 349) u. zu offenkundigen Tatsachen (BVerfGE 10, 177 (182)). Dazu gehört die Bereitschaft, die Ausführungen des Bet. zur Kenntnis zu nehmen u. in Erwägung zu ziehen (BVerfGE 22, 267 (273); 40, 101); setzt das Gericht eine Frist zur Stellungnahme, muss es alle bis dahin eingegangenen Schriftsätze berücksichtigen (BVerfG NStZ-RR 2019, 256 Ls.). Auf die **Verletzung** des rechtlichen Gehörs lässt sich schließen, wenn das Gericht auf den wesentlichen Kern des Tatsachenvortrags eines Beteiligten zu einer Frage, die für das Verfahren von zentraler Bedeutung ist, in den Entscheidungsgründen nicht eingeht (BVerfG BeckRS 2025, 10336). Der Anspruch gewährt das Recht, tatsächliche u. rechtliche Ausführungen zu machen (BVerfGE 9, 259; 28, 378), Beweisanträge zu stellen u. darauf einen Bescheid zu bekommen (→ StPO § 244 Rn. 29), aber nicht einen Anspruch auf Beweiserhebung in Gegenwart des Bet. (BayObLG NJW 1960, 2287), auf Unmittelbarkeit der Beweisaufnahme (BVerfGE 1, 418 (429)), auf bestimmte Beweismittel o. auf bestimmte Arten v. Beweismitteln (BVerfGE 57, 250 (274)). **28**

Zu den Tatsachen und Beweisergebnissen muss das rechtliche Gehör gewährt werden (BVerfGE 57, 250 (274)). Es umfasst darüber hinaus das Gebot, Gelegenheit zu Rechtsausführungen zu geben. Zu der in Betracht kommenden Beweiswürdigung o. rechtlichen Beurteilung braucht der potenziell Betroffene nicht gehört zu werden, sofern sich der Gegenstand des Verf. nicht ändert (vgl. § 265 StPO). Insoweit schützt Art. 103 Abs. 1 GG die Prozessbeteiligten nicht vor Überraschungsentscheidungen (VerfGH Bayern NJW 1964, 2295; vgl. aber → Rn. 162). Im Übrigen verpflichtet Art. 103 Abs. 1 GG das Gericht grunds. nicht zu einem Hinweis auf seine Rechtsauffassung; auch wenn die Rechtslage umstr. o. probl. ist, muss daher ein Verfahrensbeteiligter grunds. alle vertretbaren Gesichtspunkte von sich aus in Betracht ziehen und seinen Vortrag darauf einstellen (BGH NStZ-RR 2026, 16; vgl. auch BVerfG NJW 2024, 1645). **29**

Das **nemo-tenetur-Prinzip** *(nemo tenetur se ipsum accusare* und *nemo tenetur se ipsum prodere)* o. der Grundsatz der Selbstbelastungsfreiheit bedeutet, dass niemand verpflichtet ist, sich selbst anzuklagen o. gegen sich selbst Zeugnis abzulegen; ein Beschuldigter ist grds. nicht verpflichtet, aktiv zur Sachaufklärung beizutragen (BVerfG NJW 2013, 1058 (1061); BGH NJW 2024, 3603; NStZ 2009, 705). Das Prinzip ist in Art. 14 Abs. 3 Buchst. g IPBPR (→ EMRK Vor Art. 1 Rn. 7) enthalten u. hat für Vernehmungen in § 136 Abs. 1 S. 2 StPO für den Beschuldigten (→ StPO § 136 Rn. 7) u. in § 55 Abs. 1 StPO für den Zeugen (→ StPO § 55 Rn. 1) Ausdruck gefunden, gilt aber als übergeordneter Rechtsgrundsatz (Radtke GA 2020, 470; Ranft StrafProzR Rn. 338) für das gesamte Strafverfahren (OLG Brandenburg NStZ-RR 2015, 53). Seine Verletzung soll nach einer Entsch. des 1. StS des BGH auch außerhalb v. Vernehmungen nach § 136 StPO anzunehmen sein u. zu einem Verwertungsverbot führen, so etwa wenn die Betroffene aufgrund **29a** gesundheitlicher Beeinträchtigungen ihre Aussagefreiheit faktisch nicht wahrnehmen konnte (BGH NStZ 2019, 36 mablAnm Vogler, der darin nur eine Einzelfallentscheidung sieht; dazu ferner Jahn NJW 2018, 1986 u. Mosbacher JuS 2018, 767; vgl. auch BGH NStZ-RR 2018, 286: Schweigen der Beschuldigten bei der Festnahme; erg. → StPO § 136 Rn. 20c, 25; **EMRK** Art. 6 Rn. 4, 4a, 4b).

29b Im Übrigen folgt aus dem Grundsatz auch die **Freiheit des Beschuldigten, selbst darüber zu befinden,** ob er an der Aufklärung des Sachverhalts in anderer Weise als durch Äußerungen zum Untersuchungsgegenstand aktiv mitwirken will o. nicht (BGH NJW 1996, 2940 (2942)). Dies schließt es aber nicht aus, dass der Beschuldigte bestimmte Ermittlungsmaßnahmen dulden muss (→ § 81b Rn. 16, 16a; → § 81a Rn. 1).

29c Der Beschuldigte darf zwar einen Zeugen nicht aktiv zu einer Falschaussage bewegen, ist aber grds. nicht verpflichtet, eine Falschaussage zu verhindern o. auf sie hinzuweisen (vgl. BGH NStZ 2019, 537). Er darf auch nicht zu Tests, Tatortrekonstruktionen, Schriftproben o. zur Schaffung ähnlicher für die Erstattung eines Gutachtens notwendiger Anknüpfungstatsachen gezwungen werden (BGHSt 34, 39 (46); vgl. auch EGMR NJW 2006, 3117: unzulässige zwangsweise Verabreichung eines Brechmittels; dazu Renzikowski FS Amelung, 2009, 669; erg. → EMRK Art. 3 Rn. 2). Der nemo tenetur Grundsatz verbietet es aber nicht, Erkenntnisse aus der Erfüllung von gesetzlichen Mitwirkungspflichten, die dem Schutz v. Gemeinwohlbelangen dienen, an die Strafverfolgungsbehörden weiterzuleiten (BGH BeckRS 2019, 33989: iRd Notaraufsicht geprüfte Unterlagen).

29d **Schutz vor unbewusster Selbstbelastung oder vor Irrtum** (BGH BeckRS 2019, 21921) bietet der Grundsatz nicht (BGHSt 40, 66 (71); BGH NJW 1996, 2940 (2943)), anders jedoch uU bei einer durch Ausnutzung eines geschaffenen Vertrauensverhältnisses entlockten Aussage (BGHSt 52, 11; BGH NStZ 2009, 343) o. bei einem verdeckten Verhör eines inhaftierten Beschuldigten durch einen als Besucher getarnten nicht offen ermittelnden Polizeibeamten unter Zwangseinwirkung (BGHSt 55, 138; zust. Kretschmer HRRS 2010, 343). Kein Verwertungsverbot besteht aber, wenn eine Privatperson unter Verheimlichung ihres Ermittlungsinteresses einen Tatverdächtigen veranlasst, mit ihr ein Gespräch über die Tat zu führen u. dies Gespräch gem. § 100f StPO abgehört u. aufgezeichnet wird (BGH NStZ 2011, 596 mablAnm Eisenberg JR 2011, 409). Ergänzend → Rn. 80, → StPO § 136a Rn. 4a, → **EMRK** Art. 6 Rn. 4 ff.

29e Der in verschiedenen Vorschr. der StPO garantierte **Schutz des Angehörigenverhältnisses** (§§ 52 Abs. 1, Abs. 3, 97 Abs. 1, 100c Abs. 6, 252 StPO) gehört in seinem Kernbestand zu den rechtsstaatlich unverzichtbaren Erfordernissen eines fairen Verf. (BVerfG NJW 2010, 287). Ob das Prinzip auch für JPen gilt, gegen die behördliche Ermittlungen mit dem Ziel ihrer Sanktionierung durchgeführt werden, ist umstr. (vern. BVerfGE 95, 220; Rogall FS Beulke, 2015, 984: jedenfalls „prinzipiell" Arzt JZ 2003, 456; bejahend hingegen Fink wistra 2014, 457; Schuler JR 2003, 265; eing. Queck, Die Geltung des nemo-tenetur-Grundsatzes zugunsten von Unternehmen, 2005). Zur Bedeutung des Grundsatzes im Steuerstrafverfahren vgl. BGH JR 2005, 300).

30 4. **Nur bei drohender Beschwer** (→ StPO Vor § 296 Rn. 8 ff.) hat der Bet. (→ Rn. 70) den Anspruch auf Gehör. Erforderlichenfalls muss er mehrmals gehört werden, weil keine Tatsache u. kein Beweisergebnis gegen ihn verwendet werden darf, wenn er dazu nicht gehört worden ist (vgl. → Rn. 35). Das gilt auch bei verfahrensrechtlichen Tatsachen (VerfGH Bayern NJW 1962, 1387).

31 5. Die **Nichtausnutzung der Gelegenheit** zur Äußerung ändert nichts daran, dass dem Betroffenen das rechtliche Gehör gewährt worden ist. Der Betroffene muss also uU die nach Lage der Sache bestehenden prozessualen Möglichkeiten, sich das rechtliche Gehör zu verschaffen, ausnutzen, zB durch Wortmeldung o. Antrag auf Vertagung (vgl. BGH LM StPO § 33 Nr. 1); sonst verwirkt er den Anspruch (BVerfGE 5, 10), zB in den Fällen der §§ 231 Abs. 2, 231a, 231b, 232, 233 StPO. Jedoch braucht er sich nicht zu erkundigen, ob Neues beigebracht worden ist, selbst wenn er hiermit rechnen muss; er darf sich vielmehr darauf verlassen, dass er verständigt wird, wenn eine Verwertung zu seinem Nachteil erwogen wird (BVerfGE 15, 218).

6. Vor der Entscheidung des Gerichts (→ Rn. 121 ff.) ist grds. das rechtliche Gehör zu gewähren (vgl. §§ 33, 33a, 311 Abs. 3, 311a StPO; zum Strafbefehlsverfahren → StPO § 407 Rn. 24). Bei Maßnahmen, die nur der technischen Prozessführung dienen, braucht das rechtliche Gehör nicht gewährt zu werden (vgl. → Rn. 30), zB nicht vor der Bestimmung eines Termins (vgl. → StPO § 213 Rn. 6). 32

7. Das **Gericht** muss das rechtliche Gehör gewähren o. veranlassen o. sich vergewissern, dass es gewährt worden ist. Unter dieser Voraussetzung genügt es, dass der StA mit Bezug auf die bevorstehende richterliche Entsch. (→ Rn. 121 ff.) die Gelegenheit zur Äußerung gibt, insbes. vor einer Entsch., die ohne mündliche Verh. ergeht (erg. → StPO § 33 Rn. 11). Ebenso kommt die Anhörung über den Verteidiger in Betracht (→ StPO § 33 Rn. 12). 33

8. Die **Heilung des Mangels** ist möglich, u. zwar bei widerruflichen Entsch. (→ Rn. 112 ff.) durch Widerruf u. neue Entsch. o. durch Nachholung des rechtlichen Gehörs zur Prüfung des Widerrufs; iÜ in der Rechtsmittelinstanz (BVerfGE 5, 22), falls sie Tatsacheninstanz ist (BVerfGE 8, 182). Ist der Beschl., bei dessen Zustandekommen das rechtliche Gehör nicht o. nicht vollständig gewährt worden ist (§ 33 Abs. 3 StPO), für das Gericht, das ihn erlassen hat, sonst nicht mehr abänderbar, so hat es den Mangel des rechtlichen Gehörs dennoch in einem Nachverfahren zu heilen, vgl. §§ 33a, 311a StPO, auch § 311 Abs. 3 StPO. 34

9. Ein **Verwertungsverbot bes. Art** (das nicht zum Beweisrecht gehört, → Rn. 51 ff.) besteht für Tatsachen u. Beweisergebnisse, zu denen das rechtliche Gehör nicht gewährt worden ist; sie dürfen nicht für eine Entsch. zuungunsten eines Bet. verwendet werden, der nicht die Gelegenheit zur Äußerung erhalten hat (§ 33 Abs. 1, 3 StPO; BVerfGE 13, 24 (191)). Das ergibt sich für das Urt. auch aus § 261 (→ StPO § 261 Rn. 6, 7). 35

Das **Verwertungsverbot besteht nicht,** wenn die Anhörung nach § 33 Abs. 4 StPO oder einer anderen rechtfertigenden Vorschr. unterblieben o. durch eigenes Verhalten des Bet. **verwirkt** worden ist (vgl. aber § 33a StPO). Die Nichtgewährung des Fragerechts nach Art. 6 Abs. 3 Buchst. d **EMRK** führt nicht zu einem Verwertungsverbot. 36

VII. Mitwirkung der StA. Die Mitwirkung der StA, der das Anklagemonopol zusteht (§ 152 Abs. 1; StPO Ausnahmen: § 374 StPO, ferner § 400 **AO;** → Rn. 13) u. für die das Legalitätsprinzip gilt (§ 152 Abs. 2), gibt dem Strafprozess sein bes. Gepräge. Nur die Strafsachen, die sie dem Gericht durch Anklageerhebung zur Entsch. unterbreitet, werden Gegenstand eines gerichtlichen Strafverfahrens. StA u. Gericht sind zwei voneinander unabhängige Rechtspflegeorgane (vgl. § 150 GVG), die auf das gleiche Ziel hinarbeiten (erg. → GVG Vor § 141 Rn. 1, 3). 37

Für die Abweichung v. normalen Verf. verlangt das G in vielen Fällen die **Übereinstimmung beider Organe,** zB bei Einstellung des Verf. nach den §§ 153 Abs. 1, Abs. 2, 153a Abs. 1, Abs. 2, 153b Abs. 1, Abs. 2, 153e Abs. 1, Abs. 2, 154 Abs. 2 StPO; ferner beim Strafbefehl hins. Verfahrensart u. Inhalt (§§ 407, 408 StPO), bei Verwerfung der Revision ohne HV durch Beschl. (§ 349 Abs. 2, 3 StPO), bei Strafbemessung durch das Revisionsgericht ohne eigene Tatsachenverhandlung (§ 354 Abs. 1 StPO). Über Wesen u. Stellung der StA vgl. → Rn. 87 sowie → GVG Vor § 141 Rn. 1 ff. 38

VIII. Mitwirkung der Polizei. Kriminal- u. Schutzpolizei sind gemeinsam Träger der Verbrechensbekämpfung, auch der Strafverfolgung. In der Mehrzahl der Länder bearb. die Schutzpolizei die „kleine" bis zur „mittleren" Kriminalität sowie die OWien, die Kriminalpolizei dagegen die Strafsachen, in denen ihre bes. Kenntnisse u. Möglichkeiten v. überwiegender Bedeutung sind. Im funktionalen Sinn ist jede Strafverfolgungstätigkeit kriminalpolizeiliche Betätigung. Zum Verhältnis StA- 39

Polizei bei Überlappung v. Strafverfolgung u. Gefahrenabwehr vgl. → StPO § 161 Rn. 13, → StPO § 163 Rn. 17.

40 **1.** Der **erste Zugriff** (§ 163) **obliegt der Polizei** in ihrer Strafverfolgungstätigkeit (Kriminalpolizei im materiellen, funktionellen Sinn). Sie untersteht dabei dem Legalitätsprinzip, dh dem Verfolgungszwang (vgl. zu §§ 152 Abs. 2, 163 Abs. 1 StPO). Da die ersten Anhaltspunkte für die Verfolgung v. Straftaten überw. im polizeilichen Bereich zutage treten, werden die meisten Ermittlungsverfahren v. der Polizei eingeleitet. Sie verfügt auch über zahlreiche Dateien, Slg. u. technische Einrichtungen, die der Aufklärung v. Verbrechen dienen, sowie über den kriminalpolizeilichen Nachrichten- u. Fahndungsapparat, auch auf int. Basis. Hierzu gehören neben dem bekannten Instrumentarium v. Interpol (vgl. § 3 Abs. 1 BKAG) auch Europol (§ 3 Abs. 1 BKAG; ABl. 1995 C 316, 1; → Rn. 207 f.) u. der Kooperationsverbund zwischen den Polizeien der Schengen-Staaten (alle EU-Staaten außer dem Vereinigten Königreich u. Irland, Bulgarien, Rumänien u. Zypern, aber auch Island u. Norwegen u. die Schweiz) durch das SDÜ (§ 3 Abs. 2 BKAG; → Rn. 216). Für die Personen- u. Sachfahndungspraxis v. erheblicher Bedeutung ist das Schengener Informationssystem (SIS); es besteht aus dem Zentralrechner in Straßburg (C. SIS) u. den nationalen Schengener Informationssystemen (N. SIS). Die Polizei hat ihre Verh. nach den Ermittlungen, die keinen Aufschub gestatten, ohne Verzug der StA vorzulegen, damit diese die ihr v. G zugewiesene Leitung des Ermittlungsverfahrens übernehmen kann (vgl. auch Nr. 3 RiStBV; → StPO § 163 Rn. 3 ff.). Bei Steuerstraftaten haben das Recht u. die Pflicht zum ersten Zugriff auch die in § 404 **AO** bezeichneten FBeh.

41 **2. Ermittlungsorgan der StA** ist die Polizei, gleichviel, ob sie v. sich aus beim ersten Zugriff o. auf Ersuchen der StA tätig wird (vgl. → Rn. 61). Die StA trägt die Verantwortung für die Durchführung des Verf. in rechtlicher u. tatsächlicher Hinsicht (Peters StrafProzR Rn. 183). Die Behörden u. Beamten des Polizeidienstes sind verpflichtet, den Ermittlungsersuchen der StA nachzukommen (§ 161 Abs. 1 S. 2 StPO; → StPO § 161 Rn. 11). In noch stärkerer Bindung an die StA stehen diejenigen Beamten, die Ermittlungspersonen der StA sind (vgl. zu § 152 GVG).

42 In Steuerstrafsachen ist auch die **FBeh Ermittlungsorgan des StA** (§ 402 **AO**). Führt die FBeh das Ermittlungsverfahren selbständig (§ 386 Abs. 2 **AO**), so tritt sie an die Stelle des StA (§ 399 **AO**) u. kann Ermittlungen durch die Polizei vornehmen lassen (→ Rn. 12).

43 **3. Bei der Vollstreckung,** für die die StA zu sorgen hat (→ StPO § 36 Rn. 10), wirkt die Polizei ebenfalls mit, u. zwar in jeder Lage des Verf., also auch noch bei der Vollstreckung des Sicherungshaftbefehls nach § 453c oder des Vollstreckungshaftbefehls nach § 457 Abs. 2 (vgl. auch → GVG § 152 Rn. 1; §§ 25, 37 MEPolG; Art. 67, 68 BayPAG). Selbstverständlich vollzieht sie auch ihre eigenen Anordnungen (zB nach §§ 98 Abs. 1, 105 Abs. 1, 111e Abs. 1 S. 2 StPO).

44 **4. Auch für den Richter** wird die Polizei auf Ersuchen tätig, zB im Vorverfahren, wenn der Richter als Not-StA eingreift (§ 165), bei der Sitzungspolizei (§ 176 GVG, → GVG § 176 Rn. 14) u. in sonstigen Fällen der Vollzugs- o. Amtshilfe durch polizeigemäße Handlungen (§ 25 MEPolG; Art. 67 BayPAG).

45 **5. Zwang** darf **nur** angewandt werden, **soweit das Strafverfahrensrecht dies zulässt** (vgl. § 136a Abs. 1 S. 2 StPO). Dieser Grundsatz, der sich auch aus Art. 2 Abs. 2 GG ergibt, entspr. dem öffentlich-rechtlichen Gesetzesvorbehalt für hoheitliche Eingriffe (Krey, Studien zum Gesetzesvorbehalt im Strafrecht, 1977; erg. → StPO § 163 Rn. 32). Die Zulässigkeit kann sich aus dem Sinn u. Zweck der durchzusetzenden Anordnung ergeben, zB bei Verhaftung, Durchsuchung, Beschlagnahme, körperlicher Untersuchung (KG JR 1979, 347).

46 Über **die Art und Weise der Anwendung unmittelbaren Zwanges** enthält die StPO keine Regelung. Für sie gelten jew. die Regelungen, die für das den Zwang anwendende Organ erlassen sind, für die Polizei also die polizeirechtlichen Regelungen (§§ 35 ff. MEPolG, zB Art. 75 ff. BayPAG). Über unmittelbaren Zwang durch Soldaten der Bundeswehr, denen militärische Wach- o. Sicherheits-

aufgaben übertragen sind, u. zivile Wachpersonen vgl. das UZwGBw, durch Bedienstete der JVA vgl. zB Art. 101 ff. BayStVollzG. Zur Anordnung unmittelbaren Zwanges durch die StA bestehen bundeseinheitliche RLn (RiStBV). Nur im Fall des § 81c Abs. 6 S. 2 StPO macht das G die Anwendung unmittelbaren Zwanges v. einer bes. Anordnung des Richters abhängig.

IX. Beweis. Das **gesamte Strafverfahren,** dh das Ermittlungsverfahren, das tatrichterliche Verf. u. zT auch das Revisionsverfahren bestehen aus dem Suchen nach Beweisen, der Erhebung der Beweise, ihrer Würdigung u. aus dem Ziehen v. Konsequenzen aus den Beweisergebnissen in der Form v. Entsch. (→ Rn. 121 ff.). **47**

1. Der **Begriff Beweis** wird in der StPO **in unterschiedlichem Sinn gebraucht** (erg. → StPO § 244 Rn. 2). Die Erhebung o. Aufnahme eines Beweises (vgl. §§ 163a Abs. 2, 244 Abs. 1, 245, 246 Abs. 1 StPO) besteht darin, dass ein Beweismittel in das Verf. eingeführt u. zur Gewinnung eines Beweisergebnisses verwendet wird. Beweisergebnis (vgl. § 33 Abs. 3 StPO) ist das, was das Beweismittel an tatsächlichem Beurteilungsstoff für die Entsch. der Beweisfrage ergibt. Zu den Beweisergebnissen muss das rechtliche Gehör gewährt werden (§§ 33 Abs. 1 und 3, 258, 261 StPO; → Rn. 23 ff.). Die Gesamtheit der Beweisergebnisse, einschl. der Indizien (→ StPO § 261 Rn. 25), wird durch die Beweiswürdigung für die zu treffende Entsch. verwertet (§ 261 StPO). Die gleiche Methode wird bei jeglicher Beweiswürdigung angewendet, die einer Entsch. o. Maßnahme eines Strafverfolgungsorgans vorausgeht u. nur einen bestimmten Verdachtsgrad voraussetzt, zB bei der Prüfung, ob dringender Tatverdacht vorliegt (§§ 112 Abs. 1, 127 Abs. 2 StPO) o. genügender Anlass zur Erhebung der öffentl. Klage (§ 170 Abs. 1 S. 1 StPO) o. hinreichender Tatverdacht als Voraussetzung für die Eröffnung des Hauptverfahrens (§ 203 StPO) besteht. **48**

2. Die Beweismittel des Strafverfahrens sind: Zeugen (§§ 48 ff. StPO), Sachverständige u. Augenschein (§§ 72 ff. StPO), Urk. ua Schriftstücke (§§ 249 ff. StPO), ferner die Aussagen der Beschuldigten (§§ 136, 163a Abs. 1, 243 Abs. 3 StPO) u. der Mitbeschuldigten (vgl. zB § 251 Abs. 1, 2 StPO), obwohl deren Vernehmung nicht zur Beweisaufnahme im prozesstechnischen Sinn gehört (§ 244 Abs. 1 StPO). Die sog. persönlichen Beweismittel treten durch ihre Aussage in Funktion; die sog. sachlichen Beweismittel, dh die Gegenstände, die als Beweismittel für die Untersuchung v. Bedeutung sind (§ 94 Abs. 1 StPO), also die Beweisgegenstände (vgl. § 102 StPO), u. die beweiserheblichen wahrnehmbaren Sachgegebenheiten u. Vorgänge werden durch Einnahme des Augenscheins zur Kenntnis genommen, soweit es sich nicht um Urkundenbeweis handelt. Dieser Verlesungsbeweis dient der Ermittlung des gedanklichen Inhalts eines Schriftstückes (→ StPO § 249 Rn. 1); es kommt mittelbar derjenige zu Wort, der eine Aussage in die Urk. gelegt hat. Es gibt auch noch andere Verbindungen v. Personal- u. Sachbeweis, zB wenn eine Sachbeobachtung durch einen Zeugen geschildert o. durch einen Sachverständigen bewertet wird. Von großer Bedeutung ist insoweit der kriminaltechnische Sachbeweis, also die kriminalistische Sicherung u. Auswertung der Tatspuren. Der Mensch kann nicht nur Aussageperson, sondern auch Gegenstand des Augenscheins sein (→ StPO § 86 Rn. 14). Seine Leiche gehört sogar (im Gegensatz zum lebenden Körper) zu den Beweisgegenständen iSd § 94 StPO, ist also beschlagnahmefähig. Untersuchungen, Experimente u. Versuche sind der einen o. anderen Beweisart zuzurechnen (BGH NJW 1961, 1486), je nachdem, ob sie nur geschildert o. unmittelbar zur Wahrnehmung der an der Verh. Bet. vorgeführt werden. Vielfach werden dabei mehrere Beweisarten kombiniert, zB bei Erläuterung einer Augenscheinseinnahme durch einen Sachverständigen o. Zeugen o. den Angeklagten. Daher bleibt keine Lücke: Tatsachen, Vorgänge u. Gegenstände jeder Art können auf dem einen o. anderen Wege beweismäßig erfasst u. verwertet werden. **49**

X. Beweisverbote. Beweisverbote (umfassende Erörterung in Löwe/Rosenberg/Gössel Einl. L; vgl. ferner Pitsch, Strafprozessuale Beweisverbote. Eine systematische, praxisnahe und rechtsvergleichende Untersuchung unter besonderer Be- **50**

rücksichtigung des Steuerstrafverfahrens, der Zufallsfunde und der Fernwirkungsproblematik, 2009) hindern die Erhebung u. Verwertung v. Beweisen, schränken also die Amtsaufklärungspflicht nach § 244 Abs. 2 StPO ein, wobei eine rechtswidrige Ermittlung selbstverständlich auch dann unzulässig ist, wenn sie nicht zu einem Beweisverwertungsverbot (→ Rn. 55) führen würde (Gössel NStZ 1998, 127). Solche Beschränkungen müssen im Interesse eines rechtsstaatlichen Verf. hingenommen werden; die **StPO zwingt nicht zur Wahrheitserforschung um jeden Preis** (BGHSt 14, 358 (365); 31, 304 (308)). Allgemein wird zwischen den (wenigen) ges. (zB § 136a Abs. 3 S. 2 StPO) u. den (vielen) nicht normierten Beweisverwertungsverboten unterschieden; letztere werden wiederum aufgeteilt in selbstständige, dh solche, bei denen die Beweiserhebung rechtmäßig war (zB § 479 Abs. 2 S. 1 StPO), u. unselbständige Beweisverwertungsverbote, denen ein Verfahrensverstoß vorangegangen ist (zB Verstoß gegen § 52 Abs. 3 S. 1 StPO); gegen diese Unterscheidung aber Duttge FS v. Heintschel-Heinegg, 2015, 103 (108), der zutr. darauf hinweist, dass dann, wenn ein Beweismittel einem Verwertungsverbot unterliegen wird, schon die Beweiserhebung an sich verboten ist. Der Begriff Beweisverbote ist iÜ nach hM der **Oberbegriff für Beweiserhebungs- u. Beweisverwertungsverbote** (Küpper JZ 1990, 416). Ergänzend → Rn. 55, 55a.

50a Ein **Zwischenbescheid,** in dem sich das Gericht zur Frage eines Beweisverbots erklären müsste, ist in der tatrichterlichen HV **nicht vorgesehen;** es ist dem Gericht aber nicht verboten, seine Rechtsauffassung hierzu mitzuteilen (BGH NStZ 2007, 719; erg. → StPO § 136 Rn. 26).

51 **1.** Bei den **Beweiserhebungsverboten** wird zwischen Beweisthema-, Beweismittel- u. Beweismethodenverboten unterschieden (zur unterschiedlichen Terminologie vgl. Strate JZ 1989, 176).

52 **Beweisthemaverbote** verwehren es dem Richter, bestimmte Tatsachen aufzuklären. Dazu gehören insbes. Tatsachen, die bereits in anderen Verf. o. in dem anhängigen Verf. bindend festgestellt sind. Unaufklärbar sind auch geheimhaltungsbedürftige Tatsachen, zB solche, die dem Beratungsgeheimnis nach § 43 DRiG unterliegen o. nach § 174 Abs. 3 GVG geheim zu halten sind. Über Vorverurteilungen dürfen keine Feststellungen getroffen werden, wenn sie getilgt o. tilgungsreif sind (§ 51 Abs. 1 **BZRG;** entspr. Rechtsfehler sind auf die Sachrüge zu überprüfen → § 344 Rn. 15).

53 **Beweismittelverbote** untersagen die Benutzung bestimmter Beweismittel, zB v. Zeugen, die v. ihrem Zeugnisverweigerungsrecht nach §§ 52 ff. StPO, Art. 38 Abs. 1 GG (Wahlgeheimnis) o. Art. 47 Abs. 1 GG (Abg.) o. von ihrem Untersuchungsverweigerungsrecht nach § 81c Abs. 3 StPO Gebrauch machen o. die nach § 54 StPO zur Aussageverweigerung verpflichtet sind. Urkunden dürfen nicht benutzt werden, wenn eine Sperrerklärung nach § 96 StPO vorliegt, ferner nicht in den Fällen der §§ 250, 252 StPO.

54 **Beweismethodenverbote** untersagen eine bestimmte Art u. Weise der Beweisgewinnung, die aber sonst zulässig ist. In Betracht kommen insbes. die Verbote des § 136a StPO.

55 **2. Beweisverwertungsverbote** können sich aus Beweiserhebungen ergeben, die gegen ein Beweisthema- o. Beweismittelverbot verstoßen haben. Beweisverwertungsverbot bedeutet, dass die so ermittelten Tatsachen nicht zum Gegenstand der Beweiswürdigung u. Urteilsfindung gemacht werden dürfen; Beweisverwertungsverbote sind schon im **Ermittlungsverfahren** zu beachten (BGH JR 2020, 81). Wird der Angeklagte nur durch das unverwertbare Beweismittel belastet, führt dies nach bisher allgM zum Freispruch (Wohlers GS Weßlau, 2016, 434; vgl. auch BGHSt 51, 202 (206)). In manchen Fällen sieht das **Gesetz ausdrücklich** ein **Verwertungsverbot** vor, zB in §§ 69 Abs. 3, 136a, 252 StPO sowie in § 51 Abs. 1 **BZRG** (BGH NStZ 2016, 468; NStZ-RR 2024, 388: auch im 2. Rechtsgang zu berücksichtigen; vgl. → StPO § 261 Rn. 14), auch in §§ 4 Abs. 6, 7 Abs. 6 **G 10,** § 101 Abs. 8 UrhG u. auch in § 393 Abs. 2 **AO** (dazu BGH NStZ 2002, 436; 2002, 437; BayObLGSt 1996, 126; BayObLG StraFo 1998, 54; abl. BGH wistra 1999, 341). **Sonst** löst die fehlerhafte Beweiserhebung aber **nicht zwangs-**

läufig ein **Verwertungsverbot** aus (BVerfG NJW 2011, 2417 (2418); 2011, 2783, 2784; NStZ 2006, 46 BGHSt 19, 325 (331); 24, 125 (128); 25, 325 (331); 27, 355 (357); 31, 304 (308); 33, 83; 34, 39 (52); 37, 30 (32); 38, 214 (219); 44, 243). Nach der Rspr. des BVerfG stellt ein Beweisverwertungsverbot v. Verf. wegen eine **begründungsbedürftige Ausnahme** dar (BVerfG NJW 2010, 287; 2010, 2937 (2938); 2011, 2417 (2419)); ähnlich die stRspr des BGH (BGH 13.2.2025 – 5 StR 491/23, 28.10.2025 – 3 StR 583/24: EncroChat-Daten; BGH NJW 2025, 1584 mAnm Mosbacher JuS 2025, 742 (747) u. abl Anm Böse JZ 2025, 937 u. Zeyher StV 2025, 512 zur – verfassungsmäßig unbedenklichen (BVerfG BeckRS 2025, 25383) – Verwertung von ANOM-Daten; NJW 2022, 2126 (2128); NStZ 2023, 117, jeweils mwN: nur im Einzelfall aus übergeordneten wichtigen Gründen anzuerkennende Ausnahme). Ein Beweisverwertungsverbot kann aber insbes. „nach schwerwiegenden, bewussten oder objektiv willkürlichen Rechtsverstößen, bei denen grundrechtliche Sicherungen planmäßig oder systematisch außer Acht gelassen worden sind, geboten sein" (BVerfG NJW 2012, 907 (910); BGH 9.1.2025 – 1 StR 54/24; NJW 2022, 2126 (2128); BeckRS 2025, 2408).

Auf allgemein-verbindliche Regeln, unter welchen Voraussetzungen ein solches Verbot besteht, haben sich Rspr. u. Lehre nicht einigen können (zu Systematisierungsversuchen vgl. Beulke ZStW 103 (1991), 665; Hauf NStZ 1993, 457; Heghmanns ZIS 2016, 404; Jäger GA 2008, 473; Mitsch NJW 2008, 2300). Es werden im Wesentlichen drei verschiedene Auff. vertreten (näher dazu mwN Löwe/Rosenberg/Gössel Einl. L Rn. 202 ff.: **55a**

Die **„Schutzzwecklehre"** will den Schutzzweck der verletzten Norm über das Eintreten eines Verwertungsverbots entscheiden lassen (wiederum abw. die v. Jäger (so) vertretene „beweisgegenständliche Schutzzwecklehre"); die **„Lehre vom informationellen Folgenbeseitigungs- und Unterlassungsanspruch"** sieht die Verwertungsverbote dagegen als Mittel zur Beseitigung einer rechtswidrigen Informationslage (→ Rn. 50 aE). Der BGH hat die sog. **Rechtskreistheorie** entwickelt; mögliche Rechtsverletzungen bei der Beweiserhebung, die den Rechtskreis des Angekl. nicht wesentlich berühren, etwa ausschl. dem Schutz des Staates (§§ 54, 96 StPO) o. dritter Personen (§§ 55, 81c StPO) dienen, können danach kein Verwertungsverbot begründen (vgl. BGH BeckRS 2022, 22161; → StPO § 55 Rn. 17). Bei Verletzung des § 136a gilt nach der Rspr. allerdings, dass sich ein Angekl. auch auf den Verstoß hinsichtlich ihn belastender Angaben eines Zeugen oder Mitangeklagten berufen kann, selbst wenn sein Rechtskreis dadurch eigentlich nicht berührt ist, und dass dieses Verwertungsverbot nur die betroffenen Angaben selbst, nicht aber spätere Angaben des Zeugen oder Mitangeklagten betrifft (BGH NStZ 2021, 431; Mosbacher JuS 2023, 131 (136); → § 136a Rn. 27 ff.). **55b**

Ansonsten **vertritt die Rspr.** die v. BVerfG (NJW 2012, 907 (911); NStZ-RR 2019, 118) gebilligte **„Abwägungslehre".** Sie geht v. Einzelfall aus u. entscheidet nach der Sachlage u. der Art des Verbotes. Insoweit ist stets das Interesse des Staates an der Tataufklärung gegen das Individualinteresse des Bürgers an der Bewahrung seiner Rechtsgüter abzuwägen (BGHSt 52, 110; BGH NStZ 2023, 117; NJW 2022, 2126 (2128); NJW 2025, 1584 mAnm Mosbacher JuS 2025, 742 (747);; krit. Hassemer FS Maierhofer, 1988, 183; Trüg/Habetha NStZ 2008, 484; **abl.** zur Abwägungslehre Lesch FS Volk, 2009, 311; Neuhaus StV 2010, 49; Wohlers StV 2008, 434; Wolter, der in Wolter FS Roxin, 2001, 1151 stattdessen zwischen Verletzungen des Gesetzes im Kern – absolutes Verwertungsverbot –, erheblicher Verletzung – relatives Verwertungsverbot – u. nicht-erheblichen Verletzungen – Abwägungstheorie – unterscheidet; vgl. auch Ambos Beweisverwertungsverbote S. 49 „besonders gravierende Gesetzesverstöße gegen die Menschenwürde und fundamentale menschenrechtliche Standards oder bei gezielter oder bewusster Missachtung von Verfahrensvorschriften"; ähnlich auch Jahn Gutachten C zum 67. DJT, 2008; StraFo 2011, 125, nach dessen „Beweisbefugnislehre" wegen der überragenden Bedeutung v. Art. 1 Abs. 1 S. 1 GG jeder tatsächlich vorliegende u. noch fortwirkende Verstoß gegen den Menschenwürdegrundsatz ausnahmslos zur **55c**

Unzulässigkeit des Verwertungsakts führt u. Verstöße gegen sonstige Freiheitsgrundrechte stets ein Beweisverwertungsverbot nach sich ziehen, wenn der Verwertungsakt ihren Wesensgehalt verletzt).

55d Es kommt danach immer darauf an, ob **höherwertige Rechtsgüter den Verzicht auf Beweismittel u. Beweisergebnisse,** mit denen die Überführung eines Straftäters gelingen könnte, **unabweislich** machen (vgl. BGHSt 19, 325 (331); 125, 130; 27, 355 (357); 34, 39 (53). Das Gewicht des Verfahrensverstoßes, das sich va danach bemisst, ob der Rechtsverstoß seitens der staatlichen Ermittlungsorgane gutgläubig, fahrlässig o. vorsätzlich begangen wurde (BGH BeckRS 2025, 2408; 2021, 35071) u. seine Bedeutung für die rechtlich geschützte Sphäre des Betroffenen sind bei der Abwägung somit ebenso zu beachten wie die Erwägung, dass der Staat eine funktionstüchtige Rechtspflege zu gewährleisten hat; danach liegt ein Verwertungsverbot nahe, wenn die verletzte Verfahrensvorschrift dazu bestimmt ist, die Grundlagen der verfahrensrechtlichen Stellung des Beschuldigten zu sichern (BGHSt 38, 214 (220) oder wenn dies andernfalls zu einer Begünstigung rechtswidriger Beweiserhebungen führen würde (BGH BeckRS 2025, 2408)), hingegen nicht, wenn seine Auswirkungen auf die geschützten Interessen unbedeutend sind (Rogall FS Hanack, 1999, 308; zu den wichtigsten Parametern Jahn FS Stöckel, 2010, 266).

55e Muss nach diesen Grundsätzen auf die Sachaufklärung verzichtet werden (vgl. bei den einzelnen Vorschr.), so gilt das grds. **gleichermaßen für Entlastungs- wie Belastungsbeweise** (KMR-StPO/Paulus StPO § 244 Rn. 547; Radtke/Hohmann/Radtke Rn. 85; vgl. BGHSt 57, 71 (78); BGH NJW 2022, 2487; OLG Hamburg NJW 2005, 2326 (2329); Mosbacher JuS 2023, 131 (136); **aM** Trüg NStZ 2023, 173; Erb GA 2017, 113; Jahn/Geck JZ 2012, 566; Ladiges StV 2012, 517: nur für Belastungsbeweise; Güntge StV 2005, 403: falls dadurch nicht grdl. Prinzipien des Verfahrensrechts verletzt werden o. gegen übergeordnete Interessen verstoßen würde; Wohlers JR 2012, 391 will dem Beschuldigten zugestehen, über die Verwertbarkeit disponieren zu können; vgl. aber eing. auch Hamm StraFo 1998, 361; Nack StraFo 1998, 366 sowie Amelung StraFo 1999, 181 zur Verwertbarkeit rechtswidrig gewonnener Beweismittel zugunsten des Angeklagten).

56 Auch **unmittelbar aus dem GG** können sich Beweisverbote ergeben (BVerfGE 34, 238; BGHSt 14, 358; 19, 325 (329); 31, 304 (308)). Dabei kann es sich um die Wahrung der Grundrechte des Angeklagten, eines Zeugen o. eines unbeteiligten Dritten handeln (BayObLGSt 1978, 152). Ein Beweisverbot besteht auch, wenn nur bei der Verwertung des Beweises in unzulässiger Weise in Grundrechte eingegriffen wird (BVerfGE 34, 238). Ein verfassungsrechtliches Beweisverbot kann sich insbes. aus dem Grundrecht nach Art. 2 Abs. 1 GG iVm Art. 1 Abs. 1 GG ergeben, das dem Staatsbürger einen Bereich privater Lebensgestaltung gewährleistet, der unantastbar u. jeder Einwirkung der öffentl. Gewalt entzogen ist (BVerfGE 35, 202 (220); BGHSt 31, 296 (299); BGHZ 73, 120 (122 ff.)). Selbst sehr schwerwiegende Interessen der Allgemeinheit können einen Eingriff in diesen Kernbereich nicht rechtfertigen; eine Abwägung findet hier nicht statt; den Kernbereich betr. Informationen dürfen nicht verwendet u. damit auch nicht in einem Urt. verwertet werden (BVerfG NJW 2012, 907 (908)). Daher ist ein mittels akustischer Überwachung aufgezeichnetes **Selbstgespräch** (uU anders als eine Tagebuchaufzeichnung, dazu gleich unter → Rn. 56a) stets unverwertbar, da es dem durch Art. 2 Abs. 1 GG iVm Art. 1 Abs. 1 absolut geschützten Kernbereich zuzurechnen ist (BGHSt 50, 206; 57, 71) lässt dabei die Tatsache des Selbstgesprächs genügen u. verzichtet auf jede Bewertung des Inhalts, kommt demnach auch zur Unverwertbarkeit, wenn sich das Selbstgespräch mit einer konkreten Straftat befasst (zust. Ernst/Sturm HRRS 2012, 374; Jahn/Geck JZ 2012, 561; Mitsch NJW 2012, 1486; abl. Allgayer NStZ 2012, 399; Warg NStZ 2012, 237; Zimmermann GA 2013, 162; eing. Traub, Die Verwertbarkeit von Selbstgesprächen im Strafverfahren, 2015). Dagegen gehören Gespräche, die Angaben über konkret begangene Straftaten enthalten, nicht zum unantastbaren Kern privater

Lebensgestaltung (BVerfG 109, 279 (319); BGHSt 50, 206 (212); 57, 71 (77); BGH BeckRS 2019, 5424).

Schriftliche Aufzeichnungen (insbes. **Tagebücher**), die der Intimsphäre des Angeklagten o. eines Zeugen angehören, können unverwertbar sein (BVerfGE 34, 238 (245); BGHSt 19, 325; BayObLGSt 1992, 44; zum notwendigen Revisionsvorbringen vgl. Holtz MDR 1991, 486 – BGH RsprÜ). Solche Aufzeichnungen sind zwar – anders als Unterlagen, die der Verteidigung dienen (BGHSt 44, 46; erg. → StPO § 97 Rn. 37, → StPO § 148 Rn. 2) – nicht schlechthin v. der Verwertung ausgenommen (BVerfGE 80, 367; Geppert JR 1988, 474; **aM** Otto FS Kleinknecht, 1985, 328). Keine Bedenken bestehen, wenn sie nur äußere Ereignisse festhalten (Plagemann NStZ 1987, 570). Sie können ferner verwertet werden, falls sie Angaben über begangene (BGH NJW 1995, 269: Abschiedsbrief bei Selbsttötungsversuch nach versuchtem Mord; **aM** Wolter StV 1990, 179) o. bevorstehende schwere Straftaten enthalten (BVerfGE 80, 367). In sonstigen Fällen ist nach BGH (BGHSt 34, 397 (401); BGH NJW 1994, 1970; vgl. auch VerfGH Berlin NJW 2004, 593; OLG Schleswig StV 2000, 11) zwischen dem Persönlichkeitsschutz nach Art. 1, 2 GG einerseits u. den Belangen einer funktionsfähigen Strafrechtspflege andererseits abzuwägen. Das BVerfG (BVerfGE 80, 367) erklärt eine solche Abwägung im absolut geschützten **Kernbereich persönlicher Lebensgestaltung** hingegen für unzulässig (dazu Amelung NJW 1990, 1754 f.; Plagemann NStZ 1987, 570 mit Bedenken gegen die Brauchbarkeit dieser Unterscheidung); auch iÜ hält es aber zutr. eine Abwägung für erforderlich. Es hat (BVerfGE 80, 367 bei einem Abstimmungsergebnis von 4: 4) die Verwertung für zulässig erachtet, wenn die intimen Aufzeichnungen in einem unmittelbaren Bezug zur konkreten schweren Straftat stehen (dagegen – mit der unterlegenen Senatsmeinung – Jahn NStZ 2000, 383; Störmer NStZ 1990, 398; Wolter StV 1990, 179). Auch in einer weiteren Entsch. (BVerfG StraFo 2008, 421 zu § 176 Abs. 1 StGB) hat das BVerfG daran festgehalten, dass die Verwertung privater Aufzeichnungen, die nicht zum absolut geschützten Kernbereich gehören, durch das öffentl. Interesse an einer möglichst vollständigen Wahrheitsermittlung gerechtfertigt sein kann. Bei der Abwägung kann auch der Gesichtspunkt der Entlastung des Beschuldigten o. eines Dritten eine Rolle spielen (BVerfGE 80, 367; **aM** Wolter StV 1990, 177; Amelung NJW 1990, 1758: nicht zum Zwecke der Nachforschung). Amelung (NJW 1988, 1002; 1990, 1758) will die Problematik über Art. 4 Abs. 1 GG (Gewissensfreiheit) lösen (ähnlich Lorenz GA 1992, 274; abl. Störmer NStZ 1990, 397). Nur der Tagebuchverfasser selbst kann aber der Verwertung widersprechen (offengelassen v. BGH NStZ 1998, 635). **56a**

Angesichts der durch § 201 StGB geschützten **Vertraulichkeit des nichtöffentlichen Wortes** ist eine heimliche Gesprächsüberwachung durch die Strafverfolgungsbehörden nur unter den Voraussetzungen der §§ 100a, 100c und 100f StPO zulässig (BGHSt 31, 296; 39, 335). Beweise, die v. den Strafverfolgungsbehörden aufgrund einer rechtswidrig hergestellten Tonaufnahme gewonnen werden, sind im Strafverfahren unverwertbar, wenn der Betroffene die Verwertung nicht gestattet hat (BGHSt 34, 379 (400); 36, 167 (172)); zur Abwehr einer gegenwärtigen Gefahr ist eine Verwertung unter bes. Umständen (Notwehr, Nothilfe) denkbar (BGHSt 14, 358; 34, 39 (51)). **56b**

Rechtswidrig v. Privatpersonen erlangte Beweismittel sind dagegen grds. im Strafverfahren verwertbar, die Beweisverwertungsverbote der StPO gelten für Privatpersonen grds. nicht (vgl. BVerfG NJW 2011, 2417; BGH BeckRS 2021, 24870 mwN; Hoven/Wiedmer StV 2022, 247 (252)). Wird allerdings ein Gespräch mit dem Beschuldigten heimlich aufgezeichnet, ist dessen schutzwürdiges Interesse an der Nichtverwertung einer unter Verletzung seines Persönlichkeitsrechts zustande gekommenen Aufnahme mit dem öffentl. Interesse an einer vollständigen Wahrheitsermittlung im Strafprozess abzuwägen (BVerfGE 34, 238; BGHSt 36, 167 (172)); vgl. auch Hoven/Wiedmer StV 2022, 247 (253): durch „Pädophilenjäger" erlangte Aufnahmen; → StPO § 163 Rn. 40 ff.). Voraussetzung für die Verwertung ist, dass die Strafverfolgungsbehörden die – rechtswidrig hergestellte – Tonband- **56c**

aufnahme rechtmäßig (zB durch eine Beschlagnahme nach § 94 StPO) erlangt hat (BGHSt 36, 167). Diese Grundsätze gelten auch für Beweiserhebungen aufgrund heimlich angefertigter Lichtbild-, Film- o. Videoaufnahmen sowie die Beweisgewinnung durch heimliche Beobachtungen (vgl. hierzu §§ 100h, 163f StPO). Ein datenschutzrechtlicher Verstoß gegen § 6b Abs. 2 BDSG aF begründet die Unverwertbarkeit einer Videoaufzeichnung grds. nicht (OLG Hamburg NStZ 2017, 726; vgl. auch BGH BeckRS 2021, 24870; erg. → StPO § 100h Rn. 1a f.). Auch Daten u. Informationen, die durch Hacks erlangt wurden, sind grds. verwertbar (vgl. Michaelis MMR 2020, 586 (591)). Zum Arzt-Patienten-Gespräch → StPO § 53 Rn. 19a, zum Ankauf v. Steuerdaten-CDs → StPO § 136a Rn. 3a, 3b, → StPO § 161 Rn. 5).

56d Aus einer **Missachtung der in Art. 8 der RL 83/189/EWG** des Rates v. 28.3.1983 über ein Informationsverfahren auf dem Gebiet der Normen u. technischen Vorschr. festgelegten Verpflichtung, eine technische Vorschr. über Alkoholmeter mitzuteilen, folgt kein Verwertungsverbot für ein nach diesem Alkoholmeter gewonnenen Beweis (EuGH NStZ 1999); ebenso für Radarmessgeräte AG Bad Hersfeld NZV 1999, 349.

56e **3. Verwertungsverbote in Fällen mit Auslandsbezug:** Den deutschen Gerichten steht grds. eine Überprüfung dahingehend, ob im Ausland getroffene Maßnahmen dem dortigen Recht entsprechen, nicht zu (BGHSt 58, 32; OLG Saarbrücken NStZ 2023, 764). Im Rechtshilfeverkehr ist es vielmehr mit Blick auf die Souveränität des anderen Staates geboten, Strukturen und Inhalte fremder Rechtsordnungen und -anschauungen grundsätzlich zu achten, auch wenn sie nicht mit den innerstaatlichen – etwa deutschen – Auffassungen übereinstimmen (vgl. BGH NJW 2025, 1584). **Grundsätzlich sind auch Beweise verwertbar,** die im Ausland aufgrund eines **Rechtshilfeersuchens** gewonnen wurden, wenn das Recht des ersuchten Staates beachtet wurde, selbst wenn dieses nicht dasselbe Schutzniveau wie das deutsche Recht aufweist (Radtke NStZ 2017, 109; vgl. auch Griesbaum FS Breidling, 2017, 121 (139 f.)); dies gilt selbst dann, wenn im Ausland zulässige Maßnahmen zur Beweisermittlung angewandt wurden, die im deutschen Recht keine Entsprechung haben (Pauli NStZ 2021, 146 (148) mwN). Ein Verwertungsverbot im deutschen Strafprozess kommt allerdings in Betracht, wenn bei der Beweiserhebung im Ausland gewichtige Schutzgarantien des deutschen Rechts nicht berücksichtigt werden, obwohl dies nach dem ausl. Recht möglich gewesen wäre (vgl. BGHSt 42, 86 (91 ff.); Griesbaum FS Breidling, 2017, 121 (140 f.); Radtke NStZ 2017, 109, der allerdings mit Recht darauf hinweist, dass sich dies bei Rechtshilfeersuchen auf EU-Ebene nach Art. 4 Abs. 1 EuRhÜbk u. Art. 9 Abs. 1 der RL 2014/41/EU über eine Europäische Ermittlungsanordnung in Strafsachen nicht mehr manifestieren wird, da insoweit die Beweiserhebung im Ausland durch die ausl. Behörden nach dem Recht des ersuchenden Staates erfolgt).

56f Im Übrigen richtet sich die **Verwertbarkeit** mittels Rechtshilfe eines ausl. Staates erlangter Beweise nach dem **inländischen Recht** (BGH NJW 2025, 1584; BGHSt 58, 32 (36);OLG Saarbrücken NStZ 2023, 764). Das bedeutet zunächst, dass Rechtsverstöße nach dem ausl. Recht wie auch Verstöße gegen rechtshilferechtliche Vorschr. nicht automatisch ein Verwertungsverbot der betroffenen Beweise nach sich ziehen (Radtke NStZ 2017, 109; s. bereits → Rn. 56e); berücksichtigt werden etwa Schutzzwecküberlegungen (BGHSt 34, 334 (343 f.)) 58, 32 (38)) u. ein hypothetisch rechtmäßiger Ermittlungsverlauf (BGHSt 58, 32 (41); → Rn. 57c).

56g Die **Unverwertbarkeit** von im Wege der Rechtshilfe erlangten Beweismitteln kann sich jedoch ergeben, wenn die Grundsätze des nationalen und europäischen ordre public (§ 73 Satz 1 IRG) oder allg. rechtsstaatliche o. menschenrechtliche Grundsätze verletzt sein können (BGH NJW 2025, 1584; BGHSt 58, 32;) oder die Ermittlungshandlung der Umgehung nationaler Vorschriften diente (OLG Saarbrücken NStZ 2023, 764 (765). Im Übrigen kommt es wie auch sonst auf eine Abwägung der im Rechtsstaatsprinzip angelegten gegenläufigen Ziele u. Gebote an, va eine Abwägung v. Art u. Gewicht des Verstoßes mit den wesentlichen

Belangen der Urteilsfindung (BGHSt 52, 110 (116): Verstoß gegen Belehrungspflicht nach Art. 36 Abs. 1 Buchst. b S. 3 WÜK führt nicht zu Verwertungsverbot; vgl. auch – verfassungsmässig unbedenklich (BVerfG BeckRS 2025, 25383) – BGH NJW 2025, 1584: **Anom-Dateien;** zur Verwertbarkeit der Erkenntnisse in den sog. **Encrochat-Fällen** → StPO § 100e Rn. 23a ff.; erg. zu den Abwägungskriterien → Rn. 55a). Allein der Verstoß gegen Art. 41 SDÜ genügt ebenfalls nicht (s. aber OLG Koblenz NStZ 2017, 108 mit zutr. ablAnm Radtke). Ergänzend zu Art. 25 GG unter dem Blickwinkel eines Prozesshindernisses → Rn. 149, vgl. ferner → StPO § 251 Rn. 13, 34 ff.

Aus **Art. 6 EMRK** folgt nach der Rspr. des EGMR kein *allgemeines* Verbot, **56h** rechtswidrig o. gar menschenrechtswidrig erlangte Beweise gegen den Angeklagten zu verwerten (EGMR NJW 2010, 213; dazu eing. u. krit. Gaede JR 2009, 493; → **EMRK** Art. 6 Rn. 4b).

4. Ob ein Beweisverwertungsverbot eine **Fernwirkung** hat, also auch andere **57** Beweismittel unverwertbar macht, deren Vorhandensein erst bei der unverwertbaren Beweiserhebung bekannt geworden ist, richtet sich nach der Sachlage u. der Art des Verbots (BGHSt 27, 355 (357); 29, 244 (249)). Grundsätzlich besteht keine Fernwirkung (BGHR StPO § 110a Fernwirkung 1; OLG Köln NZV 2001, 137 mwN; Roxin/Schünemann StrafVerfR § 24 Rn. 60; **aM** SK-StPO/Rogall StPO § 136a Rn. 113: Abwägung zwischen den Interessen des Beschuldigten u. dem Strafverfolgungsinteresse; eing. mit Rspr.-Übersicht Meyer-Mews HRRS 2015, 398), anders nur in Einzelfällen (BGH StV 2017, 12). Die Gegenmeinung (Grünwald JZ 1966, 500; Haffke GA 1973, 79; Spendel NJW 1966, 1105) stützt sich va auf die nordamerikanische „fruit of the poisonous tree-doctrine", nach der auch mittelbare Beweisergebnisse einem Verwertungsverbot unterliegen (dazu Pitsch, Strafprozessuale Beweisverbote, 2009, S. 373 ff.; vgl. aber Ambos Beweisverwertungsverbote S. 146: auch dort nur widerlegbare Vermutung der Unverwertbarkeit). Die unkritische Übernahme dieser Doktrin ist jedoch verfehlt; denn in den USA dienen die Beweisverbote vornehmlich der Disziplinierung der Polizei (Harris StV 1991, 313; Herrmann JZ 1985, 608), in der BRD sollen sie dagegen die Rechtsstaatlichkeit des Verf. gewährleisten (vgl. auch BGHSt 51, 285 (293 ff.)). Die Frage ist va für § 136a StPO erörtert worden (→ StPO § 136a Rn. 31). Der BGH hat eine Fernwirkung bisher nur für das Beweisverwertungsverbot nach dem **G 10** angenommen (BGHSt 29, 244; vgl. auch BGH NJW 1987, 2525 (2526)). Nach Ansicht v. Ransiek FS Beulke, 2015, 949 umfasst das Verwertungsverbot auch mittelbar erlangte weitere Informationen, falls ein Zurechnungszusammenhang zwischen der ursprünglich rechtswidrigen Maßnahme u. den weiteren Informationen besteht (vgl. auch Heghmanns ZIS 2016, 412).

5. Umstritten ist auch, ob ein Beweisverwertungsverbot eine **Fortwirkung** **57a** haben kann. Hierbei handelt es sich um einen Unterfall der Fernwirkung. Es geht um die Frage der Verwertbarkeit des Beweismittels, wenn eine erneute, ordnungsgemäße Beweiserhebung wegen der unzulässigen Beweisgewinnung nicht möglich ist (vgl. dazu Wohlers GS Weßlau, 2016, 435 (436)). Das Problem tritt bei der Verwertbarkeit einer erneuten Vernehmung auf, die unter dem Eindruck eines vorher begangenen Verstoßes durchgeführt wurde (vgl. dazu → StPO § 136 Rn. 9, → StPO § 136a Rn. 30).

6. Die personelle Reichweite von Beweisverwertungsverboten (so auch **57b** der Titel der einschlägigen Untersuchung von Schwaben (Die personelle Reichweite von Beweisverwertungsverboten, 2005) bereitet ebenfalls erhebliche Probleme. Es geht um die Frage, ob u. wie ein für einen Prozessbeteiligten bestehendes Verwertungsverbot im Hinblick auf einen anderen wirkt (vgl. dazu OLG Hamm NJW 1996, 2185; Nack StraFo 1998, 366; Weßlau StV 2010, 41; Wohlers GS Weßlau, 2016, 442). Die Rspr. nimmt grds. keine Drittwirkung bei der Verletzung v. Verfahrensvorschriften an, die ausschl. den Schutz des Betroffenen bezwecken (BGH NStZ-RR 2016, 377 zu § 136 Abs. 1 S. 2 StPO; vgl. auch BGHSt 38, 214 (228); 42, 15 (24); 47, 233 (234); 53, 191; BGH NJW 2009, 1427; Mosbacher JuS 2018, 767 (769); erg. → StPO § 136 Rn. 20, → StPO § 168c Rn. 6 sowie → StPO

§ 261 Rn. 16 aE). Sie kommt aber bei Verletzung des absoluten Kernbereichsschutzes in Betracht (vgl. Mosbacher JuS 2018, 767 (769)). Schwaben, Die personelle Reichweite von Beweisverwertungsverboten, 2005, S. 152/153) nimmt eine Wirkungserstreckung – abgesehen v. ges. geregelten Fällen wie zB § 136a Abs. 3 StPO – weitergehend dann an, wenn der verbotene Beweis in einem gemeinsamen Verf. zugleich gegen den unmittelbar Betroffenen u. den Mitbeschuldigten verwertet werden soll o. wenn dem Schutzzweck der Beweiserhebungsnorm nur Genüge getan werden kann, wenn die Verwertung auch für u. gegen Dritte verboten ist (idS auch BGHSt 57, 71 (78)).

57c **7.** Gelegentlich wird in Rspr. (vgl. BGHSt 24, 125 (130); BGH NStZ 1989, 375) u. Lit. (vgl. dazu va Rogall NStZ 1988, 385) die Erwägung angestellt, ob das Beweismittel auch auf rechtmäßigem Wege hätte erlangt werden können, u. hiervon seine Verwertbarkeit abhängig gemacht, sog. **hypothetischer Ersatzeingriff.** Diese Überlegung ist vertretbar (s. BVerfG NStZ-RR 2019, 118 (120)), erfordert aber – soll das Beweisverbot dadurch nicht ganz entwertet werden – eine konkrete Betrachtungsweise dahin, ob tatsächlich nach den Umständen des Falles die Möglichkeit legalen Handelns bestand (vgl. zur Problematik BGH NJW 2003, 2034; NStZ 2016, 551). Bei willkürlicher Verkennung des Richtervorbehalts nach § 105 hat BGHSt 51, 285 (295) (zust. Ambos Beweisverwertungsverbote S. 51; Hüls ZIS 2009, 167; Mosbacher NJW 2007, 3686; Ransiek JR 2007, 437; krit. Schneider NStZ-Sonderheft Miebach, 2009, 50) die Anwendung dieser Rechtsfigur zutr. abgelehnt (ebenso BGH NStZ 2012, 104; StV 2016, 539). Eingehende Darst. der Rspr. – jedoch iErg gänzlich abl. – bei Jahn/Dallmeyer NStZ 2005, 297; ebenso abl. Wohlers FS Fezer, 2008, 311 ff.

57d **8.** Von den Beweisverwertungsverboten sind mit Dencker (FS Meyer-Goßner, 2001, 237) die **Verwendungsverbote** zu unterscheiden, wie sie zB in §§ 100e Abs. 6, 100i Abs. 2 S. 2, 160a Abs. 1 S. 2, 161 Abs. 4, 479 Abs. 1 StPO sowie in § 11 Abs. 6 GwG u. in § 97 Abs. 1 S. 3 InsO enthalten sind (vgl. auch → StPO § 484 Rn. 3; → EGGVG § 18 Rn. 2). Ein Verwendungsverbot verbietet iSd BDSG jegliche Form v. Nutzung solcher Daten zur Informationserhebung u. -verarbeitung (Dencker FS Meyer-Goßner, 2001, 243; vgl. auch Singelnstein ZStW 120 (2008), 854; Wolter FS Roxin, 2011, 1258). Es steht der Einleitung eines Strafverfahrens entgegen (Rogall JZ 2008, 828; eing. dazu Wohlers GS Weßlau, 2016, 437). Die v. der Rspr. entwickelten Grundsätze zu den sog. relativen Beweisverwertungsverboten, nach denen nicht jeder Verstoß bei der Beweiserhebung zu einem Verwertungsverbot hins. der so erlangten Erkenntnisse führt (→ Rn. 55 ff.), gelten auch für Verwendungsregelungen bzw. Verwendungsbeschränkungen (BGHSt 54, 69 (87 ff.); Griesbaum FS Breidling, 2017, 121 (138); abl. Wolter FS Roxin, 2011, 1258 (1260)); zur Verwertbarkeit v. durch Verstoß gegen § 6b BDSG aF gewonnenen Dashcam-Aufzeichnungen → StPO § 100h Rn. 1a sowie BGH (ZS) JR 2018, 428 mAnm Löffelmann u. Schumann JR 2019, 3: Abwägung zwischen Interesse an einer funktionierenden Zivilrechtspflege u. materiell richtigen Entsch. auf der einen u. dem allg. Persönlichkeitsrecht des Betroffenen auf der anderen Seite (eing. zur Verwertbarkeit v. Dash- u. Bodycams Jansen StV 2019, 578). Inwieweit das Verwendungsverbot des § 97 Abs. 1 S. 3 InsO reicht, ob es sowohl der Einleitung eines Strafverfahrens entgegensteht als auch eine Fernwirkung hat, ist umstr. (vgl. OLG Jena NJW 2010, 3673; LG Potsdam StV 2014, 407; LG Stuttgart NStZ-RR 2001, 282 u. eing. zur Problematik Gatzweiler FS 25 Jahre AG StrafR DAV, 2009, 480; Hefendehl wistra 2003, 1; Püschel FS 25 Jahre AG StrafR DAV, 2009, 759; offengelassen v. BGH NStZ 2018, 544; erg. → StPO § 94 Rn. 20).

57e **9.** Schließlich können Beweisverbote auch eine **Frühwirkung** haben (Löwe/Rosenberg/Gössel Einl. L Rn. 197 ff. spricht v. Vorauswirkung). Es geht dabei um die Frage, ob ein Beweisverbot bereits Maßnahmen im Ermittlungsverfahren, also etwa der Bejahung eines Anfangsverdachts (Wohlers GS Weßlau, 2016, 436; dazu → StPO § 152 Rn. 4), des dringenden Tatverdachts bei der UHaft (dazu → StPO § 112 Rn. 5) o. der Verwertung der v. unzulässigen Telefonüberwachungsmaßnahmen gewonnenen Erkenntnissen (dazu → StPO § 477 Rn. 6, 7) o. der Durchführung v. Zwangsmaßnahmen (zB der Wohnraumüberwachung nach § 100c Abs. 4, 5 StPO), entgegensteht (eing. dazu Hengstenberg, Die Frühwirkung der Verwertungsverbote, 2007).

B. Verfahrensabschnitte. I. Überblick. In folgenden Stufen wickelt sich der Strafprozess ab: **58**

(I) Ermittlungsverfahren o. vorbereitendes Verf. (§§ 158 ff. StPO); **59**
(II) Zwischenverfahren (Entsch. über die Eröffnung des Hauptverfahrens §§ 199 ff. StPO);
(III) Hauptverfahren (§§ 213 ff. StPO) einschl. des Rechtsmittelverfahrens bis zur Rechtskraft der gerichtlichen Entsch.;
(IV) Vollstreckungsverfahren (§§ 449 ff. StPO).

II. Ermittlungsverfahren. Das Ermittlungsverfahren (vorbereitende Verf.) ist eingeleitet, sobald die StA (§ 160 Abs. 1 StPO), eine Behörde o. ein Beamter des Polizeidienstes (§ 163 StPO) o. die FBeh (→ Rn. 12) eine Maßnahme trifft, die erkennbar darauf abzielt, gegen jemanden strafrechtlich vorzugehen (§ 397 Abs. 1 **AO**), auch wenn der Beschuldigte noch unbekannt ist. Es liegt in der Hand der StA, die dabei v. der Kriminalpolizei (→ Rn. 39) unterstützt wird. Es dient der Sicherstellung des Belastungs- u. Entlastungsstoffes (§ 160 StPO). Daher gilt der **Grundsatz der freien Gestaltung** des Ermittlungsverfahrens, soweit nicht bestimmtes Vorgehen o. bestimmte Formen des Vorgehens vorgeschrieben sind o. sich zwingend aus der Sachlage o. mittelbar aus Rechtsgründen ergeben. Zum Beispiel kann die vorgeschriebene Vernehmung des Beschuldigten (§ 163a Abs. 1 StPO) o. eine v. ihm beantragte Beweiserhebung (§ 163a Abs. 2 StPO) früher o. später durchgeführt werden. Auch sonst ist die Reihenfolge der Ermittlungen nach dem Zweck u. Stand der Untersuchung zu bestimmen (vgl. zB → StPO § 160 Rn. 19). Zu den auch hier zu beachtenden Grundsätzen – insbes. faires Verf., Verhältnismäßigkeit u. Fürsorgepflicht (→ Rn. 19 f., 155) – vgl. Rieß FS Rebmann, 1989, 396 ff. Das Ermittlungsgeheimnis ist zu wahren, wenn das G nicht entgegensteht (zB §§ 111e Abs. 3 und 4, 114 Abs. 2 Nr. 4, 147 Abs. 1 und 2 StPO), solange es im Interesse der Untersuchung o. zur Schonung des Beschuldigten (vgl. Nr. 4a RiStBV) o. eines gefährdeten Zeugen geboten ist (BGHSt 10, 276). Mitteilungspflichten (zB nach § 49 BeamtStG, § 125c BRRG (MiStra 15, 29 Abs. 1 S. 1 Nr. 1), § 8 Abs. 3 SchwarzArbG o. § 18 Abs. 3, 4 Arbeitnehmerüberlassungsgesetz (MiStra 47)) o. -ermächtigungen nach den §§ 12 ff. **EGGVG** (zB iVm MiStra 40 Abs. 1 Nr. 1, 42 Abs. 1 Nr. 1, 43 Nr. 1) sind zu beachten. Die StA muss entscheiden, ob sie die öffentl. Klage bei Gericht erhebt (§ 170 Abs. 1 StPO) o. ob sie das Verf. einstellt. **60**

Die StPO fasst unter den einheitlichen Begriff **Einstellung des Verfahrens** leider ganz unterschiedliche Verfahrenserledigungen: Zum einen die Einstellung bei fehlendem Anlass zur Erhebung der öffentl. Klage (§ 170 Abs. 2 StPO), dann die Einstellungen nach dem Opportunitätsprinzip (§§ 153 ff. StPO), die Einstellung wegen eines Verfahrenshindernisses (vgl. §§ 206a, 260 Abs. 3 StPO, → Rn. 141 ff.) u. schließlich die vorl. Einstellung (§§ 154e Abs. 2, 205 StPO). Besser wäre es (vgl. Meyer-Goßner Prozessvoraussetzungen S. 15), zwecks Unterscheidung dieser ganz verschiedenen „Einstellungsmöglichkeiten" in den Fällen der §§ 153 Abs. 2, 153a Abs. 2, 153b Abs. 2, 153e Abs. 2, 154 Abs. 3 StPO entspr. dem Wortgebrauch in den Abs. 1 dieser Vorschr., die der StA das „Absehen von der Verfolgung" bzw. das „Absehen von der Erhebung der öffentlichen Klage" gestatten, hier nicht v. „Einstellung" sondern v. „Beendigung der Verfolgung" zu sprechen (ebenso bei § 154b Abs. 4 StPO). Derselbe Begriff sollte für die StA in den Fällen der §§ 153c Abs. 4, 153d Abs. 2, 153e Abs. 2, 153f Abs. 3 sowie 154d und 170 Abs. 2 StPO verwendet werden. In den Fällen der §§ 154e Abs. 2 und 205 StPO sollte nicht v. einer „vorläufigen Einstellung", sondern v. einem „Innehalten mit der Strafverfolgung" gesprochen werden. Diese Begriffe würden es ermöglichen, mit „Einstellung des **60a**

Verfahrens" jew. nur die Fälle des Fehlens einer Prozessvoraussetzung bzw. des Vorliegens eines Verfahrenshindernisses zu erfassen, u. würden Hinweise entbehrlich machen, dass die „Einstellungen" nach dem Opportunitätsprinzip o. nach anderen Vorschr. nicht gemeint seien.

60b Die **öffentliche Klage** wird erhoben durch Einreichung einer Anklageschrift mit dem Antrag, das Hauptverfahren zu eröffnen (§ 200 StPO). Mit der Anklage wird das Gericht mit der Sache befasst, die Sache wird bei ihm anhängig. Das ist jedoch keine Rechtshängigkeit; denn diese setzt die ausschl. Dispositionsbefugnis des Gerichts voraus, dh das Verbot für die StA, die Klage zurückzunehmen (§ 156 StPO). Eine bes. Art der Erhebung der öffentl. Klage ist der Antrag auf Erlass eines Strafbefehls (§ 407 Abs. 1 StPO).

61 Die **polizeilichen Ermittlungen** iRd ersten Zugriffs (§ 163 StPO) bilden rechtlich keinen selbständigen Verfahrensabschnitt, sondern sind nur ein dem staatsanwaltschaftlichen vorbereitenden Verf. vorgeschalteter u. zugehöriger Teil des Ermittlungsverfahrens (→ Rn. 41). Über das Verhältnis der StA zur Polizei vgl. → Rn. 39 ff.

62 In Steuerstrafsachen tritt großenteils die FBeh an die Stelle der StA (vgl. §§ 386, 399, 400 **AO;** → Rn. 12). Ein **schriftliches Verfahren** ist das Ermittlungsverfahren. Daher müssen alle Beweiserhebungen vollständig in die Akten aufgenommen werden. Auch Beobachtungen u. Feststellungen, die nicht protokolliert werden o. in Urk. o. anderen Schriftstücken zum Ausdruck kommen, müssen durch Aktenvermerke festgehalten werden, weil sie sonst v. der StA bei der abschl. Vfg. (§ 170 StPO) und, falls Anklage erhoben wird, v. Gericht bei der Entsch. über die Eröffnung des Hauptverfahrens (§ 203 StPO) sowie bei der Aufklärung des Sachverhalts in der HV (§ 244 Abs. 2 StPO) nicht berücksichtigt werden können u. für den Verteidiger bei der Akteneinsicht (§ 147 StPO) nicht erkennbar sind.

63 **III. Zwischenverfahren.** Im Zwischenverfahren (Eröffnungsverfahren) entscheidet das Gericht darüber, ob das Hauptverfahren zu eröffnen ist. Im Eröffnungsbeschluss wird die Klage zugelassen (§ 207 StPO; für Privatklage vgl. § 383 Abs. 1 StPO); mit ihm wird die Strafsache rechtshängig (→ StPO § 156 Rn. 1). Die zugelassene Klage grenzt den Prozessstoff in persönlicher u. tatsächlicher Hinsicht ab u. bestimmt das rechtliche Thema des Hauptverfahrens unter dem Vorbehalt späterer Änd. (§ 265 StPO). Zum beschleunigten Verf. vgl. → StPO § 418 Rn. 3, zum Verf. bei Strafbefehlen → StPO Vor § 407 Rn. 2.

64 **IV. Hauptverfahren.** Das Hauptverfahren beginnt mit dem Erlass des Eröffnungsbeschlusses (§ 203 StPO), im Fall des § 266 Abs. 2 StPO mit dem Beschl. auf Einbeziehung der weiteren Straftat (BayObLGSt 1953, 1). Es reicht bis zum rkr. Abschluss der gerichtlichen Untersuchung. Die Akten des Verf. werden zwischen 5 u. 30 Jahre (je nach Schwere des Strafausspruchs) bzw. dauernd (bei lebenslanger Freiheitsstrafe) aufbewahrt. Zur Aktenaufbewahrung iE vgl. das SchrAG u. die entspr. landesrechtlichen Bestimmungen; vgl. auch KG StraFo 2009, 337; erg. → StPO § 483 Rn. 7.

65 **V. Vollstreckungsverfahren.** Das Vollstreckungsverfahren (§§ 449 ff.) schließt sich an die rkr. Sachentscheidung an.

66 **1. Zu ihm gehören** alle Maßnahmen, durch welche die Ausführung des rkr. Straferkenntnisses ins Werk gesetzt werden soll, zB die Ladung zum Strafantritt, die Vorführung o. Verhaftung des Verurteilten (§ 457 StPO), die Berechnung der erkannten Strafe (§ 458 Abs. 1 StPO). Auch die Maßnahmen zur Durchsetzung des Urt., die sich auf den Vollzug v. Maßregeln der Besserung u. Sicherung o. auf die Durchsetzung sonstiger Anordnungen (zB Einziehung, Fahrverbot) beziehen, gehören zur Strafvollstreckung.

67 **2. VollstrB** ist die StA (§ 451 Abs. 1 StPO). Bei der Vollstreckung v. Freiheitsentziehung gegen Jugendliche u. gegen Heranwachsende, falls gegen diese materielles Jugendstrafrecht angewandt worden ist, tritt an die Stelle der VollstrB der Jugendrichter als Vollstreckungsleiter (§ 82 Abs. 1 S. 1, § 90 Abs. 2 S. 2, § 110 Abs. 1 **JGG**).

3. Der **Strafvollzug** gehört nicht zum Vollstreckungsverfahren. Vollzugsbehörden sind die JVAen. Die Unterbringung in einem psychiatrischen Krankenhaus (§ 63 StGB) u. in einer Entziehungsanstalt (§ 64 StGB) werden v. Anstalten dieser Art vollzogen, die nicht Anstalten der JV sind. 68

4. Die **gerichtlichen Entscheidungen über Vollstreckungsmaßnahmen** richten sich nach §§ 458–463 StPO. Das Verf. bei Anträgen auf gerichtliche Entsch. gegen VerwAe der JVAen für Erwachsene ist in den §§ 109 ff. StVollzG geregelt; die Entsch. trifft die „kleine" StVollstrK (§§ 78a Abs. 1 Nr. 2, 78b Abs. 1 Nr. 2 GVG; erg. → StPO § 462a Rn. 17). 69

C. Verfahrensbeteiligte. I. Begriff und Grundsätze. Wer nach dem Gesetz eine Prozessrolle ausüben, dh durch eigene Willenserklärungen im prozessualen Sinn (→ Rn. 94) gestaltend als Prozesssubjekt mitwirken muss o. darf, ist **Verfahrensbeteiligter** (vgl. BGH NStZ-RR 2017, 316). 70

Das mit der Sache befasste **Gericht** ist Träger des gerichtlichen Verf. u. ist nicht gemeint, wenn v. Verfahrensbeteiligten die Rede ist, wie die § 33 Abs. 1, 3 StPO, §§ 159 Abs. 2, 172 Nr. 2 GVG zeigen; denn der Richter muss ggü. den Verfahrensbeteiligten als Nichtbeteiligter in Erscheinung treten (BVerfGE 21, 139 (145); 30, 149 (153, 160)). 71

1. Hauptbeteiligte sind der Beschuldigte (→ Rn. 76 ff.), sein Verteidiger (→ Rn. 82 ff.), sein Beistand (→ Rn. 86), die StA (→ Rn. 87), der Nebenkläger (→ Rn. 89), der Privatkläger (→ Rn. 90). 72

2. Nebenbeteiligt sind Personen, die im allg. Interesse o. zur Abwehr eigener Rechtsnachteile am Verf. teilnehmen o. sich beteiligen dürfen. Dazu gehört der Verletzte (→ StPO Vor § 406d Rn. 1). Die FBeh ist im staatsanwaltschaftlichen o. gerichtlichen Steuerstrafverfahren bet. (→ Rn. 14), ebenso die VerwB im gerichtlichen Bußgeldverfahren (§ 76 OWiG) o. im Verf. der StA, wenn diese die Verfolgung der OWi übernommen hat (§§ 42, 63 OWiG). Desgleichen die VerwB in Wirtschaftsstraf-, Außenwirtschafts- u. EWG-Marktordnungssachen (§ 13 Abs. 2 WiStG 1954, § 38 Abs. 2 AWG, § 38 Abs. 2 MOG). Die Nebenbeteiligung kann sich auch auf einzelne Entsch. o. Teile des Verf. beziehen, zB bei den Einziehungsbeteiligten u. Nebenbetroffenen (→ Rn. 91), bei der Geldbußbeteiligung einer JP o. PV (→ Rn. 92) u. bei den Verletzten (§§ 111l, 111n, 111o; 403 ff. StPO). Zu den partiell Bet. iwS gehören auch die Personen mit Beschwerderecht nach § 304 Abs. 2 StPO sowie der RA als Beistand des Zeugen (§§ 406f, 406h StPO; → StPO Vor § 48 Rn. 11, § 68b). 73

3. Im Jugendstrafverfahren sind auch bet. die Vertreter der Jugendgerichtshilfe (§§ 38, 50 Abs. 3 **JGG**), der Erziehungsberechtigte u. der ges. Vertreter (§§ 50 Abs. 2, 67 **JGG**). 74

4. Nicht zu den Verfahrensbeteiligten gehören diejenigen, die nur eine mittelbare Aufgabe (zB als Zeuge – **aM** Humborg JR 1966, 448 – o. Sachverständiger) o. eine Hilfsfunktion bei der Gestaltung des Strafverfahrens haben, zB die Polizeibeamten (§§ 161 Abs. 1 S. 2, 163 StPO), die Ermittlungspersonen der StA (§ 152 GVG), der ER (§ 162 StPO), der UrkB (§§ 226, 271 StPO); ferner die „Dritten", solange sie nicht v. einer Entsch. betroffen werden. 75

II. Beschuldigter. Beschuldigter ist nur der Tatverdächtige, gegen den das Verf. als Beschuldigten betrieben wird (BGHSt 10, 8 (12); Löwe/Rosenberg/Gleß StPO § 136 Rn. 4; SK-StPO/Rogall StPO Vor §§ 133 ff. Rn. 15 f.). Die Beschuldigteneigenschaft setzt **subjektiv** einen **Verfolgungswillen der Strafverfolgungsbehörde** voraus, der sich **objektiv** in einem **Willensakt manifestiert** (BGHSt 64, 89 = NJW 2019, 2627 (2630); BGHSt 34, 138 (140)). Der Willensakt besteht idR in der förmlichen Einleitung des Ermittlungsverfahrens (vgl. BGH NStZ 2023, 686). Er liegt aber auch vor, wenn die StA nach § 162 um Vernehmung einer Person als Beschuldigten ersucht (BGH StV 1985, 397), o. wenn die StA Maßnahmen gegen ihn ergreift, die nur ggü. dem Beschuldigten zulässig sind, an einen Tatverdacht anknüpfen o. erkennbar darauf abzielen, gegen ihn wegen einer Straftat strafrechtlich vorzugehen (BGHSt 64, 89; 51, 150; BGH NStZ 76

1997, 398; StraFo 2015, 114), o. wenn, wie nach §§ 81, 81a, 81b, 112ff., 127 Abs. 2 StPO o. im Steuerstrafverfahren nach § 397 Abs. 1 **AO,** eine nur gegen einen Beschuldigten zulässige Anordnung getroffen wird (OLG Karlsruhe Justiz 1986, 143; eing. Rogall FS Frisch, 2013, 1199 zum Unterschied zwischen Anfangsverdacht iSd § 152 Abs. 2 und Inkulpationsverdacht, der zur Beschuldigteneigenschaft führt; zur Begründung der Beschuldigteneigenschaft bei Vernehmungen → StPO § 163a Rn. 4a). Die formelle Beschuldigung im Ausland begründet nicht automatisch die Beschuldigtenstellung im deutschen Strafverfahren, auch nicht bei JPen (**aM** Geis wistra 2018, 200 gegen BVerfG NJW 2017, 2816). Strafunmündige können nicht zu Beschuldigten gemacht werden (Eisenberg StV 1989, 554); werden sie aber als Beschuldigte behandelt, so haben sie auch deren Rechte (Löwe/Rosenberg/Gleß StPO § 136 Rn. 7). Ist die öffentl. Klage erhoben, so wird der Beschuldigte als Angeschuldigter bezeichnet; nach Eröffnung des Hauptverfahrens ist er Angeklagter (§ 157 StPO).

77 1. **Tatverdacht allein** begründet allerdings weder die Beschuldigteneigenschaft noch zwingt er ohne weiteres zur Einleitung v. Ermittlungen (BGHSt 64, 89 = NJW 2019, 2627 (2630)), auch nicht allein die Erstattung einer Strafanzeige (Löwe/Rosenberg/Erb StPO § 163a Rn. 17). Erst wenn Ermittlungen aufgrund einer Strafanzeige geführt werden, muss der Verdächtige immer als Beschuldigter behandelt werden (Löwe/Rosenberg/Gleß StPO § 136 Rn. 9). Sonst kommt es auf die Stärke des Tatverdachts an (BGHSt 37, 48; BGH NJW 1994, 2904 (2907); 2009, 3589; NStZ 2008, 48). Es müssen immer Tatsachen vorliegen, die auf eine nahe liegende Möglichkeit der Täterschaft o. Teilnahme schließen lassen (BGHSt 53, 112; BGH NStZ-RR 2012, 49).

77a Der Verfolgungsbehörde steht insoweit ein – objektiv zu bestimmender – **Beurteilungsspielraum** zu (BGHSt 38, 214 (228); BGHSt 64, 89; StraFo 2005, 27; erg. → StPO § 163a Rn. 4a). Den hat sie nicht überschritten, wenn sie einen Polizeibeamten, den ein der Straftat nach § 113 StGB verdächtiger Beschuldigter der Körperverletzung bezichtigt, nicht als Beschuldigten vernimmt (Schünemann DRiZ 1979, 104), auch nicht, wenn sie einen möglicherweise unter Drogeneinfluss stehenden Beschuldigten fragt, ob er mit dem Auto zur Polizeiwache gekommen sei (OLG Zweibrücken VRS 119, 358), wohl aber bei einer Befragung eines als Fahrer verdächtigten Unfallverursachers (OLG Hamm StV 2010, 5), als auch, wenn ein Polizeibeamter bei einer verdachtsunabhängigen Verkehrs-Alkoholkontrolle im Pkw, in dem sich nur der Fahrer befindet, Alkoholgeruch feststellt (so auch Roxin FS Schöch, 2010, 836; **aM** BayObLG NZV 2003, 435 mablAnm Heinrich NZV 2004, 159; vgl. aber auch BayObLGSt 2004, 141). Ist die Einleitung eines Ermittlungsverfahrens geboten, weil der Vernehmungsbeamte den Verdächtigen als Täter überführen will, dann darf dieser nicht als Zeuge vernommen werden (BGHSt 51, 367); ggf. ist eine Zeugenvernehmung (für richterliche Vernehmungen vgl. → StPO § 136 Rn. 3) als Beschuldigtenvernehmung fortzusetzen (BGHSt 22, 129 (132)). Ist die erforderl. Belehrung unterblieben, sind weder die Angaben des Betroffenen noch die des Vernehmungsbeamten verwertbar (BGH NJW 2007, 2706; erg. → StPO § 136 Rn. 7, 20), auch wenn dem Betroffenen klar war, dass er als Beschuldigter nicht zur Aussage verpflichtet gewesen wäre (so zutr. Trüg StraFo 2005, 203 gegen BGH StraFo 2005, 201).

78 2. Ist der **Täter in einem bestimmten Personenkreis** zu suchen, so müssen nicht v. vornherein alle Angehörigen dieser Gruppe als Beschuldigte behandelt werden (BGHSt 38, 214 (227)). Am Unfallort dürfen die Polizeibeamten daher die Anwesenden zunächst formlos befragen, um beurteilen zu können, gegen wen Ermittlungen als Beschuldigte zu führen sind (BGH NStZ 1983, 86; OLG Oldenburg NJW 1967, 1097; OLG Stuttgart MDR 1977, 70; erg. → StPO § 163 Rn. 9). Der Fahrzeughalter wird im Zweifel aber als Fahrzeugführer in Betracht kommen u. zu belehren sein (AG Bayreuth NZV 2003, 202). Das Gleiche gilt bei vorsätzlichen Straftaten, für die mehrere Täter in Betracht kommen (BGH NStZ 1983, 86; v. Gerlach NJW 1969, 780). Sind mehrere hinreichend tatverdächtig, so müssen aber alle als Beschuldigte behandelt werden, auch wenn sich ihre Täterschaft gegenseitig ausschließt (Kohlhaas NJW 1965, 1255; Schünemann DRiZ 1979, 104; **aM** v. Gerlach NJW 1969, 780).

3. Die **informatorische Befragung** der Tatverdächtigen, die nach diesen Grundsätzen noch keine Beschuldigten sind, ist Zeugenvernehmung. Die Bestrebungen des Schrifttums, neben Beschuldigte u. Zeugen den „Verdächtigen" als schweigeberechtigte Auskunftsperson zu stellen (Bruns FS Schmidt-Leichner, 1977, 14; Gundlach NJW 1980, 2142), verdienen keine Zustimmung. Es gibt keine Auskunftsperson, die nicht entweder Beschuldigter o. Zeuge ist (SK-StPO/Rogall StPO Vor § 48 Rn. 23, StPO Vor §§ 133 ff. Rn. 13; Fezer StrafProzR § 3 Rn. 52). Dass bei den informatorischen Befragungen die Aussageverweigerungsrechte nach §§ 52 ff. StPO bestehen, ist selbstverständlich (Bruns FS Schmidt-Leichner, 1977, 6; Rogall NJW 1978, 2537). Es handelt sich aber nicht um Vernehmungen ieS (KG JR 1992, 437; OLG Düsseldorf NJW 1968, 1840); daher erfolgt keine Belehrung nach den §§ 52 Abs. 3 S. 1, 136 Abs. 1 S. 2 (Beulke StV 1990, 181; Fezer StrafProzR § 3 Rn. 52), erst recht nicht nach § 55 StPO (**aM** Gerling, Informatorische Befragung und Auskunftsverweigerungsrecht, 1987, S. 93 ff.: entspr. Anwendung; **aM** auch Schlüchter Strafverfahren Rn. 85; Strafprozessrecht, 2. Aufl. 1995, S. 43). Jedoch gilt § 252 StPO (→ StPO § 252 Rn. 7). 79

Wird der **Tatverdächtige nach der informatorischen Befragung als Beschuldigter** vernommen, so braucht er über die Belehrung nach § 136 Abs. 1 S. 2 StPO hinaus nicht auch dahin belehrt zu werden, dass er nicht an seine Angaben bei der informatorischen Befragung gebunden ist (Geppert GS Meyer, 1990, 109 gegen AG Tiergarten StV 1983, 277 u. ter Veen StV 1983, 293). Die Erklärungen bei einer informatorischen Befragung können dem Beschuldigten vorgehalten werden, wenn er später (nach ordnungsgemäßer Belehrung) zur Sache aussagt (BGH NStZ 1983, 86); sie können auch durch Vernehmung des vorermittelnden Polizeibeamten in das Verf. eingeführt werden (Geppert FS Oehler, 1985, 344). 79a

4. **Kein Objekt des Verfahrens** ist der Beschuldigte. Vielmehr muss ihm die Möglichkeit gegeben werden, zur Wahrung seiner Rechte auf den Gang u. das Erg. des Strafverfahrens Einfluss zu nehmen (BVerfGE 57, 250 (275); 63, 380 (390); BVerfG NJW 1984, 113). Deswegen darf auch durch die Beschränkung der Aussagegenehmigung aufgrund beamtenrechtlicher Vorschr. sein Recht auf Verteidigung im Kern nicht berührt werden (BGHSt 36, 44), während Einschränkungen im Randbereich unter strengen Voraussetzungen zulässig sind (dazu BGH NJW 2007, 3010). 80

Eine **Pflicht zur Mitwirkung am Strafverfahren** trifft auch den Beschuldigten in mancher Beziehung (OLG Stuttgart MDR 1974, 333), zB die Pflicht, vor Gericht o. der StA zu erscheinen (vgl. §§ 133, 134, 163a Abs. 3, 230 Abs. 1 und 2 StPO), sich ggf. einem anderen, zB einem Zeugen, gegenüberstellen zu lassen (→ StPO § 58 Rn. 11) o. Untersuchungshandlungen zu dulden (vgl. zB § 81a). Der EGMR (NJW 2008, 3549) hat auch die (englische, strafbedrohte) Verpflichtung, bei einer Geschwindigkeitsüberschreitung Namen u. Anschrift des Fahrers anzugeben, für zulässig erklärt. Der Beschuldigte ist aber nicht verpflichtet, bei einer Untersuchungshandlung eines Strafverfolgungsorgans o. eines Sachverständigen aktiv mitzuwirken (BGHSt 34, 39 (46); vgl. auch → Rn. 29a, → StPO § 81a Rn. 11). Unbeschadet seines Rechts, sich durch Schweigen zur Sache o. Inaktivität zu verteidigen, ist er zur Vermeidung eigener Nachteile aufgerufen, taugliche u. verfügbare Beweismittel bei seiner Verteidigung auszunutzen (BGH JR 1962, 148) oder v. prozessualen Möglichkeiten Gebrauch zu machen (vgl. → StPO § 238 Rn. 9 ff.; erg. § 5 Abs. 2 S. 1 **StrEG**). Wenn er schweigt, muss er im Einzelfall in Kauf nehmen, dass zur Entlastung geeignete Umstände unaufgeklärt bleiben (Rüth DAR 1969, 237 – BayObLG RsprÜ; OLG Hamburg VRS 41, 195), vielleicht auch, dass bei Freispruch die Entschädigung nach § 6 **StrEG** versagt wird (OLG Hamm GA 1977, 372 (373)). 80a

5. **Beendigung des Beschuldigtenverhältnisses:** Der Hauptfall der Beendigung ist die Einstellung des Ermittlungsverfahrens nach § 170 Abs. 1 StPO. Die Strafsache gegen einen Beschuldigten kann auch v. einer anderen Strafsache abge- 81

trennt u. eingestellt werden, noch bevor das Ermittlungsverfahren insges. vollständig durchgeführt ist (→ StPO § 170 Rn. 8); ebenso kann ein Angeschuldigter durch Nichteröffnung des Hauptverfahrens gegen ihn aus der Beschuldigtenrolle ausscheiden. Sonst endet das Beschuldigtenverhältnis mit der das Erkenntnisverfahren gegen ihn abschl. rkr. Entsch. (OLG Hamm NJW 1974, 914); durch rkr. Verurteilung wird er zum Verurteilten (→ StPO § 157 Rn. 5). Mit dem Ende des Beschuldigtenverhältnisses wird er, wenn er Auskunftsperson im Verf. gegen einen anderen bleibt, zum Zeugen (dazu → StPO Vor § 48 Rn. 21).

82 **III. Verteidiger.** Verteidiger ist idR ein RA (§ 138 Abs. 1 StPO). Er ist unabhängiges Organ der Rechtspflege (vgl. §§ 1, 3 BRAO; BVerfGE 39, 156 (165)), das dem Beschuldigten als Beistand (§ 137 StPO) an die Seite tritt (erg. → StPO Vor § 137 Rn. 1). Die Befugnis des Beschuldigten, sich v. einem Verteidiger seiner Wahl Beistand leisten zu lassen (§ 137 Abs. 1), ist gewährleistet durch Art. 6 Abs. 3 Buchst. c **EMRK** u. das Rechtsstaatsprinzip (BVerfGE 39, 156; 63, 380 (390 ff.); 64, 135 (145); 66, 313 (319)).

83 **1.** Der **Verteidiger ist verpflichtet,** alle zugunsten des Beschuldigten sprechenden tatsächlichen u. rechtlichen Gesichtspunkte geltend zu machen (BGHSt 9, 20; Ackermann NJW 1954, 1385).

84 **2.** Kraft seiner Stellung als Beistand handelt der Verteidiger regelmäßig, wenn er in das Verf. eingreift, also **aus eigenem Recht u. in eigenem Namen,** nicht als Vertreter des Beschuldigten (BGHSt 12, 367). Die Ausübung zahlreicher Befugnisse gibt das G sowohl dem Verteidiger als auch dem Beschuldigten (zB §§ 240 Abs. 2, 251 Abs. 1 Nr. 1, Abs. 2 Nr. 3 StPO; auch § 297 StPO gehört hierher, nur ist das Recht des Verteidigers in bestimmter Weise beschränkt). Andere Befugnisse stehen nur dem Verteidiger zu (zB §§ 147, 239 StPO). Außerdem gibt es persönliche prozessuale Befugnisse, die dem Angeklagten selbst vorbehalten sind (zB §§ 217 Abs. 3, 233, 251 Abs. 1 Nr. 4, 302 StPO; für Strafantrag → StPO § 158 Rn. 15). Diese Befugnisse kann der Verteidiger in seiner Stellung als Beistand nicht anstelle des Beschuldigten wahrnehmen; er bedarf hierzu vielmehr einer Vertretungsvollmacht, die je nach Sachlage auch in dessen Schweigen liegen kann (Rieß NJW 1977, 882). In den §§ 234, 350 Abs. 2, 387 Abs. 1, 411 Abs. 2 S. 1 StPO sind ausdr. Fälle der Vertretung des Angeklagten durch den Verteidiger geregelt, wobei die Verteidigerstellung durch schriftliche Vertretungsvollmacht erweitert wird.

85 **3. Verteidigerähnlich** ist die Stellung des sonstigen Bevollmächtigten wie die des gewählten o. bestellten Vertreters des Einziehungsbeteiligten (§§ 428 StPO) o. der JP o. PV (→ Rn. 91, 92), gegen die als Nebenfolge der Straftat einer natürlichen Person eine Geldbuße festgesetzt werden soll (§ 444 StPO), ebenso die der Beistände der Privat- u. Nebenkläger (§§ 378, 397 Abs. 1 S. 2 StPO iVm § 378 StPO).

86 **IV. Beistand nach § 149.** Der Beistand nach § 149 StPO (Ehegatte o. ges. Vertreter) hat nach seiner Zulassung die prozessuale Funktion, den Beschuldigten zu unterstützen. Im Vorverfahren kann ihm die Teilnahme an richterlichen Untersuchungshandlungen gestattet werden. Ein weitergehendes Gestaltungsrecht hat er im Gegensatz zum Verteidiger nicht. Nur der ges. Vertreter hat noch ein selbstständiges Anfechtungsrecht (§ 298 StPO). Der im jugendgerichtlichen Verf. bestellte Beistand dagegen hat in der HV die Rechte des Verteidigers (§ 69 Abs. 1, 3 **JGG**). Im Übrigen haben im Verf. gegen Jugendliche die Erziehungsberechtigten u. ges. Vertreter eine bes. Stellung (§ 67 **JGG**).

87 **V. Staatsanwaltschaft. Die StA führt das Ermittlungsverfahren,** wobei die Zulässigkeit v. Maßnahmen gegen Beschuldigte u. Dritte im Ermittlungsverfahren allerdings vielfach (zB §§ 81a, 81c, 98, 100a, 105, 125 StPO) v. einer richterlichen Entsch. abhängig ist (dazu Hilger GS Meyer, 1990, 209; Hilger FS Salger, 1995, 327; Schnarr NStZ 1991, 209); eine allg. gerichtliche Kontrolle des Ermittlungsverfahrens gibt es jedoch nicht (vgl. → StPO § 270 Rn. 6, → EGGVG § 23 Rn. 9) u. ist auch *de lege ferenda* nicht anzustreben (Rieß FS Geerdts, 1995, 501 ff.).

Eine v. der StA erhobene Anklage unterbreitet dem Gericht einen Fall zur Entscheidung. Ohne ihre Anklage ist eine strafgerichtliche Untersuchung – abgesehen v. § 374 StPO u. § 400 **AO** – unzulässig (→ Rn. 37). Sie wirkt aber in allen Verfahrensabschnitten mit dem Ziel richtiger Anwendung des Gesetzes (vgl. RGSt 48, 26) mit, u. zwar als ein dem Gericht gleichgeordnetes Organ der Strafrechtspflege (Wohlers Staatsanwaltschaft Rn. 278) u. mit dem Ziel, zu einer gerechten Entsch. beizutragen, als „Wächter des Gesetzes" (BGHZ 20, 178), als „Vertreterin des öffentlichen Interesses" (BGH 2.2.1962 – 1 StR 527/61).

Dennoch gehört es zu einem fairen Verf. (→ Rn. 19), dass nach Erhebung der öffentl. Klage die verfahrensrechtliche **Waffengleichheit zwischen dem Angeklagten u. der StA** gewahrt wird (BVerfGE 38, 105 (111); BVerfG NJW 1984, 1907; → EMRK Art. 6 Rn. 4; eing. zur Anwendung dieses Prinzips im Europäischen Rechtsraum u. in der BRD Gless StV 2013, 317; Safferling NStZ 2004, 181 ff.). Dabei bedeutet Waffengleichheit nicht Gleichheit der Rechte, sondern deren Ausbalancierung unter Berücksichtigung der Verschiedenartigkeit der Prozessrollen (BVerfG NJW 2014, 2563; Beulke Strafverfahren S. 37 ff.; vgl. auch → GVG Vor § 141 Rn. 9). Die Verletzung der Waffengleichheit bewirkt kein Verfahrenshindernis (BGH NJW 1984, 1907: Kenntnis der StA v. Verteidigungskonzept; erg. → Rn. 148). Dass die StA im Ermittlungsverfahren einen Informationsvorsprung besitzt, verstößt zwar gegen die Waffengleichheit, liegt aber in dem Erfordernis einer wirksamen u. funktionstüchtigen Strafrechtspflege u. ist daher unvermeidbar (BVerfG NStZ 1984, 228). Der – auch eindringliche – Hinweis der StA ggü. einem „Entlastungszeugen" auf die Wahrheitspflicht verstößt nicht gegen das Gebot der Waffengleichheit (BGH NStZ 2004, 347). **88**

VI. Nebenkläger. Der Nebenkläger schließt sich der öffentl. Klage an (§§ 395 ff. StPO), verfolgt damit idR aber persönliche Genugtuung für erlittenes Unrecht durch Bestrafung des Beschuldigten (BVerfGE 26, 66 (70)). Er ist ein mit bes. Rechten ausgestatteter Verfahrensbeteiligter (→ StPO Vor § 395 Rn. 2). Am Verf. bet. ist aber auch ein Verletzter, der den Anschluss als Nebenkläger nicht erklärt hat o. nicht anschlussberechtigt ist (→ StPO Vor § 406d Rn. 1). **89**

VII. Privatkläger. Der Privatkläger erstrebt – wie der Nebenkläger – persönliche Genugtuung für erlittenes Unrecht. Die Privatklage ist nur bei bestimmten leichten Vergehen zulässig (§ 374 StPO), die idR die Allgemeinheit wenig berühren u. bei denen selbst der Verletzte bisweilen kein Interesse an ihrer Verfolgung hat (BVerfGE 26, 66 (70)). Wenn darüber hinaus durch die Tat der Rechtsfriede gestört wird u. die Strafverfolgung ein gegenwärtiges Anliegen der Allgemeinheit ist, übernimmt die StA die Verfolgung, weil sie im öffentl. Interesse liegt (§§ 376, 377 Abs. 2 StPO; Nr. 86 RiStBV). Im Privatklageverfahren selbst wirkt die StA grds. nicht mit (vgl. § 377 Abs. 1 S. 1 StPO). **90**

VIII. Einziehungsbeteiligte und Nebenbetroffene. Der Einziehungsbeteiligte und Nebenbetroffene (§ 424 Abs. 1, § 438 Abs. 1 StPO) wird am gerichtlichen Verf. beteiligt. Das ist eine Folgerung aus dem Grundsatz des rechtlichen Gehörs (→ Rn. 23 ff.). Dabei macht es keinen grds. Unterschied, ob es sich um ein Strafverfahren gegen eine bestimmte Person handelt o. um ein selbständiges Einziehungsverfahren nach §§ 435, 436 StPO. **91**

IX. Geldbußen gegen juristische Personen (JP) oder Personenvereinigungen (PV) nach § 444 StPO. Hat jemand als vertretungsberechtigtes Organ einer JP o. als Mitglied eines solchen Organs, als Vorstand eines nicht rechtsfähigen Vereins o. als Mitglied eines solchen Vorstands o. als vertretungsberechtigter Gesellschafter einer Personenhandelsgesellschaft eine Straftat o. OWi begangen, so kann unter bestimmten Voraussetzungen gegen die JP o. PV als Nebenfolge eine Geldbuße festgesetzt werden (§ 30 Abs. 1–3 OWiG). Dafür gibt es auch ein **selbstständiges Verf.** (§ 444 Abs. 3 StPO iVm § 30 Abs. 4 OWiG). **92**

X. Betroffene iSd OWiG. Der **Betroffene** iSd OWiG (dieser Begriff wird in allen Stadien des Bußgeldverfahrens verwendet) ist im Strafprozess Bet., wenn er **93**

nur wegen einer OWi (anstatt im Bußgeldverfahren, → Rn. 17) neben dem Beschuldigten in dem gegen diesen gerichteten Verf. wegen des sachlichen Zusammenhangs zwischen seiner OWi u. der Straftat des Beschuldigten verfolgt wird (§ 42 OWiG).

94 **D. Prozesshandlungen. I. Begriff. Jede prozessgestaltende Betätigung** (BayObLGSt 1975, 107) des Gerichts, der StA o. eines anderen Verfahrensbeteiligten, sei sie eine Entsch., eine Erklärung, ein Antrag o. ein Realakt (zB Aktenvorlage, BGHSt 26, 384), ist eine Prozesshandlung, auch die Einwirkung eines Dritten, die den Prozess erst ermöglicht (zB Strafantrag) o. ganz o. teilw. zu seiner Beendigung zwingt (zB Zurücknahme des Strafantrags). Reine Wissenserklärungen dagegen, wie die Aussage eines Beschuldigten, Zeugen o. Sachverständigen, gehören nicht zu den Prozesshandlungen, soweit es um ihren Inhalt geht (**aM** Paulus GS Meyer, 1990, 317). Hinsichtlich der **Wirkungen der Prozesshandlungen** sind mit Grunst Prozesshandlungen (S. 133) Rechtswirkungen (= Begründung, Änderung. o. Aufhebung v. Rechten u. Pflichten) u. Gestaltungswirkungen (= Einwirkung auf den Prozess als Entwicklungsvorgang) zu unterscheiden. Adressaten der Bekanntmachung einer Entsch. sind die davon betroffenen Verfahrensbeteiligten, zu denen im Offizialverfahren stets auch die StA gehört; Adressat v. Prozesshandlungen der Bet. ist, soweit nichts anderes bestimmt ist, das Rechtspflegeorgan, das in dem betr. Abschn. das Verf. maßgeblich führt. Erst der Eingang bei der zuständigen Stelle macht die Prozesshandlung wirksam (BayObLGSt 1975, 107). Zur Zulässigkeit v. Vereinbarungen zwischen Angeklagten u. Gericht o. StA vgl. → Rn. 119.

95 Über den **Inhalt einer prozessualen Erklärung,** die verfahrensgestaltende Wirkung entfaltet, entscheidet der **objektive Erklärungssinn,** der ggf. durch Auslegung zu ermitteln ist. Dabei ist das Gesamtverhalten des Erklärenden einschl. aller erkennbar hervorgetretenen Nebenumstände zu berücksichtigen. Auf den hinter der Erkl. stehenden verborgenen inneren Willen kommt es nicht an (BGHSt 32, 394 (400)).

95a **Zu den richterlichen Prozesshandlungen** gehören die Entsch. des Gerichts, aber auch jede eine Entsch. vorbereitende richterliche Tätigkeit, die zu einem Prozessvorgang wird. Die gerichtlichen Prozesshandlungen sind keine Verwaltungsakte (→ EGGVG § 23 Rn. 14).

95b **Tragende Prozesshandlungen** sind solche, die unmittelbar Voraussetzungen für den Fortgang, die Beschränkung o. die Beendigung des Prozesses schaffen. Sie sind überw. Prozess- o. Rechtszugvoraussetzungen (→ Rn. 141), zT Handlungen v. Organen, zB öffentl. Anklage, Eröffnung des Hauptverfahrens, zT Handlungen v. Privatpersonen, zB Strafantrag.

96 **II. Handlungsfähigkeit, Verhandlungsfähigkeit.** Die Handlungsfähigkeit des Prozessbeteiligten ist Voraussetzung für die Wirksamkeit seiner Prozesshandlung (Dallinger MDR 1955, 271 – BGH RsprÜ; OLG Hamm NJW 1973, 1894; OLG Dresden StraFo 2015, 149); ihn begünstigende, den Eintritt der Rechtskraft einer Verurteilung hemmende Prozesshandlungen eines verhandlungsunfähigen Beschuldigten sind aber wirksam (BayObLGSt 1988, 131; OLG Düsseldorf StraFo 1997, 338).

97 **1.** Die **Verhandlungsfähigkeit** des Beschuldigten ist die Fähigkeit, in o. außerhalb der Verh. seine Interessen vernünftig wahrzunehmen, die Verteidigung in verständiger u. verständlicher Weise zu führen, Prozesserklärungen in ihrer Bedeutung zu erfassen und abzugeben u. ggf. entgegenzunehmen (BVerfG NJW 1995, 1951; BGHSt 41, 16 (18); BGH NStZ 1996, 242). Sie setzt aber nicht Geschäfts- oder Schuldfähigkeit voraus (BGH NStZ 1983, 280; BeckRS 2022, 10181), sondern nur einen genügenden Reifegrad sowie bei hinreichender Freiheit der Willensentschließung u. Willensbetätigung die Bedeutung von Prozesserklärungen zu erkennen (vgl. BGH BeckRS 2022, 10181; → Rn. 110). Je nach den Anforderungen für die anstehenden Prozesshandlungen kann eine unterschiedliche Beurteilung erforderlich sein (zusf. Bischoff/Kusnik/Bünnigmann StraFo 2015, 222); Widmaier

(NStZ 1995, 362) spricht daher zutr. v. der „Verteidigungsfähigkeit“, v. der die Verhandlungsfähigkeit nur ein Teil ist. Auch bei solchen Angeklagten, deren geistige, psychische o. körperliche Fähigkeit zur Wahrnehmung der Verteidigungsrechte eingeschränkt ist, muss die Schuldfrage in einem rechtsstaatlichen Strafverfahren geklärt u. entschieden werden können; insofern liegt Verhandlungsunfähigkeit nicht vor, wenn die Auswirkungen solcher Einschränkungen auf die tatsächliche Wahrnehmung der Verfahrensrechte durch Hilfen für den Beschuldigten hinreichend ausgeglichen werden können (BGH NStZ-RR 2018, 320). Bei Volljährigen entfällt die Verhandlungsfähigkeit idR nur durch schwere körperliche o. seelische Mängel o. Krankheiten (BGH NJW 1970, 1981; Pfeiffer/Miebach NStZ 1985, 207 – BGH RsprÜ; Miebach NStZ 1988, 213 – BGH RsprÜ; OLG Düsseldorf NJW 1998, 395), die es dem Beschuldigten unmöglich machen, auch bei Inanspruchnahme solcher verfahrensrechtlichen Hilfen eine selbstverantwortliche Entsch. über grdl. Fragen seiner Verteidigung u. die sachgerechte Wahrnehmung der v. ihm persönlich auszuübenden Verfahrensrechte zu treffen (BGH NStZ-RR 2018, 320; zum Revisionsverfahren → StPO § 337 Rn. 6); bei an COVID-19 Erkrankten ist die Verhandlungsfähigkeit grds. zu bejahen, es sei denn, es handelt sich um einen schweren Verlauf, der im Krankenhaus behandelt werden muss (vgl. auf der Heiden NJW 2020, 1023 (1026)). Auch ein Geisteskranker, ein Taubstummer o. ein in der Entwicklung gehemmter Jugendlicher kann uU verhandlungsfähig sein.

Verhandlungsunfähigkeit kann sich auch aus konkreten Anhaltspunkten für **97a** die Befürchtung ergeben, der Beschuldigte werde bei Fortführung des Verf., va der HV, sein Leben einbüßen o. schwerwiegende Dauerschäden für seine Gesundheit erleiden (BVerfGE 51, 324 (346); BVerfG NJW 2002, 51; 2005, 2382: Risikoschwangerschaft). Einer eingeschränkten Verhandlungsfähigkeit kann durch angepasste Verhandlungsführung (Pausen, Unterbrechungen, ärztliche Aufsicht) begegnet werden. Die Verhandlungsfähigkeit wird im Freibeweisverfahren geklärt (Cierniak/Zimmermann NStZ-RR 2013, 167 – BGH RsprÜ); ihre Beurteilung ist Aufgabe des Gerichts, das sich dabei der Sachkunde des Sachverständigen bedient (BVerfG EuGRZ 2009, 645 (647)). Ein Angeklagter ist nicht verpflichtet, zur Herstellung seiner Verhandlungsfähigkeit einen keineswegs unerheblichen Eingriff bei sich vornehmen zu lassen (BVerfGE 89, 120; BGH StV 1992, 553: Ballondilatation). Endgültige Verhandlungsunfähigkeit des Beschuldigten ist Verfahrenshindernis u. führt zur Einstellung des Verfahrens (→ Rn. 146, 154, → StPO § 205 Rn. 1). Der Vertreter des Beschuldigten (vgl. → StPO Vor § 137 Rn. 7) muss ebenfalls verhandlungsfähig sein (BayObLGSt 1964, 85).

2. Die **Handlungsfähigkeit anderer Prozessbeteiligter** setzt ebenfalls nicht **98** allg. Prozessfähigkeit voraus. Das G trifft zT eine bes. Regelung, wie zB in § 77 Abs. 3 StGB über die Stellung des Strafantrags; ebenso in § 374 Abs. 3 für die Privatklage.

Verteidiger und StA müssen auf jeden Fall prozessfähig sein (Seibert JZ 1951, **99** 440; BVerfGE 37, 67 (77) für RA im Zivilprozess). Die Eignung eines zugelassenen RA zum Verteidiger wird idR noch nicht durch Krankheit o. altersbedingte Störungen beseitigt (BGH 21.11.1958 – 5 StR 260/58). Im Übrigen ist es in 1. Linie Sache des Verteidigers selbst u. nicht des Gerichts, zu beurteilen, ob er zur Verteidigung imstande ist (→ StPO Vor § 137 Rn. 3; erg. aber → StPO § 338 Rn. 41). Das gilt bes. beim Wahlverteidiger (BGH JR 1962, 428; → StPO § 338 Rn. 41); ebenso beim StA. Dagegen ist es Sache des Gerichts, darauf zu achten, dass nicht gegen § 146 verstoßen wird.

3. Zeugen und Sachverständige sind nicht Prozessbeteiligte (→ Rn. 75), son- **100** dern Beweismittel (→ Rn. 49). Der Sachverständige als Mitverantwortlicher bei der Aufklärung der Straftat muss prozessfähig sein, der Zeuge nur aussagetüchtig (→ StPO Vor § 48 Rn. 13).

III. Anfechtung. Eine **Anfechtung der Prozesshandlung** wegen Irrtums in **101** der Erkl. o. im Beweggrund ist unzulässig, weil die Prozesshandlung öffentlich-rechtlicher Art ist (BGHSt 17, 14 (18); BGH NStZ 1997, 611; KG JR 1978, 524; Kindhäuser/Schumann StrafProzR § 15 Rn. 8); erg. → Rn. 110, 111.

102 **IV. Unwirksamkeit. Unwirksam ist eine Prozesshandlung,** wenn es das G bestimmt (zB § 8 Abs. 4 **RPflG**) o. wenn sie nach einer konkreten Gesetzesbestimmung v. vornherein keine Folgen auslösen kann, zB die Zurücknahme eines Rechtsmittels des Verteidigers ohne die ausdr. Ermächtigung nach § 302 Abs. 2 (→ StPO § 302 Rn. 29), o. wenn sie an einem bes. schwerwiegenden Mangel leidet, der nicht nur in die Kategorie der Verfahrens-, Form- u. Zuständigkeitsmängel gehört u. bei verständiger Würdigung aller in Betracht kommender Umstände offenkundig ist (vgl. §§ 44, 46 VwVfG für Verwaltungsakte). Verliert eine Prozesshandlung ihre Wirkung nur durch den Fortgang des Verfahrens, so wird sie zwar prozessual überholt, aber nicht unwirksam (BVerfGE 9, 160; → StPO Vor § 296 Rn. 17, 18).

103 **1. Urteile und andere gerichtliche Entscheidungen** können nach einer in Rspr. und Literatur vertretenen Ansicht in seltenen Ausnahmefällen (vgl. BGHSt 29, 351 (352)) nichtig sein, wenn sie an einem derart schweren Mangel leiden, dass es bei Berücksichtigung der Belange der Rechtssicherheit u. des Rechtsfriedens v. Standpunkt der Gerechtigkeit aus schlechthin unerträglich wäre, sie als verbindlichen Richterspruch anzunehmen u. gelten zu lassen (vgl. BVerfG NJW 1985, 125; BGHSt 33, 126 (127); BGH NStZ 1984, 279; NStZ-RR 2024, 226; zB bei Willkür: BGHSt 29, 216), u. der Mangel für einen verständigen Beurteiler offen zutage liegt (Evidenztheorie: BVerfGE 29, 45 (49); BGHSt 33, 126 (127); BGH NStZ 1984, 279; OLG Düsseldorf VRS 75, 50; vgl. § 44 Abs. 1 VwfG).

104 **In einem Rechtsstaat** sind derartig beschaffene Urt. **aber nicht vorstellbar.** Die in Rspr. u. Lit. hierzu angestellten Erwägungen sind idR auch rein theoretischer Natur (Feiber NStZ 1989, 45; Meyer-Goßner ZIS 2009, 522). Die Vorstellung, in einem Rechtsstaat könne es nichtige – dh schlechthin u. für jedermann unbeachtliche – Urt. geben, sollte daher aufgegeben werden (LG Hannover NJW 1970, 290; Meyer-Goßner FS Neumann, 2017, 1349; dem wohl auch zuneigend BGH NStZ 2009, 579 (580); **aM** OLG Köln NStZ-RR 2002, 341, das sogar ein v. einem örtlich unzuständigen Richter ohne HV erlassenes Urt. für nichtig erklärt). Diese Lehre ist zudem nicht praktikabel (Rüping Strafverfahren Rn. 553; vgl. auch die dazu v. Gössel JR 1979, 76 angestellten Erwägungen; in dem v. ihm besprochenen Fall lag nur ein unvollständiges u. kein – teilw. – nichtiges Urt. vor) u. nur geeignet, Verwirrung zu stiften (exemplarisch dafür BGHSt 33, 41; dazu Weis NJW 1984, 2804 mit Entgegnung K. Meyer; Vogt/Kurth NJW 1985, 104; klargestellt durch BGHSt 33, 126). Entweder liegt in den in der Lit. erörterten Fällen gar kein vollstreckbares Urt. vor (zB „Entscheidung" durch den Wachtmeister) o. das grob fehlerhafte Urt. wird im Rechtsmittelverfahren, bei Rechtskraft im Wiederaufnahmeverfahren beseitigt o. gem. § 458 für nicht vollstreckbar erklärt (zum einzig praktischen Anwendungsfall → Rn. 107). Dass OLG München NJW 2013, 2371 – zu Unrecht – die Nichtigkeit eines Urt. angenommen hat, ist ein bedauerlicher Rückfall (Kudlich NJW 2013, 3216; Leitmeier NStZ 2014, 690; Meyer-Goßner StV 2013, 613).

105 **Für Zwischenentscheidungen** passt die Lehre ohnehin nicht (Meyer-Goßner JR 1981, 380); derartige noch so fehlerhafte Entsch. führen entweder den gewünschten Erfolg (zB Eröffnung des Hauptverfahrens, → StPO § 207 Rn. 11) nicht herbei (ohne deswegen – wie Felsch NStZ 1996, 165 missversteht, ähnlich Weidemann wistra 2000, 50 – nichtig zu sein) o. können im Laufe des Verfahrens stets korrigiert werden (so nun auch BGHSt 45, 58; BGH NStZ 2009, 579 (580)).

106 **2. Geisteskrankheit** des Richters ist kein absoluter Nichtigkeitsgrund. Sie macht die Entsch. allenfalls unwirksam, wenn die Geisteskrankheit den Richter unfähig gemacht hat, die Vorgänge aufzunehmen u. zu beurteilen (Peters StrafProzR Rn. 523), u. diese Unfähigkeit als grdl. Wirksamkeitsmangel (für die mit dem Richter zusammenwirkenden Personen) offen zutage tritt.

3. Verstoß gegen den Grundsatz ne bis in idem (→ Rn. 171): Nach älterer Ansicht ist ein rkr. Urt. unwirksam, wenn in derselben Sache schon vorher eine rkr. Sachentscheidung vorlag (RGSt 54, 12; Peters StrafProzR Rn. 521 ff.; einschr. aber schon BGH NStZ 1984, 279; wistra 1990, 67). Dem ist nicht zuzustimmen, weil der Mangel durch Wiederaufnahme des Verfahrens (§ 359 Nr. 5) geltend gemacht (Löwe/Rosenberg/Kühne Einl. K Rn. 119) o. iRe Prüfungsverfahrens nach § 458 berücksichtigt werden kann (OLG Koblenz NStZ 1981, 195; abl. Appl FS Tolksdorf, 2014, 185). Ergeht nach einer nrkr Verurteilung in derselben Sache ein rkr. Urt., ist das erste Urt. wegen entgegenstehender Rechtskraft – nicht wegen „prozessualer Überholung", wie OLG Jena JR 1999, 125 meint – aufzuheben (ebenso Wolters JR 1999, 128; so auch zutr. OLG Jena VRS 110, 418). 107

4. Keine Unwirksamkeit: Bei **Beschlüssen u. Vfg., die lediglich dem Fortgang des Verfahrens** dienen sollen, ist grds. kein Raum für die Annahme einer Unwirksamkeit (BGHSt 45, 58; OLG Hamm NJW 1958, 880; Gollwitzer FS Riess, 2002, 141; → Rn. 105). Generell haben richterliche Entsch., in ganz bes. Maße Urt., die Vermutung der Wirksamkeit für sich (BGHSt 21, 74 (76) schon für VerwAe). Unwirksamkeit entsteht daher auch nach Auff. der hM nicht schon dadurch, dass die Unzulässigkeit eines Rechtsmittels (OLG Hamm JMBl. NRW. 1956, 59) o. die Teilrechtskraft unbeachtet geblieben (OLG Bremen JZ 1958, 547: weitere Beispiele) o. ein sonstiges Verfahrenshindernis, das nicht in einem rkr. Urt. besteht, übersehen worden ist. Ganz allg. ist ein Urt. nicht deshalb unwirksam, weil es unter schwerem Verfahrensverstoß ergangen ist, wie sich aus § 338 ergibt, zB weil das Gericht nicht richtig besetzt war o. weil ein Jugendlicher zu Unrecht v. einem Erwachsenengericht nach Erwachsenenstrafrecht verurteilt worden ist (OLG Hamburg NJW 1952, 1150; Brunner/Dölling JGG § 1 Rn. 12) o. im umgekehrten Fall (Lackner GA 1955, 33). 108

5. Geltendmachung der Unwirksamkeit: Die hM muss v. ihrem Standpunkt aus die für einen Rechtsstaat unerträgliche Ansicht vertreten, die Unwirksamkeit sei v. keiner förmlichen Feststellung abhängig. Gleichwohl sollen aber Rechtsmittel gegen eine solche Entsch. nach hM ebenso zulässig sein wie gegen eine wirksame (BGH NJW 1953, 1829; 1954, 34; **aM** Gössel JR 1979, 76). Nach der formellen Rechtskraft ist demnach Wiederaufnahme wie gegen ein wirksames Urt. zulässig. Jedoch kann die Unwirksamkeit auch nach §§ 458 ff. geltend gemacht werden (→ StPO § 458 Rn. 9). 109

6. Andere unwirksame Prozesshandlungen (die nicht zu den gerichtlichen Entsch. gehören, → Rn. 105): Prozesserklärungen sind bei Handlungsunfähigkeit des Verfahrensbeteiligten unwirksam (→ Rn. 96 ff.). Unwirksam sind auch solche Erklärungen, die offensichtlich nicht ernstlich gemeint o. zum Schein abgegeben sind. Bei üblen Beschimpfungen u. Beleidigungen uÄ kann es an den Mindestanforderungen fehlen, die an eine ernsthafte Eingabe u. deren Zulässigkeit zu stellen sind (OLG Karlsruhe NJW 1974, 915; MDR 1973, 876). Falsche Kennzeichnung des Rechtsmittels (§ 300) o. einer sonstigen Prozesserklärung schadet nicht (→ StPO § 300 Rn. 1). § 136a StPO ist auf Prozesserklärungen nicht entspr. anwendbar (BGHSt 17, 14; dazu Eb. Schmidt JR 1962, 290; Oehler JZ 1963, 227). Das schließt nicht aus, dass eine Erkl. durch Drohung o. Täuschung unwirksam wird (BGHSt 17, 14), so bei Drohung, die sich gegen Leib, Leben o. Freiheit richtet (Oehler JZ 1963, 227), o. wenn der Angeklagte und (o.) sein Verteidiger durch Handlungen des Gerichts in einen für die Rechtsmittelerklärung ursächlichen unverschuldeten Rechtsirrtum versetzt worden sind (OLG Celle GA 1970, 285; OLG Hamm NJW 1976, 1952; → StPO § 302 Rn. 22). 110

7. Unzulässigkeit wegen Rechtsmissbrauchs: Der Gebrauch prozessualer Rechte zur Erreichung rechtlich missbilligter Ziele ist auch im Strafprozess verboten. Der StPO ist zwar eine Generalklausel darüber fremd (Vogel NJW 1978, 1223); sie enthält aber eine Vielzahl v. Regelungen, die an ein missbräuchliches Verhalten anknüpfen, nämlich die §§ 26a Abs. 1 Nr. 3, 138a Abs. 1 Nr. 2, 231a Abs. 1 S. 1, 241 Abs. 1 und 2, 244 Abs. 3 S. 2 Var. 6, 245 Abs. 2 S. 3 Var. 5, 257 Abs. 3, 257a S. 1 und 266 Abs. 3 S. 1 StPO (vgl. Beulke FS Amelung, 2009, 544; 111

dort auch speziell zum Missbrauch v. Verteidigungsrechten). Darüber hinaus ist aber auch hier der Gebrauch prozessualer Rechte zum Erreichen rechtlich missbilligter Ziele untersagt (vgl. Fischer NStZ 1997, 212; Kudlich, Strafprozess und allgemeines Missbrauchsverbot, 1998; Niemöller StV 1996, 501 ff. unterscheidet zwischen objektiv prozessfremden u. subjektiv prozesswidrigen Zwecken). Es besteht ein allg. Missbrauchsverbot (BGHSt 38, 111 (113); 51, 88; zust. Fahl JR 2007, 34; Pfister StV 2009, 551; Satzger/Hanft NStZ 2007, 185; vgl. dazu Maatz NStZ 1992, 513; Widmaier NStZ 1992, 519; Bünger NStZ 2006, 306; Niemöller StV 1996, 501; Roxin FS Hanack, 1999, 19; Senge NStZ 2002, 225; **aM** Danckert/Bertheau FS Hanack, 1999, 36; Fezer FS Weber, 2004, 475; R. Hamm NJW 1993, 296; Herdegen NStZ 2000, 3; Jahn/Schmitz wistra 2001, 328; Kempf StV 1996, 507; Kühne JZ 2010, 826; Müller FS I. Roxin, 2012, 633; Weßlau FS Lüderssen, 2002, 787). Dass der BGH zutr. ein solches allg. Verbot des „Rechtsmissbrauchs im Strafprozess" bejaht hat, ist v. Fahl in seiner gleichnamigen Untersuchung überzeugend nachgewiesen worden (Fahl Rechtsmißbrauch S. 728). Missbrauch ist danach der zweckfremde Einsatz eines Rechts; ein solcher ist in der StPO nirgends erlaubt, wie dort durch die verstreuten Regelungen (zB §§ 26a Abs. 1 Nr. 3, 138a Abs. 1 Nr. 2, 145 Abs. 4, 241 S. 1, 244 Abs. 3 S. 2, 257a, 266 Abs. 3 S. 1) bestätigt wird.

111a Ein **Missbrauch prozessualer Rechte** ist daher **anzunehmen,** wenn ein Verfahrensbeteiligter die ihm durch die StPO eingeräumten Möglichkeiten zur Wahrung seiner verfahrensrechtlichen Belange benutzt, um gezielt verfahrensfremde o. verfahrenswidrige Ziele zu verfolgen (BGHSt 38, 111; 51, 88; Beulke/Witzigmann StV 2009, 394). Einer ges. Missbrauchsregelung, die ohnehin inhaltsleer wäre („Missbrauch ist verboten"), bedarf es nicht (Fahl Rechtsmißbrauch S. 730 ff.; Meyer-Goßner FS 50 Jahre BGH, 2000, 633). Eine Prozesshandlung, die ein rechtlich missbilligtes Ziel verfolgt, ohne dass ihr ein konkretes ges. Verbot entgegensteht (→ Rn. 104), ist jedoch nicht unwirksam, sondern nur unzulässig. Auch widersprüchliches Prozessverhalten „verdient keinen Rechtsschutz" (BGH StV 2001, 100; StV 2001, 101; NStZ 2008, 475). Zur Verwirkung des Rechts auf Stellung eines Befangenheitsantrags wegen rechtsmissbräuchlichen Verhaltens BGH NJW 2006, 108; zur Schaffung einer sog. „Verjährungsfalle" im OWi-Verf. vgl. OLG Düsseldorf JR 2008, 522 mzustAnm Fahl.

112 **V. Widerruf.** Für die **Widerruflichkeit** v. Prozesshandlungen gilt Folgendes:

112a **1. Gerichtliche Entscheidungen:** Urt. u. urteilsähnliche Entsch., wie der Strafbefehl (vgl. aber § 411 Abs. 3), sind nach ihrem Erlass unwiderruflich (erg. → StPO Vor § 33 Rn. 5 ff., → StPO § 349 Rn. 24). Das Gleiche gilt für die mit der sofortigen Beschwerde anfechtbaren Beschlüsse (§ 311 Abs. 3 S. 1; Einschränkung S. 2) u. (wegen seiner verfahrenstragenden Bedeutung) den Eröffnungsbeschluss (BGHSt 10, 247). Bis zu ihrer Bekanntmachung (§ 35 Abs. 1, 2) sind auch diese Entsch. – wie alle anderen – widerruflich. Bei Beschlüssen kann die Widerruflichkeit im G vorgesehen sein (zB § 56f StGB). Aber auch sonst sind Beschlüsse, gegen die einfache Beschwerde zulässig o. nur mangels übergeordneter Instanz unzulässig (§ 304 Abs. 4) ist o. die nach § 305 als Zwischenentscheidungen nicht selbständig angefochten werden können, widerruflich, sei es wegen veränderter Umstände o. wegen Irrtums, weil sie nur lfd. Entsch. sind.

113 Darüber hinaus begründet die **Nichtgewährung des rechtlichen Gehörs** bei Beschlüssen die Widerruflichkeit.

114 Der Widerruf ist **von Amts wegen, auf Beschwerde** (→ StPO § 306 Rn. 7 ff.) o. auf **Gegenvorstellung** (→ StPO Vor § 296 Rn. 23 ff.) zulässig. Er setzt voraus, dass die Entsch. falsch o. unsachgemäß ist o. dass ein erhebliches prozessuales Unrecht durch ihn gutgemacht (RGSt 37, 112), dh ein erheblicher Verfahrensfehler geheilt werden soll (OLG Düsseldorf MDR 1980, 335; 1982, 518). Auch ohne förmlichen Widerruf eines Beschlusses kann ein fehlerhafter Verfahrensabschnitt widerrufen u. wiederholt werden (RGSt 53, 170).

115 Der **Widerruf eines nicht (mehr) anfechtbaren Beschlusses** wird für zulässig erachtet, wenn dem Beschl. durch nachträglich bekanntgewordene Tatsachen der

Boden völlig entzogen worden ist u. der nicht erträgliche Mangel nicht anders geheilt werden kann (BGH NJW 1951, 771; RGSt 59, 419; OLG Stuttgart MDR 1982, 341), zB wenn sich nach Einstellung wegen Verfahrenshindernisses (§ 206a) herausstellt, dass das Verf. schon vorher rkr. abgeschlossen war (OLG Hamm JMBl. NRW. 1972, 35). Hier wird die bereits vorher rkr. gewordene Sachentscheidung durch das Gericht, das den Beschl. erlassen hat (OLG Rostock NZV 1994, 287), wieder hergestellt. Der Widerruf ist nicht mehr statthaft, wenn mit ihm eine durch ihn rkr. gewordene Sachentscheidung nachträglich aufgeh. o. geänd. würde (BGHSt 17, 94 (97)).

2. Auch **bei anderen Prozesshandlungen** regelt das G die Widerruflichkeit nur zT, etwa die Zurücknahme des Strafantrags in § 77d StGB, der Anklage in §§ 156, 411 Abs. 3, der Privatklage in § 391, der Rechtsmittel in § 302. Prozesstragende Erklärungen (→ Rn. 102) sind mangels gegenteiliger Regelung im Zweifel unwiderruflich (RGSt 63, 302), ebenso diejenigen, die das ganze o. weitere Verf. überflüssig machen o. dessen Beendigung bewirken, zB der Verzicht auf Strafantrag ggü. einem Strafverfolgungsorgan (BGH NJW 1957, 1368), auf Rechtsmittel (→ StPO § 302 Rn. 21), die Zurücknahme eines Rechtsmittels (→ StPO § 302 Rn. 9), die Übernahmeerklärung der StA nach § 377 Abs. 2 (OLG Saarbrücken NJW 1959, 163), ihre Erkl. nach § 230 Abs. 1 StGB (BGHSt 19, 374 (380)); ebenso die Zustimmung, durch die ein Abweichen v. der Regel legalisiert wird (zB nach §§ 61 Nr. 5, 245 Abs. 1 S. 2, 251 Abs. 1 Nr. 4, Abs. 2). Einfache Prozesserklärungen ohne solche Wirkung, insbes. Anträge u. Behauptungen, sind dagegen widerruflich. Ein solcher Widerruf macht aber eine auf der Prozesshandlung beruhende Entsch. nicht unwirksam. Die zulässige Zurücknahme wird wirksam, wenn sie dem mit der Sache befassten Rechtspflegeorgan zugeht (vgl. BGHSt 16, 105). 116

VI. Verzicht. Der **Verzicht auf eine Prozesshandlung** ist zulässig, soweit diese nicht Pflicht ist, u. zwar v. dem Zeitpunkt an, v. dem an die Handlung zulässig ist, bis zu dem Zeitpunkt, wo sie ohnehin unzulässig wird. ZB kann auf die Befugnis zum Strafantrag während der Antragsfrist (§ 77b StGB; BGH NJW 1957, 1368) o. auf Rechtsmittel während der Rechtsmittelfrist verzichtet werden (§ 302 StPO). Zur Wirkung des außergerichtlichen Verzichts des Verletzten auf Strafantrag u. Privatklage vgl. → StPO Vor § 374 Rn. 13. Der Verzicht unterscheidet sich v. der Verwirkung dadurch, dass hier willentlich eine Rechtsposition preisgegeben wird, während dort ein v. „Willen" unabhängiger Rechtsverlust eintritt (Fahl Rechtsmißbrauch S. 140). 117

VII. Bedingungsfeindliche Prozesshandlungen. Bedingungsfeindliche Prozesshandlungen sind solche, **die nicht v. außerprozessualen Bedingungen abhängig gemacht werden dürfen,** wie zB Rechtsmittel (BVerfGE 40, 272 (274); → StPO Vor § 296 Rn. 5); seine Zurücknahme o. Beschränkung (Lorenzen/Görl SchlHA 1988, 112 – OLG Schleswig RsprÜ) o. das Einverständnis als rechtliche Voraussetzung für eine Verfahrensvereinfachung (zB nach §§ 245 Abs. 1 S. 2, 251 Abs. 1 Nr. 1, Abs. 2 Nr. 3). Die unzulässige Bedingung macht die Prozesshandlung unwirksam (BGHSt 5, 183; 25, 187; RGSt 66, 265 (268); OLG Hamm NJW 1973, 257). Auf diese Weise sollen Unklarheiten vermieden werden (BGH MDR 1976, 414), insbes. über den Eintritt der Rechtskraft (→ Rn. 163). Wo solche nicht zu befürchten sind, können Prozesshandlungen mit einer Bedingung verbunden werden, soweit das mit ihrer bes. Zweckbestimmung vereinbar ist u. das mit der Sache befasste Gericht die durch die Bedingung hervorgerufene Ungewissheit selbst beseitigen kann (BGHSt 29, 396). Das G lässt vereinzelt selbst ein bedingtes Rechtsmittel zu, zB in den §§ 315 Abs. 2, 342 Abs. 2. Zulässig ist auch ein bedingter Beweisantrag (vgl. → StPO § 244 Rn. 22) u. die Zurücknahme des Strafantrags für den Fall einer dem Antragsteller günstigen Kostenentscheidung (→ StPO § 470 Rn. 5). Von der Bedingung, die auf den Eintritt o. Nichteintritt eines künftigen ungewissen Ereignisses abstellt, ist die Voraussetzung zu unterscheiden, die an etwas Gegebenes, insbes. an eine bestimmte Rechtslage anknüpft. Die 118

Verknüpfung mit einer Voraussetzung o. mit einer reinen Rechtsbedingung schadet nicht (BGHSt 25, 187; OLG Hamm NJW 1973, 257). Der Vorbehalt o. die Ankündigung zulässiger Zurücknahme – wenn auch in die Form einer „Bedingung" gekleidet – ist keine Bedingung (zB beim Strafantrag; vgl. hierzu erg. → StPO § 470 Rn. 5).

119 **E. Verständigung im Strafprozess. Absprachen zwischen den Prozessbeteiligten** setzt das G in mehreren Fällen ausdr. (vgl. etwa §§ 265a, 470 S. 2 StPO) o. stillschweigend (vgl. insbes. § 153a StPO) voraus. Im Privatklageverfahren ist ein gerichtlicher Vergleich zwischen Privatkläger u. Angeklagtem (→ StPO Vor § 374 Rn. 8 ff.), im Adhäsionsverfahren zwischen Adhäsionskläger u. Angeklagtem (§ 405) zulässig; der Nebenklageberechtigte kann sich durch Vergleich mit dem Angeklagten verpflichten, seine Rechte nicht auszuüben (→ StPO Vor § 395 Rn. 13). Darüber hinaus hatte sich seit etwa Anfang der 1980er Jahre unter Außerachtlassung zahlreicher Verfahrensgrundsätze ein informelles Verf. zur Verständigung im Strafprozess entwickelt (dazu → 63. Aufl. 2020, Rn. 119a, 119c). Dessen Auswüchse sowie vergebliche Einhegungsversuche des BGH (→ 63. Aufl. 2020, Rn. 119e–119g) veranlassten den Gesetzgeber dazu, das Abspracheverfahren durch das „Gesetz zur Regelung der Verständigung im Strafverfahren" v. 29.7.2009 (BGBl. I 2353) umfassend zu regeln (s. va §§ 257b, 257c, 243 Abs. 4, 302 Abs. 1 S. 2, 273 Abs. 1a StPO und → StPO § 257b Rn. 1 ff.; → StPO § 257c Rn. 1 ff.; → StPO § 243 Rn. 1 ff.; → StPO § 302 Rn. 1 ff.; → StPO § 273 Rn. 1 ff.).

119a Das **BVerfG** hat die ges. Regelung in seiner **Entsch. v. 19.3.2013** (BVerfG NJW 2013, 1058; krit. dazu Beulke/Stoffer JZ 2013, 662; Fezer HRRS 2013, 117; Knauer NStZ 2013, 433; Kudlich NStZ 2013, 379; Löffelmann JR 2013, 333; F. Meyer NJW 2013, 1850; Niemöller StV 2013, 420; Stuckenberg ZJS 2013, 212; Weigend StV 2013, 424) für (noch) verfassungsgemäß erklärt, jedoch die mangelnde Bereitschaft v. Richtern, StAen u. Verteidigern, sich an die ges. Vorgaben zu halten, beklagt. Es hat folgende Leitsätze aufgestellt, die bei der Auslegung der ges. Vorschr. zu berücksichtigen sind:

1. Das im Grundgesetz verankerte Schuldprinzip u. die mit ihm verbundene Pflicht zur Erforschung der materiellen Wahrheit sowie der Grundsatz des fairen, rechtsstaatlichen Verfahrens, die Unschuldsvermutung u. die Neutralitätspflicht des Gerichts schließen es aus, die Handhabung der Wahrheitserforschung, die rechtliche Subsumtion u. die Grundsätze der Strafzumessung zur freien Disposition der Verfahrensbeteiligten u. des Gerichts zu stellen.
2. Verständigungen zwischen Gericht u. Verfahrensbeteiligten über Stand u. Aussichten der HV, die dem Angeklagten für den Fall eines Geständnisses eine Strafobergrenze zusagen u. eine Strafuntergrenze ankündigen, tragen das Risiko in sich, dass die verfassungsrechtlichen Vorgaben nicht in vollem Umf. beachtet werden. Gleichwohl ist es dem Gesetzgeber nicht schlechthin verwehrt, zur Verfahrensvereinfachung Verständigungen zuzulassen. Er muss jedoch zugleich durch hinreichende Vorkehrungen sicherstellen, dass die verfassungsrechtlichen Anforderungen gewahrt bleiben. Die Wirksamkeit der vorgesehenen Schutzmechanismen hat der Gesetzgeber fortwährend zu überprüfen. Ergibt sich, dass sie unvollständig o. ungeeignet sind, hat er insoweit nachzubessern u. erforderlichenfalls seine Entsch. für die Zulässigkeit strafprozessualer Absprachen zu revidieren.
3. Das Verständigungsgesetz sichert die Einhaltung der verfassungsrechtlichen Vorgaben in ausreichender Weise. Der in erheblichem Maße defizitäre Vollzug des Verständigungsgesetzes führt derzeit nicht zur Verfahrenswidrigkeit der ges. Regelung.
4. Mit den Vorschr. des Verständigungsgesetzes hat die Zulassung v. Verständigungen im Strafverfahren eine abschl. Regelung erfahren. Außerhalb des ges. Regelungskonzepts erfolgende sog. informelle Absprachen sind unzulässig.

120 Das BVerfG hat allerdings erklärt, falls „die materiellen und prozessualen Vorkehrungen des Verständigungsgesetzes nicht ausreichen, um das festgestellte Vollzugsdefizit zu beseitigen u. dadurch die an eine Verständigung im Strafverfahren zu stellenden verfassungsrechtlichen Anforderungen zu erfüllen, muss der Gesetzgeber der Fehlentwicklung durch geeignete Maßnahmen entgegenwirken" (BVerfG NJW 2013, 1070).

F. Form der Prozesshandlungen. I. Entscheidungen. Die Entsch. des Gerichts **aufgrund einer HV ergeht in der Form des Urt.,** wenn sie die Strafsache (durch Sach- o. Prozessentscheidung, → Rn. 172) für die Instanz abschließen will (→ Rn. 165), sofern nichts anderes bestimmt ist (zB § 153 Abs. 2 S. 3, § 153a Abs. 2 S. 2 StPO). Sonst ergehen **Beschlüsse.** Beschlüsse müssen nicht zwingend unterzeichnet sein (§ 275 Abs. 2 StPO gilt nur für Urteile); allerdings muss sich zumindest aus den Umständen ergeben, dass die Entscheidung auf der Willensbildung der zuständigen Richter beruht (OLG Hamm BeckRS 2023, 25596 mwN). Auch der Strafbefehl (§ 407 StPO) gehört in die Kategorie der Beschlüsse, ebenso der Haftbefehl, der Durchsuchungsbefehl u. die Beschlagnahmeanordnung des Gerichts. Lediglich v. anderen Entsch. gesonderte technische Anordnungen, Belehrungen, Hinweise uÄ ergehen als Verfügung. Die Entsch. der StA sind Vfg. (zB §§ 171, 161a Abs. 2 und 3 StPO), Anordnungen (zB §§ 98, 105 Abs. 1, 111e Abs. 1 S. 1, 164 StPO) o. Beschwerdebescheide (zB § 172 StPO). **121**

Werden die Akten elektronisch geführt, sind als elektronisches Dokument erstellte gerichtliche Entscheidungen den **Strafverfolgungsbehörden als elektronisches Dokument** zu übermitteln (§ 32b Abs. 3 S. 1, 2; → § 32b Rn. 6). **121a**

Zum **Begriff der Entsch.** gehört stets ein Ausspruch, der die Rechtsstellung eines Bet. unmittelbar berührt, woran es zB bei einer bloß prozessleitenden Vfg. fehlt (vgl. → StPO § 33 Rn. 2). Die Art der Entsch. (Urt. o. Beschl.) richtet sich nicht immer nach der Bezeichnung, die ihr das Gericht gegeben hat; maßgebend ist, in welcher Form sie richtig hätte ergehen müssen. Das ist insbes. für die Anfechtung u. Rechtskraft v. Bedeutung (→ Rn. 167). **122**

Es gibt auch **stillschweigende Entsch.,** nämlich, wenn etwas mit Wissen des Gerichts geschieht, was an sich eine förmliche gerichtliche Entsch. voraussetzen würde, die aber unterlassen wird (zB im Falle des § 175 Abs. 2 S. 1 GVG: BGH 5.4.1956 – 4 StR 54/56). Erforderlich ist dabei, dass der Entscheidungsinhalt in anderen Prozesshandlungen (OLG Nürnberg SJZ 1949, 703), ev. auch in einem prozessualen Unterlassen (BGH NJW 1952, 1305) zum Ausdruck kommt, u. zwar so deutlich, als ob die Entsch. förmlich ergangen wäre (BGH NJW 1953, 1720; OLG Köln JMBl. NRW. 1984, 235). Auch bei der StA, der Polizei o. anderen Strafverfolgungsbehörden gibt es stillschweigende Anordnung v. Maßnahmen, zB eine Durchsuchungsanordnung einer Ermittlungsperson der StA, die dadurch evident wird, dass er die Durchsuchung beginnt (→ StPO § 105 Rn. 3). **123**

II. Erklärungen und Anträge. Für die **Erklärungen u. Anträge** ergibt sich die Form jew. aus dem G o. aus der Art des Prozessabschnitts, in den sie fallen. Vorbehaltlich anderer ges. Regelung werden sie außerhalb der Verh. schriftlich, innerhalb der HV mündlich angebracht. Verteidiger und RA sollen Schriftsätze, Anträge und Erklärungen als elektronisches Dokument übermitteln (§ 32d S. 1). **124**

1. Für die **Zurücknahme** gelten grds. die gleichen Formerfordernisse wie für die Anbringung (→ StPO § 302 Rn. 7). In vielen Fällen ist die Erkl. zu Prot. der Geschäftsstelle zulässig o. vorgeschrieben. **125**

2. Auch **durch deutliche schlüssige Handlung** können Prozesserklärungen, für die keine bes. Form vorgeschrieben ist, abgegeben werden (BGH GA 1976, 115), insbes. die Erkl. des Verzichts auf ein Recht, das dem Erklärenden freilich bekannt sein muss (vgl. OLG Hamburg JR 1967, 193). Erklärungen o. Anträge werden erst wirksam, wenn sie der mit der Sache befassten Stelle zugehen (RGSt 52, 200; 76, 345; vgl. BGH NJW 1957, 1368). **126**

3. Vertretung ist bei Anträgen u. Erklärungen außerhalb der HV statthaft (→ StPO Vor § 137 Rn. 12), soweit weder das G noch die höchstpersönliche Natur der Prozesshandlung entgegensteht. Vgl. → Rn. 134; → StPO § 158 Rn. 14, 15. **127**

Vertretung in der HV ist nur statthaft, soweit ausdr. zugelassen, zB §§ 234, 350 Abs. 2, 378, 397 Abs. 1 S. 2 iVm §§ 378, 411 Abs. 2 S. 1, 434 Abs. 1 StPO. Über Zustellungsvollmacht vgl. § 145a, auch § 116a Abs. 3 StPO.

128 **III. Schriftform.** Zur Schriftform gehört, dass aus dem Schriftstück der **Inhalt der Erklärung,** die abgegeben werden soll, u. die Person, v. der sie ausgeht, schon im Zeitpunkt des Eingangs der Erkl. bei Gericht (zur Fristwahrung vgl. → StPO § 42 Rn. 13 ff.) **hinreichend zuverlässig** entnommen werden können (GmS-OGB NJW 1980, 172 (174); BGHSt 30, 182 (183); BGH NStZ-RR 2026, 23). Außerdem muss feststehen, dass es sich **nicht** um einen **Entwurf** handelt, sondern dass das Schriftstück mit Wissen u. Willen des Berechtigten dem Gericht zugeleitet worden ist (GmS-OGB NJW 1980, 172; BGH NStZ-RR 2026, 23; OLG ZweibrückenNStZ-RR 2000, 350); daher genügt es nicht, wenn eine Beschwerdeschrift der StA lediglich den Zusatz enthält, dass das Schreiben elektronisch erstellt wurde u. deshalb keine Unterschrift enthalte (OLG Dresden StraFo 2014, 163; **aM** OLG Karlsruhe NStZ-RR 2015, 19). Nicht unbedingt notwendig ist die handschriftliche Unterzeichnung (BVerfGE 15, 288 (291); GmS-OGB NJW 1980, 172; BGHSt 30, 182; BGH NStZ-RR 2026, 23; OLG Hamburg StraFo 2021, 32; OLG Nürnberg StraFo 2016, 72). Daher genügt ein Handzeichen, falls es nicht nur die Fertigung des Entwurfs abschließt (BayObLGSt 1962, 69), auch beim Eröffnungsbeschluss (erg. → StPO § 207 Rn. 11). Zur Identifizierung genügt idR ein Faksimilestempel (OLG Stuttgart NJW 1976, 1902 (1903)), selbst bei der Unterschrift des Leiters der StA (RGSt 63, 247; vgl. aber Nr. 149 RiStBV), o. eine behördlich beglaubigte Abschrift. Bei einem RA genügt auch das mit Schreibmaschine geschriebene Diktatzeichen iVm dem gedruckten Briefkopf (BGHSt 2, 78; RGSt 67, 385; OLG Oldenburg NJW 1983, 1072), nicht aber der bloße Fertigungsvermerk eines Kanzleiangestellten (BayObLG NJW 1980, 2367; KG JR 1971, 252; Lorenzen SchlHA 1987, 120 – OLG Schleswig RsprÜ). Eine v. der Behörde auf Tonband aufgenommene Erkl. wird zur schriftlichen, wenn der Beamte sie nachträglich in Reinschrift überträgt u. in geeigneter Weise die Identität des Erklärenden bestätigt (vgl. → StPO § 158 Rn. 11). Die Schriftform ist auch gewahrt, wenn der UrkB im Anschluss an die HV eine Erkl. des Angeklagten in das Prot. aufnimmt, verliest u. genehmigen lässt (BGH NJW 1984, 1974). Die telefonische Abgabe der Erkl. genügt nicht der Schriftform (BGHSt 30, 64 (66) mwN; vgl. auch → Rn. 140), wohl aber ein mit Hilfe des Computers ohne Ausdruck unmittelbar geschicktes Telefaxschreiben (BVerfG wistra 2002, 417; OLG München NJW 2003, 3429).

128a Wird das Dokument **als elektronisches Dokument eingereicht,** muss es den Anforderungen des § 32a Abs. 3, 4 entsprechen (→ StPO § 32a Rn. 4 ff.; erg. → Rn. 130a).

128b **Verteidiger und RA sollen** Schriftsätze und deren Anlagen sowie schriftlich einzureichende Anträge und Erklärungen als elektronisches Dokument übermitteln (§ 32d S. 1; → StPO § 32d Rn. 1).

128c Die **in § 32d S. 2 bezeichneten Prozesshandlungen** (§§ 302, 314 Abs. 1, 317, 341 Abs. 1, 345 Abs. 2, 347 Abs. 1, 381, 396 Abs. 1; s. jew. dort) **müssen** von **Verteidigern und RA** als elektronisches Dokument übermittelt werden; die Pflicht zur Einreichung als elektronisches Dokument ist in diesen Fällen Wirksamkeitsvoraussetzung für die Erklärung (vgl. BGH NJW 2022, 3588; → StPO § 32d Rn. 2). Nur bei vorübergehender technischer Unmöglichkeit, die glaubhaft zu machen ist, ist ausnahmsweise die Übermittlung in Papierform zulässig (§ 32d S. 3, 4; BGH NStZ-RR 2023, 115; BeckRS 2022, 25316; → StPO § 32d Rn 3). Zur Unterschrift in diesen Fällen → Rn. 130a.

128d Im **Geschäftsverkehr zwischen Strafverfolgungsbehörden und Gerichten** sollen in den in § 32b Abs. 3 S. 2 bezeichneten Fällen (§§ 199, 314 Abs. 1, 317, 341 Abs. 1, 345 Abs. 2, 347 für die StA) die Erklärungen und gerichtlichen Entscheidungen als elektronisches Dokument übermittelt werden (→ StPO § 32b

Rn. 6; zur Unterzeichnung der Anklageschrift in diesen Fällen → § 199 Rn. 1; BGH NJW 2026, 183).

IV. Unterzeichnung durch einen Verteidiger oder Rechtsanwalt. Ist die **Unterzeichnung** durch einen Verteidiger o. RA vorgeschrieben (vgl. § 172 Abs. 3 S. 2, § 366 Abs. 2, § 390 Abs. 2; zu speziellen Anforderungen an die Unterschrift bei den in § 32d S. 2 bezeichneten Erklärungen erg. → Rn. 130a), so muss die Unterschrift eigenhändig geleistet werden (OLG Düsseldorf NJW 1998, 919). Zur Übernahme der Verantwortung für den Inhalt vgl. → StPO § 172 Rn. 33, → StPO § 345 Rn. 16, → StPO § 366 Rn. 4. Eine Vertretung bei der Unterzeichnung ist unzulässig (BayObLG NJW 1991, 2095; KG JR 1987, 217); eine Ausnahme gilt nur für den amtl. bestellten Vertreter (Dahs Strafprozessrevision Rn. 59; Hamm Revision Rn. 202). Unterzeichnet ein RA in Untervollmacht des Wahlverteidigers ist aber idR v. der Übernahme der Verantwortung auszugehen (BVerfG NJW 1996, 713). Die Unterschrift muss idR aus der Wiedergabe des vollen bürgerlichen Namens bestehen, bei einem Doppelnamen reicht aber ein Teil des Namens, wenn keinerlei Zweifel an der Identität des Unterzeichnenden bestehen (OLG Frankfurt a. M. NJW 1989, 3030); die Verwendung der Anfangsbuchstaben (Paraphe) reicht nicht aus (BGH NJW 1975, 1704; 1982, 1467; RGSt 69, 137). Lesbar braucht die Unterschrift nicht zu sein (BGH NStZ-RR 2011, 253); Undeutlichkeiten u. Verstümmelungen schaden nicht. Es muss aber ein die Identität des Unterschreibenden ausreichend kennzeichnender individueller Schriftzug vorliegen (BGH MDR 1960, 394; 1964, 747; BFH 147, 199), der einmalig ist, entspr. charakteristische Merkmale aufweist u. sich als Unterschrift eines Namens darstellt (BGH NJW 1982, 1467). Es muss ein Mindestmaß an Ähnlichkeit in dem Sinne bestehen, dass ein Dritter, der den Namen des Unterzeichnenden kennt, ihn aus dem Schriftbild noch herauslesen kann (BGHSt 12, 317 (319)). 129

Räumlich ist das Erfordernis der „Unter"zeichnung nicht zu verstehen; die Unterschrift muss nicht unbedingt unter der Schrift, darf aber nicht auf einem bes. Blatt o. auf einem aufgeklebten Zettel stehen (Becker NStZ-RR 2002, 261 – BGH RsprÜ). Die Unterschrift auf einem Anschreiben genügt ebenfalls nicht (Dahs Strafprozessrevision Rn. 59; **aM** Löwe/Rosenberg/Franke StPO § 345 Rn. 26; offengelassen v. Becker NStZ-RR 2007, 132 – BGH RsprÜ). 130

In den in **§ 32d S. 2 bezeichneten Fällen** (§§ 302, 314 Abs. 1, 317, 341 Abs. 1, 345 Abs. 2, 347 Abs. 1, 381, 396 Abs. 1) **gilt für die Unterzeichnung § 32a Abs. 3** (→ StPO § 32a Rn. 4 f.) Die Prozesshandlung in Form eines pdf-Dokumentes (§ 2 Abs. 1 S. 1 ERVV) muss danach entweder mit einer qualifizierten elektronischen Signatur der verantwortenden Person versehen sein oder von der verantwortenden Person signiert und auf einem sicheren Übermittlungsweg eingereicht werden (BGH 7.12.2022 – 2 StR 140/22). Im letzteren Fall der Übertragung über ein besonderes Anwaltspostfach (§ 31a BRAO) als sicherem Übermittlungsweg genügt eine einfache Signatur (BGH NStZ-RR 2023, 115); allerdings muss in diesem Fall das Dokument über das Postfach desjenigen Verteidigers oder RA übertragen werden, dessen Name als Signatur in der Schrift als verantwortende Person aufgeführt ist (BGH NStZ-RR 2023, 22; BeckRS 2022, 11872; 2023, 1500; speziell zur Revisionseinlegung und -begründung s. etwa BGH NJW 2022, 285; BeckRS 2022, 11872 sowie → StPO § 341 Rn. 7a f. und → StPO § 345 Rn. 15). 130a

V. Zu Protokoll der Geschäftsstelle. Zu Protokoll der Geschäftsstelle des Gerichts können Anträge gestellt u. Rechtsmittelerklärungen abgegeben werden (vgl. §§ 158 Abs. 2, 306 Abs. 1, 314 Abs. 1, 341 Abs. 1, 345 Abs. 2, 366 Abs. 2, 381 S. 1 StPO). Zur Fristwahrung vgl. → StPO Vor § 42 Rn. 12. 131

1. Eine **Rechtspflicht zur Aufnahme** solcher Erklärungen besteht, wenn das G die Befugnis zur Protokollerklärung vorsieht, auch wenn für die Erklärung, wie bei §§ 158 Abs. 2, 306 Abs. 1, die Schriftform genügt (BGHSt 30, 64 (69); OLG Bremen Rpfleger 1956, 240; OLG Düsseldorf NJW 1988, 1923; OLG Stuttgart 132

Justiz 1985, 321) o. wenn ein Antrag in der HV zu Prot. erklärt werden kann (vgl. § 404 Abs. 1 S. 1). Gegen die Weigerung des UrkB, das Prot. aufzunehmen, ist nur die Dienstaufsichtsbeschwerde zulässig (OLG Hamburg MDR 1983, 512).

133 2. **Zuständiger Beamter** ist der UrkB als Organ der Rechtspflege (Kissel/Mayer GVG § 153 Rn. 17). Nur der Rechtspfleger ist nach § 24 Abs. 1 Nr. 1 u. 2 **RPflG** zuständig für die Aufnahme v. Erklärungen über die Einlegung u. Begründung der Revision (§§ 341, 345 Abs. 2 StPO), der Rechtsbeschwerde (§ 79 OWiG; § 116 **StVollzG**), der weiteren Beschwerde (§ 310 StPO) u. der Wiederaufnahme des Verfahrens (§ 366 Abs. 2; § 85 OWiG). Der Rechtspfleger soll ferner sonstige Rechtsbehelfe aufnehmen, soweit sie gleichzeitig begründet werden, sowie andere Anträge u. Erklärungen, die nach Schwierigkeit u. Bedeutung den vorgenannten Geschäften vergleichbar sind (§ 24 Abs. 2 Nr. 1, 3 **RPflG**). Die v. einem unzuständigen Beamten aufgenommene Erkl. ist unwirksam (BGH NJW 1952, 1386; RGSt 59, 419; BayObLG NStZ 1993, 193). Hat derjenige, der sie abgibt, das Prot. unterschrieben, so kann sie aber als eigene schriftliche Erkl. gewertet werden (OLG Koblenz MDR 1982, 166).

134 3. **Vertretung:** Wer die Erkl. abgeben will, muss sich bei dem zuständigen Beamten einfinden; telefonische Erklärungen sind unwirksam (BGHSt 30, 64; → Rn. 140). Der Erklärende kann sich aber (in der Erkl. o. im Willen) durch einen Bevollmächtigten vertreten lassen. Der Vertreter muss verhandlungsfähig, aber nicht geschäftsfähig nach bürgerlichem Recht sein (BayObLGSt 1964, 85; **aM** W. Schmid SchlHA 1981, 109). Die Bevollmächtigung muss bereits bei der Niederschrift bestehen, kann aber später nachgewiesen werden (erg. → StPO Vor § 137 Rn. 12). Wegen fehlender Vollmacht darf die Aufnahme der Erkl. daher nicht verweigert werden (Rüth DAR 1984, 246 – BayObLG RsprÜ). Eine Vertretung durch den Verteidiger ist unzulässig (OLG Düsseldorf MDR 1975, 73 Ls.; OLG Rostock VRS 86, 356; **aM** W. Schmid Rpfleger 1962, 301).

135 4. **Förmlichkeit der Protokollaufnahme:** Das Prot. darf nicht in Kurzschrift abgefasst werden (OLG Celle NJW 1958, 1314; OLG Schleswig SchlHA 1980, 73; OLG Köln VRS 71, 54 (56)). Es ist v. UrkB zu unterschreiben; das Fehlen der Unterschrift ist aber unschädlich, wenn feststeht, dass die Niederschrift v. zuständigen UrkB herrührt u. keinen bloßen Entwurf darstellt (OLG Celle StraFo 1998, 428). Im Übrigen kann die Unterschrift bis zum Ablauf der Frist für die Einlegung o. Begründung des Rechtsmittels nachgeholt werden (W. Schmid Rpfleger 1962, 303). Der Erklärende muss v. dem Protokollinhalt durch Vorlesen o. Vorlage zur Durchsicht Kenntnis nehmen können. Im Prot. wird üblicherweise vermerkt, dass er es genehmigt u. unterschrieben hat; wesentlich ist diese Beurkundung aber nicht (BGHSt 29, 173 (178)).

136 Das **Fehlen der Unterschrift** des Erklärenden ist ebenfalls unschädlich (BGHSt 29, 173; BayObLGSt 1961, 177; OLG Köln VRS 71, 54 (56)). Das gilt auch, wenn der Erklärende sie ausdr. verweigert, falls aufgrund der Umstände des Einzelfalls kein Zweifel daran besteht, dass die Erkl. seinem Willen entspr. (OLG Karlsruhe NStZ-RR 2007, 23), o. wenn die Weigerung nur deshalb erfolgt, weil der Beamte nicht bereit ist, weitere Erklärungen aufzunehmen (BayObLGSt 1961, 177; W. Schmid Rpfleger 1962, 303). Das Prot. muss aus sich selbst heraus verständlich sein. Die Bezugnahme auf Anlagen ist unzulässig (RStBV 150 Abs. 3). Vgl. auch → StPO § 345 Rn. 20 ff.

137 5. In das **Hauptverhandlungsprotokoll** werden Rechtsmittelerklärungen grds. nicht aufgenommen (→ StPO § 274 Rn. 11). Unzulässig ist das aber nicht. Denn ein richterliches Prot., das in der Bewertung allg. über der Niederschrift des UrkB steht, ersetzt die Protokollierung durch die Geschäftsstelle (BGHSt 31, 109; BayObLG wistra 1994, 118). Der Angeklagte kann daher die Berufung o. Revision im Anschluss an die Urteilsverkündung in Anwesenheit des Gerichts zu Prot. erklären (BGHSt 31, 109; BGH MDR 1983, 950; OLG Zweibrücken NStE StPO § 314 Nr. 5). Allerdings hat er auf diese Art der Rechtsmitteleinlegung keinen Anspruch (RGSt 66, 417); sie entspr. auch nicht der Würde des Gerichts u. sollte daher idR verweigert werden (OLG Düsseldorf VRS 50, 383; OLG Koblenz VRS 61, 356;

62, 297). Wirksam u. üblich ist die Erkl. des Verzichts auf Rechtsmittel am Schluss der HV (→ StPO § 302 Rn. 19).

6. Auch der **UrkB der StA** (§ 153 Abs. 1 GVG) ist Beurkundungsorgan, sei es bei Vernehmungen des StA (§ 168b Abs. 2 StPO iVm § 168a Abs. 4 S. 1 StPO), sei es zur Beurkundung v. Prozesserklärungen, die bei der StA abgegeben werden können, zB nach § 158 Abs. 1, 2 StPO. **138**

VI. Andere Übermittlungsformen. Ein Rechtsmittel kann auch durch **Telefax** eingelegt u. begründet werden (BAG NJW 1987, 341; OLG Düsseldorf NJW 1995, 671; 1995, 2177; OLG Zweibrücken OLGSt StPO § 345 Nr. 8); **dies gilt nicht für Erklärungen des Verteidigers oder RA in den in § 32d S. 2 bezeichneten Fällen,** die als elektronisches Dokument übermittelt werden müssen (→ Rn. 128a–c sowie → Rn. 130a). Das Original muss handschriftlich unterschrieben sein (OLG Düsseldorf JMBl. NRW. 1989, 153; OLG Hamburg NJW 1989, 3167), braucht aber selbst nicht vorgelegt zu werden (OLG Frankfurt a. M. NStZ-RR 2001, 375). Das Telefaxschreiben muss die Unterschrift enthalten (Lorenzen/Thamm SchlHA 1996, 97 – OLG Schleswig RsprÜ, anders beim Computerfax (OLG München NJW 2003, 3429) u. SMS-to-Fax-Service (OLG Brandenburg StraFo 2013, 72; erg. → Rn. 128); auch bei Beschwerden ist die Unterschrift nicht erforderlich (OLG Düsseldorf NStZ-RR 1999, 49). Das Schreiben muss innerhalb der Frist beim Gericht eingegangen sein (KG NJW 1997, 1864). Technisch bedingte Übermittlungsfehler dürfen nicht zu Lasten des Absenders gehen (BVerfG NJW 2001, 3473; BGH NStZ 2005, 650; OLG Oldenburg NJW 1992, 2906); die Belegung des Faxgerätes durch andere eing. Sendungen ist aber kein einer technischen Störung gleich zu achtender Umstand (BVerfG NJW 2007, 2838). Die Übersendung fristwahrender Schriftsätze per Telefax erfordert eine wirksame Ausgangskontrolle (BVerfG NJW 2007, 2839). Allein der „OK"-Vermerk im Sendebericht belegt nicht den ordnungsgemäßen Empfang des Telefaxschreibens (KG NStZ-RR 2007, 24; OLG Düsseldorf VRS 89, 214; erg. → StPO § 45 Rn. 9a). Die Rechtsmitteleinlegung durch eine einfache, nicht signierte E-Mail ist unzulässig (OLG Oldenburg NJW 2009, 536; Döllel/Dreeßen SchlHA 2009, 244 – OLG Schleswig RsprÜ). **139**

Bei der **Einreichung elektronischer Dokumente** ist nach § 32a Abs. 3 eine qualifizierte elektronische Signatur o. ein ähnlich sicheres, durch RechtsVO zugelassenes Verf. vorgeschrieben (vgl. → StPO § 32a Rn. 1 ff. sowie → Rn. 130a zur Unterzeichnung durch Verteidiger und RA in den in § 32d S. 2 bezeichneten Fällen). **139a**

VII. Telefonische Erklärung. Eine **telefonische Erklärung** ggü. der Empfangsbehörde genügt weder der Schriftform (→ Rn. 128), noch erfüllt sie die Voraussetzungen der Rechtsmitteleinlegung zu Prot. der Geschäftsstelle. Wer Erklärungen zu Prot. geben will, muss sich persönlich auf der Geschäftsstelle einfinden; nur dann kann der UrkB die Identität u. Berechtigung des Erklärenden u. den Inhalt der Erkl. zuverlässig feststellen (BGHSt 30, 64; Rüth DAR 1985, 246 – BayObLG RsprÜ für die Berufungseinlegung; **aM** LG Münster NJW 2005, 166; OLG Düsseldorf Rpfleger 1983, 363 für die Beschwerde; OLG Rostock MDR 1994, 402; OLG Hamm DAR 1995, 457 für die Rechtsbeschwerde nach § 79 OWiG; OLG Stuttgart MDR 1984, 75 für die Beschwerde im Verf. nach § 464b StPO; OLG Zweibrücken StV 1982, 415 für den Einspruch gegen den Strafbefehl; **aM** Löwe/Rosenberg/Graalmann-Scheerer StPO Vor § 42 Rn. 11). Für die Einlegung des Einspruchs gegen den Bußgeldbescheid gilt das aber nicht (BGHSt 29, 173), ebenso nicht für die Beschwerde nach § 172 Abs. 1 S. 1 StPO (OLG Stuttgart NStZ 1989, 42; **aM** GStA Hamburg MDR 1992, 21). **140**

G. Prozessvoraussetzungen. I. Wesen. Prozessvoraussetzungen sind Bedingungen für die Zulässigkeit, in einem bestimmten Verf. (vor diesem Gericht u. unter Mitwirkung dieser Prozessbeteiligten) zu einem Sachurteil in einer bestimmten Sache zu gelangen (BGHSt 10, 74 (75)). Vom G wird dieser Begriff, der auf O. Bülow (Die Lehre von den Prozesseinreden und den Prozessvoraussetzun- **141**

gen, 1868) zurückgeht u. für das Strafverfahren erst nach Inkrafttreten der StPO weiterentwickelt worden ist, nicht verwendet. Es spricht nur (in § 206a Abs. 1, § 260 Abs. 3, § 304 Abs. 4 S. 2 Nr. 2, § 467 Abs. 3 S. 2 Nr. 2 StPO, § 6 Abs. 1 Nr. 2 **StrEG**) v. **Verfahrenshindernissen.**

142 Dieser Begriff bezeichnet nach allgM das **Fehlen v. Prozessvoraussetzungen.** Diese Terminologie wird der Rechtslage an sich nicht gerecht. Dadurch wird verhindert, dass – wie es sachgerecht wäre – zwischen Prozessvoraussetzungen u. Prozesshindernissen unterschieden wird: Unter Prozessvoraussetzungen sollte man die Voraussetzungen verstehen, die vorliegen müssen, damit das Verf. vor diesem Gericht überhaupt durchgeführt werden darf; als Prozesshindernisse sollten die Umstände verstanden werden, die der Bestrafung des Angeklagten durch das – an sich zulässig mit der Sache befasste – Gericht entgegenstehen (vgl. dazu eingehender Meyer-Goßner Prozessvoraussetzungen S. 35 ff.; ähnlich Rieß FS BGH IV, 2000, 841).

143 Da das G aber eine andere Terminologie verwendet, müssen die **Begriffe Prozessvoraussetzung u. Verfahrenshindernis weiterhin synonym verwendet** werden; es muss dabei aber jew. unterschieden werden, ob das Fehlen der Prozessvoraussetzung bzw. das Vorliegen eines Verfahrenshindernisses für das Gericht zu einem **„Befassungsverbot" oder nur zu einem „Bestrafungsverbot"** führt (eing. zu dieser Unterscheidung Meyer-Goßner Prozessvoraussetzungen S. 35 ff.); so die „wohl schon h. L." (SK-StPO/Paeffgen StPO § 206a Rn. 3a; zust. MüKoStPO/Kudlich Rn. 355) in Rspr. u. Lit. (vgl. nur BGHSt 51, 202 (205); BGH NJW 2015, 1032 (1033); OLG Hamm NStZ-RR 2008, 383; OLG München NJW 2008, 3151 (3153); OLG Stuttgart StV 2008, 402; HK-StPO/Gercke/Temming Rn. 68; KMR-StPO/Eschelbach Rn. 209 aE; Radtke/Hohmann/Radtke Rn. 48 ff.; SSW StPO/Beulke Rn. 88, 130; unzutr. die Kritik v. Löwe/Rosenberg/Stuckenberg StPO § 206a Rn. 29, der den grds. Unterschied, ob das Gericht für die Sache iwS zuständig ist o. nicht, nicht erfasst hat). Ein **Befassungsverbot,** bei dessen Vorhandensein es also dem Gericht untersagt ist, sachlich über den erhobenen Vorwurf zu befinden, liegt vor, wenn eine der folgenden Prozessvoraussetzungen fehlt: Wirksame Anklage u. wirksamer Eröffnungsbeschluss, deutsche Gerichtsbarkeit, örtliche u. sachliche Zuständigkeit, Leben des Beschuldigten, Strafmündigkeit, keine parlamentarische o. diplomatische Immunität, keine entgegenstehende Rechtskraft, keine entgegenstehende Rechtshängigkeit, keine auslieferungsrechtlichen Beschränkungen. **Bestrafungsverbote,** die also nicht die Durchführung des Verfahrens gegen den Angeklagten hindern, jedoch seiner Bestrafung entgegenstehen, sind fehlender o. zurückgenommener Strafantrag, Verjährung, Amnestie, Verhandlungsunfähigkeit; dasselbe würde auch für unzulässige Tatprovokation u. überlange Verfahrensdauer gelten, soweit sie zu einem Verfahrenshindernis führen (dazu → Rn. 148a, 148c).

143a Die **Wirkungen eines Befassungsverbots** bestehen darin, dass das Verf. eingestellt werden muss (auch bei „Freispruchsreife", vgl. BGHSt 46, 130; erg. → StPO § 260 Rn. 45 u. auch bei Teilrechtskraft, dazu → Rn. 151), dass aber ein neues Verf. eingeleitet werden kann, wenn das Befassungsverbot entfallen ist, also zB bei neuer Erhebung einer nunmehr wirksamen Anklage, bei Beseitigung entgegenstehender Rechtshängigkeit usw. Eine Besonderheit gilt für die sachliche Zuständigkeit, deren Fehlen in bestimmten Fällen für unbeachtlich erklärt wird (§ 269 StPO) o. kraft Gesetzes zur Verweisung an das zuständige Gericht führt (vgl. §§ 209, 225a, 270 StPO), wobei aber in der Verweisung die Einstellung des früheren Verfahrens enthalten ist (Meyer-Goßner FS Volk, 2009, 456). Einem Befassungsverbot gehen allerdings noch die speziellen Voraussetzungen vor, die das G für die sachliche Befassung mit einem Rechtsmittel aufstellt, also die Vorschr. über die Zulässigkeit eines Rechtsmittels (§§ 319, 341) sowie für die Berufung § 329 (→ StPO § 329 Rn. 8) u. für die Revision §§ 345, 346 (→ StPO § 346 Rn. 11; Meyer-Goßner FS Riess, 2002, 332 ff.). Erfolgte die Einstellung erst in der Rechtsmittelinstanz, besteht für das neue Verf. kein Verschlechterungsverbot (erg. → StPO § 331 Rn. 4a). Ist eine Verurteilung wegen einer nicht angeklagten o.

nicht rechtshängig gewordenen Tat erfolgt, so ist das Urt. aufzuheben u. das Verf. insoweit einzustellen (→ StPO § 328 Rn. 2 aE; **aM** unrichtig BGH StraFo 2010, 385: Feststellung, das Verf. sei gegenstandslos).

Die **Wirkungen eines Bestrafungsverbots** bestehen zwar idR auch in der Einstellung des Verfahrens; ist das Verf. aber bis zur „Freispruchsreife" gediehen, geht der Freispruch der Einstellung vor (erg. → StPO § 260 Rn. 44; OLG München NJW 2008, 3151 (3155); Meyer-Goßner FS Riess, 2002, 332 (344)). Ist das Verf. wegen eines Bestrafungsverbots eingestellt worden, ist es insoweit auch materiell rkr. wie ein Sachurteil (erg. → Rn. 172). Entfällt das Bestrafungsverbot, weil zB ein neuer, zulässiger Strafantrag gestellt o. eine auslieferungsrechtliche Beschränkung aufgeh. wird, besteht nach Einstellung erst in der Rechtsmittelinstanz für das neue Verf. das Verbot der *reformatio in peius.* **144**

II. Gesetzlich ausdrücklich bestimmte Prozesshindernisse. Gesetzlich ausdrücklich bestimmte Prozesshindernisse sind die absolute Strafunmündigkeit des Beschuldigten nach § 19 StGB (Lackner/Kühl/Heger/Heger StGB § 19 Rn. 2) u. für die Privatklage ein Lebensalter des Beschuldigten unter 18 Jahren (§ 80 **JGG**). Zum Tod des Beschuldigten vgl. → StPO § 206a Rn. 8, zur dauernden Verhandlungsunfähigkeit → Rn. 97. Ein Prozesshindernis ist ferner das Fehlen der Unterworfenheit unter die deutsche Gerichtsbarkeit wegen diplomatischer Immunität (§§ 18–20 GVG), nach Art. VII NTS u. aus anderen Gründen, nach verbreiteter Ansicht auch, wenn wegen der Unanwendbarkeit des deutschen Strafrechts nach §§ 3 ff. StGB keine Strafe verhängt werden darf (BGH NStZ 1986, 320; 1995, 440 (441); OLG Saarbrücken NJW 1975, 506 (509)), sowie, bis zur Genehmigung der Strafverfolgung durch das Parlament, die Immunität der Abg. (Art. 46 Abs. 2 GG u. die entspr., nach § 152a StPO in der gesamten BRD geltenden Vorschr. der Landesverfassungen; Europa-Abgeodnete: Nr. 192b RiStBV). **145**

Gesetzlich bestimmte Prozesshindernisse sind auch die Niederschlagung des Verfahrens durch Eintritt der Verfolgungsverjährung nach § 78 Abs. 1 S. 1 StGB, das Fehlen eines wirksamen Strafantrags o. sein späterer Wegfall bei der Verfolgung der sog. Antragsdelikte (zB §§ 183 Abs. 2, 194, 230, 248a, 294 StGB), das Fehlen des behördlichen Strafverlangens (§ 104a StGB), der behördlichen Ermächtigung (§§ 90 Abs. 4, 90b Abs. 2, 97 Abs. 3, 104a, 194 Abs. 4, 353a Abs. 2, 353b Abs. 4 StGB) o. der Erkl. der StA über die Bejahung des bes. öffentl. Interesses (zB nach §§ 230 Abs. 1 S. 1, 303c StGB). Die Beschränkungen bei der Auslieferung eines Beschuldigten an die BRD (§ 72 IRG) nach dem Spezialitätsgrundsatz (siehe Art. 27 RB EuHb, 14 EuAlÜbk) begründen dagegen lediglich ein Vollstreckungshindernis sowie ein Verbot freiheitsbeschränkender Maßnahmen (BGH 18.6.2024 – 4 StR 155/24; 5.3.2025 – 1 StR 25/25; erg. → StPO Vor § 112 Rn. 9i) **145a**

Ferner begründet das **Verbot der Doppelbestrafung** nach Art. 103 Abs. 3 GG, der Grundsatz ne bis in idem, der jedoch nur eingeschränkt (→ Rn. 177) für ausl. Verurteilungen gilt (BVerfGE 12, 66, BGHSt 6, 176; 12, 36; 24, 54 (57); BGH StV 1986, 292; vgl. auch § 51 Abs. 3 StGB), ein Prozesshindernis (BGHSt 9, 190 (192); 20, 292 (293); → Rn. 171 ff.). Der **Verbrauch der Strafklage** (→ Rn. 171 ff.) durch gerichtliches Urt., durch unanfechtbar gewordene gerichtliche Einstellungsbeschlüsse nach § 153 Abs. 2 StPO (→ StPO § 153 Rn. 38), § 153a Abs. 2 StPO (→ StPO § 153a Rn. 52), § 153b StPO (→ StPO § 153b Rn. 3), § 206a StPO (→ StPO § 206a Rn. 11) o. durch staatsanwaltschaftliche Einstellungsverfügungen nach § 153a Abs. 1 S. 4 StPO (→ StPO § 153a Rn. 45) stehen daher der Einleitung o. Weiterführung des Verfahrens entgegen. Da die doppelte Anhängigkeit ein u. derselben Sache bei verschiedenen Gerichten (BayObLGSt 2000, 172: nicht bei demselben Spruchkörper) zu der durch Art. 103 Abs. 3 GG verbotenen Doppelbestrafung führen kann, ist bereits die anderweite Rechtshängigkeit ein vAw zu beachtendes Prozesshindernis (BGHSt 1, 67 (68); 10, 358 (363); 22, 185 (186); 232 (235); KG VRS 67, 123; erg. → StPO § 12 Rn. 1). Auch die Rechtskraft in dem anhängigen Verf. (Rechtskraft des Strafbefehls, Teil- **145b** rechtskraft des Urt.) ist ein solches Prozesshindernis für das weitere Verf. (OLG Hamm NStZ-RR 2008, 383; OLG München NJW 2008, 1331).

145c Prozesshindernisse sind auch das **Fehlen einer wirksamen Anklageschrift** (→ StPO § 200 Rn. 26), der die Nachtragsanklage nach § 266 StPO, die Antragsschrift nach § 414 Abs. 2 StPO u. der Einziehungsantrag nach §§ 441 StPO gleichstehen, das Fehlen eines wirksamen Eröffnungsbeschlusses (→ StPO § 203 Rn. 4) o. eines Einbeziehungsbeschlusses nach § 266 StPO, das Fehlen eines wirksamen Strafbefehls u. im Wiederaufnahmeverfahren des Beschlusses nach § 370 Abs. 2 StPO (→ StPO § 370 Rn. 8). Prozesshindernisse sind ferner das Fehlen der sachlichen (→ StPO § 6 Rn. 1) u. örtlichen Zuständigkeit (→ StPO Vor § 7 Rn. 7) u. das Innehaltungsgebot des § 154e Abs. 2 StPO (→ StPO § 154e Rn. 11).

146 **III. Sonstige Prozesshindernisse. 1. Schwerwiegende Mängel des Verfahrens** berechtigen idR nur zur Urteilsanfechtung u. führen dann zur Urteilsaufhebung, wenn das Urt. auf ihnen beruht (§ 337 Abs. 1). Prozesshindernisse sind sie nur, wenn sie nach dem aus dem Zusammenhang ersichtlichen Willen des Gesetzgebers so schwer wiegen, dass v. ihrem Fehlen die Zulässigkeit des Verfahrens im Ganzen abhängig gemacht werden muss (BGHSt 15, 287 (290); 19, 273 (278); 24, 239 (240); 26, 84 (91); 32, 345 (350); 33, 183 (186); 35, 137 (140); 36, 294 (295); 41, 72 (75); BeckRS 2016, 21181). Aus dem Umstand, dass es sich um einen zwingenden Aufhebungsgrund nach § 338 StPO handelt, lässt sich das nicht herleiten (BGHSt 26, 84 (88)). Den Versuchen, den seit langem feststehenden Kreis der aus Verfahrensmängeln hergeleiteten Prozesshindernisse zu erweitern, ist der BGH mit Recht entgegengetreten (vgl. BGHSt 15, 287: unentschuldigtes Ausbleiben des Angeklagten zu Beginn der Berufungsverhandlung; BGHSt 26, 84: vorschriftswidrige Abwesenheit des Angeklagten in der Berufungsverhandlung; BGHSt 33, 183: Fehlen der in § 316 Abs. 2 StPO vorgeschriebenen Zustellung des 1. Urt.; BGH wistra 2018, 49: Verstoß gegen das Verwendungsverbot nach § 97 Abs. 1 S. 3 InsO).

147 2. **Unmittelbar aus dem GG** lassen sich Prozesshindernisse grds. nicht herleiten (Bartlsperger DVBl 1993, 345 (346)).

148 Das gilt insbes. für Verstöße gegen das **Rechtsstaatsprinzip nach Art. 20 Abs. 3 GG.** Bei der Weite u. Unbestimmtheit dieses Prinzips (→ Rn. 19) ist es aus Gründen der Rechtssicherheit bedenklich, die Einleitung o. Weiterführung eines Strafverfahrens davon abhängig zu machen, dass bestimmte Umstände als Verstoß gegen den fair trial-Grundsatz bewertet werden (Rieß FS BGH IV, 2000, 825; **aM** Küpper JR 2000, 259; Weiler GA 1994, 561). Die Konturen der Rechtsfigur des Prozesshindernisses drohen zu verschwimmen, wenn man allein an solche Wertungsergebnisse anknüpft (BGHSt 32, 345 (352); OLG Karlsruhe StV 1986, 10; vgl. auch Rieß JR 1985, 45; Seelmann ZStW 95 (1983), 831; Volk StV 1986, 36); nur als *ultima ratio* kommt die Annahme eines v. Verfahrens wegen bestehenden Verfahrenshindernisses in Betracht (BGHSt 46, 159; OLG München NJW 2008, 3151 (3154)).

148a 3. **Umstritten** ist, ob die Überschreitung der Grenzen des erlaubten **tatprovozierenden Verhaltens** eines polizeilichen V-Manns (dazu eing. → EMRK Art. 6 Rn. 4a, 4b) ein Verfahrenshindernis zur Folge hat. Die Rspr. des BGH hat dies traditionell auf der Ebene der Strafzumessung berücksichtigt (BGHSt 45, 321; ebenso schon BGHSt 33, 356 (362); ferner BGH StV 2014, 321; NStZ 2015, 226; **aM** zB Arloth NJW 1985, 417; Bruns NStZ 1985, 565; Dencker FS Dünnebier, 1982, 447; Gössel NStZ 1984, 421; vgl. auch BVerfG NJW 1987, 1874). Der **BGH widersprach damit dem EGMR** (NStZ 1999, 47; eing. Kritik Gaede/Buermeyer HRRS 2008, 279 sowie I. Roxin FS 25 Jahre AG StrafR DAV, 2009, 1070), der bei Anstiftung eines bis dahin Unverdächtigen durch einen polizeilichen Lockspitzel die Einstellung des Verfahrens ausgesprochen u. eine Entschädigung zugebilligt hatte; ebenso hat EGMR NJW 2009, 3565 (dazu Greco StraFo 2010, 52) in einem abgeschlossenen Verf. eine Entschädigung wegen Verstoßes gegen Art. 6 Abs. 1 S. 1 EMRK zugesprochen (ebenso EGMR NJW 2015,

3631). In einer weiteren Entscheidung hat der EGMR (JR 2015, 81; ebenso EGMR NStZ 2015, 412) sich erneut gegen die Strafzumessungslösung des BGH ausgesprochen u. bei unzulässiger Tatprovokation ein Beweisverwertungsverbot bejaht (erg. → EMRK Art. 6 Rn. 4b). Das BVerfG (NJW 2015, 1083 mkritAnm Eisenberg StraFo 2015, 100; abl. auch Conen StV 2019, 358) verwirft die Strafzumessungslösung des BGH allerdings nicht und schließt lediglich „in extremen Ausnahmefällen" auch eine Einstellung des Verfahrens nicht aus. **Der 2. StS des BGH** (BGHSt 60, 276 = NJW 2016, 91 mAnm Eisenberg u. zustAnm Mitsch NStZ 2016, 57; abl. Dölp StraFo 2016, 265; iE zust. Hoven FS Barton, 2023, 25 (36), die allerdings eine gesetzliche Regelung fordert) wiederum hat sich der Rspr. des EGMR angeschlossen u. ein Strafverfahrenshindernis wegen rechtsstaatswidriger Tatprovokation anerkannt, ebenso der 1. StS des BGH (BGH becklink 2021793), der zunächst noch an der überkommenen Rspr. des BGH festgehalten hatte (BGHSt 60, 238).

Nachdem der **EGMR in seinem Urt. v. 16.2.2021 erneut der Strafzumessungslösung eine Absage** erteilt und sich dabei ausdr. abl. mit der Auffassung des BVerfG auseinandergesetzt hat (EGMR NJW 2021, 3515 (3523)) spricht viel dafür, mit dem 2. StS (BGHSt 60, 276) und dem 1. StS (BGH becklink 2021793) des BGH in den Fällen unzulässiger Tatprovokation ein **Verfahrenshindernis anzunehmen.** Zwar hat es der EGMR als Rechtsfolge grds. auch für ausreichend erachtet, sämtliche durch die polizeiliche Anstiftung gewonnenen Beweise, einschl. eines Geständnisses, als unverwertbar zu behandeln, sofern irgendein Zusammenhang zwischen ihnen und der Anstiftung besteht (EGMR NJW 2021, 3515 (3523)). Jedoch wird ein solcher irgendwie gearteter Zusammenhang, der letztlich in diesen Fällen auf der Anwendung der aus dem angelsächsischen Rechtskreis stammenden „fruit of the poisonous tree"-Doktrin hinausläuft, in den in Betracht kommenden Fällen fast immer bestehen und regelmäßig die für eine Verurteilung erforderlichen Beweise erfassen; die „Unverwertbarkeitslösung" erscheint daher als nicht praktikabel. Außerdem ist dem 2. StS des BGH darin zuzustimmen, dass ein Staat, der einen Bürger konventionswidrig zu einer Straftat drängt, seinen Strafanspruch und damit auch das Recht verwirkt hat, ein Verfahren gegen ihn durchzuführen (vgl. BGHSt 60, 276; vgl. auch Hoven NJW 2021, 3524 (3525); Esser StV 2021, 383). Siehe zum Ganzen auch → EMRK Art. 6 Rn. 4a, 4b. **148b**

Beweismittel zum Nachweis einer unzulässigen Tatprovokation dürfen dem Beschuldigten grds. nicht vorenthalten werden (EGMR StraFo 2003, 360). Die Geltendmachung des Verfahrensverstoßes bedarf in der Revision der Erhebung einer Verfahrensrüge, sofern der Verstoß sich nicht schon aus den Urteilsfeststellungen ergibt (BGH NStZ 2001, 53; 2015, 541. Einen Anspruch eines Straftäters darauf, dass die Ermittlungsbehörden so frühzeitig einschreiten, dass seine Taten verhindert werden, gibt es aber nicht (BGH NStZ 2008, 685; bestätigt durch BVerfG BeckRS 2007, 28263). **148c**

4. Ein Prozesshindernis besteht nicht deshalb, weil der Beschuldigte durch Publizierung v. belastendem Material **in Presse, Rundfunk und Fernsehen „öffentlich vorverurteilt"** worden ist (BGH NJW 2016, 3670; Löwe/Rosenberg/Stuckenberg StPO § 206a Rn. 58; Hassemer NJW 1985, 1927 ff.; **aM** Weiler StraFo 2003, 186; Wohlers StV 2005, 190: *ultima ratio*; vgl. auch J. Meyer StV 2005, 166 ff. zum Einfluss der Berichterstattung in den Medien auf Verlauf, Inhalt u. Erg. des Strafverfahrens), weil die StA Kenntnis v. Verteidigungskonzept des Angeklagten erlangt hat (BGH NStZ 1984, 419), weil die Ermittlungsbeamten versucht haben, eine Verurteilung des Angeklagten um jeden Preis herbeizuführen (BGHSt 33, 283), weil sich die Ermittlungsbehörde Beweismanipulationen hat zuschulden kommen lassen (**aM** LG Hannover StV 1985, 94) o. sich an die „Zusage", eine Tat nicht verfolgen zu wollen, nicht gehalten hat (BGHSt 37, 10 mzustAnm Gatzweiler NStZ 1991, 46: jedoch wesentlicher Strafmilderungsgrund; abl. Scheffler wistra 1990, 319; erg. → Rn. 119 ff.) o. weil eine gesetzwidrige Zellendurchsuchung unter Ausnutzung der Abwesenheit der Angeklagten stattgefunden hat (OLG Karlsruhe StV 1986, 10 unter Aufhebung der Entsch. AG Mannheim StV 1985, 276; **148d**

dazu Volk StV 1986, 34). Zur Vermeidung öffentl. Vorverurteilungen durch staatsanwaltliche Ermittlungsverfahren Schaefer FS E. Müller, 2008, 623.

148e 5. Zu den **Folgen einer überlangen Verfahrensdauer** vgl. → EMRK Art. 6 Rn. 9 ff.

149 6. Auch Verstöße gegen die **allgemeinen Regeln des Völkerrechts (Art. 25 GG)** begründen nicht ohne weiteres ein Prozesshindernis. Das gilt insbes. für die völkerrechtswidrige Festnahme des Angeklagten auf dem Gebiet eines fremden Staates, selbst unter Zurückverbringung in die BRD unter Umgehung der Auslieferungsbestimmungen. Ein Prozesshindernis besteht nur in extrem gelagerten Ausnahmefällen (BVerfG NJW 1986, 3021; LG Koblenz JBlRP 2005, 53; vgl. auch Vogel, Perspektiven des internationalen Strafprozessrechts, 2004, S. 37) u. wenn der ausl. Staat wegen der völkerrechtswidrigen Verletzung seines Hoheitsgebiets Ansprüche gegen die BRD stellt, die ihrer Art nach der Durchführung der Strafverfolgung entgegenstehen (BGH NStZ 1984, 563; 1985, 464; StV 1985, 273; OLG Düsseldorf NJW 1984, 2050; vgl. auch BVerfG NJW 1986, 1427). Das Ersuchen des ausl. Staats um unverzügliche Rückführung des Angeklagten hindert die Durchführung des Revisionsverfahrens nicht (BGH NJW 1987, 3087; der BGH hat das Verf. aber nach § 205 StPO eingestellt).

149a 7. Soweit das BVerfG für die früheren **DDR-Spione** (Mitarbeiter u. Agenten des Ministeriums für Staatssicherheit u. des militärischen Nachrichtendienstes der DDR) angenommen hatte (BVerfGE 92, 277; abl. Classen NStZ 1995, 371; Schroeder JR 1995, 441; Volk NStZ 1995, 367; nur iErg zust. Schlüchter/Duttge NStZ 1996, 460), aus dem Verhältnismäßigkeitsgrundsatz ergebe sich „unmittelbar von Verfahrens wegen ein Verfolgungshindernis", handelt es sich um eine nicht verallgemeinerungsfähige, auf den bes. Umständen der deutschen Wiedervereinigung beruhende Einzelfallentscheidung (zu den Folgerungen aus dieser Entsch. vgl. BayObLGSt 1995, 139).

149b 8. **Kein** Verfahrenshindernis begründet die **Abschiebung** des Angeklagten nach Einlegung der Revision u. vor Zustellung des angefochtenen Urt. (BGH NStZ 2019, 745 mAnm Mosbacher JuS 2020, 128 (131 f.)).

150 **IV. Von Amts wegen und in jeder Lage des Verfahrens. Von Amts wegen und in jeder Lage des Verfahrens** sind Prozesshindernisse zu berücksichtigen (BGHSt 6, 304 (306); 29, 94; BGH wistra 2003, 382 (383); OLG Celle NStZ 1983, 233, → § 158 Rn. 4 zum Strafantrag), bei Tateinheit für jedes der verletzten Strafgesetze nach dessen Grundsätzen (Dallinger MDR 1956, 527 – BGH RsprÜ; RGSt 62, 83 (88)). Vgl. ferner zur Berücksichtigung der während des Verfahrens neu geschaffenen Prozessvoraussetzungen → StPO § 354a Rn. 3, der nach Urteilserlass, aber vor Rechtskraft eingetretenen Prozesshindernisse → StPO § 346 Rn. 3. Zur Prüfung der Prozessvoraussetzungen im Berufungsverfahren nach § 329 StPO vgl. → StPO § 329 Rn. 8, im Revisionsverfahren nach § 346 StPO, → StPO § 346 Rn. 11.

151 **Teilrechtskraft** kann eintreten, wenn das Revisionsgericht durch seine nicht mehr anfechtbare Entsch. das Urt. des Tatgerichts nur in einem Teilbereich aufgeh. hat; dann ist der übrige Teil rechtskräftig. Mit seiner Entsch. hat das Revisionsgericht dann auch das Vorliegen v. Befassungs- o. Bestrafungsverboten (Prozessvoraussetzungen u. Prozesshindernissen) verneint (vgl. → StPO § 358 Rn. 4). Einschränkungen, die BGH StraFo 2010, 203 im Hinblick auf §§ 331 Abs. 2, 358 Abs. 2 S. 3 StPO erwogen hat, greifen nicht; denn diese Vorschr. besagen nur, dass in den genannten Fällen auch bei einem nur v. Angeklagten (bzw. v. der StA zu seinen Gunsten oder v. seinem ges. Vertreter) eingelegten Rechtsmittel das Verschlechterungsverbot insoweit nicht gilt, *wenn* das Revisionsgericht o. das Gericht, an das die Sache v. diesem zurückverwiesen worden ist, die Rechtsfolgenfrage prüfen darf, sie besagen aber nichts dazu, *ob* eine solche Prüfung zulässig ist. Hat das Revisionsgericht abschl. entschieden, können auch übersehene Befassungsverbote wegen der entgegenstehenden (Teil-)Rechtskraft keine Beachtung mehr finden (eing. dazu Meyer-Goßner Prozessvoraussetzungen S. 97 ff.).

Dasselbe gilt, wenn ein **Rechtsmittel** auf die Verurteilung wegen einzelner selbständiger Taten **beschränkt** worden ist (sog. **vertikale Rechtskraft;** → Rn. 185). Dann werden Befassungs- u. Bestrafungsverbote, die sich nur auf die anderen Taten beziehen, nicht berücksichtigt; das Urt. ist dann iÜ rkr. und eine Änd. wegen eines solchen übersehenen Verbotes ist ebenso wie in dem in → Rn. 151 erörterten Fall unzulässig. Daran ändert es auch nichts, wenn mit den angefochtenen Einzelstrafen eine Gesamtstrafe gebildet worden ist (Grünwald Teilrechtskraft S. 325; SK-StPO/Frisch StPO § 318 Rn. 4, 30; Meyer-Goßner Prozessvoraussetzungen S. 88; unrichtig BGHSt 8, 269; Löwe/Rosenberg/Stuckenberg StPO § 206a Rn. 18). **151a**

Anders ist es hingegen bei der sog. **horizontalen Rechtskraft,** wenn also im Verf. wegen *einer* Tat nur ein Teil der Verurteilung (etwa der Strafausspruch) angefochten wird (→ Rn. 186). Dann tritt eine **innerprozessuale Bindungswirkung** ein, die zu einer Teilrechtskraft führen kann. Hier ist zu beachten, dass eine sachliche Unzuständigkeit des Gerichts unbeachtlich bleiben kann: Weil zB bei einer Beschränkung des Rechtsmittels auf den Strafausspruch der Schuldspruch nicht mehr überprüft werden darf, muss unberücksichtigt bleiben, dass etwa statt einer fahrlässigen Tötung – wie im angefochtenen Urt. angenommen – in Wahrheit ein Mord vorliegt u. damit nach § 74 Abs. 2 GVG die Zuständigkeit des SchwurGs begründet wäre (eing. dazu Meyer-Goßner Prozessvoraussetzungen S. 91 ff.) o. wenn v. AG eine über 4 Jahre liegende Strafe hätte verhängt werden müssen, wofür dieses nach § 24 Abs. 2 GVG nicht zuständig ist (BGHSt 31, 63). Ergibt sich in diesen Fällen allerdings ohne die (unzulässige) Überprüfung der Feststellungen, dass das Gericht sachlich unzuständig war, ist dies trotz der Rechtsmittelbeschränkung zu beachten (Sturm/Lickleder ZIS 2012, 591; erg. → StPO § 328 Rn. 5a). **151b**

Im Übrigen ist aber ein Befassungsverbot (→ Rn. 143a) auch dann, wenn durch eine wirksame Rechtsmittelbeschränkung horizontale Teilrechtskraft eingetreten ist, zu berücksichtigen (BGHSt 15, 203 (207); 21, 242; 31, 51; BayObLG VRS 68, 454; OLG Düsseldorf StraFo 2012, 58; erg. → StPO § 337 Rn. 6). Das gilt also insbes. bei Urteilsanfechtung nur im Strafausspruch (Spiegel DAR 1978, 160 – BGH RsprÜ; BayObLGSt 1976, 149;) o. in der Strafaussetzungsfrage (BGHSt 11, 393). Es reicht auch aus, dass das Verf. nur noch wegen einer Nebenfolge anhängig ist (BGHSt 6, 304; 13, 128; OLG Hamm NJW 1978, 654). Das kann aber nicht für Bestrafungsverbote (→ Rn. 143b) gelten, weil diese nicht vAw zu berücksichtigen sind (→ Rn. 150). **151c**

Die Prüfung erfolgt im **Freibeweis** (BGHSt 16, 164 (166); 22, 90; BGH NStZ 1985, 420; OLG Frankfurt a. M. NJW 1983, 1208 (1209); Rieß JR 1985, 48; **aM** Roxin/Schünemann StrafVerfR § 21, 23; Volk Prozessvoraussetzungen S. 28; allg. zum Freibeweis: → StPO § 244 Rn. 7, 9). Zur Bindung des Revisionsgerichts an die Urteilsfeststellungen vgl. → StPO § 337 Rn. 5, 6. **152**

Zur Verfahrensweise beim **Zweifel am Bestehen eines Prozesshindernisses** vgl. → StPO § 206a Rn. 7, → StPO § 261 Rn. 34. **153**

Sonstige verfahrensrechtliche Folgen: Liegt ein Prozesshindernis vor, das sich auf das ganze Verf. bezieht, so darf ein Strafverfahren nicht eingeleitet werden. Wird gleichwohl Anklage erhoben, so ist die Eröffnung des Hauptverfahrens abzulehnen (→ StPO § 204 Rn. 2) o. die Privatklage zurückzuweisen (→ StPO § 383 Rn. 7). Ein bereits anhängiges Verf. muss (außerhalb der HV nach § 206a StPO, in der HV nach § 260 Abs. 3 StPO) eingestellt werden, auch wenn es bereits im Schuldspruch o. teilw. im Rechtsfolgenausspruch rkr. abgeschlossen ist (→ Rn. 151). Ist das Prozesshindernis behebbar, so kann das Verf. nach Schaffung der Prozessvoraussetzung – zB Nachholung des Strafantrags o. Wiederherstellung der Verhandlungsfähigkeit – fortgeführt bzw. bei fehlender Anklage o. fehlendem Eröffnungsbeschluss durch neue Anklageerhebung ein neues Verf. eingeleitet werden (vgl. auch → StPO § 354 Rn. 6). Beim Fehlen der Zuständigkeit schreiben § 225a Abs. 1 S. 1, § 270 Abs. 1 S. 1, § 328 Abs. 2, § 355 StPO statt der Einstellung die Verweisung an das zuständige Gericht vor. Bezieht sich das Prozess- **154**

hindernis nur auf eine tateinheitlich begangene Gesetzesverletzung, so scheidet diese aus dem Verf. ohne förmliche Einstellung aus (BGHSt 7, 305). Der Rechtsmittelrücknahme steht das Entstehen eines Prozesshindernisses nicht entgegen (→ StPO § 302 Rn. 6).

155 **H. Prozessuale Fürsorgepflicht. I. Begriff. Außer den ges. iE geregelten Pflichten** erwachsen dem Gericht u. den Strafverfolgungsbehörden eine Reihe v. Nebenpflichten aus dem Rechtsstaatsprinzip (→ Rn. 18 ff.), aus dem im öffentl. Recht geltenden Grundsatz des Vertrauensschutzes (BVerwGE 5, 312), aus dem Recht auf Verteidigung u. dem Recht auf ein faires Verf. (BVerfGE 26, 66 (71); → Rn. 19, → **EMRK** Art. 6 Rn. 4) u. aus der allg. Rechtspflicht, das Verf. justizförmig, pfleglich u. zweckvoll zu gestalten.

156 Dazu gehört zB die Überwindung v. Kommunikationsschwierigkeiten u. der mögliche Persönlichkeitsschutz (zB § 68 Abs. 2 und 3, § 68a StPO; §§ 171b, 172 Nr. 2 GVG). Diese Pflichten werden unter der Sammelbezeichnung **prozessuale Fürsorgepflicht** zusammengefasst (Peters StrafProzR Rn. 199; Roxin/Schünemann StrafVerfR § 44 Rn. 26; vgl. allg.: Plötz, Die gerichtliche Fürsorgepflicht im Strafverfahren, 1980; vgl. auch BGHSt 22, 118 (122); 25, 325; 26, 1 (4)).

157 **II. Gegenüber dem Verfahren und den Beteiligten.** Gegenüber dem Verfahren und den Beteiligten besteht die Pflicht. Sie dient einem behutsamen **Ausgleich zwischen der Subjektstellung aller Verfahrensbeteiligten u. der Verantwortung für die Wahrheitsfindung** (Maiwald FS Lange, 1976, 745). Die pflegliche Führung des Verfahrens erfordert es zB, Beweise zu sichern, deren Verlust o. Entwertung durch Zeitablauf zu befürchten ist, gleichviel, ob es sich um belastende o. entlastende Beweistatsachen handelt (vgl. §§ 205 S. 2, 285 StPO). Wesentlich ist die Pflicht, durch Fragen u. Hinweise dahin zu wirken, dass die Prozessbeteiligten sich über alle erheblichen Tatsachen vollständig erklären, sachdienliche Anträge stellen (vgl. § 139 ZPO) u. sich eindeutig äußern (BGHSt 6, 282 (284) hins. der StA); dass ein Rechtspflegeorgan sich nicht mit einer vorher abgegebenen Erkl. in Widerspruch setzt (zB Dallinger MDR 1972, 925 – BGH RsprÜ). Gegenüber einem durch einen Rechtskundigen verteidigten Angeklagten wird Anlass zu einer Fürsorge naturgemäß seltener bestehen als ggü. einem Rechtsunkundigen, Unerfahrenen o. Unbemittelten, der keinen geeigneten Beistand zur Seite hat (vgl. BayObLG NJW 1959, 2274). Insgesamt ergibt sich aus dem Rechtsgedanken der prozessualen Fürsorge in vielen Fällen die Pflicht, „den Beschuldigten, auch wo es nicht ausdrücklich vorgeschrieben ist, über seine Rechte zu belehren" (vgl. Öst. StPO 1975, § 3) o. ihn auf Folgen einer Säumnis hinzuweisen (BayObLGSt 1962, 6). Jedoch darf sie nicht zur Warnung des Angeklagten vor belastenden Angaben führen; die Wahrheitsfindung hat Vorrang (Maiwald FS Lange, 1976, 745). Auch der Schutz des StA, des Verteidigers ua mitwirkender Personen gegen Angriffe o. Ehrverletzungen durch den Angeklagten o. andere anwesende Personen unter Ausnutzung der Mittel der §§ 177, 178 GVG gehört zur Fürsorgepflicht (Teerhorst MDR 1977, 598; → GVG § 176 Rn. 9).

158 Der **Grundsatz der Verhältnismäßigkeit** als Übermaßverbot hat in der Rechtsentwicklung der jüngeren Zeit den Charakter einer eigenständigen prozessualen Rechtsinstitution gewonnen u. kann daher heute aus der prozessualen Fürsorgepflicht als Auffangtatbestand ausgeschieden werden (→ Rn. 20, 21).

159 **III. Pflicht zur Heilung von Verfahrensmängeln.** Die Pflicht, Verfahrensmängel zu heilen, gehört ebenfalls zur Fürsorgepflicht (BayObLGSt 1965, 2; Gössel StrafVerfR S. 166; Schmid FS Maurach, 1972, 535; → StPO § 337 Rn. 39, → StPO § 338 Rn. 3). Insbesondere bei Fehlerhaftigkeit des Verfahrens kann es notwendig werden, den betroffenen Verfahrensteil zu wiederholen. Dieser Grundsatz hat zB in § 29 Abs. 4 S. 1 StPO Niederschlag gefunden.

160 **IV. Beschleunigungsgebot.** Das Beschleunigungsgebot (dazu Landau NStZ 2011, 545; Liebhart NStZ 2017, 254), das in 1. Hinsicht dem Interesse des Beschuldigten, aber auch dem öffentl. Interesse dient (BGHSt 26, 228 (232)), kann

im weiteren Sinne noch zum Fürsorgegebot gerechnet werden (Gössel StrafVerfR S. 166), obgleich es sich ebenfalls mehr u. mehr zum selbständigen Rechtsinstitut entwickelt hat (vgl. BGHSt 52, 349 (355)). Es folgt aus der allg. Fürsorgepflicht (BGHSt 26, 1 (4)), vor allem aber aus Art. 6 **EMRK** (→ EMRK Art. 6 Rn. 7 ff.), verstärkt für Haftsachen aus Art. 5 Abs. 3 S. 2 **EMRK** u. Art. 2 Abs. 2 S. 2 GG (BVerfGE 20, 45), für diese Sachen nochmals verstärkt für das Verf. bis zum Urt. durch die §§ 121, 122 StPO, ferner aus zahlreichen einzelnen Verfahrensbestimmungen, zB aus den kurzen Anfechtungsfristen u. aus § 72 Abs. 5 **JGG.** Das Beschleunigungsgebot ist ein dem öffentl. Interesse dienender – aber auch individuell menschenrechtlich in Art. 6 Abs. 1 **EMRK** verankerter – Verfahrensgrundsatz, der nicht zur Disposition der Verfahrensbeteiligten steht (Piel FS Widmaier, 2008, 433 mwN). Zu den Folgen einer Verletzung des Beschleunigungsgebots → **EMRK** Art. 6 Rn. 9 ff., für das Ermittlungsverfahren vgl. Kohlmann FS Maurach, 1972, 501 ff., der die §§ 23 ff. **EGGVG** anwenden will (vgl. aber → EGGVG § 23 Rn. 5 ff.). Zur Verteidigerbestellung → StPO § 142 Rn. 44 ff.; zur Terminierung → StPO § 213 Rn. 4, 7; zur Aussetzung → StPO § 228 Rn. 10. Zur Beschleunigung muss jede mögliche organisatorische Maßnahme ausgeschöpft werden, insbes. in Haftsachen (BVerfGE 36, 264 (272); erg. → StPO § 120 Rn. 3 ff., → StPO § 121 Rn. 1 ff.). Der objektiv verstandene Beschleunigungsgrundsatz muss v. vornherein seine Grenzen in den prozessordnungsmäßigen Rechten des Angeklagten u. seines Verteidigers finden (Satzger NJW-Festheft Tepperwien, 2010, 60).

V. Für alle Organe der Strafrechtspflege. Für alle Organe der Strafrechtspflege, also auch für die StA (→ Rn. 37, 38, → GVG Vor § 141 Rn. 1 ff.) u. die (Kriminal-)Polizei als deren Ermittlungsorgan (→ Rn. 39) sowie für Rechtspfleger u. UrkB (→ Rn. 133) bei der Aufnahme v. Erklärungen besteht die Pflicht zur prozessualen Fürsorge. Die StA hat zB bei Verdacht einer Straftat eines Abg., der Immunität genießt (Art. 46 Abs. 2 GG, § 152a StPO), zu versuchen, dieses zeitweilige Verfahrenshindernis durch Herbeiführung einer Entsch. des Parlaments über die Erteilung der Verfolgungsgenehmigung zu beseitigen (KG JR 1959, 432), wenn es im öffentl. Interesse liegt (→ StPO § 152 Rn. 12). **161**

VI. Prozessuale Rechtspflicht. Eine prozessuale Rechtspflicht, nicht nur ein *officium nobile,* ist die Fürsorgepflicht, soweit sie auf „Gesetz und Recht" (Art. 20 Abs. 3 GG) beruht, anders ausgedrückt, wenn sie sich aus der Verf. o. anderen Gesetzen ergibt (zB aufgrund v. Analogie zu anderen Bestimmungen, OLG Celle NJW 1974, 1258 (1260)), insbes. wenn sie auf das Erfordernis fairen Verfahrens (→ Rn. 19 ff.) o. im Bereich der StA auf das Legalitätsprinzip zurückzuführen ist (KG JR 1959, 432). Daher kann es notwendig sein, den bestellten Verteidiger abzulösen, wenn er sich offensichtlich als völlig unfähig zeigt o. seine Pflicht offensichtlich grob verletzt (→ StPO § 143a Rn. 26–28). Der Charakter der Rechtspflicht kann auch aus vorangegangenem Tun iSe Garantie entstehen. Hat zB im Falle des § 219 StPO der Antragsteller den Bescheid erhalten, die Richtigkeit der Beweistatsache werde unterstellt, u. hält das Gericht sich nicht daran gebunden, so muss der Vorsitzende dem Antragsteller davon Kenntnis geben (BGHSt 1, 51). Aus denselben Erwägungen ist ein Hinweis des Gerichts an den möglicherweise betroffenen Bet. geboten, wenn es in einem wesentlichen Punkt v. seiner diesem Bet. bekannten Rechtsauffassung oder v. der allg. herrschenden Rspr. abweichen will (→ Rn. 29). Auch eine unrichtige Auskunft der Geschäftsstelle (zB über angebliche Terminverlegung) kann die Pflicht begründen, hierauf Rücksicht zu nehmen (zB durch Vertagung: OLG Düsseldorf GA 1958, 54). Der Vorsitzende ist aber grds. nicht verpflichtet, den Verteidiger v. Vorhandensein neuer Beweismittel zu unterrichten, die nach dessen Akteneinsicht zu den Akten gelangt sind (Spiegel DAR 1985, 193 – BGH RsprÜ), vgl. aber → StPO § 101 Rn. 29. Das Gericht ist auch nicht verpflichtet, die Prozessbeteiligten über die vorl. Bewertung v. Beweismitteln zu informieren (BGH NStZ-RR 2008, 180). **162**

163, 164 **I. Rechtskraft richterlicher Entscheidungen. I. Formelle Rechtskraft.** Die formelle Rechtskraft bedeutet, dass die Entsch. v. den Verfahrensbeteiligten **nicht** o. nicht mehr mit einem **ordentlichen Rechtsmittel** angefochten werden kann u. für diesen Prozess nicht mehr abänderbar ist. Sie dient der Rechtssicherheit (vgl. → StPO Vor § 359 Rn. 1), die in Widerspruch zur Gerechtigkeit im Einzelfall geraten kann (vgl. BVerfGE 19, 166). Das die Rechtskraft erzeugende Prozessereignis kann die Verwerfung o. die Zurücknahme eines Rechtsmittels sein o. der Verzicht auf Rechtsmittel o. der ungenutzte Ablauf der Anfechtungsfrist. Ein Urt., das nur v. einem Prozessbeteiligten nicht mehr angefochten werden kann, ist noch nrkr; denn maßgebend ist die absolute Rechtskraft, nicht die sog. relative, die nur eine teilw. Sperrwirkung erzeugt (§§ 301, 331 Abs. 1, 358 Abs. 2 StPO) u. iÜ nur für die Anrechnung der UHaft Bedeutung hat (§ 450 Abs. 1 StPO).

165 **1.** Ein **Urteil,** das formell rkr. geworden ist, beendet die Rechtshängigkeit (BGH StraFo 2010, 385), gleichviel, ob es sich um eine Prozessentscheidung o. um ein Sachurteil handelt. Letzteres wird mit der Unanfechtbarkeit auch materiell rkr. (→ Rn. 168 ff.). In Ausnahmefällen geht die Rechtskraft wieder verloren, nämlich durch Wiedereinsetzung in den vorigen Stand nach Versäumung einer Rechtsmittelfrist (§§ 44 ff. StPO), durch Wiederaufnahme des Verfahrens (§§ 359 ff. StPO; § 79 Abs. 1 BVerfGG) o. sonst durch Aufhebung (zB auf Verfassungsbeschwerde, → Rn. 230 ff.).

166 **2.** Ein **Beschluss** kann ebenfalls formell rkr. werden (vgl. dazu Trepper, Zur Rechtskraft strafprozessualer Beschlüsse, 1996), jedoch nur ein solcher, der lediglich mit der sofortigen Beschwerde angefochten werden kann (§ 311 StPO) o. seiner Art nach v. vornherein jeder Anfechtung entzogen ist (zB §§ 46 Abs. 2, 138d Abs. 6 S. 3, 419 Abs. 2 S. 2 StPO). Zur formellen Rechtskraft gehört außer der Unanfechtbarkeit auch, dass die Entsch. durch das Gericht grds. nicht mehr geänd. werden kann (OLG München MDR 1987, 783; erg. → Rn. 112 ff.). Dadurch entsteht eine formelle Sperrwirkung für eine neue Entsch. in derselben Frage, bis dem Beschl. durch Nova die Grdl. entzogen ist (zB → StPO § 206a Rn. 11, → StPO § 211 Rn. 1). Eine rkr. Unzuständigkeitserklärung zB sperrt, solange sie besteht, auch die Möglichkeit, dass das Gericht dieselbe Sache auf eine neue Klage in einem neuen Verf. untersucht (BGHSt 18, 1 (5)). In einzelnen Fällen gibt es auch eine formelle Rechtskraft für gewisse Zeit, zB → StPO § 454 Rn. 52, → StPO § 459f Rn. 3.

167 **3.** Die **Art der Entscheidung** (Urt. o. Beschl.) richtet sich nicht zwingend nach der Bezeichnung, die sie trägt. Maßgebend für die Anfechtung u. die formelle u. materielle Rechtskraft ist vielmehr die Form, in der sie hätte ergehen sollen (BGHSt 15, 259; → StPO § 296 Rn. 11 ff.). Stellt zB das Gericht in der HV das Verf. wegen einer einheitlichen Tat unter einem o. mehreren Gesichtspunkten ein, weil der Angeklagte insoweit nicht schuldig sei, so ist dieser Beschl. der Sache nach ein freisprechendes Urt. (BGH JZ 1963, 714).

168 **II. Materielle Rechtskraft.** Die materielle Rechtskraft, die die formelle voraussetzt u. ein Spezifikum der Rspr. ist, betr. die gegenwärtige u. künftige Zulässigkeit v. Sanktionen gegen denselben Täter wegen derselben Tat. Sie ist durch den in Art. 103 Abs. 3 GG geregelten Grundsatz *ne bis in idem* verfassungsrechtlich abgesichert (→ Rn. 171). Die materiellen Rechtsfolgen bleiben auch für die Zukunft festgesetzt o. abgelehnt.

169 **1.** Die **Entscheidung,** bei Verurteilung der Schuldspruch (→ Rn. 7) u. die Rechtsfolgenentscheidung (→ StPO § 260 Rn. 28), wird in ihrer positiven u. ihrer negativen Seite unabänderlich (**Gestaltungs- o. Beendigungswirkung**); die positive wird zugleich vollstreckbar (§ 449 StPO, **Vollstreckungswirkung**). Hinzu kommt die Sperrwirkung (→ Rn. 170, 173). Eine Feststellungswirkung kann auch das G vorsehen, zB § 66 Abs. 1 Nr. 1 StGB; vgl. auch → Rn. 178; zur Feststellungs- u. Tatbestandswirkung vgl. Grunsky FS Kern, 1968, 223.

170 **2.** Auf die **Entscheidungsgründe** eines freisprechenden o. verurteilenden Erkenntnisses bezieht sich die Wirkung der Rechtskraft nicht (BVerfGE 36, 174 (184 ff.); BGHZ 13, 279; BGH NJW 1982, 1239 (1240)). Das vollrechtskräftige

Urt. erzeugt also **hins. der tatsächlichen Feststellungen keine Rechtskraft** (BGHSt 43, 106; BGH NStZ 2010, 529; NStZ-RR 2019, 224; KG NStZ-RR 2008, 357; erg. → StPO § 249 Rn. 9). Es ist grds. weder ein Strafrichter noch ein Zivilrichter an Tatsachen gebunden, die in einem rkr. Strafurteil festgestellt sind (BGH NStZ 2008, 685; BVerwG NJW 2017, 2295); soll etwas anderes gelten, muss das G dies ausdr. bestimmen (wie zB in § 190 S. 2 StGB, BVerwG NJW 2017, 2295; OLG Stuttgart NJW 1960, 1872; in § 464 Abs. 3 S. 2 StPO; vgl. aber auch § 262 StPO). Dagegen hat sich Tolksdorf FS Grünwald, 1999, 731 ff. ausgesprochen, soweit es sich um für den Rechtsfolgenausspruch erhebliche Tatsachen handelt; auch insoweit muss aber gelten, dass der nun entscheidende Richter zu einer neuen Beweisaufnahme berechtigt, wenn auch nicht schlechthin verpflichtet ist: Sind die erhobenen Beanstandungen nämlich nicht geeignet, die früher gezogenen Schlüsse zu erschüttern, kann ein darauf bezogener Beweisantrag „als bedeutungslos" abgelehnt werden (BGHSt 43, 106 (108); Kusch NStZ-RR 2000, 35 – BGH RsprÜ; 2001, 138; erg. → StPO § 244 Rn. 54).

3. Der **Verbrauch der Strafklage** ist die wichtigste Wirkung der materiellen Rechtskraft. Er tritt erst ein, wenn das Verf. wegen der Tat, die Gegenstand des Verfahrens ist, vollständig abgeschlossen ist (BGHSt 28, 119 (121)); vorher besteht das Verfahrenshindernis der Rechtshängigkeit (→ Rn. 145). Die Sperrwirkung – *ne bis in idem,* Grundsatz der Einmaligkeit der Strafverfolgung – macht eine neue Strafverfolgung gegen denselben Täter wegen derselben Tat unzulässig (Art. 103 Abs. 3 GG; BGHSt 20, 292). Art. 103 Abs. 3 GG enthält nicht nur ein Mehrfachbestrafungsverbot, sondern auch ein Mehrfachverfolgungsverbot, das Verurteilte wie Freigesprochene gleichermaßen schützt (BVerfG NJW 2023, 3698, Rn. 59, 70 ff.). Er ist – ebenso wie das Gebot des rechtlichen Gehörs (Art. 103 Abs. 1 GG) – der Sache nach ein verfahrensrechtliches Grundrecht (BVerfGE 9, 89 (96); 23, 191 (202)). Daher hat die materielle Rechtskraft eine Doppelwirkung: Sie schafft ein Verfahrenshindernis (→ Rn. 145), gewährleistet aber auch ein **subjektives verfassungsmäßiges Recht,** nicht wegen derselben Tat mehrfach bestraft zu werden (BVerfG NJW 2023, 3698, Rn. 57; BGHSt 5, 323 (328). Damit hat das GG für den Bereich strafgerichtlicher Urteile deutscher Gerichte, die aufgrund einer Hauptverhandlung in der Sache ergangen sind (BVerfG NJW 2023, 3698, Rn. 103) entschieden, dass dem Prinzip der Rechtssicherheit Vorrang vor dem Prinzip materieller Gerechtigkeit zukommt (BVerfG NJW 2023, 3698, Rn. 78). Spätere Ergebnis- o. Vervollständigungsklage ist nicht zulässig (BVerfGE 65, 377 (381); Roxin/Schünemann StrafVerfR § 52 Rn. 15, 16). Die Wiederaufnahme zuungunsten des Verurteilten ist nur in den engen Grenzen des § 362 Nr. 1–4, nicht aufgrund neuer Tatsachen oder Beweismittel zulässig (BVerfG NJW 2023, 3698 zur Verfassungswidrigkeit des § 362 Nr. 5; → § 362 Rn. 9, 10). 171

4. Nur die Sachentscheidung nach Hauptverhandlung verbraucht die Strafklage und löst das Mehrfachverfolgungsverbot des Art. 103 Abs. 3 GG aus (BVerfG NJW 2023, 3698, Rn. 103, 110; BVerfGE 12, 62; BGHSt 2, 375), also **nicht** gerichtliche oder staatsanwaltliche Einstellungsentscheidungen (BVerfG NJW 2023, 3698, Rn. 109, 111), etwa der Nichteröffnungsbeschluss wegen Verfahrenshindernisses oder der Ablehnung eines hinreichenden Tatverdachtes (BVerfG NJW 2023, 3698, Rn. 112); → StPO § 204 Rn. 2), ein Einstellungsbeschluss nach § 206a StPO u. ein Einstellungsurteil nach § 260 Abs. 3 StPO nur insoweit, wie sie über das Vorliegen eines Bestrafungsverbots (vgl. → Rn. 142, 143) hins. der angeklagten prozessualen Tat entschieden haben (BGH NJW 2007, 3010 (3011); OLG Stuttgart StV 2008, 402; Löwe/Rosenberg/Kühne Rn. K 85 ff.; Krack Rehabilitierung S. 234; erg. → StPO § 206a Rn. 11; → StPO § 260 Rn. 47, 48). 172

5. Die **Sperrwirkung** reicht so weit, wie die Sachentscheidung durch ein Strafgericht der BRD aufgrund der Anklage u. des Eröffnungsbeschlusses in tatsächlicher u. rechtlicher Hinsicht geboten war (BVerfGE 56, 22; BGHSt 29, 288 (292); NJW 1981, 997; → StPO § 264 Rn. 1 ff.). Die Verurteilung wegen Hehlerei verbraucht daher idR nicht die Strafklage wegen des vorangegangenen Raubes des Hehlgutes (BGHSt 35, 60 mzustAnm Roxin JZ 1988, 260; **aM** Gillmeister NStZ 173

1989, 3). Die Strafklage wird nur beschränkt verbraucht, wenn das mit der Sache befasste Gericht u. jedes andere Gericht der BRD rechtlich gehindert war, die Tat unter einem bestimmten rechtlichen Gesichtspunkt zu beurteilen, zB infolge Fehlens der Gerichtsbarkeit der BRD (→ Rn. 142, 212; § 18 GVG; Nr. 193 ff. RiStBV) o. einer Beschränkung durch eine Auslieferungsbedingung (→ Rn. 147; § 72 IRG) o. eines anderen Verfahrenshindernisses (BGHSt 15, 259). In diesem Fall kann die Aburteilung der Tat überhaupt o., wenn sie nur teilw. ausgeschlossen war, unter dem schwereren Gesichtspunkt, der im 1. Verf. unberücksichtigt bleiben musste, in einem späteren Verf. nachgeholt werden, wenn das Hindernis nachträglich wegfällt (BGHSt 15, 259; RGSt 56, 166). Bei Ausscheidung eines Tatteils o. einer v. mehreren Gesetzesverletzungen nach § 154a StPO erstreckt sich die Rechtskraft auch auf das Ausgeschiedene.

174 **6. In persönlicher Hinsicht** wird die Strafklage gegen denjenigen verbraucht, gegen den sich das Verf. wirklich gerichtet hat. Dabei kommt es nicht entscheidend auf die richtige Erfassung der Personalien an. Dass der Angeklagte unter falschem Namen aufgetreten ist, berührt die Wirksamkeit des Urt. gegen ihn nicht (BGH NStZ-RR 1996, 9; OLG Köln MDR 1983, 865 hält allerdings bis zur Rubrumberichtigung ein Rechtsmittel des wahren Namensträgers für zulässig; aber gerade wegen der Berichtigungsmöglichkeit bedarf es für ihn keines Rechtsmittels, vgl. KG NStZ-RR 2004, 240; OLG Düsseldorf NStZ 1994, 355). Zur Verurteilung eines anderen unter dem Namen des Angeklagten vgl. → StPO § 230 Rn. 27.

175 **7.** Bei **Dauerstraftaten** verbraucht das rkr. verurteilende Straferkenntnis grds. die Strafklage auch für diejenigen Einzelakte, die vor der letzten Tatsachenverhandlung (BGHSt 9, 324; Holtz MDR 1980, 272 – BGH RsprÜ) o. vor Erlass des Strafbefehls (OLG Köln wistra 1986, 273; vgl. auch BGHSt 33, 230 (232); **aM** BGHSt 6, 125: vor Zustellung) begangen, aber in dem Verf. nicht behandelt worden sind. Das gilt auch bei Teilrechtskraft eines Urt.; Teilakte, die vor Rechtskraft des Schuldspruchs begangen wurden, sind einer neuen Strafverfolgung nicht zugänglich (BGH StV 1986, 141). Die Rspr. macht v. diesem Grundsatz allerdings eine Reihe v. Ausnahmen (→ StPO § 264 Rn. 16 ff.). Wenn die erstinstanzliche Verurteilung im Schuldspruch rkr. wird, beginnt mit ihr eine neue Tat; der Strafklageverbrauch reicht in diesem Fall bloß bis zum Zeitpunkt des Erlasses dieses Urt. (BayObLGSt 1977, 39 zur Dauerstraftat; ebenso OLG Hamm NStZ 2011, 102 beim unerlaubten Handeltreiben mit Betäubungsmitteln).

175a Werden **nach Aburteilung der Einheitstat neue Einzelhandlungen bekannt** u. untersucht, bei denen fraglich ist, ob sie zu der Einheitstat gehören, so entscheidet zunächst die StA u. dann der neue Tatrichter über die Frage des Strafklageverbrauchs, u. zwar unabhängig v. den Feststellungen u. der Beurteilung des rkr. Urt. (BGHSt 15, 268; BGH StV 1984, 366; OLG Hamburg VRS 45, 31); auch bei früherer unrichtiger Annahme einer Dauerstraftat steht aber die Rechtskraft der Verfolgung weiterer in dem abgeurteilten Zeitraum begangener Taten entgegen (LG Memmingen NStZ-RR 1997, 140). Wird die Dauerstraftat auch nach rkr. Verurteilung nicht beendet, kann eine erneute Verurteilung nur erfolgen, wenn der Täter einen neuen, v. der ersten Verurteilung qualitativ verschiedenen Tatentschluss gefasst hat (BVerfG HRRS 2007, 30 zu § 235 Abs. 2 Nr. 2 StGB). Die Verurteilung wegen unerlaubten Besitzes (und Führens) einer Waffe verbraucht demnach nicht die Strafklage wegen eines mit ihr durchgeführten Verbrechens, da die Dauerstraftat des Waffenbesitzes durch die auf einem neuen Willensentschluss beruhende schwerere Tat unterbrochen wird (anders nur, wenn der Täter wegen Führens der Waffe bei dieser Gelegenheit – in Unkenntnis des dabei begangenen Verbrechens – bereits verurteilt worden ist); übt der Täter auch nach Begehung des Verbrechens den unerlaubten Waffenbesitz aus, so begeht er eine weitere (sachlich-rechtlich u. prozessual) selbständige Tat (BGHSt 36, 151).

175b Diese Regeln werden auf die Rechtsfigur der **Bewertungseinheit** (vgl. BGHSt 30, 28; BGH NStZ 2012, 517; NJW 2010, 685; NStZ-RR 2013, 147 zum BtMG; BGHSt 46, 6 zum VereinsG; BGH NStZ 2010, 455; 2007, 578 zum Subventionsbetrug; BGH NStZ-RR 2012, 79 zur Erpressung), entspr. angewendet (BGH

BeckRS 2000, 6816; NStZ-RR 2011, 25; OLG Karlsruhe StV 1998, 28). So tritt zB auch hier eine Zäsurwirkung durch eine rkr. Verurteilung ein (BGH BeckRS 2008, 24597).

8. Inländische Entscheidungen verbrauchen die Strafklage für die Gerichte der BRD (BGH NStZ 1986, 557; VerfGH Bayern NJW 1963, 1003; vgl. auch BVerfG 12, 62 (66)). Das muss aber auch für vor dem 3.10.1990 ergangene Entsch. der Gerichte der ehem. DDR gelten; denn diese bleiben nach Art. 18 EVertr wirksam (erg. → StPO Vor § 449 Rn. 11). Zur Rechtskraftwirkung v. Strafbefehlen vgl. → StPO § 410 Rn. 11, 12). **176**

9. Urteile ausländischer Gerichte verbrauchen die Strafklage für die Gerichte der BRD nicht (BGH StV 1986, 292; 1988, 18: aber Berücksichtigung bei der Strafzumessung). Ein Grundsatz *ne bis in idem* mit zwischenstaatlicher Geltung als allg. Regel des Völkerrechts besteht nicht (BVerfG StraFo 2008, 151 (153); NJW 2023, 3698, Rn. 110). Jedoch kann durch zwei- o. mehrseitige zwischenstaatliche Vereinbarungen bzw. supranational die Geltung des Grundsatzes vereinbart sein. **177**

Insbesondere **nach Art. 54 SDÜ** (→ Rn. 216), der im Lichte von Art. 50 GRCh auszulegen ist (EuGH BeckRS 2023, 4924; BGH 22.1.2026 – 6 StR 245/25) darf durch eine andere Vertragspartei nicht wegen „derselben Tat" verfolgt werden; **dieselbe Tat** liegt vor, wenn sie – unabhängig v. der rechtlichen Qualifizierung (EuGH NJW 2024, 139; BGHSt 59, 120)) – einen Komplex v. Tatsachen darstellt, die in zeitlicher u. räumlicher Hinsicht sowie nach ihrem Zweck unlösbar miteinander verbunden sind (EuGH NJW 2024, 139; 2024, 893; 2024, 1165 (1170); BGH StraFo 2017, 324; NStZ-RR 2016, 290). Die Unionsbürger sollen sich darauf verlassen dürfen, dass sie ungeachtet möglicherweise unterschiedlicher rechtlicher Maßstäbe in den einzelnen Staaten nicht ein zweites Mal wegen derselben Tatsachen verfolgt werden (BGH StraFo 2022, 423, 425 mwN; 22.1.2026 – 6 StR 245/25); deshalb ist es ohne Bedeutung, ob das Verhalten des Angeklagten nach dem Rechtsverständnis des deutschen Strafrechts als mehrere Taten iSd § 264 StPO bzw. materiell-rechtlich als Tateinheit o. Tatmehrheit zu werten ist (BGHSt 52, 275; BGH 22.1.2026 – 6 StR 245/25; vgl. auch BGH NStZ-RR 2019, 259). Bei nur ähnlichen und nicht identischen Sachverhalten findet der Grundsatz ne bis in idem keine Anwendung (EuGH NJW 2024, 1165 (1170); BGH 22.1.2026 – 6 StR 245/25: Betrugstaten gegen unterschiedliche Tatopfer in verschiedenen Ländern). **177a**

Bei der **Prüfung,** ob es sich um **dieselbe Tat** im Sinne von Art. 54 SDÜ handelt, ist nicht nur der im Anklagesatz der Anklageschrift eines anderen Mitgliedsstaates sowie der im Tenor des dort ergangenen rechtskräftigen Urteils beschriebene Sachverhalt zu berücksichtigen, sondern auch der Sachverhalt, der in der Begründung dieses Urteils geschildert wird, und derjenige, der Gegenstand des Ermittlungsverfahrens war, aber nicht in die Anklageschrift übernommen wurde (EuGH NJW 2024, 1165). Dass ein mitgliedsstaatliches Gericht in seinem Urteil einen tatsächlichen Umstand erwähnt, der sich auf das Hoheitsgebiet eines anderen Mitgliedsstaates bezieht, lässt nur dann einen Rückschluss auf die Identität des Sachverhaltes zu, wenn das den Umstand erwähnende Gericht auf diesen tatsächlich eingegangen ist, um die Verantwortlichkeit des Beschuldigten festzustellen (EuGH NJW 2024, 139). Das Verfolgungsverbot gilt für denjenigen, der rkr. abgeurteilt worden ist, vorausgesetzt, dass im Falle einer Verurteilung die Sanktion bereits vollstreckt worden ist, wofür kurzfristige, anzurechnende Polizei und/oder UHaft nicht genügt (EuGH NJW 2007, 3412), gerade vollstreckt wird (EuGH NJW 2007, 3412; BGHSt 46, 187: auch dann, wenn die Vollstreckung zur Bewährung ausgesetzt ist) o. nach dem Recht des Urteilsstaates nicht mehr vollstreckt werden kann (vgl. dazu EuGH NJW 2009, 3149; OLG Saarbrücken StV 1997, 359; OLG München StV 2002, 71 Ls.; Satzger IntStrafR Rn. 10, 78 ff.). **177b**

Nichts anderes gilt nach Art. 50 GRCh, obwohl dieser die Vollstreckungsklausel nicht enthält (EuGH NJW 2014, 3007; BVerfG NJW 2012, 1205; BGHSt 56, 11 (14); der Rspr. iErg zust. Burchard/Brodowski StraFo 2010, 179, Eckstein JR 2015, 421; Satzger FS Roxin, 2011, 1521; **aM** Böse GA 2011, 504; Schomburg/Suominen-Picht NJW 2012, 1191; Zöller GA 2016, 325; eing. zur Aus- **177c**

legung des Art. 50 GRCh EuGH JZ 2013, 613) Nur aus der Sicht des zuerst entscheidenden Staates (nicht auch der übrigen Staaten) muss eine rkr. o. rechtskraftähnliche Entsch. vorliegen (Lagodny NStZ 1997, 265; **aM** aber EuGH NJW 2006, 1781: Eigenverantwortung des Zweitverfolgerstaates), u. die Entsch. darf nicht lediglich auf formalen Gründen beruhen, sondern muss aufgrund einer Prüfung der Tatvorwürfe in der Sache ergangen sein (EuGH NJW 2016, 2939; BGH NStZ 2017, 174). Zum sachlichen Anwendungsbereich dieses int. *ne bis in idem*-Grundsatzes Hecker JuS 2023, 692; Hiéramente StraFo 2014, 445.

177d Der Grundsatz des Art. 54 SDÜ unterliegt **Einschränkungen.** Nach Art. 55 Abs. 1 Buchst. b, 2 SDÜ, Art. 52 Abs. 1 Buchst. b GRCh kann eine Vertragspartei den Vorbehalt anbringen, dass sie nicht durch Art. 54 SDÜ gebunden ist, wenn die Tat, die dem ausländischen Urteil zugrunde lag, eine gegen die Sicherheit des Staates oder andere gleichermaßen wesentliche Interessen dieser Vertragspartei gerichtete Straftat darstellt. Diese Einschränkung muss jedoch im Lichte der Bedeutung des in Art. 50 GrCH normierten Doppelbestrafungsverbotes ausgelegt werden (EuGH BeckRS 2023, 4924 mAnm Hecker JuS 2023, 692). Für die von Deutschland bei der Ratifikation abgegebene Vorbehaltserklärung hinsichtlich § 129 StGB (BGBl. 1994 II 631) bedeutet das, dass eine von einem Gericht der EU rechtskräftig abgeurteilte vermögensdeliktische Tat nur dann Gegenstand einer erneuten Strafverfolgung wegen einer Straftat nach § 129 Abs. 1 StGB sein darf, wenn die Tätigkeit der kriminellen Vereinigung zu einer Schädigung staatlichen Vermögens geführt hat (EuGH BeckRS 2023, 4924 mAnm Hecker JuS 2023, 692). Im Falle zulässiger erneuter Verfolgbarkeit ist bereits erlittener Freiheitsentzug auf die neue Sanktion anzurechnen (vgl. Art. 56 SDÜ).

177e **Auch ein rechtskräftiger Freispruch** bewirkt Strafklageverbrauch nach Art. 54 SDÜ (BGHSt 46, 307; BGH StV 2007, 154; EuGH NStZ 2007, 408: Freispruch aus Mangel an Beweisen; EuGH NJW 2006, 3403, OLG Stuttgart StV 2008, 402: Freispruch wegen Verjährung), **ebenso** nach der Rspr. des EuGH die durch ein Gericht erfolgte **Verfahrenseinstellung** (EuGH NJW 2014, 3010; s. auch LG Mannheim NZWiSt 2019, 397: absolute Verjährung) u. auch eine ohne Mitwirkung eines Gerichts erfolgte Einstellung des Verfahrens durch die StA, nachdem der Beschuldigte bestimmte Auflagen erfüllt hat (EuGH NStZ 2003, 332). Die frühere entgegenstehende Rspr. (BGHSt 45, 123), die auf das Erfordernis der materiellen Rechtskraft der Entsch. abstellen wollte, ist durch die Rspr. des EuGH überholt (eing. dazu Hecker FS v. Heintschel-Heinegg, 2015, 175).

177f Darüber hinaus können auch das nationale Strafverfahren endgültig abschließende **staatsanwaltliche Einstellungsentscheidungen** einen Strafklageverbrauch nach Art. 50 GRCh iVm Art. 54 SDÜ bewirken, sofern diese Entscheidung nach einer Prüfung in der Sache erfolgt ist, nicht aber dann, wenn sie getroffen wurde, ohne dass eingehende Ermittlungen durchgeführt wurden (vgl. EuGH NJW 2016, 2939; 2024, 893 mAnm Hecker JuS 2024, 893; NJW 2024, 1165 (1170); BVerfG StraFo 2022, 423, 426). Allerdings bewirkt nach der bisherigen Rspr. grds. eine nicht endgültige u. nicht bindende Einstellung nach § 170 Abs. 2 StPO (EuGH NStZ-RR 2009, 109; NJW 2016, 2939; eing. dazu Wegner HRRS 2016, 396; BGH NJW 2016, 3044; vgl. auch ÖstOGH NStZ 2005, 344) o. eine solche nach § 154 Abs. 1 (OLG Nürnberg StV 2010, 233; Hackner NStZ 2011, 429) o. eine Einstellung des Verfahrens im Ausland als Kompensation dortiger überlanger Verfahrensdauer ohne Prüfung der Tatvorwürfe in der Sache (BGH NStZ 2017, 174) keinen Strafklageverbrauch. Das BVerfG hat jedoch wiederum eine das Verfahren endgültig abschließende staatsanwaltliche Entscheidung mit entspr. Strafklageverbrauch in einem Fall bejaht, in dem bei einer Vielzahl von Delikten eine Teileinstellungsentscheidung nach § 170 Abs. 2 wegen eines Verfolgungshindernisses sowie eine solche nach § 154 Abs. 1 verfahrensabschließend sowie begleitend zu einer Anklageerhebung im Übrigen erfolgt war (BVerfG StraFo 2022, 423; vgl. auch BVerfG NJW 2023, 3698, Rn. 110); es hat dabei auf eine **Gesamtschau der „verfahrensabschließenden Einstellungsentscheidungen"** abgestellt und festgestellt, dass die Einstellung gem. § 154 Abs. 1 nach umfassenden Ermittlungsmaßnahmen erfolgte und ein sachlicher Grund zur Wiederaufnahme nicht bestand (BVerfG StraFo 2022, 423 (427); erg. → § 154 Rn. 21). Auf der Grundlage dieser Entscheidung des BVerfG liegt es nahe, das Doppelbestrafungsverbot der Art. 50 GRCh, 54 SDÜ auch auf Einstellungen nach § 170 Abs. 2 anzuwenden, wenn diese auf der Basis eines ausermittelten Sachverhaltes erfolgten und ein sachlicher Grund für die Wiederaufnahme der Ermittlungen nicht vorliegt (s. Mayr StraFo 2022, 418 (422 f.)). Dass ein Gericht wegen der Tat v. der Verfolgung ohne sachliche Prüfung deswegen abgesehen hat, weil ein anderer Staat Strafverfolgungsmaßnahmen eingeleitet hat, steht der Verfolgung der Tat durch diesen nicht entgegen (EuGH NJW 2005, 1337). Zur Klärung dem EuGH-Gesetz unterfallender Rechtsfragen vgl. → Rn. 207.

Weitere unterschiedlich ausgestaltete **Verbote der Doppelverfolgung** enthalten Art. 20 IStGHSt, Art. VII (8) NTS, Art. 10 des Jugoslawien-IStGH-Statuts u. Art. 9 des Ruanda-IStGH-Statutes (vgl. → Rn. 207a) sowie jew. Art. 7 des Übk. v. 26.7.1995 aufgrund v. Art K. 3 des Vertr. über die EU über den Schutz der finanziellen Interessen der EG (BGBl. II 2324) u. des entspr. Prot. v. 27.9.1996 (BGBl. II 2342). Der BT hat am 7.9.1998 das Übk. v. 25.5.1987 zwischen den Mitgliedstaaten der EG über das Verbot der Doppelbestrafung ratifiziert (BGBl. II 2227); es ist noch nicht in Kraft getreten, wird aber schon v. allen EU-Staaten außer Griechenland, Luxemburg, dem Vereinigten Königreich, Spanien, Schweden u. Finnland als solches neben Art. 54 SDÜ vorzeitig angewendet. Allein die Möglichkeit eines tatsächlich nicht gestellten Antrags auf Auslieferung o. auf Übernahme der Vollstreckung begründet kein Verfahrenshindernis (BGHSt 56, 11 (14)). Ergänzend → Rn. 215 ff. **177g**

Auch die förmliche **Abgabe von Verfahren** kann aufgrund völkerrechtlicher Vereinbarung (vgl. etwa Art. XV des Deutsch/Österreichischen Ergänzungsvertrages zum EuRHÜbk, BGBl. 1975 II 1157; 1976 II 1818) zum Verfahrenshindernis im abgebenden Staat führen (OLG Karlsruhe GA 1988, 378). Zu Entsch. supranationaler Gerichte vgl. BGHSt 24, 54 (57). **177h**

10. Eine **disziplinare Ahndung** wegen eines Verhaltens, das zugleich eine dienstliche o. berufliche Verfehlung u. eine Straftat darstellt, verbraucht die Strafklage nicht (BVerfGE 21, 378 (391); 27, 180 (184); KG StV 1987, 519 mAnm Frister). Denn Art. 103 Abs. 3 GG greift nur ein, wenn die Verhängung einer weiteren echten Kriminalstrafe in Frage steht (BVerfGE 43, 101 (105)). Umgekehrt ist eine Ahndung im Disziplinarverfahren wegen solcher Tatsachen ausgeschlossen, die Gegenstand einer gerichtlichen Entsch. waren, die zum Freispruch der betr. Person v. dem Vorwurf einer Straftat o. einer OWi geführt hat (vgl. Feuerich NJW 1988, 183 zum ehrengerichtlichen Verf.). In einem solchen Fall kommt disziplinare Ahndung nur noch insoweit in Betracht, als das Verhalten, ohne den Tatbestand einer Strafvorschrift o. einer Bußgeldvorschrift zu erfüllen, eine ahndbare Pflichtverletzung enthält (vgl. § 14 BDG; § 118 Abs. 2 BRAO; § 109 Abs. 2 StBerG; § 83 Abs. 2 WPO; § 102 Abs. 2 PatAO). **178**

Zu einer Art **Anrechnung** kann es auf folgende Art kommen: Eine disziplinare Ahndung kann die Entsch. nach §§ 153, 153a StPO in der Beurteilung des öffentl. Interesses beeinflussen. Außerdem muss ein bereits verbüßter Disziplinararrest gegen einen Soldaten bei der Berechnung einer Freiheitsstrafe berücksichtigt werden (BVerfGE 21, 391; 27, 180 = NJW 1970, 507 mkritAnm Kreuzer); ebenso muss Disziplinarbuße auf die Geldstrafe angerechnet werden, wenn sie wegen derselben Tat verhängt worden ist (OLG Hamm NJW 1978, 1063). **179**

11. Auf eine **Ordnungswidrigkeit** erstreckt sich der Strafklageverbrauch nach § 84 Abs. 1 OWiG. Auch die rkr. gerichtliche Entsch. über eine OWi erzeugt eine Sperrwirkung gegen spätere Strafverfolgung (§ 84 Abs. 2 OWiG; OLG Naumburg StV 2018, 402). **180**

III. Strafbefehl. Der **Strafbefehl,** der nur wegen Vergehens zulässig ist, ergeht schriftlich in einem Beschlussverfahren. Er verbraucht bei Rechtskraft die Strafklage im selben Umf. wie ein rkr. Urt. (→ StPO § 410 Rn. 12). Allerdings unterfallen **181**

Strafbefehle nicht dem Schutz des Art. 103 Abs. 3 GG, wie in der verfassungsgemäßen Möglichkeit der Wiederaufnahme zuungunsten des Verurteilten bei Vorliegen neuer Tatsachen oder Beweismittel nach § 373a StPO zum Ausdruck kommt (siehe BVerfG NJW 2023, 3698, Rn. 107, 108; → § 373a StPO).

182 **IV. Beschlüsse.** Beschlüsse, die eine das Verf. beendigende Sachentscheidung enthalten, haben im Vergleich zu den freisprechenden Urt. ebenfalls nur eine **beschränkte materielle Rechtskraft** (Loos JZ 1978, 592). Denn wenn sich neue Tatsachen o. Beweismittel ergeben, die im Zusammenhang mit den bereits beim Erlass des Beschlusses bekannten Tatsachen die Erhebung der öffentl. Klage gegen denselben Beschuldigten wegen derselben Tat rechtfertigen, ist ein neues Verf. zulässig, wie sich aus den §§ 174 Abs. 2, 211 StPO sowie § 47 Abs. 3 **JGG** ergibt. Das mit der Sache neuerdings befasste Gericht stellt bei der Eröffnung des Hauptverfahrens fest, dass die materielle Rechtskraft des früheren Beschlusses aufgrund neuer Tatsachen o. Beweismittel entfallen ist. Das gilt auch für den Beschl. nach § 153 Abs. 2 StPO (→ StPO § 153 Rn. 37, 38), nach § 153b Abs. 2 StPO o. nach § 154 Abs. 2 StPO (→ StPO § 154 Rn. 17). Vgl. dazu Radtke, Zur Systematik des Strafklageverbrauchs verfahrenserledigender Entscheidungen im Strafprozess, 1994, S. 139 ff.

183 **V. Einstellung. Bei der Einstellung des Verfahrens nach Erfüllung auferlegter und übernommener Pflichten** u. Weisungen (§ 153a Abs. 1 S. 4, Abs. 2 StPO) entsteht ein weitergehendes Verfahrenshindernis als bei sanktionsloser Verfahrenseinstellung (→ StPO § 153a Rn. 52).

184 **VI. Teilrechtskraft.** Die **Teilrechtskraft** (vgl. Bruns, Teilrechtskraft u. innerprozessuale Bindungswirkung des Strafurteils, 1961), dient einer vernünftigen verfahrenswirtschaftlichen Ersparung richterlicher Überholungs- u. Nachbesserungsarbeiten. Sie entsteht entweder durch Teilanfechtung (§§ 318, 344 Abs. 1 StPO) o. durch Teilaufhebung des Urt. u. ist sowohl quantitativ als auch qualitativ weniger als die volle Rechtskraft (Bruns NStZ 1984, 131).

185 **1. Zwei Formen** sind zu unterscheiden: Die **vertikale** Teilrechtskraft beschränkt sich auf einen Teil des Prozessstoffes, der selbst Gegenstand eines eigenen Verfahrens hätte sein können, also auf die Frage der Bestrafung eines v. mehreren Angeklagten o. auf eine v. mehreren Taten (§ 264 StPO). Sind mehrere Taten Gegenstand des Verfahrens u. ist eine davon hins. aller Angeklagter rkr. abgeurteilt, so entsteht insoweit die Wirkung voller Rechtskraft (BayObLG JZ 1960, 31; Wagner NStZ 2025, 77 (83); SK-StPO/Frisch StPO Vor § 296 Rn. 287).

185a Bei der **horizontalen** Teilrechtskraft dagegen handelt es sich um eine Stufe im Verf. gegen einen Angeklagten wegen einer Tat, namentlich um die Rechtskraft des Schuldspruchs. Sie führt noch nicht zum Strafklageverbrauch (BGH NJW 1980, 1807), sondern ist nur Verfahrenshindernis für ein anderweitiges Strafverfahren (BGHSt 28, 119 → Rn. 171) u. schafft eine innerprozessuale Bindungswirkung (Gössel FS Riess, 2002, 120; Paul NStZ 2013, 488; erg. → Rn. 151 ff., → StPO § 318 Rn. 31).

186 **2.** Die **Bestandskraft bei Änderung der Rechtslage** ist für das teilrechtskräftige Urt. geringer als die für das vollrechtskräftige. Das zeigt sich deutlich bei den Verfahrenshindernissen (→ Rn. 151). Auch die §§ 354a, 357 StPO führen zur Aufhebung des teilrechtskräftigen Urteils. Der Rechtsgedanke des § 354a StPO ist in jeder Lage des Verfahrens anwendbar (BayObLG JZ 1961, 390; OLG Oldenburg Nds. Rpfl. 1962, 237), auch bei Rechtskraft des Schuldspruchs. Ferner entfällt die Beschränkung der Berufung auf das Strafmaß u. damit die Rechtskraft des Schuldspruchs, wenn die Strafnorm nichtig ist (BayObLGSt 1962, 216).

187 **3. Bestand der tatsächlichen Feststellungen bei horizontaler Teilrechtskraft:** Der neuerlich mit der Sache befasste Tatrichter darf sich nicht in Widerspruch zu den Feststellungen setzen, die dem in Teilrechtskraft erwachsenen Urteilsspruch zugrunde liegen (BGHSt 7, 283; 24, 274; 28, 119). Bindend sind in 1. Linie die Tatsachen, in denen die Tatbestandsmerkmale zu finden sind, darüber hinaus aber auch die – weitergehenden – Feststellungen zum Tatgeschehen iSd geschichtlichen

Vorgangs (BGHSt 30, 340: Feststellungen, die das Tatgeschehen näher umschreiben) u. die Tatsachen, aus denen der Beweis hierfür abgeleitet wird; denn auch sie sind Grdl. des Schuldspruchs, selbst wenn sie als sog. doppelrelevante Feststellungen zugleich für den Rechtsfolgenausspruch Bedeutung haben (BGHSt 24, 274; 28, 119; Holtz MDR 1980, 275 – BGH RsprÜ). Die entspr. Prüfungsbeschränkung tritt ein, wenn v. vornherein nur der Rechtsfolgenausspruch angefochten worden ist. In diesem Fall ist es nur zulässig, die Sachdarstellung des 1. Urt. zu ergänzen; es dürfen aber nicht Feststellungen getroffen werden, die den v. Erstrichter zum Schuldspruch getroffenen widersprechen würden (BayObLGSt 1988, 173).

4. Grundlage der Tatsachenbindung: Diese lässt sich nicht aus der Rechtskraft ableiten. Denn nur eine Entsch., nicht Feststellungen sind der Rechtskraft fähig. Eine Tatsachenbindung gehört nicht zum Wesen der Rechtskraft (→ Rn. 170). Sie kann nur aus den §§ 327, 352 Abs. 1, 353 Abs. 2 StPO u. aus dem Grundsatz der Einheitlichkeit der Urteilsfeststellungen abgeleitet werden. Bei Teilanfechtung wird aber die notwendige Tatsachenprüfung nicht dadurch eingeschränkt, dass die den rkr. Teil der Entsch. tragenden Tatsachen zugleich für den angefochtenen Teil v. Bedeutung sind (Zipf JR 1978, 251; erg. → StPO § 318 Rn. 24). **188**

5. Grenzen der Tatsachenbindung: Die (noch verbleibende) Bindung besteht auch dann, wenn im weiteren Verf. bei der noch ausstehenden Prüfung widersprechende Tatsachen hervortreten (BGHSt 14, 30 (36); str.; vgl. Grünwald Teilrechtskraft S. 91 ff.; Kleinknecht JR 1968, 467; Spendel ZStW 67 (1955), 508; erg. → StPO § 353 Rn. 21). **189**

J. Gesetzesauslegung. Die **Auslegungsmethoden,** die jur. Methodologie, die Reihenfolge des methodischen Vorgehens u. die Vollständigkeit der Prüfung sind Gegenstand zahlreicher Untersuchungen, zB Baumann, Beiträge zur Strafrechtsdogmatik, 1987: Die natürliche Wortbedeutung als Auslegungsgrenze im Strafrecht; Engisch, Einführung in das juristische Denken, 8. Aufl. 1983; Larenz, Methodenlehre der Rechtswissenschaft, 5. Aufl., 1983; F. Müller, Juristische Methodik, 3. Aufl. 1989, der neben der Berücksichtigung der Norm auch die der Strukturen der Wirklichkeit verlangt (S. 121–182); Heusinger, Rechtsfindung u. Rechtsfortbildung im Spiegel richterlicher Erfahrung, 1975; Gössel FS Peters, 1974, 41 ff.; Esser, Vorverständnis und Methodenwahl in der Rechtsfindung, 2. Aufl. 1972; Lautmann, Soziologie vor den Toren der Jurisprudenz, 1971; Zippelius, Einführung in die juristische Methodenlehre, 4. Aufl. 1985; Grüber JZ 1974, 665 mit weiteren Angaben. **190**

I. Rechtsstaatsprinzip. Nach dem Rechtsstaatsprinzip (→ Rn. 18 ff.) muss die Auslegung den materialen Wertvorstellungen entsprechen, die sich aus dem GG, insbes. aus den Grundrechten (BVerfGE 7, 198), der **EMRK** (→ EMRK Vor Art. 1 Rn. 5) u. dem Gesamtgefüge unserer Rechtsordnung (BVerfGE 7, 282 (291)) ergeben. Dabei ist auch das Rangverhältnis zwischen verschiedenen Normengruppen zu beachten, zB Art. 31 GG. Über das Rangverhältnis der **EMRK** zum GG u. den gewöhnlichen Gesetzen vgl. → EMRK Vor Art. 1 Rn. 3. **191**

Jede **Auslegung der Gesetze betr. deren Geltungsbereich.** Daher sind die geschriebenen o. ungeschriebenen Auslegungsregeln – zB *lex posterior derogat priori* – Bestandteil der Rechtsordnung (Draht, Grund und Verbindlichkeit des Rechts, 1963, S. 23), soweit sie allg. anerkannt sind. Dagegen sind die durch Auslegung gewonnenen Leitsätze zur Auslegung der einzelnen Gesetzesbestimmungen nicht bindendes Recht, selbst bei gefestigter o. ständiger höchstrichterlicher Rspr., solange sie nicht zu Gewohnheitsrecht geworden ist (→ GVG § 132 Rn. 18 ff., → GVG Vor § 141 Rn. 11). **192**

II. Verfassungskonforme Auslegung. Die verfassungskonforme Auslegung (vgl. dazu Krey, Studien zum Gesetzesvorbehalt im Strafrecht, 1977, S. 69 ff.; erg. → Rn. 218 ff.) darf nicht dazu führen, dass einem im Wortlaut u. Sinn eindeutigen G ein entgegengesetzter Sinn gegeben wird (BVerfGE 8, 28; BGHSt 13, 117). Ist jedoch bei einer möglichen Interpretation ein Widerspruch zum GG festzustellen, bei einer anderen dagegen nicht, so ist diese maßgebend (BVerfGE 40, 88 (94)), **193**

selbst wenn dem subjektiven Willen des früheren Gesetzgebers (vgl. → Rn. 194) die Erstere eher entsprechen würde (BVerfGE 32, 373 (383)). Im Zweifelsfall ist diejenige Auslegung zu wählen, die die jur. Wirkungskraft der Grundrechtsnorm am stärksten entfaltet (BVerfGE 6, 55 (72); 32, 54 (71); 39, 1 (38)). Willkür ist auch bei der Auslegung unzulässig. Sie ist im objektiven Sinn zu verstehen u. liegt vor bei tatsächlicher u. eindeutiger Unangemessenheit einer Maßnahme im Verhältnis zu der tatsächlichen Situation, deren sie Herr werden soll (BVerfGE 42, 64 (73)).

194 **III. Objektivierter Wille des Gesetzgebers.** Der objektivierte Wille des Gesetzgebers, wie er sich aus dem Wortlaut der Gesetzesbestimmung (→ Rn. 196), dem Sinnzusammenhang u. dem erkennbaren Zweck der Vorschr. ergibt, ist maßgebend (BVerfGE 45, 272 (288); BGHSt 31, 128 (130)). Der Wille des Gesetzgebers fällt nach dieser objektiven Auslegungsmethode zusammen mit dem Willen des Gesetzes; dem subjektiven Willen des historischen Gesetzgebers kommt im Allgemeinen nur bestätigende Bedeutung zu; zuweilen spielt aber der „genetische Aspekt" eine Rolle (nach Naucke FS Engisch, 1969, 280 gilt die objektive Auslegung nur, wenn die subjektive versagt). Vorstellungen des Gesetzgebers, die im Gesetzeswortlaut keinen Niederschlag gefunden haben, sich aber ausschl. zu Gunsten des v. der strafrechtlichen Bestimmung Betroffenen auswirken, dürfen berücksichtigt werden (BGHSt 52, 31 (37); BGH BeckRS 2008, 6783; zw. BGH NStZ 2008, 333; eing. dazu Kudlich JR 2008, 257).

195 **IV. Weitere Auslegungsmethoden.** Die weiteren Auslegungsmethoden, die zur Erfassung des objektivierten Willens des Gesetzgebers führen und, wie jegliche Rechtsanwendung u. Auslegung, auf die gerechte Lösung v. Rechtsproblemen abzielen, sich also in diesem Sinn gegenseitig ergänzen (Gribbohm MDR 1966, 976), sind:

196 **1.** Die **grammatische Auslegung:** Jede Auslegung fängt beim Wort an (BGHSt 3, 262; 14, 118; 18, 152; 19, 307). Rein formelle Erwägungen dürfen aber nicht das entscheidende Gewicht erhalten (BGHSt 6, 398; 10, 88). Die aufgrund des Wortlauts gewonnenen Erg. sind an Sinn u. Zweck der Bestimmung zu messen (BGHSt 27, 236 (238); 30, 97 (101)). Eine Begriffsjurisprudenz ist auch im Strafverfahrensrecht zu verwerfen. Ist der Wortlaut eindeutig u. führt er zu einer sinnvollen Anwendung des Gesetzes, so sind der Auslegung in einem anderen Sinn unter dem Gesichtspunkt der Gewaltenteilung Grenzen gesetzt (BVerfGE 8, 28 (33) = NJW 1958, 1227).

197 **2.** Die **systematische Auslegung** berücksichtigt bei der Ermittlung des Sinnes der Bestimmung deren Zusammenhang mit anderen Normen desselben o. eines anderen Gesetzes. Denn auch die Rechtsvergleichung zwischen verschiedenen Rechtsgebieten kann innere Gemeinsamkeiten ergeben u. zur Systematisierung rechtlicher Arg. u. zu Auslegungskomponenten führen (Clemens, Strukturen juristischer Argumentation, 1977). In diese Gesamtbetrachtung ist auch eine gefestigte Rspr. einzubeziehen (BVerfGE 45, 363 (372)), bes. bei Generalklauseln o. unbestimmten, wertausfüllungsbedürftigen Rechtsbegriffen (BVerfGE 45, 363). Die erweiternde Anwendung einer Vorschr. ist grds. nur dann statthaft, wenn das Erg. der Gerechtigkeit entspr. (BGHSt 16, 168 (173)).

198 Die – verfassungsrechtlich grds. unbedenkliche (BVerfGE 82, 6) – **Analogie,** die über die erweiternde Auslegung hinausgeht, also keine Auslegung des Gesetzes ist, aber zu dieser fließende Grenzen hat, setzt voraus, dass der zu entscheidende Fall v. dem ges. Normfall nur unwesentlich abweicht, also rechtsähnlich ist (OLG Hamm MDR 1970, 1030). Sie stellt eine Verallgemeinerung durch Gleichbewertung eines ges. geregelten spezifischen Falltypus mit dem vorliegenden ges. nicht geregelten Falltypus dar. Analogie ist im materiellen Strafrecht zur Ausfüllung v. Gesetzeslücken (→ Rn. 202) unzulässig, soweit es sich um Strafbegründung oder -schärfung handelt (§ 1 StGB; Art. 103 Abs. 2 GG; Art. 7 EMRK; Krey, Studien zum Gesetzesvorbehalt im Strafrecht, 1977), im Verfahrensrecht aber zulässig (KG NJW 1979, 1668 (1669); **aM** Löwe/Rosenberg/Lüderssen/Jahn Einl. M 47; einschr. auch Welp JR 1991, 267 mwN in Fn. 24: nicht bei Eingriffen in grund-

gesetzlich geschützte Rechte; Jäger GA 2006, 615: im Bereich der beweisbildenden Verfahrensnormen), u. zwar auch, soweit sie sich zuungunsten des Beschuldigten auswirkt (zum „Zwang“ vgl. → Rn. 45). Sieht das G selbst entspr. Anwendung anderer Bestimmungen vor, so findet sie ihre Grenze dort, wo Sinn u. Zweck des Verfahrens der Heranziehung der anderen Bestimmungen entgegensteht (vgl. BGH NJW 1959, 347).

3. Die **teleologische Auslegung** (krit. dazu Herzberg NJW 1990, 2525) stellt iRd v. Gesetzeswortlaut (→ Rn. 196) noch gedeckten Spannweite auf den Zweck (das Telos), den objektiven Zweckgehalt der Norm unter Berücksichtigung der Praktikabilität, ab. Ausnahmebestimmungen sind nach einer alten Regel eng auszulegen (BGHSt 25, 126; 26, 270; 30, 168 (170)). Jedoch gilt dieser Grundsatz nicht durchgängig (BVerfGE 47, 239 (250)), insbes. nicht, wenn die Ausnahme selbst ein bestimmtes – wenn auch engeres – Prinzip aufstellt (BAG NJW 1955, 886; Weinsheimer NJW 1959, 566). Die enge Auslegung ist jedenfalls dann nicht angebracht, wenn es um die Tragweite einer Einschränkung geht, die eine Ausnahme innerhalb der Ausnahme darstellt (BGHSt 27, 236 (238)). In diesem Fall darf die Gegenausnahme nicht aufgrund formaler Regeln, ohne sachliche Notwendigkeit, extensiv angewandt werden, um der „Primärausnahme“ einen möglichst schmalen Anwendungsbereich zu sichern. Daher ist wohl schon heute davon auszugehen, dass die überkommene Auslegungsregel in einzelnen Fällen bei Berücksichtigung des Grundgedankens zu der Ausnahmebestimmung in ihr Gegenteil umgekehrt wird (Küper JZ 1978, 204). Die teleologische Auslegungsmethode berücksichtigt auch einen grdl. Wandel der gesellschaftlichen Lebensformen, der Denkweise u. des Lebensgefühls (BVerfGE 10, 354 (368)) iSe Anpassung an die berechtigten Bedürfnisse einer sich ständig wandelnden Gesellschaftswirklichkeit (BGH NJW 1959, 2262). Nicht zul. ist das Bedenken der möglichen Folgen, Neben- u. Begleiterscheinungen weithin ebenfalls notwendiger Bestandteil der Auslegung (Ecker JZ 1967, 265). *In dubio pro reo* gilt bei der Auslegung nicht (RGSt 62, 372; → StPO § 261 Rn. 37). 199

4. Die **authentische Auslegung** ist Auslegung durch eine Gesetzesbestimmung. In einem G kann aber nicht eine authentische Auslegung des GG gesehen werden (BVerfGE 12, 45 (53)). 200

5. Die **Vorrangfrage** spielt nur dann eine Rolle, wenn man auf dem Wege der verschiedenen Auslegungsmethoden zu verschiedenen Erg. gelangen würde. Die hM räumt mit Recht dem objektiven – teleologischen Sinn des Gesetzes den Vorrang ein (in diesem Sinn ua BGHSt 10, 157 (160)). 201

V. Ausfüllung von Gesetzeslücken. Die Ausfüllung einer Gesetzeslücke kann notwendig werden, wenn das G ohne sie nicht verwirklicht werden kann (Bachof JZ 1951, 740). Um eine Gesetzeslücke handelt es sich nicht, wenn das Schweigen des Gesetzes planmäßig ist u. daher eine Entsch. bedeutet („beredtes Schweigen“, Canaris, Die Feststellung von Lücken im Gesetz, 1964, S. 40 ff.). Bei der Gesetzeslücke kann es sich um eine Formulierungslücke handeln, die darauf beruht, dass der Gesetzgeber bei der Fassung einer Bestimmung einen Fall ersichtlich nicht bedacht hat (zB BGHSt 26, 335 (338)). Sie kann eine Wertungslücke sein. Bei dieser wäre das positive Recht zwar nach seinem Wortlaut an sich ohne Erg. widerspruchsfrei anwendbar, aber das Erg. gebietet eine andere Wertung (Zippelius, Einführung in die juristische Methodenlehre, 4. Aufl. 1985, S. 68). Bei der Lückenausfüllung sucht der Auslegende einen Obersatz, der aus demselben, notfalls aus einem anderen G zu gewinnen ist, u. leitet davon den lückenschließenden Auslegungssatz ab, u. zwar mittels Erst-Recht-Schluss (Sonderfall des Analogieschlusses) o. Heranziehung v. übergesetzlichen Rechtsgrundsätzen (Obermayer NJW 1966, 1889). Eine rechtsändernde richterliche Rechtsfortbildung setzt voraus, dass sich seit dem Erlass der Norm entweder die sachlichen Gegebenheiten o. die Gesamtrechtsordnung geänd. haben (Jesch JZ 1963, 241; Wank, Grenzen richterlicher Rechtsfortbildung, 1978; krit. unter Darst. der rechtsstaatswidrigen geschichtlichen Entwicklung zwischen 1933 und 1945 Hillgruber JZ 2008, 745; vgl. → GVG § 132 202

Rn. 18 ff., → Rn. 199). Wesentlich ist stets, dass es sich noch um Rspr. handelt u. nicht um Normsetzung, die den Gerichten nicht zukommt (BVerwGE 50, 255 (262)).

203 **VI. Geltung neuen Prozessrechts. Neues Prozessrecht gilt** bereits für die schwebenden Verf., wenn nichts anderes bestimmt ist, dh keine Übergangsregelung vorgesehen ist (→ StPO § 354a Rn. 4); Änderungen des Strafprozessrechts sind grds. nicht vom strafrechtlichen Rückwirkungsverbot nach Art. 103 Abs. 2 GG erfasst (BGH NStZ-RR 2025, 55; Löwe/Rosenberg/Kühne Rn. 16 mwN; vgl. auch OLG Rostock NStZ-RR 2018, 114). Das ist insbes. auch für Prozessvoraussetzungen u. Prozesshindernisse anzunehmen, soweit sie Befassungsverbote (→ Rn. 143) sind, ebenso für Fälle, in denen die Strafverfolgung von einem wirksamen Strafantrag abhängig ist (BGH NStZ-RR 2025, 55; erg. → § 354a Rn. 4); für das Bestrafungsverbot der Verjährung ist es umstr. (dazu Wohlers FS Kargl, 2015, 596 ff.). Beweise sind nach entspr. Änderung der Rechtslage verwertbar, selbst wenn sie nach alter Rechtslage rechtswidrig erhoben wurden (OLG Rostock NStZ-RR 2018, 114 zu § 81a nF; **aM** Kuhli/May GA 2022, 37 (47 f.)). Bei Maßnahmen, die nicht nur das Verf., sondern auch die Stellung der Verfahrensbeteiligten (→ Rn. 70) betreffen, ist zu unterscheiden: Belastende Gesetze, die rückwirkend bereits abgeschlossene Sachverhalte erfassen sollen, sind grds. unzulässig (KG NStZ 2016, 234); soweit sie noch nicht abgeschlossene Sachverhalte erfassen, sind sie hingegen grds. zulässig (Wohlers FS Kargl, 2015, 590; vgl. auch BGH NStZ-RR 2025, 55), jedoch kann auch hier die Rückwirkung durch Gründe der Rechtssicherheit o. aus begrifflicher Unmöglichkeit ausgeschlossen sein (BayVerfGHE 5 II 243). Ob eine Prozesshandlung ordnungsgemäß ist, richtet sich nach dem im Zeitpunkt ihrer Vornahme geltenden Recht (**aM** BGH NJW 2009, 791 (792)). Der Gerichtsstand wird, wenn nichts anderes bestimmt ist, durch nachträgliche Änd. der ihn begründenden Umstände, also auch durch ein neues G, nicht mehr geänd. (vgl. § 16 StPO); dasselbe gilt für die sachliche Zuständigkeit (BGH wistra 2015, 351 (356)) sowie die Gerichtsbesetzung u. für bereits eingelegte Rechtsmittel (Wohlers FS Kargl, 2015, 591).

203a **Freigesprochene** dürfen darauf vertrauen, dass die Rechtskraft des Freispruchs nur aufgrund der zum Zeitpunkt des Eintritts der Rechtskraft geltenden Rechtslage durchbrochen werden kann; soweit der durch das BVerfG aufgehobene § 362 Nr. 5 StPO (→ § 362 StPO Rn. 9, 10) die Wiederaufnahme zuungunsten des rechtskräftig Verurteilten bei Vorliegen neuer Tatsachen oder Beweismittel in Verfahren vorsah, die bereits vor Inkrafttreten des Gesetzes durch rechtskräftigen Freispruch abgeschlossen waren, verletzte dies das verfassungsrechtliche Rückwirkungsverbot (BVerfG NJW 2023, 3698, Rn. 142 ff.).

204 **K. Interlokales Strafverfahrensrecht und supranationale Gerichtsbarkeit. I. Verfahrensrecht des Gerichtsortes.** Das Verfahrensrecht des Gerichtsortes gilt nach der **Kollisionsregel** bei innerstaatlicher Verschiedenheit des Verfahrensrechts.

205 Im Revisionsrechtszug ist für die Frage der Ordnungsmäßigkeit des Verfahrens durch den Tatrichter das Recht maßgebend, das am Sitz des Tatrichters gilt (vgl. BGHSt 2, 305; 7, 40). Das in dem einen Land bestehende Verfahrenshindernis steht der Strafverfolgung derselben Tat in einem anderen Land, in dem ebenfalls ein Gerichtsstand begründet ist, nicht entgegen, soweit das G nichts anderes bestimmt (wie zB in § 152a StPO). Das Verfahrenshindernis, das nur im Bezirk des ersuchten Gerichts, nicht auch für das ersuchende Gericht gilt, hindert nicht die Durchführung einer Untersuchungshandlung durch das ersuchte Gericht (§ 162 StPO; § 158 GVG; → GVG § 158 Rn. 2, 3).

206 **II. Vertrag von Lissabon.** Der **Vertrag von Lissabon** zur Änd. des Vertr. über die EU u. des Vertr. zur Gründung der EG, unterzeichnet in Lissabon am 13.12.2007 (ABl. 2007 C 306), ist am 1.12.2009 in Kraft getreten. Das BVerfG (NJW 2009, 2267) hat das Zustimmungsgesetz gem. § 59 Abs. 2 GG für verfassungskonform befunden. Der Vertr. bekräftigt den Grundsatz gegenseitiger An-

erkennung gerichtlicher Entscheidungen. Schrittweise sollen einheitliche Mindeststandards für Beschuldigtenrechte durch die EU festgeschrieben werden. In Art. 47 ff. des Vertr. sind zentrale Grundsätze des eur. Verfahrensrechts enthalten, nämlich das Recht auf einen wirksamen Rechtsbehelf, auf ein unparteiisches Gericht u. auf Prozesskostenhilfe (Art. 47), die Garantie der Unschuldsvermutung u. von Verteidigungsrechten (Art. 48), die Grundsätze *nulleum crimen, nulla poena sine lege* u. die Verhältnismäßigkeit v. Strafen (Art. 49) sowie das Verbot mehrfacher Strafverfolgung (Art. 50). Zu den strafrechtlichen Inhalten des Vertr. iE vgl. Beukelmann NJW 2010, 2081; Böse ZIS 2010, 76; F. Meyer NStZ 2009, 657; Frenz/Wübbenhorst wistra 2009, 449; Kubiciel GA 2010, 99; Spemann StraFo 2009, 499.

III. Supranationale Gerichtsbarkeit. Supranationale Gerichtsbarkeit **übt der EuGH in Luxemburg aus** (vgl. auch Art. 19 Buchst. b **EMRK**). Dort finden bisher zwar keine Strafverfahren statt, wohl aber Bußgeldverfahren (BGHSt 24, 54). Dieses Gericht ist nicht einem ausl. gleichzusetzen (BGHSt 24, 54). Der EuGH trifft auf der Grdl. von Art. 35 EUV Vorabentscheidungen über die Auslegung der Übk. nach Art. VI (Polizeiliche u. Justitielle Zusammenarbeit); vgl. hierzu G v. 6.8.1998 (BGBl. I 2035 – EuGHG), das Vorlagerechte u. Pflichten deutscher Gerichte näher definiert. Der EuGH ist allein zur Klärung dem EuGHG unterfallender Rechtsfragen berufen; die Anrufung des BGH nach § 42 IRG insoweit ist unzulässig (BGHSt 47, 326). Soweit v. der EU erlassene RL nicht ordnungsgemäß o. nicht rechtzeitig in nationales Recht umgesetzt worden sind, kann nach der Rspr. des EuGH die RL ggf. unmittelbar angewendet o. das mitgliedstaatliche Recht richtlinienkonform ausgelegt werden; EuGH StV 2006, 1 (eing. dazu Gärditz/Gusy GA 2006, 225 hat dies auch auf Rahmenbeschlüsse ausgedehnt (dazu krit. Tinkl StV 2006, 36). 207

Der **Internationale Strafgerichtshof** zur Verfolgung für im **Hoheitsgebiet des ehem. Jugoslawien** begangene Verstöße gegen humanitäres Völkerrecht wurde durch die Resolution 827 des Sicherheitsrats der Vereinten Nationen v. 25.5.1993 mit Sitz in Den Haag errichtet worden. Die BRD hat am 10.4.1995 (BGBl. I 485) das G über die Zusammenarbeit mit dem ICTY erlassen (vgl. dazu Schomburg NStZ 1995, 428); im Einzelnen Ambos NJW 1998, 1444; Kreß NStZ 2000, 617. Zu dem durch Resolution 955 eingesetzten **ICTR für Ruanda** hat die BRD am 4.5.1998 (BGBl. I 843) das entspr. G erlassen. 207a

Die Bemühungen, einen **permanenten Internationalen Strafgerichtshof** zu errichten (vgl. dazu Ambos NJW 2001, 405), haben am 17./18.7.1998 in Rom zur Verabschiedung eines Gründungsstatuts (BGBl. 2000 II 1393) durch die diplomatische Staatenkonferenz der Vereinten Nationen geführt. Der IStGH hat seinen Sitz in Den Haag u. ist für die Verfolgung v. Völkermord, Verbrechen gegen die Menschlichkeit, Kriegsverbrechen u. das Verbrechen des Angriffskriegs zuständig (Kinkel NJW 1998, 2650; Werle JZ 2001, 885); die Strafverfolgung durch nationale Gerichte hat aber Vorrang (vgl. Kaul ZIS 2007, 494). Deutschland hat das Statut ratifiziert; Grdl. ist das IStGV-StatutG v. 4.12.2000 (BGBl. II 1993). Das Statut ist – ebenso wie das Ausführungsgesetz zum Römischen Statut (RSAG; BGBl. 1998 I 2144; dazu MacLean ZRP 2002, 260) – am 1.7.2002 in Kraft getreten, nachdem es v. mehr als 60 Staaten ratifiziert worden war (Schomburg NJW 2002, 1630); der IStGH hat am 11.3.2003 seine Arbeit aufgenommen. Am 30.6.2002 ist ferner das Deutsche Völkerstrafgesetzbuch (VStGB, BGBl. 2002 I 2254) in Kraft getreten, das das Statut v. Rom umsetzt u. eine Verfolgung v. Völkerrechtsverbrechen auch durch die deutsche Justiz ermöglicht (vgl. §§ 153 f. StPO). 207b

Nachdem das erste **Europäische Haftbefehlsgesetz** v. 21.7.2004 (BGBl. I 1748) durch das BVerfG (BVerfGE 113, 273) für nichtig erklärt worden war, gilt nun das Europäische Haftbefehlsgesetz (EuHbG) v. 20.7.2006 (BGBl. I 1721); es soll das Auslieferungsverfahren zwischen den Mitgliedstaaten der EU vereinfachen u. verkürzen. Näher → StPO Vor § 112 Rn. 9–9g. 207c

Mit der Etablierung v. **OLAF** (= Organisation de la Lutte Anti-Fraude, vormals UCLAF) ist eine Institution mit einer Art länderübergreifender strafprozessualer 207d

Befugnis geschaffen worden (VO (EG) Nr. 1073/1999); die Mitarbeiter v. OLAF dürfen in voller Unabhängigkeit ua innerhalb der Organe der Europäischen Gemeinschaft Untersuchungen zur Bekämpfung v. Betrug, Korruption u. sonstigen rechtswidrigen Handlungen zum Nachteil der finanziellen Interessen der Gemeinschaften durchführen (vgl. Kühne StrafProzR Rn. 4 ff.; Satzger IntStrafR Rn. 10, 18 ff.).

207e Der polizeilichen Zusammenarbeit dient **Europol** (Art. 29 ff. EUV; die Europol-AbfrageV v. 22.5.2007 – BGBl. I 940 – bezeichnet die in der BR zuständigen Behörden iSd Europol-Übk.), der justiziellen Zusammenarbeit. Es gilt nun der Beschl. des Rates (2009/371/JI) v. 6.4.2009 zur Errichtung des Europäischen Polizeiamts (BGBl. I 2504); eing. dazu Niemeier/Walter Kriminalistik 2010, 17. **Eurojust** (Art. 31 Abs. 2 EUV) hat seinen Sitz in Den Haag; hierzu ist das Eurojust-G v. 12.5.2004 ergangen (BGBl. I 902), das die Kompetenzen des deutschen Mitglieds v. Eurojust bestimmt u. außerdem die Bedingungen des Daten- u. Informationsaustauschs deutscher Gerichte u. Strafverfolgungsbehörden mit Eurojust regelt; den Strafverteidigern ist der Zugang zu Eurojust verwehrt (vgl. dazu Esser/Herbold NJW 2004, 2421; Frenz wistra 2010, 432). Zu Europol u. Eurojust vgl. Wolter FS Hilger, 2003, 287 ff.; eing. zu Europol Ratzel Kriminalistik 2007, 284 ff.; 2007, 428 ff. sowie Qubain/Kattge/Wandl/Gamma Kriminalistik 2007, 363 ff.; erg. → StPO § 163 Rn. 8b.

207f Die **Europäische Ermittlungsanordnung** v. Mai 2014 hat die inzwischen aufgeh. Europäische Beweisanordnung ersetzt. Die RL schafft einen einheitlichen Rechtsrahmen für den Beweistransfer u. die Erhebung v. Beweismitteln; sie wurde in den §§ 91a ff. IRG v. deutschen Gesetzgeber umgesetzt u. gilt gem. § 98c IRG für Rechtshilfeersuchen, die ab dem 22.5.2017 bei der für die Bewilligung zuständigen Stelle eingegangen sind (Beulke/Swoboda StrafProzR Rn. 30; Böhm NJW 2017, 1512; Brahms/Gut NStZ 2017, 388).

207g Zur **Europäischen StA** → GVG Vor § 141 Rn. 12 ff.

208 **L. Internationales Strafverfahrensrecht. I. Auslandsbezogene strafprozessuale Sachverhalte.** Dieses **Rechtsgebiet** umfasst die **im Inland unmittelbar geltenden Rechtsnormen,** welche auslandsbezogene strafprozessuale Sachverhalte zum Gegenstand haben (vgl. Vogel, Perspektiven des internationalen Strafprozessrechts, 2004, S. 5); es behandelt insbes. auch die Fragen, die sich daraus ergeben, dass zur Verfolgung vieler Straftaten Prozesshandlungen in mehreren Staaten vorgenommen werden.

209 Soweit nicht eine andere zwischenstaatliche Regelung besteht, ist jew. das Recht des Staates maßgebend, in dem die Untersuchungshandlung vorgenommen wird. Jedoch ist es völkerrechtlich anerkannt, dass an Bord eines Schiffes o. Luftfahrzeugs die StPO des Staates gilt, dem das Fahrzeug zuzurechnen ist (§ 4 StGB), solange sich dieses nicht in fremdem Hoheitsraum befindet (vgl. Esser ZIS 2009, 277; Schnorr v. Carolsfeld FS Maurach, 1972, 615). Mit Auslieferung, Durchlieferung u. sonstiger Rechtshilfe in Strafsachen befassen sich das IRG sowie bilaterale u. multilaterale Übk. über die Rechtshilfe in Strafsachen (→ Rn. 214).

209a **Gewährtes Asyl** (Art. 16a Abs. 1 GG) steht einer Auslieferung grds. nicht entgegen (§ 4 S. 2 AsylG); die Gefahr drohender Verfolgung ist im Auslieferungsverfahren selbständig zu prüfen. Nach Art. 16 Abs. 2 GG ist nunmehr die Auslieferung Deutscher an einen Mitgliedsstaat der EU o. einen IStGH zulässig, soweit rechtsstaatliche Grundsätze gewahrt sind.

210 **II. Übergreifen der Strafverfolgungstätigkeit.** Ein Übergreifen der Strafverfolgungstätigkeit des einen Staates in das Gebiet des anderen ist **grds. nicht zulässig.** Soweit es überhaupt in Betracht kommt, setzt es die generelle (zB nach Art. 39 ff. SDÜ) o. im Einzelfall erteilte Genehmigung des ausl. Hoheitsträgers voraus. Die Vernehmung durch eine konsularische Vertretung der BRD im Ausland ist innerstaatliche Rechtshilfe (§§ 2, 15 KonsG; BGHSt 26, 140 (142)). Im Übrigen leisten sich die Staaten nach Maßgabe der Auslieferungs- u. Rechtshilfeverträge gegenseitige Rechtshilfe für ihre Strafverfahren (→ Rn. 215 ff.). Die Übernahme der Strafverfolgung durch den anderen Staat ist ebenso zulässig wie die Abgabe an einen anderen Staat (erg. → Rn. 177c).

III. Strafrechtsanwendungsrecht. Das sogenannte Strafrechtsanwendungsrecht (§§ 3–7 StGB) betr. das **materielle Strafrecht.** Es hat aber insofern **mittelbar prozessuale Bedeutung,** als es dafür maßgebend ist, ob ein Verf. wegen einer Auslandstat durchgeführt werden kann. § 153c StPO hebt für Auslandstaten das Legalitätsprinzip auf u. ersetzt es durch das Opportunitätsprinzip. **211**

IV. Kollisionsnormen. Kollisionsnormen enthalten die Bestimmungen über die **Exterritorialität.** Die Exterritorialen repräsentieren ihren Staat in einem fremden Staat o. stehen in bes. engen Beziehungen zu einem solchen Repräsentanten des Staates. Vgl. dazu §§ 18–20 GVG. **212**

V. Ausländisches Strafprozessrecht. Ausländisches Strafprozessrecht wird **im deutschen Verf. nicht angewendet,** auch nicht ein ausl. Prozesshindernis bei der Verfolgung einer Auslandstat, wie zB die ausl. Verjährung (RGSt 40, 402), o. rkr. ausl. Aburteilung wegen derselben Tat (vgl. § 51 Abs. 3 StGB; § 153c Abs. 2 StPO), es sei denn, völkerrechtliche Vereinbarungen sehen – zB bei der Erledigung v. Rechtshilfeersuchen o. hins. des Strafklageverbrauchs – etwas anderes vor (vgl. → Rn. 177). Leistet der fremde Staat für ein ausl. Verf. Rechtshilfe, so ist sie wirksam, wenn er sein Prozessrecht beachtet (BGHSt 2, 304; 7, 12). **213**

VI. RiVASt. Die **Richtlinien für den Verkehr mit dem Ausland in strafrechtlichen Angelegenheiten** (RiVASt) idF v. 8.12.2008 (abgedr. bei Piller/Hermann Nr. 2 f) sind Verwaltungsvorschriften der BReg u. der Regierungen der Länder mit aktuellen Hinweisen. Sie werden v. BMJV im Einvernehmen mit dem Auswärtigen Amt auf dem Laufenden gehalten. **214**

VII. Bi- oder multilaterale Übereinkommen über die Rechtshilfe in Strafsachen. Die bi- oder multilateralen Übereinkommen über die Rechtshilfe in Strafsachen **gehen dem IRG vor** (§ 1 Abs. 3 IRG), das im vertraglichen Bereich nur lückenfüllend heranzuziehen ist. Sie begründen **völkerrechtliche Pflichten** zur Unterstützung im Allgemeinen (Auslieferung, sonstige Rechtshilfe, Vollstreckungshilfe) o. für bestimmte Bereiche der Kriminalitätsbekämpfung (zB Drogenhandel, Geldwäsche; vgl. dazu das Übk. v. 8.11.1988, BGBl. 1998 II 519). Sie dienen auch der Zusammenarbeit, wie etwa das NATO-Truppenstatut mit seinen Zusatzvereinbarungen (Anl. 10 ff.); so grenzt Art. VII NTS die deutsche Gerichtsbarkeit v. der des Entsendestaates ab u. regelt die Fälle der konkurrierenden Gerichtsbarkeit sowie die gegenseitige Unterstützungspflicht. Für das nationale Strafverfahren sind RechtshilfeÜbk häufig v. unmittelbarer Bedeutung (Verfahrenshindernisse, Erreichbarkeit v. im Ausland befindlichen Beweismitteln, Übermittlung v. Urk. usw, vgl. Schomburg/Lagodny Rn. 46 ff., 105 ff.). **215**

Die wichtigsten allg. multilateralen RechtshilfeÜbk für die BRD sind diejenigen des nunmehr 47 Staaten umfassenden Europarates (vgl. dazu auch die Übersicht bei Kühne StrafProzR Rn. 71 sowie Huber FS Hilger, 2003, 135): Das **Europäische Auslieferungsübereinkommen (EurAuslÜbk)** v. 13.12.1957 (BGBl. 1964 II 1369; 1976 II 1778; 1994 II 299) mit seinem 2. Zusatzprotokoll v. 17.3.1978 (BGBl. 1991 II 874); es soll durch das EuÜbk zur Bekämpfung des Terrorismus v. 27.1.1977 (BGBl. 1978 II 321, 907; vgl. dazu BGHSt 29, 211) u. durch bilaterale Verträge – insbes. mit Italien, den Niederlanden, Österreich u. der Schweiz – ergänzt u. erleichtert werden. Für die Mitgliedstaaten der EU ist seit 1.4.2004 das EurAuslÜbk durch den RB des Rates v. 13.6.2002 über den Europäischen Haftbefehl u. die Übergabeverfahren zwischen den Mitgliedstaaten (**RB-EUHb,** ABl. 2002 L 190) ersetzt (vgl. dazu Kirsch StV 2010, 257); auch das Übk. über das vereinfachte Auslieferungsverfahren v. 10.3.1995 (BGBl. II 2229) sowie das Übk. v. 27.9.1996 über die Auslieferung (BGBl. II 2253) zwischen den Mitgliedstaaten der EU sind dadurch ersetzt worden (Art. 31 Abs. 1 RB-EUHb). Das Abk. v. 26.5.1989 zwischen den Mitgliedstaaten der EG über die Vereinfachung u. Moder- **215a** nisierung der Verf. zur Übermittlung von Auslieferungsersuchen ist vorl. anwendbar zwischen Deutschland, den Benelux-Staaten, Italien, Österreich, Schweden, Spanien u. Großbritannien (BGBl. 1998 II 965). Durch zusätzliche Verträge wird der Anwendungsbereich des EurAuslÜbk näher bestimmt u. zT erweitert (zB mit Österreich, der Schweiz u. Frankreich, vgl. BGBl. 1975 II 1157; 1975 II 1162; 1977 II 1798 (1818); 1975 II 1169; 1975 II 1175; 1977 II 1798 (1818); 1978 II 328); solche bilateralen Abk. können nach Art. 31 Abs. 2 RB-EUHb weiter angewendet werden, soweit sie die Möglichkeit bieten, über die Ziele des RB hinauszugehen u. zu einer weiteren Vereinfachung o. Erleichterung der Verf. zur Übergabe v. Personen beitragen, gegen die ein Europäischer Haftbefehl besteht.

215b Das **Europäische Übereinkommen über die Rechtshilfe in Strafsachen (EuRHÜbk)** v. 20.4.1959 (BGBl. 1964 II 1369 (1386); 1976 II 1799; 1995 II 736) mit seinem Zusatzprotokoll v. 17.3.1978 (BGBl. 1991 II 909), das durch bilaterale Verträge – insbes. mit Frankreich, Italien, den Niederlanden u. Österreich sowie durch das Schengener DurchführungsÜbk (→ Rn. 216) – erleichtert u. ergänzt wird, schafft die Grdl. für möglichst alle Ersuchen um Unterstützung, die im Bereich der kleinen Rechtshilfe denkbar sind, o. in Verf., die mit einem Strafverfahren zusammenhängen (zB in Gnaden- u. Wiederaufnahmeverfahren, in Verf. zur Entschädigung für zu Unrecht erlittene Verfolgungsmaßnahmen, Tilgung v. Eintragungen im BZR). Rechtshilfe gibt es auch im Strafnachrichtenaustausch (durch fallbezogenes Ersuchen im Einzelfall o. durch automatische Benachrichtigung anderer Vertragsstaaten, zB nach Art. 13, 22 EuRHÜbk). Lediglich im Vollstreckungsbereich (Verhaftungen, Vollstreckung v. Strafentscheidungen) ist die Rechtshilfe im EuRHÜbk nicht vorgesehen. Die Anordnung der Haft ist im EurAuslÜbk geregelt. Liegt ein Ablehnungsgrund nach Art. 2 EuRHÜbk vor, so steht es im Ermessen des ersuchten Staates, ob er Rechtshilfe leisten will (Näheres zum EuRHÜbk Walter NJW 1977, 983 ff. mwN). Das EuRHÜbk v. 30.4.1959 ist inzwischen ergänzt worden durch das Übk. v. 29.5.2000 über die Rechtshilfe in Strafsachen zwischen den Mitgliedstaaten der EU (BGBl. 2005 II 650) mit dem Prot. v. 16.10.2001 zu diesem Übk. (BGBl. 2005 II 661); das EuRhÜbk ist in der BRD am 2.2.2006 in Kraft getreten (vgl. dazu BGH StV 2007, 627 mAnm Schuster StV 2008, 396). Das G zur Umsetzung des Übk. v. 22.7.2005 – Änd. des IRG, ua Einfügung der §§ 61a, 61b, 83j, 83k IRG – (BGBl. 2005 I 2189) trat am 8.8.2005 in Kraft.

215c Das **ÜberstellungsÜbk (ÜberstÜbk)** v. 21.3.1983 (BGBl. 1992 II 98) soll die Reintegration eines Verurteilten im Heimatstaat u. die Entlastung der Vollzugsanstalten v. Ausländern ermöglichen. Nationale verfahrensrechtliche Vorschr. hierzu enthält das Überstellungsausführungsgesetz v. 26.9.1991 (BGBl. I 1954); vgl. BVerfG NStZ 1998, 140 zum Rechtsschutz gegen die Ablehnung eines Überstellungswunsches. Das SDÜ (→ Rn. 216) erleichtert in Art. 67 ff. SDÜ die Übertragung der Vollstreckung gegen in ihr Heimatland geflüchtete Verurteilte ebenso wie das EG-VollstrÜbk, das die Übertragung der Vollstreckung einer freiheitsentziehenden Strafe gem. Art. 3 nur an den Aufenthalt im zukünftigen Vollstreckungsstaat knüpft (erg. → StPO Vor § 449 Rn. 7 ff.). Es ist im Verhältnis zwischen Deutschland u. den Niederlanden vorzeitig anwendbar.

215d Eine **Schnellübersicht über die Vertragsstaaten** dieser Rechtshilfe-Übk. (→ Rn. 215a–215c) mit Stand v. 1.10.2005 findet sich bei Schomburg NJW 2005, 3264. Die EU hält mittlerweile eine Vielzahl eigener Übk. zur int. Rechtshilfe in Strafsachen vor, die jedoch derzeit nur zwischen einzelnen Staaten, die eine derartige Erkl. abgegeben haben, „vorzeitig angewendet" werden (vgl. näher dazu Schomburg/Lagodny Vor Hauptteil III Rn. 20).

216 Nach **Art. 48 ff. des SDÜ** v. 19.6.1990 zwischen der BRD, Frankreich u. den Benelux-Staaten (BGBl. 1993 II 1013 (1045 ff.); 1998 II 1968) leisten sich diese sowie sämtliche anderen der 27 EU-Vertragsstaaten, für die das SDÜ nunmehr als Teil des EU-Besitzstandes auch in Kraft gesetzt worden ist, ferner Island, Norwegen u. die Schweiz, weitergehende Rechtshilfe in Strafsachen, zB auch für Zuwiderhandlungen gegen Ordnungsvorschriften, in Verf. über Ansprüche auf Entschädigung für Strafverfolgungsmaßnahmen, in Gnadensachen, Steuersachen usw (vgl. auch Schübel NStZ 1997, 107; erg. → StPO § 37 Rn. 25).

M. Verfahren zur Wahrung der Verfassung. I. StPO als angewandtes Verfassungsrecht. Angewandtes Verfassungsrecht ist die StPO (BVerfGE 32, 373 (383); BGHSt 19, 325 (330); BayObLGSt 1978, 152 (155); → Rn. 5). Gesetz und Rspr. sind stets am GG zu messen. Grundrechtsverletzungen können mit den strafprozessualen Rechtsmitteln, insbes. mit der Revision (§ 337 Abs. 2 StPO), gerügt werden. Die Strafgerichte sind verpflichtet, sie zu heilen, wenn die Vorschr. der StPO das ermöglichen (Meyer FS Kleinknecht, 1985, 267; → StPO § 33a Rn. 1). **217**

Das BVerfG entscheidet im **konkreten Normenkontrollverfahren** (→ Rn. 219 ff.) über die Vereinbarkeit des Gesetzes mit dem GG; auf **Verfassungsbeschwerde** (→ Rn. 230 ff.) prüft es darüber hinaus, ob Gesetze o. Entsch. der Strafgerichte gegen das GG verstoßen. **218**

II. Konkretes Normenkontrollverfahren. 1. Ein **Entscheidungsmonopol des BVerfG** begründet Art. 100 Abs. 1 GG. Die Fachgerichte dürfen Gesetze im formellen Sinn (BVerfGE 1, 184), auf deren Gültigkeit es bei der Entsch. ankommt, nicht für verfassungswidrig erklären; nur die Entsch., dass ein G mit dem GG vereinbar ist, steht ihnen zu. Wenn ein Gericht seiner Verpflichtung zur Vorlage an das BVerfG nicht nachgekommen ist, kann ein Verstoß gegen Art. 101 Abs. 1 S. 2 GG vorliegen (BverfGE 117, 330 (356); BVerfG NStZ-RR 2025, 376 mwN). **219**

Art. 100 Abs. 1 GG gilt nicht für das EU-Recht, sofern es sich nicht nur um die deutschen Zustimmungsgesetze handelt (BVerfGE 52, 187 (202); vgl. aber BVerfGE 37, 271). Die Möglichkeit der Vorlage an den EuGH nach Art. 177 EWG-Vertrag schließt die Vorlage an das BVerfG nicht aus (BVerfGE 69, 174 (183)). Bei Zweifeln darüber, ob eine Regel des Völkerrechts Bestandteil des Bundesrechts ist u. ob sie nach Art. 25 GG unmittelbare Rechte u. Pflichten für den Einzelnen begründet, ist die Anrufung des BVerfG nach Art. 100 Abs. 2 GG iVm §§ 13 Nr. 12, 83, 84 BVerfGG vorgeschrieben. Bei Meinungsverschiedenheiten über das Fortgelten des früheren Rechts als Bundesrecht besteht das Entscheidungsmonopol des BVerfG nach Art. 126 GG. **220**

Art. 100 Abs. 1 GG bezieht sich nicht auf vorkonstitutionelle, dh vor dem 24.5.1949 verkündete Gesetze (BVerfGE 2, 124 (128 ff.); 32, 296), sofern nicht bei einer späteren Änd. o. Erg. der „konkrete Bestätigungswille" des Bundesgesetzgebers erkennbar geworden ist (BVerfGE 6, 55 (65); 63, 181). **220a**

2. Die **Vorlagepflicht nach Art. 100 Abs. 1 GG** setzt grunds. voraus, dass die Verfassungsmäßigkeit des Gesetzes für die gerichtliche Entsch. v. Bedeutung ist (BVerfGE 48, 40 (45 ff.); BVerfG NStZ-RR 2006, 323), nicht nur für ihre Begründung (BVerfGE 13, 97 (103 ff.); 44, 297 (300)); sie muss zur abschl. Beurteilung des konkreten gerichtlichen Verfahrens unerlässlich sein (BVerfG NJW 1995, 772). Unmittelbare Entscheidungsgrundlage braucht das G aber nicht zu sein (BVerfGE 2, 406). **221**

Eine **Verletzung der Garantie des gesetzlichen Richters** wegen unterlassener Vorlage kommt allerdings in Betracht, wenn das Fachgericht Bedeutung und Tragweite der Gewährleistung aus Art. 101 Abs. 1 S. GG grundlegend verkannt hat oder wenn die – fehlerhafte – Auslegung und Anwendung einfachen Rechts willkürlich ist, also nicht mehr verständlich und offensichtlich unhaltbar erscheint (BVerfG NStZ-RR 2025, 376 (377)); im entschiedenen Fall war das Fachgericht von der Verfassungswidrigkeit der Norm (§ 184b StGB in der vom 1.7.2021 bis 27.6.2024 geltenden Fassung) ausgegangen, hatte aber von der Vorlage an das BVerfG mit der Begründung abgesehen, die Gültigkeit der Norm sei im konkreten Fall nicht entscheidungserheblich, da auszuschließen sei, dass die Berufungskammer bei Zugrundelegung einer niedrigeren Mindeststrafe eine niedrigere Freiheitsstrafe verhängt hätte. Nach Ansicht des BVerfG hat das Fachgericht insoweit mit Blick darauf, dass der gesetzliche Strafrahmen Ausgangspunkt der Strafzumessungsent- **221a** scheidung ist, die Vorlage an das BVerfG aus nicht nachvollziehbaren Gründen unterlassen (BVerfG NStZ-RR 2025, 376 (378)).

221b Dass der Inhalt der abschl. Entsch. noch nicht feststeht, schließt die Vorlage nicht ohne weiteres aus (vgl. BVerfGE 24, 119 (133); 41, 269). Sie ist daher schon im Verf. des ERs nach § 162 (BVerfGE 33, 367 (373)) u. vor Erlass des Eröffnungsbeschlusses zulässig (BVerfGE 4, 352 (354)). Der Richter ist in seiner Funktion als Strafvollstreckungsleiter (→ StPO § 451 Rn. 3) nicht vorlagebefugt (BVerfG NStE GG Art. 100 Nr. 4).

221c Zur Vorlage ist der Richter iÜ nur berechtigt u. verpflichtet, wenn er v. der Verfassungswidrigkeit des Gesetzes überzeugt ist; bloße Zweifel u. Bedenken genügen nicht (BVerfGE 1, 184; 68, 352 (359)). Das Gericht muss darlegen, mit welchem verfassungsrechtlichen Grundsatz die Regelung nach seiner Ansicht unvereinbar ist; dazu bedarf es einer eing. Rspr. u. Schrifttum einbeziehenden Darst. der Rechtslage (BVerfG wistra 2010, 341 (342)). Der Klärung v. Meinungsverschiedenheiten zwischen Gerichten desselben Rechtszugs dient das Verf. nicht (BVerfGE 80, 54); die Vorlage ist daher unzulässig, wenn ein übergeordnetes Gericht in einer zurückverweisenden, bindenden Entsch. die Verfassungsmäßigkeit eines Gesetzes ausdr. o. stillschweigend bejaht hat (BVerfG wistra 1994, 263).

222 Art. 100 Abs. 1 GG führt zu einem **Verfahrenshindernis besonderer** Art mit der Folge, dass dem Gericht jede andere Entsch. außer der Vorlage untersagt ist (BVerfGE 34, 321). Die Vorlagepflicht entfällt nicht deshalb, weil das BVerfG bereits mit der Prüfung der Norm befasst ist, insbes. auf Vorlage desselben (OLG Köln NJW 1961, 2269 (2271)) o. eines anderen Gerichts (Ernesti/Jürgensen SchlHA 1976, 178 – OLG Schleswig RsprÜ); die Aussetzung der Vorlage bis zur Entsch. des BVerfG in der anderen Sache ist daher nicht statthaft (OLG Frankfurt a. M. MDR 1956, 232 Ls.; offengelassen v. BGH NJW 1993, 1279).

223 **Zwischenentscheidungen,** die die Verfassungsmäßigkeit der Norm voraussetzen, darf das Gericht während der Aussetzung nicht treffen; die Entsch. über die Aufrechterhaltung strafprozessualer Zwangsmaßnahmen darf es aber nicht bis zur Entsch. über die Vorlage aufschieben (Stratenwerth JZ 1957, 299; **aM** OLG Köln NJW 1955, 1489).

224 **3. Vorlageverfahren:** Die Vorlage ist erst zulässig, wenn das Gericht eine sachliche Entsch. zu treffen hat, bei der es auf die Gültigkeit des Gesetzes ankommt (BVerfGE 51, 401 (403); 84, 233).

225 Das **Gericht, nicht der Vorsitzende allein** (BVerfGE 1, 80), sofern er nicht auch die anstehende Entsch. allein zu treffen hat (BVerfGE 54, 159), in keinem Fall der Rechtspfleger (BVerfGE 30, 170; 61, 75), beschließt die Aussetzung des Verfahrens u. die Einholung der Entsch. (§ 80 Abs. 1 BVerfGG). Nach Eröffnung des Hauptverfahrens entscheidet es in der Besetzung, in der es das Urt. u. die mit der Urteilsfindung zusammenhängenden Entsch. zu treffen hat (BVerfGE 16, 305; 19, 71), das SchG u. die StrK also unter Mitwirkung der Schöffen (BVerfGE 16, 305; 19, 71; 1, 80). StA u. Verteidigung sind vor der Entsch., das Verf. auszusetzen, anzuhören (BVerfGE 47, 146 (151)).

226 Die **Begründung des Vorlagebeschlusses** muss aus sich heraus verständlich sein (BVerfGE 22, 175 (177); 70, 219 (228)). Ihr muss zu entnehmen sein, aus welchen Erwägungen das Gericht, auf dessen Auff. es insoweit ankommt, sofern sie nicht offensichtlich unhaltbar ist (BVerfGE 72, 51 (60)), die als verfassungswidrig erachtete Norm für entscheidungserheblich hält (BVerfGE 64, 251 (254); 72, 91 (102); BVerfG BeckRS 2008, 41128), mit welcher übergeordneten Rechtsnorm sie unvereinbar (BVerfGE 58, 153 (157); 64, 175 (178); 72, 51 (60)) u. weshalb ihre verfassungskonforme Auslegung nicht möglich ist (BVerfGE 48, 40 (45); 85, 329; s. aber auch BVerGE 138, 64 (88 Rn. 71): Verstoß gegen Art. 101 Abs. 1 S. 2 GG, wenn das Fachgericht die Vorlage einer Norm unterlässt, weil es in nicht vertretbarer Weise die Möglichkeit einer verfassungskonformen Auslegung des betreffenden Gesetzes annimmt). Dazu hat das Gericht in den Gründen des Beschlusses den Sachverhalt, der genügend aufgeklärt sein muss (BVerfGE 64, 251; 70, 219 (228)), so weit wiederzugeben, wie er für die rechtliche Beurteilung wesentlich ist (BVerf-

GE 48, 396 (400); 64, 192 (201)); es muss auch die rechtlichen Erwägungen erschöpfend darlegen (BVerfGE 37, 328 (332); 68, 311 (316); 70, 219 (228)) u. sich dabei eing. mit der Rechtslage auseinandersetzen (BVerfGE 83, 111; BVerfG NJW 1995, 772). Ferner muss festgestellt werden, dass der Angeklagte die ihm zur Last gelegte Tat schuldhaft begangen hat (BVerfGE 35, 306; 51, 401 (403)). Der Vorlagebeschluss muss mit hinreichender Deutlichkeit erkennen lassen, dass das Gericht bei Gültigkeit des zur Prüfung gestellten Gesetzes zu einem anderen Erg. kommen würde als im Fall seiner Ungültigkeit, u. wie es dieses Erg. begründen würde (BVerfGE 11, 330 (334); 72, 91 (102); 74, 236 (242)). Dabei reicht aber die Darlegung aus, dass das angefochtene Urt. im Fall der Gültigkeit der Norm aufgeh. u. die Sache an den Tatrichter zur weiteren Aufklärung zurückverwiesen werden soll (BVerfGE 24, 119 (123)). Wird die Entscheidungserheblichkeit im Laufe des Normenkontrollverfahrens zw., so muss das Gericht diese Ungewissheit in angemessener Frist beseitigen; andernfalls wird die Vorlage unzulässig (BVerfGE 51, 161).

Der Vorlagebeschluss wird **dem BVerfG unmittelbar vorgelegt** (§ 80 Abs. 1 BVerfGG); Nr. 190 RiStBV ist zu beachten. Der Beschl., der v. den Richtern zu unterschreiben ist, deren Unterschrift unter einem Urt. erforderlich wäre (BVerfGE 34, 257 (260)), ist ebenso wenig anfechtbar wie die Ablehnung eines Antrags auf Vorlage (OLG Düsseldorf VRS 83, 415). Er kann zurückgenommen werden, wenn seine Grundlagen nachträglich entfallen (BVerfGE 29, 325; 49, 213), insbes., wenn das BVerfG das G inzwischen für verfassungswidrig erklärt hat (Lechner/Zuck BVerfGG § 80 Rn. 52). 227

Hat das BVerfG die Norm bereits früher für mit dem GG vereinbar erklärt, so ist eine **erneute Vorlage** nur zulässig, wenn unter Einnahme des in der früheren Entsch. dokumentierten Rechtsstandpunkts des BVerfG dargelegt wird, welche inzwischen eingetretenen Veränderungen eine abermalige verfassungsrechtliche Prüfung veranlassen u. geeignet sind, eine abw. Entsch. zu ermöglichen (BVerfGE 65, 179; 70, 242 (249); 87, 341; BVerfG NJW 2004, 3620). 228

4. Landesverfassungsgerichte sind zT nach Landesrecht auch für die Prüfung vorkonstitutioneller Normen zuständig (allg. Schäfer NJW 1954, 1). Die Zuständigkeit des BVerfG wird durch die eines Landesverfassungsgerichts nicht ausgeschlossen (BVerfGE 2, 380 (388 ff.); 55, 207 (224 ff.)); umgekehrt gilt das Gleiche (VerfGH Bayern NStZ 1986, 88). Über die Grenzen der Überprüfbarkeit durch die Landesverfassungsgerichte vgl. A. Schmidt NJW 1975, 289; → StPO § 112 Rn. 11a. Ergänzend → Rn. 241. 229

III. Verfassungsbeschwerde. 1. Zulässig ist die Verfassungsbeschwerde (zusf. Klein/Sennekamp NJW 2007, 945) nur, wenn der Beschwerdeführer geltend macht, dass er in einem seiner Grundrechte o. in einem seiner in Art. 20 Abs. 4, 33, 38, 101, 103 und 104 GG enthaltenen Rechte – unmittelbar rechtlich u. nicht nur mittelbar faktisch (BVerfG NJW 2009, 3569) – verletzt ist (Art. 93 Abs. 1 Nr. 4a GG iVm § 13 Nr. 8a BVerfGG); diese Beanstandung muss er aber auch bereits im Ausgangsverfahren (erfolglos) erhoben haben (BVerfG NStZ 2000, 544). Auf die Verletzung der **EMRK** kann die Verfassungsbeschwerde nicht gestützt werden (→ EMRK Art. 13 Rn. 2). 230

Sie kann sich außer gegen Gesetze (vgl. § 93 Abs. 3, 4 BVerfGG) gegen Urt. u. Beschlüsse richten, die das Strafverfahren abschließen, aber **auch gegen Zwischenentscheidungen,** mit denen über eine für das Verf. wesentliche Rechtsfrage abschl. entschieden wird (BVerfGE 25, 336 (344); 53, 109) u. die einen bleibenden rechtlichen Nachteil für den Betroffenen zur Folge haben, der sich später gar nicht o. nur unvollständig beheben lässt (BVerfGE 101, 106 (120) mwN), zB über die Unzulässigkeit der Wiederaufnahme nach § 359 Nr. 6 (BVerfG BeckRS 2023, 40552), die Richterablehnung (BVerfGE 24, 56), über die Aufrechterhaltung des Haftbefehls (vgl. BVerfGE 53, 152), Durchsuchungsanordnungen (BVerfGE 42, 212; 44, 353; BVerfG NJW 2005, 1640; VerfGH Bayern NStZ 1986, 88), über die Ablehnung eines Antrags auf audiovisuelle Vernehmung (BVerfG NJW 2014, 231

1082), **nicht aber** über die Eröffnung des Hauptverfahrens (BVerfGE 25, 336; BVerfG NJW 1989, 2464), es sei denn, die Entsch. habe nach dem substantiierten Vortrag des Beschwerdeführers Verfassungsrecht verletzt (BVerfG StV 2005, 196: Verstoß gegen Art. 103 Abs. 3 GG), die Nichtzulassung als Nebenkläger (BVerfG NStZ-RR 2002, 309), die Abtrennung o. Nichtabtrennung eines Strafverfahrens o. die Bestellung eines Pflichtverteidigers (BVerfG NJW 2007, 3563 Ls. Nr. 5 u. 6), die Ablehnung einer Terminsverlegung (BVerfG NStZ-RR 2002, 113) o. die Einholung eines Gutachtens (VerfGH Bayern NJW 1991, 2953).

232 Die **StA** kann keine Verfassungsbeschwerde erheben, sofern sie nicht den Fiskus in einem Zivilprozess vertritt (BVerfGE 6, 45; **aM** Arndt DRiZ 1959, 368). Denn dieser Rechtsbehelf dient nur der Verteidigung eigener subjektiver Rechte ggü. dem Staat, nicht der Austragung v. Meinungsverschiedenheiten zwischen Staatsorganen (BVerfGE 15, 298 (301 ff.)).

233 Die Zulässigkeit der Verfassungsbeschwerde setzt ein **Rechtsschutzinteresse** voraus (BVerfGE 21, 139 (143); 56, 99 (106); 81, 138), das sich aus der belastenden Gerichtsentscheidung selbst ergeben u. noch fortbestehen muss (BVerfGE 33, 247 (253); 50, 244 (247); BVerfG NJW 2003, 1175: nicht bei Freispruch). Die Beschwer durch die Urteilsgründe kann genügen (BVerfGE 6, 7 (9); 28, 151; BVerfG NStZ 1987, 421). Auch wenn das mit der Verfassungsbeschwerde verfolgte Begehren erledigt ist, kann ausnahmsweise ein weiterwirkendes Rechtsschutzbedürfnis bestehen (BVerfGE 33, 247 (256)). Dies ist der Fall, wenn wegen des zugrunde liegenden Sachverhalts eine Wiederholungsgefahr für die grundrechtliche Beeinträchtigung besteht, die Beeinträchtigung durch einen an sich beendeten Eingriff fortwirkt oder der Grundrechtseingriff tiefgreifend ist (BVerfG NJW 2023, 3487: unterbliebene Haftfortdauerentscheidung im Verfahren nach §§ 121, 122 StPO). Jedoch ist eine Verfassungsbeschwerde idR unzulässig, wenn der Beschwerdeführer nur noch durch die Kosten- u. Auslagenentscheidung beschwert ist (BVerfGE 50, 244 (248)). Anders ist es, wenn sich der behauptete Verfassungsverstoß ausschl. auf die Kostenentscheidung bezieht u. die Entsch. in der Hauptsache davon nicht berührt wird (BVerfG NJW 1987, 2569). Die Verfassungsbeschwerde erledigt sich grds. durch den Tod des Beschwerdeführers, wenn sie der Durchsetzung höchstpersönlicher Rechte dienen sollte (BVerfGE 109, 279), Ausnahmen bleiben aber im Einzelfall zulässig (BVerfG NJW 2010, 47 (48)).

234 Erst nach **Erschöpfung des Rechtswegs** kann die Verfassungsbeschwerde erhoben werden (§ 90 Abs. 2 S. 1 BVerfGG). Er ist so lange nicht erschöpft, wie der Beschwerdeführer die Möglichkeit hat, im Verf. vor den Gerichten des zuständigen Gerichtszweigs die Beseitigung der Entsch. zu erreichen (BVerfGE 8, 222; 73, 322 (325). Zum Rechtsweg gehören auch die Erhebung eines rechtzeitigen Befangenheitsantrags nach § 24 StPO (BVerfG StV 2010, 284) o. der Nebenklage (VerfG Brandenburg NJW 2010, 2196 Ls.), die Antragstellung nach § 356a StPO (BVerfG NJW 2013, 3506; 2014, 2635), unabhängig davon, ob mit der Verfassungsbeschwerde eine Verletzung des Anspruchs auf rechtliches Gehör gerügt wird (BVerfG NStZ-RR 2014, 84), u. der Antrag auf Wiedereinsetzung in den vorigen Stand (BVerfGE 42, 252; 77, 275 (282); einschr. BVerfG NJW 2016, 1570), auf gerichtliche Entsch. nach §§ 23 ff. **EGGVG** (BVerfG NJW 1991, 690) o. nach §§ 109 ff. **StVollzG,** nicht aber der Wiederaufnahmeantrag nach §§ 359 ff. StPO, auch nicht eine Gegenvorstellung (BVerfGE 122, 190; erg. → StPO Vor § 296 Rn. 25). Hat sich der Beschwerdeführer den Rechtsweg selbst abgeschnitten, zB indem er einen Rechtsmittelverzicht erklärt (BVerfGE 16, 1), das Rechtsmittel zurückgenommen (BVerfGE 2, 123) o. nicht einmal in zulässiger Weise eingelegt hat (BVerfGE 1, 13; 54, 53 (65); BVerfG NJW 1987, 1874), so ist die Verfassungsbeschwerde unzulässig. Das Gleiche gilt, wenn die verfassungsrechtliche Beschwer *im Rechtsmittelverfahren nur auf Rüge berücksichtigt* werden konnte, diese aber unterlassen o. nicht ordnungsgemäß erhoben worden ist (BVerfGE 74, 102 (113); BVerfG MDR 1986, 729). Der Erschöpfung des Rechtswegs bedarf es auch, wenn die Statthaftigkeit des Rechtsmittels umstr. ist (BVerfGE 68, 376; BVerfG NJW 2016, 861), nicht aber, wenn es offensichtlich unzulässig ist (BVerfG NJW 2009,

3710) o. wenn im Hinblick auf eine gefestigte u. einheitliche höchstrichterliche Rspr. kein Erfolg des Rechtsmittels zu erwarten ist (BVerfGE 9, 3 (7 ff.)). Auch sonst kann das BVerfG nach § 90 Abs. 2 S. 2 BVerfGG sofort entscheiden, wenn die Verfassungsbeschwerde v. allg. Bedeutung ist (vgl. dazu BVerfGE 71, 305 (349)), wenn dem Beschwerdeführer ein schwerer u. unabwendbarer Nachteil entstünde, falls er zunächst auf den Rechtsweg verwiesen würde (§ 90 Abs. 2 S. 2 BVerfGG), o. wenn ihm die Erschöpfung des Rechtswegs aus anderen Gründen nicht zuzumuten ist (BVerfGE 49, 24 (51)).

Zur Erschöpfung des Rechtswegs, bei der auch die Verletzung des rechtlichen Gehörs gerügt wird, gehört auch die **Antragstellung nach §§ 33a, 311a StPO** (BVerfGE 74, 359 (380); BVerfG NJW 2025, 3215). Da diese nicht fristgebunden ist, dürfte dem Antragsteller an sich kein Nachteil daraus erwachsen, wenn er die Verfassungsbeschwerde erst nach (erfolgloser) Entsch. über diesen Antrag einlegt, auch wenn die Frist des § 93 Abs. 1 S. 1 BVerfGG bereits verstrichen ist. Da es insoweit aber bisher an einer eindeutigen Rspr. des BVerfG fehlt, ist anzuraten, innerhalb der Verfassungsbeschwerdefrist zugleich den nicht fristgebundenen Rechtsbehelf u. Verfassungsbeschwerde unter Hinweis auf diesen zu erheben (Pohlreich StV 2011, 574). **234a**

2. Einzulegen und zu begründen ist die Verfassungsbeschwerde schriftlich, durch RAe, Behörden und jP des öffentlichen Rechts als elektronisches Dokument gem. § 23c Abs. 1 S. 1 BVerfGG nach Maßgabe des § 23a Abs. 3 S. 1 BVerfGG (BVerfG BeckRS 2024, 32390) innerhalb eines Monats (dazu BVerfG NJW 2016, 3230; NStZ-RR 2012, 380), nach Zustellung o. Bekanntgabe der Entsch. (§ 93 Abs. 1 BVerfGG) unter deren Beifügung bei dem BVerfG. Anwaltszwang besteht nicht (krit. Jahn ZIS 2009, 511 (512)); anders nur in der mündlichen Verh., dort ist zur wirksamen Prozessvertretung nach § 22 Abs. 2 BVerfGG stets eine auf das konkrete Verf. bezogene Vollmacht erforderlich (BVerfG NJW 2002, 428). Prozesskostenhilfe wird nur ausnahmsweise gewährt (Jahn ZIS 2009, 511 (512, 515)). § 93 Abs. 2 BVerfGG sieht bei unverschuldeter Verhinderung an der Einhaltung der Frist die Möglichkeit einer Wiedereinsetzung in den vorigen Stand vor. Die Strafgerichte sind zur Entgegennahme der Beschwerde nicht zuständig u. zur Weiterleitung an das BVerfG nicht verpflichtet. **235**

In der – auch innerhalb der Monatsfrist abzugebenden – **Begründung** der Beschwerde müssen das Recht, das verletzt sein soll, u. die Entsch., durch die der Beschwerdeführer sich verletzt fühlt, bezeichnet werden (§ 92 BVerfGG); einer ausdr. Benennung des als verletzt gerügten Grundrechtartikels bedarf es aber nicht (BVerfG NJW 1995, 124). Der Sachverhalt muss so ausf. dargestellt werden, dass das BVerfG anhand der Begründung ohne Heranziehung weiterer Unterlagen beurteilen kann, ob die Verletzung eines der in § 90 Abs. 1 BVerfGG bezeichneten verfassungsmäßigen Rechte des Beschwerdeführers in Betracht kommt (BVerfG StraFo 2023, 391; StV 2000, 465 ff.; NJW 2012, 908 und dass die Entscheidung auf dem gerügten Grundrechtsverstoß beruht (BVerfG BeckRS 2023, 40552, Rn. 41). Die Bezugnahme auf beigefügte Schriftstücke ist zulässig (BVerfGE 28, 104; 32, 365), nicht jedoch auf nur in den Strafakten befindliche (zu den Begründungsanforderungen iE Eschelbach/Gieg/Schulz NStZ 2000, 565 sowie Kreuder NJW 2001, 1246). Bei der Rüge eines Verstoßes gegen Art. 103 Abs. 1 GG muss dargelegt werden, was der Beschwerdeführer bei rechtzeitiger Gewährung rechtlichen Gehörs vorgetragen hätte (BVerfG NStZ 2004, 215). **236**

Aufschiebende Wirkung hat die Verfassungsbeschwerde nicht; das BVerfG kann aber nach § 32 BVerfGG eine einstweilige Anordnung erlassen. Wenn das im Einzelfall zu erwarten ist, kann der Vollzug der angefochtenen Entsch. kurze Zeit aufgeschoben werden (vgl. zB BVerfGE 84, 341). **237**

3. Verf. des BVerfG: Die Verfassungsbeschwerde bedarf der Annahme zur Entsch. (§ 93a Abs. 1 BVerfGG). Sie ist nur anzunehmen, soweit ihr grds. verfassungsrechtliche Bedeutung zukommt (§ 93a Abs. 2 Buchst. a BVerfGG) o. wenn es zur Durchsetzung der in § 90 Abs. 1 BVerfGG genannten Rechte (= Grundrechte u. Art. 20 Abs. 4, 33, 38, 101, 103, 104 GG) angezeigt ist, was auch der Fall **238**

sein kann, wenn dem Beschwerdeführer durch die Versagung der Entsch. zur Sache ein bes. schwerer Nachteil entsteht (§ 93a Abs. 2 Buchst. b BVerfGG; vgl. BVerfGE 96, 245: Angriff gegen den Schuldspruch einer strafgerichtlichen Verurteilung); Bagatellen werden somit zur Entsch. nicht angenommen (Klein NJW 1993, 2074; Zuck NJW 1993, 2641). Vgl. zu den Annahmevoraussetzungen iE BVerfG NJW 1994, 993. Die nach § 15a BVerfGG gebildeten, aus 3 Richtern bestehenden Kammern, die nicht die Zusammensetzung des Sen. widerspiegeln müssen (BVerfG NJW 1990, 39 Nr. 2 und 3; krit. dazu Heüveldop NJW 1990, 28), können die Annahme der Verfassungsbeschwerde ohne mündliche Verh. durch einstimmigen u. unanfechtbaren Beschl. ablehnen, der keiner Begründung bedarf (§§ 93b Abs. 1 S. 1, 2, 93d Abs. 1 und Abs. 3 S. 1 BVerfGG). Im Fall des § 93a Abs. 2 Buchst. b BVerfGG kann die Kammer die Verfassungsbeschwerde annehmen u. ihr gem. § 93c BVerfGG stattgeben, wenn sie offensichtlich begründet ist; die Entsch. hat die Bindungswirkung des § 31 Abs. 1 BVerfGG (BVerfG StV 2006, 72 (78)). Im Übrigen entscheidet der Sen. über die Annahme (§ 93b Abs. 3 S. 2 BVerfGG). Gibt das BVerfG der Verfassungsbeschwerde statt, so hebt es die Entsch. auf u. verweist die Sache an ein zuständiges Gericht zurück (§ 95 Abs. 2 BVerfGG; vgl. dazu BVerfG NJW 1995, 2706).

238a **Bei missbräuchlicher Einlegung** einer Verfassungsbeschwerde kann das BVerfG dem Beschwerdeführer – auch dem Bevollmächtigten, falls diesem die Missbräuchlichkeit vorrangig zuzurechnen ist (BVerfG NJW 2004, 2959) – nach § 34 Abs. 2 BVerfGG eine Gebühr bis zu 2.600 EUR auferlegen (vgl. BVerfG NJW 1996, 1273; 2010, 3150 (3151); NStZ-RR 2012, 380; eing. dazu ter Veen EuGRZ 1998, 645 ff.; krit. Schoreit ZRP 2002, 148; Zuck NJW 1996, 1254). Zur Auslagenerstattung bei parallel erhobenen (gegen dasselbe G gerichteten) u. bei erledigten, an sich begründeten Verfassungsbeschwerden vgl. BVerfGE 85, 109; 85, 117.

238b **Bei Tod** des Beschwerdeführers ist die Verfassungsbeschwerde idR erledigt; eine Fortführung des Verfahrens durch den Rechtsnachfolger ist nur für solche Rügen zugelassen, die der Rechtsnachfolger im eigenen Interesse geltend machen kann (BVerfG NJW 2007, 351 (352)).

239 **4.** Die **Prüfung des BVerfG** beschänkt sich darauf, ob die Entsch. ein Grundrecht verletzt o. auf einer grds. unrichtigen Auff. v. der Bedeutung, Reichweite u. Wirkkraft eines der geltend gemachten Grundrechte beruht (BVerfGE 35, 202 (219); 49, 304 (314); 53, 207 (211)), o. ob das Entscheidungsergebnis selbst ein solches Grundrecht verletzt, insbes. den Grundsatz der Verhältnismäßigkeit (BVerfGE 53, 152 (158); BVerfG BeckRS 2023, 28302) o. das Willkürverbot missachtet (BVerfGE 4, 294 (297); 70, 93). Die Gestaltung des gerichtlichen Verfahrens, die Feststellung u. Würdigung des Sachverhalts, die Auslegung der Gesetze u. ihre Anwendung auf den Einzelfall sind der Prüfung des BVerfG entzogen, sofern nicht spezifisches Verfassungsrecht verletzt ist (BVerfGE 10, 271 (273); 18, 85 (92 ff.); 70, 93). Dem BVerfG obliegt also nicht die allg. Prüfung strafgerichtlicher Urt. auf mögliche Fehler bei der Feststellung des entscheidungserheblichen Sachverhalts o. in der Anwendung des Strafrechts.

240 Gegen das **allgemeine Willkürverbot** des Art. 3 Abs. 1 GG wird nicht schon dann verstoßen, wenn das Verfahrensrecht fehlerhaft angewendet wurde; hinzukommen muss vielmehr, dass die Rechtsanwendung oder das dazu eingeschlagene Verfahren unter keinem denkbaren Aspekt mehr rechtlich vertretbar ist und sich daher der Schluss aufdrängt, dass die Entscheidung auf sachfremden und damit willkürlichen Erwägungen beruht (BVerfGE 80, 48 (51); NJW 2024, 142). Dies ist etwa der Fall, wenn eine offensichtlich einschlägige Norm nicht berücksichtigt oder der Inhalt einer Norm in krasser Weise missverstanden oder die Norm in nicht mehr nachvollziehbarer Weise angewandt wird (BVerfGE 87, 273 (278); NJW 2024, 142). Willkür in diesem Sinne liegt jedoch nicht vor, wenn das Gericht sich mit der Rechtslage eingehend auseinandersetzt und seine Auffassung nicht jedes sachlichen Grundes entbehrt (BVerfG NJW 2024, 142 mwN; auch → § 349 Rn. 14a).

5. Unanfechtbar sind Nichtannahmebeschlüsse der Kammern des BVerfG (§ 93d Abs. 1 S. 2 BVerfGG). Sie können auch auf Gegenvorstellung grds. nicht mehr abgeändert werden. Das BVerfG (NJW 2008, 1582) hat allerdings offengelassen, ob ausnahmsweise eine Abänderungskompetenz der Kammer besteht, wenn unter Außerachtlassung v. entscheidungserheblichen, dem BVerfG vorliegenden Prozessstoff u. damit unter Verletzung v. Art. 103 Abs. 1 GG entschieden wurde. **241**

6. Eine **landesrechtliche Verfassungsbeschwerde** kann nach § 90 Abs. 3 BVerfGG mit der zum BVerfG konkurrieren. Sieht das Landesrecht allerdings einen Ausschluss der Landesverfassungsbeschwerde bei Erhebung der Bundesverfassungsbeschwerde vor, muss der Betroffene zwischen beiden wählen (BVerfG NJW 1996, 1464). Sonst schließen beide Verfassungsbeschwerden einander nicht aus (BVerfGE 17, 172; 22, 267), selbst wenn eine v. ihnen schon verworfen worden ist (BayVerfGHE 18 II 140, 150) o. der Verstoß bei der Anwendung einer bundesrechtlichen Norm vorgekommen sein soll (VerfGH Bayern BayJMBl. 1964, 140). Ist jedoch durch das Landesverfassungsgericht eine landesverfassungsrechtliche Streitigkeit in der Sache abschl. entschieden, ist die Bundesverfassungsbeschwerde unzulässig (BVerfGE 96, 231). Das GG hindert das Landesverfassungsgericht nicht daran, die Anwendung v. bundesrechtlichem Verfassungsrecht an den Grundrechten der Landesverfassung zu prüfen, soweit sie den gleichen Inhalt wie entspr. Rechte des GG haben (so zusf. Lange NJW 1998, 1281 zu BVerfGE 96, 345). Hat der BGH ein landgerichtliches Urt. bestätigt, ist dessen Überprüfung allerdings der Gerichtsbarkeit des Landesverfassungsgerichts entzogen (VerfGH Berlin JR 2005, 15). **242**

1. Strafprozeßordnung (StPO)

In der Fassung der Bekanntmachung vom 7. April 1987
(BGBl. I S. 1074, 1319; FNA 312-2)
Zuletzt geändert durch G v. 23.2.2026 (BGBl. 2026 I Nr. 46)

Inhaltsübersicht

Erstes Buch. Allgemeine Vorschriften §§

Erster Abschnitt. Sachliche Zuständigkeit der Gerichte

Zweiter Abschnitt. Gerichtsstand

Dritter Abschnitt. Ausschließung und Ablehnung der Gerichtspersonen

Vierter Abschnitt. Aktenführung und Kommunikation im Verfahren

Abschnitt 4a. Gerichtliche Entscheidungen

Abschnitt 4b. Verfahren bei Zustellungen

Fünfter Abschnitt. Fristen und Wiedereinsetzung in den vorigen Stand

Sechster Abschnitt. Zeugen

Siebter Abschnitt. Sachverständige und Augenschein

Achter Abschnitt. Ermittlungsmaßnahmen

Neunter Abschnitt. Verhaftung und vorläufige Festnahme

Abschnitt 9a. Weitere Maßnahmen zur Sicherstellung der Strafverfolgung und Strafvollstreckung

Abschnitt 9b. Vorläufiges Berufsverbot

Zehnter Abschnitt. Vernehmung des Beschuldigten

Elfter Abschnitt. Verteidigung

Zweites Buch. Verfahren im ersten Rechtszug

Erster Abschnitt. Öffentliche Klage

Zweiter Abschnitt. Vorbereitung der öffentlichen Klage

Dritter Abschnitt. (weggefallen)

Vierter Abschnitt. Entscheidung über die Eröffnung des Hauptverfahrens

Fünfter Abschnitt. Vorbereitung der Hauptverhandlung

Sechster Abschnitt. Hauptverhandlung

Siebter Abschnitt. Entscheidung über die im Urteil vorbehaltene oder die nachträgliche Anordnung der Sicherungsverwahrung

Achter Abschnitt. Verfahren gegen Abwesende

Drittes Buch. Rechtsmittel

Erster Abschnitt. Allgemeine Vorschriften

Zweiter Abschnitt. Beschwerde

Dritter Abschnitt. Berufung

Vierter Abschnitt. Revision

Viertes Buch. Wiederaufnahme eines durch rechtskräftiges Urteil abgeschlossenen Verfahrens

Fünftes Buch. Beteiligung des Verletzten am Verfahren

Erster Abschnitt. Definition

Zweiter Abschnitt. Privatklage

Dritter Abschnitt. Nebenklage

Vierter Abschnitt. Adhäsionsverfahren

Fünfter Abschnitt. Sonstige Befugnisse des Verletzten

Sechstes Buch. Besondere Arten des Verfahrens

Erster Abschnitt. Verfahren bei Strafbefehlen

Zweiter Abschnitt. Sicherungsverfahren

Abschnitt 2a. Beschleunigtes Verfahren

Dritter Abschnitt. Verfahren bei Einziehung und Vermögensbeschlagnahme

Vierter Abschnitt. Verfahren bei Festsetzung von Geldbußen gegen juristische Personen und Personenvereinigungen

Siebentes Buch. Strafvollstreckung und Kosten des Verfahrens

Erster Abschnitt. Strafvollstreckung

Zweiter Abschnitt. Kosten des Verfahrens

Achtes Buch. Schutz und Verwendung von Daten

Erster Abschnitt. Erteilung von Auskünften und Akteneinsicht, sonstige Verwendung von Daten für verfahrensübergreifende Zwecke

Zweiter Abschnitt. Regelungen über die Datenverarbeitung

Erstes Buch. Allgemeine Vorschriften

Erster Abschnitt. Sachliche Zuständigkeit der Gerichte

Vorbemerkung zu § 1

1 **A. Arten der Zuständigkeit. Welches Gericht dazu berufen ist,** im 1. Rechtszug in einer Strafsache zu entscheiden, bestimmt sich nach den Regeln der sachlichen (§§ 1–6) u. der örtlichen (§§ 7–21) Zuständigkeit. Welcher v. mehreren Spruchkörpern eines Gerichts bei gleicher Ordnung entscheidet, ist eine Frage der Geschäftsverteilung, die teils durch G (→ Rn. 7), teils durch das Präsidium im Geschäftsverteilungsplan (→ Rn. 6) geregelt wird.

2 **B. Sachliche Zuständigkeit.** Die sachliche Zuständigkeit ist die **Verteilung der Strafsachen nach Art u. Schwere** unter den erstinstanzlichen, unterschiedlich besetzten Gerichten verschiedener Ordnung. Im Allgemeinen bezieht das G den Begriff der sachlichen Zuständigkeit auf das Gericht als Ganzes, auf einzelne Abt. nur, wenn sie verschieden hohe Rechtsfolgengewalt haben (BGHSt 18, 79 (83) (GSSt); BGHSt 26, 191 (197)). Die Zuordnung zu verschiedenen Gerichten im organisatorischen Sinn bedeutet also nicht notwendig eine verschiedene Ordnung der Spruchkörper (Rieß GA 1976, 2 ff.). Eine Zuständigkeitskonzentration (zB nach § 391 Abs. 1, Abs. 3 **AO**) berührt die sachliche Zuständigkeit der Spruchkörper nicht (BGHSt 26, 191 (194)). Die sachliche Zuständigkeit ist in jeder Lage des Verfahrens vAw zu prüfen (§ 6).

3 **C. Örtliche Zuständigkeit.** Die örtliche Zuständigkeit, der **Gerichtsstand** (vgl. die Überschrift des 2. Abschn.) ist maßgebend dafür, welches Gericht im 1. Rechtszug sich unter mehreren sachlich zuständigen Gerichten mit der Sache zu befassen hat (§§ 7 ff.). Die örtliche Zuständigkeit prüft das Gericht, bei dem die Anklage erhoben ist, bis zur Eröffnung des Hauptverfahrens vAw (§ 16 S. 1). Danach darf sie v. dem mit der Sache befassten Gericht nur noch berücksichtigt

werden, wenn der Angeklagte den Unzuständigkeitseinwand bis zum Beginn seiner Vernehmung zur Sache in der HV erhoben hat (§ 16 S. 2, 3). Das gilt auch für den Revisionsrechtszug. Die Unzuständigkeitsrüge des Angeklagten (§ 338 Nr. 4) ist daher nur zulässig, wenn er im 1. Rechtszug rechtzeitig den Unzuständigkeitseinwand erhoben hatte (→ § 338 Rn. 31).

4 **D. Erstinstanzliche Zuständigkeit bes. StrKn.** Die erstinstanzliche Zuständigkeit bes. StrKn (§§ 74 Abs. 2, 74a, 74c GVG) steht als bes. Zuständigkeit neben der sachlichen u. örtlichen Zuständigkeit (**aM** OLG Karlsruhe JR 1985, 521). Sie **beruht auf ges. Geschäftsverteilung** (OLG Celle MDR 1986, 953); denn das G gebietet, solche StrKn zu errichten u. ihnen die v. ihm bestimmten Aufgaben zuzuweisen. Die Zuständigkeit der bes. StrK ist nicht wie die sachliche Zuständigkeit in jeder Lage des Verfahrens vAw zu prüfen (§ 6), sondern wie die örtliche (§ 16 S. 1) nur bis zur Eröffnung des Hauptverfahrens (§ 6a S. 1). Danach darf die mit der Sache befasste StrK ihre Unzuständigkeit nur noch auf rechtzeitigen Einwand des Angeklagten beachten (§ 6a S. 2, 3).

5 Einen **Vorrang gegenüber den allgemeinen StrKn** räumt § 74e GVG den **besonderen StrKn** ein. Auch unter ihnen selbst besteht nach dieser Vorschr. eine Rangfolge: Das SchwurG (§§ 74 Abs. 2, 74d GVG) steht an 1., die WirtschaftsStrK (§ 74c GVG) an 2. und die StaatsschutzStrK (§ 74a GVG) an 3. Stelle.

6 Um diese Rangfolge im Eröffnungsverfahren zu sichern u. Zuständigkeitsstreit zu vermeiden, haben die bes. StrKn die **Kompetenz-Kompetenz.** Bei der Anwendung der §§ 209, 210 Abs. 2 sind sie Gerichten höherer Ordnung gleichgestellt (§ 209a Nr. 1). Auch die nach § 74e GVG vorrangige bes. StrK steht im Verhältnis zu einer nachrangigen einem Gericht höherer Ordnung gleich; daher hat sie im Verhältnis zu dieser anderen StrK mit bes. Zuständigkeit die Kompetenz-Kompetenz. Diese Vorrangfolge wirkt auch noch im Hauptverfahren, wenn ein Einwand nach § 6a als begründet erscheint (§§ 225a Abs. 4, 270 Abs. 1 S. 2). Sie berechtigt auch dazu, eine Verbindung zusammenhängender o. eine Trennung verbundener Strafsachen im Eröffnungsverfahren (§ 209a Nr. 1) o. nach Eröffnung des Hauptverfahrens zu beschließen (§§ 4 Abs. 2, 209a Nr. 1; vgl. dazu Meyer-Goßner NStZ 1989, 297).

7 **E. Geschäftsplanmäßige Zuständigkeit.** Die geschäftsplanmäßige Zuständigkeit beruht auf der **Verteilung der Geschäfte auf die einzelnen Spruchkörper der Gerichte durch das Präsidium** nach § 21e Abs. 1 S. 1 GVG. Sie ist eine weitere Zuständigkeit neben der sachlichen u. örtlichen Zuständigkeit.

8 **F. Funktionelle Zuständigkeit. Unter diesen Begriff werden alle Zuständigkeitsregelungen zusammengefasst,** die nicht zur sachlichen o. örtlichen Zuständigkeit, zur Zuständigkeit besonderer StrKn o. zur geschäftsplanmäßigen Zuständigkeit gehören. Eine Frage der funktionellen Zuständigkeit ist die Übertragung v. Aufgaben auf den Vorsitzenden eines Kollegialgerichts (vgl. §§ 125 Abs. 2 S. 2, 126 Abs. 2 S. 2, 3, 142 Abs. 1, 147 Abs. 5, 213, 221, 231 Abs. 1 S. 2, 231a Abs. 2, 231b Abs. 2, 238 Abs. 1; §§ 21f, 21g, 176, 179 GVG) u. auf den Rechtspfleger (vgl. §§ 21, 22, 24, 31 **RPflG**), ferner die Zuständigkeit der StVollstrKn (§§ 78a, 78b GVG).

9 **G. Zuständigkeit der Rechtsmittelgerichte.** Die Zuständigkeit der Rechtsmittelgerichte (§§ 73 Abs. 1, 74 Abs. 3, 121 Abs. 1 Nr. 1, 135 Abs. 1 GVG) gehört zur **funktionellen,** nicht zur sachlichen Zuständigkeit (BGHSt 19, 177 (179); 25, 51 (53); OLG Nürnberg NJW 1963, 502). Für die Rechtsmittelentscheidung ist grds. ein Gericht höherer Ordnung im organisatorischen Aufbau der Gerichte zuständig. Die Zuständigkeit der Rechtsmittelgerichte hängt nicht davon ab, ob das Gericht, dessen Entsch. angefochten ist, seine Zuständigkeit zu Recht o. zu Unrecht angenommen hat. Maßgebend ist allein, welches Gericht die angefochtene Entsch. tatsächlich erlassen hat (erg. → Vor § 296 Rn. 19).

10 **H. Jugendgerichte.** Jugendgerichte, die über **Verfehlungen Jugendlicher u. Heranwachsender** entscheiden (§§ 33 Abs. 1, 107 **JGG**), gibt es beim AG u.

beim LG; sie sind Teil der ordentlichen Gerichtsbarkeit (§ 33 Abs. 2 **JGG**), Abteilungen der ordentlichen Gerichte mit bes. Zuständigkeit.

Das **Verhältnis zu den Erwachsenengerichten,** dh die Frage, ob in einer 11 Strafsache ein JugG o. ein Erwachsenengericht im 1. Rechtszug zu entscheiden hat, behandelt das G in vieler Hinsicht wie eine Frage der sachlichen Zuständigkeit (Rieß NStZ 1981, 305); insbes. besteht die Prüfungspflicht nach § 6 (BGHSt 30, 260; → § 6 Rn. 6). Das gilt aber nicht für das Revisionsgericht; es prüft die Zuständigkeitsfrage nur auf entspr. Rüge (→ § 338 Rn. 34).

Zur Vermeidung v. Zuständigkeitskonflikten haben die Jugendgerichte grds. die 12 **Kompetenz-Kompetenz,** dh die Befugnis, über ihre Zuständigkeit selbst zu entscheiden. Das Erwachsenengericht, bei dem die Anklage erhoben ist u. das die Zuständigkeit eines JugG gleicher Ordnung für gegeben erachtet, muss die Sache diesem Gericht zur Entsch. über seine Zuständigkeit vorlegen (§ 209a Nr. 2 iVm § 209 Abs. 2). Hält das JugG, bei dem die Anklage erhoben ist, ein Erwachsenengericht gleicher Ordnung für zuständig, so eröffnet es das Hauptverfahren vor diesem Gericht mit bindender Wirkung (§ 209a Nr. 2 iVm § 209 Abs. 1). Die entspr. Kompetenz-Kompetenz besteht auch im tatrichterlichen Hauptverfahren, soweit Jugendliche o. Heranwachsende angeklagt sind (§§ 225a Abs. 1 S. 2 Hs. 2, 270 Abs. 1 S. 1 Hs. 2).

Ein **Vorrang anderer Art** ergibt sich aus § 47a S. 1 **JGG.** Danach darf sich ein 13 JugG nach der Eröffnung des Hauptverfahrens nicht deshalb für unzuständig erklären, weil die Sache vor ein für allg. Strafsachen zuständiges Gericht gleicher o. niedrigerer Ordnung gehöre. Es muss trotz dieser Unzuständigkeit das Hauptverfahren im 1. Rechtszug durchführen. Daraus folgt, dass diese Unzuständigkeit des JugG v. dem erwachsenen Angeklagten auch nicht mit der Revisionsrüge nach § 338 Nr. 4 geltend gemacht werden kann (dort → § 338 Rn. 34).

I. Zuständigkeitsstreit. Ein Zuständigkeitsstreit **(Kompetenzkonflikt)** unter 14 mehreren Gerichten entsteht, wenn sich jedes dieser Gerichte in derselben Sache für zuständig (positiver Konflikt) o. für unzuständig (negativer Konflikt) hält.

I. Sachlicher Kompetenzkonflikt. Beim sachlichen Kompetenzkonflikt 15 (→ Rn. 2) hat die **höhere Zuständigkeit den Vorrang** (BGHSt 19, 177 (181)); das ergibt sich aus §§ 209, 225a, 269, 270. Bei mehrfacher Rechtshängigkeit muss das Gericht sein Verf. einstellen, das die Untersuchung später eröffnet hat, auch wenn es das Gericht höherer Ordnung ist (BGHSt 22, 232; → § 12 Rn. 1). Es ist § 12 mit den dort gemachten Einschränkungen (vgl. → § 12 Rn. 2) entspr. anzuwenden. Beim negativen Kompetenzkonflikt gelten die §§ 14, 19 entspr. (→ § 14 Rn. 2; → § 19 Rn. 2).

II. Örtlicher Kompetenzkonflikt. Beim örtlichen Kompetenzkonflikt gilt die 16 Regelung des § 12 (Prioritätsprinzip); notfalls wird das zuständige Gericht durch das gemeinschaftliche obere Gericht bestimmt (§§ 14, 19).

III. Streit um die Auslegung des Geschäftsverteilungsplans. Ein Streit um 17 die Auslegung des Geschäftsverteilungsplans wird **durch das Präsidium entschieden** (BGHSt 25, 242 (244); 26, 191 (200); OLG Düsseldorf MDR 1982, 689; erg. → GVG § 21e Rn. 22).

Anwendbarkeit des Gerichtsverfassungsgesetzes

1 Die sachliche Zuständigkeit der Gerichte wird durch das Gesetz über die Gerichtsverfassung bestimmt.

A. Sachliche Zuständigkeit. Die sachliche Zuständigkeit der Gerichte bestim- 1 men für das AG die §§ 24–28 GVG, für die StrK die §§ 73–74d, 74f GVG, für das OLG §§ 120, 120a GVG. Wegen der Rechtsmittelgerichte vgl. §§ 73 Abs. 1, 74 Abs. 3, 121 Abs. 1, 135 GVG. Die Errichtung von ObLGen sieht § 9 EGGVG vor.

2 **B. Rangordnung. Höheres Gericht** ggü. dem Strafrichter (§ 25 GVG) ist das SchG (§§ 24, 28), ggü. beiden Gerichten die StrK, ggü. AG u. LG das OLG. Das erweiterte SchG (§ 29 Abs. 2 GVG) ist ggü. dem einfachen SchG kein höheres Gericht (→ GVG § 29 Rn. 2). Die StrKn mit bes. Zuständigkeit (§§ 74 Abs. 2, 74a, 74c GVG) stehen nach § 209a für bestimmte Entscheidungen Gerichten höherer Ordnung gleich; ihren Vorrang untereinander regelt § 74e GVG. Bei den Jugendgerichten, für die § 209a ebenfalls gilt, ist die Rangordnung: Jugendrichter, JugSchG, JugK.

Verbindung und Trennung von Strafsachen **Nr. 114 RiStBV**

2 (1) [1] **Zusammenhängende Strafsachen, die einzeln zur Zuständigkeit von Gerichten verschiedener Ordnung gehören würden, können verbunden bei dem Gericht anhängig gemacht werden, dem die höhere Zuständigkeit beiwohnt.** [2] **Zusammenhängende Strafsachen, von denen einzelne zur Zuständigkeit besonderer Strafkammern nach § 74 Abs. 2 sowie den §§ 74a und 74c des Gerichtsverfassungsgesetzes gehören würden, können verbunden bei der Strafkammer anhängig gemacht werden, der nach § 74e des Gerichtsverfassungsgesetzes der Vorrang zukommt.**

(2) **Aus Gründen der Zweckmäßigkeit kann durch Beschluß dieses Gerichts die Trennung der verbundenen Strafsachen angeordnet werden.**

1 **A. Verbindung mehrerer Strafsachen (Abs. 1). I. Grundsätze.** Durch eine im Ermittlungsverfahren o. erst bei Anklageerhebung **durch die StA nach pflichtgemäßem Ermessen vorzunehmende Verfahrensverbindung** kann Doppelarbeit erspart, insbes. aber verhindert werden, dass ders. Sachverhalt v. mehreren Gerichten unterschiedlich beurteilt wird (BGHSt 11, 130 (133); 18, 238 (239)). Sie dient daher der Funktionsfähigkeit der Strafrechtspflege (BVerfGE 45, 354 (359)) u. sollte nicht zurückhaltend vorgenommen werden (**aM** Herzog StV 1993, 612: Vorschr. wegen Art. 101 Abs. 1 S. 2 GG verfassungswidrig; näher SK-StPO/Weßlau/Weißer Vor § 1 Rn. 9).

2 In Haftsachen kann allerdings das Beschleunigungsgebot einer Verbindung entgegenstehen (BVerfG StV 2002, 581; BGH StraFo 2010, 337; OLG Koblenz NStZ-RR 2011, 209); auch darf durch die Verbindung dem Angeklagten – wegen des Verbots der Mehrfachverteidigung – nicht der Anwalt seines Vertrauens entzogen (vgl. BVerfG StV 2002, 578) o. ein Zeugnisverweigerungsrecht unterlaufen werden (s. BGHSt 45, 342). Abs. 1 regelt die Verbindung v. zusammenhängenden (§ 3) Straftaten iSd § 264, für die Gerichte verschiedener Ordnung (→ § 1 Rn. 2) zuständig sind, durch die StA, § 4 die Verbindung durch das Gericht, § 13 die Verbindung bei unterschiedlicher örtlicher Zuständigkeit, § 237 die auf die gleichzeitige Verh. beschränkte Verbindung. Für die Verfahrensverbindung durch die StA gilt iE folgendes:

3 **II. Zuständigkeit desselben Gerichts.** Bei Zuständigkeit desselben Gerichts **für mehrere iSd § 3 zusammenhängende Strafsachen** kann die StA die Sache in einer gemeinsamen Anklage bei Gericht anhängig machen. Das ist ges. nicht ausdr. bestimmt, ergibt sich aber aus der weitergehenden Regelung des Abs. 1 und aus § 13 Abs. 1 (Rosenmeier ErwachsenenStrafR S. 31). Gleichgültig, ob die StA die Sachen schon im Ermittlungsverfahren verbunden hatte, wozu sie jederzeit befugt ist (Löwe/Rosenberg/Erb Rn. 14; Meyer-Goßner DRiZ 1985, 241), o. ob sie die Verbindung erst anlässlich der Anklageerhebung vornimmt. Verpflichtet zur Verbindung ist die StA nicht. Ist in einer der Strafsachen bereits das Hauptverfahren eröffnet, so ist die Verbindung nur nach § 4 möglich (→ § 4 Rn. 5).

4 **III. Zuständigkeit verschiedener Gerichte.** Bei Zuständigkeit verschiedener Gerichte für die einzelnen Strafsachen ist zu unterscheiden:

5 Wenn verschiedene **Gerichte gleicher Ordnung** (→ § 1 Rn. 2) zuständig sind, kann die StA mehrere miteinander verbundene Sachen bei einem v. ihnen ankla-

gen; das ist eine Frage der örtlichen Zuständigkeit, die durch § 13 Abs. 1 geregelt ist (→ § 13 Rn. 2).

Sind **Gerichte verschiedener Ordnung** (→ § 1 Rn. 2) im 1. Rechtszug zuständig, so liegt der Fall des Abs. 1 vor. Die StA kann die iSd § 3 zusammenhängenden Sachen nach Abs. 1 S. 1 verbunden bei dem höheren Gericht anhängig machen, nicht aber eine zur Zuständigkeit des AG gehörende Sache nur deswegen beim LG anklagen, weil dort ein Berufungsverfahren anhängig ist (BGHSt 38, 172; BGH NStZ 1992, 397). Sind mehrere StrKn mit bes. Zuständigkeit nach §§ 74 Abs. 2, 74a oder 74c GVG zuständig, so können alle Sachen bei derjenigen StrK angeklagt werden, deren Vorrang § 74e GVG bestimmt (Abs. 1 S. 2). Auch auf diese Verfahrensverbindung hat der Angeklagte keinen Rechtsanspruch (→ § 4 Rn. 10). Eine getrennte Anklageerhebung kann insbes. bei unterschiedlichem Ermittlungsstand in Haftsachen u. zur Vermeidung v. Großverfahren geboten sein (vgl. Nr. 114 S. 2 RiStBV). Über die Verbindung ist allein unter dem Gesichtspunkt der Zweckmäßigkeit zu entscheiden (OLG Koblenz NStZ-RR 2011, 209; Meyer-Goßner NStZ 2004, 355). 6

IV. Sonderfälle. Nach §§ 42, 64 OWiG kann mit einem Strafverfahren auch die **Verfolgung v. OWien** verbunden werden. Dann kann aber die OWi v. Gericht nicht mehr durch Trennung aus der gerichtlichen Zuständigkeit ausgeschieden werden; denn die Ahndung einer OWi durch das Gericht ohne vorausgegangenen Bußgeldbescheid sieht das G nicht vor (Göhler/Thoma OWiG § 45 Rn. 4). 7, 8

Strafsachen gegen **Jugendliche u. Erwachsene** können verbunden anhängig gemacht werden, wenn die Voraussetzungen des § 103 Abs. 1 **JGG** vorliegen. Das gilt entspr. für die Verbindung v. Strafsachen gegen Heranwachsende u. Erwachsene (§ 112 S. 1 **JGG**). Zuständig für die verbundenen Sachen ist das JugG (§ 103 Abs. 2 S. 1 **JGG**), sofern nicht die Zuständigkeit des BGH o. OLG begründet (§ 102 **JGG**) o. für die Erwachsenenstraftat die Wirtschafts- o. StaatsschutzStrK zuständig ist (§ 103 Abs. 2 S. 2 **JGG**). Diese Grundsätze gelten auch, wenn mehrere Taten eines Angeklagten verbunden anhängig gemacht werden, die er in verschiedenen Altersstufen begangen hat (§ 32 JGG). Weder in § 32 noch sonst im JGG ist aber bestimmt, dass alle Straftaten die ein Beschuldigter in verschiedenen Altersstufen begangen hat, gleichzeitig abgeurteilt werden müssen (BGHSt 10, 100; BGH JR 1974, 428). 9

B. Trennung der verbundenen Sachen (Abs. 2). Gemeint ist nur die Verfahrenstrennung, dh die **Auflösung der Sachverbindung** mit der Folge, dass die abgetrennte Sache an das für sie zuständige niedere Gericht zurückfällt (Löwe/Rosenberg/Erb Rn. 19 ff.; erg. → § 269 Rn. 7), nicht die nur vorübergehende Abtrennung der Verh., insbes. zu dem Zweck, die Zeugenvernehmung eines Mitbeschuldigten zu ermöglichen (dazu → Vor § 48 Rn. 22; SK-StPO/Weßlau/Weißer Rn. 21). Die Trennung ist aus Gründen der Zweckmäßigkeit ebenso zulässig wie das Unterlassen der Verbindung (→ Rn. 6); sie steht im Ermessen des Gerichts (BGHSt 18, 238; BGH JR 1969, 148; 1974, 428) u. erfolgt gem. § 33 nach Anhörung der Verfahrensbeteiligten (Pfeiffer NStZ 1982, 188 – BGH RsprÜ). Der Angeklagte hat keinen Anspruch auf die Abtrennung seines Verfahrens (OLG Frankfurt a. M. StV 1983, 92). Eine Trennung mit dem Ziel, den **Angeklagten als Zeugen** vernehmen zu können, kommt nur in Betracht, wenn er an der angeklagten Tat, zu der er vernommen werden soll, nicht bet. war (BGHSt 32, 100), nicht aber, wenn seine Aussage als Zeuge auch Einfluss auf seine Prozessrolle als Angeklagter hat (BGHSt 32, 100; MüKoStPO/Ellbogen Rn. 17). 10

Die **Trennung erfolgt** bei Erlass des Eröffnungsbeschlusses in der Weise, dass die eine der v. der StA verbundenen Sachen bei dem zuständigen Gericht niederer Ordnung eröffnet wird (§ 209 Abs. 1; OLG Düsseldorf NStZ 1991, 145 mwN). Nach Eröffnung des Hauptverfahrens, insbes. in der HV, ist ein bes. Beschl. des in Abs. 1 bezeichneten ranghöheren Gerichts erforderlich, der erst nach Anhörung des Angeklagten ergehen darf (Pfeiffer NStZ 1982, 188 – BGH RsprÜ). Eine stillschweigende Trennung ist nicht möglich. Die Einstellung eines der Verf. nach 11

§ 205 enthält keine Trennung nach Abs. 2 (OLG Frankfurt a. M. bei Fischer StV 1981, 85); auch in dem bloßen Abschluss eines Verfahrensteils liegt keine Sachtrennung (OLG Köln VRS 53, 130).

12 **C. Anfechtung.** Die Anklageerhebung nach Abs. 1 ist unanfechtbar, die Teileröffnung (→ Rn. 11) ist nach § 210 anfechtbar.

13 Der Trennungsbeschluss nach Abs. 2 kann v. der StA u. dem v. der Trennung betroffenen Angeklagten mit der **Beschwerde** nach § 304 Abs. 1 angefochten werden; § 305 S. 1 steht nicht entgegen, weil der Beschl. nur das Verf. hemmt u. bei der Urteilsfällung nicht erneut geprüft wird (BayObLGSt 1953, 86; OLG Frankfurt a. M. StV 1983, 92; 1991, 504; **aM** Bohnert Strafprozessuale Revision S. 30). Das Beschwerdegericht prüft den Beschl. in vollem Umf., dh auch auf seine Zweckmäßigkeit (vgl. BGH NStZ-RR 2013, 352), nicht nur auf Ermessensfehler (OLG Düsseldorf NStZ 1991, 145; Löwe/Rosenberg/Erb Rn. 27 mwN; **aM** KG NStZ 2013, 218: nur auf evident fehlerhafte Ermessensausübung, die für den Verfahrensbeteiligten eine bes., selbständige Beschwer bewirkt hat o. wenn die Abtrennung sich ausschl. verzögernd auf das Verf. auswirkt). Der Beschl., mit dem der Antrag auf Trennung abgelehnt wird, ist nach § 305 S. 1 unanfechtbar (BayObLGSt 1952, 117).

14 Mit der **Revision** können dagegen Ermessensfehler bei der Verbindung o. Trennung grds. nicht gerügt werden; sie kann nur auf Ermessensmissbrauch (vgl. BGH NStZ-RR 2013, 352) u. auf andere Verfahrensfehler gestützt werden, insbes. auf die Verletzung der §§ 244 Abs. 2, 261 (BGHSt 18, 238; BGH NJW 1953, 836; OLG Koblenz VRS 49, 115).

Begriff des Zusammenhanges **Nr. 17, 114 RiStBV**

3 Ein Zusammenhang ist vorhanden, wenn eine Person mehrerer Straftaten beschuldigt wird oder wenn bei einer Tat mehrere Personen als Täter, Teilnehmer oder der Datenhehlerei, Begünstigung, Strafvereitelung oder Hehlerei beschuldigt werden.

1 **A. Begriff.** Den **Zusammenhang in den Fällen der §§ 2, 4 und 13** definiert die Vorschrift. Er kann persönlicher o. sachlicher Art sein. Auch eine Verbindung beider Arten (kombinierter Zusammenhang) ist möglich (KK-StPO/Geilhorn Rn. 5; → Rn. 4).

2 **B. Persönlicher Zusammenhang. Persönlicher Zusammenhang** iSd § 3 liegt vor, wenn einem u. demselben Beschuldigten mehrere verfahrensrechtlich selbständige Straftaten iSd § 264 vorgeworfen werden. Tatmehrheit iSd § 53 StGB genügt nicht. Denn wenn mehrere solcher Taten nicht auch mehrere Straffälle iSd § 264 bilden, ist ihre gemeinsame Aburteilung ohnehin zwingend vorgeschrieben; es besteht eine „Prozesseinheit" (BGH MDR 1976, 64). Klagt die StA eine solche einheitliche Tat gleichwohl bei verschiedenen Gerichten an u. zieht das höhere Gericht das andere Verf. an sich, so liegt kein Fall der §§ 3, 4 vor, sondern es wird nur das Prozesshindernis der doppelten Rechtshängigkeit beseitigt (BGHSt 19, 177 (181); BGH NJW 1958, 31). Entsprechendes gilt, wenn dieselbe Tat sowohl im gewöhnlichen Strafverfahren als auch im Sicherungsverfahren nach §§ 413 ff. angeklagt ist (BGHSt 22, 185).

3 **C. Sachlicher Zusammenhang.** Beim sachlichen Zusammenhang wird eine Tat mehrerer Bet. untersucht. Maßgebend ist auch hier der verfahrensrechtliche Tatbegriff des § 264 (BGH NJW 1988, 150; OLG Hamm 21.10.2025 – BeckRS 2025, 30581). Von § 3 sind alle Formen strafrechtlicher Täterschaft (auch Mittäter, mittelbare Täter, Nebentäter) erfasst. Die Teilnahme ist hingegen nicht auf diejenige des § 27 StGB beschränkt; es genügt vielmehr die in dieselbe Richtung zielende Mitwirkung an einem einheitlichen geschichtlichen Vorgang (BGH NJW 1988, 150; OLG Hamm 21.10.2025 – BeckRS 2025, 30581). Der Zusammenhang besteht bei Begünstigung auch, wenn sie im Vorverfahren für den Beschuldigten

(zB durch Falschaussage) begangen worden ist (BGHSt 18, 238); das Gleiche gilt für den Versuch der Strafvereitelung (§ 258 Abs. 1, Abs. 4 StGB).

D. Kombinierter Zusammenhang. Ein v. § 3 gedeckter kombinierter Zusammenhang kann zwischen solchen Straftaten bestehen, zwischen denen zwar unmittelbar weder ein persönlicher noch ein sachlicher Zusammenhang vorliegt, die aber jeweils einen Zusammenhang persönlicher oder sachlicher Art zu einer dritten Straftat aufweisen, über die der Zusammenhang vermittelt wird (OLG Hamm 21.10.2025 – BeckRS 2025, 30581). Er liegt zB vor, wenn der Verdacht besteht, dass A einen Mord begangen hat, B sich hierbei der Strafvereitelung u. außerdem durch eine selbständige Tat der Unterschlagung schuldig gemacht hat. Dann kann auch wegen dieser Tat infolge ihres mittelbaren Zusammenhangs mit dem Mord Anklage bei dem SchwurG erhoben werden (vgl. SK-StPO/Weßlau/Weißer Rn. 5). 4

E. Revision. Mit der Revision kann gerügt werden, dass zwischen den verbundenen Sachen **kein Zusammenhang** iSv § 3 bestanden hat (SK-StPO/Weßlau/Weißer Rn. 6; KK-StPO/Geilhorn Rn. 6). 5

Verbindung und Trennung rechtshängiger Strafsachen

4 (1) **Eine Verbindung zusammenhängender oder eine Trennung verbundener Strafsachen kann auch nach Eröffnung des Hauptverfahrens auf Antrag der Staatsanwaltschaft oder des Angeklagten oder von Amts wegen durch gerichtlichen Beschluß angeordnet werden.**

(2) [1] **Zuständig für den Beschluß ist das Gericht höherer Ordnung, wenn die übrigen Gerichte zu seinem Bezirk gehören.** [2] **Fehlt ein solches Gericht, so entscheidet das gemeinschaftliche obere Gericht.**

Übersicht

A. Verbindung rechtshängiger Sachen. Die **Verbindung rechtshängiger Sachen, die iSd § 3 zusammenhängen** (BGH 26.8.2025 – 2 ARS 354/25) lässt Abs. 1 zu. Die Vorschr. knüpft an § 2 an; sie ermöglicht die Zusammenfassung v. Strafsachen (iSd § 264) aus den Zuständigkeiten v. Spruchkörpern verschiedener Ordnung. Anders als nach § 2 ist es aber gleichgültig, ob es sich um Spruchkörper eines u. desselben Gerichts o. verschiedener Gerichte handelt. § 4 setzt also nicht immer die Abänderung der örtlichen, stets aber die der sachlichen Zuständigkeit voraus. Sind mehrere Verf. bei Gerichten gleicher Ordnung an verschiedenen Orten anhängig, so geht es nur um die örtliche Zuständigkeit; dann gilt § 13 Abs. 2 (OLG Düsseldorf MDR 1985, 1048). Wenn mehrere Strafverfahren gegen einen Angeschuldigten wegen derselben Tat bei verschiedenen Gerichten anhängig sind, sind die §§ 3, 4 überhaupt nicht anwendbar (→ § 3 Rn. 2). Die Verbindung v. im Strafverfahren angeklagten Strafsachen mit im Sicherungsverfahren anhängigen, anderen Taten iSd § 264 ist zulässig (zB über § 225a; aber erg. → § 414 Rn. 3; → § 416 Rn. 1). Die Verbindung v. Strafsachen gegen Jugendliche o. Heranwachsende u. gegen Erwachsene regeln die §§ 103, 112 S. 1 **JGG.** 1

2 **I. Bei *verschiedenen* Gerichten rechtshängige Strafsachen.** Für bei **verschiedenen** Gerichten rechtshängige Strafsachen (zur Rechtshängigkeit vgl. → § 156 Rn. 1) gilt § 4. Die Gerichte müssen v. **unterschiedlicher Rangordnung** (→ § 1 Rn. 2; BGH 26.8.2025 – 2 ARs 354/25) sein. Sie brauchen sich nicht im gleichen Prozessstadium zu befinden, das Gericht der höheren – nicht das der niederen (BGH BeckRS 2021, 9225) – Ordnung muss jedoch das Verf. eröffnet haben (BGH NStZ-RR 2005, 77; KK-StPO/Geilhorn Rn. 7). Gehört das niedere Gericht zum Bezirk des höheren, erfolgt die Verbindung nach Abs. 2 S. 1; andernfalls verbindet nach Abs. 2 S. 2 das gemeinschaftliche obere Gericht (erg. → Rn. 13, 14). § 4 ermöglicht demnach die Verbindung v. Sachen, v. denen eine beim AG, die andere bei der großen StrK o. die eine beim LG, die andere im 1. Rechtszug beim OLG anhängig ist. Die Vorschr. ist auch anwendbar, wenn innerhalb desselben Gerichts eine Sache beim Strafrichter (§ 25 GVG), die andere beim SchG (BGHSt 25, 51; OLG Nürnberg StraFo 2013, 462) anhängig ist.

3 Die Anwendbarkeit des § 4 auf **Sachen, in denen bereits ein Urteil ergangen ist,** ist grds. ausgeschlossen (BGHSt 19, 177; 37, 15 (17); BGH NStZ 1986, 564; KG JR 1969, 349). Eine Verbindung solcher Sachen ist nur möglich, wenn dadurch der Rechtsmittelzug nicht verändert u. auch nicht gegen andere Verfahrensgrundsätze verstoßen wird. Daher kann eine v. Revisionsgericht nach § 354 Abs. 2 zurückverwiesene Sache mit einer bei einem niederen Gericht anhängigen Sache verbunden werden (BGHSt 25, 51; BGH NJW 2021, 795), auch wenn die zurückverwiesene Sache schon im Schuldspruch rkr. ist. Zulässig ist auch die Verbindung eines infolge einer Einspruchsbeschränkung teilrechtskräftigen Strafbefehls mit einem erstinstanzlichen Verf. vor dem LG; insoweit handelt es sich hins. des Strafbefehls weiterhin um ein Verf. im ersten Rechtszug, in welchem ein Urt. noch nicht ergangen ist, sodass mit der Verbindung kein Eingriff in den Instanzenzug einhergeht (BGH NJW 2021, 795). Insoweit darf das LG allerdings aufgrund der innerprozessualen Bindungswirkung nur insoweit erstinstanzlich verhandeln, als Rechtskraft noch nicht eingetreten ist (BGH NJW 2021, 795). Eine im 1. Rechtszug bei ihr anhängige Sache kann die große StrK mit einer Berufungssache, die bei einem anderen LG anhängig ist, aber nicht verbinden; denn dadurch würde in den ges. Instanzenzug eingegriffen (BGHSt 19, 175; 25, 53). Unzulässig ist ferner die Verbindung eines beim AG anhängigen Verfahrens mit einem Berufungsverfahren beim LG (BGHSt 37, 15).

4 Ist **erst *eine* Strafsache anhängig,** so kann die StA wegen einer inzwischen anklagereif gewordenen anderen Sache, die zur Zuständigkeit eines Gerichts niederer Ordnung gehören würde, die Anklage bei dem höheren Gericht erheben u. die Verbindung beantragen (BGH NStZ 1996, 447; Schmidt NStZ 1998, 612 – BGH RsprÜ; Meyer-Goßner DRiZ 1985, 242; **aM** Rosenmeier ErwachsenenStrafR S. 47 ff.; erg. → § 2 Rn. 2). Auch sonst kann das höhere Gericht schon nach § 4 verfahren, wenn in der bei dem niederen Gericht anhängigen Sache das Hauptverfahren noch nicht eröffnet ist (einschr. BGH NJW 1990, 2760; BGHR StPO § 4 Verbindung 16: falls StA der Abgabe zustimmt), jedoch nicht im umgekehrten Fall (Eröffnung beim niederen, noch keine Eröffnung beim höheren Gericht, BGH StraFo 2006, 492).

5 **II. Bei *demselben* Gericht anhängige Strafsachen.** Für bei **demselben** Gericht anhängige Strafsachen gilt Folgendes (zum Ganzen ausf. Meyer-Goßner NStZ 2004, 353):

6 **1.** Wenn bei **demselben Spruchkörper im selben Rechtszug** mehrere Verf. anhängig sind, können sie ohne weiteres durch Beschl. (BGH StraFo 2005, 203: ggf. auch konkludent) miteinander verbunden werden. Hierfür genügt der Entschl. des Spruchkörpers zur Zusammenführung der bisher getrennten Verfahren; es wird dann nur aktentechnisch festgehalten, welches Verf. „führt".

7 **2.** Wenn **bei demselben Spruchkörper in verschiedenen Rechtszügen** Verf. anhängig sind, was jetzt nur noch bei der großen JugK vorkommen kann (erstinstanzliche Verf. u. Berufungsverfahren gegen Urteile des JSchöffG), muss

eine Verbindung entspr. § 4 Abs. 1 als unzulässig angesehen werden, denn dadurch würde in den Instanzenzug eingegriffen werden u. sich die Zuständigkeit des Revisionsgerichts ändern. Hier bleibt aber die Möglichkeit der gemeinsamen Verh. nach § 237, allerdings demnach ohne Verfahrensverschmelzung u. ohne gemeinsame Entsch. (vgl. → § 237 Rn. 1, 8).

3. Wenn **bei verschiedenen Spruchkörpern im selben Rechtszug** mehrere Verf. anhängig sind, ist zu unterscheiden: 8

a) Handelt es sich um **gleichartige Spruchkörper** (zB 2 SchGe, 2 kleine o. 2 große Strkn), so einigen sich die Spruchkörper dahin, dass der eine Spruchkörper die Sache an den anderen abgibt u. dieser sie übernimmt (BGH NJW 1995, 1688 mwN). Kommt keine Einigung zustande, muss entspr. § 21e Abs. 1 S. 1 GVG das Präsidium entscheiden. 8a

b) Bei **ungleichartigen Spruchkörpern** kommt es darauf an, welchem v. ihnen nach § 74e GVG der höhere Rang zukommt; der ranghöhere kann das andere Verf. übernehmen (zB die WirtschaftsStrK das Verf. der allg. StrK, das SchwurG das der WirtschaftsStrK). Ebenso kann die kleine JugK (§ 33b Abs. 1 JGG) o. die kleine WirtschaftsStrK (→ GVG § 74c Rn. 6) Verf. der kleinen Strafkammer an sich ziehen. 8b

c) Bei **Jugendsachen** ist nach § 103 Abs. 2 **JGG** zu unterscheiden: Das SchwurG muss die Sache – je nach Verfahrensstand – gem. §§ 6a, 225a Abs. 4, 270 Abs. 1 S. 2 an die JugK, die JugK muss sie an die WirtschaftsStrK o. an die Staatsschutzkammer (§ 74a GVG) verweisen. 8c

4. Bei verschiedenen Spruchkörpern in verschiedenen Rechtszügen anhängige Verf. können nicht verbunden werden, also nicht ein bei einer kleinen StrK anhängiges Berufungsverfahren mit einem erstinstanzlichen Verf. bei der großen StrK; denn auch hier gilt, dass dadurch unzulässigerweise in den Instanzenzug eingegriffen werden würde (Löwe/Rosenberg/Erb Rn. 19 ff.). Die Rspr. (BGH NStZ 1998, 628; Kusch NStZ-RR 1999, 257 – BGH RsprÜ) lässt hier allerdings die Verbindung zu, es sei denn, dass (horizontale) Teilrechtskraft eingetreten ist (BGHSt 36, 348 (350); 37, 15 (17); BGH NStZ 2020, 291). Folge der nach der Rspr. möglichen Verbindung u. der durch sie eintretenden Verschmelzung des Berufungs- mit dem erstinstanzlichen Verf. ist aber, dass eine Rücknahme der Berufung dann nicht mehr möglich ist (BGHSt 38, 300). 8d

III. In jedem Verfahrensabschnitt. In jedem Verfahrensabschnitt ist die Verfahrensverbindung auf Antrag o. vAw zulässig, auch noch in der HV (BGHSt 45, 342 (351)), in der dann allerdings die Gefahr einer Verletzung des § 261 besteht (BGH NJW 1953, 836). Das gilt aber nur bei Verbindungen v. Verf. gegen *verschiedene* Angeklagte; soll eine weitere Anklage gegen *denselben* Angeklagten erhoben werden, gegen den die HV bereits läuft, kommt nur eine (mündliche) Nachtragsanklage nach § 266 in Betracht (BGHSt 53, 108; BGH StraFo 2010, 337). Das schließt die Erhebung weiterer (schriftlicher) Anklagen nicht aus; nur können diese nicht entspr. § 4 zu dem sich bereits in der HV befindenden Verf. verbunden werden (BGHSt 53, 108; BGH StraFo 2010, 337; erg. → § 266 Rn. 4); eine Verbindung nach § 237, die die Selbstständigkeit der Verf. unberührt lässt (→ § 237 Rn. 1), bleibt hingegen möglich (**aM** Bock Gubitz/Bock StraFo 2007, 225). 9

IV. Ermessen des Gerichts. Im Ermessen des Gerichts steht die Verbindung (BGHSt 18, 238; BGHR StPO § 4 Verbindung 4). Der **Ermessensspielraum unterliegt** aber verfassungsrechtlichen Grenzen: Das Recht des Beschuldigten auf ein rechtsstaatliches, faires Verfahren, sein Recht auf zügigen Abschluss des Strafverfahrens (vgl. BGH BeckRS 2021, 15272) u. das Übermaßverbot können im Einzelfall das aus Gründen der Prozessökonomie bestehende öffentl. Interesse an einer Verfahrensverbindung überwiegen; das ist insbes. zu beachten, wenn der Angeklagte durch die Verbindung wegen § 146 seinen Verteidiger verlieren würde (BVerfG StV 2002, 578). Vor dem Verbindungsbeschluss ist rechtliches Gehör zu gewähren (BGH NJW 1989, 2403 (2407); StraFo 2015, 144). Einen Rechts- 10 anspruch darauf, dass alle gegen ihn anhängigen Sachen in einer HV erledigt werden, hat der Angeklagte nicht (OLG Koblenz VRS 49, 115; vgl. aber OLG Stuttgart NJW 1960, 2353). Ein Antrag auf Verbindung zusammenhängender Sachen kann daher ohne Begründung abgelehnt werden (RGSt 57, 44; Bohnert Strafprozessuale Revision S. 29; **aM** SK-StPO/Weßlau/Weißer Rn. 12). Mit dem Erlass des Verbindungsbeschlusses entfällt die Rechtshängigkeit bei dem niederen Gericht (BGH NJW 1958, 31).

11 **B. Trennung.** Auch die **Trennung der verbundenen Sachen** (→ § 2 Rn. 10) ist eine **Ermessensentscheidung** (BGH wistra 2017, 108). Sie ist während der Rechtshängigkeit, auch noch im Revisionsrechtszug (zB durch Teilverwerfung des Rechtsmittels) u. nach Zurückverweisung durch das Revisionsgericht nach § 354 Abs. 2, aus Zweckmäßigkeitsgründen zulässig, insbes. wenn nur eine der verbundenen Sachen entscheidungsreif ist (vgl. BGH wistra 2017, 108; Dallinger MDR 1975, 23 – BGH RsprÜ). Die Trennung ist rechtlich nicht deshalb notwendig, weil der Grund der Verbindung nachträglich entfällt. Sie erfordert einen ausdrücklichen Beschl. (→ Rn. 15); nur ausnahmsweise kann ein Verf. auch stillschweigend, durch schlüssiges Verhalten, getrennt (und später auch wieder verbunden) werden (**aM** SK-StPO/Weßlau/Weißer Rn. 12: nur ausdrückliche Entscheidung); das muss dann aber gewollt u. erkennbar sein (RGSt 70, 65 (68); BayObLG NJW 1961, 2318).

12 Die Trennung hebt die Wirkung des § 5 auf. Jjedes Verf. ist prozessual wieder selbstständig (vgl. BGH NStZ-RR 2025, 380); es gilt jedoch § 269 (→ § 269 Rn. 7). Ein – nach der Rspr. zulässigerweise (→ Rn. 8d) – mit einem erstinstanzlichen Verf. verbundenes Berufungsverfahren bleibt aber auch nach der Trennung ein Verf. erster Instanz, da es durch die mit der Verbindung erfolgte Verschmelzung seine Eigenschaft als Berufungsverfahren verloren hat (BGHSt 38, 300; OLG Stuttgart JR 1995, 517). Eine vorübergehende Trennung in der HV kann durch die Anwendung des § 231c vermieden werden (→ § 231c Rn. 3); das Recht zur Verfahrenstrennung nach § 4 wird dadurch nicht berührt (BGHSt 32, 100; 270; KK-StPO/Gmel/Peterson § 231c Rn. 2; einschr. Löwe/Rosenberg/Becker § 231c Rn. 3; **aM** Schlothauer FS Koch, 1989, 250). Zur vorübergehenden Abtrennung zwecks Zeugenvernehmung eines der Mitangeklagten vgl. → Vor § 48 Rn. 22.

13 **C. Zuständigkeiten (Abs. 2). I. Verbindungsbeschluss.** Den Verbindungsbeschluss wird v. dem **ranghöheren Gericht** (→ § 1 Rn. 2) erlassen (BGH StraFo 2010, 192). Zur Entsch. bei der Verbindung v. bei demselben Gericht anhängigen Verf. vgl. → Rn. 6 ff.

14 Das **gemeinschaftliche obere Gericht** (Abs. 2 S. 2) ist zuständig, wenn die verschiedenen Gerichte nicht alle zum Bezirk des ranghöheren gehören. Gemeinschaftliches oberes Gericht ist für mehrere AGe das LG, für mehrere LGe das OLG, ebenso das OLG bei einer landesrechtlichen Zuständigkeitskonzentration (BGH StraFo 2013, 375 zu § 19 NdsZustVO-Justiz iVm § 14), sonst der BGH (dieser insges. auch dann, wenn für einige der mehreren zu verbindenden Sachen das OLG zuständig wäre, BGH NStZ 2001, 656 Ls.). Ist jedoch ein OLG nach § 121 Abs. 3 GVG für mehrere Bezirke zuständig, ist es insoweit auch gemeinschaftliches oberes Gericht (BGH NStZ-RR 1997, 187; Becker NStZ-RR 2007, 129 – BGH RsprÜ; BGHR StPO § 4 Oberes Gericht 1). Eine durch ein unzuständiges Gericht nicht wirksam vorgenommene Verbindung kann das zuständige obere Gericht ggf. nachholen, wenn die Sache im Wege der Revision zu ihm gelangt ist (BGH NStZ-RR 1997, 170; Becker NStZ-RR 2002, 257 – BGH RsprÜ). Auf Verbindungen, welche nicht nur die örtliche, sondern auch die sachliche Zuständigkeit betreffen, ist § 4 anwendbar (s. BGH StV 2019, 221 mwN; erg. → § 13 Rn. 5a).

15 **II. Trennungsbeschluss.** Den Trennungsbeschluss, der **keiner bes. Begründung** bedarf (BGH NStZ 2000, 211), erlässt das Gericht, bei dem die verbundenen Sachen anhängig sind, das gemeinschaftlich obere Gericht (→ Rn. 14), wenn es die Verbindung angeordnet hatte; zuvor ist rechtliches Gehör zu gewähren (BGH NJW 1989, 2403 (2407)).

D. Beschwerde. Der **Verbindungsbeschluss** des erkennenden Gerichts ist nach § 305 S. 1 unanfechtbar (Löwe/Rosenberg/Erb Rn. 44; **aM** Rosenmeier ErwachsenenStrafR S. 91). Zur Anfechtbarkeit des **Trennungsbeschlusses** vgl. → § 2 Rn. 13. Mit dem Beginn o. der Fortsetzung der HV ist die Beschwerde prozessual überholt (→ § 296 Rn. 17). 16

E. Revision. Vgl. → § 2 Rn. 14 sowie BGH wistra 2017, 108: **Überprüfbarkeit – nur – auf Ermessensmissbrauch** (s. BGH NStZ 2020, 299: gezielte Umgehung jugendgerichtlicher Zuständigkeit zur Vermeidung der Anwendung v. Jugendstrafrecht). Eine nachträgliche Verbindung durch den BGH in der Revisionsinstanz kommt nur in Betracht, wenn das Revisionsgericht auch Spruchkörper des gemeinschaftlichen oberen Gerichts nach Abs. 2 S. 2 ist u. die Sache insoweit einer endgültigen Entsch. zugeführt werden soll; ein nachträgliche „Heilung" fehlender Zuständigkeit durch den nicht gleichzeitig als Revisionsgericht zuständigen BGH ist nicht möglich (BGH NStZ-RR 2019, 23). 17

Maßgebendes Verfahren

5 Für die Dauer der Verbindung ist der Straffall, der zur Zuständigkeit des Gerichts höherer Ordnung gehört, für das Verfahren maßgebend.

A. Folge der Verbindung. Die **verfahrensrechtliche** Folge der Verbindung nach §§ 2 ff. ist, anders als im Fall des § 237 (→ § 237 Rn. 1), die **Verschmelzung der verbundenen Sachen zu einem einheitlichen Verf.** (BGHSt 36, 348; BGH NJW 2021, 795). Daher richtet sich das gesamte Verf. nach den Regeln für den Straffall, der zur Zuständigkeit des Gerichts höherer Ordnung gehört. Das gilt bei persönlicher Verbindung nach § 3 zB für die notwendige Verteidigung nach § 140 (erg. → § 140 Rn. 4). Der Ausschluss eines Richters nach § 22 erstreckt sich auf sämtliche verbundene Straffälle (→ § 22 Rn. 6). Für das zulässige Rechtsmittel ist die Zuständigkeit des Gerichts maßgebend, bei dem die Verf. verbunden sind, u. zwar sowohl bei persönlicher (Dallinger MDR 1955, 755; 1975, 198 – BGH RsprÜ) als auch bei sachlicher Verbindung (BGH NJW 1955, 1890 Ls.) u. auch, wenn das Verf. wegen der Sache, die die höhere Zuständigkeit begründet hat, durch Einstellung erledigt ist (BGH MDR 1955, 755; erg. → GVG § 135 Rn. 1). Wegen des Zeugnisverweigerungsrechts der Angehörigen vgl. → § 52 Rn. 11 ff. Wurde ein Strafbefehlsverfahren verbunden, so ist die Rücknahme des Einspruchs nach § 411 Abs. 3 nur möglich, wenn die Verf. wieder getrennt werden (vgl. BGH NJW 2021, 795: jedenfalls für Verbindung mit einem erstinstanzlichen landgerichtlichen Verfahren; noch offengelassen in BGHSt 36, 175 (187); erg. → § 4 Rn. 3). 1

B. Selbstständig. Selbständig bleiben die verbundenen Sachen, soweit es sich um Prozesshindernisse (→ Einl. Rn. 143 ff.) handelt, die nur für die eine Strafsache bestehen. Deshalb bedarf es nach der Verbindung in den Fällen der §§ 408 Abs. 3 S. 2, 417 ff. auch nicht eines Eröffnungsbeschlusses (BayObLG OLGSt StPO § 4 Nr. 3; OLG Nürnberg StraFo 2013, 462). Es kann sich in diesen Fällen aber empfehlen, die Sachen vor der Urteilsverkündung wieder zu trennen o. nur eine Verbindung nach § 237 vorzunehmen, so dass es dann bei der ursprünglichen Verfahrensart u. Rechtsmittelzuständigkeit verbleibt (erg. → § 237 Rn. 8). Wenn sich die eine der verbundenen Sachen gegen Jugendliche o. Heranwachsende richtet (§§ 103, 112 **JGG**), gilt § 104 **JGG.** 2

C. Zulässige Rechtsmittel. Das zulässige Rechtsmittel bestimmt sich nach der Zuständigkeit des Gerichts, bei dem die Verf. verbunden sind; dies gilt selbst bei Einstellung der Strafsache, welche die höhere Zuständigkeit begründet hatte (vgl. BGHSt 40, 120; MüKoStPO/Ellbogen Rn. 6). 3

Prüfung der sachlichen Zuständigkeit

6 **Das Gericht hat seine sachliche Zuständigkeit in jeder Lage des Verfahrens von Amts wegen zu prüfen.**

1 **A. Prozessvoraussetzung.** Eine Prozessvoraussetzung (→ Einl. Rn. 141 ff.) ist die sachliche Zuständigkeit (BGHSt 18, 79 (81) (GSSt)). Wenn sie fehlt, darf keine Sachentscheidung ergehen. Das Gericht ist aber verpflichtet, das Verf. bei sachlicher Unzuständigkeit an das zuständige Gericht zu bringen, wenn das G diese Möglichkeit vorsieht (→ Rn. 3). Andernfalls muss das Verf. nach § 206a oder § 260 Abs. 3 eingestellt werden (KK-StPO/Geilhorn Rn. 1). Im Hauptverfahren gilt die Einschränkung des § 269.

2 **B. In jeder Lage des Verfahrens vAw.** In jeder Lage des Verfahrens vAw hat das Gericht seine sachliche Zuständigkeit zu prüfen, auch im Revisionsrechtszug (BGHSt 10, 74; 18, 79 (83) (GSSt); BayObLG NStZ 1985, 470). In den Tatsacheninstanzen ist kein Einwand (wie nach §§ 6a, 16), in der Revisionsinstanz keine bes. Rüge erforderlich (→ § 338 Rn. 32). Soweit die Zuständigkeit v. der bes. Bedeutung des Falles abhängt, wird deren Vorliegen nach Beginn des Hauptverfahrens nicht mehr geprüft (→ GVG § 24 Rn. 8). Das Gleiche gilt für die Rechtsfolgenerwartung nach § 25 Nr. 2 GVG (→ GVG § 25 Rn. 2). Wird das Urt. wegen Fehlens der sachlichen Zuständigkeit nicht angefochten, erwächst es in Rechtskraft (RGSt 71, 377 (378)).

3 **C. Verfahren bei sachlicher Unzuständigkeit.** Das **unzuständige Gericht,** bei dem die Anklage erhoben ist, eröffnet das HV vor dem zuständigen niederen Gericht (§ 209 Abs. 1) o. legt die Sache dem zuständigen höheren Gericht vor (§ 209 Abs. 2). Zwischen Eröffnung des Hauptverfahrens u. Beginn der HV ist wegen § 269 nur noch die Vorlage an das sachlich zuständige Gericht höherer Ordnung zulässig (§ 225a Abs. 1). In der HV wird nach § 270 an das höhere Gericht verwiesen.

4 Das **Berufungsgericht** hat nur dieselbe Strafgewalt wie das AG (BGHSt 31, 63 (66); → § 328 Rn. 9); hat das 1. Urt. sie überschritten, so muss das LG daher die Sache nach § 328 Abs. 2 an dieses Gericht verweisen (→ § 328 Rn. 5).

5 Das **Revisionsgericht** verweist die Sache nach § 355 an das zuständige Gericht (BGHSt 38, 212). Dabei hat es nicht nur die Zuständigkeit des Berufungsgerichts, sondern auch die des Gerichts des ersten Rechtszugs zu prüfen (KG StV 2013, 555).

6 **D. Sachliche Zuständigkeit der JugGe.** Für die sachliche Zuständigkeit der JugGe im Verhältnis zu anderen JugGen gelten die §§ 6, 269 ebenfalls. Im Verhältnis zu den Erwachsenengerichten gleicher Ordnung haben die JugGe einen Vorrang, der nicht zur sachlichen Zuständigkeit gehört, aber grds. in jeder Lage des Verfahrens zu beachten ist (→ Vor § 1 Rn. 11), im Revisionsrechtszug aber nur auf zulässig erhobene Verfahrensrüge (→ § 338 Rn. 34).

Zuständigkeit besonderer Strafkammern

6a [1] **Die Zuständigkeit besonderer Strafkammern nach den Vorschriften des Gerichtsverfassungsgesetzes (§ 74 Abs. 2, §§ 74a, 74c des Gerichtsverfassungsgesetzes) prüft das Gericht bis zur Eröffnung des Hauptverfahrens von Amts wegen.** [2] **Danach darf es seine Unzuständigkeit nur auf Einwand des Angeklagten beachten.** [3] **Der Angeklagte kann den Einwand nur bis zum Beginn seiner Vernehmung zur Sache in der Hauptverhandlung geltend machen.**

1 **A. Zuständigkeit der besonderen Strafkammern.** Die Zuständigkeit der bes. StrKn **nach §§ 74 Abs. 2, 74a, 74c GVG,** für die § 74e GVG eine Rangfolge aufstellt, behandelt das G nach § 209a Nr. 1 bei der Anwendung der §§ 4 Abs. 2, 209, 210 Abs. 2 wie die sachliche Zuständigkeit (vgl. → Vor § 1 Rn. 10 ff.; → § 209a Rn. 3 ff.). Aus Gründen der Verfahrensvereinfachung sind diese StrKn

aber sonst aus der in jeder Lage des Verfahrens zu beachtenden sachlichen Zuständigkeit (§ 6) herausgenommen worden. Dadurch soll verhindert werden, dass eine Strafsache noch im Lauf der HV an eine StrK mit besonderer Zuständigkeit o. an eine allgemeine StrK verwiesen werden muss (vgl. Meyer JR 1985, 523; Schlüchter JR 1982, 512). Daher stellt § 6a in Übereinstimmung mit der Regelung bei der örtlichen Zuständigkeit (§ 16) eine zeitliche Grenze für die Zuständigkeitsprüfung auf. Ist bis dahin die Unzuständigkeit der allg. StrK nicht entdeckt o. nicht geltend gemacht worden, so entscheidet sie auch in Sachen, für die eine bes. StrK nach § 74e GVG zuständig ist. Sie wird hierfür v. Rechts wegen zuständig. Daraus folgt aber nicht, dass alle StrKn des LG eine einheitliche sachliche Zuständigkeit haben (**aM** OLG Celle MDR 1986, 953); denn § 6a hat die Zuständigkeitsregelung der §§ 74 ff. GVG nicht beseitigt (Meyer-Goßner DRiZ 1989, 300).

Im **Verhältnis zwischen Erwachsenengericht u. Jugendgericht** besteht keine dem § 6a entspr. Vorschr.; die Zuständigkeit muss daher immer vAw geprüft werden (BGHSt 30, 260; BGH StraFo 2010, 466 mwN; erg. → Vor § 1 Rn. 11; → § 6 Rn. 6); das gilt auch dann, wenn die JugK ihre Zuständigkeit im Eröffnungsverfahren verneint u. das Hauptverfahren vor einer anderen Strafkammer eröffnet hatte, sich aber dort in der HV die jugendgerichtliche Zuständigkeit herausstellt (BGHSt 47, 311). 2

B. Von Amts wegen (S. 1). Von Amts wegen (S. 1) wird die **Zuständigkeit nur bis** zur Eröffnung des Hauptverfahrens (§ 203), dh bis zum Erlass des Eröffnungsbeschlusses (§ 207) bzw. bei den bes. Verfahrensarten dem entspr. Zeitpunkt (vgl. → § 16 Rn. 2; → § 28 Rn. 6). Die Prüfung hat auch die StrK mit bes. Zuständigkeit vorzunehmen, bei der die Anklage erhoben ist; der Grundsatz des § 269 gilt nicht entspr. (Bohnert Strafprozessuale Revision S. 36; Rieß NJW 1979, 1536). Sie prüft, ob an ihrer Stelle eine allg. StrK o. eine nach § 74e GVG vor- oder nachrangige StrK mit bes. Zuständigkeit zuständig ist. Die allg. StrK, bei der die Anklage erhoben ist, muss prüfen, ob u. ggf. an welche bes. StrK die Sache abzugeben ist. 3

C. Einwand des Angeklagten (S. 2, 3). Der Einwand des Angeklagten (S. 2, 3) kann **ohne nähere Begründung** die Zuständigkeit einer allg. o. einer nach § 74e GVG vor- oder nachrangigen bes. StrK geltend gemacht werden. Allerdings wird die Frage, ob zur Beurteilung des Falles bes. Kenntnisse des Wirtschaftslebens erforderlich sind u. daher nach § 74c Abs. 1 Nr. 6 GVG eine Wirtschafts-StrK zuständig ist, nach hM auf den Einwand nicht geprüft (KK-StPO/Geilhorn Rn. 13; Löwe/Rosenberg/Stuckenberg § 209a Rn. 47; erg. → § 338 Rn. 33; → GVG § 74c Rn. 10). 4

I. Zum Einwand befugt (S. 2). Zum Einwand befugt (S. 2) ist nicht nur der Angeklagte, dem der Beschuldigte im Sicherungsverfahren nach §§ 413 ff. u. die Nebenbeteiligten (→ Einl. Rn. 73) gleichstehen, sondern auch der Erziehungsberechtigte u. der ges. Vertreter (§§ 67 Abs. 1, 103 Abs. 2 S. 2, 3 **JGG**). Der Verteidiger kann den Einwand für den Angeklagten erheben, aber nicht aus eigenem Recht (erg. → § 297 Rn. 1). Der Einwand des StA o. eines anderen Verfahrensbeteiligten ist nur eine Anregung für die vAw vorzunehmende Prüfung nach S. 1 (→ Rn. 2). Nach Eröffnung des Hauptverfahrens ist er daher unbeachtlich. 5

II. Zulässiger Zeitraum (S. 3). Der Einwand kann schon im Eröffnungsverfahren geltend gemacht (§ 201 Abs. 1) u. dann nach Eröffnung des Hauptverfahrens wiederholt werden (Meyer-Goßner NStZ 1981, 169). Auch der vor Beginn der HV erhobene Einwand kann in der HV erneut erhoben werden (Meyer-Goßner NStZ 1987, 169 (170)); das ist jedoch nicht erforderlich, wenn er nicht beschieden worden ist. 6

Nach **Beginn der Vernehmung des Angeklagten** zur Sache kann der Einwand nicht mehr erhoben werden. Maßgebend ist der Zeitpunkt, in dem der Angeklagte nach der Belehrung nach § 243 Abs. 5 S. 1 erklärt hat, ob er sich äußern o. nicht zur Sache aussagen wolle (BGH NStZ 1984, 128); der Einwand muss vor jeder weiteren Erkl. geltend gemacht werden. Danach ist er schlechthin 7 unzulässig; da es sich um eine Ausschlussfrist handelt, ist Wiedereinsetzung nach § 44 ausgeschlossen (KK-StPO/Geilhorn Rn. 8; erg. → § 44 Rn. 3). Wenn der Einwand nicht rechtzeitig erhoben wird, tritt eine **Zuständigkeitsperpetuierung** ein, die durch eine nachträgliche Änd. der Sachlage o. der rechtlichen Beurteilung nicht mehr beseitigt werden kann (BGH NStZ 2009, 404). Das gilt auch dann, wenn die Umstände, die die Zuständigkeit einer besonderen StrK nach § 74e GVG begründen, erst nach Erlass des Eröffnungsbeschlusses bekannt geworden (BGHSt 30, 187) o. nach Beginn der Sachvernehmung des Angeklagten eingetreten sind (BGHSt 30, 187: Tod des Opfers einer in den Katalog des § 74 Abs. 2 GVG fallenden Tat; Rieß NJW 1978, 2266). Dass damit ggf. auch eine nur mit 2 Berufsrichtern besetzte StrK (§ 76 Abs. 2 GVG) in einer SchwG-Sache entscheidet, muss hingenommen werden (Schlothauer StV 2012, 751).

8 Findet die **HV gegen mehrere Angeklagte** statt, so kann jeder den Einwand bis zum Beginn seiner Vernehmung zur Sache geltend machen, auch wenn ein Mitangeklagter ihn durch Säumnis verloren hat. Der Angeklagte, der zu einem gleich lautenden Einwand eines Mitangeklagten nach § 33 Abs. 2 gehört worden ist, sich ihm aber nicht angeschlossen hat, kann den Einwand aber nicht mehr erheben (Löwe/Rosenberg/Erb Rn. 15).

9 Bei einer **HV in Abwesenheit des Angeklagten** tritt der Ausschluss des Einwands, den der nach § 140 Abs. 1 Nr. 1 stets mitwirkende Verteidiger erheben kann, zu dem Zeitpunkt ein, in dem die Verfahrenshandlung vorgenommen wird, die dem Beginn der Sachvernehmung des Angeklagten entspricht. Das ist der Beginn der in §§ 231a Abs. 1 S. 2, 232 Abs. 3, 233 Abs. 2 S. 1, 415 Abs. 2 S. 1 vorgeschriebenen Verlesung der Niederschrift über die Vernehmung des Angeklagten. Ist der Einwand schon bei dieser Vernehmung erhoben worden, so ist er rechtzeitig angebracht, ohne dass es auf den Zeitpunkt der Verlesung ankommt.

10 **Für den Ausschluss des Einwands** ist immer die 1. HV in der Sache maßgebend. Die Befugnis zum Einwand lebt nicht wieder auf, wenn nach Aussetzung der HV (§ 228 Abs. 1 S. 1) o. nach Zurückverweisung der Sache (§§ 328 Abs. 2, 354 Abs. 2, Abs. 3, 355) eine neue HV stattfindet (Meyer-Goßner NStZ 1981, 171; erg. → § 16 Rn. 3). Nur bei Wiedereinsetzung in den vorigen Stand nach § 235 entsteht die Befugnis zum Einwand v. neuem.

11 **III. Form. Vor Beginn der HV** kann der Einwand schriftlich (→ Einl. Rn. 128) o. zu Prot. der Geschäftsstelle (→ Einl. Rn. 131 ff.) erhoben werden. **In der HV** ist er mündlich geltend zu machen; er wird in der Sitzungsniederschrift beurkundet (§ 273 Abs. 1).

12 **D. Verfahren bei Unzuständigkeit. Stellt sich die Unzuständigkeit** bei Eröffnung des HV heraus, so gelten die §§ 209, 209a Nr. 1 (→ § 209a Rn. 4 ff.). Vor Beginn der HV wird nach § 225a Abs. 4 verfahren (→ § 225a Rn. 25 ff.). Ist ein begründeter Einwand in der HV erhoben worden, so verweist das Gericht die Sache nach § 270 Abs. 1 S. 1 (→ § 270 Rn. 12 ff.) an das zuständige Gericht. Die Entsch. des Gerichts ergeht nach Anhörung der Verfahrensbeteiligten (§ 33 Abs. 1, Abs. 2).

13 **E. Berufungsverfahren.** Im Berufungsverfahren ist **§ 6a entspr. auf den Fall anzuwenden,** dass im 1. Rechtszug ein SchG über eine Wirtschaftsstraftat iSd § 74c Abs. 1 GVG entschieden hat.

14 Nach dieser Vorschr. iVm § 76 Abs. 1 S. 1 GVG ist dann eine **kleine StrK als WirtschaftsStrK** das zuständige Berufungsgericht (→ GVG § 74c Rn. 6). Wird die Sache nicht ihr, sondern der allgemeinen StrK nach § 321 S. 2 vorgelegt, so prüft diese ihre Zuständigkeit bis zur Beendigung des Vortrags des Berichterstatters nach § 324 Abs. 1 S. 1 (Löwe/Rosenberg/Erb Rn. 22; KMR-StPO/v. Heintschel-Heinegg Rn. 6; Meyer-Goßner NStZ 1981, 172; **aM** bis zum Beginn: SK-StPO/Weßlau/Weißer Rn. 3; Rieß JR 1982, 515 übersieht, dass anders als bei unzulässiger Berufung eine unterbliebene Beratung der StrK dann in der HV nicht mehr nachholbar wäre); der Angeklagte kann den Einwand der Unzuständigkeit der allgemeinen StrK entspr. S. 3 bis zum Beginn seiner Vernehmung zur Sache

geltend machen (OLG Düsseldorf JR 1982, 514; → Vor § 1 Rn. 6). Ist der Einwand berechtigt, so verweist die allg. StrK die Berufungssache nach §§ 270 Abs. 1 S. 2, 332 an die WirtschaftsStrK (Meyer-Goßner NStZ 1981, 173). Die Bestimmung des zuständigen Gerichts nach den §§ 14, 19 ist in einem solchen Fall entbehrlich u. daher unzulässig (OLG Düsseldorf wistra 1995, 362 mwN). Entsprechendes gilt für den umgekehrten Fall, dass die Sache auf die Berufung der unzuständigen WirtschaftsStrK vorgelegt wird. Sie gibt das Verf. entspr. §§ 209, 209a, 225a Abs. 4 S. 2 mit bindender Wirkung an die allg. StrK ab (OLG Celle Nds. Rpfl. 1987, 257).

Stellt sich in **Strafsachen anderer Art** erst aufgrund der Beweisaufnahme in der 15
Berufungsverhandlung heraus, dass eine sachliche Zuständigkeit des SchG nicht bestanden hat u. eine StrK mit bes. Zuständigkeit zuständig ist, so gilt § 328 (→ § 328 Rn. 9).

F. Anfechtung. Eine **Beschwerde** des Angeklagten ist nicht zulässig; denn der 16
vor o. in der HV ergangene Beschl., mit dem der Einwand der Unzuständigkeit abgelehnt worden ist, ist unanfechtbar (§§ 201 Abs. 2 S. 2, 210 Abs. 1, 305 S. 1). Mit der **Revision** kann der Angeklagte die Verwerfung des Einwands im Eröffnungsverfahren ebenfalls nicht beanstanden (§ 336 S. 2). Wenn er ihn nach Eröffnung des Hauptverfahrens ohne Erfolg geltend gemacht hat, kann er die Rüge nach § 338 Nr. 4 erheben (→ § 338 Rn. 33), nicht aber die StA zu seinen Gunsten (Löwe/Rosenberg/Erb Rn. 28; Bohnert Strafprozessuale Revision S. 35; **aM** KK-StPO/Geilhorn Rn. 13). Aus der Revisionsbegründung muss dann hervorgehen, dass der Einwand rechtzeitig erhoben worden war (BGH GA 1980, 255; OLG Düsseldorf VRS 71, 366).

Zweiter Abschnitt. Gerichtsstand

Vorbemerkung zu § 7

A. Gerichtsstand. Der Gerichtsstand ist die **örtliche Zuständigkeit** im 1. 1
Rechtszug für die Untersuchung u. Entsch. einer Strafsache; v. ihr hängt nach § 143 Abs. 1 GVG die örtliche Zuständigkeit der StA ab. Die örtliche Zuständigkeit für einzelne richterliche Untersuchungshandlungen ist jew. im G bestimmt (vgl. §§ 98 Abs. 2 S. 3, 4, 100 Abs. 4 S. 1, 125 Abs. 1, 126 Abs. 1 S. 1, 162 Abs. 1 S. 1, 2, § 157 GVG). Die Zuständigkeit des Rechtsmittelgerichts richtet sich nach dem Gericht, dessen Entsch. angefochten wird.

Hauptgerichtsstände sind die des Tatorts (§§ 7 Abs. 1, 10), des Wohnsitzes 2
(§§ 8 Abs. 1, 11) u. des Ergreifungsorts (§ 9).

Nur **subsidiär** gelten die Gerichtsstände des gewöhnlichen Aufenthalts u. des 3
letzten inländischen Wohnsitzes (§ 8 Abs. 2) sowie der Gerichtsstand Hamburg bei im Bereich des Meeres begangenen Straftaten (§ 10a). Fehlt ein Gerichtsstand, so kann er v. BGH bestimmt werden (§ 13a). Bei Verhinderung des zuständigen Gerichts gilt § 15, in Eilfällen § 21.

Besondere Gerichtsstände sind die der Presse (§ 7 Abs. 2) u. des Zusammen- 4
hangs (§ 13). An den Gerichtsstandsbestimmungen hat die BayGZVJu (GVBl. 1988, 6) nichts geändert (BGHSt 35, 344).

B. Sonderfälle. Sonderfälle der örtlichen Zuständigkeit regeln §§ 388 5
Abs. 1, 441 Abs. 1 S. 2 und § 444 Abs. 3 S. 2. Im Jugendstrafverfahren gilt ergänzend § 42 Abs. 1 **JGG.** In Binnenschifffahrtssachen iS § 2 Abs. 3 Buchst. a BinSchVfG ist das Gericht des Tatorts ausschl. zuständig (§ 3 Abs. 3 S. 1 BinSchVfG; § 14 GVG; dazu OLG Nürnberg NStZ-RR 1997, 271). Für Straftaten nach § 7 des G zur vorl. Regelung der Rechte am Festlandsockel v. 24.7.1964 (BGBl. I 497) ist nach § 12 dieses Gesetzes das AG Hamburg zuständig. Entsprechendes gilt für Straftaten nach Art. 2 Gesetz zu dem Europäischen Übereinkommen vom 22. Januar 1965 zur Verhütung von Rundfunksendungen, die von Sende-

stellen außerhalb der staatlichen Hoheitsgebiete gesendet werden, v. 26.9.1969 (BGBl. I 2274), zul. geänd. durch Art. 263 EGStGB, nach Art. 4 dieses Gesetzes.

6 **C. Zuständigkeitskonzentrationen.** Die LJV kann nach §§ 58, 157 Abs. 2 GVG, § 4 Abs. 1 BinSchVfG für den Bezirk mehrerer AGe einem v. ihnen die Entsch. in Strafsachen ganz o. teilw. zuweisen. Für WirtschaftsStrKn, SchwurGe u. StVollstrKn kann die Zuständigkeit eines LG für den Bezirk mehrerer LGe bestimmt werden (§§ 74c Abs. 3, Abs. 4, 74d, 78 Abs. 1 GVG). Das AG am Sitz des LG ist örtlich zuständig nach § 391 Abs. 1, 2 **AO,** § 38 Abs. 1 AWG, § 38 Abs. 1 MOG, § 13 Abs. 1 WiStG. Das LG im Bezirk des OLG ist zuständig für die in § 74a GVG bezeichneten Staatsschutzsachen, das OLG, in dessen Bezirk die Landesregierung ihren Sitz hat, für die Staatsschutzsachen nach § 120 Abs. 1 GVG.

7 **D. Prozessvoraussetzung.** Eine Prozessvoraussetzung (→ Einl. Rn. 141 ff.) ist die örtliche Zuständigkeit, aber nur eine kurzlebige (→ § 16 Rn. 1). **Das Gericht prüft sie vAw nur** bis zur Eröffnung des Hauptverfahrens (§ 16 S. 1), wobei es genügt, wenn im Zeitpunkt der Eröffnungsentscheidung hinreichende Anhaltspunkte für die Zuständigkeit vorliegen (BGH NStZ 2013, 300; 2014, 475). Danach darf es sich nur auf Einwand des Angeklagten für unzuständig erklären (§ 16 S. 2).

8 Die **Verweisung** des Verfahrens an das zuständige Gericht lässt das G im Bereich der örtlichen Zuständigkeit für den 1. Rechtszug nicht zu; das unzuständige Gericht muss das Verf. einstellen (→ § 16 Rn. 4). Nur in den Rechtsmittelzügen ist die Verweisung an das zuständige Gericht nach §§ 328 Abs. 2, 355 zulässig.

9 Die **Übertragung** der Sache v. einem zuständigen Gericht auf ein anderes sehen § 12 Abs. 2, § 42 Abs. 3 **JGG** vor (letztere Vorschr. nicht anwendbar im Verf. nach § 76 Abs. 1 **JGG,** s. BGH NStZ 2019, 679 mwN).

10 **E. Wahlrecht der StA.** Wenn nach den §§ 7 ff. (o. auch innerhalb des § 7 iVm § 9 StGB) **mehrere Gerichte örtlich zuständig** sind, kann die StA (auch der Privatkläger) wählen, bei welchem dieser Gerichte sie die Anklage erheben will (BGHSt 10, 391 (392); 21, 212 (215); 21, 247 (249); 26, 374; BayObLG NJW 1987, 3091); sie bestimmt dadurch das zuständige Gericht. Das verstößt nicht gegen Art. 101 Abs. 1 S. 2 GG (BGH BeckRS 1975, 160; **aM** SK-StPO/Weßlau/Weißer Rn. 8 f.; Ignor FS Schlothauer, 2018, 117 spricht v. einem „pflichtgemäß auszuübenden Ermessen" der StA; vgl. auch Nr. 2 Abs. 1 RiStBV), sofern die Wahl nicht willkürlich erfolgt (vgl. BGH BeckRS 2021, 40528; so geschehen im Fall OLG Hamm NStZ-RR 1999, 16). Das Wahlrecht d. StA wird auch durch d. Bestehen mehrerer Gerichtsstände für einen o. mehrere Angekl. nicht eingeschränkt (BGH BeckRS 2021, 40528). Eine bereits getroffene Wahl kann die StA, solange das Hauptverfahren nicht eröffnet ist, dadurch ändern, dass sie die öffentl. Klage zurücknimmt (§ 156) u. bei einem anderen Gericht erhebt (BGHSt 21, 247 (249)). Die Wahl der StA kann nur iRd § 16 überprüft werden (vgl. BGH NStZ 2008, 695: „grundsätzlich nicht überprüfbar"; OLG Hamm NStZ-RR 1999, 16; Lange NStZ 1995, 111; **aM** Ignor FS Schlothauer, 2018, 122; Strubel/Sprenger NJW 1972, 1738).

Gerichtsstand des Tatortes **Nr. 2, 250 RiStBV**

7 (1) **Der Gerichtsstand ist bei dem Gericht begründet, in dessen Bezirk die Straftat begangen ist.**

(2) [1] **Wird die Straftat durch den Inhalt einer im Geltungsbereich dieses Bundesgesetzes erschienenen Druckschrift verwirklicht, so ist als das nach Absatz 1 zuständige Gericht nur das Gericht anzusehen, in dessen Bezirk die Druckschrift erschienen ist.** [2] **Jedoch ist in den Fällen der Beleidigung, sofern die Verfolgung im Wege der Privatklage stattfindet, auch das Gericht, in dessen Bezirk die Druckschrift verbreitet worden ist, zuständig, wenn in diesem Bezirk die beleidigte Person ihren Wohnsitz oder gewöhnlichen Aufenthalt hat.**

A. Gerichtsstand des Tatorts (Abs. 1). Der Gerichtsstand des Tatorts (Abs. 1) ist **einer der 3 Hauptgerichtsstände** (→ Vor § 7 Rn. 2). 1

Tatort ist nach § 9 Abs. 1 StGB jeder Ort, „an dem der **Täter** gehandelt hat oder im Falle des Unterlassens hätte handeln müssen oder an dem der zum Tatbestand gehörende Erfolg eingetreten ist oder nach der Vorstellung des Täters eintreten sollte". Erfolg idS ist nicht jede Auswirkung der Tat, sondern nur solche Tatfolgen, die für die Verwirklichung des Tatbestandes erheblich sind (Fischer/Fischer StGB § 9 Rn. 8); nach Vollendung der Tat hinzutretende Orte, an denen ihre Folgen lediglich „spürbar werden" begründen dagegen keinen Tatort (OLG Hamburg StraFo 2015, 284; vgl. auch OLG Köln StraFo 2009, 162). Bei einer Tatbegehung in mittelbarer Täterschaft ist Tatort sowohl der Betätigungsort des mittelbaren Täters als auch jeder Ort, an dem die Mittelsperson gehandelt hat o. der Erfolg eingetreten ist (BGH wistra 1991, 135). Damit kann sich eine Vielzahl v. Tatorten für eine Tat ergeben (dazu eing. Rotsch ZIS 2006, 17). 2

Bei „reinen" **Äußerungsdelikten im Internet** wird der Handlungsort durch den Aufenthaltsort des Täters bestimmt und nicht auch dort, wo die durch mediale Übertragung transportierte Handlung ihre Wirkung entfaltet (BGH NStZ 2015, 81; Busching MMR 2015, 295 (298) zu praktischen Problemen bei der Anknüpfung an den Begehungsort). Äußerungsdelikte im Internet, die – wie etwa § 185 StGB oder § 130 Abs. 1, Abs. 3 StGB – einen „Erfolg" aufweisen, begründen wegen ihrer weltweiten Abrufbarkeit grds. überall einen Erfolgsort u. damit einen Tatort iSv Abs. 1; die Frage nach den aus Gründen der Praktikabilität unerlässlichen Einschränkungen bei der Anwendung des § 9 Abs. 1 StGB ist allerdings bislang noch ungeklärt (s. Busching MMR 2015, 295 (298 f.)). 2a

Tatort für die **Teilnahme** ist nach § 9 Abs. 2 S. 1 StGB jeder Ort, „an dem die Tat begangen ist oder der Teilnehmer gehandelt hat oder im Falle des Unterlassens hätte handeln müssen oder an dem nach seiner Vorstellung die Tat begangen werden sollte". Bei versuchter Beteiligung begründet auch der Begehungsort des in Aussicht genommenen Verbrechens einen Tatort (Lackner/Kühl/Heger/Heger StGB § 9 Rn. 3). Begünstigung (§ 257 StGB), Strafvereitelung (§§ 258, 258a StGB) u. Hehlerei (§§ 259, 260 StGB) sind keine Teilnahmetaten u. daher nicht stets am Ort der Vortat begangen. 3

Der **zum Tatbestand gehörende Erfolg** iS § 9 StGB umfasst nur solche Tatfolgen, die für die Verwirklichung des Deliktstatbestandes erheblich sind (BGHSt 51, 29). Wird durch ein schädigendes Ereignis das Vermögen als Ganzes betroffen, tritt der Nachteil an dem Ort ein, an dem der Geschädigte sein Gesamtvermögen verwaltet; das ist, wenn keine gegenteiligen Anhaltspunkte vorliegen, regelmäßig der (Wohn-)Sitz des Geschädigten (BGH NStZ-RR 2026, 52). Bei Falschaussage (§§ 153, 154 StGB) eines nach § 223 vernommenen Zeugen ist die Tat auch an dem Ort begangen, an dem das Hauptverfahren geführt wird. Bei konkreten Gefährdungsdelikten ist Erfolg iS § 9 Abs. 1 StGB der Eintritt der Gefahr (Fischer/Fischer StGB § 9 Rn. 12). Dagegen ist bei abstrakten Gefährdungsdelikten eine konkret eingetretene Gefahr kein tatbestandsmäßiger Erfolg; der Ort, an dem sie eingetreten ist, begründet keinen Gerichtsstand (str., vgl. Fischer/Fischer StGB § 9 Rn. 13; zu reinen Äußerungsdelikten im Internet s. BGH NStZ 2015, 81 sowie → Rn. 2). Bei einem Tätigkeitsdelikt (zB Handeltreiben mit Betäubungsmitteln) ist allein auf den Handlungsort abzustellen (BGH StraFo 2011, 271). 4

Liegt der Tatort **außerhalb des Geltungsbereichs** der StPO, so kommen nur die Gerichtsstände nach §§ 8–11, 13, 13a in Betracht. 5

B. Gerichtsstand der Presse (Abs. 2). I. „Fliegender Gerichtsstand der Presse". Der „fliegende Gerichtsstand der Presse", der aus Abs. 1 folgen würde (BGHSt 11, 56 (59)), wird durch Abs. 2 S. 1 für die in der BRD erscheinenden Druckschriften durch den Gerichtsstand des Erscheinungsorts ersetzt; die übrigen Gerichtsstände bleiben unberührt (vgl. auch Nr. 250 RiStBV). Lässt sich der **Erscheinungsort der Druckschrift nicht feststellen,** so gilt Abs. 1 mit der Folge, dass jedes Gericht zuständig ist, in dessen Bezirk das Presseinhaltsdelikt – zB 6, 7 durch Verbreiten – begangen wurde (BGHSt 43, 122; LG Mainz JBlRP 2003, 288). Für Druckschriften, die im Ausland erscheinen, gilt Abs. 1; ein Gerichtsstand ist an jedem Verbreitungsort begründet. Abs. 2 ist entspr. auf Ton- u. Fernsehrundfunkanstalten anzuwenden (Löwe/Rosenberg/Erb Rn. 12 ff.; LG Landshut NStZ-RR 1999, 367).

8 **II. Druckschriften. Druckschriften iS Abs. 2 S. 1 sind** nach der in den Landespressegesetzen üblichen Legaldefinition alle mittels der Buchdruckerpresse o. eines sonstigen zur Massenherstellung geeigneten Vervielfältigungsverfahrens hergestellten u. zur Verbreitung bestimmten Schriften, besprochenen Tonträger, bildlichen Darst. u. Musikalien mit Text o. Erläuterungen. Um periodische Druckschriften (→ § 111n Rn. 2) braucht es sich nicht zu handeln. Auf welchem Stoff die Vervielfältigung vorgenommen worden ist, spielt keine Rolle. Für die Verbreitung v. Schriften, die nicht unter Abs. 2 fallen, ist Tatort auch jeder Beförderungs- u. Unterwegsort (Wagner MDR 1961, 93).

9 **III. Erscheinungsort.** Als Erscheinungsort wurde früher der Ort angesehen, an dem die Druckschrift mit dem Willen des Verfügungsberechtigten die Stätte ihrer Herstellung zum Zweck der Verbreitung verlässt; richtigerweise ist aber idR auf die Geschäftsniederlassung des Verlegers bzw. des verantwortlichen Redakteurs abzustellen (Löwe/Rosenberg/Erb Rn. 21). Auch mehrere Erscheinungsorte sind möglich. Das Erscheinen setzt voraus, dass die **Druckschrift einem größeren Personenkreis zugänglich** gemacht werden soll (vgl. BGHSt 13, 257).

10 **IV. Presseinhaltsdelikte. Nur für Presseinhaltsdelikte** gilt Abs. 2 S. 1, dh für in der Druckschrift enthaltene Äußerungen, deren Kundgebung gegen das Strafrecht verstößt (Löwe/Rosenberg/Erb Rn. 18). Welcher Art diese Straftat ist, spielt keine Rolle; unter Abs. 2 S. 1 fallen insbes. auch Straftaten nach § 184 StGB (OLG Hamm MDR 1952, 441) u. § 353b Abs. 1 StGB.

11 **V. Privatklage wegen Beleidigung. Für eine Privatklage wegen Beleidigung** nach §§ 185–187a, 189 StGB ist nach Abs. 2 S. 2 außer dem AG am Erscheinungsort auch das AG am Verbreitungsort zuständig, wenn die beleidigte Person in dessen Bezirk zzt. der Klageerhebung ihren Wohnsitz (→ § 8 Rn. 1) o. gewöhnlichen Aufenthalt (→ § 8 Rn. 2) hat. Verbreitungsort ist der Ort, an dem die Druckschrift einem größeren Personenkreis zugänglich gemacht wird. Ist die Privatklage bei dem für diesen Ort zuständigen AG erhoben worden, so wird das Verf. dort fortgesetzt, wenn die StA nach § 377 Abs. 2 die Verfolgung übernimmt (BGHSt 11, 56).

Gerichtsstand des Wohnsitzes oder Aufenthaltsortes

8 (1) **Der Gerichtsstand ist auch bei dem Gericht begründet, in dessen Bezirk der Angeschuldigte zur Zeit der Erhebung der Klage seinen Wohnsitz hat.**

(2) **Hat der Angeschuldigte keinen Wohnsitz im Geltungsbereich dieses Bundesgesetzes, so wird der Gerichtsstand auch durch den gewöhnlichen Aufenthaltsort und, wenn ein solcher nicht bekannt ist, durch den letzten Wohnsitz bestimmt.**

1 **A. Gerichtsstand des Wohnsitzes (Abs. 1).** Der Gerichtsstand des Wohnsitzes (Abs. 1) gehört zu den **Hauptgerichtsständen** (→ Vor § 7 Rn. 2). Der Wohnsitz bestimmt sich nach den §§ 7–11 BGB, bei Berufs- u. Zeitsoldaten nach § 9 BGB. Der Annahme eines Wohnsitzes steht nicht entgegen, dass der Täter in einem Hotel wohnt o. längere Zeit abwesend ist. Es kommt nur darauf an, dass er sich an dem Ort niedergelassen hat (LG Frankfurt a. M. StV 1988, 381), gleichviel, ob er sich dessen bewusst war, damit im Rechtssinn einen Wohnsitz zu begründen (BVerfGE 8, 81 (86)). Das Innehaben einer Wohnung ist ein Indiz, aber nicht allein ausschlaggebend (vgl. → § 37 Rn. 8). Bei mehrfachem Wohnsitz besteht ein mehrfacher Gerichtsstand nach § 8.

Maßgebend ist stets der **Wohnsitz zzt. der Erhebung der Klage;** der Wohnsitz zu einem früheren Zeitpunkt ist ebenso unbeachtlich wie spätere Änd., auch wenn sie noch vor Erlass des Eröffnungsbeschlusses eintreten (SK-StPO/Weßlau/Weißer Rn. 7). Vgl. erg. § 11. 2

B. Gerichtsstand des gewöhnlichen Aufenthalts (Abs. 2). Der Gerichtsstand des gewöhnlichen Aufenthalts (Abs. 2) zzt. der Erhebung der Klage ist ein **Nebengerichtsstand für den Fall,** dass ein Wohnsitz in der BRD o. im Land Berlin nicht besteht. Der gewöhnliche Aufenthalt muss im Geltungsbereich der StPO gelegen sein (OLG Köln JMBl. NRW. 1978, 113); er besteht an dem Ort, an dem sich jemand freiwillig ständig o. für längere Zeit, wenn auch nicht ununterbrochen, aufhält, ohne dort seinen Wohnsitz zu begründen. Die zwangsweise Unterbringung in einem Krankenhaus, einer JVA, einer Heilanstalt uÄ begründet den gewöhnlichen Aufenthalt auch dann nicht, wenn sie für längere Dauer berechnet ist. Ein mehrfacher gewöhnlicher Aufenthalt ist begrifflich ausgeschlossen. 3

C. Gerichtsstand des letzten Wohnsitzes (Abs. 2). Der Gerichtsstand des letzten Wohnsitzes (Abs. 2) ist **Ersatzgerichtsstand für den Fall,** dass kein Gerichtsstand des Wohnsitzes besteht u. der gewöhnliche Aufenthalt nicht bekannt ist o. im Ausland liegt. 4

Gerichtsstand des Ergreifungsortes

9 **Der Gerichtsstand ist auch bei dem Gericht begründet, in dessen Bezirk der Beschuldigte ergriffen worden ist.**

A. Gerichtsstand des Ergreifungsorts. Der Gerichtsstand des Ergreifungsorts steht **grds. gleichwertig neben den anderen Hauptgerichtsständen nach §§ 7 und 8** (→ Vor § 7 Rn. 2; MüKoStPO/Ellbogen Rn. 1; **aM** OLG Hamm NStZ-RR 1999, 16; SK-StPO/Weßlau/Weißer Rn. 1). Praktische Bedeutung hat er va bei Auslandstaten u. bei Taten, deren Begehungsort nicht eindeutig feststeht. Besteht ein gemeinsames AG (§ 58 Abs. 1 GVG), so ist es auch dann Ergreifungsort, wenn der Beschuldigte im Bezirk eines der anderen AGe ergriffen worden ist. Maßgebend ist stets der Ergreifungs-, nicht der spätere Verwahrungsort. 1

Ergreifung ist jede befugte u. gerechtfertigte Festnahme durch Beamte o. Privatpersonen zum Zweck der Strafverfolgung, insbes. nach § 127 Abs. 1 und Abs. 2. Führt die Ergreifung nicht zum Erlass eines Haftbefehls (§§ 125, 128 Abs. 2 S. 2), wird ein Gerichtsstand nach § 9 gleichwohl begründet, wenn ein Ermittlungsverfahren eingeleitet wird (BGHSt 44, 347). Wird der Beschuldigte aufgrund eines Haftbefehls festgenommen, so handelt es sich auch dann um eine Ergreifung iS § 9, wenn er alsbald flüchtet (OLG Köln JMBl. NRW. 1978, 113). Ergriffen iSd § 9 wird der Beschuldigte auch dann, wenn er sich den Strafverfolgungsbehörden stellt (SK-StPO/Weßlau/Weißer Rn. 2). Es muss sich aber um eine Ergreifung des „Beschuldigten" handeln. Auch die Festhaltung des Beschuldigten u. seine anschließende Vernehmung als Beschuldigter mit der Unterzeichnung einer Zustellungsvollmacht stellt ein Ergreifen dar (BGH BeckRS 2011, 6849). Bei Auslieferung ist der Ort des Grenzübergangs maßgebend (BGH NStZ-RR 2007, 114). 2

Daher genügt noch nicht das **vorübergehende Festhalten** des bloß Verdächtigen im Identitätsfeststellungsverfahren nach §§ 163b, 163c. Diese „Ergreifung" kann den Gerichtsstand nur begründen, wenn sie alsbald zur Einleitung des Ermittlungsverfahrens gegen den Verdächtigen führt u. dieser dadurch noch während seiner Festhaltung Beschuldigter wird (Löwe/Rosenberg/Erb Rn. 7). 3

Die Zuständigkeit des § 9 erstreckt sich **auf andere Straftaten,** die der Beschuldigte vor seiner Ergreifung begangen, derentwegen die Ergreifung aber nicht stattgefunden hat (BGH NStZ-RR 2007, 114), auch wenn der Beschuldigte sich nach seiner Ergreifung ununterbrochen in UHaft u. nachf. Strafhaft befunden hat (OLG München MDR 1956, 566). 4

5 Für **künftige Taten** begründet die vorangegangene Ergreifung keinen Gerichtsstand.

6 **B. Spätere Änderungen. Spätere Änderungen der Haftumstände** heben den einmal begründeten Gerichtsstand nach § 9 wegen derselben Tat nicht auf. Das gilt insbes., wenn der Beschuldigte entweicht o. (wegen Fortfalls des dringenden Tatverdachts o. der Haftgründe des § 112 Abs. 2) aus der Haft entlassen wird. Bei einer erneuten Ergreifung wird abermals ein Gerichtsstand nach § 9 begründet, der den früheren aber unberührt lässt (Löwe/Rosenberg/Erb Rn. 9). Der spätere Austausch der Grdl. der Haft durch Erlass eines Haftbefehls begründet keinen weiteren Gerichtsstand nach § 9, sofern sich der Beschuldigte im ununterbrochenen Gewahrsam der Justiz befindet (OLG Karlsruhe NZWiSt 2019, 240).

Gerichtsstand bei Auslandstaten auf Schiffen oder in Luftfahrzeugen

10 (1) **Ist die Straftat auf einem Schiff, das berechtigt ist, die Bundesflagge zu führen, außerhalb des Geltungsbereichs dieses Gesetzes begangen, so ist das Gericht zuständig, in dessen Bezirk der Heimathafen oder der Hafen im Geltungsbereich dieses Gesetzes liegt, den das Schiff nach der Tat zuerst erreicht.**

(2) **Absatz 1 gilt entsprechend für Luftfahrzeuge, die berechtigt sind, das Staatszugehörigkeitszeichen der Bundesrepublik Deutschland zu führen.**

1 **A. Straftaten auf deutschen Schiffen u. Luftfahrzeugen.** Für Straftaten auf deutschen Schiffen u. Luftfahrzeugen gilt nach § 4 StGB das **deutsche Strafrecht** unabhängig v. Recht des Tatorts. § 10 regelt den Gerichtsstand für den Fall, dass die Tat auf einem solchen Fahrzeug begangen wird, während es sich außerhalb des Geltungsbereichs der StPO, insbes. außerhalb der Zwölfmeilenzone (erg. → § 10a Rn. 2; vgl. Fischer/Fischer StGB Vor §§ 3–7 Rn. 13), auf offener See o. in einem ausl. Hafen, befindet (BGHSt 53, 265). Liegt der Tatort ausschl. im Geltungsbereich der StPO, so gilt nur § 7; liegt er sowohl innerhalb als auch außerhalb dieses Geltungsbereichs, so stehen die Gerichtsstände nach §§ 7, 10 wahlweise zur Vfg. Von § 10 unberührt bleiben auch die Gerichtsstände der §§ 8, 9, 11 und 13.

2 **B. Schiffe. Schiffe iSv Abs. 1 sind** alle Fahrzeuge, die nach §§ 1, 2, 10, 11, 14 FlRG zur Führung der Bundesflagge berechtigt sind (wegen der Einzelheiten vgl. BGHSt 53, 265; Löwe/Rosenberg/Erb Rn. 4 f.).

3 **Heimathafen** ist nicht der Ort, an dem das Schiffsregister geführt, sondern der Hafen, v. dem aus mit dem Schiff die See- o. Binnenschifffahrt betrieben wird (vgl. § 480 Abs. 1 HGB, § 4 Abs. 1 SchRegO, § 8 Abs. 2 Nr. 2a VO zum FlRG v. 4.7.1990 (BGBl. I 1389). Wenn ein Binnenschiff keinen Heimathafen hat, ist der Heimatort maßgebend, notfalls der Ort der Registereintragung (§ 4 Abs. 1, Abs. 3 SchRegO).

4 **Erster Anlaufhafen** nach der Tat ist der Hafen, in dem das Schiff angelegt hat.

5 Ist das nicht der Heimathafen, so ist der **Gerichtsstand** sowohl (wahlweise) am Ort dieses Hafens als auch an dem des Heimathafens begründet.

6 **C. Luftfahrzeuge.** Für Luftfahrzeuge (Abs. 2) gilt Abs. 1 entsprechend. Was Luftfahrzeuge sind, ist in **§ 1 Abs. 2 LuftVG** bestimmt (nicht nur Flugzeuge, sondern auch Drehflügler (Hubschrauber), Luftschiffe, Segelflugzeuge, Motorsegler, Ballone u. sonstige für die Benutzung des Luftraums bestimmte Geräte).

7 Zur Führung des **Staatszugehörigkeitszeichens der BRD** u. einer bes. Kennzeichnung berechtigt u. verpflichtet sind nach § 2 Abs. 5 LuftVG die deutschen Luftfahrzeuge. Da Luftfahrzeuge nach Art. 17 des Chicagoer Abkommens über die Internationale Zivilluftfahrt v. 7.12.1944 (BGBl. 1956 II 411, 934) die Staatszugehörigkeit des Staates haben, in dem sie eingetragen sind, sind deutsche Flugzeuge die nach § 3 LuftVG, § 14 Luftverkehrs-Zulassungs-Ordnung idF v. 27.3.1999 (BGBl. I 610) in der Luftfahrzeugrolle beim Luftfahrt-Bundesamt in Braunschweig eingetragenen Flugzeuge.

Der Begriff des **Heimathafens** ist im Luftverkehrsrecht nicht bekannt. Ein Luftfahrzeug hat seinen „Heimathafen" (entspr. Abs. 1 und § 480 Abs. 1 HGB) dort, wo es zum Zweck seines Betriebs dauernd stationiert ist (Löwe/Rosenberg/Erb Rn. 9). 8

Fehlt ein solcher Ort, so ist der Gerichtsstand an dem Ort begründet, wo das Luftfahrzeug nach der Tat zuerst landet. Das gilt auch für Notlandungen außerhalb v. Flugplätzen; bei bloßen Zwischennotlandungen kommt es auf den Ort der nachf. Landung auf einem Flughafen an (Löwe/Rosenberg/Erb Rn. 10). 9

Gerichtsstand bei Auslandstaten im Bereich des Meeres

10a Ist für eine Straftat, die außerhalb des Geltungsbereichs dieses Gesetzes im Bereich des Meeres begangen wird, ein Gerichtsstand nicht begründet, so ist Hamburg Gerichtsstand; zuständiges Amtsgericht ist das Amtsgericht Hamburg.

A. Straftaten gegen die Umwelt. Nur für **Straftaten gegen die Umwelt nach §§ 324–330d StGB,** die außerhalb der BRD im Bereich des Meeres begangen werden, bestimmte die Vorschr. früher einen subsidiären Gerichtsstand. Durch G v. 2.8.1993 (BGBl. I 1407) ist die Einschränkung auf die Umweltstraftaten gestrichen worden; nunmehr besteht eine umfassende subsidiäre Zuständigkeit Hamburgs für alle außerhalb des deutschen Hoheitsgebietes im Bereich des Meeres begangenen Straftaten. Dies gilt nach Art. 7 des G seit dem Tage, an dem das Übk. der Vereinten Nationen v. 20.12.1988 gegen den unerlaubten Verkehr mit Suchtstoffen u. psychotropen Stoffen für die BRD in Kraft getreten ist; das war der 28.2.1994 (BGBl. 1993 II 1136; 1994 II 496). Die Regelung entspr. der des § 12 des G v. 24.7.1964 und des Art. 4 des G v. 26.9.1969 (vgl. → Vor § 7 Rn. 5). 1

Der **Bereich des Meeres** außerhalb der BRD umfasst die hohe See u. fremde Küstengewässer (Fischer/Fischer/Lutz StGB § 324 Rn. 4), jew. mit dem Meeresgrund u. dem Luftraum über dem Meer. Der Bereich der der BRD vorgelagerten Küstengewässer gehört bis zu 12 Seemeilen zum Gebiet der BRD (Bek. der BReg v. 11.11.1994, BGBl. I 3428; MüKoStGB/Ambos StGB § 3 Rn. 12). 2

B. Gerichtsstand Hamburg. Der Gerichtsstand Hamburg gilt nur, wenn die §§ 8–10 keinen anderen Gerichtsstand begründen. Das AG Hamburg ist bes. genannt, weil es nicht das einzige AG in Hamburg ist. 3

Gerichtsstand bei Auslandstaten exterritorialer Deutscher und deutscher Beamter

11 (1) [1]**Deutsche, die das Recht der Exterritorialität genießen, sowie die im Ausland angestellten Beamten des Bundes oder eines deutschen Landes behalten hinsichtlich des Gerichtsstandes den Wohnsitz, den sie im Inland hatten.** [2]**Wenn sie einen solchen Wohnsitz nicht hatten, so gilt der Sitz der Bundesregierung als ihr Wohnsitz.**

(2) **Auf Wahlkonsuln sind diese Vorschriften nicht anzuwenden.**

A. Wohnsitzgerichtsstand exterritorialer Deutscher u. Auslandsbeamter. Den Wohnsitzgerichtsstand exterritorialer Deutscher u. Auslandsbeamter bestimmt Abs. 1 in Erg. des § 8 Abs. 2 dahin, dass nicht der ausl. Wohnsitz maßgebend ist, sondern der **letzte Wohnsitz im Inland** (S. 1); bei dessen Fehlen gilt der Sitz der BReg als Wohnsitz (S. 2). Ob der Tatort im Inland o. Ausland liegt, ist gleichgültig. 1

Exterritoriale Deutsche gibt es nur im Ausland. Ihre Exterritorialität bestimmt sich nach Völkerrecht (vgl. §§ 18–20 GVG). 2

Deutsche Auslandsbeamte haben idR auch ihren Wohnsitz im Ausland. Für ihre Familienangehörigen bleibt es bei § 8 Abs. 2. Der Begriff des Beamten ist weit auszulegen. Maßgebend ist nicht der staatsrechtliche Beamtenbegriff, sondern der strafrechtliche nach § 11 Abs. 1 Nr. 2, 4 StGB (Löwe/Rosenberg/Erb Rn. 2). 3

4 **B. Wahlkonsuln.** Wahlkonsuln (Abs. 2) sind (Ehren-)beamte iSd § 6 Abs. 5 BBG. Sie sind aber wegen ihrer oft nur losen Verbindung zur BRD u. ihrer meist ausl. Staatsangehörigkeit v. der Regelung des Abs. 1 ausgenommen.

Gerichtsstand bei Auslandstaten von Soldaten in besonderer Auslandsverwendung

11a Wird eine Straftat außerhalb des Geltungsbereiches dieses Gesetzes von Soldatinnen oder Soldaten der Bundeswehr in besonderer Auslandsverwendung (§ 62 Absatz 1 des Soldatengesetzes) begangen, so ist der Gerichtsstand bei dem für die Stadt Kempten zuständigen Gericht begründet.

1 **A. Soldatinnen u. Soldaten der Bundeswehr.** Soldatinnen u. Soldaten der Bundeswehr unterliegen auch bei bes. Auslandsverwendung (§ 62 Abs. 1 SG) dem **deutschen Strafrecht,** das nach § 1a Abs. 2 WStG unabhängig v. Recht des Tatorts für Straftaten gilt, die v. Soldatinnen u. Soldaten der Bundeswehr während eines dienstlichen Aufenthalts o. in Beziehung auf den Dienst im Ausland begangen werden. Nach §§ 7 ff. können für solche Straftaten mehrere StAen zuständig sein, etwa wenn Soldatinnen u. Soldaten verschiedener Stammeinheiten bet. sind. Da zudem bei Ermittlungen mit Auslandsbezug die Kenntnis der militärischen Abläufe u. Strukturen sowie der rechtlichen u. tatsächlichen Rahmenbedingungen der bes. Auslandsverwendung erforderlich sind, wurde der besondere – einheitliche – Gerichtsstand des § 11a geschaffen (eingehend dazu SK-StPO/Weßlau/Weißer Rn. 1 ff.). Verfassungsrechtliche Bedenken gegen die Regelung bestehen nicht (Zimmermann NJW 2013, 907; zur Kritik SK-StPO/Weßlau/Weißer Rn. 9 ff.).

2 **B. AG bzw. LG Kempten. Beim AG bzw. beim LG Kempten** besteht der bes. Gerichtsstand; für Verfahren, für die das OLG erstinstanzlich sachlich zuständig ist, ist das OLG München zuständig; auf Seiten der StA ist die StA Kempten, für erstinstanzliche Verf. beim OLG der GBA zuständig. Kempten wurde ausgewählt, weil hier schon eine entspr. SchwerpunktStA für Bayern eingerichtet worden war.

3 § 11a ist **kein ausschl. Gerichtsstand;** die anderen Gerichtsstände werden durch § 11a nicht verdrängt. Für 18- bis 21-jährige Heranwachsende gelten gem. § 108 Abs. 1 JGG daneben die Gerichtsstände nach § 42 Abs. 1 Nr. 2 und Nr. 3 JGG.

4 **C. Anwendungsbereich. Erfasst** werden alle Straftaten, unabhängig v. der Schwere o. der Art des verletzten Rechtsguts (krit. zur Erstreckung auf Bagatell- u. Alltagskriminalität Ladiges NZWehrr 2013, 66 (76)), aber nur solche Straftaten, die außerhalb des Geltungsbereichs der StPO **in bes. Auslandsverwendung** begangen werden. Das betr. die Verwendungen, die auf Beschl. der BReg aufgrund eines Übk., eines Vertr. o. einer Vereinbarung mit einer über- o. zwischenstaatlichen Einrichtung o. mit einem auswärtigen Staat im Ausland o. außerhalb des deutschen Hoheitsgebietes auf Schiffen o. Luftfahrzeugen stattfinden (§ 62 Abs. 1 SG), nicht aber routinemäßige Verwendungen wie zB Ausbildungsaufenthalte sowie Verwendungen in einem „sicheren" NATO-Staat (zutr. Ladiges NZWehrr 2013, 66 (73 f.); SK-StPO/Weßlau/Weißer Rn. 6).

5 Für **Taten,** die in Zusammenhang mit einem **bewaffneten Konflikt** begangen wurden sowie Straftaten nach dem VStGB (s. §§ 142a, 120 Abs. 1 Nr. 8 GVG), ist weiterhin der GBA zuständig; vgl. dazu die Vfg. des GBA NStZ 2010, 581.

6 **D. Reformbedarf.** Es werden ges. Regelungen für die Zuständigkeit für Ermittlungen vor Ort gefordert, mit denen die zuständige StA diese verbindlich steuern kann (Stam ZIS 2010, 628; vgl. auch Zimmermann NJW 2013, 907). Auch wird ein Gerichtsstand für Straftaten gegen Soldaten im Ausland vorgeschlagen (Ladiges NZWehrr 2013, 66 (77) unter zutr. Hinweis darauf, dass bei gegenwärtiger Rechtslage regelmäßig mangels inländischen Gerichtsstands eine Bestimmung durch den BGH gem. § 13a erfolgen müsste).

Zusammentreffen mehrerer Gerichtsstände

12 (1) **Unter mehreren nach den Vorschriften der §§ 7 bis 11a und 13a zuständigen Gerichten gebührt dem der Vorzug, das die Untersuchung zuerst eröffnet hat.**

(2) **Jedoch kann die Untersuchung und Entscheidung einem anderen der zuständigen Gerichte durch das gemeinschaftliche obere Gericht übertragen werden.**

A. Zusammentreffen mehrerer Gerichtsstände. Das **Zusammentreffen mehrerer Gerichtsstände (Abs. 1) nach §§ 7–11a und § 13a** bereitet keine rechtlichen Schwierigkeiten, solange die StA im Ermittlungsverfahren das Wahlrecht hat (→ Vor § 7 Rn. 10) o. nur eines der örtlich zuständigen Gerichte mit der Sache befasst ist. Für den Fall, dass sie bei mehreren Gerichten im 1. Rechtszug anhängig ist, überträgt Abs. 1 dem Gericht die ausschl. Zuständigkeit (BGHSt 3, 134 (138)), das die Untersuchung zuerst eröffnet hat (BGH NStZ-RR 2000, 332); wo die Anklage zuerst erhoben worden ist, spielt keine Rolle. Diese Regelung gilt auch, wenn die verschiedenen Gerichte unterschiedlichen Stufen der sachlichen Zuständigkeit angehören (BGHSt 22, 232; OLG Stuttgart Justiz 1982, 304; erg. → § 1 Rn. 2); sie ist ferner entspr. anzuwenden, wenn die verschiedenen Gerichte sich am selben Ort befinden, also dieselbe örtliche Zuständigkeit besteht (**aM** BGHSt 36, 175 (181), aber mit demselben Erg.). Im Zwischenverfahren findet die Vorschr. keine Anwendung (BGHSt 36, 361 (362)). 1

Eine **Einschränkung des Grundsatzes des Abs. 1** ist dahin erforderlich, dass der Vorrang stets dem Verf. gebührt, in dem die Sache dem Richter zu umfassenderer, erschöpfenderer Aburteilung unterbreitet worden ist (BGHSt 5, 381 (384); BayObLGSt 1988, 160). Sind mehrere in Tateinheit (§ 52 StGB) stehende Taten bei Gerichten verschiedener Ordnung angeklagt, so hat das höhere Gericht den Vorrang, wenn das untere nicht für alle Taten sachlich zuständig ist (BGHSt 36, 175 (181); BGH NStZ 1995, 351). Das höhere Gericht hat das andere Verf. nicht „an sich zu ziehen" u. fortzuführen (zust. Löwe/Rosenberg/Erb Rn. 15 Fn. 24; SSW StPO/Börner/Linke Rn. 4; so aber BGH NStZ 1995, 351 (352), was ohnehin nur möglich ist, wenn das untere Gericht zum Bezirk des höheren Gerichts gehört, u. entgegen BGH ausscheiden muss, wenn in der anderen Sache bereits ein Urt. ergangen ist), sondern das niedere Gericht hat sein Verf. wegen § 12 Abs. 1 (also nicht nach § 206a) durch Einstellung zu beenden (→ Rn. 4), wobei die Einstellung auch in einer „Abgabe" an das höhere Gericht gesehen werden kann. Eine Verbindung der Verf. kommt nicht in Betracht (vgl. → § 4 Rn. 1; s. aber BGHSt 36, 175 (188), wo auf den Erlass des „Verbindungsbeschlusses" abgestellt wird; vgl. auch BGH 3.7.2025 – 2 StR 630/24). 2

Die **Eröffnung der Untersuchung iS Abs. 1** erfolgt idR durch den Erlass des Eröffnungsbeschlusses (§ 203). Im beschleunigten Verf. nach §§ 417 ff. ist der Beginn der Vernehmung des Angeklagten zur Sache maßgebend (vgl. → § 417 Rn. 13; → § 418 Rn. 3), bei der Nachtragsanklage der Erlass des Beschl. nach § 266 Abs. 1, im Strafbefehlsverfahren u. im Fall des § 408 Abs. 3 S. 2 der Beginn der HV. Bei einem Streit zwischen den Gerichten, wem der Vorrang gebührt, gilt § 14. 3

Die ausschl. **Zuständigkeit nach Abs. 1 hat zur Folge,** dass das unzuständige Gericht sein Verf. einstellen muss, allerdings unter dem Vorbehalt, dass sich das andere Verf. nicht ohne Sachentscheidung erledigt (RGSt 52, 259 (264); 67, 53 (57)). Der Vorrang des nach Abs. 1 zuständigen Gerichts entfällt, wenn es das Verf. endg. einstellt (Löwe/Rosenberg/Erb Rn. 13). Hat das unzuständige Gericht unter Nichtbeachtung der anderweitigen Rechtshängigkeit rkr. entschieden, ist das eigentlich vorrangige Verf. einzustellen (BGHSt 38, 37 (42); BGH NStZ 1995, 351 (352); OLG Düsseldorf JMBl. NRW. 1990, 154). Das gilt auch bei Teilrechtskraft (zutr. Kammerer MDR 1990, 785 gegen BayObLG NStZ 1989, 241). 4

5 **B. Übertragung (Abs. 2).** Die **Übertragung (Abs. 2) der Strafsache auf ein anderes örtlich zuständiges Gericht** unter Aufhebung der Präventionswirkung des Abs. 1 durch das gemeinschaftliche obere Gericht (→ § 4 Rn. 14) ist auf Antrag o. vAw zulässig, wenn dafür gewichtige Gründe sprechen, zB die Reiseunfähigkeit v. Prozessbeteiligten, va des Angeklagten (BGH BeckRS 2017, 112048), o. die Rücksicht darauf, dass eine Vielzahl v. Zeugen an dem Ort des anderen Gerichts wohnt o. der Angeklagte dort inhaftiert o. untergebracht ist (vgl. zur Zweckmäßigkeit BGH wistra 1998, 307; Becker NStZ-RR 2002, 65 – BGH RsprÜ; BGH BeckRS 2010, 10834). Die Sache kann immer nur einem Gericht übertragen werden, das schon bei der Eröffnung der Untersuchung örtlich zuständig gewesen ist (BGHSt 13, 209 (217); 16, 391), auf ein nach § 13 Abs. 1 zuständig gewesenes Gericht nicht mehr nach Wegfall des Sachzusammenhangs (BGHSt 16, 391). Die Übertragung setzt nicht voraus, dass das Verf. schon bei mehreren Gerichten anhängig ist (OLG Düsseldorf MDR 1984, 70).

6 Aber eines v. ihnen muss die **Untersuchung bereits eröffnet** haben (BGHSt 10, 391; 15, 314; 16, 391); denn solange die StA noch die Wahl hat, vor welches v. mehreren zuständigen Gerichten sie die Sache bringen will, dürfen die Gerichte die Zuständigkeit nicht bestimmen (BGHSt 26, 374). Da die Wahlmöglichkeit der StA besteht, solange sie nach § 156 die Anklage zurücknehmen u. bei einem anderen Gericht einreichen kann (BGHSt 12, 180 (184); 26, 374), ist die Übertragung nach Abs. 2 im ordentlichen Strafverfahren erst nach der – vollständigen (BGH NStZ-RR 2025, 231) – Eröffnung des Hauptverfahrens zulässig (BGH NStZ-RR 2025, 231), im Strafbefehlsverfahren erst nach Beginn der auf rechtzeitigen Einspruch hin anberaumten HV (BGHSt 13, 186; 14, 343 (344); 26, 374; BGH NStZ 2004, 449), nicht schon mit der Vernehmung durch einen ersuchten Richter (Holtz MDR 1977, 810 – BGH RsprÜ); Entspr. gilt im Fall des § 408 Abs. 3 S. 2 (OLG Düsseldorf MDR 1984, 70) u. im OWi-Verf. (BGH NStZ 2003, 558). Im beschleunigten Verf. nach §§ 417 ff. ist eine Übertragung mit Rücksicht auf § 419 Abs. 1 S. 1 nicht zulässig (BGHSt 15, 314).

7 Abs. 2 gilt **nur bis zum Erlass des Urteils,** also nicht im Rechtsmittelverfahren (BGHSt 19, 177 (179); 33, 111; BGH NStZ-RR 2018, 218), auch nicht nach Aufhebung des Urteils u. Zurückverweisung der Sache nach § 354 Abs. 2 (BGHSt 18, 261; 25, 51 (53); 33, 111 (112)).

8 Die **Wirkung der Übertragung** besteht darin, dass die Rechtshängigkeit der Sache bei dem Gericht, das nach Abs. 1 den Vorrang hat, endet u. bei dem anderen, ebenfalls zuständigen Gericht begründet o. bestätigt wird. Diese Wirkung tritt, anders als bei Verweisung (vgl. → § 270 Rn. 21), erst mit dem Zugang des Beschl. bei dem neuen Gericht ein. Das Verf. geht auf dieses Gericht in der Lage über, in der es sich befindet; Prozesshandlungen braucht es nicht zu wiederholen. Seine örtliche Zuständigkeit darf es nicht mehr prüfen; jedoch ist eine Rückübertragung durch das gemeinschaftliche obere Gericht nach Abs. 2 möglich. Hält sich das Gericht für sachlich unzuständig, so verfährt es nach § 225a bzw. § 270; bei irrtümlicher Zuweisung kommt auf Gegenvorstellung auch eine Abänderung des Beschl. durch das obere Gericht in Betracht (Cierniak/Zimmermann NStZ-RR 2013, 65 – BGH RsprÜ).

9 **C. Beschwerde.** Beschwerde gegen die Übertragungsentscheidung o. gegen die Ablehnung eines in der HV gestellten Antrags auf Übertragung ist **unzulässig** (BGH StraFo 2003, 272; erg. → § 304 Rn. 2).

Gerichtsstand bei zusammenhängenden Strafsachen

13 (1) **Für zusammenhängende Strafsachen, die einzeln nach den Vorschriften der §§ 7 bis 11 zur Zuständigkeit verschiedener Gerichte gehören würden, ist ein Gerichtsstand bei jedem Gericht begründet, das für eine der Strafsachen zuständig ist.**

(2) [1]**Sind mehrere zusammenhängende Strafsachen bei verschiedenen Gerichten anhängig gemacht worden, so können sie sämtlich oder zum Teil durch eine den Anträgen der Staatsanwaltschaft entsprechende Vereinbarung dieser Gerichte bei einem unter ihnen verbunden werden.** [2]**Kommt eine solche Vereinbarung nicht zustande, so entscheidet, wenn die Staatsanwaltschaft oder ein Angeschuldigter hierauf anträgt, das gemeinschaftliche obere Gericht darüber, ob und bei welchem Gericht die Verbindung einzutreten hat.**

(3) **In gleicher Weise kann die Verbindung wieder aufgehoben werden.**

A. Gerichtsstand des Zusammenhangs (Abs. 1). Der Gerichtsstand des Zu- 1
sammenhangs (Abs. 1) setzt einen Zusammenhang der unterschiedlichen Strafsachen iSd § 3 voraus (OLG Hamm 21.10.2025 – BeckRS 2025, 30581; → § 3 Rn. 2–4). Er **steht den Gerichtsständen nach §§ 7–11, 13a gleich** (BGHSt 11, 106 (108); 16, 391 (393)). Er entsteht nicht erst durch die Verbindung der Strafsachen u. besteht unabhängig davon, in welchem Stadium sich die Verf. befinden (OLG Koblenz NStZ-RR 2011, 209), geht aber unter, wenn der Zusammenhang (zum Begriff vgl. → § 3 Rn. 2 ff.) schon im Ermittlungsverfahren wieder entfällt (OLG Celle StraFo 1999, 89). Erst wenn wegen der verbundenen Sachen Anklage erhoben u. darauf das Hauptverfahren eröffnet worden ist, lässt der spätere Wegfall des Zusammenhangs die Zuständigkeit nach Abs. 1 unberührt (BGHSt 16, 391 (393); BGH NStZ 2004, 100; 20.8.2025 – 3 StR 519/24).

Der Gerichtsstand nach Abs. 1 **setzt voraus,** dass verschiedene Gerichte gleicher 2
Ordnung (BGHSt 22, 232; 37, 15 (17); BGH NStZ 1986, 564; BGH NStZ-RR 2014, 112 Ls.) nach §§ 7–11, auch nach § 13a (Schermer MDR 1964, 895), örtlich zuständig sind; ein inländischer Gerichtsstand muss somit für jede Sache bereits bestehen (BGH NJW 1992, 1635; NStZ 2009, 221). Der StA (auch der Privatkläger) hat dann die Wahl (→ Vor § 7 Rn. 10), ob er die Sachen einzeln bei dem jew. nach diesen Vorschr. zuständigen Gericht o. verbunden bei einem v. ihnen anklagt. Ist eine der Sachen bereits bei Gericht (im 1. Rechtszug) anhängig, so kann eine andere, die noch nicht anderweitig rechtshängig geworden ist, auch durch Nachtragsanklage nachgeschoben werden (BGHSt 20, 219 (221)). Das Gericht hat die Zweckmäßigkeit der Verbindung nicht zu prüfen; es kann seine örtliche Zuständigkeit allerdings in Fällen des offenkundigen Ermessensmissbrauchs verneinen (vgl. LG Hanau ZWH 2014, 206). Im Übrigen kann das Gericht die Verbindung nach Abs. 3, der auch im Fall des Abs. 1 gilt, wieder auflösen (Dallinger MDR 1957, 653 – BGH RsprÜ; OLG Schleswig SchlHA 1958, 115).

B. Verbindung anhängiger Strafsachen (Abs. 2). Die v. der StA unterlasse- 3
ne Verbindung der Sachen durch das Gericht ist schon nach Erhebung der Anklage zulässig (BGHSt 20, 219 (221); 21, 247 (248)).

Die Verbindung setzt **entspr. Anträge der beteiligten StAen** voraus, die sich 4
also über die Verbindung einig sein müssen (BGH NStZ-RR 2010, 51 Ls.); es reicht aber auch ein Antrag des vorgesetzten GStA aus (Löwe/Rosenberg/Erb Rn. 14). Dem Erfordernis der Antragstellung ist genügt, wenn jede der beteiligten StAen der Verbindung ausdr. zustimmt (BayObLG NJW 1957, 1329).

Die Verbindung erfolgt durch eine den Anträgen der beteiligten StAen entspr. 5
Vereinbarung der beteiligten Gerichte (S. 1). Sie besteht in einem förmlichen Abgabebeschluss (BGH NStZ 1982, 294) u. einem darauffolgenden förmlichen Übernahmebeschluss (vgl. aber auch BGHSt 37, 15 (16)). Mit dessen Erlass wird die Sache bei dem übernehmenden Gericht anhängig.

Die **Verbindung setzt voraus,** dass der Sachzusammenhang noch besteht 5a
(BGHSt 16, 391 (393); OLG München NJW 1969, 148; OLG Zweibrücken MDR 1979, 517). Die Strafsachen müssen zudem bei Gerichten gleicher Ordnung anhängig sein (BGHSt 22, 232; BGH NStZ 1986, 564; → Rn. 2); es darf also nicht auch die sachliche Zuständigkeit geänd. werden, denn dann gilt § 4, so dass eine gleichwohl nach § 13 Abs. 2 vorgenommene Verbindung unwirksam ist (BGH

StV 2019, 221; 6.7.2022 – 2 StR 53/22; NStZ-RR 2021, 251) u. wegen des Befassungsverbots zur Einstellung des unzulässig hinzuverbundenen Verfahrens führt (OLG Oldenburg StraFo 2011, 392). Ferner darf noch kein Urt. ergangen sein (RGSt 48, 297; OLG Düsseldorf MDR 1985, 1048 unter Hinweis auf BGHSt 19, 177 (179); **aM** Löwe/Rosenberg/Erb Rn. 13: auch nach Zurückverweisung nach § 354 Abs. 2; offengelassen v. BGHR StPO § 4 Verbindung 14) u. schließlich muss die Verbindung, was idR der Fall sein wird, sachgemäß erscheinen (OLG Nürnberg MDR 1965, 678).

6 Durch eine **Entscheidung des gemeinschaftlichen oberen Gerichts** (S. 2) kann die nicht zustande gekommene gerichtliche Vereinbarung, nicht aber die Übereinstimmung der zuständigen StAen ersetzt werden (BGHSt 21, 247; BGH NStZ 2004, 688; StraFo 2003, 235). Das gemeinschaftliche obere Gericht (zum Begriff → § 4 Rn. 14) kann daher nur auf übereinstimmenden Antrag der StAen o. auf Antrag des Angeklagten entscheiden; v. den beteiligten Gerichten kann es nicht angerufen werden (Becker NStZ-RR 2003, 97 – BGH RsprÜ).

7 **C. Aufhebung der Verbindung (Abs. 3).** Die Aufhebung der Verbindung (Abs. 3) ist, solange kein Urt. ergangen ist, aus Zweckmäßigkeitsgründen in der gleichen Form wie die Verbindung möglich, auch im Fall des Abs. 1 (→ Rn. 2). Anhängige Sachen können also auf übereinstimmende Anträge der StAen durch Vereinbarung der beteiligten Gerichte getrennt werden, bei Verbindung nach Abs. 2 S. 2 nur, wenn sich die Umstände verändert haben, bei Nichtzustandekommen der Vereinbarung durch Entsch. des gemeinschaftlichen oberen Gerichts auf Antrag der StAen o. des Angeklagten (OLG Schleswig SchlHA 1958, 115). Mit der Trennung geht die Sache in der Lage, in der sie sich befindet, auf das Gericht über, das den Übernahmebeschluss erlassen hat (Mutzbauer NStZ 1995, 214).

8 **D. Rechtsmittel.** Die Entsch. der StA, zusammenhängende Sachen nach Abs. 1 bei einem der nach §§ 7–11, 13a zuständigen Gerichte anzuklagen, ist **nicht anfechtbar** (→ Vor § 7 Rn. 10). Im Fall des Abs. 2 S. 1, Abs. 3 ist **Beschwerde** nach § 304 Abs. 1 gegen die Beschlüsse des abgebenden u. übernehmenden Gerichts zulässig (OLG Nürnberg MDR 1965, 678), solange es nicht erkennendes Gericht geworden ist (§ 305 S. 1). Die Entsch. des gemeinschaftlichen oberen Gerichts nach Abs. 2 S. 2, Abs. 3 ist **unanfechtbar** (→ § 304 Rn. 2). Der Einwand nach § 16 bleibt unberührt (SK-StPO/Weßlau/Weißer Rn. 17).

Zuständigkeitsbestimmung durch den Bundesgerichtshof

13a Fehlt es im Geltungsbereich dieses Bundesgesetzes an einem zuständigen Gericht oder ist dieses nicht ermittelt, so bestimmt der Bundesgerichtshof das zuständige Gericht.

1 **A. Gerichtsstandsbestimmung durch den BGH.** Die Gerichtsstandsbestimmung durch den BGH ist **mit Art. 101 Abs. 1 S. 2 GG vereinbar** (BVerfGE 20, 336 (343)). Sie ist aber nur zulässig, wenn die Anwendung der §§ 7-11a, 13 o. sonstiger gesetzlicher Bestimmungen über die örtliche Zuständigkeit unter keinem Gesichtspunkt zur Begründung eines Gerichtsstands führt (BGH NStZ-RR 2018, 218 (219); 2 ARs 451/25). Auf Todesermittlungsverfahren gem. § 159 ist die Vorschr. nicht anwendbar (BGH NStZ-RR 2018, 185). Eine weitere Zuständigkeitsbestimmung durch den BGH regelt § 14 Abs. 3 IRG (vgl. BGH BeckRS 2018, 14697).

2 Der BGH hat bei Entscheidungen nach § 13a **nicht in eine sachliche Prüfung** einzutreten (BGH NStZ-RR 2004, 278); er hat insbes. nicht zu prüfen, ob der Einleitung u. Durchführung des Verfahrens ein Prozesshindernis entgegensteht. Seine Prüfung beschränkt sich darauf, ob ein zuständiges Gericht nicht vorhanden o. nicht ermittelt ist u. ob deutsches Strafrecht auf die Straftat anwendbar ist (BGHSt 18, 19; 33, 97; BGHR StPO § 13a Anwendungsbereich 4; StraFo 2013, 346; vgl. aber enger BGH BeckRS 2017, 131398: Deutsches Strafrecht nicht offen-

kundig unanwendbar). § 13a ist erst dann anwendbar, wenn die örtliche Zuständigkeit eines Gerichts auch nicht anhand teleologischer Erwägungen durch die erweiterte Auslegung einer ges. Bestimmung begründet werden kann (BGH NStZ-RR 2018, 218).

Die Gerichtsstandsbestimmung **unterbleibt** aber, wenn ohne weiteres feststeht, dass die Untersuchung u. Entsch. nicht zum Aufgabenbereich der Gerichte der BRD gehören (BGH NStZ-RR 2014, 278: offenkundig unanwendbar; BGH NStZ-RR 2015, 72; NStZ 2007, 534), insbes., wenn ihre Gerichtsbarkeit durch § 20 GVG ausgeschlossen ist (BGHSt 33, 97; **aM** KK-StPO/Geilhorn Rn. 5) o. auf eine dem Beschuldigten zur Last gelegte Auslandstat deutsches Strafrecht unanwendbar ist (BGH NJW 2018, 2742; 17.7.2024 – 2 ARs 220/24; erg. → **GVG** § 143 Rn. 1a). 3

B. Im Ermittlungsverfahren. Schon im Ermittlungsverfahren, idR auf Antrag o. Anregung der StA o. eines Dritten, bestimmt der BGH durch unanfechtbaren (§ 304 Abs. 4 S. 1) Beschl. das für die Sache zuständige Gericht. Damit wird zugleich (vgl. § 143 Abs. 1 GVG) die zuständige StA bestimmt (BGHSt 10, 255 (256); 18, 19 (20); 32, 159 (160)). Der Antrag nach § 13a kann v. einer StA auch dann gestellt werden, wenn das Opportunitätsprinzip gilt, insbes. in den Fällen des § 153c. Sinnvoll ist das aber nur, wenn damit zu rechnen ist, dass die Tat auch verfolgt wird (BGH 11.8.1976 – 2 ARs 293/76). 4

§ 13a dient nicht der abstrakten Klärung verfahrensunabhängiger, abstrakter Zuständigkeitsfragen (Kusch NStZ 1992, 27 – BGH RsprÜ; BGHR StPO § 13a Anwendungsbereich 5); Voraussetzung ist, dass eine bestimmte konkretisierte u. individualisierte Tat verfolgt werden soll (BGH NStZ 1994, 139; 1999, 577; vgl. auch BGH StraFo 2013, 346); die pauschale Schilderung eines Gesamtkomplexes, der eine Vielzahl lediglich allg. umschriebener Straftaten umfasst, ist insofern ebenso wenig ausreichend wie die nur abstrakte Bezeichnung eines möglichen Täterkreises (BGH BeckRS 2020, 10797 mwN). Ausserdem müssen wegen dieser Tat konkrete gerichtliche Entscheidungen oder staatsanwaltliche Maßnahmen veranlasst sein (BGH BeckRS 2024, 12361). Liegen die Voraussetzungen vor, ist § 13a ggü. § 143 Abs. 1 S. 2 GVG vorrangig (BGH NStZ-RR 2020, 320; erg. → **GVG** § 143 Rn. 1a). Die Vorschr. ist allerdings unanwendbar, wenn der Prioritätsgrundsatz des § 14 Abs. 2 IRG eingreift (BGH wistra 1989, 34). Für die Verfolgung v. Straftaten, die v. Ausländern im Ausland an Ausländern verübt worden sind, bedarf es zur Begründung der deutschen Gerichtsbarkeit eines legitimierenden inländischen Anknüpfungspunkts (BGH NStZ 1999, 236). 5

C. Gerichtsstand nach § 13a. Der Gerichtsstand nach § 13a **steht denen nach §§ 7–11, 13 gleich** u. fällt daher nicht weg, wenn später ein auf §§ 7–10 beruhender Gerichtsstand ermittelt wird (BGHSt 10, 255 (258); 32, 159 (160); BGH NStZ-RR 2003, 268 Ls.). Da er aber ggü. den anderen Gerichtsständen auch keinen Vorrang genießt, kann die StA in diesem Fall zwischen ihm u. den anderen Gerichtsständen wählen (Schermer MDR 1964, 895; erg. → Vor § 7 Rn. 10). Ist die Sache bereits bei Gericht anhängig, so kann sie entspr. § 12 Abs. 2 v. dem nach § 13a bestimmten Gericht auf ein anderes der in §§ 7–10 bezeichneten Gerichte übertragen werden (BGHSt 10, 255). Dagegen kommt die Änd. der nach § 13a bestimmten Zuständigkeit durch erneuten Beschl. nach dieser Vorschr. idR nicht in Betracht (BGHSt 32, 159 (160)). Wird nach § 13a ein LG als zuständiges Gericht bestimmt, so bezieht sich das nicht auf die zu seinem Bezirk gehörenden AGe; das zuständige AG muss daher bes. bestimmt werden, wenn im weiteren Verf. Entscheidungen erforderlich werden, die nur ein solches Gericht treffen kann (BGHSt 32, 159 (160)). Es kann deshalb sachdienlich sein, die Zuständigkeit allg. den für einen bestimmten Bezirk örtlich zuständigen Gerichten zu übertragen (BGH NStZ-RR 2016, 213). 6

D. Rechtsmittel. Die Beschwerde ist unzulässig (§ 304 Abs. 4 S. 1). 7

Zuständigkeitsbestimmung durch das gemeinschaftliche obere Gericht

14 Besteht zwischen mehreren Gerichten Streit über die Zuständigkeit, so bestimmt das gemeinschaftliche obere Gericht das Gericht, das sich der Untersuchung und Entscheidung zu unterziehen hat.

1 **A. Streit über die Zuständigkeit.** Ein Streit über die Zuständigkeit von Gerichten (nicht bei Aufgaben der Justizverwaltung wie der zuständigen Führungsaufsichtsstelle für die Überwachung des Verurteilten nach § 68a Abs. 3 StGB: BGH NStZ-RR 2022, 127) iSd Vorschr. setzt voraus, dass zwischen mehreren Gerichten ein **örtlicher Kompetenzkonflikt** infolge der Auslegung der gesetzlichen Zuständigkeitsbestimmungen besteht (BGH 28.4.2020 – BeckRS 2020, 8972; OLG Brandenburg 17.9.2025 – BeckRS 2025, 25377). Eine „Entscheidung" in diesem Sinne setzt keinen förmlichen Beschluss voraus, sondern kann auch in einer in einen Beschluss umdeutbaren Verfügung bestehen (OLG Brandenburg 17.9.2025 – BeckRS 2025, 25377). Dabei geht es um einen Streit über die Auslegung eines Gesetzes, nicht über Kompetenzen aufgrund v. Verwaltungsvorschriften (OLG Frankfurt a. M. NStZ 1982, 260; vgl. auch BGH BeckRS 2021, 596 mwN: Einleitung der Vollstreckung gegen Jugendlichen). Bei dem Streit kann es sich sowohl um einen positiven (mehrere Gerichte halten sich für zuständig) als auch, solange mind. eine Entsch. noch anfechtbar ist (danach gilt § 19), um den negativen (mehrere Gerichte halten sich nicht für zuständig) Zuständigkeitsstreit handeln. § 14 gilt über § 77 IRG auch in Auslieferungsverfahren (BGH StraFo 2023, 227), ferner nach Urteilsrechtskraft im Strafvollstreckungsverfahren (BayObLG NJW 1955, 601; OLG Braunschweig Nds. Rpfl. 1975, 176) u. in Strafvollzugssachen (vgl. § 120 Abs. 1 S. 2 StVollzG; BGH NStZ-RR 2018, 392; OLG Hamm NStZ-RR 2008, 79). In OWi-Streitigkeiten gilt § 14 über § 46 Abs. 1 OWiG (vgl. BGH BeckRS 2017, 114331).

1a § 14 ist **nicht anwendbar** bei einem internen Zuständigkeitsstreit zwischen verschiedenen Spruchkörpern desselben Gerichts bei Zweifeln über die Auslegung des Geschäftsverteilungsplans (KG NJW 1964, 2437; OLG Frankfurt a. M. NStZ-RR 2015, 314; OLG Rostock NStZ-RR 2010, 243; Ernesti/Lorenzen SchlHA 1982, 114 – OLG Schleswig RsprÜ) o. der §§ 74 Abs. 2, 74a, 74c GVG (KG NJW 2010, 3464; OLG Düsseldorf JMBl. NRW. 1995, 153; JR 1982, 514; **aM** OLG München JR 1980, 77; erg. → GVG § 21e Rn. 22, → GVG § 74c Rn. 6) o. bei einem Streit zwischen Jugend- u. Erwachsenengericht (LG Zweibrücken NStZ-RR 2005, 153) o. wenn das Gericht eine Entsch. des übergeordneten Gerichts in Zweifel zieht (Kusch NStZ 1994, 23 – BGH RsprÜ: LG – OLG; BGH NStZ-RR 2007, 179: AG – OLG). Die Zuständigkeit des Rechtspflegers zur Kostenfestsetzung – §§ 464b, 193 ff. ZPO, §§ 3 Nr. 3, 21 Nr. 1 RPflG – erstreckt sich nicht auf Anträge nach § 14 (BGH BeckRS 2018, 33677).

2 **§ 14 gilt entspr.** für den negativen sachlichen Kompetenzstreit, wenn sämtliche mit derselben Sache befasste Gerichte sich für unzuständig halten (s. BGH NStZ-RR 2019, 384; BeckRS 2020, 8972), u. sonst kein anderer Ausweg besteht, das Verf. fortzusetzen (BGHSt 18, 381; 45, 26; BGH NStZ-RR 2019, 92; KG NJW 2010, 3464; OLG Frankfurt a. M. NStZ-RR 2009, 315; OLG Stuttgart Justiz 1999, 403), auch bei internem Streit über die ges. Zuständigkeit, zB zwischen Berufungs- u. Beschwerdekammer beim LG (OLG Frankfurt a. M. NStZ-RR 1996, 302; Lorenzen/Schiemann SchlHA 1997, 149 – OLG Schleswig RsprÜ)), nicht aber bei einem Streit über die Art des Rechtsmittels gegen ein Urt. des AG (BGHSt 31, 183; 39, 162), auch nicht bei einem Streit zweier Führungsaufsichtsstellen (OLG Zweibrücken NStZ 2002, 279). Ergänzend → GVG § 21e Rn. 22; → GVG § 78 Rn. 3; → GVG § 116 Rn. 2.

3 **B. Gemeinschaftliches oberes Gericht.** Das gemeinschaftliche obere Gericht (→ § 4 Rn. 14) kann im Streitfall v. den Prozessbeteiligten, auch v. der StA (OLG Jena VRS 113, 342), auch ohne vorherige Ausschöpfung der Beschwerdemöglichkeiten, u. von jedem der beteiligten Gerichte – nunmehr mit Rücksicht auf die

Änd. des § 5 Abs. 1 Nr. 2 RPflG auch durch den Rechtspfleger (OLG Brandenburg NStZ-RR 2010, 263; anders früher Miebach/Kusch NStZ 1991, 27 – BGH RsprÜ), allerdings nicht bei den ihm nach § 24 RPflG übertragenen Geschäften (OLG Hamm NStZ-RR 2008, 79 zu § 24 Abs. 1 Nr. 1a RPflG) – in Form einer Entsch. (OLG Düsseldorf NStZ 2000, 609: des gesamten Spruchkörpers) o. durch Vorlage (BGHSt 11, 56 (58)) angerufen werden. **Bestimmt werden kann nur eines der streitenden Gerichte** (BGH BeckRS 2016, 14598). Hält das obere Gericht beide für unzuständig, so muss es den Antrag zurückweisen (BGHSt 31, 244 (245); BGH NStZ 1997, 255; 2001, 110; erg. → § 19 Rn. 3). Es kann dann aber, v. § 13a abgesehen, das zuständige Gericht in den Beschlussgründen bezeichnen u. es der StA (bzw. dem Gericht, vgl. OLG Bamberg NStZ-RR 2005, 377 zu einem Fall des § 225a) überlassen, die Strafsache vor dieses Gericht zu bringen.

C. Rechtsmittel. Es gilt das Gleiche wie bei § 12 Abs. 2 (→ § 12 Rn. 9). 4

Gerichtsstand kraft Übertragung bei Hinderung des zuständigen Gerichts

15 Ist das an sich zuständige Gericht in einem einzelnen Falle an der Ausübung des Richteramtes rechtlich oder tatsächlich verhindert oder ist von der Verhandlung vor diesem Gericht eine Gefährdung der öffentlichen Sicherheit zu besorgen, so hat das zunächst obere Gericht die Untersuchung und Entscheidung dem gleichstehenden Gericht eines anderen Bezirks zu übertragen.

A. Gerichtsstand kraft Übertragung. Der Gerichtsstand kraft Übertragung, 1
der **mit Art. 101 Abs. 1 S. 2 GG vereinbar** ist (vgl. BVerfGE 20, 336 (343)), will Schutz vor Stillstand der Rechtspflege bieten u. verhindern, dass der schuldige Täter nicht bestraft u. der unschuldige Angeklagte nicht freigesprochen wird (BGHSt 22, 250 (252)). Die Vorschr. ist eng auszulegen (BGH BeckRS 2019, 3206). § 15 setzt nicht voraus, dass allein bei dem verhinderten Gericht ein Gerichtsstand nach §§ 7–11, 12 Abs. 2, 13 Abs. 1 begründet wäre, sondern ist auch anwendbar, wenn noch ein o. mehrere Gerichtsstände in der Sache gegeben sind, sodass die Untersuchung u. Entsch. nach §§ 12 Abs. 2, 13 Abs. 2 auf eines dieser Gerichte übertragen werden könnte (BGHSt 21, 212). Anders als nach §§ 12 Abs. 2, 14 kann die Sache auch einem sonst nicht zuständigen Gericht übertragen werden (BGHSt 16, 84 (86)), zB wenn alle Gerichtsstände (§§ 7 ff.) bei dem verhinderten Gericht zusammenfallen (BGHSt 21, 212). Die Übertragung kann sich auf das gesamte Verf. o. auf einzelne richterliche Handlungen beziehen.

Sie ist in **jeder Lage des Verfahrens** zulässig (BGHSt 21, 212 (215)), auch im 2
Rechtsmittelzug (BGHSt 22, 250), u. kann auf Antrag o. vAw ergehen (BGHSt 47, 275); die Vorschr. ist restriktiv auszulegen (BGHSt 47, 275). Die Übertragung vor Rechtshängigkeit, die idR nur für einzelne Untersuchungshandlungen in Betracht kommt, lässt die Befugnis der StA unberührt, unter mehreren Gerichtsständen zu wählen (BGHSt 21, 212 (215); → Vor § 7 Rn. 10).

B. Rechtlich verhindert. Rechtlich verhindert ist das Gericht, wenn die 3
bei ihm tätigen Richter einschl. ihrer Vertreter aus rechtlichen Gründen (§§ 22, 24, 28 Abs. 1) in dem Verf. nicht tätig werden können, wobei aber allein die Gefahr, dass das gesamte Gericht voreingenommen sei, nicht genügt (BGH NStZ 2007, 475; wistra 2009, 446). Zu diesen Vertretern gehören alle Richter, die nach dem GVG u. den landesrechtlichen Ergänzungsvorschriften dazu bestellt werden können, jedoch nur, falls ihre Bestimmung schon bei Eintritt des Verhinderungsfalles möglich war. Richter, die erst v. der LJV zur Behebung der Verhinderung zur Vfg. gestellt werden, bleiben außer Betracht.

C. Tatsächlich verhindert. Tatsächlich verhindert ist das Gericht, wenn 4
sämtliche Richter erkrankt sind, wenn infolge v. Aufruhr o. kriegsähnlicher Ereignisse Gerichtsstillstand eingetreten ist, wenn in den Fällen des § 210 Abs. 3 (→ § 210 Rn. 8) o. § 354 Abs. 2 (→ § 354 Rn. 38) ein Auffangspruchkörper nicht

besteht u. auch nicht nachträglich gebildet werden kann, aber auch, wenn es – zB wegen krankheitsbedingter Reiseunfähigkeit (BGH BeckRS 2015, 7585) – unmöglich ist, den Angeklagten (BGHSt 16, 84) o. einen wichtigen Zeugen, dessen kommissarische Vernehmung nicht ausreicht, zur HV zu bringen. Weite Entfernung zwischen Gericht u. Prozessbeteiligten ist allein kein Verhinderungsgrund (Dallinger MDR 1970, 383 – BGH RsprÜ), auch nicht, dass das Gericht den Aufenthaltsort des Angeklagten nicht feststellen kann (Kusch NStZ 1997, 331 – BGH RsprÜ). Kann das Gericht die Verh. an einem anderen Ort seines Bezirks durchführen u. entfällt dadurch die Verhinderung, so ist § 15 nicht anwendbar. Die Vorschr. gilt aber auch, wenn das Gericht v. seiner Befugnis die HV außerhalb seines Bezirks durchzuführen (→ GVG § 166 Rn. 1), keinen Gebrauch macht (BGHSt 22, 250; BGHR StPO § 15 Verhinderung 1).

5 **D. Gefährdung der öffentl. Sicherheit.** Eine Gefährdung der öffentl. Sicherheit liegt nur vor, wenn eine Situation gegeben ist, die dem Fall einer tatsächlichen Verhinderung (soeben → Rn. 4) vergleichbar ist u. eine nachteilige Rückwirkung auf die Unbefangenheit des Gerichts ausüben kann (BGH BeckRS 2019, 3206). Sie liegt insbes. vor, wenn mit erheblichen Unruhen gerechnet werden muss, zB mit Protestdemonstrationen, denen mit polizeilichen Mitteln nicht begegnet werden kann. Ob das der Fall ist, wird unter Berücksichtigung der verfügbaren u. geeigneten Schutzmittel beurteilt (RGSt 10, 381 (383)). Die Übertragung kommt nur in Betracht, wenn die Gefährdung ihren Ursprung in der Durchführung der Verh. gerade vor dem zuständigen Gericht hat u. nicht auf andere Weise (→ Rn. 4 aE) beseitigt werden kann (BGHSt 47, 275; BGH BeckRS 2019, 3206). Eine gefährliche Bedrohung der Richter o. Verfahrensbeteiligten kann genügen.

6 **E. Das zunächst obere Gericht.** Das zunächst obere Gericht ist das **dem verhinderten unmittelbar übergeordnete Gericht,** also das LG für das AG, das OLG für das LG, der BGH für das OLG. Es entscheidet vAw. Die Übertragung kann v. dem verhinderten Gericht o. der LJV angeregt, auch v. der StA o. anderen Prozessbeteiligten beantragt werden. Sie steht nicht im Ermessen des Gerichts, sondern muss angeordnet werden, wenn die Voraussetzungen des § 15 vorliegen (RGSt 45, 67). Das Obergericht darf die Sache nur einem Gericht übertragen, das dieselbe sachliche Zuständigkeit hat wie das verhinderte u. das in seinem eigenen Bezirk liegt, dem es also ebenfalls übergeordnet ist (BGHSt 16, 84). Besteht zB für den LG-Bezirk nur ein gemeinsames SchG (§ 58 GVG), so darf das LG die Sache nicht einem SchG eines anderen LG-Bezirks übertragen (OLG Nürnberg BayJMBl. 1955, 36). Soll die Sache an ein bezirksfremdes Gericht übertragen werden, so ist das gemeinschaftliche obere Gericht zuständig, das sowohl dem verhinderten als auch dem neuen Gericht übergeordnet ist (→ § 4 Rn. 14), ggf. der BGH (BGHSt 16, 84; 21, 212). Anders als nach §§ 210 Abs. 3 S. 1, 354 Abs. 2 S. 1 kann der BGH die Sache auch dem Gericht eines anderen Landes übertragen (BGHSt 22, 250 (252)).

7 **F. Wirkung der Übertragung.** Die **Wirkung der Übertragung des ganzen Verfahrens** besteht darin, dass das beauftragte Gericht, das den Übertragungsbeschluss nicht zu überprüfen hat (Löwe/Rosenberg/Erb Rn. 19), örtlich zuständig wird u. dass die Sache falls sie schon anhängig ist, auf dieses Gericht übergeht. Diese Wirkung tritt ein, wenn der Übertragungsbeschluss dem beauftragten Gericht zugeht. Sie bleibt, auch nach Wegfall der Verhinderung des an sich zuständigen Gerichts, bis zum Abschluss des Verfahrens bestehen, sofern die Übertragung v. dem oberen Gericht nicht in der gleichen Form zurückgenommen wird.

8 **G. Beschwerde.** Beschwerde gegen den Übertragungsbeschluss ist unzulässig (OLG Celle NJW 1957, 73 Ls.; OLG Schleswig SchlHA 1958, 235; KK-StPO/Geilhorn Rn. 7; erg. → § 304 Rn. 2).

Prüfung der örtlichen Zuständigkeit; Einwand der Unzuständigkeit

16 (1) [1] **Das Gericht prüft seine örtliche Zuständigkeit bis zur Eröffnung des Hauptverfahrens von Amts wegen.** [2] **Danach darf es seine Unzuständigkeit nur auf Einwand des Angeklagten aussprechen.** [3] **Der Angeklagte kann den Einwand nur bis zum Beginn seiner Vernehmung zur Sache in der Hauptverhandlung geltend machen.**

(2) [1] **Ist Anklage von der Europäischen Staatsanwaltschaft erhoben worden, so prüft das Gericht auf Einwand des Angeklagten auch, ob die Europäische Staatsanwaltschaft gemäß Artikel 36 Absatz 3 der Verordnung (EU) 2017/1939 des Rates vom 12. Oktober 2017 zur Durchführung einer Verstärkten Zusammenarbeit zur Errichtung der Europäischen Staatsanwaltschaft (EUStA) (ABl. L 283 vom 31.10.2017, S. 1) befugt ist, vor einem Gericht im Geltungsbereich dieses Gesetzes Anklage zu erheben.** [2] **Absatz 1 Satz 3 gilt entsprechend.**

A. Zeitliche Beschränkung der Prüfung. Eine **zeitliche Beschränkung der Prüfung der örtlichen Zuständigkeit** bestimmt Abs. 1. Diese Zuständigkeit, die ohnehin einem Wahlrecht der StA unterliegt (→ Vor § 7 Rn. 10), ist im Hinblick auf die Gleichwertigkeit der Rspr. der Gerichte gleicher Ordnung nicht v. derselben Bedeutung wie die sachliche Zuständigkeit. Es ist daher nicht notwendig, Verfahrensverzögerungen hinzunehmen, um stets die Entsch. eines örtlich zuständigen Gerichts herbeiführen zu können. Die örtliche Zuständigkeit ist, wie die besondere Zuständigkeit der in § 74e GVG bezeichneten Gerichte (vgl. § 6a), eine nur befristete kurzlebige Verfahrensvoraussetzung (→ Vor § 7 Rn. 7). 1

B. Von Amts wegen (Abs. 1 S. 1). Von Amts wegen (Abs. 1 S. 1) prüft das Gericht seine örtliche Zuständigkeit **nur bis** zur Eröffnung des Hauptverfahrens (§ 203), dh bis zum Erlass des Eröffnungsbeschlusses (§ 207), im beschleunigten Verf. nach §§ 417 ff. jedoch bis zum Beginn der Vernehmung des Angeklagten zur Sache (→ § 418 Rn. 2). Vgl. → § 6a Rn. 3. 2

C. Einwand des Angeklagten (Abs. 1 S. 2, 3). Für den Einwand des Angeklagten (Abs. 1 S. 2, 3) gelten die **gleichen Grundsätze wie bei § 6a;** vgl. dort zu den Einwandbefugten → § 6a Rn. 5, zur zeitlichen Begrenzung → § 6a Rn. 6 ff., zur Form → § 6a Rn. 11. Wie im Fall des § 6a (→ § 6a Rn. 7) tritt nach § 16 S. 2 mit Beginn der Sachvernehmung des Angeklagten eine Zuständigkeitsperpetuierung ein; eine spätere Änd. der tatsächlichen Umstände o. der rechtlichen Beurteilung der Tat ist für die Zuständigkeitsfrage ohne Bedeutung (RGSt 65, 267). Maßgebend für den Ausschluss des Einwands ist, wie bei § 6a (→ § 6a Rn. 10), immer die Sachvernehmung in der 1. HV in der Sache (OLG Köln StraFo 2009, 162). Hat jedoch die StA, nachdem das 1. Gericht sich für unzuständig erklärt hatte, die öffentl. Klage bei einem anderen Gericht erhoben, so kann der Angeklagte den Einwand der örtlichen Zuständigkeit erneut geltend machen. 3

Das Gericht hat auf den Einwand nach S. 2 **ausschl. zu prüfen,** ob hinreichende tatsächliche Anhaltspunkte für das Bestehen eines die örtliche Zuständigkeit begründenden Gerichtsstands gegeben waren (BGH 7.10.2021 – 1 StR 77/21 mwN); eine Prüfung des hinreichenden Tatverdachts der seiner Kognitionspflicht unterliegenden Taten findet dagegen nicht statt (BGH NStZ-RR 2018, 53; BeckRS 2021, 40528). 3a

D. Verfahren bei Unzuständigkeit. Erhebt die StA, deren örtliche Zuständigkeit durch die des Gerichts bestimmt wird (§ 143 Abs. 1 GVG), die Anklage vor einem örtlich unzuständigen Gericht, so lehnt dieses nicht die Eröffnung des Hauptverfahrens nach § 204 ab, sondern erklärt sich durch Beschl. für unzuständig (RGSt 32, 50; OLG Hamm NStZ-RR 1999, 16; KK-StPO/Geilhorn Rn. 4; Löwe/Rosenberg/Erb Rn. 12; **aM** Heghmanns/Scheffler StrafVerf-HdB/Heghmanns Kap. VI Rn. 291: Nichteröffnung); die StA erhebt dann die Anklage vor einem anderen Gericht (→ Vor § 7 Rn. 10). Nach Eröffnung des Hauptver- 4 fahrens wird das Verf. nach § 206a eingestellt, in der HV durch Urt. nach § 260 Abs. 3 (OLG Düsseldorf VRS 80, 281; OLG Köln VRS 74, 32 (34); Löwe/Rosenberg/Erb Rn. 14; SK-StPO/Weßlau/Weißer Rn. 8; **aM** Gössel GS Kaufmann, 1986, 983: Beschl. über Unzuständigkeit). Wird stattdessen ein Beschl. erlassen, durch den sich das Gericht für unzuständig erklärt, so bedeutet das sachlich ebenfalls die Einstellung des Verfahrens (BGHSt 18, 1).

5 Die **Abgabe o. Verweisung an ein örtlich zuständiges Gericht** ist, anders als im Fall der fehlenden Zuständigkeit nach §§ 6, 6a, im 1. Rechtszug ausgeschlossen (BGHSt 23, 79 (82); BGH NStZ-RR 2018, 218; vgl. aber OLG Braunschweig JZ 1962, 420; OLG Karlsruhe GA 1977, 58 für Verweisungen im Einverständnis mit der StA) und, wenn sie gleichwohl erfolgt, ohne rechtliche Wirkung; denn das Gericht würde damit in das Auswahlrecht (→ Vor § 7 Rn. 10) u. das Beschwerderecht (§ 210 Abs. 2) der StA eingreifen. Nur die Rechtsmittelgerichte können die Sache nach § 328 Abs. 2 (→ § 328 Rn. 5 ff.) u. § 355 (→ § 355 Rn. 6) an das zuständige Gericht verweisen, wenn das angefochtene Urt. von einem örtlich unzuständigen Gericht erlassen worden war.

6 **E. Rechtsmittelverfahren.** Im Rechtsmittelverfahren **entscheidet** stets **das übergeordnete Gericht** ohne Rücksicht darauf, ob der 1. Richter zuständig war. Ist die Sache, was selten vorkommen wird, vor ein unzuständiges Rechtsmittelgericht gelangt, so gilt § 16 entspr. (**aM** Löwe/Rosenberg/Erb Rn. 20: § 348 entspr.). Von Amts wegen wird die Zuständigkeit bis zum Beginn des Vortrags des Berichterstatters geprüft, auf Einwand des Angeklagten bis zu dessen Sachvernehmung (vgl. → § 6a Rn. 14), im Revisionsverfahren nur bis zum Beginn des Vortrags des Berichterstatters nach § 351 Abs. 1.

7 **F. Anklagen der EUStA.** Bei Anklagen der EUStA **prüft das Gericht auf Einwand des Angeklagten,** ob die EUStA befugt ist, vor einem Gericht in der BRD Anklage zu erheben (Abs. 2). Dies bestimmt sich nach Art. 36 Abs. 3 EUStA-VO, welcher die EUStA bei Vorliegen einer Gerichtsbarkeit mehrerer Mitgliedstaaten verpflichtet, eine sachgerechte Auswahl des Staates zu treffen, in dem sie Anklage erheben will; insoweit ist ggf. auch zu bewerten, ob die EUStA befugt ist, vor dem Gericht eines anderen Mitgliedsstaates Anklage zu erheben als dem, in dem sie das Ermittlungsverfahren geführt hat, was sich nach den in Art. 26 Abs. 4 EUStA-VO festgelegten Kriterien bestimmt (vgl. BT-Drs. 19/17963, 62). Der Einwand des Angeklagten kann schon im Eröffnungsverfahren bis zum Beginn seiner Vernehmung zur Sache in der HV geltend gemacht werden (Abs. 2 S. 2 iVm Abs. 1 S. 3; zu den Einzelheiten → § 6a Rn. 6 ff.). Bei Zweifeln an der Rechtmäßigkeit der Entsch. der EUStA muss das Gericht das Verf. aussetzen u. dem EuGH gem. Art. 42 Abs. 2a EUStA-VO zur Vorabentscheidung nach Art. 267 AEUV vorlegen (BT-Drs. 19/17963, 63).

8 **G. Anfechtung.** Gegen den Beschl., durch den sich das Gericht im Eröffnungsverfahren für örtlich unzuständig erklärt (→ Rn. 4), steht der StA (o. EUStA) die einfache Beschwerde nach § 304 zu (Löwe/Rosenberg/Erb Rn. 16; aM Ignor FS Schlothauer, 2018, 117 (125)). Ist die Beschwerde begründet, verweist das Beschwerdegericht die Sache an das Erstgericht zurück (BGHSt 43, 122). Die Anfechtbarkeit v. Einstellungsbeschlüssen vor der HV regelt § 206a Abs. 2. Das Einstellungsurteil nach § 260 Abs. 3 ist mit Berufung o. Revision anfechtbar. Hatte der Angeklagte in der HV den Einwand nach Abs. 1 S. 2 oder Abs. 2 S. 2 ohne Erfolg erhoben, so kann er gegen das Sachurteil die Rüge des § 338 Nr. 4 erheben (→ § 338 Rn. 31). Ergänzend → § 328 Rn. 6, → § 355 Rn. 6.

17, 18 (weggefallen)

Zuständigkeitsbestimmung bei Zuständigkeitsstreit

19 Haben mehrere Gerichte, von denen eines das zuständige ist, durch Entscheidungen, die nicht mehr anfechtbar sind, ihre Unzuständigkeit ausgesprochen, so bezeichnet das gemeinschaftliche obere Gericht das zuständige Gericht.

A. Kompetenzstreit über die örtliche Zuständigkeit. Bei einem **Kompetenzstreit über die örtliche Zuständigkeit** ist nach § 19 zu verfahren, wenn mehrere Gerichte ihre Unzuständigkeit bereits selbst ausgesprochen haben o. die Unzuständigkeit in einer Beschwerdeentscheidung festgestellt worden ist. Die Entscheidungen müssen unanfechtbar sein; andernfalls hilft schon § 14. 1

Bei einem **Kompetenzstreit über die sachliche Zuständigkeit** ist § 19 entspr. anwendbar, wenn das Verf. sonst nicht fortgesetzt werden könnte (→ § 14 Rn. 2). 2

B. Das gemeinschaftliche obere Gericht. Das gemeinschaftliche obere Gericht (→ § 4 Rn. 14) kann **nur durch einen Prozessbeteiligten** angerufen werden, idR durch die StA. Es darf nur eines der Gerichte, deren Unzuständigkeit festgestellt ist, als zuständig bezeichnen. Ist keines dieser Gerichte zuständig, so muss es die Entsch. ablehnen (erg. → § 14 Rn. 3); eine Verweisung an das zuständige Gericht ist nicht zulässig. Zu der Entsch. nach § 19 ist das gemeinschaftliche obere Gericht auch befugt, wenn es selbst in einem früheren Beschwerdeverfahren das jetzt als zuständig bezeichnete Gericht für unzuständig erklärt hatte (KK-StPO/Geilhorn Rn. 4). 3

Die **Entscheidung** ergeht nach **Anhörung des Prozessgegners** (§ 33 Abs. 2, Abs. 3) durch unanfechtbaren Beschl.; die Unzuständigkeitserklärungen der unteren Gerichte brauchen nicht ausdr. aufgeh. zu werden. 4

Untersuchungshandlungen eines unzuständigen Gerichts

20 Die einzelnen Untersuchungshandlungen eines unzuständigen Gerichts sind nicht schon dieser Unzuständigkeit wegen ungültig.

A. Einzelne Untersuchungshandlungen. Einzelne Untersuchungshandlungen (**zum Begriff** vgl. → § 162 Rn. 4) sind auch wirksam, wenn ein örtlich unzuständiges Gericht sie in Verkennung seiner Zuständigkeit vornimmt (LG Köln MDR 1996, 192; vgl. auch § 44 Abs. 3 Nr. 1 VwVfG). Das gilt entspr. bei Unzuständigkeit nach dem Geschäftsverteilungsplan (vgl. § 22d GVG), hingegen nicht bei sachlicher Unzuständigkeit (OLG Köln StV 2004, 417). Unwirksam sind aber Untersuchungshandlungen eines Richters, dessen Unzuständigkeit so offensichtlich ist, dass ihre Nichtbeachtung das G in grober Weise verletzt (SK-StPO/Weßlau/Weißer Rn. 1). 1

§ 20 ist **entspr. anwendbar** auf Entscheidungen in Strafvollstreckungs- u. Strafvollzugssachen (BGHSt 27, 329 (331)). 2

B. Wirksamkeit. Die **Wirksamkeit der Untersuchungshandlungen des unzuständigen Gerichts** beschränkt sich nicht auf das Vorverfahren. Auch Beweiserhebungen nach §§ 223–225 brauchen nicht wiederholt zu werden; die Prot. sind nach §§ 251, 253, 254 verlesbar. Entsprechendes gilt für § 369 (OLG Düsseldorf NJW 1979, 1724 Ls.). 3

Befugnisse bei Gefahr im Verzug

21 Ein unzuständiges Gericht hat sich den innerhalb seines Bezirks vorzunehmenden Untersuchungshandlungen zu unterziehen, bei denen Gefahr im Verzug ist.

A. Örtlich unzuständiges Gericht. Nur ein örtlich unzuständiges Gericht darf in Eilfällen tätig werden; in die sachliche Zuständigkeit darf nicht eingegriffen 1 werden. § 21 gilt für alle Gerichte, betr. aber in 1. Hinsicht die AGe (Löwe/Rosenberg/Erb Rn. 3). Praktische Bedeutung hat er im Hinblick auf § 165 nur, wenn die Untersuchung schon bei einem anderen Gericht anhängig ist.

2 **B. Einzelne Untersuchungshandlungen.** Nur einzelne Untersuchungshandlungen (zum Begriff vgl. → § 162 Rn. 4) darf das an sich unzuständige Gericht (vAw o. auf Antrag der StA) vornehmen. Die weitere Vfg. in der Sache steht dem zuständigen Gericht zu.

3 **C. Gefahr im Verzug.** Gefahr im Verzug liegt vor, wenn der Untersuchungserfolg bei Abgabe an das zuständige Gericht gefährdet wäre, weil die Untersuchungshandlung nicht, nur unter wesentlicher Erschwerung o. nur zu spät vorgenommen werden könnte (erg. → § 98 Rn. 6).

Dritter Abschnitt. Ausschließung und Ablehnung der Gerichtspersonen

Vorbemerkung zu § 22

1 **A. Recht auf den ges. Richter.** Das Recht auf den ges. Richter (Art. 101 Abs. 1 S. 2 GG) **ist nicht gewahrt,** wenn der Rechtssuchende vor einem Richter steht, der (etwa wegen naher Verwandtschaft, Freundschaft o. Verfeindung) die gebotene Unvoreingenommenheit vermissen lässt (BVerfGE 21, 139 (146); 30, 149 (153)). Der Gesetzgeber muss daher Vorsorge dafür treffen, dass die Richterbank v. Richtern freigehalten wird, die dem rechtlich zu würdigenden Sachverhalt u. den anderen Bet. nicht mit der erforderlichen Distanz eines Unbeteiligten u. daher am Ausgang des Verfahrens uninteressierten Dritten gegenüberstehen (BVerfG NJW 2013, 1058 (1061)). Diesem Zweck dienen die Vorschr. über die Ausschließung u. Ablehnung v. Gerichtspersonen (BVerfGE 46, 34 (37)). Die beiden Rechtsinstitute unterscheiden sich darin, dass die **Ausschließung kraft Gesetzes** eintritt (→ § 22 Rn. 1), das **Ausscheiden wegen Befangenheit** nur aufgrund einer **konstitutiven Entsch. des Gerichts,** die ein Ablehnungsgesuch (§ 24) o. eine Selbstanzeige (§ 30) voraussetzt.

2 **B. Gerichtspersonen.** Gerichtspersonen iSd Abschn. sind **Berufsrichter sowie Schöffen, UrkB u. sonstige Protokollführer** (§ 31). Die Ablehnung eines Sachverständigen regelt § 74, die des Dolmetschers § 191 GVG. Für die Ausschließung u. Ablehnung des Rechtspflegers sind die §§ 22 ff. entspr. anwendbar (§ 10 **RPflG**). Für um die Vernehmung v. Zeugen ersuchte Konsularbeamte gelten die §§ 22 ff. nicht (OLG Düsseldorf NStZ 1983, 469; OLG Karlsruhe Justiz 1974, 468), auch nicht für den Bezirksrevisor als Vertreter der Staatskasse, zB in dem Verf. nach § 4 JVEG (OLG Koblenz OLGSt StPO § 22 Nr. 1).

3 **C. Staatsanwälte. Für Staatsanwälte gelten die §§ 22 ff. nach hM nicht entspr.** (BGH NStZ 2025, 765; NStZ-RR 2024, 252; BayObLGSt 1983, 327; OLG Hamm NJW 1969, 808; OLG Stuttgart NJW 1974, 1394; vgl. auch BVerfGE 25, 336 (345)). Eine analoge Anwendung auf StAe kommt grds. nicht in Betracht, da es an einer planwidrigen Regelungslücke fehlt (BGH NStZ 2025, 765; vgl. Mosbacher JuS 2025, 131 unter Hinweis auf die Gesetzesmaterialien; dahingestellt von BGH NStZ 2024, 482 für den Fall, dass die Staatsanwältin in einer vorher ausgesetzten Hauptverhandlung als Richterin tätig war – Rechtsgedanke des § 22 Nr. 4). Zum praktisch wichtigsten Fall des § 22 Nr. 5 (Vernehmung als Zeuge s. allerdings → § 22 Rn. 20b).

4 **Das bedeutet jedoch nicht**, dass es mit dem Gebot eines rechtsstaatlichen und fairen Verfahrens (→ Einl. Rn. 19) vereinbar wäre, dass ein StA in Verf. mitwirkt, in denen er selbst Verletzter, mit dem Beschuldigten o. Verletzten verwandt o. verschwägert, als Richter, Polizeibeamter, Verteidiger o. Anwalt des Verletzten tätig o. sonst mit der Sache (iSd § 23) vorbefasst gewesen ist (→ Vor § 48 Rn. 17 für den als Zeugen vernommenen StA). In §§ 11 BWAGGVG, 95 NdsJustizG ist ausdr. bestimmt, dass ein StA in solchen Fällen keine Amtshandlungen vornehmen

darf. Allerdings geben diese Vorschr., deren Gültigkeit in Zweifel gezogen wird (vgl. Arloth NJW 1983, 208; Pfeiffer FS Rebmann, 1989, 365; Wendisch FS Schäfer, 1979, 247), keine allg. RLn ab (Böttcher FS Roxin, 2001, 1334 Fn. 10; Kintzi FS Wassermann, 1985, 906; **aM** Kuhlmann DRiZ 1976, 15; Roxin/Schünemann StrafVerfR § 9 Rn. 15; vgl. auch OLG Stuttgart NJW 1974, 1394).

Auch ist es mit der zur Objektivität (s. § 160 Abs. 2) und rechtsstaatlichen Prinzipien verpflichteten Rolle der StA nicht vereinbar, dass ein **befangener StA** an der Hauptverhandlung mitwirkt. Da eine Ablehnung durch die Verfahrensbeteiligten nicht in Betracht kommt (→ Rn. 6), ist es vielmehr Sache des StA, auf seine Ablösung zu drängen, wenn er sich für voreingenommen hält (BGH NStZ-RR 2024, 252), u. Aufgabe des Dienstvorgesetzten, einen StA, dessen Mitwirkung unzulässig u. der daher v. entspr. Amtshandlungen zu befreien ist (vgl. § 65 BBG), nach § 145 Abs. 1 GVG abzulösen (OLG Zweibrücken StV 2000, 516). Das Gericht u. die anderen Prozessbeteiligten können bei ihm auf die Ablösung hinwirken (BGH NStZ-RR 2024, 252; OLG Stuttgart NJW 1974, 1394; zur entspr. Obliegenheit des Gerichts in Fällen grober Verletzungen der Objektivitätspflicht durch den Sitzungsvertreter → Rn. 6, 7) Das Gericht kann sie aber nicht gegen seinen Willen durchsetzen; wird der StA nicht ersetzt, ist die Hauptverhandlung fortzusetzen (BGH NStZ-RR 2024, 252). 5

Die **Prozessbeteiligten** haben **kein Recht auf Ablehnung** eines ausgeschlossenen o. befangenen StA (BGH NStZ-RR 2024, 252; OLG Hamm NJW 1969, 808; OLG Karlsruhe MDR 1974, 423; Löwe/Rosenberg/Siolek Rn. 11; SK-StPO/Weßlau/Deiters Rn. 35, die allerdings de lege ferenda eine ges. Regelung fordern; **aM** Hilgendorf StV 1996, 51; Roxin/Schünemann StrafVerfR § 9 Rn. 15;). Ein Antrag auf gerichtliche Entsch. nach § 23 **EGGVG** gegen die Entsch. des Dienstvorgesetzten des StA ist unzulässig (→ EGGVG § 23 Rn. 15). 6

Verletzt allerdings ein StA seine **Pflicht zur Objektivität** und Wahrung eines rechtsstaatlichen Strafverfahrens derartig schwer und nachhaltig, dass sich sein Verhalten in der Hauptverhandlung aus der Sicht eines verständigen Angeklagten als Missbrauch staatlicher Macht darstellt, so ist dessen Recht auf ein faires und justizförmiges Verfahren verletzt (BGH NStZ 2025, 765), es sei denn, das erkennende Gericht bringt im Rahmen seiner Verfahrensherrschaft eine Kompensation hierfür zum Ausdruck (BGH NStZ-RR 2024, 252). Dies kann letztlich in die Obliegenheit münden, bei dem Vorgesetzten des Sitzungsvertreters der StA auf dessen Ersetzung durch einen anderen StA hinzuwirken und seine Bemühungen in der Hauptverhandlung öffentlich zu machen (BGH NStZ-RR 2024, 252). Bei der Prüfung einer Verletzung des Rechts auf ein faires Verfahren ist eine Gesamtbetrachtung vorzunehmen; dabei sind der Verdachtsgrad gegen den StA, das Gewicht etwaiger Verstöße gegen seine staatsanwaltlichen Amtspflichten, die Enge der Verbindung mit dem verhandelten Tatvorwurf und ob die Staatsanwaltschaft insoweit Verfahrenssicherungen ergriffen hat, etwa durch Einteilung eines weiteren Sitzungsvertreters, zu berücksichtigen (BGH NStZ 2025, 765). 7

Mit der **Revision** kann die unzulässige Mitwirkung eines „ausgeschlossenen" StA in der HV gerügt werden (OLG Stuttgart NJW 1974, 1394; Löwe/Rosenberg/Siolek Rn. 12). Dies gilt bei grober Verletzung der Objektivitätspflicht (→ Rn. 7), aber auch für den StA, der als Sitzungsvertreter im Schlussvortrag eine Würdigung seiner eigenen Aussage vornimmt (BGH NStZ 2019, 234, der dies allerdings mit einer Analogie zu § 22 Nr. 5 begründet, was nicht unzweifelhaft erscheint: → Rn. 3; erg. → § 22 Rn. 20b, → Vor § 48 Rn. 17). Jedoch liegt nicht der zwingende Aufhebungsgrund des § 338 Nr. 5 vor; die Revision ist **nur begründet,** wenn nicht auszuschließen ist, dass das Urt. auf der Mitwirkung des StA **beruht** (§ 337; vgl. → Vor § 48 Rn. 17 für den als Zeuge vernommenen StA). Im Falle grober Verletzung der Objektivitätspflicht (→ Rn. 6) wird es nur ausnahmsweise auszuschließen sein, dass sich das einem rechtsstaatlichen Verfahren zuwiderlaufende Verhalten des Sitzungsvertreters in dem Urteil zu Lasten des Angeklagten ausgewirkt hat, wenn das Gericht in der Hauptverhandlung keine Kompensation hierfür zum Ausdruck gebracht hat (BGH NStZ-RR 2024, 252 mAnm Mosbacher 8

JuS 2025, 131 → Rn. 7). Aus § 145 GVG lässt sich dagegen kein Revisionsgrund herleiten (→ GVG § 145 Rn. 6).

Ausschließung von der Ausübung des Richteramtes kraft Gesetzes

22 Ein Richter ist von der Ausübung des Richteramtes kraft Gesetzes ausgeschlossen,

1. wenn er selbst durch die Straftat verletzt ist;
2. wenn er Ehegatte, Lebenspartner, Vormund oder Betreuer des Beschuldigten oder des Verletzten ist oder gewesen ist;
3. wenn er mit dem Beschuldigten oder mit dem Verletzten in gerader Linie verwandt oder verschwägert, in der Seitenlinie bis zum dritten Grad verwandt oder bis zum zweiten Grad verschwägert ist oder war;
4. wenn er in der Sache als Beamter der Staatsanwaltschaft, als Polizeibeamter, als Anwalt des Verletzten oder als Verteidiger tätig gewesen ist;
5. wenn er in der Sache als Zeuge oder Sachverständiger vernommen ist.

Übersicht

1 **A. Kraft Gesetzes.** Kraft Gesetzes tritt die Ausschließung nach §§ 22, 23 ein (vgl. BVerfGE 21, 139 (145); 46, 34 (37)), selbst wenn der Grund dafür weder dem Richter noch einem Prozessbeteiligten bekannt ist (BGH bei Herlan MDR 1954, 656). Gleichgültig ist, ob der Richter sich befangen fühlt (BGHSt 14, 219 (223)) o. die Prozessbeteiligten mit seiner Mitwirkung einverstanden sind (Schorn GA 1963, 258).

2 Der Ausschluss ist **vAw zu beachten;** einer Entsch. bedarf es nur in Zweifelsfällen. Jeder Prozessbeteiligte kann sie aber ohne zeitliche Beschränkung (→ § 25 Rn. 1) anregen o. mit einem Ablehnungsgesuch nach § 24 geltend machen. Der darauf ergehende Gerichtsbeschluss hat nur feststellende Bedeutung (→ § 24 Rn. 4).

3 Die **Ausschließungsgründe** sind in den §§ 22, 23 (und § 148a Abs. 2 S. 1) **erschöpfend** aufgeführt (BVerfGE 46, 34 (38); OLG Oldenburg StraFo 2021, 332; OLG Düsseldorf NStZ 1987, 571; OLG Stuttgart StV 1985, 492; → § 23 Rn. 1). Sie sind eng auszulegen (BGHSt 44, 4 (7); OLG Oldenburg StraFo 2021, 332) u. dürfen nicht dadurch erweitert werden, dass für bestimmte Fälle allg. § 24 „zur Lückenfüllung" herangezogen wird (so aber Arzt Strafrichter S. 17 ff., 65 ff.; Roxin/Schünemann StrafVerfR § 8 Rn. 10; erg. → § 354 Rn. 39). Dass der Richter auch nicht in einer Sache mitwirken darf, in der er selbst Beschuldigter (OLG Stuttgart MDR 1971, 67) o. Täter ist, versteht sich v. selbst u. bedurfte keiner ges. Regelung. Die Ausschließung zwingt den Richter, sich jeder Tätigkeit in der Sache zu enthalten (zur Anwendung im Fall des § 29 vgl. → § 29 Rn. 13 ff.).

4 Sie **beginnt** mit dem Entstehen des Ausschließungsgrundes und wirkt für die Zukunft (BGH NStZ 2021, 751). Sie **gilt für richterliche Handlungen jeder Art,** zB für die Bestimmung eines Hauptverhandlungstermins, auf die der ausgeschlossene Richter nicht einmal Einfluss nehmen darf (BVerfGE 4, 412 (416)).

Die Ausschließung soll sich zeitlich auch auf nach Erlass der Entsch. entstandene Ausschließungsgründe wie etwa die Unterschrift unter das Urt. sowie die Anbringung v. Verhinderungsvermerken erstrecken u. ggf. den absoluten Revisionsgrund des § 338 Nr. 7 begründen (BGH NStZ 2021, 751 sowie NJW 2022, 2206: Zeugenaussage in einem Parallelverfahren nach Erlass des Urteils); dies erscheint mit Blick auf die § 25 Abs. 2 S. 2 zu entnehmende Wertentscheidung des Gesetzgebers für Ablehnungen nicht unzweifelhaft (Mosbacher JuS 2021, 749; erg. → § 338 Rn. 53a). Sie gilt nicht nur für das Hauptverfahren, sondern auch für Nachtragsentscheidungen, zB nach § 453 (OLG Stuttgart GA 1989, 37), nach § 454 (OLG Stuttgart Justiz 1988, 317), nach § 458 (OLG Hamm MDR 1957, 760), nach § 460 (OLG Düsseldorf StV 1983, 361) u. nach den §§ 462, 463 (OLG Koblenz GA 1978, 156), nicht aber für Akte der JV, zB für die Auslosung der Schöffen (BGHSt 3, 68).

Die Vorschr. ist für die **StA nicht** entspr. anwendbar (→ Vor § 22 Rn. 3). 5

B. Verletzt (Nr. 1). Verletzt (Nr. 1) ist, entspr. § 373b (vgl. BT-Drs. 19/27654, 40; → § 373b Rn. 3–5), der durch eine Straftat unmittelbar in seinen Rechten betroffene Richter (BGHSt 1, 298; BGHR StPO § 22 Verletzter 1; BayObLG NStZ 1993, 347); mittelbare Betroffenheit reicht nicht aus (BGHSt 51, 100; BGH NStZ 2006, 646: Parteimitgliedschaft; erg. (→ § 172 Rn. 9). Die Tat muss Gegenstand des Verfahrens, darf also nicht erst während der HV begangen sein (BGHSt 14, 219; Cierniak/Zimmermann NStZ-RR 2013, 66 – BGH RsprÜ). Ob der Täter wegen der Tat noch verurteilt werden kann, ist gleichgültig (BGHSt 14, 219); die Verfolgungsbeschränkung nach § 154a beseitigt den Ausschluss daher nicht (KG StV 1981, 13). Sind mehrere Sachen miteinander nach §§ 2 ff. verbunden, so erstreckt sich der Ausschluss auf das ganze Verfahren, auch wenn der Richter nur in einer dieser Sachen Verletzter ist (BGHSt 14, 219; erg. → § 5 Rn. 1). Werden die Sachen wieder getrennt, so besteht der Ausschluss in allen verbunden gewesenen Sachen fort (BGHSt 14, 219). 6

Bei **Vermögensdelikten** gilt Nr. 1 nur, wenn für den Richter ein unmittelbarer Nachteil eingetreten ist (BGHSt 1, 298; vgl. iE Löwe/Rosenberg/Siolek Rn. 16 ff.), also kein Ausschluss des Mieters bei Schädigung des Grundstückeigentümers (BGH NStZ 2009, 342; dazu Volkmer NStZ 2009, 371). Durch einen Diebstahl ist der Richter iSd Nr. 1 verletzt, wenn er Eigentümer oder Gewahrsamsinhaber der Sache, durch einen Betrug nur, wenn er der Geschädigte, nicht nur der Getäuschte war (Dallinger MDR 1971, 363 – BGH RsprÜ). Bei Insolvenzdelikten ist jeder verletzt, der aus der Masse nicht voll befriedigt wird; die nachträgliche Befriedigung ist insoweit ohne Bedeutung. Der Insolvenzverwalter ist durch Straftaten zum Nachteil der Masse nicht verletzt. Bei Taten zum Nachteil einer OHG sind alle Gesellschafter verletzt (RGSt 46, 77 (80)). Wenn sich das Delikt gegen eine JP (AG, GmbH, eingetragene Genossenschaft usw) richtet, sind keine Einzelpersonen verletzt (RGSt 37, 415; 69, 127), auch nicht die Mitglieder der Willensorgane (RGSt 67, 219) o. der Prokurist der geschädigten JP, selbst wenn er am Gewinn bet. ist (BGHSt 1, 298). Verletzt iSd Nr. 1 ist auch nicht der Kreistagsabgeordnete des geschädigten Landkreises (Dallinger MDR 1955, 145 – BGH RsprÜ). 7

Durch eine **Beleidigung,** die in dem anhängigen Strafverfahren geahndet werden soll, ist der davon unmittelbar betroffene Richter verletzt, auch wenn den Strafantrag der Dienstvorgesetzte gestellt hat (BGH MDR 1954, 628); dieser ist wegen der Antragstellung nicht ausgeschlossen (Löwe/Rosenberg/Siolek Rn. 20). Werden alle Richter der BRD o. eines ihrer Länder verunglimpft, so sind iSd Nr. 1 nur diejenigen verletzt, gegen die die Beleidigung unmittelbar gerichtet ist (RGSt 25, 179; Arzt Strafrichter S. 45), es sei denn, ein sonstiger Richter fühle sich persönlich betroffen (BVerfG NJW 1992, 2471). Auch an einem Gericht mit mehr als 200 Richtern ist durch Verunglimpfung einer nicht genannten Zahl v. ihnen nicht jeder Richter beleidigt (KG JR 1978, 422). Der Täter kann durch derartige Pauschalbeleidigungen keinen Stillstand der Rechtspflege erreichen. Beleidigungen 8 des Richters während des Strafverfahrens führen ebenfalls nicht zum Ausschluss, da der Beschuldigte sonst jeden ihm unbequemen Richter ausschalten könnte (Schmidt StPO/GVG StPO § 22 Rn. 8; erg. → § 24 Rn. 7). Daher kann ein Ordnungsmittel wegen Ungebühr durch den beleidigten Richter selbst festgesetzt werden (→ GVG § 178 Rn. 2 ff.).

9 **C. Ehegatte, Lebenspartner oder Vormund (Nr. 2).** Zur Ehe und Lebenspartnerschaft vgl. → § 52 Rn. 5-5b. Das Verlöbnis (→ § 52 Rn. 4) gibt nur einen Ablehnungsgrund nach § 24 (→ § 24 Rn. 11). Der Gegenvormund (§ 1792 BGB) steht dem Vormund gleich (RGSt 11, 223), nicht aber der Betreuer nach § 1896 BGB. Hinsichtlich des Verletzten gilt der Verletztenbegriff des § 373b.

10 **D. Verwandtschaft und Schwägerschaft (Nr. 3).** Verwandtschaft und Schwägerschaft (Nr. 3) sind nach dem BGB zu beurteilen (wegen der Einzelheiten vgl. → § 52 Rn. 6). Sie müssen zwischen dem Richter u. dem Beschuldigten bestehen. Ist der Richter mit dem StA, dem UrkB, einem Schöffen, Verteidiger, Zeugen o. Sachverständigen o. mit dem Anzeigenden verwandt o. verschwägert, so liegt allenfalls ein Ablehnungsgrund nach § 24 vor (Dallinger MDR 1974, 547 – BGH RsprÜ). Zum Begriff des Verletzten → § 373b Rn. 1 ff.

11, 12 **E. Frühere Strafverfolgungs- oder Verteidigertätigkeit (Nr. 4). I. Beamter.** Der **Begriff Beamter** (vgl. Fischer/Fischer/Anstötz StGB § 11 Rn. 13 ff.) ist im funktionellen Sinn zu verstehen.

13 **Beamte der StA** sind außer den beim GBA, dem GStA u. den örtlichen StAen tätigen StAn auch Amtsanwälte u. die mit der Wahrnehmung amtsanwaltschaftlicher Aufgaben beauftragten Referendare.

14 **Polizeibeamte** sind nur ausgeschlossen, wenn sie durch ihr Amt zur Verfolgung v. Straftaten kraft Gesetzes (§ 163) o. kraft Auftrags der StA (§ 161 Abs. 1 S. 2, § 152 Abs. 1 GVG) berufen sind (BGH MDR 1958, 785). Die Erstellung wissenschaftlicher o. kriminaltechnischer Gutachten ist kein Ausschließungsgrund (BGH MDR 1958, 785), auch nicht die Tätigkeit als Untersuchungsführer in einem Disziplinarverfahren (LG Mühlhausen NStZ-RR 1996, 18, das aber § 24 bejaht).

15 **Anwälte** des Verletzten (→ § 373b) können nur RAe sein. Eine beratende Tätigkeit genügt, nicht Tätigkeit als Gnadenbeauftragter (OLG Düsseldorf NStZ 1987, 571).

16 **Verteidiger** sind alle Wahl- u. Pflichtverteidiger, auch die nach §§ 138 Abs. 2, 139 tätig gewordenen.

17 **II. Sache.** Der Begriff Sache ist **weit auszulegen** (BGHSt 9, 193; OLG Stuttgart Justiz 1979, 212). Denn § 22 bezweckt, schon den Anschein eines Verdachts der Parteilichkeit zu vermeiden (BGHSt 31, 358 (359); BGH StV 1982, 51). Unter „Sache" ist grds. **das gesamte Verfahren,** v. Beginn der Ermittlungen über die HV bis zum Wiederaufnahmeverfahren (BGHSt 28, 262 (264); BayObLG NStZ 1988, 286), zu verstehen, das die strafrechtliche Verfolgung einer bestimmten Straftat zum Gegenstand hat (BGHSt 28, 262; BayObLG NStZ 1988, 286; OLG Düsseldorf NStZ 1987, 571); erfasst ist nicht nur der Kernbereich v. Schuld u. Strafe, sondern alle richterlichen Entscheidungen, die im Verlauf einer HV zu treffen sind u. sich auf die abschließende Entsch. auswirken können (BGH NStZ 2014, 44: Entsch. über Ablehnungsgesuch). Tatmehrheit iSd § 53 StGB u. das Vorliegen mehrerer selbständiger Taten iSd § 264 stehen der Sachgleichheit nicht entgegen (BGH NStZ 2014, 44). Entscheidend ist vielmehr die Einheit der HV (BGH NStZ 2014, 44). Bei **verbundenen Sachen** ist das gesamte Verf. als eine Sache iSd Nr. 4 anzusehen (BGHSt 28, 262 (263); OLG Düsseldorf StV 1983, 361). Sachgleichheit iSd Vorschr. setzt aber nicht einmal Verfahrensidentität voraus; sie kann auch vorliegen, wenn der Richter in derselben „Sache", aber in einem anderen Verf. tätig war u. dadurch der Anschein der Parteilichkeit aufkommen kann (BGHSt 9, 193; 28, 262 (265); 31, 358), sofern zumindest ein **enger u. für die zu treffende Entsch. bedeutsamer Sachzusammenhang** besteht (BGH NStZ 2019, 353). Jedoch besteht keine Sachgleichheit, wenn nur die frühere Strafe,

an deren Zustandekommen der Richter als StA mitgewirkt hat, nach § 55 StGB in eine nunmehr zu bildende Gesamtstrafe einbezogen wird (BGHSt 28, 262; vgl. aber OLG Stuttgart NStZ 1988, 375).

III. Vorangegangene Strafverfolgungstätigkeit. Bei vorangegangener Strafverfolgungstätigkeit ist es unerheblich, ob der Täter noch unbekannt, die frühere Tätigkeit sachlich o. formeller Art (vgl. RGSt 28, 53 (54): Aufenthaltsanfrage u. Zustellungsverfügung; RGSt 55, 113: Abgabe an die zuständige Behörde) u. ob sie für das Verf. wesentlich o. unbedeutend war (BGH StV 1982, 51; NStZ 2011, 106: Sachstandsanfrage bzw. Akteneinsicht u. Vfg. einer Wiedervorlagefrist). Maßgebend ist, ob der Richter zuvor als Beamter der StA, wenn auch in untergeordneter Weise, **irgendetwas zur Erforschung des Sachverhalts o. zur Beeinflussung des Verfahrensablaufs getan** hat (BGH wistra 2006, 310). Untersuchungshandlungen nach § 165 führen aber nicht zum Ausschluss (BGHSt 9, 233 (235)), auch nicht die Teilnahme als StA iRv Todesermittlungen an einer Obduktion, soweit diese keinen Anhalt für ein Fremdverschulden erbracht hat (BGHSt 49, 29), u. auch nicht die Tätigkeit in einem Disziplinarverfahren (LG Zweibrücken NStZ-RR 1999, 308; anders im umgekehrten Fall gem. § 48 Abs. 1 Nr. 5 BDG). Ob der Beamte die Sache selbst bearb. o. eine v. einem anderen Beamten entworfene Vfg. unterzeichnet hat, ist gleichgültig (BGH NJW 1952, 1149). Nr. 4 gilt auch, wenn der Richter sich an der Geschwindigkeitskontrolle durch die Verkehrspolizei aktiv bet. hat (OLG Karlsruhe VRS 39, 109). Unschädlich ist aber, dass der Richter, als er StA war, sich mit der Sache zur Ausbildung eines Referendars befasst hat (RGSt 59, 267) o. dass er Leiter der StA gewesen ist, ohne sich mit der Sache irgendwie selbst zu beschäftigen (RGSt 70, 161 (162)) o. dass er als Ministerialbeamter mit der Sache befasst war, ohne darin aber eine eigene Tätigkeit zu entfalten (BGH wistra 2006, 310). 18

F. Vernehmung als Zeuge oder Sachverständiger (Nr. 5). Es muss sich um eine **bereits erfolgte Zeugenvernehmung** in der **anhängigen Sache** handeln; damit soll verhindert werden, dass ein Beschuldigter einen ihm missliebigen Richter durch bloße Benennung als Zeugen aus dem Verfahren auszuschließen vermag (vgl. BGHSt 44, 4). Der Ausschluss soll sich nach der Rspr. auch auf Vernehmungen im Zeitraum zwischen der Urteilsverkündung und der Abfassung und Unterschrift der Urteilsgründe beziehen (vgl. BGH NStZ 2021, 751; NJW 2022, 2206; kritisch dazu Mosbacher JuS 2021, 749; erg. → Rn. 4). Auch bei Nr. 5 bedeutet die **Sachgleichheit nicht Verfahrensidentität** (→ Rn. 17); ein Richter ist daher idR auch ausgeschlossen, wenn er in einem anderen Verf. als Zeuge zu demselben Tatgeschehen vernommen worden ist, das er jetzt abzuurteilen hätte (BGHSt 31, 358; BGH NStZ 2007, 711; 2014, 459; vgl. auch NStZ 2024, 119). Darunter ist aber nicht nur die Wiedergabe eigener Wahrnehmungen zum Tatgeschehen zu verstehen, vielmehr wird jede Äußerung des Zeugen zu solchen Fragen erfasst, die im Hinblick auf die Schuld- u. Straffrage richterlicher Würdigung bedürfen (BGH NStZ 2024, 119 mwN; StV 2008, 283). Der Richter ist auch dann ausgeschlossen, wenn der Verfahrensteil nach der Zeugenvernehmung nach § 154 Abs. 2 ausgeschieden worden ist (BGH NStZ 2006, 113). Dagegen sind Richter, die in einem Strafverfahren gegen einen Angeklagten mitwirken, gegen den sie bereits ein Ermittlungsverfahren wegen einer Falschaussage bis zur Einstellung geführt haben, alleine dadurch, dass sie diese Falschaussage entgegengenommen haben, nicht als vernommene Zeugen iSv Nr. 5 anzusehen (BGH BeckRS 2012, 25391). 19

Vernehmung ist die Anhörung durch ein Strafverfolgungsorgan in irgendeinem Verfahrensabschnitt. Grundsätzlich muss eine mündliche o. schriftliche Vernehmung bereits stattgefunden haben; die Anfertigung eines förmlichen Vernehmungsprotokolls ist nicht erforderlich (BGH NStZ 1998, 93). Dabei genügt die schriftliche Äußerung über sachlich erhebliche Umstände, auch eine *dienstliche Äußerung* (SK-StPO/Weßlau/Deiters Rn. 21) über Wahrnehmungen anlässlich einer früheren HV, sofern sie sich nicht allein zu prozessual erheblichen Vorgängen verhält, sondern Beweisergebnisse zum Gegenstand hat, die auf komplexen (nicht aber bei 20 lediglich „aufgedrängter kurzer Information": BGHSt 47, 270), ausschließlich auf den Einzelfall bezogenen Wahrnehmungen des Richters beruhen (OLG Oldenburg StraFo 2021, 332; vgl. auch BGHSt 45, 354; 47, 270).Eine Selbstanzeige gem. § 30 führt selbst in diesem Fall nicht zwangsläufig zum Ausschluss des betreffenden Richters, solange vorrangig auszuschöpfende Möglichkeiten gegeben sind, das im Rahmen der Selbstanzeige zu Tage getretene Wissen des Richters auf andere Weise als durch dessen Zeugenvernehmung in die HV einzuführen (OLG Oldenburg StraFo 2021, 332 (335 f.)). Bei Heranziehung als Gutachter genügt die Erstattung eines schriftlichen Gutachtens; hingegen reicht auch insoweit die Äußerung zu nur prozessual erheblichen Umständen nicht aus (BGH StV 1993, 507; OLG Oldenburg StraFo 2021, 332). **Nicht erfasst von Nr. 5** werden dienstliche Äußerungen des Richters, welche den Gegenstand des anhängigen Verfahrens betr. u. die er im Zusammenhang mit seiner amtlichen Tätigkeit in dieser Sache wahrgenommen hat (BGHSt 44, 4; 47, 270; BGH StV 2004, 355; OLG Oldenburg StraFo 2021, 332, 334; erg. → § 244 Rn. 49), so auch nicht die Tätigkeit als beauftragter Richter (BGHSt 45, 354 (355)). Die Gründe des schriftlichen Urteils unterfallen nicht Nr. 5 (OLG Oldenburg StraFo 2021, 332 (335)).

20a Die **bloße Möglichkeit,** dass es zur Vernehmung kommt, **genügt nicht** (OLG Oldenburg StraFo 2021, 332 (333) mwN; vgl. auch BGHSt 44, 4; BGH wistra 2009, 69; erg. aber → Vor § 48 Rn. 15). Durch die Benennung als Zeuge in einem **Beweisantrag** wird der Richter daher nicht ohne weiteres ausgeschlossen, auch nicht durch die Ladung als Zeuge (BGHSt 14, 219 (220)). Wenn er sein Nichtwissen dienstlich versichert, kann er an der Ablehnung des Beweisantrags sogar mitwirken (BGHSt 39, 239). Die Abgabe einer Sachverständigenerklärung ohne Auftrag eines Strafverfolgungsorgans, zB unmittelbar auf Bitte des Verteidigers, ist unter dem Gesichtspunkt der Befangenheit (§§ 24, 30) zu beurteilen.

20b **Nr. 5 soll analog für den StA** gelten, der als Sitzungsvertreter im Schlussvortrag eine Würdigung seiner eigenen Aussage vornimmt (BGH NStZ 2019, 234; 2020, 180). Das erscheint in der dogmatischen Herleitung zw., da bereits eine planwidrige Regelungslücke nicht erkennbar ist u. der StA, anders als sonst in Fällen des § 22, nicht automatisch v. der gesamten HV ausgeschlossen ist (Mosbacher JuS 2019, 129 (132); erg. → Vor § 22 Rn. 3, 8, → Vor § 48 Rn. 17).

21 **G. Folge der Mitwirkung eines ausgeschlossenen Richters.** Die Folge der Mitwirkung eines ausgeschlossenen Richters ist nicht die Unwirksamkeit der Entsch. (→ Einl. Rn. 104 ff.), sondern nur ihre **Anfechtbarkeit durch Rechtsmittel,** insbes. mit der Revision nach § 338 Nr. 2 (vgl. zur Entsch. des Revisionsgerichts Leu StV 2009, 507), aber auch nach § 338 Nr. 7, falls der ausgeschlossene Richter die Urteilsurkunde unterzeichnet hat (vgl. BGH NStZ 2021, 751; → § 275 Rn. 22, → § 338 Rn. 51 ff.). Das gilt auch für den Eröffnungsbeschluss (→ § 207 Rn. 11). Das Beschwerdegericht verweist die Sache zurück (→ § 309 Rn. 8). Für den Fall der Mitwirkung eines ausgeschlossenen Richters an einem unanfechtbaren Beschwerdebeschluss hält OLG Düsseldorf MDR 1980, 335; 1982, 518 zu Unrecht die Zurücknahme des Beschl. auf Gegenvorstellungen für zulässig u. geboten (dazu → Vor § 296 Rn. 25).

22 **H. Revision.** Vgl. § 338 Nr. 2; s. aber auch → Rn. 4 sowie → § 338 Rn. 53a (zu § 338 Nr. 7).

Ausschließung eines Richters wegen Mitwirkung an der angefochtenen Entscheidung

23 (1) **Ein Richter, der bei einer durch ein Rechtsmittel angefochtenen Entscheidung mitgewirkt hat, ist von der Mitwirkung bei der Entscheidung in einem höheren Rechtszuge kraft Gesetzes ausgeschlossen.**

(2) [1] **Ein Richter, der bei einer durch einen Antrag auf Wiederaufnahme des Verfahrens angefochtenen Entscheidung mitgewirkt hat, ist von der Mitwirkung bei Entscheidungen im Wiederaufnahmeverfahren kraft Ge-**

setzes ausgeschlossen. [2]Ist die angefochtene Entscheidung in einem höheren Rechtszug ergangen, so ist auch der Richter ausgeschlossen, der an der ihr zugrunde liegenden Entscheidung in einem unteren Rechtszug mitgewirkt hat. [3]Die Sätze 1 und 2 gelten entsprechend für die Mitwirkung bei Entscheidungen zur Vorbereitung eines Wiederaufnahmeverfahrens.

A. Mitwirkung an Vorentscheidungen. Die Mitwirkung an Vorentscheidungen begründet **grds. keine Befangenheit** des Richters (→ § 24 Rn. 12 ff.); nur in den Fällen des § 23 führt sie kraft Gesetzes (→ § 22 Rn. 1) zu seinem Ausschluss. Die Vorschr. enthält zusammen mit §§ 22, 148a Abs. 2 S. 1 einen erschöpfenden Katalog der Ausschließungsgründe (BVerfGE 46, 34 (38); OLG Stuttgart StV 1985, 492; → § 22 Rn. 2). Sie ist als Ausnahmevorschrift eng auszulegen (BVerfGE 30, 149 (155); BGHSt 9, 233 (234); Dallinger MDR 1972, 387 – BGH RsprÜ; OLG Bremen NStZ 1990, 97). 1

Die StPO geht insbes. v. dem Grundsatz aus, dass die **der Mitwirkung als erkennender Richter vorausgehende richterliche Tätigkeit** keine Befangenheit begründet (BGHSt 9, 233; BGH NStZ-RR 2016, 17). Kein Ausschließungsgrund ist es daher, dass der erkennende Richter in ders. Sache als ER nach §§ 162, 169 tätig war (BGHSt 9, 233 (235); Dallinger MDR 1972, 387 – BGH RsprÜ; BayObLGSt 1954, 158), dass er eine kommissarische Vernehmung o. einzelne Beweiserhebungen nach § 202, auch bei erheblichem Umf., angeordnet u. durchgeführt (BGHSt 9, 233) o. dass er an Haftentscheidungen (Dallinger MDR 1972, 387 – BGH RsprÜ) o. am Eröffnungsbeschluss mitgewirkt hat (BVerfGE 30, 149). Ebenso wenig führt die Mitwirkung an einem früheren Verfahren, das mit dem neuen nur sachlich zusammenhängt, zum Ausschluss (OLG Düsseldorf NJW 1982, 2832). Siehe aber zur Befangenheit durch Mitwirkung an Vorentscheidungen → § 24 Rn. 12 ff. 2

Der in **die Tatsacheninstanz zurückgekehrte Rechtsmittelrichter** ist v. der Mitwirkung in derselben Sache nicht ausgeschlossen (BVerfGE 30, 149 (155); Löwe/Rosenberg/Siolek Rn. 12; Peters StrafProzR Rn. 147 wollen dagegen ein Ablehnungsrecht anerkennen; siehe dazu aber → § 24 Rn. 12, 13). Daher darf als erkennender Richter tätig sein der Richter, der beim OLG im Beschwerderechtszug beim Erlass des Eröffnungsbeschlusses (Dallinger MDR 1972, 387 – BGH RsprÜ), u. der Revisionsrichter, der an dem nach § 354 Abs. 2 zurückverweisenden Urt. mitgewirkt hat. 3

Zu der Frage, ob der Richter, der bei dem Urt. mitgewirkt hat, das v. Revisionsgericht unter **Zurückverweisung nach § 354 Abs. 2** aufgeh. worden ist, v. der neuen tatrichterlichen Entsch. ausgeschlossen ist sowie zu einer „strukturellen Inkaufnahme einer Doppelbefassung" durch den GVPl, → § 354 Rn. 39. 4

B. Rechtsmittelentscheidungen (Abs. 1). An Rechtsmittelentscheidungen (Abs. 1**) darf nicht mitwirken,** wer bei der angefochtenen Entsch. mitgewirkt hat. Dabei **genügt eine mittelbare Beteiligung.** Ausgeschlossen sind daher auch der Richter, der beim AG das Urt. gefällt hat, v. der Entsch. über die Revision gegen das Berufungsurteil (KG JW 1928, 1949 Ls.; OLG Königsberg JW 1928, 3015) u. der Richter, der an einem früheren Berufungsurteil mitgewirkt hatte, an der Revision gegen ein erneutes Berufungsurteil in derselben Sache (OLG Schleswig SchlHA 1958, 318). Hat ein Richter im Berufungsverfahren über ein Ablehnungsgesuch entschieden, kommt sein Ausschluss nach Abs. 1 nur in Betracht, wenn seine damalige Entsch. Gegenstand des Rügevorbringens im Revisionsverfahren ist (OLG Zweibrücken NStZ 2019, 486). **Nicht ausgeschlossen** ist der Richter, der nur an einer ausgesetzten HV teilgenommen hat, u. der Ergänzungsrichter (§ 192 Abs. 2 GVG; KK-StPO/Heil Rn. 3), der nicht für einen verhinderten Richter eintreten musste u. daher an dem Urt. nicht mitgewirkt hat, auch wenn er an den Beratungen über die dem Urt. vorausgegangenen Entscheidungen teilgenommen hat (BVerfGE 30, 149 (157); RGSt 65, 40), auch nicht der Richter, der das 1. Urt. erlassen hat, v. der Entsch. über einen Wiedereinsetzungsantrag nach § 329 Abs. 3 (OLG Koblenz MDR 1982, 428 Ls.). Die Mitwirkung an Entschei- 5 dungen, die nicht auf Beschwerde, Berufung o. Revision ergehen, ist auch sonst stets zulässig.

6 **C. Wiederaufnahmeverfahren (Abs. 2).** Im Wiederaufnahmeverfahren (Abs. 2) entscheidet idR nicht das Gericht, gegen dessen Entscheidung, sich der Antrag richtet (§ 140a GVG). Darüber hinaus schließt Abs. 2 den Richter, der an der angefochtenen Entsch. (S. 1) o., bei Anfechtung eines im Rechtsmittelzug ergangenen Urteils, an der ihr zugrunde liegenden Entsch. in einem unteren Rechtszug mitgewirkt hat (S. 2), v. allen Entscheidungen im Wiederaufnahmeverfahren, auch schon v. denen nach §§ 360 Abs. 2, 368, 370 (OLG Saarbrücken NJW 1966, 167), aus, auch v. Vorentscheidungen nach § 364b (S. 3). Das gilt auch, wenn der Richter nach Aufhebung eines Urteils im Strafausspruch u. Zurückverweisung nur an der neuen Entsch. mitgewirkt hat (**aM** OLG Nürnberg NStZ-RR 1999, 305). Nicht ausgeschlossen ist der Richter, der den Eröffnungsbeschluss erlassen hat (BVerfGE 30, 149 (157)), der nicht für einen verhinderten Richter eingetretene Ergänzungsrichter (→ Rn. 5), der Richter, der an einem v. Revisionsgericht aufgehobenen Urt. mitgewirkt hat (OLG Hamm NJW 1966, 2073; OLG Koblenz NStZ-RR 1997, 111), u. der Richter, der bei der Beweisaufnahme nach § 369 (BGH NJW 1954, 891) o. an dem (v. OLG aufgehobenen) Beschl. nach § 370 Abs. 1 bet. war (BGH NJW 1954, 891).

7 Nach BVerfGE 30, 165 (zust. Arzt NJW 1971, 1112) hat auch der **Revisionsrichter** an dem angefochtenen Urt. mitgewirkt, wenn er an der Verwerfung der Revision bet. war; nach BVerfGE 63, 77 (80) gilt das sogar bei der Beschlussverwerfung nach § 349 Abs. 2. Die Revisionsrichter des OLG sind daher insbes. v. der Entsch. nach § 372 ausgeschlossen. Ist die Revision als unzulässig verworfen o. das Urt. aufgeh. worden, so besteht jedoch kein Ausschließungsgrund (Arzt NJW 1971, 1113). Bei der Entsch. über die Revision gegen das nach Erneuerung der HV ergangene Urt. (§ 373) ist auch der Richter nicht ausgeschlossen, der schon bei der Entsch. über die Revision gegen das 1. Urt. mitgewirkt hat (BVerfG 1.3.1982 – 2 BvR 1191/81).

8 **D. Revision.** Vgl. § 338 Nr. 2.

Ablehnung eines Richters; Besorgnis der Befangenheit

24 (1) **Ein Richter kann sowohl in den Fällen, in denen er von der Ausübung des Richteramtes kraft Gesetzes ausgeschlossen ist, als auch wegen Besorgnis der Befangenheit abgelehnt werden.**

(2) **Wegen Besorgnis der Befangenheit findet die Ablehnung statt, wenn ein Grund vorliegt, der geeignet ist, Mißtrauen gegen die Unparteilichkeit eines Richters zu rechtfertigen.**

(3) [1] **Das Ablehnungsrecht steht der Staatsanwaltschaft, dem Privatkläger und dem Beschuldigten zu.** [2] **Den zur Ablehnung Berechtigten sind auf Verlangen die zur Mitwirkung bei der Entscheidung berufenen Gerichtspersonen namhaft zu machen.**

Übersicht

A. Richterablehnung. Die Richterablehnung (wegen der Schöffen u. Protokollführer vgl. § 31) ist sowohl aus einem der Ausschließungsgründe der §§ 22, 23 als auch wegen der Besorgnis der Befangenheit zulässig. Zur Ablehnungsberechtigung vgl. → Rn. 20, zum Ablehnungsverfahren §§ 26 ff. Zum Missbrauch des Ablehnungsrechts BGH NStZ 2011, 294. 1

Die Ablehnung kann nur **für bestimmte einzelne Dienstgeschäfte** o. für eine Reihe derartiger Geschäfte erklärt werden, die eine innere Einheit bilden, nicht aber im Voraus für Entscheidungen o. andere richterliche Handlungen, v. denen noch gar nicht feststeht, ob der abgelehnte Richter an ihnen mitwirkt (BGH NStE StPO § 24 Nr. 9; BGHR StPO § 26a Unzulässigkeit 6; KG NStZ 1983, 44; OLG Schleswig GA 1953, 187; vgl. auch OLG Koblenz GA 1977, 314). Dass die begründete Ablehnung praktisch zum Ausschluss des Richters v. bestimmten Tätigkeitsfeldern führen u. damit Anlass zu einer Änd. des Geschäftsverteilungsplanes geben kann, steht dem Antrag nicht entgegen (BVerfG NJW 1996, 3333). Den spätesten Zeitpunkt der Ablehnung bestimmt § 25. 2

Abgelehnt werden können **nur einzelne Richter** o. einzelne Mitglieder eines Gerichts, nicht ein Kollegialgericht als Ganzes (BVerfGE 11, 1 (3); 46, 200; BGH 31.10.2023 – StB 30/23; BGH BeckRS 2020, 15340) o. gar sämtliche Richter eines Gerichts (Lorenzen/Thamm SchlHA 1996, 89 – OLG Schleswig RsprÜ). Dagegen können alle Richter, die an einer bestimmten Entscheidung mitgewirkt haben, abgelehnt werden (BGHSt 23, 200; BGH NStZ 2014, 725; OLG Hamburg MDR 1984, 512). Statthaft ist es auch, jedes Mitglied des Gerichts in einem o. mehreren Gesuchen als Einzelpersonen abzulehnen, auch mit derselben Begründung (BGHSt 23, 200; OLG Stuttgart Justiz 1994, 188). 3

Aus dem **Verhalten Dritter** kann grds. kein Ablehnungsgrund hergeleitet werden (BGH NStZ 2026, 123), es sei denn, dieses lässt Rückschlüsse auf das Verhalten des abgelehnten Richters zu. 3a

B. Ablehnung wegen eines Ausschließungsgrundes (Abs. 1). Der Ausschluss tritt zwar kraft Gesetzes ein (→ § 22 Rn. 1). Die Verfahrensbeteiligten haben aber das Recht, unter den Voraussetzungen des § 26 Abs. 2 (Löwe/Rosenberg/Siolek Rn. 2; **aM** Schorn GA 1963, 279) das Gericht zu zwingen, über diese vAw zu beachtende Frage eine Entsch. zu treffen, die nur feststellende Bedeutung hat (→ § 22 Rn. 2). 4

C. Ablehnung wegen Besorgnis der Befangenheit (Abs. 1, 2). I. Grundsatz: Standpunkt des Ablehnenden. Das Vorliegen eines Ablehnungsgrundes ist **grundsätzlich vom Standpunkt eines „vernünftigen" bzw. „verständigen" Ablehnenden** aus zu beurteilen (→ Rn. 8). Ob der Richter tatsächlich parteiisch o. befangen ist, spielt daher keine Rolle (BVerfGE 20, 9 (14); BGHSt 24, 336 (338); BGH StV 1988, 417). Ebenso wenig kommt es darauf an, ob er sich für befangen hält (BVerfGE 32, 288 (290); BGHSt 2, 4 (11)) o. Verständnis für Zweifel an seiner Unbefangenheit aufbringt (BayObLG DRiZ 1977, 244). 5

Je nach Sachlage kann es aber geboten sein, gem. § 26 Abs. 3 eine klärende dienstliche Stellungnahme der Urteilsperson einzuholen (vgl. BGH NStZ 2020, 495). Die Richter sind allerdings nicht verpflichtet, einen „**Fragenkatalog**" zu beantworten, mit dem etwaige Befangenheitsgründe ausgeforscht werden sollen (BGH NStZ 2020, 431). 6

Aus seinem eigenen Verhalten kann der Ablehnende keinen Ablehnungsgrund herleiten; er hätte es sonst in der Hand, sich nach Belieben jedem Richter zu entziehen (BGH NJW 1952, 1425; OLG München NJW 1971, 384; einschr. Löwe/Rosenberg/Siolek Rn. 37 f.; Arzt Strafrichter S. 53 ff.; erg. → § 22 Rn. 8). 7

Die Ablehnung rechtfertigt daher nicht, dass er gegen den Richter eine Strafanzeige erstattet (BVerfG NJW 1996, 2022; BGH NJW 1962, 748; KG JR 1962, 113; s. auch BGH NStZ-RR 2018, 254 (PatAnwSt)), gegen ihn Dienstaufsichtsbeschwerde erhoben o. ein Disziplinarverfahren beantragt hat (BGH NJW 1952, 1425). Auch dass der Richter beleidigendes o. provozierendes Verhalten des Angeklagten o. seines Verteidigers nicht einfach hinnimmt, berechtigt nicht zur Ablehnung (Rabe NJW 1976, 172), selbst wenn er deswegen Strafanzeige erstattet hat (OLG München NJW 1971, 384; **aM** aber, wenn auch auf den Einzelfall abstellend, BGH NStZ 1992, 290 mit zutr. abl. Anm. Krehl NStZ 1992, 598; diff. zum Ganzen Bock StraFo 2017, 141).

8 **Misstrauen in die Unparteilichkeit des Richters** ist gerechtfertigt, wenn der Ablehnende bei verständiger Würdigung des ihm bekannten Sachverhalts Grund zu der Annahme hat, dass der o. die abgelehnten Richter ihm ggü. eine innere Haltung einnehmen, die ihre Unparteilichkeit u. Unvoreingenommenheit störend beeinflussen kann (BVerfGE 32, 288 (290); BGHSt 24, 336 (338); BGH NStZ 2021, 165; BeckRS 2018, 24407). Dabei kommt es zwar auf den Standpunkt des Ablehnenden an (→ Rn. 6), nicht aber auf seinen (möglicherweise einseitigen) subjektiven Eindruck u. auf seine unzutreffenden Vorstellungen v. Sachverhalt (Dallinger MDR 1955, 270 – BGH RsprÜ).

8a Maßgebend sind vielmehr der Standpunkt eines **vernünftigen Angeklagten** (BGHSt 1, 34 (37); 21, 334 (341)) u. die Vorstellungen, die sich ein geistig gesunder, bei voller Vernunft befindlicher Prozessbeteiligter bei der ihm zumutbaren ruhigen Prüfung der Sachlage machen kann (BGH NStZ 2025, 248; StV 2012, 449; OLG Celle NJW 1990, 1308; OLG Köln NStZ 1992, 142). Der Ablehnende muss daher Gründe für sein Ablehnungsbegehren vorbringen, die jedem unbeteiligten Dritten einleuchten (BGH JR 1957, 68; OLG Koblenz VRS 54, 132). Nur so wird gewährleistet, dass der nach G und Geschäftsverteilungsplan zuständige Richter nicht ohne triftigen Grund in einem Einzelfall v. der Mitwirkung an der Entsch. ausgeschlossen wird (BVerfGE 31, 145 (165)). Die Besorgnis der Befangenheit kann sich auch aus einer Gesamtschau verschiedener Aspekte ergeben (BGH NStZ-RR 2018, 186).

8b Letztlich handelt es sich um eine wertende Beurteilung der Umstände des Einzelfalls (SK-StPO/Weßlau/Deiters Rn. 12), die sich einer abstrakten Kategorisierung weitgehend entzieht; dem entspr. hat sich eine **unübersichtliche Kasuistik** entwickelt, aus der sich nur in sehr eingeschränktem Maße verallgemeinerungsfähige Grundsätze ableiten lassen. Die ursprünglich begründete Besorgnis der Befangenheit kann durch die dem Ablehnenden bekanntgemachte dienstliche Äußerung des Richters nach § 26 Abs. 3 **ausgeräumt** werden (BGHSt 4, 264 (270); Dallinger MDR 1974, 367 – BGH RsprÜ).

9 **II. Persönliche Verhältnisse.** Die **persönlichen Verhältnisse des Richters** berechtigen nur dann zur Ablehnung, wenn zwischen ihnen u. der Strafsache ein bes. Zusammenhang besteht. Religion, Weltanschauung, Geschlecht, landsmannschaftliche Herkunft u. Familienstand des Richters sind idR kein Ablehnungsgrund (vgl. Holtz MDR 1992, 934 – BGH RsprÜ; BGH BeckRS 2011, 24828; OLG Koblenz NJW 1969, 1177), auch nicht die Mitgliedschaft in einer Vereinigung (BGH NStZ-RR 2018, 254 (PatAnwSt)), politischen Partei (BVerfGE 2, 295 (297); 11, 1 (3); OLG Frankfurt a. M. NJW 1986, 1272; OLG Koblenz NJW 1969, 1177; vgl. aber auch BGHSt 2, 4 (11)) o. in einer Gewerkschaft (Günther NJW 1986, 284), selbst wenn der Richter sich über die bloße Mitgliedschaft hinaus betätigt (BGH NJW 1962, 748; erg. → § 22 Rn. 6), ferner die Mitgliedschaft einer Schöffin bei „Wildwasser e. V." in Fällen des sexuellen Missbrauchs v. Kindern (OLG Celle NStZ-RR 2014, 346; krit. dazu Barton StV 2015, 212, der darauf hinweist, dass sich die Organisation insoweit ausdr. für „parteilich" erklärt hat). Beim begründeten Verdacht dezidierter Ausländerfeindlichkeit des Richters kann aber die Ablehnung durch einen Angeklagten ausländischer Herkunft begründet sein (OLG Karlsruhe NJW 1995, 2503). Auch der Inhalt einer öffentl. und somit

für jeden Verfahrensbeteiligten zugänglichen Facebook-Seite kann im Einzelfall die Besorgnis der Befangenheit rechtfertigen (BGH NStZ 2016, 218).

III. Dienstliche Beziehungen. Dienstliche Beziehungen des Richters zu dem Beschuldigten o. einem seiner Angehörigen lassen keine Voreingenommenheit besorgen, wenn es sich nicht um ein bes. enges, auf die persönlichen Beziehungen ausstrahlendes Verhältnis handelt (BGHSt 43, 16; BGH NStZ 2025, 248; OLG Stuttgart MDR 1961, 1035; OLG Zweibrücken NJW 1968, 1439), zB bei gemeinsamer Arbeit im selben Spruchkörper (OLG Düsseldorf NStZ-RR 2010, 114). Entsprechendes gilt für dienstliche Kontakte des Richters zu dem angeklagten RA (OLG Frankfurt a. M. NStZ 1981, 233). **10**

IV. Persönliche Beziehungen zu Beschuldigten, Zeugen, Verletzten. **11** Dagegen können **persönliche Beziehungen** des Richters zu Beschuldigten, Verletzten o. Zeugen, je nach Intensität und konkreter Sachlage (BayObLG StraFo 2025, 269), die Ablehnung rechtfertigen, zB wenn ein bes. Zusammenhang mit der Strafsache besteht (BGH NJW 2024, 846), wenn der Richter mit einem v. ihnen eng befreundet (LG Bonn NJW 1966, 160) o. mit dem ges. Betreuer des Beschuldigten (LG München I StV 2016, 273) o. dem Nebenklägervertreter (BGH NStZ 2021, 176) verheiratet ist, o. eine enge Freundschaft besteht (vgl. BayObLG StraFo 2025, 269), uU auch bei Mitgliedschaft in derselben studentischen Korporation (Teplitzky JuS 1969, 320). Ein Ablehnungsgrund kann auch darin liegen, dass der Richter mit dem Beschuldigten verfeindet ist. **Spannungen zwischen Richter und Verteidiger** können die Ablehnung nur ganz ausnahmsweise begründen, wenn sie bes. schwerwiegend sind (Pfeiffer/Miebach NStZ 1987, 19 – BGH RsprÜ; OLG Braunschweig StraFo 1997, 76; OLG Düsseldorf VRS 89, 434), insbes. zu gegenseitigen Strafanzeigen geführt haben (OLG Hamm NJW 1951, 731; Dahs Strafverteidiger-HdB Rn. 202). Dass die Voreingenommenheit des Richters aus diesen Spannungen herzuleiten ist, muss in dem Ablehnungsantrag dargetan werden (BGH StV 1986, 281). Der Umstand, dass der Richter in einem Zivilprozess den Gegner des Angeklagten anwaltlich vertreten hat, lässt Befangenheit stets besorgen (Dallinger MDR 1972, 752 – BGH RsprÜ). Auch die Ehe der Richterin mit dem sachbearbeitenden StA wird idR die Besorgnis der Befangenheit begründen (Ellbogen/Schneider JR 2012, 1882).

V. Wissenschaftliche Fachpublikation. Äußerungen, die der Richter in einer **wissenschaftlichen Fachpublikation** gemacht hat, können nur ausnahmsweise die Befangenheit begründen (BVerfG NJW 1996, 3333), wenn der Richter den Eindruck erweckt, er habe sich in einer für den Fall wesentlichen Rechtsfrage unverrückbar festgelegt u. sei abweichenden Ansichten nicht mehr zugänglich (SK-StPO/Weßlau/Deiters Rn. 45). Dass der Richter in einer Kommentierung des Gesetzes seine Rechtsmeinung niedergelegt hat, rechtfertigt für sich allein die Ablehnung aber nicht (BSG NJW 1993, 2261; vgl. auch BGH BeckRS 2019, 28665 sowie § 18 Abs. 3 Nr. 2 BVerfGG). **11a**

VI. Umgang mit der Presse. Allein der Umgang eines erkennenden Richters **mit der Presse** begründet nicht die Besorgnis der Befangenheit, u. zwar selbst dann nicht, wenn das Verhalten des Richters persönlich motiviert o. sogar unüberlegt war (BGH NJW 2006, 3290; BeckRS 2018, 24407; OLG Oldenburg StraFo 2021, 21 (26): Weitergabe v. verfahrensrelevanten Informationen an Pressedezernenten; vgl. aber auch EGMR NJW 2006, 2901 (2903) (120)). **11b**

VII. Mitwirkung an Vorentscheidungen. Die Mitwirkung des Richters an Vorentscheidungen ist nach der Rspr. idR kein Ablehnungsgrund (BGH NJW 2014, 2372; NStZ-RR 2024, 24; krit. zur ges. Regelung SK-StPO/Weßlau/Deiters § 23 Rn. 1); denn ein verständiger Angeklagter kann u. muss davon ausgehen, dass der Richter sich dadurch nicht für künftige Entscheidungen festgelegt hat (BGHSt 21, 334 (341); BGH NStZ 1983, 135; NStZ-RR 2009, 85; 2012, 350; OLG Düsseldorf NStZ-RR 1997, 175). Dies ergibt sich im Übrigen auch aus einem Umkehrschluss zu § 23. **12**

13 Der Grundsatz bezieht sich nach der Judikatur insbes. auf die Mitwirkung in einem **früheren Zivil- oder Strafverfahren,** in dem dieselben Vorgänge wie in dem jetzigen Verf. eine Rolle spielten o. das sonst mit ihm im Zusammenhang steht (BGHSt 21, 334 (341); OLG Düsseldorf NJW 1982, 2832). Er gilt namentlich auch für die Mitwirkung an einem Urteil über dieselbe Tat gegen einen anderen Beteiligten in einem **abgetrennten Verfahren.** Dies gilt selbst dann, wenn das Verf. gegen einzelne Angekl. zur Verfahrensbeschleunigung oder aus sonstigen Gründen abgetrennt wird und in dem abgetrennten Verfahren ein Schuldspruch gegen frühere Mitangekl. wegen eines auch die verbliebenen Angekl. betr. Tatgeschehens mit Feststellungen ergeht, zu denen sich das Gericht im Ursprungsverfahren gegen diese später ebenfalls noch eine Überzeugung zu bilden hat (BGH NStZ-RR 2022, 345, 348 mwN; 15.5.2018 – 1 StR 159/17; StraFo 2016, 289; NJW 1997, 3034 (3036); OLG Oldenburg NJW 2022, 2631; vgl. auch EGMR NJW 2007, 3553; **aM** Arzt Strafrichter S. 84 ff.; Ignor ZIS 2012, 233). Auch der in die Tatsacheninstanz zurückgekehrte Rechtsmittelrichter (→ § 23 Rn. 3) kann idR nicht abgelehnt werden (**aM** Arzt Strafrichter S. 79), ebenso wenig der Richter, der an einer v. Revisionsgericht (o. v. BVerfG, BGH wistra 2007, 426) aufgeh. Entsch. mitgewirkt hatte (→ § 354 Rn. 39), o. derjenige, der nach einem die Wiederaufnahme des Verfahrens abl. Beschl. nach dessen Aufhebung durch das Beschwerdegericht in der erneuten HV (§ 373) mitwirkt (LG Gießen NJW 1996, 2667).

13a **Anders** verhält es sich bei **Hinzutreten besonderer Umstände,** die über die bloße Vorbefassung als solche u. die damit notwendigerweise inhaltlich verbundenen Äußerungen hinausgehen und somit die Besorgnis rechtfertigen, der Richter sei nicht bereit, sich von seiner bei der Vorentscheidung gefassten Meinung zu lösen (vgl. BGH NStZ-RR 2024, 24; 2022, 345, 348; 2022, 288, jew. mwN); dies gilt insbes., wenn frühere Entscheidungen unnötige und sachlich unbegründete Werturteile enthalten o. sich der abgelehnte Richter bei o. iVm der Vorentscheidung in sonst unsachlicher Weise über den Angeklagten geäußert hat (BGH NStZ-RR 2022, 345, 348; 2022, 288; BeckRS 2018, 24407; NStZ 2015, 46 zur Äußerung des im Ermittlungsverfahren als Haftrichter tätigen abgelehnten Richters, der Angeklagte gehöre dahin, wo er sei u. habe „in Freiheit nichts zu suchen"; vgl. auch BGH NStZ-RR 2018, 186; erg. → Rn. 15 f.).

13b **Weitere Präzisierungen** des Grundsatzes, dass die Besorgnis der Befangenheit sich grds. nicht damit begründen lässt, ein Richter habe frühere Entscheidungen wegen derselben Straftat getroffen, dürften sich aus dem **Urteil des EGMR vom 16.2.2021** ergeben (EGMR NJW 2021, 2947 mAnm Rzadkowski und Faust NStZ 2022, 627; s. auch Krehl FS Ignor, 2023, 609 (613 ff.)). Allerdings geht auch der EGMR im Ansatz davon aus, dass sich die Besorgnis der Befangenheit nicht allein damit begründen lässt, dass ein Richter an einer früheren Entscheidung wegen derselben Straftat mitgewirkt hat (EGMR NJW 2021, 2947 mwN).

13c **Problematisch mit Blick auf die notwendige Unparteilichkeit des Richters** kann nach der Rspr. des EGMR jedoch sein, wenn das frühere Urteil bereits eine detaillierte Beurteilung der Rolle der Person enthält, die später wegen einer von mehreren begangenen Tat angeklagt wird, insbes. wenn das frühere Urteil eine genaue rechtliche Bewertung der Tat enthält (nicht aber, wenn die strafrechtl. Schuld des Bf. nicht beurteilt wird, EGMR NJW 2021, 2947 Rn. 49 mwN; 2007, 3553 Rn. 43) oder wenn das frühere Urteil so zu verstehen ist, dass das Gericht bei einer später angeklagten Person alle Tatbestandsmerkmale einer Straftat für gegeben hält (EGMR NJW 2021, 2947 (2949); s. auch bereits EGMR NJW 2011, 3633; vgl. ferner BVerfG BeckRS 2023, 40552, Rn. 69; BGH NStZ 2023, 53; BeckRS 2023, 10611). Im vom EGMR (NJW 2021, 2947) entschiedenen Fall enthielt das Urteil des Schwurgerichts umfangreiche Tatsachenfeststellungen, die sich auch auf die im späteren Verfahren als Mittäterin abgeurteilte Bf. bezogen, würdigte die erhobenen Beweise in Bezug auf ihre Person und stellte in dem früheren Urteil gegen den Mittäter die sie betreffenden Feststellungen als erwiesene Tatsachen mit rechtlicher Einordnung und nicht als reine Vermutungen dar (s. EGMR NJW 2021, 2947 (2950); vgl. auch BVerfG NJW 2024, 956; erg. → EMRK Art. 6

Rn. 10a). Soweit der EGMR in seine Gesamtbetrachtung einstellt, ob das Tatgericht die Verurteilung des Bf. ohne Rückgriff auf die Beweisergebnisse des früheren Verf. auf eine neue Beweisaufnahme und eigenständige Beweiswürdigung gestützt hat (EGMR NJW 2021, 2947 Rn. 50, 56), hat dies bei der Prüfung einer Befangenheitsrüge nach § 24 Abs. 2, 338 Abs. 3 allerdings außer Betracht zu bleiben, da es insoweit nur auf die Sachlage zum Zeitpunkt des Erlasses des angefochtenen Beschl. ankommt (BGH NStZ-RR 2022, 345, 349; → § 338 Rn. 27).

Allerdings ist im Urteil die eingehende Darstellung und Würdigung des Tatbeitrages einer nicht mit abgeurteilten Mittäterin regelmäßig zur Vermeidung von Darstellungsmängeln **revisionsrechtlich erforderlich** (→ § 337 Rn. 26 ff., → § 261 Rn. 6, 11a, → § 267 Rn. 12 ff.; so auch der BGH – BGH 10.2.2016 – 2 StR 533/14 – in seiner die Revision der Bf. im vom EGMR entschiedenen Fall verwerfenden Entscheidung); ausserdem wird es bei mittäterschaftlichem Handeln – oder auch bei Anstiftung – aufgrund der Einheitlichkeit des Sachverhaltes und der Verwobenheit und Bedingtheit der Handlungen der Beteiligten oftmals auch die Aufklärungspflicht gebieten, den Tatbeitrag des nicht angeklagten Mittäters zu ermitteln und konkret festzustellen. Die Grundsätze der genannten Eintscheidung des EGMR (NJW 2021, 2947) werden sich deshalb in derartigen Fällen mit der Aufklärungspflicht sowie den Anforderungen des BGH an die schriftlichen Urteilsgründe nicht leicht vereinbaren lassen. 13d

Der **EGMR** hat in einer **Folgeentscheidung** (EGMR BeckRS 2021, 35946) allerdings auch anerkannt, dass in Strafverfahren gegen mehrere Personen, gegen die nicht gemeinsam verhandelt werden könne, Verweise des Gerichts auf die Beteiligung uU später separat abzuurteilender Dritter für die Feststellung der Schuld der vor Gericht Stehenden unumgänglich sein können; dabei sei es ggf. auch notwendig, festgestellte Tatsachen nicht als reine Beschuldigungen oder Verdächtigungen darzustellen (bes. deutlich nunmehr EGMR NJW 2025, 2083 (2085 f.)). Dies nährt die Hoffnung, dass die Entscheidung des EGMR vom 16.2.2021 (NJW 2021, 2947) den Besonderheiten des Einzelfalls geschuldet war und keine grds. Ausweitung der die Besorgnis der Befangenheit begründenden Umstände beabsichtigte (vgl. BeckOK StPO/Cirener Rn. 20 sowie OLG Oldenburg NJW 2022, 2631). Hierfür spricht auch, dass der EGMR es in einer neuen Entscheidung als wesentlich erachtet hat, dass der Bf. im Urteil als „gesondert Verfolgter" bezeichnet worden sei, womit das Strafgericht betont habe, dass es nicht seine Aufgabe war, über die Schuld zu entscheiden, sondern nur über die strafrechtliche Verantwortlichkeit des Angekl. in jenem Verfahren (EGMR NJW 2025, 2083 (2086)). 13e

Der **BGH geht** insoweit mit Recht **davon aus,** dass die in der deutschen Rspr. entwickelten Grundsätze zur Besorgnis der Befangenheit wegen Vorbefassung mit Rücksicht auf die Judikatur des EGMR nicht aufgegeben, sondern lediglich ergänzt werden müssen (BGH NStZ-RR 2022, 345 (349); vgl. auch König StV 2022, 273; Mosbacher NStZ 2022, 641 647; Krehl FS Ignor, 2023, 609 (610 ff.); kritisch Sauer NJW 2024, 931). Die Besorgnis der Befangenheit kommt danach in Betracht, wenn das frühere Urteil sich, was die Tatbeteiligung des jetzigen Angekl. betrifft, nicht auf eine Darstellung des tatsächlichen Geschehens und dessen für die strafrechtliche Beurteilung des Verhalten des dortigen Angekl. relevante rechtliche Einordnung beschränkt, sondern darüber hinausgehend eine rechtliche Würdigung des jetzigen Angekl. und Feststellungen zu dessen Schuld enthält (BGH NStZ-RR 2022, 345 (349) mAnm Mosbacher JuS 2023, 131). Diese Rspr. des BGH begegnet keinen verfassungsrechtlichen Bedenken (BVerfG NStZ 2023, 627m Anm Esser wistra 2023, 246). 13f

Den **Tatgerichten** kann dennoch mit Blick auf die Judikatur des Gerichtshofs nur **geraten** werden, es im Urteil zu vermeiden, mehr Feststellungen und Wertungen zu einem nicht abgeurteilten Tatbeteiligten zu treffen, als dies für die Beurteilung der strafrechtlichen Verantwortlichkeit der vor ihnen angeklagten Personen unbedingt erforderlich ist (s. EGMR 25.11.2021 – 63703/21; OLG Oldenburg NJW 2022, 2631), ferner in den Urteilsgründen bis in die Terminologie („Gesondert Verfolgter" bzw. „Zeuge" statt „Mittäter", s. EGMR NJW 2025, 2083 13g

(2086); Mosbacher NStZ 2022, 641 (646)) deutlich zu machen, dass das Gericht sich hinsichtlich der Schuld des weiteren Tatbeteiligten keine abschließende Meinung gebildet hat und insoweit den vorläufigen Charakter notwendiger Feststellungen und Würdigungen betont (s. Mosbacher NStZ 2022, 641, 646). Die Richter des Folgeverfahrens sollten wiederum im Folgeurteil auf Bezugnahmen des Ersturteils und dessen Feststellungen verzichten und deutlich machen, dass die Feststellungen und Würdigungen im Folgeverfahren ausschließlich auf der Beweisaufnahme in diesem Verfahren beruhen (vgl. Mosbacher NStZ 2022, 641 (646)).

14 **VIII. Mitwirkung an Zwischenentscheidungen im anhängigen Verfahren.** Die Mitwirkung an **Zwischenentscheidungen in dem anhängigen Verfahren** u. die in solchen Entscheidungen geäußerten Rechtsmeinungen rechtfertigen die Ablehnung idR ebenfalls nicht (BGHSt 15, 40 (46, 47); BGH JR 2013, 419: Haftfortdauerbeschluss während laufender HV; erg. dazu → § 117 Rn. 11), selbst wenn in ihnen die Überzeugung v. der Schuld des Angeklagten zum Ausdruck gekommen ist (Miebach/Kusch NStZ 1991, 27 – BGH RsprÜ; BGH GA 1962, 282; VRS 41, 203). Dies gilt namentlich auch für die **Ablehnung von Beweisanträgen** nach § 244 Abs. 6 S. 1, die – wie zB bei der Bedeutungslosigkeit sowie der Ablehnung nach § 244 Abs. 4 S. 2 und nach § 244 Abs. 5 S. 1 und S. 2 – die Bewertung der bisherigen Beweisaufnahme notwendigerweise erfordern. Für die Mitwirkung – insbes. des Berichterstatters – am Eröffnungsbeschluss (EGMR NJW 2012, 3019; **aM** Wohlers FS Roxin, 2011, 1313) u. des Strafsenats an der Erhebung der Anklage (§ 175 S. 1) sind grds. keine Ausnahmen zu machen (BGH GA 1961, 115; **aM** Arzt Strafrichter S. 70 ff.), auch nicht für die Mitwirkung eines Beisitzers an der Entsch. über die Beschwerde gegen den Haftbefehl (Pfeiffer/Miebach NStZ 1987, 221 – BGH RsprÜ). Keine Besorgnis der Befangenheit begründet die **Abtrennung** des Verfahrens gegen einen Angeklagten zur Verfahrensbeschleunigung sowie das anschließende Ergehen eines Schuldspruchs im abgetrennten Verfahren, zu dem sich das Gericht im Ursprungsverfahren gegen die verbliebenen Angeklagten noch eine Überzeugung bilden muss (BGH BeckRS 2018, 6357 mwN); dies gilt auch für einen verständigungsbereiten Angeklagten u. dessen anschließende Verurteilung entspr. der getroffenen Absprache (BGH NStZ 2016, 357).

14a Diese Grundsätze gelten auch, wenn eine Zwischenentscheidung auf einem **Verfahrensfehler** (BGH NStZ 1994, 447; StV 1998, 414: Nichtbeachtung des § 142 Abs. 1 S. 2 aF (jetzt § 142 Abs. 5 S. 1 und 3); vgl. auch OLG Koblenz NStZ 1983, 470: Nichtnamhaftmachung des Richters; OLG Jena NJW 2006, 3794 zur verspäteten Überprüfung nach § 67e StGB), auf einem tatsächlichen **Irrtum** (BGH BeckRS 2012, 25599; Kusch NStZ-RR 1999, 257 – BGH RsprÜ) o. auf einer **unrichtigen** o. sogar unhaltbaren **Rechtsansicht** beruht (BGH NJW 2014, 2295; StraFo 2010, 342; OLG Oldenburg StraFo 2021, 21 (25); OLG Bremen AnwBl 1977, 73). Anders verhält es sich dagegen, wenn die v. den abgelehnten Richtern getroffene Entsch. bzw. ihre Begründung völlig abwegig ist (BGH NJW 1984, 1907 (1909); JR 2011, 124; OLG Stuttgart NStZ 2019, 693) o. sogar den Anschein der Willkür erweckt (BGH NStZ 2021, 178; NJW 2014, 2372, jew. mwN; BayObLGSt 2001, 111; OLG Oldenburg StraFo 2021, 21 (25)) bzw. wenn durch das BVerfG eine (objektiv) willkürliche Verfahrensweise festgestellt worden ist (LG Hamburg StV 2004, 590). Besondere Umstände, welche die Besorgnis der Befangenheit rechtfertigen, können sich aber auch ausnahmsweise aus der Art u. Weise der Begründung der Zwischenentscheidung ergeben (BGH NJW 2014, 2372; vgl. auch soeben → Rn. 13 aE).

14b **In folgenden Einzelfällen** wurde allerdings die **Ablehnung** als **berechtigt** anerkannt: BGH NJW 2014, 2372: Erlass eines Haftbefehls nach Verteidigerwechsel während laufender HV sowie während laufender HV ua unter Hinweis auf konfrontatives Verhalten im Prozess; BGH NStZ 2014, 660: Aufrechterhaltung einer Verteidigerbestellung trotz Hinweises des Wahlverteidigers auf einen konkreten Interessenkonflikt auf Seiten des Pflichtverteidigers (erg. → § 146 Rn. 8); BGH NJW 1990, 1373 sowie BGH NStZ-RR 2016, 115: Widerruf der Bestellung des

Pflichtverteidigers ohne wichtigen Grund; OLG Dresden StV 2010, 475: Bestellung eines nicht gewünschten Pflichtverteidigers; BayObLG StV 1988, 97: Fehlende Rücksichtnahme auf den Wunsch des Angeklagten, v. einem RA seines Vertrauens verteidigt zu werden; OLG Naumburg StraFo 2005, 24: Grundlose Ablehnung eines Terminsverlegungsantrags; OLG Köln StV 1991, 292: Ablehnung eines Beweisantrages als verspätet; LG Berlin StV 1993, 8 und LG Hildesheim StV 1987, 12: Nichtgewährung rechtlichen Gehörs; LG Köln StV 1987, 381: Unter keinem denkbaren Gesichtspunkt vertretbare Versagung der Akteneinsicht; LG Hanau NStZ 2004, 398: Weigerung der Richter, Kenntnis v. Beiakten zu nehmen; OLG Karlsruhe StV 2005, 539: Nichtterminierung einer Haftsache ohne nachvollziehbaren Grund; OLG Hamm NStZ-RR 2016, 319: Weigerung der StrafVollstrK, einem Privatgutachter der Verteidigung die Teilnahme am Anhörungstermin nach § 454 Abs. 2 S. 3 zu gestatten (erg. → § 454 Rn. 37c). Der Umstand, dass in laufender HV Beweisergebnisse mitgeteilt worden sind, die sich später als unverwertbar herausstellen, rechtfertigt aber nicht die Ablehnung der Schöffen (BGHSt 42, 191 (193)). Ob das Setzen einer zu kurzen Frist zur Stellung v. Beweisanträgen (vgl. → § 244 Rn. 95a–d) ein die Besorgnis der Befangenheit begründender Umstand ist, hängt v. den Umständen des Einzelfalls ab (BVerfG NJW 2010, 2036).

Dagegen kann ein Richter nach der Rspr. des EuGH nicht wegen Besorgnis der Befangenheit abgelehnt werden, wenn er infolge einer **Vorlage an den EuGH** nach Art. 267 AEUV das Verfahren ausgesetzt und einen Haftbefehl außer Vollzug gesetzt hat, da andernfalls ein nationaler Richter davon abgehalten werden könne, dem Gerichtshof Fragen zur Vorabentscheidung vorzulegen (EuGH NJW 2024, 2897 mAnm Exner/Kuhn; → § 121 Rn. 1b). 14c

IX. Verhalten vor oder während der Hauptverhandlung. Das **Verhalten des Richters vor oder während der Hauptverhandlung** kann die Ablehnung begründen, wenn es besorgen lässt, dass er nicht unvoreingenommen an die Sache herangeht, insbes. v. der Schuld des Angeklagten bereits endg. überzeugt ist (BGHSt 48, 4; BGH NStZ-RR 2025, 321). Hierbei kommt es maßgeblich auf die Umstände des Einzelfalls an, weshalb ein bestimmtes Verhalten nicht isoliert betrachtet, sondern stets im Gesamtzusammenhang des Verfahrensgeschehens gesehen werden muss (BGH NStZ-RR 2025, 321). Eine fehlerhafte Sachbehandlung kommt nur in Betracht, wenn sie unvertretbar ist o. den Anschein der Willkür erweckt; beruht sie auf Irrtum o. unrichtiger Rechtsansicht reicht dies grds. nicht aus (vgl. BGH 9.12.2025 – 6 StR 331/25). 15

Einem Richter ist es zwar nicht verwehrt, zur Verfahrensförderung **Kontakt** auch **außerhalb der Hauptverhandlung** zu anderen Verfahrensbeteiligten aufzunehmen; dabei hat er jedoch stets die gebotene Zurückhaltung zu wahren, um jeden Anschein der Parteilichkeit zu vermeiden (BGH NStZ-RR 2025, 185). Dies ist nicht der Fall, wenn die Vorsitzende einseitig mit dem Sitzungsvertreter der StA den Sachverhalt in tatsächlicher und rechtlicher Hinsicht erörtert, ohne dies der Verteidigung offenzulegen (vgl. BGH NStZ-RR 2025, 185). 15a

Eine Befangenheit im beschriebenen Sinne kann sich auch aus **Erklärungen des Richters** ggü. dem Angeklagten (BGH MDR 1961, 432: „Sie sind für das Gericht der Typ des Gewohnheitsverbrechers"), ggü. Dritten, auch schon vor der dienstlichen Befassung mit der Sache (RGSt 61, 67), ggü. der Presse (BGHSt 4, 264), va aber ggü. dem Verteidiger ergeben (vgl. BGH NJW 1976, 1462; StV 1991, 450; OLG Koblenz VRS 54, 132), etwa wenn die v. diesem mitgeteilte Einlassung des Angeklagten als „schwachsinnig" bezeichnet wird (LG Mainz StraFo 2004, 350) o. auch, wenn ein Schöffe die Einlassung des Angeklagten als „Quatsch" bezeichnet (BGH NStZ 2018, 610). In Betracht kommt auch die Befragung eines Mithäftlings des Angeklagten, wenn sich diese auf Umstände erstreckt, die Rückschlüsse auf die Verteidigungsstrategie zulassen (vgl. BGH StV 2015, 737: Einschätzung der Erfolgsaussichten des Strafverfahrens). Zweifel an der Voreingenommenheit bestehen, wenn der Vorsitzende in Aussicht stellt, zulässiges strafprozessuales Verteidigungsverhalten bei der Strafzumessung zu Lasten des Angeklagten zu berücksichtigen 16 (vgl. BayObLG BeckRS 2023, 254999: Stellen weiterer Beweisanträge). Zumindest bedenklich sind Äußerungen des Vorsitzenden im Anschluss an eine – va mangels Zustimmung der StA – gescheiterten Absprache, aus denen sich ergibt, dass das Gericht sich dennoch an eine zugesagte Strafuntergrenze gebunden fühle (vgl. Schneider NStZ 2018, 232 (234)). Dagegen ist das Äußern einer Rechtsansicht vor der HV kein Ablehnungsgrund (BVerfGE 4, 143), gleichgültig, ob es in einem Einzelfall o. in Lehre o. Schrifttum geschieht (Sarstedt JZ 1966, 315).

17 Die **Verhandlungsführung** kann Misstrauen in die Unvoreingenommenheit des Richters rechtfertigen, wenn sie in hohem Maße rechtsfehlerhaft, unangemessen o. sonst unsachlich ist, zB wenn der Richter dem Angeklagten bewusst das rechtliche Gehör versagt (BGH VRS 41, 203 (205); OLG Zweibrücken StV 1996, 650; vgl. auch BayObLG StV 1988, 97), ihm das Erg. v. Nachermittlungen verheimlicht (BGH StV 1995, 396) o. sein Fragerecht unberechtigt beschränkt (BGH StV 1985, 2), wenn er in grob unsachlicher Weise seinen Unmut über die v. dem Verteidiger gestellten Beweisanträge äußert (OLG Brandenburg StraFo 2007, 24; LG Bad Kreuznach StV 1992, 61), auch wenn er sich schließlich der ges. Anordnung beugt, eine beantragte Beweisaufnahme vorzunehmen (BGH NStZ 1988, 372), wenn sich aus seinen Äußerungen ergibt, dass er eine schnelle Sacherledigung einer sachgerechten Aufklärung vorzieht (BGH NStZ 2003, 666; NStZ-RR 2012, 211), indem er zB erklärt, der Verteidiger wolle nur „Sand ins Getriebe streuen" (BGH StV 2005, 531), wenn er den Eindruck erweckt, ein Haftbefehl sei ergangen („das haben Sie nun davon"), weil der Verteidiger eines Mitangeklagten die Aufhebung des gegen diesen bestehenden Haftbefehls beantragt hatte (BGH wistra 2001, 24), wenn er den Angeklagten bedrängt, zur Sache auszusagen (BGH NJW 1959, 55; vgl. auch BayObLG StV 1995, 7; LG Frankfurt a. M. StV 1984, 415) o. ein Geständnis abzulegen (BGH NJW 1982, 1712; NStZ 2007, 711) o. für den Fall des Schweigens zur Anklage statt Ablegung eines Geständnisses eine höhere Strafe androht (BGH StV 2007, 619; OLG Stuttgart NStZ-RR 2005, 349), wenn er ihm in ungewöhnlich scharfer Form Vorhaltungen macht (BGH NJW 1959, 55; BayObLG NJW 1993, 2948: „Sie lügen nach Aktenlage unverschämt"), insbes. äußert, der Angeklagte solle sich, statt die Berufung zu betreiben, lieber bei der Verletzten entschuldigen (OLG Köln StV 1988, 287), o. ihn sonst unter Verletzung des richterlichen Verhandlungsstils in unangemessener, spöttischer (KG NJW 2009, 96) o. gar ehrverletzender Weise behandelt (Dallinger MDR 1971, 547 – BGH RsprÜ: unberechtigter Vorwurf der Verdunkelung; BGH StV 1991, 49: Hinweis auf Todesstrafe in anderen Ländern), wenn er den Eindruck erweckt, er habe sich hins. des Erg. der Beweisaufnahme bereits festgelegt (BGH NStZ-RR 2004, 208; BeckRS 2013, 14340; KG StV 2005, 490), so, wenn er bei der Vernehmung eines Entlastungszeugen seine feste Überzeugung v. der Unwahrheit der Aussage erkennen lässt (BGH NJW 1984, 1907 (1908)), wenn er auf einen Zeugen dahin einwirkt, er solle v. seinem Zeugnisverweigerungsrecht keinen Gebrauch machen (BGHSt 1, 34), wenn er dem Verteidiger erklärt, er werde die Verh. nicht „platzen" lassen, auch auf die Gefahr, dass das Urt. aufgeh. wird (Dallinger MDR 1972, 571 – BGH RsprÜ), o. auf ein Verhalten des Verteidigers völlig unangemessen reagiert (BGH StV 1993, 339; 1995, 396; OLG Brandenburg StV 1997, 455), zB wegen eines zuvor gestellten Befangenheitsantrags ungewöhnlich drastisch formulierte Vorwürfe gegen ihn erhebt (BGH NStZ 2005, 218) o. spöttisch fragt „Meinen Sie, dass wir die Anträge noch schneller ablehnen können?" (BGH NStZ 2006, 49). Ein Ablehnungsgrund kann auch der Umstand sein, dass der Richter den Pflichtverteidiger nur deshalb v. der Verteidigung entbunden hat, weil er einen Pullover unter der Robe trug u. dabei nicht erkennbar war, ob er einen Langbinder trage (BGH NStZ 1988, 510), bei der StA die Erhebung einer Nachtragsanklage anregt (Dallinger MDR 1957, 653 – BGH RsprÜ), dass er dem StA Zusagen hins. der Strafzumessung macht, um ihn zur Zurücknahme eines Antrags zu bewegen (BGH NStZ 1985, 36), dass er in der HV versucht, ihn zum Einspruch gegen Fragen des Verteidigers zu veranlassen (Dallinger MDR 1969, 723 – BGH RsprÜ), o. dass er dem Dienstvorgesetzten des SitzungsStA ggü. äußert, dieser fungiere wie

ein Verteidiger (BGH NStZ 1991, 348). Je nach den Umständen des Einzelfalls kann Befangenheit zu besorgen sein, wenn ein Verteidiger eines Angeklagten trotz Nachfrage v. einem mit anderen Verfahrensbeteiligten geführten Gespräch über eine Abtrennung v. Verf. ausgeschlossen wird, obwohl derartige Vorgespräche nicht zwingend stets mit sämtlichen Verfahrensbeteiligten zugleich geführt werden müssen (vgl. BGH NStZ 2014, 168).

Zumindest nicht unproblematisch, jedenfalls bei einem bestreitenden Angeklagten, ist das Abhalten einer **Schweigeminute** zum Gedenken an die Opfer (vgl. Lorenz StV 2019, 282; s. aber auch OLG Oldenburg StraFo 2021, 21 (24): unter den gegebenen bes. Umständen nicht unvertretbar). **17a**

Dagegen kann die **Ablehnung nicht darauf gestützt werden,** dass der Vorsitzende dem Angeklagten in nachdrücklicher Form Vorhalte macht (Dallinger MDR 1957, 16 – BGH RsprÜ; BGH VRS 25, 423 (424)) u. dabei seine Auffassung v. Sinngehalt der vorgehaltenen Urk. äußert (Holtz MDR 1984, 797 – BGH RsprÜ), dass er sich in angemessener Weise dagegen verwahrt, dass der Verteidiger auf einen Mitangeklagten Druck ausübt (Dallinger MDR 1971, 897 – BGH RsprÜ), o. dass er es unterlässt, den Verteidiger auf Urkunden in den Akten hinzuweisen (Holtz MDR 1984, 797 – BGH RsprÜ). Dies gilt ebenso, wenn das Gericht weitere Ermittlungshandlungen ohne vorherige Information der Verteidigung in Auftrag gibt (BGH BeckRS 2019, 10440 mAnm Mosbacher JuS 2020, 128; erg. → § 244 Rn. 11), grds. gleichermaßen für die Anordnung v. den Angeklagten beschwerenden medizinischen Untersuchungen zur Überprüfung seiner Verhandlungsfähigkeit (BGH NStZ 2016, 164: Anordnung, Erbrochenes zur Untersuchung durch den Sachverständigen aufzubewahren). Die Ablehnung rechtfertigen idR auch nicht der Rat, das Rechtsmittel wegen fehlender Erfolgsaussichten zurückzunehmen (RGSt 60, 43; OLG Düsseldorf StraFo 1999, 347; vgl. aber KG StV 1988, 98 und OLG Hamm StV 1998, 64), nach der Sachlage noch verständliche **Unmutsäußerungen**, wobei es auch hier in besonderem Maße auf den Einzelfall ankommt (BGH NStZ 2000, 325 nach lang andauernder Zeugenbefragung; BGH NJW 1977, 1829 (1830): „Theater"; Dallinger MDR 1971, 17 – BGH RsprÜ: „Dummes Geschwätz"; BGH NStZ-RR 1996, 200: „Der Steuerzahler bedankt sich für solche Anträge"; BGH NStZ 2009, 581: „Das ist ja lachhaft"; BGH NStZ 2011, 228: „mandeln Sie sich nicht auf"; BGH NStZ 2012, 570: Bewertung v. Sachverständigen) o. überflüssige Bemerkungen (Dallinger MDR 1953, 147 – BGH RsprÜ: „Ihnen wird das Lachen noch vergehen"; vgl. auch BGH NJW 2009, 3248) sowie sachlich gerechtfertigte sitzungspolizeiliche Maßnahmen (Molketin MDR 1984, 20 gegen LG Hamburg StV 1981, 617: Zuziehung v. Polizeibeamten in Zivil). Auch dass der Richter außerhalb der HV Kontakt zu einem Angeklagten aufnimmt o. den Angeklagten auf das nach dem derzeitigen Sachstand zu erwartende Verfahrensergebnis hinweist, ist nicht ohne weiteres ein Ablehnungsgrund (BGH StV 1988, 417; vgl. aber OLG Bremen StV 1989, 145; LG Kassel StV 1993, 68), ebenso wenig der Hinweis auf die Bedeutung eines Geständnisses für die Strafzumessung (BGHR StPO § 24 Abs. 2 Befangenheit 12; Kusch NStZ-RR 1998, 257 – BGH RsprÜ), **wohl aber** uU die heimliche Absprache mit einem Mitangeklagten (BGHSt 37, 99; BGH NJW 1996, 1355 (1358)) bzw. außerhalb der HV geführte Verständigungsgespräche unter Ausschluss v. Mitangeklagten (BGH NStZ 2019, 223) o. die Inaussichtstellung einer bestimmten Strafe (BGHSt 37, 298; vgl. auch BGHSt 45, 312), **nicht aber** das Festhalten an einem Verständigungsvorschlag nach Scheitern der Verständigung sowie dahingehenden Bekundungen, sofern sich aus diesen nicht ergibt, dass sich das Gericht in unzulässiger Weise an seinen Verständigungsvorschlag gebunden fühlt (BGH NStZ 2020, 749), auch nicht der Hinweis des Vorsitzenden, dass seine iRd § 257b zu einem möglichen Strafmaß geäußerten Vorstellungen Vertrauensschutz genießen u. eine Abweichung hiervon eine Hinweis nach § 265 Abs. 2 Nr. 2 erfordert (OLG Düsseldorf StraFo 2019, 158; vgl. auch BGH NJW 2011, 3463; erg. → § 265 Rn. 21). **Spannungen** zwischen dem Richter u. dem Verteidiger bzw. dem Sachverständigen können idR die Ablehnung nicht begründen (BGH BeckRS 2018, **18**

22781; NJW 1998, 2458 (2459); OLG Hamm StraFo 2004, 415). Auch die lange Dauer eines Revisionsverfahrens bei einem sehr komplexen u. umfangreichen Verf. rechtfertigt die Ablehnung v. Vorsitzendem u. Berichterstatterin nicht (BGH NStZ-RR 2018, 83).

19 Zur Ablehnung berechtigt aber, dass der Richter während laufender HV sein **Mobiltelefon privat nutzt** (BGH NStZ 2016, 58) o. die **Urteilsabsetzung während des Plädoyers** des Verteidigers beginnt (BayObLGSt 1972, 217).

19a Das monierte Verhalten eines Richters ggü. einem von mehreren Angekl. führt nur in besonderen Ausnahmefällen dazu, dass auch aus Sicht des Mitangekl. eine Befangenheit zu besorgen besteht, und zwar dann, wenn das zu beanstandende Verhalten ggü. einem Angekl. auch Wirkungen ggü. dem Mitangekl. entfaltet (BGH NStZ 2025, 165 mAnm Kuhlhanek).

20 **D. Ablehnungsberechtigt (Abs. 3 S. 1).** Ablehnungsberechtigt (Abs. 3 S. 1) sind außer der StA (vgl. dazu BGH wistra 2013, 155), die das Ablehnungsrecht auch zugunsten des Angeklagten hat, Privatkläger u. Beschuldigte (auch ges. Vertreter u. Erziehungsberechtigte nach § 67 Abs. 1 **JGG**), im Rahmen seiner Beteiligung am Verf. der Nebenkläger (§ 397 Abs. 1 S. 3) sowie Einziehungsbeteiligte u. Nebenbetroffene (§§ 424, 438), Antragsteller im Klageerzwingungsverfahren nach § 172 Abs. 2 (OLG Koblenz NStZ 1983, 470) u. im Adhäsionsverfahren nach §§ 403 ff. (BVerfG NJW 2007, 1670). Auch dem durch grundrechtsrelevante Eingriffe (zB nach §§ 100a Abs. 3, 100c Abs. 3 S. 2, 103) betroffenen „Dritten" wird ein Ablehnungsrecht zugebilligt (BGH (ER) NStZ 2006, 584). Der Verteidiger hat im eigenen Namen kein Ablehnungsrecht (Dahs Strafverteidiger-HdB Rn. 166); idR ist aber anzunehmen, dass er ein Ablehnungsgesuch im Namen des Beschuldigten vorbringt, auch wenn es sich ausschl. auf Vorgänge stützt, die das Verhältnis zwischen Verteidiger u. Richter betreffen.

21 **E. Namhaftmachung (Abs. 3 S. 2).** Die Namhaftmachung (Abs. 3 S. 2) kann nicht nur für Entscheidungen, sondern für Amtshandlungen jeder Art gefordert werden (OLG Koblenz NStZ 1983, 470). Sie obliegt dem Vorsitzenden u. muss so rechtzeitig geschehen, dass der Ablehnungsberechtigte ermitteln kann, ob Ablehnungsgründe vorliegen (BayObLG MDR 1985, 342; NStZ 1990, 200); mit der Entsch. in der Sache muss dann gewartet werden (BVerfG NJW 1991, 2758). Auskünfte über die Person des Richters (Ausbildung, Meinungen, Lebensumstände, Schwangerschaft: BGH 5 StR 187/21 - 7.12.2021) zur Ermittlung v. Ablehnungsgründen können nicht verlangt werden (OLG Koblenz NStZ 1983, 470; BGH NStZ 2020, 431: „Fragenkatalog"). Ist die Mitteilung gemacht, so ist auch ein späterer Richterwechsel vAw mitzuteilen (RGSt 66, 10; BayObLG NStZ 1990, 200). Eine Mitteilungspflicht besteht aber nicht, wenn das Ablehnungsgesuch nach § 26a als unzulässig ohne Ausscheiden des abgelehnten Richters verworfen wird (BGH NStZ-RR 2013, 289; 2012, 314; NStZ 2007, 416; **aM** Jahn FS Fezer, 2008, 430). Keine Verpflichtung besteht ferner zur Namhaftmachung des Protokollführers (Bär DAR 1989, 368 – BayObLG RsprÜ).

22 **F. Anfechtung.** Vgl. §§ 28, 338 Nr. 3. Die **Verweigerung der Namhaftmachung** kann mit der **Beschwerde** nach § 304 Abs. 1 angefochten werden; § 305 S. 1 gilt. Die Revision kann darauf nur gestützt werden, wenn der Antrag in der HV wiederholt u. Aussetzung der Verh. beantragt worden ist (BayObLG MDR 1988, 339). Der Beschwerdeführer muss darlegen, dass er durch die verspätete Namhaftmachung gehindert worden ist, einen bestimmten erfolgreichen Ablehnungsantrag zu stellen (BayObLGSt 1989, 136). Auf dem Unterlassen der Mitteilung v. einem späteren Richterwechsel beruht das Urt. daher nicht, wenn eine Ablehnung mit der v. dem Beschwerdeführer angegebenen Begründung keinen Erfolg gehabt hätte (RG JW 1930, 925).

23 Die **Revision** muss bei der Rüge einer Verletzung des § 24 Abs. 2 konkrete Tatsachen geltend machen, welche geeignet sein könnten, Misstrauen gegen die Unparteilichkeit des Richters zu rechtfertigen. Der Inhalt der dienstlichen Äußerungen der abgelehnten Richter ist ebenso wie der ablehnende Beschluss vorzutragen (BGH 18.4.2023 – 6 StR 256/22), außerdem die Umstände, aus denen sich die Einhaltung der unverzüglichen Antragstellung ergibt (§ 25 Abs. 1 S. 2; vgl. BGH NJW 2024, 846 in der Revision). Die eine Besorgnis der Befangenheit begründende Vorbefassung ist kein vaW zu beachtendes Verfahrenshindernis (BGH NStZ-RR 2025, 54). Wird die Rüge auf die Mitwirkung des Richters an einer Vorentscheidung gestützt (→ Rn. 12 ff.) bedarf es inbes. der Darlegung der betr. Entscheidung (vgl. BGH NStZ 2022, 288: Mitteilung des Inhalts des früheren Urteils bei Rüge der Mitwirkung an vorausgegangener Verurteilung eines Mittäters; erg. → Rn. 13b–13d). Erg. → § 338 Rn. 23 ff.; → § 359 Rn. 53 zum Spezialfall des § 359 Nr. 6.

Zum Erhalt des Ablehnungsrechts bedarf es keines Zwischenrechtsbehelfs nach § 238 Abs. 2 (BGH 9.9.2025 – 5 StR 259/25). 24

Ablehnungszeitpunkt

25 (1) [1]**Die Ablehnung eines erkennenden Richters wegen Besorgnis der Befangenheit ist bis zum Beginn der Vernehmung des ersten Angeklagten über seine persönlichen Verhältnisse, in der Hauptverhandlung über die Berufung oder die Revision bis zum Beginn des Vortrags des Berichterstatters, zulässig.** [2]**Ist die Besetzung des Gerichts nach § 222a Absatz 1 Satz 2 schon vor Beginn der Hauptverhandlung mitgeteilt worden, so muss das Ablehnungsgesuch unverzüglich angebracht werden.** [3]**Alle Ablehnungsgründe sind gleichzeitig vorzubringen.**

(2) [1]**Im Übrigen darf ein Richter nur abgelehnt werden, wenn**
1. **die Umstände, auf welche die Ablehnung gestützt wird, erst später eingetreten oder dem zur Ablehnung Berechtigten erst später bekanntgeworden sind und**
2. **die Ablehnung unverzüglich geltend gemacht wird.**

[2]**Nach dem letzten Wort des Angeklagten ist die Ablehnung nicht mehr zulässig.**

1 **A. Zeitliche Grenze für die Ablehnung.** Die **zeitliche Grenze für die Ablehnung** wegen Befangenheit in der Hauptverhandlung bestimmt die Vorschr. (KG NStZ 1991, 401). Die Vorschr. dient der Verfahrensbeschleunigung u. -konzentration u. soll verhindern, dass Befangenheitsgesuche aufgeschoben u. v. Verlauf der HV abhängig gemacht werden. Die Ablehnung eines nach §§ 22, 23 ausgeschlossenen Richters ist, solange er mit der Sache befasst ist, ohne zeitliche Beschränkung möglich (→ § 22 Rn. 2). Zur Ablehnung außerhalb der HV vgl. → Rn. 10. Verspätete Ablehnungsgesuche sind nach § 26a Abs. 1 Nr. 1 als unzulässig zu verwerfen.

2 **B. Nach Beginn der Vernehmung des Angeklagten.** Nach Beginn der Vernehmung des Angeklagten über seine persönlichen Verhältnisse nach § 243 Abs. 2 S. 2, also **nach Beginn der Feststellung der Personalien** (→ § 243 Rn. 11), ist das Ablehnungsrecht für alle vorher eingetretenen u. dem Ablehnungsberechtigten bekannten Ablehnungsgründe **verwirkt,** auch bei Abwesenheit des Ablehnungsberechtigten (vgl. BGH 22.5.2025 – 2 StR 93/25). Mit der Ablehnung darf aber in den Fällen des Abs. 1 S. 2 (→ Rn. 4a ff.) – anders als nach früherer Rechtslage (s. BGHSt 4, 264 (270)) – nicht bis zu diesem Zeitpunkt gewartet werden. Bei mehreren Angeklagten entsteht die zeitliche Grenze des Abs. 1 S. 1 für alle mit der Vernehmung des 1. Angeklagten. Eine Ausnahme gilt nur, wenn die Verf. erst nach diesem Zeitpunkt verbunden werden (Rieß/Hilger NStZ 1987, 14). Nach Aussetzung der HV o. Zurückverweisung der Sache (§§ 328 Abs. 2, 354 Abs. 2, 355) entsteht die zeitliche Grenze des Abs. 1 S. 1 erneut; dass der Ablehnungsberechtigte in der früheren Verh. die Ablehnung nicht erklärt hat, ist ohne Bedeutung (BGHSt 23, 277 (278); OLG Brandenburg StV 1997, 455; OLG Oldenburg NJW 1959, 2225 (2226)).

3 In der **Berufungs- und Revisionsverhandlung** liegt die Grenze nach Abs. 1 S. 1 beim Beginn des Vortrags des Berichterstatters nach § 324 Abs. 1, § 351 Abs. 1 (vgl. BGH NStZ 2026, 123). Ein Nebenbetroffener muss sich eine etwaige Kenntnis von dem Ablehnungsgrund und das Verschulden seines bevollmächtigten Vertreters nach dem in § 166 Abs. 1 BGB und § 85 Abs. 2 ZPO enthaltenen allgemeinen Rechtsgedanken zurechnen lassen (BGH NStZ 2026, 123 mwN; → § 44 Rn. 19).

4 In dem **besonderen Verfahren** nach § 233 Abs. 1 muss die Ablehnung bis zum Beginn der Verlesung des die Personalien des Angeklagten enthaltenden Vernehmungsprotokolls nach § 233 Abs. 3 S. 2 erklärt werden (vgl. Löwe/Rosenberg/Siolek Rn. 19; erg. → § 6a Rn. 9). Wird nicht zur Sache verhandelt (Fälle der §§ 329, 412 Abs. 1) so ist das Ablehnungsgesuch alsbald nach Prüfung der Formalien zu stellen.

4a **C. Besetzung des Gerichts nach § 222a Abs. 1 S. 2.** Ist die Besetzung des Gerichts nach § 222a Abs. 1 S. 2 schon vor Beginn der HV mitgeteilt worden, muss die **Ablehnung unverzüglich** angebracht werden (Abs. 1 S. 2); dies gilt auch, wenn ein Befangenheitsgrund gegen einen Richter erst nach der Mitteilung, aber vor Beginn der HV entsteht o. bekannt wird (vgl. BT-Drs. 19/17474, 21). Mit dieser, durch das G zur Modernisierung des Strafverfahrens v. 10.12.2019 eingeführten Vorschr., wird das Unverzüglichkeitsgebot des Abs. 2 Nr. 2 auf vor der HV bekannt gewordene Ablehnungsgründe erstreckt; damit soll verhindert werden, dass Ablehnungsgesuche bis zum Beginn der HV aufgespart werden (BT-Drs. 532/19, 20). Dies gilt für erstinstanzliche Verf. vor dem LG oder dem OLG, solche vor dem AG bleiben v. der Gesetzesänderung unberührt.

4b **„Unverzüglich"** bedeutet wie in Abs. 2 S. 1 Nr. 2, dass die Ablehnung ohne unnötige, nicht durch die Sachlage begründete Verzögerungen geltend gemacht wird (vgl. BGHSt 45, 315; BGH NStZ 2008, 578; iE → Rn. 8, 8a). Das Erfordernis gilt ab Zustellung der Besetzungsmitteilung nach § 222a Abs. 1 S. 2 (→ § 222a Rn. 8 ff.) an den jeweiligen Ablehnungsberechtigten (→ § 222a Rn. 11 ff.). Durch die Zustellung der Besetzungsmitteilung steht objektiv fest, ab welchem Zeitpunkt der jeweilige Ablehnungsberechtigte Kenntnis v. der Gerichtsbesetzung u. damit Anlass hatte, sich die für die Ordnungsmäßigkeit der Besetzung – wie auch die für potenzielle Ablehnungsgründe – maßgeblichen Informationen zu verschaffen (vgl. BT-Drs. 19/17474, 21).

4c Allerdings sind der Zeitpunkt der Kenntnis v. der Besetzung u. der der Kenntnis v. Ablehnungsgrund – anders als dies die Mat. (vgl. BT-Drs. 532/19, 21) zu suggerieren scheinen – **nicht gleichzusetzen.** Dem Ablehnungsberechtigten ist wie auch sonst (→ Rn. 8) eine **gewisse Frist** zur Einholung v. Erkundigungen nach Mitteilung der Besetzung, zur Beratung mit dem Mandanten u. zur Überlegung einzuräumen. Wie lange diese Frist zu bemessen ist, bestimmt sich nach den Umständen des Einzelfalls. Sie wird analog der Frist für den Einwand der vorschriftswidrigen Besetzung in § 222b Abs. 1 S. 1 regelmäßig mit einer Woche zu bemessen sein (anders allerdings BT-Drs. 532/19, 21: regelmäßig vor Ablauf der Wochenfrist).

4d Zur **Glaubhaftmachung** (§ 26 Abs. 2 S. 1) → § 26 Rn. 6 ff.

5 Nach dem **Konzentrationsgebot** des Abs. 1 S. 3 müssen alle zzt. der Ablehnung bekannten Gründe gleichzeitig vorgebracht werden. Das gilt auch, wenn das Ablehnungsgesuch schon vor dem Zeitpunkt des Abs. 1 S. 1 gestellt wird. Die verwirkten Gründe kann der Ablehnungsberechtigte nur noch zur Unterstützung einer auf einen nicht verwirkten Grund gestützten Ablehnung heranziehen.

6 **D. Zu einem späteren Zeitpunkt (Abs. 2 S. 1).** Zu einem späteren Zeitpunkt (Abs. 2 S. 1) kann die Ablehnung nur erklärt werden, wenn es sich um später, dh nach dem in Abs. 1 S. 1 bezeichneten Zeitpunkt, **neu eingetretene oder bekanntgewordene Umstände** handelt (Nr. 1).

7 Maßgebend ist die **Kenntnis des Angeklagten,** nicht die seines Verteidigers, beim Nebenkläger und Nebenbetroffenen aber die Kenntnis des Vertreters (BGHSt 37, 264; BGH NStZ 2026, 123).

Die Ablehnungsgründe müssen **unverzüglich** geltend gemacht werden (Nr. 2), dh sobald wie möglich, ohne eine nicht durch die Sachlage begründete Verzögerung (BGHSt 21, 334 (339); BGH 27.2.2025 – 5 StR 287/24; BayObLG NJW 1992, 2242); dies gilt auch in den Fällen des § 26 Abs. 1 S. 2 (→ § 26 Rn. 2a). Dabei ist ein strenger Maßstab anzulegen (BGH NStZ 2025, 753 754; NStZ 2006, 644); bei einem beanstandeten Beweismittel kommt es darauf an, wann es in die Hauptverhandlung eingeführt worden ist (BGH NStZ 2025, 753 mablAnm Reichling: im Falle des § 249 Abs. 2 der Abschluss des Selbstleseverfahrens). Dem Ablehnungsberechtigten ist aber stets eine gewisse Überlegungsfrist einzuräumen (BGH StraFo 2015, 458; NStZ-RR 2012, 211). Wie lange diese zu sein hat, hängt v. den **Umständen des Einzelfalls** ab; allerdings muss der Angeklagte die ausreichende Möglichkeit haben, sich mit seinem Verteidiger zu beraten (BGH NStZ 2021, 56 mwN; OLG Köln StV 1988, 287 (288)), u. es muss diesem Zeit zur Abfassung des Antrags zugebilligt werden (BGH NStZ 2018, 610). Allerdings kann der Zeitraum nicht dadurch ausgedehnt werden, zunächst Stellungnahmen v. Verfahrensbeteiligten einzuholen, wenn der Ablehnende bereits Kenntnis v. Ablehnungsgrund hat (BGH NStZ 2020, 749). 8

Welcher Zeitrahmen hierfür erforderlich ist, hängt v. den Umständen des Einzelfalles ab (BGH NStZ 2018, 610). Bei **kurzen Unterbrechungen** der Sitzung kann deren Fortsetzung abgewartet werden. Bis zur Fortsetzung einer länger unterbrochenen HV darf aber nicht gewartet werden. Daher kann es notwendig sein, das Ablehnungsgesuch zwischen 2 Verhandlungstagen außerhalb der HV anzubringen (BGH NJW 2014, 2295; NStZ 2008, 578; nach OLG Düsseldorf NJW 1992, 2243 Ls. soll allerdings eine Bearb. während des Wochenendes nicht verlangt werden können; zw.). Entsteht der Ablehnungsgrund **während einer Beweiserhebung,** so braucht er jedenfalls vor deren Beendigung nicht geltend gemacht zu werden (BGH StV 1986, 281; vgl. auch BGH NStZ 2018, 610: Einlassung des Angeklagten); ein Verstreichenlassen weiterer Beweiserhebungen – zB Zeugenvernehmungen – kann aber zur Verspätung führen. Es darf zwar zugewartet werden, ob sich der erste Eindruck einer möglichen Befangenheit im Laufe einer HV durch das weitere Verhalten des Richters verfestigt; dies setzt aber voraus, dass das letzte beanstandete Verhalten als unmittelbarer Anknüpfungspunkt für die Ablehnung selbständiges Gewicht hat (vgl. OLG München NJW 2007, 449; SK-StPO/Deiters Rn. 26). Eine schuldhaft verspätete Kenntnisnahme der Ablehnungstatsachen durch den Verteidiger darf dem Angeklagten nicht zugerechnet werden (BGH NStZ 2010, 401 mwN). Das Ablehnungsrecht lebt bei bereits **„verfristeten" Anträgen** nicht dadurch wieder auf, dass das Gericht über das beanstandete Verhalten nach § 238 Abs. 2 entscheidet (Stollenwerk DRiZ 2013, 368 (369)). 8a

Die Rechtzeitigkeit von **Ablehnungsanträgen der StA** bestimmt sich nach denselben Grundsätzen; auch dem Staatsanwalt ist eine angemessene Zeitspanne zur Überlegung, Einhaltung behördeninterner Verfahrensabläufe und Abfassung der Ablehnungsgründe zuzubilligen (BGH NJW 2025, 2333 mzustAnm Rechenbach NStZ 2025, 699 und mkritAnm Bockemühl StraFo 2025, 365). 8b

Im **Revisionsverfahren** kann ein Ablehnungsgesuch in entspr. Anwendung v. Abs. 2 Nr. 2 nur so lange statthaft vorgebracht werden, bis die Entsch. ergangen ist; dies gilt auch dann, wenn die Ablehnung mit einer Anhörungsrüge nach § 356a verbunden wird, die sich als unbegründet erweist (BGH NStZ-RR 2013, 214; BeckRS 2018, 8808; BeckRS 2016, 18812), selbst wenn man diese gleichzeitig als Gegenvorstellung auslegte (BGH BeckRS 2021, 691). 8c

Gelegenheit zur Anbringung des Ablehnungsgesuchs muss dem Ablehnenden v. Vorsitzenden nicht unverzüglich gegeben werden, jedoch noch am selben HVstag. § 238 Abs. 1 gilt auch insofern (Drees NStZ 2005, 184; erg. → § 238 Rn. 5); eine Verwerfung des Antrags gem. §§ 26a Abs. 1 Nr. 1, 25 Abs. 2 Nr. 2 ist in einem solchen Fall selbstverständlich nicht möglich. 9

Nach dem letzten Wort des Angeklagten nach § 258 Abs. 2, nicht erst nach § 258 Abs. 3 (Löwe/Rosenberg/Siolek Rn. 32), ist nach Abs. 2 S. 2 die Ablehnung – verfassungsrechtlich unbedenklich (BVerfG NJW 1988, 477) – **nicht mehr** 10

zulässig (BGH NStZ-RR 2021, 259; krit. dazu Löwe/Rosenberg/Siolek Rn. 33; Cierniak NStZ-RR 2009, 2 – BGH RsprÜ lässt offen, ob eine Ausnahme „zur Vermeidung unerträglicher Ergebnisse" gemacht werden darf; zw. BGH NStZ-RR 2021, 259); notfalls muss der Angeklagte zuvor eine Unterbrechung der HV beantragen (BVerfG NStZ-RR 2006, 379). Wurde nach dem letzten Wort wieder in die Beweisaufnahme eingetreten (→ § 258 Rn. 27), entfällt die Präklusionswirkung (BGH NStZ 2006, 644). Auf den Fall der Fortsetzung der Verh. ohne den Angeklagten nach § 231 Abs. 2 ist Abs. 2 Nr. 2 nicht anwendbar (vgl. BGH BeckRS 2013, 12800: nach den Plädoyers v. StA u. Verteidigung gestelltes Befangenheitsgesuch); dies dürfte auch für andere Fälle der Verh. in Abwesenheit des Angeklagten zu gelten haben.

11 **E. Außerhalb einer Hauptverhandlung.** Wird außerhalb einer Hauptverhandlung entschieden, so ist die Ablehnung **ohne zeitliche Beschränkung** zulässig (OLG Schleswig SchlHA 1982, 31), aber nur, **solange die Entsch. nicht erlassen ist** (BVerfG NStZ 2007, 709; BGH NStZ 2021, 115 mwN; OLG Stuttgart NStZ 2019, 693; OLG Celle NStZ-RR 2015, 219; OLG Hamm VRS 101, 204; OLG Jena NStZ 1997, 510; OLG Nürnberg StraFo 2020, 239: Strafvollstreckungssache). Nachträglich kann der Richter nicht mehr abgelehnt werden, auch wenn die Entsch. anfechtbar ist u. die Möglichkeit der Zurückverweisung der Sache durch das Rechtsmittelgericht besteht (KG NStZ 1983, 44; OLG Koblenz NStE StPO § 25 Nr. 2 mwN; OLG Schleswig SchlHA 1990, 143). Dies gilt auch für einen Antrag nach § 33a (BGH 2.3.2022 – 5 ARs 8/21; OLG Celle NStZ-RR 2015, 219; OLG Hamm NStZ-RR 2019, 221; **aM** KG JR 1984, 39; OLG Düsseldorf MDR 1986, 777; OLG Koblenz NStZ 1983, 470); in diesem Fall ist eine Ablehnung erst (wieder) möglich, wenn bei begründeter Anhörungsrüge das Verf. in seine ursprüngliche Lage zurückversetzt wurde (OLG Celle NStZ-RR 2015, 219; OLG Hamm NStZ-RR 2019, 221; OLG Stuttgart NStZ 2019, 693). Ebenso wenig möglich ist die Ablehnung im Verf. über Gegenvorstellungen (BGH NStZ-RR 1998, 51; 2001, 333; OLG Nürnberg StraFo 2020, 239; OLG Düsseldorf NStZ 1989, 86; OLG Hamm VRS 101, 204; offengelassen v. BGH NStZ-RR 2005, 173 (174); 2006, 85), grds. auch nicht im Fall des § 356a (vgl. → § 356a Rn. 1; BGH NStZ-RR 2013, 289).

12 **F. Revision.** Zur Revision s. § 338 Nr. 3, insbes. → § 338 Rn. 28 sowie BGH NJW 2025, 2333; NStZ 2018, 732.

Ablehnungsverfahren

26 (1) [1]**Das Ablehnungsgesuch ist bei dem Gericht, dem der Richter angehört, anzubringen; es kann vor der Geschäftsstelle zu Protokoll erklärt werden.** [2]**Das Gericht kann dem Antragsteller aufgeben, ein in der Hauptverhandlung angebrachtes Ablehnungsgesuch innerhalb einer angemessenen Frist schriftlich zu begründen.**

(2) [1]**Der Ablehnungsgrund und in den Fällen des § 25 Absatz 1 Satz 2 und Absatz 2 die Voraussetzungen des rechtzeitigen Vorbringens sind glaubhaft zu machen.** [2]**Der Eid ist als Mittel der Glaubhaftmachung ausgeschlossen.** [3]**Zur Glaubhaftmachung kann auf das Zeugnis des abgelehnten Richters Bezug genommen werden.**

(3) **Der abgelehnte Richter hat sich über den Ablehnungsgrund dienstlich zu äußern.**

1 **A. Adressat (Abs. 1).** Anzubringen (Abs. 1) ist das Ablehnungsgesuch bei dem Gericht, dh **dem Spruchkörper,** dem der Richter bei der Tätigkeit angehört, v. der ihn der Ablehnende ausschließen möchte. Wird ein ersuchter Richter abgelehnt, so ist das Gesuch bei ihm, nicht bei dem ersuchenden Gericht zu stellen. Ablehnungsgesuche gegen Richter v. auswärtigen Strafkammern (§ 78 GVG) o. Strafsenaten (§ 116 Abs. 2 GVG) sind bei diesen Gerichten anzubringen.

B. Form. Eine Form für das Gesuch ist **nicht vorgeschrieben.** Es kann – nach freier Entsch. des Antragstellers (BGH StV 2005, 531) – außerhalb der HV schriftlich (→ Einl. Rn. 128) o. zu Prot. der Geschäftsstelle (→ Einl. Rn. 131 ff.), in der HV schriftlich o. mündlich angebracht werden. Schriftliche Antragstellung darf nicht nach § 257a vorgeschrieben werden (zur Begründung aber sogleich → Rn. 2a). Bei mündlicher Antragstellung gilt § 273 Abs. 1; protokolliert wird aber lediglich der Antrag ohne Gründe (BGH StraFo 2009, 145). Auch wenn ein Richter in einer HV abgelehnt wird, gelten für das Ablehnungsverfahren weder der Öffentlichkeitsgrundsatz noch das Gebot der Anwesenheit des Angeklagten, da es sich um ein selbständiges gerichtsverfassungsrechtliches Verf. handelt, das nicht Teil der HV ist (Pfeiffer NStZ 1982, 188 – BGH RsprÜ; BGH NStZ 1996, 398). 2

Das Gericht kann dem Antragsteller aufgeben, ein in der HV angebrachtes Ablehnungsgesuch innerhalb einer angemessenen Frist **schriftlich zu begründen** (Abs. 1 S. 2). Dies soll dem Gericht in Ausnahmefällen die Möglichkeit geben, Situationen zu begegnen, in denen das Recht zur mündlichen Stellung eines Ablehnungsgesuchs zur Verfahrensverzögerung missbraucht wird (BT-Drs. 18/11277, 11), indem die Verlesung der Begründung entbehrlich gemacht wird. Allerdings kommt der nach der Gesetzesbegründung intendierte Ausnahmecharakter im Wortlaut der Vorschr. ebenso wenig zum Ausdruck wie sein Zweck, Verfahrensmissbrauch zu bekämpfen. Mit Rücksicht auf die Neufassung des § 29 Abs. 3 S. 2 Nr. 2 durch das G zur Modernisierung des Strafverfahrens v. 10.12.2019 (BGBl. I 2121) verlängert sich im Falle des Abs. 1 S. 2 die Zeitspanne, während derer das Gericht ohne Entsch. über die Ablehnung weiter verhandeln kann, auf 2 Wochen nach Eingang der schriftlichen Begründung (→ § 29 Rn. 21, 23). Geht diese nicht innerhalb der Frist ein, verwirft das Gericht die Ablehnung als unzulässig (§ 26a Abs. 1 Nr. 2, → § 26a Rn. 4). 2a

Die **Angemessenheit der Frist** bestimmt sich nach den Umständen des Einzelfalles, insbes. Umf. u. Komplexität des dem Gesuch zugrunde liegenden u. darzulegenden tatsächlichen o. prozessualen Sachverhalts. Dies ist grds. aus der Sicht des Antragstellers zu beurteilen, da dieser Adressat der Frist ist. Ein Gewinn an Zeit bis zur zwingenden Entsch. über das Ablehnungsgesuch, wie sie das G beabsichtigt, tritt für das Gericht aber nur ein, wenn es sich bei der Fristsetzung an bereits terminierten Verhandlungstagen u. damit an seinen zeitlichen Planungen orientiert; eine zu großzügig bemessene Frist dürfte allerdings ebenfalls – auch mit Rücksicht auf den Rechtsgedanken v. § 29 Abs. 3 – nicht angemessen sein. 2b

Das Recht auf **mündliche Stellung** des Ablehnungsgesuchs bleibt v. Abs. 1 S. 2 **unberührt.** Ab seiner mündlichen Anbringung ist es – auch iSv § 25 Abs. 2 Nr. 2 (unverzüglich) – gestellt (erg. → § 25 Rn. 8, → § 26a Rn. 4c). Die inhaltlichen Anforderungen an das Gesuch – Konkretisierung der Ablehnungsgründe u. deren Glaubhaftmachung (→ Rn. 4 ff., → § 26a Rn. 4) – sind mit Ausnahme der Namhaftmachung der abgelehnten Richter auf die schriftliche Begründung zu beziehen. Diese muss nicht – auch nicht zu einem späteren Zeitpunkt – durch Verlesen in die HV eingeführt werden (→ Rn. 2a). 2c

C. Wiederholung. Eine Wiederholung der Ablehnung **aus demselben Grund ist unzulässig** (→ § 26a Rn. 4; BGH BeckRS 2015, 13123), sofern nicht (in der Frist des § 25) neue Tatsachen geltend gemacht (RGSt 24, 12 (14); Schorn GA 1963, 179) o. wenn das 1. Ablehnungsgesuch wegen ungenügender Glaubhaftmachung verworfen worden war, neue zusätzliche Mittel der Glaubhaftmachung beigebracht werden (vgl. BGHSt 21, 85 (87)). 3

D. Inhalt des Gesuchs. Der **abgelehnte Richter** muss durch Angabe seines Namens o. in anderer Weise eindeutig bezeichnet werden (dahingest. von BGH BeckRS 2023, 17960). Ferner müssen die **Ablehnungsgründe,** dh die Tatsachen, auf die das Gesuch gestützt wird, angegeben werden (vgl. § 26a Abs. 1 Nr. 2), u. zwar in dem Ablehnungsgesuch selbst, nicht durch Bezugnahme auf die Akten (BayObLGSt 1952, 188); im Fall des Abs. 1 S. 2 genügt die Angabe in der schriftlichen Begründung (→ Rn. 2c). Im Fall des § 25 Abs. 2 müssen auch die 4

Tatsachen angeführt werden, aus denen sich die Rechtzeitigkeit des Antrags ergeben soll. Die dienstlichen Äußerungen der abgelehnten Richter sind vorzutragen (BGH BeckRS 2023, 17960).

5, 6 **E. Glaubhaftmachung (Abs. 2). I. Grundsatz (S. 1).** Die zur Begründung der Ablehnung geltend gemachten Tatsachen müssen **glaubhaft gemacht** werden, in den Fällen des § 25 Abs. 1 S. 2 und Abs. 2 auch die Voraussetzungen des rechtzeitigen Vorbringens. Von der Glaubhaftmachung kann abgesehen werden, wenn der Ablehnungsgrund sich aus den Akten ergibt o. sonst gerichtsbekannt ist (BGH NStZ 2021, 56; 2015, 175; → § 45 Rn. 6) o. wenn die Rechtzeitigkeit des Gesuchs auf der Hand liegt (BGH MDR 1965, 1004).

7 **II. Inhalt und Verfahren. Glaubhaftmachung bedeutet,** dass die behaupteten Tatsachen so weit bewiesen werden müssen, dass das Gericht sie für wahrscheinlich hält (BGHSt 21, 334 (350); BGH NStZ 1991, 144; BayObLGSt 1955, 223 (225); OLG Düsseldorf NJW 1985, 2207; erg. → § 45 Rn. 10) u. dass es in die Lage versetzt wird, ohne verzögernde weitere Ermittlungen zu entscheiden (BGHSt 21, 334 (347); OLG Düsseldorf NJW 1985, 2207). Eine förmliche Beweisaufnahme über das Ablehnungsvorbringen findet nicht statt (BGH NStZ 2011, 228); es ist nicht Sache des Gerichts, v. sich aus Zeugen zu hören o. vernehmen zu lassen (OLG Düsseldorf NJW 1985, 2207). Das Gericht ist auch nicht verpflichtet, auf weitere Glaubhaftmachung hinzuwirken (BGHSt 21, 334 (348)). Allerdings kann das Revisionsgericht zur weiteren Klarstellung im Freibeweisverfahren Erklärungen v. Verfahrensbeteiligten einholen (BGH BeckRS 2016, 12690). Nicht behebbare Zweifel an der Richtigkeit der behaupteten Tatsachen wirken sich zu Lasten des Antragstellers aus; der Grundsatz *in dubio pro reo* gilt nicht (BGHSt 21, 334 (352); BGH BeckRS 2016, 12690; OLG Düsseldorf StV 1985, 223 erg. → § 45 Rn. 10).

8 **III. Mittel.** Mittel der Glaubhaftmachung (S. 2, 3) sind grds. nur **schriftliche Erklärungen,** insbes. eidesstattliche Vers. v. Zeugen (→ Rn. 10) u. anwaltliche Vers. (→ Rn. 13) sowie andere Bescheinigungen u. Unterlagen. Da der Ablehnende die Wahrscheinlichkeit seines tatsächlichen Vorbringens bis zu dem Grad darzutun hat, der vernünftigerweise als Entscheidungsgrundlage geboten erscheint, genügt die Benennung v. Beweismitteln idR nicht (vgl. aber → Rn. 11). Der **Glaubhaftmachung** v. Tatsachen bedarf es **nicht,** wenn sich diese aus den Akten ergeben (BGH NStZ 2015, 175; KK-StPO/Heil Rn. 5).

9 Der **Ablehnende selbst** kann die Richtigkeit seiner tatsächlichen Angaben nicht beschwören (S. 2). Er kann ihre Richtigkeit auch nicht an Eides Statt versichern. Das gilt nicht nur für den Beschuldigten (OLG Düsseldorf StV 1985, 223; OLG Hamm MDR 1965, 843; OLG Koblenz VRS 64, 271; → § 45 Rn. 8), sondern für jeden Antragsteller. Gibt er gleichwohl eine eidesstattliche Vers. ab, so ist sie als einfache Erkl. zu werten, die jedoch grds. zur Glaubhaftmachung nicht genügt (OLG Düsseldorf StV 1985, 223; OLG Koblenz OLGSt StPO § 172 Nr. 10; → § 45 Rn. 9).

10 **Schriftliche Erklärungen von Zeugen** sind unbeschränkt zulässig (uU auch fremdsprachige, vgl. OLG Bamberg NStZ 1989, 335). Diese Auskunftspersonen dürfen zwar nicht vereidigt werden (S. 2), können aber die Richtigkeit ihrer Erklärungen nach hM (SK-StPO/Deiters Rn. 11 mN; **aM** Zwiehoff FS Bemmann, 1997, 664 ff.) eidesstattlich versichern.

11 Die **Benennung von Zeugen** reicht zur Glaubhaftmachung nur aus, wenn der Ablehnende eine schriftliche Äußerung der Auskunftsperson nicht erlangen kann, sei es, dass ihm der Zeuge die schriftliche Bestätigung verweigert, etwa unter Hinweis auf die fehlende Genehmigung des Dienstvorgesetzten, sei es, dass er ihn nicht unverzüglich erreichen kann (BGHSt 21, 334 (347); Holtz MDR 1978, 111 – BGH RsprÜ; BayObLGSt 1955, 210; OLG Bremen JZ 1977, 442; OLG Düsseldorf NJW 1985, 2207; OLG Koblenz OLGSt StPO § 172 Nr. 10). Er muss dann aber glaubhaft machen, dass einer dieser Gründe gegeben ist (BGHSt 21, 334 (347)). Liegt ein solcher Fall des Unvermögens der Glaubhaftmachung vor, so erhebt das Gericht den Beweis vAw.

Auch die **Berufung auf das Zeugnis des abgelehnten Richters** (S. 3) ist zulässig. Sie muss ausdr. erklärt werden; insbes. bei einem Verteidiger ist sie nicht zu unterstellen (OLG Frankfurt a.M. NJW 1977, 767; Günther NJW 1986, 283; **aM** OLG Celle Nds. Rpfl. 1982, 100). **12**

Der **Verteidiger** versichert seine eigenen Handlungen, Unterlassungen u. Beobachtungen üblicherweise „anwaltlich" (OLG Köln NJW 1964, 1038). Das Fehlen einer solchen Vers. ist aber mit Rücksicht auf die Wahrheitspflicht des RA idR unschädlich (BGH NStZ 2007, 161; BayObLG StV 1995, 7). Aus der Erklärung muss sich allerdings ergeben, dass das geschilderte Geschehen vollständig seiner eigenen Wahrnehmung unterlag (vgl. BGH NStZ-RR 2024 zu § 45 Abs. 2 S. 1). **13**

F. Dienstliche Äußerung des abgelehnten Richters. Die dienstliche Äußerung des abgelehnten Richters (Abs. 3) ist für die Entsch. nach § 27 **zwingend vorgeschrieben,** ist allerdings ausnahmsweise verzichtbar, wenn der Sachverhalt eindeutig feststeht (BGH NStZ 2008, 117; s. aber auch OLG Hamburg StV 2015, 15; **aM** SSW StPO/Kudlich/Noltensmeier-von Osten Rn. 8; SK-StPO/Deiters Rn. 15); im Verf. nach § 26a entfällt sie (BVerfGE 11, 1 (3); BGH NJW 2005, 3434). Sie muss ggü. dem zur Entsch. berufenen Spruchkörper (nach idR mündlicher Aufforderung, vgl. BGH wistra 2002, 267 (268)) schriftlich abgegeben u. darf nicht in das Sitzungsprotokoll diktiert werden (BayObLG StV 1982, 460). Sie bezieht sich auf die im Ablehnungsgesuch enthaltenen Tatsachen, kann aber auch auf weitere entscheidungserhebliche Umstände, wie etwa das Verhalten des Ablehnenden o. seines Prozessbevollmächtigten, eingehen (Stollenwerk DRiZ 2013, 368 (370)). Ein **Anspruch auf dienstliche Erkl. zur Vorbereitung** eines Ablehnungsgesuches besteht nicht (vgl. BGH NStZ 2020, 431; 2020, 749). **14**

In der dienstlichen Erkl. kann der Richter uU auch ein zu beanstandendes Verhalten (→ § 24 Rn. 17) durch **Klarstellung und Entschuldigung** beseitigen (BGH NStZ 2006, 49; 2008, 229; 2009, 701; 2012, 168; 2014, 168; vgl. auch BGH NStZ 2019, 223 zur Information über Verständigungsgespräche unter Ausschluss einzelner Mitangeklagter; gegen die Möglichkeit einer solchen „tätigen Reue" Sommer NStZ 2014, 615). Umgekehrt kann sie aber auch dahin führen, dass einem schon durch frühere Einzelumstände genährten Misstrauen des Ablehnenden gegen den abgelehnten Richter die Berechtigung nicht mehr abzusprechen ist (BGH wistra 2013, 155); dies ist aber nicht vAw zu beachten, sondern v. dem Antragsteller geltend zu machen (vgl. Stollenwerk DRiZ 2013, 368 (370)). **15**

Wenn dem **Gesuch nicht stattgeben** wird, muss das Gericht, auch wenn der abgelehnte Richter nur erklärt – was regelmäßig unzureichend u. unerheblich ist –, er fühle sich nicht befangen (OLG Braunschweig NJW 1976, 2024 (2025); AK-StPO/Wassermann Rn. 5; **aM** OLG Köln MDR 1973, 57 Ls.) dies dem Antragsteller zur Kenntnis bringen u. ihm nach § 33 Abs. 2, Abs. 3 Gelegenheit zur Stellungnahme geben (BVerfGE 24, 56 (62); BGHSt 21, 85 (87); 23, 200 (203); BGH StV 1982, 457). Auf einem Verstoß hiergegen kann das Urt. beruhen (OLG Hamm StV 1996, 11); das gilt aber nicht, wenn der Antragsteller Gelegenheit hatte, das Ablehnungsgesuch nach Kenntnisnahme v. der dienstlichen Äußerung zu wiederholen (BGHSt 21, 85; BGH StV 1982, 457; OLG Hamm NJW 1967, 1577). **16**

Verwerfung eines unzulässigen Ablehnungsantrags

26a (1) **Das Gericht verwirft die Ablehnung eines Richters als unzulässig, wenn**

1. **die Ablehnung verspätet ist,**
2. **ein Grund zur Ablehnung oder ein Mittel zur Glaubhaftmachung nicht oder nicht innerhalb der nach § 26 Absatz 1 Satz 2 bestimmten Frist angegeben wird oder**
3. **durch die Ablehnung offensichtlich das Verfahren nur verschleppt oder nur verfahrensfremde Zwecke verfolgt werden sollen.**

(2) [1]**Das Gericht entscheidet über die Verwerfung nach Absatz 1, ohne daß der abgelehnte Richter ausscheidet.** [2]**Im Falle des Absatzes 1 Nr. 3 bedarf es eines einstimmigen Beschlusses und der Angabe der Umstände, welche den Verwerfungsgrund ergeben.** [3]**Wird ein beauftragter oder ein ersuchter Richter, ein Richter im vorbereitenden Verfahren oder ein Strafrichter abgelehnt, so entscheidet er selbst darüber, ob die Ablehnung als unzulässig zu verwerfen ist.**

1 **A. Verfahrensvereinfachung.** Zur Verfahrensvereinfachung ermächtigt die Vorschr. das Gericht, über die Verwerfung unzulässiger Ablehnungsgesuche, auch wenn mit ihnen der Ausschluss des Richters nach §§ 22, 23 behauptet wird, **unter Mitwirkung des abgelehnten Richters** zu entscheiden. Der Katalog der Gründe, den Abs. 1 enthält, ist aber unvollständig; unzulässig ist auch die Ablehnung eines Richters, der mit der Sache noch nicht (→ § 24 Rn. 2) o. nicht mehr befasst ist, u. die Ablehnung eines Gerichts als Ganzes (→ § 24 Rn. 3). In diesen Fällen gilt Abs. 2 S. 1 entspr. (→ § 24 Rn. 3).

2 **B. Verwerfung als unzulässig (Abs. 1).** Die Verwerfung als unzulässig (Abs. 1) steht nicht im Ermessen des Gerichts (vgl. BGH NStZ 1982, 291), sondern ist beim Vorliegen der ges. Gründe **zwingend vorgeschrieben** („Das Gericht verwirft …"). Wird nicht nach § 26a verfahren, obwohl dessen Voraussetzungen vorlagen, so entscheidet das nach § 27 zuständige Gericht (BGHSt 21, 334 (337); KG JR 1966, 229). Das Gericht muss ihm die Entsch. überlassen, wenn auch nur geringe Zweifel am Vorliegen der Gründe des Abs. 1 bestehen; sonst darf es aber solche Handlungen vornehmen, die der Vorbereitung der nach Abs. 2 zu treffenden Entsch. dienen (OLG Düsseldorf NStE StPO § 26a Nr. 3). Das Gesuch kann nur insges. als unzulässig verworfen werden; die Verwerfung einzelner Ablehnungsgründe als unzulässig ist ausgeschlossen (BGHSt 37, 99 (105)).

3 **I. Verspätetes Ablehnungsgesuch (Nr. 1).** Vgl. § 25 Abs. 1 S. 2, Abs. 2 (→ § 25 Rn. 1 ff., Rn. 6 ff.). Ist die **Rechtzeitigkeit entgegen § 26 Abs. 2 S. 1 nicht glaubhaft gemacht,** so darf das Gericht davon ausgehen, dass der Ablehnungsgrund schon im Zeitpunkt des § 25 Abs. 1 bekannt war (BGH MDR 1965, 1004). Das muss in der Begründung des Beschl. dargelegt werden.

4 **II. Fehlen eines Ablehnungsgrundes oder der Glaubhaftmachung (Nr. 2).** Der Antragsteller muss die Ablehnung **mit Tatsachen begründen** (vgl. § 25 Abs. 2 Nr. 1: „Umstände, auf welche die Ablehnung gestützt wird"). Unzulässig ist daher ein Gesuch, das überhaupt keine Begründung enthält, auch wenn es ihre Beibringung ankündigt (Günther NJW 1986, 283). Dem steht die bloße Wiederholung früherer Befangenheitsanträge, über die bereits negativ entschieden wurde, gleich (vgl. BGH BeckRS 2020, 32174). Eine Frist zur nachträglichen Beibringung einer Begründung wird nicht bewilligt (OLG München NJW 1976, 436). In den Fällen des § 26 Abs. 1 S. 2 verlagern sich die notwendigen Angaben u. ihre Glaubhaftmachung in die v. Gericht unter Fristsetzung geforderte schriftliche Begründung, welche in der HV nicht verlesen werden muss (erg. → § 26 Rn. 2a–2c sowie → Rn. 4c).

4a Dem Fehlen der Begründung steht der Fall gleich, dass die Begründung aus zwingenden rechtlichen Gründen zur Rechtfertigung eines Ablehnungsgesuchs **völlig ungeeignet** ist (BVerfG NJW 1995, 2912; BGH BeckRS 2015, 13123; NStZ 1999, 311; **aM** SK-StPO/Deiters Rn. 17 f.). Hierbei ist jedoch mit Rücksicht auf Art. 101 Abs. 1 S. 2 GG ein **strenger Maßstab** anzulegen (zu den revisionsrechtlichen Folgen → § 338 Rn. 28). Will das Gericht dies annehmen, ist es in besonderem Maße verpflichtet, das Ablehnungsgesuch seinem Inhalt nach vollständig zu erfassen u. ggf. wohlwollend auszulegen, da es anderenfalls dem Vorwurf ausgesetzt ist, tatsächlich im Gewande der Zulässigkeitsprüfung in eine Begründetheitsprüfung einzutreten u. sich damit in unzulässiger Weise zum „**Richter in eigener Sache**" zu machen (BGH NStZ 2025, 757; 2015, 175);

überschreitet das Gericht die ihm damit gezogenen engen Grenzen kann dies die Besorgnis der Befangenheit begründen (BVerfG NJW 2005, 3410; 2006, 3129). Entscheidend ist, ob das Gesuch ohne nähere Prüfung u. losgelöst v. den konkreten Umständen des Einzelfalls zur Begründung der Besorgnis gänzlich ungeeignet ist (BVerfG BeckRS 2025, 10336; NStZ-RR 2007, 275 (276); BGH NStZ 2006, 51; 2006, 644; OLG Koblenz StV 2019, 172), zB die bloße prozessordnungsgemäße Mitwirkung an einer Vorentscheidung o. eine bloße Vorbefassung mit der Sache, ohne dass über die Vorentscheidung hinausreichende Umstände vorgetragen u. glaubhaft gemacht sind, welche die Besorgnis der Befangenheit rechtfertigen (BGH NJW 2006, 2864; NStZ 2014, 725; vgl. auch BGH NStZ-RR 2019, 120: Ablehnung eines Beweisantrags; BGH NStZ 2021, 116: Zurückweisung der Ablehnung eines Sachverständigen; BGH NStZ 2008, 473; NStZ-RR 2018, 252: Vorbefassung des Revisionsgerichts) o. wenn der Ablehnende eine Änderung des von der StPO vorgeschriebenen Verfahrensgangs begehrt (BVerfG BeckRS 2025, 10336) o. die Tätigkeit eines Richters als Mitglied des Präsidiums bei der Regelung der Geschäftsverteilung (BGH NStZ-RR 2013, 153 Ls.) o. der Umstand, dass ein Richter eines Strafsenats mit dem Angeklagten keinen Informationsaustausch führt (BGH BeckRS 2015, 13123) o. auch bei völlig ungeeignetem tatsächlichen Vorbringen (BGH 31.10.2023 – StB 30/23; 1.7.2020 – 4 StR 47/20). **Anders** ist es aber, wenn bes. Umstände hinzutreten (bedenklich daher OLG Köln NStZ-RR 2008, 115), insbes. solche, die über die Tatsache einer negativen Vorbefassung sowie die damit notwendig verbundenen inhaltlichen Äußerungen hinausgehen (BGH NStZ 2006, 705; 2010, 401; vgl. auch BGH NStZ 2015, 175: Bezeichnung eines Antrags durch den Vorsitzenden als „Theaterdonner"). Ein Gesuch, das an eine objektiv rechtsfehlerhafte, insbes. prozessordnungswidrige Zwischenentscheidung o. eine solche Maßnahme der Verhandlungsführung anknüpft, wird idR nicht als völlig ungeeignet angesehen werden können (BVerfG NStZ-RR 2007, 275 (276); BGH NStZ 2015, 175; OLG Koblenz StV 2019, 172; vgl. auch OLG Düsseldorf NJW 2006, 3798); keineswegs ist völlige Ungeeignetheit schon bei offensichtlicher Unbegründetheit anzunehmen (BVerfG NStZ-RR 2007, 275 (276); BGH StraFo 2004, 238; BGHR Unzulässigkeit 9; OLG Köln StV 1991, 293). **Bleiben Zweifel,** ist einem Vorgehen nach § 27 der Vorzug zu geben (BVerfG NStZ-RR 2007, 275 (276); NJW 2005, 3414 Ls.; BGHSt 50, 216; BayObLG BeckRS 2023, 25499: Zweifel über den exakten Inhalt einer beanstandeten Äußerung). Wird das Gesuch auf die – nicht nur pauschal behauptete – willkürliche Annahme der Unzulässigkeit eines früheren Ablehnungsgesuchs gestützt, ist idR nach § 27 zu verfahren (BVerfG NStZ-RR 2007, 276). Vgl. zum Ganzen auch Meyer-Goßner NStZ 2006, 53.

Unzulässig sind aber Ablehnungsanträge, in denen nach der Prozessordnung **vorgeschriebene Handlungen** beanstandet werden, zB der in der StPO vorgesehene Verfahrensgang, die Ablehnung der Verlesung der Anklage in einer fremden Sprache (BGH NStZ 2006, 52) o. die Ablehnung der Aufnahme v. Antragsteller gewünschter rechtlicher Bewertungen in die Sitzungsniederschrift. Dies gilt ebenso für das bloße Behaupten eines Grundes, zB eines Verwandtschafts- o. Schwägerschaftsverhältnisses, das auf eine unzulässige Ausforschung hinausläuft (Dallinger MDR 1970, 899 – BGH RsprÜ). Kollegialität ist allein kein Ablehnungsgrund (Lorenzen/Schiemann SchlHA 1997, 149 – OLG Schleswig RsprÜ). Der Verwerfungsgrund der Nr. 2 liegt auch **bei bloßer Wiederholung** eines bereits verworfenen Ablehnungsgrundes vor (BGH NStZ-RR 2024, 24 mwN; OLG Hamm NJW 1966, 2073; erg. → § 26 Rn. 3) o. wenn kein Grund zur Ablehnung angeben wird (BGH BeckRS 2020, 15340). Ist **kein Mittel zur Glaubhaftmachung** angegeben, so ist das Ablehnungsgesuch ebenfalls unzulässig, sofern nicht der Ablehnungsgrund o. im Fall des § 25 Abs. 1 S. 2, Abs. 2 die Rechtzeitigkeit aus den Akten ersichtlich oder gerichtsbekannt ist (BGH NJW 2025, 2333). Zur Unzulässigkeit der Ablehnung im Revisionsverfahren Meyer-Goßner FS 50 Jahre BGH, 2000, 623. 4b

4c **III. Fristversäumnis (Abs. 1 Nr. 2). Unzulässig** ist ein Ablehnungsantrag ebenso, wenn er nicht innerhalb einer nach § 26 Abs. 1 S. 2 bestimmten Frist begründet wird (→ § 26 Rn. 2a–2c). Eine Verwerfung als unzulässig, weil ein Grund zur Ablehnung o. ein Mittel zur Glaubhaftmachung nicht angegeben wird (→ Rn. 4, 4a, 4b), kommt insoweit nur in Betracht, wenn die schriftliche Begründung nicht die notwendigen Angaben enthält (→ § 26 Rn. 2c).

5 **IV. Missbrauch des Ablehnungsrechts (Nr. 3).** Unzulässig sind Gesuche, mit denen der Antragsteller in Wahrheit nicht das Ausscheiden des abgelehnten Richters, sondern **ausschl. andere Ziele erreichen** will. Bezweckt er daneben auch das Ausscheiden des Richters, so ist Nr. 3 nicht anwendbar.

6 **Verschleppungsabsicht** liegt vor, wenn der Antragsteller ausschl. eine Verzögerung der HV bezweckt (BGH NStZ 2004, 630; OLG Naumburg StraFo 2005, 24). Dies kann aus dem Ablehnungsgesuch selbst (zB völlig haltlose u. unzutreffende Vorwürfe, s. BGH NStZ-RR 2009, 207; vgl. auch BGH StV 2015, 10), aber auch aus – ggf. einer **Gesamtwürdigung** zuzuführenden – außerhalb liegenden Indizien gefolgert werden. Zu letzteren gehören etwa (vgl. BGH wistra 2009, 446) die Verfahrenssituation zum Zeitpunkt der Antragstellung (zB das Ende des v. Gericht vorgesehenen Beweisprogramms o. die vollzogene „Abarbeitung" v. Beweisanträgen), das dem Antrag vorangegangene Prozessgeschehen (zB eine Vielzahl v. früheren Befangenheitsanträgen, die entweder unzulässig o. offensichtlich unbegründet waren (vgl. BGH 9.9.2025 – 5 StR 259/25) o. die Wiederholung nahezu gleichlautender Anträge; s. etwa BGH NStZ 2025, 757; 2011, 294), o. aber Bemerkungen bzw. Verhalten des Antragstellers, die auf verfahrensfremde Intentionen schließen lassen (vgl. BGH BeckRS 2020, 10157).

6a Bezieht sich das Gericht zur Begründung ua auf das **bisherige Prozessgeschehen** ist es allerdings regelmäßig erforderlich, auch das eigene Verhalten zu schildern, zB um aufzuzeigen, dass bestimmte Behauptungen im Befangenheitsgesuch objektiv unwahr sind; allein hierdurch werden die abgelehnten Richter jedoch nicht zu Richtern in eigener Sache (BGH BeckRS 2020, 10157; wistra 2009, 446; NStZ 2008, 473; einen strengeren Maßstab legt insoweit BGH StraFo 2015, 458 an). Jedoch darf der abgelehnte Richter über eine derartige formale Prüfung hinaus nicht an einer näheren inhaltlichen Untersuchung der Ablehnungsgründe, auch nicht unter dem Gesichtspunkt einer offensichtlichen Unbegründetheit, mitwirken u. sich auf diese Weise zum Richter in eigener Sache machen; in Zweifelsfällen liegt es nahe, das Regelverfahren nach § 27 zu wählen (BGH NStZ 2018, 485).

7 **Verfahrensfremd** iSd Nr. 3 ist zB das Verfolgen rein demonstrativer Zwecke (KG GA 1974, 220; OLG Bremen NStZ-RR 2012, 285 Ls.; OLG Koblenz MDR 1977, 425) o. des Zwecks, die abgelehnten Richter zu verunglimpfen (vgl. Kusch NStZ 1997, 331 – BGH RsprÜ; KG JR 1966, 229: in die Form eines Ablehnungsgesuchs gekleidete Schmähschrift). Auch das muss offensichtlich sein (KG VRS 115, 132). Auf die Sachfremdheit kann insbes. aus der völligen Abwegigkeit der Ablehnungsgründe geschlossen werden (eingehend zu Nr. 3 Fahl Rn. 371 ff.). Unzulässig ist es auch, über das Ablehnungsverfahren einen Streit über das bisherige Erg. der Beweisaufnahme auszutragen (BGH NStZ 2004, 630; erg. → § 22 Rn. 20; → § 244 Rn. 49).

8 **C. Entscheidung (Abs. 2).** Die Entscheidung (Abs. 2) **trifft das Gericht,** in der HV unter Mitwirkung der Schöffen – auch bei Unterbrechung der HV (BGH StV 2015, 9; OLG München NJW 2007, 449, erg. → GVG § 30 Rn. 3) –, ohne dass der abgelehnte Richter ausscheidet (S. 1), in den Fällen des S. 3 der abgelehnte Richter allein. § 24 Abs. 2 S. 3 findet keine Anwendung, der Einholung dienstlicher Äußerungen der abgelehnten Richter bedarf es nicht (BGH 27.3.2025 – 4 StR 75/24). Die Verwerfung aus den Gründen des Abs. 1 Nr. 3 erfordert Einstimmigkeit (S. 2).

9 Der Verwerfungsbeschluss ist zu **begründen** (§§ 28 Abs. 2, 34). Im Fall des Abs. 1 Nr. 3 muss er die den Verwerfungsgrund tragenden Umstände angeben (S. 2), auch soweit sie offensichtlich sind. Die Begründung muss so ausf. sein, dass

sie dem Beschwerdegericht eine sachliche Nachprüfung ermöglicht (BayObLGSt 1972, 217; OLG Köln StV 1991, 292). Bei Ablehnung wegen Verschleppungsabsicht gelten für die Begründung dieselben strengen Anforderungen wie für die Ablehnung v. Anträgen nach § 244 Abs. 6 S. 2 (vgl. → § 244 Rn. 93–93e; vgl. auch Dallinger MDR 1973, 371 – BGH RsprÜ).

Eine **Kostenentscheidung** ist nicht zu treffen. 10

D. Anfechtung. Zur sofortigen Beschwerde vgl. § 28, zur Revision § 338 Nr. 3 (→ § 338 Rn. 23 ff.). Die **Revision** muss alle Vorgänge mitteilen, aus denen sich beurteilen lässt, ob das Gesuch unverzüglich angebracht worden ist; dies gilt nicht nur bei Verwerfung wegen Verspätung (Holtz MDR 1977, 109 – BGH RsprÜ, sondern auch, wenn das Tatgericht v. einer rechtzeitigen Anbringung des Gesuchs ausgegangen ist (BGH NStZ 2016, 627). Das Revisionsgericht kann den Verwerfungsgrund innerhalb des § 26a austauschen (BGH NStZ 2006, 644 – bestätigt durch BVerfG NStZ-RR 2006, 379: „nicht unverzüglich" statt „völlig ungeeignet"; BGH NStZ 2008, 578; BeckRS 2013, 12800). Wird ein Befangenheitsantrag trotz sachlichen Gehalts nach Abs. 1 Nr. 2 behandelt, kann der Angeklagte damit seinem **gesetzlichen Richter entzogen** (Art. 101 Abs. 1 S. 2 GG; → § 338 Rn. 6) worden sein (BVerfG StV 2005, 478; BGH NStZ 2005, 218)); zu den revisionsrechtlichen Folgen ausf. → § 338 Rn. 28, zum notwendigen Revisionsvorbringen → § 338 Rn. 29. 11

Entscheidung über einen zulässigen Ablehnungsantrag

27 (1) **Wird die Ablehnung nicht als unzulässig verworfen, so entscheidet über das Ablehnungsgesuch das Gericht, dem der Abgelehnte angehört, ohne dessen Mitwirkung.**

(2) **Wird ein richterliches Mitglied der erkennenden Strafkammer abgelehnt, so entscheidet die Strafkammer in der für Entscheidungen außerhalb der Hauptverhandlung vorgeschriebenen Besetzung.**

(3) [1] **Wird ein Richter beim Amtsgericht abgelehnt, so entscheidet ein anderer Richter dieses Gerichts.** [2] **Einer Entscheidung bedarf es nicht, wenn der Abgelehnte das Ablehnungsgesuch für begründet hält.**

(4) **Wird das zur Entscheidung berufene Gericht durch Ausscheiden des abgelehnten Mitglieds beschlußunfähig, so entscheidet das zunächst obere Gericht.**

A. Zuständigkeit. I. Gericht, dem der abgelehnte Richter angehört (Abs. 1). Das Gericht, dem der abgelehnte Richter angehört (Abs. 1), dh der jeweilige Spruchkörper, entscheidet über das Ablehnungsgesuch, wenn es nicht nach § 26a verworfen worden ist. Zuständig ist der im Zeitpunkt der Entsch. – nicht dem der Antragstellung – berufene Richter (BGHSt 44, 26). 1

Der **abgelehnte Richter darf** bei der Entsch. **nicht mitwirken.** In der HV ist daher eine Entsch. unmöglich; sie muss aber wegen § 29 Abs. 2 S. 1 (eingeführt durch das G zur Modernisierung des Strafverfahrens v. 10.12.2019 (BGBl. I 2121)) bis zur Entsch. über das Ablehnungsgesuch nicht unterbrochen werden (→ § 29 Rn. 8 ff.). Die sofortige Verh. über das Ablehnungsgesuch im Sitzungssaal ist kein Teil der HV (BGH NStZ 1996, 398). 2

II. StrK (Abs. 2). Die StrK (Abs. 2) entscheidet in der für Entscheidungen **außerhalb der HV vorgeschriebenen Besetzung,** also ohne Schöffen (§ 76 S. 2 GVG). Der abgelehnte Richter wird durch einen anderen Richter der StrK o. durch den geschäftsplanmäßigen o. für den Einzelfall bestimmten Vertreter ersetzt. Kann der Vorsitzende nicht aus seiner eigenen Kammer vertreten werden, weil deren Mitglieder sämtlich verhindert sind, so darf der Dienstälteste der v. einer anderen Kammer gestellten regelmäßigen Vertreter den Vorsitz übernehmen (BGH NJW 1959, 1141). 3

4 Werden **mehrere oder sämtliche Richter einer StrK** gleichzeitig u. aus dem gleichen Grund abgelehnt, so wird darüber durch einen einheitlichen Beschl. entschieden (BGHSt 44, 26; OLG Frankfurt a. M. StV 1984, 499), also nicht zunächst über das Ablehnungsgesuch gegen den Vorsitzenden, danach über das gegen den dienstälteren Beisitzer usw (vgl. dazu KK-StPO/Heil Rn. 3). In Fällen nacheinander eingehender u. unterschiedlich begründeter Ablehnungsgesuche ist hingegen sukzessive Entsch. in der Reihenfolge der Gesuche erforderlich (BGH NStZ 1996, 144; NJW 2014, 2295; **aM** Deiters FS Tolksdorf, 2014, 201 (206 ff.)). Ebenfalls muss dann, wenn zugleich ein Richter abgelehnt wird, der über das Ablehnungsgesuch als Vertreter zu entscheiden hat, über diese Ablehnung vorab entschieden werden (BGHSt 21, 334; dieser Ansicht neigt auch BGH NJW 2014, 2295 zu). Das gilt auch für die Anzeige nach § 30 (OLG Oldenburg Nds. Rpfl. 1987, 61). Über ein Befangenheitsgesuch, mit dem geltend gemacht wird, die abgelehnten Richter hätten ein gegen ihn gerichtetes Befangenheitsgesuch fehlerhaft abgelehnt, darf ein Richter idR nicht sachlich entscheiden (BGH NStZ 1984, 419 (420); 2012, 45; NJW 2006, 854; zw. BGH NJW 1992, 763; NStZ 1994, 447; vgl. auch BVerfG NJW 1995, 2914).

5 **III. AG.** Beim **AG** entscheidet stets, auch wenn ein v. einem höheren Gericht ersuchter Richter abgelehnt wird, ein anderer Richter des AG (Abs. 3 S. 1), bei einem einstelligen AG der nach § 22b Abs. 1 GVG bestellte Vertreter. Einer Entsch. bedarf es nicht, wenn der abgelehnte Richter das Ablehnungsgesuch für begründet hält (Abs. 3 S. 2). Diese Erkl. kann er aber erst abgeben, wenn er die Zulässigkeit des Gesuchs geprüft hat. iZw wird er die Entsch. des zuständigen anderen Richters herbeiführen, insbes. wenn die StA das Gesuch für unbegründet hält. Jedoch kann der abgelehnte Richter nach erneuter Prüfung auf der Abgabe der Erkl. nach Abs. 3 S. 2 bestehen. Alsdann entfällt die Entscheidungsbefugnis eines anderen Richters (OLG Düsseldorf MDR 1987, 253).

6 **IV. StS.** Der StS des BGH o. OLG entscheidet in der für Entscheidungen außerhalb der HV vorgeschriebenen Besetzung, beim OLG also mit 3 Richtern (§ 122 Abs. 1 GVG), beim BGH mit 5 Richtern (§ 139 Abs. 1 GVG).

7 **V. Emittlungsrichter.** Für den Emittlungsrichter des AG (§ 162) gilt Abs. 3. Ist ein ER des BGH o. des OLG (§ 169) abgelehnt, so entscheidet ein im Geschäftsverteilungsplan zu bestimmender anderer ER, nicht der StS (Schmidt MDR 1986, 179 – BGH RsprÜ).

8 **VI. Das nächst obere Gericht (Abs. 4).** Das zunächst obere Gericht (Abs. 4), also das LG für das AG, das OLG für das LG, der BGH für das OLG, entscheidet, wenn Beschlussunfähigkeit eintritt. **Das ist erst der Fall,** wenn bei dem ganzen Gericht (nicht nur vorübergehend) kein Vertreter mehr vorhanden ist o. bestellt werden kann (BGH BeckRS 2016, 20533; OLG Stuttgart MDR 1974, 1034; OLG Zweibrücken NJW 1968, 1439); § 22b Abs. 1 GVG wird durch Abs. 4 nicht berührt. Das obere Gericht hat insoweit zu entscheiden, wie es zur Wiederherstellung der Beschlussfähigkeit des unteren Gerichts erforderlich ist. Die Prüfungsreihenfolge wird durch die Vertretungsregelung in der Geschäftsverteilung des unteren Gerichts bestimmt (OLG Frankfurt a. M. NStZ 1981, 233; OLG Oldenburg Nds. Rpfl. 1987, 61). Eine Beschränkung der Prüfung auf die nicht o. am schwächsten begründeten Ablehnungsgesuche ist unzulässig (Löwe/Rosenberg/Siolek Rn. 39; **aM** OLG Zweibrücken NJW 1968, 1439).

9 **B. Entscheidung.** Die Entscheidung über das Ablehnungsgesuch ergeht **durch Beschl.** (§ 28), **außerhalb der HV** (→ Rn. 2) nach Anhörung der Prozessbeteiligten (§ 33 Abs. 2, Abs. 3). Eine förmliche Beweisaufnahme findet nicht statt (BGH NStZ 2007, 51). Jedoch können im Freibeweis (→ § 244 Rn. 7, 9) Zeugen vernommen ua Beweise erhoben werden (RGSt 61, 67 (70)). Das Gesuch kann auch jetzt noch als unzulässig (§ 26a Abs. 1) verworfen werden (BGHSt 21, 334 (337); BGH NStZ 2020, 620; NStZ 2025, 753; erg. → § 338 Rn. 27); eine Rückgabe deswegen an die nach § 26a entscheidende Strafkammer ist aber ausgeschlos-

sen (OLG München NJW 2007, 449 (450); Löwe/Rosenberg/Siolek § 26a Rn. 5). Wenn das Gesuch zulässig ist, wird es als unbegründet zurückgewiesen (§ 28 Abs. 2 S. 1) o. für begründet erklärt (§ 28 Abs. 1). Dabei dürfen nur die Ablehnungsgründe berücksichtigt werden, die in dem Gesuch innerhalb der Antragsfrist des § 25 geltend gemacht worden sind (BGH BeckRS 2012, 24884; anders für einen Sonderfall BGH JR 1972, 119). Der Beschl. muss nach § 34 mit Gründen versehen werden, wenn er das Ablehnungsgesuch verwirft; eine Kostenentscheidung ergeht nicht.

Mehrere Ablehnungsgesuche gegen denselben Richter können in einer einheitlichen Entsch. beschieden u. sodann auch v. Beschwerdegericht in einer Gesamtschau gewürdigt werden (KG NJW 2009, 96 mwN). **9a**

Der Beschl. muss dem abgelehnten Richter u. den Prozessbeteiligten **bekanntgemacht** werden. Er kann bei der Fortsetzung der unterbrochenen HV verkündet werden (§ 35 Abs. 1), auch durch den erfolglos abgelehnten Richter (BGHSt 15, 384). Sonst wird er schriftlich mitgeteilt, im Fall des § 28 Abs. 2 S. 1 durch förmliche Zustellung, im Fall des § 28 Abs. 2 S. 2 formlos. **10**

Der Beschl. hat, wenn er rkr. ist, die **Wirkung,** dass der vor der Ablehnung bestehende Zustand wieder eintritt. Der zu Unrecht abgelehnte Richter muss wieder mitwirken (BGHSt 21, 334 (338)). Wird dem Ablehnungsgesuch stattgegeben, so steht der abgelehnte Richter einem ausgeschlossenen gleich. Der Ausschluss bezieht sich auf das gesamte Verfahren, auch auf die Verh. gegen Mitangeklagte, die selbst kein Gesuch angebracht haben, o. deren Gesuch erfolglos geblieben ist (BGH GA 1979, 311). Zur Vermeidung dieser Wirkung darf das Verf. gegen die anderen Mitangeklagten nicht abgetrennt werden (BGH GA 1979, 311). Auf andere Strafverfahren ist der Beschl. ohne Einfluss. Seine Wirkung beschränkt sich iÜ – wie idR bei verfahrensrechtlichen Entscheidungen (vgl. nur § 20) – auf die Zukunft. Frühere Entscheidungen berührt er selbst dann nicht, wenn die Ablehnungsgründe bei ihrem Erlass schon vorgelegen haben (OLG Hamm MDR 1964, 344; OLG Koblenz NStZ 1983, 471; Löwe/Rosenberg/Siolek Rn. 45; **aM** Janssen StV 2002, 170). **11**

Rechtsmittel

28 (1) **Der Beschluß, durch den die Ablehnung für begründet erklärt wird, ist nicht anfechtbar.**

(2) [1] **Gegen den Beschluß, durch den die Ablehnung als unzulässig verworfen oder als unbegründet zurückgewiesen wird, ist sofortige Beschwerde zulässig.** [2] **Betrifft die Entscheidung einen erkennenden Richter, so kann sie nur zusammen mit dem Urteil angefochten werden.**

A. Ablehnung begründet (Abs. 1). Wird die Ablehnung für begründet erklärt (Abs. 1), so ist die Entsch. **grds. nicht anfechtbar,** nach § 336 S. 2 (→ § 336 Rn. 6) auch nicht mit der Revision; das gilt auch im Fall des § 30 (→ § 30 Rn. 8). Sie kann auch nicht widerrufen werden. Abs. 1 gilt auch im Hauptverfahren. Ausnahmsweise kommt eine Anfechtbarkeit in Betracht, wenn die Anwendungsvoraussetzungen der Norm verkannt werden und so in objektiv willkürlicher Weise in die Gerichtsbesetzung eingegriffen wird (BGH NJW 2022, 1470, 1472 mAnm Czimek/Schefer NStZ 2022, 632: amtswegige Entscheidung des Gerichts bei Fehlen einer Selbstanzeige der Schöffin nach §§ 30, 31; erg. → § 338 Rn. 20e). **1**

B. Ablehnungsgesuch verworfen oder zurückgewiesen (Abs. 2). Wird das Ablehnungsgesuch verworfen oder zurückgewiesen (Abs. 2), so ist zu unterscheiden: **2**

I. Kein erkennender Richter. War der abgelehnte Richter kein erkennender Richter (→ Rn. 6), so kann der Prozessbeteiligte, der ihn abgelehnt hat, den Beschl. nach Abs. 2 S. 1 mit **sofortiger Beschwerde** (§ 311) anfechten, sofern **3**

nicht § 304 Abs. 4 entgegensteht (→ § 304 Rn. 11). Die Beschwerde ist auch zulässig, wenn vor ihrer Einlegung das Hauptverfahren eröffnet worden ist. Wird das Ablehnungsgesuch außerhalb der HV angebracht, ist eine weitere Glaubhaftmachung im Beschwerdeverfahren noch zulässig, nicht aber das Nachschieben eines weiteren Ablehnungsgrundes (OLG Düsseldorf JMBl. NRW. 1995, 80; OLG Hamburg OLGSt StPO § 26 Nr. 1; **aM** OLG Schleswig SchlHA 1982, 31).

4 Das **Beschwerdegericht prüft** den Ablehnungsbeschluss in umfassender Weise (Becker NStZ-RR 2006, 5 – BGH RsprÜ). Es entscheidet auch dann in der Sache selbst, wenn das Gesuch zu Unrecht als unzulässig verworfen worden war (vgl. → § 309 Rn. 8; → § 338 Rn. 27, 28; OLG Stuttgart NStZ 2019, 693); anders aber bei Entzug des ges. Richters (→ § 26a Rn. 4a). Etwa noch fehlende Feststellungen holt es – wenn möglich – nach, andernfalls verweist es die Sache zurück (KG NStZ 1991, 401); auch eine fehlende dienstliche Äußerung kann eingeholt werden (OLG Hamburg OLGSt StPO § 26 Nr. 1). Die Revision ist nach § 336 S. 2 ausgeschlossen, es sei denn, das Beschwerdegericht habe die Beschwerde irrig als unzulässig verworfen, weil es das Revisionsgericht für zuständig gehalten hat (zust. KK-StPO/Heil Rn. 3; offen gelassen v. BGHR StPO § 28 Rechtsmittel 1).

5 **II. Erfolglose Ablehnung eines erkennenden Richters.** Bei erfolgloser Ablehnung eines erkennenden Richters **schließt Abs. 2 S. 2** aus Gründen der Prozesswirtschaftlichkeit die **selbständige Anfechtung des Beschl. aus.** Das gilt auch, wenn er v. einem unzuständigen Richter erlassen worden ist (OLG Saarbrücken NJW 1966, 169; **aM** LG Krefeld NJW 1964, 2438).

6 **Erkennender Richter** (vgl. auch → § 305 Rn. 2) sind alle Richter, die zur Mitwirkung in der HV berufen sind (OLG Karlsruhe NJW 1975, 458; OLG Saarbrücken NJW 1966, 169), der Ergänzungsrichter (§ 192 Abs. 2 GVG) auch, wenn der Ergänzungsfall noch nicht eingetreten ist (OLG Celle NJW 1973, 1054; Lorenzen/Thamm SchlHA 1996, 89 – OLG Schleswig RsprÜ; SK-StPO/Deiters Rn. 14; **aM** Löwe/Rosenberg/Siolek Rn. 14: wenn Eintritt feststeht). Auch der Richter, der nach § 27 dazu berufen ist, über ein Ablehnungsgesuch zu entscheiden, ist nach hM erkennender Richter (**aM** Meyer-Mews StraFo 2008, 182; gegen ihn zutr. Meyer-Goßner StraFo 2008, 415), jedoch nicht mehr, wenn er über das jeweilige Ablehnungsgesuch entschieden hat (BGH NStZ 2007, 719; OLG Hamburg NStZ 1999, 50).

6a Die Eigenschaft als erkennender Richter **beginnt** mit dem Erlass des Eröffnungsbeschlusses (BGH NJW 1952, 234; KG JR 1981, 168; OLG Hamm NStZ-RR 2002, 238; OLG Köln NJW 1993, 608; Lorenzen/Görl SchlHA 1990, 113 – OLG Schleswig RsprÜ), beim Berufungs- u. Revisionsgericht mit der Vorlegung der Akten nach §§ 321, 347 Abs. 2 (KG StraFo 2018, 430; OLG Düsseldorf NStZ-RR 2013, 215 Ls.; OLG Karlsruhe NStZ-RR 1998, 144; **aM** OLG Bremen NStZ 1991, 95; Löwe/Rosenberg/Siolek Rn. 22: mit Terminsanberaumung; erg. → § 305 Rn. 2), nach Zurückverweisung (§§ 328 Abs. 2, 354 Abs. 2, Abs. 3, 355) mit dem Eingang der Akten (→ § 305 Rn. 2). Im beschleunigten Verf. nach §§ 417 ff. wird der Richter mit der Terminsanberaumung o. der Anordnung, dass die HV sofort durchzuführen ist, erkennender Richter (OLG Hamburg NJW 1964, 2123; SK-StPO/Deiters Rn. 18), im Strafbefehlsverfahren nach §§ 407 ff. mit Erlass des Strafbefehls bzw. mit der Anberaumung der HV nach §§ 408 Abs. 3 S. 2, 411 Abs. 1 S. 2 (LG Zweibrücken NStZ 2006, 120). Die Eigenschaft als erkennender Richter **endet** mit der Verfahrenseinstellung o. Urteilsfällung (OLG Hamm VRS 104, 452), im Fall des § 329 Abs. 1 auch, wenn später noch über einen Wiedereinsetzungsantrag nach § 329 Abs. 3 zu entscheiden ist (OLG Stuttgart NStZ 2019, 303; KG NZV 2002, 334 mwN; **aM** OLG Hamm NStZ 2021, 122; OLG Düsseldorf NStZ-RR 2004, 47).

6b **§ 28 Abs. 2 S. 2 gilt entspr.** – um eine Zersplitterung der Rechtswege zu vermeiden – im Strafvollstreckungsverfahren (OLG Bremen 7.1.2019 – 1 Ws 116/18; OLG Brandenburg NStZ 2005, 296; OLG Düsseldorf NStZ 1987, 290;

Döllel/Dreeßen SchlHA 2004, 234 – OLG Schleswig RsprÜ mwN; **aM** OLG Celle StraFo 2022, 277; OLG München 21.9.2020 – 1 Ws 685/20; KG NStZ 1983, 44; OLG Hamm NStZ 2009, 53; 2010, 715; OLG Saarbrücken NStZ-RR 2007, 222) u. im Strafvollzugsverfahren (BayObLG NStZ-RR 2026, 30; OLG Celle StraFo 1998, 428; OLG Hamburg StraFo 2008, 520; OLG Koblenz NStZ 1986, 384; Döllel/Dreeßen SchlHA 2012, 293 – OLG Schleswig RsprÜ; **aM** OLG Nürnberg NStZ 1988, 475).

Die **Entscheidung betrifft einen erkennenden Richter** auch dann, wenn das Ablehnungsgesuch schon vor Eintritt der Rechtshängigkeit gestellt, aber erst später beschieden wird (OLG Düsseldorf NStZ 2003, 448; OLG Karlsruhe NJW 1975, 458; OLG Köln NJW 1993, 608), o. wenn darüber schon vor Beginn der HV entschieden worden ist (BGHSt 31, 15). 7

Nur zusammen mit dem Urteil ist die Anfechtung zulässig. Das Rechtsmittel bleibt aber seiner Natur nach eine sofortige Beschwerde; das G ändert nur aus Zweckmäßigkeitsgründen den Rechtsmittelzug (BGHSt 27, 96 (98); erg. → § 338 Rn. 25, 26). Wenn das Urt. unanfechtbar ist, kann auch der Ablehnungsbeschluss nicht angefochten werden (OLG Köln MDR 1976, 774). Ist die sofortige Beschwerde nach § 304 Abs. 4 S. 2 ausgeschlossen, so gilt das auch für die Anfechtung zusammen mit dem Urt. (BGH NStZ 2007, 417; 8.3.2023 – 3 StR 434/22; erg. → § 338 Rn. 26). Bei der Anfechtung des Beschl. müssen iÜ die Formen u. Fristen eingehalten werden, die für das Rechtsmittel gegen das Urt. gelten (BGHSt 21, 334 (340); OLG Köln MDR 1976, 774; erg. → § 338 Rn. 29). Eine bes. sofortige Beschwerde braucht aber neben der Revision nicht eingelegt zu werden (OLG Hamm JMBl. NRW. 1973, 273; OLG Karlsruhe MDR 1974, 418; erg. → § 338 Rn. 25). 8

Bei der **Berufung** ist die Anfechtung nach Abs. 2 S. 2 nutzlos; da für das Berufungsgericht nach § 328 grds. keine Möglichkeit besteht, an das AG zurückzuverweisen, muss es in der Sache entscheiden, gleichgültig, ob der 1. Richter zu Recht abgelehnt worden war (unrichtig daher LG Köln MDR 1992, 893, da hier – anders als in den in → § 328 Rn. 4 erörterten Fällen – eine Sachentscheidung 1. Instanz vorliegt). 9

Bei der **Revision** ist die Anfechtung nach Abs. 2 S. 2 nur mit einer Verfahrensrüge möglich, für die § 344 Abs. 2 S. 2 gilt (→ § 338 Rn. 29). Zur Prüfung durch das Revisionsgericht vgl. → § 338 Rn. 27, 28. 10

Verfahren nach Ablehnung eines Richters

29 (1) **Ein abgelehnter Richter hat vor Erledigung des Ablehnungsgesuchs nur solche Handlungen vorzunehmen, die keinen Aufschub gestatten.**

(2) [1] **Die Durchführung der Hauptverhandlung gestattet keinen Aufschub; sie findet bis zur Entscheidung über das Ablehnungsgesuch unter Mitwirkung des abgelehnten Richters statt.** [2] **Entscheidungen, die auch außerhalb der Hauptverhandlung ergehen können, dürfen nur dann unter Mitwirkung des abgelehnten Richters getroffen werden, wenn sie keinen Aufschub gestatten.**

(3) [1] **Über die Ablehnung ist spätestens vor Ablauf von zwei Wochen und stets vor Urteilsverkündung zu entscheiden.** [2] **Die zweiwöchige Frist für die Entscheidung über die Ablehnung beginnt**

1. **mit dem Tag, an dem das Ablehnungsgesuch angebracht wird, wenn ein Richter vor oder während der Hauptverhandlung abgelehnt wird,**
2. **mit dem Tag des Eingangs der schriftlichen Begründung, wenn das Gericht dem Antragsteller gemäß § 26 Absatz 1 Satz 2 aufgegeben hat, das Ablehnungsgesuch innerhalb der vom Gericht bestimmten Frist schriftlich zu begründen.**

[3] **Findet der übernächste Verhandlungstag erst nach Ablauf von zwei Wochen statt, so kann über die Ablehnung spätestens bis zu dessen Beginn entschieden werden.**

(4) [1] **Wird die Ablehnung für begründet erklärt und muss die Hauptverhandlung nicht deshalb ausgesetzt werden, so ist ihr nach der Anbringung des Ablehnungsgesuchs liegender Teil zu wiederholen.** [2] **Dies gilt nicht für solche Teile der Hauptverhandlung, deren Wiederholung nicht oder nur mit unzumutbarem Aufwand möglich ist.**

Übersicht

1 **A. Überblick.** Das G zur Modernisierung des Strafverfahrens v. 10.12.2019 (BGBl. I 2121) hat das Verf. nach Ablehnung eines Richters grdl. neu geregelt. Zwar bleibt es im Grundsatz dabei, dass ein abgelehnter Richter nur solche Handlungen vornehmen darf, die keinen Aufschub gestatten (Abs. 1). Jedoch hat der Gesetzgeber den **Anwendungsbereich der unaufschiebbaren Handlung erheblich ausgeweitet,** in dem die Durchführung der HV als ges. Anwendungsfall definiert wurde (Abs. 2 S. 1). Die frühere, gerade erst durch das G v. 17.8.2017 eingeführte, Unterscheidung zwischen Befangenheitsanträgen vor (Abs. 1 S. 2 aF) u. während der HV (Abs. 2 aF), wurde wieder abgeschafft. Abs. 2 S. 2 erfasst im Unterschied zu Abs. 1 statt aufschiebbaren *Handlungen* des abgelehnten Richters aufschiebbare *Entscheidungen* außerhalb der HV, ohne dass dies nennenswerte inhaltliche Auswirkungen haben dürfte (→ Rn. 13 ff.). In Abs. 3 werden nunmehr der Zeitpunkt der Entsch. über das Ablehnungsgesuch u. die dabei zu beachtenden Fristen iE festgelegt. Abs. 4 regelt schließlich wie zu verfahren ist, wenn die Ablehnung für begründet erklärt wird.

2 **B. Geltungsbereich.** Allein die **Ankündigung,** einen Befangenheitsantrag stellen zu wollen, begründet – auch nicht unter dem Gesichtspunkt des fairen Verfahrens – keinen Anspruch darauf, den Antrag mit angemessener Frist abzuwarten u. damit die Rechtsfolgen des § 29 gewissermaßen „vorab“ auszulösen (s. BGH NStZ 2016, 164).

3 Das Ablehnungsrecht **erlischt** bei Entscheidungen außerhalb einer HV – verfassungsrechtlich unbedenklich (BVerfG NStZ 2007, 709) – spätestens mit Erlass der Entsch. (BGH NStZ 2016, 164 (168) mwN).

4 **Im Übrigen sind unaufschiebbar** nur bestimmte zukünftige Handlungen, die den Angeklagten betreffen; die Absetzung u. Unterzeichnung früher verkündeter Urteile u. die Mitwirkung an Protokollberichtigungen unterliegt keinen Beschränkungen (OLG Hamm MDR 1964, 344).

C. Unaufschiebbare Handlungen (Abs. 1). Der Richter ist, sofern nicht das Vorliegen v. Ausschließungsgründen nach §§ 22, 23 eindeutig feststeht (Schorn GA 1963, 278), **nicht schon grds. von der Mitwirkung ausgeschlossen,** wenn ein Ablehnungsgesuch nach § 24 gestellt, sondern erst, wenn es für begründet erklärt wird. Schon vorher, dh ab Eingang des Ablehnungsgesuchs (OLG Frankfurt a. M. NJW 1998, 1238), auch wenn dieses unzulässig ist (BayObLGSt 1954, 56), hat er sich aber nach Abs. 1, der seinem Wortlaut nach dem früheren Abs. 1 S. 1 entspr., nunmehr aber einen deutlich schmaleren Anwendungsbereich hat (→ Rn. 8 ff.), aller Amtshandlungen zu enthalten, die nicht unaufschiebbar sind. 5

Unaufschiebbar sind nach traditionellem Verständnis Handlungen, die wegen ihrer Dringlichkeit nicht anstehen können, bis der Ersatzrichter eintreten kann (BGHSt 48, 264), zB die Festsetzung v. Ordnungsmitteln nach § 177 GVG sowie unaufschiebbare Haftentscheidungen, etwa im Verf. nach § 121, aber auch die Terminsanberaumung zum Zweck der Verjährungsunterbrechung (OLG Köln VRS 59, 428) u. die Bestimmung eines Fortsetzungstermins sowie die Ladung hierzu (erg. → § 229 Rn. 11). 6

Aufschiebbar sind demgegenüber Handlungen, bei denen bis zum Eintritt des Ersatzrichters zugewartet werden kann. Dazu iE → Rn. 8 ff., 13 ff. 7

D. Unaufschiebbarkeit der Durchführung der Hauptverhandlung (Abs. 2 S. 1). Indem die Gesetzesnovelle v. 10.12.2019 in Abs. 2 S. 1 die Durchführung der HV als unaufschiebbar definiert, wird der Bereich der dem abgelehnten Richter verwehrten aufschiebbaren Handlungen u. Entscheidungen drastisch reduziert. Die Vorschr. hat weit reichende praktische Konsequenzen: 8

I. Laufende Hauptverhandlung. Zunächst einmal darf der abgelehnte Richter an der bereits begonnen HV selbst **bis zur Entsch. über das Ablehnungsgesuch** uneingeschränkt mitwirken. Dies gilt auch für Schöffen (BGH NStZ 2023, 168; NJW 2023, 3442), und es gilt auch im Falle der Selbstanzeige des § 30 (BGH NJW 2023, 3442 mAnm Ventzke NStZ 2024, 120 u. Wachter JZ 2024, 154). Bereits anberaumte weitere Verhandlungstage können daher, in den zeitlichen Grenzen des Abs. 3, aber ohne inhaltliche Beschränkungen, durchgeführt werden. Die frühere Judikatur, die etwa unter bestimmten Umständen die Vernehmung v. Zeugen (vgl. BGH NStZ 2002, 429) sowie die Verlesung der Anklage u. des Eröffnungsbeschlusses (vgl. BGHSt 48, 264) als aufschiebbar angesehen hatte, ist damit obsolet. 9

Dienen derartige Entscheidungen unmittelbar der **Förderung der laufenden Hauptverhandlung,** sind sie nach der Intention des Gesetzgebers mit Blick auf Abs. 2 S. 1 wiederum regelmäßig als unaufschiebbar anzusehen (BT-Drs. 19/17474, 22), selbst wenn sie außerhalb der HV ergehen. Unmittelbar idS wird die Durchführung der HV durch Handlungen gefördert, welche die Festsetzung u. inhaltliche Gestaltung weiterer Verhandlungstage betreffen, also va Ladungen (o. auch Abladungen) zu bereits anberaumten Verhandlungsterminen, aber auch die Festlegung neuer notwendiger Termine sowie die dazu notwendigen Ladungen, etwa um die Fristen des § 229 zu wahren o. die mit Blick auf den Beschleunigungsgrundsatz notwendige Verhandlungsdichte zu gewährleisten (vgl. → § 121 Rn. 1a). 10

II. Terminierte, aber noch nicht begonnene Hauptverhandlung. Zugleich ergibt sich aus der Unaufschiebbarkeit der HV – u. der Abschaffung der erst iJ 2017 eingeführten differenzierten Regelung für diesen Fall in Abs. 2 S. 1 aF –, dass mit einer bereits terminierten HV auch dann begonnen werden darf, wenn der Befangenheitsantrag vor ihrem Beginn gestellt wurde. Der abgelehnte Richter darf in diesem Fall **bis zu dem in Abs. 3 geregelten Zeitpunkt** an der HV mitwirken (BT-Drs. 19/17474, 21 f.). Außerdem ist es nach Abs. 2 S. 1 zulässig, dass der Richter die erforderlichen Ladungen vornimmt, um die Durchführung der HV zu ermöglichen. 11

Es besteht allerdings **keine gesetzliche Verpflichtung,** eine bereits anberaumte HV unter Mitwirkung des abgelehnten Richters durchzuführen. Eine Verlegung 12 bleibt möglich; dabei ist va zu berücksichtigen, ob der Beschleunigungsrundsatz den Beginn der HV gebietet, was va in Haftsachen der Fall sein kann.

13 **E. Aufschiebbare Entscheidungen außerhalb der Hauptverhandlung (Abs. 2 S. 2). Aufschiebbare Entscheidungen außerhalb der Hauptverhandlung (Abs. 2 S. 2)** dürfen weiterhin nur dann unter Mitwirkung des abgelehnten Richters getroffen werden, wenn sie keinen Aufschub gestatten. Nach der Vorstellung des Gesetzgebers fallen dagegen *Handlungen* eines abgelehnten Richters während einer unterbrochenen HV bereits unter Abs. 1 (BT-Drs. 19/17474, 22). Die Unterscheidung zwischen Handlungen u. Entscheidungen unter Mitwirkung des abgelehnten Richters führt allerdings zu wenig praxisgerechten Abgrenzungsschwierigkeiten u. hat angesichts der v. Wortlaut her identischen Voraussetzung auch keine inhaltliche Relevanz.

14 Wesentlich für die praktische Handhabung ist, dass für die Annahme einer aufschiebbaren Entscheidung/Handlung außerhalb der HV nur ein **relativ schmaler Anwendungsbereich** bleibt, weil auch die Förderung der Durchführung der Verh. grds. nach Abs. 2 S. 1 bereits als unaufschiebbar gilt (dazu → Rn. 8 ff.). Aufschiebbar sind aber etwa – zumindest idR – Haftentscheidungen, Beschlagnahme- u. Durchsuchungsbeschlüsse sowie Anordnungen nach §§ 81 Abs. 2, 81a Abs. 2, 81c Abs. 5, 111b, 111e, 132a und die Verwerfung einer Revision nach § 346 Abs. 1 (BayObLGSt 1954, 56). Dem abgelehnten Richter wird es nach Abs. 2 S. 2 (bzw. nach Abs. 1) grds. auch verwehrt sein, an Beratungen des Gerichts über Anträge der Verfahrensbeteiligten o. Erörterungen des Verfahrensstandes nach § 202a teilzunehmen.

15 Darüber hinaus dürften aber auch Entscheidungen u. Handlungen des abgelehnten Richters **im Zwischenverfahren,** ob nun nach Abs. 1 oder Abs. 2 S. 2, regelmäßig aufschiebbar sein. Hierzu gehören etwa die Eröffnung des Hauptverfahrens (vgl. dazu schon BGHSt 4, 208; OLG Frankfurt a. M. StV 2001, 496; erg. → § 207 Rn. 11) u. die Terminierung der HV sowie die dazu erforderlichen Ladungen. Dies könnte mit dem Argument in Zweifel gezogen werden, dass auch diese Handlungen des abgelehnten Richters letztlich der Förderung der Durchführung der HV dienten u. damit unaufschiebbar seien. Damit würde aber der Begriff der Unaufschiebbarkeit zu weit ausgedehnt u. auf nahezu alle denkbaren Handlungen bzw. Entscheidungen außerhalb einer Verh. ausgedehnt. Es sollte deshalb in diesem Verfahrensstadium strikt darauf abgestellt werden, ob mit dem Eintritt eines Ersatzrichters bis zur Ablehnungsentscheidung zugewartet werden kann o. nicht. Dies kann ausnahmsweise anders zu beurteilen sein, wenn etwa die Eröffnung des Hauptverfahrens o. die Anberaumung eines Hauptverhandlungstermins notwendig ist, um die Verjährung zu unterbrechen (vgl. dazu schon OLG Köln VRS 59, 428).

16 **F. Wirksamkeit der Handlungen abgelehnter Richter.** Die **unaufschiebbar gewesene Handlung bleibt wirksam,** auch wenn die Ablehnung später für begründet erklärt wird; anders ist es, wenn ein Ausschließungsgrund nach §§ 22, 23 festgestellt wird (Löwe/Rosenberg/Siolek Rn. 8, 20). Dass die Handlung aufschiebbar gewesen wäre, macht sie zwar fehlerhaft, begründet aber ebenfalls für sich allein nicht ihre Unwirksamkeit (BGHSt 48, 264); ein Verstoß gegen Abs. 1 bzw. Abs. 2 S. 2 wird geheilt, wenn das Ablehnungsgesuch erfolglos bleibt (BGHSt 48, 264; OLG München NStZ 1993, 354; KK-StPO/Heil Rn. 4; zur Revision aber erg. → Rn. 34 ff.).

17 **G. Entscheidung über die Ablehnung (Abs. 3).** Das G zur Modernisierung des Strafverfahrens v. 10.12.2019 hat auch die Fristen für die Entsch. über das Ablehnungsgesuch neu geregelt.

18 **I. Zweiwochenfrist (S. 1).** Über die Ablehnung ist **spätestens vor Ablauf v. 2 Wochen zu entscheiden,** wenn innerhalb dieser 2 Wochen mehrere weitere Verhandlungstage stattfinden. Für diesen Fall stellt S. 1 eine Verlängerung der

maximalen Entscheidungsfrist ggü. dem früheren Rechtszustand dar, wonach generell bis zum Beginn des übernächsten Verhandlungstages entschieden werden musste (Abs. 2 S. 1 Hs. 2 aF); damit sollen der zu Verzögerungen des Verfahrens zwingende Zeitdruck reduziert u. Terminsaufhebungen verhindert werden (BT-Drs. 17474/19, 23).

Die Zweiwochenfrist ist eine **Maximalfrist.** Sie darf nicht ausgenutzt werden, wenn eine frühere Entsch. möglich ist. Dies ergibt sich aus dem Begriff „spätestens" (vgl. BT-Drs. 17474/19, 23). Wann über das Ablehnungsgesuch entschieden wird, entscheidet das Gericht allerdings nach pflichtgemäßem Ermessen (zur Revision → Rn. 35). **19**

Allerdings hat der **Verstoß gegen die Entscheidungsfrist des Abs. 3** keine rechtliche Konsequenz für den Fortgang des Verf. über das Ablehnungsgesuch und das betr. gerichtliche Erkenntnisverfahren; er begründet kein Entscheidungshindernis im Ablehnungsverfahren und kein Verbot der – weiteren – Durchf. der Hauptverhandlung (BGH NStZ-RR 2022, 345 (347) mAnm Mosbacher JuS 2023, 131; zur Revision → Rn. 35). **19a**

Anders als nach früherer Rechtslage, die noch auf den Beginn der Schlussvorträge abgestellt hatte, ist über das Ablehnungsgesuch **spätestens vor der mündlichen Urteilsverkündung** (§ 268) zu entscheiden. Die Entscheidung kann daher noch unmittelbar vor Beginn der Urteilsverkündung erfolgen. **20**

II. Fristbeginn (S. 2). Die zweiwöchige Frist beginnt mit dem Tag, an dem das **Ablehnungsgesuch angebracht** wird (Nr. 1). Dies gilt unabhängig davon, ob der Richter vor o. während der HV abgelehnt wird. **21**

Der für den Fristbeginn maßgebliche **Zeitpunkt der Anbringung** des Ablehnungsgesuchs richtet sich nach der Form, die der Antragsteller für das Gesuch gewählt hat. Wird der Antrag in der HV mündlich gestellt, ist dieser Tag maßgeblich, ansonsten der Tag, an dem er zu Prot. der Geschäftsstelle erklärt wurde o. ein schriftlicher Antrag bei Gericht eingegangen ist (vgl. → § 26 Rn. 2). Der Vorsitzende kann in der mündlichen Verh. anordnen, dass der Antragsteller das Gesuch erst zu einem späteren Zeitpunkt anbringt (→ § 25 Rn. 9); dies kommt etwa in Betracht, um laufende Beweisaufnahmen wie eine Zeugenvernehmung nicht zu unterbrechen. **22**

Hat das Gericht dem Antragsteller dagegen aufgegeben, das Ablehnungsgesuch innerhalb einer v. ihm bestimmten Frist schriftlich zu begründen (**Fall des § 26 Abs. 1 S. 2;** → § 26 Rn. 2a), beginnt die Frist mit dem Tag des Eingangs der schriftlichen Begründung (Nr. 2). **23**

III. Fristberechnung. Für die Fristberechnung gilt § 43. **24**

IV. Entscheidung bis zum Beginn des übernächsten Verhandlungstages. **25**
Findet der übernächste Verhandlungstag erst nach Ablauf v. 2 Wochen statt, kann über die Ablehnung auch noch danach bis zu dessen Beginn entschieden werden (S. 3). Mit dieser Verlängerung sollen **Konstellationen** erfasst werden, in denen der abgelehnte Richter nach Beginn der Zweiwochenfrist bis zu ihrem Ende – zB wegen Urlaubs o. Krankheit – verhindert ist, eine dienstliche Stellungnahme abzugeben bzw. an einer Entsch. nach § 26a mitzuwirken (vgl. BT-Drs. 19/17474, 24). Insofern ergibt sich keine Änd. zur früheren Rechtslage nach Abs. 2 S. 1 Hs. 2. Auch für S. 3 gilt, dass über das Ablehnungsgesuch vorher entschieden werden muss, wenn dies möglich ist.

H. Erledigung des Ablehnungsgesuchs. Erledigt ist das Ablehnungsgesuch, wenn es durch das Gericht als unzulässig verworfen o. als unbegründet zurückgewiesen worden ist. Wenn sofortige Beschwerde zulässig ist (§ 28 Abs. 2 S. 1), gilt Abs. 1 bis zur Rechtskraft der Entsch. (OLG Celle Nds. Rpfl. 1998, 130 mwN; OLG München MDR 1982, 773; OLG Stuttgart MDR 1994, 499 mwN; **aM** KG JR 1968, 28 unter Hinweis auf § 307 Abs. 1; offengelassen bei BGHSt 4, 208). **26**

27 **I. Verfahren bei Begründetheit der Ablehnung.** Eine **Wiederholung der Hauptverhandlung (Abs. 4)** ab der Anbringung des Ablehnungsgesuchs (zu diesem Zeitpunkt → Rn. 22 f.) ist erforderlich, wenn das Ablehnungsgesuch für begründet erklärt wird.

28 Hatte an der Verh. kein Ergänzungsrichter (§ 192 GVG) teilgenommen, so muss sie ausgesetzt u. eine völlig neue HV durchgeführt werden, an der statt des abgelehnten Richters sein Vertreter mitwirkt. Selbst wenn sofort ein Ergänzungsrichter für den mit Erfolg abgelehnten Richter eintritt, ist nach S. 1 die Wiederholung des nach der Anbringung des Ablehnungsgesuchs liegenden Teils der HV notwendig.

29 Eine **Ausnahme** gilt nach dem durch das G zur Modernisierung des Strafverfahrens v. 10.12.2019 eingeführten S. 2 für solche Teile der HV, deren Wiederholung nicht o. nur mit unzumutbarem Aufwand möglich ist. Insoweit sind nach den Mat. durch die Neuregelung „keine erheblichen Abweichungen" zum früheren Abs. 2 S. 2 Hs. 2 beabsichtigt (BT-Drs. 19/17474, 24), der nur unaufschiebbare Handlungen v. Wiederholungsgebot ausnahm. Allerdings sind der Rechtsbegriff der Unmöglichkeit bzw. der neu eingeführte Begriff des „unzumutbaren Aufwands" der Beweisaufnahme auf der einen sowie ihrer Unaufschiebbarkeit wie nach früherem Recht auf der anderen Seite nicht deckungsgleich. Es liegt deshalb nahe, dass ihre Inhaltsbestimmung u. in der Folge ihr praktischer Anwendungsbereich sich ebenfalls zumindest partiell voneinander unterscheiden.

30 **Unmöglichkeit** der Wiederholung kann aus tatsächlichen o. rechtlichen Gründen bestehen. In tatsächlicher Hinsicht liegt sie etwa beim Tod der Aussageperson vor, kommt aber auch in Betracht, wenn es ausgeschlossen erscheint, sie in absehbarer Zeit erneut in der HV zu vernehmen, zB wegen Krankheit, Gebrechlichkeit (→ § 251 Rn. 9, 20) o. weil sie – nunmehr – unerreichbar ist (→ § 244 Rn. 62a ff.). Rechtliche Unmöglichkeit ist zB gegeben, wenn ein Zeuge nach der Vernehmung befugt das Zeugnis nach §§ 52 ff. o. die Auskunft nach § 55 verweigert o. aber ein im Ausland wohnender Zeuge nunmehr erklärt, nicht erneut zur HV anreisen zu wollen (erg. → § 251 Rn. 11, 21).

31 **Ein unzumutbarer Aufwand** der Wiederholung ist anzunehmen, wenn der mit der Beweisaufnahme verbundene Aufwand in keinem angemessenen Verhältnis zum erwartbaren Ertrag steht. Insoweit wird das Gericht bei der Abwägung den zeitlichen u. logistischen Aufwand für die erneute Beweisaufnahme, insbes. für die Herbeischaffung des Beweismittels, berücksichtigen u. in Relation zum möglichen Aufklärungsertrag setzen. Dabei können auch das Erg. der bisherigen Beweisaufnahme u. die Erschwernisse für die Beweisperson mit einfließen (vgl. auch → § 223 Rn. 8). Je wichtiger das Beweismittel u. je wesentlicher sein potenzieller Aufklärungswert, desto weniger kommt die Annahme eines unzumutbaren Aufwands in Betracht.

32 Die Wiederholung **ordnet der Vorsitzende** an, gegen seine die Wiederholung abl. Entsch. ist die Beanstandung nach § 238 Abs. 2 möglich.

33 Die **Beweisergebnisse des zu wiederholenden Teils** der HV dürfen für die Urteilsfindung nicht unmittelbar verwertet werden; es ist aber zulässig, nach Ausscheiden des abgelehnten Richters Beweis darüber zu erheben, welche Aussagen Angeklagte u. Zeugen während dieses Verhandlungsteils gemacht haben (SK-StPO/Deiters Rn. 17; KK-StPO/Heil Rn. 12). Dies wird va in Betracht zu ziehen sein, wenn die Aussage einer Beweisperson bei der Wiederholung v. der früheren in wesentlichen Punkten abweicht.

34 **J. Revision.** Mit der Revision kann die Verkennung des Begriffs der Unaufschiebbarkeit in Abs. 1 bzw. Abs. 2 S. 2 gerügt werden. Dem Richter ist aber ein Spielraum dahin einzuräumen, dass die Entsch. nur vertretbar u. ermessensfehlerfrei sein muss (BGH NStZ 2002, 429 mwN). Der bloße formale Verstoß gegen die Wartepflicht des Abs. 1 bzw. Abs. 2 S. 2 vermag bei fehlender Befangenheit des Richters die Revision aber nicht zu begründen (vgl. BGHSt 48, 264), es sei denn, das Gericht hat bewusst keine Entsch. über den Ablehnungsantrag herbeigeführt (KG StraFo 2013, 203). War das Ablehnungsgesuch noch in der HV zurückgenom-

men worden, so kann die Revision auf einen Verstoß gegen Abs. 1 bzw. Abs. 2 S. 2 nicht gestützt werden (vgl. OLG Koblenz VRS 65, 441).

Einen reversiblen **Verstoß gegen Abs. 3** kann es darstellen, wenn die dort vorgesehenen zeitlichen Grenzen überschritten werden. Allerdings wird es regelmäßig am Beruhen fehlen, wenn sich das Ablehnungsgesuch als unzulässig o. unbegründet erweist (vgl. BGH NStZ-RR 2022, 345 (347) mAnm Mosbacher JuS 2023, 131; KK-StPO/Heil Rn. 13). Dass das Gericht die zeitlichen Grenzen des Abs. 3 ausgeschöpft hat, wird regelmäßig nicht gerügt werden können. 35

Ein **Verstoß gegen Abs. 4** begründet grds. die Rüge nach § 261, da der nicht wiederholte Teil der Beweisaufnahme nicht Inbegriff der Verh. geworden ist (KK-StPO/Heil Rn. 13). Rechtsfehler speziell bei der Auslegung v. Abs. 4 S. 2 kann die Revision nur rügen, wenn sie gegen die Anordnung des Vorsitzenden Gerichtsbeschluss nach § 238 Abs. 2 beantragt hat; wie beim Begriff der Unaufschiebbarkeit ist dem Tatrichter allerdings ein Spielraum bei der Beurteilung v. Unmöglichkeit bzw. Unzumutbarkeit einzuräumen, sodass die Entsch. nur vertretbar u. ermessensfehlerfrei sein muss. 36

Ablehnung eines Richters bei Selbstanzeige und von Amts wegen

30 Das für die Erledigung eines Ablehnungsgesuchs zuständige Gericht hat auch dann zu entscheiden, wenn ein solches Gesuch nicht angebracht ist, ein Richter aber von einem Verhältnis Anzeige macht, das seine Ablehnung rechtfertigen könnte, oder wenn aus anderer Veranlassung Zweifel darüber entstehen, ob ein Richter kraft Gesetzes ausgeschlossen ist.

A. Selbstanzeige. Eine **Selbstanzeige** des Richters sieht die Bestimmung vor, **keine Selbstablehnung.** Die Anzeige besteht in der Mitteilung v. Tatsachen, die Ausschließungsgründe nach §§ 22, 23 o. Befangenheitsgründe nach § 24 enthalten. Die Erkl. des Richters, dass er sich befangen fühle, ist rechtlich bedeutungslos. Darüber u. über seine Entbindung v. der weiteren Mitwirkung entscheidet allein das nach § 27 zuständige Gericht, u. zwar v. Standpunkt eines vernünftigen bzw. verständigen Beschuldigten aus (BGH NJW 2018, 2578; NStZ 2021, 176; erg. → § 24 Rn. 6 ff.). Für den Ergänzungsrichter (§ 192 Abs. 2 GVG) gilt § 30 schon, bevor er für einen verhinderten Richter eingetreten ist (Löwe/Rosenberg/Siolek Rn. 11; vgl. → § 28 Rn. 6). Die Vorschr. gilt nach § 31 Abs. 1 auch für Schöffen u. Protokollführer. 1

Die Selbstanzeige ist nicht nur eine **Dienstpflicht** des Richters, die er nach pflichtgemäßem Ermessen auszuüben hat (OLG Neustadt NJW 1963, 2087; OLG Schleswig SchlHA 1953, 69) u. von der er auch dann nicht entbunden ist, wenn die seine Ablehnung rechtfertigenden Tatsachen den Prozessbeteiligten bekannt sind (vgl. Saarländisches OLG StraFo 2025, 228 (230)), sondern auch eine prozessuale Verpflichtung ggü. den Verfahrensbeteiligten (vgl. BVerfGE 89, 28; BGH StraFo 2022, 289 (290); Saarländisches OLG StraFo 2025, 228; OLG München NJW 2014, 3042 zu § 48 ZPO), denen rechtliches Gehör zu gewähren ist. Die zeitliche Schranke des § 25 spielt bei der Selbstanzeige keine Rolle (BGH GA 1962, 338); der Richter darf sie aber nicht hinauszögern. Eine pflichtwidrig unterlassene Selbstanzeige kann je nach den Umständen ein Ablehnungsgesuch rechtfertigen (BGH StraFo 2022, 289 (290)). 2

B. Von Amts wegen. Von Amts wegen hat das Gericht **Ausschließungsgründe nach §§ 22, 23** zu beachten (→ § 22 Rn. 1). Das hat zur Folge, dass Richter und Schöffen auch verpflichtet sind, Ausschließungs- und Befangenheitsgründe anzuzeigen, die andere am Verfahren mitwirkende Mitglieder des Spruchkörpers betreffen (BGH StraFo 2022, 289 (290) mN). Liegen sie ohne Zweifel vor, so bedarf es keiner Entscheidung. Bestehen an ihrem Vorliegen Zweifel (auf die jeder Richter hinzuweisen hat, auch wenn sie andere Richter betreffen), so muss 3 das Gericht so entscheiden, als seien die Ausschließungsgründe v. einem Prozessbeteiligten geltend gemacht o. v. dem Richter angezeigt worden.

3a Eine **amtswegige Überprüfung** findet dagegen **nicht** statt, wenn in den Fällen des § 30, 31 Abs. 1 keine Selbstanzeige des Berufsrichters oder Schöffen vorliegt (BGH NJW 2022, 1470, (1472) mAnm Czimek/Schäfer NStZ 2022, 632; Kudlich/Göken JR 2022, 429).

4 **C. Entscheidung des Gerichts.** Bis zur gerichtlichen Entscheidung über seine Selbstanzeige darf der Richter in dem Verf. entspr. § 29 Abs. 1 **grds. nicht weiter tätig** werden (BGHSt 25, 122; 31, 3 (5); OLG Schleswig SchlHA 1963, 78; insoweit zweifelnd allerdings BGH NJW 2023, 3442). Die **Wartepflicht** erstreckt sich jedoch gem. § 29 Abs. 2 **nicht auf die Hauptverhandlung,** die nach dieser Vorschrift generell keinen Aufschub gestattet (BGH NJW 2023, 3442 mAnm Ventzke NStZ 2024, 120 u. Wachter JZ 2024, 154). Wenn vAw über Zweifel an dem Vorliegen v. Ausschließungsgründen zu entscheiden ist, gelten diese Grundsätze entspr., u. zwar v. der Geltendmachung des Zweifels an.

5 Die **Entscheidung des Gerichts** erfolgt durch Beschluss. Sie ist keine innere Angelegenheit des Gerichts; vielmehr gebietet es Art. 103 Abs. 1 GG, die Selbstanzeige den Verfahrensbeteiligten mitzuteilen u. diesen Gelegenheit zur Stellungnahme zu geben (BVerfGE 89, 28). Zuständig ist das in § 27 bezeichnete Gericht; auch § 27 Abs. 4 ist anzuwenden (OLG Frankfurt a. M. NStZ 1981, 233; OLG Zweibrücken NJW 1968, 1439: Entsch. über zahlreiche Selbstanzeigen).

6 **D. Entbindung des Richters.** Die Entbindung des Richters v. der Mitwirkung hat zur **Folge,** dass er, abgesehen v. unaufschiebbaren Handlungen (§ 29 Abs. 1), v. jeder richterlichen Tätigkeit in der Sache ausgeschlossen ist (BGHSt 3, 68; OLG Schleswig SchlHA 1963, 78), gleichviel, wann der Hinderungsgrund entstanden ist. Richterliche Handlungen, die er trotzdem vornimmt, sind unwirksam (BGHSt 31, 3 (5)). Auf Justizverwaltungsangelegenheiten erstreckt sich der Ausschluss nicht (BGHSt 3, 68).

7, 8 **E. Anfechtung. I. Beschwerde.** Der Richter hat **kein Beschwerderecht** gegen den Beschl., mit dem auf seine Selbstanzeige festgestellt wird, dass kein Ausschließungsgrund vorliegt o. keine Befangenheit zu besorgen ist (Löwe/Rosenberg/Siolek Rn. 18 mwN; **aM** SK-StPO/Deiters Rn. 12). Das Gleiche gilt für denjenigen, der durch das Vorbringen des Zweifels über einen Ausschließungsgrund Anlass zur Beschlussfassung gegeben hat. Auch sonst steht den Prozessbeteiligten kein Beschwerderecht zu; sie können allerdings selbst einen Befangenheitsantrag stellen u. dessen Verwerfung o. Zurückweisung nach § 28 Abs. 2 anfechten. Wird der Richter v. der Mitwirkung ausgeschlossen, so gilt § 28 Abs. 1 entspr. (BGH GA 1962, 338).

9 **II. Revision.** Die Revision kann auf das Unterlassen der Selbstanzeige nicht gestützt werden (BGH GA 1962, 338; Dallinger MDR 1966, 24 – BGH RsprÜ; Löwe/Rosenberg/Siolek Rn. 24; **aM** SK-StPO/Deiters Rn. 13; vgl. auch OLG Neustadt NJW 1963, 2087; Teplitzky JuS 1969, 325: Prüfung auf Ermessensmissbrauch). Auch den auf Selbstanzeige wegen Befangenheit ergehenden Beschl. nach § 30 kann das Revisionsgericht grds. nicht prüfen, da § 338 Nr. 3 lediglich den Fall der Ablehnung nach § 24, nicht den der Selbstanzeige nach § 30 betrifft (BGHSt 3, 68; 25, 122; NStZ 2023, 558). Allenfalls kann ein **Verstoß gegen Art. 101 Abs. 1 S. 2 durch Willkür** gerügt werden (→ GVG § 16 Rn. 6); dies gilt sowohl, wenn das Verf. nach § 30 missbraucht wird, indem eine Selbstanzeige ohne vertretbaren Grund für begründet erklärt wird, als auch, wenn die Selbstablehnung aus Gründen, die rechtlich unter keinem Gesichtspunkt mehr vertretbar sind, für unbegründet befunden wird (BGH NStZ 2017, 720). Anderes gilt auch dann, wenn sich ein Ablehnungsberechtigter das Vorbringen des Selbstanzeigenden in dessen dienstlicher Erklärung zu eigen macht und ihn deswegen ablehnt; dies eröffnet das Verfahren nach den §§ 25–28 sowie potentiell den absoluten Revisionsgrund des § 338 Nr. 3 (BGH NStZ 2023, 558; NJW 2024, 846).

Wird der Richter schon vor der Entsch. über die Selbstanzeige durch einen Vertreter ersetzt, so ist der zwingende Aufhebungsgrund des § 338 Nr. 1 gegeben (BGHSt 25, 122). Die Nichtbeachtung eines Ausschließungsgrundes kann nach § 338 Nr. 1 gerügt werden (→ § 28 Rn. 10), auch wenn bei Zweifeln über ihn ein Beschl. nach § 30 ergangen ist, der ihn verneint hat. 10

Schöffen, Urkundsbeamte

31 (1) **Die Vorschriften dieses Abschnitts gelten für Schöffen sowie für Urkundsbeamte der Geschäftsstelle und andere als Protokollführer zugezogene Personen entsprechend.**

(2) [1] **Die Entscheidung trifft der Vorsitzende.** [2] **Bei der großen Strafkammer und beim Schwurgericht entscheiden die richterlichen Mitglieder.** [3] **Ist der Protokollführer einem Richter beigegeben, so entscheidet dieser über die Ablehnung oder Ausschließung.**

A. Schöffen. Für Schöffen gelten die **§§ 22, 23** über den Ausschluss kraft Gesetzes **entspr.** Daneben ist die Amtsunfähigkeit nach § 31 S. 2, §§ 33, 77 Abs. 1 GVG zu beachten, u. zwar vAw (RGSt 25, 415); sie stehen den Ausschließungsgründen gleich (Löwe/Rosenberg/Siolek Rn. 2 f.; SK-StPO/Deiters Rn. 2; Bohnert Strafprozessuale Revision S. 95: Unfähigkeit geht vor). Ferner gelten die Vorschr. über die Richterablehnung (§§ 24 ff.) entspr., (s. etwa BGH NStZ 2020, 495 zu § 26 Abs. 3) ausgenommen den durch Abs. 2 ersetzten § 27 Abs. 1 und den für Schöffen nicht passenden § 27 Abs. 2–4. Auch die Anwendung des § 29 Abs. 1 kommt nicht in Betracht (Löwe/Rosenberg/Siolek Rn. 2; **aM** KMR-StPO/Paulus Rn. 1). Die die Wartepflicht begrenzende Vorschrift des § 29 Abs. 2 S. 1 gilt allerdings auch für Schöffen (BGH NStZ 2023, 168; NJW 2023, 3442). 1

Die **Befangenheitsgründe** gehen nicht weiter als bei den Berufsrichtern (vgl. aber Hanack JR 1967, 229). Insbesondere gilt auch bei Schöffen die Vermutung der Unparteilichkeit (BGHSt 22, 289 (295)). Die Ablehnung rechtfertigen nicht Spannungen mit dem Verteidiger (Dallinger MDR 1975, 23 – BGH RsprÜ), die Kenntnis v. Presseveröffentlichungen, die das Erg. des Verfahrens vorwegnehmen (BGHSt 22, 289), die gelegentliche Lektüre der Anklageschrift während der HV (LG Kiel SchlHA 1977, 56), die Verwandtschaft mit anderen mitwirkenden Schöffen (Dallinger MDR 1974, 547 – BGH RsprÜ), auch nicht die versehentliche Verlesung v. über den Anklagesatz hinausgehenden Einzelheiten der Tat durch den StA (Pfeiffer/Miebach NStZ 1984, 14 – BGH RsprÜ) u. kurze Meinungsäußerungen des Schöffen ohne endgültige Stellungnahme zur Sache (BGHSt 21, 85). Ein Ablehnungsgrund kann aber darin liegen, dass der Schöffe Bediensteter der geschädigten Behörde ist (Dallinger MDR 1954, 151 – BGH RsprÜ; AG Bremen StV 2009, 181) o. dass er während der HV unsachliche Bem. macht (BGH NStZ 1991, 144) o. sich bedenklich verhält (LG Koblenz NJW 2013, 801) o. ständig einschläft (LG Bremen StV 2002, 357) o. dass er sich offen zu Methoden der Selbstjustiz in seiner beruflichen Tätigkeit bekennt, falls eine – wenn auch nur mittelbare – Verbindung eines solchen Verhaltens zu dem Strafverfahren besteht (BGH NJW 2010, 2226). 2

B. Protokollführer. Für Protokollführer gelten die **§§ 22 ff. entspr., ausgenommen § 23** (der UrkB kann in allen Rechtszügen tätig werden), § 27 Abs. 1 (an dessen Stelle tritt Abs. 2) u. der §§ 27 Abs. 2–4, 29 (die für den UrkB nicht passen). Dass eine Ablehnung wegen Befangenheit begründet sein könnte, ist praktisch nicht vorstellbar (vgl. Schultz MDR 1980, 109). Da der UrkB austauschbar ist (→ § 226 Rn. 7) und § 29 Abs. 4 S. 1 nicht gilt, braucht die HV nicht wiederholt zu werden, wenn er wegen Befangenheit ausscheiden muss; das bis zum Ausscheiden gefertigte Prot. ist voll wirksam (**aM** Schmidt StPO/GVG StPO § 31 Rn. 5; Krey/Heinrich Dt. StrafverfR § 1 Rn. 136: Fehlen der Beweiskraft). Nur das v. einem nach § 22 ausgeschlossenen UrkB gefertigte Prot. ist nicht nach § 274 3 beweiskräftig (RGSt 68, 272; Löwe/Rosenberg/Siolek Rn. 18); daher empfiehlt sich eine Ablösung, sobald Ausschließungsgründe erkennbar sind o. geltend gemacht werden.

4 Für **selbständige Amtshandlungen** des UrkB (Aufnahme v. Rechtsmittelerklärungen u. dgl.) gelten die §§ 22 ff. nicht (OLG Schleswig SchlHA 1959, 107; Löwe/Rosenberg/Siolek Rn. 6). Obwohl der UrkB insoweit nicht kraft Gesetzes ausgeschlossen ist, wie zB der Gerichtsvollzieher nach § 155 GVG, darf er beim Vorliegen v. Ausschließungsgründen entspr. (dem unmittelbar nicht anwendbaren) § 20 VwVfG nicht tätig werden. Wegen Befangenheit kann er nicht abgelehnt werden (erg. → § 24 Rn. 21).

5 **C. Entscheidung.** Für die richterliche Zuständigkeit gilt **Abs. 2 anstelle des § 27.** Bei Verwerfung als unzulässig gilt § 26a Abs. 2 S. 1, 2. Beim SchG u. der kleinen StrK entscheidet der Vorsitzende allein (Abs. 2 S. 1), bei der großen StrK die richterlichen Mitglieder ohne Mitwirkung der Schöffen (Abs. 2 S. 2). Der StS des BGH u. des OLG entscheidet über die Ausschließung o. Ablehnung des Protokollführers in der für die HV bestimmten Besetzung, das OLG im 1. Rechtszug also ggf. (vgl. § 122 Abs. 2 GVG) mit 5, nicht mit 3 Richtern (**aM** Löwe/Rosenberg/Siolek Rn. 11). Ist der Protokollführer einem Richter beigegeben, so entscheidet dieser allein (Abs. 2 S. 3).

6 **D. Rechtsmittel.** Für Schöffen gilt **§ 28 entspr.,** auch dessen Abs. 2 S. 2. Die Entsch. über die Ablehnung des UrkB in der HV ist unanfechtbar (LG Stuttgart NJW 1964, 677; **aM** KK-StPO/Heil Rn. 9; Löwe/Rosenberg/Siolek Rn. 15; SK-StPO/Deiters Rn. 14); da eine Urteilsanfechtung praktisch nicht in Betracht kommt, ist jedenfalls § 28 Abs. 2 S. 2 nicht anwendbar (Löwe/Rosenberg/Siolek Rn. 15).

7 Wegen der **Revision** gilt für Schöffen § 338 Nr. 2, 3. Auf der Mitwirkung eines ausgeschlossenen o. befangenen Protokollführers kann das Urt. nicht beruhen (BGHR StPO § 31 Protokollführer 1; RGSt 68, 272; erg. → § 344 Rn. 26).

Vierter Abschnitt. Aktenführung und Kommunikation im Verfahren

Elektronische Aktenführung; Verordnungsermächtigungen

32 (1) [1] **Die Akten werden elektronisch geführt.** [2] **Akten, die in Papierform angelegt wurden, können in Papierform weitergeführt werden.** [3] **Sie können auch ab einem bestimmten Stichtag oder Ereignis in elektronischer Form weitergeführt werden.** [4] **Der Beginn der Weiterführung der Akten in elektronischer Form ist aktenkundig zu machen.**

(2) [1] **Die Bundesregierung und die Landesregierungen bestimmen jeweils für ihren Bereich durch Rechtsverordnung die für die elektronische Aktenführung geltenden organisatorischen und dem Stand der Technik entsprechenden technischen Rahmenbedingungen einschließlich der einzuhaltenden Anforderungen des Datenschutzes, der Datensicherheit und der Barrierefreiheit.** [2] **Sie können die Ermächtigung durch Rechtsverordnung auf die zuständigen Bundes- oder Landesministerien übertragen.**

(3) [1] **Die Bundesregierung bestimmt durch Rechtsverordnung mit Zustimmung des Bundesrates die für die Übermittlung elektronischer Akten zwischen Strafverfolgungsbehörden und Gerichten geltenden Standards.** [2] **Sie kann die Ermächtigung durch Rechtsverordnung ohne Zustimmung des Bundesrates auf die zuständigen Bundesministerien übertragen.**

1 **A. Elektronische Aktenführung (Abs. 1).** Seit **1.1.2026** (BGBl. 2025 I Nr. 319) sind die Akten in **elektronischer Form** zu führen (Abs. 1 S. 1). Die elektronische Akte tritt als allein „führende" Akte an die Stelle der herkömmlichen Papierakte (BT-Drs. 18/9416, 42). Für bereits abgeschlossene Verf. gilt die Rege-

lung nicht (BT-Drs. 18/9416, 42 f.). Aufgrund der Übergangsregelungen des § 15 Abs. 2 – 4 **EGStPO** sind bis **31.12.2026** Ausnahmen möglich (hierzu → Rn. 3–5). Den **Aktenbegriff** ändert die Vorschr. nicht; es ist nach wie vor zwischen Aktenbestandteilen u. Beweismitteln zu unterscheiden (BT-Drs. 18/9416, 42). Vgl. zu den technischen Fragen u. der digitalen „Veraktung" Growe/Gutfleisch NStZ 2020, 633. Ausf. zur Digitalisierung im Strafverfahren Preuß JZ 2023, 68, zur Aktenführung Teichmann Kriminalistik 2025, 627.

Akten, die noch in **Papierform** angelegt worden sind, können als Papierakte weitergeführt werden (Abs. 1 S. 2). Sie können aber auch ab einem bestimmten Tag oder Ereignis als elektronische Akte weitergeführt werden (Abs. 1 S. 3); dies ermöglicht die Führung sog. **Hybridakten**, was eine vollständige Digitalisierung zu einem späteren Zeitpunkt nicht ausschließt (BT-Drs. 21/1852, S. 27). Die Weiterführung der Akten in elektronischer Form muss in den Akten **vermerkt** werden (Abs. 1 S. 4). Die Möglichkeit der Weiterführung der Akten in Papierform (Abs. 1 S. 2) erfasst auch Akten, die nach § 15 Abs. 2 o. 3 **EGStPO** (hierzu → Rn. 3–5) bis zum 31.12.2026 als Papierakte angelegt werden. Nach dem Willen des Gesetzgebers soll dies über den Wortlaut von Abs. 1 S. 2 („angelegt") auch dann gelten, wenn elektronisch angelegte Akten nach § 15 Abs. 2, 3 o. 4 **EGStPO** in Papierform geführt oder weitergeführt werden (BT-Drs. 21/1852, S. 27). **2**

Für eine **Übergangszeit** bis zum 31.12.2026 ist es abweichend von Abs. 1 unter den Voraussetzungen von **§ 15 Abs. 2 – 4 EGStPO** (BGBl. 2025 I Nr. 319) auch zulässig, Akten in Papierform anzulegen oder elektronisch angelegte Akten als Papierakte zu führen oder als solche weiterzuführen. Damit hat der Gesetzgeber auf die Schwierigkeiten reagiert, denen sich die Justiz in Teilbereichen mit der Umstellung auf die elektronische Aktenführung gegenübergestellt sieht (BT-Drs. 21/1852, S. 23 f.). **§ 15 Abs. 2 EGStPO** ermächtigt Bund und Länder, von der Pflicht zur elektronischen Aktenführung abzuweichen. Abweichend von Abs. 1 S. 1 u. 2 können Akten ohne weiteres als Papierakten angelegt sowie von anderen Stellen elektronisch übermittelte Akten vollständig als Papierakte geführt oder in Papierform als sog. Hybridakte (→ Rn. 2) weitergeführt werden. Die Zulassung kann auf einzelne Gerichte, einzelne Strafverfolgungsbehörden oder allg. bestimmte gerichtliche Verfahren, nicht aber auf bestimmte Deliktsarten, beschränkt werden. Dies kann zur leichteren Handhabung in der Praxis in einer öffentl. bekannt zu machenden Verwaltungsvorschr. getroffen werden (BT-Drs. 21/1852, S. 28). Es bedarf einer RechtsVO, die auf die jeweils zuständigen Fachministerien übertragen werden kann. Ohne gesonderte Bestimmung kann nach **§ 15 Abs. 3 EGStPO** von Abs. 1 S. 1 abgewichen werden, soweit Ermittlungsvorgänge iSv § 163 Abs. 2 S. 1 betroffen sind, die der StA von der Polizei oder anderen Behörden (zB Zollfahndungsdienst, Finanzbehörden) übermittelt werden. Die Ausnahmeregelung will einem übermäßigen Aufwand vorbeugen, der insb. aufgrund der ggf. erforderlichen Digitalisierung umfangreicher Papiervorgänge (§ 15 Abs. 3 Nr. 1 EGStPO) oder technischer Gründe (§ 15 Abs. 3 Nr. 2 EGStPO) mit der elektronischen Aktenführung verbunden sein kann. Letzteres gilt insb., wenn die elektronischen Dokumente ohne beigefügten vollständigen strukturierten maschinenlesbaren Datensatz nach § 3 Abs. 4 iVm § 7 Abs. 1 Nr. 2 DokErstÜbV eingehen. Nicht erfasst sind die Fälle, in denen eine Übermittlung elektronischer Dokumente nur vorübergehend aus technischen Gründen nicht möglich ist; insoweit gilt weiterhin § 6 DokErstÜbV, der Ersatzmaßnahmen (Übermittlung in Papierform oder auf einem physischen Datenträger) zulässt (BT-Drs. 21/1852, S. 29). Eine (Weiter-)Führung in Papierform ist schließlich nach **§ 15 Abs. 4 EGStPO** auch dann zulässig, wenn Gerichte oder Strafverfolgungsbehörden elektronisch angelegte Akten im Rahmen einer Verfahrensabgabe oder zur Bearbeitung übermitteln und eine Verarbeitung im System des Empfängers aus technischen Gründen oder nur mit unverhältnismäßigen Aufwand möglich wäre. Insoweit gelten die Ausf. zu § 15 Abs. 3 Nr. 2 EGStPO entspr. (BT-Drs. 21/1852, S. 30). Nach Art. 4 des G. zur Änderung der Vorschr. über die Einführung der elektronischen Akte in der Justiz (…) vom 8.12.2025 (BGBl. 2025 I Nr. 319) treten die Regelung zum **1.1.2027** außer Kraft. **3–5**

Bis dahin müssen alle Gerichte und Strafverfolgungsbehörden in der Lage sein, die Akten elektronisch anzulegen, zu führen und elektronisch erhaltene Akten elektronisch weiterzuführen (BT-Drs. 21/1852, S. 30).

5a Mit dem durch G zur weiteren Digitalisierung der Justiz v. 12.7.2024 (BGBl. 2024 I Nr. 234) eingeführten **§ 15 Abs. 1 S. 1 EGStPO** dürfen **Verschlusssachen,** die höher als VS-NUR FÜR DEN DIENSTGEBRAUCH eingestuft sind (Verschlusssachen „STRENG GEHEIM", „GEHEIM" und „VS-VERTRAULICH"), abweichend von §§ 32ff. bis zum **31.12.2035** in Papierform erstellt, geführt und übermittelt werden; insoweit ist als Ausnahme von Abs. 1 S. 1 die Führung einer sog. Hybridakte zulässig. Für Verschlusssachen VS-NUR FÜR DEN DIENSTGEBRAUCH gilt die Pflicht zu elektronischen Übermittlung (vgl. etwa § 32b Abs. 3 und § 32d S. 2) nach **§ 15 Abs. 1 S. 2 EGStPO** ebenfalls bis zum 31.12.2035 nicht, weil elektronische Umgang mit Verschlusssachen derzeit technisch noch nicht vollständig gewährleistet werden kann (BT-Drs. 20/10943, 53). Insoweit lässt die Öffnungsklausel allerdings nur die Übermittlung in Papierform zu. Aus der Pflicht des Abs. 1 S. 1, die Akten elektronisch zu führen, folgt, dass in Papierform übermittelten Dokumente in elektronische umgewandelt werden müssen. Für die Übergangszeit bis 31.12.2026 findet daher auch die diesbzgl. gültige Ausnahmereglung des § 15 Abs. 3 Nr. 1 EGStPO Anwendung.

6 **B. Rahmenbedingungen u. Standards (Abs. 2, Abs. 3).** Die Einf. der elektronischen Akte macht die Festlegung **einheitlicher** organisatorischer, technischer u. datenschutzrechtlicher **Vorgaben für die Führung u. Übermittlung** elektronischer Akten notwendig (BT-Drs. 18/9416, 43f.; 18/12203, 73). Dem dienen die VO-Ermächtigungen nach Abs. 2 (Führung) u. Abs. 3 (Übermittlung). Für den BGH u. den GBA, deren Akten seit 14.11.2020 elektronisch geführt werden können (BGBl. 2020 I 2355), hat die BReg v. der Ermächtigung mit der BStrafAktFV v. 9.12.2019 (BGBl. 2020 I 2140) Gebrauch gemacht. Abs. 3 betr. die Übermittlung innerhalb der **Strafjustiz** v. Bund u. Ländern einschl. der Finanzbehörden in Ermittlungsverfahren nach § 386 Abs. 2 AO, § 14a SchwarzArbG (BT-Drs. 18/9416, 44); diese wird v. der StrafAktÜbV v. 14.4.2020 näher geregelt (BGBl. 2020 I, S. 799). Für die Einsicht in elektronische Akten gilt § 32f Abs. 1 (→ § 32f Rn. 2ff.); die Einreichung elektronischer Dokumente bei Gerichten u. StA durch andere Verfahrensbeteiligte regelt § 32a.

Elektronischer Rechtsverkehr mit Strafverfolgungsbehörden und Gerichten; Verordnungsermächtigungen

32a (1) **Elektronische Dokumente können bei Strafverfolgungsbehörden und Gerichten nach Maßgabe der folgenden Absätze eingereicht werden.**

(2) [1]**Das elektronische Dokument muss für die Bearbeitung durch die Strafverfolgungsbehörde oder das Gericht geeignet sein.** [2]**Die Bundesregierung bestimmt durch Rechtsverordnung mit Zustimmung des Bundesrates technische Rahmenbedingungen für die Übermittlung und die Eignung zur Bearbeitung durch die Strafverfolgungsbehörde oder das Gericht sowie das Nähere zur Verarbeitung von Daten der Postfachinhaber nach Absatz 4 Satz 1 Nummer 3 und 4 in einem sicheren elektronischen Verzeichnis.**

(3) [1]**Ein Dokument, das schriftlich abzufassen, zu unterschreiben oder zu unterzeichnen ist, muss als elektronisches Dokument mit einer qualifizierten elektronischen Signatur der verantwortenden Person versehen sein oder von der verantwortenden Person signiert und auf einem sicheren Übermittlungsweg eingereicht werden.** [2]**Soll ein Dokument, das von einem Beschuldigten, einem anderen Verfahrensbeteiligten oder einem Dritten schriftlich abzufassen, zu unterschreiben oder zu unterzeichnen ist, elektronisch eingereicht werden, so kann es in ein elektronisches Do-**

kument übertragen und durch einen Verteidiger oder Rechtsanwalt nach Satz 1 übermittelt werden.

(4) [1] **Sichere Übermittlungswege sind**

1. **der Übermittlungsweg zwischen den besonderen elektronischen Anwaltspostfächern nach den §§ 31a und 31b der Bundesrechtsanwaltsordnung oder einem entsprechenden, auf gesetzlicher Grundlage errichteten elektronischen Postfach und der elektronischen Poststelle der Behörde oder des Gerichts,**
2. **der Übermittlungsweg zwischen einem nach Durchführung eines Identifizierungsverfahrens eingerichteten Postfach einer Behörde oder einer juristischen Person des öffentlichen Rechts und der elektronischen Poststelle der Behörde oder des Gerichts,**
3. **der Übermittlungsweg zwischen einem nach Durchführung eines Identifizierungsverfahrens eingerichteten elektronischen Postfach einer natürlichen oder juristischen Person oder einer sonstigen Vereinigung und der elektronischen Poststelle der Behörde oder des Gerichts,**
4. **der Übermittlungsweg zwischen einem nach Durchführung eines Identifizierungsverfahrens genutzten Postfach- und Versanddienst eines Nutzerkontos im Sinne des § 2 Absatz 5 des Onlinezugangsgesetzes und der elektronischen Poststelle der Behörde oder des Gerichts,**
5. **sonstige bundeseinheitliche Übermittlungswege, die durch Rechtsverordnung der Bundesregierung mit Zustimmung des Bundesrates festgelegt werden, bei denen die Authentizität und Integrität der Daten sowie die Barrierefreiheit gewährleistet sind.**

[2] **Das Nähere zu den Übermittlungswegen gemäß Satz 1 Nummer 2 bis 4 regelt die Rechtsverordnung nach Absatz 2 Satz 2.**

(5) [1] **Ein elektronisches Dokument ist eingegangen, sobald es auf der für den Empfang bestimmten Einrichtung der Behörde oder des Gerichts gespeichert ist.** [2] **Dem Absender ist eine automatisierte Bestätigung über den Zeitpunkt des Eingangs zu erteilen.**

(6) [1] **Ist ein elektronisches Dokument für die Bearbeitung durch die Behörde oder das Gericht nicht geeignet, ist dies dem Absender unter Hinweis auf die Unwirksamkeit des Eingangs unverzüglich mitzuteilen.** [2] **Das elektronische Dokument gilt als zum Zeitpunkt seiner früheren Einreichung eingegangen, sofern der Absender es unverzüglich in einer für die Behörde oder für das Gericht zur Bearbeitung geeigneten Form nachreicht und glaubhaft macht, dass es mit dem zuerst eingereichten Dokument inhaltlich übereinstimmt.**

A. Historie. Mit dem G zur Einf. der elektronischen Akte in der Justiz u. zur weiteren Förderung des elektronischen Rechtsverkehrs v. 5.7.2017 (BGBl. 2017 I 2208) wurde der **elektronische Rechtsverkehr mit Gerichten u. Strafverfolgungsbehörden** in § 32a neu geregelt. Die justizinterne Kommunikation wird nicht v. § 32a erfasst (BT-Drs. 18/9416, 45); hierfür gilt § 32b. Die Regelung gilt entspr. für das Bußgeldverfahren (§ 110c OWiG) und das gerichtliche Verfahren nach dem Strafvollzugsgesetz (§ 120 Abs. 1 S. 2 StVollzG). 1

B. Einreichung und Formate. Abs. 1 gestattet unter bestimmten Maßgaben (Abs. 2–4) die **Einreichung elektronischer Dokumente** bei Gerichten u. Strafverfolgungsbehörden. Nach Abs. 1 **„können"** elektronische Dokumente eingereicht werden; die Einreichung in Papierform bleibt danach zulässig. Wählt der Absender den Weg des Abs. 1 S. 1, ist er an die Maßgaben der Abs. 2–4 gebunden (vgl. zum Einspruch gegen den Strafbefehl LG Nürnberg-Fürth StraFo 2023, 15; LG Heidelberg NStZ 2023, 767). Nach § 32d S. 1 „sollen" Verteidiger und Rechtsanwälte ihre Schriftsätze usw. als elektronische Dokumente übermitteln. Für **Einlegung und Begründung von Rechtsmitteln,** Gegenerklärung, Privatklage 2 und Anschlusserklärung bei der Nebenklage ist die Übermittlung als elektronisches Dokument nach § 32d S. 2 **verpflichtend** (Inkrafttreten: 1.1.2022 → § 32d Rn. 1).

2a Elektronische Dokumente sind jede Form v. elektronischer Information (etwa Text-, Tabellen- o. Bilddateien, die in verkörperter Form (zB durch Ausdruck) wiedergegeben werden können (BGH NJW 2022, 2768 (2769)). Reine Audio- u. Videodateien gelten daher nicht als elektronische Dokumente iSd Abs. 1; sie können aber als Anlage zu zulässigerweise elektronisch eingereichten Dokumenten über die dafür vorgesehenen (sicheren) Übermittlungswege (Abs. 2, Abs. 3) übermittelt werden (BT-Drs. 18/9416, 45; KK-StPO/Graf Rn. 6).

3 Das elektronisch eingereichte Dokument muss **zur Bearb.** durch die Strafverfolgungsbehörden u. Gerichte **geeignet** sein (Abs. 2 S. 1). Es müssen mithin nicht jedes erdenkliche Dateiformat akzeptiert o. Programme zur Sichtbarmachung des Inhalts bereitgehalten werden; ungeeignet sind auch Dokumente, die eine Schadsoftware enthalten (BT-Drs. 18/9416, 45). Von der Ermächtigung zur Bestimmung eines geeigneten technischen Rahmens für die Übermittlung u. Bearb. (Abs. 2 S. 2) hat die BReg mit der VO zur Änd. der ERVV (BR-Drs. 4/18) Gebrauch gemacht. Nach §§ 2 Abs. 1, 5 Abs. 1 ERVV sind für die Übermittlung elektronischer Dokumente allein die **Darteiformate** PDF und – hilfsweise – TIFF vorgesehen (BGH NJW 2022, 2768 (2770); NJW 2022, 3588 (3589); StraFo 2022, 276 (277); weitergehend SSW StPO/Claus Rn. 5 unter Verweis auf § 15 Abs. 1 ERVV, der allerdings nur für „sonstige" verfahrensbezogene Dokumente gilt). Die Verwendung eines anderen Dateiformats (zB docx) soll indes allein nicht zur **Formungültigkeit** der Prozesserklärung führen, weil es sich um einen rein formalen Verstoß gegen die ERVV handle; Voraussetzung ist aber, dass das elektronische Dokument vom Gericht bearbeitet werden kann (BGH NStZ-RR 2023, 22; BeckOK StPO/Valerius Rn. 7; KK-StPO/Graf Rn. 9; aA OLG Oldenburg StraFo 2022, 147; OLG Koblenz BeckRS 2022, 34487; offen gelassen v. BGH BeckRS 2023, 32045). Die Auffassung findet eine Stütze in den Gesetzesmaterialien (BT-Drs. 17/28399, 33); allerdings ist sie in dieser Allgemeinheit nur schwerlich mit dem Normtext des § 2 ERVV zu vereinbaren. Denn danach **muss** der Absender das Darteiformat PDF verwenden (§ 2 Abs. 1 S. 1 ERVV) und darf allenfalls uU zusätzlich auf das Dateiformat TIFF zurückgreifen (§ 2 Abs. 1 S. 2 ERVV). Die Soll-Regelung des § 2 Abs. 2 ERVV gilt dem Wortlaut nach nur für die Versionen dieser Dateiformate (§ 5 Abs. 1 Nr. 5 ERVV) und die technischen Eigenschaften der elektronischen Dokumente (§ 5 Abs. 1 Nr. 6 ERVV), erweitert die zulässigen Dateiformate aber nicht (sie steht zudem im Widerspruch zu § 2 Abs. 1 S. 3 ERVV, wonach die Dateiformate den nach § 5 Abs. 1 Nr. 1 ERVV bekannt gemachten Versionen der Dateiformate PDF und TIFF entsprechen „müssen"). Nach dem Normtext könnte ein „rein formaler Verstoß" daher nur in den Fällen angenommen werden, in denen zwar die Dateiformate PDF und TIFF verwendet wurden, aber nicht in den nach § 5 Abs. 1 Nr. 1 ERVV bekannt gemachten Versionen (vgl. zum Ganzen Ory/Weth/Biallaß, jurisPK-ERV Band 2, § 2 ERVV Rn. 25, 26, 42). Für alle anderen Fälle ist das Verf. nach Abs. 6 vorgesehen (OLG Oldenburg StraFo 147, 148). Angesichts dieser **Rechtsunsicherheiten** ist es dringend angeraten, ausschließlich die Dateiformate PDF und TIFF – in den nach § 5 Abs. 1 Nr. 1 bekannt gemachten Versionen – zu verwenden. Vgl. zur einbettenden qualifizierten elektronischen Signatur → Rn. 5a. Durch **G zur weiteren Digitalisierung der Justiz v. 12.7.2024** (BGBl. 2024 I Nr. 234) wurde die Ermächtigungsnorm des Abs. 2 S. 2 zur Verarbeitung von Daten der Postfachinhaber nach Abs. 4 S. 1 Nr. 4 und 5 erweitert. Dies eröffnet die Möglichkeit, Datenverarbeitungen im Rahmen eines sicheren elektronischen Verzeichnisses ohne zusätzliche Einwilligung des Betroffenen vorzunehmen (BT-Drs. 20/10943, 46, 56).

4 **C. Schriftformerfordernis.** Soweit für das Dokument das **Schriftformerfordernis** gilt, etwa in §§ 172 Abs. 3 S. 2, 345 Abs. 2 oder in § 410 Abs. 1 S. 1 (→ § 410 Rn. 1; krit. Hauser JR 2024, 570), unterliegt die wirksame Einreichung zusätzlichen Anforderungen (Abs. 3), um eine sichere Identitätsfeststellung der einreichenden Person zu gewährleisten (KK-StPO/Graf Rn. 13). Dies gilt auch für sonstige **schriftlich abzufassende** Dokumente, die nicht zwingend zu unterzeichnen sind (etwa § 306 Abs. 1). Für den Nachweis der Vertretungsvollmacht des Verteidigers gilt Abs. 3 (OLG Karlsruhe NStZ-RR 2021, 56; erg. → § 234 Rn. 5, → § 329 Rn. 15). Eine Einschränkung auf nach der StPO formgebundene Dokumente enthält Abs. 3 nicht; auch formgebundene Anträge nach § 23 EGGVG fallen unter die Vorschrift. Andere, **nicht formgebundene** Dokumente können ohne die Anforderungen des Abs. 3 nach Abs. 1, Abs. 2 elektronisch eingereicht werden (SSW StPO/Claus Rn. 6). Eine Ausnahme v. Abs. 3 für Formulare kann durch VO für den elektronischen Identitätsnachweis nach § 18 PAuswG o. § 78 Abs. 5 AufenthG geschaffen werden (§ 32c S. 4). Der durch G zur weiteren Digitalisierung der Justiz v. 12.7.2024 (BGBl. 2024 I Nr. 234) angefügte S. 2 erweitert im Interesse der Praktikabilität die Möglichkeiten für Verteidiger und Rechtsanwälte, formgebundene Dokumente von Beschuldigten, weiteren Verfahrensbeteiligten oder Dritten formwahrend elektronisch einzureichen; das von der **Privatperson** unterschriebene Schriftstück kann damit als Scan formgerecht übermittelt werden (BT-Drs. 20/10943, S. 46, 56 f.).

Abs. 3 bestimmt **zwei Wege,** welche die Authentizität u. Integrität des elektro- **5**
nischen Dokuments sicherstellen (BT-Drs. 18/9416, 45). Die Beschränkung auf die beiden Wege gilt auch in den Fällen, in denen die Wirksamkeit einer Prozesshandlung des Verteidigers für den abwesenden Angeklagten (zB § 329 Abs. 1) eine nachgewiesene Vertretungsvollmacht voraussetzt (OLG Karlsruhe NStZ-RR 2020, 56).

Ist das Dokument mit einer **qualifizierten elektronischen Signatur** versehen, **5a**
genügt es, wenn das Dokument an das EGVP übermittelt wird (§ 4 Abs. 1 Nr. 1 ERVV). Sie ersetzt bezogen auf einen Schriftsatz die Unterschrift u. belegt die Urheberschaft der Person, auf die die Signatur lautet (BGH NStZ 2023, 54 (55); BeckOK StPO/Valerius Rn. 10). Sein eigenes besondere elektronisches Anwaltspostfach (beA) muss der Rechtsanwalt daher nicht nutzen (BGH NStZ-RR 2024, 316). Der technische Standard für die qualifizierte elektronische Signatur ergibt sich aus § 5 Abs. 1 Nr. 5 ERVV iVm Nr. 5 ERVB 2022. Obgleich darin nicht aufgeführt, ist eine **einbettende Signatur** zulässig, wenn das Dokument trotz der Abweichung zur Bearbeitung durch das Gericht geeignet ist (BGH NJW 2024, 2456 (2459) mkritAnm Müller NJW 2024, 2437). Werden mehrere (formgebundene) Dokument übermittelt, muss jedes gesondert mit einer qualifizierten elektronischen Signatur versehen werden; eine sog. **Containersignatur** ist gem. § 10 iVm § 4 Abs. 2 ERVV nicht gestattet (BGH NStZ-RR 2020, 24; NJW 2019, 2230 zu § 130a ZPO; s. auch NJW 2023, 1587).

Bei einer **einfachen Signatur,** also der bloßen – auch maschinenschriftlichen – **5b**
Wiedergabe des Namens aE des Textes (BGH StraFo 2022, 276; BAG NJW 2020, 3476 (3477); Makepeace JR 2023, 379), muss die Einreichung des Dokuments auf einem **sicheren Übermittlungsweg** hinzukommen (BGH StraFo 2022, 276). Allein die Signatur „Rechtsanwalt" aE des Schreibens genügt auch dann nicht, wenn das Dokument über das besondere elektronische Anwaltspostfach des Verteidigers übersandt wird (BGH BeckRS 2023, 19013) oder im Briefkopf der Kanzlei nur ein RA ausgewiesen ist (OLG Braunschweig NStZ 2023, 639). Abs. 4 listet die sicheren Übermittlungswege **abschl.** auf (BT-Drs. 18/9416, 45; BGH BeckRS 2024, 9544); wird das einfach signierte (formgebundene) Dokument nur **„per EGVP"** übermittelt, ist die Erklärung unwirksam (BGH NStZ-RR 2024, 254, auch zur freibeweislichen Prüfung einer formgerechten Einreichung; NStZ-RR 2025, 84; BeckRS 2025, 36033). Bei der Übermittlung über das **besondere elektronische Anwaltspostfach** (beA) muss der Verteidiger oder der Rechtsanwalt – nicht etwa eine Kanzleimitarbeiter (vgl. hierzu BGH NStZ 2024, 124; s. auch § 26 RAVPV) – der tatsächliche **Versender** sein (BGH StraFo 2022, 276 (277); NStZ-RR 2024, 25; 2024, 315 (316); vgl. auch § 20 Abs. 3 Nr. 1, § 23 Abs. 3 S. 5 RAVPV; anders bei einer qualifiziert elektronischen Signatur

→ Rn. 5a); er muss zudem das **ihm zugewiesene Postfach** nutzen, da ansonsten die Authentizität des elektronischen Dokuments nicht gewährleistet ist (BGH JR 2023, 398). Die bloße Übermittlung der vom Verteidiger oder Nebenklägervertreter einfach signierten Schrift über das beA eines anderen Rechtsanwalts genügt nicht (BGH BeckRS 2025, 34386; NStZ-RR 2023, 250 Ls.; BeckRS 2023, 12429; 2024, 18249). Die Form ist jedoch gewahrt, wenn jener Rechtsanwalt als allgemeiner Vertreter iSd § 53 BRAO gehandelt und zudem die (Mit-)Verantwortung (§ 54 Abs. 1 S. 2 BRAO) für die von ihm einfach signierte Schrift übernommen hat (BGH BeckRS 2023, 33193; 2023, 13588). Die in Abs. 4 Nr. 1 aF aufgeführte De-Mail wurde mangels praktischer Relevanz durch G. v. 22.12.2025 (BGBl. 2025 I Nr. 349) als sicherer Übermittlungsweg gestrichen (BT-Drs. 21/1509, S. 40). Nicht reicht eine einfache **E-Mail** (BGH NJW 2022, 2768 (2769), auch wenn damit ein PDF-Dokument mit eingescannter Unterschrift übersandt wird (LG Stuttgart NZWiSt 2024, 332 (334)); dass das elektronische Dokument innerhalb der betreffenden Frist bei dem zuständigen Gericht ausgedruckt wird, ändert nichts an dem Formmangel (OLG Düsseldorf NJW 2020, 1452; OLG Düsseldorf BeckRS 2022, 21218; SSW StPO/Claus Rn. 6; offengelassen von BGH NJW 2022, 2768 (2270)). Vgl. aber für die Übermittlung eingescannter **Dokumente von Privaten** (etwa vom Beschuldigten) Abs. 3 S. 2 (→ Rn. 4) sowie für die Formerleichterungen bei Strafanzeige und -antrag → § 158 Rn. 9 ff.

6 **D. Eingangszeitpunkt.** Den Eingangszeitpunkt des elektronischen Dokuments bestimmt Abs. 5 S. 1. Es kommt auf die Speicherung auf der Empfangseinrichtung der Behörde o. des Gerichts an (BT-Drs. 18/9416, 47; BFH NJW 2022, 2872 zu § 52a Abs. 5 S. 1 FGO). Ein elektronisches Dokument ist danach bei Gericht eingegangen, sobald es auf dem für dieses eingerichteten **Empfänger-Intermediär** im Netzwerk für das für das EGVP gespeichert; ob es von dort aus fristgerecht an andere Rechner innerhalb des Gerichtsnetzes weitergeleitet oder von solchen Rechnern abgeholt werden konnte ist ebenso wenig von Belang wie gerichtsinterne Verzögerungen bei der Weiterleitung (BGH NStZ-RR 2024, 255 mwN; NStZ-RR 2022, 285). Dadurch wird es dem Absender ermöglicht, Fristen bis kurz vor ihrem Ablauf zu nutzen. **Störungen** der Übermittlungsleitungen sowie der Empfangseinrichtungen v. Gericht u. StA hat der Absender nicht zu vertreten; bei Fristversäumnis ist ihm erforderlichenfalls Wiedereinsetzung zu gewähren (SK-StPO/Singelnstein Rn. 24). Bei der Einreichung des Dokuments auf einem sicheren Übermittlungsweg muss dies aktenkundig gemacht werden, um die Prüfung der Formerfordernisse des Abs. 3 zu gewährleisten. Ergibt sich der Übermittlungsweg nicht zweifelsfrei aus dem zur Akte gelangten Dokument selbst, ist auch die Nachricht zur Akte zu nehmen, als deren Anl. das Dokument übermittelt worden ist (BT-Drs. 18/9416, 47). Vgl. zu den anwaltlichen Sorgfaltspflichten hinsichtlich der Kontrolle der Eingangsbestätigung BGH NJW 2021, 3471 (3472); 2023, 3432; 3434; 2024, 83 jeweils zu § 130a Abs. 5 ZPO).

7 **E. Zur Bearbeitung ungeeignete Dokumente.** Ist das elektronisch eingereichte Dokument **zur Bearb.** durch Gericht o. Strafverfolgungsbehörde **ungeeignet** (→ Rn. 3), muss der Absender hierüber unter Hinweis auf die Unwirksamkeit des Eingangs u. die in § 2 ERVV geregelten technischen Rahmenbedingungen (insbes. auf die geeigneten Dateiformate) unverzüglich informiert werden (Abs. 6 S. 1, § 11 Abs. 1 S. 2 ERVV). Nach Abs. 6 S. 2 hat das nicht den Formatvorgaben entsprechende elektronische Dokument dennoch fristwahrende Wirkung, wenn der Absender unverzüglich nach Erhalt der Mitteilung gem. S. 1 ein lesbares Dokument in elektronischer Form (OLG Oldenburg StraFo 2022, 147) nachreicht u. eine inhaltliche Übereinstimmung mit dem ursprünglich eingereichten Dokument glaubhaft macht (BT-Drs. 18/9416, 48; BeckOK StPO/Valerius Rn. 20). Die Vorschrift schließt eine analoge Anwendung des § 267 Abs. 4 S. 4 StPO nicht aus, wenn das Rechtsmittel wirksam elektronisch übermittelt wurde, aber wegen technischer Störungen nicht zu den Sachakten gelangt ist und das Gericht in

berechtigtem Vertrauen auf die Rechtskraft der Entscheidung die Urteilsgründe abgekürzt verfasst hat (BGH NJW 2024, 2340 (2341)).

Beruht die Unlesbarkeit auf einem **technischen Defekt** in der Sphäre der Justiz, ist dies unschädlich, sofern der Inhalt des Dokuments einwandfrei zu rekonstruieren ist. Andernfalls o. in den Fällen, in denen wegen der technischen Störung gar keine Kommunikation mit dem Gericht möglich war, ist Wiedereinsetzung in den vorigen Stand zu gewähren (BT-Drs. 18/9416, 48; KK-StPO/Graf Rn. 23; SSW StPO/Claus Rn. 19). 8

Inhaltliche Mängel des übersandten Dokuments wie das Fehlen der erforderlichen Signatur o. die Einreichung unter Missachtung der Form des Abs. 3 fallen nicht unter Abs. 6 (BGH JR 2023, 399; SK-StPO/Singelnstein Rn. 21). 9

Erstellung und Übermittlung strafverfolgungsbehördlicher und gerichtlicher elektronischer Dokumente; Verordnungsermächtigung

32b (1) [1] **Wird ein strafverfolgungsbehördliches oder gerichtliches Dokument als elektronisches Dokument erstellt, müssen ihm alle verantwortenden Personen ihre Namen hinzufügen.** [2] **Ein Dokument, das zu unterschreiben oder zu unterzeichnen ist, muss darüber hinaus mit einer qualifizierten elektronischen Signatur aller verantwortenden Personen versehen sein.**

(2) **Ein elektronisches Dokument ist zu den Akten gebracht, sobald es von einer verantwortenden Person oder auf deren Veranlassung in der elektronischen Akte gespeichert ist.**

(3) [1] **Werden die Akten elektronisch geführt, sollen Strafverfolgungsbehörden und Gerichte einander Dokumente als elektronisches Dokument übermitteln.** [2] **Die Anklageschrift, der Antrag auf Erlass eines Strafbefehls außerhalb einer Hauptverhandlung, die Berufung und ihre Begründung, die Revision, ihre Begründung und die Gegenerklärung sowie als elektronisches Dokument erstellte gerichtliche Entscheidungen sind als elektronisches Dokument zu übermitteln.** [3] **Ist dies aus technischen Gründen vorübergehend nicht möglich, ist die Übermittlung in Papierform zulässig; auf Anforderung ist ein elektronisches Dokument nachzureichen.**

(4) [1] **Abschriften und beglaubigte Abschriften können in Papierform oder als elektronisches Dokument erteilt werden.** [2] **Elektronische beglaubigte Abschriften müssen mit einer qualifizierten elektronischen Signatur der beglaubigenden Person versehen sein.** [3] **Wird eine beglaubigte Abschrift in Papierform durch Übertragung eines elektronischen Dokuments erstellt, das mit einer qualifizierten elektronischen Signatur versehen ist oder auf einem sicheren Übermittlungsweg eingereicht wurde, muss der Beglaubigungsvermerk das Ergebnis der Prüfung der Authentizität und Integrität des elektronischen Dokuments enthalten.** [4] **Eines erweiterten Beglaubigungsvermerks nach Satz 3 bedarf es nicht, wenn das elektronische Dokument von der beglaubigenden Stelle selbst erstellt wurde.5Anstelle eines erweiterten Beglaubigungsvermerks nach Satz 3 kann das Ergebnis der Prüfung der Authentizität und Integrität auch auf andere Weise untrennbar mit der in Papierform erteilten Abschrift verbunden werden.**

(5) [1] **Die Bundesregierung bestimmt durch Rechtsverordnung mit Zustimmung des Bundesrates die für die Erstellung elektronischer Dokumente und deren Übermittlung zwischen Strafverfolgungsbehörden und Gerichten geltenden Standards.** [2] **Sie kann die Ermächtigung durch Rechtsverordnung ohne Zustimmung des Bundesrates auf die zuständigen Bundesministerien übertragen.**

1 **A. Allgemeines.** Die Vorschr. regelt die **Erstellung** elektronischer Dokumente durch Strafverfolgungsbehörden u. Gerichte, die **justizinterne Kommunikation** sowie den Zeitpunkt, in dem sie zu den Akten gebracht sind (BT-Drs. 18/9416, 48). Sie gilt auch für die Übersendung der Verhandlungen durch die Polizei nach § 163 Abs. 2 S. 1, weil diese insoweit als Strafverfolgungsbehörde tätig wird (vgl. BT-Drs. 18/9416, 49; s. a. § 4 DokErstÜbV). Sie begründet **keine Pflicht,** Dokumente nur noch elektronisch zu erstellen; nach Abs. 3 S. 1 auch dann nicht, wenn die Akten nach § 32 Abs. 1 elektronisch geführt werden müssen (BT-Drs. 18/9416, 48; vgl. zur Übergangsregelung des § 15 Abs. 2–4 EGStPO und zur „hybriden" Aktenführung → § 32 Rn. 2-5a). Bei besonders wichtigen Dokumenten (zB Anklageschrift) ist nach Abs. 3 S. 2 im Falle der elektronischen Aktenführung die Übermittlung als elektronisches Dokument (→ Rn. 3) und damit auch die Erstellung eines digitalen Dokuments verpflichtend. Sie gilt für das Bußgeldverfahren (§ 110c OWiG) und in gerichtl. Verfahren nach dem Strafvollzugsgesetz (§ 120 Abs. 1 S. 2 StVollzG) entspr. Sie umfasst nicht die **Außenkommunikation;** insofern gilt § 37 Abs. 1 S. 1 iVm § 173 ZPO (BT-Drs. 18/9416, 45). Eing. zur „Veraktung" Growe/Gutfleisch NStZ 2020, 633 (635). Bei der **Vollstreckung von Nebenfolgen** (etwa einer Anordnung nach §§ 73, 73c StGB) **muss** die StA schriftlich einzureichende Anträge und Erklärungen schon jetzt als elektronisches Dokument übermitteln (→ § 459g Rn. 8).

2 **B. Erstellung (Abs. 1).** Um die Authentizität u. Integrität der v. Strafverfolgungsbehörden u. Gerichten erstellten Dokumente sicherzustellen, müssen alle Personen, die den Inhalt zu verantworten haben (also nicht die bloße Schreibkraft), identifizierbar sein. Sie müssen deshalb ihren Namen hinzufügen (S. 1). Es genügt eine **einfache elektronische Signatur** in Form eines Nachnamenzusatzes; ein Namenskürzel genügt, sofern dies eindeutig zugeordnet werden kann. Die Angabe der Dienstbezeichnung u. der Dienststelle ist nicht vorgeschrieben; sie wird aber häufig sinnvoll sein (BT-Drs. 18/9416, 48).

3 Dokumente, die dem **Unterschrifts- o. Unterzeichnungserfordernis** (etwa §§ 58a Abs. 3 S. 2, 168a Abs. 4 S. 1, 271 Abs. 1 S. 1, 275 Abs. 2 S. 1) unterliegen, bedürfen der **qualifizierten elektronischen Signatur** (S. 2). Dies soll auch für etwaige Formerfordernisse gelten, die v. der Rspr. entwickelt worden sind. Eine Vertretung ist nur zulässig, wenn dies bei Papierdokumenten zulässig wäre (etwa bei Urteilen nach § 275 Abs. 2 S. 2). Die Rechtsfolgen eines Formverstoßes hat der Gesetzgeber bewusst nicht geregelt; sie entsprechen denen bei Nichtbeachtung der Form bei Papierdokumenten (vgl. BT-Drs. 18/9416, 48 f.). Das Fehlen der qualifizierten elektronischen Signatur unter einem Urt. kann daher nach Ablauf der Absetzungsfrist nicht durch Nachholung geheilt werden (→ § 275 Rn. 6; SSW StPO/Claus Rn. 5 f.).

3a Für Dokumente, die lediglich **schriftlich abzufassen** sind, gilt das Formerfordernis des S. 2 nicht. Da für den Großteil gerichtlicher und staatsanwaltlicher Dokumente eine Unterschrift o. Unterzeichnung nicht ges. vorgeschrieben ist, genügt nach der ges. Regelung nunmehr weitgehend die einfache elektronische Signatur nach S. 1; die Änderung vereinfacht zudem das Bußgeldverfahren, in dem die Regelung gem. § 110c S. 1 OWiG entspr. gilt (BT-Drs.19/27645, 55). Angesichts der sicheren Übermittlungswege zwischen StA und Gerichten sowie der innerhalb der Staatsanwaltschaft geregelten Verfahrensabläufe genügt auch für die **Anklageschrift** die einfache elektronische Signatur (BGH NJW 2026, 183; → § 200 Rn. 23). Nur falls sich im Einzelfall ausnahmsweise greifbare Zweifel an der Urheberschaft oder Anhaltspunkte für das Vorliegen eines bloßen Entwurfs ergeben, ist eine freibeweisliche Klärung veranlasst (BGH NJW 2026, 183 (185); BayObLG NJW 2025, 2570). Entsprechendes gilt für den Strafbefehlsantrag (LG Würzburg NJW-Spezial 2025, 506) und Rechtsmittel der StA (OLG Dresden NJ 2025, 362 (365 f.)). Der Eröffnungsbeschluss muss nicht unterschrieben (erg. → § 207 Rn. 11) und daher auch als elektronisches Dokument nicht mit einer qualifizierten elektronischen Signatur versehen werden. Dass dies aus Gründen der

Rechtssicherheit angeraten sein könnte (vgl. BT-Drs. 19/27645, 56), erscheint nach dem Vorstehenden jedenfalls nicht zwingend.

C. Aktenbestandteil – Zeitpunkt (Abs. 2). Wie ein Papierdokument muss auch ein verfahrensrelevantes elektronisches Dokument zu den Akten gebracht werden. Abs. 2 bestimmt als Zeitpunkt hierfür die **Speicherung** des Dokuments in der elektronischen Akte. Sie erfordert ein bewusstes u. gewolltes Einfügen an dem im jeweiligen elektronischen Aktensystem vorgegebenen Speicherort. Eine Speicherung auf einer Einrichtung iSd § 32a Abs. 4 genügt dafür ebenso wenig wie die Ablage in einem Zwischenspeicher (BT-Drs. 18/9416, 49). Die Regelung ist insbes. für die Frage der Einhaltung der **Urteilsabsetzungsfrist** (§ 275 Abs. 1 S. 2) v. erheblicher Bedeutung. Beruht die Fristversäumnis auf einer technischen Störung (zB Ausfall des elektronischen Systems), ist die Fristüberschreitung regelmäßig nach § 275 Abs. 1 S. 4 (erg. → § 275 Rn. 12 ff.) gerechtfertigt (BT-Drs. 18/9416, 49). 4

Abs. 3 betr. **nicht** den Zeitpunkt, in dem ein elektronisches Dokument in den **Geschäftsgang** gelangt (zB iSd § 78c Abs. 3 StGB). Hier kommt es auf die Absendung an (BT-Drs. 18/9416, 49). 5

D. Übermittlung bei elektronischer Aktenführung (Abs. 3). Die Vorschr. regelt ausschl. die Übermittlung elektronischer Dokumente v. Gerichten u. Strafverfolgungsbehörden **untereinander** (erg. → Rn. 1). Sie setzt eine **elektronische Aktenführung** voraus (BT-Drs. 18/9416, 48 f.; vgl. zur Rechtslage seit **1.1.2026** und der bis 31.12.2026 geltenden Übergangsregelung des § 15 Abs. 2–4 EGStPO → § 32 Rn. 1 ff.). Die Übermittlung der Dokumente als elektronische ist dann nach S. 1 der Regelfall („soll"). Für bestimmte, bes. **bedeutsame Dokumente** (zB Anklageschrift, ein als elektronisches Dokument erstelltes Urteil, Revisionsbegründung) ist die Übermittlung als elektronisches Dokument bei elektronischer Aktenführung **verpflichtend** (S. 2). Es kommt insofern darauf an, ob das **Gericht,** an das die Revisionseinlegungs- und die Revisionsbegründungsschrift zu übermitteln sind, die Akten elektronisch führt; § 32d S. 2 gilt nicht (BGH NStZ-RR 2024, 219; BeckRS 2023, 22445 Rn. 27 ff.; 32308 Rn. 87). Kann ein Dokument aus technischen Gründen nicht als elektronisches Dokument übermittelt werden, so ist ausnahmsweise die Übermittlung in Papierform zulässig (BayObLG StraFo 2026, 62; auf Anforderung ist ein elektronisches Dokument nachzureichen (S. 3). 6

E. Abschriften (Abs. 4). Die Regelung gibt Strafverfolgungsbehörden u. Gerichten eine Wahlmöglichkeit. Abschriften u. beglaubigte Abschriften v. elektronisch erstellten Dokumenten können sowohl in Papierform als auch als elektronisches Dokument erteilt werden (S. 1). Wird eine beglaubigte Abschrift eines mit einer qualifizierten elektronischen Signatur versehenen o. auf einem sicheren Übertragungsweg übermittelten elektronischen Dokuments in Papierform erteilt, muss der Beglaubigungsvermerk das Erg. der Prüfung der Authentizität u. der Integrität enthalten (S. 2). Das „Ob" der Erteilung v. Abschriften o. beglaubigten Abschriften regelt die Vorschr. nicht (BT-Drs. 18/9416, 50). 7

F. VO-Ermächtigung (Abs. 5). Zur Festlegung einheitlicher Standards enthält Abs. 5 eine VO-Ermächtigung. Die BReg hat davon mit der DokErstÜbV v. 28.2.2020 (BGBl. 2020 I, S. 244) Gebrauch gemacht. 8

Elektronische Formulare; Verordnungsermächtigung

32c **[1]Die Bundesregierung kann durch Rechtsverordnung mit Zustimmung des Bundesrates elektronische Formulare einführen. [2]Die Rechtsverordnung kann bestimmen, dass die in den Formularen enthaltenen Angaben ganz oder teilweise in strukturierter maschinenlesbarer Form zu übermitteln sind. [3]Die Formulare sind auf einer in der Rechtsverordnung zu bestimmenden Kommunikationsplattform im Internet zur Nutzung bereitzustellen. [4]Die Rechtsverordnung kann bestimmen, dass eine Identifikation des Formularverwenders abweichend von**

§ 32a Absatz 3 durch Nutzung des elektronischen Identitätsnachweises nach § 18 des Personalausweisgesetzes, § 12 des eID-Karte-Gesetzes oder § 78 Absatz 5 des Aufenthaltsgesetzes erfolgen kann. [5]Die Bundesregierung kann die Ermächtigung durch Rechtsverordnung ohne Zustimmung des Bundesrates auf die zuständigen Bundesministerien übertragen.

1 Die Vorschr. ermöglicht die Einf. elektronischer Formulare (S. 1). Sie soll gerichtliche Verfahrensabläufe vereinfachen u. standardisieren (S. 1). In Betracht kommen Formulare für Strafanzeigen o. Strafanträge, aber auch für Zeugenentschädigungsanträge u. Einsprüche gegen Strafbefehle (BT-Drs. 18/9416, 50). Die Formulare sollen allg. und kostenlos auf einer Kommunikationsplattform verfügbar sein, die durch eine Rechts-VO bestimmt werden wird.

Pflicht zur elektronischen Übermittlung

32d **[1]Verteidiger und Rechtsanwälte sollen den Strafverfolgungsbehörden und Gerichten Schriftsätze und deren Anlagen sowie schriftlich einzureichende Anträge und Erklärungen als elektronisches Dokument übermitteln. [2]Die folgenden Dokumente müssen sie elektronisch übermitteln:**

1. die Berufung, ihre Begründung und ihre Rücknahme,
2. die Revision, ihre Begründung, ihre Rücknahme und die Gegenerklärung,
3. den Einspruch gegen den Strafbefehl und seine Rücknahme,
4. die Privatklage und
5. die Anschlusserklärung bei der Nebenklage.

[3]Ist dies aus technischen Gründen vorübergehend nicht möglich, ist die Übermittlung in Papierform zulässig. [4]Die vorübergehende Unmöglichkeit ist bei der Ersatzeinreichung oder unverzüglich danach glaubhaft zu machen; auf Anforderung ist ein elektronisches Dokument nachzureichen.

1 Die am **1.1.2022** in Kraft getretene Vorschr. (Art. 33 Abs. 4 Nr. 1 G v. 5.7.2017, BGBl. I 2229) regelt die Einreichung v. Schriftsätzen u. deren Anlagen **durch Verteidiger u. Rechtsanwälte** bei Gerichten u. Strafverfolgungsbehörden, auch wenn der übermittelnde RA selbst Angeklagter des Strafverfahrens ist (OLG Hamm NJW 2023, 2657); auch der mit Genehmigung des Gerichts gewählte Verteidiger iSd § 138 Abs. 2 muss die Revision als elektronisches Dokument einreichen (OLG Köln StraFo 2024, 58). Die Vorschr. gilt unabhängig davon, ob die Akten elektronisch geführt werden (s. hierzu → § 32 Rn. 2–5). Sie gilt nicht für die **StA,** insoweit ist § 32b einschlägig (BGH BeckRS 2023, 32308 Rn. 87; → § 32b Rn. 6). Für das Bußgeldverfahren gilt die Vorschrift gem. § 110c S. 1 OWiG entspr. Gem. § 110c S. 2 OWiG, der durch G v. 12.7.2024 (BGBl. 2024 I Nr. 234) eingefügt wurde, muss auch der Einspruch gegen den Bußgeldbescheid vom Verteidiger nach Maßgabe von S. 2 elektronisch übermittelt werden (BT-Drs. 20/10943, 54 f., auch zu den divergierenden Auffassungen in Rspr. u. Lit. auf der Grundlage der früheren Rechtslage). Für bestimmte Schriftstücke (zB Rechtsmitteleinlegung u. -begründung) ist die Übermittlung als elektronisches Dokument nach S. 2 **verpflichtend** (BGH BeckRS 2024, 11209; 2024, 27582), iÜ gem. S. 1 der **Regelfall** (vgl. zum elektronischen Empfangsbekenntnis BGH NJW 2024, 1120; vgl. zu den Möglichkeiten der „hybriden" Aktenführung → § 32 Rn. 2–5). Für Anträge u. Erklärungen in **Verhandlungs- u. Haftprüfungsterminen** gilt S. 2 nicht, ebenso wenig für die Rechtsmittelrücknahme oder den Rechtsmittelverzicht (BGH StV 2023, 797). Die Möglichkeit, Erklärungen **mündlich** zu Prot. der Geschäftsstelle abzugeben (zB §§ 314 Abs. 1, 341 Abs. 1), wird durch die Vorschr. nicht berührt (BT-Drs. 18/9416, 51, BGH BeckRS 2023, 4615; s. a. BT-Drs. 20/10943, 47). Ausf. mwN Deutscher StRR 2022, 5). Mit Wirkung zum

1.1.2026 (BGBl. 2024 I Nr. 234) gilt die Verpflichtung des S. 2 auch für die Rücknahme von Berufung und Revision sowie den Einspruch gegen den Strafbefehl und dessen Rücknahme Die Möglichkeit, das Rechtsmittel in der Hauptverhandlung mündlich zurückzunehmen, bleibt unberührt; der Verzicht auf Rechtsmittel kann weiterhin wirksam unmittelbar im Anschluss an die Hauptverhandlung zum Sitzungsprotokoll erklärt werden. Gleiches gilt für den Einspruch gegen den Strafbefehl (BT-Drs. 20/10943, 47 f.).

Die **Pflicht,** eine der in **S. 2 bezeichneten Prozesserklärungen** als elektronisches Dokument zu übermitteln, ist **Wirksamkeitsvoraussetzung** für die Erklärung (BGH BeckRS 2022, 42059; 2023, 4615; 2023, 4624; 2023, 26310; 2023, 1229: Revisionsbegründung des Nebenklägers; NStZ-RR 2026, 53; BeckRS 2025, 16462: Anschlusserklärung des Nebenklägers). Eine Einlegung der Revision per Fax ist danach unwirksam (BGH NJW 2022, 3588; BeckRS 2025, 17252). Das elektronische Dokument muss den **Maßgaben des § 32a Abs. 2–4** entsprechen (BGH wistra 2022, 388 (388 f.)); insbesondere ist § 32a Abs. 3 zu beachten (BGH NStZ 2023, 54 (55); NStZ-RR 2023, 22; erg. → § 32a Rn. 3–5; → Einl. Rn. 128a ff.). Der Eingangszeitpunkt der Erklärung richtet sich nach § 32a Abs. 5 (→ § 32a Rn. 6); ist das übermittelte elektronische Dokument zur Bearbeitung ungeeignet (→ § 32a Rn. 3), kann dies nach § 32a Abs. 6 geheilt werden, wenn es in einer geeigneten Form nachgereicht und die inhaltliche Übereinstimmung mit dem zuerst eingereichten Dokument glaubhaft gemacht wird (→ § 32a Rn. 7). IÜ richtet sich die Möglichkeit der formgerechten Nachholung nach den allgemeinen Regeln. Bei einer durch die Nichteinhaltung der elektronischen Form bedingten Fristversäumnis gelten die Vorschriften über die **Wiedereinsetzung** in den vorigen Stand gem. §§ 44 ff. (BT-Drs. 18/9416, 51; BGH JR 2023, 399); Verschulden des Verteidigers bei der formwidrigen Übermittlung ist dem Angeklagten nicht zuzurechnen (BGH NStZ-RR 2024, 154, 155; BeckRS 2025, 14272). Die innerhalb der Wochenfrist **nachzuholende** Handlung (§ 45 Abs. 2 S. 2) muss den gesetzlichen Formerfordernissen des S. 2 und des § 32a entsprechen (BGH NJW 2022, 3588 (3589); BeckRS 2024, 11827). S. 2 hindert den Verteidiger oder der Rechtsanwalt nicht, die Berufung (§ 314 Abs. 1) oder die Revision (§ 341 Abs. 1 StPO) **mündlich** zu Protokoll der Geschäftsstelle einzulegen (→ Rn. 1 aE; KK-StPO/Graf Rn. 4 aE). 2

Ist die Übermittlung als elektronisches Dokument hingegen aus **technischen Gründen** vorübergehend nicht möglich, enthält S. 3 eine spezielle Regelung. In diesen Fällen ist die form- u. fristwahrende Übermittlung in Papierform zulässig. Ob die technische Störung in der Sphäre der Justiz o. in der des Einreichenden begründet liegt, ist ohne Belang (BT-Drs. 18/9416, 51). Hält der Verteidiger u. RA allerdings gar kein geeignetes System vor o. behebt er in seiner Sphäre liegende technische Probleme nicht umgehend, ist S. 3 durch die Einschränkung „aus technischen Gründen" und „vorübergehend" nicht anwendbar (BGH NStZ-RR 2023, 115; MMR 2022, 1114 Ls.; BeckRS 2023, 28212; NJOZ 2024, 399 (unterlassenes Update); KK-StPO/Graf Rn. 6). Die vorübergehende Unmöglichkeit ist bei der Ersatzeinreichung in Papierform o. unverzüglich (dh ohne schuldhaftes Zögern; BT-Drs. 18/9416, 51; SSW StPO/Claus Rn. 4) danach glaubhaft zu machen (BGH BeckRS 2024, 38752). Die Glaubhaftmachung ist nur unverzüglich, wenn sie ggü. dem Gericht abgegeben wird, sobald der RA Kenntnis davon erlangt, dass die Einreichung an einer technischen Störung gescheitert ist und er zu einer geschlossenen Schilderung der tatsächlichen Abläufe oder Umstände in der Lage ist (BGH NJW 2023, 2884 (2885); NJW 2024, 901). Eine stichwortartige Zustandsbeschreibung reicht nicht (BGH StraFo 2022, 434; KG StV 2023, 580); es ist zumindest eine für Laien verständliche Darstellung des Defektes und der zu seiner Behebung getroffenen Maßnahmen erforderlich (BGH NStZ-RR 2023, 347). Auf Anforderung ist ein elektronisches Dokument nachzureichen (S. 4). Ist die Glaubhaftmachung bereits bei der Ersatzeinreichung möglich, ist es nicht zulässig, sie (unverzüglich) nachzureichen (BGH NJW 2023, 456 (457). Zur Wiedereinsetzung bei unzureichender Glaubhaftmachung iSd § 32d S. 4 vgl. BGH NStZ-RR 2024, 154. 3

Übertragung von Dokumenten zu Aktenführungszwecken

32e (1) [1] **Dokumente, die nicht der Form entsprechen, in der die Akte geführt wird (Ausgangsdokumente), sind in die entsprechende Form zu übertragen.** [2] **Ausgangsdokumente, die als Beweismittel sichergestellt sind, können in die entsprechende Form übertragen werden.**

(2) **Bei der Übertragung ist nach dem Stand der Technik sicherzustellen, dass das übertragene Dokument mit dem Ausgangsdokument bildlich und inhaltlich übereinstimmt.**

(3) [1] **Bei der Übertragung eines nicht elektronischen Ausgangsdokuments in ein elektronisches Dokument ist dieses mit einem Übertragungsnachweis zu versehen, der das bei der Übertragung angewandte Verfahren und die bildliche und inhaltliche Übereinstimmung dokumentiert.** [2] **Wird ein von den verantwortenden Personen handschriftlich unterzeichnetes staatsanwaltschaftliches oder gerichtliches Schriftstück übertragen, so ist der Übertragungsnachweis vom Urkundsbeamten der Staatsanwaltschaft oder des Gerichts mit einer qualifizierten elektronischen Signatur zu versehen.** [3] **Bei der Übertragung eines mit einer qualifizierten elektronischen Signatur versehenen oder auf einem sicheren Übermittlungsweg eingereichten elektronischen Ausgangsdokuments ist in den Akten zu vermerken, welches Ergebnis die Prüfung der Authentizität und Integrität des Ausgangsdokuments erbracht hat.**

(4) [1] **Ausgangsdokumente, die nicht als Beweismittel sichergestellt sind, müssen während des laufenden Verfahrens im Anschluss an die Übertragung mindestens sechs Monate lang gespeichert oder aufbewahrt werden.** [2] **Ist das Verfahren abgeschlossen oder ist Verjährung eingetreten, dürfen Ausgangsdokumente, die nicht als Beweismittel sichergestellt sind, längstens bis zum Ablauf des zweiten auf den Abschluss des Verfahrens folgenden Kalenderjahres gespeichert oder aufbewahrt werden.**

(5) [1] **Ausgangsdokumente, die nicht als Beweismittel sichergestellt sind, können unter denselben Voraussetzungen wie sichergestellte Beweisstücke besichtigt werden.** [2] **Zur Besichtigung ist berechtigt, wer befugt ist, die Akten einzusehen.**

1 **A. Übertragung (Abs. 1–3).** Die Vorschr. trägt dem Umstand Rechnung, dass die Form, in der die Akte geführt wird (s. hierzu → § 32 Rn. 2–5), nicht zwangsläufig mit der Form der zu den Akten zu nehmenden Dokumenten übereinstimmen muss (BT-Drs. 18/9416, 51 f.; s. → § 32 Rn. 5a; → § 32b Rn. 6).

1a Abs. 1 S. 1 ordnet an, dass das betr. papierene o. elektronische **Ausgangsdokument** in die Form zu übertragen ist, in der die Akte geführt wird. Auch elektronische Dokumente, die nicht in einem für die (elektronische) Aktenführung geeigneten Format vorliegen, fallen unter die Vorschrift. Es handelt sich bei der „Übertragung" mithin um eine bloße **Umwandlung des Formats.** Mit dem Begriff „Ausgangsdokument" hat der Gesetzgeber sich bewusst gegen den Ausdruck „Urschrift" entschieden, da dieser stark mit dem Medium Papier verbunden ist (BT-Drs. 18/9416, 52). Abs. 1 S. 2 ermöglicht die Umwandlung eines Ausgangsdokuments, das als **Beweismittel** sichergestellt worden ist, zB ein sichergestellter schriftlicher Kaufvertrag als Urk. Ob und in welchem Umfang davon Gebrauch wird, liegt in der Hand der Staatsanwaltschaft und des Gerichts. Eine Umwandlung kommt vor allem in Verfahren in Betracht, in denen viele Urkunden sichergestellt wurden, wie dies in Wirtschaftsstrafverfahren regelmäßig der Fall ist. Im Übrigen sollte die Möglichkeit zurückhaltend genutzt werden (BeckOK StPO/Valerius Rn. 3; SSW StPO/Claus Rn. 4 f.). Eine Umwandlungspflicht besteht nicht (BT-Drs. 18/9416, 52; KK-StPO/Graf Rn. 7).

2 Nach Abs. 2 ist nach dem Stand der Technik sicherzustellen, dass das durch den Übertragungs-/Umwandlungsvorgang geschaffene Dokument bildlich u. inhaltlich

mit dem Ausgangsdokument **übereinstimmt.** Hinweise auf den jeweiligen **Stand der Technik** können der Technischen RL des BSI zum „rechtssicheren ersetzenden Scannen" (TS RESICAN) entnommen werden (BT-Drs. 18/9416, 53). Ist die inhaltliche Übereinstimmung in dieser Weise sichergestellt, hat das übertragene Dokument den gleichen Beweiswert wie das Ausgangsdokument. Abs. 2 steht es aber nicht entgegen, aus Gründen der Aufklärungspflicht (§ 244 Abs. 1) das Ausgangsdokument für die Beweiserhebung heranzuziehen. Besteht kein Anlass für Zweifel an der inhaltlichen Übereinstimmung, kann das Gericht einen Beweisantrag auf Verlesung des Ausgangsdokuments gem. § 244 Abs. 5 S. 3 nach pflichtgemäßem Ermessen (dh ohne Bindung an die engen Ablehnungsgründe des § 244 Abs. 3) ablehnen (BT-Drs. 18/9416, 53; erg. → § 244 Rn. 78d).

Abs. 3 verpflichtet zur Erstellung v. **Übertragungsvermerken.** Sie dienen nicht nur der justizinternen Kontrolle, sondern ermöglichen gem. § 256 Abs. 1 Nr. 6 den erweiterten Urkundenbeweis (BT-Drs. 18/9416, 53). S. 1 u. 2 betreffen die Übertragung eines nicht elektronischen Ausgangsdokuments in ein elektronisches Dokument (BT-Drs. 18/12203, 73). Handelt es sich um ein handschriftlich unterzeichnetes staatsanwaltschaftliches oder gerichtliches Ausgangsdokument, so ist der Übertragungsnachweis vom UrkB der StA oder des Gerichts qualifiziert elektronisch zu signieren (S. 2). Dies gilt unabhängig davon, ob das betreffende Ausgangsdokument der Unterschrift bedurfte; eine Prüfungspflicht trifft den UrkB nicht (BT-Drs. 19/27654, 56 f.). S. 3 regelt die Übertragung eines elektronischen Dokuments in ein Papierdokument. Im Übertragungsvermerk wird nicht die inhaltliche u. bildliche Übereinstimmung v. Ausgangsdokument u. übertragenem Dokument dokumentiert (BT-Drs. 18/9416, 54). 3

B. Speicherung o. Aufbewahrung (Abs. 4). Die Vorschr. betr. nur Ausgangsdokumente, die **nicht** als **Beweismittel** sichergestellt sind (BeckOK StPO/Valerius Rn. 14). Während eines laufenden Verfahrens gilt eine **Mindestaufbewahrungs-/Mindestspeicherungsfrist** für das Ausgangsdokument v. 6 Monaten nach Übertragung (S. 1). Bis zur Höchstfrist (S. 2) darf die Speicherung o. Aufbewahrung im Einzelfall ausgedehnt werden (BT-Drs. 18/9416, 55). 4

Satz 2 bestimmt, die **Höchstdauer** für die Fälle, in denen das Verf. durch **rkr. Urt. (o. Strafbefehl)** abgeschlossen wird oder **Verjährung** eingetreten ist. Das Ausgangsdokument darf längstens bis zum Ablauf des zweiten auf den Abschluss des Verfahrens folgenden Kalenderjahres gespeichert o. aufbewahrt werden. „Abschluss des Verfahrens" iSd S. 2 ist als der verfahrensbeendende Umstand zu verstehen; erfasst ist mithin nicht nur der Verfahrensabschluss durch Urteil, sondern auch die Verfahrensbeendigung durch Verjährungseintritt (BT-Drs. 19/27654/21). 5

Keine Regelung enthält Abs. 4 für die Frage, wie nach Ablauf der Mindestdauer für die Speicherung o. Aufbewahrung zu verfahren ist, wenn das Ermittlungsverfahren **aus anderen Gründen** als Verjährung (zB mangels hinreichenden Tatverdachts) gem. § 170 Abs. 2 eingestellt wird. Insofern soll die StA nach den Umständen des Einzelfalls entscheiden können (BT-Drs. 18/9416, 55). Da das Ermittlungsverfahren jederzeit wieder aufgenommen werden kann (→ § 170 Rn. 9), sollte entspr. Abs. 4 S. 2 die Verjährung abgewartet werden. Ebenso dürfte mit Blick auf die Wiederaufnahmemöglichkeit nach unanfechtbarem Nichteröffnungsbeschluss (vgl. § 211) verfahren werden. 6

Das Vollstreckungsverfahren ist ein eigenständiges Verfahren. Ausgangsdokumente, die darin anfallen, können daher bis zu dessen Abschluss aufbewahrt werden (KK-StPO/Graf Rn. 24). 7

C. Besichtigung (Abs. 5). Abs. 5 regelt das Recht, das Ausgangsdokument zu besichtigen. Sie können nach Abs. 5 S. 1 wie sichergestellte Beweismittel besichtigt werden (→ § 147 Rn. 19). Berechtigt ist, wer ein Recht auf Akteneinsicht hat (Abs. 5 S. 2). 8

Form der Gewährung von Akteneinsicht; Verordnungsermächtigung

32f (1) [1]**Einsicht in elektronische Akten wird durch Bereitstellen des Inhalts der Akte zum Abruf oder durch Übermittlung des Inhalts der Akte auf einem sicheren Übermittlungsweg gewährt.** [2]**Auf besonderen Antrag wird Akteneinsicht durch Einsichtnahme in die elektronischen Akten in Diensträumen gewährt.** [3]**Ein Aktenausdruck oder ein Datenträger mit dem Inhalt der elektronischen Akten wird auf besonders zu begründenden Antrag nur übermittelt, wenn der Antragsteller hieran ein berechtigtes Interesse hat.** [4]**Stehen der Akteneinsicht in der nach Satz 1 vorgesehenen Form wichtige Gründe entgegen, kann die Akteneinsicht in der nach den Sätzen 2 und 3 vorgesehenen Form auch ohne Antrag gewährt werden.**

(2) [1]**Einsicht in Akten, die in Papierform vorliegen, wird durch Einsichtnahme in die Akten in Diensträumen gewährt.** [2]**Die Akteneinsicht kann, soweit nicht wichtige Gründe entgegenstehen, auch durch Bereitstellen des Inhalts der Akten zum Abruf, durch Übermittlung des Inhalts der Akte auf einem sicheren Übermittlungsweg oder durch Bereitstellen einer Aktenkopie zur Mitnahme gewährt werden.** [3]**Auf besonderen Antrag werden einem Verteidiger oder Rechtsanwalt, soweit nicht wichtige Gründe entgegenstehen, die Akten zur Einsichtnahme in seine Geschäftsräume oder in seine Wohnung mitgegeben.**

(3) **Entscheidungen über die Form der Gewährung von Akteneinsicht nach den Absätzen 1 und 2 sind nicht anfechtbar.**

(4) [1]**Durch technische und organisatorische Maßnahmen ist zu gewährleisten, dass Dritte im Rahmen der Akteneinsicht keine Kenntnis vom Akteninhalt nehmen können.** [2]**Der Name der Person, der Akteneinsicht gewährt wird, soll durch technische Maßnahmen in abgerufenen Akten und auf übermittelten elektronischen Dokumenten nach dem Stand der Technik dauerhaft erkennbar gemacht werden.**

(5) [1]**Personen, denen Akteneinsicht gewährt wird, dürfen Akten, Dokumente, Ausdrucke oder Abschriften, die ihnen nach Absatz 1 oder 2 überlassen worden sind, weder ganz noch teilweise öffentlich verbreiten oder sie Dritten zu verfahrensfremden Zwecken übermitteln oder zugänglich machen.** [2]**Nach Absatz 1 oder 2 erlangte personenbezogene Daten dürfen sie nur zu dem Zweck verwenden, für den die Akteneinsicht gewährt wurde.** [3]**Für andere Zwecke dürfen sie diese Daten nur verwenden, wenn dafür Auskunft oder Akteneinsicht gewährt werden dürfte.** [4]**Personen, denen Akteneinsicht gewährt wird, sind auf die Zweckbindung hinzuweisen.**

(6) [1]**Die Bundesregierung bestimmt durch Rechtsverordnung mit Zustimmung des Bundesrates die für die Einsicht in elektronische Akten geltenden Standards.** [2]**Sie kann die Ermächtigung durch Rechtsverordnung ohne Zustimmung des Bundesrates auf die zuständigen Bundesministerien übertragen.**

Übersicht

A. Allgemeines. Die Vorschr. regelt ausschl. das **„Wie"** der Akteneinsicht. Die Frage des Anspruchs auf Akteneinsicht berührt sie nicht, § 32f setzt vielmehr eine positive Entsch. über das „Ob" der Akteneinsicht voraus. Sie betr. sowohl die Akteneinsicht des Verteidigers (§ 147 Abs. 1–3) u. anderer Akteneinsichtsberechtigter – wie etwa den unverteidigten (BGH BeckRS 2025, 18220) Beschuldigten (§ 147 Abs. 4), den Verletzten (§ 406 Abs. 3) o. den Privatkläger (§ 385 Abs. 3 S. 2) – als auch der Justizbehörden u. anderer öffentl. Stellen. Abs. 1 bestimmt die Form der Einsicht in die elektronische Akte; Abs. 2 betr. die Papierakte (BT-Drs. 18/9416, 56). Für amtlich verwahrte **Beweisstücke** enthält die Vorschr. keine Regelung. Im Umkehrschluss aus Abs. 2 S. 1 u. 3 ergibt sich hierfür eine Herausgabeverbot; die Verteidigung hat nur ein Besichtigungsrecht am Ort der behördlichen Verwahrung nach § 147 Abs. 1 (BGH NJW 2025, 3096; KK-StPO/Graf Rn. 14; → § 147 Rn. 19). 1

B. Einsicht in elektronische Akten (Abs. 1). Der **Regelfall** für die Einsicht in die elektronische Akte (vgl. zu der seit 1.1.2026 geltenden Regelungen zu deren verpflichtenden Führung → § 32 Rn. 2–5) ist das **Bereitstellen** des Akteninhalts mittels einer abgesicherten Verbindung über ein öffentliches Telekommunikationsnetz (insbes. das Internet) **„auf Abruf"** Durch G v. 25.6.2021 (BGBl. I 2099) wurde die Akteneinsicht in Form einer **Übermittlung** des Inhalts der Akte auf einem sicheren Übermittlungsweg als gleichrangige Alternative zum Bereitstellen in S. 1 aufgenommen (BT-Drs. 19/27654, 57 f.); die StrafAktEinV wurde in diesem Zuge um einen neuen § 3 ergänzt (BT-Drs. 19/27654, 126). Die Akte kann zur Einsichtsgewährung auch in ein anderes Format (zB PDF-Format) übertragen werden. Sie setzt voraus, dass der Antragsteller über entspr. Hard- u. Software verfügt. Die Akteneinsicht ist mit dem Bereitstellen zum Abruf oder der Übermittlung auf einem sicheren Übermittlungsweg gewährt. Ob der Antragsteller die Akte tatsächlich einsieht, spielt keine Rolle (BT-Drs. 18/9416, 56). Näheres regelt die StrafAktEinV v. 24.2.2020 (BGBl. I 242); vgl. auch Growe/Gutfleisch NStZ 2020, 633 (638). 2

Auf **besonderen Antrag** bietet S. 2 dem Antragsteller die Möglichkeit, die elektronische Akte in den **Diensträumen** der aktenführenden Stelle einzusehen. Die elektronische Akte muss für den Antragsteller so wahrnehmbar sein wie für StA und Gericht (KK-StPO/Graf Rn. 9). 3

Nur **ausnahmsweise** wird dem Antragsteller auf Antrag ein Aktenausdruck o. ein Datenträger übermittelt. Dies setzt ein **berechtigtes Interesse** an dieser Form der Akteneinsicht voraus, das im Antrag bes. zu **begründen** ist. Dies liegt etwa vor, wenn der Antragsteller über keine ausreichenden technischen Möglichkeiten zur Wiedergabe verfügt u. ihm das Aufsuchen der Diensträume der aktenführenden Stelle nicht zumutbar ist (BT-Drs. 18/9416, 57). 4

Von Amts wegen (S. 4) wird die Akteneinsicht nach S. 2 u. 3 gewährt, wenn einem Bereitstellen aus Abruf nach S. 1 wichtige Gründe entgegenstehen. Dies können technische (zB das hohe Datenvolumen), aber auch inhaltliche Gründe (zB Verschlusssachen o. bes. schutzbedürftigen Akteninhalten) sein (BT-Drs. 18/12203, 73). 5

C. Einsicht in Papierakten (Abs. 2). Für das „Wie" der Gewährung v. Einsicht in Papierakten sieht Abs. 2 mehrere Varianten vor. Neben der Einsicht in den Diensträumen der aktenführenden Stelle (S. 1; → Rn. 7) kommen, soweit nicht wichtige Gründe entgegenstehen, die Wege nach S. 2, insb. die Mitgabe einer Aktenkopie, in Betracht (→ Rn. 8). Verteidiger und RAe sind nach S. 3 auf besonderen Antrag die Originalakten mitzugeben, soweit nicht wichtige Gründe entgegenstehen (→ Rn. 11.). 6

I. Einsichtnahme in den Diensträumen (S. 1). Die Einsichtnahme wird grds. in den **Diensträumen** der aktenführenden Stelle gewährt (S. 1). Diese Form der Akteneinsicht ist der (bislang nicht ausdr. normierte) **Regelfall** (SSW StPO/Claus Rn. 9). Dem kommt va deshalb Bedeutung zu, weil der nicht verteidigte 7

Beschuldigte nach § 147 Abs. 4 einen eigenen Anspruch auf Akteneinsicht hat (→ § 147 Rn. 31 f.).

8 **II. Einsichtnahme außerhalb der Diensträume (S. 2).** Die Akteneinsicht kann auch dadurch gewährt werden, dass eine **elektronische Fassung** der verfahrensführenden Papierakte hergestellt u. auf **Abruf** bereitgestellt o. – nach der Ergänzung des S. 2 durch G v. 25.6.2021 (BGBl. I 2099) – auf einem **sicheren Übermittlungsweg** übermittelt wird. Möglich ist zudem, eine **Papierkopie** der Akte anzufertigen u. zur **Mitnahme** bereitzustellen (BT-Drs. 18/9416, 57). In beiden Fällen dürfen dem allerdings **keine wichtigen Gründe** entgegenstehen (→ Rn. 11).

9 **III. Mitgabe der Akten in die Geschäftsräume o. Wohnung (S. 3).** Die Regelung hat § 147 Abs. 4 aF ersetzt. Danach werden einem **Verteidiger o. RA** auf besonderen Antrag die Akten zur Einsichtnahme in seine Geschäftsräume o. in seine Wohnung mitgegeben, soweit dem nicht wichtige Gründe entgegenstehen (S. 3). Ein Ermessen räumt die Vorschr. der aktenführenden Stelle nicht ein (anders BT-Drs. 18/12203, 73; SSW StPO/Claus Rn. 8). Der Antrag muss nicht „besonders" begründet werden; es muss lediglich die Mitgabe in die Geschäftsräume o. die Wohnung ausdr. („besonders") beantragt werden (SSW StPO/Claus Rn. 11). Der Anspruch bezieht sich auf die Originalakten; die Mitgabe eines Aktendoppels setzt das Einverständnis des Verteidigers oder RA voraus. Insb. in U-Haftsachen ist aufgrund des Beschleunigungsgebotes die Originalakte für die Strafverfolgungsbehörden idR aber unverzichtbar, sodass ihrer Mitgabe wichtige Gründe entgegenstehen. Angesichts dessen kann das Einverständnis mit der Überlassung eines Aktendoppels unterstellt werden (SSW StPO/Claus Rn. 8; → Rn. 11; erg. → Einl. Rn. 160).

10 Ein auf Übersendung der Papierakte sieht S. 3 nicht vor (BGH NStZ-RR 2023, 80 (81)). Werden die Akten dem Verteidiger auf seinen Antrag hin **übersandt** (also nicht nur an ihn ausgehändigt und mitgegeben), so wird hierfür nach KV 9003 GKG – verfassungsrechtlich unbedenklich (BVerfG NJW 1995, 3177; 1996, 2222) – sogleich (OLG Koblenz NStZ-RR 1996, 96) eine Gebühr v. 12 Euro erhoben. Ein Anspruch auf unfreie Rücksendung der Akten o. Erstattung der Portoauslagen für die Rücksendung besteht nicht (OLG Hamm NJW 2006, 1076 mwN; OLG Celle StraFo 2006, 475 zu § 147 Abs. 4 aF).

11 Für die Frage, ob ein der Mitgabe entgegenstehender **wichtiger Grund** vorliegt, kann auf die Rspr. u. Lit. zu § 147 Abs. 4 S. 1 aF zurückgegriffen werden. Ein wichtiger Grund kann zB darin liegen, dass die Akten als Verschlusssache gekennzeichnet sind (Heghmanns/Scheffler StrafVerf-HdB/Dallmeyer Kap. II Rn. 336; vgl. Nr. 213 Abs. 4 RiStBV; KG StV 1997, 624: keine ges. Grundlage für die Verpflichtung eines Verteidigers zur Geheimhaltung in Verschlusssachen; ebenso Zieger StV 1995, 107) o. die Gefahr der Einsichtnahme o. Beeinträchtigung durch Dritte besteht. Dass die Akten für die beschleunigte Durchführung des Verfahrens benötigt werden, steht der Mitgabe grundsätzlich nicht entgegen, weil im Hinblick auf das berechtigte Interesse an effektiver Akteneinsicht idR Aktendoppel zur Verfügung gestellt werden können (erg. → Rn. 9; KK-StPO/Graf Rn. 15). Liegt allerdings ein wichtiger Grund vor, wird die Akteneinsicht in den Diensträumen der aktenführenden Stelle gewährt (S. 1), weil dann der Grund auch der Mitgabe einer Aktenkopie nach S. 2 entgegensteht (→ Rn. 8). Vorläufige Tonbandaufzeichnungen nach § 168a Abs. 2 werden idR v. der Mitgabe auszuschließen sein (Kurth NJW 1978, 2484), ebenso behördliche Beiakten vertraulicher Art (Personalakten uä). Aus Gründen des Persönlichkeits- u. Datenschutzes wird die Mitgabe idR (vgl. aber auch Abs. 5) nicht verweigert werden können (vgl. Groß/Fünfsinn NStZ 1992, 107; aber auch → § 147 Rn. 19c, 19d zur Mitgabe v. Datenkopien).

12 **D. Ausschluss der Anfechtbarkeit (Abs. 3).** Die Entsch. über die Modalitäten der Gewährung der Akteneinsicht nach Abs. 1, Abs. 2 ist unanfechtbar (BT-Drs. 18/12203, 74; OLG Saarbrücken StraFo 2019, 63); ein Anspruch auf eine bestimmte Form der Akteneinsicht besteht nicht (BT-Drs. 18/9416, 57). Der Aus-

schluss der Anfechtbarkeit bezieht sich – wie bisher in § 147 Abs. 4 S. 2 aF – auf die Art u. Weise der Akteneinsicht (OLG Stuttgart NStZ-RR 2013, 217), gilt aber – über den Wortlaut hinaus – auch für die Besichtigung amtlich verwahrter Beweisstücke (BGH NZWiSt 2022, 326 (329); OLG Koblenz NZWiSt 2021, 386, KK-StPO/Graf Rn. 16a). Er ist absolut (vgl. BGH BeckRS 2016, 12732; OLG Celle (1. StS) BeckRS 2016, 16816; OLG Hamburg (2. StS) NStZ-RR 2016, 282; OLG Frankfurt a. M. StV 2016, 148 mAnm Killinger StV 2016, 148, die allerdings mit guten Gründen darauf hinweist, dass uU – etwa bei Verweigerung der Mitgabe v. Kopien bei massenhaften Daten – faktisch bereits das „ob" der Akteneinsicht betroffen sein kann; erg. → § 147 Rn. 19c, → § 304 Rn. 16). Nach aA (OLG Celle (2. StS) NStZ-RR 2017, 48; NStZ 2016, 305 mkritAnm Knauer/Pretsch NStZ 2016, 307; OLG Hamburg (3. StS) NStZ 2016, 695; OLG Köln BeckRS 2016, 17943; OLG Nürnberg StraFo 2015, 102; vgl. auch OLG Karlsruhe NStZ 2012, 590) soll allerdings die StA Beschwerde gegen Entscheidungen des Vorsitzenden des erkennenden Gerichts einlegen können, da dieser – anders als dem Angeklagten mit § 338 Nr. 8 – gegen Entscheidungen nach Abs. 4 S. 1 keine Revisionsrüge eröffnet sei (zw.; **aM** zutr. OLG Hamburg (2. StS) NStZ-RR 2016, 282; abl. auch Knauer/Pretsch NStZ 2016, 307; Killinger StV 2016, 148; Mosbacher JuS 2017, 127 (128)). Der Ausschluss erstreckt sich jedenfalls nicht auf die Dienstaufsichtsbeschwerde gegen die Ablehnung des Antrags nach Abs. 4 S. 1 durch die StA. Richterliche Entscheidungen bedürfen wegen ihrer Unanfechtbarkeit keiner Begründung (OLG Karlsruhe Justiz 1979, 341).

Die Unanfechtbarkeit des ablehnenden Beschlusses befreit das Gericht nicht v. der Notwendigkeit, einen **Antrag** nach Abs. 1, Abs. 2 **zu bescheiden** und kurz zu begründen. Ebenso wie bei der Ablehnung des „Ob" der Akteinsicht (vgl. hierzu § 147 Abs. 5 S. 4) wird die Ablehnungsentscheidung nicht mit Gründen versehen, soweit hierdurch der Untersuchungszweck gefährdet werden könnte (SSW StPO/Claus Rn. 13). 13

E. Datenschutz (Abs. 4, Abs. 5). Die Regelungen tragen der hohen Bedeutung des Datenschutzes in Strafverfahren Rechnung. Die Einf. der elektronischen Akte erfordert besondere Sicherheitsmaßnahmen zum Schutz der Betroffenen. 13a

I. Elektronische Akte. Abs. 4 enthält ausschl. Regelungen zum Datenschutz bei der Einsicht in die **elektronische Akte** (Abs. 1). Es ist durch technische u. organisatorische Maßnahmen sicherzustellen, dass keine Dritten Kenntnis v. Akteninhalt nehmen können (S. 1). Technische Vorkehrungen sind etwa die Verschlüsselung. Die Pflicht für entspr. Vorkehrungen trifft sowohl die Einsichtsgewährenden als auch Einsichtsnehmenden. Nach S. 2 soll der Name derjenigen Person, der Einsicht in die elektronische Akte gewährt wird, als „Wasserzeichen" in abgerufenen Akten u. übermittelten elektronischen Dokumenten dauerhaft erkennbar gemacht werden (BT-Drs. 18/9416, 58). 14

II. Elektronische und papierene Akte. Abs. 5 gilt sowohl für die **elektronische** (Abs. 1) als auch für die **papierene Akte** (Abs. 2). Die Regelung enthält eine datenschutzrechtliche Zweckbindung. Ausf. Lauterwein NStZ 2024, 136. 15

Nach S. 1 darf die Akte weder **öffentl.** verbreitet noch Dritten zu **verfahrensfremden** Zwecken überlassen o. sonst zur Kenntnisnahme ihres Inhalts zugänglich gemacht werden. Der Verteidiger darf die Akte daher an den Beschuldigten o. einen Sachverständigen weitergeben, nicht hingegen an einen Journalisten o. einen sonstigen Dritten (BT-Drs. 18/9416, 58). Der Verdacht einer missbräuchlichen Verwendung genügt (BayObLG NStZ-RR 2023, 388 (390)). 16

Nach S. 2 ist darüber hinaus grds. jegliche **zweckwidrige Verwendung** personenbezogener Daten, die durch Akteneinsicht nach Abs. 1, Abs. 2 erlangt worden sind, unzulässig (BT-Drs. 18/9416, 58). „Verwenden" iSv § 46 Nr. 2 BDSG ist ein Unterfall der „Verarbeitung". Der Schutzzweck v. S. 2 erfordert es aber, dass hier jedes Verarbeiten u. Nutzen der Daten erfasst wird. Die Weitergabe an einen externen Sachverständigen zu Verteidigungszwecken kann zweckgemäß sein (LG Hamburg StraFo 2025, 202). Für **andere Zwecke** können die Daten ausnahms- 17 weise dann verwendet werden, wenn dafür Auskunft o. Akteneinsicht gewährt werden dürfte (S. 3). Wird die Akteneinsicht einem RA o. Verteidiger gewährt, ergibt sich die Zweckbindung zugleich für seinen Mandanten o. einen v. ihm beauftragten Sachverständigen. Auf die Zweckbindung ist bei der Gewährung der Akteneinsicht hinzuweisen (S. 4). Ausf. unter dem Blickwinkel der Unternehmensverteidigung Travers/Schwerdtfeger StV 2021, 750.

18 Wie bei § 479 Abs. 6 dürfte es sich bei Abs. 5 um ein **Schutzgesetz** iSd §§ 1004, 823 Abs. 2 BGB handeln (OLG Braunschweig NJW 2008, 3294). Der Betroffene kann daher bei zweckwidriger Verwendung der Daten Unterlassung (§ 1004 BGB) u. Schadensersatz verlangen (OLG Braunschweig NJW 2008, 3294). Für den RA besteht bei Verstoß gegen die Zweckbindung ein Strafbarkeitsrisiko nach §§ 203 Abs. 1 Nr. 3, 204 StGB, andere Empfänger können sich gem. § 353d Nr. 3 StGB strafbar machen (Lauterwein Akteneinsicht S. 173 mwN).

19 **F. Verordnungsermächtigung (Abs. 6).** Die Einzelheiten des Aktenabrufs u. der Einsicht in die elektronische Akte kann durch RechtsVO der BReg näher ausgestaltet werden (S. 1). Das gilt insbes. für die Datensicherheit (BT-Drs. 18/9416, 58). Die Ermächtigung kann auf die zuständigen Bundesministerien übertragen werden (S. 2). Für die Akteneinsicht hat die BReg mit der StrafAktEinV v. 24.2.2020 (BGBl. I 242) v. der Ermächtigung Gebrauch gemacht.

Abschnitt 4a. Gerichtliche Entscheidungen

Vorbemerkung zu § 33

1 **A. Gerichtliche Entscheidungen.** Für die gerichtlichen Entscheidungen (→ Einl. Rn. 121) gelten die allg. Vorschr. dieses Abschnitts. Zu unterscheiden sind **Sachentscheidungen** über den Prozessgegenstand u. bloße **Prozessentscheidungen,** die aus verfahrensrechtlichen Gründen eine Sachentscheidung ablehnen, den Weg zu ihr versperren o. die Sicherung u. den Ablauf des Verfahrens betreffen. Für beide Arten fordert das G die Anhörung der Bet. (§§ 33, 33a) u. regelt, welche Entscheidungen mit Gründen versehen (§ 34) u. wann u. auf welche Weise sie bekanntgegeben werden müssen (§§ 35 ff.). Über die Wirksamkeit richterlicher Prozesshandlungen u. ihre Widerruflichkeit (→ Einl. Rn. 112 ff.) enthält der Abschn. keine Bestimmungen.

2 **B. Ergehen einer Entscheidung.** Das Ergehen einer Entscheidung wird in vielen Vorschr. vorausgesetzt, ohne dass das G ausdr. sagt, welcher Zeitpunkt hierfür maßgebend ist. Im Einzelnen gilt Folgendes:

3 **I. In der Hauptverhandlung.** In der Hauptverhandlung ergeht die Entsch. durch **Verkündung** des Urteils (§ 268 Abs. 2 S. 1) **o. Beschl.** (§ 35 Abs. 1 S. 1), gleichgültig, ob der davon Betroffene anwesend ist. Bei der Urteilsverkündung ist nur die Verlesung der Urteilsformel, nicht die außerdem vorgeschriebene mündliche Eröffnung der Urteilsgründe wesentlich (→ § 338 Rn. 38). Unabänderbar wird das Urteil aber erst mit Beendigung der vollständigen Verkündung (→ § 268 Rn. 9 ff.).

4 **II. Außerhalb der Hauptverhandlung.** Außerhalb der Hauptverhandlung ergehen die Entscheidungen in Anwesenheit der betroffenen Personen durch Verkündung (§ 35 Abs. 1 S. 1), **sonst schriftlich.** Beim schriftlichen Erlass v. Entscheidungen ist der aktenmäßige Erlass v. Erlass mit Außenwirkung zu unterscheiden:

5 **1. Aktenmäßig ist die Entscheidung erlassen,** wenn sie vollinhaltlich zur Kenntnis für Personen außerhalb des Gerichts niedergelegt u. durch den zuständigen Richter unterschrieben ist (BGHSt 25, 187; OLG Koblenz MDR 1985, 955). Von dieser Art des Erlasses der Entsch. gehen zB § 78c Abs. 2 StGB und § 33 Abs. 2 OWiG aus.

Die **Unterzeichnung von Beschlüssen** schreibt das G nicht vor (Pfeiffer/Miebach NStZ 1985, 492 – BGH RsprÜ; BayObLGSt 1989, 102). Anders als nach § 275 Abs. 2 bei Urteilen ist bei Beschlüssen insbes. nicht die Unterschrift aller mitwirkenden Richter erforderlich (str.; vgl. dazu die Nachw. in BGH NStZ 2012, 225). Daher lässt § 14 Abs. 2 GeschOBGH für Beschlüsse dieses Gerichts, die außerhalb der mündlichen Verh. ergehen, die Unterschrift des Vorsitzenden u. des Berichterstatters genügen. Trägt der Beschl. einer StrK nur eine o. 2 Unterschriften, so muss aber erkennbar sein, dass die gerichtliche Entsch. gleichwohl in der ges. vorgeschriebenen Besetzung mit 3 Richtern getroffen worden ist (BGH NStZ-RR 1997, 205; OLG Düsseldorf MDR 1984, 164; OLG Nürnberg MDR 1994, 294; OLG Stuttgart Justiz 1982, 165). Hat der 3. Richter gar nicht mitgewirkt, so handelt es sich um einen Beschlussentwurf, um eine Nichtentscheidung (BVerfG NJW 1985, 788), die aber anfechtbar ist, wenn sie den Prozessbeteiligten zugestellt wurde (Rosenberg/Schwab/Gottwald ZivilProzR § 62 Abs. 3 S. 2). 6

Fehlt es an der Unterschrift, so muss sich mind. aus den Umständen ohne jeden Zweifel ergeben, dass die in den Akten befindliche Entsch. auf dem Willen des zuständigen Richters beruht (BayObLGSt 1957, 4; OLG Düsseldorf NJW 1970, 1937; OLG Koblenz MDR 1985, 955; vgl. auch OLG Koblenz MDR 1983, 864 u. OLG Düsseldorf VRS 96, 204 für den Fall der Vertretung in der Unterschrift). 7

Durch den aktenmäßigen Erlass wird die **Entscheidung existent** u. daher auch schon anfechtbar (→ Vor § 296 Rn. 4); sie kann aber noch abgeändert werden (erg. → § 349 Rn. 24). 8

2. Erlassen mit Außenwirkung wird die Entsch. an dem Tag, an dem die Geschäftsstelle sie an eine Behörde o. Person außerhalb des Gerichts hinausgibt (BGH NStZ 2011, 713; BayObLGSt 2001, 53 mwN; KG NZV 1992, 123; OLG Köln NJW 1993, 608); das gilt auch, wenn die Geschäftsstelle ohne richterliche Anweisung handelt (BayObLGSt 1981, 84; MüKoStPO/Valerius § 33 Rn. 19; **aM** Löwe/Rosenberg/Graalmann-Scheerer § 33 Rn. 12). Maßgebend ist insoweit also nicht, wann die Entsch. v. Richter in den Geschäftsgang gegeben (so RGSt 56, 358 (360); 66, 121; OLG Hamm GA 1959, 287; OLG Köln JR 1976, 514) o. wann sie den Verfahrensbeteiligten zugestellt worden ist (so KG VRS 38, 137; OLG Bremen NJW 1956, 435; OLG Koblenz VRS 48, 291; Löwe/Rosenberg/Graalmann/Scheerer § 33 Rn. 12), sondern der Zeitpunkt, v. dem ab es tatsächlich unmöglich ist, sie abzuändern (Meyer JR 1976, 515; erg. aber → § 349 Rn. 24). Dagegen ist bei **Beschlüssen,** die **unmittelbar die Rechtskraft** herbeiführen, der Zeitpunkt maßgeblich, in dem sie in den Geschäftsgang gegeben werden (BGH NStZ 2011, 713; OLG Oldenburg NStZ-RR 2021, 222). 9

C. Recht auf richterliche Entscheidung. Ein Recht auf richterliche Entscheidung hat grds. jeder Antragsteller, der in seiner Eingabe nicht erkennen lässt, dass er auf einen Bescheid verzichtet. Wenn es sich nicht um einen Antrag handelt, für den das G eine förmliche Entsch. vorschreibt, kann der Antragsteller formlos beschieden werden; mind. die Art der Erledigung ist ihm schriftlich mitzuteilen (vgl. BVerfGE 2, 225 zu Art. 17 GG). 10

Eine **sachliche Entscheidung unterbleibt,** wenn die Eingabe o. der Antrag nicht den Anforderungen entspr., die an jede bei einer Behörde einzureichende Eingabe zu stellen sind, etwa wenn sie einen beleidigenden, herausfordernden o. erpresserischen Inhalt hat (BVerfG 2, 225). Das gilt insbes. auch für Strafanzeigen, die keinen sachlichen Inhalt haben, sondern nur grob beleidigend o. querulatorisch sind (vgl. dazu Solbach/Klein S. 16). 11

Falls eine Antrags- o. Rechtsmittelschrift **grobe Verunglimpfungen** des Antragsgegners, des angerufenen Gerichts o. anderer mit der Sache befasster Justizorgane enthält (KG NJW 1969, 151; OLG Hamm NJW 1976, 978; OLG Karlsruhe NJW 1974, 915; OLG Koblenz MDR 1987, 433 Ls.; OLG Stuttgart Justiz 2002, 553; eing. Kockel/Vossen-Kempkens NStZ 2001, 178) u. nicht ersichtlich ist, dass zugleich auch ein sachliches Anliegen verfolgt wird (BVerfG StV 2001, 12

697), wird – auch wenn der Verf. der Schmähschrift ein RA ist (OLG Karlsruhe MDR 1978, 74) – dem Antragsteller formlos o., wenn in der Sache durch Beschl. zu entscheiden wäre, durch Beschl. mitgeteilt, dass das Gericht eine Entsch. ablehnt (vgl. BVerfG NStZ 2001, 616; BGH NStZ 2007, 283; erg. → § 171 Rn. 1).

13 So auch dann zu verfahren, wenn der Antragsteller dadurch **sein Rechtsmittel verliert,** ist allerdings nicht angängig; hier hat eine Entsch. in der Sache zu ergehen (OLG Düsseldorf MDR 1993, 462; Fahl Rechtsmißbrauch S. 608); ggf. ist der Antragsteller auf die Ungehörigkeit seiner Äußerungen hinzuweisen (vgl. BGH NStZ 2004, 690) o. zugleich eine Strafanzeige nach §§ 185 ff. StGB zu erstatten.

14 Wer eine **Eingabe wiederholt,** die bereits ordnungsmäßig beschieden worden war, hat grds. keinen Anspruch auf erneuten Bescheid (BVerfG NStZ 2001, 616).

15 **D. Äußere Form der Entscheidungen.** Die äußere Form der Entscheidungen ist ges. nur teilw. geregelt, zB für das Urteil, das im Namen des Volkes ergeht (§ 268 Abs. 1), aus Urteilsformel u. -gründen besteht (§§ 260 Abs. 4, 268 Abs. 2) u. schriftlich zu den Akten gebracht werden muss (§ 275). Auch die Beschlüsse bestehen aus Entscheidungssatz und, soweit erforderlich, Begründung. Das folgt aus § 34, der zwischen Entsch. und Begründung unterscheidet. Schriftliche Entscheidungen müssen außerdem das Gericht, das Datum der Entsch. und die Personalien des Beschuldigten angeben (OLG Düsseldorf Rpfleger 1993, 506), also eine Art Rubrum enthalten; die Namen der beschließenden Richter ergeben sich aus der Unterzeichnung, können aber auch in der Eingangsformel des Beschl. bezeichnet werden.

Gewährung rechtlichen Gehörs vor einer Entscheidung

33 (1) **Eine Entscheidung des Gerichts, die im Laufe einer Hauptverhandlung ergeht, wird nach Anhörung der Beteiligten erlassen.**

(2) **Eine Entscheidung des Gerichts, die außerhalb einer Hauptverhandlung ergeht, wird nach schriftlicher oder mündlicher Erklärung der Staatsanwaltschaft erlassen.**

(3) **Bei einer in Absatz 2 bezeichneten Entscheidung ist ein anderer Beteiligter zu hören, bevor zu seinem Nachteil Tatsachen oder Beweisergebnisse, zu denen er noch nicht gehört worden ist, verwertet werden.**

(4) [1] **Bei Anordnung der Untersuchungshaft, der Beschlagnahme oder anderer Maßnahmen ist Absatz 3 nicht anzuwenden, wenn die vorherige Anhörung den Zweck der Anordnung gefährden würde.** [2] **Vorschriften, welche die Anhörung der Beteiligten besonders regeln, werden durch Absatz 3 nicht berührt.**

1 **A. Rechtliches Gehör.** Das rechtliche Gehör (→ Einl. Rn. 23 ff.) sichert die Vorschr. den Beteiligten. Sie bleibt hinter dem prozessualen Grundrecht des Art. 103 Abs. 1 GG nicht zurück; auf die Verfassungsvorschrift braucht daher nicht zurückgegriffen zu werden. § 33 gibt keinen Anspruch auf einen rechtlichen Dialog (BGH NJW 1989, 2403 (2407) mwN; erg. → § 265 Rn. 7a): er wird durch §§ 248 S. 2, 257, 258 Abs. 2, 265 Abs. 1, Abs. 2, 326 S. 2 und § 351 Abs. 2 S. 2 erweitert u. für Rechtsmittelentscheidungen durch §§ 308 Abs. 1, 320 S. 2, 347 Abs. 1 ergänzt. Im Strafbefehlsverfahren gilt die Sondervorschrift des § 407 Abs. 3.

2 **B. Entscheidung.** Eine Entscheidung des Gerichts iSd § 33 ist ein **Ausspruch im Vor- o. Hauptverfahren,** der in irgendeiner Hinsicht in die sachlich-rechtliche o. verfahrensrechtliche Rechtsstellung eines Prozessbeteiligten o. in die Rechte Dritter eingreift. Eine **weite Auslegung** des Begriffs ist geboten (Löwe/Rosenberg/Graalmann-Scheerer Rn. 6). Jedoch fallen prozessleitende Vfg. u. Entscheidungen, die nur den Gang des Verfahrens regeln, nicht unter Abs. 1 (KK-StPO/Schneider-Glockzin Rn. 2; näher zum Begriff → Einl. Rn. 121 ff.). Die Anhörungspflicht bezieht sich auch nicht auf gerichtsinterne Entscheidungen (→ § 30

Rn. 4) u. auf bloße Mitteilungen, Belehrungen, Hinweise u. justizinterne Anordnungen. Vgl. iÜ die Erläuterungen zu den einzelnen Vorschriften.

Zur Frage, wann eine Entsch. **ergangen** ist, vgl. → Vor § 33 Rn. 2 ff. **3**

C. Beteiligte. Beteiligte sind alle **Verfahrensbeteiligten** (→ Einl. Rn. 70 ff.), **4**
aber auch **Dritte,** in deren Rechte die gerichtliche Entsch. eingreift (BGHSt 19, 7 (15) (GSSt); vgl. auch Bohnert JZ 1978, 710), zB Zeugen, gegen die Ordnungsmittel nach § 70 Abs. 1 oder nach § 178 GVG angeordnet werden sollen.

D. Entscheidungen in der Hauptverhandlung (Abs. 1). Die **Pflicht zur** **5**
Anhörung bedeutet, dass den Bet., sofern sie anwesend sind (OLG Celle MDR 1956, 759; Löwe/Rosenberg/Graalmann-Scheerer Rn. 17), Gelegenheit zur Äußerung zu der Frage gegeben werden muss, über die eine Entsch. ergehen soll, u. zwar in tatsächlicher u. rechtlicher Hinsicht (→ Einl. Rn. 28). Da eine sachgemäße Äußerung nur möglich ist, wenn die Bet. den Gegenstand der Entsch. kennen, muss er ihnen mitgeteilt werden, sofern er nicht auf der Hand liegt.

Die **Form der Anhörung** steht im Ermessen des Gerichts, wenn sie nicht ausdr. **6**
bestimmt ist, wie zB in § 308 Abs. 1. Eine ausdrückliche Aufforderung zur Äußerung ist grds. nicht erforderlich (BGHSt 17, 337 (340); BGH NStZ 1993, 500; OGHSt 2, 113; BayObLG StV 1982, 460); ausnahmsweise kann aber die Fürsorgepflicht sie gebieten. In der Regel genügt es, dass dem Bet. das Recht, sich erklären zu können, erkennbar zum Bewusstsein gebracht wird; nicht ausreichend ist die bloße Möglichkeit, die „tatsächliche Gelegenheit", zur Stellungnahme (BayObLG StV 1982, 460).

Ist der Angeklagte mit seinem **Verteidiger** erschienen, so genügt dessen Anhö- **7**
rung (Dallinger MDR 1974, 367 – BGH RsprÜ). Wird nur der Angeklagte gehört, so ist das unschädlich, wenn, was idR der Fall ist, der Verteidiger erkennen kann, dass er ebenfalls Gelegenheit zur Stellungnahme hat. Kennt nur der Angeklagte die Tatsachen, zu denen rechtliches Gehör gewährt wird, so genügt seine Anhörung immer.

Eine **wesentliche Förmlichkeit** iS § 273 Abs. 1 ist die Anhörung; sie muss **8**
daher im Prot. beurkundet werden (KK-StPO/Schneider-Glockzin Rn. 7; KMR-StPO/Ziegler Rn. 12; **aM** BGH NStZ 1993, 500; SSW StPO/Claus Rn. 8).

E. Entscheidungen außerhalb der Hauptverhandlung (Abs. 2, Abs. 3). **9**
I. StA. Die StA (Abs. 2) ist vor einer richterlichen Entsch. außerhalb der HV **schriftlich** zu hören. Außer in den ges. bes. geregelten Fällen (vgl. §§ 118a Abs. 3 S. 1, 124 Abs. 2 S. 3, 138d Abs. 4 S. 1) kann sie eine mündliche Anhörung nicht verlangen (Löwe/Rosenberg/Graalmann-Scheerer Rn. 29). Die StA nimmt aufgrund ihrer Aktenkenntnis Stellung; da sie zur Mitwirkung verpflichtet ist (→ Einl. Rn. 37 ff.), darf sie hiervon grds. nicht absehen.

Einschränkungen v. Abs. 2 enthalten §§ 125 Abs. 1, 128 Abs. 2 S. 2 u. für den **10**
Fall, dass ein StA nicht alsbald erreichbar ist, § 163 Abs. 2 S. 2 (→ § 163 Rn. 26) u. § 163c mit seinem Beschleunigungsgebot (→ § 163c Rn. 11). Auch im Fall der Briefbeanstandung nach § 148a wird die StA nicht gehört (→ § 148a Rn. 4). Eine Einschränkung des Abs. 2 enthält auch § 309 Abs. 1 für die Beteiligung der StA beim Beschwerdegericht (→ § 309 Rn. 2). Da die Anhörung der StA keine Gewährung rechtlichen Gehörs iS Art. 103 Abs. 1 GG ist (→ Einl. Rn. 27), bestehen gegen solche Ausnahmen keine verfassungsrechtlichen Bedenken. Für Privat- u. Nebenkläger ist Abs. 2 nicht anwendbar; für sie gelten §§ 385 Abs. 1 S. 1, 397 Abs. 1 S. 2.

II. Andere Beteiligte (Abs. 3). Andere Beteiligte (Abs. 3) sind vor einer **11**
richterlichen Entsch. außerhalb der HV nur **zu hören,** wenn sie **zu ihrem Nachteil** ergehen soll. Sie werden, zweckmäßigerweise unter Bestimmung einer Äußerungsfrist, schriftlich davon unterrichtet, welche Entsch. zu treffen ist u. dass sie sich dazu schriftlich äußern können. Der Verteidiger kann durch die Gewährung v. Akteneinsicht unterrichtet werden. Die Anhörung durch die StA kann genügen, wenn erkennbar ist, dass sie der Vorbereitung einer gerichtlichen Entsch. dient.

12 Wird dem **Verteidiger** Gelegenheit zur Äußerung gegeben, so reicht das idR aus, weil durch ihn der Beschuldigte zu Wort kommt (Dallinger MDR 1974, 367 – BGH RsprÜ; BGHR § 33a S. 1 Anhörung 6; OLG Karlsruhe NJW 1968, 1438; vgl. auch BGHSt 26, 379; → Einl. Rn. 26). Das Gleiche gilt für den in verteidigerähnlicher Stellung handelnden Prozessbevollmächtigten eines Nebenbeteiligten (→ Einl. Rn. 73) sowie für den RA als Beistand des Privat- o. Nebenklägers. Dagegen kann die Anhörung des Bet. die des Verteidigers o. Bevollmächtigten grds. nicht ersetzen (BGHSt 25, 252 (254); OLG Karlsruhe NJW 1968, 1438).

13 Auf **Tatsachen und Beweisergebnisse,** zu denen der Bet. noch nicht gehört worden ist, die das Gericht für entscheidungserheblich hält (OLG Hamburg NJW 1964, 2315) u. die es zu seinem Nachteil verwerten will, muss sich die Anhörung erstrecken. Die Tatsachen können der äußeren Geschehenswelt angehören o. Vorgänge im Innern des Menschen betreffen. (Sie können auch rein verfahrensrechtlicher Natur sein (OLG Köln NJW 1970, 1336), wie zB die Rechtzeitigkeit des Strafantrags. Zu den Beweisergebnissen gehören insbes. Sachverständigengutachten u. Erg. eines Augenscheins. Auch Werturteile sind Beweisergebnisse, wenn sie auf beobachteten äußeren o. inneren Tatsachen beruhen, nicht aber bloße Rechtsausführungen (OLG Düsseldorf VRS 82, 189). Die Äußerung eines Bet. kann dazu führen, dass sein Gegner nach Abs. 3 gehört werden muss. Der Anhörung bedarf es nicht, wenn das Gericht die Tatsachen o. Beweisergebnisse nicht berücksichtigen will (KG NJW 1954, 1410 (1411); SK-StPO/Weßlau/Weißer Rn. 17) o. wenn zwar ein Teil der Tatsachen zuungunsten des Bet. gewertet wird, die Entsch. aber aufgrund anderer Tatsachen zu seinen Gunsten ausfällt.

14 **Besondere Regelungen** über die Anhörung der Bet. bleiben unberührt. Dazu gehören insbes. die Anhörungspflichten nach §§ 81 Abs. 1 S. 1, 122 Abs. 2 S. 1, 175 S. 1, 201 Abs. 1, 225a Abs. 2 S. 1, 453 Abs. 1 S. 2, 454 Abs. 1 S. 2, 3 und § 462 Abs. 2.

15 **F. Notwendigkeit überraschender Maßnahmen (Abs. 4 S. 1).** Die Notwendigkeit überraschender Maßnahmen (Abs. 4 S. 1) **schließt die Anhörung nach Abs. 3 aus.** Außer der Anordnung der UHaft nach §§ 112 ff. u. der Beschlagnahme nach §§ 94 ff. sowie der Beschlagnahme u. des Vermögensarrestes nach §§ 111b ff., gehören dazu insbes. die Eingriffe nach §§ 81a, 99, 100a, 110a, 102–104, 163e, die Anordnung der Sicherheitsleistung nach § 132 u. die Vorführung nach § 134.

16 Eine **Gefährdung des Zwecks der Anordnung** liegt vor, wenn aufgrund v. Tatsachen im Einzelfall o. nach der Lebenserfahrung die Gefahr besteht, dh wenn es naheliegt, dass der Bet. bei vorheriger Anhörung den Zugriff vereiteln werde, zB durch Flucht o. durch Verstecken der Gegenstände, die beschlagnahmt werden sollen. Die Umstände, die die Anwendung des Abs. 4 S. 1 veranlasst haben, sind in dem Beschl. darzulegen, wenn sie nicht, wie meist, offensichtlich sind. Abs. 4 S. 1 gilt auch im Beschwerderechtszug (§ 308 Abs. 1 S. 2; dazu OLG Hamm NStZ-RR 2001, 254; OLG Stuttgart NStZ 1990, 247).

17 Die Vorschr. **gilt entspr.,** wenn die Anordnung gar nicht ergehen u. daher ihren Zweck nicht erfüllen könnte, weil die Anhörung aus tatsächlichen Gründen nicht möglich ist, zB bei unbekanntem Aufenthalt des Anzuhörenden, o. weil bestimmte Anhaltspunkte dafür bestehen, dass die vorherige Anhörung eine Gefahr für Leib o. Leben anderer herbeiführen würde. Dagegen darf von der Anhörung nicht deshalb abgesehen werden, weil der dazu erforderliche Aufwand unverhältnismäßig wäre.

18 Eine **nachträgliche Anhörung** erfolgt im Rechtsmittelzug, wenn die Entsch. anfechtbar ist (BVerfG NStZ-RR 2013, 379; KG StraFo 2016, 342 (344)). Nur wenn sie nicht angefochten werden kann, ist nach § 33a nachträgliches Gehör zu gewähren (OLG Frankfurt a. M. NStZ-RR 2002, 306). Über das Recht auf nachträgliche Anhörung ist der Betroffene in der nicht anfechtbaren Entsch. zu belehren (BVerfGE 9, 89 (107);); vAw braucht die Anhörung nicht in jedem Fall durchgeführt zu werden (**aM** Hanack JR 1967, 230; KK-StPO/Schneider-Glockzin

Rn. 14: wenn u. soweit nach Vollziehung der Maßnahme noch ein Nachteil für den Betroffenen fortbesteht).

G. Revision. Das Urt. kann auf dem Verstoß gegen die Anhörungspflicht in der HV nur beruhen, wenn der Angeklagte ihn **sofort beanstandet** hat. Andernfalls muss angenommen werden, dass er die Entsch. stillschweigend gebilligt hat u. seine Anhörung daher zu keinem anderen Erg. geführt hätte (eingehend mN SSW StPO/Claus Rn. 16; **aM** SK-StPO/Weßlau/Weißer Rn. 29). Hat der Revisionsführer den Verstoß beanstandet wird das Beruhen iSv § 337 regelmäßig auszuschließen sein, wenn der Revident nicht vortragen kann, dass die gebotene Anhörung zu einem anderen, ihm günstigeren Erg. hätte führen müssen (SSW StPO/Mosbacher/Claus Rn. 14). 19

Wiedereinsetzung in den vorigen Stand bei Nichtgewährung rechtlichen Gehörs

33a [1]**Hat das Gericht in einem Beschluss den Anspruch eines Beteiligten auf rechtliches Gehör in entscheidungserheblicher Weise verletzt und steht ihm gegen den Beschluss keine Beschwerde und kein anderer Rechtsbehelf zu, versetzt es, sofern der Beteiligte dadurch noch beschwert ist, von Amts wegen oder auf Antrag insoweit das Verfahren durch Beschluss in die Lage zurück, die vor dem Erlass der Entscheidung bestand.** [2]**§ 47 gilt entsprechend.**

A. Nachholung des rechtlichen Gehörs. Die Nachholung des rechtlichen Gehörs sieht die Vorschr. vor. Da der Anspruch auf rechtliches Gehör (§ 33 Abs. 3) durch Art. 103 Abs. 1 GG verbürgt ist, kann seine Verletzung mit der Verfassungsbeschwerde (→ Einl. Rn. 230 ff.) gerügt werden. Zur Anrufung des BVerfG muss es aber nicht kommen, wenn die Strafgerichte den Mangel selbst beheben können (vgl. Meyer FS Kleinknecht, 1985, 267). Das ermöglicht § 33a; die Vorschr., die nur **subsidiär** gilt u. daher für das Beschwerdeverfahren durch § 311a und für das Revisionsverfahren durch § 356a als speziellere Regelungen ersetzt wird (vgl. → § 356a Rn. 1 ff.), soll das BVerfG entlasten. Sie erfasst jeden Verstoß gegen Art. 103 Abs. 1 GG im Beschlussverfahren (BVerfGE 42, 243 (250); BVerfG NStZ 1985, 277), also nicht nur ohne Anhörung verwertete Tatsachen u. Beweisergebnisse (§ 33 Abs. 3), sondern etwa auch Anträge u. Rechtsausführungen anderer Verfahrensbeteiligter sowie die Information über die entscheidungserheblichen Beweismittel (BVerfG NStZ-RR 2008, 16 (17)). 1

In Befolgung der Entsch. des **Plenums des BVerfG** v. 30.4.2003 (BVerfGE 107, 395) hat die Vorschr. durch das Anhörungsrügengesetz die jetzige Fassung erhalten. § 33a findet keine Anwendung nach Abschluss des Verfahrens durch rkr. Urt. (Kusch NStZ 1992, 27 – BGH RsprÜ; OLG Stuttgart MDR 1990, 271); unzutr. wollen Meyer-Mews (NJW 2004, 716) aus der Entscheidung des BVerfG weitreichende Folgerungen für das gesamte Strafverfahren u. Eschelbach (GA 2004, 228) Folgerungen hins. der Anfechtbarkeit des Eröffnungsbeschlusses (→ § 210 Rn. 1) u. zur Begründung v. Beschlüssen nach § 349 Abs. 2 (→ § 349 Rn. 20) ziehen (wie hier auch BGH NStZ-RR 2005, 173). Der Antrag nach § 33a gehört zum Rechtsweg iS § 90 Abs. 2 BVerfGG; die Verfassungsbeschwerde ist daher erst zulässig, wenn er erfolglos gestellt worden war (BVerfG NStZ-RR 2004, 372; 2014, 84; erg. → Einl. Rn. 234). 1a

B. Voraussetzungen des Nachverfahrens. I. Verletzung des Rechts auf rechtliches Gehör. Verletzung des Rechts auf rechtliches Gehör in entscheidungserheblicher Weise bei Erlass eines Beschl. außerhalb der HV, gleichgültig, ob es sich um ein Versehen handelt o. ob das Gericht nach § 33 Abs. 4 S. 1 verfahren hat. **Dies kommt insbes. in Betracht,** wenn das Gericht zum Nachteil des Ast Tatsachen o. Beweisergebnisse verwertet hat, zu denen er nicht gehört worden ist, o. wenn es zu berücksichtigendes Vorbingen des Ast übergangen hat (KG StraFo 2

2021, 27 mwN; erg. → Einl. Rn. 23). Das rechtliche Gehör kann aber auch dadurch beeinträchtigt sein, dass ein Gericht bei der Auslegung u. Anwendung prozessualer Vorschr. die Bedeutung u. Tragweite des Art. 19 Abs. 4 GG zum Nachteil des Bf. nicht hinreichend beachtet, durch unzumutbare, aus Sachgründen nicht mehr zu rechtfertigende Erschwerung des Zugangs zum Instanzenzug (KG StraFo 2021, 119).

3 Entscheidungserheblich ist die unterbliebene Anhörung nur dann, wenn u. soweit sie sich auf das Erg. des Beschl. ausgewirkt hat; hätte der Betroffene auch bei Anhörung sich nicht anders als geschehen verteidigen können o. ist es sonst ausgeschlossen, dass das Gericht bei Anhörung anders entschieden hätte, ist der Gehörsverstoß nicht entscheidungserheblich (vgl. KG StraFo 2023, 441). Für Urteile hat § 33a keine Bedeutung. Er gilt auch nicht, wenn das Anhörungsrecht der StA (§ 33 Abs. 2) nicht beachtet worden ist; denn sie kann nicht in dem Grundrecht nach Art. 103 Abs. 1 GG verletzt werden (Löwe/Rosenberg/Graalmann-Scheerer Rn. 8; erg. → Einl. Rn. 27).

4 **II. Unanfechtbarkeit des Beschlusses. Gemeint ist nur der Fall,** dass das G die Anfechtung mit Beschwerde o. weiterer Beschwerde (§ 310) ausdr. ausschließt (KG NJW 1966, 991); dazu gehört auch der Ausschluss nach §§ 28 Abs. 2, 305 S. 1. Hat der Betroffene das zulässige Rechtsmittel versäumt o. zurückgenommen, so gilt § 33a nicht (OLG Celle NJW 1968, 1391; OLG Stuttgart NJW 1974, 284). Die Vorschr. ist aber entspr. anwendbar, wenn dem Verurteilten ohne vorherige Anhörung die Strafaussetzung widerrufen u. der Beschl. öffentl. zugestellt worden ist, weil sein Aufenthalt nicht zu ermitteln war (BGHSt 26, 127; OLG Düsseldorf JR 1993, 125; OLG Hamm NJW 1977, 61). Andere Rechtsbehelfe iSd § 33a sind insbes. Anträge nach §§ 44, 319 Abs. 2, 346 Abs. 2.

5 Bei **noch anfechtbaren Beschlüssen** ist die Pflicht zur Heilung des Verstoßes gegen das rechtliche Gehör selbstverständlich nicht geringer als im Fall des § 33a (BVerfG DAR 1976, 239; erg. → § 306 Rn. 7; vgl. auch § 311 Abs. 3 S. 2).

6 **III. Zum Nachteil eines Beteiligten.** Zum Nachteil eines Beteiligten muss der Beschl. ergangen sein, u. der Nachteil muss noch bestehen (OLG Düsseldorf NStE StPO § 33a Nr. 7). **Nachteil ist gleichbedeutend mit Beschwer** (LG Krefeld NJW 1977, 642; KK-StPO/Schneider-Glockzin Rn. 4; erg. → Vor § 296 Rn. 8 ff.). Daher genügt es nicht, dass sich der Bet. durch die Beschlussgründe belastet fühlt. Der Nachteil besteht nicht mehr, wenn die Beschwer entfallen ist; er wird auch dann zu verneinen sein, wenn ein Interesse an der Feststellung der Rechtswidrigkeit einer erledigten Maßnahme (→ Vor § 296 Rn. 18a) nicht gegeben ist (OLG Celle NJW 1973, 863; **aM** Esskandari StraFo 1997, 292).

7 **C. Nachholungsverfahren. Auf Antrag des Betroffenen,** der an keine Frist gebunden ist, aber ebenso wenig wie ein unbefristetes Rechtsmittel (→ Vor § 296 Rn. 6) beliebig lange hinauszögert werden darf (OLG Koblenz wistra 1987, 357), muss nachträglich rechtliches Gehör gewährt werden; eine Form schreibt das Gesetz für den Antrag nicht vor (BayObLGSt 1973, 42). Über den Antrag, der die Voraussetzungen des § 33a dartun muss (OLG Koblenz wistra 1987, 357; Löwe/Rosenberg/Graalmann-Scheerer Rn. 19), ist auch zu entscheiden, wenn er nicht ausreichend substantiiert ist (BGH BeckRS 2016, 8249) o. wenn die Voraussetzungen des § 33a nicht vorliegen (KG JR 1984, 39); er wird dann kostenfällig als unzulässig verworfen (OLG Köln NStZ 2006, 181). Dafür entsteht (ebenso wie bei Verwerfung als unbegründet) eine Gerichtsgebühr v. 60 EUR (KV 3920 GKG).

8 **Von Amts wegen** wird das Nachtragsverfahren eingeleitet, wenn das Gericht auf andere Weise als durch einen Antrag des Betroffenen v. dem Rechtsverstoß erfährt (BayVerfGHE 39 II 82), nicht aber in jedem Fall, wenn v. der Anhörung nach § 33 Abs. 4 S. 1 abgesehen worden war (→ § 33 Rn. 17). Äußert sich der Betroffene, dem dann zweckmäßigerweise eine Frist gesetzt wird, nicht, so wird das Nachholungsverfahren formlos abgeschlossen (OLG Düsseldorf JurBüro 1986, 1216). Von der Anhörung vAw darf nicht deshalb abgesehen werden, weil sie zuvor infolge Verschuldens des Betroffenen nicht möglich war. Sie darf aber unterbleiben,

wenn er trotz Kenntnis der Beschlussgründe bewusst auf eine nachträgliche Äußerung verzichtet hatte u. daher zu erwarten ist, dass er auch auf Anfrage keine Erkl. zur Sache abgeben werde (KK-StPO/Schneider-Glockzin Rn. 8).

D. Überprüfungsverfahren. Hat der Betroffene nachträglich rechtliches Ge- 9
hör erhalten u. dazu eine Stellungnahme abgegeben, so muss das Gericht prüfen, ob die frühere Entsch. abgeändert werden muss (BVerfG NJW 1990, 3191). Zulässig ist das nur, wenn sie auf der Verletzung des rechtlichen Gehörs beruhen kann (OLG Karlsruhe Justiz 1985, 319). Eine Schlechterstellung des Betroffenen ist nicht statthaft (BayObLGSt 1973, 42). **Die Abänderung erfolgt wie bei der Wiedereinsetzung** in den vorigen Stand nach § 44 dadurch, dass das Verf. durch Beschl. in die Lage zurückversetzt wird, in der es sich vor Erlass der beschwerenden Entsch. befand. Die Vollstreckung der Entsch. wird durch den Beschl. nicht gehemmt; das Gericht kann jedoch einen Aufschub der Vollstreckung anordnen (S. 2 iVm § 47). Ist eine Änd. nicht erforderlich, so muss gleichwohl ein neuer Beschl. erlassen werden.

E. Beschwerde. Die Ablehnung der nachträglichen Gewährung des rechtlichen 10
Gehörs o. der Zurückversetzung in die frühere Lage aus formellen Gründen ist **unanfechtbar** (OLG Bremen NStZ-RR 2019, 314; OLG Hamburg NJW 2017, 2360; OLG Frankfurt a. M. NStZ-RR 2012, 315; Müller-Metz NStZ-RR 2016, 52; **aM** KG StV 2016, 545; OLG Celle NJW 2012, 2899: Beschwerde nach § 304; dahingestellt v. BGH NStZ-RR 2020, 252). Die sachliche Überprüfungsentscheidung ist nicht anfechtbar; denn das würde auf die Zulassung der (ges. ausgeschlossenen) weiteren Beschwerde hinauslaufen (KG StV 2017, 657; OLG Celle NJW 2012, 2899; OLG Frankfurt a. M. NStZ-RR 2003, 79). Das gilt auch, wenn mit der Beschwerde geltend gemacht wird, das Gericht habe die v. dem Betroffenen vorgebrachten Umstände inhaltlich nicht genügend „verarbeitet" (VerfG Brandenburg NStZ-RR 2000, 172 (173); **aM** Bringewat Strafvollstreckung § 453 Rn. 28). Beschwerde ist auch dann unzulässig, wenn behauptet wird, dem Gericht sei bei erneuter Sachentscheidung (wiederum) ein Verstoß gegen Art. 103 Abs. 1 GG unterlaufen (OLG Frankfurt a. M. NStZ-RR 2012, 315; SSW StPO/Claus Rn. 12; **aM** OLG Frankfurt a. M. NStZ-RR 2005, 23). **Ausnahmsweise** ist die Beschwerde dagegen statthaft, wenn das Gericht seinen ursprünglichen Beschl. aufhebt u. nun gegenteilig entscheidet (LG Aachen MDR 1992, 790; SSW StPO/Claus Rn. 12; SK-StPO/Weßlau/Weißer Rn. 32; **aM** OLG Düsseldorf JR 1993, 125 mablAnm Wendisch), ferner, wenn eine rkr. Entsch. ohne Vorliegen der Voraussetzungen des § 33a abgeändert worden ist (OLG Karlsruhe Justiz 1985, 319). Das Recht auf Wiedereinsetzung nach § 44 wird durch § 33a nicht berührt (LG Flensburg DAR 1985, 93). Eine Verfassungsbeschwerde gegen einen die Nachholung gem. S. 1 abl. Beschl. ist unzulässig (VerfGH Bayern NStZ-RR 2013, 380).

F. Verfassungsbeschwerde. Die Anhörungsrüge ist **Zulässigkeitsvorausset-** 11
zung für eine Verfassungsbeschwerde gegen die zugrunde liegende Entsch. (BVerfG BeckRS 2016, 40539).

Begründung anfechtbarer und ablehnender Entscheidungen

34 Die durch ein Rechtsmittel anfechtbaren Entscheidungen sowie die, durch welche ein Antrag abgelehnt wird, sind mit Gründen zu versehen.

A. Begründungszwang. Der Begründungszwang dient dem **Zweck,** die An- 1
fechtungsberechtigten in die Lage zu versetzen, eine sachgemäße Entsch. über ihr weiteres prozessuales Vorgehen, insbes. über die Einlegung eines Rechtsmittels, zu treffen; ferner soll dem Rechtsmittelgericht die Prüfung der Entsch. ermöglicht werden (RGSt 75, 11 (13); KG StV 1986, 142; OLG Düsseldorf StV 1991, 521). Die Gerichte sind aber nicht verpflichtet, sich in den Entscheidungsgründen mit

jedem Vorbringen zu befassen (BVerfGE 13, 132 (149); 47, 182 (187)). Das gilt bes. bei letztinstanzlichen, mit ordentlichen Rechtsmitteln nicht mehr angreifbaren Entscheidungen (BVerfGE 65, 293 (295); BVerfG NJW 1997, 1693).

2 **B. Anfechtbare Entscheidungen.** Anfechtbare Entscheidungen iSd § 34 können nur **Sachentscheidungen** sein, gleichgültig, ob sie sich auf verfahrensrechtliche o. sachlich-rechtliche Fragen beziehen. Unmittelbar anfechtbar brauchen sie nicht zu sein; es genügt, dass sie auf Beschwerde, Berufung o. Revision geprüft werden können (KK-StPO/Schneider-Glockzin Rn. 2); dies erstreckt sich auf Entscheidungen, die nicht selbständig angefochten (zB §§ 28 Abs. 2 S. 2, 305 S. 1, 336), sondern nur inzident mit der Revision überprüft werden können (SK-StPO/Weßlau/Weißer Rn. 3). Auf Vfg., die nur den Gang des Verfahrens bestimmen o. die Prozessleitung betreffen, ist § 34 nicht anwendbar (Löwe/Rosenberg/Graalmann-Scheerer Rn. 8).

3 **Entscheidungen, durch die ein Antrag abgelehnt wird,** sind nur solche, die einen Antrag voraussetzen. Sind sie vAw zu treffen, so brauchen sie demnach streng genommen auch dann nicht begründet zu werden, wenn ein Antrag gestellt worden war (so BGHSt 15, 253). Die hM verlangt aber unter dem Gesichtspunkt des rechtlichen Gehörs u. der dem Gericht obliegenden Fürsorgepflicht (→ Einl. Rn. 155 ff.) auch in diesen Fällen eine Begründung, va dann, wenn ein Prozessbeteiligter dem Antrag eines anderen widersprochen hat (vgl. Löwe/Rosenberg/Graalmann-Scheerer Rn. 8, 9).

4 **C. Inhalt der Begründung.** Der Inhalt der Begründung, auch der mündlichen (→ § 35 Rn. 5), muss die **rechtlichen u. tatsächlichen Erwägungen** erkennen lassen, auf denen die Entsch. beruht (Mosbacher NStZ-Sonderheft Miebach, 2009, 21). Die bloße Wiedergabe des Gesetzeswortlauts genügt nicht (BayObLGSt 1952, 257 (258); OLG Köln StV 1988, 335 (336)), auch nicht allg. o. formelhafte Wendungen. Das Maß der aus dem Anspruch auf rechtliches Gehör folgenden Erörterungspflicht wird nicht nur durch die Bedeutung des Vortrags der Bet. für das Verf. bestimmt, sondern auch durch die Schwere eines zur Überprüfung gestellten Grundrechtseingriffs (BVerfG NJW 2004, 1519). Bezugnahmen auf andere Entscheidungen sind zulässig, soweit das G nichts anderes bestimmt u. die Verständlichkeit der Begründung darunter nicht leidet, insbes. auch, wenn eine bloße Wiederholung eines früher gestellten Antrags vorliegt (BGH NStZ-RR 2004, 118).

5 **Ermessensentscheidungen** brauchen idR eine Begründung nur in der Weise, dass das Ermessen als rechtliche Grdl. der Entsch. erkennbar ist (BGHSt 1, 175 (177); OLG Celle NJW 1961, 1319; OLG Hamburg MDR 1970, 255). Wenn andernfalls Zweifel möglich sind, muss die Begründung aber deutlich machen, welche Ermessensentscheidung getroffen u. welcher v. mehreren möglichen Fällen als gegeben angenommen worden ist (BGHSt 1, 175 (177)). Wenn die tatsächlichen o. rechtlichen Umstände dazu drängen, muss auch dargelegt werden, dass es sich um eine reine Ermessensfrage handelt, nicht um eine Rechtsfrage (vgl. SK-StPO/Weßlau/Weißer Rn. 10). Es dürfen keine Zweifel daran bleiben, dass die Grenzen des Ermessens beachtet worden sind.

6 **Besondere Bestimmungen** enthalten für Urteile § 267, für die Richterablehnung § 26a Abs. 2 S. 2, für den Haftbefehl § 114 Abs. 2, Abs. 3, für den Eröffnungsbeschluss §§ 204, 207, für den Vorlagebeschluss § 225a Abs. 3 und für den Verweisungsbeschluss § 270 Abs. 2.

7 **D. Fehlen der Begründung.** Das Fehlen der Begründung führt bei **Urteilen** zwingend zur Urteilsaufhebung (§ 338 Nr. 7), bei **Beschlüssen** des erkennenden Gerichts kommt es auf das Beruhen an (§ 337). Ansonsten entscheidet bei Beschlüssen das Beschwerdegericht idR in der Sache (→ § 309 Rn. 7). Zu einem Beweisverwertungsverbot führt die fehlende (o. unzureichende) Begründung allerdings grds. nicht (dazu eingehend u. krit. Schmidt StraFo 2009, 448; SK-StPO/Weßlau/Weißer Rn. 18).

Eintritt der Rechtskraft bei Verwerfung eines Rechtsmittels durch Beschluss

34a Führt nach rechtzeitiger Einlegung eines Rechtsmittels ein Beschluß unmittelbar die Rechtskraft der angefochtenen Entscheidung herbei, so gilt die Rechtskraft als mit Ablauf des Tages der Beschlußfassung eingetreten.

A. Eintritt der Rechtskraft. Der Eintritt der Rechtskraft ist maßgebend für den Beginn der **Vollstreckbarkeit** des Strafurteils (§ 449), für die **Strafzeitberechnung** nach §§ 37 ff. StVollstrO (dazu Pohlmann Rpfleger 1979, 126), für den **Beginn der Bewährungszeit** (§ 56a Abs. 2 S. 1 StGB) u. der **Führungsaufsicht** (§ 68c Abs. 3 S. 1 StGB) sowie für die **Eintragungsfähigkeit** einer Verurteilung in das Zentralregister (§ 4 **BZRG**). Das **sachliche Recht** macht auch den Beginn v. Rechtsfolgen v. Eintritt der Rechtskraft der Entsch. abhängig, zB den des Rechtsverlusts nach § 45 StGB (§ 45a Abs. 1 StGB), der Entziehung der Fahrerlaubnis (§§ 69 Abs. 3 S. 1, 69a Abs. 5 S. 1 StGB), des Berufsverbots (§ 70 Abs. 4 S. 1 StGB), u. für den Eigentumsübergang nach §§ 73e Abs. 1, 74 Abs. 1 StGB. 1

Herbeigeführt wird die Rechtskraft strafgerichtlicher Entscheidungen entweder durch nicht angefochtene o. nicht weiter anfechtbare Urteile o. durch Beschlüsse. 2

Da **Urteile** verkündet werden müssen (§ 268 Abs. 2 S. 1), kann insoweit kein Zweifel über den Zeitpunkt ihres Erlasses u. des daran geknüpften Eintritts der Rechtskraft entstehen. Bei nicht anfechtbaren Urteilen ist der Tag der Verkündung maßgebend. Entsteht die Rechtskraft mit dem ungenutzten Ablauf der Rechtsmittelfrist, so wird die Entsch. mit dem Beginn des 1. Tages nach dem Ablauf der Frist rkr., falls dieser Zeitpunkt nicht durch § 43 Abs. 2 hinausgeschoben wird. 3

Führt ein **Beschluss** unmittelbar die Rechtskraft der angefochtenen Entsch. herbei, so kommt es für den Eintritt der Rechtskraft an sich auf den Tag an, an dem der Beschl. erlassen worden ist. Das kann nicht nur aus Rechtsgründen (→ Vor § 33 Rn. 9), sondern auch in tatsächlicher Hinsicht zw. sein. Aus Gründen der Rechtssicherheit unterstellt daher § 34a, dass die Rechtskraft mit dem Ablauf des Tages der Beschlussfassung eingetreten ist (erg. → Rn. 7). Das ermöglicht es, den Zeitpunkt des Eintritts der Rechtskraft ohne weiteres aus dem Beschl. abzulesen. Für Beschlüsse, die in einer Verh. verkündet werden, hat § 34a keine Bedeutung. 4

B. Nach rechtzeitiger Einlegung eines Rechtsmittels. Nur wenn **nach rechtzeitiger Einlegung eines Rechtsmittels** ein Beschl. unmittelbar, dh ohne die Möglichkeit weiterer Anfechtung, die Rechtskraft herbeiführt, ist § 34a anwendbar. Er hat insbes. Bedeutung für Beschlüsse der Revisionsgerichte nach § 349 Abs. 1, mit denen das Rechtsmittel aus anderen Gründen als wegen verspäteter Einlegung verworfen wird (→ § 349 Rn. 23), u. für Verwerfungsbeschlüsse nach § 349 Abs. 2, gilt aber auch für Entscheidungen der Rechtsmittelgerichte nach §§ 322 Abs. 2, 346 Abs. 2, mit denen der Beschl. über die Verwerfung eines rechtzeitig eingelegten Rechtsmittels bestätigt wird (Löwe/Rosenberg/Graalmann-Scheerer Rn. 9; erg. → § 346 Rn. 5). Der Beschl., mit dem eine rechtzeitig eingelegte Berufung nach § 322 Abs. 1 oder eine rechtzeitig eingelegte Revision nach § 346 Abs. 1 verworfen wird, führt nicht unmittelbar die Rechtskraft des Urteils herbei (→ § 322 Rn. 2; → § 346 Rn. 5). 5

Bei **verspäteter Rechtsmitteleinlegung** bedarf es der verfahrenserleichternden Unterstellung des § 34a nicht. Denn wenn eine verspätete Berufung nach § 319 Abs. 1 oder § 322 Abs. 1 oder eine verspätete Revision nach § 346 Abs. 1 oder § 349 Abs. 1 verworfen wird, hat das für den Eintritt der Rechtskraft nur feststellende Bedeutung; sie ist bereits mit dem Ablauf der Anfechtungsfrist eingetreten (→ § 316 Rn. 1; → § 319 Rn. 1; → § 346 Rn. 5; → § 349 Rn. 23). Aus demselben Grund ist § 34a für Beschlüsse, mit denen die sofortige Beschwerde nach § 319 Abs. 2 verworfen wird, bedeutungslos. 6

C. Mit dem Ablauf des Tages der Beschlussfassung. Mit dem Ablauf des Tages der Beschlussfassung tritt nach § 34a die Rechtskraft ein. **Tag der Be-** 7

schlussfassung iSd Vorschr. ist der Tag, dessen Datum der Beschl. trägt. Auf den Zeitpunkt seines Erlasses (→ Vor § 33 Rn. 5 ff.) kommt es nicht an, bei Beschlüssen eines Kollegialgerichts auch nicht auf den Tag, an dem über die Entsch. beraten u. abgestimmt worden ist (KK-StPO/Schneider-Glockzin Rn. 7). Der Ablauf des Tages der Beschlussfassung fällt zusammen mit dem Beginn des auf die Beschlussfassung folgenden Tages. Bei einem zeitlich fest begrenzten Rechtsverlust ist daher die Berechnungsregel des § 43 Abs. 1 anzuwenden, nicht aber § 43 Abs. 2, der nur für Prozesserklärungsfristen gilt.

Bekanntmachung

35 (1) [1] **Entscheidungen, die in Anwesenheit der davon betroffenen Person ergehen, werden ihr durch Verkündung bekanntgemacht.** [2] **Auf Verlangen ist ihr eine Abschrift zu erteilen.**

(2) [1] **Andere Entscheidungen werden durch Zustellung bekanntgemacht.** [2] **Wird durch die Bekanntmachung der Entscheidung keine Frist in Lauf gesetzt, so genügt formlose Mitteilung.**

(3) **Dem nicht auf freiem Fuß Befindlichen ist das zugestellte Schriftstück auf Verlangen vorzulesen.**

1 **A. Entscheidungen. Entscheidungen iSd Vorschr.** sind alle gerichtlichen Entscheidungen einschl. der prozessleitenden Vfg., die für den weiteren Verfahrensverlauf v. Bedeutung sind (OLG Braunschweig JZ 1953, 640 (641); OLG Hamm VRS 66, 44 (45)), zB die Ablehnung eines Beweisantrags o. eines Vertagungsantrags (RGSt 23, 136), die Bestellung eines Pflichtverteidigers gem. § 142 u. der Beschl. über die Entbindung nach § 233 (RGSt 44, 47; 62, 259).

2 Zum Begriff des **Betroffenen** vgl. → § 33 Rn. 4. Der Betroffene braucht nicht beschwert zu sein (OLG Braunschweig JZ 1953, 640 (641)); § 35 gilt auch, wenn er durch die Entsch. begünstigt wird. Die StA ist, außer im Privatklageverfahren, stets betroffen.

3 Zur Frage, ob **Betroffene ohne ausreichende Kenntnis der deutschen Sprache** eine schriftliche Übersetzung der Gerichtsentscheidung verlangen können, vgl. → GVG § 187 Rn. 3, 4 sowie → EMRK Art. 6 Rn. 26, 27.

4 **B. Verkündung der in Anwesenheit des Betroffenen ergehenden Entscheidungen (Abs. 1). I. Verkündung (Abs. 1 S. 1).** Die Verkündung (Abs. 1 S. 1) ist die **Form der Bekanntmachung v. Urteilen ua Entscheidungen,** die in der HV o. in einer anderen Verh., zB bei einer kommissarischen Vernehmung nach § 223, ergehen. Für die Urteilsverkündung gilt § 268 Abs. 2, der im Jugendstrafverfahren durch § 54 Abs. 2 **JGG** eingeschränkt wird. Von den Beschlüssen, die in Anwesenheit der davon Betroffenen ergehen, wird (durch Verlesung o. in freier Rede) der wesentliche Inhalt mitgeteilt (RGSt 44, 53), soweit erforderlich auch die Gründe. Der Mangel wirksamer Verkündung kann bei Beschlüssen, nicht bei Urteilen, durch schriftliche Bekanntmachung geheilt werden.

5 Die Verkündung ist Sache des Richters, bei Kollegialgerichten des Vorsitzenden (OLG Oldenburg NJW 1952, 1310), der sie aus besonderen Gründen einem anderen Richter, aber niemand anderem übertragen kann (Löwe/Rosenberg/Graalmann-Scheerer Rn. 7). Sie ist in der Sitzungsniederschrift zu beurkunden (§ 273 Abs. 1); außerhalb einer HV wird sie in den Akten vermerkt.

6 **II. Anspruch auf Erteilung einer Abschrift (Abs. 1 S. 2).** Der Anspruch auf Erteilung einer Abschrift (Abs. 1 S. 2) **bezieht sich nur auf Entscheidungen,** nicht auf andere Aktenbestandteile (Dallinger MDR 1973, 371 – BGH RsprÜ; Löwe/Rosenberg/Graalmann-Scheerer Rn. 10; erg. → § 147 Rn. 6). Über die Erteilung entscheidet der Vorsitzende des Gerichts, das die Entsch. erlassen hat, u. zwar unverzüglich. Ist die Entsch. in der HV verkündet worden, so kann die Abschrift erst nach Fertigstellung des Prot. verlangt werden (RGSt 44, 53), sofern der Betroffene nicht ein besonderes Interesse an einer früheren Erteilung hat

(Mosbacher NStZ-Sonderheft Miebach, 2009, 22; weitergehend Löwe/Rosenberg/Graalmann-Scheerer Rn. 12: alle bedeutsameren Beschlüsse), bei mehrtägigen HV jedoch idR nach Ende des einzelnen Hauptverhandlungstages. Auf die Erteilung einer Abschrift des Beschl., mit dem ein Beweisantrag abgelehnt worden ist, besteht ein Anspruch, wenn er eine längere Begründung enthält (BGH NStZ 2008, 110). Auch wer Beschwerde gegen einen Ordnungsmittelbeschluss nach § 178 GVG einlegen will, kann sofort eine Beschlussabschrift verlangen (OLG Karlsruhe Justiz 1977, 385). Über die Kosten vgl. KV 9000 GKG. Die (kostenlose) Übersendung des rkr. Urteils u. der Beschlüsse nach § 268a schreibt Nr. 140 RiStBV vor.

Der **Anspruch auf Abschriftserteilung entfällt,** wenn er ohne jeden Zusam- 7
menhang mit irgendeinem auch nur entfernt in Betracht kommenden strafverfahrensrechtlichen Zweck geltend gemacht wird (KG JR 1960, 352 Ls.; KMR-StPO/Ziegler Rn. 6; **aM** KK-StPO/Schneider-Glockzin Rn. 8; Löwe/Rosenberg/Graalmann-Scheerer Rn. 9), nicht aber deshalb, weil die Entsch. bereits rkr. ist (KK-StPO/Schneider-Glockzin Rn. 10). Nach endgültigem Abschluss des Verfahrens ist Abs. 1 S. 2 nicht mehr anwendbar; dann entscheidet die aktenverwahrende JV. Sie wird dem Verlangen idR stattgeben, wenn der Antragsteller früher einen Anspruch nach Abs. 1 S. 2 hatte, es sei denn, dass kein schutzwürdiges Interesse dargetan ist.

Das **öffentliche Geheimhaltungsinteresse** (Nr. 213 RiStBV) kann zur Be- 8
schränkung führen. Wird durch die Abschrift ein Staatsgeheimnis iSd § 93 StGB gefährdet, so werden die Teile weggelassen, die es enthalten. Dafür kann uU Einsicht in die unverkürzte Entsch. auf der Geschäftsstelle angeboten werden. Dem Verteidiger kann die vollständige Abschrift erteilt werden, wenn ein ges. Schweigegebot nach § 174 Abs. 2 GVG und die Anordnung der Rückgabe nach bestimmter Zeit als Sicherungsmaßnahmen genügen. Darüber hinaus werden idR noch Auflagen über Verwahrung, Fertigung v. Abschriften u. Zugänglichmachung an andere notwendig sein (BGHSt 18, 369 (373); erg. → § 200 Rn. 24). Rechtliche Ausführungen sind nie geheim.

**C. Zustellung der in Abwesenheit des Betroffenen erlassenen Entschei- 9, 10
dungen (Abs. 2). I. Zustellung (Abs. 2 S. 1).** Die **förmliche Zustellung** (Abs. 2 S. 1) einer Ausfertigung o. beglaubigten Abschrift (→ § 37 Rn. 2) ist ein in der ges. Form (§§ 37–41) zu bewirkender Akt, durch den dem Adressaten Gelegenheit verschafft wird, v. einem Schriftstück Kenntnis zu nehmen (BGH NJW 1978, 1858; Rosenberg/Schwab/Gottwald ZivilProzR § 73 Abs. 1 S. 1). Sie ist nicht nur erforderlich, wenn eine Frist in Lauf gesetzt wird, sondern auch für Mitteilungen, durch die einem Abwesenden das rechtliche Gehör gewährt werden soll (BGHSt 27, 85; vgl. auch BVerfGE 36, 85 (88)). Zuzustellen ist auch die Ladung, wenn die Ladungsfrist (§§ 217, 218, 323) zu wahren ist (Nr. 117 Abs. 1 S. 1 RiStBV).

Für die **Mitteilung von Urteilen** gelten keine Besonderheiten mehr; wenn sie 11
nicht anfechtbar sind, genügt die formlose Mitteilung. Über Zustellungen durch die StA vgl. Nr. 91 Abs. 2 S. 1, 105 Abs. 5 RiStBV.

II. Formlose Mitteilung (Abs. 2 S. 2). Die formlose Mitteilung (Abs. 2 S. 2) 12
erfolgt **schriftlich** (OLG Hamm VRS 57, 125); mündliche Eröffnung u. Beurkundung durch den UrkB ist nicht zulässig (Löwe/Rosenberg/Graalmann-Scheerer Rn. 23). In der Regel wird eine Ausfertigung o. Abschrift der Entsch. durch einfachen Brief übersandt. Die formlose Mitteilung reicht aus, wenn durch die Bekanntmachung der Entsch. keine strafprozessuale Frist (Fristen für die Verfassungsbeschwerde (→ Einl. Rn. 235) u. für den Antrag nach Art. 26 EMRK brauchen nicht berücksichtigt zu werden) in Lauf gesetzt wird. Daraus ergibt sich zugleich, dass ein Beschl. nrkr wird, wenn er dem Anfechtungsberechtigten nicht förmlich zugestellt wird (BGHSt 26, 140; OLG Celle JR 1978, 337; OLG Schleswig SchlHA 1978, 87). Durch die Verkündung der Entsch. in der HV kann ihre

formlose Mitteilung stets ersetzt werden (BGHSt 15, 384; KK-StPO/Schneider-Glockzin Rn. 18; **aM** Schmidt StPO/GVG StPO § 35 Rn. 9).

13 **D. Zustellung an behördlich Verwahrte (Abs. 3).** Die Zustellung an behördlich Verwahrte (Abs. 3) richtet sich nach den allg. Vorschr.; nur die Ersatzzustellung ist beschränkt (→ § 37 Rn. 9). **Nicht auf freiem Fuß** ist jeder, dem die Freiheit auf Anordnung des Richters o. einer Behörde entzogen u. der dadurch in der Wahl seines Aufenthalts beschränkt ist (BGHSt 4, 308; 13, 209 (212)). Die Verlesung nach Abs. 3 ersetzt die Zustellung nicht; das Verlangen, ihm das Schriftstück vorzulesen, setzt vielmehr voraus, dass es dem Inhaftierten vorher wirksam zugestellt worden war. Wird dem Verlangen nicht stattgegeben, so berührt das die Wirksamkeit der Zustellung nicht.

14 **E. Gesetzliche Pflichten zur Mitteilung.** Gesetzliche Pflichten zur Mitteilung der ergangenen Entscheidungen sind zu beachten, etwa nach § 49 BeamtStG, § 125c Abs. 1 S. 1 Nr. 3, S. 2, Abs. 2 BRRG (MiStra 15) für die einen Rechtszug abschl. Urt. u. Beschl. sowie Haft- u. Unterbringungsbefehle in Strafsachen gegen Beamte o. nach § 27 Abs. 3, Abs. 4 BtMG (MiStra 50) für die das Verf. abschl. Entscheidungen wegen Verstößen gegen das BtMG o. mit dem Betäubungsmittelverkehr in Zusammenhang stehender Taten. Vgl. ferner § 8 EGStPO und §§ 12 ff. EGGVG (→ EGStPO § 8 Rn. 1 ff., → EGGVG § 12 Rn. 1 ff.).

Rechtsmittelbelehrung **Nr. 142 RiStBV**

35a **[1]Bei der Bekanntmachung einer Entscheidung, die durch ein befristetes Rechtsmittel angefochten werden kann, ist der Betroffene über die Möglichkeiten der Anfechtung und die dafür vorgeschriebenen Fristen und Formen zu belehren. [2]Bei der Bekanntmachung eines Urteils ist der Angeklagte auch über die Rechtsfolgen des § 40 Absatz 3 und des § 350 Absatz 2 sowie, wenn gegen das Urteil Berufung zulässig ist, über die Rechtsfolgen der §§ 329 und 330 zu belehren. [3]Ist einem Urteil eine Verständigung (§ 257c) vorausgegangen, ist der Betroffene auch darüber zu belehren, dass er in jedem Fall frei in seiner Entscheidung ist, ein Rechtsmittel einzulegen.**

Übersicht

1 **A. Rechtsmittelbelehrung (S. 1).** Eine Rechtsmittelbelehrung (S. 1) ist bei der Bekanntmachung einer durch befristetes Rechtsmittel anfechtbaren Entsch. zu erteilen (vgl. allg. Warda MDR 1957, 717), dh bei der **Verkündung** (§ 35 Abs. 1 S. 1) **o. Zustellung** (§ 35 Abs. 2 S. 1) der Entscheidung.

2 **I. Befristete Rechtsmittel.** Befristete Rechtsmittel sind sofortige Beschwerde (§ 311), Berufung (§§ 312 ff.) u. Revision (§§ 333 ff.).

3 Der **Antrag auf Wiedereinsetzung nach § 44** ist kein Rechtsmittel iSd § 35a (BGH NStE StPO § 35a Nr. 20 zu § 44; OLG Hamm VRS 63, 362; erg. → § 44 Rn. 24); aber die Vorschrift gilt entspr. für die Wiedereinsetzung gegen Abwesenheitsurteile (§§ 235 S. 2, 329 Abs. 3, 412; vgl. Nr. 142 Abs. 3 S. 2 RiStBV), ferner für Anträge auf Entsch. des Rechtsmittelgerichts (§§ 319 Abs. 2 S. 3, 346 Abs. 2 S. 3).

II. Betroffene. Der **Betroffene** ist zu belehren, dh derjenige, der gegen die Entsch. ein befristetes Rechtsmittel einlegen kann (BayObLGSt 1966, 90 (91)), auch wenn er rechtskundig o. durch einen Anwalt verteidigt o. vertreten ist (KK-StPO/Schneider-Glockzin Rn. 6). Das Fehlen einer Beschwer (→ Vor § 296 Rn. 8 ff.) macht die Belehrung nicht entbehrlich, sofern es nicht offensichtlich ist (LG Oldenburg Nds. Rpfl. 1975, 249). Für Erziehungsberechtigte u. ges. Vertreter gilt § 67 Abs. 2 **JGG;** sind sie bei der Urteilsverkündung abwesend, so werden sie nicht belehrt (BGHSt 18, 21). **4**

Die Belehrung der **StA** u. der am Verf. beteiligten Staatsorgane (OLG Naumburg NStZ 2007, 603: Bußgeld- u. Strafsachenstelle des FA) ist nicht nur überflüssig, sondern unangebracht, nicht aber die Belehrung anfechtungsberechtigter Verwaltungsbehörden (BayObLGSt 1966, 90). **5**

Ein **Verzicht** des Betroffenen auf die Belehrung ist zulässig (BGH NStZ 1984, 329; OLG Hamm NJW 1956, 1330; OLG Zweibrücken MDR 1978, 861); er kann darin liegen, dass der Verteidiger die Belehrung übernimmt (OLG Hamm MDR 1978, 337). **6**

III. Form der Belehrung. Die Belehrung, die **klar, unmissverständlich u. vollständig** sein muss (BGHSt 24, 15 (25)), ist Sache des Gerichts, nicht der StA (OLG Hamm NJW 1954, 812; OLG Schleswig SchlHA 1955, 227). Bei der Verkündung einer Entsch. erfolgt sie mündlich, wobei auf ein Merkblatt verwiesen werden kann. Das Merkblatt ist dem Betroffenen stets auszuhändigen (BVerfG NJW 1996, 1811 mwN; vgl. auch Nr. 142 Abs. 1 S. 2 RiStBV; einschr. BVerfG NStZ 2007, 416: auch bei Belehrung über Revision nur bei Anhaltspunkten für mangelndes Verständnis in der Person des Angeklagten); die Aushändigung des Merkblatts allein genügt (OLG Düsseldorf VRS 96, 111). Hat der Betroffene sich vorher entfernt, so unterbleibt die mündliche Belehrung; das Gericht ist aber verpflichtet, sie schriftlich nachzuholen, es sei denn, der Angeklagte habe sich gerade mit dem Ziel entfernt, die Rechtsmittelbelehrung zu unterlaufen (OLG Düsseldorf ZfZ 1984, 218; **aM** OLG Köln NStZ 2009, 655 Ls.), Auch wenn sich herausstellt, dass der Betroffene die mündliche Belehrung missverstanden hat, kann die Fürsorgepflicht (→ Einl. Rn. 155 ff.) gebieten, sie bei der Zustellung der Entsch. schriftlich zu wiederholen (OLG Koblenz MDR 1977, 425; vgl. auch KG VRS 99, 440). Bei Zustellung einer Entsch. wird schriftlich belehrt, u. zwar entweder in der Entsch. selbst o. durch Beifügung eines Merkblatts (Nr. 142 Abs. 3 S. 1 RiStBV). **7**

Die mündliche Belehrung wird nach § 273 Abs. 1 im **Sitzungsprotokoll** beurkundet (OLG Köln OLGSt StPO § 35a Nr. 1; vgl. Nr. 142 Abs. 1 S. 4 RiStBV); zum Umf. der Beweiskraft vgl. → § 274 Rn. 6. Die Beifügung des Merkblatts wird in der Zustellungsurkunde vermerkt (Nr. 142 Abs. 3 S. 1 Hs. 2 RiStBV); der fehlende Vermerk erbringt aber allein noch keinen Beweis dafür, dass die Belehrung nicht beigefügt war (OLG Stuttgart NStZ-RR 2011, 17; **aM** OLG Düsseldorf NStZ 1986, 233). **8**

Gegenüber einem **der deutschen Sprache nicht mächtigen Betroffenen** wirkt in der HV o. bei sonstiger mündlicher Belehrung ein Dolmetscher mit (→ GVG § 185 Rn. 4). Die durch ihn zu vermittelnde Rechtsmittelbelehrung muss den Hinweis enthalten, dass die schriftliche Rechtsmitteleinlegung in deutscher Sprache erfolgen muss (→ Rn. 12). Da die Gerichtssprache Deutsch ist (§ 184 GVG), hat der Ausländer keinen darüber hinausgehenden Anspruch auf Aushändigung eines Belehrungs-Merkblatts in seiner Sprache (OLG Köln VRS 67, 251; **aM** Löwe/Rosenberg/Graalmann-Scheerer Rn. 20). Es wird ihm grds. zugemutet, sich bei schriftlicher Belehrung selbst um die Übersetzung zu bemühen (aber auch → § 44 Rn. 13). Nur wenn die Belehrung dazu dient, das rechtliche Gehör zu gewähren, insbes. im Fall des § 409 Abs. 1 S. 1 Nr. 7, sollte sie grds. in einer dem Betroffenen verständlichen Sprache erteilt werden (BVerfGE 42, 120; erg. → § 44 Rn. 22). **9**

10 **IV. Inhalt der Belehrung.** Über die **Möglichkeit der Anfechtung,** die **Art des Rechtsmittels** u. die dafür vorgeschriebenen **Fristen u. Formen** wird belehrt. Die **Angabe des Gerichts** o. der Gerichte, bei denen das Rechtsmittel einzulegen ist, ist erforderlich (OLG Stuttgart StraFo 2007, 114), aber nicht notwendig mit Straße u. Hausnummer (Warda MDR 1957, 520; **aM** Löwe/Rosenberg/Graalmann-Scheerer Rn. 23).

11 Die Belehrung muss sich auch auf den Beginn der **Frist** erstrecken; jedoch bleibt die konkrete Berechnung des Laufs der Frist dem Betroffenen überlassen (BVerfGE 31, 388 (390)); daher braucht die Belehrung nicht den Hinweis auf § 43 Abs. 2 zu enthalten. Belehrt werden muss auch darüber, dass das Rechtsmittel innerhalb der Frist bei Gericht eingegangen sein muss (BGHSt 8, 105; OLG Saarbrücken NStZ 1986, 470).

12 Zu der Belehrung über die **Form** gehört bei Ausländern auch der Hinweis, dass die schriftliche Rechtsmitteleinlegung in deutscher Sprache erfolgen muss (BVerfGE 64, 135 (149); BGHSt 30, 182; StraFo 2005, 419; KG JR 1977, 129; OLG Düsseldorf MDR 1982, 866; vgl. auch Nr. 142 Abs. 1 S. 3 RiStBV).

13 **V. Unterlassen der Belehrung.** Das Unterlassen der Belehrung führt zur **Anwendung des § 44 S. 2** (→ § 44 Rn. 22). Auf den Beginn der Rechtsmittelfrist ist es ohne Einfluss (BGH NJW 1974, 1335; NStZ 1984, 329).

14 Die **unvollständige Belehrung** steht der unterlassenen gleich, wenn die Lückenhaftigkeit einen wesentlichen Punkt betr. (→ § 44 Rn. 22), zB wenn nicht mitgeteilt wird, bei welchem Gericht das Rechtsmittel anzubringen ist (BayObLGSt 1976, 19; OLG Hamburg GA 1962, 218) o. dass das Rechtsmittel innerhalb der Frist bei Gericht eingegangen sein muss (BGHSt 8, 105; OLG Hamburg GA 1963, 348), o. wenn nicht über die Möglichkeit der Rechtsmitteleinlegung nach § 299 (OLG Bremen MDR 1979, 517) o. bei der Wahlmöglichkeit nach § 335 Abs. 1 nur über die Möglichkeit der Revision (LG München I NJW 1956, 1368), nicht aber, wenn nur über die Möglichkeit der Berufung belehrt worden ist (KG JR 1977, 81; **aM** KK-StPO/Schneider-Glockzin Rn. 9; Löwe/Rosenberg/Graalmann-Scheerer Rn. 21).

15 Auch eine **falsche Belehrung** steht der unterlassenen gleich, wenn sich die Unrichtigkeit auf einen wesentlichen Punkt bezieht (OLG Hamm Rpfleger 1961, 80). Wird zu einer zutreffenden mündlichen Belehrung ein falsches Merkblatt überreicht, so gilt die Belehrung insges. als unrichtig (OLG Köln VRS 43, 295; OLG Neustadt GA 1960, 121; OLG Saarbrücken NJW 1965, 1031). Dies gilt gleichermaßen für eine widersprüchliche Belehrung, etwa wenn die mündliche Belehrung zutreffend, die ausgehändigte schriftliche Belehrung dagegen unrichtig ist (BGH NStZ 1994, 194).

16 **B. Belehrung bei Urteilen (S. 2).** Bei der Bekanntmachung eines Urteils ist der Angeklagte auch über die Rechtsfolge der öffentlichen Zustellung gem. § 40 Abs. 3 u. die Rechtsfolge des Nichterscheinens in der Revisionshauptverhandlung nach § 350 Abs. 2 zu belehren, bei zulässiger Berufung über die Rechtsfolgen der §§ 329, 330. Der Angeklagte, der dem Gericht nach Einlegung der Berufung o. Revision keine Kenntnis v. Wechsel seiner Anschrift gibt, kann nach § 40 Abs. 3 öffentl. geladen werden. Seine **Revision** kann nach § 350 Abs. 2 S. 2 in seiner Abwesenheit verhandelt werden, sofern kein Fall der notwendigen Verteidigung vorliegt, auch in Abwesenheit seines Verteidigers (dazu iE → § 350 Rn. 3 ff.). Seine **Berufung** wird nach § 329 Abs. 1 verworfen, wenn er bei Beginn der HV nicht erschienen ist. Entsprechendes gilt nach § 330 Abs. 2 S. 2 Hs. 1 für die Berufung des ges. Vertreters. Auf diese für ihn nachteiligen Folgen muss der Angeklagte bei der allgemeinen Rechtsmittelbelehrung nach S. 1 hingewiesen werden. Die Belehrung über die Folgen seines Ausbleibens wird nach § 323 Abs. 1 S. 2 bei der Ladung zur Berufungsverhandlung in ausführlicherer Weise (→ § 323 Rn. 3) wiederholt. Bei fehlender Belehrung gilt auch → Rn. 13 (OLG Hamburg NStZ-RR 2000, 238 mwN; **aM** SK-StPO/Weßlau/Singelnstein § 40 Rn. 16).

C. „Qualifizierte Belehrung" (Satz 3). Die v. GrS des BGH in seiner Entsch. BGHSt 50, 40 (61) vorgeschriebene **„qualifizierte Belehrung" bei einer Absprache** ist v. Gesetzgeber für das Verständigungsverfahren (§ 257c) in S. 3 übernommen worden. Ihre Bedeutung wird aber gering sein: Beruht das Urt. auf einer Verständigung, die gem. § 257c Abs. 3 S. 4 nur zustande kommt, wenn StA u. Angeklagter dem Vorschlag des Gerichts zustimmen, so ist es wenig wahrscheinlich, dass ohne diese „qualifizierte Belehrung" unüberlegt v. der Einlegung v. Rechtsmitteln gegen das Urt. abgesehen werden wird. Da zudem nach der Neufassung des § 302 Abs. 1 S. 2 (vgl. → § 302 Rn. 26a ff.) ein Rechtsmittelverzicht nach einer Verständigung überhaupt nicht mehr wirksam abgegeben werden kann, erscheint diese Regelung in § 35a S. 3 überflüssig. 17

§ 35a S. 3 gilt nur nach einer Verständigung iSd § 275c, nicht etwa auch für (unzulässige) heimliche Rechtsmittelverzichtvereinbarungen: Der Widerspruch, eine Rechtsmittelverzichtvereinbarung für unzulässig zu erklären, gleichwohl aber auch für sie eine „qualifizierte Belehrung" zu verlangen, ist damit beseitigt. Nach einer Verständigung kann weder auf die ges. vorgeschriebene noch auf die qualifizierte Rechtsmittelbelehrung wirksam verzichtet werden (BGHSt 51, 275). 18

Ist die „qualifizierte Belehrung" **versäumt worden,** hat dies keine direkten Folgen, da ein erklärter Rechtsmittelverzicht nach § 302 Abs. 1 S. 2 ohnehin unwirksam ist. Das Urt. wird aber gleichwohl rkr., wenn der Betroffene innerhalb der Rechtsmittelfrist kein Rechtsmittel einlegt (OLG Frankfurt a. M. NStZ-RR 2011, 50). Wurde er allerdings nicht „qualifiziert" belehrt, kann dies die Wiedereinsetzung in den vorigen Stand gegen die Versäumung der Rechtsmittelfrist begründen, wenn der Wiedereinsetzungsantrag frist- u. formgerecht (§ 45 Abs. 1, Abs. 2 S. 2) gestellt wird u. der Angeklagte glaubhaft macht (§ 45 Abs. 2 S. 1), dass er – was freilich schwer vorstellbar ist – der irrigen Meinung war, er dürfe gegen das Urt. kein Rechtsmittel einlegen (vgl. aber auch zur früheren Regelung BGHSt 45, 227; 47, 238). 19

Nur der Umstand, dass qualifiziert belehrt wurde, **nicht deren Inhalt** muss protokolliert werden (BGH StraFo 2009, 335). Zur Formulierung der Belehrung vgl. BGH NStZ 2007, 419. Der Verstoß gegen S. 3 ist nicht revisibel (Kirsch StraFo 2010, 100). 20

Abschnitt 4b. Verfahren bei Zustellungen

Zustellung und Vollstreckung

36 (1) [1]**Die Zustellung von Entscheidungen ordnet der Vorsitzende an.** [2]**Die Geschäftsstelle sorgt dafür, daß die Zustellung bewirkt wird.**

(2) [1]**Entscheidungen, die der Vollstreckung bedürfen, sind der Staatsanwaltschaft zu übergeben, die das Erforderliche veranlaßt.** [2]**Dies gilt nicht für Entscheidungen, welche die Ordnung in den Sitzungen betreffen.**

A. Zustellung durch das Gericht (Abs. 1). I. Anordnung des Vorsitzenden (S. 1). Sowohl die förmliche Zustellung (→ § 35 Rn. 10) als auch die formlose Mitteilung (→ § 35 Rn. 12) erfolgt auf Anordnung des Vorsitzenden. Der Strafrichter u. der ersuchte u. beauftragte Richter sind **zuständig,** wenn sie die Entsch. getroffen haben (KK-StPO/Schneider-Glockzin Rn. 2). 1

Eine in Abweichung v. der Anordnung des Vorsitzenden erfolgte Zustellung ist unwirksam (OLG Oldenburg StV 2018, 77). Für Beschlüsse des Rechtspflegers (zB nach § 464b) gilt Abs. 1 S. 1 entgegen seinem Wortlaut nicht. Die versehentlich unterlassene richterliche Anordnung kann der StA nachholen (OLG Düsseldorf MDR 1982, 599; Ernesti/Lorenzen SchlHA 1982, 116 – OLG Schleswig RsprÜ; **aM** Löwe/Rosenberg/Graalmann-Scheerer Rn. 10). 2

Die Anordnung kann **sowohl schriftlich als auch mündlich** getroffen werden, muss aber wegen ihrer Bedeutung für die Zustellung im Zeitpunkt der Zustellung 3

aktenkundig, im Fall einer mündlichen Anweisung jedenfalls in einem Vermerk der Geschäftsstelle festgehalten sein (BGH BeckRS 2024, 35473; NJW 2014, 1686; OLG Zweibrücken MDR 1986, 1047). Sie muss für jeden Einzelfall erfolgen. Unzulässig ist eine allg. Anordnung des Vorsitzenden an die Geschäftsstelle, die in seinem Spruchkörper anfallenden Entscheidungen zuzustellen (LG Zweibrücken VRS 123, 221), soweit das nicht Aufgabe der StA ist.

4 Die Anordnung muss die **Zustellungsempfänger bezeichnen** u. bestimmen, ob eine förmliche Zustellung o. eine formlose Mitteilung erfolgen soll. Die bloße Anordnung, dass zugestellt werden soll, ist unzureichend (KG JR 1977, 521; OLG Düsseldorf NStZ-RR 1997, 332; OLG Hamm NStZ 1982, 479; OLG Koblenz NStZ 1992, 194; OLG Stuttgart MDR 1976, 245; vgl. auch OLG Celle Nds. Rpfl. 1984, 173: Zustellung an „Verteidiger", wenn mehrere vorhanden sind), auch bei Zustellungen an die StA nach § 41 (BGH NStZ 1986, 230; **aM** OLG Hamm OLGSt StPO § 36 S. 1). Andernfalls wäre die Zustellungsanordnung eine leere Förmlichkeit (vgl. aber BGH NStZ 1983, 325, wonach die Anordnung, es solle „wie üblich" zugestellt werden, genügt, u. BayObLGSt 1982, 12, das die Anordnung: „Urteil zustellen", dahin auslegt, es solle dem Verteidiger zugestellt werden).

5 Die **Art der förmlichen Zustellung** braucht der Vorsitzende dagegen nicht zu bestimmen (OLG Düsseldorf VRS 98, 286; → Rn. 6). Ist der Zustellungsempfänger bezeichnet, so genügt nach fehlgegangener Zustellung auch die Vfg. des Rechtspflegers, dass an die neue Anschrift zugestellt werden soll (Ernesti/Lorenzen SchlHA 1985, 120 – OLG Schleswig RsprÜ).

6 **II. Bewirken der Zustellung (S. 2).** Das Bewirken der Zustellung (S. 2), dh die **Ausführung der Anordnung,** ist Aufgabe der **Geschäftsstelle** des Gerichts. Sie bestimmt die Art der förmlichen Zustellung, wenn der Vorsitzende darüber keine Anordnung getroffen hat (OLG Hamm JMBl. NRW. 1982, 223), u. übergibt die Sendung dem Zustellungsbeamten (vgl. zur Zustellung durch Justizbedienstete zB VwV JM BW v. 5.11.2007, Justiz 2007, 376) o. (mit vorbereiteter Zustellungsurkunde) einem beliehenen Postunternehmen. Gemäß § 61 PostG sind marktbeherrschende Lizenznehmer, die Briefzustelldienstleistungen erbringen, verpflichtet, Schriftstücke förmlich zuzustellen, u. als beliehene Unternehmer mit entspr. Hoheitsbefugnissen ausgestattet. Im Fall des § 40 veranlasst das Postunternehmen den Aushang an der Gerichtstafel. Abs. 1 S. 2 schließt nicht aus, dass der Richter die Zustellung selbst bewirkt, zB indem er die Entsch. dem Empfänger an der Amtsstelle aushändigt u. das in den Akten vermerkt (§ 173 ZPO).

7 **III. Zustellung ohne Anordnung.** Fehlt die nach Abs. 1 S. 1 erforderliche Anordnung des Vorsitzenden, ist sie unvollständig o. ist der Zustellungsadressat o. die Zustellungsart nicht eindeutig bestimmt, ist die Zustellung einer Entscheidung, auch nach § 41, **unwirksam** (BGH NStZ 1986, 230; 2011, 591; BayObLGSt 1982, 12; OLG Celle NStZ-RR 2011, 45 Ls.; OLG München NStZ-RR 2010, 15 Ls.). Statt des Vorsitzenden kann aber auch ein richterlicher Beisitzer die Anordnung treffen (OLG Düsseldorf NStZ 1982, 257 Ls.).

8 **IV. Zustellung entgegen der Anordnung. Unwirksam** ist die Zustellung, wenn entgegen der Anordnung des Vorsitzenden nicht mit Postzustellungsurkunde, sondern nach § 174 ZPO (BayObLG NStZ-RR 1999, 243) o. wenn nicht dem Verteidiger, sondern dem Betroffenen (OLG Düsseldorf MDR 1983, 339; OLG Hamm VRS 94, 345; OLG Zweibrücken VRS 53, 277; KrG Saalfeld MDR 1993, 564) o. umgekehrt (BayObLGSt 1989, 1), o. wenn eine Entsch. ohne Übersetzung (OLG Oldenburg StraFo 2016, 507), nicht aber, wenn nur dem Verteidiger, nicht auch dem Betroffenen zugestellt worden ist (OLG Düsseldorf VRS 64, 269).

8a **V. Heilung von Mängeln.** Eine **Heilung von Mängeln** der Zustellungsanordnung durch tatsächlichen Zugang des Schriftstücks (vgl. § 37 Abs. 1 iVm § 189 ZPO) kommt nur in Betracht, wenn überhaupt eine Zustellung beabsichtigt war (vgl. SSW StPO/Claus Rn. 9).

B. Zustellung durch die StA (Abs. 2 S. 1). I. Sonderregelung für vollstreckungsbedürftige Entscheidungen. Eine Sonderregelung für vollstreckungsbedürftige Entscheidungen enthält die Vorschrift. Sie werden nicht durch das Gericht zugestellt, sondern der StA übergeben, die das Erforderliche veranlasst (**aM** OLG Saarbrücken NStZ 1986, 471). Denn **Zustellung u. Vollstreckung** müssen **in einer Hand** liegen, damit die Vollstreckung nicht durch die vorherige Bekanntmachung der Entsch. gefährdet wird (OLG Düsseldorf NStZ 1988, 150). 9

Abs. 2 S. 1 ist daher nur auf Entscheidungen anwendbar, die erforderlichenfalls zwangsweise durchgesetzt werden müssen, wie Haftbefehle, Beschlagnahme- u. Durchsuchungsbeschlüsse (OLG Oldenburg NStZ-RR 2009, 219), nicht aber zB auf Urteile (BGH BeckRS 2018, 12997). Die Ansicht, die Vorschr. gelte immer, wenn zur Durchsetzung der Entsch. mehr zu veranlassen ist als ihre Zustellung (OLG Celle JR 1978, 337; OLG Frankfurt a. M. GA 1980, 474; OLG Hamm NJW 1978, 175; OLG Zweibrücken JR 1977, 292), wird dem Sinn der Vorschr. nicht gerecht (OLG Oldenburg NStZ-RR 2009, 219). 10

Dass die StA ihre **eigenen Entscheidungen** selbst zustellt, ist ges. nicht bestimmt, aber selbstverständlich. Wegen der Zustellung der Revisionsschrift der StA vgl. → § 347 Rn. 1. 11

II. Entscheidungen, die der Vollstreckung bedürfen. Entscheidungen, die der Vollstreckung bedürfen, sind insbes. Ordnungsmittelbeschlüsse nach §§ 51 Abs. 1 S. 2, 3, 70 Abs. 1 S. 2, 77 Abs. 1 S. 1, Anordnungen nach §§ 81a Abs. 2, 81c Abs. 5, 98 Abs. 1, 100 Abs. 1, 100b Abs. 1 S. 1, 105 Abs. 1, Haftbefehle nach §§ 112 ff., 230 Abs. 2, 236, 329 Abs. 4, 453c, Unterbringungsbefehle nach § 126a und Widerrufsbeschlüsse nach § 116 Abs. 4. Keiner Vollstreckung bedürfen Beschlüsse, durch die Zwangsmaßnahmen (Haftbefehle, Unterbringungsbefehle, Beschlagnahmebeschlüsse usw) aufgeh. werden o. durch die der Vollzug eines Haftbefehls nach § 116 ausgesetzt wird, auch Beschlüsse des Gerichts des 1. Rechtszugs o. der StVollstrK über den Widerruf der Strafaussetzung zur Bewährung (OLG Düsseldorf NStZ 1988, 150) o. die erst nach Rechtskraft der Entsch. wirksame Aussetzung des Strafrests nach § 454 iVm § 57 StGB (OLG Frankfurt a. M. GA 1980, 474; OLG Oldenburg NStZ-RR 2009, 219; Löwe/Rosenberg/Graalmann-Scheerer Rn. 22; **aM** OLG Celle Nds. Rpfl. 1992, 94; OLG Hamm NJW 1978, 175; OLG Zweibrücken JR 1977, 292). 12

III. Veranlassen des Erforderlichen. Der StA werden die Akten idR auf Anordnung des Vorsitzenden übersandt. Das **in der Sache Erforderliche** hat sie aber auch zu veranlassen, wenn ihr die Entsch. ohne ausdr. Hinweis auf die Vollstreckungsbedürftigkeit u. ohne Ersuchen um weitere Veranlassung zugeht. In jedem Fall hat die StA die Zustellung u. die Vollstreckung der Entsch. zu betreiben. Die Zustellung muss v. dem StA o. Amtsanwalt, nicht v. der Geschäftsstelle, angeordnet werden. 13

C. Vollstreckung durch das Gericht (Abs. 2 S. 2). Eine **Ausnahme v. Abs. 2 S. 1** gilt für Entscheidungen über die Ordnung in den Sitzungen nach §§ 169 ff. GVG. Die Vollstreckung der nach diesen Vorschr. festgesetzten Ordnungsmittel hat der Vorsitzende unmittelbar zu veranlassen (§ 179 GVG); nach § 31 Abs. 3 **RPflG** ist sie dem Rechtspfleger übertragen. Der Vorsitzende macht auch die Entsch. bekannt o. veranlasst ihre Zustellung. Die Zuständigkeit des Gerichts besteht über Abs. 2 S. 2 hinaus auch für die Beugehaft nach §§ 70 Abs. 2, 95 Abs. 2 (BGHSt 36, 155), die jederzeit auf das Entstehen v. Vollstreckungshindernissen (→ § 70 Rn. 15) zu prüfen ist; auch insoweit gilt § 31 Abs. 3 **RPflG.** 14

D. Anfechtung. Gegen Zustellungs- u. Vollstreckungsmaßnahmen der StA ist der **Antrag auf gerichtliche Entsch. nach § 23 EGGVG** zulässig (KK-StPO/Schneider-Glockzin Rn. 18; Löwe/Rosenberg/Graalmann-Scheerer Rn. 37). 15

Zustellungsverfahren

37 (1) **Für das Verfahren bei Zustellungen gelten die Vorschriften der Zivilprozeßordnung entsprechend.**

(2) **Wird die für einen Beteiligten bestimmte Zustellung an mehrere Empfangsberechtigte bewirkt, so richtet sich die Berechnung einer Frist nach der zuletzt bewirkten Zustellung.**

(3) [1]**Ist einem Prozessbeteiligten gemäß § 187 Absatz 1 und 2 des Gerichtsverfassungsgesetzes eine Übersetzung des Urteils zur Verfügung zu stellen, so ist das Urteil zusammen mit der Übersetzung zuzustellen.** [2]**Die Zustellung an die übrigen Prozessbeteiligten erfolgt in diesen Fällen gleichzeitig mit der Zustellung nach Satz 1.**

Übersicht

1 **A. Gegenstand der Zustellung. Zugestellt wird** v. Urteilen u. ihnen gleichstehenden Beschlüssen, zB nach §§ 346, 349, eine Ausfertigung, dh eine Abschrift mit dem Ausfertigungsvermerk der Geschäftsstelle, der v. UrkB unterschrieben u. mit dem Dienstsiegel versehen wird (vgl. § 275 Abs. 4). Die Zustellung einer v. UrkB (auch der StA) beglaubigten Abschrift (§ 169 Abs. 2 S. 1 ZPO) des Urteils reicht aus (BGHSt 26, 140 (141); Dallinger MDR 1973, 19 – BGH RsprÜ), nicht aber die einer einfachen Abschrift. Eine bes. Form des Beglaubigungsvermerks ist ges. nicht vorgeschrieben; er muss aber unterzeichnet werden (vgl. BGH NJW 1976, 2263). Beschlüsse werden ebenfalls in Ausfertigung o. beglaubigter Abschrift zugestellt. Eine beglaubigte Ablichtung steht einer beglaubigten Abschrift gleich.

2 Ausfertigung o. beglaubigte Abschrift müssen das zuzustellende Schriftstück **wortgetreu und vollständig** wiedergeben. Wesentliche Fehler machen die Zustellung unwirksam (BGH MDR 1967, 834; OLG Düsseldorf NStZ 2002, 448; vgl. BayObLG MDR 1982, 500: in wesentlichen Teilen unleserliche Ausfertigung; KG JR 1982, 251: fehlende Wiedergabe der richterlichen Unterschriften). Kleine Unrichtigkeiten schaden nicht, wenn der Empfänger dem zugestellten Schriftstück den Inhalt der Urschrift entnehmen kann (BGH NJW 1978, 60; StraFo 2004, 238). Erg. → § 345 Rn. 5.

3 **B. Zustellungsadressat.** Zustellungsadressat ist derjenige, für den die Zustellung bestimmt ist, auch der Minderjährige (Schweckendieck NStZ 1990, 170), o. sein Zustellungsbevollmächtigter (§ 171 ZPO; OLG Köln NStZ-RR 2008, 379: Einverständniserklärung genügt). Empfangsberechtigt sind außerdem der Pflichtverteidiger u. der Wahlverteidiger, dessen Vollmacht bei den Akten ist (§ 145a Abs. 1), nicht aber der Sozius des Verteidigers (vgl. BGH NStZ-RR 2014, 149 Ls.). Kann an mehrere Verteidiger wirksam zugestellt werden, so genügt die Zustellung an einen v. ihnen (BGHSt 22, 221 (222); 34, 371; Nr. 154 Abs. 1 S. 2 RiStBV); § 172 Abs. 1 S. 1 ZPO gilt nicht entspr. Trotz Zustellungsvollmacht genügt rechtlich stets die Zustellung an den Beschuldigten (→ § 145a Rn. 6). Der ges. Vertreter ist nicht empfangsberechtigt (OLG Düsseldorf NStZ 1996, 52; vgl. auch BGH StV 2019, 77 (79)); auch § 171 ZPO gilt nicht, da es nur auf die Verhandlungsfähigkeit, nicht auf das Lebensalter ankommt (KG StV 2003, 343; s. aber OLG Dresden StV 2016, 219 zu Ladungen zur HV; erg. → § 127a Rn. 7);

Zustellung an einen nur wegen bestimmter Angelegenheiten unter Betreuung (§§ 1896 ff. BGB) Stehenden ist zulässig (OLG Brandenburg NStZ-RR 2009, 219), nicht aber an einen Verhandlungsunfähigen (LG Zweibrücken VRS 121, 42).

C. Verfahren bei Zustellungen (Abs. 1). I. Anwendbarkeit der Vorschriften der ZPO. Die **Vorschriften der ZPO über Zustellungen** (§§ 166–195) gelten entspr., soweit sie sich für die Anwendung im Strafverfahren eignen. Im Wesentlichen sind die §§ 166, 168, 169, 173, 174, 176–178, 181–183, 189, 194, 418 ZPO anwendbar. § 172 Abs. 1 ZPO wird durch § 145a Abs. 3 S. 2 modifiziert (vgl. BGH NStZ-RR 2019, 24: kein Gebot der Zustellung an den Verteidiger). Die §§ 185–188 ZPO gelten für öffentliche Zustellungen nur, wenn Privat- u. Nebenkläger sowie Personen, die nach § 124 Abs. 2, Abs. 3 Sicherheit geleistet haben, sie bewirken; iÜ ist § 40 die Sondervorschrift. 4

Das Vorliegen einer Zustellungsurkunde ist nicht Wirksamkeitsvoraussetzung für die Zustellung. sondern lediglich eine Möglichkeit ihres Nachweises; den Nachweis einer Zustellung und ihres Zeitpunktes kann der Zustellende durch die in den einzelnen Vorschriften hierfür vorgesehenen Beurkundungen auch in anderer Weise führen (BGH BeckRS 2024, 41893). 5

II. Ersatzzustellung. Grundsätzlich erfolgt die Zustellung durch **Übergabe einer Ausfertigung o. beglaubigten Abschrift** des zuzustellenden Schriftstücks an dem Ort, wo die Person, der zugestellt werden soll, angetroffen wird (§ 177 ZPO). Allgemein üblich ist die Zustellung durch die Post (§§ 168 Abs. 1, 176 ff. ZPO); es kann aber auch ein Gerichtsvollzieher o. eine andere Behörde (zB die Polizei) beauftragt werden, wenn eine Zustellung nach § 168 Abs. 1 keinen Erfolg verspricht (§ 168 Abs. 2 ZPO). Post iSd Zustellvorschriften der ZPO sind lizensierte marktbeherrschende Postunternehmen, die gem. § 61 PostG mit Hoheitsbefugnissen beliehen u. verpflichtet sind, Schriftstücke förmlich zuzustellen. Eine Ersatzzustellung, auch v. Abwesenheitsurteilen (§ 232 Abs. 4 schließt nur die Ersatzzustellung nach § 181 Abs. 1 ZPO aus) u. Strafbefehlen (→ § 409 Rn. 20), sehen die §§ 178 ff. ZPO in folgenden Fällen vor: 6

1. An erwachsene **Familienangehörige oder ständige Mitbewohner** (§ 178 Abs. 1 Nr. 1 ZPO) ist die Ersatzzustellung zulässig, wenn der Zustellungsadressat in seiner Wohnung nicht angetroffen o. der Überbringer der Zustellung zu ihm nicht vorgelassen wird. Sie setzt also voraus, dass er dort, wo ihm zugestellt werden soll, eine Wohnung (→ § 102 Rn. 7) hat (OLG Köln NJW 1980, 2720). 7

Wohnung ist ohne Rücksicht auf Wohnsitz (→ § 8 Rn. 1), polizeiliche Anmeldung (BGH NJW 1978, 1858; OLG Koblenz VRS 44, 209) u. die in einem Postnachsendeantrag angegebene Adresse (OLG Hamburg MDR 1982, 1041) die Räumlichkeit, die der Adressat zzt. der Zustellung tatsächlich für eine gewisse Dauer zum Wohnen benutzt (BGH NJW 1978, 1858; OLG Düsseldorf StV 1993, 400; OLG Karlsruhe NJW 1981, 471; OLG Koblenz MDR 1981, 1036; LG Ellwangen StV 1985, 496: Studentenwohnungen); Zustellungen an eine aktenkundige c/o-Anschrift sind wirksam (BGH NStZ-RR 2021, 111). Der tatsächlichen Benutzung bedarf es aber dann nicht, wenn der Adressat seinen Schriftwechsel unter dieser Anschrift führt u. seine Post dort abholt bzw. v. dort an sich weiterleiten lässt (OLG Hamm NStZ-RR 2014, 376 Ls.; BayObLGSt 2004, 33; OLG Jena NStZ-RR 2006, 238; OLG Dresden NStZ 2005, 398: Inhaftierung des Adressaten wegen Verbüßung v. Ersatzfreiheitsstrafen). 8

Eine Ersatzzustellung ist **nicht zulässig,** wenn die Räume längere Zeit nur sehr gelegentlich o. gar **nicht benutzt** werden (KG VRS 120, 31), zB bei längerer Straf- o. UHaft (BGH NJW 1978, 1858; KG VRS 117, 166; OLG Düsseldorf VRS 96, 27; OLG Hamm NStZ-RR 2003, 189), bei mehrmonatigem Aufenthalt in einer Therapieeinrichtung (OLG Frankfurt a. M. NStZ-RR 2003, 174; OLG Hamm StraFo 2003, 417) bzw. einem Frauenhaus (OLG Stuttgart NStZ-RR 2015, 144) o. im Ausland zu beruflichen Zwecken (BayObLGSt 1961, 79) o. wegen Flucht vor der Strafverfolgung (Lorenzen/Thamm SchlHA 1992, 144 – OLG 9

Schleswig RsprÜ), bei Wehrdienst mit Kasernierung (BayObLGSt 1971, 94), bei einer mehrmonatigen Weltreise (LG Berlin MDR 1992, 791), nicht aber bei kürzeren Geschäfts- o. Urlaubsreisen (BayObLGSt 1961, 79) o. bei kurzfristigem freiwilligen Klinikaufenthalt (BGH NJW 1985, 2197; OLG Zweibrücken MDR 1984, 762) o. bei nur vorübergehendem Auszug ohne Begründung einer neuen Wohnung (OLG Hamburg NJW 2006, 1685; OLG Hamm NStZ-RR 2006, 309).

10 Die Ersatzzustellung kann nach § 178 Abs. 1 Nr. 1 ZPO an einen **erwachsenen Familienangehörigen,** eine in der Familie beschäftigte Person o. einen erwachsenen ständigen Mitbewohner erfolgen. Familienangehöriger ist jede zur Familie gehörende Person. Die Familie ist nicht auf Ehepaare u. deren Kinder o. Lebenspartner beschränkt; auch Pflegekinder u. in die Familie aufgenommene nahe Verwandte zählen dazu (Thomas/Putzo/Hüßtege ZPO § 178 Rn. 11), soweit das gegebene u. nach außen zum Ausdruck gebrachte Vertrauensverhältnis die Weitergabe der Sendung an den Zustellungsadressaten erwarten lässt (BT-Drs. 14/4554, 20). Erwachsen iS § 178 Abs. 1 Nr. 1 ZPO ist auch ein Minderjähriger, der nach seiner körperlichen Entwicklung u. äußeren Erscheinung den Eindruck eines Erwachsenen macht (BSG MDR 1977, 82; OLG Hamm NJW 1974, 1150 Ls.; VGH Mannheim MDR 1978, 519; erg. → § 98 Rn. 15); unwirksam ist die Übergabe an eine 11-Jährige (OLG Hamm OLGSt Nr. 1), wirksam aber idR an einen 14-Jährigen (LG Köln NStZ-RR 1999, 368).

11 Eine in der Familie **beschäftigte Person** kann auch eine unentgeltlich im Haushalt tätige Verwandte sein, soweit sie nicht schon als Familienangehörige (→ Rn. 10) gilt (OLG Hamm MDR 1982, 516).

12 Der Begriff des **ständigen Mitbewohners** umfasst Wohngemeinschaften u. unverheiratete Paare gleich welchen Geschlechts (Thomas/Putzo/Hüßtege ZPO § 178 Rn. 13). Häusliche Gemeinschaft iSv gemeinsamer Haushaltsführung ist nicht erforderlich (Zöller/Stöber ZPO § 178 Rn. 12).

13 **In Geschäftsräumen** (zB Behördenräume, Büros, Warteräumen, Läden) kann einer dort beschäftigten Person (§ 178 Abs. 1 Nr. 2 ZPO) zugestellt werden. Wird ein RA in seiner Kanzlei nicht angetroffen, so kann das Schriftstück stets einem darin anwesenden Gehilfen o. einer Schreibkraft übergeben werden, auch wenn sie noch minderjährig sind (BVerwG NJW 1962, 70); die Niederlegung bei der Post ist unzulässig (BGH NJW 1976, 149; OVG Bremen NJW 1986, 2132).

13a **In Gemeinschaftseinrichtungen** (zB Alten- u. Wohnheime, Asylantenunterkünfte, Kasernen, Krankenhäuser) kann an den Leiter o. einen dazu ermächtigten Vertreter (§ 178 Abs. 1 Nr. 3 ZPO) zugestellt werden, nicht jedoch an einen Mitbewohner (OLG Bremen StV 2005, 541 Ls.); dabei genügt es aber, dass der Zusteller den Adressaten in allg. zugänglichen Teilen der Gemeinschaftsunterkunft nicht antreffen konnte, ein erfolgloses persönliches Aufsuchen in seinem Zimmer ist nicht erforderlich (OLG Nürnberg NStZ-RR 2010, 286). Im Geschäftsraum ist die Ersatzzustellung auch zulässig, wenn sie eine persönliche Angelegenheit des Adressaten betr. (Rüth DAR 1982, 252 – BayObLG RsprÜ).

13b **2. In einen Briefkasten,** der zu der Wohnung o. dem Geschäftsraum gehört, o. eine ähnliche Vorrichtung, die der Adressat für den Postempfang eingerichtet hat u. die in der allg. üblichen Art für eine sichere Aufbewahrung geeignet ist, kann ersatzweise gem. § 180 S. 1 ZPO das zuzustellende Schriftstück eingelegt werden. Die Zustellung ist auch dann wirksam, wenn der Briefkasten mangels Verschließbarkeit zwar objektiv unsicher, dieser Umstand für den Postzusteller aber nicht erkennbar ist (OLG Nürnberg NJW 2009, 2229). Einer konkreten Kennzeichnung der zur Einlegung benutzten Vorrichtung bedarf es in der Zustellungsurkunde nicht (BGH (ZS) NJW 2006, 150; OLG Köln NJW 2005, 2026). Der Briefkasten o. die ähnl. Einrichtung muss aber eindeutig der Wohnung des Zustellempfängers zuzuordnen sein (OLG Köln NStZ-RR 2009, 314: Schreibtisch in einer Gemeinschaftseinrichtung (→ Rn. 13)). Der Einwurf in einen in der Hauseingangstür eines Mehrfamilienhauses angebrachten gemeinsamen Briefeinwurfschlitz genügt nicht u. macht die Ersatzzustellung unwirksam (OLG Hamm VRS 107, 109; **aM** OLG Frankfurt a. M. NStZ-RR 2010, 349). Allerdings kommt der Einwurf der Ladung in einen **Gemeinschaftsbriefkasten** in Betracht, wenn dieser durch eine entspr. Beschriftung eine eindeutige Zuordnung zum Zustellungsempfänger erlaubt, der Adressat seine Post typischerweise auf diese Weise erhält u. der Kreis der Mitbenutzer überschaubar ist (OLG Hamm NStZ-RR 2014, 376 Ls.).

3. Durch Niederlegung bei der Geschäftsstelle des AG o. bei der Post (§ 181 Abs. 1 ZPO) ist die Ersatzzustellung zulässig, wobei aber jedes beliehene Unternehmen iSd § 61 PostG grds. auch in v. ihm beauftragten Agenturen durch Niederlegung zustellen darf (OLG Rostock NStZ-RR 2002, 373: Niederlegung in einem Otto-Shop). Voraussetzung ist jedoch, dass zuvor die Ersatzzustellung in den Briefkasten des Wohn- o. Geschäftsraumes (§ 180 ZPO) o. in Gemeinschaftseinrichtungen (§ 178 Abs. 1 Nr. 3 ZPO) nicht ausführbar gewesen ist (OLG Hamburg NStZ-RR 2003, 46; vgl. auch LG Darmstadt NStZ 2005, 164 mablAnm Walz NStZ 2005, 165: Briefkasten muss in einer für den Zusteller eindeutig erkennbaren Weise in der allg. üblichen Art für eine sichere Aufbewahrung geeignet sein). Über die Niederlegung muss eine schriftliche Mitteilung in der bei gewöhnlichen Briefen üblichen Weise abgegeben werden; ist dies nicht möglich, muss die Mitteilung an der Tür der Wohnung, des Geschäftsraums o. der Gemeinschaftseinrichtung angeheftet werden (§ 181 Abs. 1 S. 2 ZPO). Die Niederlegung im Postfach des Zustellungsempfängers genügt nicht (BFH NJW 1984, 448; BayObLGSt 1962, 222; **aM** BVerwG NJW 1971, 1284). 14

Die **Mitteilung** kann durch den Briefschlitz geworfen (OLG Hamm JMBl. NRW. 1981, 68; **aM** OLG Köln JurBüro 1979, 607), unter der Wohnungstür durchgeschoben (BVerwG NJW 1973, 1945; OLG Koblenz NStE StPO § 37 Nr. 10) oder, wenn das im Einzelfall üblich ist, vor der Haustür abgelegt (BVerwG NJW 1985, 1179) werden. Die Ersatzzustellung nach § 181 ZPO ist nicht deshalb ausgeschlossen, weil der Adressat einen Antrag auf Rücksendung seiner Post an den Absender (BayObLGSt 1956, 213) o. auf Nachsendung an eine andere Adresse gestellt hat (BayObLG MDR 1981, 60; OLG Hamburg MDR 1982, 1041); der Adressat muss aber zzt. des Zustellungsversuchs u. der Benachrichtigung davon noch an der angegebenen Adresse wohnhaft sein, im Gegensatz zur früheren Regelung (vgl. OLG Frankfurt a. M. NStZ-RR 1997, 138) wegen § 181 Abs. 1 S. 3 ZPO aber nicht mehr zzt. der Niederlegung bei der Post. 15

4. Das **Verbot der Ersatzzustellung** an den Gegner des Adressaten bestimmt § 178 Abs. 2 ZPO. Die Vorschr. hat nur für Zustellungen an Privatkläger, Nebenkläger u. Nebenbeteiligte Bedeutung. Nach OLG Hamburg NJW 1964, 678 schließt sie auch die Ersatzzustellung an durch die dem Angeklagten vorgeworfene Tat unmittelbar verletzte Personen aus. 16

5. Wirkung der Ersatzzustellung: Eine zulässige Ersatzzustellung hat zur Folge, dass die Entsch. dem Empfänger wirksam zugestellt ist, auch wenn er davon persönlich keine Kenntnis erlangt (BGHSt 27, 85 (88)). Wird durch die Zustellung eine Frist in Lauf gesetzt, so ist für ihren Beginn allein der Tag der Ersatzzustellung maßgebend. Der Anspruch auf rechtliches Gehör nach Art. 103 Abs. 1 GG wird durch das mit der Ersatzzustellung verbundene Risiko des Betroffenen, der auf die Benachrichtigung durch die Ersatzpersonen angewiesen ist, nicht beeinträchtigt (BVerfGE 42, 243 (246)). 17

III. Besondere Fälle. 1. Zustellungen an einen Rechtsanwalt, Notar, Gerichtsvollzieher, Steuerberater o. an eine sonstige Person, bei der aufgrund ihres Berufes v. einer erhöhten Zuverlässigkeit ausgegangen werden kann (zB Wirtschaftsprüfer, Hochschullehrer) sowie an eine Behörde, Körperschaft o. eine Anstalt des öffentl. Rechts können nach § 174 ZPO auch durch die Post, durch Boten, durch Telekopie, durch ein elektronisches Dokument o. durch Einlegung in ein Fach gegen Empfangsbekenntnis erfolgen. Für die Wirksamkeit der Zustellung ist erforderlich, dass der RA usw persönlich Kenntnis v. seinem Gewahrsam an dem ihm zustellungshalber übersandten Schriftstück erhalten hat u. durch Unterzeichnung des Empfangsbekenntnisses den Willen äußert, das Schriftstück als zugestellt anzunehmen; allein die formlose Übersendung eines Urteils stellt keine Zustellung 18 iSv Abs. 2 dar (BGH BeckRS 2014, 5620). Zeitpunkt der Zustellung ist daher nicht das Datum des Eingangs des Schriftstücks in der Anwaltskanzlei, sondern dessen Annahme durch den RA mit dem Willen, es als zugestellt anzusehen (BVerfG NJW 2001, 1563; BGH NJW 1991, 709). Diesen Zeitpunkt muss er in einem Empfangsbekenntnis angeben (BGH NStZ 1996, 149; OLG Celle StraFo 2000, 279), zu dessen Ausstellung er standesrechtlich verpflichtet ist (OLG Düsseldorf StV 1990, 345). Der Annahmewille kann auch konkludent zum Ausdruck gebracht werden, wobei die Zustellung auch dann wirksam ist, wenn sich der Verteidiger pflichtwidrig geweigert hat, v. Text des zugestellten Schriftstücks Kenntnis zu nehmen (BGH NStZ-RR 2005, 77). Der Gegenbeweis gegen die Richtigkeit des Datums ist (unter strengen Voraussetzungen) zulässig (BVerfG NJW 2001, 1563; BGH NJW 1987, 325; 1987, 1335; OLG Düsseldorf NStZ-RR 1998, 110). Die Angabe eines unrichtigen Datums lässt die Wirksamkeit der Zustellung unberührt (BGH NJW 1991, 709; NStZ-RR 2004, 46), ebenso ein fehlendes Datum (OLG München NStZ-RR 2010, 15 Ls.).

19 Die **Unterzeichnung** ist notwendig (OLG Celle StraFo 2000, 279) u. verlangt die Wiedergabe des vollen bürgerlichen Namens mit entspr. Schriftzeichen (→ Einl. Rn. 129). Auf einen Verstoß gegen diese Pflicht kann sich der RA allerdings nicht berufen, wenn er einräumt, dass der Schriftzug v. ihm stammt (BGH NJW 1985, 2651 (2652)). Ein **wirksames Empfangsbekenntnis,** das auch nachträglich ausgestellt werden kann, ist wesentliches Erfordernis für die Wirksamkeit der Zustellung (BGHZ 35, 236). Unterzeichnet es statt des Pflichtverteidigers ein anderer RA, so ist die Zustellung unwirksam (BGH 26.8.2025 – 4 StR 358/25). Bei Zustellung an einen Wahlverteidiger gilt für die Unterzeichnung aber nicht die Beschränkung des § 137 Abs. 1 S. 2 (OLG Hamm JMBl. NRW. 1982, 58). Zustellung an einen „Assessor", der weder Zustellungsbevollmächtigter iSd § 30 BRAO noch allg. bestellter Vertreter iSd § 53 BRAO ist, ist unwirksam (OLG Stuttgart NJW 2010, 2532).

20 Die Zustellung an einen **RA aus einem Mitgliedstaat der EG** (vgl. → § 138 Rn. 3), der nicht als niedergelassener (§§ 2 ff. EuRAG), sondern nur als dienstleistender europäischer RA nach §§ 25 ff. EuRAG tätig ist, erfolgt nach § 31 EuRAG in 1. Hinsicht an einen v. ihm zu benennenden Zustellungsbevollmächtigten; ist keiner benannt, so gilt der RA, mit dem einvernehmlich gehandelt wird („Einvernehmensanwalt" nach § 28 EuRAG), als Zustellungsbevollmächtigter; kann nicht an einen RA zugestellt werden, erfolgen Zustellungen an die Partei. Ergänzend → Rn. 25b.

21 **2. Seeleuten** kann nach Seemannsart zugestellt, dh sie können aufgefordert werden, sich bei der nächsten Liegezeit auf der Geschäftsstelle des AG zu melden, um die Zustellung abzuholen (OLG Bremen Rpfleger 1965, 48; StrK beim AG Bremerhaven NJW 1967, 1721).

22 An **Binnenschiffer** kann gewohnheitsrechtlich auf allen Wasserstraßen durch Vermittlung der Wasserschutzpolizei gegen Empfangsbescheinigung zugestellt werden (Blankenheim MDR 1992, 926 mwN). Vgl. auch → § 48 Rn. 8.

22a Blankenheim (MDR 1992, 926) empfiehlt, diese Zustellmöglichkeit auf **Nichtsesshafte** entspr. anzuwenden (Zustellung bei üblichen Übernachtungsstellen durch die Polizei).

23 **3.** Für die **Zustellung an Soldaten** gelten keine besonderen Bestimmungen (KK-StPO/Schneider-Glockzin Rn. 21). Jedoch enthält der Erlass über Zustellungen, Ladungen, Vorführungen u. ZV in der Bundeswehr idF der Bek. v. 16.3.1982 (VMBl 130), geänd. durch Erlass v. 20.6.1983 (VMBl 182), Bestimmungen über die Mitwirkung der Truppe (vgl. → § 48 Rn. 10). Nach dem Erlass des BMVg v. 23.7.1998 (VMBl 246) ist Leiter einer Truppenunterkunft (= Gemeinschaftseinrichtung, → Rn. 13) der Kompaniefeldwebel o. dessen Vertreter. Für die in der BRD stationierten NATO-Streitkräfte gelten Art. 36, 37 NTS-ZA.

24 **4.** Bei **Gefangenen** ist die Ersatzzustellung dadurch beschränkt, dass weder in der Wohnung noch in den gewerblichen Räumen wirksam zugestellt werden kann (→ Rn. 8). Dafür ist der Anstaltsleiter o. dessen Vertreter o. der zur Postannahme

ermächtigte Beamte nach § 178 Abs. 1 Nr. 3 ZPO empfangsbefugt (→ Rn. 13; **aM** LG Saarbrücken StV 2004, 362). In JVAen wird meist durch Justizbeamte, ggf. im Wege der Amtshilfe, zugestellt (§§ 168 Abs. 1 S. 2, 176 Abs. 1 ZPO). Die Zustellurkunde muss die Unterschrift des Beamten, aber nicht notwendig mit seiner Dienstbezeichnung, enthalten (OLG Düsseldorf StraFo 2002, 87).

D. Zustellung im Ausland. Nach § 183 Abs. 1 Nr. 1 ZPO besteht die Möglichkeit einer **vereinfachten Zustellung im Ausland** durch Einschreiben mit Rückschein, soweit auf Grund völkerrechtlicher Vereinbarungen Schriftstücke unmittelbar durch die Post übersandt werden dürfen. Für das Strafverfahren hat aber bereits Art. 52 Abs. 1 des SDÜ (→ Einl. Rn. 216) die Möglichkeit unmittelbarer Urkundenübersendung eröffnet (vgl. Heß NJW 2001, 20; zur Selbstladung nach § 220 → § 220 Rn. 4a); die Liste aller Urkunden, die unmittelbar per „Einschreiben mit Rückschein" durch die Post übersandt werden dürfen, ist bei Schomburg/Lagodny/Gleß/Hackner SDÜ Art. 52 Rn. 15 ff. abgedruckt. Hinweispflichten in Ladungen an Zeugen im Ausland nach Art. 10, 12 EuRHÜbk (vgl. → § 244 Rn. 63) bleiben unberührt. Auf dem an die absendende Stelle zurückzusendenden Rückschein wird vermerkt, an wen die Sendung übergeben worden ist (OLG Köln NStZ 2000, 666). Die Zustellung ist nur wirksam, wenn der unterschriebene Rückschein zu den Gerichtsakten gelangt; eine Ersatzzustellung durch Niederlegung (→ Rn. 6 ff.) genügt nicht (OLG Oldenburg StV 2005, 432; LG Nürnberg-Fürth StraFo 2009, 381). Die Übergabe an Ersatzempfänger ist ausgeschlossen, wenn der eingeschriebene Brief den Vermerk „Eigenhändig" trägt. Kosten für diese vereinfachte Zustellungsart werden nach KV 9014 GKG erhoben. 25

Bei den **anderen Staaten,** in denen die Übersendung durch die Post völkerrechtlich nicht zulässig ist, sind Postzustellungsaufträge an Empfänger im Ausland unzulässig (§ 183 Abs. 1 Nr. 2 ZPO; Rose wistra 1998, 16; zur Selbstladung nach § 220 → § 220 Rn. 4a). Ist der Adressat deutscher Staatsangehöriger, so können die deutschen Auslandsvertretungen die Zustellung bewirken (§ 16 KonsG; RiVASt 129 Abs. 3). In welcher Form das geschieht, ist dem deutschen Konsul überlassen; zulässig ist zB die Aushändigung gegen Nachw. am Amtssitz (BGHSt 26, 140 (142)). Für den Nachw. genügt nach § 16 S. 2 KonsG das schriftliche Zeugnis des Konsuls, aus dem sich ergibt, auf wessen Ersuchen in welcher Strafsache welches Schriftstück ausgehändigt worden u. wann das geschehen ist (BGHSt 26, 140 (142)). Außer diesem Weg u. für ausl. Staatsangehörige kommt ein Rechtshilfeersuchen an den fremden Staat in Betracht, wenn es nach den zwischenstaatlichen Vereinbarungen zulässig ist (RiVASt 115, 116). Für die Zustellung v. Verfahrensurkunden an Partnerstaaten des EuRHÜbk (→ Einl. Rn. 215b), die das SDÜ nicht in Kraft gesetzt haben, gilt Art. 7 EuRHÜbk. Wenn nicht ein v. Empfänger unterschriebenes Empfangsbekenntnis vorliegt, wird die Zustellung durch ein schriftliches Zeugnis der ersuchten Stelle nachgewiesen (Art. 7 Abs. 2 EuRHÜbk). Die Urk. des ausl. Zustellungsbeamten über die Zustellung genügt nicht (BayObLGSt 1981, 17). 25a

Zustellungen an **Rechtsanwälte im Ausland** sind auf drei Wegen möglich: Mittels Einschreibens mit Rückschein – o. vermittelt durch die Behörden des Empfangsstaates – nach §§ 37 Abs. 1, 183 Abs. 1 ZPO, mittels der Zustellungsfiktion nach §§ 37 Abs. 1, 184 Abs. 2 ZPO durch einfache Aufgabe des Schriftstücks zur Post im Inland o. mittels Zustellung an einen Bevollmächtigten im Inland (Traut/Cunningham StraFo 2017, 222 (225 f.)). 25b

E. Zustellungsmängel. Zustellungsmängel machen die Zustellung **nur bei offensichtlichen schweren Fehlern unwirksam,** nicht schon bei irriger Annahme der Zustellungszuständigkeit o. fehlerhafter Angabe des Geschäftszeichens (OLG Hamm NStZ-RR 2011, 210). Unwirksam ist eine Zustellung insbes., wenn eine Ersatzzustellung nach den §§ 178 ff. ZPO nicht zulässig o. v. der die Zustellung anordnenden Behörde ausdr. ausgeschlossen worden war, wenn die Zustellungsurkunde in wesentlichen Teilen unrichtig o. unvollständig ist, zB der Zustellungsempfänger falsch bezeichnet (OLG Celle Nds. Rpfl. 1985, 173; **aM** OLG Köln 26

NJW 2005, 2026) o. das Zustellungsdatum auf der Urk. falsch angegeben ist (OLG Hamm OLGSt Nr. 2; zw. BGH NJW 1991, 709), wenn bei Ersatzzustellung nach § 181 Abs. 1 S. 2 ZPO die Angabe der Art der formlosen Mitteilung fehlt (OLG Düsseldorf NJW 2000, 3511), wenn nach der Zustellungsurkunde eine unmittelbare, in Wahrheit aber eine Ersatzzustellung vorgenommen worden ist (BGH BB 1956, 58; BayObLGSt 1962, 257; OLG Hamm VRS 60, 200; OLG Karlsruhe MDR 1976, 161) o. wenn auf der Zustellungsurkunde (OLG Düsseldorf StraFo 2000, 380) o. auf dem zurückgeleiteten Empfangsbekenntnis des Verteidigers nach § 174 ZPO (BGHR StPO § 37 Wirksamkeit 3) die Unterschrift fehlt.

27 Die Zustellungsurkunde genießt die **Beweiskraft** des § 418 Abs. 1 ZPO (BVerwG NJW 1986, 2127; OLG Hamm BeckRS 2023, 26775; OLG Düsseldorf NJW 2000, 2831; vgl. ebenso für den Erledigungsvermerk der Geschäftsstelle, OLG Hamm NStZ-RR 2011, 210). Der Gegenbeweis ist zwar zulässig (§ 418 Abs. 2 ZPO), aber nicht durch das bloße Behaupten des Gegenteils unter Benennung des Postbediensteten als Zeugen (BVerwG NJW 1985, 1179 (1180); OLG Düsseldorf VRS 87, 441; OLG Hamm VRS 101, 439); vielmehr muss ein Sachverhalt vorgetragen u. bewiesen werden, der zur Überzeugung des Gerichts jede Möglichkeit der Richtigkeit der beurkundeten Tatsache ausschließt (OLG Bamberg DAR 2012, 268; OLG Frankfurt a. M. NStZ-RR 2011, 147; OLG Köln NStZ 2012, 284; vgl. auch OLG Hamm 26.9.2023 – 3 Ws 325/23). Auch bei bloßen Zweifeln an der Richtigkeit der urkundlichen Feststellungen ist der Gegenbeweis nicht erbracht (OLG Düsseldorf NJW 2000, 2831; OLG Köln NStZ 2012, 284; Müller-Metz NStZ-RR 2017, 321 (322); vgl. aber VerfGH Berlin NStZ-RR 2001, 337: Zweifeln ist ggf. nachzugehen); Glaubhaftmachung genügt nicht (Ernesti/Lorenzen SchlHA 1984, 98 – OLG Schleswig RsprÜ; vgl. aber KG wistra 2001, 37: anders im Wiedereinsetzungsverfahren). Der Inhalt der Urk. kann insbes. durch nachträglich bekanntgewordene Umstände widerlegt werden (BVerfG NStZ-RR 1997, 70; OLG Jena VRS 110, 128).

28 Eine **Heilung** v. Zustellungsmängeln tritt nach Abs. 1 iVm § 189 ZPO mit dem Zeitpunkt ein, zu dem Adressaten das Schriftstück tatsächlich zugegangen ist (vgl. aber KG NStZ-RR 2011, 86: Zustellungswille des Gerichts erforderlich); das gilt auch, wenn der Lauf einer ges. Rechtsmittelfrist v. der Zustellung abhängt (OLG Frankfurt a. M. NStZ-RR 2004, 336; vgl. auch OLG Hamburg NStZ-RR 2003, 46; 2005, 17). Eine gescheiterte Zustellung in Form der Übergabe an den Zustellungsempfänger selbst kann nicht in eine wirksame Ersatzzustellung umgedeutet werden (OLG Düsseldorf VRS 87, 441). Die fehlerhafte Zustellung nach § 178 ZPO ist unschädlich, wenn bei zutr. rechtlicher Bewertung eine Zustellung nach § 171 ZPO anzunehmen ist (OLG Köln NStZ-RR 2008, 379).

29 **F. Doppelzustellungen (Abs. 2).** Wird **demselben Empfangsberechtigten mehrfach** zugestellt, so ist nur die 1. Zustellung maßgebend (BGH NJW 1978, 60; NStZ 2014, 420; OLG Hamburg NJW 1965, 1614; OLG Saarbrücken NJW 1964, 1633), sofern ihr nicht ein wesentlicher Mangel anhaftet, der sie unwirksam macht (→ Rn. 2). Doppelzustellungen an den Beschuldigten u. den Verteidiger sind nicht zugelassen (vgl. § 145a Abs. 3). Finden sie gleichwohl statt, so ist die später bewirkte Zustellung an den Verteidiger unwirksam, wenn sich zum Zustellungszeitpunkt weder eine Vollmachtsurkunde bei den Akten befunden hat noch eine Vollmacht in der HV mündlich erteilt u. im Prot. beurkundet worden ist (BayObLGSt 1992, 157; OLG Düsseldorf NStZ 1988, 327; KG StraFo 2019, 110; **aM** OLG Düsseldorf VRS 73, 389; erg. → § 145a Rn. 9). Von **mehreren wirksamen Zustellungen** – zB auch an mehrere Verteidiger desselben Beschuldigten, unter der Voraussetzung, dass jew. die Bevollmächtigung nachgewiesen ist (s. BGH 13.9.2022 – 5 StR 279/22; → § 145a Rn. 1 ff.) – ist nach Abs. 2 nur die spätere maßgebend, was zu einer faktischen Fristverlängerung führen kann (BGHR StPO § 345 Abs. 1 Fristbeginn 4; vgl. ferner KG Berlin StraFo 2022, 99). Das gilt selbst dann, wenn die spätere Zustellung erst angeordnet worden ist, nachdem die 1. schon bewirkt war (BGHSt 22, 221; t BayObLGSt 1975, 150). War allerdings die

durch die 1. Zustellung eröffnete Frist bereits abgelaufen, so wird sie durch die Zustellung an einen weiteren Empfangsberechtigten nicht wieder eröffnet (BGHSt 34, 371; BGH NStZ 2018, 153: Revisionsbegründungsfrist), auch nicht, wenn diese Zustellung noch vor Ablauf der Frist angeordnet worden war (BGHSt 22, 221; BayObLGSt NJW 1967, 2124; BayObLGSt 1975, 150; OLG Düsseldorf StV 1997, 121). Bei **mehrfacher Verteidigung** genügt die förmliche Zustellung an einen der Verteidiger; hierdurch beginnt für alle Verteidiger die Frist zu laufen (KG Berlin StraFo 2022, 99). Die formlose Übersendung an den Verteidiger stellt keine Zustellung iSv Abs. 2 dar (BGH NStZ-RR 2019, 24).

G. Zustellung bei Übersetzung des Urteils (Abs. 3). Abs. 3 regelt die Zustellung des Urteils in den Fällen, in denen **einem Prozessbeteiligten gem. § 187 Abs. 1 und Abs. 2 GVG eine Übersetzung des Urteils** zur Vfg. zu stellen ist (siehe im Einzelnen dort). Nach S. 1 ist ein Urteil, gegen das Rechtsmittel eingelegt wurde (§ 187 Abs. 2 GVG: „nicht rechtskräftige Urteile"), zusammen mit der Übersetzung des Urteils zuzustellen; damit soll aus Fairnessgründen verhindert werden, dass bei der deutschen Sprache nicht mächtigen Angeklagten Rechtsmittelbegründungsfristen (§§ 317, 345 Abs. 1) zu laufen beginnen, bevor die Übersetzung des Urteils vorliegt (BT-Drs. 17/12578, 15 f.; SK-StPO/Weßlau/Singelnstein Rn. 57). In diesen Fällen erfolgt die Zustellung an die übrigen Prozessbeteiligten gem. S. 2 zum selben Zeitpunkt, um einen zeitgleichen Beginn der Begründungsfristen für alle Verfahrensbeteiligten sicherzustellen (BT-Drs. 17/12578, 15 f.). Da die Übersetzung erst in Auftrag gegeben werden kann, wenn das schriftliche Urt. vollständig zu den Akten gebracht ist (§ 275), verlängern sich die Rechtsmittelverfahren entspr.; hierdurch eingetretene Verzögerungen sind der Regelung immanent u. unter dem Gesichtspunkt einer konventionswidrigen Verletzung des Beschleunigungsgebotes (Art. 6 Abs. 1 EMRK) daher grds. nicht zu berücksichtigen. 30

Im **Strafbefehlsverfahren** dürfte Abs. 3 mit Rücksicht auf das Urt. des EuGH v. 12.10.2017 (EuGH NJW 2018, 142 mAnm Brodowski/Jahn StV 2018, 70) trotz des entgegenstehenden Wortlauts ebenfalls analog anwendbar sein. Der EuGH hat Art. 3 RL 2010/64/EU – aufgrund der vergleichbaren Konfliktlage wie bei Strafurteilen nachvollziehbar – dahin interpretiert, dass auch ein Strafbefehl eine „wesentliche Unterlage" iSv Art. 3 Abs. 1 RL 2010/64/EU darstellt, v. der Beschuldigte, welche die Sprache des betreffenden Verfahrens nicht verstehen, zur Wahrung ihrer Verteidigungsrechte eine schriftliche Übersetzung erhalten müssen (EuGH NJW 2018, 142; LG Heilbronn StraFo 2021, 122; so auch schon LG Stuttgart NStZ-RR 2014, 216; vgl. auch BVerfG StV 2017, 775). Ein der deutschen Sprache nicht mächtiger Angeklagter kann daher nicht auf den Weg der Wiedereinsetzung iSv § 44 verwiesen werden (erg. → GVG § 187 Rn. 4). 31

Abs. 3 gilt nicht für nachträgliche Gesamtstrafenbeschlüsse (OLG Saarbrücken NStZ-RR 2025, 177). 32

Unmittelbare Ladung

38 Die bei dem Strafverfahren beteiligten Personen, denen die Befugnis beigelegt ist, Zeugen und Sachverständige unmittelbar zu laden, haben mit der Zustellung der Ladung den Gerichtsvollzieher zu beauftragen.

A. Befugnis zur unmittelbaren Ladung. Die Befugnis zur unmittelbaren Ladung haben Angeklagte (§§ 220 Abs. 1, 323 Abs. 1 S. 1, 386 Abs. 2), Privatkläger (§ 386 Abs. 2), Nebenkläger (→ § 397 Rn. 10), Beschuldigte im Sicherungsverfahren (§ 414 Abs. 1), Einziehungsbeteiligte u. Nebenbetroffene (§§ 427 Abs. 1, 435 Abs. 3, 438 Abs. 3, 439) sowie JPen u. PVen (§ 444 Abs. 2 S. 2, Abs. 3 S. 1). 1

2 **B. Gerichtsvollzieher.** Der Gerichtsvollzieher ist unmittelbar mit der Zustellung der v. Auftraggeber unterschriebenen Ladung zu beauftragen; eine Vermittlung durch die Geschäftsstelle des Gerichts findet nicht statt (vgl. § 161 GVG). Der Gerichtsvollzieher kann die Deutsche Post AG (vgl. → § 36 Rn. 6; Pauka/Dahners StraFo 2015, 397 (405)) um Ausführung der Zustellung ersuchen (§§ 191, 194 ZPO), nicht aber der Ladungsberechtigte selbst (BGH NJW 1952, 836).

3 **Zuständig** für die Zustellung durch Ersuchen an die Post ist jeder Gerichtsvollzieher in der BRD (§ 160 GVG), für die unmittelbare Zustellung ohne Mitwirkung der Post nur der am Bestimmungsort (KK-StPO/Schneider-Glockzin Rn. 2).

4 **C. Verpflichtet zum Erscheinen. Verpflichtet zum Erscheinen** ist der unmittelbar Geladene nur unter den Voraussetzungen des § 220 Abs. 2. Fehlen sie, so ist die Ladung durch den Gerichtsvollzieher zwar zulässig, den sonst gebotenen Hinweis (vgl. § 48) auf die ges. Folgen des Ausbleibens (§§ 51, 77) darf die Ladung dann aber nicht enthalten.

39 (weggefallen)

Öffentliche Zustellung

40

(1) [1] **Kann eine Zustellung an einen Beschuldigten, dem eine Ladung zur Hauptverhandlung noch nicht zugestellt war, nicht in der vorgeschriebenen Weise im Inland bewirkt werden und erscheint die Befolgung der für Zustellungen im Ausland bestehenden Vorschriften unausführbar oder voraussichtlich erfolglos, so ist die öffentliche Zustellung zulässig.** [2] **Die Zustellung gilt als erfolgt, wenn seit dem Aushang der Benachrichtigung zwei Wochen vergangen sind.**

(2) **War die Ladung zur Hauptverhandlung dem Angeklagten schon vorher zugestellt, dann ist die öffentliche Zustellung an ihn zulässig, wenn sie nicht in der vorgeschriebenen Weise im Inland bewirkt werden kann.**

(3) **Die öffentliche Zustellung ist im Verfahren über eine vom Angeklagten eingelegte Berufung oder Revision bereits zulässig, wenn eine Zustellung nicht unter einer Anschrift möglich ist, unter der letztmals zugestellt wurde oder die der Angeklagte zuletzt angegeben hat.**

1 **A. Gegenstand der öffentlichen Zustellung. Gegenstand der öffentlichen Zustellung** können nicht nur gerichtliche Entscheidungen, ausgenommen Strafbefehle (→ § 409 Rn. 21), sein, sondern auch Anordnungen, Vfg. u. Ladungen (vgl. aber § 232 Abs. 2), auch zur Berufungsverhandlung (→ § 329 Rn. 9). Aufforderungen zur Erkl. nach § 201 Abs. 1 sind jedenfalls dann zulässig, wenn Verjährung droht, ein Haftbefehl besteht u. kein Grund für einen Ausschluss der Öffentlichkeit gegeben ist (so zutr. Mosenheuer wistra 2002, 409; **aM** – unzulässig – KK-StPO/Schneider-Glockzin Rn. 3); auch bei Aufforderung nach § 453 Abs. 1 S. 2 ist öffentl. Zustellung zulässig. Für Ladungen der StA gilt § 40 nicht (→ § 163a Rn. 18).

2 **B. Beschuldigter.** Dem Beschuldigten kann **öffentl. zugestellt** werden, auch Einziehungsbeteiligten u. Nebenbetroffenen (§§ 427 Abs. 1, 429 Abs. 1 Hs. 2, 439 Abs. 1), nicht aber denjenigen, die für den Beschuldigten Sicherheit geleistet haben (§ 124 Abs. 2, Abs. 3). Ausgeschlossen ist die öffentliche Zustellung im Jugendstrafverfahren (Eisenberg/Kölbel JGG § 2 Rn. 46; erg. aber → § 329 Rn. 9) u. nach Art. 36 NTS-ZA. Beschuldigter iSd § 40 ist auch, wer bereits rkr. verurteilt ist (Löwe/Rosenberg/Graalmann-Scheerer Rn. 3). Daher kann der Beschl., mit dem die Aussetzung des Strafrestes zur Bewährung widerrufen wird, öffentl. zugestellt werden (→ § 453c Rn. 11). Für andere Verfahrensbeteiligte gelten über § 37 Abs. 1 ohnehin die §§ 185–188 ZPO.

3 **C. Voraussetzung. Voraussetzung der öffentl. Zustellung** ist in den Fällen Abs. 1 und Abs. 2 die Unmöglichkeit, die Zustellung in der vorgeschriebenen Weise im Inland an den Beschuldigten, den Verteidiger nach § 145a Abs. 1 (OLG Köln StV 1998, 211) oder § 145a Abs. 2 oder an einen Zustellungsbevollmächtigten (KG NJW 2012, 245) zu bewirken. Auslandsaufenthalt des Beschuldigten ist nicht erforderlich, Hauptanwendungsfall ist vielmehr, dass sein Aufenthalt unbekannt ist.

3a Befindet er sich **im Ausland** u. kennt das Gericht den Aufenthaltsort, so ist nach Abs. 1 weitere Voraussetzung, dass die gewöhnliche Zustellung unausführbar o. voraussichtlich erfolglos ist. Wenn dem Beschuldigten die Ladung zur HV schon vorher zugestellt war, entfällt diese Voraussetzung (Abs. 2). In diesem Fall wird v. ihm nach überkommener Rspr. verlangt, dass er den Zugang weiterer Zustellungen im Inland ermöglicht (OLG Hamburg JR 1982, 122). Die öffentl. Zustellung soll zulässig sein, wenn der Angeklagte seinen Wohnsitz in das Ausland verlegt o. an seinen ausl. Wohnort zurückkehrt (KG NStZ 2009, 111; OLG Frankfurt a. M. NStZ-RR 2004, 48; OLG Hamburg JR 1982, 122). Diese Judikatur steht allerdings nicht in Übereinstimmung mit einer neueren Entsch. des EGMR (StV 2019, 589 mzustAnm Arif/Sonnen). Der Gerichtshof hat in einem Fall eine Verletzung v. Art. 6 Abs. 1 und Abs. 3 Buchst. b und c EMRK festgestellt, in dem der Angeklagte zur mündlichen Berufungsverhandlung öffentl. geladen worden war, obwohl er dem Gericht seine neue Anschrift im Ausland (Spanien) mitgeteilt hatte, diese gerichtsbekannt war u. es keine erfolglosen Zustellungsversuche gab; den Aushang der Ladung an der Gerichtstafel sah der EGMR nicht als ausreichend an.

4 Soll öffentl. zugestellt werden, weil der Aufenthalt des Beschuldigten nicht bekannt ist, so setzt das voraus, dass das Gericht vorher mit allen ihm zum Vfg. stehenden zumutbaren Mitteln versucht hat, den **Aufenthaltsort zu ermitteln** (BayObLG NStZ 1984, 29; OLG Düsseldorf VRS 89, 291; OLG Frankfurt a. M. StV 1983, 233; OLG Köln VRS 59, 42; Ernesti/Lorenzen SchlHA 1986, 103 – OLG Schleswig RsprÜ). Dabei ist ein strenger Maßstab anzulegen (BVerfG NStZ-RR 2005, 205; BayObLG NStZ 1991, 598; KG StraFo 2006, 105; OLG Düsseldorf VRS 87, 349). Dass das Schriftstück nach versuchter Zustellung mit dem Vermerk „Empfänger unbekannt verzogen" zurückkommt, genügt nicht (OLG Celle StV 1985, 495; OLG Köln VRS 64, 198). Bei Ausländern ist idR eine Anfrage beim Bundesverwaltungsamt – Ausländerzentralregister – erforderlich (OLG Köln StV 1990, 345 Ls.; OLG Stuttgart MDR 1976, 775; vgl. § 10 AZRG u. dazu Schriever-Steinberg NJW 1994, 3276). Auch eine Anfrage beim länderübergreifenden staatsanwaltschaftlichen Verfahrensregister (§ 492) sollte idR erfolgen (SK-StPO/Weßlau/Singelnstein Rn. 13). Unterlässt das Gericht die erforderlichen Nachforschungen, so ist die Zustellung unwirksam (BayObLG NStZ 1984, 29; OLG Celle StV 1985, 495; OLG Köln VRS 64, 198), sofern nicht feststeht, dass sie erfolglos gewesen wären (OLG Oldenburg OLGSt StPO § 40 S. 7).

5 **D. Erleichterte Voraussetzungen (Abs. 3).** Unter erleichterten Voraussetzungen (Abs. 3) ist die öffentl. Zustellung im Verf. über eine Berufung o. Revision des Angeklagten (nicht seines ges. Vertreters) zulässig. Die öffentl. Zustellung der Ladung zur Berufungs- o. Revisionsverhandlung u. von zustellungsbedürftigen Entscheidungen, insbes. des Berufungsurteils (nach BayObLG NStZ 1991, 598 aber nicht die Zustellung zum Ingangsetzen der Revisionsbegründungsfrist nach § 345 Abs. 1 S. 2, zw.) kann entgegen Abs. 1, Abs. 2 bereits angeordnet werden, wenn die gewöhnliche Zustellung nicht an den Verteidiger (§ 145a; unzutr. OLG Düsseldorf VRS 97, 132) u. an den Angeklagten – trotz Zustellversuchs (OLG Hamm NStZ-RR 2006, 309) – nicht unter der Anschrift möglich ist, unter der letztmals zugestellt wurde o. die der Angeklagte zul. angegeben hat. Die Vorschr. will es dem Gericht ersparen, zeit- u. arbeitsaufwändige Ermittlungen nach einem Angeklagten anzustellen, der das Rechtsmittelverfahren dadurch verzögern will, dass er seinen Wohnsitz aufgibt u. sich an einem dem Gericht nicht bekannten Ort aufhält (BayObLGSt 2000, 138; OLG Hamburg NStZ-RR 2000, 238; Lorenzen/Döllel

SchlHA 1999, 173 – OLG Schleswig RsprÜ). Da der Angeklagte, der selbst das Rechtsmittel eingelegt hat, weiß, dass er mit Zustellungen im Verf. zu rechnen hat, wird ihm eine Mitwirkungspflicht auferlegt. Abs. 3 soll auch gelten, wenn der Angeklagte ins Ausland abgeschoben worden ist (OLG Stuttgart NStZ-RR 2004, 219). Wenn er Rechtsnachteile, insbes. die Verwerfung seiner Berufung nach § 329 Abs. 1 und den Eintritt der Rechtskraft des Berufungsurteils o. die Verh. über seine Revision in seiner Abwesenheit (§ 350 Abs. 2 S. 2), vermeiden will, muss er dem Rechtsmittelgericht seine neue Anschrift mitteilen (vgl. aber bei Jugendlichen → § 329 Rn. 9). Auf die Folgen, die das Unterlassen dieser Obliegenheit hat, wird er nach § 35a S. 2 hingewiesen (erg. → § 35a Rn. 16). Wird nach öffentlicher Zustellung die Anschrift vor der Verh. doch noch bekannt, muss nach § 37 geladen werden; die Zugangsfiktion des Abs. 1 S. 2 gilt dann nicht mehr (OLG Düsseldorf MDR 1992, 985; OLG Hamm NStZ-RR 2005, 114; OLG Oldenburg StraFo 2004, 274; OLG Stuttgart StV 2001, 336 Ls.).

6 **E. Anordnung.** Die Anordnung der öffentl. Zustellung, die bei Vorliegen der Voraussetzungen des § 40 zwingend ist, erfolgt nach § 37 Abs. 1 iVm § 186 Abs. 1 ZPO durch **Gerichtsbeschluss** (OLG Hamm JMBl. NRW. 1958, 262). Fehlt die gerichtliche Anordnung o. hat der Vorsitzende des Kollegialgerichts sie allein o. fehlerhaft (KG StraFo 2009, 240) getroffen, so ist die Zustellung unwirksam; eine ges. Frist wird nicht in Lauf gesetzt.

7 **F. Bewirkung. Bewirkt wird die öffentl. Zustellung** nach § 37 Abs. 1 iVm § 186 Abs. 2 ZPO dadurch, dass eine Benachrichtigung über die Zustellung an der Gerichtstafel ausgehängt wird, die insbes. den Namen des Zustellungsadressaten, das Az. (OLG Dresden StraFo 2006, 375), die Bezeichnung des Prozessgegenstandes u. die Stelle, wo das Schriftstück eingesehen werden kann (idR die Geschäftsstelle des Gerichts), enthält. Das Einsichtsrecht in das Schriftstück selbst hat nur der Berechtigte o. sein Bevollmächtigter. Der Inhalt der gerichtlichen Entsch. wird nicht ausgehängt; dadurch wird vermieden, dass ein Unberechtigter mehr als unumgänglich über die Zustellung erfährt. Es besteht weiterhin die Möglichkeit, statt des Aushangs an der Gerichtstafel die Benachrichtigung v. der Zustellung im Bundesanzeiger o. in anderen Blättern zu veröffentlichen (§ 37 Abs. 1 iVm § 187 ZPO). Der Aushang erfolgt gem. § 37 iVm § 186 ZPO an der Gerichtstafel des die öffentl. Zustellung anordnenden Gerichts (KG StraFo 2009, 240; OLG Stuttgart Justiz 2006, 235), dh im Berufungsverfahren an der Gerichtstafel des LG (KG StraFo 2009, 240; OLG Hamm NJW 2007, 933; OLG Stuttgart NJW 2007, 936), im Vollstreckungsverfahren ggf. bei der StVollstrK (OLG Düsseldorf StraFo 2002, 394). Die Zustellung gilt mit Ablauf v. 2 Wochen nach Erscheinen des Blattes o. der Anheftung an der Gerichtstafel als erfolgt, auch wenn der an unbekanntem Ort befindliche Zustellungsempfänger den Akt der Bekanntmachung nicht wahrnehmen kann (OLG Düsseldorf StraFo 2002, 394 (395)). Anheftung u. Abnahme hat der UrkB der Geschäftsstelle unter Angabe des Zeitpunkts zu beurkunden (§ 186 Abs. 3 ZPO). Die Vorschr. in § 40 Abs. 1–3 gehen iÜ den §§ 185, 188 ZPO als speziellere Regelungen vor (BT-Drs. 21). Ein Aushang beim unzuständigen Gericht führt zur **Unwirksamkeit der Zustellung** (OLG Hamm NJW 2007, 933; OLG Stuttgart NJW 2007, 936), ebenso die verfrühte Entfernung der Benachrichtigung (OLG Bremen StraFo 2014, 294), das Fehlen des Az. (OLG Dresden StraFo 2006, 375) o. der nach § 186 Abs. 2 Nr. 2 ZPO erforderlichen letzten bekannten Anschrift des Zustellungsadressaten (KG NJW 2012, 245 (246)), nicht aber der unter Verstoß gegen § 186 Abs. 2 ZPO erfolgte Aushang des zuzustellenden Schriftstücks selbst (OLG Karlsruhe NStZ-RR 2007, 205). Eine unwirksame öffentl. Zustellung wird nicht durch spätere formlose Übersendung einer Abschrift durch den Rechtspfleger geheilt (KG NStZ-RR 2011, 86).

8 **G. Anfechtung.** Gegen die Anordnung nach § 40 ist **Beschwerde** (etwa durch den Verteidiger) nach § 304 Abs. 1 zulässig (OLG Celle MDR 1976, 335); es gilt aber § 305 S. 1 (KG JR 1995, 38). Nach Durchführung der öffentl. Zustellung ist

die Beschwerde unzulässig (OLG Düsseldorf VRS 90, 183) u. eine Aufhebung des Anordnungsbeschlusses ausgeschlossen (LG Aachen NStZ 1992).

Zustellungen an die Staatsanwaltschaft **Nr. 159 RiStBV**

41 [1] **Zustellungen an die Staatsanwaltschaft erfolgen durch elektronische Übermittlung (§ 32b Absatz 3) oder durch Vorlegung der Urschrift des zuzustellenden Schriftstücks.** [2] **Wenn mit der Zustellung der Lauf einer Frist beginnt und die Zustellung durch Vorlegung der Urschrift erfolgt, so ist der Tag der Vorlegung von der Staatsanwaltschaft auf der Urschrift zu vermerken.** [3] **Bei elektronischer Übermittlung muss der Zeitpunkt des Eingangs (§ 32a Absatz 5 Satz 1) aktenkundig sein.**

A. Vereinfachung der Zustellung. Eine Vereinfachung der Zustellung an die StA bezweckt § 41. Die Zustellung nach § 37 – auch iVm § 174 ZPO (KG NStE StPO § 41 Nr. 3) – wird dadurch nicht ausgeschlossen (OLG Zweibrücken JR 1977, 292 mAnm Schätzler); jedoch ist dann für deren Wirksamkeit die Unterzeichnung des Empfangsbekenntnisses durch den Behördenleiter o. die ihn vertretende Person erforderlich (OLG Frankfurt a. M. NStZ-RR 1996, 234). Für die Anordnung der Zustellung gilt § 36 Abs. 1 S. 1, für das Bewirken § 36 Abs. 1 S. 2. Die Vorschr. ist am **1.1.2018** in Kraft getreten (Art. 33 Abs. 1 G v. 5.7.2017; BGBl. I 2208 (2228)). Seit 1.1.2020 sind Bund u. Länder für ihren jeweiligen Bereich verpflichtet, die Einreichung elektronischer Dokumente zu ermöglichen (§ 15 **EGStPO**). 1

B. Zustellung. Die Zustellung eines Schriftstücks an die StA ist nach § 41 auch ohne Beifügung der Akten auf zwei Wegen möglich. Wie schon bisher sieht S. 1 die Zustellung durch **Vorlegung der Urschrift** des zuzustellenden Schriftstücks vor. Neu ist hingegen die mit dem G v. 5.7.2017 (BGBl. I 2208) geregelte Zustellung durch **elektronische Übermittlung** des Schriftstücks, sobald die Akten elektronisch geführt werden (§ 32b Abs. 3). Die formlose Übersendung o. Vorlage einer beglaubigten Abschrift genügt nicht (RGSt 61, 351; OLG Düsseldorf Rpfleger 1983, 325; OLG Hamm JMBl. NRW. 1977, 257; OLG Köln MDR 1966, 947). Erforderlich ist, dass der Zustellungswille aus der Übersendungsverfügung iVm der aus den Akten zu ersehenden Verfahrenslage erkennbar wird (BGH NStZ 2017, 171; OLG Hamm JMBl. NRW. 1977, 257; OLG Saarbrücken VRS 47, 366 (367)); auf den Willen des Beamten der StA, das Schriftstück als Zustellung entgegenzunehmen, kommt es nicht an (RGSt 57, 55; OLG Hamm GA 1957, 183; JMBl. NRW. 1982, 21). Ein ausdr. Hinweis auf § 41 ist nicht erforderlich, auch nicht ein ausdrücklicher Übersendungsvermerk „zur Zustellung" (OLG Hamm GA 1957, 183). Die Vorlegung zur Kenntnisnahme (OLG Zweibrücken VRS 54, 284) o. (unter Bezugnahme auf eine Rechtsmittelschrift) zur weiteren Veranlassung (BayObLGSt 1995, 154; OLG Hamm GA 1957, 183), kann ausreichen, aber nicht die Rücksendung der Akten „nach Erledigung" (OLG Hamm JMBl. NRW 1977, 257). 2

C. Erfolgt. Erfolgt ist die Zustellung ohne Rücksicht auf die Kenntnis des Behördenleiters, der Geschäftsstelle des zuständigen Dezernats o. Sachbearbeiters der StA – u. unabhängig davon, ob eine handschriftliche Urschrift nur schwer lesbar ist (OLG Saarbrücken NStE StPO § 41 Nr. 2) – mit dem Eingang des Schriftstücks bei der StA (BGH NStZ 2017, 171; RGSt 72, 317; SK-StPO/Weßlau/Singelnstein Rn. 5; **aM** LG Marburg NStZ-RR 2014, 112: Kenntnisnahme durch einen zur Empfangnahme v. Zustellungen legitimierten Beamten). Nach erfolgter Zustellung kommt die Ergänzung eines nicht mit Gründen versehenen Urteils nicht in Betracht (SK-StPO/Weßlau/Singelnstein Rn. 3 mN). Vgl. zu den Besonderheit bei Bußgeldurteilen (SSW StPO/Claus Rn. 4). 3

D. Beginn des Fristenlaufs. Wenn mit der Zustellung des Schriftstücks der Lauf einer Frist beginnt, muss der Tag der Zustellung eindeutig festzustellen sein. 4

Erfolgt die Zustellung durch die **Vorlegung der Urschrift,** ist deshalb der Tag der Vorlegung v. der StA zu vermerken (S. 2). Fristen berechnen sich grds. nach dem Eingangsstempel der StA (OLG Braunschweig NStZ 1988, 514). Der Vermerk nach S. 2 (dazu Nr. 159 RiStBV) ist nur ein auf andere Weise ersetzbares Beweismittel. Erfolgt die Zustellung durch **elektronische Übermittlung,** hat die StA den Zeitpunkt des Eingangs (§ 32a Abs. 5) aktenkundig zu machen (S. 3). Das Unterlassen o. die Verweigerung des Vermerks u. die Angabe eines unrichtigen Eingangstages sind auf den mit der Zustellung beginnenden Fristenlauf ohne Einfluss (RGSt 57, 55; OLG Hamm GA 1957, 183).

Fünfter Abschnitt. Fristen und Wiedereinsetzung in den vorigen Stand

Vorbemerkung zu § 42

Übersicht

1 **A. Frist.** Die Frist ist ein begrenzter, idR bestimmt bezeichneter, jedenfalls aber bestimmbarer Zeitraum, innerhalb dessen etwas geschehen muss o. nicht geschehen darf. Die §§ 42 ff. gelten nur für strafprozessuale Fristen; für sachlich-rechtliche Fristen (zB die Strafantragsfrist nach § 77b StGB u. die Verjährungsfrist nach § 78 StGB) haben sie keine Bedeutung.

2 **Keine Fristen** iSd §§ 42 ff. sind Fristen, innerhalb deren o. bei deren Ablauf ein Strafverfolgungsorgan eine Prozesshandlung vornehmen soll o. muss (KK-StPO/Maul § 43 Rn. 6; KMR-StPO/Ziegler Rn. 5; **aM** Löwe/Rosenberg/Graalmann-Scheerer Rn. 2), zB nach §§ 98 Abs. 3, 111e Abs. 2 S. 1, 115 Abs. 2, 115a Abs. 2 S. 1, 118 Abs. 5, 118a Abs. 4 S. 2, 122 Abs. 4 S. 2, 128 Abs. 1 S. 1, 129, 275 Abs. 1 S. 2. Die 6-Monats-Frist des § 121 Abs. 1 ist ebenfalls keine Frist ieS, obwohl in § 121 Abs. 3 S. 1 v. Fristenlauf die Rede ist.

3 Auch der **Termin** ist **keine** Frist; er ist ein ges. o. richterlich bestimmter Zeitpunkt, an dem o. v. dem ab eine Verh. stattfinden soll; als Termin wird auch die ganze Zeitspanne einer Verh. bezeichnet (vgl. Schmidt StPO/GVG StPO § 42 Rn. 8).

4 **B. Einteilung der Fristen. I. Gesetzliche Fristen.** Gesetzliche Fristen ergeben sich unmittelbar aus dem G (zB aus §§ 45 Abs. 1 S. 1, 172 Abs. 2 S. 1, 235 Abs. 1 S. 1, 311 Abs. 2 S. 1, 314 Abs. 1, 317, 319 Abs. 2 S. 1, 341 Abs. 1, 345 Abs. 1, 346 Abs. 2 S. 1, 349 Abs. 3 S. 2, 356a S. 2, 409 Abs. 1 S. 1 Nr. 7, 439 Abs. 2 S. 1).

5 Sie dürfen nicht verlängert werden (BGH BeckRS 2010, 18402).

6 Bei unverschuldeter Versäumung ist Wiedereinsetzung in den vorigen Stand nach § 44 möglich, sofern es sich nicht um **Ausschlussfristen** handelt, nach deren Ablauf die Prozesshandlung schlechthin unzulässig ist, wie nach §§ 6a S. 3, 16 Abs. 1 S. 3, 25, 222b S. 1, 303 S. 1, 388 Abs. 1, 391 Abs. 1 S. 2, 439 Abs. 2 S. 2.

II. Richterliche Fristen. Richterliche Fristen sind solche, deren Beginn u. Dauer im Einzelfall aufgrund bes. ges. Ermächtigung, zB nach §§ 123 Abs. 3, 201 Abs. 1, 368 Abs. 2, 379 Abs. 3, 379a Abs. 1, 382, 406g Abs. 4 S. 3, o. iRd Prozessleitung durch richterliche Vfg. festgesetzt werden. Für sie gelten die §§ 42, 43 nur, wenn der Richter bei der Fristsetzung nichts anderes bestimmt (Schmidt StPO/GVG StPO § 42 Rn. 3). Sie können, außer bei zwingender Säumnisfolge (zB nach § 379a Abs. 3 S. 1), auf Antrag o. vAw verlängert o. nach Ablauf mit kürzerer, gleicher o. längerer Dauer neu gewährt werden (KK-StPO/Maul § 43 Rn. 4). 7

III. Handlungs- und Erklärungsfristen. Handlungs- und Erklärungsfristen sind Zeiträume, innerhalb deren ein Verfahrensbeteiligter eine Prozesshandlung vornehmen muss, damit sie zulässig ist. Sie sind teils ges. bestimmt (→ Rn. 5), teils werden sie richterlich festgesetzt (→ Rn. 7). Zur Fristwahrung vgl. → Rn. 11 ff. 8

IV. Zwischenfristen. Zwischenfristen sind Fristen, die der Richter o. StA in der Weise zu beachten hat, dass er eine Handlung nicht vor ihrem Ablauf vornehmen darf. Solche Fristen bestimmen zB §§ 138d Abs. 2 S. 2, 217 Abs. 1, 418 Abs. 2 S. 3. 9

C. Staatsanwaltschaftliche Fristen. Für staatsanwaltschaftliche Fristen, dh solche, die bei der StA wahrzunehmen sind, gelten die §§ 42, 43 entspr. (SK-StPO/Deiters § 43 Rn. 6). Dagegen sind die Vorschr. über die Wiedereinsetzung (§§ 44, 45) bei den Erklärungsfristen im Ermittlungsverfahren nicht anwendbar; eine Ausnahme gilt für die Versäumung der Frist des § 172 Abs. 1 S. 1 (→ § 172 Rn. 17). 10

D. Wahrung von Erklärungsfristen. I. Erklärungen zu Protokoll der Geschäftsstelle. Erklärungen zu Protokoll der Geschäftsstelle (→ Einl. Rn. 131 ff.) wahren die Frist, wenn sie rechtzeitig bei dem UrkB des zuständigen Gerichts abgegeben u. von ihm niedergeschrieben werden; vgl. auch § 299 Abs. 2. 11

Wird eine Erklärung, die auch schriftlich abgegeben werden kann, v. einem unzuständigen Gericht protokolliert, so ist die Frist gewahrt, wenn das Prot. v. dem Erklärenden unterzeichnet ist u. rechtzeitig an das zuständige Gericht gelangt (erg. → Einl. Rn. 133). 12

II. Schriftliche Erklärungen (→ Einl. Rn. 128). Die Fristwahrung setzt keine Mitwirkung des Gerichts voraus (BVerfGE 41, 323 (328)). Entscheidend ist allein, dass das Schriftstück innerhalb der Frist ordnungsgemäß (also nicht durch Einwurf in ein offenes Fenster, Übergabe an die Putzfrau, Durchschieben unter der Haustür o. auf ähnliche Weise) in die Verfügungsgewalt des zuständigen Gerichts gelangt, wenn auch an eine falsche Abt. o. zu falschen Akten (BGH NStZ-RR 2012, 118; OLG Köln VRS 57, 299). Die Übergabe an einen empfangsberechtigten Beamten außerhalb des Gerichtsgebäudes u. außerhalb der Dienstzeit reicht aus, nicht aber der Einwurf in ein Fach, das nur für den internen Postaustausch der Behörden bestimmt ist (LG Stuttgart MDR 1986, 689). Einschreibsendungen gehen schon zu, wenn dem Gericht die Benachrichtigung über den bei dem Postunternehmen hinterlegten Brief übergeben wird (Löwe/Rosenberg/Graalmann-Scheerer Rn. 18), Sendungen, die in ein Postfach eingelegt werden, sind mit dem Einsortieren zugegangen, nicht erst mit der Abholung (BGHR ZPO § 577 Abs. 2 Postfach 1; OLG Frankfurt a. M. NStZ-RR 2007, 206; KK-StPO/Maul § 43 Rn. 17; **aM** Löwe/Rosenberg/Graalmann-Scheerer Rn. 25). Eine falsche Adressierung der Sendung ist unschädlich. Nicht erforderlich ist, dass das Schriftstück bis zum Ende der Dienstzeit eingegangen ist (→ § 43 Rn. 1) o. dass ein zu seiner Entgegennahme zuständiger Beamter es amtl. in Empfang nimmt (BVerfGE 57, 117; 69, 381 (385 ff.)). 13

Daher wahrt der Einwurf in einen gewöhnlichen **Hausbriefkasten** die Frist (BGH NJW 1981, 1216), auch wenn mit der Leerung am selben Tag nicht gerechnet werden kann (BVerfGE 42, 128; BGH NJW 1984, 1237; BVerwG NJW 1974, 73). Wer einen solchen Briefkasten benutzt, hat aber die Beweislast für den rechtzeitigen Einwurf der Erklärungsschrift (vgl. OLG Frankfurt a. M. NJW 14

1974, 1959). Entsprechendes gilt für das Einsortieren in ein Postfach des Gerichts (BGH MDR 1987, 134).

15 Die Anbringung eines **Nachtbriefkastens** hat den Vorteil, dass ein Kontrollmechanismus die Erfassung der vor Mitternacht eingegangenen Briefe ermöglicht u. dass bei seinem Versagen der rechtzeitige Eingang der Sendung unterstellt wird (BayObLGSt 1968, 103 (106)). Der Eingangsstempel ist eine öffentliche Urk. iSd § 418 Abs. 1 ZPO, der Beweis für den Zeitpunkt des Eingangs erbringt. Der Beweis kann aber durch den Nachw. der Unrichtigkeit des ausgewiesenen Zeitpunkts entkräftet werden (§ 418 Abs. 2 ZPO). Bloße Glaubhaftmachung genügt hierfür nicht; vielmehr bedarf es einer substantiierten Darlegung der Umstände, aus denen sich das Gegenteil der v. der Beweiskraft der öffentl. Urk. erfassten Tatsache ergeben sollen, u. die Rechtzeitigkeit des Eingangs muss zur vollen Überzeugung des Gerichts bewiesen werden (OLG Hamburg StraFo 2017, 508 mwN).

16 Wenn das Schriftstück bei einem **unzuständigen Gericht** o. bei der StA eingereicht wird, kommt es für die Fristwahrung darauf an, dass es dem zuständigen Gericht noch innerhalb der Frist zugeht (Dallinger MDR 1973, 557 – BGH RsprÜ; OLG Düsseldorf NStZ-RR 2002, 216; OLG Karlsruhe JR 1992, 302); dass ihm sein Inhalt v. dem unzuständigen Gericht telefonisch übermittelt wird, genügt dann, wenn darüber ein Prot. aufgenommen wird (OLG Celle MDR 1970, 608; OLG Düsseldorf NStZ 1984, 184; OLG Zweibrücken MDR 1982, 166). Wird das an ein unzuständiges Gericht adressierte Schriftstück dem zuständigen Gericht lediglich durch die Briefkontrolle (bei UHaft) bekannt, so wahrt das die Frist nicht (LG Bielefeld MDR 1983, 779).

17 Betreiben mehrere Gerichte o. andere Justizbehörden eine **gemeinsame Briefannahmestelle** (Eingangsstelle, Einlaufstelle), die auch ein gemeinschaftlicher Nachtbriefkasten (→ Rn. 15) sein kann, so wird eine Frist durch den Eingang des Schreibens bei dieser Stelle gewahrt. Die unrichtige Adressierung ist unschädlich, wenn der wahre Adressat eine der Trägerbehörden ist; die Rspr. verlangt aber, dass das Schriftstück rechtzeitig an die zuständige Behörde weitergeleitet worden ist (BGH NJW 1983, 123; BayObLG NJW 1988, 714; OLG Frankfurt a. M. NStZ-RR 2000, 212; OLG Hamm NStZ-RR 2010, 21; OLG Stuttgart NStZ 1987, 185; **aM** AK-StPO/Lemke Rn. 28; Löwe/Rosenberg/Graalmann-Scheerer Rn. 22 ff.). Entsprechendes gilt bei einem gemeinsamen Telefaxanschluss (OLG Düsseldorf JMBl. NRW. 1990, 179; OLG Frankfurt a. M. NStZ-RR 2002, 215).

17a Die **in § 32d S. 2 bezeichneten Erklärungen** müssen als **elektronisches Dokument** nach Maßgabe des § 32a übermittelt werden (BGH BeckRS 2022, 11872; → § 32d Rn. 1–3, § 32a Rn. 4 ff.); gerichtsinterne Weiterleitungsverzögerungen sind auch insoweit für die Fristwahrung irrelevant (BGH 31.5.2022 – 3 StR 122/22).

18 **III. Telefax.** Erklärungen durch Telefax (→ Einl. Rn. 139a) sind dem Gericht zugegangen, wenn das Schriftstück am Empfangsgerät ausgedruckt wird; auf die Tatsache, dass das Telefax danach nicht zu den Akten gelangt ist, kommt es nicht an (BGH NStZ-RR 2013, 53).

19 Ebenso ist die durch **Fernschreiber** abgegebene Erkl. (→ Einl. Rn. 139) dem Gericht zugegangen, wenn der Text in der Anl. des Empfängers vollständig niedergeschrieben ist (Schmidt NStZ 1983, 37). Das gilt in beiden Fällen auch dann, wenn der angegebene Zeitpunkt nach Dienstschluss liegt u. die Fernschreibanlage nicht besetzt ist (BGHZ 101, 276; OLG Zweibrücken OLGSt StPO § 345 Nr. 8; vgl. auch BVerfGE 52, 203); die Beweislast, dass das vor Fristablauf geschehen ist, hat derjenige, der die Erkl. abgibt (Schmidt NStZ 1983, 37).

20 **IV. Zweifel an der Fristwahrung.** Vgl. → § 261 Rn. 35.

Berechnung von Tagesfristen

42 **Bei der Berechnung einer Frist, die nach Tagen bestimmt ist, wird der Tag nicht mitgerechnet, auf den der Zeitpunkt oder das Ereignis fällt, nach dem der Anfang der Frist sich richten soll.**

A. Tagesfristen. Nicht nur bei den Tagesfristen zählt der Anfangstag nicht mit. § 42 gilt vielmehr **für Fristen aller Art** (ges., richterliche, Handlungsfristen, amtl. Fristen für den Richter). Die Vorschr. besagt, dass bei der Fristberechnung der Tag nicht mitgezählt wird, auf den das für den Fristbeginn maßgebende Ereignis fällt. Beginnt zB eine Dreitagesfrist am 10.5., so endet sie mit Ablauf des 13.5. Vgl. auch → § 43 Rn. 1, 2. 1

B. 24-Stunden-Frist. Die 24-Stunden-Frist des § 418 Abs. 2 S. 3 ist keine Tagesfrist iSd § 42; daher zählt der Zustellungstag bei ihrer Berechnung mit (Löwe/Rosenberg/Graalmann-Scheerer Rn. 6). 2

Berechnung von Wochen- und Monatsfristen

43 (1) **Eine Frist, die nach Wochen oder Monaten bestimmt ist, endet mit Ablauf des Tages der letzten Woche oder des letzten Monats, der durch seine Benennung oder Zahl dem Tag entspricht, an dem die Frist begonnen hat; fehlt dieser Tag in dem letzten Monat, so endet die Frist mit dem Ablauf des letzten Tages dieses Monats.**

(2) **Fällt das Ende einer Frist auf einen Sonntag, einen allgemeinen Feiertag oder einen Sonnabend, so endet die Frist mit Ablauf des nächsten Werktages.**

A. Wochen- und Monatsfristen (Abs. 1). Bei Wochen- und Monatsfristen (Abs. 1) **zählt der Anfangstag ebenso wenig mit** wie bei den Tagesfristen nach § 42. Fällt zB das eine Wochenfrist in Lauf setzende Ereignis (Verkündung, Zustellung) auf einen Mittwoch, so endet die Frist mit Ablauf des folgenden Mittwochs. Die am 5. eines Monats beginnende Monatsfrist endet mit dem Ablauf des 5. des folgenden Monats. Nach Abs. 1 Hs. 2 endet die am 31.5. beginnende Monatsfrist am 30.6., die am 31.1. beginnende Monatsfrist am 28., im Schaltjahr am 29.2. Das gilt auch für den Fall, dass für den Anfang einer Frist der Beginn eines Tages maßgebend ist, zB wenn sich die Revisionsbegründungsfrist an die Einlegungsfrist des § 341 anschließt (→ § 345 Rn. 4); auch dann wird der Anfangstag bei der Fristberechnung (entgegen § 188 Abs. 2 BGB) nicht mitgezählt (BGHSt 36, 241). Fristen **enden stets erst um 24 Uhr** des letzten Tages, nicht schon mit dem Ende der Dienstzeit der Gerichte (BVerfGE 41, 323; 42, 128). 1

B. Gesetzliche Fristverlängerung (Abs. 2). Die **gesetzliche Fristverlängerung** (Abs. 2) gilt nicht nur für die Fristen des Abs. 1, sondern auch für die Tagesfristen (RGSt 62, 140), auch für richterliche Fristen, selbst wenn sie nach dem Datum bestimmt sind (BayObLGSt 1971, 54; KK-StPO/Schneider-Glockzin Rn. 22; **aM** Löwe/Rosenberg/Graalmann-Scheerer § 42 Rn. 4). Ausnahmslos gilt das nicht; denn der Richter ist nicht gehindert, das Fristende auf einen Sonnabend o. Feiertag zu legen (**aM** Schultz MDR 1973, 732), muss das aber eindeutig („bis Sonntag, den 4.5.") zum Ausdruck bringen. 2

Allgemeine **Feiertage** sind die staatlich anerkannten (Art. 140 GG iVm Art. 139 WeimRV), nicht die nur staatlich geschützten Feiertage (BayObLGSt 1957, 131; vgl. BGH NStZ 2008, 55: Buß- u. Bettag). Nach Bundesrecht ist nur der 3.10. ein ges. Feiertag (Art. 2 Abs. 2 EVertr); die übrigen sind landesrechtlich bestimmt. Die Fristverlängerung tritt nur ein, wenn der Tag am Ort des Gerichts, bei dem die Frist gewahrt werden muss, ein staatlich anerkannter Feiertag ist; die Feiertagsregelung am Wohnsitz des Beschuldigten o. am Sitz der Kanzlei seines Verteidigers ist hierfür ohne Belang (OLG Celle Nds. Rpfl. 1996, 253). Die Sonnabende stehen den 3

Feiertagen gleich, nicht jedoch sonstige dienstfreie Tage (BayObLG NStZ-RR 1999, 363).

4 Die Vorschr. gilt nicht für die Berechnung der Dauer v. zeitlich bestimmten, den Betroffenen belastenden **Disziplinarmaßnahmen im Strafvollzug** (zB nach Art. 110 BayStVollzG, § 80 NRWStVollzG; vgl. LG Kleve NStZ-RR 2013, 261 zu Art. 103 Abs. 1 Nr. 4 StVollzG aF).

Wiedereinsetzung in den vorigen Stand bei Fristversäumung

44 [1] **War jemand ohne Verschulden verhindert, eine Frist einzuhalten, so ist ihm auf Antrag Wiedereinsetzung in den vorigen Stand zu gewähren.** [2] **Die Versäumung einer Rechtsmittelfrist ist als unverschuldet anzusehen, wenn die Belehrung nach den § 35a Satz 1 und 2, § 319 Abs. 2 Satz 3 oder nach § 346 Abs. 2 Satz 3 unterblieben ist.**

Übersicht

1 **A. Rechtsnatur. Kein Rechtsmittel,** sondern ein förmlicher Rechtsbehelf anderer Art (→ Vor § 296 Rn. 20) ist der Wiedereinsetzungsantrag (BGHSt 25, 89 (91)). Denn ihm fehlt der Devolutiveffekt (→ Vor § 296 Rn. 2), u. mit ihm wird auch nicht die Nachprüfung einer Entsch. erstrebt (RGSt 22, 31). Die Rechtskraft der Entsch. steht der Wiedereinsetzung nicht entgegen, sondern soll durch sie gerade beseitigt werden (BVerfG NStE StPO § 44 Nr. 34 mwN). Auch der Tod des Angekl. steht aus Rechtsschutzgründen, vor allem im Hinblick auf Kosten und sonstige Folgen, der Bescheidung seines Antrags nicht entgegen (BGH NStZ 2023, 306). Ausgeschlossen ist die Wiedereinsetzung aber, wenn das Verf. durch eine Sachentscheidung des Revisionsgerichts nach § 349 Abs. 2 oder Abs. 5 (nicht durch Verwerfung nach § 349 Abs. 1) rkr. abgeschlossen ist; dann ist nur noch die Wiederaufnahme nach §§ 359 ff. zulässig (→ § 349 Rn. 25).

2 **B. Wiedereinsetzung bei Fristversäumnis. Wiedereinsetzung bei Fristversäumnis,** nicht schon bei praktischer Verkürzung der Frist infolge verspäteter Kenntnis v. der Zustellung, lässt § 44 zu. Ist keine Frist versäumt, so ist sie unzulässig (BGHSt 17, 94 (96); BGH NStZ-RR 2012, 117; BayObLGSt 1971, 228). Wenn der Antragsteller aber irrtümlich so behandelt worden ist, als hätte er die Frist versäumt, wird ihm nach ganz hM Wiedereinsetzung gewährt (BGH BeckRS 2015, 17493; OLG Oldenburg StraFo 2016, 507; BayObLG VRS 39, 272; OLG Düsseldorf VRS 96, 27; Lorenzen/Thamm SchlHA 1992, 144 – OLG Schleswig RsprÜ; **aM** KG JR 2006, 301 (mit inkonsequenten Ausnahmen); vgl. auch → § 329 Rn. 41). Nach Rechtskraft des Verfahrens kommt eine Wiedereinsetzung nicht in Betracht (vgl. BGH BeckRS 2022, 21560).

3 **I. Fristen.** In Betracht kommt **jede ges. o. richterliche** Frist, die keine absolute Ausschlussfrist (→ Vor § 42 Rn. 6) ist. § 44 gilt auch für die Frist des § 45

Abs. 1 S. 1 (→ § 45 Rn. 3) u. des § 172 Abs. 1 (→ § 172 Rn. 17), nicht aber für Erklärungsfristen im Ermittlungsverfahren, auch nicht für die Fristen der §§ 6a S. 3, 16 S. 3, 222a, 222b, § 317 (OLG Dresden OLG-NL 1998, 216) u. § 349 Abs. 3 S. 2 (BGH NStZ 2016, 496), für die Frist, die das Gericht für die Begründung einer Beschwerde gesetzt hat (OLG Karlsruhe MDR 1983, 250), für die Strafantragsfrist nach § 77b Abs. 1 S. 1 StGB (BGH NJW 1994, 1165), für die vereinbarte Frist zum Widerruf eines Privatklagevergleichs (OLG Oldenburg JW 1931, 2390), für den Anschluss als Nebenkläger (BGH NStZ-RR 1997, 136) u. für die Versäumung der Bezeichnung des unbenannt eingelegten Rechtsmittels (→ § 335 Rn. 2) als Revision innerhalb der Frist des § 345 Abs. 1 (vgl. → § 335 Rn. 8). Bei Versäumung der Berufungs- u. Revisionsfristen sind neben dem Antrag nach § 44 die Rechtsbehelfe nach §§ 319 Abs. 2, 346 Abs. 2 zulässig.

II. Fristversäumung. 1. Eine Frist versäumt iSd § 44, wer sie einhalten **4** wollte, aber nicht eingehalten hat. Wer sie eingehalten, aber nicht den gesetzlichen Anforderungen entspr. begründet hat, hat sie nicht versäumt (vgl. BGH BeckRS 2022, 21560 mwN: Revisionsbegründungsfrist, wenn die Revision mit der Sachrüge begründet wurde). Wer v. einem befristeten Rechtsbehelf bewusst keinen Gebrauch gemacht hat, war nicht iSd S. 1 an der Einlegung „verhindert" (BGH NStZ-RR 2013, 381: Rechtsmittelrücknahme; NStZ 2001, 160; vgl. auch OLG Düsseldorf MDR 1984, 71: Rechtsmittelverzicht). Das gilt auch bei Unkenntnis des Gesetzes o. der höchstrichterlichen Rspr. (BGH NStZ 2012, 652), bei falscher Einschätzung der Rechtsfolgen der Entsch. (OLG Koblenz OLGSt StPO § 44 Nr. 14) o. der Erfolgsaussichten des Rechtsmittels (OLG Köln NStZ-RR 1996, 212), auch eines Rechtsmittels in anderer Sache (OLG Düsseldorf MDR 1982, 866), selbst wenn sie auf unrichtiger, aber nicht bewusst wahrheitswidriger Belehrung durch einen RA beruht (BGH NStZ-RR 2012, 285; OLG Düsseldorf NJW 1982, 60). § 44 ist auch nicht anwendbar, wenn der Verteidiger statt der Erfolg versprechenden Revision gegen ein Verwerfungsurteil nach § 329 Abs, 1 einen erfolglosen Wiedereinsetzungsantrag gestellt hat (OLG Düsseldorf VRS 82, 460; **aM** KG NStZ 1994, 603), o. wenn der Angeklagte, der keine Revision eingelegt hat, den Revisionsgrund des § 338 Nr. 7 nach Ablauf der Revisionsfrist erkennt (Mertens NJW 1979, 1698; Stein NJW 1980, 1086; **aM** AK-StPO/Lemke Rn. 6; SK-StPO/Deiters Rn. 10).

Der **Posteingangsstempel** des Gerichts erbringt als öffentl. Urk. iSv § 418 **5** Abs. 1 ZPO im Regelfall den Beweis über den Tag des Eingangs eines Schriftstücks bei Gericht, wenn u. solange dieser Beweis nicht gem. § 418 Abs. 2 ZPO durch den Nachw. der Unrichtigkeit des im Eingangsstempel ausgewiesenen Zeitpunkts entkräftet wird; zur Entkräftung ist eine bloße Glaubhaftmachung, etwa durch anwaltliche Vers., in aller Regel nicht ausreichend (BGH BeckRS 2018, 16028; vgl. auch OLG Hamm BeckRS 2023, 26775; erg. → § 37 Rn. 27). Allerdings dürfen die Anforderungen insoweit auch nicht überspannt werden (s. BVerfG NStZ-RR 2023, 86).

2. Die **Versäumung der vorgeschriebenen Form** steht der Fristversäumung **6** gleich (BGHSt 26, 335), zB wenn der Antrag nach § 172 Abs. 2 den ges. Formvorschriften nicht entspr. (OLG Koblenz VRS 64, 34), die Revisionsbegründungsschrift v. Angeklagten selbst unterschrieben o. v. Verteidiger versehentlich nicht (BGH bei Sarstedt JR 1955, 29) o. (unzulässigerweise, vgl. → § 142 Rn. 60) v. einem Sozius des Pflichtverteidigers (BGH NStZ 2003, 615) o. sonst nicht formgerecht (→ Einl. Rn. 129) unterzeichnet worden ist o. nicht den Anforderungen des § 344 entspr. (vgl. BGH NStZ-RR 2022, 208; OLG Zweibrücken StV 1991, 550. Dem Angekl. ist zumindest Wiedereinsetzung für die Erhebung der Sachrüge zu gewähren, wenn die Begründung des Rechtsmittels nicht den Formerfordernissen des § 344 Abs. 2 entspricht (BGH NStZ-RR 2022, 208).

3. Zur **Nachholung von Verfahrensrügen** der bereits formgerecht begründe- **7** ten kann dem Angeklagten, der mit seinem Verteidiger in der HV anwesend war, Wiedereinsetzung grds. nicht bewilligt werden (BGHSt 1, 44; BGH NStZ 2025,

57; 2021, 753; OLG Nürnberg NStZ-RR 2006, 380). Insoweit kommt es nicht darauf an, ob den Angekl. an etwaigen Begründungsmängeln der Revision kein Verschulden trifft (BGH NStZ-RR 2022, 51).

7a **Ausnahmen** kommen nur in bes. Prozesssituationen in Betracht, wenn dies zur Wahrnehmung des Anspruchs des Beschwerdeführers auf rechtliches Gehör (Art. 103 Abs. 1 GG) unerlässlich erscheint (BGH NStZ 2025, 57; NStZ-RR 2022, 384). Sie sind v. der Rspr. zugelassen worden, wenn der Beschwerdeführer unverschuldet durch äußere Umstände o. durch Maßnahmen des Gerichts an der rechtzeitigen Revisionsbegründung gehindert worden ist (BGHSt 55, 62 (64); BGH NStZ 1997, 46).

7b **Beispiele:** Vom Angekl. nicht verschuldeter technischer Fehler bei der Übersendung der Revisionsbegründung (vgl. BGH 16.7.2025 – 5 StR 34/25), Verzögerung der Postbeförderung (BGHSt 14, 330; BGH NStZ-RR 2022, 384 (385); BayObLGSt 1980, 158), Ausfall des Telefaxgeräts des Gerichts (BGH NStZ 2008, 705; KG NStZ-RR 2007, 24), Versendungsversehen bei Übermittlung der Revisionsbegründungsschrift (BGH NStZ 2019, 625), Unmöglichkeit o. Verweigerung der Akteneinsicht während der Frist des § 345 Abs. 1 (BGH NStZ 2019, 625; OLG Jena StV 2006, 461 Ls.), sofern dargetan ist, dass der Bf. gerade durch die fehlende Akteneinsicht an einer ordnungsgemäßen Begründung gehindert war (BGH 9.10.2024 – 2 StR 182/24), Unmöglichkeit an die eigenen Akten zu gelangen (BGH NStZ 2008, 525), Erkrankung des Verteidigers (BGH StraFo 2014, 333), Fehlen der Unterschrift des Verteidigers (BGHSt 31, 161), bei einem Versehen des Verteidigerbüros (Becker NStZ-RR 2005, 257 – BGH RsprÜ), verspätete Beiordnung des Verteidigers (BGH StV 1983, 225; OLG Braunschweig NStZ-RR 2014, 51), Weigerung des Pflichtverteidigers, mehr als die Sachrüge zu erheben (BayObLG MDR 1974, 247), Weigerung des Rechtspflegers, notwendiges Vorbringen aufzunehmen (BGH wistra 1992, 148), o. wenn die sonst zur Zulässigkeit des Rechtsmittels führende fristgerechte Rüge völlig ins Leere gehen würde (BayObLGSt 1978, 11; zur Wiedereinsetzung bei Änd. der bisherigen ständigen Rspr. vgl. BGH wistra 1993, 347 einerseits, OLG Celle NZV 1993, 42 andererseits). War der Angeklagte in der HV ohne Verteidiger, so ist ihm zur Nachholung v. Verfahrensrügen durch den später gewählten Verteidiger idR Wiedereinsetzung zu bewilligen (BayObLGSt 1984, 6). Jedoch muss die nachgeschobene Rüge selbst auch § 45 (BGH NStZ 2009, 173) sowie der Form des § 344 Abs. 2 S. 2 entsprechen (BGH 19.12.1989 – 1 StR 639/89) u. auch § 345 genügen. Wird geltend gemacht, fehlende Akteneinsicht habe die formgerechte Formulierung der Rüge verhindert, muss die Rüge so genau mitgeteilt werden, wie dies ohne Akteneinsicht möglich ist (BGH wistra 1995, 347), u. iÜ muss der Beschwerdeführer darlegen, inwieweit er dadurch an einer ordnungsgemäßen Begründung gehindert war (BGH NStZ-RR 2010, 210; OLG Zweibrücken wistra 2001, 277).

7c Dagegen ist **keine Wiedereinsetzung gewährt** worden wegen Nichtmitgabe der Akten ins Büro (Kusch NStZ-RR 1998, 258 – BGH RsprÜ), bei Unterlassen des Verteidigers, die Erledigung des Akteneinsichtsgesuchs anzumahnen (BGH NStZ 2000, 326; OLG Koblenz VRS 70, 282) o. sich um Akteneinsicht zu bemühen (Becker NStZ-RR 2006, 2 – BGH RsprÜ), bei fehlender Einsichtnahme in den Geschäftsverteilungsplan (Becker NStZ-RR 2008, 34 – BGH RsprÜ) o. in die Akten des Gerichts (BayObLG NStZ-RR 2004, 82) o. des LG-Präsidiums (BGHR StPO § 44 Verfahrensrüge 4 und 12), bei fehlender Begründung für die Notwendigkeit der Akteneinsicht im Hinblick auf die zu erhebende Verfahrensrüge (BGH wistra 1993, 228), zur Anbringung einer Verfahrensrüge durch einen nachträglich beauftragten Verteidiger (BGH StraFo 2005, 25) o. wenn der Angeklagte durch 2 RAe verteidigt wird, v. denen einer die Sachrüge fristgerecht erhoben, der andere aber die Frist zur Geltendmachung v. Verfahrensbeschwerden versäumt hat (BGH StraFo 2008, 423). Dass der Rechtspfleger sich geweigert hat, sich Sätze ins Prot. diktieren zu lassen, führt nicht zur Wiedereinsetzung (BGH NStZ 2006, 585), auch nicht, dass die zu Prot. erklärte Revisionsbegründung außer der Sachrüge größtenteils unzulässige Verfahrensrügen enthält (BGH NStZ-RR 2008, 312) oder, dass der Revisionsführer eine Verfahrensrüge, die er hätte fristgerecht erheben können, aufgrund einer geänderten Sach- und Rechtslage nunmehr für aussichtsreich hält (vgl. BGH 19.6.2024 – 5 StR 442/23). Wiedereinsetzung zur Wiederholung einer nicht formgerecht eingelegten o. zur Erg. o. Berichtigung einer bereits erhobenen Verfahrensrüge ist grds. ausgeschlossen (BGH NStZ 1985, 181; NStZ-RR 2012, 316; OLG Köln NStZ-RR 1996, 212), es sei denn, dem Verteidiger wurde trotz angemessener Bemühungen keine vollständige Akteneinsicht gewährt, u. es sollen Verfahrensbeschwerden erhoben werden, die ohne Kenntnis der Akten nicht begründet werden können (vgl. BGH NStZ-RR 2021, 111). Wiedereinsetzung bei einer nicht formgerecht erhobenen Sachrüge kommt nicht in Betracht (OLG Hamm NZV 2001, 490). Dies gilt auch für die Anfertigung der Revisionsbegründung bei bestehendem Wahlmandat, wenn kein offenkundiger Mangel der Verteidigung ersichtlich ist (BGH NStZ-RR 2022, 50; siehe auch BGH 22.7.2024 – 1 StR 165/24 zu etwaigen Versäumnissen des Pflichtverteidigers; erg. → Art. 6 EMRK Rn. 20a).

C. Wiedereinsetzung bei Terminversäumung. Wiedereinsetzung bei Terminversäumung sehen §§ 235, 329 Abs. 3, 391 Abs. 4, 401 Abs. 3 S. 2, 412 iVm 329 Abs. 3 vor. Zur Wiedereinsetzung bei nicht wirksamer Ladung zur Berufungsverhandlung vgl. → § 329 Rn. 41. 8

D. Antrag. Auf **Antrag** wird Wiedereinsetzung gewährt (S. 1), **vAw** nur, wenn die versäumte Handlung nachgeholt ist (§ 45 Abs. 2 S. 3). Gegen den Willen des Antragsberechtigten ist sie nicht zulässig. Antragsberechtigt ist jeder Verfahrensbeteiligte o. Dritte (Zeugen in den Fällen der §§ 51, 70, Zuhörer im Fall des § 181 GVG), der eine Frist versäumt hat. Der Verteidiger kann entspr. § 297 den Antrag stellen, wenn er die Frist für ein Rechtsmittel versäumt hat, das er aus eigenem Recht eingelegt hatte (OLG Köln OLGSt StPO § 145a S. 11). Sonst braucht er eine Vollmacht (Kleinknecht NJW 1961, 86). Der ges. Vertreter ist antragsberechtigt, wenn er nach § 298 Abs. 1 tätig geworden ist (BayObLGSt 1954, 51). Der StA kann den Antrag nicht zugunsten anderer Bet. stellen; § 296 gilt nicht (OLG Bremen GA 1957, 87; LG Aachen NJW 1961, 86; Löwe/Rosenberg/Graalmann-Scheerer § 46 Rn. 2; **aM** AK-StPO/Lemke Rn. 15; erg. → § 297 Rn. 1). 9

E. Verhinderung ohne Verschulden. I. Eigenes Verschulden. Eigenes Verschulden an der Fristversäumung, nicht nur an der Herbeiführung eines Hindernisses iSv § 45 Abs. 1 S. 1 (OLG Düsseldorf VRS 99, 121: polizeiliche Festnahme; OLG Hamburg MDR 1983, 152: Suizidversuch), schließt die Wiedereinsetzung aus. Maßgebend ist die dem Antragsteller mögliche u. zumutbare Sorgfalt (OLG Hamm NStZ-RR 2015, 327; OLG Frankfurt a. M. NStZ-RR 2003, 204; OLG Stuttgart Justiz 1985, 321). 10

Eine großzügige Anwendung des § 44 ist im Interesse der materiellen Gerechtigkeit geboten (Sarstedt JR 1956, 112); dies kann insbes. gelten, wenn es sich um eine bes. schutzbedürftige Person handelt (vgl. BGH NStZ-RR 2017, 381; EGMR StV 2017, 769: Revisionseinlegung durch in einem psychiatrischen Krankenhaus Untergebrachten). Die Anforderungen an die Vorkehrungen gegen die Fristversäumung dürfen insbes. dann nicht überspannt werden, wenn es für den Antragsteller um den „ersten Zugang" zum Gericht, dh um die Möglichkeit geht, erstmals das rechtliche Gehör in der Sache zu erlangen (BVerfG NJW 2013, 592; VerfG Brandenburg NStZ-RR 2002, 239). 11

Beispiele: Schuldhaft handelt nicht, wer die Frist bis zu ihrer Grenze ausnutzen will; dazu ist jeder berechtigt (BVerfGE 69, 381 (385); NStZ-RR 2023, 145; BayObLG NStZ-RR 2024, 296 mwN, vgl. aber auch BVerfG NJW 2000, 574; 2006, 1505: Verschulden bei Aufgabe eines Telefax erst wenige Minuten vor Fristablauf mit verspätetem Eingang wegen Belegung des Empfangsgeräts sowie OLG Hamm NStZ-RR 2017, 149: Telefonische Beauftragung des Sekretariats der Anwaltskanzlei am Nachmittag des Tages des Fristablaufs bei möglicherweise abwesendem Verteidiger). Das gilt auch, wenn das Rechtsmittel aus „taktischen" Gründen erst am letzten Tag eingelegt werden soll (OLG München MDR 1973, 12

868; OLG Rostock NStZ 1994, 200; vgl. auch BVerfG NStZ-2023, 145). Eigenes Verschulden des Angeklagten liegt auch nicht vor, wenn die Prozesshandlung des Verteidigers wegen Zurückweisung nach § 146a unwirksam ist (BGHSt 26, 335 (338); StV 1983, 225 Ls.; OLG Düsseldorf NStZ 1984, 235; OLG Hamm NJW 1980, 1059; OLG Koblenz VRS 65, 372; OLG Köln OLGSt StPO § 45 Nr. 2) o. eine erforderliche Belehrung nach § 35a S. 2 unterblieben ist (OLG Hamm StraFo 2014, 120). Allerdings hat der Bf. uU den zeitlichen und organisatorischen Aufwand in Rechnung zu stellen, dessen es bedarf, damit die Rechtsmittelerklärung in der gesetzlich vorgeschriebenen Form innerhalb der Frist gegenüber der zuständigen Stelle abgegeben wird (BVerfG NStZ-RR 2023, 145; BGH NStZ-RR 2021, 344: inhaftierter Bf.; BayObLG NStZ-RR 2024, 296). Krankhafte Störungen der Geistestätigkeit sollen eine unverschuldete Säumnis regelmäßig nur dann begründen, wenn sie mit Verhandlungsunfähigkeit einhergehen (BGH BeckRS 2017, 101567; KK-StPO/Schneider-Glockzin Rn. 20 mwN; s. aber auch BGH StV 2019, 224; 2019, 77: Intelligenzminderung im Grade des Schwachsinns begründet bes. Schutzbedürftigkeit). Bei einer COVID-19 Infektion dürfte es darauf ankommen, ob der konkrete Krankheitsverlauf derart schwer war – zB bei notwendiger Hospitalisierung auf der Intensivstation –, dass er zu einer erheblichen Beeinträchtigung der Einsichts- u. Steuerungsfähigkeit geführt hat (vgl. auf der Heiden NJW 2020, 1023 (1027)).

12a Mit Rücksicht auf die Vorgaben des **EuGH** (NJW 2016, 303) handelt ebenfalls **nicht schuldhaft,** wer die Frist des § 410 Abs. 1 nicht wahrt, weil er den Einspruch gegen den Strafbefehl nicht in deutscher Sprache eingelegt hat u. sich darauf beruft, ihm habe für den Einspruch nicht der vollständige Zeitraum zur Vfg. gestanden (vgl. Zündorf NStZ 2016, 41 (43): unionskonforme Auslegung; erg. → § 45 Rn. 13; → § 132 Rn. 9; → **GVG** § 184 Rn. 2a). Wiedereinsetzung nach Versäumung der Frist zur Einlegung der Revision ist zu gewähren, wenn der **EGMR** die Verwerfung einer Revision als unzulässig beanstandet (BGH NStZ-RR 2017, 148).

12b Dagegen **handelt idR schuldhaft,** wer eine Frist vergisst, ebenso wer seinen Beistand zu spät (Dallinger MDR 1956, 11 – BGH RsprÜ) o. nicht eindeutig (OLG Düsseldorf VRS 96, 374) mit der Rechtsmitteleinlegung beauftragt o. nicht darauf achtet, dass ihn der Auftrag rechtzeitig erreicht (BGHR StPO § 44 S. 1 Verschulden 2), o. wer sich nach einer Verständigung (§ 257c) die Einlegung des Rechtsmittels durch den Verteidiger nicht zusagen lässt (Cierniak/Zimmermann NStZ-RR 2013, 67 – BGH RsprÜ; BGHR StPO § 44 S. 1 Verschulden 8), wer für Rücksprachen mit dem Verteidiger nicht erreichbar ist (BGH NStZ 1997, 95) o. wer als Gefangener die Rechtsmittelschrift erst am letzten Tag der Frist in den Abteilungsbriefkasten der JVA gibt (BGH NStZ 2006, 54; BGHR StPO § 44 S. 1 Verhinderung 12) bzw. den Antrag an das zuständige Gericht auf Protokollierung des Rechtsmittels erst 3 Tage vor Ablauf der Rechtsmittelfrist zur Post gibt (OLG Hamm NStZ-RR 2015, 327). Der Angeklagte, dem bekannt ist, dass sein Verteidiger die nur „fristwahrend" eingelegte Revision im vermuteten Einvernehmen mit ihm für nicht aussichtsreich hält, muss damit rechnen, dass sein Verteidiger die Revision nicht v. sich aus begründen wird (BGH BeckRS 2014, 19863; vgl. auch BGH BeckRS 2018, 21212). Wer die Rechtsmitteleinlegung durch einen Dritten erledigen lässt, muss sich v. rechtzeitigen Eingang überzeugen (BGH NStZ 1996, 50; OLG Hamm NStZ-RR 2009, 242: Bewährungshelfer; OLG Stuttgart Justiz 1980, 56; OLG Zweibrücken StV 1992, 360: Ehegatte), sofern das nicht, etwa bei Krankenhausaufenthalt, unmöglich ist (OLG Stuttgart Justiz 1985, 321). Verschuldet ist auch die Fristversäumung infolge unrichtiger Adressierung der Rechtsmittelschrift (OLG Stuttgart NStZ-RR 2010, 148 Ls.: falsche Postleitzahl), die bei dem unzuständigen Gericht am letzten Tag der Frist eingeht (OLG Düsseldorf JMBl. NRW 1997, 271; OLG Hamm NStZ 1985, 185; OLG Naumburg NStZ-RR 2001, 272). Ist eine rechtzeitig eingegangene Rechtsmittelschrift aber nicht im normalen Geschäftsgang weitergeleitet worden, ist Wiedereinsetzung zu gewähren (OLG Naumburg NStZ-RR 2001, 272); eine Weiterleitung per Telefax ist auch dann nicht erforderlich, wenn der drohende Fristablauf ohne weiteres erkennbar ist (OLG Hamm NStZ-RR 2008, 283 Ls.; 2009, 347 Ls.). Unzureichende Sprachkenntnisse eines Ausländers schließen das Verschulden nicht aus (Spiegel DAR 1985, 199 – BGH RsprÜ), jedoch dürfen auch hier die Anforderungen nicht überspannt werden (BVerfG NJW 1991, 2208).

II. Unkenntnis vom Fristbeginn. Die Frist versäumt schuldhaft, wer die 13
mündliche Rechtsmittelbelehrung missverstanden hat (vgl. BGH NStZ-RR 2013, 254); anders wird es allerdings bei einem unverteidigten Jugendlichen (OLG Schleswig StV 2010, 62) o. einem Ausländer sein, der keinen Verteidiger hat u. dem nur mündlich (ohne Erteilung eines für ihn verständlichen Merkblatts, vgl. → § 35a Rn. 7 ff.) eine komplizierte Rechtsmittelbelehrung erteilt wird (KG NZV 1992, 123). Schuldhaft handelt jedoch, wer eine Belehrung überhaupt nicht verstanden hat, sich aber nicht nach dem Fristbeginn erkundigt (Becker NStZ-RR 2007, 3 – BGH RsprÜ; vgl. auch BGH NStZ-RR 2019, 186; OLG Hamm NJW 2001, 3279). Auch wer sie richtig verstanden hat, versäumt die Frist schuldlos, wenn er auf Anraten seines Verteidigers auf die Urteilszustellung wartet (OLG Frankfurt a. M. NJW 1983, 893 Ls.). Die Nichtaushändigung eines Merkblatts (Nr. 142 Abs. 1 RiStBV) wird idR als Entschuldigung anzusehen sein (BVerfG NJW 1996, 1811; OLG Düsseldorf NStE StPO § 44 Nr. 26; OLG Köln NStZ 1997, 404; OLG Saarbrücken NJW 2003, 2182; **aM** Lorenzen/Görl SchlHA 1990, 113 – OLG Schleswig RsprÜ; einschr. auch OLG Hamm NJW 2001, 3279). Ein Ausländer, dem eine v. ihm als belastend erkannte Entsch. mit einer ihm nicht verständlichen Rechtsmittelbelehrung zugestellt worden ist, muss sich bemühen, alsbald ihren Inhalt zu erfahren (BVerfG StV 1995, 394 Ls.; OLG Hamm JMBl. NRW. 1981, 166; OLG Köln 1982, 247; erg. → Rn. 22). Bei einer der korrekten schriftlichen Belehrung widersprechenden unrichtigen mündlichen Belehrung darf der Betroffene nicht einfach v. der mündlichen Belehrung ausgehen (OLG Dresden NStZ-RR 2002, 171), anders dagegen im umgekehrten Fall einer korrekten mündlichen Belehrung, die durch eine falsche schriftliche Belehrung konterkariert wird (BGH NStZ 1994, 194; SK-StPO/Weßlau/Weißer § 35a Rn. 25). Schuldhaft handelt auch, wer trotz bestehender Zweifel an der Wirksamkeit seines Rechtsmittelverzichts nicht unverzüglich den Rechtsrat eines Rechtskundigen einholt (OLG Jena NJW 2003, 3071). Auf die Unkenntnis über die Möglichkeit einer Anfechtung der Entsch. sowie die dafür vorgeschriebenen Formen u. Fristen kann sich der Angeklagte nicht berufen, wenn er auf die Rechtsmittelbelehrung verzichtet (str., zum Streitstand s. OLG Hamm NStZ 2019, 432 mN).

III. Unkenntnis von der Zustellung. Wer v. seiner Wohnung **vorüber-** 14
gehend (bis etwa 6 Wochen) **abwesend** ist, muss nicht deshalb bes. Vorkehrungen dafür treffen, dass er rechtzeitig v. Zustellungen Kenntnis erlangt, weil gegen ihn Ermittlungen geführt werden (BVerfGE 41, 332; BVerfG NJW 2013, 592), wohl aber, wenn bereits ein Strafverfahren anhängig u. daher mit Zustellungen zu rechnen ist (KG VRS 87, 131; OLG Hamm NJW 1974, 1477), insbes. mit der des Berufungsurteils (OLG Frankfurt a. M. MDR 1987, 76) o. eines Strafbefehls o. der Ladung zur Berufungsverhandlung (OLG Celle StraFo 2002, 17; OLG Dresden NStZ 2005, 398) o. bei Fortführung des Verfahrens nach der vorl. Einstellung nach § 153a (OLG Stuttgart Justiz 1988, 215). Ohne besondere Anhaltspunkte muss er aber nicht damit rechnen, dass ihm Familienangehörige Zustellungen vorenthalten (OLG Düsseldorf NStZ 1992, 99) o. Termine unrichtig notieren (OLG Düsseldorf NJW 1995, 742; OLG Frankfurt a. M. NStZ 2001, 85)). Wer sich in der Bewährungszeit verborgen hält, insbes. auch entgegen einer richterlich erteilten Weisung seinen Aufenthaltsort nicht angibt, kann keine Wiedereinsetzung beanspruchen (BGHSt 26, 127; OLG Düsseldorf StraFo 2002, 394; OLG Hamm NStZ-RR 2004, 46; OLG Köln NStZ 2012, 528). Die Notwendigkeit einer öffentl. Zustellung schließt die Wiedereinsetzung nicht allg. aus (OLG Frankfurt a. M. NStZ-RR 2004, 210; OLG Karlsruhe NJW 1974, 1152; OLG Stuttgart Justiz 1988, 215); idR steht sie ihr aber entgegen.

15 Im Falle einer **Zustellung an den bestellten Verteidiger** nach § 145a Abs. 3 S. 1 kann sich der Beschuldigte nicht darauf berufen, er selbst habe keine Kenntnis v. der Entsch. erlangt (OLG Hamm NStZ-RR 2016, 216; erg. → § 145a Rn. 13).

16 **IV. Verschulden Dritter. 1. Deutsche Post AG:** Die gewöhnliche Postlaufzeit zwischen Aufgabe- u. Zustellungsort muss in Rechnung gestellt werden (BGH NJW 1958, 2015; Pfeiffer/Miebach NStZ 1984, 209 – BGH RsprÜ), auch übliche Verlängerungen an Sonn- u. Feiertagen (OLG Düsseldorf VRS 67, 38), auch längere Postlaufzeiten vom EU-Ausland ins Inland (vgl. LG Nürnberg-Fürth StraFo 2021, 429), nicht aber eine Verzögerung der Postbeförderung (BGH NJW 1978, 1488; OLG Hamburg NJW 1974, 68; vgl. auch BVerfGE 62, 334; BVerfG NJW 1983, 560), sofern sie nicht selbst verschuldet ist, was beim Fehlen der Postleitzahl idR der Fall sein wird (OLG Düsseldorf NJW 1994, 2841; OLG Frankfurt a. M. NStZ-RR 1997, 137; **aM** OLG Stuttgart NJW 1982, 2832). Der Absender darf also nicht darauf vertrauen, dass die Sendung am nächsten Tag zugestellt wird, so dass bei einer erst einen Tag vor Fristablauf aufgegebenen u. nicht rechtzeitig eingegangenen Sendung keine Wiedereinsetzung gewährt wird (Döllel/Dreeßen SchlHA 2011, 276 – OLG Schleswig RsprÜ; OLG Stuttgart NStZ-RR 2010, 15; vgl. auch BVerfG NStZ 2004, 215; NStZ-RR 2005, 176); das gilt auch für Einschreibsendungen (KG NStZ-RR 2006, 142; OLG Frankfurt a. M. NStZ-RR 2011, 116; OLG Stuttgart NStZ-RR 2010, 15; str.; **aM** OLG Celle StraFo 2021, 375; OLG Oldenburg NStZ-RR 2014, 113; OLG Hamm NJW 2009, 2230: Bf. darf auf Eingang am Werktag nach der Einlieferung vertrauen; vgl. auch NJW 1999, 2118). Differenzierungen danach, ob die Post zzt. der Briefaufgabe gerade bes. stark beansprucht war, sind nicht zulässig (BVerfG NJW 1992, 1952).

17 **2. Justizbehörden:** Dem Betroffenen ist nicht zuzurechnen die Unmöglichkeit der Übersendung eines Anwaltsschriftsatzes als elektronisches Dokument (§ 32d S. 2) aufgrund technischer Störung des elektronischen gerichtlichen Postfachs (BGH 9.1.2024 – 2 StR 261/23), die Nichtvorführung zur Rechtsmitteleinlegung nach § 299 (OLG Düsseldorf Rpfleger 1983, 363; OLG Stuttgart Justiz 1985, 321; vgl. aber OLG Karlsruhe Justiz 2003, 490: anders, wenn fristgemäße schriftliche Einlegung möglich u. zumutbar gewesen wäre), die Protokollaufnahme durch einen unzuständigen Beamten (BVerfG NStZ-RR 2005, 238), die unrichtige Sachbehandlung durch den UrkB (BVerfG NJW 2005, 3629; BayObLG JR 1960, 145), die unrichtige Belehrung durch Beamte der JVA (Kusch NStZ 1993, 27 – BGH RsprÜ), die Vereitelung des fristgemäßen Zugangs des Schriftstücks (BVerfGE 62, 216), zB bei Unmöglichkeit der Entgegennahme eines eingeschriebenen Briefs als Eilzustellung (KG NStZ 1995, 612; OLG Oldenburg StV 1983, 324 Ls.), die Störung des Telefaxgerätes des Gerichts (BGH StraFo 2005, 27; OLG Brandenburg NStZ 2005, 711) o. der nicht feststellbare Eingang eines abgesandten Telefaxes bei Gericht (KG NStZ-RR 2007, 24; OLG Karlsruhe NStZ 1994, 200), die fehlende Möglichkeit, nach Dienstschluss mit fristwahrender Wirkung ein Schriftstück einzureichen (OLG Hamm JMBl. NRW. 1957, 178), das Unterlassen der sofortigen Weitergabe durch den die Briefkontrolle für Gefangene ausübenden Beamten (OLG Düsseldorf NStZ 1990, 149; vgl. aber BGH NStZ 1992, 555: nicht, wenn der Gefangene das Schreiben erst am letzten Tag der Frist der JVA zur Weiterleitung übergibt) o. v. einer unzuständigen Empfangsbehörde zur (aus der Schrift erkennbaren) zuständigen Stelle (OLG Brandenburg OLGSt StPO § 44 Nr. 32; OLG Düsseldorf NStZ-RR 1999, 147; OLG Hamm MDR 1978, 73; OLG Koblenz MDR 1973, 691; OLG Köln StV 1981, 118), das Unterlassen der Mitteilung an den Verteidiger nach § 145a Abs. 3 S. 2 (BayObLGSt 1975, 150; KG StV 2003, 343; OLG Celle StV 1994, 7; OLG Köln VRS 42, 125 (128); OLG München NJW 2008, 3797 (**aM** aber OLG München StV 2011, 86 mablAnm Bockemühl); OLG Schleswig NJW 1981, 1681; OLG Stuttgart StV 2011, 85, auch noch im Vollstreckungsverfahren, OLG Schleswig SchlHA 1992, 12) o. nach

§ 145a Abs. 3 S. 1 an den Beschuldigten (BGH StV 2006, 283), sofern die Fristversäumung hierauf beruht (OLG Frankfurt a. M. NJW 1982, 1297; vgl. auch BayObLG NJW 1993, 150: nicht bei Versäumung der Einlegungsfrist; OLG Düsseldorf VRS 89, 41 u. OLG Nürnberg NStZ-RR 1999, 114: nicht bei fehlender Beauftragung des Verteidigers zur Rechtsmitteleinlegung; OLG Frankfurt a. M. VRS 59, 429: nicht, wenn sich der Verteidiger schon als unzuverlässig erwiesen hatte; zu weitgehend OLG Frankfurt a. M. MDR 1983, 152: weil Rechtsbehelfsbelehrung an den Angeklagten selbst gerichtet war), **nicht** aber das Unterlassen einer Weitergabe des Rechtsmittelschriftsatzes per Telefax (OLG Hamm NStZ-RR 2008, 283 Ls.; einschr. aber → Rn. 12 aE) o. der telefonischen Benachrichtigung v. Rechtsmitteleingang beim unzuständigen Gericht (OLG Düsseldorf NStZ 1984, 184; OLG Hamm NStZ 1985, 472; **aM** OLG Zweibrücken MDR 1982, 166) o. eine verspätete Weiterleitung einer Rechtsmittelschrift durch ein unzuständiges Gericht (vgl. KG 4.11.2025 – BeckRS 2025, 29961). Zur Benachrichtigung des Verteidigers v. der Zustellung ist der Angeklagte nicht verpflichtet (BayObLGSt NStZ-RR 2000, 110), jedenfalls dann nicht, wenn er den bindenden Auftrag zur Rechtsmitteleinlegung gegeben hatte (OLG Frankfurt a. M. NJW 1982, 1297). Ein Formfehler bei der Zustellung des Hauptverhandlungsprotokolls an einen v. mehreren Verteidigern begründet nicht die Wiedereinsetzung (BGH NStZ-RR 2017, 285).

18 **3. Verschulden des Verteidigers,** auch des gewählten, ist dem Angeklagten idR nicht zuzurechnen (BVerfG NJW 1994, 1856; BGHSt 14, 306 (308); BGH NStZ-RR 2023, 348; siehe aber → Rn. 7 zu nicht fristgerecht erhobenen Verfahrensrügen), sofern er sich mit einem Rechtsbehelf gegen den Schuldspruch oder den Rechtsfolgenausspruch wendet (s. BGH NJW 2023, 3304). Dies gilt auch im Fall des § 297 (OLG Karlsruhe Justiz 1992, 485) sowie allgemein bei der formwidrigen Übermittlung von Schriftsätzen (Verstoß gegen § 32a, 32d; vgl. BGH 4.12.2024 – 5 StR 564/24 mwN; NStZ-RR 2024, 315; NJW 2022, 3588; KG NJW 2022, 2286; → § 32d Rn. 2). Zur Überwachung des Verteidigers ist der Angeklagte grds. nicht verpflichtet (Miebach NStZ 1990, 25 – BGH RsprÜ; BGH StV 2016, 771 Ls.; OLG Düsseldorf StraFo 1999, 22; OLG Köln VRS 101, 373; vgl. auch BGH NStZ-RR 2011, 115: Erkrankung des Verteidigers). Der Wiedereinsetzung steht jedoch ein **Mitverschulden** des Angeklagten entgegen, zB wenn er untätig bleibt, obwohl ihm die Unzuverlässigkeit des Verteidigers bekannt ist (BGHSt 25, 89 (93); BGH NStZ-RR 2017, 149; OLG Frankfurt a. M. VRS 59, 429; OLG Köln StraFo 2012, 224) o. obwohl er die Fristversäumung durch den Verteidiger voraussehen kann (BGHSt 14, 306; BGH NStZ 1995, 352), zB weil er weiß o. damit rechnen muss, dass der Verteidiger nicht tätig werden (BGH NStZ 2004, 166; NStZ-RR 2009, 375) o. die (aussichtslose) Revision nicht begründen wird (Pfeiffer/Miebach NStZ 1985, 493 – BGH RsprÜ) o. ihre Begründung v. einer Vorschusszahlung (Spiegel DAR 1985, 200 – BGH RsprÜ; BGHR StPO § 44 S. 1 Verhinderung 15) o. v. der Begleichung alter Schulden abhängig macht (BGH EzSt StPO § 44 Nr. 4). Gibt der Verteidiger eine unzutreffende Auskunft über den Beginn der Rechtsmittelfrist, begründet dies nur dann einen Wiedereinsetzungsgrund, wenn der Angeklagte auf sie vertraut hat, was entspr. vorgetragen werden muss (BGH NStZ-RR 2017, 285). Ist der Verteidiger kein RA, so kommt es ebenfalls darauf an, ob der Vertretene auf die Fristwahrung vertrauen konnte (Schmid NJW 1976, 941). Zum pflichtwidrigen Unterlassen der form- u. fristgerechten Einlegung u. Begründung der Revision → § 341 Rn. 13, → **EMRK** Art. 6 Rn. 20.

18a In Fällen, in denen es nicht um den Schuldspruch oder Rechtsfolgenausspruch geht, muss der Beschuldigte dagegen **für das Verschulden seines Vertreters einstehen.** Dies gilt etwa bei Verschulden des Verteidigers im Verfahren nach § 356a (BGH NStZ-RR 2024, 220), im Beschwerdeverfahren nach § 124 Abs. 2 S. 2 (OLG Stuttgart Justiz 1980, 285) u. nach § 464 Abs. 3 (BGHSt 26, 126; OLG Düsseldorf NStZ 1989, 242; OLG Koblenz GA 1990, 267; OLGSt StPO § 44 Nr. 19), im Kostenfestsetzungsverfahren nach § 464b (OLG Düsseldorf JurBüro

1983, 733; 1987, 723; OLG Hamm NJW 1961, 1319), im Verf. nach §§ 23 ff. EGGVG (→ EGGVG § 23 Rn. 7), in Strafvollzugssachen nach §§ 109 ff. **StVollzG** (OLG Frankfurt a. M. MDR 1981, 1044; NStZ 1982, 351) u. im Beschwerdeverfahren nach §§ 8 Abs. 3, 9 Abs. 2 **StrEG** (KG JR 1979, 128; NJW 2008, 94; Kunz StrEG § 9 Rn. 27; erg. → StrEG § 8 Rn. 18) sowie bei Verschulden des Verfahrensbevollmächtigten des Einziehungsbeteiligten (BGH NJW 2023, 3304; OLG Düsseldorf NStZ-RR 2001, 335); denn in all diesen Fällen besteht nicht das bes. Schutzbedürfnis, das allein die Ausnahme v. dem Grundsatz des § 85 Abs. 2 ZPO für den sich verteidigenden Beschuldigten rechtfertigt.

19 Nach dem allgemeinen Verfahrensgrundsatz des § 85 Abs. 2 ZPO müssen sich Verfahrensbeteiligte, die sich nicht gegen einen Schuldvorwurf verteidigen, wie der **Privatkläger,** der **Nebenkläger,** der **Einziehungsbeteiligte** bei einer Dritteinziehung (BGH NJW 2023, 3304) der **Antragsteller im Klageerzwingungsverfahren** nach § 172 Abs. 2 und der Antragsteller im **Verfahren nach § 8 StrEG** (vgl. BGH 8.4.2025 – 4 StR 485/24), das Verschulden ihres Vertreters zurechnen lassen (BGHSt 30, 309; BGH BeckRS 2023, 24747; 2.11.2022 – 3 StR 162/22; NStZ 2020, 310; KG NJW 1965, 1032; OLG Düsseldorf NJW 1993, 1344; OLG Karlsruhe NStZ-RR 1997, 157; OLG Koblenz VRS 64, 33; OLG Nürnberg NStZ-RR 1998, 143; **aM** AK-StPO/Lemke Rn. 32; Löwe/Rosenberg/Graalmann-Scheerer Rn. 62; SK-StPO/Deiters Rn. 37).

20 **Kanzleiversehen** ist für den RA u. den Vertretenen ein unverschuldetes Ereignis, wenn die Fristversäumung nur hierauf beruht (BGH NStZ 2000, 545; OLG Zweibrücken VRS 53, 120). Maßgebend ist, ob das Personal sorgfältig ausgewählt u. überwacht wird u. ob durch geeignete Büroorganisation Vorsorge für die Fristeinhaltung getroffen worden ist (BGH NJW 1975, 1362; Cierniak/Zimmermann NStZ-RR 2013, 67 – BGH RsprÜ; OLG Düsseldorf NJW 1993, 1344). Denn der RA darf die Kontrolle der Fristen u. die Führung des Fristenkalenders durch gut ausgebildete, erfahrene u. zuverlässige Kräfte in eigener Verantwortung erledigen lassen, wenn er entspr. Vorkehrungen damit verbindet (BGHZ 43, 148 (150) = NJW 1965, 1021; Tepperwien DAR 2005, 248 – BGH RsprÜ). Zur Begründung des Wiedereinsetzungs-Antrages in solchen Fällen → § 45 Rn. 5c.

21 **V. Wiedereinsetzung zugunsten StA. Der StA** kann Wiedereinsetzung auf Antrag o. auch vAw (BGH StraFo 2007, 502) gewährt werden, wenn sie eine Frist ohne eigenes Verschulden versäumt hat. Wurde die Fristversäumnis durch den leitenden Beamten o. einen Beamten der Behörde, dessen er sich bei der Erfüllung seiner Aufgaben bedient (dazu gehören auch die Justizwachtmeister), verschuldet, scheidet Wiedereinsetzung aus (BGH wistra 1988, 198; BayObLGSt 1984, 129; OLG Frankfurt a. M. NStZ-RR 1997, 176; einschr. Löwe/Rosenberg/Graalmann-Scheerer Rn. 63: keine Anrechnung des Verschuldens untergeordneter Dienstkräfte).

22 **F. Unterbliebene Rechtsmittelbelehrung (S. 2).** Die **gesetzliche Vermutung bei unterbliebener Rechtsmittelbelehrung (S. 2)** hebt nur das Erfordernis des fehlenden Verschuldens des Antragstellers auf. Den ursächlichen Zusammenhang zwischen Belehrungsmangel u. Fristversäumung setzt die Wiedereinsetzung auch hier voraus (BGH NStZ 2001, 45; OLG Düsseldorf NJW 1993, 1344; OLG Stuttgart NJW 1981, 1917; vgl. → Rn. 5); das ist verfassungsrechtlich unbedenklich, jedoch dürfen die Anforderungen auch hier nicht überspannt werden (BVerfG NJW 1991, 2277). Im Antrag muss daher auch dargelegt werden, dass die Frist infolge des Fehlens der Belehrung nach § 35a versäumt worden ist (OLG Düsseldorf NStZ 1989, 242 OLG Frankfurt a. M. NStZ-RR 2007, 206; OLG Karlsruhe NStZ-RR 1997, 157). Bei Verzicht des Verteidigers auf die Belehrung gilt S. 2 nicht (OLG Düsseldorf VRS 78, 458; OLG Zweibrücken MDR 1978, 861), wohl aber, wenn der Angeklagte sich vor Beendigung der HV eigenmächtig entfernt hat (OLG Düsseldorf ZfZ 1984, 218; **aM** OLG Köln NStZ 2009, 655 Ls.; erg. → § 35a Rn. 7). Wird einem der deutschen Sprache nicht hinreichend mäch-

tigen Ausländer ein Strafbefehl ohne eine ihm verständliche Belehrung über die Einspruchsmöglichkeit zugestellt, so wird Wiedereinsetzung nur nach S. 1 gewährt (BVerfGE 42, 120; → Rn. 13).

Die **unvollständige** oder **unrichtige Belehrung** steht der unterlassenen gleich u. führt ebenfalls zur Anwendung des S. 2 (BGHSt 30, 182 (185); KG JR 1977, 129; OLG Bremen MDR 1979, 517; OLG Düsseldorf VRS 92, 21; OLG Hamburg NJW 1962, 202), ebenso eine irreführende Zuschrift des Gerichts (BGH NStZ 1994, 23; OLG Köln OLGSt StPO § 35a S. 13). Die Unvollständigkeit o. Unrichtigkeit muss aber einen wesentlichen Punkt betreffen (BayObLGSt 1994, 199; OLG Zweibrücken VRS 88, 356); andernfalls kommt nur Wiedereinsetzung nach S. 1 in Betracht. Zur Beweiskraft des Protokollvermerks über die Belehrung vgl. → § 274 Rn. 6. Zur entspr. Anwendung des § 44 S. 2 bei § 40 Abs. 3 vgl. OLG Frankfurt a. M. NStZ 1988, 376. 23

Die **Vermutung einer unverschuldeten Versäumung der Rechtsmittelfrist** passt nicht für die unterbliebene Belehrung über die Freiheit zur Einlegung v. Rechtsmitteln nach § 35a S. 3; daher ist diese Vorschr. aus dem Bereich des § 44 S. 2 herausgenommen, der deshalb bei unterbliebener „qualifizierter Belehrung" nicht zur Anwendung kommt. Bei einer Verständigung wird der Betroffene zumeist deren Erg. als dauerhaft akzeptieren u. eine Rechtsmittelüberprüfung gar nicht wünschen; eine Erstreckung der Regelung des § 44 S. 2 auch auf die Fälle des Fehlens einer „qualifizierten Belehrung" würde die Rechtsmittelmöglichkeiten auch nach bloßem Motivwechsel allzu sehr erweitern (BT-Drs. 16/11736, 11; **aM** Duttge FS Böttcher, 2007, 71). 23a

Auf Anträge auf Wiedereinsetzung in den vorigen Stand gegen die Versäumung der **Antragsfrist des § 356a** findet S. 2 keine Anwendung (BGH NStZ-RR 2016, 318). 23b

G. Belehrung über Wiedereinsetzung. Eine **ausdrückliche Belehrung** über die Möglichkeit der Wiedereinsetzung ist grds. nicht vorgesehen (vgl. → § 35a Rn. 3). Wenn der Wiedereinsetzungsgrund aber in einem den Gerichten zuzurechnenden Fehler (→ Rn. 17) liegt, fordert der Grundsatz des fairen Verfahrens eine solche Belehrung (BVerfG NJW 2005, 3629; erg. → Einl. Rn. 157); mit Zugang dieser Belehrung beginnt die Frist zur Stellung des Wiedereinsetzungsantrags (§ 45 Abs. 1 S. 1) zu laufen (erg. → § 45 Rn. 12). 24

H. Wirkung der Wiedereinsetzung. Das Verf. wird nicht „in den vorigen Stand", sondern **in den Zustand versetzt, der bestanden hätte,** wenn die **Frist nicht versäumt** worden wäre (OLG Köln NJW 1987, 80; vgl. auch KG StV 2016, 545 (547)). Die infolge der Säumnis eingetretene Rechtskraft der Entsch. sowie Beschlüsse u. Urteile, durch die ein Rechtsmittel wegen Versäumung als unzulässig verworfen worden ist, fallen ohne weiteres weg, ebenso das Urteil, das infolge der Versäumung ergangen war. Die förmliche Aufhebung der Entsch. ist nicht erforderlich; ihr Wegfall sollte aber in dem Wiedereinsetzungsbeschluss festgestellt werden (Löwe/Rosenberg/Graalmann-Scheerer § 46 Rn. 14), wenigstens in den Gründen (Wendisch JR 1981, 132). Ist die Einlegung eines Rechtsmittels mit dem Wiedereinsetzungsantrag nachgeholt worden (§ 45 Abs. 2 S. 1), so wird mit der Wiedereinsetzung zugleich die Rechtzeitigkeit der Anfechtung festgestellt (Meyer JR 1978, 432). Vorteile, die der Betroffene ohne die Versäumung nicht gehabt hat, erlangt er durch die Wiedereinsetzung nicht (OLG Hamm NJW 1972, 2097); die Wiedereinsetzung gegen die Versäumung der Revisionsbegründungspflicht kann daher nur dazu führen, die Rüge der Verletzung materiellen Rechts zu erheben, eröffnet aber nicht die Möglichkeit, Verfahrensrügen nachzuschieben (BGH NStZ 1993, 245; OLG Braunschweig NStZ 1996, 298). Eine verbüßte Strafhaft wandelt sich nicht rückwirkend in UHaft (BGHSt 18, 34 (36); OLG Hamm NStZ-RR 2010, 29). 25

Anforderungen an einen Wiedereinsetzungsantrag **Nr. 155 RiStBV**

45 (1) [1] **Der Antrag auf Wiedereinsetzung in den vorigen Stand ist binnen einer Woche nach Wegfall des Hindernisses bei dem Gericht zu stellen, bei dem die Frist wahrzunehmen gewesen wäre.** [2] **Zur Wahrung der Frist genügt es, wenn der Antrag rechtzeitig bei dem Gericht gestellt wird, das über den Antrag entscheidet.**

(2) [1] **Die Tatsachen zur Begründung des Antrags sind bei der Antragstellung oder im Verfahren über den Antrag glaubhaft zu machen.** [2] **Innerhalb der Antragsfrist ist die versäumte Handlung nachzuholen.** [3] **Ist dies geschehen, so kann Wiedereinsetzung auch ohne Antrag gewährt werden.**

Übersicht

1 **A. Antragstellung (Abs. 1). I. Form.** Es genügt die **Schriftform** (→ Einl. Rn. 128).

2 Wird mit dem Antrag zugleich die versäumte Prozesshandlung nachgeholt (Abs. 2 S. 2), so muss eine für sie vorgeschriebene besondere Form eingehalten werden (→ Rn. 11).

3 **II. Wochenfrist.** Die Wochenfrist (Abs. 1 S. 1) wird **nach § 43 berechnet.** Sie gilt auch dann, wenn es sich bei der versäumten u. nachzuholenden Handlung um die Begründung der Revision handelt (BGH NStZ 2021, 245 mwN) u. wenn der Verteidiger eigenes Verschulden geltend macht (BGH NStZ 2021, 423; StraFo 2019, 469). Sie beginnt mit der Beseitigung des Hindernisses, zB der Unkenntnis, auf der die Fristversäumung beruht (OLG Karlsruhe MDR 1993, 564), im Fall der Zustellung durch Niederlegung erst mit der tatsächlichen Kenntnisnahme v. der Postsendung (LG Köln MDR 1997, 283). Maßgebend ist die Kenntnis des Betroffenen selbst, auch wenn Verteidigerverschulden geltend gemacht wird (vgl. BGH NStZ-RR 2025, 151; anders aber in den in → § 44 Rn. 19 erörterten Vertretungsfällen, vgl. BGH NStZ-RR 2023, 212: NKl-Vertreter; OLG Frankfurt a. M. NStZ-RR 2003, 369), nicht die früher (BayObLGSt 1956, 251; OLG Braunschweig NJW 1967, 1432) o. später (BayObLGSt 1955, 188; OLG Köln VRS 42, 127 (128)) erlangte Kenntnis des Verteidigers (BGHR Frist 2; BGH NStZ 2006, 54), auch nicht ein bloßer Zweifel an der Rechtzeitigkeit der Handlung (Ernesti/Lorenzen SchlHA 1981, 91 – OLG Schleswig RsprÜ); erforderlich für die Kenntnis des Beschuldigten ist allerdings prozessuale Handlungsfähigkeit, wobei Zweifel an deren Aufhebung zu seinen Lasten gehen (BGH 27.1.2026 – 5 StR 15/26). Gegen die Versäumung der Frist des Abs. 1 S. 1 ist Wiedereinsetzung nach § 44 möglich (OLG Düsseldorf NJW 1982, 60; OLG Hamm NJW 1958, 1104). Bei Zweifeln an der Fristeinhaltung ist zugunsten des Antragstellers zu entscheiden (BGH NJW 1960, 2202; OLG Hamburg NJW 1974, 68; OLG Stuttgart NJW 1981, 471; KK-StPO/Schneider-Glockzin Rn. 3; **aM** OLG Celle Nds. Rpfl. 1982, 140; Deiters in SK-StPO Rn. 5), ebenso bei behördlichem Verschulden (Aktenverlust; defekter Nachtbriefkasten; OLG Celle OLGSt StPO § 44 Nr. 1). Liegt der Wiedereinsetzungsgrund in einem dem Gericht zuzurechnenden Fehler,

ist der Betroffene ggf. über die Möglichkeit der Wiedereinsetzung zu belehren (BVerfG NStZ-RR 2005, 238).

III. Zuständiges Gericht. Zuständiges Gericht ist in 1. Hinsicht das Gericht, **bei dem die Frist wahrzunehmen** gewesen wäre (S. 1). Zur Fristwahrung **genügt aber** die Antragstellung bei dem Gericht, das nach § 46 Abs. 1 über den Antrag entscheidet (S. 2); dort kann die versäumte Handlung auch nachgeholt werden, wenn sie nach dem G (zB § 341 Abs. 1) bei dem Gericht 1. Instanz vorzunehmen ist (OLG Hamburg JR 1978, 430 mzustAnm Meyer). Für inhaftierte Beschuldigte gilt ferner § 299 (KK-StPO/Schneider-Glockzin Rn. 5). 4

B. Antragsbegründung (Abs. 2). Der Antrag muss Angaben nicht nur über die **versäumte Frist** u. den **Hinderungsgrund,** sondern auch über den **Zeitpunkt des Wegfalls des Hindernisses** enthalten (BGH NStZ-RR 2022, 378 mwN; OLG Köln NStZ-RR 2002, 142), selbst wenn der Verteidiger eigenes Verschulden geltend macht; auch insoweit kommt es auf den Zeitpunkt der Kenntnisnahme durch den Angeklagten an (BGH NStZ-RR 2023, 348; BeckRS 2024, 25128); dies ist ausnahmsweise nicht erforderlich, wenn der Akteninhalt keinerlei Anhalt dafür bietet, wie der Angeklagte Kenntnis von der Fristversäumnis erlangt haben könnte (BGH NStZ 2025, 381; NStZ-RR 2025, 151) oder die Einhaltung der Wochenfrist des Abs. 1 nach Aktenlage offensichtlich ist (BGH BeckRS 2017, 102786; vgl. auch BGH BeckRS 2024, 39334). Diese Angaben sind **Zulässigkeitsvoraussetzungen** für den Antrag; sie müssen noch innerhalb der Wochenfrist des Abs. 1 S. 1 gemacht werden (BGH NStZ-RR 2023, 348; KG JR 1977, 308; OLG Düsseldorf OLGSt StPO § 45 Nr. 14). Später können sie nur noch ergänzt u. verdeutlicht werden (BGH BeckRS 2015, 10414; KG JR 1975, 380; OLG Düsseldorf Rpfleger 1993, 460; OLG Hamm NStE StPO § 45 Nr. 15; einschr. OLG Braunschweig NJW 1967, 1432). 5

Vorzutragen ist stets ein Sachverhalt, der ein der Wiedereinsetzung entgegenstehendes Verschulden ausschließt (BGH NStZ-RR 2017, 285; KG NZV 2002, 47 (51); OLG Düsseldorf NStZ-RR 1996, 169; OLG Karlsruhe NStZ-RR 1997, 157) u. der Wiedereinsetzung entgegenstehende Alt. ausschließt (BGH BeckRS 2017, 119054). Die Begründung eines Antrags erfordert deshalb grds. eine genaue, widerspruchsfreie (vgl. BGH NStZ-RR 2024, 285) Darlegung u. Glaubhaftmachung aller zwischen dem Beginn u. dem Ende der versäumten Frist liegenden Umstände, die für die Frage bedeutsam sind, wie u. ggf. durch wessen Verschulden es zur Versäumnis gekommen ist (BGH StraFo 2013, 458). Macht der Antragsteller zB geltend, er habe die Frist infolge unvorhersehbarer Verzögerung der **Postzustellung** versäumt (→ § 44 Rn. 16), so muss er die Umstände der Einlieferung der Sendung nach Zeit u. Ort so genau darlegen, dass das Gericht die Frage des Verschuldens (→ § 44 Rn. 12) hinreichend zuverlässig beurteilen kann (OLG Frankfurt a. M. NStZ-RR 2002, 12; OLG Jena StraFo 1997, 331); behauptet er, eine Benachrichtigung der Post nicht vorgefunden zu haben, muss er Einzelheiten darlegen u. glaubhaft machen, die aufgrund der konkreten Umstände ein Abhandenkommen des Benachrichtigungszettels möglich erscheinen lassen (BVerfG NStZ-RR 1998, 73). Wird mit Blick auf die Frist des § 345 Abs. 1 **unvollständige Akteneinsicht** geltend gemacht, muss ausreichend dargetan werden, dass der Bf. gerade durch die unzulängliche Akteneinsicht an einer ordnungsgemäßen Begründung gehindert war (BGH 9.10.2024 – 2 StR 183/24; erg. → § 44 Rn. 7b). Wird nur ein **Formfehler bei der Zustellung** des Hauptverhandlungsprotokolls an einen v. mehreren Verteidigern vortragen, ergibt sich daraus kein Wiedereinsetzungsgrund (BGH BeckRS 2011, 21063). Nur Tatsachen, die **allgemeinkundig** o. aktenkundig sind, brauchen nicht vorgetragen zu werden (BVerfG NJW 1995, 2544; OLG Düsseldorf OLGSt StPO § 44 Nr. 31). 5a

Art u. Ausmaß **gesundheitlicher Beschwerden** sind in ihren wesentlichen Einzelheiten mitzuteilen; die Angabe wertender Begriffe oder die Vorlage entspr. ärztlicher Atteste bzw. Arbeitsunfähigkeitsbescheinigungen genügt nicht (OLG Hamm NStZ-RR 2022, 121: Verhandlungsunfähigkeit; KG NStZ-RR 2015, 221 Ls.: „prozessunfähig"), auch dann nicht, wenn sie auf den ICD10- Code Z 29.0 5b

(Notwendigkeit der Isolierung bei ansteckender Krankheit als prophylaktische Maßnahme) Bezug nehmen (OLG Hamm NStZ-RR 2022, 215). Behauptet der Antragsteller etwa wegen medikamentöser Behandlung nicht in der Lage gewesen zu sein, einen klaren Gedanken zu fassen, muss er angeben u. glaubhaft machen, welche Medikamente verabreicht wurden u. welche Ausfallerscheinungen sie bei ihm bewirkten (BGH BeckRS 2011, 21063).

5c **Nebenkläger** (wie auch Privatkläger u. Antragsteller nach § 172 Abs. 2) müssen Tatsachen vortragen, die ein Verschulden des Bevollmächtigten ausschließen (BGH NStZ-RR 2016, 214; BeckRS 2018, 16482; erg. → § 44 Rn. 19). Bei behauptetem **Kanzleiversehen** des Prozessbevollmächtigten (→ § 44 Rn. 20) muss zu den organisatorischen Vorkehrungen vorgetragen werden, durch die im Kanzleibetrieb sichergestellt werden soll, dass ein fristgebundener Schriftsatz nicht nur rechtzeitig fertiggestellt wird, sondern auch innerhalb der laufenden Frist beim zuständigen Gericht eingeht (BGH 2.11.2022 – 3 StR 162/22).

6 **C. Glaubhaftmachung (Abs. 2 S. 1).** Vgl. auch → § 26 Rn. 5 ff. Das Erfordernis der Wahrscheinlichmachung durch den Antragsteller **bezieht sich auf alle Tatsachen,** die für die Entsch. über die Zulässigkeit u. Begründetheit des Antrags v. Bedeutung sind; eine Pflicht des Gerichts zur Aufklärung vAw besteht insoweit nicht (vgl. OLG Braunschweig NStZ 2014, 289). Beruft sich der Ast auf eine Erkrankung, muss er innerhalb der Wochenfrist des Abs. 1 deren Art sowie den Umf. der davon ausgehenden Beeinträchtigungen angeben; ein Attest, das sich in der Feststellung der Verhandlungsunfähigkeit erschöpft, reicht nicht aus (OLG Braunschweig NStZ 2014, 289). Zum erforderlichen Inhalt des Antrags kann je nach Sachlage auch gehören, dass der Ast überhaupt gewillt war, die Frist wahrzunehmen (vgl. OLG Bamberg NStZ-RR 2013, 283 Ls. zu § 454 Abs. 3 S. 1). Obwohl die Glaubhaftmachung noch nach Ablauf der Antragsfrist nachgeholt werden kann (→ Rn. 7), ist sie Zulässigkeitsvoraussetzung für den Antrag (BGH BeckRS 2013, 15380; NStZ 1991, 295). Eine Glaubhaftmachung **erübrigt sich** aber, wenn die Begründungstatsachen gerichtsbekannt o. aktenkundig sind (OLG Düsseldorf VRS 64, 269; 92, 115). Auch die Rechtsunkenntnis der Angeklagten bedarf (zB im Fall des § 146a) idR keiner Glaubhaftmachung (OLG Düsseldorf JMBl. NRW. 1986, 34).

7 **I. Frist. Bei der Antragstellung o. im Verf. über den Antrag** muss die Glaubhaftmachung erfolgen (Abs. 2 S. 1). Ist sie angekündigt o. nach der Sachlage zu erwarten, so stellt das Gericht die Entsch. eine angemessene Zeit zurück. Der durch den Antrag entstehende Schwebezustand u. eine etwaige Nachbringungsfrist müssen aber kurzgehalten werden. Die Glaubhaftmachung kann nach dem eindeutigen Wortlaut des Abs. 2 noch im Beschwerderechtszug nachgeholt werden (BVerfGE 41, 332; 43, 95 (98); KG JR 1992, 347; OLG Bamberg NStZ 1989, 335; OLG München MDR 1985, 162). Die Erg. der Glaubhaftmachung ist stets zulässig (OLG Stuttgart Justiz 1972, 121).

8 **II. Mittel der Glaubhaftmachung. In Betracht kommen alle Mittel,** die geeignet sind, die Wahrscheinlichkeit des Vorbringens darzutun (vgl. dazu → § 26 Rn. 8 ff.), wie etwa eidesstattliche Vers. v. Zeugen, amtliche Bescheinigungen, ärztliche Zeugnisse o. anwaltliche Vers. bzw. Erklärungen (vgl. zu letzteren BGH 3.6.2025 – 5 StR 85/25; BeckRS 2023, 27702). Die **anwaltliche Erklärung** genügt nur, wenn ihr hinreichend sicher zu entnehmen ist, dass das geschilderte Geschehen vollständig der eigenen Wahrnehmung des Anwalts unterlag (BGH NStZ-RR 2024, 285).

8a Die Benennung eines Zeugen reicht idR allein nicht aus (BGH NStZ-RR 2010, 378), andererseits kann aber für das amtl. Verschulden bei der Fristversäumung die Benennung eines Amtsträgers als Zeugen genügen, so uU die Benennung v. Beamten der JVA (vgl. BGHR StPO § 45 Glaubhaftmachung 1; BGHR StPO § 45 Tatsachenvortrag 3). Eidesstattliche Vers. des Beschuldigten sind nicht zugelassen (BGH BeckRS 2014, 7852); sie haben nur den Wert einer eigenen schlichten Erkl. (BayObLG NStZ 1990, 340; → § 26 Rn. 9).

Die **eigene Erklärung des Antragstellers** ist keine Glaubhaftmachung (Pfeiffer/Miebach NStZ 1985, 493 – BGH RsprÜ), auch nicht, wenn der behauptete Wiedereinsetzungsgrund bes. naheliegt o. der Lebenserfahrung entspr. (BVerfG StV 1993, 451; KG NJW 1974, 657; **aM** SK-StPO/Deiters Rn. 15). Aus Art. 19 Abs. 4, 103 Abs. 1 GG folgt nichts anderes (BVerfGE 41, 332). Die Behauptung eines ausl. Angeklagten, er habe die Rechtsmittelbelehrung nicht verstanden, genügt somit nicht (OLG Oldenburg NStZ-RR 2008, 150). 9

Auf die Glaubhaftmachung kann aber **verzichtet** werden, wenn sie dem Antragsteller, ohne dass dieser einen Beweisverlust verschuldet hat (OLG München NStZ 1988, 377), nicht möglich ist (BVerfG NJW 1995, 2545; KG NJW 1974, 657; OLG Düsseldorf NStZ 1990, 149; OLG Koblenz VRS 64, 28), insbes., wenn sie durch amtl. Verschulden vereitelt worden ist (OLG Celle Nds. Rpfl. 1986, 280); das ist zB der Fall, wenn der Briefumschlag mit dem Poststempel, der die rechtzeitige Absendung beweist, vernichtet worden ist (BVerfG NJW 1997, 1770; OLG Schleswig NJW 1994, 2841). Die Unmöglichkeit der Glaubhaftmachung muss der Antragsteller dartun, wenn sie nicht offensichtlich ist; nur dann ist der allein auf die eigene Erkl. gestützte Antrag zulässig (OLG Düsseldorf OLGSt StPO § 45 Nr. 6; **aM** OLG Koblenz VRS 64, 29). 9a

Die Glaubhaftmachung ist **ausnahmsweise entbehrlich,** wenn sich die tatsächlichen Umstände ohne Weiteres aus den Akten ergeben (BGH 3.6.2025 – 5 StR 85/25 mwN). 9b

Die **vorübergehende technischen Unmöglichkeit** der Einreichung eines Schriftsatzes als **elektronisches Dokument** (→ § 32d S. 3) muss bei der Ersatzeinreichung o. unverzüglich danach geltend gemacht werden (→ § 32d S. 4 Halbs. 1; BGH NStZ 2025, 249). Zur Glaubhaftmachung bedarf es wie auch sonst einer aus sich heraus verständlichen, geschlossenen Schilderung der tatsächlichen Abläufe oder Umstände, die das fehlende Verschulden des Angeklagten an der Säumnis belegt und Alternativen ausschließt, die der Wiedereinsetzung sonst entgegenstehen (BGH NStZ-RR 2024, 389; 2024, 154). Diejenigen zwischen Beginn und Ende der versäumten Frist liegenden Umstände sind zu schildern und glaubhaft zu machen, die für die Frage bedeutsam sind, wie und ggf. durch wessen Verschulden es zu dem Versäumnis gekommen ist; ebenfalls mitzuteilen hat der Ast., wann das Hindernis, das der Fristwahrung entgegenstand, weggefallen ist, und zwar auch dann, wenn der Verteidiger eigenes Verschulden geltend macht (BGH NStZ-RR 2024, 389 mwN). Es genügt eine laienverständliche Darstellung des Defekts und der zu seiner Behebung getroffenen Maßnahmen (BGH NStZ-RR 2023, 347, 348), nicht aber rudimentäre, pauschale Behauptungen einer technischen Unmöglichkeit (vgl. BGH NStZ 2025, 249). Bei der **technischen Störung des Telefax-Empfangsgeräts** reicht es nicht aus, nur das Sendeprotokoll mit OK-Vermerk vorzulegen; vielmehr bedarf es zusätzlich der eidesstattlichen Vers. des Verteidigers o. seines Personals darüber, wann welches konkret bezeichnete Dokument mit welchem Inhalt vorschriftsmäßig übermittelt worden ist. Der Angeklagte selbst kann zur Glaubhaftmachung einen Einzelverbindungsnachweis der Telefonrechnung vorlegen, aus dem sich ergibt, ob zu dem im Sendeprotokoll dokumentierten Zeitpunkt tatsächlich eine Verbindung v. Faxanschluss des Absenders zur Rufnummer des Empfangsgeräts bestanden hat (Graalmann-Scheerer FS Nehm, 2006, 282 (283)). 9c

III. Erforderlicher Beweisgrad. Vgl. → § 26 Rn. 7. Die Wiedereinsetzung hängt nicht davon ab, dass das Gericht die volle Überzeugung v. den Wiedereinsetzungstatsachen gewonnen hat. **Es genügt,** dass ihm in einem nach Lage der Sache vernünftigerweise zur Entsch. hinreichendem Maß die Wahrscheinlichkeit ihrer Richtigkeit dargetan wird (BGHSt 21, 334 (350); OLG Düsseldorf wistra 1990, 364; OLGSt StPO § 45 Nr. 3). Insbesondere wenn es sich um Wiedereinsetzung zur Erlangung des „ersten Zugangs" zum Gericht handelt, dürfen die Anforderungen an den Beweisgrad nicht überspannt werden (BVerfGE 40, 88 (91)). Dass eine Behauptung nicht widerlegt werden kann, reicht aber nicht aus (BGHSt 21, 334 10

(352); OLG Düsseldorf wistra 1990, 364). Zweifel gehen zu Lasten des Antragstellers (BGHR StPO § 45 Glaubhaftmachung 2; OLG Düsseldorf VRS 97, 422; OLG Jena NStZ-RR 2006, 345).

11 **D. Nachholung der versäumten Handlung (Abs. 2 S. 2).** Bei bloßer Verspätung der Prozesshandlung ist die Nachholung überflüssig. Es genügt, dass, wenn auch nur stillschweigend, auf sie Bezug genommen wird (BayObLG VRS 66, 453). Ist die Handlung aber bisher versäumt o. nicht formgerecht vorgenommen worden, so muss sie innerhalb der Frist des Abs. 1 S. 1 und **in der ges. vorgeschriebenen Form** nachgeholt werden (Miebach NStZ 1989, 15 – BGH RsprU; BGHR § 44 S. 1 Verhinderung 11; OLG Brandenburg VRS 116 D, 271; OLG Düsseldorf NJW 1998, 919; **aM** für die Revisionsbegründungsfrist Sobota/Loose NStZ 2018, 72 (77): Analoge Anwendung v. § 234 Abs. 1 S. 2 ZPO). Andernfalls ist der Antrag unzulässig. **Für die in § 32d S. 2 bezeichneten Erklärungen durch Verteidiger und RA** bedeutet dies, dass auch die versäumte Handlung als **elektronisches Dokument** eingereicht werden muss (vgl. OLG Oldenburg StraFo 2022, 147 zur Revisionseinlegung; erg. → § 32d Rn. 1–3); der Beschuldigte ist dagegen nicht verpflichtet, seine Erklärungen als elektronisches Dokument zu übermitteln (BGH 15.11.2022 – 3 StR 318/22). Eine nachgeholte Revisionsbegründung muss im Übrigen nur den Formerfordernissen der §§ 344 Abs. 1, Abs. 2 S. 1, 345 Abs. 2 genügen; ob sie auch § 344 Abs. 2 S. 2 entspr., wird nur im Revisions- u. nicht im Wiedereinsetzungsverfahren geprüft (BGHSt 42, 365). Die Wochenfrist des Abs. 1 S. 1 wird durch die Monatsfrist des § 345 Abs. 1 ersetzt, wenn Wiedereinsetzung gewährt wird, weil der Verteidiger nach § 146a zurückgewiesen worden ist (BGHSt 26, 335 (339); OLG Koblenz VRS 65, 372) o. weil der Angeklagte keine Rechtsmittelbelehrung (OLG Koblenz NStZ 1991, 42) o. erst verspätet Kenntnis v. dem schriftlichen Urt. erhalten hat (BGH StV 2006, 283; OLG Zweibrücken MDR 1980, 869) u. die Revisionsanträge u. ihre Begründung nunmehr in gesetzmäßiger Weise angebracht werden müssen (BGHR StPO § 45 Abs. 1 S. 1 Frist 1); iÜ kann dem Angeklagten auch kein Schuldvorwurf gemacht werden, wenn sein Verteidiger rechtsirrig die volle Frist des § 345 Abs. 1 für sich in Anspruch nimmt (BGH NStZ 1997, 45).

12 **E. Wiedereinsetzung ohne Antrag (Abs. 2 S. 3). Wiedereinsetzung ohne Antrag** (Abs. 2 S. 3), auch bei **verspätetem Antrag** (OLG Bremen StV 1991, 505), kommt grds. nur bei Fristversäumung, **nicht** bei Versäumung der HV in den Fällen der §§ 235, 329, 412 in Betracht (KK-StPO/Gmel/Peterson § 235 Rn. 6; **aM** OLG Düsseldorf NJW 1980, 1704; AK-StPO/Lemke Rn. 3; vgl. auch OLG Köln NStZ-RR 2002, 142: keine Amtsermittlung hins. etwaiger Ladungsmängel). Denn ob der Angeklagte das Verf. fortgesetzt haben will, das infolge seines Nichterscheinens zum Abschluss gekommen ist, muss ihm selbst überlassen bleiben; allerdings reicht es aus, wenn der Wille zur Fortführung des Verfahrens eindeutig zum Ausdruck kommt (vgl. beim Fehlen einer Ladung OLG Hamburg StV 2001, 339; OLG Hamm NStZ-RR 2009, 314), was etwa bei einem Wiedereinsetzungsantrag zu bejahen ist (OLG Brandenburg NStZ 2018, 117). Auch sonst kommt eine Wiedereinsetzung nach Abs. 2 S. 3 ohne oder gegen den Willen des die Frist Versäumenden nicht in Betracht (BGH StraFo 2017, 17). Bei Fristversäumung setzt die Wiedereinsetzung ohne Antrag voraus, dass alle anderen Voraussetzungen des § 45 vorliegen, insbes. die versäumte Handlung frist- u. formgerecht nachgeholt (Holtz MDR 1988, 456 – BGH RsprÜ; OLG Düsseldorf VRS 67, 53), was nicht unbedingt im Bewusstsein der Fristversäumung erfolgt sein muss (BayObLGSt 1987, 102 (103)); o. eine Nachholung überflüssig ist, weil die Prozesshandlung bereits, wenn auch verspätet, vorgenommen worden ist (Lintz JR 1987, 94) u. der ursächliche Zusammenhang zwischen Versäumungsgrund u. Säumnis ohne weiteres erkennbar ist (OLG Düsseldorf StraFo 2000, 412; OLG Saarbrücken NStZ 1986, 470 (472); OLG Zweibrücken VRS 88, 356).

12a Der **Wille, die Prozesshandlung vorzunehmen,** muss so eindeutig feststehen, dass der förmliche Antrag durch die Fiktion der Antragstellung ersetzt werden kann. Ferner muss das fehlende Verschulden des Betroffenen an der Fristversäumung offensichtlich u. eine Glaubhaftmachung wegen Offenkundigkeit o. Aktenkundigkeit überflüssig sein (BGH BeckRS 2019, 21231; OLG Düsseldorf JurBüro 1992, 255; OLG Frankfurt a. M. VRS 59, 429; vgl. OLG Hamburg NStZ 1985, 568: Verzögerung der Postbeförderung). Unter diesen Voraussetzungen ist Wiedereinsetzung vAw idR zu gewähren, wenn der Wiedereinsetzungsgrund in einem Verfahrensfehler des Gerichts liegt (BVerfGE 42, 252 (257); OLG Hamm NStZ 1985, 568 Ls.; OLG Köln NZV 2006, 47), zB wenn eine besondere Schutzbedürftigkeit des Beschwerdeführers erkennbar ist (BGH StV 2019, 77: Intelligenzminderung im Grade des Schwachsinns). Gleiches gilt, wenn nicht aufgeklärt werden kann, ob die Fristversäumnis auf einer überlangen Postlaufzeit beruht (OLG Brandenburg NZV 2006, 316; OLG Hamm NStZ-RR 2009, 112; einschr. OLG Hamm NStZ-RR 2012, 315; erg. → § 44 Rn. 16). Ist das Rechtsmittel ohnehin aus anderen Gründen unzulässig, wird gegen die Versäumung der Rechtsmittelfrist keine Wiedereinsetzung gewährt (OLG Zweibrücken JBlRP 1998, 222). Zur Geltung der Fiktion des § 342 Abs. 3 vgl. → § 342 Rn. 4.

Eine Wiedereinsetzung vAw kommt auch in Betracht, wenn der Angeklagte die **Einspruchsfrist gegen einen Strafbefehl** versäumt, weil er den Einspruch nicht in deutscher Sprache verfasst hat u. sich darauf beruft, ihm habe deshalb nicht der volle Zeitraum des § 410 Abs. 1 zur Vfg. gestanden (s. EuGH NJW 2016, 303; Zündorf NStZ 2017, 41 (43); erg. → § 44 Rn. 12b, → **GVG** § 184 Rn. 2a). 13

In Fällen eines **„offenkundigen Mangels" der Verteidigung** iSd Rspr. des EGMR (EGMR NJW 2003, 1229; → § 338 Rn. 41) kommt bei Versäumen der Frist in Abs. 2 S. 2 ausnahmsweise auch die Zurückstellung der Entsch. über den Wiedereinsetzungsantrag in Betracht, um die Sache an die Vorinstanz zur Beiordnung eines Pflichtverteidigers zurückzugeben (BGH NStZ-RR 2018, 84). Denkbar ist etwa, dass der Verteidiger die eingelegte Revision nicht begründet hat (vgl. BGH BeckRS 2018, 12856; offengelassen v. BGH NStZ-RR 2019, 349, der eine Gesamtbetrachtung anstellt, in die auch Verschuldensaspekte auf Seiten des Angeklagten einfließen). 14

Zuständigkeit; Rechtsmittel

46 (1) **Über den Antrag entscheidet das Gericht, das bei rechtzeitiger Handlung zur Entscheidung in der Sache selbst berufen gewesen wäre.**

(2) **Die dem Antrag stattgebende Entscheidung unterliegt keiner Anfechtung.**

(3) **Gegen die den Antrag verwerfende Entscheidung ist sofortige Beschwerde zulässig.**

A. Zuständigkeit. Zuständig für die Entsch. über den Wiedereinsetzungsantrag (Abs. 1) ist stets das **zur Entsch. in der Sache** selbst berufene Gericht, also das AG bei Versäumung der Einspruchsfrist gegen den Strafbefehl (§§ 409 Abs. 1 S. 1 Nr. 7, 411 Abs. 1 S. 1), das Rechtsmittelgericht bei Versäumung einer Rechtsmittelfrist. Das Berufungsgericht ist bei verspäteter unbestimmter Anfechtung (→ § 335 Rn. 2) zuständig (→ § 335 Rn. 8), das Revisionsgericht für die Wiedereinsetzung zur Ermöglichung des Übergangs v. der Revision zur Berufung (→ § 335 Rn. 13). Zur Zuständigkeit im Kostenfestsetzungsverfahren vgl. → § 464b Rn. 5. 1

Über einen **v. AG übergangenen Wiedereinsetzungsantrag** gegen die Versäumung der Einspruchsfrist im Strafbefehlsverfahren darf das Rechtsmittelgericht nicht selbst entscheiden (OLG Frankfurt a. M. NStZ-RR 2006, 215), auch dann nicht, wenn der Wiedereinsetzungsantrag erst im Revisionsverfahren gestellt ist (SK-StPO/Deiters Rn. 3; erg. → § 347 Rn. 7). Das Rechtsmittelgericht muss die nach dem Strafbefehl erlassenen Entscheidungen aufheben u. den Einspruch als 2 unzulässig verwerfen (BGHSt 22, 52; BayObLGSt 1988, 134; erg. → § 411 Rn. 12). Eine Zurückverweisung der Sache an das AG kommt nicht in Betracht (**aM** für die Revisionsinstanz BayObLGSt 1987, 102); denn für die v. Revisionsgericht zu treffende Entsch. (vgl. BGHSt 13, 306) ist es unbeachtlich, ob ein Wiedereinsetzungsantrag gestellt war o. nicht. Der Fall ist dem bei Vorliegen eines noch behebbaren Verfahrenshindernisses nicht vergleichbar. Über den Wiedereinsetzungsantrag ist nicht durch Urteil, sondern durch Beschl. zu entscheiden; nur bei stattgebender Entsch. kommt es zu einer neuen HV. Dasselbe gilt, wenn das LG die Versäumung der Berufungsfrist nicht erkannt hatte (BayObLGSt NStZ-RR 1996, 74; OLG Hamburg StraFo 2006, 294; OLG Frankfurt a. M. StV 2017, 658; **aM** OLG Hamburg NStZ 1985, 568 = JR 1986, 382 mablAnm Gössel).

3 **B. Entscheidung.** Die Entscheidung ergeht durch **Beschluss.** Die StA ua betroffene Prozessbeteiligte sind nach § 33 Abs. 2, Abs. 3 zu hören, zB der Angeklagte vor der Entsch. über einen Wiedereinsetzungsantrag des Privatklägers (VerfGH Bayern MDR 1961, 829), der Privatkläger im umgekehrten Fall (BVerfGE 14, 8).

4 Nicht ausgeschlossen ist eine **stillschweigende Wiedereinsetzung** (OLG Düsseldorf VRS 73, 390), zB durch Anberaumung der HV (BayObLG VRS 58, 366; OLG Hamburg VRS 14, 57; OLG Hamm NJW 1958, 880; OLG Stuttgart NJW 1976, 1905) o. sonst durch Fortsetzung des Verf. (OLG Oldenburg VRS 68, 282). Das setzt aber voraus, dass das Gericht die Fristversäumung überhaupt erkannt hat (BayObLGSt 1987, 102 (103); OLG Düsseldorf JR 1986, 121; OLG Hamburg StraFo 2006, 294; OLG Hamm VRS 87, 127).

5 Die **Entscheidung lautet** auf Verwerfung als unzulässig, wenn ein formelles Erfordernis fehlt, als unbegründet, wenn die Voraussetzungen des § 44 nicht vorliegen, o. auf Gewährung der Wiedereinsetzung. Zur Wirkung der Wiedereinsetzung vgl. → § 44 Rn. 25. Die Kostenentscheidung richtet sich nach § 473 Abs. 7 (→ § 473 Rn. 38).

6 Ein **Widerruf** der stattgebenden Entsch. ist ausgeschlossen (BVerfGE 14, 8 (10); OLG Hamm VRS 65, 33; OLG Oldenburg VRS 68, 282). Sie ist selbst dann bindend, wenn sie v. einem unzuständigen Gericht erlassen ist (→ Rn. 7) o. auf unzutreffenden Erwägungen beruht (OLG Braunschweig NJW 1973, 2119). Dagegen kann die Verwerfungsentscheidung aufgeh. werden, wenn ihre tatsächliche Grdl. sich als falsch herausstellt (OLG Hamburg JR 1955, 274; Löwe/Rosenberg/Graalmann-Scheerer Rn. 20; **aM** SK-StPO/Deiters Rn. 13 f.).

7 **C. Entscheidungen unzuständiger Gerichte.** Hat statt des zuständigen Rechtsmittelgerichts der Tatrichter die Wiedereinsetzung bewilligt, so ist das für das weitere Verf. bindend (BGH NStZ-RR 2012, 49; BayObLGSt 1980, 36; OLG Düsseldorf NStZ 1988, 238; KG VRS 35, 287; OLG Hamm VRS 65, 33). Ablehnende Beschlüsse können auf sofortige Beschwerde nach Abs. 3 aufgeh. werden (BayObLGSt 1961, 157; OLG Frankfurt a. M. NStZ-RR 2004, 300: bei Verstoß gegen § 29 DRiG). Die Rechtsmittelgerichte, insbes. im Fall des § 346 Abs. 2 die Revisionsgerichte, sind an sie nicht gebunden (Holtz MDR 1977, 284 – BGH RsprÜ; BayObLGSt 1980, 36; KMR-StPO/Ziegler Rn. 15; **aM** KG JR 1956, 111; Ernesti/Lorenzen SchlHA 1983, 107 – OLG Schleswig RsprÜ; Löwe/Rosenberg/Graalmann-Scheerer Rn. 18; SK-StPO/Deiters Rn. 15; **aM** auch OLG Koblenz VRS 62, 449 für den Fall der erfolglosen Anfechtung der Entscheidung).

8 **D. Anfechtung.** Die Wiedereinsetzung **bewilligende Beschlüsse** sind **unanfechtbar** (Abs. 2), auch wenn sie v. einem unzuständigen Gericht erlassen sind (→ Rn. 7). Gegen **Verwerfungsentscheidungen** ist, wenn nicht § 304 Abs. 4 entgegensteht (BGH NJW 1976, 525), **sofortige Beschwerde** zulässig (Abs. 3), auch wenn sie ohne Antrag ergangen sind (Ernesti/Lorenzen SchlHA 1983, 107 – OLG Schleswig RsprÜ). Das Rechtsmittel steht auch der StA zu (→ § 296 Rn. 16), auch zugunsten des Angeklagten (Kleinknecht NJW 1961, 87). Hat das AG statt der für die Berufung zuständigen kleinen StrK entschieden, so befindet

diese in der durch § 76 GVG vorgeschriebenen Besetzung, nicht auf sofortige Beschwerde die große StrK, über die Wiedereinsetzung (Ernesti/Lorenzen SchlHA 1982, 117 – OLG Schleswig RsprÜ). Hat das AG statt des zuständigen OLG entschieden, so befindet dieses, nicht das LG über die sofortige Beschwerde (KG JR 1983, 214; Lorenzen/Thamm SchlHA 1993, 243 – OLG Schleswig RsprÜ; **aM** Löwe/Rosenberg/Graalmann-Scheerer Rn. 20, 29); das gilt jedenfalls bei gleichzeitig gestelltem Antrag nach § 346 Abs. 2 (BayObLGSt 1961, 157) u. dann, wenn über das gleichzeitig eingelegte Rechtsmittel noch nicht entschieden worden ist (BayObLG MDR 1993, 892; OLG Celle NZV 1998, 258).

Keine Vollstreckungshemmung

47 (1) **Durch den Antrag auf Wiedereinsetzung in den vorigen Stand wird die Vollstreckung einer gerichtlichen Entscheidung nicht gehemmt.**

(2) **Das Gericht kann jedoch einen Aufschub der Vollstreckung anordnen.**

(3) [1]**Durchbricht die Wiedereinsetzung die Rechtskraft einer gerichtlichen Entscheidung, werden Haft- und Unterbringungsbefehle sowie sonstige Anordnungen, die zum Zeitpunkt des Eintritts der Rechtskraft bestanden haben, wieder wirksam.** [2]**Bei einem Haft- oder Unterbringungsbefehl ordnet das die Wiedereinsetzung gewährende Gericht dessen Aufhebung an, wenn sich ohne weiteres ergibt, dass dessen Voraussetzungen nicht mehr vorliegen.** [3]**Anderenfalls hat das nach § 126 Abs. 2 zuständige Gericht unverzüglich eine Haftprüfung durchzuführen.**

A. Vollstreckungshemmung (Abs. 1). Keine Vollstreckungshemmung 1
(Abs. 1) bewirkt der Antrag nach §§ 44, 45; sie tritt erst ein, wenn Wiedereinsetzung bewilligt ist (vgl. BGHSt 18, 34 (36); OLG Hamm NJW 1956, 274). Dadurch soll Missbräuchen vorgebeugt werden.

B. Vollstreckungsaufschub (Abs. 2). Vollstreckungsaufschub (Abs. 2), 2
nicht auch den Aufschub der Wirksamkeit des rkr. verhängten Fahrverbots nach § 44 StGB (OLG Köln NJW 1987, 80; Wollentin/Reckerfeld NJW 1966, 634), kann das nach § 46 Abs. 1 zuständige Gericht, aber auch das Gericht gewähren, bei dem der Antrag nach § 45 Abs. 1 S. 1 gestellt worden ist (KK-StPO/Schneider-Glockzin Rn. 1; Radtke/Hohmann/Rappert Rn. 2; **aM** KMR-StPO/Ziegler Rn. 4; SK-StPO/Deiters Rn. 3); es muss die Sache dann aber dem nach § 46 Abs. 1 zuständigen Gericht vorlegen, das die Entsch. abändern kann. Der Vorsitzende eines Kollegialgerichts kann den Aufschub nicht allein bewilligen. Ist die Strafvollstreckung schon eingeleitet, so kann ihre Unterbrechung angeordnet werden. Der Aufschub ist aber nur zulässig, wenn der Wiedereinsetzungsantrag frist- u. formgerecht gestellt ist u. Erfolg verspricht (KK-StPO/Schneider-Glockzin Rn. 2). Die Entsch. ist nach § 304 Abs. 1 mit der Beschwerde anfechtbar.

C. Wiederwirksamkeit von Haft- und Unterbringungsbefehlen und 3
sonstigen Anordnungen (Abs. 3). Nach allgM wurde davon ausgegangen, dass durch die eingetretene Rechtskraft gegenstandslos gewordene Haftbefehle usw nach gewährter Wiedereinsetzung wiederaufleben. Da das BVerfG (NJW 2005, 3131; abl. Mosbacher NJW 2005, 3110) eine andere Auff. vertreten hatte, ergaben sich hieraus für die Praxis erhebliche Schwierigkeiten (vgl. Helgerth FS Nehm, 2006, 306). Um diese zu beheben, hat das 2. JuMoG den Abs. 3 in § 47 eingefügt u. damit die alte Rechtslage wiederhergestellt. Nicht nur **Haft- u. Unterbringungsbefehle** (auch solche nach § 453c) sondern auch sonstige durch die Rechtskraft erledigte Anordnungen leben wieder auf; **in Betracht kommen** hier insbes. Beschlagnahmen zu Beweiszwecken (§ 94), vorl. Entziehung der Fahrerlaubnis (§ 111a), vorl. Sicherstellungsmaßnahmen (§§ 111b ff.), vorl. Berufsverbots (§ 132a), Bestellung eines Pflichtverteidigers (§ 142). Nach § 116 gegen Erfüllung

bestimmter Auflagen ausgesetzte Haftbefehle werden in gleicher Weise wieder wirksam, Sicherheitsleistungen nach § 123 müssen erneut erbracht werden (BR-Drs. 550/06, 96).

4 Die **Aufhebung des Haft- bzw. Unterbringungsbefehls** durch das die Wiedereinsetzung gewährende Gericht (entspr. § 126 Abs. 3) ordnet Abs. 3 S. 2 an, falls die Voraussetzungen für deren Zulässigkeit inzwischen offensichtlich nicht mehr gegeben sind; das ist va der Fall, wenn bereits ein bestehender Strafrest zur Bewährung ausgesetzt worden o. die Strafe voll verbüßt ist. Andernfalls hat das nach § 126 Abs. 2 zuständige Gericht unverzüglich eine Haftprüfung (§§ 117 ff.) durchzuführen (Abs. 3 S. 3). Hinsichtlich der sonstigen Anordnungen bleibt es der Initiative des Betroffenen überlassen, durch einen dementsprechenden Antrag beim zuständigen Gericht eine Aufhebung der Anordnung zu erreichen.

Sechster Abschnitt. Zeugen Nr. 64–68 RiStBV

Vorbemerkung zu § 48

Übersicht

1 **A. Rechtsnatur des Zeugenbeweises.** Der Zeuge ist ein **persönliches Beweismittel** (→ Einl. Rn. 49), eine Beweisperson, die in einem nicht gegen sie selbst gerichteten Strafverfahren Auskunft über die Wahrnehmung v. Tatsachen gibt (RGSt 52, 289; Peters StrafProzR Rn. 342; zur Abgrenzung v. Sachverständigen vgl. → § 85 Rn. 2). Digitale Assistenten sind keine Zeugen (Gless StV 2018, 671 (673)). Wer nichts aussagen, sondern nur in Augenschein genommen werden soll, ist kein Zeuge (Löwe/Rosenberg/Ignor/Bertheau Rn. 3). Gleichgültig ist, wann u. aus welchem Anlass (Zufall, Berufsausübung, Auftrag des Gerichts o. der Polizei) der Zeuge die Wahrnehmungen gemacht hat, über die er aussagen soll (BGHSt 33, 178 (181)). Wahrnehmungen sind auch die dem Zeugen v. anderen gemachten Mitteilungen; der Zeuge v. Hörensagen ist ein taugliches Beweismittel (erg. → § 250 Rn. 4).

2 **B. Gegenstand des Zeugenbeweises. Gegenstand des Zeugenbeweises** sind Tatsachen, nicht Rechtsfragen, Erfahrungssätze, allg. Eindrücke, Schlussfolgerungen o. Mutmaßungen. Die Tatsachen können auch negativer Art sein, zB dass der Zeuge eine bestimmte Äußerung nicht gehört hat. Über innere Tatsachen, auch hypothetischer Art, kann der Zeuge ebenfalls vernommen werden, sofern es sich um Vorgänge in seinem eigenen Bewusstsein handelt (ANM 191: eigenpsychische Tatsachen). Vorgänge im Innern eines anderen Menschen (ANM 193: fremdpsychische Tatsachen) entziehen sich dagegen seiner Wahrnehmung (BGH NStZ 2004, 690); er kann nur Tatsachen bekunden, die Schlussfolgerungen auf solche Vorgänge zulassen (BGH StV 1984, 61; OLG Zweibrücken StV 1990, 440). Soll aus den Wahrnehmungen des Zeugen auf ein bestimmtes weiteres Geschehen

geschlossen werden, ist nicht dieses weitere Geschehen, sondern nur die Wahrnehmung des Zeugen tauglicher Gegenstand des Zeugenbeweises (BGHSt 39, 251).

3 Ebenso können reine **Werturteile** nicht Gegenstand des Zeugenbeweises sein. Zwar ist ein gewisses Maß an urteilender Tätigkeit bei den meisten Zeugenaussagen erforderlich. Solche Bewertungen müssen aber auf Maßstäben beruhen, die allg. anerkannt u. für das Gericht leicht überprüfbar sind (RGSt 57, 412). Über die Charaktereigenschaften eines anderen kann der Zeuge nur vernommen werden, wenn er tatsächliche Umstände bekunden kann, die den Schluss auf ihr Vorliegen zulassen (ANM 197 ff.). Unter diesen Voraussetzungen kann die Glaubwürdigkeit, Ehrlichkeit, Verdorbenheit, Geschwätzigkeit eines Menschen Gegenstand des Zeugenbeweises sein (BGHSt 39, 251 (254)).

4 Einfache **Rechtsbegriffe** wie Anstiftung, Kauf, Miete, Eigentum, kann der Zeuge bei seiner Aussage verwenden (ANM 205). Über die Schuldfähigkeit des Angeklagten hat er sich nicht zu äußern; das schließt einfache Bewertungen, insbes. über den Trunkenheitsgrad des Angeklagten, nicht aus (Holtz MDR 1979, 807 – BGH RsprÜ; Rüth DAR 1972, 119 – BayObLG RsprÜ).

5 **C. Zeugenpflichten.** Der Zeuge muss zur Vernehmung **erscheinen, wahrheitsgemäß aussagen** u. seine Aussage auf Verlangen beeiden. Das sind staatsbürgerliche Pflichten, die v. der StPO nicht begründet, sondern vorausgesetzt wurden (BVerfGE 49, 280 (284); BVerfG NJW 1988, 897 (898)), nun aber auch in § 48 Abs. 1 ausdr. bestimmt sind. Diese Pflichten treffen alle deutschen Staatsangehörigen, auch im Ausland, Ausländer u. Staatenlose nur, wenn sie sich im Inland aufhalten (OLG Düsseldorf NJW 1999, 1647; OLG Hamburg MDR 1967, 686); dies dürfte nicht auf Zeugen zutreffen, die lediglich aus dem Ausland angereist sind (vgl. Hettich NStZ 2019, 646 unter Hinweis auf Nr. 116 Abs. 1 S. 3 RiVASt, der zwar nur eine Verwaltungsrichtlinie ist, aber festlegt, welche Gepflogenheiten im int. Rechtsverkehr zu beachten sind). Exterritoriale sind v. der Zeugenpflicht befreit (§§ 18, 19 GVG).

5a Die **Erscheinenspflicht** gilt grds. auch für Ladungen zu einem Termin in Zeiten der **Corona-Pandemie,** sofern die gebotenen Gesundheits- u. Hygienevorschriften eingehalten werden; ein nahezu vollständiger Schutz vor jeglicher mit einer Zeugenaussage verbundenen Gesundheitsgefahr ist rechtlich nicht geboten, zumal ein gewisses Infektionsrisiko für die Bevölkerung insges. zum allgemeinen Lebensrisiko gehört (vgl. BGH NStZ-RR 2021, 22: Ladung v. Zeugen vor einen UA; BVerfG NJW 2020, 2327; NStZ-RR 2021, 19: Durchführung der HV; erg. → § 213 Rn. 7a).

6 Als **Nebenpflicht** ist mit der Zeugeneigenschaft die Pflicht verbunden, Wahrnehmungen zur Prüfung der Glaubwürdigkeit zu machen u. zu bekunden (→ § 68 Rn. 20), Gegenüberstellungen zu dulden (§ 58 Abs. 2) u. an Augenscheinseinnahmen teilzunehmen (BGH GA 1965, 108).

7 **Erweitert** wird die Zeugenpflicht durch die Pflicht zur Duldung der körperlichen Untersuchung (§ 81c). Zu außergerichtlichen Tätigkeiten (Herstellung v. Augenscheinsobjekten u. Schriftproben) ist der Zeuge nicht verpflichtet. Bestimmte Zeugen haben aber die Pflicht, sich schriftlich dienstlich zu äußern (Schmid SchlHA 1981, 2) u. sich auf ihre Aussage vorzubereiten (→ § 69 Rn. 8); iÜ besteht für einen Zeugen aber keine Vorbereitungspflicht (eingehend dazu Schlothauer FS Dahs, 2005, 457).

8 **D. Zeugenrechte. I. Weigerungsrechte.** Die Befugnis, die Aussage ganz o. teilw. zu verweigern, lässt die Zeugenpflicht entfallen. **Weigerungsrechte ergeben sich aus** den §§ 52 ff., aber auch aus dem Beratungsgeheimnis (§ 43 **DRiG**), aus dem Wahlgeheimnis nach Art. 38 Abs. 1 GG u. den entspr. Vorschr. der Länderverfassungen (Löwe/Rosenberg/Ignor/Bertheau Rn. 19) u. für Abg. des BT aus Art. 47 S. 1 GG (→ § 53 Rn. 22).

9 Nach Ansicht des BVerfG wird der Zeugniszwang ausnahmsweise u. unter ganz bes. Umständen durch Art. 1 Abs. 1, 2 Abs. 1 GG begrenzt, wenn die Zeugen-

vernehmung wegen der Eigenart des Beweisthemas in einen grundrechtlich geschützten Bereich der privaten Lebensgestaltung eingreifen würde (BVerfGE 38, 312 (325); BVerfG NJW 1979, 1286; erg. → § 53 Rn. 2). Für den „Kunden" einer Prostituierten ergibt sich daraus kein Weigerungsrecht (BayObLGSt 1978, 152).

10 **II. Sonstige Rechte im Verfahren. Im Verfahren** hat der Zeuge Anspruch auf angemessene Behandlung u. (vgl. § 68a) auf Ehrenschutz (Kube/Leineweber Polizeibeamte S. 29). Er darf nicht zum bloßen Verfahrensobjekt gemacht werden (BVerfGE 27, 1 (6); 38, 105 (114)). In die Grundrechte des Zeugen darf nur eingegriffen werden, wenn u. soweit das für die Wahrheitsfindung unerlässlich ist (Granderath MDR 1983, 798). Das Gericht ist dem Zeugen ggü. zur Fürsorge verpflichtet. Der Zeuge muss vor einer Lebens- o. Leibesgefahr geschützt werden, in die er durch die Mitwirkung in einem Strafverfahren geraten kann (BVerfGE 57, 250 (284); vgl. auch BGHSt 33, 83 (91)). Nach § 1 ZSHG (dazu Hilger FS Gössel, 2002, 605) können ein Zeuge sowie seine Angehörigen o. ihm sonst nahestehende Personen nach Maßgabe dieses Gesetzes geschützt werden, wenn sie aufgrund ihrer Aussagebereitschaft einer Gefährdung v. Leib, Leben, Gesundheit, Freiheit o. wesentlicher Vermögenswerte ausgesetzt sind, sich für Zeugenschutzmaßnahmen eignen u. ihr Einverständnis damit besteht (eingehend zum Zeugenschutz auch SK-StPO/Rogall Rn. 73 ff.; Griesbaum NStZ 1998, 433 ff.); nach § 10 Abs. 3 ZSHG bleibt es für Aussagen des Zeugen vor Gericht aber bei den Vorschr. der §§ 68, 110b Abs. 3 (dazu BGHSt 50, 318 (324); eing. zum Spannungsverhältnis zwischen Zeugenschutzprogramm u. Wahrheitsermittlung im Strafprozess Eisenberg FS Fezer, 2008, 193 ff. sowie Roggan GA 2012, 434). § 7 BKAG hat dem BKA den Zeugenschutz als Aufgabe in den Fällen übertragen, in denen es die Strafverfolgung wahrnimmt (dazu Griesbaum NStZ 1998, 433 (435)). Das Gericht darf eine Gefahrenlage, in die der Zeuge durch eine wahrheitsgemäße Aussage geraten könnte, nicht durch Anwendung v. Zwangsmaßnahmen nach § 70 verschärfen (BGH NStZ 1984, 31). Gewisse Unannehmlichkeiten, die mit der Bekundung der Wahrheit verbunden sind, zB dass der Beschuldigte v. der Aussage erfährt, muss der Zeuge aber hinnehmen (BGHSt 29, 99 (104)). Erörterungen u. Beweiserhebungen zum Privat- u. insbes. auch Intimleben des Zeugen, die zu dem Verfahrensgegenstand in keinem unmittelbaren Zusammenhang stehen, sind nur nach sorgfältiger Prüfung ihrer Unerlässlichkeit statthaft (BGH NJW 2005, 1519; vgl. auch §§ 68a, 241 Abs. 2); das Gericht hat somit hins. des Umf. der Beweisaufnahme die Opferschutzinteressen in seine Erwägungen einzubeziehen (BGH NJW 2005, 2791). Dem Schutz des Zeugen dienen iÜ §§ 171b, 172 Nr. 1a GVG. Zur Identitätsänderung u. Aushändigung v. „Tarnpapieren" zum Schutz gefährdeter Zeugen vgl. Soiné/Soukup ZRP 1994, 466; zur Zuziehung einer Vertrauensperson vgl. § 406f Abs. 2.

11 **III. Rechtsbeistand.** Die **Zuziehung eines Rechtsbeistands** ist neben der Beiordnung eines Zeugenbeistands nun in § 68b geregelt. Die Rspr. des BVerfG, das aus dem Gebot der fairen Verfahrensgestaltung (→ Einl. Rn. 19) das Recht des Zeugen, der ein Auskunftsverweigerungsrecht nach § 55 hat, sonst unter der Voraussetzung einer „besonderen rechtsstaatlichen Legitimation", auf Zuziehung eines RA als Rechtsbeistand zu der Vernehmung ableitete (BVerfGE 38, 105; vgl. ferner zum Zeugenbeistand Dahs Strafverteidiger-HdB Rn. 1150 ff.; Kaum Beistand S. 130 ff.), ist damit in erweiterter Form (vgl. → § 68b Rn. 1 ff.) G geworden. Das Recht auf Hinzuziehung eines Beistands bei der Vernehmung ist für durch die Straftat verletzte Zeugen in §§ 406f, 406g geregelt. Auf andere Zeugen sind diese Vorschr. nicht entspr. anwendbar. § 68b Abs. 2 sieht unter bes. Voraussetzungen die Beiordnung eines Zeugenbeistand für die Dauer der Vernehmung vor. Die gerichtliche Beiordnung eines Beistands ist außerhalb der ges. geregelten Fälle in §§ 68b Abs. 2, 406g Abs. 3, Abs. 4 ausgeschlossen (BVerfG NStZ 1983, 374; BGH LSK 1999, 290650; KG NStE StPO § 140 Nr. 33; OLG Koblenz MDR 1995, 1160).

E. Zeugnisfähigkeit. I. Grundsätze. Eine **allgemeine Zeugnisunfähigkeit** gibt es nicht (RGSt 52, 138; KK-StPO/Bader Rn. 5). Zeuge kann auch sein, wer körperliche o. geistige Gebrechen hat, sofern er nur zu Wahrnehmungen u. ihrer Wiedergabe vor Gericht fähig ist (BGHSt 2, 269 (270); 43, 62). Kinder können Zeugen sein, wenn v. ihnen eine verständliche Aussage zu erwarten ist (Gley StV 1987, 405 ff.). Dafür gibt es keine feste Altersgrenze; ein Erfahrungssatz dergestalt, dass die Vernehmung eines Kindes einige Jahre nach dem Tatgeschehen nicht mehr sinnvoll ist, existiert nicht (BGH NStZ 2015, 419). Kinder unter viereinhalb Jahren werden aber selten aussagetüchtig sein (Arntzen DRiZ 1976, 20). 12

Die Vernehmung Geisteskranker ist auch in der HV nicht ausgeschlossen (RGSt 33, 393; 58, 396). Ist eine eigentliche Aussage nicht zu erwarten (taubstumme Analphabeten), so kann uU die Mimik des Zeugen die mündlichen Bekundungen ersetzen (vgl. RGSt 33, 403; erg. → GVG § 186 Rn. 3). Abgeordnete dürfen vernommen werden (vgl. Nr. 191 Abs. 3 Buchst. d RiStBV), auch im Verf. gegen Mittäter. 13

II. Organe der Rechtspflege. 1. Richter können Zeugen sein, auch wenn sie schon an der Verh. mitgewirkt haben. Sie sind nach § 22 Nr. 5 v. der weiteren Mitwirkung ausgeschlossen, sobald sie der Zeugenladung folgen (BGHSt 7, 44 (46); StV 1991, 99). Die bloße Benennung des Richters als Zeugen führt nicht zum Ausschluss, wenn er erklärt, zu der Beweisfrage nichts zu wissen (BGHSt 7, 330; 11, 206), anders aber, falls er seine Vernehmung als Zeuge selbst für erforderlich hält (AG Brandenburg StraFo 2007, 501). 14

An der Entscheidung, durch den der Antrag auf seine Vernehmung nach § 244 Abs. 6 S. 2 wegen Verschleppungsabsicht abgelehnt wird, kann er selbst mitwirken. Andernfalls könnte der Beschuldigte jeden Richter nach Belieben ausschalten. 15

2. Für **Urkundsbeamte,** die an der Verh. als Protokollführer mitwirken, gilt das entsprechend. Sie sind nach §§ 22 Nr. 5, 31 Abs. 1 v. der weiteren Mitwirkung erst ausgeschlossen, wenn einem Antrag auf ihre Vernehmung stattgegeben wird (ANM 177). 16

3. Staatsanwälte können als Zeugen vernommen werden, auch wenn sie an der Sitzung teilnehmen (OLG Celle NStZ 1984, 136). Ihre bloße Benennung als Zeugen hindert sie an der weiteren Mitwirkung nicht (Dose NJW 1978, 349). Die bloße Beantwortung einer sachbezogenen Frage des Verteidigers macht sie nicht zu Zeugen (BGH NStZ 1986, 133). Nach der Vernehmung kann der StA weiter auftreten, wenn er nur über Vorgänge ausgesagt hat, die sich erst aus seiner dienstlichen Befassung mit der Sache ergeben haben u. die Gestaltung des Verfahrens, insbes. die äußeren Umstände der Vernehmung des Angeklagten, betreffen, u. wenn durch Zuziehung eines weiteren StA dafür Vorsorge getroffen worden ist, dass er seine Aussage nicht im Schlussvortrag selbst würdigen muss (BGHSt 21, 85 (90); BGH NJW 1996, 2239 (2241); NStZ 2008, 353; für völligen Ausschluss des StA demggü. aber Hanack JZ 1972, 81; Fahl Rechtsmißbrauch S. 278; Schlüchter Strafverfahren Rn. 66.1; eing. zur gesamten Problematik SK-StPO/Rogall Rn. 51 ff.); bei entbehrlicher Würdigung der Aussage bedarf es der Zuziehung eines weiteren StA nicht (BGH NStZ-RR 2001, 107; Becker NStZ-RR 2006, 257 – BGH RsprÜ). 17

Anders verhält es sich, wenn zwischen dem Gegenstand seiner Zeugenaussage u. der nachf. Mitwirkung an der HV ein unlösbarer Zusammenhang besteht (BGH NStZ 2018, 482 mwN). Wenn sich seine Aussage nur auf die Tat eines Mitangeklagten bezieht, ist er nicht gehindert, hins. der übrigen Angeklagten die Anklage weiter zu vertreten (BGHSt 21, 85 (89); KK-StPO/Bader Rn. 11; **aM** Grünwald BeweisR S. 17; Roxin/Schünemann StrafVerfR § 26 Rn. 7). In anderen Fällen ist die weitere Mitwirkung des StA, insbes. die Würdigung der eigenen Aussage im Schlussvortrag unzulässig u. führt auf entspr. Rüge, die dies konkret darlegen muss (BGHSt 21, 85 (89); BGH NStZ 2007, 419), zur Aufhebung des Urteils, wenn es darauf beruht (BGHSt 14, 265; BGH NJW 1987, 3088 (3090); OLG Düsseldorf StV 1991, 59; OLG Naumburg StraFo 2007, 64); dies gilt auch, 17a wenn u. soweit der StA im Schlussvortrag bei der Würdigung der Aussage eines Zeugen implizit seine eigene Aussage würdigen muss (BGH NStZ 2019, 234; NStZ 2020, 180; erg. → Vor § 22 Rn. 6, → § 22 Rn. 20a). Die Vernehmung als Zeuge in einer früheren (ausgesetzten) HV führt hingegen nicht zum Ausschluss des StA (BGH NStZ 1994, 194).

18 **4.** Der **Verteidiger** kann Zeuge sein (vgl. § 53 Abs. 1 Nr. 2). Nach seiner Aussage kann er wieder als Verteidiger auftreten (Löwe/Rosenberg/Ignor/Bertheau Rn. 45; Fahl Rechtsmißbrauch S. 286; **aM** Gössel StrafVerfR S. 201: Ausschließung möglich; Peters StrafProzR Rn. 345: automatisches Ausscheiden). Insbesondere darf er v. Gericht nicht ausgeschlossen werden; denn § 138a regelt die Ausschließungsgründe abschl. (SK-StPO/Rogall Rn. 61 ff.; Dahs NJW 1975, 1390). Das Verbot darf nicht dadurch umgangen werden, dass der Verteidiger nach § 58 Abs. 1 vor seiner Vernehmung aus dem Saal gewiesen o. als Zeuge nicht nach § 248 entlassen wird. Ist die Verteidigung nach § 140 notwendig, so muss dem Angeklagten während der Vernehmung des Verteidigers ein anderer Verteidiger beigeordnet werden (BGH StV 1996, 469 mwN).

19 **III. An der Straftat beteiligte Personen. 1.** Der **Beschuldigte** kann sich zur Sache einlassen, u. seine Angaben können bei der Entsch. berücksichtigt werden.

20 Als Zeuge in eigener Sache darf er nicht vernommen werden (BGHSt 10, 8 (10); BGH NJW 1964, 1034; JR 1969, 148).

21 **2. Mitbeschuldigte** können, auch wenn sie nach § 231c zeitweise beurlaubt sind (→ § 231c Rn. 2), nicht Zeugen sein, sobald u. solange die Verf. nach den §§ 2 ff., 237 verbunden sind. Bereits diese prozessuale Gemeinsamkeit steht der Zeugenvernehmung entgegen, u. zwar sowohl über die gemeinschaftlich begangene Tat als auch über selbständige Straffälle, die nur einem anderen Mitbeschuldigten zur Last gelegt werden (BGHSt 3, 149; 10, 8 (11); BGH NJW 1964, 1034). Die im Schrifttum vielfach vertretene Ansicht, die Frage sei unter sachlich-rechtlichen Gesichtspunkten zu beurteilen, schon die Tatbeteiligung schließe die Zeugenvernehmung v. Mitbeschuldigten aus (Dünnebier JR 1975, 1; Lenckner FS Peters, 1984, 333; Montenbruck ZStW 89 (1977), 878; Müller-Dietz ZStW 93 (1981), 1227; Peters StrafProzR Rn. 346; Prittwitz, Der Mitbeschuldigte im Strafprozess, 1984, S. 140, 153 ff.; Roxin/Schünemann StrafVerfR § 26 Rn. 5; Schlüchter Strafverfahren Rn. 479), ist abzulehnen (BGH NJW 1985, 76; SK-StPO/Rogall Rn. 42 ff.; dazu auch Montenbruck JZ 1985, 976), denn sie widerspricht dem G (vgl. § 60 Nr. 2; Grünwald BeweisR S. 15). Im Übrigen lässt sich mit einem „verfahrensrechtlichen Zwitter" (Rogall NJW 1978, 2535 (2536)), wie es der als Beschuldigter zu vernehmende Nichtangeklagte o. der als Zeuge zu vernehmende Mitangeklagte wäre, keine Sachaufklärung betreiben.

22 Die vorübergehende **Trennung** der verbundenen Sachen ermöglicht die Zeugenvernehmung des Mitbeschuldigten, dessen Verf. abgetrennt worden ist (BGHSt 10, 8 (11); 27, 139 (141)). Sie ist zulässig, wenn sich die Vernehmung auf eine Tat beziehen soll, die dem Mitbeschuldigten nicht selbst zur Last gelegt wird (BGH NJW 1964, 1034; Dallinger MDR 1971, 897 – BGH RsprÜ), nicht aber, wenn sie eine gemeinschaftliche Tat betreffen soll (BGH JR 1969, 148; BGH StV 1984, 186; OLG Hamm VRS 42, 208); denn dadurch würde der Grundsatz umgangen, dass ein Angeklagter nicht Zeuge in einem ihn selbst betreffenden Verf. sein kann. Allgemein zur sog. Rollenvertauschung: Prittwitz, Der Mitbeschuldigte im Strafprozess, 1984, S. 140, 153 ff.; Roxin/Schünemann StrafVerfR § 26 Rn. 5.

23 **IV. Sonstige Verfahrensbeteiligte. Nebenkläger** können als Zeugen vernommen werden (→ Vor § 395 Rn. 10), nicht aber **Privatkläger** (→ § 384 Rn. 2). Zeugen können ferner sein Beistände nach § 149 (→ § 149 Rn. 2) u. § 69 **JGG,** Erziehungsberechtigte u. ges. Vertreter (§ 67 **JGG**) sowie Antragsteller im Anhangsverfahren nach §§ 403 ff. Dass der Sachverständige gleichzeitig Zeuge sein kann, folgt aus § 74 Abs. 1 S. 2. Für den Dolmetscher gilt das Gleiche; er kann seine Aussage selbst in die fremde Sprache übersetzen (RGSt 45, 304; Löwe/Rosenberg/Ignor/Bertheau Rn. 30). Der nach § 407 Abs. 1 **AO** teilnahmeberech-

tigte Vertreter des FA kann ebenfalls Zeuge sein (LG Dresden NStZ 1999, 313), nicht aber Einziehungsbeteiligte u. Nebenbetroffene, soweit sie im Strafverfahren (§§ 424 ff., 438), im Nachverfahren (§ 433) o. im selbständigen Verf. (§§ 435, 436) bet. sind o. sich beteiligen können (vgl. aber → § 427 Rn. 4 f.).

F. Entsprechende Anwendung der §§ 48 ff. Entsprechend anwendbar sind die §§ 48 ff. bei Vernehmungen durch die StA, soweit nichts anderes bestimmt ist (§ 161a Abs. 1 S. 2). Bei Vernehmung durch andere Ermittlungsorgane, insbes. durch die Polizei, gelten die Bestimmungen zT nach ausdr. Regelung entspr. (§ 163 Abs. 3). Im Bußgeldverfahren gelten die §§ 48 ff. entspr., soweit nichts anderes bestimmt ist (§ 46 Abs. 1 OWiG). 24

Zeugenpflichten; Ladung **Nr. 64–66 RiStBV**

48 (1) [1] **Zeugen sind verpflichtet, zu dem zu ihrer Vernehmung bestimmten Termin vor dem Richter zu erscheinen.** [2] **Sie haben die Pflicht auszusagen, wenn keine im Gesetz zugelassene Ausnahme vorliegt.**

(2) **Die Ladung der Zeugen geschieht unter Hinweis auf verfahrensrechtliche Bestimmungen, die dem Interesse des Zeugen dienen, auf vorhandene Möglichkeiten der Zeugenbetreuung und auf die gesetzlichen Folgen des Ausbleibens.**

A. Zeugenpflichten. Abs. 1 enthält die Zeugenpflichten zum Erscheinen u. zur Aussage (s. auch → Vor § 48 Rn. 5, 5a). Ausnahmen v. der Aussagepflicht enthalten die §§ 52–55. 1

B. Zeugenladung. I. Form. Für die Zeugenladung, dh die Aufforderung, an einem bestimmten Ort zu einer bestimmten Zeit zur Vernehmung zu erscheinen, ist eine **bes. Form nur in § 38 vorgeschrieben.** Gericht u. StA (§ 161a Abs. 1 S. 2) sowie deren Ermittlungspersonen (§ 163 Abs. 3 S. 1) können schriftlich, per Telefax o. Fernschreiber, mündlich, auch telefonisch, laden. Schriftlich kann durch einfachen Brief, nicht durch Postkarte (Nr. 64 Abs. 3 S. 1 RiStBV) geladen werden; da die Anwendung des § 51 den Ladungsnachweis erfordert (→ § 51 Rn. 2), ist förmliche Zustellung geraten (Löwe/Rosenberg/Ignor/Bertheau Rn. 4; vgl. für die Ladung zur HV Nr. 117 Abs. 1 RiStBV). Die mündliche Ladung kann der Vorsitzende, etwa bei Unterbrechung o. Aussetzung der Verh., selbst vornehmen, sonst durch Gerichtswachtmeister o. Polizei veranlassen. Da eine Ladungsfrist nicht besteht (→ § 51 Rn. 2), kann der Zeuge zum sofortigen Erscheinen vor Gericht aufgefordert werden. In den Fällen des § 163 Abs. 3 S. 1 genügt es, wenn der Zeuge zum Erscheinen bei einer Polizeidienststelle mündlich aufgefordert wird (Soiné NStZ 2018, 141; erg. → § 163 Rn. 49 ff.). 1a

II. Inhalt. Inhaltlich muss die Ladung erkennen lassen, dass der Geladene als Zeuge vernommen werden soll (Nr. 64 Abs. 1 S. 1 RiStBV). Der Name des Beschuldigten wird, auch bei richterlicher Vernehmung, nicht angegeben, wenn der Zweck der Untersuchung das verbietet, der Gegenstand der Beschuldigung nur, wenn das zur Vorbereitung der Aussage geboten erscheint (Nr. 64 Abs. 1 S. 2 RiStBV). Wegen der Aufforderung, Unterlagen mitzubringen, vgl. Nr. 64 Abs. 2 RiStBV. Belehrungen nach §§ 52 Abs. 3 S. 1, 55 Abs. 2, 57 gehören nicht in die Ladung. 2

Der **Hinweis auf die gesetzlichen Folgen des Ausbleibens** nach § 51 ist bei jeder Zeugenladung erforderlich, auch bei wiederholter Ladung u. bei mündlicher Ladung in einer unterbrochenen o. ausgesetzten HV (OLG Hamm NJW 1957, 1330). Der Hinweis muss so vollständig sein, dass der Zeuge über die Folgen des § 51 Klarheit gewinnen kann. Der schuldunfähige Zeuge wird nur auf § 51 Abs. 1 S. 3 hingewiesen (erg. → § 51 Rn. 15, 20). Bei nicht auf freiem Fuß befindlichen Zeugen tritt an die Stelle des Hinweises der Vorführungsbefehl des Richters o. die Vorführungsanordnung der StA (vgl. → § 51 Rn. 2, → § 214 Rn. 11, 13). 3

3a Der Zeuge ist aber nicht nur auf seine Pflichten, sondern **auch auf seine Rechte hinzuweisen.** Das ist unproblematisch hins. des Hinweises auf Möglichkeiten der Zeugenbetreuung (zB Zeugenzimmer; Betreuung mitgebrachter Kinder usw); bzgl. des Hinweises auf die den Interessen des Zeugen dienenden verfahrensrechtlichen Bestimmungen – gedacht ist hier etwa an §§ 58a, 68, 68a, 68b oder § 247 S. 2, aber auch an § 171b Abs. 1, Abs. 2, § 172 GVG – ergibt sich aber die Schwierigkeit, dass solche Hinweise individuell – u. nicht etwa formularmäßig – durch den Richter angeordnet werden müssen. Ob die Richter diese Mehrarbeit auf sich nehmen können, erscheint fraglich: In der Regel wird sich erst in der HV beurteilen lassen, ob v. diesen Vorschr. Gebrauch zu machen ist, auch werden die Verfahrensbeteiligten dazu gehört werden müssen. Zudem besteht – nicht nur bei formularmäßiger Anordnung, wie der Gesetzgeber angenommen hat (vgl. BT-Drs. 15/1976, 10), sondern stets – die Gefahr, dass durch solche Hinweise „grundlose Befürchtungen und unerfüllbare Erwartungen" geweckt werden. Eingehend u. krit. dazu auch Wenske DRiZ 2005, 293.

4 **III. Anordnung der Ladung.** Die Anordnung der Ladung trifft der **Richter o. StA,** der die Vernehmung durchführen will. Für Ladungen zur HV gilt § 214 Abs. 1 S. 1, Abs. 3. Gerichtliche Ladungen zur HV führt die Geschäftsstelle des Gerichts aus (§ 214 Abs. 1 S. 2); sonst gilt § 36 Abs. 1 S. 2 entsprechend. Die Abweichung v. der angeordneten Ladungsform berührt die Wirksamkeit der Ladung nicht, ebenso wenig ein inhaltlicher Mangel (Neuhaus StV 2004, 621); ein Verstoß gegen Abs. 2 unterliegt weder der Beschwerde noch der Revision (Wenske DRiZ 2005, 296). Die Ladung wird innerhalb des Geltungsbereichs der StPO stets unmittelbar bewirkt (§ 160 GVG).

5 **IV. Sonderfälle. 1.** Zur Ladung im **Ausland** wohnhafter ausl. o. deutscher Zeugen vgl. → § 37 Rn. 25, 25a. Deutsche Zeugen im Ausland können aber auch durch die Auslandsvertretungen der BRD geladen werden (RiVASt 129 Abs. 3).

6 Zu den Ladungsarten nach RiVASt u. EuRHÜbk sowie zur Ladung nach bes. zwischenstaatlichen Vereinbarungen vgl. Rose wistra 1998, 14 ff. Wegen der Exterritorialen vgl. Nr. 196 ff. RiStBV.

7 **2. Kinder** werden zu Händen ihrer ges. Vertreter geladen, die sie zur Erfüllung ihrer Zeugenpflichten anzuhalten haben (OLG Hamm NJW 1965, 1613), Jugendliche ab 14 Jahren können hingegen persönlich geladen werden (OLG Frankfurt a. M. NStZ-RR 2005, 268). Fehlt dem Zeugen die notwendige Verstandesreife, so ist allein der ges. Vertreter zu laden u. aufzufordern, sich mit ihm an Gerichtsstelle einzufinden (Skupin MDR 1965, 866). Der Hinweis nach Abs. 2 wird auf den Zeugen bezogen. Mit ihm wird der weitere Hinweis verbunden, dass ein Erziehungsberechtigter als Begleitperson mitkommen kann u. entschädigt wird (§ 7 Abs. 1 S. 2 JVEG).

8 **3. Seeleute** (vgl. → § 37 Rn. 21) können nach Seemannsart geladen, dh durch die Wasserschutzpolizei aufgefordert werden, sich bei der nächsten Liegezeit auf der Geschäftsstelle des AG zu melden (OLG Bremen Rpfleger 1965, 48; StrK beim AG Bremerhaven NJW 1967, 1721).

9 **Binnenschiffer** (vgl. → § 37 Rn. 22) können ebenfalls durch Vermittlung der Wasserschutzpolizei geladen werden (OLG Hamm NJW 1965, 1613 Ls.; OLG Köln NJW 1953, 1932).

10 **4. Soldaten:** Maßgebend sind Nr. 17 ff. des Erlasses des BMVg idF v. 16.3.1982 (VMBl 130), geänd. durch Erlass v. 20.6.1983 (VMBl 182). Danach werden Soldaten in derselben Weise wie andere Personen geladen (vgl. auch → § 37 Rn. 23). Die Ladung wird ihnen auf Veranlassung des Gerichts o. der StA zugestellt o. übersandt. Wegen der Soldaten ausl. NATO-Truppen in der BRD vgl. Art. 37 NTS-ZA.

Besonders schutzbedürftige Zeugen; Beschleunigungsgebot

48a (1) [1]**Ist der Zeuge zugleich der Verletzte, so sind die ihn betreffenden Verhandlungen, Vernehmungen und sonstigen Untersuchungshandlungen stets unter Berücksichtigung seiner besonderen Schutzbedürftigkeit durchzuführen.** [2]**Insbesondere ist zu prüfen,**

1. **ob die dringende Gefahr eines schwerwiegenden Nachteils für das Wohl des Zeugen Maßnahmen nach den §§ 168e oder 247a erfordert,**
2. **ob überwiegende schutzwürdige Interessen des Zeugen den Ausschluss der Öffentlichkeit nach § 171b Absatz 1 des Gerichtsverfassungsgesetzes erfordern und**
3. **inwieweit auf nicht unerlässliche Fragen zum persönlichen Lebensbereich des Zeugen nach § 68a Absatz 1 verzichtet werden kann.**

[3]**Dabei sind die persönlichen Verhältnisse des Zeugen sowie Art und Umstände der Straftat zu berücksichtigen.**

(2) **Bei Taten zum Nachteil eines minderjährigen Verletzten müssen die ihn betreffenden Verhandlungen, Vernehmungen und sonstigen Untersuchungshandlungen besonders beschleunigt durchgeführt werden, soweit dies unter Berücksichtigung der persönlichen Verhältnisse des Zeugen sowie der Art und Umstände der Straftat zu seinem Schutz oder zur Vermeidung von Beweisverlusten geboten ist.**

A. Besonders schutzbedürftige Zeugen. Die durch das 3. Opferrechtsreformgesetz v. 21.12.2015 (BGBl. I 2525) zunächst bei § 48 als Abs. 3 angefügte Vorschrift dient der Umsetzung v. Art. 18, 21 RL 2012/29/EU über Opferschutz. Sie soll die „**zentrale Einstiegsnorm** für die Feststellung einer **besonderen Schutzbedürftigkeit** … und der daraus folgenden Notwendigkeit besonderer Schutzmaßnahmen zugunsten des Verletzten schaffen" (BT-Drs. 18/4621, 23). 1

Die Vorschrift ist anwendbar, wenn der **Zeuge zugleich der Verletzte** ist. Es gilt der Verletztenbegriff des § 373b (→ § 373b Rn. 1 ff. bzw. Rn. 7 ff. bei Tötungsdelikten iSd § 373b Abs. 2; BT-Drs. 19/27654, 100). 2

B. Allgemeine Verpflichtungen (Abs. 1). Abs. 1 S. 1 verpflichtet Ermittlungsbehörden (§§ 161a Abs. 1 S. 2, 163 Abs. 3) wie Gerichte in jeder Lage des Verfahrens alle den Zeugen betreffenden prozessualen Maßnahmen unter Berücksichtigung seiner besonderen Schutzbedürftigkeit durchzuführen und dabei insbes. zu prüfen, ob die in S. 2 Nr. 1–3 bezeichneten Vorschr. anzuwenden sind. Mit der Bezugnahme auf jede Lage des Verfahrens ist klargestellt, dass die besondere Schutzbedürftigkeit bereits beim ersten hoheitlichen Auftreten dem Verletzten ggü. zu beachten ist (Kett-Straub ZIS 2017, 341 (343)). 3

Der **praktische Wert** der Vorschr. mag indes **bezweifelt** werden. Dass auf die bes. Schutzbedürftigkeit v. Zeugen/Verletzten Rücksicht genommen wird, sofern u. soweit dies die ihn/sie betreffenden prozessualen Maßnahmen erlauben, beschreibt eine Selbstverständlichkeit, deren deklaratorischer Regelung es nicht bedurft hätte. Sofern u. soweit die ges. Voraussetzungen einer solchen Rücksichtnahme Grenzen setzen, etwa um Beschuldigten- bzw. Angeklagtenrechte zu wahren o. die Pflicht zur Aufklärung des Sachverhaltes zu gewährleisten (etwa → § 68a Rn. 5, 6), kann Abs. 3 S. 1 keine eigenständige, diese Grenzen etwa aufhebende, Bedeutung entfalten. Darüber hinaus handelt es sich bei den in Abs. 1 S. 2 Nr. 1–3 konkret angesprochenen prozessualen Schutzmaßnahmen um solche, die bereits nach geltendem Recht bei allen Zeugen unabhängig v. ihrer Verletzteneigenschaft zu berücksichtigen sind. Das allg. Postulat in Abs. 1 S. 3, bei der Beurteilung einer bes. Schutzbedürftigkeit die persönlichen Verhältnisse des Zeugen sowie Art u. Umstände der Straftaten zu berücksichtigen, hätte ebenfalls nicht zwingend ges. geregelt werden müssen. 4

C. Beschleunigungsgebot bei minderjährigen Verletzten (Abs. 2). Strafverfahren z. Nachteil **minderjähriger Verletzter** müssen **besonders beschleu-** 5

nigt durchgeführt werden, soweit dies zu deren Schutz oder zur Vermeidung von Beweisverlusten geboten ist; dabei sind die persönlichen Verhältnisse sowie Art und Umstände der Straftat zu berücksichtigen (Abs. 2). Insoweit gilt sinngemäß das zu Rn. 4 Gesagte.

Vernehmung des Bundespräsidenten

49 [1] **Der Bundespräsident ist in seiner Wohnung zu vernehmen.** [2] **Zur Hauptverhandlung wird er nicht geladen.** [3] **Das Protokoll über seine gerichtliche Vernehmung ist in der Hauptverhandlung zu verlesen.**

1 **A. Vernehmung des BPräs (S. 1).** Die Vernehmung des BPräs (S. 1) ist, falls er auf dieses Vorrecht nicht verzichtet (Löwe/Rosenberg/Ignor/Bertheau Rn. 2; **aM** SK-StPO/Rogall Rn. 5: unverzichtbar), **nur in seiner Wohnung** zulässig. Dazu gehören auch der Dienstsitz u. der vorübergehende Wohnsitz am Urlaubsort o. bei einem Staatsbesuch. Im Hinblick auf S. 3 kommt nur eine richterliche Vernehmung, auch durch das ganze Gericht, in Betracht (Löwe/Rosenberg/Ignor/Bertheau Rn. 3; **aM** SK-StPO/Rogall Rn. 7, 8). Die Prozessbeteiligten haben bei Vernehmungen außerhalb des Gerichts kein Anwesenheitsrecht; §§ 168c Abs. 2, 223, 224 gelten nicht. § 70 Abs. 1, Abs. 2 ist anwendbar (Löwe/Rosenberg/Ignor/Bertheau Rn. 4). Für den Vertreter des BPräs (Art. 57 GG) gilt das Vorrecht nicht (KK-StPO/Bader Rn. 1).

2 **B. HV (S. 2, 3).** Zur HV (S. 2, 3) wird der BPräs **nicht geladen,** es sei denn, dass er nicht mehr im Amt ist. Auch Ladungen nach §§ 214 Abs. 3, 220 Abs. 1 sind ausgeschlossen. Abweichend v. § 250 S. 2 wird die Vernehmungsniederschrift verlesen. Dazu bedarf es keiner bes. Beschlussfassung. § 251 Abs. 4 S. 1 und 2 gelten nicht; S. 3 und 4 sind entspr. anwendbar.

Vernehmung von Abgeordneten und Mitgliedern einer Regierung

50 (1) **Die Mitglieder des Bundestages, des Bundesrates, eines Landtages oder einer zweiten Kammer sind während ihres Aufenthaltes am Sitz der Versammlung dort zu vernehmen.**

(2) **Die Mitglieder der Bundesregierung oder einer Landesregierung sind an ihrem Amtssitz oder, wenn sie sich außerhalb ihres Amtssitzes aufhalten, an ihrem Aufenthaltsort zu vernehmen.**

(3) **Zu einer Abweichung von den vorstehenden Vorschriften bedarf es**

für die Mitglieder eines in Absatz 1 genannten Organs der Genehmigung dieses Organs,

für die Mitglieder der Bundesregierung der Genehmigung der Bundesregierung,

für die Mitglieder einer Landesregierung der Genehmigung der Landesregierung.

(4) [1] **Die Mitglieder der in Absatz 1 genannten Organe der Gesetzgebung und die Mitglieder der Bundesregierung oder einer Landesregierung werden, wenn sie außerhalb der Hauptverhandlung vernommen worden sind, zu dieser nicht geladen.** [2] **Das Protokoll über ihre richterliche Vernehmung ist in der Hauptverhandlung zu verlesen.**

1 **A. Sonderregelung.** Die Sonderregelung enthält für Parlaments- u. Regierungsmitglieder in allen Verfahrensabschnitten (RGSt 26, 255) eine **örtliche Beschränkung** der Zeugenpflicht. Sie bezweckt den Schutz v. Störungen der Parlaments- u. Regierungsarbeit durch Reisen an auswärtige Vernehmungsorte. Ein Verzicht hierauf ist ausgeschlossen.

2 **B. Vernehmung von Parlamentsmitgliedern (Abs. 1).** Dem Landtag entspr. in Hamburg u. Bremen die Bürgerschaft, in Berlin das Abgeordnetenhaus.

§ 50 gilt zwischen den Wahlperioden auch für den Personenkreis des Art. 49 GG u. der entspr. Vorschr. der Landesverfassungen.

Vernehmungsort ist der Sitz der Versammlung, wenn die Vernehmung in die mit dem 1. Zusammentritt beginnende Sitzungsperiode einschl. der Parlamentsferien fällt u. der Zeuge sich am Sitz der Versammlung aufhält. Andernfalls kann er an seinem Aufenthaltsort vernommen werden. Das Gericht entscheidet hierüber nach pflichtgemäßem Ermessen unter Berücksichtigung der Arbeitsbelastung des Zeugen (BGH NStZ 1982, 158; **aM** Löwe/Rosenberg/Ignor/Bertheau Rn. 3: allg. Vorschr. gelten). 3

Die **Vernehmung,** die im Hinblick auf Abs. 4 S. 2 nur durch den Richter, auch durch das ganze Gericht durchgeführt werden kann, erfolgt in den Räumen des Gerichts am Parlamentssitz. Dorthin ist der Abg. zu laden. Für das Anwesenheitsrecht der Prozessbeteiligten (§§ 168c, 224) gelten keine Besonderheiten. 4

C. Vernehmung von Regierungsmitgliedern (Abs. 2). Die **BReg besteht aus** dem Bundeskanzler u. den Bundesministern (Art. 62 GG). Die Staatssekretäre gehören nicht zum Kabinett, auch die parlamentarischen Staatssekretäre nicht, selbst wenn sie die Bezeichnung Staatsminister führen; da sie Abg. sein müssen (§ 1 ParlStG), fallen sie aber unter Abs. 1. Die Zusammensetzung der Landesregierungen ergibt sich aus den Landesverfassungen. Die Sen. v. Berlin, Bremen u. Hamburg sind Landesregierung; ihre Mitglieder sind die Bürgermeister (in Berlin der Regierende Bürgermeister) u. die Senatoren. In Bayern gehören die Staatssekretäre zur Regierung (Art. 43 Abs. 2 BayVerf). 5

Vernehmungsort ist der Amtssitz o., wenn der Zeuge sich dort nicht aufhält, der Aufenthaltsort, auch wenn sich dort kein Gericht befindet. 6

Die **Vernehmung** erfolgt in der HV, wenn Gerichtsort u. Amtssitz o. Aufenthalt identisch sind, sonst durch einen beauftragten o. ersuchten Richter. Im Übrigen gilt das Gleiche wie für Parlamentsmitglieder (→ Rn. 4). 7

D. Sondergenehmigung (Abs. 3). Die **Sondergenehmigung** (Abs. 3) kann vAw o. auf Antrag des Gerichts o. eines Prozessbeteiligten, auch auf Anregung des Abg. o. des Regierungsmitglieds, erteilt werden. Der Antrag ist unmittelbar an die Regierung o. den Parlamentspräsidenten zu richten. Erteilung u. Nachw. der Genehmigung sind an keine Form gebunden; die eidliche Vers. des Zeugen, ihm sei die Genehmigung erteilt worden, reicht aus (RG JW 1993, 289). Ohne die erforderliche Sondergenehmigung darf der Zeuge nicht vernommen werden. Eine Umgehung in der Weise, dass er sich zum Aufenthalt am Gerichtsort bereit erklärt, ist unzulässig (SK-StPO/Rogall Rn. 8; **aM** Löwe/Rosenberg/Ignor/Bertheau Rn. 10). Nach Anl. 5 Abschn. C S. 3 GO-BT bedarf es keiner Sondergenehmigung, wenn der Vernehmungstermin außerhalb der Sitzungswochen des BT liegt. 8

E. Hauptverhandlung (Abs. 4). Zur **Hauptverhandlung** (Abs. 4) darf der Zeuge nur geladen werden, wenn sie an dem nach Abs. 1 oder Abs. 2 zulässigen Vernehmungsort stattfindet o. eine Genehmigung nach Abs. 3 erteilt ist u. wenn der Zeuge nicht bereits außerhalb der HV vernommen worden war. Die Unzulässigkeit der Ladung bezieht sich auch auf §§ 214 Abs. 3, 220 Abs. 1 (**aM** Löwe/Rosenberg/Ignor/Bertheau Rn. 12). Diese Vorschr. gelten nur, wenn die HV vor einem Gericht stattfindet, vor das die Zeugen nach § 50 geladen werden dürfen, o. wenn eine Genehmigung nach Abs. 3 vorliegt. 9

Die **Verlesung** der Vernehmungsniederschrift (vgl. → § 49 Rn. 2) ist stets zulässig, wenn nach diesen Grundsätzen eine Ladung nicht statthaft ist. Den erfolglosen Versuch, eine Genehmigung nach Abs. 3 zu erlangen, setzt die Verlesung nicht voraus (RGSt 26, 253; Löwe/Rosenberg/Ignor/Bertheau Rn. 13). 10

F. Revision. Die **Revision** kann, da § 50 nur den Interessen der Parlaments- u. Regierungsarbeit dient, auf die Unzulässigkeit der Vernehmung nicht gestützt werden, wohl aber darauf, dass die Vernehmungsniederschrift unter Verstoß gegen Abs. 4 S. 2 verlesen worden ist (Löwe/Rosenberg/Ignor/Bertheau Rn. 14). 11

Folgen des Ausbleibens eines Zeugen **Nr. 64 Abs. 3, 117 Abs. 1 RiStBV**

51 (1) [1] **Einem ordnungsgemäß geladenen Zeugen, der nicht erscheint, werden die durch das Ausbleiben verursachten Kosten auferlegt.** [2] **Zugleich wird gegen ihn ein Ordnungsgeld und für den Fall, daß dieses nicht beigetrieben werden kann, Ordnungshaft festgesetzt.** [3] **Auch ist die zwangsweise Vorführung des Zeugen zulässig; § 135 gilt entsprechend.** [4] **Im Falle wiederholten Ausbleibens kann das Ordnungsmittel noch einmal festgesetzt werden.**

(2) [1] **Die Auferlegung der Kosten und die Festsetzung eines Ordnungsmittels unterbleiben, wenn das Ausbleiben des Zeugen rechtzeitig genügend entschuldigt wird.** [2] **Erfolgt die Entschuldigung nach Satz 1 nicht rechtzeitig, so unterbleibt die Auferlegung der Kosten und die Festsetzung eines Ordnungsmittels nur dann, wenn glaubhaft gemacht wird, daß den Zeugen an der Verspätung der Entschuldigung kein Verschulden trifft.** [3] **Wird der Zeuge nachträglich genügend entschuldigt, so werden die getroffenen Anordnungen unter den Voraussetzungen des Satzes 2 aufgehoben.**

(3) **Die Befugnis zu diesen Maßregeln steht auch dem Richter im Vorverfahren sowie dem beauftragten und ersuchten Richter zu.**

Übersicht

1 **A. Ungehorsam des Zeugen.** Der **Ungehorsam des Zeugen,** dessen Folgen die Vorschr. regelt, setzt die Pflicht voraus, einer Ladung zu folgen. Sie besteht nicht in den Fällen der §§ 49, 50, 220 Abs. 2; ein Zeugnisverweigerungsrecht ist dagegen auf die Erscheinungspflicht ohne Einfluss. Ungehorsam iSd § 51 ist ein Zeuge, der trotz ordnungsmäßiger Ladung ohne rechtzeitige genügende Entschuldigung ausbleibt. Die Vorschr. wird durch § 70 ergänzt. Wer nicht als Zeuge geladen ist, kann nicht iSd § 51 unentschuldigt ausbleiben. Gegen ges. Vertreter u. Erziehungsberechtigte, die das Nichterscheinen eines kindlichen o. jugendlichen Zeugen verschulden, können daher keine Ungehorsamsfolgen festgesetzt werden (KG StraFo 1998, 49; OLG Hamm NJW 1965, 1613).

1a Nach dem Wortlaut der Vorschrift, die sich ausdr. nur auf Zeugen bezieht, ist es nicht zulässig, Ordnungsmittel gegen **Sorgebrechtigte** festzusetzen, die nicht auf ihr Kind einwirken, seiner Zeugenpflicht nachzukommen (vgl. Köhnlein/Radtke/v. Scheliha NStZ 2025, 1 (2) mwN).

I. Ordnungsmäßige Ladung (Abs. 1 S. 1). Es muss eine schriftliche o. mündliche (→ § 48 Rn. 1) **Ladungsanordnung** mit Hinweis auf die ges. Folgen des Ausbleibens vorliegen, bei Ladung zur HV nach § 214. Die Ladung muss Ort u. Zeit der Vernehmung angeben (eine Ausnahme gilt für Ladungen nach Seemannsart; → § 37 Rn. 21; → § 48 Rn. 8) u. den Hinweis nach § 48 enthalten. Eine schriftliche Ladung muss dem Zeugen nachweislich (OLG München MDR 1992, 70), wenn auch nicht unbedingt förmlich zugestellt worden sein (OLG Düsseldorf VRS 79, 20; OLG Koblenz MDR 1981, 1036 für unzulässige Ersatzzustellung). Im Fall des § 220 ist Zustellung nach § 38 erforderlich. Eine Ladungsfrist besteht nicht. Die Ladung des nicht auf freiem Fuß befindlichen Zeugen zur HV o. zur richterlichen Vernehmung wird mit einem Vorführungsbefehl des Richters, die Ladung zur Vernehmung durch den StA mit dessen Vorführungsanordnung verbunden; beides tritt an die Stelle des Hinweises nach § 48 (→ § 48 Rn. 3; → § 214 Rn. 11, 13). 2

II. Nichterscheinen (Abs. 1 S. 1). Nichterscheinen (Abs. 1 S. 1) bedeutet Ausbleiben am Vernehmungsort, der nicht der Gerichtssitz zu sein braucht, zu der festgesetzten Zeit. Verspätetes Erscheinen vor Erlass eines Beschl.es nach § 51 wird nicht geahndet (KMR-StPO/Neubeck Rn. 6; **aM** KK-StPO/Bader Rn. 3; Löwe/Rosenberg/Ignor/Bertheau Rn. 4). Auch ein Untersuchungsgefangener, der sich weigert, sich zum Vernehmungsort transportieren zu lassen, „erscheint" nicht (OLG Düsseldorf NJW 1981, 2768; KK-StPO/Bader Rn. 2). Als nicht erschienen gilt ferner der körperlich anwesende, aber infolge schuldhafter Trunkenheit o. schuldhaften Genusses anderer berauschender Mittel (→ § 329 Rn. 14) vernehmungsunfähige Zeuge (OLG Saarbrücken JBl. Saar 1962, 13; vgl. auch BGHSt 23, 331 (334)). 3

Das **vorzeitige Weggehen** vor der endgültigen Entlassung (§ 248) steht dem Nichterscheinen nach hM gleich (Löwe/Rosenberg/Ignor/Bertheau Rn. 6; **aM** Lampe MDR 1974, 540: Ungehorsam nach § 70). Der Vorsitzende kann den Zeugen ebenso festhalten wie den Angeklagten (§ 231 Abs. 1 S. 2), wenn dadurch die sonst notwendige Vorführung erspart wird (vgl. LG Nürnberg-Fürth NStZ 2024, 767; KMR-StPO/Neubeck Rn. 66; **aM** Lampe MDR 1974, 540). 4

Bereits begangenen Ungehorsam setzt § 51 voraus (OLG Düsseldorf NJW 1981, 2768); er ist daher nicht anwendbar, wenn ein Zeuge vor dem Termin erklärt, er werde nicht kommen. Nur wenn seine Weigerung bereits zu einer Terminsverlegung gezwungen hat, treffen ihn die Ungehorsamsfolgen (OLG Stuttgart NJW 1956, 840; Fezer StrafProzR § 13 Rn. 15; **aM** KMR-StPO/Neubeck Rn. 7; SK-StPO/Rogall Rn. 9). 5

III. Fehlen einer rechtzeitigen genügenden Entschuldigung (Abs. 2 S. 1). 1. Eine **Entschuldigung,** die rechtzeitig vorgebracht wird u. genügende Gründe enthält, schließt die Folgen des § 51 Abs. 1 aus. 6

Ob der Zeuge sich selbst o. ob ein anderer ihn entschuldigt, ist gleichgültig. Erforderlich ist aber stets, dass er entschuldigt wird (KK-StPO/Bader Rn. 15; Löwe/Rosenberg/Ignor/Bertheau Rn. 7). 7

2. Rechtzeitig ist die Entschuldigung nur, wenn sie so frühzeitig eingeht, dass eine Verlegung des Termins u. eine Abbestellung der zur Verh. geladenen Personen noch im gewöhnlichen Geschäftsbetrieb möglich ist (KK-StPO/Bader Rn. 10). 8

3. Eine **verspätete Entschuldigung** löst nur dann keine Ungehorsamsfolgen aus, wenn noch vor deren Anordnung glaubhaft gemacht wird (→ § 26 Rn. 5 ff.; → § 45 Rn. 6), dass den Zeugen an der Verspätung kein Verschulden trifft. Hat der Zeuge das vor der Anordnung glaubhaft gemacht u. angekündigt, dass er seine Entschuldigungsgründe, für die er noch die Beweise beschaffen müsse, alsbald geltend machen wolle, so wird die Entsch. für kurze Zeit aufzuschieben sein. 9

4. Genügend muss die Entschuldigung sein. Das setzt nicht voraus, dass das Gericht die volle Überzeugung v. ihrer Richtigkeit gewinnt (Löwe/Rosenberg/Ignor/Bertheau Rn. 7; KMR-StPO/Neubeck Rn. 10; KK-StPO/Bader Rn. 16); 10

es reicht aus, dass das Gericht keinen Anlass sieht, daran zu zweifeln. Daher kann eine Entschuldigung auch dann genügen, wenn der Zeuge die Gründe nicht nachweisen kann, sein Vorbringen aber durch die Lebenserfahrung o. dem Gericht sonst bekannte Tatsachen gestützt wird. Bei Zweifeln über eine behauptete Erkrankung kann Vorlage eines amtsärztlichen Attestes verlangt werden (BGHR Entschuldigung 1).

11 **Genügend entschuldigt** ist ein Zeuge, der unverschuldet keine Kenntnis v. der Ladung hat. Den Erhalt der Ladung braucht der Zeuge idR nicht sicherzustellen (KG Recht 1928, 464). Anders ist es, wenn dazu besonderer Anlass besteht, etwa wenn der Zeuge sich jahrelang nur vorübergehend an seinem ersten Wohnsitz aufhält (OLG Düsseldorf NJW 1980, 2721; Molketin DRiZ 1981, 385; **aM** Schmid NJW 1981, 858) o. wenn er v. der bevorstehenden Vernehmung unterrichtet worden war (KK-StPO/Bader Rn. 13). Unkenntnis v. der Ladung infolge Verschuldens dritter Personen entschuldigt nicht ohne weiteres (OLG Hamm NJW 1956, 1935: Verschulden der Kanzleikraft eines RA). Unvorhersehbare Verhinderungen (plötzliche Erkrankung, Verkehrsunfall, Naturkatastrophen u. dgl.) entschuldigen, nicht aber Verzögerungen, mit denen man rechnen muss (Molketin DRiZ 1981, 385: Parkplatzsuche).

12 **Keine genügende Entschuldigung** ist die Furcht vor Nachteilen durch die Aussage (OLG Hamm MDR 1974, 330 Ls.: Angst vor dem Angeklagten; OLG Jena NStZ 2004, 280 u. Molketin DRiZ 1981, 385: Befürchtung, im Gerichtssaal verhaftet zu werden; **aM** Bremen JR 1963, 232), auch nicht die Ankündigung des Zeugen, sich auf ein umfassendes Auskunftsverweigerungsrecht iSv § 55 berufen zu wollen (OLG Rostock StraFo 2015, 15). Nicht ausreichend als Entschuldigung ist das Verschlafen des Termins (OLG Düsseldorf OLGSt StPO § 51 Nr. 3) u. idR auch nicht die Berufung auf private o. berufliche Pflichten (BVerfG NJW 2002, 955). Diese muss der Zeuge zurückstellen, solange das nicht zu unverhältnismäßigen Nachteilen führt (OLG Hamm MDR 1974, 330 Ls.; OLG Koblenz VRS 67, 252; vgl. aber auch OLG Düsseldorf OLGSt StPO § 51 Nr. 1). Einen Urlaub muss er notfalls verlegen (OLG Jena StraFo 1997, 331; OLG Dresden NStZ-RR 2015, 191), unterbrechen o. vorzeitig abbrechen (OLG Koblenz OLGSt StPO § 51 Nr. 2). Dringende berufliche Pflichten können unter Anlegung strenger Maßstäbe entschuldigen (KG JR 1971, 338: unaufschiebbare Bespr. mit Regierungsmitgliedern). Das Verlassen des Bundesgebietes zwischen Ladung u. HV entschuldigt – unabhängig davon, ob es sich um einen deutschen o. ausl. Staatsbürger handelt – nicht (OLG Frankfurt a. M. NStZ-RR 2014, 124). Die Verhinderung des Beistands (§§ 406f, 406g; → Vor § 48 Rn. 11) berechtigt nicht den Zeugen selbst zum Fernbleiben (**aM** LG Hildesheim StV 1985, 229; erg. → § 68b Rn. 5). Ein Irrtum über den Terminstag ist idR verschuldet (OLG München NJW 1957, 306), ebenso ein Irrtum über die Erscheinungspflicht, insbes. wenn der Zeuge glaubt, wegen eines Zeugnis- o. Auskunftsverweigerungsrechts nicht erscheinen zu müssen (Schmidt NStZ 1996, 482 – BGH RsprÜ), o. wenn er ohne weiteres der Meinung eines RA vertraut, er brauche die Ladung nicht zu beachten (OLG Jena StraFo 1997, 331; **aM** OLG Oldenburg MDR 1976, 336; OLG Stuttgart Justiz 1973, 180). Ein Zeuge, der rechtzeitig vor dem Termin einen Entschuldigungsgrund vorbringt, v. Gericht aber nicht darüber unterrichtet worden ist, dass er nicht genügt, befindet sich nicht in einem unvermeidbaren Verbotsirrtum (OLG Dresden NStZ-RR 2015, 191; **aM** Löwe/Rosenberg/Ignor/Bertheau Rn. 11).

13 **B. Ungehorsamsfolgen (Abs. 1). Ungehorsamsfolgen (Abs. 1)** sind die Auferlegung der Kosten, die Festsetzung v. Ordnungsmitteln u. die Anordnung der Vorführung.

14 **I. Auferlegung der Kosten (Abs. 1 S. 1).** Die **Auferlegung der Kosten** (Abs. 1 S. 1) ist zwingend u. für jeden Fall des Ungehorsams vorgeschrieben. Der Angeklagte hat hierauf einen Rechtsanspruch (BayVerfGHE 18 II 134). Der Zeuge hat aber nur die nach dem Ausbleiben (OLG Braunschweig NJW 1967, 1381) u.

durch das Ausbleiben verursachten Kosten zu erstatten. Der Kostenausspruch beziffert die Kosten (§ 464a Abs. 1) nicht iE (sie werden erst in dem Verf. nach § 464b festgesetzt) u. bezieht sich auch nur auf diejenigen Kosten, die der Angeklagte bei Verurteilung (§ 465 Abs. 1 S. 1) o. die Staatskasse bei Nichtverurteilung (§ 467 Abs. 1) zu tragen hätte (OLG Karlsruhe NJW 1980, 951). Die Höhe der Ersatzpflicht der Auslagen des Angeklagten wird daher durch § 464a Abs. 2 begrenzt; mehr als die notwendigen Auslagen des Angeklagten braucht der Zeuge nicht zu ersetzen (OLG Karlsruhe NJW 1980, 951; SK-StPO/Rogall Rn. 13). Seine Zahlungspflicht lässt den Anspruch des Angeklagten gegen die Staatskasse nach § 467 Abs. 1 unberührt (→ § 467 Rn. 2). Mehrere unentschuldigt ausgebliebene Zeugen haften für die Kosten in voller Höhe als Gesamtschuldner (LG Berlin NStZ-RR 2005, 288).

II. Ordnungsmittel (Abs. 1 S. 2–4). Ordnungsmittel (Abs. 1 S. 2–4) dürfen nur gegen schuldfähige Zeugen festgesetzt werden, nicht gegen Kinder (§ 19 StGB) ua schuldunfähige Personen (OLG Hamm MDR 1980, 322; vgl. auch BVerfGE 20, 323 (332); 58, 159 zu § 890 ZPO; → § 70 Rn. 3), auch nicht gegen die Eltern des Kindes (Meier JZ 1991, 640). Ob gegen einen Jugendlichen ein Ordnungsmittel festgesetzt werden darf, hängt v. dem Reifegrad (§ 3 **JGG**) ab (Löwe/Rosenberg/Ignor/Bertheau Rn. 16). 15

III. Ordnungsgeld (Abs. 1 S. 2). Diese Art der repressiven Unrechtsfolge tritt **grds. zwingend** (erg. → Rn. 19) neben die Auferlegung der Kosten. Nur beim Ausbleiben vor dem beauftragten o. ersuchten Richter u. im Vorverfahren steht die Anordnung im Ermessen des Gerichts (Abs. 3). Im Fall des § 245 Abs. 2 wird nicht geprüft, ob ein Beweisantrag auf Vernehmung des Zeugen Erfolg gehabt hätte (Schmid MDR 1980, 115; str.). Die Bemessung des Ordnungsgeldes (5-1.000 EUR) regelt Art. 6 Abs. 1 EGStGB; Zahlungserleichterungen sieht Art. 7 EGStGB vor. 16

Ist das **Verschulden gering** u. eine Ahndung nicht erforderlich, so kann v. der Festsetzung des Ordnungsgeldes entspr. § 153, § 47 Abs. 2 OWiG abgesehen werden (OLG Dresden NStZ-RR 2015, 191; OLG Hamm VRS 41, 283 (285); OLG Koblenz NStZ 1988, 192 (zu § 77)), etwa bei einer viele Monate zurückliegenden Ladung (OLG Düsseldorf NJW 1996, 138) o. bei nur unwesentlicher Verzögerung der Verh. o. bei allseitigem Verzicht auf die Aussage (Grüneberg MDR 1992, 326). Der Zustimmung der StA bedarf es dazu nicht (OLG Düsseldorf MDR 1990, 174; OLG Zweibrücken VRS 77, 447), auch nicht der des Zeugen (OLG Düsseldorf wistra 1994, 77). Die Kostenpflicht (→ Rn. 14) wird durch die Einstellung nicht berührt (KG JR 1995, 174; OLG Hamm VRS 41, 283 (285); OLG Köln MDR 1991, 275; Löwe/Rosenberg/Ignor/Bertheau Rn. 22; **aM** OLG Düsseldorf NJW 1993, 546). 17

IV. Ordnungshaft (Abs. 1 S. 2). Ordnungshaft (Abs. 1 S. 2) darf nur für den Fall der Uneinbringlichkeit des Ordnungsgeldes angeordnet werden. Den Haftrahmen (1 Tag–6 Wochen) bestimmt Art. 6 Abs. 2 EGStGB. Die nachträgliche Festsetzung gestattet Art. 8 Abs. 1 EGStGB. Bei unbilliger Härte kann die Vollstreckung unterbleiben (Art. 8 Abs. 2 EGStGB). 18

V. Nochmalige Festsetzung des Ordnungsmittels (Abs. 1 S. 4). Bei **wiederholtem Ausbleiben** (Abs. 1 S. 4) darf das Ordnungsmittel noch einmal festgesetzt werden, wobei die Höchstgrenzen des Art. 6 EGStGB ohne Anrechnung der vorangegangenen Festsetzungen gelten. Die wiederholte Festsetzung ist aber nicht zwingend. In weiteren Wiederholungsfällen ist sie unzulässig. Um einen Wiederholungsfall handelt es sich aber nur, wenn derselbe Vernehmungsfall vorliegt; der Grundsatz des § 70 Abs. 4 gilt nicht (Löwe/Rosenberg/Ignor/Bertheau Rn. 20). 19

VI. Vorführung (Abs. 1 S. 3). Der Erlass eines Vorführungsbefehls steht im **Ermessen des Gerichts.** Die Vorführung kann neben der Festsetzung v. Ordnungsmitteln angeordnet werden, ist aber auch zulässig, wenn diese wegen Schuld- 20 unfähigkeit des Zeugen (Löwe/Rosenberg/Ignor/Bertheau Rn. 24) o. nach Abs. 1 S. 4 ausgeschlossen ist, bei Kindern wird eine Vorführung aber idR unverhältnismäßig sein (vgl. Vierhaus NStZ 1994, 271), stattdessen ist eine kommissarische Vernehmung durchzuführen (Meier JZ 1991, 640). Voraussetzung der Vorführung ist die Besorgnis, der Zeuge werde zum nächsten Termin wiederum nicht erscheinen. Als **Annexkompetenz** ist erforderlichenfalls die Anordnung der zwangsweisen Öffnung u. des Betretens der Wohnung des Zeugen v. Abs. 1 S. 3 umfasst (BGH (ER) NStZ 2022, 559 mAnm Lund). Für die Vorführung gilt nach Abs. 1 S. 3 Hs. 2 der § 135 entspr. (vgl. Kaiser NJW 1965, 1216; erg. → § 135 Rn. 7; → § 230 Rn. 20).

21 **C. Anordnungsverfahren.** Das **Anordnungsverfahren** ist ges. nicht besonders geregelt.

22 **I. Zuständigkeit. Zuständig** ist nicht der Vorsitzende allein, sondern das Gericht, vor dem der Zeuge aussagen soll (KG NStZ-RR 2000, 145), im Vorverfahren (Abs. 3) der ER (§§ 162, 169) u. der beauftragte o. ersuchte Richter (§ 223), in der HV das erkennende Gericht unter Mitwirkung der Schöffen (§§ 30 Abs. 1, 77 Abs. 1 GVG). Der StA ist zuständig, wenn der Zeuge vor ihm aussagen soll (→ § 161a Rn. 16); eine Einschränkung ergibt sich aus § 161a Abs. 2 S. 2.

23 **II. Gerichtsbeschluss.** Die Ungehorsamsfolgen werden auf Antrag o. vAw **durch Beschl.** (nicht im Urteil, KG NStZ-RR 2006, 288 Ls.) festgesetzt; das geschieht regelmäßig iVm der Feststellung des Ausbleibens. Der Beschl. kann auch außerhalb der Verh. ergehen, in der der Zeuge ausgeblieben ist (OLG Hamm GA 1959, 314; LG Zweibrücken NStZ-RR 1998, 112), ggf. auch noch nach rkr. Abschluss des Verfahrens (KG NStZ-RR 2006, 288 Ls.). Zur Verjährung der Festsetzung v. Ordnungsmitteln vgl. Art. 9 Abs. 1 EGStGB.

24 **III. Rechtliches Gehör.** Das Anordnungsverfahren ist idR ein **Verf. ohne den Zeugen.** Dieser muss sich das Gehör selbst verschaffen, wie sich aus Abs. 2 S. 1, 2 ergibt (→ Einl. Rn. 30). Darüber hinaus hat er die Möglichkeit der nachträglichen Entschuldigung (Abs. 2 S. 3; → Einl. Rn. 23). Daher wird auch die Vorführung ohne vorherige Anhörung angeordnet u. durchgeführt (KK-StPO/Bader Rn. 19; **aM** Enzian JR 1975, 277). In der HV ergeht der Beschl., wenn er nicht v. StA beantragt ist, nach dessen Anhörung (§ 33 Abs. 1). Bei Vernehmungen, an denen der StA nicht teilnimmt, kann der Beschl. alsbald auch ohne Anhörung der StA erlassen werden. Der Beschl. ist, da anfechtbar, zu begründen (§ 34).

25 **D. Aufhebung bei nachträglicher Entschuldigung (Abs. 2 S. 3).** Der Ordnungsgeldbeschluss wird nicht dadurch hinfällig, dass der Zeuge nachträglich seine Pflichten erfüllt o. dass auf ihn verzichtet wird. Das Gericht, das den Beschl. erlassen hat (LG Kiel SchlHA 1981, 115), muss ihn nur dann aufheben, wenn der Zeuge nachträglich, auch in einer Beschwerdeschrift (→ Rn. 28), sein **Ausbleiben genügend entschuldigt** (→ Rn. 11 ff.) u. ferner glaubhaft macht, dass ihn an dem verspäteten Vorbringen der Entschuldigungsgründe kein Verschulden trifft (KG StraFo 2019, 373: Zulässigkeitsvoraussetzung). Die Vorschr. ist entspr. anwendbar, wenn der Zeuge sich verspätet entschuldigt hatte u. nunmehr die Glaubhaftmachung nach Abs. 2 S. 2 nachholt (Löwe/Rosenberg/Ignor/Bertheau Rn. 28). Die nachträgliche Entschuldigung kann in einem zusätzlichen Entschuldigungsgrund o. in einem zusätzlichen Nachw. bestehen, der dem Zeugen vorher nicht zur Vfg. stand. Fehlt es an der Glaubhaftmachung, so ist der Aufhebungsantrag als unzulässig zu verwerfen; die nachgebrachte Entschuldigung wird dann sachlich nicht geprüft (OLG Düsseldorf MDR 1986, 778). Der Antrag auf Beschlussaufhebung ist auch noch nach Abschluss des Verfahrens (OLG Hamm NJW 1956, 1935) u. nach Beitreibung des Ordnungsgeldes (OLG Hamm MDR 1950, 179) zulässig; wegen Verspätung darf er nicht zurückgewiesen werden. Über den Aufhebungsantrag wird nach Anhörung der StA entschieden (§ 33 Abs. 2). Der Beschl. ist mit

Gründen zu versehen (§ 34). Ist der Ordnungsgeldbeschluss aufgeh. worden, so darf er auch dann nicht erneut ergehen, wenn Material beigebracht wird, das seine Richtigkeit erweist (Löwe/Rosenberg/Ignor/Bertheau Rn. 27). Die StA hebt ihre Ordnungsmittelverfügung selbst auf, wenn die Voraussetzungen des Abs. 2 S. 3 vorliegen (→ § 161a Rn. 16).

Statt der Aufhebung kommt auch die Herabsetzung des Ordnungsgeldes in Betracht, wenn das nachträgliche Entschuldigungsvorbringen nur dazu Anlass gibt. 26

E. Vollstreckung. Vgl. für Ordnungsmittel → EGStGB Art. 6 Rn. 1, 5 und 6. Den Vorführungsbefehl vollstreckt die StA nach § 36 Abs. 2 S. 1 (Wendisch JR 1978, 447). Zur Vollstreckungsverjährung vgl. Art. 9 Abs. 2 EGStGB. Die Kosten der Vollstreckung trägt der Zeuge (Löwe/Rosenberg/Ignor/Bertheau Rn. 29). 27

F. Beschwerde. Die **Beschwerde** (§ 304), die § 305 S. 1 nicht ausschließt, steht der StA u. dem betroffenen Zeugen zu, dem Beschuldigten nur, wenn er durch auch nur stillschweigendes Unterlassen o. durch Aufhebung der Überbürdung der Kosten auf den Zeugen nach Abs. 1 S. 1 beschwert ist (BayVerfGHE 18 II 134 = JR 1966, 195; OLG Düsseldorf VRS 87, 437; Lorenzen/Görl SchlHA 1988, 108 – OLG Schleswig RsprÜ). Weitere Beschwerde ist nicht zulässig, auch nicht gegen die Festsetzung v. Ordnungshaft (OLG Frankfurt a. M. NStZ-RR 2000, 382; → § 310 Rn. 5). Eine Beschwerde des Zeugen, die nachträgliches Entschuldigungsvorbringen enthält, hat der Richter, der den Ordnungsgeldbeschluss erlassen hat, nach Abs. 2 S. 3 zu behandeln; erst gegen diesen Beschl. ist Beschwerde zulässig (OLG Düsseldorf MDR 1983, 690; OLG Hamm VRS 42, 283; OLG Koblenz VRS 67, 252; **aM** LG Itzehoe SchlHA 1988, 36; Sander NStZ 1995, 509). Ist die Beschwerde zulässig, so kann sie noch nach Vollstreckung des Ordnungsmittels (KG NStZ-RR 2000, 145) u. nach Rechtskraft des Urteils eingelegt werden (OLG Hamm NJW 1956, 1935); sie kann auf die Höhe des Ordnungsgeldes u. die Bemessung der Ersatzhaft beschränkt werden. Das Verschlechterungsverbot (§§ 331, 358 Abs. 2) gilt entspr. (OLG Hamm MDR 1960, 946; erg. → Vor § 304 Rn. 5). Die Kosten einer erfolgreichen Beschwerde des Zeugen u. seine notwendigen Auslagen trägt die Staatskasse; hat sich der Angeklagte aber erfolglos gegen die Aufhebung des Ordnungsmittelbeschlusses beschwert, hat er die notwendigen Auslagen des Zeugen im Beschwerdeverfahren zu tragen (OLG Düsseldorf wistra 1994, 77). 28

Gegen Verfügungen der StA ist der Antrag auf gerichtliche Entsch. nach § 161a Abs. 3 zulässig (→ § 161 Rn. 19 ff.). 29

G. Revision. Die **Revision** kann auf Rechtsverstöße in dem Ordnungsmittelverfahren nicht gestützt werden. Durch das Unterlassen der Festsetzung v. Ordnungsmitteln o. der Vorführung ist der Angeklagte nicht beschwert. Mit der Revision kann aber gerügt werden, dass das Gericht seine Aufklärungspflicht (§ 244 Abs. 2) verletzt hat, weil es den Zeugen nicht zum Erscheinen gezwungen hat. 30

H. Abgeordnete und Exterritoriale. Bei **Abgeordneten** (→ § 50 Rn. 1 ff.) steht die Immunität (Art. 46 Abs. 2–4 GG; § 152a) der Anwendung des § 51 nicht entgegen. Ersatzordnungshaft wird auch bei einem Abg. festgesetzt. Ihre Vollstreckung bedarf aber ebenso wie die zwangsweise Vorführung der Genehmigung des Parlaments (vgl. Anl. 5 Abschn. A Nr. 14 Buchst. c GO-BT). Gegen **Exterritoriale** dürfen die Maßnahmen des § 51 nicht angeordnet werden (→ GVG § 18 Rn. 3). Das gilt auch für andere im Inland lebende Ausländer, falls sie sich zzt. der HV im Ausland befinden (OLG Hamburg MDR 1967, 686; OLG Düsseldorf NJW1999, 1647; **aM** wohl KK-StPO/Bader Rn. 24) u. die Reise nicht der Umgehung der Zeugenpflicht dient (**aM** SK-StPO/Rogall Rn. 11; Staudinger StraFo 2012, 13: auch dann nicht). 31

Zeugnisverweigerungsrecht der Angehörigen des Beschuldigten **Nr. 65 RiStBV**

52 (1) **Zur Verweigerung des Zeugnisses sind berechtigt**

1. der Verlobte des Beschuldigten;
2. der Ehegatte des Beschuldigten, auch wenn die Ehe nicht mehr besteht;
2a. der Lebenspartner des Beschuldigten, auch wenn die Lebenspartnerschaft nicht mehr besteht;
3. wer mit dem Beschuldigten in gerader Linie verwandt oder verschwägert, in der Seitenlinie bis zum dritten Grad verwandt oder bis zum zweiten Grad verschwägert ist oder war.

(2) [1] **Haben Minderjährige wegen mangelnder Verstandesreife oder haben Minderjährige oder Betreute wegen einer psychischen Krankheit oder einer geistigen oder seelischen Behinderung von der Bedeutung des Zeugnisverweigerungsrechts keine genügende Vorstellung, so dürfen sie nur vernommen werden, wenn sie zur Aussage bereit sind und auch ihr gesetzlicher Vertreter der Vernehmung zustimmt.** [2] **Ist der gesetzliche Vertreter selbst Beschuldigter, so kann er über die Ausübung des Zeugnisverweigerungsrechts nicht entscheiden; das gleiche gilt für den nicht beschuldigten Elternteil, wenn die gesetzliche Vertretung beiden Eltern zusteht.**

(3) [1] **Die zur Verweigerung des Zeugnisses berechtigten Personen, in den Fällen des Absatzes 2 auch deren zur Entscheidung über die Ausübung des Zeugnisverweigerungsrechts befugte Vertreter, sind vor jeder Vernehmung über ihr Recht zu belehren.** [2] **Sie können den Verzicht auf dieses Recht auch während der Vernehmung widerrufen.**

Übersicht

1 **A. Grund der Vorschrift.** Grund der Vorschrift, die durch § 81c Abs. 3 für Untersuchungen, durch § 97 Abs. 1 Nr. 1 für Beschlagnahmen ergänzt wird (vgl. weiter §§ 100d Abs. 5, 252), ist die Rücksicht auf die **Zwangslage des Zeugen,** der zur Wahrheit verpflichtet ist, aber befürchten muss, dadurch einem Angehörigen zu schaden (BGHSt 11, 213 (217) (GSSt); 27, 231; vgl. aber Rengier ZeugnisverweigerungsR S. 8 ff.: Schutz der ganzen Familie). Der Zeuge soll nicht gezwungen werden, aktiv zur Überführung eines Angehörigen beitragen zu müssen

(vgl. BGH (ER) NStZ-RR 2018, 319). Das Zeugnisverweigerungsrecht besteht aber allg., nicht nur für belastende Aussagen, u. ohne Rücksicht darauf, ob der Zeuge selbst die Konfliktlage empfindet (BGHSt 12, 235 (239) (GSSt); BGH NJW 1981, 2825) u. aus welchen Gründen er nicht aussagt, zB weil er sich nicht selbst belasten will o. weil seinem Verlangen auf Ausschluss der Öffentlichkeit nicht entsprochen worden ist (BGH NJW 1981, 2825 (2826)). Den Schutz der Wahrheitsfindung u. des Angeklagten vor der Verwertung konfliktbehafteter u. daher in ihrem Wert vielleicht geminderter Beweismittel bezweckt § 52 nicht (BGHSt 11, 213 (215) (GSSt); Paeffgen FS Riess, 2002, 416; **aM** BGHSt 10, 393; Rengier ZeugnisverweigerungsR S. 56 ff.); v. Anträgen o. v. Verzicht des Beschuldigten ist das Zeugnisverweigerungsrecht daher unabhängig.

Die Pflicht, der **Zeugenladung** zu folgen, wird durch § 52 nicht berührt (→ § 51 Rn. 1). Auch Beweisanträge dürfen nicht deshalb nach § 244 Abs. 3 S. 2 abgelehnt werden, weil der Zeuge weigerungsberechtigt ist (ANM 452), auch nicht, wenn er das Fehlen der Aussagebereitschaft schon Dritten ggü. erklärt (BGH BeckRS 1979, 298) o. die Aussage schon im Ermittlungsverfahren verweigert hat (RGSt 40, 435). Hat er die Aussageverweigerung schon bei einer richterlichen Vernehmung erklärt, so kann der Beweisantrag aber abgelehnt werden, sofern keine Anhaltspunkte für einen Sinneswandel des Zeugen vorliegen (ANM 453). Erg. → Rn. 24. 2

B. Zeugnisverweigerungsberechtigte (Abs. 1). I. Verlobte (Nr. 1). Das **Verlöbnis** ist ein, nicht notwendig öffentl., gegenseitiges u. von beiden Seiten ernst gemeintes Eheversprechen (BGH NJW 1972, 1334). Fehlt dieser ernsthafte Wille bei einem Partner, so liegt kein zu berücksichtigendes Verlöbnis vor, auch wenn der andere davon nichts weiß (BGHSt 29, 54 (57); BGH NStZ 1986, 84). Daher ist das Verlöbnis des Heiratsschwindlers unwirksam (BGHSt 3, 215). Unwirksam ist auch ein Versprechen, das gegen die guten Sitten verstößt, zB bei noch bestehendem anderweitigen Verlöbnis (RGSt 71, 152) und bei noch bestehender Ehe (BGH NStZ 1983, 564), solange sie nrkr geschieden ist (BayObLGSt 1982, 172; OLG Celle MDR 1983, 1045; **aM** LG Heidelberg StV 1981, 616; Löwe/Rosenberg/Ignor/Bertheau Rn. 5; SK-StPO/Rogall Rn. 26: falls ein Scheidungsurteil 1. Instanz vorliegt; offengelassen bei Pfeiffer/Miebach NStZ 1986, 206 – BGH RsprÜ; BGHR StPO § 52 Verlobte 1; vgl. auch BVerfG NJW 1987, 2807 Ls.). 3

Das Verlöbnis braucht nicht schon zzt. der Tat bestanden zu haben, muss aber zzt. der Aussage bestehen (BGHSt 23, 16; BGH NJW 1980, 67 (68)). Zu den Darlegungsvoraussetzungen für ein Verlöbnis KG StraFo 2022, 465. 4

Die **Feststellung, ob ein Verlöbnis vorliegt,** unterliegt als Maßnahme der Verhandlungsleitung der wertenden Beurteilung des Vorsitzenden nach Maßgabe der Umstände des Einzelfalls (BGHSt 55, 65); dies gilt auch dann, wenn die Revision ein Verwertungsverbot nach § 252 geltend macht (BGH BeckRS 2014, 5431). Das Gericht darf die Angabe des Zeugen über das Bestehen eines Verlöbnisses als richtig hinnehmen, wenn niemand widerspricht (→ § 56 Rn. 1); bezweifelt es sie, so muss es die Glaubhaftmachung nach § 56 verlangen (BGH NJW 1972, 1334; Pfeiffer/Miebach NStZ 1985, 205 – BGH RsprÜ; vgl. aber BGH NStZ 1986, 84). Der Grundsatz *in dubio pro reo* gilt nicht (Pfeiffer/Miebach NStZ 1983, 354 – BGH RsprÜ). Urteilsfeststellungen über das Bestehen des Verlöbnisses sind nicht vorgeschrieben (OGHSt 2, 173). 4a

II. Ehegatten (Nr. 2). Die **Ehe (§ 1353 BGB)** muss im Inland gültig geschlossen worden o., sofern sie im Ausland geschlossen wurde, nach deutschem Recht als gültig anzuerkennen sein. Eine allein nach islamischem Ritus vor dem Imam in Deutschland geschlossene Ehe genügt grds. nicht (BGH BeckRS 2017, 129180; Fülscher StraFo 2025, 391 (392); **aA** unter Hinweis auf Art. 6 Abs. 1 GG Ebner/Müller NStZ 2010, 657 (659), für den Fall, dass die Ehe nach dem Recht des Heimatstaates wirksam sein sollte; s. auch Fülscher StraFo 2025, 391 (395)); auch die Umdeutung einer nach islamischem Recht geschlossenen Ehe in ein Verlöbnis 5 kommt nicht ohne weiteres in Betracht (BGH BeckRS 2017, 129180). Ob Aufhebungsgründe nach § 1314 Abs. 2 BGB vorliegen, spielt keine Rolle (vgl. BGHSt 9, 37 mwN), auch nicht, dass die Ehe nur zum Schein geschlossen worden ist (BayObLG NStZ 1990, 187). Das Zeugnisverweigerungsrecht besteht auch, wenn die Ehe erst nach der Tat geschlossen worden ist; nach der Scheidung o. Auflösung der Ehe besteht es fort (BGHSt 9, 37; RGSt 47, 286), nicht aber nach dem Tod des Ehegatten, wenn das Verf. gegen andere Angeklagte fortgesetzt wird (→ Rn. 11). Das Zusammenleben in „eheähnlicher Gemeinschaft" berechtigt nicht zur Zeugnisverweigerung (Döllel/Dreeßen SchlHA 2007, 282 – OLG Schleswig RsprU; SK-StPO/Rogall Rn. 20), auch nicht aus konventionsrechtlicher Sicht (EGMR NJW 2014, 39 zu Art. 8 **EMRK** mablAnm Meyer-Ladewig/Petzold NJW 2014, 43). Erst recht gilt dies für eine freundschaftliche Beziehung außerhalb einer bestehenden Ehe (BVerfG NStZ 1999, 255).

5a **III. Lebenspartner (Nr. 2a).** Lebenspartner (Nr. 2a) sind die Personen gleichen Geschlechts, die nach § 1353 BGB wirksam eine eheliche Lebensgemeinschaft begründet haben; insoweit gelten für das Verlöbnis → Rn. 3, 4.

5b Für **vor dem 31.10.2017 geschlossene Lebenspartnerschaften** gilt das LPartG. Die Lebenspartnerschaft begründet in Bezug auf die Verwandten des anderen Lebenspartners eine Schwägerschaft (§ 11 Abs. 2 LPartG), die zu einem Zeugnisverweigerungsrecht nach Abs. 1 Nr. 3 führen kann. Die Vorschriften über das Verlöbnis nach §§ 1297 ff. BGB gelten für die Lebenspartnerschaft entspr. (§ 1 Abs. 3 S. 2 LPartG), so dass insoweit auch ein Zeugnisverweigerungsrecht nach Nr. 1 besteht (→ Rn. 4; krit. KK-StPO/Bader Rn. 13a zu vor dem 1.10.2017 abgegebene Versprechen, bei denen eine Lebenspartnerschaft vor diesem Tag nicht mehr begründet und seitdem eine Ehe nicht geschlossen wurde).

6 **IV. Verwandtschaft und Schwägerschaft (Nr. 3).** Verwandtschaft und Schwägerschaft (Nr. 3) sind nach §§ 1589, 1590, 1592 BGB zu beurteilen. Verwandt in gerader Linie sind Personen, deren eine v. der anderen abstammt (§ 1589 S. 1 BGB); das Zeugnisverweigerungsrecht besteht ohne Rücksicht auf den Grad ihrer Verwandtschaft (Eltern, Kinder; Großeltern, Enkel; Urgroßeltern, Urenkel). In der Seitenlinie (§ 1589 S. 2 BGB) haben es nur voll- u. halbbürtige Geschwister (BGH StV 1988, 89) sowie Geschwisterkinder (Nichten, Neffen; vgl. BGH NJW 2010, 1290 (1291)) im Verf. gegen die eigenen Geschwister o. die Geschwister ihrer Eltern (und umgekehrt), nicht aber Geschwisterkinder (Cousinen, Cousins) im Verf. gegen eines v. ihnen (BGH BeckRS 2013, 524). Für nichteheliche Kinder bestehen keine Besonderheiten.

7 **Verschwägert** sind die Verwandten eines Ehegatten mit dem anderen Ehegatten (§ 1590 Abs. 1 S. 1 BGB iVm § 1353 BGB). Die Ehe muss gültig geschlossen sein; ob sie anfechtbar ist, spielt keine Rolle. Gleichgültig ist auch, ob sie noch besteht (BGHSt 9, 37). Der Kreis der Weigerungsberechtigten ist aber begrenzt. Der Ehegatte einer Person kann das Zeugnis nur im Verf. gegen deren Eltern, Großeltern, Urgroßeltern, Kindern, Enkeln u. Urenkeln (und umgekehrt) sowie im Verf. gegen die Geschwister des Ehegatten, also gegen Schwager u. Schwägerin (und umgekehrt), nicht gegen deren Kinder verweigern. Das zwischen dem Ehegatten u. dem Ehegatten eines Blutsverwandten (zB Ehemänner zweier Schwestern) bestehende Verhältnis begründet keine Schwägerschaft (RGSt 15, 78).

8 **V. Adoption, Pflegeeltern, Pflegekinder.** Bei **Adoption** behalten die als Kind Angenommenen trotz der Auflösung des Verwandtschaftsverhältnisses (§ 1755 Abs. 1 S. 1 BGB) das Zeugnisverweigerungsrecht zugunsten ihrer bisherigen Verwandten, ihre Kinder nur, wenn sie schon zzt. der Adoption geb. waren. Gegenüber den Annehmenden u. deren Verwandten haben die als Minderjährige angenommenen Kinder das Zeugnisverweigerungsrecht wie eheliche Kinder, auch nach Auflösung des Adoptionsverhältnisses. Als Volljährige Adoptierte haben sie es nur ggü. den Adoptierenden, nicht aber (vgl. § 1770 Abs. 1 S. 2 BGB) ggü. deren Verwandten.

9 **Pflegeeltern und Pflegekinder** haben kein Zeugnisverweigerungsrecht (für eine Gesetzesänderung Kett-Straub ZRP 2005, 46).

10 **C. Angehörige des Beschuldigten.** Nur **Angehörige des Beschuldigten** haben das Zeugnisverweigerungsrecht. Ihr Angehöriger muss der Tatverdächtige sein, gegen den zzt. der Vernehmung des Zeugen wenigstens ein Ermittlungsverfahren anhängig ist (RGSt 32, 72; Rogall NJW 1978, 2537). Verwandtschaftliche Beziehungen zum Nebenkläger sind unerheblich, zum Privatkläger nicht, wenn er infolge einer Widerklage zugleich Angeklagter ist (BayObLG JW 1927, 1495 Ls.; DRiZ 1927, 77). War jemand als Zeuge vernommen worden, bevor er Angehöriger des Beschuldigten war, so muss er, wenn ein solches Verhältnis nachträglich entsteht u. seine Aussage v. Bedeutung ist, nochmals nach Belehrung vernommen werden, weil andernfalls seine frühere Aussage auch nicht durch Vernehmung der Verhörsperson verwertbar wäre (BGHSt 27, 231; BGH NJW 1980, 67 (68); erg. → § 252 Rn. 2).

11 **I. Verfahren gegen mehrere Beschuldigte.** Im **Verfahren gegen mehrere Beschuldigte** kann der Angehörige das Zeugnis in vollem Umf. verweigern, wenn die Aussage auch seinen Angehörigen betr., da er sonst Gefahr läuft, diesen zumindest mittelbar zu belasten (BGHSt 34, 138; 215, 216; BGH NJW 1986, 2121). Dabei ist nach der Rspr. ausreichend, aber auch erforderlich, dass in irgendeinem Verfahrensabschnitt, wenn auch nur im Ermittlungsverfahren, ein gegen die mehreren Beschuldigten gerichtetes zusammenhängendes einheitliches Verf. in Bezug auf dies. Tat iSd historischen Geschehens anhängig war (BGH NStZ 2012, 340; BGHSt 34, 138; 215 (216); aber auch anschl. → Rn. 11a). Der erforderliche Zusammenhang wird nicht bereits durch die Gleichzeitigkeit der Ermittlungen hergestellt (BGHSt 34, 138 (141); 215; BGH NStZ 1987, 83). Vielmehr muss die prozessuale Gemeinsamkeit der Verf. durch eine ausdrückliche o. konkludente Willensentscheidung der StA begründet worden sein; es genügt nicht, dass die Ermittlungen bei der StA o. Polizei lediglich faktisch zusammen in einem Vorgang geführt worden sind (BGHSt 34, 215; BGHR § 52 Abs. 1 Nr. 3 Mitbeschuldigter 8; BGH NStZ 2012, 340). Ausreichend sind jedoch die Beschuldigten gemeinsam betreffende Verfahrenshandlungen wie etwa das Erwirken v. Durchsuchungsanordnungen; insofern spielt es keine Rolle, wenn die Identität des Beschuldigten – wie häufig bei verdeckten Maßnahmen wie der Überwachung der Telekommunikation – zunächst noch unbekannt ist u. erst im Zuge der weiteren Ermittlungen aufgedeckt wird (s. BGH NStZ 2012, 340). Das Zeugnisverweigerungsrecht besteht auch dann, wenn der Angehörige des Zeugen durch Einstellung nach § 170 Abs. 2 (BGH NStZ 2012, 221; BGH StV 1998, 245) o. § 205 (BGHSt 27, 139 (141)) o. auf andere Weise aus dem Verf. ausgeschieden (BGHSt 34, 138; BGH NJW 1980, 67; NStZ 1984, 176) o. wenn das Verf. gegen ihn abgetrennt worden ist (Dallinger MDR 1973, 902 – BGH RsprÜ; BGH MDR 1979, 952 (953); Pfeiffer/Miebach NStZ 1988, 18 – BGH RsprÜ; **aM** Fischer JZ 1992, 570, der ein Zeugnisverweigerungsrecht über den Zeitpunkt der Abtrennung hinaus stets verneinen will; offengelassen v. BGHSt 54, 1 (4); erg. → Rn. 11a).

11a Das **ZVR erlischt** jedoch, wenn nicht mehr ernsthaft mit einer Verfolgung des Angehörigen wegen der zunächst erhobenen Vorwürfe zu rechnen ist (BGHSt 54, 1 (4)). Dies nimmt die Judikatur an, wenn das gegen den Angehörigen geführte Verf. – gleichgültig, ob durch Verurteilung o. durch Freispruch – rkr. abgeschlossen (BGHSt 38, 96) o. wenn der Angehörige verstorben ist (BGH NJW 1992, 1118; dieser Rspr. des BGH zust. Grünwald BeweisR S. 24; Rogall JZ 1996, 951; abl. Beulke/Swoboda StrafProzR Rn. 297; Dahs/Langkeit StV 1992, 492). Bei rkr. Verurteilung erlischt das Zeugnisverweigerungsrecht auch bzgl. solcher Tatvorwürfe, hins. deren das Verf. nach § 154 Abs. 1 oder Abs. 2 eingestellt worden ist (BGHSt 54, 1; **aM** Satzger FS Schöch, 2010, 913 (925 ff.)). Ob diesen Fällen die Einstellung nach § 153a gleichzusetzen ist, hat BGH NStZ 1998, 583 offengelassen (dafür wohl SSW StPO/Eschelbach Rn. 20; dagegen Satzger FS Schöch, 2010, 913 (928); Löwe/Rosenberg/Ignor/Bertheau Rn. 19), dürfte aber in konsequenter

Fortführung der Rspr. nach Erfüllung der Auflagen u. Weisungen bei endgültiger Einstellung (vgl. § 467 Abs. 5) zu bejahen sein.

12 In der neueren Rspr. des BGH wird allerdings mit guten Gründen, wenn auch bislang nicht tragend, **erwogen, ob** das **Weigerungsrecht** des Zeugen **nur solange Bestand** haben kann, wie das Verf. auch gegen einen seiner Angehörigen geführt wird (BGH NStZ 2012, 221 mzustAnm Schwan/Andrzejewski HRRS 2012, 507; BGHSt 54, 1 (4)). Das ZVR ist dem Zeugen ausschl. im Hinblick auf den in § 52 genannten Angehörigen u. die im Verhältnis zu diesem bestehende Konfliktsituation gewährt. Der nicht angehörige Mitbeschuldigte wird durch seine Ausübung nur als Rechtsreflex entlastet o. belastet. Dieses v. Wortlaut u. Sinn des § 52 nicht geforderte Erg. kann mit Rücksicht auf Zufälligkeiten im Verfahrensablauf o. das Ausnutzen v. Handlungsspielräumen der StA bei der Verbindung v. Verf. zu unbefriedigenden u. die Wahrheitsermittlung erheblich beeinträchtigenden Konsequenzen führen (vgl. BGH NStZ 2012, 221; Basdorf NJW-Sonderheft Tepperwien, 2010, 5 (6 f.); Schmitt FS Kühne, 2013, 333 (336 ff.); Fischer JZ 1992, 570 (573)). Der Konfliktlage des Zeugen wird auch dann Rechnung getragen, wenn man v. der Idee der Fortwirkung des ZVR insges. abrückt; im getrennt durchgeführten Verf. gegen den Mitbeschuldigten wird er ausreichend durch § 55, im Verf. gegen den Angehörigen erforderlichenfalls durch § 252 geschützt. Aber auch **in Fällen fortbestehender prozessualer Gemeinsamkeit** hat der Zeuge das Weigerungsrecht nur wegen des angehörigen Mitbeschuldigten; der Rechtskreis des nicht angehörigen Mitbeschuldigten ist v. dieser Beziehung nicht berührt, er ist wegen der in dieser Verfahrenssituation bestehenden Unteilbarkeit des ZVR lediglich faktisch betroffen. Es liegt deshalb nahe, ihm bei Unterlassen der Belehrung nach Abs. 3 S. 1 ein entspr. Rügerecht analog der Rspr. zu § 55 Abs. 2 (→ § 55 Rn. 17) in der Revision zu versagen (Otto NStZ 1991, 220 (223); Schmitt FS Kühne, 2013, 333 (341 f.)).

13 **II. Mehrere rechtlich unabhängige Straffälle.** Betrifft das Verf. **mehrere rechtlich unabhängige Straffälle,** so besteht kein Zeugnisverweigerungsrecht, wenn der Angehörige nur zu einem Fall vernommen werden soll, an dem sein Angehöriger nicht bet. ist (RGSt 16, 154; 27, 270). Das setzt voraus, dass keine Tatidentität iS § 264 besteht, es sich also nicht um dasselbe geschichtliche Ereignis handelt (BGH NJW 1974, 758; NStZ 1983, 564). Jede Beziehung der die eine Tat betreffenden Aussage auf die andere muss ausgeschlossen sein (BGH NStZ 1983, 564). Andernfalls ist das Zeugnisverweigerungsrecht unteilbar (BGHSt 7, 194; BGH MDR 1979, 952 (953)). Hehlerei, Begünstigung, Strafvereitelung u. Teilnahme nach den §§ 25 ff. StGB fallen in diesen Zusammenhang. Wird aufgrund neuen Tatverdachts und anderer Beweislage ein neues Verf. gegen einen Beschuldigten eingeleitet, der schon früher unter Verdacht stand, besteht für Angehörige, die im früheren Verf. mitbeschuldigt waren, kein Zeugnisverweigerungsrecht (BGH NJW 1998, 3363; abl. Radtke NStZ 1999, 481). Im Privatklageverfahren kann das Zeugnisverweigerungsrecht für Klage u. Widerklage nur einheitlich behandelt werden.

14 **D. Ausübung des Zeugnisverweigerungsrechts. I. Höchstpersönliches Recht.** Ein **höchstpersönliches Recht** ist das Zeugnisverweigerungsrecht (BGHSt 21, 303 (305)). Der Tatrichter darf sich daher nicht mit der Mitteilung eines Dritten über die mangelnde Aussagebereitschaft des Zeugen begnügen (Holtz MDR 1979, 989 – BGH RsprÜ), eine für den Zeugen abgegebene anwaltliche Erkl. reicht aber aus (BGH NStZ 2007, 712). Auch der Minderjährige übt das Recht selbständig aus, sofern er nicht verstandesunreif iS Abs. 2 ist; seine ges. Vertreter wirken nicht mit. Ob der Zeuge v. seinem Zeugnisverweigerungsrecht Gebrauch machen will, kann im Freibeweisverfahren (→ § 244 Rn. 9) geklärt werden (BGH NStZ 2001, 48).

15 **II. Ausdrückliche Erklärung. Ausdrücklich erklären** muss der Zeuge seine Weigerung. Er darf nicht einfach wesentliche Tatsachen verschweigen (vgl. BGHSt 2, 90; 7, 127). Die Zeugnisverweigerung kann sich auf die ganze Aussage o. einen

Teil, auch auf einzelne Fragen (uU auch nur eines Prozessbeteiligten) beziehen (→ Rn. 21) u. noch während der Vernehmung erklärt werden. Die Bereitschaft, an der Sachaufklärung in anderer Weise mitzuwirken, schließt sie nicht aus (BGH NJW 1960, 2156: Anwesenheit bei Vernehmung eines anderen Zeugen).

III. Keine Begründung erforderlich. Eine **Begründung** für die Ausübung des Rechts braucht der Zeuge nicht zu geben (BGH NJW 1980, 794; 1984, 136). Er muss auch nicht erklären, ob er die Aussage zugunsten o. zuungunsten des Beschuldigten verweigert (OLG Frankfurt a. M. StV 1982, 64 (65)). Der Richter darf ihn nach seinen Beweggründen auch nicht fragen (BGHSt 6, 279; BGH NStZ 1989, 440; vgl. auch BGH StV 1983, 353). Geschieht das trotzdem, so dürfen die Erklärungen des Zeugen weder protokolliert noch berücksichtigt werden (BGHSt 6, 279). 16

IV. Zeugen ohne ausreichende Verstandesreife oder -kraft (Abs. 2). 17
1. Die **notwendige Verstandesreife** hat der Zeuge, wenn er erkennen kann, dass der Beschuldigte etwas Unrechtes getan hat, dass ihm hierfür Strafe droht u. dass die Zeugenaussage möglicherweise zu dieser Bestrafung beitragen kann (BGHSt 14, 159 (162); BGH NJW 1967, 360). Das hat der Tatrichter, erforderlichenfalls mittels freibeweislicher Erhebungen, unabhängig v. Minderjährigkeit o. Betreuung (§ 1896 BGB) des Zeugen zu beurteilen u. zu entscheiden (BGHSt 13, 394 (397); 14, 159 (160); OLG Stuttgart NJW 1971, 2237).

Für die Annahme, dass die notwendige Verstandesreife vorhanden ist, gibt es keine feste Altersgrenze. Bei 7-jährigen wird sie idR fehlen (BGHSt 14, 159 (162)); dagegen wird sie bei 14-jährigen (BGHSt 20, 234), auch wenn sie schwachsinnig sind (BGH NJW 1967, 360), bei 15-jährigen (BGH NStZ 1997, 145), 16-jährigen (Pfeiffer/Miebach NStZ 1985, 493 – BGH RsprÜ) u. bei 17-jährigen (BGHSt 14, 21 (24)) vorhanden sein. iZw ist mangelnde Verstandesreife anzunehmen (BGHSt 23, 221; BGH NJW 1979, 1722; NStZ 2012, 578); die tatrichterliche Ermessensentscheidung ist v. Revisionsgericht nur eingeschränkt überprüfbar (BGH NStZ 2012, 578). 18

2. Die **Entscheidung des gesetzlichen Vertreters** ist – nur dann (BGH NStZ 1997, 145) – erforderlich, wenn ein Zeuge v. der Bedeutung seines Weigerungsrechts keine genügende Vorstellung hat, bei Zeugen über 18 Jahren nur, wenn wegen einer psychischen Krankheit o. einer geistigen o. seelischen Behinderung eine Betreuung angeordnet worden ist (§ 1896 BGB). Wer ges. Vertreter ist, bestimmt sich nach bürgerlichem Recht. Fehlt bei einem Erwachsenen ein ges. Vertreter, so muss ein Betreuer (vgl. § 1896 BGB) bestellt werden (Rieß NJW 1975, 83 Fn. 41); zu dessen Befugnis, ein Rechtsmittel einzulegen, vgl. OLG Düsseldorf JMBl. NRW. 1995, 248. Sind, wie bei ehelichen Minderjährigen, die v. beiden Elternteilen vertreten werden, mehrere ges. Vertreter vorhanden, so muss jeder v. ihnen einwilligen (§ 1627 S. 1 BGB Dallinger MDR 1972, 923 – BGH RsprÜ); es genügt aber, dass einer die Einwilligung erteilt u. der andere zustimmt (BGH MDR 1957, 52). Ist eine **Einigung nicht möglich,** kann das Familiengericht auf Antrag eines Elternteils die Entscheidung einem Elternteil alleine übertragen (§ 1628 S. 1 BGB). 19

Zur Aussage wird der Zeuge durch die Einwilligung des ges. Vertreters **nicht gezwungen** (BGHSt 23, 221; BGH StV 1983, 494). Der ges. Vertreter kann die Aussage zwar verhindern, indem er nicht zustimmt; wenn er einwilligt, entscheidet aber der verstandesunreife Zeuge selbst darüber, ob er aussagen will (BGH NJW 1991, 2432). Hat der Zeuge schon ausgesagt, so kann die Zustimmung des ges. Vertreters nachgeholt werden; wird sie verweigert, so ist die Aussage unverwertbar. Diese Grundsätze gelten auch hins. der nach BGHSt 45, 203 zulässigen (vgl. → § 252 Rn. 16a) Erkl. des Einverständnisses mit der Verwertung einer früheren Vernehmung durch Anhörung der Vernehmungsperson (BGHSt 49, 72 (76)). 19a

3. Ausschluss des gesetzlichen Vertreters (S. 2): Ist der ges. Vertreter selbst der Beschuldigte, so darf er über die Ausübung des Zeugnisverweigerungsrechts nicht entscheiden, gleichgültig, ob der Zeuge o. ein anderer das Opfer der Tat ist. 20

Ausgeschlossen ist dann auch die Entsch. durch den nicht beschuldigten Elternteil. Ist aber nur ein Elternteil ges. Vertreter, so darf er nach dem Wortlaut auch entscheiden, wenn der Ehegatte der Beschuldigte ist (Löwe/Rosenberg/Ignor/Bertheau Rn. 32; BGH NStZ 1991, 398 u. BGH NJW 1996, 206 haben offengelassen, ob dem zuzustimmen ist); der Gegenmeinung (KK-StPO/Bader Rn. 29; Köhnlein/Radtke/v. Scheliha NStZ 2025, 1 (5); Rieß NJW 1975, 83 Fn. 42; vgl. auch Schimansky FS G. Pfeiffer, 1988, 300: Redaktionsversehen), die mit guten Gründen S. 2 entspr. anwenden will, kann trotz des auch hier bestehenden Interessengegensatzes wegen der eindeutigen ges. Regelung nicht gefolgt werden (Schweckendieck NStZ 2008, 537, dort auch zum Fall, dass der Beschuldigte ein naher Angehöriger des allein vertretungsberechtigten Elternteils ist u. mit einem Vorschlag de lege ferenda; vgl. auch Müller FS Eisenberg, 2019, 489). Dies gilt auch, wenn der allein sorgeberechtigte Elternteil Geschädigter der fraglichen Straftat ist (OLG Karlsruhe StraFo 2012, 225; Zipper StRR 2012, 293). Wegen eines Interessenkonflikts ist nach §§ 1693, 1629 Abs. 2 BGB der ges. Vertreter aber ausgeschlossen, wenn er zugleich ges. Vertreter des Beschuldigten ist (OLG Düsseldorf NStZ-RR 2001, 303).

20a Beim Ausschluss des ges. Vertreters muss ein **Ergänzungspfleger** nach § 1909 Abs. 1 S. 1 BGB bestellt werden. Den Antrag stellt der Richter o. StA, der den Zeugen vernehmen will; für die Polizei stellt ihn die StA. An die Ansicht der antragstellenden Behörde, auch der StA (OLG Stuttgart MDR 1986, 58), dass der ges. Vertreter ausgeschlossen ist und dem Zeugen die notwendige Verstandesreife o. -kraft fehlt, ist der Familienrichter gebunden (LG Memmingen MDR 1982, 145; Schimansky FS G. Pfeiffer, 1988, 300 (303); **aM** Schaub FamRZ 1966, 136; vgl. auch OLG Karlsruhe StraFo 2003, 310: keine Ergänzungspflegschaft, wenn zu erwarten ist, dass die Sorgerechtsinhaber im Interesse ihres Kindes handeln werden). Andererseits ist das Gericht an die v. Familiengericht angeordnete Pflegschaft gebunden (Pfeiffer/Miebach NStZ 1988, 17 – BGH RsprÜ). Die Pflegerbestellung durch das Familiengericht hängt nicht davon ab, dass die Aussagebereitschaft des Minderjährigen feststeht; denn diese kann nur durch Anhörung des Kinders ermittelt werden kann, bei dem ihm der Tatvorwurf gegen seine Eltern in einer vernehmungsähnlichen Situation eröffnet wird, deren Zumutbarkeit für das Kind aber gerade erst durch die einzusetzende Ergänzungspflegerschaft geklärt werden soll (vgl. BVerfG FamRZ 2020; OLG Hamburg StraFo 2013, 282; BayObLG FamRZ 1998, 257; zutr. Köhnlein/Radtke/v. Scheliha NStZ 2025, 1 (6); **aM** → 67. Aufl. 2024, Rn. 20a; OLG Saarbrücken NJW 2011, 2306; OLG Schleswig FamRZ 2013, 571; OLG Brandenburg FamRZ 2012, 1068; OLG Bremen NJW-RR 2011, 154; OLG Stuttgart MDR 1986, 58). Auch insoweit gilt, dass der bestellte Ergänzungspfleger gegen den Willen des Kindes eine Aussage nicht herbeiführen kann (→ Rn. 19).

21 **E. Verzicht auf das Weigerungsrecht.** Der **Verzicht auf das Weigerungsrecht** ist möglich. Er kann uU stillschweigend dadurch erklärt werden, dass der Zeuge aussagt (Löwe/Rosenberg/Ignor/Bertheau Rn. 33; **aM** SK-StPO/Rogall Rn. 60) o. dass der ges. Vertreter die Vernehmung des Zeugen widerspruchslos geschehen lässt (BGH NStZ 1997, 145); ein Verzicht liegt aber nicht in der Erkl. des Zeugen, er wolle sich nicht selbst belasten (BGH NJW 1984, 136). Der Verzicht kann auf einzelne Tatkomplexe, aber auch auf einzelne Fragen beschränkt werden (→ Rn. 15). Den Umf. der Verwertbarkeit seiner Aussage kann aber ein in vollem Umf. aussagender Zeuge nicht bestimmen (BGHSt 48, 294). Er kann nur das Zeugnis – teilw. o. ganz – verweigern o. auf dieses Recht verzichten (BGHSt 17, 324 (328); KG JR 1967, 347; erg. aber zum Verzicht auf das Verwertungsverbot nach § 252 → § 252 Rn. 16a).

22 **F. Widerruf.** Die Erkl. des Zeugen, er wolle nicht aussagen, **kann widerrufen werden,** auch in einem späteren Verfahrensabschnitt (BGH NJW 1961, 1484). Widerrufbar ist auch der Verzicht auf das Weigerungsrecht (Abs. 3 S. 2), auch noch während der Vernehmung, aber nicht nach ihrer Beendigung (Pfeiffer/Miebach

NStZ 1985, 13 – BGH RsprÜ). Die Vernehmung darf dann nicht durch- o. fortgeführt werden. Was der Zeuge vor dem Widerruf ausgesagt hat, kann verwertet werden (BGHSt 2, 99 (107); BGH NJW 2004, 1466 (1467); SK-StPO/Rogall Rn. 64; **aM** Rengier NStZ 1998, 48); § 252 gilt nur, wenn das Zeugnis bei einer neuen Vernehmung verweigert wird (→ § 252 Rn. 1, 2). Eine Teilvereidigung hins. des vor dem Widerruf liegenden Aussageteils ist ausgeschlossen (BGH NJW 1988, 716). Für die Zustimmung des ges. Vertreters gelten diese Grundsätze entsprechend.

G. Folge der Zeugnisverweigerung. Folge der Zeugnisverweigerung ist in 1. Hinsicht, dass die **Vernehmung** des Zeugen **unzulässig** iSd §§ 244 Abs. 3 S. 2, 245 Abs. 2 S. 2 wird u. das **Verwertungsverbot** des § 252 entsteht. Eine vorl. Einstellung des Verfahrens nach § 205, um abzuwarten, bis der Zeuge die nötige Verstandesreife erlangt, ist unzulässig (OLG Stuttgart Justiz 2001, 552). Der Zeuge darf nicht durch Ordnungs- o. Zwangsmittel nach § 70 zur Aussage gezwungen werden. Zu prüfen ist aber, ob der Zeuge nichts sagen *will* o. ob er nur aufgrund v. Hemmungen (zB kindliches Tatopfer) nichts mehr sagen *kann;* im letzteren Fall muss das Gericht durch Maßnahmen nach § 247 o. nach § 172 Nr. 4 GVG versuchen, die Hemmungen zu überwinden (BGH NStZ 1999, 94). Die – auch formlose – Augenscheinseinnahme des Zeugen ist nicht ausgeschlossen (BGH StraFo 2004, 314 mwN; OLG München BeckRS 2009, 11744; **aM** Löwe/Rosenberg/Ignor/Bertheau Rn. 24; SK-StPO/Rogall Rn. 58). Daher muss er sich auch für eine Gegenüberstellung (§ 58 Abs. 2) zur Vfg. stellen (→ § 58 Rn. 9). Die Berücksichtigung des äußeren Verhaltens in der HV (Zuzwinkern zum Angekl.) ist dagegen unzulässig (OLG Köln VRS 57, 425). Zur Beweiswürdigung siehe → § 261 Rn. 19a ff. **23**

Das Recht, den Zeugen in einem **Beweisantrag** zu benennen, geht nach §§ 244 Abs. 3 S. 2, 245 Abs. 2 S. 3 verloren, sofern die Sachlage, aufgrund deren sich der Zeuge zur Aussageverweigerung entschlossen hatte, unv. fortbesteht (BGHSt 21, 12 (13); BGH NStZ 1982, 126), nicht aber, wenn der Angeklagte im 1. Rechtszug verurteilt wurde u. der Zeuge nunmehr in der Berufungsverhandlung vernommen werden soll (BayObLGSt 1967, 49). Der Beweisantrag ist auch zulässig, wenn nicht nur behauptet, sondern iE dargelegt wird, dass der Zeuge nunmehr aussagebereit sei (ANM 453). **24**

Zur Berücksichtigung der Zeugnisverweigerung bei der **Beweiswürdigung** (keine Schlüsse zum Nachteil des Angeklagten) vgl. iE → § 261 Rn. 20 u. BGH StraFo 2014, 295 sowie NStZ 2000, 546. Bei der Bescheidung v. Verfahrensanträgen des Angeklagten darf die Zeugnisverweigerung nicht berücksichtigt werden (BGH StV 1985, 485). **25**

H. Belehrung (Abs. 3 S. 1). Die Belehrung (Abs. 3 S. 1) muss in allen Fällen, nicht nur in denen des Abs. 2, dem Zeugen eine genügende Vorstellung v. der Bedeutung des Zeugnisverweigerungsrechts zu vermitteln suchen (BGHSt 32, 25 (32); StV 1984, 405). Dabei darf auf die Entschließungsfreiheit des Zeugen nicht eingewirkt werden (BGHSt 1, 34 (37); BGH NStZ 1989, 440; OLG Rostock NStZ 2015, 359; Döllel/Dreeßen SchlHA 2008, 230 – OLG Schleswig RsprÜ); den Hinweis auf Rechtstatsachen schließt das nicht aus (BGHSt 21, 12; OLG Hamm MDR 1973, 427), auch nicht eine gleichzeitige Belehrung nach § 55 Abs. 2 (BGH NStZ 1988, 561). Aus der Belehrung muss sich ergeben, dass der Zeuge die Aussage vollständig verweigern kann, nicht nur wie im Fall des § 55 die Auskunft auf einzelne Fragen (vgl. BGH NStZ 2024, 56). Eine **Belehrung über beide Rechte** ist erforderlich, wenn 2 Angeklagte Angehörige des Zeugen sind. Es reicht nicht aus, einen Zeugen, dem sowohl ein ZVR nach § 52 als auch ein AVR nach § 55 zusteht, lediglich nach § 55 zu belehren (BGH NStZ 2021, 381 mwN; zur Revision → Rn. 34). Ein Zeuge, dem sowohl ein ZVR nach § 52 als auch ein AVR nach § 55 zusteht, hat die Wahl, v. welchem Recht er Gebrauch macht (BGH NStZ 1988, 561; NJW 1984, 136). Über die Möglichkeit des Widerrufs der getroffenen Entsch. wird nicht belehrt (BGHSt 32, 25 (31, 32); Dallinger MDR **26**

1969, 194 – BGH RsprÜ; **aM** KMR-StPO/Neubeck Rn. 33: bei Fürsorgebedürfnis), auch nicht über die Verwertbarkeit der Aussage vor dem Richter (§ 252) trotz späterer Zeugnisverweigerung (BGHSt 61, 221 (GSSt); 32, 25 (32); BGH NStZ 2018, 527; erg. → § 252 Rn. 14a).

27 Die Belehrung ist **Aufgabe des Richters,** bei Kollegialgerichten des Vorsitzenden (BGH StV 1984, 405), der sie nicht auf einen anderen abwälzen (BGHSt 9, 195) u. nicht einem Sachverständigen übertragen darf (BGH NJW 1996, 206; NStZ 1997, 349), bei Vernehmungen durch die StA o. Polizei dieser Beamten.

28 Zu belehren ist immer **der Zeuge selbst** (BGHSt 14, 21 (24)), der ges. Vertreter nur in den Fällen des Abs. 2. Daneben ist aber stets die Belehrung des Zeugen erforderlich, auch darüber, dass ihn die Zustimmung seines Vertreters nicht zur Aussage verpflichtet (BGHSt 23, 221 (223); BGH NJW 1979, 1722; NStZ 1991, 398). Ein bestimmter Wortlaut ist für die Belehrung nicht vorgeschrieben; Art u. Umf. stehen im pflichtgemäßen Ermessen des Richters (BGH NJW 1995, 1501 (1503)).

29 **Vor jeder Vernehmung,** u. zwar vor der Vernehmung zur Sache (BGH StV 1984, 405), ist die Belehrung erforderlich, auch wenn sie bereits bei einer früheren Vernehmung erfolgt ist (BGHSt 13, 394 (399); BGH NJW 1986, 2121) u. auch, wenn der Zeuge dort auf sein Weigerungsrecht verzichtet hatte (SK-StPO/Rogall Rn. 69). Eine abstrakte Belehrung vor Feststellung der persönlichen Verhältnisse ist nicht unzulässig (BGH StV 1984, 405 mablAnm Peters; **aM** Sieg StV 1985, 130), aber nicht zweckmäßig u. unzureichend, wenn der Zeuge davon ausgeht, er sei mit dem Angeklagten nicht verwandt o. verschwägert (BGH NStZ 2006, 647; BeckRS 2010, 6196). Entbehrlich ist die erneute Belehrung bei nochmaliger Vernehmung am selben Verhandlungstag (Miebach NStZ 1987, 373; 1990, 25 – BGH RsprÜ) u. bei nur erg. Befragung an einem späteren Verhandlungstag (BGH 30.4.1975 – 1 StR 78/75; vgl. aber BGH NStZ 1984, 418).

30 Im **Protokoll** müssen die Belehrung u. die dazu abgegebene Erkl. des Zeugen beurkundet werden (Löwe/Rosenberg/Ignor/Bertheau Rn. 51).

31 Die **Heilung des Unterlassens** der Belehrung ist zulässig u. geboten, wenn es vor Urteilserlass bemerkt wird (BGH NStZ 1989, 484). Dazu reicht die bloße Nachholung der Belehrung nicht aus. Vielmehr muss die Erkl. des Zeugen herbeigeführt werden, dass er auch nach Belehrung v. seinem Zeugnisverweigerungsrecht keinen Gebrauch gemacht hätte (BGHSt 12, 235 (242) (GSSt); 20, 234; BGH NJW 1996, 206). Empfehlenswert (**aM** Geppert GS Meyer, 1990, 115: notwendig) ist der Hinweis auf die sonstige Unverwertbarkeit der früheren Aussage (erg. → § 136 Rn. 9). Das gilt entspr. für die Zustimmung des ges. Vertreters nach Abs. 2 (KK-StPO/Bader Rn. 36). Eine Wiederholung der Zeugenaussage ist in keinem Fall erforderlich (Löwe/Rosenberg/Ignor/Bertheau Rn. 52). Ist die Heilung des Mangels nicht möglich (Tod, Unauffindbarkeit des Zeugen), so muss im Urt. ausdr. festgestellt werden, dass die gesetzwidrig erlangte Aussage nicht verwertet worden ist (BGHSt 13, 394 (399)).

31a **Erklärt der Zeuge** vor der HV **schriftlich** eindeutig u. bestimmt, dass er v. seinem **ZVR Gebrauch** machen werde, bedarf es keiner Ladung (und entspr. keiner Belehrung nach Abs. 3 S. 1). War der Zeuge polizeilich vernommen worden, kann das Gericht ihn laden u. nach Maßgabe der Aufklärungspflicht dazu befragen, ob er auf das aus § 252 folgende Verwertungsverbot verzichtet, es sei denn, die schriftliche Erkl. enthält bereits den Zusatz, dass der Zeuge die Verwertung seiner früheren polizeilichen Aussage nicht gestattet. (vgl. Rostek StraFo 2016, 371 (373); erg. → § 252 Rn. 16a).

32 **I. Verwertungsverbot bei unterlassener Belehrung.** Ist die Belehrung nach Abs. 3 S. 1 o. die Einholung der Zustimmung nach Abs. 2 unterblieben, so darf die Aussage nicht verwertet werden. Es besteht ein **Verlesungs- u. Verwertungsverbot** im selben Umf. wie bei § 252 (BGHSt 23, 221 (223); BGH NStZ-RR 2021, 142 (143) mwN; ebenso für das Zivilverfahren: BGH NJW 1985, 1470; erg. → § 252 Rn. 2). Dass der Zeuge nach § 55 Abs. 2 belehrt worden ist, ändert daran

nichts (BGH NJW 1980, 67 (68); NStZ 1984, 176). Das Verwertungsverbot entfällt aber, wenn feststeht, dass der Zeuge seine Rechte gekannt hat u. auch nach Belehrung ausgesagt hätte (BGHSt 40, 336 (339)); der Umstand allein, dass der Zeuge bei der Polizei nach Belehrung ausgesagt hat, lässt aber weder den Schluss zu, dass ihm sein Zeugnisverweigerungsrecht auch in der HV bekannt war, noch dass er nach einer Belehrung erneut zur Aussage bereit gewesen wäre (BGH StraFo 2004, 238; StV 2004, 297). Der Verstoß kann aber geheilt werden, wenn der aussageverweigerungsberechtigte Zeuge der Verwertung seiner Aussage nach ordnungsgemäßer Belehrung zustimmt (BGH NStZ-RR 2021, 142 (143) mwN). Dem in der HV erschienenen Zeugen, der nach Belehrung auf sein Zeugnisverweigerungsrecht verzichtet hat, dürfen Vorhalte auch aus einer unter Verstoß gegen Abs. 3 S. 1 erlangten Aussage gemacht werden (BGH StraFo 2006, 492). Ist er vor der HV verstorben, so darf die Niederschrift über seine frühere Vernehmung nach § 251 Abs. 1 Nr. 3 verlesen werden, auch wenn die Belehrung nach Abs. 3 S. 1 fehlt (BGHSt 22, 35; **aM** Fezer JuS 1978, 330; Michaelis NJW 1969, 730). Eine Fernwirkung, dh ein Beweisverbot für die aufgrund der unter Verstoß gegen Abs. 3 S. 1 erlangten Aussage ermittelten Beweise u. Tatsachen, besteht nicht (BGH NStZ-RR 2016, 216 Ls.; OLG Köln NZV 2001, 137; zw. Löwe/Rosenberg/Ignor/Bertheau Rn. 56; **aM** SK-StPO/Rogall Rn. 88).

J. Revision. Die **Prüfung der Tatsachen,** die die **Verlobung und Verwandtschaft** begründen, sowie der Annahme, dass der Zeuge nur eine ungenügende Vorstellung v. der Bedeutung des Eides hat, kann mit der Revision nicht erreicht werden; insoweit können nur Rechtsfehler gerügt werden (→ § 337 Rn. 17; vgl. zu Abs. 2 S. 1 BGH NStZ 2012, 578; zum Verlöbnis auch die Nachw. in BGHSt 48, 294 (300)). Die Feststellung des Vorsitzenden, ob ein Verlöbnis vorliegt, muss zum Erhalt einer Verfahrensrüge nach § 238 Abs. 2 beanstandet werden (BGHSt 55, 65). **33**

Das **Unterlassen der Belehrung** nach Abs. 3 S. 1, das nach der Rspr. außer dem Angeklagten auch Mitangeklagte rügen können, zu deren Ungunsten die Aussage verwertet worden ist (BGHSt 33, 148 (154); BGH NStZ 1982, 389; StV 1988, 89; aber dazu krit. → Rn. 11a), hingegen nicht Nebenkläger (BGH NStZ 2006, 349), begründet die Revision, wenn der Zeuge ausgesagt hat u. das Urt. darauf beruht (BGHSt 6, 279; 9, 37 (39); zum notwendigen Revisionsvorbringen bei Vernehmung an mehreren Hauptverhandlungstagen BGH StV 2015, 758 Ls.); der Beanstandung nach § 238 Abs. 2 bedarf es nicht (BGHSt 45, 205; 42, 73 (77 f.)). Das Beruhen ist etwa ausnahmsweise ausgeschlossen, wenn eine im Ermittlungsverfahren korrekt belehrte, stets aussagebereite Zeugin in der Verh. lediglich nach § 55 Abs. 2 belehrt wurde (vgl. BGH BeckRS 2019, 26774). Ob dem Gericht das Angehörigenverhältnis überhaupt bekannt war, spielt allerdings keine Rolle (BGH StV 1988, 89). Ob dies auch für den Fall des Verlöbnisses gilt, hat BGHSt 48, 294 offengelassen; jedenfalls müssen in der Revision Tatsachen vorgetragen werden, die den Rechtsbegriff des Verlöbnisses ausfüllen (OLG Frankfurt a. M. NStZ-RR 2007, 241; vgl. auch MüKoStPO/Kreicker Rn. 83; erg. → § 337 Rn. 9). Die Revision ist auch begründet, wenn der ges. Vertreter der Vernehmung nicht zugestimmt hat o. aber zugestimmt hat, aber nicht belehrt worden ist (BGHSt 12, 235 (243) (GSSt); BGHSt 14, 159 (160); BGH StV 1981, 4), wobei insoweit für den Erhalt der Rüge v. Zwischenrechtsbehelf des § 238 Abs. 2 Gebrauch gemacht werden muss (BGH StV 2000, 185; zum erforderlichen Vortrag in der Revision BGH NStZ 1997, 145). **34**

Das **Beruhen** des Urteils auf dem Verfahrensfehler ist ausgeschlossen, wenn er rechtzeitig geheilt worden ist (→ Rn. 31; der Bf. muss hierzu nicht vortragen, wenn sich aus Protokoll und Akteninhalt hierfür keine konkreten Anhaltspunkte ergeben: BGH 5.8.2021 – 4 StR 143/21; → § 344 Rn. 24a), wenn der Zeuge o. ges. Vertreter seine Rechte gekannt hat (BGH NStZ 1990, 549; StraFo 2006, 492; → Rn. 32) o. wenn sicher ist, dass er auch nach Belehrung ausgesagt hätte (BGH BeckRS 2011, 2208; NJW 1986, 2121; NStZ 1989, 484; NStZ-RR 2016, 377 zu **35**

§ 81c Abs. 3 S. 2), zB wenn er nach § 55 belehrt worden ist (BGH NStZ 1998, 583 vgl. auch BGH NStZ 2021, 381); nachträgliche (nach Urteilsverkündung abgegebene) Erklärungen müssen aber außer Betracht bleiben (BGH StV 2002, 3).

36 Bei **unrichtiger Belehrung,** die zur Zeugnisverweigerung eines präsenten Zeugen geführt hat, ist § 245 verletzt (BGH BeckRS 2013, 524; erg. → § 245 Rn. 3, 30), sonst § 244 Abs. 2 (→ § 53 Rn. 50; → § 55 Rn. 18); die Erhebung dieser Verfahrensrügen macht einen entspr. Tatsachenvortrag nach § 344 Abs. 2 S. 2 erforderlich (BGH NStZ-RR 2021, 142), einer Beanstandung nach § 238 Abs. 2 bedarf es hier nicht (BGHSt 42, 73 (77 f.)). Auf der unrichtigen Belehrung beruht das Urt. auch, wenn der Zeuge ein Auskunftsverweigerungsrecht hatte u. daher nach § 55 Abs. 2 belehrt werden musste (Holtz MDR 1983, 92 – BGH RsprÜ). Sagt der Zeuge trotz der falschen Belehrung aus, so ist der Mangel unschädlich (Holtz MDR 1979, 806 – BGH RsprÜ).

Zeugnisverweigerungsrecht der Berufsgeheimnisträger

53 (1) [1] **Zur Verweigerung des Zeugnisses sind ferner berechtigt**

1. Geistliche über das, was ihnen in ihrer Eigenschaft als Seelsorger anvertraut worden oder bekanntgeworden ist;
2. Verteidiger des Beschuldigten über das, was ihnen in dieser Eigenschaft anvertraut worden oder bekanntgeworden ist;
3. Rechtsanwälte und Kammerrechtsbeistände, Patentanwälte, Notare, Wirtschaftsprüfer, vereidigte Buchprüfer, Steuerberater und Steuerbevollmächtigte, Ärzte, Zahnärzte, Psychotherapeuten, Psychologische Psychotherapeuten, Kinder- und Jugendlichenpsychotherapeuten, Apotheker und Hebammen über das, was ihnen in dieser Eigenschaft anvertraut worden oder bekanntgeworden ist; für Syndikusrechtsanwälte (§ 46 Absatz 2 der Bundesrechtsanwaltsordnung) und Syndikuspatentanwälte (§ 41a Absatz 2 der Patentanwaltsordnung) gilt dies vorbehaltlich des § 53a nicht hinsichtlich dessen, was ihnen in dieser Eigenschaft anvertraut worden oder bekanntgeworden ist;
3a. Mitglieder oder Beauftragte einer anerkannten Beratungsstelle nach den §§ 3 und 8 Absatz 1 des Schwangerschaftskonfliktgesetzes über das, was ihnen in dieser Eigenschaft anvertraut worden oder bekanntgeworden ist;
3b. Berater für Fragen der Betäubungsmittelabhängigkeit in einer Beratungsstelle, die eine Behörde oder eine Körperschaft, Anstalt oder Stiftung des öffentlichen Rechts anerkannt oder bei sich eingerichtet hat, über das, was ihnen in dieser Eigenschaft anvertraut worden oder bekanntgeworden ist;
4. Mitglieder des Deutschen Bundestages, der Bundesversammlung, des Europäischen Parlaments aus der Bundesrepublik Deutschland oder eines Landtages über Personen, die ihnen in ihrer Eigenschaft als Mitglieder dieser Organe oder denen sie in dieser Eigenschaft Tatsachen anvertraut haben, sowie über diese Tatsachen selbst;
5. Personen, die bei der Vorbereitung, Herstellung oder Verbreitung von Druckwerken, Rundfunksendungen, Filmberichten oder der Unterrichtung oder Meinungsbildung dienenden Informations- und Kommunikationsdiensten berufsmäßig mitwirken oder mitgewirkt haben.

[2] **Die in Satz 1 Nr. 5 genannten Personen dürfen das Zeugnis verweigern über die Person des Verfassers oder Einsenders von Beiträgen und Unterlagen oder des sonstigen Informanten sowie über die ihnen im Hinblick auf ihre Tätigkeit gemachten Mitteilungen, über deren Inhalt sowie über den Inhalt selbst erarbeiteter Materialien und den Gegenstand berufsbezogener Wahrnehmungen.** [3] **Dies gilt nur, soweit es sich um Beiträge, Unterlagen,**

Mitteilungen und Materialien für den redaktionellen Teil oder redaktionell aufbereitete Informations- und Kommunikationsdienste handelt.

(2) [1] **Die in Absatz 1 Satz 1 Nr. 2 bis 3b Genannten dürfen das Zeugnis nicht verweigern, wenn sie von der Verpflichtung zur Verschwiegenheit entbunden sind.** [2] **Die Berechtigung zur Zeugnisverweigerung der in Absatz 1 Satz 1 Nr. 5 Genannten über den Inhalt selbst erarbeiteter Materialien und den Gegenstand entsprechender Wahrnehmungen entfällt, wenn die Aussage zur Aufklärung eines Verbrechens beitragen soll oder wenn Gegenstand der Untersuchung**

1. **eine Straftat des Friedensverrats und der Gefährdung des demokratischen Rechtsstaats oder des Landesverrats und der Gefährdung der äußeren Sicherheit (§§ 80a, 85, 87, 88, 95, auch in Verbindung mit § 97b, §§ 97a, 98 bis 100a des Strafgesetzbuches),**
2. **eine Straftat gegen die sexuelle Selbstbestimmung nach den §§ 174 bis 174c, 176a, 176b, 177 Absatz 2 Nummer 1 des Strafgesetzbuches oder**
3. **eine Geldwäsche nach § 261 des Strafgesetzbuches, deren Vortat mit einer im Mindestmaß erhöhten Freiheitsstrafe bedroht ist,**

ist und die Erforschung des Sachverhalts oder die Ermittlung des Aufenthaltsortes des Beschuldigten auf andere Weise aussichtslos oder wesentlich erschwert wäre. [3] **Der Zeuge kann jedoch auch in diesen Fällen die Aussage verweigern, soweit sie zur Offenbarung der Person des Verfassers oder Einsenders von Beiträgen und Unterlagen oder des sonstigen Informanten oder der ihm im Hinblick auf seine Tätigkeit nach Absatz 1 Satz 1 Nr. 5 gemachten Mitteilungen oder deren Inhalts führen würde.**

Übersicht

A. Zweck der Vorschrift. Zweck der Vorschrift ist der Schutz des Vertrauensverhältnisses zwischen bestimmten Berufsangehörigen u. denen, die ihre Hilfe u. Sachkunde in Anspruch nehmen (BGH NJW 2021, 1022; OLG Oldenburg NJW 1982, 2615; LG Köln NJW 1959, 1598; vgl. auch BVerfGE 38, 312 (323); BGHSt 9, 59 (61) (Konfliktsituation des Zeugen) sowie den umfassenden Überbl. zum Arzt bei Theuner Schweigepflicht S. 290 ff.). Eine Entbindung v. der Pflicht zur Verschwiegenheit ist nach Abs. 2 in bestimmtem Umf. möglich (→ Rn. 45 ff.). Dass derjenige, der die Entbindung erklären kann, selbst unbeschränkt aussagepflichtig ist, spielt für das Zeugnisverweigerungsrecht aber keine 1

Rolle (Dallinger MDR 1969, 723 – BGH RsprÜ; OLG Oldenburg NJW 1982, 2615). Die Pflicht, vor Gericht zu erscheinen, lässt die Vorschr. unberührt (→ § 51 Rn. 1); auch Beweisanträge können mit Rücksicht auf das Zeugnisverweigerungsrecht nicht ohne weiteres abgelehnt werden (→ § 52 Rn. 2).

2 **B. Grundsatz: Keine erweiternde Auslegung.** Der Kreis der Zeugnisverweigerungsberechtigten ist auf die in Abs. 1 bezeichneten Berufsangehörigen beschränkt. Er muss wegen der Notwendigkeit, eine funktionsfähige Rechtspflege zu erhalten, auf das unbedingt erforderliche Maß begrenzt werden (BVerfGE 33, 367 (383); 38, 312 (321); 129, 208; vgl. auch BGH StraFo 2012, 173). **Nur ausnahmsweise u. unter ganz bes. Umständen** kann mit Rücksicht auf Art. 1 Abs. 1, 2 Abs. 1 GG eine Begrenzung des Zeugniszwangs unmittelbar aus dem GG hergeleitet werden (BVerfG 38, 312 (321); NJW 1979, 1286 OLG Koblenz NStZ-RR 2008, 283; **aM** Rüping Strafverfahren Rn. 176: kaum praktikabel; eing. dazu Bosbach, Ungeschriebene strafprozessuale Zeugnisverweigerungsrechte im Bereich der Rechtsberatung?, 2009, S. 77 ff.). Private Geheimhaltungsinteressen begründen ein Zeugnisverweigerungsrecht nur, soweit das Prozessrecht sie selbst als schützenswert anerkennt (BVerfGE 76, 363 (387)). Das Verbot, geschützte personenbezogene Daten unbefugt bekanntzugeben, gibt für sich noch kein Zeugnisverweigerungsrecht (OLG Köln VRS 84, 101; erg. → Rn. 4). Mit Rücksicht auf die Niederlassungsfreiheit in der EU steht das ZVR allerdings auch den in § 53 genannten Berufsgruppen zu, wenn sie in den Mitgliedsstaaten der EU tätig sind (vgl. MüKoStPO/Kreicker Rn. 2, der allerdings weitergehend den Kreis der Verweigerungsberechtigten auch auf außerhalb der EU tätige Personen ausdehnen will, wenn eine gewisse Vergleichbarkeit der Berufe gegeben ist; erg. zu RAen → Rn. 15, zu Ärzten → Rn. 17).

3 **Kein Zeugnisverweigerungsrecht** haben Bankangestellte mit Rücksicht auf das „Bankgeheimnis" (LG Frankfurt a. M. NJW 1954, 688 (690); LG Hamburg NJW 1978, 958; Kretschmer wistra 2009, 180; erg. → § 161 Rn. 4), Insolvenzverwalter (LG Ulm NJW 2007, 2056; LG Saarbrücken ZInsO 2010, 431), Betriebsräte (BVerfG NJW 1979, 1286; Rengier BB 1980, 321), Bewährungshelfer (vgl. dazu Schenkel NStZ 1995, 67), Gerichtshelfer nach § 160 Abs. 3 S. 2 und § 38 **JGG** (Eisenberg StV 1998, 312; Sontag NJW 1976, 1438), Verfahrenspfleger u. Vormund (OLG Frankfurt a. M. NStZ-RR 2017, 118), psychosoziale Prozessbegleiter (§ 406g) sowie Opferhelfer (ehrenamtl. tätige Personen, die sich um Opfer v. Straftaten kümmern, vgl. Schöch DRiZ 2006, 57), private Haftpflichtversicherer (BVerfG ZfS 1982, 13; OLG Celle (3. StS) NJW 1985, 640; **aM** Bruns FS Maurach, 1972, 484; vgl. auch OLG Celle (1. StS) NStZ 1982, 393), Mitarbeiterinnen eines Vereins zur Beratung vergewaltigter Frauen (Lorenzen/Thamm SchlHA 1996, 90 – OLG Schleswig RsprU), Personalräte (LG Hannover Nds. Rpfl. 1962, 40), eines Kriseninterventionsteams (BGH StraFo 2012, 173), psychologische Beratungsstellen (LG Freiburg NStZ-RR 1999, 366), Mitglieder v. Psychotherapiegruppen, Rechtsbeistände (Buhrow NJW 1966, 2152), Schiedsmänner (BVerwGE 18, 58), Sozialarbeiter u. Sozialpädagogen (BVerfGE 33, 367; BVerfG NStZ 1988, 418), Tierärzte (BVerfGE 38, 312) u. öffentlich-rechtliche Vers. u. Verrechnungsstellen (Rengier ZeugnisverweigerungsR S. 181 ff.).

4 **C. Verhältnis zu § 203 StGB.** Der **betroffene Personenkreis in § 53 und in § 203 StGB** ist – mit Ausnahme von Nr. 1 – identisch, nachdem beide Vorschr. (s. G v. 30.10.2017 (BGBl. I 3618)) den Begriff der „mitwirkenden Person" verwenden (BT-Drs. 18/12940, 9). Mit der Schweigepflicht nach dieser Vorschr. stimmt das Zeugnisverweigerungsrecht nach § 53 allerdings nicht überein. Es geht weiter als der materielle Strafrechtsschutz, weil es sich auch auf Tatsachen bezieht, die keine „Geheimnisse" sind (KK-StPO/Bader Rn. 3; str.). Aus der sachlichrechtlichen Schweigepflicht ergibt sich nicht etwa ohne weiteres das Recht, die Aussage zu verweigern (Löwe/Rosenberg/Ignor/Bertheau Rn. 8; Rengier ZeugnisverweigerungsR S. 174; Sieber FS Roxin, 2001, 1131; **aM** Foth JR 1976, 7). Jedoch wird die Gleichstellung derjenigen, die das Geheimnis v. einem Verstorbe-

nen o. aus dessen Nachlass erlangt haben, mit den sonstigen Geheimhaltungsverpflichteten (§ 203 Abs. 3 S. 3 StGB) auch für das Zeugnisverweigerungsrecht zu gelten haben (vgl. BVerfGE 32, 373 (381) für § 97).

Einen **Rechtfertigungsgrund** für den Bruch der Schweigepflicht nach § 203 StGB enthält § 53 nicht; denn der Zeugniszwang, der die Preisgabe des Geheimnisses sonst rechtfertigt, ist durch § 53 für den in Abs. 1 bezeichneten Personenkreis gerade aufgehoben. Der Zeuge darf daher nur aussagen, wenn er dafür einen besonderen Rechtfertigungsgrund nach § 34 StGB hat (Fezer StrafProzR § 15 Rn. 29), etwa wenn er eigene Interessen schützen muss (BGHSt 1, 366; TK-StGB/Sternberg-Lieben/Bosch StGB § 203 Rn. 33) o. wenn das Interesse an der Geheimhaltung der Tatsachen geringer ist als das Allgemeininteresse an ihrer Offenbarung (BGHSt 9, 59 (61); 18, 146 (147); allgM). Die Bedeutung des § 53 liegt va darin, dass der Zeuge selbst dann das Zeugnis verweigern kann, wenn diese Voraussetzungen vorliegen (Bringewat NJW 1974, 1742; Lenckner NJW 1965, 327). 5

Die erforderliche **Abwägung nimmt der Zeuge vor,** nicht das Gericht (Dallinger MDR 1957, 527 – BGH RsprÜ). Das Gericht muss sie ihm ermöglichen (BGHSt 15, 200), darf aber nicht auf seine Willensbildung einwirken (BGHSt 20, 298 (299); 42, 73 (76)), auch nicht, wenn durch die Aussage schwerer Schaden v. einem Dritten o. der Allgemeinheit abgewendet werden kann (Lenckner NJW 1965, 327). Die Entscheidung, ob er sich der Gefahr aussetzen will, nach § 203 StGB bestraft zu werden, liegt allein bei dem Zeugen (BGHSt 15, 200 (202); 18, 146 (147); OLG Hamm NJW 1968, 1203). Verzichtet er auf sein Zeugnisverweigerungsrecht, so muss das Gericht ihn vernehmen; die Aussage ist verwertbar, auch wenn sie gegen § 203 StGB verstößt (KK-StPO/Bader Rn. 9; SK-StPO/Rogall Rn. 25; Roxin/Schünemann StrafVerfR § 24 Rn. 45; Schlüchter Strafverfahren Rn. 489.2; grds. auch Löwe/Rosenberg/Ignor/Bertheau Rn. 12, 13, außer bei Verletzung des Kernbereichs privater Lebensgestaltung o. wenn Weigerungsberechtigter über Vorliegen o. Umf. des Zeugnisverweigerungsrechts irrt; **aM** Beulke Strafverfahren S. 209; Dencker Verwertungsverbote S. 138 ff.; Fezer StrafProzR § 15 Rn. 31; Lenckner NJW 1965, 326; Ranft StrafProzR Rn. 535 ff.; Rengier ZeugnisverweigerungsR S. 331). 6

D. Umfang des Zeugnisverweigerungsrechts. Der Umfang des Zeugnisverweigerungsrechts ist auf die **bei der Berufsausübung anvertrauten o. bekanntgewordenen Tatsachen** begrenzt (Tolksdorf DAR 1997, 181 – BGH RsprÜ), kann sich aber ggf. auch auf die Person des Dritten u. das Ob u. Wie des Kontaktes erstrecken (Groß StV 1996, 562; vgl. auch LG Dresden NJW 2007, 2789). Das kann für ein u. denselben Vernehmungsgegenstand iSe zusammengehörigen Lebenssachverhaltes nur einheitlich beurteilt werden. Das Weigerungsrecht ist insoweit unteilbar u. entfällt nach der Rspr. nicht etwa in Bezug auf bestimmte Personen, die an den Vorgängen nur als Dritte bet. waren; erfasst sind danach also alle in unmittelbarem u. innerem Zusammenhang mit der Erfüllung der beruflichen Aufgabe stehenden Umstände (BGHSt 33, 148; vgl. auch OLG Schleswig SchlHA 1982, 111; erg. → Rn. 16). Das ist auch der Fall bei Kenntniserlangung aus den Akten o. Karteien des Praxisvorgängers (BVerfGE 32, 382). Geschützt ist auch der Inhalt eines beruflichen Gesprächs, auch hins. der eigenen Äußerungen des Zeugen (Holtz MDR 1978, 281 – BGH RsprÜ). Die Frage ist rechtlicher Art; daher entscheidet das Gericht (OLG Bamberg StV 1984, 499; OLG Schleswig SchlHA 1982, 111). 7

Anvertraute Tatsachen sind die unter Verlangen o. stillschweigender Erwartung der Geheimhaltung (RGSt 66, 273 (274); OLG Köln NStZ 1983, 412) schriftlich o. mündlich mitgeteilten Tatsachen, aber auch solche, die dadurch preisgegeben werden, dass dem Berufsausübenden Gelegenheit zu Beobachtungen u. Untersuchungen gegeben wird (BGHSt 38, 369 (370)). Geheimnisgeschützter u. Anvertrauender müssen nicht identisch sein (KK-StPO/Bader Rn. 46; Krause NStZ 2012, 663). Gleichgültig ist deshalb, ob der Beschuldigte o. ein Dritter die 8

Tatsachen anvertraut hat (TK-StGB/Sternberg-Lieben/Bosch StGB § 203 Rn. 13 ff.) u. ob sie der Geheimsphäre des Beschuldigten o. eines anderen angehören. Zur Weitergabe an Dritte mitgeteilte Tatsachen sind allerdings nicht anvertraut (OLG Hamm NStZ 2010, 164).

9 **Bekanntgewordene Tatsachen** sind diejenigen, die der Berufsausübende v. dem Beschuldigten o. einem Dritten erfahren hat, ohne dass sie ihm anvertraut worden sind. Der Begriff ist weit auszulegen (Holtz MDR 1978, 281 – BGH RsprÜ; OLG Schleswig SchlHA 1982, 111). Von wem, zu welchem Zweck u. aus welchem Grund dem Berufsausübenden die Tatsachen bekanntgeworden sind, ist gleichgültig; hiervon muss der andere auch nichts wissen (OLG Hamm NStZ 2010, 164). Entscheidend ist, dass die Tatsache dem Berufsausübenden in **funktionalem Zusammenhang** mit seiner Berufsausübung zur Kenntnis gelangt (BGH NJW 2014, 1314; StV 2016, 414). Unter den Begriff fällt auch zufällig erlangtes Wissen, wenn es im Zusammenhang mit dem Vertrauensverhältnis erworben wurde (OLG Oldenburg NJW 1982, 2615), unabhängig davon, v. wem, aus welchem Grund o. zu welchem Zweck er erworben wurde (BGH NJW 2014, 1314), nicht aber außerhalb eines solchen Zusammenhangs (OLG Bamberg StV 1984, 499; vgl. auch SK-StPO/Rogall Rn. 63), zB Tatsachen die der Berufsausübende allein als Privatperson o. nur anlässlich seiner Berufsausübung in Erfahrung gebracht hat (BGH NJW 2014, 1314).

10 **E. Zeitliche Dauer.** Das berufsbezogene Vertrauensverhältnis beginnt nicht erst mit dem Abschluss des zivilrechtlichen Geschäftsbesorgungsvertrages, sondern **umfasst auch das** entspr. **Anbahnungsverhältnis** (BGH NJW 2014, 1314; StV 2016, 414). Das Zeugnisverweigerungsrecht endet nicht mit der Erledigung des Auftrags (LG Düsseldorf NJW 1958, 1152), dauert entspr. § 203 Abs. 4 StGB auch nach dem Tod desjenigen fort, dessen Vertrauen zu dem Berufsausübenden geschützt wird (RGSt 71, 21; LSG Bayern NJW 1962, 1789; OLG Düsseldorf NJW 1959, 821) u. erlischt nicht, wenn der Zeuge seinen Beruf aufgibt; § 54 Abs. 4 gilt entspr. (Löwe/Rosenberg/Ignor/Bertheau Rn. 18). Ob das ZVR nach Abs. 1 S. 1 Nr. 3 zugunsten einer JP auch dann weiterbesteht, wenn die Gesellschaft vollbeendet ist (so Mosiek NStZ 2018, 505 (508)), erscheint zw., da in einem solchen Fall ein objektiv anzuerkennendes Geheimhaltungsinteresse nicht mehr besteht.

11 **F. Zeugnisverweigerungsberechtigte (Abs. 1). I. Geistliche (Nr. 1).** Der Begriff ist aus Gründen einer am Gleichheitssatz orientierten Behandlung nicht auf Geistliche der christlichen Kirchen u. der sonstigen staatlich anerkannten öffentlich-rechtlichen Religionsgemeinschaften beschränkt (BGH NStZ 2010, 646; Haas NJW 1990, 3253; **aM** Löwe/Rosenberg/Ignor/Bertheau Rn. 21). Es ist aber erforderlich, dass dem Geistlichen ein **seelsorgerisches Amt,** nicht notwendig hauptamtlich, aber **in herausgehobener Stellung** anvertraut ist u. die v. ihm geführten seelsorgerischen Gespräche einem v. der Religionsgemeinschaft auferlegten Schweigegebot unterliegen (BGH NStZ 2010, 646). Das Zeugnisverweigerungsrecht erstreckt sich nur auf Tatsachen, die den Geistlichen – als solche sind auch hauptamtlich tätige Laientheologen anzusehen (BGHSt 51, 140; Ling GA 2001, 325; de Wall NJW 2007, 1856; scharf abl. aber Rogall FS Eisenberg, 2009, 589) – in ihrer Eigenschaft als Seelsorger anvertraut o. bekannt geworden (→ Rn. 7 ff.) sind (auch die Tatsache des Beichtgangs: RG JW 1928, 2142), nicht auf das, was sie in ausschl. karitativer, fürsorgerischer, erzieherischer o. verwaltender Tätigkeit o. nur gelegentlich der Ausübung des geistlichen Berufs erfahren haben (BGHSt 37, 138; 51, 140, bestätigt durch BVerfG NJW 2007, 1865; vgl. auch BGH NStZ 2010, 646 (648): Versöhnungs- u. Schlichtungsgespräche nicht ausreichend), zB wenn sich ein Verbrecher an einen Geistlichen als Verbindungsmann nur zur Erlangung o. Wahrung des Verbrechenserfolges o. zur Vereitelung der Strafverfolgung wendet (KK-StPO/Bader Rn. 12). Ob der Geistliche als Seelsorger angegangen worden ist, muss objektiv, nicht nur nach Auff. der Bet. beurteilt werden; in Grenz- u. Zweifelsfällen ist unter Berücksichtigung der Gewissensentscheidung des Geistlichen zu entscheiden (BVerfG NJW 2007, 1865; BGH NStZ

2010, 646 (648)); § 55 wird häufig (Rogall FS Eisenberg, 2009, 587), § 56 selten in Betracht kommen.

12 **II. Verteidiger (Nr. 2).** Gemeint sind **alle gewählten u. bestellten Verteidiger;** geschützt sind aber auch Anbahnungsverhältnisse (BGH NJW 2014, 1314). Ob der Zeuge die Verteidigung tatsächlich geführt hat, ist gleichgültig. Das Zeugnisverweigerungsrecht erstreckt sich auch auf das, was dem Zeugen in einer anderen Strafsache als Verteidiger desselben o. eines anderen Beschuldigten anvertraut o. bekanntgeworden (→ Rn. 7 ff.) ist (Welp FS Gallas, 1973, 398), nicht aber auf das im Zusammenhang mit seiner eigenen kriminellen Betätigung erlangte Wissen, wenn er also die strafbare Handlung ohne jeden sachlichen Zusammenhang mit denkbaren Verfahrenszielen begangen hat (BGHSt 38, 7). Ist der Beschuldigte, in dessen Verf. der Verteidiger aussagen soll, der Mandant, so wird die Ausübung des Zeugnisverweigerungsrechts praktisch zur Pflicht (Löwe/Rosenberg/Ignor/Bertheau Rn. 27; Welp FS Gallas, 1973, 404). Dem Mandanten selbst steht – etwa in einem Strafverfahren wegen (versuchter) Strafvereitelung gegen seinen früheren Verteidiger – kein Zeugnisverweigerungsrecht zu (OLG Koblenz NStZ-RR 2008, 283 (284); krit. dazu Bosbach NStZ 2009, 177; Schöch FS Beulke, 2015, 1039; erg. → § 148 Rn. 2a). Eine Verwirkung des Zeugnisverweigerungsrechts wegen Missbrauchs (vgl. Bringewat NJW 1974, 1740) kommt nicht in Betracht (Löwe/Rosenberg/Ignor/Bertheau Rn. 28).

13 **III. Rechtsanwälte, Kammerrechtsbeistände, Ärzte und ähnliche Berufe (Nr. 3). 1.** Der **Begriff des Rechtsanwalts** erfasst grds. den gesamten Anwaltsberuf u. ist – nach der Streichung des entspr. Passus in § 53 Abs. 1 aF durch das G v. 30.10.2017 – nicht an die Mitgliedschaft in einer RAK nach § 12 BRAO gebunden (vgl. BT-Drs. 18/12940, 9, 10). Ausländische RAe sind jedenfalls zur Verweigerung des Zeugnisses gem. § 53 berechtigt, wenn sie nach den §§ 4, 11, 13 des EuRAG o. nach § 206 BRAO in die RAK aufgenommen sind. Darüber hinaus spricht aber viel dafür, sie generell u. umfassend in den Schutzbereich v. § 53 einzubeziehen, ohne dass es hierbei darauf ankommen sollte, ob sie in Deutschland niedergelassen sind o. ihre anwaltliche Dienstleistung aus dem Ausland erbringen; für RAe aus EU-Staaten ergibt sich das bereits aus dem Grundsatz der Dienstleistungsfreiheit, für RAe aus Nicht-EU-Staaten aus dem § 53 zugrundeliegenden Rechtsgedanken des Schutzes des Vertrauensverhältnisses zwischen Anwalt u. Mandant (vgl. BT-Drs. 18/12940, 9; s. bereits Wessing wistra 2007, 171; erg. u. enger für Wahlverteidiger → § 138 Rn. 3). Maßgebend ist nur, dass der Rechtsdienstleister eine Tätigkeit ausübt, die derjenigen eines RAs in Deutschland entspricht. Rechtsanwälte iSv Nr. 3 sind ebenfalls allg. bestellte Vertreter (§ 53 BRAO) u. Abwickler (§ 55 BRAO), ebenso Steuerberater in den in § 392 Abs. 1 AO genannten Fällen. Dem nach § 3 BNotO bestellten **Notar** (für den § 18 Abs. 2, Abs. 3 BNotO Spezialregelungen enthält) steht der Notarassessor (§ 7 BNotO) gleich. Für die **Patentanwälte** gilt sinngemäß das für Rechtsanwälte Gesagte: Auch hier genießen alle entspr. ausl. Berufsangehörigen den Schutz des § 53, ohne dass es auf eine Kammermitgliedschaft in Deutschland ankommt, wenn sie eine einem Patentanwalt in Deutschland entspr. Tätigkeit ausüben (BT-Drs. 18/12940, 10). **Nichtanwaltliche Geschäftsführer v. Rechtsanwaltsgesellschaften** fallen nach der Streichung der Worte „sonstige Mitglieder einer Rechtsanwaltskammer" nicht mehr unter Nr. 3, sondern unter § 53a Abs. 1 Nr. 3 (→ § 53a Rn. 10). Wegen der **Kammerrechtsbeistände** s. § 1 Abs. 2 des EG zum Rechtsdienstleistungsgesetz, der Wirtschaftsprüfer §§ 1 Abs. 1 S. 1, 15 WiPrO (vgl. dazu LG Bonn NJW 2002, 2261), der vereidigten Buchprüfer § 128 Abs. 1 WiPrO u. der Steuerberater u. Steuerbevollmächtigten §§ 40, 42 StBerG.

14 **Syndikusanwälten und Syndikuspatentanwälten** (zum Begriff § 46a BRAO, § 41a Abs. 2, Abs. 3 PAO) steht kein ZVR für das ihnen in dieser Eigenschaft anvertraute o. bekanntgewordene zu, dh wenn sie allein wie Angestellte für ihr Unternehmen tätig werden, wie die Neufassung von Nr. 3 durch G v. 21.12.2015 (BGBl. I 2517) klarstellt (vgl. dazu schon die → 58. Aufl. 2015, Rn. 15; EuGH

NJW 2010, 3557; Burmann FS Tolksdorf, 2014, 443 (450)). Sie können sich auch nicht auf die Privilegien aus §§ 97 Abs. 1–3, 100d Abs. 5 und § 160a berufen, da diese an § 53 anknüpfen (s. BT-Drs. 18/5201). Der Verweis auf § 53a macht allerdings deutlich, dass das aus dieser Vorschr. abgeleitete ZVR hiervon unberührt bleibt, wenn der Syndikusrechtsanwalt bei einer anderen zur Verweigerung des Zeugnisses berechtigten Person angestellt, also mit typisch anwaltlichen Aufgaben für Dritte befasst ist (BT-Drs. 18/5201).

15 Wegen des **Umfangs des Zeugnisverweigerungsrechts** vgl. → Rn. 7 ff. Kenntnisse, die RAe u. Steuerberater in ihrer Eigenschaft als Aufsichtsratsmitglied einer AG gemacht haben, dürfen nicht verschwiegen werden (OLG Celle NdsRPfl 1983, 124). Dies gilt gleichermaßen für Ombudsleute v. Unternehmen (vgl. Sotelsek NStZ 2016, 502 (503); **aM** Rudolph StraFo 2019, 57 (59)). Anders verhält es sich mit Erkenntnissen eines mit der unternehmensinternen Aufklärung strafbaren Verhaltens beauftragten externen RAes (Wessing FS 25 Jahre AG StrafR DAV, 2009, 926 mit Hinweis auf die Befugnis des mandatierenden Unternehmens nach Abs. 2 S. 1). Bei derartigen **internen Ermittlungen** erstreckt sich das Zeugnisverweigerungsrecht des RA im Falle seiner Ausübung wegen der Unteilbarkeit des Weigerungsrechts (BGHSt 33, 148; → Rn. 7) zwar regelmäßig auch auf beschuldigte Mitarbeiter (vgl. I. Roxin StV 2012, 116 (120)); der RA kann sich hierauf jedoch nicht berufen, wenn ihn das Unternehmen, das ihn beauftragt hat, gem. Abs. 2 S. 1 v. der Schweigepflicht entbunden hat (→ Rn. 45 ff.; zu den sich daraus für den – später – uU beschuldigten Mitarbeiter ergebenden Konsequenzen → § 55 Rn. 1a; zur Beschlagnahme im Rahmen interner Ermittlungen erlangter Unterlagen → § 97 Rn. 10a–10c; zum Schweigerecht der JP in den Fällen der §§ 442, 444 → § 136 Rn. 7a). Die Beweisfrage, ob der **Steuerberater** mit der Abgabe v. Steuererklärungen beauftragt worden ist, fällt unter das Zeugnisverweigerungsrecht (OLG Schleswig SchlHA 1982, 111). Wird ein RA v. einem Erpresser in Anspruch genommen, um bei den Verh. über das Lösegeld mitzuwirken, so hat er insoweit kein Zeugnisverweigerungsrecht (Haas NJW 1972, 1081); anders ist es, wenn er das Erpressungsopfer vertritt (BGH NJW 1986, 1183 (1185)). Das Zeugnisverweigerungsrecht eines Notars besteht grds. auch bei amtspflicht- u. gesetzwidriger Umsetzung eines ihm erteilten Auftrags, wird aber durch die Anzeigepflicht nach § 11 Abs. 1 S. 1, Abs. 3 GwG eingeschränkt (BGHSt 50, 64; Widmaier FS Dahs, 2005, 543); entspr. gilt dies für die übrigen in Abs. 1 Nr. 2 und 3 Genannten (KK-StPO/Bader Rn. 16a). Zur Verwertungsbeschränkung für Angaben des Jahresabschlussprüfers im berufsrechtlichen Verf. nach § 62 Abs. 5 WiPrO vgl. Leipold FS Volk, 2009, 292; Verjans FS 25 Jahre AG StrafR DAV 2009, 869.

16 **2. Ärzte und ähnliche Berufe:** Arzt ist, wer im Inland als Arzt approbiert ist o. nach § 2 Abs. 2–4 BÄO zur vorübergehenden Ausübung des Arztberufs berechtigt ist. Ausländische Ärzte, die nicht unter § 2 Abs. 3 BÄO (EG-Staatsangehörige) fallen, sind nicht zeugnisverweigerungsberechtigt (zw. Schubarth ZStW 105 (1993), 367). Wegen der Zahnärzte vgl. § 1 ZahnHkG, wegen der Psychotherapeuten vgl. G v. 16.6.1998 (BGBl. I 1311). Apotheker ist, wer approbiert ist o. den Beruf nach § 2 Abs. 2 Bundes-Apothekerordnung idF v. 19.6.1989 (BGBl. I 1479) vorübergehend ausüben darf. Wegen der Hebammen vgl. § 2 Hebammengesetz v. 4.6.1985 (BGBl. I 902).

17 Das Zeugnisverweigerungsrecht **erstreckt** sich auf alles, was dem Arzt usw in dieser Eigenschaft bei der Untersuchung o. Heilbehandlung anvertraut o. bekanntgeworden (→ Rn. 7 ff.) ist (ausf. hierzu Michalowski ZStW 109 (1997), 519). Dazu gehören der Name des Patienten u. die Tatsache seiner Behandlung (BGHSt 33, 148 (151); OLG Köln StV 2017, 805; OLG Oldenburg NJW 1982, 2615; LG Itzehoe SchlHA 1987, 188 (Diebstahl im Wartezimmer)), auch Beobachtungen ohne förmliche Mitteilungen, zB bei Befassung mit einem Bewusstlosen, ua Feststellungen über das Anvertraute hinaus (LG Karlsruhe StV 1983, 144), gleichviel, ob diese Tatsachen dem Patienten überhaupt bekannt waren o. sind. Auch auf die Anbahnung des Beratungs- u. Behandlungsverhältnisses, zB auf die Begleitumstände der Krankenhausaufnahme eines Patienten, erstreckt sich das Zeugnisverweige-

rungsrecht (BGHSt 33, 148; OLG Köln StV 2017, 805) sowie darauf, ob überhaupt ein Behandlungsverhältnis bestanden hat (BGH JZ 2000, 683), nicht aber auf lediglich bei Gelegenheit der Berufsausübung erfahrene Tatsachen (OLG Hamm NStZ 2010, 164: für die Polizei bestimmte Angaben; OLG Köln StV 2017, 805).

Das Zeugnisverweigerungsrecht besteht auch, wenn dem Zeugen die Gelegenheit zur Untersuchung u. Behandlung aufgrund **gesetzlicher Duldungspflicht zwangsweise verschafft** worden ist; die ges. Duldungspflicht ersetzt die sonst erforderliche Zustimmung (BGHZ 40, 288). Daher sind auch Truppenärzte (BDiszH NJW 1963, 409), Amtsärzte (BGHZ 40, 288) u. Ärzte im Strafvollzug (OLG Karlsruhe NStZ 1993, 405 mwN) zeugnisverweigerungsberechtigt. S. aber zum ZVR bei amtlichen Aufträgen → Rn. 20. 18

Das Bestehen des Zeugnisverweigerungsrechts **bedeutet nicht,** dass der Arzt hiervon Gebrauch machen muss. Lehnt der Patient es ab, den Arzt v. der Schweigepflicht zu entbinden o. widerruft er eine frühere Entbindungserklärung, so hat er keinen strafprozessualen Anspruch darauf, dass der Arzt die Aussage verweigert (BGHSt 42, 73 (76)). Es obliegt der freien Entsch. des Arztes, ob er sich nach Abwägung der widerstreitenden Interessen zu einer Zeugenaussage entschließt; selbst wenn er sich durch seine Angaben nach § 203 Abs. 1 Nr. 1 StGB strafbar machen sollte, bleibt die Aussage grds. verwertbar (BGH NStZ 2018, 362 mwN; erg. → Rn. 45). Daraus folgt zugleich, dass das Arzt-Patienten-Gespräch nicht dem unbedingten Kernbereichsschutz unterfällt (so aber erwogen v. BGH NJW 2018, 1986; dagegen Mosbacher JuS 2018, 767 (769) u. Vogler NStZ 2019, 38). 19

Ein **im amtlichen Auftrag zum Sachverständigen bestellter Arzt,** auch wenn er privat praktiziert (Kohlhaas DAR 1968, 74), hat auch hins. der Zusatztatsachen (→ § 79 Rn. 11; wegen der Befundtatsachen vgl. → § 79 Rn. 10, → § 76 Rn. 2) kein Zeugnisverweigerungsrecht, wenn der Untersuchte die Untersuchung o. den Eingriff kraft Gesetzes dulden musste (BGH NStZ 2025, 497 mwN); diese Duldungspflicht erstreckt sich auf die Fälle des § 126a Abs. 1 (BGH NStZ 2025, 497). Kein Zeugnisverweigerungsrecht besteht auch, wenn der Untersuchte die Untersuchung oder den Eingriff hätte verweigern können, aber nicht verweigert hat (BGHZ 40, 288 (294); OLG Hamm NJW 1968, 1202; zust. Löwe/Rosenberg/Ignor/Bertheau Rn. 38). Diese Grundsätze gelten aber nur iRd jeweiligen Verfahrens u. des Auftrags (BGHZ 40, 288 (294)). Tatsachen, die ihm ohne Zusammenhang mit seinem Gutachten freiwillig mitgeteilt worden sind (RGSt 61, 384), u. sein Wissen aus früherer Behandlung (Bockelmann, Strafrecht des Arztes, 1968, S. 45), braucht der Sachverständige nicht zu offenbaren (BGHSt 38, 369). Für Zufallsbeobachtungen (→ § 79 Rn. 12) gilt Abs. 1 Nr. 3 ohne Einschränkung. Ergänzend → § 76 Rn. 2. 20

IV. Schwangerschaftsberater (Nr. 3a). Mitglieder der in Nr. 3a bezeichneten Stellen sind der Leiter u. alle sonstigen in einem Dienstverhältnis zu der Stelle stehenden Ärzte, Psychologen u. Sozialarbeiter (Rengier ZeugnisverweigerungsR S. 25 ff.). Beauftragte sind sonstige Personen, die dazu bestellt sind, im Auftrag einer Beratungsstelle deren Aufgaben wahrzunehmen. Das Zeugnisverweigerungsrecht erstreckt sich nicht nur auf die Schwangerschaft, sondern auf alle für die Beratung bedeutsamen Lebensumstände (KK-StPO/Bader Rn. 21). Betreuer einer „Babyklappe" fallen nicht unter die Vorschr. (LG Köln NJW 2002, 909; **aM** Beulke Beulke FS Schünemann, 2015, 859 mit beachtlichem Hinweis darauf, dass im Interesse des Lebensschutzes des Säuglings Abs. 1 Nr. 3a entspr. anzuwenden sei). 21

V. Berater für Fragen der Betäubungsmittelabhängigkeit (Nr. 3b). Das Zeugnisverweigerungsrecht für **Mitarbeiter v. Suchtberatungsstellen** betr. nur die Beratung hins. der im BtMG erfassten Suchtformen u. Suchtgefahren u. besteht lediglich für Beratungsstellen, die v. einer Behörde o. einer Körperschaft, Anstalt o. Stiftung des öffentl. Rechts eingerichtet o. anerkannt worden sind (einschließlich niederschwelliger Eingangseinrichtungen, LG Kiel StV 2010, 127), gilt also nicht für ehrenamtlich tätige Berater in sog. Selbsthilfegruppen (BVerfG NJW 1996, 22

1587). Inhaltlich ist es auf die Informationen beschränkt, die bei der Beratung o. Behandlung v. Betäubungsmittelkonsumenten o. Betäubungsmittelabhängigen erlangt worden sind; alle übrigen Formen der Suchtberatung wurden bewusst ausgeklammert (krit. dazu Kreuzer FS Schüler-Springorum, 1993, 538). Das Zeugnisverweigerungsrecht umfasst aber nicht nur die v. Beratenen selbst mitgeteilten Informationen, sondern auch entspr. Gespräche des Beraters mit Familienangehörigen u. Freunden (BT-Drs. 12/2738, 5). Gerichts- u. Bewährungshelfer, Strafvollzugsbedienstete u. Sozialarbeiter, die in Betäubungsmittelfragen beraten, haben kein Zeugnisverweigerungsrecht (Kreuzer FS Schüler-Springorum, 1993, 539).

23 **VI. Abgeordnete (Nr. 4). Für BT-Abg. gilt Art. 47 S. 1 GG.** Für Abg. der Länderparlamente vereinheitlicht Nr. 4 die entspr. Bestimmungen der Länderverfassungen. Nach Einbeziehung der Mitglieder der Bundesversammlung u. der deutschen Mitglieder des EPs ist Nr. 4 *lex specialis* zu § 6 EuAbgG und § 7 BVerslG.

24 Das Zeugnisverweigerungsrecht **erstreckt** sich auf die Tatsachen, die dem Abg. im Zusammenhang mit seiner Abgeordnetentätigkeit v. einem anderen Abg., einem Regierungsvertreter o. Privatmann anvertraut worden sind (→ Rn. 8) o. die er dem anderen anvertraut hat, sowie auf die ihm als Abg. sonst bekanntgewordenen (→ Rn. 9) Tatsachen. Auch über die Person seiner Gewährsleute braucht der Abg. nicht auszusagen (Rengier ZeugnisverweigerungsR S. 32 ff.). Der Abg. entscheidet nach freiem Ermessen darüber, ob er aussagen o. schweigen will. Weisungen können ihm hierüber nicht erteilt werden; § 54 gilt nicht entspr. (Löwe/Rosenberg/Ignor/Bertheau Rn. 45). Eine Befreiung v. der Schweigepflicht ist ausgeschlossen.

24a Das Weigerungsrecht nach Nr. 4 **dauert** nach Beendigung des Mandats fort (Dallinger JZ 1953, 436), erstreckt sich aber nicht auf das, was der Abg. vor Beginn o. nach Ablauf der Wahlperiode erfährt (Kohlhaas GA 1958, 65).

25 **VII. Mitarbeiter von Presse, Rundfunk usw (Nr. 5). 1.** Der **Schutz des Vertrauensverhältnisses** zwischen Presse u. privaten Informanten gehört zu der durch Art. 5 Abs. 1 S. 2 GG verbürgten Pressefreiheit (BVerfGE 36, 193 (204); 50, 234 (240); BVerfG NStZ 1982, 253) u. unterfällt Art. 10 EMRK (→ EMRK Art. 10 Rn. 1). Das Zeugnisverweigerungsrecht dient daher nicht in 1. Hinsicht dem Schutz des Verf., Einsenders u. Gewährsmanns, sondern der im öffentlichen Interesse liegenden Tätigkeit v. Presse u. Rundfunk (BVerfG NStZ 1982, 253; BVerfGE 20, 162 (176); BGHSt 28, 240 (254); vgl. auch EGMR NJW 2008, 2563: „Grundvoraussetzung für die Pressefreiheit").

26 Das Recht eines Journalisten, seine Quelle zu verschweigen, ist echter Bestandteil des Rechts auf Informationsfreiheit u. kann daher nicht als einfaches Privileg angesehen werden, das ihm je nach Rechtmäßigkeit o. Unrechtmäßigkeit der Information gewährt o. entzogen wird (EGMR NJW 2008, 2565). Es besteht auch, wenn der Informant die Aussage wünscht (OLG Bremen JZ 1977, 444). Andererseits hat der Informant keinen Rechtsanspruch darauf, dass der Pressemitarbeiter v. seinem Zeugnisverweigerungsrecht Gebrauch macht (BVerfG NStZ 1982, 253; Mitsch AfP 2012, 521 (522)). Standesrechtlich ist er dazu aber verpflichtet (Löffler/Achenbach LPG § 23 Rn. 79 ff.). Die Vorschr. ist im verwaltungsgerichtlichen Verf. nicht – auch nicht im Wege der Analogie – anwendbar (OVG Lüneburg NJW 2015, 104).

27 Nach Ansicht des BVerfG enthielt Nr. 5 aF **keine abschließende Regelung;** vielmehr könne sich ein Zeugnisverweigerungsrecht über Nr. 5 hinaus unmittelbar aus Art. 5 Abs. 1 S. 2 GG ergeben (BVerfGE 25, 296 (305); 64, 108 (116); **aM** BGHSt 28, 240 (254); krit. Rengier ZeugnisverweigerungsR S. 107 ff.; Achenbach FS Beulke, 2015, 593 (600); vgl. auch § 97 Abs. 5 S. 2 Hs. 2 sowie → § 97 Rn. 45, 45a; erg. → § 70 Rn. 6).

28 **2. Personenkreis:** Zur Zeugnisverweigerung sind Personen berechtigt, die bei der Vorbereitung, Herstellung o. Verbreitung v. Druckwerken (im Gegensatz zur früheren Regelung müssen es nicht mehr periodische sein), Rundfunksendungen,

Filmberichten o. der Unterrichtung o. Meinungsbildung dienenden Informations- u. Kommunikationsdiensten (zB Mediendiensten wie Fernsehtext, s. KK-StPO/Bader Rn. 30) berufsmäßig mitwirken o. mitgewirkt haben.

Mit Rücksicht auf den Wortlaut der Vorschrift und deren Zweck, Forscher vor der Zwangslage zu bewahren, etwa gegebene Vertraulichkeitszusagen brechen zu müssen, gehört hierzu auch das **wissenschaftliche Publikationswesen** (Greitemann NStZ 2002, 572; **aM** OLG München NStZ 2021, 631 mit ablAnm Gless) sowie die Erhebung und Vertraulichkeit von Daten im Rahmen wissenschaftlicher **Forschungsprojekte** (vgl. BVerfG BeckRS 2023, 28302). **28a**

Im Gegensatz zur früheren Regelung genügt die Mitwirkung bei **allen Arten von Druckwerken;** es muss sich nicht mehr um periodische Druckwerke handeln (vgl. dazu Kramer Kriminalistik 2004, 758 (759)). **29**

Rundfunksendungen sind Sendungen des Hör- u. Bildfunks; Nr. 5 gilt daher auch für Mitarbeiter an Fernsehsendungen u. für die in Art. 5 Abs. 1 S. 2 GG erwähnten Filmberichterstatter. **30**

Die **berufsmäßige Mitwirkung** bei der Herstellung o. Verbreitung des Druckwerks o. der Sendung setzt Nr. 5 voraus (krit. dazu R. Hamm NJW 2001, 270). In Betracht kommen nicht nur Journalisten, Intendanten, Sendeleiter u. Archivare, sondern alle Angehörigen des redaktionellen, kaufmännischen u. technischen Personals, einschl. der Hilfspersonen (Setzergehilfen, Volontäre), sowie Justitiare (LG Hamburg AfP 1984, 172), die aufgrund ihrer beruflichen o. dienstlichen Stellung v. der Person des Verf., Einsenders o. Gewährsmanns o. v. dem Inhalt der Mitteilung Kenntnis erlangen können (Kohlhaas NJW 1958, 41). Gleichgültig ist, ob sie die Kenntnis vor o. nach der Veröff. o. Verbreitung des Druckwerks o. der Sendung erlangt haben u. ob sie inzwischen aus den Diensten des Presse- o. Rundfunkunternehmens ausgeschieden sind (Löffler/Achenbach LPG § 23 Rn. 30). Berufsmäßig wirken auch freiberuflich schaffende Journalisten mit (BGH NJW 1999, 2051); auf die Absicht der Gewinnerzielung kommt es nicht an (Kohlhaas FS Löffler, 1980, 147). Nebenberuflich Mitwirkende handeln nur dann berufsmäßig, wenn sie beabsichtigen, die Tätigkeit durch wiederholte Ausübung zu einer dauernden o. doch wiederkehrenden Beschäftigung zu machen (Kohlhaas FS Löffler, 1980, 147). Dazu kann die Mitwirkung in einem Einzelfall ausreichen (BGHSt 7, 129). Es genügt nicht, dass der Zeuge ohne berufsmäßige Einbindung in den Medienbereich irgendwann einmal in irgendeiner Weise tätig geworden ist (BT-Drs. 14/5166, 8). Wer nur gelegentlich Beiträge einsendet, hat somit kein Zeugnisverweigerungsrecht (Kunert MDR 1975, 886). **31**

Bei der **Vorbereitung, Herstellung oder Verbreitung** muss die Mitwirkung erfolgen. Mit dem Begriff Vorbereitung wird das Stadium der Informationsbeschaffung erfasst (BVerfGE 10, 118; OLG Bremen JZ 1977, 444), insbes. durch Rechercheure (Kunert MDR 1975, 886). Herstellen ist die gesamte Tätigkeit, die auf die inhaltliche, sprachliche o. technische Gestaltung der Druckschrift o. Sendung abzielt. Zum Verbreiten gehört jede Handlung, durch die das Druckwerk o. die Sendung veröffentlicht, also dem Publikum zugänglich gemacht wird (BGHSt 18, 63; Löffler/Achenbach LPG § 23 Rn. 36), auch wenn das nicht öffentl. geschieht (Versand an Vereinsmitglieder). **32**

3. Umfang des Zeugnisverweigerungsrechts: Es bezieht sich auf Personen (Verf., Einsender, Informanten), auch wenn sie bei dem Presseorgan tätig sind, u. auf Mitteilungen (Beiträge, Unterlagen, Mitteilungen u. selbst erarbeitete Mat. für den redaktionellen Teil). Es kann entfallen, wenn der Informant nur bezweckt, durch die Presseveröffentlichung auf sich aufmerksam zu machen (BVerfG NStZ 1982, 253: anonyme „Bekennerbriefe“ zu schweren Straftaten). **33**

a) Da die **Person des Informanten** verschwiegen werden darf, brauchen Fragen nach dem Namen, aber auch nach sonstigen Tatsachen, die die Aufdeckung der Identität – auch mittelbar (BGHSt 36, 298) – ermöglichen, nicht beantwortet zu werden (Kohlhaas NJW 1958, 42). Wenn jedoch das Presseorgan die Identität des Informanten selbst aufgedeckt hat, besteht wegen der weiteren Einzelheiten, die seine Ermittlung ermöglichen (Aufenthaltsort, Aussehen, Zugang der Informa- **34**

tion), kein Zeugnisverweigerungsrecht (BGH NJW 1999, 2051; BGHSt 28, 240, wo bei überwiegendem Veröffentlichungsbedürfnis u. bei außerordentlichem Publizitätsinteresse eine Ausnahme gemacht wird; **abl.** Roxin/Schünemann StrafVerfR § 26 Rn. 25). Auf die sonstigen Umstände der Veröff., zB auf die an den Informanten geleisteten Zahlungen bezieht sich das Zeugnisverweigerungsrecht nicht, sofern sie nicht für Fahndungsmaßnahmen o. Aufenthaltsermittlungen aufschlussreich sind (BVerfGE 25, 296 (306); BGHSt 28, 240 (256); **aM** SK-StPO/Rogall Rn. 176, 177).

35 **Verfasser** ist der geistige Urheber des Beitrags, gleichgültig, ob er ihn selbst schriftlich abgefasst o. nur diktiert hat u. ob der Beitrag unv. o. redigiert in die Druckschrift o. Sendung aufgenommen worden ist. Mehrere Urheber sind Mitverfasser (LG Hamburg AfP 1984, 172). Verf. o. Mitverfasser iSv Nr. 5 kann auch ein Redakteur o. anderer Mitarbeiter des Presseorgans sein; seine Mitwirkung unterliegt dem Zeugnisverweigerungsrecht (LG Hamburg AfP 1984, 172; LG Heilbronn AfP 1984, 119). Auch die Person des Verf., der selbst im Rundfunk spricht, darf verschwiegen werden (Groß NJW 1975, 1763).

36 **Einsender** ist, wer Informationen o. Beiträge, die v. anderen Personen verfasst sind, o. Briefe, Aufzeichnungen, Äußerungen o. Stellungnahmen anderer Art einem Presseunternehmen o. Rundfunksender übersendet o. übergibt, auch wenn das nur für Archivzwecke geschieht.

37 **Sonstiger Informant** ist, wer die Anregung für einen Pressebericht o. eine Rundfunksendung gibt o. wer das Material (Schriftstücke, Abb., Tonträger, andere Gegenstände) dazu ganz o. teilw. zur Vfg. stellt. Er braucht nichts zu verfassen.

38 **b) Mitteilungen** dürfen verschwiegen werden, die den bezeichneten Personen in ihrer beruflichen Eigenschaft, nicht als Privatleuten, v. Verf., Einsendern u. sonstigen Informanten gemacht worden sind. Dazu gehört die Tatsache, dass überhaupt eine Mitteilung gemacht worden ist, u. alles, was der Presse im Hinblick auf ihre Tätigkeit im Zusammenhang mit einer etwaigen Veröff. im redaktionellen Teil des Druckwerks mitgeteilt worden ist (BGHSt 28, 240 (251); vgl. auch Rebmann FS G. Pfeiffer, 1988, 230 für „Bekennerbriefe" v. Terroristen). Auch das Ermöglichen gezielter bestimmter Beobachtungen kann darunterfallen (BGHSt 28, 240 (255); LG Heilbronn AfP 1984, 119). Ob die Mitteilungen zur Veröff. geführt haben o. für sie vorgesehen sind, ist gleichgültig (BGHSt 28, 240 (251); LG Heilbronn AfP 1984, 119). Geschützt ist auch das nicht zur Veröff. bestimmte sog. Hintergrundmaterial (BGHSt 28, 240 (251); OLG Bremen JZ 1977, 444) u. das Archivmaterial (Kohlhaas FS Löffler, 1980, 149). Die Mitteilungen müssen den Presse- o. Rundfunkmitarbeitern v. außen gemacht worden sein.

39 Auch auf **selbst erarbeitetes Material** bezieht sich das Zeugnisverweigerungsrecht (dies war v. BGHSt 36, 298 zur früheren Rechtslage nur anerkannt worden, wenn die Offenbarung zur Enttarnung des Informanten führen konnte). Es erstreckt sich auf die selbst recherchierten Mat. (zB Notizen, Negative, Fotos) u. auf solche Wahrnehmungen, die nicht mit einer v. Dritten stammenden Information in Zusammenhang stehen (krit. dazu Kunert NStZ 2002, 171).

39a Dieses inhaltlich sehr weitgehende, nahezu unumschränkte Zeugnisverweigerungsrecht (vgl. Tsambikakis StraFo 2002, 145) erfährt im Gegensatz zu den sonstigen Fällen der Nr. 5 nach Abs. 2 S. 2 im staatlichen Strafverfolgungsinteresse wegen des besonderen Gewichts der aufzuklärenden Straftat eine **Einschränkung,** wenn die Aussage zur Aufklärung eines Verbrechens (§ 12 Abs. 1 StGB) beitragen soll o. wenn Gegenstand der Untersuchung ein dort bezeichnetes Vergehen ist; die Aufzählung der in Betracht kommenden Vergehen ist abschließend. Die folgende Subsidiaritätsklausel („… auf andere Weise aussichtslos oder wesentlich erschwert") bezieht sich nach der ges. Fassung nur auf den Aussagezwang bei Vergehen, bei Verbrechen besteht danach diese Einschränkung nicht (SK-StPO/Rogall Rn. 187); ob das so gewollt war, ist nach den Gesetzesmaterialien unklar, da sie nach dem Vorschlag des BR (BR-Drs. 688/01) insges. gelten sollte u. die jetzige Fassung auf einer (nicht mit Gründen versehenen) Empf. des Vermittlungsausschusses (BT-Drs. 14/7776) beruht.

Gegen diese Subsidiaritätsregelung hatte die BReg **berechtigte Bedenken** geltend gemacht (BT-Drs. 14/5166, 9); wegen der Unbestimmtheit der Begriffe ist die Subsidiaritätsklausel im Ermittlungsverfahren u. va in einer HV nur eingeschränkt praktikabel (vgl. auch Kramer Kriminalistik 2004, 760); Streitigkeiten darüber, ob dem Zeugen nun ein Zeugnisverweigerungsrecht zusteht o. nicht, scheinen kaum zu vermeiden (so auch SK-StPO/Rogall Rn. 190; R. Hamm NJW 2001, 270). **39b**

Zu Abs. 2 S. 2 besteht in Abs. 2 S. 3 jedoch wieder eine **Unterausnahme,** wonach der Zeuge in allen Fällen des S. 2 die Aussage doch verweigern darf, wenn sie zur Offenbarung der Person des Verf., Einsenders o. sonstigen Informanten o. der ihm im Hinblick auf seine Tätigkeit nach Abs. 1 S. 1 Nr. 5 gemachten Mitteilungen o. deren Inhalts führen würde; hier ist die in BGHSt 36, 298 dargelegte Rechtsauffassung v. Gesetzgeber übernommen u. der „Gemengelage" zwischen selbstrecherchierten u. von Dritten zugetragenen Informationen (Kunert NStZ 2002, 172) Rechnung getragen worden. Schon mit dieser Behauptung kann der Zeuge daher der Aussagepflicht entgehen (daher krit. KK-StPO/Bader Rn. 44c). **39c**

c) Für den redaktionellen Teil des Druckwerks, der Rundfunksendung o. des Filmberichts o. für redaktionell aufbereitete Informations- u. Kommunikationsdienste müssen die Beiträge, Unterlagen, Mitteilungen u. Mat. bestimmt sein (Abs. 1 S. 3). Dazu gehören auch die in einer Zeitung veröffentlichten Leserbriefe (KG NJW 1984, 1133), nicht aber Beiträge in Internet-Diskussionsforen, die v. jedermann in alleiniger Verantwortung eingestellt u. von dem Presseorgan redaktionell nicht bearb. werden (LG Oldenburg NStZ 2011, 655 f.; vgl. auch LG Duisburg MMR 2013, 334 mzustAnm Heidrich zum Betreiben eines Online-Dienstes, bei dem die v. den Nutzern bereit gestellten Beiträge nicht bearb. werden). Auf den Anzeigenteil, Werbefunk u. Werbefernsehen erstreckt sich das Zeugnisverweigerungsrecht dagegen nicht (Löffler/Achenbach LPG § 23 Rn. 76 mwN). Eine Ausnahme gilt nach Meinung des BVerfG, wenn der Anzeige eine gleiche o. ähnliche Funktion wie Beiträgen des redaktionellen Teils zukommt (BVerfGE 64, 108: Auftraggeber einer Chiffreanzeige). **40**

G. Ausübung des Zeugnisverweigerungsrechts. Für die Ausübung des Zeugnisverweigerungsrechts gelten die **Grundsätze zu § 52** (→ § 52 Rn. 13 ff.). Der Zeuge kann das Geheimnis teilw. preisgeben u. teilw. offenbaren (RGSt 48, 269 (272); KK-StPO/Bader Rn. 7). Die Gründe für die Zeugnisverweigerung braucht er nicht darzulegen (RGSt 57, 63 (65)); das Gericht kann aber, wenn es Zweifel hat, die eidliche Vers. nach § 56 verlangen. **41**

Der **Widerruf des Verzichts** auf das Zeugnisverweigerungsrecht ist entspr. § 52 Abs. 3 S. 2 bis zum Schluss der Vernehmung möglich. Die bisherige Aussage bleibt verwertbar, darf aber nicht beeidet werden. Ergänzend → § 252 Rn. 3. **42**

Die **verfahrensrechtlichen Folgen** der Weigerung entsprechen denen des § 52 (→ § 52 Rn. 23 ff.). Bei der Beweiswürdigung darf die Zeugnisverweigerung nicht berücksichtigt werden (→ § 261 Rn. 20). **43**

H. Belehrungspflicht. Eine **Belehrungspflicht** besteht nicht (BGH NJW 1991, 2844 (2846); GA 1969, 92; **aM** Gillmeister FS Rengier, 2018, 387 (392)). Das Gericht darf davon ausgehen, dass der Zeuge seine Berufsrechte u. -pflichten kennt (vgl. BGH NStZ-RR 2010, 178: dauerhaft in Deutschland aufenthältlicher Geistlicher eines fremden Landes). Nur wenn die Unkenntnis offensichtlich ist, gebietet die Fürsorgepflicht eine Belehrung (Holtz MDR 1980, 815 – BGH RsprÜ; OLG Dresden NStZ-RR 1997, 238). **44**

I. Entbindung von der Verschwiegenheitspflicht (Abs. 2). Die **Entbindung von der Verschwiegenheitspflicht (Abs. 2)** führt nur in den Fällen Abs. 1 Nr. 2–3b zur Aussagepflicht (vgl. Theuner Schweigepflicht S. 320: kein „Wahlrecht" des Arztes; erg. → Rn. 19a). Die Aussagepflicht gilt dann de lege lata uneingeschränkt auch für RAe bzw. Verteidiger (**aM** Leitner StraFo 2012, 344; Matt FS Widmaier, 2008, 851; Lammer FS Wolter, 2013, 1031 (1039): teleologische Reduktion von Abs. 2 S. 1; Nack StraFo 2012, 341 (344) spricht sich für ein **45**

eigenständiges Schweigerecht de lege ferenda aus). Einen dieser entzogenen „Kernbereich" der Verteidigung (vgl. BGH StV 2008, 284) gibt es nicht (BGH StraFo 2010, 69; dies ist aus menschenrechtlicher Sicht nicht zu beanstanden (s. EGMR NJW 2021, 3647 (insbes. 3649 ff.) zu § 53 Abs. 2). In den anderen Fällen kann die Aussagepflicht nur die Entschließung des Zeugen beeinflussen. Die Erkl. ist eine Prozesshandlung, die Handlungsfähigkeit voraussetzt (→ Einl. Rn. 96 ff.). Sie kann konkludent, zB durch Vorlage eines ärztlichen Attestes, geschehen (Gercke FS Schlothauer, 2018, 423 (424)). Das Gericht ist nicht, auch nicht aus Fürsorgegründen, verpflichtet, den anwesenden Angeklagten zu befragen, ob er den die Aussage verweigernden Zeugen entbinden wolle (BGH NJW 1976, 432). Die Weigerung des Angeklagten, den Zeugen zu entbinden, o. der Widerruf einer Entbindungserklärung, hindern diesen nicht an der Aussage. Das Gericht muss ihm daher Gelegenheit geben, sich zu entscheiden (BGHSt 15, 200 (202); BGH NStZ 2018, 362; OLG Frankfurt a. M. StV 1982, 414).

46 **I. Befugnis zur Entbindung. Zur Entbindung berechtigt** ist jeder, zu dessen Gunsten die Schweigepflicht ges. begründet ist (OLG Köln StV 2016, 8; OLG Hamburg NJW 1962, 689 (691)); dabei sind insbes. die zugrunde liegenden berufsrechtlichen Regelungen in den Blick zu nehmen (BGHSt 65, 278 = NJW 2021, 1022, wonach dies bei Wirtschaftsprüfern gem. § 43 Abs. 1 S. 1 WPO regelmäßig nur der Auftraggeber ist). Sind mehrere geschützt, so müssen alle (gemeinsam o. getrennt) die Erkl. abgeben (OLG Celle wistra 1986, 83; OLG Hamm GA 1969, 220; AG Bonn NStZ 2010, 536; KK-StPO/Bader Rn. 47). Hat hingegen jemand einem Zeugen die Tatsachen anvertraut, der nicht zugleich der Geheimnisgeschützte ist, so ist die Entbindung durch den Geheimnisgeschützten erforderlich u. ausreichend; der Anvertrauende muss nicht auch noch selbst entbinden (LG Bonn NStZ 2012, 712; Göppinger NJW 1958, 243). Geheimnisse dritter Personen dürfen jedoch nur offenbart werden, wenn auch diese den Zeugen v. der Schweigepflicht entbunden haben. Vertraut etwa ein Patient seinem Arzt Drittgeheimnisse – zB über einen Angehörigen – an, die untrennbar mit seiner sonstigen Krankengeschichte zusammenhängen, muss der Arzt auch v. diesem Dritten v. der Schweigepflicht befreit werden (OLG Hamburg NJW 1962, 689 (691)).

46a Die Befugnis zur **Entbindung von Berufsgeheimnisträgern juristischer Personen** steht allein der JP zu (vgl. BGHSt 65, 278 = NJW 2021, 1022; Mosbacher JuS 2021, 749 (751); Wessing StV 2021, 392; Wohlers JR 2021, 245; Jäger JA 2021, 695; OLG Köln StV 2016, 8). Für eine GmbH müssen die rechtlichen u. faktischen Geschäftsführer die Erkl. abgeben (OLG Celle wistra 1986, 83; LG Hamburg wistra 2005, 394), für eine AG o. Genossenschaft der Vorstand. Soweit für die JP innerhalb des berufsbezogenen Vertrauensverhältnisses natürliche Personen tätig geworden sind, bedarf es des Entbindungserklärungsgrundes nicht (BGHSt 65, 278 = NJW 2021, 1022). Bei einem **Wechsel in Geschäftsführung oder Vorstand der JP** genügt es, wenn die Erkl. alleine von dem aktuell zuständigen Organ im Namen der JP abgegeben wird (BGHSt 65, 278 = NJW 2021, 1022); der Erkl. des früheren Organwalters bedarf es nicht (Tully/Kirch-Heim NStZ 2012, 657; SK-StPO/Wohlers § 97 Rn. 30; SK-StPO/Rogall Rn. 205; **aM** AG Bonn NJW 2010, 1390 (persönliche Beratung); Beulke FS Achenbach, 2011, 39 (51 ff.); Dierlamm FS 25 Jahre AG StrafR DAV, 2009, 444; Krause FS Dahs, 2005, 360; speziell zur Entbindung durch den Insolvenzverwalter mN zur Rspr. anschließend → Rn. 46b). Dagegen kann nicht durchgreifend eingewandt werden, dass eine effektive Beratung der JP nur möglich sei, wenn die Person, die das Beratungsverhältnis auf Seiten der JP regelmäßig begründet und begleitet habe, auch über ihr Ausscheiden hinaus Einfluss auf die Wahrung der Vertraulichkeit besitze (so aber Krause FS Dahs, 2005, 360). Zwar können nur natürliche Personen wie etwa ehem. Verantwortliche der JP dem Zeugen Tatsachen iSv Abs. 1 anvertrauen (→ Rn. 8); davon ist jedoch die Frage zu trennen, zu wessen Gunsten die Schweigepflicht ges. begründet und wer demzufolge zur Entbindung berechtigt ist (soeben → Rn. 46). Handelt etwa ein Anwalt o. Wirtschaftsprüfer allein im Auftrag der JP, befindet er sich lediglich in Bezug auf die v. ihm vertretene Gesellschaft in dem v. § 53 vorausgesetzten Pflichtenwiderstreit (vgl. BGHSt 65, 278 = NJW 2021, 1022; OLG Oldenburg NJW 2004, 2176; LG Bonn NStZ 2012, 712). Dementsprechend wird die Schweigepflicht ausschl. zu deren Gunsten begründet. Die persönlichen Verhältnisse u. Interessen des Organs werden dagegen nicht Gegenstand des Mandats (OLG Oldenburg NJW 2004, 2176). Soweit die **organschaftliche Tätigkeit für die JP** betroffen ist, hat das Organ sie ausschl. in deren Interesse zu erbringen (vgl. § 43 GmbHG, § 93 AktG; Tully/Kirch-Heim NStZ 2012, 657 (661)). Würde man das anders sehen, hätte der frühere Verantwortliche im Konfliktfall – etwa wenn es um Straftaten zum Nachteil der Gesellschaft geht – quasi ein Vetorecht für die Entbindung eines Rechtsbeistandes o. Wirtschaftsprüfers in der Hand, mit dem er seine Interessen gegen die der mandatierten JP durchsetzen könnte. Dieses Erg. erschiene unter dem Blickwinkel der möglichst umfassenden Wahrheitsermittlung im Strafverfahren gerade auch v. Verfassungs wegen als bedenklich (s. BVerfGE 129, 208 zur eng zu verstehenden Einräumung u. Auslegung v. ZVR; vgl. ferner NStZ-RR 2004, 83, wonach sich im Kontext des § 97 das Vertrauensverhältnis zwischen Berufsgeheimnisträger u. JP nicht auf deren Organe erstreckt; erg. → Rn. 2 sowie → § 97 Rn. 10). Im Übrigen ist sich der ehem. Organwalter darüber im Klaren, dass der Anwalt allein im Auftrag u. Interesse der JP tätig wird; er kann deshalb auch nicht darauf vertrauen, dass seine Kommunikation mit dem Unternehmensanwalt auch gegen den erklärten Willen des Unternehmens geheim bleibt (Tully/Kirch-Heim NStZ 2012, 657 (662), die erg. darauf hinweisen, dass bei internen Ermittlungen in Unternehmen, die einen praktisch häufigen Anwendungsfall für die hier interessierende Frage darstellen, nicht etwa erwogen wird, Informanten unterhalb der Organwalterebene eine Entbindungsbefugnis zuzugestehen).

Die vorstehenden Grundsätze sind entspr. auf den **Insolvenzverwalter** zu übertragen. Auch dieser kann grds. den Berufsgeheimnisträger wirksam v. der Schweigepflicht entbinden, soweit sich das Vertrauensverhältnis auf Angelegenheiten der Insolvenzmasse bezieht (BGHSt 65, 278 = NJW 2021, 1022) ohne dass es einer zusätzliche Erkl. des früheren ges., erst recht nicht des faktischen, Vertreters bedarf (OLG Köln StV 2016, 8 mablAnm Gatzweiler/Wölky u. zust. Anm. Kirsch/Wick NZWiSt 2016, 287; OLG Nürnberg NJW 2010, 690 mablAnm Dierlamm StV 2011, 144; OLG Oldenburg NJW 2004, 2176; OLG Hamm NStZ 2018, 421; LG Hamburg NStZ-RR 2002, 12 mwN; LG Lübeck NJW 1978, 1014, jew. zur Entbindung eines Wirtschaftsprüfers; LG Bonn NStZ 2012, 712 zur Entbindung eines RA; KK-StPO/Bader Rn. 47; Tully/Kirch-Heim NStZ 2012, 657 (659); Madauß NZWiSt 2013, 262; KK-StPO/Nack § 97 Rn. 6; vgl. auch BGH NJW 1990, 510 zur entspr. Rechtlage im Zivilverfahren; **aM** OLG Düsseldorf StV 1993, 346; OLG Koblenz NStZ 1985, 426; OLG Schleswig NJW 1981, 294; OLG Zweibrücken NJW 2017, 902: Organwalterin als alleinige Gesellschafterin; LG Saarbrücken wistra 1995, 239; Dierlamm StV 2011, 144; Krause FS Dahs, 2005, 360; Boost StraFo 2012, 460; Schmitt wistra 1993, 14). Da sich die Vertretungsbefugnis des Insolvenzverwalters anders als die umfassende des Organwalters lediglich auf die Verwaltungs- u. Verfügungsbefugnis über das Vermögen des Schuldners erstreckt (§§ 22 Abs. 1 S. 1, 80 Abs. 1 InsO), wird dies allerdings mit der Einschränkung zu gelten haben, dass die Insolvenzmasse v. der Entbindung betroffen sein kann (Tully/Kirch-Heim NStZ 2012, 657 (659)). Jedoch dürfte dies regelmäßig anzunehmen sein, wenn der RA o. Wirtschaftsprüfer des Schuldners im Strafverfahren als Zeuge gehört werden sollen (Tully/Kirch-Heim NStZ 2012, 657 (659)). 46b

Etwas anderes kann sich lediglich bei sog. **Doppelmandaten** ergeben, dh wenn ein RA sowohl v. der JP als auch v. dem zuständigen Organ als natürlicher Person mandatiert ist. Insofern ist der Organwalter zur Entbindung berechtigt, soweit ausschl. sein Mandatsverhältnis betroffen ist; sind dagegen beide Beratungsverhältnisse betroffen, weil der RA sie miteinander vermengt, kann v. der Schweigepflicht nur kumulativ durch die JP u. den – früheren – Organwalter entbunden werden 46c (zutr. Tully/Kirch-Heim NStZ 2012, 657 (663); vgl. auch OLG Hamm NStZ 2018, 421 mAnm Bittmann NStZ 2018, 423; Raschke NZWiSt 2017, 227 (229); **aM** KK-StPO/Greven § 97 Rn. 6, der die Entbindung durch die JP ausreichen lassen will, wenn es um Straftaten des früher Verantwortlichen zN o. „im Interesse" des Unternehmens, etwa bei Steuerdelikten, sowie um Insolvenzdelikte geht). Allerdings bergen derartige Doppelmandate das strukturelle Risiko, dass der RA mit Blick auf die denkbaren widerstreitenden Interessen gegen seine Standespflichten verstößt (s. § 43a Abs. 4 BRAO, § 3 Abs. 1 BORA) o. sogar eine Strafbarkeit nach § 356 StGB in Betracht zu ziehen ist (Tully/Kirch-Heim NStZ 2012, 657 (663); nicht unbedenklich ist deshalb der v. Bittmann wistra 2012, 173 (175) erteilte Rat, „die rechtlichen Gestaltungsspielräume zugunsten der beteiligten natürlichen Personen möglichst auszureizen").

47 **II. Erklärung.** Die Erklärung **kann durch schlüssiges Verhalten** erfolgen (vgl. OLG Hamm StraFo 2008, 386 u. OLG Nürnberg NJW 2009, 1761: Vorlage eines ärztlichen Attests zur Entschuldigung des Nichterscheinens im Termin; erg. → § 329 Rn. 19). Die Benennung der Vertrauensperson als Zeugen ist als Entbindung zu werten (KK-StPO/Bader Rn. 50). Die nur mutmaßliche Einwilligung reicht dagegen nicht aus (KK-StPO Bader Rn. 50). Die Erkl. wirkt nur in dem Verfahren, in dem sie abgegeben wird, aber für alle Verfahrensabschnitte. Ob sie wirksam ist, beurteilt das Gericht, nicht der Zeuge (BDiszH NJW 1960, 550). Ist der Geheimnisgeschützte verstorben, so kann die Entbindung in einer zu Lebzeiten abgegebenen Erkl. (OLG München AnwBl 1975, 159), auch in einem nachgelassenen Brief (BDiszH NJW 1960, 550), gesehen werden (vgl. auch BGHZ 91, 392).

48 Eine **Vertretung** in der Erkl. ist, da es sich um ein höchstpersönliches Recht handelt, unzulässig, auch wenn der Geheimnisgeschützte willensunfähig ist (Löwe/Rosenberg/Ignor/Bertheau Rn. 81; **aM** Frister FS Rogall, 2018, 473; Solbach DRiZ 1978, 207, die § 52 Abs. 2 entspr. anwenden wollen). Nach seinem Tod können weder die Erben noch die nächsten Angehörigen entbinden; wenn der mutmaßliche Wille des Vertretenen nicht festgestellt werden kann, muss der Zeuge selbst entscheiden (BGHZ 91, 392; Holtz MDR 1980, 815 – BGH RsprÜ; BayObLG NJW 1987, 1492; OLG Celle NJW 1965, 362; OLG Stuttgart MDR 1983, 236).

49 **III. Beschränkbar und widerrufbar. Beschränkbar und widerrufbar ist die Entbindung,** beschränkbar aber nicht auf einzelne Tatsachen, sondern nur auf Tatsachenkomplexe (OLG Hamburg NJW 1962, 689; **aM** Theuner Schweigepflicht S. 317), widerrufbar in entspr. Anwendung des § 52 Abs. 3 S. 2 (BGHSt 18, 146 (149); OLG Hamburg NJW 1962, 689). Der Widerruf muss ausdr.– wenn auch nicht unter Verwendung dieses Wortes – erklärt werden (BGHSt 42, 73 (75)). Bei Teilentbindung kann der Zeuge über diese Grenze hinaus aussagen, wenn er einen Rechtfertigungsgrund (→ Rn. 5) hat. Hatte der Zeuge zunächst ausgesagt, wegen des Widerrufs der Entbindung aber dann die weitere Aussage verweigert, so ist die Aussage verwertbar (KMR-StPO/Neubeck Rn. 41). Die Vorschr. des § 252 steht der Verwertbarkeit eines bei seiner Aussage im Ermittlungsverfahren v. der Schweigepflicht entbundenen Arztes nicht entgegen, wenn der mit dem Angeklagten verwandte Zeuge in der HV die Entbindung des Arztes v. der Schweigepflicht widerruft (BGHSt 18, 146; SK-StPO/Rogall Rn. 215; **aM** OLG Hamburg NJW 1962, 689 (691)). In diesem Fall sind nach der Rspr. des BGH selbst die Angaben eines polizeilichen Vernehmungsbeamten über die damalige Aussage des Arztes verwertbar (BGH NStZ 2012, 281 mkritAnm Geppert NStZ 2012, 282; Mitsch JR 2012, 423; Gercke FS Schlothauer, 2018, 423 (430); zust. Beulke/Swoboda StrafProzR Rn. 646; erg. → § 252 Rn. 3).

50 **J. Revision.** Dass der Zeuge sich zu Unrecht für die Zeugnisverweigerung o. den Verzicht darauf entschieden hat, kann nicht gerügt werden (BGHSt 9, 59; BGHR StPO § 53 Schweigepflicht 1), auch nicht das Unterlassen einer Belehrung (→ Rn. 44). **Revisibel sind** aber die unrichtige Belehrung u. der unrichtige Hinweis darauf, dass eine Entbindung nach Abs. 2 erfolgt ist (BGHSt 42, 73). Hat das

zur Aussage des Zeugen geführt, so ist die Revision begründet, wenn das Urt. auf ihr beruht (Fezer JuS 1978, 472; einschr. RGSt 57, 63 (65); 66, 273; 71, 21; OLG Köln OLGSt StPO § 261 S. 99: nicht, wenn dem Zeugen die Entschließungsfreiheit erhalten geblieben ist; Grünwald JZ 1966, 498: nicht bei Preisgabe v. Drittgeheimnissen); Beanstandung nach § 238 Abs. 2 ist nicht erforderlich (BGHSt 42, 73 (77)). Die Rüge kann nach der Rspr. des BGH jeder Angeklagte erheben, zu dessen Nachteil die Aussage verwertet worden ist, auch wenn er nicht zu den Personen gehört, die durch das Zeugnisverweigerungsrecht unmittelbar geschützt sind (BGHSt 33, 148; SSW StPO/Eschelbach Rn. 53). Verweigert der Zeuge aufgrund unrichtiger Belehrung die Aussage, so ist § 245 verletzt, wenn er präsent ist, sonst § 244 Abs. 2 (BGH NStZ 1994, 94; erg. → § 52 Rn. 35; → § 55 Rn. 18). Zum Verhältnis zu § 252 → § 252 Rn. 3.

Zeugnisverweigerungsrecht der mitwirkenden Personen

53a (1) [1]**Den Berufsgeheimnisträgern nach § 53 Absatz 1 Satz 1 Nummer 1 bis 4 stehen die Personen gleich, die im Rahmen**

1. eines Vertragsverhältnisses einschließlich der gemeinschaftlichen Berufsausübung,
2. einer berufsvorbereitenden Tätigkeit oder
3. einer sonstigen Hilfstätigkeit

an deren beruflicher Tätigkeit mitwirken. [2]**Über die Ausübung des Rechts dieser Personen, das Zeugnis zu verweigern, entscheiden die Berufsgeheimnisträger, es sei denn, dass diese Entscheidung in absehbarer Zeit nicht herbeigeführt werden kann.**

(2) **Die Entbindung von der Verpflichtung zur Verschwiegenheit (§ 53 Absatz 2 Satz 1) gilt auch für die nach Absatz 1 mitwirkenden Personen.**

A. Normzweck. Die Vorschr. dehnt das ZVR der in § 53 Abs. 1 S. 1 Nr. 1–4 Bezeichneten – entspr. § 203 Abs. 3, Abs. 4 StGB nF – auf die Personen aus, die an ihrer beruflichen Tätigkeit mitwirken; dies soll Umgehungen des ZVR der Berufsgeheimnisträger durch Vernehmung dieser Personen verhindern. Für Personen, die selbst ein Zeugnisverweigerungsrecht nach § 53 haben (hinzugezogener Arzt, Sozius des RA), hat § 53a keine Bedeutung. Für das Beschlagnahmerecht wird die Vorschr. durch § 97 Abs. 3, Abs. 4 ergänzt. 1

B. Mitwirkende Personen (Abs. 1 S. 1). Das G v. 30.10.2017 (BGBl. I 3618) hat den Kreis der zur Verweigerung des Zeugnisses berechtigten Personen erheblich erweitert, indem es den früheren Begriff des „Gehilfen" gestrichen u. den Regelungsumfang auf **alle Personen** erstreckt hat, **die an der beruflichen Tätigkeit des Berufsgeheimnisträgers mitwirken.** Erfasst werden alle internen u. externen sowohl fachlich als auch organisatorisch eingesetzten Kräfte (BT-Drs. 18/12940, 12). Vorausgesetzt wird allerdings ein unmittelbarer Zusammenhang zwischen der Mitwirkung u. der Berufstätigkeit des Hauptberufsträgers. Dieser ist gegeben, wenn der Berufsgeheimnisträger die mitwirkende Person mit Aufgaben betraut, bei deren Erfüllung sie in Kontakt mit dem geheimnisgeschützten Bereich kommt (→ Rn. 4 ff.; s. auch SK-StPO/Rogall Rn. 14: mandatsbezogene Unterstützungsleistungen). Kein unmittelbarer Zusammenhang besteht dagegen zB bei Banken (anders aber nach LG Kiel wistra 2019, 303 beim Notaranderkonto), privatärztlichen Verrechnungsstellen, reinen Datenbanken, Krankenkassen, Berufskammern (Löwe/Rosenberg/Ignor/Bertheau Rn. 3; KK-StPO/Bader Rn. 2a) u. beim Hauspersonal, sofern es nicht ausnahmsweise bei der Berufsarbeit hilft (Bedienung des Telefons, Empfang v. Patienten), sowie beim technischen Personal (Boten, Kraftfahrer, Haushaltshilfen usw). Ob allerdings der unscharfe u. im Einzelfall nur schwer zu definierende Begriff des unmittelbaren Zusammenhangs mit der geschützten Berufstätigkeit ausreicht, um eine Vielzahl v. nicht mehr überschaubaren originären ZVR u. Beschlagnameverboten zu verhindern, bleibt abzuwarten. 2

3 **I. Vertragsverhältnis.** Das in Nr. 1 bezeichnete Vertragsverhältnis bezieht sich nunmehr ausdr. auch auf ein solches zur **gemeinschaftlichen Berufsausübung** (klargestellt mit Wirkung v. 8.8.2022 durch G vom 7.7.2021, BGBl. I 2363). Gesellschafterinnen und Gesellschafter von Berufsausübungsgesellschaften – auch deren Geschäftsführungs- und Aufsichtsorgane – sind damit als mitwirkende Personen iSv § 53a erfasst; ein Abhängigkeitsverhältnis ist nicht erforderlich (BT-Drs. 19/27670, 318). Auch sonst ist das in Nr. 1 genannte Vertragsverhältnis umfassend zu verstehen. Erfasst sind alle Personen, die an der beruflichen Tätigkeit des Berufsgeheimnisträgers iRe vertraglichen Beziehung teilnehmen (BT-Drs. 18/12940, 11). Die Art des Vertragsverhältnisses spielt keine Rolle; es muss auch nicht wirksam sein, sofern es nicht gegen ein ges. Verbot verstößt (SK-StPO/Rogall Rn. 19). Es ist weder eine berufsmäßige noch eine auf Dauer angelegte Tätigkeit noch ein soziales Abhängigkeitsverhältnis erforderlich. Die Vorschr. ist auf Anstellungs- u. Beschäftigungsverhältnisse ebenso anwendbar wie auf Dienst-, Werk- o. Geschäftsbesorgungsverträge mit externen Dienstleistern.

4 Daher haben zB Schreib- u. Sekretariatskräfte o. IT-Fachleute auch ein ZVR unter der in S. 2 genannten Voraussetzung, wenn sie für einen externen Dienstleister tätig werden. Von dem Begriff „Vertragsverhältnis" werden auch Mitgesellschafter auf der Grdl. eines Gesellschaftsvertrages erfasst, die mit dem Berufsgeheimnisträger zusammenarbeiten, ohne ein originäres ZVR zu haben (BT-Drs. 18/12940, 11). Mitwirkende Personen können auch selbständige Gewerbetreibende sein, die für einen Berufsausübenden iS § 53 Abs. 1 S. 1 Nr. 1–4 Einzelaufträge erledigen, also auch externe Dienstleister, die nur ein Einzelmandat erhalten haben (Schorn StraFo 2017, 491 (495 f.); dazu iE → Rn. 5, 6).

5 Bei **Rechtsanwälten** sind es die in einem Angestellten- u. Beschäftigungsverhältnis stehenden jur. Mitarbeiter (nicht als RA zugelassene Volljuristen, Referendare, Studenten), das Büropersonal der Anwaltskanzlei, der zugezogene Dolmetscher u. der beauftragte Detektiv. In einem vertraglichen Verhältnis steht auch der beauftragte Gutachter hins. fallbezogener Anknüpfungstatsachen, die diesem v. Verteidiger o. dem Beschuldigten mitgeteilt wurden (Löwe/Rosenberg/Ignor/Bertheau Rn. 5); sobald der Verteidiger das Gutachten allerdings zB gem. § 245 in das Verf. einführt, wird der Gutachter zum Gehilfen des Gerichts u. das ZVR aus § 53a erlischt. Ein Nr. 1 unterfallendes Vertragsverhältnisses besteht auch mit Cloud-Computing Unternehmen, die damit beauftragt sind, Daten v. Mandanten u. Verf. auf ausgelagerten Speichermedien zu speichern u. IT-Systeme zu warten (vgl. Schorn StraFo 2017, 491 f.); das Privileg gilt aber nur ggü. deutschen Strafverfolgungsbehörden, dh wenn sich der Standort der gespeicherten Daten in Deutschland befindet (Cornelius NJW 2017, 3751, der empfiehlt, sich dies entspr. vertragl. zusichern zu lassen).

6 Beim **Arzt** zählen hierzu die v. ihm herangezogenen Psychologen (Hoffmann NJW 1971, 1440) ua Spezialisten (Kohlhaas NJW 1972, 1502) sowie die für ihn tätigen Operationsassistenten, Krankenpfleger, Krankenschwestern (OLG Hamm NStZ 2010, 164), Masseure, Bademeister, medizinisch-technische Assistentinnen u. Studierenden, aber auch Bürofachkräfte u. Buchhalter (Kleinewefer/Wilts NJW 1964, 430), im Krankenhaus neben diesen Hilfspersonen alle, die für den Arzt personenbezogene Daten erheben, verarbeiten o. nutzen. Ebenso unter Nr. 1 fallen der für einen Zahnarzt tätige Zahntechniker sowie der v. einem Arzt herbeigerufene selbständige Krankentransportfahrer.

7 Beim **Abgeordneten** sind es die Assistenten u. Bürofachkräfte, auch ihm zuarbeitende Fraktionsreferenten sowie bei ihm in Ausbildung befindliche Personen (s. Nr. 2), nicht die einzelnen Wahlhelfer (Löwe/Rosenberg/Ignor/Bertheau Rn. 7).

8 Beim **Geistlichen** kommen die in der Seelsorge mitwirkenden Personen in Betracht, dagegen nicht solche, die damit nicht unmittelbar zusammenhängende Tätigkeiten ausüben, wie Messdiener, Kirchenälteste u. Pfarrgemeinderäte (KK-StPO/Bader Rn. 5).

II. Personen im Rahmen einer berufsvorbereitenden Tätigkeit (Nr. 2). Personen, die im Rahmen einer berufsvorbereitenden Tätigkeit an der beruflichen Tätigkeit des Berufsgeheimnisträgers mitwirken, sind **in Ausbildung befindliche Personen,** etwa Praktikanten u. Referendare, die allerdings bei Bestehen eines Beschäftigungsvertrages auch unter Nr. 1 fallen können. 9

III. Sonstige Hilfstätigkeit (Nr. 3). Mit einer sonstigen Hilfstätigkeit (Nr. 3) werden **ständig o. gelegentlich mithelfende** Bekannte, Freunde o. Familienmitglieder eines Arztes o. RA erfasst. Hierzu gehören ebenso – auch nicht anwaltliche – Geschäftsführer v. Rechtsanwaltsgesellschaften, die das ZVR nicht aufgrund eigener anwaltlicher Tätigkeit, sondern lediglich abgeleitet v. ihrer Geschäftsführereigenschaft beanspruchen (BT-Drs. 18/12940, 10). 10

C. Schweigerecht der mitwirkenden Person. Abgeleitet vom Zeugnisverweigerungsrecht des Hauptberufsträgers ist das Schweigerecht der mitwirkenden Person (vgl. dazu schon BGHSt 9, 59 (61); BT-Drs. 18/12940, 10). Der Hauptberufsträger entscheidet nach Abs. 1 S. 2 über die Aussagepflicht seiner mitwirkenden Personen mit bindender Wirkung (zu den Besonderheiten bei gemeinsamer Berufsausübung vgl. Thielen StraFo 2000, 121); eine Ausnahme gilt, wenn die Entsch. in absehbarer Zeit nicht herbeigeführt werden kann (Tod, Erkrankung, längere Abwesenheit). Da der Berufsgeheimnisträger über die Ausübung des ZVR entscheidet, empfiehlt es sich für die mitwirkende Person, bei Anfragen der Justizbehörden mit diesem Rücksprache zu halten (vgl. Hoeren MMR 2018, 12 (17): Cloud-Anbieter). Eine Aussage der mitwirkenden Person entgegen der ihr erteilten Weisung ist allerdings verwertbar (vgl. BGHSt 9, 59; KK-StPO/Bader Rn. 8; Löwe/Rosenberg/Ignor/Bertheau Rn. 8; **aM** Tsambikakis Strafprozessuale Zeugnisverweigerungsrechte S. 147 ff.; Rengier ZeugnisverweigerungsR S. 324 Fn. 48). Gegen im Fall der Weigerung des Zeugen angeordnete Maßnahmen nach § 70 hat auch der Hauptberufsträger ein Beschwerderecht (vgl. OLG Köln StV 1991, 506; SSW StPO/Eschelbach Rn. 19). Eine Belehrungspflicht besteht nicht (vgl. → § 53 Rn. 44, dort auch zu Ausnahmen; **aM** Tsambikakis Strafprozessuale Zeugnisverweigerungsrechte S. 151). 11

Einheitlich muss die Entsch. des Hauptberufsträgers nicht sein. Er kann selbst das Zeugnis verweigern, die mitwirkende Person aber zur Aussage anweisen (SK-StPO/Rogall Rn. 43) o. umgekehrt verfahren (KK-StPO/Bader Rn. 7; **aM** LG Köln NJW 1959, 1598). Er kann auch einer Mehrzahl v. mitwirkenden Personen unterschiedliche Anweisungen für ihr Aussageverhalten geben. 12

Im **Verfahren gegen den Hauptberufsträger** steht der mitwirkenden Person kein Zeugnisverweigerungsrecht zu, sofern nicht ein Dritter, dem der Hauptberufsträger nach § 203 StGB zum Schweigen verpflichtet ist, Mitbeschuldigter ist u. sich die Aussage auf ihn beziehen soll; dann gilt § 53a (LBerufsG Stuttgart NJW 1975, 2255; KK-StPO/Bader Rn. 9; weitergehend Löwe/Rosenberg/Ignor/Bertheau Rn. 11: Zeugnisverweigerungsrecht stets, wenn die Rechte der durch § 203 StGB, §§ 53, 53a geschützten Personen betroffen werden; jew. zu § 53a aF). 13

D. Entbindung des Hauptberufsträgers. Die Entbindung des Hauptberufsträgers v. der Schweigepflicht nach § 53 Abs. 2 **erstreckt sich auf die mitwirkenden Personen** (Abs. 2). Sie ist unteilbar. Der Hauptberufsträger u. seine mitwirkenden Personen können nur gemeinsam entbunden o. nicht entbunden werden (vgl. SK-StPO/Rogall § 53a aF Rn. 47; anders *de lege ferenda* Theuner Schweigepflicht S. 320). 14

E. Revision. Vgl. → § 53 Rn. 50. Die in BGHSt 9, 59 dargelegten Grundsätze gelten auch hier (BGH 5.9.1989 – 4 StR 457/89). 15

Aussagegenehmigung für Angehörige des öffentlichen Dienstes **Nr. 66 RiStBV**

54 (1) **Für die Vernehmung von Richtern, Beamten und anderen Personen des öffentlichen Dienstes als Zeugen über Umstände, auf die sich ihre Pflicht zur Amtsverschwiegenheit bezieht, und für die Genehmigung zur Aussage gelten die besonderen beamtenrechtlichen Vorschriften.**

(2) **Für die Mitglieder des Bundestages, eines Landtages, der Bundes- oder einer Landesregierung sowie für die Angestellten einer Fraktion des Bundestages und eines Landtages gelten die für sie maßgebenden besonderen Vorschriften.**

(3) **Der Bundespräsident kann das Zeugnis verweigern, wenn die Ablegung des Zeugnisses dem Wohl des Bundes oder eines deutschen Landes Nachteile bereiten würde.**

(4) **Diese Vorschriften gelten auch, wenn die vorgenannten Personen nicht mehr im öffentlichen Dienst oder Angestellte einer Fraktion sind oder ihre Mandate beendet sind, soweit es sich um Tatsachen handelt, die sich während ihrer Dienst-, Beschäftigungs- oder Mandatszeit ereignet haben oder ihnen während ihrer Dienst-, Beschäftigungs- oder Mandatszeit zur Kenntnis gelangt sind.**

Übersicht

1 **A. Verschwiegenheitspflicht und Beweiserhebungsverbot.** Die **Verschwiegenheitspflicht,** die für Angehörige des öffentl. Dienstes ges. o. durch Tarifvertrag bestimmt ist, überträgt § 54 ohne Abänderung auf das Verfahrensrecht. Die Vorschr. schützt nur öffentl. Geheimhaltungsinteressen, nicht amtl. bekanntgewordene Privatgeheimnisse (KMR-StPO/Neubeck Rn. 1; **aM** Rengier ZeugnisverweigerungsR S. 47 ff.), u. hat daher für das Post-, Steuer- u. Sozialgeheimnis (→ § 161 Rn. 3 ff.) keine Bedeutung. Die Pflicht, diese Geheimnisse zu wahren, folgt unmittelbar aus den entspr. Vorschriften.

2 § 54 schafft ein **Beweiserhebungsverbot** (Rengier ZeugnisverweigerungsR S. 42; Welp FS Gallas, 1973, 422). Aussagepflicht u. Aussagebefugnis entfallen, soweit die Amtsverschwiegenheit reicht (Dallinger MDR 1952, 659 – BGH RsprÜ; OLG Hamburg NStZ 1994, 98). Eine Belehrung des Zeugen darüber ist nicht vorgeschrieben u. kann daher unterbleiben (Löwe/Rosenberg/Ignor/Bertheau Rn. 1). Erst wenn die Aussagegenehmigung erteilt wird, tritt die allg. Zeugenpflicht wieder in Kraft (Rengier ZeugnisverweigerungsR S. 42). Die ohne

Genehmigung gemachte Aussage ist aber verwertbar (Rogall ZStW 91 (1979), 35; Roxin/Schünemann StrafVerfR § 24 Rn. 47, die aber eine Ausnahme für bewusste Täuschungen v. Gericht o. StA über das ZVR machen; str.). § 54 gilt auch für Vernehmungen durch StA (§ 161a Abs. 1 S. 2) u. Polizei u. auch für Aussagen nach dem Ausscheiden aus dem öffentl. Dienst bzw. nach Beendigung der Beschäftigungs- o. Mandatszeit (Abs. 4). Auf Beschuldigte findet sie keine (entspr.) Anwendung (Löwe/Rosenberg/Ignor/Bertheau Rn. 3); zu deren Konflikt zwischen Aussagefreiheit u. Verschwiegenheitspflicht Bohnert NStZ 2004, 301; → Einl. Rn. 80.

B. Personenkreis (Abs. 1). I. Beamte. Der Begriff umfasst unmittelbare u. mittelbare Bundes- u. Landesbeamte, auch Ehrenbeamte (KK-StPO/Bader Rn. 6). In Betracht kommen nur Personen, die unter Berufung in das Beamtenverhältnis in einem öffentl. Dienst- u. Treueverhältnis zum Bund, einem Land, einer Gemeinde o. einer Körperschaft, Anstalt o. Stiftung des öffentl. Rechts stehen (§ 4 BBG, § 3 Abs. 1 BeamtStG). Die Verschwiegenheitspflicht, die zu den hergebrachten Grundsätzen des Berufsbeamtentums gehört u. nach Art. 33 Abs. 5 GG Verfassungsrang hat (BVerwGE 66, 39), folgt für Bundesbeamte aus §§ 67–69 BBG, für Landesbeamte aus § 37 BeamtStG. 3

Die Vorschr. lauten: 4

§ 67 BBG Verschwiegenheitspflicht

(1) [1] Beamtinnen und Beamte haben über die ihnen bei oder bei Gelegenheit ihrer amtlichen Tätigkeit bekannt gewordenen dienstlichen Angelegenheiten Verschwiegenheit zu bewahren. [2] Dies gilt auch über den Bereich eines Dienstherrn hinaus sowie nach Beendigung des Beamtenverhältnisses. 5

(2) [1] Absatz 1 gilt nicht, soweit

1. Mitteilungen im dienstlichen Verkehr geboten sind,
2. Tatsachen mitgeteilt werden, die offenkundig sind oder ihrer Bedeutung nach keiner Geheimhaltung bedürfen,
3. gegenüber der zuständigen obersten Dienstbehörde, einer Strafverfolgungsbehörde oder einer von der obersten Dienstbehörde bestimmten weiteren Behörde oder außerdienstlichen Stelle ein durch Tatsachen begründeter Verdacht einer Korruptionsstraftat nach den §§ 331 bis 337 des Strafgesetzbuches angezeigt wird oder
4. Informationen unter den Voraussetzungen des Hinweisgeberschutzgesetzes an eine zuständige Meldestelle weitergegeben oder offengelegt werden.

[2] Im Übrigen bleiben die gesetzlich begründeten Pflichten, geplante Straftaten anzuzeigen und für die Erhaltung der freiheitlichen demokratischen Grundordnung einzutreten, von Absatz 1 unberührt.

(3) [1] Beamtinnen und Beamte dürfen ohne Genehmigung über Angelegenheiten nach Absatz 1 weder vor Gericht noch außergerichtlich aussagen oder Erklärungen abgeben. [2] Die Genehmigung erteilt die oder der Dienstvorgesetzte oder, wenn das Beamtenverhältnis beendet ist, die oder der letzte Dienstvorgesetzte. [3] Hat sich der Vorgang, der den Gegenstand der Äußerung bildet, bei einem früheren Dienstherrn ereignet, darf die Genehmigung nur mit dessen Zustimmung erteilt werden.

(4) [1] Beamtinnen und Beamte haben, auch nach Beendigung des Beamtenverhältnisses, auf Verlangen der oder des Dienstvorgesetzten oder der oder des letzten Dienstvorgesetzten amtliche Schriftstücke, Zeichnungen, bildliche Darstellungen sowie Aufzeichnungen jeder Art über dienstliche Vorgänge, auch soweit es sich um Wiedergaben handelt, herauszugeben. [2] Entsprechendes gilt für ihre Hinterbliebenen und Erben.

§ 68 BBG Versagung der Aussagegenehmigung

(1) Die Genehmigung, als Zeugin oder Zeuge auszusagen, darf nur versagt werden, wenn die Aussage dem Wohle des Bundes oder eines deutschen Landes Nachteile bereiten oder die Erfüllung öffentlicher Aufgaben ernstlich gefährden oder erheblich erschweren würde. 6

(2) [1] Sind Beamtinnen oder Beamte Partei oder Beschuldigte in einem gerichtlichen Verfahren oder soll ihr Vorbringen der Wahrnehmung ihrer berechtigten Interessen dienen, darf die Genehmigung auch dann, wenn die Voraussetzungen des Absatzes 1 erfüllt sind, nur versagt werden, wenn die dienstlichen Rücksichten dies unabweisbar erfordern. [2] Wird die Genehmigung versagt, haben die oder der Dienstvorgesetzte der Beamtin oder dem Beamten den Schutz zu gewähren, den die dienstlichen Rücksichten zulassen.

(3) [1] Über die Versagung der Genehmigung entscheidet die oberste Dienstbehörde. [2] Sie kann diese Befugnis auf andere Behörden übertragen.

§ 69 BBG Gutachtenerstattung

6a [1] Die Genehmigung, ein Gutachten zu erstatten, kann versagt werden, wenn die Erstattung den dienstlichen Interessen Nachteile bereiten würde. [2] § 68 Abs. 3 gilt entsprechend.

§ 37 BeamtStG Verschwiegenheitspflicht

7 (1) [1] Beamtinnen und Beamte haben über die ihnen bei oder bei Gelegenheit ihrer amtlichen Tätigkeit bekannt gewordenen dienstlichen Angelegenheiten Verschwiegenheit zu bewahren. [2] Dies gilt auch über den Bereich eines Dienstherrn hinaus sowie nach Beendigung des Beamtenverhältnisses.

(2) [1] Absatz 1 gilt nicht, soweit

1. Mitteilungen im dienstlichen Verkehr geboten sind,
2. Tatsachen mitgeteilt werden, die offenkundig sind oder ihrer Bedeutung nach keiner Geheimhaltung bedürfen,
3. gegenüber der zuständigen obersten Dienstbehörde, einer Strafverfolgungsbehörde oder einer durch Landesrecht bestimmten weiteren Behörde oder außerdienstlichen Stelle ein durch Tatsachen begründeter Verdacht einer Korruptionsstraftat nach den §§ 331 bis 337 des Strafgesetzbuches angezeigt wird oder
4. Informationen unter den Voraussetzungen des Hinweisgeberschutzgesetzes an eine zuständige Meldestelle weitergegeben oder offengelegt werden.

[2] Im Übrigen bleiben die gesetzlich begründeten Pflichten, geplante Straftaten anzuzeigen und für die Erhaltung der freiheitlichen demokratischen Grundordnung einzutreten, von Absatz 1 unberührt.

(3) [1] Beamtinnen und Beamte dürfen ohne Genehmigung über Angelegenheiten, für die Absatz 1 gilt, weder vor Gericht noch außergerichtlich aussagen oder Erklärungen abgeben. [2] Die Genehmigung erteilt der Dienstherr oder, wenn das Beamtenverhältnis beendet ist, der letzte Dienstherr. [3] Hat sich der Vorgang, der den Gegenstand der Äußerung bildet, bei einem früheren Dienstherrn ereignet, darf die Genehmigung nur mit dessen Zustimmung erteilt werden. [4] Durch Landesrecht kann bestimmt werden, dass an die Stelle des in den Sätzen 2 und 3 genannten jeweiligen Dienstherrn eine andere Stelle tritt.

(4) [1] Die Genehmigung, als Zeugin oder Zeuge auszusagen, darf nur versagt werden, wenn die Aussage dem Wohl des Bundes oder eines deutschen Landes erhebliche Nachteile bereiten oder die Erfüllung öffentlicher Aufgaben ernstlich gefährden oder erheblich erschweren würde. [2] Durch Landesrecht kann bestimmt werden, dass die Verweigerung der Genehmigung zur Aussage vor Untersuchungsausschüssen des Deutschen Bundestages oder der Volksvertretung eines Landes einer Nachprüfung unterzogen werden kann. [3] Die Genehmigung, ein Gutachten zu erstatten, kann versagt werden, wenn die Erstattung den dienstlichen Interessen Nachteile bereiten würde.

(5) [1] Sind Beamtinnen oder Beamte Partei oder Beschuldigte in einem gerichtlichen Verfahren oder soll ihr Vorbringen der Wahrnehmung ihrer berechtigten Interessen dienen, darf die Genehmigung auch dann, wenn die Voraussetzungen des Absatzes 4 Satz 1 erfüllt sind, nur versagt werden, wenn die dienstlichen Rücksichten dies unabweisbar erfordern. [2] Wird sie versagt, ist Beamtinnen oder Beamten der Schutz zu gewähren, den die dienstlichen Rücksichten zulassen.

(6) [1] Beamtinnen und Beamte haben, auch nach Beendigung des Beamtenverhältnisses, auf Verlangen des Dienstherrn oder des letzten Dienstherrn amtliche Schriftstücke, Zeichnungen, bildliche Darstellungen sowie Aufzeichnungen jeder Art über dienstliche Vorgänge, auch soweit es sich um Wiedergaben handelt, herauszugeben. [2] Die gleiche Verpflichtung trifft ihre Hinterbliebenen und Erben.

8 **II. Richter.** Nach §§ 46, 71 Abs. 1 DRiG **gelten die beamtenrechtlichen Vorschriften.** Das Genehmigungserfordernis besteht auch, wenn ein Richter über seine strafprozessualen Untersuchungshandlungen als Zeuge vernommen wird, auch in dem Verfahren, in dem er tätig geworden ist (KK-StPO/Bader Rn. 4). Die ehrenamtlichen Richter haben mit Ausnahme der landwirtschaftlichen Beisitzer in Landwirtschaftssachen (§ 5 Abs. 3 S. 2 des G über das gerichtliche Verf. in Landwirtschaftssachen v. 21.7.1953 (BGBl. I 667), idF des G v. 22.7.2001 (BGBl. I 1887)) keine über die Pflicht zur Wahrung des Beratungsgeheimnisses (§ 45 Abs. 1 S. 2 DRiG) hinausgehende Verschwiegenheitspflicht. Für die Richter des BVerfG fehlt eine ges. Regelung; es ist str., ob der Richter selbst (Löwe/Rosenberg/Ignor/

Bertheau Rn. 5), der Sen. (Schmidt StPO/GVG Nachtrag StPO § 54 Rn. 5) o. das Plenum (KK-StPO/Bader Rn. 5) die Entsch. treffen muss.

9 **III. Angestellte des öffentlichen Dienstes.** Ihre Verschwiegenheitspflicht richtet sich entgegen dem Wortlaut v. Abs. 1 nicht nach beamtenrechtlichen, sondern **nach tarifvertraglichen Vorschr.** u. besteht daher nur in den durch G vorgesehenen o. v. Arbeitgeber angeordneten Fällen (§ 3 Abs. 1 TVöD (Bund, Kommunen), § 9 BAT (Berlin, Hessen), § 3 Abs. 2 TV-L (übrige Bundesländer)). Für die Versagung der Aussagegenehmigung gelten dagegen § 68 BBG, § 37 Abs. 4 BeamtStG.

10 **IV. Andere Personen des öffentlichen Dienstes. Andere Personen des öffentlichen Dienstes** sind zur Verschwiegenheit verpflichtet, wenn ihre Tätigkeit mit der einer Behörde in weitestem Sinn zusammenhängt u. nicht nur untergeordneter o. mechanischer Art ist. Dem Bereich der staatlichen o. kommunalen Verw. muss sie nicht unbedingt zuzuordnen sein. In Betracht kommen etwa Gemeinderatsmitglieder (OVG Münster MDR 1955, 61), Schiedsmänner (BVerwGE 18, 58; OLG Hamm NJW 1968, 1440), Geistliche, soweit nicht § 53 Abs. 1 S. 1 Nr. 1 anzuwenden ist (KK-StPO/Bader Rn. 8), wohl auch Mitarbeiter kirchlicher Beratungsstellen (OLG Köln StraFo 1999, 90; Hiebl StraFo 1999, 89), Geschäftsführer einer Kreishandwerkschaft (LG Aachen NJW 1954, 1213), aufgrund ihrer rein erwerbswirtschaftlichen Tätigkeit nicht aber Mitarbeiter öffentlich-rechtlicher Kreditinstitute (Reichling JR 2011, 15 mwN; KMR-StPO/Neubeck Rn. 6). Eingehend hierzu SK-StPO/Rogall Rn. 24 ff. Zur Verschwiegenheitspflicht der Datenschutzbeauftragten vgl. Löwe/Rosenberg/Ignor/Bertheau Rn. 10.

11 **V-Leute** der Polizei u. der Nachrichtendienste fallen unter diesen Personenkreis nur, wenn sie hauptberuflich mit festen Bezügen angestellt sind (vgl. Freeden Polizei 1958, 71), aber auch dann, wenn sie nach dem Verpflichtungsgesetz v. 2.3.1974 (BGBl. I 469 (547)) bes. zur Verschwiegenheit verpflichtet worden sind (BGHSt 31, 148 (156); BGH NStZ 1984, 31; OLG Celle NStZ 1983, 570; OLG Hamburg NStZ 1994, 98; **aM** AK-StPO/Kühne Rn. 23; *Meyer* ZStW 95 (1983), 846). Auf den gem. §§ 3, 10 ZSHG (→ Vor § 48 Rn. 10) förmlich verpflichteten Zeugen ist § 54 Abs. 1 nicht (entspr.) anwendbar (BGHSt 50, 318).

12 **V. Soldaten. Soldaten** sind keine Personen des öffentl. Dienstes. § 54 gilt aber entspr. (KK-StPO/Bader Rn. 10). Die Verschwiegenheitspflicht ergibt sich aus § 14 SG:

§ 14 SG Verschwiegenheit

13 (1) [1] Der Soldat hat, auch nach seinem Ausscheiden aus dem Wehrdienst, über die ihm bei oder bei Gelegenheit seiner dienstlichen Tätigkeit bekannt gewordenen Angelegenheiten Verschwiegenheit zu bewahren.

[2] Dies gilt nicht, soweit

1. Mitteilungen im dienstlichen Verkehr geboten sind,
2. Tatsachen mitgeteilt werden, die offenkundig sind oder ihrer Bedeutung nach keiner Geheimhaltung bedürfen,
3. gegenüber der zuständigen obersten Dienstbehörde, einer Strafverfolgungsbehörde oder einer von der obersten Dienstbehörde bestimmten weiteren Behörde oder außerdienstlichen Stelle ein durch Tatsachen begründeter Verdacht einer Korruptionsstraftat nach den §§ 331 bis 337 des Strafgesetzbuches angezeigt wird oder
4. Informationen unter den Voraussetzungen des Hinweisgeberschutzgesetzes an eine zuständige Meldestelle weitergegeben oder offengelegt werden.

[3] Im Übrigen bleiben die gesetzlich begründeten Pflichten, geplante Straftaten anzuzeigen und für die Erhaltung der freiheitlichen demokratischen Grundordnung einzutreten, von Satz 1 unberührt.

(2) [1] Der Soldat darf ohne Genehmigung über solche Angelegenheiten weder vor Gericht noch außergerichtlich aussagen oder Erklärungen abgeben. [2] Die Genehmigung erteilt der Disziplinarvorgesetzte, nach dem Ausscheiden aus dem Wehrdienst der letzte Disziplinarvorgesetzte. [3] Die §§ 68 und 69 des Bundesbeamtengesetzes gelten entsprechend.

(3) …

14 **VI. EU-Bedienstete.** Für **EU-Bedienstete** gilt Art. 19 EU-BeamtStat (Statut der Beamten der Europäischen Union idF der VO (EWG, Euratom, EGKS) Nr. 259/68 des Rates v. 29.2.1968 (ABl. 1968 L 56, 1)). Danach dürfen diese Personen die ihnen bei ihrer amtlichen Tätigkeit bekanntgewordenen Tatsachen nur mit Zustimmung der Anstellungsbehörde bei Gericht vorbringen o. über sie aussagen. Die Zustimmung darf nur versagt werden, wenn die Interessen der Gemeinschaft es erfordern u. die Versagung für den Beamten keine strafrechtlichen Folgen haben kann.

14a **VII. Ehemalige Bedienstete. Ehemalige Bedienstete** der Staatsverwaltung der ehem. **DDR** können sich nicht mehr auf ihre Schweigepflicht berufen; entspr. Verpflichtungen sind mit der Wiedervereinigung am 3.10.1990 weggefallen (Rein/Hilger DtZ 1993, 261).

15 **C. Zeugnisverweigerung.** Ob eine Ausnahme v. der Verschwiegenheitspflicht besteht, weil die Tatsache offenkundig, dh allg. bekannt o. allg. zugänglich (Kube/Leineweber Polizeibeamte S. 116; erg. → § 244 Rn. 50 ff.), o. ihrer Bedeutung nach nicht geheimhaltungsbedürftig ist (§ 67 BBG, § 37 Abs. 2 Nr. 2 BeamtStG, § 14 Abs. 1 S. 2 SG), entscheidet zunächst der Zeuge selbst. Hat er auch nur Zweifel an seiner Berechtigung zur Aussage, so darf u. muss er das Zeugnis verweigern (RGSt 48, 38; KK-StPO/Bader Rn. 12). Das Gericht darf ihn über offenbar geheimhaltungsbedürftige Tatsachen nicht vernehmen, auch wenn er aussagebereit ist (Kube/Leineweber Polizeibeamte S. 116; Welp FS Gallas, 1973, 422); ein Verwertungsverbot begründet der Verstoß aber nicht (ANM 499 mwN). Ermittlungspersonen der StA (§ 152 GVG) dürfen stets vernommen werden, sofern die zuständige Behörde nicht angeordnet hat, dass allg. o. für bestimmte Einzelfälle eine Aussagegenehmigung erforderlich ist (Löwe/Rosenberg/Ignor/Bertheau Rn. 14; Böhm NStZ 1983, 158; **aM** Kube/Leineweber Polizeibeamte S. 116, die in jedem Falle eine Genehmigung für erforderlich halten). Das Gleiche gilt für den Vertreter der Gerichtshilfe (vgl. Eisenberg NStZ 1986, 309 für den Vertreter der Jugendgerichtshilfe; Brunner/Dölling JGG § 38 Rn. 14).

16 **D. Aussagegenehmigung. I. Einholung.** Bevor nicht **versucht** worden ist, bei der zuständigen Stelle (BGH NStZ 2001, 656) die **Aussagegenehmigung zu erlangen,** darf v. der Vernehmung des Zeugen wegen fehlender Genehmigung nicht abgesehen werden (BGHSt 29, 390 (392)). Zur Einholung ist das Gericht, die StA o. die Polizeibehörde verpflichtet, die den Zeugen vernehmen will (Nr. 66 Abs. 1 S. 1 RiStBV). Dem Zeugen darf die Beschaffung der Genehmigung nicht aufgegeben werden (Kube/Leineweber Polizeibeamte S. 117). Zweifel an der Aussageberechtigung sind durch eine Anfrage bei dem Dienstvorgesetzten zu klären (Nr. 66 Abs. 1 S. 2 RiStBV).

17 Die Aussagegenehmigung können auch die Prozessbeteiligten beantragen, die sich auf den Zeugen berufen (BVerwGE 34, 252; VGH München NJW 1980, 198; VG Düsseldorf StV 2015, 685), auch der Nebenkläger (KK-StPO/Bader Rn. 13), nicht aber der Privatkläger (BVerwGE 34, 252; Löwe/Rosenberg/Ignor/Bertheau Rn. 15; **aM** SK-StPO/Rogall Rn. 46).

18 In dem **Antrag** müssen die Vorgänge, über die der Zeuge vernommen werden soll, kurz, aber erschöpfend angegeben werden (Nr. 66 Abs. 3 S. 1 RiStBV). Das kann durch Mitteilung der Beweisfragen, aber auch, was zweckmäßiger ist, allg. durch Bezeichnung des gesamten Beweisthemas geschehen.

19 **II. Zuständigkeit. Zuständig für die Erteilung** der Aussagegenehmigung ist der gegenwärtige Dienstvorgesetzte des Zeugen, bei Beendigung des Dienstverhältnisses der letzte Dienstvorgesetzte (§ 67 Abs. 3 S. 2 BBG, § 37 Abs. 3 S. 2 BeamtStG; → Rn. 5, 7); wegen des Wechsels des Dienstherrn vgl. § 67 Abs. 3 S. 3 BBG, § 37 Abs. 3 S. 3 BeamtStG. Der Disziplinarvorgesetzte ist zuständig, wenn der Zeuge verschiedenen staatlichen Stellen untersteht. Bei Ermittlungspersonen der StA ist der polizeiliche Dienstvorgesetzte zuständig, nicht der Leiter der StA (OLG Hamm JMBl. NRW. 1956, 36; KK-StPO/Bader Rn. 14). Die Genehmi-

gung erteilt die Behörde idR schriftlich; bei Eilbedürftigkeit genügt mündliche o. telefonische Genehmigung (Löwe/Rosenberg/Ignor/Bertheau Rn. 18).

20 **III. Versagung. Die Versagung der Genehmigung** ist nur unter den Voraussetzungen der § 68 Abs. 1 BBG, § 37 Abs. 4 S. 1 BeamtStG (→ Rn. 6, 7) zulässig. Dabei ist zu beachten, dass es dem Wohle des Bundes auch dann Nachteile bereitet, wenn ein V-Mann einer Lebens- o. Leibesgefahr ausgesetzt wird (BVerfGE 57, 250 (285 f.); BGHSt 33, 83). Sind die tatbestandlich beschriebenen Nachteile nicht zu befürchten, ist die Genehmigung zu erteilen (BVerwGE 34, 252; VGH München NJW 1980, 198); andernfalls entscheidet die Behörde nach pflichtgemäßem Ermessen. Dabei muss sie sich am Gebot einer rechtsstaatlichen Verfahrensgestaltung orientieren. Sie darf nicht allein die v. ihr wahrzunehmenden Aufgaben zur Entscheidungsgrundlage machen, sondern muss die Bedeutung der gerichtlichen Wahrheitsfindung für die Sicherung der Gerechtigkeit u. das Gewicht des Freiheitsanspruchs des Beschuldigten angemessen berücksichtigen (BGHSt 32, 115 (124) (GSSt); vgl. auch BVerfGE 57, 250 (283 ff.); BVerwGE 66, 39); insbes. ist auch das Recht des Beschuldigten auf umfassende Verteidigung zu beachten (dazu eing. BGH NJW 2007, 3010; erg. → § 96 Rn. 9, 14). Über die Versagung entscheidet bei Bundesbeamten die oberste Dienstbehörde, die diese Befugnis aber auf andere Behörden übertragen kann (§ 68 Abs. 3 BBG; → Rn. 6); entspr. Regelungen enthalten die meisten Landesbeamtengesetze.

21 Zur **Begründung** genügen zwar allg. Angaben über die Versagungsgründe. Die Behörde muss aber die Gründe ihrer Weigerung soweit verständlich machen, dass das Gericht in die Lage versetzt wird, auf die Beseitigung etwaiger Hindernisse hinzuwirken u. auf die Bereitstellung des bestmöglichen Beweises zu dringen (BGHSt 29, 109 (112); vgl. auch BVerfGE 57, 250 (290, 293); BVerwGE 66, 39).

22 Die Genehmigung kann unter **Beschränkung** auf einzelne Tatkomplexe o. Fragen erteilt werden (BGHSt 17, 382 (384); Dallinger MDR 1952, 659 – BGH RsprÜ). Insbesondere kann die Person des Anzeigeerstatters o. die Angabe der Person des V-Manns v. der Genehmigung ausgenommen werden (BGHSt 17, 382 (384); OLG Hamm NJW 1970, 821; OLG Stuttgart NJW 1972, 67; **aM** BGH JR 1969, 305); zur Geheimhaltung der Identität des Zeugen vgl. § 68 Abs. 3–5 (erg. → § 247 Rn. 4).

23 Der **Widerruf** der Genehmigung ist zulässig. Zur Verwertbarkeit zuvor gemachter Aussagen vgl. → § 252 Rn. 4.

24 **IV. Bindende Wirkung. Bindende Wirkung** hat die behördliche Entscheidung. Ist die Genehmigung erteilt, muss der Zeuge vernommen werden, auch wenn das Gericht Bedenken gegen die Offenbarung seines Wissens hat (Kube/Leineweber Polizeibeamte S. 124). Ist sie versagt o. nur in beschränktem Umf. erteilt, so ist die Vernehmung ganz o. in diesem Umf. verboten (BGHSt 17, 382 (384); OLG Celle MDR 1959, 414; OLG Hamm NJW 1970, 821; MDR 1976, 1040), auch wenn das Gericht die Versagungsgründe für gesetzwidrig hält (RGSt 44, 291 (292)); notfalls muss es Gegenvorstellungen erheben (BGHR StPO § 244 Abs. 2 Aussagegenehmigung 1; OLG Hamburg NStZ 1994, 98 (99)).

25 **V. Folge der Genehmigungsversagung.** Die **Folge der Genehmigungsversagung** ist in 1. Hinsicht der Wegfall des Zeugen als zulässiges Beweismittel. Er muss zwar einer Ladung vor Gericht folgen; seine Vernehmung ist aber unzulässig (Fezer JuS 1978, 474; → Rn. 24). Beweisanträge müssen nach §§ 244 Abs. 3 S. 2, 245 Abs. 2 S. 2 wegen Unzulässigkeit der Beweiserhebung abgelehnt werden (BGHSt 30, 34 (37); **aM** Holtz MDR 1980, 987 – BGH RsprÜ; OLG Hamm MDR 1976, 1040; s. aber Löwe/Rosenberg/Ignor/Bertheau Rn. 26: Unerreichbarkeit; erg. → § 244 Rn. 49, 49a). Fragen an den Zeugen, die v. der Aussagegenehmigung nicht gedeckt sind, müssen nach § 241 Abs. 2 zurückgewiesen werden (OLG Celle HESt 2, 79; Fezer JuS 1978, 474). Aussagen des Zeugen im Vorverfahren dürfen nach der Versagung der Genehmigung nicht, auch nicht durch Vernehmung der Verhörsperson, verwertet werden (OLG Celle MDR 1959, 414).

26 Bei der **Beweiswürdigung** darf die Versagung der Aussagegenehmigung berücksichtigt werden (→ § 261 Rn. 20); dass die Beweistatsachen zutreffen, wird nicht als wahr unterstellt (Löwe/Rosenberg/Ignor/Bertheau Rn. 28; SK-StPO/Rogall Rn. 69).

27 **VI. Anfechtung.** Die **Aufklärungspflicht** kann gebieten, dass das Gericht gegen die Versagung der Genehmigung Gegenvorstellungen erhebt (BGH NStZ 1981, 70), sofern die Entsch. ermessensfehlerhaft erscheint o. nicht hinreichend begründet worden ist (BGHSt 32, 115 (125 ff.) (GSSt); 42, 175 (177); OLG Hamm NJW 1970, 821), nicht aber, wenn sie offenbar berechtigt ist (BGH NJW 1981, 770; NStZ 1985, 446). Auch die Erhebung einer **Dienstaufsichtsbeschwerde** kann angebracht sein (SK-StPO/Rogall Rn. 67). Sie kann auch v. jedem Bet. erhoben werden, der an der Vernehmung des Zeugen interessiert ist (VG Wiesbaden NJW 1950, 699; Löwe/Rosenberg/Ignor/Bertheau Rn. 23).

28 Im **Verwaltungsrechtsweg** können Verfahrensbeteiligte, die ein rechtliches Interesse an der Aussage haben, auch Privat- u. Nebenkläger (Schmid JR 1978, 8), nicht aber Gericht o. StA (Laue ZStW 120 (2008), 260; Meyer ZStW 95 (1983), 842; erg. → § 96 Rn. 14), die ganz o. teilw. versagende Entsch. anfechten (BVerwGE 18, 58; 34, 254; VGH München NJW 1980, 198). Da es sich um eine Klage aus dem Beamtenverhältnis iSd §§ 126, 127 BRRG handelt, kommt nur dieser Rechtsweg in Betracht (BVerwGE 66, 39; OLG Stuttgart NJW 1985, 77; OVG Berlin StV 1984, 280; SK-StPO/Rogall Rn. 70; vgl. auch VG Berlin StV 2001, 269), der nach § 23 EGGVG auch dann nicht, wenn die Aussagegenehmigung für einen Richter o. Justizbeamten versagt worden ist (OLG Hamm NJW 1968, 1440; KK-StPO/Bader Rn. 20). Der Beamte selbst kann die Erteilung der Aussagegenehmigung nicht anfechten, auch wenn er sich für gefährdet hält (**aM** Schmid JR 1978, 8).

29 Einen Anspruch auf **Aussetzung des Verfahrens** bis zur Entsch. über Gegenvorstellungen, Dienstaufsichtsbeschwerde o. Klage haben die Prozessbeteiligten nicht (Löwe/Rosenberg/Ignor/Bertheau Rn. 25; **aM** Schmid JR 1978, 8). Maßgebend ist vielmehr, ob die Aufklärungspflicht die Aussetzung gebietet (KK-StPO/Bader Rn. 21); das ist nicht der Fall, wenn die Klage aussichtslos erscheint (BGH NJW 1981, 770; NStZ 1985, 466) o. das Beschleunigungsgebot überwiegt (Becker NStZ-RR 2008, 65 – BGH RsprÜ; KK-StPO/Bader Rn. 21).

30 **E. Mitglieder oberster Staatsorgane (Abs. 2).** Für Mitglieder des BT (→ § 50 Rn. 2) gilt § 44c AbgG. Für Mitglieder der BReg (→ § 50 Rn. 5) sind die §§ 6, 7 BMinG maßgebend; sie entsprechen inhaltlich den §§ 67–69 BBG (→ Rn. 5, 6). Für die Mitglieder der Landtage u. der Landesregierungen (→ § 50 Rn. 5) gelten die entspr. Vorschr.en der Länder.

31 **F. Bundespräsident (Abs. 3).** Der **Bundespräsident (Abs. 3)** entscheidet selbst, ob er aussagen will (SK-StPO/Rogall Rn. 77). Das Gericht darf die Entsch. weder prüfen noch eine Begründung o. Glaubhaftmachung verlangen (KK-StPO/Bader Rn. 24). Entsprechendes gilt für den Präs des BR, wenn er nach Art. 57 GG die Befugnisse des BPräs wahrgenommen hat u. hierüber aussagen soll (Löwe/Rosenberg/Ignor/Bertheau Rn. 33).

32 **G. Revision.** Mit der **Revision** kann ein Verstoß gegen § 54 nicht geltend gemacht werden, v. Angeklagten nicht, weil sein Rechtskreis nicht verletzt ist (BGH NJW 1952, 151; SK-StPO/Rogall Rn. 80; Kleinknecht NJW 1966, 1539; **aM** Löwe/Rosenberg/Ignor/Bertheau Rn. 34; Schlüchter Strafverfahren Rn. 492), v. StA nicht, weil die Vernehmung ohne Aussagegenehmigung der Aufklärung nicht schadet, die Versagung der Genehmigung aber bindend ist (SK-StPO/Rogall Rn. 80). Zulässig ist nur die Aufklärungsrüge, die darauf gestützt werden kann, dass sich das Gericht nicht genügend bemüht hat, die Aussagegenehmigung zu erlangen (KK-StPO/Bader Rn. 26; → Rn. 27).

Auskunftsverweigerungsrecht **Nr. 65 RiStBV**

55 (1) **Jeder Zeuge kann die Auskunft auf solche Fragen verweigern, deren Beantwortung ihm selbst oder einem der in § 52 Abs. 1 bezeichneten Angehörigen die Gefahr zuziehen würde, wegen einer Straftat oder einer Ordnungswidrigkeit verfolgt zu werden.**

(2) **Der Zeuge ist über sein Recht zur Verweigerung der Auskunft zu belehren.**

Übersicht

A. Schutzzweck. Dem **Schutz des Zeugen,** nicht des Angeklagten o. der anderen Bet., dient die Vorschr. (BGHSt 11, 213 (GSSt); 17, 245). Sie soll nicht falschen Aussagen des Zeugen vorbeugen (OLG Düsseldorf NStZ 1982, 257; OLG Zweibrücken NJW 1995, 1301; **aM** OLG Frankfurt a. M. NJW 1951, 614; Roxin/Schünemann StrafVerfR § 24 Rn. 48). Sie ergänzt, nur um dem Zeugen eine seelische Zwangslage zu ersparen (BGHSt 9, 34 (36); 17, 245), die Aussagefreiheit des Beschuldigten (→ Einl. Rn. 29a; → § 136 Rn. 7) u. das Aussageverweigerungsrecht des Zeugen (§ 52) dahin, dass der Zeuge bei einer Aussage weder sich selbst noch einen Angehörigen, der nicht Beschuldigter ist, belasten muss (BVerfGE 38, 105 (113); BVerfG NStZ 1985, 277; BGHSt 11, 213 (216) (GSSt)). Ist der Zeuge ein Angehöriger des Beschuldigten, so hat er ein Wahlrecht zwischen § 52 u. § 55 (Löwe/Rosenberg/Ignor/Bertheau Rn. 3; SK-StPO/Rogall Rn. 18; **aM** Fezer StrafProzR § 15 Rn. 33: es gilt nur § 52). Eine inhaltlich mit § 55 übereinstimmende Spezialregelung enthält § 4 Abs. 9 WpHG für Vorfeldermittlungen der BaFin nach § 4 Abs. 3 WpHG. 1

B. Reichweite. Das **Auskunftsverweigerungsrecht** besteht entgegen dem missverständlichen Wortlaut v. Abs. 1 nicht nur bei der Befragung nach § 69 Abs. 2, sondern allg. (Löwe/Rosenberg/Ignor/Bertheau Rn. 5; Geerds FS Stock, 1966, 174) u. unabhängig davon, ob der Zeuge zuvor (zB im Ermittlungsverfahren) bereits belastende Angaben gemacht hat (Mitsch JZ 1992, 174). Es ist aber kein Zeugnisverweigerungsrecht ieS (BVerfG BeckRS 2010, 47961; BGHSt 10, 104; 27, 139 (143), sondern bezieht sich **grds. nur auf einzelne Fragen** (vgl. BGH NStZ-RR 2024, 352). Das Auskunftsverweigerungsrecht besteht schon dann, wenn nur entweder die Bejahung o. die Verneinung einer Frage den Zeugen o. seinen Angehörigen in die Gefahr der Verfolgung bringt; andernfalls würde der Gebrauch des Auskunftsverweigerungsrechts einen Verdachtsgrund gegen ihn o. seinen Angehörigen schaffen (BVerfG NJW 1999, 779; Holtz MDR 1993, 722 – BGH RsprÜ; BGH NJW 1999, 1413). 2

Nur wenn – wie meist bei Tatbeteiligten, aber vielfach auch schon bei einem der Tat Verdächtigen, bes. nach Einleitung eines Ermittlungsverfahrens (KG StraFo 2009, 382 (383)) – der gesamte Inhalt der Aussage die Voraussetzungen v. Abs. 1 erfüllt, wird das Auskunftsverweigerungsrecht praktisch zum Recht, die **Aussage in vollem Umf. zu verweigern** (BVerfG wistra 2010, 299; BGH NStZ-RR 2024, 352). Dies ist anzunehmen, wenn die Aussage mit seinem etwaigen strafbaren 3

Verhalten in so engem Zusammenhang steht, dass eine Trennung nicht möglicht ist (BGH NStZ-RR 2024, 352 mwN; NStZ-RR 2023, 81; OLG Hamm BeckRS 2024, 14178). Insoweit kommt es insbesondere darauf an, ob bereits nach Aktenlage ein örtlicher und personeller Kontext zwischen der den Ermittlungsgegenstand bildenden Tat und der Auskunftsperson besteht (OLG Hamm BeckRS 2024, 14178 mwN). Gleichgültig ist, ob die verlangte Auskunft den Beschuldigten be- o. entlasten soll (Löwe/Rosenberg/Ignor/Bertheau Rn. 7).

4 **C. Verfolgungsgefahr. I. Früher begangene Straftat oder OWi.** Wegen einer Straftat oder OWi, die er früher begangen hat, **nicht wegen des Inhalts der Aussage** muss dem Zeugen Verfolgung drohen (BGHSt 50, 318 mwN; NStZ 2013, 238; OLG Düsseldorf StV 1982, 344; vgl. auch BVerfG NStZ 1985, 277 betr. einen früheren Beschuldigten, dessen Einlassung bei seiner Verurteilung für widerlegt erachtet wurde). Kein Auskunftsverweigerungsrecht besteht daher, wenn v. dem Zeugen eine Aussage verlangt wird, deren Inhalt nach dem Recht eines anderen Staates strafbar ist (LG Stuttgart NStZ 1992, 454; **aM** LG Freiburg NJW 1986, 3036). Der Strafverfolgung steht gleich die Abgeordneten- o. Ministeranklage (BGHSt 17, 128 (136)) uA (zw. Löwe/Rosenberg/Ignor/Bertheau Rn. 9).

5 § 55 ist auch anwendbar, wenn Verfolgung wegen einer vor der Vernehmung begangenen **Tat im Ausland** droht (BGH NStZ 2019, 539 mwN), nicht dagegen aus disziplinarrechtlichen (OLG Hamburg MDR 1984, 335; KK-StPO/Bader Rn. 7; **aM** OLG Köln NJW 1988, 2487) o. ehrenrechtlichen Gründen, wenn die Aussage dem Zeugen o. einem Angehörigen zur Unehre gereichen (BayObLGSt 1978, 154) o. wenn ein Vermögensnachteil o. der Verlust v. Kunst-, Geschäfts- o. Betriebsgeheimnissen eintreten könnte.

6 **Strafe oder Geldbuße** braucht nicht zu drohen. **Ausreichend** ist die Gefahr der Anordnung v. Sicherungsmaßregeln, auch im Verf. nach §§ 413 ff., v. Erziehungsmaßregeln nach § 9 **JGG** u. von Zuchtmitteln nach § 13 **JGG** (BGHSt 9, 34: mind. bei Jugendarrest).

7 **II. Erwartung der Verfolgung.** Die sichere Erwartung der Verfolgung ist nicht erforderlich. Es genügt, dass wegen eines Anfangsverdachtes iSv § 152 Abs. 2 die **Einleitung eines Ermittlungsverfahrens droht** (OLG Jena NStZ-RR 2011, 279 Ls.; OLG Hamburg NJW 1984, 1635; OLG Hamm StraFo 1998, 119); nicht ausreichend sind Vermutungen ohne Tatsachengrundlage o. eine bloße theoretische Möglichkeit (BGH NStZ-RR 2024, 352; NStZ 2010, 463; KG StraFo 2022, 465; vgl. auch BGH NStZ 2013, 241 zu § 129a StGB). Ob die Gefahr gegeben ist, hat – wie aus § 56 folgt – der Richter, nicht etwa der Zeuge allein zu beurteilen (KG NStZ-RR 2014, 14 Ls.; OLG Hamburg NJW 1984, 1635). Dass der Zeuge eine Straftat o. OWi unmittelbar offenbaren müsste, wird nicht vorausgesetzt. Daher gilt § 55 auch, wenn er über Tatsachen Auskunft geben müsste, die den Verdacht als Teilstück in einem mosaikartig zusammengesetzten Beweisgebäude mittelbar begründen (BVerfG NJW 2003, 3045; BGH NStZ-RR 2024, 352; OLG Köln NStZ-RR 2005, 269 OLG Celle StV 1988, 99; OLG Zweibrücken StV 2000, 606).

7a Dieselben Grundsätze gelten, wenn die **Verfolgungsgefahr erst durch die Auskunft** herbeigeführt wird, zB nach §§ 153 ff., 164 StGB bei Abweichung v. einer Aussage, die der Zeuge (BGH NJW 2008, 2038 (2039)) o. ein Angehöriger früher gemacht hat. Auch insoweit bedarf es konkreter tatsächlicher Anhaltspunkte für die v. dem Zeugen geltend gemachte Gefahr einer strafrechtlichen Verfolgung; ob diese vorliegen, hat nicht der Zeuge, sondern der Tatrichter zu beurteilen (OLG Hamm StV 2015, 479 mwN; zum Beurteilungsspielraum des Tatrichters → Rn. 10).

7b Auch die Gefahr einer **ausländischen Strafverfolgung** berechtigt zur Auskunftsverweigerung (BGH NStZ 2019, 539); § 55 verlangt dann aber das Vorliegen v. Umständen, die eine konkrete Gefahr dieser Verfolgung begründen (Odenthal NStZ 1985, 117), was ggf. eine Auseinandersetzung mit der ausl. Rechtsordnung erfordert (Lenk/Glöckle StV 2020, 484 (488); eing. dazu – auch zu den Rechtsbehelfen, wenn das Auskunftsverweigerungsrecht v. Gericht nicht anerkannt wird – Ahlbrecht/Börgers ZIS 2008, 218; zum weiten Beurteilungsspielraum des Vorsitzenden bei der Beurteilung der Verfolgungsgefahr → Rn. 10).

III. Zweifellos ausgeschlossene Gefahr. Bei zweifellos ausgeschlossener Gefahr besteht **kein Weigerungsrecht** (BGHSt 9, 34; Holtz MDR 1981, 632 – BGH RsprÜ), zB wenn offensichtlich Rechtfertigungs- o. Entschuldigungsgründe vorliegen (Löwe/Rosenberg/Ignor/Bertheau Rn. 14), wenn der Angehörige verstorben ist o. wenn der Zeuge o. Angehörige bei Tatbegehung strafunmündig war (**aM** Eisenberg GA 2001, 157, sofern dem Kind jetzt o. später erhebliche Konsequenzen drohen). Ein Weigerungsrecht ist auch nicht gegeben, wenn der Zeuge o. Angehörige schon **rechtskräftig verurteilt** ist (BGH NStZ 2010, 463; vgl. auch BVerfG NStZ 1985, 277), auch wenn die Strafe o. Geldbuße noch nicht vollstreckt ist, falls nicht zwischen der abgeurteilten Tat ua noch verfolgbaren Taten ein so enger Zusammenhang besteht, dass die Beantwortung v. Fragen zu der abgeurteilten Tat die Gefahr der Verfolgung wegen dieser anderen Straftaten mit sich bringt (BGH NStZ-RR 2024, 352 mwN; NStZ 2017, 546); dass der nunmehr angeklagte Tatgenosse ihn belastende Angaben des bereits rkr. abgeurteilten Zeugen in Form einer **„Rückbelastung"** zum Anlass nehmen könnte, diesen anderer – auch gleichgelagerter – Straftaten zu bezichtigen, begründet kein Weigerungsrecht (BGH NStZ 2007, 278 (279); KG StV 2015, 480; OLG Köln NStZ 2009, 586). Ein Weigerungsrecht des bereits rkr. verurteilten Zeugen soll allerdings in Betracht kommen, wenn es konkrete Anhaltspunkte dafür gibt, die ursprüngliche Aussage könne falsch gewesen sein, wobei bloße Vermutungen o. die rein denktheoretische Möglichkeit nicht ausreichen (OLG Hamm NStZ-RR 2015, 49; zw.). Rechtskraft wegen Versäumung der Rechtsmittelfrist bei gestelltem Wiedereinsetzungsantrag genügt nicht (OLG Celle NStZ 1983, 377). Kein Weigerungsrecht besteht ferner, wenn die Verfolgung wegen eines nicht behebbaren Prozesshindernisses, zB wegen Verjährung (BVerfG DB 1975, 1936; BGH NStZ 2010, 463; vgl. aber auch BGH StV 1991, 145), Amnestie (BGHSt 4, 130; 9, 34), Fristablaufs bei Antragsdelikten, Strafklageverbrauchs (BGH NStZ 2010, 463; NJW 1999, 1413) o. endgültiger Einstellung nach § 153a (BayObLG VRS 78, 49) ausgeschlossen ist. Die Rechtskraft des Schuldspruchs genügt nicht, soweit der Zeuge strafzumessungsrelevante o. für den sonstigen Rechtsfolgenausspruch bedeutsame Umstände offenbaren müsste, jedoch ist hierbei zu beachten, dass sog. doppelrelevante Tatsachen (→ § 353 Rn. 20) für das weitere Verf. gegen den Zeugen bindend geworden sind (BGH NJW 2005, 2166). 8

IV. Organisationsdelikte. Im Bereich der Organisationsdelikte (§§ 129, 129a, 129b StGB) gelten für die Verfolgungsgefahr **Besonderheiten:** Bei Verurteilung schützt die Rechtskraft nur vor weiterer Strafverfolgung wegen dieses Deliktes u. tateinheitlich mit diesem zusammentreffenden weiteren, nicht schwerer wiegenden Straftaten, nicht aber vor der Verfolgung in Tateinheit begangener schwererer Straftaten, die in dem früheren Verf. nicht Gegenstand der Anklage u. der Urteilsfindung waren (BGHSt 29, 288; BGH NStZ 2010, 287 (288), NStZ-RR 2011, 316 f.). Eine Verfolgungsgefahr ist ferner nicht auszuschließen, wenn zwischen der abgeurteilten Tat ua Straftaten, deretwegen der Zeuge noch verfolgt werden könnte, ein so enger Zusammenhang besteht, dass die Beantwortung v. Fragen zu der abgeurteilten Tat die Verfolgung wegen dieser anderen Taten mit sich bringt (BGH NStZ 2013, 241; NStZ-RR 2009, 178). Ein derartiger Zusammenhang kann insbes. gegeben sein, wenn ein führendes Mitglied der Vereinigung so in deren Strukturen eingebunden war, dass es alleine schon aufgrund seiner herausgehobenen Stellung o. aufgrund spezifischer Sachzusammenhänge weiterer Straftaten verdächtig ist, die – ohne Strafklageverbrauch – aus der Vereinigung heraus begangen worden sind (BGH NStZ 2013, 241). 8a

V. Möglichkeit der Wiederaufnahme. Besteht die **Möglichkeit der Wiederaufnahme nach §§ 211, 362,** so steht der Anwendung des § 55 insoweit (vgl. dazu BGH NStZ-RR 2005, 316) weder die rkr. Ablehnung der Eröffnung des 9

Hauptverfahrens (Dallinger MDR 1953, 402 – BGH RsprÜ) noch die rkr. Freisprechung entgegen (BGH StV 1984, 408). Ist nach Einstellung nach §§ 153 ff. oder § 45 **JGG** die Verfahrensfortsetzung rechtlich möglich, so kommt es darauf an, ob sie aufgrund der Auskünfte des Zeugen zu erwarten wäre (vgl. BGHSt 10, 104 für § 45 Abs. 1 S. 3 **JGG**). Bei Einstellung wegen dauernder Verhandlungsunfähigkeit nach § 206a genügt die Möglichkeit der Einleitung eines neuen Verfahrens (BGH NStZ 1986, 181).

10 **VI. Entscheidung über die Verfolgungsgefahr.** Die Entscheidung über die Verfolgungsgefahr betr. eine Rechtsfrage; **sie trifft das Gericht,** nicht der Zeuge o. Angeklagte (OLG Hamburg NJW 1984, 1635); Nichterscheinen trotz ordnungsgemäßer Ladung unter Berufung auf § 55 kann die Festsetzung v. Ordnungsmitteln iSv § 51 rechtfertigen (OLG Rostock StraFo 2015, 15). In der HV entscheidet zunächst der Vorsitzende, das Gericht nur im Fall des § 238 Abs. 2 (BGHSt 51, 144). Maßgebend sind immer die Umstände des Einzelfalls (BGHSt 1, 39; 10, 104); dem Tatrichter kommt ein weiter Beurteilungsspielraum zu (BVerfG wistra 2010, 299; OLG Celle NStZ-RR 2011, 377). Das Verlangen nach Glaubhaftmachung (§ 56) steht im Ermessen des Gerichts (Dallinger MDR 1971, 188 – BGH RsprÜ).

11 **D. Erklärung der Auskunftsverweigerung.** Die **Auskunftsverweigerung** muss ausdr. **erklärt** werden. Der Zeuge darf die belastenden Tatsachen nicht einfach verschweigen (BGHSt 7, 127; 21, 167 (171); vgl. auch BVerfGE 38, 105 (113)); auch genügt die bloße Erkl. nicht, er wolle sich zu einer bestimmten Frage o. einem Fragenkomplex nicht äußern (BGHR StPO § 70 Weigerungsgrund 1). Dem Zeugen steht es nicht zu, Bedingungen für seine Aussagebereitschaft zu stellen (BGH NStZ 2020, 431). Die Entsch. über die Selbstbelastung trifft immer der Zeuge selbst nach seinem eigenen freien Ermessen, auch der verstandesunreife. Nur wenn Angehörige gefährdet werden, gilt § 52 Abs. 2 entspr. (Löwe/Rosenberg/Ignor/Bertheau Rn. 18). Die Erkl. kann bis zum Schluss der Vernehmung abgegeben werden (OLG Celle NJW 1958, 72 (74)); wahrheitswidrige Angaben bei dieser Vernehmung können bis zu diesem Zeitpunkt widerrufen werden (vgl. auch BGH NStZ 1982, 431: stillschweigender Widerruf durch Geltendmachen des Auskunftsverweigerungsrechts). Widerrufbar ist nicht nur die Auskunftsverweigerung, sondern auch der Verzicht auf sie; § 252 gilt dann nicht (→ § 252 Rn. 5). Zum Recht des Zeugen auf Beiziehung eines anwaltlichen Beistandes vgl. §§ 68b, 161a Abs. 1 S. 2, 163 Abs. 3 S. 1 (erg. → Vor § 48 Rn. 11).

12 **E. Verfahrensrechtliche Folgen.** Die **verfahrensrechtliche Folge** der erklärten (nicht bloß möglichen) Auskunftsverweigerung ist die Unzulässigkeit der (weiteren) Befragung zu diesem Punkt (BGHSt 47, 220 (223)). Fragen können nach § 241 Abs. 2 (BGHSt 50, 318), Beweisanträge nach §§ 244 Abs. 3 S. 2, 245 Abs. 2 S. 2 als unzulässig abgelehnt werden (SK-StPO/Rogall Rn. 56; **aM** BGH NStZ 1986, 181: Ungeeignetheit des Beweismittels; erg. → § 244 Rn. 58, 59). Die bisherigen Angaben des Zeugen bleiben aber verwertbar (BGHSt 47, 221; BGH StV 1997, 512; KG StraFo 2009, 382 (383)). § 252 gilt nicht; auch für die Angaben vor der HV besteht kein Verwertungsverbot (BGHSt 6, 209 (211); 17, 245; BayObLGSt 1984, 1; Dölling NStZ 1988, 8; **aM** SK-StPO/Rogall Rn. 78 ff.; Hanack JZ 1972, 238). Allerdings ist die Teilaussage eines Zeugen besonders kritisch zu bewerten (BGH 26.4.2023 – 5 StR 457/22 mwN und mAnm Metz NStZ-RR 2023, 221). Zulässig sind die Vernehmung der Verhörsperson (BGHSt 6, 209 (211); 17, 245) u. Vorhalte (→ § 249 Rn. 28), nicht jedoch die Protokollverlesung nach § 251 Abs. 1 Nr. 3 (vgl. → § 251 Rn. 11; anders bei gleichzeitiger Weigerung eines Auslandszeugen, in die BRD einzureisen o. in seiner Heimat auszusagen (BGH NStZ 2010, 466)). Das Unterlassen der Belehrung nach Abs. 2 begründet kein Verwertungsverbot (BGHSt 11, 213 (218) (GSSt); str.). Zur Berücksichtigung der Auskunftsverweigerung bei der Beweiswürdigung vgl. → § 261 Rn. 20.

13 Die **Pflicht zur Eidesleistung** wird durch die Verweigerung der Auskunft auf einzelne Fragen nicht berührt (BGHSt 6, 382).

F. Belehrung (Abs. 2). Die **Belehrung schreibt Abs. 2 zwingend vor,** auch wenn schon nach § 52 Abs. 3 S. 1 belehrt worden ist (BayObLGSt 1984, 1). Sie entfällt aber, wenn nur der beschuldigte Angehörige verfolgungsgefährdet u. der Zeuge nach § 52 Abs. 3 S. 1 belehrt worden ist (KK-StPO/Bader Rn. 18; **aM** KMR-StPO/Neubeck Rn. 13; Schlüchter Strafverfahren Rn. 494.1). Die Belehrung ist niemals gesetzwidrig (Dallinger MDR 1953, 402 – BGH RsprÜ; OLG Oldenburg NJW 1961, 1225), sollte aber bei nicht offensichtlich Tatbeteiligten nicht schon bei Beginn der Vernehmung, sondern erst erfolgen, wenn Grund zu der Annahme, nicht nur die theoretische Möglichkeit besteht, dass die Voraussetzungen v. Abs. 1 vorliegen (Dallinger MDR 1953, 402 – BGH RsprÜ; OLG Frankfurt a. M. NJW 1951, 614). Belehrt wird allg. unter Hinweis auf § 55 o. in der Weise, dass dem Zeugen die Fragen bezeichnet werden, die er nicht zu beantworten braucht (Dallinger MDR 1953, 402 – BGH RsprÜ). Der Richter ist befugt, den Zeugen hierbei über Umstände zu unterrichten, die für die v. Zeugen zu treffende Entsch. von Bedeutung sein können (BGH NStZ 2010, 342). Gegebenenfalls (→ Rn. 2) ist er dahin zu belehren, dass er die ganze Aussage verweigern kann (Dallinger MDR 1953, 402 – BGH RsprÜ). 14

Die Belehrung ist **Sache des Vorsitzenden;** das Gericht entscheidet nur im Fall des § 238 Abs. 2 (BGH StraFo 2009, 145). Die Belehrung ist eine wesentliche Förmlichkeit iS §§ 168a Abs. 1, 273 Abs. 1 S. 1 (BayObLGSt 1964, 141). 15

G. Revision. Die **Revision** setzt grds. eine Beanstandung nach § 238 Abs. 2 voraus (BGHSt 51, 144 (146); BGH NStZ 2024, 243). Auf die berechtigte Auskunftsverweigerung kann sie nicht gestützt werden (Löwe/Rosenberg/Ignor/Bertheau Rn. 39). Sie kann nur rügen, das Gericht habe gegen § 244 Abs. 2 verstoßen, weil es die unberechtigte Weigerung aus Rechtsirrtum (Verkennung der Begriffe Angehörige o. Verfolgung) hingenommen hat. Die tatsächliche Beurteilung der Verfolgungsgefahr kann nicht zur Nachprüfung gestellt werden (BGHSt 43, 321; BGH NStZ 2006, 178). 16

Das **Unterlassen der Belehrung** begründet die Revision des Angeklagten nach hM nicht, weil § 55 nicht seinem Schutz dient (BGHSt 1, 39; 11, 213 (GSSt); Cierniak/Zimmermann NStZ-RR 2010, 66 – BGH RsprÜ; **aM** Löwe/Rosenberg/Ignor/Bertheau Rn. 41; SSW StPO/Eschelbach Rn. 29 ff.; erg. → § 337 Rn. 19), die der StA nicht, weil der Verstoß die Sachaufklärung nicht beeinträchtigen konnte. In einem späteren Verf. gegen den Zeugen führt das Unterlassen der Belehrung dagegen zu einem Verwertungsverbot (OLG Celle NStZ 2002, 386; SK-StPO/Rogall Rn. 79; vgl. auch BayObLGSt 1984, 1; OLG Karlsruhe StraFo 2002, 291), falls der Verwertung in der HV widersprochen worden ist (BayObLGSt 2001, 64; erg. → § 136 Rn. 25). 17

Die **unrichtige Belehrung** kann nicht gerügt werden, wenn der Zeuge die Auskunft nicht verweigert hat (Pfeiffer NStZ 1981, 93 – BGH RsprÜ). Hat er sie verweigert, so ist § 245 verletzt, wenn er präsent ist (Dallinger MDR 1974, 16 – BGH RsprÜ; OLG Hamm VRS 45, 123), sonst § 244 Abs. 2 (Dallinger MDR 1953, 402 – BGH RsprÜ). Die Rüge ist nur zulässig, wenn vorher der Zwischenrechtsbehelf des § 238 Abs. 2 (→ Rn. 10) erhoben worden ist (BGHSt 51, 144; erg. → § 238 Rn. 21). 18

Glaubhaftmachung des Verweigerungsgrundes

56 **[1] Die Tatsache, auf die der Zeuge die Verweigerung des Zeugnisses in den Fällen der §§ 52, 53 und 55 stützt, ist auf Verlangen glaubhaft zu machen. [2] Es genügt die eidliche Versicherung des Zeugen.**

A. Verlangen nach Glaubhaftmachung (S. 1). Das Verlangen nach Glaubhaftmachung (S. 1) steht im **Ermessen des Gerichts.** Es kann der Erkl. des Zeugen über das Vorliegen der tatsächlichen Voraussetzungen der §§ 52, 53, 55 (auch des § 53a) ohne weiteres glauben (BGH NJW 1972, 1334; Dallinger MDR 1971, 188 – BGH RsprÜ). Bezweifelt es sie, so ist idR das Verlangen nach eidlicher 1

Vers. geboten (BGH NJW 1972, 1334; StV 1984, 450; offengelassen bei BGH NStZ 1986, 84). Das Verlangen stellt in der HV der Vorsitzende (Dallinger MDR 1971, 188 – BGH RsprÜ), das Gericht nur im Fall des § 238 Abs. 2. Anträge der Prozessbeteiligten können ohne Begründung abgelehnt werden (KMR-StPO/Neubeck Rn. 5; SK-StPO/Rogall Rn. 6; **aM** Löwe/Rosenberg/Ignor/Bertheau Rn. 3).

2 **B. Gegenstand der Glaubhaftmachung.** Gegenstand der Glaubhaftmachung sind die **zur Zeugnisverweigerung berechtigenden Tatsachen,** die nicht offenkundig sind (BGHSt 28, 240 (258)). Bei § 52 kommen insbes. die die Verlobung begründenden Tatsachen in Betracht (BGH NJW 1972, 1334; Spiegel DAR 1977, 178 – BGH RsprÜ), bei § 53 die Tatsachen, aus denen sich das Schweigerecht (Anvertrautsein o. Bekanntwerden bei der Berufsausübung) ergibt. Im Fall des § 55 dürfen Angaben über die Tat, derentwegen Verfolgungsgefahr besteht, nicht verlangt werden; denn das wäre ohne Selbstbelastung des Zeugen nicht möglich (BGH StV 1987, 328). Die Glaubhaftmachung erstreckt sich daher nur auf die Annahme des Zeugen, dass diese Gefahr vorliegt (BGH StV 1986, 282).

3 **C. Glaubhaftmachung.** Vgl. → § 26 Rn. 5 ff.; → § 45 Rn. 6 ff.; der Satz ***in dubio pro reo* gilt nicht** (BGHSt 21, 334 (352); Pfeiffer/Miebach NStZ 1983, 354 – BGH RsprÜ). Eidliche Vers. iS S. 2 ist die Eidesleistung nach § 64 (auch die Vers. nach § 67) o. die Bekräftigung nach § 65. Nicht anwendbar ist § 62. An die Stelle der Eidesnorm tritt die glaubhaft zu machende Tatsache. Das Eidesverbot des § 60 Nr. 1 ist zu beachten; § 60 Nr. 2 gilt nicht, weil sonst die Glaubhaftmachung im Fall des § 55 ausgeschlossen wäre (KK-StPO/Bader Rn. 6). Das Gericht darf zur Glaubhaftmachung niemals mehr als den Eid verlangen, kann sich aber mit eidesstaatlichen Vers. zufriedengeben (OLG Köln StraFo 2002, 131). Auch der Eid unterliegt der freien Beweiswürdigung (LG Hamburg NStZ 2008, 588).

4 **D. Revision.** Die Revision setzt die **Beanstandung** nach § 238 Abs. 2 voraus (SK-StPO/Rogall Rn. 18). Dass das Gericht das Zeugnisverweigerungsrecht ohne Glaubhaftmachung anerkannt hat, kann nur gerügt werden, wenn die Entsch. erkennbar auf Rechtsirrtum beruht (BGH NJW 1972, 1334; Dallinger MDR 1971, 188 – BGH RsprÜ).

Belehrung — Nr. 130 RiStBV

57 [1] **Vor der Vernehmung werden die Zeugen zur Wahrheit ermahnt und über die strafrechtlichen Folgen einer unrichtigen oder unvollständigen Aussage belehrt.** [2] **Auf die Möglichkeit der Vereidigung werden sie hingewiesen.** [3] **Im Fall der Vereidigung sind sie über die Bedeutung des Eides und darüber zu belehren, dass der Eid mit oder ohne religiöse Beteuerung geleistet werden kann.**

1 **A. Mündlich und vor der Vernehmung.** Mündlich und vor der Vernehmung ist die Zeugenbelehrung zu erteilen, auch wenn sie schon in der Ladungsschrift enthalten war (Löwe/Rosenberg/Ignor/Bertheau Rn. 1). In der HV ist die gleichzeitige Belehrung aller nach Aufruf (§ 243 Abs. 1 S. 1) erschienenen Zeugen zulässig.

2 **B. Inhalt der Belehrung.** Aus **Ermahnung zur Wahrheit,** Belehrung über die **Möglichkeit der Vereidigung** u. **Hinweis auf die strafrechtlichen Folgen** nach §§ 153, 154, 161 StGB, uU auch auf die nach §§ 257, 258 StGB, besteht die richterliche Zeugenbelehrung. Nur im Fall der Vereidigung erfolgt eine weitere Belehrung nach S. 3 iVm § 64 Abs. 1, Abs. 2, Abs. 4, dabei aber nicht auf die Möglichkeit zusätzlicher Beteuerung nach § 64 Abs. 3 u. nicht auf § 65. Der StA (§ 161a Abs. 1 S. 2) ermahnt nur zur Wahrheit. Die richterliche Belehrung bezieht sich auch auf die Angaben zur Person (§ 68 Abs. 1).

3 Eine Warnung vor unwahrer Aussage während der Vernehmung ist zulässig (BGH StV 1984, 99 (101)), insbes. durch **Wiederholung** der Belehrung (BGHSt

3, 199), durch Hinweise auf die Bekundungen anderer Zeugen (RGSt 54, 297) u. durch vollständige Niederschrift der Aussage nach § 273 Abs. 3 mit dem Hinweis, dass sie zur Grdl. eines Ermittlungsverfahrens gemacht werden kann.

C. Form. Die Form des Hinweises u. der Belehrung steht im **richterlichen Ermessen** (BayObLGSt 1978, 154). Die Bedeutung der Zeugenpflicht muss deutlich gemacht werden. Ist eine Eidesbelehrung nach S. 3 erforderlich, muss sie in angemessener u. wirkungsvoller Weise (Nr. 130 S. 1 RiStBV) eine genügende Vorstellung v. Wesen u. der Bedeutung des Eides vermitteln, sofern sie nicht, bei rechtskundigen Zeugen, vorausgesetzt werden kann. 4

Üblicherweise wird die Belehrung in das **Protokoll** aufgenommen. Um eine wesentliche Förmlichkeit iSd §§ 168a Abs. 1, 273 Abs. 1 handelt es sich aber nicht (KK-StPO/Bader Rn. 7; **aM** Löwe/Rosenberg/Ignor/Bertheau Rn. 8; zw. SK-StPO/Rogall Rn. 13; vgl. auch Nr. 130 S. 2 RiStBV); daher gilt auch die Vermutung des § 274 nicht (Martin DAR 1958, 99 – BGH RsprÜ). 5

D. Informatorische Befragungen. Informatorische Befragungen ohne Belehrung **sieht das G nicht vor** (Dallinger MDR 1974, 369 – BGH RsprÜ; OLG Celle StV 1995, 292; OLG Köln StV 1999, 8). Personen, die als Zeugen in Betracht kommen, können jedoch in dieser Weise darüber gehört werden, ob sie überhaupt etwas v. dem Fall wissen (RGSt 66, 113 (115); BayObLGSt 1953, 137). Zulässig sind auch informatorische Befragungen zur Vorbereitung der Vernehmung, zB über für Identität o. Zeugnisverweigerungsrecht erhebliche Tatsachen, Befragungen ohne Verbindung mit der Aussage, zB über den Aufenthalt eines anderen Zeugen u. formlose Befragungen im Zusammenhang mit der Augenscheinseinnahme (ANM 125, 258; erg. → § 249 Rn. 12). 6

E. Revision. § 57 ist eine nur im Interesse des Zeugen erlassene **Ordnungsvorschrift,** auf deren Verletzung die Revision nicht gestützt werden kann (BGH VRS 36, 23; Pfeiffer/Miebach NStZ 1983, 354 – BGH RsprÜ), auch nicht iVm § 244 Abs. 2 unter dem Gesichtspunkt der Verletzung der Aufklärungspflicht (KK-StPO/Bader Rn. 8; **aM** SK-StPO/Rogall Rn. 14: in Ausnahmefällen). 7

Vernehmung; Gegenüberstellung **Nr. 18 RiStBV**

58 (1) **Die Zeugen sind einzeln und in Abwesenheit der später zu hörenden Zeugen zu vernehmen.**

(2) [1] **Eine Gegenüberstellung mit anderen Zeugen oder mit dem Beschuldigten im Vorverfahren ist zulässig, wenn es für das weitere Verfahren geboten erscheint.** [2] **Bei einer Gegenüberstellung mit dem Beschuldigten ist dem Verteidiger die Anwesenheit gestattet.** [3] **Von dem Termin ist der Verteidiger vorher zu benachrichtigen.** [4] **Auf die Verlegung eines Termins wegen Verhinderung hat er keinen Anspruch.** [5] **Hat der Beschuldigte keinen Verteidiger, so ist er darauf hinzuweisen, dass er in den Fällen des § 140 die Bestellung eines Pflichtverteidigers nach Maßgabe des § 141 Absatz 1 und des § 142 Absatz 1 beantragen kann.**

A. Einzelvernehmung (Abs. 1). Die Einzelvernehmung (Abs. 1) ist die **Regel.** Gegenüberstellungen (→ Rn. 10) kommen erst in Betracht, wenn jeder Zeuge vorher einzeln vernommen worden ist. Abs. 1 gilt in allen Verfahrensabschnitten, auch bei Vernehmungen durch StA (§ 161a Abs. 1 S. 2) u. Polizei (§ 163 Abs. 3 S. 1). 1

B. In Abwesenheit der später anzuhörenden Zeugen (Abs. 1). In Abwesenheit der später anzuhörenden Zeugen (Abs. 1) ist der Zeuge zu vernehmen. Er soll seine Aussage ohne Kenntnis dessen machen, was Angeklagte ua Beweispersonen bekunden; dadurch soll seine Unbefangenheit u. die Selbstständigkeit der Darst. erhalten bleiben (BGHSt 3, 386 (388); Dallinger MDR 1955, 396 – BGH RsprÜ). Gespräche des Zeugen mit bereits vernommenen Zeugen in Verhandlungspausen verbietet § 58 nicht (BGH NJW 1962, 260). 2

3 **I. Für alle Zeugen. Für alle Zeugen gilt Abs. 1,** auch für den sachverständigen Zeugen (Löwe/Rosenberg/Ignor/Bertheau Rn. 2), den StA (BGH NJW 1987, 3088 (3090)) u. den Wahlverteidiger als Zeugen (→ Vor § 48 Rn. 18) u. den als Zeugen zu vernehmenden Beistand nach § 149 (BGHSt 4, 205). Dagegen haben das Recht auf Anwesenheit während der ganzen Verh. der Einziehungsbeteiligte u. Nebenbetroffene, der Antragsteller im Adhäsionsverfahren nach §§ 403 ff., der Nebenkläger nach § 397 Abs. 1 S. 1 (vgl. auch Dallinger MDR 1952, 532 – BGH RsprÜ; BGH VRS 48, 18) sowie zum Anschluss als Nebenkläger Befugte (§ 406g Abs. 1 S. 2), und, mit der Einschränkung des § 51 Abs. 2–5 **JGG** die nach § 67 **JGG** beteiligten Erziehungsberechtigten u. ges. Vertreter (zusf. Pfordte FS E. Müller, 2008, 551). Wegen des Sachverständigen vgl. § 80 Abs. 2, wegen des Anwesenheitsrechts des v. dem Zeugen zugezogenen Rechtsbeistandes → Vor § 48 Rn. 11.

4 **II. Reihenfolge der Vernehmung.** Die Reihenfolge der Vernehmung der erschienenen Zeugen steht im **richterlichen Ermessen** (BGHSt 2, 110; BGH 9.10.2024 – 2 StR 182/24). Fürsorge- u. Aufklärungspflicht können es beschränken. Kinder u. Jugendliche sollten möglichst vor den anderen Zeugen vernommen u. sodann entlassen werden (Nr. 135 Abs. 3 RiStBV). Der Beistand sollte so bald wie möglich vernommen werden, damit er seine Rechte wahrnehmen kann (BGHSt 4, 205). Entsprechendes gilt für die zur Anwesenheit berechtigten Zeugen (→ Rn. 3). Unzulässig ist die Vernehmung der Verhörsperson über die Aussage eines zur Zeugnisverweigerung Berechtigten, bevor dieser sich zur Aussage bereit erklärt hat (BGHSt 25, 176 (177)).

5 **III. Abwesenheit des Zeugen bis zu seiner Vernehmung.** Die **Abwesenheit des Zeugen bis zu seiner Vernehmung** kann das Gericht notfalls dadurch erzwingen, dass es ihn mit Gewalt aus dem Saal entfernen lässt (§§ 176, 177 GVG). Auch Zuhörer, deren Vernehmung beantragt o. v. Gericht für erforderlich gehalten wird, sind aus dem Sitzungssaal zu weisen; ihre zwangsweise Entfernung verstößt nicht gegen § 169 GVG (BGHSt 3, 386; BGH NStZ 2001, 163; StV 2002, 6); jedoch dürfen Zuhörer nicht pauschal wegen eines Gruppenmerkmals ausgeschlossen werden (BGH StV 2003, 659: sämtliche armenische Zuhörer). Andererseits macht seine Anwesenheit vor der Vernehmung den Zeugen nicht zu einem ungeeigneten Beweismittel. Er kann als Zeuge vernommen werden (OGHSt 2, 19), u. Beweisanträge dürfen nicht mit der Begründung abgelehnt werden, er sei vorher Zuhörer gewesen (KG VRS 38, 56).

6 **IV. Nach der Vernehmung.** Nach der Vernehmung steht der Zeuge **bis zu seiner Entlassung** (vgl. Nr. 135 Abs. 1 RiStBV) zur Vfg. des Gerichts (§ 248). Das Gericht kann seine Anwesenheit auch nach der Entlassung dulden, kann ihn aber auch entfernen (BGH NJW 1962, 260); denn Abs. 1 bedeutet nicht, dass die Zeugenvernehmung in Anwesenheit der bereits gehörten Zeugen stattfinden muss (Dallinger MDR 1955, 396 – BGH RsprÜ; RGSt 48, 211). Eine Entfernung des Zeugen kommt insbes. in Betracht, wenn eine ergänzende Vernehmung o. eine Gegenüberstellung beabsichtigt o. wenn zu besorgen ist, dass ein anderer Zeuge in seiner Gegenwart nicht die Wahrheit sagen werde (KK-StPO/Bader Rn. 5; **aM** Schneiders StV 1990, 91). Das Gericht entscheidet hierüber nach pflichtgemäßem Ermessen ohne Bindung an Anträge (RGSt 48, 211).

7 **C. Gegenüberstellungen (Abs. 2). I. Vorverfahren. Schon im Vorverfahren** sind Gegenüberstellungen zulässig, wenn sie zur Sachaufklärung geboten erscheinen. Ein Zeuge kann durch richterliche Anordnung verpflichtet werden, sich zur Gegenüberstellung bei der Polizei einzufinden (LG Hamburg MDR 1985, 72).

8 **In der HV** können Gegenüberstellungen ohne besondere ges. Grdl. iRd § 244 Abs. 2 vorgenommen werden. Einen Rechtsanspruch darauf hat der Angeklagte nicht (BGH NJW 1960, 2156 (2157); Dallinger 1976, 17 – BGH RsprÜ; der Antrag auf Gegenüberstellung ist kein Beweisantrag iS § 244 Abs. 3 (→ § 244 Rn. 26). Bittet der Vorsitzende während der HV die Polizei eine Wahlgegenüberstellung durchzuführen, sollte er der Verteidigung Gelegenheit zur Teilnahme

daran geben; verpflichtet sind er u. die Polizei hierzu aber nicht (vgl. BGH NStZ 2010, 53).

II. Identifizierungsgegenüberstellung. Bei der **Identifizierungsgegenüberstellung** (vgl. allg.: Odenthal, Die Gegenüberstellung im Strafverfahren, 3. Aufl. 1999) wird die zu identifizierende Person in Augenschein genommen u. nur der andere Teil als Zeuge vernommen (KG NJW 1979, 1668). Die Gegenüberstellung ist Teil dieser Vernehmung (KG JR 1979, 347). Der Zeuge ist daher zur Mitwirkung verpflichtet, wenn er kein Aussageverweigerungsrecht nach §§ 52 ff. hat (KK-StPO/Bader Rn. 8). Der Gegenübergestellte muss sich v. ihm in Augenschein nehmen lassen, auch wenn er als Beschuldigter die Einlassung (BGHSt 34, 39 (49); KG NJW 1979, 1668; OLG Bremen MDR 1970, 165) o. als Zeuge die Aussage verweigert (KMR-StPO/Neubeck Rn. 9; KK-StPO/Bader Rn. 8; erg. → § 52 Rn. 23; → § 133 Rn. 5). Die Rechtspflicht des Beschuldigten, sich einem Zeugen gegenüberstellen zu lassen, ergibt sich aus Abs. 2 (BGH 20.7.1970 – 1 StR 653/70; KG JR 1979, 348). Eine Mindermeinung hält die Gegenüberstellung dagegen für eine Maßnahme nach § 81b (SK-StPO/Rogall Rn. 35; Roxin/Schünemann StrafVerfR § 33 Rn. 16), die wohl hM hält sie für eine körperliche Untersuchung nach § 81a (s. nur Odenthal, Die Gegenüberstellung im Strafverfahren, 3. Aufl. 1999, S. 57 ff.); beides mit Recht abl. Welp JR 1994, 37, der aber auch Abs. 2 verneint u. damit eine Gesetzeslücke annimmt. Bei einer Vielzahl v. Zeugen kann die Gegenüberstellung in der Weise vorgenommen werden, dass eine Videoaufnahme v. dem Beschuldigten ua Personen hergestellt u. den Zeugen vorgeführt wird (→ § 81b Rn. 8). 9

Bei der **Vernehmungsgegenüberstellung** sollen Widersprüche zwischen einer Zeugenaussage u. den Angaben des Beschuldigten o. eines anderen Zeugen durch Rede u. Gegenrede, Fragen u. Vorhalte geklärt werden (KG NJW 1979, 1668). Hierbei handelt es sich um eine besondere Art der Vernehmung der beiden gegenübergestellten Personen, bei der der Richter auch eine gegenseitige Befragung zulassen kann (Löwe/Rosenberg/Ignor/Bertheau Rn. 10). 10

III. Form. Die Form der Gegenüberstellung zum Zweck der Identifizierung u. ihren Zeitpunkt **bestimmt der Richter,** zB die Kleidung (RGSt 48, 210) o. eine Veränderung der Haar- o. Barttracht (→ § 81a Rn. 23; → § 81b Rn. 10). Der Beschuldigte ist nicht berechtigt, den Vergleich seiner äußeren Erscheinung mit dem Erinnerungsbild des Zeugen durch Grimassen, Schließen der Augen, Senken des Kopfes o. Verdrehen der Gliedmaßen unmöglich zu machen. Notfalls kann er hieran durch unmittelbaren Zwang gehindert werden; dazu bietet Abs. 2 die Rechtsgrundlage (KG NJW 1979, 1668; Roxin/Schünemann StrafVerfR § 33 Rn. 16; **aM** Löwe/Rosenberg/Krause § 81a Rn. 44; Kühne StrafProzR Rn. 479). Die Gegenübergestellten brauchen sich nicht im selben Raum zu befinden; die Beobachtung durch einen venezianischen Spiegel ist zulässig (KG NJW 1979, 1668; Löwe/Rosenberg/Krause § 81a Rn. 46). 11

Die Identifizierungsgegenüberstellung findet **regelmäßig als Wahlgegenüberstellung** (vgl. Nr. 18 Abs. 1 **RiStBV**; Odenthal, Die Gegenüberstellung im Strafverfahren, 3. Aufl. 1999, S. 101 ff.) in der Weise statt, dass mehrere Personen gegenübergestellt werden (vgl. Nr. 18 S. 1 RiStBV); Ratschläge zur zweckmäßigen Gestaltung geben OLG Karlsruhe NStZ 1983, 377; OLG Köln StV 1992, 412. Deren Hergang ist im Prot., bei ausschlaggebender Bedeutung möglichst im Bild, in umfassender Weise festzuhalten (OLG Karlsruhe NStZ 1983, 377); Aufnahmen mit einem Videogerät sind zulässig (BVerfG NStZ 1983, 84) u. zur Rekonstruktion der Gegenüberstellung in der HV empfehlenswert (Löwe/Rosenberg/Ignor/Bertheau Rn. 13). Die **Einzelgegenüberstellung** hat einen geringeren Beweiswert (BGH NStZ-RR 2012, 381; Ernesti/Jürgensen SchlHA 1971, 216 – OLG Schleswig RsprÜ); ihr Erg. darf aber bei der Beweiswürdigung durchaus berücksichtigt werden (Spiegel DAR 1976, 94 – BGH RsprÜ; KG NStZ 1982, 215; OLG Stuttgart Justiz 1997, 378). 12

12a Demgegenüber wird die **sequenzielle** (o. sukzessive) **Gegenüberstellung** empfohlen, bei der der Zeuge jew. nur eine Person sieht, ihm aber nacheinander mehrere Personen gezeigt werden (Kusch NStZ-RR 2001, 133 – BGH RsprÜ; Goldkamp NZV 2019, 217 (219)); der Beweiswert ist ggü. einer Einzel- o. Wahlgegenüberstellung erheblich höher (BGH NStZ 2020, 499; vgl. ferner dazu u. zur Durchführung mittels Video-Vorführung Odenthal StV 2012, 683). Dies gilt sinngemäß auch für **Wahllichtbildvorlagen.** Deren Beweiswert wird nicht schon durch die dem Zeugen gegebene Information gemindert, in jeder Bildserie befinde sich das Bild eines Verdächtigen (BGH NStZ 2011, 648). Es sollten Lichtbilder v. mind. 8 Personen vorgelegt werden (Nr. 18 Abs. 3 **RiStBV**; Goldkamp NZV 2019, 217 (219)); wird die Vorlage abgebrochen, weil der Zeuge erklärt, eine Person wiedererkannt zu haben, macht dies das Erg. der Wahllichtbildvorlage zwar nicht wertlos, es kann aber ihren Beweiswert mindern (BGH NJW 2012, 791). Zu empirischen Erkenntnissen des Wiedererkennungsvermögens bei Wahllichtbildvorlagen Bremer ua Kriminalisitk 2018, 365 ff. (455 ff.)

13 Der **Beweiswert des wiederholten Wiedererkennens** in der HV (wie auch in der Berufungsverhandlung, OLG Braunschweig StV 2010, 126) ist fragwürdig, wenn auch nicht völlig ausgeschlossen (BGH NJW 2012, 791; NStZ 2023, 250), weil er durch das vorangehende Wiedererkennen beeinflusst wird; der hierbei gewonnene Eindruck wird das ursprüngliche Erinnerungsbild häufig überlagern, so dass die Gefahr besteht, dass in Wahrheit der Angeklagte nicht mit dem Täter, sondern mit der bei der vorhergehenden Gegenüberstellung als verdächtig bezeichneten Person verglichen wird (BGHSt 16, 204; BGH NStZ 1997, 355; OLG Brandenburg StV 2017, 663; OLG Celle StV 1987, 429; OLG Düsseldorf StV 1991, 509; OLG Frankfurt a. M. NStZ 1988, 41; OLG Koblenz StV 2007, 348; OLG Köln StV 1994, 67). Dasselbe gilt, wenn dem Wiedererkennen in der HV eine Lichtbildvorlage vorausgegangen war (BGH NStZ 1987, 288; 1998, 266; erg. → § 261 Rn. 11; → § 267 Rn. 12), zumal bei Einzellichtbildvorlagen, denen nur ein deutlich reduzierter Beweiswert zukommt (BGH NStZ-RR 2017, 90; OLG Düsseldorf StV 2001, 445; OLG Koblenz NStZ-RR 2001, 110; OLG Köln NStZ-RR 2001, 109). Dennoch ist auch ein solches Wiedererkennen der freien Beweiswürdigung des Gerichts zugänglich; dieses muss im Urt. allerdings ggf. nachvollziehbar darlegen, warum es dem Wiedererkennen des Zeugen trotz der beschriebenen Fehlerquellen folgt (vgl. BGH NStZ 2023, 250; NStZ-RR 2017, 90). Ergänzend → § 261 Rn. 11b, → § 267 Rn. 12b.

14 Bei der Identifizierung durch einen **Stimmenvergleich** sind dieselben Grundsätze zu beachten (Odenthal NStZ 1995, 579); auch hierbei ist sicherzustellen, dass der Zeuge die Stimme des Verdächtigen nicht isoliert, sondern neben anderen Stimmen hört u. dass die Vergleichsstimmen eine gewisse Klangähnlichkeit aufweisen (BGHSt 40, 66; BGH NStZ 1994, 597), wobei die Anforderungen aber nicht überspannt werden dürfen (vgl. OLG Köln StV 1998, 178). Die Identifizierung eines Verdächtigen *ausschließlich* an seiner Stimme wird mit einer zur Verurteilung ausreichenden Sicherheit aber nur selten möglich sein (Ackemann, Rechtmäßigkeit u. Verwertbarkeit heimlicher Stimmvergleiche im Strafverfahren, 1997, S. 21 ff.).

15 **IV. Anwesenheitsrecht des Verteidigers (Abs. 2 S. 2–5).** Das G v. 27.7.2017 (BGBl. I 3295) hat in Umsetzung der RL 2013/48/EU ein ausdr. **Anwesenheitsrecht des Verteidigers** bei Gegenüberstellungen geschaffen (S. 2). Um dieses Recht nicht leerlaufen zu lassen ist der Verteidiger vorher zu benachrichtigen (S. 3). Auf die Verlegung des Termins wegen Verhinderung hat er allerdings keinen Anspruch (S. 4).

15a In den Fällen der notwendigen Verteidigung (§ 140) ist der Beschuldigte darauf hinzuweisen, dass er die **Bestellung eines Pflichtverteidigers** nach Maßgabe der §§ 141 Abs. 1, 142 Abs. 1 beantragen kann (S. 5); die Belehrung hat sich daher auch auf die iSd § 142 Abs. 1 zuständige Stelle zu erstrecken, bei der der Antrag gestellt werden kann. Die Belehrung ist zu dokumentieren (§ 168a Abs. 1 für richterliche, § 168b Abs. 3 S. 1 für ermittlungsbehördliche Gegenüberstellungen). Ergänzend → § 141 Rn. 2 ff., → § 142 Rn. 2 ff.

Wahllichtbildvorlagen sind auch ohne Anwesenheit des Verteidigers möglich, da sich die Vorschr. ausdr. nur auf Gegenüberstellungen bezieht; ebenso wird ein spontanes Wiedererkennen des Beschuldigten durch einen Zeugen nicht erfasst (BT-Drs. 18/9534, 20). **16**

D. Revision. Abs. 1 ist eine **Ordnungsvorschrift,** deren Verletzung die Revision nicht begründen kann (BGH NJW 1962, 260; Spiegel DAR 1981, 196 – BGH RsprÜ); KG VRS 38, 56; OLG Oldenburg VRS 58, 32; **aM** Peters StrafProzR Rn. 360). Gerügt werden kann nur ein Verstoß gegen § 244 Abs. 2 (BGH NJW 1987, 3088 (3090)), zB weil der Zeuge in Abwesenheit des 1. Zeugen anders ausgesagt hätte (Dallinger MDR 1955, 396 – BGH RsprÜ). Auch die Verletzung des Abs. 2 S. 1 begründet die Revision nur, wenn darin eine Verletzung der Aufklärungspflicht liegt (Dallinger MDR 1974, 274 – BGH RsprÜ). Bei einer Verletzung v. Abs. 2 kann ausnahmsweise ein Verwertungsverbot in Betracht zu ziehen sein, wenn Anhaltspunkte dafür bestehen, dass die Benachrichtigung des Verteidigers nach Abs. 2 S. 3 bewusst unterblieben ist. Es ist aber ein sachlichrechtlicher Mangel (unzureichende Beweiswürdigung), wenn sich aus dem Urt. nicht ergibt, dass sich das Gericht des eingeschränkten Beweiswerts einer Einzelgegenüberstellung (→ Rn. 12), eines wiederholten Wiedererkennens (→ Rn. 13) o. eines unzureichenden Stimmenvergleichs (→ Rn. 14) bewusst war (BGHSt 40, 66; BGH NStZ 1982, 342; OLG Brandenburg StV 2017, 663; OLG Düsseldorf StV 2007, 347). **17**

Aufzeichnung der Vernehmung in Bild und Ton   Nr. 19, 19a, 19b RiStBV

58a

(1) [1]**Die Vernehmung eines Zeugen kann in Bild und Ton aufgezeichnet werden.** [2]**Sie soll nach Würdigung der dafür jeweils maßgeblichen Umstände aufgezeichnet werden und als richterliche Vernehmung erfolgen, wenn**

1. **damit die schutzwürdigen Interessen von Personen unter 18 Jahren sowie von Personen, die als Kinder oder Jugendliche durch eine der in § 255a Absatz 2 genannten Straftaten verletzt worden sind, besser gewahrt werden können oder**
2. **zu besorgen ist, dass der Zeuge in der Hauptverhandlung nicht vernommen werden kann und die Aufzeichnung zur Erforschung der Wahrheit erforderlich ist.**

[3]**Die Vernehmung muss nach Würdigung der dafür jeweils maßgeblichen Umstände aufgezeichnet werden und als richterliche Vernehmung erfolgen, wenn damit die schutzwürdigen Interessen von Personen, die durch Straftaten gegen die sexuelle Selbstbestimmung (§§ 174 bis 184j des Strafgesetzbuches) verletzt worden sind, besser gewahrt werden können und der Zeuge der Bild-Ton-Aufzeichnung vor der Vernehmung zugestimmt hat.**

(2) [1]**Die Verwendung der Bild-Ton-Aufzeichnung ist nur für Zwecke der Strafverfolgung und nur insoweit zulässig, als dies zur Erforschung der Wahrheit erforderlich ist.** [2]**§ 101 Abs. 8 gilt entsprechend.** [3]**Die §§ 147, 406e sind entsprechend anzuwenden, mit der Maßgabe, dass den zur Akteneinsicht Berechtigten Kopien der Aufzeichnung überlassen werden können.** [4]**Die Kopien dürfen weder vervielfältigt noch weitergegeben werden.** [5]**Sie sind an die Staatsanwaltschaft herauszugeben, sobald kein berechtigtes Interesse an der weiteren Verwendung besteht.** [6]**Die Überlassung der Aufzeichnung oder die Herausgabe von Kopien an andere als die vorbezeichneten Stellen bedarf der Einwilligung des Zeugen.**

(3) [1]**Widerspricht der Zeuge der Überlassung einer Kopie der Aufzeichnung seiner Vernehmung nach Absatz 2 Satz 3, so tritt an deren Stelle die Überlassung des Protokolls an die zur Akteneinsicht Berechtigten nach Maßgabe der §§ 147, 406e.** [2]**Das Recht zur Besichtigung der Aufzeichnung nach Maßgabe der §§ 147, 406e bleibt unberührt.** [3]**Der Zeuge ist auf sein Widerspruchsrecht nach Satz 1 hinzuweisen.**

Übersicht

1 **A. Besonders schutzbedürftige Zeugen.** Besonders schutzbedürftigen Zeugen sollen die häufig belastenden Mehrfachvernehmungen, auch in der HV, dadurch erspart werden, dass eine **verwertbare Bild-Ton-Aufzeichnung** einer – einmaligen, frühzeitigen – (richterlichen) Vernehmung **in späteren Verfahrensstadien** zur Vfg. steht (Weigend Gutachten 62. DJT, 1998, C 60, C 64 Fn. 204, jedoch mit Bedenken gegen eine frühe Aussage; zur „sekundären Traumatisierung" insbes. kindlicher u. jugendlicher Opferzeugen durch Maßnahmen der Strafverfolgung vgl. zB Laubenthal JZ 1996, 338; krit. Arntzen ZRP 1995, 241; Pfäfflin StV 1997, 95). Dies kann je nach Lage des Einzelfalls den Verzicht auf eine persönliche Vernehmung des Zeugen in der HV nahelegen (vgl. auch § 255a). Die Einspielung früherer Vernehmungen in die HV kann Zeugen ferner vor Einschüchterungen u. Repressalien durch Dritte schützen (Jung GA 1998, 324; vgl. auch KG JZ 1997, 629). Abs. 1 soll dabei auch den Belangen der Opferzeugen bereits im Ermittlungsverfahren Rechnung tragen (zu Erfahrungen im Inland Schöch FS Meyer-Goßner, 2001, 368, im Ausland vgl. Bohlander ZStW 107 (1995), 82; Laubenthal JZ 1996, 340).

1a Die **Vorschrift beschränkt sich daher nicht** auf minderjährige Zeugen, sondern erfasst etwa auch alte, kranke o. gebrechliche Menschen, Opfer v. Gewalt- u. Sexualstraftaten, für eine HV gem. § 96 analog (→ § 96 Rn. 12) oder § 110b Abs. 3 (→ § 110b Rn. 8) zu sperrende bes. gefährdete Ermittlungsbeamte u. Personen, die sich v. ihrer kriminellen Vergangenheit losgesagt haben (zum Schutz gefährdeter Zeugen vgl. Griesbaum NStZ 1998, 433; erg. → Rn. 7), sowie Zeugen, deren Rückkehr in das Ausland bevorsteht. Die Bild-Ton-Aufzeichnung dient damit zugleich der Beweissicherung, auch durch Fixierung der bes. bedeutsamen Erstaussage kindlicher Opferzeugen (BGH NStZ NJW 1996, 206; StV 1997, 513; Eisenberg Beweisrecht StPO Rn. 1311 ff.) o. solcher, die Opfer v. Straftaten gegen die sexuelle Selbstbestimmung geworden sind; dies kann auch dem aus § 244 Abs. 2 folgenden Prinzip des bestmöglichen Beweises (→ § 244 Rn. 12) entsprechen (Jung GA 1998, 325).

2 Das **Spannungsverhältnis des Zeugenschutzes zum Unmittelbarkeitsgrundsatz** u. zur Pflicht des Gerichts, die Wahrheit zu erforschen, darf andererseits aber – auch in der Gesetzesanwendung – nicht aus dem Blick geraten (vgl. dazu Fischer JZ 1998, 816; Schünemann StV 1998, 391; Dahs NJW 1998, 2332). Der Gesetzgeber hat den Anwendungsbereich in jüngerer Zeit – zul. durch das G zur Modernisierung des Strafverfahrens v. 10.12.2019 (Einf. des Abs. 1 S. 3) – stetig ausgeweitet. Insofern lässt sich feststellen, dass das durchaus nachvollziehbare Be-

streben des Gesetzgebers, den Opferschutz im Strafverfahren zu stärken, tendenziell zu einer immer weiteren **Aufwertung des Ermittlungsverfahrens zu Lasten der HV** führt. Bei der Interpretation der Anwendungsvoraussetzungen sowie der praktischen Handhabung ist im Blick zu halten, dass die persönliche Vernehmung der Zeugen in der Verh. substituierende Aufzeichnungen v. Vernehmungen im Ermittlungsverfahren den Unmittelbarkeitsgrundsatz sowie das Konfrontationsrecht des Angeklagten nicht faktisch aushöhlen.

Für die Hauptverhandlung enthält § 247a S. 4 eine die Anwendung des § 58a Abs. 1 ausschließende Sondervorschrift (Rieß NJW 1998, 3241). Dagegen findet § 168e S. 4 bei getrennter Vernehmung durch den ER entspr. Anwendung (vgl. ferner → § 223 Rn. 20). 2a

B. Voraussetzungen der Aufzeichnung. Bei den Voraussetzungen der Aufzeichnung unterscheidet Abs. 1 in den Sätzen 1–3 nach Kann-, Soll- u. zwingenden Anwendungsfällen: 3

I. Jede Vernehmung (S. 1). Jede Vernehmung eines Zeugen kann nach S. 1 aufgezeichnet werden. Dies gilt auch für staatsanwaltschaftliche (§ 161a Abs. 1 S. 2) sowie polizeiliche Zeugenvernehmungen im Ermittlungsverfahren (§ 163 Abs. 3 S. 1). Bei der Ermessensentscheidung, ob nach S. 1 eine richterliche Vernehmung durchgeführt werden o. es bei der polizeilichen o. staatsanwaltschaftlichen) Vernehmung bleiben soll, sind die jew. maßgeblichen Umstände u. die schutzwürdigen Interessen des Zeugen zu berücksichtigen; dabei kann berücksichtigt werden, dass es für den Zeugen regelmäßig einen größeren u. ihn mehr belastenden Aufwand bedeutet, wenn er nach der Anzeigenaufnahme bei der Polizei auch noch einen weiteren Termin zur richterlichen Vernehmung wahrnehmen muss. 4

Der **Begriff der Vernehmung** umfasst nach dem Zweck der Regelung (→ Rn. 1) alle Verfahrensvorgänge, die mit der Vernehmung in enger Verbindung stehen o. sich aus ihr entwickeln u. daher zu diesem Verfahrensabschnitt gehören, auch wenn es sich um Verfahrensvorgänge mit selbständiger verfahrensrechtlicher Bedeutung handelt, zB eine Augenscheinseinnahme o. eine kurze Äußerung eines anderen Zeugen, wenn sie im Zusammenhang mit der Aussage stehen, o. – bei richterlicher Vernehmung – die Verh. u. Entsch. über die Vereidigung sowie die Vereidigung selbst (vgl. auch → GVG § 172 Rn. 17). Auch wenn S. 1 die Aufzeichnung der Vernehmung eines Zeugen pauschal zulässt, wird nicht nur der technische Aufwand in der Praxis zu zurückhaltender Anwendung führen. Der mit einer Bild-Ton-Aufzeichnung verbundene erhebliche Eingriff in das Persönlichkeitsrecht des Zeugen sowie die angestrebte Durchbrechung des Unmittelbarkeitsgrundsatzes erfordern in jedem Einzelfall eine sorgfältige Abwägung am Maßstab der Verhältnismäßigkeit, der den Einsatz der Videotechnologie etwa gestattet, wenn eine entscheidungserhebliche Aussage umfangr. ist, ein komplexes Tatgeschehen betr. o. wenn sich die Vernehmung bes. schwierig gestaltet. 4a

II. Soll-Vorschrift. Die Soll-Vorschrift des S. 2 (aber zur Muss-Vorschr. in S. 3 → Rn. 8a) schreibt vor, dass die Aufzeichnung bei einer ***richterlichen*** Vernehmung (§§ 168, 168a) in 2 Fällen erfolgen soll (was allerdings entspr. aufgezeichnete polizeiliche Vernehmungen nicht ausschließt, Deutscher StRR 2013, 324 (325)): 5

1. Nach **Nr. 1** ist die Vernehmung der durch die Straftat Verletzten, die im Zeitpunkt ihrer Anhörung **noch nicht 18 Jahre** alt sind, regelmäßig aufzuzeichnen. Wie schon die Parallele zu § 397a Abs. 1 Nr. 4 ergibt, sind nur unmittelbar verletzte Zeugen gemeint (vgl. → § 395 Rn. 3), zumal die o. (→ Rn. 4) genannten Gesichtspunkte eine enge Auslegung der Soll-Vorschr. in S. 2 nahelegen. Durch die Einschränkung, dass die Aufzeichnung „zur Wahrung ihrer schutzwürdigen Interessen geboten“ sein muss, ist klargestellt, dass die Anwendung der Vorschr. in Alltagsfällen regelmäßig nicht angezeigt ist (so auch Rieß NJW 1998, 3241 Fn. 24, der als Beispiele jugendliche Opfer v. Straßenverkehrsdelikten u. geringere Straftaten im Jugendlichenmilieu nennt), wohl aber – wie nun durch die Bezugnahme auf 6

§ 255a klargestellt ist – idR bei einem Kind o. Jugendlichen als Opfer v. Sexualstraftaten (vgl. schon BGH NStZ-RR 2004, 336 Ls.; Becker NStZ-RR 2006, 2 – BGH RsprU) o. einer der sonstigen dort aufgeführten schweren Straftaten. Die Vorführung der Aufnahme einer richterlichen Vernehmung ist in der HV zum Schutz der Zeugen aus dieser Altersgruppe unter erleichterten Voraussetzungen zulässig (§ 255a Abs. 2 S. 1). Der Anwendungsbereich der Vorschr. ist durch das G v. 14.3.2013 (StORMG) u. den Verweis auf die in § 255a Abs. 2 genannten Delikte aber ua auch auf **Opfer von Sexualstraftaten** ausgedehnt worden, die zzt. der Vernehmung **nicht mehr minderjährig sind.**

7 **2.** Nach **Nr. 2** soll die Vernehmung eines Zeugen ferner aufgezeichnet werden u. als richterliche Vernehmung erfolgen, wenn aufgrund bestimmter Anhaltspunkte (KK-StPO/Bader Rn. 7) o. kriminalistischer Erfahrung die **Prognose** gerechtfertigt ist, der Zeuge könne **in der HV nicht vernommen** werden; der Zweck der Beweissicherung, wie er auch § 160 Abs. 2 zugrunde liegt, tritt hier deutlich hervor: Neben lebensgefährlich erkrankten, gebrechlichen, gefährdeten o. ausl. Zeugen ist etwa an Fälle zu denken, in denen Erziehungsberechtigte kindlichen o. jugendlichen Zeugen aus berechtigter Sorge um deren Wohl voraussichtlich die Teilnahme an der HV nicht gestatten werden (vgl. BGH NJW 1996, 206; OLG Saarbrücken NJW 1974, 1959; Weigend Gutachten 62. DJT, 1998, C 59; → § 223 Rn. 6, → § 251 Rn. 21); die Einf. der Videotechnologie soll Eltern kindlicher Opferzeugen die Befolgung entspr. ärztlicher o. psychologischer Ratschläge erleichtern (vgl. BT-Drs. 13/7165, 7). Die Bestimmung greift auch ein, wenn dem Zeugen in der HV ein Auskunftsverweigerungsrecht zustehen kann (**aM** Löwe/Rosenberg/Ignor/Bertheau Rn. 20). Bei den gefährdeten Zeugen ist nicht nur an zu sperrende (→ Rn. 1), sondern auch an solche Personen zu denken, die in ein Zeugenschutzprogramm aufgenommen werden sollen u. ggf. in einer HV nicht zur Vfg. stehen (Caesar NJW 1998, 2315). Allerdings können die gleichen Bedenken, die im Einzelfall einer Videosimultanübertragung entgegenstehen (vgl. → § 168e Rn. 1, → § 247a Rn. 1), auch gegen die Aufzeichnung der Aussage sprechen (Wagner Kriminalistik 2000, 167). Die Erwartung, das Gericht werde in der HV nach § 255a Abs. 2 S. 1 verfahren, berechtigt den vernehmenden Richter nicht, das Vorliegen der Voraussetzungen der Nr. 2 anzunehmen (zu Nr. 1, der nur Verletzte umfasst, → Rn. 6). Kumulativ setzt Nr. 2 weiter voraus, dass die Aufzeichnung zur Erforschung der Wahrheit erforderlich ist. Mit Blick auf § 244 Abs. 2 verlangt das G die Prüfung, ob die Verwendung der Aufzeichnung ergiebiger sein wird als die Verlesung der Niederschrift der Vernehmung (hierzu → Rn. 9) sowie ob es im konkreten Verf. auf den höheren Beweiswert ankommt. Da die Einvernahme auf Videoband der Vernehmung zu Prot. deutlich überlegen ist, weil die Aufzeichnung die Worte der vernommenen Person u. deren Betroffenheit unmittelbar wiedergibt (vgl. Laubenthal JZ 1996, 342), wird dies häufig, aber nicht gleichsam automatisch anzunehmen sein, erkennbar nebensächliche Aussagen werden etwa ausscheiden. Dem Vernehmenden ist insoweit ein Beurteilungsspielraum einzuräumen (ähnlich KK-StPO/Bader Rn. 7; vgl. auch BGHSt 41, 30).

7a **III. Duldung der Bild-Ton-Aufzeichnung in den Fällen von S. 2 Nr. 1 und 2.** Die Duldung der Bild-Ton-Aufzeichnung in den Fällen von S. 2 Nr. 1 und 2 ist **Bestandteil der Zeugenpflicht** (SK-StPO/Rogall Rn. 10; MüKoStPO/Maier Rn. 33; dagegen die Fälle des Abs. 1 S. 3 sogleich → Rn. 8 ff.), die Einwilligung des zu Vernehmenden bzw. seines ges. Vertreters in den Eingriff in das Recht am eigenen Bild ist im Anwendungsbereich der Vorschr. nicht erforderlich (Eisenberg Beweisrecht StPO Rn. 1311a; zu polizeilichen Vernehmungen Rieß StraFo 1999, 3; vgl. ferner → § 163 Rn. 42 u. zur Rechtslage in der HV → § 247a Rn. 11). Im Interesse der Gewinnung einer brauchbaren Aussage sollte der Vernehmende sich jedoch um ein kooperatives Verhalten des Zeugen bemühen. Von Ordnungsmitteln nach §§ 51, 70, die gegen Kinder ohnehin nicht angeordnet werden dürfen (→ § 51 Rn. 15, 20, → § 70 Rn. 3), sollten Richter u. StA (§ 161a Abs. 2 S. 1) daher nur zurückhaltend Gebrauch machen. Es ist (entgegen KK-

StPO/Bader Rn. 8, der § 81c heranzieht; vgl. aber → § 81c Rn. 23 mN) nicht unzulässig, weigerungsberechtigte Zeugen erst nach Beginn der Aufzeichnung gem. § 52 Abs. 3 S. 1 (oder § 55 Abs. 2) zu belehren (SK-StPO/Rogall Rn. 11; Leitner StraFo 1999, 47: sogar zwingend). Verweigert der angehörige Zeuge in der HV das Zeugnis, darf die Aufzeichnung seiner Vernehmung nach §§ 252, 255a Abs. 1 nicht abgespielt werden (→ § 252 Rn. 12); eine nichtrichterliche Verhörsperson darf auch nicht über den Eindruck befragt werden, den sie bei einer früheren Vernehmung des angehörigen Zeugen gewonnen hat (vgl. BGH NJW 1979, 1722 aE; BGH 4.10.1977 – 5 StR 487/77; → § 252 Rn. 13). Dieser bleibt jedoch Gegenstand des Augenscheins (vgl. näher → § 52 Rn. 23, → § 81c Rn. 23 und → § 86 Rn. 14, je mwN).

IV. Bei Opfern von Sexualstraftaten. Die Vernehmung muss bei Opfern von Sexualstraftaten als **richterliche** aufgezeichnet werden (Abs. 1 S. 3, eingeführt durch das G zur Modernisierung des Strafverfahrens v. 10.12.2019 (BGBl. I 2121). 8

1. Dies gilt **ohne Einschränkung.** Die Vorschr. ist nach ihrem Wortlaut grds. auf Opfer v. Straftaten gegen die sexuelle Selbstbestimmung (§§ 174–184j StGB) **in allen Altersgruppen anwendbar,** dh auf Personen unter 18 Jahren wie auch auf erwachsene Tatzeugen; der Gesetzgeber geht insoweit davon aus, dass Schutzbedürfnis bei Opfern v. Sexualstraftaten im Strafverfahren nicht davon abhängt, ob sie zur Tatzeit minderjährig o. erwachsen waren (vgl. BT-Drs. 19/17474, 25). Durch die Gesetzesfassung ergibt sich aber die Merkwürdigkeit, dass die Vernehmung nach S. 1 Nr. 1 bei minderjährigen Opfern v. Sexualstraftaten zur Wahrung v. deren schutzwürdigen Interessen in Bild u. Ton aufgezeichnet u. als richterliche erfolgen *soll* (→ Rn. 6) während S. 3 nunmehr postuliert, dass sie in diesen Fällen – auch – bei dieser Altersgruppe erfolgen *muss.* 8a

Voraussetzung ist auch nach Abs. 1 S. 3, dass nach Würdigung der jew. maßgeblichen Umstände die **schutzwürdigen Interessen der Opfer** durch die Aufzeichnung der richterlichen Vernehmung besser gewahrt werden können. Anders als in Fällen des S. 2 Nr. 1 (dazu soeben → Rn. 6), die nicht Sexualstraftaten betreffen, dürfte hierdurch allerdings kaum eine nennenswerte Einschränkung des Anwendungsbereichs eintreten. Angesichts der Schwere v. Sexualdelikten wird – außer im Fall v. Bagatelltaten – regelmäßig davon auszugehen sein, dass den schutzwürdigen Interessen der Opfer durch die Aufzeichnung besser Rechnung getragen werden kann. Hierfür spricht auch die Intention des Gesetzgebers, „von der Bild-Ton-Aufzeichnung bei der Ermittlung v. Sexualstraftaten umfassend Gebrauch" zu machen (BT-Drs. 19/17474, 25). Es ist deshalb zu erwarten, dass die Aufzeichnung nach Abs. 1 S. 3 bei Straftaten gegen die sexuelle Selbstbestimmung, unabhängig v. Alter des Opfers, den Regelfall bilden wird. 8b

2. Die Zulässigkeit der Bild-Ton-Aufzeichnung hängt in den Fällen des Abs. 1 S. 3 allerdings v. der **Zustimmung des Zeugen** vor der Vernehmung ab. Stimmt er nicht zu, darf sie nicht in Bild u. Ton aufgezeichnet werden. Hierdurch soll das Persönlichkeitsrecht des Zeugen gewahrt werden (BT-Drs. 19/17474, 25, 36). Das Zustimmungserfordernis ermöglicht es allerdings dem Zeugen, über die Umstände seiner Vernehmung mitzubestimmen, was – jenseits v. Zeugnis- u. Untersuchungsverweigerungsrechten (§§ 52 Abs. 1, 81c Abs. 3) – den üblichen Zeugenpflichten im Strafverfahren widerspricht (soeben → Rn. 7a; → Vor § 48 Rn. 5, 6); außerdem ist nur schwer nachzuvollziehen, warum die Opfergruppen in S. 2 Nr. 1 und 2, soweit nicht Sexualstraftaten betroffen sind, v. G anders behandelt werden als solche in S. 3 (zutr. Claus NStZ 2020, 58 (63)). 8c

Darüber hinaus hat der Zeuge das Recht, der vernehmungsersetzenden Vorführung in der HV unmittelbar nach der aufgezeichneten Vernehmung zu **widersprechen** (§ 255a Abs. 2 S. 1 aE). Gemeint ist damit trotz der ges. Verortung in § 255a ein Widerspruch bereits im Ermittlungsverfahren direkt nach der erfolgten Aufzeichnung der Vernehmung gem. § 58 Abs. 1 S. 3; dem Zeugen soll damit die Möglichkeit gegeben werden, unter dem Eindruck der Vernehmung seine zuvor erteilte Zustimmung zu überdenken (BT-Drs. 19/17474, 36). 8d

8e Der Zeuge muss den Widerspruch **unmittelbar nach der Vernehmung** ggü. dem Richter erklären. Tut er das nicht, ist er an seine vor der Vernehmung erteilte Zustimmung u. den nicht – rechtzeitig – erklärten Widerspruch gebunden. Das hat zur Konsequenz, dass die Videoaufzeichnung seiner richterlichen Vernehmung in der HV vernehmungsersetzend vorgeführt werden kann (§ 255a Abs. 2 S. 1 aE). Dies gilt gleichermaßen, wenn der Zeuge seinen rechtzeitig erklärten Widerspruch zurücknimmt, was auch noch in der HV möglich ist; ein erneuter Widerspruch ist allerdings nicht zulässig, da er nicht unmittelbar nach der Vernehmung im Ermittlungsverfahren erfolgt ist.

8f Es erscheint allerdings **fragwürdig,** dass es in den Fällen des S. 3 bei rechtzeitigem Widerspruch „im Belieben des Zeugen" (so ausdr. BT-Drs. 532/19, 36) stehen soll, ob die Videoaufzeichnung vernehmungsersetzend in der HV verwertet werden kann; außerdem gilt wie beim Zustimmungserfordernis (soeben → Rn. 8c), dass eine Rechtfertigung für die unterschiedliche Behandlung der Opfergruppen in Abs. 1 S. 2 Nr. 1 und 2 einerseits und Abs. 1 S. 3 andererseits schwer zu erkennen ist (vgl. Claus NStZ 2020, 58 (63)).

8g Zustimmung u. Widerspruch sind als **höchstpersönliche Rechte** des Zeugen konzipiert (s. BT-Drs. 19/17474, 36: Schutz des Persönlichkeitsrechts). Hat der Zeuge allerdings v. der Bedeutung v. Zustimmung u. Widerspruch keine genügende Vorstellung, ist die Entsch. des ges. Vertreters erforderlich. Dies kann va bei Kindern in Betracht zu ziehen sein, bei erwachsenen Zeugen nur, soweit wegen einer psychischen Krankheit o. einer geistigen o. seelischen Behinderung eine Betreuung angeordnet worden ist (§ 1896 BGB). Wer ges. Vertreter ist, bestimmt sich nach bürgerlichem Recht (→ § 52 Rn. 19). Bei erwachsenen Zeugen muss erforderlichenfalls ein Betreuer bestellt werden (vgl. § 1896 BGB). Ist der ges. Vertreter selbst Beschuldigter, darf er – nach dem Rechtsgedanken des § 52 Abs. 2 S. 2 – nicht für den Zeugen entscheiden; in diesem Fall muss ein Ergänzungspfleger bestellt werden (§ 1909 S. 1 BGB; erg. → § 52 Rn. 20).

8h Auf das Zustimmungserfordernis u. die Widerspruchsmöglichkeit muss der Richter den Zeugen **hinweisen.** Dabei sollte dem Zeugen auch klargemacht werden, dass sich seine Zustimmung nur auf die seine persönliche Vernehmung in der HV möglicherweise ersetzende Vorführung der Aufzeichnung bezieht, er aber bei fehlender Zustimmung bzw. nach der Vernehmung erklärtem Widerspruch verpflichtet bleibt, auf Ladung vor dem Gericht persönlich auszusagen (s. BT-Drs. 197474, 25). Dies kann sich je nach Person des Zeugen als eine durchaus anspruchsvolle Aufgabe erweisen. Ergänzend → § 255a Rn. 8c, d.

9 **C. Anordnungskompetenz.** Die Anordnungskompetenz liegt **beim Vernehmenden.** Der ER (zur Zuständigkeit → § 162 Rn. 8 aE) hat nur die Zulässigkeit der beantragten Videoaufzeichnung zu prüfen (→ § 162 Rn. 4); er hat § 168c Abs. 2, Abs. 3 und Abs. 5 (sowie § 406g Abs. 2 S. 2, 3) zu beachten, auch mit Blick auf § 255a Abs. 2 S. 1 (vgl. → § 255a Rn. 8). Bei Vorliegen der Voraussetzungen des § 168e soll er eine getrennte Vernehmung durchführen. Erforderlich ist ein vollständiges Prot. nach §§ 168, 168a und 168b (KK-StPO/Bader Rn. 9; vgl. auch Löwe/Rosenberg/Erb Rn. 18b; BGH NStZ 1995, 353); die Videoaufzeichnung kann Grdl. der Protokollierung sein (§ 168a Abs. 2 S. 1, → § 168a Rn. 4). Der Erstvernehmende muss in der Lage sein, gute, vollständige u. nichtsuggestive Befragungen durchzuführen, da sich Fehler im weiteren Verlauf des Verfahrens häufig nicht mehr ausgleichen lassen (s. Eisenberg Beweisrecht StPO Rn. 1318 ff., 1413 ff.). Die JV hat die erforderliche technische Ausstattung zur Vfg. zu stellen.

10 **D. Verwendung.** Die Verwendung der nach Abs. 1 erstellten Aufzeichnung beschränkt Abs. 2 S. 1 (SK-StPO/Rogall Rn. 24; zw. für polizeiliche Vernehmungen Seitz JR 1998, 312; vgl. → Rn. 2) im Hinblick auf die schutzwürdigen Interessen des Zeugen (insbes. sein Persönlichkeitsrecht) auf Zwecke der Strafverfolgung; in Betracht kommt neben dem anhängigen jedwedes andere Strafverfahren, das im Zeitpunkt der Aufzeichnung noch nicht eingeleitet zu sein braucht,

auch ein Verf. gegen den Zeugen als Beschuldigten (KK-StPO/Bader Rn. 10). Zur Wahrheitserforschung erforderlich ist die Verwendung, wenn das Abspielen der Aufzeichnung ergiebiger sein wird als das Verlesen der Niederschrift u. es im konkreten Verf. auf den höheren Beweiswert ankommt (vgl. → Rn. 7). Im Übrigen stellt § 255a (→ § 255a Rn. 5) für die Vorführung der Aufzeichnung in der HV weitere Voraussetzungen auf. Ob die Aufnahme der Vernehmung eines nach § 52 zeugnisverweigerungsberechtigten Zeugen abgespielt werden kann, richtet sich nach den zu § 255a (→ § 255a Rn. 3, 8) dargestellten Grundsätzen. Mit Einverständnis des Zeugen darf das v. seiner Vernehmung gefertigte Videoband auch in anderen Verf. (etwa vor dem Familiengericht o. Jugendamt) bzw. zu anderen Zwecken (Geltendmachung v. Schadensersatzansprüchen) benutzt werden; dies kann ohne gesonderte Einwilligung durch Anfertigung v. Kopien geschehen.

E. Löschung. Die Löschung der Bild-Ton-Aufzeichnung regelt Abs. 2 S. 2 11
durch **Verweisung auf § 101 Abs. 8** (vgl. → § 101 Rn. 27). Nach Abs. 2 S. 5 sind ausgehändigte Kopien an die StA herauszugeben, sobald kein berechtigtes Interesse an der weiteren Verwendung besteht. Damit ist eine frühere Streitfrage (vgl. Janovsky Kriminalistik 1999, 453) entschieden worden.

F. Akteneinsicht. I. Akteneinsichtsrecht. Das Akteneinsichtsrecht des Ver- 12
teidigers nach § 147, des anwaltlichen Vertreters des Nebenklägers (→ § 397 Rn. 12) u. des Bevollmächtigten des Verletzten gem. § 406e **erstreckt sich auf die Bild-Ton-Aufzeichnung** als Bestandteil der Sachakten (Neuhaus StV 2004, 623); dem Angeklagten selbst kann es entspr. § 147 Abs. 7 gewährt werden. Diesen Akteneinsichtsberechtigten dürfen Kopien der Aufzeichnung auch ohne Einwilligung des Zeugen überlassen werden (Abs. 2 S. 2, 3); Einschränkungen nach § 147 Abs. 4 bestehen insoweit für den Verteidiger nicht (**aM** Trück NStZ 2004, 129).

Allerdings kann der Zeuge gem. Abs. 3 S. 1 der Überlassung einer Kopie an die 13
nach Abs. 2 S. 3 Berechtigten **widersprechen,** worüber er nach Abs. 3 S. 3 zu belehren ist. Dann beschränkt sich das Einsichtsrecht auf die Besichtigung der Aufzeichnung bei der StA (Abs. 3 S. 2) o. auf ein nach § 168a zu errichtendes (vgl. → § 168a) u. den Berechtigten zu überlassendes Prot.; solche Schriftstücke brauchen nicht vernichtet zu werden. Der Verteidiger darf seinem Mandanten keine Kopie überlassen (Abs. 2 S. 4).

II. Akteneinsichtsrecht anderer Stellen. Soweit es um andere Stellen als die 14
in → Rn. 13 bezeichneten Akteneinsichtsberechtigten – also um Einsichtsgesuche nach §§ 474 ff. – geht, bedarf die Überlassung der Aufzeichnung o. die Herausgabe v. Kopien der **Einwilligung des Zeugen** (Abs. 2 S. 6).

G. Anfechtung. Für die **Beschwerde** gegen die Entsch. des ERs gelten die 15
allg. Vorschr. der §§ 304 ff. Gegen dessen Anordnung, die Vernehmung aufzuzeichnen, kann sich der Zeuge in den Fällen des Abs. 1 S. 2 Nr. 1 und 2 beschweren (§ 304 Abs. 2), mangels Beeinträchtigung eigener Rechte nicht aber gegen das Absehen v. einer Aufnahme (SK-StPO/Rogall Rn. 48); in den Fällen des Abs. 1 S. 3 kann der Zeuge die Videoaufzeichnung bereits dadurch verhindern, dass er ihr nicht zustimmt (→ Rn. 8c). Mit der **Revision** kann eine Verletzung des § 58a nicht gerügt, aber etwa beanstandet werden, dass eine vorhandene Bild-Ton-Aufzeichnung zu Unrecht nicht verwertet worden ist (§ 244 Abs. 2; vgl. → § 255a Rn. 13; MüKoStPO/Maier Rn. 103 f.).

Vernehmung im Wege der Bild- und Tonübertragung

58b Die Vernehmung eines Zeugen außerhalb der Hauptverhandlung kann in der Weise erfolgen, dass dieser sich an einem anderen Ort als die vernehmende Person aufhält und die Vernehmung zeitgleich in Bild und Ton an den Ort, an dem sich der Zeuge aufhält, und in das Vernehmungszimmer übertragen wird.

1 **A. Regelungsgehalt und Anwendungsbereich.** Die Vorschr. ermöglicht es, polizeiliche, staatsanwaltliche o. richterliche Zeugenvernehmungen im Ermittlungsverfahren **unter Verzicht auf die Anwesenheit des Zeugen im Vernehmungszimmer** durchzuführen (s. dazu iE MüKoStPO/Maier Rn. 9); sie gilt über § 72 auch für Vernehmungen des Sachverständigen außerhalb der HV (SK-StPO/Rogall Rn. 4). Ihre Anwendung kommt va zum Schutz v. Opfern, aber auch zur Beweissicherung bei Gefahr v. Beweismittelverlust in Betracht, so wenn dem Erscheinen des Zeugen am Vernehmungsort Krankheit, Gebrechlichkeit o. andere nicht zu beseitigende Hindernisse entgegenstehen. Denkbar ist die Anwendung auch dann, wenn dem Zeugen – zB wegen großer Entfernung – ein Erscheinen nicht zugemutet werden kann. Darüber hinaus wird durch den Einsatz der Videokonferenztechnik der zeitraubende Versand v. Verfahrensakten mit Vernehmungsersuchen an ferne Gerichte vermieden; dies kann zugleich einen qualitätssteigernden Effekt haben, da die Vernehmung durch den sachbearbeitenden StA o. Polizeibeamten erfolgen kann (BT-Drs. 17/1224, 13).

2 **B. Anordnung und Durchführung.** Für die Anordnung ist die jew. federführende **Vernehmungsperson** zuständig. Sie ist nach pflichtgemäßem Ermessen unter Berücksichtigung der Regelungszwecke, aber auch der Grundsätze der Aufklärungspflicht u. Unmittelbarkeit vorzunehmen. Das Einverständnis der Verfahrensbeteiligten ist nicht erforderlich (SK-StPO/Rogall Rn. 9). Anwesenheitsrechte bzw. -pflichten (§§ 48 Abs. 1 S. 1, 161a Abs. 1 S. 1) sowie Benachrichtigungs- u. Protokollierungspflichten richten sich nach den Vorschr. der jeweiligen Vernehmung, zB nach §§ 168–168c oder nach § 224. Der Zeuge kann sich wie auch sonst eines Beistands bedienen (§§ 68b, 163 Abs. 1 S. 1–3; SK-StPO/Rogall Rn. 6).

3 Eingehend zu den rechtlichen Voraussetzungen **grenzüberschreitender Videovernehmungen** Roth NStZ 2024, 329).

4 **C. Rechtsmittel.** Die Entsch. ist **nicht anfechtbar** (s. BT-Drs. 17/1224, 11), die Revision nicht begründet, da das Urt. auf der Anordnung nach § 58b oder ihrem Unterbleiben nicht beruhen kann (SK-StPO/Rogall Rn. 12; SSW StPO/Tsambikakis Rn. 9).

Vereidigung

59 (1) [1] **Zeugen werden nur vereidigt, wenn es das Gericht wegen der ausschlaggebenden Bedeutung der Aussage oder zur Herbeiführung einer wahren Aussage nach seinem Ermessen für notwendig hält.** [2] **Der Grund dafür, dass der Zeuge vereidigt wird, braucht im Protokoll nicht angegeben zu werden, es sei denn, der Zeuge wird außerhalb der Hauptverhandlung vernommen.**

(2) [1] **Die Vereidigung der Zeugen erfolgt einzeln und nach ihrer Vernehmung.** [2] **Soweit nichts anderes bestimmt ist, findet sie in der Hauptverhandlung statt.**

1 **A. Grundsatz. Regelmäßig nicht zu vereidigen** sind die Zeugen im Gegensatz zur früheren Rechtslage nach Änd. der Vorschr. durch das 1. JuMoG. Damit ist die ges. Regelung an die Praxis angepasst worden, die unter Anwendung des § 61 Nr. 5 aF, der die Nichtvereidigung bei allseitigem Verzicht zuließ, v. der Vereidigung nahezu ausnahmslos abgesehen hatte. Der Gesetzgeber hat damit entspr. § 391 ZPO, § 48 OWiG v. der Regelvereidigung abgesehen, ist aber Forderungen nach völliger Abschaffung der Vereidigung (vgl. nur SK-StPO/Rogall Vor § 48 Rn. 137 mN) nicht nachgekommen (krit. dazu Knauer/Wolf NJW 2004, 2932; Neuhaus StV 2005, 47; Schiller FS Volk, 2009, 689).

1a Das **UAusschG des Bundes** vom 26.6.2001 hat auf eine Regelung zur Vereidigung von Zeugen und Sachverständigen verzichtet. **Untersuchungsausschüsse der Länder** sollen ein Recht zur Vereidigung haben, sofern die entspr. LGes ihnen grunds. eine Vereidigungsbefugnis einräumen (vgl. VerfGH Sachsen NStZ

2021, 564 mkritAnm Peters); dies erscheint jedoch zw., da auch insoweit eine Strafbarkeit wg. Meineids ausgeschlossen ist (s. §§ 162 Abs. 2, 153 StGB; Peters NStZ 2021, 565).

B. Vereidigung. Die Vereidigung **kann erfolgen** wegen der ausschlaggebenden Bedeutung der Aussage o. zur Herbeiführung einer wahrheitsgemäßen Aussage. Es ist damit eine dem früheren § 48 OWiG entspr. Regelung geschaffen worden (vgl. dazu OLG Düsseldorf NStE OWiG § 48 Nr. 1). In den Fällen des § 61 Nr. 1, 2 und 4 aF, dh bei 16–18 Jahre alten Zeugen (wegen möglicher Unreife), beim Verletzten sowie bei Personen, die iSd § 52 Abs. 1 Angehörige des Verletzten o. des Beschuldigten (wegen deren auf dem Näheverhältnis beruhenden oft unzuverlässigen Angaben) o. die wegen Meineids verurteilt worden sind (wegen der daraus resultierenden Bedenken gegen deren Glaubwürdigkeit), wird das Gericht auch jetzt noch die Frage der Vereidigung bes. sorgfältig prüfen müssen. 2

Ausschlaggebende Bedeutung hat die Aussage, wenn sie für eine entscheidungserhebliche Tatsache das alleinige Beweismittel (OLG Neustadt NJW 1952, 118) o. bei der Beweiswürdigung das „Zünglein an der Waage" ist (BGHSt 16, 99 (103); KG VRS 26, 287), gleichgültig, ob sie be- o. entlastend wirkt (OLG Hamm NJW 1973, 1940). Die ausschlaggebende Bedeutung fehlt aber, wenn die Aussage ersichtlich unwahr ist (BGHSt 16, 99 (103); Rüth DAR 1964, 242 – BayObLG RsprÜ; KG VRS 26, 287; **aM** OLG Neustadt NJW 1959, 783). Dass sie im Widerspruch zu der Aussage eines vereidigten Zeugen steht, genügt allein nicht; denkgesetzlich kann nur eine der beiden Aussagen ausschlaggebend sein (KMR-StPO/Neubeck Rn. 4; Löwe/Rosenberg/Ignor/Bertheau Rn. 7; **aM** OLG Köln NJW 1954, 570; OLG Neustadt NJW 1959, 783; KK-StPO/Slawik Rn. 1b). Nur wenn die Aussage geeignet ist, die des anderen Zeugen zu erschüttern, darf der Zeuge daher vereidigt werden. 3

Zur Herbeiführung einer wahren Aussage ist die Vereidigung nicht schon zulässig, wenn der Zeuge offensichtlich die Wahrheit verfälscht o. verschweigt, sondern nur, wenn bestimmte Tatsachen auch die Annahme begründen, dass er unter Eideszwang erhebliche Tatsachen bekunden werde (BGHSt 16, 99 (103); OLG Hamm NJW 1973, 1940). 4

C. Einzelvereidigung. Einzeln und nach der Vernehmung sind die Zeugen zu vereidigen. Zur Einzelvereidigung vgl. → § 64 Rn. 2. Der Nacheid ist zwingend vorgeschrieben. Er ist nach dem endgültigen Abschluss der Vernehmung zu leisten (BGHSt 8, 301 (310)) u. umfasst nicht Bekundungen des Zeugen bei einer späteren nochmaligen Vernehmung (BayObLGSt 1956, 245; OLG Koblenz VRS 44, 444; → § 67 Rn. 1). 5

D. Eidesumfang. Der Eid **umfasst alle Angaben** des Zeugen, auch die zur Person u. zu den Generalfragen nach § 68 Abs. 1, Abs. 4 (RGSt 60, 407; Meyer ZStW 95 (1983), 835), auch, ohne besondere Anordnung des Gerichts, Angaben zu Fragen, die dem Bereich des Freibeweises angehören (Schmid SchlHA 1981, 42; **aM** Willms FS Heusinger, 1968, 398), ohne eine solche Anordnung aber nicht Angaben zur Glaubhaftmachung (§ 56) eines nur teilw. ausgeübten Zeugnisverweigerungsrechts. 6

Teilvereidigung kann zulässig u. geboten sein, wenn mehrere Taten iSd § 264 Gegenstand des Verfahrens sind. Einzelheiten bei → § 52 Rn. 22; → § 60 Rn. 26. 7

E. Entscheidung über die Vereidigung. Eine Entscheidung über die Vereidigung ist **notwendig** (BGH StV 2005, 200; SK-StPO/Rogall Rn. 17; **aM** BGHSt 50, 282; zust. KK-StPO/Slawik Rn. 10; zutr. abl. Klemke StV 2006, 158; vgl. aber auch BGH NStZ 2009, 647); sie ergeht vAw in der HV (Ausnahmen: §§ 62, 63) nach Abschluss der Vernehmung, spätestens bis zum Schluss der Beweisaufnahme (BGHSt 1, 346 (348)). Wird ein Zeuge in einem späteren Abschn. einer HV noch einmal vernommen, bedarf es einer neuen Entsch. über die Vereidigung; diese umfasst grds. die gesamte bisherige Aussage des Zeugen (BGHSt 48, 221). Bleibt der Zeuge zul. unvereidigt, gilt die gesamte Aussage als uneidliche (BGH 8

StV 2011, 454). Anträge der Bet. zur Frage der Vereidigung o. deren Verzicht auf die Vereidigung sind unbeachtlich; entscheidend ist nur das Ermessen des Gerichts, das die Voraussetzungen des Abs. 1 S. 1 (→ Rn. 3, 4) prüft; selbst bei ausschlaggebender Bedeutung der Aussage kann die Vereidigung somit unterbleiben (Peglau/Wilke NStZ 2005, 188; **aM** Klemke StV 2006, 158).

9 Die **Vorabentscheidung** trifft anstelle des Gerichts der Vorsitzende ohne vorherige Anhörung der Bet. (BGH StV 2005, 200; Peglau/Wilke NStZ 2005, 189; **aM** SK-StPO/Rogall Rn. 19 f.), wenn er es nicht vorzieht, sogleich das Gericht entscheiden zu lassen. Die Entsch. bezieht sich immer nur auf die bisher gemachte Aussage. Wird der Zeuge später nochmals vernommen, so ist hierüber neu zu entscheiden (BGHSt 1, 346; Pfeiffer NStZ 1982, 188 – BGH RsprÜ; OLG Koblenz VRS 67, 248 (250)); dabei bindet die Vorentscheidung nicht.

10 Nach hM ist die Vorabentscheidung eine Maßnahme der Sachleitung, gegen die nach § 238 Abs. 2 die **Anrufung des Gerichts** zulässig u. grds. notwendig ist, um die Entsch. überhaupt mit der Revision angreifen zu können (BGH StV 2005, 200; NStZ-RR 2005, 208; vgl. aber → Rn. 13). Nach zutr. Ansicht entscheidet der Vorsitzende jedoch anstelle des Gerichts (Löwe/Rosenberg/Ignor/Bertheau Rn. 23; Fuhrmann NJW 1963, 1235); mit der Anrufung des Gerichts wird nur die Entsch. des nach dem G zuständigen Spruchkörpers verlangt. Eine unterlassene Entsch. über die Vereidigung kann bis zum Urteilserlass nachgeholt werden (erg. → § 60 Rn. 29).

11 **F. Begründung.** Einer Begründung bedarf die Vereidigung gem. Abs. 1 S. 2 **in der HV nicht,** anders bei Vereidigung außerhalb der HV (erg. → § 62 Rn. 6). Dass für den ges. Regelfall der Nichtvereidigung (→ Rn. 1) keine Begründung erforderlich ist, versteht sich v. selbst (BGH StV 2005, 200 mAnm Schlothauer; Müller JR 2005, 79). Ein Antrag auf Vereidigung kann im Hinblick auf Abs. 1 S. 2 (vgl. auch → § 34 Rn. 3) ohne Begründung abgelehnt werden (Schuster StV 2005, 629; **aM** Sommer StraFo 2004, 296). Das gilt auch für den nach § 238 Abs. 2 (→ Rn. 10) ergangenen Beschl. (Müller JR 2005, 79 (80); offengelassen v. BGH StV 2005, 200 u. BGH NStZ 2006, 463; **aM** Schlothauer StV 2005, 200); die Regelung des § 59 geht insoweit § 34 vor (Schuster StV 2005, 629; **aM** Klemke StV 2006, 159; Peglau/Wilke NStZ 2005, 189).

12 **G. Protokoll.** Die **Tatsache der Vereidigung o. Nichtvereidigung** – nicht deren Begründung (→ Rn. 11; Müller JR 2005, 80) – ist eine wesentliche Förmlichkeit iS §§ 168a Abs. 1, 273 Abs. 1 u. muss daher im Prot. beurkundet werden (BGH StraFo 2005, 244; Diehm StV 2007, 444; Schuster StV 2005, 628; **aM** BGHSt 50, 282; vgl. auch BGH NStZ 2006, 114: nur die Vereidigung). Bei Vernehmung mehrerer Zeugen ist die Vereidigung eines jeden v. ihnen einzeln zu beurkunden (OLG Koblenz OLGSt StPO § 59 S. 3). Bei Teilvereidigung (→ Rn. 7) muss das Prot. klar ergeben, welcher Teil der Aussage beeidet worden ist u. welcher nicht.

13 **H. Revision.** Die Revision **kann darauf gestützt werden,** dass die Vereidigung unter Verstoß gegen § 60 erfolgt sei (vgl. → § 60 Rn. 31 ff.). Im Übrigen ist die Entsch. nicht revisibel, weil die Entsch. über die Frage der Vereidigung im Ermessen des Gerichts liegt (Knauer/Wolf NJW 2004, 2933). Auch wenn der Zeuge vereidigt wurde, obwohl der Aussage keine ausschlaggebende Bedeutung zukommt o. die Vereidigung zur Herbeiführung einer wahrheitsgemäßen Aussage nicht notwendig war, kann dies nicht gerügt werden, ebenso im umgekehrten Fall der Nichtvereidigung trotz Vorliegens der Voraussetzungen des Abs. 1 S. 1 (**aM** BGH NStZ 2009, 343; 397: „bei Überschreitung des Beurteilungsspielraums oder rechtsfehlerhafter Ermessensausübung"; aber das erscheint als eine rein theoretische Überlegung). Unterlässt der Vorsitzende allerdings eine Entsch. über die Vereidigung, so kann das auch gerügt werden, wenn keine Entsch. des Gerichts herbeigeführt worden ist (BGHSt 1, 269 (273); BGH NStZ 1987, 374; StV 1992, 146; OLG Frankfurt a. M. NStZ-RR 1999, 336; **aM** BGHSt 50, 282: Antrag auf Vereidigung erforderlich; dagegen einschr. BGH StV 2009, 225); ob das Urt. auf

dem Fehler **beruht,** ist nunmehr aber angesichts der grds. Nichtvereidigung v. Zeugen (→ Rn. 1) an den Umständen des Einzelfalls zu prüfen u. nur dann anzunehmen, wenn es bei einer Entsch. zu einer Vereidigung des Zeugen gekommen u. sodann nicht auszuschließen wäre, dass der Zeuge in diesem Fall andere, wesentliche Angaben gemacht hätte (BGH NStZ 2006, 114; BeckRS 2013, 14343).

§ 59 ist auch verletzt, wenn ein bereits vereidigter Zeuge nochmals vernommen worden ist, ohne dass die Nichtvereidigung angeordnet o. nach § 67 verfahren wurde (vgl. BGHSt 1, 346 (348); KG NJW 1968, 807 (808)); das Urt. beruht idR auf dem Mangel, wenn das Gericht die erg. Vernehmung zu Unrecht als informatorische Befragung (→ § 57 Rn. 6) gewertet hat (OLG Köln StV 1988, 289). Wird eine uneidliche entlastende Aussage im Urt. irrtümlich als eidliche gewertet, so wird das Urt. hierauf idR nicht zum Nachteil des Angeklagten beruhen (OLG Hamm NJW 1972, 1531; **aM** BayObLG StV 1988, 145). Bei Aussagen anderer Art kann das Beruhen nicht deshalb ausgeschlossen werden, weil Gericht u. Zeuge irrtümlich davon ausgegangen sind, die Vereidigung sei erfolgt (BGH StV 1999, 137), o. weil der in der HV bereits eidlich vernommene Zeuge bei seiner erneuten Vernehmung mit der wiederholten Vereidigung rechnen müsste (BGH NStZ 1987, 374); iÜ ist dies eine Frage des Einzelfalls (vgl. BGH NStZ-RR 1997, 302). Die Revision kann sich nicht darauf berufen, sie habe im Vertrauen auf die Beeidigung des Zeugen v. weiteren Beweisanträgen abgesehen; denn durch die Vereidigung wird nicht der Rechtsschein erweckt, dem Zeugen werde seine Aussage geglaubt werden (BGH NStZ 1986, 130; Kusch NStZ 1994, 227 – BGH RsprU). 14

Vereidigungsverbote

60 Von der Vereidigung ist abzusehen

1. bei Personen, die zur Zeit der Vernehmung das 18. Lebensjahr noch nicht vollendet haben oder die wegen mangelnder Verstandesreife oder wegen einer psychischen Krankheit oder einer geistigen oder seelischen Behinderung vom Wesen und der Bedeutung des Eides keine genügende Vorstellung haben;

2. bei Personen, die der Tat, welche den Gegenstand der Untersuchung bildet, oder der Beteiligung an ihr oder der Datenhehlerei, Begünstigung, Strafvereitelung oder Hehlerei verdächtig oder deswegen bereits verurteilt sind.

Übersicht

1 **A. Zwingende Vereidigungsverbote. Zwingende Vereidigungsverbote** enthält die Vorschrift. Zeigen sich Anhaltspunkte für ihr Vorliegen, so muss das Gericht die Frage erörtern (BGH StV 1988, 325; erg. → Rn. 34), ggf. im Freibeweis (→ § 244 Rn. 7, 9) Ermittlungen führen (RGSt 51, 69; 56, 102). Bleiben Zweifel, so ist nach § 59 zu verfahren (KK-StPO/Slawik Rn. 3). Die freie Beweiswürdigung wird durch die Vereidigungsverbote nicht eingeschränkt; das Gericht kann – zumal die Regelvereidigung durch das 1. JuMoG abgeschafft ist (→ § 59 Rn. 1) – selbstverständlich auch dem unvereidigt gebliebenen Zeugen glauben (vgl. Dallinger MDR 1971, 17 – BGH RsprÜ; → Rn. 8).

2 **B. Eidesunmündigkeit (Nr. 1 erster Unterfall).** Das Vereidigungsverbot besteht nach § 187 Abs. 2 BGB bis zum Beginn des Tages, an dem der Zeuge 18 Jahre alt wird (zur Altersgrenze vgl. → § 241a Rn. 1). Maßgebend ist der Zeitpunkt der Aussage. Die Vereidigung ist aber, auch in den Fällen des § 251 Abs. 2 und § 325 nachzuholen, wenn der Zeuge noch vor Schluss der Beweisaufnahme (KK-StPO/Slawik Rn. 4) eidesmündig wird.

3 Zur **Begründung** der Nichtvereidigung genügt die Anführung der Gesetzesstelle (BGH VRS 22, 144 (148); 41, 186; Löwe/Rosenberg/Ignor/Bertheau Rn. 34).

4 **C. Eidesunfähigkeit (Nr. 1 zweiter Unterfall).** Nur eine **psychische Krankheit** o. eine **geistige o. seelische Behinderung** schließen die Vereidigung aus, nicht Unwissenheit, Unglauben o. Gedächtnisschwäche (Löwe/Rosenberg/Ignor/Bertheau Rn. 4), auch nicht eine Behinderung, die die Vorstellung v. Wesen des Eides nur unwesentlich beeinträchtigt (RGSt 58, 396; Schmidt StPO/GVG StPO § 60 Rn. 11; **aM** Peters StrafProzR Rn. 356). Daher zwingt weder Gebrechlichkeitspflegschaft noch die Anordnung der Betreuung (BGHSt 22, 266) o. Freisprechung wegen Schwachsinns nach § 20 StGB (OLG Hamm GA 1969, 316) ohne weiteres zur Nichtvereidigung. Vorübergehende Beeinträchtigungen der Geistestätigkeit (Alkohol- o. Drogenrausch) führen nur zur Aufschiebung der Vereidigung (RGSt 34, 283; 53, 136).

5 Die **Entscheidung** trifft der Richter, vorab der Vorsitzende (→ § 59 Rn. 9; → Rn. 27) nach pflichtgemäßem Ermessen (BGHSt 22, 266). Bei Vorliegen v. Anhaltspunkten ist das Unterlassen der Prüfung rechtsfehlerhaft (→ Rn. 1), insbes. bei Anordnung der Betreuung (BGHSt 22, 266) o. früherer Freisprechung nach § 20 StGB (OLG Hamm GA 1969, 316).

6 Die **Begründung** muss erkennen lassen, ob der Zeuge wegen fehlender Verstandesreife o. aus welchem sonstigen Grund er unvereidigt geblieben ist. Allgemeine Bem. über fehlende Vorstellungen v. der Bedeutung des Eides (RGSt 53, 136) o. der Hinweis auf den Gesundheitszustand des Zeugen genügen nicht.

7 **D. Tat- oder Teilnahmeverdacht (Nr. 2). I. Grund des Vereidigungsverbots.** Grund des Vereidigungsverbots ist nicht in 1. Hinsicht die Notwendigkeit, den Zeugen vor einem Meineid zu bewahren (OLG Stuttgart MDR 1970, 163; **aM** OLG Stuttgart NJW 1978, 711 (713)), sondern die **fehlende Unbefangenheit des Tatverdächtigen,** der seine Stellung ähnlich der eines Beschuldigten empfindet (BGHSt 1, 360 (363); 17, 128 (134)), u. die Erfahrung, dass der Eid zur Erhöhung des Beweiswerts in solchen Fällen nicht geeignet ist (BGHSt 10, 65 (67); BayObLGSt 1982, 166).

8 Bei der **Beweiswürdigung** ist der nicht selten geringere Beweiswert der Aussage teilnahmeverdächtiger Zeugen zu berücksichtigen (BGHSt 17, 128 (134)). Ein Verbot, dem Zeugen zu glauben, besteht aber – natürlich – nicht (BGHSt 10, 65 (70); Pfeiffer/Miebach NStZ 1983, 354 – BGH RsprÜ; → Rn. 1).

9 **II. Tatverdacht.** Der Begriff ist nicht in sachlich-rechtlichem Sinn (§§ 52, 53 StGB) zu verstehen; maßgebend ist der **verfahrensrechtliche Tatbegriff** (§ 264). Er umfasst den ganzen geschichtlichen Vorgang, innerhalb dessen der Tatbestand verwirklicht worden ist (BGHSt 23, 141 (145); Holtz MDR 1992, 934 – BGH

RsprÜ; OLG Hamm StV 1984, 105; → § 264 Rn. 2 ff., 24 ff.). Tatverdacht besteht, wenn Anhaltspunkte dafür vorliegen, dass nicht der Angeklagte, sondern der Zeuge der Täter ist (Dallinger MDR 1961, 1031 – BGH RsprÜ). Dabei kommt es auf das Erg. der HV an, nicht auf die zugelassene Anklage (BGHSt 10, 358 (365); BGH VRS 14, 58 (60); KG VRS 10, 298). Nr. 2 kann anwendbar sein, wenn die Beihilfe, deren der Zeuge verdächtig ist, dieselbe Haupttat betr. wie die dem Angeklagten zur Last gelegte Beihilfe (BGHSt 21, 147).

Auch eine **Vortat** gehört zur Tat, wenn sie in untrennbarem denknotwendigem Zusammenhang mit ihr steht (BGHSt 4, 255 (256)). Daher ist in einem Strafverfahren wegen falscher Aussage, die der Angeklagte in einem Zivilprozess über eine frühere Straftat gemacht haben soll, der Teilnehmer an jener Vortat zugleich Bet. iSd Nr. 2 (BGHSt 6, 382). **10**

III. Teilnahmeverdacht. Auch der Begriff Beteiligung ist **in weitestem Sinn** zu verstehen. **11**

1. Tatbeteiligt ist nicht nur der Teilnehmer iSd §§ 25 ff. StGB, sondern jeder, der bei dem zur Aburteilung stehenden Vorgang in strafbarer Weise u. in ders. Richtung wie der Beschuldigte mitgewirkt hat (BGHSt 10, 65 (67); BGH NStZ 1983, 516; BayObLGSt 1982, 166). Tatbeteiligte sind zB der Begünstigte u. seine Mittäter u. Gehilfen im Verf. gegen den Begünstigten (BGHSt 4, 255), der Bestechende im Verf. gegen den Bestochenen (BGH GA 1969, 348; RGSt 64, 296), der Fahrer im Verf. gegen den Fahrzeughalter wegen Zulassens des Fahrens ohne Fahrerlaubnis (OLG Düsseldorf VRS 70, 141), der Verkäufer v. Betäubungsmitteln im Verf. gegen den Erwerber (BayObLGSt 1982, 166), der Abnehmer der v. dem Beschuldigten vertriebenen Betäubungsmittel (OLG Düsseldorf StraFo 2001, 413), ebenso der für ihn tätige Rauschgiftkurier (BGH BeckRS 2011, 21280 mwN), u. der Dieb im Verf. gegen den Hehler (BGHSt 1, 360; 6, 382). **12**

2. In strafbarer Weise muss der Zeuge mitgewirkt haben (BGHSt 9, 71 (73)). Es genügt nicht die objektive Förderung der Tat ohne Gehilfenvorsatz (Holtz MDR 1980, 630 – BGH RsprÜ) o. die straflose Teilnahme als Lockspitzel (BGH NJW 1981, 1626; NStZ 1990, 193). Auch der notwendige Teilnehmer (Fischer/Fischer/Anstötz StGB Vor § 25 Rn. 7) muss vereidigt werden, wenn er sich nicht über die notwendige Teilnahme hinaus an der Tat bet. hat (BGHSt 19, 107). Das Unterlassen des Zeugen begründet das Vereidigungsverbot nur, wenn er rechtlich zum Handeln verpflichtet war (BGH StV 1982, 342), zB nach § 138 StGB (BGHSt 42, 86 (87); BGH NStZ-RR 2001, 18). **13**

Ist die Tatbeteiligung an sich strafbar, so stehen **Rechtsgründe, die die Verurteilung im Einzelfall hindern,** der Anwendung der Nr. 2 **nicht** entgegen (BGHSt 43, 321). Das gilt insbes. für Verfahrenshindernisse (BGHSt 4, 130; BGH NJW 1952, 1146; Dallinger MDR 1968, 696 – BGH RsprÜ; OLG Hamburg NStZ 1983, 426) u. persönliche Strafausschließungs- u. Strafaufhebungsgründe (BGHSt 9, 71 (73); BGH NStZ-RR 1998, 335: BGHR StPO § 60 Strafvereitelung, versuchte 8: Rücktritt nach § 24 StGB; Dallinger MDR 1973, 191 – BGH RsprÜ: Rücktritt nach § 31 StGB; OLG Stuttgart NJW 1978, 711 (713): Straflosigkeit nach § 258 Abs. 6 StGB) sowie für Einstellungen nach § 153a Abs. 2 (Holtz MDR 1994, 1072 – BGH RsprÜ). Dagegen beseitigt die Straflosigkeit wegen Vorliegens v. Rechtfertigungsgründen (RGSt 22, 99; 31, 219) o. Schuldausschließungsgründen (OLG Hamm GA 1969, 316) das Vereidigungsverbot. **14**

3. In derselben Richtung wie der Beschuldigte muss der Zeuge an der Tat mitgewirkt haben (OLG Hamm JMBl. NRW. 1982, 191), auch nach seinen eigenen Vorstellungen (BGHSt 4, 368 (371)). Eine unmittelbare Beteiligung wird aber nicht vorausgesetzt (BGHSt 21, 147: Beteiligung an anderen Einzelakten der fortgesetzten Tat), auch nicht Gleichartigkeit der Straftaten. Die Tat des Zeugen kann daher ein anderes Strafgesetz verletzen als die des Angeklagten (BGH VRS 14, 58 (60); RGSt 64, 379; BayObLGSt 1982, 166), zB § 138 StGB (→ Rn. 13) oder § 323c StGB (BGH VRS 28, 420). Die Beteiligung kann sich auch auf die Vortat beziehen (BGHSt 6, 382; OLG Hamm NJW 1969, 2297). **15**

16 Ein **bloßer Zusammenhang** mit der Tat des Beschuldigten schließt die Vereidigung aber nicht aus (Dallinger MDR 1969, 535 – BGH RsprÜ), insbes. nicht die Begehung einer gleichartigen Tat unabhängig v. der des Angeklagten (Dallinger MDR 1969, 535 – BGH RsprÜ). Das gilt va für Taten, die der Zeuge nur bei Gelegenheit der Tat des Angeklagten als andere selbständige Tat begangen hat (BGHSt 6, 382; OLG Hamm NJW 1957, 1411).

17 Eine **gegen den Zeugen selbst gerichtete Tat** hindert die Vereidigung nicht (RGSt 12, 190 (192); 17, 116 (121)), auch nicht, wenn der Zeuge die Beleidigung des Angeklagten auf der Stelle erwidert hat (RGSt 11, 300 (303)) o. wenn die Tochter des Angeklagten den Beischlaf abl. nur über sich ergehen ließ (BGH NStZ 1999, 470).

18 Bei **Fahrlässigkeitstaten** kann Teilnahme iSd Nr. 2 vorliegen (BGH NJW 1952, 1102; StV 1982, 342), wenn der Zeuge fahrlässig zur Herbeiführung desselben rechtswidrigen Erfolges beigetragen hat (BGHSt 10, 65; BGH NStZ 1983, 516; OLG Düsseldorf MDR 1986, 340). Das gilt auch, wenn weder der Angeklagte noch der Zeuge einen Dritten verletzt hat o. wenn der Zeuge selbst verletzt worden ist (BGHSt 10, 65 (66); KG VRS 27, 207; OLG Neustadt NJW 1953, 1197; **aM** BayObLGSt 1953, 98).

19 **IV. Begünstigung und Strafvereitelung. Begünstigung und Strafvereitelung,** auch versuchte Strafvereitelung (BGH NJW 1992, 1054 (1055); OLG Stuttgart MDR 1975, 950), stehen der Beteiligung gleich. Die Vortat muss nicht erwiesen (OLG Celle MDR 1966, 605) u. kann eine andere als die dem Beschuldigten zur Last gelegte sein (OLG Hamm MDR 1982, 690: Strafvereitelung zugunsten des unfallbeteiligten Nebenklägers). Auch eine gemeinsame Vortat steht der Vereidigung entgegen (BGHSt 6, 382; OLG Hamm NJW 1969, 2297: Begünstiger des Diebes im Verf. gegen den Hehler). Vorausgesetzt wird aber immer, dass der Zeuge bei der Tat nach §§ 257, 258 StGB die dem Beschuldigten zur Last gelegte Tat in ihrem Unrechtsgehalt erkannt u. keine tatsächlich o. rechtlich völlig abweichenden Vorstellungen gehabt hat (BGHSt 4, 368).

20 **Strafbar außerhalb der Hauptverhandlung** muss sich der Zeuge gemacht haben (BGH NStZ 1989, 583 (584)). Der Verdacht, dass er erst bei seiner gegenwärtigen Vernehmung falsch aussagt, um den Beschuldigten sachlich zu begünstigen o. der Bestrafung zu entziehen, hindert die Vereidigung daher nicht (BGHSt 19, 113 (114); BGH NJW 1982, 947; 1601; BayObLG NStZ 1991, 203; OLG Düsseldorf NJW 1988, 84; OLG Koblenz NJW 1984, 1247). Sie muss dagegen unterbleiben, wenn der Zeuge schon vorher (bei der Polizei, im 1. Rechtszug, in einer ausgesetzten HV o. in einem anderen Verfahren) die gleiche Aussage gemacht hat, die den Verdacht der Straftat nach § 257 oder § 258 StGB begründet (BGHSt 34, 68; BGH NStZ 2004, 97; OLG Stuttgart NJW 1978, 711). Gleichgültig ist, ob der Zeuge seine frühere Aussage später richtiggestellt (BGH NStZ 1982, 78), in der HV nicht bestätigt o. den Angeklagten dort sogar belastet hat (Dallinger MDR 1970, 383 – BGH RsprÜ).

21 Bei der **Begünstigung** nach § 257 StGB besteht das Vereidigungsverbot auch, wenn der Zeuge verdächtig ist, dem Angeklagten die Aussage schon **vor der Hauptverhandlung zugesagt** zu haben (BGHSt 27, 74; BGH NStZ 1981, 268; **aM** Lenckner NStZ 1982, 401). Anders ist es bei der Strafvereitelung nach § 258 StGB. Die bloße Zusage der uneidlichen Falschaussage – auch mittels einer ausgehändigten schriftlichen Erkl. (BGH NStZ 1992, 181) – ist nur eine straflose Vorbereitungshandlung dieser Tat (BGHSt 34, 68; OLG Bremen NJW 1981, 2711) u. steht daher der Vereidigung nicht entgegen (BayObLGSt 1985, 79; OLG Düsseldorf NJW 1988, 84; OLG Hamburg StV 1983, 325; OLG Koblenz NJW 1984, 1246; Löwe/Rosenberg/Ignor/Bertheau Rn. 24; **aM** BGH NStZ 1981, 268; Holtz MDR 1979, 108 – BGH RsprÜ; OLG Hamburg NJW 1981, 771). Das Versprechen einer eidlichen Falschaussage hindert die Vereidigung schon deshalb nicht, weil der Täter sich durch Aufdeckung dieser Zusage in der HV nicht der Bestrafung aussetzt, sondern im Gegenteil nach § 31 Abs. 1 Nr. 2 StGB straffrei

wird; auf einen solchen Fall ist Nr. 2 nicht anzuwenden (BGHSt 30, 332; KG NStZ 1981, 449; OLG Düsseldorf NJW 1988, 84).

V. Hehlerei. Hehlerei steht der Tatbeteiligung ebenfalls gleich. Dabei genügt der Verdacht der Hehlerei an einer Sache, die der Beschuldigte v. einem Zwischenhehler erworben hat, u. der Verdacht des Weiterverkaufs der gehehlten Sache an einen zweiten Hehler (RGSt 42, 248); auch Anstiftung o. Beihilfe zur Hehlerei reicht aus (BGH StV 1990, 484). Die Vereidigung ist ferner ausgeschlossen, wenn der Zeuge in dem Verf. gegen den Beschuldigten vernommen wird, der verdächtig ist, den Vortäter begünstigt zu haben (RGSt 58, 373). 22

VI. Verdacht. Der Verdacht der Täterschaft o. Tatbeteiligung muss **noch zzt. des Urteilserlasses** vorliegen (BGH NStZ 1981, 110); die Belehrung nach § 55 Abs. 2 beweist daher nicht, dass das Gericht gegen Nr. 2 verstoßen hat (BGHSt 42, 86 (87); BGH VRS 29, 26). Hinreichend o. dringend braucht der Verdacht nicht zu sein; ein entfernter Verdacht genügt (BGHSt 17, 128 (134); BGH NJW 1983, 2335 (2336); OLG Hamm StV 1984, 105). Das Gericht muss den Verdacht aber haben, nicht nur theoretisch für möglich halten (BGH NJW 1985, 638; NStZ 1992, 594; OLG Düsseldorf GA 1985, 511). Der Zeuge erhält nicht die Gelegenheit, den Verdacht dadurch auszuräumen, dass er unter Eid seine Unschuld bekundet (BGH VRS 14, 58; KG VRS 27, 207; OLG Hamburg VRS 31, 203). 23

Dem Verdacht **steht nicht entgegen,** dass der Angeklagte freigesprochen wird o. dass das Ermittlungsverfahren gegen ihn (BGH StV 1990, 145; NStZ 2000, 45) o. gegen den Zeugen schon eingestellt (BGH NJW 1955, 1488; GA 1968, 149) o. der Zeuge bereits freigesprochen worden ist (BGH StV 1994, 412; OLG Stuttgart MDR 1970, 163). Umgekehrt kann das Gericht den Verdacht auch dann verneinen, wenn der Zeuge sich selbst der Beteiligung bezichtigt o. ein Ermittlungsverfahren gegen ihn anhängig ist (BGH NStZ 1989, 583 (584)). 24

VII. Bereits wegen Tatbeteiligung verurteilte Zeugen. Bereits wegen Tatbeteiligung verurteilte Zeugen dürfen **nicht vereidigt** werden, auch wenn das Urt. noch nrkr ist (KK-StPO/Slawik Rn. 32; Löwe/Rosenberg/Ignor/Bertheau Rn. 29; **aM** Lenckner FS Peters, 1984, 342 Fn. 37). Straferlass u. Strafvollstreckungsverjährung sind ohne Bedeutung. Der Verdacht darf nicht mehr geprüft werden; die Verurteilung begründet eine unwiderlegliche Vermutung der Tatbeteiligung. Ihr steht der Strafbefehl gleich, der nicht rkr. nur, solange gegen ihn kein Einspruch eingelegt ist. 25

VIII. Teilvereidigung. Teilvereidigung ist geboten, wenn dem Angeklagten **mehrere rechtlich selbständige Taten** zur Last gelegt sind, der Zeuge aber nur wegen der einen Tat teilnahmeverdächtig ist (BGH NStZ 1987, 516; BGHR StPO § 60 Teilvereidigung 5). Sagt er über beide Straffälle aus, so muss er über die eine eidlich, über die andere uneidlich vernommen werden (BGHSt 19, 107 (109); BGH NJW 1954, 1655; GA 1983, 564). Das gilt aber nicht, wenn, wie immer bei Tatidentität nach § 264 (BGH GA 1968, 149; BGH StV 1988, 419), zwischen den mehreren Straffällen ein innerer Zusammenhang besteht, der die Glaubwürdigkeit des Zeugen nicht nur im Einzelfall (BGH StV 1987, 90; Miebach NStZ 1989, 218 – BGH RsprÜ), sondern insges. beeinträchtigt (OLG Bremen OLGSt StPO § 60 S. 17; Löwe/Rosenberg/Ignor/Bertheau Rn. 30), insbes., wenn Gegenstand der Aussage ein nicht o. nur schwer zu trennendes Gesamtgeschehen ist (BGH NStZ 1987, 516; StV 1997, 114). 26

IX. Entscheidung. Die Entscheidung über die Nichtvereidigung trifft vorab der **Vorsitzende** (→ § 59 Rn. 9, 10) nach pflichtgemäßem Ermessen, das Gericht erst, wenn ein Gerichtsmitglied o. ein Prozessbeteiligter das verlangt. Endgültig wird erst im Zeitpunkt der Urteilsberatung entschieden (BGH StV 1982, 251; → Rn. 29). 27

Eine **Begründung** für die Nichtvereidigung verlangt das G nicht mehr (§ 59 Abs. 1 S. 2). Wird die Nichtvereidigung aber nicht in Anwendung der Abschaffung der Regelvereidigung auf das Ermessen des Richters, sondern auf § 60 gestützt, so muss der Grund angegeben werden, falls der Richter ohne Eingreifen des § 60 die 28

Vereidigung vorgenommen hätte; es ist dann erkennbar zu machen, welcher Art das Verhältnis des Zeugen zu der dem Angeklagten vorgeworfenen Tat ist, ob also Verdacht der Täterschaft, der Beteiligung, Begünstigung, Strafvereitelung o. Hehlerei besteht (BGH NJW 1952, 273), sofern nicht, zB wenn der Zeuge schon als Mittäter verurteilt ist, der Grund offensichtlich ist (BGH NJW 1953, 231; VRS 22, 144 (147)). Die tatsächlichen Erwägungen, auf denen der Verdacht beruht, brauchen nicht dargelegt zu werden (BGH NJW 1952, 273; VRS 25, 38), auch nicht in den Urteilsgründen (BayObLGSt 1953, 151).

29 **X. Nachholung der Vereidigung.** Die Nachholung der Vereidigung ist geboten, wenn der Tat- o. Teilnahmeverdacht **bei der Urteilsberatung entfällt** (BGHSt 8, 155; NStZ 1995, 244;) u. kein anderer Grund für die Nichtvereidigung besteht (BGH NStZ 1993, 341). Ist die Nachholung nicht möglich (Tod, Unauffindbarkeit des Zeugen), so muss der Mangel bei der Beweiswürdigung berücksichtigt werden.

30 Stellt sich umgekehrt bei der Urteilsberatung heraus, dass ein **vereidigter Zeuge tat- o. teilnahmeverdächtig** ist, so muss die Aussage bei der Beweiswürdigung **als uneidliche gewertet** werden (BGHSt 4, 130; BGH NStZ 1981, 309). Das muss den Prozessbeteiligten unter Wiedereintritt in die Verh. bekannt gegeben (BGHSt 4, 130; BGH NStZ 1986, 230; OLG Bremen StV 1984, 369), u. diese Unterrichtung muss im Prot. vermerkt werden (BGHSt 4, 130).

31 **E. Revision.** Die **fehlerhafte Nichtvereidigung** nach § 60 kann nur gerügt werden, wenn darüber, vAw o. auf Beanstandung der Vorabentscheidung des Vorsitzenden (→ § 59 Rn. 10), das Gericht entschieden hatte (BGHR StPO § 60 Nr. 2 Tatbeteiligung 2, Rügevoraussetzungen 1, 2; BGH NJW 1996, 2242 (2243); **aM** Widmaier NStZ 1992, 522; Ziegert StV 1999, 171: jedenfalls dann, wenn der Angeklagte den Zeugen als Täter überführen wollte). Dagegen setzt die **Rüge der Vereidigung** unter Verletzung des § 60 nicht voraus, dass der Beschwerdeführer die Entsch. des Gerichts herbeigeführt hat (BGHSt 20, 98; BGH GA 1969, 348; OLG Düsseldorf VRS 70, 141).

32 Im Fall der **Nr. 1 erster Unterfall** ist die Revision auch begründet, wenn das Gericht den Zeugen in Unkenntnis seines wahren Alters vereidigt hat (Löwe/Rosenberg/Ignor/Bertheau Rn. 41).

33 Im Fall der **Nr. 1 zweiter Unterfall** kann die Revision darauf gestützt werden, dass das Gericht die Vereidigungsfrage nicht geprüft hat, obwohl dazu Anlass bestand (BGHSt 22, 266). Sonst können nur Rechtsfehler bei dieser Prüfung gerügt werden (BGHSt 22, 266).

34 Im Fall der **Nr. 2** kann gerügt werden, dass das Gericht die Nichtvereidigung nicht geprüft hat, obwohl das Urt. Anhaltspunkte für einen Tat- o. Teilnahmeverdacht des Zeugen ergibt (BGHSt BGH NJW 1991, 2844; Kusch NStZ-RR 1998, 258 – BGH RsprÜ; OLG Köln StV 2004, 308). Hat das Gericht die Anwendung der Nr. 2 geprüft, so kann nicht die unrichtige tatsächliche Wertung, sondern nur die Verkennung v. Rechtsbegriffen gerügt werden (BGHSt 21, 147 (148); BGH StV 1982, 342). Auf dem Verstoß beruht das Urt. idR, wenn die unbeeidete Aussage bei der Beweiswürdigung berücksichtigt worden ist (BGHSt 8, 155 (158); BGH StV 1990, 193), auch bei Revision der StA gegen ein freisprechendes Urt. (OLG Koblenz VRS 69, 289), nicht aber, wenn das Urt. ergibt, dass die Aussage im Fall der Beeidigung nicht anders gewürdigt worden wäre (BGH NStZ 2000, 265 (267); Becker NStZ-RR 2003, 97 – BGH RsprÜ). War die Vereidigung nach Nr. 2 unzulässig u. ist die Aussage nicht nur als uneidliche gewertet worden (→ Rn. 30), so muss das Urt. idR aufgeh. werden, weil das Gericht der Aussage eines vereidigten Zeugen meist größere Glaubhaftigkeit beimisst als der eines anderen (BGHSt 4, 255 (257); BGH NJW 1982, 1601; OLG Köln StV 2001, 224); das gilt aber nicht ausnahmslos (BGH NStZ-RR 2002, 77; Becker NStZ-RR 2003, 2 – BGH RsprÜ), zB wenn das Gericht schon der beeideten Aussage nicht geglaubt hat (BGH StV 1986, 89; vgl. auch BGH BeckRS 2018, 23216; **aM** OLG Frankfurt a. M. NStZ-RR 2003, 141; Esskandari StV 2002,

51; erg. → § 59 Rn. 13 aE). Zur Urteilsaufhebung führt idR auch das Fehlen der Unterrichtung (→ Rn. 30) darüber, dass eine Aussage nur als uneidliche gewertet wird (BGHSt 4, 130; Dallinger MDR 1975, 725 – BGH RsprÜ; einschr. BGH NJW 1986, 266), es sei denn, die Wertung als uneidliche liegt nach dem weiteren Verfahrensgang auf der Hand (BGHR StPO § 60 Nr. 2 Vereidigung 4).

Recht zur Eidesverweigerung

61 Die in § 52 Abs. 1 bezeichneten Angehörigen des Beschuldigten haben das Recht, die Beeidigung des Zeugnisses zu verweigern; darüber sind sie zu belehren.

A. Eidesverweigerung. Zur Eidesverweigerung sind nach § 61 (§ 63 aF) die **Angehörigen des Beschuldigten** (nicht des Verletzten) iSd § 52 Abs. 1 im Umf. ihres Zeugnisverweigerungsrechts befugt; ggf. (→ § 52 Rn. 12) kann der Eid teilw. verweigert werden. Die Weigerung schließt die Vereidigung ohne weiteres aus; eine Beschlussfassung ist überflüssig. Die Verweigerung u. der Verzicht darauf werden im Prot. beurkundet (§§ 168a Abs. 1, 273 Abs. 1). Schlüsse aus der Weigerung dürfen bei der Beweiswürdigung nicht gezogen werden (→ § 261 Rn. 20). Der Verzicht auf das Weigerungsrecht kann vor der Vereidigung widerrufen (RGSt 62, 142 (144)), die Erklärung, der Eid werde verweigert, zurückgenommen werden (BayObLGSt 1951, 74 (78); Löwe/Rosenberg/Ignor/Bertheau Rn. 4). 1

B. Belehrung. Die Belehrung, die **nicht schon in der nach § 52 Abs. 3 S. 1 enthalten** ist (BGHSt 4, 217; Dallinger MDR 1969, 194 – BGH RsprÜ; OLG Düsseldorf NStZ 1984, 182), muss auch erteilt werden, wenn der Zeuge sich zur Eidesleistung bereit erklärt hat, immer aber nur, wenn der Richter den Zeugen auch tatsächlich vereidigen will. Die Belehrung, die nach §§ 168a Abs. 1, 273 Abs. 1 in der Vernehmungs- o. Sitzungsniederschrift beurkundet werden muss, muss bei jeder Vernehmung, auch in derselben HV, wiederholt werden, auch wenn der Zeuge den Eid früher geleistet hat. Das Unterlassen der Belehrung kann durch Nachholung, wenn der Zeuge darauf erklärt, er hätte den Eid auch nach Belehrung geleistet, o. nach entspr. Unterrichtung der Prozessbeteiligten durch Wertung der Aussage als uneidlich geheilt werden. 2

C. Revision. Die Revision kann das **Unterlassen der Belehrung** rügen, wenn das Urt. auf der Aussage beruht (BGHSt 4, 217; Dallinger MDR 1969, 194 – BGH RsprÜ), sich insbes. nicht ausschließen lässt, dass das Gericht die Glaubwürdigkeit des Zeugen anders beurteilt hätte, wenn er es nach Belehrung abgelehnt hätte, die Aussage zu beschwören (BGH NStZ 2001, 604; 2008, 171; StV 2002, 465). Für das Beruhen ohne Bedeutung ist es, ob das Gericht dem Zeugen auch ohne Beeidigung geglaubt hätte (BGH NStZ 2008, 171). Am Beruhen fehlt es hingegen, wenn das Urt. die Aussage nicht (o. nicht zuungunsten des Beschwerdeführers) o. nur als uneidlich verwertet hat (OLG Düsseldorf NStZ 1984, 182) o. wenn mit Sicherheit davon auszugehen ist, dass der Zeuge auch nach Belehrung geschworen hätte (BGH NStZ 2008, 171; **aM** Löwe/Rosenberg/Ignor/Bertheau Rn. 10). Die Rüge können die StA, der Angeklagte, ein Mitangeklagter (BGH NStZ 2008, 171), auch der Nebenkläger (OLG Düsseldorf NStZ 1984, 182; **aM** SK-StPO/Rogall Rn. 9) erheben. 3

Vereidigung im vorbereitenden Verfahren

62 Im vorbereitenden Verfahren ist die Vereidigung zulässig, wenn
1. Gefahr im Verzug ist oder
2. der Zeuge voraussichtlich am Erscheinen in der Hauptverhandlung verhindert sein wird
und die Voraussetzungen des § 59 Abs. 1 vorliegen.

1 **A. Im Ermittlungsverfahren.** Im Ermittlungsverfahren (→ Einl. Rn. 60 ff.), auch bei richterlichen Vernehmungen nach §§ 173 Abs. 3, 202 S. 1 u. bei Beweissicherungen nach § 205 S. 2, ist die Vereidigung nach § 62 (§ 65 aF) **nur ausnahmsweise** zulässig: Neben den Voraussetzungen des § 59 Abs. 1 (→ § 59 Rn. 2 ff.) muss entweder Gefahr im Verzug (Nr. 1) vorliegen o. der Zeuge voraussichtlich am Erscheinen in der HV verhindert sein (Nr. 2). Bei Vernehmungen nach §§ 162, 169 bindet der Antrag der StA auf Vereidigung das Gericht nicht (erg. → § 59 Rn. 8).

2 **B. Zulässigkeit.** Zulässig ist die Vereidigung aus folgenden Gründen:

3 **I. Ausschlaggebende Bedeutung der Aussage oder zur Herbeiführung einer wahren Aussage.** Diese allgemeinen Voraussetzungen für eine Vereidigung nach § 59 Abs. 1 S. 1 müssen auch für eine Vereidigung im vorbereitenden Verf. erfüllt sein. Alternativ muss ferner vorliegen:

4 **II. Gefahr im Verzug.** Gefahr im Verzug (Nr. 1), dh wenn ohne die Vereidigung der **Verlust des Beweismittels** o. das **Scheitern der weiteren Aufklärung** zu befürchten (RGSt 43, 337; zw. Schellenberg NStZ 1993, 373 Fn. 12), zB mit dem baldigen Tod des Zeugen o. seiner späteren Unauffindbarkeit zu rechnen ist.

5 **III. Verhinderung des Zeugen.** Bei **Verhinderung** des Zeugen (Nr. 2), zB wegen Krankheit, Gebrechlichkeit, hohen Alters, langer Auslandsreise, Rückkehr in die ausl. Heimat, nicht aber wegen Unzumutbarkeit des Erscheinens in der HV wegen großer Entfernung v. Gerichtsort (SK-StPO/Rogall Rn. 5).

6 **C. Protokoll.** Das **Protokoll** muss nach § 168a Abs. 1 die Angabe enthalten, ob der Zeuge vereidigt worden ist. Für Vereidigungen außerhalb der HV wird aber als Ausnahme v. der Regel in § 59 Abs. 1 S. 2 bestimmt, dass auch der Grund der Vereidigung anzugeben ist. Dabei genügt der Hinweis auf die Gesetzesstelle.

7 **D. Verlesung der Niederschrift. In der Hauptverhandlung** kann die Niederschrift über die Zeugenaussage im Fall der Nr. 1 nach § 251 Abs. 2 Nr. 1, im Fall der Nr. 2 nach § 251 Abs. 2 Nr. 2 als eidliche (§ 251 Abs. 4 S. 3) verlesen werden. Erscheint der Zeuge, so ist erneut über die Frage der Vereidigung gem. §§ 59, 60 zu befinden.

8 **E. Revision.** Die Revision kann nicht auf einen Verstoß gegen § 62 (SK-StPO/Rogall Rn. 8 mwN), aber auf **Verletzung der §§ 60, 61** gestützt werden (Löwe/Rosenberg/Ignor/Bertheau Rn. 8). Mit der Revision kann ein Verstoß gegen die Protokollierungspflicht (→ Rn. 5) nicht gerügt werden.

Vereidigung bei Vernehmung durch den beauftragten oder ersuchten Richter

63 Wird ein Zeuge durch einen beauftragten oder ersuchten Richter vernommen, muss die Vereidigung, soweit sie zulässig ist, erfolgen, wenn es in dem Auftrag oder in dem Ersuchen des Gerichts verlangt wird.

1 **A. Anwendungsbereich. Für alle Vernehmungen** durch beauftragte (mit der Vernehmung beauftragte Mitglieder des erkennenden Gerichts) o. ersuchte (im Wege der Rechtshilfe nach § 157 GVG angegangene) Richter im Strafverfahren, nicht nur im Vorverfahren, gilt § 63. Wegen der Vernehmungen auf Ersuchen der StA vgl. → § 62 Rn. 1.

2 **B. Entscheidung des vernehmenden Richters.** Ist **in dem Vernehmungsersuchen nichts bestimmt,** so entscheidet der vernehmende Richter nach Maßgabe des § 59 Abs. 1 S. 1 über die Vereidigung. Das erkennende Gericht ist daran nicht gebunden. Es kann nachträglich um die Vereidigung ersuchen; dann gilt

Hs. 2. Wenn es die Vereidigung für unzulässig hält, muss es die eidliche Aussage als uneidliche werten (KK-StPO/Slawik Rn. 2).

C. Ersuchen um eidliche Vernehmung. Dem Ersuchen um **eidliche** Vernehmung (Hs. 2) muss der beauftragte o. ersuchte Richter entsprechen, sofern nicht §§ 60, 61 entgegenstehen (SK-StPO/Rogall Rn. 4). 3

D. Ersuchen um uneidliche Vernehmung. An das Ersuchen um **uneidliche** Vernehmung ist der Richter nicht gebunden, denn gerade bei der Vernehmung kann sich das Bedürfnis für eine Vereidigung ergeben (KK-StPO/Slawik Rn. 4). 4

Eidesformel

64 (1) **Der Eid mit religiöser Beteuerung wird in der Weise geleistet, dass der Richter an den Zeugen die Worte richtet:**
„Sie schwören bei Gott dem Allmächtigen und Allwissenden, dass Sie nach bestem Wissen die reine Wahrheit gesagt und nichts verschwiegen haben"
und der Zeuge hierauf die Worte spricht:
„Ich schwöre es, so wahr mir Gott helfe".

(2) **Der Eid ohne religiöse Beteuerung wird in der Weise geleistet, dass der Richter an den Zeugen die Worte richtet:**
„Sie schwören, dass Sie nach bestem Wissen die reine Wahrheit gesagt und nichts verschwiegen haben"
und der Zeuge hierauf die Worte spricht:
„Ich schwöre es".

(3) **Gibt ein Zeuge an, dass er als Mitglied einer Religions- oder Bekenntnisgemeinschaft eine Beteuerungsformel dieser Gemeinschaft verwenden wolle, so kann er diese dem Eid anfügen.**

(4) **Der Schwörende soll bei der Eidesleistung die rechte Hand erheben.**

A. Eid mit oder ohne religiöse Beteuerung (Abs. 1, Abs. 2). Zwischen dem Eid mit oder ohne religiöse Beteuerung (Abs. 1, Abs. 2) kann der Zeuge nach § 64 **wählen,** worüber er nach § 57 S. 2 vor der Vereidigung zu belehren ist. Im Prot. wird nur die Eidesleistung beurkundet (BGH NStZ 1999, 396 (399) mwN). Wegen der Bekräftigung anstelle der Eidesleistung vgl. § 65. 1

B. Eidesnorm und Eidesformel. Die **Eidesnorm** („Sie schwören …") spricht der Richter allein, die **Eidesformel** („Ich schwöre es") der Zeuge. Die Anrufung Gottes kann bei Mohammedanern durch die Allahs ersetzt werden (Löwe/Rosenberg/Ignor/Bertheau Rn. 3). Bei Vereidigung mehrerer Zeugen dürfen die die Eidesnorm enthaltenden Worte an alle gemeinsam gerichtet werden (KK-StPO/Slawik § 59 Rn. 2). Nur die Eidesformel muss jedem einzelnen Zeugen vor- u. von jedem einzeln nachgesprochen werden (OLG Frankfurt a. M. NJW 1962, 1834). Wegen der Vereidigung hör- o. sprachbehinderter Personen vgl. § 66, v. Personen, die der deutschen Sprache nicht mächtig sind, § 188 GVG. Zum Umf. der v. dem Eid erfassten Aussage vgl. → § 59 Rn. 6. 2

C. Beteuerungsformeln einer Religions- oder Bekenntnisgemeinschaft (Abs. 3). Beteuerungsformeln einer Religions- oder Bekenntnisgemeinschaft (Abs. 3) kann der Zeuge anfügen, wenn sie der **Verstärkung der eidlichen Beteuerung** dienen, ihr also nicht widersprechen o. sie sogar aufheben (RGSt 10, 181; OLG Köln MDR 1969, 501). Die Mitgliedschaft des Zeugen u. die Üblichkeit der Beteuerungsformel prüft das Gericht nicht nach; Mängel der religiösen Beteuerung berühren die Prozessordnungsmäßigkeit einer Vereidigung nicht (BGH NStZ 1999, 396 (399)). Im Prot. wird die Anfügung der Beteuerungsformel nicht beurkundet. 3

D. Erheben der rechten Hand (Abs. 4). Das Erheben der rechten Hand (Abs. 4) ist **kein wesentlicher Bestandteil** der Eidesleistung u. kann daher nicht erzwungen werden. Andere symbolische Handlungen, zB Niederknien o. Hand- 4 auflegen auf den Koran, sind dem Zeugen nicht verwehrt (vgl. Leisten MDR 1980, 636, der auch rituelle Waschungen zulassen will).

5 **E. Revision.** Ein Versehen bei der Formulierung der Eidesnorm o. -formel macht den Eid nicht unwirksam (BGHSt 3, 309 (312)); das Urt. wird auf dem Mangel idR nicht beruhen (KK-StPO/Slawik Rn. 6; **aM** SK-StPO/Rogall Rn. 14).

Eidesgleiche Bekräftigung der Wahrheit von Aussagen

65 (1) [1] **Gibt ein Zeuge an, dass er aus Glaubens- oder Gewissensgründen keinen Eid leisten wolle, so hat er die Wahrheit der Aussage zu bekräftigen.** [2] **Die Bekräftigung steht dem Eid gleich; hierauf ist der Zeuge hinzuweisen.**

(2) **Die Wahrheit der Aussage wird in der Weise bekräftigt, dass der Richter an den Zeugen die Worte richtet:**

„Sie bekräftigen im Bewusstsein Ihrer Verantwortung vor Gericht, dass Sie nach bestem Wissen die reine Wahrheit gesagt und nichts verschwiegen haben"

und der Zeuge hierauf spricht:

„Ja".

(3) **§ 64 Abs. 3 gilt entsprechend.**

1 **A. Bekräftigung der Wahrheit.** Der **Ersatz des Eides** durch Bekräftigung der Wahrheit der Aussage (Abs. 1 S. 1) muss dem Zeugen nach Art. 4 Abs. 1 GG **freigestellt** sein (BVerfGE 33, 23); dem entspr. § 65. Eine Belehrung hierüber ist nur geboten, nachdem der Zeuge die Eidesleistung in jeder Form abgelehnt hat. Für die Anwendung des § 65 genügt die Erkl. des Zeugen, dass seinem Eid die bezeichneten Gründe entgegenstehen; das Gericht prüft das nicht nach (Löwe/Rosenberg/Ignor/Bertheau Rn. 2). Für Bekräftigungsnorm u. -formel gilt → § 64 Rn. 2 entsprechend.

2 **B. Gleichstellung von Bekräftigung und Eid (Abs. 1 S. 2).** Die Gleichstellung von Bekräftigung und Eid (Abs. 1 S. 2), auf die der Zeuge vor der Bekräftigung ausdr. hinzuweisen ist, gilt nicht nur für den Zeugen (vgl. § 155 Nr. 1 StGB), sondern auch für das Verfahren. Anwendbar sind insbes. die §§ 67, 70.

3 **C. Beteuerungsformeln (Abs. 3).** Beteuerungsformeln (Abs. 3) **können** entspr. § 64 Abs. 3 **angefügt werden.** Die Wirksamkeit der Bekräftigung hängt davon aber niemals ab (Dallinger MDR 1972, 18 – BGH RsprÜ). Zulässig sind auch symbolische Handlungen, etwa die Bekräftigung durch Handschlag (vgl. RGSt 57, 342).

4 **D. Revision.** Die Revision kann darauf gestützt werden, dass der Zeuge selbst das Vorliegen der Voraussetzungen des Abs. 1 S. 1 nicht behauptet hat. Sind Zeuge u. Gericht v. der Wirksamkeit der Bekräftigung ausgegangen, so wird das Urt. darauf aber idR nicht beruhen (KK-StPO/Slawik Rn. 5).

Eidesleistung bei Hör- oder Sprachbehinderung

66 (1) [1] **Eine hör- oder sprachbehinderte Person leistet den Eid nach ihrer Wahl mittels Nachsprechens der Eidesformel, mittels Abschreibens und Unterschreibens der Eidesformel oder mit Hilfe einer die Verständigung ermöglichenden Person, die vom Gericht hinzuzuziehen ist.** [2] **Das Gericht hat die geeigneten technischen Hilfsmittel bereitzustellen.** [3] **Die hör- oder sprachbehinderte Person ist auf ihr Wahlrecht hinzuweisen.**

(2) **Das Gericht kann eine schriftliche Eidesleistung verlangen oder die Hinzuziehung einer die Verständigung ermöglichenden Person anordnen,**

wenn die hör- oder sprachbehinderte Person von ihrem Wahlrecht nach Absatz 1 keinen Gebrauch gemacht hat oder eine Eidesleistung in der nach Absatz 1 gewählten Form nicht oder nur mit unverhältnismäßigem Aufwand möglich ist.

(3) **Die §§ 64 und 65 gelten entsprechend.**

A. Hör- oder sprachbehinderte Personen. Die Eidesleistung durch hör- oder sprachbehinderte Personen regelt § 66, der ursprünglich nur eine Bestimmung für stumme Zeugen traf. Es werden hier nicht nur für gänzlich sprachlose, sondern auch für sprachbehinderte, u. darüber hinaus auch für hörbehinderte Personen Regelungen getroffen, was sowohl den Interessen der Rechtspflege als auch der Integration v. Menschen mit Behinderungen dient, denen vor Gericht die gleichberechtigte Teilhabe ermöglicht werden soll (BT-Drs. 14/9266, 35). Die Vorschr. gilt natürlich auch für hör- *und* sprachbehinderte Personen (Taubstumme). Ähnliche Regelungen bestehen jetzt neben der Eidesleistung ganz allg. für hör- u. sprachbehinderte Personen nach § 186 GVG; für blinde o. sehbehinderte Personen gilt § 191a GVG. Ob ein Zeuge hör- o. sprachbehindert ist, muss der Richter ggf. im Freibeweis (→ § 244 Rn. 7, 9) prüfen. 1

B. Wahlrecht. Ein **dreifaches Wahlrecht,** wie sie den Eid leisten will, hat die behinderte Person nach Abs. 1 S. 1 (Nachsprechen der Eidesformel nach § 64 oder § 65, Abschreiben u. Unterschreiben der Eidesformel o. Ablegung des Eides mit Hilfe eines v. Gericht zugezogenen Dritten). Auf dieses Wahlrecht muss sie – ggf. mit Hilfe der hinzugezogenen Person – hingewiesen werden (Abs. 1 S. 3). Das Gericht muss v. sich aus die notwendigen technischen Hilfsmittel bereitstellen (Abs. 1 S. 2), damit das Wahlrecht u. die gewählte Eidesleistung selbst wirksam ausgeübt werden können. 2

C. Entscheidung durch Gericht. Das Gericht entscheidet, wie die Eidesleistung zu erfolgen hat, wenn der behinderte Zeuge v. seinem Wahlrecht keinen Gebrauch machen will o. eine Eidesleistung in der gewählten Form nicht o. nur mit unverhältnismäßigem Aufwand möglich ist (Abs. 2). Dann kann das Gericht zwischen schriftlicher Eidesleistung o. Hinzuziehung eines „Dolmetschers" wählen. Dass eine Vereidigung bei einer erheblich hör- und/oder sprachbehinderten Person gänzlich unmöglich sein könne, wie früher gelegentlich angenommen worden ist (RGSt 33, 403), dürfte nunmehr ausgeschlossen sein (SK-StPO/Rogall Rn. 3). 3

Berufung auf einen früheren Eid

67 Wird der Zeuge, nachdem er eidlich vernommen worden ist, in demselben Vorverfahren oder in demselben Hauptverfahren nochmals vernommen, so kann der Richter statt der nochmaligen Vereidigung den Zeugen die Richtigkeit seiner Aussage unter Berufung auf den früher geleisteten Eid versichern lassen.

A. Nochmalige Vernehmung. Um eine nochmalige Vernehmung handelt es sich, wenn die **frühere** mit der Eidesleistung o. Bekräftigung **abgeschlossen** war, auch wenn der Zeuge noch am selben Tag u. vor seiner Entlassung (§ 248) erneut vernommen wird (BGHSt 4, 140 (142)). Gleichgültig ist, ob die frühere Aussage bestätigt, erweitert, wiederholt o. erläutert wird (OLG Saarbrücken VRS 23, 53). Nach einer früheren Vernehmung als Sachverständiger ist § 67 nicht anwendbar (OLG Köln MDR 1955, 183). 1

B. Nur im selben Verfahren. Nur im selben Verfahren gilt § 67 (allg.: v. Schowingen JZ 1955, 267). 2

I. Gegen denselben Beschuldigten. Gegen denselben Beschuldigten muss das Verf. gerichtet sein, in dem der Zeuge erneut aussagt. Der Hinzutritt neuer v. der 3

Aussage betroffener Mitbeschuldigter schließt § 67 aus (RGSt 49, 251). Nach Verfahrenstrennung kann sich der Zeuge in jedem der weitergeführten Verf. auf den vor der Trennung geleisteten Eid berufen (vgl. RGSt 44, 352).

4 **II. Im selben Vorverfahren.** Im selben Vorverfahren findet die erneute Vernehmung statt, wenn der Zeuge vor Erhebung der Anklage nach § 170 Abs. 1 oder einer dieser gleichstehenden Verfahrenshandlung erneut vernommen wird. Ausgeschlossen ist die Berufung auf den im Vorverfahren geleisteten Eid bei erneuter Vernehmung im Zwischenverfahren nach § 202 S. 1 (Löwe/Rosenberg/Ignor/Bertheau Rn. 3, 4) u. im Hauptverfahren (Dallinger MDR 1953, 722 – BGH RsprÜ), auch nach § 223 (RGSt 12, 373).

5 **III. Dasselbe Hauptverfahren.** Gemeint ist das **Verf. v. Erlass des Eröffnungsbeschlusses bis zur Rechtskraft** des Urteils (BGHSt 23, 283 (285); BGH GA 1968, 340). Es kann daher mehrere HVen umfassen (BGH GA 1979, 272). Auch das Zwischenverfahren nach § 202 gehört hierher (Löwe/Rosenberg/Ignor/Bertheau Rn. 5). Bei erneuter Vernehmung im 1. Rechtszug ist § 67 bei Fortsetzung u. bei jedem Neubeginn der Verh. anwendbar, auch wenn die frühere Vernehmung nach Eröffnung des Hauptverfahrens nach § 223 stattgefunden hatte (RGSt 4, 437). Im Berufungsverfahren kann sich der Zeuge auf den vor dem AG geleisteten Eid auch berufen, wenn die StrK die Sache wegen Überschreitung der Strafgewalt des AG nunmehr im 1. Rechtszug verhandelt (BGHSt 23, 283 (285); BGH GA 1968, 340). § 67 ist ferner anwendbar nach Verweisung der Sache an ein höheres Gericht (§ 270) u. nach Zurückverweisung durch das Berufungs- o. Revisionsgericht (§§ 328 Abs. 2, 354 Abs. 2, Abs. 3, 355). In der erneuten HV nach Wiederaufnahme des Verfahrens ist die Berufung auf den in der früheren HV o. bei der Vernehmung nach § 369 geleisteten Eid unzulässig (RGSt 18, 417).

6 **C. Richterliches Ermessen.** Richterliches Ermessen entscheidet, ob der Zeuge neu vereidigt o. ob nach § 67 verfahren werden soll (Löwe/Rosenberg/Ignor/Bertheau Rn. 10). Wie bei der Vereidigung (→ § 59 Rn. 9) trifft der **Vorsitzende** die **Vorabentscheidung** (OLG Braunschweig NJW 1957, 513). Die erneute Vereidigung ist vorzuziehen, wenn der Zeuge die Bedeutung der Vers. nicht begreift, insbes. aber nach sehr langem Zeitablauf (Löwe/Rosenberg/Ignor/Bertheau Rn. 10). Mangelnde Erinnerung an die Vereidigung schließt die Anwendung des § 67 aber nicht aus (BGH 29.8.1961 – 5 StR 282/61).

7 **D. Versicherung unter Berufung auf den früheren Eid.** Die Versicherung unter Berufung auf den früheren Eid, über deren Bedeutung der Zeuge entspr. § 57 S. 2 **belehrt** werden muss, darf wie der Eid (§ 59 S. 1) erst nach der Vernehmung entgegengenommen werden (Dallinger MDR 1972, 198 – BGH RsprÜ). Der Zeuge muss die Erkl. selbst, aber nicht unbedingt mit den Worten des Gesetzes (Dallinger MDR 1972, 198 – BGH RsprÜ: „Bezugnahme" auf den früheren Eid) abgeben; der Hinweis des Richters auf den früheren Eid genügt nicht (BGHSt 4, 140). Die Berufung auf einen in Wahrheit nicht geleisteten Eid ist wirkungslos (RGSt 64, 379; OLG Köln NJW 1963, 2333; OLG Saarbrücken VRS 23, 53).

8 **E. Protokoll.** Im Protokoll muss die Berufung auf den früheren Eid beurkundet werden (§§ 168a Abs. 1, 273 Abs. 1), nicht aber, wann u. wo der Zeuge ihn geleistet hat. Der richtige Protokollvermerk lautet: „Der Zeuge versichert die Richtigkeit seiner Aussage unter Berufung auf den früher geleisteten Eid".

9 **F. Revision.** Ihre Zulässigkeit hängt nicht davon ab, dass gegen die Vorabentscheidung des Vorsitzenden (→ Rn. 6) das Gericht angerufen worden ist (Dallinger MDR 1972, 199 – BGH RsprÜ). Sie kann aber nicht darauf gestützt werden, dass die erneute Vereidigung der Anwendung des § 67 vorzuziehen gewesen wäre (Löwe/Rosenberg/Ignor/Bertheau Rn. 15). War der frühere Eid nicht im selben

Verf. geleistet, so beruht das Urt. auf dem Verstoß gegen § 67 nicht, wenn sich zweifelsfrei feststellen lässt, dass Zeuge u. Gericht v. der Wirksamkeit der Vers. ausgegangen sind (Dallinger MDR 1953, 722 – BGH RsprÜ; RGSt 64, 379). Entsprechendes gilt, wenn der Zeuge sich auf einen nicht geleisteten Eid berufen hat (BGH NStZ 1984, 328; **aM** OLG Köln NJW 1963, 2333; erg. → § 79 Rn. 13, → GVG § 189 Rn. 3).

Vernehmung zur Person; Beschränkung von Angaben, Zeugenschutz

68 (1) [1]**Die Vernehmung beginnt damit, dass der Zeuge über Vornamen, Nachnamen, Geburtsnamen, Alter, Beruf und vollständige Anschrift befragt wird.** [2]**In richterlichen Vernehmungen in Anwesenheit des Beschuldigten und in der Hauptverhandlung wird außer bei Zweifeln über die Identität des Zeugen nicht die vollständige Anschrift, sondern nur dessen Wohn- oder Aufenthaltsort abgefragt.** [3]**Ein Zeuge, der Wahrnehmungen in amtlicher Eigenschaft gemacht hat, kann statt der vollständigen Anschrift den Dienstort angeben.**

(2) [1]**Einem Zeugen soll zudem gestattet werden, statt der vollständigen Anschrift seinen Geschäfts- oder Dienstort oder eine andere ladungsfähige Anschrift anzugeben, wenn ein begründeter Anlass zu der Besorgnis besteht, dass durch die Angabe der vollständigen Anschrift Rechtsgüter des Zeugen oder einer anderen Person gefährdet werden oder dass auf Zeugen oder eine andere Person in unlauterer Weise eingewirkt werden wird.** [2]**In richterlichen Vernehmungen in Anwesenheit des Beschuldigten und in der Hauptverhandlung soll dem Zeugen gestattet werden, seinen Wohn- oder Aufenthaltsort nicht anzugeben, wenn die Voraussetzungen des Satzes 1 bei dessen Angabe vorliegen.**

(3) [1]**Besteht ein begründeter Anlass zu der Besorgnis, dass durch die Offenbarung der Identität oder des Wohn- oder Aufenthaltsortes des Zeugen Leben, Leib oder Freiheit des Zeugen oder einer anderen Person gefährdet wird, so kann ihm gestattet werden, Angaben zur Person nicht oder nur über eine frühere Identität zu machen.** [2]**Er hat jedoch in der Hauptverhandlung auf Befragen anzugeben, in welcher Eigenschaft ihm die Tatsachen, die er bekundet, bekannt geworden sind.** [3]**Ist dem Zeugen unter den Voraussetzungen des Satzes 1 gestattet worden, Angaben zur Person nicht oder nur über eine frühere Identität zu machen, darf er sein Gesicht entgegen § 176 Absatz 2 Satz 1 des Gerichtsverfassungsgesetzes ganz oder teilweise verhüllen.**

(4) [1]**Liegen Anhaltspunkte dafür vor, dass die Voraussetzungen der Absätze 2 oder 3 vorliegen, ist der Zeuge auf die dort vorgesehenen Befugnisse hinzuweisen.** [2]**Im Fall des Absatzes 2 soll der Zeuge bei der Benennung einer ladungsfähigen Anschrift unterstützt werden.** [3]**Die Unterlagen, die die Feststellung des Wohn- oder Aufenthaltsortes, der vollständigen Anschrift oder der Identität des Zeugen gewährleisten, werden bei der Staatsanwaltschaft verwahrt.** [4]**Zu den Akten sind sie erst zu nehmen, wenn die Besorgnis der Gefährdung entfällt.** [5]**Wurde dem Zeugen eine Beschränkung seiner Angaben nach Absatz 2 Satz 1 gestattet, veranlasst die Staatsanwaltschaft von Amts wegen bei der Meldebehörde eine Auskunftssperre nach § 51 Absatz 1 des Bundesmeldegesetzes, wenn der Zeuge zustimmt.**

(5) [1]**Die Absätze 2 bis 4 gelten auch nach Abschluss der Zeugenvernehmung.** [2]**Soweit dem Zeugen gestattet wurde, Daten nicht anzugeben, ist bei Auskünften aus und Einsichtnahmen in Akten sicherzustellen, dass diese Daten anderen Personen nicht bekannt werden, es sei denn, dass eine Gefährdung im Sinne der Absätze 2 und 3 ausgeschlossen erscheint.**

Übersicht

1 **A. Allgemeines.** § 68 regelt, welche Angaben Zeugen bei Vernehmungen zur Person machen müssen. Die Vorschrift gilt grunds. für **alle Vernehmungen,** dh für richterliche, staatsanwaltliche und polizeiliche in allen Stadien des Strafverfahrens. Die Feststellung der Personalien steht am Anfang der Zeugenvernehmung (Abs. 1). Sie dient va dem Zweck, Personenverwechselungen zu vermeiden, soll aber auch eine verlässliche Grdl. für die Beurteilung der Glaubwürdigkeit schaffen, insbes. den Bet. die Einholung v. Erkundigungen ermöglichen (BGHSt 32, 115 (128) (GSSt); 33, 83 (87); BGH NJW 1986, 1999). Auf Verlangen des Gerichts müssen Zeugen im Rahmen der Sachaufklärung auch weitere Angaben zu ihren Personalien machen, zB zu einem früheren Ehenamen. Das G sieht aus Gründen des Zeugenschutzes gewisse, durch das G zur Fortentwicklung der StPO (BGBl. 2021 I 2099) erweitere, Einschränkungen der Auskunftspflicht vor (Abs. 1 S. 2 und 3 → Rn. 7–8b sowie Abs. 2–4 → Rn. 10 ff.).

2 Der Zeuge ist **verpflichtet,** die Personalien anzugeben, auch wenn er v. einem Zeugnisverweigerungsrecht Gebrauch macht (vgl. § 111 Abs. 1 OWiG). Notfalls wird seine Identität aufgrund seiner Ausweispapiere o. durch Zeugenvernehmung festgestellt. Dient die Vernehmung nur der Identitätsfeststellung, so sind die Personalfragen zugleich Vernehmung zur Sache.

3 **B. Personalfragen. I. Vor- und Nachnamen.** Vor- und Nachnamen sind festzustellen, sofern sie nicht dem Gericht u. allen Prozessbeteiligten bekannt sind (RGSt 40, 157).

4 Der Zeuge muss den Rufnamen, auf Verlangen auch die weiteren Vornamen, u. den Familiennamen, auch den Geburtsnamen angeben. Die Angabe des Künstlernamens kann ebenfalls verlangt werden.

5 **II. Alter.** Das Alter muss der Zeuge auch angeben, wenn nicht ersichtlich ist, wieso es darauf für das Verf. ankommt. Er kann nach ihm auch in der Weise gefragt werden, dass er zur Angabe v. Geburtstag u. -jahr aufgefordert wird (Löwe/Rosenberg/Ignor/Bertheau Rn. 4).

6 **III. Beruf.** Die Berufsbezeichnung sagt oft nichts über die dauernde Beschäftigung aus. Daher kann ihre Ergänzung durch Angaben über berufliche Stellung u. Art des Erwerbs verlangt werden. Die Frage nach früheren Erwerbstätigkeiten überschreitet den Rahmen der Personalienfeststellung (Dallinger MDR 1966, 383 – BGH RsprÜ; Löwe/Rosenberg/Ignor/Bertheau Rn. 5).

7 **IV. Anschrift.** Die **vollständige,** dh genaue postalische Anschrift (vgl. BGH NJW 1990, 1125; OLG Stuttgart Justiz 1991, 333), wird bei **polizeilichen und staatsanwaltlichen** Vernehmungen im Ermittlungsverfahren abgefragt (Abs. 1

S. 1). Damit wird die spätere Erreichbarkeit des Zeugen für weitere Vernehmungen und für eine Ladung zur HV sichergestellt (vgl. BT-Drs. 19/27654, 57).

Bei **richterlichen Vernehmungen** in Anwesenheit des Beschuldigten und in der HV wird dagegen grds. nicht die vollständige Anschrift, sondern nur der Wohn- oder Aufenthaltsort abgefragt (Abs. 1 S. 2). Dies soll dem Zeugen eine angstfreie Aussage ermöglichen, der uU befürchtet, dass seine Anschrift – bei Vernehmungen in der HV – im Lager des Angeklagten stehenden Zuschauern bekannt oder – bei Vernehmungen im EV in Anwesenheit des Beschuldigten – vom Beschuldigten an diese weitergegeben oder im Internet publik gemacht wird (BT-Drs. 19/27654, 57). Das Recht des Beschuldigten, die Glaubwürdigkeit des Zeugen zu überprüfen, ist insoweit durch das Akteneinsichtsrecht des Verteidigers (§ 147) gewahrt. Bei richterlichen Vernehmungen des Zeugen im EV, bei denen der Beschuldigte nicht anwesend ist, gilt Abs. 1 S. 1, dh es ist die vollständige Anschrift anzugeben. **8**

Die **vollständige Anschrift** muss ausnahmsweise auch bei den in Abs. 1 S. 2 genannten richterlichen Vernehmungen bei **Zweifeln über die Identität** des Zeugen abgefragt werden (Abs. 1 S. 2). Dies wird etwa bei präsenten Zeugen, die erstmals vernommen werden, sowie anzunehmen sein, wenn die Gefahr einer Namensverwechslung besteht (BT-Drs. 19/27654, 57). **8a**

Die Möglichkeit, den **Dienstort** statt der vollständigen Anschrift anzugeben **(Abs. 1 S. 3),** betr. nur Zeugen, die Wahrnehmungen in amtl. Eigenschaft gemacht haben, in erster Linie somit Polizeibeamte; sie kommt aber auch zB für einen StA o. Richter in Betracht. Die Wahrnehmung in amtl. Eigenschaft ist zu bejahen, wenn die Kenntniserlangung im Zusammenhang mit einer Diensthandlung steht o. das Wissen in sonstiger Weise dienstlich erlangt worden ist (ähnlich wie beim Zeugnisverweigerungsrecht, vgl. → § 53 Rn. 7, 9); in diesen Fällen wird der Zeuge daher auch stets eine Aussagegenehmigung (vgl. → § 54 Rn. 1 ff.) benötigen. **8b**

V. Religion. Nach der Religion darf im Hinblick auf Art. 140 GG iVm Art. 136 Abs. 3 S. 1 WeimRV nicht gefragt werden. Das schließt nicht aus, die Religion des Zeugen festzustellen, wenn das für die Sachaufklärung, insbes. für die Würdigung der Aussage, v. Bedeutung ist. **9**

C. Ausnahmen bei Zeugengefährdung oder Manipulationsgefahr (Abs. 2). Wenn **begründeter Anlass** dafür besteht, kann gem. Abs. 2 S. 1 jeder selbst gefährdete o. einen anderen durch die Angabe seiner Zeugenanschrift gefährdende Zeuge in u. außerhalb der HV statt der vollständigen Zeugenanschrift seinen Geschäfts- o. Dienstort o. eine andere ladungsfähige Anschrift angeben; dasselbe gilt, wenn zu besorgen ist, dass auf den Zeugen o. eine andere Person in unlauterer Weise eingewirkt werden wird (vgl. dazu § 112 Abs. 2 Nr. 3b), zB auch durch Stalking (→ § 112a Rn. 6). Zum begründeten Anlass s. → Rn. 12, 13. **10**

Besteht die begründete Besorgnis iSv Abs. 2 S. 1 soll dem Zeugen in **richterlichen Vernehmungen** in Anwesenheit des Beschuldigten und in der HV zudem gestattet werden, auch seinen **Wohn- oder Aufenthaltsort nicht anzugeben** (Abs. 2 S. 2). Damit soll verhindert werden, dass alleine mit Hilfe des Wohn- oder Aufenthaltsortes die genaue Anschrift des Zeugen ermittelt und dieser eingeschüchtert wird (BT-Drs. 19/27654, 58). Wird eine im Vorverfahren gemachte Aussage verlesen, ist unter den Voraussetzungen des Abs. 2 S. 1 von der Wiedergabe der vollständigen Anschrift bzw. im Fall des Abs. 2 S. 2 von der des Wohn- oder Aufenthaltsortes abzusehen (s. Hilger NStZ 1992, 459). **11**

Voraussetzung der Verheimlichung der vollständigen Anschrift (Abs. 2 S. 1) bzw. des Wohn- oder Aufenthaltsortes (Abs. 2 S. 2) ist ein begründeter, d. h. **auf Tatsachen beruhender Anlass** für eine Gefährdung v. Rechtsgütern des Zeugen o. anderer Personen, insbes. Angehöriger, Freunde, Bekannter des Zeugen, aber auch sonstiger Personen, über die der Wohnort in Erfahrung gebracht werden kann. Als gefährdete Rechtsgüter kommen in Betracht: Leib u. Leben, Freiheit, Eigentum, Besitz u. Hausfrieden (Anschläge auf Gebäude, Kraftwagen u. dgl.). Belästigungen (Telefonanrufe, Massensendungen, fingierte Warenbestellungen) können ausreichen, wenn aufgrund ihrer Intensität nach Maßgabe des Einzelfalls **12**

davon auszugehen ist, dass auf das Aussageverhalten des Zeugen unlauter eingewirkt werden soll (vgl. OLG Celle NJW 1988, 2751; **aM** Löwe/Rosenberg/Ignor/Bertheau Rn. 10). Die Gefährdung ist insbes. zu besorgen, wenn schon früher Einschüchterungsversuche gegenüber dem Zeugen vorgenommen oder sogar ein Anschlag auf den Zeugen o. einen Dritten erfolgt o. angedroht worden ist u. wenn das mit den Bekundungen des Zeugen in dem gegenwärtigen Verf. zusammenhängt. Die Gefährdung kann sich aber auch aufgrund kriminalistischer Anhaltspunkte, kriminologischer Erfahrungen o. der Lebenserfahrung ergeben (Leineweber Kriminalistik 1979, 39; Rebmann/Schnarr NJW 1989, 1186), etwa im Bereich von Straftaten im Umfeld org. Kriminalität. Eine unmittelbar bevorstehende Rechtsgutverletzung ist nicht erforderlich (OLG Koblenz NStZ 1992, 95).

13 Die **Entscheidung** über die Anwendung der Vorschr. trifft der Vorsitzende nach **pflichtgemäßem Ermessen** (BGH NJW 1989, 1230) unter Abwägung des Persönlichkeitsschutzes mit dem Informationsanspruch der Prozessbeteiligten u. der Öffentlichkeit (Leineweber MDR 1985, 637) vAw o. auf Antrag eines Prozessbeteiligten (vgl. für die StA: Nr. 130a RiStBV) o. des Zeugen. Dabei ist allerdings die in der Formulierung („soll") zum Ausdruck kommende Wertentscheidung des Gesetzgebers zu beachten, dass die Beschränkung der Angaben bei Vorliegen der Voraus. den Regelfall bildet. Nach § 238 Abs. 2 kann die Entsch. des Gerichts herbeigeführt werden, auch v. dem Zeugen (KK-StPO/Slawik Rn. 9).

13a Abs. 2 schränkt das **Fragerecht** der Prozessbeteiligten nach § 240 ein. Ist dem Zeugen die Nichtangabe der Anschrift bzw. des Wohnorts gestattet, so darf er dies während der ganzen HV verheimlichen (s. Leineweber MDR 1985, 637; Rieß NJW 1978, 2268).

14 **D. Geheimhaltung der Personalien (Abs. 3). I. Gänzliche Verweigerung der Angaben zur Person. Über Abs. 2 hinaus** kann die **Angabe des Wohn- o. Aufenthaltsortes gänzlich** verweigert werden, wenn der Zeuge dadurch an Leben, Leib o. Freiheit gefährdet werden würde. Reicht auch dies nicht aus, so kommt unter diesen Voraussetzungen als weitestgehender Schutz die Verheimlichung der Identität des Zeugen in Betracht (krit. Eisenberg NJW 1993, 1036). Voraussetzung ist auch hier eine Gefährdungslage, die noch nicht konkretisiert zu sein braucht u. auch auf kriminalistischen Erfahrungen beruhen kann (Hilger NStZ 1992, 459).

15 Der Begriff Identität umfasst die gegenwärtige u. die frühere Identität; für die Geheimhaltung der Identität eines Verdeckten Ermittlers gilt § 110b Abs. 3. Zur Identitätsänderung vgl. BVerfGE 57, 250 (286); BGHSt 29, 109 (113). § 68 geht § 10 ZSHG nach § 10 Abs. 3 ZSHG vor (dazu BGHSt 50, 318 (324); Roggan GA 2012, 440).

16 **II. Verdeckte Ermittler.** Die **Befragung** nach Abs. 3 S. 2 hat – was sich aus dem Wortlaut nicht ergibt (Böttcher FS Schüler-Springorum, 1993, 549) – im Wesentlichen für Verdeckte Ermittler Bedeutung, die danach diese Eigenschaft offenbaren müssen, falls die v. ihnen getroffenen Feststellungen mit ihrem Einsatz als Verdeckte Ermittler zusammenhängen (SK-StPO/Rogall Rn. 43). Die Vorschr. gilt nur für die HV, um eine Enttarnung des Verdeckten Ermittlers während eines Einsatzes zu vermeiden (Hilger NStZ 1992, 459).

17 **III. Körperlich anwesend und sichtbar.** Körperlich anwesend und sichtbar soll der Zeuge grds. sein (vgl. Tiedemann/Sieber NJW 1984, 756). Daher war nach früherer Rspr. die Vernehmung eines optisch o. akustisch „abgeschirmten", insbes. eines vermummten o. sonst unkenntlich gemachten Zeugen, ausgeschlossen (BGHSt 32, 115 (124) (GSSt)). Diese Rspr. ist wegen der Möglichkeit audiovisueller Vernehmung nach § 247a aber als überholt anzusehen (BGH NJW 2003, 74 in einem durch Revisionsrücknahme gegenstandslos gewordenen – vgl. BGH StV 2003, 5 – Anfragebeschluss; grds. zust. BGH StV 2004, 241; KK-StPO/Bader Vor § 48 Rn. 71; Beulke ZStW 113 (2001), 726; Güntge JR 2007, 429; vgl. ferner für Verdeckte Ermittler BGH NStZ 2005, 43 u. BGH NStZ 2006, 648; erg. → § 247a Rn. 1a); **audiovisuelle Verfremdungen des Zeugen** sind daher sowohl bei

unmittelbar-persönlicher als auch bei einer Videovernehmung grds. zulässig (näher Walter StraFo 2004, 224). Für polizeiliche Vernehmungen gelten diese Grundsätze ohnehin nicht (BGHSt 33, 83; erg. → § 251 Rn. 14). Ist ein Zeuge unter Verstoß gegen die Verpflichtung zur Angabe der Personalien kommissarisch vernommen worden, so hindert das die Zeugenvernehmung des vernehmenden Richters über den Inhalt der Aussage in der HV eines anderen Verfahrens jedenfalls dann nicht, wenn die Personalien des Zeugen inzwischen bekannt sind (BGH NJW 1986, 1999 mablAnm Fezer StV 1986, 372).

Der Zeuge darf sein **Gesicht ganz oder teilweise verhüllen,** wenn ihm nach S. 1 gestattet wurde, keine Angaben zur Person o. nur über eine frühere Identität zu machen (Abs. 3 S. 3). Bei bes. gefährdeten Personen, etwa Kronzeugen o. verdeckt arbeitenden Ermittlern, gilt das Verbot der Gesichtsverhüllung in § 176 Abs. 2 S. 1 GVG daher nicht (erg. → GVG § 176 Rn. 16 ff.). Dies gilt für alle Vernehmungen, dh sowohl für die HV als auch für ermittlungsrichterliche Vernehmungen. 17a

E. Hinweispflicht (Abs. 4 S. 1, 2). Auf die Möglichkeit, unter den Voraussetzungen des Abs. 2 eine andere ladungsfähige Anschrift anzugeben o. unter der Voraussetzung des Abs. 3 Angaben zur Person zu verweigern, ist der Zeuge **nicht erst in der HV,** sondern auch **schon bei einer polizeilichen** Vernehmung hinzuweisen (dazu § 163 Abs. 3), wobei er im Fall des Abs. 2 bei der Suche nach einer ladungsfähigen Anschrift unterstützt werden soll. Dies ist als konkrete Handlungsanleitung für die polizeiliche Praxis gedacht (BR-Drs. 178/09, 21). 18

F. Unterlagen. Die Unterlagen, die die Anschrift bzw. den Wohnort o. die Identität des Zeugen betreffen, sind **bei der StA zu verwahren.**(→ § 158 Rn. 17). Erst nach Entfallen der Besorgnis der Gefährdung werden sie zu den Akten genommen **(Abs. 4 S. 3, 4),** erst dann erstreckt sich auf sie das Einsichtsrecht nach § 147. 19

Die StA veranlasst **mit Zustimmung des Zeugen** eine **Auskunftssperre** nach § 51 Abs. 1 Bundesmeldegesetzes, wenn dem Zeugen eine Beschränkung seiner Angaben nach Abs. 2 S. 1 gestattet wurde **(Abs. 4 S. 5).** 19a

G. Fortgeltung (Abs. 5 S. 1). Auch nach Abschluss der Zeugenvernehmung gelten Abs. 2–4. Ergibt sich die Gefährdung des Zeugen erst nach Abschluss der Vernehmung, ist ihm im Fall des Abs. 2 daher noch nachträglich zu gestatten, eine andere Anschrift anzugeben. Das bedeutet, dass die Strafverfolgungsbehörden mit einem solchen Zeugen Kontakt aufnehmen müssen, wenn ihnen später bekannt wird, dass eine Gefährdung des Zeugen zu besorgen ist (BR-Drs. 178/09, 21). 20

Sicherzustellen ist bei Auskünften aus u. Einsichtnahme in Akten, dass v. dem Zeugen geheim gehaltene Daten anderen Personen nicht bekannt werden, solange die Gefährdung nach Abs. 2, Abs. 3 noch besteht **(Abs. 5 S. 2).** Eine Verpflichtung, solche Daten in der gesamten Akte unkenntlich zu machen, wie es der RegE vorsah (BR-Drs. 178/09, 21) ist nach Einwendungen des BR (BR-Drs. 178/1/09, 2) als zu weitgehend nicht G geworden. 21

H. Protokoll. Die Vernehmung des Zeugen zur Person muss nach §§ 168a Abs. 1, 273 Abs. 1 im Prot. beurkundet werden. Üblicherweise werden nur die Erklärungen des Zeugen vermerkt. Die Generalfragen (→ § 68a Rn. 6a) gehören zur Sachvernehmung, werden aber in der Praxis meist ebenfalls in das Prot. aufgenommen. 22

I. Revision. Grundsätzlich ist § 68 eine nicht revisible Ordnungsvorschrift (BGHSt 23, 244; BGH NStZ 2012, 168; KG JR 1977, 295; OLG Saarbrücken VRS 21, 48; **aM** offenbar Frenzel NStZ 1984, 39). Seine Verletzung kann nur unter dem Gesichtspunkt der Verletzung der Aufklärungspflicht (§ 244 Abs. 2) gerügt werden (Böttcher FS Schüler-Springorum, 1993, 549; vgl. RGSt 55, 22: Vernehmung des falschen Zeugen). Gerügt werden kann aber die Verletzung des Abs. 1 S. 1 durch Unterlassen der Identitätsfeststellung (BGHSt 23, 244 wendet § 338 Nr. 8 an) u. des Abs. 1 S. 2, Abs. 1 S. 3, Abs. 2 S. 1, Abs. 2 S. 2 durch 23 hierdurch nicht gerechtfertigtes Unterlassen der Anschrifts- bzw. Wohnortfeststellung, das die Verteidigung des Angeklagten beschränkt (krit. dazu BGH NJW 1989, 1231; Rebmann/Schnarr NJW 1989, 1191). Ebenso kann gerügt werden, dass die Voraussetzungen des Abs. 3 S. 1 nicht vorgelegen haben (Eisenberg NJW 1993, 1036) o. das Fragerecht nach Abs. 3 S. 2 unzulässig eingeschränkt worden ist (erg. → § 68a Rn. 9).

Beschränkung des Fragerechts aus Gründen des Persönlichkeitsschutzes

68a

(1) **Fragen nach Tatsachen, die dem Zeugen oder einer Person, die im Sinne des § 52 Abs. 1 sein Angehöriger ist, zur Unehre gereichen können oder deren persönlichen Lebensbereich betreffen, sollen nur gestellt werden, wenn es unerläßlich ist.**

(2) [1]**Fragen nach Umständen, die die Glaubwürdigkeit des Zeugen in der vorliegenden Sache betreffen, insbesondere nach seinen Beziehungen zu dem Beschuldigten oder der verletzten Person, sind zu stellen, soweit dies erforderlich ist.** [2]**Der Zeuge soll nach Vorstrafen nur gefragt werden, wenn ihre Feststellung notwendig ist, um über das Vorliegen der Voraussetzungen des § 60 Nr. 2 zu entscheiden oder um seine Glaubwürdigkeit zu beurteilen.**

1 **A. Angemessene Behandlung und Ehrenschutz.** Angemessene Behandlung und Ehrenschutz kann der Zeuge beanspruchen (BVerfGE 38, 105 (114 ff.)). Zwar lassen sich unangenehme u. bloßstellende Fragen im Interesse der Sachaufklärung nicht immer vermeiden. Der Zeuge kann aber auch dann verlangen, dass möglichst schonend mit ihm umgegangen wird (Löwe/Rosenberg/Ignor/Bertheau Rn. 1). Ist der Zeuge zugleich der Verletzte (zum Verletztenbegriff → § 373b Rn. 2 ff., Rn. 7 ff.) gilt erg. § 48a Abs. 1 (→ § 48a Rn. 1 ff.).

2 **B. Entehrende Tatsachen (Abs. 1).** Nach entehrenden Tatsachen (Abs. 1), die ihn selbst o. einen Angehörigen iS § 52 Abs. 1 betreffen, u. nach Tatsachen, die deren persönlichen Lebensbereich betreffen, darf der Zeuge nur gefragt werden, wenn das unerlässlich ist.

3 **Entehrend** sind Tatsachen, die nach objektiven Maßstäben, ohne Rücksicht auf die persönliche Empfindlichkeit des Zeugen (KK-StPO/Slawik Rn. 1), die sittliche Bewertung des Zeugen o. seiner Angehörigen in der Umwelt nachteilig beeinflussen können (OLG Hamm NJW 1954, 1495; eing. SK-StPO/Rogall Rn. 23 ff.).

4 **Den persönlichen Lebensbereich betreffende Tatsachen** stehen im Gegensatz zu den Umständen, die nur das Berufs- o. Erwerbsleben betreffen (**aM** SK-StPO/Rogall Rn. 29). Gemeint ist der private Bereich, der jedermann zur Entfaltung seiner Persönlichkeit gewährleistet werden muss. Dazu gehören insbes. private Eigenschaften u. Neigungen des Zeugen, sein Gesundheitszustand, seine religiöse u. politische Einstellung, aber auch Tatsachen aus seinem Familienleben (vgl. → GVG § 171b Rn. 3). Zum persönlichen Lebensbereich gehört unter allen Umständen die Intimsphäre des Zeugen. Der Gesetzgeber will va verhindern, dass die Opfer v. Sexualstraftaten ohne erkennbaren Zusammenhang mit der dem Angeklagten vorgeworfenen Tat Befragungen über ihr Sexualleben unterzogen werden. § 68a wird durch § 171b GVG ergänzt.

5 **Unerlässlich** ist die Befragung, wenn sonst die Wahrheit nicht aufgeklärt werden kann (BGHSt 21, 334 (360); BGH NStZ 1982, 170; BayObLGSt 1978, 158). Auf die Bedeutung der Strafsache kommt es nicht an (KMR-StPO/Neubeck Rn. 4; SK-StPO/Rogall Rn. 32; **aM** AK-StPO/Lemke Rn. 2); die Sachaufklärung geht immer vor (Dähn JR 1979, 141).

6 Ob die Befragung sich auf unmittelbar **erhebliche Tatsachen o. nur auf Hilfstatsachen** bezieht, spielt keine Rolle (BGHSt 13, 252 (255); BGH NStZ 1982, 170). Nur unerhebliche Fragen dürfen nicht gestellt werden; das gilt auch für

Fragen, die nur bei der Strafzumessung v. untergeordneter Bedeutung sind (OLG Hamm NJW 1956, 1495).

6a **C. Generalfragen (Abs. 2 S. 1).** Die sog. Generalfragen (Abs. 2 S. 1) werden nur gestellt, wenn ihre Beantwortung nach dem Ermessen des Gerichts erforderlich ist. Schutzmaßnahmen nach § 68 Abs. 1–3 dürfen dadurch nicht unterlaufen werden (Hilger NStZ 1992, 459). Die Entsch. trifft zunächst der Vorsitzende. Die Prozessbeteiligten u. der Zeuge können nach § 238 Abs. 2 die Entsch. des Gerichts herbeiführen.

6b Aus Abs. 2 S. 1 folgt, dass der Zeuge zur Beantwortung v. Fragen verpflichtet ist, die seine **Glaubwürdigkeit** in der vorliegenden Sache o. ganz allg. betreffen (vgl. BGHSt 23, 1) u. sich auf sein Vorleben, seine geistig-seelische Entwicklung, seine körperlichen Eigenschaften (Gebrechen, besondere Fähigkeiten usw) beziehen.

6c Die Klärung der **Beziehung zu Beschuldigten und Verletzten** (zum Begriff → § 373b; vgl. BT-Drs. 19/27654, 40, 101)) dient va der Entsch. über die Weigerungsrechte nach §§ 52, 55 u. die Frage der Vereidigung nach § 61. Bestehen solche Beziehungen offensichtlich nicht, so kann die Befragung unterbleiben (KG JR 1977, 295). In der Praxis ist es aber üblich, jeden Zeugen nach den Beziehungen zu dem Beschuldigten zu fragen.

7 **D. Fragen nach Vorstrafen (Abs. 2 S. 2).** Fragen nach Vorstrafen (Abs. 2 S. 2), **auch nach nrkr Verurteilungen** (Dähn JR 1979, 141) u. nach einer OWi (LG Mannheim NJW 1981, 1795), dürfen grds. nur zur Feststellung der Glaubwürdigkeit (zB wegen Verurteilung des Zeugen nach §§ 153 ff., 164, 263 StGB) o. der Vereidigungsvoraussetzungen nach § 60 Nr. 2 gestellt werden (BGH NStZ 2001, 418). Wenn sie im Interesse des Zeugen liegen (etwa weil der Angeklagte ihn wegen der Vorstrafen erpresst hat), sind sie aber auch sonst zulässig. Das Gericht kann auch einen Strafregisterauszug einholen, Vorstrafakten beiziehen u. das Urt. verlesen (BGHSt 1, 337; dazu ausf. Deutscher NStZ 2012, 359). Im Erziehungsregister eingetragene u. im Strafregister getilgte o. tilgungsreife Verurteilungen scheiden aus; der Zeuge darf sich als unbestraft bezeichnen (§§ 53, 64 Abs. 1 **BZRG**).

8 **E. Entscheidung.** Die Entscheidung über die Unerlässlichkeit der Frage trifft der **Vorsitzende,** auf Antrag eines Prozessbeteiligten o. des Zeugen (SK-StPO/Rogall Rn. 43) nach § 238 Abs. 2 das Gericht. Wird die Frage zugelassen, so muss der Zeuge sie, außer im Fall des § 55 Abs. 1, beantworten (Dähn JR 1979, 141). Da § 68a das Fragerecht für alle Bet. beschränkt, dürfen Fragen, die nach Abs. 1 oder Abs. 2 nicht gestellt werden sollen, nach § 241 Abs. 2 zurückgewiesen werden (BGHSt 21, 334 (360)).

9 **F. Revision.** § 68a ist grds. eine nicht revisible Ordnungsvorschrift (OLG Celle Nds. Rpfl. 1951, 19; KK-StPO/Slawik Rn. 7; **aM** Löwe/Rosenberg/Ignor/Bertheau Rn. 12; SK-StPO/Rogall Rn. 46). Sind allerdings Fragen unter Berufung auf § 68a zu Unrecht abgelehnt worden, so kann dies, falls ein Gerichtsbeschluss herbeigeführt wurde, gem. § 338 Nr. 8 die Revision begründen (BGH NStZ 1982, 170; 1990, 400).

Zeugenbeistand

68b (1) [1]**Zeugen können sich eines anwaltlichen Beistands bedienen.** [2]**Einem zur Vernehmung des Zeugen erschienenen anwaltlichen Beistand ist die Anwesenheit gestattet.** [3]**Er kann von der Vernehmung ausgeschlossen werden, wenn bestimmte Tatsachen die Annahme rechtfertigen, dass seine Anwesenheit die geordnete Beweiserhebung nicht nur unwesentlich beeinträchtigen würde.** [4]**Dies wird in der Regel der Fall sein, wenn aufgrund bestimmter Tatsachen anzunehmen ist, dass**

1. der Beistand an der zu untersuchenden Tat oder an einer mit ihr im Zusammenhang stehenden Datenhehlerei, Begünstigung, Strafvereitelung oder Hehlerei beteiligt ist,
2. das Aussageverhalten des Zeugen dadurch beeinflusst wird, dass der Beistand nicht nur den Interessen des Zeugen verpflichtet erscheint, oder
3. der Beistand die bei der Vernehmung erlangten Erkenntnisse für Verdunkelungshandlungen im Sinne des § 112 Absatz 2 Nummer 3 nutzt oder in einer den Untersuchungszweck gefährdenden Weise weitergibt.

(2) [1]**Einem Zeugen, der bei seiner Vernehmung keinen anwaltlichen Beistand hat und dessen schutzwürdigen Interessen nicht auf andere Weise Rechnung getragen werden kann, ist für deren Dauer ein solcher beizuordnen, wenn besondere Umstände vorliegen, aus denen sich ergibt, dass der Zeuge seine Befugnisse bei seiner Vernehmung nicht selbst wahrnehmen kann.** [2]**§ 142 Absatz 5 Satz 1 und 3 gilt entsprechend.**

(3) [1]**Entscheidungen nach Absatz 1 Satz 3 und Absatz 2 Satz 1 sind unanfechtbar.** [2]**Ihre Gründe sind aktenkundig zu machen, soweit dies den Untersuchungszweck nicht gefährdet.**

1 **A. Gewählter Zeugenbeistand (Abs. 1). I. Entstehungsgeschichte.** Durch das 2. OpferRRG wurde unter Aufnahme u. Fortentwicklung der Rspr. des BVerfG (→ Vor § 48 Rn. 11) das grds. bestehende Recht auf Beiziehung eines anwaltlichen Beistandes ges. geregelt.

2 Damit wird ein „Gleichklang" (BR-Drs. 178/09, 22) zwischen dem beigeordneten Zeugenbeistand (→ Rn. 8 ff.) u. dem Beistand des Verletzten bzw. Nebenklagebefugten nach §§ 406f, 406g hergestellt.

3 **II. Geltungsbereich.** Die Befugnis des Zeugen, sich eines anwaltlichen Beistandes – also eines RA o. einer diesem nach § 138 Abs. 1, Abs. 3 gleichgestellten Person – zu bedienen, **besteht nach Abs. 1 S. 1 schlechthin,** somit nicht nur bei der Zeugenvernehmung. Sie ist nicht auf richterliche Vernehmungen beschränkt, sondern gilt in gleicher Weise gem. §§ 161a Abs. 1 S. 2 bzw. § 163 Abs. 3 S. 1 für staatsanwaltschaftliche u. polizeiliche Vernehmungen sowie Gegenüberstellungen iSv § 58 Abs. 2 (vgl. Wessing/Ahlbrecht Zeugenbeistand Rn. 36). Eine Verpflichtung der Strafverfolgungsbehörden, den Zeugen auf sein Recht zur Beiziehung eines Beistandes hinzuweisen, sieht das G grds. nicht vor; eines Hinweises bedarf es daher v. Gesetzes wegen nicht (**aM** Dahs NStZ 1983, 184; Gillmeister NStZ 2018, 561 (563);). Es ist grds. Sache des Zeugen selbst, die Anwesenheit seines RA zu bewirken. Zumindest bei umfangreichen u. schwierigen Zeugenvernehmungen werden die Strafverfolgungsbehörden aber im Interesse einer fairen Verfahrensgestaltung u. zur Vermeidung unnötiger Kontroversen darauf achten müssen, dass der Zeuge Gelegenheit hat, einen RA beizuziehen u. erst in dessen Begleitung zur Vernehmung erscheinen muss. Einer ausdr. Zulassung bedarf der Beistand nicht (Miebach NStZ 1990, 25 – BGH RsprÜ).

4 **III. Befugnisse des Beistands.** Abs. 1 S. 2 erörtert nur das Anwesenheitsrecht des Beistandes. Aus dem Anwesenheitsrecht ergibt sich aber auch ein durch seinen Aufgabenbereich **beschränktes Mitwirkungsrecht.** Die Rechtsstellung des Beistands leitet sich aus der des Zeugen ab. Er hat **keine eigenen Rechte** als Verfahrensbeteiligter u. **nicht mehr Befugnisse als der Zeuge** selbst (OLG Hamburg NJW 2002, 1590); ein Akteneinsichtsrecht hat er nicht (auch nicht – wegen § 477 Abs. 2 S. 1 – nach § 475, s. OLG Düsseldorf NJW 2002, 2806; KG StraFo 2015, 459 (460); **aM** KK-StPO/Slawik Rn. 8: begrenztes Akteneinsichtsrecht; erg. → § 477 Rn. 4). Er kann nicht verlangen, dass die Vernehmung auf Tonband aufgezeichnet wird u. hat keinen Anspruch auf Abschrift des Vernehmungsprotokolls (KG StraFo 2015, 459 (460)). Er kann jedoch unzulässige Fragen beanstanden. Insbesondere soll er die Wahrnehmung der Weigerungsrechte des Zeugen nach §§ 52 ff. ermöglichen u. bei Zeugen, die in ihrer Aussagefähigkeit o. -bereit-

schaft gehemmt sind, Aussagefehler u. Missverständnisse verhindern (Dahs FS Puppe, 2010, 1545). Er hat allerdings keine selbständigen Antragsrechte, sondern darf den Zeugen nur beraten, auch für ihn Anträge u. Erklärungen anbringen (KG), auf die Protokollierung der Aussage u. die Vermeidung v. Aussagefehlern u. Missverständnissen Einfluss nehmen (BVerfG StraFo 2010, 243 (244)), den Inhalt der Zeugenvernehmung mitschreiben u. die Notizen mitnehmen (Mehle/Linz NJW 2014, 1160), ihn aber nicht bei der Aussage vertreten (König FS Riess, 2002, 254). Hinsichtlich des Inhalts des Beratungsgesprächs steht dem Zeugen ein Auskunftsverweigerungsrecht zu (OLG Düsseldorf NStZ 1991, 504; erg. → § 406g Rn. 4). Er kann Angaben zu allen Fragen verweigern, die Rückschlüsse auf den Beratungsgegenstand lassen. Dies gilt sowohl für Tatsachen, die der Zeuge dem Beistand übermittelt hat, als auch für solche, die er v. seinem Beistand erfahren hat (Gillmeister NStZ 2018, 561 (565)). Der Zeuge muss sich auf das Weigerungsrecht ausdr. berufen u. die zugrunde liegenden Tatsachen auf Verlangen des Gerichts entspr. § 56 glaubhaft machen. Eine Verhinderung des Beistands gibt dem Zeugen auch nach der Neufassung des § 68b nicht das Recht, dem Termin fernzubleiben (vgl. BGH NStZ 1989, 484; vgl. aber → Rn. 3 und LG Zweibrücken NJW 1999, 3792: Möglichkeit der Rücksprache geben) o. die Aussage zu verweigern (KG BeckRS 1998, 15232). Der Beistand kann mehrere Zeugen gleichzeitig vertreten (BGH 6.3.1990 – 5 StR 47/90; vgl. aber → Rn. 7).

Der RA, der kein Verfahrensbeteiligter ist u. daher nicht in Robe auftritt (**aM** Wagner DRiZ 1983, 21), ist **über § 475 hinaus nicht zur Akteneinsicht** befugt (BGH StraFo 2010, 253; KG StV 2010, 298; erg. → § 475 Rn. 1, → § 477 Rn. 4; **aM** Meyer-Lohkamp/Block StraFo 2011, 86; nach Klengel/Müller NJW 2011, 24 jedenfalls bei einem Zeugen, für den die Gefahr einer Selbstbelastung nach § 55 besteht; vgl. auch Gillmeister NStZ 2018, 561 (564)), auch nicht zu einer „informationellen Vorbereitung" der Zeugenaussage durch Beschaffung v. Aktenbestandteilen (Dahs NStZ 2011, 200), nach der Rspr. des BVerfG auch nicht zur Anwesenheit vor o. nach der Vernehmung berechtigt (BVerfGE 38, 105; Radtke/Hohmann/Otte § 48 Rn. 13; zw., **aM** Gillmeister NStZ 2018, 561 (564); Wessing/Ahlbrecht Zeugenbeistand Rn. 40 ff.; Löwe/Rosenberg/Ignor/Bertheau Rn. 22; Klengel/Müller NJW 2011, 24; auch OVG Berlin StraFo 2001, 375). Von dem Vernehmungstermin wird er nicht benachrichtigt, wie auch der Umkehrschluss aus § 397 Abs. 2 S. 3 ergibt. 5

Die Staatskasse zahlt dem Beistand **keine Gebühren** (OLG Düsseldorf Rpfleger 1993, 37; **aM** OLG Bremen StV 1983, 513) u. erstattet sie auch dem Zeugen nicht nach § 19 Abs. 1 S. 1 Nr. 3 iVm § 7 JVEG (BVerfGE 38, 105; OLG Düsseldorf JMBl. NRW. 1980, 35), es sei denn, die Heranziehung des Beistandes war nicht ausschl. im eigenen Interesse des Zeugen erfolgt (OLG Düsseldorf NStZ 1997, 501). Der Beistand hat aber nach VV Vorb. 4 Abs. 1 RVG gegen den Zeugen einen Gebührenanspruch wie der Verteidiger o. jeder andere anwaltliche Vertreter auch (OLG Köln StrFo 2008, 350; OLG Schleswig NStZ-RR 2007, 126; Burhoff StraFo 2004, 186; str.). Ob eine Kostenübernahme zulässig ist, wenn ein ausl. Zeuge sein Erscheinen zur kommissarischen Vernehmung in seinem Heimatland v. der Begleitung durch einen RA abhängig macht, erscheint zw. (Opitz StV 1984, 311 hält das für zulässig; BVerfGE 38, 105 sieht in der Zusage mit Recht keinen Verstoß gegen § 136a Abs. 1). Eine Beschwerde des Zeugen gegen die Versagung v. Prozesskostenhilfe ist entspr. §§ 404 Abs. 5 S. 3, 406 Abs. 3 S. 1 unzulässig (Lorenzen/Schiemann SchlHA 1997, 172 – OLG Schleswig RsprÜ). 6

IV. Ausschluss des Beistandes. Abs. 1 S. 3 bestimmt, wann ein **Beistand v. der Vernehmung ausgeschlossen** werden kann; Abs. 1 S. 4 bringt dafür – nicht abschl., aber die Regelfälle betr. – Beispiele. Bestimmte Tatsachen für die Gefahr einer nicht unwesentlichen Beeinträchtigung müssen vorliegen, vage Verdachtsmomente genügen nicht; im Gegensatz zu § 138a Abs. 1 ist aber kein dringender Verdacht erforderlich (AG Berlin-Tiergarten wistra 2011, 155; **aM** Matt/Dierlamm/Schmidt StV 2009, 717; Park FS Dencker, 2012, 239; dort jew. auch krit. zu 7 den einzelnen Ausschlussgründen). Die Entsch. liegt im pflichtgemäßen Ermessen des Richters, wobei eine Abwägung zwischen dem Anspruch des Zeugen auf seinen gewählten Beistand u. dem öffentl. Interesse an der Effizienz des Strafprozesses vorzunehmen ist (vgl. BVerfGE 38, 105 (118); eing. BVerfG StraFo 2010, 243; Klengel/Müller NJW 2011, 25). Für Abs. 1 S. 4 Nr. 1 kann ein strafbarer Versuch ausreichen (Klengel/Müller NJW 2011, 25). Ein Fall des Abs. 1 S. 4 Nr. 2 ist gegeben, wenn der Beistand – o. sein Sozius (so AG Rudolstadt StraFo 2012, 181 mablAnm Fromm) – auch einen im betr. Verf. Beschuldigten, uU auch dann, wenn er mehrere Zeugen vertritt (BR-Drs. 178/09, 25), ebenso uU bei der Mehrfachvertretung v. „Behördenzeugen" (LG Hanau StV 2016, 153). Abs. 1 S. 3, 4 geht als speziellere Regelung § 164 und § 177 GVG vor. Zu den formellen Voraussetzungen des Ausschlusses vgl. § 163 Abs. 3 (→ § 163 Rn. 46b, 51).

8 **B. Beigeordneter Zeugenbeistand (Abs. 2). I. Beiordnung eines Beistands.** Die Beiordnung eines Beistands für einen schutzbedürftigen Zeugen, der keinen anwaltlichen Beistand hat, auf das **Kostenrisiko des Staates** wird **in Ausnahmefällen** v. Abs. 2 erlaubt. Die Bestellung ist eine bes. Form der Indienstnahme Privater zu öffentlichen Zwecken (BVerfG NJW 2019, 3370).

9 Die Regelung ist nicht auf minderjährige Zeugen beschränkt, sondern umfasst v. Schutzzweck her auch die „ungeschickten, ängstlichen oder aus anderen Gründen in ihrer Aussagefähigkeit und -bereitschaft behinderten und gehemmten Zeugen" (BVerfGE 38, 105 (117)) sowie die – insbes. wegen zu befürchtender Repressalien – gefährdeten Zeugen. Anwendbar ist die Vorschr. bei richterlichen Vernehmungen in u. außerhalb einer HV, ebenso bei staatsanwaltschaftlichen (§ 161a Abs. 1 S. 2) u. polizeilichen (§ 163 Abs. 3 S. 1) Vernehmungen.

10 **II. Voraussetzung.** Voraussetzung für die Bestellung eines Zeugenbeistands ist, dass der **Zeuge** seine **Befugnisse bei der Vernehmung nicht selbst wahrnehmen kann,** etwa seine Rechte aus §§ 52 ff., 55, 68a, 69 Abs. 1, 238 Abs. 2, 241 Abs. 2, 242, aber auch etwa auf Entfernung des Angeklagten nach § 247 S. 1, 2, falls ein entspr. Antrag zurückgewiesen wird (vgl. Gillmeister NStZ 2018, 561 (563)), §§ 171b Abs. 1, Abs. 2, 172 Nr. 1a–4, 174 Abs. 1 S. 1 GVG. Dies wird regelmäßig bei kindlichen u. jugendlichen Opferzeugen o. dann nahe liegen, wenn sich der Zeuge einer tatsächlich u. rechtlich schwierigen Situation gegenübersieht u. daher die Gefahr besteht, dass er seine prozessualen Rechte bei der Vernehmung nicht sachgerecht ausüben kann. Im Einzelfall kann allerdings die Anwesenheit einer Vertrauensperson (§ 406f Abs. 2) Defizite des Zeugen ausgleichen. Die im G vorausgesetzte Beeinträchtigung des Zeugen muss ersichtlich, dh ohne weitere Beweiserhebung objektiv erkennbar sein. Im Gegensatz zur früheren Regelung (vor dem 2. OpferRRG) bedarf es der Zustimmung der StA nicht mehr; es wird auch nicht nach den den Gegenstand der Vernehmung betreffenden Straftatbeständen unterschieden.

11 Die **Bestellung eines Zeugenbeistands** ist in zweifacher Weise **subsidiär.** Sie ist ausgeschlossen, wenn der Zeuge bereits einen anwaltlichen Beistand hat, etwa nach §§ 397 Abs. 2 S. 2 iVm 378, 397a, 406f Abs. 1 oder § 406g; das Gleiche gilt für einen v. ihm zugezogenen Rechtsbeistand (→ Rn. 1 ff.). Ferner ist vor der Bestellung eines Beistands zu prüfen, ob ersichtlich ist, dass den schutzwürdigen Interessen des Zeugen auf andere Weise Rechnung getragen werden kann. Hier ist insbes. an Hinweise o. Belehrungen durch den Vernehmenden u. an Maßnahmen nach §§ 168c Abs. 3, Abs. 5, 168e, 224 Abs. 1 S. 2, 247, 247a sowie nach §§ 171b ff. GVG zu denken. Nicht zu prüfen ist, ob dem Zeugen aufgrund seiner finanziellen Situation (ersichtlich) zumutbar ist, selbst einen Beistand zu bestellen (Löwe/Rosenberg/Ignor/Bertheau Rn. 11; **aM** *Seitz* JR 1998, 310). Dies verbietet nicht nur das Interesse an Verfahrensbeschleunigung, sondern auch die Schutzrichtung der Bestimmung, insbes. im Hinblick auf kindliche Opferzeugen sowie eingeschüchterte u. gefährdete Zeugen, ferner das gem. § 244 Abs. 2 vAw zu beachtende Interesse, den Aufklärungsbeitrag gerade der zul. genannten Auskunftspersonen zu fördern (BT-Drs. 13/7165, 8). Schließlich würde die Prüfung der

(ersichtlichen) finanziellen Leistungsfähigkeit der abgestuften Regelung in §§ 397a, 406g und § 68b widersprechen.

III. Nach pflichtgemäßem Ermessen. Nach pflichtgemäßem Ermessen kann dem Zeugen bei Vorliegen der genannten Voraussetzungen ein RA beigeordnet werden. Ein Antrag des Zeugen ist insoweit nicht erforderlich; stellt er jedoch auch auf Nachfrage (prozessuale Fürsorgepflicht) keinen Antrag, wird ihm ein Beistand nur zu bestellen sein, wenn ihn das bei ihm vorliegende Defizit (→ Rn. 9) schon an einer Antragstellung hindert (Seitz JR 1998, 311; krit. Weigend Gutachten 62. DJT, 1998, C 125 Fn. 423). Die **Beiordnung beschränkt sich auf die Dauer der Vernehmung,** dh auf alle Vorgänge, die mit ihr in enger Verbindung stehen o. sich aus ihr entwickeln (Griesbaum NStZ 1998, 439). Sie umfasst ein vorheriges Beratungsgespräch mit dem Zeugen (LG Dortmund NStZ 2007, 240; Gillmeister NStZ 2018, 561 (562)) u. endet grds. mit seiner Entlassung; sie erstreckt sich also nicht auf die Einlegung einer Beschwerde gegen die Anordnung der Beugehaft (KG NStZ-RR 2009, 327). Bei einer wiederholten, nicht nur unterbrochenen Vernehmung bedarf es einer erneuten Entscheidung. Eine Beiordnung nur unter der Bedingung, dass der Zeuge sein Recht auf Auskunftsverweigerung nicht wahrnimmt, ist rechtsfehlerhaft (BGH NStZ-RR 2016, 174). 12

IV. Zuständig. Zuständig für die Beiordnung ist das mit der Vernehmung befasste Gericht, bei staatsanwaltschaftlicher o. polizeilicher Vernehmung die StA (§§ 161a Abs. 1 S. 2, 163 Abs. 3 S. 2). Für die Auswahl gilt § 142 Abs. 5 S. 1 und 3 entspr. (Abs. 2 S. 2; → § 142 Rn. 37 ff.). Eine rückwirkende Bestellung (nach Durchführung der Vernehmung) ist ausgeschlossen (KG NStZ-RR 2008, 248). 13

C. Unanfechtbarkeit. Unanfechtbar ist die gerichtliche Entscheidung über den Ausschluss eines gewählten Beistands nach Abs. 1 S. 3 (krit. Matt/Dierlamm/Schmidt StV 2009, 718; Park FS Dencker, 2012, 244), ebenfalls sind alle gerichtlichen Entscheidungen im Zusammenhang mit der Beiordnung nach Abs. 2 S. 1 (also Anordnung u. Ablehnung) unanfechtbar (so schon früher die hM, vgl. KG NStZ-RR 2008, 48; OLG Bremen NStZ 2008, 648; OLG Celle NStZ-RR 2000, 336; OLG Hamm NStZ 2000, 220; OLG Hamburg NStZ-RR 2000, 335). Die Entsch. ist daher – soweit Revisibilität nach § 336 S. 1 überhaupt in Betracht kommt – gem. § 336 S. 2 insges. **revisionsgerichtlicher Kontrolle entzogen** (erg. → § 336 Rn. 3; Löwe/Rosenberg/Franke § 336 Rn. 6, 7 zu – hier möglichen – Entscheidungen vor Erlass des Eröffnungsbeschlusses). 14

Hat **die StA o. die Polizei** die Entscheidungen getroffen, so kann der Zeuge dagegen gem. § 161a Abs. 1 S. 2, Abs. 3 S. 1, 2 (iVm § 163 Abs. 3 S. 3) Antrag auf gerichtliche Entsch. stellen, über die das nach § 162 zuständige Gericht entscheidet. Dessen Entsch. ist wiederum unanfechtbar. 15

Nach Abs. 3 S. 2 sind die Entscheidungen nach Abs. 1 S. 3 und Abs. 2 S. 1 **aktenkundig** zu machen, wobei nicht nur die Entsch. als solche, sondern auch ihre Gründe festzuhalten sind (Abs. 3 S. 2); nur wenn dies den Untersuchungszweck gefährden könnte, was insbes. bei den Ausschlussgründen nach Abs. 1 S. 4 Nr. 1 und 3 der Fall sein kann, ist davon abzusehen. 16

Vernehmung zur Sache

69 (1) [1] **Der Zeuge ist zu veranlassen, das, was ihm von dem Gegenstand seiner Vernehmung bekannt ist, im Zusammenhang anzugeben.** [2] **Vor seiner Vernehmung ist dem Zeugen der Gegenstand der Untersuchung und die Person des Beschuldigten, sofern ein solcher vorhanden ist, zu bezeichnen.**

(2) [1] **Zur Aufklärung und zur Vervollständigung der Aussage sowie zur Erforschung des Grundes, auf dem das Wissen des Zeugen beruht, sind nötigenfalls weitere Fragen zu stellen.** [2] **Zeugen, die durch die Straftat**

verletzt sind, ist insbesondere Gelegenheit zu geben, sich zu den Auswirkungen, die die Tat auf sie hatte, zu äußern.

(3) **Die Vorschrift des § 136a gilt für die Vernehmung des Zeugen entsprechend.**

1 **A. Richterliche Vernehmungen.** Für **alle richterlichen Vernehmungen v. Zeugen in u. außerhalb der HV,** auch durch den beauftragten u. ersuchten Richter (BGH NJW 1953, 231; RGSt 74, 35), gilt § 69, nicht aber für konsularische u. ausl. Vernehmungen (Dallinger MDR 1971, 897 – BGH RsprÜ; Holtz 1981, 632 – BGH RsprÜ). Die entspr. Anwendung der Vorschr. auf Vernehmungen durch die StA bestimmt § 161a Abs. 1 S. 2. Ihre Grundregeln sind gem. § 163 Abs. 3 S. 1 auch bei polizeilichen Vernehmungen zu beachten; denn sie bezeichnen die zweckmäßigste Art der Vernehmung v. Zeugen (Schünemann FS Meyer-Goßner, 2001, 389).

2 **B. Unterrichtung über den Untersuchungsgegenstand.** Mit der Unterrichtung über den Untersuchungsgegenstand u. die Person des Beschuldigten (Abs. 1 S. 2) beginnt die Vernehmung. Sie kann entfallen, wenn der Zeuge bereits im Bilde ist (Löwe/Rosenberg/Ignor/Bertheau Rn. 3).

3 **C. Vernehmung zur Sache.** Die Vernehmung zur Sache besteht aus der **Entgegennahme v. Erklärungen des Zeugen,** u. zwar zunächst in Berichtsform, danach auf weitere Befragung. Diese Teilung in Bericht u. Verhör ist zwingend (BGHSt 3, 281).

4 **I. Mündlichkeit. Mündlich** ist der Zeuge zu vernehmen (Ausnahme: § 186 GVG; → GVG § 186 Rn. 1). Unzulässig ist die bloße Entgegennahme o. Verlesung schriftlicher Erklärungen (RGSt 37, 330), die mündliche Bezugnahme auf eigene oder v. anderen hergestellte schriftliche Äußerungen (RGSt 65, 273) o. die Bestätigung der Richtigkeit eines Polizeiberichts (OLG Hamburg HESt 1, 57). Bei **wiederholter Vernehmung** darf dem Zeugen nicht lediglich die Niederschrift über die frühere Aussage vorgelesen u. seine Erkl. entgegengenommen werden, dass sie richtig ist (BGH NJW 1953, 35; NStZ-RR 2022, 379; RGSt 74, 35; erg. → Rn. 11). Die Einholung schriftlicher Erklärungen des Zeugen zu Beweisfragen ist aber im Vorverfahren u. im Freibeweis (→ § 244 Rn. 7, 9) nicht ausgeschlossen (vgl. Nr. 67 RiStBV).

5 **II. Bericht (Abs. 1 S. 1). Zum Bericht (Abs. 1 S. 1) ist der Zeuge zu veranlassen,** auch bei wiederholter Vernehmung (RGSt 62, 147). Er hat einen Anspruch darauf, seine Aussage unbeeinflusst v. Fragen u. Vorhalten im Zusammenhang zu machen (BVerfGE 38, 105 (117); RGSt 74, 35). Es muss auch erkennbar sein, was er aus lebendiger Erinnerung weiß u. was er erst nach Nachhilfe durch das Gericht bekundet (BGHSt 3, 281 (284)). Wenn ihm eine zusammenhängende Aussage wegen Befangenheit, mangelnder Intelligenz o. Altersschwäche unmöglich ist, genügt aber der Versuch, den Zeugen zu einem solchen Bericht zu veranlassen (Dallinger MDR 1966, 25 – BGH RsprÜ). Auch sonst darf der Zeuge durch Vorhalte u. lenkende Hinweise in seinem Bericht unterbrochen werden (Dallinger MDR 1966, 25 – BGH RsprÜ). Weitschweifigkeiten, Nebensächlichkeiten u. offenbare Unwahrheiten muss der Richter nicht ohne Widerspruch hinnehmen (SK-StPO/Rogall Rn. 17; zw. Löwe/Rosenberg/Ignor/Bertheau Rn. 7). In Punktesachen kann der Zeuge abschnittsweise vernommen werden (Dallinger MDR 1966, 25 – BGH RsprÜ).

6 **III. Verhör (Abs. 2).** Durch das Verhör (Abs. 2) wird der **Bericht vervollständigt u. überprüft.** Durch Fragen werden Unklarheiten u. Widersprüche behoben, Lücken in der Aussage geschlossen u. geklärt, was der Zeuge aufgrund eigener Wahrnehmung weiß, was ihm andere erzählt haben u. was nur Schlussfolgerungen sind (vgl. dazu Kassebohm NJW 2009, 200). Die Aussageperson ist iÜ auch ungefragt verpflichtet, v. sich aus alles anzugeben, was sie als für die Entsch. erhebliche Tatsache erkennt (vgl. BGH StraFo 2021, 158). S. 2 schreibt vor, dass

ein durch die Straftat verletzter Zeuge (zum Begriff des Verletzten und seiner Reichweite → § 373b Rn. 2 ff., Rn. 8 ff.) sich zu den Auswirkungen der Tat auf ihn äußern soll (was im Hinblick auf § 244 Abs. 2 und § 46 Abs. 2 StGB an sich eine Selbstverständlichkeit ist).

Für die Prüfung der Glaubwürdigkeit u. die Auffrischung des Gedächtnisses des Zeugen sind **Vorhalte** v. wesentlicher Bedeutung. Vorgehalten werden können Beweisgegenstände, frühere eigene Aussagen u. Angaben anderer Auskunftspersonen, sonstige Beweisergebnisse, eigenes Wissen des Vernehmenden u. offenkundige Tatsachen. Wegen der Vorhalte aus Urkunden vgl. → § 249 Rn. 28. Ergänzend → § 253 Rn. 10. 7

IV. Vernehmungshilfen. Ihre Verwendung ist **zulässig, uU sogar geboten.** Der Zeuge ist berechtigt u. verpflichtet, sich bei der Vernehmung schriftlicher Unterlagen zu bedienen, um seine Erinnerung aufzufrischen (BGHSt 1, 5 (8)), soweit ihm dies zumutbar ist (eingehend dazu Krehl NStZ 1991, 417). Zeugen, die über in amtl. Eigenschaft gemachte Wahrnehmungen aussagen sollen, insbes. Richter, Staatsanwälte, Polizeibeamte, haben darüber hinaus eine Vorbereitungspflicht. Erinnern sie sich nicht an die Einzelheiten des Falles, so müssen sie die ihnen bei ihrer Behörde zugänglichen Akten einsehen, um sich die Einzelheiten ins Gedächtnis zurückzurufen (BGHSt 1, 5 (8); AG Frankfurt a. M. StV 2014, 728; Kube/Leineweber Polizeibeamte S. 27; **aM** Krehl NStZ 1991, 417). Das Gericht muss den Zeugen bei dem Bemühen um wahrheitsgemäße Aussagen unterstützen (RGSt 35, 5 (7)). Unterlagen in den Akten, auch Prot. über frühere Vernehmungen, müssen ihm vorgehalten (Geerds FS Blau, 1985, 77 ff.), vorgelesen o. zur Einsicht vorgelegt werden (BGHSt 1, 5 (8)). Werden Vernehmungsbeamte als Zeugen vernommen, so dürfen sie auch Einsicht in die v. ihnen aufgenommenen Prot. (BGHSt 14, 339 (340); BGH NStZ 2012, 521) u. die eigenen dienstlichen Erklärungen nehmen (einschr. Schünemann DRiZ 1979, 106: nur Vorhalte). 8

Die Verwendung v. **Lichtbildern, Skizzen und Zeichnungen** als Vernehmungshilfen ist zulässig (BGHSt 18, 51 (53)), u. zwar sowohl im Wege des Vorhalts als auch durch Besichtigung. Die Augenscheinsgegenstände werden dabei nicht als Beweismittel benutzt (→ § 86 Rn. 7). Tonbänder dürfen abgespielt werden (BGHSt 14, 339). 9

V. Unzulässige Vernehmungsmethoden (Abs. 3). Unzulässige Vernehmungsmethoden (Abs. 3) sind verboten. Einzelheiten regelt § 136a. 10

D. Protokoll. In das **nach § 168a Abs. 1 herzustellende Prot.** muss zunächst die eigene zusammenhängende Darst. des Zeugen aufgenommen werden. Mindestens muss vermerkt werden, dass ihm zu einer solchen Darst. Gelegenheit gegeben worden ist. Sagt der Zeuge das Gleiche aus wie bei einer früheren Vernehmung, so dürfen ihm alsdann die früheren Prot. vorgelesen u. in der Niederschrift darf auf sie Bezug genommen werden (BGH NJW 1953, 35; RGSt 74, 35). 11

E. Revision. Eine **unzweckmäßige Gestaltung der Vernehmung** kann nicht gerügt werden (Dallinger MDR 1966, 25 – BGH RsprÜ; Bär DAR 1989, 368 – BayObLG RsprÜ). 12

Abs. 1 S. 1 ist zwingendes, unverzichtbares Recht (SK-StPO/Rogall Rn. 43); seine Verletzung kann die Revision begründen (BGH NJW 1953, 231; StV 1981, 269). Ist sie im Vorverfahren eingetreten u. die Niederschrift nach § 251 verlesen worden, so kommt es nur darauf an, ob das Urt. auf dem Fehler beruht (BGH NJW 1953, 231; StV 1981, 269). Bei einem Verstoß gegen Abs. 1 S. 1 in der HV ist die Revision aber nur begründet, wenn zugleich gegen § 244 Abs. 2 verstoßen worden ist (Dallinger MDR 1951, 658 – BGH RsprÜ; OLG Düsseldorf NStZ 1997, 122; Löwe/Rosenberg/Ignor/Bertheau Rn. 16; **aM** AK-StPO/Lemke Rn. 9; KK-StPO/Slawik Rn. 8; dahingest. v. BGH NStZ-RR 2022, 379). 13

Abs. 1 S. 2 ist eine **nicht revisible Ordnungsvorschrift** (BGH BeckRS 1978, 31113425; KK-StPO/Slawik Rn. 9; **aM** Löwe/Rosenberg/Ignor/Bertheau Rn. 17; SK-StPO/Rogall Rn. 44; Roxin/Schünemann StrafVerfR § 26 Rn. 61). 14

15 Das **Unterlassen der Befragung** nach Abs. 2 kann die Revision schon deshalb nicht begründen, weil es idR nicht nachweisbar ist.

16 Wegen Abs. 3 vgl. die Erläuterungen zu § 136a.

Folgen unberechtigter Zeugnis- oder Eidesverweigerung

70 (1) [1]**Wird das Zeugnis oder die Eidesleistung ohne gesetzlichen Grund verweigert, so werden dem Zeugen die durch die Weigerung verursachten Kosten auferlegt.** [2]**Zugleich wird gegen ihn ein Ordnungsgeld und für den Fall, daß dieses nicht beigetrieben werden kann, Ordnungshaft festgesetzt.**

(2) **Auch kann zur Erzwingung des Zeugnisses die Haft angeordnet werden, jedoch nicht über die Zeit der Beendigung des Verfahrens in dem Rechtszug, auch nicht über die Zeit von sechs Monaten hinaus.**

(3) **Die Befugnis zu diesen Maßregeln steht auch dem Richter im Vorverfahren sowie dem beauftragten und ersuchten Richter zu.**

(4) **Sind die Maßregeln erschöpft, so können sie in demselben oder in einem anderen Verfahren, das dieselbe Tat zum Gegenstand hat, nicht wiederholt werden.**

Übersicht

1 **A. Allgemeines.** Für **alle richterlichen Vernehmungen,** auch im Vorverfahren, gilt die Vorschrift. Bei Vernehmungen der StA ist sie nur teilw. anwendbar (§ 161a Abs. 2). Sie ergänzt § 51. Jedoch hängt ihre Anwendung nicht davon ab, dass zuvor Maßregeln nach § 51 getroffen worden sind. Auch eine Anrechnung der Ordnungsmittel nach dieser Vorschr. auf das Ordnungsgeld nach § 70 findet nicht statt. Die Vorschr. gilt auch ggü. ausl. Zeugen (Staudinger StraFo 2012, 12 gegen OLG Stuttgart StraFo 2012, 12; erg. → § 51 Rn. 31). Sie betr. nicht die Angaben zur Person nach § 68 Abs. 1 S. 1 (KG JR 1977, 295; OLG Hamburg NStZ 2002, 386; **aM** OLG Düsseldorf OLGSt Nr. 1); insoweit gilt § 111 OWiG (Göhler/Bauer OWiG § 59 Rn. 10). Zur Berücksichtigung der Weigerung des Zeugen bei der Beweiswürdigung vgl. → § 261 Rn. 19.

1a Ein **Untersuchungsausschuss** kann die Verweigerungsfolgen der Abs. 1 und 2 gegen einen Zeugen, der es ablehnt, vor ihm den Eid abzulegen, nicht verhängen, da dies keine strafrechtlichen Konsequenzen hat (→ § 59 Rn. 1a; Peters NStZ 2021, 565; **aM** aber wohl VerfGH Sachsen NStZ 2021, 564).

2 **B. Voraussetzungen der Maßnahmen. I. Schuldfähigkeit des Zeugen.** Gegen **Kinder** dürfen Ordnungsmittel nach Abs. 1 S. 1 und Beugehaft nach Abs. 2 nicht angeordnet werden (vgl. → § 51 Rn. 15).

Grundlose Aussageverweigerung des Kindes darf auch nicht zum Anlass v. Maßnahmen gegen die Eltern genommen werden (Löwe/Rosenberg/Ignor/Bertheau Rn. 8). 3

Ein **Rechtsirrtum des Zeugen** berührt nicht die Schuld (Löwe/Rosenberg/Ignor/Bertheau Rn. 8; **aM** wohl BGHSt 28, 240 (259)), sondern ist nach den Grundsätzen des Verbotsirrtums (§ 17 StGB) zu behandeln; nach dem gerichtlichen Hinweis auf die Grundlosigkeit der Weigerung (→ Rn. 17) ist er vermeidbar (Löwe/Rosenberg/Ignor/Bertheau Rn. 8). 4

II. Zeugnisverweigerung ohne gesetzlichen Grund. § 70 dient nicht der Erzwingung wahrheitsgemäßer Aussagen, sondern der Erfüllung der Zeugnis- u. Eidespflicht als solcher (BGHR StPO § 70 Zeugnispflicht 1). Die Aussage ist aber auch verweigert, wenn der **Zeuge nur einzelne Fragen nicht beantwortet** (BGHSt 9, 362; BGH NStZ 2012, 523; OLG Celle NJW 1958, 72) u. wenn er fehlende Erinnerung vortäuscht (BGHSt 9, 362 (364); Löwe/Rosenberg/Ignor/Bertheau Rn. 3, 5; **aM** Welp, Zwangsbefugnisse für die Staatsanwaltschaft, 1976, S. 32), nicht aber, wenn seine Aussage offenbar unwahr o. lückenhaft ist (BGHSt 9, 362 (364); RGSt 73, 31; OLG Koblenz VRS 49, 188; Peters StrafProzR Rn. 348). 5

Ohne gesetzlichen Grund verweigert der Zeuge die Aussage, wenn ihm kein Weigerungsrecht nach §§ 52 ff. zusteht. Morddrohungen ua Gefahren für Leib u. Leben des Zeugen o. anderer Personen (Geiseln) können ein Weigerungsrecht nach § 34 StGB begründen (Löwe/Rosenberg/Ignor/Bertheau Rn. 7; vgl. BGH NStZ 1984, 31). Auch ein Verstoß gegen § 169 S. 2 GVG und durch § 168a Abs. 2 S. 1 nicht gedeckte Tonbandaufnahmen v. der Aussage berechtigen den Zeugen zum Schweigen (SK-StPO/Rogall Rn. 13). BVerfGE 64, 108 sieht auch im Bestehen eines nach § 53 Nr. 5 nicht berechtigten, sich aber aus Art. 5 Abs. 1 GG ergebenden Zeugnisverweigerungsrechts einen ges. Grund (erg. → § 53 Rn. 27). 6

III. Verweigerung der Eidesleistung nach § 65. Verweigerung der Eidesleistung o. der Bekräftigung nach § 65 ohne ges. Grund liegt vor, wenn die Vereidigung weder verboten ist (§ 60) noch ein Weigerungsrecht (§ 61) besteht. Auch die Weigerung, die Eidesleistung bei einer erneuten Aussage zu wiederholen o. die Vers. nach § 67 abzugeben, geschieht dann ohne ges. Grund. 7

C. Auferlegung der Kosten (Abs. 1 S. 1). Die Auferlegung der Kosten (Abs. 1 S. 1) ist für jeden einzelnen Fall **zwingend vorgeschrieben;** dem Gericht steht insoweit kein Ermessen zu. Das Wiederholungsverbot (Abs. 4) bezieht sich nicht auf die Kosten (KK-StPO/Slawik Rn. 12; Löwe/Rosenberg/Ignor/Bertheau Rn. 9). Für die Entsch. nach § 467 Abs. 1 hat § 70 keine Bedeutung (→ § 467 Rn. 2). Sind die Kosten dem Zeugen nicht auferlegt worden, so werden sie nach § 21 GKG auch v. dem Angeklagten nicht erhoben. 8

D. Zulässige Maßnahmen. I. Ordnungsgeld (Abs. 1 S. 2). Ordnungsgeld (Abs. 1 S. 2) v. 5–1.000 EUR (Art. 6 Abs. 1 EGStGB) muss der **Richter** festsetzen, wenn die Voraussetzungen des Abs. 1 vorliegen (LG Mainz NJW 1988, 1744). Die nachträgliche Erfüllung der Zeugenpflichten ist ohne Bedeutung u. führt nicht zur Aufhebung. 9

Für die **Bemessung** sind die Bedeutung der Straftat, der Grund des Ungehorsams u. die wirtschaftlichen Verhältnisse des Zeugen maßgebend (LG Hamburg NStZ 2008, 588 (589); LG Mainz NJW 1988, 1744). Zahlungserleichterungen lässt Art. 7 EGStGB zu. 10

II. Ordnungshaft (Abs. 1 S. 2). Ordnungshaft (Abs. 1 S. 2) v. 1–42 Tagen (Art. 6 Abs. 2 S. 1 EGStGB) darf nur für den Fall verhängt werden, dass das Ordnungsgeld nicht beigetrieben werden kann. Es muss aber sofort ersatzweise festgesetzt werden, auch wenn zugleich Beugehaft nach Abs. 2 angeordnet wird (Löwe/Rosenberg/Ignor/Bertheau Rn. 13). Wegen der nachträglichen Festsetzung vgl. Art. 8 Abs. 1 EGStGB. 11

III. Beugehaft (Abs. 2). Beugehaft (Abs. 2) darf entgegen dem Gesetzeswortlaut **auch bei Eidesverweigerung** angeordnet werden (Eisenberg Beweisrecht 12

StPO Rn. 1182), immer aber nur – wie sich aus Abs. 1 S. 2 ergibt (→ Rn. 10) – gleichzeitig mit o. nach der Festsetzung v. Ordnungsgeld (BVerfG NJW 1988, 897 (900); Nehm FS Odersky, 1996, 443; **aM** AG Bonn JR 1994, 171; einschr. OLG Koblenz StV 1996, 474: sofortige Beugehaft, falls Ordnungsgeld ersichtlich wirkungslos wäre); dessen Vollstreckung braucht aber nicht abgewartet zu werden (vgl. BVerfG NJW 1988, 897 (900)).

13 Die Anordnung der Beugehaft, die auch gegen den als Zeugen benannten Verteidiger zulässig ist (OLG Bamberg StV 1984, 499), steht im **Ermessen des Gerichts** (BGH NJW 1966, 211), das die Aufklärungspflicht nach § 244 Abs. 2 (vgl. BGH NStZ-RR 2024, 352) u. den Verhältnismäßigkeitsgrundsatz zu beachten hat (BGHSt 51, 140 (143); NStZ-RR 2024, 352). Sie muss nach den Umständen des Falles unerlässlich sein (BGH NStZ 2010, 44) u. darf zur Bedeutung der Strafsache u. der Aussage o. ihrer Beeidigung nicht außer Verhältnis stehen (BGH StraFo 2012, 58); sie bedarf sorgfältiger Begründung (BVerfG NJW 2000, 3775; 2007, 1865 (1868)). Von einer Prognose, ob der Zeuge durch die Haft überhaupt „gebeugt" werden kann, darf die Anordnung nicht abhängig gemacht werden (Nehm FS Odersky, 1996, 446 ff.), jedoch ist zu berücksichtigen, ob sie für den Zeugen aufgrund einer Erkrankung unzumutbar ist (BGH StraFo 2012, 58). Nach Ansicht des BVerfG muss auch die Bedeutung der Pressefreiheit berücksichtigt werden (BVerfGE 15, 223).

14 Die **Dauer** der Beugehaft ist auf 6 Monate begrenzt; ihre Bemessung steht im richterlichen Ermessen, wobei die Bedeutung der Aussage für den Ausgang des Verfahrens zu berücksichtigen ist (BVerfG NJW 2006, 40 (41); BGH NStZ-RR 2005, 316). Der Angeklagte hat keinen Anspruch auf Ausschöpfung bis zur höchstzulässigen Dauer (Martin DAR 1970, 124 – BGH RsprÜ). Es empfiehlt sich, bei der Anordnung mit dem Wortlaut v. Abs. 2 die Höchstdauer festzusetzen (KK-StPO/Slawik Rn. 7; **aM** SK-StPO/Rogall Rn. 27; Nehm FS Odersky, 1996, 444). Die Beugehaft ist erst mit Ablauf der 6-monatigen Höchstdauer erschöpft (OLG Nürnberg NStZ 2013, 614).

15 **Aufzuheben** ist die Haft, wenn sich die Weigerung nachträglich als berechtigt erweist, ein Weigerungsrecht nachträglich entsteht (Verlöbnis, Heirat), der Zeuge nachträglich seiner Aussage- o. Eidespflicht nachkommt (wobei idR bereits die ernstliche Erklärung, nunmehr aussagen zu wollen, zur Beendigung der Beugehaft führen muss, vgl. Sommermeyer NStZ 1992, 222; zw. Nehm FS Odersky, 1996, 445; **aM** SK-StPO/Rogall Rn. 29), das Zeugnis für die Sachentscheidung nicht mehr erforderlich ist (Auffinden anderer Beweismittel), die Vereidigung des Zeugen nachträglich unzulässig wird (zB nach § 60 Nr. 2), die Dauer der Beugehaft unverhältnismäßig wird o. ihre Höchstdauer erschöpft ist o. wenn das Verf. in dem Rechtszug auf irgendeine Weise (vgl. KK-StPO/Slawik Rn. 9) beendet ist.

15a **Abgeordnete und Exterritoriale:** Ordnungshaft u. Beugehaft dürfen gegen Abg. festgesetzt, aber ohne Genehmigung des Parlaments nicht vollstreckt werden (vgl. Anl. 5 Abschn. A Nr. 14 Buchst. c, d GO-BT). Gegen v. der deutschen Gerichtsbarkeit befreite Zeugen ist § 70 nicht anwendbar (→ GVG § 18 Rn. 3). Vgl. auch → § 51 Rn. 31.

16 **IV. Wiederholung der Maßregeln (Abs. 4).** Die Wiederholung der Maßregeln (Abs. 4) ist **unzulässig, wenn sie erschöpft** sind. Ordnungsgeld darf immer nur einmal festgesetzt werden, auch wenn die 1. Anordnung v. der StA stammt, auch wenn der zulässige Höchstbetrag unterschritten war (OLG Köln NStZ-RR 2007, 242 mwN). Beugehaft darf dagegen mehrmals, insges. aber nicht für länger als 6 Monate angeordnet werden (OLG Nürnberg NStZ 2013, 614; OLG Köln NStZ-RR 2007, 242). Das Wiederholungsverbot bezieht sich auf dasselbe u. jedes andere Verfahren, das dieselbe Tat iSd § 264 zum Gegenstand hat, gleichgültig, gegen wen es sich richtet (OLG Nürnberg NStZ 2013, 614).

17 **E. Anordnungsverfahren.** Die Entsch. ergeht erst, nachdem der Zeuge auf die Grundlosigkeit der Weigerung u. deren Folgen hingewiesen worden ist (BGHSt 28, 240 (259); OLG Düsseldorf NStZ-RR 1996, 169). Das Gericht (→ § 51

Rn. 22) trifft sie durch Beschl., in der HV auf Antrag o. nach Anhörung der StA u. der sonstigen Bet. (§ 33 Abs. 1), im Fall des Abs. 3 bei Abwesenheit der StA ohne deren Anhörung (vgl. → § 51 Rn. 24). Der ersuchte Richter ist ohne bes. Weisung des ersuchenden Gerichts zur Anordnung nicht verpflichtet (Löwe/Rosenberg/Ignor/Bertheau Rn. 25). Entscheidet er selbst, so ist das nur vorl. (OLG Karlsruhe Justiz 1979, 68); er muss das ersuchende Gericht benachrichtigen, u. das entscheidet endgültig. Bei Vernehmungen nach §§ 162, 169 wird er Beugehaft nur im Einvernehmen mit der StA anordnen (KK-StPO/Slawik Rn. 10). Nach Abschluss der HV sind Anordnungen nach Abs. 1 oder Abs. 2 nicht mehr zulässig (OLG Bamberg StV 1984, 499 (500)).

Die **Abänderung** des Beschl. kommt weder bei nachträglicher Erfüllung der Zeugenpflicht noch bei nachträglicher Entschuldigung in Betracht (Nehm FS Odersky, 1996, 443; vgl. aber Dahs NStZ 1983, 184: Einstellung entspr. § 153 oder § 47 Abs. 2 OWiG). Nur wenn sich herausstellt, dass die Weigerung berechtigt war, hebt das Gericht den Beschl. vAw auf (Kurth NStZ 1983, 328). **18**

F. Vollstreckung. Die Vollstreckung der Ordnungsmittel obliegt nach § 36 Abs. 2 S. 1 der StA (Wendisch JR 1978, 447). Nach § 31 Abs. 3 **RPflG** ist der Rechtspfleger zuständig. Bei unbilliger Härte kann die Vollstreckung der Ersatzordnungshaft unterbleiben (Art. 8 Abs. 2 **EGStGB**). Die Vollstreckung der Beugehaft ist Sache des Gerichts (→ § 36 Rn. 14). Ersatzhaft ist vor der Beugehaft (dazu BVerfG NJW 2000, 273) zu vollstrecken. Wegen der Einzelheiten vgl. § 88 StrVollstrO, wegen des Vollzugs §§ 171 ff. StVollzG. Die Kosten der Vollstreckung treffen den Zeugen. **19**

G. Beschwerde. Beschwerde nach § 304 Abs. 1, Abs. 2 können die StA u. der betroffene Zeuge einlegen, der Hauptberufsträger im Fall des § 53a (→ § 53a Rn. 7), der Angeklagte nur, wenn dem Zeugen die Kosten nicht auferlegt worden sind (erg. → § 51 Rn. 28). Über Beschwerden gegen Beschlüsse des ersuchten Richters entscheidet das ersuchende Gericht, gleichgültig, ob er auf Weisung dieses Gerichts o. aus eigenem Ermessen gehandelt hat (OLG Karlsruhe Justiz 1979, 68). Anordnungen der OLGe u. der ER des BGH u. des OLG sind nur beschränkt anfechtbar (→ § 304 Rn. 13, 19), so im Falle der Erzwingungshaft, nicht aber bei der Verhängung v. Ersatzordnungshaft (BGH BeckRS 2016, 19591). Für Beschwerden gegen Beschlüsse des erkennenden Gerichts gelten dieselben Einschränkungen wie bei Haftbeschwerden (vgl. → § 114 Rn. 21; BGHSt 51, 140 (144); KG StraFo 2023, 184; OLG Koblenz JBlRP 2008, 295 (296)). Weitere Beschwerde (→ § 310 Rn. 5) ist bei Anordnung v. Beugehaft zulässig (KG StraFo 2008, 199 mwN; OLG Frankfurt a. M. NStZ-RR 2000, 26; OLG Hamburg NStZ 2010, 716). **20**

H. Revision. Der Angeklagte wird v. der Verhängung v. Ordnungsmitteln u. Beugehaft nicht betroffen u. kann daher weder deren Anordnung noch ihr Unterlassen mit der Revision rügen (BGH NJW 1966, 211; Martin DAR 1970, 124 – BGH RsprÜ). Nur mit der Aufklärungsrüge kann geltend gemacht werden, dass das Gericht die Möglichkeiten des § 70 nicht ausgeschöpft hat (BGH NStZ 1999, 46 (47); 2012, 523). Sind gegen den Zeugen Maßnahmen nach § 70 angewendet worden, obwohl die Weigerung berechtigt war, u. sagt er darauf aus, kann die Revision auf Verletzung der §§ 69 Abs. 3, 136a gestützt werden (OLG Koblenz OLGSt StPO § 70 S. 2), v. der StA auch, wenn die Aussage für den Angeklagten günstig war. **21**

Zeugenentschädigung

71 Der Zeuge wird nach dem Justizvergütungs- und -entschädigungsgesetz entschädigt.

A. Aus der Staatskasse. Vom Gericht oder der StA geladene Zeugen werden nach dem JVEG aus der Staatskasse entschädigt. Bei polizeilicher Vernehmung wird **1**

die Entschädigung regelmäßig aufgrund landesrechtlicher Bestimmungen ebenfalls nach dem JVEG erfolgen (vgl. § 11 Abs. 5 MEPolG). Für Vernehmungen durch die Finanzbehörde gilt § 405 AO. Vgl. auch § 220.

2 **B. Nach JVEG.** Entschädigung wird nach dem JVEG gewährt als Fahrtkostenersatz (§ 5), für Aufwand (§ 6: Tage- u. Übernachtungsgeld), für sonstige Aufwendungen (§ 7: zB notwendige Vertretungen u. notwendige Begleitpersonen, Ablichtungen u. Überlassung elektronisch gespeicherter Dateien), für Zeitversäumnis (§ 20), für Nachteile bei der Haushaltsführung (§ 21) sowie für Verdienstausfall (§ 22). Einzelheiten sind den Erläuterungen bei Toussaint/Weber JVEG § 1 Rn. 1 ff. zu entnehmen.

3 **C. Vorschuss.** Vorschuss wird geladenen Zeugen auf – binnen 3 Monaten zu stellenden (§ 2 Abs. 1 S. 1 JVEG – Antrag nach § 3 JVEG gewährt, wenn sie mittellos sind o. ihnen die Verauslagung aus eigenen Mitteln nicht zugemutet werden kann. Bei richterlicher Ladung ist auch die Sorge für das Erscheinen richterliche Aufgabe, also auch die Gewährung des Vorschusses (vgl. → Vor § 212 Rn. 4). Die Anfechtung richtet sich nach § 4 JVEG; erg. → EGGVG § 23 Rn. 12.

Siebter Abschnitt. Sachverständige und Augenschein

Nr. 69–72 RiStBV

Vorbemerkung zu § 72

1 **A. Sachverständige.** Der Sachverständige ist neben dem Zeugen das zweite persönliche Beweismittel der StPO (→ Einl. Rn. 49). Er wird v. Gericht bestellt o. auf Antrag eines Prozessbevollmächtigten vernommen, um über Tatsachen o. Erfahrungssätze Auskunft zu geben o. einen bestimmten Sachverhalt zu beurteilen. **Begrifflich** gehört zum Sachverständigen, dass er auf einem bestimmten Wissensgebiet eine, dem Richter idR fehlende, Sachkunde hat, die nicht unbedingt wissenschaftlich zu sein braucht; auch Kaufleute u. Handwerker, die auf ihrem Fachgebiet sachkundig sind, können Sachverständige sein (Arbab-Zadeh NJW 1970, 1217).

2 **B. Natürliche Personen.** Nur natürliche Personen können zu Sachverständigen bestellt werden. Zwar können auch Gutachten v. Behörden eingeholt werden (§§ 83 Abs. 3, 91 Abs. 1, 92 Abs. 1 S. 2, 256 Abs. 1 Nr. 1a, Abs. 2). Das gilt aber für private Organisationen nicht entspr. (Ulrich Sachverständiger-HdB Rn. 89). Daher können Meinungsforschungsinstitute, Technische Überwachungsvereine ua Vereine u. Gesellschaften des Privatrechts nicht Sachverständige sein.

3 **C. Aufgaben.** Die Aufgaben des Sachverständigen sind unterschiedlicher Art. Immer handelt es sich aber darum, dass er Sachkunde übermittelt o. anwendet o. beides tut (BGH NJW 1951, 771; OLG Hamm NJW 1954, 1820). Dabei besteht die Sachkunde in der Beherrschung allgemeiner Erfahrungssätze.

4 **I. Bloße Verrichtungen.** In bloßen Verrichtungen kann die Tätigkeit des Sachverständigen bestehen (Löwe/Rosenberg/Krause Rn. 7; ANM 210), zB in der Vornahme körperlicher Eingriffe am o. im Körper des Beschuldigten o. Zeugen (Blutprobenentnahme nach §§ 81a Abs. 1 S. 2, 81c Abs. 2; Anfertigung v. Röntgenaufnahmen).

5 **II. Tatsachenbekundungen.** Tatsachenbekundungen sind Gegenstand der Vernehmung des Sachverständigen, wenn er nur dazu bestellt war, aufgrund seiner bes. Sachkunde bestimmte Wahrnehmungen zu machen (Löwe/Rosenberg/Krause Rn. 9), zB einen Augenschein einzunehmen, die Alkoholkonzentration einer Blutprobe festzustellen, Leichenteile auf Giftspuren zu untersuchen o. Feststellungen bei einer Röntgenaufnahme zu treffen (Gössel DRiZ 1980, 364).

6 **III. Vermittlung von Erfahrungswissen.** Die Vermittlung von Erfahrungswissen ohne Schlussfolgerungen auf einen bestimmten Sachverhalt kann Aufgabe

des Sachverständigen sein (Löwe/Rosenberg/Krause Rn. 8), zB der Bericht über Forschungsergebnisse u. technisches Wissen, die Erläuterung v. Fachausdrücken, Handelsbräuchen, Buchführungsgrundsätzen, der Wirkungsweise v. Medikamenten o. des Ablaufs technischer Vorgänge (Gössel DRiZ 1980, 363). Hierzu gehört auch die Erstattung v. Gutachten über ausl. Recht o. über inländisches Gewohnheitsrecht (Löwe/Rosenberg/Krause Rn. 2; Ulrich Sachverständiger-HdB Rn. 5; erg. → § 244 Rn. 4, 7). Darüber hinaus darf sich der Richter v. dem Sachverständigen keine Rechtskenntnisse vermitteln lassen (**aM** Löwe/Rosenberg/Krause Rn. 12; erg. → § 244 Rn. 49).

IV. Gutachtenerstattung. Die Gutachtenerstattung ist der **wichtigste Fall der Sachverständigentätigkeit.** Der Sachverständige hat dann die Aufgabe, sein Erfahrungswissen bei der Begutachtung eines bestimmten Sachverhalts anzuwenden, den das Gericht ihm mitteilt, der nach § 80 ermittelt wird o. den der Sachverständige selbst aufgrund seiner bes. Sachkunde feststellt (Löwe/Rosenberg/Krause Rn. 10). Die Tatsachen, die er seinem Gutachten zugrunde legt, werden als Anknüpfungstatsachen bezeichnet, Tatsachen, die er aufgrund seiner Sachkunde ermittelt, als Befundtatsachen (→ § 79 Rn. 10), Tatsachen, die er feststellt, ohne dass dazu bes. Sachkunde erforderlich ist, als Zusatztatsachen (→ § 79 Rn. 11). Bei der Erstattung des Gutachtens muss der Sachverständige die Anknüpfungstatsachen u. die angewendeten allg. Erfahrungssätze mitteilen u. die Schlussfolgerungen darlegen, die ihn zu seinem Erg. geführt haben (Ulrich Sachverständiger-HdB Rn. 6). **7**

Externe IT-Forensiker sind Sachverständige, sofern es um den Zugang zu u. die Aufbereitung v. verschlüsselten, sonst für die Ermittlungsbehörden unzugänglichen Daten geht (vgl. Wackernagel/Graßie NStZ 2021, 12 (16)). Dagegen dürfte es sich bei Gutachten, welche nur eine technische Dienstleistung zur Erleichterung der Durchsicht eines Datenbestandes darstellen – wie etwa Aufbereiten u. Strukturieren des Datenbestandes sowie Durchsicht nach bestimmten Suchkriterien –, um genuine Ermittlungstätigkeit handeln (OLG Schleswig NStZ-RR 2017, 127; Wackernagel/Graßie NStZ 2021, 12 (18), die sich zugleich krit. zur Übertragung hoheitlicher Ermittlungstätigkeit auf private Dienstleister äußern). **7a**

D. Rechtliche Stellung. Der Sachverständige ist ein **Beweismittel wie jedes andere.** Ihn als „Richtergehilfen" zu bezeichnen (BGHSt 3, 27 (28); 13, 1 (4); KK-StPO/Hadamitzky Rn. 1), ist ebenso richtig wie nichts sagend (Löwe/Rosenberg/Krause Rn. 3; **aM** Fezer StrafProzR § 12 Rn. 10; Peters StrafProzR Rn. 342). Da er dem Richter bei der Wahrheitsfindung helfen soll, ist der Sachverständige dessen Gehilfe; das ist der Zeuge aber auch (Peters StrafProzR Rn. 342). Sofern sich seine Aufgabe auf die Bekundung v. Tatsachen beschränkt (→ Rn. 5), unterscheidet sich die Stellung des Sachverständigen v. der des sachverständigen Zeugen nur durch den behördlichen Auftrag (→ § 85 Rn. 3). Im Übrigen hat er dem Gericht die Sachkunde zu vermitteln, deren es für die Entsch. bedarf. Auch insofern wird allerdings das normative Bild des Sachverständigen als „Gehilfe" des Gerichts mit Rücksicht auf die Spezifität u. Komplexität der gutachterlichen Inhalte, die v. den Richtern regelmäßig kaum nachvollzogen werden können, rechtstatsächlich seiner faktischen Bedeutung für die Entscheidungsfindung nicht gerecht (vgl. Rosenau/Lorenz FS Kreuzer, 2018, 401 (405 f.); zur Problematik der Unverständlichkeit eines Gutachtens für den Richter wegen des dafür erforderlichen Maßes an Vorbildung Erb ZStW 121 (2009), 882). **8**

E. Abgrenzung von anderen Beweismitteln. Wegen der Unterscheidung des Sachverständigen v. Zeugen vgl. → § 85 Rn. 2, v. Dolmetscher → GVG § 185 Rn. 2. Augenschein unter Hinzuziehung v. Sachverständigen ist (zusammengesetzter o. gemischter) Augenschein, kein Sachverständigenbeweis (→ § 86 Rn. 5). **9**

F. Augenscheinsbeweis. Der Augenscheinsbeweis ist ein sachlicher Beweis (→ Einl. Rn. 49) unter Benutzung v. Augenscheinsgegenständen. Wegen der Einzelheiten vgl. → § 86 Rn. 1 ff. **10**

Anwendung der Vorschriften über Zeugen auf Sachverständige

72 **Auf Sachverständige ist der sechste Abschnitt über Zeugen entsprechend anzuwenden, soweit nicht in den nachfolgenden Paragraphen abweichende Vorschriften getroffen sind.**

1 **A. Entsprechende Anwendung. Entsprechend anzuwenden** sind nur die §§ 48 ff., nicht die an anderer Stelle (§§ 243 Abs. 2, 247, 247a) stehenden Zeugenvorschriften (Löwe/Rosenberg/Krause Rn. 2; **aM** für § 247 S. 3: KK-StPO/Hadamitzky Rn. 1). Ausgeschlossen ist die Anwendung der §§ 51 Abs. 1, 70 Abs. 1 und Abs. 2 durch § 77, des § 58 Abs. 1 durch § 80, des § 71 durch § 84. Entsprechend gelten daher nur die §§ 48–50, 51 Abs. 2, Abs. 3, 52–53a (vgl. § 76 Abs. 1), §§ 55–56, 57 (BGH VRS 22, 144 (147); 7.7.1997 – 5 StR 17/97; bei Sachverständigen, die häufig vor Gericht auftreten, ist die Belehrung überflüssig, vgl. RGSt 56, 66; **aM** SK-StPO/Rogall Rn. 10), §§ 58 Abs. 2, 58b, §§ 59–65, 67, 68 (Löwe/Rosenberg/Krause Rn. 18 ff.), §§ 68a, 69, 70 Abs. 3 und Abs. 4.

2 **B. Angehörige des öffentlichen Dienstes.** Für **Angehörige des öffentlichen Dienstes,** die als Sachverständige vernommen werden, gilt anstelle des § 54 die ähnl. Regelung des § 76 Abs. 2 iVm § 67 BBG (→ § 54 Rn. 5) o. § 37 Abs. 3 BeamtStG (→ § 54 Rn. 7), für Soldaten iVm § 14 Abs. 1 SG (→ § 54 Rn. 13). Vgl. auch → § 76 Rn. 4.

Auswahl des Sachverständigen **Nr. 70 RiStBV**

73 (1) [1]**Die Auswahl der zuzuziehenden Sachverständigen und die Bestimmung ihrer Anzahl erfolgt durch den Richter.** [2]**Er soll mit diesen eine Absprache treffen, innerhalb welcher Frist die Gutachten erstattet werden können.**

(2) **Sind für gewisse Arten von Gutachten Sachverständige öffentlich bestellt, so sollen andere Personen nur dann gewählt werden, wenn besondere Umstände es fordern.**

Übersicht

1 **A. Zuständigkeit.** Zuständig für die Bestellung v. Sachverständigen ist **im Ermittlungsverfahren die StA** (vgl. § 161a Abs. 1 S. 2), auch die Polizei. Nach Nr. 70 Abs. 1 RiStBV gibt die StA – wenn es sich nicht um „Routinegutachten" handelt u. Gefährdung des Untersuchungszwecks o. Verfahrensverzögerung nicht entgegenstehen – dem Verteidiger Gelegenheit, vor Auswahl eines Sachverständigen Stellung zu nehmen. Dierlamm (FS E. Müller, 2008, 117) hält diese Regelung für unzureichend u. die vorherige Anhörung nach Art. 103 Abs. 1 GG für zwingend erforderlich; er meint (zu weitgehend), die unterbliebene vorherige Anhörung müsse zum Beweisverwertungsverbot führen.

1a **Abs. 1 S. 1 bezieht sich nur auf das gerichtliche Verfahren** (Löwe/Rosenberg/Krause Rn. 2; Ulrich Sachverständiger-HdB Rn. 108, 109; **aM** Duttge NStZ 2003, 376; Dierlamm FS E. Müller, 2008, 117). Der ER muss, wenn ihm die Auswahl nicht überlassen worden ist, den Sachverständigen hören, dessen Vernehmung die StA beantragt (Löwe/Rosenberg/Krause Rn. 3). Das erkennende

Gericht kann einen anderen Sachverständigen bestellen, ist dazu aber nicht verpflichtet (BGHSt 44, 26 (32); Ulrich Sachverständiger-HdB Rn. 144; **aM** Frenken DAR 1956, 291; Lürken NJW 1968, 1161). Ist ein Sachverständiger nach § 223 zu vernehmen, so kann die Auswahl dem ersuchten o. beauftragten Richter aufgegeben werden (KK-StPO/Hadamitzky Rn. 1; Dahs Strafprozessrevision Rn. 292; **aM** SK-StPO/Rogall Rn. 10).

Der Sachverständige hat die Pflicht zur persönlichen Gutachtenerstattung; es besteht daher ein **Delegationsverbot,** soweit durch Heranziehung anderer Personen – wie etwa die Exploration einer zu begutachtenden Person – die Verantwortung für das Gutachten in Frage gestellt wird (BGH NStZ 2012, 103). 1b

Hilfskräfte (Laboranten, Techniker usw) darf der bestellte Sachverständige aber ohne weiteres heranziehen (Hanack NJW 1961, 2044). Er kann sich auch eines anderen Sachverständigen als Hilfskraft bedienen u. dessen Befunde nach eigener Prüfung in sein Gutachten übernehmen (BGHSt 22, 268 (273)), sofern dies seine eigene Beurteilung u. Verantwortung für den gesamten Inhalt des Gutachtens nicht berührt (OLG Frankfurt a. M. MDR 1983, 849; Ernesti/Jürgensen SchlHA 1974, 181 – OLG Schleswig RsprÜ); dies gilt zB bei testpsychologischen Vorfragen für psychiatrische Gutachten (MüKoStPO/Trück Rn. 13). Der Vermerk „inhaltlich einverstanden" genügt nicht (OLG Nürnberg StraFo 2007, 328). 2

Solche Hilfskräfte sind aber **keine „Hilfssachverständigen"** (Löwe/Rosenberg/Krause Rn. 7; **aM** BGHSt 22, 268 (273); Ernesti/Jürgensen SchlHA 1974, 181 – OLG Schleswig RsprÜ); denn Sachverständige darf der v. Gericht bestellte Sachverständige nicht seinerseits ernennen (BVerwGE 69, 70; Friederichs JZ 1974, 257; **aM** OLG Hamm NJW 1973, 1427 für den Fall, dass bei einem erbbiologischen Gutachten mehrere Personen v. mehreren Sachverständigen untersucht werden müssen). Daher darf er auch eine Sachverständigengruppe nur zusammenstellen, wenn er die volle Prüfung u. Verantwortung für alle Einzelergebnisse übernehmen kann (Löwe/Rosenberg/Krause Rn. 8). Für ein Sachgebiet, das er nicht selbst beherrscht, darf er niemals Untersachverständige heranziehen, sondern muss ihre Bestellung durch das Gericht anregen. 3

B. Auswahl. Die Auswahl erfolgt unter Beachtung des Abs. 2 nach pflichtgemäßem Ermessen durch das den Gutachter beauftragende Justizorgan (OLG Rostock NStZ-RR 2017, 95) u. bezieht sich auf das Fachgebiet sowie die persönliche Eignung des Sachverständigen (vgl. dazu Detter NStZ 1998, 57 ff.). 4

I. Fachgebiet. Das **Fachgebiet** muss der **Richter,** der den Sachverständigen benötigt, **selbst bestimmen** (BGHSt 34, 355 (357)). Die Heranziehung eines „Auswahlsachverständigen", der hierüber Auskunft geben soll, ist unzulässig (OLG Koblenz VRS 36, 17). Andererseits müssen nicht v. vornherein Vertreter aller in Frage kommenden Fachrichtungen bestellt werden (Löwe/Rosenberg/Krause Rn. 9); vielmehr hat das Gericht bei Überschneidungen verschiedener wissenschaftlicher Disziplinen die freie Auswahl auf die gleichermaßen bzw. am ehesten geeignete Fachrichtung (BGHSt 34, 355 (357)). Zum Sachverständigen in Wirtschaftsstrafverfahren vgl. Krekeler wistra 1989, 52. 5

Bei der **Blutalkoholbestimmung** ist idR jeder als Sachverständiger geeignet, der auf diesem Fachgebiet besondere Erfahrungen hat (OLG Hamm VRS 36, 434; KK-StPO/Hadamitzky Rn. 5; **aM** Martin BA 1970, 95: nur Ärzte). Nur bei bes. Schwierigkeit (Nachtrunk, nicht abgeschlossene Resorption, zusätzliche Medikamenteneinnahme) muss ein medizinischer Sachverständiger herangezogen werden (BGH VRS 34, 211; OLG Frankfurt a. M. NJW 1961, 283). 6

Zur **Beurteilung der Glaubwürdigkeit** v. Zeugen wird idR ein Psychologe herangezogen werden müssen (BGHSt 23, 8 (14); Holtz MDR 1980, 274 – BGH RsprÜ; vgl. auch BGHSt 14, 21 (23); BGH NStZ 1982, 42: Psychiater o. Psychologe). Ein Pädagoge ist immer ungeeignet (BGHSt 2, 163 (166); 7, 82 (85)), ein Psychologe dann, wenn eine geistige Erkrankung vorliegt (BGHSt 23, 8 (12); Spiegel DAR 1980, 209 – BGH RsprÜ). Die Aufklärungspflicht kann es ausnahmsweise gebieten, einen anderen Sachverständigen auszuwählen, wenn nur die Begut- 7 achtung durch einen bestimmten Sachverständigen verweigert wird u. die Exploration notwendig ist, um über die Eröffnung des Hauptverfahrens zu entscheiden (KG NJW 1997, 69).

8 Die **Schuldfähigkeit** des Angeklagten kann ein Psychologe nur ausnahmsweise beurteilen; idR muss ein Psychiater o. Neurologe herangezogen werden (OLG Hamm JMBl. NRW. 1964, 117; OLG Karlsruhe Justiz 1974, 94; OLG Koblenz VRS 49, 433; KK-StPO/Hadamitzky Rn. 5; Löwe/Rosenberg/Krause Rn. 12; **aM** BGHSt 34, 355; BGH NJW 1959, 2315; Spiegel DAR 1977, 176 – BGH RsprÜ; StV 1984, 495: bei nicht krankhaften Zuständen nach dem Ermessen des Gerichts auch ein Psychologe). Ein Facharzt für Psychiatrie o. Neurologie braucht er aber nicht zu sein; erforderlich ist nur eine hinreichende Erfahrung auf diesen Gebieten, die idR auch Gefängnis- u. Gerichtsärzte haben (BGHSt 23, 311; BGH VRS 34, 344). Bei Hirngeschädigten muss ein auf diesem Gebiet bes. erfahrener Facharzt herangezogen werden (BGH NJW 1969, 1578; StV 1988, 52; Pfeiffer/Miebach NStZ 1987, 16 – BGH RsprÜ).

9 **II. Person des Sachverständigen.** Die Person des Sachverständigen muss Gewähr dafür bieten, dass er geeignet ist, zur Vfg. steht u. kein Ablehnungsgrund nach § 74 vorliegt. Die Wirtschaftsreferenten der StA u. Kriminalpolizei erfüllen diese Voraussetzungen auch in den dort anhängigen Strafverfahren, wenn sie das Gutachten eigenverantwortlich u. frei v. jeder Beeinflussung erstatten können (BGHSt 28, 381 (384); BGH NStZ 1984, 215; StV 1986, 465; vgl. auch OLG Zweibrücken NJW 1979, 1995). Die grds. Weisungsgebundenheit v. Mitarbeitern der BaFin bei der Erfüllung ihrer Dienstpflichten reicht wegen § 40a Abs. 1 S. 2 WpHG nicht aus, um die Person als Gutachter auszuschließen (BGH StraFo 2016, 336 (337)). Für ausl. Beschuldigte muss kein Sachverständiger bestellt werden, der ihrem Kulturkreis angehört u. ihre Sprache spricht (Dallinger MDR 1973, 16 – BGH RsprÜ).

10 Der Richter muss den **Sachverständigen selbst bestimmen;** er darf diese Befugnis nicht auf Privatpersonen übertragen (OLG München NJW 1968, 202; Dippel Sachverständige S. 82 ff.). Daher darf es einem Klinik- o. Institutsleiter nicht überlassen werden, ob er selbst o. einer seiner Mitarbeiter das Gutachten erstattet (Löwe/Rosenberg/Krause Rn. 25; Ulrich Sachverständiger-HdB Rn. 108; **aM** Kusch NStZ 1993, 31 – BGH RsprÜ). Für die Zuziehung geeigneter Sachverständiger enthält der Besondere Teil der RiStBV Hinweise. Der Richter kann auch Berufsorganisationen o. Behörden um Vorschläge bitten (vgl. Nr. 70 Abs. 2 RiStBV). Wegen der Sachverständigenverzeichnisse vgl. Nr. 70 Abs. 3 RiStBV.

11 **C. Bestimmung der Zahl.** Die Bestimmung der Zahl der benötigten Sachverständigen steht im Ermessen des Gerichts (OLG Düsseldorf wistra 1994, 78). Es wird sich idR mit einem Sachverständigen begnügen; nach §§ 214 Abs. 3, 220 geladene Sachverständige muss es aber unter den Voraussetzungen des § 245 Abs. 2 hören. Maßgebend ist iÜ die Aufklärungspflicht nach § 244 Abs. 2. Erg. → § 83 Rn. 1.

12 **D. Fristabsprache (Abs. 1 S. 2).** Die Bestimmung ist eine **Sollvorschrift.** Ihre Nichtbeachtung hat keine Rechtsfolgen; der Richter darf v. ihr aber nur bei Vorliegen wichtiger Gründe abweichen. In der Regel wird kein Grund bestehen, die Absprache zu unterlassen, sofern der Sachverständige nicht wegen seiner zügigen Arbeitsweise bekannt ist. Die Absprache, die möglichst mündlich o. fernmündlich getroffen u. dann aktenkundig gemacht werden sollte, soll auch dazu dienen, das genaue Thema u. den Umf. des zu erstellenden Gutachtens mit dem Sachverständigen zu erörtern. Dabei wird sich häufig Gelegenheit geben, das Thema des Gutachtens wesentlich genauer zu begrenzen u. zu erläutern, als das bei schriftlicher Auftragserteilung möglich ist, u. auch zu erörtern, welche Unterlagen der Sachverständige als Anknüpfungstatsachen benötigt.

13 Eine **angemessene Frist** ist Gegenstand der Absprache. Die Heranziehung eines anderen Sachverständigen wird zu erwägen sein, wenn der Sachverständige nur bereit ist, eine Frist zu akzeptieren, die nach Auff. des Richters bei Abwägung der

beiderseitigen Interessen u. Möglichkeiten eindeutig unangemessen ist. Kann auf ihn aber nicht verzichtet werden, so sind Maßnahmen nach § 77 Abs. 2 anzuordnen (→ § 77 Rn. 6).

Die **nachträgliche Änderung** der Frist ist während ihres Laufes zulässig. Eine Verlängerung ist entspr. § 224 Abs. 2 ZPO davon abhängig zu machen, dass erhebliche Gründe glaubhaft gemacht sind, die sie rechtfertigen. 14

Auch der **StA** soll mit dem Sachverständigen eine Fristabsprache treffen (Abs. 1 S. 2 iVm § 161a Abs. 1 S. 2). Dabei kann in geeigneten Fällen eine kürzere Frist abgesprochen werden für die Lieferung eines kurz gefassten Gutachtens o. die mündliche Erstattung eines solchen Gutachtens, das für die Zwecke der StA ausreicht. Ist eine ausf. Fassung nötig, so kann hierfür eine zusätzliche Ablieferungsfrist vereinbart werden. 15

E. Öffentlich bestellte Sachverständige (Abs. 2). Öffentlich bestellte Sachverständige (Abs. 2) sind die aufgrund öffentlich-rechtlicher Vorschr. des Staats- o. Kommunalrechts für bestimmte Sachgebiete auf bestimmte Zeit bestellten Sachverständigen (Jessnitzer 42 ff.). Das können **Einzelpersonen, aber auch Behörden** sein. Für die Bestellung gelten teils bundesrechtliche (zB § 36 Abs. 1 S. 1 GewO), teils landesrechtliche Bestimmungen (vgl. allg. Bleutge DRiZ 1977, 170). Zu den öffentl. bestellten Sachverständigen gehören die Gerichtsärzte, auch die bayerischen Landgerichtsärzte, die Ärzte der staatlichen Untersuchungsämter u. die Leiter der rechtsmedizinischen Universitätsinstitute. Die öffentl. Bestellung ist ein Anzeichen für die persönliche u. fachliche Eignung des Sachverständigen (Ulrich Sachverständiger-HdB Rn. 114). 16

Besondere Umstände, die die Bestellung anderer Personen rechtfertigen, sind zB die Verhinderung des öffentl. bestellten Sachverständigen u. die Notwendigkeit, einen Sachverständigen mit noch größerer Sachkunde heranzuziehen. 17

F. Beschwerde. Eine Beschwerde gegen die Auswahl des Sachverständigen durch die StA gibt es nicht (OLG Schleswig StV 2000, 542), gegen die durch das Gericht ist sie, soweit sie nicht schon nach § 305 S. 1 ausgeschlossen ist (OLG Düsseldorf MDR 1986, 256), auch iÜ nicht zulässig (OLG Celle NJW 1966, 1881; OLG Hamburg MDR 1994, 83; Löwe/Rosenberg/Krause Rn. 36). Die Belange des Beschuldigten sind durch das Ablehnungsrecht nach § 74 gewahrt. Seine Bedenken gegen die Auswahl durch die Polizei kann der Beschuldigte nur bei der StA geltend machen (→ § 163 Rn. 3). 18

G. Revision. Die Ungeeignetheit des Sachverständigen kann nur gerügt werden, wenn das Urt. insoweit zu Zweifeln Anlass gibt; die Revision kann dann die Aufklärungsrüge (§ 244 Abs. 2) erheben. Die Sachrüge kann nur begründet sein, wenn sich die fehlende Sachkunde des Sachverständigen aus dem Urt. selbst ergibt (Kusch NStZ 1994, 228 – BGH RsprÜ), sie also zB zu Feststellungen geführt hat, die gegen Denkgesetze o. Erfahrungssätze verstoßen (Dahs Strafprozessrevision Rn. 292). 19

Ablehnung des Sachverständigen

74 (1) [1] **Ein Sachverständiger kann aus denselben Gründen, die zur Ablehnung eines Richters berechtigen, abgelehnt werden.** [2] **Ein Ablehnungsgrund kann jedoch nicht daraus entnommen werden, daß der Sachverständige als Zeuge vernommen worden ist.**

(2) [1] **Das Ablehnungsrecht steht der Staatsanwaltschaft, dem Privatkläger und dem Beschuldigten zu.** [2] **Die ernannten Sachverständigen sind den zur Ablehnung Berechtigten namhaft zu machen, wenn nicht besondere Umstände entgegenstehen.**

(3) **Der Ablehnungsgrund ist glaubhaft zu machen; der Eid ist als Mittel der Glaubhaftmachung ausgeschlossen.**

Übersicht

1 **A. Anwendungsbereich.** Die **Ersetzbarkeit des Sachverständigen** ist der gesetzgeberische Grund für die Zulässigkeit (Löwe/Rosenberg/Krause Rn. 1; **aM** Gössel DRiZ 1980, 370), aber keine Voraussetzung für die Ablehnung wegen Befangenheit (krit. zur Ablehnungsmöglichkeit überhaupt Erb ZStW 121 (2009), 885) § 74 ist daher auch anwendbar, wenn der Sachverständige nicht auswechselbar ist, weil er allein die Befundtatsachen wahrgenommen (vgl. → Rn. 19) o. weil außer ihm niemand die erforderliche Sachkunde hat (Hanack JR 1966, 427). Ablehnungsgrund ist nur die Befangenheit; Mangel an Sachkunde führt nur zur Anhörung eines weiteren Sachverständigen (Cierniak NStZ-RR 2009, 3 – BGH RsprÜ; Ulrich Sachverständiger-HdB Rn. 166, 230). Eine Anzeige des Sachverständigen entspr. § 30 ist ges. nicht vorgesehen (KK-StPO/Hadamitzky Rn. 1), wird aber idR nach § 76 Abs. 1 S. 2 zur Entbindung führen. Abgelehnt werden können auch die nach §§ 214 Abs. 3, 220 geladenen Sachverständigen (OLG Hamm VRS 26, 365), nicht aber eine Behörde, deren Gutachten nach § 256 Abs. 1 Nr. 1a verlesen wird (Gössel DRiZ 1980, 375; Ulrich Sachverständiger-HdB Rn. 151; **aM** Seyler GA 1989, 566). Erscheint aber ein Behördenvertreter vor Gericht, um das Gutachten zu vertreten, zu erläutern o. zu vertiefen, so ist seine Ablehnung zulässig (KK-StPO/Hadamitzky Rn. 1; Löwe/Rosenberg/Krause Rn. 3; **aM** Kube/Leineweber Polizeibeamte S. 88 ff.). Dient die Ablehnung nur verfahrensfremden Zwecken, so ist sie entspr. § 26a Abs. 1 Nr. 3 unzulässig.

2 **B. Ablehnungsgründe. I. Ablehnungsgründe des § 22 Nr. 1–4.** Die Ausschließungsgründe des § 22 Nr. 1–4 sind **hier nur Ablehnungsgründe** (vgl. § 24 Abs. 1); denn eine ges. Ausschließung des Sachverständigen bestimmt nur § 87 Abs. 2 S 3. Es sind jedoch zwingende Ablehnungsgründe (BGHSt 18, 214; KK-StPO/Hadamitzky Rn. 2; Löwe/Rosenberg/Krause Rn. 4; **aM** Krause FS Maurach, 1972, 549). Das gilt insbes. für den Fall, dass der Sachverständige der Verletzte ist o. in nahem Verhältnis zu Beschuldigten o. Verletzten steht (§ 22 Nr. 1–3) o. dass er als Verteidiger, Anwalt des Verletzten o. StA in derselben Sache (→ § 22 Rn. 12) tätig war, als StA in einer Amtsstellung, die der Verfolgung des Beschuldigten diente. Diese Einschränkung gilt auch für Polizeibeamte (BGHSt 18, 214 (216)); sie können nur abgelehnt werden, wenn sie, auch als Angehörige des BKA (BGHSt 18, 214 (216)), an den Ermittlungen teilgenommen haben (BGH MDR 1958, 785; dazu im einzelnen Wiegmann StV 1996, 571 ff.). Beamte der Verfassungsschutzämter erfüllen diese Voraussetzungen nicht (BGHSt 18, 214; BGH NJW 1964, 1681), auch nicht Angehörige einer mit Ermittlungsaufgaben nicht betrauten u. organisatorisch v. der Ermittlungsbehörde getrennten Dienststelle der Polizei (Löwe/Rosenberg/Krause Rn. 8), insbes. Beamte der kriminalwissenschaftlichen, technischen u. chemischen Untersuchungsämter der Polizei (BGHSt 18, 214 (216); BGH MDR 1958, 785; RGSt 35, 319; KG VRS 25, 272 (274)), auch deren Schriftsachverständige (OLG Frankfurt a. M. OLGSt StPO § 74 S. 7).

3 Der Ausschließungsgrund des § 22 Nr. 5 wird durch Abs. 1 S. 2 ersetzt, gilt aber auch dann nicht, wenn der Sachverständige in der Sache schon früher (Vorverfahren, 1. Rechtszug) tätig war (RGSt 33, 198). Die sinngemäße Anwendung des

§ 23 kommt nicht in Betracht (KK-StPO/Hadamitzky Rn. 3; **aM** Löwe/Rosenberg/Krause Rn. 10).

4 **II. Sonstige Ablehnungsgründe.** Sonstige Ablehnungsgründe liegen vor, wenn v. Standpunkt des Ablehnenden aus, nicht v. dem des Gerichts (BGHSt 8, 226 (233); Spiegel DAR 1980, 206 – BGH RsprÜ), verständigerweise ein Misstrauen gegen die Unparteilichkeit des Sachverständigen gerechtfertigt erscheint (BGHSt 8, 144 (145); BGH StV 1990, 389). Es müssen immer **vernünftige Gründe** vorgebracht werden, die jedem unbeteiligten Dritten einleuchten (BGHSt 21, 334 (341); BGH NJW 1969, 2291; StraFo 2011, 274; 308). Das Gericht muss die Ablehnungsgründe in ihrer Gesamtheit würdigen (BGHSt 8, 226 (235)). Gleichgültig ist, ob der Sachverständige sich befangen fühlt (Dallinger MDR 1952, 409 – BGH RsprÜ).

5 Die **Mitwirkung am Vorverfahren** im Auftrag der StA o. Polizei ist allein kein Ablehnungsgrund (BGHSt 18, 214 (217); BGH NStZ 2008, 50), auch nicht, wenn erst das Gutachten die Einleitung des Strafverfahrens veranlasst (BGHSt 18, 214 (217); BGH NStZ 2008, 50), sogar dann nicht, wenn der Sachverständige selbst die Strafanzeige gegen den Beschuldigten erstattet hat (KG LRE 1, 120; 4, 311 (313); OLG Düsseldorf LRE 2, 158; **aM** Ulrich Sachverständiger-HdB Rn. 169). Die bei der Tataufklärung beteiligten Wirtschaftsreferenten der StA sind zwar Mitarbeiter der Strafverfolgungsbehörden; wenn sie ihr Gutachten ersichtlich eigenverantwortlich erstatten (→ § 73 Rn. 9), ist aber ihre Ablehnung gleichwohl nicht begründet (OLG Zweibrücken NJW 1979, 1995; Bittmann wistra 2011, 51; Lemme wistra 2002, 281; **aM** Dose NJW 1978, 354; Wiegmann StV 1996, 574); anders kann es sein, wenn sie unabhängig v. einem konkreten Gutachtenauftrag aktiv in die Ermittlungen eingebunden sind (vgl. BGHSt 18, 214; LG Köln StraFo 2014, 19; Racky/Weyand NJW 2025, 1105). Auch die Teilnahme des Sachverständigen an Vernehmungen u. die Befragung des Beschuldigten nach § 80 Abs. 2 ist kein Ablehnungsgrund (KK-StPO/Hadamitzky Rn. 5).

6 **Aus anderen Gründen** kann zB die Ablehnung berechtigt sein, wenn der Sachverständige schon ein Privatgutachten für den Verletzten (BGHSt 20, 245), insbes. für den Nebenkläger (OLG Hamm VRS 26, 365; **aM** Brammsen ZStW 119 (2007), 93), o. für eine am Verfahrensausgang interessierte Versicherungsgesellschaft erstattet hat (BGH NStZ 2002, 215), wenn er den Beschuldigten ohne dessen Einwilligung vor Studenten exploriert (Holtz MDR 1980, 456 – BGH RsprÜ) o. bei ihm unberechtigt körperliche Eingriffe vorgenommen hat (BGHSt 8, 144; BGH StV 1990, 389), wenn er das Tatopfer ärztlich o. als Therapeut behandelt (Dallinger MDR 1972, 925 – BGH RsprÜ; BGH StV 1996, 130) o. wenn er durch mündliche o. schriftliche Äußerungen den Eindruck der Voreingenommenheit hervorgerufen hat (BGHSt 41, 206 (211); BGH StV 1981, 55; LG Leipzig StV 2018, 277: Facebookpost), etwa durch Fangfragen an einen Entlastungszeugen (OLG Hamburg StV 1987, 142), o. wenn er unprofessionell u. einseitig vorgegangen ist (BGH NJW 1991, 2357), zB noch nicht erhobene Beweise einseitig würdigt (BGHSt 8, 226) o. wenn er, um Angaben zu erlangen, bewusst verschweigt, dass er für die Justizbehörden tätig wird (BGH NStZ 1997, 349) o. wenn er grdl. Verfahrensrechte v. Verfahrensbeteiligten grob missachtet hat (BGH StraFo 2011, 274; OLG Köln NStZ-RR 2011, 315; OLG Rostock NStZ 2015, 359: Zeugnisverweigerungsrecht eines Kindes) o. wenn er im Gerichtssaal Büroarbeiten verrichtet, statt der HV zu folgen (LG Stuttgart StraFo 2014, 69).

7 **Kein Ablehnungsgrund** liegt darin, dass der Sachverständige Polizeibeamter ist (Ahlf MDR 1978, 981), sofern er nicht vorwiegend sicherheitspolizeiliche Aufgaben wahrnimmt (BGHSt 18, 214 (217); BGH NJW 1964, 1861), dass er schon in einem früheren Strafverfahren gegen den Beschuldigten tätig war (BGHSt 8, 226 (235); Dallinger MDR 1972, 18 – BGH RsprÜ; s. auch BGH NStZ 1999, 632: generell nicht aus Verhaltensweisen o. Vorkommnissen in anderen Verfahren), dass er die Anwesenheit des Verteidigers bei einer Exploration verweigert (vgl. → § 78 Rn. 6), dass er Beamter des durch die Tat geschädigten Staates ist (BGH NStE

StPO § 74 Nr. 2), dass er in seinem schriftlichen Gutachten die Beweisaufnahme zum Nachteil des Beschuldigten gewürdigt (Dallinger MDR 1974, 367 – BGH RsprÜ; **aM** – auch zu den beiden folgenden Fällen – Eisenberg Beweisrecht StPO Rn. 1551a), v. Opfer u. Tat gesprochen (Kube/Leineweber Polizeibeamte S. 111) o. auf das Schrifttum zur Schuldfrage hingewiesen (RG HRR 1940, 54), dass er für den Beschuldigten schon ein Privatgutachten erstattet (Ulrich Sachverständiger-HdB Rn. 169; vgl. aber OLG Frankfurt a. M. VRS 51, 212; OLG Koblenz VRS 71, 200: Gutachten vereidigter Sachverständiger für Straßenverkehrsunfälle) o. dass er Erg. seiner Untersuchungen vorab in einer Fachzeitschrift veröffentlicht (OLG Düsseldorf JMBl. NRW. 1987, 101) o. sich sonst wissenschaftlich geäußert hat (BGHSt 41, 206 (211); OLG Düsseldorf wistra 1994, 78). Da der Sachverständige, der Personen aussagepsychologisch o. psychiatrisch begutachtet, selbst darüber entscheidet, welche Untersuchungsmethoden er anwendet, welche Unterlagen er heranzieht u. ob er eine stationäre Beobachtung, eine ambulante Untersuchung o. eine Beobachtung in der HV für ausreichend erachtet, kann seine diesbezügliche Vorgehensweise keine Befangenheit begründen (BGH BeckRS 2016, 5428; MüKoStPO/Trück Rn. 11). Es begründet regelmäßig auch nicht die Befangenheit, wenn ein Übersetzer aus dem Kontext früherer v. ihm abgehörter Gespräche zur besseren Verständlichkeit Erläuterungen beifügt, solange er deutlich macht, dass es sich nur um eine mögliche Deutung seinerseits handelt (BGH StV 2019, 797).

8 Insbesondere kann der **Beschuldigte aus eigenem Verhalten** während des Verfahrens o. mit Bezug darauf keinen Ablehnungsgrund herleiten (Dallinger MDR 1972, 18 – BGH RsprÜ; → § 24 Rn. 7), auch nicht, wenn der Sachverständige gegen ihn Strafantrag wegen Beleidigung gestellt hat; anderenfalls hätte er es in der Hand, den Sachverständigen auszuschalten (OLG München NJW 1971, 384; Löwe/Rosenberg/Krause Rn. 14).

9 **C. Ablehnungsberechtigt.** Ablehnungsberechtigt sind außer den in Abs. 2 S. 1 bezeichneten Prozessbeteiligten die Einziehungsbeteiligten u. Nebenbetroffene (→ § 427 Rn. 1, → § 438 Rn. 9), ges. Vertreter u. Erziehungsberechtigten (§ 67 **JGG**), Privatkläger (→ § 385 Rn. 1) u. Nebenkläger (§ 397 Abs. 1 S. 3), nicht aber Verletzte, die nach § 172 Abs. 2 auf gerichtliche Entsch. antragen (RGSt 52, 291; Löwe/Rosenberg/Krause Rn. 17; **aM** KMR-StPO/Neubeck Rn. 16), u. Antragsteller im Adhäsionsverfahren nach §§ 403 ff. Der Verteidiger ist nur im Namen des Beschuldigten ablehnungsberechtigt (OLG Hamm NJW 1951, 731).

10 **D. Namhaftmachung (Abs. 2 S. 2).** Die Namhaftmachung (Abs. 2 S. 2) muss unmittelbar nach Ernennung des Sachverständigen erfolgen. Nur besondere Umstände befreien v. dieser Pflicht. In Betracht kommen Gefahr im Verzug (drohender Beweismittelverlust) u. Beschleunigungsgesichtspunkte (Dringlichkeit der Vernehmung). Polizei u. StA sind zur Namhaftmachung nicht verpflichtet (Löwe/Rosenberg/Krause Rn. 19).

11 **E. Ablehnungsantrag.** Der Ablehnungsantrag, der **in der HV gestellt** u. dort wiederholt werden muss, wenn er schon früher gestellt war (RGSt 58, 301; 68, 327 (328); OLG Hamm VRS 39, 217; es gelten die Grundsätze des Beweisantragsrechts), bedarf keiner bes. Form. Er kann darin gesehen werden, dass Bedenken gegen die Ladung des Sachverständigen erhoben werden (OLG Schleswig SchlHA 1949, 87).

12 Der Antrag kann **erst gestellt werden,** wenn die Sache gerichtlich anhängig u. der Sachverständige ernannt ist (BGH VRS 29, 26). Die v. der StA u. Polizei im Vorverfahren herangezogenen Sachverständigen können daher nur abgelehnt werden, wenn das Gericht sie vernehmen will bzw. vernommen hat (BGH StV 2019, 797; OLG Düsseldorf MDR 1984, 71; **aM** grds. Eisenberg NStZ 2006, 373). Aus § 83 Abs. 2 ergibt sich, dass der Antrag noch nach Erstattung des Gutachtens gestellt werden kann; das gilt auch, wenn der Antragsteller sich mit dem Gutachten zunächst zufriedengeben wollte (SK-StPO/Rogall Rn. 55; **aM** OLG Stuttgart NJW 1957, 1646). Das Unverzüglichkeitsgebot des § 25 Abs. 2 S. 1 gilt nicht (BGH NStZ 2018, 487). Wie bei Beweisanträgen (→ § 244 Rn. 33) ist der Schluss

der Beweisaufnahme der letztmögliche Zeitpunkt für die Antragstellung; nach Beginn der Urteilsverkündung braucht das Gericht Anträge nicht mehr entgegenzunehmen.

Inhaltlich muss der Antrag die Tatsachen, auf die die Ablehnung gestützt wird, angeben u. glaubhaft machen (Abs. 3). Nicht geltend gemachte Tatsachen dürfen nicht berücksichtigt werden. Zur Glaubhaftmachung (dazu allg. → § 26 Rn. 5 ff., → § 45 Rn. 6 ff.) kann sich der Antragsteller entspr. § 26 Abs. 3 S. 3 auf das uneidliche Zeugnis des Abgelehnten berufen (BGH StraFo 2016, 336 (337); 28.1.1964 – 5 StR 585/63). Die sichere Überzeugung v. der Richtigkeit der Ablehnungsgründe braucht der Richter nicht zu gewinnen (→ § 45 Rn. 10). 13

Die **Wiederholung** eines vor der HV gestellten Ablehnungsantrags ist zulässig, auch mit derselben Begründung (RGSt 47, 239; Löwe/Rosenberg/Krause Rn. 27), selbst wenn er zurückgewiesen worden u. die Beschwerde erfolglos war (OLG Oldenburg JZ 1960, 291). Dagegen ist die Wiederholung eines in der HV bereits gestellten u. abgelehnten Antrags rechtsmissbräuchlich u. unzulässig (KK-StPO/Hadamitzky Rn. 9). In dem Unterlassen der Wiederholung eines vor der HV gestellten u. nicht beschiedenen Antrags kann ein Verzicht auf die Ablehnung liegen (RGSt 58, 301), sofern nicht der Vorsitzende zugesagt hatte, dass über den Antrag in der HV entschieden werde (→ § 219 Rn. 5). 14

Die **Zurücknahme** des Antrags ist jederzeit möglich, auch wenn das Gericht die Ablehnung schon für begründet erklärt hatte (KK-StPO/Hadamitzky Rn. 9). Der Sachverständige kann dann vernommen werden, selbst wenn ein zwingender Ablehnungsgrund (→ Rn. 3) geltend gemacht worden war. 15

F. Entscheidung. Die Entscheidung, die nicht unmittelbar nach Antragstellung ergehen muss, trifft das mit der Sache befasste Gericht nach Anhörung der Prozessbeteiligten (§ 33), nach Eröffnung des Hauptverfahrens das erkennende Gericht, in der HV unter Mitwirkung der Schöffen (BGH wistra 1997, 147). Der ersuchte o. beauftragte Richter entscheidet nicht selbst, sondern führt die Entsch. des auftraggebenden Gerichts herbei (KK-StPO/Hadamitzky Rn. 12), ist dadurch aber an der Vernehmung des abgelehnten Sachverständigen nicht gehindert. 16

Die Entsch. ergeht durch **Beschluss;** die vorherige Anhörung des Sachverständigen ist nicht vorgeschrieben (RGSt 25, 362; OLG Frankfurt a. M. NJW 1965, 314; Löwe/Rosenberg/Krause Rn. 30), kann aber angebracht sein (BGH NStZ 2008, 50). Gibt er eine Erkl. ab, so muss sie dem Antragsteller bekanntgegeben werden (KK-StPO/Hadamitzky Rn. 13). Eine nur stillschweigende Entscheidung, etwa durch Vernehmung des abgelehnten o. eines anderen Sachverständigen, ist nicht zulässig (OLG Hamm NJW 1966, 1880; Löwe/Rosenberg/Krause Rn. 31). Der (stattgebende o. zurückweisende) Beschl. muss nach § 34 mit Gründen versehen werden, die so ausf. sein müssen, dass alle Prozessbeteiligten ihr weiteres Verhalten danach einrichten können u. das Revisionsgericht prüfen kann, ob das Tatgericht die anzuwendenden Rechtsbegriffe verkannt hat (Holtz MDR 1978, 459 – BGH RsprÜ); dazu gehört, dass das das Tatgericht darlegt, v. welchen Tatsachen es ausgeht (BGH NStZ 2014, 663). 17

In **Rechtskraft** erwächst der Beschl. nicht. Das Gericht kann ihn jederzeit vAw o. auf Gegenvorstellungen aufheben o. ändern. 18

G. Rechtsfolge. Der mit Erfolg abgelehnte Sachverständige darf nicht weiter vernommen, ein schon erstattetes Gutachten nicht verwertet werden (BGH NJW 2005, 445 (447)). Das Gutachten darf der Sachverständige weder als sachverständiger Zeuge erstatten (BGHSt 20, 222 (224)), noch darf es v. einem anderen Sachverständigen an seiner Stelle vorgetragen werden (OLG Celle NJW 1964, 462). Der abgelehnte Sachverständige darf aber als Zeuge über Tatsachen gehört werden, die Gegenstand seiner Wahrnehmung gewesen sind, u. zwar nicht nur über Zufallsbeobachtungen u. Zusatztatsachen (Geppert DAR 1980, 321; zu den Begriffen vgl. → § 79 Rn. 11, 12), sondern als sachverständiger Zeuge (§ 85) auch über die bei der Vorbereitung seines Gutachtens ermittelten Befundtatsachen (BGH NStZ 2002, 44; 2002, 215; 2010, 210 Ls.; Ulrich Sachverständiger-HdB Rn. 184; 19

aM Löwe/Rosenberg/Krause Rn. 36; Eisenberg Beweisrecht StPO Rn. 1561; vgl. auch Schmidhäuser ZZP 72 (1959), 388: nur über unwiederholbare Wahrnehmungen; zum Begriff Befundtatsachen vgl. → § 79 Rn. 10). Daran kann ein anderer Sachverständiger anknüpfen.

20 **H. Beschwerde.** Die Verweisung in Abs. 1 S. 1 bezieht sich nur auf die Ablehnungsgründe, nicht auf das Verfahren; § 28 gilt daher nicht (OLG Koblenz VRS 71, 200). Mit der einfachen Beschwerde nach § 304 Abs. 1 (RGSt 47, 239; OLG Hamburg NJW 1967, 2274) sind alle auf den Antrag ergehenden Entscheidungen anfechtbar, auch der Beschl., der die Ablehnung für begründet erklärt (OLG Celle NJW 1966, 415; OLG Frankfurt a. M. VRS 51, 212). Beschwerdeberechtigt sind alle Antragsberechtigten (→ Rn. 9), nicht aber der abgelehnte Sachverständige (OLG Braunschweig OLGSt StPO § 74 S. 1; OLG Frankfurt a. M. NJW 1965, 314; OLG Oldenburg JZ 1960, 291). Ablehnende u. stattgebende Entscheidungen des erkennenden Gerichts (→ § 28 Rn. 6; → § 305 Rn. 2) sind nach § 305 S. 1 unanfechtbar (BGH NStZ-RR 2013, 29; KG JR 1959, 350; OLG Celle NJW 1966, 415; OLG Düsseldorf NJW 1967, 692; OLG Hamburg NJW 1967, 2274; OLG Zweibrücken MDR 1968, 781). Das Beschwerdegericht entscheidet nicht nur über Rechtsfragen; es kann sein eigenes Ermessen an die Stelle des Ermessens des 1. Richters setzen (KK-StPO/Hadamitzky Rn. 16).

21 **I. Revision.** Die Ablehnung eines Befangenheitsantrags vor der HV ist kein Revisionsgrund, wenn der Antrag nicht wiederholt worden ist (BGH NStZ-RR 2002, 110; → Rn. 11). Sonst **kann die Revision darauf gestützt werden,** dass der Antrag nicht beschieden (OLG Hamm NJW 1966, 1880), dass er nicht ausreichend begründet (Holtz MDR 1978, 459 – BGH RsprÜ; RGSt 47, 239 (241)), sofern die Gründe nicht offensichtlich sind (OLG Hamburg VRS 56, 457), dass dem Antrag zu Unrecht stattgegeben (ist ein anderer Sachverständiger gehört worden, so beruht das Urt. darauf idR nicht) o. dass er zu Unrecht zurückgewiesen worden ist. Die Rüge ist nach allgemeinem Revisionsrecht zu beurteilen (BGHSt 8, 226 (232); BGH StV 1990, 389). Mit der Revision müssen der Ablehnungsantrag u. der ihn zurückweisende Gerichtsbeschluss mitgeteilt werden (BGH NJW 2018, 1030; OLG Düsseldorf JMBl. NRW. 1987, 102). Die Wiedergabe einzelner Wendungen des Sachverständigengutachtens genügt nicht, wenn sie, wie regelmäßig, nur aus dem Zusammenhang heraus beurteilt werden können (Miebach NStZ 1988, 210 – BGH RsprÜ). Neue Tatsachen o. Beweismittel können nicht nachgeschoben werden. Das Revisionsgericht ist an die Tatsachen gebunden, die der Tatrichter seiner Entsch. zugrunde gelegt hat; es darf sie nicht durch eigene Ermittlungen ergänzen (BGH BeckRS 2013, 15376; 2017, 102001). Zu prüfen ist nur, ob der Tatrichter über Rechtsfragen geirrt hat (BGHSt 8, 226 (233); BGH NStE StPO § 74 Nr. 2). Die Frage, ob Besorgnis der Befangenheit bestanden hat, wird – anders als bei der Richterablehnung (vgl. → § 338 Rn. 27) – als Rechtsfrage behandelt (BGH StraFo 2016, 336; NStZ 2008, 229 mwN).

22 Auf die **Verletzung des Abs. 2 S. 2** kann die Revision zwar gestützt werden; das Urt. beruht aber idR auf dem Verstoß nicht (OLG Köln JMBl. NRW. 1962, 202).

Pflicht des Sachverständigen zur Erstattung des Gutachtens

75 (1) **Der zum Sachverständigen Ernannte hat der Ernennung Folge zu leisten, wenn er zur Erstattung von Gutachten der erforderten Art öffentlich bestellt ist oder wenn er die Wissenschaft, die Kunst oder das Gewerbe, deren Kenntnis Voraussetzung der Begutachtung ist, öffentlich zum Erwerb ausübt oder wenn er zu ihrer Ausübung öffentlich bestellt oder ermächtigt ist.**

(2) **Zur Erstattung des Gutachtens ist auch der verpflichtet, welcher sich hierzu vor Gericht bereiterklärt hat.**

A. Sachverständigenpflicht (Abs. 1). Die Sachverständigenpflicht (Abs. 1), eine der Zeugenpflicht (→ Vor § 48 Rn. 5 ff.) entspr. staatsbürgerliche Pflicht, besteht auch im Fall der unmittelbaren Ladung nach §§ 214 Abs. 3, 220 Abs. 1 und im Vorverfahren schon ggü. der StA, nicht ggü. der Polizei. Der Bestellung zum Sachverständigen muss aber, v. der Bereiterklärung (→ Rn. 2) abgesehen, nur folgen, wer zur Gutachtenerstattung der betr. Art öffentl. bestellt ist (→ § 73 Rn. 16) o. wer die Wissenschaft, die Kunst o. das Gewerbe öffentl. zum Erwerb ausübt. Darunter fällt jede Art v. Erwerbstätigkeit in Industrie, Handel, Gewerbe o. in einem freien Beruf, die ggü. einem zahlenmäßig unbestimmten Personenkreis in der Absicht ausgeübt wird, eine laufende Einnahmequelle zu erschließen. Ferner ist zur Begutachtung verpflichtet, wer, auch wenn er den Beruf noch nicht o. nicht mehr ausübt, zur Ausübung der Wissenschaft, der Kunst o. des Gewerbes öffentl. bestellt (zB als Universitätsprofessor) o. ermächtigt ist (zB als Lehrbeauftragter o. als approbierter Arzt). Eine Grenze findet die Sachverständigenpflicht an der Zumutbarkeit (starke berufliche Inanspruchnahme, Notwendigkeit eines Erholungsurlaubs u. dgl.). Wegen der Gutachtenpflicht v. Behörden vgl. → § 83 Rn. 4. 1

B. Bereiterklärung (Abs. 2). Gemeint ist die in einer bestimmten Strafsache abgegebene Erklärung; das allgemeine Angebot, Gutachten zu erstatten, genügt nicht (SK-StPO/Rogall Rn. 24 mwN). Der Bereiterklärung ggü. dem Gericht steht nach § 161a Abs. 1 S. 2 die ggü. der StA gleich. Die Bereitschaft kann schriftlich o. mündlich, auch stillschweigend durch widerspruchslose Annahme des Gutachtenauftrags, Erscheinen vor Gericht, Beginn der Gutachtertätigkeit, erklärt werden. Sie ist unwiderruflich, wenn sie unaufgefordert erklärt wird, aber erst nachdem das Gericht o. ein Prozessbeteiligter durch Ladung nach §§ 214 Abs. 3, 220 Abs. 1 von ihr Gebrauch gemacht hat (vgl. dazu auch SK-StPO/Rogall Rn. 25). 2

C. Inhalt. Inhaltlich erstreckt sich die Sachverständigenpflicht auf die mit dem Gutachten verbundenen Vorarbeiten (Aktenstudium, Erledigung v. Forschungsarbeiten, Vornahme v. Untersuchungen) u. auf das Erscheinen vor Gericht. Das gilt auch bei unmittelbarer Ladung nach §§ 214 Abs. 3, 220 Abs. 1. Auf Verlangen des Gerichts muss der Sachverständige sein Gutachten schriftlich vorbereiten. Er muss es persönlich erstatten; Ersatzpersonen darf er nicht stellen (OLG Köln VRS 58, 73). 3

Gutachtenverweigerungsrecht des Sachverständigen

76 (1) [1] **Dieselben Gründe, die einen Zeugen berechtigen, das Zeugnis zu verweigern, berechtigen einen Sachverständigen zur Verweigerung des Gutachtens.** [2] **Auch aus anderen Gründen kann ein Sachverständiger von der Verpflichtung zur Erstattung des Gutachtens entbunden werden.**

(2) [1] **Für die Vernehmung von Richtern, Beamten und anderen Personen des öffentlichen Dienstes als Sachverständige gelten die besonderen beamtenrechtlichen Vorschriften.** [2] **Für die Mitglieder der Bundes- oder einer Landesregierung gelten die für sie maßgebenden besonderen Vorschriften.**

A. Verweigerung des Gutachtens (Abs. 1 S. 1). Der nach § 75 zur Gutachtenerstattung verpflichtete Sachverständige kann das Gutachten **aus den Gründen der §§ 52, 53 und 53a** verweigern. An die Stelle des § 54 tritt Abs. 2. Nach § 72 ist § 55 entspr. anwendbar (Löwe/Rosenberg/Krause Rn. 1; **aM** SK-StPO/Rogall Rn. 7: direkt anwendbar). Die Belehrungspflichten nach §§ 52 Abs. 3 S. 1, 55 Abs. 2 und die Pflicht zur Glaubhaftmachung nach § 56 gelten entspr. (§ 72). 1

Der **ärztliche Sachverständige** hat wegen der Befundtatsachen (→ § 79 Rn. 10) kein Schweigerecht (wegen der Zusatztatsachen vgl. → § 53 Rn. 20), gleichgültig, ob der Angeklagte o. Zeuge die Untersuchung freiwillig geschehen lässt o. nicht (BGHZ 40, 294; KK-StPO/Hadamitzky Rn. 3; erg. → § 53 Rn. 20). 2

3 **B. Entbindung von der Gutachterpflicht (Abs. 1 S. 2).** Das Gericht kann den Sachverständigen **vAw o. auf Antrag durch Beschl.** entbinden, auch wenn kein Weigerungsrecht besteht. Eine Entbindung im Interesse des Sachverständigen kann erfolgen bei Unzumutbarkeit o. bes. Härte (→ § 75 Rn. 1), etwa wegen hohen Alters, Krankheit o. beruflicher Überlastung (Bleutge DRiZ 1977, 172), nicht aber bei – angeblich – zu geringer Vergütung (Lubitz FS Eisenberg, 2019, 439 (442)). Sie kommt aber auch in Betracht wegen Ungeeignetheit (LG Augsburg StV 2014, 131), wegen (nicht geltend gemachter) Befangenheit o. wegen der Unmöglichkeit, das Gutachten in angemessener Zeit zu erlangen. Im Fall der §§ 214 Abs. 3, 220 Abs. 1 ist ein Antrag des Sachverständigen o. des Prozessbeteiligten, der ihn geladen hat, erforderlich (KMR-StPO/Neubeck Rn. 3; Lubitz FS Eisenberg, 2019, 439 (442); **aM** Müller Sachverständigenbeweis-HdB Rn. 466). Ist der v. Gericht geladene Sachverständige in der HV bereits erschienen, so tritt Abs. 1 S. 2 hinter § 245 Abs. 1 zurück (Löwe/Rosenberg/Krause Rn. 6; wohl auch BGH StraFo 2003, 198; **aM** KK-StPO/Hadamitzky Rn. 4: Abs. 1 S. 2 geht vor). Nach Erstattung des Gutachtens gilt § 83 Abs. 1 (BGH StraFo 2003, 198).

4 **C. Angehörige des öffentlichen Dienstes.** Für Angehörige des öffentlichen Dienstes gelten die Grundsätze zu § 54 entspr. Wegen der Versagung der Genehmigung vgl. § 68 BBG, § 37 Abs. 4 S. 3 BeamtStG, § 14 Abs. 2 S. 3 SG (→ § 54 Rn. 6, 7, 13). Bei einem Beamten kann das Auftreten als Sachverständiger auch nach § 99 BBG als Nebentätigkeit genehmigungsbedürftig sein.

5 Wegen der Sondervorschriften für **Regierungsmitglieder** vgl. → § 54 Rn. 30.

6 **D. Beschwerde.** Die Entbindung nach Abs. 1 S. 2 können die **Prozessbeteiligten,** nicht der dadurch nicht beschwerte Sachverständige (Müller Sachverständigenbeweis-HdB Rn. 468), nach §§ 304 Abs. 1, 305 anfechten (Löwe/Rosenberg/Krause Rn. 8). Gegen die Ablehnung eines Entbindungsantrags kann der Antragsteller nach § 304 Abs. 1, der Sachverständige als Antragsteller nach § 304 Abs. 2 Beschwerde einlegen (Ulrich Sachverständiger-HdB Rn. 126); nur für die Prozessbeteiligten gilt die Schranke des § 305 S. 1. Weitere Beschwerde ist ausgeschlossen (§ 310). Das Beschwerdegericht prüft die Ermessensausübung in vollem Umf. nach (Löwe/Rosenberg/Krause Rn. 8; SK-StPO/Rogall Rn. 28; **aM** Schwung ZSW 82 (1970), 147).

7 **E. Revision.** Mit der Revision kann, aber nur als Verstoß gegen § 244 Abs. 2, gerügt werden, dass dem Sachverständigen aus Rechtsirrtum ein Weigerungsrecht nach Abs. 1 S. 1 zuerkannt o. dass er rechtsfehlerhaft nach Abs. 1 S. 2 entbunden o. nicht entbunden worden ist (Löwe/Rosenberg/Krause Rn. 9). Ein Verstoß gegen die in Abs. 2 bezeichneten Vorschr. berührt den Rechtskreis des Angeklagten nicht (vgl. → § 54 Rn. 32). Erg. → § 81f Rn. 6.

Ausbleiben oder unberechtigte Gutachtenverweigerung des Sachverständigen

77 (1) [1] **Im Falle des Nichterscheinens oder der Weigerung eines zur Erstattung des Gutachtens verpflichteten Sachverständigen wird diesem auferlegt, die dadurch verursachten Kosten zu ersetzen.** [2] **Zugleich wird gegen ihn ein Ordnungsgeld festgesetzt.** [3] **Im Falle wiederholten Ungehorsams kann neben der Auferlegung der Kosten das Ordnungsgeld noch einmal festgesetzt werden.**

(2) [1] **Weigert sich ein zur Erstattung des Gutachtens verpflichteter Sachverständiger, nach § 73 Abs. 1 Satz 2 eine angemessene Frist abzusprechen, oder versäumt er die abgesprochene Frist, so kann gegen ihn ein Ordnungsgeld festgesetzt werden.** [2] **Der Festsetzung des Ordnungsgeldes muß eine Androhung unter Setzung einer Nachfrist vorausgehen.** [3] **Im Falle wiederholter Fristversäumnis kann das Ordnungsgeld noch einmal festgesetzt werden.**

A. Verpflichtung. Zur Erstattung des Gutachtens verpflichtet sind gerichtlich bestellte o. nach §§ 214 Abs. 3, 220 Abs. 1 unmittelbar geladene Sachverständige, die der Ernennung nach § 75 folgen müssen u. nicht nach § 76 zur Verweigerung des Gutachtens berechtigt sind. Die Folgen ihres Ungehorsams regelt § 77 abw. v. §§ 51, 70. Die Zwangsbefugnisse stehen auch der StA zu (§ 161a Abs. 2), nicht aber der Polizei. Zur entspr. Anwendung des § 77 auf Dolmetscher vgl. → GVG § 185 Rn. 7. 1

B. Ungehorsamsfälle. I. Nichterscheinen (Abs. 1 S. 1 Alt. 1). Wie bei § 51 (→ § 51 Rn. 2) setzt der Ungehorsam ordnungsmäßige Ladung voraus. Anders als beim Zeugen befreit aber das Weigerungsrecht (nach § 76 Abs. 1 S. 1) v. Erscheinen. Zum Begriff Nichterscheinen vgl. → § 51 Rn. 3 ff. 2

Bei rechtzeitiger genügender Entschuldigung unterbleiben Ordnungsmittel entspr. § 51 Abs. 2 S. 1, 2 (→ § 51 Rn. 6 ff.). 3

II. Gutachtenverweigerung (Abs. 1 S. 1 Alt. 2). Dazu gehört die Weigerung, einzelne Fragen zu beantworten (näher dazu Müller Sachverständigenbeweis-HdB Rn. 448a), die notwendigen Vorbereitungsarbeiten zu erledigen, sich der Leitung des Gerichts (§ 78) zu unterwerfen u. den Eid nach § 79 zu leisten (Löwe/Rosenberg/Krause Rn. 6). Als Weigerung ist bei fehlender Fristabrede auch die Nichtablieferung des schriftlichen Gutachtens trotz Mahnung nach angemessener Frist anzusehen. Die Weigerung kann entschuldigt sein, wenn unüberwindliche Hinderungsgründe bestehen. Zur Weigerung berechtigt nicht, dass das Gutachten für Zwecke des Gerichts auf Tonband aufgenommen (Praml MDR 1977, 14) o. dem Antrag auf Ausschließung der Öffentlichkeit nicht stattgegeben wird (Löwe/Rosenberg/Krause Rn. 7). 4

III. Weigerung der Fristabsprache (Abs. 2 S. 1 Alt. 1). Das Beharren auf einer unangemessen langen Frist steht der völligen Verweigerung der Fristabsprache gleich (Löwe/Rosenberg/Krause Rn. 8; erg. → § 73 Rn. 11). Da die Festsetzung des Ordnungsgeldes Vorwerfbarkeit voraussetzt, muss die Unangemessenheit so deutlich sein, dass sie auch der Sachverständige bei pflichtgemäßer Abwägung erkennen konnte u. musste (Rieß NJW 1975, 84). 5

IV. Versäumung der abgesprochenen Frist (Abs. 2 S. 1 Alt. 2). Ungehorsamsfolgen treten nur bei schuldhafter Säumnis ein. Krankheit, unvorhersehbare Arbeitsüberlastung o. berufliche Abordnung sind Entschuldigungsgründe, nicht aber die Nichtanzeige der Arbeitsüberlastung (OLG Celle NJW 1972, 1524). 6

C. Ungehorsamsfolgen. I. Auferlegung der Kosten. Die Auferlegung der Kosten ist in den Fällen des Abs. 1, nicht in denen des Abs. 2, für jeden einzelnen Ungehorsamsfall ohne Rücksicht auf deren Zahl zwingend vorgeschrieben (Löwe/Rosenberg/Krause Rn. 12). 7

Wegen Art u. Höhe der Kosten vgl. → § 51 Rn. 14. 8

II. Ordnungsgeld. Die Höhe regelt Art. 6 EGStGB. Im **Fall des Abs. 1** gelten → § 51 Rn. 16, 17 entsprechend. In demselben Verf. darf die Festsetzung v. Ordnungsgeld nach Abs. 1 S. 3 nur einmal wiederholt werden (vgl. → § 51 Rn. 19), auch wenn die HV nach §§ 228, 229 von Neuem durchgeführt werden muss. Die ersatzweise Festsetzung v. Ordnungshaft lässt Abs. 1, anders als § 51 Abs. 1 S. 1, nicht zu. 9

Im **Fall des Abs. 2** ist die Festsetzung v. Ordnungsgeld nicht zwingend vorgeschrieben; bei Gutachtenverweigerung, nicht bei Verweigerung der Fristabsprache (KK-StPO/Hadamitzky Rn. 4), ist sie erst nach Androhung unter Setzung einer Nachfrist zulässig (Abs. 2 S. 2). Dabei braucht die beabsichtigte Bemessung des Ordnungsgeldes nicht vorher mitgeteilt zu werden. Die Frist muss so bemessen werden, dass dem Sachverständigen die Erstellung des Gutachtens möglich ist (Löwe/Rosenberg/Krause Rn. 10). Bei Fristversäumung kann zugleich mit der Festsetzung des Ordnungsgeldes eine 2. Nachfrist gesetzt u. erneut Ordnungsgeld angedroht werden. Wird es festgesetzt, so sind die Zwangsmittel erschöpft. In der Regel wird es sich empfehlen, schon den nach der 1. Ordnungsgeldfestsetzung 10 noch ungehorsamen Sachverständigen nach § 76 Abs. 1 S. 2 zu entbinden (SK-StPO/Rogall Rn. 26).

11 **D. Verfahren, Vollstreckung und Anfechtung.** Vgl. → § 51 Rn. 21–23, 25–30. In den Fällen des Abs. 2 muss der Sachverständige vor der Beschlussfassung gehört werden (KMR-StPO/Neubeck Rn. 11). § 51 Abs. 2 S. 2 gilt entsprechend (§ 72).

Richterliche Leitung der Tätigkeit des Sachverständigen

78 **Der Richter hat, soweit ihm dies erforderlich erscheint, die Tätigkeit der Sachverständigen zu leiten.**

1 **A. Tätigkeit des Sachverständigen.** Tätigkeit des Sachverständigen iSd § 78 ist nur die Vorbereitung des Gutachtens (KK-StPO/Hadamitzky Rn. 2; Löwe/Rosenberg/Krause Rn. 2; **aM** Schmidt StPO/GVG Nachtrag StPO § 78 Rn. 10); denn dass die Vernehmung v. dem Richter geleitet wird, folgt schon aus § 238 Abs. 1.

2 **B. Leitung.** Die Leitung der Sachverständigentätigkeit, die keiner besonderen Form bedarf, ist eine wichtige, oft vernachlässigte (vgl. Dippel Sachverständige S. 107; Sarstedt NJW 1968, 180) Aufgabe des Richters, im Vorverfahren der StA o. Polizei, die den Sachverständigen zugezogen hat.

3 Sie erfordert eine klare u. eindeutige **Auftragsbeschreibung** (Löwe/Rosenberg/Krause Rn. 4, insbes. die unmissverständliche Formulierung der v. dem Sachverständigen zu beantwortenden Beweisfragen (MüKoStPO/Trück Rn. 7). Der Überschreitung des Gutachtenauftrags muss entgegengewirkt werden.

4 Die **Anknüpfungstatsachen** (→ § 79 Rn. 11), v. denen er in seinem Gutachten ausgehen soll, sind dem Sachverständigen möglichst schon bei Auftragserteilung mitzuteilen, sofern er sie nicht selbst, als Befundtatsachen (→ § 79 Rn. 10), ermitteln soll (BGH StV 1995, 113;). Dazu muss ihm ein Sachbericht, oft sogar das gesamte Aktenmaterial zugänglich gemacht werden (→ § 80 Rn. 3). Wird er erst während o. nach Schluss der Beweisaufnahme bestellt, so können ihm die Anknüpfungstatsachen außerhalb der HV bekanntgegeben werden (BGHSt 2, 25 (29)). Zur Vorgabe der Anknüpfungstatsachen in der Hauptverhandlung s. BGH 22.10.2025 – 2 StR 346/25.

5 Auch **Belehrungen** des Sachverständigen **über rechtliche Vorgaben** können notwendig sein, zB über verfahrensrechtliche Vorschr., insbes. über das Fehlen der Befugnis, Auskunftspersonen zu vernehmen (→ § 80 Rn. 2), o. über die sachliche Rechtslage, zB über die rechtlichen Voraussetzungen der §§ 20, 21 StGB (Löwe/Rosenberg/Krause Rn. 5 ff.; MüKoStPO/Trück Rn. 5), o. über das Verbot, zulässiges Verteidigungsverhalten des Beschuldigten zu seinem Nachteil zu verwerten (BGH BeckRS 2003, 2850).

6 Die **fachliche Durchführung der Untersuchungen** ist dagegen allein Sache des Sachverständigen; er hat hins. der Informationsbeschaffung u. der Methodenwahl weitgehend freie Hand. Das Gericht darf ihm somit keine Weisungen darüber erteilen, auf welchem Weg er das Gutachten zu erarbeiten hat (Spiegel DAR 1978, 155 – BGH RsprÜ; zu weitgehend aber BGH NJW 1970, 1242) u. welche Untersuchungsmethoden er anwenden soll (Kusch NStZ 1992, 27 – BGH RsprÜ; BGH NStZ 1997, 610). Es darf zB nicht darüber befinden, ob u. unter welchen Bedingungen sich der Sachverständige die Überzeugung v. der Verhandlungsunfähigkeit des Angeklagten verschaffen darf. Der Verteidiger hat bei der Begutachtung kein Anwesenheitsrecht; dies gilt auch dann, wenn der Beschuldigte die Untersuchung, etwa eine **Exploration,** ansonsten verweigert (BGH NStZ 2003, 101; 2008, 229).

7 **C. Revision.** Die Revision kann ein Verstoß gegen § 78 nicht begründen. Revisionsgrund kann nur die infolge der Nichtbeachtung der Vorschr. entstandene Verletzung der §§ 136a, 252, 261 oder der §§ 20, 21 StGB sein (KK-StPO/Hadamitzky Rn. 5; Löwe/Rosenberg/Krause Rn. 11; SK-StPO/Rogall Rn. 15).

Vereidigung des Sachverständigen

79 (1) **Der Sachverständige kann nach dem Ermessen des Gerichts vereidigt werden.**

(2) **Der Eid ist nach Erstattung des Gutachtens zu leisten; er geht dahin, daß der Sachverständige das Gutachten unparteiisch und nach bestem Wissen und Gewissen erstattet habe.**

(3) **Ist der Sachverständige für die Erstattung von Gutachten der betreffenden Art im allgemeinen vereidigt, so genügt die Berufung auf den geleisteten Eid.**

A. Im Ermessen des Gerichts (Abs. 1). Im Ermessen des Gerichts (Abs. 1) 1 steht die Vereidigung, auch bei ausschlaggebender Bedeutung des Gutachtens (Herlan MDR 1955, 651 – BGH RsprÜ). Nur bes. Umstände führen zur Vereidigung (BGHSt 21, 227), etwa wenn Sachkunde u. Gewissenhaftigkeit des Sachverständigen zw. sind o. wenn seinem Gutachten ohne Prüfungsmöglichkeit blindlings gefolgt werden muss.

Die Nichtvereidigung bedarf keiner ausdr. Entscheidung, da sie die Regel ist 2 (vgl. BGHSt 21, 227). In der Praxis ist die Vorabentscheidung des Vorsitzenden (→ § 59 Rn. 9) üblich. Wegen der Vereidigung der Behördenvertreter vgl. → § 83 Rn. 5.

B. Auf Antrag der StA. Auf einen Antrag der StA, des Angeklagten o. des 3 Verteidigers kommt es jetzt – im Gegensatz zur früheren Rechtslage – nicht mehr an; das Gericht entscheidet wie in § 59 Abs. 1 nach seinem Ermessen; §§ 60, 61 gelten aber auch hier (→ § 72 Rn. 1).

C. Nacheid (Abs. 2). Als Nacheid (Abs. 2) ist der Eid zu leisten. Die Form 4 regelt Abs. 2 iVm § 64; auch § 65 gilt, ebenso § 67 (KK-StPO/Hadamitzky Rn. 4). Mehrere Sachverständige müssen einzeln vereidigt werden. Die Vereidigung ist im Protokoll mit den Worten: „Der Sachverständige leistete den Sachverständigeneid", zu beurkunden (§ 273 Abs. 1).

D. Berufung auf die allgemeine Vereidigung (Abs. 3). Die Berufung auf 5 die allgemeine Vereidigung (Abs. 3) **ersetzt den Eid;** der Sachverständige kann ihn daher verweigern (Löwe/Rosenberg/Krause Rn. 15; SK-StPO/Rogall Rn. 17; **aM** KK-StPO/Hadamitzky Rn. 5; Schmidt StPO/GVG StPO § 79 Rn. 11). Wie im Fall des § 67 (→ § 67 Rn. 7) u. des § 189 GVG (→ GVG § 189 Rn. 2) muss sich der Sachverständige selbst auf den Eid berufen, wenn auch nur durch Bejahung der Frage des Richters, ob er das tun wolle. Die Berufung auf den Diensteid des Beamten, zu dessen Dienstpflichten die Erstattung v. Gutachten der betreffenden Art gehört, reicht aus (RGSt 45, 373 (375)), nicht aber die Berufung auf die allg. Vereidigung als Dolmetscher (BGH NJW 1965, 643).

Die **Feststellung der allgemeinen Vereidigung,** die nicht gerichtskundig ist, 6 erfolgt im Freibeweis (→ § 244 Rn. 7, 9). Die Erkl. des Sachverständigen kann ausreichen. Bleiben Zweifel, so ist er zu vereidigen.

Im **Protokoll** muss die Berufung auf die allg. Vereidigung beurkundet werden 7 (§ 273 Abs. 1), nicht die Feststellung, dass die Vereidigung stattgefunden hat.

Ihrem **Umfang** nach erstreckt sich die allg. Vereidigung (zB nach § 36 GewO) 8 auf Gutachten auf einem bestimmten Fachgebiet (Ulrich Sachverständiger-HdB Rn. 410), bei örtlicher Beschränkung auf die vor Gerichten des betr. Bezirks abgegebenen Gutachten (RGSt 43, 158; 45, 373). War der Eid an das Amt eines gerichtlichen Sachverständigen geknüpft, so verliert er mit dessen Niederlegung seine Wirkung (Ulrich Sachverständiger-HdB Rn. 411).

E. Reichweite des Eides. Der **Eid erstreckt sich** auf das Gutachten, nicht auf 9 die Personal- u. Generalfragen nach § 68 (Ernesti/Lorenzen SchlHA 1986, 103 – OLG Schleswig RsprÜ). Insoweit kann der Sachverständige aber, ggf. unter Verbindung beider Eidesformeln (Löwe/Rosenberg/Krause Rn. 16), bes. vereidigt werden. Im Übrigen ist zu unterscheiden:

10 **I. Befundtatsachen.** Befundtatsachen, dh Anknüpfungstatsachen für das Gutachten, die der Sachverständige **aufgrund seiner Sachkunde selbst in eigener Verantwortung** festgestellt hat, vermittelt er dem Gericht als Teil des Gutachtens (BGHSt 20, 164; BGH NStZ-RR 2020, 29; OLG Hamm StV 1984, 457). Sie werden daher v. dem Eid umfasst (Ulrich Sachverständiger-HdB Rn. 413). Solche Tatsachen sind insbes. Wahrnehmungen bei der Leichenöffnung (BGH VRS 32, 433) o. am lebenden Körper (BGHSt 18, 107; OLG Bremen VRS 54, 65 (67)), bei der Besichtigung des Tatorts (RG HRR 1932, 213) o. der Unfallstelle (BGH VRS 10, 287; OLG Hamm VRS 29, 202), Feststellungen bei der Auswertung früherer Gutachten (Holtz MDR 1977, 108 – BGH RsprÜ) o. Krankengeschichten (BGHSt 9, 292; BGHR StPO § 59 S. 1 Sachverständigenfrage 1, 2; OLG Hamm NStZ-RR 2022, 231; OLG Celle GA 1961, 245), bei der Untersuchung v. Lebensmitteln o. Kraftfahrzeugen (BGH VRS 65, 140) o. bei der Einsicht in Handelsbücher u. Buchungsunterlagen (BGH NJW 1951, 771), nicht aber Schriftproben (KG StV 1993, 628; OLG Hamm StV 1984, 457), Fahrtschreiberdiagramme (OLG Düsseldorf VRS 39, 277) u. Wahrnehmungen des Sachverständigen vor seiner Bestellung (→ Rn. 12).

10a Wie es sich mit den bei einer **aussagepsychologischen Exploration** erhobenen Tatsachen verhält, ist umstr.; während BGHSt 46, 189 (2. StS) sie ohne Weiteres den Zusatztatsachen zuordnet, über die der Sachverständige erforderlichenfalls als Zeuge aussagt, (→ Rn. 11), neigt der 6. StS des BGH dazu, sie grds. als Befundtatsachden anzusehen, zu denen der Sachverständige in seiner nämlichen Funktion vernommen werden kann (BGH NStZ 2021, 690 mablAnm Habetha). Allerdings handelt es bei den Angaben einer Zeugin zum Tatgeschehen im Rahmen einer Exploration grds. um gleichermaßen von dem Gericht bei einer Vernehmung erzielbare Tatsachen; dies spricht dafür, sie wie bisher als Befundtatsachen zu werten (vgl. Habetha NStZ 2021, 691). Das gilt allerdings nicht für Befunde der Exploration, die jenseits der Tatschilderung eine besondere Expertise voraussetzen wie etwa sachkundige Feststellungen über die Intelligenz, den Wortschatz, biologische Grundkenntnisse und die Suggestionsfestigkeit (Habetha NStZ 2021, 691, 693). Erg. → § 252 Rn. 10; → § 76 Rn. 2.

11 **II. Zusatztatsachen.** Zusatztatsachen, dh das Gutachten vorbereitende Anknüpfungstatsachen, **zu deren Ermittlung u. Wahrnehmung keine bes. Sachkunde erforderlich** war u. die daher auch das Gericht hätte feststellen können (BGHSt 20, 164 (166); BGH NStZ 2020, 29), sind nicht Inhalt des Gutachtens; der Sachverständige muss über sie als Zeuge aussagen (BGHSt 20, 164 (166); 22, 268 (271); BGH NStZ 1985, 135) o. die v. ihm angehörten Personen müssen als Zeugen vernommen werden. In Betracht kommen va das Tatgeschehen betr. Tatsachen, die der Sachverständige bei der Vorbereitung des Gutachtens v. dem zu Begutachtenden o. v. Auskunftspersonen unaufgefordert (vgl. BGH NJW 1988, 1223 (1224): Geständnis des Angeklagten) o. auf Befragen o. die er durch Augenschein erfahren hat (BGH NStZ 1993, 245). Zu den im Rahmen der Exploration für ein aussagepsychologisches Gutachten erhobenen Tatsachen → Rn. 10a. Erg. → § 53 Rn. 20.

12 **III. Zufallsbeobachtungen.** Zufallsbeobachtungen stehen in keinem unmittelbaren Zusammenhang mit dem Gutachten u. werden daher v. dem Eid ebenfalls **nicht umfasst.** Das gilt insbes. für Wahrnehmungen u. für das eigene Verhalten des Sachverständigen vor der Bestellung, für die zufällige Beobachtung der Tat u. für bes. Wahrnehmungen während der Sachverständigentätigkeit, zB dass dem Angeklagten ein Kassiber zugesteckt wird (Löwe/Rosenberg/Krause Rn. 17).

13 **F. Revision.** Fehler bei der Ermessensausübung nach Abs. 1 können die Revision nicht begründen (vgl. BGHSt 21, 227). Wenn der Sachverständige auch als Zeuge vernommen u. vereidigt worden ist, deckt der Zeugeneid immer auch das Sachverständigengutachten (BGH GA 1976, 78; OLG Hamm NJW 1969, 567). Wurde der Sachverständige fehlerhaft nicht zugleich als Zeuge vernommen (→ Rn. 11), beruht das Urt. darauf nur dann nicht, wenn ausgeschlossen werden

kann, dass er als Zeuge seine Aussage geänd. hätte (BGH NStZ 1986, 323; 1993, 246). Im Fall des Abs. 3 kann die Revision auf das Fehlen einer allg. Vereidigung gestützt werden. Sind Gericht u. Sachverständiger davon ausgegangen, dass die Berufung auf den Eid zulässig war, so wird das Urt. aber auf dem Verstoß idR nicht beruhen (Löwe/Rosenberg/Krause Rn. 24; erg. → § 67 Rn. 9; → GVG § 189 Rn. 3).

Vorbereitung des Gutachtens durch weitere Aufklärung

80 (1) **Dem Sachverständigen kann auf sein Verlangen zur Vorbereitung des Gutachtens durch Vernehmung von Zeugen oder des Beschuldigten weitere Aufklärung verschafft werden.**

(2) **Zu demselben Zweck kann ihm gestattet werden, die Akten einzusehen, der Vernehmung von Zeugen oder des Beschuldigten beizuwohnen und an sie unmittelbar Fragen zu stellen.**

A. Verschaffung weiterer Aufklärung. Die **Anknüpfungstatsachen** 1
(→ § 79 Rn. 11) müssen dem Sachverständigen, soweit möglich, bereits bei der Erteilung des Auftrags mitgeteilt werden (→ § 78 Rn. 4). Zu den Pflichten des Sachverständigen gehört es, sie krit. zu würdigen; denn häufig kann nur er aufgrund seiner bes. Sachkunde beurteilen, ob sie richtig u. vollständig sind. Hält er eine Vervollständigung für nötig, so ist er verpflichtet, sich an seinen Auftraggeber (Gericht, StA, Polizei) zu wenden u. die nach seiner Auff. mögliche u. erforderliche weitere Sachaufklärung zur Gewinnung einer zuverlässigen Tatsachengrundlage für sein Gutachten zu beantragen. Für das Gericht folgt die Pflicht, ihm auf Verlangen weitere Aufklärung zu verschaffen, idR schon aus der Sachaufklärungspflicht nach § 244 Abs. 2 (BGH JR 1962, 111). Nur wenn sie nicht entgegensteht, kann das Gericht auf einer Gutachtenerstattung ohne völlige Aufklärung o. sogar unter Unterstellung eines bestimmten Sachverhalts bestehen. Der Sachverständige hat kein eigenes Ermittlungsrecht (Momsen/Rackow/Schwarze NStZ 2018, 625 (627)).

B. Vernehmung von Auskunftspersonen. Durch Vernehmung von Aus- 2
kunftspersonen (Beschuldigte, Zeugen) soll dem Sachverständigen in 1. Hinsicht weitere Aufklärung verschafft werden (Abs. 1). Gemeint sind **Vernehmungen durch das Gericht, die StA o. die Polizei.** Der Sachverständige selbst ist zu solchen Vernehmungen nicht befugt (BGH JR 1962, 111; OLG Köln StraFo 2011, 504; Weigend JZ 1990, 49; **aM** Fincke ZStW 86 (1974), 669; ausf. dazu SK-StPO/Rogall Rn. 12 ff.). Zwar sind ihm **informatorische Befragungen** nicht verwehrt, sofern sie nur dem Zweck dienen, allg. die Beweiserheblichkeit des Wissens der Auskunftsperson festzustellen u. ggf. ihre Vernehmung zu beantragen (BGHSt 9, 292 (296); BGH 14.12.2021 – 1 StR 234/21). Sonst darf der Sachverständige nur der richterlichen Vernehmung beiwohnen u. an Zeugen o. Beschuldigte Fragen stellen (Abs. 2); dabei darf ihm aber nicht die ganze Befragung überlassen werden (KG StraFo 2016, 245 (246)). Das Vernehmungsverbot gilt auch für Explorationen durch psychologische Sachverständige; sie sind zu eigenen Ermittlungen ebenso wenig befugt wie andere Sachverständige (vgl. Dallinger MDR 1966, 383 – BGH RsprÜ; Löwe/Rosenberg/Krause Rn. 8; **aM** Cabanis NJW 1978, 2331); die umfassende Befragung von Opferzeugen im Rahmen der Exploration bleibt hiervon unberührt (BGH 14.12.2021 – 1 StR 234/21) Vernehmungen, die der Sachverständige unter Verstoß gegen diese Grundsätze vornimmt, sind verfahrensrechtlich, va im Hinblick auf § 251 Abs. 2 Nr. 1, wertlos (BGHSt 13, 1 (4); Löwe/Rosenberg/Krause Rn. 7); erforderlichenfalls muss das Gericht sie wiederholen.

C. Akteneinsicht (Abs. 2). Die Akteneinsicht (Abs. 2) wird dem Sachverstän- 3
digen nicht nur auf sein Verlangen (Abs. 1) gestattet, sondern **idR schon bei der Auftragserteilung** (→ Rn. 1). Dem Verlangen des Sachverständigen auf Akteneinsicht muss aber nicht stets u. nicht immer umfassend entsprochen werden

(Löwe/Rosenberg/Krause Rn. 3). Entscheidend ist das Ermessen der Stelle, die die Tätigkeit des Sachverständigen zu leiten hat (§ 78). Routinemäßig dürfen die Akten dem Sachverständigen nicht überlassen werden (SK-StPO/Rogall § 78 Rn. 10; Dippel FS E. Müller, 2008, 138). Wegen der Akteneinsicht des Schriftsachverständigen vgl. → § 93 Rn. 1.

4 **D. Sonstige Beweiserhebungen.** Sonstige Beweiserhebungen zur Vorbereitung des Gutachtens schließt Abs. 2 nicht aus, so insbes. die Herbeiziehung v. Urkunden u. Akten u. die Vorlegung v. Augenscheinsobjekten (OLG Karlsruhe Justiz 1963, 36). Die Besichtigung v. Örtlichkeiten, die Einholung v. Auskünften u. die Heranziehung v. Krankengeschichten ua Unterlagen ist dem Sachverständigen ohne Mitwirkung des Gerichts gestattet. Nimmt er eine Ortsbesichtigung vor, so braucht er Beschuldigte u. Verteidiger nicht zu benachrichtigen (BGH VRS 35, 428).

5 **E. Anwesenheit in der HV. In der Hauptverhandlung** braucht der Sachverständige nicht ständig anwesend zu sein (Spiegel DAR 1983, 205 – BGH RsprÜ; Dallinger MDR 1953, 723 – BGH RsprÜ). Er entscheidet, sofern das Gericht ihm hierüber nach pflichtgemessen Ermessen (BGH NStZ 2023, 630) keine Weisungen erteilt, selbst darüber, ob das Gutachten seine ständige Anwesenheit erfordert (Spiegel DAR 1985, 195 – BGH RsprÜ; Pfeiffer NStZ 1981, 297 – BGH RsprÜ). Das Gericht kann dem Sachverständigen, da § 58 Abs. 1 auf ihn nicht entspr. anwendbar ist, die Anwesenheit bei der Beweisaufnahme gestatten. Bisweilen ist das sogar nach § 244 Abs. 2 geboten (BGHSt 19, 367). Dem Gericht obliegt die Prüfung, ob während der Abwesenheit des Sachverständigen Einzelheiten erörtert worden sind, die sein Gutachten beeinflussen können, u. ob er daher über diese Verhandlungsergebnisse zu unterrichten ist (BGHSt 2, 25 (27, 28); Spiegel DAR 1985, 195 – BGH RsprÜ). Ob der Sachverständige unmittelbar Fragen an Zeugen o. Beschuldigte stellen darf, steht im Ermessen des Gerichts (BGH NJW 1969, 437).

6 **F. Revision.** Revisionsgrund ist der Verstoß gegen Abs. 1 nur, wenn zugleich eine **Verletzung der Sachaufklärungspflicht** vorliegt o. wenn er dazu geführt hat, dass der Sachverständige v. unrichtigen Erwägungen ausgegangen ist (Löwe/Rosenberg/Krause Rn. 13). Eine Aufklärungsrüge nach § 244 Abs. 2 ist auch zu erheben, wenn die Revision rügen will, der Sachverständige sei nicht bei allen Beweiserhebungen anwesend gewesen (BGH NStZ 2023, 630; erg. → Rn. 5). Auf eine Verletzung des Abs. 2, der nur eine Ordnungsvorschrift ist (Löwe/Rosenberg/Krause Rn. 13), kann die Revision nicht gestützt werden (MüKoStPO/Trück Rn. 16; **aM** SK-StPO/Rogall Rn. 22).

Vorbereitung des Gutachtens im Vorverfahren

80a Ist damit zu rechnen, daß die Unterbringung des Beschuldigten in einem psychiatrischen Krankenhaus, einer Entziehungsanstalt oder in der Sicherungsverwahrung angeordnet werden wird, so soll schon im Vorverfahren einem Sachverständigen Gelegenheit zur Vorbereitung des in der Hauptverhandlung zu erstattenden Gutachtens gegeben werden.

1 **A. Vorverfahren.** Für das Vorverfahren (→ Einl. Rn. 60) gegen einen schuld- u. verhandlungsfähigen Beschuldigten gilt die Vorschrift. Im Sicherungsverfahren nach §§ 413 ff. gilt § 414 Abs. 3, in der HV § 246a.

2 **B. Vorbereitung des Gutachtens.** Die Vorbereitung des Gutachtens soll dem Sachverständigen ermöglicht werden. Ein Sachverständiger ist regelmäßig schon in einem **frühen Stadium des Ermittlungsverfahrens** heranzuziehen, wenn eine freiheitsentziehende Maßregel nach §§ 63–66 StGB in Betracht kommt (MüKoStPO/Trück Rn. 4 mwN). In der Regel ist ein Psychiater zum Sachverständigen zu bestellen (Müller-Dietz NStZ 1983, 204 mwN; vgl. auch Dallinger MDR 1976,

17 – BGH RsprÜ). Sein Gutachten muss sich auf den psychischen u. körperlichen Zustand des Beschuldigten u. auf die Behandlungsaussichten erstrecken.

C. Weigerung des Beschuldigten. Bei Weigerung des Beschuldigten, sich untersuchen zu lassen, ist er vor das Gericht o. die StA zu laden, notfalls nach § 133 Abs. 2 vorzuführen, u. unter Beteiligung des Sachverständigen (§ 80) zu vernehmen (Löwe/Rosenberg/Krause Rn. 4). In Betracht kommt auch eine Anordnung nach § 81a, auch eine Unterbringung nach § 81 (BGH NJW 1972, 348). **3**

D. Anfechtung. Nicht die Zuziehung des Sachverständigen, sondern erst die Anordnung nach § 81 oder § 81a ist mit der **Beschwerde** anfechtbar (Löwe/Rosenberg/Krause Rn. 5). **4**

Die **Revision** kann nicht auf den Verstoß gegen § 80a, sondern nur auf Verletzung des § 246a gestützt werden (BGH NStZ 1984, 134; SK-StPO/Rogall Rn. 10). **5**

Unterbringung des Beschuldigten zur Vorbereitung eines Gutachtens **Nr. 61, 62 RiStBV**

81 (1) **Zur Vorbereitung eines Gutachtens über den psychischen Zustand des Beschuldigten kann das Gericht nach Anhörung eines Sachverständigen und des Verteidigers anordnen, daß der Beschuldigte in ein öffentliches psychiatrisches Krankenhaus gebracht und dort beobachtet wird.**

(2) [1]**Das Gericht trifft die Anordnung nach Absatz 1 nur, wenn der Beschuldigte der Tat dringend verdächtig ist.** [2]**Das Gericht darf diese Anordnung nicht treffen, wenn sie zu der Bedeutung der Sache und der zu erwartenden Strafe oder Maßregel der Besserung und Sicherung außer Verhältnis steht.**

(3) **Im vorbereitenden Verfahren entscheidet das Gericht, das für die Eröffnung des Hauptverfahrens zuständig wäre.**

(4) [1]**Gegen den Beschluß ist sofortige Beschwerde zulässig.** [2]**Sie hat aufschiebende Wirkung.**

(5) **Die Unterbringung in einem psychiatrischen Krankenhaus nach Absatz 1 darf die Dauer von insgesamt sechs Wochen nicht überschreiten.**

Übersicht

1 **A. Anwendungsbereich.** Die **Unterbringung zur Beobachtung** in einem öffentl. psychiatrischen Krankenhaus – nicht die ambulante Beobachtung in den Privaträumen eines Sachverständigen (KG StraFo 2016, 245 (246)) – ist schon im Vorverfahren (→ Einl. Rn. 60) zulässig, auch im Sicherungsverfahren nach §§ 413 ff., nicht aber im Privatklageverfahren (→ Rn. 7). Rechtskraft u. Vollzug (§ 67 Abs. 2 StGB) der neben der Maßregel nach § 63 StGB verhängten Freiheitsstrafe hindern die Unterbringung nicht, solange noch über die Maßregel zu entscheiden ist; die Unterbringung muss dann auf die Strafzeit angerechnet werden (OLG Celle NJW 1961, 981). Nach Rechtskraft des Urteils ist die Unterbringung ausgeschlossen. Sie darf weder für Zwecke der Strafvollstreckung noch zur Vorbereitung der Entscheidungen nach §§ 57, 57a, 67d Abs. 4, 67g StGB angeordnet werden (OLG Düsseldorf StV 1985, 377; OLG Hamm NJW 1974, 914). Bei der Beweisaufnahme im Wiederaufnahmeverfahren nach § 369 ist sie wieder zulässig (→ § 369 Rn. 1).

2 **B. Unterbringung ohne Anordnung. Ohne Unterbringungsanordnung nach § 81** und auch ohne die zeitliche Grenze des Abs. 5 (RGSt 34, 306; OLG Stuttgart NJW 1961, 2077) ist die Beobachtung des Beschuldigten zulässig, solange gegen ihn ein Unterbringungsbefehl nach § 126a in einem psychiatrischen Krankenhaus (nicht in einer Entziehungsanstalt) vollzogen wird (BGH NStZ 2025, 497; KK-StPO/Hadamitzky Rn. 2; Löwe/Rosenberg/Krause Rn. 5) o. solange er sich in einer JVA in UHaft o. Strafhaft befindet u. dort in der psychiatrischen Abt. beobachtet werden kann (Kusch NStZ 1995, 219 – BGH RsprÜ). Die Anordnung, dass er in eine solche Abt. o. in eine andere JVA mit einer solchen Abt. zu verlegen ist, reicht dann aus (OLG Celle NStZ 1991, 598; OLG Karlsruhe Justiz 1972, 18; OLG Stuttgart NJW 1973, 1426; **aM** Duttge NStZ 2003, 377). Bei UHaft trifft sie der nach § 126 zuständige Haftrichter, bei Strafhaft der Vorstand der JVA. Für Beobachtungen außerhalb der JVA gilt das nicht (OLG Stuttgart NJW 1973, 1426). Muss hingegen die Unterbringung angeordnet werden, ist diese grds. vorrangig vor U-Haft zu vollstrecken (§ 116b S. 2, → § 116b Rn. 4).

3 **C. Beweisantrag. In Form eines Beweisantrags** (→ § 244 Rn. 17 ff.) kann die Anstaltsunterbringung v. den Prozessbeteiligten nicht beantragt werden. Da der Antrag sich nicht auf den Umf. der Beweisaufnahme, sondern nur auf die Art u. Weise der Begutachtung durch den Sachverständigen bezieht, handelt es sich um eine bloße Beweisanregung (→ § 244 Rn. 26), über die das Gericht im Rahmen der Sachaufklärungspflicht (§ 244 Abs. 2) entscheidet (HK-StPO/Brauer Rn. 5; Löwe/Rosenberg/Krause Rn. 7; SK-StPO/Rogall Rn. 61; **aM** BGH JR 1955, 472; OGHSt 2, 207; OLG Koblenz VRS 48, 182 (184); KK-StPO/Hadamitzky Rn. 3). Die Anstaltsbeobachtung ist auch kein überlegenes Forschungsmittel iSd § 244 Abs. 4 S. 2 Hs. 2 (→ § 244 Rn. 76).

4 **D. Voraussetzungen der Unterbringung. I. Vorbereitung des Gutachtens.** Zur Vorbereitung des Gutachtens über den psychischen Zustand des Beschuldigten kann die Unterbringung angeordnet werden (Abs. 1), in 1. Hinsicht zur **Prüfung der Schuldfähigkeit** nach §§ 20, 21 StGB, nicht der Glaubwürdigkeit (BGH JR 1955, 472; OLG Celle StV 1987, 518; Roxin/Schünemann StrafVerfR § 33 Rn. 3), auch nicht zur Rekonstruktion (Trinkversuch) einer vorübergehenden Bewusstseinsstörung infolge Alkohol- o. Medikamentengenusses (Dallinger MDR 1966, 383 – BGH RsprÜ).

5 Ein jetzt geistig Gesunder kann aber untergebracht werden, damit aus seinem Zustand Rückschlüsse auf den psychischen Zustand zur Tatzeit gezogen werden können (Löwe/Rosenberg/Krause Rn. 8). Steht die Schuldunfähigkeit fest, so ist die Unterbringung zur Prüfung der Gemeingefährlichkeit iSd §§ 63, 66 StGB zulässig (Löwe/Rosenberg/Krause Rn. 9). Schließlich darf durch die Unterbringung auch die gegenwärtige o. frühere (zB bei Ablegung eines Geständnisses) Verhandlungsfähigkeit geklärt werden (KMR-StPO/Bosch Rn. 9; Löwe/Rosenberg/Krause Rn. 10; **aM** Schroeder JZ 1985, 1030; diff. Eisenberg NStZ 2015, 433 (435)). Einen weiteren Unterbringungszweck sieht § 73 **JGG** vor.

II. Dringender Tatverdacht (Abs. 2 S. 1). Dringenden Tatverdacht (Abs. 2 S. 1) zum Zeitpunkt der Anordnung setzt die Unterbringung voraus. Das ist **wie bei § 112 Abs. 1 S. 1** zu beurteilen (→ § 112 Rn. 5 ff.) u. grds. nach Aktenlage zu entscheiden. Eine Beweiserhebung ist zwar zulässig, aber nicht in der Weise, dass probeweise eine HV durchgeführt u. ggf. ausgesetzt wird (SK-StPO/Rogall Rn. 11; **aM** OLG Düsseldorf JMBl. NRW. 1958, 213; erg. → § 81a Rn. 18). Besteht der dringende Verdacht des äußeren Tatgeschehens, so ist eine Vernehmung des Beschuldigten zur inneren Tatseite idR nicht erforderlich (SK-StPO/Rogall Rn. 11). Während laufender HV ist analog der Rspr. zur Überprüfung des dringenden Tatverdachts auf Haftbeschwerde (→ § 117 Rn. 11) eine hinreichend substantiierte Darlegung des bisherigen Erg. der Beweisaufnahme erforderlich (vgl. Eisenberg NStZ 2015, 433 (435)). 6

III. Verhältnismäßigkeitsgrundsatz (Abs. 2 S. 2). Der Verhältnismäßigkeitsgrundsatz (Abs. 2 S. 2) steht der Anordnung entgegen, wenn die Unterbringung für den Beschuldigten schwerer wiegt als die Strafe o. Maßregel, die er für die Straftat zu erwarten hat (Löwe/Rosenberg/Krause Rn. 14). Dies gilt gleichermaßen, wenn der Beschuldigte die **Mitwirkung an einer Untersuchung oder Exploration verweigert,** ohne die brauchbare Erkenntnisse über den psychischen Zustand nicht gewonnen werden können (BVerfG NJW 2024, 1566; NStZ 2023, 213). Zielt das Untersuchungskonzept darauf ab, den Betr. in seinem Alltagsverhalten und seiner Interaktion mit anderen Personen zu beobachten, so steht das allg. Persönlichkeitsrecht einer derartigen „Totalbeobachtung" unüberwindbar entgegen (BVerfG NJW 2024, 1566). Unzulässig ist die Unterbringung im Privatklageverfahren (OLG Hamburg JR 1955, 394) u. in Bagatellstrafsachen (OLG Karlsruhe Justiz 1997, 141; LG Zweibrücken StraFo 2003, 89; vgl. auch OLG Bamberg MDR 1984, 602: Beleidigungen querulatorischer Art). Im Bußgeldverfahren ist sie ges. ausgeschlossen (§ 46 Abs. 3 S. 1 OWiG). 7

Die Unterbringung darf auch sonst nur angeordnet werden, wenn sie **unerlässlich** ist (BVerfGE 17, 108 (117); BVerfG 2001, 657), wenn also der psychische Zustand des Beschuldigten anders nicht beurteilt werden kann (OLG Karlsruhe NJW 1973, 573). Sie ist unzulässig, wenn die Erg. einer früheren Untersuchung ausreichen (OLG Stuttgart StV 2004, 582), ferner, wenn der Sachverständige durch ambulante Untersuchungen – außerhalb eines psychiatrischen Krankenhauses – ein genügend sicheres Bild gewinnen kann (OLG Düsseldorf StV 1993, 571; OLG Frankfurt a. M. StV 1986, 51), dann ist auch eine zwangsweise Vorführung nicht zulässig (SK-StPO/Rogall Rn. 19; **aM** OLG Bamberg MDR 1984, 602). Wäre die Anordnung hingegen zulässig, kann der Beschuldigte notfalls zu ambulanten Untersuchungen vorgeführt werden (KG JR 1965, 69; OLG Celle NStZ 1991, 598; OLG Oldenburg NJW 1971, 1098; **aM** SK-StPO/Rogall Rn. 19); wenn sie trotzdem an seinem Widerstand scheitern, ist die Unterbringung zulässig (OLG Nürnberg OLGSt StPO § 81 S. 11). Von ihr muss schließlich abgesehen werden, wenn im Hinblick auf die Weigerung des Angeklagten zur Mitwirkung brauchbare Erg. nicht zu erwarten sind (OLG Düsseldorf StV 2005, 490; OLG Oldenburg StV 2008, 128; OLG Rostock StV 2015, 619), o. wenn feststeht, dass die Beobachtungszeit v. 6 Wochen ohnehin nicht ausreicht, o. wenn der Beschuldigte sich freiwillig in einer Privatklinik, deren Ärzte als Sachverständige geeignet sind, untersuchen lässt. 8

E. Anhörungspflichten. I. Anhörung eines Sachverständigen (Abs. 1). Die Anhörung eines Sachverständigen (Abs. 1) ist stets erforderlich Er muss Psychiater o. Neurologe (OLG Frankfurt a. M. NJW 1967, 689) u. sollte der Arzt sein, der die Beobachtung durchführen soll. 9

Er muss sich einen **persönlichen Eindruck** v. dem Beschuldigten verschaffen, bevor er sich zur Notwendigkeit der Unterbringung äußert (KG NStZ-RR 2013, 182 Ls.; OLG Stuttgart StV 2004, 582 mwN). Die Ansicht, in seltenen Ausnahmefällen, die sich aus der Stellungnahme des Sachverständigen ergeben müssen, könne das Aktenstudium ausreichen (OLG Düsseldorf StV 1993, 571; OLG Hamburg 10

MDR 1964, 434; OLG Karlsruhe StV 1984, 369; OLG Koblenz OLGSt StPO § 81 S. 23; vgl. auch OLG Jena R&P 2008, 58), begegnet Bedenken. Der persönliche Eindruck wird niemals ersetzbar sein (KG StraFo 2016, 245; OLG Celle NStZ 1991, 599; OLG Düsseldorf StV 1998, 638; OLG Stuttgart StV 2004, 582; vgl. auch OLG Rostock StV 2015, 619). Notfalls ist der Beschuldigte zu einer Vernehmung durch das nach Abs. 3 zuständige Gericht (OLG Koblenz 5.8.2009 – 1 Ws 370/09; **aM** LG Gera StV 1995, 631; LG Koblenz 12.6.2009 – 1 AR 1/09 (StA, § 163a Abs. 3, oder ER, § 162 Abs. 1)) vorzuladen, ggf. auch vorzuführen (§ 133; LG Aschaffenburg StV 2004, 583; Löwe/Rosenberg/Krause Rn. 18), u. dort in Anwesenheit des Sachverständigen zu hören (§ 80; vgl. OLG Celle NStZ 1989, 242; OLG Düsseldorf StV 1993, 571; OLG Jena R&P 2008, 58).

11 Wenn der Sachverständige sich nicht **ausnahmsweise mündlich** in Anwesenheit aller Verfahrensbeteiligten äußert, muss er seine **Stellungnahme schriftlich** abgeben (OLG Stuttgart StV 2004, 582). Er muss sich zur Notwendigkeit (OLG Frankfurt a. M. StV 1986, 51; OLG Hamm NJW 1957, 1290) u. zur voraussichtlich erforderlichen Dauer der Beobachtung äußern (OLG Karlsruhe NJW 1973, 573). Eine telefonische Äußerung ggü. dem Gericht ist wertlos (KG JR 1964, 231; OLG Karlsruhe MDR 1984, 72; OLG Stuttgart StV 2004, 582).

12 Der Sachverständige ist **zur Verweigerung des Zeugnisses** nach § 53 Abs. 1 S. 1 Nr. 3 oder der Gutachtenerstattung nach §§ 76 Abs. 1 S. 1, 53 Abs. 1 S. 1 Nr. 3 hinsichtlich solcher Tatsachen nicht berechtigt, die er im amtlichen Auftrag anlässlich einer Untersuchung nach Abs. 1 wahrgenommen oder ermittelt hat (BGH NStZ 2025, 497; → § 53 Rn. 20).

13 Eine **Bindung des Gerichts** an die Stellungnahme des Sachverständigen besteht nicht. Will es v. ihr abweichen, so wird es aber idR einen weiteren Sachverständigen hören müssen (OLG Hamm NJW 1957, 1290; Löwe/Rosenberg/Krause Rn. 20).

14 **II. Verteidiger.** Der Verteidiger, dessen Mitwirkung nach § 140 Abs. 1 Nr. 6 notwendig ist (→ § 140 Rn. 18), **muss angehört werden;** ist neben dem Wahlverteidiger ein Pflichtverteidiger bestellt, sind beide zu hören (OLG München StV 2008, 127). Auf das Einverständnis der Verteidigung kommt es nicht an. Die Anhörung darf erst nach Vorliegen der Stellungnahme des Sachverständigen erfolgen, die dem Verteidiger zur Kenntnis gebracht werden muss (KG JR 1964, 231; OLG Karlsruhe NJW 1972, 1584; MDR 1984, 72; LG Aschaffenburg StV 2004, 583; Eisenberg NStZ 2015, 433 (436) will den Verteidiger bereits vor Einleitung des Verfahrens u. der Auswahl des Sachverständigen hören). Dann ist auch dem Beschuldigten selbst Gelegenheit zur Stellungnahme zu geben (Eisenberg NStZ 2015, 433 (436); HK-StPO/Brauer Rn. 17; Löwe/Rosenberg/Krause Rn. 23; SK-StPO/Rogall Rn. 30; **aM** LG Koblenz 12.6.2009 – AR 1/09; AnwK StPO/Walther Rn. 4; KK-StPO/Hadamitzky Rn. 7; Schmidt StPO/GVG StPO § 81 Rn. 13), ggf. seinem ges. Vertreter (Löwe/Rosenberg/Krause Rn. 23).

15 **III. Staatsanwaltschaft.** Die Staatsanwaltschaft ist nach § 33 Abs. 2 zu hören.

16 **F. Unterbringung in einem psychiatrischen Krankenhaus. I. Dauer.** Die Dauer der Unterbringung darf **insges. 6 Wochen nicht überschreiten** (Abs. 5), auch nicht mit Einverständnis des Beschuldigten (KK-StPO/Hadamitzky Rn. 6) u. bei gleichzeitiger Anordnung der Unterbringung nach § 73 **JGG** (Brunner/Dölling JGG § 73 Rn. 4).

17 In dem Anordnungsbeschluss muss die Höchstdauer bezeichnet werden (OLG Stuttgart NJW 1961, 2077). Zweckmäßigerweise wird der Wortlaut des Abs. 5 benutzt u. angeordnet, dass die Unterbringung die Dauer v. 6 Wochen nicht überschreiten darf (Löwe/Rosenberg/Krause Rn. 26). Steht fest, dass eine kürzere Zeit ausreicht, so ist die Unterbringung aber v. vornherein auf diese Zeit zu beschränken (OLG Oldenburg NJW 1961, 981); bis 6 Wochen kann sie später immer noch verlängert werden. Nach Erreichung des Beobachtungszwecks muss der Sachverständige den Beschuldigten sofort entlassen; darüber sollte er belehrt werden (Nr. 62 Abs. 1 RiStBV).

II. Wiederholung. Die Wiederholung der Unterbringung aufgrund einer neuen richterlichen Anordnung (die frühere ist auch dann verbraucht, wenn die 6-Wochenfrist nicht ausgeschöpft worden ist) ist zulässig; nur „insgesamt" darf nach Abs. 5 die Unterbringung nicht länger als 6 Wochen dauern (Löwe/Rosenberg/Krause Rn. 28). 18

III. Auswahl des Krankenhauses. Die Auswahl des Krankenhauses trifft das Gericht in dem Anordnungsbeschluss (OLG Frankfurt a. M. NJW 1967, 689; OLG Stuttgart NJW 1961, 2077). Es muss sich um ein **öffentliches psychiatrisches Krankenhaus** handeln; Träger muss der Staat, eine Gemeinde, ein Gemeindeverband o. ein anderer Hoheitsträger sein (OLG Frankfurt a. M. NJW 1967, 689). Nicht erforderlich sind die namentliche Bezeichnung des Arztes, der den Beschuldigten beobachten soll (OLG Nürnberg OLGSt StPO § 81 S. 10), u. die Regelung der Art der Unterbringung (OLG Hamm NJW 1953, 1237; Löwe/Rosenberg/Krause Rn. 29). 19

IV. Zulässige Maßnahmen. Der Beschuldigte darf **nur festgehalten u. beobachtet** werden (vgl. Kühne NJW 1971, 227: kein Eindringen in die Intimsphäre). Körperliche Untersuchungen, Blutprobenentnahmen ua Eingriffe sind ohne sein Einverständnis nur bei bes. Anordnung nach § 81a, die ggf. mit der Anordnung nach § 81 verbunden wird, zulässig (BGHSt 8, 144; NJW 1968, 2297). Das gilt auch für ungefährliche Maßnahmen, die auch sonst iRd Beobachtung ohne bes. Einwilligung vorgenommen zu werden pflegen (**aM** OLG Schleswig NStZ 1982, 81: EKG u. Blutdruckmessung; Peters JR 1969, 233), u. für eine Heilbehandlung (Löwe/Rosenberg/Krause Rn. 31). Der Sachverständige darf den Beschuldigten über dessen Zustand befragen, Antworten aber nicht erzwingen (BGH NJW 1968, 2297). Weigert sich der Untergebrachte, an einer Exploration mitzuwirken, so muss die Unterbringung aufgeh. werden, wenn die Beobachtung allein keine Erfolgsaussicht bietet (OLG Celle StV 1985, 224; 1991, 248). Zur Überwachung des Schriftverkehrs ist, falls überhaupt erforderlich, der Richter befugt, nicht der Krankenhausarzt (BGH NJW 1961, 2069; KK-StPO/Hadamitzky Rn. 8; Löwe/Rosenberg/Krause Rn. 32). Bei Beschuldigten, die sich vor der Unterbringung auf freiem Fuß befunden hatten, ist die Überwachung unzulässig (Löwe/Rosenberg/Krause Rn. 32). 20

V. Anrechnung im Urteil. Die Anrechnung im Urteil bestimmt § 51 Abs. 1 S. 1 StGB (vgl. BGHSt 4, 325). Wird nur auf Freiheits- o. Geldstrafe erkannt, so ist ein besonderer Ausspruch im Urt. nicht erforderlich (BGHSt 24, 29; BGH NJW 1972, 730), sofern nicht beide Strafen nebeneinander verhängt werden (BGHSt 24, 29; BGH NJW 1972, 730; BayObLG NJW 1972, 1632). 21

G. Unterbringungsbeschluss. Ihn erlässt das Gericht, das für die Eröffnung des Hauptverfahrens zuständig wäre (Abs. 3), bei Zuständigkeitswahl nach § 24 Abs. 1 Nr. 2, 3 GVG das Gericht, bei dem die StA die Anklageerhebung beabsichtigt; es kann die Entsch. aber entspr. § 209 dem AG übertragen (Löwe/Rosenberg/Krause Rn. 35). 22

Nach Anklageerhebung entscheidet das mit der Sache befasste Gericht. 23

Der Beschl. muss nach § 34 **mit Gründen versehen** werden, die ergeben müssen, welche Zweifel an der Schuld- o. Verhandlungsfähigkeit des Beschuldigten bestehen u. warum sie nur durch Beobachtung nach § 81 geklärt werden können (OLG Frankfurt a. M. StV 1986, 51; OLG Köln JMBl. NRW. 1960, 44; Löwe/Rosenberg/Krause Rn. 36). 24

Ändern sich nachträglich die der Entsch. zugrunde liegenden tatsächlichen o. rechtlichen Voraussetzungen, so darf der rkr. Beschl. nicht abgeändert, aber ein neuer erlassen werden (KMR-StPO/Bosch Rn. 34), der angefochten werden kann, auch wenn gegen den früheren keine Beschwerde eingelegt worden war (OLG Düsseldorf JMBl. NRW. 1961, 45; OLG Hamm JMBl. NRW. 1976, 21). 25

Bekanntgegeben wird der Beschl. in der HV durch Verkündung, sonst schriftlich durch Zustellung (§ 35 Abs. 2) an den Verteidiger (§ 145a Abs. 1), an den 26

Beschuldigten nur, wenn die Vollmacht für den Wahlverteidiger nicht bei den Akten ist (OLG Hamm JMBl. NRW. 1956, 168).

27 Die **Vollstreckung** des Beschl. obliegt der StA (§ 36 Abs. 2 S. 1). Auch hierbei ist der Verhältnismäßigkeitsgrundsatz zu beachten (Nr. 61 Abs. 1 RiStBV). Der auf freiem Fuß befindliche Beschuldigte wird zu dem mit der Anstalt verabredeten Zeitpunkt zum Erscheinen geladen, erforderlichenfalls mit Vorführungsandrohung (vgl. Nr. 61 Abs. 2 RiStBV). Den Vorführungsbefehl erlässt die StA; er kann nach § 23 EGGVG angefochten werden (OLG Koblenz JVBl 1961, 237; KK-StPO/Hadamitzky Rn. 10; **aM** OLG Hamm NJW 1966, 684).

28 **H. Sofortige Beschwerde (§ 311). Sofortige Beschwerde (§ 311)** ist zulässig gegen den die Unterbringung anordnenden Beschl. (Abs. 4 S. 1), entgegen § 305 S. 1 auch gegen den des erkennenden Gerichts (KG JR 1965, 69; OLG Karlsruhe Justiz 1997, 141; OLG Stuttgart NJW 1961, 2077). Der Verteidiger kann sie gegen den Willen des Beschuldigten einlegen; § 297 gilt nicht (KK-StPO/Hadamitzky Rn. 11). Die Rechtsmittelfrist beginnt daher für den Verteidiger erst, wenn ihm der Beschl. zugestellt worden ist (KMR-StPO/Bosch Rn. 38). Das Rechtsmittel kann auf die Auswahl der Anstalt (Löwe/Rosenberg/Krause Rn. 40; Eisenberg NStZ 2015, 433 (437); **aM** OLG Celle NJW 1966, 1881; OLG Düsseldorf JMBl. NRW. 1961, 45; OLG Stuttgart NJW 1961, 2077; KK-StPO/Hadamitzky Rn. 11) und/oder die Auswahl des Sachverständigen (Eisenberg NStZ 2015, 433 (437) mwN; **aM** KK-StPO/Hadamitzky Rn. 11) beschränkt werden. Es hat entgegen § 307 Abs. 1 aufschiebende Wirkung (Abs. 4 S. 2). Weitere Beschwerde ist ausgeschlossen (OLG Hamm MDR 1984, 602; Ernesti/Lorenzen SchlHA 1986, 107 – OLG Schleswig RsprÜ; erg. → § 310 Rn. 6).

29 Die **Prüfung des Beschwerdegerichts** erstreckt sich auf die Zweckmäßigkeit der Anordnung (OLG Hamburg MDR 1972, 1048; OLG Hamm MDR 1950, 373; OLG Köln MDR 1951, 373; OLG Schleswig MDR 1959, 415; **aM** OLG Hamm NJW 1953, 1237). Es darf aber bei der Frage, ob Zweifel an der Schuldfähigkeit des Beschuldigten bestehen, nicht sein Ermessen an die Stelle des tatrichterlichen Ermessens setzen; den Umf. der Beweisaufnahme bestimmt der Tatrichter.

30 Die **Zurückverweisung** der Sache an den 1. Richter ist bei erheblichen Verfahrensmängeln zulässig u. geboten (OLG Hamm JMBl. NRW. 1952, 195; OLG Karlsruhe NJW 1973, 573; LG Zweibrücken NJW 1997, 70), aber nicht stets beim Fehlen der nach § 34 erforderlichen Begründung (OLG Koblenz OLGSt StPO § 81 S. 21; OLG Oldenburg NJW 1961, 981; OLG Schleswig SchlHA 1959, 82; **aM** OLG Oldenburg NJW 1971, 1098; SK-StPO/Rogall Rn. 55; erg. → § 309 Rn. 7).

31 Der die **Unterbringung ablehnende Beschluss** ist sowohl für den Beschuldigten (OLG Nürnberg MDR 1966, 347) als auch für die StA (OLG Braunschweig NJW 1955, 1492; OLG Stuttgart Justiz 1972, 231; LG Köln MDR 1996, 409) mit einfacher Beschwerde nach § 304 Abs. 1 anfechtbar (Löwe/Rosenberg/Krause Rn. 44; SK-StPO/Rogall Rn. 58; **aM** OLG Celle Nds. Rpfl. 1962, 141; OLG Karlsruhe Justiz 1972, 18).

32 **I. Revision.** Die Rüge der Rechtswidrigkeit der Unterbringung ist, da nach Abs. 4 S. 1 sofortige Beschwerde zulässig ist, nach **§ 336 S. 2** ausgeschlossen. Die Ablehnung der Unterbringung kann nur mit der Aufklärungsrüge (§ 244 Abs. 2) beanstandet werden, wenn sich die Maßnahme dem Gericht aufdrängen musste, zB wenn sogar der Sachverständige eine Beurteilung für so unsicher hält, dass er die Unterbringung angeregt hat (RG JW 1937, 3101), nicht aber, weil der Sachverständige den Rahmen für die Unterbringung nicht voll ausgeschöpft hat (Dallinger MDR 1974, 725 – BGH RsprÜ).

33 **J. Immunität.** Bei Abg. ist die Unterbringung nur mit Genehmigung des Parlaments zulässig (Nr. 191–192a RiStBV).

Körperliche Untersuchung des Beschuldigten; Zulässigkeit körperlicher Eingriffe

81a (1) [1]**Eine körperliche Untersuchung des Beschuldigten darf zur Feststellung von Tatsachen angeordnet werden, die für das Verfahren von Bedeutung sind.** [2]**Zu diesem Zweck sind Entnahmen von Blutproben und andere körperliche Eingriffe, die von einem Arzt nach den Regeln der ärztlichen Kunst zu Untersuchungszwecken vorgenommen werden, ohne Einwilligung des Beschuldigten zulässig, wenn kein Nachteil für seine Gesundheit zu befürchten ist.**

(2) [1]**Die Anordnung steht dem Richter, bei Gefährdung des Untersuchungserfolges durch Verzögerung auch der Staatsanwaltschaft und ihren Ermittlungspersonen (§ 152 des Gerichtsverfassungsgesetzes) zu.** [2]**Die Entnahme einer Blutprobe bedarf abweichend von Satz 1 keiner richterlichen Anordnung, wenn bestimmte Tatsachen den Verdacht begründen, dass eine Straftat nach § 315a Absatz 1 Nummer 1, Absatz 2 und 3, § 315c Absatz 1 Nummer 1 Buchstabe a, Absatz 2 und 3 oder § 316 des Strafgesetzbuchs begangen worden ist.**

(3) **Dem Beschuldigten entnommene Blutproben oder sonstige Körperzellen dürfen nur für Zwecke des der Entnahme zugrundeliegenden oder eines anderen anhängigen Strafverfahrens verwendet werden; sie sind unverzüglich zu vernichten, sobald sie hierfür nicht mehr erforderlich sind.**

Übersicht

A. Zwangsweise körperliche Untersuchung des Beschuldigten. Die **zwangsweise körperliche Untersuchung des Beschuldigten** gestattet die Vorschrift. Er muss hinnehmen, dass sein Körper zum Augenscheinsobjekt gemacht wird (Eser ZStW-Beiheft 86 (1974), 146). Im Schrifttum werden dagegen verfassungsrechtliche Bedenken geltend gemacht (Eisenhardt, Das nemo tenetur-Prinzip: Grenze körperlicher Untersuchungen beim Beschuldigten, 2007, S. 212; Naucke FS Hamm, 2008, 497). Das BVerfG ist nicht dieser Auff. (BVerfGE 47, 239 (248)), fordert aber eine verfassungskonforme Auslegung in der Weise, dass der 1

Verhältnismäßigkeitsgrundsatz (→ Einl. Rn. 20) bes. beachtet wird (BVerfGE 17, 108 (117); 27, 211).

2 Der Begriff **Beschuldigter** (→ Einl. Rn. 76 ff.) bedeutet nicht, dass bereits ein Ermittlungsverfahren anhängig sein muss; mit der Anordnung nach § 81a kann es eingeleitet werden, sofern bereits hinreichende Anhaltspunkte iSd § 152 Abs. 2 (→ § 152 Rn. 4) für eine Straftat vorliegen, nicht, um sie erst aufzuspüren (Krause/Nehring StrafVerfR Rn. 2). Beschuldigte iSd § 81a sind auch der Angeschuldigte u. Angeklagte (§ 157) sowie der Verurteilte, der zur Vorbereitung einer Prognoseentscheidung nach §§ 57 Abs. 1, 67d Abs. 2 S. 1 StGB untersucht werden soll (KK-StPO/Hadamitzky Rn. 2; Löwe/Rosenberg/Krause Rn. 6; **aM** OLG Hamm NJW 1974, 914; SK-StPO/Rogall Rn. 9).

3 **B. Einwilligung des Beschuldigten.** Die Einwilligung des Beschuldigten macht die Anordnung nach § 81a entbehrlich (OLG Celle NJW 2008, 3079; OLG Dresden StV 2009, 571; OLG Hamburg NJW 2008, 2597 (2599); OLG Hamm NJW 2009, 242) u. gestattet auch nach Abs. 1 S. 2 unzulässige körperliche Eingriffe, sofern sie nicht, insbes. wegen bes. Gefährlichkeit, gegen die guten Sitten verstoßen (Löffler NJW 1951, 822). Schwerwiegende Eingriffe dürfen trotz der Einwilligung nur auf richterliche Anordnung vorgenommen werden.

4 **Ausdrücklich und eindeutig** u. aus freiem Entschl. muss der Beschuldigte die Einwilligung erklären; schriftlich braucht sie nicht zu erfolgen (KG NStZ-RR 2015, 25). Der Beschuldigte muss nicht unbedingt geschäftsfähig, aber genügend verstandesreif u. in der Lage sein, den mit der Blutentnahme verbundenen Eingriff u. dessen Risiken zu überblicken. Die Einwilligungsfähigkeit steht nicht schon grds. in Frage, wenn auf den Betroffenen Alkohol o. Drogen einwirken (KG NStZ-RR 2015, 25); sie kann je nach den Umständen des Einzelfalls auch bei BAK-Werten über 2‰ vorliegen (OLG Hamm NStZ-RR 2011, 186 Ls.). Die Einwilligung liegt nicht schon in der Hinnahme des Eingriffs (OLG Bamberg NJW 2009, 2146; vgl. → § 81c Rn. 3). Erforderlich ist auch, dass der Beschuldigte die Sachlage u. sein Weigerungsrecht kennt (vgl. BGH NJW 1964, 1177; OLG Hamm BeckRS 2009, 21051).

4a Dies wird idR nur der Fall sein, wenn er darüber **belehrt** worden ist (OLG Karlsruhe StV 2005, 376; MüKoStPO/Trück Rn. 26; einschr. LG Saarbrücken NStZ-RR 2009, 55: Belehrung nach §§ 163a Abs. 4 S. 2, 136 Abs. 1 S. 2 ausreichend). Entsprechendes dürfte für die Mitwirkung an einem **Atemalkoholtest** zu gelten haben. Die Richtlinien zur Feststellung v. Alkohol-, Medikamenten- u. Drogeneinfluss bei Straftaten u. Ordnungswidrigkeiten sehen eine ausdr. Verpflichtung vor, den Betroffenen vor Durchführung darüber zu belehren, dass Messungen nur mit ihrem Einverständnis erfolgen (Nr. 2.1.1 „Belehrung"; idS auch LG Freiburg NZV 2009, 614; AG Frankfurt a. M. NZV 2010, 266; Mosbacher NStZ 2015, 42; Geppert NStZ 2014, 481). Dies entspr. dem Erfahrungssatz, dass die Freiwilligkeit den Betroffenen regelmäßig unbekannt ist; auch wird dadurch der naheliegende Vorwurf an Ermittlungspersonen vermieden, qua „amtlicher Aufforderung" nicht bestehende Mitwirkungspflichten vorgespiegelt bzw. bewusst ausgenutzt zu haben (vgl. Mosbacher NStZ 2015, 42 (43); Soiné NZV 2016, 411 (415)).

4b Demgegenüber verneint die obergerichtliche Rspr. eine solche Belehrungspflicht unter Hinweis darauf, dass Belehrungspflichten ges. geregelt seien, es an einer solchen ges. Vorschr. für Atemalkoholmessungen fehle u. eine analoge Anwendung v. § 136 Abs. 1 S. 2 mangels Regelungslücke nicht in Betracht komme (KG NStZ 2015, 42; OLG Brandenburg VRS 124, 340; ebenso Cierniak/Herb NZV 2012, 409; erg. → Rn. 11, 32a, 33). Dementsprechend lehnt die Rspr. eine Belehrungspflicht bei **Körperreaktionstests** ebenfalls ab (OLG Bremen NStZ-RR 2014, 257 Ls.); auch insoweit sprechen allerdings die zu den Atemalkoholmessungen dargelegten Argumente für eine Belehrungspflicht über die Freiwilligkeit der Mitwirkung (vgl. Soiné NZV 2016, 411 (413, 415), der eine ges. Regelung fordert). Über Bedeutung, Gefährlichkeit u. Nachwirkungen **erheblicher Eingriffe** muss der

Beschuldigte allerdings stets aufgeklärt werden (Kohlhaas NJW 1968, 2277); erforderlichenfalls ist ihm eine Überlegungsfrist einzuräumen (BGH VRS 29, 203).

Die Einwilligung kann **widerrufen** werden; was bis dahin ermittelt worden ist, bleibt verwertbar. 5

C. Untersuchungszweck (Abs. 1 S. 1). Zweck der Untersuchung (Abs. 1 S. 1) darf nur die Feststellung verfahrenserheblicher Tatsachen sein, für deren Vorliegen bereits bestimmte Anhaltspunkte bestehen. Das sind in 1. Hinsicht Tatsachen, die, wenn auch nur mittelbar, die Straftat, die Täterschaft u. Schuld des Beschuldigten beweisen o. die Rechtsfolgenentscheidung beeinflussen können. Tatsachen dieser Art können die Beschaffenheit des Körpers des Beschuldigten u. seiner Bestandteile, zB des Blutes u. des Magensaftes, u. das Vorhandensein v. Fremdkörpern sein (BGHSt 5, 332 (336); Ebert ZIS 2010, 250; Krumdiek StRR 2009, 130: „künstliche DNA"), auch sein psychischer Zustand (KK-StPO/Hadamitzky Rn. 5). 6

Verfahrenserheblich iS Abs. 1 S. 1 sind auch die **Verhandlungsfähigkeit** des Beschuldigten (BVerfGE 27, 211 (219); OLG Hamburg StV 2016, 419; BayObLGSt 1956, 187; OLG Celle NJW 1971, 256; OLG Düsseldorf JZ 1988, 984; OLG Schleswig NStZ 1982, 91) u. seine Reisefähigkeit (Löwe/Rosenberg/Krause Rn. 17). 7

D. Einfache körperliche Untersuchungen (Abs. 1 S. 1). I. Zweck. Sie dienen dem Zweck, die v. Willen des Beschuldigten unabhängige Beschaffenheit seines Körpers o. einzelner Körperteile, auch das Vorhandensein v. Fremdkörpern in den natürlichen Körperöffnungen, o. den psychischen Zustand des Beschuldigten u. die Arbeitsweise des Gehirns, auch die körperbedingten psychischen Funktionen, durch sinnliche Wahrnehmung ohne körperliche Eingriffe festzustellen (vgl. dazu EGMR NJW 2006, 3117 (3124)); dabei geht es va auch um die Feststellung v. Tatspuren wie Verletzungen u. Wunden. 8

Dieser Zweck, nicht die Art ihrer Vornahme, unterscheidet die Untersuchung v. der körperlichen Durchsuchung nach § 102 (→ § 102 Rn. 9), bei der nach Gegenständen gesucht wird, die in o. unter der Kleidung, auch auf der Körperoberfläche u. in den natürlichen Körperöffnungen, versteckt sind (Löwe/Rosenberg/Krause Rn. 19; Fezer StrafProzR § 6 Rn. 11; **aM** AK-StPO/Wassermann Rn. 2: Unterscheidungsmerkmal ist das Mittel der Durchsuchung; vgl. auch LG Trier NJW 1987, 722, das die Verletzungsgefahr als Abgrenzungsmerkmal verwendet). Die bloße Beobachtung des Geisteszustandes fällt unter § 81, nicht unter § 81a (OLG Bamberg MDR 1984, 602; LG Hagen StraFo 2008, 157). 9

Der Beschuldigte muss körperliche Untersuchungen **dulden.** Er ist auch verpflichtet, sich für die Untersuchung zu entkleiden (vgl. LG Düsseldorf NJW 1973, 1931) u. die erforderliche Körperhaltung einzunehmen (Löwe/Rosenberg/Krause Rn. 22). 10

II. Aktive Beteiligung. Zu einer aktiven Beteiligung an der Untersuchung kann er aber **nicht gezwungen** werden (BGHSt 34, 39 (46); OLG Düsseldorf JZ 1988, 984; KG StraFo 2016, 245; erg. → Einl. Rn. 29a, 80). Er braucht keine Fragen zu beantworten (OLG Hamm NJW 1974, 713; Dahs/Wimmer NJW 1960, 2218), muss sich keinen Prüfungen unterziehen (BGH VRS 39, 184; BayObLG NJW 1963, 772; OLG Schleswig VRS 30, 344; OLG Hamm NJW 1974, 713: Hirnleistungstest), an einer Atemalkoholmessung nicht mitwirken (BGH VRS 39, 184; OLG Brandenburg NStZ 2014, 524; Cierniak/Herb NZV 2012, 409 (410) mwN; zur Belehrungspflicht → Rn. 4a, 4b; zur Frage eines evtl. Verwertungsverbotes 32a, 33), muss weder zum Zweck eines Trinkversuchs Alkohol trinken (BGH VRS 29, 203; OLG Hamm VRS 34, 287 (289)) noch Kontrastmittel für Röntgenuntersuchungen einnehmen o. bei einem Belastungs-EKG mitwirken (OLG Schleswig NStZ 1982, 81), sich keinen Körperreaktionstests unterziehen, also etwa nicht zur Feststellung des Drehnachnystagmus herumdrehen (Klinkhammer/Stürmann DAR 1968, 44), die Knie nicht beugen, die Arme nicht ausstrecken u. keine Gehproben vornehmen (OLG Hamm NJW 1967, 1524; Dahs/Wimmer NJW 11

1960, 2220; Rogall Beweismittel S. 56; zur Belehrungspflicht über die Freiwilligkeit → Rn. 4b).

12 Die **freiwillige Mitwirkung** bei der Untersuchung erfordert eine **bes. Belehrung** durch das Strafverfolgungsorgan, das die Untersuchung angeordnet hat (Messmer DAR 1966, 153), über die Freiwilligkeit (**aM** Krause/Nehring StrafVerfR Rn. 5), sofern es sich nicht um eine Mitwirkung handelt, die der Arzt üblicherweise v. seinen Patienten zu fordern berechtigt ist (OLG Hamm NJW 1968, 1202; OLG Köln NJW 1962, 692). Auch Tests bei der Blutprobenentnahme können ohne besondere Belehrung verlangt werden (OLG Hamm NJW 1968, 1202; BA 1980, 171; Löwe/Rosenberg/Krause Rn. 26).

13 **E. Blutprobenentnahmen (Abs. 1 S. 2).** Blutprobenentnahmen sind körperliche Eingriffe, gelten aber, auch bei zwangsweiser Vornahme, als absolut ungefährlich (OLG Köln NStZ 1986, 234; Krause/Nehring StrafVerfR Rn. 4). Die Anordnung ist idR mit einem umfassenden Untersuchungsauftrag iSd Abs. 1 S. 1 verbunden, zB bei Trunkenheit im Verkehr als Anordnung einer körperlichen Untersuchung mit Entnahme u. Untersuchung einer Blutprobe zur Feststellung des Blutalkoholgehalts zur Tatzeit, ggf. auch der Schuldfähigkeit (Janiszewski VerkehrsStrafR Rn. 129, 339 ff.; zur Atemalkoholanalyse im Strafprozess OLG Nürnberg DAR 2010, 217 (218); Laschewski NZV 2009, 1). Das BMJV, das BMI, das BMVI u. das BMBWF haben mWv 1.6.2014 bundeseinheitliche RL über die Feststellung v. Alkohol-, Medikamenten- u. Drogeneinfluss bei Straftaten u. OWien erlassen, die zunächst bis zum 31.12.2020 gültig sind (VwV Blutalkohol, abgedr. in Die Justiz 2014, 125); außerdem haben einige Bundesländer, wie etwa Rheinland-Pfalz u. Baden-Württemberg, eigenständige Verordnungen erlassen.

14 **F. Andere körperliche Eingriffe (Abs. 1 S. 2). I. Unterschied zur einfachen Untersuchung.** Der Unterschied zur einfachen Untersuchung liegt nicht in der Zufügung v. Schmerzen o. in der Benutzung v. ärztlichen Instrumenten o. Apparaten, sondern in der **Beibringung v. Verletzungen des Körpers,** mögen sie auch ganz geringfügig sein.

15 Ein körperlicher Eingriff liegt insbes. vor, wenn natürliche Körperbestandteile, wie Körperzellen, Blut, Liquor, Samen, Harn, Speichel (insbes. zur späteren molekulargenetischen Untersuchung, vgl. LG Offenburg StV 2003, 153) entnommen o. wenn dem Körper Stoffe zugeführt werden o. sonst in das haut- u. muskelumschlossene Innere des Körpers eingegriffen wird. Die Untersuchung der natürlichen Körperöffnungen (Mund, After, Scheide) ist kein Eingriff, sondern eine einfache Untersuchung (KK-StPO/Hadamitzky Rn. 6; **aM** SK-StPO/Rogall Rn. 25; → Rn. 9), ebenso die Ultraschalluntersuchung.

16 **II. Nach den Regeln der ärztlichen Kunst.** Nach den Regeln der ärztlichen Kunst muss der Eingriff vorgenommen werden (BGHSt 8, 144 (148); BayObLG NJW 1957, 272 (274); OLG Celle MDR 1956, 695). Bestehen solche Regeln nicht, wie bei neuartigen Untersuchungsmethoden, so ist der Eingriff unzulässig (KK-StPO/Hadamitzky Rn. 6). Der Beschuldigte braucht sich nicht für Experimente zur Vfg. zu stellen. Die Anwendung v. Hypnose u. Narkose ua Veränderungen des seelischen Zustands sind immer unzulässig. Auf die Zumutbarkeit des Eingriffs kommt es daneben nicht an (Löwe/Rosenberg/Krause Rn. 30).

17 **III. Gesundheitliche Nachteile.** Gesundheitliche Nachteile müssen mit an Sicherheit grenzender Wahrscheinlichkeit **ausgeschlossen** sein. Maßgebend ist nicht allein die Art des Eingriffs, sondern der aktuelle Gesundheitszustand des Beschuldigten (BGH NJW 2012, 2453). Ein Nachteil iS Abs. 1 S. 2 liegt nur bei Eintritt einer erheblich über die Untersuchungsdauer hinauswirkenden Beeinträchtigung des körperlichen Wohlbefindens vor (Löwe/Rosenberg/Krause Rn. 31), nicht schon bei Schmerzen ua vorübergehenden Unannehmlichkeiten (Löffler NJW 1951, 821), auch nicht bei Angstzuständen u. seelischen Belastungen (Löwe/Rosenberg/Krause Rn. 31; **aM** KMR-StPO/Bosch Rn. 24; erg. → § 81c Rn. 19). Gegebenenfalls ist die Frage des gesundheitlichen Nachteils vorweg durch

einen Sachverständigen zu prüfen (BGHSt 8, 144 (148); Bresser NJW 1961, 251), dessen Gutachten der Richter regelmäßig zu beachten haben wird (vgl. BGHSt 8, 144 (148)).

IV. Verhältnismäßigkeitsgrundsatz. Der **Verhältnismäßigkeitsgrundsatz** 18 (→ Rn. 1) erfordert die aktenmäßige, nicht v. Erg. einer probeweise angesetzten HV abhängig zu machende (**aM** BVerfGE 17, 108 (119)) Prüfung, ob die Stärke des Tatverdachts die Maßnahme rechtfertigt (BVerfGE 16, 194 (202); 17, 108 (117)). Je schwerer die Maßnahme wiegt, desto größere Anforderungen sind an den Tatverdacht zu stellen. Die Maßnahme darf auch nur angeordnet werden, wenn sie unerlässlich ist u. in angemessenem Verhältnis zur Schwere der Tat steht (BVerfG NJW 2004, 3697; BayObLG NJW 1964, 459; OLG Hamm NJW 1960, 1400). Zunächst muss versucht werden, mit einer einfachen Untersuchung auszukommen (OLG Hamm NJW 1971, 1903). Die Maßnahme kann unverhältnismäßig sein, wenn sie wegen fehlender Mitwirkungsbereitschaft des Beschuldigten keinerlei Erkenntnisse verspricht o. die zu erwartenden Erkenntnisse ebenso zuverlässig auf weniger belastende Weise durch Beobachtung in der HV erlangt werden können (KG StraFo 2016, 245).

V. Nur durch einen Arzt. Nur durch einen Arzt dürfen die Blutprobenent- 19 nahme ua körperliche Eingriffe vorgenommen werden. Es muss sich um einen Mediziner handeln, der als Arzt approbiert o. zur vorübergehenden Ausübung des Arztberufes berechtigt ist **(§ 2 Abs. 2–4 BÄO).** Zahnärzte gehören dazu nicht. Besonders gefährliche Eingriffe müssen v. einem Facharzt vorgenommen werden. Der Mediziner, der noch nicht approbierter Arzt ist, der Pfleger u. die Krankenschwester dürfen einen Eingriff nur mit Einverständnis des Beschuldigten (→ Rn. 3 ff.) o. unter Anleitung, Aufsicht u. Verantwortung eines Arztes vornehmen (BayObLG NJW 1965, 1088; OLG Köln NJW 1966, 416).

G. Zulässige Untersuchungen und Eingriffe. Zulässige Untersuchungen 20 **und Eingriffe** sind Computer-Tomographie (dazu Ostertag/Sternsdorff NJW 1977, 1482; Stöppler/Vogelsang NJW 1978, 577), Elektroencephalographie (Hirnstromuntersuchung), Elektrokardiographie (EKG zur Prüfung der Herztätigkeit), Bronchoskopie (OLG Hamburg StV 2016, 419 mablAnm Schlothauer), Magenaushebung (nur unter sehr engen Voraussetzungen, vgl. MüKoStPO/Trück Rn. 17; Löwe/Rosenberg/Krause Rn. 51; **aM** Renzikowski FS Amelung, 2009, 685), Röntgenaufnahmen u. -durchleuchtungen (OLG Karlsruhe StV 2005, 376; OLG Schleswig NStZ 1982, 81; Löwe/Rosenberg/Krause Rn. 59; vgl. auch Zink/Lippert MedR 1985, 155: Röntgenuntersuchungen der Hand zur Altersbestimmung), Szintigraphie (Kuhlmann NJW 1976, 351; vgl. auch Ostertag/Sternsdorff NJW 1977, 1482) sowie Ultraschall- bzw. Nachtschlafuntersuchungen zur Feststellung der Erektionsfähigkeit (MüKoStPO/Trück Rn. 9).

Unzulässig wegen ihrer Gefährlichkeit sind Angiografie (Löwe/Rosenberg/ 21 Krause Rn. 38; Kuhlmann NJW 1976, 351), Harnentnahme mittels Katheters (Kohlhaas NJW 1968, 2277; Volk/Engländer GK StPO § 10 Rn. 23; iErg auch Renzikowski FS Amelung, 2009, 685 (Art. 6 MRK); **aM** KMR-StPO/Bosch Rn. 10; Kuhlmann Kriminalistik 1980, 374) u. wegen der Unzumutbarkeit der Begleitumstände u. des zw. diagnostischen Werts die zwangsweise ohnehin nicht durchführbare Phallographie (OLG Düsseldorf NJW 1973, 2255; Eisenberg Beweisrecht StPO Rn. 1639; Peters ZStW 88 (1976), 1029; **aM** LG Hannover NJW 1977, 1110; Binder NJW 1972, 231; vgl. auch Jessnitzer NJW 1977, 2128: zulässig bei Einwilligung des Beschuldigten u. nur zu Prognosezwecken).

Allenfalls **zur Aufklärung schwerer Straftaten** zulässig sind die Entnahme der 22 Gehirn- u. Rückenmarkflüssigkeit (BVerfGE 16, 194; OLG Hamm NJW 1971, 1904; HK-StPO/Brauer Rn. 17; **aM** Schlüchter Strafverfahren Rn. 174: immer unzulässig) u. die Hirnkammerluftfüllung (Pneumencephalographie) zur Ermöglichung einer Röntgenaufnahme des Gehirns (BVerfGE 17, 108 (115); BGHSt 23, 176 (186); OLG Celle MDR 1956, 695; OLG Hamm NJW 1975, 2256; Löwe/Rosenberg/Krause Rn. 57; **aM** Grömig NJW 1954, 300; Ostertag/Sternsdorff

NJW 1977, 1485: immer unzulässig). Nur sehr eingeschränkt unter strenger Beachtung des Verhältnismäßigkeitsgrundsatzes ist die Exkorporation, dh die zwangsweise Verabreichung v. **Brech- und Abführmitteln** zulässig (EGMR NJW 2006, 3117; KG JR 2001, 162 mablAnm Hackethal; StV 2002, 122 mablAnm Zaczyk; OLG Bremen NStZ-RR 2000, 270; **aM** OLG Frankfurt a. M. NJW 1997, 1647; zust. Dallmeyer StV 1997, 606; iErg auch Renzikowski FS Amelung, 2009, 685; zutr. Binder/Seemann NStZ 2002, 234: jedenfalls unzulässig bei Kleindealern, wie auch der EGMR NJW 2006, 3117 festgestellt hat; zum Problem aus rechtsmedizinischer Sicht Birkholz ua Kriminalistik 1997, 277; vgl. auch BVerfG NStZ 2000, 381 Ls.: grds. verfassungsrechtlich unbedenklich; dazu auch Amelung/Wirth StV 2002, 167; eing. Hackethal, Der Einsatz von Vomitivmitteln zur Beweissicherung im Strafverfahren, 2004). Dies gilt auch für die Art u. Weise der Durchführung der Exkorporation (s. BGHSt 55, 121 (133); BGH NJW 2012, 2453 zu unverhältnismäßigen u. gegen die Menschenwürde verstoßenden Maßnahmen). Ergänzend → EMRK Art. 3 Rn. 2.

23 Die **Veränderung der Bart- oder Haartracht** ist kein Eingriff nach § 81a (Heghmanns/Scheffler StrafVerf-HdB/Murmann Kap. III Rn. 296; HK-StrafR/Neuhaus Rn. 8; Schlüchter Strafverfahren Rn. 185; **aM** Rüping Strafverfahren Rn. 262; Fezer StrafProzR § 6 Rn. 19; Odenthal NStZ 1985, 434; vgl. auch BVerfGE 47, 239 (246), das ihn für verfassungsmäßig zulässig hält), sondern dient der Vorbereitung einer körperlichen Untersuchung (Löwe/Rosenberg/Krause Rn. 47 verlangt insoweit eine gesonderte richterliche Anordnung) o. einer erkennungsdienstlichen Behandlung (→ § 81b Rn. 10). Keine körperliche Untersuchung ist auch die Identifizierungsgegenüberstellung (→ § 58 Rn. 9).

24 **H. Vorübergehende Unterbringung zur Vorbereitung der Maßnahme.** Die vorübergehende Unterbringung zur Vorbereitung der Untersuchung o. des Eingriffs lässt § 81a aufgrund besonderer richterlicher Anordnung zu (VerfGH Bayern NJW 1982, 1583; BayObLG NJW 1957, 272 (273); OLG Celle NJW 1971, 256; OLG Frankfurt a. M. MDR 1979, 694; OLG Schleswig NStZ 1982, 81; Löwe/Rosenberg/Krause Rn. 34; **aM** Schmidt NJW 1962, 664; Krey ZStW 101 (1989), 858; Schlüchter Strafverfahren Rn. 179.4; offengelassen v. BVerfG NJW 2004, 3697), auch zur Klärung der Verhandlungsfähigkeit (OLG Celle NJW 1971, 256). Sie wird aber nicht länger als 4–5 Tage andauern dürfen (Löwe/Rosenberg/Krause Rn. 34; vgl. aber BayObLGSt 1956, 180: 14 Tage).

25 **I. Anordnung der Maßnahme (Abs. 2). I. Grundsatz: Zuständigkeit des Richters (Abs. 2 S. 1). Grundsätzlich** ist der **Richter** zuständig (Abs. 2 S. 1); diesem ist die Entsch. bei schweren Eingriffen immer vorbehalten (BVerfGE 16, 194). Ansonsten verfügen StA u. – nachrangig (BVerfG NJW 2010, 2864; OLG Jena DAR 2009, 283; OLG Köln NStZ 2009, 406; OLG Schleswig StV 2010, 13; vgl. aber OLG Brandenburg OLGSt StPO § 81a Nr. 7; OLG Hamm StV 2009, 462 (463); OLG Karlsruhe BeckRS 2008, 42001) – ihre Ermittlungspersonen (nur) bei Gefahr im Verzug über eine eigene Anordnungskompetenz (vgl. auch → § 98 Rn. 6). Insofern kann die zu Eilanordnungen der Polizei zur Entnahme v. Blutproben bei Verdacht auf Trunkenheitsfahrten ergangene Rspr. auch nach der Einf. von Abs. 2 S. 2 für diese Fälle (→ Rn. 26, 27) sinngemäß weiterhin in den übrigen, noch Abs. 2 S. 1 unterfallenden Konstellationen angewendet werden.

25a Die Strafverfolgungsbehörden müssen in den verbleibenden Fällen des Abs. 2 S. 1 – praktisch va Entnahmen zur Feststellung der Voraussetzungen der §§ 20, 21 StGB bei Nicht-Straßenverkehrsdelikten – regelmäßig versuchen, eine – ggf. **mündliche** (BVerfG NJW 2010, 2864; OLG Düsseldorf NZV 2011, 456; KG NStZ 2010, 469; OLG Bamberg NJW 2009, 2146 (2147); OLG Hamm NJW 2011, 469 (3. StS); OLG Schleswig StV 2010, 13; **abl.** LG Braunschweig Nds. Rpfl. 2008, 84; LG Hamburg NZV 2008, 213; LG Limburg NStZ-RR 2009, 384; krit. OLG Hamm StraFo 2009, 509 (4. StS); Wiesneth DRiZ 2010, 51; Trück JZ 2010, 1114) – Anordnung des zuständigen Richters zu erlangen, bevor sie selbst eine Anordnung treffen (OLG Hamm BeckRS 2009, 21051; OLG Stuttgart NStZ

2008, 238); die Gefährdung des Untersuchungserfolgs muss mit Tatsachen begründet werden, die auf den Einzelfall bezogen u. in den Ermittlungsakten **zu dokumentieren** sind, sofern die Dringlichkeit nicht evident ist (vgl. BVerfG NJW 2007, 1345; 2008, 3053; zur Dokumentation in den Akten auch OLG Karlsruhe StV 2009, 516). Sie kann nicht abstrakt darauf gestützt werden, dass richterliche Eilentscheidungen generell nur nach Vorlage schriftlicher Unterlagen getroffen werden könnten, die zu den Untersuchungszweck gefährdenden zeitlichen Verzögerungen führten (BVerfG NJW 2010, 2864).

Zuständig ist im Vorverfahren der ER (§§ 162 Abs. 1, 169); wird gleichzeitig eine Anordnung nach § 81 getroffen, so gilt insges. die Zuständigkeitsregelung des § 81 Abs. 3 (OLG Karlsruhe Justiz 1972, 18). Die Zuständigkeit wird begründet, sobald das Gericht mit dem Antrag auf Erlass einer Anordnung nach Abs. 2 befasst wird; danach lebt die Eilkompetenz selbst dann nicht wieder auf, wenn der mit der Sache befasste Richter eine Entsch. nicht trifft (OLG Oldenburg NStZ 2016, 747 mAnm Ventzke NStZ 2016, 749, allerdings zur Entnahme einer Blutprobe nach altem Recht). Nach Anklageerhebung entscheidet das jew. mit der Sache befasste Gericht (§ 162 Abs. 3; BGH NStZ 2010, 157), in der HV unter Mitwirkung der Schöffen. Der Beschuldigte braucht vor der Anordnung nur unter den Voraussetzungen des § 33 Abs. 3 gehört zu werden, u. auch dies gem. § 33 Abs. 4 S. 1 nicht bei Gefahr im Verzug (Löwe/Rosenberg/Krause Rn. 67; KK-StPO/Hadamitzky Rn. 8). **25b**

Erforderlich ist eine **ausdrückliche Anordnung,** die der Richter idR in Beschlussform erlässt (vgl. aber → Rn. 25a sowie BVerfG NJW 2010, 2864), StA u. Polizei ausnahmsweise auch mündlich (erg. → Rn. 25a). Wenn sich der Beschuldigte, dessen Identität geklärt ist, in der Zeit bis zum Erlass der richterlichen Anordnung zu entfernen versucht, tritt Gefahr im Verzug ein (OLG Bamberg NJW 2009, 2146 (2147); OLG Hamm BeckRS 2009, 21051; Dencker DAR 2009, 257 (258) (uU schon bei drohender Flucht); **aM** OLG Celle StV 2010, 14 Ls.; OLG Karlsruhe Justiz 1972, 18; OLG Nürnberg DAR 2010, 217 (218); vgl. → Rn. 29). Die insoweit va zu Blutprobenentnahmen zur Feststellung v. Trunkenheitsfahrten nach altem Recht ergangene Judikatur dürfte auch nach aktueller Rechtslage in den verbleibenden Fällen des Abs. 2 S. 1 noch Geltung beanspruchen (für Straßenverkehrsdelikte s. jetzt Abs. 2 S. 2, → Rn. 26, 27). Der den Eingriff anordnende Beamte braucht in einem solchen Fall dann keine richterliche Entsch. mehr herbeizuführen (Brocke/Herb NStZ 2009, 673; Dencker DAR 2009, 257 (259, 263); dazu **aM** OLG Hamm StV 2009, 459 (461)). Insoweit fehlt es in Abs. 2 S. 1 an einer Geltungsbegrenzung wie zB in §§ 100e Abs. 1 S. 3, 163d Abs. 2 S. 3, 163f Abs. 3 S. 2 (wie hier KG NStZ 2010, 468 (470)). Aus der abstrakten Möglichkeit eines Fluchtversuchs kann aber nicht generell auf das Vorliegen v. Gefahr im Verzug geschlossen werden (Prittwitz StV 2008, 491; **aM** Götz NStZ 2008, 239). **25c**

Inhaltlich muss die Anordnung den Eingriff u. die durch ihn festzustellenden Tatsachen bezeichnen, bei schweren Eingriffen auch ihre Notwendigkeit u. Unerlässlichkeit. Dem *Arzt* darf die Art des Eingriffs nicht überlassen werden (BayObLG NJW 1957, 272 (274); OLG Düsseldorf StV 2005, 490; 2011, 505; OLG Hamm StraFo 2004, 92; OLG Jena StV 2007, 24); nur die technische Ausführung bestimmt er beim Fehlen einer entspr. Weisung selbst (Eisenberg Beweisrecht StPO Rn. 1643). Er kann auch ohne bes. Anordnung eine 2. Blutprobe entnehmen (Löwe/Rosenberg/Krause Rn. 69; **aM** LG Berlin NZV 2009, 203). Die Anordnung kann vorbehaltlich der erforderlichen Einwilligung des Beschuldigten ergehen (BGH VRS 29, 203; **aM** SK-StPO/Rogall Rn. 25); deren Verweigerung macht sie dann unzulässig (OLG Hamm NJW 1974, 713). **25d**

II. Ausnahme vom Richtervorbehalt (Abs. 2 S. 2). Einer **richterlichen Anordnung bedarf es nicht,** wenn bestimmte Tatsachen den Verdacht einer Straftat nach §§ 315a Abs. 1 Nr. 1, Abs. 2 und Abs. 3, 315c Abs. 1 Nr. 1a), Abs. 2 oder § 316 StGB begründen. Diese durch G v. 17.7.2017 eingeführte Einschränkung des Richtervorbehalts betraf im Wesentlichen die Straßenverkehrsdelikte, bei **26**

denen der Verdacht besteht, dass das Fahrzeug unter Alkohol- o. Betäubungsmitteleinfluss geführt wurde; sie kam einer seit langem in Rechtspolitik u. Schrifttum erhobenen Forderung nach (s. dazu nur → 60. Aufl. 2017, Rn. 25d, 25b, 25c). Die Anordnungsbefugnis wird in diesen Fällen nunmehr der StA u. ihren Ermittlungspersonen zugewiesen. Zwar steht der StA die Anordnung aufgrund ihrer Sachleitungsbefugnis grds. vorrangig zu. Es ist jedoch zu erwarten, dass sie diese durch allg. Weisungen – Verwaltungsvorschriften, RdErlass – unabhängig v. Einzelfall auf die Polizei übertragen u. auf diesem Wege zugleich die Einzelheiten für eine rechtsstaatlichen Grundsätzen genügende Durchführung des Verfahrens regeln wird (vgl. BT-Drs. 18/11272, 32; Rebler NZV 2017, 419 (421)). Die Anordnung nach Abs. 2 S. 2 wird regelmäßig mündlich ergehen. Dazu kann die Aufforderung an den Beschuldigten genügen, mit zur Wache zu kommen (OLG Neustadt MDR 1962, 593), es sei denn, dass er vorher den Alkoholtest verweigert hat, so dass unklar bleibt, ob dieser o. eine Blutprobenentnahme erzwungen werden soll (BayObLG NJW 1963, 772).

27 Die entnommene **Blutprobe kann auch dazu dienen,** die Voraussetzungen für Schuldunfähigkeit (§ 20 StGB), verminderte Schuldfähigkeit (§ 21 StGB) o. einen Vollrausch (§ 323a StGB) zu belegen (BT-Drs. 18/11272, 32). Dies wird bei Nichtstraßenverkehrsdelikten der hauptsächliche Anwendungsbereich für Abs. 2 S. 1 (prinzipieller Richtervorbehalt) sein.

28 **J. Vollziehung der richterlichen Anordnung.** Die **Vollziehung** der richterlichen Anordnung ist nach § 36 Abs. 2 S. 1 Sache der StA (VerfGH Bayern NJW 1969, 229; OLG Hamm NJW 1974, 713). Der Beschuldigte wird zur Untersuchung o. zur Vornahme des Eingriffs vor den Arzt geladen (Kleinknecht NJW 1964, 2183). Erscheint er nicht, so darf die StA (KMR-StPO/Bosch Rn. 32; Löwe/Rosenberg/Krause Rn. 70; **aM** LG Berlin MDR 1958, 861: Richter), auch formlos (Löwe/Rosenberg/Krause Rn. 70; KG StraFo 2016, 245; **aM** VerfGH Bayern NJW 1969, 229), eine Vorführungsverfügung erlassen, die v. der Polizei vollstreckt wird. Auf die Strafe wird die Zeit der zwangsweisen Vorführung nicht nach § 51 Abs. 1 S. 1 StGB angerechnet (LG Oldenburg Rpfleger 1970, 175 mablAnm Pohlmann; Waldschmidt NJW 1979, 1920; **aM** LG Osnabrück NJW 1973, 2256; MüKoStGB/Maier StGB § 51 Rn. 5), wohl aber die Zeit der vorübergehenden Unterbringung (KK-StPO/Hadamitzky Rn. 9; → Rn. 24).

29 **K. Zwangsweise Durchsetzung. Zwangsweise durchsetzbar** sind auch die Anordnungen der StA u. ihrer Ermittlungspersonen (BayObLGSt 1963, 213; OLG Koblenz VRS 54, 357; OLG Köln NStZ 1986, 234; OLG Schleswig VRS 30, 345). Insbesondere bei Anordnung einer Blutprobenentnahme, deren Verweigerung keine Fluchtgefahr begründet (OLG Stuttgart Justiz 1971, 29; Löwe/Rosenberg/Krause Rn. 74; **aM** Schlüchter Strafverfahren Rn. 261.1), darf der Beschuldigte, auch wenn die Voraussetzungen des § 127 Abs. 2 nicht vorliegen (BayObLGSt 1963, 213; BayObLG NJW 1963, 772), vorübergehend festgenommen werden (OLG Bremen NJW 1966, 743; OLG Köln NStZ 1986, 234 (236); OLG Saarbrücken NJW 1959, 1191; Pichon HRRS 2011, 472; **aM** Benfer NJW 1980, 1611; Geerds GA 1965, 321), bis zum Eintreffen des für den Abtransport bestellten Kfz festgehalten (OLG Koblenz DAR 1973, 219), zwangsweise dem nächsten geeigneten u. erreichbaren Arzt o. Krankenhaus zugeführt (BayObLG NJW 1964, 459; BayObLGSt 1984, 3; KG NJW 1979, 1669; OLG Dresden NJW 2001, 3643) o. zu einem Polizeirevier gebracht u. dort festgehalten werden, bis der Arzt erscheint (OLG Hamburg MDR 1965, 152; OLG Köln NJW 1966, 417; OLG Neustadt MDR 1962, 593; LG Berlin NZV 2009, 203 (204); **aM** Geerds GA 1965, 321), notfalls auch eingeschlossen werden (OLG Hamburg MDR 1965, 152; VRS 38, 440). Zur Blutprobenentnahme darf er festgehalten o. festgeschnallt werden (OLG Hamm DAR 1962, 132; OLG Koblenz VRS 54, 357). Beruhigungsspritzen sind jedoch nur mit seinem Einverständnis zulässig (vgl. Geppert DAR 1980, 318). Die körperliche Durchsuchung u. Wohnungsdurchsuchung zum

Zweck der Ergreifung müssen stets bes. angeordnet werden (OLG Düsseldorf VRS 41, 429; LG Hamburg NStZ-RR 2004, 213).

L. Anfechtung. Gegen richterliche Anordnungen (zu den bereits vollzogenen Anordnungen vgl. → Vor § 296 Rn. 17 ff.) ist **Beschwerde** nach § 304 Abs. 1 zulässig, gegen die des erkennenden Gerichts nur, wenn der Inhalt der Anordnung einem der in § 305 S. 2 bezeichneten Zwangseingriffe gleichkommt (OLG Jena StV 2007, 24; OLG Koblenz NStZ 1994, 355; vgl. auch OLG Celle NStZ-RR 2012, 253: eingriffsintensive Zwangsmittel; **aM** BayObLG NJW 1957, 272; OLG Köln StV 2014, 724 Ls.; Amelung Rechtsschutz S. 21 ff.: immer zulässig; dagegen OLG Frankfurt a. M. NJW 1957, 839; OLG Hamm NJW 1959, 447: immer unzulässig), also zu einer Freiheitsentziehung (OLG Celle NJW 1971, 256; OLG Schleswig NStZ 1982, 81) o. zu einem körperlichen Eingriff führt, wobei es auf die Erheblichkeit des Eingriffs nicht ankommt (OLG Bremen StV 2010, 122; OLG Hamburg NStZ-RR 1998, 337), aber nicht bei einer psychiatrischen Untersuchung (OLG Nürnberg NStZ-RR 1998, 242; OLG Zweibrücken MDR 1990, 75). Das **Beschwerdegericht** prüft Rechtmäßigkeit u. Zweckmäßigkeit der Anordnung (LG Göttingen MDR 1952, 629), darf aber dem Tatrichter eine für notwendig gehaltene Sachaufklärung nicht verwehren. 30

Anordnungen der StA und Polizei werden in den Fällen des Abs. 2 S. 1, da sie insoweit nur bei Gefahr im Verzug zulässig sind, sofort vollzogen; dies dürfte wegen deren Eilbedürftigkeit in der Praxis aber regelmäßig auch bei Anwendung des Abs. 2 S. 2 gelten. Für ihre Überprüfung gilt § 98 Abs. 2 S. 2 entspr. (→ § 98 Rn. 23). Auch wenn sie erledigt sind, kann idR ihre Rechtmäßigkeit, auch das Vorliegen v. Gefahr im Verzug, überprüft u. ggf. ihre Rechtswidrigkeit festgestellt werden (→ Vor § 296 Rn. 18a; BVerfG NJW 2007, 1345). Eine fehlende Dokumentation (→ Rn. 25a) darf nicht durch eine nachträgliche Stellungnahme der Ermittlungsbehörden ersetzt werden (vgl. BVerfG NJW 2008, 3053 (3054)). 31

M. Verwertbarkeit. Verstöße gegen § 81a machen die Untersuchungsergebnisse idR nicht unverwertbar (BGHSt 24, 125 (128); KG NStZ-RR 2015, 25; OLG Stuttgart NStZ 2008, 238; vgl. auch BGH NStZ 2016, 111 zu einem Verstoß gegen Abs. 3 Hs. 1); bei ihrer Gewichtung ist der hypothetisch rechtmäßige Ermittlungsverlauf zu berücksichtigen (BGHSt 24, 130; KG NJW 2009, 3527; OLG Bamberg NJW 2009, 2146 (2148); OLG Brandenburg OLGSt StPO § 81a Nr. 9; OLG Dresden BA 2009, 213; OLG Frankfurt a. M. DAR 2010, 145 (146); OLG Hamburg NJW 2008, 2597 (2599); OLG Hamm BeckRS 2009, 21051; OLG Jena DAR 2009, 283 (284); OLG Karlsruhe StV 2009, 516 (517); OLG Köln NStZ 2009, 406 (408); vgl. → Einl. Rn. 57c; → § 94 Rn. 21). 32

Fehlende Anordnungszuständigkeit: Nach der Abschaffung des Richtervorbehalts im Bereich der Straßenverkehrsdelikte durch Einf. des Abs. 2 S. 2 (→ Rn. 26, 27) ist die frühere, reichhaltige Rspr. zur fehlerhaften Annahme der Eilkompetenz durch die Polizei in diesen Fällen nur noch v. geringem Interesse (→ 60. Aufl. 2017, Rn. 32, 32a, 25b, 25c), zumal fehlende Versuche seitens der Polizei, den staatsanwaltlichen Bereitschaftsdienst zu kontaktieren, regelmäßig kein Verwertungsverbot begründen (vgl. OLG Nürnberg NStZ-RR 2017, 286 zur alten Rechtslage; ferner → Rn. 33, 34). Die zu Abs. 2 aF aufgestellten Grundsätze können allerdings sinngemäß bei den praktisch viel selteneren Fällen – zB zur Feststellung der Schuld(un)fähigkeit bei Nichtverkehrsdelikten – der fehlenden Anordnungszuständigkeit im Anwendungsbereich v. Abs. 2 S. 1 beachtet werden. Legt man diese zu Abs. 2 in der früheren Fassung ergangene Judikatur zugrunde, greift ein Verwertungsverbot bei unzutreffender Bejahung v. Gefahr im Verzug regelmäßig nicht ein (BVerfG NJW 2010, 2864; 2008, 3053: Richtervorbehalt bei § 81a anders als bei Wohnungsdurchsuchung zu beurteilen, da der Grundrechtseingriff weniger intensiv ist; KG NJW 2009, 3527; OLG Bamberg NJW 2009, 2146 (2148); OLG Brandenburg OLGSt StPO § 81a Nr. 7, 9; OLG Düsseldorf NZV 2010, 306; OLG Dresden BA 2009, 213; OLG Frankfurt a. M. DAR 2010, 145 (146); OLG Hamburg NJW 2008, 2597 (2599); OLG Hamm NStZ-RR 2009, 32a

185; OLG Jena DAR 2009, 283 (284); OLG Stuttgart NStZ 2008, 238; OLG Karlsruhe StV 2009, 516 (517); OLG Köln NStZ 2009, 406 (407)). Anders verhält es sich bei **bewusster Umgehung des Richtervorbehalts in Abs. 2 S. 1,** etwa bei schweren Eingriffen (→ Rn. 25a), sowie bei willkürlicher Annahme v. Gefahr im Verzug (OLG Celle NJW 2009, 3524; OLG Dresden NJW 2009, 2149; OLG Karlsruhe StV 2009, 516; vgl. auch BVerfG NJW 2010, 2864; EuGRZ 2011, 183), die auch bei genereller Negierung des Richtervorbehalts in der polizeilichen Praxis zu bejahen ist (OLG Naumburg StraFo 2016, 22; OLG Schleswig StV 2010, 618; OLG Hamm StV 2009, 459; OLG Nürnberg DAR 2010, 217; OLG Oldenburg NJW 2009, 3591; OLG Köln StV 2012, 6 zu generellen Dienstanweisungen).

32b Die Untersuchungsergebnisse sind grds. **ferner verwertbar** bei fehlender Belehrung über die Freiwilligkeit der Mitwirkung (Rüth DAR 1966, 262 – BayObLG RsprÜ; OLG Hamm NJW 1967, 1524; KK-StPO/Hadamitzky Rn. 13; **aM** KMR-StPO/Bosch Rn. 53; Rogall Beweismittel S. 229), auch an einer Atemalkoholmessung (**aM** Geppert NStZ 2014, 481; Böse JZ 2015, 653; erg. anschl. → Rn. 33 sowie → Rn. 4, 11), bei fehlender Dokumentation (BVerfG NJW 2008, 3053; → Rn. 25a), bei Nichtbeachtung des Verhältnismäßigkeitsgrundsatzes (Löwe/Rosenberg/Krause Rn. 94; Kleinknecht NJW 1964, 2186; **aM** KMR-StPO/Bosch Rn. 52; Dencker Verwertungsverbote S. 27, 93) u. bei Eingriffsvornahme durch einen Nichtarzt (BGHSt 24, 125; hM).

33 Zur **Unverwertbarkeit** führt es, wenn ein körperlicher Eingriff ohne Anordnung u. auch ohne Einwilligung vorgenommen worden ist (Rüth DAR 1966, 261 – BayObLG RsprÜ) o. wenn zur Gewinnung des Untersuchungsergebnisses Methoden angewendet worden sind, die gegen die Grundsätze eines an Gerechtigkeit u. Billigkeit orientierten Verfahrens verstoßen (BGHSt 24, 125 (131)), zB wenn der Polizeibeamte bewusst vorgetäuscht hat, dass die Blutprobe v. einem Arzt entnommen wird (OLG Hamm NJW 1965, 1089), o. wenn er unerlaubten Zwang angewendet hat (BayObLG BA 1971, 67) o. wenn bei der Atemalkoholmessung eine Pflicht zur Mitwirkung vorgetäuscht bzw. ein entspr. Irrtum des Betroffenen bewusst ausgenutzt wird (vgl. Geppert NStZ 2014, 481 (486)). Unverwertbarkeit einer nach Abs. 1 iVm Abs. 2 S. 2 erlangten Blutprobe dürfte auch in Betracht kommen, wenn Ermittlungspersonen AV der StA, welche die Rechtsstaatlichkeit der Durchführung einer solchen Maßnahme gewährleisten sollen, bewusst o. systemisch umgehen. Der Umstand allein, dass der Polizeibeamte nicht versucht hat, den staatsanwaltlichen Bereitschaftsdienst zu erreichen, dürfte allerdings nicht zu einem Verwertungsverbot führen (s. OLG Nürnberg NStZ-RR 2017, 286 mzustAnm Kulhanek NStZ-RR 2017, 287 zu § 81a Abs. 2 aF). Erlaubt ist die Sicherstellung u. Benutzung einer **zu anderen Zwecken entnommenen** Blutprobe, wenn diese aufgrund einer Anordnung nach § 81a hätte entnommen werden dürfen (OLG Celle NStZ 1989, 385; OLG Frankfurt a. M. NStZ-RR 1999, 246; OLG Zweibrücken NJW 1994, 810; SK-StPO/Rogall Rn. 143; **aM** Hauf NStZ 1993, 64; Wohlers NStZ 1990, 245; diff. Beulke ZStW 103 (1991), 675 ff.; vgl. auch erg. → § 97 Rn. 6). § 136a ist nicht anwendbar (BGHSt 24, 125 (129); Eisenberg Beweisrecht StPO Rn. 1655).

34 **N. Revision.** Die **Revision** kann mit der Verfahrensrüge darauf gestützt werden, dass das Untersuchungsergebnis im Urt. berücksichtigt worden ist, obwohl es unverwertbar war (dazu soeben → Rn. 32–32b, 33; Löwe/Rosenberg/Krause Rn. 101). Der Revisionsführer muss das Fehlen einer Einwilligung sowie die näheren Umstände der Anordnung u. Durchführung vortragen, erforderlichenfalls auch zur Ausübung der Eilkompetenz in den Fällen des Abs. 2 S. 1 (SK-StPO/Rogall Rn. 160). Nach der zu Abs. 2 aF u. zur fehlerhaften Annahme der Eilkompetenz bei Trunkenheitsfahrten ergangenen Rspr. der OLGe bedarf es bei einem Verstoß gegen Abs. 2 darüber hinaus eines rechtzeitigen, dh bis zum Zeitpunkt des § 257 in der 1. Tatsacheninstanz – nicht schon im Ermittlungsverfahren – erhobenen **Widerspruchs** (OLG Frankfurt a. M. NStZ-RR 2011, 45; OLG Celle StV 2011, 82; 2009, 518; OLG Koblenz NStZ-RR 2011, 148 Ls.; OLG

Hamburg NJW 2008, 2597; OLG Hamm NStZ-RR 2010, 148; erg. → § 136 Rn. 25; **aM** zB Prittwitz StV 2008, 492). Der Widerspruch muss danach spezifiziert sein, dh die Angriffsrichtung mitteilen (OLG Hamm NJW 2011, 469; NStZ-RR 2010, 148; OLG Frankfurt a. M. NStZ-RR 2011, 45). Nach Abschaffung des Richtervorbehalts bei Straßenverkehrsdelikten durch Einf. des Abs. 2 S. 2 wird diese Judikatur allenfalls noch einen sehr eingeschränkten Anwendungsbereich haben (etwa im – ebenfalls deutlich selteneren – Bereich des Abs. 2 S. 1). War die Anordnung einer Blutentnahme durch Polizeibeamte nach altem Recht nicht rechtmäßig, entspr. sie aber bei Aburteilung dem nunmehr geltenden Abs. 2 S. 2, liegt kein revisibler Verfahrensfehler vor (OLG Rostock NStZ-RR 2018, 114; vgl. auch OVG Saarlouis NJW 2019, 695).

O. Immunität. Die Untersuchung, auch die Entnahme einer Blutprobe, kann bei einem Abg. ohne Genehmigung des Parlaments angeordnet werden (OLG Bremen NJW 1966, 743; OLG Oldenburg NJW 1966, 1764; KK-StPO/Hadamitzky Rn. 11; Nr. 191 Abs. 3 Buchst. h RiStBV). Die Verbringung zum Arzt ist keine freiheitsentziehende Maßnahme iS Nr. 192, 192a Abs. 2 Buchst. c RiStBV. **35**

Gegen **Exterritoriale** (§§ 18 ff. GVG) sind Maßnahmen nach § 81a unzulässig (Löwe/Rosenberg/Krause Rn. 104), idR auch gegen ausl. Konsuln (RdSchr. des AA v. 19.9.2008 (GMBl. 1154) unter VII B I 2), nicht aber gegen solche Beschuldigte, für die das NTS u. die deutsche Gerichtsbarkeit gilt. Die Entnahme einer Blutprobe bei Mitgliedern der Stationierungsstreitkräfte ist schon vor der Zurücknahme des Verzichts (Art. 19 Abs. 3 NTS-ZA) zulässig. **35a**

P. Verwendungszweck, Aufbewahrung und Vernichtung. Das **Verbot,** die entnommenen Blutproben o. sonstigen Körperzellen (zB Harn, Liquor, Samen) für andere Zwecke als für ein anhängiges Strafverfahren zu verwenden, enthält Abs. 3. Die Untersuchung v. zu anderen Zwecken entnommenen Körperzellen, um sie zur Erstellung eines DNA-Identifizierungsmusters zur Identitätsfeststellung in künftigen Strafverfahren zu verwenden, ist daher durch Abs. 3 Hs. 1 nicht gedeckt (BGH NStZ 2016, 111, dort auch zur Frage eines – nicht angenommenen – Verwertungsverbots). **36**

Ferner stellt er das **Gebot** auf, das entnommene Material unverzüglich zu vernichten, sobald es für dieses o. ein anderes Strafverfahren nicht mehr benötigt wird. Damit wird eine § 101 Abs. 8 ähnl. Regelung getroffen, allerdings darauf verzichtet, die Vernichtung aktenkundig zu machen; gleichwohl sollte die Tatsache, dass die Körperzellen vernichtet wurden, schriftlich festgehalten werden (Senge NJW 1997, 2410). **37**

Die **Vernichtung** bezieht sich auf das gesamte entnommene Material, gleichgültig, ob es für die Untersuchung benötigt wurde, auch für wissenschaftliche Forschungszwecke darf es nicht weiterverwendet werden (krit. zum umfassenden Vernichtungsgebot u. einschr. hins. Spurenmaterials Rath/Brinkmann NJW 1999, 2699). Die Vernichtung betr. nur das verwendete Material, nicht die Erg. der Untersuchung; diese werden Bestandteil der Akten (Hilger NStZ 1997, 372). Sie können auch für die DNA-Identitätsfeststellungsdatei beim BKA verwendet werden (→ § 81g Rn. 9). **38**

Aufbewahrt wird das Material idR bis zur Urteilsrechtskraft dieses o. des „anderen Strafverfahrens" iSd Abs. 3 (LG Berlin NJW 2006, 2713; Löwe/Rosenberg/Krause Rn. 82; vgl. auch BVerfG NJW 2010, 2864), aber auch noch länger, falls die Wiederaufnahme des Verfahrens o. die Wiedereinsetzung in den vorigen Stand nach Versäumung einer Frist beantragt o. sicher zu erwarten ist (Senge NJW 1997, 2410; Laschewski NZV 2009, 4; Nr. 6.1 der o. (→ Rn. 13) zit. RL; vgl. auch → § 101 Rn. 27). Geht das Strafverfahren in ein Bußgeldverfahren über, bleibt nach § 46 Abs. 4 S. 1, 2 OWiG eine Blutprobe verwendbar, sonstige Körperzellen nur dann, wenn deren Entnahme als nur geringfügiger Eingriff zulässig gewesen wäre, was zB bei dem für eine DNA-Analyse benötigten Material idR der Fall sein wird; hingegen ist nach § 46 Abs. 4 S. 3 OWiG im OWi-Verfahren die Verwertung einer im Straf- o. Bußgeldverfahren entnommenen Blutprobe o. sonstigen **39**

Körperzelle zur Durchführung einer molekulargenetischen Untersuchung (§ 81e) ausgeschlossen (LG Osnabrück StraFo 2007, 382).

Erkennungsdienstliche Maßnahmen bei dem Beschuldigten

81b (1) **Soweit es für die Zwecke der Durchführung des Strafverfahrens oder für die Zwecke des Erkennungsdienstes notwendig ist, dürfen Lichtbilder und Fingerabdrücke des Beschuldigten auch gegen seinen Willen aufgenommen und Messungen und ähnliche Maßnahmen an ihm vorgenommen werden.**

(2) [1] **Über die Fälle des Absatzes 1 hinaus sind die Fingerabdrücke des Beschuldigten für die Erstellung eines Datensatzes gemäß Artikel 5 Absatz 1 Buchstabe b der Verordnung (EU) 2019/816 des Europäischen Parlaments und des Rates vom 17. April 2019 zur Einrichtung eines zentralisierten Systems für die Ermittlung der Mitgliedstaaten, in denen Informationen zu Verurteilungen von Drittstaatsangehörigen und Staatenlosen (ECRIS-TCN) vorliegen, zur Ergänzung des Europäischen Strafregisterinformationssystems und zur Änderung der Verordnung (EU) 2018/1726 (ABl. L 135 vom 22.5.2019, S. 1), die durch die Verordnung (EU) 2019/818 (ABl. L 135 vom 22.5.2019, S. 85) geändert worden ist, auch gegen dessen Willen aufzunehmen, sofern**

1. **es sich bei dem Beschuldigten um einen Drittstaatsangehörigen im Sinne des Artikels 3 Nummer 7 der Verordnung (EU) 2019/816 handelt,**
2. **der Beschuldigte rechtskräftig zu einer Freiheitsstrafe oder Jugendstrafe verurteilt oder gegen ihn rechtskräftig allein eine freiheitsentziehende Maßregel der Besserung und Sicherung angeordnet worden ist,**
3. **keine Fingerabdrücke des Beschuldigten vorhanden sind, die im Rahmen eines Strafverfahrens aufgenommen worden sind, und**
4. **die entsprechende Eintragung im Bundeszentralregister noch nicht getilgt ist.**

[2] **Wenn auf Grund bestimmter Tatsachen und bei Würdigung der Umstände des Einzelfalles die Gefahr besteht, dass der Beschuldigte sich dieser Maßnahme entziehen werde, dann dürfen die Fingerabdrücke abweichend von Satz 1 Nummer 2 bereits vor der Rechtskraft der Entscheidung aufgenommen werden.**

(3) **Für die Erstellung eines Datensatzes gemäß Artikel 5 Absatz 1 Buchstabe b der Verordnung (EU) 2019/816 sind die nach Absatz 1 für die Zwecke der Durchführung des Strafverfahrens, die nach Absatz 2 oder die nach § 163b Absatz 1 Satz 3 aufgenommenen Fingerabdrücke an das Bundeskriminalamt zu übermitteln.**

(4) [1] **Für die Erstellung eines Datensatzes gemäß Artikel 5 Absatz 1 Buchstabe b der Verordnung (EU) 2019/816 darf das Bundeskriminalamt die nach den Absätzen 1 und 2 sowie die nach § 163b Absatz 1 Satz 3 aufgenommenen und ihm übermittelten Fingerabdrücke verarbeiten.** [2] **Bei den nach Absatz 1 für die Zwecke der Durchführung des Strafverfahrens, den nach Absatz 2 Satz 2 und den nach § 163b Absatz 1 Satz 3 aufgenommenen Fingerabdrücken ist eine über die Speicherung hinausgehende Verarbeitung nach Satz 1 unzulässig, solange die Entscheidung noch nicht rechtskräftig ist.** [3] **Die Verarbeitung nach Satz 1 ist ferner unzulässig, wenn**

1. **der Beschuldigte rechtskräftig freigesprochen wurde,**
2. **das Verfahren nicht nur vorläufig eingestellt wurde oder**
3. **die alleinige Anordnung einer freiheitsentziehenden Maßregel der Besserung und Sicherung gegen den Beschuldigten rechtskräftig unterbleibt.**

[4] Satz 3 gilt entsprechend in den Fällen des Absatzes 2 Satz 2, wenn der Beschuldigte rechtskräftig zu einer anderen Strafe als Freiheitsstrafe oder Jugendstrafe verurteilt wurde. [5] Ist die Verarbeitung der Fingerabdrücke nach Satz 3 oder 4 unzulässig, so sind die Fingerabdrücke zu löschen.

(5) **[1] Für die Verarbeitung für andere Zwecke als die Erstellung eines Datensatzes gemäß Artikel 5 Absatz 1 Buchstabe b der Verordnung (EU) 2019/816 gelten die §§ 481 bis 485. [2] Die Verarbeitung der nach Absatz 2 Satz 2 aufgenommenen Fingerabdrücke ist jedoch erst zulässig, wenn die Entscheidung rechtskräftig und die Verarbeitung für die Erstellung eines Datensatzes nicht nach Absatz 4 Satz 3 oder 4 unzulässig ist. [3] Die übrigen Bestimmungen über die Verarbeitung der nach Absatz 1 oder 2 oder nach § 163b aufgenommenen Fingerabdrücke bleiben unberührt.**

Übersicht

A. Rechtsnatur. Strafprozessrecht und materielles Polizeirecht enthält die – verfassungsrechtlich unbedenkliche (BVerfGE 47, 239 (252); BGHSt 34, 39 (44); BGH NStZ 1983, 84) – Vorschr. (vgl. *de lege ferenda* Frister FS Amelung, 2009, 609). Bei der Auslegung der Vorschrift sind Bedeutung und Tragweite des Grundrechts auf informationelle Selbstbestimmung angemessen zu beachten (BVerfG NStZ 2023, 52). 1

Soweit sie **Identifizierungsmaßnahmen gegen den Willen** des Beschuldigten für Zwecke der Strafverfolgung zulässt, handelt es sich um Strafprozessrecht. Maßnahmen nach § 81b dienen solchen Zwecken, wenn sie Schuld o. Unschuld des Beschuldigten in einem gegen ihn anhängigen Strafverfahren beweisen sollen, insbes., wenn seine Identifizierung notwendig ist, weil seine Person unbekannt ist o. v. Zeugen wiedererkannt werden soll, o. wenn Fingerabdrücke mit Tatortspuren verglichen werden sollen. Darunter fällt aber auch die Herstellung v. Lichtbildaufnahmen zur Erleichterung der etwa erforderlich werdenden Fahndung nach dem nicht in Haft genommenen Beschuldigten. Die gewonnenen Unterlagen werden Bestandteil der Strafakten (OVG Hamburg MDR 1977, 80; **aM** Fuß FS Wacke, 1972, 320), können aber auch sogleich o. später zu den polizeilichen Unterlagensammlungen genommen werden (§ 481). 2

Soweit § 81b **Maßnahmen für erkennungsdienstliche Zwecke** gestattet, handelt es sich um in die StPO aufgenommenes **materielles Polizeirecht** (BVerwGE 11, 181; NJW 2018, 3194; OLG Naumburg NStZ-RR 2006, 179; 3

OVG Schleswig NVwZ-RR 2007, 817; Löwe/Rosenberg/Krause Rn. 3; **aM** SK-StPO/Rogall Rn. 10; Mayer Kriminalistik 2015, 520; vgl. aber BT-Drs. 14/8007, 28: Gefahrenabwehraufgabe). Unter Berücksichtigung der Rspr. des BVerfG zu § 81g (→ § 81g Rn. 2) wird aber hierin eine mit der Strafverfolgung eng verwandte „Strafverfolgungsvorsorge" gesehen, für die der Bund nach Art. 74 Nr. 1 GG die Gesetzgebungskompetenz hat (BVerwG NJW 2006, 1225). Solche Maßnahmen dienen nicht der Überführung des Beschuldigten in einem bestimmten Strafverfahren, sondern der vorsorglichen Bereitstellung v. sächlichen Hilfsmitteln für die Erforschung u. Aufklärung v. Straftaten (BVerwG NJW 2018, 3194; OVG Magdeburg StraFo 2011, 219); sie sind rein vorbeugender u. sichernder Natur (OLG Düsseldorf NJW 1959, 1790; OVG Münster NJW 1972, 2147), weshalb der Wegfall der Beschuldigteneigenschaft nicht automatisch die Rechtswidrigkeit einer auf die 2. Alt. gestützten Maßnahme zur Folge hat (BVerwG NJW 2018, 3194).

3a Bei der **Verhältnismäßigkeit** der Anordnung nach Abs. 1 Alt. 2 kann das Gewicht von Tatvorwurf und betroffenem Schutzgut berücksichtigt werden (OVG Münster BeckRS 2025, 29035).

3b Die gewonnenen Unterlagen gelangen nicht in Ermittlungsakten, sondern werden in örtliche u. zentrale polizeiliche Materialsammlungen aufgenommen (Löwe/Rosenberg/Krause Rn. 7) u. liefern die Grdl. für Observationen u. für die Ermittlung unbekannter o. künftiger Straftäter (OVG Hamburg MDR 1977, 80). Sie dürfen nur sachgemäß u. für dienstliche Zwecke verwendet (BVerwGE 26, 169) u. nur dann angeordnet werden, wenn hinreichende tatsächliche Anhaltspunkte dafür bestehen, dass der Betroffene zukünftig (wieder) straffällig wird (OVG Berlin-Brandenburg StV 2017, 665). Die Gründe für einen etwaigen Wegfall der Beschuldigteneigenschaft sind dabei zu berücksichtigen (BVerwG NJW 2018, 3194).

4 Vorschriften der landesrechtlichen **Polizeigesetze,** die **erkennungsdienstliche Maßnahmen über § 81b hinaus** zulassen, sind im Hinblick auf Art. 72 Abs. 1 GG allenfalls rechtsgültig, soweit nicht § 81b (Alt. 2) aus Anlass eines Strafverfahrens gegen einen „Beschuldigten" (→ Rn. 7) zur Vornahme präventiv-polizeilicher Maßnahmen ermächtigt (VGH Mannheim NVwZ-RR 2004, 572; OVG Münster NJW 1999, 2689: Anordnung gem. § 14 Abs. 1 Nr. 2 PolG NRW gegen Strafunmündigen; vgl. OVG Lüneburg NVwZ 2010, 69; Löwe/Rosenberg/Krause Rn. 5; MüKoStPO/Trück Rn. 4; ferner LG Itzehoe NStZ-RR 2008, 260 zur erkennungsdienstlichen Behandlung eines einstweilig Untergebrachten nach dem nds. Maßregelvollzugsgesetz). Nach Bundesrecht sind erkennungsdienstliche Maßnahmen auch nach § 15 Abs. 2 Nr. 7 AsylG, §§ 49, 89 AufenthG, § 43 BKAG, § 24 BPolG und § 6 Abs. 3 S. 2 PassG zulässig. Vgl. ferner §§ 163b Abs. 1 S. 3, Abs. 2 S. 2 Hs. 2. Zu landesrechtlichen Befugnissen im Strafvollzug vgl. nur § 77 SächsStVollzG, Art. 93 BayStVollzG.

5 **B. Beschuldigter. Gegen Beschuldigte** sind die Maßnahmen zulässig.

6 **I. Maßnahmen im Strafverfahren (1. Alt.).** Für Maßnahmen im Strafverfahren (1. Alt.) bedeutet das: Gegen Verdächtige, die noch nicht die Beschuldigteneigenschaft erlangt haben (→ Einl. Rn. 76 ff.), dürfen Maßnahmen zur Identitätsfeststellung nur nach § 163b Abs. 1 S. 2, 3 angeordnet werden. § 81b ist erst anwendbar, wenn der Verdächtige Beschuldigter geworden ist, dann aber auch im Hauptverfahren (Anfertigung v. Lichtbildern zur Vorlage an am Erscheinen verhinderte Zeugen) u. bis zur Beendigung der Beschuldigteneigenschaft durch Urt. o. Verfahrenseinstellung nach §§ 153 ff., 170 Abs. 2, 206a. Im Vollstreckungsverfahren (§§ 449 ff.) bleibt § 81b anwendbar (Löwe/Rosenberg/Krause Rn. 8; **aM SK-StPO/**Rogall Rn. 27); denn nach § 102 ist sogar die Durchsuchung zum Zweck der Ergreifung zulässig (→ § 102 Rn. 12). Da Kinder nicht Beschuldigte sein können (§ 19 StGB), gilt § 81b Alt. 1 für sie nicht (Apel/Eisenhardt StV 2006, 491); Maßnahmen gegen sie sind nur nach § 163b Abs. 2 zulässig. Bei Jugendlichen ist § 67 **JGG** zu beachten.

7 **II. Erkennungsdienstliche Maßnahmen nach Polizeirecht (2. Alt.).** Soweit erkennungsdienstliche Maßnahmen nach Polizeirecht (2. Alt.) vorgenommen werden sollen, besagt der **Begriff Beschuldigter** nur, dass die Anordnung nicht an beliebige Tatsachen anknüpfen o. zu einem beliebigen Zeitpunkt ergehen darf, sondern dass sie durch ein gegen den Betroffenen als Beschuldigten geführtes Strafverfahren veranlasst sein u. das Erg. dieses Verfahrens auch die ges. geforderte Notwendigkeit der erkennungsdienstlichen Behandlung begründen muss (BVerwGE 66, 192 (196); 66, 202; VGH München BeckRS 2023, 977). Der Begriff Beschuldigter erfasst insoweit auch Schuldunfähige (vgl. §§ 413 ff.; KK-StPO/Hadamitzky Rn. 2; **aM** Löwe/Rosenberg/Krause Rn. 9), nicht dagegen Kinder (→ Einl. Rn. 76; Bottke FS Geerdts, 1995, 279; Streng FS Gössel, 2002, 505; **aM** VG Freiburg NJW 1980, 901 mablAnm Benfer NJW 1980, 902; Verrel NStZ 2001, 286). Die Maßnahme ist auch nicht zulässig, wenn das Ermittlungsverfahren im Zeitpunkt ihrer Anordnung bereits nach §§ 153 ff. oder § 170 Abs. 2 eingestellt oder der Beschuldigte rkr. verurteilt o. freigesprochen worden ist (VG Minden BeckRS 2008, 37545; Löwe/Rosenberg/Krause Rn. 9; SK-StPO/Rogall Rn. 29; **aM** KK-StPO/Hadamitzky Rn. 2). Der spätere Wegfall der Beschuldigteneigenschaft ist demgegenüber unerheblich (BVerwGE 66, 192; BVerwG NJW 2006, 1225 (1226); VGH Mannheim NJW 2008, 3082; s. auch VGH München BeckRS 2023, 977).

C. Zulässige Maßnahmen. Zulässige Maßnahmen sind außer den in § 81b bezeichneten nur solche, die, ohne dass es einer körperlichen Untersuchung iS § 81a Abs. 1 bedarf, der Feststellung der körperlichen Beschaffenheit dienen (BGHSt 34, 39 (44, 45)). Die Maßnahmen können den ganzen Körper o. einzelne Körperteile betreffen. ZB können Abdrücke u. Aufnahmen v. den Händen gemacht (vgl. § 24 Abs. 3 Nr. 1 BPolG) bzw. biometrische Merkmale v. Fingern, Händen, Gesicht u. Stimme erfasst werden (Art. 93 Abs. 1 Nr. 4 BayStVollzG). Besondere Körpermerkmale, auch Tätowierungen o. Piercings, können durch Beschreibung, Fotografie u. Maßangabe festgehalten werden. Eine „ähnliche" Maßnahme ist die Anfertigung eines Videofilms, der außer dem Beschuldigten mehrere andere Personen zeigt, zur Vorführung vor Zeugen, die den Beschuldigten identifizieren sollen (Schmidt Kriminalistik 1985, 239). Auch für eine Gegenüberstellung (Odenthal NStZ 2001, 581) oder v. der Gegenüberstellung selbst dürfen Video-Aufnahmen angefertigt werden (BVerfG NStZ 1983, 84; LG Berlin NStZ 1989, 488; Odenthal NStZ 1985, 434). Nicht unter § 81b fallen personenbezogene Hinweise über bestimmte aus früheren Verhaltensweisen des Betroffenen gewonnene Erkenntnisse (BVerwG JZ 1991, 471) o. Registrierungen des jew. Ausdrucks des Beschuldigten, zB Messungen der Atem- u. Pulsbewegungen, um die innere Erregung zu ermitteln (BGHSt 34, 39 (45); Peters StrafProzR Rn. 330), auch nicht die Überprüfung auf „künstliche DNA" (Krumdiek StRR 2009, 130; erg. → § 161 Rn. 1). Ein mit Zustimmung des Beschuldigten auf Tonband aufgezeichnetes Gespräch kann später ohne Rücksicht auf dessen Einverständnis für einen Stimmenvergleich durch einen Sachverständigen verwertet werden (BGH StV 1985, 397; vgl. auch Kleinknecht NJW 1966, 1541), eine heimliche Bild- o. Tonaufnahme aber nur unter den Voraussetzungen der §§ 100f, 100h Abs. 1 S. 1 Nr. 1, sonst ist die Verwertung unzulässig (BGHSt 34, 39; Schneider GA 1997, 371). Mit Zwang darf eine Sprechprobe nicht durchgesetzt werden (BGHSt 34, 39 (45)). **8**

Es ist zulässig, dem Beschuldigten nach § 81b Fingerabdrücke abzunehmen, um mit ihnen anschließend ein ihm gehörendes **Mobiltelefon zu entsperren** (vgl. OLG Bremen NJW 2025, 847 mablAnm El-Ghazi; LG Ravensburg NStZ 2023, 446 mzustAnm Ruhs GSZ 2024, 254; Rottmeier/Eckel NStZ 2020, 193 (194); Neuhaus StV 2020, 489; MüKoStPO/Trück Rn. 8; **aM** Horter NStZ 2023, 447; Grzesiek/Zühlke StV 2021, 117 (119); Nadeborn/Albrecht NZWiSt 2021, 420 (423 ff.)). Es ist ebenso als „**ähnliche Maßnahme**" zulässig, den Finger des Beschuldigten zu diesem Zweck zwangsweise auf den Fingerabdrucksensor des Smartphones (auch zwangsweise als Annexkompetenz zu Abs. 1: OLG Bremen NJW 2025, 847; → Rn. 16) zu legen (BGH NStZ 2025, 560 mkritAnm Satzger/Safraz und ablAnm Weber/Klenner StraFo 2025, 275 und Hamed StraFo 2025, 279; dem BGH zust. Mosbacher JuS 2025, 742 (743); **aM** Momsen DRiZ 2018, **8a**

140 (141); Horter NStZ 2023, 447; SSW-StPO/Bosch § 81b Rn. 7; wie BGH: OLG Bremen NJW 2025, 847; erg. → Rn. 16a); dies gilt jedenfalls dann, wenn eine zuvor nach §§ 102, 105 Abs. 1 richterlich angeordnete Durchsuchung gerade auch dem Auffinden von Mobiltelefonen dient und der beabsichtigte Datenzugriff trotz seiner Eingriffsintensität rechtmäßig ist (BGH NStZ 2025, 560 mAnm Mosbacher JuS 2025, 742).

8b § 81b Abs. 1 ermächtigt allerdings nur zur Vornahme des eigentlichen Entsperrvorgangs des Mobiltelefons; dagegen wird der **Zugriff auf die im Mobiltelefon gespeicherten Daten** von den §§ 94, 110 erfasst (→ § 94 Rn. 16a; vgl. BGH NStZ 2025, 560 mAnm Mosbacher JuS 2025, 742; OLG Bremen NJW 2025, 847). Insofern wird der staatliche Zugriff durch Auslesen der Daten durch den Grundsatz der Verhältnismäßigkeit begrenzt; hierbei ist der besonderen Eingriffsintensität auf der einen Seite, aber auch der Schwere der ermittlungsgegenständlichen Straftat im Einzelfall, dem Grad des Tatverdachts sowie der potentiellen Beweisbedeutung der auf dem Mobiltelefon vermuteten Daten Rechnung zu tragen (BGH NStZ 2025, 560). In Betracht zu ziehen ist auch, ob die in Rede stehenden Straftaten mittels eines Mobiltelefons begangen oder angebahnt wurden; denn wenn der Beschuldigte bewusst ein Medium als Tatmittel seiner strafbaren Handlung einsetzt, muss er es eher hinnehmen, dass sich die staatlichen Strafverfolgungsorgane des darauf befindlichen Datenbestandes bedienen (BGH NStZ 2025, 560; vgl. auch BVerfG NJW 2006, 3197 (3198)).

9 Die Maßnahmen sind schon **unmittelbar nach der Tat,** sogar noch am Tatort, zulässig. Der Beschuldigte darf zB fotografiert werden, wie er gerade bei einer Demonstration v. Polizeibeamten festgenommen wird (OLG Köln MDR 1976, 67; KK-StPO/Hadamitzky Rn. 3). Das Fotografieren eines Demonstrationszuges zu dem Zweck, die unbekannten Täter früherer Straftaten zu entdecken, fällt dagegen nicht unter § 81b (vgl. BGH NJW 1975, 2075; JZ 1978, 762; SK-StPO/Rogall Rn. 46; **aM** Bergfelder Kriminalistik 1976, 413); auch hierfür gilt § 100h Abs. 1 S. 1 Nr. 1 (Wälter/Stienkemeier Kriminalistik 1994, 93). Die Videoüberwachung im Straßenverkehr fällt nicht unter die Vorschr. (OLG Düsseldorf NJW 2010, 1216 (1217); OLG Stuttgart NJW 2010, 1219 (1220); Roggan NJW 2010, 1043; vgl. aber Krumm NZV 2009, 621; erg. → § 100h Rn. 1, → § 163b Rn. 1).

10 Zur **Vorbereitung der Identifizierungsmaßnahmen** kann die Veränderung des äußeren Erscheinungsbildes des Beschuldigten angeordnet u. zwangsweise durchgeführt werden (BGH NStZ 1993, 47), zB das Entfernen u. Aufsetzen einer Perücke, Entfernen v. Schminke (Odenthal NStZ 1985, 434), Veränderung der Haar- u. Barttracht (SK-StPO/Rogall Rn. 33; BVerfGE 47, 239 hält insoweit § 81a für einschlägig; erg. → § 81a Rn. 23). Vor der Aufnahme v. Fingerabdrücken dürfen die Finger des Beschuldigten gereinigt werden, um saubere und damit aussagekräftige Fingerabdrücke zu ermöglichen.

11 Wird ein unbekannter Toter aufgefunden, so können **Maßnahmen an der Leiche** vorgenommen werden (→ § 88 Rn. 1).

12 **D. Notwendigkeit. Soweit notwendig,** dürfen die Maßnahmen vorgenommen werden. Dies ist eine Ausprägung des Verhältnismäßigkeitsgrundsatzes (BVerfG NStZ 2023, 52). Im **Strafverfahren** ergeben sich die Notwendigkeit u. ihre Grenzen aus der Sachaufklärungspflicht (§ 244 Abs. 2). Nicht notwendig ist die Maßnahme, wenn sie zur Erreichung ihres Zwecks, der Täterfeststellung und damit der Durchführung des Strafverfahrens, nicht geeignet ist, so etwa bei der Abnahme von Fingerabdrücken, wenn solche am Tatort nicht sichergestellt wurden (vgl. BVerfG NStZ 2023, 52 (53)).

12a Erkennungsdienstliche Maßnahmen zu **präventiv-polizeilichen** Zwecken setzen voraus, dass nach kriminalistischer Erfahrung Anhaltspunkte für Wiederholungsgefahr bestehen (OVG Magdeburg StraFo 2011, 219, zugleich zu den Anforderungen an die Begründung der Anordnung; BayVG Regensburg StraFo 2011, 352). Das Anlassdelikt muss zwar kein bes. Maß an Gemeinschädlichkeit aufweisen, aber doch über den Bagatellbereich hinausreichen; die Anforderungen an die Wiederholungsgefahr bestimmen sich danach, wie gravierend die Anlasstat ist (OVG Magdeburg NJW 2019, 1827 (1829)). Die Maßnahmen kommen in 1. Hinsicht gegen gewerbs- o. gewohnheitsmäßig handelnde u. sonstige Rückfalltäter in Betracht (Löwe/Rosenberg/Krause Rn. 10; vgl. OVG Lüneburg NdsVBl 2007, 42: gewerbsmäßige Verstöße gegen AuslG). Bei anderen Beschuldigten kommt es darauf an, ob an ihnen wegen der Art u. Schwere ihrer Straftaten ein besonderes kriminalistisches Interesse besteht. Maßgebend ist, ob auch unter Berücksichtigung des Zeitablaufs Anhaltspunkte dafür vorliegen, dass der Beschuldigte in ähnlicher o. anderer Weise erneut straffällig werden könnte, u. ob die erkennungsdienstlichen Unterlagen zur Förderung der dann zu führenden Ermittlungen geeignet erscheinen (BVerwGE 66, 202; BVerwG NJW 2006, 1225 (1226); VGH München BeckRS 2023, 977; VGH Mannheim NJW 2008, 3082; VG Düsseldorf StraFo 2009, 146; enger – nur vergleichbare Taten – VG Braunschweig StV 2008, 631 (632)). Das kann auch der Fall sein, wenn der Beschuldigte erstmals in Erscheinung getreten ist (OVG Lüneburg BeckRS 2007, 27538); eine schematische Betrachtung verbietet sich jedoch (OVG Münster StraFo 2008, 503; anders VG Braunschweig StV 2008, 631 (632) für Körperverletzungs-, BtM- o. Sexualdelikte einschl. § 184b Abs. 4 StGB; OVG Magdeburg NJW 2019, 1827 für den Erwerb, die Verbreitung o. den Besitz kinderpornografischer Schriften). Bei offensichtlichem Fehlen der Wiederholungsgefahr ist die Maßnahme unzulässig (OVG Berlin JR 1971, 392). Dass der Strafrichter die Strafe zur Bewährung ausgesetzt o. die StA das Ermittlungsverfahren mangels öffentl. Interesses eingestellt hat, räumt diese Gefahr aber nicht aus (BVerwGE 66, 192; 66, 202; VGH Mannheim NJW 2008, 3082), ebenso wenig eine Einstellung nach § 170 Abs. 2 bei fortbestehendem erheblichem Tatverdacht (VG Osnabrück BeckRS 2008, 37648; vgl. auch BVerfG NJW 2002, 3231). Im Übrigen gilt der Verhältnismäßigkeitsgrundsatz (vgl. § 163b Abs. 2 S. 2; BVerfG NStZ 2011, 529: Stundenlanges Festhalten v. Personen, die sich bereits am Festnahmeort ordnungsgemäß ausweisen konnten); in Bagatellsachen ist § 81b nicht anwendbar (AG Kiel StraFo 2006, 70; KMR-StPO/Bosch Rn. 17).

Die **Eignung** erkennungsdienstlicher Maßnahmen ist – auch ihrem Umf. nach **12b** (VGH Mannheim NVwZ-RR 2004, 572) – auf die Aufklärung solcher Straftaten zu beziehen, für die Wiederholungsgefahr prognostiziert wird (VG Leipzig StV 2009, 124); sie ist nach VGH Mannheim NJW 2008, 3082 in Fällen des § 184b Abs. 4 StGB nicht nur wegen der Möglichkeit zu bejahen, Fingerabdrücke am PC abzugleichen o. den Erwerb sonstiger Datenträger aufzuklären, sondern nach dem Schutzzweck dieses Delikts („Risikodelikt") auch wegen der Gefahr der Begehung v. Taten nach §§ 176, 176a StGB (jedenfalls bei pädosexueller Disposition des Beschuldigten). Soweit älteres Material für Zwecke des Erkennungsdienstes nicht mehr geeignet ist, können neue Maßnahmen vorgenommen werden (OVG Münster NdsVBl 2008, 174: neue Fingerabdrücke nach 5 Jahren; OVG Lüneburg NdsVBl 2007, 42: neue Lichtbilder nach fast 6 Jahren; Qualitätsmangel; OVG Lüneburg BeckRS 2007, 27486: neue Lichtbilder u. neue Fingerabdrücke nach 9 Jahren).

E. Zuständigkeit. Zuständig für die Anordnung sind im Ermittlungsverfahren **13** die StA u. die Beamten des Polizeidienstes, auch wenn sie nicht Ermittlungspersonen der StA sind (SK-StPO/Rogall Rn. 64; Hermes Polizei 2010, 279), nach Anklageerhebung das mit der Sache befasste Gericht (Löwe/Rosenberg/Krause Rn. 22). Für Maßnahmen zu erkennungsdienstlich en Zwecken ist demgegenüber die Kriminalpolizei – nicht der ER (OLG Hamm NStZ-RR 2012, 254 Ls.) – zuständig (OLG Düsseldorf NJW 1959, 1790; VGH Mannheim NVwZ-RR 2004, 572; OVG Münster NJW 1972, 2147; Schenke JZ 2006, 709; **aM SK-StPO/** Rogall Rn. 65; Eisenberg/Puschke JZ 2006, 731), deren Beamte innerhalb ihrer eigenen Zuständigkeit, nicht als Ermittlungspersonen der StA, tätig werden (OLG Düsseldorf NJW 1959, 1790); zur Zuständigkeit des ZKA u. der Zollfahndungsämter vgl. §§ 4 Abs. 1 S. 2, 25 Abs. 1 ZFdG. Vor präventiver Anordnung ist der Betroffene nach § 28 VwVfG anzuhören (VG Düsseldorf StraFo 2009, 146).

14 **Die Durchführung** der Maßnahmen obliegt in jedem Fall der Polizei (Geerds JURA 1986, 9).

15 **F. Unmittelbarer Zwang. Unmittelbarer Zwang** ist, auch bei Maßnahmen für erkennungsdienstliche Zwecke, ohne vorherige Androhung zulässig (OLG Naumburg NStZ-RR 2006, 178 (180) mwN; OLG Bremen BeckRS 2025, 295; KK-StPO/Hadamitzky Rn. 6; **aM** KMR-StPO/Bosch Rn. 19). Die Rechtsgrundlage hierfür ist § 81b selbst (Fezer StrafProzR § 6 Rn. 27). Ein bestimmtes Verf. ist nicht vorgeschrieben (Löwe/Rosenberg/Krause Rn. 24; Fuß FS Wacke, 1972, 316; **aM** Petersen-Thrö/Ornatowski SächsVBl 2008, 34, Vahle Polizei 1987, 242, die bei erkennungsdienstlichen Maßnahmen die Bestimmungen des Polizeirechts anwenden wollen).

16 **Der Beschuldigte darf** – falls erforderlich (vgl. LG Kiel StV 2006, 125) – zwangsweise zur Polizeibehörde gebracht u. dort bis zur Erledigung der Maßnahmen festgehalten werden (OLG Stuttgart StV 1988, 424; Löwe/Rosenberg/Krause Rn. 25); darin liegt keine Freiheitsentziehung iSd Art. 104 Abs. 2 S. 1 GG (SK-StPO/Rogall Rn. 36) u. keine vorl. Festnahme iSd § 127 Abs. 2 (KG GA 1979, 225). Zur Ermöglichung der Anfertigung v. Lichtbildern u. der Durchführung anderer Maßnahmen darf der Beschuldigte v. Polizeibeamten festgehalten werden. Zur Vornahme v. Handflächenabdrücken dürfen Arme u. Finger mit Gewalt gestreckt werden (BGHSt 34, 39 (45)). Notfalls sind die Fesselung u. die Anwendung v. Polizeigriffen erlaubt. Die Durchsuchung v. Räumen zwecks Ergreifens des Beschuldigten ist nach § 102 nur zulässig, wenn Maßnahmen für Zwecke eines bestimmten Strafverfahrens durchgeführt werden sollen; sonst gilt Polizeirecht, dh es muss ein amtsgerichtlicher Durchsuchungsbefehl beschafft werden (OLG Naumburg NStZ-RR 2006, 178 (180)). Im Einzelfall kann die Anforderung eines Lichtbildes bei den Personalausweis- o. Passbehörden (→ § 163 Rn. 28) der zwangsweisen Durchsetzung einer Anordnung nach § 81b unter Verhältnismäßigkeitsgesichtspunkten vorgehen (vgl. LG Rostock StV 2008, 627 (629)).

16a Zur Entsperrung eines **Mobiltelefons** darf der Finger eines Beschuldigten auch gegen dessen Willen auf den Fingerabdrucksensor des Geräts aufgelegt werden; dies verstößt nach Ansicht des BGH nicht gegen den Grundsatz der Selbstbelastungsfreiheit (nemo tenetur), weil es dabei lediglich um das Dulden einer Ermittlungsmaßnahme, nicht um die aktive Mitwirkung an der eigenen Überführung gehe (BGH NStZ 2025, 560; OLG Bremen NJW 2025, 847; → Rn. 8a). Zur Preisgabe der PIN darf der Beschuldigte dagegen nicht gezwungen werden, weil dies dem Grundsatz widerspräche, dass niemand im Strafverfahren aktiv an der eigenen Überführung mitwirken muss (Mosbacher JuS 2025, 742 (744)).

17 **G. Aufbewahrung und Speicherung von Unterlagen. I. Zur Durchführung eines Strafverfahrens erlangte Unterlagen.** Aufbewahrt werden die zum Zweck der Durchführung eines Strafverfahrens gewonnenen Unterlagen **in den Strafakten** (→ Rn. 2), u. zwar so lange wie diese (vgl. auch § 483; dazu SK-StPO/Rogall Rn. 57). Ihre Entfernung o. Vernichtung kann der Beschuldigte nicht verlangen (Löwe/Rosenberg/Krause Rn. 26; **aM** SK-StPO/Wolter § 163c Rn. 32).

18 **II. Erkennungsdienstliche Unterlagen.** Hinsichtlich der erkennungsdienstlichen Unterlagen (→ Rn. 3) ergibt sich die weitere Aufbewahrung (und Nutzung) nunmehr aus **§ 481** (vgl. → § 481 Rn. 1 ff. sowie VGH Kassel NJW 2005, 2727); die frühere verwaltungsgerichtliche Rspr. muss – wie SK-StPO/Rogall Rn. 58 zutr. dargelegt hat – als überholt angesehen werden (übereinstimmend Löwe/Rosenberg/Krause Rn. 27).

19 Die Verwendung digitalisierten Materials **für Zwecke künftiger Strafverfahren** richtet sich somit nach § 484 Abs. 4 (→ § 484 Rn. 5; VGH Kassel NJW 2005, 2727). Für die **Speicherung** von Daten gelten die §§ 483 ff., zu ihrer **Löschung** s. § 489 (vgl. SK-StPO/Rogall Rn. 62 sowie zur Beurteilung nach Art. 8 EMRK EGMR EuGRZ 2009, 299 (308, 311) (Große Kammer)). §§ 9 ff., 12 ff., 25 ff.

BKAG regeln die Datenerhebung, -verarbeitung u. -verwendung durch die Kriminalpolizei des Bundes. Für den grenzüberschreitenden automatisierten Datenaustausch v. Fingerabdruckdaten in der EU sieht Art. 9 Prümer Ratsbeschluss (ABl. 2008 L 210, 1) iVm § 1 AusführungsG zum Prümer Vertrag und zum Ratsbeschluss Prüm (BGBl. 2006 I 1458; 2009, 2507) den Zugriff auf anonymisierte Indexdatenbanken im sog. Hit-/no-hit-Verf. vor (BT-Drs. 16/12585, 7, 8, auch zum weiteren Verf. im Trefferfall; zum Wirkbetrieb vgl. BT-Drs. 16/14150, 2).

H. Fingerabdrücke z. Erstellung eines Datensatzes nach EU-Recht (Abs. 2–5). Die durch das Gesetz z. Durchführung der VO (EU) 2019/816 (BGBl. I 3420) mit Wirkung v. 1.10.2022 eingef. Abs. 2–5 dienen der **Verbesserung des bestehenden EU-Strafregisterinformationssystems** (ECRIS) über verurteilte Drittstaatsangehörige und sollen eine zentrale Speicherung und effiziente Abfrage der Vorstrafen dieses Personenkreises ermöglichen (BT-Drs. 19/27432, 13). Die Regelungen lassen Abs. 1 unberührt. 20

I. Voraussetzungen (Abs. 2). Über die Fälle des Abs. 1 hinaus dürfen die Fingerabdrücke des Beschuldigten auch gegen seinen Willen zur Erstellung eines Datensatzes gem. Art. 5 Abs. 1 Buchst. b der VO (EU) 2019/816 unter folgenden Voraussetzungen aufgenommen werden, die **kumulativ** vorliegen müssen: 21

Es muss sich um einen **Drittstaatsangehörigen** handeln **(Abs. 2 S. 1 Nr. 1):** Drittstaatsangehörige sind entspr. VO (EU) 2019/816 verurteilte Personen, die nicht die Staatsangehörigkeit eines Mitgliedsstaates der EU haben oder die neben einer solchen auch die Staatsangehörigkeit eines Drittstaates besitzen, ferner verurteilte Staatenlose sowie verurteilte Personen, deren Staatsangehörigkeit unbekannt ist (s. BT-Drs. 19/27432, 13). 22

Der Beschuldigte muss **rkr. zu einer Freiheitsstrafe o. Jugendstrafe verurteilt** oder es muss gegen ihn eine freiheitsentziehende Maßregel der Besserung und Sicherung angeordnet worden sein **(Abs. 2 S. 1 Nr. 2).** 23

Fingerabdrücke des Beschuldigten dürfen **nicht bereits vorhanden sein (Abs. 2 Nr. 3),** dh sie dürfen nicht schon nach Abs. 1 oder nach § 163b Abs. 1 S. 3 im Rahmen eines Strafverfahrens erhoben worden sein (BT-Drs. 19/27432, 43). 24

Die Fingerabdrücke dürfen nicht aufgenommen werden, wenn die entspr. **Eintragung im BZRG schon getilgt** ist **(Abs. 2 S. 1 Nr. 4).** 25

Fingerabdrücke vor Rechtskraft (Abs. 2 S. 2): Ausnahmsweise dürfen die Fingerabdrücke abweichend von Abs. 2 S. 1 Nr. 2 schon vor Rechtskraft der Entscheidung aufgenommen werden, wenn die Gefahr besteht, dass der Beschuldigte sich dieser Maßnahme entziehen werde. Die Anordnung muss konkret anhand der Umstände des Einzelfalls aufgrund bestimmter Tatsachen begründet werden. Die konkrete Gefahr kann sich aus den Lebensumständen der Person, aber auch ihrer Einlassung sowie den Tatvorwürfen ergeben (vgl. BT-Drs. 19/27432, 44). 26

Notwendige Vorbereitungs- und Begleitmaßnahmen sind wie bei Abs. 1 zulässig (BT-Drs. 19/27432, 44; → Rn. 10). 27

II. Übermittlung (Abs. 3). Die Fingerabdrücke sind **an das BKA** zu übermitteln; dies gilt nicht nur in den Fällen des Abs. 2, sondern auch denen des Abs. 1 sowie bei nach § 163b Abs. 1 S. 3 aufgenommenen Fingerabdrücken (BT-Drs. 19/27432, 45). 28

III. Verarbeitung (Abs. 4). Das **BKA darf** die nach Abs. 1 und Abs. 2 sowie die nach § 163b Abs. 1 S. 3 aufgenommenen und ihm übermittelten Fingerabdrücke **grds. verarbeiten** (Abs. 4 S. 1). In den Fällen des Abs. 1, des Abs. 2 S. 2 sowie des § 163b Abs. 1 S. 3 ist allerdings eine über die Speicherung hinausgehende Verarbeitung **unzulässig,** solange die Entscheidung noch nicht rkr. ist (Abs. 4 S. 2). 29

Die Verarbeitung nach S. 1 ist ferner unzulässig, wenn d. Beschuldigte rkr. freigesprochen oder das Verfahren endgültig eingestellt wurde oder die alleinige 30

Anordnung einer freiheitsentziehenden Maßregel d. Besserung u. Sicherung unterblieben ist (Abs. 4 S. 3 Nr. 1–3). Dies gilt gleichermaßen in den Fällen des Abs. 2 S. 2, wenn der Beschuldigte rkr. zu einer anderen Strafe als Freiheitsstrafe o. Jugendstrafe verurteilt wurde (Abs. 4 S. 4).

31 **Löschung (Abs. 4 S. 5):** Ist die Verarbeitung der Fingerabdrücke nach Maßgabe von Abs. 4 S. 3 oder 4 unzulässig, so sind die Fingerabdrücke zu löschen.

32 **IV. Verarbeitung für andere Zwecke (Abs. 5).** Abs. 5 stellt klar, dass **für andere Zwecke** als die Erstellung eines Datensatzes gem. Art. 5 Abs. 1 Buchst. b d. VO (EU) 2019/816 die **§§ 481–485 gelten** (Abs. 5 S. 1; s. dort); die übrigen Bestimmungen über die Verarbeitung der nach Abs. 1 und Abs. 2 S. 2 sowie § 163b aufgenommenen Fingerabdrücke bleiben somit unberührt (BT-Drs. 19/27432, 46).

33 Die **Verarbeitung von nach Abs. 2 S. 2 aufgenommenen Fingerabdrücken** ist jedoch erst nach Rechtskraft der Entsch. zulässig, und sie darf nicht nach Abs. 4 S. 3 oder 4 unzulässig sein (Abs. 5 S. 2). Die übrigen Bestimmungen über die Verarbeitung der nach Abs. 1 oder Abs. 2 oder nach § 163b aufgenommenen Fingerabdrücke bleiben auch insoweit unberührt (Abs. 5 S. 3; BT-Drs. 19/27432, 46).

34 **I. Rechtsbehelfe. I. Im Strafverfahren getroffene Anordnungen. Im Strafverfahren getroffene Anordnungen** des Gerichts sind nach § 304 Abs. 1 mit der Beschwerde anfechtbar; zur Anfechtung nach erfolgter Durchführung der Maßnahme vgl. → Vor § 296 Rn. 17 ff. Gegen Maßnahmen der StA u. der Polizei kann nach hM entspr. § 98 Abs. 2 das Gericht angerufen werden (OLG Braunschweig NStZ 1991, 551; OLG Oldenburg NStZ 1990, 504; OLG Koblenz StV 2002, 127; krit. Amelung FS BGH IV, 2000, 924; erg. → § 98 Rn. 23; → EGGVG § 23 Rn. 10).

35 **II. Anordnung von Maßnahmen für erkennungsdienstliche Zwecke.** Die Anordnung von Maßnahmen **für erkennungsdienstliche Zwecke** kann nur im **Verwaltungsrechtsweg** angefochten werden (BGHSt 28, 206 (209); BVerwGE 66, 192; BVerwG StraFo 2011, 312 gegen VGH Kassel DVBl 2011, 515: § 23 EGGVG; wie VGH Kassel SK-StPO/Rogall Rn. 69; Bock ZIS 2007, 132; wieder **aM** Eisenberg/Puschke JZ 2006, 732; Krach JR 2003, 140: § 98 Abs. 2 entspr.). Wird das OLG angerufen, verweist es die Sache nach § 17a Abs. 2 **GVG** vAw mit bindender Wirkung an das zuständige VG (OLG Celle NStZ-RR 2012, 254). Wenn nicht nach § 80 Abs. 2 S. 1 Nr. 4 VwGO die sofortige Vollziehung angeordnet wird, hat der Widerspruch nach § 68 VwGO aufschiebende Wirkung (BVerwGE 66, 202). Die Anfechtungsklage nach § 42 VwGO ist schon gegen die Aufforderung zulässig, sich zum Zweck der erkennungsdienstlichen Behandlung bei der Polizei einzufinden (BVerwGE 66, 192; OVG Hamburg MDR 1977, 80). Das der polizeilichen Prognose zugrunde liegende Wahrscheinlichkeitsurteil (→ Rn. 12) wird nur auf Vertretbarkeit geprüft (VGH Mannheim NJW 2008, 3082; Löwe/Rosenberg/Krause Rn. 11 aE).

36 Die **Ablehnung des Antrags auf Vernichtung der Unterlagen** ist ebenfalls ein Verwaltungsakt, der nur vor dem Verwaltungsgericht angefochten werden kann (BVerfGE 16, 89 (94); BGH NJW 1975, 2075 (2076); BVerwGE 26, 169; allgM). Zulässig ist die Verpflichtungsklage nach § 42 VwGO (VGH Kassel NJW 2005, 2727; Löwe/Rosenberg/Krause Rn. 36; str.). Maßgebend für die Beurteilung der Rechtmäßigkeit der Aufbewahrung ist der Zeitpunkt der Entsch. des Verwaltungsgerichts (VGH Mannheim NJW 1973, 1663; OVG Münster NJW 1972, 2147). Falls sich die Unterlagen allerdings nicht mehr bei der Polizei, sondern in den Ermittlungsakten der StA befinden, ist der Rechtsweg nach § 23 **EGGVG** gegeben (OVG Koblenz NStE EGGVG § 23 Nr. 16), ebenso, wenn sich die Aufbewahrung der Unterlagen nach Strafverfahrensrecht richtet (vgl. § 484 Abs. 4; SK-StPO/Rogall Rn. 70).

Untersuchung anderer Personen

81c (1) **Andere Personen als Beschuldigte dürfen, wenn sie als Zeugen in Betracht kommen, ohne ihre Einwilligung nur untersucht werden, soweit zur Erforschung der Wahrheit festgestellt werden muß, ob sich an ihrem Körper eine bestimmte Spur oder Folge einer Straftat befindet.**

(2) [1] **Bei anderen Personen als Beschuldigten sind Untersuchungen zur Feststellung der Abstammung und die Entnahme von Blutproben ohne Einwilligung des zu Untersuchenden zulässig, wenn kein Nachteil für seine Gesundheit zu befürchten und die Maßnahme zur Erforschung der Wahrheit unerläßlich ist.** [2] **Die Untersuchungen und die Entnahme von Blutproben dürfen stets nur von einem Arzt vorgenommen werden.**

(3) [1] **Untersuchungen oder Entnahmen von Blutproben können aus den gleichen Gründen wie das Zeugnis verweigert werden.** [2] **Haben Minderjährige wegen mangelnder Verstandesreife oder haben Minderjährige oder Betreute wegen einer psychischen Krankheit oder einer geistigen oder seelischen Behinderung von der Bedeutung ihres Weigerungsrechts keine genügende Vorstellung, so entscheidet der gesetzliche Vertreter; § 52 Abs. 2 Satz 2 und Abs. 3 gilt entsprechend.** [3] **Ist der gesetzliche Vertreter von der Entscheidung ausgeschlossen (§ 52 Abs. 2 Satz 2) oder aus sonstigen Gründen an einer rechtzeitigen Entscheidung gehindert und erscheint die sofortige Untersuchung oder Entnahme von Blutproben zur Beweissicherung erforderlich, so sind diese Maßnahmen nur auf besondere Anordnung des Gerichts und, wenn dieses nicht rechtzeitig erreichbar ist, der Staatsanwaltschaft zulässig.** [4] **Der die Maßnahmen anordnende Beschluß ist unanfechtbar.** [5] **Die nach Satz 3 erhobenen Beweise dürfen im weiteren Verfahren nur mit Einwilligung des hierzu befugten gesetzlichen Vertreters verwertet werden.**

(4) **Maßnahmen nach den Absätzen 1 und 2 sind unzulässig, wenn sie dem Betroffenen bei Würdigung aller Umstände nicht zugemutet werden können.**

(5) [1] **Die Anordnung steht dem Gericht, bei Gefährdung des Untersuchungserfolges durch Verzögerung auch der Staatsanwaltschaft und ihren Ermittlungspersonen (§ 152 des Gerichtsverfassungsgesetzes) zu; Absatz 3 Satz 3 bleibt unberührt.** [2] **§ 81a Abs. 3 gilt entsprechend.**

(6) [1] **Bei Weigerung des Betroffenen gilt die Vorschrift des § 70 entsprechend.** [2] **Unmittelbarer Zwang darf nur auf besondere Anordnung des Richters angewandt werden.** [3] **Die Anordnung setzt voraus, daß der Betroffene trotz Festsetzung eines Ordnungsgeldes bei der Weigerung beharrt oder daß Gefahr im Verzuge ist.**

Übersicht

1 **A. Untersuchung von Zeugen ohne Einwilligung.** Die **Untersuchung von Zeugen ohne deren Einwilligung** gestattet die Vorschr.; eine entspr. Regelung enthält § 372a ZPO. Die Duldungspflicht ist durch den Gesetzesvorbehalt in Art. 2 Abs. 2 S. 3 GG gedeckt (BVerfGE 5, 13 = NJW 1956, 986).

2 **B. Einwilligung des Betroffenen.** Die **Einwilligung des Betroffenen** hebt, sofern sie nicht sittenwidrig ist (→ § 81a Rn. 3), die Beschränkungen des § 81c auf. Körperliche Eingriffe außer Blutprobenentnahmen müssen aber stets v. einem Arzt vorgenommen werden. Bei schwereren Eingriffen macht die Einwilligung des Betroffenen die Anordnung der nach Abs. 5 zuständigen Personen nicht entbehrlich (Löwe/Rosenberg/Krause Rn. 4; weitergehend KMR-StPO/Bosch Rn. 3: immer erforderlich; **aM** SK-StPO/Rogall Rn. 18: nicht erforderlich).

3 **Einwilligung** ist nur die freiwillige, ernstliche u. in Kenntnis der Sachlage u. des Weigerungsrechts erteilte ausdr. Zustimmung (BGH NJW 1964, 1177; Hilgert NJW 2016, 985; erg. → § 81a Rn. 4). Im freiwilligen Erscheinen bei dem Sachverständigen u. in der Hinnahme der Untersuchung o. des Eingriffs liegt noch keine Einwilligung (vgl. Janetzke NJW 1958, 534). Der Betroffene muss genügend Verstandesreife o. -kraft haben, um Sinn u. Tragweite seiner Erkl. zu verstehen (BGHZ 29, 33 = NJW 1959, 811); andernfalls muss sein ges. Vertreter entscheiden (RGSt 64, 160 (162)).

4 Der Betroffene muss darüber **belehrt** werden, welche Maßnahme vorgenommen werden soll u. dass sie ohne seine Einwilligung nicht zulässig ist (KMR-StPO/Bosch Rn. 5; Löwe/Rosenberg/Krause Rn. 5; Hilgert NJW 2016, 985; **aM** BGHSt 13, 394 (398)). Wenn er nach § 52 Abs. 1 zur Zeugnisverweigerung berechtigt ist, muss er auch nach Abs. 3 S. 2 Hs. 2 iVm § 52 Abs. 3 S. 1 belehrt werden (BGHSt 13, 394 (399); 20, 234). Die Belehrung hat die Strafverfolgungsbehörde zu erteilen, nicht der Sachverständige (→ Rn. 24).

5 Bis zum Schluss der Untersuchung ist die Einwilligung **widerrufbar;** was bis dahin ermittelt worden ist, bleibt aber verwertbar, auch wenn der ordnungsgemäß belehrte Betroffene ein Zeugnisverweigerungsrecht nach § 52 hat (KMR-StPO/Bosch Rn. 30; Löwe/Rosenberg/Krause Rn. 6; **aM** Krause/Nehring StrafVerfR Rn. 13).

6 **C. Abschließende Regelung.** Eine **abschließende Regelung** enthält § 81c.

7 Daher **darf der Betroffene ohne seine Einwilligung** (→ Rn. 2 ff.) **nicht** auf seinen psychischen Zustand, zB auf seine Vernehmungsfähigkeit (LG Frankfurt a. M. StraFo 2009, 18), Merkfähigkeit o. Sehtüchtigkeit (OLG Hamm VRS 21, 62; Löwe/Rosenberg/Krause Rn. 11), insbes. nicht auf seine **Glaubwürdigkeit** untersucht werden (BGHSt 14, 21 (23); BGH NStZ 2009, 346 (347)). Auch hier ist eine Belehrung darüber erforderlich, dass die Untersuchung ohne die Einwilligung nicht vorgenommen werden kann (Fezer JZ 1996, 606; Heinitz FS Engisch, 1969, 700; Welp JR 1996, 77; **aM** BGHSt 13, 394 (398); KK-StPO/Hadamitzky Rn. 11), jedenfalls dann, wenn der Zeuge ein ihm zustehendes Zeugnisverweigerungsrecht geltend gemacht hat (BGHSt 36, 217). Da Fragen an den Zeugen, die seine allg. Glaubwürdigkeit betreffen, seine Aussagewilligkeit hins. der dem Angeklagten vorgeworfenen Tat nicht voraussetzen, liegt in der Ausübung des Zeugnisverweigerungsrechts nach § 52 nicht ohne weiteres die Erklärung, dass der Zeuge die Glaubwürdigkeitsprüfung ablehnt (Holtz MDR 1979, 988 – BGH RsprÜ).

Bei **Verweigerung** dieser Prüfung dürfen Erkenntnisse über den psychischen Zustand o. die Glaubwürdigkeit in der Weise gewonnen werden, dass der Zeuge richterlich vernommen wird, ein Sachverständiger ihn dabei unmittelbar befragt (§ 80 Abs. 2) u. sich anschließend gutachtlich äußert (BGHSt 23, 1; BGH NStZ 2009, 346 (347); Kett-Straub ZStW 117 (2005), 372; **aM** OLG Hamm JZ 1957, 186 Ls.; Eisenberg Beweisrecht StPO Rn. 1868). Ob das eine ausreichende Beurteilungsgrundlage für die Glaubwürdigkeit u. Zeugentüchtigkeit bietet, muss das Gericht mit der gebotenen Vorsicht entscheiden (vgl. BGH StV 1991, 405 mkritAnm Blau; Fezer StrafProzR § 6 Rn. 30; Kett-Straub ZStW 117 (2005), 372). **8**

D. Untersuchung auf Spuren und Tatfolgen (Abs. 1). I. Duldungspflicht. Die Duldungspflicht trifft nur Personen, die als Zeugen in Betracht kommen (**Zeugengrundsatz**), wobei ausreicht, dass sie nichts beobachtet haben (schlafende u. bewusstlose Tatopfer) u. dies bekunden können (KK-StPO/Hadamitzky Rn. 1). **9**

Entgegen dem Wortlaut v. Abs. 1 dürfen aber auch Tatopfer untersucht werden, die, wie Säuglinge, Kleinkinder u. schwer Geistesgestörte, unfähig sind, überhaupt etwas auszusagen (Krause JZ 1976, 124; Meier JZ 1991, 642; **aM** Seidel Kriminalistik 1967, 303). Es gilt der Grundsatz, dass jede tatunverdächtige Person, bei der Spuren o. Tatfolgen zu vermuten sind, ohne ihre Einwilligung untersucht werden darf (Dünnebier GA 1953, 65). **10**

II. Zweck der Untersuchung. Zweck der Untersuchung muss die Feststellung v. Spuren o. Tatfolgen am Körper sein (Spurengrundsatz). **11**

Spuren sind unmittelbar durch die Tat verursachte Veränderungen am Körper, die Rückschlüsse auf den Täter o. die Tatausführung ermöglichen (Stichwunde, Einschusskanal, Blutspuren, Spermienreste, Hautreste unter den Fingernägeln uÄ). **12**

Tatfolgen sind durch die Tat eingetretene Veränderungen am Körper des Opfers, die solche Hinweise nicht zulassen (Hautabschürfungen, Zahnlücken, Krankheitszustand). Spuren u. Tatfolgen brauchen weder dauerhaft zu sein noch zum ges. Tatbestand der Straftat zu gehören; es genügt, dass sie für die Strafzumessung v. Bedeutung sein können (Löwe/Rosenberg/Krause Rn. 15). **13**

Ohne genügenden Anlass darf die Untersuchung nicht stattfinden. Schon vorher müssen bestimmte Vorstellungen u. Anhaltspunkte über die Spuren u. Tatfolgen bestehen, um deren Auffindung es geht (Löwe/Rosenberg/Krause Rn. 16). Reihenuntersuchungen nach Spurenträgern sind unzulässig (KK-StPO/Hadamitzky Rn. 1). **14**

III. Notwendigkeit. Notwendig muss die Untersuchung sein. Jedoch kommt sie nicht nur als letztes Mittel in Betracht (Eisenberg Beweisrecht StPO Rn. 1664). Vielmehr ist sie auch zulässig, wenn die bereits bekannten Beweismittel die Aufklärung des Sachverhalts nicht mit ausreichender Sicherheit ermöglichen (Löwe/Rosenberg/Krause Rn. 17) o. nicht ausgeschlossen werden kann, dass die vorhandenen Beweise wieder wegfallen, der Täter zB sein Geständnis widerruft (Fezer JuS 1978, 765 Fn. 1). **15**

IV. Art und Umfang. Art und Umfang der Untersuchung bestimmt Abs. 1 dahin, dass sie am Körper des Betroffenen stattfinden darf. Körperliche Eingriffe sind verboten (Roxin/Schünemann StrafVerfR § 33 Rn. 27). Das schließt aber Untersuchungen der natürlichen Körperöffnungen, deren Inneres ohne ärztliche Hilfe sichtbar gemacht werden kann, nicht aus (Löwe/Rosenberg/Krause Rn. 19). Scheidenabstriche u. das gewaltsame Öffnen des Mundes zur Besichtigung der Zähne sind zulässig (Krause/Nehring StrafVerfR Rn. 2), nicht dagegen Magenauspumpen, Untersuchungen unter Narkose (BGH NJW 1970, 1242; Holtz MDR 1991, 297 – BGH RsprÜ) sowie Röntgenaufnahmen u. -durchleuchtungen (allgM). Die Pflicht, die Untersuchung zu dulden, umfasst die Pflicht, sich zu ihr einzufinden, sich zu entkleiden u. die jew. erforderliche Körperhaltung einzunehmen; sonst besteht keine Pflicht zur aktiven Mitwirkung (KK-StPO/Hadamitzky Rn. 6). **16**

17 **V. Grundsatz der Zumutbarkeit (Abs. 4).** Der Grundsatz der Zumutbarkeit (Abs. 4) bedeutet nur eine **Hervorhebung des Verhältnismäßigkeitsgrundsatzes** (→ Einl. Rn. 20 ff.). Von Bedeutung sind die persönlichen Verhältnisse der Bet.n sowie Art u. Folgen der Untersuchung (eingehend SK-StPO/Rogall Rn. 72 ff.). Das bei der Bedeutung der Strafsache bestehende Aufklärungsinteresse u. das Persönlichkeitsrecht des Betroffenen müssen gegeneinander abgewogen werden (Dallinger MDR 1956, 527 – BGH RsprÜ). Vielfach wird die Zumutbarkeit davon abhängen, dass die Untersuchung v. einem Arzt vorgenommen wird (KK-StPO/Hadamitzky Rn. 7); für eine schamverletzende Untersuchung gilt § 81d. Blutentnahme zum Zweck der Feststellung der AIDS-Infizierung wird idR zumutbar sein (Löwe/Rosenberg/Krause Rn. 28; **aM** Mayer JR 1990, 363). Zur Herstellung eines „gentechnischen Fingerabdrucks" vgl. § 81e und eing. dazu VerfGH Berlin NJW 2006, 1416.

18 **E. Blutprobenentnahmen und Abstammungsuntersuchungen (Abs. 2).** Sie darf **nur ein *Arzt*** vornehmen. Die Anordnung v. Abstammungsuntersuchungen verpflichtet zur Duldung v. Blutprobenentnahmen (Ulrich Sachverständiger-HdB Rn. 294), Lichtbildaufnahmen, Messungen u. Fingerabdrücken (Krause/Nehring StrafVerfR Rn. 4), nicht aber Speichelproben (SK-StPO/Rogall Rn. 31 (nur freiwillig); Satzger JZ 2001, 645; **aM** Busch NJW 2001, 1336). Anders als bei Abs. 1 gilt nicht der Zeugen- u. Spurengrundsatz, sondern der Aufklärungsgrundsatz; ob der Betroffene als Zeuge in Betracht kommt, ist gleichgültig (Löwe/Rosenberg/Krause Rn. 24).

19 Es darf aber kein **Nachteil für seine Gesundheit** zu befürchten sein. Bei der Natur der zugelassenen Eingriffe u. Untersuchungen sind solche Nachteile kaum vorstellbar. Insbesondere ist bei der Blutprobenentnahme ein psychischer Schaden infolge einer „Spritzenphobie" praktisch ausgeschlossen (Gerchow BA 1976, 392; Händel BA 1976, 389 gegen OLG Koblenz NJW 1976, 379).

20 Die **Unerlässlichkeit** der Maßnahme ist an der Aufklärungspflicht (§ 244 Abs. 2) zu bemessen (OLG Saarbrücken FamRZ 1959, 35). Dass zuvor alle anderen Beweismöglichkeiten versagt haben, wird nicht vorausgesetzt (KK-StPO/Hadamitzky Rn. 5; Löwe/Rosenberg/Krause Rn. 26). Die Anordnung eines erbbiologischen Gutachtens ist aber erst zulässig, wenn die Abstammung durch eine Blutgruppenbestimmung nicht geklärt werden konnte.

21 Die **Zumutbarkeit** des Eingriffs u. der Untersuchung (Abs. 4) ist auch hier durch Abwägung des Aufklärungsinteresses mit den Interessen des Betroffenen zu beurteilen (→ Rn. 17). Dass ihm wirtschaftliche Nachteile drohen, hindert die Anordnung nicht (KMR-StPO/Bosch Rn. 20; Löwe/Rosenberg/Krause Rn. 30). Der Rechtsgedanke des § 55 begründet keine Unzumutbarkeit, da die Berufung auf diese Bestimmung nur dazu führen würde, dass der Betroffene tatverdächtig u. nunmehr nach § 81a untersucht wird (**aM** SK-StPO/Rogall Rn. 43 ff.; Krause JZ 1976, 124).

22 **F. Untersuchungsverweigerungsrecht (Abs. 3). I. Umfang.** Die Bestimmung knüpft an § 52 an. Ein Weigerungsrecht nach §§ 53, 53a, 54 besteht nicht (Löwe/Rosenberg/Krause Rn. 38; SK-StPO/Rogall Rn. 42; Hilgert NJW 2016, 985; **aM** Schmidt StPO/GVG Nachtrag StPO § 81c Rn. 11; zw. Alsberg Beweisantrag/Güntge Rn. 855; unklar BT-Drs. 16/5846, 26), auch nicht nach § 55 (KK-StPO/Hadamitzky Rn. 10; Alsberg Beweisantrag/Güntge Rn. 855; **aM** OLG Braunschweig NJW 1954, 1052; OLG Saarbrücken FamRZ 1959, 35; Krause/Nehring StrafVerfR Rn. 5; Gössel StrafVerfR S. 231).

23 Der Betroffene **kann nach § 52 Abs. 1 das Zeugnis o. nach Abs. 3 S. 1 die Untersuchung o. beides verweigern.** Der Einnahme des richterlichen Augenscheins an seiner Person darf er sich nicht widersetzen (OLG Hamm MDR 1974, 1036). Wie bei § 52 (→ § 52 Rn. 11 ff.) besteht das Untersuchungsverweigerungsrecht auch, wenn sich das Verf. gegen mehrere Beschuldigte richtet u. der Betroffene nur Angehöriger eines v. ihnen ist, auch bei Verfahrenstrennung. Falls der Angehörige eines Beschuldigten zugleich Mitbeschuldigter ist, muss er zwar die

körperliche Untersuchung nach § 81a dulden, nicht aber die Verwertung des gewonnenen Befundes gegen den Mitbeschuldigten (so Mitsch FS Lenckner, 1998, 735). Es erstreckt sich nicht auf die Durchsuchung v. Räumen zur Sicherstellung v. Gegenständen mit DNA-fähigem Material (BGH (ER) NStZ-RR 2018, 319; erg. → § 94 Rn. 20, → § 97 Rn. 1, → § 103 Rn. 7).

II. Belehrungspflicht. § 52 Abs. 3 gilt entspr. für alle Fälle des Weigerungsrechts nach Abs. 3 S. 1, obwohl diese Regelung in Abs. 3 S. 2 Hs. 2 eingeordnet ist. Zu belehren ist der Betroffene selbst (BGHSt 14, 21 (24)), auch wenn er schon über sein Zeugnisverweigerungsrecht nach § 52 belehrt worden ist (BGHSt 13, 394 (399); BGH NStZ 1996, 275), sogar wenn er schon nach Belehrung als Zeuge ausgesagt hat. Zur Belehrung ist, u. zwar vor der Durchführung der (mit o. ohne förmliche Anordnung) beabsichtigten Maßnahme, verpflichtet, wer sie angeordnet hat (Ulrich Sachverständiger-HdB Rn. 295). Der Richter kann die StA bei der Übergabe der Anordnung nach § 36 Abs. 2 S. 1 ersuchen, für die Belehrung vor der Untersuchung zu sorgen. Der Sachverständige ist zur Belehrung nicht befugt (BGH StV 1993, 563; SK-StPO/Rogall Rn. 61). Das Unterlassen der Belehrung wird dadurch geheilt, dass das Untersuchungsergebnis nicht berücksichtigt wird o. dass der Betroffene nach nachgeholter Belehrung seiner Verwertung zustimmt (BGHSt 12, 235 (242) (GSSt)). Auch der spätere Verzicht des Zeugen auf sein Zeugnisverweigerungsrecht nach § 52 Abs. 1 heilt den Verstoß (BGHSt 20, 234). Die bloße Beobachtung des Zeugen in der HV zur Gutachtenerstattung ist keine die Belehrungspflicht auslösende Untersuchung (BGH StV 1995, 622). 24

III. Widerruf. Widerruft der Betroffene den Verzicht auf das Weigerungsrecht noch vor Abschluss der Untersuchung, so ist deren Fortsetzung unzulässig. Das bis dahin erlangte Untersuchungsergebnis ist aber verwertbar, wenn der Betroffene v. einem Richter belehrt worden war (BGHSt 12, 235 (242) (GSSt); BGH NStZ 1997, 296; **aM** Schmidt JR 1959, 369; erg. → § 252 Rn. 6). Widerrufbar ist auch die Untersuchungsverweigerung (vgl. → § 52 Rn. 22). 25

IV. Betroffene ohne ausreichende Verstandesreife (Abs. 3 S. 2). Die Regelung **entspricht im Wesentlichen der des § 52 Abs. 2** (→ § 52 Rn. 17 ff.). Die Belehrung des Betroffenen entfällt aber, wenn ihm offensichtlich keine genügende Vorstellung v. der Bedeutung des Weigerungsrechts vermittelt werden kann (BGHSt 40, 336; SK-StPO/Rogall Rn. 59; **aM** Eisenberg NStZ 2016, 11). Die Duldungspflicht des Betroffenen geht auch weiter als seine Aussagepflicht (dazu → § 52 Rn. 19). Denn da Maßnahmen nach § 81c auch an Personen vorgenommen werden können, die nicht aussagefähig sind, entscheidet im Fall des § 81c der ges. Vertreter endg. über die Weigerung o. den Verzicht auf sie. Auf die Bereitschaft des Betroffenen kommt es nicht an (BGHSt 40, 336; **aM** Kett-Straub ZStW 117 (2005), 372). 26

V. Beweissicherungsverfahren (Abs. 3 S. 3–5). Ist der ges. Vertreter v. der Entsch. ausgeschlossen (Abs. 3 S. 2 Hs. 2 iVm § 52 Abs. 2 S. 2) o. sonst verhindert, so ist eine zur Beweissicherung erforderliche sofortige Untersuchung o. Blutprobenentnahme zulässig. Sie wird v. Gericht angeordnet, v. der StA nur, wenn dieses trotz entspr. Kontaktierungsversuche nicht erreichbar u. ein Zuwarten wegen des drohenden Beweismittelverlusts o. der Unzumutbarkeit für das Opfer nicht möglich ist. Die Anordnung **ersetzt die Zustimmung des ges. Vertreters** (vgl. LG Verden NStZ-RR 2006, 246). Die Untersuchungsergebnisse dürfen aber nur verwertet werden, wenn der ges. Vertreter, dh der dazu bestellte Ergänzungspfleger o. der wieder erreichbar gewordene ges. Vertreter, nachträglich sein Einverständnis erklärt. Die Einwilligung braucht der Richter o. StA nicht selbst einzuholen (Löwe/Rosenberg/Krause Rn. 49). 27

G. Zuständigkeit für die Anordnung (Abs. 5 S. 1). Hs. 1 entspr. § 81a Abs. 2 (→ § 81a Rn. 25 ff.); zum Spezialfall des Hs. 2 iVm Abs. 3 S. 3 vgl. → Rn. 27. Eine vorherige Anhörung des Betroffenen o. seines ges. Vertreters ist 28 nicht erforderlich (KK-StPO/Hadamitzky Rn. 19; Löwe/Rosenberg/Krause Rn. 53; **aM** KMR-StPO/Bosch Rn. 34).

29 **H. Vollstreckung.** Die **Vollstreckung** der richterlichen Anordnung ist Sache der StA (§ 36 Abs. 2 S. 1). Sie vollstreckt auch ihre eigene Anordnung, die Polizei die ihre. Mit der Vollstreckung ist die Aufgabe verbunden, die noch ausstehende Erkl. über das Weigerungsrecht (Abs. 3) einzuholen o. ihre Einholung zu veranlassen u. sicherzustellen, dass die Maßnahme unterbleibt, wenn der Betroffene die Untersuchung mit Recht verweigert o. der ges. Vertreter widerspricht (KK-StPO/Hadamitzky Rn. 20).

29a **I. Verwertungsverbot (Abs. 5 S. 2).** Ein **Verwertungsverbot** hins. des entnommenen Materials für andere Zwecke als für ein anhängiges Strafverfahren enthält Abs. 5 S. 2, indem er auf die Regelung in § 81a Abs. 3 verweist (→ § 81a Rn. 36).

29b Ebenso wie für entnommene Körperzellen des Beschuldigten gilt auch hier die **Vernichtungsregelung** (vgl. → § 81a Rn. 37 ff.).

30 **J. Zwang (Abs. 6).** Nach S. 1 gilt **§ 70 entspr.** Ordnungsgeld u. -haft darf aber nur der Richter festsetzen; § 161a Abs. 2 ist nicht entspr. anwendbar (Roxin/Schünemann StrafVerfR § 33 Rn. 31). Das Nichterscheinen zur Untersuchung ist idR als Weigerung anzusehen (SK-StPO/Rogall Rn. 94). Gegen den ges. Vertreter dürfen die Ordnungsmittel des § 70 Abs. 1 nicht festgesetzt werden (→ § 70 Rn. 3). Beugehaft nach § 70 Abs. 2 darf auch gegen den Betroffenen nicht verhängt werden, sondern wird durch den unmittelbaren Zwang nach Abs. 6 S. 2 ersetzt (Achenbach NJW 1977, 1271). Dieser Zwang darf bei Gefahr im Verzug ohne weiteres, sonst erst angewendet werden, wenn der Betroffene trotz Festsetzung der Ordnungsmittel auf seiner Weigerung beharrt (Abs. 6 S. 3).

31 **K. Beschwerde. Beschwerde** nach § 304 Abs. 2 ist gegen richterliche Anordnungen, auch des erkennenden Gerichts (§ 305 S. 2), zulässig; zur Anfechtung, wenn die Maßnahme bereits vorgenommen worden ist, vgl. → Vor § 296 Rn. 17 ff. Der Gerichtsbeschluss nach Abs. 3 S. 3 ist unanfechtbar (S. 4); nur gegen die Ablehnung der beweissichernden Anordnung hat die StA die einfache Beschwerde nach § 304 Abs. 1. Anordnungen der StA u. der Polizei sind nicht nach § 23 **EGGVG** anfechtbar, wohl aber kann der Betroffene entspr. § 98 Abs. 2 Antrag auf gerichtliche Entsch. stellen (hM, vgl. Löwe/Rosenberg/Krause Rn. 63, SK-StPO/Rogall Rn. 101, jew. mwN; **aM** AnwK StPO/Walther Rn. 25); das wird wegen der nach Art. 19 Abs. 4 GG gebotenen engen Auslegung des Abs. 3 S. 4 auch für die bes. Anordnung der StA nach Abs. 3 S. 3 zu gelten haben.

32 **L. Revision.** Das Fehlen der Voraussetzungen des Abs. 1 und Abs. 2, die ausschl. dem Schutz des Betroffenen dienen, kann die Revision des Angeklagten nicht begründen (Dallinger MDR 1953, 148 – BGH RsprÜ; Krause/Nehring StrafVerfR Rn. 14; s. allerdings LG Dresden StV 2012, 331, das für schwerwiegende Verstöße gegen Abs. 5 ein Verwertungsverbot annimmt). Das Gleiche gilt, wenn die Belehrung über die Freiwilligkeit der Duldung einer Untersuchung o. eines Eingriffs (→ Rn. 4) unterlassen worden ist (Löwe/Rosenberg/Krause Rn. 65). Beim Fehlen der Belehrung nach Abs. 3 S. 2 Hs. 2 iVm § 52 Abs. 3 S. 1 gelten die Grundsätze zu § 52 (→ § 52 Rn. 34) entspr. Ist der ges. Vertreter nicht belehrt worden, darf das auf der Untersuchung beruhende Gutachten nur verwertet werden, wenn feststeht, dass der ges. Vertreter in Kenntnis des Rechts, die Untersuchung zu verweigern, in diese eingewilligt hat (BGHSt 40, 336; abl. Eisenberg StV 1995, 625). Wegen der Rechtsfolgen einer irrigen Belehrung vgl. → § 52 Rn. 35. Zum notwendigen **Rügevorbringen** s. Graalmann-Scheerer FS Riess, 2002, 162. Ob der Vortrag erforderlich ist, der Zeuge o. die Zeugin habe die Einwilligung mit der Exploration erklärt, ist umstr. (dafür der 1. StS des BGH (NStZ-RR 2013, 218; NStZ 2013, 672), dagegen der 3. StS des BGH (NStZ-RR 2014, 17), der mit guten Gründen darauf verweist, dass es regelmäßig auch ohne

Einwilligung des Zeugen möglich ist, dem Sachverständigen die erforderlichen Anknüpfungstatsachen für sein Gutachten zu verschaffen)).

Durchführung körperlicher Untersuchungen durch Personen gleichen Geschlechts **Nr. 220 Abs. 1 RiStBV**

81d (1) [1] **Kann die körperliche Untersuchung das Schamgefühl verletzen, so wird sie von einer Person gleichen Geschlechts oder von einer Ärztin oder einem *Arzt* vorgenommen.** [2] **Bei berechtigtem Interesse soll dem Wunsch, die Untersuchung einer Person oder einem Arzt bestimmten Geschlechts zu übertragen, entsprochen werden.** [3] **Auf Verlangen der betroffenen Person soll eine Person des Vertrauens zugelassen werden.** [4] **Die betroffene Person ist auf die Regelungen der Sätze 2 und 3 hinzuweisen.**

(2) **Diese Vorschrift gilt auch dann, wenn die betroffene Person in die Untersuchung einwilligt.**

A. Körperliche Untersuchungen jeder Art. Für körperliche Untersuchungen jeder Art gilt § 81d, auch für Durchsuchungen nach §§ 102, 103 (Löwe/Rosenberg/Krause Rn. 2; Krause/Nehring StrafVerfR Rn. 1; **aM** Schmidt StPO/GVG Nachtrag StPO § 81a Rn. 4). Es besteht der allg. Grundsatz, dass körperliche Untersuchungen u. Durchsuchungen nicht v. Angehörigen des anderen Geschlechts durchgeführt werden sollen. Gleichgültig ist, ob es sich um freiwillige o. unfreiwillige Untersuchungen handelt (Abs. 2). Für körperliche Untersuchungen, die medizinische Kenntnisse verlangen, hat § 81d keine Bedeutung; dann muss ein Arzt als Sachverständiger hinzugezogen werden. 1

B. Altersgrenze. Eine Altersgrenze besteht nach Änd. der Vorschr. durch das OpferRRG nicht mehr; die Vorschr. gilt also auch für Kinder, ausgenommen Kleinkinder unter 6 Jahren (SK-StPO/Rogall Rn. 7). 2

C. Schamgefühl. Das Schamgefühl, darüber hinaus die allg. Regeln der Schicklichkeit u. des Anstands, müssen gewahrt werden. Maßgebend sind objektive Gesichtspunkte (Krause/Nehring StrafVerfR Rn. 1). Das völlige Entkleiden vor einer Person des anderen Geschlechts, die keine Ärztin o. kein Arzt ist, u. die Untersuchung der Geschlechtsorgane durch diese Person verletzen das Schamgefühl unter allen Umständen (Löwe/Rosenberg/Krause Rn. 4). 3

D. Übertragung der Untersuchung. Die Übertragung der Untersuchung auf eine Person gleichen Geschlechts o. eine Ärztin o. einen Arzt, auch wenn medizinische Kenntnisse nicht erforderlich sind, schreibt Abs. 1 S. 1 zwingend vor. Davon kann auch nicht abgesehen werden, wenn sonst die Gefahr besteht, dass Tatspuren o. Beweismittel verloren gehen (SK-StPO/Rogall Rn. 8). Abs. 1 S. 1 gilt auch für Augenscheinseinnahmen durch das Gericht. Die untersuchende Person wird als Augenscheinsgehilfe (→ § 86 Rn. 4) herangezogen u. über ihre Wahrnehmungen als Zeuge vernommen (Löwe/Rosenberg/Krause Rn. 6). Nach Abs. 1 S. 2 besteht ein grds. Wahlrecht hins. des Geschlechts der Untersuchenden; damit soll individuellen Befindlichkeiten der Betroffenen Rechnung getragen werden. 4

E. Person des Vertrauens. Eine Person des Vertrauens (in erster Linie wird dies ein Angehöriger sein) **soll auf Verlangen der betroffenen Person** zugelassen werden. Die verlangte Heranziehung darf aus triftigen Gründen (Verzögerung, zu erwartende Störung) abgelehnt o. abgebrochen werden (Löwe/Rosenberg/Krause Rn. 7; Neuhaus StV 2004, 621). 5

F. Hinweispflicht. Eine bes. Hinweispflicht auf die Regelungen in Abs. 1 S. 2, 3 ist durch das OpferRRG vorgeschrieben worden. Dies ist sachdienlich, weil der zu untersuchenden Person die dort bezeichneten Möglichkeiten idR unbekannt sein werden u. damit einer – uU erneuten (etwa nach vorhergegangenem sexuellem Missbrauch) – Verletzung des Schamgefühls vorgebeugt wird. 6

7 **G. Revision.** Die Revision kann auf einen Verstoß gegen § 81d nicht gestützt werden (SK-StPO/Rogall Rn. 14 mwN). Betrifft er den Zeugen, so ist nur dessen Rechtskreis berührt; betr. er den Angeklagten, so ist das Untersuchungsergebnis gleichwohl verwertbar (Rudolphi MDR 1970, 97; KMR-StPO/Bosch Rn. 6; **aM** Neuhaus StV 2004, 621; Eisenberg Beweisrecht StPO Rn. 1679d für bewusste Missachtungen).

Molekulargenetische Untersuchung

81e

(1) [1] **An dem durch Maßnahmen nach § 81a Absatz 1 oder § 81c erlangten Material dürfen mittels molekulargenetischer Untersuchung das DNA-Identifizierungsmuster, die Abstammung und das Geschlecht der Person festgestellt und diese Feststellungen mit Vergleichsmaterial abgeglichen werden, soweit dies zur Erforschung des Sachverhalts erforderlich ist.** [2] **Andere Feststellungen dürfen nicht erfolgen; hierauf gerichtete Untersuchungen sind unzulässig.**

(2) [1] **Nach Absatz 1 zulässige Untersuchungen dürfen auch an aufgefundenem, sichergestelltem oder beschlagnahmtem Material durchgeführt werden.** [2] **Ist unbekannt, von welcher Person das Spurenmaterial stammt, dürfen zusätzlich Feststellungen über die Augen-, Haar- und Hautfarbe sowie das Alter der Person getroffen werden.** [3] **Absatz 1 Satz 2 und § 81a Abs. 3 erster Halbsatz gelten entsprechend.** [4] **Ist bekannt, von welcher Person das Material stammt, gilt § 81f Absatz 1 entsprechend.**

1 **A. DNA-Analyse.** Die Technik der DNA (= Desoxyribonukleinsäure)-Analyse dient **zur Identifizierung bzw. dem Ausschluss v. Spurenverursachern.** Zu ihrer Durchführung (dazu Schneider/Fimmers/Schneider/Brinkmann NStZ 2007, 447; SK-StPO/Rogall § 81a Rn. 103 ff.) wird vorhandenes Körpermaterial des Beschuldigten und/oder eines sonstigen Spurenlegers (zB Blut, Haar, Harn, Speichel) gentechnisch untersucht u. verglichen (zu den dabei angewandten Methoden iE SK-StPO/Rogall § 81a Rn. 107).;Die Vorschrift regelt und präzisiert die Anwendungsvoraussetzungen der DNA-Analyse, um eine sachgerechte Verwendung des Untersuchungsmaterials zu gewährleisten und mit der Maßnahme verbundene übermäßige Eingriffe in das Persönlichkeitsrecht zu verhindern (vgl. BT Drs. 13/667, 1; BGBl. 2017 I 3202).

2 **B. Beweiswert.** Wegen der erreichten Standardisierung der molekulargenetischen Untersuchung kann bei einem Seltenheitswert im Millionenbereich das Erg. der DNA-Analyse für die Überzeugung des Tatrichters dahin ausreichen, dass die **am Tatort gesicherte DNA-Spur v. Angeklagten herrührt** (BGH NStZ 2009, 285; KMR-StPO/Bosch Rn. 4; zum Beweiswert einer mitochondrialen DNA-Analyse, ggf. in Kombination mit dem Erg. der Analyse v. Kern-DNA, BGH NJW 2009, 2834), wenn die Berechnungsgrundlage den v. BGH aufgestellten Anforderungen entspr. (BGHSt 38, 320 (322 ff.)). Mögliche Fehlerquellen bei DNA-Analysen sind freilich zu beachten (Neuhaus StraFo 2006, 393). Unabhängig davon ist die Frage zu beurteilen, ob zwischen der DNA-Spur u. der Tat ein Zusammenhang besteht (BGH NStZ 2009, 285). Einem Beweisantrag auf Durchführung einer Gen-Analyse zum Beweis, dass der Beschuldigte nicht der Täter sein könne, wird idR stattzugeben sein (BGH NJW 1990, 2328), u. die Aufklärungspflicht wird beim Vorhandensein v. Spurenmaterial die Gen-Analyse gebieten (BGH NStZ 1991, 399). Auch zur Identifizierung v. Hundehaaren kann ein genomanalytisches Gutachten geeignet sein (BGH NStZ 1993, 395).

3 **C. Nach § 81a Abs. 1 oder § 81c erlangtes Material (Abs. 1). I. Nur zur Feststellung bestimmter Tatsachen.** Nur zur Feststellung bestimmter Tatsachen in einem anhängigen (Ermittlungs-)Verf. (LG Mainz NStZ 2001, 499) u. soweit dies zur Erforschung des Sachverhalts erforderlich ist, ist die DNA-Analyse zulässig; Feststellungen über andere als die in Abs. 1 S. 1 bezeichneten sind nicht erlaubt.

Schon darauf gerichtete Untersuchungen sind unzulässig (Abs. 1 S. 2 Hs. 2); sie dürfen daher nicht angeordnet werden, wenn u. solange kein für einen DNA-Vergleich geeignetes Spurenmaterial vorhanden ist (vgl. LG Saarbrücken StV 2001, 265 Ls.; BeckOK StPO/Goers Rn. 8), es sei denn, der Betroffene erklärt sich damit einverstanden (Hilger NStZ 1997, 372 Fn. 30; **aM** Löwe/Rosenberg/Krause Rn. 24). Eine vorherige Auswertung der aufgefundenen Spurenträger ist freilich nicht erforderlich; eine starre zeitliche Reihenfolge, dass zwar die Entnahme v. Körperzellen angeordnet werden kann, deren molekulargenetische Untersuchung jedoch erst dann zulässig sein soll, wenn für einen DNA-Vergleich geeignetes Spurenmaterial vorhanden ist, besteht nicht (OLG Hamm BeckRS 2016, 4926: Anordnung der Untersuchung während laufender HV; LG Ravensburg NStZ-RR 2010, 18; enger LG Offenburg StV 2003, 153).

Die Untersuchung, ob die Spur v. einem Mann o. einer Frau stammt, ist zulässig **4** (Abs. 1 S. 1), nach wie vor aber nicht die Untersuchung, ob sie v. einem Europäer, Afrikaner o. Asiaten herrührt (vgl. auch Rackow ZRP 2002, 236) o. die Untersuchung auf äußere Körpermerkmale o. angeborene Krankheiten des Spurenlegers. Der Verstoß gegen Abs. 1 S. 2 führt zu einem Beweisverwertungsverbot (Graalmann-Scheerer FS Riess, 2002, 163; KMR-StPO/Bosch Rn. 14; **aM** Senge NJW 1997, 2411). Sofern bei der Untersuchung unvermeidbar Informationen über schutzbedürftige Persönlichkeitsmerkmale anfallen, dürfen sie nicht weitergegeben o. in das Verf. eingeführt werden (str., vgl. Volk NStZ 2002, 564). Die zulässig zu erhebenden Tatsachen sind:

1. An dem vom Beschuldigten nach § 81a Abs. 1 entnommenen Material **5** dürfen das DNA-Identifizierungsmuster, die Abstammung u. das Geschlecht festgestellt werden. Nach BGH (ER) 21.3.2007 – 1 BGs 96/2007 sind Untersuchungen auch zulässig an Körperzellen, die ohne Eingriff nach § 81a Abs. 1 auf rechtmäßige Weise – hier: Zigarettenreste aufgrund einer Maßnahme nach § 163f – in den Verfügungsbereich der Strafverfolgungsbehörden gelangt sind (zw., da § 81e nicht an heimliche Ermittlungsmaßnahmen anknüpft). Zwischen „kodierenden" u. „nicht-kodierenden" Merkmalen wird bei der Untersuchung nicht unterschieden (vgl. BT-Drs. 13/667, 6, 9, 11; Senge NJW 1997, 2411). Die molekulargenetische Untersuchung v. in Biobanken mit Zustimmung des Beschuldigten gesammelten Körperflüssigkeiten o. Gewebeproben ist unzulässig (KK-StPO/Hadamitzky Rn. 8; **aM** BeckOK StPO/Goers Rn. 6).

2. An dem von Dritten nach § 81c erlangten Material ist die DNA-Analyse **6** unter denselben Voraussetzungen zulässig (Abs. 1 S. 1). Hier geht es idR um die Frage, v. wem beim Beschuldigten o. beim Tatopfer o. am Tatort vorgefundenes Spurenmaterial herstammt (vgl. LG Frankenthal NStZ-RR 2000, 146; LG Mannheim NStZ-RR 2004, 301), also um die Feststellung, ob die vorgefundenen DNA-Spuren v. einer Person, die nicht Beschuldigter ist, stammen können o. ob diese als Spurenverursacher auszuschließen ist (VerfGH Berlin NJW 2006, 1416; erg. → § 81h Rn. 17). Für die Zulässigkeit des Eingriffs gelten die in § 81c Abs. 3, Abs. 4 und Abs. 6 vorgesehenen Einschränkungen, insbes. sind also Zeugnis- u. Untersuchungsverweigerungsrechte zu beachten (erg. → § 81c Rn. 22 ff.).

II. Subsidiaritätsklausel. Eine Subsidiaritätsklausel, wie zB in §§ 98a Abs. 1 **7** S. 2, 100c Abs. 1 Nr. 4, 110a Abs. 1 S. 2, **enthält § 81e nicht** (SK-StPO/Rogall Rn. 4). Sie wäre hier unzweckmäßig, weil es sachgerecht sein kann, die Untersuchung frühzeitig vorzunehmen, um zB einen Beschuldigten als Täter ausschließen zu können. Auch eine bestimmte erhöhte Verdachtsstufe („hinreichend" o. „dringend" verdächtig) wird nicht verlangt (zust. SK-StPO/Rogall Rn. 4; Senge NJW 1997, 2411).

D. Verwendung. Die Verwendung des untersuchten Materials ist nur in dem **8** der Untersuchung zugrundeliegenden o. einem sonst anhängigen Strafverfahren gestattet. Es darf nur so lange aufbewahrt werden, wie es dafür benötigt wird u. ist anschließend zu vernichten (vgl. → § 81a Rn. 36 ff.; → § 81c Rn. 29a, b).

9 **E. Aufgefundenes, sichergestelltes oder beschlagnahmtes Material (Abs. 2). I. Gesichertes Material.** Auch an gesichertem Material, bei dem noch unklar ist, ob es sich um eine Spur des Täters, um Material des Opfers o. überhaupt um eine mit der Tat zusammenhängende Spur handelt, dürfen nach Abs. 2 die zulässigen Untersuchungen (→ Rn. 3 ff.) durchgeführt werden. Gerade dieses ist das Material, das idR mit dem dem Beschuldigten entnommenen verglichen werden soll. Aber auch ohne dass schon ein Beschuldigter ermittelt worden ist, kann die Untersuchung notwendig sein, um später die DNA-Analyse durchführen zu können (Rogall FS Schroeder, 2006, 701), ferner bei drohendem Verderben des Materials durch Zeitablauf.

10 **II. Augen-, Haar- und Hautfarbe, Alter.** Feststellungen über die Augen-, Haar- und Hautfarbe sowie das Alter der Person dürfen zusätzlich getroffen werden, **wenn unbekannt ist,** v. welcher Person das Spurenmaterial stammt (Abs. 2 S. 2). Mit dieser durch das G zur Modernisierung des Strafverfahrens v. 10.12.2019 eingeführten Regelung werden die zulässigen Untersuchungen v. DNA-fähigem Material, die bislang nur das Geschlecht erfassten (Abs. 1 S. 1), entspr. erweitert, um neue Ermittlungsansätze bei ungeklärten Straftaten zu schaffen u. die Wahrheit möglichst umfassend zu ermitteln (BT-Drs. 532/19, 26; zu den Grundlagen dieser erweiterten DNA-Analyse Jansen ZIS 2020, 233; zu ihrer – begrenzten Tauglichkeit zur Verdachtsbegründung Gronke/Gronke NStZ 2021, 141). Die gewonnen Erkenntnisse können auch dazu verwendet werden, den Kreis der freiwilligen Teilnehmer an einer gem. § 81h geplanten Reihenuntersuchung auf Personen mit den festgestellten Merkmalen zu beschränken o. Öffentlichkeitsfahndungen nach §§ 131 ff. zu erleichtern. Der Gesetzgeber geht davon aus, dass die erweiterten Untersuchungsmöglichkeiten nicht in den absolut geschützten Kernbereich der Persönlichkeit eingreifen u. die Neuregelung damit auch einer verfassungsrechtlichen Prüfung standhält (vgl. BT-Drs. 19/17474, 27; Claus NStZ 2020, 58 (62); Jansen ZIS 2020, 233 (240)).

11 **III. Nur für Zwecke eines anhängigen Strafverfahrens.** Auch dieses Material darf nur für Zwecke eines anhängigen Strafverfahrens verwendet werden (Abs. 2 S. 3 mit § 81a Abs. 3 Hs. 1); die Vernichtungsregelung des § 81a Abs. 3 gilt für dieses Material im Gegensatz zu dem entnommenen Spurenmaterial aber nicht (Soiné StPO Rn. 17; SK-StPO/Rogall Rn. 17).

12 **IV. Zuordnung zu einer bestimmten Person.** Kann das zu untersuchende Material einer bestimmten Person zugeordnet werden, gilt der Einwilligungs- u. Richtervorbehalt des § 81f Abs. 1 entspr. (Abs. 2 S. 4).

13 **F. Revision.** Verstöße gegen Abs. 1 S. 2 sowie Abs. 2 S. 3 iVm § 81a Abs. 3 Hs. 1 führen zu einem Beweisverwertungsverbot, das mit der Verfahrensrüge geltend gemacht werden kann. Zu den sachlich-rechtlichen Anforderungen an die Darst. des Gutachtens u. seiner Erg. im Urt. → § 267 Rn. 13b.

Verfahren bei der molekulargenetischen Untersuchung

81f (1) [1] **Untersuchungen nach § 81e Abs. 1 dürfen ohne Einwilligung der betroffenen Person nur durch das Gericht, bei Gefahr im Verzug auch durch die Staatsanwaltschaft und ihre Ermittlungspersonen (§ 152 des Gerichtsverfassungsgesetzes) angeordnet werden.** [2] **Die einwilligende Person ist darüber zu belehren, für welchen Zweck die zu erhebenden Daten verwendet werden.** [3] **Die Einwilligung ist schriftlich zu erklären oder von der Staatsanwaltschaft oder ihren Ermittlungspersonen in Gegenwart der einwilligenden Person zu protokollieren oder auf sonstige Weise zu dokumentieren.**

(2) [1] **Mit der Untersuchung nach § 81e sind in der schriftlichen Anordnung Sachverständige zu beauftragen, die öffentlich bestellt oder nach dem Verpflichtungsgesetz verpflichtet oder Amtsträger sind, die der er-**

mittlungsführenden Behörde nicht angehören oder einer Organisationseinheit dieser Behörde angehören, die von der ermittlungsführenden Dienststelle organisatorisch und sachlich getrennt ist. [2] Diese haben durch technische und organisatorische Maßnahmen zu gewährleisten, daß unzulässige molekulargenetische Untersuchungen und unbefugte Kenntnisnahme Dritter ausgeschlossen sind. [3] Dem Sachverständigen ist das Untersuchungsmaterial ohne Mitteilung des Namens, der Anschrift und des Geburtstages und -monats der betroffenen Person zu übergeben. [4] Ist der Sachverständige eine nichtöffentliche Stelle, finden die Vorschriften der Verordnung (EU) 2016/679 des Europäischen Parlaments und des Rates vom 27. April 2016 zum Schutz natürlicher Personen bei der Verarbeitung personenbezogener Daten, zum freien Datenverkehr und zur Aufhebung der Richtlinie 95/46/EG (Datenschutz-Grundverordnung) (ABl. L 119 vom 4.5.2016, S. 1; L 314 vom 22.11.2016, S. 72; L 127 vom 23.5.2018, S. 2) und des Bundesdatenschutzgesetzes auch dann Anwendung, wenn die personenbezogenen Daten nicht automatisiert verarbeitet und die Daten nicht in einem Dateisystem gespeichert sind oder gespeichert werden sollen.

A. Anordnung. Nach Abs. 1 bedarf es **keiner Anordnung des Gerichts** (o. der StA u. ihrer Ermittlungspersonen), wenn die betroffene Person ihre Einwilligung erteilt hat (→ Rn. 2). Dies gilt sowohl für die Einwilligung in die Entnahme als auch für die Untersuchung der entnommenen Körperzelle. **1**

Liegt keine Einwilligung des Betroffenen vor, kann die Untersuchungsanordnung bei **Gefahr im Verzug** auch durch die StA u. – nachrangig – ihre Ermittlungspersonen erfolgen (Abs. 1 S. 2; erg. → § 98 Rn. 6); das galt bisher über § 81a Abs. 2 bzw. § 81e Abs. 5 S. 1 nur für die Entnahme u. nicht für die Untersuchung der Körperzelle. Dies kann relevant werden, wenn ohne das Erg. der DNA-Analyse der für die Anordnung der UHaft erforderliche Tatverdacht (noch) nicht gegeben ist (BT-Drs. 15/5674, 8; krit. dazu Senge NJW 2005, 3030). **1a**

Einer richterlichen Anordnung auch für die Untersuchung v. **Spurenmaterial** (§ 81e Abs. 2) bedarf es nicht; insoweit ist eine Anordnung der StA o. der Beamten des Polizeidienstes ausreichend (LG Potsdam NJW 2006, 1224). **1b**

B. Einwilligung. Sie ist schriftlich zu erklären oder von der StA oder ihren Ermittlungsbehörden in Gegenwart der einwilligenden Person zu protokollieren oder in sonstiger Weise zu dokumentieren wurde (Abs. 1 S. 3). Ihr muss eine Belehrung darüber vorangegangen sein, für welchen Zweck die zu erhebenden Daten verwendet werden (Abs. 1 S. 2). Dass die Einwilligung freiwillig abgegeben werden muss u. bei ihr kein unzulässiger Druck etwa durch das Versprechen der Gewährung v. Vergünstigungen ausgesprochen werden darf, ist selbstverständlich. Eine über den Hinweis auf die Untersuchungszwecke des § 81e Abs. 1 hinausgehende qualifizierte Belehrung (so Senge NJW 2005, 3029 im Blick auf § 81g Abs. 5 S. 2 Nr. 1; früher schon LG Düsseldorf NJW 2003, 1883 (1884)) fordert das G nicht (SK-StPO/Rogall Rn. 15). Zum Widerruf der Einwilligung → § 81g Rn. 17. **2**

C. Form und Zuständigkeit. Die Anordnung muss **schriftlich** ergehen (Abs. 2 S. 1) u. den Vorwurf, die Gründe für einen Anfangsverdacht u. den Zweck der DNA-Untersuchung knapp umreißen (LG Ravensburg NStZ-RR 2010, 18). Örtlich zuständig ist der Richter desjenigen AG, in dessen Bezirk die StA (bzw. deren Zweigstelle) ihren Sitz hat (§ 162 Abs. 1 S. 1; erg. → § 81g Rn. 15). Zur Zuständigkeit des Richters iÜ vgl. → § 81a Rn. 25, zum Umf. der richterlichen Prüfung vgl. → § 162 Rn. 14. In der Anordnung ist weiter der Sachverständige (nicht nur das Institut; **aM** Huber Kriminalistik 1997, 736) zu bezeichnen (KK-StPO/Hadamitzky Rn. 6); wer als Sachverständiger in Betracht kommt, regelt Abs. 2 S. 1 (KMR-StPO/Bosch Rn. 5). Welche Methode der Sachverständige bei der Untersuchung anwendet, bleibt ihm überlassen. Die Entnahme der Körperzelle **3**

kann aufgrund der Anordnung erzwungen werden (→ § 81a Rn. 29; LG Hamburg NStZ-RR 2004, 213).

4 **D. Sachverständiger.** Abs. 2 enthält für die Beauftragung des Sachverständigen u. für die v. ihm durchzuführende Untersuchung ins Einzelne gehende Regelungen, die den Datenschutz gewährleisten. So wird eine funktionelle Trennung v. Strafverfolgung u. DNA-Analyse vorgeschrieben; nur für organisatorisch selbständige Forschungsabteilungen des BKA o. eines LKA wird eine Ausnahme gemacht (Abs. 2 S. 1).

5 Der Sachverständige hat **besondere Vorkehrungen** in der ihm geeignet erscheinenden Weise zu treffen, um unzulässige DNA-Analysen auszuschließen u. die Erg. vor unbefugter Kenntnisnahme durch Dritte zu schützen (Abs. 2 S. 2).

6 Dem **Geheimhaltungsschutz** dient es, dass dem Sachverständigen das Untersuchungsmaterial in anonymisierter Form übergeben wird (Abs. 2 S. 3). Stellt sich später heraus, dass dem Sachverständigen nach § 76 ein Gutachtenverweigerungsrecht zustand, v. dem er Gebrauch macht, kann das Gutachten v. einem anderen Sachverständigen vertreten werden (Cramer NStZ 1998, 498; **aM** Löwe/Rosenberg/Krause Rn. 39).

7 Die **datenschutzrechtliche Kontrolle** wird in Abs. 2 S. 4 geregelt. Die Vorschr. wurde mit G v. 20.11.2019 (BGBl. I 1724) aufgrund der Neukonzeption des BDSG u. der Einf. der Datenschutzgrundverordnung aktualisiert; inhaltliche Änd. sind damit nicht verbunden. Sie gewährleistet, dass zum einen auch anlassunabhängige Kontrollen erlaubt werden u. zum anderen die Datenschutzbehörden auch tätig werden dürfen, wenn der Sachverständige die Daten nicht in Dateien automatisiert, sondern nur in Akten verarbeitet (BT-Drs. 19/4671, 60).

8 **E. Beschwerde.** Der Betroffene hat gegen die Anordnung nach § 304 Abs. 1, andere haben nach § 304 Abs. 2 das Beschwerderecht, auch bei Anordnung durch das erkennende Gericht (§ 305; vgl. OLG Bremen StV 2010, 122). Die StA kann sich gegen die Ablehnung der beantragten Anordnung beschweren. Die Bestimmung des Sachverständigen ist nicht isoliert anfechtbar (Löwe/Rosenberg/Krause Rn. 35; KMR-StPO/Bosch Rn. 11; **aM** KK-StPO/Hadamitzky Rn. 6, 11 für die StA bei Abweichung v. deren Vorschlag).

9 **F. Revision.** Die Erg. einer ohne Anordnung des Richters vorgenommenen Untersuchung v. Spurenmaterial des Beschuldigten sind unverwertbar. Die gleichwohl vorgenommene Verwertung als Beweismittel kann daher die Revision begründen; „jedenfalls“ bei einer nach Belehrung freiwillig, wenn auch ohne schriftliche Einwilligung abgegebenen Speichelprobe verlangt BGH NStZ 2010, 157 aber einen **Verwertungswiderspruch** (erg. → § 136 Rn. 25). Verwertbar sind hingegen die Erg. einer nicht angeordneten Untersuchung v. Körperzellen des Verletzten o. eines Dritten, da die Vorschr. insoweit ausschl. dessen Schutz dienen (SK-StPO/Rogall Rn. 28; erg. → § 81c Rn. 32; dort auch zu den Folgen des Fehlens einer Belehrung). Auf Verstöße gegen Abs. 2 wird die Revision idR nicht gestützt werden können (BGHSt 58, 84; NStZ 1999, 209 Ls.). Wird mit der Aufklärungsrüge in der Revision beanstandet, dass keine DNA-Analyse vorgenommen worden sei, muss dargelegt werden, dass das dafür erforderliche Zellmaterial zur Vfg. stand (BGHR StPO § 344 Abs. 2 S. 2 Aufklärungsrüge 5); das v. Sachverständigen anzuwendende Untersuchungsverfahren muss nicht bezeichnet werden (BGH NStZ-RR 2002, 145). Zum notwendigen Rügevorbringen Graalmann-Scheerer FS Riess, 2002, 153; BGH NStZ 2010, 157 (Widerspruch).

DNA-Identitätsfeststellung **Nr. 16a RiStBV**

81g

(1) [1] Ist der Beschuldigte einer Straftat von erheblicher Bedeutung oder einer Straftat gegen die sexuelle Selbstbestimmung verdächtig, dürfen ihm zur Identitätsfeststellung in künftigen Strafverfahren Körperzellen entnommen und zur Feststellung des DNA-Identifizie-

rungsmusters sowie des Geschlechts molekulargenetisch untersucht werden, wenn wegen der Art oder Ausführung der Tat, der Persönlichkeit des Beschuldigten oder sonstiger Erkenntnisse Grund zu der Annahme besteht, dass gegen ihn künftig Strafverfahren wegen einer Straftat von erheblicher Bedeutung zu führen sind. [2]Die wiederholte Begehung sonstiger Straftaten kann im Unrechtsgehalt einer Straftat von erheblicher Bedeutung gleichstehen.

(2) [1]**Die entnommenen Körperzellen dürfen nur für die in Absatz 1 genannte molekulargenetische Untersuchung verwendet werden; sie sind unverzüglich zu vernichten, sobald sie hierfür nicht mehr erforderlich sind. [2]Bei der Untersuchung dürfen andere Feststellungen als diejenigen, die zur Ermittlung des DNA-Identifizierungsmusters sowie des Geschlechts erforderlich sind, nicht getroffen werden; hierauf gerichtete Untersuchungen sind unzulässig.**

(3) [1]**Die Entnahme der Körperzellen darf ohne Einwilligung des Beschuldigten nur durch das Gericht, bei Gefahr im Verzug auch durch die Staatsanwaltschaft und ihre Ermittlungspersonen (§ 152 des Gerichtsverfassungsgesetzes) angeordnet werden. [2]Die molekulargenetische Untersuchung der Körperzellen darf ohne Einwilligung des Beschuldigten nur durch das Gericht angeordnet werden. [3]Die einwilligende Person ist darüber zu belehren, für welchen Zweck die zu erhebenden Daten verwendet werden. [4]§ 81f Absatz 1 Satz 3 und Absatz 2 gilt entsprechend. [5]In der schriftlichen Begründung des Gerichts sind einzelfallbezogen darzulegen**
1. **die für die Beurteilung der Erheblichkeit der Straftat bestimmenden Tatsachen,**
2. **die Erkenntnisse, auf Grund derer Grund zu der Annahme besteht, dass gegen den Beschuldigten künftig Strafverfahren zu führen sein werden, sowie**
3. **die Abwägung der jeweils maßgeblichen Umstände.**

(4) **Die Absätze 1 bis 3 gelten entsprechend, wenn die betroffene Person wegen der Tat rechtskräftig verurteilt oder nur wegen**
1. **erwiesener oder nicht auszuschließender Schuldunfähigkeit,**
2. **auf Geisteskrankheit beruhender Verhandlungsunfähigkeit oder**
3. **fehlender oder nicht auszuschließender fehlender Verantwortlichkeit (§ 3 des Jugendgerichtsgesetzes)**

nicht verurteilt worden ist und die entsprechende Eintragung im Bundeszentralregister oder Erziehungsregister noch nicht getilgt ist.

(5) [1]**Die erhobenen Daten dürfen beim Bundeskriminalamt gespeichert und nach Maßgabe des Bundeskriminalamtgesetzes verwendet werden. [2]Das Gleiche gilt**
1. **unter den in Absatz 1 genannten Voraussetzungen für die nach § 81e Abs. 1 erhobenen Daten eines Beschuldigten sowie**
2. **für die nach § 81e Abs. 2 Satz 1 erhobenen Daten.**

[3]Die Daten dürfen nur für Zwecke eines Strafverfahrens, der Gefahrenabwehr und der internationalen Rechtshilfe hierfür übermittelt werden. [4]Im Fall des Satzes 2 Nr. 1 ist der Beschuldigte unverzüglich von der Speicherung zu benachrichtigen und darauf hinzuweisen, dass er die gerichtliche Entscheidung beantragen kann.

Übersicht

1 **A. DNA-Analyse-Datei.** Für eine DNA-Analyse-Datei, die beim BKA auf der Grdl. des § 2 Abs. 4 BKAG eingerichtet ist, hat die durch das DNA-Identitätsfeststellungsgesetz v. 7.9.1998 (BGBl. I 2646) eingefügte, verfassungsgemäße (BVerfG EuGRZ 2001, 70) u. menschenrechtskonforme (EGMR EuGRZ 2014, 285) Vorschr. die ges. Grdl. geschaffen (Eingriff in das Recht auf informationelle Selbstbestimmung). Bei der Auslegung der Vorschrift sind die Bedeutung und Tragweite des Grundrechts auf informationelle Selbstbestimmung angemessen zu berücksichtigen (BVerfG NStZ 2023, 52 mwN).

2 **B. Molekulargenetische Untersuchungen.** Molekulargenetische Untersuchungen in einem anhängigen Strafverfahren werden nach §§ 81e, 81f durchgeführt; § 81g erlaubt sie zur **Identitätsfeststellung in künftigen Strafverfahren.** Damit handelt es sich um erkennungsdienstliche Zwecke, so dass die Vorschr. ebenso wie teilw. § 81b (→ § 81b Rn. 3) an sich einen Fremdkörper in der StPO darstellt (str., vgl. SK-StPO/Rogall Rn. 1 mwN; Bosch StV 2008, 574; *de lege ferenda* Frister FS Amelung, 2009, 609). Das BVerfG (BVerfGE 103, 21; BVerfG NStZ 2008, 226) sieht im Anschluss an Rogall darin „genuines Strafprozessrecht", weil es auf Zwecke der (künftigen) Strafverfolgung, nicht auf Zwecke der Gefahrenabwehr ausgerichtet sei (vgl. Eisenberg/Singelnstein GA 2006, 169). Die Sammlung der Erg. molekulargenetischer Untersuchungen erweitert die durch die DNA-Analyse geschaffenen Möglichkeiten, da ein Abgleich gespeicherter DNA-Identifizierungsmuster mit vorgelegten Mustern zu einer schnellen Täteridentifizierung führen kann.

3 **C. Entnahme und die Untersuchung v. Körperzellen.** Die Entnahme und die Untersuchung v. Körperzellen regelt die Vorschr., u. zwar in Abs. 1–3 im laufenden Strafverfahren u. in Abs. 4 und Abs. 5 nach rkr. Verurteilung (sowie in den dieser gleichgestellten Fällen fehlender Schuld-, Verhandlungs- o. Verantwortungsfähigkeit; vgl. zur Systematik LG Hamburg StV 2008, 571 mkritAnm Bosch: kein Anwendungsvorrang des Abs. 4 Alt. 1 auch bei fehlender Vereitelungs- o. Fluchtgefahr). Die Entnahme wird idR durch einen Arzt nach den Regeln der ärztlichen Kunst (vgl. § 81a Abs. 1) vorgenommen werden müssen (SK-StPO/Rogall Rn. 13). Diese erfolgt in Form einer Speichelprobe. Ist der Beschuldigte zur Mitwirkung dazu nicht bereit, muss eine Blutprobe entnommen werden (OLG Köln StraFo 2001, 104).

4 **D. Identitätsfeststellung. Nur zur Identitätsfeststellung** ist die Anordnung der Entnahme der Körperzellen u. der molekulargenetischen Untersuchung zulässig, wobei sich diese auf die Feststellungen, die zur Ermittlung des DNA-Identifizierungsmusters erforderlich sind, beschränken muss (Abs. 2 S. 2). Andere Untersuchungen sind unzulässig, so dass etwa die Erstellung eines „Persönlichkeitsprofils" untersagt ist (BT-Drs. 13/10791, 5). Die Verwendungsregelung entspr. § 81e Abs. 1 S. 3.

Die Maßnahmen sind nur beim **Beschuldigten** zulässig, wobei ein Anfangsverdacht iSd § 152 Abs. 2 genügt (LG Hamburg StV 2008, 571; **aM** Eisenberg Beweisrecht StPO Rn. 1689). Damit sind sie zwar auch bei (möglicherweise) Schuldunfähigen (Löwe/Rosenberg/Krause Rn. 11) u. (möglicherweise nach § 3 JGG nicht-verantwortlichen) Jugendlichen, nicht jedoch bei Kindern erlaubt (vgl. → § 81b Rn. 7), auch nicht bei rkr. Freigesprochenen (OLG Oldenburg NStZ 2008, 711; Ausnahmen in Abs. 4, dazu → Rn. 10; vgl. auch → § 81b Rn. 7). **5**

E. Voraussetzungen. I. Zulässigkeit. Nur bei **drei Gruppen von Straftaten** wird die molekulargenetische Untersuchung für zulässig erklärt (krit. dazu u. für Gleichstellung mit der Fingerabdruckabnahme nach § 81b König Kriminalistik 2004, 262 mwN in Fn. 31; vgl. auch den GE BR-Drs. 99/05; gegen eine Gleichstellung u. für einen exakten Straftatenkatalog hingegen Pfeiffer/Höynck/Görgen ZRP 2004, 113; vgl. auch Rogall FS Schroeder, 2006, 706; Schewe JR 2006, 186 (188)): **6**

Zunächst bei einer **Straftat von erheblicher Bedeutung.** Dazu zählen alle Verbrechen, aber auch schwerwiegende Vergehen (etwa §§ 224, 243, 253 StGB), bei denen der Täter Körperzellen absondern könnte (vgl. KG StraFo 2019, 455), also zB **nicht** bei Verbrechen nach § 154 StGB o. Vergehen nach §§ 263, 266 StGB (LG Aachen StraFo 2009, 18; Krause FS Riess, 2002, 284; ebenso wenig für Straftaten, die unter Einsatz v. Computern o. sonstigen mobilen Datenträgern begangen werden = LG Hannover StraFo 2013, 335; **aM** LG Freiburg NJW 2001, 3720), wohl aber bei schwerwiegenden Straftaten nach dem BtMG (OLG Hamburg StV 2008, 571; OLG Köln StV 2006, 517; **aM** LG Frankenthal NStZ-RR 2001, 19; LG Rostock StraFo 1999, 204), dem AufenthG (Döllel/Dreeßen SchlHA 2004, 235 – OLG Schleswig RsprÜ), dem WaffG (BVerfG 16.1.2008 – 2 BvR 2391/07), auch bei Hehlerei, soweit ausnahmsweise bei der Tatbegehung mit DNA-Spuren zu rechnen ist (OLG Celle StraFo 2010, 67; OLG Köln StraFo 2004, 317), bei Bedrohung unter Vorzeigen einer Schreckschusswaffe (**aM** LG Nürnberg-Fürth StraFo 2009, 509), dagegen nicht zwingend bei Straftaten nach § 113 StGB (vgl. HessLKA StraFo 2019, 374). Den Grundsatz der Verhältnismäßigkeit hat der Gesetzgeber bereits bei Schaffung der Vorschr. durch die Beschränkung auf Straftaten v. erheblicher Bedeutung berücksichtigt (OLG Jena NStZ 1999, 634; **aM** Neubacher/Walther StV 2001, 587; wohl auch LG Aachen StraFo 2009, 18: bei Urkundenfälschung reicht § 81b). Die Straftat muss somit mind. dem **Bereich der mittleren Kriminalität** zuzurechnen sein, den Rechtsfrieden empfindlich stören u. geeignet sein, das Gefühl der Rechtssicherheit der Bevölkerung erheblich zu beeinträchtigen (BVerfGE 103, 21 (34); KG StraFo 2019, 455; LG Mannheim StV 2001, 266; erg. → § 98a Rn. 5). Auch der Verdacht des strafbaren Versuchs, der Teilnahme sowie der im Rausch begangenen Tat (§ 323a StGB) können genügen (Eisenberg FS Meyer-Goßner, 2001, 295). Nicht erforderlich ist, dass der Beschuldigte bei der Anlasstat Körperzellen abgesondert hat, dies ist allein bei der prognostizierten Tat v. Bedeutung (OLG Celle StraFo 2010, 67; LG Leipzig StraFo 2007, 464; unrichtig LG Berlin NJW 2000, 752). Bei **Jugendlichen** bedarf die Annahme einer Straftat v. erheblicher Bedeutung besonderer Begründung, wenn lediglich Sanktionen am unteren Sanktionsspektrum – Freizeitarrest, gemeinnützige Arbeit – verhängt wurden, der Anlass der Straftat eine jugendtypische Auseinandersetzung war u. keine weitreichenden Folgen eingetreten sind (vgl. BVerfG BeckRS 2013, 53073; NJW 2008, 281 (282); Jahn/Krehl/Löffelmann/Güntge Verfassungsbeschwerde Rn. 765). **7**

Auch bei einer **Straftat gegen die sexuelle Selbstbestimmung** (§§ 174–184g StGB) ist die Untersuchung zulässig. Im Gegensatz zu den zuvor aufgeführten Fällen ist es hier nicht erforderlich, dass die Anlassstraftat v. erheblicher Bedeutung ist (dazu krit. Duttge/Hörnle/Renzikowski NJW 2004, 1071). Das trägt dem Gesichtspunkt Rechnung, dass zB bei exhibitionistischen Straftätern mit einer Wahrscheinlichkeit v. 1–2 % mit der späteren Begehung eines sexuellen o. sonstigen Gewaltdelikts zu rechnen ist. An dem Erfordernis der Negativprognose (→ Rn. 8) **7a** wird aber auch hier festgehalten, so dass bei weiterhin höchstens zu erwartenden exhibitionistischen Handlungen die Untersuchung nach wie vor unzulässig ist (LG Bremen StraFo 2007, 58). Fraglich bleibt freilich, wie es dem Gericht gelingen soll, Anhaltspunkte für das eine o. das andere zu gewinnen. Als Anlasstat kommt auch eine Verurteilung nach § 184b Abs. 4 S. 2 StGB wegen Speicherung der Schriften auf einem PC in Betracht (AG Bremen NStZ-RR 2008, 346; **aM** LG Traunstein StV 2007, 521; vgl. auch → § 81b Rn. 12a).

7b Schließlich ist die Untersuchung **auch bei sonstigen Straftaten,** also solchen, die weder v. erheblicher Bedeutung sind noch gegen die sexuelle Selbstbestimmung verstoßen, zulässig, wenn sie **wiederholt begangen** wurden (Abs. 1 S. 2). Es ist im Einzelfall abzuwägen, ob die Gesamtschau für die wiederholte Begehung sonstiger Straftaten einen gleichen Unrechtsgehalt wie bei einer Straftat v. erheblicher Bedeutung ergibt (BVerfG NStZ-RR 2007, 378; StV 2009, 1; LG Würzburg StraFo 2010, 22; zu weitgehend LG Bremen StV 2011, 403 (403 f.), das auf eine zu erwartende Steigerung der Gefährlichkeit der Handlungen abstellt). Der Gesetzgeber erwähnt hier als Bsp. wiederholten Hausfriedensbruch in Fällen des sog. Stalking (BT-Drs. 15/5674, 11). Es ist nicht erforderlich, dass die betroffene Person wegen der Begehung dieser Straftaten bereits verurteilt ist, es genügt vielmehr der begründete – allerdings schwer zu verifizierende – Verdacht, dass sie wiederholt solche Straftaten begangen hat (BT-Drs. 15/5674, 11).

8 **II. Wiederholungsgefahr.** Die **Gefahr neuer, einschlägiger Straftaten** muss bestehen, was nach den Erkenntnissen bei der vorliegenden Straftat zu beurteilen ist (OLG Köln NStZ-RR 2002, 306). Weil Abs. 1 aber v. „künftigen Straf*verfahren*" u. nicht v. „künftigen Straf*taten*" spricht, wird man die Maßnahmen wohl auch dann zulassen müssen, wenn es um den Nachw. an einer bereits begangenen, aber noch nicht aufgeklärten Tat geht (dazu eing. SK-StPO/Rogall Rn. 29 ff.; **aM** KMR-StPO/Bosch Rn. 15). Das G verweist zur Prognose 1. auf die Art o. Ausführung der Tat (Tatschwere, kriminelle Energie, Nachtatverhalten), 2. die Persönlichkeit des Beschuldigten (kriminelle Karriere, Vorstrafen, soziales Umfeld, psychiatrische Erkrankungen) und 3. auf sonstige Erkenntnisse (kriminalistisch u. kriminologisch anerkannte Erfahrungsgrundsätze; vgl. iE SK-StPO/Rogall Rn. 39 ff.; Markwardt/Brodersen NJW 2000, 694). Es handelt sich dabei um eine „Negativprognose"; sie darf nicht mit der „positiven Sozialprognose" in § 56 StGB verwechselt werden (OLG Celle NJW 2006, 3155). Die Strafaussetzung zur Bewährung steht daher der Anordnung nach § 81g nicht entgegen (BVerfGE 103, 21; BVerfG StV 2009, 1; OLG Jena StV 2001, 5; OLG Karlsruhe StraFo 2001, 308; SK-StPO/Rogall Rn. 45), erzeugt aber idR einen erhöhten Begründungsbedarf (BVerfGE 103, 21; BVerfG StV 2009, 1); pauschale Feststellungen ersetzen die gebotene Einzelfallbetrachtung nicht (BVerfG NJW 2016, 2799). Eine entspr. Anwendung der §§ 63, 64, 66 StGB (so Senge NJW 1999, 255) ist hier verfehlt (LG Duisburg StraFo 1999, 202; Markwardt/Brodersen NJW 2000, 694). Die Wiederholungsgefahr kann bei einer einmaligen Beziehungstat zu verneinen sein (OLG Oldenburg StV 2009, 8).

9 **III. Unzulässigkeit der Anordnung.** Das Vorliegen **nach § 81e erhobener** DNA-Identifizierungsmuster schließt eine Anordnung nach § 81g aus, da die so gewonnenen Erg. auch zur Identitätsfeststellung verwertet werden können (KK-StPO/Hadamitzky Rn. 11; erg. → § 81a Rn. 38). Ebenso ist eine (erneute) Anordnung bei bereits früher nach § 81g gewonnenem DNA-Identifizierungsmuster grds. unzulässig (OLG Bremen NStZ 2006, 653), es sei denn, die neue Maßnahme erbringt aufgrund verbesserten kriminaltechnischen Standards ein genaueres DNA-Identifizierungsmuster (sog. Auftypisierung, s. Lellmann Kriminalistik 2013, 112; LG Freiburg BeckRS 2013, 17048; LG Paderborn BeckRS 2014, 22117).

10 **F. Rechtskräftig Verurteilte. Auch bei bereits rechtskräftig Verurteilten** bzw. wegen (zumindest nicht ausschließbarer) Schuldunfähigkeit, auf Geisteskrankheit beruhender Verhandlungsunfähigkeit (vgl. § 413) o. (zumindest nicht ausschließbarer) fehlender Verantwortlichkeit (§ 3 JGG) Nichtverurteilten können bei noch nicht erfolgter Tilgung im BZR o. im Erziehungsregister nach Abs. 4 (= früher § 2 Abs. 1 DNA-IFG, vgl. → Rn. 1) unter denselben Voraussetzungen molekulargenetische Untersuchungen durchgeführt werden (vgl. aber LG Stuttgart NStZ 2001, 336: kein unzulässiger „Vorratsbeschluss"). Urteile aus anderen EU-Staaten o. eine nach § 54 **BZRG** eingetragene sonstige ausl. Verurteilung genügen (**aM** AG Aachen StraFo 2008, 239; für die EU vgl. aber Art. 3 RB 2008/675/JI v. 24.7.2008, ABl. 2008 L 220, 32 u. dazu BT-Drs. 16/13673, 9; s. noch OVG Hamburg NJW 2009, 1367). Auch schon sehr lange zurückliegende Straftaten (längste Tilgungsfrist nach § 46 Abs. 1 Nr. 3 **BZRG:** 15 Jahre, aber keine Berücksichtigung tilgungsreifer Eintragungen, vgl. BVerfG BeckRS 2009, 32495 zu § 63 Abs. 4 **BZRG;** LG Aachen StV 2004, 9) können somit noch Maßnahmen nach § 81g begründen (vgl. auch Wollweber NJW 2001, 2305). Hierbei wird aber die Voraussetzung der Gefahr neuer erheblicher Straftaten (→ Rn. 8; BVerfG NJW 2001, 2320 spricht v. der „Wahrscheinlichkeit" der Begehung künftiger Straftaten) bes. sorgfältig zu prüfen sein.

Für die Annahme einer **Wiederholungsgefahr** bedarf es positiver, **auf den Einzelfall bezogener Gründe;** dabei kommt es auf die Rückfallgeschwindigkeit, den Zeitablauf, das Verhalten des Verurteilten, seine Lebensumstände u. seine Persönlichkeit an (BVerfGE 103, 21; BVerfG StV 2003, 1). Insoweit gilt das Freibeweisverfahren u. das Gebot zureichender Sachaufklärung (vgl. BVerfGE 70, 297 (309); StV 2014, 577). In den Fällen des Abs. 1 S. 2 können zwar grds. auch länger zurückliegende Taten berücksichtigt werden (KG StraFo 2019, 455). Eine Negativprognose ist allerdings zB verneint worden bei einer mehr als 5, 8, 9 oder 10 oder gar 21 (!) Jahre zurückliegenden Tat bei anschließender – im Wesentlichen – strafloser Führung (BVerfG NJW 2001, 2320; OLG Brandenburg StraFo 2023, 350), bei einer viele Jahre zurückliegenden einmaligen Beziehungstat (LG Hannover StV 2000, 302; LG Heilbronn StV 2001, 8 Ls.; LG Nürnberg-Fürth StV 2000, 71), selbst wenn es sich um einen Mord handelte (LG Berlin StV 2003, 610), o. nach einer erfolgreichen Therapie (LG Bückeburg StV 2001, 8 Ls.). Bei einer Bewährungsentscheidung kann – zumal bei einmaliger Tatbegehung – allein aus Menge u. Wert des erlangten Stehlguts nicht auf die erforderliche Negativprognose geschlossen werden, ohne sich mit den Gründen für eine positive Sozialprognose auseinanderzusetzen (BVerfG StV 2014, 577). Auch in Fällen eines längeren Straf- o. Maßregelvollzugs ist die Anordnung zulässig, denn Straftaten v. erheblicher Bedeutung können auch während des Vollzugs bei einer zzt. der Anordnung der Maßnahme nicht vorhersehbaren Vollzugsunterbrechung begangen werden (BVerfG StV 2014, 577). Die Strafaussetzung zur Bewährung steht auch hier der Anordnung grds. nicht entgegen (**aM** Eisenberg FS Meyer-Goßner, 2001, 300 mwN). Bei Jugendlichen ist eine bes. sorgfältige Abwägung der für die erforderliche Negativprognose erheblichen Umstände geboten (BVerfG NJW 2008, 281; NStZ-RR 2013, 315 Ls.; Jahn/Krehl/Löffelmann/Güntge Verfassungsbeschwerde Rn. 765). 10a

G. Speicherung und Verwendung (Abs. 5). I. BKA. Beim BKA werden die gewonnenen DNA-Identifizierungsmuster gespeichert; ein **Richtervorbehalt besteht** hier **nicht** (LG Hamburg NJW 2001, 2563; LG Offenburg NStZ 2006, 514; Rackow ZRP 2002, 236; Wollweber NJW 2002, 1771). Abs. 5 S. 1 erlaubt als Spezialregelung im Vergleich zu § 484 diese Einrichtung, die das BKA gemeinsam mit den LKAn als Verbunddatei führt (vgl. §§ 2 Abs. 3, 29 BKAG). 11

Zur **Verwendung** der gespeicherten Daten wird auf §§ 12 ff., 25 ff., 77, 86 BKAG verwiesen. Daraus sind die näheren Regelungen über die Verarbeitung u. Nutzung, aber auch die Datenschutzkontrolle, Schadensersatz, Berichtigung u. Löschung sowie die Verantwortungsregelungen zu entnehmen. Die grds. Zweckbindung der Datenverarbeitung ergibt sich aus § 12 BKAG, die der Daten v. Verurteilten, Beschuldigten, Tatverdächtigen u. sonstigen Personen aus § 18 BKAG. Für die Aussonderungsprüffristen sowie die Mitteilung v. Löschungsverpflichtungen gilt § 77 BKAG. §§ 483 ff. finden iÜ Anwendung (BeckOK StPO/Goers Rn. 18; Senge NStZ 2001, 331; **aM** SK-StPO/Rogall Rn. 78). Für den grenzüberschrei- 12 tenden automatisierten Abruf o. Abgleich v. DNA-Identifizierungsmustern in der EU ergänzt § 3 PruemVAG das BKAG; der Zugriff erfolgt auf anonymisierte Indexdatenbanken im sog. Hit-/no-hit-Verfahren (BT-Drs. 16/12585, 7, 8, auch zum weiteren Verf. im Trefferfall; zum Wirkbetrieb vgl. BT-Drs. 16/14150, 2).

12a **II. Verwendungsbeschränkung. Abs. 5 S. 3** entspr. der früheren Regelung in § 3 S. 4 DNA-IFG. Sie gilt auch für die Umwidmungsfälle (→ Rn. 12b). Eine Übermittlung setzt daher stets voraus, dass sie nach dem BKAG zulässig ist, aber auch einem der in S. 3 genannten Zwecke dient (BT-Drs. 15/5674, 13); § 29 Abs. 6 S. 2 BKAG sieht für die StA einen Abruf im automatisierten Verf. vor (→ § 488 Rn. 4, 5).

12b **III. Umwidmungsfälle. Abs. 5 S. 2 und S. 4** befassen sich mit den sog. Umwidmungsfällen. S. 2 Nr. 1 stellt klar, dass die im laufenden Ermittlungsverfahren nach § 81e Abs. 1 erhobenen Daten eines Beschuldigten unter den Voraussetzungen des Abs. 1 in der DNA-Analyse-Datei gespeichert u. verwendet werden dürfen; dasselbe gilt nach S. 2 Nr. 2 für nach § 81e Abs. 2 S. 1 untersuchtes Spurenmaterial. Dass die Spur aus einer Straftat v. erheblicher Bedeutung stammen muss (so früher das DNA-IFG), ist nicht mehr erforderlich. Der Beschuldigte ist im Fall des S. 2 Nr. 1 unverzüglich durch den „Verbundteilnehmer" (vgl. § 29 Abs. 3 BKAG), also die tätig gewordene Polizeibehörde, nicht etwa stets durch das BKA (Löwe/Rosenberg/Krause Rn. 70, Störzer Kriminalistik 2006, 184 gegen Senge NJW 2005, 3031) v. der Speicherung zu benachrichtigen u. auf die Möglichkeit des Antrags auf gerichtliche Entsch. (entspr. § 98 Abs. 2 S. 2) hinzuweisen. Dadurch erhält der Beschuldigte die Befugnis, die Speicherung auf ihre Rechtmäßigkeit hin überprüfen zu lassen.

13 **H. Vernichtung.** Die entnommenen Körperzellen sind nach der – zweckgebundenen (Abs. 2 S. 2) – Untersuchung **unverzüglich zu vernichten (Abs. 2 S. 1);** das bezieht sich auf das gesamte entnommene Material u. entspr. insoweit § 81a Abs. 3 (vgl. → § 81a Rn. 37, 38). Die gewonnenen DNA-Identitätsmuster können grds. beliebig lange aufbewahrt werden (**aM** Bergmann/Hornung StV 2007, 168), auch noch nach dem Tod des Beschuldigten, um mittels möglicherweise später aufgefundener Spuren Unschuldige entlasten zu können. Im Übrigen prüft das BKA nach § 75 BDSG, § 77 Abs. 1 S. 1 BKAG bei der Einzelfallbearbeitung nach festgesetzten Fristen, ob gespeicherte personenbezogene Daten zu berichtigen o. zu löschen sind. Die Aussonderungsprüffristen dürfen bei Erwachsenen zehn Jahre – in den Fällen des §§ 19 Abs. 1, 77 Abs. 2 BKAG fünf Jahre –, bei Jugendlichen fünf Jahre – in den Fällen des §§ 19 Abs. 1, 77 Abs. 2 BKAG drei Jahre – u. bei Kindern zwei Jahre nicht überschreiten, wobei nach Zweck der Speicherung sowie Art u. Schwere des Sachverhalts zu unterscheiden ist (§ 77 Abs. 1 S. 2 BKAG).

14 **I. Verfahren (Abs. 3). I. Zuständigkeit.** Es ist zwischen der Anordnung für die Entnahme v. Körperzellen u. der Anordnung für die Untersuchung der entnommenen Körperzellen zu unterscheiden. Die **Anordnung für die Entnahme** erfolgt nach Abs. 3 S. 1 durch den Richter, bei Gefahr im Verzug auch durch die StA u. – nachrangig (vgl. → § 98 Rn. 6) – ihre Ermittlungspersonen, wobei es einer Bestätigung durch den Richter (wie zB in § 98b Abs. 1 S. 2) nicht bedarf. Die **Untersuchung des entnommenen Materials** muss nach Abs. 3 S. 2 – auf Antrag der StA, nicht der Polizei (Graalmann-Scheerer Kriminalistik 2000, 331), die idR die Strafakten mit vorzulegen hat (Fluck NJW 2001, 2294), – immer der Richter anordnen; insofern sind Eilentscheidungen im Gegensatz zur Entnahme weder denkbar noch geboten. Erg. aber zu beiden Fällen → Rn. 17 (keine Anordnung bei Einwilligung). Einer vorherigen Anhörung des Beschuldigten bedarf es nicht (Senge NJW 1997, 2411; **aM** Krause FS Riess, 2002, 285; Volk NStZ 1999, 170). Sachlich zuständig ist der ER (§ 162), auch für Anordnungen nach Abs. 4 (BGH StV 1999, 302), bei Jugendlichen aber der Jugendrichter (Eisenberg NStZ 2003, 131; erg. → § 162 Rn. 13).

Örtlich zuständig ist der Richter desjenigen AG, in dessen Bezirk die StA ihren Sitz hat (§ 162 Abs. 1 S. 1). **Nach Erhebung der Anklage** ist das erkennende Gericht zuständig (§ 162 Abs. 3 S. 1); es entscheidet stets (auch in der HV) durch Beschl. (Becker NStZ-RR 2002, 67 – BGH RsprÜ; erg. → Rn. 22); eine Kosten- u. Auslagenentscheidung ergeht nicht (LG Offenburg NStZ-RR 2003, 32). Der ER ist wieder nach Rechtskraft (§ 162 Abs. 3 S. 3; vgl. OLG Celle NStZ-RR 2001, 145, OLG Düsseldorf NStZ 2004, 349: Umdeutung noch unerledigter Beschwerde der StA in Antrag nach Abs. 4 (früher § 2 DNA-IFG); vgl. auch BGH NStZ-RR 2007, 179; OLG Saarbrücken NStZ-RR 2004, 112) u. auch dann zuständig, wenn ein verurteilter Jugendlicher inzwischen erwachsen ist (LG Essen StV 2000, 365 Ls.). 15

II. Verteidigung. Verteidigung ist die Wahrnehmung der rechtlichen Interessen des Betroffenen eines DNA-Identitätsfeststellungsverfahrens (BVerfG NStZ 2008, 226). Die Bestellung eines Verteidigers kann im Blick auf den Anspruch des Betroffenen auf ein rechtsstaatliches Verf. notwendig sein (erg. → § 140 Rn. 32); hierüber ist v. Fall zu Fall zu entscheiden (BVerfGE 103, 21 = NStZ 2001, 328). 16

III. Einwilligung des Beschuldigten. Einer gerichtlichen Entsch. über die Entnahme u. die Untersuchung der Körperzellen bedarf es nicht, wenn der Beschuldigte seine Einwilligung erklärt hat (Abs. 3 S. 1). Voraussetzung ist allerdings, dass die Einwilligung schriftlich erklärt oder von der StA oder ihren Ermittlungspersonen in seiner Gegenwart protokolliert oder auf sonstige Weise dokumentiert wurde (Abs. 3 S. 4 iVm § 81f Abs. 1 S. 3). Ausserdem muss der Beschuldigte zuvor umfassend belehrt worden sein, insbes. auch darüber, dass die Daten in die DNA-Analyse-Datei aufgenommen werden (Abs. 3 S. 3; BGH StV 2017, 498; Wollweber NJW 2001, 2305; erg. → § 81f Rn. 2). Die Beauftragung des Sachverständigen erfolgt in diesem Falle durch die StA o. die Polizei (vgl. KK-StPO/Hadamitzky Rn. 14). Die formgebundene Einwilligung als Eingriffsvoraussetzung kann – anders als die formlose Einwilligung bei § 81a (→ § 81a Rn. 3 ff.) – grds. nicht widerrufen werden (LG Saarbrücken StV 2001, 265 Ls.; **aM** Bergmann/Hornung StV 2007, 167; erg. → Rn. 23). Es bedarf stets einer Entsch. nach Abs. 3 S. 1, wenn es an einer wirksamen Einwilligung fehlt; der Rückgriff auf bereits zuvor zu anderen Zwecken – zB nach § 81a Abs. 1 – erhobene Körperzellen ist nicht zulässig (BGH StV 2017, 498). 17

IV. Sachverständiger. Hinsichtlich des Sachverständigen, der die Untersuchung vornimmt, gilt nach Abs. 3 S. 4 § 81f Abs. 2 entspr. (vgl. → § 81f Rn. 4 ff.). Zum technischen Ablauf der Untersuchung vgl. Kube/Schmitter Kriminalistik 1998, 415. 18

V. Inhalt der Entscheidung. Das G schreibt – in Anbetracht der stRspr des BVerfG (NStZ-RR 2000, 110; NJW 2001, 882; 2320; StV 2017, 497) überflüssigerweise – in Abs. 3 S. 5 iE die **Beschlussbegründung** vor. Danach sind einzelfallbezogen (also nicht etwa nur unter Angabe des Gesetzeswortlauts, vgl. LG Darmstadt StV 2011, 402) die Tatsachen für die Erheblichkeit nach Abs. 1 (→ Rn. 7a ff.), die Erkenntnisse für die Negativprognose (→ Rn. 8) u. die hieraus v. Gericht vorzunehmende Abwägung darzulegen (vgl. OLG Celle NStZ-RR 2010, 149 (150)). Dies gilt nach Abs. 4 auch für die nachträgliche Anordnung der Untersuchung (→ Rn. 10). Auch die Art der Entnahme ist zu bezeichnen (Graalmann-Scheerer JR 1999, 453; erg. → Rn. 3). Der die Untersuchung anordnende Beschl. berechtigt gleichzeitig zur – soweit notwendig – zwangsweisen Durchsetzung (OLG Jena NStZ 1999, 634 (635); im Strafvollzug zB nach Art. 101 Abs. 1 BayStVollzG; § 73 NRWStVollzG; vgl. auch Radtke/Britz ZfStrVo 2001, 134; erg. → Rn. 21). Die Anordnung kommt nicht in Betracht, wenn fraglich ist, ob der Verurteilte jemals für die Untersuchung zur Vfg. stehen wird; eine „Vorratshaltung" v. richterlichen Beschlüssen ist rechtlich unzulässig (BGH NStZ 2000, 212; wistra 2002, 475). 19

20 Die **Kosten** der Körperzellenentnahme u. -untersuchung sind keine Verfahrenskosten u. können deshalb nicht auf Beschuldigte o. Verurteilte überbürdet werden, sondern sind v. Staat zu tragen.

21 **J. Fahndung.** Die Fahndung nach dem Verurteilten sah § 2 Abs. 3 DNA-IFG vor, indem er die Ausschreibung zur Aufenthaltsermittlung nach § 131a (ggf. auch durch eine Öffentlichkeitsfahndung nach § 131a Abs. 3) gestattete (vgl. SK-StPO/Rogall Rn. 76). Diese Befugnis ergibt sich nun **unmittelbar aus Abs. 4,** weil dadurch klargestellt ist, dass die Vorschr. des strafrechtlichen Ermittlungsverfahrens auch auf die dort behandelten Fälle Anwendung finden; diese Personen stehen somit einem Beschuldigten gleich, soweit es um die Anordnung u. Durchführung einer DNA-Analyse einschl. der hierfür ggf. notwendigen weiteren Maßnahmen geht (BT-Drs. 15/5674, 12). Die Durchsuchung einer Wohnung zum Zwecke der Auffindung des Beschuldigten bedarf daher stets eines richterlichen Beschl. nach §§ 102, 103 (Graalmann-Scheerer ZRP 2002, 75).

22 **K. Anfechtung.** Zur **Beschwerde** gegen die Anordnung der Entnahme vgl. → § 81a Rn. 30, gegen die Anordnung der Untersuchung vgl. → § 81f Rn. 8; § 305 S. 1 steht nicht entgegen (OLG Köln NStZ-RR 2002, 306). Auch wenn die Anordnung in den Urteilstenor aufgenommen wird, handelt es sich richtigerweise um einen (grds. mit der Beschwerde anfechtbaren) Beschl. (Becker NStZ-RR 2002, 67 – BGH RsprÜ; BGH BeckRS 2009, 21224). Für die nachträgliche Überprüfung der Vollstreckung einer richterlich angeordneten Entnahme v. Körperzellen gilt **§ 98 Abs. 2 S. 2 entspr.** (OLG Karlsruhe NJW 2002, 3117).

23 Zur **Revision** vgl. → § 81a Rn. 32 ff., → § 81f Rn. 9; Fehler können nicht für das anhängige, sondern nur für künftige Strafverfahren v. Bedeutung sein. Dabei wird die unrichtige Beurteilung der Voraussetzungen der Maßnahme (→ Rn. 7 ff.) idR die Revision nicht begründen können (vgl. BGHSt 41, 30 (34) zur Nachprüfung der Anordnung einer Telefonüberwachung; Löwe/Rosenberg/Krause Rn. 84). Grundsätzlich gelten für die Verwertbarkeit bei einer verfahrensfehlerhaften Verwendung die Abwägungslehre sowie die Lehre v. hypothetischen Ersatzeingriff (BGH StV 2017, 498 mAnm Beukelmann; erg. → Einl. Rn. 55a, 57c). Schwerwiegende Verstöße bei der Anordnung können aber zu einem Verwertungsverbot führen u. damit die Revision begründen (vgl. dazu iE SK-StPO/Rogall Rn. 94 ff.; Eisenberg FS Meyer-Goßner, 2001, 304). Zur Rüge eines Verstoßes gegen das Schriftformgebot des Abs. 3 bedarf es eines Widerspruchs in der HV (BGH NStZ 2010, 157). Die Einwilligung (→ Rn. 17) kann nur mit Wirkung für die Zukunft widerrufen werden, stellt eine bereits erfolgte Datenverarbeitung jedoch nicht in Frage (Finger Kriminalistik 2006, 698); die erzwungene Einwilligung führt aber zu einem Verwertungsverbot (Busch StV 2000, 662).

DNA-Reihenuntersuchung

81h (1) [1] **Begründen bestimmte Tatsachen den Verdacht, dass ein Verbrechen gegen das Leben, die körperliche Unversehrtheit, die persönliche Freiheit oder die sexuelle Selbstbestimmung begangen worden ist, dürfen Personen, die bestimmte, auf den Täter vermutlich zutreffende Prüfungsmerkmale erfüllen, mit ihrer Einwilligung**

1. Körperzellen entnommen,

2. diese zur Feststellung des DNA-Identifizierungsmusters und des Geschlechts molekulargenetisch untersucht und

3. die festgestellten DNA-Identifizierungsmuster mit den DNA-Identifizierungsmustern von Spurenmaterial automatisiert abgeglichen werden,

soweit dies zur Feststellung erforderlich ist, ob das Spurenmaterial von diesen Personen oder von ihren Verwandten in gerader Linie oder in der

Seitenlinie bis zum dritten Grad stammt, und die Maßnahme insbesondere im Hinblick auf die Anzahl der von ihr betroffenen Personen nicht außer Verhältnis zur Schwere der Tat steht. [2]Die Einwilligung ist schriftlich zu erklären oder von der Staatsanwaltschaft oder ihren Ermittlungspersonen in Gegenwart der einwilligenden Person zu protokollieren oder auf sonstige Weise zu dokumentieren.

(2) [1]**Eine Maßnahme nach Absatz 1 bedarf der gerichtlichen Anordnung. [2]Diese ergeht schriftlich. [3]Sie muss die betroffenen Personen anhand bestimmter Prüfungsmerkmale bezeichnen und ist zu begründen. [4]Einer vorherigen Anhörung der betroffenen Personen bedarf es nicht. [5]Die Entscheidung, mit der die Maßnahme angeordnet wird, ist nicht anfechtbar.**

(3) [1]**Für die Durchführung der Maßnahme gilt § 81f Absatz 2 entsprechend. [2]Die entnommenen Körperzellen sind unverzüglich zu vernichten, sobald sie für die Untersuchung nach Absatz 1 nicht mehr benötigt werden. [3]Soweit die Aufzeichnungen über die durch die Maßnahme festgestellten DNA-Identifizierungsmuster zur Erforschung des Sachverhalts nicht mehr erforderlich sind, sind sie unverzüglich zu löschen. [4]Die Vernichtung und die Löschung sind zu dokumentieren.**

(4) [1]**Die betroffenen Personen sind schriftlich darüber zu belehren, dass die Maßnahme nur mit ihrer Einwilligung durchgeführt werden darf. [2]Vor Erteilung der Einwilligung sind sie schriftlich auch darauf hinzuweisen, dass**

1. **die entnommenen Körperzellen ausschließlich zur Feststellung des DNA-Identifizierungsmusters, der Abstammung und des Geschlechts untersucht werden und dass sie unverzüglich vernichtet werden, sobald sie hierfür nicht mehr erforderlich sind,**
2. **das Untersuchungsergebnis mit den DNA-Identifizierungsmustern von Spurenmaterial automatisiert daraufhin abgeglichen wird, ob das Spurenmaterial von ihnen oder von ihren Verwandten in gerader Linie oder in der Seitenlinie bis zum dritten Grad stammt,**
3. **das Ergebnis des Abgleichs zu Lasten der betroffenen Person oder mit ihr in gerader Linie oder in der Seitenlinie bis zum dritten Grad verwandter Personen verwertet werden darf und**
4. **die festgestellten DNA-Identifizierungsmuster nicht zur Identitätsfeststellung in künftigen Strafverfahren beim Bundeskriminalamt gespeichert werden.**

Übersicht

1 **A. Reihengentest.** § 81h regelt – verfassungsrechtlich unbedenklich (BVerfG BeckRS 2015, 48649) – die früher ges. nicht erfasste Reihenuntersuchung („Massenscreening"; dazu eing. Kuhne Polizei 2011, 19 ff.; sehr krit. u. abl. SK-StPO/Rogall Rn. 3, 4; Giesen FS Hamm, 2008, 107). Der Reihengentest dient der Feststellung, ob aufgefundenes Spurenmaterial (zB Haar, Blut, Speichel) v. einer der zur Teilnahme am Reihengentest aufgeforderten u. freiwillig mitwirkenden Personen o. ihren in Abs. 1 genannten Verwandten stammt. Zum Verhältnis der Reihenuntersuchung zu Maßnahmen nach §§ 81a, 81c Abs. 2 und § 81e Kretschmer HRRS 2012, 183; vgl. auch Rogall JZ 2013, 874 (877 f.).

2 **B. Voraussetzungen (Abs. 1). I. Verbrechen.** Nur bei Verbrechen u. nur bei solchen der in Abs. 1 bezeichneten Art ist die Durchführung eines Reihengentests zulässig, also insbes. bei Mord u. Totschlag u. sonstigen Verbrechen mit Todesfolge, schwerer Körperverletzung, erpresserischem Menschenraub u. Geiselnahme, schwerem sexuellen Missbrauch v. Kindern, Vergewaltigung u. sexueller Nötigung. Versuch der Tat genügt.

3 Insoweit muss ein Anfangsverdacht (→ § 152 Rn. 4) vorliegen (SK-StPO/Rogall Rn. 11).

4 **II. Prüfungsmerkmale. Bestimmte Prüfungsmerkmale müssen erfüllt sein,** dh der Personenkreis, bei dem die Maßnahme durchgeführt werden soll, muss deutlich umgrenzt sein (also zB nach Geschlecht, Alter, Wohnort, Teilnehmer an einer Veranstaltung, Halter eines bestimmten Fahrzeugtyps usw), was aber nicht ausschließt, dass Tausende v. Personen davon betroffen sein können; es ist hingegen nicht erforderlich, dass die betroffenen Personen bei der Anordnung bereits namentlich feststehen, so dass bei der Auswahl einer konkreten Person über die Prüfmerkmale hinaus Umstände (zB ein Alibi), die eine Verbindung zur Straftat ausschließen, berücksichtigt werden können (BT-Drs. 15/5674, 13). Gewissheit, dass der Täter sich unter den betroffenen Personen befindet, setzt das G nicht voraus („vermutlich"; LG Dortmund NStZ 2008, 175: Isotopenanalyse).

5 **III. Erforderlich und verhältnismäßig.** Erforderlich und verhältnismäßig muss die Maßnahme sein. Es sind hierfür die **Schwere der Tat u. die Anzahl der betroffenen Personen** in Verhältnis zu setzen (vgl. zB LG Dortmund NStZ 2008, 175: Untersuchung v. 284 Frauen zur Ermittlung der Mutter eines vorsätzlich getöteten Neugeborenen). Da bis auf eine Person (den Täter der Straftat) alle Betroffenen mit der Straftat nichts zu tun haben, gegen sie also kein konkreter Tatverdacht besteht, ist es selbstverständlich, dass ein Reihengentest eine außergewöhnliche u. nur selten anzuordnende Maßnahme sein kann; sie kommt damit grds. nur in Betracht, falls alle anderen Ermittlungsmaßnahmen erfolglos geblieben sind (*ultima ratio;* Löwe/Rosenberg/Krause Rn. 16; Saliger/Ademi JuS 2008, 195; vgl. auch KK-StPO/Hadamitzky Rn. 4: fehlende Erfolgsaussicht; **aM** Heghmanns/Scheffler StrafVerf-HdB/Murmann Kap. III Rn. 381). Auch die zu erwartenden Kosten für die Maßnahme können bei der Verhältnismäßigkeitsprüfung berücksichtigt werden, so zB wenn der Reihentest bei mehr als ca. 10.000 Personen durchgeführt werden müsste (vgl. Löwe/Rosenberg/Krause Rn. 22; abw. KMR-StPO/Bosch Rn. 11).

6 **IV. Schriftliche Einwilligung.** Die schriftliche Einwilligung des Betroffenen oder deren Protokollierung bzw. sonstige Dokumentation durch die StA oder ihre Ermittlungspersonen in Gegenwart der einwilligenden Person wird für die Durchführung der Maßnahme vorausgesetzt (Abs. 1 S. 2). Damit die Einwilligung rechtswirksam ist, muss ihr eine **Belehrung** vorausgehen, welche den Anforderungen des Abs. 4 genügt (dazu → Rn. 14, 15).

7 **V. Durchzuführende Maßnahmen (Abs. 1 Nr. 1–3).** Zunächst wird eine Körperzelle entnommen, was idR durch eine Speichelprobe geschieht. Dann wird die entnommene Probe molekulargenetisch untersucht u. mit dem vorhandenen Spurenmaterial abgeglichen; vgl. iE → Rn. 12.

VI. Untersuchungsumfang. Das Spurenmaterial **darf daraufhin untersucht werden,** ob es v. den am Reihengentest teilnehmenden Personen stammt. Darüber hinaus darf nunmehr festgestellt werden, ob es v. ihren Verwandten in gerader Linie (Eltern, Kinder, Großeltern, Enkel) o. in der Seitenlinie bis zum dritten Grad (Geschwister, Halbgeschwister, Nichten, Neffen) herrührt. Diese durch G v. 17.8.2017 (BGBl. I 3202) eingeführte Erweiterung soll gewährleisten, dass auch sog. Beinahetreffer – DNA-Geber u. Verursacher der Tatort-DNA sind genetisch eng miteinander verwandt – aus Reihenuntersuchungen zur Ermittlung des Täters genutzt werden dürfen (BT-Drs. 18/11277, 20; krit. dazu Singelnstein/Derin NJW 2017, 2646 (2648)). Nach alter Rechtslage bestand insoweit zwar kein Untersuchungs-, aber ein Verwertungsverbot (BGHSt 58, 84; näher dazu → 60. Aufl. 2017, Rn. 13a). 7a

C. Anordnung (Abs. 2). I. Form. Wegen des Ausnahmecharakters der Maßnahme (→ Rn. 5) besteht ein **absoluter Richtervorbehalt** (Rogall FS Schroeder, 2006, 711 hält ihn wegen der Einwilligung für überflüssig). Die Maßnahme muss durch den Richter schriftlich angeordnet werden. Sie ist zu begründen u. die Prüfungsmerkmale (→ Rn. 4) sind in ihr genau zu bezeichnen, damit über den Umf. der durchzuführenden Reihenuntersuchung keine Zweifel bestehen. 8

Auch bei einer zuvor erklärten Einwilligung betroffener Personen bedarf es – anders als nach §§ 81f, 81g (vgl. → § 81f Rn. 1 ff., → § 81g Rn. 1 ff.) – stets der richterlichen Anordnung, was sachgerecht ist, da sich die Anordnung hier nicht gegen eine Einzelperson, sondern gegen eine Personenmehrheit richtet. 9

II. Anhörung. Einer vorherigen Anhörung der betroffenen Personen vor Anordnung der Untersuchung **bedarf es nicht** (Soiné StPO Rn. 11). Die erforderliche schriftliche Belehrung (→ Rn. 6) wird erst vor Durchführung der Maßnahme erteilt; dann wird auch die erforderliche Einwilligung eingeholt. 10

III. Zuständigkeit. Für die Anordnung der Maßnahme ist der ER (§ 162) zuständig, u. zwar der ER, in dessen Bezirk die StA ihren Sitz hat (§ 162 Abs. 1 S. 1; anders, aber überholt, Löwe/Rosenberg/Krause Rn. 23). Eine Eilzuständigkeit der StA u. ihrer Ermittlungspersonen gibt es nicht (→ Rn. 9). 11

D. Durchführung (Abs. 3). Die **Untersuchung** der entnommenen Körperzellen **richtet sich nach § 81f Abs. 2** (S. 1: Bestimmung des Sachverständigen; Übergabe des Materials in teilanonymisierter Form). Sodann erfolgt der Abgleich mit dem Spurenmaterial; sobald sie für die Untersuchung nach Abs. 1 nicht mehr benötigt werden, sind sie unverzüglich zu vernichten (S. 2). Dadurch wird gewährleistet, dass unzulässige – über die Ermittlung des DNA-Identifizierungsmusters u. des Geschlechts hinausgehende – Untersuchungen u. unbefugte Kenntnisnahme Dritter ausgeschlossen u. datenschutzrechtliche Belange berücksichtigt sind (BT-Drs. 15/5674, 14). Die Vernichtung ist zu dokumentieren (S. 4). 12

Die nach Abs. 3 S. 3 vorgeschriebene **Löschung** der Aufzeichnungen über die festgestellten DNA-Identifizierungsmuster wird idR erfolgen, wenn der Reihentest zur Feststellung des Spurenverursachers geführt hat, sonst – bei Erfolglosigkeit – spätestens mit Eintritt der Verjährung des Verbrechens (BT-Drs. 15/5674, 14; AnwK StPO/Walther Rn. 17; **aM** SK-StPO/Rogall Rn. 31; Saliger/Ademi JuS 2008, 198: idR unverzügliche Löschung; dagegen BGHSt 58, 84). Die in Abs. 3 S. 4 vorgeschriebene Dokumentation der Löschung kann auf schriftlichem o. elektronischem Weg erfolgen. 13

E. Belehrungs- und Mitteilungspflichten (Abs. 4). Die betroffenen Personen sind **schriftlich darüber zu belehren,** dass der Gentest nur mit ihrer Einwilligung durchgeführt werden darf (S. 1). Inhaltlich muss die Belehrung gewährleisten, dass sie das Ziel der Untersuchung, den automatisierten Abgleich u. die Verwendungsmöglichkeiten der Erg. vor Erteilung der Einwilligung zuverlässig abschätzen können (vgl. BT-Drs. 18/11277, 21). Die Belehrung muss sich iE auf den Verwendungszweck der entnommenen Körperzellen u. das Gebot der unverzüglichen Vernichtung (S. 2 Nr. 1) sowie die Unzulässigkeit der Speicherung 14 erstrecken (S. 2 Nr. 2). Außerdem ist darüber aufzuklären, dass das Untersuchungsergebnis daraufhin abgeglichen wird, ob das Spurenmaterial v. der betroffenen Person o. nahen Verwandten stammt u. dass das Erg. des Abgleichs insoweit zu ihrem Nachteil o. dem ihrer nahen Verwandten verwendet werden darf (S. 2 Nr. 3 und 4). Dies ist v. bes. Bedeutung, damit die Betroffenen auch die möglichen Folgen des Gentest für mit ihnen verwandte Personen zuverlässig einschätzen können. Entsprach die Belehrung Abs. 4 kann sie nicht durch spätere Vorgänge, die im Zeitpunkt der Belehrung nicht absehbar waren, nachträglich verfahrensfehlerhaft werden (vgl. BGH NStZ 2013, 242).

15 Ungeachtet der in Abs. 4 S. 2 normierten Belehrungspflichten wird sich ein **psychischer Druck,** die Maßnahme zu dulden u. so die eigene Unschuld zu beweisen, nicht vermeiden lassen. Mit Rücksicht auf Zeugnisverweigerungsrechte nach § 52 kann ein Interessenkonflikt bestehen, die Belastung eines nahen Angehörigen durch „Beinahetreffer" in Kauf zu nehmen (s. Singelnstein/Derin NJW 2017, 2646 (2648)). Insoweit wird vielfach – über den Wortlaut hinaus – ein Hinweis auf die Verdachtsneutralität der Weigerung (→ Rn. 18) für geboten erachtet (vgl. Löwe/Rosenberg/Krause Rn. 14, 34; SK-StPO/Rogall Rn. 34; vgl. auch Singelnstein/Derin NJW 2017, 2646 (2648), die einen Erlaubnisvorbehalt fordern, der es dem Betroffenen ermöglicht, sich zu entlasten, ohne einen Angehörigen belasten zu müssen, was allerdings der Intention des Gesetzgebers zuwiderliefe).

16 **F. Anfechtung.** Die Betroffenen können die Anordnung der Reihenuntersuchung gem. Abs. 2 S. 5 **nicht anfechten.** Auch die konkret ihnen ggü. durchgeführte Untersuchung ist wegen ihrer hierzu schriftlich erteilten Einwilligung nicht anfechtbar. Die StA kann die Ablehnung des v. ihr gestellten Antrags auf Durchführung einer Reihengenuntersuchung mit der einfachen Beschwerde (§ 304) anfechten (Ausnahme: § 304 Abs. 5), nicht jedoch – mangels Beschwer – die hierfür in Betracht kommenden Personen.

17 **G. Revision. Anordnungsmängel** führen bei freiwilliger Mitwirkung des Betroffenen nicht zu einem Verwertungsverbot (KK-StPO/Hadamitzky Rn. 11; einschr. Löwe/Rosenberg/Krause Rn. 36). **Mängel der** ges. (Abs. 1, Abs. 4 S. 1) vorgeschriebenen **Einwilligung** führen zur Unverwertbarkeit des DNA-Identifizierungsmusters; sie begründen, wenn das Urt. auf dessen Verwertung beruht, die Revision (Saliger/Ademi JuS 2008, 197; ähnlich HK-StrafR/Neuhaus Rn. 6; Löwe/Rosenberg/Krause Rn. 37; SK-StPO/Rogall Rn. 36; **aM** KMR-StPO/Bosch Rn. 21).

18 **H. Versagte Einwilligung.** Wird die Einwilligung versagt, ist **Zwang** zur Teilnahme am angeordneten Reihengentest **ausgeschlossen.** Die Verweigerung einer Speichelprobe darf nicht als ein die Täterschaft begründendes o. bestärkendes Indiz gewertet werden (BVerfG NJW 1996, 1587; LG Mannheim NStZ-RR 2004, 301; LG Regensburg StraFo 2003, 131; Kretschmer HRRS 2012, 185 (187); **aM** KMR-StPO/Bosch Rn. 19; erg. → Einl. Rn. 29a).

19 **Zwangsweise** darf eine DNA-Analyse nach §§ 81a, 81e, 81f **nur dann** angeordnet werden, wenn weitere verdachtsbegründende Kriterien angeführt werden können u. sich der Kreis der Verdächtigen durch die Abgabe einer Vielzahl freiwilliger Speichelproben verdichtet hat (BGHSt 49, 56 (60); ähnl. BVerfG NJW 1996, 3071 (unterschiedliche Angaben zum Alibi); Beulke/Swoboda StrafProzR Rn. 378; Kerner/Trüg FS Weber, 2004, 469; Saliger/Ademi JuS 2008, 198 mit Differenzierung zwischen geschlossenen u. nicht geschlossenen Fällen; Kretschmer HRRS 2012, 185 (187); abl. Geppert FS Schroeder, 2006, 684).

20 Auch auf **§ 81c Abs. 2 S. 1** iVm § 81e Abs. 1 S. 2 kann eine Anordnung gestützt werden (abl. Löwe/Rosenberg/Krause Rn. 2; Radtke/Hohmann/Beukelmann Rn. 1), allerdings nicht gegen sämtliche verbleibenden Merkmalsträger (→ Rn. 4), sondern nur gegen konkret beweisgeeignete Personen, bei denen Anhaltspunkte dafür bestehen, dass ihre Inanspruchnahme zu einem Beweiserfolg führen kann (Rogall FS Schroeder, 2006, 715 („Mini-Reihengentests"); Kretschmer HRRS 2012, 185 (188 f.); ähnl. Beulke/Swoboda StrafProzR Rn. 378: über-

schaubarer Personenkreis; vgl. auch LG Frankenthal NStZ-RR 2000, 146; LG Mannheim NStZ-RR 2004, 301; erg. → § 81e Rn. 6).

Form der Erstattung eines Gutachtens im Vorverfahren

82 Im Vorverfahren hängt es von der Anordnung des Richters ab, ob die Sachverständigen ihr Gutachten schriftlich oder mündlich zu erstatten haben.

1 **A. Vorverfahren.** Das Vorverfahren (→ Einl. Rn. 60 ff.) ist ein schriftliches Verf., in dem die Beweisergebnisse zu den Akten gebracht werden (vgl. § 168b Abs. 1). Daher werden die Sachverständigen v. den Strafverfolgungsbehörden, die sie bestellt haben, und v. ER (§§ 162, 169) idR ersucht, das Gutachten schriftlich zu erstatten; nur in einfachen Fällen wird es mündlich entgegengenommen (Gössel DRiZ 1980, 368).

2 **B. Mündliche Gutachtenerstattung.** Bei mündlicher Gutachtenerstattung muss der Sachverständige das Gutachten mündlich vortragen o. dem StA o. Richter übergeben, damit dieser es verliest o. verlesen lässt. Darüber muss ein Prot. aufgenommen werden (§§ 168, 168a, 168b), in dem auf das überreichte schriftliche Gutachten Bezug genommen werden kann. Einen Anspruch darauf, ein in der HV nur mündlich erstelltes Gutachten den Verfahrensbeteiligten stets auch schriftlich vorzulegen, haben diese nicht (BGHSt 54, 177; **aM** Löwe/Rosenberg/Krause Rn. 5; Deckers/Heusel StV 2009, 7; Geipel StraFo 2010, 273; Ziegert StV 2011, 199).

3 **C. Nach Anklageerhebung.** Nach Anklageerhebung kann das Gericht zur Vorbereitung der Entsch. nach § 202 oder der HV die schriftliche Gutachtenerstattung anordnen (BGH GA 1963, 18; SK-StPO/Rogall Rn. 3). In der HV muss das Gutachten mündlich erstattet werden; Ausnahmen gelten im Freibeweis (→ § 244 Rn. 9) u. nach §§ 251 Abs. 1, Abs. 2, 256. Für die Entscheidungsfindung ist allein das in der HV erstattete Gutachten maßgebend; nur hierauf kann das Urt. beruhen (BGH NStZ 2008, 418; BeckRS 2011, 16206).

Anordnung einer neuen Begutachtung

83 (1) **Der Richter kann eine neue Begutachtung durch dieselben oder durch andere Sachverständige anordnen, wenn er das Gutachten für ungenügend erachtet.**

(2) **Der Richter kann die Begutachtung durch einen anderen Sachverständigen anordnen, wenn ein Sachverständiger nach Erstattung des Gutachtens mit Erfolg abgelehnt ist.**

(3) **In wichtigeren Fällen kann das Gutachten einer Fachbehörde eingeholt werden.**

1 **A. Neue Begutachtung (Abs. 1).** Die **Bedeutung der Vorschr. ist gering,** da schon § 73 Abs. 1 die Heranziehung mehrerer Sachverständiger zulässt (Abs. 1 schränkt das nicht ein) u. der Umf. der Sachaufklärungspflicht durch § 244 Abs. 2 festgelegt ist (BGH StraFo 2003, 198). Im Vorverfahren sind StA u. Polizei befugt, ein weiteres Gutachten einzuholen. Der Richter kann das in jedem Verfahrensabschnitt tun, auch wenn die Voraussetzungen von Abs. 1 nicht vorliegen (BayObLGSt 1955, 262 = NJW 1956, 1001). Dabei wird er idR einen anderen Sachverständigen beauftragen; Abs. 1 lässt aber auch die neue Begutachtung durch denselben Sachverständigen zu.

2 **Ungenügend** iS Abs. 1 ist ein Gutachten, das keine genügende Sachkunde vermittelt; ob es das Gericht überzeugt, ist nicht entscheidend (KK-StPO/Hadamitzky Rn. 2; eing. dazu SK-StPO/Rogall Rn. 8 ff.). Ein neues Gutachten ist daher nur erforderlich, wenn die Voraussetzungen des § 244 Abs. 4 S. 2 Hs. 2

vorliegen, insbes., wenn die Sachkunde o. Eignung des Sachverständigen zw. ist, Bedenken gegen die Richtigkeit der dem Gutachten zugrunde liegenden Tatsachenfeststellungen bestehen o. das Gutachten unklar o. widersprüchlich ist (Duttge NStZ 2003, 376). Zur Einholung eines neuen Gutachtens zwingt das aber nicht, zB wenn der Richter nunmehr meint, dass die Zuziehung eines Sachverständigen v. vornherein überflüssig war (BayObLG NJW 1956, 1001; Löwe/Rosenberg/Krause Rn. 5).

3 **B. Erfolgreich abgelehnter Sachverständiger (Abs. 1).** Ein erfolgreich abgelehnter Sachverständiger (Abs. 2) muss idR durch einen anderen ersetzt werden, da sein Gutachten nicht verwertbar ist (→ § 74 Rn. 19). Ausnahmsweise ist ein neues Gutachten entbehrlich, zB wenn das Gericht nunmehr erkennt, dass es eigene Sachkunde hat, dass die Beweisfrage nicht erheblich ist, dass es sich um eine v. ihm selbst zu beantwortende Rechtsfrage handelt (BayObLGSt 1955, 262 = NJW 1956, 1001; Löwe/Rosenberg/Krause Rn. 8) o. dass ein verwertbares Gutachten zu der Beweisfrage nicht zu erwarten ist (Kube/Leineweber Polizeibeamte S. 75).

4 **C. Fachbehörde (Abs. 3).** Die Vorschr. begründet nicht die Pflicht v. Behörden, Gutachten zu erstatten, sondern setzt sie voraus. Sie besteht, wenn die Behörde (wegen der in Betracht kommenden Behörden vgl. Ulrich Sachverständiger-HdB Rn. 71 ff.) in ihrer Funktion u. Einrichtung dazu berufen ist, ausschl. o. neben anderen Aufgaben im gerichtlichen Verf. mitzuwirken (Kube/Leineweber Polizeibeamte S. 75). Das kann sich aus dem G ergeben, vgl. etwa § 2 Abs. 1 BKAG. Wo bes. Vorschr. fehlen, gilt die Pflicht zu gegenseitiger Amtshilfe nach Art. 35 GG (Ulrich Sachverständiger-HdB Rn. 71, 127). Das Behördengutachten kann nach § 256 Abs. 1 Nr. 1a verlesen werden.

5 Die Pflicht zur Gutachtenerstattung schließt die **weitere Pflicht** ein, das Gutachten in der HV durch einen Bediensteten der Behörde vertreten zu lassen (Kube/Leineweber Polizeibeamte S. 80 ff.; für kollegiale Fachbehörden vgl. → § 256 Rn. 28). Dieser Bedienstete hat dort alle Rechte u. Pflichten eines Sachverständigen (**aM** Kube/Leinewerber Polizeibeamte Rn. 84 ff.). Er übernimmt die Verantwortung für das Gutachten, kann nach § 74 abgelehnt (→ § 74 Rn. 1) u. nach § 79 vereidigt werden (**aM** Ulrich Sachverständiger-HdB Rn. 88; Kube/Leineweber Polizeibeamte S. 87).

6 Auch **unabhängig von den Voraussetzungen von Abs. 1, Abs. 2** können Behördengutachten eingeholt werden, selbst wenn noch kein anderer Sachverständiger gehört worden ist (Löwe/Rosenberg/Krause Rn. 9). Ob ein „wichtigerer" Fall iSd Abs. 3 vorliegt, entscheidet das Gericht (KK-StPO/Hadamitzky Rn. 4). Die Zulässigkeit der Befragung der Behörde ist auf solche Fälle nicht beschränkt.

Sachverständigenvergütung

84 Der Sachverständige erhält eine Vergütung nach dem Justizvergütungs- und -entschädigungsgesetz.

1 **A. Sachverständigenentschädigung.** Sachverständigenentschädigung erhält, wer als Sachverständiger vernommen o. sonst tätig geworden ist. Dass er in der Ladung nicht als Sachverständiger bezeichnet worden ist, steht nicht entgegen. Sachverständige Zeugen werden als Zeugen entschädigt (SK-StPO/Rogall Rn. 2). Bei Vernehmung als Sachverständiger u. Zeuge wird die Sachverständigenentschädigung gewährt.

2 **B. Höhe der Entschädigung.** Die Höhe der Entschädigung regelt das JVEG (erg. → § 71 Rn. 2). Einzelheiten bei Toussaint/Weber JVEG § 1 Rn. 1 ff.

Sachverständige Zeugen

85 Soweit zum Beweis vergangener Tatsachen oder Zustände, zu deren Wahrnehmung eine besondere Sachkunde erforderlich war, sachkundige Personen zu vernehmen sind, gelten die Vorschriften über den Zeugenbeweis.

A. Sachverständige Zeuge. Der **sachverständige Zeuge** unterscheidet sich v. anderen Zeugen dadurch, dass er Wahrnehmungen aufgrund besonderer Sachkunde gemacht hat. Sonstige Unterscheidungsmerkmale bestehen nicht. Er wird wie jeder andere Zeuge vereidigt u. entschädigt; wegen Befangenheit kann er nicht abgelehnt werden. 1

B. Unterscheidung vom Sachverständigen. Die Unterscheidung vom Sachverständigen macht keine Schwierigkeit, wenn Sachkunde zu vermitteln ist; das kann nur der Sachverständige (→ Vor § 72 Rn. 6, 7). Die Tätigkeit der beiden Beweismittel überschneidet sich aber bei der **Aussage über Wahrnehmungen.** Das ist nicht nur Aufgabe des Zeugen (→ Vor § 48 Rn. 1), sondern kann auch die des Sachverständigen sein (→ Vor § 72 Rn. 5). Entgegen dem missverständlichen Wortlaut des § 85 sagen Zeugen nicht nur über die Wahrnehmung vergangener Tatsachen o. Zustände, sondern auch über gegenwärtige aus (SK-StPO/Rogall Rn. 5). Denn der Verletzte wird zB nicht deshalb zum Sachverständigen, weil er Auskunft darüber gibt, dass er gegenwärtig noch unter den körperlichen Tatfolgen leidet. Auch andere Abgrenzungsmerkmale haben sich als untauglich erwiesen (Löwe/Rosenberg/Krause Rn. 4 ff.; Gössel DRiZ 1980, 364 ff.). 2

Maßgebend für die Abgrenzung kann daher neben der Sachkunde nur der Anlass der Wahrnehmungen sein. Der Zeuge sagt über Wahrnehmungen aus, die er mit bes. Sachkunde ohne behördlichen Auftrag (als sachverständiger Zeuge) o. ohne bes. Sachkunde mit behördlichem Auftrag (als Augenscheinsgehilfe; → § 86 Rn. 4) gemacht hat. Sachverständiger ist, wer über Wahrnehmungen aussagt, die er im Auftrag des Gerichts, der StA o. Polizei aufgrund seiner Sachkunde gemacht hat (Roxin § 27 A II 2; **aM** Foth/Karcher NStZ 1989, 169). Wer im Auftrag anderer Prozessbeteiligter im Hinblick auf ein schon eingeleitetes o. den Umständen nach bevorstehendes Strafverfahren Feststellungen trifft, wie der Sachverständige, der die Gegenprobe nach § 42 Abs. 1 S. 2 LMBG untersucht, wird nicht als Sachverständiger tätig (Toepel Sachverständigenbeweis S. 271), muss aber vor Gericht über seine Wahrnehmungen als Sachverständiger vernommen werden (Löwe/Rosenberg/Krause Rn. 11; **aM** BGH MDR 1974, 382; Toepel Sachverständigenbeweis S. 271). 3

C. Zusätzliche Vernehmung des Zeugen als Sachverständiger. Die zusätzliche Vernehmung des Zeugen als Sachverständiger ist nicht schon deshalb erforderlich, weil er sich gutachtlich äußert o. äußern sollte (BGH NJW 2003, 150 (151)). Es kommt vielmehr darauf an, wo das **Schwergewicht der Vernehmung** liegt. Stehen die Tatsachenbekundungen im Vordergrund, so wird der Zeuge durch die gutachtlichen Äußerungen nicht zum Sachverständigen (BGH NStZ 1984, 465; OLG Düsseldorf NStZ-RR 2014, 114 Ls.; hM; **aM** SK-StPO/Rogall Rn. 19 ff.). Das Gericht ist zu einem Hinweis, dass es die gutachtliche Äußerung des Zeugen zu verwerten beabsichtigt, nicht verpflichtet (BGH GA 1976, 79). Die Vernehmung des sachverständigen Zeugen zugleich als Sachverständigen ohne entspr. Belehrung u. Entsch. nach § 79 wird idR die **Revision nicht** begründen (Tolksdorf DAR 1997, 181 – BGH RsprÜ; einschr. SK-StPO/Rogall Rn. 39 f.). 4

D. Einzelfälle. Der **Arzt,** der dem **Beschuldigten eine Blutprobe entnimmt** (§ 81a Abs. 1 S. 2), ist Sachverständiger sowohl hins. des Eingriffs (→ Vor § 72 Rn. 4) als auch hins. der Wahrnehmungen, die er über den Zustand des Beschuldigten aufgrund seiner Sachkunde während des Eingriffs gemacht hat (Löwe/Rosenberg/Krause Rn. 14; Geppert DAR 1980, 320; **aM** KG VRS 31, 273; OLG Hamburg NJW 1963, 408; OLG Köln BA 1966, 609; AK-StPO/Lemke Rn. 6). Ist ein **Arzt ohne** den **Auftrag einer Strafverfolgungsbehörde** tätig 5 geworden, so wird er als Zeuge vernommen, auch wenn seine Tätigkeit (zB die Obduktion einer Leiche) die Bestellung eines Sachverständigen erspart hat (OLG Köln OLGSt StPO § 261 S. 96, 98; Löwe/Rosenberg/Krause Rn. 14). Auch **technische Sachverständige,** die ihre Wahrnehmungen ohne behördlichen Auftrag gemacht haben, sind nur sachverständige Zeugen, gleichgültig, ob sie Berufssachverständige sind (ANM 219). **Gerichtshelfer** (§ 160 Abs. 3 S. 2) werden idR als Zeugen vernommen (Löwe/Rosenberg/Krause Rn. 16; **aM** Sontag NJW 1976, 1436; erg. → § 160 Rn. 26). Gleiches gilt für **Übersetzer,** die im Ermittlungsverfahren bei der Übertragung aufgezeichneter Telefongespräche in die deutsche Sprache als Sachverständige tätig waren, über ihre insoweit gemachten sinnlichen Wahrnehmungen (vgl. BGH StV 2016, 771 Ls.).

Richterlicher Augenschein

86 Findet die Einnahme eines richterlichen Augenscheins statt, so ist im Protokoll der vorgefundene Sachbestand festzustellen und darüber Auskunft zu geben, welche Spuren oder Merkmale, deren Vorhandensein nach der besonderen Beschaffenheit des Falles vermutet werden konnte, gefehlt haben.

1 **A. Begriff des Augenscheins.** Augenschein ist jede sinnliche Wahrnehmung durch Sehen, Hören, Riechen, Schmecken o. Fühlen (BGHSt 18, 51 (53)). Da jedoch richterliche Beweiserhebungen immer nur mittels solcher Wahrnehmungen möglich sind, muss der Begriff Augenscheinsbeweis eingeschränkt werden. Er umfasst alle Beweisaufnahmen, die nicht als Zeugen-, Sachverständigen- o. Urkundenbeweis ges. bes. geregelt sind (Löwe/Rosenberg/Krause Rn. 1).

2 **B. Richterlicher Augenschein.** Richterlicher Augenschein kann der Feststellung unmittelbar beweiserheblicher Tatsachen, aber auch v. Beweisanzeichen dienen (RGSt 65, 304 (307); BayObLGSt 1965, 79). Er besteht darin, dass sich das Gericht mittels sinnlicher Wahrnehmungen einen Eindruck v. der Existenz o. Beschaffenheit eines Menschen, eines Körpers o. einer Sache verschafft, dass es die Lage v. Örtlichkeiten o. Gegenständen feststellt o. eine Verhaltensweise o. einen wiederholbaren Vorgang beobachtet (RGSt 47, 100 (106); OLG Hamm VRS 34, 61; OLG Koblenz VRS 45, 48). Augenscheinseinnahmen außerhalb des Gerichtssaals kann es stets, auch in der HV, durch einen beauftragten o. ersuchten Richter vornehmen lassen (RGSt 47, 100 (104); erg. → § 225 Rn. 1).

3 Die **Unmittelbarkeit der Beweisaufnahme** ist für den Augenscheinsbeweis, anders als für den Zeugenbeweis (§ 250), **nicht** vorgeschrieben. Das Gericht kann daher, sofern nicht die Aufklärungspflicht (§ 244 Abs. 2) entgegensteht, die Augenscheinseinnahme durch andere Beweismittel ersetzen, insbes. Zeugen über ihre Wahrnehmungen vernehmen (RGSt 47, 100 (106)), statt einer Tatortbesichtigung Lichtbilder o. Skizzen in Augenschein nehmen u. das Abhören v. Tonbandaufnahmen durch Verlesung der daraus hergestellten Niederschriften ersetzen (BGHSt 27, 135).

4 Es kann die Augenscheinseinnahme auch nichtrichterlichen Personen als **Augenscheinsgehilfen** übertragen (BGHSt 27, 135 (136); RGSt 46, 100 (106); OLG Hamm VRS 34, 61). Gelegentlich kann es aus tatsächlichen Gründen (Besichtigung eines Dachfirstes o. eines Gegenstandes unter Wasser) o. darf es nach ges. Vorschr. (§ 81d) gar nicht anders verfahren. Für die Augenscheinsgehilfen gelten (vgl. Löwe/Rosenberg/Krause Rn. 7; **aM** Rogall GS Meyer, 1990, 391 (401 ff.): mittelbare Augenscheinseinnahme) die Sachverständigenvorschriften über Auswahl (§ 73 Abs. 1), Ablehnung wegen Befangenheit (§ 74) u. Pflicht zum Tätigwerden (§ 75). Über ihre Wahrnehmungen werden sie als Zeugen vernommen (RGSt 46, 100 (106); OLG Frankfurt a. M. VRS 58, 368; Rogall GS Meyer, 1990, 391 (411)).

5 Werden **Sachverständige** nach §§ 81a, 81c mit einer Augenscheinnahme beauftragt, so handelt es sich um Sachverständigenbeweis. Dagegen ist der Augenschein unter Hinzuziehung eines Sachverständigen, zB im Fall des § 87 Abs. 1,

richterlicher Augenschein (Löwe/Rosenberg/Krause Rn. 6); er wird ungenau als zusammengesetzter o. gemischter Augenschein bezeichnet (vgl. ANM 226; erg. → Vor § 72 Rn. 9).

C. Informatorische Besichtigungen. Informatorische Besichtigungen **kennt die StPO nicht.** Trotzdem darf der Richter Augenscheinsgegenstände in den Akten (Lichtbilder, Skizzen, Zeichnungen) u. Örtlichkeiten (Tatort, Unfallstelle) informatorisch besichtigen, um sich auf die HV vorzubereiten (Dallinger MDR 1966, 383 – BGH RsprÜ). Auch das ganze Gericht darf solche Vorbesichtigungen vornehmen (vgl. ANM 228 Fn. 3). Aufgrund der dabei erworbenen Kenntnisse dürfen Angeklagten, Zeugen u. Sachverständigen in der HV Vorhalte gemacht werden. Urteilsgrundlage dürfen diese Kenntnisse aber nicht sein (BGHSt 2, 1 (3); 3, 187 (188); OLG Düsseldorf VRS 73, 210; OLG Frankfurt a. M. StV 1983, 192; OLG Köln VRS 44, 211). 6

D. Augenscheinsgegenstände. Augenscheinsgegenstände sind **sachliche Beweismittel** (→ Einl. Rn. 49). In Betracht kommt alles sinnlich Wahrnehmbare, das der Richter zur Überzeugungsbildung für geeignet hält (BGH NJW 1960, 2156). Dazu gehören Personen (OLG Hamm MDR 1974, 1036), feste, flüssige, gasförmige Körper, Gebäude, Örtlichkeiten, Vorgänge. Besonders geregelt ist die Besichtigung des Körpers lebender Menschen (§§ 81a, 81c) u. des Leichnams (§ 87 Abs. 1). 7

Von den Augenscheinsgegenständen sind die **Vernehmungshilfen** zu unterscheiden (BGHR StPO § 247 Abwesenheit 10). Solche Gegenstände werden nicht als Beweismittel, sondern bei der Sachvernehmung des Angeklagten u. bei der Beweisaufnahme zur Erläuterung v. Fragen u. zur Veranschaulichung der Aussagen benutzt. Was sich aus ihnen ergibt, wird zum Inhalt der Einlassung des Angeklagten o. der Bekundungen der Beweispersonen (BGHSt 18, 51 (53); BGH VRS 36, 189; RGSt 47, 235; BayObLGSt 1965, 79). In die Sitzungsniederschrift wird die Verwendung der Vernehmungshilfen nicht aufgenommen (OLG Hamm VRS 44, 117). 8

E. Einzelne Augenscheinsgegenstände. I. Abbildungen, Lichtbilder, Filme, Videoaufnahmen. Abbildungen, Lichtbilder, Filme und Videoaufnahmen können ihren **eigenen strafbaren Inhalt** beweisen o. **unmittelbar Beweis über andere Straftaten** erbringen, wie die Aufnahmen automatischer Kameras in Banken (OLG Celle NJW 1965, 1677 (1679)) u. bei der Verkehrsüberwachung (OLG Hamm VRS 44, 117; OLG Stuttgart VRS 59, 360 (363)), Videoaufnahmen v. Krawallen (ANM 230) u. heimlich hergestellte Filmaufnahmen v. der Begehung der Straftat (OLG Schleswig NJW 1980, 352). 9

Sie können aber auch der **mittelbaren Beweisführung** dienen, wie Aufnahmen v. einer Gegenüberstellung (BVerfG NStZ 1983, 84) o. dem Geständnis des Angeklagten (BGH MDR 1976, 634), o. den Tat- o. Unfallort veranschaulichen. Ob der Hersteller über Aufnahmezeit o. -ort als Zeuge vernommen werden muss, beurteilt sich nach den Grundsätzen der freien Beweiswürdigung (RGSt 36, 55 (57); BayObLGSt 1965, 79; OLG Frankfurt a. M. VRS 64, 287; OLG Koblenz VRS 44, 433; OLG Stuttgart DAR 1977, 328). § 255a regelt die Vorführung der Bild-Ton-Aufzeichnung einer Zeugenvernehmung in der HV. 10

II. Tonaufnahmen. Tonaufnahmen beweisen als Augenscheinsgegenstände nicht nur ihre äußere Beschaffenheit, sondern **auch** den **Inhalt der auf ihnen festgehaltenen Gedankenäußerungen** (BGHSt 14, 339 (341); 27, 135 (136); KG NJW 1980, 952; OLG Celle NJW 1965, 1677; OLG Frankfurt a. M. NJW 1967, 1047). Sie können ihren eigenen strafbaren Inhalt o. sonst die Tathandlung beweisen (OLG Frankfurt a. M. NJW 1967, 1047), aber auch, zB im Fall des § 100a, als Beweisanzeichen dienen. Durch das Abspielen eines Gesprächstonbands kann insbes. bewiesen werden, wer sich an dem Gespräch bet. hat, unter welchen Umständen es zu der Äußerung gekommen ist, welche Methoden bei einer Vernehmung angewendet worden sind, ob der Sprechende der deutschen Sprache 11 mächtig war, ob er Geschehnisse als selbst erlebt geschildert hat o. ob ihm Worte in den Mund gelegt worden sind (BGHSt 14, 339). Der Beweiswert wird idR davon abhängen, dass der Angeklagte o. ein Zeuge die Beziehung des Tonbands zu dem Verfahrensgegenstand, ggf. auch seine Echtheit, bestätigt (BGHSt 14, 339).

12 **III. Skizzen und Zeichnungen.** Skizzen und Zeichnungen dürfen nur zum **Beweis ihrer Existenz o. Herstellung** in Augenschein genommen werden. Kommt es auf ihren gedanklichen Inhalt an, so verbietet § 250, die Vernehmung ihres Herstellers durch die Inaugenscheinnahme des in der Skizze o. Zeichnung festgehaltenen Erg. seiner Wahrnehmungen zu ersetzen (Martin DAR 1969, 152 – BGH RsprÜ; BGH VRS 36, 189; BayObLGSt 1965, 79; KK-StPO/Hadamitzky Rn. 6; **aM** Spiegel DAR 1977, 176 – BGH RsprÜ; BGH VRS 27, 119; erg. → § 250 Rn. 2). In der Regel werden sie daher nur als Vernehmungshilfen (→ Rn. 8) benutzt werden können. Tatort- u. Unfallskizzen, die für das Verf. angefertigt worden sind, können aber Augenscheinsgegenstände sein, soweit sie Land- u. Straßenkarten u. amtl. Lagepläne enthalten.

13 **IV. Urkunden.** Urkunden sind Gegenstände des Augenscheinsbeweises, wenn es auf ihre **Beschaffenheit,** nicht auf ihren Inhalt ankommt (→ § 249 Rn. 7) o. wenn sie nicht verlesbar sind (→ § 249 Rn. 3), wie meist die technischen Aufzeichnungen (vgl. Jöstlein DRiZ 1973, 409), zB Fahrtschreiberdiagramme (OLG Hamm VRS 51, 45 (47); OLG Stuttgart NJW 1959, 1379), Papierstreifen v. Registrierkassen (RGSt 55, 107) o. Kontrolluhren (RGSt 64, 97).

14 **V. Personen.** Personen werden meist **v. Sachverständigen** in Augenschein genommen (vgl. §§ 81a, 81c). Jedoch kann auch das Gericht, sofern § 81d nicht entgegensteht, Personen besichtigen, um Auffälligkeiten an ihrem Körper festzustellen (OLG Hamm MDR 1974, 1036). Werden Angeklagte o. Zeugen in der HV vernommen, so bedarf es dazu keiner bes. Augenscheinseinnahme. „Nicht aufgesuchte" Wahrnehmungen können dem Urt. vielmehr ohne weiteres, auch ohne Beurkundung im Sitzungsprotokoll, zugrunde gelegt werden (BGHSt 5, 354 (356); Dallinger MDR 1974, 368 – BGH RsprÜ; OLG Jena VRS 114, 447). Dies gilt auch, wenn die zu besichtigende Person nicht zugleich vernommen werden kann, zB wenn der Angeklagte die Einlassung verweigert o. der Zeuge die Aussage (BGH BeckRS 2020, 21303; DAR 1965, 108; **aM** OLG Bremen MDR 1970, 165; OLG Hamm MDR 1974, 1036; erg. → § 261 Rn. 5).

15 **VI. Vorgänge und Experimente.** Vorgänge und Experimente können Gegenstand des Augenscheinsbeweises sein, wenn sie nicht Bestandteil eines Sachverständigengutachtens o. einer Zeugenaussage sind. In Betracht kommen Fahrversuche (BGH VRS 35, 264 (266); OLG Koblenz MDR 1971, 507), Bremsversuche, Schießversuche, die Rekonstruktion des Tatverlaufs (BGH NJW 1961, 1486; OLG Köln NJW 1955, 843; OLG Neustadt JR 1959, 71) u. Experimente zur Prüfung der Glaubwürdigkeit v. Zeugen (RGSt 40, 48 (50); RG JW 1927, 2044).

15a **VII. Daten.** In Computersystemen gespeicherte Daten sind keine Augenscheinsobjekte; jedoch können Videodateien am Bildschirm abgespielt u. Bilddateien ausgedruckt u. in Augenschein genommen werden (Jahn/Brodowski FS Rengier, 2018, 409 (410)).

16 **F. Augenscheinseinnahme außerhalb der Hauptverhandlung.** Für die Augenscheinseinnahme außerhalb der Hauptverhandlung (§§ 162, 165, 202 S. 1, 225), auch wenn sie in der HV angeordnet worden ist (RGSt 20, 149), enthält § 86 Bestimmungen über das nach § 249 Abs. 1 S. 1 verlesbare (→ § 249 Rn. 11) Prot. (§§ 168, 168a), für das Richter u. Protokollführer gemeinsam die Verantwortung übernehmen müssen, falls nicht der Richter v. der Zuziehung eines Protokollführers abgesehen hat (SK-StPO/Rogall Rn. 6). Wegen der **Anwesenheitsrechte** vgl. §§ 168d, 224. Der Richter muss sich bemühen, den vorgefundenen Sachbestand anschaulich zu schildern (Löwe/Rosenberg/Krause Rn. 44). Er muss auch festhalten, welche Spuren o. Merkmale nicht vorgefunden worden sind, obwohl ihr

Vorhandensein vermutet werden konnte. Die wörtliche Schilderung sollte nach Möglichkeit durch Lichtbilder, Skizzen o. Zeichnungen ergänzt werden, die in der HV ohne Vernehmung ihres Herstellers als Beweismittel in Augenschein genommen werden können (RGSt 36, 55). Zur Verlesbarkeit der Niederschrift v. Erklärungen des Beschuldigten ua Personen anlässlich der Augenscheinseinnahme vgl. → § 249 Rn. 12.

G. Augenscheinseinnahme in der Hauptverhandlung. Die Augenscheinseinnahme in der Hauptverhandlung findet im Sitzungssaal o. an dem Ort statt, wo sich der Augenscheinsgegenstand befindet. Sie ist **Teil der HV** (BGHSt 3, 187 (188)); das ganze Gericht u. alle Prozessbeteiligten müssen an ihr teilnehmen (BGH StV 1989, 187) u. die Möglichkeit zur sinnlichen Wahrnehmung haben. In der Sitzungsniederschrift ist nur die Tatsache der Augenscheinseinnahme, nicht ihr Erg. zu beurkunden; § 86 gilt nicht (OLG Zweibrücken VRS 83, 349 mwN). Die Verwendung v. Augenscheinsgegenständen als Vernehmungshilfen ist nicht protokollierungspflichtig (Becker NStZ-RR 2005, 66 – BGH RsprÜ). Das Gericht ist nicht verpflichtet, das Erg. der Augenscheinseinnahme mit den Verfahrensbeteiligten zu erörtern (BGHSt 54, 184 (187); OLG Zweibrücken VRS 83, 349; **aM** Schlothauer StV 2009, 229). Zur Urteilsberatung am Tatort vgl. → § 260 Rn. 3. 17

H. Nichtrichterliche Besichtigungen. Nichtrichterliche Besichtigungen sind keine Augenscheinseinnahmen ieS (Dähn JZ 1978, 640). Der StA o. Polizeibeamte, der die Besichtigung vorgenommen hat, muss daher als Zeuge vernommen werden (Löwe/Rosenberg/Krause Rn. 49). Die Verlesung des v. ihm über die Besichtigung hergestellten Vermerks ist unzulässig (→ § 249 Rn. 12). 18

Leichenschau, Leichenöffnung, Ausgrabung der Leiche Nr. 33–38 RiStBV

87 (1) [1]**Die Leichenschau wird von der Staatsanwaltschaft, auf Antrag der Staatsanwaltschaft auch vom Richter, unter Zuziehung eines Arztes vorgenommen.** [2]**Ein Arzt wird nicht zugezogen, wenn dies zur Aufklärung des Sachverhalts offensichtlich entbehrlich ist.**

(2) [1]**Die Leichenöffnung wird von zwei Ärzten vorgenommen.** [2]**Einer der Ärzte muß Gerichtsarzt oder Leiter eines öffentlichen gerichtsmedizinischen oder pathologischen Instituts oder ein von diesem beauftragter Arzt des Instituts mit gerichtsmedizinischen Fachkenntnissen sein.** [3]**Dem Arzt, welcher den Verstorbenen in der dem Tod unmittelbar vorausgegangenen Krankheit behandelt hat, ist die Leichenöffnung nicht zu übertragen.** [4]**Er kann jedoch aufgefordert werden, der Leichenöffnung beizuwohnen, um aus der Krankheitsgeschichte Aufschlüsse zu geben.** [5]**Die Staatsanwaltschaft kann an der Leichenöffnung teilnehmen.** [6]**Auf ihren Antrag findet die Leichenöffnung im Beisein des Richters statt.**

(3) **Zur Besichtigung oder Öffnung einer schon beerdigten Leiche ist ihre Ausgrabung statthaft.**

(4) [1]**Die Leichenöffnung und die Ausgrabung einer beerdigten Leiche werden vom Richter angeordnet; die Staatsanwaltschaft ist zu der Anordnung befugt, wenn der Untersuchungserfolg durch Verzögerung gefährdet würde.** [2]**Wird die Ausgrabung angeordnet, so ist zugleich die Benachrichtigung eines Angehörigen des Toten anzuordnen, wenn der Angehörige ohne besondere Schwierigkeiten ermittelt werden kann und der Untersuchungszweck durch die Benachrichtigung nicht gefährdet wird.**

A. Beschleunigungsgrundsatz. Mit größter Beschleunigung sind Leichenschau u. -öffnung durchzuführen; denn die ärztlichen Feststellungen über die Todesursache können schon durch geringe Verzögerungen an Zuverlässigkeit verlieren (Maiwald NJW 1978, 565; Nr. 36 Abs. 1 RiStBV). Allg. zu § 87 vgl. Kimpel, Leichensachen und Leichenöffnung, 1986. 1

2 **B. Leichenschau (Abs. 1).** Leichenschau (Abs. 1) ist die Besichtigung der äußeren Beschaffenheit einer Leiche.

3 **I. Erforderlichkeit.** Erforderlich ist die Leichenschau idR, wenn eine Straftat als Todesursache nicht v. vornherein ausgeschlossen werden kann (Nr. 33 Abs. 1 S. 2 RiStBV). Sie sollte möglichst am Tat- o. Fundort der Leiche durchgeführt werden (Nr. 33 Abs. 1 S. 3 RiStBV). Die staatsanwaltschaftliche Leichenschau ist eine bloße nichtrichterliche Besichtigung (→ § 86 Rn. 18), die richterliche ist die Einnahme richterlichen Augenscheins unter Zuziehung eines Sachverständigen (→ § 86 Rn. 5); für sie gilt § 168d.

4 **II. Staatsanwaltschaftliche Leichenschau.** Die staatsanwaltschaftliche Leichenschau ist die Regel. Eine richterliche Anordnung setzt sie nicht voraus. Bei Vorliegen bes. Gründe (bes. Bedeutung der Sache, Notwendigkeit der Gewinnung einer nach § 249 Abs. 1 S. 1 verlesbaren Niederschrift; Nr. 33 Abs. 3 S. 2 RiStBV) kann der StA bei dem nach § 162 Abs. 1 S. 3 zuständigen Richter beantragen, dass dieser die Leichenschau vornimmt.

5 Der **Richter** muss dem Antrag entsprechen, wenn die Leichenschau rechtlich zulässig ist (LG Waldshut NJW 1972, 1147; Löwe/Rosenberg/Krause Rn. 10). Ohne Antrag darf der Richter eine Leichenschau nur vornehmen, wenn ihm nach § 159 Abs. 1 ein unaufgeklärter Todesfall gemeldet wird u. zugleich die Voraussetzungen des § 165 vorliegen (Maiwald NJW 1978, 561).

6 **III. Zuziehung eines Arztes.** Der Arzt (auch mehrere können hinzugezogen werden) nimmt stets als Sachverständiger teil (Löwe/Rosenberg/Krause Rn. 11; Ulrich Sachverständiger-HdB Rn. 303). Gerichts- o. Amtsarzt braucht er nicht zu sein. Offensichtlich entbehrlich (Abs. 1 S. 2) ist seine Zuziehung, wenn die Todesursache schon ermittelt ist u. es auf eine sachverständige Besichtigung der Leiche daher nicht ankommt.

7 **IV. Protokoll.** Bei der staatsanwaltschaftlichen Leichenschau ist nur ein Aktenvermerk erforderlich (§ 168b Abs. 1). Bei der richterlichen Leichenschau gelten die §§ 168, 168a u. für den Inhalt des Prot. § 86. Das Prot. muss nach § 168a Abs. 3 S. 3 auch v. dem Arzt, dessen Äußerungen über den Befund der Leiche zu beurkunden sind, unterschrieben werden. In der HV kann es nach § 249 Abs. 1 S. 1 verlesen werden (→ § 249 Rn. 11).

8 **C. Leichenöffnung (Abs. 2). I. Erforderlich.** Erforderlich ist die Leichenöffnung, wenn **fremdes Verschulden** am Tod in Betracht kommt u. die **Todesursache o. -zeit** festgestellt werden muss (BVerfG NJW 1994, 783; LG Mainz NStZ-RR 2002, 43; Nr. 33 Abs. 2 RiStBV), also nicht in jedem Fall des § 159. Steht die Todesursache einwandfrei fest, so ist die Leichenöffnung entbehrlich (Koch NJW 1965, 528).

9 Die Angehörigen sind vor der Leichenöffnung, wenn möglich, zu hören (Struckmann NJW 1964, 2244), ein Widerspruchsrecht steht weder ihnen noch dem Betroffenen zu Lebzeiten zu (Czerner ArchKrim 226 (2010), 1). Stellen sie die Leiche nicht freiwillig zur Vfg., so muss sie nach § 94 – nach Anhörung des totensorgeberechtigten Angehörigen – beschlagnahmt werden (BVerfG NJW 1994, 783 (784)). Der wegen des Totensorgerechts der Angehörigen zu beachtende Verhältnismäßigkeitsgrundsatz spielt praktisch keine Rolle (KK-StPO/Hadamitzky Rn. 2; vgl. auch LG Waldshut NJW 1972, 1147).

10 Grundsätzlich ist eine **richterliche Anordnung** der Leichenöffnung erforderlich (Abs. 4 S. 1), die, außer im Fall des § 165, nur auf Antrag der StA ergehen darf. Zuständig ist unter den Voraussetzungen des § 162 Abs. 1 S. 3 der Richter, in dessen Bezirk sich die Leiche befindet; sonst gilt § 162 Abs. 1 S. 1 (SK-StPO/Rogall Rn. 40; **aM** KMR-StPO/Neubeck Rn. 11: der Richter des Sektionsortes). Nur wenn der Untersuchungserfolg durch Verzögerung gefährdet würde, zB wegen des Zustands der Leiche o. der Notwendigkeit sofortiger Aufklärung der Todesursache, genügt die Anordnung der StA, nicht aber die ihrer Ermittlungspersonen.

II. Zwei Ärzte. Zwei Ärzte müssen die Leichenöffnung vornehmen (S. 1) u. **ununterbrochen anwesend** sein. Einer v. ihnen muss Gerichtsarzt (zum Begriff: OVG Berlin NJW 1961, 984; vgl. auch § 42 Abs. 1 S. 1 BWAGGVG: Amtsärzte der Gesundheitsämter für deren Bezirk) o. Leiter o. beauftragter Arzt eines der in S. 2 bezeichneten Institute sein. Dazu gehören auch Universitätsinstitute, aber nicht die Abt. für Pathologie der öffentl. Krankenanstalten. Ist ein Arzt nach S. 2 nicht rechtzeitig erreichbar, so kann ein anderer mitwirken. 11

Der **behandelnde Arzt** ist v. der Mitwirkung ausgeschlossen (S. 3), sofern die Behandlung wegen der dem Tod unmittelbar vorausgegangenen Krankheit stattgefunden hat. Das ist in weitestem Sinn zu verstehen. Die Ursächlichkeit der Krankheit für den Tod braucht nicht festzustehen (Löwe/Rosenberg/Krause Rn. 25). Der behandelnde Arzt kann aufgefordert werden, der Leichenöffnung beizuwohnen (S. 4). Er ist dann sachverständiger Zeuge (§ 85). Das schließt nicht aus, ihn in der HV auch als Sachverständigen zu vernehmen (Löwe/Rosenberg/Krause Rn. 26; **aM** SK-StPO/Rogall Rn. 24). 12

III. Teilnahmebefugnis der StA. Die Teilnahmebefugnis der StA sieht S. 5 vor. Es steht in ihrem **pflichtgemäßen Ermessen,** ob sie die Leichenöffnung überwacht u. leitet o. sie allein den Ärzten überlässt (Löwe/Rosenberg/Krause Rn. 19). Der StA wird idR an der Leichenöffnung teilnehmen in Kapitalsachen, nach tödlichen Unfällen zur Rekonstruktion des Unfallgeschehens, bei Todesfällen durch Schusswaffengebrauch im Dienst, bei Todesfällen im Vollzug freiheitsentziehender Maßnahmen u. im Verfahren, die ärztliche Behandlungsfehler zum Gegenstand haben (vgl. Nr. 33 Abs. 4 RiStBV). In anderen Fällen wird es im Allgemeinen ausreichen, dass er schon vor der Leichenöffnung die erforderlichen Anordnungen trifft. Nimmt er an ihr teil, so muss der StA während des ganzen Vorgangs anwesend sein u. die Untersuchung leiten (§ 161a Abs. 1 S. 2 iVm § 78). Soweit ihm das als Laie möglich ist, muss er prüfen, ob die v. den Sachverständigen festgestellten Befundtatsachen mit seinen Beobachtungen übereinstimmen. Er veranlasst beweissichernde Maßnahmen, zB die Beschlagnahme v. Leichenteilen, die Entnahme v. Körperflüssigkeiten o. -gewebe, wenn deren besondere Untersuchung geboten erscheint (Nr. 35 Abs. 1 S. 1 RiStBV). Er kann auch weitere Sachverständige hinzuziehen, zB einen Toxikologen o. Chemiker bei Verdacht der Vergiftung (§ 91; Nr. 35 Abs. 1 S. 2 RiStBV) o. einen Sachverständigen für Elektrotechnik bei Verdacht der Tötung durch Stromschlag (Nr. 36 Abs. 2 S. 2 RiStBV). Anschließend erteilt o. besorgt er die Bestattungsgenehmigung (§ 159 Abs. 2). 13

IV. Mitwirkung des Richters. Die Mitwirkung des Richters, die einen Antrag der StA voraussetzt (S. 6), wird nur in Sachen v. bes. Bedeutung (politischer Mord u. dgl.) in Betracht kommen (Löwe/Rosenberg/Krause Rn. 19), nicht nur zur Gewinnung eines nach § 249 Abs. 1 S. 1 verlesbaren Protokolls. Der Richter muss dem Antrag stattgeben, wenn er zulässig ist. Erforderlichkeit u. Zweckmäßigkeit hat er nicht zu prüfen. Nimmt der Richter neben dem StA an der Leichenöffnung teil, so leitet er die Untersuchung (Löwe/Rosenberg/Krause Rn. 20). Sie ist jedoch nur insoweit eine richterliche Handlung, als es sich um die Einnahme des Augenscheins handelt (Dähn JZ 1978, 640). 14

V. Anwesenheitsrechte. § 168d gilt auch bei Mitwirkung eines Richters nicht (KK-StPO/Hadamitzky Rn. 7; Löwe/Rosenberg/Krause Rn. 28; zw. Löwe/Rosenberg/Erb § 168d Rn. 4); Beschuldigter u. Verteidiger sind daher zur Anwesenheit nicht berechtigt. Ob einem v. ihnen benannten Sachverständigen die Anwesenheit gestattet wird, steht im Ermessen des StA o. Richters. Die Anwesenheit der Kriminalbeamten, die die Ermittlungen führen, kann zweckmäßig, oft sogar notwendig sein (Löwe/Rosenberg/Krause Rn. 28). 15

VI. Protokoll. Die Niederschrift der v. den Sachverständigen festgestellten Befunde ist in jedem Fall erforderlich. Wirkt ein Richter mit, so gelten §§ 168, 168a und für den Protokollinhalt § 86. Es handelt sich um eine Niederschrift, die teils Augenscheins-, teils Vernehmungsprotokoll ist. Das Prot. muss auch v. den 16

Ärzten unterschrieben werden (§ 168a Abs. 3 S. 3). In der HV kann es nach § 249 Abs. 1 S. 1 verlesen werden, soweit es richterlichen Augenschein beurkundet (→ § 249 Rn. 11). Die ärztlichen Befunde u. ihre Begutachtung sind nur unter den Voraussetzungen der §§ 251, 253, 256 verlesbar (Becker NStZ-RR 2001, 262 – BGH RsprÜ). Sonst müssen die Ärzte, nicht notwendig beide, als Sachverständige vernommen werden, auch wenn sie nur über ihre Wahrnehmungen bei der Obduktion aussagen sollen (BGH BeckRS 2008, 7343).

17 **D. Ausgrabung einer Leiche (Abs. 3, Abs. 4). Zuständig** für die Anordnung ist der nach § 162 zuständige o. der mit der Sache befasste Richter, der StA nur bei Gefahr der Verzögerung des Untersuchungserfolges (Abs. 4 S. 1). Bei der Ausgrabung sollte einer der Obduzenten (Nr. 34 S. 1 RiStBV), bei Verdacht der Vergiftung auch ein chemischer Sachverständiger anwesend sein (Nr. 34 S. 3 RiStBV).

18 Die **Benachrichtigung der Angehörigen (Abs. 4 S. 2),** die formlos erfolgen kann, setzt voraus, dass sie bekannt sind o. leicht ermittelt werden können. Besondere Maßnahmen, zB die Ausschreibung im Bundesfahndungsblatt, sind nicht erforderlich. Der Untersuchungszweck würde durch die Benachrichtigung gefährdet, wenn der Angehörige selbst tatverdächtig ist o. die Gefahr besteht, dass er andere Tatverdächtige unterrichten werde. Hat der StA zur Benachrichtigung eines Angehörigen keinen bestimmten Antrag gestellt, so kann der Richter häufig das Vorliegen einer solchen Ausnahme nicht sofort beurteilen. Dann kann er bei Gefahr im Verzug seine Anordnung mit dem Wortlaut des Wenn-Satzes in Abs. 4 S. 2 Hs. 2 einschränken u. das Übrige dem StA überlassen.

19 **E. Revision.** Die Revision kann mit einem Verstoß gegen § 87 grds. nicht begründet werden. Nur die Mitwirkung des nach Abs. 2 S. 3 ausgeschlossenen behandelnden Arztes macht die Obduktionsergebnisse unverwertbar (Eisenberg Beweisrecht StPO Rn. 1962; Toepel Sachverständigenbeweis S. 249; **aM** KK-StPO/Hadamitzky Rn. 9; KMR-StPO/Neubeck Rn. 22; Löwe/Rosenberg/Krause Rn. 34).

Identifizierung des Verstorbenen vor Leichenöffnung

88 (1) [1] **Vor der Leichenöffnung soll die Identität des Verstorbenen festgestellt werden.** [2] **Zu diesem Zweck können insbesondere Personen, die den Verstorbenen gekannt haben, befragt und Maßnahmen erkennungsdienstlicher Art durchgeführt werden.** [3] **Zur Feststellung der Identität und des Geschlechts sind die Entnahme von Körperzellen und deren molekulargenetische Untersuchung zulässig; für die molekulargenetische Untersuchung gilt § 81f Abs. 2 entsprechend.**

(2) **Ist ein Beschuldigter vorhanden, so soll ihm die Leiche zur Anerkennung vorgezeigt werden.**

1 **A. Identifizierung des Toten (Abs. 1 S. 1).** Die Identifizierung des Toten (Abs. 1 S. 1) soll, wenn möglich, vor der Leichenöffnung erfolgen, ist aber auch erforderlich, wenn eine Leichenöffnung nicht stattfindet. Die Befragung v. Personen, die den Toten gekannt haben, als Zeugen ist das nächstliegende, aber nicht das einzige Mittel der Identifizierung. Zulässig sind alle anderen geeigneten u. angemessenen Mittel, zB erkennungsdienstliche Maßnahmen (§ 81b) an der Leiche (→ § 81b Rn. 11), Röntgenaufnahmen zum Vergleich mit zu Lebzeiten gemachten Aufnahmen, Gebissabdrücke u. dergleichen. Klargestellt ist durch Abs. 1 S. 3, dass auch eine – nach Maßgabe des § 81f Abs. 2 durchzuführende – molekulargenetische Untersuchung zulässig ist (vgl. dazu Rinio Kriminalistik 2003, 187; Rogall FS Schroeder, 2006, 697).

2 **B. Vorzeigen der Leiche (Abs. 2).** Davon kann insbes. abgewichen werden, wenn die **Identität des Toten feststeht** (Pfeiffer NStZ 1981, 94 – BGH RsprÜ). Gegen § 136a verstößt die Befolgung des S. 2 auch dann nicht, wenn der Anblick

der Leiche geeignet ist, die Willensentschließung und -betätigung des Beschuldigten zu beeinflussen (→ § 136a Rn. 11). Nur wenn mit dem Vorzeigen der Leiche nicht deren „Anerkennung", sondern die Ablegung eines Geständnisses erreicht werden soll, ist § 136a verletzt (BGHSt 15, 187).

C. Revision. Die Revision kann auf einen Verstoß gegen Abs. 2 nicht gestützt werden, wenn die Identität des Verstorbenen trotzdem nicht zw. geblieben ist. 3

Umfang der Leichenöffnung

89 Die Leichenöffnung muß sich, soweit der Zustand der Leiche dies gestattet, stets auf die Öffnung der Kopf-, Brust- und Bauchhöhle erstrecken.

A. Öffnungsumfang. Die Öffnung der drei Höhlen ist stets erforderlich, auch wenn die Ärzte schon nach Öffnung der einen Höhle die Todesursache gefunden zu haben glauben. Wegen der Entnahme v. Leichenteilen vgl. Nr. 35 RiStBV; Haehling von Lanzenauer Kriminalistik 1993, 379. 1

B. Revision. Die Revision kann auf einen Verstoß gegen § 89 nicht gestützt werden. 2

Öffnung der Leiche eines Neugeborenen

90 Bei Öffnung der Leiche eines neugeborenen Kindes ist die Untersuchung insbesondere auch darauf zu richten, ob es nach oder während der Geburt gelebt hat und ob es reif oder wenigstens fähig gewesen ist, das Leben außerhalb des Mutterleibes fortzusetzen.

Für die **Aufklärung von Tötungsdelikten** (§§ 211, 212, 222 StGB) ist die Vorschr. v. Bedeutung, aber auch für die Aufklärung v. Kunstfehlern bei geburtshilflicher Tätigkeit. Dabei ist die Untersuchung nicht „auch", sondern va darauf zu richten, ob das Kind nach oder während der Geburt gelebt hat (Löwe/Rosenberg/Krause Rn. 1), auch darauf, ob Anzeichen für eine Straftat nach § 218 StGB bestehen. 1

Untersuchung der Leiche bei Verdacht einer Vergiftung **Nr. 35 RiStBV**

91 (1) **Liegt der Verdacht einer Vergiftung vor, so ist die Untersuchung der in der Leiche oder sonst gefundenen verdächtigen Stoffe durch einen Chemiker oder durch eine für solche Untersuchungen bestehende Fachbehörde vorzunehmen.**

(2) **Es kann angeordnet werden, daß diese Untersuchung unter Mitwirkung oder Leitung eines Arztes stattzufinden hat.**

A. Verdacht auf Vergiftung. Für alle Fälle der Vergiftung gilt § 91, nicht nur für die Tötungsdelikte nach §§ 211, 212, 222 StGB, sondern zB auch für Straftaten nach §§ 219, 324, 326 StGB (SK-StPO/Rogall Rn. 2). 1

B. Ergänzung der Leichenöffnung. Einer Ergänzung der Leichenöffnung nach § 87 Abs. 2 dient die chemische Untersuchung nach § 91. Der Richter o. StA, der die Leichenöffnung leitet, ordnet sie an. Er wählt auch den Chemiker, der auf dem Gebiet der Giftkunde bes. erfahren sein muss, o. die Fachbehörde aus. 2

C. Mitwirkung eines Arztes (Abs. 2). Die Mitwirkung eines Arztes (Abs. 2) ordnet ebenfalls der Richter o. StA an, der die Leichenöffnung leitet. Der Arzt braucht nicht der Obduzent u. kein Gerichtsarzt zu sein. Ob er Zeuge oder Sachverständiger ist, hängt v. der Art seiner Mitwirkung (Bericht über Wahrnehmungen oder gutachtliche Äußerungen) ab. 3

Gutachten bei Verdacht einer Geld- oder Wertzeichenfälschung **Nr. 215 ff. RiStBV**

92 (1) [1]**Liegt der Verdacht einer Geld- oder Wertzeichenfälschung vor, so sind das Geld oder die Wertzeichen erforderlichenfalls der Behörde vorzulegen, von der echtes Geld oder echte Wertzeichen dieser Art in Umlauf gesetzt werden.** [2]**Das Gutachten dieser Behörde ist über die Unechtheit oder Verfälschung sowie darüber einzuholen, in welcher Art die Fälschung mutmaßlich begangen worden ist.**

(2) **Handelt es sich um Geld oder Wertzeichen eines fremden Währungsgebietes, so kann an Stelle des Gutachtens der Behörde des fremden Währungsgebietes das einer deutschen erfordert werden.**

1 **A. Geld- oder Wertzeichenfälschung.** Gemeint sind die Straftaten nach §§ 146 ff. StGB, auch die Wertpapierfälschung nach § 151 StGB (**aM** SK-StPO/Rogall Rn. 5). Zur Verfolgung dieser Taten vgl. Nr. 215 ff. RiStBV.

2 **B. Vorlegungspflicht (Abs. 1).** Die Vorlegungspflicht (Abs. 1) entfällt, wenn die Fälschung u. die Art ihrer Begehung schon durch Augenschein festgestellt werden können (KK-StPO/Hadamitzky Rn. 1). Andernfalls muss das Gutachten der Behörde eingeholt werden, v. der echtes Geld o. echte Wertzeichen dieser Art in Umlauf gesetzt werden. Wegen der zuständigen Behörden vgl. Nr. 216 RiStBV.

3 **C. Fremde Währungsgebiete (Abs. 2).** Vgl. § 152 StGB.

Schriftgutachten

93 **Zur Ermittlung der Echtheit oder Unechtheit eines Schriftstücks sowie zur Ermittlung seines Urhebers kann eine Schriftvergleichung unter Zuziehung von Sachverständigen vorgenommen werden.**

1 **A. Zuziehung von Sachverständigen.** Unter Zuziehung von Sachverständigen, dh in Form eines Sachverständigengutachtens, wird idR die Schriftvergleichung vorgenommen; das entbindet den Richter aber nicht v. der Pflicht, die Schriftproben selbst in Augenschein zu nehmen (KG StV 1993, 628; **aM** ANM 235). Eigene Sachkunde wird der Richter nur selten haben (KG StraFo 2009, 154). Bei der Auswahl der Sachverständigen ist bes. Vorsicht geboten (Löwe/Rosenberg/Krause Rn. 8). Die Bestellung mehrerer Sachverständiger und die Heranziehung eines Experten des BKA ist erforderlich, wenn das Gutachten ausschlaggebende Bedeutung hat (BGHSt 10, 116 (119); OLG Braunschweig NJW 1953, 1035; OLG Celle NJW 1974, 616; OLG Düsseldorf StV 1991, 456). Akteneinsicht sollte der Sachverständige idR nicht erhalten; er sollte sein Gutachten nur auf die Schriftvergleichung stützen (OLG Celle NJW 1974, 616; Löwe/Rosenberg/Krause Rn. 9; **aM** Ockelmann Kriminalistik 1976, 21; Pfanne NJW 1974, 1439; einschr. auch OLG Celle StV 1981, 608).

2 **B. Vergleichsschriften.** Vergleichsschriften brauchen weder Beschuldigte (BGHSt 34, 39 (46)) noch Zeugen anzufertigen (Löwe/Rosenberg/Krause Rn. 7); notfalls müssen sie nach § 94 beschlagnahmt werden (BGHR StPO § 94 Beweismittel 1: auch ein im Wege der Briefkontrolle erlangter Gefangenenbrief). Durch Täuschung erlangte Schriftproben sind unverwertbar (vgl. BGHSt 34, 39 (46)). Bei der Beschaffung v. Schriftproben müssen unbedingt die Richtlinien des BKA (abgedr. bei Löwe/Rosenberg/Krause Rn. 13) beachtet werden. Das Gutachten sollte sich auf Originalschriftstücke stützen (OLG Braunschweig NJW 1953, 1035; OLG Köln OLGSt StPO § 244 II 85; LG Berlin MDR 1964, 694), auf Ablichtungen nur, wenn keine Originale verfügbar sind (OLG Celle StV 1981, 608; OLG Düsseldorf StV 1986, 376; OLG Köln StV 1981, 539; SK-StPO/Rogall Rn. 11; **aM** Hecker Kriminalistik 1972, 24).

C. Beweiswert. Der Beweiswert des Gutachtens, das durch erfahrene Sachverständige erstellt ist u. zu dem Schluss kommt, dass der Angeklagte mit Sicherheit der Urheber der Schrift ist, **ist so groß,** dass es allein vollen Beweis erbringen kann (BGH NJW 1982, 2882; SK-StPO/Rogall Rn. 22). Die Gefahr einer Fehlbeurteilung mahnt aber bei der Beweiswürdigung zu Vorsicht (BGHSt 10, 116; OLG Celle StV 1981, 608; OLG Düsseldorf JR 1987, 258), insbes., wenn nur geringe Vergleichsmöglichkeiten bestehen (OLG Celle NJW 1974, 616; StV 1981, 608), etwa nur ein kurzer Namenszug als Vergleichsschrift verfügbar ist (OLG Köln StV 1981, 539), der aber andererseits für ein Gutachten ausreichen kann (OLG Düsseldorf NStZ 1990, 506). 3

D. Richtlinien. Die vom BKA herausgegebenen Richtlinien für die Beschaffung v. Schriftproben für die Handschriftenvergleichung sind bei Löwe/Rosenberg/Krause Rn. 13 abgedruckt. 4

Achter Abschnitt. Ermittlungsmaßnahmen

Vorbemerkung zu § 94

A. Ermittlungsmaßnahmen im achten Abschnitt. Ermittlungsmaßnahmen zur Erlangung u. **Sicherung v. Beweisen,** zur **Sicherstellung v. Einziehungsgegenständen, zur Ergreifung des Beschuldigten** und, im Fall des § 111a, zur Vorwegnahme der Urteilsfolgen fasst der 8. Abschn. zusammen. Bei diesen Maßnahmen handelt es sich um **Eingriffe in Grundrechte,** insbes. um Beschränkungen des allg. Freiheitsrechts (Art. 2 Abs. 1 GG), des Post- u. Fernmeldegeheimnisses (Art. 10 Abs. 1 GG), der Unverletzlichkeit der Wohnung (Art. 13 Abs. 1 GG) u. der vom BVerfG erarbeiteten (BVerfGE 65, 1; 120, 274) Rechte auf informationelle Selbstbestimmung sowie der Gewährleistung der Vertraulichkeit u. Integrität informationstechnischer Systeme. Sie dürfen nur unter Wahrung des Verhältnismäßigkeitsgrundsatzes (→ Einl. Rn. 20 ff.) angeordnet u. vorgenommen werden. Zum Zusammenhang zwischen Ermittlungsmaßnahmen u. Vorfeldkriminalisierung vgl. Weißer JZ 2008, 388 (392). 1

B. Ermittlungsmaßnahmen in anderen Abschnitten. Auch **in anderen Abschnitten** der StPO sind strafprozessuale Maßnahmen zur Beweiserhebung und zur Sicherung der Durchführung des Strafverfahrens (insb. die Anordnung der Untersuchungshaft) vorgesehen, nämlich in §§ 81, 81a, 81b, 81c, 81e, 81g, 112, 126a, 127, 127b, 131 ff., 132, 132a, 134, 163b, 163d, 163e, 163f, 164. 2

C. Beschlagnahme. Beschlagnahme bedeutet die **förmliche Sicherstellung** eines Gegenstandes durch Überführung in amtlichen Gewahrsam o. auf andere Weise, aber auch die Anordnung dieser Sicherstellung. Anordnung u. Vollzug der Beschlagnahme können zusammenfallen, wenn der Beamte, der sie anordnet, sie sogleich selbst vornimmt (→ § 98 Rn. 8, → § 105 Rn. 3). Die §§ 94 ff., 111b ff. regeln ausschl. Beschlagnahmen **für Zwecke des gerichtlichen Strafverfahrens.** Für präventiv-polizeiliche Zwecke gelten die entspr. Bestimmungen der Polizei- u. Ordnungsgesetze der Länder sowie § 47 BPolG. Weitere Beschlagnahmeregelungen enthalten §§ 132 Abs. 3, 290, 443, 463b Abs. 1, Abs. 2 sowie §§ 7, 8 UZwGBw u. §§ 3 Abs. 1, 4 Abs. 4, Abs. 5, 8 Abs. 2, 10, 14 Abs. 1 VereinsG. 3

D. Durchsuchung. Die Durchsuchung dient der **Auffindung v. Gegenständen,** die der Beschlagnahme o. dem Vermögensarrest unterliegen, sowie der **Ergreifung des Beschuldigten.** Auch insoweit enthalten die Vorschr. der StPO (§§ 102 ff., §§ 111b Abs. 2, 111e Abs. 5) nur Regelungen **für Zwecke des Strafverfahrens.** Durchsuchungen zu anderen Zwecken gestatten §§ 45, 46 BPolG, §§ 7, 8 UZwGBw, § 4 Abs. 4, Abs. 5, § 8 Abs. 2, § 10 Abs. 2 VereinsG u. die Polizei- u. Ordnungsgesetze der Länder. 4

5 **E. Überwachung der Telekommunikation.** Die Überwachung der Telekommunikation nach §§ 100a, 100g, 100i, 100j ist ein beschlagnahmeähnlicher Vorgang, der **für bestimmte schwere Straftaten** die Ermittlungsmöglichkeiten erweitert. Eine gleichartige Überwachung gestatten § 1 G 10, §§ 40, 51–53 BKAG u. §§ 72 ff. ZFdG (= §§ 23a ff. ZFdG aF) für Zwecke außerhalb des Strafverfahrens. §§ 23a ff. ZFdG (dazu Huber NJW 2005, 2260; Roggan NVwZ 2007, 1239; vgl. auch BT-Drs. 16/9682 (Bericht nach § 80 ZFdG)) waren an die Stelle der §§ 39 ff. AWG getreten, die das BVerfG (BVerfGE 110, 33) für verfassungswidrig erklärt hatte (dazu eing. Arnold StraFo 2005, 5; Fehn Kriminalistik 2004, 252 (329)). Zur eingeschränkten Geeignetheit des „Quick-Freeze-Verfahrens" zur Aufklärung von Straftaten vgl. BVerfGE 125, 260 Rn. 208 sowie BT-Drs. 16/5846, 53 zur Frage, ob die Einf. eines solchen Instruments v. Art. 16 Cybercrime-Konvention (→ Rn. 9) gefordert wird. Zur Praxis vgl. Albrecht/Grafe/Kilchling, Rechtswirklichkeit der Auskunftserteilung über Telekommunikationsverbindungsdaten nach §§ 100g, 100h StPO, 2008 (BT-Drs. 16/8434); Eckhardt, Effizienzanalyse der Telekommunikationsüberwachung nach § 100a StPO, 2009, S. 89 ff. Seit 2017 gibt es eine Rechtsgrundlage für Online-Durchsuchungen u. die Quellen-TKÜ, erg. → § 100a Rn. 14a f., → § 100b Rn. 1. Nutzungsdaten können bei Telemediendiensten seit 2021 nach § 100k erhoben werden.

6 **F. Weitere verdeckte Ermittlungsmaßnahmen.** Durch das OrgKG sind weitere verdeckte Maßnahmen in die StPO eingefügt worden: die Rasterfahndung (§ 98a), der Datenabgleich (§ 98c), der Einsatz technischer Mittel (§ 100c aF = §§ 100f, 100h), der Einsatz eines Verdeckten Ermittlers (§§ 110a ff.) u. die Polizeiliche Beobachtung (§ 163e). Eine ausführliche Übersicht dazu findet sich bei Bernsmann StV 1998, 224 ff.; vgl. auch Schroeder GA 2005, 73; Sieler, Die Effizienz der durch das „Gesetz zur Bekämpfung des illegalen Rauschgifthandels und anderer Erscheinungsformen der Organisierten Kriminalität" geregelten polizeilichen Ermittlungsmethoden bei der Bekämpfung der organisierten Kriminalität – eine Literaturanalyse, 2007. Zur Wohnraumüberwachung vgl. → § 100c Rn. 1, zur Kumulation → § 100c Rn. 2, → § 163f Rn. 2. Die Heimlichkeit v. Ermittlungsmaßnahmen als Synonym mehrschichtiger Rechtsbeeinträchtigungen erörtert Heghmanns FS Eisenberg, 2009, 511.

7 **G. Vorl. Entziehung der Fahrerlaubnis.** Die vorl. Entziehung der Fahrerlaubnis (§ 111a) gehört im Grunde nicht in den 8. Abschn., sondern ist eine **Vorwegnahme der Urteilsfolgen** zur Sicherung der Allgemeinheit wie die Maßnahmen nach §§ 112a, 126a, 132a. Das Gleiche gilt für die Beschlagnahme und den Vermögensarrest zur Sicherung einer späteren Einziehung nach §§ 73 ff. StGB (§§ 111b ff.).

8 **H. Vernichtung ermittelter Erkenntnisse.** Über die Vernichtung ermittelter Erkenntnisse u. das **Löschen v. Daten** finden sich Regelungen in §§ 81a Abs. 3, 81c Abs. 5 S. 2, 98b Abs. 3 S. 2, 100e Abs. 6 Nr. 2 S. 3, 101 Abs. 8, 101a Abs. 4 S. 3, 163c Abs. 3, 163d Abs. 4 S. 2, 494 Abs. 2 (vgl. dazu Hilger NStZ 1997, 371).

9 **I. Europäische Impulse.** Der **Lissabonner Vertr.** hat die Kompetenzen **der EU** zur Regelung verfahrensrechtlicher Aspekte ausgeweitet (vgl. BVerfGE 123, 267; Böse ZIS 2010, 85; Mansdörfer HRRS 2010, 15; Meyer NStZ 2009, 662; erg. → Einl. Rn. 206). Der RB 2003/577/JI des Rates v. 22.7.2003 über die Vollstreckung v. Entscheidungen über die Sicherstellung v. Vermögensgegenständen o. Beweismitteln in der Europäischen Union (ABl. 2003 L 196, 45) ist mit G v. 6.6.2008 (BGBl. I 995; Mat.: BT-Drs. 16/6563, 16/8222), der RB 2006/783/JI des Rates v. 6.10.2006 über die Anwendung des Grundsatzes der gegenseitigen Anerkennung auf Einziehungsentscheidungen (ABl. 2006 L 328, 59) u. der RB 2008/675/JI des Rates v. 24.7.2008 zur Berücksichtigung der in anderen Mitgliedstaaten der Europäischen Union ergangenen Verurteilungen in einem neuen Strafverfahren (ABl. 2008 L 220, 32) sind mit G v. 2.10.2009 (BGBl. I 3214; Mat.: BT-Drs. 16/12320; 16/13673) umgesetzt worden (vgl. etwa §§ 58 Abs. 3, 66, 88d, 89, 91, 94 ff.

IRG). Zur Europäischen Ermittlungsanordnung vgl. → Einl. Rn. 207f, zum Prümer Vertr. → § 81b Rn. 19, → § 81g Rn. 12, zur RL 2006/24/EG v. 15.3.2006 (ABl. 2006 L 105, 54; „Vorratsdatenspeicherung") vgl. → § 100g Rn. 1 f.

Das **Übk. des Europarats** v. 23.11.2001 über Computerkriminalität (**Cybercrime-Konvention (CKÜ);** BGBl. 2008 II 1242 (Text); in Kraft für Deutschland seit 1.7.2009, BGBl. 2010 II 218 (Vorbehalte u. Erklärungen)) enthält ua Vorgaben für strafprozessuale Maßnahmen zur Durchsuchung u. Beschlagnahme v. Beweismaterial u. Regelungen über die Verbesserung der int. Zusammenarbeit einschl. der Rechtshilfe (Denkschrift in BT-Drs. 16/7218, 40; Keller Kriminalistik 2009, 495); der sich hieraus für die StPO ergebende Änderungsbedarf ist bereits im G v. 21.12.2007 berücksichtigt worden (BT-Drs. 16/5648, 27). Das Übk. sieht ua in dringenden Fällen Rechtshilfeersuchen „durch schnelle Kommunikationsmittel" vor (Art. 25 Abs. 3 CKÜ: E-Mail o. Fax), die umgehende Sicherung v. Daten im Vorgriff auf ein noch zu stellendes Rechtshilfeersuchen für mind. 60 Tage (Art. 29 CKÜ; Deutschland hat den in Art. 29 Abs. 4, 42 CKÜ vorgesehenen Vorbehalt erklärt), die Rechtshilfe beim Zugriff auf gespeicherte Computerdaten sowie Verkehrs- u. Inhaltsdaten in Echtzeit, die mittels eines Computersystems übermittelt werden (Art. 31, 33, 34 CKÜ) u. den grenzüberschreitenden Zugriff einer Vertragspartei auf öffentl. zugängliche Daten o. mit „rechtmäßige(r) und freiwillige(r) Zustimmung der Person …, die rechtmäßig befugt ist, die Daten mittels dieses Computersystems an sie weiterzugeben", also zB des Geschäftsführers des im Inland durchsuchten Unternehmens (Art. 32 CKÜ); vgl. auch die Anforderungen an die nationalen Kontaktstellen in Art. 35 CKÜ. Erg. → § 110 Rn. 7a, b, → § 163 Rn. 8a. 10

Am 18.8.2023 ist die sogenannte **E-Evidence-VO** (VO (EU) 2023/1543 v. 12.7.2023) in Kraft getreten. Art. 34 VO sieht eine Übergangsfrist von drei Jahren vor; sie gilt daher erst **ab 18.8.2026.** Mit der VO wird auf europäischer Ebene ein System ähnlich § 100a Abs. 4 (→ § 100a Rn. 23 ff.) geschaffen. Sie soll es nationalen Ermittlungsbehörden ermöglichen, **digitale Beweismittel** (wie etwa Whatsapp- oder Telegram-Nachrichten) durch eine Anordnung unmittelbar von Diensteanbietern aus anderen EU-Staaten zu verlangen. Verpflichtet werden auch Cloud-Computing-Diensteanbieter (Art. 3 Buchst. c VO). Überblick.: Babucke, wistra 2024, 57; Basar, jurisPR-Strafrecht14/2023 Anm. 1; Petersen StraFo 2023, 426. 11

Sicherstellung und Beschlagnahme von Gegenständen zu Beweiszwecken — Nr. 73a–75, 251 RiStBV

94 (1) **Gegenstände, die als Beweismittel für die Untersuchung von Bedeutung sein können, sind in Verwahrung zu nehmen oder in anderer Weise sicherzustellen.**

(2) **Befinden sich die Gegenstände in dem Gewahrsam einer Person und werden sie nicht freiwillig herausgegeben, so bedarf es der Beschlagnahme.**

(3) **Die Absätze 1 und 2 gelten auch für Führerscheine, die der Einziehung unterliegen.**

(4) **Die Herausgabe beweglicher Sachen richtet sich nach den §§ 111n und 111o.**

Übersicht

1 **A. Zweck.** Die **Sicherstellung v. Gegenständen zu Beweiszwecken** u. des Führerscheins zur Einziehung gestattet die Vorschrift. Die Sicherstellung v. Gegenständen, die der Einziehung unterliegen, regeln die §§ 111b ff. Während die Sicherstellung zu diesem Zweck nur in der Form der Beschlagnahme möglich ist (→ § 111b Rn. 12), ist nach § 94 eine Beschlagnahme nur erforderlich, wenn der Gegenstand nicht freiwillig herausgegeben wird (Abs. 2). Sonst genügt die formlose Sicherstellung (→ Rn. 12). Gleichgültig ist, ob sich der Beweisgegenstand im Eigentum o. Gewahrsam des Beschuldigten o. eines anderen befindet (Pfeiffer NStZ 1981, 94 – BGH RsprÜ). Sicherstellungen im Wege der Sitzungspolizei erfasst die Vorschr. nicht (LG Ravensburg NStZ-RR 2007, 348).

2 Kommt ein **Beweisgegenstand zugleich als Einziehungsgegenstand** in Betracht, so ist die Beschlagnahme nach § 94 zwar ausreichend; wegen des nur nach § 111d Abs. 1 eintretenden Veräußerungsverbots empfiehlt sich aber die gleichzeitige Beschlagnahme nach § 111b Abs. 1, § 111c Abs. 1 (LG Lübeck StraFo 2003, 417). Jeder nach § 94 beschlagnahmte Gegenstand steht für die Sicherung der Einziehung zur Verfügung; umgekehrt kann jeder nach §§ 111b f. beschlagnahmte Gegenstand zugleich als Beweismittel verwertet werden (**aM** SK-StPO/Rogall/Schumann Vor § 111b Rn. 27; Achenbach NJW 1976, 1070). Wegen des Akteneinsichtsrechts nach § 147 ist aber die Beschlagnahme nach § 94 erforderlich (Löwe/Rosenberg/Menges Rn. 8; KK-StPO/Greven Rn. 2; SK-StPO/Wohlers/Singelnstein Rn. 5).

3, 4 **B. Gegenstände als Beweismittel (Abs. 1). I. Gegenstände.** In Betracht kommen bewegliche **Sachen** jeder Art, auch Datenträger u. Computerausdrucke (BVerfGE 113, 29; BVerfG NStZ-RR 2003, 176; KK-StPO/Greven Rn. 4; Park Durchsuchung § 4 Rn. 875 f.) sowie **digital gespeicherte Informationen** (vgl. BVerfGE 124, 43: unkörperliche Gegenstände; erg. → Rn. 16a), unbewegliche Sachen (Grundstücke, Grundstücksteile), auch Leichen (→ § 87 Rn. 9), Leichenteile (→ § 87 Rn. 13) u. Föten sowie abgetrennte Teile des Körpers des lebenden Menschen (auch Prothesen) u. Körperinhalte, wenn sie v. Körper getrennt sind (Blut-, Urinproben). Sind Unterlagen auch o. allein auf Bild- o. anderen Datenträgern gespeichert, können insbes. die Datenträger selbst sowie die technischen Hilfsmittel, mit deren Hilfe sie lesbar gemacht werden, sichergestellt werden (vgl. LG Trier NJW 2004, 869: Beschlagnahme beim Vertreiber einer serverunterstützten Software; aM Nadeborn/Friedrich NZWiSt 2023, 48; erg. zu verschlüsselten Daten → § 95 Rn. 3a; ausf. zur Beschlagnahmefähigkeit v. Daten u. E-Mails Spatscheck FS Hamm, 2008, 737; Kemper NStZ 2005, 538; s. auch; erg. → Rn. 16a, 18a, 19a). Zur Beschlagnahme v. Dateien zum Zweck des Abgleichs mit Dateien der Strafverfolgungsbehörden in deren EDV-Systemen (Rasterfahndung) vgl. §§ 98a ff.; zum Zugriff auf räumlich getrennte Speichermedien → § 110 Rn. 6 ff. **Behördliche Akten** sind Gegenstände iSd § 94; die Zulässigkeit der Beschlagnahme ist aber durch § 96 begrenzt (KK-StPO/Greven Rn. 3; → § 96 Rn. 2). Vgl. zu den Folgen für die Zulässigkeit der Durchsuchung einer Behörde vgl. LG Osnabrück NJW 2022, 882 mAnm Moldenhauer/Mommsen (BMJ) → § 103 Rn. 2).

5 **II. Beweismittel. Beweismittel** iSv Abs. 1 sind alle beweglichen u. unbeweglichen Sachen, die unmittelbar o. mittelbar für die Tat o. die Umstände ihrer

Begehung Beweis erbringen (OLG Düsseldorf JMBl. NRW. 1979, 226). Das können die Tatbeute, die Tatwerkzeuge u. die Tatträume sein, auch Beweismittelträger, v. denen die Beweise nicht o. nur unter Schwierigkeiten getrennt werden können (Kleidungsstücke mit Blut- o. Spermaflecken; Vieh, das Beweisgegenstände verschluckt hat), u. Gegenstände, auf deren Wiedererkennung es ankommt.

III. Potenzielle Beweisbedeutung. Die **potenzielle Beweisbedeutung** des Gegenstandes ist erforderlich u. ausreichend. Es genügt, wenn bei einer ex ante-Prognose die nicht fernliegende Möglichkeit besteht, dass er im Verfahren zu Untersuchungszwecken in irgendeiner Weise verwendet werden kann (BGH NStZ-RR 2024, 82; 256 Ls.; BeckRS 2024, 762; StV 2021, 558; NJW 2017, 1405 für Untersuchungsausschüsse nach § 29 Abs. 1 S. 1 PUAG iVm Art. 44 Abs. 2 S. 1 GG; vgl. Rebmann FS G. Pfeiffer, 1988, 225 für Bekennerschreiben v. Terroristen). In welcher Weise der Gegenstand Beweisbedeutung haben kann, braucht zur Zeit der Sicherstellung noch nicht festzustehen, da sich dies erst nach der Sicherstellung bei der Auswertung ergibt und abschließend erst im Rahmen der Gesamtwürdigung der Beweise in der HV beurteilt werden kann (BGH StV 2021, 558). Bei potenzieller Beweisbedeutung muss der Gegenstand sichergestellt werden (Achenbach NJW 1976, 1068); insoweit gilt das Legalitätsprinzip. 6

An der Beweisbedeutung fehlt es, wenn vorauszusehen ist, dass es zu keinem Gerichtsverfahren kommt (BGHSt 9, 351 (355)), insbes., wenn v. vornherein ein nicht behebbares **Verfahrenshindernis** (→ Einl. Rn. 144 ff.) erkennbar ist. Bloße Zweifel an der Behebbarkeit, zB der Nachholung des Strafantrags, sind aber bedeutungslos (Löwe/Rosenberg/Menges Rn. 31). Nur die begründete Annahme, dass die Verfahrensvoraussetzungen nicht geschaffen werden können, hindert die Beschlagnahme (vgl. LG Bochum HRRS 2009, 537 Ls.: Verjährung). 7

IV. Bedeutung für die Untersuchung. Für die Untersuchung muss der Beweisgegenstand v. Bedeutung sein. Zur Untersuchung gehören die Anordnung der UHaft u. ihrer Fortdauer (OLG Hamburg NJW 1967, 166), die Aufenthaltsermittlung (BayObLGSt 2020, 346) u. die Sicherstellung v. Urkunden wegen Aktenverlustes (OLG Düsseldorf JMBl. NRW. 1979, 226). Dringende Gründe für die Annahme, dass es zum Hauptverfahren kommt, müssen nicht vorliegen; der **Anfangsverdacht** (→ § 152 Rn. 4; ausf. § 102 Rn. 2) reicht aus (OLG Hamm MDR 1981, 70; LG Köln StV 1983, 275), auch gegen einen noch unbekannten Täter (Rogall GA 1985, 16). Eine Beschlagnahme zur Ausforschung ist aber unzulässig (LG Köln StV 1983, 56; SK-StPO/Wohlers/Singelnstein Rn. 18). Die Untersuchung (iSd Ermittlungsverfahrens) kann mit der Beschlagnahme nach § 94 beginnen (OLG Celle NJW 1963, 406; KK-StPO/Greven Rn. 8). 8

Sie **umfasst** das gesamte Strafverfahren, auch das Sicherungsverfahren nach §§ 413 ff., das Einziehungsverfahren nach §§ 435, 436 (RGSt 44, 279; Lüttger/Kaul GA 1961, 75) u. das Privatklageverfahren (→ § 384 Rn. 7). Dass bereits ein mit der Revision angefochtenes Urt. vorliegt, steht der Beschlagnahme mit Rücksicht auf § 354 Abs. 2 nicht entgegen (OLG Hamm JMBl. NRW. 1976, 118). Nach Rechtskraft des Urteils gilt § 94 aber nicht für Zwecke der Strafvollstreckung einschl. der bei Strafaussetzung zur Bewährung zu treffenden Entscheidungen (KG NJW 1999, 2979). Die Beschlagnahme kann erst im Wiederaufnahmeverfahren wieder angeordnet werden (Löwe/Rosenberg/Menges Rn. 22), auch zu seiner Vorbereitung, nicht aber rein vorsorglich, wenn für eine Wiederaufnahme noch keine Anhaltspunkte bestehen (BGH BeckRS 1977, 108859). 9

C. Führerscheine (Abs. 3). Vgl. → § 111a Rn. 15. 10

D. Sicherstellung und Beschlagnahme. Sicherstellung ist der Oberbegriff für die Beschlagnahme u. die sonstige Herstellung der staatlichen Gewalt über das Beweismittel. 11

I. Formlose Sicherstellung. Formlos kann die Sicherstellung erfolgen, wenn der Gewahrsamsinhaber nicht bekannt ist o. wenn er die Sache, ausdr. o. stillschweigend, freiwillig zur Verfügung stellt, gleichgültig aus welchen Gründen 12 (vgl. Lüttger MDR 1961, 814: Herausgabe aufgrund Dienstpflicht; SK-StPO/Wohlers/Greco Rn. 7: Abwendung einer sonst erfolgenden Durchsuchung u. Beschlagnahme). Zur Freiwilligkeit gehört die Kenntnis, dass eine Pflicht zur Herausgabe nicht besteht; eine Belehrung darüber ist aber nicht erforderlich (einschr. Eisenberg Beweisrecht StPO Rn. 2330a; ausf. zur Einwilligung → § 161 Rn. 1a ff.). Haben mehrere Personen Mitgewahrsam, so müssen alle einwilligen, sofern nicht einer allein verfügungsberechtigt ist (Löwe/Rosenberg/Menges Rn. 36; KK-StPO/Greven Rn. 15). Ist ein Minderjähriger Inhaber des Gewahrsams über einen Gegenstand, über den er nicht selbst verfügen darf, so ist die Zustimmung des gesetzlichen Vertreters erforderlich. Der Widerruf des Einverständnisses ist als Antrag nach § 98 Abs. 2 S. 2 aufzufassen (SK-StPO/Wohlers/Singelnstein Rn. 13; vgl. auch Löwe/Rosenberg/Menges Rn. 38).

13 **II. Beschlagnahme (Abs. 2).** Die **Beschlagnahme** ist nötig, wenn der Gegenstand nicht freiwillig herausgegeben wird (Abs. 2). Das ist auch der Fall, wenn die Herausgabe durch Androhung o. Anwendung v. Zwang gem. § 95 Abs. 2 bewirkt wird. Andererseits steht die freiwillige Herausgabe der Beschlagnahme nicht entgegen (BGH NJW 1956, 1805 (1806); Löwe/Rosenberg/Menges Rn. 41; Misch DB 1977, 1970; **aM** Eisenberg Beweisrecht StPO Rn. 2330). Sie besteht darin, dass der Gegenstand in amtliche Verwahrung genommen o. sonst sichergestellt wird (Abs. 1). Zulässig und uU nach dem Verhältnismäßigkeitsgrundsatz (→ Rn. 18) geboten ist die Beschränkung der Beschlagnahme auf einen Teil der Sache, sofern es sich nicht um einen einheitlichen, unteilbaren Gegenstand handelt, bei dem eine solche Beschränkung eine Zerstörung o. wesentliche Beschädigung erfordert, zB durch Herausschneiden o. Überkleben bestimmter Teile einer Urkunde. Einem nichtverdächtigen Dritten ist zumindest vor Vollstreckung der Zwangsmaßnahme idR Gelegenheit zur freiwilligen Herausgabe des sicherzustellenden Gegenstandes (§ 95) zu geben; dies ist jedoch entbehrlich, wenn die bisherigen Ermittlungsergebnisse den Schluss zulassen, dass der Betroffene zur freiwilligen Mitwirkung nicht bereit oder Verdunkelungsgefahr zu besorgen ist (BGH NStZ 2022, 306 mAnm Venn; KK-StPO/Greven § 95 Rn. 2; → § 95 Rn. 1). Wegen Form, Inhalt, Bekanntgabe u. Durchführung der Beschlagnahme vgl. → § 98 Rn. 8–10, 24.

14 **III. Bewirken der Sicherstellung.** Bewirkt wird die Sicherstellung durch Inverwahrnahme o. auf andere Weise (Abs. 1). Dazu ist eine amtliche Handlung nötig, die in geeigneter Weise u. erkennbar zum Ausdruck bringt, dass die Sache der amtlichen Obhut untersteht; stets muss durch Inbesitznahme o. sonstige Sicherstellung ein Herrschaftsverhältnis begründet werden (BGHSt 3, 395 (400); 15, 149; Hoffmann/Knierim NStZ 2000, 461).

15 Die **amtliche Verwahrung** ist die Überführung der Sache in den Besitz der Behörde o. einer beauftragten Stelle o. Person (Graulich wistra 2009, 299). Die Sachen sind idR der StA zu übergeben, die sie in den Akten, auf der Geschäftsstelle o. in einem besonderen Asservatenraum verwahrt.

16 Die **Sicherstellung in anderer Weise** ist nur bei förmlicher Beschlagnahme möglich. Sie ist notwendig, wenn Gegenstände nicht in Verwahrung genommen werden können (Grundstücke, Räume), u. auch sonst zulässig, wenn der Zweck auch ohne Inverwahrungnahme erreicht werden kann (Löwe/Rosenberg/Menges Rn. 49; vgl. Weyand ZInsO 2008, 27: Geschäftsunterlagen des Schuldners beim Insolvenzverwalter). Maßnahmen der Sicherstellung sind bei Grundstücken u. Räumen die Absperrung, die Versiegelung u. das Verbot des Betretens, bei beweglichen Sachen Verbote u. Gebote (BGHSt 15, 149), zB das Verbot an den unmittelbaren Besitzer, sie herauszugeben (RGSt 52, 117), zu vernichten o. sonst über sie zu verfügen (BGH JZ 1962, 609; OLG Hamburg MDR 1961, 689; OLG Stuttgart MDR 1951, 692). Die Anfertigung v. Fotokopien gegen Rückgabe des Originals der Urkunde ist ein Sicherstellungsersatz, keine Sicherstellung in sonstiger Weise (**aM** Koch wistra 1983, 63; Sieg wistra 1984, 172). Sie kann jedoch bei Medien in unzulässiger Weise in die Rundfunkfreiheit (Art. 5 Abs. 1 S. 2 GG) eingreifen, da

an sich der Einsicht des Staates entzogene Informationen jederzeit u. dauerhaft für diesen einsehbar werden (BVerfG NJW 2011, 1863).

§§ 94 ff. stellen unter besonderer Beachtung des Verhältnismäßigkeitsgrundsatzes (→ Rn. 18a ff.) eine hinreichende Ermächtigungsgrundlage für die Sicherstellung u. Beschlagnahme v. Datenträgern u. der hierauf enthaltenen **Daten** dar (BVerfGE 113, 29; BVerfG NJW 2007, 3343), auch soweit es um den Zugriff auf Inhalts- o. Verkehrsdaten (§ 3 Nr. 30 TKG) außerhalb des Herrschaftsbereichs des Telekommunikationsdienstanbieters nach Abschluss des Kommunikationsvorgangs geht (erg. → § 100g Rn. 11; vgl. zur E-Evidence-VO → Vor § 94 Rn. 11). Das **Auslesen** (ggf. vorläufig) **sichergestellter o. beschlagnahmter Mobiltelefone ua Datenträger** ist als **Durchsicht** der vorläufig gesicherten Daten nach § 110 Abs. 3 und 4 zulässig (BGH NStZ 2021, 623 (624); MüKoStPO/Hausschild § 100 Rn. 6; KK-StPO/Henrichs/Weingast § 110 Rn. 2; abl. Cornelius NJW 2024, 2725; krit. Hiéramente StV 2024, 611; erg → § 110 Rn. 2a, 5a ff.; s. a. Brodowski JZ 2024, 750; Beukelmann NJW-Spezial 2024, 696). Die Datenträger (zB Smartphones, Tablets) dürfen zu diesem Zweck auch mitgenommen werden; einer Anordnung nach § 100a o. § 100g bedarf es nicht (BGH BeckRS 2019, 10865 Rn. 9; JR 2023, 623 (627 f.) mablAnm Niedernhuber JR 2023, 623 (632)). Das gilt auch für Nachrichten-Accounts von **Messenger-Diensten** wie etwa WhatsApp (Rückert/Meyer-Wegener/Safferling/Freiling JR 2023, 366 (368 f.); s. zum sogenannten Account-Cloning → § 100a Rn. 14a ff.; § 100b Rn. 2a). Das Unionsrecht verlangt eine **vorherige gerichtliche Kontrolle** der Durchsicht eines Mobiltelefons (EuGH NVwZ 2025, 321 (325); Anm Schiprowski/Scholz/Taylan Kriminalistik 2025, 595); insofern ist die vorläufige Sicherstellung der gesuchten Geräte zur Durchsicht bereits in dem richterlichen Durchsuchungsbeschluss anzuordnen (→ § 105 Rn. 5) oder unverzüglich nach § 110 Abs. 4 iVm § 98 Abs. 2 S. 1 richterlich zu betätigen. Die **Entsperrung** sichergestellter Mobiltelefone, um es auslesen zu können, ist entspr. von Maßnahmen zur Öffnung einer Wohnung zu deren Durchsuchung (→ § 105 Rn. 13) zulässig (Stam JZ 2023, 1070 (1079)). Um die Entsperrung mittels biometrischer Daten gesicherter Mobiltelefone vorzubereiten, können Maßnahmen nach § 81b Abs. 1 Alt. 1(„für die Zwecke der Durchführung des Strafverfahrens") ergriffen werden (BGH NJW 2025, 2265 mkritAnm. Cornelius, Güntge JZ 2025, 504; zust. Trück JZ 2025, 971; OLG Bremen StV 2025, 516 mablAnm. El-Ghazi/Hoffmann: zwangsweises Auflegen eines Fingers des Betroffenen auf den Fingerabdrucksensor des Mobiltelefons; LG Ravensburg NStZ 2023, 446: Abnahme von Fingerabdrücken; abl. Horter; Rottmeier/Eckel NStZ 2020, 193; Neuhaus StV 2020, 489; erg.→ § 81b Rn. 8; **aA** Bock/Fülscher StraFo 2023, 386; Niedernhuber JR 2023, 623 (632)). Das gilt auch für Maßnahmen, die der Entsperrung mittels Gesichtserkennung gesicherter Mobiltelefone dienen, wie etwa die diese vorbereitende Anfertigung (biometrischer) Lichtbilder oder das Vorhalten des Gerätes vor das Gesicht des Beschuldigten als „ähnliche Maßnahme" iSd § 81b Abs. 1 (s. a. Wegener, FS Ignor 2023, 853 (859 f.)). Werden bei der Durchsicht als Beweismittel **relevante Daten** gefunden, sind diese nach § 94 endgültig sicherzustellen oder zu beschlagnahmen (erg. → § 110 Rn. 2). **16a**

§§ 94 ff. ermächtigen als offene Ermittlungsmaßnahme iSe punktuellen Datenerhebung auch zur Sicherstellung u. Beschlagnahme v. **E-Mails,** die auf dem Mailserver des Providers **zwischen- o. endgespeichert** sind (BVerfGE 124, 43; KK-StPO/Greven Rn. 4a; MüKoStPO/Hausschild Rn. 13; BeckOK StPO/Graf § 100a Rn. 58; Löwe/Rosenberg/Menges Rn. 14; krit. AnwK StPO/Löffelmann § 100a Rn. 12; Becker/Baser-Dogan StV 2022, 462 (463); Klesczewski ZStW 123 (2011), 737 (746 ff.); erg. → Rn. 19a; → § 100a Rn. 6b). Den von der Maßnahme Betroffenen ist die als offene Ermittlungsmaßnahme ausgestaltete Beschlagnahme bekannt zu machen; für den Beschuldigten sieht der durch G v. 25.6.2021 (BGBl. I 2099) eingeführte § 95a für die Fälle der Beschlagnahme bei einem unverdächtigen Dritten die **Zurückstellung der Benachrichtigung** vor (hierzu → § 95a Rn. 1 ff.; zur früheren Rechtslage BGH NStZ 2015, 704 (705)). Entsprechendes gilt für den einmaligen u. offenen Zugriff auf dort gespeicherte Verkehrsdaten **16b** (vgl. LG Saarbrücken MMR 2010, 205 mAnm Bär MMR 2010, 206: Festplatte zu einem v. Beschuldigten angemieteten Webseed-Server) sowie für Bestands- u. Nutzungsdaten bei digitalen Diensten (§§ 22 ff. TDDDG; vgl. BT-Drs. 16/5846, 26; BVerfG NJOZ 2011, 1492; erg. → § 99 Rn. 16, → § 100g Rn. 8). Gespeicherte Daten können durch ihre Übermittlung v. dem Datenträger des Betroffenen an einen Computer der StA beschlagnahmt werden; einer Beschlagnahme des Datenträgers selbst bedarf es dann nicht (Kemper NStZ 2005, 538; Meininghaus, Der Zugriff auf E-Mails im strafrechtlichen Ermittlungsverfahren, 2007, S. 197 ff.; Radtke FS Meyer-Goßner, 2001, 321: Aktive Mitwirkungspflichten u. die „freiwillige" aktive Mitwirkung des Betroffenen bei dem Zugriff auf elektronisch gespeicherte Daten im Strafprozess). Soweit hierbei auf fremde Computerprogramme zurückgegriffen wird, ist dies urheberrechtlich zulässig (§ 45 UrhG; vgl. Bär DRiZ 2007, 220).

16c In Anwendung der dargelegten Rspr. des BVerfG zum Zugriff auf E-Mails (BVerfGE 124, 43) ist auch die **offene Beschlagnahme v. Daten eines Nutzerkontos bei sozialen Netzwerken** (zB Facebook; vgl. BeckOK StPO/Graf § 100a Rn. 94) nach §§ 94 ff. möglich; dies dürfte auch für den offenen Zugriff auf **Cloud-Inhalte** gelten (Dalby CR 2013, 361 (367); vgl. aber auch → § 110 Rn. 7a –7c). Mit Rücksicht auf die besondere Eingriffsintensität (eindrücklich dazu Meinicke StV 2012, 464) kann eine solche Maßnahme jedoch nur unter besonderer Beachtung des Verhältnismäßigkeitsgrundsatzes angeordnet werden. Die pauschale Beschlagnahme eines gesamten Nutzerkontos wird nur ausnahmsweise in Betracht kommen. Vielmehr wird regelmäßig – etwa anhand v. Suchbegriffen o. Sender- bzw. Empfängerangaben – eine Einschränkung auf Daten vorzunehmen sein, denen nach dem Ermittlungszweck eine Beweisbedeutung zukommen kann (erg. → Rn. 18, 18a, 19). Als **verdeckte** Maßnahme ist der Zugriff dagegen mit Rücksicht auf die Judikatur des BVerfG nur im Rahmen einer Überwachung des E-Mail-Verkehrs zulässig und muss mithin auf § 100a gestützt werden (→ § 100a Rn. 6c; KK-StPO/Greven Rn. 4b; MüKoStPO/Hausschild Rn. 13; BeckOK StPO/Graf § 100a Rn. 59).

17 **IV. Rechtsfolgen.** Ein **Veräußerungsverbot** bewirkt die Beschlagnahme o. sonstige Sicherstellung nach § 94 nicht (OLG München Rpfleger 1980, 238; KMR-StPO/Müller Rn. 11; SK-StPO/Wohlers/Singelnstein Rn. 5). Jedoch gilt § 136 StGB. Die in amtliche Verwahrung genommenen Sachen stehen auch unter dem Schutz des § 133 StGB.

18 **E. Verhältnismäßigkeitsgrundsatz.** Die Beschlagnahme muss in angemessenem Verhältnis zur Schwere der Tat u. zur Stärke des Tatverdachts stehen u. für die Ermittlungen notwendig sein (BVerfGE 20, 162 (186);LG Hannover StV 2026, 18 (19)). Der Tatverdacht muss eine Tatsachengrundlage haben, aus der sich die Möglichkeit der Tatbegehung durch den Beschuldigten ergibt; eine bloße Vermutung reicht nicht aus (BVerfG NStZ-RR 2004, 143). Handelt es sich um Urkunden, so muss stets geprüft werden, ob die Anfertigung v. Fotokopien genügt (BVerfG NJW 2009, 281; ferner BVerfG AfP 2011, 51 (54): auch in diesem Fall gilt der Richtervorbehalt). Sind die Originalurkunden als Beweismittel unentbehrlich, so zwingt der Verhältnismäßigkeitsgrundsatz aber nicht dazu, dem Betroffenen kostenlos Fotokopien zu überlassen (Löwe/Rosenberg/Menges Rn. 65). Ihm kann gestattet werden, auf eigene Kosten Fotokopien anfertigen zu lassen (KK-StPO/Greven Rn. 13). Wenn ein Auskunftsverlangen (→ § 161 Rn. 1a ff.) ausreicht, ist die Beschlagnahme unzulässig (OLG Köln StV 1983, 275). Die **Dauer der Auswertung** beschlagnahmter Beweismittel bestimmt sich nach den Umständen des Einzelfalls; feste Zeitgrenzen gibt es insoweit nicht (LG Ravensburg NStZ-RR 2014, 348).

18a Bei der Durchsuchung, Sicherstellung u. Beschlagnahme v. **Datenträgern u. der darauf vorhandenen Daten** setzt der Verhältnismäßigkeitsgrundsatz dem staatlichen Handeln wegen der besonderen Intensität des Eingriffs in das informationelle Selbstbestimmungsrecht Grenzen (BVerfG NJW 2025, 3215: Smartphone;

Singelnstein NStZ 2012, 593 (602); für eine abgestufte gesetzl. Regelung Hiéramente ZRP 2025, 221; s. a. Walter JZ 2025, 207 zu den Beschlüssen des 74. DJT). Der Zugriff auf überschießende, für das Verf. bedeutungslose Informationen, insbes. vertrauliche Daten Unbeteiligter, muss iRd Vertretbaren vermieden werden (BVerfGE 113, 29; 124, 43; NJW 2010, 1297 (1298); EGMR NJW 2025, 3343 (3347) → § 110 Rn. 10 aE). Auch hier ist zu prüfen, ob die Anfertigung einer Kopie der verfahrensrelevanten Daten o. die Sicherstellung der betreffenden (ggf. externen) Festplatte genügt (vgl. BVerfG NJW 2007, 3343 (3344); LG Lübeck wistra 2022, 304; LG Konstanz MMR 2007, 193; erg. → § 110 Rn. 2); bei im Einzelfall bestehendem Verdacht auf verborgene, verschleierte o. verschlüsselte Daten ist der Originaldatenträger sicherzustellen (vgl. BVerfGE 113, 29). Der Datenträger kann auch zum Zweck der Durchsicht nach § 110 sichergestellt werden). Auch insoweit gibt es in zeitlicher Hinsicht **keine starren Auswertungsgrenzen**; dem Grundsatz der Verhältnismäßigkeit kommt indes besondere Bedeutung zu (BVerfG NJW 2025, 325; LG Dessau-Roßlau StraFo 2017, 108; erg → Rn. 18 aE).

Einzelfälle: Der Verhältnismäßigkeitsgrundsatz kann die Beschlagnahme v. Klientenakten einer iSd § 203 Abs. 1 Nr. 4 StGB anerkannten Suchtkrankenberatungsstelle unzulässig machen, wenn noch kein konkreter Tatverdacht gegen bestimmte Beschuldigte besteht (BVerfGE 44, 353; vgl. auch LG München I StV 1996, 141). Von der Beschlagnahme einer ärztlichen Patientenkartei muss abgesehen werden, soweit andere Beweismittel vorhanden sind (LG Dortmund NJW 1972, 1533; eing. hierzu Wasmuth NJW 1989, 2297), sonst aber – iRd Verhältnismäßigkeit ieS – nicht (VerfGH Berlin JR 2002, 496 (500); erg. → § 97 Rn. 4a). Zur Sicherstellung v. Praxissoftware sowie v. Patienten- u. Abrechnungsdaten beim Verdacht des Abrechnungsbetruges, vgl. Röß NZWiSt 2018, 483 (487). Die Beschlagnahme eines Briefs des Beschuldigten zur Gewinnung des für ein Schriftgutachten notwendigen Vergleichsmaterials ist unverhältnismäßig, wenn sich bereits ein umfangreiches handschriftliches Originalschreiben dieses Beschuldigten bei den Akten befindet, ohne dass dem Brief überlegene Beweiseignung zukäme (BGH NStZ-RR 2009, 56). Im Falle einer Beschlagnahme v. Mandatsunterlagen ist eine Störung des Rechts auf vertrauliche Kommunikation zwischen RA u. Mandant bes. zu berücksichtigen (BVerfG NJW 2009, 281; EGMR NJW 2020, 3507). Die Beschlagnahme v. Schriften muss sich idR auf einige wenige Exemplare beschränken (KK-StPO/Greven Rn. 14; Löffler NJW 1978, 917; enger SK-StPO/Wohlers/Singelnstein Rn. 47: idR 1 Exemplar), die v. Filmen auf zwei Exemplare (OLG Frankfurt a. M. NJW 1973, 2074; **aM** Seetzen NJW 1976, 449: 1 Exemplar). Vor einer Beschlagnahme der beim Insolvenzverwalter befindlichen Betriebsunterlagen des Schuldners ist zu prüfen, ob die Einsicht in die Gerichtsakte o. in die Geschäftsunterlagen sowie die Anfertigung bzw. Überlassung v. Kopien genügt (vgl. LG Berlin ZInsO 2008, 865; LG Neubrandenburg NJW 2010, 691; LG Potsdam JR 2008, 260; Stiller ZInsO 2011, 1633; Menz ZInsO 2007, 828; erg. → Rn. 20). Bei beschuldigten **Medienmitarbeitern** genügen mit Blick auf **Art. 5 Abs. 1 S. 2 GG** ein auf vage Anhaltspunkte und bloße Vermutungen gestützter Tatverdacht nicht (BVerfG NStZ-RR 2026, 17 (19); zur Beschlagnahme bei bloß verstrickten Medienmitarbeitern → § 97 Rn. 45a f.). 19

Beim Zugriff auf die beim Provider gespeicherten **E-Mails** (→ Rn. 16a) sind auch deren Bedeutung für das Strafverfahren sowie der Grad des Auffindeverdachts zu bewerten. Im Einzelfall können die Geringfügigkeit der zu ermittelnden Straftat, eine geringe Beweisbedeutung der zu beschlagnahmenden E-Mails sowie die Vagheit des Auffindeverdachts der Maßnahme entgegenstehen. Bereits die Durchsuchungsanordnung muss Vorgaben zur Beschränkung des Beweismaterials etwa in zeitlicher o. inhaltlicher Hinsicht enthalten. Die für die Begrenzung des Zugriffs auf potenziell beweiserhebliche E-Mails zur Vfg. stehenden Möglichkeiten der materiellen Datenzuordnung müssen ausgeschöpft werden, bevor eine endgültige Beschlagnahme sämtlicher E-Mails erwogen wird (zB Sichtung u. Trennung vor Ort o. – nach vorl. Sicherstellung – gem. § 110, auch durch Auswertung der 19a

Struktur des Bestands, anhand bestimmter Sender- o. Empfängerangaben o. mit Hilfe geeigneter Suchprogramme; Erstellen einer Teilkopie). Bei einem E-Mail-Postfach ist eine **unbeschränkte Beschlagnahme allenfalls ausnahmsweise** bei konkreten Anhaltspunkten für eine potenzielle Beweisbedeutung des gesamten E-Mail-Bestandes mit dem Grundsatz der Verhältnismäßigkeit vereinbar (BGH NJW 2010, 1297). Zum Schutz des Kernbereichs privater Lebensgestaltung hat der Zugriff zu unterbleiben, soweit im konkreten Fall tatsächliche Anhaltspunkte dafür sprechen, dass er geschützte Inhalte erfasst; ist es ausnahmsweise zu deren Erhebung gekommen, dürfen diese Informationen nicht gespeichert u. verwertet werden, sondern sind unverzüglich zu löschen. Richterliche Anordnungen sind dem Betroffenen in jedem Fall vor Durchführung der Maßnahme bekannt zu geben (§ 35). Bei vorl. Sicherstellung o. Beschlagnahme durch StA o. Ermittlungspersonen umfasst die Belehrung nach § 98 Abs. 2 S. 5 (soweit erforderlich) die Unterrichtung über die getroffene Maßnahme; sie ist so früh, wie es die wirksame Verfolgung des Ermittlungszwecks erlaubt, zu erteilen. Weitere Rechte des Betroffenen: Anwesenheit bei der Sichtung je nach Lage des Einzelfalls (erg. → § 110 Rn. 5), Auskunft nach §§ 147, 385 Abs. 3, 406e, 475, 491, Rückgabe o. Löschung nicht benötigter kopierter E-Mails nach § 489 Abs. 2; schwerwiegende Verstöße können ein Verwertungsverbot zur Folge haben (BVerfGE 124, 43; Überbl. auch bei Burhoff StRR 2009, 331; Kasiske StraFo 2010, 228).

20 **F. Beschlagnahmeverbote. Beschlagnahmeverbote** bestimmt § 97. Sie können sich ganz ausnahmsweise auch unmittelbar aus dem GG, etwa aus Art. 1 Abs. 1, 2 Abs. 1 GG zum Schutz der Persönlichkeitssphäre ergeben (BVerfGE 34, 238; BVerfG NStZ-RR 2004, 83 („besonderer Ausnahmefall"); BGHSt 43, 300; vgl. aber BVerfG NStZ-RR 2004, 83 u. LG Hildesheim Nds. Rpfl. 1984, 46: Beschlagnahme eines versiegelten Privattestaments zur Aufklärung einer Steuerstraftat, hierzu **aM** LG Arnsberg wistra 1993, 199; Ost wistra 1993, 177), bei Tagebüchern aber nur, wenn eine Verwertbarkeit des gesamten Inhalts v. vornherein ausgeschlossen werden kann (→ Einl. Rn. 56a, → § 110 Rn. 2). Das sog. Bankgeheimnis steht einer Beschlagnahme nicht entgegen (LG Hamburg NJW 1978, 958; erg. → § 161 Rn. 4), ebenso wenig idR die Datenschutzbestimmungen; denn dem Schutz personenbezogener Daten wird auch Rechnung getragen, wenn sich die Urkunden bei den Gerichtsakten befinden (Wagner DRiZ 1985, 16; vgl. auch LG Kassel wistra 1999, 315 zur Beschlagnahme v. Pflegschaftsakten). Briefe Untersuchungsgefangener, die der Kontrolle unterliegen (vgl. § 119 Abs. 1 S. 2 Nr. 2, S. 7; § 18 NRWUVollzG; § 41 RPLJVollzG), können beschlagnahmt werden (BGH NJW 1977, 2175; Schmidt MDR 1981, 977 Fn. 46 – BGH RsprÜ; KG JR 1968, 31; OLG Celle NJW 1974, 805; OLG München NJW 1978, 601), ebenso Sachen im Besitz des Insolvenzverwalters; §§ 148 Abs. 1, 159 InsO stehen nicht entgegen (Weyand ZInsO 2008, 24 (26); vgl. auch LG Stuttgart Justiz 1984, 62). § 97 Abs. 1 S. 3 InsO entzieht nur solche Unterlagen o. Aufzeichnungen der Beschlagnahme, die der Schuldner zur Erfüllung seiner Auskunftspflicht (§ 97 Abs. 1 S. 1 InsO) erst hergestellt hat (LG Ulm NJW 2007, 2056 mablAnm Schork NJW 2007, 2057; ZInsO 2007, 827 mablAnm Menz ZinSO 2007, 827; abl. auch Püschel FS 25 Jahre AG StrafR DAV, 2009, 768); Uhlenbruck NZI 2002, 405; Weyand ZInsO 2008, 24 (25); vgl. weiter Tetzlaff NZI 2005, 317; erg. → Rn. 19, → Einl. Rn. 57d). Verteidigungsunterlagen im Besitz des Beschuldigten sind grds. v. der Beschlagnahme ausgeschlossen (erg. → § 97 Rn. 37, → § 148 Rn. 8), ebenso Mitschriften erkennender Richter (BGH NStZ 2009, 582 mablAnm Schroeder JR 2010, 136). Die nach § 8 Abs. 1 GwG gefertigten Aufzeichnungen dürfen nur nach Maßgabe der Verwendungsregelung in § 15 GwG beschlagnahmt werden (vgl. LG Koblenz NJW 1997, 2613; die Entsch. ist teilw. überholt; erg. Herzog/Mülhausen/Johnigk, Geldwäschebekämpfung und Gewinnabschöpfung, 2006, § 52 Rn. 65 ff.). Nach §§ 4 Abs. 2 S. 5, 7 Abs. 2 S. 3 Autobahnmautgesetz ist die Beschlagnahme der Mautdaten unzulässig (erg. → § 100g Rn. 5). Zur Beschlagnahme vertraulicher Gewerkschaftsunterlagen LG Berlin NJW 1996, 2520 u. dazu BVerfG NJW 1998,

893. Die Beschlagnahme v. DNA-fähigem Material beim Zeugnisverweigerungsberechtigten ist zulässig (BGH (ER) NStZ-RR 2018, 319; erg. → § 81c Rn. 23, → § 97 Rn. 1, → § 103 Rn. 7).

21 **G. Folgen einer rechtsfehlerhaften Durchsuchung.** Dass ein Gegenstand aufgrund einer **rechtsfehlerhaften Durchsuchung** erlangt worden ist, steht der Beschlagnahme u. Verwertung nur ausnahmsweise entgegen (BVerfG wistra 2007, 417; NStZ 2004, 216). Insofern bestätigt das BVerfG die Rspr. des BGH zur Abwägung widerstreitender Interessen (etwa BGHSt 51, 285 (289 f.)) unter Hinweis auf den verfassungsrechtlichen Rang einer funktionstüchtigen Strafrechtspflege u. der Wahrheitserforschung vor Gericht (vgl. BVerfG NJW 2009, 3225). Ein Verwertungsverbot kann allerdings – muss aber nicht in jedem Fall – in Betracht gezogen werden, wenn die zur Fehlerhaftigkeit der Ermittlungsmaßnahme führenden Verfahrensverstöße schwerwiegend waren o. bewusst o. willkürlich begangen wurden (BVerfG NJW 2009, 3225 (krit. Dallmeyer HRRS 2009, 429; Schwabenbauer NJW 2009, 3207); weiter v. einem Regel-Ausnahme-Verhältnis ausgehend BVerfG NJW 1999, 273; 2006, 2684; StV 2002, 113; BeckRS 2008, 32564; BGHSt 51, 285 (zust. Brüning HRRS 2007, 250)); BGH NStZ 2004, 449; NStZ-RR 2007, 242; wistra 2010, 231; KG StV 1985, 404; OLG Düsseldorf StraFo 2009, 280; OLG Köln StV 2010, 14; Schneider NStZ 2016, 553; Roxin NStZ 2007, 616; **aM** Hüls ZIS 2009, 162 (165); Jäger GA 2008, 488; Jahn Gutachten 67. DJT, 2008, C 74; Müller/Trurnit StraFo 2008, 149; Münchhalffen FS Mehle, 2009, 445; Ransiek StV 2002, 565, JR 2007, 436: grds. Verwertungsverbot).

21a Nach BGH NJW 1989, 1741 (1744) soll es bei einer fehlenden Durchsuchungsanordnung darauf ankommen, ob sie rechtlich hätte erlassen werden dürfen (ähnlich auf die **hypothetisch rechtmäßige Vorgehensweise** abstellend BVerfG NStZ 2004, 216; BeckRS 2007, 26565; HRRS 2007 Nr. 961 für „formale Fehler" bei der Durchsuchung u. BGH StV 2008, 121 (123) für einen Ersatzeingriff nach § 100g; **aM** Beulke ZStW 103 (1991), 673; Fezer StV 1989, 293; Fezer FS Riess, 2002, 104; Jahn Gutachten 67. DJT, 2008, C 74; Mosbacher NJW 2007, 3687; Weiler GS Meurer, 2002, 418; Wohlers FS Fezer, 2008, 327). Das kann aber nur bei weniger gravierenden Verstößen unter der Voraussetzung gelten, dass die richterliche Anordnung hoch wahrscheinlich gewesen wäre (s. BGH NStZ 2016, 551 mAnm Schneider NStZ 2016, 553), **nicht** aber bei vorsätzlicher Verletzung o. gröblicher Verkennung des Richtervorbehalts (BGHSt 51, 285 (295); BGH StV 2016, 539; NStZ 2017, 367; OLG Düsseldorf StraFo 2009, 280; 2016, 339 (341) mAnm Jahn JuS 2016, 1138; OLG Köln StV 2010, 14; einschränkend Schneider NStZ-Sonderheft Miebach, 2009, 47 ff.: nur bei Vorsatz; erg. → § 105 Rn. 19). Dem hypothetischen Ersatzeingriff kommt jedoch auch bei der Bewertung der Schwere des Verstoßes Bedeutung zu (BGHSt 51, 285 (291); BGH NStZ 2004, 449; NStZ-RR 2007, 242; OLG Hamm NStZ 2007, 355; OLG München wistra 2006, 472; Roxin NStZ 2007, 617).

21b Nach BGH NStZ 2017, 367 (mkritAnm Basdorf NStZ 2017, 370 sowie mAnm Sommer StraFo 2017, 106; Mosbacher JuS 2017, 742; Ladiges JR 2017, 326) bedarf es für die **Zulässigkeit einer Verfahrensrüge,** mit der ein Verwertungsverbot bei einer Durchsuchung zur Sicherstellung v. Sachbeweisen geltend gemacht wird, **keines** auf den Zeitpunkt des § 257 Abs. 1 befristeten **Widerspruchs,** ebenso wenig einer vorgreiflichen Anrufung des Gerichts gem. § 238 Abs. 2 (noch offengelassen v. BGHSt 51, 285; vgl. auch → § 136 Rn. 25, → § 110b Rn. 11). Ungeachtet dessen ist ein Sammelwiderspruch gegen die Verwertung aller Sachbeweise u. der darauf bezogenen Zeugenbeweise zulässig (BGHSt 60, 50 (52); BGH NStZ 2016, 551 (552)). Ein etwaiges Verwertungsverbot hat keine Auswirkung auf ein Geständnis, in dem der Angeklagte die durch die Durchsuchung gewonnenen Erkenntnisse einräumt (BGH BeckRS 2007, 17101). Ergänzend → § 105 Rn. 18, → § 110 Rn. 10 aE.

22 **H. Herausgabe beweglicher Sachen (Abs. 4). Die Herausgabe beweglicher Sachen** u. das dabei zu beachtende Verf. richten sich nach dem durch das G

v. 13.4.2017 (BGBl. I 872 (879)) eingefügten Abs. 4 nach §§ 111n, 111o (→ § 111n Rn. 1 ff., → § 111o Rn. 1 ff.). Es handelt sich um eine Holschuld (BGH NJW 2019, 2618; erg. → § 111j Rn. 11, → § 111n Rn. 4).

23 **I. Schadensersatzansprüche. Schadensersatzansprüche** kann der Berechtigte geltend machen, wenn die Behörden die ihnen aufgrund des durch die Sicherstellung begründeten öffentlich-rechtlichen Verwahrungsverhältnisses (vgl. LG Hamburg NStZ 2004, 512) obliegende Pflicht verletzen, die Sache pfleglich zu behandeln u. vor Verschlechterung, Untergang u. sonstiger Gefährdung zu bewahren (BGHZ 1, 369 = NJW 1951, 800; OLG Hamburg MDR 1951, 116; vgl. auch Nr. 74 RiStBV), uU auch bei Herausgabe an einen Nichtberechtigten (BGHZ 72, 302 (306)). Eine Entschädigung kann aber nicht verlangt werden, wenn Schäden an der beschlagnahmten Sache durch vorsätzliche Fremdeinwirkung (Vandalismus) entstehen (BGHZ 100, 335 = StV 1988, 326). Schadensersatz- u. Herausgabeansprüche sind nach § 40 Abs. 2 S. 1 VwGO vor den Zivilgerichten zu verfolgen; der Rechtsweg nach § 23 **EGGVG** ist ausgeschlossen (OLG Hamburg MDR 1974, 510; erg. → EGGVG § 23 Rn. 15). Der Betroffene kann aber in diesem Verf. die Vernichtung v. Fotokopien durchsetzen, die die StA v. den freigegebenen Schriftstücken angefertigt hat (OLG Stuttgart NJW 1977, 2276).

24 **J. Immunität.** Bei tatunbeteiligten Abg. ist die Beschlagnahme ohne Einschränkung zulässig, bei Tatverdächtigen nur, wenn die Einleitung eines Ermittlungsverfahrens genehmigt ist. Sind Abg. nach Art. 46 Abs. 1 GG nicht verfolgbar, so ist auch die Beschlagnahme unzulässig (Nr. 191–192a RiStBV). In den Räumen des Parlaments bedarf die Beschlagnahme der Genehmigung des Präs (Art. 40 Abs. 2 S. 2 GG).

Herausgabepflicht

95

(1) **Wer einen Gegenstand der vorbezeichneten Art in seinem Gewahrsam hat, ist verpflichtet, ihn auf Erfordern vorzulegen und auszuliefern.**

(2) [1] **Im Falle der Weigerung können gegen ihn die in § 70 bestimmten Ordnungs- und Zwangsmittel festgesetzt werden.** [2] **Das gilt nicht bei Personen, die zur Verweigerung des Zeugnisses berechtigt sind.**

1 **A. Herausgabeverlangen.** Das Herausgabeverlangen ist in allen Verfahrensarten u. -abschnitten zulässig, in denen nach § 94 die Beschlagnahme angeordnet werden kann, auch im Privatklageverfahren. Eine vorherige Beschlagnahmeanordnung o. einen erfolglosen Beschlagnahmeversuch setzt es nicht voraus (LG Stuttgart NJW 1992, 2646; MüKoStPO/Hausschild Rn. 4). Es kommt aber va in Betracht, wenn zwar feststeht, dass sich ein Beweismittel im Gewahrsam einer Person befindet, wenn es aber bei einer Durchsuchung nicht gefunden werden konnte u. sein Verbleib unbekannt ist (LG Bonn NStZ 1983, 327; SSW StPO/Eschelbach Rn. 3). Um eine Durchsuchung nach § 103 abzuwenden, wird einem nichtverdächtigen Dritten idR die Gelegenheit zur freiwilligen Herausgabe zu geben sein; die **Abwendungsbefugnis** ist aber entbehrlich, wenn sich aus dem bisherigen Ermittlungsergebnis ergibt, dass der Betroffene nicht zur freiwilligen Herausgabe bereit und Verdunkelungsgefahr zu besorgen ist (BGH NStZ 2022, 306; KK-StPO/Greven Rn. 2 → § 94 Rn. 13). Wird der Gegenstand nach Abs. 1 freiwillig herausgegeben, so kann er formlos sichergestellt werden (→ § 94 Rn. 12); im Fall des Abs. 2 ist die förmliche Beschlagnahme notwendig (→ § 94 Rn. 13). Vgl. zur Abgrenzung zum **bloßen Heraussuchen** Park Rn. 714, 1055.

2 **Zuständig** für das Verlangen sind der Richter, die StA u. die Polizei aufgrund originärer Kompetenz, also auch, wenn Gefahr im Verzug nicht besteht (ganz hM: BGH NVwZ 2025, 1713, 1715; LG Gera NStZ 2001, 276; LG Halle NStZ 2001, 276, 277; MüKoStPO/Hausschild Rn. 7; SSW StPO/Eschelbach Rn. 9). Mit dem Verlangen kann für den Fall der Weigerung die Anwendung v. Ordnungs- u.

Zwangsmitteln (Abs. 2) angedroht (zur Anordnung aber → Rn. 9) sowie auf die Möglichkeit der Durchsuchung u. Beschlagnahme hingewiesen werden (dazu Bittmann NStZ 2001, 231).

B. Vorlegungs- u. Herausgabepflicht (Abs. 1). Die Vorlegungs- u. Herausgabepflicht (Abs. 1) bezieht sich auf bewegliche Sachen, die als **Beweismittel** für die Untersuchung v. Bedeutung sein können (§ 94 Abs. 1) u. auf **Führerscheine,** die der Einziehung unterliegen (§ 94 Abs. 3), **nicht** auf **Einziehungsgegenstände** nach § 111b (KK-StPO/Greven Rn. 1). Gegenstände iSv Abs. 1 sind auch Daten (BVerfG NStZ-RR 2003, 176 (177)). Die Vorschr. ermächtigt als Annex auch dazu, die Herausausgabe v. Bankunterlagen in elektronischer Form zu verlangen (LG Limburg NZWiSt 2019, 158 (159); KK-StPO/Greven Rn. 2). Auch eine Zusammenstellung näher bezeichneter Daten kann verlangt werden (BVerfG NStZ-RR 2003, 176 (177)). Für **amtlich verwahrte Schriftstücke** ist § 96 zu beachten; ein Herausgabeverlangen nach Abs. 1, das mit Gründen zu versehen ist, geht deshalb einer Beschlagnahme nach § 94 Abs. 2 und der ihr vorgelagerten Durchsuchung nach § 103 vor (LG Osnabrück NJW 2022, 882 mAnm Moldenhauer/Momsen: BMJV; Gazeas StV 2022, 507; vgl. a. KK-StPO/Greven Rn. 2; Park Rn. 660; **aA** Löwe/Rosenberg/Menges § 96 Rn. 27: Herausgabeverlangen mit Amtshilfeersuchen; dies abl. SK-StPO/Wohlers/Singelnstein Rn. 10). Vgl. zur Abgrenzung von einem **bloßen Amtshilfeersuchen** BayObLG ZD 2021, 40. 3

Herausgabepflicht v. Daten: Aufgrund des zunehmenden Einsatzes von **Verschlüsselungsprogrammen** stößt der Zugriff auf Dateien häufig auf praktische Schwierigkeiten. Zugangscodes, die – was allerdings eher selten der Fall sein wird – verkörpert in Papierform o. als Datei vorliegen, müssen v. unverdächtigen Dritten nach Abs. 1 herausgegeben werden, nicht aber von Beschuldigten. Unverdächtige Gewahrsamsinhaber sind nach §§ 48 Abs. 1 S. 2, 161a Abs. 1 S. 1 dazu verpflichtet, ihnen bekannte Zugangscodes o. deren Aufbewahrungsorte anzugeben (MüKoStPO/Hausschild Rn. 8; Zimmermann JA 2014, 321 (322); zurückhaltend Wegener, FS Ignor 2023, 853 (856 f)). Str. ist, ob Abs. 1 eine Rechtsgrundlage für das Verlangen ggü. Unverdächtigen bietet, Daten in entschlüsselter Form oder die zur Lesbarkeit notwendige Software herauszugeben. Dagegen wird eingewandt, dass sich Vorschr. nicht auf erst herzustellende Gegenstände oder Hilfsmittel zur Entschlüsselung beziehe (SSW StPO/Eschelbach Rn. 5; Nadeborn/Friedrich NZWiSt 2023, 48; Sieber Gutachten 69. DJT, 2012, I C 121). Die besseren Gründe sprechen aber dafür, eine Anwendung von Abs. 1 zu bejahen: Die Daten sind, wenn auch noch nicht lesbar, bereits vorhanden. Die Herausgabe in lesbarer Form oder die Hilfe bei der Entschlüsselung bedeutet für unverdächtige Betroffene nichts anderes, als ihrer staatsbürgerlichen Pflicht nachzukommen, den Strafverfolgungsbehörden das vorhandene Beweismittel in einer dem Erkenntnisgewinn zugänglichen Form zur Verfügung zu stellen (vgl. LG Trier NJW 2004, 869, 870; MüKoStPO/Hausschild Rn. 8a; KK-StPO/Greven Rn. 1; Löwe-Rosenberg/Menges, § 94 Rn. 23; s. a. BVerfG NStZ-RR 2003, 176 (177), wonach eine Mitwirkung des unverdächtigen Gewahrsamsinhaber in Form einer Zusammenstellung von Daten nach bestimmten Kriterien verlangt werden kann). Zur Durchsuchung elektronischer Speichermedien → § 110 Rn. 2a, 6 ff. 3a

Der **Gewahrsamsinhaber** (auch der Insolvenzverwalter, LG Saarbrücken ZInsO 2010, 431; SK-StPO/Wohlers/Singelnstein Rn. 10) ist zur Herausgabe verpflichtet. Gleichgültig ist, ob er den Gewahrsam rechtmäßig innehat u. ob der Eigentümer der Herausgabe zustimmt. Den Eigentümer, der nicht Gewahrsamsinhaber ist, trifft keine Mitwirkungspflicht. Bei juristischen Personen richtet sich die Herausgabepflicht an deren Organe (LG Limburg NZWiSt 2019, 158; Löwe/Rosenberg/Menges Rn. 13). 4

Der **Beschuldigte** braucht zu seiner Überführung nichts beizutragen u. ist daher **nicht herausgabepflichtig** (SK-StPO/Wohlers/Singelnstein Rn. 12; krit. dazu Radtke FS Meyer-Goßner, 2001, 331). Unabhängig v. § 95 kann ihm aber Gelegenheit gegeben werden, Gegenstände vorzulegen, um eine Durchsuchung ab- 5 zuwenden (Löwe/Rosenberg/Menges Rn. 14). § 95 gilt **auch nicht** für den Einziehungsbeteiligten hins. des **Einziehungsgegenstandes** u. für den Einziehungsinteressenten unter den Voraussetzungen des § 432 Abs. 2.

6 **Zeugnisverweigerungsberechtigte** (§§ 52 ff.) dürfen, soweit der Gegenstand nicht nach § 97 beschlagnahmefrei ist (SK-StPO/Wohlers/Singelnstein Rn. 7; KK-StPO/Greven Rn. 2; Auffermann/Vogel NStZ 2016, 387 (391): patientenbezogene Daten Beschuldigter), zur Herausgabe aufgefordert werden (OLG Celle NJW 1963, 406; LG Nürnberg-Fürth StraFo 2025, 20 (22)). Der gegen sie bestehende Anspruch auf Herausgabe ist aber nicht durchsetzbar, weil Abs. 2 die Anordnung v. Ordnungs- u. Zwangsmitteln gegen sie untersagt (weitergehend Jahn FS Roxin, 2011, 1362 f.; Auffermann/Vogel NStZ 2016, 387 (390), die bereits das Bestehen einer Editionspflicht verneinen). Darüber müssen sie belehrt werden (→ § 97 Rn. 6). Soweit allerdings in den rechtlich zulässigen Fällen eine Entbindungserklärung vorliegt (§§ 53 Abs. 2 S. 1, 53a Abs. 2; dazu → § 53 Rn. 45 ff.) unterliegen die Gegenstände der Herausgabepflicht (LG Bonn NStZ 2012, 712).

7 Für den **Privatkläger** gelten diese Einschränkungen nicht (LG Altona JW 1925, 2822).

8 Kann ein Kaufmann Unterlagen nur in Form einer **Wiedergabe auf einem Bildträger** o. auf anderen Datenträgern vorlegen, so muss er nach § 261 HGB auf seine Kosten Hilfsmittel zur Lesbarmachung zur Verfügung stellen und, soweit erforderlich, die Unterlagen ausdrucken o. Reproduktionen beibringen, die ohne Hilfsmittel lesbar sind (vgl. OLG Bremen NJW 1976, 685; OLG Oldenburg CR 1988, 679; einschr. SK-StPO/Wohlers/Singelnstein Rn. 20). Das gilt insbes. bei dem Verlangen an ein Kreditinstitut auf Herausgabe v. Kontounterlagen. Von diesen Mehrkosten abgesehen, steht ihm hierfür iU nach § 23 Abs. 2 JVEG ein Entschädigungsanspruch zu (OLG Koblenz wistra 2006, 73; LG Koblenz NStZ 2006, 241; OLG Schleswig SchlHA 1991, 170).

9 **C. Ordnungs- u. Zwangsmittel (Abs. 2 S. 1).** Ordnungs- u. Zwangsmittel (Abs. 2 S. 1) dürfen v. Gericht, nicht v. der StA (Bittmann wistra 1990, 335; Klinger wistra 1991, 17; Kurth NStZ 1983, 328), angewendet werden, wenn der Gewahrsam des Betroffenen feststeht, er v. seinem Gewahrsam Kenntnis hat u. sich unberechtigt weigert, den Gegenstand herauszugeben. Bei juristischen Personen (zB Geldinstitute) sind deren Organe für die Erfüllung der Verpflichtung verantwortlich (LG Limburg NZWiSt 2019, 158 (160)). Anders als nach § 70, auf Abs. 2 S. 1 verweist, ist auch die Festsetzung v. Ordnungsgeld u. -haft nicht zwingend vorgeschrieben. Wegen der Ordnungsmittel vgl. iE → § 70 Rn. 9 ff., 16 ff. u. Art. 6 ff. EGStGB, wegen der Beugehaft → § 70 Rn. 12 ff. Ordnungsmittel bleiben bestehen, auch wenn der Betroffene die Sache nachträglich herausgibt; Beugehaft muss dagegen sofort beendet werden, wenn die Behörde auf irgendeine Weise in den Besitz des Gegenstandes gelangt o. wenn er untergegangen ist.

10 Gegen **Zeugnisverweigerungsberechtigte (Abs. 2 S. 2)** ist kein Zwang zulässig. Das gilt im Fall des § 52 ohne Beschränkung auf Schriftstücke (KK-StPO/Greven Rn. 5; SK-StPO/Wohlers/Singelnstein Rn. 24); greift § 97 nicht ein, kann nach § 94 verfahren werden (erg. → Rn. 6). In den Fällen des § 53 erstreckt sich das Herausgabeverweigerungsrecht auf die Gegenstände, die aus der beruflichen Tätigkeit des Zeugnisverweigerungsberechtigten herrühren; nach Entbindung v. der Verschwiegenheitspflicht (§ 53 Abs. 2 S. 1) ist Abs. 2 S. 1 anwendbar (KK-StPO/Greven Rn. 5; SK-StPO/Wohlers/Singelnstein Rn. 25). Für Personen, die nach § 55 zur Auskunftsverweigerung berechtigt sind, gilt Abs. 2 S. 2 entspr. (KK-StPO/Greven Rn. 6; Rogall Beweismittel S. 157 verneint sogar die Herausgabepflicht).

11 **D. Verwertungsverbot.** Ein Beweisverwertungsverbot kann für Beweisgegenstände bestehen, die dadurch erlangt worden sind, dass trotz befugter Weigerung des Beschuldigten o. des Zeugnisverweigerungsberechtigten Zwang nach Abs. 2 angewendet (Löwe/Rosenberg/Menges Rn. 37; SK-StPO/Wohlers/Singelnstein Rn. 28; Grünwald JZ 1966, 498; Rogall Beweismittel S. 228 ff.) o. die Belehrung

des Zeugnisverweigerungsberechtigten (→ Rn. 6) unterlassen worden ist (ANM 493). Nicht jede fehlerhafte Beweiserhebung löst indes zwangsläufig ein Verwertungsverbot aus (→ Einl. Rn. 55). Die Schwere des Verstoßes ist daher auch hier mit dem Interesse des Rechtsstaates an der Tataufklärung abzuwägen (MüKoStPO/Hausschild Rn. 22). Ein Verwertungsverbot ist danach anzunehmen, wenn auch eine Beschlagnahme unzulässig gewesen wäre (KK-StPO/Greven Rn. 8; KMR-StPO/Müller Vor § 94 Rn. 22). Die Anwendung v. unzulässigem Zwang trotz berechtigter Weigerung nach § 55 begründet kein Verwertungsverbot zugunsten des Beschuldigten, da sein Rechtskreis dadurch nicht verletzt ist (**aM** SK-StPO/Wohlers/Singelnstein Rn. 29); anderes gilt für den Gewahrsamsinhaber, wenn er später selbst Beschuldigter wird (Löwe/Rosenberg/Menges Rn. 16; erg. → § 55 Rn. 17).

E. Anfechtung. Gegen richterliche Anordnungen ist Beschwerde nach § 304 zulässig (LG Nürnberg-Fürth StraFo 2025, 20 (21). Gegen nichtrichterliche Herausgabeverlangen ist der Antrag auf gerichtliche Entsch. entspr. § 98 Abs. 2 S. 2 statthaft (BGH NVwZ 2025, 1713 (1715); Löwe/Rosenberg/Menges Rn. 32; KK-StPO/Greven Rn. 7). 12

F. Immunität. Vgl. Nr. 191 Abs. 3 Buchst. d RiStBV. Die Vollstreckung v. Ordnungs- u. Beugehaft ist ohne Genehmigung des Parlaments nicht zulässig (→ § 70 Rn. 22). 13

Zurückstellung der Benachrichtigung des Beschuldigten; Offenbarungsverbot

95a

(1) **Bei der gerichtlichen Anordnung oder Bestätigung der Beschlagnahme eines Gegenstandes, den eine nicht beschuldigte Person im Gewahrsam hat, kann die Benachrichtigung des von der Beschlagnahme betroffenen Beschuldigten zurückgestellt werden, solange sie den Untersuchungszweck gefährden würde, wenn**

1. **bestimmte Tatsachen den Verdacht begründen, dass der Beschuldigte als Täter oder Teilnehmer eine Straftat von auch im Einzelfall erheblicher Bedeutung, insbesondere eine in § 100a Absatz 2 bezeichnete Straftat, begangen, in Fällen, in denen der Versuch strafbar ist, zu begehen versucht, oder durch eine Straftat vorbereitet hat und**
2. **die Erforschung des Sachverhalts oder die Ermittlung des Aufenthaltsortes des Beschuldigten auf andere Weise wesentlich erschwert oder aussichtslos wäre.**

(2) [1]**Die Zurückstellung der Benachrichtigung des Beschuldigten nach Absatz 1 darf nur durch das Gericht angeordnet werden.** [2]**Die Zurückstellung ist auf höchstens sechs Monate zu befristen.** [3]**Eine Verlängerung der Anordnung durch das Gericht um jeweils nicht mehr als drei Monate ist zulässig, wenn die Voraussetzungen der Anordnung fortbestehen.**

(3) [1]**Wird binnen drei Tagen nach der nichtgerichtlichen Beschlagnahme eines Gegenstandes, den eine unverdächtige Person im Gewahrsam hat, die gerichtliche Bestätigung der Beschlagnahme sowie die Zurückstellung der Benachrichtigung des Beschuldigten nach Absatz 1 beantragt, kann von einer Belehrung des von der Beschlagnahme betroffenen Beschuldigten nach § 98 Absatz 2 Satz 5 abgesehen werden.** [2]**Im Verfahren nach § 98 Absatz 2 bedarf es der vorherigen Anhörung des Beschuldigten durch das Gericht (§ 33 Absatz 3) nicht.**

(4) [1]**Die nach Absatz 1 zurückgestellte Benachrichtigung des Beschuldigten erfolgt, sobald dies ohne Gefährdung des Untersuchungszweckes möglich ist.** [2]**Bei der Benachrichtigung ist der Beschuldigte auf die Möglichkeit des nachträglichen Rechtsschutzes nach Absatz 5 und die dafür vorgesehene Frist hinzuweisen.**

(5) [1]**Der Beschuldigte kann bei dem für die Anordnung der Maßnahme zuständigen Gericht auch nach Beendigung der Zurückstellung nach Absatz 1 bis zu zwei Wochen nach seiner Benachrichtigung nach Absatz 4 die Überprüfung der Rechtmäßigkeit der Beschlagnahme, der Art und Weise ihres Vollzugs und der Zurückstellung der Benachrichtigung beantragen.** [2]**Gegen die gerichtliche Entscheidung ist die sofortige Beschwerde statthaft.** [3]**Ist die öffentliche Klage erhoben und der Angeklagte benachrichtigt worden, entscheidet über den Antrag das mit der Sache befasste Gericht in der das Verfahren abschließenden Entscheidung.**

(6) [1]**Wird die Zurückstellung der Benachrichtigung des Beschuldigten nach Absatz 1 angeordnet, kann unter Würdigung aller Umstände und nach Abwägung der Interessen der Beteiligten im Einzelfall zugleich angeordnet werden, dass der Betroffene für die Dauer der Zurückstellung gegenüber dem Beschuldigten und Dritten die Beschlagnahme sowie eine ihr vorausgehende Durchsuchung nach den §§ 103 und 110 oder Herausgabeanordnung nach § 95 nicht offenbaren darf.** [2]**Absatz 2 gilt mit der Maßgabe entsprechend, dass bei Gefahr im Verzug auch die Staatsanwaltschaft und ihre Ermittlungspersonen (§ 152 des Gerichtsverfassungsgesetzes) die Anordnung nach Satz 1 treffen können, wenn nach Absatz 3 von der Belehrung abgesehen und die gerichtliche Bestätigung der Beschlagnahme und die Zurückstellung der Benachrichtigung des Beschuldigten beantragt wird.** [3]**Treffen die Staatsanwaltschaft oder ihre Ermittlungspersonen eine solche Anordnung, ist die gerichtliche Bestätigung binnen drei Tagen zu beantragen.**

(7) **Im Falle des Verstoßes gegen das Offenbarungsverbot des Absatzes 6 gilt § 95 Absatz 2 entsprechend.**

1 **A. Zweck.** Bei der **Beschlagnahme** nach § 94 handelt es sich um eine **offene Ermittlungsmaßnahme,** deren Anordnung den davon Betroffenen und den Verfahrensbeteiligten bekanntzumachen ist (§§ 33 Abs. 1, 35 Abs. 2; BGH NStZ 2015, 704 (705)). Der Beschuldigte ist daher auch von einer Beschlagnahme eines Beweisgegenstandes bei einer unverdächtigen Person iSd § 103 (→ § 103 Rn. 1) zu unterrichten; dies gilt insbes. auch für die Beschlagnahme der auf einem Mailserver gespeicherten Daten des Beschuldigten (→ § 94 Rn. 16a; → § 98 Rn. 10; → § 100a Rn. 6b). Die durch G v. 25.6.2021 (BGBl. I 2099) eingeführte Möglichkeit, die Benachrichtigung des Beschuldigten von der Beschlagnahme zurückzustellen (Abs. 1) und den von ihr Betroffenen die Offenbarung der Beschlagnahmeanordnung sowie ihr **typischerweise vorausgehender (§§ 103, 110) oder mit ihr einhergehender Maßnahmen (§ 95)** zu verbieten (Abs. 6), soll insbes. verhindern, dass eine infolge der fortschreitenden Digitalisierung nicht selten schon in einem frühen Ermittlungsstadium erforderliche Beschlagnahme der bei einem Provider oder Cloudanbieter gespeicherten Daten des Beschuldigten zur Offenlegung der Ermittlungen führen und deren Erfolg vereiteln würde; die Regelung ist jedoch nicht auf elektronische Daten beschränkt (BT-Drs. 19/27654, 61 f.; KK-StPO/Greven Rn. 2). Ggü. dem Dritten, gegen den sich die Anordnung iSd § 98 richtet, bleibt die Beschlagnahme eine offene Ermittlungsmaßnahme. Angesichts der partiellen Nähe der mit einer **Zurückstellung der Benachrichtigung** und einem **Offenbarungsverbot** verbundenen Beschlagnahme zu verdeckten Ermittlungsmaßnahmen gelten vergleichbar hohe Hürden (BT-Drs. 19/27654, 63; Burhoff StraFo 2021, 398 (400); Park Rn. 733; Gallus/Zeyher NStZ 2022, 462 (464 f.) halten die Vorschr. bei Beschlagnahmen von Art. 10 GG unterfallenden Telekommunikationsdaten dennoch für verfassungswidrig, allerdings unter Außerachtlassung des gewichtigen Unterschieds zu „echten" verdeckten Maßnahmen, nämlich dass es sich gegenüber dem Dritten um eine offene Maßnahme handelt; in die gleiche Richtung gehend Becker/Baser-Dogan StV 2022, 462, die sowohl beim Gesetzgeber als auch in der Rspr. des BVerfG eine fehlende „Grundrechtssensibilität" festzustellen meinen).

B. Zurückstellung der Benachrichtigung (Abs. 1–5). I. Voraussetzungen (Abs. 1). Die Zurückstellung der Benachrichtigung setzt eine **gerichtliche Anordnung** (§ 98 Abs. 1 S. 1) oder **Bestätigung der Beschlagnahme** eines Gegenstandes (§ 98 Abs. 2 S. 1; näheres regelt Abs. 3 → Rn. 11 f.) voraus. Damit kann auch die Benachrichtigung von einer Beschlagnahme elektronischer Daten (zB auf einem Providerserver gespeicherte E-Mails) zurückgestellt werden (BeckOK StPO/Gerhold Rn 6; s. a. → § 94 Rn. 4, 16a zur Beschlagnahmefähigkeit elektronischer Daten). Der Gegenstand muss sich im **Gewahrsam eines Unverdächtigen** befinden (S. 1). Dessen alleinige tatsächliche Sachherrschaft oder Zugriffsmöglichkeit setzt Abs. 1 nicht voraus. Der Zurückstellung der Benachrichtigung steht mithin nicht entgegen, dass der Beschuldigte Inhaber der in seiner Cloud oder auf einem Mailserver gespeicherten Daten ist (BT-Drs. 19/27654, 63); es genügt Mitgewahrsam des Unverdächtigen (KK-StPO/Greven Rn. 3; Burhoff StraFo 2021, 398 (400)); einschränkend bei vorhergehender Durchsuchung nach § 102 StPO MüKoStPO/Hausschild Rn. 3; **aA** BeckOK StPO/Gerhold Rn. 4). 2, 3

Bei einer **freiwilligen Herausgabe** des Beweisgegenstandes ohne vorherige gerichtliche Anordnung bedarf es mangels gerichtlicher Entscheidung keiner Bekanntgabe ggü. dem Beschuldigten (vgl. § 35 Abs. 2). Abs. 1 sieht diesen Fall daher nicht vor. Zur Anordnung des Offenbarungsverbots (Abs. 6) in diesen Fällen → Rn. 12, 15. 4

Die Zurückstellung kommt nur bei **Straftaten von erheblicher Bedeutung** in Betracht. Abs. 1 S. 2 bietet mit dem Hinweis auf den Straftatenkatalog iSd § 100a Abs. 2 eine Orientierung; insofern ist die Regelung identisch mit § 100g Abs. 1 S. 1 Nr. 1. Bagatelldelikte scheiden danach jedenfalls aus. Die der Beschlagnahme zugrundeliegende Tat muss mindestens dem mittleren Kriminalitätsbereich zuzurechnen und auch im Einzelfall erheblich sein; dies kann sich etwa aus der Schutzwürdigkeit der inmitten stehen Rechtsgüter oder dem Grad der Bedrohung der Allgemeinheit, dem öffentlichen Interesse an der Strafverfolgung, aber auch aus der Art der Begehung, der Anzahl der Geschädigten oder dem Ausmaß des Schadens ergeben (BT-Drs. 19/27654, 63 f; → § 100g Rn. 13; vgl. auch → § 98a Rn. 5). Bestimmte Tatsachen müssen den Tatverdacht begründen; vgl. zum Verdachtsgrad → § 100a Rn. 9). Abs. 1 S. 2 Nr. 2 enthält eine strenge Subsidiaritätsklausel (BT-Drs. 19/27654, 64). Sie entspricht der Regelung in § 100a Abs. 1 S. 1 Nr. 3 (vgl. insofern → § 100a Rn. 13). 5

Die Zurückstellung der Benachrichtigung steht im **Ermessen** des Gerichts. Sind über den Zeitpunkt der Beschlagnahme hinaus verdeckte Ermittlungen beabsichtigt, wird ihre Notwendigkeit regelmäßig zu bejahen sein, da diese andernfalls ihren Sinn verlören (BT-Drs. 19/27654, 61). 6

Die **Abgrenzung** der Beschlagnahme (§ 94) von den **Überwachungsmaßnahmen nach §§ 100a und 100b** wird durch § 95a nicht berührt. Die Zurückstellung nach Abs. 1 darf nicht zu einem wiederholten Zugriff durch reihenweise, zeitlich aufeinanderfolgende Beschlagnahmeanordnungen hinsichtlich ein und desselben Speichermediums oder Providers („Reihenanordnungen") ausgenutzt werden, weil dadurch die strengeren Voraussetzungen unterlaufen würden, die für auf Dauer angelegte (verdeckte) Überwachungen nach §§ 100a und 100b gelten (BT-Drs. 19/27654, 64). Sie ändert mithin nicht die Rechtsnatur der Beschlagnahme iSd § 94 als einmaligen, punktuellen Zugriff; fortlaufende, wiederholte Zugriffe unterfallen hingegen den §§ 100a und 100b (BT-Drs. 19/27654, 62 f.). 7

II. Zuständigkeit und Dauer (Abs. 2, Abs. 4). Die Zurückstellung darf nur durch den Richter angeordnet werden (Abs. 2 S. 1); er ist nach § 34 zu begründen (Burhoff StraFo 2021, 398 (400)). Der **strikte Richtervorbehalt** entspricht der Regelung des § 101a Abs. 6 Nr. 1 für das Unterbleiben der Benachrichtigung bei der ebenfalls grds. als offene Ermittlungsmaßnahme ausgestalteten Erhebung von Verkehrsdaten nach § 100g (BT-Drs. 19/27654, 64 f.). Die Zurückstellung wird idR zusammen mit der Beschlagnahmeentscheidung („Bei der gerichtlichen Anordnung oder Bestätigung …") angeordnet werden (Abs. 1 S. 1); die StA wird sie 8 regelmäßig zusammen mit der Beschlagnahmeordnung beantragen. Unterlässt sie dies, wird sie den Antrag auf Zurückstellung der Benachrichtigung entspr. Abs. 3 binnen 3 Tagen nach der Beschlagnahme nachholen müssen. Denn länger darf nach dem Willen des Gesetzgebers die Benachrichtigung ohne gerichtliche Zurückstellungsanordnung nicht hinausgeschoben werden (BT-Drs. 19/27654, 65).

9 Bei der **erstmaligen Zurückstellung** gilt eine Höchstfrist von 6 Monaten (Abs. 2 S. 2); in der Anordnung kann mithin eine kürzere Frist bestimmt werden. Solange die Voraussetzungen fortbestehen, kann die Anordnung jeweils um 3 Monate **verlängert** werden; die Notwendigkeit der Zurückstellung wird dadurch regelmäßig überprüft (Abs. 2 S. 2). Um eine verantwortliche Prüfung des Gerichts zu gewährleisten, wird die Verlängerungsfrist mit dem Erlass und nicht erst mit dem Ablauf der laufenden Frist zu beginnen haben (vgl. zu § 100a BGHSt 44, 243; → § 100e Rn. 5). Eine absolute Höchstfrist sieht die Regelung nicht vor, um lang andauernde und aufwändige Ermittlungen nicht zu gefährden (BT-Drs. 19/27654, 65).

10 Allerdings ist der Beschuldigte unverzüglich zu benachrichtigen, sobald dies ohne Gefährdung des Untersuchungszwecks möglich ist (Abs. 4 S. 1). Ein Zuwarten bis zum Fristablauf ist dann nicht zulässig (BT-Drs. 19/27654, 65). Der Beschuldigte ist dabei auf den Rechtsschutz nach Abs. 5 und die dort bestimmte 2 Wochen-Frist hinzuweisen (Abs. 4 S. 2). Das Gleiche gilt, wenn die Frist abläuft, ohne dass eine Verlängerung der Zurückstellung angeordnet wird; die Anordnung tritt ohne weiteres außer Kraft. Zuständig für die Nachholung der Benachrichtigung ist wie bei § 101 Abs. 5 S. 1 die StA (BeckOK StPO/Gerhold Rn 21, Burhoff StraFo 2021, 398 (401); erg. → § 101 Rn. 5).

11 **III. Nichtrichterliche Beschlagnahmeanordnung (Abs. 3).** Nach § 98 Abs. 2 S. 5 ist auch der Beschuldigte über sein Antragsrecht nach § 98 Abs. 2 S. 2 zu belehren, wenn er durch die Beschlagnahme des Beweisgegenstandes bei einem unverdächtigen (nichtbeschuldigten iSv Abs. 1 S. 1) Dritten in seinen Rechten beeinträchtigt wird (BGHR StPO § 94 Beweismittel 2). Dies ist insb. bei der Beschlagnahme von Daten des Beschuldigten der Fall, die dieser bei einem Dritten (zB auf dem Server eines Mailproviders) gespeichert hat (BVerfG 124, 43 Rn. 95). Von der Belehrung kann nach Abs. 3 S. 1 abgesehen werden, wenn binnen 3 Tagen nach der Beschlagnahme die gerichtliche Bestätigung der Beschlagnahme nach § 98 Abs. 2 S. 1 eingeholt und die Zurückstellung der Benachrichtigung nach Abs. 1 beantragt wird. Der vorherigen Anhörung des Beschuldigten durch das Gericht bedarf es dann nicht (Abs. 3 S. 2). Abs. 3 stellt damit sicher, dass auch bei einer durch die StA oder ihre Ermittlungspersonen (§ 152 GVG) angeordneten Beschlagnahme die Offenlegung ggü. dem Beschuldigten zunächst unterbleiben kann (BT-Drs. 19/27654, 65).

12 Da der von der Beschlagnahme mitbetroffene Beschuldigte bei der Maßnahme bei dem Dritten idR nicht anwesend sein wird, werden die Strafverfolgungsbehörden die richterliche Bestätigung meistens schon deshalb nach § 98 Abs. 2 S. 1 einholen (BT-Drs. 19/27654, 65) und zugleich die Zurückstellung nach Abs. 1 beantragen; denn diese ist notwendige Voraussetzung für die Anordnung des Offenbarungsverbots nach Abs. 6. Auch bei einer **freiwilligen Herausgabe** des Beweisgegenstandes ohne vorherige richterliche Beschlagnahmeanordnung (→ Rn. 4) besteht für die Ermittlungsbehörden deswegen ein rechtliches Bedürfnis für eine Beschlagnahme und deren richterliche Bestätigung nach § 98 Abs. 2 S. 1.

13 **IV. Rechtsschutz (Abs. 5).** Die Regelung gibt dem Beschuldigten die Möglichkeit, nachträglich die für ihn verdeckte Beschlagnahme, die Art und Weise des Vollzugs sowie die Zurückstellung der Benachrichtigung gerichtlich überprüfen zu lassen. Sie ist § 101 Abs. 7 S. 2–4 nachgebildet; die dafür geltenden Grundsätze gelten auch hier (BT-Drs. 19/27654, 65); vgl. wegen der Einzelheiten → § 101 Rn. 25 ff.

14, 15 **C. Offenbarungsverbot (Abs. 6, Abs. 7). I. Inhalt u. Zuständigkeit (Abs. 6).** Das **Offenbarungsverbot** (Abs. 6 S. 1) stellt sicher, dass der Beschuldigte trotz der Zurückstellung der Benachrichtigung nach Abs. 1 auf anderem Weg, namentlich durch den unmittelbar von der Beschlagnahme betroffenen Gewahrsamsinhaber, von der Beschlagnahme Kenntnis erlangt (BT-Drs. 19/27654, 65). **Voraussetzung** ist das **Vorliegen einer Zurückstellung nach Abs. 1** und damit eine richterliche Anordnung oder Bestätigung der Beschlagnahme (vgl. zur freiwilligen Herausgabe → Rn. 12). Dem unmittelbar von der Beschlagnahme Betroffenen und damit demjenigen, der in jedem Fall Kenntnis von der Maßnahme erlangt, kann verboten werden, dem Beschuldigten oder Dritten die Beschlagnahme zu offenbaren. Da der Beschlagnahme regelmäßig eine Durchsuchung nach § 103 vorher – und mit ihr eine Durchsicht nach § 110 sowie ein Herausgabeverlangen nach § 95 einhergeht, sind auch diese Maßnahmen vom Offenbarungsverbot des Abs. 6 S. 1 erfasst (BT-Drs. 19/27654, 62). Um das Verbot dem von der Maßnahme nach § 103 Betroffenen auch bei einer **erfolglosen Durchsuchung** auferlegen zu können, sollte der Durchsuchungsbeschluss mit einer Beschlagnahmeanordnung verbunden werden (→ § 105 Rn. 7; s. a. MüKoStPO/Hausschild Rn. 15, der die Auferlegung eines Offenbarungsverbot bei einer erfolglosen Durchsuchung ohne weiteres für zulässig hält; abl. BeckOK StPO/Gerhold Rn. 27; Park Rn. 748).

Die Anordnung bedarf einer **Einzelfallprüfung;** insb. sind Zumutbarkeitskriterien einzubeziehen. Ein Stillschweigen ist dem Betroffenen bei den praxisrelevanten Fällen der Beschlagnahme elektronischer Daten zuzumuten, da hier idR der Datenbestand lediglich gespiegelt wird, der Betroffene die Daten mithin weiterverwenden kann (BT-Drs. 19/27654, 66). Dem unmittelbar von den Maßnahmen Betroffenen stehen die Rechtsschutzmöglichkeiten nach § 98 Abs. 2 S. 2 und § 304 zu (→ § 98 Rn. 18 ff., 31). Die zur Wahrnehmung seiner Rechte erforderlichen Handlungen darf er wahrnehmen, insb. ist die Weitergabe von Informationen an seinen Verteidiger nicht vom Offenbarungsverbot umfasst (BT- Drs. 19/27654; 66). **15a**

Für die Zuständigkeit und die Befristung gilt Abs. 2 entspr. (Abs. 6 S. 2). Die Anordnung steht unter dem **Richtervorbehalt.** Bei Gefahr im Verzug kann das Offenbarungsverbot auch von der StA oder ihren Ermittlungspersonen (§ 152 GVG) angeordnet werden. Voraussetzung ist aber, dass sie binnen 3 Tagen (Abs. 6 S. 3) gem. Abs. 3 von der von § 98 Abs. 2 S. 5 vorgesehenen Belehrung absehen sowie die richterliche Bestätigung der Beschlagnahme nach § 98 Abs. 2 S. 1 und die Zurückstellung der Benachrichtigung nach Abs. 1 beantragen. Gegen die richterlichen Entscheidungen ist die Beschwerde (§ 304) statthaft. **16**

II. Zwangsmittel (Abs. 7). Für Verstöße gegen das Offenbarungsverbot gilt § 95 Abs. 2 entspr. Es können Ordnungsgeld und Ordnungshaft angeordnet werden (§ 70 S. 1). Den Ordnungsmitteln kommt sowohl eine präventive als auch eine repressive Funktion zu. Sie kann also auch verhängt werden, wenn der Beschuldigte infolge der Verletzung des Offenbarungsverbots bereits Kenntnis von der Beschlagnahme erlangt hat (BT-Drs. 19/27654, 66). Zuständig ist stets das Gericht; hierzu und zu den weiteren Einzelheiten: → § 95 Rn. 9 f. **17**

D. Verwertungsverbot. Aus einer Verletzung der Regelungen folgt grundsätzlich **kein Beweisverwertungsverbot** hinsichtlich des beschlagnahmten Gegenstandes, da die Zurückstellung der Benachrichtigung und das Offenbarungsverbot die Rechtmäßigkeit der Beschlagnahme selbst nicht berühren (vgl. BGH NStZ 2015, 704 (705); BeckRS 2025, 25393; iE ebenso KK-StPO/Greven Rn. 14; MüKoStPO/Hausschild Rn. 23; krit. SSW StPO/Eschelbach Rn. 18; **aA** Burhoff StraFo 2021, 398 (401)). Hinsichtlich der während der (rechtswidrigen) Zurückstellung der Benachrichtigung durchgeführten verdeckten Ermittlungsmaßnahmen (zB nach § 100a) gilt das Gleiche. Denn die Beweise, um deren Verwertung es geht, werden nicht durch die Zurückstellung der Benachrichtigung oder das Offenbarungsverbot gewonnen, sondern durch die währenddessen durchgeführten Maßnahmen erhoben. Für die Frage der Verwertbarkeit der Beweise sind danach letztere maßgeblich; eine **Fernwirkung** besteht grds. **nicht** (erg. → Einl. Rn. 57). **18**

Amtlich verwahrte Schriftstücke

96 **[1] Die Vorlegung oder Auslieferung von Akten oder anderen in amtlicher Verwahrung befindlichen Schriftstücken durch Behörden und öffentliche Beamte darf nicht gefordert werden, wenn deren oberste Dienstbehörde erklärt, daß das Bekanntwerden des Inhalts dieser Akten oder Schriftstücke dem Wohl des Bundes oder eines deutschen Landes Nachteile bereiten würde. [2] Satz 1 gilt entsprechend für Akten und sonstige Schriftstücke, die sich im Gewahrsam eines Mitglieds des Bundestages oder eines Landtages beziehungsweise eines Angestellten einer Fraktion des Bundestages oder eines Landtages befinden, wenn die für die Erteilung einer Aussagegenehmigung zuständige Stelle eine solche Erklärung abgegeben hat.**

1 **A. Einschränkung der Amtshilfepflicht; Beschlagnahme.** Eine Einschränkung der Amtshilfepflicht (Art. 35 Abs. 1 GG) der Behörden ggü. den Strafverfolgungsorganen über die ges. bes. geregelten Fälle (→ § 161 Rn. 3 ff.) hinaus bestimmt die Vorschr. (Taschke, Die behördliche Zurückhaltung von Beweismitteln im Strafprozess, 1989, S. 70). Sie ist jedoch nicht nur als eine Erg. des § 54 anzusehen (so aber Peters StrafProzR Rn. 443; Welp FS Gallas, 1973, 423), sondern steht im **Zusammenhang mit §§ 94, 95** (KK-StPO/Greven Rn. 1; MüKoStPO/Hausschild Rn. 2; SSW StPO/Eschelbach Rn. 1). Einem der Beschlagnahme nach § 94 vorgehendes **Ersuchen um Herausgabe** v. Akten und anderen Schriftstücken zur Aufklärung einer Straftat nach § 95 muss daher nur dann entsprochen werden, wenn die Voraussetzungen des § 96 nicht gegeben sind und daher keine Sperrerklärung abgegeben wird, sodass bei einer Verweigerung der Herausgabe eine Beschlagnahme der amtlich verwahrte Unterlagen nach § 94 zulässig wäre (LG Osnabrück NJW 2022, 882 mAnm Moldenhauer/Momsen: BMJ; zust. Gazeas StV 2022, 507; unklar OLG Hamm Rpfleger 2009, 150). Bei Steuer- und Steuerverfahrensakten ist § 30 AO zu beachten (LG Koblenz wistra 2021, 414 (416)).

2 Wird die Herausgabe v. Behördenakten auch nach Gegenvorstellungen ohne Abgabe einer Sperrerklärung der obersten Dienstbehörde o. offensichtlich willkürlich o. rechtsmissbräuchlich (KG NStZ 1989, 541) verweigert, so ist ihre **Beschlagnahme** zulässig (BGHSt 38, 237; OLG Jena NJW 2001, 1290; KG NStZ 1989, 541; KK-StPO/Greven Rn. 1; SK-StPO/Wohlers/Singelnstein § 94 Rn. 24; Taschke, Die behördliche Zurückhaltung von Beweismitteln im Strafprozess, 1989, S. 281; offengelassen in BGHSt 33, 70 (72); vgl. auch LG Trier NStZ-RR 2000, 248 betr. Jugendgerichtshilfe). Ein **Herausgabeverlangen** nach § 95 ist **vorrangig,** um der Behörde die Prüfung der Abgabe einer Sperrerklärung zu ermöglichen (LG Osnabrück NJW 2022, 882 (883); Die Gegenmeinung (Löwe/Rosenberg/Menges Rn. 5 ff.; wN KG NStZ 1989, 541) verneint dies, weil zwischen Justiz- ua Behörden kein Über- u. Unterordnungsverhältnis bestehe. Darum geht es hier aber nicht, sondern um die Lösung einer konkreten Konfliktlage durch eine Rechtsnorm (BGHSt 38, 237; Kramer NJW 1984, 1504; Janoschek, Strafprozessuale Durchsuchung u. Beschlagnahme bei juristischen Personen des öffentlichen Rechts, 1990, S. 94). Eine **zulässige Sperrerklärung** (→ Rn. 7 ff.) steht der Beschlagnahme nach § 94 und damit auch einem Herausgabeverlangen nach § 95 entgegen (→ Rn. 1; → § 95 Rn. 3; Park Rn. 1661; Fezer StrafProzR § 7 Rn. 9; Roxin/Schünemann StrafVerfR § 34 Rn. 21); sie darf nicht durch eine Durchsuchung nach § 103 umgangen werden (→ § 103 Rn. 2). Beschlagnahmeanordnungen **gegen die StA** im anhängigen Verf. sind unzulässig (OLG Schleswig StraFo 2013, 205 unter Hinweis auf die sich aus §§ 36 Abs. 2, 98 Abs. 1 ergebende Stellung der ermittelnden StA in Bezug auf Beschlagnahmen; KK-StPO/Greven Rn. mablAnm Park StV 2014, 327; ders. Rn. 660).

3 **B. In amtlicher Verwahrung befindliche Schriftstücke.** Der Begriff ist weit auszulegen. Er umfasst auch private Unterlagen, die wegen ihres Inhalts in amtliche

Verwahrung genommen worden sind u. bei Behörden hinterlegte Privaturkunden, wie Testamente (KK-StPO/Greven Rn. 5; Löwe/Rosenberg/Menges Rn. 39; SK-StPO/Wohlers/Singelnstein Rn. 11; **aM** KMR-StPO/Müller Rn. 3; BeckOK StPO/Gerhold Rn. 4; Janoschek, Strafprozessuale Durchsuchung und Beschlagnahme bei juristischen Personen des öffentlichen Rechts, 1990, S. 118; → 62. Aufl. 2019, Rn. 3). Unter die Vorschr. fallen auch Ermittlungsakten der StA in anderer Sache (OLG Frankfurt a. M. NJW 1982, 1408; KMR-StPOMüller Rn. 3; vgl. auch OLG München NStZ 2005, 706 (707)) u. polizeiliche Vorgänge, die in anderen Sachen entstanden sind (VGH Kassel StV 1986, 52), uU auch Bestandteile der in der anhängigen Sache entstandenen Akten (OLG Hamm NJW 1984, 880; Löwe/Rosenberg/Menges Rn. 41; Löwe/Rosenberg/Erb § 163 Rn. 66; Mayer Kriminalistik 2016, 228; vgl. auch BVerfG NJW 2010, 925 (926): Schutz des Vertrauens in staatliche Vertraulichkeitszusagen; **aM** OLG Hamburg StV 1984, 11; Keller StV 1984, 524; Taschke StV 1986, 55; Uhlig StV 1986, 118; SK-StPO/Wohlers/Greco Rn. 11; SSW StPO/Eschelbach Rn. 3 ff.: Verstoß gegen Grundsatz der Aktenvollständigkeit u. -wahrheit; vgl. aber auch BGHSt 18, 369: keine Sperre für behördliche Gutachten, die bereits zu den Strafakten gelangt sind; erg. → § 158 Rn. 16, 17, 17a, → § 147 Rn. 14a). Für Gegenstände anderer Art gilt § 96 entspr. (KK-StPO/Greven Rn. 6; vgl. OLG Karlsruhe NStZ-RR 2008, 315: bei Observation gefertigter Videofilm (dort auch zur Hinzuziehung eines Augenscheinsgehilfen, erg. → § 86 Rn. 4).

Die **vorübergehende Herausgabe** der Akten o. Schriftstücke an private Stellen hebt den amtlichen Gewahrsam nicht auf. Gestohlene Behördenakten dürfen für das Diebstahlsverfahren beschlagnahmt werden; für andere Verf. unterliegt ihre Verwertung wieder der Schranke des § 96. 4

C. Durch Behörden u. öffentliche Beamte. Zum Begriff Behörde vgl. → § 256 Rn. 12. Beamte iSd § 96 sind nur solche, die selbst eine behördenähnliche Funktion haben (KK-StPO/Greven Rn. 3). 5

Für **gesetzgebende Körperschaften** gilt S. 1 entspr., wie durch S. 2 klargestellt ist (so aber schon früher allgM, vgl. BGHSt 20, 189). Damit steht auch fest, dass die Vorschr. für andere Verwaltungsorgane, wie Gemeinderäte, Kreistage u. Stadtverordnetenversammlungen nicht anwendbar ist. 6

D. Sperrerklärung. Die Sperrerklärung darf nur mit der Gefahr v. Nachteilen für das Wohl des Bundes o. eines deutschen Landes begründet werden (zur Abwägung vgl. OVG Lüneburg NJW 2012, 2372; VGH Kassel StV 1986, 52). Hierzu zählt wegen der Pflichten des Staates, Leben u. Gesundheit seiner Bürger zu schützen (BVerfGE 57, 250) sowie künftige Straftaten zu verhindern, auch die konkrete Gefährdung v. Leib o. Leben eines Zeugen (KK-StPO/Greven Rn. 19; SK-StPO/Wohlers/Singelnstein Rn. 24; **aM** Arloth NStZ 1992, 96; Franzheim JR 1982, 436 mwN). Zu den v. § 96 erfassten öffentlichen Belangen kann nach BVerfG NJW 1984, 2271 (2275) auch das Steuergeheimnis nach § 30 **AO** gehören. Entgegenstehende öffentliche Interessen anderer Art (→ § 153c Rn. 15) genügen dagegen nicht. Verfassungsschutzakten sind nicht allg. geheimhaltungsbedürftig (BVerfG NJW 1987, 202). Zur Unzulässigkeit der Aktenversendung bei Beeinträchtigung der Intimsphäre eines Bürgers vgl. BVerfGE 27, 344. Überlassung der Akten nur an das Gericht ohne Akteneinsicht des Betroffenen (sog. „in camera"-Verfahren) ist ausgeschlossen (BGH NStZ 2000, 265; vgl. auch BVerfG NJW 2004, 2443; 2006, 1048; NStZ 2007, 274). Die Erkl. wird durch die Behörde herbeigeführt, die die Akten o. Schriftstücke verwahrt, nicht durch Gericht o. StA (LG Darmstadt NStZ 1989, 87). 7

Zuständig für die Sperrerklärung ist nur die oberste Dienstbehörde, idR also der zuständige Fachminister als oberste Fachaufsichtsbehörde, für Gemeinden der Innenminister (also nicht der Leiter des dem Innenminister zugeordneten Kriminalpolizeiamtes, BGH NJW 1989, 3294), für das Bundesamt für Verfassungsschutz das BMI (BGH StraFo 2018, 30 zu G 10 Beschränkungsmaßnahmen), für Parlamente der Präs (BGHSt 20, 189). Der Minister braucht die Erkl. nicht selbst abzugeben, 8 sondern kann das dem Beamten überlassen, der berechtigt ist, das Ministerium nach außen zu vertreten (BGHSt 35, 82 (86); OLG Stuttgart Justiz 1986, 304).

9 Die Erkl. muss eine **Begründung** enthalten, die dem Gericht die Gründe der Sperre verständlich macht u. es in die Lage versetzt, auf die Bereitstellung des Beweismittels zu drängen (BGHSt 29, 109 (112); BGH NStZ 2000, 265 (266); BVerwG NJW 1984, 2233 (2235); 1987, 202 (203); vgl. auch BVerfGE 57, 250 (290); 66, 39 (44) mwN). Das Fehlen einer solchen Begründung o. eine offensichtlich fehlerhafte bzw. sich in formelhafte Wendungen erschöpfende Begründung verpflichtet das Gericht zu **Gegenvorstellungen** (BGHSt 32, 115 (125 ff.) (GSSt); BGHSt 33, 178 (180); 36, 159 (161); BGH StraFo 2018, 30), zB wenn die Weigerung auf einer nach Überzeugung des Gerichts unrichtigen tatsächlichen Grdl. o. auf falscher Rechtsanwendung beruht (BGH NStZ 1989, 282; weitergehend Hilgendorf JZ 1993, 369; Renzikowski JZ 1999, 612: uneingeschränkt gerichtlich überprüfbar; vgl. auch SK-StPO/Wohlers/Singelnstein Rn. 28 unter Hinweis auf die Rspr. des EGMR). In einem Fall der Beschränkung der Aussagegenehmigung für den Angeklagten (→ Einl. Rn. 80) hat BGH NJW 2007, 3010 (3012) das Gericht für verpflichtet gehalten, die oberste Justizbehörde zu einer Gegenvorstellung bei der obersten Innenbehörde u. ggf. zur Einholung eines Kabinettsbeschlusses zu veranlassen, falls die „Sperrung" eine ordnungsgemäße Durchführung des Strafverfahrens gefährdet (vgl. a. BGH NStZ 2010, 445). Die Gegenvorstellung darf unterbleiben, wenn sie nach zuverlässigen Erkenntnissen des Gerichts v. vorneherein aussichtslos ist (BGHSt 36, 159 (162); OLG Nürnberg NStZ-RR 2015, 251 mwN).

10 Sonst ist die Erkl. **für das Gericht bindend;** sie schließt jede weitere Erörterung aus (BGHSt 20, 189; 33, 178; LG Potsdam wistra 2007, 193), auch ein nachf. Ersuchen um Übersendung v. Akten (BGH (ER) 20.2.2009 – 1 BGs 20/09). Der Beweisgegenstand steht für die Sachaufklärung nicht zur Vfg. (→ § 223 Rn. 6); Beweisanträge sind nach § 244 Abs. 3 S. 3 Nr. 5 wegen Unerreichbarkeit des Beweismittels abzulehnen (→ § 244 Rn. 62 ff.). Das Gericht muss die hierdurch bedingte Einschränkung seiner Erkenntnismöglichkeiten sowie die Beschneidung der Verteidigungsrechte des Angeklagten aber bei der Beweiswürdigung berücksichtigen; es ist allerdings nicht gezwungen, die unter Beweis gestellte Tatsache als wahr zu unterstellen, ggf. ist jedoch der Zweifelssatz anzuwenden (BGHSt 49, 112 (121 ff.) mzustAnm Müller JZ 2004, 926 mkritAnm Mosbacher JR 2004, 523; erg. → § 250 Rn. 3, → § 261 Rn. 12; krit. zur Beweiswürdigungslösung auch im Hinblick auf Art. 6 Abs. 1 S. 1 EMRK SK-StPO/Wohlers/Singelnstein Rn. 36 ff.; Wohlers StV 2014, 563; Gaede StraFo 2004, 195; erg. → EMRK Art. 6 Rn. 22c, 22f; krit. zu Fällen, in denen teilw. gesperrte nachrichtendienstliche Erkenntnisse verwertet werden, Lantermann StraFo 2018, 12 (Anm. zu BGH 3.5.2017 – 3 StR 498/16)). Die Einstellung des Verfahrens kommt nur in außergewöhnlichen Fällen in Betracht (BGHSt 49, 112 (127); BGH NJW 2007, 3010 mAnm Niehaus NStZ 2008, 355 u. Wohlers JR 2008, 127; dazu auch Laue ZStW 120 (2008), 248 (267); vgl. ferner BGH StraFo 2008, 423 (424, 425); erg. → Einl. Rn. 148).

11 Geht die **Sperrerklärung erst nach Eingang der Akten** ein, so sind die Akten der Behörde unverwertet zurückzugeben (SK-StPO/Wohlers/Singelnstein Rn. 33; **aM** OLG Hamburg StV 1984, 11, das eine Sperrerklärung dann für unzulässig hält). Die Beweiserhebung ist unzulässig (→ § 244 Rn. 49). Das aus den Akten bereits erworbene Wissen darf nicht verwertet werden. Nur wenn der Akteninhalt bereits in der HV zum Beweis herangezogen war, ist die nachträgliche Sperre ohne Bedeutung.

12 **E. Entsprechende Anwendung bei behördlich geheim gehaltenen Zeugen.** Soweit nicht § 110b Abs. 3 eingreift, gilt § 96 entspr., wenn Auskunft über Namen u. Anschrift v. behördlich geheim gehaltenen Zeugen verlangt wird (BGHSt 29, 390 (393); 30, 34; 32, 32 (37); 115, 123 (GSSt); BGHSt 33, 178; BGH StV 1981, 110; 111; NStZ 1988, 563; OLG Celle NStZ 1983, 570; OLG Frankfurt a. M. NStZ 1983, 231; OLG Hamburg StV 1984, 11; OLG Hamm NStZ 1985,

566; erg. → § 158 Rn. 16–17a). Das ist sachgerecht, soweit es um die Zuständigkeit für die Erkl. der Auskunftsverweigerung geht (vgl. BVerfGE 57, 250 (289)). Denn auch die Versagung der Aussagegenehmigung für behördliche Zeugen muss nach § 68 Abs. 3 BBG (→ § 54 Rn. 6) u. entspr. Bestimmungen in Landesbeamtengesetzen (zB § 51 Abs. 2 LBG LSA, § 35 ThürBG) grds. von der obersten Dienstbehörde erklärt werden. Zuständig ist, soweit es v. der Polizei geheim gehaltene Zeugen betr., der Innen-, nicht der Justizminister (BGHSt 41, 36). Im Fall des § 96 muss er beachten, dass alle Behörden verpflichtet sind, dazu beizutragen, dass dem Gericht möglichst gute Beweismittel zur Vfg. stehen (BVerfGE 57, 250 (283); erg. → Einl. Rn. 148a); außerdem ist dem Recht des Angeklagten aus Art. 6 Abs. 3 Buchst. d EMRK Recht zu tragen (→ EMRK Art. 6 Rn. 22b). Die Sperrerklärung muss daher auf **Ausnahmefälle** beschränkt bleiben (BGHSt 35, 82 (85); OLG Hamburg StV 1993, 402).

Die Entscheidung muss den Sachverhalt mit auf den konkreten Einzelfall bezogenen u. nachvollziehbaren Erläuterungen umfassend würdigen u. dabei die Schwere der Straftat, das Ausmaß der dem Beschuldigten drohenden Nachteile u. das Gewicht der einer Auskunft entgegenstehenden Umstände berücksichtigen. Dies gilt auch für die Frage, ob nicht bereits strafverfahrensrechtliche Vorkehrungen zum Schutz des betreffenden Zeugen ausreichend sind (OVG Lüneburg NJW 2012, 2372). Insoweit ist in der neueren **Judikatur der Verwaltungsgerichte** (zu deren Zuständigkeit → Rn. 14) die Tendenz erkennbar, die Begründungsanforderungen an Sperrerklärungen zu verschärfen. Danach können als die Aufklärungspflicht des Gerichts u. das Konfrontationsrecht des Angeklagten aus Art. 6 Abs. 3 Buchst. d EMRK weniger beeinträchtigende Mittel folgende Schutzmaßnahmen für den Zeugen kumulativ in Betracht zu ziehen sein: die audiovisuelle Vernehmung des Zeugen an einem geheim gehaltenen Ort (§ 247a Abs. 1), die Verweigerung v. Angaben zu Person u. Identität (§ 68 Abs. 3), die Entfernung des Angeklagten aus dem Sitzungszimmer (§ 247), der Ausschluss der Öffentlichkeit (§ 172 Nr. 1a **GVG**), die optische u. akustische Verfremdung v. Bild u. Ton, die Befragung des Zeugen in Anwesenheit seines Führungsbeamten o. die Nichtzulassung v. Fragen zur Glaubwürdigkeit des Zeugen (§ 68a Abs. 2 S. 1) sowie zu kriminaltaktischen Vorgehensweisen (s. VGH Kassel NJW 2014, 240 mAnm Mahler HRRS 2013, 333). Die Entsch. kann auch, muss aber nicht (OVG Lüneburg NJW 2012, 2372), ggf. allein die audiovisuelle Vernehmung einer Gewährsperson iVm deren optischer u. akustischer Verfremdung zulassen (BGHSt 51, 232; zust. Anm. Güntge JR 2007, 428; weitergehend VGH Kassel NJW 2014, 240; krit. Renzikowski FS Mehle, 2009, 539; erg. → § 68 Rn. 17). Auch wenn diese Maßnahmen aus Fairnessgründen geboten sein können (BVerfG NJW 2010, 925 (926)), besteht bei der Entsch. grds. ein Beurteilungsspielraum (OVG Lüneburg NJW 2012, 2372; OLG Hamm NStZ 1985, 566; **aM** OLG Stuttgart MDR 1986, 690), der allerdings je nach Bedeutung der Zeugenaussage für die Aufklärung des Sachverhaltes u. unter Berücksichtigung des Rechts der Verteidigung auf Befragung des Zeugen (Art. 6 Abs. 3 Buchst. d EMRK; dazu iE → EMRK Art. 6 Rn. 22–22g) deutlich eingeschränkt sein dürfte. Zur Pflicht des Gerichts, auf die Erteilung der Auskunft hinzuwirken, vgl. → § 244 Rn. 62a, zu **Gegenvorstellungen** vgl. BGH StV 1990, 291, → Rn. 9. **12a**

Die entspr. Anwendung des § 96 bezieht sich auch auf die **Weigerungsgründe** (BGHSt 29, 390 (393); 30, 34; 35, 82 (85); BGH NStZ 1987, 518; 1988, 45; OLG Hamburg NJW 1982, 297; StV 1984, 11 (12); OLG Hamm NStZ 1985, 566; OLG Stuttgart NStZ 1985, 136; vgl. auch BGHSt 32, 32 (35); 115, 123 ff. (GSSt)). Eine **aM** will die ggü. § 96 weitergehenden Gründe des § 68 Abs. 1 BBG u. des § 37 Abs. 4 S. 1 BeamtStG (→ § 54 Rn. 6, 7) anwenden (vgl. VGH München NJW 1980, 198; Herdegen NStZ 1984, 100). Dass eine Versagung der Erlaubnis nur in Betracht kommt, wenn die Auskunft den V-Mann in Leibes- o. Lebensgefahr bringt, nicht aber schon wegen der Notwendigkeit seines weiteren Einsatzes (so BGHSt 33, 83 (90 ff.); dagegen OLG Stuttgart NJW 1991, 1071; vgl. auch OLG Hamm NStZ 1990, 44), ist im Hinblick auf die Interpretation des § 96 durch den **12b**

Gesetzgeber in § 110b Abs. 3 S. 3 nicht mehr haltbar (BGH StraFo 2007, 25; Soiné NStZ 2007, 249. (nachrichtendienstlicher Quellenschutz); Mayer Kriminalistik 2016, 228 (231); vgl. auch EGMR StV 1997, 619 zu Art. 6 Abs. 3 Buchst. d EMRK). Die Sperrung eines Zeugen kann auch damit begründet werden, dass die Bekanntgabe die künftige Erfüllung der Aufgaben der Sicherheitsbehörden einschl. deren Zusammenarbeit mit anderen Behörden erschweren (OVG Lüneburg NJW 2012, 2372 (2373)) bzw. das Vertrauen in Zusagen der Strafverfolgungsbehörden insges. erschüttert würde, wenn die Vertraulichkeitszusage ggü. dem Zeugen nicht eingehalten würde (BVerfG NJW 2010, 925 (927)).

13 Das Gericht bleibt verpflichtet, sich aus den Akten ergebende **Anhaltspunkte für eine mögliche Beweiserhebung** zu beachten (BGH NStZ 1993, 248; NJW 2008, 1093). Bezeichnet ein Beweisantrag eine bestimmte Person, so ist deren Vernehmung nicht schon deshalb unzulässig, weil sie mit einer gesperrten Person identisch sein kann; allerdings muss das Gericht dann in eigener Verantwortung prüfen, ob v. der Vernehmung des Zeugen wegen Gefahr für Leib o. Leben abzusehen ist (BGHSt 39, 141; zum Verhältnis v. § 96 zu § 4 ZSHG vgl. Hilger FS Gössel, 2002, 609; s. auch Eisenberg FS Fezer, 2008, 204). Kennt das Gericht aus sonstigen Erkenntnisquellen die Identität des Zeugen, steht seiner Vernehmung die Sperrerklärung nicht entgegen (BGH NStZ 2003, 610).

14 **F. Anfechtung.** Die Sperrerklärung kann der davon betroffene Prozessbeteiligte – nicht aber Gericht o. StA (vgl. BGH StraFo 2018, 30 (31); KK-StPO/Greven Rn. 32; **aM** SK-StPO/Wohlers/Singelnstein Rn. 44; Ellbogen NStZ 2007, 313: Klagebefugnis der StA; dazu aber BGH NJW 2007, 3010 (3012): höchst problematisch) – nur gem. § 42 VwGO vor dem Verwaltungsgericht anfechten (vgl. sowohl BGHSt 44, 107 als auch BVerwGE 69, 192; BVerfG NJW 1987, 202; DVBl 2006, 851; s. auch BVerfG BeckRS 2007, 23976). Dies gilt auch, wenn oberste Dienstbehörde der Justizminister ist, da die Sperrerklärung eine präventivpolizeiliche Maßnahme u. kein Justizverwaltungsakt ist (Löwe/Rosenberg/Menges Rn. 107 f.; KK-StPO/Greven Rn. 34; **aM** OVG Münster NJW 1977, 1790; Peters StrafProzR Rn. 444). Das Zwischenverfahren nach § 99 Abs. 2 VwGO ist statthaft, wenn das Tatgericht förmlich dargetan hat, dass es die zurückgehaltenen Akten, Unterlagen o. Dokumente für die Aufklärung des Sachverhalts benötigt (OVG Lüneburg NJW 2012, 2373). Die Aussetzung des Verfahrens bis zur Entsch. über Gegenvorstellungen o. Klage kann im Einzelfall in Betracht kommen (BGH NJW 2007, 3010 (3012) mkritAnm Niehaus NStZ 2008, 355); zum Anspruch hierauf vgl. → § 54 Rn. 29 sowie BGH StraFo 2007, 25; NStZ-RR 2009, 4 (C).

15 **G. Revision.** Die Revision kann nicht darauf gestützt werden, dass ein gesperrtes Beweismittel verwertet worden ist; das berührt insbes. den Rechtskreis des Angeklagten nicht (Löwe/Rosenberg/Menges Rn. 116; iErg auch SK-StPO/Wohlers/Singelnstein Rn. 48; **aM** Schmidt StPO/GVG StPO § 96 Rn. 5; Schlüchter Strafverfahren Rn. 306.1). Hat das Gericht versäumt, auf die Vorlegung v. Behördenakten hinzuwirken, so kann das die Aufklärungsrüge (§ 244 Abs. 2) begründen. Die Rüge, das Tatgericht habe eine gebotene Gegenvorstellung gegen eine Sperrerklärung versäumt, setzt Vortrag dazu voraus, dass eine solche Maßnahme, wenn auch geringe, Aussicht auf Erfolg gehabt hätte (OLG Nürnberg NStZ-RR 2015, 251 (252); vgl. dazu auch → Rn. 9).

Beschlagnahmeverbot **Nr. 73a RiStBV**

97

(1) **Der Beschlagnahme unterliegen nicht**

1. **schriftliche Mitteilungen zwischen dem Beschuldigten und den Personen, die nach § 52 oder § 53 Abs. 1 Satz 1 Nr. 1 bis 3b das Zeugnis verweigern dürfen;**
2. **Aufzeichnungen, welche die in § 53 Abs. 1 Satz 1 Nr. 1 bis 3b Genannten über die ihnen vom Beschuldigten anvertrauten Mitteilungen oder**

über andere Umstände gemacht haben, auf die sich das Zeugnisverweigerungsrecht erstreckt;

3. andere Gegenstände einschließlich der ärztlichen Untersuchungsbefunde, auf die sich das Zeugnisverweigerungsrecht der in § 53 Abs. 1 Satz 1 Nr. 1 bis 3b Genannten erstreckt.

(2) [1] **Diese Beschränkungen gelten nur, wenn die Gegenstände im Gewahrsam der zur Verweigerung des Zeugnisses Berechtigten sind, es sei denn, es handelt sich um eine elektronische Gesundheitskarte im Sinne des § 291a des Fünften Buches Sozialgesetzbuch.** [2] **Die Beschränkungen der Beschlagnahme gelten nicht, wenn bestimmte Tatsachen den Verdacht begründen, dass die zeugnisverweigerungsberechtigte Person an der Tat oder an einer Datenhehlerei, Begünstigung, Strafvereitelung oder Hehlerei beteiligt ist, oder wenn es sich um Gegenstände handelt, die durch eine Straftat hervorgebracht oder zur Begehung einer Straftat gebraucht oder bestimmt sind oder die aus einer Straftat herrühren.**

(3) **Die Absätze 1 und 2 sind entsprechend anzuwenden, soweit die Personen, die nach § 53a Absatz 1 Satz 1 an der beruflichen Tätigkeit der in § 53 Absatz 1 Satz 1 Nummer 1 bis 3b genannten Personen mitwirken, das Zeugnis verweigern dürfen.**

(4) [1] **Soweit das Zeugnisverweigerungsrecht der in § 53 Abs. 1 Satz 1 Nr. 4 genannten Personen reicht, ist die Beschlagnahme von Gegenständen unzulässig.** [2] **Dieser Beschlagnahmeschutz erstreckt sich auch auf Gegenstände, die von den in § 53 Abs. 1 Satz 1 Nr. 4 genannten Personen den an ihrer Berufstätigkeit nach § 53a Absatz 1 Satz 1 mitwirkenden Personen anvertraut sind.** [3] **Satz 1 gilt entsprechend, soweit die Personen, die nach § 53a Absatz 1 Satz 1 an der beruflichen Tätigkeit der in § 53 Absatz 1 Satz 1 Nummer 4 genannten Personen mitwirken, das Zeugnis verweigern dürften.**

(5) [1] **Soweit das Zeugnisverweigerungsrecht der in § 53 Abs. 1 Satz 1 Nr. 5 genannten Personen reicht, ist die Beschlagnahme von Verkörperungen eines Inhalts (§ 11 Absatz 3 des Strafgesetzbuches), die sich im Gewahrsam dieser Personen oder der Redaktion, des Verlages, der Druckerei oder der Rundfunkanstalt befinden, unzulässig.** [2] **Absatz 2 Satz 2 und § 160a Abs. 4 Satz 2 gelten entsprechend, die Beteiligungsregelung in Absatz 2 Satz 2 jedoch nur dann, wenn die bestimmten Tatsachen einen dringenden Verdacht der Beteiligung begründen; die Beschlagnahme ist jedoch auch in diesen Fällen nur zulässig, wenn sie unter Berücksichtigung der Grundrechte aus Artikel 5 Abs. 1 Satz 2 des Grundgesetzes nicht außer Verhältnis zur Bedeutung der Sache steht und die Erforschung des Sachverhaltes oder die Ermittlung des Aufenthaltsortes des Täters auf andere Weise aussichtslos oder wesentlich erschwert wäre.**

Übersicht

1 **A. Beschlagnahmeverbot.** Das Beschlagnahmeverbot des § 97 knüpft an die Zeugnisverweigerungsrechte nach §§ 52, 53, 53a an; es soll ihre Umgehung verhindern (BVerfGE 20, 162 (188); 32, 373 (385); BGHSt 38, 144 (146); 53, 257 (260)). Dieser Gesetzeszweck, der schon bei der Beschlagnahmeanordnung zu berücksichtigen ist (KK-StPO/Greven Rn. 2), macht auch die Anordnung u. Durchführung der **Durchsuchung** unzulässig, wenn die gesuchten Sachen unter § 97 fallen (LG Hamburg NZWiSt 2023, 232 (234); erg. → § 103 Rn. 7; → § 110 Rn. 2), u. hindert auch die einstweilige Beschlagnahme nach § 108 Abs. 1 (→ § 108 Rn. 4). Wenn die Beschlagnahmefreiheit bei der Durchsuchung aufgefundener Unterlagen nicht offensichtlich ist, kann dies im Wege der **Durchsicht** festgestellt werden (→ § 110 Rn. 2). Der Beschlagnahme v. DNA-fähigem Material steht § 97 nicht entgegen; ein allg. Beschlagnahmeverbot enthält die Vorschr. nicht (BGH (ER) NStZ-RR 2018, 319; erg. → § 81c Rn. 23; → § 94 Rn. 20; → § 103 Rn. 7). Soweit § 97 die Beweiserhebung im Verhältnis zu Berufsgeheimnisträgern regelt, kommt der Bestimmung ggü. § 160a der **Vorrang** zu (§ 160a Abs. 5; BVerfG NJW 2018, 2385 (2387) erg. → Rn. 50; → § 160a Rn. 17).

2 Die **entspr. Anwendung** der Vorschr. auf Personen, denen das G kein Zeugnisverweigerungsrecht einräumt, kommt nicht in Betracht (Löwe/Rosenberg/Menges Rn. 11; vgl. für Insolvenzverwalter: LG Potsdam JR 2008, 260 mzustAnm Menz JR 2008, 261; vgl. auch Brüsseler ZInsO 2007, 1162; LG Saarbrücken ZInsO 2010, 431 mit insoweit zust. Anm. Weyand ZInsO 2010, 431; Weyand ZInsO 2008, 25; erg. → § 53 Rn. 3; für Verkehrsunfallakten des Arbeitgebers: LG Hamburg MDR 1984, 867; der Schadensversicherer: BVerfG ZfS 1982, 13; Geppert DAR 1981, 301; **aM** OLG Celle JR 1982, 475 mablAnm Rengier JR 1982, 477). Beschlagnahmeverbote können sich allerdings ausnahmsweise unmittelbar aus dem GG ergeben (erg. → § 94 Rn. 20); vgl. auch Schwerdtfeger/Schefer NStZ 2023, 655.

3 **B. Nur für Beweismittel. Nur für Beweismittel** besteht das Verbot der Beschlagnahme, dh der zwangsweisen Überführung der Sache in amtliche Verwahrung o. ihre Sicherstellung in anderer Weise (→ § 94 Rn. 15 ff.), nicht aber für Einziehungsgegenstände (vgl. zu deren Beschlagnahme aber § 160a).

4 **C. Selbst beschuldigte Zeugnisverweigerungsberechtigte.** Auf selbst (nicht-)beschuldigte Zeugnisverweigerungsberechtigte ist § 97 nicht anwendbar (BVerfG NStZ-RR 2026, 17 (19); BGHSt 53, 257 (260); zust. Gössel NStZ 2010, 288; vgl. auch BVerfG NStZ-RR 2004, 83; Beulke/Ruhmannseder StV 2011, 183 mwN). Das folgt aus dem Wortlaut sowie daraus, dass die Beschlagnahme bei ihnen

idR auch bei Teilnahmeverdacht zulässig ist (Abs. 2 S. 2, Abs. 5 S. 2). Die Beschlagnahme der an sich durch § 97 geschützten Beweismittel ist bei dem Beschuldigten daher auch statthaft, wenn er RA (BVerwG NJW 2001, 1663; LG Berlin NStZ 1993, 146; erg. → § 102 Rn. 15a), Verteidiger (BVerfG NJW 2008, 2422; BGHSt 53, 257 (260); OLG Frankfurt a. M. NJW 2005, 1727 (1730)), Steuerberater (Quermann wistra 1988, 254; **aM** Bauwens wistra 1988, 100), Abg. (BVerfGE 108, 251) o. Mitarbeiter v. Presse o. Rundfunk ist (BVerfG NStZ-RR 2026, 17 (19); BVerfGE 20, 162 (218); erg. → Rn. 45 aE; zur Bedeutung von Art 5 Abs. 1 GG → § 102 Rn. 16). Das aus der Beschlagnahme im Verf. gegen den beschuldigten Verteidiger erlangte Wissen ist nur in dem gegen diesen gerichteten Prozess verwertbar; im Verf. gegen den Mandanten ist seine Verwertung dagegen durch § 97 Abs. 1 ausgeschlossen (BGHSt 53, 257 (262) im Fall der Verwertung eines Zufallsfundes (beleidigender Brief), der in einem gegen den Verteidiger gerichteten Verf. wegen versuchter Strafvereitelung gemacht wurde; insoweit zust. Barton JZ 2010, 103, der aber für die zugrunde liegende Durchsuchung einen qualifizierten Verdacht iSv → Rn. 38 fordert; vgl. auch Beulke/Ruhmannseder StV 2011, 183; Beulke FS Lüderssen, 2002, 693 (707, 710); Krekeler NStZ 1987, 199 (201); Löwe/Rosenberg/Menges § 108 Rn. 10).

Für einen **Arzt** kann nichts anderes gelten (VerfGH Berlin JR 2002, 496; **aM** **4a** Köhler ZStW 107 (1995), 36; Michalowski ZStW 109 (1997), 519 (542)). Ist er Beschuldigter, dürfen die sich auf die ihm vorgeworfene Tat beziehenden Krankenunterlagen beschlagnahmt werden (BVerfG NJW 2000, 3557; BGHSt 38, 144 (146) mwN). Die Unterlagen dürfen aber nur gegen ihn, nicht gegen die Patienten verwertet werden (vgl. SK-StPO/Wohlers/Singelnstein Rn. 13; Weyand wistra 1990, 4 (8)). Dies stellt § 108 Abs. 2 jetzt ausdr. für den Fall eines Strafverfahrens gegen eine Patientin nach § 218 StGB klar (für eine weitergehende Regelung de lege ferenda Wolter Theorie und Systematik StrafProzR/Wolter *S.* 62).

D. Freiwillige Herausgabe. Die freiwillige Herausgabe der Sache durch den **5** Zeugnisverweigerungsberechtigten enthält einen **Verzicht** auf das Beschlagnahme- u. Verwertungsverbot (BGHSt 18, 227 (230)). Die Sicherstellung ist dann zulässig, auch wenn der Gewahrsamsinhaber mit der Einwilligung gegen § 203 StGB verstößt (Löwe/Rosenberg/Menges Rn. 55; BeckOK StPO/Gerhold Rn. 60; Auffermann/Vogel NStZ 2016, 387; **aM** SK-StPO/Wohlers/Singelnstein Rn. 78; vgl. auch KK-StPO/Greven Rn. 4 f.; Gutman BB 2010, 171; Michalke NJW 2008, 1490 (1492); erg. → § 53 Rn. 6).

Das Herausgabeverlangen muss aber mit einer **Belehrung** darüber verbunden **6** werden, dass die Sache nicht zwangsweise, sondern nur mit dieser Einwilligung in amtliche Verwahrung genommen werden darf (Fezer JuS 1978, 767; Wohlers NStZ 1990, 245 (246); erg. → § 95 Rn. 6). Der Belehrung bedarf es auch dann, wenn die Sache ohne Aufforderung spontan zur Vfg. gestellt wird (KK-StPO/Greven Rn. 3; Löwe/Rosenberg/Menges Rn. 58; SK-StPO/Wohlers/Singelnstein Rn. 79; **aM** Krause/Nehring StrafVerfR Rn. 13). Der Verstoß gegen die Belehrungspflicht macht das Beweismittel unverwertbar, wenn der Gewahrsamsinhaber die Rechtslage nicht gekannt hat, wird aber durch aufgrund nachträglicher Belehrung abgegebene Einverständniserklärung des Berechtigten geheilt (Fezer JuS 1978, 768 Fn. 34). Verwertbar ist ein Beweismittel auch, wenn es auf anderer Grundlage, zB nach § 81a, hätte erlangt werden können (vgl. → § 81a Rn. 33 aE sowie OLG Karlsruhe StV 2005, 376 (377) mablAnm Dallmeyer StV 2005, 378).

Der **Widerruf** der Einwilligung ist zulässig u. zwingt zur Rückgabe, hindert **7** aber, wenn die Sache bereits als Beweismittel ausgewertet worden ist, nicht die Beweiserhebung über die Erg. dieser Auswertung (KK-StPO/Greven Rn. 3; vgl. auch Löwe/Rosenberg/Menges Rn. 60; **aM** Mitsch AfP 2012, 521 (526)).

Die **Verwertbarkeit** der Sache kann von dem Zeugnisverweigerungsberechtig- **8** ten auf das Verf. beschränkt werden, in dem sie hrsg. worden ist; weitere Beschränkungen kann der Betroffene bei der Herausgabe nicht bestimmen (KK-StPO/Greven Rn. 4; BeckOK StPO/Gerhold Rn. 61).

9, 10 **E. Voraussetzungen der Beschlagnahmefreiheit. I. Verfahren gegen einen Beschuldigten.** Im Verf. gegen einen konkreten Beschuldigten (LG Hannover StV 2026, 18; erg → Einl. Rn. 76 ff.; → § 163a Rn. 4a; erg. → Rn. 36), der nicht der Zeugnisverweigerungsberechtigte selbst ist (→ Rn. 4), gilt die Beschlagnahmefreiheit; daher muss ggf. zunächst die Identität des Beschuldigten geklärt werden (LG Trier StraFo 2007, 371). Ein Ermittlungsverfahren braucht aber noch nicht formell eingeleitet zu sein; in der Beschlagnahme kann der 1. Verfolgungsakt liegen (OLG Celle NJW 1963, 406 (407); → Einl. Rn. 76). Ein Beschlagnahmeverbot besteht auch, wenn ein Zeuge bis zur Abtrennung des dieselbe Tat betreffenden Verfahrens Mitbeschuldigter war (BGHSt 43, 300; OLG München NStZ 2006, 300; zust. Anm. Satzger JR 2007, 336; weiter SK-StPO/Wohlers/Singelnstein Rn. 11; Schäfer FS Hamm, 2008, 640 für Verteidigungsunterlagen). Gegenstände, die der Zeugnisverweigerungsberechtigte v. anderen Personen erlangt hat, können allerdings beschlagnahmt werden (OLG Celle NJW 1965, 362; LG Fulda NJW 1990, 2946; LG Hamburg NJW 1990, 780; **aM** OLG Köln NStZ 1991, 452; AK-StPO/Amelung Rn. 15). Eine allgemeine Freistellung v. der Beschlagnahme, entspr. dem allg. Zeugnisverweigerungsrecht nach § 53, besteht – verfassungsrechtlich unbedenklich (BVerfG NJW 2018, 2385 (2389); NStZ-RR 2004, 83; NJW 2009, 281) – nicht (noch offengelassen v. BGH NStZ 1997, 562 u. BGHSt 43, 300; vgl. auch OLG Frankfurt a. M. NJW 2002, 1135 (kein Beschlagnahmeverbot bei berufsfremder Tätigkeit)). Für den Zeugenbeistand gilt das Beschlagnahmeverbot nicht; eine analoge Anwendung von Abs. 1 oder ein Beschlagnahmeverbot unmittelbar aus dem GG (so Schwerdtfeger/Schefer NStZ 2023, 655 (658)) mit Blick auf den Ausnahmecharakter eines solchen Verbots (vgl. BVerfG NJW 2018, 2385 (2389)) kommt nicht in Frage.

10a Auch bei **Abs. 1 Nr. 3** wird nur das **Vertrauensverhältnis** zwischen einem Berufsgeheimnisträger u. dem im konkreten Ermittlungsverfahren Beschuldigten geschützt. Diese schon bisher v. der Rspr. u. Teilen der Lit. vertretene Auff. (LG Bochum NStZ 2016, 500; LG Hamburg NJW 2011, 942; LG Bonn NZWiSt 2013, 21 (24); LG Dresden NJW 2007, 2709) hat das **BVerfG** bestätigt (BVerfG NJW 2018, 2385 (2388); vgl. auch OLG Köln wistra 2021, 37; LG Nürnberg-Fürth ZWH 2025, 130, 133 f.; LG Hannover StV 2026, 18). Eine erweiternde Auslegung des Abs. 1 Nr. 3 ist v. Verfassungs wegen nicht geboten; auch Art. 8 Abs. 1 EMRK ist nicht verletzt (EGMR NJW-Spezial 2025, 56). Der Verteidiger darf „Überführungsstücke", auf die ein staatlicher Beschlagnahmezugriff zielt, nicht in seinen Räumen verstecken; sein Mandat soll nicht dazu genutzt werden können, gesuchten Beweisgegenständen „Asyl" zu gewähren o. ein „Safehouse" zu bieten (BVerfG NJW 2018, 2385 (2389); BGHSt 63, 174 (180) mAnm Beulke StV 2019, 205 u. Wohlers JR 2020, 576). Der Beschlagnahmeschutz aus § 97 StPO bei einem Mandatsverhältnis (§ 53 Abs. 1 Nr. 3) mit einer jur. Person erstreckt sich nicht auf deren beschuldigte Organe (vgl. BVerfG NJW 2018, 2385 (2391); NStZ-RR 2004, 83; LG Hamburg NJW 2011, 942; LG Bonn NZWiSt 2013, 21 (24); Beulke StV 2019, 205; MüKoStPO/Hauschild Rn. 64; **aM** Momsen DB 2011, 1792 (1796); Huber-Lotterschmid, Verschwiegenheitspflichten, Zeugnisverweigerungsrechte u. Beschlagnahmeverbote zugunsten juristischer Personen, 2006, S. 101 ff.; diff. Goeckenjan FS Samson, 2010, 657). Ebenso wenig genießen Compliance-Ombudsleute Beschlagnahmeschutz (LG Bochum NStZ 2016, 500 mzustAnm Sotelsek NStZ 2016, 502 u. Queling/Bayer NZWiSt 2016, 417; abl. Buchert/Buchert StV 2017, 204; Frank/Vogel NStZ 2017, 313 (320)). Eingehend zur Problematik Valerius, Das Vertrauensverhältnis zwischen Anwalt u. Mandant, 2013, S. 95 ff.

10b Dies gilt auch für selbst recherchiertes Material sowie für Unterlagen, etwa Interviews mit Mitarbeitern, die ein mit **internen Ermittlungen** v. einem Unternehmen beauftragter RA erlangt hat. Ein Beschlagnahmeverbot setzt mithin voraus, dass das Unternehmen in dem konkreten Verf. eine dem Beschuldigtenstatus gleichkommende (beschuldigtenähnliche) Stellung innehat (BVerfG NJW 2018, 2385 (2389)). Die bis zur Entsch. des BVerfG vertretenen Auffassungen, wonach

Abs. 1 Nr. 3 auf das Vertrauensverhältnis zwischen einem Nichtbeschuldigten u. RA zu erstrecken sei (vgl. hierzu → 61. Aufl. 2018), sind überholt, da die Amtsaufklärungspflicht (§ 160 Abs. 1, Abs. 2, § 244 Abs. 2) die ges. zulässige Erhebung der Beweise erfordert. Ein Beschlagnahmeschutz nach Abs. 1 Nr. 3 ergibt sich für im Rahmen interner Ermittlungen geführter Interviews auch nicht daraus, dass dem betreffenden Mitarbeiter die vertrauliche Behandlung der Interviewinhalte zugesichert wird, da dies kein mandatsähnliches Vertrauensverhältnis zwischen dem v. Unternehmen beauftragten RA u. dem beschuldigten Mitarbeiter begründet (so schon LG Hamburg NJW 2011, 942 mablAnm Jahn/Kirsch StV 2011, 151; zust. Bauer StV 2012, 277; MüKoStPO/Hauschild Rn. 64;vgl. a. KK-StPO/Greven Rn. 14a f.); die Annahme einer quasi konkludenten Mandatsübernahme auch für die befragten Mitarbeiter würde einen strukturellen, Standespflichten des RA berührenden (vgl. § 43a Abs. 4 BRAO, § 3 Abs. 1 BORA) Konflikt mit den regelmäßig gegenläufigen Interessen des ihn beauftragenden Unternehmens hervorrufen (vgl. LG Hamburg NJW 2011, 942; Bauer StV 2012, 277; StraFo 2012, 488, jew. unter zusätzlichem Hinweis auf eine mögliche Strafbarkeit nach § 356 StGB). § 160a Abs. 1 steht dem nicht entgegen, da nach § 160a Abs. 5 die Vorschr. des § 97 ausdr. „unberührt" bleibt. § 97 geht § 160a Abs. 1 daher als Spezialregelung für Beschlagnahmen vor (BVerfG NJW 2018, 2385 (2387 ff.) mit ausf. Darst. der Rspr. u. der Lit.; LG Nürnberg-Fürth ZWH 2025, 130 (136); erg. → § 160a Rn. 17; zw. „aus einfachrechtlicher Sicht" Wimmer StV 2019, 704 (705)). Dass insoweit – nur – das Verhältnis des Berufsgeheimnisträgers zum Beschuldigten privilegiert ist, ist auch nicht sachwidrig. Denn bei Annahme eines uneingeschränkten Beschlagnahmeverbots im Falle interner Ermittlungen läge es alleine in der Hand des Unternehmens, orientiert an seinen Interessen, denen regelmäßig die Verlagerung zivil- o. strafrechtlicher Verantwortlichkeit für Unregelmäßigkeiten im Betrieb v. der Leitungsebene auf einzelne Mitarbeiter entsprechen wird (s. dazu Bauer StV 2012, 277 (279); Jahn/Kirsch StV 2011, 151), Beweismittel dem Zugriff der StA zu entziehen o. nur selektiv herauszugeben; dies könnte je nach Sachlage nicht nur die Sachverhaltsaufklärung erheblich beeinträchtigen, sondern auch die sachgerechte Verteidigung beschuldigter Mitarbeiter erschweren (BVerfG NJW 2018, 2385 (2389); Wehnert StraFo 2012, 253 (258); vgl. auch Schuster NZWiSt 2012, 431 (433)). Ergänzend zur Entbindung extern beauftragter Anwälte v. der Schweigepflicht → § 53 Rn. 16, 45 ff.; zur Frage eines Schweigerechts für betroffene Mitarbeiter → § 136 Rn. 7a. Zu den möglichen Auswirkungen der Entsch. des BVerfG NJW 2018, 2385 auf unternehmensinterne Ermittlungen, vgl. Winkler StraFo 2018, 464; Leipold/Beukelmann NJW-Spezial 2018, 504; s. a. Park NStZ 2025, 449.

Ein **Beschlagnahmeschutz** für die JP besteht nach Abs. 1 jedoch, wenn sie – **10c** wie dies häufig bei dem Verdacht unternehmensbezogener Straftaten wie Korruptions- o. Kartelldelikten der Fall ist – die beschuldigtenähnliche Stellung eines Bet. gem. § 424 o. § 444 innehat (LG Nürnberg-Fürth ZWH 2025, 130 (134 ff.)). Der in diesen Fällen jew. anwendbare § 428 Abs. 1 S. 2 verweist auf die für die Verteidigung eines Beschuldigten geltenden Vorschriften, insbes. auf den in § 148 verankerten Grundsatz der freien Verteidigung, § 426 Abs. 1 auf die Vorschriften über die Vernehmung eines Beschuldigten; in der HV hat der nach § 424 o. § 444 Bet. gem. § 427 Abs. 1 die Befugnisse eines Angeklagten. Das G gibt dem Nebenbeteiligten somit – va auch im Verhältnis zu seinem Rechtsbeistand – in jeder Lage des Verfahrens (→ § 428 Rn. 1; Löwe/Rosenberg/Gaede § 428 Rn. 2) eine Rechtsstellung, die der eines Beschuldigten im Strafverfahren entspr. (vgl. insoweit Jahn NZWiSt 2013, 28; Bauer StraFo 2012, 488; MüKoStPO/Hauschild Rn. 64; Rütters/Schneider GA 2014, 160 (167)).

Ob eine solche **beschuldigtenähnliche Stellung** der JP in dem konkreten **10d** Verf. vorliegt, ist analog zum Beschuldigtenstatus bei natürlichen Personen (LG Hamburg NZWiSt 2023, 232 (234); vgl. hierzu → Rn. 10; → Einl. 76 ff) zu beurteilen; denn der Beschlagnahmeschutz für eine juristische Person kann nicht weiter gehen als der für eine natürliche. Daraus folgt, dass das Unternehmen jedenfalls dann eine beschuldigtenähnliche Verfahrensstellung einnimmt, wenn es in förmlicher Hinsicht die eines Beteiligungsinteressenten (vgl. hierzu → § 424 Rn. 2) innehat. Dies ist der Fall, wenn es im Ermittlungsverfahren als möglicher Bet. geführt oder angehört wird (vgl. § 426 Abs. 1 S. 1), da dieser förmliche Akt mit der einer die Beschuldigtenstellung begründenden förmlichen Einleitung eines Ermittlungsverfahrens (vgl. hierzu → Einl. Rn. 76 ff., → § 163a Rn. 41) vergleichbar ist. Es kann aber im Einzelfall auch genügen, wenn sich aufgrund tatsächlicher Anhaltspunkte eine künftige Verfahrensbeteiligung objektiv abzeichnet (BVerfG NJW 2018, 2385 (2389 f.)). Ähnlich der Rechtslage beim Beschuldigtenstatus (vgl. → Einl. Rn. 77, → § 163a Rn. 4a) muss dann aber wenigstens eine „hinreichende Sicherheit" für eine künftige Verfahrensbeteiligung der JP bestehen (BVerfG NJW 2018, 2385 (2389 f.); LG Hamburg NZWiSt 2023, 232 (234)), sodass sich das Absehen v. einer Behandlung des Unternehmens als Beteiligungsinteressent als Umgehung der Rechte aus § 97 darstellen würde (weitergehend Oesterle Anm. zu LG Hamburg NZWiSt 2023, 232 (236): „Anfangsverdacht" soll genügen; indes außer Betracht lassend, dass die Annahme einer beschuldigtenähnlichen Stellung ohne formellen Beteiligungsakt entspr. der Annahme des Beschuldigtenstatus bei natürlichen Personen angesichts des diesbezüglichen Beurteilungsspielraums der Strafverfolgungsbehörden die Ausnahme bildet; vgl. für die Beschuldigtenstellung → Einl. Rn. 76 ff.; → § 163a Rn. 4a). Im Hinblick auf eine Verbandsgeldbuße nach § 30 OWiG setzt dies ein förmliches Straf- o. Bußgeldverfahren gegen die Leitungsperson des Unternehmens o. – falls es an einem solchen fehlt – einen „hinreichenden Verdacht" für eine durch eine konkrete Leitungsperson begangene Straftat o. eine Aufsichtspflichtverletzung iSv § 130 OWiG voraus; allein die Möglichkeit o. die Wahrscheinlichkeit dafür genügt nicht. Keinesfalls genügt daher, dass ein Unternehmen ein künftiges gegen sich gerichtetes Ermittlungsverfahren lediglich befürchtet u. sich vor diesem Hintergrund anwaltlich beraten lässt o. eine unternehmensinterne Untersuchung in Auftrag gibt (BVerfG NJW 2018, 2385 (2389 f.); so schon bisher LG Bonn NZWiSt 2013, 21 (24 f.) mablAnm Jahn/Kirsch NZWiSt 2013, 28; Schneider NStZ 2016, 309 (312); Schuster NZWiSt 2012, 431 (434); die weitergehende Ansicht (vgl. insofern → 61. Aufl. 2018) ist überholt (**aA** Momsen NJW 2018, 2362 (2366)); erg. → § 148 Rn. 3, 4; vgl. aber auch Ignor StV 2019, 693 (696)). Hat die JP einen beschuldigtenähnliche Stellung in diesem Sinn erreicht, sind die Unterlagen aus internen Erhebungen insoweit als Verteidigungsunterlagen zu qualifizieren (Rütters/Schneider GA 2014, 160 (168 ff.); erg. → § 160a Rn. 17). Der Schutz erstreckt sich **nicht** auf den unternehmens- u. konzerninternen Schriftwechsel mit **Syndikusanwälten** (EuGH NJW 2010, 3557; erg. → § 53 Rn. 15a). Zum Schweigerecht der JP, vgl. → § 136 Rn. 7a.

11 **II. Gewahrsam des Zeugnisverweigerungsberechtigten.** Im **Gewahrsam des Zeugnisverweigerungsberechtigten** muss der Gegenstand sein (Abs. 2 S. 1). Dies gilt nicht für Verteidigerpost (dazu eing. → Rn. 37; für Ausweitung auf im Gewahrsam des Beschuldigten befindliche RA-Korrespondenz Kapp/Roth ZRP 2003, 404; vgl. auch Theuner Schweigepflicht S. 364: verfassungsunmittelbares Beweisverbot für Krankenunterlagen). Die Beschränkung in S. 1 aE beruht auf der Erweiterung der Krankenversichertenkarte zu einer elektronischen Gesundheitskarte (vgl. dazu Hornung, Die digitale Identität, 2005, S. 207 ff.). Die Wiedererlangung des Gewahrsams, zB infolge Rückgabe der Sache durch den Beschuldigten, genügt. Gewahrsam bedeutet das tatsächliche Herrschaftsverhältnis, die Verfügungsmacht über das Beweismittel (Löwe/Rosenberg/Menges Rn. 28). Er besteht auch an Sachen in Schließfächern, selbst wenn sie nur gemeinsam mit dem Vermieter geöffnet werden können, u. an Sachen, die der Berechtigte bei ebenfalls zum Schweigen verpflichteten Dritten, zB bei einem Finanzamt, einer Buchprüfungsgesellschaft, einer Ärztekammer, aufbewahren lässt (OLG Celle MDR 1952, 376; Löwe/Rosenberg/Menges Rn. 32). Sachen, die sich auf dem Postweg befinden, können beschlagnahmt werden (Löwe/Rosenberg/Menges Rn. 28; **aM** SK-StPO/Wohlers/Singelnstein Rn. 51).

Hat der Zeugnisverweigerungsberechtigte nur **Mitgewahrsam** an der Sache, so gilt § 97 ebenfalls (BGHSt 19, 374; LG Stuttgart wistra 1990, 282), jedoch nicht, wenn der Beschuldigte Mitgewahrsamsinhaber ist (BGHSt 19,374; KG JR 1967, 192; LG Stuttgart wistra 2018, 402 (404); LG Aachen MDR 1981, 603). Der Nutzer externer Clouds hat über seine Zugriffsmöglichkeit Mitgewahrsam an den dort abgelegten Daten. Kontounterlagen über ein RA-Anderkonto dürfen nicht beim RA, wohl aber bei dem das Konto führenden Kreditinstitut beschlagnahmt werden (BVerfG wistra 1990, 97; LG Chemnitz wistra 2001, 399; LG Würzburg wistra 1990, 118; **aM** AG Münster StV 1998, 181; Kretschmer wistra 2009, 181; Stahl wistra 1990, 94). **12**

Endet der Gewahrsam des Weigerungsberechtigten durch freiwillige Aufgabe o. durch Tod, so wird § 97 unanwendbar. Das gilt im Fall des § 52 auch, wenn der Nachfolger im Gewahrsam selbst weigerungsberechtigt ist. Im Fall des § 53 bleibt die Beschlagnahmefreiheit dagegen bei einem Weigerungsberechtigten derselben Kategorie (Verteidiger, Arzt usw) bestehen, zB wenn der behandelnde Arzt einen Spezialisten hinzuzieht, dem er den geschützten Gegenstand vorübergehend überlässt, insbes. aber, wenn der Weigerungsberechtigte Amt o. Praxis aufgibt u. die geschützten Unterlagen insges. auf seinen Nachfolger übergehen (BVerfGE 32, 373 (381 ff.)). Bei unfreiwilliger Besitzaufgabe endet der Schutz des § 97 ebenfalls (BGH NJW 1977, 540; KK-StPO/Greven Rn. 8; SK-StPO/Wohlers/Singelnstein Rn. 56; **aM** Beulke Strafverfahren S. 210; Löffler/Achenbach LPG § 23 Rn. 110; Theuner Schweigepflicht S. 369); die Sache kann daher beim Dieb o. Finder beschlagnahmt werden (Löwe/Rosenberg/Menges Rn. 33). Wenn ein Gegenstand in einem anderen Verf. beschlagnahmt wird, darf er dagegen als Beweismittel wegen der Tat, derentwegen das Zeugnisverweigerungsrecht besteht, ohne Einwilligung des Berechtigten nicht als Beweismittel verwertet werden. **13**

Durch G v. 30.10.2017 (BGBl. I 3618) wurde **Abs. 2 S. 2 aF,** der eine Sonderregelung für Angehörige der Heilberufe u. für Beratungsstellen nach § 219 Abs. 2 enthielt, unter Hinweis auf die Neufassung des § 53a u. die dadurch begründete Ausweitung des Anwendungsbereiches dieser Vorschr. gestrichen (BT-Drs. 18/12940, 11 f.). **14**

Zum Beschlagnahmeverbot u. zum Zeugnisverweigerungsrecht der mitwirkenden Personen in diesen Fällen → Rn. 41–43 sowie → § 53a Rn. 1–3, 6. **15**

Bei **Presse- u. Rundfunkmitarbeitern** lässt Abs. 5 S. 1 den Gewahrsam der Redaktion usw genügen. Die Sache muss in deren Räumen (zum Begriff: Löffler/Achenbach LPG § 23 Rn. 113) o. Fahrzeugen auf Veranlassung eines dazu befugten Mitarbeiters aufbewahrt werden. **16**

F. Ausschluss der Beschlagnahmefreiheit. I. Verdacht der Beteiligung. Der **Verdacht der Beteiligung** an der Tat (Abs. 2 S. 2) sowie der Datenhehlerei (vgl. hierzu BVerfG MMR 2022, 657 zu „investigativen" Journalisten), Begünstigung, Strafvereitelung o. Hehlerei (nicht aber der Geldwäsche) lässt das Beschlagnahmeverbot entfallen (Ausnahme aber Abs. 5 S. 2 Hs. 2; einschr. Theuner Schweigepflicht S. 373: nur bei kollusivem Zusammenwirken v. Arzt u. Patient). Dabei wird, außer bei Abg. (→ Rn. 44), nicht vorausgesetzt, dass gegen den Zeugnisverweigerungsberechtigten schon ein Ermittlungsverfahren eingeleitet worden ist (BGH NJW 1973, 2035; BT-Drs. 16/6979, 42) o. dass seiner Einleitung keine rechtlichen Hindernisse entgegenstehen. Insoweit wird also die Beschuldigtenposition einer Person antizipiert, die im Zeitpunkt der Beschlagnahme noch (potenzieller) Zeuge ist, aber demnächst Beschuldigter sein könnte (Mitsch AfP 2012, 521 (523)). Ist er bereits Beschuldigter, findet § 97 schon keine Anwendung (→ Rn. 4). **17, 18**

Der Begriff **Tatbeteiligung** ist in weitestem Sinn zu verstehen, auch die Mittäterschaft ist erfasst (SK-StPO/Wohlers/Singelnstein Rn. 82). Maßgebend ist der Tatbegriff des § 264 (BGHSt 18, 227 (229)). Strafbar braucht die Tatbeteiligung nicht zu sein; es genügt die rechtswidrige Tat iSd § 11 Abs. 2 Nr. 5 StGB (SK-StPO/Wohlers/Singelnstein Rn. 82). Die Strafvereitelung zählt daher auch, wenn sie nach § 258 Abs. 6 StGB straflos bleibt (BGHSt 25, 168). Notwendige Teil- **19** nahme, Nebentäterschaft u. Teilnahme an der in einem anderen Verf. verfolgten Tat reichen aber nicht aus (BGHSt 25, 168).

20 Nur nach sorgfältiger, sich auf **bestimmte Tatsachen** (→ § 100a Rn. 9) stützender Prüfung darf der Verstrickungsverdacht angenommen werden; bloße Vermutungen genügen nicht (vgl. LG Kiel SchlHA 1955, 368; Beulke FS Lüderssen, 2002, 693 (709), jew. zu Abs. 2 S. 3 aF). Die Regelung entspr. § 160a Abs. 4 S. 1. Je schwerwiegender sich die Beschlagnahme auf den Betroffenen auswirkt, desto stärker muss der Verdacht konkretisiert sein (erg. → Rn. 38 für teilnahmeverdächtige Verteidiger sowie → Rn. 45 für Medienangehörige). Der Verdacht der Beteiligung muss bereits bei der Anordnung der Beschlagnahme bestehen); nicht ausreichend ist es deshalb, wenn der Tatverdacht erst durch das (unzulässig) sichergestellte o. beschlagnahmte Beweismittel entsteht (BVerfG StraFo 2022, 67 (69); SK-StPO/Wohlers/Singelnstein Rn. 81); wegen des Verwertungsverbots vgl. → Rn. 46–48.

21 **II. Deliktsgegenstände. Deliktsgegenstände** (Abs. 2 S. 2), dh Tatwerkzeuge u. durch die Tat hervorgebrachte o. erlangte Gegenstände, können unbeschränkt beschlagnahmt werden (Beulke FS Lüderssen, 2002, 693 (712)).

22 **Tatwerkzeuge** sind auch die zur Tatvorbereitung benutzten Gegenstände (OLG Hamburg MDR 1981, 603; Beulke FS Lüderssen, 2002, 693 (712); Freund NJW 1976, 2002; **aM** Amelung DNotZ 1984, 210; diff. SK-StPO/Wohlers/Singelnstein Rn. 88: spezifische Beziehung zur konkreten Tat). In Betracht kommen etwa ein zwischen Kaufleuten über den beabsichtigten Betrug geführter Schriftwechsel (Mayer SchlHA 1955, 350; einschr. Haffke NJW 1975, 811), die zur Begehung einer Wirtschafts- o. Steuerstraftat benutzten (echten o. verfälschten) Buchungsunterlagen (OLG Hamburg MDR 1981, 603; LG Aachen NJW 1985, 338; MDR 1981, 603; Freund NJW 1976, 2002; Schäfer wistra 1985, 12; einschr. OLG Stuttgart NJW 1976, 2030; Gehre NJW 1977, 710; Schmidt wistra 1991, 251) u. Retenturkunden eines Notars (Löwe/Rosenberg/Menges Rn. 44; **aM** LG Köln NJW 1981, 1746).

23 **Durch die Tat hervorgebracht** sein o. aus ihr herrühren können auch Gegenstände ohne Vermögenswert (LG Frankfurt a. M. NJW 1959, 543: unterdrückte Urkunden; BGH NJW 1996, 532 u. Rebmann FS G. Pfeiffer, 1988, 225 (236): „Bekennerbrief") u. Sachen, bei deren Erwerb nur bestimmte Umstände gegen das G verstoßen haben, zB unter Preisverstoß gekaufte Sachen.

24 **III. Entbindung von der Schweigepflicht.** Die **Entbindung v. der Schweigepflicht** (§ 53 Abs. 2 S. 1) durch den Beschuldigten verpflichtet zur Herausgabe nach § 95 (→ § 95 Rn. 10) u. lässt auch das Beschlagnahmeverbot bei dem Gewahrsamsinhaber, der sonst nach § 53 Abs. 1 S. 1 Nr. 2–3b das Zeugnis verweigern dürfte, ebenso bei den mitwirkenden Personen (§ 53a Abs. 2), entfallen (BGHSt 38, 144 (145); KMR-StPO/HadamitzkyRn. 14; SK-StPO/Wohlers/Singelnstein Rn. 72; Beulke FS Lüderssen, 2002, 693 (713); Roxin/Schünemann StrafVerfR § 34 Rn. 19; Theuner Schweigepflicht S. 371; **aM** Schmidt StPO/GVG Nachtrag Rn. 11; Matt FS Widmaier, 2008, 851 (856, 860, 866)). Ob der Beschuldigte den Inhalt der Beweisgegenstände iE kennt, ist gleichgültig (SK-StPO/Wohlers/Greco Rn. 31 mwN); auch Krankenunterlagen können daher uneingeschränkt beschlagnahmt werden (OLG Hamburg NJW 1962, 689; KK-Greven Rn. 5 Anwaltshandakten. Zur Entbindung vgl. iÜ → § 53 Rn. 45 ff.

25 Mit dem **Widerruf der Entbindungserklärung** entsteht ein neues Beschlagnahmeverbot, das aber nicht zurückwirkt (OLG Hamburg NJW 1962, 689; OLG Nürnberg NJW 1958, 272; MüKoStPO/Hausschild Rn. 54; SSW StPO/Eschelbach Rn. 52; KK-StPO/Greven Rn. 3).

26 **IV. Einverständnis des Beschuldigten.** Das **Einverständnis des Beschuldigten** mit der Beschlagnahme kann, da die Beschlagnahmeverbote nicht in seinem Interesse bestehen, die Beschlagnahmefreiheit nicht beseitigen (Fezer JuS 1978, 767 Fn. 32). Etwas anderes gilt nur für den Fall, dass der Zeugnisverweigerungsberechtigte zulässigerweise v. **der Schweigepflicht entbunden** wird (§§ 53 Abs. 2 S. 1,

53a Abs. 2; → § 53 Rn. 45 ff.); soweit eine Entbindungserklärung vorliegt, unterliegen die Gegenstände der Beschlagnahme u. damit auch der Herausgabepflicht gem. § 95 (→ Rn. 24).

G. Beschlagnahmefreie Gegenstände: I. Schriftliche Mitteilungen (Abs. 1 Nr. 1). Schriftliche Mitteilungen (Abs. 1 Nr. 1) sind alle Gedankenäußerungen, die ein Absender einem Empfänger zukommen lässt, damit er davon Kenntnis nimmt, insbes. Briefe, E-Mails, Karten, Eintragungen in Bücher o. auf Karten, auch Mitteilungen durch Zeichnungen, Skizzen u. (vgl. § 11 Abs. 3 StGB) auf Bild- u. Tonträgern (KK-StPO/Greven Rn. 11), uU auch zur Lektüre für Dritte bestimmte Tagebücher. Ob der Weigerungsberechtigte sie im Original o. in Ablichtung im Gewahrsam hat, ist gleichgültig. Entstanden ist die Mitteilung bereits, wenn sie abgesetzt u. zum Absenden bestimmt ist. Dabei ist ohne Bedeutung, ob sie der Absender selbst o. mit fremder Hilfe geschrieben o. v. einem Beauftragten als seine Mitteilung hat fertigen lassen. Auch bei Nr. 1 muss – wie bei Nr. 2 – ein Zusammenhang mit dem Zeugnisverweigerungsrecht bestehen (Beulke FS Lüderssen, 2002, 693 (700)); bereits das Anbahnungsverhältnis ist geschützt (vgl. BGHSt 33, 148; OLG München NStZ 2006, 300). **27, 28**

II. Aufzeichnungen (Abs. 1 Nr. 2). Aufzeichnungen (Abs. 1 Nr. 2) sind auf Papier o. anderem Material festgehaltene mündliche Mitteilungen o. andere sinnliche Wahrnehmungen, die keine Mitteilungen an Dritte enthalten, zB Karteien, Krankenblätter, Handakten, notarielle Beurkundungen. Es muss sich um Wahrnehmungen des Zeugnisverweigerungsberechtigten handeln. Wer sie aufgezeichnet hat, ist gleichgültig (vgl. OLG Köln NStZ 1991, 452). Beschlagnahmefrei sind entspr. § 11 Abs. 3 StGB auch Tonträger sowie Bild- u. Datenträger (vgl. BVerfG NStZ 2002, 377; KK-StPO/Greven Rn. 11). **29**

III. Andere Gegenstände (Abs. 1 Nr. 3). Andere Gegenstände (Abs. 1 Nr. 3) sind etwa Fremdkörper, die der Arzt aus dem Körper des Beschuldigten entfernt hat (OLG Nürnberg NJW 1958, 272; MüKoStPO/Hausschild Rn. 16), technische Untersuchungsbefunde, wie Röntgenaufnahmen (Kohlhaas NJW 1972, 1120), Kardiogramme, Fieberkurven (OLG Celle MDR 1965, 225), anatomische Präparate, Blutbilder, Alkoholbefunde (Dallinger JZ 1953, 437), v. Beschuldigten in Auftrag gegebene Sachverständigengutachten (Wolter Theorie und Systematik StrafProzR/Starke S. 83 ff.) sowie Buchungs- u. Geschäftsunterlagen (LG Berlin NJW 1977, 725; 1990, 1058; LG Dresden NJW 2007, 2709; LG Stade NStZ 1987, 38; Schmidt wistra 1991, 245 (247) mwN in Fn. 20; Weinmann FS Dünnebier, 1982, 199; **aM** LG Braunschweig NJW 1978, 2108; Brenner BB 1984, 137; Stypmann wistra 1982, 13; erg. → Rn. 40). Zur Speicherung v. Unterlagen aus internen Ermittlungen auf Servern im Ausland vgl. Trüg/Ulrich NZWiSt 2021, 1). **30**

IV. Verkörperungen eines Inhalts (Abs. 5). Der mit G v. 30.11.2020 (BGBl. I 2600) eingeführte Begriff verweist auf § 11 Abs. 3 StGB, in dem „Verkörperungen" als Oberbegriff verwendet wird. Mit ihm wurden die Begriffe „Schriftstücke, Ton-, Bild- und Datenträger, Abbildungen und andere Darstellungen" ersetzt. Eine inhaltliche Änd. ist mit der Neuformulierung nicht bezweckt. Maßgeblich bleibt, dass v. Beschlagnahmeverbot sämtliche Gegenstände umfasst werden, deren Beschlagnahme das ihm zugrundeliegende Zeugnisverweigerungsrecht unterlaufen würde. Eingeschlossen sind daher wie schon bisher Datenträger u. digitale Dateien (BT-Drs. 19/19859, 69). **31**

Verkörperungen eines Inhalts iSv Abs. 5 sind schriftliche Mitteilungen iSd Abs. 1 Nr. 1 (→ Rn. 28) u. Aufzeichnungen iSd Abs. 1 Nr. 2 (→ Rn. 29), aber auch sonstige schriftlich festgehaltene Gedankenäußerungen, auch auf Tonträgern, Fotografien u. Filmen. Der Begriff umfasst ferner Manuskripte, nicht aber Druckschriften, insbes. nicht Bücher (**aM** Löwe/Rosenberg/Menges Rn. 135). **32**

H. Personenkreis. I. Angehörige (Abs. 1 Nr. 1 iVm § 52 Abs. 1). Bei den in § 52 Abs. 1 bezeichneten Personen sind nur schriftliche Mitteilungen (→ Rn. 28) beschlagnahmefrei, diese aber ohne Rücksicht auf ihren Inhalt u. auf **33, 34**

den Zeitpunkt der Herstellung. Irgendeine Beziehung zwischen der Mitteilung u. der Tat braucht nicht zu bestehen; schriftliche Mitteilungen dürfen daher auch als Schriftproben nicht beschlagnahmt werden oder zur Auswertung auf DNA-Spuren (LG Verden StraFo 2024, 294). Das Ende des Angehörigenverhältnisses stellt die Beschlagnahmebefugnis wieder her, wenn dadurch auch das Zeugnisverweigerungsrecht entfällt (→ § 52 Rn. 3 ff.). Aufzeichnungen, die keine schriftlichen Mitteilungen enthalten, können uneingeschränkt beschlagnahmt werden (BVerwG NJW 1981, 1852).

35 **II. Geistliche (Abs. 1 Nr. 1–3 iVm § 53 Abs. 1 S. 1 Nr. 1).** Zum Begriff vgl. → § 53 Rn. 12. Von der Beschlagnahme ausgenommen sind schriftliche Mitteilungen (→ Rn. 28) zwischen dem Geistlichen u. dem Beschuldigten ohne Rücksicht darauf, ob sie sich auf die Tat beziehen (Krause/Nehring StrafVerfR Rn. 2), ferner Aufzeichnungen (→ Rn. 29) über Tatsachen, die dem Geistlichen in dieser Eigenschaft anvertraut o. bekanntgeworden sind, ua Gegenstände (→ Rn. 30), die ihm als Seelsorger übergeben worden sind.

36 **III. Verteidiger (Abs. 1 Nr. 1–3 iVm § 53 Abs. 1 S. 1 Nr. 2).** Zum Personenkreis vgl. → § 53 Rn. 13. Beschlagnahmefrei sind Unterlagen, die einen konkreten Bezug zu den aktuellen Vorwürfen in dem laufenden Ermittlungsverfahren aufweisen, nicht aber Unterlagen aus anderen Verf. (BVerfG NJW 2010, 1740; vgl. ferner Thum HRRS 2012, 535 (538)). **Unter dieser Voraussetzung sind erfasst** schriftliche Mitteilungen (→ Rn. 28) zwischen Verteidiger u. Beschuldigten, soweit sie die Verteidigung betreffen (LG Bonn wistra 2006, 396) u. ihr Inhalt v. dem Zeugnisverweigerungsrecht erfasst wird, ferner Aufzeichnungen (→ Rn. 29) über Mitteilungen des Beschuldigten an den Verteidiger für Zwecke der Verteidigung u. über andere Tatsachen, die dem Verteidiger in dieser Eigenschaft anvertraut o. bekanntgeworden sind, sowie die dem Verteidiger v. dem Beschuldigten o. einem Dritten (OLG Frankfurt a. M. NStZ 2006, 302; OLG Koblenz StV 1995, 570 mwN) zu Zwecken der Verteidigung übergebenen Gegenstände u. Unterlagen (→ Rn. 30). Dies gilt auch für Verteidigungsunterlagen, die sich im **Gewahrsam des Beschuldigten** befinden; **§ 148 Abs. 1 StPO** ergänzt insofern Abs. 2 S. 1 (→ Rn. 37).

36a Nach der Tat, aber **vor Einleitung eines Ermittlungsverfahrens** angefertigte oder übergebene Unterlagen fallen nicht darunter (str.). Der Beschlagnahmeschutz des § 97 Abs. 1 verlangt ein bestehendes Vertrauensverhältnis zwischen einem Berufsgeheimnisträger und dem im konkreten Ermittlungsverfahren **Beschuldigten** voraus (BVerfG NJW 2018, 2385 (2389); vgl. auch Schneider NStZ 2016, 309; Thum HRRS 2012, 535 (538 f.); vgl. zur Begründung der Stellung als beschuldigte oder beschuldigtenähnliche Person → Rn. 9, 10, 10d). Nach dem eindeutigen Wortlaut der Vorschr. werden nur schriftliche Mitteilungen zwischen „dem Beschuldigten" u. dem Zeugnisverweigerungsberechtigten (Abs. 1 Nr. 1) oder Aufzeichnungen über Mitteilungen, die diesem „vom Beschuldigten" anvertraut wurden (Abs. 1 Nr. 2), geschützt (vgl. für Abs. 1 Nr. 3 → Rn. 10a). Die (formelle) Beschuldigtenstellung muss daher bereits zum Zeitpunkt der Mitteilung u. nicht erst im Zeitpunkt der Beschlagnahme gegeben sein (**aA** Oesterle Anm. zu LG Hamburg NZWiSt 2023, 232 (237), wobei der Ls. Ziff. 3 lediglich die Lesart des Verf. wiedergibt, wonach das Gericht die Frage „implizit" mitentschieden haben soll (zw.); vgl. zum Schutz von RA-Kanzleien vor Durchsuchungen → Rn. 36a aE). Etwas anderes ergibt sich – hinsichtlich des im Gewahrsam des Beschuldigten befindlichen Schriftverkehrs mit seinem RA (vgl. zur Anwendung des § 97 Abs. 1 für solche Verteidigungsunterlagen → Rn. 37) – auch nicht aus § 148, da dieser den schriftlichen Verkehr des „Beschuldigten" mit dem Verteidiger schützt (vgl. → § 148 Rn. 3, 4), o. aus Art. 6 Abs. 2 EMRK, da die Vorschr. ebenfalls an eine Beschuldigtenstellung („*angeklagte Person*") anknüpft (vgl. → EMRK Art. 6 Rn. 1). Mag ein RA, der aufgrund einer Beauftragung eines die Strafverfolgung Fürchtenden tätig wird, dessen Beratung verständlicherweise materiell als Verteidigertätigkeit ansehen; aus dem Schriftverkehr mit seinem Mandanten werden deshalb aber keine schriftlichen Mitteilungen „zwischen dem Beschuldigen“ (§ 97 Abs. 1 Nr. 1) und ihm (so aber iE Löwe/Rosenberg/Menges Rn. 83). Eine mit der Einleitung des Ermittlungsverfahrens einhergehende nachträgliche Wandlung des Schriftstücks von einem Schreiben eines für die Strafverfolgungsbehörden unverdächtigen Bürgers in eine schriftliche Mitteilung eines Beschuldigten ist der StPO fremd. Auch aus einer Zeugenvernehmung wird nicht deswegen eine Beschuldigtenvernehmung, nur weil den Zeugen später ein Ermittlungsverfahren wegen der betreffenden Tat eingeleitet wird, womit es dann an der Belehrung nach §§ 136 Abs. 2 S. 2, 163a Abs. 3 S. 2, Abs. 4 S. 2 mangeln würde (die unterlassene Belehrung nach § 55 betrifft eine andere Fallkonstellation; hierzu → § 55 Rn. 17). Eine derart extensive Auslegung des Wortlauts des § 97 Abs. 1 Nr. 1 und der damit verbundenen Ausweitung des Beschlagnahmeverbots ließe zudem unberücksichtigt, dass Beschlagnahmeverbote eine Ausnahme von der verfassungsrechtlich gebotenen Pflicht zur Aufklärung der materiellen Wahrheit darstellen und die Gefahr in sich bergen, dass die Gerichte ihre Entscheidungen auf einer mangelhaften Tatsachengrundlage treffen (BVerfG NJW 2018, 2385 (2389)). Daraus folgt: Werden bei der Durchsuchung beim Beschuldigten nach § 102 schriftliche Mitteilungen seines RA gefunden, der ihn bereits in der Strafsache vertritt oder noch während oder alsbald nach der Maßnahme als Verteidiger des Beschuldigten auftritt, ist im Hinblick auf das Beschlagnahmeverbot des § 97 Abs. 1 Nr. 1 iVm § 148 zu prüfen, ob das Ermittlungsverfahren gegen den Beschuldigten schon im Zeitpunkt der Mitteilung eingeleitet war oder das Absehen von dessen Einleitung zu diesem Zeitpunkt willkürlich gewesen wäre (hierzu → § 163a Rn. 4a). Eine Durchsuchung der Kanzleiräume des den Beschuldigten vertretenden RA nach § 103 StPO ist – von ganz besonders gelagerten Ausnahmefällen abgesehen – ausgeschlossen. Denn mangels anderweitiger tatsächlicher Anhaltspunkte wird davon auszugehen sein, dass sich in den Kanzleiräumen keine oder lediglich nach der Einleitung des Ermittlungsverfahrens entstandene und damit nach Abs. 1 Nr. 1 beschlagnahmefreie schriftliche Mitteilungen zwischen dem Beschuldigten und dem RA befinden; eine Durchsuchung nach § 103 wäre dann unzulässig (BGH BeckRS 2023, 17526; LG Hamburg NZWiSt 2023, 232 (234); erg. → Rn. 1; → § 103 Rn. 7; → § 110 Rn. 2). Lediglich dann, wenn konkrete Tatsachen den Schluss rechtfertigen, dass der Beschuldigte die RA-Kanzlei als Versteck („Asyl“, „Safehouse“) nutzt, um Beweismittel (wozu jedenfalls mit Blick auf die innere Tatseite auch im Vorfeld der Begehung der nun verfolgten Straftat erstellte Schriftstücke bzgl. zB inmitten stehender strafrechtlich relevanter „Steuerspar“- oder „Geschäftsmodelle“ gehören dürften) dem staatlichen Beschlagnahmezugriff zu entziehen, dürfen die Kanzleiräume zur Aufklärung der Straftat durchsucht werden (vgl. BVerfG NJW 2018, 2385 (2389); BGHSt 63, 174 (180); Paradissis NStZ 2023, 449 (452 ff.); erg. → Rn. 39). Erg. → Rn. 37.

Eine **Ausnahme** v. der formellen Einleitung eines Ermittlungsverfahrens u. der **36b** damit verbundenen Zuweisung der Beschuldigteneigenschaft ist allerdings – wie im Zusammenhang mit der Beschuldigtenbelehrung (vgl. dazu → Einl. Rn. 77; → § 163a Rn. 4a) – dann zu machen, wenn im Zeitpunkt der Erstellung des betreffenden Dokuments der Tatverdacht schon so stark war, dass das Unterlassen der Einleitung eines Ermittlungsverfahrens sich trotz des den Strafverfolgungsbehörden insoweit zustehenden Beurteilungsspielraums nicht mehr als vertretbar angesehen werden kann (vgl. auch BVerfG NJW 2018, 2385 (2389); erg. → Rn. 10d).

Die **aA,** die eine Erweiterung des Beschlagnahmeschutzes über den Wortlaut des **36c** § 97 Abs. 1 Nr. 1 hinaus befürwortet, indem sie auf den **Inhalt der Unterlagen** abstellt (LG Mannheim NZWiSt 2021, 161 mAnm Oesterle/Tute; LG München I NStZ 2019, 172 mAnm Dominok NStZ 2019, 175; LG Hamburg StraFo 2016, 463 mAnm Mehle/Mehle StraFo 2016, 463; LG Braunschweig NStZ 2016, 308; LG Gießen wistra 2012, 409; KK-StPO/Greven Rn. 24a; SSW StPO/Eschelbach Rn. 35; BeckOK StPO/Gerhold Rn. 4), verfolgt zwar den nachvollziehbaren – im Kern aber rechtspolitischen Ansatz – eine möglichst ökonomische anwaltliche Beratung einer die Strafverfolgung fürchtenden Person zu gewährleisten und diesem Besprechungen in den vor Durchsuchungen geschützten Kanzleiräumen seines Rechtsanwalts (→ § 160a Rn. 3, 9; ein Verstoß gegen Art. 6 Abs. 1 EMRK dürfte daher fernliegen) weitgehend zu ersparen (vgl. hierzu u. den weiteren Argumenten nur LG Mannheim NZWiSt 2021, 161 (163) mwN). Sie berücksichtigt aber nicht hinreichend, dass verfahrensrechtliche Beschränkungen der Aufklärung v. Straftaten das verfassungsrechtliche Gebot einer effektiven Strafverfolgung empfindlich berühren u. daher einer verfassungsrechtlichen Legitimation bedürfen (BVerfG NJW 2012, 833 (841)). Die danach erforderliche Abwägung hat der Gesetzgeber hins. der Beschlagnahmefreiheit aber – verfassungsrechtlich unbedenklich (BVerfG NJW 2018, 2385 (2389)) – mit den eindeutig an die **Beschuldigteneigenschaft** anknüpfenden Regelungen der §§ 97, 148 vorgenommen. Dies zu ändern, steht allein dem **Gesetzgeber** zu (→ Einl. Rn. 196). Erg. → Rn. 37 für **zivilrechtliche Schriftsätze des Rechtsanwalts** (und späteren Verteidigers) des (schon) Beschuldigten eines – mit dem Zivilrechtsverfahren eng verbundenen –verdeckt geführten Ermittlungsverfahrens, die sich im Gewahrsam des Beschuldigten befinden.

36d Das Beschlagnahmeverbot gilt aber, soweit der Verteidiger zur **Vorbereitung eines Wiederaufnahmeverfahrens** als Zeugenbeistand für den Verurteilten tätig ist (BGH NStZ 2001, 604), jedoch nicht für Briefe, die nach Ende des Mandats an den vormaligen Verteidiger gerichtet werden (LG Tübingen NStZ 2008, 653).

37 Für die **Frage des Gewahrsams** wird Abs. 2 S. 1 durch den später in Kraft getretenen **§ 148** ergänzt (Beulke Strafverfahren S. 210; Fezer JuS 1978, 769; Dahs GS Meyer, 1990, 61; Rudolphi FS Schaffstein, 1975, 433 (441); Welp FS Gallas, 1973, 391 (417)). Daher sind schriftliche Mitteilungen auch dann v. der Beschlagnahme ausgeschlossen, wenn sie der inhaftierte o. auf freiem Fuß befindliche (LG Mainz NStZ 1986, 473) Beschuldigte noch nicht abgesandt hat (Specht NJW 1974, 65; diff. LG Tübingen NStZ 2008, 653 für in der Zelle eines Mitgefangenen aufgefundene Briefe), wenn sie sich noch auf dem Postweg befinden (BGH NJW 1990, 722; Welp JZ 1972, 428) o. wenn sie bereits in den **Besitz des Beschuldigten** gelangt sind (BGH NJW 1973, 2035; 1982, 2508; LG München NStZ 2001, 612; LG Stuttgart NStE StPO § 97 Nr. 12), wobei aber die Beschlagnahme nicht schon hindert, dass er Papiere einfach als Verteidigungsunterlagen bezeichnet o. mit solchen Unterlagen vermischt (KG NJW 1975, 354; LG Mainz NStZ 1986, 473; LG Tübingen NStZ 2008, 653; diff. Weihrauch/Bosbach, Verteidigung im Ermittlungsverfahren, 8. Aufl. 2015, Rn. 429). Auch Unterlagen, die der Beschuldigte erkennbar zu seiner Verteidigung angefertigt hat, sind beschlagnahmefrei (BGHSt 44, 46; zust. Fezer JZ 2007, 667; OLG München NStZ 2006, 300; zust. Anm. Satzger JR 2007, 336), zB auch lesbare Aufzeichnungen v. Computerdaten (BVerfG NJW 2002, 1410). Wenn erfasste Daten nur teilw. dem Beschlagnahmezugriff unterliegen, muss ggf. eine Verwendungsbeschränkung vorgenommen werden (vgl. BVerfGE 105, 365). Soweit der Beschlagnahmeschutz des § 97 Abs. 1 Nr. 1 iVm § 148 „im Wege teleologisch-extensiver Auslegung oder Analogie" auf **zivilrechtliche Schriftsätze eines Rechtsanwalts** (und späteren Verteidiger) des **(schon) Beschuldigten** eines – mit dem Zivilrechtsverfahren eng verbundenen – verdeckt geführten Ermittlungsverfahrens, die sich im Gewahrsam des Beschuldigten befinden, ausgeweitet wird (LG Frankfurt/Oder NZWiSt 2022, 452 mzustAnm Oesterle/Tute; Pelz/Riederer ZHW 2022, 273), ist dies weder überzeugend noch erforderlich. Für eine Analogie fehlt es bereits an einer planwidrigen Regelungslücke (→ Einl. Rn. 202); für eine teleologisch-extensive Auslegung ist kein Raum, weil der Wortlaut des § 148 eindeutig auf den Verteidiger abstellt und zu einer sinnvollen Anwendung führt (→ Einl. Rn. 196, 199). Wie in dem der Entscheidung zugrundeliegenden Sachverhalt (LG Frankfurt/Oder NZWiSt 2022, 451 Rn. 34) wird in diesen Fällen der „Doppelrelevanz" dem Rechtsanwalt die strafrechtliche Bedeutung ins Auge stechen und sich daher von dem Beschuldigten als Verteidiger beauftragen lassen. Dass sein Mandant keine Kenntnis von dem gegen ihn (verdeckt) geführten Ermittlungsverfahren hat, steht dem nicht entgegen, da eine Beauftragung selbst dann möglich ist, wenn noch kein Ermittlungsverfahren eingeleitet worden ist (SSW StPO/Beulke § 137 Rn. 9; MüKoStPO/Kämpfer/

Travers § 137 Rn. 5). Dann ist der Schriftverkehr nach § 97 Abs. 1 Nr. 1 iVm § 148 StPO vor einer Beschlagnahme geschützt.

Für die **Beschlagnahme bei dem teilnahmeverdächtigen Verteidiger** (vgl. → Rn. 18 ff.) gelten grds. keine Besonderheiten (vgl. BGHSt 33, 347 (351 ff.); BGH NJW 1982, 2508; einschr. KK-StPO/Greven Rn. 39: nur „echte Beteiligung"; **aM** Specht NJW 1974, 65; Waldowski AnwBl 1975, 106; Welp GA 1979, 142; NStZ 1986, 294 (297): § 148 geht vor). Wie sonst auch (→ § 94 Rn. 1, 8) braucht gegen den Verteidiger noch kein Ermittlungsverfahren eingeleitet worden zu sein (KMR-StPO/Hadamitzky Rn. 15; vgl. BT-Drs. 16/6979, 42); noch weniger wird vorausgesetzt, dass der Verteidiger bereits nach §§ 138a ff. ausgeschlossen worden ist o. seine Rechte gem. § 138c Abs. 3 ruhen (vgl. BGH NStZ 1983, 85; **aM** Löwe/Rosenberg/Menges Rn. 98; Fezer StrafProzR § 4 Rn. 69; Schäfer FS Hanack, 1999, 77 (99)). Es müssen jedoch gewichtige Anhaltspunkte für die Tatbeteiligung vorliegen, jedenfalls genügt aber ein „qualifizierter Teilnahmeverdacht" (BGH NStZ 2001, 604 (606); NJW 1973, 2035; abl. Roxin JR 1974, 115; vgl. auch Welp JZ 1974, 421; BGH BeckRS 2000, 10161; dem BGH zust. Wohlers JR 2009, 524 (aber kein qualifizierter Tatverdacht in Fällen des § 108 erforderlich; gegen eine solche Absenkung Barton JZ 2010, 104); offengelassen in BGH NStZ 2001, 604 (606); vgl. auch BGHSt 53, 257 (262); krit. Leitner FS Widmaier, 2008, 325 (331)). Nicht notwendig ist ein hinreichender Tatverdacht iSv § 170 Abs. 1 (BVerfG NJW 2010, 2937 (2938)); erg. → § 148 Rn. 8. 38

Da das Beschlagnahmeverbot des § 97 weder Straftaten erleichtern noch ihre Verdunklung ermöglichen soll, sind bei dem Verteidiger hinterlegte **Überführungsstücke** auch dann nicht beschlagnahmefrei, wenn der Verteidiger ihren Inhalt nicht kennt (Haffke NJW 1975, 810; einschr. SK-StPO/Wohlers/Singelnstein Rn. 25). Missbraucht er seine Stellung, um Akten, Schriftstücke o. andere Gegenstände dem Zugriff der Strafverfolgungsbehörden zu entziehen, so ist § 97 ebenfalls nicht anwendbar (vgl. BGHSt 63, 174 (178 f.): falsche Angaben zum Besitz an Unterlagen; LG Kaiserslautern AnwBl 1979, 120; LG Köln BB 1974, 1548; Bringewat NJW 1974, 1740; **aM** OLG Frankfurt a. M. StV 1982, 64; Löwe/Rosenberg/Menges Rn. 99); denn solche Sachen sind ihm nicht zu Zwecken der Verteidigung, sondern zur Strafvereitelung übergeben worden u. unterliegen daher keinem Geheimnisschutz (Roxin/Schünemann StrafVerfR § 34 Rn. 20; Krause/Nehring StrafVerfR Rn. 4; vgl. auch LG Koblenz StV 1985, 8 u. eing. zum Ganzen LG Fulda NJW 2000, 1508). 39

IV. Rechtsanwälte, Notare, Steuerberater u. ähnliche Berufe (Abs. 1 Nr. 1–3 iVm § 53 Abs. 1 S. 1 Nr. 3). Zum Personenkreis vgl. → § 53 Rn. 15. Beschlagnahmefrei sind die gleichen Gegenstände wie beim Verteidiger (→ Rn. 36). Notarielle Urkunden können, da nicht geheimhaltungsbedürftig, beschlagnahmt werden (LG Darmstadt wistra 1987, 232; LG Freiburg wistra 1998, 35; LG Stuttgart wistra 1988, 245; **aM** Amelung DNotZ 1984, 195, der nicht auf die Geheimhaltungs-, sondern auf die Beweisbedürftigkeit abstellt), nicht aber die Entwürfe zu ihrer Errichtung (LG Köln NJW 1981, 1746; KK-StPO/Greven Rn. 13). Unterlagen zu einem Notaranderkonto dürfen nicht beim Notar (LG Aachen NStZ-RR 1999, 216), wohl aber bei dem das Konto führenden Kreditinstitut beschlagnahmt werden (LG Aachen NJW 1999, 2381; vgl. auch OLG Frankfurt a. M. NJW 2002, 1135; weitergehend Rau wistra 2006, 410: grds. Beschlagnahmefreiheit). Wegen der umfassenden, nach § 201 Abs. 1 Nr. 3 StGB strafbewehrten Verschwiegenheitspflicht des Notars nach § 18 Abs. 1 BNotO sollen alle ihm nach §§ 11, 12 GwG vorgelegten Unterlagen dem Beschlagnahmeverbot des Abs. 1 Nr. 3 unterfallen (LG München NZWiSt 2023, 338 (341) mAnm Raschke, das allerdings nicht zwischen dem umfassenden Zeugnisverweigerungsrecht nach § 53 Abs. 1 Nr. 3 und dem engeren Beschlagnahmeverbot nach Abs. 1 Nr. 3 unterscheidet; vgl hierzu BVerfG NJW 2018, 2385 (2388 f.); erg. → Rn. 10 f.) Streitig ist die Beschlagnahmefreiheit v. Geschäftsunterlagen u. Buchungsbelegen, die der Beschuldigte dem **Steuerberater o. Wirtschaftsprüfer** 40 übergeben hat, u. die keine Deliktsgegenstände (→ Rn. 21) sind. Diese Personen haben an solchen Unterlagen Alleingewahrsam (Höser MDR 1982, 535; Schmidt wistra 1991, 245 (250); **aM** LG Aachen NJW 1985, 338; MDR 1981, 603; Birmanns MDR 1981, 102: Mitgewahrsam des Beschuldigten u. daher keine Beschlagnahmefreiheit). Sollen sie lediglich die Buchführung erledigen, so dürfen die Unterlagen beschlagnahmt werden. Denn diese Tätigkeit gehört nicht zum Berufsbild der Steuerberater (vgl. BVerfGE 54, 301; 59, 302); Buchungsbelege werden ihnen daher nicht aufgrund des besonderen Vertrauensverhältnisses übergeben, das der Grund für Zeugnisverweigerungsrecht u. Beschlagnahmefreiheit ist (vgl. LG Berlin NJW 1977, 725; LG München NJW 1989, 536; LG Saarbrücken wistra 1984, 200; LG Stuttgart wistra 1985, 41; Schwarz wistra 2017, 4 (6); Brenner BB 1984, 137; Moosburger wistra 1989, 252; Stypmann wistra 1982, 13; **aM** LG Darmstadt NStZ 1988, 286; LG Koblenz StV 1985, 8; LG Stade NStZ 1987, 38; LG Stuttgart wistra 1988, 40; Bauwens wistra 1985, 179; Göggerle BB 1986, 41; vgl. auch Beulke FS Lüderssen, 2002, 693 (702)). Anders ist es, wenn sie aufgrund der Belege Jahresabschlüsse erstellen u. Steuererklärungen vorbereiten o. abgeben sollen; dann besteht Beschlagnahmefreiheit, solange die Unterlagen für diese Zwecke v. ihnen benötigt werden (LG Saarbrücken NStZ-RR 2013, 183; LG Essen NStZ-RR 2010, 150; LG Berlin NJW 1977, 725; LG Dresden NJW 2007, 2709; LG Hamburg wistra 2005, 394 mwN; LG Hildesheim wistra 1988, 327; LG Stuttgart wistra 1988, 40; KK-StPO/Greven Rn. 15; SK-StPO/Wohlers/Singelnstein Rn. 34; Schwarz wistra 2017, 4 (6); Schäfer wistra 1985, 12; **aM** LG Darmstadt NStZ 1988, 286; LG München I wistra 1985, 41; OLG Stuttgart wistra 1985, 41; vgl. auch Mössmer/Moosburger wistra 2006, 211: entspr. Anwendung des § 104 Abs. 2 AO). Die gesetzliche Aufbewahrungspflicht nach § 257 HGB ist nicht zugunsten der Strafverfolgungsbehörden bestimmt u. kann daher die Beschlagnahmefähigkeit nicht begründen (Kunert MDR 1973, 179; LG Dresden NJW 2007, 2709; **aM** LG Stuttgart wistra 1988, 40; Stypmann wistra 1982, 13; Weinmann FS Dünnebier, 1982, 199 (210 ff.); vgl. auch Knierim StV 2009, 330). Die dem Steuerberater zur Durchführung einer Außenprüfung in dessen Praxis ausgehändigten Unterlagen können beschlagnahmt werden (LG Essen wistra 2010, 78).

41 **V. Angehörige der Heilberufe (Abs. 1 Nr. 1–3 iVm § 53 Abs. 1 S. 1 Nr. 3).** Zum Personenkreis vgl. → § 53 Rn. 17. Beschlagnahmefrei sind schriftliche Mitteilungen (→ Rn. 28), Aufzeichnungen (→ Rn. 29) u. Gegenstände (→ Rn. 30). In Betracht kommen va ärztliche Karteikarten (LG Koblenz NJW 1983, 2100), Krankengeschichten u. Krankenblätter. Sie sind aber nur beschlagnahmefrei, wenn sie in dem Verf. gegen einen Beschuldigten v. Bedeutung sind, der Patient des Arztes war o. ist (OLG Celle NJW 1963, 406 (407); 1965, 362 (363)). Der Beschlagnahme unterliegt aber ein anlässlich der Aufnahme in der JVA erstellter ärztlicher Untersuchungsbericht (LG Stuttgart MDR 1994, 715). Die Verwertbarkeit der Gutachten v. in anderen Verf. durchgeführten Zwangsuntersuchungen richtet sich allg. danach, ob auch im Strafverfahren eine entspr. ärztliche Untersuchung zulässig wäre (Cramer NStZ 1996, 209 (214)).

41a Auch der **Gewahrsam einer Krankenanstalt** (so die Formulierung in Abs. 2 S. 2 aF; gemeint sind im weitesten Sinne Krankenhäuser, Pflege- o. Genesungsheime, Krankenreviere der Bundeswehr, der Polizei, der JVA u. dgl. mehr) o. deren Dienstleister steht der Beschlagnahme entgegen, gleichgültig, ob sie die Sache durch den Zeugnisverweigerungsberechtigten o. v. außen her, zB durch Übertragung einer anderen Krankenanstalt, erlangt hat. Nicht erfasst werden Ärztekammern o. ärztliche Verrechnungsstellen. Es wird nicht vorausgesetzt, dass der Zeugnisverweigerungsberechtigte in der Krankenanstalt zzt. der Entstehung des Beweisgegenstandes o. der Beschlagnahme tätig ist.

42 **VI. Schwangerschaftsberater, Berater in Fragen der Betäubungsmittelabhängigkeit. Schwangerschaftsberater (Abs. 1 Nr. 3 iVm § 53 Abs. 1 S. 1 Nr. 3a)** u. **Berater in Fragen der Betäubungsmittelabhängigkeit** (Abs. 1 Nr. 3 iVm § 53 Abs. 1 S. 1 Nr. 3b). Zum Personenkreis vgl. → § 53 Rn. 21, 22.

Beschlagnahmefrei sind die gleichen Gegenstände wie bei den Angehörigen der Heilberufe. Das Beschlagnahmeverbot besteht auch, wenn die Sache in den Räumen der Beratungsstelle auf Veranlassung eines dazu befugten Mitarbeiters aufbewahrt wird.

VII. Mitwirkende Personen (Abs. 3). Mitwirkende Personen der in B–F Genannten **(Abs. 3 iVm § 53 Abs. 1 S. 1 Nr. 1–3b, § 53a):** Der Beschlagnahme entzogen sind nur Gegenstände, die im Gewahrsam der Hilfsperson stehen u. wegen der Beziehung zu einer der in § 53 Abs. 1 S. 1 Nr. 1–3b bezeichneten Personen nicht beschlagnahmt werden dürfen (weitergehend Dahs GS Meyer, 1990, 61 (72); vgl. auch Spatscheck FS Hamm, 2008, 733 (742) zum EDV-Dienstleister). Die Beschlagnahmefreiheit setzt ferner die Entsch. des Hauptberufsträgers voraus, dass die Hilfsperson nicht aussagt (§ 53a Abs. 1 S. 2). Wird er v. der Schweigepflicht entbunden, so ist die Beschlagnahme auch bei der mitwirkenden Person zulässig (§ 53a Abs. 2). Bei Teilnahmeverdacht der mitwirkenden Person entfällt die Beschlagnahmefreiheit der in ihrem Gewahrsam stehenden Sachen auch dann, wenn sie bei dem Hauptberufsträger nicht beschlagnahmt werden dürfen (vgl. Löwe/Rosenberg/Menges Rn. 143), erst recht, wenn die mitwirkende Person selbst Beschuldigter ist (vgl. Rogall NStZ-Sonderheft Miebach, 2009, 40). 43

VIII. Abgeordnete. Abgeordnete u. ihre mitwirkenden Personen **(Abs. 4 iVm § 53 Abs. 1 S. 1 Nr. 4, § 53a):** Der Beschlagnahmeschutz geht für BT-Abg. u. ihre Mitarbeiter über Art. 47 S. 2 GG u. dessen Auslegung durch BVerfGE 108, 251 (dazu Rogall NStZ-Sonderheft Miebach, 2009, 38) hinaus. Nach Abs. 4 S. 1 sind Gegenstände (→ Rn. 27 ff.) beschlagnahmefrei, soweit sie v. personellen, sachlichen u. zeitlichen Schutzbereich des Zeugnisverweigerungsrechts des Mandatsträgers umfasst sind (→ § 53 Rn. 23–24a). Dessen Gewahrsam an dem Gegenstand wird nach der Neufassung durch das G v. 26.6.2009 nicht mehr vorausgesetzt (BT-Drs. 16/12314, 3, 4), so dass etwa Unterlagen, die ein Abg. in dieser Eigenschaft anderen Personen anvertraut hat, auch dort geschützt sind (KK-StPO/Greven Rn. 28: Journalisten). Die Beschlagnahmefreiheit besteht auch, wenn der Abg. teilnahmeverdächtig ist; Abs. 2 S. 2 gilt nicht. Nur wenn er selbst als Beschuldigter verfolgt wird, ist die Beschlagnahme ohne Einschränkungen zulässig (Löwe/Rosenberg/Menges Rn. 130; erg. → Rn. 4). Dieser Beschlagnahmeschutz gilt nach Abs. 4 S. 3 entspr. für dessen mitwirkende Personen iSd § 53a (→ § 53 Rn. 7). § 53a Abs. 1 S. 2 ist auch insoweit zu beachten (näher → Rn. 43); Teilnahmeverdacht gegen die mitwirkende Person lässt die Beschlagnahmefreiheit nicht entfallen (vgl. zur aF Hebenstreit NJW-Sonderheft Schäfer, 2002, 3). Abs. 4 S. 2 bezieht – zT lediglich klarstellend – in den Beschlagnahmeschutz alle Fälle ein, in denen der Gegenstand einer mitwirkenden Person anvertraut wurde; auf die v. BVerfGE 108, 251 für BT-Abg. u. deren Mitarbeiter aus Art. 47 GG abgeleitete Einschränkung auf die Räumlichkeiten des BT kommt es nach der Neufassung nicht mehr an. Unerheblich ist, ob der Mitarbeiter Beschuldigter o. Nichtbeschuldigter ist u. ob er den Gegenstand v. Abg. persönlich o. im Zusammenhang mit dessen Tätigkeit v. einem Dritten erhalten hat. Abs. 4 ist *lex specialis* zu § 6 S. 2 EuAbgG, § 7 BVerslG. 44

IX. Mitarbeiter v. Presse u. Rundfunk (Abs. 5 iVm § 53 Abs. 1 S. 1 Nr. 5). Zum Personenkreis vgl. → § 53 Rn. 28 ff.; darunter soll auch eine von Sozialleistungen lebende Person fallen, die ausschließlich in den sog. soziale Medien (zB Twitter) aktiv ist (LG Würzburg StV- S 2022, 146 mkritAnm Deutscher StRR 2022, 21). Beschlagnahmefrei sind Schriftstücke (→ Rn. 31), Tonträger ua sowie Datenträger (→ Rn. 32), soweit sie Aufschluss über Verf., Einsender o. sonstige Informanten (→ § 53 Rn. 35 ff.; BVerfGE 117, 244) u. die v. ihnen gemachten Mitteilungen bzw. die selbst erarbeiteten Mat. u. Wahrnehmungen geben u. soweit sich das Zeugnisverweigerungsrecht erstreckt (→ § 53 Rn. 38 ff.). Im Gegensatz zur früher hM erstreckt sich das Beschlagnahmeverbot also auch auf selbst recher- 45 chiertes Material, wie die uneingeschränkte Verweisung auf § 53 Abs. 1 S. 1 Nr. 5 ergibt. Wegen des Gewahrsams vgl. → Rn. 16. Die Beschlagnahmefreiheit entfällt nach Abs. 5 S. 2 – unter dessen strengeren Voraussetzungen (→ Rn. 45a) – in den in Abs. 2 S. 2 genannten Fällen (BVerfG NStZ 2001, 43; NJW 2005, 965; BGH BeckRS 2025, 16859; NJW 1996, 532; erg. → Rn. 21 ff.).

45a Bei **Beteiligungsverdacht** entfällt die Beschlagnahmefreiheit – anders als sonst (→ Rn. 18) – nach der durch das G zur Stärkung der Pressefreiheit im Straf- u. Strafprozessrecht (PrStG) v. 29.3.2012 eingeführten Regelung jedoch nur, wenn die bestimmten Tatsachen einen **dringenden Verdacht** der Verstrickung begründen. Beteiligung iSv Abs. 5 S. 2 erfasst – ebenso wie in Abs. 2 S. 2 – auch die Mittäterschaft an der dem Beschuldigten konkret zur Last gelegten Tat (SK-StPO/Wohlers/Singelnstein Rn. 82; erg. → Rn. 19). Der Medienmitarbeiter, welcher der Tatbeteiligung verdächtig, aber noch Zeuge ist, wird mithin insoweit im Vergleich zu anderen Berufsgeheimnisträgern privilegiert. Ist gegen ihn hingegen schon eine Ermittlungsverfahren eingeleitet, ist Abs. 5 schon nicht anwendbar, obwohl für die Einleitung nach § 152 der Anfangsverdacht genügt (→ erg. § 152 Rn. 4 f.). Art. 5 Abs. 1 S. 2 GG ist daher bei der Auslegung und Anwendung der strafprozessualen Maßnahmen nach § 94 u. § 102 StPO besonders berücksichtigen (BVerfG NStZ-RR 2026, 17 (19); erg. → § 102 Rn. 16).

45b Mit der Regelung soll im Interesse der Presse- u. Rundfunkfreiheit, insbes. auch zur Verbesserung des Informantenschutzes, sichergestellt werden, dass zeugnisverweigerungsberechtigte Medienangehörige in strafprozessuale Beschlagnahmemaßnahmen nur auf der Basis einer bereits in hohem Maße gesicherten Tatsachengrundlage einbezogen werden (vgl. BT-Drs. 17/3355, 7; mit Recht krit. zum praktischen Bedürfnis für die neue Regelung Schork NJW 2012, 2694; vgl. auch BVerfG MMR 2022, 657 zum Verdacht der Datenhehlerei gegen „investigative" Journalisten). Selbst bei dringendem Verdacht der Verstrickung in die Tat ist die Beschlagnahme nach Abs. 5 S. 2 Hs. 2 aber unzulässig, wenn sie zum einen unter Berücksichtigung der Grundrechte aus **Art. 5 Abs. 1 S. 2 GG** außer Verhältnis zur Bedeutung der Sache stehen würde u. zum andern ohne die Beschlagnahme die Erforschung des Sachverhalts o. die Ermittlung des Aufenthaltsorts des Täters auf andere Weise aussichtslos o. wesentlich erschwert wäre; das G hat hier somit dem **Verhältnismäßigkeitsgrundsatz** einen besonderen Stellenwert eingeräumt (vgl. BVerfG NJW 2005, 965) u. zusätzlich noch eine Subsidiaritätsklausel vorgesehen (vgl. auch den nun obsolet gewordenen Nr. 73a RiStBV). Damit soll der „Gefahr der Überbetonung des Strafverfolgungsinteresses bereits auf der Ebene des einfachen Verfahrensrechts wirksam begegnet" werden (BT-Drs. 14/5166, 10). Somit sind auch bereits Durchsuchungen in diesem Umf. unzulässig (vgl. auch BVerfG NJW 2005, 965: inhaltliche Abwägung zwischen der Schwere des Tatvorwurfs u. der Beeinträchtigung der Pressefreiheit notwendig). Bei **Antrags- o. Ermächtigungsdelikten** greift die Verstrickungsregelung erst ein, wenn die entspr. Erkl. vorliegt (Abs. 5 S. 2 iVm § 160a Abs. 4 S. 2; erg. → § 160a Rn. 16). Insgesamt lässt die Gesetzeslage für entspr. Ermittlungsmaßnahmen gegen Medienangehörige allenfalls noch theoretischen Raum. Namentlich für den Verrat v. Geschäftsgeheimnissen (§ 17 UWG) sowie die unbefugte Weitergabe v. Insidertatsachen (§ 119 Abs. 2 Nr. 2b WpHG) wirkt sich dies faktisch als Verfolgungsverzicht des Staates aus, es sei denn, ein Zugriff der StA auf interne Ermittlungen ist möglich (vgl. Hamm NJW 2010, 1332 (1335)).

45b Unberührt bleibt dadurch aber – verfassungsrechtlich unbedenklich (BVerfG NJW 2005, 965; BVerfGE 117, 244) – die Anordnung einer Durchsuchung o. Beschlagnahme gegen einen **Medienangehörigen,** der selbst **als Beschuldigter** der Begehung der Straftat, um deren Aufklärung es geht, dringend verdächtig ist (Löwe/Rosenberg/Menges Rn. 139; erg. → § 102 Rn. 5a; → EMRK Art. 10 Rn. 1). Es genügt, ebenfalls verfassungsrechtlich unbedenklich (BVerfG NJW 2011, 1859 (1861)), dass nur ein einziger Mitarbeiter tat- bzw. teilnahmeverdächtig ist (Löwe/Rosenberg/Menges Rn. 140; **aM** Löffler/Achenbach LPG § 23 Rn. 131). Allerdings ist auch in einem solchen Fall bei der Anordnung u. Durchführung v. Durchsuchung u. Beschlagnahme Art. 5 Abs. 1 S. 2 GG zu berücksichtigen (BVerfG NJW 2011, 1859 (1861)). Für Zufallsfunde enthält § 108 Abs. 3 eine Sonderregelung (→ § 108 Rn. 10).

I. Verwertungsverbote. 1. Angehörige. Der Verstoß gegen das in § 97 Abs. 1 Nr. 1 enthaltene Verbot der Beschlagnahme schriftlicher Mitteilungen zwischen dem Beschuldigten u. seinen in § 52 Abs. 1 genannten Angehörigen hat ein disponibles (BGH 9.7.2019 – 3 StR 186/19; Löwe/Rosenberg/Menges Rn. 46) Verwertungsverbot zur Folge (BGHSt 18, 227; Schlüchter Strafverfahren Rn. 308). Insoweit gilt das Verwendungsverbot nach § 160a Abs. 1 S. 2, das im Bereich der Beschlagnahmen nicht durch § 160a Abs. 5 ausgeschlossen ist (erg. → Rn. 50; → § 160a Rn. 17). 46

War die **Beschlagnahme zulässig,** so ist der Beweisgegenstand nach der Rspr. aber auch verwertbar, wenn später Umstände eintreten, die ihr entgegengestanden hätten, zB bei späterer Entstehung des Angehörigenverhältnisses o. bei Wegfall des Teilnahmeverdachts (BVerfG wistra 2022, 287 (291); BGH NStZ 1983, 85; zust. KK-StPO/Greven Rn. 10; Löwe/Rosenberg/Menges Rn. 151; **aM** Fezer StrafProzR § 7 Rn. 45; Schlüchter Strafverfahren Rn. 308; einschr. auch HK-StPO/Gercke Rn. 87; SK-StPO/Wohlers/Singelnstein Rn. 90 ff.; vgl. auch → Rn. 50, → § 160a Rn. 17 zu Fällen des § 53). 47

War andererseits die **Beschlagnahme unzulässig,** fallen die Gründe dafür aber nachträglich weg, so ist der Gegenstand ebenfalls verwertbar. Das gilt insbes. für den Fall, dass der zunächst fehlende Teilnahmeverdacht noch nachträglich entsteht (BGHSt 25, 168). Ergibt er sich allerdings erst aus den rechtswidrig beschlagnahmten Unterlagen, so bleibt die Beschlagnahme unzulässig (vgl. BGH NStZ 2001, 604; LG Düsseldorf Kriminalistik 2021, 360; LG Koblenz StV 1985, 8 (10); LG Saarbrücken NStZ 1988, 424; erg. → Rn. 20; → § 160a Rn. 15). 48

Ein zulässig beschlagnahmter Gegenstand ist iÜ nur in dem **Umfang** verwertbar, in dem die Beschlagnahmevoraussetzungen vorgelegen haben. Er darf insbes. nicht zum Beweis für eine andere Tat (iSd § 264) verwertet werden, für deren Untersuchung er – etwa mangels Verstrickung des Angehörigen in diese Tat – nicht hätte beschlagnahmt werden dürfen, selbst wenn die mehreren Taten Gegenstand desselben Verfahrens sind (BGHSt 18, 227; SSW StPO/Eschelbach Rn. 57; Herdegen GA 1963, 141; erg. → Rn. 13 aE). 49

II. Berufsgeheimnisträger. Wird gegen das an das Zeugnisverweigerungsrecht der Berufsgeheimnisträger (§ 53) anknüpfende Beschlagnahmeverbot verstoßen (§ 97 Abs. 1 Nr. 1–3), richtet sich die Verwertung der so erlangten Beweismittel nach § 160a Abs. 1 S. 2, 5 (→ § 160a Rn. 4, 7), § 160a Abs. 2 S. 3 (→ § 160a Rn. 11–13) o. § 160a Abs. 3 (→ § 160a Rn. 14). Der Vorrang, der § 97 nach § 160a Abs. 5 zukommt, steht dem nicht entgegen; denn § 97 trifft hins. der Verwertung v. beschlagnahmefreien Gegenständen keine Regelung (BT-Drs. 16/5846, 38; BVerfG NJW 2018, 2385 (2391); Thum HRRS 2012, 535 (540); Erb FS Kühne, 2013, 171 (176); erg. → § 160a Rn. 15, 17). Es gelten insoweit die gleichen Maßstäbe wie bei Angehörigen (→ Rn. 46a–49). 50

J. Revision. Die **Revision** kann darauf gestützt werden, dass ein Beweisgegenstand bei der Beweiswürdigung verwertet worden ist, obwohl er einem Verwertungsverbot nach § 97 Abs. 1 Nr. 1 iVm § 52 unterliegt (BGHSt 18, 227; 25, 168). Jedoch muss die Revisionsbegründung dartun, dass die Voraussetzungen des Abs. 2 S. 2 nicht vorlagen, wenn diese Möglichkeit ernsthaft in Betracht zu ziehen ist (vgl. BGHSt 37, 245). Da das Beschlagnahmeverbot disponibel ist, kann die Rüge keinen Erfolg haben, wenn der Angeklagte u. der Zeugnisverweigerungsberechtigte der Verwertung zustimmen, (BGH 9.7.2019 – 3 StR 186/19: Verteidigungsunterlagen). 51

Verfahren bei der Beschlagnahme

98 (1) [1] **Beschlagnahmen dürfen nur durch das Gericht, bei Gefahr im Verzug auch durch die Staatsanwaltschaft und ihre Ermittlungspersonen (§ 152 des Gerichtsverfassungsgesetzes) angeordnet werden.** [2] **Die Beschlagnahme nach § 97 Abs. 5 Satz 2 in den Räumen einer Redaktion, eines Verlages, einer Druckerei oder einer Rundfunkanstalt darf nur durch das Gericht angeordnet werden.**

(2) [1] **Der Beamte, der einen Gegenstand ohne gerichtliche Anordnung beschlagnahmt hat, soll binnen drei Tagen die gerichtliche Bestätigung beantragen, wenn bei der Beschlagnahme weder der davon Betroffene noch ein erwachsener Angehöriger anwesend war oder wenn der Betroffene und im Falle seiner Abwesenheit ein erwachsener Angehöriger des Betroffenen gegen die Beschlagnahme ausdrücklichen Widerspruch erhoben hat.** [2] **Der Betroffene kann jederzeit die gerichtliche Entscheidung beantragen.** [3] **Die Zuständigkeit des Gerichts bestimmt sich nach § 162.** [4] **Der Betroffene kann den Antrag auch bei dem Amtsgericht einreichen, in dessen Bezirk die Beschlagnahme stattgefunden hat; dieses leitet den Antrag dem zuständigen Gericht zu.** [5] **Der Betroffene ist über seine Rechte zu belehren.**

(3) **Ist nach erhobener öffentlicher Klage die Beschlagnahme durch die Staatsanwaltschaft oder eine ihrer Ermittlungspersonen erfolgt, so ist binnen drei Tagen dem Gericht von der Beschlagnahme Anzeige zu machen; die beschlagnahmten Gegenstände sind ihm zur Verfügung zu stellen.**

(4) [1] **Wird eine Beschlagnahme in einem Dienstgebäude oder einer nicht allgemein zugänglichen Einrichtung oder Anlage der Bundeswehr erforderlich, so wird die vorgesetzte Dienststelle der Bundeswehr um ihre Durchführung ersucht.** [2] **Die ersuchende Stelle ist zur Mitwirkung berechtigt.** [3] **Des Ersuchens bedarf es nicht, wenn die Beschlagnahme in Räumen vorzunehmen ist, die ausschließlich von anderen Personen als Soldaten bewohnt werden.**

Übersicht

1, 2 **A. Anordnung der Beschlagnahme (Abs. 1). I. Erforderlichkeit.** Erforderlich ist die Anordnung, wenn der Gegenstand **weder herrenlos ist noch freiwillig hrsg.** wird (→ § 94 Rn. 12f.). Wird jemand nach § 127 vorl. festgenommen, so gehen die Sachen, die er bei sich führt, zwar ohne weiteres in den staatlichen Gewahrsam über (Löwe/Rosenberg/Menges Rn. 4). Einer Beschlagnahme zu Beweiszwecken bedarf es aber, wenn die dazu benötigten Sachen später zurückverlangt o. nicht freiwillig hrsg. werden.

II. Zuständigkeit. 1. Die Beschlagnahme steht unter dem **Richtervorbehalt,** bei **Gefahr im Verzug** sind auch die StA und deren Ermittlungspersonen befugt **(Abs. 1 S. 1).** Im Hinblick auf **Art. 5 Abs. 1 S. 2 GG** ist für Beschlagnahmen in einer Redaktion etc. **ausschließlich** das Gericht zuständig (**Abs. 1 S. 2);** die Regelung gilt aber **nicht** für Beschlagnahmen verkörperter Inhalte (→ § 97 Rn. 45) bei selbst – iSe dringenden Verdacht – beschuldigten Journalisten (→ § 97 Rn. 45a) außerhalb der dort bezeichneten Räume (BGH NJW 1999, 2051 (2053); KK-StPO/Greven Rn. 9). Ausschl. zuständig im Vorverfahren ist das Ermittlungsgericht (§§ 162 Abs. 1 S. 1, 169), in dessen Bezirk die antragstellende StA (Zweigstelle) ihren Sitz hat (erg. → § 162 Rn. 8). Der ER darf die Beschlagnahme, v. dem Fall des § 165 abgesehen, nur auf Antrag der StA anordnen u. über diesen Antrag nicht hinausgehen (KK-StPO/Weingarten § 162 Rn. 5; Löwe/Rosenberg/Menges Rn. 14; → § 162 Rn. 5). Nach Anklageerhebung entscheidet, auf Antrag o. vAw, das mit der Sache befasste Gericht, nicht der Vorsitzende allein (BGH NStZ 2001, 604 (606); Löwe/Rosenberg/Menges Rn. 9; KK-StPO/Greven Rn. 7), das Berufungsgericht nach Vorlegung der Akten nach § 321 S. 2, im Revisionsverfahren nur das Gericht, dessen Urt. angefochten ist (§ 162 Abs. 3; vgl. bereits RGSt 54, 165; s. auch OLG Frankfurt a. M. NStZ-RR 2005, 144 (145)). **3, 4**

Für die Beschlagnahme v. **Briefen UGefangener** für das anhängige Verf. stellt § 94 eine geeignete Rechtsgrundlage dar (BGH NStZ-RR 2009, 56); zuständig ist nicht der Vorsitzende allein, sondern nur das Gericht (OLG Jena NStZ-RR 2012, 28; OLG Hamburg StV 2010, 233 Ls.; Löwe/Rosenberg/Menges Rn. 13; **aM** OLG Koblenz OLGSt StPO § 94 S. 13). Die Beschlagnahme für ein anderes Strafverfahren ist nur zulässig, wenn das Gericht auch hierfür zuständig ist. Andernfalls darf der Vorsitzende den Brief aber entspr. § 108 Abs. 1 einstweilen beschlagnahmen; er muss ihn dann an die zuständige StA weiterleiten (BGHSt 28, 349; OLG Düsseldorf NJW 1993, 3278; **aM** Birmanns NJW 1967, 1358; erg. → § 108 Rn. 3; → § 119 Rn. 20). **5**

2. Bei **Gefahr im Verzug** sind, außer im Fall des Abs. 1 S. 2 (→ Rn. 4), auch die StA u. – sollte auch diese nicht erreichbar sein (HK-StPO/Gercke Rn. 11; KK-StPO/Greven Rn. 11; Müller/Trurnit StraFo 2008, 147) – ihre Ermittlungspersonen zuständig (Löwe/Rosenberg/Menges Rn. 31). Letztere müssen daher, wenn die Gefahr im Verzug das noch gestattet, vor der Inanspruchnahme der eigenen Eilkompetenz versuchen, eine Anordnung der StA herbeizuführen; ist nicht die StA, wohl aber das Ermittlungsgericht erreichbar, wendet sich die Polizei unmittelbar an dieses (§§ 163 Abs. 2 S. 2, 165; vgl. → § 163 Rn. 26). Gefahr im Verzug besteht, wenn die richterliche (o. zumindest staatsanwaltschaftliche) Anordnung nicht eingeholt werden kann, ohne dass der Zweck der Maßnahme gefährdet wird (BVerfGE 51, 97 (111); 103, 142; BGH wistra 2010, 231; 15.5.2008 – 2 ARs 452/07). Die Strafverfolgungsbehörden dürfen mit einem Antrag an das Gericht nicht so lange zuwarten, bis die Gefahr des Beweismittelverlusts eingetreten ist (vgl. BVerfGE 103, 142; BGHSt 51, 285 (288)). Eine solche Umgehung des Richtervorbehalts folgt aber weder aus dem Vorziehen anderer Ermittlungsmaßnahmen, zB einer Observation, noch aus einer die Aufmerksamkeit des Betroffenen erheischenden „Ungeschicklichkeit einer Polizeibeamtin“ (BGH wistra 2010, 231). **6**

Gefahr im Verzug ist nach der neuen – zu § 105 ergangenen, aber im Wesentlichen auch für andere gesetzliche Fälle der Gefahr im Verzug geltenden (Amelung NStZ 2001, 337 (342); Fezer FS Riess, 2002, 107; Müller/Trurnit StraFo 2008, 146) – Rspr. des BVerfG ein **unbestimmter Rechtsbegriff;** das bedeutet, dass den Beamten insoweit kein Beurteilungsspielraum eingeräumt ist u. dass die Gefahr im Verzug mit Tatsachen begründet werden muss, die auf den Einzelfall bezogen sind, fallunabhängige Vermutungen somit nicht ausreichen (BVerfGE 193, 142 **7**

(155); AG Essen StraFo 2008, 199; Amelung NStZ 2001, 337 (339); Gusy JZ 2001, 1035; Rabe von Kühlewein StraFo 2001, 194; Park StRR 2008, 244; vgl. auch König Kriminalistik 2003, 513 mit Beispielen). Ein tatsächlicher o. rechtlicher Irrtum über das Vorliegen dieser Gefahr macht das Erg. der Anordnung noch nicht unverwertbar; anders liegt es nur, wenn der Richtervorbehalt **bewusst o. willkürlich missachtet** wird (BVerfGE 113, 29; OLG Koblenz NStZ 2002, 660; AG Tiergarten StV 2003, 663; StraFo 2007, 465; Mitsch AfP 2012, 521 (524); Amelung NStZ 2001, 337 (341); Krehl NStZ 2003, 463; **aM** Fezer FS Riess, 2002, 102; Wohlers StV 2008, 439 mit umfassender Systematisierung der Rspr.). Die Zuständigkeit bei Gefahr im Verzug besteht auch nach Erhebung der öffentl. Klage, solange der Teil des Urteils, auf den die Beschlagnahme noch Einfluss haben könnte, nicht rkr. ist (KK-StPO/Greven Rn. 7). Für diesen Fall gilt Abs. 3.

8 **III. Form.** Die **gerichtliche** Anordnung ergeht, idR ohne vorherige Anhörung des Betroffenen (§ 33 Abs. 4 S. 1), in der Form eines Beschl., der schriftlich abzufassen, zu begründen (§ 34) u. zu den Akten zu bringen ist. Das gilt auch, wenn er zunächst mündlich o. fernmündlich zur Vollstreckung (§ 36 Abs. 2 S. 1) hrsg. worden ist. Die **Anordnungen der StA** u. der Ermittlungspersonen können mündlich, telefonisch, per Telefax o. fernschriftlich getroffen, müssen aber aktenkundig gemacht werden (OLG Karlsruhe Justiz 1981, 482; Löwe/Rosenberg/Menges Rn. 38). Wird eine Ermittlungsperson tätig u. führt sie die Beschlagnahme selbst durch, so ist in deren Vornahme zugleich ihre Anordnung enthalten; sie bedarf keiner Erkl. o. Feststellung (vgl. LG Frankfurt a. M. NJW 1982, 897; BeckOK StPO/Gerhold Rn. 7; **aM** Achenbach NJW 1982, 2809; Sommermeyer JR 1990, 498). Die Pflicht zur Dokumentation der Anordnungsvoraussetzungen, wie sie bei Durchsuchungen im Hinblick auf Art 13 Abs. 1, Abs. 2 GG erforderlich ist (→ § 105 Rn. 3), ist nicht auf Beschlagnahmeanordnungen übertragbar (vgl. BVerfG NJW 2007, 1345), angesichts der möglichen gerichtlichen Überprüfung aber sinnvoll.

9 **IV. Inhaltlich.** Es genügt, dass der den Gegenstand der Untersuchung bildende **Sachverhalt** u. seine strafrechtliche **Würdigung knapp beschrieben** werden (LG Halle wistra 2008, 280) und darauf hingewiesen wird, dass die zu beschlagnahmende Sache möglicherweise **als Beweismittel** benötigt wird (OLG Düsseldorf StV 1983, 407); die Begründung kann hinter der für eine Durchsuchungsanordnung zurückbleiben (Löwe/Rosenberg/Menges Rn. 20; enger MüKoStPO/Hausschild Rn. 2). Der konkrete Beweisgegenstand ist aber so genau zu bezeichnen, dass Zweifel über den Umf. der Maßnahme nicht aufkommen können (OLG Koblenz NStZ 2007, 285; LG Frankfurt (Oder) StraFo 2008, 330; LG Stuttgart StV 1986, 471). Eine gewisse Unbestimmtheit lässt sich zwar nicht immer vermeiden (Schriftstücke, Inhalt v. Behältnissen uÄ). Jedoch ist eine **allgemeine Beschlagnahmeanordnung,** etwa dass alle bei einer Durchsuchung gefundenen Beweismittel beschlagnahmt werden sollen, unwirksam (BVerfG NStZ 1992, 91; OLG Düsseldorf StV 1982, 513; LG Koblenz NStZ-RR 2009, 105 (106); LG Lüneburg JZ 1984, 343; LG Oldenburg wistra 1987, 38); eine gattungsmäßige Umschreibung hat nur die Bedeutung einer RL für die Durchsuchung (BVerfG NStZ 2002, 212 (213); BVerfGE 124, 43; LG Essen wistra 2010, 78; LG Mühlhausen wistra 2007, 195; erg. → Rn. 19). Welche Umstände Anlass zu der Annahme bieten, dass der zu beschlagnahmende Gegenstand später als Beweismittel zu benutzen sein wird, braucht in dem Gerichtsbeschluss nicht dargelegt zu werden. Denn es darf bei der Sicherstellung nur nicht fernliegen, dass er im Verfahren in irgendeiner Weise verwendet werden wird; in welcher Weise er Bedeutung erlangen kann, braucht bei der Beschlagnahme nicht festzustehen (BGH StV 2021, 558; → § 94 Rn. 6). Eine konkrete **Darlegung der potentiellen Beweisbedeutung** wird oftmals gar nicht möglich und kann daher auch nicht verpflichtend sein (**aM** OLG Düsseldorf StV 1983, 407; Löwe/Rosenberg/Menges Rn. 20; SK-StPO/Wohlers/Singelnstein Rn. 19; Park Rn. 525; vgl. auch BVerfG 18.2.2008 – 2 BvR 2697/07: jedenfalls nicht für jedes beschlagnahmte Schriftstück nötig).

V. Bekanntgabe. Die Bekanntgabe der Anordnung an den Betroffenen ist erforderlich (§§ 33 Abs. 2, 35 Abs. 2), darf aber bis unmittelbar vor Beginn der Beschlagnahme zurückgestellt werden; eine weitergehende Zurückstellung der Benachrichtigung wegen Gefährdung des Untersuchungszwecks sieht die StPO für diese offene Ermittlungsmaßnahme nicht vor (BGH NJW 2010, 1297 (1298); NStZ 2015, 704: Beschlagnahme der auf dem Mailserver eines Providers gespeicherten Daten; s. a. KK-StPO/Greven Rn. 21). 10

VI. Belehrung. Eine Belehrung des Betroffenen über sein Antragsrecht nach Abs. 2 S. 2 schreibt Abs. 2 S. 5 für den Fall vor, dass die StA o. ihre Ermittlungspersonen die Beschlagnahme anordnen. Dabei reicht aus, dass der Betr. darüber belehrt wird, dass er sich nach Abs. 2 S. 4 an das AG wenden kann, in dessen Bezirk die Beschlagnahme stattgefunden hat (vgl. KMR-StPO/Müller Rn. 16) Die Belehrung obliegt der die Beschlagnahme durchführenden Behörde (KK-StPO/Greven Rn. 18) u. sollte in das Beschlagnahmeverzeichnis nach § 107 S. 2 aufgenommen werden (Löwe/Rosenberg/Menges Rn. 40). Vgl. zum Absehen der Belehrung nach § 95a Abs. 3 S. 1 → § 95a Rn. 11. 11

B. Bestätigung nichtrichterlicher Anordnungen (Abs. 2 S. 1). I. Antragspflicht. Obgleich als Soll-Vorschrift ausgestaltet, enthält Abs. 2 S. 1 eine **Antragspflicht** (Löwe/Rosenberg/Menges Rn. 46; SSW StPO/Eschelbach Rn. 30); die Soll-Regelung bezieht sich mithin lediglich auf die Frist für die Antragstellung (→ Rn. 14). Dem Beamten (StA o. Ermittlungsperson), der die Anordnung getroffen hat, obliegt, sofern nicht bereits ein Antrag nach Abs. 2 S. 2 vorliegt, die Herbeiführung der gerichtlichen Bestätigung unter den in Abs. 2 S. 1 bezeichneten Voraussetzungen, auch bei Widerspruch vor Vollziehung der Beschlagnahme (Löwe/Rosenberg/Menges Rn. 44; **aM** KMR-StPO/Müller Rn. 8, der Wiederholung des Widerspruchs verlangt). Die StA kann den Antrag auch sonst stellen (BGH NJW 1956, 1805). Die Ermittlungsperson leitet den Antrag dem Gericht idR über die StA zu. Wird eine bewegliche Sache zugleich nach § 111j Abs. 1 S. 2 beschlagnahmt, so gilt der Wegfall des Bestätigungserfordernisses nach dieser Vorschr. auch für die Beschlagnahme nach §§ 94, 98 (KK-StPO/Greven Rn. 16; KMR-StPO/Müller Rn. 11; **aM** SK-StPO/Wohlers/Greco Rn. 41). 12, 13

II. Frist. Die Frist v. 3 Tagen beginnt mit dem Ende der Durchführung der Beschlagnahme (KMR-StPO/Müller Rn. 12). Sie gilt nur für den Bestätigungsantrag, nicht für die richterliche Entsch. (KG VRS 42, 210). Die Wirksamkeit der Beschlagnahme hängt v. der Einhaltung der Sollvorschrift des Abs. 2 S. 1 nicht ab (KG VRS 42, 210; Löwe/Rosenberg/Menges Rn. 46). 14

III. Begriffe. Betroffener iSd Abs. 2 S. 1 ist jeder, in dessen Gewahrsam durch die Beschlagnahme eingegriffen wird o. dessen Eigentums- o. Besitzrechte dadurch berührt werden (Löwe/Rosenberg/Menges Rn. 49). Der Begriff **Angehöriger** ist weit auszulegen; auf den Personenkreis des § 52 Abs. 1 ist er nicht beschränkt (Wolter Theorie und Systematik StrafProzR/Kamp S. 103). **Erwachsen** ist der Volljährige (Löwe/Rosenberg/Menges Rn. 47; **aM** Krause/Nehring StrafVerfR Rn. 8; BSozG MDR 1977, 82; VGH Mannheim MDR 1978, 519, wo bei unter 18jährigen auf die körperliche Entwicklung u. auf das äußere Erscheinungsbild abgestellt wird). 15

IV. Zuständigkeit. Zuständig für die Bestätigung ist bis zur Erhebung der öffentlichen Klage das AG, in dessen Bezirk die antragstellende StA (Zweigstelle) ihren Sitz hat; danach entscheidet das mit der Sache befasste Gericht (Abs. 2 S. 3 iVm § 162 Abs. 1 S. 1, Abs. 3; vgl. näher → § 162 Rn. 17). Beim Zuständigkeitsstreit gilt § 14 (BGH NJW 1976, 153). 16

V. Prüfung des Gerichts. Die Prüfung des Gerichts, das dem Betroffenen vor der Entsch. rechtliches Gehör zu gewähren hat (§ 33 Abs. 3), gilt nicht der Frage, ob die Anordnung der StA o. der Ermittlungsperson zu Recht ergangen ist, sondern erstreckt sich nur darauf, ob die Beschlagnahme zzt. der Prüfung gerechtfertigt ist (Glaser Rechtsschutz S. 225, 239, 333; Löffelmann StV 2009, 380; Schnarr NStZ 17

1991, 214 mwN; Rabe von Kühlewein GA 2002, 644; **aM** HK-StPO/Gercke Rn. 30; Amelung Rechtsschutz S. 30; vgl. auch BGH StV 1988, 90 für den Fall der entspr. Anwendung auf Durchsuchungsanordnungen). Der Prüfung unterliegt aber, ob Gefahr im Verzug vorlag (→ Rn. 6) u. ob somit die Kompetenz der StA u. ihrer Ermittlungspersonen für die Beschlagnahmeanordnung gegeben war (BVerfG NJW 2002, 1333 zur Durchsuchungsanordnung; Fezer FS Riess, 2002, 109) u. ob der Beamte Ermittlungsperson war. Zur Überprüfung einer erledigten Beschlagnahme vgl. → Vor § 296 Rn. 18a. Die Anordnung wird durch die Bestätigung für das weitere Verf. ersetzt (vgl. BVerfG 26.10.2004 – 2 BvR 1714/04). Die Entsch. ist dem Betroffenen u. den Prozessbeteiligten bekanntzumachen.

18, 19 **C. Antrag auf gerichtliche Entscheidung (Abs. 2 S. 2). I. Beschlagnahmeanordnungen.** Gegen Beschlagnahmeanordnungen der StA u. ihrer Ermittlungspersonen (OLG Düsseldorf wistra 1997, 77: auch formlose; vgl. → Rn. 8) ist der Antrag zulässig (BGH 2023, 24236). Eine Beschwerde, auch gegen eine mit dem richterlichen Durchsuchungsbefehl verbundene allgemeine Beschlagnahmeanordnung (→ Rn. 9), ist in einen solchen Antrag umzudeuten (OLG Koblenz NStZ 2007, 285; LG Bielefeld wistra 2008, 117; LG Essen wistra 2010, 78; LG Frankfurt (Oder) StraFo 2008, 330; LG Mühlhausen wistra 2007, 195; Löwe/Rosenberg/Menges Rn. 48; vgl. auch BVerfG NJW 2004, 1517; 14.1.2004 – 2 BvR 27/04; 2009, 36277). Auch bei **freiwilliger Herausgabe** hat der Betroffene das Recht, gem. Abs. 2 S. 1 eine gerichtliche Entscheidung herbeizuführen (BGH 2023, 24236; erg.→ § 98 Rn. 12). Hat das Gericht bereits die Anordnung nach Abs. 2 S. 1 bestätigt, so ist der Antrag als Gesuch um Aufhebung des Bestätigungsbeschlusses anzusehen.

20 **Antragsberechtigt** sind der Gewahrsamsinhaber, der Eigentümer u. der Besitzer der beschlagnahmten Sache, auch wenn sie freiwillig hrsg. worden ist (BVerfG NJW 2007, 3343 (erg. → EGGVG § 23 Rn. 10 aE)), der Betroffene, soweit das beschlagnahmte Beweismittel personenbezogene Daten enthält (BVerfG 2.4.2006 – 2 BvR 237, 246, 256/06; vgl. auch EGMR NJW 2008, 3409 (3411): beim RA beschlagnahmte Daten des Mandanten; weitergehend Löwe/Rosenberg/Menges Rn. 49; SK-StPO/Wohlers/Singelnstein Rn. 45: jeder, der unmittelbar in seinen Rechten verletzt ist).

21 Die **Zuständigkeit** ist die gleiche wie bei der Bestätigung nach Abs. 2 S. 1 (→ Rn. 16). Ist das nach Abs. 2 S. 3 zuständige Gericht nicht mit dem AG identisch, in dessen Bezirk die Beschlagnahme stattgefunden hat, kann der Betr. den Antrag stets auch bei Letzterem stellen; dieses Gericht leitet ihn dem zuständigen Gericht zu (Abs. 2 S. 4).

22 Der Umf. der richterlichen **Prüfung** ist ebenfalls der gleiche wie im Fall Abs. 2 S. 1 (→ Rn. 17). In der Entsch. sind die beschlagnahmten Gegenstände iE genau zu bezeichnen (OLG Düsseldorf wistra 1997, 77).

23 **II. Maßnahmen anderer Art.** Abs. 2 S. 2 gilt **entspr.** für die gerichtliche Überprüfung v. Maßnahmen anderer Art (vgl. dazu Laser NStZ 2001, 120; Meyer FS Fezer, 2008, 142; nach Amelung StV 2001, 133; Böse FS Amelung, 2009, 571 auch für die Durchsetzung eines Löschungsbegehrens v. rechtswidrig gespeicherten Daten, vgl. aber → § 489 Rn. 9), zB v. Fahndungsmaßnahmen nach § 131 (OLG Celle NStZ 2010, 534; erg. → § 131 Rn. 7), Untersuchungen (§§ 102 ff.; vgl. → § 105 Rn. 16; → § 111 Rn. 20; → EGGVG § 23 Rn. 10), der Mitnahme zur Durchsicht (→ § 110 Rn. 10) sowie der Art u. Weise einer Erkenntnisanfrage bei einer ausländischen Behörde nach § 163 (BGH NStZ 2021, 52 (55); erg. → § 163 Rn. 68). Darüber hinaus ist die Vorschr. – und nicht § 23 EGGVG – auf die nachträgliche gerichtliche Prüfung der Rechtmäßigkeit bereits durch Vollzug **erledigter Eingriffsmaßnahmen der** StA u. ihrer Ermittlungspersonen o. den Fall einer **fehlenden (Durchsuchungs-)Anordnung** anzuwenden (BGH NStZ 2024, 760 (761); BGHSt 44, 265; 45, 183; erg. → § 105 Rn. 17). Die Erledigung der Maßnahme steht der Anfechtung mithin nicht entgegen, falls ein tiefgreifender Grundrechtseingriff zu besorgen ist (vgl. → Vor § 296 Rn. 18a); zur Verwirkung

Rasterfahndung

98a (1) [1] **Liegen zureichende tatsächliche Anhaltspunkte dafür vor, daß eine Straftat von erheblicher Bedeutung**

1. **auf dem Gebiet des unerlaubten Betäubungsmittel- oder Waffenverkehrs, der Geld- oder Wertzeichenfälschung,**
2. **auf dem Gebiet des Staatsschutzes (§§ 74a, 120 des Gerichtsverfassungsgesetzes),**
3. **auf dem Gebiet der gemeingefährlichen Straftaten,**
4. **gegen Leib oder Leben, die sexuelle Selbstbestimmung oder die persönliche Freiheit,**
5. **gewerbs- oder gewohnheitsmäßig oder**
6. **von einem Bandenmitglied oder in anderer Weise organisiert**

begangen worden ist, so dürfen, unbeschadet §§ 94, 110, 161, personenbezogene Daten von Personen, die bestimmte, auf den Täter vermutlich zutreffende Prüfungsmerkmale erfüllen, mit anderen Daten maschinell abgeglichen werden, um Nichtverdächtige auszuschließen oder Personen festzustellen, die weitere für die Ermittlungen bedeutsame Prüfungsmerkmale erfüllen. [2] **Die Maßnahme darf nur angeordnet werden, wenn die Erforschung des Sachverhalts oder die Ermittlung des Aufenthaltsortes des Täters auf andere Weise erheblich weniger erfolgversprechend oder wesentlich erschwert wäre.**

(2) **Zu dem in Absatz 1 bezeichneten Zweck hat die speichernde Stelle die für den Abgleich erforderlichen Daten aus den Datenbeständen auszusondern und den Strafverfolgungsbehörden zu übermitteln.**

(3) [1] **Soweit die zu übermittelnden Daten von anderen Daten nur mit unverhältnismäßigem Aufwand getrennt werden können, sind auf Anordnung auch die anderen Daten zu übermitteln.** [2] **Ihre Nutzung ist nicht zulässig.**

(4) **Auf Anforderung der Staatsanwaltschaft hat die speichernde Stelle die Stelle, die den Abgleich durchführt, zu unterstützen.**

(5) **§ 95 Abs. 2 gilt entsprechend.**

A. Grundrechtseingriff. Einen Grundrechtseingriff gestattet die durch das OrgKG (zusammen mit §§ 98b, 98c) eingefügte **Rasterfahndung;** denn sie erlaubt einen Eingriff – wenn nicht schon in das allgemeine Persönlichkeitsrecht nach Art. 2 Abs. 1 iVm Art. 1 GG, so doch zumindest – in das v. BVerfG entwickelte Recht auf informationelle Selbstbestimmung (BVerfGE 65, 1; 115, 320; erg. → § 163d Rn. 1). Sie schafft damit für diese früher lediglich auf die allgemeinen Vorschr. der §§ 161 Abs. 1, 163 Abs. 1 gestützte Fahndungsmaßnahme eine gesetzliche Grundlage. 1

Nach Abs. 1 S. 1 ist die Rasterfahndung ein maschinell-automatisierter **Datenabgleich** zwischen bestimmten, auf den Täter vermutlich zutreffenden Prüfungsmerkmalen mit aus anderen Gründen v. **anderen Stellen** gespeicherten Daten, der zweierlei Zwecken dienen soll: Dem Ausschluss Nichtverdächtiger (sog. negative Rasterfahndung) u./o. der Feststellung weiterer für die Ermittlungen bedeutsamer Prüfungsmerkmale (sog. positive Rasterfahndung). Eingehend hierzu Siebrecht, Rasterfahndung, 1997; Wittig JuS 1997, 968; zum technischen Ablauf KK-StPO/Greven Rn. 2, 15 ff.; Rogall GS Schlüchter, 2002, 615. Für die **automatische Kennzeichenerfassung** u. den sich daran anschließenden Datenabgleich ist durch G v. 25.6.2021 mit **§ 163g** eine gesetzliche Grdl. geschaffen worden (BGBl. I 2099). Für den verdeckten Einsatz von Personen-Identifikations-Systemen (biometrische Gesichtserkennungsverfahren) fehlt es an einer solchen Ermächtigungsgrundlage (Roggan NStZ 2024, 715 (716)). 2

B. Subsidiaritätsgrundsatz (Abs. 1 S. 2). Der Datenabgleich ist nur zulässig, wenn die Ermittlungen auf andere Weise erheblich weniger Erfolg versprechend o. 3

wesentlich erschwert wären. Damit wird der **Ausnahmecharakter** der Rasterfahndung betont. Die Klausel ist weiter gefasst als in § 100a Abs. 1 Nr. 3: Statt „Aussichtslosigkeit" genügt hier „weniger Erfolg versprechend". Dass möglicherweise das Ermittlungsergebnis auch auf andere Art gewonnen werden könnte, steht somit der Rasterfahndung nur entgegen, wenn der andere Weg einen im Wesentlichen gleichartigen Erfolg verspricht (vgl. auch Rieß GS Meyer, 1990, 384: „deutliches Aufklärungsdefizit bei Unterlassen der subsidiären Maßnahme"). Zum Begriff „wesentlich erschwert" gelten die Erläuterungen → § 100a Rn. 13 entsprechend. Neben der Subsidiaritätsklausel ist auch der Verhältnismäßigkeitsgrundsatz zu beachten (vgl. → Einl. Rn. 20, 21, 158; Schnabel DuD 2007, 429).

4, 5 **C. Straftatenkatalog. I. Generalisierender Katalog.** Einen generalisierenden Katalog (Hilger NStZ 1992, 460) hat der Gesetzgeber hier aufgestellt statt die Zulässigkeit der Maßnahme wie zB in § 100a an den Verdacht der Verwirklichung eines bestimmten Straftatbestandes zu knüpfen; innerhalb des Katalogs ist die Anwendbarkeit auf Straftaten „von erheblicher Bedeutung" beschränkt (ebenso in § 81g Abs. 1 S. 1, § 100h Abs. 1 S. 2, § 100i Abs. 1, § 110a Abs. 1 S. 1, § 131 ff., § 163e Abs. 1 S. 1, § 163f Abs. 1 S. 1). Damit besteht eine gewisse Unbestimmtheit u. Unsicherheit zur Frage der Anwendbarkeit der Vorschr.; denn wann v. „erheblicher Bedeutung" gesprochen werden kann, lässt sich allg. nur schwer bestimmen (Bottke GS Meyer, 1990, 43), u. ob dieses Merkmal erfüllt ist, ergibt sich vielfach erst im Laufe der Ermittlungen (erg. → § 81g Rn. 7a). Bagatelldelikte scheiden jedenfalls aus; die Straftat muss mind. dem **mittleren Kriminalitätsbereich** zuzurechnen sein, den Rechtsfrieden empfindlich stören u. geeignet sein, das Gefühl der Rechtssicherheit der Bevölkerung erheblich zu beeinträchtigen (BVerfGE 112, 304; BGH StraFo 2012, 173 bejahend zu einer Straftat nach § 222 StGB; vgl. auch KK-StPO/Henrichs/Weingast § 110a Rn. 21; Harnisch/Pohlmann HRRS 2009, 214; Rogall GS Schlüchter, 2002, 629). Daher wird idR bei Verbrechen die erhebliche Bedeutung zu bejahen sein, bei Vergehen nach Maßgabe der vorgenannten Kriterien nur, wenn die Strafrahmenobergrenze über 2 Jahren liegt (vgl. dazu die Untersuchung v. Rieß GA 2004, 623, Schnabel DuD 2007, 428 (§ 184b Abs. 4 StGB) sowie BVerfGE 124, 43: nicht mehr ohne Weiteres bei Höchstmaß unter 5 Jahren).

6 **II. Deliktsgruppen.** Im Einzelnen erfasst Nr. 1 hauptsächlich die in § 100a Abs. 2 Nr. 1 Buchst. e, Nr. 6, 7, 9, 11 aufgeführten Straftatbestände. Nr. 2 verweist auf die Kataloge in §§ 74a, 120 GVG, also insbes. auf §§ 129, 129a StGB. Nr. 3 meint §§ 306–323c StGB. Hier gewinnt die Einschränkung, dass es sich um Straftaten v. erheblicher Bedeutung handeln muss, besonderes Gewicht, indem geringfügige – gar fahrlässige – Verstöße etwa gegen § 316 StGB eine Rasterfahndung nicht rechtfertigen könnten. Nr. 4 erfasst §§ 174–184g StGB sowie §§ 211–241a StGB (vgl. BGHSt 51, 25; s. auch OLG Karlsruhe NJW 2006, 3656; Knierim StV 2008, 605). Nr. 5 nimmt alle gewerbs- o. gewohnheitsmäßig begangenen Straftaten (vgl. dazu Fischer/Fischer/Lutz StGB Vor § 52 Rn. 61 ff.) in den Katalog auf. Nr. 6 bezieht in Alt. 1 die Bandendelikte (zB § 244 Abs. 1 Nr. 2, § 244a, § 260 Abs. 1 Nr. 2, § 260a, § 284 Abs. 3 Nr. 2 StGB) mit ein (§§ 30 Abs. 1 Nr. 1, 30a BtMG werden bereits durch Nr. 1 erfasst); Alt. 2 enthält einen Auffangtatbestand für alle die Fälle, die nicht unter Nr. 1–4 fallen u. in denen auch nicht die Kriterien v. Nr. 5 u. Nr. 6 Alt. 1 vorliegen, aber zureichende Anhaltspunkte dafür bestehen, dass hinter der Tat eine „Organisationsstruktur" steht (Hilger NStZ 1992, 460 Fn. 51; vgl. auch BGHSt 53, 311 (320): komplexes u. aufwändiges Täuschungssystem mit mehreren Bet.).

7 **D. Zureichende tatsächliche Anhaltspunkte.** Zureichende tatsächliche Anhaltspunkte reichen zur Anwendung der Maßnahme aus. Ein bestimmter Grad des Tatverdachts wird nicht gefordert. Dementsprechend genügt das Vorliegen eines **Anfangsverdachts** (→ § 152 Rn. 4) u. eines Tatversuchs (Hilger NStZ 1992, 460; Rieß GA 2004, 638; **aM** HK-StPO/Gercke Rn. 15; SK-StPO/Wohlers/Singeln-

stein Rn. 16); erfasst werden alle Formen v. Täterschaft u. Teilnahme (→ § 100a Rn. 12).

E. Automatisierter Datenabgleich. Nur der automatisierte Datenabgleich (→ Rn. 2) findet in § 98a seine Rechtsgrundlage; eine Fahndungsmaßnahme mit einem **Abgleich per Hand** ist ein einfacher Ermittlungsvorgang nach §§ 161, 163 (Löwe/Rosenberg/Menges Rn. 5; Hilger NStZ 1992, 460 Fn. 54). Ziel des Abgleichs ist es, aus einer Vielzahl überw. tatunbeteiligter Personen diejenigen herauszufiltern, auf die bestimmte, charakteristische Merkmale zutreffen. Durch die Rasterfahndung werden einerseits die Personen ausgeschieden, auf die die Merkmale nicht passen o. die nicht auf den Täter passende Merkmale aufweisen, andererseits wird die Zahl der verdächtigen Personen durch das Herausfiltern derjenigen mit tätertypischen Merkmalen beschränkt. Der Anwendung des § 98a bedarf es nicht, wenn **Daten** abgeglichen werden, die die Strafverfolgungsbehörden **nach §§ 94, 110 und 161 (**KK-StPO/Greven Rn. 4, 5), **aber auch nach 163** (BeckOK StPO/Gerhold Rn. 16; SSW StPO/Jäger Rn. 4) erlangt haben (Rogall GS Schlüchter, 2002, 628). Das auf hausinternen Datenabgleich durch private Stellen (zB Kreditkartenunternehmen) gerichtete **Auskunftsersuchen** ist keine Rasterfahndung, weil es allein auf eine Suchabfrage in Dateien derselben Speicherstelle abzielt (BVerfG NJW 2009, 1405 mablAnm Brodowski JR 2010, 546; OLG Köln NStZ-RR 2001, 31; OLG Stuttgart NStZ 2001, 158; KK-StPO/Greven Rn. 5; **aM** Schnabel DuD 2007, 426; vgl. auch Schnabel CR 2009, 384; erg. → § 161 Rn. 2). 8

F. Mitwirkungspflicht der speichernden Stelle (Abs. 2–4). Die **private o. öffentl. Stelle,** die die benötigten Daten gespeichert hat, ist nach Abs. 2 verpflichtet, sie aus ihren Datenbeständen **auszufiltern** u. den Strafverfolgungsbehörden zu **übermitteln** (erg. → § 98b Rn. 3). Sie hat sich grds. auf die Übermittlung dieser Daten zu beschränken. Nur wenn die Trennung einen unverhältnismäßigen Aufwand erfordern würde, dürfen auch andere Daten übermittelt werden (Abs. 3 S. 1). Dies setzt aber eine besondere richterliche (bei Gefahr im Verzug auch staatsanwaltliche) Anordnung nach § 98b Abs. 1 voraus; mit der Anordnung der Rasterfahndung selbst kann sie nur in einem Beschl. verbunden werden, wenn bereits vorab geklärt worden ist, dass eine Aussonderung der anderen Daten nur mit unverhältnismäßigem Aufwand möglich wäre. Eine Nutzung dieser an sich nicht benötigten Daten ist untersagt (Abs. 3 S. 2); stellt sich später ihre Relevanz für den Datenabgleich heraus, bedarf es einer gesonderten Anordnung nach § 98b (KK-StPO/Greven Rn. 21). Auf Anordnung der StA hat die speichernde Stelle die den Datenabgleich durchführende Stelle beim Abgleich zu **unterstützen** (Abs. 4). Für ihre Mitwirkung kann die speichernde Stelle nach § 23 Abs. 2–4 JVEG Entschädigung verlangen. 9

Durch die **entspr. Anwendung des § 95 Abs. 2** (vgl. dazu → § 95 Rn. 9 ff.) ist die zwangsweise Durchsetzung bei Weigerung der speichernden Stelle, ihren Verpflichtungen nach Abs. 2–4 nachzukommen, sichergestellt (erg. → § 98b Rn. 4). Zum Verhalten ggü. Zeugnisverweigerungsberechtigten vgl. → § 95 Rn. 6. 10

G. Verwertungsverbot. Ein Verwertungsverbot besteht nicht deshalb, weil die richterliche Bestätigung nach § 98b Abs. 1 S. 2 nicht erfolgt ist (vgl. → § 100e Rn. 4). **Unverwertbar** sind aber Erkenntnisse, die unter völliger Umgehung des § 98a erlangt worden sind, o. wenn der Datenabgleich vorgenommen wurde, obwohl v. vornherein keine Anhaltspunkte für das Vorliegen einer Katalogtat v. erheblicher Bedeutung gegeben waren, o. wenn die Subsidiaritätsklausel (→ Rn. 3) missachtet worden ist (vgl. auch Burhoff StrafREV-HdB Rn. 2462). 11

H. Revision. Die Revision kann **nicht unmittelbar** auf eine Verletzung des § 98a gestützt werden. Mit der **Verfahrensrüge,** die den Erfordernissen des § 344 Abs. 2 S. 2 genügen muss, kann aber geltend gemacht werden, dass die Beweiswürdigung auf **unverwertbaren** Erkenntnissen (→ Rn. 11) beruht. Dies wird indes 12 nur selten der Fall sein (KK-StPO/Greven § 98b Rn. 16; SSW StPO/Jäger § 98b Rn. 18). Ob bei Anordnung des Datenabgleichs zureichende tatsächliche Anhaltspunkte für eine Katalogtat vorlagen, wird aber v. Revisionsgericht nur daraufhin überprüft, ob die Annahme eines **Anfangsverdachts vertretbar** war (→ Rn. 11; → § 100a Rn. 39).

Verfahren bei der Rasterfahndung

98b (1) [1]**Der Abgleich und die Übermittlung der Daten dürfen nur durch das Gericht, bei Gefahr im Verzug auch durch die Staatsanwaltschaft angeordnet werden.** [2]**Hat die Staatsanwaltschaft die Anordnung getroffen, so beantragt sie unverzüglich die gerichtliche Bestätigung.** [3]**Die Anordnung tritt außer Kraft, wenn sie nicht binnen drei Werktagen vom Gericht bestätigt wird.** [4]**Die Anordnung ergeht schriftlich.** [5]**Sie muß den zur Übermittlung Verpflichteten bezeichnen und ist auf die Daten und Prüfungsmerkmale zu beschränken, die für den Einzelfall benötigt werden.** [6]**Die Übermittlung von Daten, deren Verwendung besondere bundesgesetzliche oder entsprechende landesgesetzliche Verwendungsregelungen entgegenstehen, darf nicht angeordnet werden.** [7]**Die §§ 96, 97, 98 Abs. 1 Satz 2 gelten entsprechend.**

(2) **Ordnungs- und Zwangsmittel (§ 95 Abs. 2) dürfen nur durch das Gericht, bei Gefahr im Verzug auch durch die Staatsanwaltschaft angeordnet werden; die Festsetzung von Haft bleibt dem Gericht vorbehalten.**

(3) [1]**Sind die Daten auf Datenträgern übermittelt worden, so sind diese nach Beendigung des Abgleichs unverzüglich zurückzugeben.** [2]**Personenbezogene Daten, die auf andere Datenträger übertragen wurden, sind unverzüglich zu löschen, sobald sie für das Strafverfahren nicht mehr benötigt werden.**

(4) **Nach Beendigung einer Maßnahme nach § 98a ist die Stelle zu unterrichten, die für die Kontrolle der Einhaltung der Vorschriften über den Datenschutz bei öffentlichen Stellen zuständig ist.**

1 **A. Zuständigkeit.** Zuständig ist wie bei § 111 Abs. 2 (→ § 111 Rn. 15) o. § 163d (→ § 163d Rn. 14) grds. der Ermittlungsrichter (§§ 162, 169); er wird nur auf Antrag der StA tätig (→ § 162 Rn. 5). Bei Gefahr im Verzug (→ § 98 Rn. 6) darf die StA die Anordnung treffen, muss diese aber binnen 3 Werktagen richterlich bestätigen lassen; zur Fristberechnung vgl. → § 100e Rn. 4. Soweit sich die Daten in den in § 98 Abs. 1 S. 2 genannten Räumen befinden, ist der Richter ausschl. zuständig (Abs. 1 S. 7; erg. → § 98 Rn. 4).

2 **B. Form der Anordnung.** Die Anordnung, auch die der StA, muss **schriftlich** (→ Einl. Rn. 128) ergehen. Sie muss den Anordnenden erkennen lassen u. die zur Übermittlung verpflichtete Stelle u. die abzugleichenden Dateien bezeichnen. Inhaltlich ist sie auf die benötigten Daten u. Prüfungsmerkmale (§ 98a Abs. 1 S. 1) zu beschränken (Abs. 1 S. 5). Ferner sind die Tat (→ § 98a Rn. 6) u. der Anordnungszweck anzugeben (KK-StPO/Greven Rn. 3). Im Fall des § 98a Abs. 3 ist die Anordnung entspr. zu ergänzen (vgl. → § 98a Rn. 9).

3 **C. Unzulässigkeit der Anordnung (Abs. 1 S. 6, 7).** Regelungen, die der Anordnung entgegenstehen können, ergeben sich zB aus § 30 Abs. 1 **AO,** § 64 PostG, § 35 SGB I, §§ 67 ff. SGB X, § 88 TKG (Steuer-, Fernmelde-, Post- u. Sozialgeheimnis); die Übermittlung bestimmter Sozialdaten ist nach § 68 Abs. 3 SGB X zulässig (OLG Karlsruhe NJW 2006, 3656). Nach § 96 gesperrte u. nach § 97 beschlagnahmefreie Daten dürfen in den Datenabgleich nicht einbezogen werden. Mautdaten dürfen nach § 7 Abs. 2 S. 3 BFStrMG nicht verwertet werden (KK-StPO/Greven § 98a Rn. 30); vgl. § 28a Abs. 4 IfSG für die Verwendungsbeschränkung für Daten aus Kontakterhebungen im Zusammenhang mit der Bekämpfung der Covid-Epidemie.

D. Ordnungs- u. Zwangsmittel. Ordnungs- u. Zwangsmittel, deren Anordnung nach § 98a Abs. 5 iVm § 95 Abs. 2 zulässig ist, werden grds. durch das **Gericht,** bei Gefahr im Verzug (→ § 98 Rn. 6) auch durch den StA, verhängt. Ordnungshaft (→ § 70 Rn. 12 ff.) darf nur der Richter anordnen. Zur Zuständigkeit des Gerichts gilt § 161a Abs. 2 S. 2 entsprechend. 4

E. Maßnahmen nach Durchführung des Datenabgleichs (Abs. 3, Abs. 4). I. Unverzügliche Rückgabe der Daten. Unverzüglich zurückzugeben an die Stelle, die die Daten gespeichert hatte, sind die auf Datenträgern übermittelten Daten; die gesetzliche Regelung schließt freilich die **Zurückhaltung** der Datenträger bis zur Beendigung des Strafverfahrens nicht aus, wenn die Daten zur Beweisführung benötigt werden (KK-StPO/Greven Rn. 8). Auf andere Datenträger **übertragene Daten** (dazu Hilger NStZ 1997, 372: „Ausgangsdaten") sind unverzüglich (→ § 25 Rn. 8) zu **löschen,** sobald sie nicht mehr benötigt werden (vgl. → § 101 Rn. 27). Die Entsch. über die Vernichtung trifft im Ermittlungsverfahren die StA, danach das mit der Sache befasste Gericht (Löwe/Rosenberg/Menges Rn. 23). Eine Dokumentation der Löschung ist anders als in § 101 Abs. 8 S. 2 nicht vorgeschrieben, aber schon im Hinblick auf Abs. 4 empfehlenswert (Hilger NStZ 1992, 461 Fn. 71). 5, 6

II. Benachrichtigung. Eine Benachrichtigung der Personen, gegen die nach Auswertung der Daten weitere Ermittlungen geführt worden sind, sieht § 101 Abs. 4 S. 1 Nr. 1 grds. – mit Hinweis auf die Möglichkeit **nachträglichen Rechtsschutzes** – vor (näher → § 101 Rn. 4 ff., 15). Kennzeichnungs- u. (weitere) Löschungspflichten ergeben sich aus § 101 Abs. 3 (→ § 101 Rn. 3), § 101 Abs. 8 (→ § 101 Rn. 27). 7

Ferner sind die **zuständigen Datenschutzbehörden** über den durchgeführten Datenabgleich zu informieren (Abs. 4); diese haben aber nicht die Rechtmäßigkeit der Rasterfahndung, sondern nur die Einhaltung datenschutzrechtlicher Vorschr. zu prüfen (Hilger NStZ 1992, 461 Fn. 74; **aM** Weßlau FS Wolter, 2013, 1167 (1174)). 8

F. Rechtsschutz. Für die **Betroffenen,** gegen die nach Auswertung der Daten weitere Ermittlungen geführt wurden (vgl. → § 101 Rn. 7), steht als lex specialis der (befristete) **Rechtsbehelf nach § 101 Abs. 7 S. 2–4 iVm Abs. 4 S. 1 Nr. 1** gegen die richterliche o. nicht-richterliche Anordnung sowie die Art u. Weise ihres Vollzugs zur Vfg. (→ § 101 Rn. 25 ff.). Für danach **nicht Antragsberechtigte** gilt: **Beschwerde** (§ 304) ist gegen die richterliche Anordnung statthaft, ggf. auch noch nach Erledigung der Maßnahme (vgl. → Vor § 296 Rn. 17 ff.). Gegen Eilentscheidungen der StA nach Abs. 1 S. 1 ist der Antrag entspr. § 98 Abs. 2 S. 2 gegeben (→ § 98 Rn. 23), der allerdings nach richterlicher Bestätigung unzulässig, weil prozessual überholt (→ Vor § 296 Rn. 17), ist (vgl. BGH (ER) NStZ 2003, 272). Die Art u. Weise der Vollziehung kann entspr. § 98 Abs. 2 S. 2 beanstandet werden (Morré/Bruns FS BGH I, 2000, 589). 9

G. Verwertungsverbot. Beantragt der StA wegen **Zweckerreichung** keine richterliche Bestätigung o. lehnt sie der Richter deswegen ab, steht dies einer Verwertung der gewonnenen Erkenntnisse zunächst nicht entgegen (Hilger NStZ 1992, 460 Fn. 66). Zur Kontrolle im weiteren Verf. vgl. aber → § 98a Rn. 11 u. Hilger NStZ 1992, 460 Fn. 66. 10

Die Verwendung v. **Zufallsfunden** ist in § 479 Abs. 2 S. 1 (vgl. → § 479 Rn. 3 ff.; s. bereits Hilger NStZ 1992, 461 Fn. 70), die Verwendung v. Erkenntnissen aus dem Datenabgleich für präventive Zwecke in § 479 Abs. 2 S. 2 (→ § 479 Rn. 10 ff.) näher geregelt. 11

H. Revision. Die Revision kann auf einen bloßen Verstoß gegen § 98b nicht gestützt werden, da das Urteil darauf nicht beruhen (§ 337 Abs. 1) kann (vgl. aber → § 98a Rn. 12). 12

Maschineller Abgleich mit vorhandenen Daten

98c [1] **Zur Aufklärung einer Straftat oder zur Ermittlung des Aufenthaltsortes einer Person, nach der für Zwecke eines Strafverfahrens gefahndet wird, dürfen personenbezogene Daten aus einem Strafverfahren mit anderen zur Strafverfolgung oder Strafvollstreckung oder zur Gefahrenabwehr gespeicherten Daten maschinell abgeglichen werden.** [2] **Entgegenstehende besondere bundesgesetzliche oder entsprechende landesgesetzliche Verwendungsregelungen bleiben unberührt.**

1 **A. Abgleich mit vorhandenen Daten.** Keine Rasterfahndung wie in § 98a, sondern nur die – verfassungsrechtlich unbedenkliche (KMR-StPO/Jäger Rn. 4; **aM** Siebrecht StV 1996, 566 wegen fehlender verfahrensrechtlicher Schutzvorkehrungen; dagegen Rogall GS Schlüchter, 2002, 632 Fn. 154) – Befugnis zum **Abgleich bereits** bei der Gefahrenabwehr (zB präventivpolizeiliche Fahndungsdateien, vgl. KK-StPO/Greven Rn. 2; Krey JR 1992, 312; krit. SK-StPO/Wohlers/Singelnstein Rn. 4) o. bei der Strafverfolgung o. der Strafvollstreckung **gewonnener** mit personenbezogenen **Daten** aus einem Strafverfahren regelt die Vorschrift. Auch Daten aus Melderegistern, insbes. der Einwohnermeldeämter, werden davon erfasst (Möhrenschlager wistra 1992, 328; vgl. § 34 BMG). Da beim verdeckten Einsatz von Personen-Identifikations-Systemen (biometrische Gesichtserkennungsverfahren) Daten erst erhoben werden, kommt die Regelung hierfür nicht als Ermächtigungsgrundlage in Frage (Roggan NStZ 2024, 715 (716)).

2 **B. Zulässigkeit.** Der Abgleich darf sowohl zur **Aufklärung jeder** (also nicht nur der im Katalog des § 98a erwähnten) **Straftat** als auch zur Ermittlung des **Aufenthaltsortes** einer Person (Beschuldigter, Zeuge, Sachverständiger) erfolgen. Die Subsidiaritätsklausel des § 98a Abs. 1 S. 2 (→ § 98a Rn. 3) gilt nicht. Einer schriftlichen Anordnung wie in § 98b Abs. 1 S. 4, 5 bedarf es nicht. § 98c geht § 163d vor (Wittig JuS 1997, 966).

3 **C. Unzulässigkeit.** Unzulässig ist der Datenabgleich, ebenso wie die Rasterfahndung nach § 98b Abs. 1 S. 6, wenn ihm bundes- oder landesgesetzliche Verwendungsregeln entgegenstehen (erg. → § 98b Rn. 3). Für den Abgleich einer beim Beschuldigten erhobenen DNA-Spur mit der DNA-Datenbank des BKA gilt § 81g Abs. 5 S. 2 Nr. 1 (→ § 81g Rn. 12b; s. a. Fülscher, StraFo 2025, 11). Auch strafprozessuale Schutzvorschriften (zB §§ 52 ff., 96, 97, 136a, 148) können die Verwertung hindern (Hilger NStZ 1992, 461 Fn. 79).

Postbeschlagnahme und Auskunftsverlangen **Nr. 77 ff., 84 RiStBV**

99 (1) [1] **Zulässig ist die Beschlagnahme der an den Beschuldigten gerichteten Postsendungen und Telegramme, die sich im Gewahrsam von Personen oder Unternehmen befinden, die geschäftsmäßig Post- oder Telekommunikationsdienste erbringen oder daran mitwirken.** [2] **Ebenso ist eine Beschlagnahme von Postsendungen und Telegrammen zulässig, bei denen aus vorliegenden Tatsachen zu schließen ist, daß sie von dem Beschuldigten herrühren oder für ihn bestimmt sind und daß ihr Inhalt für die Untersuchung Bedeutung hat.**

(2) [1] **Unter den Voraussetzungen des Absatzes 1 ist es auch zulässig, von Personen oder Unternehmen, die geschäftsmäßig Postdienste erbringen oder daran mitwirken, Auskunft über Postsendungen zu verlangen, die an den Beschuldigten gerichtet sind, von ihm herrühren oder für ihn bestimmt sind.** [2] **Die Auskunft umfasst ausschließlich die aufgrund von Rechtsvorschriften außerhalb des Strafrechts erhobenen Daten, sofern sie Folgendes betreffen:**

1. Namen und Anschriften von Absendern, Empfängern und, soweit abweichend, von denjenigen Personen, welche die jeweilige Postsendung eingeliefert oder entgegengenommen haben,
2. Art des in Anspruch genommenen Postdienstes,
3. Maße und Gewicht der jeweiligen Postsendung,
4. die vom Postdienstleister zugeteilte Sendungsnummer der jeweiligen Postsendung sowie, sofern der Empfänger eine Abholstation mit Selbstbedienungs-Schließfächern nutzt, dessen persönliche Postnummer,
5. Zeit- und Ortsangaben zum jeweiligen Postsendungsverlauf sowie
6. Bildaufnahmen von der Postsendung, die zu Zwecken der Erbringung der Postdienstleistung erstellt wurden.

[3] Auskunft über den Inhalt der Postsendung darf darüber hinaus nur verlangt werden, wenn die in Satz 1 bezeichneten Personen oder Unternehmen davon auf rechtmäßige Weise Kenntnis erlangt haben. [4] Auskunft nach den Sätzen 2 und 3 müssen sie auch über solche Postsendungen erteilen, die sich noch nicht oder nicht mehr in ihrem Gewahrsam befinden.

A. Eingriff in das Brief-, Post- u. Fernmeldegeheimnis. Einen Eingriff in das Brief-, Post- u. Fernmeldegeheimnis (Art. 10 GG) gestattet die Vorschr. u. erlaubt den Erbringern v. Post- bzw. Telekommunikationsdiensten unter Durchbrechung des einfachgesetzlichen Postgeheimnisses (§ 64 PostG) o. Fernmeldegeheimnisses (§ 88 TKG) die Mitwirkung an der Beschlagnahme. Die Postbeschlagnahme nach § 99 ist nur zu dem Zweck zulässig, Beweisgegenstände (→ § 94 Rn. 3 ff.) zu gewinnen. Auf Einziehungsgegenstände (§ 111b) bezieht sie sich nicht; die Beschlagnahme ist aber nicht deshalb unzulässig, weil der Beweisgegenstand auch der Einziehung unterliegt (KK-StPO/Greven Rn. 1; KMR-StPO/Hadamitzky Rn. 6). 1

Eine **freiwillige Herausgabe durch ein Postunternehmen** wäre als Verstoß gegen § 64 PostG unzulässig u. strafbar gem. § 206 Abs. 2 StGB (vgl. auch OLG Koblenz StraFo 2017, 329; OLG Karlsruhe NJW 1973, 208). Das Gleiche gilt für andere Behörden, die Postsendungen aufgrund besonderer Ermächtigung im Gewahrsam haben (vgl. – zu § 5 ZollVG aber überholt, § 12 ZollVG – BGHSt 23, 329 (331); OLG Karlsruhe NJW 1973, 208). **Ausnahmen** gelten, wenn eine Anzeigepflicht nach § 138 StGB besteht (§ 64 Abs. 3 S. 4 PostG; KK-StPO/Greven Rn. 3; Welp Strafprozessuale Überwachung S. 163 ff.), der Anfangsverdacht für Taten aus dem Nebenstrafrecht gegeben ist (§ 64 Abs. 5 PostG) o. die Voraussetzungen des rechtfertigenden Notstands nach § 34 StGB vorliegen (LK-StGB StGB/Altvater § 206 Rn. 80 ff.; **aM** SK-StPO/Wohlers/Singelnstein Rn. 7: nur bei Anzeigepflicht nach § 138 StGB; Welp Strafprozessuale Überwachung S. 161 ff.). Vgl. zur Durchbrechung des Postgeheimnisses zum Zweck der Strafverfolgung Weisser, wistra 2022, 500. 2

Auch die **Einwilligung des Betroffenen** berechtigt zur Herausgabe (BGHSt 19, 273 (278); Welp Strafprozessuale Überwachung S. 71 ff.). Da Absender u. Empfänger v. Postsendungen gegeneinander nicht zur Wahrung des Postgeheimnisses verpflichtet sind, kann jeder v. ihnen unabhängig v. dem anderen in die Aushändigung einwilligen (BVerwG ArchPF 1984, 178; BayObLG JZ 1974, 393; OLG Hamm MDR 1988, 605; AK-StPO/Amelung Rn. 10; ANM 521 mwN; Welp Strafprozessuale Überwachung S. 72). 3

B. Postbeschlagnahme (Abs. 1). I. Begriff. Die Postbeschlagnahme ist die Weisung an ein Postunternehmen, die bereits vorliegenden u./o. die künftig zu erwartenden Postsendungen (§ 3 Nr. 16 PostG) u. Telegramme (Telefax vgl. → § 100a Rn. 6) o. einzelne v. ihnen auszusondern u. auszuliefern (Löwe/Rosenberg/Menges Rn. 17). Zur Beschlagnahme ieS kommt es erst, wenn der Richter o. StA nach Öffnung (→ § 100 Rn. 10) entscheidet, dass die Sendung o. Nachricht für die Zwecke des Verfahrens zurückzuhalten ist (BGH (ER) StV 2008, 225 (226); Welp Strafprozessuale Überwachung S. 151). Zur Beschlagnahme v. **beim Pro-** 4, 5 vider **zwischengespeicherten E-Mail-Sendungen** → § 94 Rn. 16a, 19a, allg. zum Zugriff auf E-Mails → § 100a Rn. 6b, zur Beschlagnahme v. Daten auf Nutzerkonten **sozialer Netzwerke** → § 94 Rn. 16b, → § 100a Rn. 6c.

6 **II. Bestimmter Beschuldigter.** Nur im Verf. gegen einen bestimmten Beschuldigten ist die Postbeschlagnahme zulässig. Die Person des Beschuldigten muss feststehen (Löwe/Rosenberg/Menges Rn. 18); sein Name kann aber noch unbekannt sein (BGH (ER) 5.5.2008 – 1 BGs 79/2008; KK-StPO/Greven Rn. 2). Ein Ermittlungsverfahren muss noch nicht eingeleitet sein; mit der Anordnung nach § 99 kann es eingeleitet werden (Welp Strafprozessuale Überwachung S. 84). Die Postbeschlagnahme kann noch im Hauptverfahren angeordnet werden, zB zur Aufenthaltsermittlung, sowie nach Urteilsrechtskraft zu Zwecken der Strafvollstreckung gem. § 457 Abs. 3 (zu Letzterem **aM** SK-StPO/Wohlers/Singelstein Rn. 11).

7 Im **selbständigen Einziehungsverfahren** nach § 435 ist die Postbeschlagnahme unzulässig (BGHSt 23, 329; OLG Karlsruhe NJW 1973, 208), auch im Fall des § 444 Abs. 3 S. 1. Ein vorher im subjektiven Verf. durch Beschlagnahme gewonnenes Beweismittel bleibt aber verwertbar (KK-StPO/Greven Rn. 2).

8 **III. Personen o. Unternehmen.** Bei Personen o. Unternehmen, die geschäftsmäßig Post- o. Telekommunikationsdienste erbringen o. daran mitwirken, ist die Beschlagnahme zulässig. Die Pflicht zur Herausgabe der anvertrauten Sendungen ist für die Gewahrsamsinhaber v. Postsendungen nicht eigens geregelt, § 95 ist entspr. anzuwenden (erg. → § 100 Rn. 8 aE). Zum geschäftsmäßigen Erbringen v. Post- u. Telekommunikationsdiensten, vgl. § 3 Nr. 11 PostG, § 3 Nr. 61 TKG. Um eine Postbeschlagnahme handelt es sich nicht bei der Beschlagnahme v. Kundenunterlagen bei der Deutschen Postbank AG. Zu weiteren Auskunftspflichten nach dem TKG → Rn. 15, 16.

9 Nur **Sendungen im Gewahrsam der Postbeförderer** o. Anbieter v. Telekommunikation o. deren Mitwirkenden als Verrichtungs- o. Erfüllungsgehilfen werden v. der Beschlagnahme erfasst (BGH StraFo 2019, 457 (458); (ER) NJW 2017, 680). Die Anordnung wirkt noch nicht, solange noch der Absender, u. nicht mehr, sobald der Empfänger Gewahrsam hat. Nicht unter § 99 fallen zB Beschlagnahmen im Schalterraum der Post vor Aufgabe der Sendung; hierfür gelten die §§ 94, 98.

10 **IV. An den Beschuldigten gerichtete Sendungen (S. 1).** An den Beschuldigten gerichtete Sendungen (S. 1) dürfen beschlagnahmt werden, auch wenn sie für einen anderen bestimmt sind. Das setzt voraus, dass der Name, mind. der Deckname, u. die Anschrift des Beschuldigten bekannt sind. Die Bedeutung der Sache als Beweismittel braucht nicht geprüft zu werden (**aM** SK-StPO/Wohlers/Singelstein Rn. 13); steht ihr Fehlen aber fest, so ist § 99 nicht anwendbar (KK-StPO/Greven Rn. 8).

11 **V. Vom Beschuldigten herrührende o. für ihn bestimmte Sendungen.** Vom Beschuldigten herrührende Sendungen o. solche, die – ungeachtet der Adresse – für ihn bestimmt sind (S. 2). Das muss aus Tatsachen geschlossen werden; bloße Vermutungen genügen nicht. Falls genügend andere Anhaltspunkte zur Identifizierung der Sendung vorliegen, schadet es nichts, dass Name u. Anschrift des Beschuldigten noch nicht bekannt sind. Erfasst werden dürfen hier aber nur Sendungen, deren Inhalt für die Untersuchung v. Bedeutung ist (dazu → § 94 Rn. 8). Auch dafür reichen bloße Vermutungen nicht aus. Vielmehr müssen **Tatsachen** vorliegen, die es als möglich erscheinen lassen, dass der Gegenstand als Beweismittel in Betracht kommt (KK-StPO/Greven Rn. 8).

12 **VI. Verhältnismäßigkeitsgrundsatz.** Der Verhältnismäßigkeitsgrundsatz (→ Einl. Rn. 20) gebietet, dass die Postbeschlagnahme nur angeordnet wird, wenn ein nicht nur in geringem Maß konkretisierter Verdacht für eine nicht nur geringfügige Tat besteht (SK-StPO/Wohlers/Singelstein Rn. 16). Eine besondere Stärke des Tatverdachts wird aber nicht vorausgesetzt. Im Privatklageverfahren kommt die

Anwendung des § 99 idR nicht in Betracht. Zur zeitlichen u. sachlichen Beschränkung der Anordnung vgl. → § 100 Rn. 5.

VII. Beschränkungen. Ausgenommen v. der Beschlagnahme ist wegen § 148 (→ § 148 Rn. 2) die **Verteidigerpost,** es sei denn, gegen den Verteidiger besteht der (qualifizierte) Verdacht der Tatbeteiligung (vgl. KK-StPO/Greven Rn. 12; erg. → § 97 Rn. 38). Im Übrigen gilt für zeugnisverweigerungsberechtigte **Berufsgeheimnisträger** § 160a. 13

C. Auskunftsverlangen (Abs. 2). Durch G v. 25.6.2021 (BGBl. I 2099) wurde mit der Einführung des Abs. 2 ein – in einem Teilbereich bereits nach Abs. 1 zulässigen (vgl. etwa Löwe/Rosenberg/Menges Rn. 29) – Auskunftsverlangen geregelt. Es steht **nicht** in einem **Alternativitätsverhältnis** zur Beschlagnahme nach Abs. 1, sondern kann („auch") ergänzend zur und unter denselben Voraussetzungen wie die Postbeschlagnahme („Voraussetzungen des Absatzes 1") angeordnet werden (BT-Drs. 19/27654, 68). Wie bei Abs. 1 muss sich das Verfahren bereits gegen einen bestimmten Beschuldigten richten; sein Name muss aber noch nicht bekannt sein (→ Rn. 6); vgl. zu den übrigen Voraussetzungen → Rn. 7–13; vgl. a. Weisser NZWiSt 2021, 372. 14

In zeitlicher Hinsicht geht das Auskunftsverlangen über die Beschlagnahme hinaus: Zum einen kann nach Abs. 2 S. 4 auch Auskunft über Postsendungen verlangt, die im Zeitpunkt des Auskunftsbegehrens bereits zugestellt worden sind u. sich mithin **nicht (mehr) im Gewahrsam** des Postunternehmens befinden **(retrograde Postdaten);** vgl. zur Unzulässigkeit vor der Einführung des Abs. 2 nur BGH StraFo 2019, 457 (458); s. auch BT-Drs. 19/27654, 68; vgl. ferner Nr. 84 S. 1 RiStBV. Zum anderen erstreckt sich das Auskunftsverlangen auch auf solche Sendungen, die **noch nicht im Gewahrsam** sind (KK-StPO/Greven Rn. 11a). Die vorgelagerte Auskunft kommt vor allem im Rahmen von Online-Frankierungen in Betracht, wo der Postdienstleister schon mit der Übermittlung beauftragt, die Sendung aber noch nicht physisch in seinem Gewahrsam ist (BT-Drs. 19/27654, 70; MüKoStPO/Schuster Rn. 52). 14a

Die Auskunft umfasst nach Abs. 2 S. 2 ausschließlich Daten, die aufgrund von Vorschriften außerhalb des Strafrechts – insbesondere nach den Vorgaben der DSGVO oder der §§ 67 ff. PostG – erhoben werden; auf die Postdienstleister kommen daher keine neuen Speicherungs- oder Verarbeitungspflichten zu (BT-Drs. 19/27654, 69; KK-StPO/Greven Rn. 11a; MüKoStPO/Schuster Rn. 42). Die Auskunft erstreckt sich nur auf die in Abs. 2 S. 2 Nr. 1–6 bezeichneten **äußeren Merkmale** u. die **Umstände des Postsendungsverlaufs** der Sendung. Es handelt sich um eine abschließende Aufzählung; damit ist mit Blick auf Art. 10 GG gewährleistet, dass nicht „ungefiltert" Auskunft über sämtliche von Postdienstleistern erhobenen Daten verlangt werden kann (BT-Drs. 19/27654, 68; Burhoff StraFo 398 (402)). Auskunft über den **Inhalt** darf grds. nicht verlangt werden. Etwas anderes gilt nur, wenn dem Postunternehmen der Inhalt der Sendung auf rechtmäßige Weise bekanntgeworden ist, etwa infolge der Sicherung beschädigter Sendungen o. der Abwehr einer von ihr ausgehenden Gefahr, aber auch, wenn auf anderem Wege der Absender o. der Empfänger der unanbringlichen Sendung nicht ermittelt werden konnte (BT-Drs. 19/27654, 69; KK-StPO/Greven Rn. 11a; MüKoStPO/Schuster Rn. 50; vgl. auch § 64 Abs. 4 PostG). 14b

D. Nicht erfasste Auskunftsrechte. Die allgemeine Befugnis zur Erhebung v. **Verkehrsdaten** in § 100g umfasst auch die Auskunft über bereits abgewickelte sowie zukünftige Telekommunikationsverbindungen (vgl. → § 100g Rn. 3, 29); die Überwachung u. Aufzeichnung künftiger Telekommunikation (sog. **Inhaltsdaten**) richtet sich jedoch nur nach § 100a. **Bestandsdaten,** der Kunden v. Telekommunikationsunternehmen (zum Begriff: §§ 3 Nr. 3, 95 TKG) unterfallen dagegen nicht dem Post- u. Fernmeldegeheimnis, da Art. 10 Abs. 1 GG allein die Vertraulichkeit konkreter Telekommunikationsvorgänge, nicht aber die Vertraulichkeit v. Informationen schützt, welche bei der Bereitstellung v. Telekommunikationsdienstleistungen anfallen (BVerfGE 130, 151 Rn. 114); insoweit besteht 15 nunmehr eine Auskunftsverpflichtung nach § 100j (→ § 100j Rn. 2 zum Zugriff auf statische IP-Adressen u. auf Zugangssicherungscodes nach § 113 TKG).

16 Die **dynamischen IP-Adressen** fallen – anders als die statischen IP-Adressen – in den Schutzbereich des Art. 10 Abs. 1 GG (BVerfGE 130, 151). Ihre Erhebung richtet sich deshalb nach § 100g (→ § 100g Rn. 8).

17 **E. Verwertungsverbot.** Ein Verwertungsverbot besteht grds., wenn das Beweismittel erlangt wurde, ohne dass die **Voraussetzungen** für eine Postbeschlagnahme nach Abs. 1 oder ein Auskunftsersuchen nach Abs. 2 vorlagen (BGHSt 23, 329 (331); AK-StPO/Amelung Rn. 14 mwN; HK-GS/Hartmann Rn. 10) oder Verteidigerpost (§ 148 StPO) betroffen ist (Löwe/Rosenberg/Menges Rn. 32); dies ist auf Revision des Betroffenen zu beachten (SK-StPO/Wohlers/Singelnstein Rn. 21). Für eine zulässige Verfahrensrüge (§ 344 Abs. 2 S. 2) muss der Beschwerdeführer dartun, dass der Gewahrsamsinhaber geschäftsmäßig Post- oder Telekommunikationsdienste erbringt oder daran mitwirkt (BGH 22.11.2021 – 5 StR 335/21); ebenso wie bei der Rüge einer Verletzung des § 100a dürfte ein **Widerspruch** in der HV erforderlich sein (MüKoStPO/Schuster Rn. 66; **aA** SSW StPO/Eschelbach Rn. 34; → § 100a Rn. 39). Anders kann es sich verhalten, wenn es nicht um einen gezielten oder auch nur leichtfertigen Angriff gegen das Postgeheimnis handelt, sondern lediglich die **Art u. Weise des Vollzugs** der Postbeschlagnahme von dem Fehler betroffen ist (BGH (ER) 5.5.2008 – 1 BGs 79/2008; vgl. auch OLG Koblenz StraFo 2017, 329 (332); KK-StPO/Greven Rn. 13). Im Übrigen findet § 160a Anwendung.

Verfahren bei der Postbeschlagnahme und Auskunftsverlangen

100 (1) **Zur Anordnung der Maßnahmen nach § 99 ist nur das Gericht, bei Gefahr im Verzug auch die Staatsanwaltschaft befugt.**

(2) **Anordnungen der Staatsanwaltschaft nach Absatz 1 treten, auch wenn sie eine Auslieferung nach § 99 Absatz 1 oder eine Auskunftserteilung nach § 99 Absatz 2 noch nicht zur Folge gehabt haben, außer Kraft, wenn sie nicht binnen drei Werktagen gerichtlich bestätigt werden.**

(3) [1] **Die Öffnung der ausgelieferten Postsendungen steht dem Gericht zu.** [2] **Es kann diese Befugnis der Staatsanwaltschaft übertragen, soweit dies erforderlich ist, um den Untersuchungserfolg nicht durch Verzögerung zu gefährden.** [3] **Die Übertragung ist nicht anfechtbar; sie kann jederzeit widerrufen werden.** [4] **Solange eine Anordnung nach Satz 2 nicht ergangen ist, legt die Staatsanwaltschaft die ihr ausgelieferten Postsendungen sofort, und zwar verschlossene Postsendungen ungeöffnet, dem Gericht vor.**

(4) [1] **Über eine von der Staatsanwaltschaft verfügte Maßnahme nach § 99 entscheidet das nach § 98 zuständige Gericht.** [2] **Über die Öffnung einer ausgelieferten Postsendung entscheidet das Gericht, das die Beschlagnahme angeordnet oder bestätigt hat.**

(5) [1] **Postsendungen, deren Öffnung nicht angeordnet worden ist, sind unverzüglich an den vorgesehenen Empfänger weiterzuleiten.** [2] **Dasselbe gilt, soweit nach der Öffnung die Zurückbehaltung nicht erforderlich ist.**

(6) **Der Teil einer zurückbehaltenen Postsendung, dessen Vorenthaltung nicht mit Rücksicht auf die Untersuchung geboten erscheint, ist dem vorgesehenen Empfänger abschriftlich mitzuteilen.**

1, 2 **A. Anordnung der Beschlagnahme und des Auskunftsverlangens. I. Zuständigkeit.** Zuständig für die Anordnungen nach § 99 ist in 1. Hinsicht das Gericht (§ 162; → § 98 Rn. 4), die StA nur bei Gefahr im Verzug (→ § 98 Rn. 6). Ermittlungspersonen dürfen nicht einmal mit dem Vollzug der Anordnung beauftragt werden (SK-StPO/Wohlers/Singelnstein Rn. 12); sie dürfen lediglich außerhalb des Kernbereichs (Durchsicht aller Sendungen (→ Rn. 8), Sichtung des Inhalts aussortierter Sendungen (→ Rn. 10)) unterstützend herangezogen werden (BGH (ER) StV 2008, 225: spurensichernde Öffnung; KMR-StPO/Hadamitzky Rn. 2).

3 **II. Form.** Eine bestimmte Form ist nicht vorgeschrieben. Richterliche Anordnungen ergehen üblicherweise durch Beschl., Anordnungen der StA auch mündlich, telefonisch, per Telefax o. durch Fernschreiber. Mündliche Anordnungen müssen aber schriftlich bestätigt werden (KMR-StPO/Hadamitzky Rn. 3). Eine vorherige Anhörung des Betroffenen kommt nicht in Betracht (§ 33 Abs. 4 S. 1; s. auch KMR-StPO/Hadamitzky Rn. 6).

4 **III. Inhalt.** Inhaltlich muss die Anordnung erkennen lassen, v. wem sie stammt u. dass sie in einem Ermittlungs- o. Strafverfahren gegen einen bestimmten Beschuldigten erlassen worden ist. Die sonstigen Zulässigkeitsvoraussetzungen des § 99 brauchen nicht dargelegt zu werden. Genau zu bezeichnen, u. zwar mit ihren postamtlichen Bezeichnungen (Nr. 77 Abs. 3 RiStBV), sind aber die Postsendungen, auf die sich die Anordnung bezieht (BGH NJW 1956, 1805 (1806); Löwe/Rosenberg/Menges Rn. 8; Welp Strafprozessuale Überwachung S. 157 ff.); der Umfang der Beschlagnahme darf nicht zw. sein (vgl. auch Nr. 77 RiStBV). Bei Sendungen an den Beschuldigten müssen der volle Name u. der Bestimmungsort, bei größeren Orten auch die genaue Anschrift angegeben werden (Nr. 78 Abs. 1 S. 2 RiStBV). Bei an den Beschuldigten gerichteten Sendungen bedarf es der Angabe des Ortes, an dem sie vermutlich aufgegeben werden, u. des Absenders (vgl. Nr. 78 Abs. 2 S. 1 RiStBV). Die wahrscheinlich als Empfänger in Betracht kommenden Personen sollten ebenfalls angegeben werden.

5 **IV. Beschränkungen.** Beschränkungen sind in zeitlicher Hinsicht möglich u. idR geboten (vgl. Nr. 80 Abs. 1 S. 1 RiStBV). Zulässig sind auch sachliche Beschränkungen („Fahndungsraster"), zB auf geschlossene Briefe, Postkarten o. Pakete u. Päckchen (vgl. Nr. 77 Abs. 2 S. 1 RiStBV).

6 **V. Bekanntgabe.** Die Bekanntgabe der Anordnung an den Beschuldigten u. sonstige Betroffene muss idR zunächst unterbleiben (§ 33 Abs. 4 S. 1; erg. → Rn. 13).

7 **B. Gerichtliche Bestätigung.** Die gerichtliche Bestätigung der Anordnung der StA (Abs. 2) ist innerhalb v. 3 Werktagen nach ihrem Erlass erforderlich (SK-StPO/Wohlers/Singelnstein Rn. 3; vgl. → § 100b Rn. 1). Die Frist wird nach § 42 berechnet; § 43 Abs. 2 gilt (Löwe/Rosenberg/Menges Rn. 20; vgl. auch Schnarr NStZ 1988, 484). Die StA muss die Bestätigung unverzüglich bei dem nach Abs. 4 S. 1 iVm § 98 Abs. 2 S. 3, 4 zuständigen Gericht beantragen, sofern sie ihre Anordnung nicht aufhebt. Trifft die richterliche Bestätigung nicht bis zum Fristablauf bei dem Postunternehmen ein, so erlischt die Anordnung der StA ohne weiteres, jedoch nicht rückwirkend; bereits ausgelieferte Sendungen bleiben beschlagnahmt, erteilte Auskünfte verwertbar (**aM** HK-StPO/Gercke Rn. 10). Bestätigt das Gericht die Anordnung nach Ablauf der Frist, so gilt das als neue richterliche Anordnung (Löwe/Rosenberg/Menges Rn. 19). Die Prüfung des Gerichts hat denselben Umfang wie bei § 98 Abs. 2 (→ § 98 Rn. 17).

8 **C. Durchführung der Anordnung.** Die Durchführung der Anordnung obliegt der StA. Sie leitet das Auskunftsverlangen o. die Beschlagnahmeanordnung dem Postunternehmen zu, das die Auskunft erteilt o. die bezeichneten Sendungen aussondert u. (ungeöffnet) abliefert. Die Strafverfolgungsbehörden dürfen nicht etwa die Räume der Post durchsuchen o. einen gesamten Postbestand vorläufig sicherstellen u. die Postsendungen selbst – wenn auch nur äußerlich – durchsehen u. aussondern (BGH (ER) StV 2008, 225; 5.5.2008 – 1 BGs 79/2008). Die mündlich übermittelte Anordnung führt die Post in der Weise aus, dass sie die Sendungen aussondert (Abs. 1) o. die Informationen vorhält (Abs. 2) u. bis zum Eingang der schriftlichen Bestätigung zurückhält. Die Rechtmäßigkeit der Anordnung hat die Post in keinem Fall zu prüfen. Verweigert das Postunternehmen die Mitwirkung, ist nach § 70 (iVm §§ 95 Abs. 2, 161a Abs. 2 entspr.) zu verfahren (vgl. BGH NJW 2009, 1828 mzustAnm Bär NStZ 2009, 399).

9, 10 **D. Maßnahmen nach Ablieferung der Postsendungen. I. Öffnung der Sendungen (Abs. 3).** Der Richtervorbehalt nach Abs. 3 S. 1 wird durch die Übertragungsbefugnis nach Abs. 3 S. 2 eingeschränkt. Der Richter, der die Postbeschlagnahme angeordnet o. bestätigt hat (Abs. 4 S. 2), kann die nach Abs. 3 S. 4 vorgelegten Sendungen selbst öffnen o. die Öffnungsbefugnis auf den StA übertragen, wenn u. soweit das wegen Gefahr im Verzug erforderlich ist, also in Fällen, in denen der Erfolg der Ermittlungen v. einem sofortigen Eingriff der StA abhängt u. damit zu rechnen ist, dass sich aus der beschlagnahmten Post Anhaltspunkte für die Art, den Umfang o. den Ort weiterer Ermittlungen ergeben (BT-Drs. 7/551, 65). Die Übertragung kann jederzeit widerrufen werden (Abs. 3 S. 3 Hs. 2).

11 **II. Aushändigung v. Sendungen (Abs. 5).** Sendungen (Abs. 5), deren Öffnung nicht angeordnet worden o. deren Zurückhaltung nach der Öffnung nicht erforderlich ist, müssen unverzüglich an den vorgesehenen Empfänger (Adressaten) weitergeleitet werden (KK-StPO/Greven Rn. 8). Ungeöffnete Sendungen werden ohne Weiteres, geöffnete Sendungen nach Schließung in den Postweg zurückgegeben. Ein Offenbaren der Öffnung sieht das Gesetz für diesen Zeitpunkt nicht vor. Vielmehr kann die nach § 101 Abs. 3 Nr. 2 vorgeschriebene Benachrichtigung gem. § 101 Abs. 5 zurückgestellt werden, wenn hierdurch der Untersuchungszweck gefährdet würde. Die mögliche Gefährdung des Untersuchungszwecks ist daher bei der Frage der Erforderlichkeit iSd Abs. 5 S. 2 zu berücksichtigen (erg. → § 101 Rn. 19). Die Sendung mit einem Vermerk über die gerichtliche Öffnung dem Postunternehmen zur Beförderung zurückgegeben, ist nicht veranlasst; ebenso wenig die Zustellung in neuer Umhüllung als Sendung der Strafverfolgungsbehörde (MüKoStPO/Schuster Rn. 29, 36; SK-StPO/Wohlers/Singelnstein Rn. 15; **aA** Löwe/Rosenberg/Menges Rn. 38 f.; KMR-StPO/Hadamitzky Rn. 10; krit. SSW StPO/Eschelbach Rn. 16, der bei der Frage der Unverzüglichkeit jedoch die Gefährdung des Untersuchungserfolgs einbeziehen will). Die Weiterleitung ordnet der Richter an, sofern er seine Befugnisse nicht nach Abs. 3 S. 2 auf die StA übertragen hat.

12 **III. Mitteilung v. Teilen von Postsendungen (Abs. 6).** Abs. 6 gilt nur für solche Teile eines Briefes, die einen eigenständigen gedanklichen Inhalt aufweisen; auch auf Anrede, Grußformel uä bezieht sich Abs. 6 mithin nicht (KMR-StPO/Hadamitzky Rn. 11). Ist es mit Rücksicht auf die Ermittlungen nicht geboten, einen Briefteil in diesem Sinn zurückzuhalten, ist er dem Empfänger abschriftlich mitzuteilen. Angesichts des Regelungszusammenhangs mit § 101 Abs. 5 (vgl. → Rn. 11) ist bei der Gebotenheit zu berücksichtigen, ob infolge der Mitteilung die Beschlagnahme bekannt u. dadurch der Untersuchungszweck gefährdet würde. Maßgebend ist, ob dieser Zweck durch die bloße Bekanntgabe des Briefteils gefährdet wäre (Löwe-Rosenberg/Menges Rn. 41; SK-StPO/Wohlers/Singelnstein Rn. 16; MüKoStPO/Schuster Rn. 36; **aA** HK-StPO/Gercke Rn. 20). erg. → § 101 Rn. 19). Auch hier ist der Richter zust., wenn er die Sendung geöffnet hat (erg. → Rn. 10, 11).

13 **IV. Grundrechtssichernde Pflichten.** Weitere grundrechtssichernde Pflichten ergeben sich aus § 101: Kennzeichnung (§ 101 Abs. 3; → § 101 Rn. 3), Benachrichtigung mit Hinweis auf die Möglichkeit nachträglichen Rechtsschutzes (§ 101 Abs. 4 S. 1 Nr. 2, → § 101 Rn. 4 ff., 15), Löschung (§ 101 Abs. 8, → § 101 Rn. 27).

14 **E. Aufhebung.** Aufzuheben ist die richterliche Anordnung, wenn ihr Zweck bereits erreicht o. nicht mehr erreichbar ist. Wegen der Anordnung der StA vgl. → Rn. 7. Zuständig ist das Gericht, die StA nur, wenn sie die Anordnung selbst getroffen hat u. dem Gericht noch keine Sendungen vorgelegt worden sind. Die Bekanntgabe der Aufhebung an das Postunternehmen ist immer Sache der StA.

15 **F. Auskunftsverlangen.** Bei Auskunftsverlangen (§ 99 Abs. 2) erteilt das Postunternehmen die Auskunft schriftlich o. durch die Zeugenaussage ihrer Bediens-

teten (Kurth NStZ 1983, 541; Welp Strafprozessuale Überwachung S. 129 ff.). Von der Gewährung rechtlichen Gehörs kann abgesehen werden, § 101 ist jedoch anzuwenden.

G. Zufallsfunde. § 108 gilt entspr. (nicht aber § 479 Abs. 2 S. 1; vgl. → § 479 Rn. 3). 16

H. Rechtsschutz. Für Absender u. Adressat der von der Anordnung betroffenen Postsendung (vgl. → § 101 Rn. 8) steht als *lex specialis* der (befristete) Rechtsbehelf nach § 101 Abs. 7 S. 2–4 iVm Abs. 4 S. 1 Nr. 2 gegen die richterliche o. nichtrichterliche Anordnung sowie die Art u. Weise ihres Vollzugs zur Vfg. (→ § 101 Rn. 25 ff.). Für danach nicht Antragsberechtigte gilt: Gegen richterliche Anordnungen u. Bestätigungen ist die Beschwerde nach § 304 statthaft. Auch dem Postunternehmen als (nach der Postreform) privatem Mitwirkungspflichtigen wird nunmehr ein Beschwerderecht zuzugestehen sein. Zur nachträglichen Feststellung der Rechtswidrigkeit der Anordnung vgl. → Vor § 296 Rn. 17 ff. Gegen Eilentscheidungen der StA nach Abs. 1 ist der Antrag entspr. § 98 Abs. 2 S. 2 gegeben (→ § 98 Rn. 23), der allerdings nach richterlicher Bestätigung (Abs. 2), weil prozessual überholt, unzulässig ist (BGH (ER) NStZ 2003, 272 zu § 100b Abs. 1 aF). Die Art u. Weise der Vollziehung kann entspr. § 98 Abs. 2 S. 2 beanstandet werden (Morré/Bruns FS BGH I, 2000, 590), soweit der Antragsteller hierdurch beschwert ist (BGH (ER) BeckRS 2008, 20196). Die Übertragung nach Abs. 3 S. 2 ist unanfechtbar (Abs. 3 S. 3 Hs. 1). 17

I. Revision. Die Revision kann auf Verstöße gegen § 100 nicht gestützt werden (ANM 522), es sei denn, die StA hat willkürlich Gefahr im Verzug angenommen (KK-StPO/Greven § 99 Rn. 13; weitergehend SK-StPO/Wohlers/Singelnstein Rn. 20; vgl. → § 98 Rn. 7); vgl. zu dem nach § 344 Abs. 2 S. 2 erforderlichen Vortrag erg. → § 99 Rn. 17. 18

Telekommunikationsüberwachung **Nr. 85 RiStBV**

100a

(1) [1] **Auch ohne Wissen der Betroffenen darf die Telekommunikation überwacht und aufgezeichnet werden, wenn**

1. bestimmte Tatsachen den Verdacht begründen, dass jemand als Täter oder Teilnehmer eine in Absatz 2 bezeichnete schwere Straftat begangen, in Fällen, in denen der Versuch strafbar ist, zu begehen versucht, oder durch eine Straftat vorbereitet hat,
2. die Tat auch im Einzelfall schwer wiegt und
3. die Erforschung des Sachverhalts oder die Ermittlung des Aufenthaltsortes des Beschuldigten auf andere Weise wesentlich erschwert oder aussichtslos wäre.

[2] ***Die Überwachung und Aufzeichnung der Telekommunikation darf auch in der Weise erfolgen, dass mit technischen Mitteln in von dem Betroffenen genutzte informationstechnische Systeme eingegriffen wird, wenn dies notwendig ist, um die Überwachung und Aufzeichnung insbesondere in unverschlüsselter Form zu ermöglichen.***[1] [3] **Auf dem informationstechnischen System des Betroffenen gespeicherte Inhalte und Umstände der Kommunikation dürfen überwacht und**

---

[1] Beachte hierzu den Beschl. des BVerfG v. 24.6.2025 (BGBl. 2025 I Nr. 201): „§ 100a Absatz 1 Sätze 2 und 3 in Verbindung mit § 100a Absatz 1 Satz 1 Nummer 1, Absatz 2 Nummer 1 Buchstaben a, c, d und t, Nummer 6 und Nummer 7 Buchstabe b der Strafprozessordnung in der Fassung des Gesetzes zur effektiveren und praxistauglicheren Ausgestaltung des Strafverfahrens vom 17. August 2017 (Bundesgesetzblatt I Seite 3202) und in der Fassung späterer Gesetze verstoßen nach Maßgabe der Gründe gegen Artikel 2 Absatz 1 in Verbindung mit Artikel 1 Absatz 1 des Grundgesetzes sowie – nur bezogen auf § 100a Absatz 1 Satz 2 der Strafprozessordnung – auch gegen Artikel 10 Absatz 1 des Grundgesetzes und sind nichtig.“.

aufgezeichnet werden, wenn sie auch während des laufenden Übertragungsvorgangs im öffentlichen Telekommunikationsnetz in verschlüsselter Form hätten überwacht und aufgezeichnet werden können.

(2) Schwere Straftaten im Sinne des Absatzes 1 Nr. 1 sind:

1. aus dem Strafgesetzbuch:
   a) Straftaten des Friedensverrats, des Hochverrats und der Gefährdung des demokratischen Rechtsstaates sowie des Landesverrats und der Gefährdung der äußeren Sicherheit nach den §§ 80a bis 82, 84 bis 86, 87 bis 89a, 89c Absatz 1 bis 4, 94 bis 100a,
   b) Bestechlichkeit und Bestechung von Mandatsträgern nach § 108e,
   c) Straftaten gegen die Landesverteidigung nach den §§ 109d bis 109h,
   d) Straftaten gegen die öffentliche Ordnung nach § 127 Absatz 3 und 4 sowie den §§ 129 bis 130,
   e) Geld- und Wertzeichenfälschung nach den §§ 146 und 151, jeweils auch in Verbindung mit § 152, sowie nach § 152a Abs. 3 und § 152b Abs. 1 bis 4,
   f) Straftaten gegen die sexuelle Selbstbestimmung in den Fällen der §§ 176, 176c, 176d und, unter den in § 177 Absatz 6 Satz 2 Nummer 2 genannten Voraussetzungen, des § 177,
   g) Verbreitung, Erwerb und Besitz kinder- und jugendpornographischer Inhalte nach § 184b, § 184c Absatz 2,
   h) Mord und Totschlag nach den §§ 211 und 212,
   i) Straftaten gegen die persönliche Freiheit nach den §§ 232, 232a Absatz 1 bis 5, den §§ 232b, 233 Absatz 2, den §§ 233a, 234 bis 234b, 239a und 239b,
   j) Bandendiebstahl nach § 244 Abs. 1 Nr. 2, Wohnungseinbruchdiebstahl nach § 244 Absatz 4 und schwerer Bandendiebstahl nach § 244a,
   k) Straftaten des Raubes und der Erpressung nach den §§ 249 bis 255,
   l) gewerbsmäßige Hehlerei, Bandenhehlerei und gewerbsmäßige Bandenhehlerei nach den §§ 260 und 260a,
   m) Geldwäsche nach § 261, wenn die Vortat eine der in den Nummern 1 bis 11 genannten schweren Straftaten ist,
   n) Betrug und Computerbetrug unter den in § 263 Abs. 3 Satz 2 genannten Voraussetzungen und im Falle des § 263 Abs. 5, jeweils auch in Verbindung mit § 263a Abs. 2,
   o) Subventionsbetrug unter den in § 264 Abs. 2 Satz 2 genannten Voraussetzungen und im Falle des § 264 Abs. 3 in Verbindung mit § 263 Abs. 5,
   p) Sportwettbetrug und Manipulation von berufssportlichen Wettbewerben unter den in § 265e Satz 2 genannten Voraussetzungen,
   q) Vorenthalten und Veruntreuen von Arbeitsentgelt unter den in § 266a Absatz 4 Satz 2 Nummer 3 oder 4 genannten Voraussetzungen,
   r) Straftaten der Urkundenfälschung unter den in § 267 Abs. 3 Satz 2 genannten Voraussetzungen und im Fall des § 267 Abs. 4, jeweils auch in Verbindung mit § 268 Abs. 5 oder § 269 Abs. 3, sowie nach § 275 Abs. 2 und § 276 Abs. 2,
   s) Bankrott unter den in § 283a Satz 2 genannten Voraussetzungen,
   t) Straftaten gegen den Wettbewerb nach § 298 und, unter den in § 300 Satz 2 genannten Voraussetzungen, nach § 299,
   u) gemeingefährliche Straftaten in den Fällen der §§ 306 bis 306c, 307 Abs. 1 bis 3, des § 308 Absatz 1 bis 4, des § 309 Abs. 1 bis 4, des § 310 Abs. 1, der §§ 313, 314, 315 Abs. 3, des § 315b Abs. 3 sowie der §§ 316a und 316c,

v) Bestechlichkeit und Bestechung nach den §§ 332 und 334,

2. aus der Abgabenordnung:

a) Steuerhinterziehung unter den in § 370 Absatz 3 Satz 2 Nummer 1 genannten Voraussetzungen, sofern der Täter als Mitglied einer Bande, die sich zur fortgesetzten Begehung von Taten nach § 370 Absatz 1 verbunden hat, handelt, oder unter den in § 370 Absatz 3 Satz 2 Nummer 5 genannten Voraussetzungen,

b) gewerbsmäßiger, gewaltsamer und bandenmäßiger Schmuggel nach § 373,

c) Steuerhehlerei im Falle des § 374 Abs. 2,

3. aus dem Anti-Doping-Gesetz:
Straftaten nach § 4 Absatz 4 Nummer 2 Buchstabe b,

4. aus dem Asylgesetz:

a) Verleitung zur missbräuchlichen Asylantragstellung nach § 84 Abs. 3,

b) gewerbs- und bandenmäßige Verleitung zur missbräuchlichen Asylantragstellung nach § 84a,

5. aus dem Aufenthaltsgesetz:

a) Einschleusen von Ausländern und Personen, auf die das Freizügigkeitsgesetz/EU Anwendung findet, nach § 96 Absatz 1, 2 und 4,

b) Einschleusen mit Todesfolge und gewerbs- und bandenmäßiges Einschleusen nach § 97,

5a. aus dem Ausgangsstoffgesetz:
Straftaten nach § 13 Absatz 2

6. aus dem Außenwirtschaftsgesetz:
vorsätzliche Straftaten nach den §§ 17 und 18 des Außenwirtschaftsgesetzes,

7. aus dem Betäubungsmittelgesetz:

a) Straftaten nach einer in § 29 Abs. 3 Satz 2 Nr. 1 in Bezug genommenen Vorschrift unter den dort genannten Voraussetzungen,

b) Straftaten nach den §§ 29a, 30 Abs. 1 Nr. 1, 2 und 4 sowie den §§ 30a und 30b,

7a. aus dem Konsumcannabisgesetz:

a) Straftaten nach einer in § 34 Absatz 3 Satz 2 Nummer 1 in Bezug genommenen Vorschrift unter den dort genannten Voraussetzungen,

b) Straftaten nach § 34 Absatz 4,

7b. aus dem Medizinal-Cannabisgesetz:

a) Straftaten nach einer in § 25 Absatz 4 Satz 2 Nummer 1 in Bezug genommenen Vorschrift unter den dort genannten Voraussetzungen,

b) Straftaten nach § 25 Absatz 5,

8. aus dem Grundstoffüberwachungsgesetz:
Straftaten nach § 19 Abs. 1 unter den in § 19 Abs. 3 Satz 2 genannten Voraussetzungen,

9. aus dem Gesetz über die Kontrolle von Kriegswaffen:

a) Straftaten nach § 19 Abs. 1 bis 3 und § 20 Abs. 1 und 2 sowie § 20a Abs. 1 bis 3, jeweils auch in Verbindung mit § 21,

b) Straftaten nach § 22a Abs. 1 bis 3,

9a. aus dem Neue-psychoaktive-Stoffe-Gesetz:
Straftaten nach § 4 Absatz 3 Nummer 1 Buchstabe a,

9b. aus dem Sprengstoffgesetz: Straftaten nach § 40 Absatz 3a,

10. aus dem Völkerstrafgesetzbuch:

a) Völkermord nach § 6,

b) Verbrechen gegen die Menschlichkeit nach § 7,

c) Kriegsverbrechen nach den §§ 8 bis 12,

d) Verbrechen der Aggression nach § 13,

11. aus dem Waffengesetz:
a) Straftaten nach § 51 Abs. 1 bis 3,
b) Straftaten nach § 52 Abs. 1 Nr. 1 und 2 Buchstabe c und d sowie Absatz 5 und 6,
12. aus dem Schwarzarbeitsbekämpfungsgesetz: Straftaten nach § 9.

(3) **Die Anordnung darf sich nur gegen den Beschuldigten oder gegen Personen richten, von denen auf Grund bestimmter Tatsachen anzunehmen ist, dass sie für den Beschuldigten bestimmte oder von ihm herrührende Mitteilungen entgegennehmen oder weitergeben oder dass der Beschuldigte ihren Anschluss oder ihr informationstechnisches System benutzt.**

(4) [1]**Auf Grund der Anordnung einer Überwachung und Aufzeichnung der Telekommunikation hat jeder, der Telekommunikationsdienste erbringt oder daran mitwirkt, dem Gericht, der Staatsanwaltschaft und ihren im Polizeidienst tätigen Ermittlungspersonen (§ 152 des Gerichtsverfassungsgesetzes) diese Maßnahmen zu ermöglichen und die erforderlichen Auskünfte unverzüglich zu erteilen.** [2]**Ob und in welchem Umfang hierfür Vorkehrungen zu treffen sind, bestimmt sich nach dem Telekommunikationsgesetz und der Telekommunikations-Überwachungsverordnung.** [3]**§ 95 Absatz 2 gilt entsprechend.**

(5) [1]**Bei Maßnahmen nach Absatz 1 Satz 2 und 3 ist technisch sicherzustellen, dass**
1. ausschließlich überwacht und aufgezeichnet werden können:
a) die laufende Telekommunikation (Absatz 1 Satz 2), oder
b) Inhalte und Umstände der Kommunikation, die ab dem Zeitpunkt der Anordnung nach § 100e Absatz 1 auch während des laufenden Übertragungsvorgangs im öffentlichen Telekommunikationsnetz hätten überwacht und aufgezeichnet werden können (Absatz 1 Satz 3),
2. an dem informationstechnischen System nur Veränderungen vorgenommen werden, die für die Datenerhebung unerlässlich sind, und
3. die vorgenommenen Veränderungen bei Beendigung der Maßnahme, soweit technisch möglich, automatisiert rückgängig gemacht werden.

[2]**Das eingesetzte Mittel ist nach dem Stand der Technik gegen unbefugte Nutzung zu schützen.** [3]**Kopierte Daten sind nach dem Stand der Technik gegen Veränderung, unbefugte Löschung und unbefugte Kenntnisnahme zu schützen.**

(6) **Bei jedem Einsatz des technischen Mittels sind zu protokollieren**
1. die Bezeichnung des technischen Mittels und der Zeitpunkt seines Einsatzes,
2. die Angaben zur Identifizierung des informationstechnischen Systems und die daran vorgenommenen nicht nur flüchtigen Veränderungen,
3. die Angaben, die die Feststellung der erhobenen Daten ermöglichen, und
4. die Organisationseinheit, die die Maßnahme durchführt.

Übersicht

A. Grundrechtseingriff. Einen **Eingriff in das Grundrecht des Fernmeldegeheimnisses** (Art. 10 GG) erlaubt die Vorschr. (BGHSt 27, 355 (357); 31, 296 (298)), bei der sog. Quellen-TKÜ auch in das IT-Grundrecht aus Art. 2 Abs. 1 GG. Der Schutz des Fernmeldegeheimnisses endet jedoch am Endgerät des Fernsprechteilnehmers (BGHSt 42, 139 (154)), es sei denn, an einem Endgerät wurde ein Abhörgerät angebracht u. genutzt (BVerfGE 106, 28 (37); 115, 166 (186); ähnl. BVerfGE 124, 43). Art. 10 GG schützt vor den spezifischen Risiken des der Kontroll- u. Einwirkungsmöglichkeit des Teilnehmers entzogenen Übertragungsvorgangs (BVerfG 115, 166 (186); Beulke/Meininghaus FS Widmaier, 2008, 64; Badura FS Amelung, 2009, 529), nicht das Vertrauen der Kommunikationspartner zueinander (BVerfGE 120, 274). Es liegt kein rechtswidriger Eingriff vor, wenn auch nur einer der Teilnehmer am Fernmeldeverkehr damit einverstanden ist, dass ein Dritter mithört, gleichgültig, ob es sich um eine Privatperson o. einen Polizeibeamten handelt (BGH 42, 139 (154); BGHSt 39, 335 mwN; OLG Hamm NStZ 1988, 515). Auch das Auslesen eines beschlagnahmten Mobiltelefons fällt nicht unter § 100a (BGH 7.5.2019 – AK 13–14/19; erg. → § 94 Rn. 16a). Davon zu unterscheiden ist die Einwilligung in die Überwachung selbst; zugunsten der allg. Befugnisse (§§ 161, 163) unanwendbar sind die §§ 100a, 100e nur, wenn alle Kommunikationspartner (nicht nur v. ihr wissen, sondern auch) in sie einwilligen (BT-Drs. 16/5846, 39; vgl. auch BVerfGE 85, 386: Einrichtung v. Fangschaltungen u. Zählervergleichseinrichtungen unterfällt Art. 10 GG). Zur Telefonüberwachung aus dem Blickwinkel v. Art. 8 **EMRK** Hembach MMR 2017, 803 ff. 1

Die Vorschr. enthält neben § 1 **G 10** eine **abschließende Regelung** (BGHSt 31, 304 (306); 34, 39 (50)), v. der zurückhaltend Gebrauch gemacht werden sollte (Kaiser NJW 1969, 20; Zuck NJW 1969, 911; vgl. auch BGH NStZ-RR 2011, 148; zur praktischen Bedeutung u. Effizienz v. TKÜ-Maßnahmen Zenker Kriminalistik 2012, 466). Eine erweiternde Auslegung kommt nicht in Betracht (BGHSt 26, 298 (303); 31, 296 (298)). Insbesondere gestattet § 100a nicht das heimliche Abhören eines nichtöffentlichen Gesprächs außerhalb des Fernmeldeverkehrs (BGHSt 34, 39 (50)) o. die Verwertung v. **„Raumgesprächen"**, deren Abhören durch das versehentliche Nichtauflegen des Hörers **nach Abschluss** des überwachten Telekommunikationsvorgangs ermöglicht wurde (BGHSt 31, 296; Löwe/Rosenberg/Hauck Rn. 71). **Verwertbar** ist aber das gesamte **während** des Tele- 2 fonats aufgrund zulässig angeordneter Überwachung aufgezeichnete Gespräch einschl. der Hintergrundgeräusche u. -gespräche (BGH NStZ 2018, 550 (551)); dasselbe gilt für Äußerungen des Betroffenen o. v. sich mit ihm unterhaltenden Personen während der Herstellung der Telekommunikationsverbindung (BGH NStZ 2008, 473 (krit. hierzu Prittwitz StV 2009, 437); OLG Düsseldorf NJW 1995, 975) sowie für Erkenntnisse aus einer Überwachung, wenn der Beschuldigte eine zuvor v. ihm selbst hergestellte Telekommunikationsverbindung versehentlich nicht beendet hat (BGH NStZ 2003, 668, insoweit allerdings nicht ganz spannungsfrei zur Entsch. BGHSt 31, 296; dem BGH zust. Gercke JR 2004, 347; abl. Weßlau StV 2003, 483; Braum JZ 2004, 128; Fezer NStZ 2003, 625; Prittwitz StV 2009, 437 (440); Löffelmann AnwBl 2006, 600; Löwe/Rosenberg/Hauck Rn. 69; krit. auch Sankol MMR 2007, 692). Anders läge es bei einer v. vornherein zielgerichtet ohne Willen des Betroffenen als **„Abhöranlage"** in Betrieb genommenen Telekommunikationsanlage; hierfür gilt § 100c o. § 100f (vgl. BGHSt 31, 296). Die Verwertung der Ergebnisse der Telefonüberwachung richtet sich im anwaltsgerichtlichen Verf. nach § 479 Abs. 2 S. 1, § 116 S. 2 BRAO (vgl. zum früheren Rechtszustand BGHSt 26, 298), im Besteuerungsverfahren entgegen früherer Rspr. (BFH NJW 2001, 2118) nach § 393 Abs. 3 S. 2 **AO** (dazu Buse/Bohnert NJW 2008, 620; Wulf wistra 2008, 325 ff.; erg. → § 406e Rn. 24). Im Bußgeldverfahren gilt § 100a nicht (§ 46 Abs. 3 S. 1 OWiG).

3 Die **Überwachung nach § 1 G 10** (Anh. A 11) macht die nach § 100a weder überflüssig, noch schließt sie sie aus (Welp DÖV 1970, 271). Das G 10 unterscheidet zwischen Beschränkungen in Einzelfällen nach §§ 3, 4 G 10 und strategischen Beschränkungen nach §§ 5 ff. G 10 (hierzu BVerwG NJW 2008, 2135). Es bestehen insoweit unterschiedliche Voraussetzungen für die Anordnung u. diff. Regelungen für die Prüf-, Kennzeichnungs- u. Löschungspflichten, die Übermittlung (vgl. Sieber NJW 2008, 882) u. Zweckbindung hins. der erhobenen personenbezogenen Daten sowie die Benachrichtigung des Betroffenen (zur Vereinbarkeit mit Art. 8 EMRK vgl. → EMRK Art. 8 Rn. 2).

4 **Präventiv-polizeiliche Telekommunikations-Überwachung** sehen bspw. § 51 BKAG, § 36 POGRP, § 34a ThürPAG vor (vgl. iE die Übersicht in Beck TKG/Bock TKG § 110 Rn. 126; zu § 33a NdsSOG aF BVerfGE 113, 348); dass auch unter Anwendung des § 100a in der Praxis vielfach solche Zwecke verfolgt werden, legt Kinzig StV 2004, 560 dar.

5 Ein Rechtshilfeersuchen auf Durchführung einer **Telekommunikationsüberwachung im Ausland** (zur Abgrenzung vgl. § 4 Abs. 1 TKÜV) darf – auch wenn dort dafür erleichterte Voraussetzungen bestehen – nur gestellt werden, wenn der Verdacht einer Katalogtat nach § 100a gegeben ist (Schuster, Die Verwendbarkeit im Ausland gewonnener Beweise im deutschen Strafprozess, 2006, S. 246; vgl. auch die Regelung grenzüberschreitender Überwachung in Art. 30 EEA; Brodowski JR 2009, 410). Der Rechtshilfeweg darf nicht durch die an eine im Inland ansässige Tochter eines ausländischen Providers gerichtete Anordnung der Herausgabe ausschl. im Ausland stattfindender E-Mail-Kommunikation (dazu → Rn. 6) umgangen werden (Gaede StV 2009, 102). Nach § 4 Abs. 2 TKÜV ist allerdings eine sog. Auslandskopfüberwachung zulässig, die die Verbindungen v. unbekannten Anschlüssen im Inland zu einem bestimmten Anschluss im Ausland (ausl. Rufnummer) erfasst (vgl. näher die Darst. in BVerfG MMR 2009, 606; Bär ZIS 2011, 57; gegen die Zulässigkeit der Auslandskopfüberwachung – wegen „partieller Überwachung eines ausländischen Anschlusses" – Reinel wistra 2006, 205; **aM** Tiedemann CR 2005, 858); vgl. zur Entschädigungslosigkeit der Inpflichtnahme der Telekommunikationsanbieter BVerfG MMR 2009, 606; VG Berlin CR 2008, 165; dazu auch Berger CR 2008, 557.

6 **B. Telekommunikation. Telekommunikation** ist der technische Vorgang des Aussendens, Übermittelns u. Empfangens v. Nachrichten jeglicher Art in der Form v. Zeichen, Sprache, Bildern o. Tönen mittels technischer Einrichtungen o. Systeme, die als Nachrichten identifizierbare elektromagnetische o. optische Signale

senden, übertragen, vermitteln, empfangen, steuern o. kontrollieren können (vgl. § 3 Nr. 22, 23 TKG). Es werden hier also die mit dem Versenden u. Empfangen v. Nachrichten mittels Telekommunikationsanlagen in Zusammenhang stehenden Vorgänge erfasst (BGH NStZ 2003, 668; R. Hamm NJW 2007, 933; nach BVerfG BeckRS 2016, 50705 mAnm Hiéramente HRRS 2016, 448 ist diese weite Interpretation verfassungsrechtlich unbedenklich; gegen eine rechtliche Gleichsetzung mit § 3 TKG aber mit beachtlichen Argumenten Fezer NStZ 2003, 625, Günther NStZ 2005, 490; Bosbach/Ackermann/Caba Ermittlungsverfahren Rn. 544; Weßlau StV 2003, 484; vgl. auch BVerfGE 124, 43 sowie BGHSt 31, 296 zum Begriff des „Fernmeldeverkehrs" in § 100a StPO 1975; erg. → Rn. 2), also das Gespräch selbst sowie das Herstellen u. die Beendigung der Verbindung. Unter § 100a fallen daher auch die Verkehrsdaten, soweit sie im Rahmen der zu überwachenden Telekommunikation anfallen; dazu gehören auch die bei der Überwachung v. E-Mail-Kommunikation anfallenden **IP-Adressen** (BVerfG NStZ-RR 2019, 89, auch zur Pflicht der Betreiber v. Telekommunikationsanlagen, Vorkehrungen zu treffen, um die Daten ggf. für die Strafverfolgung bereitzustellen; erg. → § 100g Rn. 8). Ein rein technisches Verständnis des Begriffs der Telekommunikation dürfte jedoch Sinn u. Zweck der Eingriffsnorm nicht gerecht werden; vielmehr geht es bei § 100a um die Erfassung **kommunikativen Sozialverhaltens** (Hieramente/Fenina StraFo 2015, 365 (369 ff.) mN zum Streitstand; Roggan StV 2017, 821 (823)); relevant wird dies aktuell bei der Erfassung des sog. Surfverhaltens; dazu → Rn. 7d). Die Beschlagnahme v. Telegrammen ist bereits nach § 99 zulässig; § 100a ist insoweit nicht anwendbar, gilt aber neben der Überwachung v. festen Anschlüssen u. des Mobilfunks (einschließlich SMS u. MMS), wie sich eindeutig aus der Definition in § 3 Nr. 22, 23 TKG ergibt, auch für den Fernschreib- u. Fernkopier-(Telefax-)Verkehr (Zöller GA 2000, 573; vgl. auch Eisenberg/Nischan JZ 1997, 74 zum strafprozessualen Zugriff auf digitale multimediale Videodienste). BGH (ER) NJW 1997, 1934 – ebenso BGH NJW 2003, 2034 – hat den einmaligen Zugriff auf die Daten gestattet, die in den unter den überwachten Telefonanschlüssen erreichbaren Mailboxen gespeichert sind; dem stimmt Vassilaki JR 2000, 447 zu, während Palm/Roy NJW 1997, 1904 § 100a für unanwendbar u. nur die Durchsuchung u. Beschlagnahme für zulässig halten (ähnlich Löffelmann AnwBl 2006, 599; Paeffgen FS Roxin, 2001, 1315; vgl. auch Deckers StraFo 2002, 111).

Auch die **Positionsmeldungen** nicht telefonierender Mobiltelefone zählte die **6a** Rspr. zu den nach § 100a zu übermittelnden Daten (BGH (ER) NJW 2001, 1587); dem hat das BVerfG in einer Kammerentscheidung (NJW 2007, 351 mwN, abl. dazu Nachbaur NJW 2007, 335) widersprochen u. sich der Gegenansicht (Bernsmann NStZ 2002, 103; Demko NStZ 2004, 62; Günther NStZ 2005, 491) angeschlossen (erg. → § 100i Rn. 2). **Standortdaten in Echtzeit** können aber nach § 100g Abs. 1 S. 1 Nr. 1, S. 3 erhoben werden (→ § 100g Rn. 21). Auch iÜ werden Verkehrsdaten in Echtzeit nach § 100g erhoben (→ § 100g Rn. 11 ff.); zum sog. Phonetracker Jahn/Nack Strafprozessrechtspraxis/Mellinghoff Rn. 26. Sogenannte **stille SMS** dienen in der Praxis der Ermittlungsbehörden regelmäßig dazu, Verkehrsdaten des kontaktierten Mobiltelefons zu erzeugen u. dieses durch die Erhebung der Standortdaten beim Provider (§ 100g Abs. 1 S. 1 Nr. 1, S. 3) zu orten. Alleinige **Rechtsgrundlage** für den Einsatz „stiller SMS" ist § 100i Abs. 1 Nr. 2 (BGHSt 63, 82; zust. Anm. Bär MMR 2018, 826; krit. Rückert NStZ 2018, 613; erg. → § 100g Rn. 21; → § 100i Rn. 4; → § 161 Rn. 1). Der BGH hat damit die bisher bestehenden Unsicherheiten beseitigt (vgl. insofern → 61. Aufl. 2018, § 161 Rn. 1).

I. E-Mails. Beim Zugriff auf **E-Mails** werden in technischer Hinsicht üblicher- **6b** weise **3 Phasen** unterschieden (KK-StPO/Henrichs/Weingast Rn. 18 f.; abl. Störing, Strafprozessuale Zugriffsmöglichkeiten auf E-Mail-Kommunikation, 2007, S. 177 ff., 202; Valerius JR 2007, 275 (279); vgl. auch Brodowski JR 2009, 402: 7 Phasen; Bosbach/Ackermann/Caba Ermittlungsverfahren Rn. 415 u. KMR-StPO/Bär Rn. 51: 4 Phasen): Absenden der Nachricht bis zum Ankommen im

Speicher des Providers (1. Phase), „Ruhen" der Nachricht auf dem Speicher (2. Phase), Abrufen der Nachricht durch den Empfänger (3. Phase). Die rechtliche Bewertung stellt sich wie folgt dar: Für die **1. u. 3. Phase** gilt unstr. **§ 100a.**

6c Für die **2. Phase** folgt aus BVerfGE 124, 43 eine differenzierte Betrachtung. Mit der **offenen** Ermittlungsmaßnahme **nach § 94** können die auf dem Mailserver des Providers gespeicherten – ungelesenen, aber auch die gelesenen u. dort archivierten –, dem Schutz des Art. 10 GG unterstellten E-Mails als nichtkörperliche Gegenstände in Gestalt eines **einmaligen und punktuellen Zugriffs** (vgl. BT-Drs. 19/27654, 62 f.) sichergestellt u. beschlagnahmt werden (BVerfGE 124, 43 Rn. 52, 55 ff., 63; KK-StPO/Henrichs/Weingast Rn. 21; SSW StPO/Eschelbach Rn. 7; KK-StPO/Greven § 94 Rn. 4a; erg. → § 94 Rn. 16a (mwN), 19a; **aA** Löwe/Rosenberg/Hauck Rn. 77, da § 94 – entgegen BVerfGE 124, 43 (63) – nur körperliche Gegenstände erfasse); insoweit genügt – vorbehaltlich der Verhältnismäßigkeit der Beschlagnahme im Einzelfall – der Anfangsverdacht (irgend-)einer Straftat (BVerfGE 124, 43 (69); ebenso BGH NJW 2010, 1297). Den von der Maßnahme betroffenen Personen ist die als offene Ermittlungsmaßnahme ausgestaltete Beschlagnahme bekannt zu machen. Dies gilt grds auch den beschuldigten Inhaber des E-Mail-Kontos (BGH NStZ 2015, 704 (705)); für den Beschuldigten sieht der durch G v. 25.6.2021 (BGBl. 2021 I 2099) eingeführte **§ 95a** für die Fälle der Beschlagnahme bei dem Provider die **Zurückstellung der Benachrichtigung** vor (ausf. hierzu → § 95a Rn. 1 ff.; zur früheren Rechtslage BGH NStZ 2015, 704 (705)).

6d Im Zuge **verdeckter** Ermittlungen kann mit **§ 100a Abs. 1 S. 1** (und unter den daraus folgenden weit strengeren Voraussetzungen) auf beim Provider **„ruhende"** E-Mails zugegriffen werden (BGH NStZ 2021, 355 (357); KK-StPO/Henrichs/Weingast Rn. 21; MüKoStPO/Rückert Rn. 116; BeckOK StPO/Graf Rn. 58; KK-StPO/Greven § 94 Rn. 4a; Zimmermann JA 2014, 321 (325); Brunst CR 2009, 592; Jahn JuS 2009, 1048; Singelnstein NStZ 2012, 593 (596 f.); Park Rn. 886, 810; Alsberg Beweisantrag/Güntge Rn. 980; iE ebenso BGH NJW 2010, 1297; vgl. ferner Gaede StV 2009, 97 (99); Störing MMR 2008, 187; Brodowski JR 2009, 408; abl. Löwe/Rosenberg/Hauck Rn. 77). § 100a wird v. der offenen Ermittlungsmaßnahme der §§ 94 ff. nicht verdrängt (BVerfGE 124, 43 (58)). Der Anwendung des § 100a Abs. 1 S. 1 steht auch nicht entgegen, dass die E-Mails in der 2. Phase „ruhen". Zwar handelt sich dann – technisch betrachtet – nicht um „Telekommunikation" iSd § 3 Nr. 22 TKG. Wie Art. 10 Abs. 1 GG (hierzu BVerfGE 124, 43 (47)) kann § 100a Abs. 1 S. 1 aber mit Blick auf die Schutzbedürftigkeit des betroffenen Grundrechtsträgers nicht einem rein technischen Telekommunikationsbegriff folgen (krit. zu einer strikten Trennung der Phasen wohl auch SSW StPO/Eschelbach Rn. 7). Auch nach Kenntnisnahme beim Provider endgespeicherte E-Mails fallen unter Art. 10 Abs. 1 GG. Denn die Schutzbedürftigkeit des Betroffenen besteht, solange der Provider in die E-Mail-Verwaltung eingeschaltet ist. Der Betroffene muss zudem eine Internetverbindung zum Mailserver herstellen, um auf die Nachrichten zuzugreifen (BVerfGE 124, 43 (46 ff.); vgl. auch BVerfGE 115, 166 Rn. 80). Daraus ist zu folgern, dass auch alle beim Provider lagernden E-Mails rechtlich als Telekommunikation iSd § 100a anzusehen sind u. mithin dieser Zugriffsbefugnis unterliegen (BGH NStZ 2021, 355 (357)). Eine Begrenzung des Zugriffs ergibt sich aus dem **Verhältnismäßigkeitsgrundsatz:** Die Maßnahme muss zur Aufklärung des Tatverdachts geeignet sein. Es darf daher nur insoweit auf „ruhende" E-Mails zugegriffen werden, als sie in zeitlicher Hinsicht für die Strafverfolgung relevant sein können. Bei sehr lange zurückliegenden, endgespeicherten Nachrichten ist daher eine besonders sorgfältige Prüfung notwendig. Die Anordnung nach § 100a StPO kann mit einer zeitlichen Beschränkung versehen werden (BeckOK StPO/Graf Rn. 64). Es wird zudem regelmäßig **zugleich** die **Beschlagnahme** des E-Mail-Bestandes nach § 94 StPO nebst einer Zurückstellung der Benachrichtigung nach § 95a angeordnet werden (erg. → Rn. 6c aE; krit. Becker/Baser-Dogan StV 2022, 459).

Der Anwendung des § 100a Abs. 1 S. 1 steht nicht entgegen, dass Zugriffe nach § 100a Abs. 1 S. 2, 3 auf „laufende" Telekommunikation bzw. den „laufenden" Übertragungsvorgang beschränkt sind (Abs. 5 S. 1 Nr. 1, 2). Denn die Beschränkung ist vor dem Hintergrund der mit der Infiltration informationstechnischer Systeme des Betroffenen einhergehenden Gefahren der Ermittlung v. Persönlichkeitsprofilen zu sehen, weshalb an solche Zugriffe höhere Anforderungen zu stellen sind (BT-Drs. 18/12785, 50; erg. → Rn. 14b ff.). Das Verbot einer rückwirkenden Erhebung hat der Gesetzgeber wegen der Nähe zur Online-Durchsuchung daher nur für diese Zugriffe festgelegt (vgl. BT-Drs. 18/12785, 53; **aA** Grözinger GA 2019, 441 (451, 454); Gallus/Zeyher NStZ 2022, 462 (463); krit. auch Trüg JZ 2021, 560 (564 f.)). Dies steht zudem im Einklang mit der Rspr. des BGH zur Zulässigkeit heimlicher Zugriffe auf passwortgeschützte Mailboxen (BGH NStZ 2021, 355 (357) mAnm Grözinger; erg. → Rn. 6 aE; BGHSt 51, 211 (217)). 6e

Die **Abgrenzung von § 94 und § 100a** beim Zugriff auf bei einem Provider „ruhende" E-Mails folgt aus ihrem jeweiligen Eingriffscharakter: Die Sicherstellung oder Beschlagnahme nach § 94 ermöglicht einen **einmaligen und punktuellen Zugriff** auf den E-Mail-**Bestand,** während bei einer TKÜ nach § 100a im Rahmen einer **laufenden Überwachung** des E-Mail-**Verkehrs** auch die zwischen- und endgespeicherten TK-Daten miterfasst werden (vgl. hierzu BT-Drs. 19/27654, 62 ff.). 6f

Diese Grundsätze dürften auch gelten für die – **verdeckte** – Überwachung v. Mitteilungen u. Nachrichten in **sozialen Netzwerken** wie Facebook (Löwe/Rosenberg/Hauck Rn. 82; KK-StPO/Henrichs/Weingast Rn. 23, jew. einschr. für „ruhende" Nachrichten (vgl. hierzu → Rn. 6c); erg. → § 94 Rn. 16b) sowie den heimlichen Zugriff auf **Cloud-Inhalte,** soweit die Cloud aufgrund der Zugangsmöglichkeit mehrerer Personen der **Kommunikation** dient Löwe/Rosenberg/Hauck Rn. 85 („übergangsweise"); vgl. auch Grözinger, Die Überwachung von Cloud-Storage, 2018, §§ 130 ff. (auch zum Sonderfall „internal cloud"); Soiné NStZ 2018, 497 (499 f.) (Nebeneffekt)) vgl. für offene Zugriffe → § 110 Rn. 7a–7c u. KK-StPO/Henrichs/Weingast § 110 Rn. 4, 8 f.). Der Zugriff auf mit **bloßem Speicherwillen** in der Cloud „gelagerte" Daten (zB Dokumente, Fotos) dürfte als verdeckte Maßnahme hingegen nur unter den Voraussetzungen nach § 100b zulässig sein, da es insofern an dem Merkmal „Telekommunikation" fehlt (vgl. Grözinger StV 2019, 407 (408, 411); Grözinger, Die Überwachung von Cloud-Storage, 2018, § 126 ff.; erg. → Rn. 14f). Als ggü. dem Dienstanbieter offene Maßnahme kommt eine Anordnung nach § 94 oder § 95 iVm mit dem Offenbarungsverbot des § 95a in Betracht (erg. → § 94 Rn. 16a, 16b; → § 100b Rn. 10). Zum Zugriff beim Empfänger nach Ende der Kommunikation → § 94 Rn. 16a (zu weitergehenden Kommunikationsmöglichkeiten Günther NStZ 2006, 644). Im Rahmen einer **Durchsuchung** kann nach § 110 Abs. 3 (→ § 110 Rn. 2a, 6) auf beim Provider gespeicherte E-Mails zugegriffen werden. Befindet sich der E-Mail-Server des Providers im Ausland kommt ein Zugriff mit Zustimmung des Verfügungsberechtigten nach § 110 Abs. 3 iVm Art. 32 Buchst. b CKÜ in Betracht o., wenn dies nicht möglich ist, ein Sicherungsverfahren nach Art. 29 CKÜ (Bär ZIS 2011, 57; näher → § 110 Rn. 7a, 7b). 6g

II. Internet. Der (repressive) Zugriff auf die Telekommunikation innerhalb sog. **geschlossener Benutzergruppen** – etwa zugangsgesicherter Chatrooms u. Newsgroups – wird v. § 100a erfasst (Eckhardt, Effizienzanalyse der Telekommunikationsüberwachung nach § 100a StPO, 2009, S. 16 mwN; Kleszewski ZStW 123 (2011), 737 (752 ff.); Löwe/Rosenberg/Hauck Rn. 80 ff.; **aM** Schulz/Hoffmann CR 2010, 136: §§ 161, 163 für eine Übergangszeit; vgl. auch Böckenförde JZ 2008, 936 sowie § 110 Abs. 3 und → § 110 Rn. 6). Der Online-Zugriff auf allg. – ohne besondere Zugangsberechtigung – zugängliche Datenbestände, wie sie etwa in **sozialen Netzwerken** (zB Facebook, MySpace etc), offenen Internet-Chats o. in offenen Newsgroups entstehen, ist dagegen in aller Regel ohne besondere Ermächtigungsgrundlage nach §§ 161, 163 zulässig (BVerfGE 120, 274 mAnm Bär 7

MMR 2008, 326: „reine Internetaufklärung"; BVerfGE 120, 351; LG Wuppertal NStZ 2008, 463 (464); BT-Drs. 16/5846, 64; Kudlich StV 2012, 560 (566); Klesczewski ZStW 123 (2011), 737 (739) mwN; Bär ZIS 2011, 58; Löwe/Rosenberg/Hauck Rn. 80; vgl. auch Art. 32 Buchst. a CKÜ: offene Quellen). Dies gilt auch für frei zugängliche Daten, die nur registrierten Nutzern zugänglich sind, da soziale Netzwerke grds. jeden Interessenten ohne besondere Zugangsschranken aufnehmen (BVerfGE 120, 274 (344 f.)); werden jedoch Informationen unter einer auf Dauer angelegten Legende durch Überwinden v. Zugangsschlüsseln (zB nach Freischalten durch den Inhaber eines Accounts o. Aufnahme als „Freund") erhoben, bedarf es der Voraussetzungen des § 110a (näher zu verdeckt im Internet operierenden Polizeibeamten → § 110a Rn. 4; zu den verschiedenen Fallgruppen Henrichs/Wilhelm Kriminalistik 2010, 33 ff.; Hornick StraFo 2008, 285). Die Überwachung der Internetnutzung **(„Surfen")** ist unter den Voraussetzungen des 100a zulässig (BVerfG NJW 2016, 3580 mablAnm Eidam; krit. Heinrich ZIS 421 (428): keine Befugnisnorm in der StPO; erg → § 163 Rn. 28a).

7a **III. Internet-Telefonie.** Die **Internet-Telefonie** wird v. § 100a erfasst, auch soweit es um die Übertragung bestimmter Dateninhalte wie etwa Bild- o. Videodaten geht (LG Hamburg MMR 2011, 693 (694); Bär MMR 2011, 693). Unzulässig ist das Kopieren u. Speichern grafischer Bildschirminhalte, dh das Fertigen v. Screenshots, wenn zum Zeitpunkt der Maßnahme – wie etwa beim bloßen Schreiben einer E-Mail – kein Datenaustausch mit einem anderen Computer u. damit noch keine Telekommunikation stattfindet (LG Landshut MMR 2011, 690 (691) mzustAnm Bär MMR 2011, 693). Findet dagegen ein Kommunikationsvorgang statt, kann die Überwachung regelmäßig nur durchgeführt werden, wenn Verschlüsselungen der Telefonate überwunden werden. Da eine derartige Entschlüsselung regelmäßig technisch nicht möglich ist (es sei denn, der Betreiber hat bewusst Sicherheitslücken, sog. „backdoors", in seine Verschlüsselungssysteme eingebaut; s. Keller/Braun/Hoppe Telekommunikationsüberwachung Rn. 44; Liebig Computerinhaltsdaten S. 127) kann die Überwachung v. IP-Telefonaten nur funktionieren, wenn die Gesprächsinhalte bereits vor ihrer Verschlüsselung an dem beteiligten Endgerät aufgezeichnet u. an die Ermittler weitergeleitet werden (Liebig Computerinhaltsdaten S. 124 ff., 128). Zulässig ist deshalb nach der Einf. der Neuregelungen in Abs. 1 S. 2, 3 grds. auch die sog. **Quellen-TKÜ** (dazu → Rn. 14a–14m; vgl. auch bereits BVerfGE 120, 274; eing. dazu Bratke, Die Quellen-Telekommunikationsüberwachung im Strafverfahren, 2012), bei der auf die Daten noch im System des Nutzers u. vor dem Absenden bzw. Verlassen des Systems zugegriffen wird (zum Begriff Kudlich GA 2011, 193 (205 f.)).

7b **IV. Online-Durchsuchung.** Eine **online-Durchsuchung** (Durchsicht o. Überwachung) mittels E-Mail o. auf andere Weise durch Aufspielen einer remote forensic software (vgl. auch MüKoStGB/Graf StGB § 202a Rn. 64 zu „Trojanern" u. „Backdoor"-Programmen) ist nunmehr **unter den Voraussetzungen v. § 100b** zulässig. Sie findet in § 100a keine Grundlage, weil bei ihr keine Telekommunikation überwacht, sondern lediglich den Ermittlungsbehörden auf dem Zielcomputer gespeicherte Daten übermittelt werden. Dies gilt auch für die Überwachung des sog. Surfverhaltens u. das Cloud-Computing (→ Rn. 14f; → § 100b Rn. 1).

8 **C. Überwachung und Aufzeichnung.** Die **Überwachung u. Aufzeichnung** lässt Abs. 1 S. 1 zu (auch ggü. unvermeidbar betroffenen Dritten). Bei der Fernsprechüberwachung muss beides angeordnet werden. Die Überwachung des Fernschreibverkehrs besteht im Mitlesen; zu diesem Zweck darf er ohne besondere Anordnung auf Schriftträger übertragen werden. Eine Beschränkung der Aufnahmemöglichkeit auf Mitteilungen bestimmter Art, zB auf solche, die unmittelbar der Verbrechensaufklärung dienen o. den Verdacht einverständlichen Zusammenwirkens begründen, sieht § 100a nicht vor; sie wäre auch nicht durchführbar. Vorbehaltlich einer abweichenden Bestimmung der Art der Maßnahme nach § 100e Abs. 3 S. 2 Nr. 3 hängt die Eingriffsbefugnis nicht v. der Mitwirkung eines Tele-

kommunikationsdienstleisters ab (s. aber zum sog. Account-Cloning → Rn. 14a ff.; → § 100b Rn. 2a); vielmehr sind die Strafverfolgungsbehörden auch berechtigt, die Überwachung ausschl. mit eigenen Mitteln durchzuführen (BT-Drs. 16/5846, 47; Singelnstein NStZ 2012, 593 (599); Bär MMR 2008, 219; 426; Meininghaus, Der Zugriff auf E-Mails im strafrechtlichen Ermittlungsverfahren, 2007, S. 116 mwN; krit. Eckhardt CR 2007, 338; vgl. auch → § 100i Rn. 3), allerdings nicht durch Zugriff auf einen E-Mail-Server im Ausland ohne ordnungsgemäßes Rechtshilfeverfahren (LG Hamburg StV 2009, 70 mAnm Störing MMR 2008, 188; zust. Gaede StV 2009, 101, der auch vorl. Sicherungsverfahren nach der Cybercrime-Konvention (→ Vor § 94 Rn. 9) erörtert; Brodowski JR 2009, 410; Gercke ZUM 2009, 535; Sankol K&R 2008, 279; vgl. auch Keller Kriminalistik 2009, 496 mit Hinweis auf Art. 29 CKÜ; ausf. dazu → § 110 Rn. 7a, 7b). Für die Einrichtung v. Fangschaltungen u. Zählervergleichseinrichtungen (dazu BGHSt 35, 32) findet sich die v. BVerfG vermisste (BVerfGE 85, 386) gesetzliche Eingriffsgrundlage nunmehr in § 101 TKG. Eine (stets offen zu legende) Überwachungsanordnung nach § 119 Abs. 1 S. 2 Nr. 2 rechtfertigt nicht die Aufzeichnung der Telekommunikation.

I. Tatverdacht (Abs. 1 Nr. 1). Der **Tatverdacht (Abs. 1 S. 1 Nr. 1)** muss weder hinreichend iS § 203 noch dringend iSd § 112 Abs. 1 S. 1 (BGH (ER) NStZ 2010, 711; OLG Hamm NStZ 2003, 279) sein, auch wenn die Überwachung zur Aufenthaltsermittlung angeordnet wird (Löwe/Rosenberg/Hauck Rn. 42; AnwK StPO/Löffelmann Rn. 8; **aM** SK-StPO/Wolters/Greco Rn. 43; Rudolphi FS Schaffstein, 1975, 437; Schlüchter Strafverfahren Rn. 349: mind. die Voraussetzungen des § 127 Abs. 2 müssen vorliegen). Er darf aber nicht nur unerheblich sein (BGHSt 41, 30 (33); BayObLGSt 1982, 40 (42)). Es müssen bestimmte Tatsachen (→ § 112 Rn. 7) vorliegen, die unmittelbar o. als Beweisanzeichen den Verdacht einer Katalog- o. Vorbereitungstat begründen. Sie können der äußeren o. inneren Geschehenswelt angehören; auch kriminalistische Erfahrungen können berücksichtigt werden (BGH (ER) NStZ 2010, 711; **aM** SK-StPO/Greco/Wolter Rn. 89). Ein Beurteilungsspielraum muss dabei dem Anordnenden zugestanden werden (BGH (ER) NStZ 2010, 711; BGHSt 47, 362 (365); 48, 240 (248); Mosbacher FS Seebode, 2008, 229 (241); Schmidt NJ 2008, 392; MüKoStPO/Rückert Rn. 155; **aM** Bernsmann NStZ 1995, 512; Jahn/Nack Strafprozessrechtspraxis/Satzger Rn. 31; SK-StPO/Greco/Wolter Rn. 89). Der Verdacht muss hinreichend konkret sein, dh über vage Anhaltspunkte u. bloße Vermutungen hinausreichen (BVerfGE 113, 348; BVerfG NJW 2007, 2749 (2751); BGH BeckRS 2016, 15673; (ER) NStZ 2010, 711). Auf Rechtswidrigkeit u. Schuld braucht er sich nicht zu erstrecken (Löwe/Rosenberg/Hauck Rn. 42; BeckOK StPO/Graf Rn. 107; **aM** SK-StPO/Wolters/Greco Rn. 43). § 100a ist auch im Sicherungsverfahren nach §§ 413 ff. anwendbar. 9

II. Schwere Straftat (Abs. 1 Nr. 1, 2). Mit dem Erfordernis einer **schweren Straftat (Abs. 1 S. 1 Nr. 1)** folgt das G einem **Stufenmodell:** Es ordnet die Telekommunikationsüberwachung in ihrer Eingriffsintensität zwischen der Wohnraumüberwachung (§ 100c Abs. 1 Nr. 1: bes. schwere Straftat) u. denjenigen verdeckten Ermittlungsmaßnahmen ein, die eine Straftat v. erheblicher Bedeutung voraussetzen (→ § 98a Rn. 5). Die Obergrenze des Regelstrafrahmens einer schweren Straftat beträgt idR mind. 5 Jahre, in Einzelfällen jedoch – oberhalb jedenfalls v. 1 Jahr (Bär MMR 2008, 216) – auch weniger, wenn das geschützte Rechtsgut nach Einschätzung des Gesetzgebers v. besonderer Bedeutung ist o. ein besonderes öffentliches Interesse an der Strafverfolgung besteht (vgl. BVerfGE 122, 63; BT-Drs. 16/5846, 39, 41, 43, 92; krit. Zöller StraFo 2008, 19). Im Einzelnen hat das G diese zunächst abstrakte Wertung in dem Katalog des Abs. 2, dessen Neufassung im Wesentlichen auf dem G v. 21.12.2007 beruht, nachvollzogen (→ Rn. 15). Soweit darin Straftatbestände in Bezug genommen sind, die im Höchstfall die Verurteilung zu einer Freiheitsstrafe von drei Jahren und weniger vorsehen, ist der Katalog 10

verfassungswidrig (BVerfG NVwZ 2025, 1821 (1835); BGBl. 2025 I Nr. 201; Anm.: Ziebarth NJW 2025 3397; Großmann JZ 2025, 879).

11, 11a Auch im **konkreten Einzelfall,** nicht nur abstrakt, muss die Anlasstat schwer wiegen, wie Abs. 1 S. 1 Nr. 2 klarstellt. Anhaltspunkte sind zB die Folgen der Tat, die Schutzwürdigkeit des verletzten Rechtsguts u. das Hinzutreten besonderer Umstände, wie etwa die faktische Verzahnung mit anderen Katalogstraftaten o. das Zusammenwirken des Beschuldigten mit anderen Straftätern (Knierim StV 2008, 603; vgl. auch BVerfGE 129, 208 Rn. 208; BGHSt 44, 243 (250): kriminelle Intensität). Das Vorliegen eines minder schweren Falles muss, soweit überhaupt schon absehbar, der Bewertung der Tat als schwer, insbes. im Blick auf deren Auswirkungen auf das Opfer, nicht entgegenstehen (vgl. Abs. 2 Nr. 1 Buchst. f, § 176a Abs. 4 StGB; BT-Drs. 16/5846, 40, 41); der Umstand, dass in einem Fall nach § 184c Abs. 3 StGB (Abs. 2 Nr. 1 Buchst. g) als Täter ausschl. Personen unter 18 Jahren in Betracht kommen, kann zur Verneinung der konkreten Tatschwere führen (BT-Drs. 16/9646, 18; vgl. auch Hörnle NJW 2008, 3523).

12 **III. Teilnahme an der Anlasstat.** Die **Teilnahme an der Anlasstat** (§§ 25 ff. StGB) steht der Täterschaft gleich, nicht aber Strafvereitelung u. Begünstigung. Der strafbare Versuch der Tat, auch die Teilnahme am Versuch, wird wie die Vollendung behandelt. Vorbereitungshandlungen u. die Teilnahme daran rechtfertigen die Überwachung nur, wenn sie ihrerseits als selbständige – für sich gesehen nicht notwendig schwere – Straftaten o. nach § 30 StGB (BGHSt 32, 10 (16)) strafbar sind; die Anordnung nach § 100a ergeht in dem Verf. wegen dieser Tat.

13 **IV. Subsidiaritätsgrundsatz (Abs. 1 Nr. 3). Subsidiaritätsgrundsatz** (Abs. 1 S. 1 Nr. 3; dazu allg. Rieß GS Meyer, 1990, 367; Zöller StraFo 2008, 19): Die Überwachung ist nur zulässig, wenn sie unentbehrlich ist, weil andernfalls die Erforschung des Sachverhalts (dazu Kinzig StV 2004, 563) o. die Ermittlung des Aufenthaltsorts des Beschuldigten wesentlich erschwert o. aussichtslos sein würde. Aussichtslos ist sie, wenn andere Aufklärungsmittel nicht vorhanden sind. Stehen sie zur Vfg., so müssen die Erfolgsaussichten, die sie bieten, mit denen der Überwachung verglichen werden. Sind sie ebenso erfolgversprechend, ist eine TKÜ nach Abs. 1. unzulässig (vgl. a. BVerfG BeckRS 2025, 33604). Wenn diese entscheidend höher zu veranschlagen sind, ist die Überwachung zulässig (Rudolphi FS Schaffstein, 1975, 437). Eine wesentliche Erschwerung liegt insbes. vor, wenn die Benutzung anderer Aufklärungsmittel einen erheblich größeren Zeitaufwand erfordern u. daher zu einer wesentlichen Verfahrensverzögerung führen würde (vgl. Rieß GS Meyer, 1990, 367 (385)). Größerer Arbeitsaufwand rechtfertigt die Maßnahme nur, wenn er so umfangr. wäre, dass die Strafverfolgungsinteressen eindeutig überwiegen. Dem Anordnenden kommt nach der Rspr. auch insoweit ein Beurteilungsspielraum zu (→ Rn. 9). Der Kostenaufwand darf allerdings grds. keine Rolle spielen (Rudolphi FS Schaffstein, 1975, 437; Schlüchter Strafverfahren Rn. 349; **aM** Franke/Wienroeder Rn. 56; Welp Strafprozessuale Überwachung S. 67 Fn. 106).

14 Soweit auch der **Einsatz eines anderen Eingriffs,** der einer gleichartigen Subsidiaritätsklausel unterliegt, in Betracht kommt (zB §§ 100f Abs. 1, 100h Abs. 2 S. 2 Nr. 2, 110a Abs. 1 S. 3), hat der Anordnende die Wahl (krit. Bernsmann/Jansen StV 1998, 222). Der Gesetzgeber hat eine diese ausschließende Regelung, in welchem Verhältnis die einzelnen Eingriffsmöglichkeiten zueinanderstehen, nicht getroffen. Etwas anderes folgt insbes. nicht aus der abstrakten Bewertung der Eingriffsintensität der Telekommunikationsüberwachung (→ Rn. 10). Es lässt sich nicht behaupten, dass eine Telefonüberwachung grds. ein schwererer Eingriff wäre als etwa der Einsatz eines Verdeckten Ermittlers (vgl. BGHSt 41, 30 (36)). Allerdings ist die akustische Wohnraumüberwachung (§ 100c, → § 100c Rn. 8) bei generalisierender Betrachtung der intensivste Grundrechtseingriff. Der Anordnende wird iÜ darauf Bedacht nehmen müssen, welcher Eingriff den Betroffenen im konkreten Fall mutmaßlich am wenigsten stark belastet.

D. Quellen-TKÜ (Abs. 1 S. 2, 3). I. Normzweck. Durch das G v. 17.8.2017 (BGBl. I 3202) wurde die rechtliche Grdl. für die sog. Quellen-TKÜ geschaffen (sehr krit. zum Gesetzgebungsprozess Blechschmitt StraFo 2017, 361). Kommunikation im Internet erfolgt heute größtenteils Internetprotokoll-basiert u. verschlüsselt über „Voice-over-IP" o. Messenger-Dienste. Das bedeutet, dass auch die Ermittlungsbehörden die Daten nur **verschlüsselt** empfangen. Da eine Entschlüsselung entweder gar nicht möglich o. aber langwierig u. kostenintensiv ist (BT-Drs. 18/12785, 53), würden Maßnahmen nach § 100a weitgehend leerlaufen. Die Überwachung u. Aufzeichnung der Telekommunikation muss daher **„an der Quelle"** erfasst werden, dh vor ihrer Verschlüsselung an dem Absendersystem o. auch nach deren Entschlüsselung am Empfängersystem. Nach alter Rechtslage war umstritten, ob diese Maßnahme bereits als Annexkompetenz zu § 100a zulässig ist, o. eine spezielle gesetzliche Regelung erfordert (dazu iE → 60. Aufl. 2017, Rn. 7a). § 100a Abs. 1 S. 2, 3 erlaubt nun unter den dort genannten Voraussetzungen ausdrücklich, Kommunikationsinhalte auch auf dem Endgerät der Betroffenen zu erfassen, Abs. 5 regelt die technischen Voraussetzungen der Durchführung u. Abs. 6 die Protokollierungspflichten. Eine ausdr. Ermächtigungsgrundlage wurde geschaffen, weil die Infiltrierung des informationstechnischen Systems einen eigenständigen u. schwerwiegenden Grundrechtseingriff darstellt; bei der verschlüsselten Sprach- u. Videotelefonie ist Art. 10 Abs. 1 GG, bei verschlüsselten Nachrichten über **Messenger-Dienste** (zB WhatsApp) darüber hinaus das IT-Grundrecht aus Art. 2 Abs. 1 GG betroffen (BT-Drs. 18/12785, 54, 56). Im Unterschied zur Online-Durchsuchung (§ 100b) werden bei der Quellen-TKÜ grds. (aber zur **Erfassung gespeicherter Inhalte** unter den Voraussetzungen v. Abs. 1 S. 3 → Rn. 14g, h) lediglich laufende Telekommunikationsvorgänge überwacht u. aufgezeichnet. Dies gilt auch für den Zugriff auf solche Nachrichten (zB WhatsApp-Chats) mittels des sogenannten **Account-Clonings.** Dabei wird der Account des Betroffenen von den Ermittlungsbehörden verdeckt „kopiert", sodass die versandten o. empfangenen Nachrichten so wie vom Betroffenen selbst (mit-)gelesen werden können (s. näher zum „Kopier"-Vorgang Rückert/Meyer-Wegener/Safferling/Freiling JR 2023, 366 (369), auch allg. zur Erhebung und Verwertung von WhatsApp-Nachrichten). Soweit ausschließlich die „laufende" Kommunikation (Abs. 5 Nr. 1a) betroffen ist, kann die Überwachung auf Abs. 1 S. 2 gestützt werden. Auf die ab dem Anordnungszeitpunkt (vgl. Abs. 5 Nr. 1b) auf dem Gerät (zB einem Smartphone) gespeicherten Nachrichten kann grundsätzlich nach Abs. 1 S. 3 zugegriffen werden (→ Rn. 14h). Da diese zeitliche Beschränkung aber kaum technisch sichergestellt (vgl. Abs. 5) werden kann (und die Ermittlungsbehörden idR den gesamten Chatverlauf sichern werden wollen), ist für das Kopieren des Accounts und den ersten Zugriff auf dort gespeicherten Nachrichten eine Online-Durchsuchung nach § 100b erforderlich (KK-StPO/Henrichs/Weingast Rn. 26a; MüKoStPO/Rückert § 100b Rn. 39; Rückert/Meyer-Wegener/Safferling/Freiling JR 2023, 366 (369 ff.); **aM** BGH (ER) StV 2021, 141 (143): einfache TKÜ nach Abs. 1 S. 1 ausreichend (obiter); erg. → § 100b Rn. 2a). **14a, 14b**

II. Eingriff in informationstechnisches System (Abs. 1 S. 2). Konkret erlaubt der neu geschaffene S. 2 die Überwachung u. Aufzeichnung der gerade stattfindenden Telekommunikation auch in der Weise, dass mit technischen Mitteln in das v. dem Betroffenen genutzte informationstechnische System eingegriffen wird. Das bedeutet, dass die Strafverfolgungsbehörden ermächtigt werden, heimlich – ohne einen Netzbetreiber einzuschalten – eine Überwachungssoftware zu installieren. Diese muss den Anforderungen des Abs. 5 genügen. **14c**

Wie die Infiltration **praktisch durchgeführt** wird, ist im G nicht geregelt. Zulässig sind technische Mittel u. kriminalistische List. Versuche wie das Zusenden der Überwachungssoftware mittels eines E-Mail-Anhangs, der v. unbedarften Nutzer geöffnet wird, dürften mit Rücksicht auf den für die Anordnung einer Maßnahme nach § 100a in Betracht kommenden Personenkreis, bei dem regelmäßig eine Sensibilisierung für denkbare Überwachungsmaßnahmen unterstellt werden **14d** darf, eher selten Erfolg versprechen. Der Regelfall der Quellen-TKÜ wird vielmehr das heimliche Aufspielen v. Schadsoftware aus der Ferne unter Ausnutzen v. Sicherheitslücken sein. Die Ermittlungsbehörden müssen jedenfalls insoweit ein Interesse an einer unsicheren IT-Infrastruktur haben (vgl. Roggan StV 2017, 822 (828)); zudem erfordert die unbemerkte Infiltration eines informationstechnischen Systems eine ausgeprägte Schwachstelle (Blechschmitt StraFo 2017, 361 (362)). Dies kann jedoch gravierende Folgen für die allgemeine IT-Sicherheit der Bürger haben u. die Gefahr v. Cyberkriminalität, Wirtschaftsspionage u. auch Cyberwar durch Terroristen deutlich erhöhen (Pohlmann/Riedel DRiZ 2018, 52 (55), die insoweit anschaulich v. einem zu erwartenden „Bieterwettbewerb um Schadprogramme" sprechen). Die Quellen-TKÜ durch Nutzung unerkannter Sicherheitslücken unterliegt daher erhöhten Rechtfertigungsanforderungen, von vornherein verfassungsrechtlich ausgeschlossen ist sie indes auch in diesen Fällen nicht (BVerfG EuGRZ 2021, 556 (561)). Anders als bei §§ 100b, 100c (→ § 100b Rn. 1; → § 100c Rn. 7) sind Eingriffe in v. Art. 13 GG geschützte Räumlichkeiten unzulässig (BT-Drs. 18/12785, 52; vgl. auch Kudlich StV 2012, 560 (565); Roggan StV 2017, 822 (828); Roggan FS Graulich, 2019, 115 (132 f.)).

14e Der Eingriff nach Abs. 1 S. 2 **muss notwendig sein,** um die Überwachung u. Aufzeichnung in verschlüsselter Form zu ermöglichen. Das ist anzunehmen, wenn Anhaltspunkte dafür vorliegen, dass ein Nutzer über das Internet verschlüsselt kommuniziert. Dies wird bei den in Betracht kommenden Sachverhalten praktisch der Regelfall sein. Mit Rücksicht darauf erscheint es zw., ob die Quellen-TKÜ – wie die Gesetzesmaterialien meinen (BT-Drs. 18/12785, 56) – als subsidiär zur herkömmlichen Telekommunikationsüberwachung zu qualifizieren ist (vgl. Roggan StV 2017, 822 (828)).

14f Eine **Überwachung des Cloud-Computing** ist **nicht v. Abs. 1 S. 2 gedeckt.** Insoweit handelt es sich um den bloßen Datenaustausch zwischen digitalen Endgeräten, weshalb es bereits an dem für den Begriff der Telekommunikation in § 100a konstituierenden Element der sozialen Interaktion zwischen Individuen fehlt (Roggan StV 2017, 821 (823); erg. → Rn. 6d). Darüber hinaus lassen sich durch ein Überwachen des Cloud-Computing, etwa über persönliche Bild- u. Textdateien, vor allem Rückschlüsse auf die Persönlichkeit des Betroffenen ziehen, was einen qualitativ intensiveren, einer Online-Durchsuchung nach § 100b näher als einer TKÜ-Maßnahme nach § 100a stehenden Eingriff darstellt (Roggan StV 2017, 821 (823); Heinrich ZIS 2020, 421, (427); erg. → § 100b Rn. 10; zur Verwertbarkeit → Rn. 35a).

14g **III. Erfassung gespeicherter Inhalte und Umstände (Abs. 1 S. 3). Erfassung gespeicherter Inhalte u. Umstände (Abs. 1 S. 3):** Unter den Voraussetzungen des Abs. 1 S. 3 darf auch bereits gespeicherte Kommunikation überwacht u. aufgezeichnet werden; für „ruhende" Nachrichten gilt hingegen Abs. 1 S. 1 (→ Rn. 6c). Dabei geht es insbes. um über Messenger-Dienste regelmäßig verschlüsselt versandte Nachrichten, bei denen der Übertragungsvorgang bereits abgeschlossen ist u. die auf dem informationstechnischen System des Betroffenen in einer Anwendung gespeichert sind (BT-Drs. 18/12785, 56). Ausgelesen werden dürfen zB gespeicherte E-Mail-Postfächer, WhatsApp-Accountdaten u. gespeicherte SMS mit entspr. übertragenen Bild- u. Videodateien (vgl. Blechschmitt StraFo 2017, 361 (365)). Zulässig als Telekommunikationsüberwachung iSv § 100a Abs. 1 S. 3 ist dies jedoch nur, wenn die Inhalte u. Umstände der Kommunikation auch während des laufenden Übertragungsvorgangs im öffentlichen Netz in verschlüsselter Form hätten überwacht u. aufgezeichnet werden können. Damit soll die funktionale Äquivalenz zur herkömmlichen TKÜ hergestellt werden; denn würden Messenger-Nachrichten unverschlüsselt versandt, könnten sie derzeit ab Erlass der richterlichen Anordnung überwacht u. aufgezeichnet werden (BT-Drs. 18/12785, 56, 57). Allerdings handelt es sich bei einer solchen Erfassung gespeicherter Daten letztlich nicht um die Überwachung gerade stattfindender Kommunikation, sondern um eine – wenn auch begrenzte (dazu sogleich → Rn. 14h) –

Online-Durchsuchung. Diese reicht zudem weiter als bei einer herkömmlichen TKÜ, da bei dieser die TK-Dienstleister den Ermittlungsbehörden gem. § 12 Abs. 2 S. 1 TKÜV erst ab Erhalt der Überwachungsanordnung den technischen Zugriff auf den Übertragungsweg zu ermöglichen haben (Freiling/Safferling/Rückert JR 2018, 9 (12)).

Eine **Begrenzung des Anwendungsbereichs v. Abs. 1 S. 3** wird in zweierlei Hinsicht vorgenommen. Inhaltlich ist die Anwendung auf Kommunikationsinhalte beschränkt, die auch bisher mit der herkömmlichen TKÜ hätten erfasst werden dürfen (vgl. Abs. 1 S. 3, Abs. 5 S. 1 Nr. 1b); ein Zugriff auf noch nicht abgesandte Entwürfe soll nicht zulässig sein (BT-Drs. 18/12785, 56). Zeitlich beginnt der zulässige Überwachungszeitraum mit dem Ergehen der richterlichen Anordnung u. endet mit dem Ende des Anordnungszeitraums, also zunächst nach drei Monaten (§ 100e Abs. 1 S. 4), sofern nicht eine Verlängerung der Maßnahme angeordnet wird (§ 100e Abs. 1 S. 5); insoweit kommt es also nicht darauf an, wann die Überwachungssoftware installiert wird. Überwacht u. aufgezeichnet werden alle Nachrichten, die nach einer richterlichen Anordnung (vgl. Abs. 5 S. 1 Nr. 1b), aber vor der Installation der Überwachungssoftware versandt wurden (Löwe/Rosenberg/Hauck Rn. 140); dabei wird es angesichts der Anknüpfung an die Telekommunikation auf den Abruf-/Lesezeitpunkt ankommen (BT-Drs. 18/12785, 53). Nachrichten, die vor Erlass des richterlichen Beschl. versandt wurden, können nur unter den Voraussetzungen des § 100b erfasst werden. **14h**

IV. Technische Voraussetzungen der Durchführung (Abs. 5). Abs. 5 enthält Vorgaben zu der zu verwendenden Überwachungssoftware, dem Umf. der zulässigen Veränderungen auf dem informationstechnischen System, deren Rückgängigmachung sowie dem Schutz der Daten vor unbefugter Nutzung. Können die in Abs. 5 Nr. 1–3 gemachten technischen Vorgaben nicht eingehalten werden, ist die Maßnahme unzulässig. **14i**

Bei der **praktischen Durchführung der Quellen-TKÜ** ist zu beachten, dass mit der technischen Infiltration die entscheidende Hürde genommen ist, um das System insges. auszuspähen, wie sich an der identischen – vagen – Formulierung „mit technischen Mitteln" in § 100b sowie an der in Abs. 1 S. 3 geregelten Möglichkeit zeigt, iRe TKÜ auch gespeicherte Inhalte zu erfassen (Blechschmitt StraFo 2017, 361 (365) spricht insoweit deshalb anschaulich v. einer „kleinen Online-Durchsuchung"). Es ist deshalb mittels geeigneter Software sicherzustellen, dass im Fall des Abs. 1 S. 2 ausschl. die lfd. Telekommunikation überwacht u. aufgezeichnet wird (S. 1 Nr. 1a) bzw. im Fall des Abs. 1 S. 3 nur solche Inhalte u. Umstände erhoben werden, die auch während unverschlüsselter Übertragung im öffentl. Rechnernetz hätten erfasst werden können (S. 1 Nr. 1b). Kann die Software eine zeitliche Trennung der Messenger-Nachrichten nicht vornehmen, bleibt also unklar, ob eine Nachricht vor o. nach dem Erlass des richterlichen Beschl. versandt wurde, ist die Maßnahme auf der Grdl. v. Abs. 1 S. 3 unzulässig (vgl. BT-Drs. 18/12785, 58); sie hat zu unterbleiben. Zur technischen Umsetzbarkeit der gesetzlichen Vorgaben Freiling/Safferling/Rückert JR 2018, 9 (17), zur Frage eines Verwertungsverbotes bei Verstoß gegen die Vorgaben aus VV I Nr. 1 iVm Abs. 1 S. 2, 3 → Rn. 35a). **14j**

Das G macht **keine spezifischen Vorgaben** zu den technischen Anforderungen an die Überwachungssoftware. Dass insoweit auf abstrakte Festlegungen verzichtet wurde, mag mit Rücksicht auf die rasante Entwicklung im Bereich der IT-Technologie nachvollziehbar sein. Dies erklärt auch, dass keine gesetzliche Verpflichtung zur Verwendung staatlicherseits programmierter Software besteht (krit. dazu Roggan StV 2017, 821 (824), der zu Recht bei Verwendung v. Software eines privaten Anbieters zumindest eine Zertifizierung durch eine unabhängige Stelle verlangt). Problematisch erscheint auch, dass das erfolgreiche Ausnutzen v. Sicherheitslücken iRe TKÜ nach § 100a Abs. 1 S. 2, 3 das infiltrierte System zugleich anfällig für Manipulationen Dritter macht; insoweit kann sich, wenn weitere Infiltrationen des Systems in Betracht kommen, im Einzelfall die Frage nach der **14k**

Zuverlässigkeit der aufgrund der staatlichen Maßnahme erhobenen Beweise stellen (vgl. Roggan StV 2017, 821 (825)). Näher zu den technischen Voraussetzungen, den Sicherheitsstandards sowie den Vorkehrungen gegen Missbrauch BT-Drs. 17/11598.

14l Abs. 5 S. 1 Nr. 2 enthält eine spezielle Ausprägung des **Verhältnismäßigkeitsgrundsatzes.** An dem informationstechnischen System dürfen danach nur Veränderungen vorgenommen werden, die für die Datenerhebung unerlässlich sind; darüberhinausgehende Manipulationen sind unzulässig. Abs. 5 S. 1 Nr. 3 sieht vor, dass die vorgenommenen Veränderungen nach Beendigung der Maßnahme automatisiert wieder rückgängig gemacht werden; das steht aber unter dem Vorbehalt der technischen Machbarkeit, so dass sich nicht voraussagen lässt, ob der Eingriff nach Abschluss der Maßnahme rückgängig gemacht o. faktisch perpetuiert wird. Abs. 5 S. 2 sieht technische Schutzvorkehrungen gegen unbefugte Nutzung der eingesetzten Software sowie der kopierten Daten vor. Wie bereits beim ursprünglichen Einsatz der Software nach Abs. 1 S. 2, 3, Abs. 5 S. 1 Nr. 1 bleiben aber die spezifischen Anforderungen an die Überwachungssoftware u. damit auch die Durchführbarkeit der gesetzlichen Vorgaben im Unklaren (vgl. Roggan StV 2017, 821 (825)).

14m **V. Dokumentation (Abs. 6).** Bei jedem Einsatz des technischen Mittels sind die in Abs. 6 Nr. 1–4 genannten Informationen zu protokollieren. Die jew. eingesetzte Überwachungssoftware u. ihr Funktionsumfang sollen im Nachhinein nachvollzogen werden können, um eine Kontrolle der Rechtmäßigkeit der Maßnahme zu ermöglichen (BT-Drs. 18/12785, 58). Nach Ansicht der Gesetzesmaterialien soll die Dokumentation auch technische Details wie den Quellcode enthalten (BT-Drs. 18/12785, 58). Das ist mit Blick auf die Kontrollfunktion der Protokollierung sinnvoll, die Offenlegung kann aber dazu führen, dass der weitere Einsatz des Spähprogramms erschwert wird (Freiling/Safferling/Rückert JR 2018, 9 (12)). Zu den technischen Grenzen einer solchen Dokumentation erg. → § 100b Rn. 13.

15 **E. Straftatenkatalog (Abs. 2).** Die **Auswahl** der Katalogtaten, die auch unter Berufung auf § 34 StGB nicht erweitert werden darf (HK-StPO/Gercke Rn. 19; Welp Strafprozessuale Überwachung S. 61), bedeutet die verfassungsrechtlich unbedenkliche (BVerfGE 129, 208 Rn. 196 ff) Entsch. des Gesetzgebers darüber, in welchen Fällen – auch in Abstimmung mit dem Katalog in § 100c Abs. 2 – eine schwere Straftat (→ Rn. 10, 11a; a. zur **teilweisen Verfassungswidrigkeit**) u. ein rechtstatsächliches Bedürfnis für die Telekommunikationsüberwachung vorliegen können (krit. Bittmann DRiZ 2007, 116; Eckhardt CR 2007, 337; Nöding StraFo 2007, 457). Weitere Einschränkungen gebietet der Verhältnismäßigkeitsgrundsatz (Löwe/Rosenberg/Hauck Rn. 57 f.). Der Subsidiaritätsgrundsatz (→ Rn. 13) trägt ihm ebenfalls Rechnung.

15a Auf den Verdacht der **Geldwäsche** kann die Überwachung nicht gestützt werden, wenn die der Geldwäsche zugrunde liegende Tat keine Katalogtat o. eine Verurteilung wegen Geldwäsche aufgrund der Vorrangklausel des § 261 Abs. 7 StGB nicht zu erwarten ist (Abs. 2 Nr. 1m; vgl. KK-StPO/Henrichs/Weingast Rn. 29; so schon BGHSt 48, 240); im letzten Fall kann die TKÜ auf den Verdacht der Beteiligung an der Vortat gestützt werden, falls diese unter den Katalog des Abs. 2 fällt. Infolge der sog. Cum-Ex-Geschäfte wurde durch G v. 25.6.2021 (BGBl. I 2099) der Straftatenkatalog in Nr. 2a auf bandenmäßige **Steuerhinterziehungen** großen Ausmaßes nach § 370 Abs. 3 S. 2 Nr. 1 AO erweitert (BT-Drs. 19/27654, 70 f.); vgl. zur „bandenmäßigen Umsatz- u. Verbrauchsteuerhinterziehung" Wulf wistra 2008, 323 (327); s. zur Maßgeblichkeit neuen Rechts für die Verwertung → Rn. 29. Durch das G zur Modernisierung des Strafverfahrens v.10.12.2019 (BGBl. I 2121) vorgenommene Erweiterung v. Nr. 1j auf den **schweren Wohnungseinbruchdiebstahl** nach § 244 Abs. 4 StGB war zunächst auf 5 Jahre befristet (Art. 10 S. 2 des G v. 10.12.2019); die Frist wurde durch Art. 3

des G v. 9.12.2024 bis zum 1.1.2030 verlängert (BGBl. 2024 I Nr. 395). Mit Inkrafttreten des **KCanG** am 1.4.2024 (BGBl. I Nr. 109) wurden die zuvor von Nr. 7 (Straftaten aus dem BtMG) erfassten Straftaten im Umgang mit Cannabis in Nr. 7a gesondert aufgeführt. Für die in der Praxis bedeutsamsten Fälle des Handeltreibens hat sich hinsichtlich der rechtlichen Zulässigkeit einer TKÜ mit der Einführung des KCanG nichts geändert; zuvor gestützt auf Nr. 7 (rechtmäßig) erlangte Beweise können ohne weiteres zum Nachweis einer entspr. Straftat nach dem seither einschlägigen KCanG verwertet werden.

Der Straftatenkatalog wird in anderen Vorschriften der StPO in Bezug genommen (zB § 100f Abs. 1, § 100g Abs. 1 Nr. 1). Für den Kreis der Taten, für die der vertypte Milderungsgrund der Aufklärungshilfe in Betracht kommt, verweist § 46b Abs. 1 StGB auf den Straftatenkatalog des Abs. 2 (hierzu BGHSt 55, 153). **15b**

F. Betroffene (Abs. 3). Die Anordnung darf sich nur gegen bestimmte Personen richten. Verwertbar ist aber nicht nur der Inhalt v. Gesprächen dieser Personen, sondern auch der v. Gesprächen, die unbeteiligte Personen – auch Angehörige iSd § 52 Abs. 1 – über deren Anschluss führen (BGHSt 29, 23; Knierim StV 2008, 603; Alsberg Beweisantrag/Güntge Rn. 982; **aM** Knauth NJW 1978, 741; Prittwitz StV 1984, 308; Welp JURA 1981, 484; zu Berufsgeheimnisträgern vgl. § 160a Abs. 1 S. 5, Abs. 2 und → § 160a Rn. 7, 9; zu Angehörigen s. noch BVerfG NJW 2010, 287). **16**

I. Beschuldigte. In 1. Hinsicht kommt der **Beschuldigte** als Betroffener in Betracht, also der Tatverdächtige, gegen den bereits ein Ermittlungsverfahren eingeleitet ist o. gegen den es mit der Anordnung nach § 100a eingeleitet wird (→ Einl. Rn. 76 ff.). Seine Identität braucht noch nicht festzustehen (vgl. § 100e Abs. 3 S. 2 Nr. 1; erg. → § 100e Rn. 11). Zur Ermittlung des Aufenthalts kann die Anordnung auch gegen Angeschuldigte u. Angeklagte (vgl. § 157) getroffen werden sowie gegen rkr. Verurteilte (vgl. näher → § 457 Rn. 13). Die weitere Überwachung des Anschlusses des verhafteten Beschuldigten ist zulässig, wenn anzunehmen ist, dass ein Nachrichtenmittler (→ Rn. 19) v. diesem Anschluss Gebrauch machen wird (BGH NJW 1994, 2904 (2907); Becker NStZ-RR 2003, 290 – BGH RsprÜ). **17**

II. Nichtverdächtige. Auch gegen **Nichtverdächtige** lässt § 100a – verfassungsrechtlich unbedenklich (BVerfGE 30, 1 (22); BGHSt 29, 23 (25)) – die Überwachung zu, selbst wenn sie nach § 52 zeugnisverweigerungsberechtigt sind (Alsberg Beweisantrag/Güntge Rn. 982; Beulke JURA 1986, 643; Meininghaus, Der Zugriff auf E-Mails im strafrechtlichen Ermittlungsverfahren, 2007, S. 104; Paeffgen FS Riess, 2002, 426; Werle JZ 1991, 482; **aM** Duttge JZ 1999, 264; einschr. Köhler ZStW 107 (1995), 43: nur bei Verdacht der „aktuellen Deliktsverstrickung"); für die Überwachung der in § 53 genannten Berufsgeheimnisträger gilt § 160a. Im Einzelfall kann allerdings § 100a Abs. 4 eingreifen (vgl. aber zum Verteidiger → Rn. 21). Der Eingriff in den Fernmeldeverkehr tatunverdächtiger Personen setzt die auf bestimmte Tatsachen gestützte Annahme der im G (→ Rn. 19, 20) beschriebenen Verbindung zum Beschuldigten (BVerfG NJW 2007, 2752 mAnm Sankol MMR 2007, 502: vage Anhaltspunkte genügen nicht; BVerfG NJW 2023, 1645 (1647); LG Hamburg StV 2009, 236; erg. → Rn. 9) sowie hinreichend begründete Erfolgsaussichten voraus (vgl. BVerfGE 113, 348; LG Hamburg StV 2009, 236); er muss so gering wie möglich gehalten werden. Dauerüberwachung kommt idR nicht in Betracht (Joecks JA 1983, 60). **18**

Die Anordnung kann sich va gegen die sog. **„Nachrichtenmittler"** (vgl. zur Missverständlichkeit des Begriffs BGH JR 2023, 575 (577)) richten, also gegen Personen, v. denen aufgrund bestimmter Tatsachen (→ Rn. 18) anzunehmen ist, dass sie Nachrichten, die an den Beschuldigten gerichtet o. v. ihm unmittelbar o. mittelbar ausgegangen sind, entgegennehmen o. weiterleiten (BGH NJW 1994, 2904 (2907); zusf. Sankol MMR 2008, 154). Dass sie gutgläubig sind, steht der Anordnung nicht entgegen (Joecks JA 1983, 60; MüKoStPO/Rückert Rn. 191 f.; **19**

Kaiser NJW 1969, 19; Welp Strafprozessuale Überwachung S. 76 ff.). Sie brauchen weder Art u. Inhalt der Mitteilung noch ihre Bezogenheit auf die Tat zu kennen. Auch ein bloßer Kommunikationspartner des Beschuldigten fällt unter Abs. 3 (BGH JR 2023, 575 (577) mzustAnm Zieschang). Der Wortlaut („entgegennehmen") deckt auch die Überwachung des Anschlusses des Opfers einer Katalogtat, etwa einer Erpressung (KMR-StPO/Bär Rn. 68; Löwe/Rosenberg/Hauck Rn. 90; MüKoStPO/Rückert Rn. 193; Mahnkopf/Döring NStZ 1995, 112; einschr. Sankol MMR 2008, 154 (156); **aM** SK-StPO/Greco/Wolter Rn. 98; offengelassen v. BVerfG 113, 348; vgl. auch Nelles FS Stree/Wessels, 1993, 726 (732): bei Kidnapping Überwachung nach § 32 StGB). Bei Unternehmen kommt die Überwachung der gesamten Telekommunikationsanlage regelmäßig nicht in Betracht; vielmehr sind grds. – vorbehaltlich der technischen Umsetzbarkeit – die Mitarbeiter zu benennen, die konkret als Nachrichtenmittler in Betracht kommen (Wimmer NZWiSt 2017, 252 (254)).

20 Ferner ist die Überwachung v. Personen zulässig, bei denen aufgrund bestimmter Tatsachen anzunehmen ist, dass der Beschuldigte deren **Anschluss o. informationstechnisches System benutzt,** auch wenn sie hiervon keine Kenntnis haben (Löwe/Rosenberg/Hauck Rn. 176 ff.; Beulke JURA 1986, 643), zB Nachbarn, Freunde, Bekannte, Gastwirte, auch Wirtschaftsunternehmen (Bär MMR 2008, 217: „Hacker" nutzt Firmenanschluss; Rudolphi FS Schaffstein, 1975, 434; Rudolphi ZRP 1976, 167), aber nicht Behörden (AK-StPO/Maiwald Rn. 11; **aM** Heghmanns/Scheffler StrafVerf-HdB/Murmann Kap. III Rn. 210), sofern sie der Überwachung nicht ausdr. zustimmen (SK-StPO/Greco/Wolter Rn. 99). Auch die Überwachung v. Internet-Cafes u. WLAN Hotspots sowie v. Telefonzellen ist zulässig (zu letzteren Knauth NJW 1977, 1512; krit. Welp Strafprozessuale Überwachung S. 78 ff.). Bei Maßnahmen nach Abs. 1 S. 3 würde das konsequenterweise auch die Datenerhebung bei Cloud-Dienstleistern erlauben, wobei insoweit bei im Ausland angesiedelten Diensten wie auch sonst (→ § 110 Rn. 7b) Souveränitätsverletzungen zu vermeiden sind (vgl. Freiling/Safferling/Rückert JR 2018, 9 (11)).

21 **III. Verteidiger.** Der Telefonanschluss des **Verteidigers** darf im Hinblick auf § 148 grds. nicht abgehört werden (BVerfG NJW 2007, 2749; BGHSt 33, 347). § 160a Abs. 1 kommt insoweit nur eine ergänzende Bedeutung zu (so auch KMR-StPO/Bär Rn. 45; Knierim StV 2008, 604; erg. → § 148 Rn. 16). § 160a Abs. 4, dessen Wortlaut eine Überwachung des verstrickten Verteidigers in allen dort genannten Fällen erlauben würde, ist mit Rücksicht auf die Rechtsgarantie des § 148 dahingehend einzuschränken, dass der Verdacht einer Begünstigung, Strafvereitelung o. Hehlerei zu Gunsten des Beschuldigten für einen Ausschluss des Überwachungsverbotes nicht ausreicht (idS schon BGHSt 33, 347; vgl. ferner Beulke/Ruhmannseder StV 2011, 185 mwN; Puschke/Singelnstein NJW 2008, 117). Wenn allerdings der Verteidiger aufgrund bestimmter Tatsachen selbst der Beteiligung an einer auch im Einzelfall schwerwiegenden Katalogtat des Mandanten tat- o. teilnahmeverdächtig ist, darf sein Anschluss aufgrund einer Anordnung nach § 100a überwacht werden (vgl. KK-StPO/Greven § 97 Rn. 39: Verstrickung iS „echter Beteiligung"; BGHSt 33, 347 zur früheren Rechtslage; KMR-StPO/Bär Rn. 71; Schlüchter Strafverfahren Rn. 354; Radtke/Hohmann/Röwer Rn. 25; KK-StPO/Griesbaum § 160a Rn. 20; noch weiter gehend Beulke Strafverfahren S. 155; Beulke/Ruhmannseder StV 2011, 185; Bosbach/Ackermann/Caba Ermittlungsverfahren Rn. 563; AnwK StPO/Löffelmann Rn. 12; Löwe/Rosenberg/Hauck Rn. 182; Löwe/Rosenberg/Lüderssen/Jahn § 148 Rn. 14a, die die Überwachung generell bis zum Ausschluss des Verteidigers nach § 138a Abs. 1 Nr. 1 bzw. bis zu einer Entsch. über das vorl. Ruhen der Verteidigerrechte nach § 138c Abs. 3 für unzulässig halten; offen gelassen v. BVerfG NJW 2007, 2749, das aber die Überwachung des Telefonanschlusses eines Strafverteidigers jedenfalls nicht „von vornherein und in jedem Fall" für unstatthaft erachtet; erg. → § 148 Rn. 1, 16; → § 160a Rn. 15). Gespräche, die mit der Katalogtat nichts zu tun haben,

unterliegen dann aber einem Verwertungsverbot (Rieß JR 1987, 77; vgl. insoweit auch den Rechtsgedanken des § 160a Abs. 1 S. 5). Die Überwachung eines Gesprächs darf nicht fortgesetzt werden, wenn feststeht, dass einer der Gesprächspartner der Verteidiger ist (Löwe/Rosenberg/Hauck Rn. 182; Welp Strafprozessuale Überwachung S. 208; JZ 1972, 428; vgl. aber BT-Drs. 16/5846, 35: § 160a Abs. 1 S. 5); ist der Abbruch der Aufzeichnung aus technischen Gründen nicht möglich, muss jedenfalls jede inhaltliche Auswertung des Gesprächs unterbleiben (BGH StraFo 2005, 296). Soweit die erfasste Telekommunikation dem Kernbereich privater Lebensgestaltung zuzurechnen ist (vgl. BVerfGE 109, 279 zum Gespräch mit dem Verteidiger), folgt dies sowie die Pflicht zur Löschung u. Dokumentation nunmehr aus § 100d Abs. 1, Abs. 2, Abs. 5 (→ § 100d Rn. 2–8; vgl. auch Reiß StV 2008, 542; Wolter GA 2007, 188).

IV. Rechtsanwälte. Rechtsanwälte u. ihnen gleich gestellte Personen, die den Beschuldigten nicht verteidigen, sind durch § 160a Abs. 1 geschützt. Gegen diese Personen sowie ihre mitwirkenden Personen (§ 160a Abs. 3) gerichtete TÜ-Maßnahmen, die voraussichtlich Erkenntnisse erbringen würden, über die sie das Zeugnis verweigern dürften, sind unzulässig u. dürfen nicht verwertet werden (näher → § 160a Rn. 1, 3, 9). Bei Verstrickungsverdacht gilt § 160a Abs. 4 S. 1 (→ § 160a Rn. 15). Ein relatives Beweiserhebungsverbot gilt für die Berufsgeheimnisträger des § 160a Abs. 2 u. ihre mitwirkenden Personen (§ 160a Abs. 3 iVm § 53a) unter den dort genannten Voraussetzungen sowie mit der in § 160a Abs. 4 geregelten Einschränkung (näher → § 160a Rn. 8 ff., 15). 22

G. Durchführung, Mitwirkungsverpflichtung (Abs. 4). Zuständig ist nach § 36 Abs. 2 die StA (Wendisch JR 1978, 447). Wenn die Überwachung nicht ausschl. mit eigenen Mitteln der Strafverfolgungsbehörden durchgeführt werden soll (→ § 100a Rn. 8), teilt sie die Anordnung in Ausfertigung o. beglaubigter Abschrift mit Unterschrift u. Dienststempel dem Telekommunikationsdienstleister mit. Ausreichend ist die Übermittlung einer Kopie der Anordnung auf gesichertem elektronischem Weg o. vorab per Fax; in dem zul. genannten Fall muss aber dem Verpflichteten binnen einer Woche nach Übermittlung der Faxkopie das Original o. eine beglaubigte Abschrift vorgelegt werden (vgl. iE § 12 Abs. 2 TKÜV; zur Fristberechnung Günther Kriminalistik 2006, 686 (690)). Auch in Eilfällen dürfte ein mündliches Ersuchen mit nachträglicher Zuleitung der schriftlichen Unterlagen nicht genügen, da Abs. 3 S. 1 die Mitwirkungspflicht des Diensteanbieters an das Vorliegen einer schriftlichen Anordnung iSv Abs. 2 S. 1 knüpft (Beck TKG/Bock TGK § 110 Rn. 28; **aM** SK-StPO/Greco/Wolter Rn. 102). Die StA benachrichtigt ferner die Polizei, v. der die Abhörstelle eingerichtet wird (Räume des Verpflichteten sollten nicht benutzt werden) u. die auch die erforderlichen Geräte bereitstellen muss, soweit sie nicht zur Vfg. stehen (Mösch Kriminalistik 1975, 337). 23

Zur **Mitwirkung** verpflichtet ist jeder, der Telekommunikationsdienste erbringt o. daran mitwirkt (Abs. 4 S 1 iVm § 110 Abs. 4 S. 2 TKG; vgl. BT-Drs. 16/5846, 47: Umsetzung v. Art. 17 CKÜ iVm Art. 16 CKÜ); es genügen also Telekommunikationsdienste (§ 3 Nr. 61 TKG), die lediglich innerhalb eines geschlossenen Systems anfallen, zB zwischen ausschl. für den Eigenbedarf betriebenen behörden- o. unternehmensinternen Nebenstellen, Intranets o. Corporate Networks (BVerfG 24.1.2012 – 1 BvR 1299/05 Rn. 8; KK-StPO/Henrichs/Weingast Rn. 38; einschr. Heun CR 2008, 82; zw. Eckhardt CR 2007, 339). Gem. § 3 Nr. 61 TKG fallen darunter auch OTT-Dienste, etwa Messengerdienste oder webgestützte E-Mail-Dienste unter Abs. 4 S. 1 (BT-Drs. 19/26108, 24; BGH MMR 2021, 628). Der Verpflichtete hat die Durchführung der Überwachungsmaßnahme, insbes. durch Ausleitung einer Kopie der digitalisierten Telekommunikationssignale an die Strafverfolgungsbehörden (vgl. BGH NStZ-RR 2015, 345), zu ermöglichen u. unverzüglich die erforderlichen Auskünfte zu erteilen. 24

Abs. 4 S. 2 hingegen ist die Pflicht, zur Umsetzung v. Überwachungsmaßnahmen auf eigene Kosten technische Einrichtungen vorzuhalten u. organisatorische 25

Vorkehrungen zu treffen (dazu Vassilaki JR 2000, 448 ff.), nach Maßgabe des Abs. 3 S. 2 iVm § 110 TKG u. der TKÜV auf öffentliche Anbieter beschränkt; bestimmte Gruppen sind auch hiervon ausgenommen (§ 3 Abs. 2 TKÜV). Technische Einzelheiten hat die Bundesnetzagentur auf der Grdl. der § 110 Abs. 3 TKG, § 11 TKÜV in der TR-TKÜV festgelegt (zu deren Inkrafttreten vgl. BVerfGE 125, 260). Das Vorliegen der rechtlichen Voraussetzungen des § 100a hat der Betreiber nicht zu prüfen; er unterliegt den Ordnungs- u. Zwangsmitteln des § 95 Abs. 2 (→ § 95 Rn. 9, 10), der Verschwiegenheitspflicht nach § 15 TKÜV u. einem strafbewehrten Mitteilungsverbot (§§ 17 Abs. 1, 18 **G 10**). Der Ermittlungsbehörde ist der Zugang gem. § 5 Abs. 2 S. 1 TKÜV derart einzuräumen, dass ihr eine vollständige Kopie der Telekommunikation bereitzustellen ist (BGH NStZ-RR 2015, 345 (346)). Das Abhören u. Mitlesen, also das Kenntnisnehmen v. Inhalt der Mitteilungen, ist nur dem Richter, der StA u. ihren Ermittlungspersonen, auch deren Vorgesetzten (Joecks JA 1983, 60), gestattet; auch deren **Filterung nach bestimmten Merkmalen** obliegt allein den Ermittlungsbehörden (BGH NStZ-RR 2015, 345 (346)).

26 **Kosten,** die dem nach Abs. 4 Verpflichteten nach § 23 Abs. 1 iVm Anl. 3 JVEG v. der Justiz zu erstatten sind (vgl. auch § 20 **G 10**), werden v. dem verurteilten Angeklagten nach KV 9005 GKG erhoben (OLG Celle Nds. Rpfl. 1992, 202; Mümmler JurBüro 1989, 1720; erg. → EMRK Art. 6 Rn. 24 aE); die in der durch das TK-Entschädigungs-Neuordnungsgesetz v. 29.4.2009 (BGBl. I 994) eingefügten Anl. 3 vorgesehene Entschädigung v. Sach- u. Personalkosten schließt alle mit der Erledigung des Ersuchens der Strafverfolgungsbehörde verbundenen Tätigkeiten des Telekommunikationsunternehmens sowie etwa anfallende sonstige Aufwendungen ein. Die Entschädigungspflicht ist durch § 112 Abs. 5 S. 3 TKG nicht ausgeschlossen, da sich der für das automatisierte Auskunftsverfahren vorgesehene unentgeltliche Auskunftsanspruch ausschl. gegen die Bundesnetzagentur u. nicht gegen die Anbieter richtet (LG Halle NStZ-RR 2002, 286).

27 **H. Löschung der Daten.** Für die **Löschung** der Daten gilt § 101 Abs. 8.

28 **I. Kernbereichsschutz, Verfahren.** Der **Kernbereichsschutz** ist nunmehr in § 100d Abs. 1, Abs. 2, das **Verfahren** in § 100e Abs. 1 sowie § 100e Abs. 3–5 geregelt (→ § 100e Rn. 3–5, → § 100e Rn. 9–20).

29 **J. Verwertung der Erkenntnisse.** Die **Verwertung der Erkenntnisse** (zusammenfassende Übersicht mit Kritik bei Neuhaus FS Riess, 2002, 404 ff.) bemisst sich im Falle einer Gesetzesänderung – mangels Übergangsbestimmungen – nach neuem Recht (erg. → § 354a Rn. 4, → § 477 Rn. 7a; Einzelheiten bei Knierim StV 2008, 600 (603); StV 2009, 207; Wulf wistra 2008, 327). Die durch die TKÜ gewonnenen Informationen sind **im Falle des Widerspruchs** nur **verwertbar,** wenn das erkennende Gericht die Anordnungsvoraussetzungen – grds. anhand des ermittlungsrichterlichen Beschl. – überprüft (BGHSt 47, 362 (365 ff.); 51, 1); hins. der Rechtmäßigkeit v. Entscheidungen der Gerichte v. Mitgliedsstaaten der EU gilt dies nur eingeschränkt (→ Rn. 31). Im Einzelnen gilt für die Verwertung Folgendes:

30 **I. Verfahren gegen den Beschuldigten und Tatbeteiligte.** In dem **Verf. gegen den Beschuldigten u. alle Tatbeteiligten,** auch wenn sie zur Zeit der Anordnung noch unbekannt waren, können die Überwachungsergebnisse verwertet werden (BGHSt 53, 64 (69)). Dies gilt auch für Anschlussdelikte wie Begünstigung, Strafvereitelung u. Hehlerei, wenn sie im Zusammenhang mit der Tat stehen, die Anlass der Anordnung war (BGHR StPO § 100a Verwertungsverbot 20; OLG Hamm wistra 2014, 39; Mayer Kriminalistik 2021, 685 (689); erg. → § 479 Rn. 5). Es können auch die Überwachungsbeamten, mit allerdings schwächerem Beweiswert (BGH NStZ 2002, 493 (494)), als Zeugen vernommen (vgl. zum Vorhalt BGHR StPO § 261 Inbegriff der Verhandlung 39; → § 261 Rn. 28)

o. die Ton- u. Datenträger durch Abspielen in Augenschein genommen werden (Löwe/Rosenberg/Hauck Rn. 95; Schlüchter Strafverfahren Rn. 351). Von dem Inhalt der Tonträger können auch Niederschriften hergestellt u. verlesen werden (BGHSt 27, 135; BGH NStZ 1985, 466; erg. → § 86 Rn. 3; → § 249 Rn. 7). Dies gilt auch für Übersetzungen fremdsprachiger Aufzeichnungen, deren Zuverlässigkeit v. Gericht sorgfältig zu überprüfen ist (BGH NStZ 2002, 493). Den Schöffen können zum besseren Verständnis Kopien der Prot. zur Vfg. gestellt werden (BGHSt 43, 36 (38)). Der Verlesung steht nicht entgegen, dass die Gespräche in den Niederschriften nicht immer in wörtlicher Rede wiedergegeben sind, wenn es nicht auf den genauen Wortlaut ankommt (BGH NStZ-RR 2025, 122 Ls.; NStZ 2009, 280: Tatsache, dass der Angeklagte zu einem bestimmten Zeitpunkt v. seiner Wohnung aus telefoniert hat; **aM** Roxin/Schünemann StrafVerfR § 36 Rn. 14; vgl. zur Abgrenzung BGHR StPO § 261 Inbegriff der Verhandlung 39). Welchen Weg das Gericht wählt, richtet sich nach seinem an § 244 Abs. 2 ausgerichteten Ermessen (BGH NJW 1992, 58 (59); NStZ 2008, 230 (231); vgl. auch BGHR StPO § 244 Abs. 2 Tonband 1; erg. → § 147 Rn. 18a, 19 aE).

Die **Verwertbarkeit** v. Erkenntnissen aus einer im **Ausland** durchgeführten Telekommunikations-Überwachung bestimmt sich nach dem inländischen Recht; ist die Rechtshilfe durch einen Mitgliedsstaat der EU geleistet worden, gilt für die Beurteilung der Beweisverwertung im Inland ein eingeschränkter Prüfungsmaßstab, der sich grds. nicht darauf erstreckt, ob die Anordnung der TKÜ nach dem Recht des ersuchten Staates rechtmäßig war; die Unverwertbarkeit kann sich aus der inländischen Rechtsordnung des ersuchenden Staates sowie aus der Verletzung völkerrechtlicher Grundsätze u. rechtshilferechtlicher Bestimmungen ergeben (BGHSt 58, 32 mAnm Swoboda HRRS 2014, 10; BGH NStZ 2014, 608; erg. → § 100b Rn. 6a; → § 479 Rn. 3). Eine Verwertung dürfte aber jedenfalls dann zulässig sein, wenn eine Katalogtat nach § 100a vorliegt (vgl. dazu Schuster NStZ 2006, 661; BGHSt 58, 32 (zu § 477 Abs. 2 S. 2 aF); → Einl. Rn. 56e–56h). Vgl. zu **Encrochat-, Anom- und SkyEEC-Daten** → § 100e Rn. 23a–23k. 31

II. Änderung der rechtlichen Beurteilung. War die Anordnung der Überwachung wegen einer bestimmten Katalogtat rechtmäßig, so steht es der Verwertung der Erkenntnisse nicht entgegen, dass eine andere Begehungsform dieser Tat vorliegt (Lehmann ArchPF 1979, 117) o. dass nach den weiteren Ermittlungen nur noch der Verdacht einer Nichtkatalogtat besteht (BGH NStZ 1998, 426; KK-StPO/Henrichs/Weingast Rn. 59; KMR-StPO/Bär Rn. 109; Rieß JR 1979, 168; **aM** Eisenberg Beweisrecht StPO Rn. 2497b; Kretschmer StV 1999, 225; Prittwitz StV 1984, 302; Welp JURA 1981, 479). Es genügt immer, dass im Zeitpunkt der Anordnung ein objektiver Bezug auf eine Katalogtat bestanden hat (BGHSt 28, 12; BGH NJW 1979, 1370 (1371); BGHR StPO § 100a Verwertungsverbot 4; **aM** Peters StrafProzR Rn. 452; Singelnstein ZStW 120 (2008), 883 Fn. 139; Wulf wistra 2008, 325). Das gilt auch, wenn der Angeklagte im Zeitpunkt der Anordnung nicht zu dem in Abs. 3 genannten Personenkreis gehörte (BGHR StPO § 100a Verwertungsverbot 20; KG NStZ 2020, 563). 32

War das der Fall, so dürfen Ermittlungsergebnisse auch für eine mit ihr in **Tateinheit** stehende Tat verwendet werden (Schlüchter Strafverfahren Rn. 352; Welp JURA 1981, 477; Wolter GS Kaufmann, 1989, 766), im Fall der §§ 129, 129a StGB auch wegen der Taten, die die Mitglieder bei der Verfolgung der Ziele der Vereinigung abgesprochen o. begangen haben (BGHSt 28, 122; ANM 524 mwN in Fn. 704; Küpper JZ 1990, 422; **aM** Prittwitz StV 1984, 302), selbst wenn Anklage nur wegen dieser Taten u. nicht nach §§ 129, 129a StGB erhoben wird (BGHSt 28, 122; BGH StV 1986, 297; KK-StPO/Henrichs/Weingast Rn. 59; **aM** Peters StrafProzR Rn. 452; Roxin/Schünemann StrafVerfR § 36 Rn. 21). Scheidet die StA die Verfolgung wegen der Katalogtat nach § 154a aus, so hindert das die Verwertung ebenfalls nicht (OLG Hamm JMBl. NRW. 1978, 32; **aM** Welp JURA 1981, 479; Wolter GS Kaufmann, 1989, 766 (772)). 33

34 **III. Zufallserkenntnisse.** Für die Verwertung v. **Zufallserkenntnissen** in anderen Strafverfahren gilt § 479 Abs. 2 S. 1 (→ § 479 Rn. 3 ff.), für die Verwertung der erlangten Erkenntnisse zu Zwecken der Gefahrenabwehr § 479 Abs. 2 S. 2 (→ § 479 Rn. 10 ff.).

35 **K. Verwertungsverbot. Ein Verwertungsverbot** besteht nicht deshalb, weil gegen die Zuständigkeitsbestimmung des § 100e Abs. 1 (vgl. KK-StPO/Henrichs/Weingast Rn. 50; Schlüchter Strafverfahren Rn. 351; offengelassen in BGHZ 31, 304 (308)), gegen sonstige Formvorschriften o. gegen Begründungsanforderungen verstoßen worden ist; anders liegt es bei willkürlicher Annahme v. Gefahr im Verzug (BT-Drs. 16/6979, 43; vgl. dazu auch → § 94 Rn. 21, → § 98 Rn. 7). Unverwertbar können insb. Erkenntnisse sein, die ohne richterliche o. staatsanwaltschaftliche Anordnung (BGHSt 44, 243 (249); Löwe/Rosenberg/Hauck Rn. 231; KK-StPO/Henrichs/Weingast Rn. 51) unter völliger Umgehung des § 100a erlangt worden sind (BGHSt 31, 304: Aufzeichnung v. Telefongesprächen zwischen V-Mann der Polizei u. Beschuldigtem; BGHSt 35, 32: ohne richterliche Anordnung eingerichtete Schaltung einer Zählervergleichseinrichtung) o. wenn die Anordnung unter bewusster Überschreitung der gesetzlichen Befugnisse getroffen worden ist (BGHSt 28, 122 (124); 31, 304 (309); BGH NJW 1979, 1370 (1371)), insbes. wenn v. vornherein kein Tatverdacht (Küpper JR 1996, 215) o. kein Verdacht einer Katalogtat bestanden hat (BGHSt 31, 304 (309); 32, 68 (70); OLG Hamburg StV 2002, 590; → Rn. 9); allerdings begründet es kein Verwertungsverbot, wenn der Tatverdacht zwar ua auf ein unverwertbares Beweismittel gestützt wurde, eine Gesamtschau der Verdachtslage jedoch ergibt, dass der Beschl. auch ohne dieses Beweismittel hätte ergehen können (BGH StraFo 2015, 458). Auch bei einer bloßen Fristüberschreitung vor einer richterlich angeordneten Verlängerung der Maßnahme kann die Verwertbarkeit rechtfertigen (BGHSt 44, 243 (248)).

35a **Unverwertbar** sind Erkenntnisse, die aus einer als sog. **„Quellen-TKÜ"** angeordneten Maßnahme gewonnen wurden, die nicht auf Daten aus einem lfd. Telekommunikationsvorgang beruhen (Abs. 1 S. 2) o. auf gespeicherten Inhalten u. Umständen, die unter Verstoß gegen Abs. 1 S. 3 erfasst wurden (dazu → Rn. 14c ff.; vgl. auch BVerfGE 120, 274). Allerdings ist die Auswechslung der im Überwachungsbeschluss unzutr. angenommenen Katalogtat durch eine andere in den Grenzen der v. ER geprüften Verdachtslage möglich (BGHSt 48, 240 mkritAnm Arloth NStZ 2003, 609 mablAnm Bernsmann/Sotelsek StV 2004, 113; krit. auch Roßmüller/Scheinfeld wistra 2004, 52; dazu auch Franke GA 2003, 890; Kudlich JR 2003, 457), nicht aber auch die des Beschuldigten u. der Zielrichtung des Eingriffs (BVerfG NJW 2007, 2749 (2750)). Ein Verwertungsverbot besteht ferner dann, wenn der Subsidiaritätsgrundsatz (→ Rn. 13) missachtet worden ist (BGHSt 41, 30 (31)), darüber hinaus auch für Bekundungen des Beschuldigten auf Vorhalt v. unzulässig gewonnenen Erkenntnissen aus einer Telefonüberwachung (BGHSt 27, 355 (357); 32, 68 (70); 33, 347 (353); vgl. auch BGHSt 51, 1 (8)). Das Bestehen eines nach § 52 geschützten Angehörigenverhältnisses steht aber der Verwertung anders als im Fall des § 100c (vgl. → § 100c Rn. 23) nicht entgegen (BGH NStZ 1999, 416; Becker NStZ-RR 2003, 290 – BGH RsprÜ; erg. → Rn. 16, 18; krit. Weigend NJW-Beil. Heft 23/1998, 20); das Vertrauensverhältnis zu den in § 53 genannten Berufsgeheimnisträgern schützt grds. § 160a (zum Verteidiger vgl. aber → Rn. 21 sowie → Rn. 36). Zum Freibeweisverfahren → § 244 Rn. 7, 9 sowie BGH StraFo 2009, 19. Informationen, die auf einer heimlichen Aufzeichnung v. Gesprächen durch Private ohne staatliche Mithilfe beruhen, dürfen nach einer Interessenabwägung im Strafverfahren verwertet werden, wenn es um die Aufklärung schwerer Straftaten geht (KK-StPO/Henrichs/Weingast Rn. 68).

36 **Ausdrücklich geregelt** wird ein Verwertungsverbot bei Verletzung des Kernbereichs der privaten Lebensgestaltung in § 100d Abs. 2 S. 1 (→ § 100d Rn. 6–8).

37 Eine **Fortwirkung** des Verfahrensverstoßes (vgl. → § 136a Rn. 30) besteht zwar nicht allgemein. Jedoch sind Angaben unverwertbar, die der Beschuldigte unter dem unmittelbaren Eindruck eines Vorhalts aus unzulässig erlangten – u. ihrerseits

unverwertbaren – TKÜ-Erkenntnissen macht (BGH NStZ 2019, 227 (228)). Auch spätere Aussagen dürfen nicht verwertet werden, wenn sie noch v. dem Vorhalt beeinflusst sind (BGHSt 27, 355 (358)). Ob das der Fall ist, hat der Tatrichter zu prüfen (BGHSt 35, 32). Ist eine längere Zeit zwischen der Aussage unter dem Eindruck des unzulässigen Vorhalts u. der neuerlichen Vernehmung verstrichen u. werden dem Beschuldigten dabei weder die unzulässig erlangten TKÜ-Erkenntnisse noch die früheren unverwertbaren Angaben vorgehalten, spricht dies dafür, dass der Vorhalt sich nicht mehr auf die spätere Aussage ausgewirkt hat (BGHSt 27, 355 (358)).

Eine **Fernwirkung** (zum Begriff → Einl. Rn. 57; → § 136a Rn. 31) hat der 38
Verstoß gegen § 100a grds. nicht (BGHSt 32, 68 (70); Schlüchter Strafverfahren Rn. 352.3; **aM** Küpper JZ 1990, 423; die abweichende Entsch. BGHSt 29, 244 betr. nur die Telefonüberwachung nach § 1 **G 10**). BGHSt 51, 1 hält hieran ausdr. fest u. beschränkt demnach bei einer Kette v. aufeinander beruhenden Telekommunikations-Überwachungsmaßnahmen die Prüfung der Verwertbarkeit auf die Überwachungsmaßnahme, der die Erkenntnisse unmittelbar entstammen. Anders verhält es sich in den Fällen des Abs. 4 S. 2 (→ Rn. 25).

L. Revision. Die **Revision** kann – nur mit einer Verfahrensrüge nach § 344 39
Abs. 2 S. 2 (BGH StV 1994, 169) – darauf gestützt werden, dass die Beweiswürdigung auf unverwertbaren Erkenntnissen beruht (→ Rn. 25, 35 ff.). Dabei wird aber der Tatverdacht u. die Frage, ob der Subsidiaritätsgrundsatz gewahrt ist, nur daraufhin (freibeweislich: BGH StraFo 2009, 19) überprüft, ob die Anordnung (Verlängerung) der Telefonüberwachung vertretbar war, der Anordnende seinen Beurteilungsspielraum (→ Rn. 9, 13) also nicht überschritten hat (BGHSt 41, 30; iE zust. Löwe/Rosenberg/Hauck Rn. 230; BGH NStZ 1995, 510 mablAnm Bernsmann NStZ 1995, 512; abl. auch Fezer JZ 2007, 669; Neuhaus FS Riess, 2002, 396; Paeffgen FS Roxin, 2001, 1302; Schlothauer StraFo 1998, 404; Störmer StV 1995, 653; ZStW 108 (1996), 517; vgl. aber auch BGH StV 1998, 247). Allein die mangelhafte Begründung des Abhörbeschlusses nach § 100e führt nicht zur Unverwertbarkeit der Überwachungsergebnisse (BGH NStZ-RR 2006, 370; NStZ 2007, 117; StV 2008, 63; **aM** Schmidt NJ 2008, 393; StraFo 2009, 452); die Revision ist jedoch begründet, wenn der erkennende Richter die in einem solchen Fall erforderliche Beiziehung der Akten zur gebotenen Prüfung der Überwachungsmaßnahme unterlassen hat (BGHSt 47, 362; vgl. auch BGH StraFo 2018, 30 (TKÜ nach G-10); Franke GA 2003, 888; Nack FS Hilger, 2003, 349). Die Rspr. verlangt aber – verfassungsrechtlich unbedenklich (BVerfG NJW 2012, 907 (911)) –, dass der Verwertung in der HV **widersprochen** worden ist (BGHSt 51, 1; BGH NStZ 2018, 550 (551) (Raumgespräch); StraFo 2014, 20; StV 2001, 545 mablAnm Ventzke und mablAnm Wollweber wistra 2001, 182; BGH StV 2008, 63 mablAnm Fezer HRRS 2006, 239; vgl. aber auch BGHSt 47, 362 (366 f.), der zumindest eine Prüfung des Anordnungsbeschlusses vAw auf Plausibilität hins. der Verdachts- u. Beweislage verlangt; dagegen BGHSt 51, 1 (4) (obiter dictum); erg. → § 100e Rn. 31; → § 100c Rn. 16; → § 136 Rn. 25). Der Widerspruch muss zumindest so begründet werden, dass die Angriffsrichtung deutlich wird (BGH 7.12.2022 – 2 StR 437/20). Dies soll auch gelten, wenn der Revisionsführer eine täuschungsähnliche Situation behauptet, aus der ein umfassendes Beweisverwertungsverbot hins. sämtlicher weiterer Überwachungsmaßnahmen hergeleitet werden soll (BGH StV 2016, 771). Werden die TKÜ-Inhalte neben der Inaugenscheinnahme auch durch die Vernehmung von Polizeibeamten eingeführt, muss auch der Vernehmung widersprochen werden (BGH 27.4.2021 – 5 StR 57/21). Zum notwendigen Revisionsvorbringen (Angabe der Überwachungsbeschlüsse u. der rechtzeitig (§ 257; s. BGH ZD 2013, 232 zu § 100g) erhobenen Widersprüche mit den diese zurückweisenden Beschlüssen; grds. auch der Antragsschrift der StA) vgl. BGHSt 47, 362 (365); 48, 240; BGH NStZ 2007, 117; 2008, 230 (231); Cirener NStZ-RR 2010, 135 – BGH RsprÜ; ferner zur Verdachtslage u. zu den übrigen Eingriffsvoraussetzungen BVerfG BeckRS 2007, 24664; BGH StV 2008, 63 (65).

Online-Durchsuchung[1] **Nr. 85 RiStBV**

100b (1) **Auch ohne Wissen des Betroffenen darf mit technischen Mitteln in ein von dem Betroffenen genutztes informationstechnisches System eingegriffen und dürfen Daten daraus erhoben werden (Online-Durchsuchung), wenn**

1. bestimmte Tatsachen den Verdacht begründen, dass jemand als Täter oder Teilnehmer eine in Absatz 2 bezeichnete besonders schwere Straftat begangen oder in Fällen, in denen der Versuch strafbar ist, zu begehen versucht hat,
2. die Tat auch im Einzelfall besonders schwer wiegt und
3. die Erforschung des Sachverhalts oder die Ermittlung des Aufenthaltsortes des Beschuldigten auf andere Weise wesentlich erschwert oder aussichtslos wäre.

(2) **Besonders schwere Straftaten im Sinne des Absatzes 1 Nummer 1 sind:**

1. aus dem Strafgesetzbuch:
a) Straftaten des Hochverrats und der Gefährdung des demokratischen Rechtsstaates sowie des Landesverrats und der Gefährdung der äußeren Sicherheit nach den §§ 81, 82, 89a, 89c Absatz 1 bis 4, nach den §§ 94, 95 Absatz 3 und § 96 Absatz 1, jeweils auch in Verbindung mit § 97b, sowie nach den §§ 97a, 98 Absatz 1 Satz 2, § 99 Absatz 2 und den §§ 100, 100a Absatz 4,
b) Betreiben krimineller Handelsplattformen im Internet in den Fällen des § 127 Absatz 3 und 4, sofern der Zweck der Handelsplattform im Internet darauf ausgerichtet ist, in den Buchstaben a und c bis o sowie in den Nummern 2 bis 10 genannte besonders schwere Straftaten zu ermöglichen oder zu fördern,
c) Bildung krimineller Vereinigungen nach § 129 Absatz 1 in Verbindung mit Absatz 5 Satz 3 und Bildung terroristischer Vereinigungen nach § 129a Absatz 1, 2, 4, 5 Satz 1 erste Alternative, jeweils auch in Verbindung mit § 129b Absatz 1,
d) Geld- und Wertzeichenfälschung nach den §§ 146 und 151, jeweils auch in Verbindung mit § 152, sowie nach § 152a Absatz 3 und § 152b Absatz 1 bis 4,
e) Straftaten gegen die sexuelle Selbstbestimmung in den Fällen des § 176 Absatz 1 und der §§ 176c, 176d und, unter den in § 177 Absatz 6 Satz 2 Nummer 2 genannten Voraussetzungen, des § 177,
f) Verbreitung, Erwerb und Besitz kinderpornografischer Inhalte in den Fällen des § 184b Absatz 1 Satz 1 und Absatz 2,
g) Mord und Totschlag nach den §§ 211, 212,
h) Straftaten gegen die persönliche Freiheit in den Fällen des § 232 Absatz 2 und 3, des § 232a Absatz 1, 3, 4 und 5 zweiter Halbsatz, des § 232b Absatz 1 und 3 sowie Absatz 4, dieser in Verbindung mit § 232a Absatz 4 und 5 zweiter Halbsatz, des § 233 Absatz 2, des § 233a Absatz 1, 3 und 4 zweiter Halbsatz, der §§ 234 und 234a Absatz 1 und 2 sowie der §§ 239a und 239b,
i) Bandendiebstahl nach § 244 Absatz 1 Nummer 2 und schwerer Bandendiebstahl nach § 244a,
j) schwerer Raub und Raub mit Todesfolge nach § 250 Absatz 1 oder Absatz 2, § 251,

[1] § 100b StPO idF des G zur effektiveren und praxistauglicheren Ausgestaltung des Strafverfahrens v. 17.8.2017 (BGBl. I S. 3202) und idF späterer Gesetze ist gem. Beschl. des BVerfG v. 24.6.2025 (BGBl. 2025 I Nr. 201) mit Art. 10 Abs. 1 iVm Art. 19 Abs. 1 Satz 2 GG unvereinbar. Die Vorschrift gilt bis zu einer Neuregelung fort.

k) räuberische Erpressung nach § 255 und besonders schwerer Fall einer Erpressung nach § 253 unter den in § 253 Absatz 4 Satz 2 genannten Voraussetzungen,
l) gewerbsmäßige Hehlerei, Bandenhehlerei und gewerbsmäßige Bandenhehlerei nach den §§ 260, 260a,
m) besonders schwerer Fall der Geldwäsche nach § 261 unter den in § 261 Absatz 5 Satz 2 genannten Voraussetzungen, wenn die Vortat eine der in den Nummern 1 bis 7 genannten besonders schweren Straftaten ist,
n) Computerbetrug in den Fällen des § 263a Absatz 2 in Verbindung mit § 263 Absatz 5,
o) besonders schwerer Fall der Bestechlichkeit und Bestechung nach § 335 Absatz 1 unter den in § 335 Absatz 2 Nummer 1 bis 3 genannten Voraussetzungen,

2. aus dem Asylgesetz:
a) Verleitung zur missbräuchlichen Asylantragstellung nach § 84 Absatz 3,
b) gewerbs- und bandenmäßige Verleitung zur missbräuchlichen Asylantragstellung nach § 84a Absatz 1,

3. aus dem Aufenthaltsgesetz:
a) Einschleusen von Ausländern nach § 96 Absatz 2,
b) Einschleusen mit Todesfolge oder gewerbs- und bandenmäßiges Einschleusen nach § 97,

4. aus dem Außenwirtschaftsgesetz:
a) Straftaten nach § 17 Absatz 1, 2 und 3, jeweils auch in Verbindung mit Absatz 6 oder 7,
b) Straftaten nach § 18 Absatz 7 und 8, jeweils auch in Verbindung mit Absatz 10,

5. aus dem Betäubungsmittelgesetz:
a) besonders schwerer Fall einer Straftat nach § 29 Absatz 1 Satz 1 Nummer 1, 5, 6, 10, 11 oder 13, Absatz 3 unter der in § 29 Absatz 3 Satz 2 Nummer 1 genannten Voraussetzung,
b) eine Straftat nach den §§ 29a, 30 Absatz 1 Nummer 1, 2, 4, § 30a,

5a. aus dem Konsumcannabisgesetz:
Straftaten nach § 34 Absatz 4 Nummer 1, 3 oder Nummer 4,

5b. aus dem Medizinal-Cannabisgesetz:
Straftaten nach § 25 Absatz 5 Nummer 1, 3 oder Nummer 4,

6. aus dem Gesetz über die Kontrolle von Kriegswaffen:
a) eine Straftat nach § 19 Absatz 2 oder § 20 Absatz 1, jeweils auch in Verbindung mit § 21,
b) besonders schwerer Fall einer Straftat nach § 22a Absatz 1 in Verbindung mit Absatz 2,

7. aus dem Grundstoffüberwachungsgesetz:
Straftaten nach § 19 Absatz 3,

8. aus dem Neue-psychoaktive-Stoffe-Gesetz:
Straftaten nach § 4 Absatz 3 Nummer 1,

9. aus dem Völkerstrafgesetzbuch:
a) Völkermord nach § 6,
b) Verbrechen gegen die Menschlichkeit nach § 7,
c) Kriegsverbrechen nach den §§ 8 bis 12,
d) Verbrechen der Aggression nach § 13,

10. aus dem Waffengesetz:
a) besonders schwerer Fall einer Straftat nach § 51 Absatz 1 in Verbindung mit Absatz 2,
b) besonders schwerer Fall einer Straftat nach § 52 Absatz 1 Nummer 1 in Verbindung mit Absatz 5.

(3) [1]**Die Maßnahme darf sich nur gegen den Beschuldigten richten.** [2]**Ein Eingriff in informationstechnische Systeme anderer Personen ist nur zulässig, wenn auf Grund bestimmter Tatsachen anzunehmen ist, dass**

1. **der in der Anordnung nach § 100e Absatz 3 bezeichnete Beschuldigte informationstechnische Systeme der anderen Person benutzt, und**
2. **die Durchführung des Eingriffs in informationstechnische Systeme des Beschuldigten allein nicht zur Erforschung des Sachverhalts oder zur Ermittlung des Aufenthaltsortes eines Mitbeschuldigten führen wird.**

[3]**Die Maßnahme darf auch durchgeführt werden, wenn andere Personen unvermeidbar betroffen werden.**

(4) **§ 100a Absatz 5 und 6 gilt mit Ausnahme von Absatz 5 Satz 1 Nummer 1 entsprechend.**

1 **A. Begriff, Reichweite.** Der durch das G v. 17.8.2017 (BGBl. I 3202 (3204)) neu gefasste § 100b hat die Rechtsgrundlage für sog. Online-Durchsuchungen geschaffen. Dabei handelt es sich um den **verdeckten Zugriff** der Ermittlungsbehörden auf ein v. dem Betroffenen genutztes **informationstechnisches System.** Dies ist zwar auch bei der Quellen-TKÜ möglich (§ 100a Abs. 1 S. 2, 3). Im Unterschied zu dieser erfasst die Online-Durchsuchung aber nicht nur laufende u. hinzukommende Kommunikationsinhalte, sondern alle, auch die in einer Cloud (Roggan StV 2017, 821 (825); erg. → § 100a Rn. 10, 14f), im System bereits gespeicherten Daten. Außerdem kann das gesamte Nutzungsverhalten des Betroffenen überwacht werden, da die beim Surfen aufgesuchten Webseiten systematisch u. vollständig erfasst werden. Die Ermittlungsmaßnahme stellt damit einen **bes. schwerwiegenden Eingriff** in den Schutzbereich des Grundrechts auf Integrität u. Vertraulichkeit informationstechnischer Systeme aus Art. 2 Abs. 1 GG als eigenständige Ausprägung des Rechts auf informationelle Selbstbestimmung dar (BT-Drs. 18/12785, 59). Der Gesetzgeber hat sich hins. der Eingriffsvoraussetzungen u. Schranken weitgehend an denen für die akustische Wohnraumüberwachung (§ 100c) orientiert (BT-Drs. 18/12785, 54), weshalb wie dort (→ § 100c Rn. 7) die **mit dem Eingriff verbundenen notwendigen Maßnahmen** gestattet sind; anders als dort ist das heimliche Betreten der Wohnung als letztes Mittel mangels verfassungsrechtlicher Grundlage (Art. 13 Abs. 3 GG gilt nur für die Wohnraumüberwachung) nicht zulässig (BVerfG JR 2023, 459 (464); MüKoStPO/Rückert Rn. 37; Roggan FS Graulich, 2019, 115 (132 f.)); **aA** KK-StPO/Henrichs/Weingast Rn. 6). Die Eingriffstiefe geht bei der Online-Durchsuchung über die bei der akustischen Wohnraumüberwachung hinaus, da sie die Erstellung eines vollständigen Verhaltens- u. Persönlichkeitsprofils des Betroffenen erlaubt. Die Maßnahme ist dennoch in ihrer konkreten Ausgestaltung, insb a. zum Kernbereichsschutz (→ Rn. 14), inhaltlich **verfassungsgemäß** (BVerfG NVwZ 2025, 1821 (1833 ff.) – „Trojaner II", a. zum Verstoß gegen das Zitiergebot; Anm.: Ziebarth NJW 2025 3397; Großmann JZ 2025, 879).

2 **Nicht erlaubt** ist das **heimliche Aktivieren** v. Kamera- o. Mikrofonfunktionen des Computers o. eines Smartphones (MüKoStPO/Rückert Rn. 47). Zwar handelt es sich auch insoweit noch um einen Eingriff in ein informationstechnisches System iSv Abs. 1; auch spricht die Gesetzesbegründung davon, dass das gesamte Nutzungsverhalten einer Person überwacht werden solle (BT-Drs. 18/12785, 59), wozu man das optische Beobachten des Nutzers zählen könnte. Jedoch dürfen nach Abs. 1 nur Daten „daraus", dh aus dem informationstechnischen System erhoben werden, was bereits gegen ein aktives Inbetriebnehmen durch die Ermittlungsbehörden spricht. Außerdem macht der Begriff „Durchsuchung" deutlich, dass lediglich die Befugnis zu einer passiven Kenntnisnahme, nicht aber zu einem Aktivieren bestimmter Funktionen besteht; schließlich würde dies iE, insbes. bei einem Live-Zugriff, einem nach Art. 13 GG unzulässigen Spähangriff auf einen Wohnraum entsprechen (zutr. Roggan StV 2017, 821 (826)). Anders ist es zu beurteilen, wenn der Betroffene den Vorgang selbst initiiert (MüKoStPO/Rückert Rn. 47).

Zulässig ist hingegen das sogenannte **Account-Cloning** zur Erhebung von Text- o. Bildnachrichten, die auf dem Gerät des Betroffenen (zB Smartphone) gespeichert und über Messenger-Dienste (zB WhatsApp) versandt wurden (erg. → § 100a Rn. 14a, 14b, auch zur Überwachung der laufenden Telekommunikation). Denn die Ermittlungsbehörden nehmen die Nachrichten lediglich zur Kenntnis und initiieren diese nicht. 2a

B. Eingriffsvoraussetzungen (Abs. 1). Abs. 1 erlaubt den Eingriff in ein informationstechnisches System mit technischen Mitteln. Dies ist bewusst allg. formuliert, um alle derzeit vorhandenen u. künftigen Computer- u. Kommunikationsgeräte zu erfassen. Die Strafverfolgungsbehörden werden ermächtigt, heimlich eine Überwachungssoftware auf dem technischen System zu installieren. Zur praktischen Durchführung → § 100a Rn. 14d, zu den technischen Voraussetzungen → § 100a Rn. 14i–l; vgl. auch Soiné NStZ 2018, 497. 3

I. Verdacht einer bes. schweren Straftat (Abs. 1 Nr. 1). Die Maßnahme ist nur zulässig, wenn bestimmte Tatsachen den Verdacht einer der in Abs. 2 enumerativ aufgeführten bes. schweren Straftaten begründen. Dies erfordert einen über das Vorliegen eines Anfangsverdachts hinausgehenden qualifizierten Tatverdacht. Angesichts der Eingriffstiefe der Online-Durchsuchung müssen konkrete u. bereits in gewissem Umf. verdichtete Umstände vorliegen, welche eine ausreichende Tatsachengrundlage für den Verdacht einer Katalogtat begründen (erg. → § 100a Rn. 9). Der Versuch einer Katalogtat reicht aus, nicht aber deren Vorbereitung. Die Teilnahme an der (versuchten) Katalogtat steht der Täterschaft gleich, nicht erfasst werden Strafvereitelung o. Begünstigung. 4

II. Besondere Schwere im Einzelfall (Abs. 1 Nr. 2). Die Katalogtat muss **auch im konkreten Einzelfall,** nicht nur abstrakt, bes. schwer wiegen (Abs. 1 Nr. 2). Es bedarf also keiner schematischen Betrachtung, sondern einer Prüfung, welche die Umstände des Einzelfalls berücksichtigt. Anhaltspunkte können sich zB aus der Tatausführung, der Beteiligung weiterer Beschuldigter, der faktischen Verzahnung mit anderen Katalogtaten u. den Folgen der Tat, insbes. für Verletzte, ergeben. 5

III. Subsidiaritätsklausel (Abs. 1 Nr. 3). Die Online-Durchsuchung darf nur angeordnet werden, wenn die Erforschung des Sachverhaltes o. die Ermittlung des Aufenthaltsortes des Beschuldigten auf andere Weise **wesentlich erschwert o. aussichtslos** wäre. Die Subsidiaritätsklausel entspricht der in § 100a Abs. 1 S. 1 Nr. 3 (→ § 100a Rn. 13 f.). Angesichts der Eingriffstiefe der Maßnahme ist eine besonders sorgfältige Prüfung geboten. Ultima ratio muss sie nicht sein; letztes Mittel ist – wie der Wortlaut der Subsidiaritätsklausel in § 100c Abs. 1 Nr. 4 („unverhältnismäßig erschwert") zeigt – die akustische Wohnraumüberwachung (erg. → § 100c Rn. 8; s. a. KK-StPO/Henrichs/Weingast Rn. 3; **aA** MüKoStPO/Rückert Rn. 56: verfassungskonforme Auslegung nötig). Das anordnende Gericht hat einen Beurteilungsspielraum (BeckOK StPO/Graf Rn. 53; MüKoStPO/Rückert Rn. 85 iVm § 100a Rn. 346; krit. SSW StPO/Eschelbach Rn. 15, wonach derartige Subsidiaritätsklauseln praktisch nur wenig zu einer Begrenzung v. Ermittlungsmaßnahmen beitragen). Einer Wahrscheinlichkeit, dass durch die Maßnahme auch tatsächlich relevante Beschuldigtenäußerungen erfasst werden, bedarf es – anders als in § 100c Abs. 1 Nr. 3 – nicht (krit. dazu Roggan StV 2017, 821 (825, 827)). 6

C. Straftatenkatalog (Abs. 2). Der Katalog der Straftaten entspr. dem bisherigen für die Wohnraumüberwachung in § 100c Abs. 2 aF. Es handelt sich dabei um Straftaten, die im Höchstmaß Freiheitsstrafe v. mehr als 5 Jahren vorsehen. Es ist allerdings zu bezweifeln, ob alle dort aufgeführten Straftaten den mit Rücksicht auf die Eingriffstiefe der Maßnahme erforderlichen Schweregrad besitzen (SSW StPO/Eschelbach Rn. 10). 2021 wurde der Katalog mehrfach geändert und erweitert (BGBl. 2021 I 327; 2099; 3544). 7

8 **D. Betroffene (Abs. 3).** Die Maßnahme darf sich grds. **nur gegen den Beschuldigten** richten (Abs. 3). Dies schließt es nicht aus, dass bei der Durchführung auch Erkenntnisse gegen andere Personen gewonnen werden; diese sind verwertbar. Es dürfte auch zulässig sein, die Online-Durchsuchung zur Ermittlung des Aufenthaltsortes eines Mitbeschuldigten anzuordnen.

9 **Andere Personen** dürfen v. der Maßnahme nur unter engen, kumulativ vorliegenden Voraussetzungen erfasst werden (Abs. 3). Es muss aufgrund bestimmter Tatsachen anzunehmen sein, dass der in der Anordnung nach § 100e Abs. 3 bezeichnete Beschuldigte das informationstechnische System dieser anderen Person selbst benutzt (Abs. 3 S. 1 Nr. 1); Mitbenutzung genügt grds. (vgl. Freiling/Safferling/Rückert JR 2018, 9 (14); aber auch → Rn. 10). Außerdem ist der Zugriff auf das Gerät der anderen Person nur zulässig, wenn der Zugriff auf Geräte des Beschuldigten allein nicht zur Erforschung des Sachverhaltes o. zur Ermittlung des Aufenthaltsortes eines Mitbeschuldigten führen würde (Abs. 3 S. 1 Nr. 2).

10 Erlaubt ist damit auch die **Infiltration des Cloud-Servers** bei dem Cloud-Diensteanbieter, wenn aufgrund bestimmter Tatsachen anzunehmen ist, dass der Beschuldigte dessen informationstechnisches System nutzt (vgl. Roggan StV 2017, 821 (826); Soiné NStZ 2018, 497 (499 f.); Heinrich ZIS 2020, 421 (427); erg. → § 100a Rn. 14f) u. die Voraussetzungen v. Nr. 2 vorliegen; es kann der gesamte Datenbestand erhoben werden (Grözinger StV 2019, 407 (411)), auch zum Zeitpunkt der Anordnung nach § 100e Abs. 2 bereits abgeschlossene, in der Cloud gespeicherte Telekommunikation (BT-Drs. 18/12785, 53 f.; erg. → § 100a Rn. 6d). Nach OLG Stuttgart (NStZ 2021, 313) stellt § 100b keine Rechtsgrundlage für eine ggü. dem Diensteanbieter offene, diesen zur Herausgabe des Datenbestandes verpflichtende Anordnung dar. Die Maßnahme kann indes auf § 94 oder § 95 gestützt und ggü. dem betroffenen Anbieter mit dem durch G v. 25.6.2021 (BGBl. I 2099) eingeführten Offenbarungsverbot des § 95a StPO verbunden werden (BT-Drs. 19/27654, 61 f.; erg. → § 94 Rn. 16a, 16b; → § 100a Rn. 6b–7). Gleiches gilt für IT-Systeme, die – wie etwa in Internet-Cafes – v. vielen Personen genutzt werden (Freiling/Safferling/Rückert JR 2018, 9 (14), die allerdings mit Recht darauf hinweisen, dass bei einer Vielzahl von unbeteiligten Betroffenen Verhältnismäßigkeitsgesichtspunkte bes. zu beachten sind). Zu den sog. **Encrochat**-Fällen → § 100e Rn. 23a ff.

11 Dass iÜ **andere Personen v. der Maßnahme betroffen** werden, ist unvermeidbar u. hindert ihre Durchführung nicht (Abs. 3 S. 2). Auch insoweit zeigt sich jedoch die besondere Eingriffstiefe der Online-Durchsuchung im Vergleich mit Maßnahmen etwa nach § 100c oder § 100f Abs. 3. Denn es sind potenziell alle sozialen Kontakte betroffen, die der Beschuldigte aktuell in dem informationstechnischen System unterhält, sowie darüber hinaus über den Zugriff auf gespeicherte Inhalte auch alle in der Vergangenheit liegenden.

12 **E. Technische Durchführung.** Gemäß Abs. 4 gilt hins. der **technischen Durchführung** § 100a Abs. 5 mit Ausnahme von Abs. 5 S. 1 Nr. 1 entspr. (→ § 100a Rn. 14i–14l). Die zu § 100a Abs. 5 geäußerten Bedenken (→ § 100a Rn. 14k, 14l) gelten auch hier. Zum Zielkonflikt mit dem Schutz für die allgemeine IT-Sicherheit → § 100a Rn. 14d.

13 **F. Protokollierung.** Die **Protokollierungspflichten** des § 100a Abs. 6 gelten ebenfalls entspr. (Abs. 4; → § 100a Rn. 14m). Es erscheint aber derzeit technisch nicht nachweisbar, welche Software in einem bestimmten informationstechnischen System, das nicht der eigenen vollständigen Kontrolle unterliegt, zu einem bestimmten Zeitpunkt lief u. wie sie auf das System eingewirkt hat; ob sich die gesetzlichen Protokollierungspflichten tatsächlich erfüllen lassen, ist daher zw. (Freiling/Safferling/Rückert JR 2018, 9 (20)).

14 **G. Kernbereichsschutz.** Der **Kernbereichsschutz** ist in § 100d Abs. 1–3, Abs. 5 geregelt. Dies genügt den verfassungsrechtlichen Anforderungen a. ohne ein gesetzliches Abbruchgebot (BVerfG NVwZ 2025, 1821 (1833 ff.) – „Trojaner II". Für das **Verfahren** gilt § 100e Abs. 2–6.

H. Verwertbarkeit. Von den in § 100d Abs. 2, Abs. 5 S. 1 (vgl. → § 100d Rn. 6, 7, 23–26) ausdr. angeordneten Verwertungsverboten abgesehen sind generell auch solche Erkenntnisse unverwertbar, die unter Umgehung der Voraussetzungen des § 100b erlangt worden sind, zB wenn kein Verdacht einer bes. schweren Katalogstraftat bestand o. unter manifester Überschreitung des Beurteilungsspielraumes gegen den Subsidiaritätsgrundsatz verstoßen wurde (dazu → Rn. 6, 7). Dies rechtfertigt sich aus der besonderen Schwere des Eingriffs, die jede Verwertung von bemakelten Beweisen ausschließen sollte. 15

I. Revision. Die **Revision** kann wie bei § 100a (→ § 100a Rn. 39) darauf gestützt werden, dass die Beweiswürdigung auf unverwertbaren Erkenntnissen beruht. Ebenso wie dort setzt die Geltendmachung v. Rechtsverletzungen in der Revision trotz der besonderen Eingriffstiefe der Maßnahme grds. einen vorherigen **Widerspruch** in der Tatsacheninstanz voraus (erg. → § 100e Rn. 31). 16

Akustische Wohnraumüberwachung

100c (1) **Auch ohne Wissen der Betroffenen darf das in einer Wohnung nichtöffentlich gesprochene Wort mit technischen Mitteln abgehört und aufgezeichnet werden, wenn**

1. bestimmte Tatsachen den Verdacht begründen, dass jemand als Täter oder Teilnehmer eine in § 100b Absatz 2 bezeichnete besonders schwere Straftat begangen oder in Fällen, in denen der Versuch strafbar ist, zu begehen versucht hat,
2. die Tat auch im Einzelfall besonders schwer wiegt,
3. auf Grund tatsächlicher Anhaltspunkte anzunehmen ist, dass durch die Überwachung Äußerungen des Beschuldigten erfasst werden, die für die Erforschung des Sachverhalts oder die Ermittlung des Aufenthaltsortes eines Mitbeschuldigten von Bedeutung sind, und
4. die Erforschung des Sachverhalts oder die Ermittlung des Aufenthaltsortes eines Mitbeschuldigten auf andere Weise unverhältnismäßig erschwert oder aussichtslos wäre.

(2) [1] **Die Maßnahme darf sich nur gegen den Beschuldigten richten und nur in Wohnungen des Beschuldigten durchgeführt werden.** [2] **In Wohnungen anderer Personen ist die Maßnahme nur zulässig, wenn auf Grund bestimmter Tatsachen anzunehmen ist, dass**

1. der in der Anordnung nach § 100e Absatz 3 bezeichnete Beschuldigte sich dort aufhält und
2. die Maßnahme in Wohnungen des Beschuldigten allein nicht zur Erforschung des Sachverhalts oder zur Ermittlung des Aufenthaltsortes eines Mitbeschuldigten führen wird.

[3] **Die Maßnahme darf auch durchgeführt werden, wenn andere Personen unvermeidbar betroffen werden.**

A. Entstehungsgeschichte, Überblick. Das BVerfG hatte mit Urt. v. 3.3.2004 (BVerfGE 109, 279; vgl. dazu Löwe/Rosenberg/Hauck Rn. 1 ff.) die Vorschr. über die akustische Wohnraumüberwachung in ihrer ursprünglichen Fassung teilw. für verfassungswidrig erklärt, nämlich insoweit, als sie den unantastbaren Kern privater Lebensgestaltung verletzten. Das BVerfG hatte jedoch gestattet, die beanstandeten Normen unter Berücksichtigung des Schutzes der Menschenwürde u. des Grundsatzes der Verhältnismäßigkeit zunächst weiterhin anzuwenden; es hatte dem Gesetzgeber allerdings aufgegeben, bis spätestens 30.6.2005 einen verfassungsgemäßen Rechtszustand herzustellen. Den Vorgaben des BVerfG folgend wurden mit dem G v. 24.6.2005 (BGBl. I 1841) zunächst die §§ 100c ff. umgestaltet u. durch das G v. 21.12.2007 (BGBl. I 3198) erneut geändert. Mit dem G v. 17.8.2017 (BGBl. I 3202) sind schließlich mit den §§ 100c, 100d sowie nunmehr auch § 100e umfangreiche u. komplizierte Bestimmungen geschaffen worden; ob 1 die Regelungen überhaupt noch praktisch handhabbar sind, mag bezweifelt werden (vgl. SK-StPO/Greco/Wolter Rn. 9 ff.; krit. auch Roxin FS Böttcher, 2007, 168). Der Gesetzgeber hielt sich ausweislich der Mat. (BT-Drs. 15/4533) für unverzichtbar; obgleich die akustische Wohnraumüberwachung in der Praxis nur sehr selten angeordnet wird. Vgl. ferner zur rechtsstaatlichen Kontrolle, zur praktischen Anwendung, zum großen Aufwand u. demgegenüber geringfügigen Erfolg hins. der Überführung eines Beschuldigten Meyer-Wieck NJW 2005, 2037; Kriminalistik 2005, 648; Kress, Der ‚Große Lauschangriff' als Mittel internationaler Verbrechensbekämpfung, 2009, S. 143 ff.

2 **B. Sogenannter großer Lauschangriff. Das Abhören u. Aufzeichnen des nichtöffentlich gesprochenen Wortes in einer Wohnung** (der sog. große Lauschangriff) ist in § 100c geregelt. Um das Abhören v. Wohnungen zu ermöglichen, wurde Art. 13 GG durch G v. 26.3.1998 (BGBl. I 610) durch Einfügung der Abs. 3–6 geändert. Verfahrensrechtlich wird die Maßnahme in §§ 100d, 100e, 101 durch einen verstärkten Richtervorbehalt, detaillierte datenschutzrechtliche Regelungen, Benachrichtigungspflichten u. die Ermöglichung nachträglichen Rechtsschutzes für alle davon Betroffenen abgesichert. Eine zeitliche u. räumliche „Rundumüberwachung" – gar über einen längeren Zeitraum – ist unzulässig (BVerfGE 109, 279); deren Vorliegen hat BGHSt 54, 69 (102 ff.) bei einer Kombination der Wohnraumüberwachung mit §§ 99, 100a, 163f verneint, weil die vorhandenen verfahrensrechtlichen Sicherungen (Richtervorbehalt, Eingriffsschwellen, Subsidiaritätsklauseln) u. die Verhältnismäßigkeit jeder einzelnen Ermittlungsmaßnahme (in ihrer Wechselwirkung mit den anderen) gewahrt sowie die für Beantragung u. Anordnung zuständigen Stellen (StA u. ER) über alle Maßnahmen informiert waren (vgl. zu diesen Kriterien auch BVerfGE 112, 304 (319 ff.); erg. → § 163f Rn. 2). Optische Ermittlungsmaßnahmen innerhalb einer Wohnung sind ebenfalls absolut verboten (Eisenberg NStZ 2002, 638; anders nach Polizeirecht, vgl. zB § 20h Abs. 1 Nr. 2 BKAG, § 17 Abs. 2 PolG NRW). Zum Begriff der Wohnung → § 100f Rn. 2.

3 **Nichtöffentlich** sind alle innerhalb des Schutzbereichs des Art. 13 GG geführten Unterredungen, die für niemand anders als den Gesprächspartner bestimmt sind, zB auch die in einem nicht allg. zugänglichen Geschäftsraum geführte Unterhaltung (Hilger NStZ 1992, 462 Fn. 95). Der Begriff deckt sich mit dem in § 201 Abs. 1 S. 1 Nr. 1 StGB verwendeten Tatbestandsmerkmal (vgl. zur Auslegung iE Fischer/Fischer/Anstötz StGB § 201 Rn. 3). Geschützt ist jeder nicht allg. zugängliche feststehende, fahrende o. schwimmende Raum, der zur Stätte des Aufenthalts o. Wirkens v. Menschen gemacht wird (Dürig/Herzog/Scholz/Papier GG Art. 13 Rn. 10; erg. → § 100f Rn. 2). Öffentlich gesprochene Worte dürfen nach §§ 161, 163 aufgezeichnet werden (Hilger NStZ 1992, 462 Fn. 96).

4 **C. Eingriffsvoraussetzungen.** Die folgenden Voraussetzungen müssen erfüllt sein, damit die Maßnahme angeordnet werden darf. Das Einverständnis des Wohnungsinhabers mit dem Abhören genügt hier – anders als bei § 100h (→ § 100h Rn. 1 aE) – nicht, weil auch die Menschenwürde anderer Personen, die sich in der Wohnung aufhalten, geschützt werden muss (BT-Drs. 15/4533, 26; vgl. erg. → § 100a Rn. 1 aE).

5 **I. Umfangreicher Straftatenkatalog.** Einen umfangreichen Straftatenkatalog, der sich nunmehr an § 100b orientiert, hat der Gesetzgeber in Erfüllung der sich aus Art. 13 Abs. 3 GG iVm der Rspr. des BVerfG ergebenden Anforderungen (nur solche Straftatbestände, die eine Höchststrafe v. mehr als 5 Jahren vorsehen) aufgestellt. Nur bei den dort enumerativ aufgeführten bes. schweren Straftaten ist diese Maßnahme zulässig, wobei bestimmte Tatsachen einen entspr., über das Vorliegen eines Anfangsverdachts hinausgehenden Verdacht begründen müssen. Als Tatsachenbasis für den Verdacht müssen konkrete u. in gewissem Umf. verdichtete Umstände vorhanden sein (BVerfGE 109, 279; OLG Celle StV 2011, 215 (216); erg. → § 100a Rn. 9). Der Versuch der bes. schweren Straftat reicht aus, nicht jedoch die Vorbereitung (§ 30 StGB) einer Anlasstat (Löffelmann ZIS 2006, 87).

Die Teilnahme an der (ggf. versuchten) Katalogtat nach §§ 25 ff. StGB steht der Täterschaft gleich, nicht aber Strafvereitelung u. Begünstigung.

Auch im **konkreten Einzelfall,** nicht nur abstrakt, muss die Tat bes. schwer wiegen, wie Abs. 1 Nr. 2 klarstellt (Fehn Kriminalistik 2008, 254 bezweifelt zu Unrecht dessen Bestimmtheit). Anhaltspunkte sind zB die Folgen der Tat, die Schutzwürdigkeit des verletzten Rechtsguts u. das Hinzutreten besonderer Umstände, wie etwa die faktische Verzahnung mit anderen Katalogstraftaten o. das Zusammenwirken des Beschuldigten mit anderen Straftätern. 6

II. Weitere Voraussetzung. Weitere Voraussetzung der Maßnahme ist, dass durch sie Äußerungen des Beschuldigten erfasst werden, die für die Erforschung des Sachverhalts o. die Ermittlung des Aufenthaltsortes eines Mitbeschuldigten v. Bedeutung sind, wofür tatsächliche Anhaltspunkte – also nicht nur Vermutungen – gegeben sein müssen (Abs. 1 Nr. 3; OLG Celle StV 2011, 215 (217)). Das bedeutet, dass der Beschuldigte sich idR aktuell in der zu überwachenden Räumlichkeit aufhalten u. an den zu überwachenden Gesprächen teilnehmen muss. Mit dem Abhören notwendigerweise **verbundene Maßnahmen** sind gestattet (erg. → § 100f Rn. 4), auch das heimliche Betreten der Wohnung zur Anbringung eines technischen Mittels (BVerfG JR 2023, 459 (464 f.); BT-Drs. 13/8651, 13; ebenso KK-StPO/Henrichs/Weingast Rn. 4; Löwe/Rosenberg/Hauck Rn. 10; MüKoStPO/Rückert Rn. 54; Schlegel GA 2007, 653; krit. SSW StPO/Eschelbach Rn. 8; Roggan FS Graulich, 2019, 115 (119 f.); **aM** Heger JR 1998, 165). 7

III. Subsidiaritätsklausel. Durch Abs. 1 Nr. 4 wird festgelegt, dass die Wohnraumüberwachung nur zulässig ist, wenn die Erreichung der dort bezeichneten Zwecke auf andere Weise „unverhältnismäßig erschwert o. aussichtslos" wäre. Indem hier das Erschwerniserfordernis mit dem Begriff der Unverhältnismäßigkeit verbunden wird, ist klargestellt, dass es sich um die **ultima ratio** der Strafverfolgung handelt. Die Wohnraumüberwachung soll demnach nur dort zum Einsatz gelangen, wo andere Ermittlungsmaßnahmen versagen; sie tritt als schwerste Maßnahme ggü. allen anderen heimlichen Ermittlungsmaßnahmen zurück (BT-Drs. 16/5846, 40, 42; erg. → § 100a Rn. 14). 8

D. Betroffene. I. Ohne Wissen. Ohne Wissen des Betroffenen wird die Maßnahme angeordnet. Damit ist der unauffällige, heimliche Charakter dieser Beobachtungen angesprochen. Dass der Betroffene die ohne sein Einverständnis vorgenommene Observation bemerkt hat, macht die Anordnung nach § 100c weder unzulässig noch überflüssig („Auch" in Abs. 1; Hilger NStZ 1992, 461 Fn. 87; Löffelmann ZIS 2006, 88). 9, 10

II. Beschuldigte. Der Beschuldigte ist idR der Betroffene. Grundsätzlich darf die Überwachung nur in seiner Wohnung durchgeführt werden. Er ist die „Zielperson", wobei es aber auch darum gehen kann, Erkenntnisse über andere Personen zu gewinnen; diese Erkenntnisse dürfen verwertet werden (BT-Drs. 15/4533, 13). So ist insbes. auch die Wohnraumüberwachung zur Ermittlung des Aufenthaltsorts eines Mitbeschuldigten (vgl. Abs. 1 Nr. 4) verfassungsrechtlich unbedenklich (BVerfGE 109, 279). 11

III. Wohnungen anderer Personen. Wohnungen anderer Personen (das sind alle außer dem Beschuldigten) dürfen nach Abs. 2 S. 2 nur unter den dort bestimmten Voraussetzungen abgehört werden. Hier ist neben Abs. 1 Nr. 4 in Abs. 2 S. 2 Nr. 2 eine weitere Subsidiaritätsklausel zu beachten (dazu eing. BVerfGE 109, 279). Dass andere Personen als der Beschuldigte durch die Maßnahmen betroffen werden, lässt sich nicht vermeiden u. steht hier – ebenso wie in § 100b Abs. 3 S. 2 u. in § 100f Abs. 3 – der Durchführung der Wohnraumüberwachung nicht entgegen (Abs. 3 S. 3). 12

E. Schutz des Kernbereichs, Zeugnisverweigerungsberechtigte. Der **Schutz des Kernbereichs privater Lebensgestaltung** ist nunmehr (G v. 17.8.2017, BGBl. I 3202) in § 100d Abs. 1, Abs. 2, Abs. 4, Abs. 5, Zeugnisver- 13 weigerungsberechtigte sind in § 100d Abs. 5 u. das Verf. ist in § 100e Abs. 2–6 geregelt (→ § 100d Rn. 23–26, → § 100e Rn. 6 ff.).

14 **F. Verwertungsverbot.** Von den in § 100d Abs. 2 (vgl. näher → § 100d Rn. 4 –8), § 100d Abs. 5 S. 1, 2 (→ § 100d Rn. 23–26) ausdr. angeordneten Verwertungsverboten abgesehen sind auch solche Erkenntnisse unverwertbar, die unter Umgehung des § 100c o. § 100e Abs. 2 erlangt worden sind (vgl. auch BGHSt 34, 39), wenn zB die Anordnung unter bewusster Überschreitung der gesetzlichen Befugnisse getroffen worden ist (BGHSt 42, 372; OLG Stuttgart StV 1996, 655), wenn kein Verdacht einer Katalogtat bestand o. wenn gegen den Subsidiaritätsgrundsatz (→ Rn. 8) verstoßen worden ist (iE dazu Nack FS Nehm, 2006, 317; erg. → § 100a Rn. 35 ff.). Ist die Anordnung gegen einen v. mehreren später Angeklagten versehentlich nicht ergangen, so ist im Rahmen der Abwägung zu berücksichtigen, dass sie jederzeit auch gegen ihn hätte erwirkt werden können (BGHSt 54, 69 (95)).

15 Vgl. iÜ die **Verwendungsregelungen** in § 100e Abs. 6.

16 **G. Revision. Die Revision** kann wie bei § 100a (→ § 100a Rn. 39) darauf gestützt werden, dass die Beweiswürdigung auf unverwertbaren Erkenntnissen beruht. Ebenso wie dort setzt die Geltendmachung v. Rechtsverletzungen in der Revision trotz der besonderen Eingriffstiefe der Maßnahme grds. einen vorherigen **Widerspruch** in der Tatsacheninstanz voraus (erg. → § 100e Rn. 31; krit. SSW StPO/Eschelbach Rn 23; **aA** MüKoStPO/Rückert Rn. 60).

17 **H. Maßnahmen zur Eigensicherung. Aus Maßnahmen zur Eigensicherung** folgen weitere rechtliche Möglichkeiten der Verwendung der durch das Abhören erlangten Informationen.

18 **I. Art. 13 Abs. 5 GG.** Zu Zwecken der Strafverfolgung erlaubt Art. 13 Abs. 5 GG die Verwertung der Erkenntnisse, die bei einem Einsatz technischer Mittel ausschl. zum Schutze der bei einem Einsatz in Wohnungen tätigen Personen erzielt worden sind; allerdings muss zuvor die Rechtmäßigkeit der Maßnahme richterlich festgestellt worden sein.

19 **II. § 34 BKAG.** § 34 BKAG erlaubt die elektronische Überwachung v. Wohnungen, wenn dies zur Abwehr v. Gefahren für Leib, Leben o. Freiheit einer im Rahmen strafprozessualer Ermittlungen (§ 4 BKAG) v. BKA beauftragten Person erforderlich ist; für die Verwendung der dabei gewonnenen Erkenntnisse verweist § 34 Abs. 4 S. 3 BKAG auf die StPO (§§ 100e Abs. 6 Nr. 3, 161 Abs. 3; vgl. BT-Drs. 16/5846, 76). Zur Eigensicherung werden sogar Bildaufzeichnungen innerhalb einer Wohnung erlaubt; die Erg. einer optischen Überwachung sind jedoch im Strafverfahren nicht verwertbar, da sich sonst ein Widerspruch zu § 100c ergeben würde (Löwe/Rosenberg/Erb § 161 Rn. 88; erg. → § 161 Rn. 19). Die Verwendung personenbezogener Daten, die durch Maßnahmen zur Eigensicherung in Wohnungen erlangt wurden, regeln ferner die §§ 47 Abs. 3 S. 4, 62 Abs. 5 S. 4 ZFdG (dazu Roggan NVwZ 2007, 1241), § 9 Abs. 2 S. 6, Abs. 3 BVerfSchG (zum Kernbereichsschutz vgl. Baldus JZ 2008, 225; Knierim StV 2009, 208 (Auslandsfälle); jetzt auch § 34 Abs. 2 S. 1 BKAG). Vgl. zu sog. Body-Cams § 15c PolGNRW, § 44 Abs. 5 S. 2 BWPolG; ausf. Lehmann/Schäfer Kriminalistik 2023, 72.

Kernbereich privater Lebensgestaltung; Zeugnisverweigerungsberechtigte

100d (1) **Liegen tatsächliche Anhaltspunkte für die Annahme vor, dass durch eine Maßnahme nach den §§ 100a bis 100c allein Erkenntnisse aus dem Kernbereich privater Lebensgestaltung erlangt werden, ist die Maßnahme unzulässig.**

(2) [1] **Erkenntnisse aus dem Kernbereich privater Lebensgestaltung, die durch eine Maßnahme nach den §§ 100a bis 100c erlangt wurden, dürfen nicht verwertet werden.** [2] **Aufzeichnungen über solche Erkenntnisse sind**

unverzüglich zu löschen. [3]Die Tatsache ihrer Erlangung und Löschung ist zu dokumentieren.

(3) [1]**Bei Maßnahmen nach § 100b ist, soweit möglich, technisch sicherzustellen, dass Daten, die den Kernbereich privater Lebensgestaltung betreffen, nicht erhoben werden. [2]Erkenntnisse, die durch Maßnahmen nach § 100b erlangt wurden und den Kernbereich privater Lebensgestaltung betreffen, sind unverzüglich zu löschen oder von der Staatsanwaltschaft dem anordnenden Gericht zur Entscheidung über die Verwertbarkeit und Löschung der Daten vorzulegen. [3]Die Entscheidung des Gerichts über die Verwertbarkeit ist für das weitere Verfahren bindend.**

(4) [1]**Maßnahmen nach § 100c dürfen nur angeordnet werden, soweit auf Grund tatsächlicher Anhaltspunkte anzunehmen ist, dass durch die Überwachung Äußerungen, die dem Kernbereich privater Lebensgestaltung zuzurechnen sind, nicht erfasst werden. [2]Das Abhören und Aufzeichnen ist unverzüglich zu unterbrechen, wenn sich während der Überwachung Anhaltspunkte dafür ergeben, dass Äußerungen, die dem Kernbereich privater Lebensgestaltung zuzurechnen sind, erfasst werden. [3]Ist eine Maßnahme unterbrochen worden, so darf sie unter den in Satz 1 genannten Voraussetzungen fortgeführt werden. [4]Im Zweifel hat die Staatsanwaltschaft über die Unterbrechung oder Fortführung der Maßnahme unverzüglich eine Entscheidung des Gerichts herbeizuführen; § 100e Absatz 5 gilt entsprechend. [5]Auch soweit für bereits erlangte Erkenntnisse ein Verwertungsverbot nach Absatz 2 in Betracht kommt, hat die Staatsanwaltschaft unverzüglich eine Entscheidung des Gerichts herbeizuführen. [6]Absatz 3 Satz 3 gilt entsprechend.**

(5) [1]**In den Fällen des § 53 sind Maßnahmen nach den §§ 100b und 100c unzulässig; ergibt sich während oder nach Durchführung der Maßnahme, dass ein Fall des § 53 vorliegt, gilt Absatz 2 entsprechend. [2]In den Fällen der §§ 52 und 53a dürfen aus Maßnahmen nach den §§ 100b und 100c gewonnene Erkenntnisse nur verwertet werden, wenn dies unter Berücksichtigung der Bedeutung des zugrunde liegenden Vertrauensverhältnisses nicht außer Verhältnis zum Interesse an der Erforschung des Sachverhalts oder der Ermittlung des Aufenthaltsortes eines Beschuldigten steht. [3]§ 160a Absatz 4 gilt entsprechend.**

Übersicht

A. Entstehungsgeschichte, Überblick. Das G v. 17.8.2017 (BGBl. I 3202 1 (3205)) hat den für Maßnahmen nach §§ 100a, 100c bislang in Einzelvorschriften geregelten Schutz des Kernbereichs privater Lebensgestaltung u. von Zeugnisverweigerungsberechtigten (vgl. §§ 100a Abs. 4, 100c Abs. 4–7 aF) in einer Norm zusammengefasst, auf die Online-Durchsuchung iSv § 100b erstreckt u. je nach Schwere des Eingriffs u. dem danach erforderlichen Schutzniveau systematisiert (vgl. BT-Drs. 18/12785, 60).

2 **B. Schutz des Kernbereichs privater Lebensgestaltung (Abs. 1–4).** Abs. 1 u. Abs. 2 regeln den für Maßnahmen nach §§ 100a–100c gemeinsamen Schutz des Kernbereichs privater Lebensgestaltung, während Abs. 3 (für Maßnahmen nach § 100b) u. Abs. 4 (für Maßnahmen nach § 100c) ergänzenden Schutz vorsehen.

3 **I. Begriff des Kernbereichs privater Lebensgestaltung.** Was zum Kernbereich gehört, ist in der StPO nicht definiert u. auch nicht allg. zu bestimmen; es richtet sich immer nach dem Einzelfall (BVerfG NJW 2007, 2753 (2755) mAnm Sankol MMR 2007, 575) zur Wohnraumüberwachung; BVerfGE 113, 348 zur Telekommunikation; vgl. ferner Lindemann JR 2006, 191; eing. Baldus JZ 2008, 219 (222 ff.); Warntjen, Heimliche Zwangsmaßnahmen u. der Kernbereich privater Lebensgestaltung, 2007, S. 73 ff.; vgl. auch Ignor NJW 2007, 3404; Reiß StV 2008, 545; v. Westphalen AnwBl 2008, 803 zur Kommunikation mit RAen sowie die Legaldefinition in § 5 Abs. 7 ThürPAG). Ausgangspunkt ist stets die Gefährdung der Menschenwürde betroffener Personen (BT-Drs. 15/4533, 14). Es geht va um Inhalte mit höchstpersönlichem Charakter, welche die Gefühlswelt o. den Intimbereich tangieren. Ob eine personenbezogene Kommunikation höchstpersönlichen Inhalts ist, hängt davon ab, in welcher Art u. Intensität sie aus sich heraus die Sphäre anderer o. Belange der Gemeinschaft berührt. Zum Kernbereich gehören danach etwa Äußerungen innerster Gefühle (zB der Inhalt psychotherapeutischer Gespräche, vgl. BGH NStZ 2016, 741) u. Ausdrucksformen der Sexualität (BVerfG NJW 2012, 907 (908)). Zu berücksichtigen ist im Einzelfall auch in welcher Art u. Weise sowie Intensität der Kernbereich berührt ist. Der Begriff wird durch die Rspr. – insbes. des BVerfG (vgl. noch BVerfG NJW 2008, 1137 (1138); 26.6.2008 – 2 BvR 219/08 Rn. 17 ff.), aber auch des BGHSt (50, 206) – ausgefüllt; krit. Rogall FS Fezer, 2008, 73). Nicht dem Kernbereich zuzuordnen sind grds. Gesprächsinhalte, die in unmittelbarem Bezug zu konkreten strafbaren Handlungen stehen, wie etwa Angaben über die Planung bevorstehender o. Berichte über begangene Straftaten (BVerfG NJW 2012, 907 (908); BVerfGE 109, 279; vgl. auch Rogall FS Fezer, 2008, 73). Eingehend dazu Rottmaier, Kernbereich privater Lebensgestaltung und strafprozessuale Lauschangriffe, 2017.

4 **II. Schutz des Kernbereichs bei Maßnahmen nach §§ 100a–100c (Abs. 1, Abs. 2).** Abs. 1 u. Abs. 2 enthalten Schutznormen, die sowohl die TKÜ als auch die Online-Durchsuchung u. die Wohnraumüberwachung betreffen.

5 **1. Unzulässigkeit (Abs. 1):** Maßnahmen nach §§ 100a–100c sind bereits auf der Erhebungsebene unzulässig, wenn tatsächliche Anhaltspunkte dafürsprechen, dass alleine Erkenntnisse aus dem Kernbereich gewonnen würden. Es genügt also für die Unzulässigkeit nicht, dass durch die Maßnahme auch Erkenntnisse aus dem Kernbereich zutage treten können. Die Maßnahmen dürfen vielmehr nur dann nicht angeordnet werden, wenn die aufgrund der vorliegenden tatsächlichen Anhaltspunkte zu erstellende Prognose ergibt, dass v. vornherein ausschl. Erkenntnisse aus dem Kernbereich zu erwarten sind. Mit dieser Beschränkung hat sich der Gesetzgeber zum Kernbereichsschutz für eine Lösung entschieden, welche die Bedürfnisse der Praxis in den Vordergrund stellt. Insbesondere würde ein umfassendes Erhebungsverbot auf erhebliche praktische Schwierigkeiten stoßen (zu diesen bei der TKÜ bereits BVerfGE 129, 208 (217 ff.); zur Online-Durchsuchung Freiling/Safferling/Rückert JR 2018, 9 (14)) u. die Ermittlungsmaßnahmen in einem Maße einschränken, dass eine wirksame Strafverfolgung gerade im Bereich schwerer u. schwerster Kriminalität nicht mehr gewährleistet wäre (BVerfG 129, 208 (216) zur TKÜ; krit. dazu Roggan HRRS 2013, 153; Freiling/Safferling/Rückert JR 2018, 9 (14)).

5a **Alleiniger Kernbereichsbezug** kann – je nach dem zu erwartenden Inhalt – bei der Kommunikation des Betroffenen mit Personen zu prognostizieren sein, zu denen er in einem besonderen, den Kernbereich betreffenden Vertrauensverhältnis steht, etwa mit engsten Familienangehörigen, Geistlichen, Telefonseelsorgern, Strafverteidigern (vgl. LG Ellwangen StraFo 2013, 380; erg. → § 148 Rn. 16) o. im

Einzelfall mit Ärzten (vgl. BT-Drs. 16/5846, 44; BVerfGE 109, 279; gegen die Einbeziehung der Kommunikation mit dem Verteidiger Rogall FS Fezer, 2008, 79 (81)). Der Umstand, dass sich insbes. beim Abhören eines privaten Anschlusses bei der TKÜ kernbereichsrelevante Inhalte idR nicht ausschließen lassen, genügt nicht (vgl. Rogall JZ 2008, 826). Auch bei der Online-Durchsuchung nach § 100b wird sich kaum einmal sicher vorhersagen lassen, dass durch die Maßnahme ausschl. Kernbereichsdaten aus dem informationstechnischen System erhoben werden (Roggan StV 2017, 821 (828)). Gesonderter vorausgehender Ermittlungen für die Prognoseerstellung bedarf es nicht. Zu § 100c erg. → Rn. 15.

2. Verwertungsverbot (Abs. 2): Den wesentlichen u. hinreichenden Schutz 6 kernbereichszugehöriger Kommunikation gewährleistet das G dadurch, dass es in Abs. 2 S. 1 jede Verwertung solcher Erkenntnisse ausschließt, auch als Spurenansatz (vgl. BVerfGE 129, 208 (220) zur TKÜ; s. auch SK-StPO/Greco/Wolter Rn. 84; Rogall JZ 2008, 827 Fn. 200). Abs. 2 normiert ein umfassendes Verwertungsverbot für alle aus einer TKÜ, einer Online-Durchsuchung o. einer Wohnraumüberwachung gewonnenen Erkenntnisse, nicht nur für diejenigen, die durch eine Kernbereichsverletzung erzielt wurden (vgl. demgegenüber den einschränkenden Begriff „solche" in § 100c Abs. 5 S. 3 aF; s. BGHSt 54, 69 (96)).

Davon zu unterscheiden ist der Fall, dass **schon das anordnende Gericht** – 7 unter klar erkennbarer u. damit rechtsfehlerhafter Überschreitung seines Beurteilungsspielraums (vgl. → Rn. 15 zu Maßnahmen nach § 100c) – gegen das Beweiserhebungsverbot des Abs. 1 verstoßen hat; dann sind sämtliche Erkenntnisse, die während des Bestehens des Erhebungsverbots erlangt wurden, auch als Spurenansatz, unverwertbar (BVerfGE 129, 208 (220); BGHSt 54, 69 (96), jew. für die Wohnraumüberwachung). Zur Unverwertbarkeit sämtlicher Erkenntnisse speziell aus der Wohnraumüberwachung soll nach BGHSt 54, 69 (96) auch ein den Kernbereichsschutz v. vornherein außer Acht lassender Maßnahmenvollzug führen.

Eine Pflicht zur **vorübergehenden Unterbrechung** der Überwachung u. Auf- 7a zeichnung der Telekommunikation kann sich in besonderen Einzelfällen als Folge aus dem Verwertungsverbot ergeben. Nach dem Grundsatz der Verhältnismäßigkeit (→ Einl. Rn. 20) ist dies zB der Fall, wenn etwa bei der TKÜ ausnahmsweise in Echtzeit mitgehört u. dabei zweifelsfrei der kernbereichsrelevante Inhalt der Kommunikation erkannt wird, die Maßnahme also zur Erreichung ihres Zwecks ungeeignet ist (BT-Drs. 16/5846, 45; vgl. auch § 51 Abs. 7 S. 2 BKAG: schon bei tatsächlichen Anhaltspunkten).

Aufzeichnungen über Erkenntnisse nach Abs. 2 S. 1 sind unverzüglich **zu lö-** 8 **schen** (S. 2), dass sie erlangt u. später gelöscht wurden, ist zu dokumentieren (S. 3). Um die Einhaltung der Löschungspflicht, va aber, um die Erlangung v. Rechtsschutz gegen den Eingriff in den Kernbereich zu sichern, müssen sowohl die Tatsache der Erfassung höchstpersönlicher Kommunikation (aber natürlich nicht diese selbst) als auch die Löschung entsprechender Aufzeichnungen in den Akten festgehalten werden. Eine bloße Sperrung wie in § 101 Abs. 8 S. 3 sieht das G nicht vor.

III. Ergänzender Schutz bei Maßnahmen nach § 100b (Abs. 3). Abs. 3 9 enthält einen darüber hinausgehenden Schutz bei Maßnahmen nach § 100b (Online-Durchsuchung), die sich an die Regelungen der Wohnraumüberwachung anlehnt.

Bereits **bei der Durchführung** der Maßnahme ist soweit wie möglich mit 10 technischen Mitteln sicherzustellen, dass keine Erkenntnisse aus dem Kernbereich erhoben werden (S. 1); dies dürfte allerdings auf kaum lösbare praktische Probleme stoßen (vgl. Freiling/Safferling/Rückert JR 2018, 9 (14)). Ein Abbruch der Maßnahme ist – anders als in § 100c Abs. 4 – nicht vorgesehen.

Wurden allerdings **Kernbereichsdaten** erlangt, sind sie **unverwertbar** (Abs. 2 11 S. 1) u. nach Abs. 3 S. 2 unverzüglich **zu löschen.** Die Pflicht zur unverzüglichen Löschung der unverwertbaren Erkenntnisse aus dem Kernbereich trifft grds. die Person, die dazu am ehesten in der Lage ist, idR also die mit der Auswertung der

Aufzeichnungen betraute Ermittlungsperson. Diese wird sich aber in Zweifelsfällen an die StA wenden. Die Erkenntnisse können v. der StA dem anordnenden Gericht (§ 100e Abs. 2 iVm § 74a Abs. 4 GVG) zur Entsch. über die Verwertbarkeit u. Löschung vorgelegt werden (S. 2); dies wird allerdings nur bei Unklarheiten über den Kernbereichsbezug in Betracht kommen. In derartigen Fällen muss auch die Entsch. der StA bzw. die Vorlage an das Gericht ohne schuldhaftes Zögern ergehen, damit die Löschung – wie stets erforderlich – unverzüglich erfolgt. Die mit der Löschungspflicht verbundenen technischen Probleme hat der Gesetzgeber bewusst in Kauf genommen. Die Entsch. des Gerichts über die Verwertbarkeit ist für das weitere Verf. bindend (S. 3). Beschwerde dagegen zum nach § 120 Abs. 4 GVG zuständigen OLG ist zulässig; erachtet das OLG die Beschwerde für begründet, ist dessen abweichende Entsch. für das weitere Verf. bindend (§§ 309 Abs. 2, 310 Abs. 2).

12 **IV. Ergänzender Schutz bei Maßnahmen nach § 100c (Abs. 4).** Abs. 4 fasst die bislang in § 100c Abs. 4, Abs. 5, Abs. 7 enthaltenen Vorschr. zum Schutz des Kernbereichs bei der Wohnraumüberwachung in einer Regelung zusammen (vgl. BT-Drs. 18/12785, 61).

13 **1.** Das **BVerfG** (BVerfGE 109, 279) hatte erklärt, dass die akustische Überwachung v. Wohnraum zu Zwecken der Strafverfolgung nicht in den absolut geschützten Kernbereich privater Lebensgestaltung eingreifen u. eine Abwägung nach Maßgabe des Verhältnismäßigkeitsgrundsatzes zwischen der Unverletzlichkeit der Wohnung mit dem Strafverfolgungsinteresse insoweit nicht stattfinden dürfe.

14 **2. Anordnung:** Dieser Vorgabe wird Abs. 4 S. 1 gerecht (BVerfG NJW 2007, 2753), indem er davon ausgeht, dass die Wohnraumüberwachung v. vornherein nur angeordnet werden darf, soweit (statt wenn; vgl. zu „Mischsituationen" Rogall FS Fezer, 2008, 81 mwN) aufgrund tatsächlicher Anhaltspunkte mit einem solchen Eingriff nicht zu rechnen ist (negative Kernbereichsprognose, dazu Löffelmann ZIS 2006, 90; Schäuble ZRP 2007, 211; vgl. zu den in S. 1 genannten Kriterien auch BGHSt 53, 294 (302)). Dies ist v. dem anordnenden Gericht jew. konkret unter Berücksichtigung der Umstände des Einzelfalls zu bewerten (BT-Drs. 18/12785, 62).

15 Bei der Überwachung v. **Privatwohnungen** besteht grds. die gegenteilige Vermutung (OLG Düsseldorf NStZ 2009, 54). Im Erg. läuft die gesetzliche Regelung damit darauf hinaus, dass aus Privatwohnungen im Allgemeinen nur noch sehr eingeschränkt abgehört werden darf (Büddefeld Kriminalistik 2005, 205), was den Vorgaben des BVerfG entspr. u. zu begrüßen ist (sehr restriktiv Roxin FS Böttcher, 2007, 159 (170 ff.): nur bei mutmaßlich konspirativen Treffen; dagegen Rogall FS Fezer, 2008, 76; erg. → Rn. 16). Ein solcher Eingriff liegt zB vor, wenn sich jemand in seinen Privaträumen allein o. ausschl. mit Personen aufhält, zu denen er in einem besonderen, den Kernbereich betreffenden Vertrauensverhältnis steht (also Familienangehörige o. sonstige engste Vertraute, zB nichteheliche Lebenspartner (Kretschmer JR 2008, 55), Seelsorger, Strafverteidiger o. – im Einzelfall – Ärzte) u. es keine konkreten Anhaltspunkte gibt, dass die zu erwartenden Gespräche nach ihrem Inhalt einen unmittelbaren Bezug zu Straftaten aufweisen (BVerfGE 109, 279; BVerfG NJW 2007, 2753 (2756); gegen die Einbeziehung der Kommunikation mit dem Verteidiger Rogall FS Fezer, 2008, 79; vgl. auch BVerfG NJW 2010, 287: keine Privilegierung v. Gesprächen eines Angehörigen mit Dritten). Es darf nicht etwa in den Kernbereich eingegriffen werden, um erst festzustellen, ob die Informationserhebung diesen Bereich betr. (OLG Düsseldorf NStZ 2009, 54); vielmehr ist v. einer Wohnraumüberwachung abzusehen, wenn es wahrscheinlich ist, dass dadurch absolut geschützte Gespräche erfasst werden würden (vgl. Weßlau GS Lisken, 2004, 54). Anders ausgedrückt: Nach subjektiver Einschätzung des Gerichts muss aufgrund tatsächlicher Anhaltspunkte eine gewisse Wahrscheinlichkeit dafür bestehen, dass es nicht zu einem Eingriff in den Kernbereich kommen wird (Löffelmann NJW 2005, 2033). Für diese Prognose kommt dem anordnenden Gericht (→ § 100d Rn. 1) ein Beurteilungsspielraum zu (BGHSt 54, 69 (97)).

Nicht in die Neuregelung aufgenommen wurde § 100c Abs. 4 S. 2, 3 aF, der Gespräche über begangene Straftaten u. Äußerungen über geplante Straftaten (wie aus den Worten „das Gleiche gilt" folgt) sowie Gespräche in Betriebs- u. Geschäftsräumen für den Regelfall aus dem Kernbereich herausnahm (vgl. auch BVerfG NJW 2012, 907 (908)). Grund hierfür war, dass derartige Umstände allenfalls Indizien gegen eine schützenswerte Vertraulichkeit begründen, die Zuordnung zum Kernbereich aber einer Prüfung des jeweiligen Einzelfalls vorbehalten bleiben muss (BT-Drs. 18/12785, 62). Unterhalten sich allerdings zB Eheleute über einen begangenen o. geplanten Mord, darf selbstverständlich abgehört werden (BGHSt 53, 294 (303) (krit. Zuck JR 2010, 20); Löffelmann NJW 2005, 2034; **aM** Roxin FS Böttcher, 2007, 159 (171)), nicht aber bei zwischen diesen iRe Privatgesprächs begangenen Beleidigungen (BT-Drs. 18/12785, 62; zur vor der Anordnung der Maßnahme zu erstellenden Prognose → Rn. 15 und OLG Düsseldorf NStZ 2009, 54). Gespräche in Betriebs- o. Geschäftsräumen werden zwar oftmals nicht in den Kernbereich fallen. Aber auch sie können dazu gehören, wenn dafür tatsächliche Anhaltspunkte gegeben sind. 16

3. Selbstgespräche – auch wenn sie sich mit begangenen Straftaten befassen – dürfen nach der Rspr. des BGH nicht abgehört u. verwertet werden (BGHSt 50, 206; zust. Ellbogen NStZ 2006, 180; Kolz NJW 2005, 3248; Lindemann/Reichling StV 2005, 650; Lindemann JR 2006, 195; iE auch Jäger GA 2008, 491; Roxin FS Böttcher, 2007, 159 (166, 173); krit. Löffelmann ZIS 2006, 92; Rogall FS Fezer, 2008, 63 ff.; Wolter FS Küper, 2007, 714; dies soll nach BGHSt 57, 71 grds. auch für Abhörmaßnahmen außerhalb v. Wohnungen gelten; vgl. → § 100f Rn. 19, 20), wohl aber Gespräche über terroristische Anschläge u. Versicherungsbetrug, auch wenn in diese Gebete u. die Themen Heirat u. Familie eingebettet werden (BGHSt 54, 69 (97)). 17

4. Die **automatische Aufzeichnung** der Gespräche ist bei negativer Kernbereichsprognose zulässig (Löffelmann ZIS 2006, 93; krit. HK-StPO/Gercke Rn. 10). Auch Gespräche in einer Privatwohnung (→ Rn. 14) dürfen automatisch aufgezeichnet werden, soweit keine Gefahr der Erfassung kernbereichsrelevanter Äußerungen besteht (BVerfG NJW 2007, 2753 (2757); VerfGH Rheinland-Pfalz MMR 2007, 578 (581) zu § 29 Abs. 4 S. 2 POGRP); andernfalls muss stattdessen „mitgehört" werden (sog. „Echtzeitüberwachung"; vgl. hierzu noch BVerfGE 109, 279; KK-StPO/Henrichs/Weingast Rn. 14; s. a. MüKoStPO/Rückert Rn. 11 f.; Löffelmann ZIS 2006, 93 u. – enger – Rauschenberger Kriminalistik 2005, 656; anders die Regelung in § 45 Abs. 7 S. 4 BKAG, § 15 Abs. 4 S. 8 HSOG, § 18 Abs. 4 S. 2, 4 PolG NRW). 18

V. Kernbereichsschutz während der Durchführung. Soweit sich während einer Wohnraumüberwachung Anhaltspunkte dafür ergeben, dass dem Kernbereich zuzuordnende Äußerungen erfasst werden, muss das Abhören u. Aufzeichnen unverzüglich unterbrochen werden (Abs. 4 S. 1); Aufzeichnungen über solche Äußerungen sind nach Abs. 5 S. 2 unverzüglich zu löschen (vgl. aber → Rn. 21; zu praktischen Schwierigkeiten beim Abbruch vgl. Büddefeld Kriminalistik 2005, 205, zu einer Teillöschung LG Frankfurt a. M. StV 2005, 79 mAnm Gusy). Es ist unzulässig, das Abhören zunächst einmal bis zu der nach Abs. 4 S. 4 zu treffenden Entsch. weiterlaufen zu lassen. 19

1. Eine **Fortführung** des Abhörens u. Aufzeichnens ist nicht ausgeschlossen, wenn tatsächliche Anhaltspunkte dafür vorliegen, dass die Gefahr eines Eingriffs in den Kernbereich nicht mehr besteht (Abs. 4 S. 3 iVm Abs. 4 S. 1). Hier ist va an den Fall zu denken, dass bestimmte Personen die zu überwachenden Räume verlassen o. betreten o. sich die Gespräche v. der Wohnung in Betriebs- o. Geschäftsräume verlagern o. dass der Kernbereich möglicherweise nur vorgetäuscht wird (vgl. Löffelmann NJW 2005, 2034; Meyer-Wieck NJW 2005, 2038). 20

2. Richterliche Entscheidung: Das in § 100e Abs. 2 S. 1 iVm § 74a Abs. 4 GVG bezeichnete Gericht – bzw. nach § 100e Abs. 2 S. 2 der Vorsitzende allein – ist grds. auch für die Anordnung der Unterbrechung o. Fortführung der Maßnahme 21 zuständig (Abs. 4 S. 4); im Zweifel hat die StA insoweit unverzüglich eine Entsch. dieses Gerichts herbeizuführen. Zwar wird sich das für die während einer laufenden Überwachung nach Abs. 4 S. 2 zu treffende Entsch. nur selten einhalten lassen. Jedoch ist in diesem Fall anschließend nicht nur – wie sich aus § 100 Abs. 5 S. 2, 3 ergibt – das Gericht über den Verlauf u. die Erg. der Überwachung zu unterrichten. Vielmehr verlangt Abs. 4 S. 5, dass die StA unverzüglich – natürlich noch vor Löschung der Aufzeichnung – eine Entsch. des Gerichts über die Verwertbarkeit der erlangten Erkenntnisse herbeiführt (eingehend Böse FS Amelung, 2009, 572); bei der Prüfung, ob ein Verwertungsverbot nach Abs. 5 in Betracht kommt, steht ihr freilich ein Beurteilungsspielraum zu (BVerfG NJW 2007, 2753 (2757) mAnm Geis CR 2007, 501; enger Poscher JZ 2009, 276 Fn. 74). Die Entsch. über die Verwertbarkeit durch das Gericht ist nicht nur für die StA, sondern für das gesamte weitere Verf. bindend (Abs. 4 S. 6 iVm Abs. 3 S. 3; vgl. auch Löffelmann NJW 2005, 2036; ZIS 2006, 98). Die StA kann allerdings gegen die Entsch. des Gerichts Beschwerde (§ 304) einlegen, über die nach § 120 Abs. 4 GVG das OLG entscheidet (Nack FS Nehm, 2006, 322).

22 **3. Zur Löschung und Dokumentation** s. Abs. 2 S. 2, Abs. 2 S. 3 (→ Rn. 8).

23 **C. Zeugnisverweigerungsberechtigte (Abs. 5).** Abs. 5 enthält die bisher in § 100c Abs. 6 für die Wohnraumüberwachung enthaltene Regelung zum Schutz v. zeugnisverweigerungsberechtigten Personen, insbes. v. Berufsgeheimnisträgern, u. erstreckt sie auf die Online-Durchsuchung nach § 100b.

24 **I. Zeugnisverweigerungsberechtigte nach § 53 Abs. 1.** Hinsichtlich der in § 53 Abs. 1 bezeichneten Zeugnisverweigerungsberechtigten besteht für v. Berufsgeheimnis geschützte Gespräche bzw. Inhalte ein **Überwachungsverbot,** das anders als § 160a nicht zwischen den einzelnen Berufsgruppen unterscheidet (Abs. 5 S. 1 Hs. 1; erg. → Rn. 15). Folge dieses Beweiserhebungsverbotes ist wie beim Eingriff in den Kernbereich privater Lebensgestaltung, dass – falls sich erst nachträglich herausstellt, dass ein Fall des § 53 vorliegt – ein Verwertungsverbot besteht (Abs. 5 S. 1 Hs. 2 iVm Abs. 2 S. 1). Aufzeichnungen über solche Erkenntnisse sind unverzüglich zu löschen, die Tatsache ihrer Erfassung u. Löschung ist zu dokumentieren (Abs. 5 S. 1 Hs. 2 iVm Abs. 2 S. 2, 3).

25 **II. Zeugnisverweigerungsberechtigte nach §§ 52, 53a.** Bei den in §§ 52, 53a genannten Zeugnisverweigerungsberechtigten gilt hingegen kein Beweiserhebungsverbot, sondern nur **ein – relatives – Beweisverwertungsverbot** (Abs. 5 S. 2); für eine isolierte Anwendung des § 52 ist daneben kein Raum (BGHSt 54, 69 (99 f.) zur Wohnraumüberwachung). Das Verwertungsverbot gilt nicht absolut, sondern ist dahin eingeschränkt, dass der Einbruch in das Vertrauensverhältnis ggü. dem Erforschungs- o. Ermittlungsinteresse unverhältnismäßig wäre (krit. SK-StPO/Greco/Wolter Rn. 122). Kernbereichsrelevante Gespräche unterliegen nicht der Abwägung; Abs. 5 S. 2 setzt vielmehr eine nach Abs. 1 zulässige Maßnahme voraus (vgl. BVerfG NJW 2007, 2753 (2756)).

26 **III. Anwendbarkeit von § 160a.** Für **beide Gruppen** von Zeugnisverweigerungsberechtigten verweist Abs. 5 S. 3 auf die Verstrickungsregelung in § 160a Abs. 4 (→ § 160a Rn. 15), wobei aber auch hier wegen **§ 148** gegen Verteidiger nur vorgegangen werden darf, wenn sie selbst aufgrund bestimmter Tatsachen der Beteiligung an einer auch im Einzelfall bes. schwerwiegenden Katalogtat des Mandanten tat- o. teilnahmeverdächtig sind (vgl. → § 100a Rn. 21; KK-StPO/Henrichs/Weingast Rn. 29: Fälle „echter" Beteiligung; **aM** Beulke FS Fezer, 2008, 9; s. aber auch SK-StPO/Greco/Wolter Rn. 125; Dittrich NStZ 1998, 338). In den Fällen des Abs. 5 S. 2 ist für den Verstrickungsverdacht allein auf den Zeitpunkt der Verwertung abzustellen (vgl. BGHSt 54, 69 (100 f.)).

Verfahren bei Maßnahmen nach den §§ 100a bis 100c

100e (1) [1]**Maßnahmen nach § 100a dürfen nur auf Antrag der Staatsanwaltschaft durch das Gericht angeordnet werden.** [2]**Bei Gefahr im Verzug kann die Anordnung auch durch die Staatsanwaltschaft getroffen werden.** [3]**Soweit die Anordnung der Staatsanwaltschaft nicht binnen drei Werktagen von dem Gericht bestätigt wird, tritt sie außer Kraft.** [4]**Die Anordnung ist auf höchstens drei Monate zu befristen.** [5]**Eine Verlängerung um jeweils nicht mehr als drei Monate ist zulässig, soweit die Voraussetzungen der Anordnung unter Berücksichtigung der gewonnenen Ermittlungsergebnisse fortbestehen.**

(2) [1]**Maßnahmen nach den §§ 100b und 100c dürfen nur auf Antrag der Staatsanwaltschaft durch die in § 74a Absatz 4 des Gerichtsverfassungsgesetzes genannte Kammer des Landgerichts angeordnet werden, in dessen Bezirk die Staatsanwaltschaft ihren Sitz hat.** [2]**Bei Gefahr im Verzug kann diese Anordnung auch durch den Vorsitzenden getroffen werden.** [3]**Dessen Anordnung tritt außer Kraft, wenn sie nicht binnen drei Werktagen von der Strafkammer bestätigt wird.** [4]**Die Anordnung ist auf höchstens einen Monat zu befristen.** [5]**Eine Verlängerung um jeweils nicht mehr als einen Monat ist zulässig, soweit die Voraussetzungen unter Berücksichtigung der gewonnenen Ermittlungsergebnisse fortbestehen.** [6]**Ist die Dauer der Anordnung auf insgesamt sechs Monate verlängert worden, so entscheidet über weitere Verlängerungen das Oberlandesgericht.**

(3) [1]**Die Anordnung ergeht schriftlich.** [2]**In ihrer Entscheidungsformel sind anzugeben:**

1. **soweit möglich, der Name und die Anschrift des Betroffenen, gegen den sich die Maßnahme richtet,**
2. **der Tatvorwurf, auf Grund dessen die Maßnahme angeordnet wird,**
3. **Art, Umfang, Dauer und Endzeitpunkt der Maßnahme,**
4. **die Art der durch die Maßnahme zu erhebenden Informationen und ihre Bedeutung für das Verfahren,**
5. **bei Maßnahmen nach § 100a die Rufnummer oder eine andere Kennung des zu überwachenden Anschlusses oder des Endgerätes, sofern sich nicht aus bestimmten Tatsachen ergibt, dass diese zugleich einem anderen Endgerät zugeordnet ist; im Fall des § 100a Absatz 1 Satz 2 und 3 eine möglichst genaue Bezeichnung des informationstechnischen Systems, in das eingegriffen werden soll,**
6. **bei Maßnahmen nach § 100b eine möglichst genaue Bezeichnung des informationstechnischen Systems, aus dem Daten erhoben werden sollen,**
7. **bei Maßnahmen nach § 100c die zu überwachende Wohnung oder die zu überwachenden Wohnräume.**

(4) [1]**In der Begründung der Anordnung oder Verlängerung von Maßnahmen nach den §§ 100a bis 100c sind deren Voraussetzungen und die wesentlichen Abwägungsgesichtspunkte darzulegen.** [2]**Insbesondere sind einzelfallbezogen anzugeben:**

1. **die bestimmten Tatsachen, die den Verdacht begründen,**
2. **die wesentlichen Erwägungen zur Erforderlichkeit und Verhältnismäßigkeit der Maßnahme,**
3. **bei Maßnahmen nach § 100c die tatsächlichen Anhaltspunkte im Sinne des § 100d Absatz 4 Satz 1.**

(5) [1]**Liegen die Voraussetzungen der Anordnung nicht mehr vor, so sind die auf Grund der Anordnung ergriffenen Maßnahmen unverzüglich zu beenden.** [2]**Das anordnende Gericht ist nach Beendigung der Maßnahme über deren Ergebnisse zu unterrichten.** [3]**Bei Maßnahmen nach den §§ 100b**

und 100c ist das anordnende Gericht auch über den Verlauf zu unterrichten. [4]Liegen die Voraussetzungen der Anordnung nicht mehr vor, so hat das Gericht den Abbruch der Maßnahme anzuordnen, sofern der Abbruch nicht bereits durch die Staatsanwaltschaft veranlasst wurde. [5]Die Anordnung des Abbruchs einer Maßnahme nach den §§ 100b und 100c kann auch durch den Vorsitzenden erfolgen.

(6) **Die durch Maßnahmen nach den §§ 100b und 100c erlangten und verwertbaren personenbezogenen Daten dürfen für andere Zwecke nach folgenden Maßgaben verwendet werden:**

1. **Die Daten dürfen in anderen Strafverfahren ohne Einwilligung der insoweit überwachten Personen nur zur Aufklärung einer Straftat, auf Grund derer Maßnahmen nach § 100b oder § 100c angeordnet werden könnten, oder zur Ermittlung des Aufenthalts der einer solchen Straftat beschuldigten Person verwendet werden.**
2. **[1]Die Verwendung der Daten, auch solcher nach § 100d Absatz 5 Satz 1 zweiter Halbsatz, zu Zwecken der Gefahrenabwehr ist nur zur Abwehr einer im Einzelfall bestehenden Lebensgefahr oder einer dringenden Gefahr für Leib oder Freiheit einer Person, für die Sicherheit oder den Bestand des Staates oder für Gegenstände von bedeutendem Wert, die der Versorgung der Bevölkerung dienen, von kulturell herausragendem Wert oder in § 305 des Strafgesetzbuches genannt sind, zulässig. [2]Die Daten dürfen auch zur Abwehr einer im Einzelfall bestehenden dringenden Gefahr für sonstige bedeutende Vermögenswerte verwendet werden. [3]Sind die Daten zur Abwehr der Gefahr oder für eine vorgerichtliche oder gerichtliche Überprüfung der zur Gefahrenabwehr getroffenen Maßnahmen nicht mehr erforderlich, so sind Aufzeichnungen über diese Daten von der für die Gefahrenabwehr zuständigen Stelle unverzüglich zu löschen. [4]Die Löschung ist aktenkundig zu machen. [5]Soweit die Löschung lediglich für eine etwaige vorgerichtliche oder gerichtliche Überprüfung zurückgestellt ist, dürfen die Daten nur für diesen Zweck verwendet werden; für eine Verwendung zu anderen Zwecken sind sie zu sperren.**
3. **Sind verwertbare personenbezogene Daten durch eine entsprechende polizeirechtliche Maßnahme erlangt worden, dürfen sie in einem Strafverfahren ohne Einwilligung der insoweit überwachten Personen nur zur Aufklärung einer Straftat, auf Grund derer die Maßnahmen nach § 100b oder § 100c angeordnet werden könnten, oder zur Ermittlung des Aufenthalts der einer solchen Straftat beschuldigten Person verwendet werden.**

Übersicht

A. Entstehungsgeschichte, Überblick. Durch das G v. 17.8.2017 (BGBl. I 3202) wurden die bisher in verschiedenen Paragrafen geregelten **Verfahrensvorschriften** bei Maßnahmen der TKÜ u. der Wohnraumüberwachung in § 100e zusammengefasst, um solche für die Online-Durchsuchung ergänzt u. dem Schweregrad des Eingriffs bei den jeweiligen Maßnahmen entspr. abgestuft (vgl. BT-Drs. 18/12785, 62). Abs. 1 und Abs. 2 regeln nunmehr Zuständigkeit u. Dauer der Maßnahmen, Abs. 3 und Abs. 4 Form u. Inhalt der Anordnungen, Abs. 5 deren Beendigung u. Abbruch, u. schließlich enthält Abs. 6 eine Verwendungsregelung für andere Zwecke für nach §§ 100b, 100c erlangte u. verwertbare personenbezogene Daten. 1

B. Zuständigkeit und Dauer. I. Maßnahmen der TKÜ nach § 100a (Abs. 1). Die Regelung entspr. dem früheren § 100b Abs. 1. 2, 3

1. Zuständig ist in 1. Hinsicht das **Gericht** (Abs. 1 S. 1), im Ermittlungsverfahren der ER (§§ 162 Abs. 1 S. 1, 169), danach das mit der Sache befasste Gericht (§ 162 Abs. 3; → § 98 Rn. 4; erg. → § 101 Rn. 29); erforderlich ist stets ein Antrag der StA (§§ 163 Abs. 2 S. 2, 165 gelten nicht), in den Fällen des § 399 Abs. 1 **AO** die FinB, sofern diese die Sache nicht an die StA abgibt (§ 386 Abs. 4 **AO;** vgl. Nr. 22 Abs. 1 Nr. 1 AStBV (St) 2023/2024; Buse/Bohnert NJW 2008, 619). Der Richter hat die Eingriffsvoraussetzungen eigenständig zu prüfen (BGH NJW 2010, 1297 (1298)). Nur **bei Gefahr im Verzug** (→ § 98 Rn. 6) kann die **StA** die Maßnahme selbst anordnen (Abs. 1 S. 2); diese Eilanordnung tritt nach Abs. 1 S. 3 außer Kraft, wenn sie nicht binnen 3 Werktagen richterlich bestätigt wird. Die Frist beginnt mit der Anordnung, nicht erst mit deren Eingang bei dem Telekommunikationsdienstleister (Schnarr NStZ 1988, 483); es gelten aber §§ 42, 43 Abs. 2 (ausf. zur Fristberechnung Günther Kriminalistik 2006, 683). Auch bei Außerkrafttreten bleiben die rechtmäßig erlangten Erkenntnisse verwertbar (AnwK StPO/Löffelmann Rn. 1; KMR-StPO/Bär Rn. 4; Schnarr NStZ 1991, 209 (214); **aM** HK-StPO/Gercke Rn. 4; Knierim StV 2008, 602). Im Auslieferungsverfahren ist das OLG zuständig (OLG Hamm wistra 1999, 37; 2000, 278). 4

2. Dauer der TKÜ (Abs. 1 S. 4, 5): Die Maßnahme dauert so lange, bis die Ermittlungen ohne sie weitergeführt werden können o. der Aufenthalt des Beschuldigten ermittelt ist o. die Erfolgsaussichten entfallen (→ Rn. 9). Die Höchstdauer beträgt 3 Monate, kann aber in der Anordnung verkürzt werden. Sie kann v. Gericht mehrmals verlängert werden, immer aber nur um (höchstens) weitere 3 Monate. Ob die Anordnungsvoraussetzungen fortbestehen, ist unter Einschluss der zwischenzeitlich gewonnenen Ermittlungsergebnisse – nicht nur aus der Telekommunikationsüberwachung – u. unter Beachtung des Grundsatzes der Verhältnismäßigkeit (BGH NStZ-RR 2011, 148) zu beurteilen; dies setzt eine entspr. Information des Gerichts durch die Strafverfolgungsbehörden voraus. Wird die Frist nicht verlängert, so tritt die Anordnung ohne weiteres außer Kraft. Die Frist beginnt mit dem Erlass der Anordnung, nicht erst mit dem Vollzug der Abhörmaßnahme (BGHSt 44, 243; zust. Asbrock StV 1999, 187; Fezer JZ 1999, 526; Wolters JR 1999, 524; abl. Starkgraff NStZ 1999, 470); dies gilt auch für deren Verlängerung (BT-Drs. 16/5846, 46, auch zu „vorsorglichen" Verlängerungsanordnungen). Ergänzend → Rn. 17, 18. 5

II. Maßnahmen nach den §§ 100b, 100c (Abs. 2). Die Regelung entspr. § 100d Abs. 1 aF, wobei die für die Wohnraumüberwachung vorgesehenen erhöhten Verfahrenssicherungen auf die Online-Durchsuchung erstreckt werden. 6

1. Zuständigkeit: Maßnahmen nach §§ 100b, 100c bedürfen eines Antrags der StA u. dürfen nur durch die allein hierfür einzurichtende Kammer des LG nach § 74a Abs. 4 GVG (vgl. → § GVG § 74a Rn. 7), in dessen Bezirk die StA ihren Sitz hat, angeordnet werden. Die Kammer entscheidet an Stelle des ERs, auch im Fall des § 169. Bei Gefahr im Verzug darf allerdings der Vorsitzende allein entscheiden, wobei seine Anordnung der Bestätigung durch die Kammer bedarf; erfolgt binnen 3 Werktagen keine Bestätigung, tritt die Anordnung außer Kraft, bleibt aber für die Vergangenheit wirksam (vgl. BVerfGE 109, 279). Die Kammer 7 bleibt auch für die weiteren Entscheidungen, insbes. auch für den Abbruch der Maßnahme (Abs. 5 S. 4; erg. → Rn. 19, 20) sowie Zurückstellungen nach § 101 Abs. 7 S. 1 zuständig (Ausnahme in Abs. 2 S. 6). Sie entscheidet während des Ermittlungsverfahrens ggf. auch über die Verwertbarkeit der gewonnenen Erkenntnisse (§ 100d Abs. 3 S. 2, Abs. 4 S. 5) u. über die Rechtmäßigkeit der Anordnung sowie ihres Vollzugs (§ 101 Abs. 7 S. 2; zur Zuständigkeit nach Anklageerhebung § 101 Abs. 7 S. 4); auf andere mitbeantragte o. mitangeordnete Maßnahmen (zB nach §§ 100a, 100f) darf sie ihre Zuständigkeit aber nicht ausdehnen (vgl. OLG Hamburg NStZ 2008, 478 (480); LG Bremen StV 1998, 525).

8 **2. Befristung** (Abs. 2 S. 4–6): Maßnahmen nach §§ 100b, 100c dürfen immer nur für einen Monat angeordnet werden (krit. Krause FS Hanack, 1999, 240). Die Frist beginnt schon mit der richterlichen Anordnung, nicht erst mit dem Beginn der Überwachungsmaßnahme (BVerfGE 109, 279). Die Verlängerung ist auch möglich, wenn sich der Verdacht nunmehr auf eine andere Katalogtat bezieht (BVerfGE 109, 279). Wenn fünfmal um jew. einen Monat verlängert worden ist, muss über weitere (jew. einmonatliche) Verlängerungen das OLG (§ 120 Abs. 4 S. 2 GVG) entscheiden; der Gesetzgeber hielt hier eine zusätzliche Kontrolle durch das OLG wegen des intensiven Grundrechtseingriffs für erforderlich (vgl. BT-Drs. 15/4533, 28; 18/12785, 62). Bei jeder Verlängerung ist insbes. auch eine erneute Erfolgsprognose (Abs. 4 S. 2 Nr. 2) notwendig.

9 **C. Form und Inhalt der Anordnung (Abs. 3). Form und Inhalt der Anordnung (Abs. 3 S. 1, 2)** sind für die TKÜ, die Wohnraumüberwachung u. die Online-Durchsuchung nach §§ 100a–100c einheitlich zusammengefasst.

10 **I. Form.** Die Anordnung, auch die der StA in den Fällen des Abs. 1 S. 2, muss schriftlich ergehen (dazu → Einl. Rn. 128, 139). Sie muss erkennen lassen, wer sie erlassen hat; mind. die Beifügung des Handzeichens ist erforderlich. Der Beschuldigte u. die sonst Betroffenen werden vor Erlass der Anordnung nicht gehört (§ 33 Abs. 4 S. 1). Die StA hat die tatsächlichen Grundlagen für die Annahme v. Gefahr im Verzug zeitnah zu dokumentieren (BGH StV 2008, 63 (64); erg. → § 105 Rn. 3).

11 **II. Inhalt. Inhaltlich** sind in der Entscheidungsformel (Abs. 3 S. 2) der Anordnung „soweit möglich" Name u. Anschrift des Betroffenen anzugeben, gegen den sich die Maßnahme richtet (Abs. 3 S. 2 Nr. 1); mit der zit. Einschränkung stellt das G klar, dass die Maßnahme auch gegen Personen angeordnet werden kann, deren (wahre) Identität noch nicht bekannt ist. Ebenfalls anzugeben ist der Tatvorwurf (Abs. 3 S. 2 Nr. 2), nunmehr auch – anders als noch in § 100b Abs. 2 aF – bei einer Maßnahme nach § 100a.

12 Die Angabe von **Art, Umfang u. Dauer der Maßnahme** einschl. ihres Endzeitpunktes (→ Rn. 2) in der Formel (Abs. 3 S. 2 Nr. 3) umfasst die Art des technischen Zugriffs (erg. → § 100a Rn. 14i–k) sowie Dauer u. Befristung der Anordnung nach Abs. 1 S. 4, 5, Abs. 2 S. 4, 5. Bei der Fernsprechüberwachung ist auch anzugeben, ob u. in welchem Umfang die Gespräche aufzuzeichnen, welche von mehreren Anschlüssen zu überwachen sind u. ob dies durchgehend o. nur zu bestimmten Tageszeiten geschehen soll. Geht es um die Überwachung des Fernschreibverkehrs, so braucht die Aufnahme auf Schriftträger o. die Herstellung von Abschriften nicht bes. angeordnet zu werden (→ § 100a Rn. 8). Die Dauer der Maßnahmen ist auch dann zu bestimmen, wenn die Höchstdauer nach Abs. 1 S. 4, 5, Abs. 2 S. 4, 5 festgesetzt wird. Da die Anordnung idR an das TK-Unternehmen übermittelt wird (Abs. 3; § 12 TKÜV), hat der Gesetzgeber anders als in § 100d Abs. 2 S. 2 Nr. 2 aus Gründen der Verhältnismäßigkeit u. des Datenschutzes davon abgesehen festzulegen, dass auch der Tatvorwurf in der Formel anzugeben ist (BT-Drs. 16/5846, 46).

13 In die **Anordnungsformel** muss nunmehr für Maßnahmen nach §§ 100a–100c (früher nur bei der Wohnraumüberwachung, vgl. § 100d Abs. 2 Nr. 5) die Art der durch die Maßnahme zu erhebenden Informationen und ihre Bedeutung für das Verf. aufgenommen werden (Abs. 3 S. 2 Nr. 4). Insoweit mag zwar aus ermitt-

lungstaktischen Gründen ein Interesse daran bestehen, dieses Erfordernis möglichst allg. und offen zu interpretieren; es sind jedoch dem Stand der Ermittlungen entsprechende u. im weiteren Verlauf ggf. anzupassende Begrenzungen des Zwecks der Maßnahme geboten. Insoweit kann, falls dies im Einzelfall durchführbar erscheint, etwa eine Beschränkung auf Gespräche bestimmter Personen vorgenommen werden o. dezidiert auf solche, die sich auf den Tatvorwurf beziehen, ferner ob die betreffenden Informationen als Beweismittel o. als Ermittlungsansatz gewonnen werden sollen (vgl. KK-StPO/Henrichs/Weingast Rn. 13).

Bei Maßnahmen nach § 100a muss im Entscheidungssatz ferner die Rufnummer o. eine andere Kennung des Anschlusses o. des Endgerätes bezeichnet werden (Abs. 3 S. 2 Nr. 5 Hs. 1; zu anderen Kennungen, zB Kartennummer (IMSI), IP-Adresse, elektronisches Postfach vgl. → § 100i Rn. 1; Bär MMR 2008, 217; Eckhardt CR 2007, 338). Die Angabe der Gerätenummer des zu überwachenden Mobiltelefons (IMEI) genügt grundsätzlich; sie ist nur dann unzulässig, wenn bestimmte Tatsachen (→ § 100a Rn. 9) belegen, dass die Gerätekennung zugleich auch einem anderen Endgerät zugeordnet ist. Ob hierfür – über die bloß hypothetische Möglichkeit hinausgehende – gesicherte Erkenntnisse (zB die mehrfache Einbuchung in das Mobilfunknetz) bestehen, ist vor Antragstellung durch eine Anfrage bei den Telekommunikationsdienstleistern (§ 161 StPO, § 113 TKG; → § 99 Rn. 15) zu klären. 14

Bei der **Quellen-TKÜ** des § 100a Abs. 1 S. 2, 3 und bei der **Online-Durchsuchung** des § 100b ist das informationstechnische System, aus dem heraus die Daten erhoben werden sollen, möglichst genau zu bezeichnen (Abs. 3 S. 2 Nr. 5 Hs. 2, Nr. 6). 15

Schließlich sind bei **Maßnahmen nach § 100c** die zu überwachende Wohnung o. die zu überwachenden Wohnräume anzugeben (Abs. 3 S. 2 Nr. 7); dies entspr. § 100d Abs. 2 Nr. 3 aF. 16

D. Begründung von Anordnung und Verlängerung (Abs. 4). Die **Anordnung und jede Verlängerung** einer Maßnahme nach §§ 100a–100c ist nach Maßgabe des Abs. 4 zu begründen. Es sind jew. die Voraussetzungen für die betreffende Maßnahme u. die wesentlichen Abwägungsgesichtspunkte darzulegen (Abs. 4 S. 1; → § 100a Rn. 8 ff., 14a ff., → § 100b Rn. 3 ff., → § 100c Rn. 4 ff.). Nicht schematisch, sondern auf den Einzelfall bezogen ist die Verdachtsgrundlage anzugeben (Abs. 4 S. 2 Nr. 1); dazu bedarf es zumindest einer knappen Darlegung der den Tatverdacht begründenden Tatsachen u. der Beweislage, auch durch konkrete Bezugnahme auf Aktenteile. Im Falle der Anordnung einer TKÜ gegen Dritte müssen zudem die in § 100a Abs. 3, bei einer Online-Durchsuchung, bei der in informationstechnische Systeme anderer Personen als des Beschuldigten eingegriffen werden soll, die in § 100b Abs. 3 S. 2 u. bei der Wohnraumüberwachung in Wohnungen anderer Personen die in § 100c Abs. 2 S. 2 vorausgesetzten Tatsachen angegeben werden. Außerdem sind die wesentlichen Erwägungen zur Erforderlichkeit u. Verhältnismäßigkeit mitzuteilen (Abs. 4 S. 2 Nr. 2; → § 100a Rn. 13, 14; → § 100b Rn. 6; → § 100c Rn. 8). 17

Die **wörtliche Übernahme einer Antragsbegründung der StA** lässt nicht von vorneherein den Schluss zu, der ER o. die Strafkammer habe das Ersuchen nicht eigenständig geprüft (vgl. BVerfG NJW 2015, 851; krit. dazu Meyer-Mews StraFo 2016, 133 (136)). Bei der Verlängerung von Maßnahmen muss es – falls sich keine Änderungen ergeben haben – als ausreichend erachtet werden, auf die vorhergehende Begründung Bezug zu nehmen. Eine Bezugnahme kann einzelfallbezogen auch nur teilw., u. zwar insoweit vorgenommen werden, als die Anordnungsgrundlagen unv. geblieben sind. 18

E. Abbruch der Maßnahme (Abs. 5). Bei Wegfall der Anordnungsvoraussetzungen muss die Maßnahme unverzüglich beendet werden (Abs. 5 S. 1). Dies betr. zum einen die in §§ 100a–c ges. geregelten Voraussetzungen für die Durchführung der jeweiligen Maßnahme. Darüber hinaus sind Maßnahmen zu beenden, wenn sie nicht mehr verhältnismäßig sind; dies kann etwa anzunehmen sein, wenn 19 nach dem Stand der jeweiligen Ermittlungen der zu erwartende Erkenntnisgewinn in keinem angemessenen Verhältnis zur Schwere des Eingriffs o. der Schuld des Beschuldigten mehr steht. Der Abbruch der Maßnahmen ist schon durch die StA, sonst aber durch das Gericht anzuordnen (Abs. 5 S. 4), bei Maßnahmen nach §§ 100b, 100c – im Interesse des schnelleren Rechtsschutzes für den Betroffenen – auch durch den Vorsitzenden allein (Abs. 5 S. 5); die Entsch. des Vorsitzenden bedarf keiner Bestätigung durch die Kammer. Vom hier geregelten Abbruch ist die Unterbrechung der Maßnahme nach § 100d Abs. 4 S. 2 wegen einer bereits eingetretenen Kernbereichsgefährdung zu unterscheiden: Nach der Unterbrechung kann die Maßnahme unter den in § 100d Abs. 4 S. 3 genannten Voraussetzungen (vgl. → § 100d Rn. 20) fortgeführt werden; ist die Maßnahme hingegen nach Abs. 5 S. 1, 4 abgebrochen worden, ist ein neuer Anordnungsbeschluss erforderlich.

20 Das anordnende Gericht (→ Rn. 4, 7) ist über deren Erg. **zu unterrichten** (Abs. 5 S. 2), bei Maßnahmen nach §§ 100b, 100c auch über deren Verlauf (Abs. 5 S. 3). Wie detailliert die Unterrichtung sein muss, richtet sich nach den Umständen des Einzelfalls; sie muss aber jedenfalls Angaben über Erfolg u. Misserfolg der Maßnahme, ggf. Bedenken gegen deren Fortsetzung o. gegen die nach Abs. 3 S. 2 Nr. 3 angeordnete Art, den Umf. u. die Dauer der Maßnahme umfassen. Das Gericht kann auch v. sich aus derartige Informationen anfordern, es muss die Unterrichtung nicht abwarten (vgl. dazu schon BT-Drs. 15/4533, 17).

21 **F. Verwendung für andere Zwecke (Abs. 6).** Abs. 6 enthält in Nr. 1, 2 die Verwendungsregelungen für verwertbare personenbezogene Daten aus Online-Durchsuchungen nach § 100b u. Wohnraumüberwachungen nach § 100c. Nr. 3 regelt die Verwendung v. Daten, die durch entspr. Maßnahmen auf polizeirechtlicher Grdl. erlangt worden sind. Aufgrund eines Redaktionsversehens bei der Verabschiedung des G zur Umsetzung der RL (EU) 2016/680 im Strafverfahren sowie zur Anpassung datenschutzrechtlicher Bestimmungen der VO (EU) 2016/679 v. 20.11.2019 (BGBl. I 1724) bestand eine Anwendungskonkurrenz mit dem weitgehend inhaltsgleichen § 479 Abs. 3 S. 1 Nr. 1, 2 aF. Diese wurde durch G v. 25.6.2021 (BGBl. I 2099) durch die Streichung des § 479 Abs. 3 aF beseitigt (BT-Drs. 19/27654, 117 f.).

22 Die Weiterverwendung (Umwidmung) der durch die Überwachung gewonnenen personenbezogenen Daten zu anderen Zwecken als jenen, für die sie im Ausgangsverfahren erhoben wurden, stellt einen **eigenständigen Grundrechtseingriff** dar (BVerfGE 109, 279 (375); 120, 351). Daher verweist Abs. 6 mit dem Wort „verwertbar" als Voraussetzung der zweckumwidmenden Verwendung der Daten auf die strafprozessualen Erhebungs- u. Verwertungsverbote nach § 100d Abs. 1–5 (vgl. BGHSt 54, 81 (96) zu § 100d Abs. 5 Nr. 3 aF); sachbezogene Informationen, die sich nicht hierauf beziehen – zB über die Wohnungseinrichtung bei einer Maßnahme nach § 100c – dürfen uneingeschränkt verwendet werden (KMR-StPO/Bär Rn. 18; **aM** SK-StPO/Greco/Wolter Rn. 36). Darüber hinaus enthält Abs. 6 weitere ins Einzelne gehende Regelungen, die insoweit der allg. Bestimmung des § 479 Abs. 2 S. 1 vorgehen.

22a Den Verwendungsregelungen der Nr. 1 u. 3 liegt der Gedanke des **hypothetischen Ersatzeingriffs** zugrunde. Zu prüfen ist also, ob unter Berücksichtigung der in dem anderen Verfahren erlangten Daten auch in dem Strafverfahren, in dem sie verwendet werden sollen, Maßnahmen nach § 100b o. § 100c angeordnet werden könnten. Ist dies der Fall, dürfen Erkenntnisse auch zum Nachweis von mit der Katalogtat dieses Strafverfahrens in Zusammenhang stehenden Nichtkatalogtaten verwertet werden (BGHSt 54, 69 (79 f.); entspr. → § 100a Rn. 32, 33).

23 **Nr. 1** stellt klar, dass allein das Vorliegen einer **Katalogtat** nach § 100b Abs. 2 (abgesehen v. der Verwendung zur Aufenthaltsermittlung der einer solchen Straftat beschuldigten Person) zur Weiterverwendung der gewonnenen Erkenntnisse in anderen Strafverfahren nicht ausreicht; vielmehr müssen jedenfalls die zur Weiterverwendung vorgesehenen Erkenntnisse – wie sich aus der Formulierung „zur Aufklärung einer Straftat" ergibt – eine **konkretisierte Verdachtslage** begründen (vgl. hierzu BGHSt 32, 10 (15); OLG Hamburg 29.1.2021 – 1 Ws 2/21) u. die Subsidiaritätsklauseln der §§ 100b Abs. 1 Nr. 3, 100c Abs. 1 Nr. 4 entspr. beachtet werden (BT-Drs. 15/4533, 18 zu § 100c Abs. 1 Nr. 4; BVerfGE 109, 279 Rn. 351; erg. → § 479 Rn. 3). Mit **Einwilligung** der überwachten Personen können die Erkenntnisse auch in anderen Strafverfahren, die keine Anlasstat nach § 100b Abs. 2 zum Gegenstand haben, weiterverwendet werden. Die gesetzlichen Einschränkungen gelten auch für eine Weiterverwendung als Spurenansatz; die Umwidmung ist mithin – anders als in den Fällen des § 479 Abs. 2 S. 1 (→ § 479 Rn. 4) – auch insoweit nur bei Vorliegen einer Katalogtat zulässig (BT-Drs. 15/4533, 18; BVerfGE 109, 279 Rn. 351; SSW StPO/Eschelbach Rn. 21; krit. Löwe/Rosenberg/Hauck Rn. 75; vertiefend Glaser/Gedeon GA 2007, 435; Rogall JZ 2008, 827; SK-StPO/Wolter Rn. 35;); ein Verstoß gegen diese Begrenzung hat allerdings keine Fernwirkung zur Folge (AnwK StPO/Löffelmann Rn. 4; Jahn Gutachten 67. DJT, 2008, C 96; **aM** Singelnstein ZStW 120 (2008), 890; vgl. dazu auch SK-StPO/Greco/Wolter Rn. 40 f.).

Den in Nr. 1 – wie auch in § 161 Abs. 3 und § 479 Abs. 2 S. 1 (→ § 161 **23a,**
Rn. 18b ff.; → § 479 Rn. 3 ff.) – normierten Gedanken des hypothetischen Ersatzeingriffs **23b** zieht der BGH – unter Berücksichtigung der Besonderheiten des Rechtshilferechts – auch für die **Verwertung** v. Beweisen in einem deutschen Strafverfahren heran, die in einem **ausländischen Verfahren** von ausländischen Behörden erhoben worden sind (BGH NJW 2022, 1539, 1540; BGHSt 58, 32 (36 f., 40, 44); → Einl Rn. 56e ff.). Die Verwertung dieser Beweise (etwa sog. **Encrochat-** o. **Anom**-Daten) richtet sich nach deutschem Recht. **Rechtsgrundlage** für die Verwertung solcher Erkenntnisse im strafgerichtlichen Urteil ist mithin – wie stets und a. bei der Zweckänderung v. Beweise, in einem anderen inländischen Verfahren erhoben wurden – die hierfür zentrale Vorschr. des § 261 (BVerfG NJW 2012, 907 (910, 912); → § 261 Rn. 5); für die Verwendung im Ermittlungsverfahren gilt § 160 (→ § 160 Rn. 1). Beweise aus ausländischen Verfahren müssen mithin verwertet werden, soweit dem wegen der mit der erneuten (zweckändernden) Verwertung verbundenen Eingriffsintensität mit Blick auf die in den inländischen Verwendungsbeschränkungen (zB §§ 100e Abs. 6 Nr. 1, 161 Abs. 3, 479 Abs. 2 S. 1) niedergelegten Grundsätzen nicht der Verhältnismäßigkeitsgrundsatz o. verfassungs-, unions- o. völkerrechtlich unabdingbare Garantien entgegenstehen (ebenso im Ausgangspunkt Derin/Singelnstein NStZ 2021, 449; **aA** Roth GSZ 2021, 238 (245 f.): § 91j Abs. 3 Nr. 2 IRG). Ein **Beweisverwertungsverbot** der Erkenntnisse kann sich danach aus der **inländischen Rechtsordnung** (→ Rn. 23c–23e) o. völkerrechtlichen Grundsätzen ergeben. Aus der **Beweiserhebung im Ausland** kann ein Beweisverwertungsverbot nur ausnahmsweise folgen, nämlich wenn hierbei völkerrechtlich verbindliche und dem Individualrechtsgüterschutz dienende Garantien (etwa Art. 3 MRK) verletzt o. gegen die allgemeinen rechtsstaatlichen Grundsätze iSd ordre public (§ 73 IRG) verstoßen wurde (BVerfG MMR 2025, 958 (959); erg. → 23f). Aus der Nichteinhaltung **rechtshilferechtlicher Bestimmungen** kann ein Verwertungsverbot nur dann abgeleitet werden, wenn den entsprechenden Regelungen (auch) ein individualschützender Charakter zukommt und sich das inländische Strafverfahren aufgrund des Verstoßes insgesamt als unfair erweisen würde (zu einem etwaigen Verstoß gegen die Unterrichtungspflicht nach Art. 31 Abs. 1 RL EEA vgl. BGH NJW 2022, 1539 (1540 ff.); NStZ-RR 2025, 155 (157); s. hierzu auch EuGH NJW 2024, 1723 (1730); BGH wistra 2025, 297 (300); BeckRS 2025, 7862; BGHSt 58, 32 (36 f., 40, 44); s. allg. a. BVerfG NJW 2014, 532; EGMR NJW 2010, 213; BGHSt. 58, 32 (39)); erg. → Einl Rn. 56e ff.; Immel NStZ-RR 2021, 155). Ein Verwertungsverbot kommt bei einem Verstoß gegen rechtshilferechtliche Regelungen mithin nur in Betracht, wenn deutsche Ermittlungsbehörden sich bewusst über auch völkerrechtlich – etwa in int. Verträgen (zB EMRK, § 36 Abs. 1 Buchst. b S. 3WÜK) – verbürgte Individualrechte hinwegsetzen (vgl. BVerfG MMR 2025, 958 (961 f.) mkritAnm. Marinitsch; NJW 2014, 532; s. a. EGMR NJW 2010, 213; BGHSt 58, 32 (39)).

23c–23e Die (zweckändernde) Verwertung der im Ausland erhobenen Beweise im inländischen Strafverfahren ist nach **deutschem Recht** (§ 160 u. § 261; vgl. hierzu→ Rn 23a, 23b) geboten, wenn der damit verbundene Eingriff in die Grundrechte des konkret Betroffenen zur Aufklärung der inmitten stehenden Straftaten gerechtfertigt ist. Maßgeblich ist danach nicht, ob die im Ausland auf der Grundlage ausländischen Rechts durchgeführten Maßnahmen a. nach deutschem Recht hätten angeordnet werden dürfen, sondern ob im Zeitpunkt der Verwertung der aus dem Ausland stammenden Daten im Inland eine Verdachtslage besteht, aufgrund derer ein Eingriff in die Rechte des konkreten Beschuldigten (zB Art. 2 Abs. 1, 10 Abs. 1 GG) **verfassungsrechtlich gerechtfertigt**, also verhältnismäßig ist (BGH NJW 2022, 1539 (1545 f.); StV 2023, 442 (443); BGHSt 58, 32 (47 f.); erg. → § 105 Rn. 1c; → § 161 Rn. 18b f.; → § 479 Rn. 3; **aA** Derin/Singelnstein NStZ 2021, 449 (452 f.) u. dies. StV 2022, 130 (132 f.), die iE die ausländischen „Maßnahme in ihrer Gesamtheit" unmittelbar anhand der StPO überprüfen wollen). Bei der **Prüfung** sind die von den ausländischen Behörden erhobenen und nach Deutschland übermittelten Beweise einzubeziehen. Denn es kommt nicht darauf an, ob ein für den Eingriff erforderlicher Verdacht, dass eine die Maßnahme rechtfertigende Straftat begangen worden ist, im Zeitpunkt der Anordnung der Erhebung im Ausland vorgelegen hat; vielmehr ist allein der **Zeitpunkt** maßgeblich, in dem die Daten im deutschen Strafverfahren verwendet u. verwertet werden sollen (vgl. BGH NJW 2022, 1539, 1545; StV 2023, 443 (444); BGHSt 54, 69 (79); BGHSt 32, 10 (15) zu innerstaatlichen Maßnahmen). Die in Abs. 6 Nr. 1, § 161 Abs. 3 u. § 479 Abs. 2 S. 1 geregelten **Verwendungsbeschränkungen** sind nicht unmittelbar anwendbar (BVerfG NStZ-RR 2025, 25 (29); **aA** Labusga NStZ 2021, 702). Denn die aus dem Ausland stammenden Erkenntnisse wurden nicht durch „Maßnahmen nach den §§ 100b und 100c" iSv Abs. 6 S. 1, aufgrund einer anderen „Maßnahme nach diesem Gesetz" iSv § 479 Abs. 2 S. 1 o. „nach anderen Gesetzen" iSv § 161 Abs. 3 (als Pendant zu § 479 Abs. 2 S. 1 sind damit nur deutsche Gesetze, insb. aus dem nationalem Polizeirecht, gemeint; vgl. BT-Drs. 16/5846, 64, 66; → § 161 Rn. 18b ff.) erhoben, sondern von ausländischen (Strafverfolgungs-)Behörden auf der Grundlage ausländischer Vorschriften. Die darin niedergelegten Rechtsgedanken sind daher lediglich bei der **Frage der Verhältnismäßigkeit** zu berücksichtigen (BVerfG NStZ-RR 2025, 25 (29); BGH NJW 2022, 1539 (1540, 1544 f.); s. a. Roth GSZ 2021, 238).

23f Obgleich die Beweisverwertung der im Ausland erhobenen Daten in einem inländischen Strafverfahren an eine Beweiserhebung nach ausländischem Recht anknüpft, ist die **Rechtmäßigkeit der ausländischen Beweiserhebung** – anders als bei einer Beweiserhebung nach deutschem Recht (vgl. hierzu BGHSt 54, 69 (83)) – nur beschränkt überprüfbar (s. auch Art 82 Abs. 1 AEUV für die Erhebung von Daten durch einen anderen EU-Mitgliedstaat: **Prinzip der gegenseitigen Anerkennung**). Ein Beweisverwertungsverbot kommt unter diesem Gesichtspunkt daher nur dann in Betracht, wenn die Beweiserhebung im Ausland unter Verletzung völkerrechtlich verbindlicher und dem Individualrechtsgüterschutz dienender Garantien, wie etwa **Art. 3, 8 oder 10 EMRK,** oder unter Verstoß gegen die allgemeinen rechtsstaatlichen Grundsätze iSd **ordre public** (§ 73 IRG) vorgenommen wird (BGH NJW 2022, 1539 (1541, 1546); NStZ-RR 2025, 155 (157); BGHSt 58, 32 (42 ff.); → Einl. Rn. 56g; s. a. Pauli NStZ 2021, 146; krit. Wahl ZIS 2021, 452 (461)).

23g–23i Für das deutsche (Rechtshilfe-)Ersuchen auf Übermittlung von Daten, die in einem anderen EU-Mitgliedstaat erhoben wurden, gilt Art. 1 Abs. 1 S. 2 RL 2014/41/EU v. 3.4.2014 über die **Europäische Ermittlungsanordnung in Strafsachen (RL EEA**). Vss. für die Rechtmäßigkeit des Ersuchens in Form einer Europäische Ermittlungsanordnung (EEA) ist gem. Art. 6 Abs. 1 Buchst. b RL EEA, dass die in der EEA angegebene Ermittlungsmaßnahme in einem **vergleichbaren innerstaatlichen Fall** unter denselben Bedingungen hätte angeordnet werden können (EuGH NJW 2024, 1723 (1728); BGH MMR 2025, 427 unter Aufgabe seiner früheren Auffassung (s. hierzu BGH NJW 2022, 1539 (1542) hins.

der Anwendbarkeit von Art. 6 Abs. 1 Buchst. b RL EEA; BGH wistra 2025, 297). Im nationalen Recht findet sich dieses Erfordernis in **§ 91j Abs. 3 Nr. 2 IRG** (BT-Drucks. 18/9757, S. 81; **aA** Jakobi NStZ 2025, 342 (364 f.)); nach der geplanten Neufassung des IRG gilt insoweit in § 274 IRG-E (GE des BMJV zur Neuregelung des Rechts der internationalen Rechtshilfe in Strafsachen v. 29.9.2025, S. 425). Daraus folgt jedoch nicht, dass der Fall – ohne Berücksichtigung seiner transnationalen Dimension – identisch wie ein rein innerstaatlicher zu beurteilen ist und deswegen die **innerstaatlichen Verwendungsbeschränkungen** unmittelbar anzuwenden wären (s. hierzu a. → § 23c–23e). Dies ergibt sich aus folgenden Erwägungen: Anders als bei der Beweiserhebung durch deutsche Strafverfolgungs- o. Gefahrenabwehrbehörden, ist dem dt. Gesetzgeber für ausländische Behörden die Regelung der Erhebungsvoraussetzungen entzogen. Er hat deshalb ausschließlich für nach deutschem Recht erhobene Daten Beschränkungen für die zweckändernde Verwendung normiert (erg. → Rn. 23c–23e). Denn der mit solchen Verwendungsbeschränkungen bezweckte, dem Gedanken der hypothetischen Datenneuerhebung (der auch Art. 6 Abs. 1 Buchst. b RL EEA seinen Niederschlag gefunden hat) geschuldete Gleichlauf von Erhebung und zweckändernder Verwendung derselben Daten kann nur soweit gehen, wie der nationale Gesetzgeber (auch) die Erhebungsvoraussetzungen regeln kann. Andernfalls müsste er seine Verwendungsregelungen für originär in anderen EU-Mitgliedstaaten erhobener Daten den dort geltenden Erhebungsvoraussetzungen anpassen. Dies liefe aber darauf hinaus, dass die gesetzlichen Voraussetzungen für die Beweiserhebung in der gesamten EU identisch sein müssten, damit die Daten in einem anderen Mitgliedstaat verwendet werden können. Dass Art. 6 Abs. 1 Buchst. b RL EEA dies bezweckt, ist auszuschließen. Denn mit der Einführung der RL EEA sollte die justizielle Zusammenarbeit erleichtert und beschleunigt werden (EuGH NJW 2024, 1723 (1727 f.)); eine unmittelbare Anwendung nationaler Verwendungsbeschränkungen auf Strafverfahren mit grenzüberschreitenden Bezügen würde die justizielle Zusammenarbeit innerhalb der EU hingegen in einem gewichtigen Teilbereich blockieren (BGH wistra 2025, 297; vgl. auch für die Verwendung von Erkenntnissen aus nachrichtendienstlichen Maßnahmen BVerfG NJW 2020, 2235 (2256 f.); NVwZ-RR 2023, 1 (10) Rn. 137)). Den **Vss.** von Art. 6 Abs. 1 Buchst. b RL EEA ist daher **Genüge getan**, wenn bei Übermittlung von Behörden eines anderen Mitgliedsstaats der EU erhobener Beweise und darauf gerichteter staatsanwaltlicher Ersuchen (vgl. EuGH NJW 2024, 1723 (1726) für die StA als justizielle Anordnungsbehörde iSv Art. 1 Abs. 1 S. 1, Art. 2 Buchst. c RL EEA; s. zu den für Übermittlungsersuchen im nationalen Recht einschlägigen Vorschr. → § 161 Rn. 1e, 2; → § 474 Rn. 2 ff.; MüKoStPO/Singelnstein § 474 Rn. 7; → § 100e Rn. 21 ff.) der materielle Gehalt der **innerstaatlichen Verwendungsbeschränkungen** (§ 100e Abs. 6, § 161 Abs. 3, § 479 Abs, 2 S. 1) im Rahmen der Verhältnismäßigkeitsprüfung **als Vergleichsmaßstab** herangezogen wird (BVerfG NStZ-RR 2025, 25 (28 f.); BGH MMR 2025, 427; wistra 2025, 297; NStZ-RR 2025, 155 (158); s. a. BVerfG NJW 2020, 2235 (2256 f.) u. NVwZ-RR 2023, 1 (10) für die ähnliche Konstellation der Verwendung von Erkenntnissen aus einer Ausland-Ausland-Fernmeldesaufklärung nach dem BNDG).

Gemessen daran hat der **BGH** die Verwertung der von französischen Behörden erhobenen **Encrochat**-Daten weder in nach Unions- (EuGH NJW 2024, 1723) noch nach Verfassungsrecht (BVerfG NStZ-RR 2025, 25) zu beanstandender Weise bejaht, weil er die restriktivste Verwendungsbeschränkung des § 100e Abs. 6 Nr. 1 als Vergleichsmaßstab herangezogen hat (grdl. BGH NJW 2022, 1539 mN zur **aM** in der Lit.; BGH StV 2023, 443 (444); StV-S 2022, 130; MMR 2022, 374; BeckRS 2022, 18923; iE ebenso OLG Hamburg BeckRS 2021, 2226; OLG Celle StraFo 2021, 466; OLG Schwesig NStZ 2021, 693; KG NStZ-RR 2021, 353 mAnm Immel; OLG Karlsruhe MMR 2022, 217; zust. KK-StPO/Henrichs/Weingast Rn. 25a ff.; BeckOK StPO/Graf § 100a Rn. 99b; s. a. Sommerer/Rehberger RDi 2022, 04; **aA** MüKoStPO/Rückert Rn. 93a ff.; ders. NStZ 2022, 446; Böse JZ 2021, 1048; ablAnm. Cornelius NJW 2022, 1546; Meyer-Mews StraFo 2022, 23j

457; Zehyer ZWH 2022, 81; ders. NZWiSt 2022, 248; krit. Brodowski StV 2022, 364; Zühlke StV-S 2022, 165; Swoboda FS Ignor, 2023, 811). Der Verwertung steht auch nicht entgegen, wenn sich wegen einer **Änderung der rechtlichen Beurteilung** der Tat während des Verfahrens diese sich im Urteilszeitpunkt aus tatsächlichen oder rechtlichen Gründen nicht mehr als Katalogtat iSv § 100b Abs. 2 darstellt, etwa weil sich das Gericht sich aus tatsächlichen Gründen entgegen dem auf Handeltreiben mit Betäubungsmitteln in nicht geringer Menge nach § 29a Abs. 1 Nr. 2 BtMG lautenden Anklagevorwurf lediglich von einer einfachen Geldwäsche nach § 261 Abs. 1 StGB überzeugen kann (BGH wistra 2025, 297) o. die Tat sich wegen des zwischenzeitlichen Inkrafttretens des **KCanG** rechtlich nicht mehr in den Katalogtat darstellt (BGH MMR 2025, 427; BeckRS 2025, 13107; 2025, 9052; 2025, 9450; ebenso OLG Hamburg NStZ 2024, 549; iE a. OLG Celle BeckRS 2024, 18983; **aA** noch KG NStZ 2024, 548; OLG Köln NStZ 2025, 111); krit. allg. hierzu Albrecht GA 2025, 121). Erg. → § 100a Rn. 32).

23k Die dargestellten Grundsätze gelten auch für sog. **Anom**-Daten, die deutschen Strafverfolgungsbehörden mit der Genehmigung der Verwendung in deutschen Strafverfahren aus den USA übermittelt wurden; sie sind danach verwertbar (BVerfG MMR 2025, 958; BGH NJW 2025, 1584 mAnm. Michalke; krit. Böse JZ 2025, 937; abl. Esser ZWH 2025, 325; Zeyher StV 2025, 507 (512 ff.); zu den Rügeanforderungen BGH BeckRS 2025, 2526; OLG Karlsruhe NStZ 2024, 509; OLG Stuttgart BeckRS 2024, 15596; OLG Hamm BeckRS 2024, 27569; OLG Saarbrücken NStZ 2023, 764; OLG Frankfurt a. M. NJW 2022, 710). Die **aA** (OLG München StV 2024, 18; Nestler StV 2022, 280; Ferner jurisPR-StrafR 11/2023 Anm. 4), die ein Beweisverwertungsverbot mit fehlenden Informationen über die Beweiserhebung begründet, vermengt die verfahrensrechtliche Frage der Beweisverwertung einerseits mit der sachlich-rechtlichen Frage des Beweiswerts andererseits: Ein in Rede stehender Verfahrensverstoß muss bewiesen sein; der Zweifelssatz gilt im Verfahrensrecht nicht (BGHSt 16, 164 (167); erg. → Rn. 10). Die durch staatliche Geheimhaltungsinteressen bedingte Verkürzung der Beweisgrundlage ist allerdings durch eine besonders vorsichtige Beweiswürdigung und ggf. unter Anwendung des Zweifelssatzes Rechnung zu tragen (BGHSt 49, 112 (121); NStZ 2000, 265). Entspr. der Rspr. des BGH zu Encrochat- und Anom-Daten sind a. sog. **SkyEEC**-Daten verwertbar (BGH NStZ-RR 2025, 155; OLG Celle StraFo 2022, 201; OLG Hamm BeckRS 2023, 2672). Soweit die Verwertung von Anom- und SkyECC- Daten wegen des Inkrafttretens des **KCanG** zwischen der Erlangung der im Ausland erhobenen Daten durch deutsche Strafverfolgungsbehörden und dem Urteil teilweise verneint worden ist (OLG Frankfurt am Main StV 2024, 609; StV 2025, 519; OLG Köln NStZ 2025, 111; OLG Saarbrücken BeckRS 2024, 21038), sind diese Entscheidungen mit Blick auf die Rspr. des BGH zu Encrochat-Daten hinfällig (→ Rn. 23j). Allg. zur Strafverfolgung mittels Daten aus den USA Pschorr/Wörner StV 2023, 274.

24 **Nr. 2** enthält eine detaillierte Regelung (krit. dazu Löffelmann NJW 2005, 2036) für die Verwendung der gewonnenen Erkenntnisse zu Zwecken der **Gefahrenabwehr.** Sie hat Vorrang vor § 479 Abs. 3 S. 1 Nr. 1, 2 (erg. → Rn. 21). Die Regelung setzt für die Weiterverwendung zu präventiven Zwecken eine (konkrete) Lebensgefahr o. eine dringende Gefahr für iE benannte hochrangige Rechtsgüter voraus. Zu deren Abwehr dürfen auch unverwertbare Daten (§ 100d Abs. 5 S. 1) herangezogen werden (vgl. Freiling/Safferling/Rückert JR 2018, 9 (16)). In S. 3–5 sind Löschungs- u. Sperrregelung entspr. § 101 Abs. 8 (→ § 101 Rn. 27) getroffen.

25 **Nr. 3** betr. den zu Nr. 2 umgekehrten Fall, nämlich die **Verwendung** durch präventiv angeordnete Maßnahmen erlangter Erkenntnisse **im Strafverfahren,** u. enthält insofern eine mit Nr. 2 vergleichbare Regelung; die Bestimmung in Nr. 3 hat Vorrang vor § 161 Abs. 3 (→ § 161 Rn. 18b). Die Voraussetzungen des hypothetischen Ersatzeingriffs müssen im Zeitpunkt der Verwertung der Daten im Strafverfahren erfüllt sein; allein maßgeblich ist, ob die Daten nunmehr zur Klärung des Verdachts einer Katalogtat iSd § 100b Abs. 1, Abs. 2 verwendet werden sollen (vgl. BGHSt 54, 69 (79 f.) zu § 100c Abs. 2 aF). So hat der **BGH** nach § 29 Abs. 1

POGRP (dazu VerfGH Rheinland-Pfalz MMR 2007, 578) erlangte Erkenntnisse für verwertbar erklärt (BGHSt 54, 69 (79 f.); BGH StraFo 2005, 507; 2006, 377); auch früher hatte er schon keine Bedenken gegen die Verwertung v. Erkenntnissen aus einem präventiv-polizeilichen Lausche-Eingriff nach § 25b Abs. 1 POGRP zur Anordnung einer Durchsuchung u. Beschlagnahme erhoben (BGH NStZ 1995, 601 mablAnm Welp StV 1996, 185 mkritAnm Köhler; abl. auch Staechelin ZRP 1996, 430 sowie Wolter FS BGH IV, 2000, 990). § 29 Abs. 9 S. 3 Nr. 1 POGRP enthält die erforderliche (SK-StPO/Wolter Rn. 65; Singelnstein ZStW 120 (2008), 862: Zweckbindungsgrundsatz) Gestattung der Zweckumwandlung. Die Weiterverwendung der Daten im Strafverfahren setzt nur grds. voraus, dass sie im Ausgangsverfahren polizeirechtlich rechtmäßig erhoben wurden (KK-StPO/Henrichs/Weingast Rn. 29; SK-StPO/Wolter/Greco Rn. 71, 76 f.; → § 100c Rn. 32; Singelnstein ZStW 120 (2008), 889; NStZ 2020, 639 (642)); bei rechtswidriger Datenerhebung ist hierüber anhand der v. der Rspr. für sog. relative Verwertungsverbote vertretenen Abwägungslehre zu entscheiden (BGHSt 54, 69 (87 ff.) (jedenfalls außerhalb v. Fällen bewusster Umgehung des G ist die Unverwertbarkeit die Ausnahme; krit. Singelnstein NStZ 2012, 593 (605); Gusy HRRS 2009, 491); → Einl. Rn. 55a, 57d). Dies ist verfassungsrechtlich unbedenklich (BVerfG NJW 2012, 907 (910 f.)). Unverwertbar sind (polizeirechtlich zulässige) Bildaufzeichnungen in Wohnungen (Wolter FS Roxin, 2001, 1167; Wolter FS Küper, 2007, 713; vgl. → Rn. 9a; → § 100c Rn. 2, 30); allg. zur strafprozessualen Verwertung v. Erkenntnissen nach dem BKAG van Lessen FS Breidling, 2017, 273; zur Abgrenzung v. präventiven u. repressiven polizeilichen Maßnahmen Hefendehl StV 2001, 705; Schnarr NStZ 1991, 209 (219). Zur Fernwirkung → Rn. 7.

§ 25 Abs. 2 Nr. 2b BKAG ermächtigt das BKA, zur Verfolgung v. Straftaten (soweit erforderlich) auch die durch den Einsatz technischer Mittel in o. aus Wohnungen nach § 46 BKAG o. durch den verdeckten Eingriff in informationstechnische Systeme nach § 49 BKAG erhobenen personenbezogenen Daten **an Strafverfolgungsbehörden** zu übermitteln. Voraussetzung ist, dass in dem betreffenden Strafverfahren „vergleichbar schwerwiegende Straftaten" verfolgt werden (§ 12 Abs. 2 S. 1 Nr. 1a, 2a BKAG: „Grundsatz der hypothetischen Datenneuerhebung"). Diese Einschränkung soll den Gleichlauf mit der jeweiligen strafprozessualen Erhebungsbefugnis gewährleisten u. bewirkt iE gem. § 160 Abs. 4, dass nach § 100e Abs. 6 Nr. 3 die Daten sowohl **zu Beweiszwecken** als auch – da anders als in § 161 Abs. 3 die Einschränkung „zu Beweiszwecken" fehlt (→ § 161 Rn. 18d) – als **Spurenansatz** nur nach dem Maßstab der §§ 100b, 100c übermittelt u. verwendet werden dürfen (vgl. hierzu auch BVerfGE 141, 220 Rn. 315 zu § 20v Abs. 5 S. 1 Nr. 3 BKAG aF). Aufgrund optischer Wohnraumüberwachung erlangte personenbezogene Daten scheiden aus (vgl. § 12 Abs. 3 S. 2 BKAG). Zu Übermittlungsadressaten u. Zweckbindung vgl. → § 161 Rn. 18e aE. 26

Bei **Änd. der Rechtslage** ist – mangels Übergangsbestimmungen – auf den Zeitpunkt der Verwendung der Informationen (bzw. der Revisionsentscheidung, → § 354a Rn. 4) abzustellen (BGHSt 54, 69 (78) zum G v. 21.12.2007; vgl. → Einl. Rn. 203). 27

G. Weitere grundrechtssichernde Pflichten. Weitere **grundrechtssichernde Pflichten** ergeben sich aus § 101: Kennzeichnung (§ 101 Abs. 3, → § 101 Rn. 3), Benachrichtigung mit Hinweis auf die Möglichkeit nachträglichen Rechtsschutzes (§ 101 Abs. 4 S. 1 Nr. 4, → § 101 Rn. 4 ff., 15), Löschung (§ 101 Abs. 8, → § 101 Rn. 27). 28

H. Getrennte Aktenführung. Zur **getrennten Aktenführung** vgl. § 101 Abs. 2 (→ § 101 Rn. 2). 29

I. Rechtsschutz. Für die in § 101 Abs. 4 S. 1 Nr. 3, 4, 5 (→ § 101 Rn. 9, 10) genannten, v. der TKÜ, der Wohnraumüberwachung u. der Online-Durchsuchung Betroffenen steht als *lex specialis* der (befristete) Rechtsbehelf nach § 101 Abs. 7 S. 2–4 gegen die Anordnung sowie die Art u. Weise ihres Vollzugs zur Vfg. (→ § 101 Rn. 25 ff.). Für danach nicht Antragsberechtigte gilt: Gegen Eilentschei- 30 dungen der StA nach Abs. 1 S. 2 ist der Antrag entspr. § 98 Abs. 2 S. 2 gegeben (→ § 98 Rn. 23), der allerdings nach richterlicher Bestätigung gem. Abs. 1 S. 3 unzulässig, weil prozessual überholt (→ Vor § 296 Rn. 17), ist (BGH (ER) NStZ 2003, 272). Beschwerde (§ 304) gegen die richterliche Anordnung ist statthaft (erg. → § 100c Rn. 20); zuständig ist ein besonderer Sen. des Landeshauptstadt-OLG (→ GVG § 120 Rn. 6). Nach Durchführung der Maßnahme kann mit der Beschwerde die Feststellung ihrer Rechtswidrigkeit beantragt werden (vgl. → Vor § 296 Rn. 18a sowie → § 147 Rn. 40a zum Erfordernis, die Entsch. hierüber wegen zunächst versagter Akteneinsicht aufzuschieben). Das gilt auch für die Eilentscheidung des Vorsitzenden nach Abs. 2 S. 2; dieser Rechtsbehelf ist allerdings nach Bestätigung durch die Strafkammer gem. Abs. 2 S. 3 unzulässig, weil prozessual überholt (→ Vor § 296 Rn. 17; vgl. BGH (ER) NStZ 2003, 272 zu § 100b aF). Die Art u. Weise der Vollziehung kann entspr. § 98 Abs. 2 S. 2 beanstandet werden (Morré/Bruns FS BGH I, 2000, 594), soweit diese nicht bereits nach Abs. 2, Abs. 3 in der richterlichen Anordnung geregelt ist (insoweit Beschwerde, vgl. Löffelmann ZIS 2006, 97 und → § 105 Rn. 17).

31 **J. Revision.** Die Ausführungen → § 100a Rn. 39, → § 100b Rn. 16 und → § 100c Rn. 16 gelten entspr. Wurde trotz Bestehens eines Beweiserhebungs- o. Beweisverwertungsverbotes abgehört u. aufgezeichnet, sind die gewonnenen Erg. unverwertbar. Gleiches dürfte bei Fristüberschreitungen zu gelten haben, jedenfalls mit Rücksicht auf die Schwere des Eingriffs bei Maßnahmen nach §§ 100a Abs. 1 S. 2, 3, 100b, 100c; eine Einzelfallprüfung mag allenfalls in Ausnahmefällen bei Maßnahmen nach § 100a Abs. 1 S. 1 in Betracht kommen. Es bedarf grds. eines **Widerspruchs** des Betroffenen gegen die Verwertung (BGH NStZ 2025, 702; BeckRS 2025, 7862; → § 100a Rn. 39; → § 100b Rn. 16; → § 100c Rn. 16; AnwK StPO/Löffelmann Rn. 8 aE; KK-StPO/Henrichs/Weingast § 100d Rn. 43; krit. Löwe/Rosenberg/Hauck Rn. 97; diff. MüKoStPO/Rückert Rn. 111; allg. zur Widerspruchlösung → § 136 Rn. 25; → § 252 Rn. 12; zu den Vortragerfordernissen allg. BGH BeckRS 2025, 34070; 13489; zur notwendigen Bestimmtheit der Angriffsrichtung BGH BeckRS 2025, 18077). Ob dies auch für Erkenntnisse gilt, die dem absolut geschützten Kernbereich der privater Lebensgestaltung zuzurechnen sind, hat der BGH offengelassen (BGHSt 50, 206 (215); vgl. auch KK-StPO/Henrichs/Weingast § 100d Rn. 44 f.; verneinend MüKoStPO/Rückert § 100d Rn. 47). Nicht direkt von der Maßnahme betroffene **Mitangeklagte** können sich grds. nicht auf das nur zugunsten eines anderen Angeklagten bestehende Verwertungsverbot berufen, wenn die Aussage zu ihren Ungunsten verwertet worden ist (KK-StPO/Henrichs/Weingast § 100d Rn. 42; → Einl. Rn. 57b; **aA** SK-StPO/Greco/Wolter § 100a Rn. 119). Etwas anderes gilt dann, wenn eine Kernbereichsverletzung gegeben ist (BGHSt 57, 71; vgl. a. → § 52 Rn. 34). Eine ungenügende Fassung der Anordnung durch das Gericht o. die StA begründen für sich allein kein Verwertungsverbot; entscheidend ist, ob die tatsächlichen Voraussetzungen der Maßnahme im Anordnungszeitpunkt gegeben waren (BGH StV 2008, 63 (64); näher → § 100a Rn. 35). Unschädlich soll auch das Fehlen der Befristung sein (Abs. 1 S. 4), wenn die Überwachung die zeitliche Obergrenze nicht überschritten hat (vgl. BGHSt 53, 294 (300)); dies dürfte aber nur anzunehmen sein, wenn die Umstände des Falles nicht bereits vor Anordnung der Maßnahme eine kürzere Befristung geboten haben.

Akustische Überwachung außerhalb von Wohnraum

100f (1) **Auch ohne Wissen der betroffenen Personen darf außerhalb von Wohnungen das nichtöffentlich gesprochene Wort mit technischen Mitteln abgehört und aufgezeichnet werden, wenn bestimmte Tatsachen den Verdacht begründen, dass jemand als Täter oder Teilnehmer eine in § 100a Abs. 2 bezeichnete, auch im Einzelfall schwerwiegende Straftat begangen oder in Fällen, in denen der Versuch strafbar ist, zu**

begehen versucht hat, und die Erforschung des Sachverhalts oder die Ermittlung des Aufenthaltsortes eines Beschuldigten auf andere Weise aussichtslos oder wesentlich erschwert wäre.

(2) [1]**Die Maßnahme darf sich nur gegen einen Beschuldigten richten.** [2]**Gegen andere Personen darf die Maßnahme nur angeordnet werden, wenn auf Grund bestimmter Tatsachen anzunehmen ist, dass sie mit einem Beschuldigten in Verbindung stehen oder eine solche Verbindung hergestellt wird, die Maßnahme zur Erforschung des Sachverhalts oder zur Ermittlung des Aufenthaltsortes eines Beschuldigten führen wird und dies auf andere Weise aussichtslos oder wesentlich erschwert wäre.**

(3) **Die Maßnahme darf auch durchgeführt werden, wenn Dritte unvermeidbar betroffen werden.**

(4) **§ 100d Absatz 1 und 2 sowie § 100e Absatz 1, 3, 5 Satz 1 gelten entsprechend.**

Übersicht

1 **A. Abhören außerhalb v. Wohnungen.** Die Vorschr. regelt das Abhören außerhalb v. Wohnungen im Anschluss an die Bestimmungen über das Abhören aus Wohnungen (§§ 100c–100e). Ohne Wissen der Betroffenen wird die Maßnahme angeordnet. Damit ist (ebenso wie bei § 100c, → § 100c Rn. 10) der unauffällige, heimliche Charakter dieser Beobachtungen angesprochen (BGHSt 53, 294 (301)). Dass der Betroffene die ohne sein Einverständnis vorgenommene Maßnahme bemerkt hat, macht deren Anordnung weder unzulässig noch überflüssig („Auch“ in Abs. 1; Hilger NStZ 1992, 461 Fn. 87; erg. → § 100a Rn. 1 aE zur Einwilligung in die Überwachung). Im Einzelnen gilt Folgendes:

2 **I. Eingriffssphäre.** Mit der Telefonüberwachung nach § 100a vergleichbar ist dieser Eingriff. Er muss deshalb eine der im dortigen Straftatenkatalog enthaltene Straftat (→ § 100a Rn. 15) betreffen u. zur Erforschung des Sachverhalts o. zur Ermittlung des Aufenthaltsortes des Täters erforderlich sein. Er ist unter den hier aufgestellten Voraussetzungen nur **außerhalb einer Wohnung** zulässig. Einen Eingriff in den Schutzbereich des Art. 13 GG gestattet § 100f nicht; die akustische Überwachung v. Räumen, die der „allgemeinen Zugänglichkeit durch eine räumliche Abschottung entzogen u. zur Stätte privaten Lebens u. Wirkens gemacht sind“ (Jarass/Pieroth GG Art. 13 Rn. 4; Singelnstein NStZ 2014, 305 (309)), kann mithin nicht auf die Vorschr. gestützt werden. **Wohnungen** in diesem Sinn sind deshalb auch Büro- o. Geschäftsräume, sofern sie nicht allg. zugänglich sind (BGHSt 42, 372 mkritAnm Scholz NStZ 1997, 196 mzustAnm Wollweber NStZ 1997, 351; OLG Stuttgart StV 1996, 655; einschr. Krey Rechtsprobleme Rn. 388 ff. für Geschäftsräume iSd § 104 Abs. 2) u. Krankenzimmer (BGHSt 50, 206 mzustAnm Ellbogen NStZ 2006, 180 und Kolz NJW 2005, 3248). **Schutzgut** des **Art. 13 Abs. 1 GG** ist nur die räumliche Sphäre, in der sich das Privatleben

entfaltet; Grundrechtsträger ist der Nutzungsberechtigte der Wohnung in diesem Sinn, der diese auch tatsächlich zu privaten Wohnzwecken nutzt (BVerfG 14.11.1023 – 1 BvR 14987/23). Akustisch überwacht werden dürfen hiernach ein Pkw (BGH (ER) NJW 1997, 2189 mzustAnm Heger JR 1998, 163; LG Stendal NStZ 1994, 556 mzustAnm Mahnkopf/Döring NStZ 1994, 556), der Haftraum einer JVA (BVerfG NJW 1996, 2643; **aM** Mitsch NJW 2008, 2299) o. der Besuchsraum einer UHaftvollzugsanstalt (BGHSt 53, 294 (300), insoweit zust. Engländer JZ 2009, 1180; Hauck NStZ 2010, 18); BGHSt 44, 138 mzustAnm Roxin NStZ 1999, 150 mkritAnm Duttge JZ 1999, 261; abl. auch Bernsmann FS Schwind, 2006, 515; Paeffgen FS Seebode, 2008, 255 für die Zeit des Gesprächs mit dem Verteidiger (dazu → Rn. 12)). Die akustische Überwachung in der U-Haft ist daher grds. zulässig (BGHSt 53, 294 (299); vgl. auch Schneider NStZ 2001, 15: Überwachung v. Gesprächen der Gefangenen untereinander nach Abs. 2 zulässig).

3 **II. „nichtöffentlich".** Zum Begriff „nichtöffentlich" vgl. → § 100c Rn. 3.

4 **III. Technische Mittel.** Als technische Mittel kommen hier insb. sog. Wanzen, versteckte Mikrophone u. Aufzeichnungsgeräte in Betracht (vgl. Eisenberg Beweisrecht StPO Rn. 2522). Mithören ohne technische Mittel, also das zufällige o. auch arrangierte Belauschen eines Gesprächs, ist zulässig (Hilger NStZ 1992, 462 Fn. 97). Das Wort „abhören" weist auf die Heimlichkeit der Maßnahme hin, die mit technischen Mitteln bewirkt wird. Die mit der Anbringung des Mittels notwendig verbundene Beeinträchtigung des Betroffenen durch typischerweise mit dem Abhören verbundene Vorbereitungs- u. Begleitmaßnahmen (auch unter Mitwirkung v. durch die Strafverfolgungsbehörden beigezogenen Personen, zB Stromableser, Schornsteinfeger usw, die hierzu aber nicht gezwungen werden dürfen, vgl. Eschelbach NJW-Sonderheft Schäfer 2002, 23) ist durch die Vorschr. gedeckt (Gropp JZ 1998, 505), ferner auch noch – falls im konkreten Fall kein milderes Mittel in Betracht kommt – die heimliche Wegnahme eines Pkw zum Einbau der Einrichtung in einer Werkstatt (BGHSt 46, 266 (274) mablAnm Kühne JZ 2001, 1148 und Bernsmann StV 2001, 385; mzustAnm Steinmetz NStZ 2001, 344 für den Einbau eines „GPS"-Empfängers (→ § 100h Rn. 2); AG Hamburg StV 2009, 636 (637); AG Kaufbeuren StV 1998, 534 mablAnm Steinhögl; Heghmanns/Scheffler StrafVerf-HdB/Murmann Kap. III Rn. 251; Krey FS Kohlmann, 2003, 637; Janker NJW 1998, 269; Schneider NStZ 1999, 388: „sachnotwendig und typisch", ebenso für den Ausbau der Einrichtung; **aM** BGH (ER) NJW 1997, 2189 mzustAnm Heger JR 1998, 163 mablAnm Schairer/Krombacher Kriminalistik 1998, 119; LG Freiburg NStZ 1996, 508; SK-StPO/Greco/Wolter Rn. 8; Gropp JZ 1998, 505).

5 **IV. Bestimmte Tatsachen.** Bestimmte Tatsachen müssen den Verdacht einer der in § 100a Abs. 2 bezeichneten schweren Straftaten begründen (vgl. zur teilweisen **Verfassungswidrigkei**t des Straftatenkatalogs → § 100a Rn. 10). Zu dem danach erforderlichen Verdachtsgrad vgl. → § 100a Rn. 9 sowie BGH NStZ-RR 2016, 346 Ls.

6 Die **Teilnahme an der Anlasstat** (§§ 25 ff. StGB) steht der Täterschaft gleich, nicht aber Strafvereitelung u. Begünstigung. Der strafbare Versuch der Tat, auch die Teilnahme am Versuch, wird wie die Vollendung behandelt. Strafbare Vorbereitungshandlungen u. die Teilnahme daran genügen nicht (vgl. BT-Drs. 16/5846, 98; 16/6979, 44; SK-StPO/Greco/Wolter Rn. 11).

7 Auch im **konkreten Einzelfall,** nicht nur abstrakt, muss die Anlasstat schwer wiegen, wie Abs. 1 nun klarstellt (vgl. → § 100a Rn. 11).

8 **V. Subsidiaritätsklausel.** Abs. 1 aE verlangt wie § 100a Abs. 1 S. 1 Nr. 3, dass die Ermittlung auf andere Weise aussichtslos o. wesentlich erschwert wäre; auch damit wird deutlich gemacht, dass dieser Eingriff ebenso schwer wiegt wie eine Telefonüberwachung (erg. → § 100a Rn. 13).

B. Betroffene. I. Beschuldigte. Regelmäßig ist der Beschuldigte die Zielperson des Eingriffs (Abs. 2 S. 1). **9, 10**

II. Andere Personen. Entgegen der Formulierung in Abs. 2 S. 1 („nur gegen einen Beschuldigten") lässt Abs. 2 S. 2 aber auch gegen **andere Personen** (Nichtbeschuldigte) die Maßnahme zu. Da hierbei nichtverdächtige Personen einer Überwachung ausgesetzt sind, ist aus nur erschwerten Voraussetzungen zulässig: Das Abhören u. Aufzeichnen des nichtöffentlich gesprochenen Wortes kommt nur in Betracht, wenn anzunehmen ist, dass die Maßnahme zur Erforschung des Sachverhalts o. zur Ermittlung des Aufenthaltsortes führen wird (Erfolgsprognose, vgl. → § 100a Rn. 18) u. dies auf andere Weise aussichtslos o. wesentlich erschwert wäre (vgl. → § 100a Rn. 13). In diesem Fall muss ferner aufgrund bestimmter Tatsachen (vgl. → § 100a Rn. 9) anzunehmen sein, dass der Nichtbeschuldigte mit einem Beschuldigten Verbindung hat o. eine solche herstellen will, es sich also um eine sog. Kontaktperson handelt (vgl. auch → § 163e Rn. 8). Nur insoweit müssen aber „bestimmte Tatsachen", dh konkrete Anhaltspunkte, gegeben sein; darauf, dass die Maßnahme zu Aufklärungserfolgen führen wird sowie auf die Subsidiaritätsklausel (Abs. 2 S. 2 aE) bezieht sich diese Voraussetzung nicht (zu Ersterem **aM** KK-StPO/Henrichs/Weingast Rn. 8; Hilger NStZ 1992, 463; vgl. demgegenüber aber BT-Drs. 12/989, 40, wo eine solche Verbindung nicht hergestellt wird, auch die Fassung der Vorschr. spricht dagegen). Auf eine reine Vermutung wird die **Prognose des Aufklärungserfolgs** indes nicht gestützt werden können; zumindest muss der Aufklärungserfolg aufgrund kriminalistischer Erfahrung möglich sein, die ihrerseits eine tatsächliche Grundlage voraussetzt (Löwe-Rosenberg/Hauck Rn. 18; s. a. MüKoStPO/Rückert Rn. 18). **11**

Zeugnisverweigerungsberechtigte: Die Überwachung eines Strafverteidigers setzt wegen § 148 Abs. 1 voraus, dass er selbst aufgrund bestimmter Tatsachen der Beteiligung an einer auch im Einzelfall schwerwiegenden Katalogtat des Mandanten tat- o. teilnahmeverdächtig ist (vgl. → § 100a Rn. 21; KMR-StPO/Bär Rn. 19, § 100a Rn. 71 f.); für die in § 53 genannten (nicht beschuldigten) anderen Berufsgeheimnisträger gilt § 160a. Gegenüber Angehörigen iSd § 52 sieht das G – verfassungsrechtlich unbedenklich (BVerfG StV 2011, 261 mkritAnm Jäger) – keine Einschränkung vor (Bedenken hins. Ehepartner bei Zuck JR 2010, 18 Fn. 9 mN). **12**

III. Dritte. Dass Dritte v. der Maßnahme betroffen werden, lässt sich nicht ausschließen, so zB der Gesprächspartner der Zielperson. Dies steht nach Abs. 3 der Anordnung der Maßnahme nicht entgegen; andernfalls wäre die Vorschr. weithin sinnentleert (BGHSt 44, 138 (141): auch wenn die Gesprächspartner Angehörige iSd § 52 sind; zust. Schneider NStZ 2001, 14; abl. Duttge JZ 1999, 263). Richtet sich die Maßnahme gegen den Beschuldigten, werden dadurch aber zugleich Kontaktpersonen betroffen, gilt Abs. 2 S. 2 nicht; die Kontaktpersonen sind dann Dritte iSd Abs. 3 (Hilger NStZ 1992, 463). **13**

C. Zuständigkeit. Die Zuständigkeit für die Anordnung der Maßnahme regelt Abs. 4 durch die Verweisung auf § 100e Abs. 1: Zuständig ist danach in 1. Hinsicht das Gericht (§ 100e Abs. 1 S. 1), im Ermittlungsverfahren also der ER (§§ 162 Abs. 1 S. 1, 169); erforderlich ist stets ein Antrag der StA (§§ 163 Abs. 2 S. 2, 165 gelten nicht). Lediglich bei Gefahr im Verzug (→ § 98 Rn. 6) besteht für die StA eine Eilkompetenz (§ 100e Abs. 1 S. 2). Durch die Verweisung in Abs. 4 auf § 100e Abs. 1 S. 3 ist klargestellt, dass die Eilanordnung der StA außer Kraft tritt, wenn sie nicht binnen 3 Werktagen richterlich bestätigt wird (erg. → § 100e Rn. 4). **14**

Hinsichtlich der **Dauer der Anordnung u.** ihrer Verlängerung verweist Abs. 4 auf § 100e Abs. 1. Die Erläuterungen in → § 100e Rn. 5 gelten entsprechend. **15**

Form und Inhalt: Insoweit verweist Abs. 4 auf § 100e Abs. 3 (vgl. erg. → § 100e Rn. 9–16). Es ist also ua genau zu bezeichnen, ob nur abgehört o. auch aufgezeichnet werden soll, in welchem Umf. u. wann abgehört werden soll usw; die Überwachungsörtlichkeit muss nicht bezeichnet werden (Weisser wistra 2018, **16**

327). Welches technische Gerät benutzt werden soll, unterliegt allein der Entsch. von StA bzw. Polizei (vgl. Hilger NStZ 1992, 463 Fn. 120). Ohne weiteres zulässig ist auch die Gesprächsaufzeichnung durch V-Leute (BGH NStZ 2023, 560 (563)).

17 Zur **getrennten Aktenführung** vgl. § 101 Abs. 2 (→ § 101 Rn. 2).

18 **D. Beendigung der Maßnahme.** Durch die Verweisung in Abs. 4 auf § 100e Abs. 5 S. 1 stellt das G sicher, dass die Maßnahme unverzüglich beendet wird, wenn die Anordnungsvoraussetzungen nicht mehr gegeben sind (erg. → § 100e Rn. 19). Eine Pflicht zur Unterrichtung des anordnenden Gerichts über die Beendigung u. die Erg. der Maßnahme sieht das G nicht vor.

19 **Grundrechtssichernde Regelungen** enthält § 101: Kennzeichnung (§ 101 Abs. 3, → § 101 Rn. 3), Benachrichtigung mit Hinweis auf die Möglichkeit nachträglichen Rechtsschutzes (§ 101 Abs. 4 S. 1 Nr. 6 → § 101 Rn. 4 ff., 15), Löschung (§ 101 Abs. 8, → § 101 Rn. 27). Mit dem Verweis auf § 100d Abs. 1 und Abs. 2 in Abs. 4 sieht das G Bestimmungen zum Schutz des Kernbereichs privater Lebensgestaltung (→ § 100d Rn. 2 ff.) vor. Der Gesetzgeber hat damit auf die verfassungsrechtlichen Anforderungen (vgl. BVerfGE 141, 220 Rn. 177) reagiert (BT-Drs. 19/4671, 61). Nicht in den Kernbereich fallen Kommunikationsinhalte, die in unmittelbarem Bezug zu konkreten strafbaren Handlungen stehen, wie etwa die Planung bevorstehender o. Berichte über begangene Straftaten (vgl. BGHSt 54, 69 (99); BVerfG NJW 2012, 907 (908)). Daher unterfallen auch entspr. Äußerungen bei einer heimlichen Überwachung v. Ehegattengesprächen in einem Besuchsraum einer U-Haftanstalt nicht dem Kernbereichsschutz (BGHSt 53, 294 (301 ff.), vgl. zu einer etwaigen Verletzung des Rechts auf ein faires Verfahren → Rn. 20a). Allerdings hat der 2. StS des BGH in einer späteren Entscheidung (BGHSt 57, 71) ein verfassungsunmittelbares – auch zugunsten v. Mitangeklagten wirkendes (insoweit krit. Jahn/Geck JZ 2012, 561 (566); zur personellen Reichweite erg. → Einl. Rn. 57b) – Verwertungsverbot für **Selbstgespräche** eines Angeklagten mit geständnisgleicher Indizwirkung angenommen, die in einem gegen diesen geführten Ermittlungsverfahren wegen des Verdachtes des Ermordung seiner Ehefrau bei einer rechtmäßig angeordneten Maßnahme nach § 100f in einem Kfz abgehört worden waren. Dies folge daraus, dass nichtöffentlich geführte Selbstgespräche als „lautes Denken" an der Gedankenfreiheit teilnähmen und daher ungeachtet ihres Inhalt stets und unbedingt absolut geschützt seien (BGHSt 57, 71 (75 ff.) mzustAnm Mitsch NJW 2012, 1486; Jahn/Geck JZ 2012, 561; Ernst/Sturm HRRS 2012, 374; Wohlers JR 2012, 389, der die Verwertung als Entlastungsbeweis zulassen will; krit. Warg NStZ 2012, 237; Allgayer NStZ 2012, 399; vgl. ferner Ladiges StV 2012, 517). Mit der Rspr. des BVerfG und des BGH, wonach Äußerungen – also verbalisierte Gedanken – mit unmittelbarem Bezug zu konkreten strafbaren Handlungen nicht zum absolut geschützten Kernbereich gehören (vgl. BVerfG NJW 2012, 907 (908); BGHSt 53, 294 (301 ff.); 54, 69 (99)), ist dies indes nur schwerlich in Klang zu bringen (krit. a.Warg NStZ 2012, 237; Allgayer NStZ 2012, 399; Zimmermann GA 2013, 162; vgl. aber a. BGHSt 50, 206 (210) zur Aufzeichnung eines Selbstgespräches in einem von Art. 13 Abs. 1 GG geschützten Krankenzimmer gem. § 100c; allg. Soiné Kriminalistik 2022, 98 sowie Traub, Verwertbarkeit v. Selbstgesprächen im Strafverfahren, 2015). Zu etwaigen Verletzungen des **Grundsatzes des fairen Verfahrens** (→ Einl. Rn. 19) und der **Selbstbelastungsfreiheit** (→ Einl. 29a–29d) vgl. → Rn. 20a.

20 **E. Verwertungsverbot.** Für die Verwertbarkeit der gewonnenen personenbezogenen Informationen im Ausgangsverfahren gelten die zur Telekommunikationsüberwachung entwickelten Grundsätze entspr. (→ § 100a Rn. 29 ff.; erg. → Rn. 19). Missachtete der Einsatz eines Personenschutzsenders den **Subsidiaritätsgrundsatz,** steht dies der Verwertung der hierdurch erlangten Beweisergebnisse grds. entgegen (LG Stuttgart StV 2005, 599; erg. → § 100a Rn. 35a). Das **Fehlen einer richterlichen Anordnung** wird wie bei Maßnahmen nach § 100a (→ § 100a Rn. 35) regelmäßig zu einem Verwertungsverbot führen. Soweit der BGH dennoch ein Verwertungsverbot verneint hat, wenn die Aufzeichnung des

gesprochenen Wortes auf eine Eilanordnung (der mithörenden Ermittlungspersonen) hätte gestützt werden können u. die Abwägung im konkreten Fall ergibt, dass die Persönlichkeitsinteressen des Betroffenen ggü. dem staatlichen Interesse an der Verfolgung einer (nach der nF: auch im Einzelfall schweren) Katalogtat nach § 100a Abs. 2 zurücktreten (NStZ 2003, 668 mzustAnm Gercke JR 2004, 347 mablAnm Weßlau StV 2003, 483 und Braum JZ 2004, 128; abl. auch Fezer NStZ 2003, 625), ist in Bedacht zu nehmen, dass die Möglichkeit einer Eilanordnung der Ermittlungspersonen nicht mehr besteht (→ Rn. 14; erg. → Einl. Rn. 57c).

Ein selbständiges Verwertungsverbot kann unter besonderen Umständen aus einer das Recht auf ein **faires Verfahren** (Art 6 Abs. 1 EMRK) verletzenden Missachtung der **Selbstbelastungsfreiheit** folgen (s. a. KK-StPO/Henrichs/Weingast Rn. 12). Bei einer heimlichen Überwachung v. Ehegattengesprächen in einem Besuchsraum einer U-Haftanstalt ist grundsätzlich nicht der Fall (BGHSt 44, 138 (142); 53, 294 (310)), anders allerdings, wenn hinsichtlich der fehlenden Überwachung des Gesprächs gezielt eine Fehlvorstellung beim inhaftierten Beschuldigten hervorgerufen wurde (BGHSt 53, 294 (305 ff.). Der Verwertung steht nicht entgegen, dass die richterlich angeordnete Gesprächsaufzeichnung durch eine **V-Person** durchgeführt wird (BGH NStZ 2023, 560 (563)). Es folgt auch nicht daraus, dass zwei als Mittäter festgenommene Beschuldigte unter **wahrheitswidrigem Verweis** auf die ausgeschöpften Haftraumkapazitäten in einer akustisch überwachten Gewahrsamszelle untergebracht werden (BGH NJW 2024, 3603 mablAnm Eisenberg; krit. Diebel/El-Ghazi StV 2025, 441). 20a

Für **Zufallserkenntnisse** gilt § 479 Abs. 2 S. 1 (→ § 479 Rn. 3 ff.), für die Verwertung der erlangten Erkenntnisse zu Zwecken der Gefahrenabwehr § 479 Abs. 2 S. 2, Abs. 3 (→ § 479 Rn. 10 ff.). 21

F. Rechtsschutz. Für die Zielperson sowie die erheblich mitbetroffenen Personen (vgl. → § 101 Rn. 11) steht als lex specialis der (befristete) Rechtsbehelf nach § 101 Abs. 7 S. 2–4 iVm Abs. 4 S. 1 Nr. 6 gegen die richterliche o. nicht richterliche Anordnung sowie die Art u. Weise ihres Vollzugs zur Vfg. (→ § 101 Rn. 25 ff.). Für danach nicht Antragsberechtigte gilt: Gegen die richterliche Anordnung o. Bestätigung kann Beschwerde nach § 304 erhoben werden, ggf. auch noch nach Erledigung der Maßnahme (vgl. → Vor § 296 Rn. 17 ff.). Gegen Eilentscheidungen der StA nach Abs. 4 iVm § 100e Abs. 1 S. 2 ist der Antrag entspr. § 98 Abs. 2 S. 2 gegeben (→ § 98 Rn. 23), der allerdings nach richterlicher Bestätigung unzulässig, weil prozessual überholt (→ Vor § 296 Rn. 17), ist (vgl. BGH (ER) NStZ 2003, 272). Die Art u. Weise der Vollziehung der Abhörmaßnahme kann nach § 101 Abs. 7 S. 2 beanstandet werden. 22

G. Revision. Die Revision kann wie bei § 100a (→ § 100a Rn. 39) darauf gestützt werden, dass die Beweiswürdigung auf unverwertbaren Erkenntnissen beruht. Ebenso wie dort setzt die Geltendmachung v. Rechtsverletzungen in der Revision grds. einen vorherigen **Widerspruch** in der Tatsacheninstanz voraus (erg. → § 100e Rn. 31). 23

Erhebung von Verkehrsdaten **Nr. 85 RiStBV**

100g (1) [1] **Begründen bestimmte Tatsachen den Verdacht, dass jemand als Täter oder Teilnehmer**

1. **eine Straftat von auch im Einzelfall erheblicher Bedeutung, insbesondere eine in § 100a Absatz 2 bezeichnete Straftat, begangen hat, in Fällen, in denen der Versuch strafbar ist, zu begehen versucht hat oder durch eine Straftat vorbereitet hat oder**
2. **eine Straftat mittels Telekommunikation begangen hat,**

so dürfen Verkehrsdaten (§§ 9 und 12 des Telekommunikation-Digitale-Dienste-Datenschutz-Gesetzes und § 2a Absatz 1 des Gesetzes über die Errichtung einer Bundesanstalt für den Digitalfunk der Behörden und

Organisationen mit Sicherheitsaufgaben) erhoben werden, soweit dies für die Erforschung des Sachverhalts erforderlich ist und die Erhebung der Daten in einem angemessenen Verhältnis zur Bedeutung der Sache steht. [2]Im Fall des Satzes 1 Nummer 2 ist die Maßnahme nur zulässig, wenn die Erforschung des Sachverhalts auf andere Weise aussichtslos wäre. [3]Die Erhebung gespeicherter (retrograder) Standortdaten ist nach diesem Absatz nur unter den Voraussetzungen des Absatzes 2 zulässig. [4]Im Übrigen ist die Erhebung von Standortdaten nur für künftig anfallende Verkehrsdaten oder in Echtzeit und nur im Fall des Satzes 1 Nummer 1 zulässig, soweit sie für die Erforschung des Sachverhalts oder die Ermittlung des Aufenthaltsortes des Beschuldigten erforderlich ist.

(2) [1]**Begründen bestimmte Tatsachen den Verdacht, dass jemand als Täter oder Teilnehmer eine der in Satz 2 bezeichneten besonders schweren Straftaten begangen hat oder in Fällen, in denen der Versuch strafbar ist, eine solche Straftat zu begehen versucht hat, und wiegt die Tat auch im Einzelfall besonders schwer, dürfen die nach § 176 des Telekommunikationsgesetzes gespeicherten Verkehrsdaten erhoben werden, soweit die Erforschung des Sachverhalts oder die Ermittlung des Aufenthaltsortes des Beschuldigten auf andere Weise wesentlich erschwert oder aussichtslos wäre und die Erhebung der Daten in einem angemessenen Verhältnis zur Bedeutung der Sache steht. [2]Besonders schwere Straftaten im Sinne des Satzes 1 sind:**

1. aus dem Strafgesetzbuch:

a) Straftaten des Hochverrats und der Gefährdung des demokratischen Rechtsstaates sowie des Landesverrats und der Gefährdung der äußeren Sicherheit nach den §§ 81, 82, 89a, nach den §§ 94, 95 Absatz 3 und § 96 Absatz 1, jeweils auch in Verbindung mit § 97b, sowie nach den §§ 97a, 98 Absatz 1 Satz 2, § 99 Absatz 2 und den §§ 100, 100a Absatz 4,

b) besonders schwerer Fall des Landfriedensbruchs nach § 125a sowie Betreiben krimineller Handelsplattformen im Internet in den Fällen des § 127 Absatz 3 und 4,

c) Bildung krimineller Vereinigungen nach § 129 Absatz 1 in Verbindung mit Absatz 5 Satz 3 sowie Bildung terroristischer Vereinigungen nach § 129a Absatz 1, 2, 4, 5 Satz 1 erste Alternative, jeweils auch in Verbindung mit § 129b Absatz 1,

d) Straftaten gegen die sexuelle Selbstbestimmung in den Fällen der §§ 176, 176c, 176d und, unter den in § 177 Absatz 6 Satz 2 Nummer 2 genannten Voraussetzungen, des § 177,

e) Verbreitung, Erwerb und Besitz kinder- und jugendpornographischer Inhalte in den Fällen des § 184b Absatz 1 Satz 1, Absatz 2 und 3 sowie des § 184c Absatz 2,

f) Mord und Totschlag nach den §§ 211 und 212,

g) Straftaten gegen die persönliche Freiheit in den Fällen der §§ 234, 234a Absatz 1, 2, §§ 239a, 239b und Zwangsprostitution und Zwangsarbeit nach § 232a Absatz 3, 4 oder 5 zweiter Halbsatz, § 232b Absatz 3 oder 4 in Verbindung mit § 232a Absatz 4 oder 5 zweiter Halbsatz und Ausbeutung unter Ausnutzung einer Freiheitsberaubung nach § 233a Absatz 3 oder 4 zweiter Halbsatz,

h) Einbruchdiebstahl in eine dauerhaft genutzte Privatwohnung nach § 244 Absatz 4, schwerer Bandendiebstahl nach § 244a Absatz 1, schwerer Raub nach § 250 Absatz 1 oder Absatz 2, Raub mit Todesfolge nach § 251, räuberische Erpressung nach § 255 und besonders schwerer Fall einer Erpressung nach § 253 unter den in § 253 Absatz 4 Satz 2 genannten Voraussetzungen, gewerbsmäßige Bandenhehlerei nach § 260a Absatz 1, besonders schwerer Fall der Geld-

wäsche nach § 261 unter den in § 261 Absatz 5 Satz 2 genannten Voraussetzungen, wenn die Vortat eine der in den Nummern 1 bis 8 genannten besonders schweren Straftaten ist,
i) gemeingefährliche Straftaten in den Fällen der §§ 306 bis 306c, 307 Absatz 1 bis 3, des § 308 Absatz 1 bis 3, des § 309 Absatz 1 bis 4, des § 310 Absatz 1, der §§ 313, 314, 315 Absatz 3, des § 315b Absatz 3 sowie der §§ 316a und 316c,

2. aus dem Aufenthaltsgesetz:
a) Einschleusen von Ausländern nach § 96 Absatz 2,
b) Einschleusen mit Todesfolge oder gewerbs- und bandenmäßiges Einschleusen nach § 97,

3. aus dem Außenwirtschaftsgesetz:
Straftaten nach § 17 Absatz 1 bis 3 und § 18 Absatz 7 und 8,

4. aus dem Betäubungsmittelgesetz:
a) besonders schwerer Fall einer Straftat nach § 29 Absatz 1 Satz 1 Nummer 1, 5, 6, 10, 11 oder 13, Absatz 3 unter der in § 29 Absatz 3 Satz 2 Nummer 1 genannten Voraussetzung,
b) eine Straftat nach den §§ 29a, 30 Absatz 1 Nummer 1, 2, 4, § 30a,

5. aus dem Grundstoffüberwachungsgesetz:
eine Straftat nach § 19 Absatz 1 unter den in § 19 Absatz 3 Satz 2 genannten Voraussetzungen,

6. aus dem Gesetz über die Kontrolle von Kriegswaffen:
a) eine Straftat nach § 19 Absatz 2 oder § 20 Absatz 1, jeweils auch in Verbindung mit § 21,
b) besonders schwerer Fall einer Straftat nach § 22a Absatz 1 in Verbindung mit Absatz 2,

7. aus dem Völkerstrafgesetzbuch:
a) Völkermord nach § 6,
b) Verbrechen gegen die Menschlichkeit nach § 7,
c) Kriegsverbrechen nach den §§ 8 bis 12,
d) Verbrechen der Aggression nach § 13,

8. aus dem Waffengesetz:
a) besonders schwerer Fall einer Straftat nach § 51 Absatz 1 in Verbindung mit Absatz 2,
b) besonders schwerer Fall einer Straftat nach § 52 Absatz 1 Nummer 1 in Verbindung mit Absatz 5.

(3) [1]**Die Erhebung aller in einer Funkzelle angefallenen Verkehrsdaten (Funkzellenabfrage) ist nur zulässig,**

1. wenn die Voraussetzungen des Absatzes 1 Satz 1 Nummer 1 erfüllt sind,
2. soweit die Erhebung der Daten in einem angemessenen Verhältnis zur Bedeutung der Sache steht und
3. soweit die Erforschung des Sachverhalts oder die Ermittlung des Aufenthaltsortes des Beschuldigten auf andere Weise aussichtslos oder wesentlich erschwert wäre.

[2]**Auf nach § 176 des Telekommunikationsgesetzes gespeicherte Verkehrsdaten darf für eine Funkzellenabfrage nur unter den Voraussetzungen des Absatzes 2 zurückgegriffen werden.**

(4) [1]**Die Erhebung von Verkehrsdaten nach Absatz 2, auch in Verbindung mit Absatz 3 Satz 2, die sich gegen eine der in § 53 Absatz 1 Satz 1 Nummer 1 bis 5 genannten Personen richtet und die voraussichtlich Erkenntnisse erbringen würde, über die diese das Zeugnis verweigern dürfte, ist unzulässig.** [2]**Dennoch erlangte Erkenntnisse dürfen nicht verwendet werden.** [3]**Aufzeichnungen hierüber sind unverzüglich zu löschen.** [4]**Die Tatsache ihrer Erlangung und der Löschung der Aufzeichnungen ist akten-**

kundig zu machen. [5]**Die Sätze 2 bis 4 gelten entsprechend, wenn durch eine Ermittlungsmaßnahme, die sich nicht gegen eine in § 53 Absatz 1 Satz 1 Nummer 1 bis 5 genannte Person richtet, von dieser Person Erkenntnisse erlangt werden, über die sie das Zeugnis verweigern dürfte.** [6]**§ 160a Absatz 3 und 4 gilt entsprechend.**

(5) **Erfolgt die Erhebung von Verkehrsdaten nicht beim Erbringer von Telekommunikationsdiensten, bestimmt sie sich nach Abschluss des Kommunikationsvorgangs nach den allgemeinen Vorschriften.**

Übersicht

1, 2 **A. Entstehungsgeschichte; verfassungs- und unionsrechtliche Problematik. I. Erhebung v. Telekommunikations-Verkehrsdaten.** Eine allg. Befugnis zur Erhebung v. **Verkehrsdaten** enthält die Bestimmung. Sie wurde durch das G zur Einf. einer Speicherpflicht u. einer Höchstspeicherfrist für Verkehrsdaten v. 10.12.2015 (BGBl. I 2218) vollständig neu gefasst. Sie **unterscheidet** zwischen aus geschäftlichen o. technischen Zwecken gespeicherten Daten iSd §§ 9, 12 TDDDG, 2a BDBOSG (Abs. 1) und den nach § 176 TKG (sog. Vorratsdatenspeicherung) zu speichernden Daten (Abs. 2). Die Neufassung zur Erhebung v. Verkehrsdaten war **erforderlich** geworden, weil das BVerfG die zum Zwecke der Umsetzung der RL 2006/24/EG v. 15.3.2006 des Europäischen Parlaments u. des Rates (ABl. 2006 L 105, 54) erlassenen §§ 113a, 113b TKG aF und § 100g Abs. 1 S. 1 aF, soweit danach **Vorratsdaten** (§ 113b TKG aF = § 176 TKG nF) erhoben werden durften, am 2.3.2010 wegen Verstoßes gegen Art. 10 GG für **nichtig** erklärt hatte (BVerfGE 125, 260; dazu Roßnagel NJW 2010, 1238; Volkmer NStZ 2010, 318; Schramm/Wegener MMR 2011, 9; Möstl ZRP 2011, 225). Zur Verwertbarkeit der Daten aus der Vorratsdatenspeicherung nach früherem Recht, die vor Erlass der Entsch. des BVerfG in Übereinstimmung mit den Vorgaben der einstweiligen Anordnungen v. 11.3.2008 (BVerfGE 121, 1) und 28.10.2008 (BVerfGE 122, 120) gewonnen wurden, s. BGHSt 56, 127 (138). Für die Erhebung v. **Nutzungsdaten** (§ 24 TDDDG) wurde durch G v. 30.3.2021 mit **§ 100k** eine gesonderte Regelung geschaffen (BGBl. I 448).

3 **II. Verstoß der deutschen Vorratsdatenspeicherung gegen Unionsrecht.** Auf Vorlage des BVerwG (NVwZ 2020, 1108) hat der **EuGH** am 20.9.2022 entschieden, dass die allgemeine und unterschiedslose Vorratsdatenspeicherung, wie sie in §§ 175, 176 TKG (§§ 113a Abs. 1 S. 1, 113b TKG aF) vorgesehen ist, **nicht mit Unionsrecht (Art 7, 8, 11, 52 GRCh) unvereinbar** ist (EuGH NJW

2022, 3135 nAnm. Roßnagel). Er hat damit einen Schlussstrich unter eine lange umstrittene Rechtsfrage gesetzt (s. hierzu → 65. Aufl. 2022, Rn. 1–6); das BVerwG hat am 14.8.2023 eine dementsprechende Entscheidung getroffen (BVerwG NJW 2024, 98). Für die **Strafverfolgungspraxis** hat das Urteil zu keiner Änderung geführt, denn die Bundesnetzagentur hatte die Pflicht zur Vorratsdatenspeicherung für Telekommunikationsdiensteanbieter bereits infolge eines Beschlusses des OVG Münster v. 22.6.2017 (NVwZ-RR 2018, 43) ausgesetzt. Abs. 2 läuft seither faktsich ins Leere, weil mangels unionskonformer Pflicht zur Vorratsdatenspeicherung keine solchen Verkehrs- u. Standortdaten vorhanden sind (zur geplanten Aufhebung von Abs. 2 → Rn. 4). Eine abschließende Entscheidung des **BVerfG** steht noch aus; Eilanträge, die Vorratsspeicherung v. Telekommunikationsverkehrsdaten außer Kraft zu setzen, hat es zurückgewiesen (BVerfG NVwZ 2016, 1240; vgl. auch BVerfG BeckRS 2017, 106847; 2017, 129761). Die Erhebung **geschäftlich gespeicherter** Verkehr- und Standortdaten nach Abs. 1 (→ Rn. 13 ff.) und eine Funkzellenabfrage nach Abs. 3 S. 1 (→ Rn. 36 ff.) ist weiterhin rechtlich zulässig und praktisch möglich.

Mit dem **RefE** eines G zur Einführung einer IP-Adressenspeicherung und Weiterentwicklung der Befugnisse zur Datenerhebung im Strafverfahren vom **22.12.2025** hat das BMJV Regelungen auf den Weg gebracht, mit denen die vom EuGH in seiner grundlegenden (→ Rn. 3; vgl. hierzu Roßnagel ZD 2022, 650; s. a. Graulich NVwZ 2022, 1710; Krause ZRP 2023, 169), aber u. insb. in seiner neuesten Entscheidung vom 30.4.2024 (EuGH NJW 2024, 2099 mAnm Roßnagel EuZW 2024, 657 (664 ff.)) aufgezeigten **Möglichkeiten** einer unionsrechtlich zulässigen Vorratsdatenspeicherung genutzt werden könnten. Diese beinhalten insb. mit § 176 TKG-E eine Pflicht für Internetzugangsdienste, **IP-Adressen** für 3 Monate zu speichern, auf die Strafverfolgungsbehörden unter den Vss. von § 100g Abs. 5-E zugreifen können (RefE, S. 31 f.), und mit § 100g Abs. 7 die Schaffung einer **Sicherungsanordnung** (RefE, S. 32 ff.). Außerdem soll der ins Leere laufende Abs. 2 (vgl. → Rn. 3) aufgehoben werden (RefE, S. 27); zur geplanten Änderung bei der **Funkzellenabfrage** → Rn. 37. 4

B. Begriff der Verkehrsdaten. Der Begriff der Verkehrsdaten ist in **§ 3 Nr. 70 TKG** legal definiert: Daten, deren Erhebung, Verarbeitung oder Nutzung bei der Erbringung eines Telekommunikationsdienstes erforderlich sind. §§ 9 und 12 TDDDG bestimmen konkret u. abschließend, welche Verkehrsdaten die Erbringer öffentl. zugänglicher Telekommunikationsdienste zu geschäftlichen Zwecken speichern dürfen. Die Einbeziehung der Verkehrsdaten iSd § 2a BDBOSG hat ihren Grund darin, dass es mit der Bundesanstalt für den Digitalfunk der Behörden u. Organisation mit Sicherheitsaufgaben auch Erbringer nicht öffentl. zugänglicher Telekommunikationsdienste gibt; dem entspr. auch die durch G v. 20.11.2019 (BGBl. I 1724) vorgenommene Anpassung in Abs. 5 (BT-Drs. 19/4671, 61). Ein Zugriff auf Daten beim Gerätehersteller ist nach dem Wortlaut v. Abs. 1 nicht möglich (vgl. Hieramente/Pfister StV 2017, 477 (480) für die sog. ICCID; erg. → Rn. 44 sowie → § 100j Rn. 2). 5–7

Einzelheiten: Mit der in § 9 Abs. 1 Nr. 1 TDDDG genannten Nummer. o. Kennung der beteiligten Anschlüsse o. der Endeinrichtung werden insbes. auch die IMEI-Nummern (elektronische Gerätekennung v. Mobiltelefonen, die im Rahmen der Telekommunikation übertragen wird) sowie die – Art. 10 GG unterfallenden – dynamischen IP-Adressen v. Computern (BVerfG NJW 2020, 2699 (2705)) erfasst, die Zugang zum Internet haben (BVerfG NStZ-RR 2019, 89, auch zur Pflicht der Betreiber v. Telekommunikationsanlagen, Vorkehrungen zu treffen, um die Daten ggf. für die Strafverfolgung bereitzustellen; OLG Zweibrücken (Z) CR 2009, 31 (32); insoweit zutr. auch LG Frankenthal (Z) K&R 2008, 467 mAblAnm Sankol MMR 2008, 687; Bär DRiZ 2007, 219; MMR 2008, 219; in BeckTKG-Komm/Robert TKG § 96 Rn. 3; krit. Zöller GA 2007, 406; erg. → § 100a Rn. 6). Einbezogen sind ferner personenbezogene Berechtigungskennungen bzw. Zugangscodes (zB PIN o. PUK), die Rufnummern bzw. die 8

Kennung der beteiligten Anschlüsse sowie Beginn u. Ende der betreffenden Verbindung. Erfasst werden des weiteren Daten über erfolglose Verbindungsversuche (§ 3 Abs. 1 S. 2 TDDDG; vgl. Demko NStZ 2004, 59). Die Einbeziehung der in § 9 Abs. 1 Nr. 5 TDDDG nicht näher spezifizierten sonstigen zum Aufbau u. zur Aufrechterhaltung der Telekommunikation sowie zur Entgeltabrechnung notwendigen Verkehrsdaten gestaltet die Erhebungsbefugnis in § 100g technikoffen aus und ist zB zur Feststellung betrügerisch manipulierter Abrechnungen notwendig.

9 Die **Standortdaten** eines Mobiltelefons sind ebenfalls Verkehrsdaten (§ 9 Abs. 1 Nr. 1 TDDDG); damit kann uU der Aufenthaltsort eines Beschuldigten in der Vergangenheit (zB zur Tatzeit) ermittelt werden. Auch die Positionsmeldungen nicht telefonierender Mobilfunkgeräte („stand-by") können erhoben werden. Insbesondere zur Ermöglichung o. Erleichterung v. Observationsmaßnahmen können die Standortdaten eines eingeschalteten (wenn auch nicht genutzten) Mobiltelefons auch in Echtzeit erhoben werden. Die damit verbundene Möglichkeit, ein aktuelles Bewegungsbild des Betroffenen zu erstellen, wird allerdings aus Gründen der Verhältnismäßigkeit durch Abs. 1, Abs. 2 an strenge Voraussetzungen geknüpft (→ Rn. 21, 28, 32 ff., 39). Die Übersendung **„stiller SMS"** zur Erzeugung v. Standortdaten richtet sich allein nach § 100i Abs. 1 Nr. 2; erst die so erzeugten Standortdaten können nach Abs. 1 S. 3 erhoben werden (erg. → Rn. 21; → § 161 Rn. 1 mwN; → § 100i Rn. 4; → § 100a Rn. 6a).

10 Ob auch die bei Einsatz eines **elektronischen Mauterfassungssystems** gewonnenen Daten Verkehrsdaten sind, ist zw., denn die „Erbringung eines Telekommunikationsdienstes" (§ 3 Nr. 70 TKG) ist die nicht die Ermöglichung eines automatische Datenaustausches zwischen Maschinen. Da die Daten nach § 7 Abs. 2 S. 2, 3 BFStrMG ausschl. für Zwecke dieses Gesetzes genutzt werden dürfen, sind sie jedenfalls im Strafverfahren nicht verwertbar (LG Magdeburg NJW 2006, 1073; KK-StPO/Henrichs/Weingast Rn. 20; MüKoStPO/Rückert Rn. 131; Göres NJW 2004, 195; Niehaus NZV 2004, 502; Pfab NZV 2005, 506; **aM** AG Gummersbach NJW 2004, 240; Henrichs Kriminalistik 2007, 3; vgl. auch AG Friedberg NStZ 2006, 517: Verwertung bei Diebstahl des Lkw mit Einverständnis des Eigentümers zulässig). § 28a Abs. 4 IfSG schließt eine Verwendung der nach § 28a Abs. 1 Nr. 17 IfSG zur Verhinderung der Ausbreitung der **COVID-19-Krankheit** erhobenen Kontaktdaten zu anderen Zwecken als zur Kontaktverfolgung aus.

11 **C. Erhebung von Verkehrsdaten nach §§ 9, 12 TDDDG und § 2a BDBOSG (Abs. 1).** Abs. 1 findet ausschl. für Verkehrsdaten Anwendung, welche die **Anbieter von Telekommunikationsdiensten** sowie Betreiber von Telekommunikationsnetzen und -anlagen (§ 3 Abs. 2 S. 1 TDDDG) nach §§ 9, 12 TDDDG zu **geschäftlichen Zwecken** speichern dürfen o. die bei der Erbringung eines Telekommunikationsdienstes im (behördlichen) **Digitalfunk BOS** (§ 2a BDBOSG) entstehen (→ Rn. 7 ff.). Dem liegt der allg. Gedanke zugrunde, dass Verkehrsdaten, die der Anbieter und Erbringer von TK-Diensten o. der Betreiber von TK-Anlagen und -Netzen für seine Zwecke erheben darf, unter den ges. Voraussetzungen auch v. den Strafverfolgungsbehörden abgerufen werden dürfen. Die Erhebung dieser zu geschäftlichen Zwecken gespeicherten Verkehrsdaten hatte das BVerfG in seiner Entsch. v. 2.3.2010 nicht beanstandet. Durch die Streichung der Wortfolge „auch ohne Wissen des Betroffenen" im Vergleich zu § 100g Abs. 1 aF wird deutlich gemacht, dass es sich bei der Erhebung v. Verkehrsdaten im Grundsatz um eine **offene** Ermittlungsmaßnahme handelt. Die Gesetzesmaterialien weisen deshalb darauf hin, dass die Verwendung der Daten „soweit möglich" offen erfolgen solle (BR-Drs. 249/15, 31). Es ist jedoch anzunehmen, dass der offene Zugriff eher die Ausnahme bleiben wird (näher → § 101a Rn. 32, 34). Die **Auskunftsverpflichteten** für Daten iSd §§ 9, 12 TDDDG ergeben sich aus dem darin enthaltenen Verweis auf § 3 Abs. 2 S. 1 TDDDG; darunter fallen auch viele OTT-Dienstleister, wie Messenger- und Chat-Dienste, E-Mail-Provider, Videoanruf- und Videokonferenzsysteme (MüKoStPO/Rückert Rn. 104; Assion TTDSG/

Schramm/Shvets § 9 Rn. 71; vgl. a. Roßnagel NJW 2023, 400). Für die Erhebung von **Nutzungsdaten bei Telemediendiensteanbieter** gilt § 100k (→ § 100k Rn. 1).

12 Bei den **materiellen Voraussetzungen** der Verkehrsdatenerhebung unterscheidet Abs. 1 zwischen zwei Kategorien v. Straftaten (Nr. 1, 2) u. stellt spezifische Voraussetzungen für die Erhebung v. Standortdaten auf (Abs. 1 S. 3):

13 **I. Straftat von auch im Einzelfall erheblicher Bedeutung (Abs. 1 S. 1 Nr. 1).** Eine **Straftat von auch im Einzelfall erheblicher Bedeutung** ist Gegenstand der Untersuchung (Abs. 1 S. 1 Nr. 1). Eine Orientierungshilfe bietet der Hinweis auf den Straftatenkatalog des § 100a Abs. 2 (vgl. zur teilweisen **Verfassungswidrigkei**t des Straftatenkatalogs → § 100a Rn. 10). Auch im konkreten Einzelfall, nicht nur abstrakt, muss die Anlasstat v. erheblicher Bedeutung sein, wie der Wortlaut des Abs. 1 S. 1 Nr. 1 klarstellt. Bei Bagatelldelikten scheidet die Anwendung der Maßnahme aus; es muss sich mind. um eine Straftat der mittleren Kriminalität handeln (vgl. → § 98a Rn. 5), der auch im Einzelfall aufgrund der besonderen Umstände, des Gewichts des geschützten Rechtsguts o. des öffentl. Interesses an der Strafverfolgung erhebliche Bedeutung zukommen kann (vgl. BGH wistra 2013, 434 zu § 145d StGB).

14 **Bestimmte Tatsachen** müssen den Verdacht einer in Abs. 1 S. 1 Nr. 1 bezeichneten Straftat begründen. Zu dem danach erforderlichen Verdachtsgrad → § 100a Rn. 9.

15 Die **Teilnahme an der Anlasstat** (§§ 25 ff. StGB) steht der Täterschaft gleich, nicht aber Strafvereitelung u. Begünstigung. Der strafbare Versuch der Tat, auch die Teilnahme am Versuch, wird wie die Vollendung behandelt. Vorbereitungshandlungen u. die Teilnahme daran rechtfertigen die Verkehrsdatenerhebung nur, wenn sie ihrerseits als selbständige – für sich gesehen nicht notwendig iSd Abs. 1 S. 1 Nr. 1 erhebliche – Straftaten o. nach § 30 StGB (vgl. BGHSt 32, 10 (16) zu § 100a; Schnarr NStZ 1990, 259) strafbar sind; die Anordnung nach § 100g ergeht in dem Verf. wegen dieser Tat.

16 **Ermittlungsziele:** Verkehrsdaten iSv Abs. 1 (einschließlich der Standortdaten eingeschalteter Mobiltelefone) dürfen nur dann u. nur insoweit erhoben werden, als dies zur Erforschung des Sachverhalts erforderlich ist. Im Rahmen des dem Anordnenden zukommenden Beurteilungsspielraums (vgl. BGHSt 41, 30 zu § 100a; erg. → § 100a Rn. 39) darf auch der mit alternativen Ermittlungsansätzen verbundene Aufwand berücksichtigt werden (BT-Drs. 16/5846, 33). Zur Ermittlung des Aufenthaltsortes des Beschuldigten ist die Erhebung nach Abs. 1 S. 1 Nr. 1, anders als nach früherem Rechtszustand, nicht mehr zulässig.

17 **Verhältnismäßigkeit:** Die Erhebung der Daten nach Abs. 1 S. 1 Nr. 1 muss in einem angemessenen Verhältnis zur Bedeutung der Sache stehen. Da bereits zu prüfen ist, ob es sich um eine Straftat v. auch im Einzelfall erheblicher Bedeutung handelt (soeben → Rn. 13), wird der Verhältnismäßigkeitsprüfung hier eher selten eigenständige Bedeutung zukommen. Dass die Verhältnismäßigkeit in den Gesetzestext ausdr. aufgenommen wurde, unterstreicht das Bestreben des Gesetzgebers, die Erhebung v. Verkehrsdaten so weit wie möglich einzuschränken.

18 **II. Mittels Telekommunikation begangene Straftaten (Abs. 1 S. 1 Nr. 2). Mittels Telekommunikation begangene Straftaten** (Abs. 1 S. 1 Nr. 2, S. 2, 3) sind solche, bei denen Telefon o. Computer mit Internetanbindung nicht nur das eigentliche Angriffsobjekt, sondern notwendiges o. nützliches Mittel der Tatausführung sind (Bär NZWiSt 2017, 81 (83)). Dazu zählen die mittels Telefon, Fax, Internet o. E-Mail ausgeführten Taten (Wohlers/Demko StV 2003, 245), zB beleidigende o. bedrohende Anrufe, Ausspähen v. Daten (§ 202a StGB). Hier muss die Verkehrsdatenerhebung grds. auch bei minder schweren Straftaten zugelassen werden, weil insoweit die Schutzwürdigkeit des Beschuldigten deutlich reduziert ist (vgl. Bär NZWiSt 2017, 81 (83)) u. zudem derartige Straftaten ohne Erkenntnisse über die Nummer des Anschlusses idR nicht aufklärbar sind (vgl. noch zum alten Rechtszustand BVerfG NJW 2006, 3197 mzustAnm Bär MMR 2007, 232; krit.

Eisenberg BeweisR StPO Rn. 2471a). Für Taten, die mittels **Telemedien** begangen werden, gilt § 100k Abs. 2. Bei Handydiebstählen ist die Bestimmung nicht anwendbar (LG Hildesheim Nds. Rpfl. 2008, 148).

19 Nur unter den **engeren Voraussetzungen** des Abs. 1 S. 2 lässt das G die Maßnahme in dieser Fallgruppe zu, um auch insoweit den Zugriff auf Vorratsdaten ohne Verstoß gegen den Verhältnismäßigkeitsgrundsatz eröffnen zu können. Der auf bestimmte Tatsachen gestützte Verdacht einer als Täter o. Teilnehmer iSd §§ 25 ff. StGB begangenen Tat (→ Rn. 15) muss sich insoweit auf ein vollendetes Delikt beziehen. Außerdem verlangt die strenge Subsidiaritätsklausel in Abs. 1 S. 3, dass über die in Abs. 1 S. 1 (→ Rn. 16) vorausgesetzte Erforderlichkeit hinaus die Erforschung des Sachverhalts o. die Ermittlung des Aufenthaltsortes des Beschuldigten ohne die Erhebung der Verkehrsdaten aussichtslos wäre (→ § 100a Rn. 13). Es ist anhand der konkreten Umstände des Einzelfalls zu prüfen, ob andere Ermittlungsmaßnahmen in Betracht kommen o. ob die Verkehrsdatenerhebung das einzige zielführende u. zugleich verhältnismäßige Mittel ist. So kann es sich insbes. in Fällen des sog. Stalking verhalten (telefonische Bedrohung). Die noch in § 100g Abs. 1 S. 2 aF enthaltene weitere Voraussetzung, dass die Erhebung der Daten in einem angemessenen Verhältnis zur Bedeutung der Sache stehen muss, ist nunmehr entfallen. Dennoch wird man auch künftig über allgemeine Verhältnismäßigkeitsüberlegungen Straftaten aus dem Anwendungsbereich ausschließen können, welche nach den Umständen des Einzelfalls Bagatellcharakter aufweisen (zB einzelne geringfügige Beleidigungen; s. auch LG Bamberg MMR 2009, 777 mAnm Schmidt: Betrugsschaden v. 19,99 EUR; vgl. aber Bär MMR 2008, 219).

20 Die einschr. Voraussetzungen des Abs. 1 S. 2 gelten **nicht,** wenn die mittels Telekommunikation begangene Straftat die Erheblichkeitsschwelle in Abs. 1 S. 1 Nr. 1 überschreitet; dann gelten die unter → Rn. 13 ff. aufgeführten Voraussetzungen.

21 **III. Standortdaten (Abs. 1 S. 3, 4).** Die Erhebung v. Standortdaten (→ Rn. 9) unterliegt – auch im Kontext mit Abs. 2 – spezifischen Voraussetzungen. Grund hierfür ist, dass sie grds. die Erstellung v. Bewegungsprofilen ermöglichen (vgl. BR-Drs. 249/15, 31), was einen tiefgreifenden Eingriff in die Persönlichkeitsrechte der Betroffenen darstellt. Mit G v. 20.11.2019 (BGBl. I 1724) hat der Gesetzgeber den bisherigen S. 3 durch zwei neue Sätze ersetzt.

21a Nach **Abs. 1 S. 4** (Abs. 1 S. 3 aF) ist die Erhebung v. Standortdaten nur für **künftig anfallende** Verkehrsdaten o. in **Echtzeit** zugelassen. Der Anwendungsbereich dieser Vorschr. beschränkt sich damit auf **nicht gespeicherte** Standortdaten. Außerdem ist die Erhebung auf die Fälle des Abs. 1 S. 1 Nr. 1 begrenzt u. damit für mittels Telekommunikation begangene Straftaten (Abs. 1 S. 1 Nr. 2) nicht zulässig. Schließlich muss ihre Erhebung für die Erforschung des Sachverhalts o. die Ermittlung des Aufenthaltsortes des Beschuldigten erforderlich sein. Im Unterschied zu Abs. 1 S. 1 Nr. 1 dürfen Standortdaten nach Abs. 1 S. 5 also auch erhoben werden, um den Beschuldigten zu lokalisieren. Dies wird va beim sog. IP-Catching praktisch relevant, bei dem eine bislang nicht näher bekannte Person aus dem Kreis der Nutzer eines bestimmten Dienstes ermittelt werden soll, um mittels einer Auskunft nach § 100j Abs. 2 iVm Abs. 1 S. 1 die Zuordnung zu einer bestimmten Person zu ermöglichen (Bär NZWiSt 2017, 81 (84); erg. → § 100j Rn. 4). Zur Erzeugung v. Standortdaten ist der Einsatz „stiller SMS“ unter den Voraussetzungen des § 100i Abs. 1 Nr. 2 zulässig (BGHSt 63, 82; erg. → § 100i Rn. 4).

21b **Abs. 1 S. 3** gestattet die Erhebung **retrograder** Standortdaten, die aus betrieblichen (geschäftlichen) Gründen nach § 9 Abs. 1 Nr. 1 TDDDG gespeichert werden (BT-Drs. 19/4671, 61). Anders als bei künftigen Standortdaten nach Abs. 1 S. 4 ist dies aber nur unter den **strengeren Voraussetzungen des Abs. 2** zulässig (vgl. dazu → Rn. 23–35).

22 **D. Erhebung von nach § 176 TKG gespeicherten Verkehrsdaten (Abs. 2).** Abs. 2 regelt den Zugriff auf Verkehrsdaten, welche v. den Diensteanbie-

tern iSd § 175 TKG nach § 176 TKG zu speichern sind. Da eine wie in **§ 176 TKG** vorgesehene Pflicht zur allgemeinen und anlasslosen Datenspeicherung nicht mit Unionsrecht vereinbar ist (→ Rn. 2), hat Abs. 2 deshalb zur Zeit **nur mittelbar Bedeutung,** nämlich bei der Erhebung retrograder Standortdaten nach Abs. 1 S. 4 (→ Rn. 2b). vgl. zum Regelungsinhalt der §§ 175 –177 TKG → 65. Aufl. 2022, Rn. 23–30).

Nach §§ 9 und 12 TDDDG o. § 2a Abs. 1 BDBSOG **gespeicherte (retrograde) Standortdaten** dürfen nach Abs. 1 S. 3 nur unter strengen Voraussetzungen des Abs. 2 erhoben werden. 23–31

1. Straftatenkatalog des Abs. 2 Nr. 1–8: Eine Erhebung retrograder Standortdaten ist im Vergleich zu sonstigen Verkehrsdaten nur unter eingeschränkten Voraussetzungen möglich. Sie kommt nur in Betracht, wenn bestimmte Tatsachen den Verdacht begründen (zum danach erforderlichen Verdachtsgrad → § 100a Rn. 9), dass jemand als Täter o. Teilnehmer (→ Rn. 15, → § 100a Rn. 12), auch versucht, eine der in Nr. 1–8 enumerativ u. abschl. aufgeführten Straftaten begangen hat. Der Gesetzgeber hat den Straftatenkatalog im Wesentlichen auf terroristische Delikte, Delikte gegen Leib, Leben, Freiheit u. sexuelle Selbstbestimmung sowie bes. schwere Straftaten insbes. aus dem Bereich der organisierten Kriminalität begrenzt; Delikte der Computer- u. Wirtschaftskriminalität werden nicht erfasst (krit. dazu Bär NZWiSt 2017, 81 (84) sowie aus polizeilicher Sicht Degenkolb Kriminalistik 2015, 598 (601)). 32

2. Ermittlungsziele: Die gespeicherten Standortdaten dürfen nur erhoben werden, soweit die Erforschung des Sachverhalts o. die Ermittlung des Aufenthaltsortes des Beschuldigten auf andere Weise wesentlich erschwert o. aussichtslos wäre (→ § 100a Rn. 13). Unter den in Abs. 2 bezeichneten Voraussetzungen ist daher die Erhebung retrograder Standortdaten (auch) möglich, um die Aufenthaltorte des Beschuldigten zu rekonstruieren und lokalisieren. 33

3. Auch im konkreten Einzelfall, nicht nur abstrakt, muss die Anlasstat bes. schwer wiegen (→ § 100a Rn. 11). 34

4. Verhältnismäßigkeit: Schließlich muss die Erhebung der Daten in einem angemessenen Verhältnis zur Bedeutung der Sache stehen. Dies ermöglicht eine Abwägung zwischen dem Strafverfolgungsinteresse auf der einen u. der konkreten Beeinträchtigung des Beschuldigten durch die Maßnahme auf der anderen Seite. Da die Anlasstat bereits konkret bes. schwer wiegen muss, wird diese ergänzende Verhältnismäßigkeitsprüfung jedoch eher selten eigenständig zur Unzulässigkeit der Maßnahme führen. 35

E. Funkzellenabfrage (Abs. 3). Abs. 3 enthält eine **spezielle Ermächtigungsgrundlage** für die sog. Funkzellenabfrage. Sie wird in S. 1 als die Erhebung aller in einer Funkzelle angefallenen Verkehrsdaten legal definiert. Sie erstreckt sich damit auf alle Verkehrsdaten, die zu einer bestimmten Zeit in einer bestimmten Funkzelle angefallen sind, um die insoweit aktiven mobilen Geräte zu erfassen. Da v. einer solchen Maßnahme zwangsläufig eine Vielzahl v. Personen betroffen ist, die zu dem betreffenden Zeitpunkt in der abgefragten Funkzelle kommuniziert haben, ohne Beschuldigte o. Nachrichtenmittler zu sein, wird ihre Zulässigkeit an enge Voraussetzungen gebunden. Auch insoweit **unterscheidet das Gesetz** zwischen nach §§ 9 und 12 TDDDG v. Diensteanbieter zu geschäftlichen Zwecken oder nach § 2a Abs. 1 BDBSOG gespeicherten Verkehrsdaten (Abs. 3 S. 1) u. solchen, die TK-Diensteanbieter nach § 176 TKG verpflichtend auf Vorrat speichern sollten (Abs. 3 S. 2). Da § 176 TKG nicht mit Unionsrecht vereinbar ist (→ Rn. 3), hat **Abs. 3 S. 2** zur Zeit **keine praktische Relevanz.** Vgl. zum technischen Ablauf Roericht Kriminalistik 2017, 175. 36

Die Erhebung von nach §§ 9, 12 TDDDG und § 2a BDBOSG gespeicherten Verkehrsdaten ist nur unter den Voraussetzungen des Abs. 1 S. 1 Nr. 1 zulässig (vgl. BGH (ER) NStZ 2018, 47). Es müssen also bestimmte Tatsachen (→ Rn. 14, → § 100a Rn. 9) den Verdacht begründen, dass jemand als Täter o. Teilnehmer eine Straftat v. auch im Einzelfall erheblicher Bedeutung begangen, versucht o. 37

vorbereitet hat (→ Rn. 13, 15). Entgegen dem Wortlaut, der lediglich auf Abs. 1 S. 1 Nr. 1 verweist, verlangt der BGH (2. StS) auch eine Anwendung von Abs. 1 S. 3 (→ Rn. 21b); **soweit** bei einer Funkzellenabfrage **retrograde Standortdaten** erhoben werden, soll dies danach nur bei Verdacht einer Katalogtat nach Abs. 2 (→ Rn. 23–31 ff.) zulässig sein (BGH NJW 2024, 2336 mzustAnm Singelnstein; zust. Rückert JR 2024, 635; so schon zuvor SSW StPO/Eschelbach Rn. 39; **aA** LG Hamburg BeckRS 2024, 14227; LG Regensburg BeckRS 2024, 22752; Nettersheim NStZ 2024, 557 (560 ff.); BeckOK StPO/Bär Rn. 53 ff.; Rosengarten/Angerer Kriminalistik 2024, 494). Nach dem **RefE** des BMJV **vom 22.12.2025** soll diese Einschränkung mit der Einführung von **§ 100g Abs. 4-E** beseitigt werden (GE zur Einführung einer IP-Adressenspeicherung und Weiterentwicklung der Befugnisse zur Datenerhebung im Strafverfahren, S. 30 f.). Die Funkzellenabfrage setzt nach Abs. 3 S. 1 Nr. 3 zudem voraus, dass die Erforschung des Sachverhalts o. die Ermittlung des Aufenthaltsortes des Beschuldigten auf andere Weise aussichtslos o. wesentlich erschwert wäre (→ § 100a Rn. 13). Nicht erforderlich sind tatsächliche Anhaltspunkte dafür, dass bei der Straftat auch tatsächlich ein Mobiltelefon benutzt wurde (Bär NZWiSt 2017, 81 (85)).

38 Die Erhebung muss darüber hinaus in einem **angemessenen Verhältnis** zur Bedeutung der Sache stehen (Abs. 3 S. 1 Nr. 2). Damit soll das Bewusstsein dafür geschärft werden, dass bei der Funkzellenabfrage regelmäßig unvermeidbar Verkehrsdaten Dritter erfasst werden (BR-Drs. 249/15, 33). Das Kriterium ermöglicht es, bei der Frage, ob u. inwieweit die Verkehrsdaten erhoben werden, Verhältnismäßigkeitsgründe jenseits der konkreten Bedeutung der Straftat zu berücksichtigen, die sich auf das Ausmaß der Betroffenheit unbeteiligter Dritter beziehen. So kommt es mit Rücksicht hierauf in Betracht, die Maßnahme zeitlich u. örtlich zu begrenzen o. sogar ganz zu unterlassen, wenn eine solche Begrenzung nicht möglich ist u. der Umf., in dem Dritte v. der Maßnahme betroffen sind, im Einzelfall als unangemessen erachtet wird (vgl. BR-Drs. 249/15, 32 sowie bereits BT-Drs. 16/5846, 55; Roericht Kriminalistik 2017, 175 (180)). Bei der Bewertung kann auch die konkrete Eignung als Ermittlungsinstrument einfließen (Roericht Kriminalistik 2017, 175 (179)).

39–43 **F. Berufsgeheimnisträger (Abs. 4).** Abs. 4 sieht ein grundsätzliches Verbot der Erhebung v. Verkehrsdaten nach Abs. 2 oder Abs. 3 S. 2 (Funkzellenabfrage) vor, die sich gegen die in § 53 Abs. 1 S. 1 Nr. 1–5 genannten Berufsgeheimnisträger richtet. Die Vorschr. erweitert das Erhebungsverbot **nur für nach § 176 TKG gespeicherte Verkehrsdaten** über die in § 160a genannten Berufsgruppen hinaus. Sie hat daher zur Zeit keine praktische Bedeutung (→ Rn. 3).

44 **G. Verkehrsdaten nach Abschluss des Kommunikationsvorgangs (Abs. 5).** Die Erhebung v. Verkehrsdaten **nach Abschluss des Kommunikationsvorgangs in anderer Weise** als durch eine Auskunftsanordnung an den Erbringer öffentl. zugänglicher Telekommunikationsdienste richtet sich nach den allgemeinen Vorschr.; dies stellt Abs. 5 klar, der § 100g Abs. 3 aF entspr. (erg. → § 94 Rn. 16a). Insbesondere dürfen unter den Voraussetzungen der §§ 94 ff. Gegenstände beim Betroffenen sichergestellt werden, die Aufschluss über Verkehrsdaten geben können, zB Datenträger wie etwa die SIM-Karte, Verbindungsnachweise in Papierform, abgerufene E-Mail im Postfach des Empfängers u. dgl. mehr. Der zwangsweise Zugriff auf derartige, beim Betroffenen gespeicherte Daten setzt deshalb keine Straftat v. erheblicher Bedeutung iSd Abs. 1 S. 1 Nr. 1 o. eine bes. schwere Straftat iSd Abs. 2 voraus (vgl. BVerfGE 115, 166 (mzustAnm Günther NJW 2006, 976; abl. Brüning ZIS 2006, 241; Gercke StV 2006, 454); BVerfG NJW 2007, 3343 (3344); BGH NStZ 2006, 650 (652); Hirsch NJOZ 2008, 1913; anders zuvor BVerfG NStZ 2005, 337). Jedoch ist auf die erhöhte Schutzwürdigkeit der bei dem Betroffenen gespeicherten Verbindungsdaten Rücksicht zu nehmen (BVerfGE 115, 166). Zweifelhaft ist, ob Abs. 5 iVm der Ermittlungsgeneralklausel (§§ 161, 163) die Erhebung v. Verkehrsdaten beim Gerätehersteller legitimiert, da der Zugriff insoweit – vergleichbar der Abfrage beim Diensteanbieter –

außerhalb der Sphäre des Kommunikationsteilnehmers erfolgt (Hieramente/Pfister StV 2017, 477 (481), die – namentlich für die ICCID – eine analoge Anwendung v. Abs. 1 vorschlagen; erg. → Rn. 7 sowie → § 100j Rn. 2).

H. IP-Tracking und IP-Catching. Bei der Ermittlung einer dynamischen IP-Adresse im Wege des **IP-Tracking** handelt es sich dagegen um die Erhebung v. Verkehrsdaten (→ Rn. 8), die, obwohl sie nicht bei dem **Telekommunikationsdienstleister** erfolgt (zu den verschiedenen Methoden Lellmann/Pohl Kriminalistik 2015, 498), mit Rücksicht auf die Eingriffsintensität der Maßnahme nur unter den Voraussetzungen v. Abs. 1 zulässig ist sowie im Regelfall der richterlichen Anordnung nach § 101a Abs. 1 S. 1 iVm § 100e Abs. 1 S. 1 bedarf (vgl. BGH (ER) wistra 2015, 395; MüKoStPO/Rückert Rn. 126; Löwe-Rosenberg/Hauck Rn. 41; **aM** BeckOK StPO/Bär Rn. 24 f.; KK-StPO/Henrichs/Weingast Rn. 20; Krause NStZ 2016, 139 (144); Steinmetz wistra 2015, 396: Zulässigkeit unter den weniger strengen Voraussetzungen des § 100h Abs. 1 Nr. 2; Lellmann/Pohl Kriminalistik 2015, 498 (504): Ermittlungsgeneralklausel als Ermächtigungsgrundlage ausreichend). Dies dürfte jedenfalls zu gelten haben, wenn die Maßnahme nicht punktuell auf die einmalige Ermittlung einer genutzten IP-Adresse abzielt, sondern darauf angelegt ist, längerfristig bisher unbekannte Personen zu identifizieren u. den geografischen Standort des jew. genutzten Internetzugangs zu ermitteln, da dies grds. die Erstellung eines Bewegungsprofils der Betroffenen ermöglicht (BGH (ER) wistra 2015, 395 (396)). Auch das **IP-Catching** kann grds. auf Abs. 1 gestützt werden (KK-StPO/Henrichs/Weingast Rn. 20; BeckOK-StPO/Bär Rn. 26). Sollen die Daten bei einem **Telemediendienst** erhoben werden, gilt § 100k (→ § 100k Rn. 2; MüKoStPO/Rückert Rn. 128). Von praktischer Relevanz ist die Unterscheidung indes nicht, weil die Voraussetzungen von Abs. 1 und § 100k Abs. 1 übereinstimmen. Auf die Ermittlungsgeneralklausel – §§ 161 Abs. 1 S. 1, 163 Abs. 1 S. 2 – kann dagegen die Erhebung einer nicht Art. 10 Abs. 1 GG unterfallenden (BVerfG NJW 2020, 2699 (2704)) statischen IP-Adresse über **öffentl. zugängliche Informationsplattformen** gestützt werden (erg. → § 163 Rn. 28a; s. a. KK-StPO/Weingarten § 161 Rn. 12a). Vgl. zur sog. Login-Falle Brodowski StV 2022, 413). 45

I. Revision. Eine rechtswidrige Erhebung kann mit der Verfahrensrüge beanstandet werden. Es gelten grds. die gleichen Maßstäbe wie bei Verstößen gegen § 100a (→ § 100a Rn. 39; KK-StPO/Henrichs/Weingast Rn. 21; MüKoStPO/Rückert Rn. 138 f.). Nicht aus jedem Verstoß folgt indes ohne weiteres ein **Beweisverwertungsverbot**; vielmehr ist die Frage im Einzelfall nach Art und Gewicht des Verstoßes unter Abwägung der widerstreitenden Interessen zu entscheiden (BGH BeckRS 2025, 31914). Fehlt es von vornherein aus Verdacht für eine ggf. erforderliche Katalogtat, hat dies ein Verwertungsverbot zur Folge (BGH NJW 2024, 2336 (2338)). Wird die Rechtmäßigkeit der Beweisgewinnung in Zweifel gezogen, setzt eine **zulässige Verfahrensrüge** voraus, dass sich aus dem Rügevortrag die Verdachts- und Beweislage im Zeitpunkt der Anordnung ergibt (BGH BeckRS 2025, 31914). Wie bei einer Rüge der Verletzung von § 100a StPO (→ § 100a Rn. 39) wird auch hier zu verlangen sein, dass der Verwertung in der HV **widersprochen** wird (MüKoStPO/Rückert Rn. 139; offen gelassen v. BGH NJW 2024, 2336 (2339)). 46

Weitere Maßnahmen außerhalb von Wohnraum

100h (1) [1] **Auch ohne Wissen der betroffenen Personen dürfen außerhalb von Wohnungen**

1. Bildaufnahmen hergestellt werden,

2. sonstige besondere für Observationszwecke bestimmte technische Mittel verwendet werden,

wenn die Erforschung des Sachverhalts oder die Ermittlung des Aufenthaltsortes eines Beschuldigten auf andere Weise weniger erfolgverspre-

chend oder erschwert wäre. [2] Eine Maßnahme nach Satz 1 Nr. 2 ist nur zulässig, wenn Gegenstand der Untersuchung eine Straftat von erheblicher Bedeutung ist.

(2) [1] **Die Maßnahmen dürfen sich nur gegen einen Beschuldigten richten. [2] Gegen andere Personen sind**

1. **Maßnahmen nach Absatz 1 Nr. 1 nur zulässig, wenn die Erforschung des Sachverhalts oder die Ermittlung des Aufenthaltsortes eines Beschuldigten auf andere Weise erheblich weniger erfolgversprechend oder wesentlich erschwert wäre,**
2. **Maßnahmen nach Absatz 1 Nr. 2 nur zulässig, wenn auf Grund bestimmter Tatsachen anzunehmen ist, dass sie mit einem Beschuldigten in Verbindung stehen oder eine solche Verbindung hergestellt wird, die Maßnahme zur Erforschung des Sachverhalts oder zur Ermittlung des Aufenthaltsortes eines Beschuldigten führen wird und dies auf andere Weise aussichtslos oder wesentlich erschwert wäre.**

(3) **Die Maßnahmen dürfen auch durchgeführt werden, wenn Dritte unvermeidbar mitbetroffen werden.**

(4) **§ 100d Absatz 1 und 2 gilt entsprechend.**

Übersicht

1 **A. Herstellung von Bildaufnahmen (Abs. 1 S. 1 Nr. 1).** Die Vorschr. gestattet die Herstellung von **Lichtbildern, Video- u. Filmaufnahmen** (vgl. BGHSt 44, 13 (17); OLG Bamberg NJW 2010, 100 (101)), aber auch von Satellitenbildern (MükoStPO/Rückert Rn. 8), **außerhalb von** – nicht allg. zugänglichen – **Wohnungen** (→ § 100f Rn. 2). Herstellen umfasst auch die Aufzeichnung iSe Speicherung der Bilder, nicht nur deren bloße Aufnahme (vgl. zur begrifflichen Unterscheidung BVerfG EuGRZ 2025, 161 (167 f.)). Die Maßnahme ist beim (Anfangs-)Verdacht jeder Straftat zulässig; die Einschränkung auf erhebliche Straftaten gilt nach Abs. 1 S. 2 nur für andere technische Mittel iSd Abs. 1 S. 1 Nr. 2. Beschränkungen können sich daher nur aus dem Verhältnismäßigkeitsgrundsatz ergeben. Die Bildaufnahmen dürfen „auch" ohne Wissen des Betroffenen hergestellt werden; hieraus und aus dem Zusammenhang mit Abs. 1 S. 1 Nr. 2 („sonstige für Observationszwecke bestimmte technische Mittel") ergibt sich, dass mit Bildaufnahmen zwar insbesondere gerade oder zumindest auch solche mit dem Ziel der Observation gemeint sind (BGHSt 44, 13 (17) zu § 100c Abs. 1 Nr. 1a aF); wie sich aus dem Wort „auch" (das in § 100c Abs. 1 aF nicht enthalten war) ergibt, ist die Maßnahme jedoch nicht darauf beschränkt (MükoStPO/Rückert Rn. 8; vgl. aber für Bildaufnahmen vom Beschuldigten → § 81b Rn. 8 f.). Eine zeitliche Begrenzung sieht die Vorschr. nicht vor; werden die Bildaufnahmen indes im Rahmen einer längerfristigen Observation hergestellt, müssen auch die Voraussetzungen des § 163f erfüllt sein (MükoStPO/Rückert Rn. 28). Abs. 1 S. 1 Nr. 1 stellt (iVm § 46 Abs. 1 OWiG) grds. auch eine ausreichende Rechtsgrundlage für Fotos zum Beweis v. Verkehrsverstößen dar (BVerfG NJW 2010, 2717; OLG

Bamberg NJW 2010, 100 (101) mablAnm Grunert DAR 2010, 28; OLG Brandenburg NJW 2010, 1471 (1472); OLG Dresden DAR 2010, 210; OLG Jena NJW 2010, 1093 mablAnm Roggan NJW 2010, 1042; OLG Koblenz NStZ 2010, 589; OLG Stuttgart NJW 2010, 1219 (1220); **aM** OLG Düsseldorf NJW 2010, 1216 (1217); Singelnstein NStZ 2014, 305; zur Zulässigkeit v. Videoabstandsmessungen OLG Bamberg NZV 2010, 98; insoweit OLG Düsseldorf NZV 2010, 263)). Die Fertigung v. Lichtbildern am Tatort zur Beweissicherung u. Auswertung **(Spurensicherung)** fallen nicht unter die Vorschr. (Hilger NStZ 1992, 457 (462); Löwe-Rosenberg/Hauck Rn. 3; SK-StPO/Wolter/Greco Rn. 4; KK-StPO/Henrichs/Weingast Rn. 2; erg → § 163 Rnn 28). Kein Anwendungsfall der Vorschr. liegt zudem vor, wenn der Wohnungsinhaber mit dem Einsatz technischer Mittel zur Überwachung der Wohnung einverstanden ist, zB bei Installierung einer „Diebesfalle" (dazu Vogt Kriminalistik 1994, 385). Die automatische Kennzeichenerfassung wurde durch G v. 25.6.2021 (BGBl. I 2099) in § 163g ges. geregelt. Erg. → § 81b Rn. 9, → § 163b Rn. 1. Der verdeckte Einsatz von Personen-Identifikations-Systemen (biometrische Gesichtserkennungsverfahren) kann nicht auf die Norm gestützt werden (Roggan NStZ 2024, 715 (716 f.).

Aufzeichnungen **privat genutzter Dashcams** im Straßenverkehr sind im Straf- **1a**
verfahren unter bestimmten Voraussetzungen verwertbar (KK-StPO/Henrichs/Weingast Rn. 3a; Jansen StV 2019, 578; **aM** Niehaus NZV 2016, 551 (556)). Abzuwägen sind im Einzelfall das Interesse des Betroffenen an der Beweissicherung u. das Allgemeininteresse an der Aufklärung v. Straftaten im Straßenverkehr mit den Persönlichkeitsrechten der betroffenen Verkehrsteilnehmer, insbes. ihrem Recht auf informationelle Selbstbestimmung. Für eine Verwertbarkeit können die unmittelbare eigene Betroffenheit des Nutzers der Kamera v. der aufgezeichneten Straftat sowie deren Erheblichkeit – zB nach §§ 222, 230, 315c, 315b StGB, nach der obergerichtlichen Rspr. auch bei bes. verkehrssicherheitsbeeinträchtigenden OWi (OLG Stuttgart NJW 2016, 2280 mkritAnm Wölky StV 2017, 20 und Niehaus NZV 2016, 551 (555); zust. Löffelmann JR 2016, 661) – sprechen, dagegen, wenn es sich um kleinere Verstöße – etwa weniger gravierende OWi – handelt u. die Kamera lediglich dazu genutzt werden soll, Aufgaben der staatlichen Verkehrskontrolle zu übernehmen (vgl. OLG Celle NStZ 2018, 293 (295 f.)). Derartige Aufzeichnungen v. vorneherein auszuschließen erscheint mit Rücksicht auf das regelmäßige Fehlen objektiver Beweismittel bei Straftaten im Straßenverkehr nicht angezeigt (vgl. AG Nienburg CR 2015, 400; OLG Stuttgart NJW 2016, 2280; weitergehend Bäumerich JuS 2016, 803 (807): im Strafprozess stets verwertbar; s. auch BGH JR 2018, 628: Verwertung in Zivilsachen ist v. einer Abwägung im Einzelfall zwischen dem Interesse an einer funktionierenden Zivilrechtspflege u. einer materiell richtigen Entsch. auf der einen u. dem allg. Persönlichkeitsinteresse des Betroffenen auf der anderen Seite abhängig). Von der Verwertbarkeit der Aufnahmen im Strafverfahren nach derzeitiger Rechtslage zu trennen ist die **rechtspolitische Frage,** ob die Nutzung v. Dashcams aus Datenschutzgründen (dazu Niehaus NZV 2016, 551) o. zur Verhinderung missbräuchlicher Nutzung (dazu Terhaag/Schwarz K&R 2015, 556 (558)) ges. beschränkt o. ob sie mit einer Verschlüsselungsfunktion ausgestattet werden sollten, die allein Ermittlungsbeamten den Zugriff auf das aufgezeichnete Material erlaubt.

Dieselben Grundsätze gelten für die Verwertung v. Aufnahmen einer an einem **1b**
Wohnhaus **fest installierten Videokamera.** Geht es dabei um die Aufklärung u. Verfolgung v. Straftaten, insb. gegen das Eigentum, aber auch der Gesundheit u. des Lebens, überwiegen die berechtigten Interessen des Anwenders der Videotechnik (vgl. EuGH CR 2015, 100 mAnm Bretthauer/Spiecker gen. Döhmann), aber auch das staatliche Aufklärungsinteresse, die Interessen derjenigen, zB möglicher Straftäter, die Objekt der Videoüberwachung waren (Bretthauer/Spiecker gen. Döhmann CR 2015, 100). Etwaige Verstöße gegen **datenschutzrechtliche Regelungen** stehen einer Verwertung nicht entgegen. Denn auch rechtswidrig von Privatpersonen erlangte Beweismittel sind grds. im Strafverfahren verwertbar; durch das Inkrafttreten der DS-GVO hat sich daran nichts geändert (BGH ZD 2021, 631

mAnm Zeyher; LG Kaiserslautern NJW-Spezial 2025, 250: versteckte Kamera in einem Schlachthof). Diese Grundsätze gelten auch für Tatvideos, die von einer Privatperson mit einem **Smartphone** aufgenommen worden sind (BGH BeckRS 2020, 21303). Vgl. zur Verwertung von polizeilichen Filmaufnahmen in einem Fußballstadium LG Köln StV-S 2021, 135 (Unverwertbarkeit zum Beweis einer Beleidigung im Einzelfall).

1c Die Herstellung von Bildaufnahmen mit sog. **Bodycams** ist in einigen Polizeigesetzen geregelt (zB § 15c PolG NRW). Die Aufnahmen dürfen nach § 161 Abs. 3 im Strafverfahren verwertet werden, weil Bildaufnahmen **außerhalb** von Wohnungen nach Abs. 1 S. 1 Nr. 1 auch mit Wissen des Beschuldigten (hierzu → Rn. 1) zulässig sind (MükoStPO/Rückert Rn. 40; Konietzka Kriminalistik 2023, 515). Beim Einsatz **innerhalb** von Wohnungen zur Eigensicherung dürfen die dabei erlangten Erkenntnisse zur Strafverfolgung nur nach den Maßgaben von Art. 13 Abs. 5 GG verwertet werden (vgl. OLG Karlsruhe 2023, 2888 (2890) zu § 15 BWPolG; erg. → § 161 Rn. 19 f.).

2 **B. Verwendung sonstiger technischer Mittel (Abs. 1 S. 1 Nr. 2).** Als solche sind Mittel anzusehen, die weder das Aufzeichnen v. Bild (dafür gilt Abs. 1 S. 1 Nr. 1) noch v. Wort (das regelt § 100f) betreffen. Zu denken ist hier an Alarmkoffer, Bewegungsmelder, Nachtsichtgeräte, Peilsender (Hilger NStZ 1992, 461 Fn. 89) u. Drohnen (Singelnstein NStZ 2014, 305 (306)). Die Auff., dass Markierungssysteme u. präparierte Gegenstände, auch wenn sie mit technischem Gerät lokalisiert werden, schon nach §§ 161, 163 eingesetzt werden können (so KK-StPO/Henrichs/Weingast Rn. 7), trifft nicht zu (Eisenberg Beweisrecht StPO Rn. 2514). Der Einsatz des „Global Positioning Systems" (GPS: ein satellitengestütztes Ortungssystem, durch das Bewegungen u. Standzeiten eines Fahrzeugs verfolgt werden) ist durch die Vorschr. gedeckt (OLG Düsseldorf NStZ 1998, 268, bestätigt durch BGHSt 46, 266 und BVerfGE 112, 304; erg. → § 100f Rn. 4 aE; vgl. noch OLG Oldenburg (ZS) NJW 2008, 3508), nicht aber die Installation eines Trojaners zum Zweck einer online-Durchsuchung (BGHSt 51, 211 (218); zust. Anm. R. Hamm NJW 2007, 930 (932); zust. auch Cornelius JZ 2007, 798; KMR-StPO/Bär Rn. 10), ebenso wenig der Einsatz „stiller SMS" (BGHSt 63, 82: § 100i Abs. 1 Nr. 1 geht als speziellere Norm vor; erg. → § 100i Rn. 4). Gebräuchliche Observationsmittel, wie etwa Sprechfunkgeräte, unterfallen nicht der Vorschr.; ihr Einsatz ist bereits nach §§ 161, 163 gerechtfertigt (Hilger NStZ 1992, 461 Fn. 89). Bei längerfristiger Observation gilt § 163f (→ § 163f Rn. 2).

3 Der Einsatz der ggü. Abs. 1 S. 1 Nr. 1 **schwerwiegenderen Mittel** iSd Nr. 2 ist nur zulässig, wenn es um eine Straftat v. erheblicher Bedeutung geht (Abs. 1 S. 2). Diese – anders als in § 98a Abs. 1 nicht durch einen generalisierenden Katalog näher umschriebene – Voraussetzung genügt den rechtsstaatlichen Bestimmtheitsanforderungen (BVerfGE 112, 304; vgl. auch → § 98a Rn. 5 u. den Hinweis auf die entspr. Formulierung in den Polizeigesetzen der Länder in BT-Drs. 12/989, 39, zB in §§ 16, 17 PolGNW). Bei Bagatelldelikten scheidet die Anwendung dieser Mittel somit aus; es muss sich mind. um Straftaten der mittleren Kriminalität handeln. Auf die Hervorhebung einer „auch im Einzelfall" erheblichen Bedeutung hat das G hier – anders als etwa in §§ 100g Abs. 1 S. 1 Nr. 1, 100i Abs. 1 – verzichtet.

3a Für die **Überwachung von Zielpersonen mittels GPS-Empfängern durch Private** (va Detekteien) gelten nach der Rspr. folgende Grundsätze (vgl. hierzu BGH NJW 2013, 2530 mAnm Cornelius NJW 2013, 3340): Die Strafvorschrift des § 44 iVm § 43 Abs. 2 Nr. 1 BDSG aF (jetzt: § 44 Abs. 2 Nr. 1 BDSG) ist grds. auf die private GPS-Überwachung durch Detektive anwendbar. Dabei sind die berechtigten Interessen des Detektivs und seines Auftraggebers an der Datenverarbeitung auch dann einer Abwägung mit den Interessen des Betroffenen zugänglich, wenn es nicht um die Aufklärung v. Straftaten besonderer Bedeutung iSv Abs. 1 S. 2 geht; es kommen daher auch zivilrechtliche Ansprüche o. deren Durchsetzung in Betracht (vgl. § 24 Abs. 1 BDSG). Ob berechtigte Interessen an der

Erstellung gerade eines Bewegungsprofils des Betroffenen o. dessen Interessen am Schutz seiner Privatsphäre überwiegen, ist eine Frage des Einzelfalls. So kann etwa das Beweisführungsinteresse des Auftraggebers die Beeinträchtigung des Persönlichkeitsrechts des Observierten dann zulässig machen, wenn ein konkreter Verdacht gegen diesen besteht, die detektivische Tätigkeit zur Klärung der Beweisfrage erforderlich ist u. nicht andere, mildere Maßnahmen als genügend erscheinen. Dann entfällt auch – ausnahmsweise – eine Strafbarkeit wegen vorsätzlichen unbefugten Erhebens v. Daten gegen Entgelt (§ 44 Abs. 2 Nr. 1 BDSG).

C. Subsidiaritätsklausel. Die Maßnahmen nach Abs. 1 unterliegen dem Subsidiaritätsgrundsatz. Erforderlich ist, dass das Ermittlungsergebnis auf andere Weise weniger Erfolg versprechend o. erschwert zu erreichen wäre. Zum ersten Begriff vgl. → § 100a Rn. 13; mit der Beschränkung auf die bloße Erschwernis (vgl. demgegenüber §§ 98a Abs. 1 S. 2, 100a Abs. 1 Nr. 3: wesentlich erschwert) läuft diese Einschränkung weithin leer (vgl. Rieß GS Meyer, 1990, 385), denn wenn der Einsatz der bezeichneten Mittel Erfolg versprechender ist, wird er idR auch leichter als die Benutzung anderer Mittel sein. **4**

D. Betroffene. I. Ohne Wissen. Ohne Wissen des Betroffenen werden die Maßnahmen angeordnet. Damit ist der unauffällige, heimliche Charakter dieser Beobachtungen (genauso wie bei § 100f, → § 100f Rn. 1) angesprochen. Erforderlich ist aber das Vorliegen eines einfachen Tatverdachts, dh es müssen bereits vor der Aufnahme zureichende Anhaltspunkte dafür bestehen, dass der Betroffene eine Straftat o. OWi begangen hat (Singelnstein NStZ 2014, 305). Zur Aufnahme v. Lichtbildern in Kenntnis, aber gegen den Willen des Beschuldigten vgl. → § 81b Rn. 8. **5, 6**

II. Andere Personen. Entgegen der Formulierung in Abs. 2 S. 1 („nur gegen den Beschuldigten") lässt Abs. 2 S. 2 aber auch gegen andere Personen (Nichtbeschuldigte) die Maßnahmen zu. Da hierbei uU sogar nichtverdächtige Personen einer Observation ausgesetzt sind, müssen jedoch erschwerte u. unterschiedliche Voraussetzungen gegeben sein: Soweit es um die weniger belastenden (→ Rn. 1) Bildaufnahmen geht (Abs. 1 S. 1 Nr. 1), genügt es, dass die Erforschung des Sachverhalts o. die Ermittlung des Täters sonst erheblich weniger Erfolg versprechend wäre o. wesentlich erschwert würde (vgl. → § 98a Rn. 3). Der Einsatz besonderer technischer Mittel (Abs. 1 S. 1 Nr. 2) kommt hingegen nur in Betracht, wenn anzunehmen ist, dass die Maßnahme zur Erforschung des Sachverhalts o. zur Ermittlung des Aufenthaltsortes führen wird (Erfolgsprognose, vgl. → § 100a Rn. 18) u. dies auf andere Weise aussichtslos o. wesentlich erschwert wäre (vgl. → § 100a Rn. 13). In diesem Fall muss ferner noch aufgrund bestimmter Tatsachen (→ § 100a Rn. 9) anzunehmen sein, dass der Nichtbeschuldigte mit dem Beschuldigten Verbindung hat o. eine solche herstellen will, es sich also um eine sog. Kontaktperson handelt (vgl. auch → § 163e Rn. 8). Nur insoweit müssen aber „bestimmte Tatsachen", dh konkrete Anhaltspunkte, gegeben sein; darauf, dass die Maßnahme zu Aufklärungserfolgen führen wird sowie auf die Subsidiaritätsklausel (Abs. 2 S. 2 Nr. 2 aE) bezieht sich diese Voraussetzung nicht (str., vgl. → § 100f Rn. 11 aE). **7**

III. Strafverteidiger. Für die Überwachung v. Strafverteidigern sowie der in § 53 genannten (nicht beschuldigten) anderen Berufsgeheimnisträger gilt § 160a (KK-StPO/Henrichs/Weingast Rn. 13; **aM** KMR-StPO/Bär Rn. 17; Beulke/Ruhmannseder StV 2011, 253). **8**

IV. Dritte. Dass Dritte v. den Maßnahmen betroffen werden, lässt sich nicht ausschließen, so zB Straßenpassanten bei einer Bildaufzeichnung. Dies steht nach Abs. 3 der Anordnung der Maßnahme nicht entgegen; andernfalls wäre die Vorschr. weithin sinnentleert (vgl. → § 100f Rn. 13). Richten sich die Maßnahmen gegen den Beschuldigten, werden dadurch aber zugleich Kontaktpersonen **9**

betroffen, gilt Abs. 2 S. 2 nicht; die Kontaktpersonen sind dann Dritte iSd Abs. 3 (Hilger NStZ 1992, 463).

10 **E. Zuständigkeit.** Maßnahmen nach Abs. 1 werden durch die StA o. die Beamten des Polizeidienstes angeordnet (KK-StPO/Henrichs/Weingast Rn. 14; Hilger NStZ 1992, 463 Fn. 117; **aM** Eisenberg Beweisrecht StPO Rn. 2517: nur Ermittlungspersonen iSd § 152 GVG u. auch diese nur bei Unerreichbarkeit der StA); vgl. auch zur Annexkompetenz des OLG in Auslieferungsverfahren OLG Hamm NStZ 2000, 666; 2009, 347.

11 Zur **getrennten Aktenführung** im Falle des Abs. 1 S. 1 Nr. 2 vgl. § 101 Abs. 2 (→ § 101 Rn. 2).

11a **F. Grundrechtssichernde Regelungen.** Grundrechtssichernde Regelungen enthält § 101: Kennzeichnung (§ 101 Abs. 3, → § 101 Rn. 3), Benachrichtigung mit Hinweis auf die Möglichkeit nachträglichen Rechtsschutzes (§ 101 Abs. 4 S. 1 Nr. 7, → § 101 Rn. 4 ff., 15), Löschung (§ 101 Abs. 8, → § 101 Rn. 27).

12 **G. Verwertungsverbot.** Erkenntnisse aus Maßnahmen nach Abs. 1 sind im Ausgangsverfahren grds. unbeschränkt verwertbar (vgl. Hilger NStZ 1992, 463 Fn. 117). Mit dem Einsatz technischer Mittel zur Observation wird typischerweise nicht in den Kernbereich privater Lebensgestaltung eingegriffen (BVerfGE 112, 304; 120, 274; KMR-StPO/Bär Rn. 3, 27; anders AnwK StPO/Löffelmann Rn. 12; SK-StPO/Wolter/Greco Rn. 20; Warntjen, Heimliche Zwangsmaßnahmen u. der Kernbereich privater Lebensgestaltung, 2007, S. 159). Ausgeschlossen ist dies aber nicht (BVerfGE 141, 220 Rn. 176 f.), weshalb der durch G v. 20.11.2019 (BGBl. I 1724) eingeführte Abs. 4 auf § 100d Abs. 1 und Abs. 2 verweist (BT-Drs. 19/4671, 62).

13 Die Verwertung v. **Zufallserkenntnissen** aufgrund v. Bildaufnahmen nach Abs. 1 S. 1 Nr. 1 in anderen Strafverfahren ist nach §§ 161 Abs. 1, 474 Abs. 1 (SK-StPO/Wolter/Greco Rn. 14; → § 161 Rn. 1b aE; § 474 Rn. 2) zulässig; für polizeiliche, insbes. gefahrenabwehrrechtliche Zwecke gilt § 481 (HK-StPO/Gercke/Grötzinger Rn. 13; → § 481 Rn. 2). Die Verwendung v. Zufallserkenntnissen aus Maßnahmen nach Abs. 1 S. 1 Nr. 2 (sonstige technische Mittel) ist für andere Strafverfahren nach Maßgabe des § 479 Abs. 2 S. 1 (vgl. → § 479 Rn. 3 ff.), die Verwendung v. Erkenntnissen aus dem Einsatz dieser Mittel für präventive Zwecke in § 479 Abs. 2 S. 2 Nr. 1 u. 2) näher geregelt (→ § 479 Rn. 10).

14 **H. Rechtsschutz.** Für die Zielperson sowie die erheblich mitbetroffenen Personen (vgl. → § 101 Rn. 11) steht als *lex specialis* der (befristete) Rechtsbehelf nach § 101 Abs. 7 S. 2–4 iVm Abs. 4 S. 1 Nr. 7 gegen die Anordnung sowie die Art u. Weise ihres Vollzugs zur Vfg. (→ § 101 Rn. 25 ff.). Für danach nicht Antragsberechtigte gilt: Gegen die Maßnahmen der StA u. der Polizei kann entspr. § 98 Abs. 2 S. 2 das Gericht angerufen werden (krit. Amelung FS BGH IV, 2000, 924), auch soweit die Art u. Weise des Vollzugs beanstandet wird (BT-Drs. 16/5846, 62; **aM** AnwK StPO/Löffelmann Rn. 11; erg. → § 98 Rn. 23; → EGGVG § 23 Rn. 10), ggf. auch noch nach Erledigung der Maßnahmen (vgl. → Vor § 296 Rn. 17 ff.).

15 **I. Revision.** Die Revision kann wie bei § 100a (→ § 100a Rn. 39) darauf gestützt werden, dass die Beweiswürdigung auf unverwertbaren Erkenntnissen beruht. Ebenso wie dort setzt die Geltendmachung v. Rechtsverletzungen in der Revision einen vorherigen **Widerspruch** in der Tatsacheninstanz voraus (KK-StPO/Henrichs/Weingast Rn. 22; s. a. MüKoStPO/Rückert Rn. 47; erg. → § 100e Rn. 31; vgl. zur Widerspruchsobliegenheit u. zum erforderlichen Vortrag OLG Bamberg DAR 2010, 279). Zudem muss die Revision gem. § 344 Abs. 2 S. 2 regelmäßig die Verdachts- und Beweislage, die im Zeitpunkt der beanstandeten Beweisgewinnung gegeben war, anhand der Aktenlage rekonstruieren und mitteilen (BGH JR 2021, 231).

Technische Ermittlungsmaßnahmen bei Mobilfunkendgeräten

100i (1) **Begründen bestimmte Tatsachen den Verdacht, dass jemand als Täter oder Teilnehmer eine Straftat von auch im Einzelfall erheblicher Bedeutung, insbesondere eine in § 100a Abs. 2 bezeichnete Straftat, begangen hat, in Fällen, in denen der Versuch strafbar ist, zu begehen versucht hat oder durch eine Straftat vorbereitet hat, so dürfen durch technische Mittel**

1. die Gerätenummer eines Mobilfunkendgerätes und die Kartennummer der darin verwendeten Karte sowie

2. der Standort eines Mobilfunkendgerätes

ermittelt werden, soweit dies für die Erforschung des Sachverhalts oder die Ermittlung des Aufenthaltsortes des Beschuldigten erforderlich ist.

(2) [1] **Personenbezogene Daten Dritter dürfen anlässlich solcher Maßnahmen nur erhoben werden, wenn dies aus technischen Gründen zur Erreichung des Zwecks nach Absatz 1 unvermeidbar ist.** [2] **Über den Datenabgleich zur Ermittlung der gesuchten Geräte- und Kartennummer hinaus dürfen sie nicht verwendet werden und sind nach Beendigung der Maßnahme unverzüglich zu löschen.**

(3) [1] **§ 100a Abs. 3 und § 100e Absatz 1 Satz 1 bis 3, Absatz 3 Satz 1 und Absatz 5 Satz 1 gelten entsprechend.** [2] **Die Anordnung ist auf höchstens sechs Monate zu befristen.** [3] **Eine Verlängerung um jeweils nicht mehr als sechs weitere Monate ist zulässig, soweit die in Absatz 1 bezeichneten Voraussetzungen fortbestehen.**

Übersicht

A. Zweck. Die Vorschr. regelt die Erfassung v. **Positions- u. Standortmeldungen v. Mobiltelefonen.** Während sich im Telefon-Festnetz aus dem Standort die Rufnummer des verwendeten Anschlusses ableiten lässt, kann über den Aufenthaltsort eines Mobilfunkteilnehmers nicht mehr auf dessen Anschlusskennung geschlossen werden. In seiner ursprünglichen Fassung schuf § 100i deshalb die Voraussetzungen für die Erhebung der gem. § 100b Abs. 2 S. 2 aF (nunmehr § 100e Abs. 3 S. 2 Nr. 5) erforderlichen „andere(n) Kennung" eines Mobilfunkendgerätes („Handy") zur Vorbereitung v. Telekommunikationsüberwachungen nach § 100a o. zu Standortermittlungen zwecks Festnahme o. Ergreifung eines Täters. Mit dem Erfordernis einer Straftat v. erheblicher Bedeutung hat das G v. 21.12.2007 (BGBl. I 3198) die Eingriffsschwelle vereinheitlicht u. zT abgesenkt. Nunmehr ist es auch zulässig, den **„IMSI-Catcher"** zur Unterstützung v. Observationsmaßnahmen nach §§ 100h Abs. 1 S. 1 Nr. 2, 163f Abs. 1, etwa zur Herstellung eines Bewegungsprofils (erg. → § 163f Rn. 2), o. zur Vorbereitung einer 1

Verkehrsdatenerhebung (§ 100g) einzusetzen. Die nunmehr in § 100e Abs. 3 S. 2 Nr. 5 genannte „andere Kennung“ wird in Anlehnung an § 9 Abs. 4 BVerfSchG in Abs. 1 Nr. 1 mit den Worten „Gerätenummer eines Mobilfunkendgerätes“ u. „Kartennummer der darin verwendeten Karte“ umschrieben. Damit sind die für die Verkehrsabwicklung in den Mobilfunknetzen gebräuchlichen Kennungen **IMEI** (International Mobile Equipment Identity = Gerätenummer) u. **IMSI** (International Mobile Subscriber Identity = Kartennummer) gemeint. Die IMSI ist weltweit nur einmal vergeben; sie ist nur den Netzbetreibern bekannt. Durch den Einsatz einer Messtechnik (GA 090/GA 900, sog. „IMSI-Catcher“; zu den technischen Abläufen Keller/Braun/Hoppe Telekommunikationsüberwachung S. 65; Gercke StraFo 2003, 78; Harnisch/Pohlmann HRRS 2009, 202) können sowohl die IMSI als auch die IMEI eines aktiv geschalteten Mobilfunkanschlusses ermittelt werden. Dies ist etwa v. Bedeutung, wenn die Rufnummer nicht bekannt ist, weil der Betroffene sich ein Mobiltelefon v. einem Unbekannten geliehen, die Chipkarte getauscht o. eine Karte unter falschen Personalien gekauft hat; nur durch diese Ermittlung des genutzten Handys wird es dann möglich, Telekommunikationsüberwachungen zu schalten (Zöller FS Hilger, 2003, 302). Ebenso lassen sich hierdurch die notwendigen Informationen zur Ermittlung des Standortes eines gesuchten Täters gewinnen (erg. → Rn. 11; vgl. zum Ganzen BVerfG NJW 2007, 351; Hilger GA 2002, 557). Entsprechende Maßnahmen zur Gefahrenabwehr beruhen etwa auf § 53 BKAG, §§ 8 Abs. 2, 9 Abs. 4 BVerfSchG, § 5 BNDG und § 5 MADG (s. BT-Drs. 17/7652, 1, 2).

2 **Nicht in den Schutzbereich des Art. 10 Abs. 1 GG** fällt die Erhebung der Daten, auf die nach § 100i zugegriffen werden darf, nach Ansicht des BVerfG (NJW 2007, 351). Zur Begründung verweist das BVerfG (NJW 2007, 351 (353) mwN; zur Gegenansicht NJW 2007, 351 (354)) darauf, dass die Feststellung der Geräte- o. Kartennummer unabhängig v. einem tatsächlich stattfindenden o. zumindest versuchten Kommunikationsvorgang zwischen Menschen sei; beim Einsatz des „IMSI-Catchers“ kommunizierten ausschl. technische Geräte miteinander. Dagegen wird eingewendet, dass nicht das Telefon, sondern dessen Nutzer empfangs- u. kommunikationsbereit sei (Korn HRRS 2009, 113; Nachbaur NJW 2007, 337); zur Verfassungsmäßigkeit des § 100i vgl. Harnisch/Pohlmann HRRS 2009, 210 ff.

3 Soweit „IMSI-Catcher“ das **Mithören** laufender Mobilfunkgespräche in Echtzeit ermöglichen sollen (Fox DuD 2002, 214; Harnisch/Pohlmann HRRS 2009, 204; Ronellenfitsch DuD 2007, 569; 2008, 114), wird die Nutzung dieser Funktion durch § 100i nicht gedeckt (BVerfG NJW 2007, 351 (356)); dies bedarf **zusätzlich** einer Anordnung nach **§§ 100a, 100b** (KMR-StPO/Bär Rn. 6).

4 Der Einsatz **„stiller SMS“** (sog. Stealth-ping-Verfahren) dient der heimlichen Ortung eines Mobilfunkgeräts. Mit der Versendung einer „stillen SMS“ durch die Ermittlungsbehörden werden Standortdaten des kontaktierten Mobiltelefons erzeugt, die gem. § 100g Abs. 1 S. 1 Nr. 1, Abs. 1 S. 4 beim Provider erhoben werden dürfen, womit das Mobiltelefon geortet werden kann. Der BGH hat nunmehr entschieden, dass § 100i Abs. 1 Nr. 2 die alleinige **Rechtsgrundlage** für den Einsatz „stiller SMS“ ist (BGHSt 63, 82 mzustAnmBär MMR 2018, 826; erg. → § 100g Rn. 21; → § 100h Rn. 2; → § 161 Rn. 1). Eine Beschränkung auf den „IMSI-Catcher“ lässt sich dem Wortlaut der Norm („technische Mittel“) nicht entnehmen (BGHSt 63, 82; **aM** Rückert NStZ 2018, 613; krit. ebenfalls Puschke NJW 2018, 2811). Der BGH hat damit die bisher bestehenden Unsicherheiten beseitigt (vgl. zu den bisher vertretenen Ansichten → 61. Aufl. 2018, § 161 Rn. 1).

5 **B. Materiellen Voraussetzungen.** Die materiellen Voraussetzungen für den Einsatz des **„IMSI-Catchers“** o. der **„stillen SMS“** enthält Abs. 1:

6 **I. Straftat von erheblicher Bedeutung.** Eine Straftat von erheblicher Bedeutung muss Gegenstand der Untersuchung sein. Die Verweisung auf den Katalog in **§ 100a Abs. 2** ist nicht abschl. („insbesondere“; krit. Puschke/Singelnstein NJW 2008, 114 Fn. 12). Bei Bagatelldelikten scheidet die Anwendung dieses Mittels allerdings aus; es muss sich mind. um eine Straftat der mittleren Kriminalität

handeln (vgl. → § 98a Rn. 5). Auch im konkreten Einzelfall, nicht nur abstrakt, muss die Anlasstat v. erheblicher Bedeutung sein, wie der Wortlaut des Abs. 1 klarstellt (vgl. → § 100f Rn. 7).

Bestimmte Tatsachen müssen den Verdacht einer der in Abs. 1 bezeichneten Straftaten begründen. Zu dem danach erforderlichen Verdachtsgrad vgl. → § 100a Rn. 9. 7

Die **Teilnahme an der Anlasstat** (§§ 25 ff. StGB) steht der Täterschaft gleich, nicht aber Strafvereitelung u. Begünstigung. Der strafbare Versuch der Tat, auch die Teilnahme am Versuch, wird wie die Vollendung behandelt. Vorbereitungshandlungen u. die Teilnahme daran rechtfertigen die Überwachung nur, wenn sie ihrerseits als selbständige – für sich gesehen nicht notwendig iSd Abs. 1 erhebliche – Straftaten o. nach § 30 StGB (vgl. BGHSt 32, 10 (16) zu § 100a; Schnarr NStZ 1990, 259) strafbar sind; die Anordnung nach § 100i ergeht in dem Verf. wegen dieser Tat. 8

II. Ermittlungsziele. Die mit dem Einsatz des „IMSI-Catchers" o. der „stillen SMS" zu verfolgenden Ermittlungsziele sind die Erforschung des Sachverhalts o. die Ermittlung des Aufenthaltsortes des Beschuldigten. Nur soweit die Kenntnis der Geräte- u. Kartennummer o. des Standorts des Mobiltelefons hierfür erforderlich ist, ist der Eingriff zulässig. Die Aufenthaltsermittlung umfasst die früher im G ausdr. genannten Ziele der vorl. Festnahme nach § 127 Abs. 2 o. der Ergreifung des Täters aufgrund eines Haftbefehls (§ 114) o. eines Unterbringungsbefehls (§ 126a). Eine darüber hinausgehende Subsidiaritätsklausel enthält das G nicht. 9

Auch **zur Eigensicherung** der zur vorl. Festnahme o. Ergreifung eingesetzten Beamten des Polizeidienstes ist die Maßnahme zulässig; denn der Einsatz des „IMSI-Catchers" o. der „stillen SMS" iRe Eigensicherung dient dazu, den aktuellen Aufenthaltsort des Beschuldigten zu ermitteln (→ Rn. 9; BT-Drs. 16/5846, 56; KMR-StPO/Bär Rn. 10). 10

Kumulation: Das G lässt nunmehr auch die Ermittlung der Geräte- u. Kartennummer (Abs. 1 Nr. 1) zu, um damit die technischen Voraussetzungen für die genaue Standortbestimmung des Mobiltelefons (Abs. 1 Nr. 2) zu schaffen; dieses gestufte Vorgehen dient insges. der Ermittlung des Aufenthaltsorts des Beschuldigten (KMR-StPO/Bär Rn. 11; Harnisch/Pohlmann HRRS 2009, 207; **aM** BeckOK StPO/Hegmann Rn. 5). Die frühere Begrenzung des Zwecks der Erhebung v. IMSI u. IMEI auf die Überwachung nach § 100a ist entfallen (vgl. BVerfG NJW 2007, 351 (352)). 11

C. Betroffene. I. Zielpersonen. Zielpersonen der Maßnahme sind die in § 100a Abs. 3 genannten Personen: der Beschuldigte u. die dort bezeichneten Kontaktpersonen, insbes. die **Nachrichtenmittler** (Abs. 3 S. 1); wegen der Einzelheiten vgl. → § 100a Rn. 16–20. Für die Betroffenheit v. Verteidigern ua **Berufsgeheimnisträgern** gilt § 160a (KK-StPO/Henrichs/Weingast Rn. 8). 12, 13

II. Dritte (Abs. 2). Funktionsbedingt lässt sich nicht ausschließen, dass durch den Einsatz der Messtechnik auch personenbezogene Daten Dritter erhoben werden. Dies wird, soweit es aus technischen Gründen zur Erreichung des Zwecks nach Abs. 1 unvermeidbar ist, – verfassungsrechtlich unbedenklich (BVerfG NJW 2007, 351) – gestattet. Abs. 2 S. 2 schließt durch das Verbot der Zweckänderung jegliche weitere Verwendung aus, die über die Ermittlung der gesuchten Kennungen (→ Rn. 1) hinausgeht, statuiert also insoweit ein **Verwendungsverbot** (vgl. → Einl. Rn. 57d). Auch Zufallsfunde dürfen daher weder als Spurenansatz noch zu Beweiszwecken verwendet werden (Harnisch/Pohlmann HRRS 2009, 209; Rogall JZ 2008, 827). Die Bestimmung geht der **allg. Regelung in § 479 Abs. 2** vor (§ 479 Abs. 2 S. 3). Im Übrigen fordert Abs. 2 S. 2, solche Daten nach Beendigung der Maßnahme unverzüglich zu löschen. Verwendungsver- u. Löschungsgebot sind auch dann (für die nach Abs. 2 S. 1 erlangten Daten) strikt zu beachten, wenn zeitgleich Maßnahmen nach §§ 100a, 100g angeordnet wurden (vgl. BVerfG NJW 2007, 351 (356)). 14

15, 16 **D. Anordnung. I. Zuständigkeit.** Zuständig für die Anordnung ist grds. – nur auf Antrag der StA – der Richter, lediglich bei Gefahr im Verzug auch die StA (nicht deren Ermittlungspersonen), deren Anordnung aber außer Kraft tritt, wenn sie nicht binnen 3 Werktagen richterlich bestätigt wird (Abs. 3 S. 1 iVm § 100e Abs. 1 S. 1–3, erg. → § 100e Rn. 4). Besonders im Fall des Abs. 1 Nr. 2 kann ein rasches Handeln der StA notwendig sein. Der Einsatz des IMSI-Catchers erfolgt durch die Strafverfolgungsbehörde, Unterstützung durch die Telekommunikationsdienste ist idR nicht erforderlich (Hilger GA 2002, 559; → Rn. 19).

17 **II. Form.** Die Anordnung muss in jedem Fall schriftlich ergehen (Abs. 3 S. 1 iVm § 100e Abs. 3 S. 1, erg. → § 100e Rn. 10); sie ist gem. § 34 zu begründen.

18 **III. Dauer.** Grundsätzlich soll die Maßnahme nicht mehr als **6 Monate** andauern; soweit die Voraussetzungen (→ Rn. 5 ff.) aber fortbestehen, darf um jew. nicht mehr als 6 Monate **verlängert** werden (Abs. 3 S. 2, 3). Die für die Telekommunikationsüberwachung selbst in § 100e Abs. 1 S. 4 und 5 gesetzten Fristen sind damit jew. verdoppelt (erg. → § 100e Rn. 5).

19 **E. Mitwirkungspflichten.** Soweit es um die Vorbereitung einer Maßnahme nach § 100a oder § 100g geht, ergeben sich die daraus folgenden Mitwirkungspflichten der Telekommunikationsdienste aus § 100a Abs. 4 (vgl. → § 100a Rn. 24), § 100g Abs. 2 S. 1 (KMR-StPO/Bär Rn. 17). Soweit die Maßnahme der Ermittlung des Standortes des Mobilfunkendgerätes dient, sind die Telekommunikationsdienstleister zur Mitteilung der Geräte- (IMEI) u. Kartennummer (IMSI) aufgrund der allgemeinen Befugnisnormen (§§ 94 ff., 161, 163) iVm den Auskunftspflichten nach §§ 171 TKG verpflichtet (BT-Drs. 16/5846, 56; → § 99 Rn. 15; vgl. aber auch → Rn. 11). Zur Vorbereitung des IMSI-Catcher-Einsatzes erforderliche Standortdaten können nach § 100g (→ § 100g Rn. 6) erhoben werden.

20 **F. Beendigung der Maßnahme (Abs. 3 S. 1 iVm § 100e Abs. 5 S. 1).** Nach Wegfall der Voraussetzungen des § 100i ist der Einsatz des „IMSI-Catchers" o. „stiller SMS" unverzüglich, dh ohne vermeidbare Verzögerung, zu beenden, zB wenn der Tatverdacht entkräftet o. die Maßnahme nicht mehr erforderlich ist. Die endgültige Entsch. über die Beendigung der Maßnahme trifft idR die StA, der Richter nur, wenn Überwachungszweck die Aufenthaltsermittlung in einem gerichtlich anhängigen Verf. ist (str., vgl. → § 100e Rn. 19). Eine Wiederholung der Maßnahme ist zulässig, wenn die Voraussetzungen des § 100i erneut gegeben sind.

21 **G. Grundrechtssichernde Regelungen. Grundrechtssichernde Regelungen** enthält § 101: Kennzeichnung (§ 101 Abs. 3, → § 101 Rn. 3), Benachrichtigung mit Hinweis auf die Möglichkeit nachträglichen Rechtsschutzes (§ 101 Abs. 4 S. 1 Nr. 8, → § 101 Rn. 4 ff., 15), Löschung (§ 101 Abs. 8, → § 101 Rn. 27).

22 **H. Anfechtung.** Es gelten die Ausführungen in → § 101 Rn. 25 hins. des Antrags der Zielperson (§ 101 Abs. 7 S. 2 iVm Abs. 4 S. 1 Nr. 8 als lex specialis) sowie der allg. Rechtsbehelfe entsprechend.

Bestandsdatenauskunft

100j (1) [1] **Soweit dies für die Erforschung des Sachverhalts oder die Ermittlung des Aufenthaltsortes eines Beschuldigten erforderlich ist, darf Auskunft verlangt werden**

1. **über Bestandsdaten gemäß § 3 Nummer 6 des Telekommunikationsgesetzes und über die nach § 172 des Telekommunikationsgesetzes erhobenen Daten (§ 174 Absatz 1 Satz 1 des Telekommunikationsgesetzes) von demjenigen, der geschäftsmäßig Telekommunikationsdienste erbringt oder daran mitwirkt, und**
2. **über Bestandsdaten gemäß § 2 Absatz 2 Nummer 2 des Telekommunikation-Digitale-Dienste-Datenschutz-Gesetzes (§ 22 Absatz 1 Satz 1 des Telekommunikation-Digitale-Dienste-Datenschutz-Gesetzes) von**

demjenigen, der geschäftsmäßig eigene oder fremde digitale Dienste zur Nutzung bereithält oder den Zugang zur Nutzung vermittelt.

[2] Bezieht sich das Auskunftsverlangen nach Satz 1 Nummer 1 auf Daten, mittels derer der Zugriff auf Endgeräte oder auf Speichereinrichtungen, die in diesen Endgeräten oder hiervon räumlich getrennt eingesetzt werden, geschützt wird (§ 174 Absatz 1 Satz 2 des Telekommunikationsgesetzes), darf die Auskunft nur verlangt werden, wenn die gesetzlichen Voraussetzungen für die Nutzung der Daten vorliegen. [3] Bezieht sich das Auskunftsverlangen nach Satz 1 Nummer 2 auf als Bestandsdaten erhobene Passwörter oder andere Daten, mittels derer der Zugriff auf Endgeräte oder auf Speichereinrichtungen, die in diesen Endgeräten oder hiervon räumlich getrennt eingesetzt werden, geschützt wird (§ 23 des Telekommunikation-Digitale-Dienste-Datenschutz-Gesetzes), darf die Auskunft nur verlangt werden, wenn die gesetzlichen Voraussetzungen für ihre Nutzung zur Verfolgung einer besonders schweren Straftat nach § 100b Absatz 2 Nummer 1 Buchstabe a, c, e, f, g, h oder m, Nummer 3 Buchstabe b erste Alternative oder Nummer 5, 5a, 5b, 6, 9 oder 10 vorliegen.

(2) **[1] Die Auskunft nach Absatz 1 darf auch anhand einer zu einem bestimmten Zeitpunkt zugewiesenen Internetprotokoll-Adresse verlangt werden (§ 174 Absatz 1 Satz 3, § 177 Absatz 1 Nummer 3 des Telekommunikationsgesetzes und § 22 Absatz 1 Satz 3 und 4 des Telekommunikation-Digitale-Dienste-Datenschutz-Gesetzes). [2] Das Vorliegen der Voraussetzungen für ein Auskunftsverlangen nach Satz 1 ist aktenkundig zu machen.**

(3) **[1] Auskunftsverlangen nach Absatz 1 Satz 2 und 3 dürfen nur auf Antrag der Staatsanwaltschaft durch das Gericht angeordnet werden. [2] Im Fall von Auskunftsverlangen nach Absatz 1 Satz 2 kann die Anordnung bei Gefahr im Verzug auch durch die Staatsanwaltschaft oder ihre Ermittlungspersonen (§ 152 des Gerichtsverfassungsgesetzes) getroffen werden. [3] In diesem Fall ist die gerichtliche Entscheidung unverzüglich nachzuholen. [4] Die Sätze 1 bis 3 finden bei Auskunftsverlangen nach Absatz 1 Satz 2 keine Anwendung, wenn die betroffene Person vom Auskunftsverlangen bereits Kenntnis hat oder haben muss oder wenn die Nutzung der Daten bereits durch eine gerichtliche Entscheidung gestattet wird. [5] Das Vorliegen der Voraussetzungen nach Satz 4 ist aktenkundig zu machen.**

(4) **[1] Die betroffene Person ist in den Fällen des Absatzes 1 Satz 2 und 3 und des Absatzes 2 über die Beauskunftung zu benachrichtigen. [2] Die Benachrichtigung erfolgt, soweit und sobald hierdurch der Zweck der Auskunft nicht vereitelt wird. [3] Sie unterbleibt, wenn ihr überwiegende schutzwürdige Belange Dritter oder der betroffenen Person selbst entgegenstehen. [4] Wird die Benachrichtigung nach Satz 2 zurückgestellt oder nach Satz 3 von ihr abgesehen, sind die Gründe aktenkundig zu machen.**

(5) **[1] Auf Grund eines Auskunftsverlangens nach Absatz 1 oder 2 hat derjenige, der geschäftsmäßig Telekommunikationsdienste oder *Telemediendienste*[1] erbringt oder daran mitwirkt, die zur Auskunftserteilung erforderlichen Daten unverzüglich zu übermitteln. [2] § 95 Absatz 2 gilt entsprechend.**

A. Entstehungsgeschichte. Die durch **G v. 20.6.2013** (BGBl. I 1602) eingeführte, am 1.7.2013 in Kraft getretene Vorschr. normiert die **strafprozessualen Erhebungsbefugnisse für Bestandsdaten** entspr. den Vorgaben der Entsch. des BVerfG v. 24.1.2012 – 1 BvR 1299/05 (BVerfG 130, 151), das bisherige Regelungen in § 113 TKG aF nur noch übergangsweise bis zum 30.6.2013 für anwendbar 1

[1] **Red. Anm.:** Nach den Änderungen durch G v. 6.5.2024 (BGBl. I Nr. 149) ab 14.5.2024 wohl richtig: „digitale Dienste".

erklärt hatte. Bestandsdaten (§ 3 Nr. 6 TKG; § 2 Abs. 2 Nr. 2 TDDDG) sind insb. Name u. Anschrift des Anschlussinhabers, zugeteilte Rufnummern ua Anschlusskennungen, für die eine Speicherungspflicht nach § 172 Abs. 1 TKG besteht; nicht erfasst werden die bei der eigentlichen Telekommunikation anfallenden Verkehrsdaten (§ 3 Nr. 70 TKG), deren Erhebung erhöhten Anforderungen unterliegt (vgl. § 100g).

1a Der BT hat im Zuge der Anpassung der Regelungen über die Bestandsdatenauskunft in anderen Gesetzen (zB BKAG) an die Vorgaben der Entsch. des **BVerfG v. 27.5.2020** (BVerfG NJW 2020, 2699) aus Gründen der Normenklarheit auch die Änd. v. § 100j beschlossen (vgl. zu den Auswirkungen der Entsch. des BVerfG auf § 100j aF Holznagel NJW 2020, 2725; s. auch Krause Kriminalistik 2020, 546 zur Bewertung aus Sicht der Strafverfolgungspraxis). Es sollten insbes. die Abrufregelungen in § 100j an die Übermittlungsbefugnisse der Diensteanbieter nach dem TKG u. dem TMG aF angepasst werden (BT-Drs. 19/25294, 49). Mit **G v. 30.3.2021** (BGBl. I 448) wurde § 100j auf die nach § 14 TMG aF erhobenen Daten erweitert; mit G v. 23.6.2021 wurde der Regelungsinhalt des dadurch gestrichenen § 14 TMG aF mit Wirkung zum 1.12.2021 in § 22 TTDSG aF (BGBl. I 1982) überführt (BT-Drs. 19/27441, 2, 28, 32). In Folge der Neufassung des TKG mit G v. 28.6.2021 wurden Abs. 1 und Abs. 2 redaktionell geändert (BGBl. I 1858, 1970 f.). Durch **G v. 6.5.2024** wurde das TTDSG in TDDDG umbenannt (BGBl. 2024 I Nr. 149). Für Bestandsdaten gilt seither § 22 TDDDG.

2 **B. Allgemeine Befugnisnorm (Abs. 1 S. 1).** Abs. 1 S. 1 setzt die Forderung des BVerfG (BVerfGE 130, 151) nach einer ausdr. ges. Befugnisnorm für das Auskunftsverlangen der Strafverfolgungsbehörden bzgl. personenbezogener **Bestandsdaten,** die v. Diensteanbietern nach §§ 172 TKG (Nr. 1) und § 22 Abs. 1 S. 1 TTDSG (Nr. 2) zu Geschäftszwecken erhoben werden. Zu diesen gehören etwa Name u. Anschrift des Kunden, aber auch die ihm fest zugeteilte **(statische) IP-Adresse** bei der Internet-Kommunikation (dynamische IP-Adressen unterfallen Art. 10 GG (BVerfG NJW 2020, 2699 (2705)); vgl. → § 100g Rn. 8; s. a. → Rn. 4) sowie bei Mobilfunkverträgen die sog. IMEI (Gerätenummer des Mobiltelefons), die IMSI (die auf der SIM-Karte gespeicherte Teilnehmeridentifikationsnummer, KK-StPO/Henrichs/Weingast Rn. 2) u. die ICCID (die v. Telekommunikationsdienstanbieter ausgegebene Seriennummer einer SIM-Karte, soweit es sich um die Daten des bei Vertragsabschluss registrierten Nutzers handelt, s. Hieramente/Pfister StV 2017, 477 (478); erg. → § 100g Rn. 7, 44). Über alle diese Bestandsdaten dürfen zur Verfolgung v. Straftaten Auskünfte v. Diensteanbietern verlangt werden, wenn dies zur Sachverhaltserforschung o. Ermittlung des Aufenthaltsortes eines Beschuldigten erforderlich ist; Anknüpfungspunkt für die Auskunft kann auch ein Bestandsdatum, etwa eine statische IP-Adresse, sein (für Auskünfte anhand dynamischer IP-Adressen gilt Abs. 2 → Rn. 4). Ausreichend ist das Bestehen eines **Anfangsverdachts** iSv § 152 Abs. 2 (Dalby CR 2013, 361). Die Auskunftspflicht bezieht sich auch auf nicht beschuldigte Dritte. Ausgeschlossen ist sie nur bei Anfragen ohne jeden Verfahrensbezug (Bär MMR 2013, 700 (702)). Weitere spezifische Befugnisse für Auskunftsverlangen werden in den Fachgesetzen geregelt (vgl. §§ 10, 40, 63a, 66a BKAG, § 22a BPolG, § 8d BVerfSchG, § 10 ZFdG, § 4 BNDG, § 4b MADG).

3 **C. Zugangssicherungscodes (Abs. 1 S. 2 und 3).** Das Auskunftsverlangen nach Abs. 1 S. 2 und 3 bezieht sich auf personenbezogene Berechtigungskennungen, die bei Telekommunikations- (Abs. 1 S. 2) o. Telemediendienstanbietern (Abs. 1 S. 3) erhoben wurden. Dabei handelt es sich va um durch **Passwörter, PIN-Codes o. PUK-Codes** gesicherte Daten, die die Betroffenen vor einem Zugriff schützen. Die Auskunft darf nur verlangt werden, wenn die ges. Voraussetzungen für ihre Nutzung gegeben sind (zB die für das durch die Verwendung des PIN-Codes ermöglichte Auslesen des Mobiltelefons). Das Auskunftsverlangen ist insoweit also an die uU weitergehenden **ges. Voraussetzungen für ihre jeweilige Nutzung,** dh an ihre jeweiligen strafprozessualen Eingriffsbedingungen,

geknüpft. Soll die Nutzung des Zugangscodes die Überwachung eines noch nicht abgeschlossenen Telekommunikationsvorgangs ermöglichen, setzt dies die Einhaltung der strengen materiellen Anforderungen (§ 100a) u. eine richterliche Anordnung o. Bestätigung (§ 100e) voraus (BVerfG 130, 151 Rn. 184). Sollen demgegenüber mit dem Code nach Beschlagnahme eines Mobiltelefons auf diesem gespeicherte Daten ausgelesen werden, können hierfür geringere Eingriffsschwellen ausreichen (vgl. § 98 Abs. 1, Abs. 2; BVerfGE 130, 151 Rn. 184). Durch die Bezugnahme auf geschützte „Daten" werden auch Zugangssicherungen bei **Cloud-Diensten** erfasst, mit denen die Daten auf räumlich getrennten Speichermedien vorgehalten werden (BT-Drs. 17/12879, 17; Bär MMR 2013, 700 (702); Dalby CR 2013, 361; KK-StPO/Henrichs/Weingast Rn. 3; **aM** Wicker MMR 2014, 298; SSW StPO/Eschelbach Rn. 10), wobei sich allerdings bei grenzüberschreitend angelegten Speichern aus dem Territorialitätsprinzip Zugriffshindernisse ergeben können (SSW StPO/Eschelbach Rn. 10; erg. → § 110 Rn. 7a–c). Auskunft über Passwörter o. vergleichbare Daten, die v. Diensteanbietern erhoben worden sind (Abs. 1 S. 3), darf im Hinblick auf § 23 Abs. 2 Nr. 1 TDDDG nur zur Verfolgung v. bestimmten schweren Straftaten iSd § 100b Abs. 2 verlangt werden (s. a. BT-Drs. 19/25294, 49 f.; Großmann StV-S 2021, 31).

D. Dynamische IP-Adressen (Abs. 2). Abs. 2 S. 1 stellt klar, dass Auskünfte auch **anhand einer** zu einem bestimmten Zeitpunkt zugewiesenen **(dynamischen) IP-Adresse** unter den Voraussetzungen von Abs. 1 und der dort geregelten Eingriffsschwelle (KK-StPO/Henrichs/Weingast Rn. 4: § 152 Abs. 2) erteilt werden müssen. Dabei muss die Bestandsdatenanfrage immer anhand eines konkreten Zeitpunktes erfolgen, zu dem die IP-Adresse einem Nutzer zugewiesen war (BT-Drs. 17/12879, 10). Mittels des Verweises auf § 177 Abs. 1 Nr. 3 TKG sieht Abs. 2 S. 1 vor, dass für Bestandsdatenauskünfte anhand v. Internetprotokoll-Adressen auch solche verwendet werden dürfen, die nach § 176 TKG gespeichert sind (vgl. BT-Drs. 18/5088, 33); die Regelung hat allerdings keine praktische Relevanz, da eine Vorratsdatenspeicherung nicht stattfindet (erg. → § 100g Rn. 4, 22). Die Auskunft anhand einer statischen IP-Adresse ist schon nach Abs. 1 möglich; Abs. 2 soll lediglich „auch" das Auskunftsverlangen anhand dynamischer IP-Adressen ermöglichen (→ Rn. 2; **aM** wohl MüKoStPO/Rückert Rn. 36, der eine Anwendung von Abs. 2 befürwortet). 4

Die **Erhebung** der dem Auskunftsverlangen zugrundeliegenden **dynamischen IP-Adresse selbst** kann – anders als bei statischen IP-Adressen (→ Rn. 2) – nicht auf Abs. 2 S. 1 gestützt werden, weil ihre Zuordnung dem Schutzbereich des Art. 10 Abs. 1 GG unterfällt (vgl. BVerfGE 130, 151 Rn. 116; s. a. KK-StPO/Henrichs/Weingast Rn. 2); sie ist vielmehr nach **§ 100g** zu erheben (→ § 100g Rn. 8; ebenso Löwe/Rosenberg/Hauck Rn. 14; MüKoStPO/Rückert Rn. 38; **aA** Bär MMR 2013, 700 (703); eine Anwendung von Abs. 2 befürwortend auch BeckOK StPO/Graf Rn. 28; s. a. KK-StPO/Henrichs/Weingast Rn. 2, 4). Kritisch zur ges. Regelung Hauck StV 2014, 360 (362). Durch Abs. 2 S. 2 soll die für gefahrenabwehrrechtliche Abfragebefugnisse v. BVerfG geforderte Dokumentationspflicht auch für strafprozessuale Auskunftsverlangen nach Abs. 1 S. 1 umgesetzt werden (BT-Drs. 19/25294, 47). 4a

E. Richtervorbehalt (Abs. 3). Auskunftsverlangen nach Abs. 1 S. 2 und 3, die Zugangssicherungscodes betreffen, sollen grds. nur auf Antrag der StA mit richterlicher Zustimmung erfolgen (Abs. 3 S. 1). S. 2 enthält für die Fälle des Abs. 1 S. 2 eine eng auszulegende Eilkompetenz der StA bzw. ihrer Ermittlungspersonen (§ 152 GVG), die ggf. die gerichtliche Entsch. unverzüglich nachzuholen haben (S. 3). Ein **richterlicher Beschl.** ist bei Auskunftsverlangen nach Abs. 1 S. 2 ausnahmsweise **entbehrlich** (S. 4), wenn die Nutzung der Zugangssicherungscodes bereits durch eine richterliche Entscheidung, wie etwa durch einen entspr. Beschlagnahmebeschluss der gesicherten Daten, gestattet wurde o. der Betroffene Kenntnis v. Herausgabeverlangen hat o. haben muss (BT-Drs. 17/12879, 11). Dies ist der Fall, wenn der Betroffene in die Nutzung ausdr. eingewilligt hat o. er mit 5 deren Nutzung rechnen muss, zB weil das entspr. Endgerät bei ihm beschlagnahmt o. ein Auskunftsverlangen unter Hinweis auf die Möglichkeit der Abfrage beim Provider zuvor bereits an ihn persönlich gerichtet wurde (BT-Drs. 17/12879, 11). Auskünfte nach Abs. 1 S. 1 und nach Abs. 2 unterliegen keinem Richtervorbehalt (krit. zum Ganzen Hauck StV 2014, 360 (362 ff.)).

6 **F. Benachrichtigungspflicht (Abs. 4).** Betrifft die Beauskunftung **Zugangssicherungscodes** (Abs. 1 S. 2 und 3; → Rn. 3) oder wird sie mittels **dynamischer IP-Adressen** (Abs. 2; → Rn. 4) erteilt, ist der Betroffene wegen der größeren Eingriffsintensität durch die sachleitende StA (BT-Drs. 17/12879, 17) zu benachrichtigen (S. 1). Damit soll dem Grundsatz der Transparenz Rechnung getragen u. die Möglichkeit nachträglichen Rechtsschutzes eröffnet werden (BT-Drs. 17/12879, 17; erg. → Rn. 8). Die Benachrichtigung kann – anders als in § 101 Abs. 5 S. 1 – solange u. soweit **zurückgestellt** werden, als durch sie der Strafverfolgungszweck vereitelt würde (S. 2). Sie kann ganz **unterbleiben,** wenn ihr nach einer Abwägung im Einzelfall überwiegende schutzwürdige Belange Dritter o. der betroffenen Person selbst entgegenstehen (S. 3). Überwiegende schutzwürdige Belange Dritter sind etwa der persönliche Lebens- u. Intimbereich, die Gefährdung v. Leib o. Leben o. v. bedeutenden Sachwerten (Bär MMR 2013, 700 (704)), solche der betroffenen Person, wenn allein die Mitteilung geeignet ist, ihr erheblichen – familiären, beruflichen – Schaden zuzufügen. Die Gründe für ein Zurückstellen der Benachrichtigung o. v. deren Absehen sind aktenkundig zu machen (S. 4).

7 **G. Datenübermittlung (Abs. 5).** Diensteanbieter haben nach S. 1 die zur Auskunftserteilung nach Abs. 1 und Abs. 2 erforderlichen Daten unverzüglich zu übermitteln u. dabei sämtliche unternehmensinternen Datenquellen zu berücksichtigen (Bär MMR 2013, 700 (704)); im Falle der Weigerung gilt § 95 Abs. 2 (→ Rn. 9) entspr. (S. 2). Vgl. zur Erweiterung auf Telemediendienstanbieter → Rn. 1 aE.

8 **H. Rechtsschutz.** Nachträglicher Rechtsschutz kommt über die Beschwerde gem. § 304 in Betracht, mit der die Feststellung der Rechtswidrigkeit der Maßnahme beantragt werden kann (vgl. → Vor § 296 Rn. 18a; **aM** Hauck StV 2014, 360 (365): allenfalls analog); der Rechtsbehelf des § 101 Abs. 4 S. 2 scheidet aus, da § 100j in § 101 Abs. 1 nicht in Bezug genommen ist (MüKoStPO/Rückert Rn. 72). Die Beschwerde ist an keine Frist gebunden, jedoch kann ihr unter dem Gesichtspunkt der Verwirkung das Rechtsschutzbedürfnis fehlen, wenn der Betroffene mit der Einlegung treuwidrig zuwartet (vgl. BVerfG NStZ 2009, 166).

Erhebung von Nutzungsdaten bei digitalen Diensten

100k (1) [1] **Begründen bestimmte Tatsachen den Verdacht, dass jemand als Täter oder Teilnehmer eine Straftat von auch im Einzelfall erheblicher Bedeutung, insbesondere eine in § 100a Absatz 2 bezeichnete Straftat, begangen hat, in Fällen, in denen der Versuch strafbar ist, zu begehen versucht hat oder durch eine Straftat vorbereitet hat, dürfen von demjenigen, der geschäftsmäßig eigene oder fremde digitale Dienste zur Nutzung bereithält oder den Zugang zur Nutzung vermittelt, Nutzungsdaten (§ 2 Absatz 2 Nummer 3 des Telekommunikation-Digitale-Dienste-Datenschutz-Gesetzes) erhoben werden, soweit dies für die Erforschung des Sachverhalts erforderlich ist und die Erhebung der Daten in einem angemessenen Verhältnis zur Bedeutung der Sache steht.** [2] **Die Erhebung gespeicherter (retrograder) Standortdaten ist nur unter den Voraussetzungen von § 100g Absatz 2 zulässig.** [3] **Im Übrigen ist die Erhebung von Standortdaten nur für künftig anfallende Nutzungsdaten oder in Echtzeit zulässig, soweit sie für die Erforschung des Sachverhalts oder die Ermittlung des Aufenthaltsortes des Beschuldigten erforderlich ist.**

(2) [1]**Soweit die Straftat nicht von Absatz 1 erfasst wird, dürfen Nutzungsdaten auch dann erhoben werden, wenn bestimmte Tatsachen den Verdacht begründen, dass jemand als Täter oder Teilnehmer mittels Telemedien eine der folgenden Straftaten begangen hat und die Erforschung des Sachverhalts auf andere Weise aussichtslos wäre:**

1. aus dem Strafgesetzbuch
a) Verwenden von Kennzeichen verfassungswidriger Organisationen nach § 86a,
b) Anleitung zur Begehung einer schweren staatsgefährdenden Gewalttat nach § 91,
c) Öffentliche Aufforderung zu Straftaten nach § 111,
d) Straftaten gegen die öffentliche Ordnung nach den §§ 126, 131 und 140,
e) Beschimpfung von Bekenntnissen, Religionsgesellschaften und Weltanschauungsvereinigungen nach § 166,
f) Verbreitung, Erwerb und Besitz kinderpornographischer Inhalte nach § 184b,
g) Beleidigung, üble Nachrede und Verleumdung nach den §§ 185 bis 187 und Verunglimpfung des Andenkens Verstorbener nach § 189,
h) Verletzungen des persönlichen Lebens- und Geheimbereichs nach den §§ 201a, 202a und 202c,
i) Nachstellung nach § 238,
j) Bedrohung nach § 241,
k) Vorbereitung eines Computerbetruges nach § 263a Absatz 3,
l) Datenveränderung und Computersabotage nach den §§ 303a und 303b Absatz 1,

2. aus dem Gesetz über Urheberrecht und verwandte Schutzrechte Straftaten nach den §§ 106 bis 108b,

3. aus dem Bundesdatenschutzgesetz nach § 42.

[2]**Satz 1 gilt nicht für die Erhebung von Standortdaten.**

(3) **Abweichend von Absatz 1 und 2 darf die Staatsanwaltschaft ausschließlich zur Identifikation des Nutzers Auskunft über die nach § 2 Absatz 2 Nummer 3 Buchstabe a des Telekommunikation-Digitale-Dienste-Datenschutz-Gesetzes erhobenen Daten verlangen, wenn ihr der Inhalt der Nutzung des digitalen Dienstes nach § 1 Absatz 4 Nummer 1 des Digitale-Dienste-Gesetzes bereits bekannt ist.**

(4) **Die Erhebung von Nutzungsdaten nach Absatz 1 und 2 ist nur zulässig, wenn aufgrund von Tatsachen die Annahme gerechtfertigt ist, dass die betroffene Person den digitalen Dienst nach § 1 Absatz 4 Nummer 1 des Digitale-Dienste-Gesetzes nutzt, den derjenige, gegen den sich die Anordnung richtet, geschäftsmäßig zur Nutzung bereithält oder zu dem er den Zugang zur Nutzung vermittelt.**

(5) **Erfolgt die Erhebung von Nutzungsdaten oder Inhalten der Nutzung eines digitalen Dienstes nach § 1 Absatz 4 Nummer 1 des Digitale-Dienste-Gesetzes nicht bei einem Diensteanbieter, der geschäftsmäßig digitale Dienste zur Nutzung bereithält, bestimmt sie sich nach Abschluss des Kommunikationsvorgangs nach den allgemeinen Vorschriften.**

Im Zuge der Anpassung der Regelungen über die Bestandsdatenauskunft an die 1
Vorgaben der Entsch. des BVerfG v. 27.5.2020 (BVerfG NJW 2020, 2699) sollte die **Erhebung v. Nutzungsdaten** iSv § 2 Abs. 2 Nr. 3 TTDSG aF (bis 30.11.2021: § 15 Abs. 1 TMG aF) **bei geschäftsmäßigen Telemediendiensteanbietern** (§ 2 Abs. 1 TTDSG aF) in § 100g Abs. 1 S. 2 geregelt werden (BT-Drs. 19/25294). Letztlich wurde durch G v. 30.3.2021 mit § 100k eine gesonderte Regelung geschaffen (BGBl. 2021 I 448, erg. → § 100g Rn. 2). § 100k ist im Kern das **Pendant zu § 100g Abs. 1,** der die Erhebung von Verkehrsdaten bei Tele-

kommunikationsdiensteanbietern (§ 3 Abs. 2 S. 1 TTDSG aF, § 2 Nr. 1, 61, 63, 70 TKG) regelt (→ § 100g Rn. 11). Die Regelung ist vor allem für Nutzungsdaten – seit der Umbenennung des TTDSG (BGBl. 2024 I Nr. 149) v. § 2 Abs. 2 Nr. 3 TDDDG erfasst – von sozialen Medien, Internetsuchmaschinen und Betreibern von Internetforen relevant; sie ist aber auch hinsichtlich von Navigationssystemen anwendbar, die von Automobilherstellern in ihren Fahrzeugen verbaut werden (MüKoStPO/Rückert Rn. 64 ff.; s. auch SSW StPO/Eschelbach Rn. 5; zu Standortdaten → Rn. 2a). Allg. zum Zugriff auf Daten aus „smarter Technologie" Nestler GA 2022, 61. Zur Erhebung von Nutzungsdaten bei Telemedien- und digitalen Diensten in Konzernstrukturen Ibes/Kroner/Vogt wistra 2024, 367).

2 **Nutzungsdaten** sind in § 2 Abs. 2 Nr. 3 TDDDG gesetzlich definiert. Darunter fallen zahlreiche und vielfältige Daten, etwa Suchanfragen über Internetsuchmaschinen, aufgerufene Artikel in einem Online-Shop, Zeitpunkt des Abrufs einer bestimmten Website, Passworte bei Nutzern personalisierter Telemediendiensteanbieter, aber auch IP-Adressen und GPS-Positionsdaten (MüKoStPO/Rückert Rn. 12; KK-StPO/Henrichs/Weingast Rn. 2 f.; BeckOK StPO/Bär Rn. 11 ff.).

2a Die in Abs. 1 geregelten Anordnungsvoraussetzungen entspr. denjenigen in § 100g Abs. 1 S. 1, 3 und 4. Die Erhebung v. Nutzungsdaten bei Telemediendiensten ist nur für **Straftaten v. erheblicher Bedeutung** zulässig; dazu gehören insbes. Katalogtaten iSd § 100a Abs. 2. Sie müssen aber stets auch im Einzelfall v. erheblicher Bedeutung sein. Liegt eine solche Straftat vor, muss ein Automobilhersteller, der digitale Vernetzungen für seine Fahrzeuge zur Verfügung stellt (zB „mercedes me connect") und mithin Telemediendienstanbieter ist, die **Standortdaten** des betreffenden Fahrzeugs herausgeben (OLG Frankfurt NStZ 2023, 59 mAnm Singelnstein; MüKoStPO/Rückert Rn. 12). Für die Erhebung **retrograder** Standortdaten gelten die hohen Hürden des § 100g Abs. 2 entspr. (→ § 100g Rn. 31 ff.). Zur Aufklärung von Pkw-Umsatzsteuerkarussellen mittels Standortdaten Röß, NZWiSt 2024, 480.

3 Abs. 2 ermöglicht die Erhebung v. Nutzungsdaten zur Aufklärung v. Straftaten, die nicht die Schwere der Katalogtaten iSd § 100a Abs. 2 erreichen, aber typischerweise **mittels Telemedien** begangen werden (S. 1). Die Erhebung v. Standortdaten ist hier nicht zulässig (S. 2).

4 Abs. 4 enthält eine mit § 100a Abs. 3 vergleichbare Regelung; § 100a Abs. 3 gilt nach § 101a Abs. 1a indes ohnehin entsprechend. Die **grundrechtssichernden Verfahrensregeln** entspr. im Wesentlichen denen bei der Erhebung v. Verkehrsdaten (vgl. § 101a Abs. 1a). Insbesondere ist für die Erhebung nach § 100k Abs. 1 und Abs. 2 grds. eine richterliche Anordnung erforderlich. Ist der StA allerdings der Inhalt der Nutzung bereits bekannt, bedarf es keiner richterlichen Anordnung, wenn sie Auskunft über die nach § 2 Abs. 2 Nr. 3a TDDDG erhobenen Daten ausschließlich deshalb verlangt, um den betreffenden Nutzer zu identifizieren. Die Benachrichtigung des Betroffenen richtet sich nach § 101a Abs. 6 und Abs. 7.

5 Da § 100k nur für geschäftsmäßige Telemediendienstanbieter gilt, stellt Abs. 5 klar, dass sich die **Erhebung im Übrigen** nach Abschluss des Kommunikationsvorgangs nach den allg. Vorschr. (etwa § 94 StPO) richtet.

Verfahrensregelungen bei verdeckten Maßnahmen

101 (1) **Für Maßnahmen nach den §§ 98a, 99, 100a bis 100f, 100h, 100i, 110a, 163d bis 163g gelten, soweit nichts anderes bestimmt ist, die nachstehenden Regelungen.**

(2) [1]**Entscheidungen und sonstige Unterlagen über Maßnahmen nach den §§ 100b, 100c, 100f, 100h Abs. 1 Nr. 2 und § 110a werden bei der Staatsanwaltschaft verwahrt.** [2]**Zu den Akten sind sie erst zu nehmen, wenn die Voraussetzungen für eine Benachrichtigung nach Absatz 5 erfüllt sind.**

(3) [1]**Personenbezogene Daten, die durch Maßnahmen nach Absatz 1 erhoben wurden, sind entsprechend zu kennzeichnen.** [2]**Nach einer Über-**

mittlung an eine andere Stelle ist die Kennzeichnung durch diese aufrechtzuerhalten.

(4) [1]**Von den in Absatz 1 genannten Maßnahmen sind im Falle**

1. **des § 98a die betroffenen Personen, gegen die nach Auswertung der Daten weitere Ermittlungen geführt wurden,**
2. **des § 99 der Absender und der Adressat der Postsendung,**
3. **des § 100a die Beteiligten der überwachten Telekommunikation,**
4. **des § 100b die Zielperson sowie die erheblich mitbetroffenen Personen,**
5. **des § 100c**
   a) der Beschuldigte, gegen den sich die Maßnahme richtete,
   b) sonstige überwachte Personen,
   c) Personen, die die überwachte Wohnung zur Zeit der Durchführung der Maßnahme innehatten oder bewohnten,
6. **des § 100f die Zielperson sowie die erheblich mitbetroffenen Personen,**
7. **des § 100h Abs. 1 die Zielperson sowie die erheblich mitbetroffenen Personen,**
8. **des § 100i die Zielperson,**
9. **des § 110a**
   a) die Zielperson,
   b) die erheblich mitbetroffenen Personen,
   c) die Personen, deren nicht allgemein zugängliche Wohnung der Verdeckte Ermittler betreten hat,
10. **des § 163d die betroffenen Personen, gegen die nach Auswertung der Daten weitere Ermittlungen geführt wurden,**
11. **des § 163e die Zielperson und die Person, deren personenbezogene Daten gemeldet worden sind,**
12. **des § 163f die Zielperson sowie die erheblich mitbetroffenen Personen**
13. **des § 163g die Zielperson**

zu benachrichtigen. [2]**Dabei ist auf die Möglichkeit nachträglichen Rechtsschutzes nach Absatz 7 und die dafür vorgesehene Frist hinzuweisen.** [3]**Die Benachrichtigung unterbleibt, wenn ihr überwiegende schutzwürdige Belange einer betroffenen Person entgegenstehen.** [4]**Zudem kann die Benachrichtigung einer in Satz 1 Nummer 2 und 3 bezeichneten Person, gegen die sich die Maßnahme nicht gerichtet hat, unterbleiben, wenn diese von der Maßnahme nur unerheblich betroffen wurde und anzunehmen ist, dass sie kein Interesse an einer Benachrichtigung hat.** [5]**Nachforschungen zur Feststellung der Identität einer in Satz 1 bezeichneten Person sind nur vorzunehmen, wenn dies unter Berücksichtigung der Eingriffsintensität der Maßnahme gegenüber dieser Person, des Aufwands für die Feststellung ihrer Identität sowie der daraus für diese oder andere Personen folgenden Beeinträchtigungen geboten ist.**

(5) [1]**Die Benachrichtigung erfolgt, sobald dies ohne Gefährdung des Untersuchungszwecks, des Lebens, der körperlichen Unversehrtheit und der persönlichen Freiheit einer Person und von bedeutenden Vermögenswerten, im Fall des § 110a auch der Möglichkeit der weiteren Verwendung des Verdeckten Ermittlers möglich ist.** [2]**Wird die Benachrichtigung nach Satz 1 zurückgestellt, sind die Gründe aktenkundig zu machen.**

(6) [1]**Erfolgt die nach Absatz 5 zurückgestellte Benachrichtigung nicht binnen zwölf Monaten nach Beendigung der Maßnahme, bedürfen weitere Zurückstellungen der gerichtlichen Zustimmung.** [2]**Das Gericht bestimmt die Dauer weiterer Zurückstellungen.** [3]**Es kann dem endgültigen Absehen von der Benachrichtigung zustimmen, wenn die Voraussetzungen für eine Benachrichtigung mit an Sicherheit grenzender Wahrscheinlichkeit auch in Zukunft nicht eintreten werden.** [4]**Sind mehrere Maßnahmen in einem**

engen zeitlichen Zusammenhang durchgeführt worden, so beginnt die in Satz 1 genannte Frist mit der Beendigung der letzten Maßnahme. [5]Bei Maßnahmen nach den §§ 100b und 100c beträgt die in Satz 1 genannte Frist sechs Monate.

(7) [1]**Gerichtliche Entscheidungen nach Absatz 6 trifft das für die Anordnung der Maßnahme zuständige Gericht, im Übrigen das Gericht am Sitz der zuständigen Staatsanwaltschaft. [2]Die in Absatz 4 Satz 1 genannten Personen können bei dem nach Satz 1 zuständigen Gericht auch nach Beendigung der Maßnahme bis zu zwei Wochen nach ihrer Benachrichtigung die Überprüfung der Rechtmäßigkeit der Maßnahme sowie der Art und Weise ihres Vollzugs beantragen. [3]Gegen die Entscheidung ist die sofortige Beschwerde statthaft. [4]Ist die öffentliche Klage erhoben und der Angeklagte benachrichtigt worden, entscheidet über den Antrag das mit der Sache befasste Gericht in der das Verfahren abschließenden Entscheidung.**

(8) [1]**Sind die durch die Maßnahme erlangten personenbezogenen Daten zur Strafverfolgung und für eine etwaige gerichtliche Überprüfung der Maßnahme nicht mehr erforderlich, so sind sie unverzüglich zu löschen. [2]Die Löschung ist aktenkundig zu machen. [3]Soweit die Löschung lediglich für eine etwaige gerichtliche Überprüfung der Maßnahme zurückgestellt ist, dürfen die Daten ohne Einwilligung der betroffenen Personen nur zu diesem Zweck verwendet werden; ihre Verarbeitung ist entsprechend einzuschränken.**

Übersicht

1 **A. Anwendungsbereich.** Nach Abs. 1 erfassen die nachf. Verfahrensvorschriften die in der Bestimmung **abschl.** (BGH NStZ-RR 2023, 326) genannten speziellen **verdeckten** (vgl. BGH NStZ 2015, 704) Ermittlungsmaßnahmen, soweit nicht bereichsspezifisch etwas anderes geregelt ist (zB in §§ 98b Abs. 3, 100a Abs. 4 S. 3, 4, 100i Abs. 2 S. 2). Nicht einbezogen ist die früher ebenfalls in § 101 Abs. 1 (aF) erwähnte DNA-Analyse nach § 81e; nicht anwendbar ist die Bestimmung im Fall des § 110 Abs. 3 (BVerfGE 122, 63). Für die Behandlung im Zeitpunkt des Inkrafttretens der Neuregelung am 1.1.2008 anhängiger Verf. gelten die allg. Grundsätze (→ Einl. Rn. 203; vgl. BGH NJW 2009, 3177: Abs. 7 für mangels Benachrichtigung noch nicht abgeschlossenes prozessuales Geschehen).

B. Getrennte Aktenführung (Abs. 2). Die Unterlagen, die Maßnahmen nach § 100b (Online-Durchsuchung), § 100c (akustische Wohnraumüberwachung), § 100f (Abhören außerhalb v. Wohnungen), § 100h Abs. 1 S. 1 Nr. 2 (Einsatz bestimmter technischer Observationsmittel) und § 110a (Einsatz Verdeckter Ermittler) betreffen, werden zunächst nicht zu den Akten genommen, sondern bei der StA in einem gesonderten Vorgang o. in den Handakten verwahrt (vgl. § 68 Abs. 4 S. 3, 4, → § 68 Rn. 19). Im Fall des § 110a gehören hierzu auch Aktenvermerke des Verdeckten Ermittlers o. sonstige auf dessen Angaben beruhende Informationen (Hilger NStZ 1992, 525 Fn. 163). Die Unterlagen sind in die (Haupt-)Akten zu übernehmen, sobald ein Grund für die Zurückstellung der Benachrichtigung nach Abs. 5 nicht o. nicht mehr besteht (Abs. 2 S. 2); erst dann erstrecken sich auf sie das Einsichtsrecht nach § 147 u. die Vorlegungspflicht nach § 199 Abs. 2 S. 2. Wird v. der Benachrichtigung endgültig abgesehen (Abs. 6 S. 3, → Rn. 24), verbleibt es bei der gesonderten Aufbewahrung. Sollen weitere Maßnahmen beim Ermittlungsgericht beantragt werden u. liegen die Voraussetzungen für eine Benachrichtigung nach Abs. 5 noch nicht vor, muss die getrennte Aktenführung – jedenfalls soweit dies zur Begründung der Maßnahme erforderlich ist – aufgeh. werden; der ER kann darüber hinaus die vollständige Vorlage der bisherigen Erkenntnisse verlangen (BGHSt 42, 103 (106)), ihre Zurückhaltung ggü. den anderen Verfahrensbeteiligten würde deren rechtliches Gehör verletzen (vgl. → § 96 Rn. 7; KMR-StPO/Bär Rn. 9; KK-StPO/Henrichs/Weingast Rn. 6 ff.). Erg. → Rn. 29. 2

C. Kennzeichnung (Abs. 3). Sowohl für die datenerhebenden als auch die datenempfangenden Behörden besteht zur Sicherung der Zweckbindung eine Pflicht zur Kennzeichnung der personenbezogenen Daten (§ 46 Nr. 1 BDSG), die aus den in Abs. 1 genannten speziellen verdeckten Ermittlungsmaßnahmen stammen (vgl. auch BVerfGE 100, 313; 109, 279 u. zum Personenbezug im Zusammenhang mit E-Mail- u. IP-Adressen AG München RDV 2009, 76; Härting CR 2008, 743; Köcher MMR 2007, 800; Meyerdierks MMR 2009, 8; Pahlen-Brandt K&R 2008, 288; Schnabel K&R 2009, 360). Die Erkennbarkeit der Herkunft der Daten ist etwa erforderlich, soweit § 479 Abs. 2 die Verwendung der aus bestimmten verdeckten Maßnahmen erlangten Daten beschränkt (→ § 479 Rn. 3 ff.; vgl. auch Hieramente wistra 2015, 9 (12): TKÜ). Soweit die Herkunft nicht ohnehin bereits aus den Daten o. Unterlagen hervorgeht (Sonderhefte), genügen einfache Kennzeichnungsvermerke wie zB Stempelaufdrucke (krit. Bittmann DRiZ 2007, 118). 3

D. Benachrichtigung (Abs. 4–7 S. 1). I. Zuständigkeit. Zuständig für die Benachrichtigung ist die StA, nicht das Gericht (BGHSt 36, 305 (310) zu § 100a). Post- u. Telekommunikationsunternehmen dürfen v. sich aus die Bet. nicht benachrichtigen (§§ 17 Abs. 1, 18 **G 10;** § 15 TKÜV). Förmliche Zustellung ist nicht zwingend erforderlich (KMR-StPO/Bär Rn. 22); rechtsfehlerhaftes Unterlassen der Benachrichtigung kann nach Abs. 7 S. 2 gerügt werden (→ Rn. 25), führt aber nicht zu einem Verwertungsverbot (KK-StPO/Henrichs/Weingast Rn. 30 (idR); vgl. auch Wesemann StraFo 2009, 507 sowie BVerfGE 125, 260 zur verfassungsrechtlichen Unbedenklichkeit der Abs. 4–7, soweit es nicht um Vorratsdaten geht). 4, 5

II. Betroffene. Die **Betroffenen** sind v. den Maßnahmen iSd Abs. 1 zu benachrichtigen (Abs. 4 S. 1), auch wenn diese erfolglos geblieben waren (vgl. Welp Strafprozessuale Überwachung S. 114). Ob die gewonnenen Erkenntnisse verwertet worden sind, ist gleichgültig (BGHSt 36, 305 (312)). Die Benachrichtigungspflicht dient der Gewährleistung effektiven Schutzes der jew. betroffenen Grundrechte; den Betroffenen wird nachträglich rechtliches Gehör iSd Art. 103 Abs. 1 GG gewährt, um ihnen die Möglichkeit zu eröffnen, sich gegen den Eingriff zur Wehr zu setzen (BVerfGE 109, 279; 118, 168; BGHSt 36, 305 (311); BGH BeckRS 2009, 86260). Zur Vermeidung in der Praxis aufgetretener Unsicherheiten führt 6

Abs. 4 S. 1 die zu benachrichtigenden Personen maßnahmenspezifisch auf; die Unterrichtung nur eines der Betroffenen, zB des Beschuldigten, genügt nicht. **Zu benachrichtigen** sind:

7 von der **Raster- oder Netzfahndung** (§§ 98a, 163d) diejenigen (durch die Einbeziehung ihrer personenbezogenen Daten in die Datenverarbeitungsmaßnahmen) Betroffenen, gegen die nach Auswertung der Daten – dadurch veranlasst – weitere Ermittlungen geführt worden sind (Nr. 1, 10), nach dem eindeutigen Wortlaut nicht aber diejenigen, gegen die sich ein Tatverdacht nicht ergeben hat u. deshalb keine Ermittlungen geführt worden sind (**aA** Löwe/Rosenberg/Erb § 163d Rn. 80 (Gebot der Transparenz));

8 bei der **Postbeschlagnahme** (§ 99) Absender u. Adressat der beschlagnahmten Postsendung (Nr. 2). Das G schreibt damit, wie in dem Begriff „Adressat" statt „Empfänger" zum Ausdruck kommt, eine Unterrichtung nur im Falle der Beschlagnahme ieS vor (BT-Drs. 16/5846, 58; vgl. → § 99 Rn. 5);

9 von **Maßnahmen nach § 100a** die an der erfassten Telekommunikation Bet. (Nr. 3, 6), da in deren Grundrechte eingegriffen wurde (→ § 100a Rn. 1, 8), nicht aber Post- o. Telekommunikationsunternehmen (Löwe/Rosenberg/Hauck Rn. 20) sowie Personen, deren Standortdaten im Stand-by-Betrieb nach § 100g (→ § 100g Rn. 6) erhoben (vgl. BVerfG NJW 2007, 351 (353); BT-Drs. 16/5846, 58, 59; HK-StPO/Gercke Rn. 6; **aM** Puschke/Singelnstein NJW 2008, 116 Fn. 43; krit. auch Nöding StraFo 2007, 462) o. die v. einer Zielwahlsuche (→ § 100g Rn. 22) erfasst, aber den Strafverfolgungsbehörden mangels Herstellung einer Verbindung zu dem überwachten Anschluss nicht namhaft gemacht wurden (vgl. BVerfGE 107, 299; 120, 378). Die Bedeutung des uU großen Kreises der Bet. für die Benachrichtigungspflicht wird durch die Ausschlussgründe in Abs. 4 S. 3–5 relativiert (→ Rn. 16–18). Regelmäßig werden der Inhaber des überwachten Anschlusses u. der Beschuldigte zu unterrichten sein; anders verhält es sich jedoch zB, wenn der Inhaber den Anschluss einer anderen Person überlassen hat. War der Beschuldigte an der nach § 100a überwachten Telekommunikation nicht beteiligt, wurde etwa der Anschluss eines Nachrichtenmittlers überwacht, mit dem der Beschuldigte in der fraglichen Zeit nicht telefoniert hat, erhält auch er keine Nachricht. Das Akteneinsichtsrecht bleibt hiervon unberührt;

10 bei der **akustischen Wohnraumüberwachung** (§ 100c) die in Nr. 4a–c aufgeführten Betroffenen. In Buchst. c ist der Inhaber der überwachten Wohnung gesondert benannt, um etwa den Mieter zu erfassen, der die Wohnung während des Laufs der Überwachung nicht selbst bewohnt, ohne aber seine Rechte aufgegeben zu haben. Die Wohnungsinhaber werden – auch wenn es sich um eine JP handelt – durch die heimliche Installation der Überwachungstechnik betroffen u. daher auch beschwerdebefugt (BGH BeckRS 2020, 31637);

11 bei den **Maßnahmen nach §§ 100b, 100f, 100h und 163f** (Online-Durchsuchung, akustische Überwachung außerhalb v. Wohnungen, Einsatz besonderer technischer Mittel, längerfristige Observation) derjenige, der durch die jeweilige Maßnahme überwacht werden soll (Zielperson iS § 100b Abs. 3 S. 1, § 100f Abs. 2, § 100h Abs. 2, § 163f Abs. 1 S. 1, 3), u. die erheblich mitbetroffenen Personen (Nr. 4, 6, 7, 12); mit dieser Formulierung werden im Blick auf die Streubreite der Überwachung Personen ausgeklammert, deren Grundrechte nur geringfügig, zB bei § 100f durch die Erfassung weniger Worte („im Vorübergehen") beeinträchtigt wurden. Bei nicht unerheblichen Grundrechtseingriffen (Abhören umfangreicherer Kommunikationsbeiträge, insbes. v. zeitweiligen Gesprächspartnern der Zielperson; erheblicher Eingriff in das Recht am eigenen Bild) muss informiert werden (weitergehend SK-StPO/Jäger/Greco Rn. 21);

11a bei der durch G v. 25.6.2021 (BGBl. I 2099) eingeführten automatischen Kennzeichenerfassung (§ 163g) nach der neuen Nr. 13 die Zielperson iSd § 163g Abs. 2 S. 1 Nr. 1 (Beschuldigter) und 2 (Kontaktpersonen des Beschuldigten (BT-Drs. 19/27654, 72);

12 vom Einsatz des **„IMSI-Catchers"** (§ 100i) nur die Zielpersonen (§ 100i Abs. 3 S. 1 iVm § 100a Abs. 3, → Rn. 11), nicht aber im Blick auf § 100i Abs. 2 nur geringfügig mitbetroffene Dritte (Nr. 8; vgl. BVerfG NJW 2007, 351 (356); BVerfGE 120, 378 mAnm Roßnagel NJW 2008, 2548);

bei dem Einsatz eines **Verdeckten Ermittlers** (§ 110a) nach Nr. 9 nicht nur, wie bisher, die Inhaber nicht allg. zugänglicher Wohnungen, die dieser betreten hat (§ 110b Abs. 2 S. 1 Nr. 2), sondern auch die Zielperson (§ 110b Abs. 2 S. 1 Nr. 1; → § 110b Rn. 3) sowie erheblich mitbetroffene Personen (→ Rn. 11; erg. → § 110a Rn. 7). Um dieser Pflicht genügen zu können, muss der Verdeckte Ermittler daher über das Betreten fremder Wohnungen unter seiner Legende sowie seine wesentlichen Kontakte genaue Aufzeichnungen führen. Nr. 9 gilt auch für Ermittler, die im Internet u. sozialen Netzwerken unter den Voraussetzungen des § 110a ermitteln (→ § 110a Rn. 4). **13**

Zu benachrichtigen sind ferner als Zielpersonen der **Polizeilichen Beobachtung** (§ 163e) diejenigen, gegen die sich die Maßnahme richtete (Beschuldigte o. Kontaktpersonen iSd § 163e Abs. 1 S. 2, 3), in den Fällen der Ausschreibung eines Fahrzeugs o. Containers (§ 163e Abs. 2) der eingetragene Halter o. Nutzer; zu unterrichten sind ferner die in § 163e Abs. 3 genannten Begleiter, wenn deren personenbezogene Daten gemeldet worden sind (Nr. 11). **14**

Eine **vergleichbare Pflicht** zur Entscheidung über Benachrichtigung über präventive verdeckte Maßnahmen nach §§ 45 ff. BKAG trifft die StA, wenn wegen des zugrunde liegenden Sachverhaltes ein strafrechtliches Ermittlungsverfahren geführt wird, gem. § 74 Abs. 2 S. 2 BKAG; die Durchführung obliegt dem BKA (§ 74 Abs. 2 S. 3 BKAG) (ebenso § 93 Abs. 2 S. 3 ZFdG für Präventivmaßnahmen der ZKAe). Um der verfassungsrechtlich gebotenen Mitteilungspflicht zu genügen, wird die StA sich an der mit § 101 Abs. 4 S. 1 Nr. 4, 6, 7, 12 im Wesentlichen übereinstimmenden Vorschr. des § 74 Abs. 1 S. 1 Nr. 6 BKAG (Zielperson sowie mitbetroffene Personen) orientieren. Vgl. auch § 28 Abs. 5 S. 2 BPolG. **14a**

III. Inhalt. Inhaltlich umfasst die Benachrichtigung zunächst den in Abs. 4 S. 2 vorgeschriebenen Hinweis auf die Möglichkeit des nachträglichen Rechtsschutzes nach Abs. 7 und die einzuhaltende Frist v. 2 Wochen. Des Weiteren sind die Betroffenen v. den in Abs. 1 abschl. aufgezählten Maßnahmen, u. zwar v. Anordnung u. Durchführung (SK-StPO/Jäger/Greco Rn. 15), zu benachrichtigen. Offenzulegen sind somit auch der Umf. der jeweiligen Maßnahme (BVerfG NJW 2007, 2753 (2757) zu § 100d Abs. 8 aF; BGHSt 36, 305 (311)) und iSe rein formalen Information das Verfahren, in dem sie erhoben wurde (BGH BeckRS 2009, 86260). Im Einzelnen ist zB Nachricht zu geben v. dem Entnehmen der beschlagnahmten Postsendung aus dem ordnungsmäßigen Beförderungsgang sowie ihrer Öffnung u. Zurückhaltung (§ 99), der Überwachung der Telekommunikation (LG Nürnberg-Fürth BeckRS 2018, 30484 (Nachrichtenmittler)), deren Aufzeichnung, dem Mitlesen des Fernschreibverkehrs u. der Herstellung v. Unterlagen darüber (§ 100a), dem Eingriff in das informationstechnische System u. der Erhebung v. Daten daraus (§ 100b) sowie dem Abhören u. Aufzeichnen des gesprochenen Wortes (§§ 100c, 100f), ferner, soweit möglich, bei welcher speichernden Stelle die zur Rasterfahndung genutzten Daten ausgesondert, welche Prüfungsmerkmale „gerastert" wurden u. welche Stelle im Besitz der Daten war o. ist (KK-StPO/Henrichs/Weingast Rn. 11). **15**

IV. Unterbleiben (Abs. 4 S. 3–5). Das Unterbleiben der Benachrichtigung sieht Abs. 4 S. 3–5 – verfassungsrechtlich unbedenklich (BVerfGE 129, 208 Rn. 229 ff.) – insb. vor, um eine Vertiefung des Grundrechtseingriffs zu vermeiden, aber auch aus verfahrensökonomischen Gründen (vgl. auch Bittmann DRiZ 2007, 118 (120)). Nach **Abs. 4 S. 3** schließen **überwiegende schutzwürdige Interessen** des einen Betroffenen die Benachrichtigung des anderen v. der verdeckten Maßnahme Betroffenen (zwingend) aus. So kann der Beschuldigte ein berechtigtes Interesse daran haben, dass ein v. einer Überwachungsmaßnahme betroffener tatunbeteiligter Geschäftspartner nichts v. den gegen ihn gerichteten Ermittlungen erfährt (Zöller StraFo 2008, 24), va, wenn die Überwachung keine verwertbaren Erg. erbracht hat. Nachrichtenmittlern, sonstigen Kontaktpersonen (→ Rn. 14) **16**

sowie den Inhabern nach § 100c überwachter Räume kann ebenfalls an der Vermeidung geschäftsschädigender Konsequenzen einer Mitteilung gelegen sein. Zu entscheiden ist nach einer Abwägung der widerstreitenden Belange im Einzelfall.

17 **Nach Ermessen** unterbleiben kann nach **Abs. 4 S. 4** die Benachrichtigung derjenigen v. der Postbeschlagnahme, der Telekommunikationsüberwachung o. der Verkehrsdatenerhebung Betroffenen, gegen die sich die Maßnahme nicht gerichtet hat, vorausgesetzt, dass nur ein unerheblicher Eingriff in deren Grundrecht aus Art. 10 GG vorliegt u. anzunehmen ist, dass sie kein Interesse an einer Unterrichtung haben (vgl. BVerfGE 129, 208 Rn. 232; krit. SK-StPO/Jäger/Greco Rn. 28). Ein solcher Betroffener darf also nicht als Zielperson (Beschuldigter, Anschlussinhaber iSd § 100a Abs. 3, auch iVm § 100g Abs. 2 S. 1), sondern infolge der Streubreite der Maßnahmen nur zufällig u. vergleichsweise geringfügig erfasst worden sein (zB das abgehörte Telefongespräch betraf die Besorgung v. Alltagsgeschäften). Im Einzelfall kann die Subsumtion Schwierigkeiten aufwerfen; dann kann es effizienter sein zu informieren. Dem trägt die Fassung der Bestimmung als Ermessensvorschrift Rechnung.

18 Ist die **Identität** einer nach Abs. 4 S. 1 zu benachrichtigenden Person nicht bekannt, sind Nachforschungen zu deren Feststellung nur nach Maßgabe einer Abwägung durchzuführen **(Abs. 4 S. 5).** Hierfür ist zum einen die Intensität des Eingriffs ggü. dem unbekannten Betroffenen bedeutsam u. zum anderen, welchen Aufwand die Feststellung seiner Identität fordert u. welche weiteren Beeinträchtigungen hiermit verbunden sein können (vgl. BVerfGE 129, 208 Rn. 233 sowie BVerfGE 109, 297 zu § 100c aF). Eine Identitätsfeststellung ist nicht erforderlich, wenn die Daten nach § 100d Abs. 2 S. 2 zu löschen sind (KMR-StPO/Bär Rn. 26; **aM** SK-StPO/Jäger/Greco Rn. 29, jew. zu §§ 100a Abs. 4 S. 3, 100c Abs. 5 S. 2 aF). Sind danach Nachforschungen nicht geboten, haben diese (ebenso wie die Benachrichtigung) zu unterbleiben.

19 **V. Zurückstellung (Abs. 5). Gründe für die Zurückstellung einer Benachrichtigung** enthält **Abs. 5.** Erst nach Wegfall der Gefährdung des Untersuchungserfolgs wird in diesen Fällen die Benachrichtigung veranlasst. Sie kommt so lange nicht in Betracht, wie noch erwartet werden kann, dass mit Hilfe der in Abs. 1 genannten Maßnahmen Beweismittel aufgefunden o. beweiserhebliche Mitteilungen abgefangen werden können. Bei mehreren parallel oder sukzessiv durchgeführten verdeckten Ermittlungshandlungen kann nach Beendigung einer der Maßnahmen die Benachrichtigung mit Rücksicht auf die noch laufenden zurückgestellt werden; tragfähige Anhaltspunkte für eine Gefährdung des Untersuchungserfolgs können sich auch aus den Belangen eines anderen Ermittlungsverfahrens ergeben (BGH (ER) NStZ-RR 2021, 287). Da die Postbeschlagnahme durch die Aushändigung v. eröffneten Sendungen nach § 100 Abs. 5 S. 2 und durch Mitteilungen nach § 100 Abs. 6 bekannt wird, ist damit die Benachrichtigung nach Abs. 1 zu verbinden (SK-StPO/Jäger/Greco Rn. 28). Weitere allg. Zurückstellungsgründe sind die Gefährdung des Lebens, der körperlichen Unversehrtheit u. der persönlichen Freiheit einer Person sowie v. bedeutsamen Vermögenswerten. Die Inhaltsbestimmung des Begriffs „bedeutender Vermögenswert" ist v. den Gerichten vorzunehmen, die hierzu auf die Rspr. zu ähnlichen Normen anderer Rechtsgebiete zurückgreifen können (Einzelheiten bei BVerfGE 129, 208 Rn. 236). Die Benachrichtigung v. Einsatz eines Verdeckten Ermittlers wird darüber hinaus zurückgestellt, solange dies die Möglichkeit seiner weiteren Verwendung gefährdet; mit Rücksicht auf die Belange einer funktionstüchtigen Strafrechtspflege ist auch dieser Zurückstellungsgrund mit dem GG vereinbar (BVerfGE 129 Rn. 237 ff.; vgl. auch § 110b Abs. 3). Nach Abs. 5 S. 2 sind die Gründe der Zurückstellung (nicht nur die Tatsache als solche) aktenkundig zu machen; der Vermerk kann, soweit zulässig, nach Abs. 2 verwahrt werden (KK-StPO/Henrichs/Weingast Rn. 24). Selbstverständlich gestattet Abs. 5 weder die Darst. eines unwahren Sachverhalts in den Ermittlungsakten noch die aktive Täuschung des Beschuldigten über die wahren Hintergründe seiner Festnahme (BGH NStZ 2010, 294).

Eine **entspr. Anwendung von Abs. 5** bei offenen Ermittlungsmaßnahmen, etwa Beschlagnahmen im Falle der Gefährdung des Untersuchungszwecks, kommt nicht in Betracht (BGH NJW 2010, 1297; StraFo 2015, 461; KK-StPO/Greven § 98 Rn. 21 (regelmäßig)). Insoweit hat der Gesetzgeber mit **§ 95a** eine spezielle Regelung geschaffen (→ § 95a Rn. 1). **19a**

Den Antrag auf Zustimmung zum **Absehen von der Benachrichtigung** nach Abs. 6 S. 3 kann die StA schon unmittelbar nach Beendigung der Maßnahme anstelle der erstmaligen Zurückstellung der Benachrichtigung stellen, wenn ein dahin gehender Ausnahmefall vorliegt (→ Rn. 24). **20**

VI. Gerichtliche Kontrolle der Zurückstellung (Abs. 6). Eine **gerichtliche Kontrolle** der Zurückstellung der Benachrichtigung (→ Rn. 19) sieht Abs. 6 vor (vgl. BVerfGE 109, 279). Eine über 12 Monate hinausgehende Zurückstellung bedarf der, ggf. wiederholten, gerichtlichen Zustimmung (S. 1); bei der akustischen Wohnraumüberwachung u. bei der Online-Durchsuchung beträgt die Frist 6 Monate (S. 5). Die nach den allgemeinen Regelungen der §§ 42 ff. zu berechnende Frist beginnt mit der Beendigung der Maßnahme. Werden mehrere in Abs. 1 genannte verdeckte Maßnahmen in einem engen zeitlichen Zusammenhang durchgeführt, beginnt die anzurechnende Zurückstellungsdauer mit der Beendigung der letzten Maßnahme (S. 4); das gilt auch im Fall der akustischen Wohnraumüberwachung. Ein solcher Zusammenhang besteht jedenfalls dann, wenn die Maßnahmen sich zeitlich überschneiden, aber auch, wenn sie aufeinander aufbauen (zB: Kette v. aufeinander beruhenden Telekommunikations-Überwachungsmaßnahmen), solange die nach dem G maßgebliche zeitliche Nähe gewahrt ist. **21**

Zuständig ist nach Abs. 7 S. 1 Hs. 1 – auch wenn die StA o. ihre Ermittlungspersonen eine Eilkompetenz in Anspruch genommen haben – das für die Anordnung der Maßnahme o. die Zustimmung hierzu zuständige Gericht, idR also das Ermittlungsgericht am Sitz der StA (§ 162 Abs. 1 S. 1), im Fall des § 100e Abs. 2 die in § 74a Abs. 4 GVG bestimmte Kammer des LG. Hs. 2 weist die Entsch. dem Gericht am Sitz der zuständigen StA auch dann zu, wenn die Maßnahme nicht (§ 100h) o. im konkreten Fall nicht (§ 110b, → § 110b Rn. 2 ff.) unter Richtervorbehalt steht. Damit wird eine an § 162 Abs. 1 angelehnte Auffangzuständigkeit begründet (BT-Drs. 16/6979, 44). Dies, die Anknüpfung an die Zuständigkeit der StA u. auch die Regelung in Abs. 7 S. 4 sprechen dafür, dass das G hier unter „Gericht" stets den ER versteht u. nicht – wie sonst (→ § 162 Rn. 17) – nach Anklageerhebung das Hauptsachegericht (AnwK StPO/Löffelmann Rn. 9; **aM** KMR-StPO/Bär Rn. 33). **22**

Das Gericht **prüft,** ob die in Abs. 5 (nicht nur in dem Aktenvermerk nach Abs. 5 S. 2) genannten Zurückstellungsgründe vorliegen. Verweigert es die Zustimmung, sind die Betroffenen zu benachrichtigen, es sei denn, die StA führt im Beschwerdeweg eine gegenteilige Entsch. herbei (BT-Drs. 16/5846, 61). Erteilt es die Zustimmung, bestimmt es zugleich die Dauer der weiteren Zurückstellung nach seinem Ermessen; bei seiner Prognose, wann im konkreten Einzelfall voraussichtlich eine Benachrichtigung wird erfolgen können, wird es idR die Frist v. 1 weiteren Jahr nicht überschreiten. Nach Fristablauf sind, wenn die Gründe des Abs. 5 fortbestehen, weitere Zurückstellungen jew. mit erneuter gerichtlicher Zustimmung möglich. Bei der akustischen Wohnraumüberwachung gelten für die weiteren Zurückstellungen anders als früher keine engeren Grenzen. **23**

Dem endgültigen **Absehen von der Benachrichtigung** kann das Gericht auf Antrag der StA bei allen in Abs. 1 genannten Maßnahmen zustimmen, sobald absehbar ist, dass die Voraussetzungen für eine Benachrichtigung auch in Zukunft nicht eintreten werden (Abs. 6 S. 3; enger § 12 Abs. 1 S. 5 **G 10**). Diese Entsch. ist an keine Frist, auch nicht die des Abs. 6 S. 1, gebunden, so dass sie ausnahmsweise schon unmittelbar nach Beendigung der Maßnahme ergehen kann (vgl. BT-Drs. 16/6979, 44; KMR-StPO/Bär Rn. 32; **aM** Henrichs Kriminalistik 2008, 172; Puschke/Singelnstein NJW 2008, 116). **24**

25 **E. Rechtsschutz.** Für die in Abs. 4 S. 1 genannten Personen (→ Rn. 6 ff.) sieht Abs. 7 S. 2 den Antrag auf Überprüfung der Rechtmäßigkeit der – richterlich o. nichtrichterlich angeordneten – heimlichen Ermittlungsmaßnahmen (iSd Abs. 1) sowie der Art u. Weise ihres Vollzugs binnen einer Ausschlussfrist (so BT-Drs. 16/5846, 62) v. 2 Wochen vor (krit. zur Neuregelung Löffelmann ZIS 2009, 495). Die Antragsfrist beginnt mit der Benachrichtigung, auch dann, wenn der Betroffene schon vorher auf anderem Wege Kenntnis v. der Maßnahme erlangt hat (Wesemann StraFo 2009, 506; Glaser JR 2010, 427); ein verfristeter Antrag ist unzulässig (Glaser JR 2010, 427; anders Singelnstein NStZ 2009, 484 für den Fall, dass die erhobenen Daten noch nicht gelöscht sind). Andererseits setzt der Rechtsbehelf eine solche – allein fristauslösende – Benachrichtigung nicht notwendig voraus (Böse FS Amelung, 2009, 575 Fn. 54; deren Unterlassen kann vielmehr beanstandet werden (OLG Celle StraFo 2012, 183; ebenso KK-StPO/Henrichs/Weingast Rn. 30; Singelnstein NStZ 2009, 482; **aM** offenbar Wesemann StraFo 2009, 506 (507)). Wie aus Abs. 7 S. 2 („auch") folgt, kann der Antrag schon vor Beendigung (Erledigung) der Maßnahme gestellt – und verbeschieden – werden (BGH (ER) 5.5.2008 – 1 BGs 79/08; HK-StPO/Gercke Rn. 16; **aM** SK-StPO/Jäger/Greco Rn. 45; Glaser Rechtsschutz S. 53, 335 (gegen nichtbeendete Maßnahmen § 23 EGGVG); Singelnstein NStZ 2009, 482 (§ 98 Abs. 2 S. 2 entspr., § 304)).

25a **I. Gerichtliche Zuständigkeit.** Für die gerichtliche **Zuständigkeit** ist zu unterscheiden: Vor Erhebung der öffentl. Klage u. auch danach, soweit noch keine Benachrichtigung des Angeklagten erfolgt ist (SK-StPO/Jäger/Greco Rn. 48; vgl. BVerfGE 109, 279), ist das in Abs. 7 S. 1 bezeichnete Gericht, regelmäßig also das Anordnungsgericht, zuständig (näher → Rn. 22; Glaser Rechtsschutz S. 53; vgl. auch HK-StrafR/Hartmann Rn. 13). Ist die öffentl. Klage hingegen – nicht notwendig gegen alle ursprünglich Beschuldigten – erhoben u. die Benachrichtigung des Angeklagten erfolgt, ist Abs. 7 S. 4 zu beachten (vertiefend u. krit. zum Folgenden Burghardt HRRS 2009, 572 ff.). Die Prüfung der Frage, ob die darin angeordnete Zuständigkeitskonzentration beim erkennenden Gericht eingreift, hat sich nach der Rspr. des BGH daran zu orientieren, ob bei Fortdauer der Zuständigkeit des „Ermittlungsrichters" die Gefahr besteht, dass v. dem Anordnungs- u. Beschwerdegericht einerseits u. dem erkennenden bzw. Rechtsmittelgericht andererseits divergierende Entscheidungen zur Frage der Rechtmäßigkeit der beanstandeten Maßnahme getroffen werden (BGH NStZ 2009, 399 (400); 2010, 225). Das ist stets der Fall, wenn sich bei formaler Betrachtung das Rechtsschutzbegehren – des Angeklagten o. einer anderen v. der Maßnahme betroffenen Person (BGHSt 53, 1 (5); krit. KK-StPO/Henrichs/Weingast Rn. 37) – gegen eine heimliche Ermittlungsmaßnahme richtet, die in dem zur Anklage führenden Verf. angeordnet worden ist; das Hauptsachegericht ist ferner auch dann zuständig, wenn sich nach Verfahrenstrennung ein nicht angeklagter Mitbeschuldigter gegen eine im ursprünglich gemeinsam geführten Ermittlungsverfahren angeordnete Maßnahme wendet (BGH NStZ 2010, 225; vgl. zur Abgrenzung BGH NStZ 2009, 399 (von vornherein getrennt geführte Verf. ohne verfahrensübergreifende Erkenntnisse)). Auf dieses Gericht geht die Zuständigkeit für einen zuvor angebrachten, noch nicht erledigten Antrag o. eine noch nicht erledigte Beschwerde über, u. zwar auch dann, wenn der Rechtsbehelf v. einem Drittbetroffenen angebracht worden ist (BGHSt 53, 1 (5); vgl. auch → § 162 Rn. 19). Das Hauptsachegericht entscheidet „in oder neben dem Urteil" (BGHSt 54, 30 (35); BGH BeckRS 2020, 31636 (Beschl. mit Urteilsverkündung); Burghardt HRRS 2009, 571; **aM** Singelnstein NStZ 2009, 484: stets Beschl.) und – jedenfalls bei nicht angeklagten Antragstellern – nicht notwendigerweise zeitgleich mit der das Strafverfahren beendenden Entsch. (BGH NStZ 2010, 225 (226) (Nachholung nach Urteilserlass)). (Erledigte) **Überwachungsmaßnahmen nach den §§ 34, 45 ff., 64 BKAG** sind nicht im Verf. nach Abs. 7 S. 2, sondern im Verwaltungsrechtsweg gem. § 40 Abs. 1 S. 1 VwGO zu überprüfen; dies gilt selbst in den Fällen des § 74 Abs. 2 S. 2 BKAG, wenn wegen des zugrunde liegenden Sachverhalts ein strafrechtliches Ermittlungsverfahren geführt wird (BGHSt 62, 22 (zu § 20w Abs. 2 S. 2 BKAG aF) mAnm Löffelmann JR 2018, 60).

II. Maßstab für Rechtmäßigkeitsprüfung. Maßstab für die Rechtmäßigkeitsprüfung des für die Anordnung der Ermittlungsmaßnahme erforderlichen **Tatverdachts** ist, ob die anordnende Stelle den ihr insoweit eingeräumten Beurteilungsspielraum gewahrt o. überschritten hat; die Tatsachengrundlage hierfür bietet der jeweilige damalige Ermittlungs- u. Kenntnisstand (BGH BeckRS 2016, 15673; NStZ 2010, 711 mwN, zu einer Maßnahme nach § 100a; erg. → § 100a Rn. 9). **25b**

III. Art und Weise des Vollzugs. Zur überprüfbaren **„Art und Weise des Vollzugs"** gehört auch die Rechtmäßigkeit der Benachrichtigung, insbes. deren Rechtzeitigkeit (OLG Celle StraFo 2012, 183; OLG Stuttgart StraFo 2016, 413), nicht aber eine schriftliche Erkl. der StA gem. § 33 Abs. 2 iRd gerichtlichen Anhörungsverfahrens. **25c**

IV. Kosten. § 473a (vgl. → § 473a Rn. 1 ff.) im Fall einer „gesonderten Entscheidung" (Abs. 7 S. 2); ergeht der Ausspruch in der das Verf. abschl. Entsch. (Abs. 7 S. 4; näher → Rn. 25a), gelten die allg. Kostenregelungen der §§ 464 ff. (BT-Drs. 16/12098, 40). **25d**

V. Rechtsmittel (Abs. 7 S. 3). Entscheidet das (Anordnungs-)Gericht über den Antrag nach Abs. 7 S. 2 (zu dessen Zuständigkeit → Rn. 25a), ist hiergegen die sofortige Beschwerde statthaft (§ 311); das gilt auch für Entscheidungen des OLG im 1. Rechtszug sowie der ER des BGH u. der OLGe, auch wenn (nur) die Art u. Weise des Vollzugs einer Maßnahme nach Abs. 1 beanstandet wird (BGH NJW 2014, 1314; erg. → § 304 Rn. 13, 19). Gegen die Entsch. des Hauptsachegerichts (Abs. 7 S. 4) ist ebenfalls die – durch § 305 S. 1 nicht ausgeschlossene – sofortige Beschwerde nach Abs. 7 S. 3 statthaft (BGHSt 54, 30; Glaser JR 2010, 430; HK-StrafR/Hartmann Rn. 14; Burghardt HRRS 2009, 574; Singelnstein NStZ 2009, 486); zuständig ist stets das nach §§ 73 Abs. 1, 74a Abs. 3, 74b S. 2, 74c Abs. 2, 121 Abs. 1 Nr. 2, 135 Abs. 2 GVG jew. zur Entsch. berufene Beschwerdegericht (BGHSt 54, 30). **25e**

VI. Akteneinsicht. Die Verfahrensbeteiligten können sich auf ihr jeweiliges Einsichtsrecht (vgl. → Vor § 474 Rn. 1) auch dann berufen, wenn die Einsicht (nur) der Vorbereitung u. Durchführung des Verfahrens nach Abs. 7 S. 2 dienen soll. Für sonstige Antragsteller (zB Nachrichtenmittler, Drittbetroffene) folgt das Einsichtsrecht aus § 475 (BGH NStZ 2024, 244; StV 2010, 169; BGHR StPO § 475 Drittbetroffener 1; KMR-StPO/Bär Rn. 37), soweit dies für die konkrete Rechtsverfolgung unerlässlich ist. Bei der Prüfung der Versagungsgründe der §§ 475 Abs. 1 S. 2, 477 Abs. 2 S. 1 ist dem Anspruch auf rechtliches Gehör (Art. 103 Abs. 1 GG) Rechnung zu tragen. Es gilt danach Folgendes (BGH NStZ-RR 2010, 281 (282); BeckRS 2023, 32299): Dem RA des Antragstellers müssen die angefochtene Entsch. sowie die Aktenteile u. Beweismittel, auf die diese sich stützt, zur Vfg. gestellt werden; wird die Art u. Weise des Vollzugs beanstandet, ist Einsicht in die die Durchführung der Maßnahme betreffenden Unterlagen zu gewähren. Dem Antragsteller sind auch die ihn betreffenden Erkenntnisse (§ 475 Abs. 3 S. 1) sowie etwaige (zusammenfassende) Verschriftungen zugänglich zu machen; Letztere brauchen jedoch nicht eigens erstellt zu werden. Einem darüber hinausgehenden Anspruch des Drittbetroffenen auf umfassende Einsicht in die Akten steht das insoweit stets vorrangige Interesse der v. der Akteneinsicht betroffenen Personen entgegen. Betrifft der Antrag nach Abs. 7 S. 2 eine beendete Maßnahme u. kann dem Antragsteller im Blick auf das öffentl. Interesse, weiter effektiv u. ggf. im Verborgenen zu ermitteln (§ 479 Abs. 1), zunächst keine Akteneinsicht gewährt werden, so ist das Verf. nach Abs. 7 S. 2 auszusetzen, bis die zunächst verwehrte Einsicht ohne Gefährdung des Untersuchungszwecks gewährt werden kann (vgl. dazu auch BVerfG NStZ-RR 2008, 16 zum Beschwerdeverfahren; krit. Park StV 2009, 282; Rau StraFo 2008, 9 Fn. 8, 14; erg. → § 147 Rn. 40a). **25f**

Zuständig zur Entsch. über Anträge auf Akteneinsicht ist während des Ermittlungsverfahrens allein die StA, nach Anklageerhebung bis zum rkr. Abschluss der Vorsitzende des erkennenden Gerichts (§ 478 Abs. 1 S. 1, → § 478 Rn. 1).

26 **VII. Keine Bindungswirkung in der Hauptsache. Keine Bindungswirkung** für die v. erkennenden Gericht zu treffende Entsch. in der Hauptsache hat der v. dem in Abs. 7 S. 1 bezeichneten (Anordnungs-)Gericht erlassene Beschl. über die Rechtmäßigkeit der Anordnung u. der Art u. Weise des Vollzugs (BT-Drs. 16/5846, 62; Burghardt HRRS 2009, 574; Schmidt StraFo 2009, 450 Fn. 34; **aM** Böse FS Amelung, 2009, 576; Meyer-Mews StraFo 2016, 133 (140)); er trifft auch keine Aussage über die Verwertbarkeit der erlangten Erkenntnisse (BGHSt 53, 1 (4); BGH NJW 2009, 3177 (3178); vgl. aber auch → § 100c Rn. 20) u. unterliegt als solcher nicht der revisionsgerichtlichen Beurteilung (§ 336 S. 2). Umgekehrt setzt ein Verwertungsverbot einen Antrag nach Abs. 7 S. 2 nicht voraus (Wesemann StraFo 2009, 507; vgl. auch → § 105 Rn. 18).

26a **VIII. Abschließende Sonderregelung.** Als **abschließende Sonderregelung** verdrängt Abs. 7 S. 2 für die antragsberechtigten Betroffenen (Abs. 4 S. 1) die Beschwerde sowie den v. der Rspr. entwickelten Rechtsschutz entspr. § 98 Abs. 2 (→ § 98 Rn. 23) gegen die in Abs. 1 benannten heimlichen Ermittlungsmaßnahmen, jedenfalls soweit sie beendet sind (BGHSt 53, 1; Engländer JURA 2010, 417; Singelnstein NStZ 2009, 482). Vor Erledigung der Maßnahme wird Rechtsschutz mangels Kenntnis des Betroffenen praktisch nur selten in Betracht kommen; eine Überprüfung analog § 98 Abs. 2 S. 2 ist aber grds. möglich (s. BT-Drs. 16/5846, 62; 17/4333, 10), wenn der Betroffene nachvollziehbar darlegt, dass gegen ihn eine verdeckte Maßnahme vollzogen wird (KK-StPO/Henrichs/Weingast Rn. 34). Der Rechtsschutz der nicht in Abs. 4 S. 1 genannten Personen richtet sich nach den allg. Vorschr., also entspr. § 98 Abs. 2 S. 2 (BGH BeckRS 2024, 28196; Glaser Rechtsschutz S. 15, 51 Fn. 159; HK-StrafR/Hartmann Rn. 13; vgl. näher Meyer JR 2009, 323).

27 **F. Löschung und Einschränkung der Verwendung der Daten (Abs. 8).** Die durch die speziellen verdeckten Ermittlungsmaßnahmen des Abs. 1 erlangten personenbezogenen Daten müssen unverzüglich (→ § 25 Rn. 8) gelöscht werden, wenn sie zweifelsfrei weder zu Zwecken der Strafverfolgung noch für eine etwaige gerichtliche Überprüfung (weiterhin) erforderlich sind (vgl. BT-Drs. 17/7586, 7; Hilger NStZ 1997, 373; Schnarr MDR 1987, 1 zu §§ 100a, b); allerdings geht § 160a Abs. 1 S. 5 iVm S. 3 der Regelung in Abs. 8 vor (BGH NJW 2014, 1314 mAnm Scharenberg StV 2014, 391). Verwertbare Zufallsfunde (→ § 479 Rn. 3 ff.) werden nicht gelöscht (BGHSt 53, 64 (68); Knierim StV 2008, 601). Dies gilt auch für beweiserhebliches Material, dessen Inhalt inzwischen durch andere Beweismittel bestätigt worden ist (MüKoStPO/Rückert Rn. 118). Material, das für die Hauptverhandlung aufbewahrt werden muss, wird auch nach Urteilsrechtskraft nicht vernichtet, damit es ggf. für ein Wiederaufnahmeverfahren zur Vfg. steht. Auch soweit die Daten eine Relevanz für die Gefahrenabwehr (§ 100e Abs. 6 Nr. 2, § 479 Abs. 2 S. 2 Nr. 1) haben, können sie wegen der Erforderlichkeit zur Strafverfolgung aufbewahrt werden, weil „solche konkreten Gefahrsituationen stets bereits begangene Straftaten umfassen o. sich in ihnen realisieren können" (so BT-Drs. 15/4533, 29 zu § 100d Abs. 5 aF, dem Abs. 8 nachgebildet ist, BT-Drs. 16/5846, 63; KMR-StPO/Bär Rn. 39; **aM** SK-StPO/Jäger/Greco Rn. 56). Soweit die Daten lediglich aus Gründen des Rechtsschutzes aufgeh. werden, ordnet Abs. 8 S. 3 ausdr. eine Beschränkung der Verwendung auf diesen Zweck u. eine dem entspr. Einschränkung der Verarbeitung an (BT-Drs. 19/4671, 62). Eine weitergehende Verwendung ist nur mit Einwilligung der Betroffenen zulässig. Nach Ablauf der Frist für den Rechtsbehelf in Abs. 7 S. 2 (→ Rn. 25) wird regelmäßig davon ausgegangen werden können, dass die Daten für eine gerichtliche Nachprüfung nicht mehr benötigt werden (vgl. BT-Drs. 16/5846, 62 und SK-StPO/Jäger/Greco Rn. 55, aber auch AnwK StPO/Löffelmann Rn. 12, der auf andere Arten des Rechtsschutzes hinweist (→ Rn. 26a aE)).

Die **Entscheidung über die Löschung** trifft grds. die StA, während der Anhängigkeit der Sache das mit ihr befasste Gericht (Schnarr MDR 1987, 1 (4) zu §§ 100a, b). Die jew. aktenbearbeitende Stelle hat, soweit die personenbezogenen Daten in der Strafakte enthalten sind, fortlaufend zu kontrollieren, ob die Voraussetzungen für die Vernichtung dieser Informationen gegeben sind (BT-Drs. 16/5846, 63). Insbesondere nach Rechtskraft hat eine dahingehende Überprüfung stattzufinden (→ Rn. 27). Soweit die Daten im Einzelfall in Dateien nach § 484 gespeichert sind, finden hierfür die Löschungsprüffristen des § 489 Abs. 4 Anwendung. Die Vernichtung kann auch die Polizei vornehmen; eine Aufsicht der StA ist nicht mehr vorgesehen (BT-Drs. 15/4533, 17; 16/5846, 63; krit. SK-StPO/Jäger/Greco Rn. 55). Bei der Telekommunikationsüberwachung müssen nicht nur die Tonbänder gelöscht, sondern auch die Niederschriften über die Tonbandaufzeichnung vernichtet werden (OLG Koblenz StV 1994, 284; vgl. auch Thommes StV 1997, 659 zu organisatorischen Schwierigkeiten hins. einer vollständigen Vernichtung des insoweit angefallenen Materials). Eine Pflicht des Verteidigers zur Mitwirkung besteht nicht (OLG Köln StV 2009, 686 Ls.). In der aktenmäßigen Dokumentation der Löschung (Abs. 8 S. 2) sind Art u. Umf. der gelöschten Daten, ihr Inhalt allenfalls in allg. Form anzugeben. 28

G. Bekanntgabe der Ergebnisse einer Telefonüberwachung. Wird **während, aber außerhalb der Hauptverhandlung** eine Telefonüberwachung durchgeführt, so verpflichtet der Grundsatz des fairen Verfahrens (→ Einl. Rn. 19) das Gericht, dem Angeklagten u. seinem Verteidiger Gelegenheit zur Kenntnisnahme v. deren Erg. zu geben (BGHSt 36, 305). Die Offenbarung geheim zu haltender Tatsachen nur ggü. dem Strafgericht u. nicht auch ggü. dem Angeklagten verstößt gegen Art. 103 Abs. 1 GG; sind berechtigte Geheimhaltungsinteressen der Exekutive anzuerkennen, führt dies dazu, dass die Informationen auf keine Weise zu Lasten des Angekl. wirken dürfen (BVerfGE 109, 279; BVerfG NStZ-RR 2008, 16; vgl. auch BGH NStZ 2000, 265). 29

Gerichtliche Entscheidung; Datenkennzeichnung und -auswertung; Benachrichtigungspflichten bei Verkehrs- und Nutzungsdaten

101a

(1) [1] **Bei Erhebungen von Verkehrsdaten nach § 100g gelten § 100a Absatz 3 und 4 und § 100e entsprechend mit der Maßgabe, dass**

1. **in der Entscheidungsformel nach § 100e Absatz 3 Satz 2 auch die zu übermittelnden Daten und der Zeitraum, für den sie übermittelt werden sollen, eindeutig anzugeben sind,**
2. **der nach § 100a Absatz 4 Satz 1 zur Auskunft Verpflichtete auch mitzuteilen hat, welche der von ihm übermittelten Daten nach § 176 des Telekommunikationsgesetzes gespeichert wurden.**

[2] **In den Fällen des § 100g Absatz 2, auch in Verbindung mit § 100g Absatz 3 Satz 2, findet abweichend von Satz 1 § 100e Absatz 1 Satz 2 keine Anwendung.** [3] **Bei Funkzellenabfragen nach § 100g Absatz 3 genügt abweichend von § 100e Absatz 3 Satz 2 Nummer 5 eine räumlich und zeitlich eng begrenzte und hinreichend bestimmte Bezeichnung der Telekommunikation.**

(1a) **Bei der Erhebung und Beauskunftung von Nutzungsdaten eines digitalen Dienstes nach § 1 Absatz 4 Nummer 1 des Digitale-Dienste-Gesetzes nach § 100k gilt § 100a Absatz 3 und 4, bei der Erhebung von Nutzungsdaten nach § 100k Absatz 1 und 2 zudem § 100e Absatz 1 und 3 bis 5 entsprechend mit der Maßgabe, dass in der Entscheidungsformel nach § 100e Absatz 3 Satz 2 an die Stelle der Rufnummer (§ 100e Absatz 3 Satz 2 Nummer 5), soweit möglich eine eindeutige Kennung des Nutzer-**

kontos des Betroffenen, ansonsten eine möglichst genaue Bezeichnung des digitalen Dienstes nach § 1 Absatz 4 Nummer 1 des Digitale-Dienste-Gesetzes tritt, auf den sich das Auskunftsverlangen bezieht.

(2) **Wird eine Maßnahme nach § 100g oder § 100k Absatz 1 oder Absatz 2 angeordnet oder verlängert, sind in der Begründung einzelfallbezogen insbesondere die wesentlichen Erwägungen zur Erforderlichkeit und Angemessenheit der Maßnahme, auch hinsichtlich des Umfangs der zu erhebenden Daten und des Zeitraums, für den sie erhoben werden sollen, darzulegen.**

(3) [1] **Personenbezogene Daten, die durch Maßnahmen nach § 100g oder § 100k Absatz 1 oder Absatz 2 erhoben wurden, sind entsprechend zu kennzeichnen und unverzüglich auszuwerten.** [2] **Bei der Kennzeichnung ist erkennbar zu machen, ob es sich um Daten handelt, die nach § 176 des Telekommunikationsgesetzes gespeichert waren.** [3] **Nach einer Übermittlung an eine andere Stelle ist die Kennzeichnung durch diese aufrechtzuerhalten.** [4] **Für die Löschung personenbezogener Daten gilt § 101 Absatz 8 entsprechend.**

(4) [1] **Verwertbare personenbezogene Daten, die durch Maßnahmen nach § 100g Absatz 2, auch in Verbindung mit § 100g Absatz 1 Satz 3 oder Absatz 3 Satz 2, erhoben wurden, dürfen ohne Einwilligung der Beteiligten der betroffenen Telekommunikation nur für folgende andere Zwecke und nur nach folgenden Maßgaben verwendet werden:**

1. **in anderen Strafverfahren zur Aufklärung einer Straftat, auf Grund derer eine Maßnahme nach § 100g Absatz 2, auch in Verbindung mit § 100g Absatz 1 Satz 3 oder Absatz 3 Satz 2, angeordnet werden könnte, oder zur Ermittlung des Aufenthalts der einer solchen Straftat beschuldigten Person,**
2. **Übermittlung zu Zwecken der Abwehr von konkreten Gefahren für Leib, Leben oder Freiheit einer Person oder für den Bestand des Bundes oder eines Landes (§ 177 Absatz 1 Nummer 2 des Telekommunikationsgesetzes).**

[2] **Die Stelle, die die Daten weiterleitet, macht die Weiterleitung und deren Zweck aktenkundig.** [3] **Sind die Daten nach Satz 1 Nummer 2 nicht mehr zur Abwehr der Gefahr oder nicht mehr für eine vorgerichtliche oder gerichtliche Überprüfung der zur Gefahrenabwehr getroffenen Maßnahmen erforderlich, so sind Aufzeichnungen über diese Daten von der für die Gefahrenabwehr zuständigen Stelle unverzüglich zu löschen.** [4] **Die Löschung ist aktenkundig zu machen.** [5] **Soweit die Löschung lediglich für eine etwaige vorgerichtliche oder gerichtliche Überprüfung zurückgestellt ist, dürfen die Daten nur für diesen Zweck verwendet werden; für eine Verwendung zu anderen Zwecken sind sie zu sperren.**

(5) **Sind verwertbare personenbezogene Daten, die nach § 176 des Telekommunikationsgesetzes gespeichert waren, durch eine entsprechende polizeirechtliche Maßnahme erlangt worden, dürfen sie in einem Strafverfahren ohne Einwilligung der Beteiligten der betroffenen Telekommunikation nur zur Aufklärung einer Straftat, auf Grund derer eine Maßnahme nach § 100g Absatz 2, auch in Verbindung mit Absatz 3 Satz 2, angeordnet werden könnte, oder zur Ermittlung des Aufenthalts der einer solchen Straftat beschuldigten Person verwendet werden.**

(6) [1] **Die Beteiligten der betroffenen Telekommunikation und die betroffenen Nutzer des digitalen Dienstes nach § 1 Absatz 4 Nummer 1 des Digitale-Dienste-Gesetzes sind von der Erhebung der Verkehrsdaten nach § 100g oder der Nutzungsdaten nach § 100k Absatz 1 und 2 zu benachrichtigen.** [2] **§ 101 Absatz 4 Satz 2 bis 5 und Absatz 5 bis 7 gilt entsprechend mit der Maßgabe, dass**

1. das Unterbleiben der Benachrichtigung nach § 101 Absatz 4 Satz 3 der Anordnung des zuständigen Gerichts bedarf;
2. abweichend von § 101 Absatz 6 Satz 1 die Zurückstellung der Benachrichtigung nach § 101 Absatz 5 Satz 1 stets der Anordnung des zuständigen Gerichts bedarf und eine erstmalige Zurückstellung auf höchstens zwölf Monate zu befristen ist.

(7) [1]**Die betroffene Person ist in den Fällen des § 100k Absatz 3 über die Beauskunftung zu benachrichtigen.** [2]**Die Benachrichtigung erfolgt, soweit und sobald hierdurch der Zweck der Beauskunftung nicht vereitelt wird.** [3]**Sie unterbleibt, wenn ihr überwiegende schutzwürdige Belange Dritter oder der betroffenen Person selbst entgegenstehen.** [4]**Wird die Benachrichtigung nach Satz 2 zurückgestellt oder nach Satz 3 von ihr abgesehen, sind die Gründe aktenkundig zu machen.**

Übersicht

A. Anwendungsbereich. Die Vorschr. enthält die grundrechtssichernden Verfahrensregelungen bei der Erhebung v. **Verkehrsdaten** (Abs. 1) nach § 100g u. **Nutzungsdaten** nach § 100k (Abs. 1a). Aus systematischen Gründen konnte sie nicht in den für verdeckte Ermittlungsmaßnahmen geltenden § 101 inkorporiert werden, da die Erhebung v. Verkehrs- u. Nutzungsdaten entspr. den Vorgaben des BVerfG grds. als offene Maßnahme auszugestalten ist (BVerfGE 125, 260 (335 f.); BT-Drs. 18/5088, 36; erg. → § 100g Rn. 11). In ihrer inhaltlichen Ausgestaltung orientiert sie sich jedoch in weitem Umf. an den Regelungen für die Anordnung u. Ausführung der Überwachung der Telekommunikation in § 100a u. § 100e; die zu diesem Zweck angewandte Verweisungstechnik trägt zu Übersichtlichkeit u. Verständlichkeit der Vorschr. allerdings nicht bei. 1

Soweit die Vorschrift besondere Regelungen für nach § 176 TKG gespeicherte Daten (Vorratsdaten) vorsieht, hat sie keine praktische Bedeutung, weil eine Vorratsdatenspeicherung nicht stattfindet (→ § 100g Rn. 4). 2

B. Gerichtliche Entscheidung. I. Anordnungsadressaten. Auskunft darf nur über die Verkehrs- u. Nutzungsdaten des Beschuldigten o. der Personen verlangt werden, v. denen aufgrund bestimmter Tatsachen anzunehmen ist, dass sie für den Beschuldigten bestimmte oder v. ihm herrührende Mitteilungen entgegennehmen o. weitergeben o. dass der Beschuldigte ihren Anschluss benutzt (Abs. 1 S. 1, 2, Abs. 1a iVm § 100a Abs. 3). In erster Hinsicht kommt danach die Anordnung gegen Beschuldigte in Betracht (→ § 100a Rn. 17), aber auch gegen Nichtverdächtige, Nachrichtenmittler o. Personen, deren Anschluss der Beschul- 3 digte ohne deren Wissen benutzt (→ § 100a Rn. 18 ff.). Bei „Hacker-Angriffen", in denen sich der Täter unerlaubt unter Ausnutzung v. Computernetzwerken einwählt, sind deren Betreiber als Zielpersonen anzusehen (BR-Drs. 702/01; Hoeren wistra 2005, 3). Die Tatsache allein, dass eine Person Zeuge ist, genügt dagegen nicht (vgl. BGH BeckRS 2009, 88032). Die Anordnung ggü. den in § 53 Abs. 1 S. 1 Nr. 1–5 bezeichneten Berufsgeheimnisträgern ist unzulässig (§ 100g Abs. 4 S. 1), es sei denn, es besteht Verstrickungsverdacht gegen die betr. Person (§ 100g Abs. 4 S. 6 iVm § 160a Abs. 4; erg. → § 160a Rn. 17, → § 100g Rn. 40–43).

4 **II. Richtervorbehalt.** Maßnahmen nach § 100g sowie § 100k Abs. 1 und Abs. 2 dürfen nur auf **Antrag der StA** durch das Gericht angeordnet werden (Abs. 1 S. 1 iVm § 100e Abs. 1 S. 1). Hinsichtlich der Möglichkeit einer Eilordnung durch die StA bei Gefahr im Verzug diff. Abs. 1 nach der Art der gespeicherten Daten; für die Erhebung von Nutzungsdaten nach § 100k Abs. 1 und Abs. 2 ist in allen Fällen eine Eilanordnung möglich. Für die Erhebung von Nutzungsdaten nach **§ 100k Abs. 3** ist ausschließlich die **StA** zuständig.

5 Eine **Eilordnung** durch die StA kommt nur für Datenerhebungen nach § 100g Abs. 1 und § 100g Abs. 3 S. 1 in Betracht, also ausschl. für den Zugriff auf nach §§ 9 und 12 TDDDG und § 2a BDBOSG gespeicherte Verkehrsdaten sowie für Funkzellenabfragen (Abs. 1 S. 2; erg. → § 100g Rn. 11 ff., 37, 38); in diesen Fällen muss die Anordnung der StA binnen drei Tagen richterlich bestätigt werden (Abs. 1 S. 1 iVm § 100e Abs. 1 S. 3).

6 Der von Abs. 1 S. 2 (der § 100e Abs. 1 S. 2 für unanwendbar erklärt) bestimmte „absolute" Richtervorbehalt hat mangels Vorratsdatenspeicherung **keine praktische Bedeutung** (→ § 100g Rn. 4).

7 **III. Dauer der Maßnahme.** Die Anordnung ist auf höchstens drei Monate zu befristen; ihre Verlängerung um jew. nicht mehr als drei Monate ist zulässig, soweit die Voraussetzungen der Anordnung unter Berücksichtigung der zwischenzeitlich gewonnenen Ermittlungsergebnisse fortbestehen (Abs. 1 S. 1, Abs. 1a iVm § 100e Abs. 1 S. 4 und 5; erg. → § 100b Rn. 2; zu den Begründungsanforderungen → Rn. 11–13). Liegen ihre Voraussetzungen nicht mehr vor, ist die Maßnahme unverzüglich zu beenden, u. das zuständige Gericht ist zu benachrichtigen (Abs. 1 S. 1 iVm § 100e Abs. 5 S. 1 und 2; erg. → § 100e Rn. 19f). Der Telekommunikationsanbieter ist aufzufordern, keine weiteren Verkehrsdaten mehr zu übermitteln. Wird die Frist nicht rechtzeitig verlängert, tritt die Anordnung – mit den daraus folgenden Benachrichtigungspflichten (→ Rn. 33 ff.) – ohne weiteres außer Kraft.

8 **IV. Form und Inhalt der Anordnung.** Die Anordnung nach §§ 100g, 100k Abs. 1 oder 2, auch die der StA, muss schriftlich ergehen (Abs. 1 S. 1, Abs. 1a iVm § 100e Abs. 3 S. 1). Sie setzt eine Einzelfallprüfung voraus. Für das Auskunftsverlangen der StA nach § 100k Abs. 3 ist weder dort noch in § 101a eine Regelung getroffen; es ist nach § 24 Abs. 2 TDDDG schriftlich oder elektronisch zu stellen.

9 **1.** In die **Entscheidungsformel** sind gem. Abs. 1 S. 1, Abs. 1a die in § 100e Abs. 3 S. 2 Nr. 1–5 aufgeführten Informationen aufzunehmen (→ § 100e Rn. 11–13). Darüber hinaus müssen die zu übermittelnden Verkehrsdaten u. der Zeitraum, für den sie übermittelt werden sollen, eindeutig angegeben werden (Abs. 1 S. 1 Nr. 1). Damit wird klargestellt, dass zeitliche Angaben hins. der Übermittlung der Daten nicht nur bei der Erhebung zukünftig anfallender, sondern auch bei dem Zugriff auf bereits gespeicherte Daten zu machen sind (BT-Drs. 18/5088, 36).

10 Für **Funkzellenabfragen** nach § 100g Abs. 3 gilt § 100e Abs. 3 S. 2 Nr. 5 nicht, da es insoweit nicht um die Erfassung eines bestimmten Anschlusses o. Endgerätes geht, sondern um die Erhebung aller zu einem bestimmten Zeitpunkt in einem bestimmten geografischen Umfeld aktiver mobiler Geräte; deshalb genügt es, die Telekommunikation räumlich u. zeitlich eng begrenzt u. hinreichend bestimmt zu bezeichnen (Abs. 1 S. 3).

11 **2.** In die **schriftlichen Gründe** sind Angaben zu den Anwendungsvoraussetzungen der jeweiligen Maßnahme nach §§ 100g, 100k Abs. 1 und 2 aufzunehmen (Abs. 2). In allen Fällen bedarf es zumindest einer knappen Darlegung der den

Tatverdacht begründenden Tatsachen u. der Beweislage, auch durch konkrete Bezugnahmen auf Aktenteile, sowie des Vorliegens der jew. erforderlichen Ermittlungsziele; eine Maßnahme nach § 100g Abs. 1 S. 1 Nr. 1, S. 2 (gem. §§ 9 und 12 TDDDG erhobene Daten) bzw. nach § 100g Abs. 3 S. 1 (Funkzellenabfrage) muss Ausführungen zur Bedeutung der Straftat im Einzelfall enthalten.

Eine **Verlängerungsanordnung** muss sich zum fortbestehenden Vorliegen der Voraussetzungen für die Anordnung verhalten u. dabei auf die zwischenzeitlich gewonnenen Ermittlungsergebnisse eingehen (s. Abs. 1 S. 1, Abs. 1a iVm § 100e Abs. 4, Abs. 2; erg. → § 100e Rn. 17, 18). Falls sich keine Änderungen ergeben haben, kann auf die vorhergehende Begründung Bezug genommen werden; in diesem Fall ist allerdings die Verhältnismäßigkeit der Maßnahme bes. zu prüfen (erg. dazu → Rn. 13). 12

Für sämtliche Maßnahmen nach §§ 100g, 100k Abs. 1 und 2 sowie für deren Verlängerung sieht Abs. 2 in Anlehnung an § 81g Abs. 3 S. 5 und § 100e Abs. 4 Nr. 2 eine **spezielle Pflicht zur Begründung der Verhältnismäßigkeit** vor (BT-Drs. 18/5088, 37). In der Begründung sind einzelfallbezogen insbes. die wesentlichen Erwägungen zur Erforderlichkeit u. Angemessenheit der Maßnahme, auch hins. des Umfangs der zu erhebenden Daten u. des Zeitraums, für den sie erhoben werden sollen, darzulegen. Der Umfang der zu erhebenden Daten hat sich am Zweck der Maßnahme zu orientieren. Wenn dies ausreicht, sollen nur einzelne Standortdaten abgerufen werden, um keine überflüssigen Bewegungsprofile zu erstellen; anders kann es sich etwa verhalten, wenn es um die Aufklärung v. Serienstraftaten o. die Abklärung von v. Beschuldigten angegebenen Bewegungen geht (BT-Drs. 18/5088, 37). Mit zunehmender Dauer der Maßnahme, etwa bei konsekutiven Verlängerungen, erhöhen sich die Anforderungen an die Begründung der Verhältnismäßigkeit. 13

V. Zur Mitwirkung verpflichtet. Zur Mitwirkung verpflichtet ist jeder, der Telekommunikationsdienste erbringt o. daran mitwirkt (Abs. 1 S. 1 iVm § 100a Abs. 4 S. 1, → § 100g Rn. 23, → § 100a Rn. 24, 25 ff.), dh auch solche Anbieter, die ihre Dienste nicht geschäftsmäßig erbringen (vgl. a. § 3 Nr. 1 TKG). Für Nutzungsdaten trifft die Pflicht jeden geschäftsmäßigen Telemediendienst iSv § 100k Abs. 1 S. 1. Die Mitwirkungspflicht umfasst die Bekanntgabe der für die beantragte Maßnahme jew. notwendigen Daten; sie ist allerdings auf die Daten beschränkt, die seitens der Diensteanbieter aufgrund bestehender rechtlicher Regelungen – va der §§ 9 und 12 TDDDG, s. a. 2 Abs. 2 Nr. 3 TDDDG – zulässigerweise erhoben u. gespeichert werden (vgl. zu § 100g aF LG Frankfurt a. M. MMR 2004, 344 mzustAnm Bär MMR 2004, 340; LG Konstanz MMR 2007, 193; Gercke GA 2012, 475 (484); Hoeren wistra 2005, 4; Schaar, Datenschutz im Internet, 2002, Rn. 826; Welp GA 2002, 556; Wohlers/Demko StV 2003, 242; **aM** Eckhardt DuD 2002, 201; Seitz, Strafverfolgungsmaßnahmen im Internet, 2004, S. 170 ff.; unklar BT-Drs. 16/5846, 54; vgl. auch BVerfG NJW 2007, 3055 (3056)). Die erforderlichen Auskünfte sind unverzüglich zu erteilen. In den Fällen des § 100g Abs. 1 S. 4 hat der Diensteanbieter – auch Online-Dienste, Mailbox-Betreiber, Access-Provider – an einer Ausleitung der Verkehrsdaten an die Strafverfolgungsbehörden in Echtzeit mitzuwirken. 14

VI. Durchführung. Zuständig für die Durchführung ist nach § 36 Abs. 2 die **StA** (→ § 100a Rn. 23). Ein mündliches Ersuchen genügt, auch in Eilfällen, nicht, da Abs. 1 S. 1, Abs. 1a iVm § 100a Abs. 4 S. 1, § 100e Abs. 3 S. 1 die Mitwirkungspflicht des Diensteanbieters an das Vorliegen einer schriftlichen Anordnung knüpft (zum Auskunftsverlangen nach § 100k Abs. 3 → Rn. 8). Im Übrigen würde die Möglichkeit eines mündlichen Ersuchens der Intention des Gesetzgebers, bei der Erhebung v. Verkehrsdaten eine größtmögliche Anwendungsklarheit u. Transparenz zu gewährleisten, zuwiderlaufen. Die StA hat auch grds. die Benachrichtigung des Betroffenen nach Abs. 6 zu veranlassen (s. aber → Rn. 34–36 zu deren Unterbleiben bzw. Zurückstellung). 15

16 **C. Datenkennzeichnung.** Gemäß Abs. 3 S. 1, der § 101 Abs. 3 S. 1 entspricht, sind nach §§ 100g, 100k Abs. 1 oder Abs. 2 erhobene personenbezogene Daten entspr. zu kennzeichnen. Dabei ist auch kenntlich zu machen, ob es sich um Daten handelt, deren Speicherung mit § 176 TKG verpflichtend sein sollte (zur mangelnden Relevanz → § 100g Rn. 4). Die Kennzeichnung ist bei Übermittlung an eine andere Stelle beizubehalten (Abs. 3 S. 2). Dies ist erforderlich, um die enge Zweckbindung, die für diese Daten gilt, zu gewährleisten u. dafür zu sorgen, dass die Verwendung ausschl. zur Wahrnehmung der Aufgaben erfolgt, derentwegen der Zugriff auf diese Daten zulässig ist (BT-Drs. 18/5088, 37).

17 **Auswertung:** Abs. 3 S. 1 sieht darüber hinaus vor, dass nach §§ 100g, 100k Abs. 1 oder Abs. 2 erhobene personenbezogene Daten unverzüglich auszuwerten sind, um den mit der Maßnahme verbundenen Eingriff in die Persönlichkeitsrechte der Betroffenen nicht zu perpetuieren u. damit zu vertiefen (BT-Drs. 18/5088, 37).

18 Für die **Löschung** der Verkehrsdaten sowie der nach § 100k Abs. 1 oder Abs. 2 erhobenen Nutzungsdaten gilt § 101 Abs. 8 entspr. (Abs. 3 S. 4). Die Löschung hat unverzüglich (→ § 25 Rn. 8) zu erfolgen, wenn die Daten zweifelsfrei weder zu Zwecken der Strafverfolgung noch für eine etwaige gerichtliche Überprüfung (weiterhin) erforderlich sind (→ Rn. 20 ff., 37; → § 101 Rn. 27, 28).

18a Für nach § 100k Abs. 3 erlangte Daten enthält § 101a keine entspr. Regelungen. Die Gebote der unverzüglichen Aussortierung und Löschung der Daten, soweit sie nicht mehr benötigt werden, dürfte sich aus allg. strafprozessualen und datenschutzrechtlichen Grundsätzen (s. a. § 47 Nr. 5 BDSG) ergeben. Für die Löschung dürfte daher § 101 Abs. 8 jedenfalls sinngemäß anwendbar sein.

19, 20 **D. Verwertbarkeit. I. Im Ausgangsverfahren.** Im Ausgangsverfahren sind in rechtmäßiger Weise erlangte Erkenntnisse – als Spurenansatz u. zu Beweiszwecken – verwertbar (vgl. BGHSt 56, 127; 138; BGH NStZ 1993, 192; 1998, 92). Dies gilt ohne Differenzierung zwischen den verschiedenen Möglichkeiten des Zugriffs auf Verkehrs- und Nutzungsdaten auch hins. einer anderen Begehungsform der zunächst angenommenen Anlasstat o. sonstiger Straftatbestände und anderer Tatbeteiligter, soweit es sich noch um dieselbe Tat im prozessualen Sinn handelt (vgl. BT-Drs. 16/5846, 66).

21 Bei **Verstößen** gegen die materiellen Anordnungsvoraussetzungen finden grds. die allg. Prinzipien über Beweisverwertungsverbote Anwendung (→ Einl. Rn. 55a). Unverwertbar sind Erkenntnisse, die unter Umgehung des Richtervorbehalts gewonnen wurden (→ Rn. 6). Zu Verwertung u. Verwertungsverbot gelten iÜ die Ausführungen zu §§ 100a, 100e entspr. (→ § 100a Rn. 29 ff.; ferner → § 100e Rn. 31). Generell wird bei der Verwertung v. Verkehrsdaten und Nutzungsdaten die unter Verletzung der materiellen Anordnungsvoraussetzungen in §§ 100g, 100k Abs. 1 o. Abs. 2 Abs. 1 oder 2 und verfahrenssichernder Regelungen in § 101a gewonnen wurden, ein strenger Maßstab anzulegen sein.

22 Die **Einführung** der Verkehrs- und Nutzungsdaten in die HV kann durch Urkundsbeweis, aber auch durch die Vernehmung eines Zeugen o. Sachverständigen erfolgen, der die zutr. Erfassung u. Wiedergabe der Daten bestätigt u. damit auch den Inhalt der Listen zum Gegenstand seiner Aussage macht (vgl. Kusch NStZ-RR 2000, 37 – BGH RsprÜ); ein Sachverständiger kann auch zu den aus den Verkehrsdaten zu ziehenden Schlüssen, zB Standort eines Handys, Stellung nehmen.

23 **II. Verwertbarkeit und Weiterverwendung für andere Zwecke.** Hinsichtlich Verwertbarkeit und Weiterverwendung der nach **§ 100g Abs. 1 S. 3** geschäftsmäßig gespeicherten, retrograden Standortdaten für andere Zwecke hat der Gesetzgeber mit Abs. 4 S. 1 eine spezielle Regelung geschaffen. Damit ist gesetzlich abgesichert, dass unter den engen Voraussetzungen des § 100g Abs. 2 erhobenen Daten erneut nur für vergleichbar gewichtige repressive oder präventive Zwecke verwertet werden. Für die Verwendung **polizeirechtlich erlangter Verkehrsdaten** in einem Strafverfahren gilt Abs. 5 (→ Rn. 28–30).

1. Für die erneute Verwertung v. geschäftsmäßig gespeicherter Daten (§§ 9 und 12 TDDDG) aus Maßnahmen nach **§ 100g Abs. 1 S. 1 oder S. 4** gilt § 479 Abs. 2 S. 1 und 2 (vgl. → § 479 Rn. 3 ff.). Die eingeschränkte Verwendungsregelung nach § 479 Abs. 2 S. 1 bezieht sich auf die Verwertung v. Zufallsfunden **in anderen Strafverfahren;** ihr liegt der Gedanke des hypothetischen Ersatzeingriffs zugrunde (vgl. auch Bär NZWiSt 2017, 81 (86)). Die Verwendung der Verkehrsdaten für andere prozessuale Taten als die Anlasstat ist nur zulässig, wenn sie der Aufklärung einer Straftat dient, aufgrund derer die originäre Erhebung ebenfalls hätte angeordnet werden dürfen. Danach dürfte für die Verwertbarkeit nach § 479 Abs. 2 S. 1 auch das Vorliegen der materiellen Anordnungsvoraussetzungen für eine Maßnahme nach § 100g Abs. 1 S. 1 Nr. 1 oder § 100g Abs. 1 S. 4 zu verlangen sein, da ohne deren Vorliegen der Eingriff – auch nicht hypothetisch – hätte angeordnet werden dürfen (BeckOK StPO/Bär Rn. 24). Die bereits vorhandenen Daten dürfen bei der Frage einer die Verwertung rechtfertigenden Verdachtslage einbezogen werden; dies ist schon deshalb gerechtfertigt, weil die bloße erneute Verwertung eine geringere Eingriffstiefe als die ursprüngliche Erhebung aufweist (erg. → § 479 Rn. 3). Für Daten, die aus einer Maßnahme nach § 100 Abs. 1 S. 1 Nr. 2 erlangt werden, gilt die eingeschränkte Verwendungsregelung insofern, dass die Straftat, die Gegenstand des anderen Strafverfahrens ist, ebenfalls mittels Telekommunikation begangen worden sein muss. 24

Die Verwendung v. **nach § 100g Abs. 1 S. 1 oder 4** erlangten Erkenntnissen **für präventive Zwecke** richtet sich nach § 479 Abs. 2 S. 2 Nr. 1 und 2 (→ § 479 Rn. 10). Sie dürfen nach dem Grundsatz des hypothetischen (gefahrabwehrrechtlichen) Ersatzeingriffs (Nr. 1) sowie va zur Abwehr einer Gefahr für höchst- u. hochrangige Rechtsgüter (Nr. 2) verwendet werden. 25

2. Die Weiterverwendung der durch eine Maßnahme nach **§ 100g Abs. 1 S. 3** gewonnenen retrograden Standortdaten zu anderen Zwecken als jenen, für die sie im Ausgangsverfahren erhoben wurden, stellt ebenfalls einen eigenständigen Grundrechtseingriff dar (vgl. zur Wohnraumüberwachung BVerfGE 109, 279 Rn. 344). Für die Umwidmung der Daten bedarf es daher einer diesen Eingriff rechtfertigenden Rechtsgrundlage. Für die Verwendung **in anderen Strafverfahren** ist dies Abs. 4 S. 1 Nr. 1, der als speziellere u. zudem striktere Regelung dem § 479 Abs. 2 S. 1 vorgeht (→ § 479 Rn. 3). Die Umwidmung **für präventive Zwecke** richtet sich nach Abs. 4 S. 1 Nr. 2. 26

In anderen Strafverfahren dürfen diese (retrograden) Standortdaten nur zur Aufklärung einer Katalogtat iSd § 100g Abs. 2 S. 2 oder zur Ermittlung des Aufenthalts der einer solchen Straftat beschuldigten Person verwendet werden (Abs. 4 S. 1 Nr. 1). Aufgrund des darin geregelten Grundsatzes des hypothetischen Ersatzeingriffs müssen auch die weiteren materiellen Voraussetzungen für die Anordnung der Maßnahme vorliegen (erg. → Rn. 24 sowie → § 479 Rn. 3). Da die Vorschr. die Einschränkung der Verwendung „zu Beweiszwecken" (vgl. insofern § 479 Abs. 2 S. 1 iVm § 161 Abs. 3) nicht enthält, müssen ihre Voraussetzungen auch für die Verwendung der Daten als Spuren- o. Ermittlungsansatz vorliegen (erg. → § 479 Rn. 4). 27

Zu **präventiven Zwecken** dürfen die Daten nach Abs. 4 S. 1 Nr. 2 nur zur Abwehr v. konkreten Gefahren für Leib, Leben o. Freiheit einer Person o. für den Bestand des Bundes o. eines Landes verwendet werden). Durch den Verweis auf § 177 Abs. 1 Nr. 2 TKG wird klargestellt, dass die Weitergabe v. zu repressiven Zwecken erhobenen Daten an Behörden mit präventiven Aufgaben nur unter Berufung auf eine entspr. Befugnisnorm in Betracht kommt. Die Übermittlung ist aktenkundig zu machen (Abs. 4 S. 2). Regelungen zur Löschung der Daten u. der Verwendungssperre enthalten Abs. 4 S. 3–5. Besteht die in Abs. 4 S. 1 Nr. 2 bezeichnete Gefahr nicht mehr o. sind die Daten nicht mehr für eine vorgerichtliche o. gerichtliche Überprüfung der zur Gefahrenabwehr getroffenen Maßnahme erforderlich, sind die Aufzeichnungen über diese Daten v. der für die Gefahrenabwehr zuständigen Stelle unverzüglich zu löschen (Abs. 4 S. 3); wird die Löschung lediglich für eine vorgerichtliche o. gerichtliche Überprüfung zurückgestellt, ist die 28

Verarbeitung der Daten auf diesen Zweck durch entspr. Markierung (§ 46 Nr. 3 BDSG) einzuschränken (§ Abs. 4 S. 4).

29 **III. Präventiv erhobene Verkehrsdaten.** Abs. 5 bestimmt, dass durch eine polizeirechtliche Maßnahme erhobene Vorratsdaten (§ 176 TKG) im Strafverfahren ohne Einwilligung der Beteiligten der betroffenen Telekommunikation nur verwendet werden dürfen, wenn in dem Strafverfahren eine Maßnahme nach § 100g Abs. 2, auch iVm § 100g Abs. 3 S. 2, hätte angeordnet werden können, sowie zur Ermittlung des Aufenthalts der einer solchen Straftat beschuldigten Person. **Mangels Vorratsdatenspeicherung** ist die Regelung ohne praktische Relevanz (→ § 100g Rn. 4). Für **retrograde Standortdaten** dürfte Abs. 5 entspr. anzuwenden sein (erg. → Rn. 27).

30 Im Übrigen, dh für nach **§§ 9 und 12 TDDDG** gespeicherte Verkehrsdaten, gilt für die repressive Verwertung präventiv erlangter Daten § 161 Abs. 3 (MüKoStPO/Rückert Rn. 63; → § 161 Rn. 18b ff.).

30a Für die nach § 100k Abs. 1 oder Abs. 2 erhobenen **Nutzungsdaten** gelten die allg. verwendungsbeschränkenden Regelungen (§§ 161 Abs. 3, 479 Abs. 2). Für nach § 100k Abs. 3 erlangte Daten gelten die allg. Vorschriften (§§ 161 Abs. 1, 474 Abs. 1).

31, 32 **E. Rechtliches Gehör und Benachrichtigungspflicht. I. Pflicht zu rechtlichem Gehör.** Da es sich bei §§ 100g, 100k um eine **offene** Ermittlungsmaßnahme handelt (→ Rn. 1), muss das damit befasste Gericht den Betroffenen grds. bereits vor Erlass der Anordnung **gem. § 33 rechtliches Gehör** gewähren (BT-Drs. 18/5088, 38). Es ist jedoch anzunehmen, dass der offene Zugriff eher die Ausnahme bleiben wird. Die betreffenden Daten werden in der Praxis der Strafverfolgungsbehörde im Normalfall zu einem frühen Zeitpunkt erhoben, in dem die Ermittlungen noch heimlich geführt werden, etwa um evtl. tatbeteiligte Personen zu identifizieren o. weitere – verdeckte – Maßnahmen wie eine Telefonüberwachung vorzubereiten (Degenkolb Kriminalistik 2015, 598 (602)). Würde die vorherige Anhörung den Zweck der Anordnung gefährden, kann v. der Anhörung nach § 33 Abs. 4 S. 1 abgesehen werden; dies ist in jedem Einzelfall zu begründen (BT-Drs. 18/5088, 38). Regelmäßig wird es in diesen Fällen aus denselben Gründen auch zu einer Zurückstellung der Benachrichtigung kommen (s. Abs. 6 S. 2, Abs. 7 S. 2 sowie dazu → Rn. 34, 35).

33 **II. Benachrichtigungspflicht.** Die Beteiligten der betroffenen Telekommunikation sind v. der Erhebung der Verkehrsdaten nach § 100g und der Nutzungsdaten nach § 100k Abs. 1 und Abs. 2 sowie der Beauskunftung nach § 100k Abs. 3 zu benachrichtigen (Abs. 6 S. 1, Abs. 7 S. 1). Zuständig für die Benachrichtigung ist die StA, nicht das Gericht u. auch nicht der Diensteanbieter (näher → § 101 Rn. 5). Inhaltlich müssen die Betroffenen v. Anordnung u. Durchführung der Maßnahme unterrichtet werden; zur Information über deren Durchführung gehören auch Dauer u. Umf. des Eingriffs (vgl. → § 101 Rn. 15). Die Benachrichtigung muss ferner den Hinweis auf die Möglichkeit nachträglichen Rechtsschutzes sowie die dafür vorgesehene Frist enthalten (Abs. 6 S. 2 iVm § 101 Abs. 4 S. 2). Für die Beauskunftung nach § 100k Abs. 3 gilt die Sonderregelung des Abs. 7. Mangels Verweises auf § 101 S. 2–5 und Abs. 5–7 ist bei einer Maßnahme nach § 100k Abs. 3 kein nachträglicher **Rechtsschutz** vorgesehen. Es kommt daher – ebenso wie für den Diensteanbieter (→ Rn. 37) – eine entspr. Anwendung des § 98 Abs. 2 S. 2 in Betracht.

34 **III. Zurückstellung der Benachrichtigung.** Die Benachrichtigung kann aus den in § 101 Abs. 5 S. 1 genannten Gründen zurückgestellt werden (Abs. 6 S. 2, Abs. 7 S. 2). Sie erfolgt erst, sobald dies ohne Gefährdung des Untersuchungszwecks möglich ist. Sie kann also solange zurückgestellt werden, wie erwartet werden kann, dass die mit der jeweiligen Maßnahme verfolgten zulässigen Ermittlungsziele noch durch ein – praktisch verdecktes – Vorgehen erreicht werden können (erg. → § 101 Rn. 19). Die ermittlungstaktischen Gründe, die einer vor-

herigen Anhörung der Betroffenen entgegenstehen (dazu soeben → Rn. 32), dürften häufig auch eine zeitnahe Benachrichtigung der Betroffenen verhindern. Die StA kann bereits mit dem Antrag auf Anordnung einer Verkehrs- oder Nutzungsdatenerhebung nach § 100k Abs. 1 oder Abs. 2 den Antrag auf Zustimmung zur Zurückstellung der Benachrichtigung verbinden (s. BT-Drs. 18/5088, 18).

Die Zurückstellung bedarf – abgesehen von den Fällen des § 100k Abs. 3 (vgl. Abs. 7) – der **Anordnung des zuständigen Gerichts,** eine erstmalige Zurückstellung ist auf höchstens 12 Monate zu befristen (Abs. 6 S. 2 Nr. 2). Die Dauer weiterer Zurückstellungen bestimmt das für die Anordnung der Maßnahme zuständige Gericht (Abs. 6 S. 2 iVm § 101 Abs. 6 S. 2, Abs. 7 S. 1). Es kann das endg. Absehen v. der Benachrichtigung anordnen, wenn die Voraussetzungen für eine Benachrichtigung mit an Sicherheit grenzender Wahrscheinlichkeit auch in Zukunft nicht eintreten werden (Abs. 6 S. 2 Nr. 1 iVm § 101 Abs. 6 S. 3); bei Maßnahmen nach § 100g Abs. 1 S. 3, Abs. 2 (retrograde Standortdaten) dürfte dies mit Rücksicht auf deren besondere Eingriffsintensität, welche das gesamte Regelwerk der §§ 100g, 100k Abs. 1 und Abs. 2, 101a und die darin enthaltenen Beschränkungen u. Verfahrenssicherungen prägt, nur ganz ausnahmsweise in Betracht kommen. Die Zurückstellung ist in jedem Einzelfall zu begründen. Der Begründungsinhalt deckt sich mit dem für ein Absehen v. der Gewährung vorherigen rechtlichen Gehörs nach § 33 Abs. 4 S. 1 (→ Rn. 32). In der Anordnung, die Benachrichtigung zurückzustellen, ist zugleich das Absehen v. der Gewährung vorherigen rechtlichen Gehörs enthalten (§ 33 Abs. 4 sowie → Rn. 32). Bei Nutzungsdaten nach § 100k Abs. 3 ist keine richterliche Anordnung erforderlich (Abs. 7). Die Gründe für die Zurückstellung der Benachrichtigung (Abs. 7 S. 2) oder von dem endg. Absehen (Abs. 7 S. 3) hat die zuständige StA aktenkundig zu machen. 35

IV. Unterbleiben. Das Unterbleiben der Benachrichtigung kommt aus den in § 101 Abs. 4 S. 3–5 genannten Gründen in Betracht (Abs. 6 S. 2); die Ausführungen → § 101 Rn. 16–18 gelten entsprechend. Es bedarf stets einer richterlichen Anordnung (Abs. 6 S. 2 Nr. 1). Bei Nutzungsdaten nach § 100k Abs. 2 ist das Absehen aktenkundig zu machen. 36

F. Rechtsschutz. Der Rechtsschutz für die Beteiligten an der betroffenen Telekommunikation und die betroffenen Nutzer des Telemediendienstes bestimmt sich nach Maßgabe des § 101 Abs. 7 (Abs. 6 S. 2); der Telemediendienst selbst kann Rechtschutz entspr. § 98 Abs. 2 S. 2 suchen (BGH BeckRS 2024, 28196; erg → § 101 Rn. 25–26a). S. zu Maßnahmen nach § 100k Abs. 3 → Rn. 33. 37

G. Revision. Die Revision bedarf einer Verfahrensrüge nach § 344 Abs. 2 S. 2. Sie kann darauf gestützt werden, dass die Beweiswürdigung auf Verkehrs- oder Nutzungsdaten beruht, die nicht hätten verwertet werden dürfen; zur Frage der Verwertbarkeit → Rn. 19–29. Entsprechendes der Rspr. zur Verwertung v. Erkenntnissen aus der Telefonüberwachung wird es erforderlich sein, dass der Verwertung der Verkehrs- oder Nutzungsdaten in der Hauptverhandlung widersprochen worden ist (vgl. → § 100a Rn. 39). 38

Statistische Erfassung; Berichtspflichten

101b (1) [1] **Die Länder und der Generalbundesanwalt berichten dem Bundesamt für Justiz kalenderjährlich jeweils bis zum 30. Juni des dem Berichtsjahr folgenden Jahres über in ihrem Zuständigkeitsbereich angeordnete Maßnahmen nach den §§ 100a, 100b, 100c, 100g und 100k Absatz 1 und 2.** [2] **Das Bundesamt für Justiz erstellt eine Übersicht zu den im Berichtsjahr bundesweit angeordneten Maßnahmen und veröffentlicht diese im Internet.** [3] **Über die im jeweils vorangegangenen Kalenderjahr nach § 100c angeordneten Maßnahmen berichtet die Bundesregierung dem Deutschen Bundestag vor der Veröffentlichung im Internet.**

(2) **In den Übersichten über Maßnahmen nach § 100a sind anzugeben:**

1. die Anzahl der Verfahren, in denen Maßnahmen nach § 100a Absatz 1 angeordnet worden sind;
2. die Anzahl der Überwachungsanordnungen nach § 100a Absatz 1, unterschieden nach Erst- und Verlängerungsanordnungen;
3. die jeweils zugrunde liegende Anlassstraftat nach der Unterteilung in § 100a Absatz 2;
4. die Anzahl der Verfahren, in denen ein Eingriff in ein von dem Betroffenen genutztes informationstechnisches System nach § 100a Absatz 1 Satz 2 und 3
   a) im richterlichen Beschluss angeordnet wurde und
   b) tatsächlich durchgeführt wurde.

(3) **In den Übersichten über Maßnahmen nach § 100b sind anzugeben:**

1. die Anzahl der Verfahren, in denen Maßnahmen nach § 100b Absatz 1 angeordnet worden sind;
2. die Anzahl der Überwachungsanordnungen nach § 100b Absatz 1, unterschieden nach Erst- und Verlängerungsanordnungen;
3. die jeweils zugrunde liegende Anlassstraftat nach Maßgabe der Unterteilung in § 100b Absatz 2;
4. die Anzahl der Verfahren, in denen ein Eingriff in ein vom Betroffenen genutztes informationstechnisches System tatsächlich durchgeführt wurde.

(4) **In den Berichten über Maßnahmen nach § 100c sind anzugeben:**

1. die Anzahl der Verfahren, in denen Maßnahmen nach § 100c Absatz 1 angeordnet worden sind;
2. die jeweils zugrunde liegende Anlassstraftat nach Maßgabe der Unterteilung in § 100b Absatz 2;
3. ob das Verfahren einen Bezug zur Verfolgung organisierter Kriminalität aufweist;
4. die Anzahl der überwachten Objekte je Verfahren nach Privatwohnungen und sonstigen Wohnungen sowie nach Wohnungen des Beschuldigten und Wohnungen dritter Personen;
5. die Anzahl der überwachten Personen je Verfahren nach Beschuldigten und nichtbeschuldigten Personen;
6. die Dauer der einzelnen Überwachung nach Dauer der Anordnung, Dauer der Verlängerung und Abhördauer;
7. wie häufig eine Maßnahme nach § 100d Absatz 4, § 100e Absatz 5 unterbrochen oder abgebrochen worden ist;
8. ob eine Benachrichtigung der betroffenen Personen (§ 101 Absatz 4 bis 6) erfolgt ist oder aus welchen Gründen von einer Benachrichtigung abgesehen worden ist;
9. ob die Überwachung Ergebnisse erbracht hat, die für das Verfahren relevant sind oder voraussichtlich relevant sein werden;
10. ob die Überwachung Ergebnisse erbracht hat, die für andere Strafverfahren relevant sind oder voraussichtlich relevant sein werden;
11. wenn die Überwachung keine relevanten Ergebnisse erbracht hat: die Gründe hierfür, differenziert nach technischen Gründen und sonstigen Gründen;
12. die Kosten der Maßnahme, differenziert nach Kosten für Übersetzungsdienste und sonstigen Kosten.

(5) **In den Übersichten über Maßnahmen nach § 100g sind anzugeben:**

1. unterschieden nach Maßnahmen nach § 100g Absatz 1, 2 und 3
   a) die Anzahl der Verfahren, in denen diese Maßnahmen durchgeführt wurden;

b) die Anzahl der Erstanordnungen, mit denen diese Maßnahmen angeordnet wurden;
c) die Anzahl der Verlängerungsanordnungen, mit denen diese Maßnahmen angeordnet wurden;
2. untergliedert nach der Anzahl der zurückliegenden Wochen, für die die Erhebung von Verkehrsdaten angeordnet wurde, jeweils bemessen ab dem Zeitpunkt der Anordnung
a) die Anzahl der Anordnungen nach § 100g Absatz 1;
b) die Anzahl der Anordnungen nach § 100g Absatz 2;
c) die Anzahl der Anordnungen nach § 100g Absatz 3;
d) die Anzahl der Anordnungen, die teilweise ergebnislos geblieben sind, weil die abgefragten Daten teilweise nicht verfügbar waren;
e) die Anzahl der Anordnungen, die ergebnislos geblieben sind, weil keine Daten verfügbar waren.

(6) **In den Übersichten über Maßnahmen nach § 100k sind jeweils unterschieden nach Maßnahmen nach den Absätzen 1 und 2 anzugeben:**
1. die Anzahl der Verfahren, in denen Maßnahmen angeordnet worden sind;
2. die Anzahl der Anordnungen unterschieden nach Erst- und Verlängerungsanordnungen;
3. untergliedert nach der Anzahl der zurückliegenden Wochen, für die die Erhebung von Nutzungsdaten angeordnet wurde, jeweils bemessen ab dem Zeitpunkt der Anordnung
a) die Anzahl der Anordnungen, die teilweise ergebnislos geblieben sind, weil die abgefragten Daten teilweise nicht verfügbar waren;
b) die Anzahl der Anordnungen, die ergebnislos geblieben sind, weil keine Daten verfügbar waren.

A. Statistische Erfassung. Das G v. 17.8.2017 (BGBl. I 3202) hat die Regelungen über die statistische Erfassung und die Berichtspflichten bei Maßnahmen nach den §§ 100a, 100b, 100c und 100g sowie 100k Abs. 1 in § 101b zusammengefasst. Die Länder u. der GBA haben dem Bundesamt für Justiz über die in ihrem Geschäftsbereich angeordneten Maßnahmen kalenderjährlich jew. bis zum 30.6. des dem Berichtsjahr folgenden Jahres zu berichten, damit das Bundesamt für Justiz eine entspr. Übersicht erstellen u. diese im Internet veröffentlichen kann (Abs. 1 S. 1, 2). Durch die Veröff. soll die Transparenz der Maßnahmen gestärkt u. ihre Evaluierung erleichtert werden (vgl. BT-Drs. 18/5088, 39). 1

B. Maßnahmen nach § 100c. Bei Maßnahmen nach § 100c unterrichten die Landesjustizverwaltungen gem. Art. 13 Abs. 6 S. 3 GG ein parlamentarisches Kontrollgremium, die BReg unterrichtet ihrerseits aufgrund der v. Bundesamt für Justiz erstellten bundesweiten Übersicht jährlich (Art. 13 Abs. 6 S. 1 GG) den BT. Dieser Bericht hat, wie Abs. 1 S. 3 ausdr. klarstellt, vor der Veröff. der Übersicht im Internet zu erfolgen. Damit ist eine parlamentarische Kontrolle für die den Art. 13 GG einschr. Maßnahmen gegeben, wie sie ähnlich nach §§ 14 ff. **G 10** für die Überwachung u. Aufzeichnung der Telekommunikation durch Nachrichtendienste besteht. Die Kontrolle wird nach Art. 13 Abs. 4 S. 2 GG durch ein v. BT gewähltes Gremium ausgeübt. 2

C. Inhalt. Der Inhalt der Berichte ist für die einzelnen Maßnahmen in Abs. 2 jew. iE vorgeschrieben worden (Abs. 2 für § 100a, Abs. 3 für § 100b, Abs. 4 für § 100c und Abs. 5 für § 100g sowie Abs. 6 § 100k). Zur Erweiterung auf Nutzungsdaten iSv § 2 Abs. 2 Nr. 3 TDDDG vgl. → § 100g Rn. 2; § 100k; Abs. 6. Die Mitteilung, wie oft u. aus welchen Gründen die beantragte Maßnahme nicht durchgeführt worden ist, ist nicht vorgesehen, kann aber sinnvoll sein. Die danach iE anzugebenden Daten werden idR den Anordnungs- o. ggf. Verlängerungsbeschlüssen zu entnehmen sein. 3

Durchsuchung bei Beschuldigten **Nr. 73a RiStBV**

102 **Bei dem, welcher als Täter oder Teilnehmer einer Straftat oder der Datenhehlerei, Begünstigung, Strafvereitelung oder Hehlerei verdächtig ist, kann eine Durchsuchung der Wohnung und anderer Räume sowie seiner Person und der ihm gehörenden Sachen sowohl zum Zweck seiner Ergreifung als auch dann vorgenommen werden, wenn zu vermuten ist, daß die Durchsuchung zur Auffindung von Beweismitteln führen werde.**

Übersicht

1 **A. Einschränkung der Grundrechte.** Eine Einschränkung der Grundrechte nach Art. 2, 13 GG gestatten die §§ 102 ff. Sie gelten v. der Einleitung des Ermittlungsverfahrens ab bis zur Urteilsrechtskraft. Dabei muss der Verdächtige die Durchsuchung in weiterem Maß dulden als der Unverdächtige (§ 103). Die Durchsuchung ist eine **offene** Ermittlungsmaßnahme (BGH NJW 2007, 930; NStZ 2015, 704; KK-StPO/Henrichs/Weingast Rn. 1; Park Rn. 36 f.). Im **strafprozessualen Sinn** liegt sie vor, wenn staatliche (Strafverfolgungs-)Organe Räumlichkeiten, Gegenstände oder Personen **ziel- und zweckgerichtet** durchsuchen, um einen Tatverdächtigen zu ergreifen oder (potentielle) Beweismittel für die Beweisführung in einem Strafverfahren aufzufinden (Löwe/Rosenberg/Tsambikakis Rn. 1; Park Rn. 33; s. a. für gefahrenabwehrrechtliche Durchsuchungen BVerfG NJW 2026, 389 (Ls.)); eine Durchsuchung erfordert ein physisches Eindringen, also das **Betreten** des geschützten Raums mit der beschriebenen Zweckrichtung (BGH NStZ-RR 2024, 220). Vgl. zur bloßen „Nachschau" → Rn. 8.

2 **B. (Anfangs-)Verdacht.** Voraussetzung jeder Durchsuchung ist der (Anfangs-)Verdacht, dass eine bestimmte Straftat bereits begangen u. nicht nur straflos vorbereitet worden ist; hierfür müssen **zureichende tatsächliche Anhaltspunkte** vorliegen (BVerfG NJW 2022, 3070; 2020, 384; 1991, 690; 1995, 2839 zur Durchsuchung bei mehreren Betriebsstätten einer Bank; BGH NStZ 2022, 692; NStZ-RR 2019, 282; 2009, 142; BVerfG NJW 2005, 1707; 2007, 2749 u. LG Berlin NStZ 2004, 103 zur Durchsuchung einer RA-Kanzlei wegen des Verdachts der Geldwäsche; dazu BVerfGE 110, 226 (vgl. → Vor § 137 Rn. 2); BVerfG NStZ-RR 2008, 176 (Arztpraxis); NJW 2021, 1452 (Geldwäsche)). Vage Anhaltspunkte o. bloße Vermutungen genügen nicht (BVerfG NJW 2014, 1650 (Durchsuchung der Privatwohnung eines Prokuristen); 2011, 2275; 2011, 291 (Hehlerei durch Verkauf über Internetplattform); 2004, 3171 (3172); StraFo 2014, 67; StV 2013, 609; 2010, 665; 2009, 452 (§ 106 UrhG durch Links in einem v. Beschuldigten betriebenen Internetforum); LG Nürnberg-Fürth StraFo 2022, 287 (Abrechnungsbetrug); LG Saarbrücken NZWiSt 2025, 266 (268): eine Meldung nach § 43 Abs. 1 Nr. 1 GWG genügt nicht für Geldwäscheverdacht; s. aber auch BVerfG NStZ-RR 2026, 51 zu § 261 StGB nF); andererseits bedarf es aber auch keines hinreichenden

o. dringenden Tatverdachts o. gar einer Schuldüberzeugung (BVerfG NJW 2024, 3643; BGHSt 16, 370; BeckRS 2023, 22280; 2024, 23237; erg. → § 105 Rn. 5a). Der erforderliche Anfangsverdacht kann grds. auch durch ein **Behördenzeugnis** (zB über Erkenntnisse aus einer TKÜ nach § 4 Abs. 4 Nr. 2 G 10) begründet werden (BGH BeckRS 2023, 16469 mwN; JR 2023, 623 (625) mAnm Niedernhuber (628 ff.); erg. → § 161 Rn. 18b); ein pauschales ggü. an Recht u. Gesetz gebundenen Behörden u. Gremien ist nicht angezeigt (BGH JR 2019, 404 mAnm Löffelmann). Bei **anonymen Hinweisen** ist wegen der erhöhten Gefahr u. des nur schwer bewertbaren Risikos einer falschen Verdächtigung eine bes. sorgfältige Prüfung erforderlich (BVerfG StV 2017, 361; LG Nürnberg-Fürth Kriminalistik 2024, 432; StraFo 2023, 186). Unter Umständen können auch **legale Handlungen** für die Begründung des Anfangsverdachts herangezogen werden, wenn diese es nach kriminalistischer Erfahrung möglich erscheinen lassen, dass sich die betr. Person strafbar gemacht hat (BVerfG NJW 2018, 3571 Rn. 35 f.). Wird bei dem Insassen eines Pkw Rauschgift sichergestellt, begründet dies ohne weitere konkrete Anhaltspunkte nicht den erforderlichen Tatverdacht für eine Wohnungsdurchsuchung bei einem anderen Mitfahrer (BVerfG StV 2010, 665); das Gleiche soll bei starkem Marihuanageruch aus einer Wohnung hinsichtlich des Wohnungsinhabers gelten (BayObLG BeckRS 2021, 34056). Dass eine wegen Betäubungsmittelhandels beschuldigte Person ihr Fahrzeug in zweimal zur Nachtzeit gegenüber einer Wohnung abgestellt hat, begründet allein noch keinen Tatverdacht gegen den Wohnungsinhaber wegen Beihilfe (BVerfG NJW 2022, 3070). Andererseits ist eine genaue Tatkonkretisierung nicht erforderlich (BVerfG BeckRS 2010, 51388). Vor einer Durchsuchung in Steuerstrafsachen sind ggf. Vorermittlungen im Besteuerungsverfahren durchzuführen (BVerfG NJW 2006, 2974; wistra 2006, 377 mAnm Wiese wistra 2006, 417; LG Hildesheim wistra 2007, 399 mAnm Matthes wistra 2008, 10; eing. Kemper wistra 2007, 249, der Bankermittlungen idR für untauglich hält). Angaben des Betroffenen bei seiner asylrechtlichen Anhörung können auch ohne dessen Zustimmung verwertet werden (BGH NStZ 2021, 500). Bei Durchsuchungen nach § 102 **genügt** es, anders als bei einer nach § 103 (→ § 103 Rn. 5, 6), dass **aufgrund kriminalistischer Erfahrung** die begründete Aussicht besteht, dass der Zweck der Durchsuchung erreicht werden kann; es genügt, dass zu vermuten ist, dass die Maßnahme zur Auffindung von Beweismitteln führen wird (BVerfG NJW 2003, 2669 (2670); OLG Dresden StraFo 2008, 118). Eine Durchsuchung darf aber nicht der Ermittlung v. Tatsachen dienen, die zur Begründung eines Verdachtes erforderlich sind (BVerfG StV 2013, 609; 2010, 665); nicht ausreichend ist deshalb, wenn der Tatverdacht erst durch das (unzulässig) sichergestellte o. beschlagnahmte Beweismittel entsteht (BVerfG StraFo 2022, 67 (69)). Zur bloßen **Ausforschung** darf die Maßnahme nicht benutzt werden (LG Frankfurt a. M. StraFo 2025, 188 (190); LG Offenburg StV 1997, 626); die Annahme pädophiler Neigungen allein begründet nicht den Verdacht des Besitzes kinderpornographischer Schriften (LG Bremen StV 2024, 293 Ls.). Auf eine nach EU- o. Verfahrensrecht nicht anwendbare Strafnorm kann der Anfangsverdacht nicht gestützt werden (BVerfG BeckRS 2009, 36277 zu § 284 StGB). Zur Annahme des Tatverdachtes bei legalem Verhalten erg. → § 152 Rn. 4a.

C. Verdächtige. Der Verdächtige muss die Durchsuchung dulden. Er braucht **noch nicht Beschuldigter** (→ Einl. Rn. 76 ff.) zu sein; der Tatverdacht gegen ihn muss bei der Anordnung der Maßnahme nicht einmal soweit konkretisiert sein, dass die Beschuldigteneigenschaft schon begründet werden kann; es genügt die auf Tatsachen beruhende Möglichkeit der Täterschaft oder Teilnahme (SSW StPO/Hadamitzky Rn. 1). Daher sind auch Durchsuchungen solche Personen betreffend zulässig, die (vgl. → Einl. Rn. 79) zunächst informatorisch als Zeugen zu hören sind (Rogall NJW 1978, 2535). Zum Beschuldigten wird der Verdächtige, wenn die Maßnahme dazu dient, für seine Überführung geeignete Beweismittel zu gewinnen (BGHSt 51, 367 (371); BGH NStZ 1997, 398 Löwe/Rosenberg/Tsambikakis Rn. 5; Park Rn. 37). 3

3a **Juristische Personen** können nach Ansicht des Kartellsenates des BGH (BGH NZKart 2014, 236), der sich ua auf die eigenständige Ahndungsmöglichkeit gem. § 30 OWiG beruft, wie ein Täter zu behandeln u. damit auch Träger eines Tatverdachts sein; insoweit seien auch diejenigen Personen, die in Funktionen in dem Unternehmen tätig sind, die im Zusammenhang mit der Ordnungswidrigkeit stehen, tatverdächtig iSv § 102. Danach dürfte sich der Kreis der Mitarbeiter, auf den Durchsuchungsmaßnahmen erstreckt werden dürfen, an den in § 30 Abs. 1 OWiG genannten Personen sowie den dort normierten Maßstäben orientieren. Insoweit reichte es aus, dass nach kriminalistischer Erfahrung die begründete Aussicht besteht, dass sich bei den für die jur. Person handelnden Personen für die Untersuchung relevante Beweismittel finden lassen, ohne dass bereits in deren Person eine Beschuldigtenstellung gegeben sein muss (vgl. BGH NZKart 2014, 236; kritisch dazu Ahlbrecht FS Wessing, 2015, 177, der darauf hinweist, dass jur. Personen de lege lata, solange kein Verbandsstrafgesetzbuch existiert, keine Beschuldigten- u. Tatverdächtigenstellung haben können). Diese Maßstäbe gelten auch für einen Durchsuchungsbeschluss, der in einem auf ein **Vereinsverbot** gerichteten Verfahren ergeht (OVG Lüneburg ZWH 2025, 40). Vgl. auch BVerfGE 95, 220 zur Frage der Nichtanwendbarkeit des nemo tenetur Grundsatzes auf jur. Personen. Zur Abgrenzung von §§ 102 und 103 bei Durchsuchungen von Unternehmen Hiéramente NStZ 2021, 390.

4 **Strafunmündige** können keine „Verdächtigen" sein; Durchsuchungen sind daher nur nach § 103 zulässig (OLG Bamberg NStZ 1989, 40; Löwe/Rosenberg/Tsambikakis Rn. 10), ebenso in Verf. gegen „Unbekannt" (LG Trier StraFo 2007, 371). Ist das Vorliegen v. Rechtfertigungs-, Entschuldigungs- o. persönlichen Strafausschließungsgründen offensichtlich, so ist die Durchsuchung unstatthaft. Verfahrenshindernisse stehen ihr nur entgegen, wenn sie nicht behebbar sind (vgl. → § 94 Rn. 7).

5 **Teilnehmer** nach §§ 25 ff. StGB, nicht die sog. notwendigen Teilnehmer (zum Begriff: Fischer/Fischer/Anstötz StGB Vor § 25 Rn. 7), stehen den Tatverdächtigen gleich. Bei jedem v. ihnen sowie bei den der Begünstigung, Strafvereitelung o. Hehlerei Verdächtigen ist die Durchsuchung zu dem Zweck zulässig, die Beteiligung irgendeines Angehörigen dieses Personenkreises aufzuklären.

5a In Verf. gegen **Medienangehörige** sind Durchsuchungen unzulässig, wenn sie ausschl. o. vorwiegend dem Zweck dienen, die Person eines Informanten zu ermitteln (vgl. BVerfGE 20, 162 (192, 217); 117, 244; erg. → § 97 Rn. 45) o. den Verdacht v. Straftaten durch Informanten aufzuklären (BVerfG NJW 2015, 3430: erforderlich Tatverdacht gegen konkret betroffenen Presseangehörigen; erg. → § 97 Rn. 45b). Die bloße Veröffentlichung eines Dienstgeheimnisses reicht nicht aus, um den Verdacht einer (sukzessiven) Beihilfe des Journalisten zu § 353b StGB zu begründen; in einem solchen Fall sind vielmehr tatsächliche Anhaltspunkte für eine v. Geheimnisträger bezweckte Offenbarung des Geheimnisses erforderlich (BVerfGE 117, 244; dazu Schmidt-De Caluwe NVwZ 2007, 640, Starke AfP 2007, 91; zu weitergehenden Einschränkungen Brüning wistra 2007, 334; Gaede AfP 2007, 413; vgl. auch EGMR NJW 2008, 3412 mAnm NJW 2008, 3416 Schork; erg. → EMRK Art. 10 Rn. 1).

6, 7 **D. Durchsuchungsgegenstände. I. Wohnungen und Räume.** Wohnungen und Räume iS § 102 sind Räumlichkeiten, die der Verdächtige tatsächlich innehat, gleichgültig, ob er sie befugt o. unbefugt nutzt, ob er Allein- o. Mitinhaber ist (BGH NStZ 1986, 84; OLG Köln StV 2018, 801 Ls.) u. ob ihm das Hausrecht zusteht (Stoffers wistra 2009, 380). Dazu gehören **auch Arbeits-, Betriebs- u. Geschäftsräume** (BVerfG NJW 2003, 2669) sowie Räume, die nur vorübergehend benutzt o. mitbenutzt werden (Geschäft, Hotelzimmer; nicht aber Wohnungen anderer Bewohner einer Wohngemeinschaft, LG Heilbronn StV 2005, 380), sowie (vgl. § 104 Abs. 1) das befriedete Besitztum (Hofräume, Hausgärten ua als „andere Räume"). Auch Räume in einem Dienstgebäude kommen in Betracht (BayObLG NJW 1993, 744; vgl. § 105 Abs. 3). Bei Mitbenutzung o. Mitgewahrsam mehrerer Personen, v. denen nur ein Teil verdächtig ist, gilt daher § 102 StPO (BVerfG NJW 2019, 3633; LG Nürnberg-Fürth NJW 2024, 607: Zimmer des Kindes des Beschuldigten). Hafträume einer JVA sind keine Wohnungen (BVerfG NJW 1996, 2643); das Gleiche gilt für den Besuchsraum einer Haftanstalt (BGHSt 53, 294 (300)). Schutzgut des Art. 13 GG ist nämlich nur die räumliche Sphäre, in der sich das Privatleben entfaltet (BVerfG BeckRS 2023, 38071). Vgl. für das „Probewohnen" im Rahmen von Lockerungen des geschlossenen Maßregelvollzugs OLG Celle StV 2023, 269; mit einem Haftraum ist eine Wohnung außerhalb der Maßregelklinik jedenfalls nicht zu vergleichen. Zur Abgrenzung v. § 102 und § 103 bei der Durchsuchung v. **Arztpraxen** wegen des Verdachts des Abrechnungsbetruges vgl. Röß NZWiSt 2018, 483; in Wirtschaftsstrafverfahren Heinrich wistra 2022, 59 (60 f.).

Von der strafprozessualen Raumdurchsuchung ist die bloße **Nachschau** zu unterscheiden, bei der es um das **Betreten** einer Wohnung **zu anderen Zwecken** als die Ergreifung eines Tatverdächtigen oder die Auffindung von Beweismitteln für ein Strafverfahren geht (vgl. hierzu BVerwGE 47, 31; VGH Bad.-Württ. Asylmagazin 2022, 260 Rn. 92 ff.; weiterg. uU MüKoStPO/Hauschild Rn. 6; vgl. aber a. Löwe/Rosenberg/Tsambikakis Rn. 3). Auch das Betreten einer Wohnung eines Zeugen, um diesen zwangsweise zur Vernehmung vorzuführen, ist keine strafprozessuale Durchsuchung (BGH (ER) NStZ 2022, 559 mAnm Lund). 8

II. Personen. Das Durchsuchen der Person besteht im Suchen nach Sachen o. Spuren in o. unter der Kleidung, auch auf der Körperoberfläche u. in natürlichen Körperöffnungen, die **ohne** Eingriff **mit medizinischen Hilfsmitteln** einzusehen sind (zB in der Mundhöhle: OLG Celle Nds. Rpfl. 1997, 162), nicht aber das Suchen nach im Körperinnern befindlichen Gegenständen (→ § 81a Rn. 9). § 81d ist zu beachten (→ § 81d Rn. 1). 9

III. Sachen. Sachen sind **Kleidungsstücke,** die der Verdächtige bei sich führt, ohne sie zu tragen, u. seine sonstige **bewegliche Habe,** gleichgültig, ob sie sich in seinem Umkreis, zB in Gepäckstücken, im Kofferraum, in der Hand eines Begleiters o. anderswo befindet. Nur für Sachen, die bei Nichtverdächtigen abgestellt sind, gilt § 103. „Ihm gehörend" bedeutet nicht das Eigentum, sondern umfasst den Besitz, Gewahrsam u. Mitgewahrsam (BGH wistra 2007, 28). Auch Kraftfahrzeuge fallen hierunter (BGHSt 62, 123 (138); KK-StPO/Henrichs/Weingast Rn. 11). 10

IV. EDV-Anlagen. Erfasst werden **auch Datenträger** (Computer, Smartphones uä) als körperliche Gegenstände u. damit Sachen iSv § 90 BGB (KK-StPO/Henrichs/Weingast Rn. 11; MüKoStPO/Hausschild Rn. 26; Herrmann/Soine NJW 2011, 2922 (2924)). Potenziell beweiserhebliche Daten aus einem Mobiltelefon dürfen „ausgelesen" werden (vgl. BVerfG NJW 2006, 976; Ternig/Lellmann NZV 2016, 454: Annexkompetenz zu §§ 94, 98). Nach beweiserheblichen Daten dürfen auch Speicherplätze auf Festplatten eines externen Servers beim sog. **Cloud-Computing** durchsucht werden, bei dem der Nutzer zwar jederzeit v. seinem Computer aus auf seine Daten zugreifen kann, er aber nicht weiß, wo diese tatsächlich gespeichert sind (zur Funktionsweise Obenhaus NJW 2010, 651); insoweit hat der Nutzer über seinen Internet-Account faktischen Zugriff auf den konkreten **Cloud-Speicherplatz,** auf dem seine Daten gespeichert sind u. damit – was für eine Durchsuchung **beim Verdächtigen** nach § 102 ausreicht – zumindest **Mitgewahrsam** (Löwe/Rosenberg/Tsambikakis Rn. 40; Wicker MMR 2013, 765; Herrmann/Soine NJW 2011, 2922; die Durchsuchung bei **nichtverdächtigen Cloud-Anbietern** erfolgt nach § 103 (KK-StPO/Henrichs/Weingast Rn. 11 → § 103 Rn. 1; erg. → § 110 Rn. 7a–c; vgl. zur Möglichkeit, die Benachrichtigung des Beschuldigten in diesen Fällen zurückzustellen → § 95a Rn. 1). Die Durchsicht externer Speichermedien regelt § 110 Abs. 3. Grundsätzlich ist auch die Inbetriebnahme v. EDV-Anlagen zulässig, um an bisher noch nicht aufgefundene Beweismittel zu gelangen, wobei aber die in § 102 genannten Durchsuchungsobjekte zu beachten sind (näher dazu Bär Rn. 360 ff.; Valerius JR 2007, 278). Zur 10a

Unverwertbarkeit v. ohne richterliche Anordnung durchsuchten Dateien vgl. LG Bremen StV 2006, 571 mAnm Stege.

11, 12 **E. Durchsuchungszwecke. I. Ergreifen des Verdächtigen.** Ergreifen iS § 102 ist **jede Festnahme** zur Durchführung einer ges. zugelassenen Zwangsmaßnahme, zB nach §§ 112, 126a, 127, 134, 230 Abs. 2, 236, 329 Abs. 4 S. 1, auch nach § 81 (→ § 81 Rn. 27), § 81a (→ § 81a Rn. 28) und, für Zwecke der Strafverfolgung, nach § 81b (→ § 81b Rn. 15) und § 457 Abs. 2 oder wenn der Betroffene zur Durchführung v. Identifizierungsmaßnahmen gesucht wird (§§ 163a, 163b). Unter den Begriff Ergreifung fällt **auch** die Festnahme **des Verurteilten** (OLG Düsseldorf NJW 1981, 2133; OLG Frankfurt a. M. NJW 1964, 785; erg. → § 105 Rn. 6) zur Einlieferung in Widerrufshaft nach § 453c (→ § 453c Rn. 13), in Strafhaft nach § 457 (→ § 457 Rn. 11) o. in den Maßregelvollzug (§ 463 Abs. 1).

13 **II. Auffinden von Beweismitteln.** Zu den Beweismitteln (→ § 94 Rn. 4 ff.) gehören **auch** die nur in § 103 erwähnten **Spuren** (SK-StPO/Jäger/Wohlers Rn. 21) u. **Personen,** die zu Beweiszwecken **in Augenschein** genommen werden sollen (OLG Schleswig SchlHA 1985, 116, Park Rn. 55), nicht aber Personen, die nur als Zeugen gesucht werden (Löwe/Rosenberg/Tsambikakis Rn. 21). Bei der Durchsuchung v. Sachen kommt es auf deren Eigenschaft als Beweismittel nicht an; sie (zB Schreibtischschubladen, Koffer) können auch durchsucht werden, um Anhaltspunkte für Beweismittel zu gewinnen (Löwe/Rosenberg/Tsambikakis Rn. 22). Dient eine Wohnungsdurchsuchung allein dem Zweck eine Verdunkelungshandlung iSd § 112 Abs. 2 Nr. 3 nachzuweisen, dient sie nicht dem Auffinden von Beweismitteln für die Beweisführung betreffend die Schuld- oder Rechtsfolgenfrage (AG Saarbrücken StV 2023, 176).

14 **III. Einziehungsgegenstände.** Wenn Einziehungsgegenstände (zB ein Führerschein, vgl. → § 111a Rn. 15) zum Zweck der Beschlagnahme gesucht werden, sind nach § 111b Abs. 2 die **§§ 102 ff. entspr.** anzuwenden (→ § 111b Rn. 13). Wird der Gegenstand **gleichzeitig** als **Beweismittel** gesucht, so genügt das Vorliegen der Voraussetzungen des § 94 (vgl. aber auch → § 94 Rn. 2).

15 **F. Verhältnismäßigkeitsgrundsatz.** Der Verhältnismäßigkeitsgrundsatz (→ Einl. Rn. 20) muss bei Durchsuchungen bes. beachtet werden (BVerfGE 20, 162 (187); 42, 212 (220); 59, 95). Die Durchsuchung scheidet aus, wenn andere, gleich wirksame (BGH StraFo 2019, 459 (460)) – den Ermittlungszweck nicht gefährdende (Kemper wistra 2007, 252) – Maßnahmen verfügbar sind (BVerfG NJW 2023, 2257; 2005, 1640; NStZ-RR 2006, 110; StraFo 2015, 198 (201); 2006, 240; OLG Rostock NJW 2013, 484 zu anwaltsgerichtlichen Verfahren), etwa die Einsicht in das Schuldnerverzeichnis u. Einholung v. Bankauskünften (BVerfG NStZ 2019, 351 (352)), die Vernehmung v. Zeugen (BVerfG NJW 2009, 281 (subjektiver Betrugstatbestand); StraFo 2005, 377 (Wahllichtbildvorlage o. Gegenüberstellung); LG Bremen StraFo 2009, 416 („Hausbefragung")), die Verwertung aussagekräftiger Urkunden (BVerfGK 14, 90), die Einholung behördlicher Auskünfte etwa zu den persönlichen u. wirtschaftlichen Verhältnissen des Beschuldigten (BVerfG NStZ-RR 2024, 56; OLG Dresden StraFo 2007, 329), ein Auskunftsersuchen an die Kassenärztliche Vereinigung (LG Düsseldorf StraFo 2025, 30 mAnm Brockhaus/Guddat) o. ein **Herausgabeverlangen nach § 95** (vgl. BVerfG 30.7.2015 – 1 BvR 1951/13; BGH NStZ 2022, 306; LG Dresden StV 2015, 621: Insolvenzverwalter; LG Flensburg StV 2015, 622: Sicherstellung eines Führerscheins); vgl. auch BVerfG MMR 2009, 459 (460): Feststellung der Verantwortlichkeit für (Hyper-)Links.

15a Die Durchsuchung muss in einem **angemessenen Verhältnis** zur Schwere der (konkreten) Straftat u. zur Stärke des Tatverdachts stehen (EGMR NJW 2006, 1495; BVerfG StV 2015, 615: Cannabisanbau zur Schmerztherapie; NJW 2011, 2275; ZfS 2007, 655 und NStZ 2008, 103 (OWi); OLG Hamburg StV 2008, 12). Die Maßnahme ist unverhältnismäßig, wenn es nur um eine geringfügige Strafe

(BVerfG NJW 2008, 1937) oder OWi (BVerfG NJW 2006, 3411) geht. Maßgeblich ist, welche Strafe für die konkrete Tat zu erwarten ist; der pauschale, bloße Hinweis auf den Strafrahmen des inmitten stehenden Delikts genügt nicht um die Schwere der verfolgten Tat zu begründen (BVerfG NJW 2024, 575; vgl. aber a. § 12 Abs. 1, Abs. 2 StGB). Soweit in der Entsch. ausgeführt ist, es müsste hierbei außer Betracht bleiben, dass ein Verdacht für weitere, bis dahin ungeklärte ähnliche Straftaten des Beschuldigten gegeben sei und die Durchsuchung „eventuell zur Aufklärung bislang ungeklärter Fälle" einer Tatserie beitragen könne, scheint dies den besonderen Umständen des Einzelfalls geschuldet zu sei. Denn zum einen kann die Einbettung einer Tat in eine Tatserie oder eine umsichtig geplante Tatausführung den Schuldgehalt der (Einzel-)Tat erhöhen (vgl. BGH BeckRS 2017, 121824; NStZ-RR 2022, 201 (202); Schäfer/Sander/van Gemmeren, Praxis der Strafzumessung, 7. Aufl., Rn. 619, 1209). Zum anderen kann in einem frühen Ermittlungsstadium der Tatverdacht, dessen Einzelheiten die Ermittlungen noch klären müssen, in der Durchsuchungsanordnung noch weiter gefasst sein, sofern die Einzeltaten unter zusammenfassenden kennzeichnenden Merkmalen bestimmbar sind (BGH NStZ-RR 2022, 241 (242); 2021, 312 (313); erg. → § 105 Rn. 5); dass einer der Taten in der Anordnung konkreter beschrieben werden kann als andere, kann nicht dazu führen, dass die anderen bei der Frage der Verhältnismäßigkeit der Durchsuchungsanordnung vollständig außer Betracht zu bleiben haben. Auch die Bedeutung des potenziellen Beweismittels für das Strafverfahren sowie der Grad des auf verfahrenserhebliche Informationen bezogenen Auffindeverdachts sind zu berücksichtigen (BVerfGE 115, 166 (197); BVerfG StV 2015, 614; NJW 2007, 1804; 28.9.2008 – 2 BvR 1800/07 (Mandatsunterlagen in Privatwohnung)). Die Auffindewahrscheinlichkeit ist insbes. bei länger zurückliegenden Ereignissen o. bei Kenntnis des Betroffenen v. den Ermittlungen sorgfältig zu prüfen (BVerfG NJOZ 2005, 3450; BeckRS 2005, 20313; NJW 2007, 2749 (2752); NJW-Spezial 2020, 569). Auch politische Parteien müssen sich Durchsuchungen gefallen lassen (BVerfG wistra 1984, 221). Bei der Durchsuchung einer **RA-Kanzlei** ist bes. sorgfältig abzuwägen (BVerfG NJW 2025, 3144 (3145 f.); 2009, 2518; vgl. auch EGMR NJW 1993, 718; 2008, 3409 mAnm Schork; LG Trier StraFo 2025, 22 mAnm Beth). Bei Berufsgeheimnisträgern ist auch die Gefährdung empfindlicher Daten Dritter zu berücksichtigen (BVerfG NStZ-RR 2008, 176: Arztpraxis; BVerfG NJW 2025, 3144 (3145): RA-Kanzlei), bei RAen darüber hinaus der im Interesse der Allgemeinheit an einer wirksamen u. geordneten Rechtspflege liegende Schutz der Vertrauensbeziehung zum Mandanten (BVerfG NJW 2008, 1937; 2009, 281; 2518). Eine Aufforderung zur freiwilligen Herausgabe von Unterlagen ist idR bei § 102 nicht erforderlich (BVerfG 28.9.2008 – 2 BvR 1800/07; vgl. aber LG Berlin NStZ 2004, 103; erg. → § 103 Rn. 1a; → § 160 Rn. 14). Das Auffinden etwaigen entlastenden Materials kann die Durchsuchung nicht rechtfertigen, wenn es dem Betroffenen ohne weiteres möglich wäre, solches Material selbständig zu seiner Verteidigung vorzulegen (BVerfG NJW 2011, 2275 (2276)), oder er die **freiwillige Herausgabe** angeboten hat. Dies gilt indes nur, wenn feststeht, dass der Beschuldigte die Beweismittel freiwillig u. vollständig herausgeben wird (BGH NStZ 2021, 500; BeckRS 2025, 23599; vgl. a. BGH NStZ 2022, 306). Vgl. noch Beck/Kreißig NStZ 2007, 309 und Gercke ZUM 2009, 536 zu Verletzungen des UrhG.

Bei beschuldigten **Medienmitarbeitern** genügen mit Blick auf **Art. 5 Abs. 1** 16
S. 2 GG genügen ein auf vage Anhaltspunkte und bloße Vermutungen gestützter Tatverdacht nicht (BVerfG NStZ-RR 2026, 17 (19); zur Beschlagnahme bei bloß verstrickten Medienmitarbeitern → § 97 Rn. 45a f.). Die Durchsuchung v. **Medienunternehmen** kann unverhältnismäßig sein, wenn sie schwer in den Betrieb eingreift, um einen wenig wahrscheinlichen Tatbestand aufzuklären (BVerfGE 20, 162 (204); vgl. auch LG Bremen NStZ-RR 2000, 174). Der Durchsuchung eines Presseunternehmens, gegen dessen Angehörige wegen des Verdacht der Bestechung ermittelt wird, steht das Interesse am Schutz der Informanten grds. nicht entgegen (BVerfG AfP 1976, 123). In jedem Fall ist jedoch eine übermäßige

Beeinträchtigung beim Vollzug der Durchsuchung zu vermeiden (BVerfG NJW 2011, 1863 (1866): Anfertigung v. Großflächenskizzen u. Lichtbildern der Räume eines Rundfunksenders).

17 **G. Zufallsfunde.** Überraschend aufgefundene Beweismittel werden nach **§ 108 Abs. 1** sichergestellt, wenn sie für eine andere strafrechtliche Untersuchung v. Bedeutung sind. Angetroffene Personen, bei denen Identifizierungsmaßnahmen nach § 163b erforderlich erscheinen, können zu diesem Zweck festgehalten werden. Wird jemand aufgefunden, bei dem Anhaltspunkte dafür bestehen, dass sich an seinem Körper Spuren befinden, so werden die erforderlichen Maßnahmen nach § 81c veranlasst.

18 **H. Immunität.** Bei Abg. ist die Durchsuchung im selben Maße zulässig wie die Beschlagnahme (vgl. → § 94 Rn. 24). Im Bundestagsgebäude ist die vorherige Zustimmung des BTPräs. erforderlich (Art. 40 Abs. 2 S. 2 GG); entspr. Vorschr. enthalten die Länderverfassungen (vgl. Elf NStZ 1994, 375).

Durchsuchung bei anderen Personen

103 (1) [1]**Bei anderen Personen sind Durchsuchungen nur zur Ergreifung des Beschuldigten oder zur Verfolgung von Spuren einer Straftat oder zur Beschlagnahme bestimmter Gegenstände und nur dann zulässig, wenn Tatsachen vorliegen, aus denen zu schließen ist, daß die gesuchte Person, Spur oder Sache sich in den zu durchsuchenden Räumen befindet.** [2]**Zum Zwecke der Ergreifung eines Beschuldigten, der dringend verdächtig ist, eine Straftat nach § 89a oder § 89c Absatz 1 bis 4 des Strafgesetzbuchs oder nach § 129a, auch in Verbindung mit § 129b Abs. 1, des Strafgesetzbuches oder eine der in dieser Vorschrift bezeichneten Straftaten begangen zu haben, ist eine Durchsuchung von Wohnungen und anderen Räumen auch zulässig, wenn diese sich in einem Gebäude befinden, von dem auf Grund von Tatsachen anzunehmen ist, daß sich der Beschuldigte in ihm aufhält.**

(2) **Die Beschränkungen des Absatzes 1 Satz 1 gelten nicht für Räume, in denen der Beschuldigte ergriffen worden ist oder die er während der Verfolgung betreten hat.**

1 **A. Andere Personen (Abs. 1 S. 1).** Andere Personen (Abs. 1 S. 1) sind solche, die **nicht tat- oder teilnahmeverdächtig** sind (vgl. zu einem iSd § 10 TMG aF privilegierten Host-Provider LG Saarbrücken MMR 2010, 205 mzustAnm Bär MMR 2010, 206) o. die wegen Vorliegens v. Schuld- o. Strafausschließungsgründen nicht verfolgt werden können, uU auch Rechtsanwälte (LG Saarbrücken NStZ-RR 2002, 267) u. Anbieter v. Speicherplätzen beim sog. **Cloud-Computing** (Wicker MMR 2013, 765 (767); Herrmann/Soine NJW 2011, 2922; erg. → § 102 Rn. 10a, → § 110 Rn. 7a–c). Die Büros verdächtiger **Organe jur. Personen** können sowohl nach § 102 als auch nach § 103 durchsucht werden (BVerfG NJW 2003, 2669 (2670); BGH wistra 1997, 107; **aM** SK-StPO/Jäger/Wohlers § 102 Rn. 12, § 103 Rn. 4 mwN). Ist die jur. Person in den Fällen des § 30 OWiG, etwa bei **Kartellordnungswidrigkeiten,** selbst Träger des Tatverdachts, sind diejenigen Personen, die in Funktionen in dem Unternehmen tätig sind, die im Zusammenhang mit der OWi stehen können, keine nicht tatverdächtigen Dritten iSd § 103 (BGH NZKart 2014, 236; erg. → § 102 Rn. 3a). Kommt nur ein **strafunmündiges Kind** als Täter in Betracht, ist die Durchsuchung unzulässig (Eisenberg StV 1989, 556; Frehsee ZStW 100 (1988), 304; Streng FS Gössel, 2002, 505; **aM** OLG Bamberg NStZ 1989, 40 mablAnm Wasmuth NStZ 1989, 40; Schoene DRiZ 1999, 323; dagegen Walter DRiZ 1999, 325); denn Voraussetzung des § 103 ist, dass überhaupt ein Strafverfahren gegen eine bestimmte Person durchgeführt werden kann. Anders ist es, wenn zugleich ein Tatverdacht gegen strafmündige Tatbeteiligte besteht, was schon im Hinblick auf § 171 StGB (Ver-

letzung der Fürsorge- o. Erziehungspflicht) nahe liegen kann. Die Duldungspflicht des Unverdächtigen ist geringer als die des Verdächtigten (→ Rn. 5, 6). Eine Durchsuchung nach § 103 ist aber nicht deshalb rechtswidrig, weil sie auch nach § 102 zulässig gewesen wäre (BGHSt 28, 57 (60); **aM** Krekeler NStZ 1993, 266).

Sie stellt erhöhte Anforderungen an die Prüfung des **Verhältnismäßigkeitsgrundsatzes** (→ § 102 Rn. 15; BVerfG NJW 2007, 1804; vgl. zum Steuerberater LG Saarbrücken NZWiSt 2013, 153 mAnm Kirsch NZWiSt 2013, 154; zum Insolvenzverwalter LG Berlin ZInsO 2008, 865; LG Neubrandenburg NJW 2010, 691; LG Potsdam JR 2008, 260; zu eng aber LG Saarbrücken ZInsO 2010, 431 mit insoweit abl. Anm. Weyand: auch bei kooperationsunwilligem Verwalter soll § 95 vorrangig sein (allg. dazu noch Stiller ZInsO 2011, 1633); erg. → § 94 Rn. 19 aE); mehr als ein **Anfangsverdacht** für eine Straftat ist indes nicht notwendig (BGH NStZ 2022, 692). Bei Durchsuchungen von Betroffenen, die Träger weiterer Grundrechte sind (etwa Art 5 Abs. 3 GG), ist die Verhältnismäßigkeit besonders sorgfältig zu prüfen (BVerfG StraFo 2024, 15 (16)). Der Verhältnismäßigkeitsgrundsatz kann erfordern, dass der Betroffene gem. § 95 Abs. 1 zunächst zur **freiwilligen Herausgabe** des Beweisgegenstandes aufgefordert wird (BGH NStZ 2022, 306 mAnm Venn; LG Kaiserslautern NStZ 1981, 438; LG Mühlhausen wistra 2007, 195; vgl. auch BVerfG wistra 2008, 463; LG Köln NJW 1981, 1746; Löwe/Rosenberg/Tsambikakis Rn. 8 hält die Durchsuchung ohne diese Aufforderung für rechtswidrig). Die **Abwendungsbefugnis** ist regelmäßig schon in die Durchsuchungsanordnung aufzunehmen. Sie kann aber **entbehrlich** sein, wenn die bisherigen Ermittlungsergebnisse den Schluss zulassen, dass der Betroffene zur freiwilligen Mitwirkung nicht bereit oder Verdunkelungsgefahr zu besorgen ist (BGH NStZ 2022, 306 (308)); das kann insbesondere auch dann der Fall sein, wenn die gesuchten Beweismittel nur der Gattung nach bestimmt werden können (hierzu → Rn. 6) und begründeter Anlass zu der Vermutung besteht, der Herausgabepflichtige täusche die Ermittlungsbehörden durch die bewusste Herausgabe nur eines Teils der beweiserheblichen Gegenstände (BGH NStZ-RR 2023, 380 Ls.). Ein grds. Vorrang des Herausgabeverlangens existiert auch bei einer Rechtsanwaltskanzlei nicht (LG Köln wistra 2021, 37 mAnm Niemann wistra 2021, 13; OLG Hamm wistra 2021, 17). Dient die Maßnahme dem Auffinden v. Gegenständen, die keinen unmittelbaren Bezug zum Ermittlungsverfahren aufweisen, bedarf es bes. Gründe, aus denen sich die Bedeutung der gesuchten Gegenstände für das Verf. u. die Rechtfertigung für den Eingriff ergeben (BVerfG NJW 2009, 2518: steuerrechtliche Konzeption u. Beratung strukturell ähnlicher Fonds durch RA). Hinsichtlich der **Durchsuchung bei Berufsgeheimnisträgern** sind die Erhebungs- u. Verwendungsverbote des § 160a Abs. 1 S. 1, 2 zu beachten (BVerfG StraFo 2015, 61: keine Beschlagnahme v. „Geschäftsunterlagen" des Beschuldigten beim Verteidiger; erg. → § 160a Rn. 2a–5). 1a

Auch Dienstgebäude u. -räume v. **Behörden** dürfen nur durchsucht werden (vgl. § 105 Abs. 3 S. 3), wenn dies erforderlich, um den Beschuldigten zu ergreifen oder Beweismittel aufzufinden, die die Behörde nicht verwahrt oder eine (rechtswidrige) Ablehnung der Herausgabe sicher zu erwarten oder eine Vernichtung von Beweismitteln zu befürchten ist. Die Pflicht zur Herausgabe amtlich verwahrter Akten u. Unterlagen darf mit Blick auf § 96 nicht nach § 103 erzwungen werden (→ § 96 Rn. 2). Um der Behörde die Prüfung der Abgabe einer Sperrerklärung nach § 96 S. 1 zu ermöglichen, muss diese grds. zunächst durch ein schriftliches, mit Gründen versehenem Herausgabeverlangen zur Herausgabe des genau bezeichneten Beweismittels aufgefordert werden (LG Osnabrück NJW 2022, 882 mAnm Moldenhauer/Momsen: BMJ). 2

B. Durchsuchungsgegenstände. Durchsuchungsgegenstände können die Wohnung ua Räume **des Unverdächtigen** (→ § 102 Rn. 7) sowie seine Person (→ § 102 Rn. 9) u. die ihm gehörenden Sachen sein (→ § 102 Rn. 10), auch eine EDV-Anlage (→ § 102 Rn. 10a, → Rn. 1); denn § 103 verwendet den Begriff Durchsuchung im selben Sinn wie § 102 (KK-StPO/Henrichs/Weingast Rn. 3). 3

§ 103 gestattet ferner die Durchsuchung v. Dienstgebäuden u. -räumen deutscher **Behörden** mit dem Ziel der Beschlagnahme elektronischer Behördenpost bzw. -akten; eine Pflicht zur Herausgabe bzw. Beschlagnahme v. Akten, Unterlagen u. Daten ist aber nicht gegeben, soweit eine Sperrerklärung nach § 96 vorliegt (Herrmann/Soine NJW 2011, 2922 (2924)). Auch eine körperliche Durchsuchung des Unverdächtigen ist zulässig (Löwe/Rosenberg/Tsambikakis Rn. 15); denn § 81c lässt sogar die einschneidendere körperliche Untersuchung zu. Vgl. zur Durchsuchung v. Gebäuden → Rn. 9 ff.

4, 5 **C. Durchsuchungszwecke. I. Ergreifung des Beschuldigten.** Der Tatverdacht muss soweit konkretisiert sein, dass gegen den Verdächtigen, dessen Identität aber noch nicht festzustehen braucht, Maßnahmen ergriffen worden sind, die ihn zum Beschuldigten (→ Einl. Rn. 76 ff.) machen (Nelles StV 1991, 488); die Anordnung der Durchsuchung kann die erste Maßnahme dieser Art sein (→ Einl. Rn. 76). Wie im Fall des § 102 (→ § 102 Rn. 12) steht dem Beschuldigten der rkr. Verurteilte gleich. Anders als dort (→ § 102 Rn. 2) ist die Durchsuchung aber nur zulässig, wenn aus aufgrund Zeugenbekundungen o. früheren Beobachtungen über die Lebensgewohnheiten des Beschuldigten (KG JR 1972, 297 (300)) festgestellten Tatsachen auf seine Anwesenheit in dem zu durchsuchenden Raum geschlossen werden kann (LG Saarbrücken NStZ-RR 2002, 267; vgl. auch OLG Düsseldorf StraFo 2008, 238: Durchsuchungserfolg muss wahrscheinlich sein). Das Betreten der Wohnung eines Zeugen, um diesen zwangsweise zur Vernehmung vorzuführen, fällt nicht unter § 103 StPO; dies kann auf die Annexkompetenz des § 51 Abs. 1 S. 3 gestützt werden (BGH (ER) NStZ 2022, 561 mAnm Lund).

6 **II. Auffinden von Spuren und Beweismitteln.** Vgl. → § 102 Rn. 13. Anders als im Fall des § 102 (→ § 102 Rn. 2) genügt es nicht, dass das Auffinden der gesuchten Beweismittel aufgrund kriminalistischer Erfahrung o. nach der Lebenserfahrung wahrscheinlich ist (BVerfG NJW 2007, 1804; BGH BeckRS 2019, 14495; BGHR StPO § 103 Gegenstände 3). Es müssen vielmehr im Zeitpunkt der Anordnung (ex ante-Sicht) aufgrund bestimmter Tatsachen konkrete Gründe dafür sprechen, dass die Durchsuchung beim Unverdächtigen zum Auffinden der gesuchten Spur o. Sache führen werde (vgl. BVerfG NJW 2019, 3633; 2016, 1645; BGH NStZ 2000, 154; 2002, 215; JR 2023, 623 (626 f.) mAnm Niedernhuber (630 f.); NStZ-RR 2023, 380 Ls.; StV 2021, 770 Ls., auch zur Abgrenzung v. der Mitnahme zur Durchsicht nach § 110; erg. → § 110 Rn. 2a). Die Durchsuchung gegen einen Unverdächtigen setzt voraus, dass nach hinreichend bestimmten Beweismitteln für die aufzuklärende Straftat gesucht wird; es reicht allerdings aus, dass die Beweismittel in der Durchsuchungsanordnung der Gattung nach näher bestimmt sind; nicht erforderlich ist, dass sie in allen Einzelheiten konkretisiert werden (vgl. BGH NStZ 2022, 692; NStZ-RR 2023, 380 Ls.; 2024, 26 (27 f.); BeckRS 2025, 16859). Fehlende Beweisbedeutung der gesuchten Daten macht die Durchsuchung unzulässig (BGH StraFo 2009, 241).

7 Das **Zeugnisverweigerungsrecht** des Angehörigen, bei dem nach § 103 durchsucht werden soll, steht der Anordnung u. Durchführung der Maßnahme nicht entgegen; ein allgemeines Beschlagnahmeverbot beim Zeugnisverweigerungsberechtigten sieht die StPO nicht vor (BGH BeckRS 2023, 17526; (ER) NStZ-RR 2018, 319; erg. → § 81c Rn. 23; → § 94 Rn. 20; → § 97 Rn. 1; Creifelds GA 1960, 70). Bei Berufsgeheimnisträgern (§ 53) ist § 160a zu beachten. Durchsuchungen dürfen nicht zu dem Zweck vorgenommen werden, Gegenstände aufzuspüren, die nach § 97 (§ 160a Abs. 5) v. der Beschlagnahme ausgenommen sind (BGH 15.6.2023 – StB 24/23; LG Hamburg NZWiSt 2023, 232 (234); erg. → § 97 Rn. 1, § 110 Rn. 2).

8 **III. Einziehungsgegenstände.** Vgl. → § 102 Rn. 14.

9, 10 **D. Gebäudedurchsuchungen (Abs. 1 S. 2). I. Dringender Tatverdacht.** Bei dringendem Tatverdacht nach § 89a, § 129a StGB (einschr. Rudolphi JA 1979, 3: nicht schon bei Verdacht der Werbung o. einer geringfügigen Unterstützung) o.

einer der in dieser Vorschr. bezeichneten Straftaten, auch iVm § 129b Abs. 1 StGB, kann die Durchsuchung eines bestimmten Gebäudes angeordnet werden, zweier Gebäude nicht schon deshalb, weil anzunehmen ist, dass der Verdächtige sich in einem v. ihnen aufhält (KK-StPO/Henrichs/Weingast Rn. 10). Zum dringenden Tatverdacht vgl. → § 112 Rn. 7.

Die Durchsuchung **setzt ferner voraus,** dass aufgrund polizeilicher Ermittlungen, Beobachtungen anderer Zeugen o. Hinweisen aus der Bevölkerung festgestellte Tatsachen die Annahme begründen, dass sich der Beschuldigte irgendwo in dem Gebäude aufhält (Vogel NJW 1978, 1226); bloße Vermutungen genügen nicht. Der Annahme des Aufenthalts „in dem Gebäude" steht nicht entgegen, dass die größere Wahrscheinlichkeit dafürspricht, dass sich der Beschuldigte dort in einer bestimmten Wohnung o. Raumeinheit befindet. In diesem Fall werden diese Räume nach Möglichkeit vorrangig durchsucht. 11

II. Gebäude. Gebäude ist eine räumlich abgegrenzte, selbständige bauliche Einheit. Um ein einzelnstehendes Haus o. um ein Gebäude mit nur einem Aufgang braucht es sich nicht zu handeln (Löwe/Rosenberg/Tsambikakis Rn. 22). Maßgebend ist vielmehr die **bauliche Geschlossenheit.** Mehrere Gebäude werden aber auch dann nicht zu einer Einheit zusammengeschlossen, wenn sie teilw. baulich miteinander verbunden sind o. gemeinsame Anlagen (Keller, Tiefgaragen) haben (KK-StPO/Henrichs/Weingast Rn. 9). 12

Auf einen **Teil des Gebäudes** kann die Durchsuchung beschränkt werden, wenn der andere Teil, zB eine o. einige bestimmte Wohnungen, eindeutig als Aufenthaltsort des Beschuldigten ausscheidet. Das ist aber nicht der Fall, wenn sich nicht ausschließen lässt, dass der gesuchte Beschuldigte noch während der Durchsuchung unter Nötigung in andere Räume des Gebäudes gelangen kann. 13

III. Durchsuchungszweck. Durchsuchungszweck darf **nur die Ergreifung des Beschuldigten** sein, nicht die Auffindung v. Spuren u. Beweismitteln. Werben für eine terroristische Vereinigung o. deren geringfügige Unterstützung reichen aus (Löwe/Rosenberg/Tsambikakis Rn. 18). Der Gesuchte muss nur dringend verdächtig sein, eine Tat nach § 89a, § 129a StGB o. eine der in dieser Vorschr. bezeichneten Taten begangen zu haben. Dass er bereits identifiziert ist, wird nicht vorausgesetzt (MüKoStPO/Hausschild Rn. 8). Bei der Durchsuchung ist die Beschränkung auf die Ergreifung des Beschuldigten zu beachten. Behältnisse, in denen sich wegen ihrer geringen Größe niemand verbergen kann, dürfen nur durchsucht werden, wenn aufgrund bestimmter Tatsachen der Verdacht besteht, dass sich dort Unterlagen befinden, die die Ergreifung des Beschuldigten ermöglichen (Löwe/Rosenberg/Tsambikakis Rn. 19; MüKoStPO/Hausschild Rn. 13). 14

E. Raumdurchsuchung bei Ergreifung oder Verfolgung des Beschuldigten (Abs. 2). Wird der Beschuldigte, auch der aus der Strafhaft entflohene Verurteilte (BayObLGSt 2020, 152), durch Strafverfolgungsorgane o. nach § 127 Abs. 1 durch Privatpersonen in einer Wohnung o. Raumeinheit ergriffen o. betritt er solche Räume während seiner Verfolgung, ohne dass es gelingt, ihn dort zu ergreifen, so ist die Durchsuchung dieser Räume **ohne die Einschränkungen des Abs. 1 S. 1** zulässig. Es brauchen keine weiteren Tatsachen vorzuliegen, die die Ergreifung wahrscheinlich machen. Die Durchsuchung ist dann auch nicht nur zu den in Abs. 1 S. 1 bezeichneten Zwecken, sondern auch mit dem Ziel zulässig, Personen aufzufinden, die als Zeugen in Betracht kommen. Denn infolge der Beziehung, die der Beschuldigte in den Fällen des Abs. 2 zu den Räumen v. sich aus hergestellt hat, liegt kraft ges. Vermutung die Annahme nahe, dass irgendein denkbarer Durchsuchungszweck erreicht werden kann. Die Anordnung der Durchsuchung (§ 105 Abs. 1) wird im Fall des Abs. 2 nicht überflüssig, die Gebäudedurchsuchung (Abs. 1 S. 2) nicht erleichtert. 15

F. Immunität. Vgl. Nr. 191 Abs. 3 Buchst. d RiStBV. Diese Regelung gilt auch, wenn ein Mittäter des Abg. verfolgt wird; der Abg. ist dann als Nichtverdächtiger zu behandeln. Vgl. auch → § 102 Rn. 18. 16

Durchsuchung von Räumen zur Nachtzeit

104 (1) **Zur Nachtzeit dürfen die Wohnung, die Geschäftsräume und das befriedete Besitztum nur in folgenden Fällen durchsucht werden:**

1. **bei Verfolgung auf frischer Tat,**
2. **bei Gefahr im Verzug,**
3. **wenn bestimmte Tatsachen den Verdacht begründen, dass während der Durchsuchung auf ein elektronisches Speichermedium zugegriffen werden wird, das als Beweismittel in Betracht kommt, und ohne die Durchsuchung zur Nachtzeit die Auswertung des elektronischen Speichermediums, insbesondere in unverschlüsselter Form, aussichtslos oder wesentlich erschwert wäre oder**
4. **zur Wiederergreifung eines entwichenen Gefangenen.**

(2) **Diese Beschränkung gilt nicht für Räume, die zur Nachtzeit jedermann zugänglich oder die der Polizei als Herbergen oder Versammlungsorte bestrafter Personen, als Niederlagen von Sachen, die mittels Straftaten erlangt sind, oder als Schlupfwinkel des Glücksspiels, des unerlaubten Betäubungsmittel-, Cannabis- und Waffenhandels oder der Prostitution bekannt sind.**

(3) **Die Nachtzeit umfasst den Zeitraum von 21 bis 6 Uhr.**

1 **A. Einschränkung der §§ 102, 103.** Die Vorschr. schränkt die **Durchführung** einer Durchsuchung (§§ 102, 103) **zur Nachtzeit** (Abs. 3) ein; sie gilt entspr. im Fall des §§ 111b, 111e (vgl. §§ 111b Abs. 2, 111e Abs. 5). Die Einschränkung betrifft **nur** die Durchsuchung von **Räumlichkeiten.** Personen u. ihre Sachen können auch zur Nachtzeit durchsucht werden, wenn damit keine Haussuchung verbunden ist (KK-StPO/Henrichs/Weingast Rn. 2; Löwe/Rosenberg/Tsambikakis Rn. 1) Schon die richterliche Durchsuchungsanordnung (§ 105) kann mit der Maßgabe ergehen, dass die Durchsuchung (zB wegen Gefahr im Verzug) zur Nachtzeit vollzogen werden darf (vgl. BGH MDR 1964, 71), in den Fällen des Abs. 1 Nr. 3 ist dies regelmäßig angezeigt (→ Rn. 5 aE). Sonst entscheidet der die Anordnung vollziehende Beamte, ob die Voraussetzungen des § 104 vorliegen. Bei **Einwilligung** des Betroffenen gelten die Beschränkungen des Abs. 1 nicht (Löwe/Rosenberg/Tsambikakis Rn. 3); kommt eine zwangsweise Durchsetzung nicht in Betracht, ist der Betroffene über die Freiwilligkeit belehrt werden (BVerfG 21.10.2003 – 2 BvR 1500/03; MüKoStPO/Hausschild Rn. 2; → § 105 Rn. 1).

2, 3 **B. Durchsuchungsvoraussetzungen (Abs. 1). I. Verfolgung auf frischer Tat (Nr. 1).** Vgl. → § 127 Rn. 6. Der Täter braucht nicht bei der Tat betroffen worden zu sein, u. die Verfolgung muss auch nicht unmittelbar der Tat nachfolgen o. auf Sicht o. Gehör stattfinden; es genügt, dass sie unmittelbar nach **Tatentdeckung** aufgenommen wird (Löwe/Rosenberg/Tsambikakis Rn. 5; KK-StPO/Henrichs/Weingast Rn. 4; zw. Eisenberg FS Rolinski, 2002, 172). Auf Ergreifung des Täters braucht sie nicht abzuzielen; sie kann **auch** Maßnahmen zur Tataufklärung o. die Sicherstellung der Beute o. anderer Beweismittel bezwecken (Löwe/Rosenberg/Tsambikakis Rn. 5; MüKoStPO/Hausschild Rn. 6).

4 **II. Gefahr im Verzug (Nr. 2).** Gefahr im Verzug (Nr. 2) besteht, wenn die Aufschiebung der Durchsuchung bei Tagesbeginn ihren Erfolg wahrscheinlich gefährden würde (vgl. → § 98 Rn. 6). Zu den Folgen irrtümlicher Annahme der Gefahr vgl. → § 98 Rn. 7; → § 105 Rn. 18 f.

5 **III. Zugriff auf elektronische Speichermedien (Nr. 3).** Die **Erweiterung** der Durchsuchung zur Nachtzeit wurde mit G v. 25.6.2021 (BGBl. 2021 I 2099) eingeführt. Sie ist eine Reaktion auf den zunehmenden Einsatz von **Verschlüsselungstechnologien** zum Schutz von Datenträgern und soll insb. der Aufklärung von Straftaten aus dem Bereich der Kinderpornographie dienen. Die Durchsuchung ist damit auch zur Nachtzeit zulässig, um eine Beschlagnahme während

der Nutzung der Datenträger durch den Betroffenen und damit im unverschlüsselten Zustand zu erleichtern (BT-Drs. 19/30517, 18). Der von Art 13 Abs. 1 GG garantierten besonderen Schutzwürdigkeit der Nachtruhe trägt die Regelung Rechnung, indem sie die Durchsuchung nur zulässt, wenn **bestimmte Tatsachen** den Verdacht begründen, dass dabei auf ein elektronisches Speichermedium zugegriffen werden wird und ohne die Durchsuchung dessen Auswertung, insbesondere in unverschlüsselter Form, aussichtslos oder wesentlich erschwert wäre (BT-Drs. 19/30517, 18; LG Essen StraFo 2024, 100 (101)). Für den Verdachtsgrad kann auf die Rspr. und Lit. zu § 100a Abs. 1 Nr. 1 (→ § 100a Rn. 9) und § 112 Abs. 2 (§ 112 → 7) zurückgegriffen werden (Burhoff StraFo 2021, 398 (403)). Der Verdacht muss mithin weder dringend iSd § 112 noch hinreichend iSd § 203 sein. Es müssen aber konkrete tatsächliche Anhaltspunkte vorliegen, die die Annahme der Erforderlichkeit einer Durchsuchung zur Nachtzeit zur Erreichung des Zwecks begründen (BT-Drs. 19/30517, 18). Da regelmäßig schon bei der Anordnung der Durchsuchung selbst abzusehen ist, dass auf elektronische Speichermedien zugegriffen werden wird, sollte schon dabei die Zulässigkeit der Maßnahme zur Nachtzeit angeordnet werden (KK-StPO/Henrichs/Weingast Rn. 1); die den Verdacht iSd Nr. 3 begründenden Tatsachen sind dann in der Durchsuchungsanordnung aufzuführen (Park Rn. 197).

IV. Wiederergreifung eines Gefangenen (Nr. 4). Der Begriff Gefangener stimmt mit dem in § 120 Abs. 1, Abs. 4 StGB verwendeten überein, betr. also nicht nur den Gefangenen ieS, sondern jeden aufgrund behördlicher Anordnung in einer Anstalt Verwahrten (vgl. iE AK-StPO/Amelung Rn. 8). Die Durchsuchung zur Nachtzeit ist auch zulässig, wenn nicht nach dem Gefangenen selbst, sondern nach Anhaltspunkten für seinen Verbleib gesucht wird (SK-StPO/Jäger/Wohlers Rn. 10). 6

C. Ausnahmen (Abs. 2). Bestimmte Räume sind v. den Beschränkungen des Abs. 1 befreit. 7

Dazu gehören **zur Nachtzeit für jedermann zugängliche Räume,** auch wenn der Zugang nur gegen Entgelt gewährt wird, zB Herbergen, Schankwirtschaften, Gasthäuser, Bahnhofshallen, Wartesäle, Kinos, Bars. Eine vorzeitige Schließung zu dem Zweck, die Durchsuchung zu hindern, ist unbeachtlich. Die dem Wirt o. sonstigen Inhaber als Wohnung o. zu anderen privaten Zwecken dienenden Räume fallen unter Abs. 1, wenn sie v. den Räumen, deren Durchsuchung nach Abs. 2 zulässig ist, deutlich abgetrennt sind (Löwe/Rosenberg/Tsambikakis Rn. 13; vgl. aber SK-StPO/Jäger/Wohlers Rn. 12, die Wohnungen allg. v. Abs. 2 ausnehmen wollen). 8

Der Polizei **als Herbergen oder Versammlungsorte bestrafter Personen bekannte Räume** sind zB Lokale v. Ringvereinen u. Hehlerkneipen (krit. Eisenberg FS Rolinski, 2002, 171). 9

Schlupfwinkel des Glücksspiels usw sind geheime Spielclubs, Bordelle, Absteigequartiere u. Gaststätten, in denen vorwiegend Rauschgiftsüchtige verkehren. Der Polizei sind solche Räume iSv Abs. 2 bekannt geworden, wenn sie schon einmal zu den bezeichneten Zwecken in Erscheinung getreten sind u. keine Anhaltspunkte für eine Änd. des Verwendungszwecks bestehen (Löwe/Rosenberg/Tsambikakis Rn. 14). 10

D. Nachtzeit (Abs. 3). Der Schutz vor nächtlichen Wohnungsdurchsuchungen erstreckt sich seit der Neufassung des Abs. 3 durch G v. 25.6.2021 (BGBl. I 2099) unabhängig von der Jahreszeit auf die **Zeit zwischen 21 Uhr u. 6** Uhr (vgl. zu den verfassungsrechtlichen Anforderungen BVerfG StV 2019, 657, auch zur Frage der Notwendigkeit eines ermittlungsrichterlichen Bereitschaftsdienstes zur Nachtzeit; s. a. BT-Drs. 19/27654, 72). Eine **vor 21 Uhr begonnene** Durchsuchung darf fortgesetzt werden, auch wenn die Voraussetzungen des Abs. 1 oder Abs. 2 nicht vorliegen, Durchsuchungen sollten allerdings so frühzeitig beginnen, dass sie bis zur Nachtzeit beendet werden können (BVerfG 44, 353 (369); MüKoStPO/Hausschild Rn. 3; Park Rn. 201). 11

12 **E. Rechtsbehelfe; Verwertungsverbot.** Soweit der Vollzug der Durchsuchung zur Nachtzeit **durch Strafverfolgungsorgane** angeordnet wird, kann **entspr. § 98 Abs. 2 S. 2** gerichtliche Entscheidung beantragt werden (MüKoStPO/Hausschild Rn. 10). Wird die Zulässigkeit des Vollzugs zur Nachtzeit bereits im Durchsuchungsbeschluss **durch den Richter** angeordnet, ist die Beschwerde nach **§ 304 StPO** vorzugswürdig (→ § 105 Rn. 17; vgl. aber a. Löwe/Rosenberg/Tsambikakis Rn. 15).

13 Allein Verstöße gegen § 104 begründen angesichts ihres Gewichts grundsätzlich **kein Verwertungsverbot** hinsichtlich der durch die Durchsuchung gewonnenen Beweise (BGH MDR 1964, 71). Eine **willkürliche** Annahme der Voraussetzungen kann bei der erforderlichen Abwägung → Einl. Rn. 55a) eine so hohes Gewicht erlangen, dass im Einzelfall ein Beweisverwertungsverbot in Betracht kommen kann (KK-StPO/Henrichs/Weingast Rn. 6; Löwe/Rosenberg/Tsambikakis Rn. 15; Park Rn. 453; Burhoff StraFo 2021, 398 (404)).

Verfahren bei der Durchsuchung

105 (1) [1] **Durchsuchungen dürfen nur durch den Richter, bei Gefahr im Verzug auch durch die Staatsanwaltschaft und ihre Ermittlungspersonen (§ 152 des Gerichtsverfassungsgesetzes) angeordnet werden.** [2] **Durchsuchungen nach § 103 Abs. 1 Satz 2 ordnet der Richter an; die Staatsanwaltschaft ist hierzu befugt, wenn Gefahr im Verzug ist.**

(2) [1] **Wenn eine Durchsuchung der Wohnung, der Geschäftsräume oder des befriedeten Besitztums ohne Beisein des Richters oder des Staatsanwalts stattfindet, so sind, wenn möglich, ein Gemeindebeamter oder zwei Mitglieder der Gemeinde, in deren Bezirk die Durchsuchung erfolgt, zuzuziehen.** [2] **Die als Gemeindemitglieder zugezogenen Personen dürfen nicht Polizeibeamte oder Ermittlungspersonen der Staatsanwaltschaft sein.**

(3) [1] **Wird eine Durchsuchung in einem Dienstgebäude oder einer nicht allgemein zugänglichen Einrichtung oder Anlage der Bundeswehr erforderlich, so wird die vorgesetzte Dienststelle der Bundeswehr um ihre Durchführung ersucht.** [2] **Die ersuchende Stelle ist zur Mitwirkung berechtigt.** [3] **Des Ersuchens bedarf es nicht, wenn die Durchsuchung von Räumen vorzunehmen ist, die ausschließlich von anderen Personen als Soldaten bewohnt werden.**

Übersicht

1 **A. Erfordernis einer Durchsuchungsanordnung; sog. legendierte Kontrollen.** Eine **Durchsuchungsanordnung** ist **notwendig,** wenn der Betroffene sich der Maßnahme nicht freiwillig unterwirft (BGH NStZ 2024, 760 (761); NStZ-RR 2019, 26); die stillschweigende Duldung genügt nicht (OLG Köln StV 2010, 14 (15); LG Hamburg StraFo 2018, 22; Löwe/Rosenberg/Tsambikakis

Rn. 4; vgl. aber für Fälle der Anwesenheit eines anwaltlichen Beraters BGH BeckRS 2013, 20754); ausf. zur **Einwilligung** → § 161 1a ff. Es genügt, wenn ein Mitgewahrsamsinhaber o. Inhaber des Hausrechts sein Einverständnis erklärt (BGH NStZ-RR 2019, 26; OLG Düsseldorf NJW 1997, 3383). Liegen die Voraussetzungen der §§ 102 ff. nicht vor, muss über die Freiwilligkeit belehrt werden (OLG Hamburg StV 2008, 12; erg. → § 94 Rn. 21). Diese Grundsätze gelten auch für sog. **Flankenschutzfahnder** der Finanzbehörden, die bei Außen- o. Betriebsprüfungen („Hausbesuchen") nicht – etwa zusammen mit den Finanzbeamten – zum Zwecke der Strafverfolgung ohne Durchsuchungsbeschluss Wohnungen betreten u. verdeckt ermitteln dürfen, wenn bereits der Anfangsverdacht einer Steuerstraftat besteht (erg. → § 152 Rn. 3; allg. zu den Voraussetzungen v. Durchsuchung u. Beschlagnahme im Steuerstrafverfahren Joecks/Jäger/Randt/Webel AO § 399 Rn. 50 ff.). Auch die vorl. Sicherstellung zum Zwecke der Durchsicht (§ 110) v. zuvor nach Polizeirecht sichergestellten Gegenständen wird nach § 105 angeordnet (BGH NStZ 2008, 643; vgl. auch BVerfG NJW 2009, 2518).

Sog. legendierte Kontrollen: Dabei handelt es sich um Durchsuchungen (insb. **1a**
von Personen, Gepäck, Pkw), die ohne strafprozessuale Durchsuchungsanordnung durch den ER durchgeführt werden, obgleich es im Vorfeld, etwa aufgrund v. TKÜ-Maßnahmen, konkrete Hinweise auf eine Straftat (zB einen Drogentransport) gab. Die Maßnahme wird auf Gefahrenabwehrrecht (insbes. auf eine zollamtl. Überwachung nach § 10 Abs. 3 ZollVG) gestützt („legendiert"), um langfristig laufende verdeckte (strafrechtliche) Ermittlungen gegen kriminelle Strukturen nicht durch eine offene strafprozessuale Durchsuchung zu gefährden (zum Begriff u. kriminaltaktischen Überlegungen Müller/Römer NStZ 2012, 543).

Nach der mittlerweile gefestigten Rspr. des BGH (grdl. BGHSt 62, 123; BGH **1b**
NStZ-RR 2018, 84; StraFo 2018, 348; BGH 10.6.2021 – 5 StR 377/20) sind solche Kontrollen grds. **zulässig** (abl. Mitsch NJW 2017, 3124; Löffelmann JR 2017, 596; Lenk StV 2017, 692; Schiemann NStZ 2017, 657; Mosbacher JuS 2018, 129; Albrecht FS Rogall, 2018, 435; Börner StraFo 2018, 1; zust. Nowrousian NStZ 2018, 254 (mit Hinweisen für die Praxis); Vahle Kriminalisitk 1917, 687; instruktiv Krehl StraFo 2018, 265, auch zu den Folgefragen bei der Umsetzung der BGH-Rspr.; zum Meinungsstand bis zur grdl. BGH-Entscheidung, vgl. → 61. Aufl. 2018, Rn. 1c). Danach gibt es weder einen allg. Vorrang der StPO ggü. dem Gefahrenabwehrrecht noch umgekehrt. Vielmehr ist die Gefahrenabwehr eine zentrale staatliche Aufgabe, die ggü. der Strafverfolgung eigenständige Bedeutung hat u. nicht hinter ihr zurücktritt. Die Polizei kann deshalb auch während eines bereits laufenden Ermittlungsverfahrens aufgrund präventiver Ermächtigungsgrundlagen zum Zwecke der Gefahrenabwehr tätig werden, etwa um nach §§ 37 Abs. 1 Nr. 1, 36 Abs. 1 Nr. 1 HSOG oder § 10 Abs. 3 ZollVG (BGHSt 62, 123 (129); BGH NStZ-RR 2018, 84 (85); StraFo 2018, 348 (349 f.); vgl. auch BGH NStZ-RR 2016, 176 zu §§ 22, 23, 26 Nds. SOG) illegale Betäubungsmittel o. andere gefährliche Gegenstände (insbes. Waffen u. Sprengstoff) sicherzustellen. Denn in solchen Gemengelagen, in denen die Polizei sowohl repressiv als auch präventiv agieren kann (sog. **doppelfunktionale Maßnahme**), würde eine starre Verweisung auf die StPO es den Gefahrenabwehrbehörden – etwa auch im Bereich des Terrorismus – unmöglich machen, adäquat u. flexibel auf neue, häufig nicht vorhersehbare Gefahrenlagen zu reagieren. Eine staatliche Pflicht, ggü. einem Beschuldigten strafprozessual tätig zu werden, u. damit ihm ggü. zwangsläufig die bereits laufenden Ermittlungen gegen ihn u. die Mitbeschuldigten zu offenbaren, besteht nicht. Das **Legalitätsprinzip** ist nicht verletzt, solange der repressive Zugriff aus kriminaltaktischen Gründen zeitlich nur hinausgeschoben u. nicht ganz o. teilw. unterlassen wird (BGHSt 62, 123 (132 ff.)).

Die **Verwendung** der gefahrenabwehrrechtlich zulässig gewonnenen Erkennt- **1c**
nisse richtet sich nach dem ua in § 161 Abs. 3 S. 1 enthaltenen Grundsatz des **hypothetischen Ersatzeingriffs** (BGHSt 62, 123 (136 ff.) zu § 161 Abs. 2 S. 1 aF; erg. → § 161 Rn. 18b; vgl. auch Nowrousian NStZ 2018, 254 (255 f.): kein Rückgriff auf § 161 Abs. 2 S. 1 aF erforderlich, da Durchsuchungen nach § 102

nicht nur bei bestimmten Straftaten zulässig sind; ebenso Cerny/Fickentscher NStZ 2019, 698 (701), die allerdings – insoweit unzutr. (vgl. § 161 Abs. 1 → § 161 Rn. 1) – gar keine Rechtsgrundlage für die strafprozessuale Verwertung erkennen wollen). Ob die polizeirechtlich rechtmäßig erhobenen Daten iSe „Umwidmung" für das Strafverfahren verwendet werden dürfen (und müssen), richtet sich rein nach materiellen Gesichtspunkten. War die Durchsuchung gefahrenabwehrrechtlich zulässig, sind die daraus gewonnen Erkenntnisse im Strafverfahren verwertbar (BGH 10.6.2021 – 5 StR 377/20) Dass die gefahrenabwehrrechtliche Durchsuchung eines Kfz – anders als bei einer strafprozessualen Maßnahme nach §§ 102, 105 – grds. auch ohne richterliche Anordnung zulässig ist, steht der Verwendung daher nicht entgegen. Entscheidend ist, ob ein ER bei hypothetischer Betrachtung einen entspr. richterlichen Beschluss auf strafprozessualer Grdl. zweifelsfrei erlassen hätte. Die „Umwidmung" ist nur dann unzulässig, wenn ein Rückgriff auf hypothetische Erwägungen deshalb gehindert ist, weil durch die Wahl der gefahrenabwehrrechtlichen Maßnahme die (materiellen) strafprozessualen Anordnungsvoraussetzungen rechtsmissbräuchlich umgangen werden sollen. Dies wäre etwa der Fall, wenn das Gefahrenabwehrrecht zur Legitimierung einer in Wahrheit bezweckten Strafverfolgungsmaßnahme nur vorgeschoben wird, weil in Wirklichkeit keine Gefahrenabwehr bezweckt wird, etwa wenn eine Verkehrskontrolle „vorgetäuscht" wird, um Fahrzeug u. Fahrer nach (ungefährlichen) Beweismitteln für ein Strafverfahren zu durchsuchen (vgl. insofern auch BGHSt 62, 123 (128 f.); BGH 10.6.2021 – 5 StR 377/20). Entsprechendes gilt schon mit Blick auf das Prinzip des hypothetischen Ersatzeingriffs, wenn deshalb auf die präventiv-polizeiliche Maßnahme zurückgegriffen wird, weil eine vergleichbare Maßnahme nach der StPO nicht möglich wäre o. anzunehmen ist, dass ein ER einen nach der StPO erforderlichen Beschl. nicht erlassen würde (vgl. zum Ganzen BGHSt 62, 123 (136 ff.)).

1d Das Gebot der **Aktenwahrheit und -vollständigkeit** verpflichtet die StA, den Hintergrund u. Anlass für die legendierte Kontrolle unverzüglich aktenkundig zu machen, weil in einem rechtsstaatlichen Verf. schon der bloße Anschein vermieden werden muss, dass die Ermittlungsbehörden etwas verbergen wollten. Ein Zuwarten bis zur Anklageerhebung wäre damit nicht vereinbar. Ein faires rechtsstaatliches Verf. ist vielmehr nur gewährleistet, wenn bereits der ER – insbes. bei der Beantragung eines Haftbefehls – durch eine dem Gebot der Wahrheit u. Vollständigkeit entspr. Akte in die Lage versetzt wird, den Gang des Verfahrens ohne Abstriche nachzuvollziehen (BGHSt 62, 123 (142 f.); Krehl StraFo 2018, 265 (271); **aM** Nowrousian NStZ 2018, 254 (259 f.)). Davon zu trennen ist die Frage der **Akteneinsicht** für den Verteidiger, die bis zum Vermerk über den Abschluss der Ermittlungen (§ 169a) gem. § 147 Abs. 2 beschränkt werden kann. Selbst im Fall der UHaft müssen dem Verteidiger nach § 147 Abs. 2 S. 2 nur die für die „Beurteilung der Rechtmäßigkeit der Freiheitentziehung wesentlichen Informationen" zugänglich gemacht werden (erg. → § 147 Rn. 24 ff.). Wesentlich in diesem Sinn sind aber grds. nur die seit der Durchsuchung geführten Ermittlungen; hins. der vorangegangenen Ermittlungen – also insbes. der zum Hintergrund u. Anlass der legendierten Durchsuchung – kann die Akteneinsicht zur Vermeidung einer Gefährdung der Hintergrundermittlungen versagt werden, wenn der Haftbefehl nicht hierauf gestützt werden soll (ebenso Krehl StraFo 2018, 265 (272)). Da die Zulässigkeit legendierter Durchsuchungen angesichts der mittlerweile gefestigten Rspr. des BGH nicht mehr in Frage steht, können Hintergrund u. Anlass für die Maßnahmen allenfalls in Einzelfällen wesentliche Bedeutung für die Haftfrage haben, etwa wenn im Einzelfall eine polizeilich vollständig überwachte Tat vorliegt, die als strafmildernder Umstand (vgl. hierzu BGHSt 62, 123 (143)) die Straferwartung reduziert u. die Fluchtgefahr in Frage stellen könnte (Krehl StraFo 2018, 265 (272); Nowrousian NStZ 2018, 254 (260 f.)). Da die StA spätestens mit Anklageerhebung vollständige Akteneinsicht gewähren muss (vgl. § 169a), wird die Möglichkeit der Aufklärungshilfe nach § 31 BtMG durch die Beschränkung der Akteneinsicht im EV nicht ausgeschlossen, weil ein Offenbaren bis zur Eröffnung des Hauptverfahrens (§ 207) möglich ist (§ 31 S. 3 BtMG iVm § 46b StGB); vgl. hierzu auch BGHSt 62, 123 (143); Krehl StraFo 2018, 265 (272 f.); Nowrousian NStZ 2018, 254 (261)).

Es stellt **keinen Verstoß gegen § 163a Abs. 4 S. 1** dar, wenn die Verhörperson bei der ersten Vernehmung nach der Durchsuchung u. der Sicherstellung der gefährlichen Gegenstände (zB BtM) nicht auf die im Hintergrund laufenden strafrechtlichen Ermittlungen u. die dabei gewonnenen Erkenntnisse hinweist. Denn es besteht keine Verpflichtung, dem Beschuldigten alle bis dahin bereits bekannten Tatumstände, die Genese des Tatverdachts o. gar sämtliche Ermittlungsergebnisse mitzuteilen. Vielmehr hat die Vernehmungsperson hins. der Eröffnung des Tatvorwurfs iE einen gewissen Beurteilungsspielraum, innerhalb dessen neben dem Recht auf sachgerechte Verteidigung auch die Sachaufklärungspflicht u. die Effektivität der Strafverfolgung zu berücksichtigen sind; zudem kann die Vernehmung zunächst auf eine v. mehreren Taten beschränkt werden (BGHSt 62, 123 (140 f.); erg. → § 163a Rn. 4; → § 136 Rn. 6). Fraglich ist, ob der Vernehmende seinen Beurteilungsspielraum mit der Gefahr der Unverwertbarkeit etwaiger Angaben des Beschuldigten überschreitet, wenn er – sollte er den Hintergrund der Durchsuchung überhaupt kennen – den Beschuldigten im Falle eines Drogenfundes nicht darauf hinweist, dass gegen ihn der Verdacht eines weiteren in Tateinheit damit stehenden Delikts (zB Einfuhr v. BtM) besteht u. damit die Vernehmung gem. § 154a auf einen abtrennbaren Teil der Tat beschränkt (offengelassen v. BGHSt 62, 123 (140 f.); dafür Altvater FS Schlothauer, 2018, 3 (14); krit. Krehl StraFo 2018, 265 (270)). Ob die Frage in der Praxis v. wesentlicher Bedeutung ist, erscheint zw., da in den praktisch wichtigsten Fällen der Sicherstellung v. BtM der darüber hinausgehende Anfangsverdacht für weitere BtM-Delikte regelmäßig schon aufgrund kriminalistischer Erfahrung begründet sein wird (vgl. hierzu → § 152 Rn. 4), sodass idR auch insoweit kein Hinweis auf die Hintergrundermittlungen erforderlich ist (Nowrousian NStZ 2018, 254 (261)). Im Übrigen würde die Unverwertbarkeit der Angaben des Beschuldigten nicht zur Unverwertbarkeit der durch die Durchsuchung rechtmäßig erlangten Beweismittel u. der Erkenntnisse aus den der Durchsuchung regelmäßig vorausgehenden TKÜ-Maßnahmen o. Observationen führen (vgl. insofern auch BGHSt 62, 123 (141 f.)). 1e

B. Zuständigkeit (Abs. 1). Zuständig (Abs. 1) ist der **Richter,** der die Eingriffsvoraussetzungen eigenverantwortlich zu prüfen hat (BVerfGE 103, 142 (151); BVerfG wistra 2008, 339; OLG Düsseldorf MDR 1991, 78); die StA muss ihm dies durch die Vorlage eines Aktenwerks ermöglichen, aus dem der Gang des Verfahrens nachvollziehbar ist (LG Stuttgart StraFo 2024, 295 (296)). Eine Zuständigkeit der StA u. – sollte auch diese nicht erreichbar sein (BVerfG NJW 2005, 1637 (1638); BGH wistra 2010, 231; OLG Köln StV 2010, 14) – ihrer **Ermittlungspersonen** (im Fall des § 103 Abs. 1 S. 2 nur der StA) besteht nur bei **Gefahr im Verzug** (→ § 98 Rn. 6), deren tatsächliche Voraussetzungen zu dokumentieren sind (erg. → Rn. 18, 21). Sie kann auch während der Vollstreckung der richterlichen Anordnung eintreten (vgl. → § 108 Rn. 5; OLG Düsseldorf StraFo 2008, 238 zu einem Fall nach § 103). Gefahr im Verzug ist gegeben, wenn die durch die **vorherige Einholung** der richterlichen Anordnung bedingte **zeitliche Verzögerung** den Erfolg der Durchsuchung gefährden würde (vgl. BVerfGE 103, 142 (154); BGHSt 51, 285 (288); BGH NStZ-RR 2023, 56 (aufgedeckte Tat); NStZ 2020, 621 (621 f.); NStZ-RR 2018, 146 mwN; BeckRS 2018, 17866 (Identitätskontrolle)), was der uneingeschränkten richterlichen Nachprüfung unterliegt (BGH NStZ 2024, 307 (308)). Reine Spekulationen, hypothetische Erwägungen oder fallunabhängige kriminalistische Vermutungen reichen für die Annahme von Gefahr im Verzug nicht aus (BGH NStZ 2024, 307 (308)). Mit dem Antrag darf jedoch nicht so lange zugewartet werden, bis die Gefahr eines Beweismittelverlustes tatsächlich eingetreten ist (BVerfGE 103, 142 (155); BVerfG NJW 2005, 1637 (1638 f.)). Maßgeblich ist allein die Lage in der Anordnungssituation; bei der Gefahrenprognose können aus ex ante-Sicht kriminalistische Erfahrungssätze be- 2 rücksichtigt werden, es ist aber auch der – im Anordnungszeitpunkt erkennbare – Zeitablauf bis zum Vollzug der Maßnahme einzubeziehen (BGH NStZ 2024, 307 (308); StV 2012, 1; OLG Köln StV 2010, 14 erg. → Rn. 18 ff. zur Frage eines **Verwertungsverbotes**). Die richterliche Anordnung ist allerdings die Regel, die staatsanwaltliche oder – nur im Falle des § 102 StPO – polizeiliche Eilanordnung wegen Gefahr im Verzug die **eng auszulegende Ausn**. (BGH NStZ 2025, 691), sodass grds. – uU auch telefonisch – versucht werden muss, eine richterliche Anordnung zu erhalten (BVerfGE 103, 142; VerfG Brandenburg NJW 2003, 2305; LG Berlin StV 2008, 24). Eine rechtmäßig auf Gefahr im Verzug gestützte Durchsuchung muss nicht unterbrochen werden, um eine richterliche Genehmigung zu erwirken (BGH NStZ-RR 2018, 286 Ls.; BeckRS 2021, 27428). Die StA ist nach einer rechtmäßigen Eilanordnung nicht gehalten, nachträglich eine richterliche Genehmigung einzuholen; das gilt auch, wenn sich hierzu ausnahmsweise noch vor Beginn der Durchsuchung die Möglichkeit ergibt (BGH NStZ 2024, 307 (309)). Stellt sich nach deren Beendigung die Notwendigkeit einer weiteren Durchsuchung derselben Wohnung heraus, bedarf es einer neuen Anordnung u. damit einer neuen Bewertung der Frage des Vorliegens einer Gefahr im Verzug (BGH NStZ 2020, 621).

2a Die Gerichte müssen dafür einen **Bereitschaftsdienst** (§ 22c GVG; vgl. → GVG § 22c Rn. 1 ff.) einrichten (BVerfGE 103, 142), u. zwar tagsüber sowohl innerhalb als auch außerhalb der üblichen Dienstzeiten (BVerfG NJW 2007, 1444; StraFo 2006, 368), wünschenswerter Weise auch zur Nachtzeit (iSd § 104 Abs. 3; vgl. BGH StraFo 2011, 314: Unkenntnis der Ermittlungsbehörden v. der Existenz eines nächtlichen Bereitschaftsdienstes beim BGH), jedoch ist letzteres nur notwendig, wenn hierfür ein praktischer Bedarf besteht, der über den Ausnahmefall hinausgeht (BVerfG StV 2019, 657; NJW 2004, 1442; 2005, 1637 (1638); erg. → Rn. 18). Allerdings kann nur dann v. der Einrichtung abgesehen werden, soweit nachts (dh v. 21 Uhr bis 6 Uhr; vgl. → § 104 Rn. 10) in dem jeweiligen Gerichtsbezirk Durchsuchungsanordnungen lediglich in geringem Umf. anfallen (BVerfG StV 2019, 657 (659)). Das Aufkommen v. nächtlichen Blutentnahmen ist jedenfalls aufgrund der durch G v. 17.7.2017 eingeführten Einschränkung des Richtervorbehalts (§ 81a Abs. 2 S. 2) bei der Bedarfsermittlung unerheblich (so schon zur früheren Rechtslage OLG Hamm StraFo 2009, 509; OLG Köln StV 2010, 622).

2b Wird das **Gericht** von der StA mit dem Antrag in der Weise **befasst,** dass der konkret zuständige Richter in die Sachprüfung eintreten kann, kommt ein Rückgriff auf die Eilkompetenz der Ermittlungsbehörden auch dann nicht in Betracht, wenn dieser gleichwohl eine Entsch. verweigert o. keine rechtzeitige Entsch. trifft (BVerfG NStZ 2015, 529 (533) mAnm Grube NStZ 2015, 534 u. Rabe von Kühlewein NStZ 2015, 618 (621); Park StV 2016, 67; **aM** BGH NStZ 2006, 114; 2001, 604 (605 f.); vgl. auch OLG Köln StraFo 2017, 156 Ls.). Etwas anderes gilt, wenn nach der Befassung des Richters **neue tatsächliche Umstände** eintreten o. bekannt werden, welche die Gefahr eines Beweismittelverlustes begründen und der Möglichkeit einer rechtzeitigen richterlichen Entsch. entgegenstehen (BVerfG NStZ 2015, 529 (534) mit insoweit abl. Anm. Grube NStZ 2015, 534; BGHSt 61, 266 (273); vgl. auch LG Limburg NStZ 2018, 622: Entstehen einer neuen Verdachtssituation u. Beginn der Beweismittelvernichtung). Der von StA o. Polizei erreichte und damit mit dem Antrag befasste Bereitschaftsrichter darf sein Tätigwerden nicht – etwa unter Hinweis auf fehlende Aktenkenntnis – verweigern (Beichel/Kieninger NStZ 2003, 10; Fickenscher/Dingelstadt NJW 2009, 3475); ihm muss der Sachverhalt allerdings plausibel geschildert werden (BVerfG NStZ 2015, 529 (533)); bei komplexer Sach- o. Rechtslage kann ein Antrag auf schriftliche Entsch. unter Vorlage der Akten erforderlich sein (s. Rabe von Kühlewein NStZ 2015, 618 (621)). Ausschließlich zuständig ist hingegen entspr. § 98 Abs. 1 S. 2 der Richter für die Anordnung der Durchsuchung v. Pressebetrieben u. Rundfunkanstalten nach Gegenständen, die nur nach § 97 Abs. 5 S. 2 beschlagnahmt werden dürfen (BGH NJW 1999, 2051). Die richterliche Bestätigung der Durchsuchungsanordnung der StA u. ihrer Ermittlungspersonen sieht § 105 nicht vor.

C. Form. Eine bestimmte Form ist **nicht vorgeschrieben;** die Anordnung kann daher mündlich, telefonisch o. per Telefax ergehen, auch stillschweigend, wenn sie (bei Gefahr im Verzug) der anordnende Beamte sogleich selbst ausführt (vgl. BGH NStZ 1986, 84: Fortführung einer zunächst einverständlich durchgeführten Durchsuchung nach Widerruf des Einverständnisses; **aM** Park StRR 2008, 246). Die richterliche Durchsuchungsanordnung sollte stets schriftlich abgefasst werden (BVerfGE 103, 142). In Eilfällen – insbes. wenn keine Möglichkeit der Übermittlung der Entsch. durch Telefax o. E-Mail besteht – darf der Richter aber auch mündlich entscheiden (BGHSt 51, 285 (295); BGH NStZ 2005, 392; zust. Anm. Mittag JR 2005, 385; LG Mühlhausen wistra 2007, 195; Klemke StraFo 2004, 14; Seifert DRiZ 2004, 141; **aM** SK-StPO/Jäger/Wohlers Rn. 29; Trück JZ 2010, 1113; Harms DRiZ 2004, 25; StV 2006, 215; Höfling JR 2003, 408; vgl. dazu auch BVerfG BeckRS 2007, 25604: jedenfalls verfassungsrechtlich unbedenklich); jedoch muss die Anordnung dann in den Ermittlungsakten dokumentiert werden (BGH NStZ 2005, 392; LG Berlin I StraFo 2025, 57), auch die ihren mündlichen Erlass rechtfertigende – nicht ohnehin offensichtliche – Eilbedürftigkeit (BVerfG 23.7.2007 – 2 BvR 2267/06; LG Tübingen NStZ 2008, 589). Eine solche **Dokumentationspflicht** besteht auch bei einer nichtrichterlich angeordneten Durchsuchung: Der handelnde Beamte muss vor o. jedenfalls unmittelbar nach der Durchsuchung seine für den Eingriff bedeutsamen Erkenntnisse u. Annahmen in den Akten festhalten, auch zur Gefahr eines Beweismittelverlusts, um die Voraussetzung für eine richterliche Nachprüfung des Tatbestandsmerkmals „Gefahr im Verzug" zu schaffen (BVerfGE 103, 142; BVerfG StV 2004, 633; StraFo 2006, 368; → Rn. 16). Die Durchsuchung mehrerer Räume o. Gebäude kann in einem einzigen Beschl. angeordnet werden, auch wenn sie die Ergreifung mehrerer Verdächtiger bezweckt (Kurth NJW 1979, 1384; **aM** Rengier NStZ 1981, 374). 3

Von der **vorherigen Anhörung** des Betroffenen ist nach § 33 Abs. 4 abzusehen (vgl. BVerfGE 49, 329 (342); 51, 97 (111); erg. → § 147 Rn. 25b, 40a), ebenso v. einer vorherigen Ankündigung der Durchsuchung (Niehaus NZV 2003, 164). Der Anordnungsbeschluss ist aber dem Beschuldigten o. dem v. der Maßnahme nach § 103 betroffenen Dritten (BGH (ER) NJW 2017, 2359) – idR mit vollständiger Begründung – bekanntzumachen (BGHR StPO § 105 Zustellung 1; BGH NStZ 2003, 273). Er dient auch dazu, die Durchführung der Maßnahme messbar u. kontrollierbar zu gestalten (BVerfGE 103, 142 (151)). Nur ausnahmsweise darf bei Gefährdung des Untersuchungszwecks o. wegen entgegenstehender schutzwürdiger Belange des Beschuldigten (etwa in Fällen des § 103: BGH (ER) NJW 2017, 2359) eine unvollständige Ausfertigung übergeben werden, worauf der Beschuldigte bzw. Dritte allerdings hinzuweisen sind (BGH NStZ 2003, 273). Dem Drittbetroffenen im Fall des § 103 ist jedoch stets eine Ausfertigung zu übergeben, aus der sich die Gegenstände, auf welche sich die Maßnahme erstrecken soll, ergeben, grds. auch die Tatsachen, aus denen sich die Wahrscheinlichkeit ergibt, dass sich die gesuchten Gegenstände in seinen Räumlichkeiten befinden (BGH (ER) NJW 2017, 2359; erg. → § 103 Rn. 6). 4

D. Inhalt. Inhaltlich muss die Anordnung die aufzuklärende **Straftat** bezeichnen, deren Begehung Anlass zur Durchsuchung gibt (BVerfG StraFo 2015, 198 (200); NStZ 2002, 212; StV 2002, 406; BGH wistra 2021, 494; BGH NStZ-RR 2022, 241 jeweils zur verjährungsunterbrechenden Wirkung). Es genügt eine kurze Umschreibung, die den äußeren (strafrechtlichen) Rahmen absteckt, innerhalb dessen die Zwangsmaßnahme durchzuführen ist; die Schilderung braucht schon gar nicht so vollständig zu sein wie die Formulierung eines Anklagesatzes (BVerfG NJW 2025, 286; 2024, 2901 (2902)). Betrifft die Maßnahme eine **Vielzahl prozessualer Taten,** ist es prinzipiell nicht zu beanstanden, wenn der Tatverdacht im Durchsuchungsbeschluss weit gefasst wird; es genügt für die Darstellung der Verdachtslage, dass die Taten unter zusammenfassend kennzeichnenden Merkmalen bestimmbar sind (BGH NStZ-RR 2022, 241). Unzureichend kann insbes. ein 5

Durchsuchungsbeschluss ohne Beschreibung des **Tatzeitraums** sein (BVerfG NJW 2024, 2901 (2902)). Bei der Durchsuchung v. Geschäftsräumen ist die betroffene Gesellschaft genau zu bezeichnen (BVerfG NJW 2015, 2870). Insbesondere bei der Durchsuchung v. Wohnungen, aber auch v. Geschäftsräumen (LG Bielefeld NStZ 1999, 581; wistra 2008, 117), sind außerdem tatsächliche Angaben über den Inhalt des Tatvorwurfs erforderlich, sofern sie nach dem Ermittlungsergebnis ohne weiteres möglich sind u. den Zwecken der Strafverfolgung nicht zuwiderlaufen (BVerfGE 20, 162 (227); 42, 212 (220); 44, 353 (371); 56, 247; BVerfG NJW 2015, 1585 (Betäubungsmitteldelikte); 2009, 2516 (Umsatzsteuerkarussell); ZInsO 2002, 424 (Unterlassen); VerfG Brandenburg NStZ-RR 1998, 366; OLG Dresden StraFo 2008, 118; vgl. auch Burkhard wistra 2000, 118 u. Matthes wistra 2008, 11 zur Anordnung im Steuerstrafverfahren). Es sind also, wenn auch knappe, doch je nach den Umständen des Einzelfalls aussagekräftige Tatsachenangaben erforderlich, welche die wesentlichen Merkmale des ges. Tatbestands berücksichtigen, die die Strafbarkeit des zu subsumierenden Verhaltens kennzeichnen (BVerfG StV 2018, 133; NStZ-RR 2005, 203; NJW 2007, 1443; 2008, 1937; BGH NStZ 2018, 45; 2000, 427; 2004, 275); bei einer Vielzahl v. Taten genügt die Angabe zusammenfassender kennzeichnender Merkmale (BGH NStZ 2007, 213). Ferner müssen stets **Zweck u. Ziel** (Ergreifung des Beschuldigten o. Auffinden v. Beweismitteln o. Spuren) u. das Ausmaß der Durchsuchung (BVerfGE 20, 162 (227); BVerfG StV 2003, 203; 205), insbes. die „anderen Räume" iSd § 102 (BVerfG NStZ 1992, 91) genau bezeichnet u. mind. annäherungsweise, ggf. in der Form beispielhafter Angaben, die Art u. der vorgestellte Inhalt derjenigen Beweismittel angegeben werden, denen die Durchsuchung gilt (BVerfGE 42, 212 (221); 44, 353 (371); 56, 247; 96, 44 (51); BVerfG NStZ 2005, 203; wistra 2008, 339; OLG Dresden StraFo 2008, 118). Jedenfalls aus den Beschlussgründen muss sich eindeutig ergeben, auf welche **Räume** sich die Durchsuchungsanordnung bezieht (BGH BeckRS 2019, 17948). Wird ein nicht in der Anordnung bezeichneter Raum durchsucht, führt dies – unabhängig von einem Verschulden der Durchsuchungsbeamten – zur Rechtswidrigkeit der Maßnahme (BGH NStZ 2024, 760 (761)). Ein auf die Wohnung des Beschuldigten gerichteter Durchsuchungsbeschluss rechtfertigt regelmäßig auch die Durchsuchung eines in der Wohnung gelegenen Zimmers eines (erwachsenen) Kindes des Beschuldigten (LG Nürnberg-Fürth wistra 2024, 217). Schlagwortartige Bezeichnung, Wiedergabe des Wortlauts des § 102, allg. Angaben über die Beweismittel (BVerfG NStZ 2000, 601) o. eine „sehr weite" Fassung des Beschl. ohne eine nach dem Durchsuchungszweck mögliche Begrenzung (vgl. EGMR NJW 2013, 3081) genügen nicht; die Verwendung allg. gehaltener Formulare ist bedenklich (BVerfG NJW 2005, 275; s. auch EGMR NJW 2013, 3081). In jedem Fall muss die Vornahme einer Einzelfallprüfung erkennbar sein (vgl. BVerfG NJW 2015, 1585; NStZ 1982, 37 (38); BGHSt 42, 103 (105)); allein die Übernahme eines v. der StA vorbereiteten u. mit der Antragstellung vorgelegten Entscheidungsentwurfs durch den ER erlaubt allerdings nicht den Schluss, dass eine solche Prüfung unterblieben sei (BGH NStZ 2021, 59; BVerfG NJW 2015, 851; 2009, 2516 (2517); LG Nürnberg-Fürth StraFo 2023, 18). Die **gesuchten Beweismittel** müssen (ggf. in Form beispielhafter Angaben und unter Berücksichtigung der Schilderung des vorgeworfenen Verhaltens) so weit konkretisiert werden, dass keine Zweifel über die zu suchenden Gegenstände entstehen können (BVerfG NJW 2025, 286 (287); 2024, 2901 (2902); 2003, 2669; BGH NStZ 2002, 215; BeckRS 2024, 23237; 2018, 15495 (zu § 103); erg. → § 94 Rn. 19a); dies kann im Einzelfall einen Mangel der Tatkonkretisierung ausgleichen (BVerfGK 14, 90).

5a **Weitere Anforderungen:** Die wesentlichen Verdachtsmomente sind darzulegen, also regelmäßig auch die Indiztatsachen, auf die der Verdacht gestützt wird (BVerfG NZWiSt 2025, 248 (Umsatzsteuerkarussell); NJW 2015, 1585 (1587); BGH NStZ-RR 2009, 142), soweit nicht hierdurch der Untersuchungszweck gefährdet würde (BGH (ER) NJW 2000, 84 (85); Schmidt NStZ-RR 2002, 164 – BGH RsprÜ). Zu jedem denkbaren Gesichtspunkt des Tatverdachts muss sich der Durchsuchungsbeschluss nicht äußern (BVerfG NJW 2025, 286). Die Verdachtsgründe müssen über vage Anhaltspunkte u. bloße Vermutungen hinausgehen (BVerfG LSK 2013, 410699); eines hinreichenden oder gar dringenden Tatverdachts bedarf es aber nicht (BGH BeckRS 2023, 22280; erg. → § 102 Rn. 2). Einen erhöhten Verdachtsgrad, wie sie die akustische Wohnraumüberwachung nach Art. 13 Abs. 3 GG voraussetzt (vgl. BVerfGE 109, 279), verlangt die Wohnungsdurchsuchung ebenfalls nicht (BVerfG NJW 2004, 3171; BGH NStZ-RR 2009, 142). Die Einhaltung des Verhältnismäßigkeitsgrundsatzes (→ § 102 Rn. 15; → § 103 Rn. 1a) muss der Richter prüfen (BVerfGE 96, 44 (51); BVerfG wistra 2008, 339; EGMR NJW 2013, 3081) u. je nach Lage des Einzelfalls näher darlegen (BVerfG NJW 2015, 1585 (Betäubungsmitteldelikte); 2003, 2669; NVwZ 2007, 1047 (1049) (OWi); BVerfG 4.3.2008 – 2 BvR 1866/03 (OWi)). Im Fall des § 103 bedarf es neben der Angabe der nach dem G erforderlichen Tatsachenbasis (LG Chemnitz StraFo 2009, 280; erg. → § 103 Rn. 5, 6) eines Hinweises auf die angenommene Verbindung zwischen dem Unverdächtigen u. dem Beschuldigten (BVerfG NJW 2007, 1804; Michalke NJW 2008, 1491). In **Steuerstrafverfahren** kann bei einem gegen einen Unverdächtigen gerichteten Durchsuchungsbeschluss nach § 103 das Steuergeheimnis (§ 30 AO) im Interesse des Beschuldigten gebieten, dessen Steuerdaten nicht im Rahmen der Darlegung des Tatvorwurfs zu offenbaren; Grund, Ziel und Zweck der Durchsuchungsmaßnahme müssen jedoch in jedem Fall nachvollziehbar dargestellt worden (LG Nürnberg-Fürth BeckRS 2025, 348; 2025, 478; StraFo 2023, 351; ZWH 2025, 82 (83 f.) für den Fall, dass der Beschuldigte der Geschäftsführer der betroffenen jur. Person ist; vgl. auch BVerfG NJW 2002, 1941 (1942); **aA** Reichling JR 2011, 14; erg. → § 161 Rn. 5). Dass ein ungenügender Durchsuchungsbeschluss „problemlos nachgebessert" werden könnte, heilt einen Mangel der Begründung nicht (BVerfG NJW 2024, 2901 (2903); StV 2000, 465; 2005, 643; LG Berlin wistra 2004, 319; LG Freiburg StraFo 2006, 167 (168)), wohl kann aber ein neuer Durchsuchungsantrag gestellt werden (Heghmanns NStZ 2004, 102 gegen LG Berlin wistra 2004, 319). Vgl. ferner zu den Anforderungen an Durchsuchungsbeschlüsse; Park Rn. 80 ff.; Webel PStR 2013, 41; Bosbach/Ackermann/Caba Ermittlungsverfahren Rn. 376, zur Heilung im Beschwerdeverfahren erg. → Rn. 15a und zur Folge eines Mangels für die Rechtmäßigkeit der Beschlagnahme → Rn. 18.

E. Stillschweigende Anordnungen. Stillschweigende Anordnungen zur Durchsuchung zwecks Ergreifung des Beschuldigten enthalten Haftbefehle nach §§ 112, 453c, Unterbringungsbefehle nach § 126a und Vorführungsbefehle nach §§ 134, 230 Abs. 2, 236, 329 Abs. 4 S. 1, 463a Abs. 3 S. 1 (vgl. KK-StPO/Henrichs/Weingast Rn. 6; SSW StPO/Hadamitzky Rn. 2; KMR-StPO/Kulhanek § 134 Rn. 14; Fezer StrafProzR § 7 Rn. 69; **aM** Ladiges NStZ 2014, 609; Löwe/Rosenberg/Tsambikakis Rn. 16 ff.; SK-StPO/Jäger/Wohlers Rn. 9; Rabe von Kühlewein GA 2002, 651; vgl. auch BVerfGE 16, 239). Auch rkr. Strafurteile u. Strafbefehle gestatten aufgrund des Haftbefehls zu ihrer Vollstreckung (§§ 457 Abs. 2, 463 Abs. 1) ohne weiteres die Ergreifungsdurchsuchung (OLG Koblenz NStZ-RR 2021, 144; OLG Düsseldorf NJW 1981, 2133; OLG Frankfurt a. M. NJW 1964, 785; auch zur Vollstreckung v. Ersatzfreiheitsstrafen (Kaiser NJW 1980, 875; zw. VerfGH Berlin NJW 2014, 682); zu Zufallsfunden erg. → § 108 Rn. 1). Das gilt aber nur für Räume des Beschuldigten o. Verurteilten, die aber auch (entgegen § 104) zur Nachtzeit betreten werden dürfen (Gottschalk NStZ 2002, 568); wird er in Räumen Dritter gesucht, so muss eine besondere Anordnung getroffen werden (VerfGH Berlin NJW 2014, 682; OLG Celle StV 1982, 561). Die stillschweigende Anordnung der Durchsuchung der Wohnung des Verurteilten, nicht der eines Dritten, zur Ingewahrsamnahme des aufgrund eines Fahrverbots nach § 44 StGB herauszugebenden Führerscheins enthält das Urt. o. der Strafbefehl, in dem das Fahrverbot ausgesprochen ist (**aM** SK-StPO/Jäger/Wohlers Rn. 9; erg. → § 463b Rn. 1). 6

Die **Verbindung mit einer Beschlagnahmeanordnung** ist zulässig u. geboten, um Probleme mit der Beschlagnahme aufgefundener Beweismittel zu ver- 7 meiden (Kemper wistra 2006, 171); die zu beschlagnahmenden Gegenstände müssen aber genau bezeichnet werden (vgl. näher → § 98 Rn. 9, auch zu einer allg. Beschlagnahmeanordnung).

8 **F. Durchführung.** Für die **Durchführung** einer richterlichen Anordnung gilt § 36 Abs. 2 S. 1. Sonst sorgt der Anordnende selbst für die Ausführung. Auch der Richter kann seine Anordnung selbst durchführen. Von der richterlichen Durchsuchungsgestattung im Ermittlungsverfahren muss die StA keinen Gebrauch machen (Amelung/Schall JuS 1975, 572; Benfer NJW 1981, 1245); erst recht kann sie, nicht aber die v. ihr mit der Durchführung beauftragte Polizei, ihre Vollziehung aufschieben. Dagegen sind richterliche Anordnungen im Zwischen- (§ 202) u. im Hauptverfahren bindend (KK-StPO/Henrichs/Weingast Rn. 8 aE; Löwe/Rosenberg/Tsambikakis Rn. 112). Die Durchsuchung ist stets auf das erforderliche – durch die Anordnung räumlich u. inhaltlich konkretisierte – Maß zu begrenzen (BVerfG NJW 2007, 1444; hierzu Burgmer Kriminalistik 2007, 528); Hinweise zum Verhalten des Betroffenen u. seines Anwalts geben Michalke NJW 2008, 1490; Tsambikakis PStR 2012, 255.

8a **Unzulässig** wird die Vollstreckung spätestens nach Ablauf eines halben Jahres (BVerfGE 96, 44), wobei die Durchsuchung innerhalb der Frist begonnen werden muss (LG Berlin StV 1999, 520); Roxin (StV 1997, 654) hält eine v. Richter im Einzelfall festzusetzende Frist für sachgerechter (vgl. auch LG Zweibrücken NJW 2003, 156: Überschreitung der 6-Monats-Frist um 2 Tage unschädlich). Nach Maßgabe der v. BVerfG (BVerfGE 96, 44; BVerfG ZInsO 2002, 424 (425)) aufgestellten objektiven Merkmale (Art des Tatverdachts, Schwierigkeit der Ermittlungen, Dauerhaftigkeit der tatsächlichen Grundlagen) kann der Durchsuchungsbeschluss schon früher seine rechtfertigende Wirkung verlieren (LG Braunschweig StraFo 2007, 288; LG Kiel StV 2023, 447 Ls.). Dem erneuten Erlass der Anordnung steht das nicht entgegen (LG Aachen bei Schützeberg StRR 2008, 467); auch wenn es sich bei der zweiten Anordnung lediglich um eine Berichtigung des länger zurückliegenden ersten Beschlusses handelt, führt dies zur Unerheblichkeit des Zeitablaufes zwischen der ersten Anordnung und dem Vollzug der Maßnahme (LG Nürnberg-Fürth NStZ 2023, 255). Die Vollziehung wird unzulässig, wenn sich die Ermittlungslage geänd. hat (LG Osnabrück NStZ 1987, 522; Krekeler NStZ 1993, 266; vgl. auch BVerfGK 5, 347; LG Leipzig StraFo 2008, 294).

8b **Dokumentation; Sachverständige:** Sichergestellte o. beschlagnahme Dokumente bzw. Gegenstände sind in einem Prot. zu erfassen. Eine fotografische Dokumentation des Zustands der durchsuchten Wohnung ist idR nur gestattet, wenn die Bilder als Beweismittel o. zur Spurensicherung in Betracht kommen (OLG Celle StV 1985, 137; LG Hamburg StV 2004, 368; Kemper wistra 2008, 98 Fn. 33; vgl. auch BVerfG AfP 2011, 51 (55)). Zu der Durchsuchung können Sachverständige hinzugezogen werden (vgl. LG Stuttgart wistra 1997, 279: Zuziehung v. Beamten der Steuerfahndung; BVerfG BeckRS 2007, 26565; HRRS 2007, Nr. 961; Badle NJW 2008, 1030 u. Mahnkopf/Funk NStZ 2001, 519 zur Zuziehung im Zusammenhang mit ärztlichem Abrechnungsbetrug). In Betracht kommen auch Anzeigeerstatter, die Diebesgut identifizieren können (OLG Hamm NStZ 1986, 326). Die Zuziehung sachkundiger Angestellter des Unternehmens, auf dessen Strafanzeige die Durchsuchung angeordnet wurde, erscheint aber nur ausnahmsweise als zulässig (vgl. OLG Hamm NStZ 1986, 326; LG Berlin wistra 2012, 410; Brüning StV 2008, 103; Schlegel HRRS 2008, 26). Nach Nr. 205 Abs. 5 RiStBV können Angehörige der Behörden für Verfassungsschutz als Sachverständige oder Auskunftspersonen zugezogen werden (vgl. zur Problematik Roggan KriPoZ 2021, 99).

8c Bei **Durchsuchungen in Unternehmen** können die Bet. eine **Vereinbarung** darüber treffen, welche Dokumente u. Daten das durchsuchte Unternehmen den Strafverfolgungsbehörden zu einem späteren Zeitpunkt übergeben wird (Schelzke NZWiSt 2017, 142). Zwar hat eine solche Vereinbarung keinen rechtsverbindlichen, sondern lediglich informellen Charakter; im Falle der Nichtbefolgung durch das Unternehmen kommt jedoch eine Fortsetzung o. erneute Durchsuchung in Betracht (Schelzke NZWiSt 2017, 142 (143), die zudem auf das Risiko strafrechtlicher Ermittlungen gegen Unternehmensmitarbeiter wegen Strafvereitelung durch Unterlassen hinweist).

Für **Durchsuchungen im Bereich der Bundeswehr** trifft Abs. 3 eine dem § 98 Abs. 4 entspr. Regelung (vgl. → § 98 Rn. 25 ff.). 9

G. Durchsuchungszeugen (Abs. 2). Durchsuchungszeugen (Abs. 2) müssen, aber nicht vor Beginn der Durchsuchungshandlung (BGH NJW 1963, 1461), zugezogen werden, wenn bei Raumdurchsuchungen kein Richter o. StA, dem der Amtsanwalt o. der Vertreter der Finanzbehörde nach § 399 Abs. 1 **AO** gleichsteht (LG Koblenz wistra 2004, 438 (440); Weyand wistra 2008, 215), anwesend ist. Die Inhaber der nach § 103 durchsuchten Räume können nicht zugleich Zeugen sein (OLG Celle StV 1985, 137). Zur Hinzuziehung eines Betriebsprüfers bei einer Durchsuchungsmaßnahme der Steuerfahndung vgl. OLG Bremen wistra 1999, 74. Abs. 2 ist keine Ordnungsvorschrift; die Zuziehung ist vielmehr **eine wesentliche Förmlichkeit** der Durchsuchung (BGHSt 51, 211 (213 f.); BeckRS 2025, 25393). 10

Allerdings muss die Zuziehung **möglich** sein; unmöglich ist sie auch, wenn der eintretende Zeitverlust den Erfolg der Durchsuchung vereiteln würde (BGH NStZ 1986, 84; RGSt 55, 161 (165); Küper NJW 1971, 1681). Die Entsch. darüber trifft der Beamte nach pflichtgemäßem Ermessen (BayObLG JR 1981, 28; OLG Karlsruhe NStZ 1991, 50; KK-StPO/Henrichs/Weingast Rn. 14; Löwe/Rosenberg/Tsambikakis Rn. 121; **aM** SK-StPO/Jäger/Wohlers Rn. 57: unbestimmter Rechtsbegriff; Fezer StrafProzR § 7 Rn. 72: Gefahrenprognose). Der gewissenhaft handelnde Beamte handelt auch dann rechtmäßig, wenn er sich in der Beurteilung der Verhältnisse irrt (BayObLG JR 1981, 28; OLG Celle StV 1985, 137; LG München StraFo 2009, 146). Nur der bewusste Verstoß gegen Abs. 2 gibt dem Betroffenen das Recht zur Notwehr (RGSt 55, 161) u. zum Widerstand (KK-StPO/Henrichs/Weingast Rn. 14; MüKoStPO/Hausschild Rn. 34; weitergehend Löwe/Rosenberg/Tsambikakis Rn. 120). Die **Verwertbarkeit** der Durchsuchungsergebnisse hängt aber v. der Einhaltung des Abs. 2 nicht ab (KG NJW 1972, 169 (170); OLG Stuttgart NJW 1971, 629; MüKoStPO/Hausschild Rn. 40; offen gelassen v. BGH NStZ-RR 2023, 381; vgl. a. BGH NJW 2007, 930 (931); diff. Park Rn. 454 f.: bei bewussten Verstößen; abl. Löwe/Rosenberg/Tsambikakis Rn. 147). 11

Der **Verzicht des Betroffenen** auf die Beachtung des Abs. 2 ist zulässig (BGH NJW 1963, 1461; OLG Celle StV 1985, 137; OLG Stuttgart MDR 1984, 249; Eisenberg Beweisrecht StPO Rn. 2441; KMR-StPO/Hadamitzky Rn. 23; Stoffers wistra 2009, 382; **aM** Fezer StrafProzR § 8 Rn. 129). Zwar sollen durch die Zeugenzuziehung nicht nur die Betroffenen vor Übergriffen der Beamten geschützt werden; sie dient auch dem Schutz der Beamten vor unberechtigten Vorwürfen des Betroffenen wegen der Art u. Weise der Durchsuchung (BGH NJW 1963, 1461; BayObLG JR 1981, 28; OLG Celle StV 1985, 137). Trotzdem kann dem Wunsch des Betroffenen, v. der Zuziehung Dritter abzusehen, um Aufsehen zu vermeiden, entsprochen werden (Michalke NJW 2008, 1491; vgl. aber SK-StPO/Jäger/Wohlers Rn. 54; Löwe/Rosenberg/Tsambikakis Rn. 118; Roxin/Schünemann StrafVerfR § 35 Rn. 10: nur wenn auch der Beamte verzichtet; Rengier NStZ 1981, 374 rät zur Zurückhaltung). 12

H. Unmittelbarer Zwang. Die Anordnung – auch die wegen Gefahr im Verzug (LG Trier NStZ 2024, 511) – berechtigt dazu, die Durchsuchung mit Zwangsmaßnahmen durchzusetzen (OLG Stuttgart MDR 1984, 249; vgl. auch BGH NStZ 2016, 551), zB die Wohnung gewaltsam zu öffnen, die zu durchsuchenden Gebäude durch Abschließen o. Aufstellen v. Wachen zu sichern, Türen, Schränke u. Verschläge aufzubrechen, Flüssigkeiten abzulassen, Gruben zu entleeren, Grundstücke aufzugraben usw, nicht aber dazu, den Betroffenen präventiv in Gewahrsam zu nehmen, um das Beiseiteschaffen v. Beweismitteln o. Vermögenswerten zu verhindern (LG Frankfurt a. M. NJW 2008, 2201). Auch das **gewaltsame Öffnen** 13

der Wohnung ist grds. zulässig. Ob dies auch für ein Vorgehen gilt, bei dem die Polizei die Haustür aufbricht, um heimlich in die Wohnung des Beschuldigten einzudringen u. diesen dort ggf. im Schlaf zu überraschen, ist mit Blick auf den Grundsatz der Verhältnismäßigkeit zu beurteilen u. kann etwa im Einzelfall bei als bes. hoch eingeschätzter Gefährdungslage für die eingesetzten Beamten ausnahmsweise unbedenklich sein; zu einer von §§ 102 ff. grds. nicht gedeckten heimlichen Ermittlungsmaßnahme wird die Durchsuchung durch ihre verdeckte Vorbereitung nicht (zw. BGH JR 2012, 204 mAnm Erb; **aM** Hoffmann-Holland/Koranyi ZStW 125 (2013), 837). Der Beschuldigte ist nicht verpflichtet, **EDV-Passwörter** preiszugeben, riskiert dann aber, dass die gesamte EDV-Anlage beschlagnahmt wird (Tsambikakis PStR 2012, 255; Liebig Computerinhaltsdaten S. 70). Zulässig ist auch das Überwinden v. Verschlüsselungen, um sich Zugang zu Daten zu verschaffen (Zerbes/El-Ghazi NStZ 2015, 425 (427); Obenhaus NJW 2010, 653; Liebig Computerinhaltsdaten S. 72 ff. weist allerdings zu Recht darauf hin, dass verschlüsselte Datenträger in technischer Hinsicht ein nahezu unüberwindbares Hindernis darstellen können). Bei der **Personendurchsuchung** darf körperlicher Zwang angewendet werden; falls geboten, zB falls konkrete Verdunkelungsmaßnahmen drohen, darf der Betroffene auch kurzfristig festgenommen u. auf der Polizeiwache durchsucht werden (LG Frankfurt a. M. NStZ 2008, 591 (592); Löwe/Rosenberg/Tsambikakis Rn. 126; KK-StPO/Henrichs/Weingast Rn. 14a; BeckOK StPO/Hegmann Rn. 25; krit. Eisenberg FS Rolinski, 2002, 174). **„Kontakt- und Telefonsperren"** oder die kontrollierende Überwachung v. Ferngesprächen (MüKoStPO/Hausschild Rn. 31; Kretschmer StRR 2013, 164; allerdings nicht generell u. nicht im Verhältnis zum Verteidiger) sind zulässig. Anderweitige Störungen (auch solche durch Dritte) werden nach **§ 164** abgewehrt (→ § 164 Rn. 1, 2; BGH (ER) StraFo 2019, 66; OLG Karlsruhe StraFo 1997, 13 (15); Löwe/Rosenberg/Tsambikakis Rn. 126; SK-StPO/Jäger/Wohlers Rn. 68; → § 106 Rn. 19; s. auch Michalke NJW 2008, 1492). Danach ist als letztes Mittel bei einer konkreten Störung auch die **Festnahme** möglich. Als mildere Mittel dürften daher auch Platzverweise u. Zutrittsverbote als Maßnahmen unmittelbaren Zwangs in Betracht kommen (s. a. → § 164 Rn. 3; **aM** Weisser wistra 2014, 212: ges. Regelung erforderlich). Präventive Untersuchungshaft oder vorbeugender „Stubenarrest" sind hingegen ebenso unzulässig wie die anlasslose Fesselung des Betroffenen (LG Frankfurt a. M. NStZ 2008, 591 (592); AG Frankfurt a. M. StraFo 2025, 407; MüKoStPO/Hausschild Rn. 31; BeckOK StPO/Hegmann Rn. 25), erg. → § 164 Rn. 1). Bei allen Zwangsmaßnahmen ist der Verhältnismäßigkeitsgrundsatz (→ Einl. Rn. 20) zu beachten (vgl. LG München StraFo 2009, 146). Dies gilt insbes. bei der Anwendung v. unmittelbarem Zwang gegen v. der Durchsuchung betroffene Personen (BGH (ER) StraFo 2019, 66).

14 **I. Beendigung.** Die Anordnung berechtigt zu einer einmaligen, einheitlichen Durchsuchung, die, wenn auch mit Pausen (Ehlers BB 1978, 1515; Rengier NStZ 1981, 377), in einem Zuge durchgeführt wird. Mit der Beendigung der Durchsuchung durch ausdr. Erkl. o. schlüssiges Verhalten der Durchsuchungsbeamten ist die Anordnung verbraucht (BVerfG StV 2004, 633 (634)); sie braucht nicht ausdr. aufgeh. zu werden. Eine weitere Durchsuchung erfordert daher eine erneute Anordnung (Fezer StV 1989, 292; Meurer JR 1990, 391; Roxin NStZ 1989, 378). Die Anordnung, bei dem Beschuldigten in einem Zeitraum v. 3 Monaten regelmäßig Durchsuchungen durchzuführen, ist unzulässig (LG Hamburg wistra 2004, 36 mkritAnm Webel). Die Durchsuchung ist erst beendet, wenn die Durchsicht der dabei vorläufig sichergestellten Speichermedien abgeschlossen ist (→ § 105 Rn. 15; → § 110 Rn. 2, 9, 10).

15 **J. Anfechtung.** Die richterliche Durchsuchungsanordnung u. ihre Ablehnung können mit der **Beschwerde** nach § 304 angefochten werden, auch die des erkennenden Gerichts; § 305 S. 2 gilt entspr. (→ § 305 Rn. 7). Erforderlich ist eine unmittelbare Beschwer; der Beschuldigte kann daher grds. nicht die gegen eine andere Person gerichtete Durchsuchungsanordnung anfechten (BVerfG NJW 2015,

2869: Geschäftsführer o. Gesellschafter bei Durchsuchung der Geschäftsräume der Gesellschaft; LG Köln StV 1983, 275: Anordnung der Durchsuchung der Bank des Beschuldigten; anders bei der Beschlagnahme seiner Kontounterlagen, vgl. KG NJW 1999, 2979; offengelassen BGH BeckRS 2019, 17948). Das gilt auch, wenn die andere Person ein Mitbetroffener (etwa Mitinhaber des Hausrechts) ist, der die Beschwerde führende Betroffene indes in die Durchsuchung eingewilligt hatte (BGH BeckRS 2023, 24236). Die **Durchsich**t v. Papieren nach § 110 ist noch **Teil der Durchsuchung** (BVerfG NStZ 2019, 118 (119); NJW 2003, 2669; BGHSt 44, 265 (273), BGH NStZ-RR 2024, 26; BeckRS 2024, 25855; erg. → § 110 Rn. 9, 10); solange sie **nicht** – durch Rückgabe o. den Antrag auf richterliche Beschlagnahme (BGH NStZ 2022, 638; 2002, 215; → § 110 Rn. 2) – **beendet** ist, kann Beschwerde gegen die Anordnung der Durchsuchung eingelegt werden (BGH NJW 1973, 2035; 1995, 3397; StV 1988, 90; Cierniak/Zimmermann NStZ-RR 2010, 67 – BGH RsprÜ; KG NJW 1975, 354; OLG Karlsruhe NStZ 1995, 48; die Art u. Weise der Durchsicht ist allerdings nach § 98 Abs. 2 S. 2 anfechtbar, vgl. → § 98 Rn. 10); eine bereits eingelegte Beschwerde ist ab dem Zeitpunkt des Abschlusses der Sichtung als auf die **Feststellung der Rechtswidrigkeit** der Durchsuchung gerichtet anzusehen (BGH NJW 2015, 1032; BeckRS 2021, 3096). Auch **nach Beendigung** der Durchsuchung kann mit der Beschwerde die Feststellung ihrer Rechtswidrigkeit beantragt werden; hinsichtlich der nun beschlagnahmten Gegenstände stehen dem Betroffenen nur noch die Rechtsbehelfe gegen die Beschlagnahmeanordnung zu (BGH NStZ 2022, 638; erg. → § 98 Rn. 31 → vgl Vor § 296 Rn. 18a sowie → § 147 Rn. 40a zum Erfordernis, die Entsch. hierüber wegen zunächst versagter Akteneinsicht aufzuschieben); längeres Zuwarten kann zur Verwirkung führen (vgl. BVerfG NStZ 2009, 166; erg. → Vor § 296 Rn. 6, 18a aE). Zusammenfassend zu den Rechtsschutzmöglichkeiten aus Sicht der Verteidigung Park StRR 2008, 4.

Einschränkungen der **Prüfungskompetenz** des Beschwerdegerichts (§§ 308 **15a** Abs. 2, 309 Abs. 2) ergeben sich aus der Funktion des Richtervorbehalts. Um der Funktion einer vorbeugenden Kontrolle der Durchsuchung durch eine unabhängige u. neutrale Instanz (vgl. BVerfGE 103, 142 (155)) gerecht zu werden, darf das Beschwerdegericht seine Entsch. nicht auf Gründe stützen, die dem ER nicht bekannt waren. Prüfungsmaßstab bleibt im Beschwerdeverfahren die Sach- u. Rechtslage zzt. des Erlasses des Durchsuchungsbeschlusses (BVerfG NJW 2011, 291; Jahn NStZ 2007, 261; vgl. auch LG Leipzig StraFo 2008, 294). Nach Erledigung durch Vollzug können daher Mängel bei der Umschreibung des Tatvorwurfs u. der Beweismittel nicht im Beschwerdeverfahren geheilt werden (BVerfG NJW 2004, 3171), dürfen zur Begründung der Beschwerdeentscheidung auch keine Erkenntnisse herangezogen werden, die erst durch die Durchsuchung gewonnen wurden (BVerfG NJW 2011, 291; WM 2005, 480) u. kann der konkrete Bezug der beim Dritten gesuchten Beweismittel zum Verfahrensgegenstand (→ § 103 Rn. 1a) nicht nachgeschoben werden (BVerfG NJW 2009, 2518 (2520)). Das schließt es nicht aus, eine andere rechtliche Beurteilung an die damals vorliegenden tatsächlichen Erkenntnisse zu knüpfen (BVerfG WM 2005, 480 (481); BVerfGK 5, 347; vgl. aber auch BVerfG NJW 2007, 1443), o. die Begründung des Beschl. des AG in den Grenzen zu ergänzen, die die Funktion der präventiven Kontrolle wahren; hat der ER die Voraussetzungen eigenständig geprüft (→ Rn. 2), kann das Beschwerdegericht die Konkretisierung der den Anfangsverdacht belegenden Umstände nachholen (BGH NStZ-RR 2009, 142; LG Nürnberg-Fürth StraFo 2021, 510; krit. Schmidt StraFo 2009, 451; vgl. auch Hüls ZIS 2009, 166).

Gegen **Durchsuchungsanordnungen der StA und ihrer Ermittlungspersonen** ist entspr. § 98 Abs. 2 S. 2 der Antrag auf gerichtliche Entsch. zulässig, auch **16** noch nach Abschluss der Durchsuchung zur Feststellung der Rechtswidrigkeit der Anordnung, soweit es ein Rechtsschutzinteresse hierfür gibt (BGH NStZ 2024, 760; BGHSt 44, 265; OLG Karlsruhe NStZ 1995, 48; erg. → § 98 Rn. 23; → EGGVG § 23 Rn. 10) bzw. bei Unzulässigkeit ihres Vollzugs (→ Rn. 8a; Cassardt NJW 1996, 558). Auslegung u. Anwendung des Begriffs „Gefahr im Verzug"

u. damit der Kompetenz der StA u. ihrer Ermittlungspersonen zur Durchsuchungsanordnung unterliegen einer unbeschränkten gerichtliche Kontrolle (BVerfGE 103, 142; BVerfG NJW 2002, 1333; 2003, 2303); eine fehlende Dokumentation (→ Rn. 3) darf nicht durch eine nachträgliche Stellungnahme der StA ersetzt werden (vgl. BVerfGK 12, 374; NJW 2008, 3053 (3054); anders LG Berlin StV 2008, 244). Verneint der Richter, dass Gefahr im Verzug vorlag, hebt er die Durchsuchungsanordnung auf, was bei noch nicht (vollständig) vollzogener Durchsuchung zu deren Abbruch, bei vollzogener zur Feststellung der Rechtswidrigkeit (→ Vor § 296 Rn. 18a) der Durchsuchung führt (Fezer FS Riess, 2002, 96 ff.), nicht unbedingt aber zu einem Verwertungsverbot (vgl. → Rn. 18, → § 94 Rn. 21; **aM** offenbar AG Essen StraFo 2007, 505 (erg. dazu → § 98 Rn. 23 aE)).

17 Auch wenn die **Art und Weise der abgeschlossenen Durchsuchung** beanstandet wird, zB die Zuziehung v. Sachverständigen (BVerfG HRRS 2007, Nr. 961), lässt die Rspr. (entgegen einer früher vertretenen Ansicht, die § 23 EGGVG anwendete, vgl. BGHSt 28, 206; 37, 79 (82)) den Antrag nach **§ 98 Abs. 2 S. 2** in entspr. Anwendung zu (→ § 98 Rn. 23), wobei es gleichgültig ist, ob die Durchsuchung nichtrichterlich (BGHSt 44, 265) o. richterlich angeordnet war (BGHSt 45, 183; BGH NJW 2000, 84; Cierniak/Zimmermann NStZ-RR 2010, 67 – BGH RsprÜ). Ob dies auch gilt, wenn die Art u. Weise des Vollzugs bereits im richterlichen Durchsuchungsbeschluss geregelt ist, hat der BGH offen gelassen; Katholnigg NStZ 2000, 156 hat sich dafür ausgesprochen, während Amelung JR 2000, 481; Eisele StV 1999, 300; Fezer NStZ 1999, 151 und Meyer FS Fezer, 2008, 141 zutr. die Beschwerde geben wollen. Entscheidungen des ER des BGH o. des erstinstanzlich zuständigen OLG über Einwendungen gegen die Art u. Weise einer Durchsuchung sind nicht mit Beschwerde anfechtbar (BGHSt 44, 265 (275); BGH NJW 2000, 84; NStZ-RR 2023, 185 Ls.; 2023, 250 (251)).

17a Ein Durchsuchungsbeschluss kann als Zwischenentscheidung im Strafverfahren auch mit der **Verfassungsbeschwerde** angegriffen werden (BVerfG BeckRS 2015, 52608 Rn. 13 mwN).

18 **K. Verwertbarkeit.** Zur **Verwertbarkeit** der bei einer fehlerhaften Durchsuchung gefundenen Beweismittel vgl. → § 94 Rn. 21; → § 98 Rn. 7. Diese hat das erkennende Gericht auch dann zu prüfen, wenn der Angeklagte die Rechtsschutzmöglichkeit entspr. § 98 Abs. 2 S. 2 (→ § 98 Rn. 23, → Rn. 16) nicht genutzt hat (BGH NStZ 2009, 648). Das **BVerfG** lässt in seiner neueren Rspr. einen **zurückhaltenden Ansatz** bzgl. Beweisverwertungsverboten erkennen. Es verweist für die Abwägung der widerstreitenden Interessen auf die gefestigte Rspr. des BGH (etwa BGHSt 51, 285 (289 f.)) u. stellt insbes. den verfassungsrechtlichen Rang einer funktionstüchtigen Strafrechtspflege u. der Wahrheitserforschung vor Gericht heraus (BVerfG NJW 2009, 3225; NStZ 2011, 103 (104 f.) zur Verwertbarkeit illegal erlangter Steuerdaten; Anm. Wohlers JZ 2011, 252; erg. Adam NStZ 2010, 325; → § 136a Rn. 3a). Einem Verstoß gegen den Richtervorbehalt kommt dabei nur minderes Gewicht zu, wenn es sich bei der verfahrensfehlerhaften Durchsuchung lediglich um die Fortsetzung einer gefahrenabwehrrechtlich zulässigen Wohnungsöffnung u. -durchsuchung handelt (BGH NStZ-RR 2019, 94 (95); NStZ 2019, 227 (230) mAnm Arnoldi NStZ 2019, 230). Aus dem Umstand, dass die Durchsuchungsanordnung **unzureichend begründet** ist (hierzu → Rn. 5 f.), folgt nicht zwangsläufig ein Verwertungsverbot für die dabei aufgefundenen Beweismittel (LG Nürnberg-Fürth wistra 2024, 175). Aus der rechtsfehlerhaften Durchsuchung bei einem anderen Tatbeteiligten folgt kein Beweisverwertungsverbot ggü. dem Angeklagten, weil sein **Rechtskreis** nicht betroffen ist (BGH NStZ 2021, 59; BeckRS 2025, 25393).

19 Ein Beweisverwertungsverbot kommt danach **nur bei schwerwiegenden, bewussten oder willkürlichen Verfahrensverstößen** in Betracht, bei denen die grundrechtlichen Sicherungen planmäßig o. systematisch außer Acht gelassen werden (BVerfG NStZ 2011, 103 (105) mwN; BGHSt 61, 266 (275 f.); BGH NStZ 2020, 621 (622); NStZ-RR 2019, 94 (95); NJW 2011, 1377: begründungsbedürftige Ausnahme; vgl. auch die Sachverhalte bei BGH NStZ-RR 2014, 318, NStZ 2016, 551 sowie LG Hamburg StV 2022, 567). Ein Verwertungsverbot kann etwa angenommen werden, wenn die v. Verf. wegen vorgesehene Regelzuständigkeit des Richters dadurch unterlaufen wird, dass mit dem Antrag an den ER entgegen jeder kriminalistischer Erfahrung so lange zugewartet wird, bis die Gefahr eines Beweismittelverlustes als Voraussetzung für die Annahme v. Gefahr im Verzug tatsächlich eingetreten ist (BGH NStZ 2012, 104; vgl. auch OLG Düsseldorf StraFo 2016, 339 mAnm Jahn JuS 2016, 1138; erg. → Rn. 2). Der sog. hypothetisch rechtmäßige Ermittlungsverlauf spielt bei vorsätzlicher Verletzung o. schwerwiegender Verkennung des Richtervorbehalts keine Rolle (vgl. BGH StV 2016, 539; OLG Düsseldorf StraFo 2016, 339; erg. → § 94 Rn. 21–21b, auch zur Frage der Erforderlichkeit eines Widerspruchs in der HV). Bei nicht gravierenden Verstößen kann dem Aspekt hypothetisch rechtmäßiger Beweiserlangung – verfassungsrechtlich unbedenklich (BVerfG NStZ 2019, 118 (120)) – Bedeutung zukommen, falls die StA schon bei ihrer Entscheidung über die Eilanordnung davon ausgehen durfte, dass die richterliche Anordnung, welche die Maßnahme legitimiert hätte, angeordnet worden wäre (vgl. BGH NStZ 2024, 307 (310); NStZ 2025, 691 (692); NStZ 2016, 551 mAnm Schneider NStZ 2016, 553; zur Verwertbarkeit insoweit gewonnener Beweise erg. → § 94 Rn. 21a).

Nach einer Entsch. des OLG Düsseldorf (StraFo 2016, 339 mAnm Jahn JuS 2016, 1138 u. zutr. ablAnm Radtke NStZ 2017, 180) soll sich das Verwertungsverbot iSe **Fernwirkung** auch auf ein Geständnis erstrecken, wenn sich ein Beschuldigter nach einer grob rechtswidrigen Durchsuchung offensichtlich als überführt ansah u. deshalb keinen Anlass sah, v. seinem Schweigerecht Gebrauch zu machen (erg. → Einl. Rn. 57). Die Entsch. hat zu Recht **Kritik** erfahren (vgl. Radtke NStZ 2017, 180; Arnoldi NStZ 2019, 230). Sie ist schon deshalb „irritierend", weil das als Revisionsgericht tätige OLG das Beweisverwertungsverbot – entgegen § 344 Abs. 2 – auf die allein erhobene Sachrüge hin angenommen hat (vgl. BGH NStZ 2019, 107; erg. → § 261 Rn. 38; unzutr. daher insoweit OLG Zweibrücken NStZ 2019, 301 (302)). Sie ist aber auch in der Sache nicht verallgemeinerbar. Zwar können die Angaben eines Beschuldigten unverwertbar sein, wenn sie unter dem Eindruck eines Vorhalts unzulässig gewonnener – u. damit ihrerseits nicht verwertbarer – Beweismittel gemacht worden sind (BGH NStZ 2019, 227 (229)). Ein unzulässiger Vorhalt allein führt allerdings nicht ohne weiteres zu einem Beweisverwertungsverbot für alle, insbes. auch spätere Aussagen des Beschuldigten. Hinzukommen muss vielmehr zunächst die Feststellung, dass die Angaben v. dem Vorhalt beeinflusst sind (BGHSt 32, 68 (71)). Sodann muss der Verfahrensverstoß mit dem staatlichen Interesse an der Aufklärung des Sachverhalts abgewogen werden (BGH NStZ 2019, 227 (229)). Eine generelle Fortwirkung eines Verfahrensfehlers gibt es nicht (BGHSt 32, 68 (71); erg. → Einl. Rn. 57). 19a

Vom Verbot eines unzulässigen Vorhalts ist die Frage zu unterscheiden, ob eine Pflicht besteht, den Beschuldigten vor der Vernehmung in Form einer **qualifizierten Belehrung** auf die Unverwertbarkeit der unzulässig erlangten Beweismittel hinzuweisen. Der BGH lehnt dies ab, da das Erfordernis der qualifizierten Belehrung seine Grdl. darin hat, dass die Selbstbelastungsfreiheit durch einen Verstoß gegen die Belehrungspflicht nach § 136 Abs. 1 S. 2 verletzt wird (BGH NStZ 2019, 227 (229); erg. → § 136 Rn. 9). Ob der Beschuldigte bei einer späteren Vernehmung qualifiziert belehrt werden muss, wenn seine frühere Aussage aufgrund eines unzulässigen Vorhalts nicht verwertet werden darf, hat der BGH bislang nicht entschieden (offengelassen v. BGH NStZ 2019, 227 (229)). 19b

Das Fehlen eines **nächtlichen richterlichen Bereitschaftsdienstes** kann im Einzelfall zu einem Beweisverwertungsverbot führen, wenn dies angesichts des Aufkommens nächtlicher Durchsuchungsanordnungen in dem betreffenden Gerichtsbezirk als ein schwerwiegender Organisationsmangel anzusehen ist (vgl. zur Notwendigkeit → Rn. 2a) u. die staatsanwaltliche o. polizeiliche Eilanordnung allein in diesem Defizit begründet liegt (BGH wistra 2010, 231). Ein Beweisverwertungsverbot wird man aber nur annehmen können, wenn sich das Unterlassen 20 der Einrichtung des Bereitschaftsdienstes sich als ein systematisches Außerachtlassen der grundrechtlichen Sicherung des Art. 13 GG darstellt (vgl. BVerfG NStZ 2011, 103 (105); Rabe von Kühlwein NStZ 2019, 501 (507 f.)).

21 Eine **unzureichende Dokumentation** (→ Rn. 3) der Anordnung führt nicht ohne weiteres zu einem Verwertungsverbot (BGH NStZ 2024, 307 (309); NStZ 2005, 392; NStZ-RR 2007, 242; Brüning HRRS 2007, 254; vgl. hierzu BVerfG NJW 2008, 3053 (3054) mkritAnm Leichthammer DAR 2008, 694 mzustAnm Laschewski NZV 2008, 637; erg. → Rn. 16). Das gilt auch für eine **unzureichende Begründung** der richterlichen Anordnung (BVerfG wistra 2009, 435 (427); BGH wistra 1997, 107 (108); LG Nürnberg-Fürth StraFo 2024, 19 (20); krit. SK-StPO/Jäger/Wohlers Rn. 77; Löwe-Rosenberg/Tsambikakis Rn. 145). Eine Anwendung der Vollstreckungslösung (→ EMRK Art. 6 Rn. 9a) in den Fällen, in denen die Rechtswidrigkeit der Durchsuchung nicht zu einem Verwertungsverbot führt (so Gaede JZ 2008, 424; vgl. auch Löffelmann JR 2009, 12), kommt hier wie auch sonst bei Verstößen gegen das Verfahrensrecht nicht in Betracht (vgl. BGHSt 52, 110 (118) (3. StS) zu Art. 36 Abs. 1b S. 3 WÜK in Abgrenzung zu BGHSt 52, 48 (5. StS)).

22 **L. Revision.** Die **Revision** muss in aller Regel den Durchsuchungsbeschluss mitteilen (BGH NStZ 2011, 471). Fehlt es an einer ausreichenden Darst. der Verdachts- u. Beweislage im ermittlungsrichterlichen Beschl. o. wird die Rechtmäßigkeit der Maßnahme iÜ konkret in Zweifel gezogen, ist darüber hinaus die Verdachts- u. Beweislage, die im Zeitpunkt der Anordnung gegeben war, anhand der Aktenlage zu rekonstruieren u. mitzuteilen (BGH NStZ 2019, 107 mwN). Grundsätzlich sind auch die Polizeiberichte über die Durchsuchungsmaßnahmen mitzuteilen (BGH NStZ-RR 2023, 284); das gilt insb., wenn die Rechtmäßigkeit einer Eilanordnung und das Gewicht einer etwaigen Verletzung des Richtervorbehalts überprüft werden soll (BGH BeckRS 2024, 10705; 12837; s. a. BeckRS 2012, 4733). Die Rüge unzulässiger Verwertung v. Durchsuchungsfunden erfordert einen Widerspruch in der HV (BGH NStZ-RR 2022, 355; BeckRS 2023, 9510), der für eine zulässige Verfahrensrüge (§ 344 Abs. 2 S. 2) vollständig mitgeteilt werden muss (BGH NStZ 2018, 737 mAnm Börner NStZ 2018, 738).

Hinzuziehung des Inhabers eines Durchsuchungsobjekts

106 (1) [1]**Der Inhaber der zu durchsuchenden Räume oder Gegenstände darf der Durchsuchung beiwohnen.** [2]**Ist er abwesend, so ist, wenn möglich, sein Vertreter oder ein erwachsener Angehöriger, Hausgenosse oder Nachbar zuzuziehen.**

(2) [1]**Dem Inhaber oder der in dessen Abwesenheit zugezogenen Person ist in den Fällen des § 103 Abs. 1 der Zweck der Durchsuchung vor deren Beginn bekanntzumachen.** [2]**Diese Vorschrift gilt nicht für die Inhaber der in § 104 Abs. 2 bezeichneten Räume.**

1 **A. Zwingendes Recht.** Die Vorschr. regelt die bei der Durchsuchung zu beachtende Form; sie enthält **zwingendes Recht** u. stellt keine bloße Ordnungsvorschrift dar (BGHSt 51, 211 (213 f.); BeckRS 2025, 25393). § 106 ist auch bei Durchsuchungen zum Zweck der Beschlagnahme v. Einziehungsgegenständen (§ 111b Abs. 2) o. der Pfändung v. Vermögenswerten in Vollziehung eines Vermögensarrestes anwendbar (§ 111e Abs. 5), gilt aber bei Durchsuchungen nach den StVollzGn der Länder nicht entspr. (vgl. Art. 91 Abs. 1 BayStVollzG, § 64 Abs. 1 NRWStVollzG).

2 **B. Anwesenheitsrecht (Abs. 1 S. 1).** Ein Anwesenheitsrecht (Abs. 1 S. 1) haben die Inhaber der zu durchsuchenden Räume, bei mehreren Inhabern jeder v. ihnen (Löwe/Rosenberg/Tsambikakis Rn. 2), u. die Inhaber der Gegenstände; dies gilt auch für den – nicht inhaftierten – Beschuldigten (BGHSt 51, 211), vorausgesetzt, dass sie sich am Durchsuchungsort o. in dessen Nähe aufhalten. Der Durch-

suchungsbeamte ist nicht verpflichtet, auf ihr Erscheinen zu warten o. sie herbeiholen zu lassen (Löwe/Rosenberg/Tsambikakis Rn. 3), sollte das aber tun, wenn dadurch keine erhebliche Verzögerung eintritt. Erscheint ein Anwesenheitsberechtigter verspätet, so wird die Durchsuchung fortgesetzt, nicht wiederholt. Der Inhaber der Räume o. Gegenstände kann auf die Anwesenheit verzichten (Rengier NStZ 1981, 374) o. einen anderen, zB einen RA, mit der Wahrnehmung seiner Rechte beauftragen (Stoffers wistra 2009, 382; Taschke StV 2007, 498 zum Unternehmensanwalt), dessen Erscheinen aber ebenfalls nicht abgewartet werden muss (Michalke NJW 2008, 1490). Störungen sind mit unmittelbarem Zwang o. nach § 164 abzustellen (zur Abgrenzung → § 105 Rn. 13; dort auch zur Zulässigkeit v. „Stubenarrest" u. Telefonsperre); das Anwesenheitsrecht ist dann verwirkt (RGSt 33, 251; erg. → Rn. 4).

Beschuldigte, die nicht zugleich Inhaber der Räume o. Gegenstände sind, u. Verteidiger haben keinen Anspruch auf Anwesenheit bei der Durchsuchung (OLG Stuttgart NStZ 1984, 574; Dahs Strafverteidiger-HdB Rn. 348), insbes. nicht UGefangene bei der Durchsuchung ihrer Zellen (OLG Frankfurt a. M. GA 1979, 429; OLG Karlsruhe StV 1986, 10; Lorenzen/Schiemann SchlHA 1998, 172 – OLG Schleswig RsprÜ; OLG Stuttgart NStZ 1984, 574; **aM** AG Mannheim StV 1985, 276; Eisenberg FS Rolinski, 2002, 169). Gestattet der Inhaber ihre Anwesenheit, so dürfen sie aber nur unter den Voraussetzungen des § 164 entfernt werden (Rengier NStZ 1981, 375; Stoffers wistra 2009, 382; enger Eisenberg Beweisrecht StPO Rn. 2437: nur in seltenen Ausnahmefällen; SK-StPO/Wohlers/Jäger Rn. 20: nicht bei richterlichen Untersuchungshandlungen, bei denen der Verteidigung ein Anwesenheitsrecht zusteht). 3

C. Zuziehung Dritter (Abs. 1 S. 2). Die Zuziehung Dritter (Abs. 1 S. 2), u. zwar in der ges. Reihenfolge, ist bei Abwesenheit des Inhabers, nicht nach dessen Entfernung wegen Störung (Eisenberg Beweisrecht StPO Rn. 2438; **aM** SK-StPO/Jäger/Wohlers Rn. 17), erforderlich, sofern sie möglich (→ § 105 Rn. 11) u. für den Zugezogenen ungefährlich ist (vgl. auch OLG Karlsruhe NStZ 1991, 50 zur Zuziehung ausl. Ermittler). Zum Begriff „erwachsener Angehöriger" vgl. → § 37 Rn. 10, → § 98 Rn. 15. Vertreter iSd Abs. 1 S. 2 ist, wer den Inhaber aufgrund bes. Vollmacht, kraft allgemeinen Auftrags (Hausverwalter) o. üblicherweise (Ehepartner) vertritt. Ist der Inhaber zugleich der Beschuldigte, so kann ihn sein Verteidiger vertreten (KK-StPO/Henrichs/Weingast Rn. 2; KMR-StPO/Hadamitzky Rn. 6; Löwe/Rosenberg/Tsambikakis Rn. 6). Verzichtet der anwesende Vertreter auf die Teilnahme an der Durchsuchung, so wird kein weiterer Vertreter zugezogen. Stört er die Durchsuchungshandlung, so wird er entfernt und, wenn möglich, durch einen anderen ersetzt. 4

D. Bekanntmachung (Abs. 2). Vor der Durchsuchung nach § 103 Abs. 1 ist den in Abs. 2 S. 1 bezeichneten Personen deren Zweck bekanntzugeben, sofern die Durchsuchung nicht unter den Voraussetzungen des § 103 Abs. 2 oder § 104 Abs. 2 stattfindet. Wenn dadurch der Untersuchungserfolg nicht gefährdet wird, sollte der Durchsuchungszweck auch im Fall des § 102 dem Verdächtigen bekanntgegeben werden (KK-StPO/Henrichs/Weingast Rn. 4; vgl. auch OLG Karlsruhe NStZ-RR 1997, 37 (38); Rengier NStZ 1981, 373: verfassungsrechtlich geboten). 5

E. Anfechtung; Verwertungsverbot. Ein Verstoß kann auch noch nach Beendigung der Durchsuchung entspr. § 98 Abs. 2 S. 2 angefochten werden. Ein Verwertungsverbot für die bei der Durchsuchung erlangten Beweise folgt aus einer Verletzung des Anwesenheitsrecht nicht (Löwe/Rosenberg/Tsambikakis Rn. 17; MüKoStPO/Hauschild Rn. 14; Park Rn. 456; s. a. BGHSt 51, 211 (214)). Jedenfalls kann aus der rechtsfehlerhaften Durchsuchung bei einem anderen Tatbeteiligten oder einem unverdächtigen Dritten kein Beweisverwertungsverbot zugunsten des Angeklagten folgen, weil sein **Rechtskreis** nicht betroffen ist (BGH NStZ 2021, 59; BeckRS 2025, 25393). 6

Durchsuchungsbescheinigung; Beschlagnahmeverzeichnis

107 **[1] Dem von der Durchsuchung Betroffenen ist nach deren Beendigung auf Verlangen eine schriftliche Mitteilung zu machen, die den Grund der Durchsuchung (§§ 102, 103) sowie im Falle des § 102 die Straftat bezeichnen muß. [2] Auch ist ihm auf Verlangen ein Verzeichnis der in Verwahrung oder in Beschlag genommenen Gegenstände, falls aber nichts Verdächtiges gefunden wird, eine Bescheinigung hierüber zu geben.**

1 **A. Zwingendes Recht.** Die Vorschr. soll als wesentliche Förmlichkeit den v. einer Durchsuchung Betroffenen schützen. Sie ist deshalb zwingendes Recht u. nicht bloße zur Disposition der Ermittlungsorgane stehende Ordnungsvorschrift (BGHSt 51, 211 (213 f.); Löwe/Rosenberg/Tsambikakis Rn. 1; **aM** OLG Stuttgart StV 1993, 235; Neuhaus FS Herzberg, 2008, 878 zu § 107 S. 2). Bei Durchsuchungen zum Zweck der Beschlagnahme v. Einziehungsgegenständen o. der Pfändung v. Vermögensgegenständen in Vollziehung eines Vermögensarrestes gilt die Vorschr. nach § 111b Abs. 2 und § 111e Abs. 5 entsprechend.

2 **B. Durchsuchungsbescheinigung (S. 1).** Eine Durchsuchungsbescheinigung (S. 1) ist dem Betroffenen, also dem (verdächtigen o. unverdächtigen) Inhaber der Räume o. des Gewahrsams an den Sachen, auf Verlangen nach der Durchsuchung zu erteilen. Dabei genügt die abstrakte Angabe des Durchsuchungszwecks (Ergreifung; Auffinden v. Beweisgegenständen), auch im Fall des § 103 (KK-StPO/Henrichs/Weingast Rn. 3; **aM** KMR-StPO/Hadamitzky Rn. 6; SK-StPO/Jäger/Wohlers Rn. 6; Park Durchsuchung Rn. 32). Angaben über die Gründe, aus denen die Durchsuchung Erfolg versprach, werden nicht gemacht (KMR-StPO/Müller Rn. 7). Im Fall des § 102 kann der Betroffene auch eine schriftliche Mitteilung über die Straftat verlangen, die Anlass zu der Durchsuchung gegeben hat; es genügen die maßgebenden Gründe für die Anordnung (KK-StPO/Henrichs/Weingast Rn. 3; KMR-StPO/Müller Rn. 2; vgl. auch Wiepjes StV 2019, 286 (291) (bereits bei Beginn der Durchsuchung); **aM** HK-StPO/Gercke Rn. 3). Zur Verwendung v. Formularen vgl. Michalke NJW 2008, 1493.

3 **C. Beschlagnahmeverzeichnis oder eine Negativbescheinigung (S. 2).** Ein Beschlagnahmeverzeichnis oder eine Negativbescheinigung (S. 2) kann der Betroffene verlangen (LG Stade wistra 2002, 319: auch v. lediglich kopierten Unterlagen). Dazu genügt, dass die formlos sichergestellten o. beschlagnahmten Gegenstände nach Art u. Zahl aufgeführt werden (Kemper wistra 2008, 97; Krekeler wistra 1983, 46); eine nähere Beschreibung ist überflüssig. Auch Schriftstücke werden nicht inhaltlich, sondern nur so gekennzeichnet, dass sie identifizierbar sind (OLG Karlsruhe StraFo 1997, 13 (15); Michalke NJW 2008, 1493; Stoffers wistra 2009, 383).

4 **D. Zuständigkeit.** Zuständig sind der Durchsuchungsbeamte u. die Behörde, die die Durchsuchung angeordnet hat. Die schriftlichen Mitteilungen sind grds. an Ort u. Stelle auszufertigen (OLG Stuttgart wistra 1993, 120); falls dies nicht möglich ist, sind sie v. der Behörde, die die Anordnung vollstreckt hat, alsbald auszufertigen u. auszuhändigen (Kemper wistra 2008, 97). Wird das Verlangen erst später gestellt, so entspr. ihm die Behörde, die das Verf. in diesem Zeitpunkt bearb. (Döllel/Dreeßen SchlHA 2003, 187 – OLG Schleswig RsprÜ).

5 **E. Anfechtung.** Gegen die Weigerung, die Bescheinigung nach S. 1 oder das Verzeichnis o. die Negativbescheinigung nach S. 2 zu erteilen, kann nach § 23 Abs. 2 **EGGVG** auf gerichtliche Entsch. angetragen werden (OLG Bamberg JurBüro 1993, 543; OLG Karlsruhe NStZ 1995, 48 mwN; LG Gießen wistra 2000, 76; Krekeler wistra 1983, 46; **aM** Löwe/Rosenberg/Tsambikakis Rn. 6 (§ 98 Abs. 2 S. 2 entspr.); dem folgend LG Stade wistra 2002, 319; iE ebenso SK-StPO/Jäger/Wohlers Rn. 9; abl. OLG Karlsruhe NStZ 1995, 48). Sind aber alle beschlagnahmten Unterlagen mit einer einzigen, in einem Gerichtsbeschluss bezeichneten

Ausnahme zurückgegeben worden, so fehlt es für diesen Antrag am Rechtsschutzbedürfnis (OLG Stuttgart NJW 1977, 2276). Eine **Verwertungsverbot** folgt aus einem Verstoß gegen § 107 nicht (Löwe/Rosenberg/Tsambikakis Rn. 6; KK-StPO/Henrichs/Weingast Rn. 5).

Beschlagnahme anderer Gegenstände

108 (1) [1]**Werden bei Gelegenheit einer Durchsuchung Gegenstände gefunden, die zwar in keiner Beziehung zu der Untersuchung stehen, aber auf die Verübung einer anderen Straftat hindeuten, so sind sie einstweilen in Beschlag zu nehmen.** [2]**Der Staatsanwaltschaft ist hiervon Kenntnis zu geben.** [3]**Satz 1 findet keine Anwendung, soweit eine Durchsuchung nach § 103 Abs. 1 Satz 2 stattfindet.**

(2) **Werden bei einem Arzt Gegenstände im Sinne von Absatz 1 Satz 1 gefunden, die den Schwangerschaftsabbruch einer Patientin betreffen, ist ihre Verwertung zu Beweiszwecken in einem Strafverfahren gegen die Patientin wegen einer Straftat nach § 218 des Strafgesetzbuches unzulässig.**

(3) **Werden bei einer in § 53 Abs. 1 Satz 1 Nr. 5 genannten Person Gegenstände im Sinne von Absatz 1 Satz 1 gefunden, auf die sich das Zeugnisverweigerungsrecht der genannten Person erstreckt, ist die Verwertung des Gegenstandes zu Beweiszwecken in einem Strafverfahren nur insoweit zulässig, als Gegenstand dieses Strafverfahrens eine Straftat ist, die im Höchstmaß mit mindestens fünf Jahren Freiheitsstrafe bedroht ist und bei der es sich nicht um eine Straftat nach § 353b des Strafgesetzbuches handelt.**

A. Einstweilige Beschlagnahme. Die einstweilige Beschlagnahme v. **Zufallsfunden** gestattet Abs. 1. Durchsuchung iSd Abs. 1 ist auch eine solche, die zum Vollzug eines VollstrHb durchgeführt wird (OLG Koblenz NStZ-RR 2021, 144). Dadurch soll der StA die Prüfung ermöglicht werden, ob ein **neues Ermittlungsverfahren** gegen den v. der Durchsuchung Betroffenen o. einen Dritten einzuleiten u. der Gegenstand in diesem zu beschlagnahmen o. ob die Beschlagnahme in einem bereits anhängigen **anderen Verfahren** geboten ist, das die Durchsuchenden nicht o. nicht näher kennen (Löwe/Rosenberg/Tsambikakis Rn. 1; KK-StPO/Henrichs/Weingast Rn. 1). Die Verwertung v. Zufallsfunden kann nicht durch einen auf die Sicherstellung bestimmter Unterlagen beschränkten Durchsuchungsbeschluss ausgeschlossen werden (Hentschel NStZ 2000, 274 gegen LG Freiburg NStZ 1999, 582); **unzulässig** ist es aber, gezielt nach „Zufallsfunden" zu suchen (BGH (ER) CR 1999, 292 (293); LG Baden-Baden wistra 1990, 118; LG Berlin StV 1987, 97; SK-StPO/Jäger/Wohlers Rn. 4). Noch weniger darf eine Durchsuchung als bloßer Vorwand dafür benutzt werden, systematisch nach Gegenständen zu suchen, auf die sich die Durchsuchungsanordnung nicht bezieht (OLG Karlsruhe StV 1986, 10; OLG Koblenz NStZ-RR 2021, 144 betreffend Vollziehung eines VollstrHb; LG Berlin NStZ 2004, 571; LG Bonn NJW 1981, 292; LG Bremen StV 1984, 505. 1

B. Gegenstände (Abs. 1 S. 1). Gegenstände (Abs. 1 S. 1) können einstweilig beschlagnahmt werden, wenn sie auf die Begehung einer anderen Tat hindeuten, die bisher unbekannt war o. derentwegen ein anderes Verf. anhängig ist. Ausreichend ist der ungewisse Verdacht der Tat u. die naheliegende Möglichkeit, dass die Gegenstände zu ihrem Beweis geeignet sind, auch wenn nicht sie selbst, sondern nur die Umstände verdächtig sind, unter denen sie gefunden werden (Löwe/Rosenberg/Tsambikakis Rn. 8). 2

Entsprechend anwendbar ist § 108, wenn der Richter bei der Briefkontrolle eines UGefangenen Beweismittel für ein anderes Strafverfahren findet (→ § 98 Rn. 5; → § 119 Rn. 20; vgl. auch LG Tübingen NStZ 2008, 653 (655)). Für Gegenstände, die in demselben o. in einem anderen Verf. (KK-StPO/Spillecke 3

§ 111b Rn. 15) eingezogen werden können, bestimmt § 111b Abs. 2 die Anwendung des § 108.

4 Ein **Beschlagnahmeverbot** nach § 97 für den vorgefundenen Gegenstand hindert auch seine einstweilige Beschlagnahme (BGHSt 53, 257 (262) mzustAnm Gössel NStZ 2010, 288; Beulke FS Lüderssen, 2002, 707; Brüning NStZ 2006, 256; Krekeler NJW 1977, 1423; NStZ 1987, 199; Rudolphi FS Schaffstein, 1975, 450; erg. → § 97 Rn. 1, 4, 4a). Bei Durchsuchungen in einem Steuerstrafverfahren (dazu Schmechel, Zufallsfunde bei Durchsuchungen im Steuerstrafverfahren, 2004) steht das Steuergeheimnis der Beschlagnahme nicht entgegen, wenn die Voraussetzungen des § 30 Abs. 4 oder Abs. 5 **AO** vorliegen (Bilsdorfer wistra 1984, 10; ohne diese Einschränkung BeckOK StPO/Hegmann Rn. 3; vgl. auch Bandemer wistra 1988, 136).

5 **C. Gebäudedurchsuchungen (Abs. 1 S. 3).** Bei Gebäudedurchsuchungen (Abs. 1 S. 3), die nach § 103 Abs. 1 S. 2 nur der Ergreifung des Beschuldigten dienen, gilt Abs. 1 S. 1 nicht. Das schließt aber nicht aus, dass bei Gefahr im Verzug (→ § 98 Rn. 6) der StA o. – nachrangig – der nach § 98 Abs. 1 S. 1 dazu befugte Polizeibeamte auch bei Gebäudedurchsuchungen Gegenstände nach § 94 beschlagnahmt, die als Beweismittel für irgendeine Straftat v. Bedeutung sind (Kurth NJW 1979, 1384; Vogel NJW 1978, 1226; vgl. aber → Rn. 9). Zur Mitteilung an die StA v. Auffinden u. der Beschlagnahme der Zufallsfunde sind die Polizeibeamten nicht nach Abs. 1 S. 2, der sich nur auf die einstweilige Beschlagnahme bezieht, sondern nach § 163 verpflichtet (Löwe/Rosenberg/Tsambikakis Rn. 17; **aM** Vogel NJW 1978, 1226).

6 **D. Zuständigkeit.** Zuständig für die einstweilige Beschlagnahme ist jeder Richter, StA o. Polizeibeamte, der die Durchsuchung vornimmt, der Richter auch, wenn die Voraussetzungen des § 165 nicht vorliegen, der StA auch, wenn die Beschlagnahme nach § 98 Abs. 1 S. 2 dem Richter vorbehalten ist (Löwe/Rosenberg/Tsambikakis Rn. 11; KMR-StPO/Hadamitzky Rn. 7; SK-StPO/Jäger/Wohlers Rn. 13; **aM** KK-StPO/Henrichs/Weingast Rn. 3), Polizeibeamte auch, wenn sie nicht Ermittlungspersonen der StA u. daher zur Beschlagnahme nicht nach § 98 Abs. 1 S. 1 befugt sind. Gefahr im Verzug wird nach § 108 ges. vermutet (BGHSt 19, 374 (376)).

7 **E. Weiteres Verfahren.** Die StA muss v. der einstweiligen Beschlagnahme unterrichtet (Abs. 1 S. 2) u. der beschlagnahmte Gegenstand muss ihr zur Vfg. gestellt werden. Gibt sie ihn nicht frei, so muss sie seine Beschlagnahme nach §§ 94, 98 herbeiführen. Da Gefahr im Verzug nicht mehr besteht, ordnet die Beschlagnahme der Richter der neuen Sache an (KK-StPO/Henrichs/Weingast Rn. 5). Die „Bestätigung" des für die Sache, in der die Durchsuchung stattgefunden hat, zuständigen Richters ist wertlos (BGHSt 19, 374 (376)). Die einstweilige Beschlagnahme muss aufgehoben u. die Sache muss freigegeben werden, wenn die StA es unterlässt, in angemessener Frist ein neues Verf. einzuleiten u. die endgültige Beschlagnahme zu beantragen (BGH 19, 374 (376); 28, 349; 29, 13 (15)).

8 **F. Anfechtung.** Gegen Maßnahmen nach § 108 Abs. 1 kann entspr. § 98 Abs. 2 S. 2 die richterliche Entsch. beantragt werden, gegen die, ausgenommen in den Fällen des § 304 Abs. 4 und Abs. 5 (BGHSt 28, 349), Beschwerde zulässig ist, sofern nicht inzwischen die Beschlagnahme nach § 94 angeordnet worden ist; dann muss sich die Beschwerde gegen den Beschlagnahmebeschluss richten (KK-StPO/Henrichs/Weingast Rn. 10).

9 **G. Verwertungsverbot (Abs. 2).** Um das Vertrauensverhältnis zwischen Arzt u. Patientin nicht zu beeinträchtigen, verbietet Abs. 2 (dazu Schäfer FS Hanack, 1999, 101) die Verwertung v. Zufallsfunden aus einem Strafverfahren gegen einen Arzt für ein Strafverfahren gegen eine Patientin nach § 218 StGB (erg. → § 97 Rn. 4a; → § 479 Rn. 13). Ebenso wie in § 479 Abs. 2 S. 1 (→ § 479 Rn. 3–6) beschränkt das G das Verbot auf die (unmittelbare) Verwertung zu Beweiszwecken (SK-StPO/Jäger/Wohlers Rn. 18; zw. Singelnstein ZStW 120 (2008), 869).

H. Medienmitarbeiter. Bei einem Medienmitarbeiter einstweilig beschlagnahmte Zufallsfunde (Abs. 1 S. 1), die dem Zeugnisverweigerungsrecht nach § 53 Abs. 1 S. 1 Nr. 5 unterfallen (vgl. zu dessen Reichweite → § 53 Rn. 25 ff.), dürfen nach Abs. 3 zu Beweiszwecken (→ Rn. 9 aE) nicht verwertet werden, wenn sie sich nicht auf eine Straftat beziehen, die im Höchstmaß mind. 5 Jahre Freiheitsstrafe androht. Ausgeschlossen ist zudem ihre beweismäßige Verwertung in Strafverfahren wegen einer Straftat nach § 353b StGB. Abs. 3 bezweckt, den Informantenschutz u. damit die Pressefreiheit zu stärken (erg. → § 479 Rn. 13). Die Gegenstände müssen bei einem Medienmitarbeiter gefunden werden, der – wie die Anknüpfung an das Zeugnisverweigerungsrecht nach § 53 Abs. 1 S. 1 Nr. 5 ergibt – in Bezug auf die Straftat, auf die der Gegenstand hindeutet, Zeuge ist. 10

§§ 94 ff. bleiben unberührt (BT-Drs. 16/6979, 44); ist der Gegenstand allerdings nach § 97 Abs. 5 beschlagnahmefrei, darf er weder vorl. nach Abs. 1 S. 1 noch endg. nach § 94 in Beschlag genommen werden. Soweit das Beschlagnahmeverbot etwa nach § 97 Abs. 5 S. 2 nicht eingreift, kann der Gegenstand nach § 94 beschlagnahmt werden; seine Verwertung zu Beweiszwecken wird durch Abs. 3 eingeschränkt. 11

Kenntlichmachung beschlagnahmter Gegenstände

109 **Die in Verwahrung oder in Beschlag genommenen Gegenstände sind genau zu verzeichnen und zur Verhütung von Verwechslungen durch amtliche Siegel oder in sonst geeigneter Weise kenntlich zu machen.**

A. Verzeichnis und Kenntlichmachung. Verzeichnis und Kenntlichmachung sind in allen Fällen des § 94 (auch ohne vorherige Durchsuchung) u. der §§ 111b, 111e (vgl. §§ 111b Abs. 2; 111e Abs. 5) erforderlich, auch bei vorl. Beschlagnahme nach § 108 oder vorl. Sicherstellung zum Zweck der Durchsicht (Graulich wistra 2009, 302). Einzelheiten regelt § 9 der Aktenordnung (eing. Kemper wistra 2008, 96, auch zu Fällen der Datensicherung; vgl. auch Michalke NJW 2008, 1493). Der Betroffene selbst kann Identifizierungsmerkmale anbringen (→ § 110 Rn. 5; Krause/Nehring StrafVerfR Rn. 5). 1

B. Ordnungsvorschrift. Eine Ordnungsvorschrift ist § 109. Ihre Verletzung hat auf die Rechtswirksamkeit der Beschlagnahme keinen Einfluss (KMR-StPO/Hadamitzky Rn. 5; Löwe/Rosenberg/Tsambikakis Rn. 5). 2

Durchsicht von Papieren und elektronischen Speichermedien

110 (1) **Die Durchsicht der Papiere des von der Durchsuchung Betroffenen steht der Staatsanwaltschaft und auf deren Anordnung ihren Ermittlungspersonen (§ 152 des Gerichtsverfassungsgesetzes) zu.**

(2) [1] **Im Übrigen sind Beamte zur Durchsicht der aufgefundenen Papiere nur dann befugt, wenn der Inhaber die Durchsicht genehmigt.** [2] **Andernfalls haben sie die Papiere, deren Durchsicht sie für geboten erachten, in einem Umschlag, der in Gegenwart des Inhabers mit dem Amtssiegel zu verschließen ist, an die Staatsanwaltschaft abzuliefern.**

(3) [1] **Nach Maßgabe der Absätze 1 und 2 ist auch die Durchsicht von elektronischen Speichermedien bei dem von der Durchsuchung Betroffenen zulässig.** [2] **Diese Durchsicht darf auch auf hiervon räumlich getrennte Speichermedien erstreckt werden, soweit auf sie von dem elektronischen Speichermedium aus zugegriffen werden kann, wenn andernfalls der Verlust der gesuchten Daten zu befürchten ist.** [3] **Daten, die für die Untersuchung von Bedeutung sein können, dürfen gesichert werden.**

(4) **Werden Papiere zur Durchsicht mitgenommen oder Daten vorläufig gesichert, gelten die §§ 95a und 98 Absatz 2 entsprechend.**

1 **A. Papiere.** Für Papiere im **Gewahrsam des Betroffenen** (Eigentum wird nicht vorausgesetzt), die bei einer Durchsuchung gefunden worden sind, gilt **Abs. 1;** sie ist aber nach hM entspr. auf Papiere anzuwenden, die bei anderer Gelegenheit in den Gewahrsam der Strafverfolgungsbehörden gelangt sind (Park wistra 2000, 454 mwN). Der Begriff Papiere ist weit auszulegen. Dazu gehört alles, was wegen seines Gedankeninhalts Bedeutung hat u. auf Papier geschrieben ist, insbes. alles private u. geschäftliche Schriftgut, wie Briefe, Tagebücher, Inventuraufstellungen, Bilanzen, Buchungsunterlagen, Werk- u. Lagezeichnungen o. -skizzen. Druckwerke (→ § 7 Rn. 8) sind keine Papiere, wohl aber Druckfahnen einer Tageszeitung, deren Inhalt idR aus Gründen der Aktualität bis zur Ausgabe geheim gehalten wird. Für **elektronische Daten,** die nicht auf Papier, sondern insbes. auf elektronischen Datenträgern und -speichern festgehalten sind, gilt der durch G v. 25.6.2021 (BGBl. I 2099) neugefasste **Abs. 3.** Damit hat der Gesetzgeber die von Rspr. anerkannte Praxis (BVerfGE 113, 29; BGH (ER) CR 1999, 292; NStZ 2003, 670; (ER) JR 2007, 78, ausdrücklich geregelt (BT-Drs. 19/27654). Elektronische Speichermedien iSd Abs. 3 sind etwa auch Disketten u. die zum Lesen u. Verarbeiten v. Disketten notwendigen Zentral-Computereinheiten (BGH StV 1988, 90) sowie Notebooks (BVerfG NJW 2002, 1410) u. Smartphones (LG Dessau-Roßlau StraFo 2017, 108). Ausgenommen sind die zur Vorlage bei Behörden bestimmten Urkunden, wie Personalausweise u. Führerscheine (SK-StPO/Wohlers/Jäger Rn. 11; Schlüchter Strafverfahren Rn. 329), die im Handel erhältlichen Bücher (KK-StPO/Henrichs/Weingast Rn. 3) u. alle Werke der „schönen Künste".

2 **B. Durchsicht.** Die Durchsicht ist das Mittel, die als Beweisgegenstände in Betracht kommenden Papiere (Abs. 1) o. elektronischen Daten (Abs. 3) inhaltlich darauf zu prüfen, ob die richterliche Beschlagnahme zu beantragen o. die Rückgabe geboten ist (OLG Jena NJW 2001, 1290; OLG Frankfurt a. M. NStZ-RR 1997, 74); sie stellt also noch **keine formelle Sicherstellung o. Beschlagnahme** dar, sondern ist Teil der Durchsuchung (→ Rn. 9, 10; → § 105 Rn. 15). Eine Auswertung als Beweismittel kommt im Rahmen des § 110 daher nicht in Frage (BVerfG BeckRS 2022, 34717; LG Bonn NZWiSt 2024, 358; vgl. auch BFH NJW-Spezial 2025, 378 für die Folge einer schlichten Weitergabe eines Datenträgers an einen steuerlichen Außenprüfer im Besteuerungsverfahren). Falls ein verfassungsrechtliches Verwertungsverbot in Betracht kommt (vgl. → Einl. Rn. 56 ff.), ist größtmögliche Zurückhaltung zu wahren (BVerfGE 80, 367 (375); BVerfG BeckRS 2007, 28275). Für das Verf. bereits für einen Außenstehenden **offensichtlich irrelevante** sowie nach § 97 **beschlagnahmefreie Papiere o. Daten(-träger)** – zB Verteidigungsunterlagen – sind sofort herauszugeben, u. zwar ungelesen, wenn die Voraussetzungen der Vorschr. offensichtlich vorliegen. Andernfalls können sie zur Durchsicht vorläufig sichergestellt werden (BVerfG NJW 2002, 1410; erg. → § 148 Rn. 7); wenn ohne weiteres möglich, soll die Durchsicht zur Prüfung der Beschlagnahmefreiheit vor Ort stattfinden (LG Köln wistra 2024, 218 mzustAnm Oesterle wistra 2024, 186). Ein allgemeines Sichtungsverbot gibt es mithin nicht per se (LG Hamburg NZWiSt 2023, 232 (234); erg. → § 97 Rn. 1; → 103 Rn. 7). Diese Erwägungen sind auf den Umgang mit nach Art. **33 WÜK** geschützten konsularischen Archiven und Schriftstücken zu übertragen (BGH NJW 2025, 3516 (3518)). Die StA kann Privatpersonen mit Spezialkenntnissen wie Dolmetscher, Sachverständige o. sonstige Dienstleister heranziehen (OLG Schleswig StV 2017, 660); diese sollten jedoch mit Rücksicht auf die Integrität des Ermittlungsverfahrens kein eigenes Interesse am dessen Ausgang besitzen (offengelassen v. OLG Schleswig StV 2017, 660). Zur Rückgabe und zum Rückgabeort vgl. → § 94 Rn. 22; die dort aufgeführten Grundsätze gelten hier entspr. (BGH NZWiSt 2022, 326 (329); Graulich wistra 2009, 302). Ergänzend zur Herausgabepflicht des Gewahrsamsinhabers → § 95 Rn. 3a.

2a Für elektronisch gespeicherte **Daten,** für deren Durchsicht sich die StA der Hilfe v. EDV-Spezialisten bedienen kann (OLG Schleswig StV 2017, 660; Herrmann/

Soiné NJW 2011, 2922 (2925); ausf. Schwartz/Faber ZWH 2023, 73 u.123, auch zu sogenannten Datenlieferungsvereinbarungen; erg. → § 94 Rn. 18a) gilt **Abs. 1 entspr.** (Abs. 3 S. 1). Die Beschaffenheit v. Datenbeständen wird allerdings häufig eine Aussonderung nicht beweiserheblicher oder beschlagnahmefreier Dateien an Ort u. Stelle nicht ermöglichen, weshalb nach pflichtgemäßem Ermessen der StA die Mitnahme des Originaldatenbestandes oder seine Spiegelung (dh Speicherung) zulässig ist, um die Durchsicht zu ermöglichen (ausdr. gebilligt wird die **Mitnahme einer Gesamtheit von Daten zur Durchsicht** v. BVerfG NJW 2014, 3085 sowie v. BGH StV 2021, 770 Ls.; BeckRS 2021, 437210; 2023, 17526; LG Nürnberg-Fürth StraFo 2025, 148 (149) mAnm Frank ZHW 2025, 414; vgl. ferner BGH NStZ 2003, 670; LG Dessau-Roßlau StraFo 2017, 108 (Smartphone); Singelnstein NStZ 2012, 593 (597 f.); Zerbes/El-Ghazi NStZ 2015, 425 (426); krit. zu dieser Praxis Szesny WiJ 2012, 228; Schilling HRRS 2013, 207; Peters NZWiSt 2017, 465 (467); Liebig Computerinhaltsdaten S. 41 ff.); das gilt auch für die Durchsicht eines **Smartphones** (BGH NStZ 2021, 623 (624)); die Dauer bemisst sich am Verhältnismäßigkeitsgrundsatz (BVerfG NJW 2025, 3215; erg. → Rn. 2b, 8a, 10). Erg. → § 94 Rn. 16a).

Für die Dauer der Durchsicht der Papiere o. Daten gibt es **keine festen Zeitgrenzen** (BVerfG NJW 2002, 1410 (1411); BGH NStZ 2023, 623 (624)); sie muss aber in angemessener Zeit beendet sein (BVerfG 17.11.2022 – 2 BvR 827/21), die sich im Einzelfall nach der Menge des zu überprüfenden Materials u. der Schwierigkeit der Auswertung bestimmt (Szesny WiJ 2012, 228; vgl. auch LG Ravensburg NStZ-RR 2014, 348; LG Mühlhausen StraFo 2003, 237; SK-StPO/Jäger/Wohlers Rn. 24; Artkämper StRR 2007, 14; Peters NZWiSt 2017, 465 (469); erg. → Rn. 8a, 10). Eine zeitliche Befristung der Durchsicht durch den Richter im Rahmen der gerichtlichen Entscheidung nach Abs. 4 iVm § 98 Abs. 2 ist nicht zulässig (BGH NStZ 2021, 623 (624 f.); erg → Rn. 10). Von der Anordnung eines **Löschungsverbots** anstelle der Spiegelung und Mitnahme der (gespiegelten) Daten, um die Durchsicht später an Ort und Stelle durchzuführen, ist schon mit Hinblick auf die damit verbundenen Einschränkungen für den Betroffenen und daher auf den Verhältnismäßigkeitsgrundsatz abzuraten (vgl. zur Frage der Rechtsgrundlage Stürzl-Friedlein wistra 2021, 184). Ein **Anwesenheitsrecht des Betroffenen** sieht § 110 auch bei der Durchsicht von Daten nicht vor; es kann aber **ausnahmsweise** unter Verhältnismäßigkeitsgesichtspunkten – insb. bei der Durchsicht bei Nichtverdächtigen – in Betracht kommen, wenn dies vor Ort zu einer Aussonderung für die Aufklärung unbedeutender oder beschlagnahmefreier Daten führen kann (BVerfG NJW 2009, 2431, 2437; LG Kiel NZWiSt 2021, 408 mzustAnm Buchholz NZWiSt 2021, 369 und kritAnm Doege NStZ 2022, 466; vgl. auch OLG Koblenz NZWiSt 2021, 386 (390); KK-StPO/Greven Rn. 7). Vgl. zu den Möglichkeiten einer „Datenlieferungsvereinbarung" der StA mit einem betroffenen Unternehmen Wenzl NStZ 2021, 395. Eindeutig nicht verfahrensrelevante Daten sowie erkennbar Verteidigungszwecken dienende Unterlagen auf EDV-Dateien sind zurückzugeben oder zu vernichten. Zur Datensicherung verwandte sog. **Containerprogramme,** die eine Aussonderung nicht erlauben, sind vor diesem Hintergrund rechtlich nicht unbedenklich (Szesny WiJ 2012, 228; s. auch Schilling HRRS 2013, 207 (211 f.) zu den technischen Möglichkeiten einer selektiven Datenlöschung). Es erscheint insofern in der Praxis sinnvoll, die verfahrensrelevanten Daten aus dem gespiegelten (kopierten) Gesamtdatenbestand herauszufiltern und als Beweismittel nach Abs. 3 S. 3 an einem anderen Speicherort zu sichern, wodurch der gespiegelte Gesamtdatenbestand nach Abschluss der Durchsicht nicht mehr benötigt wird und daher gelöscht werden kann. Eine sorgfältige **Dokumentation** der Vorgänge vorausgesetzt, kann dies auch zur Vermeidung von Diskussionen im Zusammenhang mit dem Akteneinsichts- oder Beweismittelbesichtigungsrecht (§ 147 Abs. 1) in der HV beitragen (s. hierzu BGH NZWiSt 2022, 326 (328). **2b**

Zuständig ist in 1. Hinsicht der StA **(Abs. 1);** dies gilt entspr. Abs. 1 auch bei einer v. VG angeordneten disziplinarrechtlichen Durchsuchung (OVG Hamburg **3**

BeckRS 2012, 55 848). Die StA kann ihre Ermittlungspersonen (§ 152 GVG) mit der Durchsicht beauftragen. Dies dient der Verfahrensbeschleunigung u. schien dem Gesetzgeber auch deswegen erforderlich, weil für die Sichtung umfangreicher Datenbestände in Computern (vgl. → Rn. 1) die Polizei vielfach besser ausgerüstet ist u. über auf solche Aufgaben spezialisierte Beamte verfügt. Die StA behält wegen der Notwendigkeit der Anordnung die Sachleitungsbefugnis (§ 161 Abs. 1 S. 2); die physische Anwesenheit eines StA ist aber nicht erforderlich, vielmehr kann die Anordnung auch fernmündlich u. vorab erfolgen (BR-Drs. 378/03, 55). Der StA darf auch Dolmetscher u. Sachverständige heranziehen (LG München I MDR 1967, 687; SK-StPO/Jäger/Wohlers Rn. 13; Mahnkopf/Funk NStZ 2001, 524; erg. → § 105 Rn. 8 aE), die Entsch. über die Durchsicht (LG Kiel JR 2007, 81 mzustAnm Wehnert) o. die Auswahl der zu beschlagnahmenden Dateien (Brüning StV 2008, 103) aber nicht ihnen allein überlassen. Der Richter ist zuständig, wenn er die Durchsuchung vornimmt o. leitet (KK-StPO/Henrichs/Weingast Rn. 1) u. bei nach Anklageerhebung angeordneter Durchsuchung (OLG Jena NJW 2001, 1290). Im **Steuerstrafverfahren** ist zu differenzieren: Führt die Finanzbehörde (Straf- und Bußgeldsachenstelle) das Ermittlungsverfahren nach § 386 Abs. 2 **AO** sind ihre Beamte als „Finanz"-StAe (§§ 386 Abs. 2, 399 Abs. 1 **AO**) nach Abs. 1 zur Durchsicht befugt. Führt die StA das Verfahren kann sie Beamte der Zoll- und Steuerfahndung mit der Durchsicht betrauen, weil es sich bei ihnen gem.§ 404 S. 2 Hs. 2 **AO** um Ermittlungspersonen der StA iSd § 152 GVG handelt (KK-StPO/Henrichs/Weingast Rn. 1). Andere Beamte von Finanzbehörden fallen danach unter Abs. 2 (Roth NZWiSt 2023, 456).

4 **Andere Beamte (Abs. 2 S. 1)** dürfen die Papiere nur mit **Genehmigung** des Inhabers durchsehen; die des Vertreters nach § 106 Abs. 1 S. 2 reicht nicht aus. Die Genehmigung kann beschränkt, zB für bestimmte Beamte o. bestimmte Papiere, erteilt u. widerrufen werden. **Abs. 2 S. 2** erlaubt nur, v. den vorgefundenen Papieren diejenigen nach **äußeren Merkmalen** (zB Aufbewahrungsplatz, Ordnerbeschriftung, Betreffangabe im Schreiben) auszusondern, bei denen eine inhaltliche Prüfung durch den StA geboten erscheint (Mildeberger/Riveiro StraFo 2004, 46). Eine inhaltliche „Grobsichtung" danach zwar auch für elektronische Daten unzulässig (OLG Celle StV 1985, 137 (139); Herrmann/Soiné NJW 2011, 2922 (2925); SK-StPO/Jäger/Wohlers Rn. 17; **aM** Krause/Nehring StrafVerfR Rn. 5), eine **Aussonderung** aufgrund von Verzeichnisnamen, Speicherorten und E-Mails – Adressen, Betreffangaben etc. ist aber von Abs. 2 S. 2 gedeckt (iE ebenso KK-StPO/Henrichs/Weingast Rn. 6; Löwe/Rosenberg/Tsambikakis Rn. 15).

5 Die Papiere müssen so verpackt werden, dass der Umschlag, das Paket o. Behältnis, in dem sie v. Durchsuchungsort zur StA befördert werden, **versiegelt** werden kann (Abs. 2 S. 2). Die Versiegelung ist in Gegenwart des anwesenden Gewahrsamsinhabers o. seines Vertreters (§ 106 Abs. 1 S. 2) vorzunehmen. Für elektronische Daten sind vergleichbare Schutzmaßnahmen zu ergreifen (KK-StPO/Henrichs/Weingast Rn. 5). Das Recht, ein eigenes Siegel anzubringen, sieht das Gesetz nicht (mehr) vor (MüKoStPO/Hauschild Rn. 14). Der Verteidiger, der nicht Vertreter des Betroffenen ist, hat kein Teilnahmerecht (OLG Jena NJW 2001, 1290). Zur Teilnahme an der Entsiegelung u. Durchsicht ist der Inhaber im Gegensatz zur früheren Rechtslage nicht mehr aufzufordern; ein Recht auf **Teilnahme an der Durchsicht** gibt es mithin nicht (Löwe/Rosenberg/Tsambikakis Rn. 19). Die Hinzuziehung kann aber im Einzelfall aus Verhältnismäßigkeitsgründen geboten sein (BVerfGE 113, 29: elektronischer Datenbestand einer Kanzlei; BVerfG 124, 43: E-Mails; KK-StPO/Henrichs/Weingast Rn. 7).

5a Für die Durchsicht **elektronischer Speichermedien** gilt Abs. 2 entspr. (Abs. 3 S. 1). S. auch Cordes/Reichling NStZ 2022, 712; ausf. Park NStZ 2023, 646.

6 **C. Räumlich getrennte Speichermedien.** Auf räumlich getrennte Speichermedien **im Inland,** zB den Speicherplatz auf einem Server im Intra- o. Internet (und damit **außerhalb des Durchsuchungsobjekts**), darf die Durchsicht des Computers bei dem v. der Durchsuchung Betroffenen erstreckt werden (Abs. 3

S. 2), um festzustellen, ob dort potenziell beweisrelevante Daten gespeichert sind (vgl. Art. 19 Abs. 2 CKÜ: anderes Computersystem im Hoheitsgebiet; → Vor § 94 Rn. 9). Dies trägt der Tatsache Rechnung, dass beweiserhebliche Daten häufig nicht mehr bei dem v. der Maßnahme Betroffenen lokal gespeichert, sondern bei einem externen Anbieter – uU auf div. Rechner verteilt – ausgelagert sind (zum sog. Cloud-Computing u. dem für strafprozessuale Ermittlungsmaßnahmen praktisch bedeutenden Cloud-Storage → Rn. 7b, 7c; s. allg. Paradissis NStZ 2025, 385). Voraussetzung für die Durchsicht ist einmal, dass ohne sie der Verlust beweiserheblicher Daten zu befürchten ist, etwa weil noch vor einer körperlichen Sicherstellung des externen Speichermediums die Löschung der Daten zu erwarten ist (zust. Burhoff StrafREV-HdB Rn. 1160). Zum anderen muss der externe Speicherplatz v. dem durchsuchten Zugangsgerät (zB PC) aus zugänglich sein, auch mittels vorgefundener Passwörter (Schlegel HRRS 2008, 28; Bär ZIS 2011, 54; Zimmermann JA 2014, 321 (322); Burhoff StrafREV-HdB Rn. 1157; Zerbes/El-Ghazi NStZ 2015, 425 (429 f.); vgl. auch Obenhaus NJW 2010, 651 (653)). Wenn Zugangsberechtigungen nicht freiwillig offenbart werden, ist ihre **Entschlüsselung** auf technischem Wege durch Abs. 3 gedeckt (KK-StPO/Henrichs/Weingast Rn. 8; MüKoStPO/Hauschild Rn. 15; Zerbes/El-Ghazi NStZ 2015, 425 (429 f.); Obenhaus NJW 2010, 651; **aM** Brodowski/Eisenmenger ZD 2014, 119 (123); erg. → § 105 Rn. 13). Auf diese Weise ist auch der Zugriff auf beim Provider zum Abruf gespeicherter E-Mails zulässig (MüKoStPO/Hauschild Rn. 16; SK-StPO/Jäger/Wohlers Rn. 10; Knierim StV 2009, 211; Schlegel HRRS 2008, 28; Szebrowski K&R 2009, 564; **aM** Brodowski JR 2009, 408). **Nicht zulässig** ist nach Abs. 3 S. 2 die **mehrmalige Abfrage** des externen Speicherplatzes, da dies einer kontinuierlichen Überwachung des Datenverkehrs gleichkäme u. hins. neu entstehender Daten iSd Abs. 3 S. 2 nicht „der Verlust der gesuchten Daten zu besorgen" ist (vgl. Zerbes/El-Ghazi NStZ 2015, 425 (432). Der heimliche **Online-Zugriff** auf zugangsgeschützte Datenbestände ist nur unter den Voraussetzungen v. § 100b gestattet; **zulässig** ist auch eine **Beschlagnahme nach § 94,** die unter den Voraussetzungen des § 95a mit einer Zurückstellung der Benachrichtigung des Beschuldigten und einem Offenbarungsverbot verbunden und somit diesen betreffend verdeckt durchgeführt werden kann (erg. → § 95a Rn. 7).

Ergibt die Durchsicht, dass sich **potenziell beweiserhebliche Daten** auf dem 7
externen Speichermedium befinden, dürfen diese gesichert, also gespeichert werden (Abs. 3 S. 2 Hs. 1; vgl. aber Böckenförde JZ 2008, 930). Nicht zur Durchsicht befugte Beamte unterliegen den o. (→ Rn. 4, 5) genannten Beschränkungen (Schlegel HRRS 2008, 27). Der **wiederholte Zugriff** auf räumlich getrennte Speichermedien ist nicht zulässig, da hierdurch aus der Durchsicht eine durch Abs. 3 nicht gestattete – verdeckte – Überwachungsmaßnahme würde (Brodowski/Eisenmenger ZD 2014, 119 (124); s. a. BT-Drs. 19/27654, 62 ff.).

Befinden sich das Speichermedium **im Ausland** ist zu unterscheiden: Auf **offen** 7a
zugänglich gespeicherte Daten darf zugegriffen werden, im Anwendungsbereich der Cybercrime-Konvention nach Art. 32 Buchst. a, ansonsten nach int. Gewohnheitsrecht (Gercke StraFo 2009, 272). **Nicht frei** zugängliche Daten im Ausland dürfen nach Art. 32 Buchst. b CKÜ mit Zustimmung des Verfügungsberechtigten gesichert werden (vgl. → Vor § 94 Rn. 10; Braun PStR 2012, 86 (89)); ein darüber hinausgehender Zugriff nach Völkergewohnheitsrecht ist nicht zulässig (Sieber Gutachten 69. DJT, 2012, I C 145 f). Besteht keine derartige Möglichkeit des unmittelbaren Zugriffs bedarf es grds. eines förmlichen Rechtshilfeersuchens (aber anschließend → Rn. 7b, 7c zum sog. Cloud-Computing). Um Beweisverlust so weit wie möglich zu vermeiden, kann aber die umgehende Sicherung der Daten im Wege der beschleunigten Rechtshilfe nach Art. 29 CKÜ (→ Vor § 94 Rn. 9) durchgeführt werden (in dringenden Fällen ist zB eine E-Mail-Abfrage gem. Art. 25 Abs. 3 CKÜ möglich); die vorl. Sicherung zugangsgeschützter Datenbestände im Ausland, um erst anschließend mit dem betroffenen Staat deren weitere Verwendung abzuklären, ist dagegen mit Rücksicht auf die eindeutige Regelung in der Cybercrime-Konvention nicht zulässig (MüKoStPO/Hausschild Rn. 18; Gae-

de StV 2009, 101; Gercke StraFo 2009, 272 (273); Meininghaus, Der Zugriff auf E-Mails im strafrechtlichen Ermittlungsverfahren, 2007, S. 181; Kasiske StraFo 2010, 228 (234); Bär ZIS 2011, 55; Sankol K&R 2008, 281: Territorialitätsgrundsatz; Kudlich GA 2011, 193 (208); vgl. auch Burhoff StrafREV-HdB Rn. 1162; zum Rechtshilfeverfahren noch Obenhaus NJW 2010, 654). Dieselben Grundsätze gelten auch für Daten v. im Ausland ansässigen Mutter- o. Tochterunternehmen inländischer Firmen (Sieber Gutachten 69. DJT, 2012, I C 147 f).

7b Praktisch bedeutsam u. rechtlich **umstritten** ist die Erfassung v. Daten bei einem **Cloud-Computing**, also wenn auf Daten zugegriffen werden soll, die von einem Cloud-Dienst verwaltet und gespeichert werden. Soweit – wie regelmäßig – **nicht feststellbar** ist, in welchem konkreten **Hoheitsgebiet** sich die Daten befinden (hierzu Blechschmidt MMR 2018, 361 (364); Braun PStR 2012, 86 (91); Kudlich GA 2011, 193 (207 f.); Herrmann/Soiné NJW 2011, 2922; zum Begriff Hiéramente/Fenina StraFo 2015, 365 (366 f.)), und daher auch eine Speicherung im Inland denkbar ist, kann der Zugriff auf die in der externen Cloud gespeicherten Daten v. Computer des betroffenen Cloud-Nutzers über dessen Account nach Abs. 3 S. 2 gestützt werden, ohne dass es eines Rechtshilfeersuchens bedarf (LG Koblenz NZWiSt 2022, 160 mablAnm Bechtel; LG Berlin wistra 2023, 433 (435 ff.); SK-StPO/Jäger/Wohlers Rn. 9b; MüKoStPO/Hauschild Rn. 18; KK-StPO/Henrichs/Weingast Rn. 8a; BeckOK StPO/Hegmann Rn. 16. krit. Fiedler NStZ 2024, 596; abl. Park Rn. 901; Obenhaus NJW 2010, 651 (654), der auf den Serverstandort abstellen will). Ob dies auch gilt, wenn ausnahmsweise feststehen sollte, dass die – nicht öffentlich zugänglichen – Daten ausschließlich in einem bestimmten ausländischen Staat belegen sind und der Betroffene dem Zugriff nicht zustimmt (andernfalls gilt Art. 32b CKÜ; → Rn. 7a), ist umstr. (dafür: LG Berlin wistra 2023, 433 (435 ff.); KK-StPO/Henrichs/Weingast Rn. 8a; Wicker MMR 2013, 765 (769); **aM** MüKoStPO/Hauschild Rn. 18; Löwe/Rosenberg/Tsambikakis Rn. 32a („absehbar"); Park Rn. 901; SSW StPO/Hadamitzky Rn. 28; Heinelt wistra 2023, 482). Dass in diesem Fall ein Rechtshilfeersuchen für den Zugriff – außer in den Fällen der Zustimmung des Betroffenen – auch dann nicht erforderlich sein soll, wenn die Ermittlungsbehörden die Zugangsdaten bei der Durchsuchung finden und damit auf den im Ausland gelegenen Datenspeicher zugreifen (BeckOK StPO/Hegmann Rn. 16), lässt sich kaum mit dem Wortlaut von Art. 32b CKÜ in Einklang bringen. Die mit der Notwendigkeit der Rechtshilfe verbundene Gefahr einer Löschung der Daten durch den Betroffenen, die auch durch die Möglichkeit einer umgehenden Sicherung nach Art. 29 CKÜ nicht effektiv verhindert werden kann (Zerbes/El-Ghazi NStZ 2015, 425 (431 f.), bedarf daher einer umsichtigen Planung und Durchführung der Durchsuchung (Obenhaus NJW 2010, 651(654)). Die im Regelfall bestehende bloße Möglichkeit, dass die Daten sich – irgendwo – im Ausland befinden, löst keine Rechtshilfeverpflichtung aus, zumal auch kaum geklärt werden könnte, wohin das Ersuchen zu richten wäre (MüKoStPO/Hausschild Rn. 18). Jedenfalls aber läge ein Beweisverwertungsverbot fern (SK-StPO/Jäger/Wohlers Rn. 30a; → Rn. 7c aE).

7c Ein **Beweisverwertungsverbot** ist anzunehmen, wenn die Sicherstellung und Verwertung der Daten gegen den **ausdr. Widerspruch** des fremden Staates erfolgt (vgl. BGHSt 34, 334 (344); Sieber Gutachten 69. DJT, 2012, I 148; Bär ZIS 2011, 59). Davon abgesehen folgt aus einem Verstoß grundsätzlich kein Verwertungsverbot, weil die Verletzung der Souveränität eines anderen Staates nicht den Rechtskreis des Beschuldigten betrifft, für o. gegen den die Beweise verwertet werden sollen. Ein Verwertungsverbot kommt daher nur in Betracht, wenn die deutschen Ermittlungsbehörden sich **bewusst** über Rechtshilfevorschriften hinwegsetzen, denen auch ein individualschützender Charakter zukommt (BGH NJW 2022, 1539 (1542); Sieber Gutachten 69. DJT, 2012, I 148; Gless JR 2008, 317 (323 ff.); vgl. a. MüKoStPO/Hauschild Rn. 19; → Einl. Rn. 56g; s. a. BVerfG NJW 2014, 532, wonach Verstöße gegen individualschützende völkerrechtliche Bestimmungen wie in der EMRK o. dem WÜK nicht zwingend ein Beweisverwertungsverbot gebieten). Das ist jedenfalls nicht der Fall, wenn den Ermittlungsbehörden – wie regelmäßig beim **Cloud-Computing** (s. aber zur sog. iCloud Schelzke HRRS 2013, 86) – der zufällige Speicherort nicht bekannt ist (SK-StPO/Jäger/Wohlers Rn. 30a); auch ansonsten liegt ein Beweisverwertungsverbot nur ausnahmsweise vor (LG Berlin wistra 2023, 433 (438 ff.); s. a. MüKoStPO/Hausschild Rn. 19; **aA** Heinelt wistra 2023, 482 (484), falls die Ermittlungsbehörden jegliche Nachforschungen zum Speicherort unterlassen, der jedoch außer Betracht lässt, dass der Eingriff in die verbürgten Individualrechte des Betroffenen dennoch von Abs. 3 S. 2 gedeckt ist, sodass allenfalls eine bloße Verletzung der Souveränität eines anderen Staates vorläge). Dies gilt unabhängig von der hier vertretenen Auff. (→ Rn. 7b), dass in den Fällen, in den der Speicherort nicht ohne weiteres sicher festzustellen ist, Abs. 3 S. 2 eine ausreichende Eingriffsgrundlage darstellt.

Ist ein **Dritter** Inhaber des nach Abs. 3 S. 1 durchgesehenen externen Speicher- 8
mediums u. sind darauf gespeicherte Daten nach Abs. 3 S. 2 Hs. 1 gesichert worden, ordnet Abs. 3 S. 2 Hs. 2 zur Wahrung der Rechte des Dritten die entspr. Anwendung des § 98 Abs. 2 an. Das bedeutet: Der die Durchsicht durchführende Beamte soll unter den Voraussetzungen des § 98 Abs. 2 S. 1 (→ § 98 Rn. 12 ff.) binnen 3 Tagen die gerichtliche Bestätigung der Sicherung der auf dem externen Speicherplatz vorgefundenen Daten beantragen. Der Dritte erhält (spätestens, vgl. → Rn. 11) iRd ihm nach § 33 Abs. 3 – auch bei Sitz im Ausland (Obenhaus NJW 2010, 653) – zu gewährenden rechtlichen Gehörs Kenntnis v. der Maßnahme, die somit auch ihm ggü. nicht den Charakter einer offenen Durchsuchung verliert (vgl. BVerfGE 122, 63 mAnm Bär MMR 2009, 35; BT-Drs. 16/6979, 45; Brodowski JR 2009, 408; Knierim StV 2009, 212; anders, aber nicht überzeugend Puschke/Singelnstein NJW 2008, 115: verfassungsgerichtliche Anforderungen an heimliche Ermittlungsmaßnahmen nicht beachtet; erg. → § 101 Rn. 1). Wird die Sicherstellung v. gem. § 98 Abs. 2 S. 3–5 zuständigen Gericht nicht bestätigt, ist der zuvor bestehende Zustand durch Löschung der Daten, notfalls durch Vernichtung des Datenträgers wiederherzustellen.

Die Dauer der Durchsicht bestimmt sich nach dem Umf. der sichergestellten 8a
Unterlagen bzw. elektronischen Speichermedien; eine schematische, etwa an den Fristen des § 121 orientierte, zeitliche Befristung kommt nicht in Betracht (vgl. BVerfG NJW 2002, 1410 (1411); BGH NStZ 2021, 623 (624 f.); Radtke/Hohmann/Ladiges Rn. 20 mwN). Es ist daher eine zügige Durchsicht geboten (LG Berlin StraFo 2025, 191, LG Gera Kriminalistik 2025, 564). Um eine übermäßig lange Dauer zu vermeiden, haben die Strafverfolgungsbehörden sich auf ein Durchsicht in Form einer Sichtung zu beschränken. Eine ins Einzelne gehende Auswertung ist weder geboten noch zulässig; dies erfordert vielmehr eine formelle Sicherstellung (LG Hamburg NJW-Spezial 2025, 538). Zur entspr. Anwendung des § 98 Abs. 2 S. 2 bei unangemessener langer Dauer der Sicherstellung → Rn. 10.

**D. Anfechtung; Zurückstellung der Benachrichtigung; Verwertungsver- 9, 10
bot (Abs. 4). I. Anfechtung.** Die **Mitnahme zur Durchsicht** o. das Kopieren v. Datensätzen auf Datenträger der Ermittlungsbehörden (→ Rn. 2a) ist noch keine Beschlagnahme, sondern eine **vorläufige Sicherstellung,** die dazu dient, mögliche Beschlagnahmegegenstände aus dem bei der Durchsuchung vorgefundenen Material auszusondern (vgl. BGH NStZ 2003, 670; 2008, 643; OLG Jena NJW 2001, 1290 mwN; eing. Graulich wistra 2009, 299; Szesny WiJ 2012, 228). Nach Abs. 4 gilt daher **98 Abs. 2 entspr.** (s. hierzu → § 98 Rn. 14 ff.). Die Durchsicht ist noch Teil der Durchsuchung, weshalb deren Voraussetzungen, insbes. der (Anfangs-)Verdacht, auch bei der Durchsicht selbst vorliegen müssen (BVerfG NStZ-RR 2019, 118 (119); NJW 2020, 384 Rn. 39; BGH NStZ-RR 2024, 26; BeckRS 2024, 25855; erg. → § 105 Rn. 15; **aM** Peters NZWiSt 2017, 465 (466): selbständige Ermittlungsmaßnahme); da sie der StA bzw. den Ermittlungsbeamten obliegt, ist entspr. § 98 Abs. 2 S. 2 der Antrag eines Antragsberechtigten (BGH (ER) CR 1999, 292; → § 98 Rn. 20) auf richterliche Entsch. zulässig (BVerfG NJW 2002, 1410; 2003, 2669; WM 2017, 1275; BGHSt 44, 265 (273); erg. → § 98 Rn. 18–23a, 31), auch im Falle einem zuvor erklärten **Einverständnis** mit der

Durchsicht (LG Hamburg StraFo 2024, 456; s. a. → § 98 Rn. 18, 19). Es kann – neben dem Wegfall der Durchsuchungsvoraussetzungen (BVerfG NJW 2009, 2518) – auch eine unangemessene lange Dauer des Verfahrens nach § 110 (vgl. LG Frankfurt a. M. NStZ 1997, 564; dazu Hoffmann/Wißmann NStZ 1998, 443; LG Limburg StraFo 2006, 198; AG Karlsruhe StraFo 2007, 152) o. das Überschreiten der Zielvorgabe in dem nur bestimmte Datensätze betreffenden Durchsuchungsbeschluss (BVerfG NJW 2009, 2518) beanstandet sowie die Herausgabe einer Kopie der Daten zur Fortsetzung der beruflichen Tätigkeit des Betroffenen erstrebt (BVerfG 18.2.2010 – 2 BvQ 8/10) werden. Bei seiner richterlichen Entscheidung nach Abs. 4 iVm § 98 Abs. 2 S. 2 analog hat der nach § 98 Abs. 2 S. 3 zuständige Richter allein darüber zu befinden, ob zum Entscheidungszeitpunkt die Voraussetzungen für eine Durchsuchung und die vorläufige Sicherstellung des betreffenden Gegenstandes für eine weitere – noch zur Durchsuchung gehörende – Durchsicht zum Zwecke des Auffinden von Beweismittel rechtmäßig ist (BVerfG WM 2022, 50 (51)); eine zeitliche Befristung der gerichtlichen Bestätigung der vorläufigen Sicherstellung scheidet aus, weil der Umfang und der Aufwand der inhaltlichen Durchsicht im Ermessen der StA steht (BGH NStZ 2021, 623 (624 f.); Löwe/Rosenberg/Tsambikakis Rn. 31). Hat das Gericht auf Antrag der StA bereits die vorläufige Sicherstellung zur Durchsicht **entspr. § 98 Abs. 2 S. 1** bestätigt, ist nur noch die hiergegen gerichtete **Beschwerde** nach § 304 statthaft (BGH NStZ 2022, 638 (639). Abs. 4 gilt auch für den Inhaber des externen Speichermediums; er kann daher ebenfalls jederzeit entspr. § 98 Abs. 2 S. 2 Antrag auf gerichtliche Entsch. stellen (vgl. → § 98 Rn. 18 ff.; Herrmann/Soiné NJW 2011, 2922 (2925)); hierüber ist er entspr. § 98 Abs. 2 S. 5 zu belehren. Nach der Systematik des Abs. 3 bezieht sich dies allerdings nur auf den Fall, dass Daten bei der Durchsicht gesichert wurden. Zum Rechtsschutz nach Rückgabe vgl. → § 98 Rn. 31). Rechtsschutz gegen die Dauer der Durchsicht soll auch dann zulässig sein, wenn sie in eine Beschlagnahme mündet (LG Hamburg NJW-Spezial 2025, 538).

11 **II. Zurückstellung der Benachrichtigung. Entspr.** dem durch G v. 25.6.2021 (BGBl. 2021 I 2099) eingeführten **§ 95a** kann bei einer Durchsicht von Papieren o. Daten bei einem Dritten die Benachrichtigung des Beschuldigten zurückgestellt und dem Dritten ein Offenbarungsverbot auferlegt werden, wenn dies den Untersuchungszweck gefährden würde (BT-Drs. 19/1927654, 74 f.). Dies ist insbesondere bei der Durchsicht der auf dem Mailserver eines Diensteanbieters gespeicherten Daten des Beschuldigten relevant (vgl. zur früheren Rechtslage BGH, NStZ 2015, 704). Vgl. zu Einzelheiten → § 95a Rn. 1 ff.; s. a. KK-StPO/Henrichs/Weingast Rn. 9.

12 **III. Verwertungsverbot.** Im Einzelfall können **schwerwiegende, bewusste oder willkürliche Verstöße** gegen Abs. 1 oder Abs. 2 ein Verwertungsverbot zur Folge haben (SK-StPO/Jäger/Wohlers Rn. 30; MüKoStPO/Hauschild Rn. 24; Löwe/Rosenberg/Tsambikakis Rn. 32); das gilt insbes. bei der fehlerhaften Durchsuchung u. Beschlagnahme v. Datenträgern (BVerfGE 113, 29 Rn. 135; vgl. dazu auch Kutzner NJW 2005, 2652; Spatscheck FS Hamm, 2008, 738 (741); Szesny WiJ 2012, 228). Erg. → Rn. 7a, 7b zum Zugriff im Ausland; → § 95 Rn. 3a zur Herausgabepflicht des Gewahrsamsinhabers.

Verdeckter Ermittler

110a (1) [1] **Verdeckte Ermittler dürfen zur Aufklärung von Straftaten eingesetzt werden, wenn zureichende tatsächliche Anhaltspunkte dafür vorliegen, daß eine Straftat von erheblicher Bedeutung**

1. **auf dem Gebiet des unerlaubten Betäubungsmittel- oder Waffenverkehrs, der Geld- oder Wertzeichenfälschung,**
2. **auf dem Gebiet des Staatsschutzes (§§ 74a, 120 des Gerichtsverfassungsgesetzes),**

3. gewerbs- oder gewohnheitsmäßig oder
4. von einem Bandenmitglied oder in anderer Weise organisiert

begangen worden ist. [2] Zur Aufklärung von Verbrechen dürfen Verdeckte Ermittler auch eingesetzt werden, soweit auf Grund bestimmter Tatsachen die Gefahr der Wiederholung besteht. [3] Der Einsatz ist nur zulässig, soweit die Aufklärung auf andere Weise aussichtslos oder wesentlich erschwert wäre. [4] Zur Aufklärung von Verbrechen dürfen Verdeckte Ermittler außerdem eingesetzt werden, wenn die besondere Bedeutung der Tat den Einsatz gebietet und andere Maßnahmen aussichtslos wären. [5] § 100d Absatz 1 und 2 gilt entsprechend.

(2) [1] **Verdeckte Ermittler sind Beamte des Polizeidienstes, die unter einer ihnen verliehenen, auf Dauer angelegten, veränderten Identität (Legende) ermitteln. [2] Sie dürfen unter der Legende am Rechtsverkehr teilnehmen.**

(3) **Soweit es für den Aufbau oder die Aufrechterhaltung der Legende unerläßlich ist, dürfen entsprechende Urkunden hergestellt, verändert und gebraucht werden.**

A. Verdeckter Ermittler. I. Begriff. Unter die Regelungen der §§ 110a ff. fallen nur **Beamte des Polizeidienstes,** die unter einer Legende (dazu → Rn. 6 ff.) ermitteln. Wesentlich für die Bewertung als Verdeckter Ermittler ist, dass der Ermittlungsauftrag über einzelne wenige, konkret bestimmte Ermittlungshandlungen hinausgeht, dass eine unbestimmte Vielzahl v. Personen über die wahre Identität des verdeckt operierenden Polizeibeamten getäuscht werden muss u. dass wegen der Art u. des Umf. des Auftrages v. vornherein abzusehen ist, dass die Identität des Beamten in künftigen Strafverfahren auf Dauer geheim gehalten werden muss (BGHSt 41, 64 (65)). Beschränkt sich die Tätigkeit des Beamten auf eine Einzelaktion, ist er auch dann nicht als Verdeckter Ermittler anzusehen, wenn er innerdienstlich an den Ermittlungen beteiligt war (BGH NStZ 1996, 450) o. wenn er eine Wohnung unter falscher Identität betreten hat (BGH NStZ 1997, 448). Die Praxis stuft den Beamten als Verdeckten Ermittler ein (mit der Folge der nach § 110b Abs. 1, Abs. 2 erforderlichen Zustimmungen), wenn er mehr als drei Außenbeziehungen mit Beschuldigten gehabt hat (Schneider NStZ 2004, 360). Die Polizeigesetze der Länder enthalten zur Gefahrenabwehr Spezialbefugnisse für verdeckte Ermittler (Überbl. bei Keller/Wolf Kriminalistik 2013, 349 (353 f.)). §§ 9a, 9b BVerfSchG regeln den Einsatz v. Verdeckten Mitarbeitern u. Vertrauensleuten des Verfassungsschutzes (dazu Bader HRRS 2016, 293), §§ 28, 28a BPolG den Einsatz v. Verdeckten Ermittlern nach BPolG zu präventiv-polizeilichen Zwecken (dazu Roggan/Hammer NJW 2016, 3063). Vgl. zur Bedeutung des Instruments für die Strafverfolgung angesichts aktueller Kriminalitätsphänomene Zimmermann Kriminalistik 2023, 607. 1, 2

Rechtsgrundlage für den **internationalen Einsatz** Verdeckter Ermittler sind auf multinationaler Ebene Art. 14 EU-RhÜbk iVm § 93 IRG sowie Art. 20 Abs. 1 des Übereinkommens der Vereinten Nationen v. 15.11.2000 gegen die grenzüberschreitende organisierte Kriminalität (UNTOC; Soiné Kriminalistik 2013, 507 (512 f.)); bilaterale Verträge, die den grenzüberschreitenden Einsatz v. Verdeckten Ermittlern vorsehen, hat Deutschland mit Österreich, den Niederlanden, der Schweiz, Polen, der Tschechischen Republik sowie den Vereinigten Staaten v. Amerika abgeschlossen (dazu iE BT-Drs. 17/4333, 2, 4). Die Einsatzvoraussetzungen, die Befugnisse der Verdeckten Ermittler sowie die ihnen zur Vfg. stehenden Zwangsmittel richten sich grds. nach den jeweiligen nationalen Rechtsordnungen (s. BT-Drs. 17/4333, 4). 2a

1. Nur **Beamte** iSd §§ 3, 33 ff. BeamtStG (§§ 4, 60 ff. BBG) dürfen als Verdeckte Ermittler eingesetzt werden (BGH NStZ 2007, 713). Dadurch soll „die notwendige straffe Führung u. wirksame, auch disziplinarrechtliche, Dienstaufsicht" gewährleistet werden (BT-Drs. 12/989, 42). Zu den Beamten im Polizeidienst 3 zählen auch sonstige Träger v. Polizeiaufgaben, soweit sie im Beamtenverhältnis stehen; vgl. dazu → § 163 Rn. 13, 14.

4 2. Keine Verdeckten Ermittler sind **nicht offen ermittelnde Polizeibeamte** (sog. noeP), die nur gelegentlich – ohne Legende (wenn auch unter Falschnamen) – verdeckt auftreten, zB **Scheinaufkäufer** (BGHSt 41, 64; BGH NStZ 1996, 450); ihr Einsatz ist v. der Ermittlungsgeneralklausel der §§ 161, 163 gedeckt u. somit auch außerhalb einer Katalogtat nach Abs. 1 zulässig (Weisser NZWiSt 2018, 59 (61); Krey Rechtsprobleme Rn. 5; Soiné Kriminalistik 2013, 507 (508 f.); Steinbach Kriminalistik 2022, 396; Schneider NStZ 2004, 362 will allerdings mit guten Gründen bei den unter einer Legende u. nicht nur unter einem Decknamen auftretenden Scheinaufkäufern die §§ 110a ff. anwenden). Auch unter diesen Voraussetzungen gelegentlich verdeckt im **Internet** – etwa in offenen Chatrooms, aber auch in sozialen Netzwerken u. geschlossenen Benutzergruppen, an denen nur kurzfristig teilgenommen wird – ermittelnde Polizeibeamte sind grds. keine verdeckten Ermittler (vgl. BVerfGE 120, 274; Rosengarten/Römer NJW 2012, 1764 (1767); Henrichs Kriminalistik 2012, 632; Soiné Kriminalistik 2013, 507 (511); Keller/Braun/Hoppe Telekommunikationsüberwachung S. 103; BT-Drs. 17/6587, 3; krit. Löwe/Rosenberg/Hauck Rn. 18 ff.; erg. → § 100a Rn. 7, → § 163 Rn. 28a). Dies ist aber nicht mehr der Fall, wenn sie unter Überwindung v. Zugangsschlüsseln in einer geschlossenen Benutzergruppe o. in einem sozialen Netzwerk unter einer auf Dauer angelegten Legende gezielt mit Betroffenen kommunizieren (Löwe/Rosenberg/Hauck Rn. 26; Ostendorf/Frahm/Doege NStZ 2012, 529 (537); Kudlich StV 2012, 560 (566); Brenneisen/Staack Kriminalistik 2012, 627 (628); vgl. auch Keller/Braun/Hoppe Telekommunikationsüberwachung S. 104 sowie BT-Drs. 17/6587, 3 zur Praxis des BKA; krit. Roggan NJW 2015, 1995 (1996), der eine ges. Regelung für vorzugswürdig hält). Einer Zustimmung des Gerichts bedarf es gem. § 110b Abs. 2 Nr. 1 in solchen Fällen allerdings erst, wenn sich die Maßnahme gegen einen bestimmten Beschuldigten richtet; ansonsten gilt § 110b Abs. 1. § 101 Abs. 4 Nr. 9 ist entspr. anwendbar (→ § 101 Rn. 13; Henrichs Kriminalistik 2012, 632 (635)).

4a Sog. **V-Leute** („freie Mitarbeiter" der Polizei, vgl. Franke/Wienroeder Rn. 47 ff.; Keller/Braun/Hoppe Telekommunikationsüberwachung S. 103 f.), zu denen auch ausl. Polizeibeamte zählen sollen (BGH NStZ 2007, 713; krit. dazu SSW StPO/Eschelbach Rn. 12), fallen nicht unter die §§ 110a ff. (BGH JR 2023, 451 (453) mkritAnm Kudlich/Göken); vgl. dazu → § 161 Rn. 1; → § 163 Rn. 34a. Für diesen Personenkreis schien dem Gesetzgeber eine ges. Regelung nicht erforderlich, da sie den allg. Bestimmungen (§§ 161, 163) unterliegen (krit. dazu Eisenberg GA 2014, 404; Conen StraFo 2013, 140; Bernsmann/Jansen StV 1998, 230; Fezer JZ 1995, 972; Hund StV 1993, 380; Lagodny StV 1996, 172; eing. Hierzu Duttge JZ 1996, 556; Eschelbach StV 2000, 390; Hetzer Kriminalistik 2001, 690; Kintzi DriZ 2003, 142; Rogall NStZ 2000, 493; entschieden gegen eine ges. Regelung aber Hilger FS Hanack, 1999, 213; vgl. noch EGMR HRRS 2008, 292 (294)). Die Beschränkungen nach **§§ 110a, 110b** gelten für sie auch **nicht** entspr (BGHSt 41, 42; BGH StV 1995, 398; **aM** Nitz JR 1998, 211), sie haben aber auch nicht die Befugnisse nach § 110c S. 3 (BVerfG StV 2000, 233; BGHSt 41, 42; Kintzig DRiZ 2003, 142 (144); Roxin StV 1998, 44; **aM** Krey Schriftenreihe ZKA S. 55; Krey/Jaeger NStZ 1995, 518). Im Übrigen ist ihre Heranziehung als Informanten, Zeugen usw jedoch nicht unzulässig (vgl. dazu BGHSt 40, 211 (216)); sie können nach § 5 ZSHG „Tarnpapiere" erhalten (Hilger FS Gössel, 2002, 611). Ihre gemeinsame Führung durch Nachrichtendienste u. Polizei ist unzulässig (Soiné NStZ 2007, 250), ebenso der Einsatz sog. under-cover-agents, also v. Polizeibeamten, die langfristig ohne konkreten Ermittlungsauftrag in die kriminelle Szene eingeschleust werden u. sich dort frei u. unkontrolliert bewegen, uU auch strafbar machen dürfen (Krey Rechtsprobleme Rn. 12; erg. → § 110c Rn. 3, 4). Der Zweck, Drogen sicherzustellen, steht einer Strafbarkeit des V-Manns wegen Handeltreibens entgegen (BGH NStZ 2008, 41; NJW 2007, 3010 (3013), auch zu Delikten des V-Mann-Führers). Vgl. zum Ganzen auch Kreuzer FS

Schreiber, 2003, 225; Soiné Kriminalistik 2013, 507 ff.; Mayer Kriminalistik 2016, 228 ff.; Lorentz StraFo 2016, 316 ff. Zum Mithören von Telefonaten oder Selbstgesprächen durch einen VP Soiné Kriminalistik 2022, 98 (100 f.).

3. Gesetzliche Beschränkungen hins. des bis dahin nur durch Verwaltungsvorschriften geregelten, gewohnheitsrechtlich für zulässig erachteten Einsatzes Verdeckter Ermittler enthalten die durch das OrgKG eingefügten §§ 110a ff. Der Einsatz Verdeckter Ermittler ist verfassungsrechtlich zulässig u. zur Bekämpfung bes. gefährlicher u. schwer aufklärbarer Kriminalität notwendig (BVerfG NJW 1985, 1767; 1992, 168; BGHSt 32 (GSSt), 115 (121 ff.)); mit ihm soll insbes. das Eindringen „in das Innere der kriminellen Organisationen" erreicht werden (BT-Drs. 12/989, 41). Die strengen Einsatzvoraussetzungen (→ Rn. 9 ff. und § 110b) setzen dem wegen des engen Kontaktes zu Straftätern u. dem Tätigwerden im strafrechtlich relevanten Milieu nicht unbedenklichen u. gefährlichen Handeln des Verdeckten Ermittlers mit Recht enge Grenzen (**aM** Krey/Haubrich JR 1992, 315: zu eng; Krüger Kriminalistik 1992, 597 sieht darin persönliche Sicherheitsrisiken für den Verdeckten Ermittler). Gegen einen Strafverteidiger darf im Hinblick auf § 148 ein Verdeckter Ermittler grds. nicht eingesetzt werden, es sei denn, es besteht Verstrickungsverdacht iS „echter Tatbeteiligung" (erg. → § 100a Rn. 21; → § 100f Rn. 12); zu anderen Berufsgeheimnisträgern vgl. § 160a. 5

II. Legende. 1. Begriff: Legende ist die auf Dauer, dh für einen unbestimmten, nicht nur vorübergehenden (BGHSt 41, 64: bestimmter Mindestzeitraum nicht erforderlich), aber auch nicht auf unabsehbare Zeit geplanten Zeitraum (Krey Rechtsprobleme Rn. 3; krit. zu diesem Merkmal Hund StV 1993, 380) angelegte, veränderte Identität eines Beamten des Polizeidienstes (Abs. 2 S. 1); der wahre Name u. Beruf, die richtige Anschrift, sonstige familiäre u. persönliche Umstände werden durch erfundene Angaben ersetzt (Hilger NStZ 1992, 523 Fn. 141; Schneider NStZ 2004, 362), um dem Verdeckten Ermittler heimliche Beobachtungen zu ermöglichen (zu – grds. zulässigen – verdeckten Ermittlungen nach der sog. „Cold-Case-Technik" OLG Zweibrücken NStZ 2011, 113). Unter der Legende darf der Verdeckte Ermittler am Rechtsverkehr teilnehmen (Abs. 2 S. 2), dh alle Rechtshandlungen vornehmen, klagen u. verklagt werden, sich darunter in öffentl. Bücher u. Register eintragen lassen usw (Löwe/Rosenberg/Hauck Rn. 29). Ob und inwieweit Dritten, die dadurch einen Schaden erleiden, ein zivilrechtlicher Ersatzanspruch zusteht (zB nach § 839 BGB iVm Art. 34 GG oder ein Aufopferungsanspruch), ist noch ungeklärt (KK-StPO/Henrichs/Weingast Rn. 12, die im Blick auf die Bestimmung des richtigen Anspruchsgegners für eine Unterrichtungspflicht nach § 101 Abs. 4 S. 1 Nr. 9b eintreten). Zur Aufrechterhaltung der Legende auch nach Beendigung des Einsatzes u. zum Gebrauch im Strafverfahren vgl. § 110b Abs. 3. 6, 7

2. Aufbau: Abs. 3 enthält eine Ermächtigung zur Herstellung, Veränderung u. zum Gebrauchmachen der für den Aufbau u. die Aufrechterhaltung der Legende erforderlichen Urkunden (sog. „Tarnpapiere", zB Personalausweis, Pass, Führerschein usw). Veränderungen in öffentlichen Büchern u. Registern sind jedoch nicht zulässig (Hilger NStZ 1992, 523 Fn. 143). Der Aufbau der Legende ist eine polizei-taktische Angelegenheit, die ihrerseits nicht den Zustimmungserfordernissen des § 110b Abs. 1, Abs. 2 unterliegt (Hilger NStZ 1992, 523 Fn. 143). § 5 ZSHG findet keine Anwendung (Hilger FS Gössel, 2002, 611; anders bei V-Leuten, → Rn. 4a). 8

B. Einsatzvoraussetzungen. I. Straftatenkatalog. Er entspr. demjenigen des § 98a Abs. 1 S. 1 (→ § 98 Rn. 6) mit Ausnahme der dortigen Nr. 3 und 4, die durch die Generalklausel des Abs. 1 S. 2 (→ Rn. 11) erfasst werden. Die Straftat muss v. erheblicher Bedeutung sein (vgl. dazu → § 98a Rn. 5; Soiné NStZ 2003, 225 verlangt (in seiner Untersuchung über den Einsatz Verdeckter Ermittler als Instrument zur Bekämpfung v. Kinderpornographie im Internet) eine Straferwartung v. mind. 1 Jahr Freiheitsstrafe). Zur weiteren Voraussetzung des Vorliegens zureichender tatsächliche Anhaltspunkte einer Straftat vgl. → § 98a Rn. 7. 9, 10

11 **II. Aufklärung von Verbrechen.** Die Fassung der Vorschr. ist wenig klar, was darauf zurückzuführen sein mag, dass nach dem ursprünglichen GE (BT-Drs. 12/989, 12) lediglich auf den Katalog des § 98a Abs. 1 verwiesen werden sollte u. erst am Schluss der parlamentarischen Beratungen die jetzige Fassung beschlossen wurde (BT-Drs. 12/2720, 46).

12 **1.** Bei **Wiederholungsgefahr** ist bei Verbrechen, unabhängig davon, ob sie v. Katalog des Abs. 1 S. 1 erfasst werden o. nicht, der Einsatz Verdeckter Ermittler zulässig (Abs. 1 S. 2; Rieß NJ 1992, 496). Zum Begriff Wiederholungsgefahr vgl. → § 112a Rn. 11. Auch hier muss die Wiederholungsgefahr durch bestimmte Tatsachen belegt sein (vgl. dazu → § 112a Rn. 14).

13 **2. Im Übrigen** ist der Einsatz Verdeckter Ermittler bei Verbrechen ohne Wiederholungsgefahr, die nicht unter den Katalog fallen, bei besonderer Bedeutung der Tat u. Aussichtslosigkeit anderer Ermittlungsmaßnahmen zulässig (Abs. 1 S. 4; BGHSt 52, 11 (14); Rieß NJ 1992, 496). Ein sachlicher Unterschied zwischen dem hier verwendeten Merkmal „besondere Bedeutung der Tat" u. dem Merkmal „von erheblicher Bedeutung" (→ Rn. 10) ist nicht erkennbar (Löwe/Rosenberg/Hauck Rn. 40; **aM** Heghmanns/Scheffler StrafVerf-HdB/Murmann Kap. III Rn. 420). Zur Aussichtslosigkeit vgl. → § 100a Rn. 13.

14 **III. Mehrere Aufträge.** Mehrere Aufträge kann ein Verdeckter Ermittler gleichzeitig erfüllen, auch zugleich nach § 110a sowohl zur Aufklärung v. Straftaten als auch nach den Polizeigesetzen zu deren Verhinderung tätig werden, soweit jew. die ges. Voraussetzungen gegeben sind u. ein Tätigwerden in beiden Funktionen durchführbar ist (sog. Gemengelage, vgl. KK-StPO/Henrichs/Weingast Rn. 14 mwN). Erkenntnisse aus präventiver Tätigkeit dürfen unter den Voraussetzungen des § 161 Abs. 3 (→ § 161 Rn. 18b ff.) auch im Strafverfahren verwertet werden.

15 **IV. Subsidiaritätsklausel (Abs. 1 S. 3).** Soweit die Straftat unter den Katalog fällt o. der Einsatz bei einem Verbrechen nur wegen Wiederholungsgefahr erlaubt ist (→ Rn. 10, 12), hängt die Zulässigkeit des Tätigwerdens eines Verdeckten Ermittlers davon ab, dass die Aufklärung auf andere Weise aussichtslos o. wesentlich erschwert wäre. Dies entspr. den Voraussetzungen einer Telefonüberwachung nach § 100a (→ § 100a Rn. 13). Zum Verhältnis zu anderen Maßnahmen mit gleichartigen Subsidiaritätsklauseln vgl. → § 100a Rn. 14.

16 **C. Verwertung der Erkenntnisse.** Zur Frage eines Verwertungsverbots u. zur Revision vgl. → § 110b Rn. 11, 13; iÜ gelten die Erläuterungen → § 100a Rn. 35 ff. entspr. Zur Bewertung der Mitwirkung eines Verdeckten Ermittlers im Rahmen der Strafzumessung vgl. BGH NStZ 1992, 488; 1995, 506; JR 1996, 515 (517); sein rechtsstaatswidriger Einsatz führt nicht zur Anwendung der Vollstreckungslösung (iSv → EMRK Art. 6 Rn. 9a, vgl. BGH 22.7.2008 – 3 StR 266/08). Der Einsatz eines Verdeckten Ermittlers kann unter dem Aspekt eines Verstoßes gegen die Grundsätze des **fairen Verfahrens** u. der **Selbstbelastungsfreiheit** unzulässig sein u. ein Verwertungsverbot für ein verdecktes Verhör des inhaftierten Beschuldigten nach sich ziehen, wenn die Einwirkung des als Besucher getarnten Ermittlers einem Zwang zur Abgabe selbst belastender Äußerungen gleichkommt (BGHSt 55, 138; weitergehend im Fall einer auf freiem Fuß befindlichen Beschuldigten bei „quasi-inquisitorischen" Nachfragen BGH NStZ 2024, 572 mzustAnm Georg; erg. → Einl. Rn. 29a, → EMRK Art. 6 Rn. 4). Der Kernbereichsschutz ist durch das G v. 20.11.2019 (BGBl. I 1724) nunmehr in Abs. 1 S. 5 ges. geregelt (→ § 110b Rn. 10a).

17 **D. Rechtsschutz.** Die Überprüfung der Rechtmäßigkeit der Maßnahme ist im Verf. nach § 101 Abs. 7 möglich, bei dem es sich – jedenfalls für bereits beendete Maßnahmen – um eine abschl. Sonderregelung handelt (vgl. BGHSt 53, 1 (3); erg. → § 101 Rn. 26a).

Verfahren beim Einsatz eines Verdeckten Ermittlers

110b (1) [1] **Der Einsatz eines Verdeckten Ermittlers ist erst nach Zustimmung der Staatsanwaltschaft zulässig.** [2] **Besteht Gefahr im Verzug und kann die Entscheidung der Staatsanwaltschaft nicht rechtzeitig eingeholt werden, so ist sie unverzüglich herbeizuführen; die Maßnahme ist zu beenden, wenn nicht die Staatsanwaltschaft binnen drei Werktagen zustimmt.** [3] **Die Zustimmung ist schriftlich zu erteilen und zu befristen.** [4] **Eine Verlängerung ist zulässig, solange die Voraussetzungen für den Einsatz fortbestehen.**

(2) [1] **Einsätze,**

1. die sich gegen einen bestimmten Beschuldigten richten oder
2. bei denen der Verdeckte Ermittler eine Wohnung betritt, die nicht allgemein zugänglich ist,

bedürfen der Zustimmung des Gerichts. [2] **Bei Gefahr im Verzug genügt die Zustimmung der Staatsanwaltschaft.** [3] **Kann die Entscheidung der Staatsanwaltschaft nicht rechtzeitig eingeholt werden, so ist sie unverzüglich herbeizuführen.** [4] **Die Maßnahme ist zu beenden, wenn nicht das Gericht binnen drei Werktagen zustimmt.** [5] **Absatz 1 Satz 3 und 4 gilt entsprechend.**

(3) [1] **Die Identität des Verdeckten Ermittlers kann auch nach Beendigung des Einsatzes geheimgehalten werden.** [2] **Die Staatsanwaltschaft und das Gericht, die für die Entscheidung über die Zustimmung zu dem Einsatz zuständig sind, können verlangen, daß die Identität ihnen gegenüber offenbart wird.** [3] **Im übrigen ist in einem Strafverfahren die Geheimhaltung der Identität nach Maßgabe des § 96 zulässig, insbesondere dann, wenn Anlaß zu der Besorgnis besteht, daß die Offenbarung Leben, Leib oder Freiheit des Verdeckten Ermittlers oder einer anderen Person oder die Möglichkeit der weiteren Verwendung des Verdeckten Ermittlers gefährden würde.**

A. Zustimmung der StA. Gegen den Willen der Polizei kann die StA den Einsatz eines Verdeckten Ermittlers nicht anordnen, jedoch ist stets (auch im Fall des Abs. 2) ihre Zustimmung erforderlich; allerdings kann bei Gefahr im Verzug (→ § 98 Rn. 6) die Zustimmung der StA nachträglich herbeigeführt werden, wenn sie v. der Polizei nicht rechtzeitig eingeholt werden kann. Die Frist für die nachträgliche Zustimmung beginnt mit der Anordnung des Einsatzes, nicht erst mit dem Tätigwerden des Verdeckten Ermittlers (Löwe/Rosenberg/Hauck Rn. 14). Die Beendigung im Falle der Nichterteilung der Zustimmung durch die StA binnen 3 Werktagen (Abs. 1 S. 2 aE) schließt einen späteren Einsatz mit Zustimmung der StA nicht aus. Die StA wird nicht zustimmen, wenn sie den Einsatz für rechtlich unstatthaft o. unzweckmäßig hält (Rogall JZ 1996, 263). Die Auswahl, welche Person als Verdeckter Ermittler eingesetzt wird, obliegt der Polizeibehörde; die StA kann u. soll hierfür nicht die Verantwortung übernehmen (Hilger NStZ 1992, 524 Fn. 145; **aM** Rogall JZ 1996, 263). Staatsanwalt u. Richter können aber die Benennung der Person des Verdeckten Ermittlers v. der Polizei verlangen (Abs. 3 S. 2, → Rn. 10). 1

B. Zustimmung des Richters. I. Ermittlungsrichter (§§ 162, 169). Der **Ermittlungsrichter (§§ 162, 169)** muss seine Zustimmung erteilen, wenn der Einsatz des Verdeckten Ermittlers (zur Begriffsbestimmung → § 110a Rn. 2 ff., also nicht bei einer Einzelaktion eines unter einem Decknamen auftretenden Polizeibeamten, BGH NStZ 1996, 450 mkritAnm Rogall) gegen einen bestimmten Beschuldigten erfolgen (Abs. 2 S. 1 Nr. 1; BGH StV 1999, 523) o. der Verdeckte Ermittler befugt sein soll, eine nicht allg. zugängliche Wohnung zu betreten (Abs. 2 S. 1 Nr. 2; vgl. dazu Eisenberg NJW 1993, 1035). Die Einschaltung des Richters bedeutet nicht, dass die StA ausgeschlossen, ihre Zustimmung zum Einsatz des 2, 3

Verdeckten Ermittlers also entbehrlich wäre; dies würde der Stellung der StA im Ermittlungsverfahren widersprechen (vgl. → Einl. Rn. 87), es ergibt sich iÜ auch aus Abs. 2 S. 3 (ebenso Hilger NStZ 1992, 524). Die erteilte Zustimmung im Fall des Abs. 2 S. 1 Nr. 1 deckt nicht den Einsatz nach Abs. 2 S. 1 Nr. 2 und umgekehrt; erforderlichenfalls ist eine nur auf die eine Alt. beschränkte Zustimmung zu ergänzen (Hilger NStZ 1992, 524 Fn. 149). Dasselbe gilt, wenn sich der Einsatz gegen einen anderen bestimmten Beschuldigten als zunächst angenommen richten soll. Der Beschuldigte muss nicht namentlich bekannt, aber identifizierbar sein.

4 **II. Nicht allgemein zugängliche Wohnung.** Zum Begriff Wohnung vgl. → § 100f Rn. 2. Mit dem Zusatz „nicht allgemein zugänglich" wird klargestellt, dass eine richterliche Zustimmung zum Betreten solcher Teile einer Wohnung nicht erforderlich ist, die der Wohnungsinhaber dem Publikumsverkehr zugänglich gemacht hat, also zB die Teile eines Geschäftes, Kaufhauses o. Restaurants, die für das Publikum bestimmt sind (Hilger NStZ 1992, 524 Fn. 148). Im Gegensatz zu Abs. 2 S. 1 Nr. 1 braucht die Wohnung nicht bestimmt bezeichnet zu werden; hier wird nur eine allgemeine Zustimmung erteilt (Schneider NStZ 2004, 359 (364)). Da sich beim Einsatz eines Verdeckten Ermittlers sehr häufig die Notwendigkeit des Betretens einer fremden Wohnung ergeben wird, würde das Erfordernis der Bezeichnung einer bestimmten Wohnung seinen Einsatz weithin entwerten u. auch oftmals gar unmöglich machen. Andererseits führt dies dazu, dass idR eine richterliche Zustimmung nach Abs. 2 S. 1 Nr. 2 eingeholt wird (vgl. schon Krauß StV 1989, 324; Krüger Kriminalistik 1992, 596); denn ein Verdeckter Ermittler, der unter seiner Legende keine fremden Wohnungen betreten darf, hat kaum einen Einsatzwert (vgl. auch Schneider a NStZ 2004, 359 (367)). Was nach der Gesetzesfassung die Ausnahme zu sein scheint, wird damit in Wahrheit zur Regel (Zaczyk StV 1993, 494; **aM** Krey FS Miyazawa, 1995, 600; Krey FS Kohlmann, 2003, 639). Die richterliche Zustimmung erlaubt aber nur das offene Betreten der fremden Wohnung; heimliches o. gewaltsames Eindringen ist auch dem mit richterlicher Zustimmung tätigen Verdeckten Ermittler untersagt (Krauß StV 1989, 324).

5 **III. Gefahr im Verzug.** Bei Gefahr im Verzug (→ § 98 Rn. 6) genügt zunächst auch in den Fällen des Abs. 2 S. 1 die Zustimmung des StA (Abs. 2 S. 2). Lässt sich auch diese nicht rechtzeitig einholen, darf der Einsatz auch ohne sie – notfalls durch den Verdeckten Ermittler selbst (Hilger NStZ 1992, 524 Fn. 146) – angeordnet werden; jedoch muss die Zustimmung der StA unverzüglich (→ § 25 Rn. 8), die des Richters binnen 3 Werktagen erfolgen (Abs. 2 S. 3, 4). Die Ausführungen oben (→ Rn. 1) gelten entsprechend. Der Richter kann allerdings die Zustimmung nur verweigern, wenn er die Maßnahme im Prüfungszeitpunkt nicht für rechtmäßig hält; über ihre Zweckmäßigkeit hat er nicht zu befinden (Rogall JZ 1996, 264).

6 **C. Form.** Aus der Anordnung des Einsatzes eines Verdeckten Ermittlers durch die Polizei u. der Zustimmung der StA u. des Gerichts müssen sich die Anordnungsgrundlage (§ 110a Abs. 1 S. 1 oder 2 oder 4) u. der Umf. des Einsatzes (allgemein, gegen bestimmte Person, Betreten v. Wohnungen) ergeben. Im Fall des Abs. 2 S. 1 Nr. 1 sind die Personalien des Beschuldigten – soweit bekannt – zu bezeichnen. Die Begründung der Anordnung muss erkennen lassen, dass eine Abwägung auf der Grdl. sämtlicher im Einzelfall relevanter Erkenntnisse stattgefunden hat (BGHSt 42, 103; vgl. ferner OLG Zweibrücken JBlRP 2010, 55). Die Frist für den Einsatz (→ Rn. 7) ist anzugeben. Die schriftlich erteilte Zustimmung der StA u. des Richters ist der Polizei mitzuteilen. Die Unterlagen werden zunächst in den Handakten der StA verwahrt (§ 101 Abs. 2, → § 101 Rn. 2).

7 **D. Frist.** Der Einsatz des Verdeckten Ermittlers ist nicht unbefristet zulässig. Die Fristbestimmung (Abs. 1 S. 3; Abs. 2 S. 5) ist aber praktisch bedeutungslos, weil bei Fortbestehen der Voraussetzungen des § 110a jederzeit eine Verlängerung der gesetzten Frist zulässig u. eine Höchstfrist nicht vorgesehen ist. Wird die Zustim-

mung zur Verlängerung nicht erteilt, verliert die Anordnung v. diesem Zeitpunkt ab ihre Wirksamkeit; bis dahin gewonnene Erkenntnisse bleiben verwertbar (Rogall JZ 1996, 264).

E. Geheimhaltung der Identität (Abs. 3). Nicht nur während seines Einsatzes, sondern auch noch danach kann die (wahre) Identität des Verdeckten Ermittlers geheim gehalten werden (Abs. 3 S. 1; Lesch StV 1995, 543). § 96 ist entspr. anzuwenden; Abs. 3 S. 3 interpretiert diese Vorschr. dahin, wann im Strafverfahren die Geheimhaltung der Identität in Betracht kommt (BGHSt 42, 175 (178); zust. Anm. Geerds NStZ 1996, 608; Möhrenschlager wistra 1992, 331; einschr. Janssen StV 1995, 276; erg. → § 96 Rn. 12a). Die Regelung in Abs. 3 S. 3 hat auch Bedeutung für Sperrentscheidungen hins. anderer gefährdeter o. weiter zu verwendender Auskunftspersonen, zB v. V-Leuten (Mayer Kriminalistik 2016, 228 (231); Hilger NStZ 1992, 524 Fn. 154). Zuständig für die Abgabe einer Sperrerklärung ist der Innenminister (BGHSt 41, 36). Die Gründe für die Geheimhaltung sind dem Gericht mitzuteilen, damit es ggf. auf die Beseitigung etwaiger Vernehmungshindernisse hinwirken, va aber auch überprüfen kann, ob die Sperre willkürlich o. offensichtlich rechtsfehlerhaft ist (Hilger NStZ 1992, 524 Fn. 154). In solchen Fällen muss das Gericht auf Offenlegung der Identität drängen. Bei Geheimhaltung sagt der Verdeckte Ermittler als Zeuge unter seiner Legende aus, falls er nicht nach § 96 weitergehend gesperrt wird (Krey FS Kohlmann, 2003, 643; **aM** Lesch StV 1995, 544: § 96 sei wegen der in §§ 68 Abs. 3, 110b Abs. 3 getroffenen Regelung – entgegen dem Wortlaut u. den Vorstellungen des Gesetzgebers – hier unanwendbar, der Verdeckte Ermittler müsse dem Gericht wenigstens unter seiner Legende präsentiert werden; erg. → § 68 Rn. 17). § 110b Abs. 3 geht § 10 ZSHG nach dessen Abs. 3 vor (dazu BGHSt 50, 318 (324); Hilger FS Gössel, 2002, 612). **8**

Wird die **Identität nicht geheim gehalten,** so ergibt sich für den dann zur Aussage verpflichteten Verdeckten Ermittler ein Schutz aus § 68 (vgl. → § 68 Rn. 15, 16). **9**

Dem **StA und dem Richter,** die für die Entsch. über die Zustimmung zum Einsatz des Verdeckten Ermittlers (→ Rn. 1 ff.) zuständig sind, ist auf Verlangen die Identität des Verdeckten Ermittlers stets zu offenbaren (Abs. 3 S. 2; Gössel NStZ 1996, 288; krit. Benfer MDR 1994, 13; Janssen StV 1995, 275 sieht darin einen Verstoß gegen den Grundsatz der Waffengleichheit, da der Verteidigung diese Information vorenthalten wird). Das gilt auch schon vor dessen Einsatz, wodurch sie die Möglichkeit haben, dem Einsatz eines bestimmten Polizeibeamten als Verdeckten Ermittlers ihre Zustimmung nach Abs. 1 oder Abs. 2 zu verweigern (vgl. BGHSt 42, 103 (105)). **10**

F. Grundrechtssichernde Regelungen. Grundrechtssichernde Regelungen enthält § 101: Kennzeichnung (§ 101 Abs. 3, → § 101 Rn. 3), Benachrichtigung mit Hinweis auf die Möglichkeit nachträglichen Rechtsschutzes (§ 101 Abs. 4 S. 1 Nr. 9, → § 101 Rn. 4 ff., 15), Löschung (§ 101 Abs. 8, → § 101 Rn. 27). Die Forderung nach kernbereichsschützenden Regelungen für den Fall, dass der Verdeckte Ermittler eine Wohnung betritt (Warntjen, Heimliche Zwangsmaßnahmen und der Kernbereich privater Lebensgestaltung, 2007, S. 168; weitergehend Baldus JZ 2008, 225; Poscher JZ 2009, 272), hat der Gesetzgeber mit Blick auf BVerfGE 141, 220 Rn. 176 f. mit § 110a Abs. 1 S. 5 auf § 100d Abs. 1 und Abs. 2 (BGBl. I 1724) aufgegriffen (BT-Drs. 19/4671, 70; erg. → § 110a Rn. 16). **10a**

G. Verwertungsverbot. Ist ein Verdeckter Ermittler ohne die vorherige o. nachträgliche nach Abs. 1, Abs. 2 erforderliche **Zustimmung v. StA o. Richter** eingesetzt worden, sind die durch ihn gewonnenen Erkenntnisse im Strafverfahren nicht verwertbar, denn ohne die erforderliche Zustimmung ist der Einsatz nicht zulässig (Abs. 1 S. 1; KK-StPO/Henrichs/Weingast Rn. 13; Löwe/Rosenberg/Hauck § 110a Rn. 61; MüKoStPO/Hausschild Rn. 33; Alsberg Beweisantrag/ **11**

Güntge Rn. 1002; Maul StraFo 1997, 40; Nitz JR 1998, 213; offengelassen v. BGHSt 44, 243 (249); StV 1995, 398; **aM** Jähnke FS Odersky, 1986, 427 ff., der zwar zutr. die ges. Ungereimtheiten aufzeigt, dem Richtervorbehalt aber damit jede Bedeutung nimmt; gegen Jähnke auch Fezer JZ 1999, 527; Roxin StV 1998, 45; Weiler GS Meurer, 2002, 400; Wollweber StV 1997, 510; vgl. auch Zaczyk StV 1993, 497; erg. → § 100a Rn. 35 ff.); allerdings muss nach der – wenn auch umstrittenen – Widerspruchslösung des BGH (vgl. → § 100a Rn. 39; → § 100e Rn. 31; → § 136 Rn. 25 f.) der Verwertung der Aussage in der HV **widersprochen** worden sein (StV 1996, 529 Ls.; Becker NStZ-RR 2001, 260 – BGH RsprÜ). **Im Übrigen** besteht ein Verwertungsverbot nur, wenn die Entsch. über den Einsatz des Verdeckten Ermittlers bei einer ex-ante-Betrachtung **willkürlich o. unvertretbar** war (BGHSt 42, 103 (107); krit. Anm. Bernsmann NStZ 1997, 249; abl. Anm. Weßlau StV 1996, 578; abl. auch Schlothauer StraFo 1998, 404). Von vornherein fehlender Verdacht einer Katalogtat führt allerdings zur Unverwertbarkeit (AG Koblenz StV 1995, 518). Das Fehlen der nachträglichen richterlichen Zustimmung macht die erteilte Zustimmung der StA – wie sich aus Abs. 2 S. 4 ergibt – nicht unwirksam, sondern entzieht lediglich ihrer Fortdauer die rechtliche Grdl. (BGHSt 41, 64). Dass die Zustimmung nur mündlich statt schriftlich (Abs. 1 S. 3) erteilt wurde, steht der Verwertung nicht entgegen (BGH StV 1995, 398; Beulke/Rogat JR 1996, 520). Der Irrtum über das Vorliegen v. Gefahr im Verzug sowie darüber, dass die Einholung der Entsch. der StA nach Abs. 1 S. 2, Abs. 2 S. 3 nicht rechtzeitig möglich gewesen sei, hindert die Verwertung nicht (erg. → § 98 Rn. 7). Die bei einem unzulässigen Einsatz erlangten anderen Beweismittel (zB Tatspuren, Fingerabdrücke usw) dürfen idR verwertet werden; eine **Fernwirkung** hat der Verstoß nicht (Löwe/Rosenberg/Hauck § 110a Rn. 70; vgl. auch BGH StV 1995, 398; MüKoStPO/Hausschild Rn. 33). War die Maßnahme gegen einen Beschuldigten rechtmäßig, so sind die in unmittelbarem Zusammenhang damit gewonnenen Erkenntnisse gegen einen weiteren Beschuldigten verwertbar, wenn auch bei ihm die Voraussetzungen für eine richterliche Zustimmung vorlagen (BGH NStZ 1997, 294; **aM** Schneider NStZ 2004, 364). Vgl. auch die Beispielsfälle bei Burhoff StrafREV-HdB Rn. 2951 ff. Unerheblich sind Fehler bei der (nicht erforderlichen, → Rn. 3) Zustimmung des Richters zum Einsatz v. V-Leuten (BGH NStZ 2007, 713). Vgl. zur Tatprovokation → § 163 Rn. 34b)

11a Die Verwendung v. **Zufallsfunden** in anderen Strafverfahren ist in § 479 Abs. 2 S. 1 (vgl. → § 479 Rn. 3 ff.), die Verwendung v. Erkenntnissen aus dem Einsatz des Verdeckten Ermittlers für präventive Zwecke in § 479 Abs. 2 S. 2, Abs. 3 S. 1 (→ § 479 Rn. 10 f.) näher geregelt.

12 **H. Rechtsschutz.** Für die in § 101 Abs. 4 S. 1 Nr. 9 (→ § 101 Rn. 13) genannten, v. Einsatz eines Verdeckten Ermittlers Betroffenen steht als *lex specialis* der (befristete) Rechtsbehelf nach § 101 Abs. 7 S. 2–4 gegen die Maßnahme sowie die Art u. Weise ihres Vollzugs zur Vfg. (→ § 101 Rn. 25 ff.). Für danach nicht Antragsberechtigte gilt: Beschwerde (§ 304) ist gegen die richterliche Entsch. über die Zustimmung statthaft (vgl. BGHSt 42, 103 (104)), ggf. auch noch nach Erledigung der Maßnahme (vgl. → Vor § 296 Rn. 17 ff.). Hinsichtlich der Zustimmung der StA nach Abs. 1 S. 1 und 2, Abs. 2 S. 2 gilt § 98 Abs. 2 S. 2 entspr. (→ § 98 Rn. 23). Danach kann auch die (nicht im richterlichen Beschl. geregelte) Art u. Weise der Vollziehung beanstandet werden (Morré/Bruns FS 50 Jahre BGH, 2000, 597).

13 **I. Revision.** Das Vorliegen eines Verwertungsverbotes (→ Rn. 11) begründet die Revision. Die Revisionsbegründung muss aber – soweit dem Revisionsführer dies nach Aktenlage möglich ist – das der richterlichen Anordnung vorausgegangene Verhalten v. Polizei u. StA darlegen (BGH NStZ 1997, 294; vgl. auch BGH BeckRS 2008, 23411: Vorlage des im Antrag der StA u. im Beschl. des ER in Bezug genommenen polizeilichen Vermerks nebst Anlagen), ferner, dass in der HV Widerspruch erhoben wurde.

Befugnisse des Verdeckten Ermittlers

110c **[1]Verdeckte Ermittler dürfen unter Verwendung ihrer Legende eine Wohnung mit dem Einverständnis des Berechtigten betreten. [2]Das Einverständnis darf nicht durch ein über die Nutzung der Legende hinausgehendes Vortäuschen eines Zutrittsrechts herbeigeführt werden. [3]Im übrigen richten sich die Befugnisse des Verdeckten Ermittlers nach diesem Gesetz und anderen Rechtsvorschriften.**

A. Betreten einer Wohnung. Nur das offene Betreten einer fremden Wohnung, dh in Kenntnis des Wohnungsinhabers, ist dem Verdeckten Ermittler unter Verwendung seiner Legende (§ 110a Abs. 2), also unter Täuschung über seine wahre Identität, mit Einverständnis des Berechtigten gestattet. Darin liegt dann **kein Hausfriedensbruch** nach § 123 StGB. § 110c 1 stellt dies mit Rücksicht auf Art. 13 GG noch einmal klar (Frister StV 1993, 151 hält die Vorschr. aber für verfassungswidrig; ebenso Nitz JR 1998, 213; Roxin StV 1998, 43; Schneider NStZ 2004, 365; **aM** Hilger NStZ 1997, 448; Hilger FS Hanack, 1999, 217: kein hoheitlicher Grundrechtseingriff; zust. KMR-StPO/Bockemühl Rn. 7; eing. zur Problematik Löwe/Rosenberg/Hauck Rn. 11 ff.). Allerdings untersagt § 110c S. 2 dem Verdeckten Ermittler, das Einverständnis des Berechtigten durch ein über die bloße Benutzung der Legende hinausgehendes Vortäuschen eines Zutrittsrechts herbeizuführen; der Verdeckte Ermittler darf sich daher zB nicht als Beamter o. Angehöriger einer staatlichen Einrichtung („Gasmann") ausgeben, um das Einverständnis des Berechtigten zum Betreten der Wohnung zu erhalten (KK-StPO/Henrichs/Weingast Rn. 2; MüKoStPO/Hausschild Rn. 28; SSW StPO/Eschelbach Rn. 6; Hilger NStZ 1992, 525 Fn. 160; Krey Rechtsprobleme Rn. 236). Er darf die Wohnung auch nur dann betreten, wenn es sein Einsatz erfordert (Hilger NStZ 1992, 525 Fn. 160). Heimliches Betreten der Wohnung ist auch dem Verdeckten Ermittler untersagt (→ § 110b Rn. 4). Zum Mithören von Telefonaten oder Selbstgesprächen durch den VE Soiné Kriminalistik 2022, 98 (100 f.). 1

Ob einem **verdeckt ermittelnden Polizeibeamten,** zB einem Scheinaufkäufer, der den Regelungen der §§ 110a ff. nicht unterfällt u. für den § 110c deshalb nicht gilt (→ § 110a Rn. 4), mit richterlicher Zustimmung das Betreten einer Wohnung entspr. §§ 110b Abs. 2 S. 1 Nr. 2, 110c gestattet werden kann (so Maul StraFo 1997, 39; Weisser NZWiSt 2018, 59 (63); offengelassen v. BGH NStZ 1997, 448 mAnm Hilger), erscheint fraglich (abl. Frister JZ 1997, 1132; Roxin StV 1998, 44; zw. auch Wollweber StV 1997, 509). 2

B. Sonstige Befugnisse. Als Beamter des Polizeidienstes hat der Verdeckte Ermittler die sich aus der StPO (zB §§ 102, 103, 127 Abs. 2 unter den dort jew. bezeichneten Voraussetzungen), den Polizeigesetzen (vgl. zB § 45 Abs. 6 BKAG, § 20 Abs. 3 PolG NRW) o. aus sonstigen Gesetzen (zB § 4 Abs. 2 BtMG) ergebenden Befugnisse. Von diesen Befugnissen darf er aber nur „offen", also nicht unter seiner Legende, Gebrauch machen (Krey Rechtsprobleme Rn. 279). Durch § 110c S. 3 soll zudem klargestellt werden, dass der Verdeckte Ermittler auch im Rahmen seiner strafverfolgenden Tätigkeit Maßnahmen im Rahmen der Prävention ergreifen darf (BT-Drs. 12/2720, 47). Er muss aber bei seiner Tätigkeit auch § 136a beachten, soweit er nicht „legendenbedingte" Täuschungen vornimmt (Krey Rechtsprobleme Rn. 221 ff.; Lagodny StV 1996, 172; Rogall NStZ 2008, 111; Alsberg Beweisantrag/Güntge Rn. 920); v. den Belehrungspflichten nach §§ 136 Abs. 1, 163 Abs. 3, 163a Abs. 4 ist er hingegen selbstverständlich befreit (Löwe-Rosenberg/Hauck Rn. 6; KK-StPO/Henrichs/Weingast Rn. 14; Lagodny StV 1996, 172; **aM** Hilger FS Hanack, 1999, 213 ff. mwN: krit. SSW StPO/Eschelbach Rn. 9), so dass für Angaben, die der Beschuldigte o. Zeuge v. sich aus ohne Belehrung macht, ebenso wie für sonstige Wahrnehmungen u. aufgefundene Beweismittel kein Verwertungsverbot besteht (BGHSt 40, 211 (218); BGHSt (GrS) 42, 139 (146); BGHSt 52, 11 (14, 22) (idR auch nicht nach Ausübung des Schweigerechts)). Anders verhält es sich, wenn der Verdeckte Ermittler dem Be- 3 schuldigten, der v. seinem Schweigerecht Gebrauch gemacht hat, unter Ausnutzung des geschaffenen Vertrauens in gezielten, vernehmungsähnlichen Befragungen selbstbelastende Angaben entlockt (BGHSt 52, 11; Anm. Meyer-Mews JR 2008, 160 u. Renzikowski NStZ 2007, 714 mkritAnm Rogall NStZ 2008, 110 mkritAnm Duttge JZ 2008, 258 mzustAnm Engländer ZIS 2008, 163, auch zur Fortwirkung des Verwertungsverbots; krit. auch Mitsch NJW 2008, 2299; Roxin NStZ-Sonderheft Miebach, 2009, 41; zust. Jäger GA 2008, 488 u. I. Roxin FS 25 Jahre AG StrafR DAV, 2009, 1084; BGH NStZ 2009, 343 mAnm Bauer StV 2010, 120; OLG Zweibrücken NStZ 2011, 114; vgl. aber auch EGMR – Große Kammer – NJW 2010, 213 (kein Verstoß gegen *nemo tenetur* bei freiwilligen Äußerungen des nicht inhaftierten Verdächtigen ggü. dem Informanten); zum Ganzen ferner Gaede JR 2009, 496 ff.; Hauck NStZ 2010, 20; erg. → § 136a Rn. 4a). Setzt der Verdeckte Ermittler besondere technische Mittel ein, unterliegt er den Voraussetzungen u. Grenzen der §§ 100c, 100f und 100h (vgl. Hilgendorf-Schmidt wistra 1989, 211).

4 **Straftaten** darf er grds. nicht begehen (vgl. BGH NStZ-RR 2021, 175 (176) Rn. 22; Löwe/Rosenberg/Hauck Rn. 8; SSW StPO/Eschelbach Rn. 10), auch nicht sog. milieubedingte, wie etwa Zuhälterei (KK-StPO/Henrichs/Weingast Rn. 6). Die Vortäuschung der Begehung v. Straftaten ist allerdings gestattet (OLG Zweibrücken NStZ 2011, 113 f.). Aus dem Auftrag, als Verdeckter Ermittler tätig zu werden, kann sich außerdem ergeben, dass manche Straftatbestände schon tatbestandlich nicht erfüllt werden (Rogall FS Schlüchter, 1998, 71; Schwarzburg NStZ 1995, 469 (470), zB Teilnahme am Glücksspiel (Hund NStZ 1993, 572) oder §§ 258, 258a StGB (Krey Rechtsprobleme Rn. 91, 431 ff.); vgl. zu verdeckten Mitarbeitern und Vertrauensleuten des BfV §§ 9a, 9b BVerfSchG. Möglich ist im Einzelfall allerdings auch, dass die Tat nach §§ 32, 34 StGB gerechtfertigt o. nach § 35 StGB entschuldigt ist (Hilger NStZ 1992, 525 Fn. 161; Krey Rechtsprobleme Rn. 555 ff.; Schwarzburg NStZ 1995, 469 (472); Soiné NStZ 2003, 228); dies darf aber nicht dazu führen, über ein weites Verständnis der sog. „einsatzbedingten Straftaten" (dazu Soiné Kriminalistik 2013, 507 (510)) die Befugnisse des VE zur Begehung v. Delikten über das in § 110c ges. Vorgesehene hinaus auszudehnen. Überschreitet der Verdeckte Ermittler seine Befugnisse, begeht er insbes. schwerwiegende Gesetzesverstöße, kann dies zur Unverwertbarkeit der dabei gewonnenen Erkenntnisse führen (vgl. Hilger NStZ 1992, 525 Fn. 161 mwN; zur Tatprovokation → Einl. Rn. 148a, → § 163 Rn. 34a sowie EGMR NJW 2009, 3565). In einem solchen Fall ist eine Mitteilung gem. § 49 Abs. 4 BeamtStG, § 115 Abs. 4 BBG (MiStra 29 Abs. 1 S. 1 Nr. 1) an den zuständigen Dienstvorgesetzten zu erwägen. Eine ges. eng begrenzte Erlaubnis, bei Verf. wegen Kinderpornographie sog. Keuschheitsproben – Strafbarkeit nach § 184b StGB – abgeben zu dürfen, um effektiv im Darknet ermitteln zu können Safferling DRiZ 2018, 206. Hat der Gesetzgeber mit § 184b Abs. 5 S. 2 StGB und § 110d geschalten (→ § 110d Rn. 1).

Besonderes Verfahren bei Einsätzen zur Ermittlung von Straftaten nach den §§ 176e und 184b des Strafgesetzbuches

110d **[1] Einsätze, bei denen entsprechend § 176e Absatz 5 oder § 184b Absatz 6 des Strafgesetzbuches Handlungen im Sinne des § 176e Absatz 1 und 3 oder § 184b Absatz 1 Satz 1 Nummer 1, 2 und 4 sowie Satz 2 des Strafgesetzbuches vorgenommen werden, bedürfen der Zustimmung des Gerichts. [2] In dem Antrag ist darzulegen, dass die handelnden Polizeibeamten auf den Einsatz umfassend vorbereitet wurden. [3] Bei Gefahr im Verzug genügt die Zustimmung der Staatsanwaltschaft. [4] Die Maßnahme ist zu beenden, wenn nicht das Gericht binnen drei Werktagen zustimmt. [5] Die Zustimmung ist schriftlich zu erteilen und zu befristen. [6] Eine Verlängerung ist zulässig, solange die Voraussetzungen für den Einsatz fortbestehen.**

A. Zweck. Zur wirksameren **Bekämpfung des sexuellen Missbrauchs** von Kindern hat der Gesetzgeber mit § 176e Abs. 5 u. § 184b Abs. 6 StGB materiell sowie § 110d prozessual die Voraussetzungen dafür geschaffen, dass Polizeibeamte computergenerierte kinderpornografische Schriften in Online-Tauschbörsen einstellen können, um sich **verdeckt Zugang zu dem Forum** zu verschaffen. Der Einsatz ist nur im Rahmen eines strafrechtlichen Ermittlungsverfahrens u. auch dann nur zulässig, wenn die Sachaufklärung auf andere Weise aussichtslos oder wesentlich erschwert wäre (§§ 176e Abs. 5 Nr. 2; 184b Abs. 6 Nr. 2 StGB). Damit wird der Ausnahmecharakter der Maßnahme unterstrichen u. sichergestellt, dass nur die in dem konkreten Ermittlungsverfahren eingesetzten – u. umfassend auf den Einsatz vorbereiteten (S. 2) – Ermittler davon Gebrauch machen (BT-Drs. 19/16543, 10 f.). Verdeckte Ermittler müssen die Beamten nicht sein (KK-StPO/Henrichs/Weingast Rn. 2).§ 110d regelt die verfahrensrechtlichen Voraussetzungen für den Einsatz. 1

B. Zuständigkeit. S. 1 stellt jeden Einsatz unter den **Richtervorbehalt.** Damit soll insbes. die Einhaltung des in § 176e Abs. 5 Nr. 2 u. § 184b Abs. 6 Nr. 2 StGB geregelten Subsidiaritätsgrundsatzes gewährleistet werden (BT-Drs. 19/16543, 11). In Eilfällen genügt die Zustimmung der StA (S. 2); ihre Ermittlungspersonen dürfen den Einsatz mithin auch bei **Gefahr im Verzug** nicht aus eigener Kompetenz durchführen. Die Zustimmung des Gerichts ist innerhalb v. drei Tagen nachzuholen; andernfalls ist die Maßnahme zu beenden (S. 3). Ebenso wie beim Einsatz eines Verdeckten Ermittlers nach § 110b (→ § 110b Rn. 5) darf das Gericht die Zustimmung nur verweigern, wenn es den Einsatz für rechtswidrig hält; über seine Zweckmäßigkeit hat es nicht zu befinden. 2

C. Form. Die Zustimmung bedarf der **Schriftform** (S. 4). Entsprechend den Vorgaben bei § 110b (→ § 110b Rn. 6) muss die Anordnung erkennen lassen, dass eine Abwägung auf der Grdl. sämtlicher im Einzelfall relevanten Erkenntnisse stattgefunden hat. Insbesondere sind die den Anfangsverdacht begründenden Tatsachen (hierzu → § 152 Rn. 4 f.) zu schildern. Zudem muss die Zustimmung die Prüfung des Subsidiaritätsgrundsatzes (§§ 176e Abs. 5 Nr. 2, 184b Abs. 6 Nr. 2 StGB). Die Frist für den Einsatz ist nach S. 4 anzugeben (→ Rn. 4). 3

D. Frist. Der Einsatz ist zu befristen (S. 4), eine **Höchstfrist** bestimmt das G indes nicht. Sie ist deshalb aufgrund der konkreten Umstände des Einzelfalls nach dem Verhältnismäßigkeitsgrundsatz, insbes. unter Berücksichtigung der Subsidiaritätsklausel, zu bestimmen. Sie kann jederzeit **verlängert** werden. Wird die Zustimmung nicht erteilt, verliert der Einsatz v. diesem Zeitpunkt an seine rechtliche Grundlage; die bis dahin gewonnenen Erkenntnisse bleiben verwertbar. 4

E. Grundrechtssichernde Regelungen. Grundrechtssichernde Regelungen, wie sie etwa für Einsätze v. Verdeckten Ermittlern nach § 110a in § 101 vorgesehen sind (→ § 110b Rn. 10a), hat der Gesetzgeber nicht ausdr. geregelt. 5

F. Verwertungsverbot. Der Einsatz ohne die nach S. 1 und 3 erforderliche **vorherige Zustimmung** ist nicht zulässig; Erkenntnisse aus einer solchen Maßnahme sind – ebenso wie bei einem rechtswidrigen Einsatz eines Verdeckten Ermittlers (→ § 110b Rn. 11) – nicht verwertbar. Im Übrigen besteht ein Verwertungsverbot nur, wenn die Entsch. über den Einsatz bei einer ex-ante Betrachtung **willkürlich o. unvertretbar** war (BGHSt 42, 103 (107) zu § 110a; MüKoStPO/Hausschild Rn. 7; KK-StPO/Henrichs/Weingast Rn. 3; Löwe/Rosenberg/Hauck Rn. 61 ff.). Erteilt die StA die Zustimmung für den Einsatz zu Recht wegen Gefahr im Verzug, sind die bis zum Außerkrafttreten dieser Anordnung gewonnenen Erkenntnisse auch dann verwertbar, wenn eine richterliche Genehmigung nicht erfolgt (BGHSt 41, 64 (66) zu § 110a). Der bloße Verstoß gegen das **Schriftformerfordernis** begründet – wie sonst auch – kein Verwertungsverbot (BGH StV 1995, 398 zu § 110a; Löwe/Rosenberg/Hauck Rn. 66). Der Irrtum über das Vorliegen v. Gefahr im Verzug führt nicht einem Verwertungsverbot, da dies nur bei einer bewussten o. willkürlichen Missachtung des Richtervorbehalts gerecht- 6 fertigt ist (erg. → § 98 Rn. 7; → § 105 Rn. 19; KK-StPO/Henrichs/Weingast Rn. 3).

7 **G. Rechtsschutz.** Da der Einsatz nicht in § 101 genannt ist, richtet sich der Rechtsschutz nach den **allgemeinen Regelungen.** Gegen die richterliche Entsch. über die Zustimmung ist die Beschwerde (§ 304) statthaft (erg. → § 100b Rn. 12; Löwe/Rosenberg/Hauck § 100e Rn. 105), ggf. auch nach Erledigung der Maßnahme (vgl. → Vor § 296 Rn. 17 ff.). Hinsichtlich der Zustimmung der StA gilt § 98 Abs. 2 S. 2 entspr. (→ § 98 Rn. 23).

8 **H. Revision.** Die Revision kann auf das Vorliegen eines Verwertungsverbotes (→ Rn. 6) gestützt werden. Wie bei Einsätzen v. Verdeckten Ermittlern wird v. Revisionsführer zu fordern sein, dass er das der Zustimmung vorausgehende Verhalten v. Polizei u. StA darlegt (erg. → § 110b Rn. 13). Zudem muss der Angeklagte – auf der Grdl. der v. BGH vertretenen **Widerspruchslösung** – der Verwertung der Erkenntnisse in der HV rechtzeitig widersprechen (KK-StPO/Henrichs/Weingast Rn. 3; MüKoStPO/Hausschild Rn. 9; SSW StPO/Eschelbach Rn. 8 → § 100e Rn. 31; → § 136 Rn. 25 f.).

Errichtung von Kontrollstellen an öffentlich zugänglichen Orten

111 (1) [1] **Begründen bestimmte Tatsachen den Verdacht, daß eine Straftat nach § 89a oder § 89c Absatz 1 bis 4 des Strafgesetzbuchs oder nach § 129a, auch in Verbindung mit § 129b Abs. 1, des Strafgesetzbuches, eine der in dieser Vorschrift bezeichneten Straftaten oder eine Straftat nach § 250 Abs. 1 Nr. 1 des Strafgesetzbuches begangen worden ist, so können auf öffentlichen Straßen und Plätzen und an anderen öffentlich zugänglichen Orten Kontrollstellen eingerichtet werden, wenn Tatsachen die Annahme rechtfertigen, daß diese Maßnahme zur Ergreifung des Täters oder zur Sicherstellung von Beweismitteln führen kann, die der Aufklärung der Straftat dienen können.** [2] **An einer Kontrollstelle ist jedermann verpflichtet, seine Identität feststellen und sich sowie mitgeführte Sachen durchsuchen zu lassen.**

(2) **Die Anordnung, eine Kontrollstelle einzurichten, trifft der Richter; die Staatsanwaltschaft und ihre Ermittlungspersonen (§ 152 des Gerichtsverfassungsgesetzes) sind hierzu befugt, wenn Gefahr im Verzug ist.**

(3) **Für die Durchsuchung und die Feststellung der Identität nach Absatz 1 gelten § 106 Abs. 2 Satz 1, § 107 Satz 2 erster Halbsatz, die §§ 108, 109, 110 Abs. 1 und 2 sowie die §§ 163b und 163c entsprechend.**

Übersicht

A. Kontrollstellen mit besonderen Befugnissen. Kontrollstellen mit besonderen Befugnissen können nach § 111 eingerichtet werden. Die Vorschr., die Strafprozessrecht, nicht Polizeirecht enthält, regelt die Einrichtung v. Kontrollstellen zum Zweck der Fahndung nach Straftätern u. der Erlangung v. Beweismaterial für begangene Straftaten abschl. (Löwe/Rosenberg/Hauck Rn. 3; KK-StPO/Henrichs/Weingast Rn. 1 f.; SK-StPO/Wolter Rn. 1). Die Speicherung und Verarbeitung der Daten regelt § 163d (→ § 163d Rn. 2 ff.), Polizeiliche Kontrollstellen ähnlicher Art dürfen nicht errichtet werden. Das schließt bloße Sichtkontrollen und Kontrollstellen zum Zweck der Gefahrenabwehr u. der vorbeugenden Verbrechensbekämpfung (vgl. § 9 Abs. 1 Nr. 4 MEPolG) nicht aus. Strafprozessuale u. polizeiliche Kontrollen können auch zusammenfallen (KK-StPO/Henrichs/Weingast Rn. 1). Gesetzlich zugelassene Kontrollen zu anderen Zwecken (vgl. § 23 BPolG; § 12 Abs. 1, Abs. 2 GüKG; § 36 Abs. 5 StVO; § 10 ZollVG) dürfen nicht zur Fahndung nach Straftätern benutzt werden (OLG Hamm VRS 51, 226). 1

B. Einrichtung der Kontrollstellen (Abs. 1 S. 1). I. Bestimmte schwere Straftaten. Nur bestimmte schwere Straftaten rechtfertigen die Einrichtung v. Kontrollstellen; sie wird daher idR nicht unverhältnismäßig sein (Kurth NJW 1979, 1382; vgl. aber Löwe/Rosenberg/Hauck Rn. 15; SK-StPO/Wolter Rn. 5; Sangenstedt StV 1985, 117). Der (strafbare) Versuch dieser Taten genügt, nicht aber eine nach § 30 StGB strafbare Vorbereitungshandlung (KMR-StPO/Staudinger Rn. 15; **aM** Löwe/Rosenberg/Hauck Rn. 8; vgl. Schnarr NStZ 1990, 259). Ob, weil nach § 255 StGB der Täter gleich einem Räuber bestraft wird, dem schweren Raub nach § 250 Abs. 1 Nr. 1 StGB (aF; eine Anpassung an § 250 nF ist noch nicht erfolgt; vgl. dazu Mitsch ZStW 111 (1999), 100) die räuberische Erpressung unter Führung v. Schusswaffen gleichsteht, ist str. (dafür: KK-StPO/Henrichs/Weingast Rn. 4; **aM** SK-StPO/Wolter Rn. 4; Löwe/Rosenberg/Hauck Rn. 8). Der Streit ist indes nicht mehr von Belang, weil der BT am 29.1.2026 das G zur Umsetzung der RL (EU) 2017/541 zur Terrorismusbekämpfung ua v. 9.12.2025 (BT-Drs. 21/3191) umgesetzt hat und in § 89a danach auch das (bloße) Führen einer Schusswaffe nach § 52 WaffG eine terroristische Straftat wäre (§ 89a Abs. 1 S. 2 Nr. 7 u. § 129a Abs. 2 Nr. 5 StGB-E aufgeführt ist). § 111 dient nicht nur der Fahndung nach Terroristen (Löwe/Rosenberg/Hauck Rn. 2). 2, 3

Bestimmte Tatsachen (vgl. → § 100a Rn. 9; → § 112 Rn. 7) müssen den Verdacht solcher Straftaten gegen bekannte o. noch unbekannte Täter begründen. Dringend iSd § 112 Abs. 1 S. 1 muss der Tatverdacht nicht sein (Löwe/Rosenberg/Hauck Rn. 10; **aM** Sangenstedt StV 1985, 124: bes. starke Anhaltspunkte); bloße Vermutungen genügen aber nicht. Der Verdacht muss aufgrund des vorliegenden Tatsachenmaterials bereits in genügendem Maß konkretisiert sein (Kuhlmann DRiZ 1978, 239). 4

II. Erfolgserwartung. Die Aussicht auf **Ergreifung** (dh Festnahme) „des Täters", nicht auch der Teilnehmer, wie ein Vergleich mit §§ 100a, 100c, 100f und va § 102 zeigt (KMR-StPO/Staudinger Rn. 18; Radtke/Hohmann/Pegel Rn. 4; SK-StPO/Wolter Rn. 6; **aM** KK-StPO/Henrichs/Weingast Rn. 5; MüKoStPO/Hausschild Rn. 11; ebenso offenbar SSW StPO/Eschelbach Rn. 4), einer bestimmten Straftat o. auf Auffindung (Schroeder JZ 1985, 1029) u. **Sicherstellung v. Beweismitteln** iSd § 94 (→ § 94 Rn. 4, 5) am konkreten Ort u. zur konkreten Zeit setzt die Einrichtung der Kontrollstelle voraus (KK-StPO/Henrichs/Weingast Rn. 6; Löwe/Rosenberg/Hauck Rn. 11). Ist die Sicherstellung v. Beweismitteln der einzige Fahndungszweck, so kommt dem Verhältnismäßigkeitsgrundsatz bes. Bedeutung zu (SK-StPO/Wolter Rn. 6; KK-StPO/Henrichs/Weingast Rn. 5; Löwe/Rosenberg/Hauck Rn. 15). Die Erfolgserwartung muss nicht schon aufgrund bestimmter Tatsachen gerechtfertigt sein; es genügt eine gewisse Wahrscheinlichkeit, insbes. die aus kriminalistischer Erfahrung gewonnene Erkenntnis typischer Geschehensabläufe (Löwe/Rosenberg/Hauck Rn. 11; KK-StPO/Henrichs/Weingast Rn. 6). 5

6 Die Erfolgserwartung wird im Allgemeinen nur vorliegen, wenn die Kontrollstelle in **räumlicher Nähe** des Tatorts eingerichtet wird. **Anders** ist es zB, wenn schon Hinweise auf bestimmte Fluchtziele vorliegen o. wenn nach zur Festnahme ausgeschriebenen Gewaltverbrechern längere Zeit nach der Tat gefahndet wird (so wie hier Löwe/Rosenberg/Hauck Rn. 12; s. a. MüKoStPO/Hausschild Rn. 9; **aA** KK-StPO/Henrichs/Weingast Rn. 8).

7 In solchen Fällen ist auch ein **zeitlicher Zusammenhang** der Anordnung nach § 111 mit der Straftat nicht erforderlich. Auf die Zeit während o. unmittelbar nach der Tat ist die Einrichtung der Kontrollstellen aber auch sonst nicht beschränkt (KK-StPO/Henrichs/Weingast Rn. 8; Löwe/Rosenberg/Hauck Rn. 13). Im Strafvollstreckungsverfahren darf sie jedoch nicht angeordnet werden (SK-StPO/Wolter Rn. 8).

8 **III. Ort der Kontrollstelle.** In 1. Hinsicht kommen die dem öffentl. Verkehr gewidmeten öffentl. Straßen u. Plätze in Betracht. Zulässig sind aber auch Kontrollstellen auf tatsächlich öffentl. Wegen, die ohne Rücksicht auf die privatrechtlichen Verhältnisse einem unbestimmten Personenkreis zur Benutzung freigegeben sind. Andere öffentl. zugängliche Orte sind diejenigen, zu denen grds. jedermann Zugang hat, auch wenn er nach Zweck o. Zeit beschränkt ist, zB Bahnhöfe, Flugplätze, Sportplätze, öffentl. Gebäude, nicht aber private Geschäftsräume, wie Kaufhäuser u. Gaststätten. Auch bewegliche Orte (Eisenbahnzüge, Flugzeuge) fallen nicht unter den Begriff (KK-StPO/Henrichs/Weingast Rn. 7). Orte, an denen Kontrollstellen nicht eingerichtet werden dürfen, können mit Einwilligung des Verfügungsberechtigten für die technische Durchführung der Kontrollmaßnahmen verwendet werden, zB zur Abstellung v. Polizei-, Sanitäts- o. Passantenfahrzeugen o. zur Einrichtung v. Vernehmungs- u. Nachrichtenstellen.

9, 10 **C. Befugnisse an den Kontrollstellen (Abs. 1 S. 2, Abs. 3). I. Jedermann.** Jedermann ist verpflichtet, seine Identität feststellen u. sich sowie mitgeführte Sachen durchsuchen zu lassen. Unverdächtige müssen das in gleichem Maße dulden wie tatverdächtige Personen (Löwe/Rosenberg/Hauck Rn. 25). Da sich die Befugnisse der Polizei bereits aus Abs. 1 S. 2 ergeben, ist eine bes. Anordnung dazu nicht erforderlich. Jedoch muss an der Kontrollstelle allg. durch Lautsprecherdurchsagen, Stelltafeln, Plakate o. durch Einzelhinweise der Grund der Maßnahmen bekanntgegeben werden.

11 **II. Identitätsfeststellung.** Eine **Mitwirkungspflicht** der an der Kontrollstelle angehaltenen Personen besteht nach dem entspr. anwendbaren § 163b nicht; sie müssen lediglich ihre Personalien angeben (§ 111 OWiG). Ausweispapiere müssen sie nur vorzeigen, wenn sie dazu durch andere Gesetze verpflichtet sind. Wenn das zur Identitätsfeststellung notwendig erscheint, ist es zulässig, die angehaltene Person festzuhalten, sie u. die v. ihr mitgeführten Sachen zu durchsuchen sowie erkennungsdienstliche Maßnahmen (§ 81b) durchzuführen (§ 163b Abs. 1 S. 2, 3). Die Beachtung des Verhältnismäßigkeitsgrundsatzes (§ 163b Abs. 2 S. 2 Hs. 1) bedeutet nur, dass Maßnahmen nach Abs. 1 S. 2 unzulässig sind, wenn ein Zusammenhang mit den gesuchten Tätern o. Beweismitteln offensichtlich fehlt, zB bei Kindern. Obwohl in § 111 Abs. 1 S. 2 nicht zwischen Verdächtigen u. Unverdächtigen unterscheidet, hält die hM § 163b Abs. 2 S. 2 Hs. 2 (Erfordernis der Einwilligung v. Nichtverdächtigen) entspr. anwendbar (KMR-StPO/Staudinger Rn. 24; Löwe/Rosenberg/Hauck Rn. 29). Ist der Täter noch unbekannt o. ergeben sich während der Kontrolle Verdachtsmomente gegen den Betroffenen, kann er aber durchsucht und erkennungsdienstlich behandelt werden, (vgl. MüKoStPO/Hausschild Rn. 26 ff.; KK-StPO/Henrichs/Weingast Rn. 14.). Zur Befugnis, die festgestellten Daten in EDV-Anlagen zu speichern u. zu verarbeiten (Netzfahndung), vgl. § 163d.

12 **III. Durchsuchung.** Alle an der Kontrollstelle angehaltenen Personen, bei denen ein Zusammenhang mit den gesuchten Tätern nicht v. vornherein auszuschließen ist, dürfen nach Beweismitteln durchsucht werden, ohne dass bestimmte Tatsachen deren Auffinden wahrscheinlich machen o. auch nur vermuten lassen

(Löwe/Rosenberg/Hauck Rn. 31). Die Durchsuchung zur Identifizierung ist jedenfalls unter bestimmten Umständen bereits nach Abs. 3 iVm § 163b Abs. 1 S. 3 zulässig (→ Rn. 11). Der Umf. der Durchsuchung wird durch den Verhältnismäßigkeitsgrundsatz u. das konkrete Fahndungsziel begrenzt (KK-StPO/Henrichs/Weingast Rn. 14 aE)). Durchsucht werden können auch die Transportmittel, insbes. die Kraftfahrzeuge. Vorgefundene Beweismittel, die nicht freiwillig herausgegeben werden, sind nach §§ 94, 98 zu beschlagnahmen.

Nach Abs. 3 **gelten entsprechend** die Vorschr. des § 106 Abs. 2 S. 1 über die Unterrichtungspflicht (vgl. auch → Rn. 10), des § 107 S. 2 Hs. 1 über die Bestätigung der Sicherstellung, des § 108 mit Ausnahme v. Abs. 1 S. 3 über die einstweilige Beschlagnahme v. Zufallsfunden (erg. → § 479 Rn. 13), des § 109 über die Registrierung u. Kennzeichnung der Beschlagnahmegegenstände u. des § 110 Abs. 1, Abs. 2 über die Durchsicht der Papiere; die Ausweispapiere darf die Polizei selbst durchsehen. 13

D. Anordnung der Maßnahme (Abs. 2). I. Zuständigkeit. Zuständig ist grds. das Ermittlungsgericht (§§ 162, 169). Es wird nur auf Antrag der StA tätig. Bei Gefahr im Verzug (→ § 98 Rn. 6) können die StA u. – nachrangig (Löwe/Rosenberg/Hauck Rn. 17) – ihre Ermittlungspersonen (§ 152 GVG) die Anordnung treffen. Eine richterliche Bestätigung der bei Gefahr im Verzug getroffenen Maßnahme ist nicht erforderlich (HK-StPO/Gercke Rn. 8; KK-StPO/Henrichs/Weingast Rn. 17; KMR-StPO/Staudinger Rn. 10; **aM** SK-StPO/Wolter Rn. 18, Sangenstedt StV 1985, 126, die §§ 100 Abs. 2, 100b Abs. 1 S. 3 aF (§ 100e Abs. 1 S. 3 neu) entspr. anwenden wollen). 14, 15

II. Inhalt. Inhaltlich kann die Anordnung des Gerichts u. der StA sich darauf beschränken, dass innerhalb eines bestimmten Bezirks, der genau zu bezeichnen ist, also nicht für das gesamte deutsche Staatsgebiet (BGHSt 35, 363), o. im bestimmten Umkreis einer Anl. (zB mit dem Radius v. 10 km) Kontrollstellen einzurichten sind. Weder deren genaue Zahl noch ihr Ort müssen bestimmt werden; das kann der Polizei überlassen werden (KK-StPO/Henrichs/Weingast Rn. 11b; Löwe/Rosenberg/Hauck Rn. 20; **aM** SK-StPO/Wolter Rn. 14) Die Anordnung braucht auch über Beginn u. Dauer der Kontrollen nichts zu bestimmen (Löwe/Rosenberg/Hauck Rn. 21). Im Einzelfall kann es aber angezeigt sein, eine bestimmte Höchstdauer vorzusehen o. anzuordnen, dass nur zu bestimmten Tageszeiten kontrolliert werden darf (Kurth NJW 1979, 1383 Fn. 109). 16

III. Form. Die richterliche Anordnung ergeht durch schriftlich abzufassenden Beschl., der in Eilfällen vorab mündlich o. fernmündlich zur Vollstreckung (§ 36 Abs. 2) herausgegeben werden kann. Anordnungen der StA u. ihrer Ermittlungspersonen, nicht der Richter (KK-StPO/Hernrichs/Weingast Rn. 11b; **aM** SK-StPO/Wolter Rn. 13), können mündlich getroffen, müssen aber immer aktenkundig gemacht werden. 17

IV. Vollstreckung. Für richterliche Anordnungen gilt § 36 Abs. 2; die StA beauftragt die Polizei. Sonst sorgt der Anordnende selbst für die Vollstreckung. Die Polizei stellt in jedem Fall die für die Kontrollstellen erforderlichen Beamten u. die sachlichen Hilfsmittel, insbes. die Absperrungen u. die Kraftfahrzeuge. 18

V. Aufhebung. Das weitere Vorliegen der Voraussetzungen des § 111 muss der Richter o. StA, der die Anordnung getroffen hat, ständig überwachen. Fallen sie weg, so muss die Anordnung sofort aufgeh. werden (Lemke Anm. zu BGH EzSt StPO § 111 Nr. 1). Die Polizei, die zu regelmäßigen Berichten über die weiteren Erfolgsaussichten veranlasst werden kann, hat den Vollzug der Anordnung sofort zu beendigen, wenn die Voraussetzungen des Abs. 1 nicht mehr bestehen. Davon muss der Richter o. StA, der die Anordnung getroffen hat, unverzüglich benachrichtigt werden. 19

E. Beschwerde. Beschwerde nach § 304 Abs. 1 kann die StA einlegen, wenn das Gericht ihrem Antrag, eine Anordnung nach § 111 zu treffen, nicht stattgibt o. die Anordnung aufhebt. Gegen die Anordnung der Einrichtung der Kontrollstelle 20 ist kein Rechtsmittel zulässig (BGH NJW 1989, 1170), erst gegen die in Vollzug der Anordnung ergangene Maßnahme (BGHSt 35, 363). Über den Rechtsbehelf hat entspr. § 98 Abs. 2 S. 2 der für die Anordnung zuständige Richter zu entscheiden (BGHSt 35, 363). Für die Anfechtung einzelner Kontrollmaßnahmen (Festhalten, Durchsuchung, erkennungsdienstliche Behandlung) gelten iÜ die allg. Grundsätze (→ § 98 Rn. 23; → § 105 Rn. 16; → Vor § 296 Rn. 17, 18; → EGGVG § 23 Rn. 10; → EGGVG § 28 Rn. 7 ff.). Ein rechtlich geschütztes Interesse besteht so lange, wie die Ermächtigung zur Errichtung v. Kontrollstellen noch Bestand hat, o. wenn angefallene Daten nach § 163d gespeichert worden sind (BGH NStZ 1989, 189; NJW 1989, 2636), nach neuerer Rspr. (vgl. → Vor § 296 Rn. 18a) aber auch noch nach Beendigung der Anordnung, falls ein tiefgreifender Grundrechtseingriff zu besorgen ist (BGHSt 36, 30; 36, 242) sind insoweit überholt).

Vorläufige Entziehung der Fahrerlaubnis

111a (1) [1] **Sind dringende Gründe für die Annahme vorhanden, daß die Fahrerlaubnis entzogen werden wird (§ 69 des Strafgesetzbuches), so kann der Richter dem Beschuldigten durch Beschluß die Fahrerlaubnis vorläufig entziehen.** [2] **Von der vorläufigen Entziehung können bestimmte Arten von Kraftfahrzeugen ausgenommen werden, wenn besondere Umstände die Annahme rechtfertigen, daß der Zweck der Maßnahme dadurch nicht gefährdet wird.**

(2) **Die vorläufige Entziehung der Fahrerlaubnis ist aufzuheben, wenn ihr Grund weggefallen ist oder wenn das Gericht im Urteil die Fahrerlaubnis nicht entzieht.**

(3) [1] **Die vorläufige Entziehung der Fahrerlaubnis wirkt zugleich als Anordnung oder Bestätigung der Beschlagnahme des von einer deutschen Behörde ausgestellten Führerscheins.** [2] **Dies gilt auch, wenn der Führerschein von einer Behörde eines Mitgliedstaates der Europäischen Union oder eines anderen Vertragsstaates des Abkommens über den Europäischen Wirtschaftsraum ausgestellt worden ist, sofern der Inhaber seinen ordentlichen Wohnsitz im Inland hat.**

(4) **Ist ein Führerschein beschlagnahmt, weil er nach [bis 31.5.2026: § 69 Abs. 3 Satz 2]** ***[ab 1.6.2026: § 69 Absatz 3 Satz 2 oder nach § 69b Absatz 2 Satz 1]*** **des Strafgesetzbuches eingezogen werden kann, und bedarf es einer richterlichen Entscheidung über die Beschlagnahme, so tritt an deren Stelle die Entscheidung über die vorläufige Entziehung der Fahrerlaubnis.**

(5) [1] **Ein Führerschein, der in Verwahrung genommen, sichergestellt oder beschlagnahmt ist, weil er nach [bis 31.5.2026: § 69 Abs. 3 Satz 2]** ***[ab 1.6.2026: § 69 Absatz 3 Satz 2 oder nach § 69b Absatz 2 Satz 1]*** **des Strafgesetzbuches eingezogen werden kann, ist dem Beschuldigten zurückzugeben, wenn der Richter die vorläufige Entziehung der Fahrerlaubnis wegen Fehlens der in Absatz 1 bezeichneten Voraussetzungen ablehnt, wenn er sie aufhebt oder wenn das Gericht im Urteil die Fahrerlaubnis nicht entzieht.** [2] **Wird jedoch im Urteil ein Fahrverbot nach § 44 des Strafgesetzbuches verhängt, so kann die Rückgabe des Führerscheins aufgeschoben werden, wenn der Beschuldigte nicht widerspricht.**

(6) [1] **In [bis 31.5.2026: anderen als in Absatz 3 Satz 2 genannten] ausländischen Führerscheinen** ***[ab 1.6.2026: , die weder von einem Mitgliedstaat der Europäischen Union noch von einem anderen Vertragsstaat des Abkommens über den Europäischen Wirtschaftsraum ausgestellt wurden,]*** **ist die vorläufige Entziehung der Fahrerlaubnis zu vermerken.** [2] **Bis zur Eintragung dieses Vermerkes kann der Führerschein beschlagnahmt werden (§ 94 Abs. 3, § 98).**

Übersicht

1 **A. Vorbeugende Maßnahme.** Eine vorbeugende Maßnahme, ähnlich wie die Maßnahmen nach §§ 112a, 126a, 132a, ist die vorl. Entziehung der Fahrerlaubnis. Sie ermöglicht es, die Allgemeinheit vor den Gefahren durch ungeeignete Kraftfahrer schon vor dem Urt. zu schützen (SSW StPO/Harrendorf Rn. 2). Das verstößt nicht gegen das GG (BVerfG NStZ 1982, 78); der Verhältnismäßigkeitsgrundsatz ist aber zu beachten (BVerfG NJW 2001, 357; NZV 2005, 537). § 111a sichert nur die Entziehung der Fahrerlaubnis nach § 69 StGB, nicht die isolierte Sperre nach § 69a Abs. 1 S. 3 StGB (OLG Hamm VRS 51, 43; Löwe/Rosenberg/Hauck Rn. 8; SSW StPO/Harrendorf Rn. 3; Hentschel Trunkenheit Rn. 859; **aM** LG München I DAR 1956, 249; Engel DAR 1984, 108), auch nicht das Fahrverbot nach § 44 StGB (vgl. Abs. 5 S. 2). Die Anrechnung der vorl. Entziehung auf das Fahrverbot regelt § 51 Abs. 1, Abs. 5 StGB (§ 25 Abs. 6 StVG), auf die endg. Entziehung § 69a Abs. 5 S. 2 StGB. Unterbleibt die endg. Entziehung, besteht grds. ein Entschädigungsanspruch (§ 2 Abs. 2 Nr. 5 **StrEG**). Ein Verfahren, in dem die Maßnahme nach § 111a angeordnet worden ist, muss mit bes. Beschleunigung geführt werden; eine vollständige Übertragung der für Haftsachen entwickelten Grundsätze kommt aber nicht in Betracht (OLG Hamm NZV 2002, 380; 2007, 639; OLG Köln NZV 1991, 243; **aM** LG Frankfurt a. M. StV 2003, 69; vgl. → Rn. 10). Die richterliche Anordnung nach Abs. 1, Abs. 4 sowie die polizeiliche Beschlagnahme des Führerscheins nach § 94 Abs. 3 werden in das Verkehrszentralregister eingetragen (§ 28 Abs. 3 Nr. 2, 9 StVG, § 59 Abs. 1 Nr. 4 FeV).

2 **B. Voraussetzung (Abs. 1 S. 1).** Voraussetzung der Maßnahme (Abs. 1 S. 1) ist das Vorliegen v. **dringenden Gründen** (vgl. §§ 111b Abs. 1 S. 1, 111e Abs. 1 S. 2, 126a Abs. 1, 132a Abs. 1 S. 1) für die Annahme, dass die Maßregel nach § 69 StGB angeordnet wird. Das erfordert dringenden Tatverdacht (vgl. §§ 112 Abs. 1 S. 1, 112a Abs. 1 S. 1; LG Ansbach StraFo 2009, 331) iSd § 69 Abs. 1 S. 1 StGB u. einen hohen Grad v. Wahrscheinlichkeit, dass das Gericht den Beschuldigten für ungeeignet zum Führen v. Kraftfahrzeugen halten u. ihm daher die Fahrerlaubnis entziehen werde (OLG Düsseldorf DAR 1992, 187; LG Zweibrücken NZV 2008, 259; Janiszewski VerkehrsStrafR Rn. 752 ff.). In den Fällen des § 69 Abs. 2 StGB bedarf das keiner Prüfung, falls sich nicht wichtige Gegengründe aufdrängen (Döllel/Dreeßen SchlHA 2008, 231 – OLG Schleswig RsprU; Hentschel DAR 1980, 171; 1988, 90); die erfolgreiche Teilnahme an einem „Aufbauseminar" nach § 2b Abs. 2 oder § 4 Abs. 8 StVG (früher „Nachschulung" genannt, dazu eing. Himmelreich DAR 1997, 465; Hentschel Trunkenheit Rn. 636 ff., 795; Larsen StraFo 1997, 298) wird idR kein solcher Grund sein (vgl. aber → § 153a Rn. 22b). Das schriftlich abgefasste u. mit der Revision angegriffene Berufungsurteil entfaltet für die Beurteilung der Frage, ob dringende Gründe vorliegen, regelmäßig eine indizielle Wirkung (OLG Hamm NStZ-RR 2014, 384). Vgl. für **E-Scooter**

BayObLG NStZ 2020, 726; LG Köln DAR 2021, 43 (absolute Fahruntüchtigkeit bei einer BAK von 1,1 Promille); vgl. für Pedelecs OLG Karlsruhe DAR 2020, 579 mkritAnm. König). Eine „vorsorgliche" vorläufige Entziehung der Fahrerlaubnis ist nicht zulässig, denn die Maßnahme setzt voraus, dass der Betroffene ein Fahrerlaubnis hat (LG Mönchengladbach NZV 2024, 557 mkritAnm Sandherr).

3 **C. Kann-Bestimmung.** Eine Kann-Bestimmung ist Abs. 1 S. 1. **In der Regel** wird der Richter die Anordnung in Ausübung pflichtgemäßen Ermessens treffen müssen (OLG Jena VRS 115, 353; OLG Karlsruhe VRS 59, 432; 68, 360; SSW StPO/Harrendorf Rn. 8). Bei freiwilliger Herausgabe des Führerscheins ist sie entbehrlich (Löwe/Rosenberg/Hauck Rn. 15; SSW StPO/Harrendorf Rn. 8; Michel DAR 1997, 394 mwN; **aM** KK-StPO/Henrichs/Weingarten Rn. 4). Zulässig ist sie bis zur Rechtskraft des Urteils (OLG Karlsruhe DAR 1954, 302; OLG Koblenz VRS 68, 118; OLG Stuttgart VRS 5, 356; Löwe/Rosenberg/Hauck Rn. 16). Dass die StA sie erst längere Zeit nach der Tatbegehung beantragt, steht grds. nicht entgegen (BVerfG NJW 2005, 1767; OLG Dresden OLG-NL 1997, 71; OLG Düsseldorf NStZ-RR 2002, 314; OLG Hamm NZV 2002, 380; OLG Zweibrücken BA 2009, 284; Hentschel NJW 1995, 636; **aM** LG Bonn NZV 2010, 214; LG Hagen NZV 1994, 334 mablAnm Molketin; LG Kiel bei Himmelreich/Halm NStZ 2009, 377 (nach 4 Monaten); LG Kiel StV 2010, 300 (schon nach 2 Monaten); LG Trier VRS 63, 210; vgl. auch Kropp NStZ 1997, 471; ZRP 2001, 405: bei Durchschnittsfällen idR nicht mehr nach 6 Monaten). Ein Antrag der StA, der mehr als 2 Jahre nach der Tat gestellt wird, wird aber regelmäßig den Grundsatz der Verhältnismäßigkeit verletzen (KG StraFo 2011, 353).

3a Auch das Berufungsgericht kann die Anordnung treffen. Es ist aber mit Blick auf Abs. 2 zu differenzieren: Hat der 1. Richter die Fahrerlaubnis nach § 69 StGB **entzogen,** aber keine Anordnung nach § 111a getroffen, so kann das Berufungsgericht sie nicht nur zugleich mit dem Urt. (OLG Hamburg VRS 44, 187; OLG Koblenz VRS 73, 292; OLG Zweibrücken NJW 1981, 775) o. nach dessen Erlass (OLG Koblenz BA 1985, 180;), sondern schon vorher nachholen, auch bei unveränderter Sach- u. Rechtslage (OLG Dresden OLG-NL 1997, 71; OLG Koblenz VRS 65, 448; OLG Oldenburg Nds. Rpfl. 2010, 36; **aM** OLG Saarbrücken VRS 46, 137). War der Angeklagte im 1. Rechtszug **freigesprochen** worden, so kann das Berufungsgericht die Anordnung nur treffen, wenn es ihn verurteilt u. die Fahrerlaubnis entzieht (OLG Karlsruhe VRS 68, 300); eine vorherige Anordnung nach Aktenlage ist ihm in diesn Fällen verwehrt (BVerfG NJW 1995, 124; vgl. aber für den umgekehrten Fall OLG Jena StraFo 2021, 482). Nur bei Vorliegen neuer Tatsachen o. Beweismittel ist die Anordnung nach Einspruch gegen einen Strafbefehl zulässig, in dem die Fahrerlaubnisentziehung nach § 69 StGB ausdr. abgelehnt worden war (LG Stuttgart Justiz 1985, 364; KK-StPO/Henrichs/Weingast Rn. 9). Das Gleiche gilt, wenn Berufung gegen ein Urt. eingelegt ist, in dem die Maßnahme nach § 69 StGB nicht angeordnet worden war (OLG Nürnberg StraFo 2011, 91; LG Zweibrücken NStZ-RR 1998, 249 mwN; **aM** OLG Koblenz VRS 73, 290: auch bei eindeutiger Unrichtigkeit der Entscheidung; erg. → Rn. 13).

4 **D. Ausnahmen für bestimmte Kraftfahrzeuge (Abs. 1 S. 2).** Anders als die endgültige Entziehung, die nicht teilbar ist (§ 69 Abs. 1 StGB), sondern nur dadurch gemildert werden kann, dass die Sperre für die Neuerteilung der Fahrerlaubnis sachlich beschränkt wird (§ 69a Abs. 2 StGB), kann die vorl. Entziehung (auf Antrag o. vAw) mit einer Ausnahme versehen werden (LG Frankenthal DAR 1999, 374; Gübner/Krumm NJW 2007, 2804). Ihre Voraussetzungen entspr. denen des § 69a Abs. 2 StGB (dazu Fischer/Fischer/Lutz StGB § 69a Rn. 28 ff.). Die Einschränkung der Maßnahme ist nur für bestimmte Arten v. Kfzen zulässig (vgl. § 6 Abs. 1 S. 2 FEV), nicht für bestimmte Zeiten, Orte u. Gebiete o. für Kfze bestimmter Eigentümer o. Halter (Löwe/Rosenberg/Hauck Rn. 28). Bei charakterlichen Mängeln (Trunkenheitsfahrt; schwerwiegender Verstoß gegen § 142 StGB) wird der Täter idR ungeeignet zum Führen aller Arten v. Kfz sein; Aus-

nahmen gelten nur unter bes. Umständen (OLG Hamm NJW 1971, 1618; OLG Karlsruhe VRS 55, 122; OLG Koblenz VRS 65, 34; LG Berlin 4.7.2005 – 509 Qs 34/05; SSW StPO/Harrendorf Rn. 10; MüKoStPO/Hausschild Rn. 20). Trotz der Beschränkung nach Abs. 1 S. 2, die in dem Beschl. nach § 111a ausgesprochen u. eing. begründet werden muss, wird der Führerschein in amtl. Verwahrung genommen. Die Verwaltungsbehörde muss aber alsbald einen Ersatzführerschein für die bestehen gebliebene Fahrerlaubnis ausstellen (Dahs NJW 1966, 239; Janiszewski VerkehrsStrafR Rn. 753).

E. Anordnung der Maßnahme. I. Gerichtsbeschluss (Abs. 1 S. 1). Durch **Gerichtsbeschluss (Abs. 1 S. 1),** der in knapper Weise zu begründen ist (§ 34), muss die Anordnung getroffen werden. Das Fehlen der Begründung ist unschädlich, wenn die Anordnung zugleich mit dem Berufungsurteil ergeht (OLG Koblenz VRS 71, 39 (40); 73, 292; SSW StPO/Harrendorf Rn. 13). Im Ermittlungsverfahren ist ein Antrag der StA erforderlich (LG Gera MDR 1996, 731); sonst ist die StA nach § 33 Abs. 2 zu hören, der Beschuldigte nach § 33 Abs. 3. Es genügt, dass die Polizei ihm Gelegenheit gibt, sich zu den Tatsachen zu äußern, die nach Abs. 1 S. 1 erheblich sind (MüKoStPO/Hausschild Rn. 26). § 33 Abs. 4 S. 1 ist nicht anwendbar, weil in Eilfällen die Beschlagnahme des Führerscheins möglich ist (SSW StPO/Harrendorf Rn. 13; Hentschel DAR 1988, 90; **aM** Löwe/Rosenberg/Hauck Rn. 54). Der Beschl. wird der StA nach § 36 Abs. 2 S. 1 zugeleitet u. dem Beschuldigten bekanntgemacht. Obwohl nach § 35 Abs. 2 die formlose Mitteilung genügt, empfiehlt sich wegen der Rechtsfolgen nach § 21 Abs. 1 Nr. 1 StVG (→ Rn. 8) die förmliche Zustellung (Löwe/Rosenberg/Hauck Rn. 61; Hentschel DAR 1988, 91). Von Amts wegen zu beachtende Mitteilungspflichten bestehen nach der MiStra 45 Abs. 1 Nr. 1, Abs. 3, Abs. 4 iVm §§ 12 ff. **EGGVG** (vgl. → EGGVG § 12 Rn. 1 ff.). **5, 6**

II. Zuständigkeit. Zuständig ist nach § 162 Abs. 1 S. 1 im Vorverfahren das AG, in dessen Bezirk die antragstellende StA (Zweigstelle) ihren Sitz hat (→ § 162 Rn. 8; vgl. SK-StPO/Rogall/Schumann Rn. 22), im Fall der Beschlagnahme des Führerscheins iVm § 98 Abs. 2 S. 3. Nach Anklageerhebung ist gem. § 162 Abs. 3 S. 1 das jew. mit der Sache befasste Gericht zuständig (OLG Köln NZV 1991, 243), das Berufungsgericht nach der Aktenvorlegung nach § 321 S. 2 (OLG Düsseldorf NZV 1992, 202), im Revisionsverfahren der letzte Tatrichter, nicht das Revisionsgericht (§ 162 Abs. 3 S. 2). In der HV wirken die Schöffen mit (OLG Karlsruhe VRS 68, 360). Ergänzend → Rn. 15. **7**

III. Wirkung. Die Anordnung wirkt zugleich als Beschlagnahme des inländischen Führerscheins (Abs. 3). Sie bewirkt ferner ein durch § 21 Abs. 1 Nr. 1 StVG strafbewehrtes Fahrverbot, über das der Beschuldigte bei der Beschlusszustellung belehrt werden sollte. Diese Wirkung tritt erst mit der Bekanntgabe an den Beschuldigten ein (BGHZ 38, 86; KG VRS 42, 210; OLG Köln VRS 52, 271). Die Fahrerlaubnis erlischt nicht. Die Verwaltungsbehörde darf daher keine neue Fahrerlaubnis erteilen u. die bestehende auch nicht beschränken (MüKoStPO/Hausschild Rn. 28. **8**

F. Aufhebung der Maßnahme (Abs. 2). I. Wegfall der Gründe. Der Wegfall der Gründe für die Anordnung zwingt, in der Berufungsinstanz schon vor Urteilserlass (OLG Hamburg NJW 1963, 1215; OLG Jena StraFo 2021, 482), zur Aufhebung der Maßnahme. StA u. Gericht müssen daher lfd. darauf achten, ob die Gründe fortbestehen; deren Wegfall kann auch mit einer Gegenvorstellung geltend gemacht werden (vgl. Holzinger StRR 2008, 210). Der Zeitablauf seit der Tat kann dazu führen, dass die Feststellung des Eignungsmangels in der HV nicht mehr wahrscheinlich ist (KG VRS 60, 109 (111); OLG Düsseldorf NZV 1999, 389 (390); StraFo 2000, 56; OLG Koblenz NZI 2008, 47; LG Saarbrücken ZfS 2007, 470). Ist der Eignungsmangel nicht entfallen, so kann doch eine bes. lange Verfahrensdauer bei groben Verstößen gegen das Beschleunigungsgebot u. erheblichen Verzögerungen die Aufhebung der Maßnahme erfordern (OLG Düsseldorf NZV 1999, 389 (390); StraFo 2000, 56; OLG Hamm NZV 2007, 639; OLG Köln NZV **9, 10**

1991, 243; OLG Nürnberg StV 2006, 685; AG Kiel StraFo 2025, 191); Tepperwien NStZ 2009, 3). Vgl. hierzu noch Gübner/Krumm NJW 2007, 2804 u. Himmelreich/Halm NStZ 2007, 392.

11 Der bloße Zeitablauf während des **Berufungsverfahrens** rechtfertigt die Aufhebung nicht (OLG München DAR 1975, 132; 1977, 49; Hentschel DAR 1976, 9; 1988, 91: MüKoStPO/Hauschild Rn. 35); denn das Berufungsgericht ist nicht gehindert, die gleiche Sperre wie das 1. Gericht anzuordnen, auch wenn sie ohne Berufungseinlegung schon ihr Ende gefunden hätte (→ § 331 Rn. 23). Die Aufhebung ist daher nur geboten, wenn eine endgültige Entziehung wegen des Zeitablaufs unwahrscheinlich wird (KG NJW 1960, 2112; VRS 35, 292; OLG Koblenz BA 1985, 180; VRS 69, 130). Mit einer gewissen Verlängerung der tatsächlichen Sperre als Folge der Berufungseinlegung muss der Angeklagte rechnen (OLG Düsseldorf VRS 79, 23; NZV 1999, 389; OLG Koblenz VRS 68, 41).

12 Während des **Revisionsverfahrens** ist die vorl. Entziehung nach der hM nicht deshalb aufzuheben, weil die Verfahrensdauer die Dauer der Sperre übersteigt (KG VRS 53, 278; OLG Düsseldorf VRS 64, 262; OLG Frankfurt a. M. NStZ-RR 1998, 76; OLG Hamburg NJW 1981, 2590; OLG Hamm VRS 69, 220; OLG Karlsruhe VRS 53, 435; OLG Koblenz NZV 2008, 367; OLG Stuttgart VRS 63, 363; Löwe/Rosenberg/Hauck Rn. 41). Die Gegenmeinung (OLG Köln VRS 57, 126; SK-StPO/Rogall/Schumann Rn. 42; Hentschel Trunkenheit Rn. 872 mwN; Janiszewski NStZ 1981, 471 mwN) übersieht, dass allein der Ablauf der Sperre dem Angekl. keinen Rechtsanspruch auf Teilnahme am Kraftfahrzeugverkehr gibt, sondern nur die Verwaltungsbehörde berechtigt ist, ihn hierzu wieder zuzulassen, wenn keine Hinderungsgründe vorliegen (OLG Hamburg NJW 1981, 2590; OLG Koblenz NZV 2008, 367; OLG Stuttgart VRS 63, 363).

13 **II. Nichtentziehung der Fahrerlaubnis.** Die Nichtentziehung der Fahrerlaubnis im Urt. zwingt zur Aufhebung der vorl. Entziehung, u. zwar durch **gesonderten Beschluss.** Bei Verfahrensbeendigung durch Beschl. (§§ 206a, 206b) wird die Aufhebung im selben Beschl. verfügt. Gemeint sind nrkr Urteile u. Beschlüsse; denn bei Rechtskraft entfällt die vorl. Maßnahme ohne weiteres (BVerfG NJW 1995, 124). Die Rechtsmitteleinlegung darf die Aufhebung der Anordnung nicht verzögern; § 120 Abs. 2 gilt entspr. Vor der Entsch. über das Rechtsmittel darf die vorl. Entziehung nur dann erneut angeordnet werden, wenn neue Tatsachen o. Beweismittel bekanntgeworden sind, die voraussichtlich zur endgültigen Fahrerlaubnisentziehung führen (BVerfG NJW 1995, 124; OLG Nürnberg StraFo 2011, 91; OLG Karlsruhe NJW 1960, 2113; hM; erg. → Rn. 3 aE; **aM** SK-StPO/Rogall/Schumann Rn. 39). Nach Urteilsaufhebung durch das Revisionsgericht u. Zurückverweisung nach § 354 Abs. 2 ist die Anordnung nach Abs. 1 stets zulässig, wenn ihre Voraussetzungen vorliegen (KK-StPO/Henrichs/Weingast Rn. 9).

14 **III. Zuständigkeit.** Zuständig für die Aufhebung ist bis zur Erhebung der öffentl. Klage das Gericht, das die Anordnung getroffen hat, danach das jew. mit der Sache befasste Gericht (OLG Braunschweig DAR 1995, 498; OLG Düsseldorf VRS 72, 370; → Rn. 7); § 120 Abs. 3 S. 1 gilt nicht entspr. (AG Münster MDR 1972, 166; SK-StPO/Rogall/Schumann Rn. 36; Hentschel Trunkenheit Rn. 864; D. Meyer DAR 1986, 47; **aM** LG Bückeburg Nds. Rpfl. 1987, 200; Wittschier NJW 1985, 1324). Die Zuständigkeit des Berufungsgerichts beginnt mit der Aktenvorlage nach § 321 S. 2 (OLG Celle NJW 1961, 1417; OLG Karlsruhe MDR 1974, 159; Döllel/Dreeßen SchlHA 2008, 231 – OLG Schleswig RsprÜ; LG Zweibrücken NZV 1992, 499 mwN). Das Revisionsgericht ist zuständig, wenn es die im angefochtenen Urt. angeordnete Entziehung endg. beseitigt (BayObLG NZV 1993, 240) o. entspr. § 126 Abs. 3 verfährt (OLG Karlsruhe DAR 2020, 697; Habetha NZV 2008, 605 mwN); sonst bleibt der letzte Tatrichter zuständig (BGH NJW 1978, 384; OLG Jena 18.3.2019 – 1 OLG 151 Ss 22/19; OLG Koblenz NZV 2008, 367; OLG Stuttgart VRS 74, 185 (188); OLG Zweibrücken VRS 69, 293; SK-StPO/Rogall Rn. 43; **aM** OLG Bremen VRS 46, 43; OLG Koblenz MDR 1978, 337; 1986, 871; Hentschel Trunkenheit Rn. 842).

G. Führerscheinbeschlagnahme (Abs. 3, Abs. 4). Polizei u. StA dürfen nicht die Fahrerlaubnis vorl. entziehen, aber bei Gefahr im Verzug (§ 98 Abs. 1 S. 1) den Führerschein beschlagnahmen (§ 94 Abs. 3), sofern die Voraussetzungen von Abs. 1 vorliegen (OLG Stuttgart NJW 1969, 760). **Gefahr im Verzug** bedeutet hier, dass zu besorgen ist, der Kraftfahrer werde ohne die Abnahme des Führerscheins weitere Trunkenheitsfahrten unternehmen o. sonst Verkehrsvorschriften in schwerwiegender Weise verletzen (BGHSt 22, 385; Hentschel Trunkenheit Rn. 892 ff. mwN). Unter diesen Voraussetzungen ist die Beschlagnahme geboten (Folge: § 21 Abs. 2 Nr. 2 StVG), auch die eines entgegen § 4 Abs. 2 S. 2 FEV nicht mitgeführten Führerscheins in der Wohnung des Beschuldigten (Gramse NZV 2002, 345). Auf dessen Antrag nach § 98 Abs. 2 S. 2 entscheidet das nach § 98 Abs. 2 S. 3 zuständige Gericht nicht über die Zulässigkeit der Beschlagnahme, sondern ordnet die vorl. Entziehung der Fahrerlaubnis an o. lehnt sie ab (Abs. 4; vgl. OLG Jena BA 2007, 182). 15

Eine Beschlagnahme des Führerscheins zur unmittelbaren **Gefahrenabwehr** durch die Polizei nach den Polizei- u. Ordnungsgesetzen der Länder kann – außer wenn der Polizeibeamte keine Ermittlungsperson (§ 152 GVG) ist – neben § 94 Abs. 3 nur noch in Ausnahmefällen (zB Schwächeanfall eines Fahrers) erfolgen (Trupp NZV 2004, 389; dazu Meyer-Goßner NZV 2004, 565), wobei jedoch die Gefahr idR nur durch Wegnahme des Zündschlüssels o. durch Sicherstellung des Kfz wird beseitigt werden können (BGH VersR 1956, 219; vgl. auch BGH NJW 1962, 2104); dann ist aber sofort nach Wegfall der akuten Gefahr der Führerschein zurückzugeben (Dahs NJW 1968, 633). 16

Nach Abs. 3 S. 2 werden **Inhaber von Fahrerlaubnissen aus EU- und EWR-Staaten,** die ihren ordentlichen Wohnsitz im Inland haben, Inhabern deutscher Fahrerlaubnisse gleichgestellt; ihr Führerschein wird wie ein deutscher Führerschein in Verwahrung genommen. Hat er seinen ordentlichen Wohnsitz im Ausland, gelten § 28 Abs. 1 Nr. 2 und § 30 Abs. 10 StVG. Das Recht, von einer ausländischen Fahrerlaubnis in Deutschland Gebrauch zu machen, lebt nach Ablauf der Frist nicht automatisch wieder auf (BVerwG NJW 2020, 1603; KK-StPO/Henrichs/Weingast Rn. 20). Die Gleichstellung gilt ab 1.6.2026 wegen des Verweises auf § 69 Abs. 2 S. 1 StGB auch in den Fällen des Abs. 4 (BGBl. 2026 I Nr. 46). 16a

H. Rückgabe des Führerscheins (Abs. 5). Die Rückgabe des Führerscheins (Abs. 5) ist vorgeschrieben, wenn der Richter die vorl. Entziehung der Fahrerlaubnis ablehnt o. aufhebt o. wenn die Fahrerlaubnis im Urt. nicht entzogen. Dies gilt ab 1.6.2026 wegen des Verweises auf § 69 Abs. 1 S. 2 StGB in Abs. 5 nF (BGBl. 2026 I Nr. 46) auch für EU- und EWR-Führerscheine, sofern der Inhaber seinen ordentlichen Wohnsitz im Inland hat. Zuständig ist bis zur Erhebung der Anklage die StA, danach das mit der Sache befasste Gericht (→ Rn. 7), nach Rechtskraft die Vollstreckungsbehörde. Da die Rückgabe keine Vollstreckung ist, gilt § 36 Abs. 2 S. 1 nicht. Ist im Urt. zwar keine Anordnung nach § 69 StGB getroffen, aber ein Fahrverbot nach § 44 StGB verhängt worden, so kann die Rückgabe aufgeschoben werden, wenn der Beschuldigte nicht widerspricht (Abs. 5 S. 2). Die Zeit nach dem Urt. wird dann unverkürzt auf das Fahrverbot angerechnet (§ 450 Abs. 2). 17

I. Ausländische Führerscheine (Abs. 6). Ausländische Führerscheine (Abs. 6), die nicht Abs. 3 S. 2 unterfallen (dazu → Rn. 16a), können nach § 69b Abs. 1 StGB mit der Wirkung eines Fahrverbots im Bundesgebiet entzogen werden. Auch die vorl. Entziehung ist zulässig (Abs. 6 S. 1; eing. dazu Ludovisy DAR 1997, 80). Sie wird dadurch vollzogen, dass sie im Führerschein, der zu diesem Zweck beschlagnahmt werden darf (Abs. 6 S. 2), **vermerkt** wird (§ 69b Abs. 2 S. 2 StGB), auch bei Personen, für die das NTS gilt (Art. 9 VIb NTS-ZA). Nach der Eintragung des Vermerks ist der Führerschein unverzüglich zurückzugeben. Ist die Anbringung eines Vermerks auf dem Führerschein technisch nicht möglich, ist er notfalls auf einem gesonderten Blatt zu erstellen u. dies mit dem Führerschein zu verbinden (MüKoStPO/Hausschild Rn. 43). Mit Inkrafttreten von Abs. 6 nF am 18

1.6.2026 gilt dies nicht mehr für ausländische Führerscheine, die von EU- oder EWR-Staaten ausgestellt wurden (BGBl. 2026 I Nr. 46).

19 **J. Beschwerde.** Beschwerde (§ 304) ist auch gegen den Beschl. des erkennenden Gerichts zulässig (§ 305 S. 2). Beschwerdeberechtigt ist außer dem Beschuldigten die StA, wenn ihr Antrag auf Anordnung der Fahrerlaubnisentziehung abgelehnt worden ist (LG Zweibrücken NStZ-RR 1998, 249; erg. → § 305 Rn. 6). Weitere Beschwerde ist nach § 310 Abs. 2 ausgeschlossen. Gegen eine Anordnung des OLG als Gericht des 1. Rechtszugs ist Beschwerde zulässig, da § 304 Abs. 4 S. 2 Nr. 1 (Beschlagnahme) gilt. Eine noch nicht verbeschiedene Beschwerde gegen eine Anordnung des ER ist nach Anklageerhebung in einen Aufhebungsantrag umzudeuten (KG VRS 117, 165; OLG Celle StraFo 2001, 134; OLG Düsseldorf VRS 99, 203. Ebenso behandelt das Berufungsgericht eine unerledigte Beschwerde nach Aktenvorlage gem. § 321 S. 2; seine Entsch. ist daher mit der Beschwerde anfechtbar (OLG Celle NStE StPO § 111a Nr. 4; OLG Düsseldorf VRS 72, 370 mwN; OLG Stuttgart (4. StS) VRS 102, 381; **aM** OLG Stuttgart (6. StS) NStZ 1990, 141; KMR-StPO/Albrecht § 310 Rn. 2). Bis zum Erlass des Berufungsurteils darf die Frage der Geeignetheit zum Führen eines Kraftfahrzeugs nur bei neu bekannt gewordenen Tatsachen anders als im erstinstanzlichen Urt. gewertet werden (Döllel/Dreeßen SchlHA 2008, 231 – OLG Schleswig RsprÜ; OLG Stuttgart VRS 101, 41); gegen die v. der Berufungskammer angeordnete Maßregel ist die Beschwerde auch während eines sich anschließenden Revisionsverfahrens zulässig (OLG Hamm NStZ-RR 2014, 384 mwN). Eine Vorabentscheidung über die Rechtmäßigkeit der Maßregel nach § 69 StGB kann mit der Beschwerde grds. nicht erreicht werden (OLG Brandenburg NStZ-RR 1996, 170; OLG Hamm MDR 1996, 954; OLG Köln VRS 105, 343; Döllel/Dreeßen SchlHA 2008, 231 – OLG Schleswig RsprÜ; Cierniak NZV 1999, 324; **aM** KG VRS 100, 443; OLG Düsseldorf VRS 98, 190; OLG Jena VRS 115, 353; OLG Karlsruhe DAR 2004, 408; OLG Koblenz NZV 2008, 47; OLG Zweibrücken BA 2009, 284), es sei denn, die ges. Voraussetzungen für eine Maßregelanordnung sind überhaupt nicht gegeben (BVerfG NStZ-RR 2002, 377; OLG Jena BA 2007, 182; vgl. auch SK-StPO/Rogall/Schumann Rn. 57 ff.). Die Aussetzung der Anordnung nach § 307 Abs. 2 kommt nicht in Betracht (vgl. OLG Köln ZfS 1984, 29; 1986, 124; Hentschel DAR 1988, 92). Zur Gegenvorstellung vgl. Holzinger StRR 2008, 210.

20 **K. Immunität.** Die Beschlagnahme des Führerscheins (§ 94 Abs. 3) u. die Anordnung nach § 111a setzen die Aufhebung der Immunität voraus, auch wenn der Abg. auf frischer Tat betroffen wurde (vgl. Löwe/Rosenberg/Hauck Rn. 99 f.; **aM** Löwe/Rosenberg/Mavany § 152a Rn. 28 ff.). Ist das Ermittlungsverfahren allerdings genehmigt, wie dies allg. bei Abg. des BT der Fall ist (Nr. 192a Abs. 2 S. 2 RiStBV), so sind die Maßnahmen jedoch ohne weiteres zulässig. Die StA teilt sie auf dem Dienstweg dem Parlamentspräsidenten mit. Die Polizei ist berechtigt, den Abg. zu fragen, ob er den Führerschein freiwillig in amtl. Verwahrung geben will (Cloppenburg MDR 1961, 826). Über diplomatische u. konsularische Vorrechte vgl. → GVG § 18 Rn. 11.

Vorbemerkung zu § 111b Beschlagnahme und Vermögensarrest zur Sicherung der Einziehung und der Wertersatzeinziehung

1 **A. Reform der strafrechtlichen Vermögensabschöpfung.** Die §§ 111b ff. regeln die **Sicherstellung von Gegenständen** zur Sicherung der Einziehung u. der Wertersatzeinziehung sowie der Unbrauchbarmachung (§§ 73 ff. StGB). Sie wurden mit dem am 1.7.2017 in Kraft getretenen G zur Reform der strafrechtlichen Vermögensabschöpfung v. 13.4.2017 (BGBl. I 872) **neugefasst.** Erhalten geblieben sind die Grundzüge der §§ 111b ff. aF. Abgesehen davon bestehen aber va für die Sicherung v. Maßnahmen der Vermögensabschöpfung (§§ 73–73e StGB) erhebliche, teils grdl. Unterschiede zu den bislang geltenden Vorschriften. Insbesondere gehört das bisherige Opferentschädigungskonzept der „Rückgewin-

nungshilfe" (vgl. dazu → 60. Aufl. 2017, § 111b Rn. 5, 6, → 60. Aufl. 2017, § 111d Rn. 4) infolge der ersatzlosen Streichung des § 73 Abs. 1 S. 2 StGB aF der Vergangenheit an; die hieran anknüpfenden Regelungen über die strafprozessuale Zulassung v. Verletzten zur Zwangsvollstreckung (§ 111g Abs. 2 aF) u. über den staatlichen Auffangrechterwerb (§ 111i aF) gibt es nicht mehr (vgl. BT-Drs. 18/9525, 2, 46). Von erheblicher praktischer Bedeutung sind zudem die Neuregelungen über die **rechtlichen Wirkungen** v. Sicherstellungsmaßnahmen (§§ 111d, 111h, 111i), die nicht zul. das Verhältnis der strafrechtlichen Vermögensabschöpfung zum **Insolvenzrecht** festlegen (BT-Drs. 18/9525, 6, 78 f.; 18/11640, 79 f.; ausf. Bittmann/Tschakert ZInsO 2017; 2657; Blankenburg ZInsO 2017, 1453; Köhler/Burkhard NStZ 2017, 665 (677 f.)). In begrifflicher Hinsicht vollziehen die §§ 111b ff. die neue ges. Bezeichnung der Vermögensabschöpfung („Einziehung von Taterträgen") nach (vgl. § 73 Abs. 1 StGB); die bisherige Bezeichnung „Verfall" (vgl. § 73 Abs. 1 StGB aF) kennt das neue Recht nicht mehr. Zur vermögensordnenden **Rechtsnatur** der strafrechtlichen Vermögensabschöpfung (§§ 73 ff. StGB) im Gegensatz zum strafähnlichen Charakter der Einziehung v. Tatmitteln, Tatprodukten u. Tatobjekten (§§ 74 ff. StGB), vgl. → Vor § 421 Rn. 2; → EGStGB Art. 316h Rn. 2.

Umfang und Gegenstand der Sicherung richten sich nach der zu sichernden (Wertersatz-)Einziehung, also nach den §§ 73 ff. StGB. Zur Bestimmung des erlangten Etwas des § 73 Abs. 1 StGB nach dem **„Bruttoprinzip"** im reformierten Recht der Vermögensabschöpfung, BT-Drs. 18/9525, 61 f.; Köhler NStZ 2017, 497 (502 ff.); Rettke wistra 2018, 234 mit bes. Augenmerk auf das Wirtschaftsstrafrecht; Schäuble/Pananis NStZ 2019, 65 zum Abzugsverbot des § 73d Abs. 1 StGB). 1a

Ob die Einziehung des Tatertrages o. des Wertes des Tatertrages auch gegen **Jugendliche und Heranwachsende** zwingend anzuordnen ist, hatte die Rspr. Zunächst nicht einheitlich beantwortet (dafür BGH NStZ 2019, 221 (2. StS); 17.6.2019 – 4 StR 62/19 (4. StS); ZJJ 2019, 285 (5. StS); OLG Hamburg wistra 2018, 485; instruktiv Schumann StraFo 2018, 415; zum früheren Recht ebenso BGH NStZ 2011, 270; **aA** BGH (1. StS) NStZ 2019, 682; dagegen wiederum BGH NStZ-RR 2020, 124). Der GSSt des BGH (BGHSt 65, 242) hat die Frage nunmehr im Sinne einer **zwingenden Anwendung** entschieden (erg. → Vor § 421 Rn. 2). 1b

B. Systematik und Adressat der Sicherungsmaßnahmen. Die neuen Vorschr.über die Sicherstellung haben die **Zweigleisigkeit** des bisherigen Rechts übernommen. Die Vollstreckung der Einziehung o. Unbrauchbarmachung v. Gegenständen wird – wie bisher – durch **Beschlagnahme** (§ 111b ff.) gesichert. Die Vollstreckung der Wertersatzeinziehung sichert der **Vermögensarrest** (§§ 111e ff.), der den dinglichen Arrest nach §§ 111b Abs. 2, 111d aF ersetzt hat (zu den Gründen u. Folgen dieser Änd., vgl. → § 111e Rn. 6 f., 10). Entsprechendes ihrer unterschiedlichen Zielrichtung (dazu Köhler/Burkhard NStZ 2017, 665 (676); Meißner/Schütrumpf Vermögensabschöpfung Rn. 121 f.) sind die §§ 111b ff. beide Sicherstellungsinstrumente strikt voneinander getrennt (BT-Drs. 18/9525, 49; zum Vorgehen in Zweifelsfällen vgl. Bittmann NZWiSt 2019, 338 (339)). Unterteilt sind die Vorschr. jew. in Anordnung, Vollziehung u. Wirkung der betreffenden Sicherstellungsmaßnahme (ausf. BT-Drs. 18/9525, 75 ff.; Köhler/Burkhard NStZ 2017, 665 (677 f.)). 2

Betroffener der Beschlagnahme o. des Vermögensarrestes ist der (potenzielle) **Adressat der Einziehung oder Wertersatzeinziehung.** Die Sicherstellungsanordnung kann sich mithin gegen (tatverdächtige) Beschuldigte (§§ 73, 73c, 74, 74b, 74c StGB) und – allein o. zusätzlich – gegen (tatunverdächtige) Dritte (§§ 73b, 73c, 74a StGB) richten. Ob der Sicherstellungsanordnung eine (Erwerbs-)Tat zum Nachteil der Allgemeinheit (zB § 29a BtmG) o. zum Nachteil individueller Verletzter (zB § 263 StGB) zugrunde liegt, ist für den **Anordnungstenor** nach der ersatzlosen Streichung des § 73 Abs. 1 S. 2 StGB aF ohne Belang. Es wird in allen Fällen ausschl. der **staatliche (Wertersatz-)Einziehungsanspruch** (vgl. dazu BT-Drs. 18/11640, 95; Köhler NStZ 2017, 497 (498); Bittmann/ 3

Tschakert ZinsO 2017, 2657 (2658)) gesichert; daher konnte § 111b Abs. 5 ersatzlos wegfallen (BT-Drs. 18/9525, 75. Vgl. zum bisherigen Recht → 60. Aufl. 2017, § 111b aF Rn. 5 ff.). Zu den Grundzügen des reformierten **Opferentschädigungsmodells,** vgl. BT-Drs. 18/9525, 51 ff.; Köhler/Burkhard NStZ 2017, 665 (679 ff.); Meißner/Schütrumpf Vermögensabschöpfung Rn. 209 ff.; erg. → § 459h Rn. 1 f.).

4 **C. Rechtsfolgen der Vollziehung.** Die rechtlichen Wirkungen der Vollziehung v. Beschlagnahme u. Vermögensarrest unterscheiden sich va mit Blick auf die reformierte Opferentschädigung (ausführl. dazu BT-Drs. 18/9525, 49 ff.; 18/11640, 85 ff.) erheblich voneinander. Die **Beschlagnahme** sichert die Einziehung des Tatertrages (zB eine betrügerisch erlangte Uhr), v. Tatmitteln (zB Tatmesser), Tatprodukten (zB Falschgeld) o. Tatobjekten (zB Betäubungsmittel). Solche Gegenstände sollen nach dem Willen des Gesetzgebers entweder zurück an den Verletzten gelangen o. aus dem Wirtschaftsverkehr gezogen werden; die (vollzogene) Beschlagnahme ist daher nicht zul. mit Blick aus den Opferschutz **insolvenzfest** (§ 111d Abs. 1). **Gleiches** gilt nach § 111h Abs. 1 **grundsätzlich** für die in Vollziehung der **Vermögensarrestes** entstandenen staatlichen Sicherungsrechte (BT-Drs. 18/9525, 78). Da der Vermögensarrest aber eine Wertersatzeinziehung durch Pfändung sonstiger, nicht mit der rechtswidrigen Tat in Verbindung stehender Gegenstände des Einziehungsadressaten sichert, macht § 111i Abs. 1 eine gewichtige Ausnahme v. diesem Grundsatz: Beruht der (vollzogene) Vermögensarrest auf (auch) auf einer materiellen Tat mit (mind.) einem **Verletzten** (zB § 263 StGB), so räumt § 111i Abs. 1 dem Insolvenzrecht u. damit dem Grundsatz der **Gläubigergleichbehandlung** den Vorrang ein (BT-Drs. 18/11640, 79 f.). Beruht der Vermögensarrest hingegen **ausschließlich** auf materiellen Erwerbstaten zum Nachteil der **Allgemeinheit** (zB § 29a BtmG), bleibt es bei der Insolvenzfestigkeit der staatlichen Sicherungsrechte (BT-Drs. 18/9525, 79; zum Ganzen, Bittmann/Tschakert ZInsO 2017, 2657 (2661 ff.); Köhler/Burkhard NStZ 2017, 665 (677 f.); Meißner/Schütrumpf Rn. 150 ff., 162 ff.). Es ist daher bereits zu Beginn o. jedenfalls in einem frühen Stadium des Ermittlungsverfahrens genau zu prüfen, ob ein Fall der Einziehung (Sicherung durch Beschlagnahme) o. einer der Wertersatzeinziehung (Sicherung durch Vermögensarrest) vorliegt. Bei strafrechtswidrig (zB aus Betrugstaten) erlangtem **Bar- oder Buchgeld** wird es sich fast ausnahmslos um einen Fall der Wertersatzeinziehung handeln. Das gilt selbst dann, wenn das Bar- o. Buchgeld ausschl. aus (mehreren) Straftaten stammt. Denn es ist praktisch nicht möglich, den Ertrag aus der konkreten rechtswidrigen Einzeltat (zB die betrügerisch erlangte Gutschrift) im Gesamtkontoguthaben gegenständlich zu identifizieren; dies wäre aber für eine an die rechtswidrige Einzeltat im materiellen Sinn anknüpfende „gegenständliche" Einziehung des Tatertrages nach § 73 Abs. 1 StGB notwendig (SSW StPO/Heine § 111b Rn. 5; s. a. Köhler NStZ 2017, 497 (499)). Handelt es sich um Taterträge aus Straftaten zum Nachteil der Allgemeinheit (zB BtM-Delikte), ist der Täter in diesen Fällen durch eine Einziehung nach § 73 Abs. 1 StGB (und ggf. § 73a StGB) nicht benachteiligt; insofern ist eine Beschlagnahme nach § 111b unschädlich. Ist das Bar- o. Buchgeld das Objekt einer **Geldwäsche,** das nach §§ 261 Abs. 10 iVm § 73 Abs. 1 StGB der Einziehung unterliegt, wird es § 111b durch Beschlagnahme gesichert wird, vgl. insofern BGH wistra 2010, 264; für die Auflösung der möglichen Spannung mit der Opferentschädigung in Altfällen (§ 261 Abs. 7 StGB aF), vgl. → § 459h Rn. 2; → § 459m Rn. 1; Köhler/Burkhard NStZ 2017, 665 (681 f.). Eingehend zur Sicherung und Abschöpfung von Bargeld Bittmann NZWiSt 2022, 188; 2022, 231 ff.

5 Nach **Eröffnung des Insolvenzverfahrens** über das Vermögen des Betroffenen sind Zwangsvollstreckungsmaßnahmen einzelner Insolvenzgläubiger unzulässig (§ 89 Abs. 1 InsO). Das gilt auch für Maßnahmen zur Vollziehung der Beschlagnahme o. des Vermögensarrestes, weil hierdurch der vorl. titulierte staatliche Anspruch auf Einziehung o. Wertersatzeinziehung (vgl. hierzu BT-Drs. 18/11640, 86; Köhler NStZ 2017, 497 (498)) vollstreckt wird. Eine zuvor erlassene, noch nicht

vollzogene Sicherstellungsanordnung (die Beschlagnahmeanordnung o. der Vermögensarrest selbst) muss wegen der Eröffnung des Insolvenzverfahrens nicht aufgeh. werden; § 89 InsO betr. lediglich die Vollstreckung eines Titels, nicht den Titel selbst (anders noch für das frühere Recht mit Blick auf das frühere Opferentschädigungskonzept der Rückgewinnungshilfe – u. deshalb nicht übertragbar –, KG NJW 2005, 3734; OLG Nürnberg NZWiSt 2013, 297; OLG Frankfurt a. M. ZIP 2009, 957; → 60. Aufl. 2017, § 111b Rn. 6a, → 60. Aufl. 2017, § 111d Rn. 1 mwN). Wegen § 111i Abs. 3 (→ § 111i Rn. 17) u. § 39 Abs. 1 Nr. 3 InsO sollte die Anordnung tunlichst aufrechterhalten werden. Die Eröffnung des Privatinsolvenzverfahrens über das Vermögen des Beschuldigten steht der Einziehung nach § 73c StGB nicht entgegen (BGH NZI 2019, 305).

D. Anwendungsbereich. Beschlagnahme u. Vermögensarrest nach §§ 111b ff. sind **in allen Verfahrensarten** möglich, in denen eine Einziehung zulässig ist, also auch im Privatklageverfahren (§§ 374 ff.) u. im selbständigen Verf. nach §§ 435, 436 (BGH NStZ 2003, 422; OLG Stuttgart wistra 2007, 276 (278); → § 435 Rn. 21); **nicht** hingegen im Sicherungsverfahren (§§ 413 ff.), da dort keine Einziehungsanordnung ergehen darf (erg. → § 413 Rn. 1). Sie können jede Form der (Wertersatz-)Einziehung sichern, unabhängig davon, ob es um eine unselbständige Anordnung nach §§ 73–74d StGB (im Strafverfahren gegen den Angeklagten) o. einer selbständigen nach § 76a StGB (etwa bei verhandlungsunfähigen o. abwesenden Tatbeteiligten) geht. Zum **Verzicht** auf Herausgabe beschlagnahmter o. arrestierter Gegenstände in der HV, vgl. → Vor § 421 Rn. 6, 6a. 6

E. Begleitmaßnahmen. Um die Wirksamkeit v. Beschlagnahme- u. Vermögensarrestanordnungen zu gewährleisten, sind **Durchsuchungen** (§§ 102–110) zulässig (§ 111b Abs. 2 und § 111e Abs. 5); Einschränkungen der Durchsuchungsvoraussetzungen bestehen nicht (Eberbach NStZ 1985, 296 für § 103); vgl. zur insofern uneingeschränkten Übernahme des bisherigen Rechts, BT-Drs. 18/9525, 75, 77). 7

F. Inkrafttreten. Das G zur Reform der strafrechtlichen Vermögensabschöpfung ist mit einer **Stichtagsregelung zum 1.7.2017** in Kraft getreten. Aus den Vorschr. der StPO hat der Gesetzgeber mit § 14 **EGStPO** lediglich für den Auffangrechtserwerb iSd § 111i Abs. 2 aF eine Übergangsvorschrift geschaffen. Im Übrigen gelten seit 1.7.2017 uneingeschränkt die neuen Verfahrensvorschriften (erg. → EGStPO § 14 Rn. 2). **Sicherstellungsanordnungen,** die noch nach altem Recht angeordnet worden waren, **wirken fort.** Denn die Tatsachen, die eine Sicherstellungsanordnung nach den §§ 111b ff. aF begründen konnten, tragen eine Beschlagnahme o. einen Vermögensarrest auch nach dem neuen Recht (OLG Hamm StraFo 2018, 63). Die in Vollziehung entstandenen **Sicherungsrechte** bleiben **wirksam** (ausf. OLG München MDR 2018, 364). 8

G. Kosten und Auslagen; RA-Gebühren. Die durch die Maßnahme nach §§ 111b ff. entstehenden Auslagen der Staatskasse gehören zu den **Verfahrenskosten** (§ 464a Abs. 1), auch soweit sie iE dem Schutz des Verletzten dienen (vgl. OLG Düsseldorf StV 2003, 550 zur Eintragung einer Sicherungshypothek; Schubert ZRP 2008, 57); zum Gegenstandswert, vgl. OLG Hamm wistra 2008, 160 (Arrest). 9

Vgl. zu der zusätzlichen Verfahrensgebühr bei anwaltlicher Tätigkeit Burhoff ZWH 2022, 309. Für die anwaltliche Tätigkeit entsteht die Verfahrensgebühr nur dann, wenn die Maßnahme noch **Gegenstand** des Ermittlungs- oder Strafverfahrens ist. Dies ist nicht der Fall, wenn die StA nach § 421 Abs. 3 oder § 435 Abs. 1 S. 2 von der Einziehung absieht (OLG Nürnberg, Rpfleger 2022, 654). 9a

H. Immunität. Die Grundsätze → § 94 Rn. 24 gelten entsprechend. 10

Beschlagnahme zur Sicherung der Einziehung oder Unbrauchbarmachung

111b (1) [1] **Ist die Annahme begründet, dass die Voraussetzungen der Einziehung oder Unbrauchbarmachung eines Gegenstandes vorliegen, so kann er zur Sicherung der Vollstreckung beschlagnahmt werden.** [2] **Liegen dringende Gründe für diese Annahme vor, so soll die Beschlagnahme angeordnet werden.** [3] **§ 94 Absatz 3 bleibt unberührt.**

(2) **Die §§ 102 bis 110 gelten entsprechend.**

1 **A. Einziehungsgegenstände.** §§ 111b–111d regeln die Beschlagnahme (Sicherstellung) von Einziehungsgegenständen. Die Beschlagnahme iSd § 111b sichert die Einziehung v. Taterträgen (§§ 73, 73a StGB), Tatmitteln, Tatprodukten u. Tatobjekten (§§ 74, 74b, 74d StGB) sowie v. Gegenständen, die der Unbrauchbarmachung unterliegen (§ 74d Abs. 1 S. 2 StGB). Sie dient der Sicherung sowohl einer **unselbständigen** Einziehung im Strafverfahren gegen den Angeklagten als auch einer **selbständigen** Einziehung (§ 76a StGB) im objektiven Verf. (§§ 435, 436 StPO; hierzu LG Berlin wistra 2022, 210). Die Beschlagnahme nach § 111b steht eigenständig neben der abw. in § 94 geregelten Sicherstellung u. Beschlagnahme v. **Beweismitteln.** Der Einziehung u. Unbrauchbarmachung steht die Vernichtung nach § 43 KUG gleich; der zu vernichtende Gegenstand kann nach § 111b StGB beschlagnahmt werden. § 111b ist auch bei Straftaten v. Kindern anwendbar (Verrel NStZ 2001, 286).

2 **Einziehungsgegenstände** können alle beweglichen u. unbeweglichen Sachen sowie alle Rechte sein, also auch Wertpapiere (KK-StPO/Spillecke Rn. 8) u. virtuelle Zahlungsmittel (→ Rn. 4), nicht aber bloße Daten ohne Vermögenswert (s. hierzu auch LG Hamburg StV 2015, 161). Eine Ausnahme gilt für Führerscheine (Abs. 1 S. 3 iVm § 94 Abs. 3), weil es dort auf die Eigentumsverhältnisse nicht ankommt. Kommt ein **Einziehungsgegenstand zugleich als Beweismittel** in Betracht, so ist die Beschlagnahme nach § 94 ausreichend; wegen des nur nach § 111d Abs. 1 eintretenden „insolvenzfesten" Veräußerungsverbotes (§ 111d Abs. 1), sollte aber stets gleichzeitig die – nach § 111c zu vollziehende – Beschlagnahme nach § 111b angeordnet werden (MüKoStPO/Bittmann Vor §§ 111b–111q Rn. 83; SSW StPO/Heine Rn. 14; Löwe/Rosenberg/Johann Rn. 89; vgl. auch → § 94 Rn. 2). Die Beschlagnahme einer Urkunde, die eine Forderung lediglich belegt, richtet sich ausschließlich nach § 94 (LG Nürnberg ZWH 2022, 306).

3 Im Bereich der Vermögensabschöpfung werden durch Beschlagnahme nach § 111b ausschl. **Taterträge** iSd §§ 73–73b StGB u. **Geldwäscheobjekte** iSd § 261 Abs. 1 StGB (vgl. § 261 Abs. 10 StGB) sichergestellt. Darunter fällt nicht nur das durch o. für die rechtswidrige (Erwerbs-)Tat erlangte Etwas selbst („Tatbeute" o. „Tatlohn"), sondern auch die (tatsächlich gezogenen) Nutzungen (§ 73 Abs. 2 StGB) u. das Surrogat des ursprünglich erlangten Vermögenswertes (§ 73 Abs. 3 StGB); das Surrogat wird insoweit wie das ursprünglich erlangte Etwas behandelt (Köhler NStZ 2017, 497 (504)). Das bedeutet zweierlei: Der Tatertrag kann zum einen nur dann durch Beschlagnahme iSd § 111b StGB sichergestellt werden, wenn er gegenständlich vorhanden ist. Zum anderen muss der Gegenstand einer konkreten rechtswidrigen (Erwerbs-)Tat im materiellen Sinn der §§ 73 Abs. 1, 76 Abs. 1–3 StGB zugeordnet werden o. der (unselbständigen o. selbständigen) erweiterten Einziehung nach §§ 73a, 76a Abs. 4 StGB unterliegen. Andernfalls liegt ein Fall der Wertersatzeinziehung (§ 73c StGB) vor, die durch den Vermögensarrest iSd § 111e gesichert wird (vgl. → Vor § 111b Rn. 3; s. aber auch → Vor § 111b Rn. 4). Das gilt – jedenfalls bei Straftaten mit individuellen Verletzen – auch für die Fälle des uneigentlichen Organisationsdeliktes, bei dem mehrere einzelne Erwerbstaten aus rechtlichen Gründen zu einer Tat im materiellen Sinn zusammengefasst werden (vgl. dazu im Zusammenhang mit dem Verletztenbegriff, BT-Drs. 18/9525, 50; Köhler/Burkhard NStZ 2017, 665 (679);

Laroche ZInsO 2017, 1245 (1247)). Zur Bestimmung des erlangten Etwas iSd § 73 StGB, vgl. → Vor § 111b Rn. 1.

Bitcoins u. andere virtuelle Zahlungsmittel (zu Begriff u. Funktionsweise Greier wistra 2016, 249 (250 f.); Beck NJW 2015, 580; Grzywotz/Köhler/Rückert StV 2016, 753) u. vergleichbare digitale Zahlungsmittel unterliegen – falls sie durch o. für die rechtswidrige Tat erlangt worden sind – der Einziehung nach § 73 Abs. 1 StGB; dies gilt unabhängig davon, ob den Ermittlungsbehörden der Walletschlüssel bekannt ist (so schon für das frühere Recht BGH NJW 2018, 3325). Ihre Sicherstellung unterfällt in diesen Fällen mithin der Beschlagnahme gem. §§ 111b Abs. 1, 111c Abs. 2 S. 1 StPO (SSW StPO/Heine Rn. 4; Bleckat NStZ 2025, 193). Dient die Sicherstellung der Bitcoins hingegen der Sicherung der Einziehung des Wertes des Tatertrages nach § 73c StGB, so werden sie aufgrund eines Vermögensarrestes (§ 111e) gem. § 111f Abs. 1 S. 1 gepfändet (vgl. zum Ganzen Greier wistra 2016, 249 (256); ders. wistra 2022, 397; Heinze ZStW 2022, 610; Goger MMR 2016, 431; Heine NStZ 2016, 441; erg. → § 111c Rn. 8). Ausf. zur Sicherung, Verwaltung und Veräußerung virtueller Vermögenswerte Zeitler, Rpfleger 2023, 557; s. auch Machitadze/Figatowski NZWiSt 2023, 171. Zur Zwangsvollstreckung s. Blaschczok NJW 2023, 3199. 4

B. Anordnungsvoraussetzungen. I. Sicherungsanspruch. Die Beschlagnahme eines Gegenstandes nach § 111b Abs. 1 ist gerechtfertigt, wenn bestimmte Tatsachen die Annahme begründen, dass die Voraussetzungen für die Einziehung o. die Unbrauchbarmachung des Gegenstandes vorliegen (§§ 73, 73a, 73b, 74, 74b, 74d, 76a StGB). Die Anordnung der Maßnahme setzt lediglich einen **Anfangsverdacht** iSd § 152 Abs. 2 für eine Straftat und eine **gewisse Wahrscheinlichkeit** dafür voraus, dass der zu beschlagnahmende Gegenstand infolgedessen der Einziehung o. der Unbrauchbarmachung unterliegt (BGH NStZ 2008, 419; OLG Zweibrücken NStZ 2003, 446; Lohse AnwBl 2006, 604; Schmidt 559, 721); der Verdacht braucht sich noch nicht gegen einen bestimmten Beschuldigten zu richten, da Einziehung u. Unbrauchbarmachung auch im selbständigen Verf. nach den §§ 435 f. zulässig sind (→ Vor § 111b Rn. 6)). Soweit der Einziehungsanspruch gem. § 73e Abs. 1 StGB erloschen ist, kommt die Beschlagnahme nach § 111b nicht in Frage, weil der Gegenstand dem Verletzten dann zurückgegeben worden oder der Rückgewähranspruch aufgrund einer Vereinbarung des Beschuldigten mit dem Verletzten erloschen ist. 5, 6

Zu dem Fall, dass **Verfahrensvoraussetzungen** fehlen, aber noch geschaffen werden können, vgl. → § 94 Rn. 7; anders als dort müssen aber bei § 111b bestimmte tatsächliche Anhaltspunkte dafür vorliegen, dass der fehlende Strafantrag nachgeholt, das behördliche Strafverlangen noch gestellt wird usw. 7

II. Verhältnismäßigkeitsgrundsatz. Die Beschlagnahme iSd § 111b unterliegt dem Verhältnismäßigkeitsgrundsatz. Sie setzt daher ein **Sicherungsbedürfnis** voraus; dies ergibt sich unmittelbar aus § 111b Abs. 1 S. 1, wonach die Beschlagnahme „zur Sicherung der Vollstreckung“ der Einziehung o. der Unbrauchbarmachung angeordnet wird (BT-Drs. 18/9525, 75; so schon LG Kiel wistra 1998, 363). Da bei Tatmitteln, -produkten und objekten – insb. bei gefährlichen (§ 74b StGB) – o. inkriminierten Gegenständen (§§ 73, 73a, 76a Abs. 4 StGB) ein bes. hohes Interesse an deren staatlicher Einziehung besteht, wird das Sicherungsbedürfnis hier regelmäßig zu bejahen sein (vgl. BGH NStZ-RR 2020, 171; 23.6.2020 – StB 17/20). In **zeitlicher Hinsicht** unterliegt die Beschlagnahme allein dem allgemeinen **Übermaßverbot** (BT-Drs. 18/9525, 49, 75; krit. Greeve ZHW 2017, 277 (280)); eine ausdr. ges. Bestimmung zu zeitlichen Begrenzungen gibt es nicht (§ 111 Abs. 3 aF ist ersatzlos entfallen; vgl. dazu → 60. Aufl. 2017, § 111b Rn. 8 f.). Die Rspr. zum bisherigen Recht kann auch für die Frage der Verhältnismäßigkeit der Dauer der Maßnahme herangezogen werden (BT-Drs. 18/9525, 49). Das gilt insbes. für die schon im früheren Recht vorgenommene, nunmehr in § 111b Abs. 1 S. 1 und 2 normierte Differenzierung zwischen einfachen u. dringenden 8

Gründen (zu dringenden Gründen, OLG Köln StV 2004, 121 mAnm Mosiek; StV 2004, 413 mAnm Marel).

9 Für die (strafähnliche) Einziehung v. **Tatmitteln, Tatprodukten und Tatobjekten** (§§ 74, 74a StGB) sowie für die **Unbrauchbarmachung** (§ 74d Abs. 1 S. 2 StGB) enthält § 74f StGB eine Ausformung des **Verhältnismäßigkeitsgrundsatzes.** Liegen die Voraussetzungen dieser Vorschr. vor, ist die Beschlagnahme nach § 111b unzulässig; die Annahme einer späteren Einziehungsanordnung, wie sie § 111b Abs. 1 voraussetzt, ist dann nicht begründet (vgl. BGH wistra 2007, 431; LG Lüneburg NJW 1978, 117). Eine entspr. Anwendung des § 74f Abs. 1 S. 2, 3 StGB in der Weise, dass die Beschlagnahme vorbehalten bleibt, ist nicht mit der v. § 111b Abs. 1 S. 1 geforderten Annahme einer späteren Einziehung vereinbar; der Vorbehalt der Einziehung ist gerade keine Einziehung (**aM** LG München II MDR 1969, 1028).

10 Für die (quasi-bereicherungsrechtliche) Einziehung v. **Taterträgen** (§§ 73, 73a StGB) gibt es nach der Streichung des § 73c StGB aF keine dem § 74f StGB entspr. Vorschr. im materiellen Recht. Etwaige unbillige Härten bleiben bis zum rkr. Abschluss des Verfahrens außer Betracht; für eine analoge Anwendung des § 459g Abs. 5 S. 1 im Ermittlungs- oder Erkenntnisverfahren besteht kein Raum (BGH NStZ-RR 2018, 241; wistra 2018, 427). Der quasi-bereicherungsrechtlichen Rechtsnatur der Vermögensabschöpfung entspr. sind Fragen der Verhältnismäßigkeit nicht bei der Anordnung der Einziehung, sondern erst im **Strafvollstreckungsverfahren** zu berücksichtigen (BT-Drs. 18/9525, 57, 94; Köhler NStZ 2017, 497 (500)). Insoweit muss dies auch bei der Beschlagnahme außer Betracht bleiben (erg. → § 111e Rn. 10); die Formulierung „zur Sicherung der Vollstreckung" soll lediglich die Notwendigkeit eines Sicherungsbedürfnisses für die Beschlagnahme klarstellen (BT-Drs. 18/9525, 49; Köhler/Burkhard NStZ 2017, 665 (676)).

11 **C. Anordnungsermessen.** Selbst wenn die Anordnungsvoraussetzungen des § 111b Abs. 1 vorliegen, ist die Beschlagnahme **nicht zwingend** vorgeschrieben. Nach § 111b Abs. 1 S. 1 **„kann"** sie angeordnet werden; sie steht mithin grds. im freien Ermessen. Bei dringenden Gründen **„soll"** der Einziehungsgegenstand allerdings beschlagnahmt werden; die Anordnung ist dann der Regelfall (BT-Drs. 18/9525, 49). Verderblichkeit o. Pflegebedürftigkeit eines Gegenstandes steht seiner Beschlagnahme nicht entgegen (vgl. § 111p). Dies kann jedoch bei der Ermessensentscheidung berücksichtigt werden. Zudem sind auch der Grundsatz der Verhältnismäßigkeit nach § 74f StGB sowie die Ausscheidungsmöglichkeiten nach § 421 Abs. 3 zu beachten.

12 **D. Anordnungsbeschluss.** Die Sicherstellung v. Einziehungsgegenständen darf, anders als die v. Beweisgegenständen (vgl. → § 94 Rn. 1), nur durch **förmliche Beschlagnahme** erfolgen (→ § 111c Rn. 1). Sie ist v. Beginn des Ermittlungsverfahrens an bis zur Rechtskraft des Urteils zulässig, auch noch nach Rechtskraft des Vorbehaltsurteils nach § 74b Abs. 2 StGB (LK-StGB/Schmidt StGB § 74b Rn. 14). Zur Beendigung der Beschlagnahme, vgl. → § 111j Rn. 10. Die Beschlagnahmeanordnung ist zu begründen (§ 34). Sie muss den Einziehungsgegenstand konkret bestimmen, um die Vollstreckung der Anordnung zu gewährleisten (vgl. § 111c). Eine **allgemeine Beschlagnahme** kommt für Druckerzeugnisse in Betracht (§ 111q), aber auch sonst, wenn es um die Sicherstellung einer abgegrenzten Gattung v. Sachen zum Zweck der späteren Einziehung geht. Dann muss die Gattung in dem Anordnungsbeschluss so genau bezeichnet werden, dass die Vollstreckungsorgane die Grenze des Zugriffs feststellen können. Die Anordnung ist im ganzen Geltungsbereich der StPO vollstreckbar (§ 160 GVG), wenn sich nicht aus ihr selbst eine örtliche Beschränkung ergibt (KMR-StPO/Müller Vor § 94 Rn. 8).

13 Nach § 111b Abs. 2 gelten **§§ 102–110** entspr. Zur Beschlagnahme des Gegenstandes, welcher der Einziehung o. Unbrauchbarmachung unterliegt, ist daher die Durchsuchung zulässig (→ Vor § 111b Rn. 5). Die Durchsuchungsanordnung

(§ 105) kann mit der Beschlagnahmeanordnung verbunden werden. Vgl. noch BGH wistra 2007, 431: Herausgabe der Kopie v. Datenbeständen eines beschlagnahmten Notebooks.

E. Beendigung und Aufhebung. Beendigung und Aufhebung, vgl. → § 111j Rn. 10 f.; SSW StPO/Heine Rn. 15; KK-StPO/Spillecke § 111j Rn. 10 ff. Wird nach § 111b beschlagnahmtes Bargeld auf ein **Konto der Justizkasse** eingezahlt (§ 111d Abs. 3 S. 1), tritt gem. § 111d Abs. 3 S. 2 der Auszahlungsanspruch an die Stelle des Bargeldes. Es entfällt mithin die ursprüngliche Beschlagnahme der eingezahlten Geldmünzen u. -scheinen. Aufgrund der angeordneten dinglichen Surrogation setzt sich die Beschlagnahmeanordnung aber ohne weiteres an der Auszahlungsforderung des von der Beschlagnahme des Geldes Betroffenen gegen die Justizkasse fort (MüKoStPO/Bittmann Vor §§ 111b–111q Rn. 77 u. § 111d Rn. 26). Die Anordnung eines Vermögensarrest nach § 111e zur Pfändung des Auszahlungsanspruches (§ 111f) ist nicht angezeigt, weil wegen der dinglichen Surrogation die Auszahlungsforderung selbst (gegenständlich) nach § 73 StGB einzuziehen ist. Für einen Fall vor Einführung des § 111d Abs. 3 hat BGH die Einziehung des Wertes des ursprünglich erlangten Bargeldes nach § 73c StGB nicht beanstandet (BGH NStZ 2022, 405 mAnm Bittmann); angesichts der neuen Rechtslage erscheint dies zw., ein Vorgehen nach § 73c StGB statt nach § 73 StGB würde den Betroffenen indes nicht benachteiligen. 14

F. Beschlagnahme nach altem Recht. Zur **Fortwirkung** einer nach früherem Recht (vor dem 1.7.2017) angeordneten Sicherungsmaßnahme, vgl. OLG München MDR 2018, 364; erg. → Vor § 111b Rn. 8). 15

Vollziehung der Beschlagnahme

111c (1) [1] **Die Beschlagnahme einer beweglichen Sache wird dadurch vollzogen, dass die Sache in Gewahrsam genommen wird.** [2] **Die Beschlagnahme kann auch dadurch vollzogen werden, dass sie durch Siegel oder in anderer Weise kenntlich gemacht wird.**

(2) [1] **Die Beschlagnahme einer Forderung oder eines anderen Vermögensrechtes, das nicht den Vorschriften über die Zwangsvollstreckung in das unbewegliche Vermögen unterliegt, wird durch Pfändung vollzogen.** [2] **Die Vorschriften der Zivilprozessordnung über die Zwangsvollstreckung in Forderungen und andere Vermögensrechte sind insoweit sinngemäß anzuwenden.** [3] **Die Aufforderung zur Abgabe der in § 840 Absatz 1 der Zivilprozessordnung bezeichneten Erklärungen ist in den Pfändungsbeschluss aufzunehmen.**

(3) [1] **Die Beschlagnahme eines Grundstücks oder eines Rechts, das den Vorschriften über die Zwangsvollstreckung in das unbewegliche Vermögen unterliegt, wird durch ihre Eintragung im Grundbuch vollzogen.** [2] **Die Vorschriften des Gesetzes über die Zwangsversteigerung und Zwangsverwaltung über den Umfang der Beschlagnahme bei der Zwangsversteigerung gelten entsprechend.**

(4) [1] **Die Beschlagnahme eines Schiffes, eines Schiffsbauwerks oder eines Luftfahrzeugs wird nach Absatz 1 vollzogen.** [2] **Ist der Gegenstand im Schiffs- oder Schiffsbauregister oder im Register für Pfandrechte an Luftfahrzeugen eingetragen, ist die Beschlagnahme in diesem Register einzutragen.** [3] **Zu diesem Zweck können eintragungsfähige Schiffsbauwerke oder Luftfahrzeuge zur Eintragung angemeldet werden; die Vorschriften, die bei der Anmeldung durch eine Person, die auf Grund eines vollstreckbaren Titels eine Eintragung im Register verlangen kann, anzuwenden sind, gelten hierbei entsprechend.**

A. Allgemeines. § 111c regelt die **Vollziehung der Beschlagnahme.** Die Vorschr. bestimmt, in welcher Weise die Anordnung der Beschlagnahme des betr. 1

Gegenstandes nach § 111b Abs. 1 zu vollstrecken ist. Der notwendigen Bestimmtheit der Beschlagnahmeanordnung entspr. (→ § 111b Rn. 11) kann § 111c nur bestimmte Einziehungsgegenstände o. Gegenstände, die für ihre Unbrauchbarmachung sichergestellt werden sollen, betreffen (LG Dresden StV 2004, 531). Nur die förmliche Vollziehung der Beschlagnahmeanordnung kann die rechtlichen Wirkungen des § 111d Abs. 1 (→ § 111d Rn. 1, 4) auslösen; eine formlose Sicherstellung, die § 94 Abs. 1 für Beweismittel zulässt (→ § 94 Rn. 1), wäre wirkungslos (LG Flensburg StV 2004, 644 mzustAnm Jung; Löwe/Rosenberg/Johann Rn. 1; KK-StPO/Spillecke § 111b Rn. 14, § 111d Rn. 3;). Wegen der Gegenstände, die zugleich der Beweissicherung u. der Sicherung der Einziehung o. Unbrauchbarmachung dienen, vgl. → § 94 Rn. 2.

2 **Zuständig** für die Vollziehung der Beschlagnahme u. die Verw. der beschlagnahmten Gegenstände ist grds. die StA (§ 111k Abs. 1 S. 1; § 111m Abs. 1); funktionell zuständig sind die Rechtspfleger (§ 31 Abs. 1 Nr. 1, 2, 4 RPflG). Die Beschlagnahme beweglicher Sachen kann auch durch die Ermittlungspersonen der StA (§ 152 GVG) vollzogen werden (§ 111k Abs. 1 S. 3).

3 **B. Vollziehung der Beschlagnahme im Einzelnen.** § 111c unterscheidet für die Vollziehung der Beschlagnahme nach der Art des zu beschlagnahmenden Gegenstandes. Abgesehen von Abs. 2 S. 3 entspr. die Vorschr. § 111c Abs. 1–4 aF; die rechtlichen Wirkungen der Vollziehung u. die Rückgabe beweglicher Sachen sind gesondert in § 111d geregelt.

4 **I. Bewegliche Sachen (Abs. 1).** Die Beschlagnahme einer beweglichen Sache wird dadurch vollzogen, dass sie in **Gewahrsam** genommen (Abs. 1 S. 1) o. die Beschlagnahme durch **Siegel oder in anderer Weise** (zB Verplombung; s. a. MüKoStPO/Bittmann Rn. 2) kenntlich gemacht wird (Abs. 1 S. 2). Beide Formen stehen gleichberechtigt nebeneinander; beide haben das „insolvenzfeste" Veräußerungsverbot des § 111d Abs. 1 zur Folge (→ § 111d Rn. 1 ff.).

5 Wird die bewegliche Sache in **Gewahrsam** genommen, ist sie grds. bei der für die Verw. zuständigen StA (§ 111m Abs. 1 S. 1) zu verwahren. Die StA kann aber auch andere mit der Verwahrung beauftragen (§ 111m Abs. 1 S. 2), insbes. ihre Ermittlungspersonen (§ 152 GVG) u. einen Gerichtsvollzieher. Schriftstücke u. sonstige kleinere Gegenstände werden zu den Akten genommen o. mit ihnen verbunden; andere Sachen als Asservate werden bei der Polizei o. der StA verwahrt. In Betracht kommt ferner die Aufbewahrung durch eine Privatperson o. -firma (§ 111m Abs. 1 S. 3), die die Sache nur an die StA o. – einen entspr. Auftrag vorausgesetzt (§ 111m Abs. 1 S. 2) – an ihre Ermittlungspersonen (§ 152 GVG) o. den Gerichtsvollzieher herausgeben darf. Bei Verwahrung durch Private empfiehlt sich, die Sache als beschlagnahmt kenntlich zu machen.

6 Die **Kenntlichmachung durch Siegel oder in anderer Weise** ist eine symbolische Besitzergreifung. Sie kommt in Betracht, wenn die Verwahrung bei der Behörde wegen Art o. Größe der Sache unmöglich o. aus anderen Gründen nicht angebracht ist, zB wenn sie bes. schwierig (gefährliche Stoffe) o. kostspielig (Warenlager) wäre. Die Belassung v. Geld, Kostbarkeiten u. Wertpapieren beim Betroffenen ist entspr. § 808 Abs. 2 S. 1 ZPO unzulässig. Die Beschlagnahme ist nur wirksam, wenn sie kenntlich gemacht wird. Zu diesem Zweck muss ein Dienstsiegel mit der Sache fest verbunden werden, idR durch Aufkleben der Siegelmarke (RGSt 61, 101) o. durch Anbringung einer mit dem Siegel versehenen Plombe (OLG Frankfurt a. M. MDR 1973, 1033). Auf andere Weise kann die Kenntlichmachung insbes. durch Anbringung einer schriftlichen Pfandanzeige in der unmittelbaren Nähe des Beschlagnahmegegenstandes erfolgen (Löwe/Rosenberg/Johann Rn. 7). Es gelten die Grundsätze zu § 808 ZPO (Spieker StraFo 2002, 44).

7 Eine **kombinierte Methode** ist in der Weise möglich, dass ein Teil der Sache, etwa einer komplizierten Maschine o. Anlage, in Gewahrsam genommen, die dadurch unbrauchbar gemachte Sache aber an Ort u. Stelle belassen u. nur als beschlagnahmt kenntlich gemacht wird (Löwe/Rosenberg/Johann Rn. 7).

II. Forderungen und anderen Vermögensrechten (Abs. 2). Bei Forderungen und anderen Vermögensrechten (Abs. 2) wird die Beschlagnahme durch Pfändung bewirkt; der Verweis auf die ZPO bezieht sich nur auf den Vorgang der Pfändung als solchen (BGH NJW 2007, 3350 (3352)) u. damit auf die §§ 829–834, 846 ff., 857–859. Die Mitwirkung des Gerichtsvollziehers (§ 829 Abs. 2 S. 2 ZPO) entfällt; an seine Stelle tritt die StA (§ 111k Abs. 1 S. 1). Mit der Pfändung ist nach Abs. 3 S. 3 die Aufforderung zur Drittschuldnererklärung nach § 840 Abs. 1 ZPO zu verbinden; sie wird v. der StA erlassen (→ § 111f Rn. 4). Eine Überweisung der Forderung nach § 835 ZPO kommt angesichts des bloßen Sicherungscharakters nicht in Betracht (KMR-StPO/Mayer § 111c aF Rn. 14). Auch § 853 ZPO ist entspr. anzuwenden; allerdings bedarf die Hinterlegung der Zustimmung des zuständigen Gerichts (OLG Düsseldorf NStZ 1992, 203). Zu den Besonderheiten bei der Pfändung v. Wertpapieren, vgl. Rönnau/Hohn wistra 2002, 447 (450). Die Pfändung v. **Bitcoins u. anderer virtueller Zahlungsmittel** als „anderes Vermögensrecht" (→ § 111b Rn. 4) erfolgt ebenfalls nach Abs. 2 (MüKoStPO/Bittmann Rn. 5; SSW StPO/Heine Rn. 6; Greier wistra 2016, 249 (253); ders. wistra 2022, 397 (402); Goger MMR 2016, 431 (433); Bleckat NStZ 2025, 193; aus unionsrechtlicher Sicht Teichmann wistra 2025, 493; vgl. auch Rückert MMR 2016, 295, der allerdings eine Analogie zu Abs. 1 – Beschlagnahme beweglicher Sachen – vorschlägt (zust. Heinze ZStW 2022, 610 (633 ff.)); dagegen zutr. Goger MMR 2016, 431 (433)). Zur Umsetzung der Beschlagnahme in diesen Fällen, Greier wistra 2016, 249 (254 f.). Vgl. zu den rechtlichen und praktischen Problemen Zeitler RPfleger 2023, 557 (559 ff.). 8

III. Grundstücke und grundstücksgleiche Rechte (Abs. 3). Die Beschlagnahme wird durch Eintragung eines Vermerks in das Grundbuch bewirkt; für **Ersuchen** auf Registereintragungen ist nach § 111k Abs. 1 S. 1 die StA (funktionell: Rechtspfleger) zuständig (BT-Drs. 18/9525, 82; Wolf Rpfleger 2017, 489 (490)). Grundstücksgleiche Rechte sind nach § 864 Abs. 1 ZPO das Erbbaurecht, das Wohnungseigentum, das Bergwerkseigentum, landesrechtliche Jagd- u. Fischereigerechtigkeiten, Kohleabbaugerechtigkeiten uÄ (vgl. Löwe/Rosenberg/Johann Rn. 16). Den Umfang der Beschlagnahme bestimmen die nach Abs. 3 S. 2 entspr. anzuwendenden §§ 20 Abs. 2, 21 ZVG (Spieker StraFo 2002, 45). 9

IV. Schiffe, Schiffsbauwerke und Luftfahrzeuge (Abs. 4). Die Beschlagnahme v. **Schiffen, Schiffsbauwerken und Luftfahrzeugen (Abs. 4)** wird wie bei beweglichen Sachen (→ Rn. 4 ff.) vollzogen (Abs. 4 S. 1). Bei im Register eingetragenen Schiffen, Schiffsbauwerken u. Luftfahrzeugen wird die Beschlagnahme nach Abs. 4 S. 2 im Register eingetragen. Sind nicht eingetragen, obwohl sie eintragungsfähig sind, so können sie nach Abs. 4 S. 3 Hs. 1 zur Eintragung der Beschlagnahme angemeldet werden; die Vorschr. erweitert § 66 SchRegO dahin, dass die Anmeldung auch den Zweck verfolgen darf, den Beschlagnahmevermerk einzutragen. Luftfahrzeuge können nach § 1 des G über Rechte an Luftfahrzeugen v. 26.2.1959 (BGBl. I 57) mit einem Registerpfandrecht belastet werden, das in dem Register für Pfandrechte an Luftfahrzeugen eingetragen wird. Abs. 4 S. 3 sieht vor, dass dort auch die Beschlagnahme eingetragen werden kann. Die Eintragungsersuchen obliegen nach § 111k Abs. 1 S. 1 der StA (→ Rn. 9). 10

C. Rechtsmittel. § 111k Abs. 3 (→ § 111k Rn. 14 ff.). 11

Wirkung der Vollziehung der Beschlagnahme; Rückgabe beweglicher Sachen

111d (1) [1]**Die Vollziehung der Beschlagnahme eines Gegenstandes hat die Wirkung eines Veräußerungsverbotes im Sinne des § 136 des Bürgerlichen Gesetzbuchs.** [2]**Die Wirkung der Beschlagnahme wird von der Eröffnung des Insolvenzverfahrens über das Vermögen des Betroffenen nicht berührt; Maßnahmen nach § 111c können in einem solchen Verfahren nicht angefochten werden.**

(2) [1]**Eine beschlagnahmte bewegliche Sache kann dem Betroffenen zurückgegeben werden, wenn er einen den Wert der Sache entsprechenden Geldbetrag beibringt.** [2]**Der beigebrachte Betrag tritt an die Stelle der Sache.** [3]**Sie kann dem Betroffenen auch unter dem Vorbehalt jederzeitigen Widerrufs zur vorläufigen weiteren Benutzung bis zum Abschluss des Verfahrens überlassen werden; die Maßnahme kann davon abhängig gemacht werden, dass der Betroffene Sicherheit leistet oder bestimmte Auflagen erfüllt.**

(3) [1]**Beschlagnahmtes Bargeld kann hinterlegt oder auf ein Konto der Justiz eingezahlt werden.** [2]**Der mit der Einzahlung entstandene Auszahlungsanspruch tritt an die Stelle des Bargeldes.**

1 **A. Veräußerungsverbot (Abs. 1 S. 1).** Die **Vollziehung** der Beschlagnahme (§ 111c) hat die Wirkung eines relativen Veräußerungsverbots zugunsten des Staates nach § 136 BGB. Abs. 1 S. 1 (vgl. zum inhaltsgleichen § 111c Abs. 5 Hs. 1 aF BGH NJW 2007, 3350; OLG Frankfurt a. M. ZIP 2009, 1582; BT-Drs. 16/700, 17; Rönnau ZInsO 2012, 509 (516) mwN). Verfügungen, auch im Wege der ZV o. Arrestvollziehung (vgl. § 135 Abs. 1 S. 2 BGB), sind unwirksam, wenn sie den Rechtsübergang des Beschlagnahmegegenstandes auf den Staat nach § 75 Abs. 1 StGB vereiteln würden (OLG Düsseldorf NJW 1995, 2239 mzustAnm v. Danwitz NStZ 1999, 262; Ströber/Guckenbiehl Rpfleger 1999, 117 zum Verzicht auf die Rückgabe). Das Veräußerungsverbot umfasst auch andere Vfg., die zu einer Wertminderung führen könnten; dies ergibt sich unmittelbar aus §§ 135, 136 BGB (Grüneberg/Ellenberger BGB § 136 Rn. 1; MüKoBGB/Armbrüster BGB § 136 Rn. 1; Staudinger/Kohler BGB § 135 Rn. 32 mwN); auf Übernahme des § 111c Abs. 5 Hs. 2 aF hat § 111d Abs. 1 verzichtet (vgl. BT-Drs. 18/11640, 85). Nach §§ 135 Abs. 2, 136 BGB gelten die Vorschr. zugunsten derjenigen entspr., die Rechte v. einem Nichtberechtigten herleiten (§§ 892, 932 ff., 1032, 1138, 1155, 1207 BGB). Das bedeutet, dass sich der gute Glaube auf das Nichtbestehen des Veräußerungsverbots beziehen muss (BGH NStZ 1985, 262).

2 Das Veräußerungsverbot entsteht mit der Vollziehung der Beschlagnahme, die sich nach § 111c richtet (SSW StPO/Heine Rn. 2). Bei **beweglichen Sachen** bedarf es nach § 111c Abs. 1 der Ingewahrsamnahme o. Kenntlichmachung; die **formlose Sicherstellung** genügt nicht (KK-StPO/Spillecke Rn. 3; Löwe/Rosenberg/Johann Rn. 6). Bei **Forderungen** und anderen Vermögensrechten ist nach § 111c Abs. 2 die Zustellung des Pfändungsbeschlusses nötig (Löwe/Rosenberg/Johann Rn. 6). Für **Grundstück**e bedarf es nach § 111c Abs. 3 der Grundbucheintragung (KK-StPO/Spillecke Rn. 3). Für **Schiffe und Luftfahrzeuge** genügt gem. § 111c Abs. 4 die Ingewahrsamnahme o. Kenntlichmachung nach § 111c Abs. 1; die Registereintragung nach Abs. 4 S. 2, 3 ist keine Voraussetzung für das Veräußerungsverbot (Löwe/Rosenberg/Johann Rn. 6).

3 Für gemeingefährliche Gegenstände, die der **Einziehung aus Sicherungsgründen** nach § 74b StGB unterliegen, besteht wegen ihrer Verkehrsunfähigkeit ein absolutes Veräußerungsverbot nach § 134 BGB (Löwe/Rosenberg/Johann Rn. 8). Zum **strafrechtlichen Schutz** vgl. § 136 StGB.

4 **B. Insolvenzfestigkeit (Abs. 1 S. 2).** Das Veräußerungsverbot wird v. der Eröffnung des Insolvenzverfahrens nicht berührt; Vollziehungsmaßnahmen nach § 111c können nicht nach §§ 129 ff. InsO angefochten werden. Eine vollzogene Beschlagnahmeanordnung ist damit insolvenzfest (→ Vor § 111b Rn. 4). Dadurch wird verhindert, dass inkriminierte Gegenstände zur Befreiung privatrechtlicher Verbindlichkeiten des Täters, Teilnehmers o. Drittbegünstigten verwendet werden (BT-Drs. 18/9525, 76; 18/11640, 79; Bittmann/Tschakert ZInsO 2017, 2657 (2661); KK-StPO/Spillecke Rn. 4; SSW StPO/Heine Rn. 4; Löwe/Rosenberg/Johann Rn. 9 f., a. zur Krit. erg. → Vor § 111b Rn. 4).

5, 6 **C. Rückgabe beschlagnahmter beweglicher Sachen (Abs. 2). I. Auslösung (S. 1, 2).** Der Betroffene, der auch der Beschuldigte sein kann, muss einen

Betrag in Geld o. geldwerten Papieren iHd feststehenden o. vereinbarten Wertes der Sache der Behörde übergeben, die die Anordnung nach Abs. 2 trifft, u. zwar Zug um Zug gegen Rückgabe der Sache (Löwe/Rosenberg/Johann Rn. 16; Rönnau/Hohn wistra 2002, 449). Der Geldbetrag wird anstelle der Sache der Beschlagnahmegegenstand (S. 2); S. 2 gilt nicht analog für andere Gegenstände (BGH NZWiSt 2024, 31 (36) mkritAnm Lindemann/Bauerkamp). Die Sache selbst ist nicht mehr beschlagnahmt; für sie entfällt das insolvenzfeste Veräußerungsverbot nach Abs. 1 (SSW StPO/Heine Rn. 6). In Betracht kommt die Anwendung des S. 1 va bei verderblichen Sachen zur Abwendung einer Notveräußerung nach § 111p (KK-StPO/Spillecke Rn. 6 → § 111p Rn. 1). Eine Rückgabe gemeingefährlicher Gegenstände kommt nicht in Frage (SSW StPO/Heine Rn. 6 aE).

II. Überlassung zur Benutzung (S. 3). Bei der Überlassung zur Benutzung (S. 3 Hs. 1) bleibt die Sache beschlagnahmt; das insolvenzfeste Veräußerungsverbot nach Abs. 1 bleibt bestehen (Löwe/Rosenberg/Johann Rn. 16). Nach S. 3 Hs. 2 kann die Überlassung v. Sicherheiten u. der Erfüllung v. Auflagen abhängig gemacht werden; dies wird regelmäßig geboten sein (vgl. SSW StPO/Heine Rn. 7). Die Sicherheitsleistung wird idR dem Wert der Sache entsprechen, kann aber auch geringer bemessen werden. Zulässige Auflagen sind insbes. Verfügungsverbote, Beseitigung v. Einrichtungen o. Kennzeichnungen u. die Unbrauchbarmachung. Sicherheitsleistung u. Auflagen können verbunden werden. Je geringer die Sicherheitsleistung ist, desto stärker muss die Sicherung der Beschlagnahme durch Auflagen sein. Gemeingefährliche Gegenstände dürfen dem Betroffenen nicht zur Nutzung überlassen werden. 7

III. Beweisgegenstände. Zugleich als Beweisgegenstände beschlagnahmte Sachen dürfen nicht nach Abs. 2 S. 1 zurückgegeben werden, nach S. 3 allenfalls, wenn der zu sichernde Beweiswert dadurch nicht gefährdet wird (Löwe/Rosenberg/Johann Rn. 15). 8

IV. Herausgabe an den Verletzten. Die Herausgabe an den Verletzten nach § 111n Abs. 2 geht der Rückgabe an den Betroffenen vor (BT-Drs. 18/9525, 76). 9

D. Beschlagnahmtes Bargeld (Abs. 3). Durch G v. 25.6.2021 (BGBl. I 2099) wurde zum einen die Möglichkeit geschaffen, nach §§ 111b, 111c beschlagnahmtes Geld auf ein Konto der Justizkasse einzuzahlen oder zu hinterlegen (S. 1), zum anderen die Wirkung der Einzahlung geregelt (S. 2). 10

I. Möglichkeit der Einzahlung oder Hinterlegung (S. 1). Eine Pflicht zur Einzahlung auf ein Justizkonto oder zur Hinterlegung statuiert Abs. 3 nicht; die beschlagnahmten Geldmünzen oder -scheine können auch gegenständlich asserviert werden (BT-Drs. 19/30517, 19). Dies kommt vor allem in Betracht, wenn das Bargeld auch als Beweismittel in Betracht kommt (Bittmann NStZ 2022, 8 (10)). Die Einzelheiten der Hinterlegung richten sich nach Landesrecht. 11

II. Wirkung der Einzahlung (S. 2). Mit der Einzahlung entsteht ein Auszahlungsanspruch, der an die Stelle des eingezahlten Bargeldes tritt. Die **Verstrickung** (Abs. 1 S. 1) setzt sich nach S. 2 mit der Einzahlung auf ein Justizkonto nahtlos an dem Auszahlungsanspruch fort (KK-StPO/Spillecke Rn. 7; SSW StPO/Heine Rn. 9); diese Rechtsfolge hängt mithin nicht davon ab, ob die weiteren Voraussetzungen der landesrechtlichen Hinterlegungsgesetze vorliegen (BT-Drs. 19/30517, 19; MüKoStPO/Bittmann Rn. 35). Die in S. 2 bestimmte **dingliche Surrogation** sichert den Rückzahlungsanspruch vor Verfügungen des von der Beschlagnahme Betroffenen; denn aufgrund der fortbestehenden Verstrickung (BGH NStZ 2022, 405 mAnm Bittmann; SSW StPO/Heine Rn. 9; KK-StPO/Spillecke Rn. 7) kann er den Auszahlungsanspruch nicht wirksam abtreten (Bittmann NStZ 2022, 8 (10)). 12

Mit der Einzahlung des **beschlagnahmten** Bargeldes kann dieses gegenständlich nicht mehr gegenständlich eingezogen werden; das Gericht hat stattdessen die Einziehung des Auszahlungsanspruchs gegen die Staatskasse nach § 73 Abs. 1 StGB 12a oder die des Wertes dieser Forderung nach § 73c S. 1 StGB anzuordnen (BGH NStZ 2022, 405; BeckRS 2024, 15006). Da Wirkung des Abs. 3 S. 2 (ebenso wie die Verstrickung nach Abs. 1 → Rn. 2) nur mit der Einzahlung förmlich beschlagnahmten Bargeldes (vgl. Abs. 3 S. 1) eintritt, kommt bei lediglich **formlos sichergestellten** Bargeldes mangels dinglicher Surrogation eine Einziehung des Auszahlungsanspruchs nach § 73 Abs. 1 StGB nicht in Frage (insoweit missverständlich BGH NStZ 2022, 405); die Vss. für eine Anordnung nach § 73 Abs. 3 StGB liegen ebenfalls nicht vor (vgl. hierzu LK-StGB/Lohse § 73 Rn. 46 ff.). Es verbleibt in diesen Fällen eine Anordnung nach § 73c S. 1 StGB gerichtet auf die Einziehung des Wertes der Forderung.

13 **E. Rechtsbehelfe.** Es gelten § 111j (Anordnung) und § 111k (Vollziehung); vgl. → § 111j Rn. 12; → § 111k Rn. 15, 17.

14 **F. Vollziehung nach altem Recht.** Die **Wirkung** der Vollziehung einer nach früherem Recht (vor dem 1.7.2017) angeordneten Beschlagnahmeanordnung richtet sich nach neuem Recht (vgl. OLG München MDR 2018, 364, zu einem nach altem Recht angeordneten u. vollzogenen Arrest; erg. → Vor § 111b Rn. 8).

Vermögensarrest zur Sicherung der Wertersatzeinziehung

111e (1) [1] **Ist die Annahme begründet, dass die Voraussetzungen der Einziehung von Wertersatz vorliegen, so kann zur Sicherung der Vollstreckung der Vermögensarrest in das bewegliche und unbewegliche Vermögen des Betroffenen angeordnet werden.** [2] **Liegen dringende Gründe für diese Annahme vor, so soll der Vermögensarrest angeordnet werden.**

(2) **Der Vermögensarrest kann auch zur Sicherung der Vollstreckung einer Geldstrafe und der voraussichtlichen Kosten des Strafverfahrens angeordnet werden, wenn gegen den Beschuldigten ein Urteil ergangen oder ein Strafbefehl erlassen worden ist.**

(3) **Zur Sicherung der Vollstreckungskosten ergeht kein Arrest.**

(4) [1] **In der Anordnung ist der zu sichernde Anspruch unter Angabe des Geldbetrages zu bezeichnen.** [2] **Zudem ist in der Anordnung ein Geldbetrag festzusetzen, durch dessen Hinterlegung der Betroffene die Vollziehung des Arrestes abwenden und die Aufhebung der Vollziehung des Arrestes verlangen kann; § 108 Absatz 1 der Zivilprozessordnung gilt entsprechend.**

(5) **Die §§ 102 bis 110 gelten entsprechend.**

(6) **Die Möglichkeit einer Anordnung nach § 324 der Abgabenordnung steht einer Anordnung nach Absatz 1 nicht entgegen.**

Übersicht

A. Abschließende Regelung. Die Vorschr. enthält eine **abschließende Regelung** für die Sicherung v. Zahlungsansprüchen des Staates gegen den Beschuldigten aus §§ 73c, 74c StGB o. einen Drittbegünstigten aus §§ 73c iVm § 73b StGB (BGH NStZ-RR 2006, 266; krit. in Fällen der Vermögensabschöpfung bei Unternehmen, Hofmann wistra 2008, 402). Sie betr. ausschl. die **Anordnung des Vermögensarrestes;** Vollziehung, Wirkung u. Aufhebung sind in §§ 111f–111i gesondert geregelt (vgl. zur Regelungssystematik, → Vor § 111b Rn. 2). Ein **dinglicher Arrest** des durch die Straftat mutmaßlich Geschädigten steht der Anordnung grds. **nicht entgegen,** da der Vermögensarrest auch in diesen Fällen ausschl. der Sicherung eines originären staatlichen Wertersatzeinziehungsanspruchs dient (vgl. zur Eigenständigkeit des Anspruchs, BT-Drs. 18/11640, 86). Das bloße Vorliegen eines (vorl. o. endg.) Titels eines Verletzten hat keinen Einfluss auf das Sicherungsbedürfnis für den strafprozessualen Vermögensarrest; anders kann dies uU zu beurteilen sein, wenn der Geschädigte den dinglichen Arrest bereits vollstreckt hat – etwa bei nur einem einzigen Verletzten (zB Steuerfiskus bei Steuerstraftaten). 1

Nach der Reform der strafrechtlichen Vermögensabschöpfung steht die Eröffnung des **Insolvenzverfahrens** der Anordnung des Arrestes nicht entgegen; ein zuvor erlassener, aber noch nicht vollzogener Arrest kann aufrechterhalten werden. Nach § 89 InsO sind lediglich Vollstreckungsmaßnahmen unzulässig, nicht aber der ihnen zugrundeliegende Titel (erg. → Vor § 111b Rn. 5; anders noch mit Blick auf die „Rückgewinnungshilfe" – u. damit nicht übertragbar –, OLG Nürnberg NZWiSt 2013, 297 mwN). 2

Vgl. zur **Wertfestsetzung** nach § 33 RVG OLG Nürnberg ZWH 2022, 123 mAnm Burhoff mwN. 3

B. Arrestvoraussetzungen (Abs. 1). I. Arrestanspruch. Abs. 1 S. 1 bestimmt die Voraussetzungen für die Anordnung des Vermögensarrestes zur Sicherung des staatlichen Anspruchs auf **Einziehung von Wertersatz** nach §§ 73c, 74c StGB (ausf. hierzu Cordes NZWiSt 2021, 45). Die Anordnung ist gerechtfertigt, wenn bestimmte Tatsachen die Annahme (iSe gewissen Wahrscheinlichkeit) begründen, dass die Voraussetzungen für eine (spätere) gerichtliche Anordnung der Wertersatzeinziehung vorhanden sind. Es genügt der **(einfache) Verdacht** iSd § 152 Abs. 2 einer rechtswidrigen (§§ 73, 73c, 74b, 74c StGB) o. vorsätzlichen (§§ 74, 74c StGB) Tat (OLG Stuttgart NJW 2017, 3731; vgl. auch → § 111b Rn. 6). Die Frage des dringenden Verdachts ist nach Abs. 1 S. 2 erst beim Anordnungsermessen v. Belang (→ Rn. 12). Der Verdacht braucht sich noch nicht gegen einen bestimmten Beschuldigten zu richten (erg. → § 111b Rn. 6). Zum Vorliegen der Verfahrensvoraussetzungen, vgl. → § 111b Rn. 7. Ob v. einer Anordnung im Urt. wegen der Tat o. im selbständigen Verf. (vgl. § 76a StGB, §§ 435, 436) auszugehen ist, spielt keine Rolle. Soweit der Einziehungsanspruch gem. § 73e Abs. 1 StGB erloschen oder staatliche Einziehungsanspruch befriedigt ist, kommt die Anordnung des Vermögensarrestes nach § 111e nicht in Frage; denn insoweit ist die Annahme für eine Einziehung des Wertersatzes nach § 73c StGB unbegründet. Bei **Gesamtschuldnern** kann gegen jeden einzelnen ein Vermögensarrest in voller Höhe des Wertes des Tatertrages angeordnet werden, weil dies auch für die gerichtliche Anordnung durch das spätere Urteil gilt, dessen Vollstreckung gesichert werden soll (LG Berlin NZWiSt 2021, 286 mzustAnm. Rettke; SSW StPO/Heine Rn. 6; Löwe/Rosenberg/Johann Rn. 22; Barreto da Rosa NJW 2009, 1702 mwN.; zu den Folgen der Befriedigung durch einen der Gesamtschuldner → Rn. 18 aE.; zur Vollziehung → § 111f Rn. 1). Der jeweilige Arrestbetroffene haftet nur soweit als (Gesamt-)Schuldner, als er etwas in gleichem Umfang erlagt hat wie ein anderer Tatbeteiligter (LG Nürnberg-Fürth StraFo 2025, 497). 4

II. Arrestgrund. Für die Anordnung braucht es – als Ausprägung des Verhältnismäßigkeitsgrundsatzes – ein **Sicherungsbedürfnis.** Es ergibt sich unmittelbar aus § 111e Abs. 1 S. 1, wonach der Vermögensarrest „zur Sicherung der Vollstreckung" der Wertersatzeinziehung angeordnet wird (BT-Drs. 18/9525, 76; BGH NZWiSt 2025, 552 (553)). Die RL (EU) 2024/1260 ändert daran nichts (OLG 5

Nürnberg NZWiSt 2026, 81 mkritAnm Weiß NZWiSt 2026, 54). Trotz der Streichung des Verweises auf § 917 ZPO (vgl. insofern § 111d Abs. 2 aF; zur Kritik daran, vgl. Greeve ZWH 2017, 277 (282); Schilling/Corsten/Hübner StraFo 2017, 305 (312)) kann die bisherige Rspr. zum „Arrestgrund" grds. für die Frage des Sicherungsbedürfnisses herangezogen werden (BT-Drs. 18/9525, 49, 76 f.). Das gilt insbes. für die schon im früheren Recht vorgenommene, nunmehr in § 111e Abs. 1 S. 1 und 2 normierte Differenzierung zwischen einfachen u. dringenden Gründen (zu dringenden Gründen, vgl. OLG Celle NStZ-RR 2008, 203; OLG Saarbrücken ZInsO 2009, 1704; zu einfachen Gründen, vgl. OLG Hamburg StV 2009, 122). Vgl. zur Frage einer Übersicherung → § 111f Rn. 3.

6 Das Sicherungsbedürfnis ist eine **eigenständige Arrestvoraussetzung.** Allein der Verdacht einer Straftat, durch die der Täter sich o. einem anderen einen rechtswidrigen Vermögensvorteil verschafft hat, begründet daher nicht stets und ohne weiteres ein Sicherungsbedürfnis, hat aber eine gewichtige Indizwirkung (OLG Hamm NZWiSt 2020, 482 (489); OLG Celle wistra 2021, 210 mAnm Rettke; OLG Schleswig PStR 2019, 206). Es müssen konkrete Anhaltspunkte vorliegen, die besorgen lassen, dass ohne die Anordnung u. Vollziehung des Arrestes der staatliche Zahlungsanspruch in Gestalt der Wertersatzeinziehung ernstlich gefährdet ist. Dies ist der Fall, wenn aufgrund einer Gesamtschau aller Umstände des Einzelfalls eine Verschlechterung der Vermögenslage o. eine wesentliche Erschwerung des Zugriffs auf das Vermögen des Betroffenen droht (BGH NJW 2014, 3258: auch Gewicht der Tat kann berücksichtigt werden; OLG Frankfurt a. M. NZWiSt 2025, 408 (409); OLG Hamm BeckRS 2025, 26689; LG Berlin StraFo 2025, 527). Es genügt daher, dass aufgrund tatsächlicher Anhaltspunkte zu befürchten ist, dass der Einziehungsadressat seine Vermögensverhältnisse verschleiern o. Vermögenswerte verstecken o. verschleudern wird (OLG Brandenburg NZWiSt 2025, 80; OLG Bamberg ZWH 2018, 341; OLG Stuttgart NJW 2017, 3731 mAnm Gubitz/Moltenkin; LG Amberg NZWiSt 2024, 462 mAnm Meißner). Die Anhaltspunkte können sich aus der Person des Beschuldigten, seinen Lebensumständen, seiner Lebensführung, seinem den Ermittlungen vor- u. nachgelagerten Verhalten sowie der Art u. Weise der Tatbegehung ergeben (OLG Hamm ZInsO 2022, 1966; OLG Schleswig PStR 2019, 206; OLG Hamburg NZWiSt 2019, 106 (110) mAnm Stuckmeyer/Hansen; OLG Bamberg ZWH 2018, 341; zum früheren Recht BGH NJW 2014, 3258; OLG Köln NStZ 2011, 174; OLG Nürnberg OLGSt StPO § 111d Nr. 4; NStZ-RR 2014, 85 Ls.; OLG Braunschweig wistra 2014, 327; SK-StPO/Rogall/Schumann Rn. 9 ff.; Ordner wistra 2016, 220 (221); zu eng daher OLG Schleswig wistra 2019, 254: keine Berücksichtigung v. „Maßnahmen der Tatbegehung"). Trifft ein Beschuldigter über mehrere Jahre in Kenntnis der gegen ihn laufenden Ermittlungen keinerlei Anstalten zu vermögensverschiebenden o. -verschleiernden Maßnahmen, spricht dies gegen ein Sicherungsbedürfnis (OLG Hamburg StV 2020, 734). Die Grundsätze gelten auch im Falle v. Drittbetroffenen (LG Kiel wistra 2021, 40).

7 Bei **mehreren Tatbeteiligten** ist ein Sicherungsbedürfnis ist ohne weiteres anzunehmen, wenn der personelle Hintergrund der Straftaten nicht vollständig aufgehellt werden konnte u. deshalb zu besorgen ist, dass der Einziehungsadressat sein noch vorhandenes Vermögen mit der Unterstützung noch nicht gefasster o. unbekannt gebliebener Mittäter dem Zugriff entzieht (OLG Bamberg ZWH 2013, 290; LG Nürnberg-Fürth NZWiSt 2025, 39 mAnm Bittmann). Die Gefahr ist auch ist bei fehlender Gegenseitigkeit ohne weiteres gegeben, wenn die zu sichernde Geldforderung im **Ausland** vollstreckt werden müsste, gleichgültig, ob das überhaupt zulässig wäre. Das Sicherungsbedürfnis ist daher zB gegeben, wenn die Besorgnis besteht, der Beschuldigte werde sein Vermögen ins Ausland verbringen (OLG Köln wistra 2019, 431 (432); OLG Hamburg StV 2009, 122). **Schlechte Vermögensverhältnisse allein** sind nicht ausreichend (Löwe/Rosenberg/Johann Rn. 19; KK-StPO/Spillecke Rn. 19). Sie stellen aber ein gewichtiges Indiz dar, jedenfalls dann, wenn aufgrund konkreter Anhaltspunkte eine weitere Verschlechterung zu besorgen ist (OLG Bamberg ZWH 2018, 341; OLG Nürnberg wistra

2019, 297 (299) mAnm Leppich: bilanzielle Überschuldung; SSW StPO/Heine Rn. 9; BeckOK StPO/Huber Rn. 10). Dies gilt umso mehr, als der Gesetzgeber dem (Vermögens-)Arrest – insbes. mit der Streichung des Verweises auf § 917 ZPO – einen eigenständigen strafprozessualen Charakter verliehen hat (BT-Drs. 18/9525, 75), der dem hohen kriminalpolitischen Stellenwert der strafrechtlichen Vermögensabschöpfung Rechnung tragen soll (BT-Drs. 18/9525, 49).

III. Verhältnismäßigkeitsgrundsatz. Die Anordnung des Vermögensarrestes unterliegt dem Verhältnismäßigkeitsgrundsatz (BVerfG StV 2004, 409; OLG Stuttgart wistra 2007, 276 (279)). Eine schematische Betrachtungsweise verbietet sich; vielmehr sind das staatliche Sicherungsinteresse und das Interesse des Betroffenen im Rahmen einer Gesamtbetrachtung abzuwägen (OLG Schleswig wistra 2023, 524).Einer bes. sorgfältigen Prüfung u. Darlegung der maßgeblichen rechtlichen u. tatsächlichen Erwägungen bedarf es, wenn dadurch nahezu das gesamte Vermögen der Verfügungsbefugnis des Betroffenen entzogen wird (BVerfG JR 2015, 540 mit Anm. Lohse JR 2015, 517; NStZ 2006, 639; vgl. Taschke StV 2007, 498 zu möglichen Folgen für ein Unternehmen). In die Abwägung ist auch das staatliche Interesse an der Abschöpfung inkriminierten Vermögens einzubeziehen (BVerfG JR 2015, 540 (542 f.)). Für die (strafähnliche) Einziehung des Wertes v. Tatprodukten, Tatmitteln u. Tatobjekten (§ 74c StGB) ist der Verhältnismäßigkeitsgrundsatz in § 74f StGB ausdr. normiert (vgl. → § 111b Rn. 9). Für die quasi-bereicherungsrechtliche Einziehung des Wertes des Tatertrages (§ 73c StGB) gibt es nach der Streichung des § 73c StGB aF keine entspr. Vorschr. im materiellen Recht (BGH NStZ-RR 2019, 22). Unbillige Härten werden gem. § 459g Abs. 5 (→ § 459g Rn. 12 f.) im Vollstreckungsverfahren berücksichtigt (zu den Konsequenzen für die vorl. Sicherstellung, vgl. → Rn. 10). 8

In **zeitlicher Hinsicht** ist der Vermögensarrest am Übermaßverbot zu messen (erg. → § 111b Rn. 8). Die Begründungsanforderungen steigen deshalb mit der Dauer der Nutzungs- u. Verfügungsbeschränkung (BVerfG JR 2015, 540 (542 f.); OLG Stuttgart ZWH 2025, 203 (208)). Dass der Vermögensarrest zwischenzeitlich auf eine (weitere) Beschwerde des Betroffenen bestätigt worden war, entbindet nicht von der weiteren Geltung des Verhältnismäßigkeitsgrundsatzes; ein erheblicher Zeitablauf kann ein Novum darstellen, das eine von der Bestätigung abweichende Sachentscheidung rechtfertigt (LG Nürnberg-Fürth StraFo 2023, 270). Richtet sich die Maßnahme gegen nicht an der Straftat beteiligte, unwiderlegt gutgläubige Dritte, deren gesamtes o. nahezu gesamtes Vermögen betroffen wäre, verlangt der Grundsatz der Verhältnismäßigkeit eine bes. sorgfältige Prüfung der Qualität des Verdachtsgrades sowie eine Abwägung des (fortdauernden) Sicherstellungsinteresses des Staates mit der Eigentumsposition des Drittbetroffenen (OLG Rostock wistra 2013, 361: Arrestanordnung gegen Ehefrau; vgl. auch BVerfG NStZ 2006, 639). Zu berücksichtigen sind auch erhebliche Verfahrensverzögerungen, die nicht v. Betroffenen zu vertreten sind (OLG Frankfurt NStZ-RR 2022, 350 (351); OLG Nürnberg StraFo 2021, 469; OLG Rostock StraFo 2018, 350). Besteht die (vollzogene) Arrestanordnung seit drei Jahren, ohne dass Anklage erhoben wurde, wird sie idR nicht mehr verhältnismäßig sein (Thüringer OLG wistra 2024, 35 (38) mAnm Rettke; LG Mannheim NZWiSt 2025, 220: 5 Jahre; s. aber a. LG Lübeck NZWiSt 2024, 465; 2024, 467 mAnm Rettke). Zu den zeitlichen Grenzen der Vollziehung der Anordnung → § 111f Rn. 1. 9

Etwaige **unbillige Härten** u. Fragen der **Entreicherung** des Täters, Teilnehmers u. des bösgläubigen Drittbegünstigten bleiben infolge der Streichung des § 73c StGB aF bei der Anordnung der **Einziehung des Wertes von Taterträgen** (§ 73c StGB) außer Betracht (BGH NStZ-RR 2019, 22; NZWiSt 2024, 282 (288); lediglich für eine etwaige Entreicherung des gutgläubigen Drittbegünstigten sieht § 73e Abs. 2 StGB davon eine Ausnahme vor. Der quasi-bereicherungsrechtlichen Rechtsnatur der Vermögensabschöpfung entspr. sind diese Fragen gem. § 459g Abs. 5 S. 1 – bis auf die Ausnahme des § 73e Abs. 2 StGB – vollständig in das Strafvollstreckungsverfahren verlagert (BT-Drs. 18/9525, 57; Meißner/Schütrumpf 10

Vermögensabschöpfung Rn. 147; Köhler/Burkhard NStZ 2017, 665 (674 f.)); eine analoge Anwendung des § 459g Abs. 5 im Ermittlungs- o. Erkenntnisverfahren kommt nicht in Betracht (BGH NStZ-RR 2018, 241; wistra 2018, 427; NZWiSt 2024, 282 (288); OLG Stuttgart NZWiSt 2025, 304 (309 mAnm Weimann/Weinbrenner); **aA** OLG Stuttgart NZWiSt 2024, 243 (244) mzustAnm Bittmann, wonach hierbei zudem „nicht fernliegende erwartbare gerichtliche Einstellungsentscheidungen" zu berücksichtigen sein soll (zw.); s. a. Klaas NZWiSt 2022, 361, der auf den Tatertrag entrichtete Steuern beim Sicherungsbedürfnis berücksichtigen will (zw.)). Etwaige unbillige Härten müssen daher wie bei der Einziehungsentscheidung im Urteil auch bei der diese sichernden Anordnung des Vermögensarrestes außer Betracht bleiben; die Formulierung „zur Sicherung der Vollstreckung" stellt lediglich die Notwendigkeit eines Sicherungsbedürfnisses klar (erg. → § 111b Rn. 10). Der Vermögensarrest muss auch nicht deshalb aufgehoben werden, um dem Beschuldigten die Nachzahlung von Steuern, die er auf den Tatertrag zu entrichten hat, und damit eine strafbefreiende Selbstanzeige nach § 373 Abs. 3 **AO** zu ermöglichen (LG Nürnberg-Fürth StraFo 2023, 353 (354) mAnm Cordes ZWH 2023, 299).

11 Auch **geringfügige Beträge** können mit einem Vermögensarrest gesichert werden; einen Ausschluss wie in § 111d Abs. 1 S. 3 aF gibt es nicht mehr. Steht der Verwaltungsaufwand, den die Erwirkung u. Vollziehung des Vermögensarrestes erfordern würde, allerdings in keinem angemessenen Verhältnis zur Bedeutung der Sache wird die StA selbst bei dringenden Gründen iSd Abs. 1 S. 2 v. der Beantragung des Arrestes absehen (Löwe/Rosenberg/Johann Rn. 40 (kein Sicherungsbedürfnis)). Bei Beträgen bis zu 30 Euro kann die StA iÜ nach § 421 Abs. 1 Nr. 1, Abs. 3 wegen Geringwertigkeit des Erlangten vollständig v. der Wertersatzeinziehung absehen (BT-Drs. 19/9525, 77); vgl. zur Wertgrenze → § 421 Rn. 4).

12 **C. Anordnungsermessen (Abs. 1).** Nach Abs. 1 S. 1 steht die Anordnung im **freien Ermessen** („kann"). Im Rahmen der Ermessensentscheidung sind die hohe kriminalpolitische Bedeutung der strafrechtlichen Vermögensabschöpfung, der Verdachtsgrad, die Schadenshöhe u. der die Strafverfolgungsbehörden treffende Kosten- u. sonstige Aufwand u. die Schwere des Eingriffs in das Eigentumsgrundrecht des Betroffenen (insbes. nach Höhe u. voraussichtlicher Dauer des Arrests) zu berücksichtigen. Trotz der Streichung des § 73 Abs. 1 S. 2 StGB aF u. der damit verbundenen Abkehr v. Entschädigungskonzept der Rückgewinnungshilfe können auch Belange des Opferschutzes einbezogen werden, da auch das reformierte Recht der Vermögensabschöpfung mit den §§ 459h ff. ein Opferentschädigungsmodell (vgl. dazu → § 459h Rn. 1 f.) vorsieht (zum früheren Recht, vgl. BVerfG StraFo 2005, 338 (339); OLG Karlsruhe NJW 2005, 1815; OLG Saarbrücken ZInsO 2009, 1704; vgl. auch KK-StPO/Spillecke Rn. 7). Bei **dringenden Gründen** „soll" der Vermögensarrest angeordnet werden (Abs. 1 S. 2); die Anordnung ist dann der ges. **Regelfall** (aber auch → Rn. 9). Von der Frage der vorl. Sicherstellung ist die Frage zu trennen, ob die StA im Einzelfall überhaupt zum Instrument der Vermögensabschöpfung greifen will o. nach § 421 Abs. 3 davon absieht (→ § 421 Rn. 15). Zur Sicherung eines dem einen Tatbeteiligten gegen den anderen erwachsenen (Ausgleichs-)Anspruchs nach § 426 BGB (vgl. zur gesamtschuldnerischen Haftung BGH NStZ-RR 2018, 178) kommt die Anordnung eines Vermögensarrestes nicht in Betracht (OLG Karlsruhe NJW 2005, 1815; vgl. auch Barreto da Rosa NJW 2009, 1706).

13 **D. Geldstrafe und Kosten (Abs. 2, Abs. 3).** Der Vermögensarrest kann auch zur Sicherung einer **Geldstrafe** angeordnet werden (Abs. 2). Dies trägt dem kriminalpolitischen Interesse an der Vollstreckung v. Geldstrafen (§§ 459 ff.) Rechnung (vgl. Löwe/Rosenberg/Johann Rn. 34). Die Sicherung richtet sich nach der Höhe der erkannten Strafe. Wegen geringfügiger Geldstrafen, → Rn. 9. Der Vermögensarrest ist nach Abs. 2 zudem zur Sicherung der v. dem Angeklagten zu tragenden **Verfahrenskosten** iSd § 464a Abs. 1 S. 1 (Gebühren u. Auslagen der Staatskasse) zulässig (vgl. OLG Frankfurt a. M. StV 2005, 541). Der Arrest sichert

über die zzt. des Urteilserlasses angefallenen Verfahrenskosten hinaus auch die weiteren Kosten, die durch schon eingelegte o. zu erwartende Rechtsmittel voraussichtlich entstehen werden. Vorausgesetzt wird in beiden Fällen, dass gegen den Betroffenen bereits ein Urt. ergangen o. ein Strafbefehl erlassen worden ist (BT-Drs. 18/9525, 77); rechtskräftig muss die Entscheidung nicht sein, es bedarf aber eines Sicherungsbedürfnisses (BGH NZWiSt 2025, 552 (553)). Zur Sicherung der Vollstreckungskosten darf der Vermögensarrest nicht angeordnet werden (Abs. 3).

E. Arrestanordnung (Abs. 4). Der Vermögensarrest kann ab der Einleitung des Ermittlungsverfahrens angeordnet werden; die Anordnung ist aber auch nach rkr. Abschluss des Verfahrens zulässig (vgl. § 76 StGB). Er wird auf Antrag der StA – nach Erhebung der öffentl. Klage auch vAw – v. dem nach § 111j Abs. 1 S. 1 zuständigen Gericht angeordnet. Die Zuständigkeit richtet sich nicht nach der ZPO, sondern nach der StPO (BGH wistra 2005, 35). Das Gericht entscheidet durch Beschl., der nach § 34 mit Gründen zu versehen ist. Wenn die StA bei Gefahr im Verzug selbst zu der Anordnung befugt ist (§ 111j Abs. 1 S. 2), legt sie deren Notwendigkeit in den Akten nieder. Die vorherige Anhörung des Betroffenen unterbleibt (§ 33 Abs. 4 S. 1; BVerfG NJW 2006, 1048; erg. → § 147 Rn. 28). 14

Inhaltlich muss die Arrestanordnung den zu sichernden Anspruch unter Bezifferung des Geldbetrages – der geschätzt werden kann (vgl. § 73d Abs. 2 StGB) – bezeichnen (Abs. 4 S. 1). Der Arrestanspruch muss mit konkreten tatsächlichen Anhaltspunkten belegt werden (BVerfG BeckRS 2024, 39164). Soll die Einziehung des Wertes des Tatertrages (§ 73c StGB) gesichert werden, müssen insbes. die Tatsachen aufgeführt werden, die den Verdacht für die Erwerbstat begründen (Hellerbrand wistra 2003, 202; krit. zur Praxis Kempf FS E. Müller, 2008, 334 (339)). Nach Abs. 4 S. 2 ist außerdem der Geldbetrag festzusetzen, durch dessen Hinterlegung die Vollziehung des Arrests gehemmt u. der Betroffene zu dem Antrag auf Aufhebung des Arrests berechtigt wird; die Angabe dieser Lösungssumme kann aber nachgeholt werden (Löwe/Rosenberg/Johann Rn. 48). Da die Anordnung des Vermögensarrestes ein Sicherungsbedürfnis voraussetzt (→ Rn. 6), sind auch dafür tatsächliche Anhaltspunkte anzugeben. 15

Bekanntgemacht wird die Arrestanordnung nach ihrer Vollziehung dem Betroffenen, also dem Beschuldigten o. dem Dritten, gegen den sie sich richtet. Mitteilungspflichten ggü. den Verletzten der Tat im materiellen Sinn (vgl. dazu → Vor § 111b Rn. 4), die dem Arrestanspruch zugrundliegt, bestimmt § 111l. 16

F. Aufhebung der Arrestanordnung. Der Vermögensarrest ist grds. bis zum rkr. Abschluss des Verfahrens wirksam, in dem er ergeht (BGHSt 29, 13 (15)). Mit **Rechtskraft der Wertersatzeinziehung** wandelt sich das in Vollziehung des Vermögensarrestes entstandene Sicherungspfandrecht in ein Vollstreckungspfandrecht (MüKoStPO/Bittmann § 111d Rn. 15; Löwe/Rosenberg/Johann § 111j Rn. 42; HK-StPO/Gercke § 111f Rn. 6; **aA** OLG München wistra 2004, 479, erst mit Einleitung der Vollstreckung). Der Vermögensarrest wird dann ohne weiteres **gegenstandslos;** eine Aufhebung ist nicht erforderlich (OLG Frankfurt a. M. NZWiSt 2025, 404; OLG Stuttgart NStZ 2005, 401; KG NStZ-RR 2010, 180; SSW StPO/Heine § 111j Rn. 19; MüKoStPO/Bittmann Rn. 58; erg. → § 111j Rn. 10; **aA** Löwe/Rosenberg/Johann § 111j Rn. 41 ff.; KK-StPO/Spillecke Rn. 15); insofern ist der Vermögensarrest mit dem Haftbefehl vergleichbar (vgl. dazu → § 120 Rn. 15 f.). Zum Rechtsbehelf gegen die Vollziehungsmaßnahme → § 111k Rn. 16. 17

Die Anordnung muss unverzüglich **aufgehoben** werden, wenn die Voraussetzungen des § 111e Abs. 1 (etwa der Tatverdacht) entfallen o. der weitere Fortbestand des Vermögensarrests unverhältnismäßig ist (BVerfG StraFo 2005, 338 (340); OLG Köln wistra 2014, 118; OLG Düsseldorf NStZ-RR 2002, 173; OLG Frankfurt a. M. NStZ-RR 1996, 255; StV 2008, 624; OLG Köln StV 2004, 413; OLG Saarbrücken ZInsO 2009, 1704; LG Meiningen NZWiSt 2025, 357 (359); vgl. zu Verfahrensverzögerungen auch OLG Köln StV 2015, 418; OLG Koblenz 18

NStZ-RR 2014, 114; LG Nürnberg-Fürth StraFo 2023, 270). Verweigert die StA bei einem Vermögensarrest, der aktuell vollzogen wird, die Einsicht in die die Eingriffsmaßnahme tragenden Aktenteile, liegt darin ein Gehörsverstoß, der das Beschwerdegericht zur Aufhebung des Arrestes zwingt (LG Nürnberg-Fürth wistra 2023, 480 mzustAnm Corsten/Klose). Wird in der Hauptsache die Wertersatzeinziehung aus materiellen Gründen (**zB Freispruch**) o. einem prozessualen Absehen nach § 421 StPO nicht angeordnet, ist der Vermögensarrest mithin aufzuheben, weil die Annahme einer durch vorl. Maßnahmen zu sichernden Wertersatzeinziehung nicht mehr begründet ist (erg. → § 111j Rn. 11; KK-StPO/Spillecke Rn. 15; SSW StPO/Heine Rn. 17). Wird das Verfahren nach § 206a eingestellt, weil der Angeklagte verstorben ist, kann der Arrest nicht gegen dessen Erben aufrechterhalten werden; gegen diesen kann zur Sicherung der Wertersatzeinziehung nach §§ 73b Abs. 1 Nr. 3, Abs. 2, 76a StGB ein eigenständiger Vermögensarrest angeordnet werden (OLG Frankfurt NZWiSt 2024, 72 mAnm Bittmann). Der Arrest ist auch dann aufzuheben, wenn der staatliche Wertersatzeinziehungsanspruch aus § 73c StGB durch Zahlung des geschuldeten Geldbetrages erloschen ist (zum Entstehungszeitpunkt des Anspruchs, vgl. → Vor § 421 Rn. 11; → § 459h Rn. 9; zu den Wirkungen eines wirksamen Verzichts, vgl. → Vor § 421 Rn. 6 ff.). Ist der Wertersatzeinziehungsanspruch nach § 73e Abs. 1 StGB erloschen, weil der Verletzte den inkriminierten Gegenstand zurückerlangt hat, kommt eine Arrestanordnung nicht mehr in Frage; dies gilt auch, wenn dies nicht auf einer Leistung des Täters beruht (vgl. hierzu etwa BGH NZWiSt 2019, 119: Sicherstellung des entwendeten Gegenstandes durch die Polizei). Das Gleiche gilt, wenn einer der als Gesamtschuldner haftender Einziehungsadressaten den Verletzten iSd § 73e Abs. 1 StGB (vgl. hierzu BGH NStZ 2022, 177 (184)) oder den staatlichen Einziehungsanspruch befriedigt. § 73e Abs. 1 StGB soll auch zugunsten eines Tatbeteiligten gelten, der etwas „für" die Tat iSd § 73 Abs. 1 StGB (Tatlohn) erlangt hat, wenn derjenige, der den Vermögensgegenstand „durch" die Tat iSd § 73 Abs. 1 StGB erlangt hat, den Verletzten befriedigt (OLG Frankfurt a. M. NStZ 2022, 177 mkritAnm. Elschenbroich wistra 2022, 353 (361 ff.). Angesichts des Zwecks des § 73e Abs. 1 StGB (Verhinderung einer doppelten Inanspruchnahme des Einziehungsadressaten → § 459g Rn. 10 f.) kann dies aber nur gelten, wenn der Verletzte einen „quasi-bereicherungsrechtlichen" Anspruch auch gegen den mit einem Tatlohn (Erlangen „für" die Tat) bedachten Tatbeteiligten hat (BGH NStZ-RR 2022, 205 (206)); dann aber wird idR eine Aufteilung der Tatbeute (Erlangen „durch" die Tat) und kein Fall einer aus anderen Quellen herrührenden Belohnung „für" die Tatbeteiligung vorliegen.

18a Mit der Aufhebung sind zugleich auch die zu seiner **Vollziehung getroffenen Maßnahmen** (§ 111f) aufzuheben, weil es dann an der Grundlage fehlt, an welche die Vollziehung gebunden ist (OLG Frankfurt a. M. NZWiSt 2025, 408 (409); OLG Saarbrücken StraFo 2016, 377). Zur Ähnlichkeit mit dem Haftbefehl, vgl. → § 120 Rn. 8 f. Eine Beschwerde der StA gegen die Aufhebung des Arrestes hemmt dies nach § 307 Abs. 1 nicht (LG Meiningen NZWiSt 2025, 357 (361). Der Verletzte kann die Aufhebung nicht anfechten, weil er nicht am Verfahren beteiligt ist (OLG Oldenburg StraFo 2011, 224 mwN). § 945 ZPO ist nicht entspr. anwendbar (**aM** Borggräfe/Schütt StraFo 2006, 139; krit. Kempf FS E. Müller, 2008, 336).

19 **Zuständig** für die Aufhebung ist das Gericht, das den Arrest angeordnet, zu bestätigen o. bestätigt hat (§ 111j Abs. 1 S. 1, Abs. 2 S. 1), das Berufungsgericht nach der Aktenvorlage nach § 321 S. 2 (OLG Stuttgart NStZ-RR 2003, 142; erg. → § 111a Rn. 19), statt des Revisionsgerichts das letzte Tatgericht, nicht das Beschwerdegericht bei einer Beschwerde gegen die Anordnung des Arrestes (OLG Düsseldorf MDR 1991, 893). Nach rkr. Entsch. ist das Gericht erster Instanz zuständig. Vor der Entsch. ist die StA zu hören (§ 33 Abs. 2).

20 **G. Durchsuchung (Abs. 5).** Nach § 111e Abs. 5 gelten §§ 102–110 entsprechend. Zur Vollziehung des Vermögensarrestes ist daher die Durchsuchung zulässig

(→ Vor § 111b Rn. 5). Die Durchsuchungsanordnung (§ 105) kann mit der Anordnung des Vermögensarrestes verbunden werden.

H. Verhältnis zu § 324 AO (Abs. 6). Der Vermögensarrest nach § 111e Abs. 1 und der dingliche Arrest nach § 324 AO stehen **gleichrangig nebeneinander** (BT-Drs. 18/9525, 78). Die dem **Steuerfiskus** nach § 324 AO eingeräumte Möglichkeit, selbst einen Arrest in das Vermögen des Steuerschuldners anzuordnen, steht nach Abs. 6 der Anordnung eines Vermögensarrestes gegen diesen als Beschuldigten einer Steuerstraftat nicht entgegen. Die Möglichkeit des Erlasses eines Arrestes nach § 324 AO bleibt bei der Prüfung des Sicherungsbedürfnisses für den Vermögensarrest außer Betracht (OLG Hamburg NZWiSt 2019, 106 (110); LG Hamburg wistra 2018, 446; OLG Stuttgart NJW 2017, 3731; Ohlmeier/Struckmeyer wistra 2018, 419); dass die Voraussetzungen von § 324 AO und § 111e nicht deckungsgleich sind, ist ohne Belang (KG BeckRS 2020, 15542 Rn. 27 f.). Hat der Steuerfiskus allerdings einen Arrest nach § 324 AO angeordnet u. tatsächlich vollzogen, wird das Sicherungsbedürfnis für einen Vermögensarrest zur Sicherung der Einziehung des Wertes der verkürzten Steuern idR zu verneinen sein. Sind ausschl. Steuerstraftaten Gegenstand des Ermittlungsverfahrens, sollte der Steuerfiskus mit Blick auf § 111i Abs. 1 möglichst die Sicherung nach § 324 AO wählen (erg. → § 111h Rn. 4; → § 111i Rn. 1). 21

I. Rechtsbehelfe. Zur Anordnung des Vermögensarrestes s. → § 111j Rn. 12, → § 304 Rn. 13 (vgl. hierzu auch BGH BeckRS 2024, 19630 Rn. 42); → § 310 Rn. 9. Erwirkt der unterstützende (deutsche) DEStA bei grenzüberschreitenden Ermittlungen der EuStA aufgrund einer Zuweisung der mit der Sache betrauten DEStA in einem anderen Mitgliedstaat nach Art. 31 EUStA-VO, so sind die Anordnungs- und Begründungsvoraussetzungen von den deutschen Gerichten nicht zu überprüfen (OLG München NZWiSt 2025, 438 mAnm Gut; → § 160 Rn. 16). Zur Vollziehung → § 111k Rn. 15. 22

J. Arrest nach altem Recht. Zur **Fortwirkung** eines nach früherem Recht (vor dem 1.7.2017) angeordneten Arrestes (§§ 111b Abs. 1, 111d aF), vgl. OLG Hamm StraFo 2018, 63; OLG München MDR 2018, 364; SSW StPO/Heine Rn. 16; erg. → Vor § 111b Rn. 8. 23

Vollziehung des Vermögensarrestes

111f

(1) [1]**Der Vermögensarrest in eine bewegliche Sache, in eine Forderung oder ein anderes Vermögensrecht, das nicht der Zwangsvollstreckung in das unbewegliche Vermögen unterliegt, wird durch Pfändung vollzogen.** [2]**Die §§ 928 und 930 der Zivilprozessordnung gelten sinngemäß.** [3]**§ 111c Absatz 2 Satz 3 gilt entsprechend.**

(2) [1]**Der Vermögensarrest in ein Grundstück oder ein Recht, das den Vorschriften über die Zwangsvollstreckung in das unbewegliche Vermögen unterliegt, wird durch Eintragung einer Sicherungshypothek bewirkt.** [2]**Die §§ 928 und 932 der Zivilprozessordung gelten sinngemäß.**

(3) [1]**Der Vermögensarrest in ein Schiff, ein Schiffsbauwerk oder ein Luftfahrzeug wird nach Absatz 1 bewirkt.** [2]**Ist der Gegenstand im Schiffs- oder Schiffsbauregister oder im Register für Pfandrechte an Luftfahrzeugen eingetragen, gelten die §§ 928 und 931 der Zivilprozessordung sinngemäß.**

(4) **In den Fällen der Absätze 2 und 3 Satz 2 wird auch das Veräußerungsverbot nach § 111h Absatz 1 Satz 1 in Verbindung mit § 136 des Bürgerlichen Gesetzbuchs eingetragen.**

A. Regelungsgehalt. § 111f regelt die **Vollziehung** des Vermögensarrests. Die Vorschr. hat § 111d Abs. 2 aF ersetzt (BT-Drs. 18/9525, 78). Sie entspr. weitgehend dem bisherigen Recht; lediglich Abs. 6 enthält mit Blick auf die neu 1 geregelte Wirkung der Vollziehung (§ 111h) eine ergänzende Regelung (BT-Drs. 18/11640, 85). Die Vorschr. über die Vollziehung des zivilprozessualen dinglichen Arrests (§§ 928, 930–932 ZPO) gelten sinngemäß (Abs. 1 S. 2, Abs. 2 S. 2, Abs. 3 S. 2). Mangels Verweises auf § 929 Abs. 2 S. 1 ZPO gilt die dort geregelte Vollziehungsfrist von einem Monat nicht, mangels planwidriger Regelungslücke auch nicht analog. Die für die Vollstreckung von Durchsuchungsanordnungen verfassungsrechtlich gebotene Frist von sechs Monaten (→ § 105 Rn. 8a) ist angesichts der nicht selten praktischen Komplexität der Vollziehung von Vermögensarresten nicht übertragbar. Mit Blick auf den Verhältnismäßigkeitsgrundsatz ist eine Vollstreckung jedoch **nicht zeitlich unbegrenzt** zulässig (OLG Hamburg NZWiSt 2023, 279; OLG Celle ZInsO 2018, 1263; LG Nürnberg-Fürth ZWH 2023, 105 (106) mAnm Bittmann ZWH 2023, 81; für starre Vollziehungsfristen MüKoStPO/Bittmann Rn. 13 ff.; Löwe/Rosenberg/Johann Rn. 3). Der Vermögensarrest kann gegen jeden **Gesamtschuldner** in voller Höhe vollzogen werden; die Hinterlegung iSd § 111e Abs. 4 wirkt nur für denjenigen Betroffenen, der den Ablösungsbetrag hinterlegt, nicht aber auch für die übrigen Arrestschuldner (LG Berlin NZWiSt 2021, 286 mzustAnm Rettke; SSW StPO/Heine Rn. 6).

2 **B. Bewegliches Vermögen.** In das bewegliche Vermögen wird der Vermögensarrest durch **Pfändung** bewirkt (Abs. 1 S. 1). Nach Abs. 1 S. 2 sind über die sinngemäße Anwendung der §§ 928, 930 f. die §§ 808 ff., 811, 850 ff. ZPO – aber auch die Vermutung des § 1006 BGB (OLG Dresden StraFo 2015, 245) – zu beachten (OLG Nürnberg NZWiSt 2013, 297 (300); LG Stuttgart NZWiSt 2024, 332 (Pfändungsfreibetrag); krit. zum Pfändungsschutz Kempf FS E. Müller, 2008, 336). Dadurch entsteht für den Staat ein (Arrest-)Pfandrecht (Döllel/Dreeßen SchlHA 2008, 231 (232) – OLG Schleswig RsprÜ; AG Saarbrücken wistra 2000, 194; MüKoStPO/Bittmann § 111f Rn. 17). Gepfändetes Geld wird hinterlegt (§ 930 Abs. 2 ZPO). Die Aufforderung zur Abgabe der Drittschuldnererklärung (§ 840 ZPO) ist in den Pfändungsbeschluss aufzunehmen (Abs. 3 S. 3 iVm § 111c Abs. 2 S. 3).

3 **Bitcoins** und andere digitale Vermögenswerte können als „anderes Vermögensrecht" aufgrund eines Vermögenarrestes (§ 111e) nach Abs. 1 gepfändet werden (vgl. Bleckat NStZ 2025, 193 (195); eing. → § 111b Rn. 4, → § 111c Rn. 8). Zur Frage der Übersicherung bei Gegenständen, die Wertschwankungen unterliegen (zB Aktiendepot): OLG Frankfurt a. M. NZWiSt 2024, 76; s. aber auch LG Nürnberg-Fürth BeckRS 2025, 27959.

4 **C. Schiffe und Schiffsbauwerke, Luftfahrzeuge.** Auch Schiffe und Schiffsbauwerke werden gepfändet, ebenso Luftfahrzeuge (Abs. 3 iVm Abs. 1). Der Anspruch auf Herausgabe einer freigewordenen Sicherheit unterliegt ebenfalls der Pfändung (→ § 123 Rn. 5; OLG Frankfurt a. M. NJW 2005, 1727 (1735) mkritAnm Herzog/Hoch/Warius StV 2007, 542: schon vor deren Freigabe; vgl. dazu a. BGHZ 95, 109 (115); OLG Frankfurt a. M.; OLG München StV 2000, 509 mAnm Sättele). Befindet sich das Pfändungsobjekt bereits im Besitz der StA, ist nicht der Herausgabeanspruch des Beschuldigten entspr. § 847 Abs. 1 ZPO, sondern der Gegenstand selbst zu pfänden (OLG Frankfurt a. M. NStZ-RR 1996, 255 (256); 2005, 144).

5 **D. Grundstücke und grundstücksgleiche Rechte.** In Grundstücke und grundstücksgleiche Rechte (→ § 111c Rn. 9) wird die Arrestvollziehung durch Eintragung einer **Sicherungshypothek** in das Grundbuch für die zu sichernde Geldforderung bewirkt (Abs. 2 iVm §§ 928, 932 Abs. 1 ZPO).

6 **E. Relatives Veräußerungsverbot.** Abs. 4 bestimmt die Eintragung des relativen Veräußerungsverbots, das infolge der Vollziehung des Vermögensarrests entsteht (§ 111h Abs. 1 S. 1 iVm § 136 BGB). Die Vorschr. hindert den gutgläubigen Rechtserwerb durch Dritte; es ist ggf. im Grundbuch o. Register einzutragen (BT-

Drs. 19/11640, 85; KK-StPO/Spillecke Rn. 5; SSW StPO/Heine Rn. 5; s. a. MüKoStPO/Bittmann Rn. 21).

F. Zuständigkeit. Die Zuständigkeit für die Arrestvollziehung ist in § 111k Abs. 1 S. 1 geregelt (→ § 111k Rn. 1). 7

G. Vollziehung nach altem Recht. Ein nach früherem Recht (vor dem 1.7.2017) angeordneter Arrest (§§ 111b Abs. 1, 111d aF) wirkt fort; die in Vollziehung des Arrestes begründeten Sicherungsrechte bleiben **wirksam** (OLG München MDR 2018, 364; erg. → Vor § 111b Rn. 8). 8

Aufhebung der Vollziehung des Vermögensarrestes

111g (1) **Hinterlegt der Betroffene den nach § 111e Absatz 4 festgesetzten Geldbetrag, wird die Vollziehungsmaßnahme aufgehoben.**

(2) **Ist der Arrest wegen einer Geldstrafe oder der voraussichtlich entstehenden Kosten des Strafverfahrens angeordnet worden, so ist eine Vollziehungsmaßnahme auf Antrag des Beschuldigten aufzuheben, soweit der Beschuldigte den Pfandgegenstand zur Aufbringung der Kosten seiner Verteidigung, seines Unterhalts oder des Unterhalts seiner Familie benötigt.**

Die Vorschr. regelt die **Aufhebung der Vollziehung** des Vermögensarrestes, nicht des Vermögensarrestes selbst. Sie kommt in zwei Fällen in Betracht (BT-Drs. 18/9525, 78). 1

Nach Abs. 1 führt die **Hinterlegung der Lösungssumme** (§ 111e Abs. 4 S. 2; → § 111e Rn. 13) zur Aufhebung der Arrestvollziehung (OLG Stuttgart wistra 2007, 276 (279)), nicht des Vermögensarrests selbst (BT-Drs. 18/11640, 85). Dem stehen nach § 111e Abs. 4 S. 2 Hs. 2 iVm § 108 Abs. 1 ZPO die Beibringung einer selbstschuldnerischen Bankbürgschaft u. die Hinterlegung v. Wertpapieren gleich (KK-StPO/Spillecke Rn. 2; Löwe/Rosenberg/Johann Rn. 3). Vgl. für den Fall der Hinterlegung der Lösungssumme durch einen von mehreren **Gesamtschuldnern** → § 111f Rn. 1. 2

Nach Abs. 2 zwingt die **Notlage des Beschuldigten** zur Aufhebung der Vollziehung eines Vermögensarrestes, der nur wegen einer **Geldstrafe** o. wegen der **Verfahrenskosten** angeordnet worden ist. Bei mehreren Vollziehungsmaßnahmen kann die StA bestimmen, welche v. ihnen aufgeh. o. eingeschränkt wird (Löwe/Rosenberg/Johann Rn. 4). Es ist auch zulässig, die Maßnahme schrittweise unter Berücksichtigung des Anfallens der nach Abs. 2 bevorzugten Leistungen einzuschränken, u. zwar entweder v. vornherein auf den 1. Antrag hin o. auf wiederholte Anträge des Beschuldigten. Ist v. vornherein ersichtlich, dass die Voraussetzungen des Abs. 2 vorliegen, so darf der Arrest nicht angeordnet werden. 3

Kosten der Verteidigung iS Abs. 2 sind die Gebühren u. Auslagen des Verteidigers, auch die nach § 3a RVG vereinbarten Gebühren (vgl. Bach StraFo 2005, 485 (486) zu § 4 RVG aF), u. die Aufwendungen für Reisen zum Verteidiger o. Gericht. Der Beschuldigte braucht sich nicht auf die Höchstbeträge verweisen zu lassen, die bei der Festsetzung der notwendigen Auslagen nach § 464a gelten (Löwe/Rosenberg/Johann Rn. 5). Übermäßig hohe Verteidigungskosten werden jedoch nicht anerkannt (KK-StPO/Spillecke Rn. 4; Bach StraFo 2005, 485 (486)). 4

Kosten des Unterhalts sind die notwendigen Kosten. Dem Beschuldigten muss das belassen werden, was er auch bei einer Vollstreckung des Urteils nicht herausgeben müsste, insbes. die pfändungsfreien Beträge nach §§ 850 ff. ZPO (Löwe/Rosenberg/Johann Rn. 6). 5

Die Aufhebung nach Abs. 2 setzt einen **Antrag** des Beschuldigten voraus, in dem die Voraussetzungen der Vorschr. darzulegen u. glaubhaft zu machen sind (OLG Karlsruhe StraFo 2002, 84; OLG Stuttgart Justiz 2002, 21; KK-StPO/Spillecke Rn. 6), erg. → § 26 Rn. 5 ff.; → § 45 Rn. 6). 6

Wirkung der Vollziehung des Vermögensarrestes

111h (1) [1]**Die Vollziehung des Vermögensarrestes in einen Gegenstand hat die Wirkung eines Veräußerungsverbots im Sinne des § 136 des Bürgerlichen Gesetzbuchs.** [2]**Für das Sicherungsrecht, das in Vollziehung des Vermögensarrestes entsteht, gilt § 80 Absatz 2 Satz 2 der Insolvenzordnung.**

(2) [1]**Zwangsvollstreckungen in Gegenstände, die im Wege der Arrestvollziehung nach § 111f gesichert worden sind, sind während der Dauer der Arrestvollziehung nicht zulässig.** [2]**Die Vollziehung einer Arrestanordnung nach § 324 der Abgabenordnung bleibt unberührt, soweit der Arrestanspruch aus der Straftat erwachsen ist.**

1 **A. Allgemeines.** Abs. 1 beschreibt die **Wirkungen der Vollziehung** des Vermögensarrestes. Abs. 2 enthält ein **Zwangsvollstreckungsverbot** hins. der in Vollziehung des Vermögensarrests gesicherten Gegenstände.

2 **B. Wirkungen der Vollziehung (Abs. 1).** Nach Abs. 1 S. 1 führen Vollziehungsmaßnahmen aufgrund eines Vermögensarrestes zu einem relativen **Veräußerungsverbot** (§ 136 BGB), das bei einer Arrestvollziehung nach § 111f Abs. 2 und Abs. 3 gem. § 111f Abs. 4 einzutragen ist (SSW StPO/Heine Rn. 3; → § 111f Rn. 6). Diese Verfügungsbeschränkung verhindert, dass der Arrestschuldner an dem v. der StA gepfändeten Vermögensgegenstand durch Rechtsgeschäft ein (nachrangiges) Pfandrecht zugunsten eines Dritten begründen kann (BT-Drs. 18/11640, 85; SSW StPO/Heine Rn. 3). Dadurch soll verhindert werden, dass ein vom Arrestschuldner bestelltes Pfandrecht im Falle der Eröffnung des Insolvenzverfahrens über sein Vermögen und dem damit verbundenen Erlöschen des staatlichen Sicherungsrechts (§ 111i Abs. 1) in den ersten Rang aufrückt, womit der Wert des Gegenstandes im Insolvenzverfahren den Verletzten und den übrigen Insolvenzgläubigern nicht zur Verfügung stünde (KK-StPO/Spillecke Rn. 1; krit. MüKoStPO/Bittmann Rn. 5 ff, der die Regelung für weitgehend überflüssig hält). Das Veräußerungsverbot umfasst auch andere Vfg., die zu einer Wertminderung führen könnten (erg. → § 111d Rn. 1).

3 Abs. 1 S. 2 enthält einen **deklaratorischen Hinweis** auf § 80 Abs. 2 S. 2 InsO (LG Köln wistra 2024, 436 (438); MüKoStPO/Bittmann Rn. 15), Das in Vollziehung des Vermögensarrestes entstandene Sicherungsrecht hat mithin auch im Fall der Eröffnung des **Insolvenzverfahrens** über das Vermögen des betroffenen Arrestschuldners (Beschuldigter o. Drittbegünstigter) Bestand, soweit es nicht v. der Rückschlagsperre (§ 88 InsO) o. der Insolvenzanfechtung (§§ 129 ff. InsO) erfasst wird. Das staatliche Sicherungspfandrecht ist also insolvenzfest; der Staat erlangt gem. §§ 49, 50 InsO ein auch nach § 88 InsO wirksames Absonderungsrecht (BT-Drs. 18/9525, 78; KK-StPO/Spillecke Rn. 2; SSW StPO/Heine Rn. 4; Bittmann/Tschakert ZInsO 2017, 2657 (2663); so schon zum früheren Recht, OLG Hamm NStZ 2014, 344 (346); KG wistra 2013, 445).

4 **C. Zwangsvollstreckungsverbot (Abs. 2).** Abs. 2 S. 1 enthält ein **Einzelvollstreckungsverbot** für Vermögensgegenstände, die in Vollziehung des Vermögensarrestes nach § 111f gesichert worden sind. Es gilt für alle in § 111f geregelten, in Vollziehung eines Vermögensarrestes entstehenden Sicherungsrechte der StA (G v. 25.6.2021, BGBl. 2021 I 2099), also auch dann, wenn der Vermögensarrest in ein Grundstück bewirkt worden ist (BT-Drs. 19/27654, 75); allerdings nur soweit die Rechte anderer Gläubiger ggü. dem Sicherungsrecht der StA nachrangig sind (BGH NJW 2020, 2337 mAnm Bittmann Rpfleger 2020, 612; KK-StPO/Spillecke Rn. 3; SSW StPO/Heine Rn. 6). Die Vorschr. verfolgt mehrere Zwecke: Sie verhindert zum einen, dass Gläubiger des Betroffenen bei Erwerbstaten zum Nachteil der Allgemeinheit (zB Straftaten nach dem BtMG) sich aus staatlich gepfändeten Vermögenswerten befriedigen; zum anderen sichert sie bei Erwerbstaten mit individuellen Geschädigten (zB Betrug) die Gleichbehandlung der Verletzten (BT-Drs. 18/9525, 78 f.; ausf. Savini Rpfleger 2018, 177; krit.

Löwe/Rosenberg/Johann Rn. 11). Vollziehungen eines (weiteren oder desselben) **strafrechtlichen Vermögensarrestes** werden daher nicht von Abs. 2 S. 1 erfasst (BGH NJW 2023, 2783). Der Vollstreckung vorrangiger dinglicher Gläubiger steht Abs. 2 S. 1 nach Sinn u. Zweck der Vorschr. nicht entgegen (AG Alzey Rpfleger 2018, 400). Von dem Einzelvollstreckungsverbot macht Abs. 2 S. 2 eine **Ausnahme** zugunsten des **Steuerfiskus** bei Steuerstraftaten. Dies gewährleistet, dass Vermögen, das wegen Steuerstraftaten gesichert worden ist, dem eigentlichen Geschädigten, nämlich dem Gemeinwesen, zugutekommt (BT-Drs. 18/9525, 79; 18/11640, 80; KK-StPO/Spillecke Rn. 4; vgl. zur Reichweite Madauß NZWiSt 2018, 28 (31); krit. MüKoStPO/Bittmann Rn. 54 ff). Als Grdl. für die Vollstreckung in das v. der StA gesicherte Vermögen genügt ein vorl. Titel nach § 324 **AO;** erst recht muss die Vollstreckung auf Grundlage eines bestandskräftigen Steuerbescheids zulässig sein (Köhler/Burkhard NStZ 2017, 665 (678)). Mit Blick auf § 111i Abs. 1 sollte der Steuerfiskus möglichst v. seiner (exklusiven) Möglichkeit der Einzelvollstreckung Gebrauch machen (erg. → § 111e Rn. 21, → § 111i Rn. 1).

D. Arrestvollziehung nach altem Recht. Die Wirkung der Vollziehung eines nach früherem Recht (vor dem 1.7.2017) angeordneten Arrestes (§§ 111b Abs. 2, 111d aF) richtet sich **nach neuem Recht** (OLG München MDR 2018, 364; erg. → Vor § 111b Rn. 8). 5

Insolvenzverfahren

111i

(1) [1]**Ist jemandem aus der Tat ein Anspruch auf Ersatz des Wertes des Erlangten erwachsen und wird das Insolvenzverfahren über das Vermögen des Arrestschuldners eröffnet, so erlischt das Sicherungsrecht nach § 111h Absatz 1 an dem Gegenstand oder an dem durch dessen Verwertung erzielten Erlös, sobald dieser vom Insolvenzbeschlag erfasst wird.** [2]**Das Sicherungsrecht erlischt nicht an Gegenständen, die in einem Staat belegen sind, in dem die Eröffnung des Insolvenzverfahrens nicht anerkannt wird.** [3]**Die Sätze 1 und 2 gelten entsprechend für das Pfandrecht an der nach § 111g Absatz 1 hinterlegten Sicherheit.**

(2) [1]**Sind mehrere Anspruchsberechtigte im Sinne des Absatzes 1 Satz 1 vorhanden und reicht der Wert des in Vollziehung des Vermögensarrestes gesicherten Gegenstandes oder des durch seine Verwertung erzielten Erlöses zur Befriedigung der von ihnen geltend gemachten Ansprüche nicht aus, so stellt die Staatsanwaltschaft einen Antrag auf Eröffnung des Insolvenzverfahrens über das Vermögen des Arrestschuldners.** [2]**Die Staatsanwaltschaft sieht von der Stellung eines Eröffnungsantrags ab, wenn begründete Zweifel daran bestehen, dass das Insolvenzverfahren auf Grund des Antrags eröffnet wird.**

(3) [1]**Verbleibt bei der Schlussverteilung ein Überschuss, so erwirbt der Staat bis zur Höhe des Vermögensarrestes ein Pfandrecht am Anspruch des Schuldners auf Herausgabe des Überschusses.** [2]**In diesem Umfang hat der Insolvenzverwalter den Überschuss an die Staatsanwaltschaft herauszugeben.**

A. Allgemeines. § 111i bestimmt eine **Ausnahme von der Insolvenzfestigkeit** der in Vollziehung des Vermögensarrestes begründeten Sicherungsrechte (§ 111h Abs. 1 S. 2; LG Köln wistra 2024, 436 (438); erg. → Vor § 111b Rn. 4; → § 111h Rn. 3). Beruht der vollzogene Vermögensarrest auf einer o. mehreren (Erwerbs-)Tat(en) zum Nachteil **individueller Geschädigter** (zB § 263 StGB, aber auch etwa § 370 **AO**), räumt die Vorschr. dem Insolvenzverfahren u. dem insolvenzrechtlichen Grundsatz der **Gläubigergleichbehandlung** den Vorrang ein. Bei Taten zum Nachteil der Allgemeinheit (zB § 29a BtMG) bleibt es bei der 1

Insolvenzfestigkeit (BT-Drs. 18/9525, 79; 18/11640, 85 f.; Bittmann/Tschakert ZInsO 2017, 2657 (2663); ausf. mit Beispielen, Köhler/Burkhard NStZ 2017, 665 (677 f.)). § 111i gilt unmittelbar bis zur **Rechtskraft** der Wertersatzeinziehung, die durch den Vermögensarrest gesichert wird; nach Rechtskraft gilt die Regelung gem. § 459h Abs. 2 S. 2 entspr.

1a Durch G v. 25.2021 (BGBl. I 2099) wurde in § 373b der Verletzte definiert. Da dieser Verletztenbegriff nicht alle „Verletzten" iSd bisherigen § 111i erfasst, wurde der Begriff daher zugleich in Abs. 1 durch „jemandem" u. in Abs. 2 durch „Anspruchsberechtigte" ersetzt werden. Eine inhaltliche Änd. ist damit nicht verbunden (BT-Drs. 19/27654, 75).

2 **B. Anspruchsberechtigter und Entschädigungsanspruch.** Anspruchsberechtigt ist nur derjenige, dem aus der **materiellen (Erwerbs-)Tat** iSd § 73 Abs. 1 StGB (Löwe/Rosenberg/Johann Rn. 6; BeckOK StPO/Huber Rn. 2; **aM** KK-StPO/Spillecke Rn. 4: Tat iSd. § 264 StPO) ein Anspruch auf Rückgewähr dessen, was der Täter, Teilnehmer (vgl. § 73 StGB) o. Drittbegünstigte (vgl. § 73b StGB) erlangt hat, o. auf Ersatz des Wertes des Erlangten (vgl. § 73c StGB) erwachsen ist. Nur wenn der Vermögensarrest auf einer solchen Tat beruht, ist der **Anwendungsbereich** des § 111i eröffnet. Anspruchsberechtigter ist mithin, wer ein Geschädigter einer materiellen (Erwerbs-)Tat ist, die im entscheidungserheblichen Zeitpunkt **Gegenstand des Vermögensarrestes** ist (o. – nach Rechtskraft – der endg. Wertersatzeinziehung, vgl. § 459h Abs. 2 S. 2). Der Kreis der anspruchsberechtigen Geschädigten kann sich damit im Laufe des Verfahrens ändern, etwa durch Erweiterung des Verfahrens u. des Vermögensarrestes auf weitere Erwerbstaten o. aufgrund einer Beschränkung des Verfahrens nach §§ 154, 154a und der entspr. Anpassung des Vermögensarrestes. Da Bezugspunkt für die Feststellung der Geschädigteneigenschaft und der Anspruchsberechtigung die einzelne materielle Erwerbstat iSd § 73 Abs. 1 StGB ist (Köhler/Burkhard NStZ 2017, 665 (679)), sind auch beim uneigentlichen Organisationsdelikt nur diejenigen als Anspruchsberechtigter iSd § 111i anzusehen, die durch eine im Vermögensarrest aufgeführte konkrete Einzeltat geschädigt wurden (BT-Drs. 18/9525, 50; Köhler/Burkhard NStZ 2017, 665 (679)). Liegen aufgrund einer – durch § 111i nicht eingeschränkten – Beschränkung des Verfahrens nach §§ 154, 154a dem Vermögensarrest nur noch Taten zum Nachteil der Allgemeinheit zugrunde, ist § 111i nicht anwendbar.

3 Der **Anspruch des Tatopfers** richtet sich auf Ersatz des Wertes dessen, was der Einziehungsadressat (Täter, Teilnehmer o. Drittbegünstigter) durch die verfahrensgegenständliche Erwerbstat iSd § 73 Abs. 1 StGB erlangt hat u. dessen Einziehung der Vermögensarrest sichern soll. Der Anspruch des Geschädigten iSd § 111i ist die **Kehrseite des Wertes des Erlangten;** etwaige darüber hinausgehende Ansprüche (zB Schmerzensgeld o. Zinsen) werden nicht erfasst (vgl. zum Ganzen ausf., BT-Drs. 18/9525, 50 f.; SSW StPO/Heine Rn. 7; Bittmann/Tschakert ZInsO 2017, 2657 (2662): *„spiegelbildlich";* Köhler/Burkhard NStZ 2017, 665 (679 f.), auch zur Bedeutung der nach den allg. Regelungen notwendigen Konkretisierung der Erwerbstat im Vermögensarrest, in der Anklage u. im Urteil).

4 **C. Vorrang des Insolvenzverfahrens (Abs. 1).** Abs. 1 S. 1 bestimmt den Vorrang des Insolvenzverfahrens, soweit der vollzogene Vermögensarrest die Einziehung des Wertes des Ertrages aus einer materiellen (Erwerbs-)Tat (§§ 73, 73c StGB) zum Nachteil v. (mindestens) **einem** individuellen **Geschädigten** sichert (Bittmann/Tschakert ZInsO 2017, 2657 (2663)). Wird in dieser Fallkonstellation das Insolvenzverfahren über das Vermögen des Arrestschuldners eröffnet, führt dies automatisch mit Insolvenzbeschlag zum **Erlöschen des Sicherungsrechts** des Staates (§ 111h Abs. 1) an dem betr. Gegenstand o. an dem durch dessen Verwertung erzielten Erlös (Abs. 1 S. 1). Der Gegenstand kann dann im Insolvenzverfahren herangezogen werden; er wird für die Befriedigung sämtlicher Gläubiger des Arrestschuldners im Insolvenzverfahren „frei". Ob dem Geschädigten ein Aussonderungsrecht nach § 50 InsO zusteht, ist eine originär insolvenzrechtliche Frage

und daher nicht von den Strafgerichten zu klären (OLG Zweibrücken ZInsO 2023, 105). Es erlischt lediglich das Sicherungsrecht, nicht der Vermögensarrest selbst (BT-Drs. 18/9525, 79; KK-StPO/Spillecke Rn. 7; Köhler/Burkhard NStZ 2017, 665 (677)). Ob das Insolvenzverfahren aufgrund eines Eigenantrags des Arrestschuldners o. aufgrund eines Antrags eines Geschädigten, eines sonstigen Gläubigers o. der StA (Abs. 2 S. 1) eröffnet wird, ist ohne Belang (BT-Drs. 18/11640, 85 f.; KK-StPO/Spillecke Rn. 3).

Besteht Grund zur Annahme, dass der Einziehungsadressat sowohl durch Taten zum Nachteil individueller Geschädigter als **auch** durch andere **Taten zum Nachteil der Allgemeinheit** etwas erlangt hat, sollte mit Blick auf die Folgen der Eröffnung der Insolvenzverfahrens frühzeitig überlegt werden, für welche Erwerbstaten die Wertersatzeinziehung gesichert werden soll, falls der Vollzug des Vermögensarrestes nicht zu einer vollständigen Sicherung geführt hat. Liegt dem Vermögensarrest eine **Erwerbstat** zugrunde, die **sowohl Individual- als auch Allgemeinrechtsgüter** schützt (zB § 263 StGB in Tateinheit § 95 Abs. 1 Nr. 3a AMG durch den betrügerischen Verkauf gefälschter Arzneimittel), erlöschen die in Vollziehung des Arrestes begründeten Sicherungsrechte des Staates nach § 111i Abs. 1 S. 1, wenn das Insolvenzverfahrens aufgrund eines Antrags des Geschädigten des individualschützenden Delikts (im Bsp. § 263 StGB) eröffnet wird; das gilt selbst dann, wenn die StA das Verf. zulässigerweise gem. § 154a auf das den Allgemeinrechtsgüterschutz dienende Delikt (im Bsp. § 95 Abs. 1 Nr. 3a AMG) beschränkt hat (Köhler/Burkhard NStZ 2017, 665 (678)). 5

Ist das Sicherungsrecht infolge der Eröffnung des Insolvenzverfahrens erloschen, ist die StA zur Herausgabe des Gegenstands an den Insolvenzverwalter verpflichtet (§ 80 Abs. 1 InsO). Weigert sich die StA, kann der Insolvenzverwalter sein Recht auf Besitz u. Verw. (§ 148 Abs. 1 InsO) gerichtlich geltend machen (vgl. zum Anspruch des Insolvenzverwalters, OLG Nürnberg NZI 2006; 44; Uhlenbruck/Sinz InsO § 148 Rn. 29). Trotz der insolvenzrechtlichen Natur des Anspruchs ist nach § 111k Abs. 3 der strafprozessuale Rechtsweg eröffnet (erg. → § 111k Rn. 15). 6

Nach Abs. 1 S. 2 erlischt das Sicherungsrecht nur dann, wenn der Gegenstand v. **Insolvenzbeschlag** erfasst u. damit der Verwaltungs- u. Verfügungsbefugnis des Insolvenzverwalters unterliegt. Damit werden Sicherungslücken verhindert, die zB dadurch entstünden, dass ein in Vollziehung des Vermögensarrestes begründetes Sicherungsrecht an im **Ausland** belegenem Vermögen des Arrestschuldners in Folge der Eröffnung des Insolvenzverfahrens erlöschen würde, obwohl der Insolvenzverwalter den Gegenstand nicht zur Insolvenzmasse ziehen kann (BT-Drs. 18/11640, 79). 7

Abs. 1 S. 3 stellt das Pfandrecht nach § 233 BGB an einer **hinterlegten Sicherheit** (§ 111g Abs. 1) dem in Vollziehung des Vermögensarrestes entstandenem Sicherungsrecht gleich (BT-Drs. 18/11640, 86). 8

D. Insolvenzantrag der StA (Abs. 2). Abs. 2 S. 1 **ermächtigt** die StA, unter bestimmten Voraussetzungen die Eröffnung des Insolvenzverfahrens über das Vermögen des Arrestschuldners zu beantragen; ihre Antragbefugnis ergibt sich bereits daraus, dass sie den Staat als Gläubiger des Wertersatzeinziehungsanspruchs vertritt (BT-Drs. 18/11640, 87; Köhler FS Graf-Schlicker, 2018, 511). Wenn die Voraussetzungen des Abs. 2 S. 1 vorliegen u. ein Absehen nach Abs. 2 S. 2 nicht in Betracht kommt, wird die einzig pflichtgemäße Entsch. der StA die Antragstellung sein (BeckOK StPO/Huber Rn. 18; MüKoStPO/Bittmann Rn. 41; Bittmann/Tschakert ZInsO 2017, 2657 (2663): Ermessensreduzierung auf Null). Wird das Insolvenzverfahren daraufhin eröffnet, treten die Folgen nach Abs. 1 ein. Die Geschädigten werden dann im Insolvenzverfahren entschädigt (→ Rn. 1). Neben der Gläubigergleichbehandlung steht dahinter die Intention, das Strafverfahren v. Fragen der Opferentschädigung zu entlasten (BT-Drs. 18/9525, 50; instruktiv Bittmann/Köhler/Seeger/Tschakert Strafrechtl. Vermögensabschöpfung-HdB/Tschakert Rn. 856 ff.; Köhler/Burkhard NStZ 2017, 665 (679)). 9

10 Die StA stellt den Antrag **aus eigenem Recht,** nämlich als Gläubigerin des durch den Vermögensarrest gesicherten staatlichen Wertersatzeinziehungsanspruchs gegen den v. Arrest betroffenen Einziehungsadressaten (BT-Drs. 18/9525, 86; KK-StPO/Spillecke Rn. 12; SSW StPO/Heine Rn. 18). Die Antragstellung ist dem Rechtspfleger übertragen (§§ 3 Nr. 4c, 31 Abs. 1 Nr. 3 RPflG). Da es sich um einen Gläubigerantrag nach § 14 InsO handelt, ist das Antragsrecht denselben Beschränkungen unterworfen wie dasjenige v. Privatgläubigern. Das ausschl. Insolvenzantragsrecht der **BaFin** für Banken u. vergleichbare Institute (vgl. § 46b KWG, § 312 VAG, § 21 ZAG, § 43 KGB) wird daher durch Abs. 2 nicht berührt (Gondert WM 2018, 845).

11 Nach Abs. 2 S. 1 setzt der Antrag einen **„Mangelfall"** voraus (zur Entschädigung im **„Deckungsfall"** → § 459h Rn. 8 f.). Es muss zum einen „mehrere Anspruchsberechtige" iSv Abs. 1 geben. Gegenstand des Vermögensarrests müssen daher mehrere materielle Erwerbstaten zum Nachteil verschiedener Tatopfer sein; gibt es nur einen Geschädigten, kommt der Antrag nach Abs. 2 S. 1 nicht in Frage. Zum anderen müssen die **geltend gemachten** Entschädigungsansprüche (dazu → Rn. 2) den Wert der v. der StA in Vollziehung des Vermögensarrestes gepfändeten Gegenstände des Arrestschuldners übersteigen (BT-Drs. 18/9525, 80; 18/11640, 87; Bittmann/Tschakert ZInsO 2017, 2657 (2662 f.); Köhler/Burkhard NStZ 2017, 665 (681)). Nach Vollziehung des Vermögensarrestes werden die Anspruchsinhaber deshalb gem. § 111l Abs. 3 S. 1 zur Erkl. aufgefordert, ob u. in welcher Höhe sie ihre Entschädigungsansprüche geltend machen.

12 Einen bestimmten **Zeitpunkt** für den Antrag nennt § 111i nicht, da sich der Zeitpunkt für den Eintritt des „Mangelfalls" aufgrund der möglichen Änd. des Kreises der Anspruchsberechtigten im Laufe des Verfahrens verändern kann (→ Rn. 2) u. von Erklärungen der Anspruchsinhabern abhängt (→ Rn. 11). Aus strafprozessualen u. insolvenzrechtlichen Gründen (insbes. wegen § 14 InsO) werden die Antragsvoraussetzungen idR mit der Eröffnung des Hauptverfahrens u. der Zulassung der Anklageschrift auf einer verlässlichen Grdl. geprüft werden können (BT-Drs. 18/9525, 81; Bittmann/Tschakert ZInsO 2017, 2657 (2671 f.); Laroche ZinsO 2017, 1245 (1251 f.), s. a. KK-StPO/Spillecke Rn. 13; weitergehend MüKoStPO/Bittmann Rn. 40).

13 Der Antrag der StA richtet sich als **Gläubigerantrag** nach § 14 InsO. Die StA muss zum einen ihre **Insolvenzforderung** (Wertersatzeinziehungsanspruch nach § 73c StGB; → Rn. 9 f.) glaubhaft machen. Glaubhaft gemacht iSd § 14 InsO ist die Insolvenzforderung dann, wenn ihr Bestehen überw. wahrscheinlich ist. Der Maßstab entspr. mithin dem des hinreichenden Tatverdachts (→ § 203 Rn. 2). Mit der Eröffnung des Hauptverfahrens (§ 203) ist eine Verurteilung wegen der Erwerbstat u. die daraus folgende **Wertersatzeinziehung** wahrscheinlich; die Forderung kann zu diesem Zeitpunkt auf der Grdl. eines (vorl.) Titels (Vermögensarrest) regelmäßig glaubhaft gemacht werden. Welche Aktenbestandteile dem Insolvenzgericht neben dem Vermögensarrest, der Anklageschrift u. dem Eröffnungsbeschluss zur Glaubhaftmachung vorzulegen sind, hängt v. den Umständen des Einzelfalls ab (BT-Drs. 18/9525, 81; 18/11640, 86; Laroche ZinsO 2017, 1245 (1251 f.)). Ferner muss die StA einen **Insolvenzgrund** glaubhaft machen. Es handelt sich um die **Zahlungsunfähigkeit** des Arrestschuldners (§ 17 InsO), die die StA aufgrund ihrer ohnehin durchzuführenden (Finanz-)Ermittlungen idR ohne weiteres glaubhaft machen kann (BT-Drs. 18/9525, 80; 18/11640, 86; Bittmann/Tschakert ZInsO 2017, 2657 (2668 f.); Laroche ZinsO 2017, 1245 (1251 f.)). Ist seit den Finanzermittlungen u. der Vollziehung des Vermögensarrestes bis zur beabsichtigten Antragstellung ein längerer Zeitraum vergangen, können uU die Beauftragung eines Gerichtsvollziehers mit einem erneuten Vollstreckungsversuch o. polizeiliche Nachforschungen sinnvoll sein, um die Glaubhaftmachung der Zahlungsunfähigkeit zu untermauern (BT-Drs. 18/11640, 86 f.; Bittmann/Tschakert ZInsO 2017, 2657 (2668 f.); KK-StPO/Spillecke Rn. 14).

14 Die StA muss Insolvenzforderung u. Insolvenzgrund lediglich **glaubhaft** machen; bewiesen sein muss die Forderung nicht (Bittmann/Tschakert ZInsO 2017,

2657 (2666); KK-StPO/Spillecke Rn. 14; **aA** LG Bad Kreuznach ZHW 2019, 223 mablAnm Bittmann). Das Vorliegen der materiellen Voraussetzungen der Eröffnung des Insolvenzverfahrens prüft allein das **Insolvenzgericht.** Amtshaftungsansprüche sind für die StA daher nicht zu gegenwärtigen (BT-Drs. 18/9525, 81). Wird das Insolvenzverfahren eröffnet, treten die Folgen nach Abs. 1 ein. Zur Anmeldung der nachrangigen Wertersatzeinziehung (§ 39 Abs. 1 Nr. 3 InsO), vgl. BT-Drs. 18/11640, 87; Bittmann/Tschakert ZInsO 2017, 2657 (2669 ff.), auch zum Insolvenzeröffnungsverfahren nach einem zulässigen Antrag der StA u. bei *„suboptimalem strafprozessualen Agieren"* der StA. Zur Insolvenzsicherheit des Verteidigerhonorars Brockhaus/Sachneider StraFo 2021, 178.

15 Trotz des Vorliegens der Voraussetzungen nach Abs. 1 S. 1 **sieht** die StA v. der Antragstellung **ab,** wenn die **Eröffnung** des Insolvenzverfahrens **zweifelhaft** ist (Abs. 2 S. 2). Dies verhindert, dass die StA die Insolvenzgerichte mit ersichtlich unzulässigen Insolvenzanträgen belastet (BT-Drs. 18/11640, 87). Hauptanwendungsfall ist zu erwartende Abweisung der Eröffnung des Insolvenzverfahrens mangels Masse; die Entschädigung erfolgt dann nach § 459m (→ § 459m Rn. 5 ff.; Köhler/Burkhard NStZ 2017, 665 (681)). Das gilt auch, wenn es aufgrund bes. Vorschr. ausnahmsweise an der Antragsberechtigung der StA fehlt (vgl. § 46b Abs. 1 S. 4 KWG, § 43 Abs. 1 KAGB, § 312 Abs. 1 VAG). Zu die praktischen und rechtlichen **Problemen** bei selbständigen Einziehungen in Verfahren gegen unbekannt, bei ausländischem Wohnsitz des Einziehungsadressaten u. masseaufzehrenden Verfahrenskosten vgl. Röß NStZ 2025, 649; erg. → § 459m Rn. 5 ff.

16 Für die **Geschädigten** ist die Antragstellung durch die StA mangels Beschwer nicht anfechtbar, da die StA den Antrag aus eigenem Recht stellt (→ Rn. 10; SSW StPO/Heine Rn. 22). Der **Arrestschuldner** kann die Antragstellung der StA hingegen nach §§ 23 ff. **EGGVG** anfechten; dass er seine Einwendungen im Insolvenzverfahren erheben kann (§ 14 Abs. 2 InsO), steht dem nicht entgegen. Der Überprüfung unterliegt aber nur, ob die Voraussetzungen des Abs. 2 vorliegen (BGH NJW 2020, 3123 (3125); OLG Stuttgart ZInsO 2022, 2266; OLG Hamm NZI 2019, 771 (772 f.); KK StPO/Spillecke Rn. 15a; krit. Bittmann ZWH 2020, 265; SSW StPO/Heine Rn. 22). Die Antragstellung der StA ist **nicht einklagbar** (Löwe/Rosenberg/Johann Rn. 37; SSW StPO/Heine Rn. 22 aE). Dies gilt auch für einen (nach §§ 154, 154a ausgeschiedenen) Geschädigten o. einen sonstigen Gläubiger. Es fehlt auch insofern das Rechtschutzbedürfnis, weil diese selbst die Eröffnung des Insolvenzverfahrens beantragen können (§ 13 Abs. 1 S. 2 InsO).

17 **E. Überschuss nach Schlussverteilung (Abs. 3).** Nach Abs. 3 S. 1 erwirbt der Staat bis zur Höhe des fortbestehenden Vermögensarrestes (→ Rn. 4) ein **gesetzliches Pfandrecht** an dem Überschuss. Die Regelung in Abs. 3 verhindert, dass ein etwaiger Überschuss nach der insolvenzrechtlichen Schlussverteilung an den Täter, Teilnehmer o. Drittbegünstigten hrsg. werden muss (BT-Drs. S. 81). Der Insolvenzverwalter hat den Überschuss in diesem Umfang an die StA herauszugeben (Abs. 3 S. 2).

Verfahren bei der Anordnung der Beschlagnahme und des Vermögensarrestes

111j (1) [1]**Beschlagnahme und Vermögensarrest werden durch das Gericht angeordnet.** [2]**Bei Gefahr im Verzug kann die Anordnung auch durch die Staatsanwaltschaft erfolgen.** [3]**Unter der Voraussetzung des Satzes 2 sind zur Beschlagnahme einer beweglichen Sache auch die Ermittlungspersonen der Staatsanwaltschaft (§ 152 des Gerichtsverfassungsgesetzes) befugt.**

(2) [1]**Hat die Staatsanwaltschaft die Beschlagnahme oder den Arrest angeordnet, so beantragt sie innerhalb einer Woche die gerichtliche Bestätigung der Anordnung.** [2]**Dies gilt nicht, wenn die Beschlagnahme einer beweglichen Sache angeordnet ist.** [3]**Der Betroffene kann in allen Fällen die**

Entscheidung des Gerichts beantragen. [4]**Die Zuständigkeit des Gerichts bestimmt sich nach § 162.**

1 **A. Zuständigkeit.** Für die **Anordnung** der Beschlagnahme u. des Vermögensarrestes ist grds. das Gericht **zuständig** (Abs. 1 S. 1). Wegen der Zuständigkeit iE, vgl. → § 98 Rn. 4, ferner KK-StPO/Spillecke Rn. 1; SSW StPO/Heine 2 f.; SK-StPO/Rogall/Schumann Rn. 8.

2 Bei **Gefahr im Verzug** ist auch die StA zur Anordnung befugt, sofern es sich nicht um periodische Druckwerke handelt (§ 111q Abs. 4 S. 1; KK-StPO/Spillecke Rn. 3). Ist die StA nicht erreichbar, sieht Abs. 1 S. 3 – beschränkt auf die Beschlagnahme beweglicher Sachen – eine Eilzuständigkeit ihrer Ermittlungspersonen vor (vgl. zu allem → § 98 Rn. 6).

3 **B. Form; Inhalt, Bekanntmachung.** Für die Anordnung der **Beschlagnahme,** vgl. → § 111b Rn. 1; für die Beschlagnahme v. Druckwerken ergänzend § 111q Abs. 3. Anders als bei der Beweismittelbeschlagnahme nach §§ 94, 98 müssen Ermittlungspersonen, die die Beschlagnahme anordnen u. selbst ausführen, mit Rücksicht auf die Rechtsfolgen nach § 111d Abs. 1 dem Betroffenen erklären (Löwe/Rosenberg/Johann Rn. 13) u. aktenkundig machen, dass die Sache nach §§ 111b f. beschlagnahmt wird (erg. → § 111b Rn. 1, → § 111c Rn. 1). Es besteht wie bei der nichtrichterlichen Durchsuchungsanordnung (→ § 105 Rn. 3) für den Beamten eine Dokumentationspflicht (Jung StV 2004, 646). Nur wenn der Sicherungszweck auf der Hand liegt, ist eine entspr. Feststellung entbehrlich (BGH NStZ 1985, 262; OLG Frankfurt a. M. NStZ-RR 1996, 301; noch weitergehend LG Frankfurt a. M. NJW 1982, 897). Eine Belehrung über das Verfügungsverbot nach § 111d Abs. 1 schreibt das G nicht vor, ist aber empfehlenswert (SSW StPO/Heine Rn. 10; SK-StPO/Rogall/Schumann Rn. 15).

4 Für die Anordnung des **Vermögensarrestes,** vgl. → § 111e Rn. 12 ff.

5 **C. Richterliche Bestätigung (Abs. 2).** Anders als nach § 98 Abs. 2 S. 1 bedarf die Beschlagnahme- u. Arrestanordnung der StA – nicht erst ihr Vollzug nach §§ 111c, 111f (Löwe/Rosenberg/Johann Rn. 23) – auch dann der richterlichen Bestätigung, wenn der Betroffene keinen Widerspruch erhoben hat. Das gilt nach Abs. 2 S. 2 jedoch **nicht** – auch nicht bei Widerspruch des Betroffenen – bei der Beschlagnahme **beweglicher Sachen** (BGH BeckRS 2023, 23691), auch wenn sie von den Ermittlungspersonen der StA angeordnet wurde; der Betroffene kann aber auch in diesem Fall nach Abs. 2 S. 3 die Entscheidung des Gerichts beantragen (KK-StPO/Spillecke Rn. 5; MüKoStPO/Bittmann Rn. 44).

6 **Innerhalb einer Woche** muss die StA den Antrag auf richterliche Bestätigung stellen. Die Frist beginnt nicht, wie nach § 98 Abs. 2 S. 1, mit dem Ende der Durchführung der Beschlagnahme (→ § 98 Rn. 14), sondern an dem Tag, an dem die Anordnung erlassen worden ist (Hellerbrand wistra 2003, 204); sie wird nach § 43 berechnet. Jedoch handelt es sich nur um eine Sollvorschrift; die Fristüberschreitung macht die Beschlagnahme nicht unwirksam (KK-StPO/Spillecke Rn. 7; erg. → § 98 Rn. 14). Die richterliche Bestätigung braucht nicht innerhalb der Frist zu erfolgen.

7 Das **Antragsrecht des Betroffenen** auf Entscheidung des Gerichts nach Abs. 2 S. 3 (zum Begriff vgl. → § 98 Rn. 15), der entspr. § 98 Abs. 2 S. 6 über seine Rechte belehrt werden muss (Löwe/Rosenberg/Johann Rn. 25; KK-StPO/Spillecke Rn. 5; MüKoStPO/Bittmann Rn. 30;), setzt die Einhaltung einer Frist nicht voraus. Eine Beschwerde gegen die nichtrichterliche Anordnung ist als Antrag auf gerichtliche Entsch. zu behandeln.

8 Die **Zuständigkeit** für die Bestätigung richtet sich gem. Abs. 2 S. 4 nach § 162 (BT-Drs. 18/9525, 82).

9 Zur **Prüfung des Gerichts,** vgl. → § 98 Rn. 17 sowie BVerfG NJW 2005, 3630: Darlegung der Voraussetzungen des Eingriffs u. die umfassende Abwägung zur Feststellung seiner Angemessenheit mit auf den Einzelfall bezogenen Ausführungen.

D. Beendigung. Die Beendigung der Anordnung der Beschlagnahme o. des Vermögensarrests tritt ohne weiteres ein, wenn die im Urt. o. im selbständigen Verf. angeordnete (Wertersatz-)Einziehung rkr. wird; die Anordnung wird **gegenstandslos** (OLG Stuttgart NStZ 2005, 401; KG NStZ-RR 2010, 180; Schmidt NZWiSt 2015, 401 (407); MüKoStPO/Bittmann § 111e Rn. 15: Aufhebung aus Gründen der Rechtsklarheit aber sachgerecht; diff. Löwe/Rosenberg/Johann Rn. 34, 43; dagegen, allerdings nicht tragend u. in einem Fall der „Rückgewinnungshilfe" zu § 111i aF, BGHSt 58, 152 (157 f.); → erg. § 111e Rn. 17 auch zur **aM**). An die Stelle des vorl. Vollstreckungstitels tritt die rkr. gerichtliche Anordnung nach §§ 73 ff. StGB als endg. Vollstreckungstitel. Anträge auf Aufhebung v. Sicherungsmaßnahmen u. gegen sie eingelegte Beschwerden werden gegenstandslos. In Fällen nachträglicher Durchbrechung der Rechtskraft lebt die Maßnahme nach § 47 Abs. 3 S. 1 wieder auf (→ § 47 Rn. 3, 4). 10

Auf Antrag o. vAw muss die Anordnung förmlich **aufgehoben** werden, wenn im Laufe des Verfahrens die Voraussetzungen des § 111b Abs. 1 oder § 111e Abs. 1 entfallen. Das ist immer der Fall, wenn der Angeklagte freigesprochen o. unter Nichtanordnung der Einziehung nach §§ 73 ff., 74 ff. StGB verurteilt wird, zudem, wenn nach § 421 Abs. 1 von der (Wertersatz-)Einziehung abgesehen wird (erg. → § 111e Rn. 18). Andernfalls würde ein (vorl.) Vollstreckungstitel existieren, der keine (materielle) rechtliche Grdl. (mehr) hat. Zur Zuständigkeit, Ausführung u. Bindungswirkung, vgl. → § 98 Rn. 30; § 111k Rn. 15); bei einem noch nicht rechtskräftigen Urteil ist das Gericht zuständig, dessen Urteil angefochten wird (LG Nürnberg-Fürth StraFo 2023, 353). Wegen der Rückgabe der beschlagnahmten Gegenstände, vgl. → § 94 Rn. 22, → § 111n Rn. 4; es handelt sich um eine Holschuld (BGH NJW 2019, 2618). 11

E. Rechtsmittel. Gegen die richterliche Anordnung ist die **Beschwerde** nach § 304 zulässig. Das gilt nach § 304 Abs. 1 S. 2 Hs. 2 Nr. 1 auch, wenn das OLG den Vermögensarrest im 1. Rechtszug angeordnet hat (BGH BeckRS 2021, 930). Beschwerdeberechtigt ist auch die StA, deren Antrag auf Erlass der Anordnung abgelehnt worden ist (→ § 305 Rn. 6); erg. → § 98 Rn. 31, 32. Betrifft die Beschwerdeentscheidung die Anordnung des Vermögensarrests über einen Betrag v. mehr als 20.000 Euro, ist die **weitere Beschwerde** statthaft (§ 310 Abs. 1 Nr. 3; → § 310 Rn. 9). Dies gilt auch bei Aufhebung eines Vermögensarrestes o. bei Bestätigung der abl. Entsch. des Beschwerdegerichts (BT-Drs. 18/9525, 86; KK-StPO/Spillecke Rn. 19). Das Beschwerdegericht ist nicht daran gehindert, auf eine Beschwerde gegen den Aufhebungsbeschluss dessen Vollziehung nach § 307 Abs. 2 auszusetzen (BGH NStZ 2010, 343 f.). Will das Beschwerdegericht einen Vermögensarrest nach § 111e aufheben, weil es an den Voraussetzungen für eine Einziehung von Wertersatz nicht für gegeben hält, kann es nach § 309 Abs. 2 (→ § 309 Rn. 4) die Beschlagnahme nach § 111b anordnen, wenn die Annahme für eine Einziehung oder Unbrauchbarmachung begründet ist (LG Nürnberg-Fürth StV 2025, 724 Ls.; s. aber a. Löwe-Rosenberg/Johann Rn. 52; MüKoStPO/Bittmann Rn. 51). Hinsichtlich von Beschlagnahmeentscheidungen nach §§ 111b, 111c ist die weitere Beschwerde nicht statthaft (OLG Brandenburg wistra 2023, 220). Durch die Aufhebung eines Vermögensarrests ist der **Insolvenzverwalter** nicht beschwert, eine entspr. Beschwerde gem. § 304 Abs. 1 unzulässig (OLG Nürnberg NZWiSt 2013, 297 mAnm Rathgeber; Löwe/Rosenberg/Johann Rn. 51; erg. → § 111e Rn. 1, 16). Für Maßnahmen in Vollziehung der Beschlagnahme o. des Arrestes – zB Pfändungen – gilt § 111k Abs. 3 (→ § 111k Rn. 15). Mit Anklageerhebung ist eine noch nicht erledigte Beschwerde in einen Antrag an das erstinstanzliche Gericht umzudeuten, gegen dessen Entsch. (Erst-)Beschwerde statthaft ist (OLG Frankfurt a. M. StV 2008, 624; OLG Jena wistra 2010, 80; OLG Stuttgart NStZ-RR 2003, 142). Für Einwendungen gegen Vollziehungsmaßnahmen nach Rechtskraft der durch die Beschlagnahme o. den Vermögensarrest gesicherten (Wertersatz-)Einziehungsanordnung gilt § 459o (erg. → § 111k Rn. 16). 12

Verfahren bei der Vollziehung der Beschlagnahme und des Vermögensarrestes

111k (1) [1]**Beschlagnahme und Vermögensarrest werden durch die Staatsanwaltschaft vollzogen.** [2]**Die erforderlichen Eintragungen in das Grundbuch und in die in § 111c Absatz 4 genannten Register sowie die in § 111c Absatz 4 genannten Anmeldungen werden auf Ersuchen der Staatsanwaltschaft bewirkt.** [3]**Soweit ein Arrest nach den Vorschriften über die Pfändung in bewegliche Sachen zu vollziehen ist, kann dies durch die in § 2 des Justizbeitreibungsgesetzes bezeichnete Behörde, den Gerichtsvollzieher, die Staatsanwaltschaft oder durch deren Ermittlungspersonen (§ 152 des Gerichtsverfassungsgesetzes) vollzogen werden.** [4]**Die Beschlagnahme beweglicher Sachen kann auch durch die Ermittlungspersonen der Staatsanwaltschaft (§ 152 des Gerichtsverfassungsgesetzes) vollzogen werden.** [5]**§ 98 Absatz 4 gilt entsprechend.**

(2) [1]**Für die Zustellung gilt § 37 Absatz 1 mit der Maßgabe, dass auch die Ermittlungspersonen der Staatsanwaltschaft (§ 152 des Gerichtsverfassungsgesetzes) mit der Ausführung beauftragt werden können.** [2]**Für Zustellungen an ein im Inland zum Geschäftsbetrieb befugtes Kreditinstitut gelten die §§ 173 und 175 der Zivilprozessordnung entsprechend.**

(3) **Gegen Maßnahmen, die in Vollziehung der Beschlagnahme oder des Vermögensarrestes getroffen werden, kann der Betroffene die Entscheidung des nach § 162 zuständigen Gerichts beantragen.**

1, 2 **A. Vollziehung der Beschlagnahme (Abs. 1 S. 1 und 4). I. Bewegliche Sachen (S. 1).** Die StA führt die Beschlagnahmeanordnung des Gerichts (§ 111j Abs. 1 S. 1) u. ihre eigenen Anordnungen (§ 111j Abs. 1 S. 2) durch. Sie bedient sich dazu ihrer Ermittlungspersonen o. anderer Polizeibeamter. Die Durchführung ist innerhalb der StA den Rechtspflegern übertragen (§ 31 Abs. 1 Nr. 2 RPflG); ausf. dazu Weiß Rpfleger 2018, 645 (keine ausschl. funktionelle Zuständigkeit). Ermittlungspersonen, die nach § 111j Abs. 1 S. 3 die Beschlagnahme beweglicher Sachen angeordnet haben, sind auch befugt, sie durchzuführen (S. 4); auch sie können andere Polizeibeamte heranziehen. Bei Beschlagnahmen in Dienstgebäuden u. auf Anlagen der Bundeswehr gilt § 98 Abs. 4 entspr. (→ § 98 Rn. 25 ff.).

3 **II. Grundstücke und grundstücksgleiche Rechte (S. 1 und 2).** Die Grundbucheintragungen erfolgen auf Ersuchen der StA (OLG Hamm Rpfleger 2018, 433); dies wurde durch G v. 25.6.2021 (BGBl. I 2099) nunmehr in S. 2 auch ausdrücklich geregelt (BT-Drs. 19/27654, 76). Die dabei zu erledigenden Geschäfte sind den Rechtspflegern übertragen (§§ 22 Nr. 1, 31 Abs. 1 Nr. 1 RPflG).

4 **III. Forderungen und andere Vermögensrechte.** Zuständig ist die StA (S. 1). Sie erlässt das Zahlungsverbot an den Drittschuldner (vgl. OLG Celle Nds. Rpfl. 1997, 163) u. das Verfügungsverbot an den Schuldner nach § 829 Abs. 1 ZPO sowie die Aufforderung nach § 840 Abs. 1 ZPO. Die Geschäfte sind den Rechtspflegern übertragen (§ 31 Abs. 1 Nr. 2 RPflG).

5 **IV. Schiffe, Schiffsbauwerke, Luftfahrzeuge.** Für die Durchführung der Beschlagnahme sowie die Registereintragungen (§ 111c Abs. 4 S. 2) u. die Registeranmeldungen (§ 111c Abs. 4 S. 3) gilt S. 1. Die Geschäfte sind auf die Rechtspfleger übertragen (§§ 22 Nr. 1, 31 Abs. 1 Nr. 1 RPflG).

6–8 **B. Vollziehung des Arrests (Abs. 1 S. 1–3). I. Bewegliche Sachen (S. 1).** Soll durch den Arrest die Vollstreckung der **Geldstrafe oder der Nebenfolgen** (insbes. also der Wertersatzeinziehung) gesichert werden, so ist nach §§ 1 Abs. 1 Nr. 1, 2 Abs. 1 JBeitrG die VollstrB, also die StA nach §§ 451 Abs. 1, 459, 459g Abs. 2 iVm 459 zuständig (LG Bonn wistra 2001, 119 mAnm Brettschneider; Brettschneider NStZ 2000, 180). Sie erteilt dem Vollziehungsbeamten nach § 6 JBeitrG den Pfändungsauftrag; die Geschäfte sind nach § 31 Abs. 1 Nr. 2 RPflG dem Rechtspfleger übertragen. Die StA hat außerdem die Möglichkeit, die Vollziehung des Arrestes selbst o. durch ihre Ermittlungspersonen, also durch die zuständigen Polizeibeamten (→ GVG § 152 Rn. 6), zu bewirken. Unabhängig davon kann sie sich auch an den Gerichtsvollzieher wenden.

Ist der Arrest zur Sicherung der **Verfahrenskosten** angeordnet worden, so ist nach §§ 1 Abs. 1 Nr. 4, 2 Abs. 1 S. 1 JBeitrG die Gerichtskasse zuständig, für Kostenansprüche, die beim BGH entstehen, das Bundesamt für Justiz (§ 2 Abs. 2 JBeitrG). Bezieht sich der Arrest sowohl auf Geldstrafe o. Nebenfolgen als auch auf Kosten, so obliegt der StA die gesamte Vollziehung (§ 1 Abs. 4 JBeitrG). 9

II. Grundstücke und grundstücksgleiche Rechte (S. 1). Die Zuständigkeit für das Ersuchen auf Eintragung einer Sicherungshypothek richtet sich nach S. 1 (→ Rn. 3). Zuständig sind daher die Rechtspfleger der StA (§§ 22 Nr. 1, 31 Abs. 1 Nr. 2 RPflG). 10

III. Schiffe und Schiffsbauwerke (S. 1). Sind sie im Schiffs- o. Schiffsbauregister eingetragen (vgl. § 111f Abs. 3 S. 2), so ist für die Anordnung der Pfändung die StA zuständig, die auch das Eintragungsersuchen nach § 931 Abs. 3 Hs. 2, Abs. 6 S. 1 ZPO iVm § 111f Abs. 3 S. 2 stellt. Bei nicht eingetragenen Schiffen u. Schiffsbauwerken wird der Arrest wie bei beweglichen Sachen nach S. 1 vollzogen (→ Rn. 7–9). Nach § 111f Abs. 3 S. 2 etwa erforderliche Eintragungen beantragt die StA. Die Geschäfte sind den Rechtspflegern übertragen (§§ 20 Nr. 16, 22 Nr. 2, 31 Abs. 1 Nr. 2 RPflG). 11

IV. Luftfahrzeuge. Luftfahrzeuge werden als bewegliche Sachen gepfändet (→ Rn. 7–9). Die erforderlichen Eintragungen u. Anmeldungen (§ 111f Abs. 3 S. 2, § 99 Abs. 2 G über Rechte an Luftfahrzeugen) beantragt der Rechtspfleger der StA (§§ 22 Nr. 1, 31 Abs. 1 Nr. 2 RPflG). 12

V. Forderungen und andere Vermögensrechte (S. 1). Zuständig ist die StA. Die Geschäfte sind nach §§ 22 Nr. 2, 31 Abs. 1 Nr. 2 RPflG den Rechtspflegern übertragen. 13

C. Zustellung (Abs. 2). Die StA kann die bei der Beschlagnahme o. beim Arrestvollzug erforderliche Zustellungen sowohl im Partei- als auch im Amtsbetrieb (§§ 166 ff., 191 ff. ZPO) sowie durch ihre Ermittlungspersonen vornehmen (S. 1); der Vorbehalt in § 168 Abs. 2 ZPO gilt nicht. Nach S. 2 gilt § 174 ZPO für inländische Kreditinstitute entspr. Dies ermöglicht Zustellungen bei Privatbanken durch Telekopien (§ 174 Abs. 2 ZPO) u. elektronische Dokumente (§ 174 Abs. 3 ZPO). Für öffentlich-rechtliche Geldinstitute (etwa Sparkassen) ergeben sich diese vereinfachten Zustellungsmöglichkeiten über § 37 aus § 174 ZPO, weil Anstalten des öffentlichen Rechts in § 174 Abs. 1 ZPO als Zustellungsadressaten genannt sind (BT-Drs. 18/9525, 82). 14

D. Anfechtung. Abs. 3 stellt klar, dass **alle Einwendungen** gegen Maßnahmen in Vollziehung der Beschlagnahme o. des Vermögensarrests im strafprozessualen Rechtsweg erledigt werden (OLG Bamberg wistra 2013, 120; OLG Saarbrücken StraFo 2016, 377). Dies gilt auch für Einwendungen, die der Sache nach als zwangsvollstreckungsrechtliche Drittwiderspruchsklagen oder Vollstreckungserinnerungen zu werten sind, mit der sich ein Dritter gegen eine Maßnahme zur Vollziehung eines im Strafverfahren angeordneten Vermögensarrestes wendet (OLG Dresden StraFo 2015, 245; OLG Köln StraFo 2011, 392; LG Köln wistra 2024, 436 (Insolvenzverwalter); KK-StPO/Spillecke Rn. 8; Löwe/Rosenberg/Johann Rn. 19). Die **Zuständigkeit** bestimmt sich nach § 162. Zuständig ist danach der ER, nach Erhebung der öffentl. Klage das mit der Hauptsache befasste Gericht, während des Revisionsverfahrens das Gericht, dessen Urt. angefochten ist. 15

Nach **Rechtskraft** ist kein Raum mehr für eine Entsch. nach Abs. 3. Mit der Rechtskraft der Anordnung der (Wertersatz-)Einziehung, die durch die Beschlagnahme o. den Vermögensarrest gesichert wurde, wird mit der Vollziehungsmaßnahme (zB Pfandrecht) nicht mehr die Beschlagnahme o. der Vermögensarrest (§§ 111b ff.) vollstreckt, sondern die (Wertersatz-)Einziehungsentscheidung in der Hauptsache (§§ 73 ff. StGB). Die Einwendungen gegen Vollziehungsmaßnahmen 16 richten sich dann nach der vollstreckungsrechtlichen Sondervorschrift des § 459o (→ § 459o Rn. 3; OLG Frankfurt a.M. NZWiSt 2025, 404 (409); SSW StPO/Heine Rn. 14; **aA** OLG Nürnberg StV 2011, 148: Zivilrechtsweg nach § 771 ZPO unter Hinweis auf § 6 JBeitrG – ohne allerdings zu erörtern, ob § 459h aF abw. von § 6 JBeitrG eine andere ges. Bestimmung des § 459 für den Rechtsweg darstellt). Zuständig ist gem. § 462a Abs. 2 S. 1 grds. das Gericht des ersten Rechtszugs (Löwe/Rosenberg/Johann Rn. 21). Nach der Streichung des § 73 Abs. 1 S. 2 StGB aF u. dem damit verbundenen Wegfall des Zulassungsverfahrens (vgl. § 111g Abs. 2 S. 1 aF) u. des Auffangrechtserwerbs (vgl. § 111 Abs. 3 S. 1 aF) ist ein Wiederaufleben der Zuständigkeit des ER gem. § 162 Abs. 3 S. 3 ausgeschlossen (SSW StPO/Heine Rn. 16; zu § 111f Abs. 5 aF war dies str.; dafür OLG Hamburg NStZ 2012, 51; OLG Düsseldorf NStZ-RR 2014, 85; aA etwa OLG Stuttgart NStZ 2015, 50; OLG Hamm NStZ-RR 2014, 17).

17 Die Entsch. des Gerichts nach Abs. 3 kann mit der **Beschwerde** angefochten werden (erg. → § 310 Rn. 9). Soweit eine in Vollziehung des Vermögensarrests getroffene Maßnahme für unzulässig erklärt wird, hat dies die Wirkung der §§ 775 Nr. 1, 776 S. 1 ZPO (KK-StPO/Spillecke Rn. 10; Löwe/Rosenberg/Johann Rn. 27; MüKoStPO/Bittmann Rn. 43; Bosch NStZ 2006, 709).

Mitteilungen

111l (1) **Die Staatsanwaltschaft teilt die Vollziehung der Beschlagnahme oder des Vermögensarrests demjenigen mit, dem ein Anspruch auf Rückgewähr des Erlangten oder auf Ersatz des Wertes des Erlangten aus der Tat erwachsen ist.**

(2) **In den Fällen der Beschlagnahme einer beweglichen Sache ist die Mitteilung mit dem Hinweis auf den Regelungsgehalt des Verfahrens über die Herausgabe nach den §§ 111n und 111o zu verbinden.**

(3) [1] **Wird ein Vermögensarrest vollzogen, so fordert die Staatsanwaltschaft den Anspruchsinhaber zugleich mit der Mitteilung auf zu erklären, ob und in welcher Höhe er den Anspruch auf Ersatz des Wertes des Erlangten, der ihm aus der Tat erwachsen ist, geltend machen wolle.** [2] **Die Mitteilung ist mit dem Hinweis auf den Regelungsgehalt des § 111h Absatz 2 und der Verfahren nach § 111i Absatz 2, § 459h Absatz 2 sowie § 459k zu verbinden.**

(4) [1] **Die Mitteilung kann durch einmalige Bekanntmachung im Bundesanzeiger erfolgen, wenn eine Mitteilung gegenüber jedem einzelnen mit unverhältnismäßigem Aufwand verbunden wäre.** [2] **Zusätzlich kann die Mitteilung auch in anderer geeigneter Weise veröffentlicht werden.** [3] **Gleiches gilt, wenn unbekannt ist, wem ein Anspruch auf Rückgewähr des Erlangten oder auf Ersatz des Wertes des Erlangten aus der Tat erwachsen ist, oder wenn der Anspruchsinhaber unbekannten Aufenthalts ist.** [4] **Personendaten dürfen nur veröffentlicht werden, soweit ihre Angabe zur Wahrung der Rechte der Anspruchsinhaber unerlässlich ist.** [5] **Nach Beendigung der Sicherungsmaßnahmen veranlasst die Staatsanwaltschaft die Löschung der Bekanntmachung.**

1 **A. Mitteilung an den Anspruchsinhaber (Abs. 1).** Die Mitteilung an den Anspruchsinhaber (Abs. 1) über die Vollziehung der Beschlagnahme o. des Vermögensarrestes obliegt der StA. Sie ist **verpflichtend** („teilt … mit“). Eine besondere Form ist nicht vorgeschrieben; eine Zustellung ist nicht nötig. Die Mitteilung soll demjenigen, dem eine Anspruch auf Rückgewähr des Erlangten oder dessen Wertes aus der Tat erwachsen ist, (vgl. hierzu → § 111i Rn. 2) über seine Entschädigungsrechte im Strafverfahren informieren. Sie umfasst daher nicht den Vermögensarrest zur Sicherung v. Geldstrafe u. Verfahrenskosten. Informiert wird nur der Anspruchsinhaber, der bekannt ist o. wird. Nach unbekannten Anspruchs-

inhabern braucht nicht gesucht zu werden (vgl. Abs. 3 S. 2). Die Mitteilungspflicht stellt seit dem Inkrafttreten des G v. 25.6.2021 (BGBl. I 2099) nicht mehr auf den Verletzten, sondern auf den Anspruchsinhaber ab, weil durch das G in § 373b eine Definition des Verletzten geregelt wurde, die den Kreis der zu Informierenden (zB Erben und sonstige Rechtsnachfolger des Tatopfers) begrenzt hätte (BT-Drs. 19/27654, 77).

Der **Zeitpunkt** der Mitteilung steht im Ermessen der StA (BT-Drs. 18/9525, 82). Verstöße gegen die Mitteilungspflicht haben keinen Einfluss auf die Wirksamkeit der getroffenen Maßnahmen (vgl. OLG Celle NStZ-RR 2011, 343 (344)). Amtshaftungsansprüche wegen der unterlassenen Mitteilung im Ermittlungsverfahren dürften mit Blick auf die dem eigentlichen Entschädigungsverfahren vorgeschaltete (erneute) Mitteilung nach Rechtskraft (§ 459l) allenfalls in Sonderkonstellationen denkbar sein. 2

Die **Bekanntgabe** ist Sache der StA, auch nach Erhebung der öffentl. Klage. 3

B. Inhalt der Mitteilung. Der über die Information der Vollziehung (Abs. 1) hinausgehende Inhalt der Mitteilung ist in Abs. 2 und Abs. 3 geregelt. 4

Bei der vollzogenen **Beschlagnahme** (iSd §§ 111b, 111c) **beweglicher Sachen** ist der Anspruchsinhaber auf die Herausgabemöglichkeit nach §§ 111o, 111n hinzuweisen (Abs. 2). 5

Wird ein **Vermögensarrest vollzogen,** wird der Anspruchsinhaber über das Einzelvollstreckungsverbot (§ 111h Abs. 2), den staatsanwaltlichen Insolvenzantrag (§ 111i Abs. 2) u. das vollstreckungsrechtliche Entschädigungsverfahren (§§ 459h Abs. 2, 459k) informiert (Abs. 2 S. 2). Zugleich wird er wegen § 111i Abs. 2 S. 1 (BT-Drs. 18/9525, 82 f.; erg. → § 111i Rn. 11) aufgefordert, ob u. in welcher Höhe er seinen Anspruch auf Wertersatz geltend macht (Abs. 2 S. 1). 6

Der Anspruchsinhaber sollte **auch** darauf hingewiesen werden, dass sein Entschädigungsanspruch im Strafverfahren auf Rückgewähr des v. Einziehungsadressaten deliktisch Erlangten o. dessen Wert beschränkt ist (BT-Drs. 18/9525, 83). 7

C. Elektronischer Bundesanzeiger. Anstelle individueller Bekanntgabe nach Abs. 1 kann die StA die Mitteilung (einmalig) im elektronischen Bundesanzeiger (Abs. 4 S. 1) veröffentlichen. Das dient der Verringerung des Verwaltungsaufwands bei einer Vielzahl bekannter Geschädigter. Diese Form der Mitteilung ermöglicht auch die Information unbekannter Geschädigter o. Tatopfer unbekannten Aufenthalts (Abs. 4 S. 3). Damit ist gewährleistet, dass alle Anspruchsinhaber über den Zugriff des Staates u. ihre Entschädigungsrechte Kenntnis erlangen können, um ihr eigenes Vorgehen danach ausrichten zu können (BT-Drs. 18/9525, 83). Auf eine bloße Wiedergabe der Vorschr. darf sich die Mitteilung nicht beschränken (BT-Drs. 19/11640, 88). 8

Abs. 4 S. 1 eröffnet der StA ein **Ermessen.** Nur das „Wie" der Mitteilung steht im staatsanwaltlichen Ermessen; das „Ob" ist der Disposition der StA entzogen (→ Rn. 1; Löwe/Rosenberg/Johann Rn. 19). Bei zahlreichen Geschädigten wird die Mitteilung idR über die Bekanntgabe im Bundesanzeiger erfolgen, selbst wenn alle Geschädigten bekannt sind (BT-Drs. 18/9525, 83). Bei unbekannten Geschädigten o. Anspruchsinhabern unbekannten Aufenthalts kommt eine individuelle Mitteilung v. vornherein nicht in Betracht. 8a

Weitere Veröffentlichungen kann die StA zusätzlich veranlassen (Abs. 4 S. 2), etwa in der regionalen o. überregionalen Presse o. durch Aushang an Schwarzen Brettern v. Gemeinden o. Behörden, auch durch Plakate. Sie kann ferner in Pressemitteilungen über vollzogene Sicherungsmaßnahmen auf die Veröffentlichungen im elektronischen BAnz. hinweisen. 9

Datenschutz: Personendaten (vgl. § 5 Abs. 1 Nr. 1 BZRG) dürfen zum Schutz des Rechts auf informationelle Selbstbestimmung nur veröffentlicht werden, soweit dies zur Wahrung der Rechte der Verletzten unerlässlich ist. (Abs. 4 S. 4). Für die Löschung der v. ihr veranlassten Veröff. im elektronischen BAnz. hat die StA Sorge zu tragen (Abs. 4 S. 5). Dies setzt voraus, dass die in der jeweiligen Veröff. aufgeführten Maßnahmen vollständig beendet sind; eine Pflicht zur Berichtigung 10 bei teilw. Aufhebung der Maßnahmen besteht nicht (BT-Drs. 16/700, 12 zu § 111e aF – Abs. 4 S. 5 hat den Wortlaut v. § 111e Abs. 4 S. 4 aF unv. übernommen).

11 **D. Zuständigkeit.** Als Annex zur Vollziehung der Beschlagnahme o. Vermögensarrestes fällt die Mitteilung in die Zuständigkeit der Rechtspfleger der StA (erg. → § 111k Rn. 2–5, 8, 10–12); sie ist dem Rechtspfleger übertragen (§ 31 Abs. 1 Nr. 2 RPflG).

Verwaltung beschlagnahmter oder gepfändeter Gegenstände

111m (1) [1]**Die Verwaltung von Gegenständen, die nach § 111c beschlagnahmt oder auf Grund eines Vermögensarrestes nach § 111f gepfändet worden sind, obliegt der Staatsanwaltschaft.** [2]**Sie kann ihre Ermittlungspersonen (§ 152 des Gerichtsverfassungsgesetzes) oder den Gerichtsvollzieher mit der Verwaltung beauftragen.** [3]**In geeigneten Fällen kann auch eine andere Person mit der Verwaltung beauftragt werden.**

(2) **Gegen Maßnahmen, die im Rahmen der Verwaltung nach Absatz 1 getroffen werden, kann der Betroffene die Entscheidung des nach § 162 zuständigen Gerichts beantragen.**

1 **A. Verwaltung.** Die Verwaltung beschlagnahmter o. gepfändeter Gegenstände ist der StA übertragen (Abs. 1 S. 1). Die Vorschr. dient der Umsetzung v. Art. 10 Abs. 1 RL 2014/42/EU (ABl. 2014 L 127, 39; BT-Drs. 18/9525, 83). Die StA kann ihre Ermittlungspersonen o. einen Gerichtsvollzieher mit der Verw. beauftragen (Abs. 1 S. 2). Sie kann sich aber auch (gewerbetreibender) Privater bedienen (Abs. 1 S. 3); dies kommt insbes. bei der Verw. von Immobilien in Betracht (BT-Drs. 18/9525, 83; s. a. MüKoStPO/Bittmann Rn. 2 sowie Bittmann wistra 2023, 371; **aA** Kamrau-Fiedler Rpfleger 2021, 137: keine Geltung des § 111m für Immobilien). Vgl. für virtuelle Vermögenswerte Zeitler RPfleger 2023, 557 (560).

2 **B. Gerichtliche Entscheidung.** Nach Abs. 2 kann der Betroffene gegen Verwaltungsmaßnahmen gerichtliche Entscheidung beantragen. Die Zuständigkeit des Gerichts richtet sich nach § 162.

3 **C. Sorgfältige Verwahrung.** Die StA hat für eine sorgfältige Verwahrung Sorge zu tragen (Nr. 74 RiStBV). Eine Verletzung dieser Pflicht kann Schadensersatzansprüche auslösen (ausf. → § 94 Rn. 22).

Herausgabe beweglicher Sachen

111n (1) **Wird eine bewegliche Sache, die nach § 94 beschlagnahmt oder auf andere Weise sichergestellt oder nach § 111c Absatz 1 beschlagnahmt worden ist, für Zwecke des Strafverfahrens nicht mehr benötigt, so wird sie an den letzten Gewahrsamsinhaber herausgegeben.**

(2) **Abweichend von Absatz 1 wird die Sache an denjenigen herausgegeben, dem sie durch die Straftat unmittelbar entzogen worden ist, wenn dieser bekannt ist.**

(3) **Steht der Herausgabe nach Absatz 1 oder Absatz 2 der Anspruch eines Dritten entgegen, wird die Sache an den Dritten herausgegeben, wenn dieser bekannt ist.**

(4) **Die Herausgabe erfolgt nur, wenn ihre Voraussetzungen offenkundig sind.**

1 **A. Allgemeines.** § 111n erfasst nach § 94 Abs. 2 oder §§ 111b Abs. 1 S. 1, 111c Abs. 1 beschlagnahmte o. nach § 94 Abs. 1 sonst sichergestellte **bewegliche Sachen** (instruktiv Dietsch/Sprinz NStZ 2023, 147; Löwe/Rosenberg/Johann

Rn. 13; KK-StPO/Spillecke Rn. 3); für digitale Vermögenswerte (etwa Bitcoins) kommt weder eine direkte noch eine analoge Anwendung in Frage (LG Verden NStZ 2025, 631 (632 f.) mAnm Bleckat; zur Notveräußerung → § 111p Rn. 1). Die Vorschr. enthält – iVm § 111o – ein „kleines Opferentschädigungsverfahren" (Ullenboom NZWiSt 2020, 470). Für die Rechtspraxis hat die Vorschr vor allem in den Fällen Bedeutung, in denen die herauszugebende Sache sich in amtl. Gewahrsam befindet (zB sichergestelltes Diebesgut). § 111n gilt nicht für Gelder, die der Beschuldigte freiwillig zur Entschädigung der Opfer bereitstellt (OLG Oldenburg NStZ-RR 2008, 116). Sie ist nicht – auch nicht entspr. – anwendbar, wenn beschlagnahmtes Geld wegen Ungewissheit über die Person des Berechtigten bereits hinterlegt (OLG Stuttgart NStZ 1987, 243) o. eine Forderung gem. §§ 111c Abs. 3 durch Pfändung beschlagnahmt worden ist (BGH NJW 2007, 3352). War der Gegenstand freiwillig herausgegeben worden, so darf er nur an denjenigen zurückgegeben werden, der ihn zur Vfg. gestellt hatte (OLG Bremen MDR 1960, 603; Löwe/Rosenberg/Menges § 98 Rn. 68).

Die Behörde muss die **Verfügungsgewalt** an der Sache zudem v. dem Beschuldigten o. einem anderen, der die Sache als Drittbegünstigter (§ 73b StGB) oder v. Beschuldigten durch eine Straftat (Hehlerei, Begünstigung, Unterschlagung uÄ) erlangt hat, erhalten o. erzwungen haben (RGSt 19, 98; OLG Frankfurt a. M. GA 1972, 212; KMR-StPO/Mayer Rn. 11; Malitz NStZ 2003, 63 Fn. 30; **aM** OLG Celle 21.12.2001 – 2 Ws 282/01; OLG Hamm NStZ-RR 2009, 376; SK-StPO/Rogall § 111k Rn. 9). 2

§ 111n ist **zwingendes Recht.** Sofern der Besitz der Sache nicht allg. verboten ist, wie der Besitz v. Waffen, Sprengstoff o. Betäubungsmitteln ohne die erforderliche Genehmigung, ist die Vorschr. zu beachten (vgl. a. Löwe/Rosenberg/Johann Rn. 16; vgl. für natürliche Personen Art. 9 Abs. 3 RB (EU) 2001/220/JI des Rates v. 15.3.2001 über die Stellung des Opfers im Strafverfahren, ABl. 2001 L 82, 1). 3

Die Justizbehörden sind nicht verpflichtet, die Sache dem Berechtigten an dessen Wohnsitz zu bringen; es handelt sich um eine **Holschuld** (BGH NJW 2019, 2618; **aM** SK-StPO/Wohlers/Greco Rn. 60). Das gilt auch, wenn der Eigentümer des beschlagnahmten Gegenstandes nicht Beschuldigter des Strafverfahrens ist (OLG Schleswig NStZ-RR 2018, 96; **aM** insoweit Kemper NJW 2005, 3679). Zu den Einzelheiten wie Abholung o. Rückgabe u. den Rechtsweg bei Herausgabeverweigerung, vgl. Hoffmann/Knierim NStZ 2000, 462; erg. → **EGGVG** § 23 Rn. 15; Nr. 75 RiStBV ist teilw. überholt. Zur Vernichtung beschlagnahmter Beweisunterlagen bei fehlender Rückgabemöglichkeit, Dörn wistra 1999, 175. Zur Anfechtung v. Maßnahmen in Vollziehung v. Beschlagnahme o. Arrest, → § 111k Rn. 15. 4

Wie die einstweilige Vfg. des Zivilgerichts schafft die Entsch. nach § 111n aber **nur eine vorläufige Besitzstandsregelung** (BT-Drs. 18/9525, 83). Sie hindert nicht, ein besseres Recht gegen denjenigen, an die beschlagnahmte Sache hrsg. worden ist, im Zivilrechtsweg, zu verfolgen (BGH NJW 2007, 3352; KK-StPO/Spillecke Rn. 10). 5

B. Herausgabe an den letzten Gewahrsamsinhaber (Abs. 1). Eine nach § 94 Abs. 2 oder §§ 111b Abs. 1 S. 1, 111c Abs. 1 beschlagnahmte o. nach § 94 Abs. 1 sonst sichergestellte bewegliche Sache wird grds. an den letzten **Gewahrsamsinhaber** herausgegeben, wenn er für Zwecke des Strafverfahrens nicht mehr benötigt wird (→ § 98 Rn. 29, 30, → § 111j Rn. 10, 11). Abs. 1 normiert damit die bislang ungeschriebene **Grundregel** über die Herausgabe beschlagnahmter Sachen bei Entbehrlichkeit für das Strafverfahren (BT-Drs. 18/9525, 84). 6, 7

Allerdings darf sich der Staat an der Aufrechterhaltung eines **rechtswidrigen Zustands** nicht dadurch beteiligen, dass er die Sache dem Rechtsbrecher zurückgibt (vgl. KG JR 1988, 390; OLG Düsseldorf MDR 1984, 424; OLG Hamm NStZ 1986, 376). Abs. 2 und Abs. 3 schreiben daher die Herausgabe an den Verletzten der Straftat o. einen Dritten vor, wenn deren Berechtigung „offenkundig" ist. Ist **zweifelhaft,** wem die Sache zusteht, darf sie nicht hrsg. werden, weil sie dann 8 weiterhin „für die Zwecke des Strafverfahrens" benötigt wird (hierzu → § 111o Rn. 2), in dem eine gerichtliche Entsch. über ihre Einziehung zu treffen ist (Abs. 1). An den Beschuldigten werden die durch eine Straftat erlangten Sachen auch dann nicht herausgegeben, wenn die Voraussetzungen von Abs. 2 oder Abs. 3 nicht vorliegen; solche Sachen sind nach § 73 Abs. 1 StGB zwingend einzuziehen (erg. → Rn. 9, 10; gegen eine Herausgabe schon im früheren Recht, OLG Düsseldorf NStZ 1984, 567; OLG Hamm NStZ 1986, 376; LG Saarbrücken StraFo 2009, 510).

9, 10 **C. Herausgabe an den Geschädigten (Abs. 2).** Nur an den **bekannten Geschädigten** o. seine Erben darf die Sache herausgegeben werden. Inhaber des Herausgabeanspruchs nach § 111n Abs. 2 ist jeder, dem der Besitz an der Sache durch die Straftat **unmittelbar entzogen** worden ist (KK-StPO/Spillecke Rn. 6); Folge der Herausgabe ist gemäß § 73 Abs. 1 S. 1 StGB (BGH BeckRS 2024, 15006). Der Eigentümer, der nicht zugleich unmittelbarer Besitzer war, fällt nicht unter Abs. 2 (LG Berlin BeckRS 2008, 8062; KMR-StPO/Mayer Rn. 11; vgl. a. Löwe/Rosenberg/Johann Rn. 26; **aM** OLG Hamm NStZ-RR 2009, 376), auch nicht der Insolvenzverwalter (LG Mannheim NStZ-RR 1998, 113: Inbesitznahme gem. § 117 Abs. 1 KO = § 148 Abs. 1 InsO). Ist der Geschädigte nicht bekannt, so wird nicht versucht, ihn zu ermitteln. Die Beschlagnahme nach §§ 111c Abs. 1 dauert fort, weil sie wegen der dann zwingend vorgeschriebenen Einziehung (vgl. §§ 73 Abs. 1, 75 Abs. 1 StGB) weiter für das Strafverfahren benötigt wird. Der Begriff „Verletzter" wurde durch G v. 25.6.2021 (BGBl. I 2099) wegen der Definition des Verletzten in § 373b ersetzt. Ebenso wie die Ergänzung des Abs. 2 um das Wort „unmittelbar" ist damit keine inhaltliche Änderung verbunden (BT-Drs. 19/27654, 77).

11 **Durch die Straftat entzogen** muss die Sache dem Geschädigten sein, u. zwar durch die Tat, die Gegenstand des Strafverfahrens ist (SSW StPO/Heine Rn. 4; BeckOK StPO/Huber Rn. 7; Löwe/Rosenberg/Johann Rn. 20; **aM** OLG Celle BeckRS 2001, 30229655 zur aF; KMR-StPO/Mayer Rn. 11). Gleichgültig ist, ob es zu einer Verurteilung gerade wegen dieser Tat gekommen ist (KG JR 1988, 390). Schuldhafte Tatbegehung wird nicht vorausgesetzt (§§ 73 Abs. 1 iVm 11 Abs. 1 Nr. 5 StGB); daher ist § 111n anwendbar, wenn der Beschuldigte wegen Irrtums nach §§ 16, 17 StGB o. wegen Schuldunfähigkeit nach § 20 StGB nicht verurteilt werden kann. Da es nach Abs. 4 **offenkundig** (→ Rn. 15 ff.) sein muss (zur Geltung dieser Voraussetzung auch für Abs. 2, vgl. → Rn. 16), dass dem Geschädigten die Sache strafrechtswidrig entzogen worden ist, muss die (Erwerbs-) Tat aber erwiesen sein (BeckOK StPO/Huber Rn. 12). Das Vorliegen einer Straftat u. die Geschädigtenstellung muss mithin aufgrund des Ermittlungsergebnisses aus den Akten festgestellt werden können; zusätzliche Beweise werden nicht erhoben (BT-Drs. 18/9525, 83 f.; Löwe/Rosenberg/Johann Rn. 34; KK-StPO/Spillecke Rn. 11). Die Herausgabe an den Geschädigten nach Abs. 2 geht dann der nach Abs. 1 vor, auch wenn es anhand der Aktenlage möglich erscheint, dass der letzte Gewahrsamsinhaber gutgläubig Eigentum an dem Gegenstand erworben hat (LG Bonn NStZ 2021, 765 (766)). Ist diese Feststellung nicht ohne weiteres möglich, wird die Sache weiter für das Strafverfahren iSv Abs. 1 – nämlich für die Einziehungsentscheidung (§ 73 Abs. 1 StGB) in der Hauptsache – benötigt; eine Herausgabe an den letzten Gewahrsamsinhaber nach Abs. 1 kommt dann nicht in Betracht. Dies gilt auch bei unbekannten Geschädigten.

12 Entzogen sind nur Sachen, die **unmittelbar** durch die Straftat in den Besitz des Täters gelangt sind (vgl. BGHBeckRS 2007, 18600; OLG Köln StV 2005, 541 zu sichergestelltem Bargeld), auch bei freiwilligem Gewahrsamsverlust, wie bei Unterschlagung u. Betrug. Als entzogen gelten auch der Pfandschein über die Sache (Löwe/Rosenberg/Johann Rn. 24) u. der Erlös aus der Notveräußerung nach § 111p Abs. 1 S. 3, nicht aber Sachen, die an die Stelle der entzogenen Sache getreten sind, wie umgewechseltes Geld und andere Ersatzsachen (SK-StPO/Rogall § 111k Rn. 15; Löwe/Rosenberg/Johann Rn. 23; KK-StPO/Spillecke

Rn. 6), auch nicht das durch Verarbeiten gewonnene Erzeugnis o. das nach Vermischung mit dem gestohlenen Geld entstandene Miteigentum (Löwe/Rosenberg/Johann Rn. 23). In einem solchen Fall dauert die Beschlagnahme (etwa des Ersatzgegenstandes iSd § 73 Abs. 3 StGB) fort, da die Sache für die Einziehungsentscheidung im Strafverfahren (weiter) benötigt wird (Abs. 1). Eine Herausgabe kommt nicht in Betracht.

D. Herausgabe an Dritte (Abs. 3). Die Herausgabe an den letzten Gewahrsamsinhaber (Abs. 1) o. an denjenigen, dem sie unmittelbar durch die Straftat entzogen worden ist (Abs. 2), muss unterbleiben, wenn ihr **Ansprüche Dritter** entgegenstehen. Der Anspruch (§ 194 Abs. 1 BGB) wird meist Ausfluss eines dinglichen Rechts sein (zB Eigentum), kann aber auch aus einem Schuldverhältnis entstehen, das ein Besitzrecht begründet. Ob der Anspruch dem zuständigen Strafverfolgungsorgan bekannt ist (Nachforschungen werden nicht angestellt) o. ihm ggü. ausdr. erhoben wird, ist unerheblich. Dritter ist auch der Beschuldigte, wenn er behauptet, Ansprüche unabhängig v. der Straftat zu haben (Löwe/Rosenberg/Johann Rn. 35). 13

Ist es **offenkundig** (Abs. 4; dazu → Rn. 15–17), dass der Dritte einen Anspruch auf Herausgabe hat, wird sie an ihn herausgegeben, wenn er bekannt ist (Abs. 3). 14

E. Offenkundigkeit (Abs. 4). Die Voraussetzungen für die Herausgabe müssen in allen Fällen offenkundig **iSv offensichtlich** (SSW StPO/Heine Rn. 11) sein (Abs. 4). Dies gilt nicht nur für die Herausgabe an einen Dritten, sondern auch für den letzten Gewahrsamsinhaber (Abs. 1) o. den Geschädigten (Abs. 2), da die Offenkundigkeitsvoraussetzung in einem gesonderten Absatz steht (OLG Hamm NZI 914 (916); KK-StPO/Spillecke Rn. 9). Die Frage der Offenkundigkeit ist aufgrund aller im Entscheidungszeitpunkt vorhandenen Beweise zu beurteilen; eine Beschränkung auf allg.- o. gerichtskundige Tatsachen enthält Abs. 4 nicht (LG RostockBeckRS 2018, 5785). 15, 16

Eine Herausgabe kommt daher **in jedem Fall** nur in Betracht, wenn aufgrund der Aktenlage o. aufgrund eines v. Anspruchsteller erbrachten Nachweises (zB zivilrechtlicher Titel) ohne weiteres unzw. ist, an wen die Sache herauszugeben ist (OLG Celle NZI Celle, 914 (916); AG Stade NZWiSt 2025, 458. Ist dies nicht der Fall, ist ein auf § 111n gestütztes Herausgabeverlangen als unbegründet zurückzuweisen. Dies schützt StA u. Gericht vor der Notwendigkeit gesonderter Ermittlungen o. uU komplexer Prüfungen in tatsächlicher u. rechtlicher Hinsicht (LG Bonn NStZ 2021, 765 (766)). In Zweifelsfällen dauert die Beschlagnahme dann fort (BT-Drs. 18/9525, 83 f.). Ist es indes nach Aktenlage unzweifelhaft, dass die Sache dem Geschädigten durch eine Straftat entzogen wurde, wird sie auch dann nach Abs. 2 an ihn o. seinen Rechtsnachfolger herausgegeben, wenn der letzte Gewahrsamsinhaber iSd Abs. 1 möglicherweise gutgläubig Eigentümer der Sache erworben hat; dieser kann seinen etwaigen Herausgabeanspruch gegen den Geschädigten o. dessen Rechtsnachfolger zivilrechtlich geltend machen (LG Bonn NStZ 2021, 765 (766) mAnm Kulhanek; s. hierzu auch LG Bad Kreuznach StraFo 2023, 272). 17

F. Rechtsbehelfe ua. Zu den Rechtsbehelfen u. zu möglichen **Schadensersatzsprüchen** wegen mangelhafter Verwahrung, vgl. → § 111o Rn. 3; vgl. → § 111m Rn. 3, → § 94 Rn. 22. Zu den Auswirkungen auf den **Zivilprozess** vgl. Mitsching JZ 2020, 937. 18

Verfahren bei der Herausgabe

111o (1) **Über die Herausgabe entscheidet im vorbereitenden Verfahren und nach rechtskräftigem Abschluss des Verfahrens die Staatsanwaltschaft, im Übrigen das mit der Sache befasste Gericht.**

(2) **Gegen die Verfügung der Staatsanwaltschaft können die Betroffenen die Entscheidung des nach § 162 zuständigen Gerichts beantragen.**

1 **A. Zuständigkeit.** § 111o Abs. 1 regelt die Zuständigkeit für die Herausgabeentscheidung. Im Ermittlungsverfahren u. nach rkr. Abschluss entscheidet die StA; nach Erhebung der öffentl. Klage das mit der Hauptsache befasste Gericht (BT-Drs. 18/9525, 85; BGH BeckRS 2007, 18600). Während des Revisionsverfahrens entscheidet der letzte Tatrichter (ausf. Ullenboom NZWiSt 2020, 470).

2 **B. Entscheidung.** Die Entscheidung ergeht nach Aktenlage; Beweise werden nicht erhoben. Das Gericht entscheidet durch **Beschluss,** die StA durch **Verfügung;** betroffene Verfahrensbeteiligte, der Verletzte u. derjenige, der Ansprüche erhebt, sind vorher zu hören (Löwe/Rosenberg/Johann Rn. 3, 5). Die Gegenstände u. der Empfangsberechtigte sind genau zu bezeichnen. Die Entsch. wird formlos bekannt gemacht. Das Gericht kann die Herausgabe selbst veranlassen o. der StA überlassen. Vor der Herausgabe ist der Anspruch des Verletzten noch nicht erfüllt (BGH BeckRS 2007, 18600). Die StA kann ihre Entscheidungen durch ihre Ermittlungsbeamten (§ 152 GVG) vollziehen lassen (KK-StPO/Spillecke Rn. 2, auch zur Möglichkeit einer pauschalen Einwilligung der StA zu einer Herausgabe durch die Polizei). Bei der Beantwortung der Frage, ob der Gegenstand noch für die Zwecke des Strafverfahrens benötigt wird, kommt der StA oder dem Gericht ein weiter Beurteilungsspielraum zu.

3 **C. Anfechtung.** Gegen die **Entscheidungen der StA** über die Herausgabe an den Verletzten kann der Betroffene **gerichtliche Entsch.** beantragen (Abs. 2). Die gerichtliche Zuständigkeit richtet sich nach § 162. Antragsberechtigt sind im Umfang ihrer Beschwer der Beschuldigte, derjenige, dem die Sache durch die Straftat unmittelbar entzogen worden ist, der letzte Gewahrsamsinhaber u. der Dritte, der Ansprüche erhebt (erg. → § 111k Rn. 15). Die **Entscheidungen des Gerichts** – auch des erkennenden Gerichts (§ 305 S. 2) u. des OLG im 1. Rechtszug (§ 304 Abs. 4 S. 2 Hs. 2 Nr. 1) – über die Herausgabe unterliegen der Beschwerde nach § 304 Abs. 1, Abs. 2 (BT-Drs. 18/9525, 85). **Beschwerdeberechtigt** sind die StA u. jeder, dessen Interessen durch die Entscheidung betroffen sein können, das kann auch derjenige sein, der ein Recht o. einen Anspruch an der Sache behauptet (Löwe/Rosenberg/Johann Rn. 12, 15).

Notveräußerung

111p (1) [1]**Ein Gegenstand, der nach § 111c beschlagnahmt oder nach § 111f gepfändet worden ist, kann veräußert werden, wenn sein Verderb oder ein erheblicher Wertverlust droht oder seine Aufbewahrung, Pflege oder Erhaltung mit erheblichen Kosten oder Schwierigkeiten verbunden ist (Notveräußerung).** [2]**Der Erlös tritt an die Stelle des veräußerten Gegenstandes.**

(2) [1]**Die Notveräußerung wird durch die Staatsanwaltschaft angeordnet.** [2]**Ihren Ermittlungspersonen (§ 152 des Gerichtsverfassungsgesetzes) steht diese Befugnis zu, wenn der Gegenstand zu verderben droht, bevor die Entscheidung der Staatsanwaltschaft herbeigeführt werden kann.**

(3) [1]**Die von der Beschlagnahme oder Pfändung Betroffenen sollen vor der Anordnung gehört werden.** [2]**Die Anordnung sowie Zeit und Ort der Veräußerung sind ihnen, soweit dies ausführbar erscheint, mitzuteilen.**

(4) [1]**Die Durchführung der Notveräußerung obliegt der Staatsanwaltschaft.** [2]**Die Staatsanwaltschaft kann damit auch ihre Ermittlungspersonen (§ 152 des Gerichtsverfassungsgesetzes) beauftragen.** [3]**Für die Notveräußerung gelten im Übrigen die Vorschriften der Zivilprozessordnung über die Verwertung von Gegenständen sinngemäß.**

(5) [1]**Gegen die Notveräußerung und ihre Durchführung kann der Betroffene die Entscheidung des nach § 162 zuständigen Gerichts beantragen.** [2]**Das Gericht, in dringenden Fällen der Vorsitzende, kann die Aussetzung der Veräußerung anordnen.**

A. Gegenstände (Abs. 1 S. 1). Gegenstände (Abs. 1 S. 1), die bis zur Urteilsrechtskraft der Notveräußerung unterliegen, sind die nach § 111c beschlagnahmten u. die aufgrund eines Vermögensarrests nach § 111f gepfändeten beweglichen Sachen, Forderungen ua Vermögensrechte, zB Aktiendepots, Bitcoins (Zeitler RPfleger 2023, 557 (561); ausf. zu Kryptowerten Bleckat/Hindahl NJW 2025, 2654). Wo sie aufbewahrt werden, ist gleichgültig. Auch Grundstücke unterfallen der Notveräußerung (Löwe/Rosenberg/Johann Rn. 5; SSW StPO/Heine Rn. 2; KK-StPO/Spillecke Rn. 2; SSW StPO/Heine Rn. 2; BeckOK StPO/Huber Rn. 1; **aA** BGH Rpfleger 2019, 355 indes zu § 111l aF; MüKoStPO/Bittmann Rn. 4). Nach § 111d Abs. 4 S. 1 zurückgegebene Sachen werden nicht notveräußert, nach § 111d Abs. 4 S. 3 überlassene Sachen erst nach Widerruf der Überlassung (Löwe/Rosenberg/Johann Rn. 5). Von der Notveräußerung **ausgenommen** sind auch Sachen, die wegen ihrer Beschaffenheit unbrauchbar gemacht, vernichtet o. aus dem Verkehr gezogen werden müssen, insbes. aber Sachen, die nur nach § 94 als **Beweismitte**l sichergestellt sind. Ist ihre weitere Verwahrung nicht möglich, so muss ihre Beweisaussage durch Fotografieren, Inaugenscheinnahme, Besichtigung durch Zeugen o. Sachverständige für das Verf. gesichert werden; danach sind sie freizugeben (KK-StPO/Spillecke Rn. 3; vgl. auch Nr. 76 RiStBV). Auf Gegenstände, die sowohl nach § 94 als auch nach § 111c beschlagnahmt sind, ist § 111p dagegen anwendbar. 1

B. Veräußerungsgründe (Abs. 1 S. 1). Verderb bedeutet eine Veränderung der Substanz, die mit der Aufhebung des Sachwerts verbunden ist. Ein **erheblicher Wertverlust** ist jedenfalls bei einem drohenden Wertverlust v. 10 % gegeben (BT-Drs. 18/9525, 85; OLG Hamm BeckRS 2025, 18730: Standkosten iHv von weniger als 10 % des Zeitwerts des Fahrzeugs). Er kann auch wegen der unsicheren Marktentwicklung drohen; denkbare Wertsteigerungen stehen dann nicht entgegen (LG Hanau BeckRS 2025, 12593 mAnm Pohl NJW-Spezial 2025, 440; KMR-StPO/Mayer Rn. 4; vgl. BT-Drs. 16/700, 19: sichergestellte Aktiendepots; Greier wistra 2016, 249 (257); Greier wistra 2022, 397 (403); Goger MMR 2016, 431 (434): Bitcoins). Bei beweglichen Sachen ist vorrangig die Herausgabe an den Verletzten nach § 111n Abs. 2 zu prüfen (BT-Drs. 18/9525, 85). Die Unverhältnismäßigkeit der Kosten für Aufbewahrung, Pflege o. Erhaltung des Vermögenswertes beurteilt sich nach dem Verkehrswert (vgl. OLG Hamm VRS 98, 133). **Gerechtfertigt** ist die Notveräußerung in jedem Fall, wenn ein wirtschaftlich denkender Eigentümer den Gegenstand veräußern würde (KK-StPO/Spillecke Rn. 5; SSW StPO/Heine Rn. 5; vgl. auch OLG Hamburg NStZ-RR 2011, 345 (346) zu den Voraussetzungen der Notveräußerung bei hochpreisigen KFZ). Unverhältnismäßig große Schwierigkeiten bei der Aufbewahrung, Pflege o. Erhaltung sind nicht an dem vorhandenen Personal zu messen, sondern an dem Kostenaufwand, der bei einem Auftrag zur Aufbewahrung o. Pflege an einen Fachmann entstehen würde. Die Notveräußerung kommt daher insbes. in Betracht, wenn mit der Verw. ein Gewebetreibender beauftragt werden müsste (erg. → § 111m Rn. 1). 2

C. Wirkung (Abs. 1 S. 2). Der Erlös aus der Notveräußerung tritt an die Stelle des veräußerten Vermögenswertes. Liegen die Voraussetzungen der §§ 73 oder 74 StGB vor, ist daher im Urt. auf Einziehung des Erlöses zu erkennen (BGHSt 8, 46 (53)). Fallen dagegen die Beschlagnahmevoraussetzungen weg, so wird der bisherige Eigentümer nicht Eigentümer des Erlöses, sondern erlangt nur einen Anspruch auf dessen Auszahlung (RGSt 66, 85). 3

D. Verfahren (Abs. 3, Abs. 3). I. Zuständigkeit (Abs. 2 S. 1). Für die **Anordnung** ist in jedem Verfahrensstadium ausschl. die StA zuständig (Abs. 2 S. 1); die Anordnung ist nach § 31 Abs. 1 Nr. 2 RPflG den Rechtspflegern übertragen. Auch der StA selbst ist ebenfalls zur Notveräußerung befugt (BGH NStZ-RR 2021, 378 (379)); § 31 Abs. 1 Nr. 2 RPflG bestimmt keine „ausschließliche" Zuständigkeit der Rechtspfleger, der dem StA die Geschäfte entzieht (Weiß wistra 2022, 202). Er wird sie uU sogar treffen müssen, wenn der Rechtspfleger nicht 4, 5 rechtzeitig tätig werden kann. Die Ermittlungspersonen der StA haben nur eine Notzuständigkeit für den Fall, dass der Verderb der Sache droht, bevor die Entsch. der StA herbeigeführt werden kann (Abs. 2 S. 2). Dem steht der Fall gleich, dass eine schnell eintretende erhebliche Wertminderung unabwendbar erscheint.

6 **II. Anhörung der Betroffenen (Abs. 3 S. 1).** Betroffen v. der Notveräußerung ist nicht nur derjenige, bei dem der Gegenstand beschlagnahmt o. gepfändet worden ist, sondern auch ein etwaiger Verletzter o. ein sonstiger Dritter, der Rechte an dem Gegenstand geltend macht. Die Anhörung soll den Betroffenen ermöglichen, Bedenken zu erheben o. Abwendungsvorschläge zu machen. Der Betroffene ist auch auf die Möglichkeit des § 111d Abs. 2 hinzuweisen. Auf die Wirksamkeit der Notveräußerung ist die Nichtbeachtung der Sollvorschrift des Abs. 3 S. 1 ohne Einfluss (KK-StPO/Spillecke Rn. 8; Löwe/Rosenberg/Johann Rn. 23; OLG Celle NStZ-RR 2011, 343 (344)).

7 **III. Mitteilungspflicht (Abs. 3 S. 2).** Sofern dies ausführbar erschient, wird die Anordnung der Notveräußerung sowie Ort u. Zeit der Veräußerung den Betroffenen mitgeteilt. Das soll ihnen ermöglichen, die notveräußerte Sache selbst zu erwerben o. geeignete Käufer auf die Notveräußerung aufmerksam zu machen.

8 **E. Durchführung (Abs. 4).** Die Durchführung der Notveräußerung obliegt der StA (Abs. 4 S. 1); sie ist auf den Rechtspfleger übertragen (§§ 22 Nr. 2, 31 Abs. 1 Nr. 2, Abs. 6 RPflG). Die StA kann auch ihre Ermittlungspersonen mit der Durchführung beauftragen (Abs. 4 S. 2). Der StA u. ihren Ermittlungspersonen steht es frei, in welcher Weise u. durch wen sie die Notveräußerung durchführen. Sie sind weder auf die Möglichkeiten der ZPO noch auf den Gerichtsvollzieher begrenzt. Sie können sich etwa auch gewerblicher Verwerter bedienen (BT-Drs. 18/9525, 85 f.). Zusätzlich sind die Vorschr. der ZPO sinngemäß anzuwenden. Das Verf. richtet sich dann nach §§ 814–825 ZPO. Die StA kann daher einen Gerichtsvollzieher beauftragen; auch der freihändige Verkauf (§ 825 ZPO) ist zulässig (BT-Drs. 18/9525, 86). Als milderes Mittel kommt auch ein „gesteuerter" Verkauf in Betracht (BGH 18.8.2021 – 5 StR 39/21 Rn. 44).

9 **F. Antrag auf gerichtliche Entscheidung (Abs. 5).** Der Antrag ist zulässig gegen die Anordnung u. Durchführung der Notveräußerung (Abs. 5 S. 1). Dieser Antrag ist auch zulässig gegen Anordnungen der Ermittlungspersonen. Er muss aber zunächst der StA vorgelegt werden, die die Anordnungen u. Maßnahmen der Ermittlungspersonen aufheben u. ändern kann. Nur wenn sie sich die Anordnung zu eigen macht, legt sie den Antrag dem Gericht vor, falls dieser nicht inzwischen prozessual überholt ist (vgl. → Vor § 296 Rn. 17). **Antragsberechtigt** ist jeder Betroffene (→ Rn. 6); auch der letzte Gewahrsamsinhaber (OLG Saarbrücken StraFo 2016, 377; Löwe/Rosenberg/Johann Rn. 29; SK-StPO/Rogall Rn. 35). **Zuständig** für die Entsch. ist nach Abs. 5 S. 1, § 162 Abs. 1 S. 1, Abs. 3 im Vorverfahren u. nach Rechtskraft das Ermittlungsgericht, in dessen Bezirk die StA (ihre Zweigstelle) ihren Sitz hat, nach Erhebung der öffentl. Klage das mit der Hauptsache befasste Gericht. Während des Revisionsverfahrens entscheidet der letzte Tatrichter. Die **Aussetzung** der Notveräußerung durch das Gericht, in Eilfällen durch den Vorsitzenden, sieht Abs. 5 S. 2 vor.

10 **G. Beschwerde.** Gegen die Entsch. des ER über die Anordnungen der StA u. ihrer Ermittlungspersonen nach Abs. 5 S. 1 ist Beschwerde (§ 304) zulässig (zur eingeschränkten Prüfungskompetenz des Beschwerdegerichts bei gleichzeitiger revisionsgerichtlicher Überprüfung eines Urteils, OLG Hamburg NStZ-RR 2011, 345). Bei bestehendem Fortsetzungsfeststellungsinteresse soll ausnahmsweise die Beschwerde trotz Erledigung der Notveräußerung zulässig sein (OLG Hamm BeckRS 2025, 18730).

Beschlagnahme von Verkörperungen eines Inhalts und Vorrichtungen

111q (1) **Die Beschlagnahme einer Verkörperung eines Inhalts (§ 11 Absatz 3 des Strafgesetzbuches) oder einer Vorrichtung im Sinne des § 74d des Strafgesetzbuches darf nach § 111b Absatz 1 nicht angeordnet werden, wenn ihre nachteiligen Folgen, insbesondere die Gefährdung des öffentlichen Interesses an unverzögerter Verbreitung, offenbar außer Verhältnis zu der Bedeutung der Sache stehen.**

(2) [1] **Ausscheidbare Teile der Verkörperung, die nichts Strafbares enthalten, sind von der Beschlagnahme auszuschließen.** [2] **Die Beschlagnahme kann in der Anordnung weiter beschränkt werden.**

(3) **Die Beschlagnahme kann dadurch abgewendet werden, dass der Betroffene den Teil eines Inhalts, der zur Beschlagnahme Anlass gibt, von der Vervielfältigung oder der Verbreitung ausschließt.**

(4) [1] **Die Beschlagnahme einer periodisch erscheinenden Verkörperung eines Inhalts (§ 11 Absatz 3 des Strafgesetzbuches) oder einer zu deren Herstellung gebrauchten oder bestimmten Vorrichtung im Sinne des § 74d des Strafgesetzbuches ordnet das Gericht an.** [2] **Die Beschlagnahme einer Verkörperung eines anderen Inhalts (§ 11 Absatz 3 des Strafgesetzbuches) oder einer zu deren Herstellung gebrauchten oder bestimmten Vorrichtung im Sinne des § 74d des Strafgesetzbuches kann bei Gefahr in Verzug auch die Staatsanwaltschaft anordnen.** [3] **Die Anordnung der Staatsanwaltschaft tritt außer Kraft, wenn sie nicht binnen drei Tagen von dem Gericht bestätigt wird.** [4] **In der Anordnung der Beschlagnahme ist der genaue Inhalt, der zur Beschlagnahme Anlass gibt, zu bezeichnen.**

(5) [1] **Eine Beschlagnahme nach Absatz 4 ist aufzuheben, wenn nicht binnen zwei Monaten die öffentliche Klage erhoben oder die selbständige Einziehung beantragt ist.** [2] **Reicht die in Satz 1 bezeichnete Frist wegen des besonderen Umfanges der Ermittlungen nicht aus, kann das Gericht auf Antrag der Staatsanwaltschaft die Frist um weitere zwei Monate verlängern.** [3] **Der Antrag kann einmal wiederholt werden.** [4] **Vor Erhebung der öffentlichen Klage oder vor Beantragung der selbständigen Einziehung ist die Beschlagnahme aufzuheben, wenn die Staatsanwaltschaft dies beantragt.**

Übersicht

A. Beschränkungen der Beschlagnahme. Beschränkungen der Beschlagnahme zur Sicherung der Einziehung nach § 74d StGB v. Druckwerken (→ § 7 Rn. 8) u. sonstigen Verkörperungen eines Inhalts (vgl. § 11 Abs. 3 StGB) u. der Un- 1 brauchbarmachung (→ § 111b Rn. 1) v. Gegenständen iSd § 74d Abs. 1 S. 2 StGB bestimmt § 111q mit Rücksicht auf die durch Art. 5 Abs. 1 S. 2 GG gewährleistete Freiheit der Presse. Mit der Ersetzung des Begriffes „Schriften" durch „Verkörperungen eines Inhalts" mit G v. 30.11.2020 (BGBl. I 2600) wurde § 111q dem § 74d StGB angepasst (BT-Drs. 19/19859, 70). Erfasst sind wie bisher neben Schriften alle sonstigen Darst. iSd bisherigen (erweiterten) Schriftenbegriffs. Der Einziehung u. damit der sie sichernden Beschlagnahme unterliegen grds. nur das Trägermedium; Echtzeitübertragungen sollen mangels Verkörperung ausgenommen sein (BT-Drs. 19/19859, 28 f., 50). Die Beschlagnahme zu Beweiszwecken richtet sich nach §§ 94 ff. und unterliegt keinen bes. Einschränkungen (vgl. aber → § 94 Rn. 18 ff.). § 111q gilt auch nicht für die nur zu Beweiszwecken zulässige Postbeschlagnahme nach § 99 (KK-StPO/Spillecke Rn. 1). Eine Pressebeschlagnahme zur Sicherung einer Tatertragseinziehung (§§ 73 ff. StGB) kommt praktisch nicht in Betracht; unzulässig ist dies in entspr. Anwendung des § 111q aber nicht (**aM** SK-StPO/Rogall Rn. 3, § 111n Rn. 1).

2 **B. Landespressegesetze.** Die Landespressegesetze sind unwirksam, soweit sie Vorschr. über die Beschlagnahme v. Verkörperungen eines Inhalts enthalten; denn hierbei handelt es sich um Verfahrensrecht iSd Art. 74 Nr. 1 GG (so auch die hM, vgl. Achenbach NStZ 2000, 124 Fn. 1, der selbst aber einschr. dem Bundesgesetzgeber die Kompetenz zur Abschaffung des landespresserechtlichen Verbreitungs- u. Nichtabdrucksverbots bestreitet; Löffler/Bullinger Einl. Rn. 74 hält demgegenüber die §§ 111m, 111n aF für nicht gültig, während Groß NStZ 1999, 334 v. der Weitergeltung der Landespressegesetze ohne Einschränkungen ausgeht). Insbesondere haben die Vorschr. der Landespressegesetze, die für die Dauer der Beschlagnahme die Verbreitung u. den Wiederabdruck verbieten, ihre Geltung verloren (KG JR 1984, 249 (250); KK-StPO/Spillecke Rn. 2). Das ist nur aufgrund der Bestimmungen strafbar, auf denen die Beschlagnahme beruht (Groß NStZ 1999, 334 (336)).

3, 4 **C. Beschlagnahmebeschränkungen. I. Verhältnismäßigkeitsgrundsatz (Abs. 1).** Vgl. zunächst → Einl. Rn. 20. Die nachteiligen Folgen der Beschlagnahme müssen gegen die Bedeutung der Sache abgewogen werden. iZw ist die Beschlagnahme zulässig. Sie ist nur ausgeschlossen, wenn das Missverhältnis nach der Lebenserfahrung, für jeden Sachkundigen erkennbar u. ohne Beweiserhebung, offensichtlich ist (SK-StPO/Rogall § 111m Rn. 10 mwN). Ein krasses Missverhältnis braucht nicht vorzuliegen (KK-StPO/Spillecke Rn. 5; Löffler/Achenbach LPG § 13 Rn. 112).

5 **Nachteilige Folge** ist in erster Hinsicht die Gefährdung des öffentl. Interesses an unverzögerter Verbreitung eines verkörperten Inhalts, sofern es aktuelle Themen behandelt (Löwe/Rosenberg/Johann Rn. 16 f.). Das Interesse bezieht sich auf den Gesamtinhalt der Verkörperung, nicht nur auf den die Beschlagnahme auslösenden Teil (Löffler/Achenbach LPG § 13 Rn. 98). Gleichgültig ist, ob die Unterrichtung der Öffentlichkeit durch andere Quellen gewährleistet (KK-StPO/Spillecke Rn. 5; Löffler/Achenbach LPG § 13 Rn. 100) u. ob das Informationsinteresse „legitim" ist o. nur auf Neugier beruht (SK-StPO/Rogall Rn. 11). Andere nachteilige Folgen sind die wirtschaftlichen Nachteile der Pressebeschlagnahme für Hrsg. u. Verleger, aber auch für die mittelbar davon betroffenen Drucker, Händler, Inserenten u. Abonnenten (Löffler/Achenbach LPG § 13 Rn. 104).

6 Bei der **Bedeutung der Sache** kommt es auf das Gewicht der Straftat an, derentwegen das Ermittlungsverfahren eingeleitet worden ist. Bei schwerwiegenden Taten, zB Hoch- u. Landesverrat sowie Aufforderung zur Begehung v. Straftaten, ist die Beschlagnahme idR trotz ihrer schwerwiegenden Folgen zulässig (vgl. Löwe/Rosenberg/Johann Rn. 21). Straftaten gegen Einzelpersonen, wie Beleidigung, rechtfertigen dagegen die Beschlagnahme der ganzen Auflage eines verkörperten Inhalts idR nicht (Löffler NJW 1959, 418; vgl. auch BVerfG 9.7.2008 – 1 BvR 519/08).

II. Ausscheidbare Teile (Abs. 2 S. 1). Die Beschlagnahme muss auf diejenigen Teile der Verkörperung beschränkt werden, deren Inhalt strafbar ist, sofern sich der andere Teil – wie insbes. bei Loseblattsammlungen u. Zeitungsbeilagen – ohne Mitwirkung des Betroffenen technisch abtrennen o. ausscheiden lässt, wobei auch Werkzeuge verwendet werden dürfen. Ob der nach der Trennung verbleibende Teil noch eine in sich geschlossene selbständige Verkörperung bildet, ist gleichgültig (Löffler/Achenbach LPG § 14 Rn. 32). Die Trennung darf aber nicht zur Entwertung der ganzen Druckschrift führen (SK-StPO/Rogall § 111m Rn. 14; Löffler/Achenbach LPG § 14 Rn. 32). In der Beschlagnahmeanordnung müssen die ausgeschiedenen Teile genau bezeichnet werden. 7

III. Richterliches Ermessen (Abs. 2 S. 2). Nach richterlichem Ermessen (Abs. 2 S. 2) sind Beschränkungen anzuordnen, die den mit der Maßnahme verfolgten Zweck unter größtmöglicher Schonung des Betroffenen zulassen (näher Löwe/Rosenberg/Johann Rn. 24 ff.), zB die Beschränkung der Beschlagnahme auf einen Teil der Auflage o. auf bestimmte Formen der Verbreitung (Straßenverkauf). Bei bestimmten Personen kann v. der Beschlagnahme auch ganz o. teilw. abgesehen, insbes. können dem Verleger Archivexemplare belassen werden (KK-StPO/Spillecke Rn. 6; Löffler/Achenbach LPG § 14 Rn. 29). 8

D. Abwendung der Beschlagnahme (Abs. 3). In der Regel wird zunächst die allg. Beschlagnahme der Verkörperung angeordnet (→ § 111b Rn. 12). Die Abwendung ihrer Vollziehung setzt dann voraus, dass der Betroffene, dh derjenige, der durch die Beschlagnahme einen Rechtsverlust erlitten hat o. befürchten muss, die zur Abwendung geeigneten Maßnahmen darlegt (SSW StPO/Heine Rn. 13; KK-StPO/Spillecke Rn. 8; Löwe/Rosenberg/Johann Rn. 32). Unverzüglich braucht der Antrag nicht gestellt zu werden. Über ihn entscheidet die für die Beschlagnahmevollziehung zuständige StA (§ 111k Abs. 1 S. 1). In welcher Weise der Betroffene die beanstandeten Teile entfernt (Herausschneiden, Schwärzen, Überkleben, Löschen), bleibt ihm überlassen (Löffler/Achenbach LPG § 14 Rn. 34). Macht die Maßnahme des Betroffenen die Beschlagnahmeanordnung entbehrlich, weil deshalb die Annahme der Einziehung nach § 74d StGB entfällt, so wird (auch) die Anordnung selbst aufgeh. (zur Zuständigkeit, vgl. → § 111j Rn. 11). 9

E. Beschlagnahmeanordnung (Abs. 4 S. 4). In Erg. des § 111b bestimmt die Vorschr., dass der genaue Inhalt, der Anlass zu der Beschlagnahme gibt, bezeichnet werden müssen. Dabei genügt der allg. Hinweis auf das Vorhandensein solcher Stellen nicht; sie müssen inhaltlich wiedergegeben werden (Löwe/Rosenberg/Johann Rn. 47). Die Fundstelle muss nach Band, Heft, Seite, Spalte usw angegeben werden (Löffler/Achenbach LPG § 14 Rn. 45). Die Rechtsvorschriften, auf denen die Beschlagnahmeanordnung beruht, müssen ebenfalls angegeben werden. Ein Verstoß gegen Abs. 4 S. 4 ist aber auf die Wirksamkeit der Beschlagnahme ohne Einfluss (KK-StPO/Spillecke Rn. 9; Löwe/Rosenberg/Johann Rn. 49). 10

F. Zuständigkeit für die Beschlagnahmeanordnung (Abs. 4). I. Periodische erscheinende Verkörperungen eines Inhalts. Für periodische erscheinende Verkörperungen eines Inhalts u. die Gegenstände iSd § 74d StGB schafft Abs. 1 S. 1 eine bes. Beschlagnahmezuständigkeit. Periodische Druckwerke sind nach der Legaldefinition der Landespresse- o. Landesmediengesetze Zeitungen, Zeitschriften ua Druckwerke jeder Art (auch Familien- u. Vereinszeitungen, Kurszettel, Preislisten, Wetterberichte uÄ), die in ständiger, wenn auch unregelmäßiger Folge u. im Abstand v. nicht mehr als 6 Monaten erscheinen. Dazu gehören auch Plakate, nicht aber Flugblätter u. Druckwerke, deren einzelnen Exemplaren Abgeschlossenheit (Fortsetzungslieferungen v. Loseblatt- u. Entscheidungssammlungen) u. Gleichartigkeit (Taschenbuchreihen) fehlt. Die „ewige Wiederkehr" des Druckwerks muss nicht beabsichtigt sein; die Erscheinungsdauer darf aber nicht, wie bei Messe- 11, 12

o. Wahlkampfzeitungen, v. vornherein begrenzt sein. Über die Verweisung auf § 11 Abs. 3 StGB werden auch alle anderen dort genannten Gegenstände erfasst, also insbes. Schriften, Ton- u. Bildträger, Datenspeicher u. Abbildungen. Die allg. Beschlagnahme (→ § 111b Rn. 12) zur Sicherung der Einziehung der Verkörperung u. der Einziehung u. Unbrauchbarmachung der für ihre Herstellung benutzten Gegenstände (§ 74d Abs. 1 S. 2 StGB), auch die Beschlagnahme zur Sicherung der Tatertragseinziehung (vgl. → Rn. 1 aE), darf nur der Richter anordnen. Zur Zuständigkeit vgl. → § 98 Rn. 4. Die Zuständigkeit für die Beschlagnahme zu Beweiszwecken richtet sich nach § 98 Abs. 1. Hält die Polizei die Beschlagnahme für geboten, so wendet sie sich an die StA (→ § 163 Rn. 3, 4), im äußersten Notfall unmittelbar an das AG (§ 163 Abs. 2 S. 2).

13 **II. Andere Verkörperungen.** Andere Verkörperungen u. die ihrer Herstellung dienenden Gegenstände iSd § 74d StGB dürfen nach Abs. 1 S. 2 bei Gefahr im Verzug (→ § 98 Rn. 6) auch v. der StA beschlagnahmt werden; die Ermittlungspersonen sind für Beschlagnahmen, die nicht Beweiszwecken dienen, niemals zuständig. Die Beschlagnahmeanordnung der StA muss schriftlich erlassen u. nach Abs. 4 S. 4 begründet werden.

14 Sie bedarf der **richterlichen Bestätigung** binnen 3 Tagen seit ihrem Erlass (KK-StPO/Spillecke Rn. 12); zur Fristberechnung vgl. → § 100 Rn. 7 (anders KMR-StPO/Mayer Rn. 19: § 43 Abs. 2 unanwendbar). Zuständig ist der ER (§ 162 Abs. 1 S. 1), nach Erhebung der öffentl. Klage das mit der Sache befasste Gericht (§ 162 Abs. 3, → § 162 Rn. 17). Die Bestätigung muss v. der StA, kann aber auch v. dem Betroffenen beantragt werden. Sie muss innerhalb der Frist der StA, aber nicht dem Betroffenen bekanntgegeben werden. Das Gericht prüft nur, ob die Beschlagnahme zzt. der Bestätigung gerechtfertigt ist (→ § 98 Rn. 17). Wird die Beschlagnahmeanordnung der StA innerhalb der Frist nicht bestätigt, so tritt sie ohne weiteres außer Kraft (Abs. 4 S. 3); das Gericht braucht sie nicht aufzuheben. Eine zwar rechtzeitig beantragte aber verspätete Bestätigung gilt als richterliche Beschlagnahme; wird die Bestätigung jedoch erst nach Ablauf v. 2 Monaten (Abs. 5 S. 1) beantragt, ist die Beschlagnahme aufzuheben (AG Weinheim NStZ 1996, 203 mit insoweit zust. Anm. Wilhelm).

15 **G. Umfang der Beschlagnahme.** Die Anordnung erfasst alle beschlagnahmefähigen Einzelstücke ders. Aufl., aber keine Neuauflagen, auch nicht bei unverändertem Abdruck (Groß NStZ 1999, 338; Löffler/Achenbach LPG § 13 Rn. 27). Bei den sog. Kopfblättern besteht nur dann Identität mit der Mutterzeitung, wenn beide Blätter am selben Ort hergestellt sind u. inhaltlich völlig übereinstimmen (Löwe/Rosenberg/Johann Rn. 46). Räumlich umfasst die Anordnung alle im Bundesgebiet befindlichen Exemplare (§ 160 GVG), sofern der Beschl. keine Beschränkungen enthält (Löffler/Achenbach LPG § 13 Rn. 29; Wagner MDR 1961, 93). Entsprechendes gilt für Beschlagnahmeanordnungen der StA (§ 143 GVG).

16 **H. Vollstreckung. Vollstreckt** wird die Anordnung nach § 36 Abs. 2 S. 1 stets v. der StA; der Richtervorbehalt des Abs. 4 S. 1 gilt nur für die Beschlagnahmeanordnung (Löwe/Rosenberg/Johann Rn. 50). Die StA bedient sich bei der Vollstreckung ihrer Ermittlungspersonen o. anderer Polizeibeamter. Zur Bewirkung der Beschlagnahme vgl. → § 111c Rn. 3 ff.

17, 18 **I. Aufhebung der Beschlagnahmeanordnung. I. Ablauf der Frist für die Anklageerhebung (Abs. 5).** Zur Prozessbeschleunigung u. um die Presse davor zu schützen, dass die StA das Verf. hinauszögert, wenn sie das Ziel, die Verbreitung des verkörperten Inhalts zu verhindern, durch die Beschlagnahme erreicht hat, verlangt Abs. 5 die Anklageerhebung binnen 2 Monaten. Die Anklage muss wegen des Sachverhalts, der zu der Beschlagnahme geführt hat, wenn auch unter abweichender rechtlicher Beurteilung, erhoben werden (Löwe/Rosenberg/Johann Rn. 56). Ihr steht der Einziehungsantrag nach § 435 gleich.

Die **Frist** wird nach § 43 berechnet (**aM** KMR-StPO/Mayer Rn. 21 (zu § 43 Abs. 2)) u. beginnt am Tag der Anordnung der Beschlagnahme (KK-StPO/Spillecke Rn. 13). Maßgebend für die Fristeinhaltung ist der Eingang der Anklage bei Gericht (Löffler/Achenbach LPG § 16 Rn. 8). Sachliche Unzuständigkeit schadet nicht (§ 209; SK-StPO/Rogall/Schumann Rn. 32; KK-StPO/Spillecke Rn. 14). Erklärt das Gericht sich hingegen für örtlich unzuständig o. nimmt die StA die Anklage nach § 156 zurück, so ist die Beschlagnahme aufzuheben, sofern die StA nicht noch während des Fristenlaufs wegen desselben tatsächlichen Vorgangs eine neue Anklage erhebt (KMR-StPO/Mayer § 111n Rn. 4). **19**

Die **Verlängerung der Frist (Abs. 5 S. 2)** um (bis zu) 2 Monate ist auf Antrag der StA, also nicht vAw, möglich, wenn sie wegen des Umfangs der Ermittlungen nicht ausreicht, nicht aus anderen Gründen, etwa interne Verzögerungen durch Arbeitsbelastung oä (Löwe/Rosenberg/Johann Rn. 61; KK-StPO/Spillecke Rn. 16; SSW StPO/Heine Rn. 17); ob rechtliche Schwierigkeiten vom Umfang der Ermittlungen zu trennen sind (so Löffler/Achenbach LPG § 16 Rn. 20), erscheint zw. (MüKoStPO/Bittmann Rn. 45). Der Antrag muss vor Fristablauf eingehen (KK-StPO/Spillecke Rn. 15); andernfalls wird er nicht berücksichtigt, auch wenn die Aufhebung der Beschlagnahme noch nicht beschlossen ist (Löwe/Rosenberg/Johann Rn. 58; **aM** LG Freiburg NJW 2001, 313). Der Verlängerungsantrag kann einmal wiederholt werden (Abs. 5 S. 3). Die Verlängerung kann jew. auch nach Ablauf der zu verlängernden Frist beschlossen werden, sie beginnt jedoch stets an dem Tag, der dem Tag folgt, an dem die vorherige Frist abgelaufen ist. **20**

Nach Fristablauf **endet die Beschlagnahme** nicht v. selbst; das Gericht muss die Anordnung aufheben. Dazu zwingt auch eine nur geringfügige Fristüberschreitung; dass die Anklage schon vorliegt, bevor der Beschl. erlassen wird, ist ohne Bedeutung (KK-StPO/Spillecke Rn. 18). **21**

Zuständig für die Fristverlängerung u. Aufhebung ist im Vorverfahren das für die Beschlagnahme zuständige AG, auch wenn die Beschlagnahmeanordnung v. dem Beschwerdegericht stammt, nach verspäteter Anklageerhebung das mit der Sache befasste Gericht. **22**

Eine **erneute Beschlagnahme** durch dasselbe o. ein anderes Gericht ist zulässig, aber nur aufgrund v. Tatsachen, die der früheren Anordnung nicht zugrunde gelegt waren (KK-StPO/Spillecke Rn. 19; Löwe/Rosenberg/Johann Rn. 59; Löffler/Achenbach LPG § 16 Rn. 24). **23**

II. Antrag der StA (Abs. 5 S. 4). Auf Antrag der StA (Abs. 5 S. 4) muss die Beschlagnahmeanordnung aufgeh. werden, wenn Anklage noch nicht erhoben ist. Das entspr. der Regelung des § 120 Abs. 3 S. 1. In entspr. Anwendung des § 120 Abs. 3 S. 2 ist die StA berechtigt, die beschlagnahmten Gegenstände alsbald freizugeben. Nach Anklageerhebung ist das Gericht an Anträge der StA nicht mehr gebunden, auch wenn sie schon früher gestellt waren (Löwe/Rosenberg/Johann Rn. 64). **24**

J. Anfechtung. Gegen die gerichtliche Beschlagnahmeanordnung, die Bestätigung nach Abs. 4 S. 3, die Entsch. über den Verlängerungsantrag nach Abs. 5 S. 2 und die Aufhebung der Beschlagnahmeanordnung ist Beschwerde nach § 304 zulässig; zur Erledigung der Anordnung, vgl. → Vor § 296 Rn. 17 ff. Gegen Eilentscheidungen der StA der Antrag entspr. § 98 Abs. 2 S. 2 gegeben (→ § 98 Rn. 23; **aM** BeckOK StPO/Huber Rn. 18: wegen Abs. 4 S. 3 nicht angreifbar); gegen die Art u. Weise der Vollziehung ist der Rechtsbehelf des § 111k Abs. 3 statthaft (SSW StPO/Heine Rn. 18; MüKoStPO/Bittmann Rn. 38; **aA** Löwe/Rosenberg/Johann 66). **25**

Neunter Abschnitt. Verhaftung und vorläufige Festnahme

Nr. 46–59 RiStBV

Vorbemerkung zu § 112

Übersicht

1 **A. UHaft.** Die UHaft nach §§ 112 ff., §§ 72, 72a **JGG,** dh die Inhaftierung eines noch nicht (o. noch nrkr) verurteilten Beschuldigten, lässt sich mit der Unschuldsvermutung des Art. 6 Abs. 2 EMRK nicht ohne weiteres vereinbaren. Dennoch besteht kein Streit darüber, dass sie zulässig ist; Art. 5 Abs. 1 S. 2 Buchst. c EMRK sieht UHaft wegen Fluchtgefahr ausdr. vor.

2 Jedoch darf sie nur **in streng begrenzten Ausnahmefällen** angeordnet werden; stets muss zwischen dem Freiheitsanspruch des noch als unschuldig geltenden Beschuldigten u. dem Erfordernis abgewogen werden, ihn im Interesse einer wirksamen Strafverfolgung vorl. in Haft zu nehmen (BVerfGE 20, 45 (49); 53, 152 (158)). UHaft darf nur angeordnet u. aufrechterhalten werden, wenn überwiegende Interessen des Gemeinwohls, zu denen auch die unabweisbaren Bedürfnisse einer wirksamen Verbrechensbekämpfung gehören, das zwingend gebieten (BVerfGE 35, 185 (190); 53, 152 (158)).

3 Die UHaft wird v. dem Beschuldigten als **Sonderopfer für die Allgemeinheit** verlangt (BGHZ 60, 302 = NJW 1973, 1322), für das er nach § 2 Abs. 1 StrEG, der seiner Rechtsnatur nach ein Aufopferungsanspruch ist (→ StrEG Vor § 1 Rn. 1), entschädigt wird, wenn er aus dem Verf. ohne Verurteilung hervorgeht. Ob u. wie bei Verurteilung nach rechtswidrig angeordneter UHaft eine Entschädigung zu gewähren ist, erörtern Park/Schlothauer FS Widmaier, 2008, 404 ff.

4 **Zweck der UHaft** ist ausschl. die Durchsetzung des Anspruchs der staatlichen Gemeinschaft auf vollständige Aufklärung der Tat u. rasche Bestrafung des Täters (BVerfGE 19, 342 (348); 20, 45 (49)). Die UHaft soll die Durchführung eines geordneten Strafverfahrens gewährleisten u. die spätere Vollstreckung eines auf Freiheitsstrafe o. freiheitsentziehende Sicherungsmaßregeln lautenden Urteils sicherstellen (BVerfGE 32, 87 (93); BGH NJW 1987, 2525; OLG Köln StV 2016, 445; erg. → § 123 Rn. 3). Ist sie zu einem dieser Zwecke nicht mehr nötig, ist es unverhältnismäßig u. daher grds. unzulässig, sie anzuordnen, aufrechtzuerhalten u. zu vollziehen (Broß StraFo 2009, 12). Allerdings steht die beabsichtigte Abschiebung des Beschuldigten der weiteren UHaft nicht entgegen u. zwingt nicht zur Aufhebung des Haftbefehls (BGH StraFo 2017, 190 unter Hinweis auf § 116b).

4a Die UHaft darf **nicht zu anderen Zwecken** missbraucht werden (sog. „apokryphe Haftgründe", vgl. Paeffgen NJW 1990, 537; Schlothauer/Nobis/Voigt/Wolf Untersuchungshaft Rn. 642 ff.; krit. aber zu der v. Verteidigerseite aufgestellten Behauptung, diese lägen in der Praxis vielfach vor, Lemme wistra 2004, 288 für das Wirtschaftsstrafrecht; dazu ferner Theile wistra 2005, 327), insbes. nicht dazu, um das Aussageverhalten der Beschuldigten zu beeinflussen, ihn etwa zu veranlassen, v. seiner Aussagefreiheit (→ § 136 Rn. 7) keinen Gebrauch zu machen (BGH

StraFo 2017, 190) u. ein Geständnis zu erzielen. Im Privatklageverfahren darf UHaft nicht angeordnet werden (→ § 384 Rn. 5). UHaft ist selbstverständlich keine antizipierte Strafhaft (BVerfG StV 2008, 25).

B. Besondere Arten. Besondere Arten von UHaft sind die Hauptverhandlungshaft nach § 127b, die Sicherungshaft nach § 453c, die Vollstreckungshaft nach § 457 Abs. 2 und die Ungehorsamshaft nach §§ 230 Abs. 2, 236, 329 Abs. 4 S. 1. Da für die Ungehorsamshaft eine Verfahrensregelung fehlt, gelten die §§ 112 ff. entspr., insbes. §§ 112 Abs. 1 S. 2, 114–120, jedoch nicht §§ 121, 122. 5

Bei schuldunfähigen o. vermindert schuldfähigen Beschuldigten, deren Unterbringung nach §§ 63, 64 StGB zu erwarten ist, wird die UHaft durch die **einstweilige Unterbringung** nach § 126a ersetzt. Sie ist eine vorbeugende Maßnahme, die die Vollziehung v. Sicherungsmaßregeln vorwegnimmt (→ § 126a Rn. 1). Die Sicherungshaft nach § 112a ist keine UHaft, sondern ebenfalls eine Vorbeugungsmaßnahme, durch die die Begehung weiterer Straftaten durch den Beschuldigten verhindert werden soll. 6

Als **Organisationshaft** wird der Zeitraum bezeichnet, der zwischen Beendigung der UHaft u. Aufnahme in den Maßregelvollzug verstreicht. Diesen ges. nicht vorgesehenen Freiheitsentzug sieht das BVerfG zwar als eine „Regelwidrigkeit" an, hat ihn jedoch nicht für rechts- u. verfassungswidrig erklärt, sondern nur gefordert, dass er dem Verurteilten nicht zum Nachteil gereichen darf (BVerfG NStZ 1998, 77; mit Recht krit. dazu Paeffgen FS Fezer, 2008, 43 ff.; ausf. – unter Würdigung der verfassungsgerichtlichen Rspr. – Bartmeier NStZ 2006, 544). Die Organisationshaft darf nur so lange aufrechterhalten werden, wie die VollstrB unter Berücksichtigung des Beschleunigungsgebotes benötigt, um einen Platz in einer Maßregelvollzugsanstalt zu finden (BVerfG NJW 2006, 427: nicht 3 Monate; OLG Celle StV 2003, 32). Danach, aber auch schon dann, wenn kein Platz zur Vfg. steht u. die VollstrB nur auf das Freiwerden eines Platzes im Maßregelvollzug wartet, ist die Organisationshaft unzulässig u. der Verurteilte zu entlassen (OLG Brandenburg NStZ 2000, 500; 2000, 504; OLG Celle StV 2003, 32; OLG Hamm StraFo 2004, 105). 7

C. Auslieferungsverfahren. Im Auslieferungsverfahren kann ein Haftbefehl zur Sicherung der Auslieferung (§ 15 IRG), der Durchlieferung (§ 45 IRG) u. der Rücklieferung eines Verfolgten (§ 68 Abs. 2, Abs. 3 IRG) erlassen werden. 8

D. Europäischer Haftbefehl. In Umsetzung des RB 2002/584/JI des EU-Rates v. 13.6.2002 (RB-EUHb; ABl. 2002 L 190, 1) ist das Europäische Haftbefehlsgesetz (EuHbG) v. 20.7.2006 (BGBl. I 1721) ergangen, nachdem ein zuvor erlassenes EuHbG v. BVerfG (BVerfGE 113, 273) für nichtig erklärt worden war. Die ges. Regelung für den EuHb findet sich in §§ 78 ff. IRG. 9

Ein EuHB muss die in § 83a Abs. 1 Nr. 3, 5 IRG, Art. 8 Abs. 1 Buchst. d und e RbEuHb bezeichneten **Mindestangaben** enthalten; insbes. muss ihm zu entnehmen sein, welche konkrete Straftat dem Verfolgten vorgeworfen wird, auch, ob er als Täter oder Teilnehmer gehandelt haben soll (s. BVerfG NStZ-RR 2023, 152). Bei unzureichender gerichtlicher Überprüfung dieser Voraussetzungen verstößt die Entscheidung gegen Art. 47 GRCh (BVerfG NStZ-RR 2023, 152). 10

Bei **Serienstraftaten** sind an die Sachverhaltsdarstellung geringere Anforderungen zu stellen als bei einem inländischen Haftbefehl oder einer Anklageschrift (BGH NJW 2025, 3175). Bei einer Vielzahl gleich gelagerter Straftaten genügt es, wenn der EuHB eine Darstellung des Gesamtzeitraums, der Tatörtlichkeiten, der Strukturen des personellen Zusammenschlusses und der Einbindung des Betroffenen in diese, des modus operandi und der Anzahl der Serienstraftaten nebst jedenfalls aussagekräftiger exemplarischer Beschreibung einzelner Taten enthält (BGH NJW 2025, 3175). 11

Das **Übergabeverfahren zwischen den Mitgliedsstaaten** ist in der durch den RB 2009/299/JI des Rates v. 26.2.2009 geänd. Fassung geregelt. Dem EuHB muss ein nationaler Haftbefehl zugrunde liegen (EuGH StraFo 2016, 286). Der EuHB 12 beruht auf dem Prinzip des gegenseitigen Vertrauens zwischen den Mitgliedstaaten wie auch dem Grundsatz der gegenseitigen Anerkennung (EuGH NJW 2019, 2145 (2147); Dietsch NStZ 2021, 240; vgl. auch Pauli NStZ 2021, 146 (148)). Ergeht der Haftbefehl wegen einer Straftat, die dem Katalog v. 32 weit gefassten Straftaten unterfällt, muss deshalb ein Mitgliedsstaat der EU einer Übergabe der gesuchten Person grds. ohne weitere Prüfung zustimmen (Beulke/Swoboda StrafProzR Rn. 29).

13 **I. Anwendungsbereich.** Ein EuHB wird entweder zur Strafverfolgung im Ausstellungsmitgliedsstaat o. zur Vollstreckung einer Freiheitsstrafe o. freiheitsentziehenden Maßregel der Sicherung in diesem Staat ausgestellt (EuGH NJW 2011, 285). Er **darf nur erlassen werden,** wenn die Handlung im Ausstellungsstaat mit einer Freiheitsstrafe o. einer sonstigen Sanktion v. im Höchstmaß mind. 12 Monaten bedroht ist (Art. 2 Abs. 1 RB-EUHb, § 81 Nr. 1 IRG; Schäfer JuS 2019, 856). Insofern muss weiterhin gem. § 3 Abs. 1 IRG die beiderseitige Strafbarkeit geprüft werden, dh ob das Verhalten auch nach deutschem Recht strafbar ist (OLG Schleswig NJW 2018, 1699). Diese Prüfung entfällt, wenn eine dem Ersuchen zugrundeliegende Tat nach dem Recht des ersuchenden Staates mit einer Freiheitsstrafe v. mind. 3 Jahren bedroht ist u. eine der Katalogstraftaten des Art. 2 Abs. 2 RB-EUHb vorliegt (§ 81 Nr. 4 IRG; Schäfer JuS 2019, 856).

14 **II. Ablehnung.** Nach der Rspr. des EuGH können die Mitgliedsstaaten die Vollstreckung eines EuHB **nur unter den Voraussetzungen der im RbEuHb abschl. angeführten Gründe** ablehnen (EuGH NJW 2013, 1145 – Radu; krit. Gaede NJW 2013, 1279), dh etwa bei fehlender beiderseitiger Strafbarkeit außerhalb Art. 2 Abs. 2 RbEuHb, Amnestien, Verfolgung strafunmündiger Kinder, ne bis in idem (vgl. → Einl. Rn. 177-177f), Verjährung u. Verletzung des eur. ordre public, zB bei Verstößen gegen die GRCh u. die EMRK (vgl. Schäfer JuS 2019, 856 (858)). Die Vollstreckung soll die Regel, ihre Ablehnung eine eng auszulegende Ausnahme sein (EuGH NJW 2019, 2145 (2147) mwN). Sie darf nicht v. der Bedingung abhängig gemacht werden, dass die in Abwesenheit ausgesprochene Verurteilung im Ausstellungsmitgliedsstaat überprüft werden kann (EuGH NJW 2013, 1215 – Melloni). Der EuGH will mit dieser restriktiven Rspr. dem Zweck des Europäischen Haftbefehls, die justizielle Zusammenarbeit der Mitgliedsstaaten der EU zu erleichtern u. zu beschleunigen, Rechnung tragen. Jedoch lässt dieser integrationsfreundliche Ansatz für eine Berücksichtigung spezieller Gewährleistungen einzelner Mitgliedsstaaten nur wenig Raum (vgl. Brodowski HRRS 2013, 54; erg. → EMRK Art. 5 Rn. 4a). Ergänzend zum EuHB Böhm NJW 2006, 2592; Hackner/Schomburg/Lagodny/Gleß NStZ 2006, 663; Satzger IntStrafR § 10 Rn. 30).

15 Darüber hinaus kann allerdings die **echte Gefahr unmenschlicher oder erniedrigender Behandlung** iSv Art. 4 GRCh aufgrund der Bedingungen der Inhaftierung in einem Mitgliedsstaat der Vollstreckung entgegenstehen. Dies ist der Fall bei ernsthaften, aktuellen u. durch Tatsachen bestätigten Gründen für das Vorliegen systemischer o. allgemeiner, bestimmte Personengruppen o. bestimmte Haftanstalten betreffender Mängel der Haftbedingungen im Ausstellungsmitgliedsstaat (EuGH NJW 2016, 1709 Beulke/Swoboda StrafProzR Rn. 29). Die vollstreckende Justizbehörde trifft bei Vorliegen objektiver, zuverlässiger, genauer u. aktueller Angaben insoweit eine Informationspflicht (dazu iE EuGH NJW 2018, 3161); kann die Gefahr einer Verletzung v. Art. 4 GRCh nicht ausgeschlossen werden, hat sie das Übergabeverfahren zu beenden (EuGH NJW 2016, 1709).

16 Ebenso kann nach der Rspr. des BVerfG die Auslieferung aufgrund eines Europäischen Haftbefehls zur Vollstreckung eines **Abwesenheitsurteils** unzulässig sein, wenn die der Ermittlung des wahren Sachverhalts dienenden Mindestverfahrensrechte, insbes. v. Beschuldigtenrechten, im weiteren Verf. nicht gewährleistet sind (BVerfG NStZ 2016, 546).

17 **III. Erlass.** Der EuHB wird v. einer **Justizbehörde iSv Art. 6 Abs. 1 RB-EuHB** ausgestellt. Die Justizbehörde muss die Gewähr bieten, dass sie ihre Aufgabe

unabhängig ohne Einflussnahme seitens der Exekutive ausübt (EuGH NJW 2019, 2145 (2149)). Diese völlige Unabhängigkeit ist nach Ansicht des EuGH hins. der deutschen StA nicht gegeben, wie er in seiner Entsch. v. 27.5.2019 unter Hinweis auf das externe Weisungsrecht der Justizminister gem. § 147 **GVG** entschieden hat (EuGH NJW 2019, 2145 (2149); erg. → GVG § 147 Rn. 5). Der EuGH hat seine Anforderungen an die Unabhängigkeit der „ausstellenden Justizbehörde" iSv Art. 6 Abs. 1 RB-EUHb inzwischen auf den Begriff „vollstreckende Justizbehörde" iSv Art. 6 Abs. 2 Rb-EUHb übertragen (EuGH BeckRS 2020, 31838). Anders verhält es sich, wenn die v. der StA eines Mitgliedstaates ausgestellten EuHB vor ihrer Übermittlung zwingend v. einem Gericht bewilligt werden müssen, das eine eigenständige Entsch. trifft (EuGH NJW 2020, 203 zum österreichischen System). Erg. → GVG § 147 Rn. 4, 5.

Die Entsch. EuGH v. 27.5.2019 hat zur **Folge,** dass **deutsche Staatsanwaltschaften keine EuHB** mehr ausstellen dürfen. An deren Stelle soll nach obergerichtlicher Rspr. bei Ausschreibungen zum Zwecke der Strafverfolgung gem. § 77 IRG und § 131 Abs. 1 der nach § 162 zuständige Strafrichter (OLG Hamm BeckRS 2019, 17146; Böhm NZWiSt 2019, 325 (328)), bei solchen zum Zwecke der Strafvollstreckung gem. §§ 457 Abs. 3 S. 3, 131 Abs. 1 das Gericht des ersten Rechtszuges treten (s. Böhm NZWiSt 2019, 325 (328)). Dies soll sinngemäß auch für die Nachreichung eines formgerechten EuHB bei bereits zur Fahndung eingestellten EuHB gelten (Böhm NZWiSt 2019, 325 (328)). 18

Die Anwendung des § 131 Abs. 1 erscheint indes zweifelhaft. Aus den Gründen der Entsch. des EuGH ergibt sich, dass dieser den EuHB nicht lediglich als Fahndungsinstrument qualifiziert, sondern als „echten" Haftbefehl, der ggü. dem nationalen Haftbefehl einen eigenständigen Eingriff darstellt (vgl. EuGH NJW 2019, 2145 (2148 f.); Trüg/Ulrich NJW 2019, 2811 (2813); Oehmichen/Schmid StraFo 2019, 397; **aM** Böhm NZWiSt 2019, 325). Deshalb bestehen auch ggü. der Annahme Bedenken, den Erlass eines EuHB als „Untersuchungshandlung" iSv § 162 Abs. 1 zu werten u. den Rückgriff auf allg. Zuständigkeitsnormen der StPO zu erlauben (vgl. LG Dortmund BeckRS 2019, 15042; Trüg/Ulrich NJW 2019, 2811 (2813 ff.); Oehmichen/Schmid StraFo 2019, 397 (400)). Allerdings hat das BVerfG nunmehr die Annahme der Fachgerichte, § 131 Abs. 1 bilde iVm § 162 und § 77 Abs. 1 IRG in europarechtskonformer Auslegung eine ausreichende Rechtsgrundlage für die Ausstellung eines EuHB, als mit der Verf. vereinbar erachtet (BVerfG NStZ-RR 2020, 386). Dennoch erscheint eine ges. Regelung erforderlich, die sinnvollerweise das für die nationale Haftentscheidung zuständige Gericht auch für den Erlass des EuHB mandatiert (ebenso Böhm NZWiSt 2019, 325 (329); vgl. auch Trüg/Ulrich NJW 2019, 2811 (2815)). Zu entspr. gesetzgeberischen Bemühungen → GVG § 147 Rn. 5. 19

Erwirkt der **Delegierte Europäische Staatsanwalt** (→ GVG Vor § 141 Rn. 13) einen nationalen Haftbefehl (Art. 33 Abs. 1 EUStA-VO iVm § 112) ist er ggf. auch befugt, einen Europäischen Haftbefehl auszustellen, da die EUStA die v. EuGH aufgestellten Anforderungen an ihre Unabhängigkeit erfüllt (EuGH NJW 2019, 2145 (2148 f.); s. insbes. Art. 6 Abs. 1 S. 1 EUStA-VO; ferner BT-Drs. 19/17963, 30; erg. → GVG Vor § 141 Rn. 12 ff.). 20

IV. Grundsatz der Spezialität. Nach Art. 27 Abs. 2 RB-EUHb darf eine Person, die übergeben wurde, wegen einer anderen Handlung als derjenigen, die der Übergabe zugrunde liegt, weder verfolgt noch verurteilt, noch einer freiheitsentziehenden Maßnahme unterworfen werden; allerdings können die Mitgliedsstaaten nach Art. 27 Abs. 1 RB-EUHb auf die Anwendung des Grundsatzes der Spezialität verzichten. Im Übrigen findet Art. 27 Abs. 2 RB-EuHb in den enumerativ aufgeführten Fällen des Abs. 3 keine Anwendung. Der dem Spezialitätsgrundsatz zugrundeliegende Tatbegriff umfasst den gesamten dem ausliefernden Staat mitgeteilten Lebenssachverhalt, innerhalb dessen der Verfolgte einen oder mehrere Straftatbestände erfüllt haben soll (vgl. BGH 20.9.2023 – 1 StR 187/23 zu Art. 14 Abs. 1 EuAlÜbk). Änd. bei den zeitlichen u. örtlichen Umständen sind zulässig, 21 sofern sie nicht die Art der Straftat verändern (EuGH NStZ 2010, 35 (37); Dietsch NStZ 2021, 240); es muss insoweit aber stets ebenfalls Auslieferungsfähigkeit bestehen. Eine Änderung der Rechtsauffassung berührt die Hoheitsinteressen des um Auslieferung ersuchenden Staates nicht (vgl. BGHSt 57, 138; BGH 20.9.2023 – 1 StR 187/23 mwN). Bei „Kettenübergaben" zwischen mehreren Mitgliedsstaaten ist iSd Art. 27 Abs. 1 RB-EUHb lediglich die Zustimmung des zul. übergebenden Mitgliedsstaates erforderlich (EuGH NStZ 2021, 237 mAnm Dietsch). Ein Verstoß führt hier nicht zu einem Verfahrens-, sondern einem Vollstreckungshindernis sowie einem Verbot freiheitsbeschränkender Maßnahmen (vgl. BGH 18.6.2024 – 4 StR 155/24; erg. → Einl. Rn. 145a).

22 **V. Rechtsmittel.** Gegen den Erlass des Europäischen Haftbefehls ist **Beschwerde** zulässig (OLG Nürnberg NStZ-RR 2024. 87).

23 **E. Richterlicher Haftbefehl.** Durch richterlichen Haftbefehl wird die UHaft angeordnet, wenn die (abschl.) Voraussetzungen der §§ 112–113 vorliegen. Länger als 6 Monate darf er vor Urteilserlass nur auf besondere Anordnung des OLG o. BGH vollzogen werden (§§ 121, 122). Der Erlass eines **aufschiebend bedingten Haftbefehls,** etwa für den Fall der Wiedereinreise des Beschuldigten in die Bundesrepublik, ist **nicht zulässig** (BGH (ER) BeckRS 2012, 15269). Der StPO sind richterliche Anordnungen v. Zwangsmaßnahmen unter einer Bedingung fremd; dies muss erst recht im Fall der richterlichen Kontrolle v. Freiheitsentziehungen gelten, die auf der zum Entscheidungszeitpunkt gegebenen tatsächlichen Grdl. vorgenommen werden müssen.

24 **Mehrere Haftbefehle in derselben Sache** dürfen nicht erlassen werden (BGHSt 38, 54). Tritt zu den Tatvorwürfen des 1. Haftbefehls der dringende Verdacht weiterer Straftaten hinzu, so ist der Haftbefehl zu erweitern o. durch einen neuen zu ersetzen (→ § 114 Rn. 18). Ein neuer Haftbefehl muss auch erlassen werden, wenn mehrere Sachen, in denen Haftbefehle bestehen, miteinander verbunden werden (OLG Karlsruhe NJW 1974, 510; unrichtig LG Berlin StV 2008, 588 mzutrAnm Schlothauer StV 2009, 364).

25 Werden **mehrere Haftbefehle in verschiedenen Sachen** erlassen, so kann nur einer v. ihnen vollzogen werden. Eine „Doppelhaft" ist ausgeschlossen (Münchhalffen/Gatzweiler Untersuchungshaft 95; Peters StrafProzR Rn. 424; **aM** OLG Schleswig Rpfleger 1966, 109 mkritAnm Pohlmann; SK-StPO/Paeffgen Rn. 35). Zusätzliche Überwachungsmaßnahmen sind zulässig.

26 Wegen des nicht vollzogenen Haftbefehls wird **Überhaft** vermerkt; der Haftbefehl wird erst vollzogen, wenn die UHaft in der anderen Sache beendet wird. Erst dann sind die §§ 115, 115a anzuwenden (→ § 115 Rn. 12). Entsprechendes gilt, wenn Überhaft notiert ist, weil der Beschuldigte sich noch in anderer Sache in Strafhaft befindet. Zur Haftbeschwerde bei Überhaft vgl. → § 117 Rn. 8, zur Dauer der Überhaft → § 120 Rn. 6, → § 121 Rn. 2.

27 **F. Unterbrechung.** Die Unterbrechung der UHaft zum Zweck der Vollstreckung einer Freiheitsstrafe o. einer freiheitsentziehenden Maßregel der Besserung u. Sicherung ist nach § 116b S. 2 zulässig, auch zur Vollstreckung v. Erzwingungshaft (KG Rpfleger 1995, 269; OLG Hamm StraFo 1999, 174), u. gerichtlich anzuordnen, wenn nicht der Zweck der UHaft deren Vollstreckung erfordert (→ § 116b Rn. 5, 6). Nur unter dieser Voraussetzung ist auch die Unterbrechung der Strafhaft zum Zweck der Vollziehung der in anderer Sache angeordneten UHaft zulässig. Zur Anfechtbarkeit der Entsch. vgl. § 119a.

28 **G. Bestand des Haftbefehls.** Wird der Haftbefehl nicht aufgeh., bleibt er grds. in Kraft; er wird nicht durch Zeitablauf wirkungslos (OLG Hamm NStZ 2016, 304).

Voraussetzungen der Untersuchungshaft; Haftgründe Nr. 46, 47 RiStBV

112 (1) [1] **Die Untersuchungshaft darf gegen den Beschuldigten angeordnet werden, wenn er der Tat dringend verdächtig ist und ein Haftgrund besteht.** [2] **Sie darf nicht angeordnet werden, wenn sie zu der Bedeutung der Sache und der zu erwartenden Strafe oder Maßregel der Besserung und Sicherung außer Verhältnis steht.**

(2) **Ein Haftgrund besteht, wenn auf Grund bestimmter Tatsachen**

1. **festgestellt wird, daß der Beschuldigte flüchtig ist oder sich verborgen hält,**
2. **bei Würdigung der Umstände des Einzelfalles die Gefahr besteht, daß der Beschuldigte sich dem Strafverfahren entziehen werde (Fluchtgefahr), oder**
3. **das Verhalten des Beschuldigten den dringenden Verdacht begründet, er werde**
   a) **Beweismittel vernichten, verändern, beiseite schaffen, unterdrücken oder fälschen oder**
   b) **auf Mitbeschuldigte, Zeugen oder Sachverständige in unlauterer Weise einwirken oder**
   c) **andere zu solchem Verhalten veranlassen,**

   und wenn deshalb die Gefahr droht, daß die Ermittlung der Wahrheit erschwert werde (Verdunkelungsgefahr).

(3) **Gegen den Beschuldigten, der einer Straftat nach § 6 Absatz 1 Nummer 1 oder § 13 Absatz 1 des Völkerstrafgesetzbuches oder § 129a Abs. 1 oder Abs. 2, auch in Verbindung mit § 129b Abs. 1, oder nach den §§ 176c, 176d, 211, 212, 226, 306b oder 306c des Strafgesetzbuches oder, soweit durch die Tat Leib oder Leben eines anderen gefährdet worden ist, nach § 308 Absatz 1 bis 4 des Strafgesetzbuches dringend verdächtig ist, darf die Untersuchungshaft auch angeordnet werden, wenn ein Haftgrund nach Absatz 2 nicht besteht.**

Übersicht

A. Allgemeine Grundsätze. Die **Ermächtigung zum Erlass eines Haftbefehls,** v. der nach pflichtgemäßem Ermessen Gebrauch zu machen ist (BVerfGE 19, 342 (349) = NJW 1966, 243 (244)), enthält die Vorschrift. Obwohl der Richter zur Anordnung der UHaft nicht gezwungen ist, wird er einen Haftbefehl, dessen Voraussetzungen nach § 112 vorliegen, idR auch erlassen; das braucht er nicht weiter zu begründen (Geppert GA 1979, 300). Zum Verhältnis zwischen § 112 und § 329 Abs. 4 vgl. → § 329 Rn. 45. 1

Bis zur Rechtskraft des Urteils kann die UHaft nach § 112 angeordnet werden, auch nach Urteilserlass zur Sicherung der Vollstreckung (OLG Hamm NJW 1954, 403; Schneidewin NJW 1954, 298; Schroeder JZ 1985, 1031; **aM** Wolf NJW 1954, 60; erg. → Vor § 112 Rn. 4), auch wenn Schuld- u. Strafausspruch schon rkr. sind o. die Strafe sogar schon verbüßt ist, jedoch über den Maßregelausspruch noch nrkr entschieden ist (Löwe/Rosenberg/Hilger Rn. 57 ff.). Nach Urteilsrechtskraft sind lediglich die Sicherungshaft nach § 453c und die UHaft nach Anordnung der Wiederaufnahme (→ § 370 Rn. 15) zulässig (KG StraFo 2022, 320, 321; 2022, 467). 2

3 **Haftunfähigkeit** des Beschuldigten schließt den Erlass des Haftbefehls nicht aus, sondern hindert nur seinen Vollzug (OLG Düsseldorf JZ 1984, 248; OLG Frankfurt a. M. NJW 1968, 2302; OLG Nürnberg OLGSt § 116 Nr. 1); insoweit gilt § 455 entsprechend (KG NStZ 1990, 142; eing. dazu Neuhaus FS 25 Jahre AG StrafR DAV, 2009, 1010). Während der Krankheit kann Anlass für eine Haftverschonung nach § 116 bestehen (vgl. dazu Gatzweiler StV 1996, 283). Wird der Beschuldigte nach der Tat geisteskrank, so kommt nur die Anwendung des § 126a in Betracht.

4 **B. Voraussetzungen des Haftbefehls nach Abs. 1, Abs. 2. Voraussetzungen des Haftbefehls** nach Abs. 1, Abs. 2 sind dringender Tatverdacht und, abgesehen v. dem Fall des Abs. 3, das Vorliegen eines Haftgrundes, wobei §§ 112, 112a eine abschl. Regelung der Haftgründe enthalten (OLG Karlsruhe StV 2010, 30). Ferner darf die UHaft nicht unverhältnismäßig sein.

5 **I. Dringender Tatverdacht (Abs. 1 S. 1). Dringender Tatverdacht (Abs. 1 S. 1)** besteht, wenn die Wahrscheinlichkeit groß ist, dass der Beschuldigte Täter o. Teilnehmer (§§ 25 ff. StGB) einer nach deutschem Strafrecht zu beurteilenden (vgl. BGH (ER) BeckRS 2012, 15269) Straftat ist. Dabei muss es sich um eine rechtswidrig u. schuldhaft begangene Tat o., wenn er strafbar ist, um den Versuch einer solchen Tat handeln. Die Wahrscheinlichkeit, dass Rechtfertigungs-, Schuld- o. Strafausschließungsgründe vorliegen, beseitigt den dringenden Tatverdacht (Schlothauer StV 1996, 393). Das Gleiche gilt für (jedenfalls zzt., vgl. OLG Dresden StV 2001, 519) nicht behebbare Verfahrenshindernisse (OLG München StV 1998, 270); wegen des Strafantrags vgl. § 130. **Beweisverwertungsverbote** sind – auch ohne Widerspruch – **von Amts wegen** zu beachten (BGHSt 64, 89 = NJW 2019, 2627 (2629); OLG Dresden StraFo 2012, 185); dies gilt sowohl für das Ermittlungsverfahren als auch für das Zwischenverfahren (BGHSt 64, 89 = NJW 2019, 2627 (2629) mwN; zur Widerspruchslösung in der Verh. → § 136 Rn. 25). Der Umstand, dass sich die Schadenshöhe eines Vermögensdelikts noch nicht exakt beziffern lässt, steht der Annahme dringenden Tatverdachts allerdings nicht entgegen (KG wistra 2015, 37). Bei **Rechtsfragen** darf der Richter sich mit „dringendem Verdacht" nicht begnügen. Er muss sie lösen, wenn es auf sie ankommt (Lüttger GA 1957, 211). Die Prognose, dass eine Verurteilung wahrscheinlich ist, verlangt der dringende Tatverdacht nicht (Pfeiffer NStZ 1981, 94 – BGH RsprÜ; **aM** OLG Köln JMBl. NRW. 1968, 235; SK-StPO/Paeffgen Rn. 9b); es genügt die Möglichkeit der Verurteilung (dazu Deckers StV 2001, 116).

6 Dem Grade nach ist dieser Verdacht **stärker als der hinreichende,** v. dessen Vorliegen nach § 203 die Eröffnung des Hauptverfahrens abhängt. Jedoch setzt die Annahme des dringenden Tatverdachts nicht voraus, dass auch der hinreichende feststeht. Denn die Prüfung des hinreichenden Verdachts erfolgt stets auf der Grdl. des abgeschlossenen Ermittlungsergebnisses, die des dringenden Verdachts dagegen aufgrund des gegenwärtigen Standes der Ermittlungen (Pfeiffer NStZ 1981, 94 – BGH RsprÜ; OLG Celle StV 1986, 392), der sich ändern kann. Nur im Zeitpunkt der Anklageerhebung muss der dringende Tatverdacht stets stärker sein als der hinreichende (OLG Frankfurt a. M. StV 1995, 593).

7 Nur **aus bestimmten Tatsachen,** nicht aus bloßen Vermutungen, darf der dringende Tatverdacht hergeleitet werden (LG Frankfurt a. M. StV 2009, 477). Maßgebend ist im Ermittlungsverfahren das sich aus den Akten ergebende Ermittlungsergebnis, nach einer HV das Erg. der Beweisaufnahme (OLG Frankfurt a. M. StV 2000, 374 (375); OLG Koblenz StV 1994, 316), nach Erlass eines noch nrkr Urteils der darin festgestellte Sachverhalt, da dies regelmäßig eine bes. hohe Richtigkeitsgewähr bietet (OLG Köln StV 2016, 445; zu dessen gleichwohl zulässiger Überprüfung vgl. OLG Brandenburg StraFo 2000, 318). Akten u. Erkenntnisse des Ministeriums für Staatssicherheit der ehem. DDR sind grds. nicht geeignet, als solche den dringenden Tatverdacht zu belegen (BGHSt 38, 276).

8 **II. Verhältnismäßigkeitsgrundsatz (Abs. 1 S. 2).** Der Verhältnismäßigkeitsgrundsatz (Abs. 1 S. 2) muss gewahrt sein (vgl. auch § 120 Abs. 1 S. 1). Jedoch ist

dieser Grundsatz keine Haftvoraussetzung, sondern die Unverhältnismäßigkeit ein Haftausschließungsgrund (Kleinknecht JZ 1965, 114; Seetzen NJW 1973, 2001; **aM** SK-StPO/Paeffgen Rn. 10). Sie hindert den Erlass eines Haftbefehls nur, wenn sie feststeht; der Grundsatz *in dubio pro reo* gilt nicht (OLG Düsseldorf NStZ 1993, 554; KK-StPO/Graf Rn. 46). Speziell bei Jugendlichen ist das in § 72 Abs. 1 **JGG** zum Ausdruck kommende Subsidiaritätsprinzip zu beachten.

Der **Eingriff ist nur zulässig,** wenn u. soweit die vollständige Aufklärung der Tat o. die rasche Durchführung des Verfahrens einschl. der Urteilsvollstreckung nicht anders gesichert werden kann (BVerfGE 20, 144 (147); → Vor § 112 Rn. 2). So ist ggf. zu prüfen, ob ein Suchvermerk im BZR ausreicht o. eine Erledigung der Sache im Strafbefehlsverfahren möglich ist (OLG Rostock StV 2006, 311). Die Durchführung des Strafbefehlsverfahrens gegen einen ausl. Beschuldigten unbekannten Aufenthalts unter Zuhilfenahme einer unterzeichneten Zustellungsvollmacht soll allerdings nach einer Entsch. des LG Landshut (StV 2016, 813 mzutrablAnm Kulhanek) als milderes Mittel ausscheiden, da unter Berücksichtigung der Rspr. des EuGH (EuGH NJW 2016, 303; → § 132 Rn. 9a) in einem solchen Fall das Erwachsen der Entsch. in Rechtskraft auf unabsehbare Zeit hinausgeschoben würde. **9**

UHaft darf daher nicht angeordnet werden, wenn der Beschuldigte **freiwillige Beschränkungen** (Ablieferung der Personalpapiere, freiwilliges Sich-Unterziehen einer Anstaltsbehandlung; vgl. auch § 71 Abs. 2 **JGG**), auf sich nimmt, die die Haftgründe ausräumen (OLG Frankfurt a. M. JR 1951, 92; KK-StPO/Graf Rn. 52). Es kann auch unzulässig sein, einen Beschuldigten in Haft zu nehmen, wenn die Anklage erst nach mehr als 10 Jahren erhoben worden ist (OLG Stuttgart NJW 1974, 284). Die UHaft darf niemals eher u. nicht länger vollzogen werden, als notwendig ist. **10**

Abzuwägen für die Beurteilung der Verhältnismäßigkeit sind die Schwere des Eingriffs in die Lebenssphäre des Beschuldigten, wobei auch sein Gesundheitszustand zu berücksichtigen ist (BGH StraFo 2012, 58), gegen die Bedeutung der Strafsache u. die Rechtsfolgenerwartung (→ Rn. 23 ff.). Nur wenn die Unverhältnismäßigkeit unter beiden Gesichtspunkten besteht, hindert sie den Erlass des Haftbefehls (OLG Hamm StraFo 1998, 283; vgl. auch VerfGH Berlin NJW 2001, 3181: Haftbefehl gegen (stillende) Mutter eines Neugeborenen). Für die Bedeutung der Sache sind wichtig die abstrakte Rechtsfolgenandrohung, die Art des verletzten Rechtsguts, der konkrete Geschehensablauf (Gelegenheits- o. Serientat, sozialschädliche Wirkungen) sowie tatbezogene Umstände aus der Person des Beschuldigten (Intensität des kriminellen Verhaltens, in Entstehung begriffener o. schon bestehender verbrecherischer Hang). Auch das öffentl. Interesse an der Verfolgung der Tat kann unter dem Gesichtspunkt der Verteidigung der Rechtsordnung berücksichtigt werden (**aM** SK-StPO/Paeffgen Rn. 16). Dagegen kann die Erregung der Öffentlichkeit die Bedeutung der Tat nicht nachträglich erhöhen (Kleinknecht MDR 1965, 781). Unter dem Gesichtspunkt der Rechtsfolgenerwartung besteht, wie sich aus § 113 ergibt, Unverhältnismäßigkeit nicht allein deshalb, weil nur eine kurzfristige o. keine zu vollstreckende Freiheitsstrafe o. eine Geldstrafe zu erwarten ist (Paeffgen UntersuchungshaftR S. 199; Seetzen NJW 1973, 2001; **aM** Wolter ZStW 93 (1981), 469; vgl. auch LG Hamburg StV 1987, 399; allerdings darf die Dauer der UHaft idR die voraussichtliche Ersatzfreiheitsstrafe nicht überschreiten (OLG Frankfurt a. M. StV 1993, 594). Im Ausland erlittene Einlieferungshaft ist aber mit zu berücksichtigen (KG StV 2019, 564 Ls.). **11**

Eine **schwere und unheilbare Krankheit,** die mit Sicherheit vor Abschluss des Verfahrens zum Tode des Beschuldigten führen wird, soll nach Ansicht des VerfGH Berlin (NJW 1993, 515: Fall Honecker; ähnlich NJW 1994, 436) wegen der Menschenwürdegarantie der Haftanordnung entgegenstehen. Abgesehen davon, dass es schon fraglich erscheint, ob ein Landesverfassungsgericht hier in ein Strafverfahren, in dem Bundesprozessrecht angewendet wird, überhaupt eingreifen durfte (vgl. Bartlsperger DVBl 1993, 333 (346); Berkemann NVwZ 1993, 409; Koppernock/Staechelin StV 1993, 433; Pestalozza NVwZ 1993, 344) u. eine **11a** genaue Prognose sowohl über den Fortgang einer Erkrankung als auch über die Dauer eines Prozesses ohnehin unmöglich ist (vgl. Paeffgen NJ 1993, 154), erscheint die Schaffung eines solchen Haftaufhebungsgrundes verfehlt (vgl. auch Ranft StrafProzR Rn. 1108 ff.): Auch angesichts seines nahen Todes verstößt es nicht gegen die Menschenwürde, wenn sich ein Beschuldigter für ihm vorgeworfene Straftaten verantworten muss (Meurer JR 1993, 90; Schoreit NJW 1993, 883; Starck JZ 1993, 232; **aM** SK-StPO/Paeffgen Anh. zu § 206a Rn. 8 ff.). Auf Entscheidungen des BVerfG hat sich der VerfGH Berlin zu Unrecht berufen (Bartlsperger DVBl 1993, 333 (346); Meurer JR 1993, 90; Schoreit NJW 1993, 883; Wilke NJW 1993, 888; **aM** Koppernock/Staechelin StV 1993, 433). An Stelle eines „Haftaufhebungsgrundes von Verfassungs wegen" kann daher auch in einem solchen Fall nur eine Abwägung im Einzelfall zwischen dem Grundrechtseingriff u. der Bedeutung der staatlichen Strafgewalt vor dem Hintergrund der Schwere der zur Last gelegten Tat erfolgen (Bartlsperger DVBl 1993, 333 (344); Schoreit NJW 1993, 883 (886); Wassermann NJW 1993, 1568; vgl. auch OLG Nürnberg StV 2006, 314: § 455 Abs. 2 entspr.; BGH BeckRS 2020, 15328: Grundsätzlich lassen weder die Erkrankung eines Angeklagten noch Einschränkungen im Vollzugsalltag wegen der COVID-19-Pandemie den Vollzug der UHaft als unverhältnismäßig erscheinen). Ist der Beschuldigte aber verhandlungsunfähig o. lässt die Durchführung des Strafverfahrens für ihn irreparable Gesundheitsschäden o. den Tod befürchten, ist selbstverständlich auch die Anordnung o. Aufrechterhaltung der UHaft ausgeschlossen (Bartlsperger DVBl 1993, 333 (337); Meurer JR 1993, 90 (93); vgl. auch OLG Düsseldorf NStZ 1993, 554).

12 **III. Flucht (Abs. 2 Nr. 1).** Der **Haftgrund der Flucht (Abs. 2 Nr. 1)** besteht, wenn der Beschuldigte flüchtig ist o. sich verborgen hält. Beides kann zusammentreffen.

13 **Flüchtig** ist, wer vor Tatbeginn (OLG Frankfurt a. M. NJW 1974, 1835; OLG Koblenz NStZ 1985, 88; **aM** OLG Karlsruhe NJW 1972, 2098; Löwe/Rosenberg/Hilger Rn. 29; Paeffgen NStZ 1989, 417; alle für den Fall der Fahnenflucht), während o. nach der Tat seine Wohnung aufgibt, ohne eine neue zu beziehen, o. sich in das Ausland mit der Wirkung absetzt, dass er für Ermittlungsbehörden u. Gerichte unerreichbar u. ihrem Zugriff auch wegen der zu erwartenden Strafvollstreckung (Schroeder JZ 1985, 1031) entzogen ist (OLG Braunschweig NJW 1964, 1485; OLG Düsseldorf NJW 1986, 2204 (2205)). Dem steht es gleich, wenn der deutsche Beschuldigte aus dem Ausland nicht mehr zurückkehren will (hM; vgl. OLG Frankfurt a. M. NJW 1974, 1835; **aM** SK-StPO/Paeffgen Rn. 22a). Dagegen ist der Ausländer nicht flüchtig, der sich in sein Heimatland zurückbegibt, ohne dass das mit seiner Straftat im Zusammenhang steht (KG StraFo 2017, 189; OLG Brandenburg StV 1996, 381; OLG Bremen NStZ-RR 1997, 334; OLG Frankfurt a. M. StV 1994, 581; OLG Naumburg wistra 1997, 80; OLG Saarbrücken wistra 1991, 358; Ullenboom NJW 2018, 2671; erg. → Rn. 17a, 20a). Dass der Beschuldigte trotz seiner Flucht postalisch erreichbar ist, spielt keine Rolle (OLG Düsseldorf NJW 1986, 2204 (2205); LG Verden StV 1986, 256), wohl aber, dass er seinem Verteidiger eine Ladungsermächtigung nach § 145a Abs. 2 erteilt hat (OLG Dresden StV 2007, 587); bei einem Nichtsesshaften ist aber zu klären, ob er über eine konkret bezeichnete Anlaufstelle zu erreichen ist (LG Zweibrücken NJW 2004, 1679). Die Verhinderung des Strafverfahrens muss der Beschuldigte nicht beabsichtigen; es genügt, dass er sie erkennt u. in Kauf nimmt (OLG Koblenz NStZ 1985, 88; LG Hamburg StV 1987, 399; → Rn. 18); wer aus verfahrensunabhängigen Gründen, ohne Wissen der Strafbarkeit seines Verhaltens u. ohne den Willen unerreichbar zu sein, tatsächlich nicht erreichbar ist, ist nicht flüchtig (KG StraFo 2015, 201).

14 **Verborgen** hält sich, wer unangemeldet, unter falschem Namen o. an einem unbekannten Ort lebt, um sich dem Verf. dauernd o. auf längere Zeit zu entziehen. Bei einem Beschuldigten ohne gesicherten Aufenthaltsstatus ist das regelmäßig anzunehmen, wenn er sich für die zuständigen Stellen des Bundesamtes für Migra-

tion u. Flüchtlinge unerreichbar im Bundesgebiet aufhält (OLG Hamburg NStZ 2016, 433). Wer sich nur verbirgt, um die Herausgabe des Kindes an den anderen Elternteil zu verhindern (OLG Schleswig MDR 1980, 1042) ist nicht flüchtig.

Die Flucht muss **aufgrund bestimmter Tatsachen** feststehen. Da jedoch sichere Feststellungen über die Flucht idR erst möglich sind, wenn der Beschuldigte ergriffen worden ist, muss es ausreichen, dass nach den Umständen des Falles Flucht o. Verbergen näher liegt als eine andere Erkl. für die Unerreichbarkeit des Beschuldigten (KK-StPO/Graf Rn. 14, Löwe/Rosenberg/Hilger Rn. 30; **aM** KMR-StPO/Wankel Rn. 4). 15

Bei **Ergreifung des Beschuldigten** aufgrund des nach Abs. 2 Nr. 1 erlassenen Haftbefehls entfällt der Haftgrund der Flucht. In der Regel wird die vorherige Flucht aber die Aufrechterhaltung des Haftbefehls wegen Fluchtgefahr nach Abs. 2 Nr. 2 rechtfertigen u. erforderlich machen. 16

IV. Fluchtgefahr (Abs. 2 Nr. 2). Fluchtgefahr (Abs. 2 Nr. 2) besteht, wenn die Würdigung der Umstände des Falles es wahrscheinlicher macht, dass sich der Beschuldigte dem Strafverfahren entziehen, als dass er sich ihm zur Vfg. halten werde (BGH NJW 2014, 2372; OLG Köln StV 1997, 642); diese Gefahr muss sich bei objektiver Betrachtung mit verständigen Erwägungen aus bestimmten Tatsachen ableiten lassen (OLG Brandenburg BeckRS 2024, 7188). Das ist aus der Sicht des anhängigen Verfahrens ohne Rücksicht darauf zu entscheiden, ob sich der Beschuldigte in anderer Sache in Strafhaft o. sonst in behördlicher Verwahrung befindet (OLG Hamm NStZ 2004, 221; vgl. auch KG StraFo 2013, 507; OLG Köln NStZ 1991, 605). Umstände, aus denen sich die Fluchtgefahr ergibt, müssen nicht verschuldet sein (LG Kleve NStZ-RR 2011, 342). Keine Rolle spielt, dass der Beschuldigte den Vorwürfen entgegentritt (OLG Köln StV 2013, 518 Ls.). Zur Annahme v. Fluchtgefahr in Wirtschaftsstrafsachen Bock NZWiSt 2017, 23. 17

Dass jemand seinen **Wohnsitz im Ausland** hat – sei es als Deutscher, sei es als Ausländer –, kann bei der erforderlichen Gesamtwürdigung berücksichtigt werden, begründet aber für sich allein keine Fluchtgefahr (KG wistra 2015, 37; OLG Dresden StV 2005, 224; OLG Köln StV 2005, 393; StV 2006, 25; LG Oldenburg StV 2011, 34; erg. → Rn. 20a). Ein Ausländer, der sich ohne Fluchtwillen in sein Heimatland zurückbegeben hatte, ist daher nur fluchtverdächtig, wenn er erklärt – o. sich aus den Umständen ergibt –, er werde sich dem Verf. nicht stellen (OLG Hamburg StraFo 2018, 513; OLG Celle StraFo 2009, 204; OLG Karlsruhe StV 2005, 33; OLG Köln NStZ 2003, 219; NStZ-RR 2006, 22; OLG Stuttgart NStZ 1998, 427). Dies soll aber nicht bereits der Fall sein, wenn der Angeklagte ankündigt, nur bei vorheriger Zusicherung einer Bewährungsstrafe zu einer Verh. in Deutschland zu erscheinen, da die Anordnung der UHaft nicht dazu diene, den etwaigen Erlass eines Haftbefehls nach § 230 Abs. 2 vorwegzunehmen (OLG Oldenburg StV 2011, 419). Soweit OLG Oldenburg StV 2010, 254; 2010, 255) bei wegen Drogendelikten verfolgten niederländischen Staatsangehörigen deswegen eine erhöhte Fluchtgefahr bejahen will, weil diese in den Niederlanden erhebliche Strafvollstreckungsvorteile genießen, erscheint dies europarechtlich bedenklich (Kirsch StV 2010, 256). Die Annahme v. Fluchtgefahr scheidet aus, wenn der im Ausland befindliche Beschuldigte ernsthafte Rückkehrbemühungen entfaltet (KG StV 2013, 516). 17a

Das **Sich-Entziehen** ist ein Verhalten, das den Erfolg hat, dass der Fortgang des Strafverfahrens dauernd o. wenigstens vorübergehend (OLG Hamm NJW 1966, 2075) durch Aufhebung der Bereitschaft des Beschuldigten verhindert wird, für Ladungen u. Vollstreckungsmaßnahmen zur Vfg. zu stehen (BGHSt 23, 380 (384); BGH NJW 2014, 2372; KG JR 1974, 165; OLG Düsseldorf NJW 1986, 2204 (2205); erg. → § 124 Rn. 4). Gleichgültig ist, ob der Beschuldigte diesen Erfolg beabsichtigt, erkannt o. nur in Kauf genommen hat (BGHSt 23, 380 (384); OLG Düsseldorf NJW 1986, 2204 (2205); OLG Koblenz NStZ 1985, 88). Bloßer Ungehorsam ggü. Vorladungen u. bloße Untätigkeit genügen nicht (BGHSt 23, 380 (384); OLG Frankfurt a. M. StraFo 2015, 112; OLG Koblenz StV 1992, 424), 18 ebenso wenig „konfrontatives Verhalten im Prozess" (BGH NJW 2014, 2372). Für Ausländer gilt dasselbe wie bei Fluchtgefahr (OLG Hamm StV 2005, 35 mablAnm Hilger; → Rn. 17a); allerdings ist bei einem nicht sesshaften Beschuldigten, dessen Asylbegehren noch nrkr verbeschieden u. dessen dauerhafter Aufenthaltsstatus im Bundesgebiet daher fraglich ist, unabhängig v. der Straferwartung regelmäßig Fluchtgefahr anzunehmen (OLG Hamburg NStZ 2016, 433). Suizidgefahr rechtfertigt die Anordnung der UHaft nicht (OLG Oldenburg NJW 1961, 1984; Paeffgen NStZ 1995, 21; **aM** OLG Bremen JZ 1956, 375 mablAnm Bader; OLG Hamburg JR 1995, 72 mablAnm Paeffgen). Wer sich aber bewusst in einen Zustand länger dauernder Verhandlungsunfähigkeit versetzt (zB durch Drogenmissbrauch o. Nichteinnahme v. Tabletten o. einen Hungerstreik), entzieht sich dem Verf. (KG JR 1974, 165; OLG Oldenburg StV 1990, 165; OLG Hamm NStZ-RR 2015, 283 Ls.). Dies gilt nach einer Entsch. des OLG Hamm (NStZ 2013, 88 (Schultheis)) gleichermaßen, wenn der Beschuldigte durch erschlichene o. falsche ärztliche Atteste einen Zustand der Verhandlungs- bzw. Vollstreckungsunfähigkeit vortäuscht.

19 Die **Beurteilung der Fluchtgefahr** erfordert die Berücksichtigung aller Umstände des Falles, insbes. der Art der dem Beschuldigten vorgeworfenen Tat, der Persönlichkeit des Beschuldigten, seiner Lebensverhältnisse, seines Vorlebens u. seines Verhaltens vor u. nach der Tat (OLG Köln StV 1995, 475). Berücksichtigt werden kann auch, dass gegen den Beschuldigten der dringende Verdacht weiterer Taten besteht, insbes. dass gegen ihn noch weitere Verf. anhängig sind (OLG Düsseldorf MDR 1993, 371). Die für u. gegen eine Flucht sprechenden Umstände müssen sorgfältig gegeneinander abgewogen werden. Das gilt insbes., wenn der Beschuldigte im Laufe des Verfahrens allen Vorladungen nachgekommen ist (vgl. OLG Stuttgart Justiz 2010, 374 zum Erlass eines Haftbefehls nach dem Urt. 2. Instanz). Eine auch unwiderruflich dem Verteidiger erteilte Ladungs- u. Zustellungsvollmacht ist dagegen grds. ohne Bedeutung (OLG Hamburg StraFo 2018, 473).

20 **Fluchtgefahr begründen idR** auffälliger Wohnungs- o. Arbeitsplatzwechsel, Verwendung falscher Namen o. Papiere (vgl. OLG Celle 8.10.2025 – BeckRS 2025, 32431), Flucht in einem früheren Verf. o. Verfahrensabschnitt u. Zugehörigkeit zu einer Terroristenbande o. einer international agierenden Tätergruppe (OLG Celle 8.10.2025 – BeckRS 2025, 32431). Für Fluchtgefahr sprechen auch die charakterliche Labilität des Beschuldigten, seine Neigung zu Glücksspiel o. Drogenmissbrauch, das Fehlen fester familiärer o. beruflicher Bindungen, leicht lösbare Wohnungsverhältnisse u. das Fehlen einer festen Wohnung o. eines festen Aufenthalts. Auch Beziehungen zum Ausland, insbes. dort befindliches Vermögen (dagegen nicht bei prekären wirtschaftlichen Verhältnissen: OLG München StV 2016, 816 Ls. mAnm Bock NZWiSt 2017, 23), u. gute Sprachkenntnisse können die Fluchtgefahr begründen (Löwe/Rosenberg/Hilger Rn. 36; Böhm NStZ 2001, 635). Die realistische Möglichkeit einer Unterbringung nach § 63 StGB kann die Annahme v. Fluchtgefahr gegen einen mutmaßlich schuldfähigen Beschuldigten legitimieren; dies gilt selbst dann, wenn die Voraussetzungen für eine einstweilige Unterbringung nach § 126a wegen derzeitigen Fehlens dringender Gründe für die Annahme einer Tatbegehung im Zustand zumindest verminderter Schuldfähigkeit nicht gegeben sind (OLG Celle NStZ-RR 2017, 20; erg. → § 126a Rn. 2).

20a **Für EU-Ausländer** gilt, dass *nur* der Wohnsitz in einem anderen Unionsstaat Fluchtgefahr nicht begründen kann; denn darin läge ein Verstoß gegen das europarechtliche Diskriminierungsverbot (vgl. OLG München StraFo 2013, 114; Ullenboom NJW 2018, 2671; Strate FS 25 Jahre AG StrafR DAV, 2009, 1048). Da allerdings trotz erweiterter Rechtshilfemöglichkeiten innerhalb der EU der Strafverfolgungsanspruch v. der Justiz in Deutschland effektiver durchgesetzt werden kann, darf im Rahmen der Gesamtabwägung der Wohnsitz im EU-Ausland zumindest als Anhaltspunkt für Fluchtgefahr gewertet werden (vgl. LG Kleve NStZ-RR 2011, 342; **aM** Wegner, Einheit der Prozesswissenschaft, 2016, S. 401 ff. falls im konkreten Einzelfall eine Verfahrenssicherung mittels des Europäischen Haftbefehlsverfahrens sicher möglich sei; im Zweifel ist das Verf. nach § 230 Abs. 2 in Betracht zu ziehen; erg. → Rn. 17a). Bei **Asylbewerbern** ohne tragfähige soziale Bindungen im Inland ist ebenfalls nicht automatisch Fluchtgefahr anzunehmen (s. OLG Stuttgart StV 2016, 815).

Gegen die Fluchtgefahr sprechen idR starke familiäre o. berufliche Bindungen (OLG Hamm StV 2003, 509), dass der Beschuldigte sich dem Verf. über einen längeren Zeitraum gestellt hat (OLG München StraFo 2013, 114), sein hohes Alter sowie ein schlechter u. daher fluchthindernder Gesundheitszustand. Fester Wohnsitz schließt die Fluchtgefahr nicht immer aus (vgl. OLG Düsseldorf JMBl. NRW. 1992, 251). **21**

Die Fluchtgefahr darf nur aus **bestimmten Tatsachen** hergeleitet werden. Bloße Mutmaßungen u. Befürchtungen genügen nicht. Die Tatsachen brauchen aber nicht zur vollen Überzeugung des Gerichts festzustehen; es genügt derselbe Wahrscheinlichkeitsgrad wie (vgl. → Rn. 5) beim dringenden Tatverdacht (OLG Bremen NJW 1962, 649; Löwe/Rosenberg/Hilger Rn. 32). Zu den Tatsachen gehören auch innere Tatsachen (OLG Braunschweig JZ 1965, 619), zB die Neigung des Beschuldigten, bestimmte Straftaten zu begehen, auch Erfahrungstatsachen, insbes. der Erfahrungssatz, dass ein Beschuldigter umso eher versucht, sich dem Strafverfahren zu entziehen, je höher die Strafe ist, die ihm bevorsteht (KG NJW 1965, 1390). **22**

Bei der **Straferwartung** hat eine schematische Beurteilung anhand genereller Maßstäbe zu unterbleiben; insbes. ist die Annahme unzulässig, dass bei einer Straferwartung in bestimmter Höhe stets (o. auch nie) Fluchtgefahr besteht (vgl. BGH NStZ-RR 2022, 209; OLG Celle StraFo 2023, 399; KG StV 2019, 565). Im Ausgangspunkt kommt es auf den tatsächlich zu erwartenden Freiheitsentzug an. Dabei ist v. Erwartungshorizont des Beschuldigten u. des Haftrichters auszugehen (KG StV 2012, 350; OLG Hamm StV 2001, 115). Zu berücksichtigen ist daher, dass die UHaft nach § 51 Abs. 1 StGB angerechnet wird u. ob der Beschuldigte mit Strafaussetzung zur Bewährung nach § 56 StGB o. mit der Aussetzung des Strafrests nach § 57 StGB rechnen (KG StV 2012, 350OLG Frankfurt a. M. NZWiSt 2023, 230; OLG Hamm StV 1985, 114; vgl. auch VerfGH Berlin StV 2018, 381) o. nicht rechnen kann (vgl. BGH NStZ-RR 2018, 255 zu § 57 Abs. 1 Nr. 1 StGB; BeckRS 2020, 9436 zu § 57 Abs. 1 Nr. 2 StGB). Insoweit hat der Tatrichter einen Beurteilungsspielraum (BGH NStZ-RR 2022, 209, 210 zu § 57 Abs. 1 S. 1 StGB); allerdings besteht kein Automatismus, nach dem nach der Vollstreckung von zwei Dritteln einer nicht rk verhängten bzw. zu erwartenden Strafe ein Haftbefehl wegen Fluchtgefahr unter dem Gesichtspunkt der Verhältnismäßigkeit aufzuheben bzw. außer Vollzug zu setzen wäre (OLG Frankfurt NZWiSt 2023, 230). Die Straferwartung wird durch einen Verständigungsvorschlag des Gerichts konkretisiert (KG StraFo 2015, 201 (203)). Auch ob prospektiv Jugend- o. Erwachsenenstrafrecht auf den Beschuldigten anzuwenden sein wird, ist angesichts der jew. unterschiedlichen Bemessungskriterien zu berücksichtigen (KG StraFo 2015, 108). Die schematische Annahme, dass bei einer Straferwartung in bestimmter Höhe, etwa 1 Jahr Freiheitsstrafe, Fluchtgefahr besteht, ist unzulässig (OLG Celle NJW 1950, 240; LG Oldenburg StV 1983, 248; vgl. auch OLG Koblenz StV 2013, 518: Straferwartung 20 Monate bei polnischem Staatsangehörigen, der seit 8 Jahren mit Familie in Deutschland lebt). Die Straferwartung wird durch eine Verurteilung zu einer Freiheits- bzw. Jugendstrafe in einer bestimmten Höhe konkretisiert (vgl. BGH NStZ-RR 2018, 255; BeckRS 2016, 20222). Wird im Urt. Strafaussetzung zur Bewährung bewilligt, kann nicht zugleich Haftfortdauer wegen Fluchtgefahr angeordnet werden (**aM** OLG München StV 2007, 459 mablAnm König); das Berufungsgericht kann aber die UHaft anordnen, wenn es eine Berufung der StA, die sich gegen die Strafaussetzung wendet, für aussichtsreich erachtet. **23**

Im Allgemeinen kann auch die **Straferwartung allein** die Fluchtgefahr nicht begründen; sie ist nur Ausgangspunkt für die Erwägung, ob der in ihr liegende Anreiz zur Flucht auch unter Berücksichtigung aller sonstigen Umstände so erheblich ist, dass die Annahme gerechtfertigt ist, der Beschuldigte werde ihm wahr- **24** scheinlich nachgeben u. flüchtig werden (KG StV 2012, 350; OLG Koblenz StV 2013, 518; OLG Bremen StV 1995, 85; OLG Hamburg StV 2002, 490; OLG Hamm StV 1999, 216; OLG Karlsruhe StV 2010, 31). Je größer die Straferwartung ist, desto weniger Gewicht ist aber auf weitere Umstände zu legen (OLG Hamm NStZ-RR 2010, 158; OLG Karlsruhe NJW 1978, 333). Auch ein möglicher Bewährungswiderruf kann zur Beurteilung der Fluchtgefahr herangezogen werden (KG StV 1996, 383), wobei auch insoweit die noch zu erwartende Strafe einen gewissen Fluchtanreiz begründen muss (etwa verneint v. OLG Dresden NStZ 2018, 304 bei bereits erfolgter Vollstreckung v. mehr als 2/3). Zur Wiederinvollzugsetzung eines Haftbefehls vgl. → § 116 Rn. 28; dasselbe gilt, wenn ein früherer Haftbefehl sogar aufgeh. worden war (OLG Dresden StV 2009, 477).

25 Bei einer **besonders hohen Straferwartung** braucht daher nur geprüft zu werden, ob Umstände vorhanden sind, die die hieraus herzuleitende Fluchtgefahr ausräumen können (KG StV 1996, 383; OLG München StraFo 2013, 114; OLG Braunschweig JZ 1965, 619; OLG Düsseldorf StV 1982, 585; OLG Frankfurt a. M. NJW 1965, 1342; OLG Hamm NStZ 2008, 649; OLG Karlsruhe NJW 1978, 333; KK-StPO/Graf Rn. 19; **aM** SK-StPO/Paeffgen Rn. 25). Das bedeutet aber nicht, dass bei schweren Straftaten die Anforderungen für die Annahme der Fluchtgefahr herabgemindert sind (OLG Köln StV StraFo 1997, 279; **aM** OLG Hamburg NJW 1961, 1881 mablAnm Dahs).

26 **V. Verdunkelungsgefahr (Abs. 2 Nr. 3).** Der **Haftgrund der Verdunkelungsgefahr (Abs. 2 Nr. 3)** besteht, wenn das Verhalten des Beschuldigten den dringenden Verdacht (→ Rn. 5) begründet, dass durch bestimmte Handlungen auf sachliche o. persönliche Beweismittel eingewirkt u. dadurch die Ermittlung der Wahrheit erschwert werden wird (vgl. OLG Köln StV 1997, 27; OLG München NStZ 1996, 403). Der Haftgrund bezieht sich nur auf die Taten, die dem Haftbefehl zugrunde liegen (OLG Karlsruhe StV 2001, 686). Zur Sicherung der (Wert-) Ersatzeinziehung nach §§ 73 ff. StGB dient der Haftgrund nicht.

27 **1. Mit großer Wahrscheinlichkeit** müssen Verdunkelungshandlungen für den Fall zu erwarten sein, dass der Beschuldigte nicht in Haft genommen wird (OLG Bremen NJW 1955, 1891; OLG Celle NJW 1963, 1264; OLG Köln NJW 1959, 544). Die bloße Möglichkeit, dass solche Handlungen vorgenommen werden, genügt nicht (KG StraFo 2019, 416; OLG Hamm StraFo 2004, 134; OLG Köln StV 1992, 383; OLG München StV 1995, 86).

28 **Bestimmte Tatsachen,** die nicht zur vollen Überzeugung des Gerichts feststehen brauchen (→ Rn. 22), müssen die Verdunkelungsgefahr begründen, u. zwar Tatsachen aus dem Verhalten, den Beziehungen u. den Lebensumständen des Beschuldigten (OLG Hamm StraFo 2004, 134), nicht eines Dritten (KG StraFo 2019, 416). Daher rechtfertigt die UHaft nicht, dass die Ermittlungen noch nicht abgeschlossen sind (LG Hannover NJW 1952, 951; Dahs NJW 1965, 890), dass Mittäter noch flüchtig (Schmidt-Leichner NJW 1959, 844) o. wichtige Zeugen noch nicht aufgefunden o. vernommen worden sind (OLG Schleswig SchlHA 1954, 25), dass das Opfer der Tat noch nicht gefunden worden ist (Dahs NJW 1959, 508) o. der Beschuldigte das Versteck der Beute nicht preisgibt (OLG Düsseldorf NStZ-RR 2014, 218; OLG Frankfurt a. M. StV 2009, 652).

29 Das Verhalten des Beschuldigten muss **prozessordnungswidrig** u. unlauter sein (OLG Köln StV 2018, 164). Daher lässt sich aus der Verweigerung der Einlassung o. dem Bestreiten der Tat keine Verdunkelungsgefahr herleiten (OLG Frankfurt a. M. NJW 1960, 351; OLG Hamm StV 1985, 114), auch nicht aus dem Widerruf des Geständnisses (vgl. KG JR 1956, 192; Dahs NJW 1965, 890), aus der Weigerung, die Mittäter zu nennen (LG Verden StV 1982, 374) o. eine Blutprobe zur Alkoholbestimmung entnehmen zu lassen (Dahs NJW 1965, 890). Auch das Einwirken auf Beweispersonen, das nicht iSd Abs. 2 Nr. 3 Buchst. b unlauter ist (→ Rn. 33), begründet keine Verdunkelungsgefahr (KG StraFo 2009, 21). Andererseits setzt der Haftgrund nicht voraus, dass der Beschuldigte in dem anhängigen o. in einem früheren Verf. bereits Verdunkelungshandlungen vorbereitet, versucht

o. begangen (OLG Köln NJW 1961, 1880) u. damit den dringenden Verdacht begründet hat, dass er das auch in Zukunft tun werde (KK-StPO/Graf Rn. 33).

Es genügt, dass andere **Beweisanzeichen** für die Verdunkelungsgefahr vorhanden sind, zB die frühere Verurteilung des Beschuldigten wegen Meineids o. Vortäuschung einer Straftat (Dahs NJW 1965, 892) o. wegen anderer Delikte, die ihrer Natur nach auf Irreführung angelegt sind (KG StraFo 2019, 416; Philipp DRiZ 1965, 84 ff.; **aM** Dahs FS Dünnebier, 1982, 234 ff.). Auch wenn solche Vorverurteilungen nicht festgestellt sind, kann der Umstand, dass die ganze Lebensführung des Beschuldigten auf Drohung, Täuschung u. Gewalt abgestellt ist, die Verdunkelungsgefahr begründen (OLG Köln JMBl. NRW. 1963, 252). Sie kann sich auch aus den Umständen der verfolgten Tat ergeben (OLG Koblenz OLGSt StPO § 112 S. 37; KK-StPO/Graf Rn. 30 f.; **aM** OLG Köln StraFo 1997, 28; SK-StPO/Paeffgen Rn. 32a), zB wenn der Beschuldigte wegen Landesverrats nach §§ 94 ff. StGB o. geheimdienstlicher Agententätigkeit nach § 99 StGB, wegen gewerbsmäßiger Hehlerei nach § 260 StGB o. wegen Zuhälterei nach § 181a StGB verfolgt wird, insbes. auch, wenn er Angehöriger einer kriminellen o. terroristischen Vereinigung iSd §§ 129, 129a StGB ist o. zu dem Kreis der Wirtschaftskriminellen gehört, deren Taten nach Planung u. Ausführung die Verdunkelung vor u. nach ihrer Begehung voraussetzen (OLG Koblenz OLGSt StPO § 112 S. 37; Böhm NStZ 2001, 634; Philipp DRiZ 1965, 85; **aM** Dahs FS Dünnebier, 1982, 236; Münchhalffen FS Riess, 2002, 356). Auch insoweit genügt aber natürlich allein die Feststellung, dass der Beschuldigte einer solchen Straftat dringend verdächtig ist, zur Annahme der Verdunkelungsgefahr nicht. Sie erfordert vielmehr eine Würdigung der konkreten Umstände der Tat (OLG Frankfurt a. M. NStZ 1997, 200; OLG Hamm StV 2002, 205), wobei allerdings schlussfolgernd allg. kriminalistische Erfahrungen berücksichtigt werden dürfen (KG StraFo 2019, 416). 30

2. Die **Erschwerung der Wahrheitsermittlung** durch eine der in Abs. 2 Nr. 3 Buchst. a–c abschl. aufgeführten Handlungen muss wahrscheinlich sein. Welche dieser Verdunkelungshandlungen zu erwarten ist, braucht aber nicht eindeutig festgestellt zu werden (KK-StPO/Graf Rn. 34; Kleinknecht MDR 1965, 782). 31

Bei der **Beweismittelvernichtung (Buchst. a)** kommt es nicht darauf an, ob der Beschuldigte „unlauter" handelt (**aM** Nix StV 1992, 446). Gleichgültig ist auch, ob er berechtigt ist, über das Beweismittel zu verfügen. Beiseiteschaffen iSd Vorschr. ist jede Handlung, durch die bewirkt wird, dass das Beweismittel den Strafverfolgungsbehörden nicht mehr jederzeit u. unv. zur Vfg. steht; das kann auch durch Veräußerung geschehen (KK-StPO/Graf Rn. 35). Die Veränderung des Beweismittels kann auch durch Unbrauchbarmachung erfolgen. Fälschen ist jede Veränderung eines echten Beweismittels mit dem Erfolg, dass es seinen ursprünglichen Beweiswert verliert, aber auch die Herstellung eines neuen Beweismittels, das den Eindruck erweckt, es sei vor seiner Anfertigung entstanden (OLG Zweibrücken StV 1992, 476; **aM** Dahs NJW 1959, 507). 32

Das **Einwirken auf Beweispersonen (Buchst. b)** ist nur v. Bedeutung, wenn es in unlauterer Weise (durch unlautere Mittel o. zu unlauteren Zwecken) geschieht (OLG Saarbrücken StV 2002, 499). Es setzt eine unmittelbare o. mittelbare psychische Beeinflussung voraus, durch die die Beweislage zuungunsten der Wahrheit geänd. werden soll (Nix StV 1992, 447), insbes. dadurch, dass durch Täuschung (KK-StPO/Graf Rn. 36) o. Bedrohung (OLG Düsseldorf NStE StPO § 112 Nr. 12) der Mitbeschuldigte o. Zeuge zur Falschaussage o. der Sachverständige zu einem falschen Gutachten veranlasst wird. Ob die Beweisperson schon am Verf. bet. ist, spielt keine Rolle; es genügt, dass der Beschuldigte mit ihrem Eintritt rechnet. Nicht unlauter ist das Suchen nach Entlastungszeugen u. Bespr. mit ihnen zur Feststellung ihres Wissens (OLG Köln NJW 1959, 544), sofern sie dabei nicht unter Druck gesetzt werden u. ihnen keine falsche Erinnerung suggeriert wird (Dahs NJW 1965, 890). Auch das Ersuchen an den Zeugen, v. seinem Zeugnisverweigerungsrecht Gebrauch zu machen, ist nicht unlauter (OLG Bremen MDR 1951, 55; OLG Köln NJW 1959, 544), sofern es nicht unter Ausnutzung eines 33

Autoritätsverhältnisses o. sonst in unerlaubter Weise geschieht (OLG Karlsruhe StraFo 2000, 423), ebenso die Bitte an einen Mitbeschuldigten zu schweigen (OLG Frankfurt a. M. StV 2010, 583). Zum Anbieten v. Geld gegen Rücknahme der Strafanzeige Deckers/Lederer StV 2009, 140.

34 Die **Veranlassung eines anderen (Buchst. c),** Verdunkelungsmaßnahmen zu begehen, steht den eigenen Handlungen des Beschuldigten gleich. Der Beschuldigte muss dabei vorsätzlich handeln; ob der andere weiß, welchem Ziel seine Handlungen dienen, ist ohne Bedeutung (KK-StPO/Graf Rn. 38).

35 Hinzu kommen muss stets die **konkrete Gefahr der Verdunkelung** in dem anhängigen Verfahren; die Absicht allein genügt nicht. Wenn die Verdunkelungshandlungen nicht geeignet sind, die Ermittlung der Wahrheit zu erschweren, darf UHaft nicht angeordnet werden. Der Haftgrund liegt daher nicht vor, wenn der Sachverhalt schon in vollem Umf. aufgeklärt u. die Beweise so gesichert sind, dass der Beschuldigte die Wahrheitsermittlung nicht behindern kann (Fezer StrafProzR § 5 Rn. 9;). Das ist etwa der Fall, wenn ein gesichertes Geständnis (OLG Köln StV 2018, 164; OLG Düsseldorf StV 1984, 339; OLG Stuttgart StV 2005, 225), richterlich protokollierte Aussagen unbeeinflussbarer Zeugen o. Mitbeschuldigter (OLG Karlsruhe NJW 1993, 1148; LG Hamburg StV 2000, 373; LG Oldenburg StV 1983, 248), Fingerabdrücke o. sichergestellte Tatwerkzeuge vorhanden sind. Auch die bloße Fortwirkung früherer Verdunkelungshandlungen genügt nicht (OLG Oldenburg StV 2005, 394). Der Abschluss der Ermittlungen u. die Erhebung der öffentl. Klage räumen die Verdunkelungsgefahr jedoch nicht ohne weiteres aus (OLG Frankfurt a. M. StV 1994, 583; **aM** Krekeler wistra 1982, 10). Ein nur auf Verdunkelungsgefahr gestützter Haftbefehl muss aber idR nach Abschluss des Verfahrens im letzten Tatsachenrechtszug aufgeh. werden (OLG Celle NJW 1963, 1264; NStE StPO § 112 Nr. 10; OLG Naumburg StV 1995, 259 Ls.; OLG Bremen StV 2017, 455 Ls.).

36 **C. UHaft bei Straftaten der Schwerkriminalität (Abs. 3).** Bei bestimmten **Straftaten der Schwerkriminalität** lässt Abs. 3 die Anordnung der UHaft auch zu, wenn kein Haftgrund nach Abs. 2 vorliegt. Das gilt auch für den Versuch (BGHSt 28, 355), für die Teilnahme nach §§ 25 ff. StGB u. für den Versuch der Teilnahme nach § 30 StGB, nicht aber für § 323a StGB mit einer Katalogtat als Rauschtat (KK-StPO/Graf Rn. 41; Dünnebier NJW 1966, 231). Auch in den Fällen der §§ 213 und 216 StGB ist Abs. 3 nicht anwendbar (OLG Düsseldorf NJW 1965, 2118; OLG Köln StV 1996, 382; Schlothauer/Nobis/Voigt/Wolf Untersuchungshaft Rn. 623 mwN; **aM** OLG Hamm NJW 1982, 2786; Waldschmidt NJW 1965, 1576). § 176a Abs. 2 Nr. 1 StGB aF ist dagegen analog anwendbar (OLG Hamm NStZ 2024, 765).

37 Die Vorschr. enthält einen Verstoß gegen den **Verhältnismäßigkeitsgrundsatz.** Denn dieser Grundsatz verbietet es, gegen einen Tatverdächtigen, bei dem weder Flucht- noch Verdunkelungs- o. Wiederholungsgefahr vorliegt, nur wegen der Schwere der Straftat einen Haftbefehl zu erlassen. Das BVerfG legt Abs. 3 daher **verfassungskonform** dahin aus, dass der Erlass eines Haftbefehls nur zulässig ist, wenn Umstände vorliegen, die die Gefahr begründen, dass ohne Festnahme des Beschuldigten die alsbaldige Aufklärung u. Ahndung der Tat gefährdet sein könnte; ausreichen kann schon die zwar nicht mit bestimmten Tatsachen belegbare, aber nach den Umständen des Falles doch nicht auszuschließende Flucht- o. Verdunkelungsgefahr o. die ernstliche Befürchtung, dass der Täter weitere Taten ähnlicher Art begehen werde (BVerfGE 19, 342 (350); BVerfG NJW 1966, 772; BGH NStZ-RR 2025, 16; 2022, 351; vgl. auch OLG Dresden StraFo 2023, 480; OLG Hamm BeckRS 2023, 17291; krit. Löwe/Rosenberg/Hilger Rn. 53; ferner Roxin/Schünemann StrafVerfR § 30 Rn. 10: mehr Umdeutung als Auslegung des Gesetzes).

38 Die Vorschr. begründet bei dieser Auslegung weder eine Vermutung der Haftgründe (**aM** OLG Düsseldorf MDR 1983, 152; offenbar auch OLG Bremen StV 1983, 288), noch findet eine „Umkehr der Beweislast" statt (**aM** Löwe/Rosen-

berg/Hilger Rn. 53). Vielmehr wird der Richter lediglich v. den strengen Anforderungen des Abs. 2 befreit, um die Gefahr auszuschließen, dass sich gerade bes. gefährliche Täter der Bestrafung entziehen (BVerfGE 19, 342 (351)). Dem Richter wird die Feststellung erlassen, dass bestimmte Tatsachen Flucht- o. Verdunkelungsgefahr begründen. Ausreichend, aber auch erforderlich ist die Feststellung, dass eine **verhältnismäßig geringe o. entfernte Gefahr** dieser Art besteht (vgl. BGH NStZ-RR 2025, 16; 20.4.2022 – StB 15/22; OLG Düsseldorf StraFo 2000, 67; OLG Köln NJW 1996, 1686) o. dass sie jedenfalls nicht auszuschließen ist (OLG Hamm JZ 1976, 610 (612)); das muss in dem Haftbefehl begründet werden (→ § 114 Rn. 15). Sonst ist der Erlass eines Haftbefehls nach § 112 Abs. 3 abzulehnen (BGH NStZ-RR 2025, 16; NStZ 2010, 445).

Abs. 3 ist **keine Sondervorschrift** u. schließt daher nicht aus, den Haftbefehl 39
auf einen der Haftgründe des Abs. 2 (o. auf § 112a) zu stützen, wenn er vorliegt (OLG Hamm NJW 1965, 2117; OLG Oldenburg NJW 1965, 1613; **aM** OLG Düsseldorf NJW 1965, 2118). Das ist sogar empfehlenswert u. idR auch möglich; denn wenn der Beschuldigte einer Straftat v. der Schwere der in Abs. 3 bezeichneten Delikte dringend verdächtig ist, wird wegen der hohen Straferwartung meist auch Fluchtgefahr iSv Abs. 2 Nr. 2 vorliegen.

Haftgrund der Wiederholungsgefahr

112a

(1) [1]**Ein Haftgrund besteht auch, wenn der Beschuldigte dringend verdächtig ist,**

1. **eine Straftat nach den §§ 174, 174a, 176 bis 176d, 177, 178, 184b Absatz 2 oder nach § 238 Abs. 2 und 3 des Strafgesetzbuches oder**
2. **wiederholt oder fortgesetzt eine die Rechtsordnung schwerwiegend beeinträchtigende Straftat nach den §§ 89a, 89c Absatz 1 bis 4, nach § 125a, nach den §§ 224 bis 227, nach den §§ 243, 244, 249 bis 255, 260, nach § 263, nach den §§ 306 bis 306c oder § 316a des Strafgesetzbuches oder nach § 29 Absatz 1 Satz 1 Nummer 1, 10 oder Abs. 3, § 29a Abs. 1, § 30 Abs. 1, § 30a Abs. 1 des Betäubungsmittelgesetzes oder nach einer in § 34 Absatz 3 Satz 2 Nummer 1, 3 oder Nummer 4 des Konsumcannabisgesetzes in Bezug genommenen Vorschrift unter den dort genannten Voraussetzungen oder nach § 34 Absatz 4 des Konsumcannabisgesetzes oder nach einer in § 25 Absatz 4 Satz 2 Nummer 1, 3 oder Nummer 4 des Medizinal-Cannabisgesetzes in Bezug genommenen Vorschrift unter den dort genannten Voraussetzungen oder nach § 25 Absatz 5 des Medizinal-Cannabisgesetzes oder nach § 4 Absatz 3 Nummer 1 Buchstabe a des Neue-psychoaktive-Stoffe-Gesetzes**

begangen zu haben, und bestimmte Tatsachen die Gefahr begründen, daß er vor rechtskräftiger Aburteilung weitere erhebliche Straftaten gleicher Art begehen oder die Straftat fortsetzen werde, die Haft zur Abwendung der drohenden Gefahr erforderlich und in den Fällen der Nummer 2 eine Freiheitsstrafe von mehr als einem Jahr zu erwarten ist. [2]**In die Beurteilung des dringenden Verdachts einer Tatbegehung im Sinne des Satzes 1 Nummer 2 sind auch solche Taten einzubeziehen, die Gegenstand anderer, auch rechtskräftig abgeschlossener, Verfahren sind oder waren.**

(2) **Absatz 1 findet keine Anwendung, wenn die Voraussetzungen für den Erlaß eines Haftbefehls nach § 112 vorliegen und die Voraussetzungen für die Aussetzung des Vollzugs des Haftbefehls nach § 116 Abs. 1, 2 nicht gegeben sind.**

A. Sicherungshaft. Die vorbeugende Maßnahme der Sicherungshaft zum 1
Schutz der Allgemeinheit vor weiteren erheblichen Straftaten bes. gefährlicher Täter erlaubt die Vorschr.; sie ist **präventiv-polizeilicher Natur.** Mit dem GG ist

sie vereinbar (BVerfGE 19, 342 (349 ff.); 35, 185; sehr krit. Roxin/Schünemann StrafVerfR § 30 Rn. 12). Den Haftgrund der Wiederholungsgefahr sieht Art. 5 Abs. 1 S. 2 Buchst. c **EMRK** ausdr. vor; die Ansicht, § 112a verstoße gleichwohl gegen die Unschuldsvermutung nach Art. 6 Abs. 2 **EMRK** (SK-StPO/Paeffgen Rn. 5; Wolter ZStW 93 (1981), 485), kann daher nicht richtig sein (vgl. Baumann JZ 1969, 136; Dreher MDR 1970, 967; Schmidt JR 1970, 208). Wegen des Zusammenhangs mit dem Strafverfahren war es sachgerecht, die Sicherungshaft, obwohl sie keine UHaft iSd § 112, sondern vorbeugende Verwahrung ist, als strafprozessualen Eingriff in der StPO u. nicht in den Polizeigesetzen der Länder zu regeln (KK-StPO/Graf Rn. 5; Fezer StrafProzR § 5 Rn. 17; **aM** Paeffgen UntersuchungshaftR S. 156; Seebode Untersuchungshaft S. 74 ff.; Weigend FS E. Müller, 2008, 741). Die Höchstdauer der Sicherungshaft beträgt 1 Jahr (§ 122a). Die Vorschrift ist grds. auch im Jugendstrafrecht anwendbar (OLG Brandenburg BeckRS 2023, 29355; KG StV 2009, 83: Heranwachsende; zu Jugendlichen siehe OLG Hamm StV 2002, 432).

2, 3 **B. Voraussetzung der Sicherungshaft (Abs. 1). Dringender Verdacht** iSd § 112 Abs. 1 S. 1 (→ § 112 Rn. 5) muss bestehen hins. einer der in S. 1 Nr. 1 und 2 abschl. bezeichneten Straftaten (Anlasstaten), die schuldhaft begangen sein muss. Ausreichend ist der dringende Verdacht des Versuchs der Tat o. der Teilnahme an ihr (§§ 25 ff. StGB), auch der des Versuchs der Beteiligung nach § 30 StGB.

4 Die Vorschr. **gilt auch,** wenn nur der dringende Verdacht besteht, dass die Tat im Vollrausch (§ 323a StGB) begangen worden ist (OLG Frankfurt a. M. NJW 1965, 1728; OLG Hamm NJW 1974, 1667; KK-StPO/Graf Rn. 15; **aM** Krey ZStW 101 (1989), 856; Paeffgen UntersuchungshaftR S. 162).

5 Ferner setzt die Sicherungshaft **Wiederholungsgefahr** sowie die Notwendigkeit der Haft zur Abwendung der Gefahr voraus, in den Fällen der Nr. 2 auch die Erwartung einer Freiheitsstrafe v. mehr als 1 Jahr. Die früher in Nr. 2 enthaltene Voraussetzung einer einschlägigen Vorstrafe ist durch das Verbrechensbekämpfungsgesetz gestrichen worden (krit. dazu Neumann StV 1994, 275).

6 **I. Anlasstaten nach Nr. 1.** Anlasstaten nach Nr. 1 sind zunächst **Straftaten gegen die sexuelle Selbstbestimmung.** Sie brauchen weder wiederholt noch fortgesetzt (dazu → Rn. 7) begangen worden zu sein. Schon die einmalige Verfehlung kann, jedenfalls bei erwachsenen Tätern, auf schwere Persönlichkeitsmängel hindeuten, die aufgrund bestimmter Tatsachen weitere Taten ähnlicher Art befürchten lassen (OLG Bremen StraFo 2008, 73; Diemer-Nicolaus NJW 1972, 1694). Allerdings ist dieser Schluss nicht zwingend; er kann etwa entfallen, wenn die Anlasstaten in einer zumindest beziehungsähnlichen Konstellation begangen wurden (OLG Jena StV 2014, 750). Die Vorschr. bezweckt, einen bes. schutzwürdigen Kreis der Bevölkerung vor mit hoher Wahrscheinlichkeit drohenden schweren Straftaten zu bewahren (BVerfGE 19, 342 (350)). Neu aufgenommen wurde hier durch G v. 22.3.2007 (BGBl. I 354) aber auch die sog. **Deeskalationshaft** bei Straftaten nach § 238 Abs. 2, Abs. 3 StGB (qualifiziertes Stalkingdelikt), die dem Opferschutz dienen soll (dazu Mitsch NJW 2007, 1241; Peters NStZ 2009, 242; krit. Krüger NJ 2008, 150).

7 **II. Anlasstaten nach Nr. 2.** Der Katalog enthält Straftaten, die **erfahrungsgemäß bes. häufig v. Serientätern begangen** werden. Körperverletzung (§ 223 StGB) u. Diebstahl (§ 242 StGB) gehören dazu nicht (LG Berlin StV 2009, 652). Bei dringendem Tatverdacht einer Straftat nach § 224 StGB kann ein früher abgeurteilter Totschlag für Wiederholungsgefahr ausreichen, wenn eine gefährliche Körperverletzung Durchgangsstadium zum Tötungsdelikt war (OLG Hamm NStZ-RR 2013, 86 Ls.). Bei Straftaten nach § 243 StGB muss kein Regelbeispiel erfüllt sein. Betrugstaten sind nur dann Anlasstaten, wenn sie in ihrem Schweregrad (Art der Tatausführung o. Umf. des Schadens), etwa dem bes. schweren Fall des Diebstahls nach § 243 StGB, entsprechen (OLG Braunschweig 1.10.2025 – BeckRS 2025, 30153; OLG Stuttgart Justiz 1973, 254; vgl. auch OLG Naumburg StraFo 2011, 393), dies soll bei im Einzelfall zu erwartenden Vermögensschäden

zwischen 500 u. 2.000 Euro regelmäßig nicht der Fall sein (OLG Braunschweig 1.10.2025 – BeckRS 2025, 30153; OLG Naumburg StraFo 2011, 393; OLG Karlsruhe StV 2017, 456; vgl. auch OLG Hamm StV 2011, 291; KG NStZ-RR 2015, 115; **aM** OLG Celle StraFo 2020, 321: Einzelschäden v. deutlich unter 2.000 Euro können genügen). Bei der erforderlichen Gesamtbetrachtung sind danach neben der Schadenshöhe insbes. auch die Beweggründe u. Ziele des Täters, die aus der Tat sprechende Gesinnung u. der bei ihr aufgewendete Wille, die Art der Ausführung, die weiteren Folgen der Tat sowie das Vorleben des Täters u. sein Nachtatverhalten zu berücksichtigen (gegen eine schematische Betrachtung auch OLG Hamm NStZ-RR 2015, 115 (116)).

Die Anlasstat nach Nr. 2 rechtfertigt die Sicherungshaft nur unter folgenden Voraussetzungen: Die Tat muss **wiederholt oder fortgesetzt** begangen worden sein, dh mind. zweimal durch rechtlich selbständige Handlungen (§ 53 StGB), wobei geringfügige Abweichungen in der rechtlichen Beurteilung ohne Bedeutung sind (Löwe/Rosenberg/Hilger Rn. 27: die Qualifikation ist dem Grunddelikt gleichzustellen; vgl. auch OLG Koblenz JBlRP 2002, 318) o. durch eine fortgesetzte Handlung, die sich aus entspr. Einzelhandlungen zusammensetzt (OLG Frankfurt a. M. StV 1984, 159). Wiederholt ist die Tatbegehung auch dann, wenn eine Anlasstat, die an sich dasselbe Strafgesetz verletzt wie eine weitere Tat, nur deswegen nicht als rechtliche selbständige Handlung zum Tragen kommt, weil sie im Wege der Gesetzeskonkurrenz hinter die Begehung einer noch schwereren Tat aus Nr. 2 zurücktritt (OLG Bremen StV 2013, 773: § 244 Abs. 1 Nr. 3 StGB im Verhältnis zu § 250 StGB). Dabei stellt Abs. 1 S. 2 nun (zu der früher umstrittenen Frage) klar, dass auch Straftaten, die Gegenstand eines weiteren Ermittlungsverfahrens bei demselben o. einem anderen Gericht sind o. die in anderen Verf. bereits rkr. abgeurteilt wurden, berücksichtigt werden dürfen. Wiederholungsgefahr kann zu verneinen sein, wenn der Beschuldigte lediglich Beihilfe zu der Tat eines in Haft befindlichen Haupttäters geleistet hat (OLG Karlsruhe StV 2017, 456). 8

Eine **schwerwiegende Beeinträchtigung der Rechtsordnung** muss durch die Anlasstat eingetreten sein. Art u. Ausmaß des Schadens müssen bei jeder einzelnen Tat erheblich sein (BVerfGE 35, 185 (192); OLG Frankfurt a. M. StV 2016, 816; OLG Braunschweig StV 2012, 352; OLG Hamm StV 2011, 291; OLG Jena StV 2009, 251). Die Taten müssen nicht nur im Unrechtsgehalt (OLG Frankfurt a. M. StV 2010, 583), wozu auch Beweggründe, Art der Tatausführung, Auswirkungen der Tat, Vorleben u. Nachtatverhalten des Täters gehören (OLG Hamm NStZ-RR 2015, 115 f.) u. im Schweregrad (OLG Saarbrücken StraFo 2019, 199; gewerbsmäßige Ladendiebstähle; OLG Frankfurt a. M. StV 2016, 816; OLG Düsseldorf u. KG, beide StV 2010, 585; vgl. auch Löwe/Rosenberg/Hilger Rn. 31 ff.) überdurchschnittlich, sondern auch geeignet sein, in weiten Kreisen das Gefühl der Geborgenheit im Recht zu beeinträchtigen (KG NStZ-RR 2015, 115; Fülscher NStZ 2024, 586). Dass die Vortat nur mit jugendgerichtlichen Zuchtmitteln geahndet wurde, steht der Annahme einer schwerwiegenden Beeinträchtigung nicht v. vorneherein entgegen (OLG Bremen StV 2013, 773; OLG Frankfurt BeckRS 2018, 37065; **aM** OLG Oldenburg NStZ-RR 2010, 159; OLG Köln BeckRS 2018, 41408; Fülscher NStZ 2024, 586, 589). 9

Bei der **Straferwartung von mehr als 1 Jahr Freiheitsstrafe,** die nur in den Fällen des Abs. 1 Nr. 2 gefordert wird, kommt es nicht darauf an, ob eine Strafaussetzung nach § 56 StGB ausgeschlossen ist; bei Serientätern wird sie es idR sein. Liegt schon ein noch nrkr Urt. vor, so ist die erkannte Strafe maßgebend, sofern nicht die StA zuungunsten des Angeklagten Berufung eingelegt hat. Bei zu erwartender Jugendstrafe kommt es darauf an, ob auch ohne Einbeziehung v. Vorerkenntnissen nach § 31 Abs. 2 JGG eine Jugendstrafe v. mehr als 1 Jahr zu erwarten ist (LG Kiel StV 2002, 433); dasselbe gilt für die Einbeziehung v. Nichtkatalogtaten in die Einheitsjugendstrafe (OLG Braunschweig StraFo 2008, 330). 10

III. Wiederholungsgefahr. Der Begriff Wiederholungsgefahr ist in Abs. 1 als Gefahr der Begehung weiterer erheblicher Straftaten gleicher Art o. Fortsetzung 11 der Straftat definiert (vgl. auch OLG Hamm NStZ-RR 2010, 292 zur Bewertungseinheit).

12 **Erheblich** iSd Vorschr. sind Taten, die mind. dem Bereich der mittleren Kriminalität angehören (KG NStZ-RR 2010, 291; OLG Hamm NStZ-RR 2011, 124 Ls.).

13 Um **gleichartige Taten** handelt es sich, wenn das bisherige u. das künftig zu befürchtende Verhalten des Täters im Erscheinungsbild übereinstimmen (vgl. OLG Hamm NStZ-RR 2011, 124 Ls.). Eine völlige Übereinstimmung der verletzten Strafgesetze mit der Anlasstat wird nicht verlangt; es genügt die rechtsethische u. psychologische Vergleichbarkeit (BezG Meiningen NStE StPO § 112a Nr. 2; krit. SK-StPO/Paeffgen Rn. 17). Das vergangene u. das zukünftige Verhalten des Täters müssen aber insges. als eine in sich gleichartige Serie erscheinen. In der Regel sind diejenigen Gruppen v. Straftaten gleichartig, die in dem Katalog des Abs. 1 Nr. 1 (vgl. LG Krefeld NJW 1972, 2238) u. in dem der Nr. 2 jew. nach dem Wort „nach" aufgeführt sind (KMR-StPO/Wankel Rn. 6, 9).

14 Die Wiederholungsgefahr muss durch **bestimmte Tatsachen** begründet werden, die eine so starke innere Neigung des Beschuldigten zu einschlägigen Taten erkennen lassen, dass die Besorgnis begründet ist, er werde die Serie gleichartiger Taten noch vor einer Verurteilung wegen der Anlasstat fortsetzen (OLG Köln StraFo 2019, 67; OLG Karlsruhe StraFo 2010, 198; OLG Oldenburg StraFo 2012, 186; OLG Koblenz StraFo 2014, 295). Bei der erforderlichen Gefahrenprognose zu berücksichtigen sind insbes. die Vorstrafen des Beschuldigten, die Abstände zwischen ihnen (OLG Jena StraFo 2009, 21; OLG Oldenburg StV 2010, 140; OLG Koblenz StraFo 2014, 295), die äußeren Umstände, in denen er sich bei Begehung der Taten befunden hat, seine Persönlichkeitsstruktur u. sein soziales Umfeld (KG StraFo 2023, 183; OLG Bremen NStZ-RR 2001, 220). Vorverurteilungen zu jugendgerichtlichen Zuchtmitteln bleiben außer Betracht (OLG Oldenburg StV 2010, 139).

15 Eine **einschlägige Vorstrafe** ist entgegen früherer ges. Regelung nicht mehr erforderlich; liegen keine einschlägigen o. ähnlichen Straftaten vor, muss aber bes. sorgfältig geprüft werden, ob bestimmte Tatsachen die Gefahr der Wiederholung weiterer erheblicher Straftaten gleicher Art begründen (OLG Dresden StV 2006, 534; OLG Frankfurt a. M. StV 2010, 583).

16 **IV. Erforderlichkeit.** Erforderlich muss die Sicherungshaft sein. Können die v. dem Beschuldigten ausgehenden Gefahren durch andere Maßnahmen – Anstaltsbehandlung eines Sittlichkeitsverbrechers, Drogentherapie eines Rauschgiftsüchtigen (OLG Frankfurt a. M. StV 1992, 425), Heimunterbringung des sittlich gefährdeten Kindes – abgewendet werden, so ist sie unzulässig. Im Übrigen gilt § 116 Abs. 3.

17 **C. Subsidiarität der Sicherungshaft (Abs. 2). Zunächst** müssen stets die **Voraussetzungen des § 112 geprüft** werden. Liegen sie vor u. kommt eine Haftverschonung nach § 116 Abs. 1, Abs. 2 nicht in Betracht, so wird der Haftbefehl auch dann nach § 112 erlassen, wenn Wiederholungsgefahr besteht; auf § 112a darf er nicht gestützt werden. Liegt aber ein Haftgrund nach § 112 nicht vor o. müsste der Vollzug des nach dieser Vorschr. erlassenen Haftbefehls nach § 116 ausgesetzt werden, so wird der Haftgrund der Wiederholungsgefahr geprüft (OLG Jena StV 2011, 735), falls er gegeben ist, auch die Anwendung des § 116 Abs. 3. Abs. 2 schließt auch aus, den auf § 112 gestützten Haftbefehl hilfsweise auf den Haftgrund der Wiederholungsgefahr zu stützen; denn auch dann handelt es sich um eine Anwendung dieses Haftgrundes (LG Bonn StV 1988, 439; Seebode StV 1998, 386). Ein Aktenvermerk, dass beim Wegfall der Haftvoraussetzungen nach § 112 oder vor einer Haftverschonung nach § 116 Abs. 1, Abs. 2 eine Prüfung nach § 112a geboten erscheint, ist zwar nicht unzulässig, aber idR auch nicht angebracht (Löwe/Rosenberg/Hilger Rn. 51).

Untersuchungshaft bei leichteren Taten

113 (1) **Ist die Tat nur mit Freiheitsstrafe bis zu sechs Monaten oder mit Geldstrafe bis zu einhundertachtzig Tagessätzen bedroht, so darf die Untersuchungshaft wegen Verdunkelungsgefahr nicht angeordnet werden.**

(2) **In diesen Fällen darf die Untersuchungshaft wegen Fluchtgefahr nur angeordnet werden, wenn der Beschuldigte**

1. sich dem Verfahren bereits einmal entzogen hatte oder Anstalten zur Flucht getroffen hat,
2. im Geltungsbereich dieses Gesetzes keinen festen Wohnsitz oder Aufenthalt hat oder
3. sich über seine Person nicht ausweisen kann.

A. Einschränkung der UHaft. Eine Einschränkung der UHaft **bei Straftaten mit geringer Strafandrohung** bestimmt die Vorschrift. Ihr ist zu entnehmen, dass UHaft auch angeordnet werden darf, wenn nur eine Geldstrafe zu erwarten ist (OLG Düsseldorf NJW 1997, 2965). Der Verhältnismäßigkeitsgrundsatz (§ 112 Abs. 1 S. 2) wird in einem solchen Fall aber häufig dem Erlass eines Haftbefehls entgegenstehen (Wagner NJW 1978, 2002). 1

Freiheitsstrafe iSv Abs. 1 ist auch der Strafarrest nach § 9 WStG, nicht aber der Jugendarrest nach § 16 **JGG** (Löwe/Rosenberg/Hilger Rn. 3), auch wenn dieser neben Jugendstrafe verhängt wird (§ 16a **JGG**). Gleichgültig ist, ob neben der Strafe weitere Rechtsfolgen (Einziehung uÄ) angedroht sind (KK-StPO/Graf Rn. 3). 2

B. Haftgründe. Wegen **Verdunkelungsgefahr** darf die UHaft niemals angeordnet werden (Abs. 1), wegen **Flucht** (§ 112 Abs. 2 Nr. 1) ohne Beschränkungen. 3

Anordnung wegen **Fluchtgefahr** nur, wenn außer den Voraussetzungen des § 112 Abs. 2 Nr. 2 auch die des Abs. 2 vorliegen (Löwe/Rosenberg/Hilger Rn. 7), u. zwar: 4

I. Besondere Fluchtgefahr (Nr. 1). Auf welche Weise sich der Beschuldigte dem Verf. entzogen hat (Flucht, Verborgenhalten), spielt keine Rolle. Fluchtanstalten sind alle Tätigkeiten, die ihre Erkl. vernünftigerweise darin finden, dass der Beschuldigte sich dem Verf. entziehen will (Vermögensveräußerung, Passantrag, Anmietung einer geheim gehaltenen Wohnung u. dgl.). 5

II. Wohnungslosigkeit (Nr. 2). Wegen der Begriffe Wohnung u. Aufenthalt vgl. → § 8 Rn. 1, 3. Eine feste Wohnung muss der tatsächlichen Niederlassung entsprechen, nicht nur der polizeilichen Anmeldung, u. für eine gewisse Dauer berechnet sein. Der feste Aufenthalt ist der Ort, an dem der Beschuldigte wenigstens für eine bestimmte Zeit erreichbar ist (erg. → § 127a Rn. 2). 6

III. Ausweislosigkeit (Nr. 3). Gleichgültig ist, aus welchen Gründen sich der Beschuldigte nicht ausweisen kann. Dem Ausweislosen steht gleich, wer sich nicht ausweisen will o. wer falsche Personalien angibt (KK-StPO/Graf Rn. 6a). Ist der Beschuldigte v. Person bekannt, so ist Nr. 3 nicht anwendbar. 7

C. Mit besonderer Beschleunigung. Mit besonderer Beschleunigung ist die Strafsache zu behandeln, wenn ein Haftbefehl nach § 113 ergangen ist. In der Regel wird die öffentl. Klage durch Strafbefehl o. in dem Verf. nach §§ 417 ff. zu erheben sein. Ist eine Geldstrafe zu erwarten, so darf die UHaft nur ausnahmsweise die voraussichtliche Ersatzfreiheitsstrafe (§ 43 StGB) übersteigen (Wagner NJW 1978, 2005). 8

Haftbefehl

114 (1) **Die Untersuchungshaft wird durch schriftlichen Haftbefehl des Richters angeordnet.**

(2) **In dem Haftbefehl sind anzuführen**

1. **der Beschuldigte,**
2. **die Tat, deren er dringend verdächtig ist, Zeit und Ort ihrer Begehung, die gesetzlichen Merkmale der Straftat und die anzuwendenden Strafvorschriften,**
3. **der Haftgrund sowie**
4. **die Tatsachen, aus denen sich der dringende Tatverdacht und der Haftgrund ergibt, soweit nicht dadurch die Staatssicherheit gefährdet wird.**

(3) **Wenn die Anwendung des § 112 Abs. 1 Satz 2 naheliegt oder der Beschuldigte sich auf diese Vorschrift beruft, sind die Gründe dafür anzugeben, daß sie nicht angewandt wurde.**

Übersicht

1 **A. Erlass des Haftbefehls (Abs. 1).** Der Erlass des Haftbefehls (Abs. 1) ist dem **Richter** vorbehalten (Art. 104 Abs. 2 S. 1, Abs. 3 S. 2 GG). Zur Zuständigkeit vgl. §§ 125, 128, zum Verf. → Rn. 19.

2 Der Haftbefehl muss **schriftlich** erlassen werden. Dabei kann ein vervielfältigtes Schriftstück verwendet werden, wenn zahlreiche Beschuldigte gleichartiger Straftaten verdächtig sind (BVerfG NJW 1982, 29). Der Haftbefehl, der dem Beschuldigten verkündet wird (→ § 114a Rn. 3), braucht nicht schon vollständig abgefasst zu sein; das muss aber alsbald nachgeholt werden. In der HV o. in einem anderen Gerichtstermin ist der Schriftform genügt, wenn der Haftbefehl vollständig (vgl. dazu OLG Oldenburg StraFo 2006, 282) in das Prot. aufgenommen wird. Weil der Angeklagte ohnehin eine Abschrift erhalten muss (§ 114a Abs. 2), empfiehlt sich aber auch hier die Abfassung eines Haftbefehls unter Verwendung des amtl. Vordrucks, der unterzeichnet u. dem Prot. als Anl. beigefügt wird (OLG Celle StraFo 1998, 171).

3 **B. Inhalt des Haftbefehls (Abs. 2). I. Begründungszwang.** Der Begründungszwang nach Abs. 2, der entspr. für Haftbefehle nach §§ 230 Abs. 2, 236, 329 Abs. 4 S. 1 und § 453c (dort Abs. 2 S. 2) gilt, ist eine Sonderregelung ggü. § 34. Er dient der Selbstkontrolle des Gerichts sowie der Unterrichtung des Beschuldigten u. soll die Prüfung durch das Beschwerdegericht ermöglichen (OLG Hamm NStZ-RR 2002, 335; OLG Karlsruhe NStZ 1986, 134). Den inhaltlichen Anforderungen des Abs. 2 muss der Haftbefehl, unabhängig v. den Anforderungen, die der ersuchte Staat stellt, auch dann entsprechen, wenn er die Grdl. für ein Einlieferungsersuchen bilden soll (OLG Karlsruhe NStZ 1986, 134; vgl. auch RiVASt 94).

4 Im Einzelnen sind außer der in Abs. 2 nicht erwähnten, aber unerlässlichen ausdr. Anordnung der UHaft folgende Angaben erforderlich:

II. Beschuldigte (Nr. 1). Der Beschuldigte (Nr. 1) muss **so genau bezeichnet** werden, dass bei der Vollstreckung des Haftbefehls eine Verwechslung ausgeschlossen ist. Ausreichend ist idR die Angabe des Vor- u. Familiennamens, ggf. auch des Alias-Namens, des Geburtstags u. -orts, des Berufs u. der letzten Wohnung; bei Ausländern empfiehlt sich die Angabe der Staatsangehörigkeit (KK-StPO/Graf Rn. 5). Anders als bei der Ausschreibung zur Festnahme (§ 131 Abs. 4) ist eine Personenbeschreibung entbehrlich, sofern sie nicht ausnahmsweise für die Identitätsfeststellung notwendig ist (KMR-StPO/Wankel Rn. 2). Dann ist auch die Bezugnahme auf ein bei den Akten befindliches Lichtbild zulässig (Senge NStZ 1997, 348). 5

III. Bezeichnung der Tat und der Strafvorschriften (Nr. 2, 4). 1. Die **Tat** muss aus sich heraus verständlich beschrieben werden (OLG Stuttgart MDR 1980, 518). Der strafrechtliche Vorwurf ist in ähnlicher Weise wie in der Anklageschrift (§ 200 Abs. 1) zu umschreiben (BGH NStZ-RR 2017, 347, auch speziell zu den Anforderungen bei einem Tatvorwurf nach § 129a Abs. 5 StGB). Das Tatgeschehen ist nach Ort u. Zeit, Art der Durchführung, Person des Verletzten u. den sonstigen Umständen so genau zu bezeichnen, dass ein bestimmter Lebensvorgang erkennbar ist, dem der Beschuldigte den gegen ihn erhobenen Tatvorwurf entnehmen kann (OLG Brandenburg StV 1997, 140; OLG Düsseldorf StV 1996, 440; OLG Hamm StraFo 2000, 30; OLG Karlsruhe StV 2002, 147; OLG Köln StV 1999, 156). 6

Eine knappe Darst. reicht aus, bei gleichartigen Taten auch eine zusammenfassende Darstellung. Jedoch muss stets für jedes ges. Tatbestandsmerkmal erkennbar sein, durch welchen Teil des Tatgeschehens es erfüllt ist. Anzuführen ist auch der Teil des Tatgeschehens, aus dem sich bestimmte Teilnahmeformen u. Straferschwerungen o. der Versuch ergeben. Stehen Tatort o. -zeit noch nicht fest, so genügen ungefähre Angaben, bei der Tatzeit mind. die des Jahres, also nicht die Angabe: „in nicht rechtsverjährter Zeit", aufgrund deren die Tatidentität, die Zuständigkeit u. die Verjährungsfrage geprüft werden können. 7

Unzulässig ist die **Bezugnahme** auf eine bei den Akten befindliche, dem Haftbefehl aber nicht als Anl. beigefügte Urk. (OLG Celle StraFo 2015, 113; OLG Stuttgart NJW 1982, 1296) o. auf das gleichzeitig erlassene Urt. (OLG Celle StraFo 1998, 171; OLG Jena StV 2007, 588; OLG Karlsruhe NJW 1974, 510; OLG Stuttgart Justiz 1997, 62). 8

2. Ist der Beschuldigte **mehrerer Taten** dringend verdächtig, so braucht sich der Haftbefehl nicht auf alle zu erstrecken (Löwe/Rosenberg/Hilger Rn. 10 mwN; **aM** OLG Hamm NJW 1971, 1325; Kleinknecht JZ 1965, 117). Es kann sogar zweckmäßig sein, ihn auf Fälle zu beschränken, die seinen Erlass ohne jeden Zweifel rechtfertigen. Auch kann es im Interesse der Ermittlungen geboten sein, bestimmte Tatvorwürfe zunächst nicht in den Haftbefehl aufzunehmen (OLG Düsseldorf MDR 1984, 774). Nach Anklageerhebung liegen derartige Gründe nicht mehr vor; auch bedarf es dann zur Erweiterung des Haftbefehls keines Antrags der StA (→ § 125 Rn. 10). Der Haftbefehl ist daher spätestens bei der Eröffnung des Hauptverfahrens den Tatvorwürfen der Anklageschrift anzupassen (vgl. → § 122 Rn. 4). 9

3. Strafvorschriften: Vgl. → § 200 Rn. 11 ff. Nicht jede anzuwendende Strafvorschrift ist anzuführen. Jedoch muss ggf. die Art der Teilnahme, das Konkurrenzverhältnis und, wenn die Strafvorschrift mehrere Begehungsarten kennt, die Begehungsweise gekennzeichnet werden. Auf etwa zu erwartende Sicherungsmaßregeln (§§ 61 ff. StGB) wird hingewiesen, wenn das für die Frage der Verhältnismäßigkeit (§ 112 Abs. 1 S. 2) v. Bedeutung ist (Creifelds NJW 1965, 947). 10

4. Der **dringende Tatverdacht** muss mit der Schilderung der Tatsachen begründet werden, aus denen er sich ergibt (Nr. 4). Dazu ist eine kurze Darst. der Verdachtsgründe erforderlich, die die Ermittlungen zutage gefördert haben. Handelt es sich um Indizien, so sind auch sie mitzuteilen (Creifelds NJW 1965, 948). 11

Die Angabe der Beweismittel ist ges. nicht vorgeschrieben. Wenn aber der dringende Tatverdacht daraus hergeleitet wird, dass bestimmte Beweismittel in starkem Maße auf die Täterschaft o. Beteiligung des Beschuldigten hinweisen, sind diese Beweismittel zu bezeichnen (OLG Düsseldorf VRS 86, 446). Auch sonst sollten, damit der Beschuldigte seine Verteidigung danach einrichten kann, die Beweismittel idR so weit angeführt werden, wie es ohne Gefährdung der Ermittlungen möglich ist (OLG Düsseldorf MDR 1984, 774; OLG Hamburg MDR 1992, 693; weitergehend Kempf FS Riess, 2002, 217 (219) mwN: stets anzugeben). Ihr Beweiswert braucht aber nicht erörtert zu werden (OLG Düsseldorf StV 1988, 534 mablAnm Rudolphi; StV 1991, 521 mablAnm Schlothauer; abl. auch Paeffgen NStZ 1992, 482; vgl. auch Kempf FS Riess, 2002, 217 (221): Beweiswürdigung erforderlich).

12 Soweit die **Staatssicherheit** gefährdet würde, kann v. der Begründung des dringenden Tatverdachts abgesehen werden (dazu Creifelds NJW 1965, 949); das muss in dem Haftbefehl zum Ausdruck kommen (KK-StPO/Graf Rn. 15). Dem Beschuldigten muss die Begründung aber auch insoweit mündlich eröffnet werden, wenn er nach §§ 115, 115 Abs. 3 gehört wird (KK-StPO/Graf Rn. 15). Die (nach Meinung v. Vogt NStZ 1982, 21 überflüssige) Ausnahme hat zwar bes. in Staatsschutzsachen Bedeutung, ist aber auf sie nicht beschränkt.

13 **IV. Haftgrund (Nr. 3, 4).** Der Haftgrund (Nr. 3, 4) als die prozessuale Grdl. des Haftbefehls ist ebenfalls zu bezeichnen. Dabei genügt die Kurzbezeichnung (Fluchtgefahr, Verdunkelungsgefahr, Wiederholungsgefahr). Im Fall des § 113 Abs. 2 muss angegeben werden, welcher der dort genannten Gründe vorliegt.

14 **Mehrere Haftgründe** brauchen nicht unbedingt nebeneinander verwendet zu werden (KK-StPO/Graf Rn. 12; Löwe/Rosenberg/Hilger Rn. 13; **aM** SK-StPO/Paeffgen Rn. 8). Beim Zusammentreffen v. Flucht- u. Verdunkelungsgefahr müssen aber beide Haftgründe genannt werden, damit der Beschuldigte die Aussichten für die Aufhebung des Haftbefehls (§ 120) o. die Aussetzung seines Vollzugs (§ 116) beurteilen u. sein Prozessverhalten danach einrichten kann (vgl. auch BGHSt 34, 34 (36)).

15 Zu **begründen (Nr. 4)** ist jeder verwendete Haftgrund unter Angabe der bestimmten Tatsachen, aus denen er sich ergibt (→ § 112 Rn. 15, 22). Von der Ausnahme zugunsten der Staatssicherheit abgesehen, ist es nicht zulässig, nur einen Teil dieser Tatsachen anzuführen. Der Beschuldigte soll nicht durch Teilangaben zu überflüssigen u. verfahrensverzögernden Anträgen u. Beschwerden veranlasst werden. Im Fall des § 112 Abs. 3 ist anzugeben, mit welchen Erwägungen der unbenannte Haftgrund ausgefüllt wird (Oppe NJW 1966, 93). Denn Abs. 2 befreit nicht v. dem Begründungszwang nach § 34 (KK-StPO/Graf Rn. 15; Kleinknecht MDR 1965, 783; **aM** Creifelds NJW 1965, 950).

16 Zum Wegfall der Begründungspflicht wegen **Gefährdung der Staatssicherheit** vgl. → Rn. 12.

17 **C. Verhältnismäßigkeitsgrundsatz (Abs. 3).** Zum Verhältnismäßigkeitsgrundsatz (Abs. 3) braucht in dem Haftbefehl nur Stellung genommen zu werden, wenn seine Anwendung naheliegt o. wenn der Beschuldigte sich auf ihn beruft. Macht er nach Erlass des Haftbefehls zu Unrecht einen Verstoß gegen § 112 Abs. 1 S. 2 geltend, so braucht der Haftbefehl nicht ergänzt zu werden; das Vorbringen wird in dem die Haftfortdauer anordnenden Beschl. erörtert.

18 **D. Änderung. Die Änderung des Haftbefehls ist notwendig,** wenn im Laufe des Verfahrens der dringende Tatverdacht wegen einiger der in dem Haftbefehl angeführten Taten o. wenn einer v. mehreren Haftgründen entfällt. Sie kommt auch in Betracht, wenn neue Taten o. weitere Tathandlungen bekannt werden o. wenn ein zusätzlicher Haftgrund entsteht. Die Änd. kann vAw erfolgen, aber auch v. der StA o. dem Beschuldigten beantragt werden. Im Ermittlungsverfahren setzt die Einbeziehung weiterer Taten stets einen entspr. Antrag der StA voraus (→ § 125 Rn. 8). Der Haftbefehl kann durch einen ergänzenden Beschl. abgeändert werden (OLG Hamm NJW 1960, 587). Sind die Änd. wesentlich, so ist aber die Auf-

hebung des alten u. der Erlass eines neuen Haftbefehls vorzuziehen; denn auch der Beschl., durch den der Haftbefehl ergänzt wird, ist wie ein neuer Haftbefehl zu behandeln (OLG Hamburg NStZ-RR 2003, 346; OLG Stuttgart NStZ 2006, 588). Während laufender HV besteht jedoch aus Gründen der Prozessökonomie keine Verpflichtung zur fortlaufenden Anpassung des Haftbefehls, solange etwaige Änd. der Beweissituation Bestand u. Vollzug des Haftbefehls nicht berühren (OLG Köln NStZ 2013, 87 (Schultheis)). Zur vorherigen Anhörung des Beschuldigten vgl. § 33 Abs. 3, zur Bekanntmachung des Änderungsbeschlusses → § 114a Rn. 5, zur richterlichen Vernehmung → § 115 Rn. 12, zur Entsch. des Beschwerdegerichts → § 117 Rn. 11.

E. Verfahren. Der Haftbefehl wird im **Ermittlungsverfahren** grds. nur auf Antrag der StA erlassen (§§ 125, 128). Eine Ausnahme gilt nach § 125 Abs. 1 bei Unerreichbarkeit der StA u. bei Gefahr im Verzug (→ § 125 Rn. 9). **Nach Erhebung der Klage** kann das Gericht den Haftbefehl auch vAw erlassen, muss aber die StA vorher hören (→ § 125 Rn. 10). Die vorherige Anhörung des Beschuldigten wird idR nach § 33 Abs. 4 entfallen, jedoch nicht, wenn der Haftbefehl in der HV erlassen wird. Die Bekanntmachung regelt § 114a Abs. 1. Erlass u. Vollzug eines Haftbefehls können vAw zu beachtende Mitteilungspflichten begründen, zB nach der MiStra 15 Abs. 1 Nr. 1, 19 Abs. 1 S. 1 Nr. 1, 23 Abs. 1 Nr. 1, 24 Abs. 1 Nr. 1, 26 Abs. 1 Nr. 1, 32 Nr. 3, 34 Abs. 2 S. 1 Nr. 2, 36 Abs. 2 Nr. 1, 41; vgl. hierzu auch §§ 12 ff. EGGVG. Die Ablehnung eines Antrags der StA auf Erlass eines Haftbefehls erfordert einen mit Gründen versehenen (§ 34) Beschluss. 19

F. Vollstreckung. Die Vollstreckung des Haftbefehls ist **Sache der StA** (§ 36 Abs. 2 S. 1), die sich dazu ihrer Ermittlungspersonen (§ 152 GVG) o. der Polizei (§ 161) bedient; zur Vollstreckung gegen einen Jugendlichen vgl. § 72 Abs. 3 **JGG.** Der Haftbefehl erlaubt die Durchsuchung der Wohnung des Beschuldigten zwecks Ergreifung, ohne dass es dafür einer besonderen Anordnung bedarf (→ § 457 Rn. 11; **aM** SK-StPO/Paeffgen Rn. 15), nicht aber die dritter Personen (→ § 105 Rn. 6). Zum Vollzug des Haftbefehls vgl. § 119, bei Soldaten der Bundeswehr Nr. 50 RiStBV. Zur Überhaft u. zur Frage, ob 2 Haftbefehle gleichzeitig vollzogen werden können, vgl. → Vor § 112 Rn. 12 ff. Ein Vollstreckungshindernis besteht während der Schutzfrist des freien Geleits (§ 295 Abs. 1; Art. 12 EuRHÜbk; → Einl. Rn. 216). 20

Vollzogen wird die UHaft in einer JVA. Männer u. Frauen sind getrennt unterzubringen (KG NStZ 2003, 50; dort auch zur Unterbringung v. Transsexuellen). Über Unterbringung in einer Krankenanstalt vgl. Nr. 58, 59 RiStBV. Zum Vollzug der einstweiligen Unterbringung nach § 126a eing. Pollähne RP Reha 2003, 64 ff. Eine Alt. zur Überbelegung der Anstalten wäre die Einf. des elektronisch überwachten Hausarrestes (so zutr. Neuhaus StV 1999, 342; Seebode StV 1999, 327). 20a

G. Rechtsmittel. Der Beschuldigte kann **Beschwerde** nach § 304 Abs. 1 und **weitere Beschwerde** nach § 310 Abs. 1 (→ § 310 Rn. 8) einlegen, wenn Haftbefehl erlassen o. ein bereits erlassener Haftbefehl aufrechterhalten wurde (zur Haftbeschwerde des Beschuldigten vgl. → § 117 Rn. 8 ff.), die StA, wenn ihr Antrag auf Erlass o. Erweiterung eines Haftbefehls abgelehnt worden ist. Das gilt auch für Entscheidungen des erkennenden Gerichts (vgl. BGH StV 1991, 525; erg. → § 305 Rn. 6), wobei aber die Überprüfungsmöglichkeiten während noch laufender HV für das Beschwerdegericht mangels voller Kenntnis v. deren bisherigen Erg. eingeschränkt sind (BGH NStZ-RR 2013, 16; StV 2004, 143; KG StraFo 2023, 184; OLG Frankfurt a. M. StV 1995, 593; OLG Hamm wistra 2006, 278; OLG Karlsruhe StV 1997, 312; OLG Stuttgart Justiz 2003, 457), ebenso, wenn die schriftlichen Urteilsgründe noch nicht vorliegen (OLG Hamm NStZ 2008, 649). Das Tatgericht muss, ohne zu einer umfassenden Würdigung aller erhobenen Beweise verpflichtet zu sein, substantiiert darlegen, dass nach dem Erg. der Beweisaufnahme weiterhin dringender Tatverdacht besteht (BGH NStZ-RR 2013, 16; StV 2004, 143; OLG Bremen StV 2010, 581; OLG Jena StV 2010, 34 Ls.); andernfalls ist der 21 die Haftfortdauer anordnende Beschl. – nicht der Haftbefehl – aufzuheben u. die Sache zurückzuverweisen (OLG Jena StV 2005, 559). Der Nebenkläger ist nicht beschwerdeberechtigt (BGH NStZ-RR 2003, 368 mwN; OLG Frankfurt a. M. StV 1995, 594 Ls.; OLG Hamm NStZ-RR 2008, 219; → § 118a Rn. 1; → § 400 Rn. 1).

22 Tauchen nach Verkündung des erstinstanzlichen Urteils **neue Beweismittel** auf, ist das für die nachf. Haftentscheidungen zwar im Berufungs-, nicht jedoch im Revisionsverfahren (wegen der dort eingeschränkten Überprüfung auf Rechtsfehler) v. Bedeutung (BGH StV 2004, 142).

23 **H. Immunität.** Die Immunität des Abg. steht seiner Verhaftung nicht entgegen, wenn er bei Begehung der Tat o. im Laufe des folgenden Tages festgenommen wird (Art. 46 Abs. 2 GG). Sonst ist eine Genehmigung des Parlaments erforderlich; die allg. Genehmigung des BT zur Durchführung v. Ermittlungsverfahren gegen Abg. umfasst nach Anl. 5 Abschn. A Nr. 7 Buchst. a GO-BT nicht zugleich die Genehmigung zur Verhaftung (vgl. auch Nr. 192a Abs. 2 Buchst. c RiStBV).

Aushändigung des Haftbefehls; Übersetzung

114a [1] **Dem Beschuldigten ist bei der Verhaftung eine Abschrift des Haftbefehls auszuhändigen; beherrscht er die deutsche Sprache nicht hinreichend, erhält er zudem eine Übersetzung in einer für ihn verständlichen Sprache.** [2] **Ist die Aushändigung einer Abschrift und einer etwaigen Übersetzung nicht möglich, ist ihm unverzüglich in einer für ihn verständlichen Sprache mitzuteilen, welches die Gründe für die Verhaftung sind und welche Beschuldigungen gegen ihn erhoben werden.** [3] **In diesem Fall ist die Aushändigung der Abschrift des Haftbefehls sowie einer etwaigen Übersetzung unverzüglich nachzuholen.**

1 **A. Bekanntmachung des Haftbefehls.** Dass dem Beschuldigten der Haftbefehl bekanntzugeben ist, folgt aus § 35 und wird deshalb hier im Gegensatz zur früheren Fassung der Vorschr. nicht mehr ausdr. gesagt. § 114a bildet eine Ausnahme v. dem Grundsatz, dass gerichtliche Entscheidungen dem Betroffenen vor ihrer Vollstreckung bekanntgegeben werden.

2 Erst **bei der Verhaftung** wird dem Beschuldigten der Haftbefehl bekanntgemacht, dh bei seiner Ergreifung aufgrund des vorher erlassenen Haftbefehls o. unmittelbar nach dessen Erlass, wenn der Beschuldigte vorl. festgenommen worden war (§ 128). Ergeht der Haftbefehl in Anwesenheit des Beschuldigten in der HV o. in einem anderen Gerichtstermin, so fallen Erlass u. Bekanntmachung zusammen.

3 Die **Bekanntmachung** des in der HV o. in einem anderen gerichtlichen Termin in Anwesenheit des Beschuldigten erlassenen Haftbefehls erfolgt durch Verkündung (§ 35 Abs. 1 S. 1). Sonst wird der Haftbefehl dem Beschuldigten formlos (§ 35 Abs. 2 S. 1), zweckmäßigerweise durch die nach § 114a erforderliche Übergabe einer beglaubigten Abschrift, bekanntgemacht; er kann aber auch in einem Gerichtstermin, etwa nach § 115, verkündet werden (OLG Hamburg NStZ-RR 2003, 346).

4 **B. Abschrift.** Eine Abschrift des Haftbefehls ist dem Beschuldigten in beglaubigter Form, einem Ausländer mit einer Übersetzung in eine ihm verständliche Sprache (Art. 5 Abs. 2 **EMRK;** Nr. 181 Abs. 2 RiStBV) unverzüglich nach der Verhaftung u. unabhängig v. der Form der Bekanntmachung auszuhändigen. Wenn das nicht möglich ist, muss die Aushändigung auf dem schnellsten Wege nachgeholt werden (S. 3). Das Gleiche gilt für Beschlüsse, mit denen der Haftbefehl geänd. o. ergänzt wird (→ § 114 Rn. 18). Ein Verzicht des Beschuldigten auf die Aushändigung ist wirksam, sollte ihm aber nicht nahegelegt werden (Löwe/Rosenberg/Hilger Rn. 5).

C. Vorläufige Mitteilung (S. 2). Die vorläufige Mitteilung (S. 2) der Straftat, deren er verdächtig ist u. des Haftgrundes, soll dem Beschuldigten, wenn die Übergabe einer Haftbefehlsabschrift nicht möglich (zB wegen Gegenwehr des Beschuldigten o. weil keine Abschrift vorhanden o. eine Übersetzung in eine dem Beschuldigten verständliche Sprache nicht möglich ist) o. ausnahmsweise wegen der besonderen Umstände bei der Verhaftung (zB bei Anwesenheit Unbeteiligter) unzweckmäßig ist, wenigstens erkennbar machen, weshalb gegen ihn ein Haftbefehl ergangen ist. Die Bekanntgabe des vollständigen Haftbefehls ist dann unverzüglich, dh ohne vermeidbare Verzögerung, nachzuholen (S. 3), u. zwar spätestens bis zu der richterlichen Vernehmung nach §§ 115, 115a. 5

D. Umfassende Geltung der Vorschrift. Nicht nur für Verhaftungen nach §§ 112 ff. gilt die Vorschr., sondern auch für solche nach § 230 Abs. 2, 236, 329 Abs. 4 S. 1 und § 412 S. 1. Sie ist auch auf bei vorl. Festnahmen nach §§ 127, 127b und beim Festhalten nach §§ 163b, 163c entspr. anzuwenden (vgl. § 127 Abs. 4, 127b Abs. 1 S. 2, 163c Abs. 1 S. 3). Für die Sicherungshaft gelten die §§ 114 ff. entspr. (§ 453c Abs. 2 S. 2). Für Ordnungshaft nach §§ 177, 178 GVG und Beugehaft (zB § 70) gilt die Vorschr. nicht (krit. Michalke NJW 2010, 19). 6

Belehrung des verhafteten Beschuldigten

114b (1) [1]**Der verhaftete Beschuldigte ist unverzüglich und schriftlich in einer für ihn verständlichen Sprache über seine Rechte zu belehren.** [2]**Ist eine schriftliche Belehrung erkennbar nicht ausreichend, hat zudem eine mündliche Belehrung zu erfolgen.** [3]**Entsprechend ist zu verfahren, wenn eine schriftliche Belehrung nicht möglich ist; sie soll jedoch nachgeholt werden, sofern dies in zumutbarer Weise möglich ist.** [4]**Der Erhalt der Belehrung ist durch den Beschuldigten schriftlich zu bestätigen oder von der Staatsanwaltschaft oder ihren Ermittlungspersonen in Gegenwart des Beschuldigten zu protokollieren oder auf sonstige Weise zu dokumentieren.**

(2) [1]**In der Belehrung nach Absatz 1 ist der Beschuldigte darauf hinzuweisen, dass er**

1. **unverzüglich, spätestens am Tag nach der Ergreifung, dem Gericht vorzuführen ist, das ihn zu vernehmen und über seine weitere Inhaftierung zu entscheiden hat,**
2. **das Recht hat, sich zur Beschuldigung zu äußern oder nicht zur Sache auszusagen,**
3. **zu seiner Entlastung einzelne Beweiserhebungen beantragen kann,**
4. **jederzeit, auch schon vor seiner Vernehmung, einen von ihm zu wählenden Verteidiger befragen kann; dabei sind ihm Informationen zur Verfügung zu stellen, die es ihm erleichtern, einen Verteidiger zu kontaktieren; auf bestehende anwaltliche Notdienste ist dabei hinzuweisen,**

4a. **in den Fällen des § 140 die Bestellung eines Pflichtverteidigers nach Maßgabe des § 141 Absatz 1 und des § 142 Absatz 1 beantragen kann; dabei ist auf die mögliche Kostenfolge des § 465 hinzuweisen,**

5. **das Recht hat, die Untersuchung durch einen Arzt oder eine Ärztin seiner Wahl zu verlangen,**
6. **einen Angehörigen oder eine Person seines Vertrauens benachrichtigen kann, soweit der Zweck der Untersuchung dadurch nicht erheblich gefährdet wird,**
7. **nach Maßgabe des § 147 Absatz 4 beantragen kann, die Akten einzusehen und unter Aufsicht amtlich verwahrte Beweisstücke zu besichtigen, soweit er keinen Verteidiger hat, und**

8. bei Aufrechterhaltung der Untersuchungshaft nach Vorführung vor den zuständigen Richter
a) eine Beschwerde gegen den Haftbefehl einlegen oder eine Haftprüfung (§ 117 Absatz 1 und 2) und eine mündliche Verhandlung (§ 118 Absatz 1 und 2) beantragen kann,
b) bei Unstatthaftigkeit der Beschwerde eine gerichtliche Entscheidung nach § 119 Absatz 5 beantragen kann und
c) gegen behördliche Entscheidungen und Maßnahmen im Untersuchungshaftvollzug eine gerichtliche Entscheidung nach § 119a Absatz 1 beantragen kann.

[2]Der Beschuldigte ist auf das Akteneinsichtsrecht des Verteidigers nach § 147 hinzuweisen. [3]Ein Beschuldigter, der der deutschen Sprache nicht hinreichend mächtig ist, ist in einer ihm verständlichen Sprache darauf hinzuweisen, dass er nach Maßgabe des § 187 Absatz 1 bis 3 des Gerichtsverfassungsgesetzes für das gesamte Strafverfahren die unentgeltliche Hinzuziehung eines Dolmetschers oder Übersetzers beanspruchen kann; ein hör- oder sprachbehinderter Beschuldigter ist auf sein Wahlrecht nach § 186 Absatz 1 und 2 des Gerichtsverfassungsgesetzes hinzuweisen. [4]Ein ausländischer Staatsangehöriger ist darüber zu belehren, dass er die Unterrichtung der konsularischen Vertretung seines Heimatstaates verlangen und dieser Mitteilungen zukommen lassen kann.

1 **A. Belehrungspflicht.** Unverzüglich – dh **ohne schuldhaftes Zögern** – ist der Beschuldigte schriftlich u. in einer ihm verständlichen Sprache über seine vielfältigen Rechte nach Abs. 2 zu belehren (Abs. 1 S. 1); idR wird dies durch Aushändigung eines Merkblatts erfolgen. Erforderlichenfalls wird zusätzlich eine mündliche Belehrung vorgenommen (Abs. 1 S. 2), so zB wenn der Beschuldigte ausschl. eine „exotische" Sprache beherrscht o. Analphabet ist o. die schriftliche Belehrung nicht richtig verstanden hat. Entsprechend § 114a S. 3 (→ § 114 Rn. 5) ist eine zunächst nicht mögliche schriftliche Belehrung nachzuholen, wenn dies in zumutbarer Weise möglich ist (Abs. 1 S. 3).

2 Eine **schriftliche Bestätigung** über die erfolgte Belehrung soll der Beschuldigte abgeben (Abs. 1 S. 4), also einen entspr. Vermerk unterschreiben. Falls er sich weigert, was in der Praxis durchaus gelegentlich vorkommen wird, ist dies durch die StA oder ihre Ermittlungspersonen in Gegenwart des Beschuldigten zu protokollieren oder auf sonstige Weise in den Akten zu dokumentieren (Abs. 1 S. 4).

3 **B. Belehrungsinhalt. 6 verschiedene für alle Beschuldigten geltende Belehrungen** sieht Abs. 2 S. 1 vor, 2 nur für ausl. Beschuldigte regeln Abs. 2 S. 2 und 3. Diese Belehrungen sind zwingend vorzunehmen. Die Belehrungen sind teilw. auch in anderen Bestimmungen vorgeschrieben (Abs. 2 S. 1 Nr. 2–4, 6, S. 3), teilw. sind sie neu (Abs. 2 S. 1, 2). Im Einzelnen:

4 **I. Abs. 2 S. 1 Nr. 1.** Nach einer Festnahme ist für Beschuldigte v. bes. Interesse, wann ihre Festnahme v. dem zuständigen Richter überprüft wird u. wann sie Gelegenheit haben werden, ihm ggü. Angaben zu machen. Daher schreibt Nr. 1 nunmehr ausdr. eine Belehrung über die in §§ 115, 115a bestimmte Vorführung vor den Richter vor.

5 **II. Abs. 2 S. 1 Nr. 2–4.** Hier wird die auch nach § 136 Abs. 1 S. 2, 3 und § 163a Abs. 3 S. 2, 4 vor Beginn der ersten richterlichen bzw. staatsanwaltschaftlichen o. polizeilichen Vernehmung bestehende Belehrungspflicht für die Fälle der Verhaftung (→ § 114a Rn. 6) vorgeschrieben; die anderen Belehrungspflichten bleiben davon unberührt. Soweit Nr. 4 die Belehrung über die Verteidigerwahl enthält, begründet dies – ebenso wie die Belehrung über die ärztliche Untersuchung nach Nr. 5 –, worauf die Gesetzesbegründung ausdr. hinweist (BR-Drs. 829/08, 20), keine Kostenübernahmepflicht des Staates.

5a **III. Abs. 2 S. 1 Nr. 4a.** Die schriftliche Belehrungspflicht ertsreckt sich darauf, dass der Beschuldigte in den Fällen notwendiger Verteidigung iSv § 140 Abs. 1

und Abs. 2 einen Anspruch auf unentgeltliche Rechtsberatung hat. Durch den Verweis auf § 141 Abs. 1 wird klargestellt, dass dem Beschuldigten in diesen Fällen auf seinen Antrag grds. unverzüglich ein Pflichtverteidiger zu bestellen ist, durch den auf § 142 Abs. 1 wird die für die Antragstellung zuständige Stelle bestimmt, über die der Beschuldigte zu belehren ist; (erg. → § 141 Rn. 2 ff., → § 142 Rn. 2 ff.). Der Beschuldigte muss – wie im Fall des § 136 Abs. 1 S. 5 Hs. 2 (→ § 136 Rn. 11b) – auch darüber unterrichtet werden, dass er uU die Kosten der notwendigen Verteidigung zu tragen hat (s. § 465).

IV. Abs. 2 S. 1 Nr. 5. Die Belehrung über den Zugang zu einem Arzt o. einer Ärztin seiner Wahl entspr. einer Forderung des Europäischen Ausschusses zur Verhütung v. Folter o. unmenschlicher o. erniedrigender Behandlung o. Strafe (CPT). Das Wahlrecht bezieht sich auch darauf, v. einem Arzt o. einer Ärztin untersucht zu werden. Eine Kostenübernahmepflicht des Staates wird auch hier – wie bei Nr. 4 – dadurch nicht begründet. **6**

V. Abs. 2 S. 1 Nr. 6. Hier wird auf das Benachrichtigungsrecht nach § 114c Abs. 1 (→ § 114c Rn. 1, 1a) verwiesen. **7**

VI. Abs. 2 S. 1 Nr. 7. Die Belehrung in schriftlicher Form über das Recht, ohne Verteidiger Auskünfte u. Abschriften aus den Akten zu erhalten, beruht auf Art. 4 Abs. 2a RL 2012/13/EU. **7a**

VII. Abs. 2 S. 1 Nr. 8. Durch Nr. 8 wird die bereits in § 115 Abs. 4 für die Vorführung vor den zuständigen Richter vorgesehene Belehrung über die Rechtsbehelfe im Rahmen der UHaft in Umsetzung v. Art. 4 Abs. 3 RL 2012/13/EU auf den Zeitpunkt der Festnahme vorverlagert. Die Belehrungspflicht besteht unabhängig davon, ob der Beschuldigten einen Antrag gem. § 115a Abs. 3 stellt (BT-Drs. 17/12578, 17). **7b**

VIII. Abs. 2 S. 2. Der in Umsetzung v. Art. 4 Abs. 2a RL 2012/13/EU neu eingeführte Abs. 2 S. 2 dient dazu, gerade den noch nicht verteidigten Beschuldigten darüber zu informieren, dass ein v. ihm zu wählender Verteidiger ein Recht auf Akteneinsicht geltend machen kann (BT-Drs. 17/12578, 17). **8**

IX. Abs. 2 S. 3. Die auf Art. 3 Abs. 1 Buchst. d RL 2012/13/EU zurückgehende Pflicht zur Belehrung über das Recht auf unentgeltliche Hinzuziehung eines Dolmetschers o. Übersetzers für das gesamte Strafverfahren knüpft in ihren Voraussetzungen an § 187 Abs. 1 und Abs. 3 GVG an (→ GVG § 187 Rn. 1 ff.). Hör- und sprachbehinderte Beschuldigte sind auf ihr Wahlrecht nach § 186 Abs. 1 und 2 GVG hinzuweisen. Da Beschuldigte gerade v. diesem Recht oftmals nichts wissen werden – insbes., dass die Zuziehung für sie unentgeltlich erfolgt –, ist diese Belehrung bes. wichtig. Über die allg. Verweisungsvorschrift des § 77 Abs. 1 IRG ist Abs. 2 S. 3 im jeweiligen **Auslieferungsverfahren** anwendbar, dh auch im Verf. nach dem RB über den Europäischen Haftbefehl (vgl. BT-Drs. 17/12578, 17). **8a**

X. Abs. 2 S. 4. Die **Benachrichtigung des Konsulats** des Heimatstaates eines Ausländers v. der Verhaftung ist nach Art. 36 Abs. 1 Buchst. b WÜK (vgl. § 19 GVG) u. RiVASt 135 vorgeschrieben. Der Ausländer ist danach zu belehren, dass er die (unverzügliche) Benachrichtigung seiner konsularischen Vertretung v. der Festnahme verlangen darf. Dies gilt auch für Ausländer, die ihren Lebensmittelpunkt in der BRD haben (BGHSt 52, 48), nicht jedoch bei solchen, die zugleich die deutsche Staatsangehörigkeit besitzen (Hillgruber JZ 2002, 95; Kreß GA 2007, 301). Eine Verletzung dieser Benachrichtigungspflicht – die unabhängig davon gegeben ist, ob der Betroffene die Hilfe seines Staates in Anspruch nehmen will (BGHSt 52, 110) – stellt nach der Rspr. des BVerfG einen revisiblen Verfahrensverstoß dar (NJW 2007, 499 unter Berücksichtigung der Entsch. des IGH EuGRZ 2001, 287 unter Aufhebung v. BGH NStZ-RR 2003, 375 u. BGH StV 2003, 57 mablAnm Paulus), berührt den Rechtskreis eines Mitbeschuldigten aber nicht. Ob der Verstoß zu einem **Beweisverwertungsverbot** führt u. ob das Urt. auf diesem Verstoß beruht (§ 337), ist nach allg. Grundsätzen (vgl. → Einl. Rn. 55 ff.) im Einzelfall zu klären (BVerfG NJW 2014, 532; 2011, 207 unter teilw. Aufhebung v. **9**

BGHSt 52, 48; BGH StraFo 2011, 319; Esser JR 2008, 277; Kreß GA 2007, 307; Weigend StV 2008, 43; eing. dazu Gless/Peters StV 2011, 369; **aM** Meyer-Mews StraFo 2012, 7 unter Hinweis auf BGH BeckRS 2010, 13385). Eine Kompensation wie bei rechtsstaatswidriger Verfahrensverzögerung (→ EMRK Art. 6 Rn. 9) kommt nicht in Betracht (BGHSt 52, 110 gegen BGHSt 52, 48; BGH StraFo 2012, 239; vgl. auch BVerfG NJW 2014, 532; zust. Esser JR 2008, 277; Kraatz JR 2008, 194; Paulus/Müller StV 2009, 500; **aM** Schomburg/Schuster NStZ 2008, 593 (597)). Die Belehrungs- u. Benachrichtigungspflicht gilt auch für die Polizei bei vorl. Festnahme (§ 127 Abs. 4). BGHSt 52, 38 wendet die Widerspruchslösung (→ § 136 Rn. 25) auch auf die zu spät erteilte Belehrung über das Recht auf konsularischen Beistand an (abl. Esser JR 2008, 2787; Paulus/Müller StV 2009, 498; Weigend StV 2008, 43; Beulke/Swoboda StrafProzR Rn. 719; zw. u. einschr. auch BGHSt 52, 110; vgl. auch BGH StraFo 2011, 319). BGHSt 52, 48 hält einen fehlenden Widerspruch jedenfalls dann für entbehrlich, wenn der Verstoß auch im weiteren Verfahrensgang nicht geheilt wurde.

9a **Zusätzliche Hinweispflichten** sehen § 136 Abs. 1 S. 4 und 5 Hs. 2 vor (→ § 136 Rn. 10e, 11b).

10 **C. Verstöße.** Das G sieht nicht vor, dass Verstöße gegen die vorgeschriebenen Belehrungspflichten unmittelbare Folgen haben (krit. Tsambikakis ZIS 2009, 507). Ein **Beweisverwertungsverbot** für v. Beschuldigten nach unvollständiger o. unrichtiger Belehrung gemachte Angaben ist nicht anzunehmen (zu § 114b Abs. 2 S. 4 iVm Art. 36 Abs. 1b) 3 WÜK aber soeben → Rn. 9), da der Beschuldigte bei seiner verantwortlichen Vernehmung gem. § 136 Abs. 1 (erneut) zu belehren ist u. erst die hierbei begangenen Verstöße uU ein Beweisverwertungsverbot nach sich ziehen können (dazu iE → § 136 Rn. 7 ff., 20–22, → Rn. 9).

Benachrichtigung von Angehörigen

114c (1) **Einem verhafteten Beschuldigten ist unverzüglich Gelegenheit zu geben, einen Angehörigen oder eine Person seines Vertrauens zu benachrichtigen, sofern der Zweck der Untersuchung dadurch nicht erheblich gefährdet wird.**

(2) [1] **Wird gegen einen verhafteten Beschuldigten nach der Vorführung vor das Gericht Haft vollzogen, hat das Gericht die unverzügliche Benachrichtigung eines seiner Angehörigen oder einer Person seines Vertrauens anzuordnen.** [2] **Die gleiche Pflicht besteht bei jeder weiteren Entscheidung über die Fortdauer der Haft.**

1 **A. Benachrichtigungsrecht des Verhafteten (Abs. 1).** Einen **Angehörigen o. eine Person seines Vertrauens** darf der Beschuldigte v. der Verhaftung, nicht v. weiteren Haftentscheidungen, durch den sog. Zugangsbrief benachrichtigen. Die Benachrichtigung nach Abs. 2 wird dadurch nicht entbehrlich. Dem Verhafteten ist für die Benachrichtigung auf Verlangen Briefpapier und, wenn er mittellos ist, das Porto zur Vfg. zu stellen, auch Verständigung durch Telefax o. E-Mail kommt in Betracht (Michalke NJW 2010, 19). Zum Begriff „Verhaftung" → § 114a Rn. 6.

1a Ausnahmsweise wird das **Benachrichtigungsrecht eingeschränkt,** wenn der Untersuchungszweck dadurch erheblich gefährdet würde. Durch das G v. 27.7.2017 (BGBl. I 3295) wurde in Umsetzung v. Art. 5 Abs. 3b RL 2013/48/EU das Wort „erheblich" eingeführt. Damit wird deutlich gemacht, dass die Benachrichtigung die Regel ist, v. der nur in zu begründenden u. in den Akten zu dokumentierenden Ausnahmefällen abgewichen werden darf. In den in Frage kommenden Fällen darf zwar nicht der Zugangsbrief untersagt, aber die Art u. Weise der Mitteilung bestimmt u. der Empfängerkreis begrenzt werden (KK-StPO/Graf Rn. 5). Vgl. auch § 114b Abs. 2 Nr. 6.

Der Begriff Angehöriger ist nicht in dem engen Sinn des § 52 Abs. 1 und des § 11 Abs. 1 Nr. 1 StGB zu verstehen; auch entfernte Verwandte sowie Adoptiv- u. Pflegeeltern fallen unter den Begriff. Vertrauenspersonen sind insbes. Freunde, Vereinskameraden, Geschäftspartner, Berufskollegen, Geistliche, bei Ausländern auch der Konsul. Der Wahlverteidiger ist stets eine Vertrauensperson, der Pflichtverteidiger nur, wenn ihn der Beschuldigte selbst benannt hat (BVerfGE 16, 119 (123) = NJW 1963, 1820; vgl. auch BVerfGE 38, 32). Den Empfänger bestimmt der Richter; an die Vorschläge des Beschuldigten ist er nicht gebunden (**aM** Tsambikakis ZIS 2009, 508), sollte ihm aber möglichst Rechnung tragen (Löwe/Rosenberg/Hilger § 114b Rn. 22). 2

B. Benachrichtigungspflicht (Abs. 2). Benachrichtigungspflicht (Abs. 2) besteht schon aufgrund des Art. 104 Abs. 4 GG. Sie soll die Allgemeinheit davor schützen, dass Staatsbürger ohne Kenntnis unabhängiger Dritter aus der Öffentlichkeit verschwinden; daneben dienst sie aber auch dem Schutz des Beschuldigten (Löwe/Rosenberg/Hilger § 114b Rn. 1). 3

Empfänger der Benachrichtigung muss ein Angehöriger o. eine Vertrauensperson des Beschuldigten (dazu → Rn. 2) sein. Der Richter ist in der Entsch. frei, ob ein Angehöriger o. eine Vertrauensperson benachrichtigt wird, selbst wenn der Beschuldigte eine Vertrauensperson benennt. Ist dem Gericht, auch nach Befragen des Verhafteten, weder ein Verwandter noch eine Vertrauensperson bekannt, so unterbleibt die Benachrichtigung; Nachforschungen brauchen nicht angestellt zu werden (Eckels NJW 1959, 1908; Wagner JZ 1963, 690; **aM** SK-StPO/Paeffgen Rn. 9 mwN). 4

Eine bestimmte **Form** ist für die Benachrichtigung nicht vorgeschrieben. Es genügt ein einfacher Brief; auch eine mündliche o. telefonische Benachrichtigung ist zulässig. Die Benachrichtigung muss aber unverzüglich vorgenommen werden (dazu BVerfGE 38, 32). 5

Die Pflicht zur Benachrichtigung gilt **ohne Ausnahme,** auch bei Verzicht o. Widerspruch des Beschuldigten (LG Frankfurt a. M. NJW 1959, 61; KK-StPO/Graf Rn. 14; **aM** Eckels NJW 1959, 1908; Erdsiek NJW 1959, 232). Die in Abs. 1 enthaltene Einschränkung (Gefährdung des Untersuchungszwecks) gilt für Abs. 2 nicht (Loesdau MDR 1962, 774). Auch überwiegende Interessen des Beschuldigten o. des Staates entbinden nicht v. der Benachrichtigungspflicht. Ausnahmen können aber für den Fall zugelassen werden, dass die Benachrichtigung zu einem übermäßigen Eingriff in die grundrechtlich geschützte Sphäre des Beschuldigten (s. KK-StPO/Graf Rn. 14) o. zu einer schwerwiegenden Gefahr für Angehörige des Beschuldigten o. dritte Personen o. für die Sicherheit des Staates führen kann (Löwe/Rosenberg/Hilger § 114b Rn. 14 ff.; enger SK-StPO/Paeffgen Rn. 11: nur in extremen notstandsartigen Fällen). 6

Weitere Entscheidungen (Abs. 2 S. 2) sind solche, durch die nach §§ 207 Abs. 4, 268b die Fortdauer der UHaft angeordnet, nach §§ 115 Abs. 4, 117, 118 Abs. 1, 118a Abs. 4, 122 der Haftbefehl aufrechterhalten o. eine (weitere) Haftbeschwerde verworfen wird (BVerfGE 16, 119; vgl. auch VerfG Brandenburg NStZ-RR 2000, 185). Bei Beendigung der UHaft ist eine Benachrichtigung nicht erforderlich. 7

Der Richter ist für die Benachrichtigung verantwortlich. Er allein hat das Recht, den Empfänger auszuwählen. Zuständig ist im Fall der Verhaftung der Richter, dem der Beschuldigte nach §§ 115, 115a, 128 vorgeführt wird, sonst der Richter, der die Entsch. über die Haft trifft, bei Kollegialgerichten der Vorsitzende (→ § 126 Rn. 10). Eine Benachrichtigung, die bereits die Polizei o. StA vorgenommen hat, braucht nicht wiederholt zu werden (Dürig/Herzog/Scholz/Mehde GG Art. 104 Rn. 170; **aM** SK-StPO/Paeffgen Rn. 14). Jedoch entbindet die Benachrichtigung durch den Verhafteten nach Abs. 1 nicht v. der Benachrichtigungspflicht nach Abs. 2 (Löwe/Rosenberg/Hilger § 114b Rn. 30). 8

C. Beschwerde. Beschwerde nach § 304 Abs. 1, auch gegen die Entsch. des erkennenden Gerichts, können StA u. Beschuldigter gegen die Unterlassung der 9

Benachrichtigung nach Abs. 2 einlegen, der Beschuldigte auch dann, wenn er selbst eine Benachrichtigung nach Abs. 1 nach außen gegeben o. sein Verteidiger Kenntnis erlangt hat (Löwe/Rosenberg/Hilger § 114b Rn. 34). Weitere Beschwerde ist nach § 310 Abs. 2 ausgeschlossen (KK-StPO/Graf Rn. 18; **aM** SK-StPO/Paeffgen Rn. 15). Kein Beschwerderecht haben die Angehörigen u. die Vertrauenspersonen des Beschuldigten (KK-StPO/Graf Rn. 18).

Mitteilungen an die Vollzugsanstalt

114d (1) [1]**Das Gericht übermittelt der für den Beschuldigten zuständigen Vollzugsanstalt mit dem Aufnahmeersuchen eine Abschrift des Haftbefehls.** [2]**Darüber hinaus teilt es ihr mit**

1. **die das Verfahren führende Staatsanwaltschaft und das nach § 126 zuständige Gericht,**
2. **die Personen, die nach § 114c benachrichtigt worden sind,**
3. **Entscheidungen und sonstige Maßnahmen nach § 119 Abs. 1 und 2,**
4. **weitere im Verfahren ergehende Entscheidungen, soweit dies für die Erfüllung der Aufgaben der Vollzugsanstalt erforderlich ist,**
5. **Hauptverhandlungstermine und sich aus ihnen ergebende Erkenntnisse, die für die Erfüllung der Aufgaben der Vollzugsanstalt erforderlich sind,**
6. **den Zeitpunkt der Rechtskraft des Urteils sowie**
7. **andere Daten zur Person des Beschuldigten, die für die Erfüllung der Aufgaben der Vollzugsanstalt erforderlich sind, insbesondere solche über seine Persönlichkeit und weitere relevante Strafverfahren.**

[3]**Die Sätze 1 und 2 gelten bei Änderungen der mitgeteilten Tatsachen entsprechend.** [4]**Mitteilungen unterbleiben, soweit die Tatsachen der Vollzugsanstalt bereits anderweitig bekannt geworden sind.**

(2) [1]**Die Staatsanwaltschaft unterstützt das Gericht bei der Erfüllung seiner Aufgaben nach Absatz 1 und teilt der Vollzugsanstalt von Amts wegen insbesondere Daten nach Absatz 1 Satz 2 Nr. 7 sowie von ihr getroffene Entscheidungen und sonstige Maßnahmen nach § 119 Abs. 1 und 2 mit.** [2]**Zudem übermittelt die Staatsanwaltschaft der Vollzugsanstalt eine Abschrift der Anklageschrift und teilt dem nach § 126 Abs. 1 zuständigen Gericht die Anklageerhebung mit.**

1 **A. Mitteilungspflichten gegenüber der Vollzugsanstalt.** Die Vorschr. regelt die gegenüber der Vollzugsanstalt bestehenden Mitteilungspflichten, u. zwar in Abs. 1 die Pflichten des Gerichts, in Abs. 2 die der StA. Dazu werden teilw. in der früher bundeseinheitlich geltenden UVollzO enthaltene Bestimmungen übernommen, soweit diese „das gerichtliche Verfahren" betreffen; hierzu werden Informationspflichten gerechnet, die unmittelbar Ausfluss der gerichtlichen Entscheidungen (insbes. über Erlass des Haftbefehls u. die Anordnung v. Beschränkungen) sind; der sonstige – überwiegende – Inhalt der UVollzO, der die Aufgaben u. Befugnisse der Vollzugsanstalt betr., ist nach Änd. des Art. 74 Abs. 1 Nr. 1 GG (G v. 28.8.2006, BGBl. I 2863) nunmehr ausschl. in Landesgesetzen zu regeln.

2 **B. Pflichten des Gerichts (Abs. 1).** Mit dem Aufnahmeersuchen ist eine **Abschrift des Haftbefehls** zu übermitteln (Abs. 1 S. 1). Der Inhalt des Aufnahmeersuchens ist im G nicht näher bestimmt. Es wird Personalangaben des Beschuldigten enthalten müssen. Angaben über die dem Beschuldigten vorgeworfene Tat u. den Haftgrund erscheinen nicht erforderlich, weil sich dies aus dem mit zu übermittelnden Haftbefehl ergibt. Weitere erforderliche Mitteilungen ergeben sich aus Abs. 1 S. 2:

3 So ist nach **Abs. 1 S. 2 Nr. 1** der Vollzugsanstalt die zuständige StA u. das nach § 126 zuständige Gericht anzugeben; dies ist schon deshalb erforderlich, damit die

Vollzugsanstalt den ihr nach § 114e obliegenden Mitteilungspflichten nachkommen kann.

Abs. 1 S. 2 Nr. 2 betr. sowohl die v. Beschuldigten selbst nach § 114c Abs. 1 als auch die nach § 114c Abs. 2 vorgenommene Benachrichtigung. Damit erfährt die Vollzugsanstalt, wen sie – insbes. in Notfällen – benachrichtigen kann. 4

Abs. 1 S. 2 Nr. 3 legt fest, dass die Vollzugsanstalt Kenntnis v. den nach § 119 Abs. 1, Abs. 2 vom Gericht o. von der StA angeordneten Beschränkungen erhält. Soweit das Gericht die v. ihm getroffenen Anordnungen (ganz o. teilw.) selbst ausführt, ist die Vollzugsanstalt auch über die insoweit getroffenen Entscheidungen u. (faktischen) Maßnahmen zu informieren (BR-Drs. 829/08, 23). 5

Abs. 1 S. 2 Nr. 4 erstreckt die Mitteilungspflicht auf sonstige im Verf. ergehende gerichtliche Entscheidungen, deren Kenntnis für die Vollzugsanstalt zur Erfüllung ihrer Aufgaben erforderlich sind. Eine weiter gehende Regelung enthält insoweit Abs. 1 S. 2 Nr. 7. 6

Abs. 1 S. 2 Nr. 5 übernimmt die Regelung aus Nr. 7 Abs. 2. Die Mitteilung des Hauptverhandlungstermins ist schon deshalb wichtig, weil die Vollzugsanstalt die Vorführung des Beschuldigten zum Termin einplanen muss. Die Gesetzesbegründung (BR-Drs. 829/08, 24) weist aber auch zutr. darauf hin, dass das Erg. der HV Auswirkungen auf das Verhalten des Beschuldigten haben kann (depressive o. aggressive Verstimmungen). 7

Abs. 1 S. 2 Nr. 6 bestimmt, dass der Eintritt der Rechtskraft des Urteils mitgeteilt werden muss. Dies hat unverzüglich zu geschehen, weil mit Eintritt der Rechtskraft nach hM die UHaft ohne weiteres in Strafhaft übergeht (→ § 120 Rn. 15). 8

Abs. 1 S. 2 Nr. 7 verallgemeinert eine früher in Nr. 7 Abs. 1 UVollzO enthaltene Regelung. Danach waren schon bisher „unverzüglich alle für die Persönlichkeit des Gefangenen u. dessen Behandlung u. Verwahrung bedeutsamen Umstände" mitzuteilen. Nr. 7 Abs. 1 UVollzO führte im einzelnen „Überhaft, Vorstrafen und weitere schwebenden Strafverfahren" auf, erwähnte aber auch Umstände, „die auf besonderen Fluchtverdacht, auf die Gefahr gewalttätigen Verhaltens, des Suizids oder der Selbstbeschädigung, auf gleichgeschlechtliche Neigungen oder auf seelische oder geistige Abartigkeit sowie ansteckende Krankheiten" hindeuten. Dies alles ist nun durch die Generalklausel in Nr. 7 erfasst, die aber auch Raum für weitere Informationen verschiedenster Art gibt, zB dem Gefangenen drohende Racheakte o. Erpressungsversuche (BR-Drs. 829/08, 24). Die Kenntnis der Daten muss nicht *conditio sine qua non* für die Aufgabenerfüllung sein; es genügt, wenn die Aufgabenerfüllung durch die Datenübermittlung nicht nur unwesentlich gefördert wird (BR-Drs. 829/08, 24). 9

Alle diese Mitteilungen sind **auch bei Änderungen** erforderlich, es sei denn, die Vollzugsanstalt hat schon auf sonstigem Wege – insbes. nach Abs. 2 – davon erfahren (Abs. 1 S. 3 und 4). 10

C. Pflichten der StA (Abs. 2). Pflichten der StA regelt Abs. 2. Die StA ist danach befugt, der Vollzugsanstalt ohne Einschaltung des Gerichts direkt Informationen iSd Abs. 1 S. 2 Nr. 7 zu übermitteln. Es geht hier insbes. um die Ausführung v. beschränkenden Anordnungen, die nach § 119 Abs. 2 S. 2 vom Gericht auf die StA übertragen worden sind. Hat die StA ihrerseits die Ausführung ganz o. teilw. auf ihre Ermittlungspersonen delegiert, ist die Vollzugsanstalt auch über die v. diesen getroffenen Maßnahmen v. der StA in Kenntnis zu setzen. Dasselbe gilt für v. der StA nach § 119 Abs. 1 S. 4 selbst angeordnete Beschränkungen. 11

Dass die StA der Vollzugsanstalt eine **Ausfertigung der Anklageschrift** übermittelt, regelte schon früher Nr. 7 Abs. 2 UVollzO. Dies wird in Abs. 2 S. 2 nun auch hins. des ERs vorgeschrieben; das ist sinnvoll, denn mit Anklageerhebung geht die Zuständigkeit v. ER nach § 126 Abs. 2 S. 1 auf das mit der Sache befasste Gericht über, was Auswirkungen auf unerledigte Beschwerden u. Haftentscheidungen hat (erg. → § 126 Rn. 7, 8). 12

Übermittlung von Erkenntnissen durch die Vollzugsanstalt

114e [1]**Die Vollzugsanstalt übermittelt dem Gericht und der Staatsanwaltschaft von Amts wegen beim Vollzug der Untersuchungshaft erlangte Erkenntnisse, soweit diese aus Sicht der Vollzugsanstalt für die Erfüllung der Aufgaben der Empfänger von Bedeutung sind und diesen nicht bereits anderweitig bekannt geworden sind.** [2]**Sonstige Befugnisse der Vollzugsanstalt, dem Gericht und der Staatsanwaltschaft Erkenntnisse mitzuteilen, bleiben unberührt.**

1 Während § 114d Mitteilungspflichten v. Gericht u. StA an die Vollzugsanstalt regelt, ist hier umgekehrt **die Mitteilung** v. Erkenntnissen durch die Vollzugsanstalt **an Gericht und StA** bestimmt. Die vorgeschriebene Übermittlung an Gericht *und* StA soll sicherstellen, dass die Information an der Stelle ankommt, wo sie benötigt wird. Der Begriff „Erkenntnisse" umfasst die früher in Nr. 8 UVollzO bezeichneten „bedeutsamen Maßnahmen, Wahrnehmungen und anderen wichtigen Umstände, die den Gefangenen betreffen". Die Mitteilungspflicht beschränkt sich aber auf „aus Sicht der Vollzugsanstalt" bedeutsame u. nur auf dem Gericht u. der StA bisher nicht bekannte Erkenntnisse (krit. Paeffgen GA 2009, 454; Tsambikakis ZIS 2009, 509). Andere Mitteilungspflichten – etwa nach Landesgesetzen – bleiben unberührt.

Vorführung vor den zuständigen Richter

115 (1) **Wird der Beschuldigte auf Grund des Haftbefehls ergriffen, so ist er unverzüglich dem zuständigen Gericht vorzuführen.**

(2) **Das Gericht hat den Beschuldigten unverzüglich nach der Vorführung, spätestens am nächsten Tage, über den Gegenstand der Beschuldigung zu vernehmen.**

(3) [1]**Bei der Vernehmung ist der Beschuldigte auf die ihn belastenden Umstände und sein Recht hinzuweisen, sich zur Beschuldigung zu äußern oder nicht zur Sache auszusagen.** [2]**Ihm ist Gelegenheit zu geben, die Verdachts- und Haftgründe zu entkräften und die Tatsachen geltend zu machen, die zu seinen Gunsten sprechen.**

(4) [1]**Wird die Haft aufrechterhalten, so ist der Beschuldigte über das Recht der Beschwerde und die anderen Rechtsbehelfe (§ 117 Abs. 1, 2, § 118 Abs. 1, 2, § 119 Abs. 5, § 119a Abs. 1) zu belehren.** [2]**§ 304 Abs. 4 und 5 bleibt unberührt.**

1 **A. Vorführung vor das zuständige Gericht (Abs. 1).** Die Vorführung vor das zuständige Gericht (Abs. 1), dh vor den Richter, der den Haftbefehl erlassen hat (vgl. § 126 Abs. 1), nur hilfsweise vor den Richter des nächsten AG (§ 115a Abs. 1), nicht aber vor einen ersuchten Richter (OLG Stuttgart NStZ 2006, 588), wohl aber vor einem beauftragten Richter (OLG Köln NStZ 2008, 175 Ls.; vgl. → Rn. 9), ist **zwingend vorgeschrieben.** Dies gilt auch für den erweiterten Haftbefehl (BayObLG StraFo 2026, 63), ein Verzicht des Beschuldigten ist unwirksam. Abs. 1 gilt für alle richterlichen Haftbefehle vor o. nach Anklageerhebung, auch bei Haftbefehlserweiterung (→ Rn. 12; s. zur Teilaufhebung aber → Rn. 12a) u. auch für die nach §§ 127b Abs. 2, 230 Abs. 2, 236, 329 Abs. 4 S. 1; seine entspr. Anwendung auf den Sicherungshaftbefehl bestimmt § 453c Abs. 2 S. 2. Vorzuführen ist nach Abs. 1 der aufgrund des Haftbefehls ergriffene Beschuldigte. Die Vorführung des vor Erlass des Haftbefehls festgenommenen Beschuldigten regeln §§ 128, 129.

2 **Ergreifung** iSv Abs. 1 ist die Festnahme des Beschuldigten zum Zweck des Vollzugs des Haftbefehls. Wird der Beschuldigte aufgrund desselben Haftbefehls erneut ergriffen, zB nachdem er geflüchtet war, so gilt Abs. 1 nicht. Dagegen ist die Vorschr. anzuwenden, wenn der Haftbefehl aufgeh. u. dann später wiederhergestellt worden o. wenn eine Anordnung nach § 116 Abs. 4 ergangen ist.

Vorführung bedeutet nicht die persönliche Gegenüberstellung mit dem Richter, sondern das Unterstellen des Beschuldigten unter dessen unmittelbare Verfügungsgewalt (Löwe/Rosenberg/Hilger Rn. 5; **aM** Rüping FS Hirsch, 1999, 970; erg. → § 135 Rn. 4). Schon das Verbringen in das Gerichtsgebäude u. die Einlieferung in das Gerichtsgefängnis ist daher Vorführung. In der Regel wird der Beschuldigte zunächst in die UHaftanstalt eingeliefert u. der StA (vgl. Koch NStZ 1995, 71) u. der Richter davon benachrichtigt. Zur Vorführung gehört die Vorlage der Unterlagen, die der vorführende Beamte über die Sache besitzt. Darüber hinaus ist die StA zur Herbeischaffung der Akten verpflichtet (Schramm/Bernsmann StV 2006, 442; deren Ansicht, bei fehlender Aktenvorlage sei der Haftbefehl aufzuheben, geht aber zu weit). Eine symbolische Vorführung findet statt, wenn der Beschuldigte wegen Krankheit nicht rechtzeitig vorgeführt werden kann (vgl. Nr. 51 RiStBV). **3**

Unverzüglich ist der Beschuldigte vorzuführen, dh ohne jede vermeidbare Verzögerung (vgl. → § 25 Rn. 8); insbes. darf die Vorführung nicht zugunsten weiterer polizeilicher Ermittlungen, etwa v. Beschuldigtenvernehmungen, zurückgestellt werden (BGHSt 60, 38 mwN sowie Anm. Kasiske HRRS 2015, 69); erg. → Rn. 16 zu etwa daraus resultierenden Verwertungsverboten). Abs. 1 begründet allerdings kein absolutes Verbot polizeilicher Beschuldigtenvernehmungen zwischen Festnahme u. Haftvorführung (BGH BeckRS 2019, 4755: Vernehmung auf Drängen des Beschuldigten, die abgebrochen wurde, als seine Vorführung möglich war); allerdings ist in den Fällen der notwendigen Verteidigung § 141a zu beachten (→ § 141a). **4**

Am Tage nach der Ergreifung darf er nur vorgeführt werden, wenn eine frühere Vorführung nicht möglich ist. Spätestens an diesem Tage muss die Vorführung aber stattfinden, auch wenn er ein Sonnabend, Sonn- o. Feiertag ist. Die Frist kann nicht verlängert werden; auf ihre Einhaltung kann der Beschuldigte nicht wirksam verzichten. Ihre – nicht nur geringfügige – Überschreitung zwingt wegen der Bdeutung der Schutzwirkung der Frist für den Beschuldigten zur Aufhebung des Haftbefehls u. Freilassung des Beschuldigten (KK-StPO/Graf Rn. 5a; Löwe/Rosenberg/Hilger Rn. 9; SK-StPO/Paeffgen Rn. 7); nach Meinung des OLG Celle (StraFo 2024, 416, 420 f.) kann es dagegen je nach Lage des Einzelfalls ausreichen, die Rechtswidrigkeit der vom Beschuldigten seit der Verhaftung bis zur Nachholung der Vorführung vor das zuständige Gericht erlittenen U-Haft festzustellen und die vorausgegangenen Verfahrensverstöße durch die nachgeholte Vorführung für die Zukunft als geheilt anzusehen. Ergänzend → § 128 Rn. 6. **5**

B. Pflichtverteidiger. Dem Beschuldigten, der nach § 115 vorzuführen ist, ist gem. §§ 140 Abs. 1 Nr. 4, 141 Abs. 2 S. 1 Nr. 1 (→ § 141 Rn. 10–13) ein Pflichtverteidiger zu bestellen. Zu Zuständigkeit u. Bestellungsverfahren s. § 142 Abs. 2–6 sowie → § 142 Rn. 8 ff. **5a**

C. Vernehmung (Abs. 2, Abs. 3). Dem Gericht muss den Vorgeführten unverzüglich (→ Rn. 4) nach der Vorführung, **spätestens am nächsten Tag** (→ Rn. 5) vernehmen (Abs. 2). **6**

Die Vernehmung entfällt selbstverständlich, wenn der Beschuldigte vernehmungsunfähig ist, muss aber unverzüglich nachgeholt werden, wenn er wieder vernommen werden kann. Wenn er wegen Erkrankung nicht vorgeführt werden konnte, muss der Richter ihn im Krankenhaus aufsuchen o. den „nächsten" Richter (§ 115a) um die unverzügliche Vernehmung ersuchen. Zur Frage, ob v. der Vernehmung abgesehen werden darf, wenn der Richter den dringenden Tatverdacht v. vornherein verneint, vgl. Lüderssen FS G. Pfeiffer, 1988, 249 ff. **7**

Den **Ablauf der Vernehmung** bestimmt Abs. 3. Handelt es sich um die 1. Vernehmung in der Sache, so gilt zusätzlich § 136 (Löwe/Rosenberg/Hilger Rn. 18). Der Beschuldigte ist dann auch darüber zu belehren, dass er jederzeit einen Wahlverteidiger befragen kann (Löwe/Rosenberg/Gless § 136 Rn. 46). Zieht er darauf einen Verteidiger hinzu, so ist die Vernehmung innerhalb der **8** zeitlichen Grenze des Abs. 2 zurückzustellen, um dem Verteidiger die Anwesenheit zu ermöglichen (VerfG Brandenburg NJW 2003, 2009; VerfGH Rheinland-Pfalz StV 2006, 315; NJW 2006, 3341). Bei der Vernehmung ist der Beschuldigte auf die ihn belastenden Umstände hinzuweisen (Abs. 3 S. 1). Die Tatsachen, die den dringenden Tatverdacht u. die Haftgründe begründen, müssen ihm mitgeteilt werden; die Vorschr. hat im Gegensatz zu früher (vgl. KG StV 1994, 319); vgl. auch BVerfG NJW 1994, 573) an Bedeutung verloren, weil das Akteneinsichtsrecht des Verteidigers nach der Rspr. des EGMR in Haftsachen nicht mehr beschränkt werden darf (→ § 147 Rn. 25). Im Übrigen hat der Beschuldigte, dem dadurch rechtliches Gehör gewährt wird (BVerfG NStZ 1994, 551), Gelegenheit, die Verdachts- u. Haftgründe zu entkräften u. die ihn entlastenden Tatsachen vorzutragen (Abs. 3 S. 2). Stellt er Beweisanträge, so gilt § 166 (dazu ANM 338 ff.).

9 Für die **Form der Vernehmung** gelten §§ 168, 168a. Hat ein Kollegialgericht den Haftbefehl erlassen, kann es den Beschuldigten in voller Besetzung vernehmen; die Übertragung d. Vernehmung auf ein Mitglied d. Spruchkörpers als beauftragten Richter ist aber zulässig (**aM** KMR-StPO/Wankel Rn. 12) u. üblich. Das Anwesenheitsrecht der StA u. des Verteidigers folgt aus § 168c (BGH NStZ 1989, 282).

10 Der Richter **entscheidet** nach der Vernehmung, ob der Haftbefehl aufrecht zu erhalten, nach § 120 Abs. 1 aufzuheben (dazu Lüderssen FS G. Pfeiffer, 1988, 239) o. außer Vollzug zu setzen (§ 116) ist.

11 War der StA bei der Vernehmung nicht zugegen, obwohl er benachrichtigt worden war, so gilt § 33 Abs. 2 nicht. Eine **Verletzung der** für die Vernehmung geltenden **Formvorschriften** (§§ 168, 168a) lässt, soweit sie nicht die Gewährung rechtlichen Gehörs betr., die Wirksamkeit der Haftentscheidung unberührt (OLG Düsseldorf VRS 85, 430). Fehlt es aber an der ordnungsgemäßen Verkündung nach § 115 darf der Haftbefehl in einem Haftfortdauerbeschluss nach §§ 121, 122 nicht berücksichtigt werden (BVerfG StV 2001, 691; BGH BeckRS 2016, 14380).

12 **D. Änderungen des Haftbefehls.** Wird ein bestehender Haftbefehl **geänd., erweitert** o. durch einen anderen Haftbefehl **ausgewechselt** (vgl. → § 114 Rn. 18), so ist die richterliche Vernehmung nach Abs. 3 ebenfalls erforderlich (BVerfG StV 2001, 691 (692); OLG Celle StraFo 2017, 67; OLG Koblenz NStZ-RR 2012, 93 Ls.). Dies gilt entspr., wenn ein bestehender Unterbringungsbefehl gem. § 126a in einen Haftbefehl umgewandelt wird (OLG Celle StraFo 2020, 243). Wird ein Haftbefehl erlassen, aufgrund dessen nur Überhaft (→ Vor § 112 Rn. 13) vermerkt wird, so ist § 115 erst anwendbar, wenn die Überhaft vollstreckt wird (Löwe/Rosenberg/Hilger Rn. 27).

12a Dagegen genügt bei der **Teilaufhebung** eines Haftbefehls die schriftliche Bekanntgabe, wenn der Beschluss ohne Änderung des angenommenen Haftgrundes lediglich den Wegfall einzelner Tatvorwürfe bestimmt; einer mündlichen Verkündung bedarf es in einem solchen Fall nicht, da die Entscheidung keine zusätzliche Beschwer des Beschuldigten enthält (BGH NJW 2025, 3443).

13 **E. Rechtsbehelfsbelehrung (Abs. 4).** Der nicht auf freien Fuß gesetzte Beschuldigte, nicht auch sein ges. Vertreter, muss über das **Beschwerderecht** nach § 304 Abs. 1, Abs. 4 S. 2 Nr. 1, Abs. 5 (→ § 117 Rn. 8) belehrt werden, nicht über die Möglichkeit der weiteren Beschwerde nach § 310 Abs. 1. Dass der Ausschluss der Beschwerde gegen Entscheidungen des OLG u. des ER beim BGH auch hier gilt, stellt Abs. 4 S. 2 klar. Die Belehrungspflicht betr. nicht nur die Anordnung der UHaft, sondern erstreckt sich auch auf das Recht der Beschwerde gegen gerichtliche Entscheidungen nach § 119 Abs. 1, Abs. 2.

14 Ferner ist der Beschuldigte über das **Antragsrecht** nach §§ 117 Abs. 1, 118 Abs. 1, Abs. 2, 119 Abs. 5, 119a Abs. 1 zu belehren, also über den Antrag auf Haftprüfung (§ 117 Abs. 1), den Antrag auf mündliche Verh. (§ 118 Abs. 1, Abs. 2), den Antrag nach § 119 Abs. 5 bei Unstatthaftigkeit der Beschwerde u. den Antrag nach § 119a Abs. 1 gegen behördliche Entscheidungen u. Maßnahmen im UHaftvollzug.

Wird nach **vorläufiger Festnahme** ein Haftbefehl erlassen, ist Abs. 4 über § 128 Abs. 2 S. 3 anwendbar, ebenso nach § 115a Abs. 3 S. 2, wenn der „nächste" Richter den Haftbefehl aufrechterhält. 15

F. Revision. Mit der Revision kann gerügt werden, dass unter Verletzung des Unverzüglichkeitsgebotes durchgeführte Vernehmungen des Beschuldigten unverwertbar sind. Dies setzt einen darauf bezogenen Widerspruch in der HV, der zumindest in groben Zügen die Gründe der behaupteten Unverwertbarkeit darzulegen hat, sowie eine ausdr. Rüge der Verletzung des Abs. 1 nach § 344 Abs. 2 S. 2 voraus (BGHSt 60, 38 mit insoweit krit. Anm. Knauer NStZ 2014, 722 sowie Wohlers JR 2015, 281 (284); s. auch BGH BeckRS 2016, 18316). Bei der gebotenen Abwägung können gegen die Annahme eines Verwertungsverbotes die Einhaltung der in Art. 104 Abs. 3 GG bestimmten Frist, die nach Vorführung vor den Haftrichter u. korrekter Belehrung gleichwohl erfolgte Aussage, bei der der Beschuldigte ausdr. keinen Beistand eines Verteidigers begehrte, sowie die Schwere des Tatvorwurfs sprechen; wird allerdings eine gebotene Vorführung bewusst unterlassen, um die Verteidigerbestellung durch den Haftrichter zu umgehen (vgl. § 140 Abs. 1 Nr. 4), kommt ein Verwertungsverbot für etwa betroffene polizeiliche Vernehmungen in Betracht (vgl. BGHSt 60, 38). 16

Vorführung vor den Richter des nächsten Amtsgerichts

115a (1) **Kann der Beschuldigte nicht spätestens am Tag nach der Ergreifung dem zuständigen Gericht vorgeführt werden, so ist er unverzüglich, spätestens am Tage nach der Ergreifung, dem nächsten Amtsgericht vorzuführen.**

(2) [1]**Das Gericht hat den Beschuldigten unverzüglich nach der Vorführung, spätestens am nächsten Tage, zu vernehmen.** [2]**Bei der Vernehmung wird, soweit möglich, § 115 Abs. 3 angewandt.** [3]**Ergibt sich bei der Vernehmung, dass der Haftbefehl aufgehoben, seine Aufhebung durch die Staatsanwaltschaft beantragt (§ 120 Abs. 3) oder der Ergriffene nicht die in dem Haftbefehl bezeichnete Person ist, so ist der Ergriffene freizulassen.** [4]**Erhebt dieser sonst gegen den Haftbefehl oder dessen Vollzug Einwendungen, die nicht offensichtlich unbegründet sind, oder hat das Gericht Bedenken gegen die Aufrechterhaltung der Haft, so teilt es diese dem zuständigen Gericht und der zuständigen Staatsanwaltschaft unverzüglich und auf dem nach den Umständen angezeigten schnellsten Wege mit; das zuständige Gericht prüft unverzüglich, ob der Haftbefehl aufzuheben oder außer Vollzug zu setzen ist.**

(3) [1]**Wird der Beschuldigte nicht freigelassen, so ist er auf sein Verlangen dem zuständigen Gericht zur Vernehmung nach § 115 vorzuführen.** [2]**Der Beschuldigte ist auf dieses Recht hinzuweisen und gemäß § 115 Abs. 4 zu belehren.**

A. Vorführung vor das nächste AG (Abs. 1). Die Vorführung vor das nächste AG (Abs. 1) **ist ausnahmsweise notwendig,** wenn die vor das zuständige AG nach § 115 (wegen großer Entfernung, Erkrankung des Beschuldigten uA) nicht rechtzeitig möglich ist. Das Einverständnis des Beschuldigten mit der Überschreitung der Frist des § 115 Abs. 2 ist wirkungslos. Für die Anwendung des Abs. 1 kommt es darauf an, ob die Frist des § 115 Abs. 2 unter den üblichen Umständen eingehalten werden kann; nur wenn dies auch unter Ausnutzung der zur Vfg. stehenden technischen u. personellen Möglichkeiten ausgeschlossen ist, erfolgt die Vorführung nach § 115a (OLG Celle StraFo 2024, 416; Koch NStZ 1995, 71 gegen Fischer NStZ 1994, 321). 1

Nächstes AG ist idR dasjenige, in dessen Bezirk der Beschuldigte ergriffen worden ist, uU das verkehrsmäßig am schnellsten erreichbare. Sind die Strafsachen für mehrere AG-Bezirke allg. einem AG übertragen (→ GVG § 58 Rn. 4), so ist 2 dieses Gericht zuständig (AnwK Untersuchungshaft/König Rn. 3; **aM** SK-StPO/Paeffgen Rn. 2). Wenn die rechtzeitige Vorführung anders nicht möglich ist, wird der Beschuldigte dem nächsten AG ohne Rücksicht darauf vorgeführt, ob es für Haftsachen zuständig ist (Löwe/Rosenberg/Hilger Rn. 1).

3 Die Vorführung hat **unverzüglich** (→ § 25 Rn. 8) zu erfolgen, spätestens am Tage nach der Ergreifung; die Fristüberschreitung führt nicht zur Freilassung (→ § 115 Rn. 5), kann aber wegen § 136a (→ § 136 Rn. 20) die Unverwertbarkeit der Vernehmung zur Folge haben (vgl. BGH StV 1995, 283).

3a Dem Beschuldigten, der nach § 115a vorzuführen ist, ist gem. §§ 140 Abs. 1 Nr. 4, 141 Abs. 2 S. 1 Nr. 1 (→ § 141 Rn. 10–13) ein **Pflichtverteidiger zu bestellen.** Zu Zuständigkeit u. Bestellungsverfahren s. § 142 Abs. 2–6 sowie → § 142 Rn. 8 ff.

4 **B. Vernehmung (Abs. 2).** Die Vernehmung (Abs. 2) muss unverzüglich nach der Vorführung (→ § 115 Rn. 4), spätestens am nächsten Tage, stattfinden (S. 1). Sie richtet sich, soweit möglich, nach § 115 Abs. 3 (S. 2). Wegen der Anwesenheitsrechte nach § 168c gelten keine Besonderheiten. Der Hinweis auf die Aussagefreiheit u. die weiteren Hinweise nach § 136 Abs. 1 S. 2–4 sind immer möglich, die Sachvernehmung nur, soweit der Richter dazu ohne Aktenkenntnis imstande ist.

5 Die **Entscheidungsbefugnis** des Richters ist beschränkt; er ist nur berechtigt, den Ergriffenen mit der Begründung freizulassen, dass er nicht die in dem Haftbefehl bezeichnete Person ist o. dass der Haftbefehl nicht mehr besteht (nicht, dass er fehlerhaft ist) o. die Aufhebung des Haftbefehls durch die StA nach § 120 Abs. 3 beantragt ist. Auch wenn der Richter den Haftbefehl für offensichtlich unbegründet hält, darf er ihn nicht nach § 120 aufheben. Der Gesetzgeber ist bei Änd. der Vorschr. durch G v. 29.7.2009 (BGBl. I 2274 (2275)) der entgegenstehenden Ansicht nicht gefolgt (s. Diehm StraFo 2007, 231 wegen Art. 5 Abs. 3 EMRK; Heinrich StV 1995, 660, der entgegen Abs. 2 S. 3 und 4 eine umfassende Entscheidungskompetenz des Richters bejaht; wie Heinrich auch Ziegert StV 1997, 439; dagegen zutr. Nibbeling ZRP 1998, 342; Schmitz NStZ 1998, 170, die aber beide eine Gesetzesänderung fordern). Der Richter darf auch nicht den Vollzug des Haftbefehls nach § 116 aussetzen (Löwe/Rosenberg/Hilger Rn. 8; Schmitz NStZ 1998, 170; **aM** Maier NStZ 1989, 59; Schröder NJW 1981, 1425; Zieschang FS 600 Jahre JurFak Würzburg, 2002, 679, der § 115a jedoch dahin verfassungskonform auslegen will; offengelassen v. BGHSt 42, 343 (348)); er kann lediglich bei Haftunfähigkeit v. Vollzug des Haftbefehls absehen (LG Frankfurt a. M. StV 1985, 464; das ist nicht „inkonsequent und widersprüchlich", wie Zieschang FS 600 Jahre JurFak Würzburg, 2002, 677 meint, denn der Haftbefehl als solcher wird hierdurch nicht angetastet). Im Übrigen nimmt er nur die Einlassung des Beschuldigten entgegen. Der weitere Verfahrensgang stellt sich dann wie folgt dar:

6 Hält der Richter die Einwendungen des Beschuldigten nicht für offensichtlich unbegründet o. hat er sonst Bedenken gegen die Aufrechterhaltung des Haftbefehls, so **unterrichtet** er davon das zuständige Gericht u. die zuständige StA (S. 4) unverzüglich (BGHSt 42, 343 (346)) u. auf dem schnellstmöglichen Wege, idR telefonisch o. per e-mail; gerade diese Verständigungsmöglichkeiten lassen iÜ die Diskussion um die eigene Entscheidungsbefugnis des nächsten Richters als weithin überholt erscheinen (**aM** KMR-StPO/Wankel Rn. 4a ff.: Regelung ist verfassungswidrig u. verstößt gegen EMRK). Nur wenn das zuständige Gericht o. die zuständige StA auch auf diesem Wege am Tage der Vorführung nicht erreichbar sind (zB am Wochenende) u. die Aufrechterhaltung des Haftbefehls schlechthin unvertretbar wäre (zB Sachverhalt erfüllt keinen Straftatbestand), kann der Haftbefehl in entspr. Anwendung des § 116 außer Vollzug gesetzt werden (Schröder StV 2005, 241; vgl. auch AnwK Untersuchungshaft/König Rn. 8). Andernfalls hat das zuständige Gericht unverzüglich zu prüfen, ob der Haftbefehl aufzuheben o. außer Vollzug zu setzen ist. Entscheidet der v. „nächsten" Richter aber erreichte zuständige Richter, nach Anhörung der StA (§ 33 Abs. 2), dass der Haftbefehl aufgeh. o.

sein Vollzug ausgesetzt wird, so wird er die Anordnung idR durch den „nächsten" Richter ausführen lassen.

Beschwerdeberechtigt ist dann die für den Haftrichter nach § 115 zuständige StA; die Entsch. trifft das dem zuständigen AG übergeordnete LG (KG JR 1976, 253). Wenn jedoch der „nächste" Richter selbständig über den Haftbefehl verfügt hat, ist das ihm übergeordnete LG zuständig (KG JR 1976, 253; LG Frankfurt a. M. StV 1985, 464). § 159 GVG ist nicht entspr. anzuwenden (KG JR 1976, 253; **aM** Seetzen NJW 1972, 189). Stellt der Beschuldigte nicht den Antrag nach Abs. 3 S. 1 (→ Rn. 8), sondern legt er gegen den Haftbefehl Beschwerde ein, ist das dem zuständigen Richter übergeordnete LG zuständig (**aM** OLG München StV 2010, 585 Ls.: grds. auch das dem nächsten Richter übergeordnete LG). 7

C. Vorführung vor das zuständige Gericht. Die Vorführung vor das zuständige Gericht zur Vernehmung kann der Beschuldigte, nicht die StA (AG Bremerhaven MDR 1967, 855), ohne weitere Begründung verlangen, wenn er nicht freigelassen wird (Abs. 3 S. 1). Auf dieses Recht muss er hingewiesen werden (Abs. 3 S. 2). Die Vorführung, für die das G keine Frist bestimmt, muss **unverzüglich** (→ § 25 Rn. 8) stattfinden; ggf. ist ein Einzeltransport anzuordnen (Koch NStZ 1995, 73; Schmitz NStZ 1998, 171). Eine Vernehmung durch das Rechtshilfegericht (§ 157 GVG) ersetzt die Vernehmung nach Abs. 3 nicht (OLG Köln JMBl. NRW. 1968, 129). Neben dem Antrag nach Abs. 3 S. 1 ist die Haftbeschwerde wegen § 117 Abs. 2 S. 1 unzulässig (OLG Hamburg NStZ-RR 2002, 381). 8

Aussetzung des Vollzugs des Haftbefehls — Nr. 54, 57 RiStBV

116 (1) [1] **Der Richter setzt den Vollzug eines Haftbefehls, der lediglich wegen Fluchtgefahr gerechtfertigt ist, aus, wenn weniger einschneidende Maßnahmen die Erwartung hinreichend begründen, daß der Zweck der Untersuchungshaft auch durch sie erreicht werden kann.** [2] **In Betracht kommen namentlich**

1. **die Anweisung, sich zu bestimmten Zeiten bei dem Richter, der Strafverfolgungsbehörde oder einer von ihnen bestimmten Dienststelle zu melden,**
2. **die Anweisung, den Wohn- oder Aufenthaltsort oder einen bestimmten Bereich nicht ohne Erlaubnis des Richters oder der Strafverfolgungsbehörde zu verlassen,**
3. **die Anweisung, die Wohnung nur unter Aufsicht einer bestimmten Person zu verlassen,**
4. **die Leistung einer angemessenen Sicherheit durch den Beschuldigten oder einen anderen.**

(2) [1] **Der Richter kann auch den Vollzug eines Haftbefehls, der wegen Verdunkelungsgefahr gerechtfertigt ist, aussetzen, wenn weniger einschneidende Maßnahmen die Erwartung hinreichend begründen, daß sie die Verdunkelungsgefahr erheblich vermindern werden.** [2] **In Betracht kommt namentlich die Anweisung, mit Mitbeschuldigten, Zeugen oder Sachverständigen keine Verbindung aufzunehmen.**

(3) **Der Richter kann den Vollzug eines Haftbefehls, der nach § 112a erlassen worden ist, aussetzen, wenn die Erwartung hinreichend begründet ist, daß der Beschuldigte bestimmte Anweisungen befolgen und daß dadurch der Zweck der Haft erreicht wird.**

(4) **Der Richter ordnet in den Fällen der Absätze 1 bis 3 den Vollzug des Haftbefehls an, wenn**

1. **der Beschuldigte den ihm auferlegten Pflichten oder Beschränkungen gröblich zuwiderhandelt,**

2. der Beschuldigte Anstalten zur Flucht trifft, auf ordnungsgemäße Ladung ohne genügende Entschuldigung ausbleibt oder sich auf andere Weise zeigt, daß das in ihn gesetzte Vertrauen nicht gerechtfertigt war, oder
3. neu hervorgetretene Umstände die Verhaftung erforderlich machen.

Übersicht

1 **A. Ausprägung des Verhältnismäßigkeitsgrundsatzes.** Eine besondere Ausprägung des Verhältnismäßigkeitsgrundsatzes ist die Vorschr. (BVerfGE 19, 342 (347 ff.)), die für das Jugendstrafverfahren durch § 72 Abs. 1 **JGG** ersetzt wird. Wenn der Zweck der UHaft, auch der nach §§ 230 Abs. 2, 236, 329 Abs. 4 S. 1 (KG GA 1972, 127; Neuhaus StV 1999, 341), durch weniger einschneidende Maßnahmen erreicht werden kann, muss der Vollzug des Haftbefehls ausgesetzt werden, ggf. schon bei seinem Erlass. Auch der Dauer solcher, notwendigerweise die Freiheitsrechte des Beschuldigten beschränkenden Maßnahmen sind aber Grenzen gesetzt. Der Haftbefehl muss daher aufgeh. werden, wenn seine Aufrechterhaltung trotz Aussetzung seiner Vollziehung nicht mehr verhältnismäßig ist (BVerfGE 53, 152 = NJW 1980, 1448; BGHSt 39, 233 (236); OLG Bremen StV 1994, 666; OLG Düsseldorf StraFo 2003, 378; erg. → § 120 Rn. 5). Bei vermeidbaren Verfahrensverzögerungen ist eine erneute Inhaftierung des Angeklagten vor Urteilserlass nicht mehr zulässig (OLG Köln StV 1988, 345). Ob die Voraussetzungen des § 116 vorliegen, ist bei jeder Haftentscheidung zu prüfen (vgl. OLG Köln NStZ 2012, 112 zu einer auf einem Fehlverhalten eines Schöffen beruhenden Verfahrensverzögerung). Aus der Vorschr. folgt die Zulässigkeit der Beschränkung eines Haftbefehls dahin, dass er einem Ersuchen um Auslieferungshaft an einen bestimmten Staat nicht zugrunde gelegt werden darf (Volckart StV 1983, 436).

2 Die **befristete Aussetzung** des Vollzugs eines Haftbefehls ist nicht statthaft; denn die Frage, ob der Zweck der UHaft durch weniger einschneidende Maßnahmen erreicht werden kann, lässt sich nur einheitlich beantworten (OLG Schleswig SchlHA 1971, 69; **aM** Löwe/Rosenberg/Hilger Rn. 9; Neuhaus NStZ 2002, 559; Paeffgen UntersuchungshaftR S. 171 Fn. 34). § 116 darf insbes. nicht zur Umgehung des Verbots, Urlaub aus der UHaft zu bewilligen, benutzt werden (OLG Schleswig SchlHA 1971, 69). Unzulässig ist daher eine kurzfristige Vollzugsaussetzung zu dem Zweck, dem Beschuldigten geschäftliche Bespr. (**aM** Löwe/Rosenberg/Hilger Rn. 9) o. die Teilnahme an einer Beerdigung (OLG Stuttgart MDR 1980, 423) o. einen stationären Krankenhausaufenthalt zu ermöglichen (OLG Zweibrücken MDR 1979, 517). Die v. dem LG Köln (StV 1984, 342) für zulässig gehaltene Beurlaubung zu dem Zweck, dem Gefangenen in Begleitung u. unter Aufsicht v. Mitarbeitern staatlich anerkannter Suchtberatungsstellen ein Vor-

stellungsgespräch zur Vorbereitung einer Drogentherapie zu ermöglichen, ist in Wahrheit eine zugelassene Ausführung mit bes. Überwachungspersonal.

B. Vollzugsaussetzung bei Fluchtgefahr (Abs. 1). I. Rechtsfolge bei Vorliegen der Voraussetzungen. Zwingend vorgeschrieben ist die Aussetzung beim Vorliegen der Voraussetzungen des Abs. 1. Trifft Fluchtgefahr mit anderen Haftgründen zusammen, so müssen auch die hierfür in Abs. 2 und Abs. 3 bestimmten Voraussetzungen erfüllt sein. Auch bei Flucht ist § 116 uU anwendbar (Löwe/Rosenberg/Hilger Rn. 2). 3

Die Erwartung, dass der Zweck der Haft auch durch andere Maßnahmen erreicht werden kann, muss **hinreichend begründet** sein. Das ist der Fall, wenn mit großer Wahrscheinlichkeit anzunehmen ist, dass der Beschuldigte sich dem Verf. nicht entziehen werde (vgl. dazu OLG Karlsruhe StraFo 1997, 91); dabei soll auch berücksichtigt werden können, dass der Angeklagte sich bei einer Flucht einer erhöhten Gefahr der Ansteckung mit dem COVID-19 Virus aussetzen würde (OLG Hamm StV 2020, 633). 4

II. Nur bei Anordnung weniger einschneidender Maßnahmen. Nur bei Anordnung weniger einschneidender Maßnahmen lässt Abs. 1 die Vollzugsaussetzung zu. Sie können geringfügig sein; der völlige Verzicht auf sie wäre aber gesetzwidrig; denn wenn sie nicht erforderlich sind, muss der Haftbefehl aufgeh. werden. Die Maßnahmen müssen ihrer Art nach als Ersatzmittel für die UHaft geeignet u. auf die Persönlichkeit des Beschuldigten sowie auf seine Verhältnisse abgestimmt sein. Sie dürfen keinen Sühnecharakter haben (Kleinknecht MDR 1965, 784) u. an den Beschuldigten keine unzumutbaren Anforderungen stellen (OLG Saarbrücken NJW 1978, 2460 (2462)), insbes. ihm keine Beschränkungen auferlegen o. Weisungen erteilen, die durch den gegebenen Haftgrund nicht gerechtfertigt sind (OLG Celle StV 1988, 207; OLG Oldenburg OLGSt StPO § 116 S. 17). Ein Arbeitszwang darf ebenso wenig bestimmt werden wie in der UHaft (vgl. Paeffgen NStZ 2000, 135). In uneinschränkbare Grundrechte darf nicht eingegriffen werden. Dass mit einer Maßnahme zugleich eine Berufsbeschränkung verbunden ist, macht sie nicht unwirksam; die Anordnung eines vorl. Berufsverbots ist aber nur nach § 132a zulässig (OLG Hamm StraFo 2002, 178). Vgl. auch die Zusammenstellung bei Neuhaus StV 1999, 342 ff. 5

III. Gesetzliche Beispiele (Abs. 1 S. 2). Gesetzliche Beispiele für weniger einschneidende Maßnahmen (Abs. 1 S. 2): 6

1. Meldepflicht (Nr. 1): In Betracht kommt nicht nur die Pflicht zur regelmäßigen Meldung, dh zur persönlichen Vorstellung, bei Gericht, bei der StA o., was die Regel ist, bei der Polizei, sondern auch bei anderen Dienststellen, zB beim Landratsamt o., wenn der Beschuldigte Soldat ist, bei dem Disziplinarvorgesetzten. Die Meldung bei einer privaten Stelle, zB beim Arbeitgeber, ist keine Maßnahme nach Nr. 1, sondern eine sonstige Maßnahme. Sie kann nur in Erwägung gezogen werden, wenn die Privatstelle einverstanden, zuverlässig u. vertrauenswürdig ist. Der Richter bestimmt die Meldezeit u. die Behörde in dem Haftverschonungsbeschluss. Zeitweise Aussetzung der Meldeauflage ist zulässig (OLG Hamm StraFo 1998, 423). Die Verständigung der Behörde kann der Richter der StA überlassen. 7

2. Aufenthaltsbeschränkungen (Nr. 2): Da die Anweisung, einen bestimmten Ort nicht ohne Erlaubnis zu verlassen, kaum kontrollierbar ist, kommt die Vollzugsaussetzung unter einer solchen Beschränkung nur bei vertrauenswürdigen Beschuldigten in Betracht (Löwe/Rosenberg/Hilger Rn. 20: Entlassung auf Ehrenwort). Die Überwachung durch die Polizei (vgl. Kleinknecht JZ 1965, 118) führt idR zu einer unzumutbaren Bloßstellung des Beschuldigten. Hat das Gericht es der StA o. der Polizei überlassen, Ausnahmegenehmigungen zu erteilen, so ist gegen ihre Versagung nicht der Rechtsweg nach §§ 23 ff. EGGVG, sondern die Anrufung des Gerichts zulässig. 8

3. Die **Weisung, die Wohnung nur unter Aufsicht zu verlassen (Nr. 3),** kommt bei Jugendlichen in Betracht, deren Eltern o. sonstige Erziehungsberechtigte vertrauenswürdig u. zur Übernahme der Aufsicht bereit sind. Ständige Beglei- 9 tung verlangt die Aufsicht nicht; es kann genügen, dass die Aufsichtsperson den Beschuldigten auf dem Weg zur Schule o. zur Arbeitsstelle u. zurück begleitet. Eine weitreichende neue Anwendungsmöglichkeit für diese Weisung eröffnet aber auch der im Einverständnis mit dem Beschuldigten vorgenommene Einsatz elektronischer Überwachungsmittel („Fußfessel"; vgl. dazu eing. Neuhaus StV 1999, 345 ff.; Püschel StraFo 2009, 140).

10 4. Die **Sicherheitsleistung (Nr. 4)** – in Art. 5 Abs. 3 S. 3 EMRK ausdr. erwähnt – verstößt nicht gegen Art. 3 Abs. 1 GG, obwohl sie in 1. Hinsicht den wohlhabenderen Beschuldigten zur Entlassung aus der UHaft verhilft (OLG Bamberg MDR 1958, 788; KK-StPO/Graf Rn. 18). Sie dient ausschl. der Erfüllung des Zwecks der U-Haft, nämlich dass sich der Beschuldigte dem weiteren Verf. nicht entzieht (BGH NStZ 2016, 620). Einzelheiten der Sicherheitsleistung regelt § 116a. Das Gericht darf die Aussetzung des Vollzugs gegen Sicherheitsleistung ohne Antrag (Löwe/Rosenberg/Hilger § 116a Rn. 3, 4), sogar ohne Einverständniserklärung des Beschuldigten anordnen (vgl. Art. 5 Abs. 3 S. 3 EMRK). In der Regel wird aber ein Angebot des Beschuldigten vorliegen, das ihm der Richter nahelegen kann. Die Sicherheitsleistung dient nicht nur der Sicherung der Durchführung des Strafverfahrens, sondern auch der des Antritts der Strafe (vgl. § 124 Abs. 1). Eine Aufrechnung mit der Geldstrafe o. den Verfahrenskosten ist nicht zulässig (OLG Frankfurt a. M. StV 2000, 509); dafür gilt § 127a Abs. 1 Nr. 2. Zur Abtretung des Rückzahlungsanspruchs an den Geldgeber o. Verteidiger vgl. Püschel StraFo 2009, 138.

11 **IV. Sonstige Maßnahmen.** Außer den in Abs. 1 S. 2 bezeichneten kommen alle Maßnahmen in Betracht, die geeignet sind, als Ersatz für den Vollzug des Haftbefehls zu dienen. Dazu gehört etwa die Sperre eines Sparbuchs o. Bankkontos, die Abgabe des Führerscheins (KK-StPO/Graf Rn. 12) o. die Anweisung an den Beschuldigten, eine bestimmte Wohnung zu nehmen o. sich einer Wohngruppe zur Drogentherapie anzuschließen (OLG Hamm StV 1984, 123).

12 In der Praxis wird va die Weisung erteilt, die **Personalpapiere** zu den Akten zu geben; denn der Erlass des Haftbefehls berechtigt nicht zugleich zu deren Beschlagnahme (**aM** LG Offenburg NStZ 1999, 530 mablAnm Wohlers StV 2000, 32; abl. auch Paeffgen NStZ 2001, 74). Die Abgabe des Reisepasses darf auch v. Ausländern verlangt werden (OLG Saarbrücken NJW 1978, 2460; **aM** AG Frankfurt a. M. NJW 1977, 1601), denen dann aber wegen der Ausweispflicht nach § 3 AufenthG darüber eine Bescheinigung ausgestellt werden muss. Inländern wird idR zur Auflage gemacht, auch den Personalausweis zu den Akten zu geben (OLG Stuttgart Justiz 1971, 330); auch ihnen muss mit Rücksicht auf die Ausweispflicht nach § 1 Abs. 1 S. 2 PersAuswG hierüber eine Bescheinigung erteilt werden (OLG Stuttgart Justiz 1971, 330).

13 **V. Verbindung mehrerer Weisungen und Auflagen.** Die Verbindung mehrerer Weisungen und Auflagen ist zulässig u. oft zweckmäßig. Häufig ermöglicht erst sie die Aussetzung des Vollzugs des Haftbefehls. In Betracht kommt va die Verbindung der Aufenthaltsbeschränkung mit der Anweisung, die Personalpapiere abzugeben.

14 **C. Vollzugsaussetzung bei Verdunkelungsgefahr (Abs. 2).** Auch wenn dieser Haftgrund vorliegt, können weniger einschneidende Maßnahmen (→ Rn. 5) die Erwartung begründen, dass die Gefahr erheblich vermindert wird. Restlos beseitigt braucht sie nicht zu sein. Abs. 2 ist zwar nur als Kann-Vorschr. ausgestaltet; jedoch erfordert der Verhältnismäßigkeitsgrundsatz die Aussetzung des Vollzugs, wenn er entbehrlich ist (vgl. → Rn. 17).

15 Als Bsp. der hierzu geeigneten Maßnahmen nennt S. 2 das **Verbot der Verbindungsaufnahme zu Beweispersonen.** Es umfasst die Verbindungsaufnahme durch Briefe u. durch Mittelspersonen (KK-StPO/Graf Rn. 21) u. gilt auch für die Verbindung mit Personen, die noch nicht Mitbeschuldigte, Zeugen o. Sachverständige sind, es aber voraussichtlich sein werden. Die darin liegende Einschränkung der Verteidigungsmöglichkeiten ist dadurch gerechtfertigt, dass der Beschuldigte

sich schon früher dem Verdacht ausgesetzt hat, die Sachaufklärung zu behindern (Hengsberger JZ 1966, 213; krit. Dahs NJW 1965, 83; Schorn NJW 1965, 843: mit Art. 6 Abs. 3 Buchst. b, c EMRK schwer vereinbar). Die Verbindung mit einem in der Hausgemeinschaft lebenden Angehörigen darf dem Beschuldigten nicht untersagt werden (OLG Hamburg Rpfleger 1966, 374). Hat er keinen Verteidiger, so kann ihm der Richter trotz des Verbots die Aufnahme bestimmter Verbindungen zwecks Suche nach Verteidigungsmaterial gestatten (KK-StPO/Graf Rn. 21).

Die **Sicherheitsleistung** ist keine ges. vorgesehene (vgl. § 124 Abs. 1) u. idR auch keine geeignete Maßnahme zur Herabminderung der Verdunkelungsgefahr (KG JR 1990, 34; OLG Frankfurt a. M. NJW 1978, 838; Tiedemann NJW 1977, 1977; **aM** OLG Hamm StraFo 2001, 397; OLG Köln StraFo 1997, 93; Löwe/Rosenberg/Hilger Rn. 18; Hohlweck NStZ 1998, 600; Paeffgen NStZ 1992, 482 hält die Sicherheitsleistung zwar für geeignet, aber im Hinblick auf den eindeutigen Gesetzeswortlaut nicht für zulässig). 16

D. Vollzugsaussetzung bei Wiederholungsgefahr (Abs. 3). Die Vollzugsaussetzung bei Wiederholungsgefahr (Abs. 3) wird nur in bes. Ausnahmefällen zu verantworten sein. In den Fällen des § 112a Abs. 1 Nr. 1 kommt va die Auflage an den Beschuldigten in Betracht, sich in ärztliche Behandlung o. in eine Krankenanstalt zu begeben, in den Fällen des § 112a Abs. 1 Nr. 2 die Weisung, einen bestimmten Aufenthalt zu nehmen u. nicht zu verlassen. Zulässig ist auch die Weisung, mit bestimmten Personen nicht zu verkehren, u. die Unterstellung unter die Aufsicht einer bestimmten Person, etwa unter die eines Bewährungshelfers. Vgl. auch § 71 Abs. 2 S. 2 **JGG.** Die Sicherheitsleistung ist bei Abs. 3 ebenso unzulässig wie bei Verdunkelungsgefahr (**aM** KK-StPO/Graf Rn. 19). 17

E. Vollzugsaussetzung im Fall des § 112 Abs. 3. Die Vollzugsaussetzung im Fall des § 112 Abs. 3 sieht § 116 nicht vor. Der Verhältnismäßigkeitsgrundsatz verlangt aber auch hier die Haftverschonung unter bestimmten Auflagen, wenn dadurch erreicht werden kann, dass der Beschuldigte sich dem Verf. nicht entzieht u. auch keine Verdunkelungsmaßnahmen trifft (BVerfGE 19, 342 = NJW 1966, 243; BVerfG NJW 1966, 772). Daher kann der Vollzug nach den Grundsätzen zu Abs. 1 und Abs. 2 ausgesetzt werden (BGH NStZ-RR 2022, 351, 353; StV 2016, 443; OLG Frankfurt a. M. StV 2000, 374; OLG Köln NJW 1996, 1686; OLG Oldenburg StraFo 2008, 27). Allerdings sind insoweit strenge Anforderungen zu stellen (BGH NStZ-RR 2022, 351, 353). 18

F. Verfahren. Der Vollzug des Haftbefehls wird vAw o. auf Antrag der StA o. des Beschuldigten ausgesetzt. 19

Die Aussetzung erfolgt durch **Beschluss** des nach § 126 zuständigen Richters. Das kann schon zugleich mit dem Erlass des Haftbefehls geschehen. Die StA ist nach § 33 Abs. 2 zu hören, wenn sie nicht selbst den Antrag gestellt hat. Der Beschl. muss mit Gründen versehen (§ 34) u. den Bet. formlos bekanntgegeben werden (§ 35 Abs. 2 S. 2). Die dem Beschuldigten auferlegten Pflichten u. Beschränkungen müssen in dem Beschl. so genau umschrieben sein, dass er weiß, wie er sich zu verhalten hat, u. dass Zuwiderhandlungen gegen sie, die zum Widerruf der Haftverschonung zwingen (Abs. 4), eindeutig festgestellt werden können (Kleinknecht MDR 1965, 784). 20

Die nachträgliche **Änderung der Maßnahme,** auch ihre Verschärfung (zB die Erhöhung der Sicherheitsleistung), ist zulässig; nach § 126 Abs. 2 S. 2 kann der Vorsitzende allein sie anordnen. 21

Europäische Überwachungsanordnung (RB 2009/829/JI des Rates v. 23.10.2009): Haben Beschuldigte eines deutschen Strafverfahrens ihren rechtmäßigen gewöhnlichen Aufenthalt in einem anderen Mitgliedsstaat der EU kann der nach § 126 zuständige deutsche Haftrichter die Überwachung v. Haftverschonungsauflagen an diesen Mitgliedsstaat abgeben; Voraussetzung ist allerdings, dass der betr. Mitgliedsstaat die Übernahme der Überwachung anerkennt (s. iE §§ 90y, 90z IRG; Schlothauer GS Weßlau, 2016, 313 ff., auch zu praktischen Problemen 21a bei der Umsetzung). Die Abgabe darf die ordnungsgemäße Durchführung des Strafverfahrens, va das Erscheinen des Beschuldigten in der HV, nicht gefährden. Auch der Schutz v. Opfern o. der Allgemeinheit kann ihr entgegenstehen, etwa wenn Verdunkelungshandlungen o. Wiederholungstaten (s. dazu die in Art. 8 RB-EuÜA aufgeführten Überwachungsmaßnahmen) zu befürchten sind (vgl. Art. 2 Abs. 1 RB-EuÜA; Schlothauer GS Weßlau, 2016, 317).

22 **G. Anordnung des Vollzugs des Haftbefehls (Abs. 4).** Die Anordnung des Vollzugs des Haftbefehls (Abs. 4) ist nur zulässig, wenn die Voraussetzungen der Nr. 1–3 vorliegen (KG StraFo 1997, 27; OLG Düsseldorf StV 1988, 207); dann ist sie aber zwingend geboten, im Fall der Nr. 3 ohne zeitliches Zuwarten (OLG Stuttgart NStZ 1982, 217 Ls.; **aM** SK-StPO/Paeffgen Rn. 25), es sei denn, ein milderes Mittel der Verfahrenssicherung – va eine Verschärfung der Auflagen – genügt (BVerfG StV 2006, 139; 2008, 25 (27)) o. ein Haftbefehl, der bereits fast 6 Monate lang vollzogen worden ist, wäre unverzüglich wieder aufzuheben, weil wegen Verstoßes gegen das Beschleunigungsgebot die Voraussetzungen des § 121 Abs. 1 nicht vorliegen (OLG Karlsruhe StV 2015, 652). Wird der außer Vollzug gesetzte **Haftbefehl** aufgeh. u. **durch einen neuen ersetzt,** so liegt darin sachlich eine Anordnung nach Abs. 4, die nur unter den dort bezeichneten Voraussetzungen zulässig ist (BVerfG StraFo 2007, 19; OLG Dresden StraFo 2009, 521 (522); OLG Düsseldorf StV 1993, 480; OLG Karlsruhe wistra 2005, 316; OLG Köln StV 2008, 258; OLG Stuttgart NStZ 1982, 217 Ls.); dasselbe gilt bei der Anordnung erheblich verschärfter Auflagen (OLG Frankfurt a. M. StV 2010, 586 Ls.). Der Erlass eines neuen Haftbefehls ist daher unzulässig, wenn sich bei Vorliegen derselben prozessualen Tat die Umstände im Vergleich zzt. der Außervollzugsetzung nicht verändert haben (OLG Nürnberg StV 2013, 519).

22a **Nach Rechtskraft** des auf unbedingte Freiheitsstrafe lautenden Urteils kann ein außer Vollzug gesetzter Haftbefehl nicht wieder in Vollzug gesetzt werden (KG StraFo 2022, 320; erg. → § 112 Rn. 2).

23 **I. Gröbliches Zuwiderhandeln (Nr. 1). Gröbliches Zuwiderhandeln gegen Pflichten oder Beschränkungen (Nr. 1)** erfordert kein absichtliches Handeln. Entscheidend ist vielmehr, ob durch das Zuwiderhandeln der Haftgrund wieder so verstärkt worden ist, dass der Haftbefehl vollzogen werden muss (OLG Frankfurt a. M. StV 1995, 476). Bloße Nachlässigkeiten u. Versehen genügen dazu nicht (KK-StPO/Graf Rn. 29).

24 **II. Entfallen der Vertrauensgrundlage (Nr. 2).** Wenn der Beschuldigte Anstalten zur **Flucht** trifft oder entspr. Handlungen Dritter kennt u. billigt, wird ohne weiteres der Vollzug des wegen Fluchtgefahr ergangenen Haftbefehls angeordnet. War Fluchtgefahr bisher nicht angenommen worden, so wird der Vollzug nur angeordnet, wenn nunmehr die Voraussetzungen des § 112 Abs. 2 Nr. 2 vorliegen; der Haftgrund der Fluchtgefahr muss dann in den Haftbefehl aufgenommen werden (→ § 114 Rn. 18).

25 Entgegen dem zu engen Wortlaut der Nr. 2 wird der Vollzug selbstverständlich auch dann angeordnet, wenn der Beschuldigte bereits geflohen ist.

26 Der Widerrufsgrund des **Ausbleibens** gilt nur, wenn der Beschuldigte zu einem gerichtlichen Termin o. zu einer Vernehmung bei der StA (nicht bei der Polizei) ordnungsgemäß, auch über einen Zustellungsbevollmächtigten (§ 116a Abs. 3), geladen war (vgl. dazu → § 51 Rn. 2; → § 216 Rn. 2 ff.) u. entgegen seiner Verpflichtung nach §§ 133, 163a Abs. 3, 230 Abs. 2 oder 236 ohne genügende Entschuldigung (dazu → § 329 Rn. 18 ff.) ausgeblieben ist.

27 Die Generalklausel des **nicht gerechtfertigten Vertrauens** gilt immer, aber auch nur dann (BVerfG StraFo 2005, 502), wenn sich nachträglich aufgrund alter o. neu bekannt gewordener Tatsachen herausstellt, dass die Annahme, der Beschuldigte werde Pflichten u. Beschränkungen erfüllen u. sich dem Verf. stellen, ein Irrtum war.

III. Neu hervorgetretene Umstände (Nr. 3). Als neu hervorgetretene Umstände (Nr. 3) kommen **nur solche Tatsachen** in Betracht, die bei Würdigung des Wesens der Aussetzung zu ihrer Versagung geführt hätten (OLG Düsseldorf StraFo 2002, 142; OLG Frankfurt a. M. StV 1998, 31; OLG Karlsruhe wistra 2005, 316; OLG Koblenz StraFo 1999, 322; OLG München NJW 1978, 771; KG StV 2019, 567). Eine lediglich andere Beurteilung des unv. gebliebenen Sachverhalts rechtfertigt den Widerruf nicht (BVerfG StV 2013, 98). Die Schwelle für eine Widerrufsentscheidung ist sehr hoch anzusetzen; maßgeblich ist, ob die Vertrauensgrundlage der Aussetzungsentscheidung infolge der neu hervorgetretenen Umstände entfallen ist (eing. dazu BVerfG BeckRS 2020, 37348; 2006, 139 unter Aufhebung v. BGH NStZ 2006, 297; OLG München NStZ 2020, 627; OLG Oldenburg StraFo 2016, 509; OLG Nürnberg StraFo 2011, 224; OLG Stuttgart StraFo 2009, 104; KG StV 2019, 567; s. auch OLG Naumburg StraFo 2025, 448; OLG Braunschweig StV 2017, 456 Ls. zum Haftgrund der Wiederholungsgefahr). 28

Wiederinvollzugsetzungsgründe sind etwa die Verstärkung des bisherigen – so zB die Fluchtgefahr wesentlich erhöhende neue Taten – o. das Hinzutreten eines weiteren Haftgrundes. Die Verurteilung zu einer weit höheren Strafe als bei Aussetzung erwartet (vgl. BGH NStZ 2005, 279 (280); OLG Düsseldorf StV 2000, 211; OLG Hamm StV 2003, 512) rechtfertigt den Widerruf nur dann, wenn die beantragte o. verhängte Strafe v. der bisherigen Straferwartung erheblich zum Nachteil des Angeklagten abweicht; dazu bedarf es nachvollziehbarer Feststellungen dazu, v. welcher Straferwartung der Beschuldigte zum Zeitpunkt der Außervollzugsetzung ausgegangen ist (BVerfG StV 2013, 94; BeckRS 2012, 55231; vgl. auch OLG München NStZ 2020, 627). Die Invollzugsetzung bedarf in einem solchen Fall bes. Begründung, wenn im Laufe des Verfahrens v. der Verfolgung wesentlicher dem Beschuldigten zur Last gelegter Straftaten gem. § 154 Abs. 2 abgesehen wurde o. wenn der Beschuldigte sich aufgrund der Verurteilung v. Mittätern über die ihm drohende Freiheitsstrafe im Klaren war (BVerfG StV 2013, 94). Sie scheidet – selbstverständlich – aus, wenn sich die Straferwartung durch das Urt. nur realisiert hat (OLG Frankfurt a. M. StV 2004, 493; OLG Oldenburg StraFo 2008, 468; vgl. auch OLG Zweibrücken StraFo 2012, 186: Anordnung der Sicherungsverwahrung). Neu hervorgetretene Umstände können sich nicht auf den (dringenden) Tatverdacht beziehen, denn dieser ist bereits Grundvoraussetzung für Erlass u. Außervollzugsetzung des Haftbefehls (BVerfG StV 2008, 25). Das Einwirken auf einen Zeugen reicht nicht aus, wenn es für das vorliegende Verf. bedeutungslos ist (OLG Düsseldorf StV 1984, 339; **aM** OLG Hamm wistra 1998, 364). Bloße Nachlässigkeiten o. Versehen genügen als Widerrufsgrund ebenfalls nicht (KG StV 2002, 607). 28a

Der **Beschleunigungsgrundsatz** in Haftsachen ist auch während der Außervollzugsetzung des Haftbefehls zu beachten (OLG Naumburg StraFo 2025, 448). Selbst wenn neu hervorgetretene Umstände vorliegen, kann eine Wiederinvollzugsetzung daran scheitern, dass das Verfahren über einen längeren Zeitraum nicht gefördert wurde (s. OLG Naumburg StraFo 2025, 448: 11 Monate Untätigkeit nach Aussetzung der Hauptverhandlung). 28b

IV. Verfahren. Die Anordnung des Vollzugs erfolgt auf Antrag der StA o. vAw durch mit Gründen versehenen (§ 34) Beschl. des nach § 126 zuständigen Richters, der auch dann zuständig ist, wenn die Anordnung nach Abs. 1–3 v. dem Beschwerdegericht o. im Verf. nach § 122 v. dem OLG getroffen worden ist (→ § 122 Rn. 19). Zur Aufhebung der Maßnahmen, die der Aussetzung des Haftvollzugs gedient haben, vgl. § 123 Abs. 1 Nr. 2 (→ § 123 Rn. 3 ff.). Wird der Beschuldigte aufgrund der Anordnung festgenommen, so ist er erneut nach §§ 115, 115a dem Richter vorzuführen; die Benachrichtigung nach § 114c ist erforderlich. 29

V. Vorläufige Festnahme. Die vorläufige Festnahme durch StA o. Polizei (§ 127 Abs. 2) ist zulässig, wenn neue tatsächliche Umstände, insbes. Anstalten zur Flucht, erkennbar sind, die zur Anordnung des Vollzugs nach Abs. 4 zwingen, u. 30

wenn Gefahr im Verzug (→ § 127 Rn. 19) besteht. Der Versuch des Beschuldigten, die Grenze zu überschreiten, berechtigt zur vorl. Festnahme nur, wenn eine entgegenstehende Anordnung nach Abs. 1 Nr. 2 besteht o. die Fluchtabsicht offensichtlich ist.

31 **H. Beschwerde.** Gegen die Aussetzung des Vollzugs kann die StA Beschwerde nach § 304 Abs. 1 einlegen (nicht aber vorsorglich für den Fall der Außervollzugsetzung, s. OLG Naumburg NStZ 2013, 543); das Beschwerdegericht hat dann die gesamten Voraussetzungen des Haftbefehls zu prüfen (KG StraFo 2023, 183; OLG Stuttgart NJW 1982, 1296). Es kann im Beschwerdeverfahren auch den Außervollzugssetzungsbeschluss aufheben; dies gilt ebenso uneingeschränkt – und nicht nur unter den Voraussetzungen des Abs. 4 Nr. 1 bis 3 –, falls der Beschuldigte mangels Aussetzung der Vollziehung der angefochtenen Entscheidung nach § 307 Abs. 2 zwischenzeitlich auf freien Fuß gelangt war (OLG Hamm BeckRS 2023, 25908). Der Nebenkläger hat kein Beschwerderecht (→ § 400 Rn. 1). Ist ein Antrag auf Haftverschonung abgelehnt o. nach Abs. 4 der Vollzug des Haftbefehls angeordnet worden, so ist der Beschuldigte beschwerdeberechtigt (vgl. → § 117 Rn. 8 ff.). Er kann Beschwerde auch einlegen, wenn er die Weisungen u. Beschränkungen für übermäßig belastend hält. Zur Beschwerde gegen den Beschl. des OLG vgl. → § 304 Rn. 13, gegen Vfg. der ER des BGH u. der OLGe → § 304 Rn. 19, zur weiteren Beschwerde → § 310 Rn. 7.

Aussetzung gegen Sicherheitsleistung

116a (1) [1]**Die Sicherheit ist durch Hinterlegung in barem Geld, in Wertpapieren, durch Pfandbestellung oder durch Bürgschaft geeigneter Personen zu leisten.** [2]**Davon abweichende Regelungen in einer auf Grund des Gesetzes über den Zahlungsverkehr mit Gerichten und Justizbehörden erlassenen Rechtsverordnung bleiben unberührt.**

(2) **Der Richter setzt Höhe und Art der Sicherheit nach freiem Ermessen fest.**

(3) **Der Beschuldigte, der die Aussetzung des Vollzugs des Haftbefehls gegen Sicherheitsleistung beantragt und nicht im Geltungsbereich dieses Gesetzes wohnt, ist verpflichtet, eine im Bezirk des zuständigen Gerichts wohnende Person zum Empfang von Zustellungen zu bevollmächtigen.**

1 **A. Art und Höhe der Sicherheitsleistung (Abs. 1, Abs. 2).** Die Sicherheit nach § 116 Abs. 1 Nr. 4 kann **nur auf eine der in Abs. 1 bezeichneten Arten** geleistet werden (vgl. aber BGHSt 42, 343 (353): nur Ordnungsvorschrift). Art u. Höhe der Sicherheit setzt der Haftrichter (§ 126) fest; nach Erhebung der öffentl. Klage ist der Vorsitzende allein zuständig (§ 126 Abs. 2 S. 3). Die Sicherheit ist so zu bemessen, dass sie nach Art u. Höhe auf den Beschuldigten einen psychischen Zwang ausübt, sich dem Verf. zu stellen (OLG Schleswig OLGSt StPO § 116a Nr. 2).

2 Für die **Hinterlegung von Geld oder Wertpapieren** gilt in 1. Hinsicht die Hinterlegungsordnung v. 10.3.1937 (RGBl. I 285; FNA 300-15), letztes ÄndG v. 23.11.2007 (BGBl. I 2614 (2616)). Einer ausdr. Annahme durch die StA bedarf es nicht (OLG Hamm NJW 1991, 2717). Die Hinterlegung ist aber auch bei einem Treuhänder möglich. Trifft der Richter keine anderslautende Anordnung, so können für die Hinterlegung Vermögenswerte dritter Personen verwendet werden (OLG Hamm JMBl. NRW 1991, 58).

2a Ist bestimmt, dass der Beschuldigte die Kaution als „**Eigenhinterleger**" zu leisten habe, ist eine Sicherheitsleistung durch Dritte ausgeschlossen. Der Beschuldigte kann aber ein Darlehen aufnehmen u. den künftigen Rückzahlungsanspruch gegen die Hinterlegungsstelle an den Darlehensgeber abtreten (BGH NStZ 2016, 620 (Z) mAnm Bittmann).

Die **Pfandbestellung** iSv Abs. 1 schließt die Sicherungsübereignung u. -abtretung sowie die Bestellung v. Grundschulden ein. 3

Bürgschaft iSd Vorschr. ist nicht die Bürgschaft nach § 765 BGB, sondern die Leistung einer Sicherheit durch einen anderen als den Beschuldigten (BGH NStZ 2016, 620; OLG Karlsruhe StraFo 2000, 394), u. zwar entweder durch aufschiebend bedingtes selbstschuldnerisches Zahlungsversprechen o., was die Regel ist, durch Hinterlegung v. Geld o. Wertpapieren im eigenen Namen (Löwe/Rosenberg/Hilger Rn. 5 ff.). Die Bürgschaft, die auch v. einer Bank (BGH NStZ 2016, 620; Rixen NStZ 1999, 329: nicht aber v. einer Kommune) geleistet werden kann (dazu Münchhalffen/Gatzweiler Untersuchungshaft Rn. 318), bedarf nicht der Schriftform; idR wird sie aber schriftlich erklärt. Hält das Gericht diese Form der Sicherheitsleistung für ausreichend, so muss das in dem Haftverschonungsbeschluss ausdr. angesprochen werden (OLG Düsseldorf NStZ 1990, 97). 4

Die Möglichkeit, **unbar** Sicherheit zu leisten, kann gem. Abs. 1 S. 2 durch eine nach dem ZahlVGJG v. 22.12.2006 (BGBl. I 3416) erlassene RechtsVO der Landesregierungen bzw. des BMJV eröffnet werden. Die zu erlassende RechtsVO regelt die Einzelheiten, in welcher Weise unbare Zahlungen zu leisten sind (zB durch EC-Karte o. Kreditkarte). Solange am Ort des Gerichts o. der Justizbehörde ein Kreditinstitut aufgrund besonderer Ermächtigung kostenlos Zahlungsmittel für das Gericht o. die Justizbehörde gegen Quittung annimmt („Outsourcing"), steht diese Zahlungsmöglichkeit der Barzahlung gleich (§ 2 ZahlVGJG; vgl. auch § 224 AO). 4a

B. Zustellungsbevollmächtigter (Abs. 3). Der nicht in der BRD wohnende Beschuldigte kann die Aussetzung des Vollzugs des Haftbefehls gegen Sicherheitsleistung nach § 116 Abs. 1 Nr. 4 nur erreichen, wenn er eine im Bezirk des zuständigen Gerichts (Büttner DRiZ 2007, 188; **aM** OLG Düsseldorf VRS 71, 369; Löwe/Rosenberg/Hilger Rn. 15; SK-StPO/Paeffgen Rn. 6: auch außerhalb des Gerichtsbezirks; erg. → § 127a Rn. 7) wohnende bestimmte Person (dazu LG Baden-Baden NStZ-RR 2000, 372) zum Zustellungsbevollmächtigten bestellt. Dabei kommt es nicht auf den Wohnsitz (→ § 8 Rn. 1) des Beschuldigten an; Abs. 3 gilt auch, wenn er sich für längere Zeit nicht in der BRD aufhält. Die Auswahl des Bevollmächtigten ist dem Beschuldigten überlassen; sie ist aber nur wirksam, wenn der Bevollmächtigte einverstanden ist, was der Beschuldigte nachweisen muss (OLG Köln VRS 99, 431 mwN). Ist bei Stellung des Haftverschonungsantrags noch kein Bevollmächtigter bestellt o. der Nachw. seines Einverständnisses noch nicht erbracht worden, so kann der Richter den Antrag ablehnen o. ihm mit der Auflage stattgeben, dass die Bestellung o. der Nachw. nachgeholt wird; er kann dem Beschuldigten aber auch Gelegenheit geben, das Versäumte vor der Entsch. nachzuholen. 5

Das **Vollmachtsverhältnis** wirkt für die Dauer der Aussetzung des Haftbefehlsvollzugs (vgl. § 123 Abs. 1) u. kann nicht widerrufen werden (OLG Düsseldorf VRS 71, 369; LG Nürnberg-Fürth StraFo 2023, 274). Der Austausch des Zustellungsbevollmächtigten ist nur mit Zustimmung des Richters möglich. 6

Der Bevollmächtigte tritt **für alle Zustellungen** an die Stelle des Beschuldigten (BGHSt 10, 62; RGSt 77, 212 (214); OLG Düsseldorf VRS 71, 369; OLG Koblenz NStZ-RR 2004, 373); die Beschränkung des § 145a Abs. 2 S. 1 gilt nicht (Greßmann NStZ 1991, 218). Die Vollmacht schließt die Ermächtigung ein, Mitteilungen für den Beschuldigten in Empfang zu nehmen, die nicht förmlich zugestellt werden (erg. → § 145a Rn. 4 ff.). Das zugestellte Schriftstück o. eine Abschrift davon hat der Bevollmächtigte unverzüglich an den Beschuldigten weiterzuleiten, wobei er die Zeitpunkte des Eingangs u. der Weiterleitung vermerken sollte (Greßmann NStZ 1991, 218; vgl. dort auch zur Wiedereinsetzung bei Fristversäumnis durch den Beschuldigten). 7

Verhältnis von Untersuchungshaft zu anderen freiheitsentziehenden Maßnahmen

116b [1]**Die Vollstreckung der Untersuchungshaft geht der Vollstreckung der Auslieferungshaft, der vorläufigen Auslieferungshaft, der Abschiebungshaft und der Zurückweisungshaft vor.** [2]**Die Vollstreckung anderer freiheitsentziehender Maßnahmen geht der Vollstreckung von Untersuchungshaft vor, es sei denn, das Gericht trifft eine abweichende Entscheidung, weil der Zweck der Untersuchungshaft dies erfordert.**

1 **A. Vorrangregelung.** Die Vorschrift regelt, welche Art der Freiheitsentziehung neben angeordneter UHaft den Vorrang hat., Nach S. 1 geht die UHaft zwingend der Vollstreckung v. Auslieferungshaft, vorl. Auslieferungshaft, Abschiebungshaft u. Zurückweisungshaft vor. Die Vollstreckung anderer freiheitsentziehender Maßnahmen – insbes. die Strafvollstreckung – geht nach S. 2 grds. der Vollstreckung v. UHaft vor, jedoch kann das Gericht eine abw. Entsch. treffen, falls dies der Zweck der UHaft erfordert. Damit soll erreicht werden, dass die UHaft nur vollstreckt wird, wenn dies unabdingbar ist. Der Vorrang der Strafhaft tritt daher bereits dann ein, wenn die StA – etwa durch Erlass eines Vollstreckungshaftbefehls – unmissverständlich zum Ausdruck bringt, dass die Vollstreckung einer Freiheitsstrafe nunmehr ansteht (KG StraFo 2011, 108). § 116b ist ggü. der Möglichkeit des Aufschubs o. der Unterbrechung der Vollstreckung einer Freiheitsstrafe nach § 455a *lex specialis* (BR-Drs. 829/09, 30).

2 **UHaft** iSv § 116b ist nicht nur die Haft aufgrund eines Haftbefehls nach §§ 112, 112a, sondern auch die nach §§ 230 Abs. 2, 236, 329 Abs. 4, 412 S. 1 angeordnete Haft.

3 **B. Zur Sicherstellung der innerstaatlichen Strafverfolgung.** Zur Sicherstellung der innerstaatlichen Strafverfolgung ist UHaft immer vorrangig vor Auslieferungshaft u. vorl. Auslieferungshaft (§§ 15, 16 IRG), Abschiebungshaft (§ 62 AufenthG, auch iVm § 57 Abs. 3 AufenthG) u. Zurückweisungshaft (§ 15 Abs. 5 AufenthG) zu vollstrecken.

4 **C. Andere freiheitsentziehende Maßnahmen.** Solche grds. vor UHaft zu vollstreckende Maßnahmen sind: **Nach dem StGB** Freiheitsstrafe (§ 38), Ersatzfreiheitsstrafe (§ 43), Unterbringung in einem psychiatrischen Krankenhaus (§ 63), in einer Entziehungsanstalt (§ 64) u. in der Sicherungsverwahrung (§ 66), **nach dem JGG** Jugendarrest (§ 16) u. Jugendstrafe (§ 17), **nach der StPO** Ordnungshaft (zB §§ 51 Abs. 1 S. 2, 70 Abs. 1 S. 2, vgl. auch §§ 177, 178 GVG), Erzwingungshaft (zB § 70 Abs. 2; vgl. auch § 96 OWiG), Unterbringung zur Beobachtung (§ 81), einstweilige Unterbringung (§ 126a), Unterbringung bei zu erwartender Sicherungsverwahrung (§ 275a Abs. 5), Sicherungshaft (§ 453c), **nach der ZPO** Erzwingungshaft (§ 901), Sicherungshaft (§ 918), schließlich Haft aufgrund einer Anordnung nach § 4 des Überstellungsausführungsgesetzes. Der Vorrang der Strafhaft tritt bereits mit Rechtskraft der Verurteilung ein, nicht erst mit Eingang des Aufnahmeersuchens der StA in der JVA; dies gilt jedenfalls dann, wenn die StA v. der Rechtskraft des Urteils u. der UHaft Kenntnis hatte (OLG Karlsruhe NStZ-RR 2021, 62).

5 **D. Ausnahmen.** Ausnahmen v. Grundsatz des S. 2 sind nur zulässig, wenn die Abwehr der die Anordnung der UHaft begründenden Gefahren (insbes. Verdunkelungsgefahr, § 112 Abs. 2 Nr. 3) „im organisatorischen Rahmen einer offener als eine UHaftanstalt/-abteilung organisierten Anstalt auch bei erheblicher Anstrengung mit angemessenen Mitteln nicht zu gewährleisten ist" (BR-Drs. 829/08, 30). Statt der Vollstreckung v. UHaft ist aber zu prüfen, ob nicht die Verlegung in eine andere Anstalt o. Abt. ausreicht.

6 Erforderlich ist für die Umkehr der Vollstreckungsreihenfolge eine **Entscheidung des Gerichts.** Die Zuständigkeit ergibt sich aus § 126 Abs. 1. Die Verfahrensbeteiligten sind vor der Entsch. (anders als bei der regelmäßig erfolgenden

Vollstreckung der Freiheitsstrafe) zu hören (KG NStZ-RR 2011, 189). Die nach S. 2 ergehende Ausnahmeentscheidung ist nach §§ 119 Abs. 5, 119a anfechtbar.

E. Geltung des § 119 Abs. 1–5. Die Regelungen des § 119 Abs. 1–5 gelten nach § 119 Abs. 6 auch bei der Vollstreckung anderer freiheitsentziehender Maßnahmen (vgl. → § 119 Rn. 40, 41). 7

Haftprüfung **Nr. 54 Abs. 2 RiStBV**

117 (1) **Solange der Beschuldigte in Untersuchungshaft ist, kann er jederzeit die gerichtliche Prüfung beantragen, ob der Haftbefehl aufzuheben oder dessen Vollzug nach § 116 auszusetzen ist (Haftprüfung).**

(2) [1] **Neben dem Antrag auf Haftprüfung ist die Beschwerde unzulässig.** [2] **Das Recht der Beschwerde gegen die Entscheidung, die auf den Antrag ergeht, wird dadurch nicht berührt.**

(3) **Der Richter kann einzelne Ermittlungen anordnen, die für die künftige Entscheidung über die Aufrechterhaltung der Untersuchungshaft von Bedeutung sind, und nach Durchführung dieser Ermittlungen eine neue Prüfung vornehmen.**

A. Rechtsbehelfe. Rechtsbehelfe gegen den Haftbefehl sind der Antrag auf Haftprüfung nach Abs. 1 und die Beschwerde nach § 304 Abs. 1. 1

I. Haftprüfung auf Antrag des Beschuldigten (Abs. 1). Die Haftprüfung auf Antrag (Abs. 1) des Beschuldigten (wegen der Haftprüfung vAw vgl. → Rn. 16) verpflichtet den nach § 126 Abs. 1 zuständigen Richter zu der Prüfung, ob der Haftbefehl nach § 120 aufzuheben o. sein Vollzug nach § 116 auszusetzen ist. Zwar haben StA u. Gericht stets vAw zu prüfen, ob die Fortdauer der UHaft gerechtfertigt ist (→ § 120 Rn. 2). Wenn das der Fall ist, wird das Erg. der Prüfung aber nicht aktenkundig gemacht. Demgegenüber ist das Verf. nach Abs. 1 eine förmliche Haftprüfung, die zu einer ausdr. Entsch. führt. 2

Sie findet auf **Antrag des Beschuldigten,** der darüber nach § 115 Abs. 4 belehrt worden ist, bei jeder Art v. UHaft, auch der nach § 230 Abs. 2 (OLG Stuttgart MDR 1990, 75), §§ 236, 329 Abs. 4 S. 1, statt (KK-StPO/Graf Rn. 2). Zum Antragsrecht vgl. → § 118b Rn. 1, zur Antragsrücknahme → § 118b Rn. 2. StA u. Nebenkläger sind nicht antragsberechtigt. Ein in der HV gestellter Antrag muss nicht sofort behandelt werden (BGH NStZ 2006, 463; erg. → § 238 Rn. 5). 3

Antragsvoraussetzung ist, dass der Haftbefehl vollzogen wird, über dessen Aufrechterhaltung o. Außervollzugsetzung entschieden werden soll (OLG Bremen NJW 1951, 45; KK-StPO/Graf Rn. 2). Ist Überhaft vermerkt (→ Vor § 112 Rn. 13), insbes. die UHaft zur Strafvollstreckung unterbrochen (§ 116b S. 2; → Vor § 112 Rn. 14), so ist die Haftprüfung nach Abs. 1 daher unzulässig (OLG Hamburg MDR 1974, 861; OLG Stuttgart Justiz 1989, 437), sofern nicht das Ende der Strafhaft nahe bevorsteht (OLG Hamburg MDR 1974, 861; OLG Stuttgart Justiz 1989, 437); der Antrag kann aber in eine Haftbeschwerde umgedeutet werden (Hohmann NJW 1990, 1649). 4

Eine besondere **Form** ist für den Antrag nicht vorgeschrieben. Er kann, etwa bei der richterlichen Vernehmung nach § 115a Abs. 2, mündlich, sonst schriftlich (→ Einl. Rn. 128) o. zu Prot. des UrkB der Geschäftsstelle (→ Einl. Rn. 131 ff.) des zuständigen Gerichts erklärt werden; § 299 Abs. 1 ist anwendbar (§ 118b). 5

Die **Entscheidung,** die nach der Rspr. des EGMR grds. innerhalb v. 20 Tagen zu erfolgen hat (EGMR NJW 2019, 2143 mkritAnm Weigend StV 2019, 561; erg. → **EMRK** Art. 5 Rn. 13), ergeht nach mündlicher Verh., wenn der Beschuldigte das beantragt o. das Gericht es für geboten hält (§ 118 Abs. 1, Abs. 3, Abs. 4), sonst nach Aktenlage, wobei dem Haftrichter nicht verwehrt ist, vor der Entsch. einzelne Beweise zu erheben, wenn das ohne wesentlichen Zeitverlust möglich ist (KK-StPO/Graf Rn. 10). Vor der Entsch. ist die StA nach § 33 Abs. 2 zu hören, der Beschuldigte nur unter den Voraussetzungen des § 33 Abs. 3 (dazu Löwe/Rosen- 6 berg/Hilger Rn. 23); die Voraussetzungen des § 33 Abs. 4 liegen nicht mehr vor. Der Haftrichter kann den Haftbefehl aufrechterhalten, nach § 120 aufheben o. seinen Vollzug nach § 116 aussetzen. Er kann ihn auch inhaltlich ändern, insbes. einzelne Taten ausscheiden u. den Haftgrund ändern (erg. → § 114 Rn. 18). Weitere Taten darf er im Ermittlungsverfahren nur auf Antrag der StA einbeziehen (→ § 125 Rn. 8).

7 Die Entsch. ergeht durch **Beschluss,** der nach § 34 mit Gründen zu versehen (Bezugnahmen auf den Haftbefehl u. auf frühere Haftentscheidungen sind zulässig), dem Beschuldigten u. der StA formlos bekanntzugeben (§ 35 Abs. 2 S. 2) u. mit der Beschwerde u. weiteren Beschwerde anfechtbar ist. Ein Nichtabhilfebeschluss ersetzt die Entsch. nach Abs. 1 nicht (OLG Celle StV 1989, 253; OLG Schleswig OLGSt Nr. 2).

8 **II. Beschwerde gegen den Haftbefehl.** Die **Beschwerde nach §§ 304 Abs. 1** ist gegen den Haftbefehl, auch wenn er noch nicht vollstreckt (OLG Hamm NStZ-RR 2001, 254) o. nach § 116 oder bei Überhaft (→ Vor § 112 Rn. 13) nicht vollzogen wird, gegen seine Änd. u. jede die Haftfortdauer anordnende Entsch. zulässig, auch gegen Entscheidungen des OLG (§ 304 Abs. 4 S. 2 Nr. 1) u. des ER des BGH u. des OLG (§ 304 Abs. 5). Sie ist auch statthaft, wenn die Außervollzugsetzung des Haftbefehls Teil einer Verständigung nach § 257c war (OLG Saarbrücken NStZ 2025, 509). Anfechtbar ist immer nur die zul. ergangene – den Bestand des Haftbefehls betr. (OLG Hamburg StV 1994, 323) – Haftentscheidung (OLG Celle StV 2015, 305; OLG Köln StraFo 2013, 24; OLG Düsseldorf VRS 82, 352; Ernesti/Lorenzen SchlHA 1986, 106 – OLG Schleswig RsprÜ), auch des erkennenden Gerichts (§ 305 S. 1). Weitere Beschwerde ist nach § 310 Abs. 1 zulässig. Wird nach Ausschöpfung aller zulässigen Rechtsmittel erneut Beschwerde eingelegt, so ist sie in einen Haftprüfungsantrag nach Abs. 1 umzudeuten (OLG Karlsruhe Justiz 1976, 83), bei Nichtvollzug des Haftbefehls in einen Antrag auf Aufhebung (OLG Karlsruhe Justiz 1989, 437).

9 **Beschwerdeberechtigt** sind der Beschuldigte u. sein ges. Vertreter sowie der Verteidiger, auch die StA zu seinen Gunsten (erg. → § 114 Rn. 21).

10 **Beschwerdeziel** kann die Aufhebung des Haftbefehls nach § 120 oder die Aussetzung seines Vollzugs nach § 116 sein, aber auch die Ausscheidung einzelner Tatvorwürfe o. einzelner Haftgründe (OLG Nürnberg MDR 1964, 943 für den Fall, dass ein Haftgrund durch bes. Beschl. nachgeschoben worden ist; vgl. auch BGHSt 34, 34). Gegen die Unterbrechung der UHaft zur Strafvollstreckung o. die Ablehnung der Unterbrechung (§ 116b S. 2; → Vor § 112 Rn. 14) hat der Beschuldigte die Rechte aus §§ 119 Abs. 5, 119a.

11 Die **Entscheidung** ergeht idR nach Aktenlage (zur Entsch. des Berufungs- o. Revisionsgerichts vgl. → § 114 Rn. 21); nach § 118 Abs. 2 kann aber auf Antrag des Beschuldigten o. vAw auch nach mündlicher Verh. entschieden werden. Bei Fehlerhaftigkeit des Haftbefehls entscheidet das Beschwerdegericht in der Sache selbst (§ 309 Abs. 2); es darf zB einen nicht aus sich heraus verständlichen Haftbefehl durch einen ordnungsgemäßen ersetzen (OLG Stuttgart NJW 1982, 1296; Justiz 1985, 31), auch den Tatvorwurf u. die Haftgründe auswechseln (vgl. BeckOK StPO/Krauß Rn. 4). Das Beschwerdegericht kann auch den alten Haftbefehl aufheben u. einen neuen erlassen (OLG Dresden StV 2006, 700); wird der (rechtsfehlerhafte) Haftbefehl nicht vollzogen, kann es diese Entsch. aber auch dem nach §§ 125, 126 zuständigen Gericht überlassen (OLG Düsseldorf StV 1996, 440; OLG Hamm StV 2000, 154; OLG Karlsruhe StV 2002, 147). Der Beschwerdebeschluss ist nach § 34 mit Gründen zu versehen u. nach § 35 Abs. 2 S. 2 formlos bekanntzumachen.

11a **Während laufender Hauptverhandlung** unterliegt die Beurteilung des dringenden Tatverdachtes durch das erkennende Gericht nur eingeschränkter Nachprüfung durch das Beschwerdegericht. Allein das Gericht, vor dem die Beweisaufnahme stattfindet, ist in der Lage, deren Erg. mit Blick auf das Vorliegen o. Nichtvorliegen des dringenden Tatverdachtes aus eigener Anschauung festzustellen

u. zu würdigen (BGH NStZ-RR 2015, 221; 29.10.2015 – StB 14/15 jew. mwN; KG Berlin StraFo 2022, 153). Das Beschwerdegericht prüft die Ausführungen in der Haftentscheidung zu den Erkenntnissen der HV lediglich auf ihre Nachvollziehbarkeit und Plausibilität (BGH NStZ-RR 2022, 209, 210). Mit gegen die Glaubhaftigkeit v. Zeugenaussagen gerichtetem Vortrag o. der Rüge, die Beweiswürdigung sei lückenhaft, kann die Beschwerde grds. nicht durchdringen (BGH 21.9.2020 – StB 28/20). Allerdings muss das Tatgericht das Beschwerdegericht durch eine hinreichend substantiierte Darlegung des bisherigen Erg. der Beweisaufnahme in die Lage versetzen, seine Entsch. über die Beschwerde auf einer tragfähigen Grdl. zu treffen (BGH JR 2013, 419; vgl. auch OLG Celle StraFo 2015, 113); eines „vorläufigen Urteils" iSd Darlegung v. Inhalt u. Erg. der bisherigen Beweisaufnahme bedarf es dagegen nicht (vgl. BGH NStZ-RR 2017, 18). Haben sich die Annahmen der Anklageschrift in der Beweisaufnahme bestätigt, kann der Hinweis hierauf unter Angabe der relevanten Beweismittel ausreichen (Schultheis NStZ 2016, 328 – OLG Jena RsprÜ; NStZ 2016, 328 – KG RsprÜ; auch die Bezugnahme auf die Ausführungen der StA kann genügen, wenn diese ihrerseits hinreichend substantiiert sind (BGH NStZ-RR 2017, 18). Bei fortgeschrittener Beweisaufnahme genügen Verweise auf frühere Haftfortdauerentscheidungen o. die Anklageschrift dagegen regelmäßig nicht; vielmehr muss das Tatgericht darlegen, auf welche in der HV erhobenen Beweise es den dringenden Tatverdacht stützt, ohne dass es sich zu Inhalt u. Erg. aller Beweiserhebungen erklären muss (eing. BGH NJW 2017, 341). Auf etwaige Änd. ist im Nichtabhilfebeschluss unter Berücksichtigung des Beschwerdevorbringens einzugehen. Begründungsmängel führen nicht zur Aufhebung des Haftbefehls, sondern zur Zurückverweisung der Sache an das erkennende Gericht (OLG Celle StV 2015, 305). Zur Berücksichtigung des Beschleunigungsgebotes in diesen Fällen erg. → § 120 Rn. 3, → § 121 Rn. 1a.

Nach durch Urt. **abgeschlossener Hauptverhandlung** kommt eine Aufhebung des Haftbefehls durch das Beschwerdegericht nur ganz ausnahmsweise bei offenkundiger Begründetheit der Revision in Betracht (vgl. OLG Frankfurt a. M. StraFo 2014, 73; Schultheis NStZ 2015, 144 (148) mwN). An eine **Verfahrensverständigung** nach § 257c, deren Bestandteil die Außervollzugsetzung des Haftbefehls war, ist das Beschwerdegericht nicht gebunden (vgl. → § 257c Rn. 25a zu Rechtsmittelgerichten; **aM** OLG Saarbrücken NStZ 2025, 509). **11b**

III. Übergang der Zuständigkeit nach Beschwerdeeinlegung. Nach Erhebung der öffentl. Klage – gleichgültig, zu welchem Gericht (OLG Naumburg NStZ-RR 1997, 307; krit. Paeffgen NStZ 1999, 75 Fn. 9) – ist insoweit (LG Mannheim NStZ 2006, 592) eine noch nicht erledigte Beschwerde gegen die Haftentscheidung des AG in einen Antrag auf Haftprüfung nach Abs. 1 durch das jetzt mit der Sache befasste Gericht umzudeuten (KG StraFo 2020, 414; OLG Hamburg NStZ 2020, 311; OLG Düsseldorf VRS 86, 349; OLG Frankfurt a. M. NJW 1985, 1233; OLG Karlsruhe StV 1994, 664; OLG Stuttgart Justiz 2004, 166), ebenso **ausnahmsweise** im Fall, dass bei weiterer Haftbeschwerde Anklage zu derjenigen Strafkammer erhoben wird, die erst kurz zuvor als Beschwerdekammer über das Rechtsmittel entschieden hat (OLG Hamm NStZ-RR 2010, 358 Ls.). Erst gegen dessen Entsch. ist Beschwerde zulässig. Das Gleiche gilt für den Fall, dass vor der Entsch. über die weitere Beschwerde Anklage erhoben wird (OLG Frankfurt a. M. StV 2010, 33 mwN), auch wenn über die Beschwerde zuvor bereits entschieden worden ist (OLG Düsseldorf wistra 1999, 318; OLG Hamm wistra 1996, 321; Lorenzen/Schiemann SchlHA 1997, 153 – OLG Schleswig RsprÜ). Nach Eingang der Akten bei dem Berufungsgericht nach § 321 S. 2 wird die Beschwerde gegen eine Haftentscheidung des 1. Richters als Antrag auf Haftprüfung nach Abs. 1 durch das Berufungsgericht behandelt (OLG Hamm NJW 1974, 1574; OLG Karlsruhe Justiz 1986, 144; Ernesti/Lorenzen SchlHA 1983, 110 – OLG Schleswig RsprÜ); auch hierbei ist es unbeachtlich, ob das LG schon vorher eine Beschwerdeentscheidung getroffen hatte (OLG Düsseldorf StV 1993, 482). **12**

Eine nach dem Zuständigkeitsübergang zu Unrecht erlassene Beschwerdeentscheidung ist als Haftprüfungsentscheidung anzusehen u. als solche anfechtbar (OLG Frankfurt a. M. NJW 1973, 478). Diese Grundsätze gelten auch, wenn der Vollzug des Haftbefehls nach § 116 ausgesetzt ist o. wenn der Haftbefehl nicht vollzogen wird, weil sich der Beschuldigte in anderer Sache in Strafhaft befindet (OLG Frankfurt a. M. NStZ-RR 1996, 302; OLG Stuttgart Justiz 1977, 103).

13 **Gegenstandslos** werden noch nicht beschiedene Haftbeschwerden bei Erlass der Entsch. des OLG nach § 122 (→ § 122 Rn. 18) u. nach Eintritt der Urteilsrechtskraft (OLG Düsseldorf StV 1988, 110; OLG Hamburg MDR 1977, 69).

14 **IV. Vorrang des Antrags auf Haftprüfung (Abs. 2 S. 1). Vorrang vor der Haftbeschwerde** (Abs. 2 S. 1) hat der in zulässiger Weise gestellte (OLG Hamburg MDR 1974, 861) Antrag auf Haftprüfung nach Abs. 1, wenn er nicht nur für den Fall gestellt ist, dass die Haftbeschwerde erfolglos bleibt (OLG Oldenburg MDR 1986, 163; **aM** OLG Zweibrücken JurBüro 1982, 1857; OLG Saarbrücken wistra 1996, 80 hält jedenfalls die weitere Beschwerde für unzulässig, weil mit Verwerfung der Beschwerde die Bedingung eingetreten sei). Die gleichzeitig o. vor o. nach dem Haftprüfungsantrag eingelegte Beschwerde, auch die weitere Beschwerde nach § 310 Abs. 1 (OLG Düsseldorf MDR 1969, 779; OLG Hamburg MDR 1984, 72; Ernesti/Lorenzen SchlHA 1986, 104 – OLG Schleswig RsprÜ), ist daher unzulässig, wenn mit ihr die Aufhebung des Haftbefehls nach § 120 oder die Aussetzung seiner Vollziehung nach § 116 erstrebt wird (OLG Karlsruhe NStE StPO § 117 Nr. 5). Das gilt auch, wenn beide Rechtsbehelfe v. verschiedenen Berechtigten (→ § 118b Rn. 1) stammen (KK-StPO/Graf Rn. 7). Ob die Beschwerde gegen den Haftbefehl o. eine andere, die Haftfortdauer (zB nach §§ 207 Abs. 4, 268b) anordnende Entsch. eingelegt ist, macht keinen Unterschied. Bei der Unzulässigkeit der Beschwerde bleibt es auch, wenn der Haftprüfungsantrag später zurückgenommen wird (OLG Karlsruhe NStE StPO § 117 Nr. 5; Lorenzen/Görl SchlHA 1988, 109 – OLG Schleswig RsprÜ; OLG Stuttgart Justiz 2005, 334); dann kann aber eine neue Haftbeschwerde eingelegt werden (str., vgl. OLG Stuttgart Justiz 2005, 334). Eine unter Nichtbeachtung des Abs. 2 S. 1 erlassene Beschwerdeentscheidung ist wirksam, wird aber auf weitere Beschwerde aufgeh. (Lorenzen/Görl SchlHA 1988, 109 – OLG Schleswig RsprÜ; **aM** OLG Stuttgart NStZ 1994, 401: Kein Rechtsschutzbedürfnis). Ist über den Haftprüfungsantrag vor dem Eingang der weiteren Beschwerde entschieden worden, so kann Beschwerde nur gegen diese Entsch. eingelegt werden (OLG Düsseldorf NStE StPO § 117 Nr. 1, 2; OLG Hamburg MDR 1984, 72). Die im Haftprüfungsverfahren ergangene Entsch. kann ohne Beschränkungen mit der Beschwerde angefochten werden (Abs. 2 S. 2). Zum Übergang der Zuständigkeit nach Anklageerhebung → Rn. 12, 13.

15 **B. Ermittlungen zur Vorbereitung künftiger Entscheidungen (Abs. 3).** Die Vorschr. lässt nicht Ermittlungen zur Vorbereitung der Entsch. über den Haftprüfungsantrag nach Abs. 1 zu, sondern die Anordnung ergänzender Ermittlungen für eine künftige Entscheidung. Das setzt voraus, dass der Haftrichter in dem Verf. nach Abs. 1 zwar die Haftfortdauer angeordnet, den Vollzug des Haftbefehls also nicht nach § 116 ausgesetzt hat (Kleinknecht MDR 1965, 786), aber der Meinung ist, bei weiterer Aufklärung sei eine dem Beschuldigten günstigere Entsch. zu erwarten. Die einzelnen Beweiserhebungen, die sich auch darauf beziehen können, ob Verschonungsauflagen nach § 116 in Betracht kommen, müssen genau bezeichnet werden; sie werden v. der StA ausgeführt, die sich dazu ihrer Ermittlungspersonen (§ 152 GVG) o. der Polizei (§ 161) bedienen kann (KK-StPO/Graf Rn. 12; **aM** SK-StPO/Paeffgen Rn. 11: nur gerichtliche Beweiserhebungen durch beauftragte u. ersuchte Richter). Sie kann die Beweisanordnung mit der Beschwerde anfechten; bleibt sie bestehen, so ist die StA aber an sie gebunden (KK-StPO/Graf Rn. 12).

16 Nach Erledigung der Ermittlungen müssen die Akten dem Richter erneut vorgelegt werden; er kann **vAw eine neue Haftprüfung** durchführen, wenn nun-

mehr begründete Aussicht auf eine Entsch. nach § 120 oder nach § 116 besteht (Kleinknecht MDR 1965, 786). Jedoch darf der Richter die UHaft nicht schon vor der erneuten Prüfung zeitlich begrenzen (KK-StPO/Graf Rn. 13).

Auch das **Beschwerdegericht** kann Abs. 3 anwenden, da sein Verf. der Sache 17
nach ebenfalls eine Haftprüfung iSv Abs. 1 ist (OLG Hamburg wistra 2002, 275 mwN). Es kann die Beweisanordnung im Hinblick auf eine künftige Haftprüfung durch den Haftrichter treffen (OLG Hamburg wistra 2002, 275) o. sie mit der Anordnung erneuter Aktenvorlage zur eigenen Nachprüfung der Beschwerdeentscheidung verbinden. Das Gleiche gilt für das OLG im Verf. nach § 122.

Verfahren bei der Haftprüfung

118 (1) **Bei der Haftprüfung wird auf Antrag des Beschuldigten oder nach dem Ermessen des Gerichts von Amts wegen nach mündlicher Verhandlung entschieden.**

(2) **Ist gegen den Haftbefehl Beschwerde eingelegt, so kann auch im Beschwerdeverfahren auf Antrag des Beschuldigten oder von Amts wegen nach mündlicher Verhandlung entschieden werden.**

(3) **Ist die Untersuchungshaft nach mündlicher Verhandlung aufrechterhalten worden, so hat der Beschuldigte einen Anspruch auf eine weitere mündliche Verhandlung nur, wenn die Untersuchungshaft mindestens drei Monate und seit der letzten mündlichen Verhandlung mindestens zwei Monate gedauert hat.**

(4) **Ein Anspruch auf mündliche Verhandlung besteht nicht, solange die Hauptverhandlung andauert oder wenn ein Urteil ergangen ist, das auf eine Freiheitsstrafe oder eine freiheitsentziehende Maßregel der Besserung und Sicherung erkennt.**

(5) **Die mündliche Verhandlung ist unverzüglich durchzuführen; sie darf ohne Zustimmung des Beschuldigten nicht über zwei Wochen nach dem Eingang des Antrags anberaumt werden.**

A. Nach mündlicher Verhandlung (Abs. 1–4). Nach mündlicher Verhand- 1
lung (Abs. 1–4) kann sowohl im Haftprüfungsverfahren nach § 117 Abs. 1 oder Abs. 5 als auch (als Ausnahme v. § 309 Abs. 1) im Haftbeschwerdeverfahren (→ § 117 Rn. 8 ff.) auf Antrag o. nach dem Ermessen des Gerichts vAw entschieden werden (Abs. 1, Abs. 2). Bei der Haftprüfung muss dem Antrag des Beschuldigten o. eines anderen Antragsberechtigten (→ § 118b Rn. 1), der nicht derselbe zu sein braucht, der den Antrag nach § 117 Abs. 1 gestellt hat, stattgegeben werden, im Beschwerdeverfahren nicht (OLG Celle Nds. Rpfl. 1965, 255). Die StA kann eine mündliche Verh. nur anregen.

Eine **weitere mündliche Verhandlung (Abs. 3)** kann der Beschuldigte o. ein 2
anderer Antragsberechtigter (→ § 118b Rn. 1) im Haftprüfungsverfahren nicht verlangen, wenn die UHaft bereits einmal nach (auf Antrag o. vAw durchgeführter, vgl. OLG Köln NStZ 2007, 608) mündlicher Verh., auch im Beschwerdeverfahren, aufrechterhalten worden ist u. danach nicht mind. 3 Monate u. seit der Letzten mündlichen Verh. nicht mind. 2 Monate gedauert hat. Das Gericht ist aber nicht gehindert, auch in diesem Fall nach mündlicher Verh. zu entscheiden, wenn das geboten erscheint (Schröder NStZ 1998, 69). Die Frist wird unter Berücksichtigung aller in der Sache erlittenen UHaft berechnet; ununterbrochen braucht sie nicht vollzogen worden zu sein. War der Haftbefehl aber zwischenzeitlich aufgeh. o. außer Vollzug gesetzt worden, so ist Abs. 3 nicht anwendbar, wenn ein neuer Haftbefehl o. eine Anordnung nach § 116 Abs. 4 erlassen worden ist u. der Beschuldigte sich seitdem 3 Monate in UHaft befindet (KK-StPO/Graf Rn. 3). Abs. 3 ist aber auch anzuwenden, wenn im Haftprüfungstermin ein abgeänderter

Haftbefehl verkündet wurde; unerheblich ist, ob der Antrag formal beschieden o. nach Erörterung zurückgenommen wurde (OLG Köln NStZ 2007, 608).

3 Im Haftprüfungsverfahren besteht **kein Anspruch auf mündliche Verhandlung (Abs. 4)** solange die HV (im 1. Rechtszug o. in der Berufungsinstanz) andauert, auch wenn der Antrag schon vor ihrem Beginn gestellt worden war. Wird die HV nach § 229 Abs. 2 unterbrochen, so dauert sie nicht iSv Abs. 4 an (KK-StPO/Graf Rn. 4; SK-StPO/Paeffgen Rn. 5; **aM** OLG Celle NStZ-RR 1996, 171, das darauf abstellt, in welcher zeitlichen Nähe zum letzten Hauptverhandlungstermin der Antrag auf mündliche Verh. gestellt worden u. wie sein Inhalt gestaltet ist). Ein Anspruch auf mündliche Haftprüfung besteht ferner nicht, wenn ein auf Freiheitsentzug (Freiheits- o. Jugendstrafe, Straf- o. Jugendarrest, Sicherungsmaßregeln nach §§ 63, 64 StGB) lautendes Urt. ergangen ist. Rechtskräftig braucht es nicht zu sein.

4 **B. Unverzüglich (Abs. 5).** Unverzüglich (Abs. 5), dh **ohne vermeidbare Verzögerung** (→ § 25 Rn. 8), muss die mündliche Verh. durchgeführt werden. Länger als 2 Wochen darf sie grds. nicht hinausgezögert werden. Die Frist beginnt mit dem Eingang des Antrags bei dem zuständigen Gericht; jedoch ist § 299 anwendbar (Löwe/Rosenberg/Hilger Rn. 16; **aM** KK-StPO/Graf Rn. 6). Für die Berechnung der Frist gilt § 43. Ein etwaiger Zuständigkeitswechsel nach Anklageerhebung lässt sie unberührt (VerfGH Berlin NStZ-RR 2015, 249). Mit Zustimmung des Beschuldigten o. des sonstigen Antragsberechtigten (→ § 118b Rn. 1), der den Antrag auf mündliche Verh. gestellt hat, kann die Verh. hinausgeschoben werden, zB wenn vorher noch einzelne Ermittlungen durchgeführt werden sollen. Die Zustimmung muss sich auch auf die Dauer der Verzögerung beziehen. Erklärt sie der Verteidiger, so braucht der Beschuldigte nicht ebenfalls zuzustimmen (KK-StPO/Graf Rn. 6; **aM** Löwe/Rosenberg/Hilger Rn. 19). Dass der Richter die Frist ohne Zustimmung überschreitet, zwingt jedenfalls dann nicht zur Entlassung des Beschuldigten aus der UHaft, wenn es sich um eine geringfügige Verspätung handelt, die nicht auf groben Bearbeitungs- o. Organisationsfehlern beruht (OLG Hamm NStZ-RR 2006, 17; OLG Köln StV 2009, 653 mablAnm Kühne; krit. auch Paeffgen NStZ 2010, 206 Fn. 31; zw. VerfGH Berlin NStZ-RR 2015, 249). Das Unterlassen der beantragten Haftprüfung kann mit Beschwerde angefochten werden (OLG Braunschweig StV 2005, 39; OLG Köln StV 2009, 653; erg. → § 304 Rn. 3).

Mündliche Verhandlung bei der Haftprüfung

118a (1) **Von Ort und Zeit der mündlichen Verhandlung sind die Staatsanwaltschaft sowie der Beschuldigte und der Verteidiger zu benachrichtigen.**

(2) [1] **Der Beschuldigte ist zu der Verhandlung vorzuführen, es sei denn, daß er auf die Anwesenheit in der Verhandlung verzichtet hat oder daß der Vorführung weite Entfernung oder Krankheit des Beschuldigten oder andere nicht zu beseitigende Hindernisse entgegenstehen.** [2] **Das Gericht kann anordnen, dass unter den Voraussetzungen des Satzes 1 die mündliche Verhandlung in der Weise erfolgt, dass sich der Beschuldigte an einem anderen Ort als das Gericht aufhält und die Verhandlung zeitgleich in Bild und Ton an den Ort, an dem sich der Beschuldigte aufhält, und in das Sitzungszimmer übertragen wird.** [3] **Wird der Beschuldigte zur mündlichen Verhandlung nicht vorgeführt und nicht nach Satz 2 verfahren, so muss ein Verteidiger seine Rechte in der Verhandlung wahrnehmen.**

(3) [1] **In der mündlichen Verhandlung sind die anwesenden Beteiligten zu hören.** [2] **Art und Umfang der Beweisaufnahme bestimmt das Gericht.** [3] **Über die Verhandlung ist ein Protokoll aufzunehmen; die §§ 271 bis 273 gelten entsprechend.**

(4) [1]**Die Entscheidung ist am Schluß der mündlichen Verhandlung zu verkünden.** [2]**Ist dies nicht möglich, so ist die Entscheidung spätestens binnen einer Woche zu erlassen.**

A. Benachrichtigung (Abs. 1). Die Benachrichtigung (Abs. 1) v. Ort u. Zeit der mündlichen Verh. erfolgt **formlos,** notfalls telefonisch (OLG Hamm Rpfleger 1949, 518). Sie wird v. Vorsitzenden angeordnet u. von der Geschäftsstelle ausgeführt. Benachrichtigt werden die StA, der Beschuldigte u. der Verteidiger, der Antragsteller (→ § 118b Rn. 1), bei jugendlichen Beschuldigten auch die Erziehungsberechtigten u. die ges. Vertreter (§ 67 Abs. 2 **JGG**), nicht jedoch Mitbeschuldigte (OLG Köln NStZ 2012, 174; OLG Karlsruhe StV 1996, 302; vgl. auch BGHSt 42, 391; **aM** Schulz StraFo 1997, 296; erg. → § 168c Rn. 1). Der Nebenkläger wird nicht benachrichtigt, da er im Haftprüfungsverfahren – ebenso wie im Haftbeschwerdeverfahren (OLG Hamm NStZ-RR 2008, 219 – nicht mitwirken kann (KK-StPO/Graf Rn. 1; **aM** SK-StPO/Paeffgen Rn. 2). 1

B. Vorführung des Beschuldigten (Abs. 2). Die Vorführung des Beschuldigten (Abs. 2) aus der UHaft ist die **Regel.** Unterbleiben darf sie nur bei Verzicht des Beschuldigten o. bei nicht zu beseitigenden Hindernissen (S. 1). Der Verzicht ist widerruflich (KK-StPO/Graf Rn. 2). Unter den Voraussetzungen des Satzes 1 kann das Gericht den Einsatz der Videokonferenztechnik anordnen, die es dem Beschuldigten ermöglicht, seine Rechte bei der Haftprüfung selbst wahrzunehmen (S. 2). Der Verteidiger hat in diesem Fall ein Wahlrecht, ob er seinen Anspruch auf Anwesenheit im Sitzungszimmer des Gerichts o. in der JVA bei seinem Mandanten wahrnimmt (vgl. Schlothauer StV 2014, 55, auch zu den Nachteilen der audiovisuellen Haftprüfung ggü. einer persönlichen Anhörung des Beschuldigten). Bei Nichtvorführung des Beschuldigten u. wenn nicht nach S. 2 verfahren wird muss für ihn ein Verteidiger auftreten (S. 3). 2

C. Mündliche Verhandlung (Abs. 3). Die mündliche Verhandlung (Abs. 3), die **nicht öffentl.** ist, muss der Haftrichter selbst durchführen; ein Rechtshilfeersuchen an das AG des Haftorts ist unzulässig (KG JR 1964, 267; OLG München MDR 1958, 181). Die Verh. dient in 1. Hinsicht der Anhörung der Bet. (S. 1). Die Anwesenheit der StA ist nicht erforderlich, die des Verteidigers nur, wenn der Beschuldigte nicht vorgeführt worden ist (→ Rn. 2); vgl. auch § 34 Abs. 3 Nr. 5 **EGGVG** für die Haftprüfung während einer Kontaktsperre. 3

Nach dem Ermessen des Gerichts werden Beweise im **Freibeweis** (→ § 244 Rn. 7, 9) erhoben (BGHSt 28, 116 (118)). Da das Gericht Art u. Umf. der Beweisaufnahme bestimmt (S. 2), sind Beweisanträge der Bet. nur Anregungen, für die § 244 Abs. 3–6 nicht gilt, die insbes. auch nicht förmlich beschieden werden müssen (krit. Welp FS Richter II, 2006, 582). Der Beschuldigte kann zwar Zeugen laden o. stellen; ihre Vernehmung steht aber im Ermessen des Gerichts (Löwe/Rosenberg/Hilger Rn. 9). Ergänzend → § 166 Rn. 3. 4

Für das **Protokoll** über die mündliche Verh. gelten die §§ 271–273 entspr., nicht aber § 274 (S. 3). 5

D. Entscheidung (Abs. 4). Die Entscheidung (Abs. 4) ergeht durch mit Gründen versehenen (§ 34) Beschl., durch den der Haftbefehl ggf. geänd. o. neu gefasst wird (vgl. → § 114 Rn. 18; → § 117 Rn. 6). Grundsätzlich ist er am Schluss der Verh. zu verkünden (S. 1). Sein Erlass kann aber bis zu 1 Woche hinausgeschoben werden; dann erhalten die Bet. formlos eine Beschlussausfertigung (§ 35 Abs. 2 S. 2). 6

E. Beschwerde. Vgl. → § 117 Rn. 8 ff. Hat die mündliche Verh. entgegen Abs. 2 S. 2 ohne Verteidiger stattgefunden, so entscheidet das Beschwerdegericht nicht selbst, sondern verweist die Sache zurück (→ § 309 Rn. 8), es sei denn, das Beschwerdegericht entscheidet nach § 118 Abs. 2 nach mündlicher Verh. (Löwe/Rosenberg/Hilger Rn. 33). Die Beschwerde gegen die Ablehnung einer Beweiserhebung (→ Rn. 4) ist unzulässig (LG Zweibrücken VRS 113, 236). 7

Anwendung von Rechtsmittelvorschriften

118b **Für den Antrag auf Haftprüfung (§ 117 Abs. 1) und den Antrag auf mündliche Verhandlung gelten die §§ 297 bis 300 und 302 Abs. 2 entsprechend.**

1 **A. Antragsberechtigt.** Antragsberechtigt nach §§ 117 Abs. 1, 118 Abs. 1, Abs. 2 sind neben dem Beschuldigten der Verteidiger, jedoch nicht gegen dessen Willen (§ 297), und der ges. Vertreter (§ 298), dieser auch gegen den Willen des Beschuldigten (erg. → § 298 Rn. 2). Auch der Erziehungsberechtigte kann den Antrag stellen (§ 67 Abs. 1 **JGG**).

2 **B. Entsprechend Anwendung.** Entsprechend anwendbar für die Anträge nach §§ 117 Abs. 1, 118 Abs. 1, Abs. 2 sind ferner §§ 299 und 300 sowie für die Zurücknahme des Antrags durch den Verteidiger § 302 Abs. 2.

Haftgrundbezogene Beschränkungen während der Untersuchungshaft

119 (1) [1] **Soweit dies zur Abwehr einer Flucht-, Verdunkelungs- oder Wiederholungsgefahr (§§ 112, 112a) erforderlich ist, können einem inhaftierten Beschuldigten Beschränkungen auferlegt werden.** [2] **Insbesondere kann angeordnet werden, dass**

1. **der Empfang von Besuchen und die Telekommunikation der Erlaubnis bedürfen,**
2. **Besuche, Telekommunikation sowie der Schrift- und Paketverkehr zu überwachen sind,**
3. **die Übergabe von Gegenständen bei Besuchen der Erlaubnis bedarf,**
4. **der Beschuldigte von einzelnen oder allen anderen Inhaftierten getrennt wird,**
5. **die gemeinsame Unterbringung und der gemeinsame Aufenthalt mit anderen Inhaftierten eingeschränkt oder ausgeschlossen werden.**

[3] **Die Anordnungen trifft das Gericht.** [4] **Kann dessen Anordnung nicht rechtzeitig herbeigeführt werden, kann die Staatsanwaltschaft oder die Vollzugsanstalt eine vorläufige Anordnung treffen.** [5] **Die Anordnung ist dem Gericht binnen drei Werktagen zur Genehmigung vorzulegen, es sei denn, sie hat sich zwischenzeitlich erledigt.** [6] **Der Beschuldigte ist über Anordnungen in Kenntnis zu setzen.** [7] **Die Anordnung nach Satz 2 Nr. 2 schließt die Ermächtigung ein, Besuche und Telekommunikation abzubrechen sowie Schreiben und Pakete anzuhalten.**

(2) [1] **Die Ausführung der Anordnungen obliegt der anordnenden Stelle.** [2] **Das Gericht kann die Ausführung von Anordnungen widerruflich auf die Staatsanwaltschaft übertragen, die sich bei der Ausführung der Hilfe durch ihre Ermittlungspersonen und die Vollzugsanstalt bedienen kann.** [3] **Die Übertragung ist unanfechtbar.**

(3) [1] **Ist die Überwachung der Telekommunikation nach Absatz 1 Satz 2 Nr. 2 angeordnet, ist die beabsichtigte Überwachung den Gesprächspartnern des Beschuldigten unmittelbar nach Herstellung der Verbindung mitzuteilen.** [2] **Die Mitteilung kann durch den Beschuldigten selbst erfolgen.** [3] **Der Beschuldigte ist rechtzeitig vor Beginn der Telekommunikation über die Mitteilungspflicht zu unterrichten.**

(4) [1] **Die §§ 148, 148a bleiben unberührt.** [2] **Sie gelten entsprechend für den Verkehr des Beschuldigten mit**

1. **der für ihn zuständigen Bewährungshilfe,**
2. **der für ihn zuständigen Führungsaufsichtsstelle,**
3. **der für ihn zuständigen Gerichtshilfe,**
4. **den Volksvertretungen des Bundes und der Länder,**

5. dem Bundesverfassungsgericht und dem für ihn zuständigen Landesverfassungsgericht,
6. dem für ihn zuständigen Bürgerbeauftragten eines Landes,
7. dem oder der Bundesbeauftragten für den Datenschutz und die Informationsfreiheit, den für die Kontrolle der Einhaltung der Vorschriften über den Datenschutz in den Ländern zuständigen Stellen der Länder und den Aufsichtsbehörden nach § 40 des Bundesdatenschutzgesetzes,
8. dem Europäischen Parlament,
9. dem Europäischen Gerichtshof für Menschenrechte,
10. dem Europäischen Gerichtshof,
11. dem Europäischen Datenschutzbeauftragten,
12. dem Europäischen Bürgerbeauftragten,
13. dem Europäischen Ausschuss zur Verhütung von Folter und unmenschlicher oder erniedrigender Behandlung oder Strafe,
14. der Europäischen Kommission gegen Rassismus und Intoleranz,
15. dem Menschenrechtsausschuss der Vereinten Nationen,
16. den Ausschüssen der Vereinten Nationen für die Beseitigung der Rassendiskriminierung und für die Beseitigung der Diskriminierung der Frau,
17. dem Ausschuss der Vereinten Nationen gegen Folter, dem zugehörigen Unterausschuss zur Verhütung von Folter und den entsprechenden Nationalen Präventionsmechanismen,
18. den in § 53 Abs. 1 Satz 1 Nr. 1 und 4 genannten Personen in Bezug auf die dort bezeichneten Inhalte,
19. soweit das Gericht nichts anderes anordnet,
a) den Beiräten bei den Justizvollzugsanstalten und
b) der konsularischen Vertretung seines Heimatstaates.

[3] **Die Maßnahmen, die erforderlich sind, um das Vorliegen der Voraussetzungen nach den Sätzen 1 und 2 festzustellen, trifft die nach Absatz 2 zuständige Stelle.**

(5) [1] **Gegen nach dieser Vorschrift ergangene Entscheidungen oder sonstige Maßnahmen kann gerichtliche Entscheidung beantragt werden, soweit nicht das Rechtsmittel der Beschwerde statthaft ist.** [2] **Der Antrag hat keine aufschiebende Wirkung.** [3] **Das Gericht kann jedoch vorläufige Anordnungen treffen.**

(6) [1] **Die Absätze 1 bis 5 gelten auch, wenn gegen einen Beschuldigten, gegen den Untersuchungshaft angeordnet ist, eine andere freiheitsentziehende Maßnahme vollstreckt wird (§ 116b).** [2] **Die Zuständigkeit des Gerichts bestimmt sich auch in diesem Fall nach § 126.**

Übersicht

A. Beschränkungen für inhaftierte Beschuldigte. I. Geltungsbereich. Seit 1 1.9.2006 ist nach Änd. des Art. 74 Abs. 1 Nr. 1 GG (G v. 28.8.2006, BGBl. I 2863) das Recht des UHaft*vollzugs* ausschl. Sache der Länder (vgl. dazu Seebode

HRRS 2008, 236). Der **Bundesgesetzgeber** kann daher nur noch solche Maßnahmen regeln, die den Zweck der UHaft (Abwehr v. Flucht-, Verdunkelungs- u. Wiederholungsgefahren) betreffen (**aM** OLG Celle StV 2012, 417; 2010, 194: Alleinzuständigkeit der Länder, § 119 finde in Niedersachsen, außer in Auslieferungshaftsachen (OLG Celle NStZ 2012, 649), keine Anwendung; dagegen zutr. abl. BGH (ER) NJW 2012, 1158 mwN; OLG Oldenburg StraFo 2013, 337). Das hatte eine tiefgreifende Änd. des § 119 zur Folge, der früher auch Fragen der Ordnung in der Vollzugsanstalt regelte (§ 119 Abs. 4 und Abs. 5 aF); eing. zur Abgrenzungsproblematik mit genauer Auflistung der dem Zweck der UHaft u. den ihrer Ordnung dienenden Fällen König NStZ 2010, 185. Dabei kann es allerdings durchaus Überschneidungen geben (vgl. Paeffgen StV 2009, 46; Tsambikakis ZIS 2009, 503), so etwa bei der Fesselung des Gefangenen, die sowohl zur Abwehr v. Fluchtgefahr als auch zur Sicherheit in der Anstalt erforderlich sein kann. Der UHaftvollzug war früher nicht ges. geregelt; vielmehr galt die einheitlich v. den Ländern erlassene UHaftvollzugsordnung (UVollzO). Diese ist wurde in den Ländern durch UHaftvollzugsgesetze abgelöst (dazu Marhöfer FS Mehle, 2009, 373). Grundlegend zu den bei der Ausgestaltung des UHaftvollzuges zu beachtenden verfassungsrechtlichen Anforderungen BVerfG StV 2013, 521.

2 **UHaftvollzugsgesetze** sind in allen Bundesländern erlassen worden (dazu Köhne JR 2011, 198), wobei in Baden-Württemberg, Hamburg, Hessen, Niedersachsen u. Nordrhein-Westfalen jew. eigene UHaftvollzugsgesetze erlassen wurden, während in den übrigen Bundesländern im Wesentlichen das auf der Basis eines gemeinsam erarbeiteten Ministerialentwurfs geschaffene G über den Vollzug der UHaft (UVollzG) gilt (vgl. dazu AnwK Untersuchungshaft S. 565: Synopse). Zur Sicherheit u. Ordnung in der JVA mit Erläuterungen zu den UHaftvollzGen der Länder neben AnwK/StPO eing. auch Schlothauer/Nobis/Voigt/Wolf Untersuchungshaft Rn. 995 ff. Zur UHaft bei Jugendlichen vgl. § 89c JGG.

3 **§ 119 gilt** nicht nur für die UHaft – auch als Überhaft (OLG Karlsruhe StV 2013, 164) – aufgrund eines nach §§ 112, 112a erlassenen Haftbefehls, sondern auch für die Hauptverhandlungshaft nach § 127b sowie für die nach §§ 230 Abs. 2, 236, 275a Abs. 5 S. 4, 329 Abs. 4, 412 S. 1, 453c Abs. 2 S. 2 angeordnete Haft u. für die vorl. Unterbringung nach § 126a Abs. 2 S. 1.

4 Zum Zweck der UHaft **gehört auch,** dass ein Gefangener, der entwichen ist o. sich sonst ohne Erlaubnis außerhalb der Anstalt aufhält, durch die JVA o. auf ihre Veranlassung hin festgenommen u. in die Anstalt zurückgebracht wird, solange die Fahndung u. Verfolgung in unmittelbarem Zusammenhang mit der Haft steht. Dieses Festnahmerecht ist bei Flucht eines Strafgefangenen ausdr. ges. eingeräumt (zB Art. 95 BayStVollzG, § 82 SächsStVollzG).

5 **Für die Zulässigkeit** der über die bloße Freiheitsentziehung hinausgehenden Beschränkungen im Vollzug der UHaft ist hauptsächlich der im Haftbefehl angewendete Haftgrund maßgebend. Es kann jedoch auch auf die im speziellen Fall nicht herangezogenen Haftgründe zurückgegriffen werden (OLG Frankfurt a. M. StV 2016, 443; OLG Hamm NStZ-RR 2010, 292; OLG Koblenz JBlRP 2010, 105 (106); einschr. OLG Düsseldorf StraFo 2021, 200: nur bei konkreten Anhaltspunkten für eine Gefährdung des Haftzwecks; **aM** König NStZ 2010, 187). Insbesondere ist eine Maßnahme zur Vermeidung v. Verdunkelungsgefahr auch zulässig, wenn der Haftbefehl nur auf Fluchtgefahr gestützt ist (KG StV 2010, 370 (371); OLG Celle NStZ-RR 2010, 159 zu § 143 Abs. 1 NJVollzG; OLG Hamm StV 1998, 35 zu § 119 aF mit eing. abl. Anm. Paeffgen); das ist „verfassungsrechtlich nicht zu beanstanden" (BVerfG 29.10.1973 – 2 BvR 485/73). Denn was das G in Form der Haftgründe als nicht tolerierbar bezeichnet, muss der Richter nicht nur bei der Haftentscheidung, sondern auch bei seinen Einzelentscheidungen nach Abs. 1 S. 2 beachten. Davon geht nun auch die Gesetzesbegründung aus (OLG Karlsruhe StV 2010, 198). Daher ist auch der Haftbefehl zu berücksichtigen, für den nur Überhaft (→ Vor § 112 Rn. 13) vorgemerkt ist.

6 **Zur Abwehr einer realen Gefahr** für den Zweck der UHaft muss die Beschränkung erforderlich sein (VerfGH Berlin StV 2011, 165; OLG Düsseldorf

NStZ 2017, 117; OLG Dresden StraFo 2016, 206; KG StV 2015, 306; OLG Hamm NStZ-RR 2010, 292; OLG Rostock NStZ 2010, 350). Dazu bedarf es konkreter Anhaltspunkte für die Gefährdung öffentl. Interessen iSd Abs. 1 (vgl. BVerfG NStZ-RR 2023, 22, 23; OLG Celle StraFo 2022, 167). Bloße Belästigungen o. die bloße Möglichkeit eines Missbrauchs (KG StV 2012, 612) rechtfertigen Freiheitsbeschränkungen noch nicht (BVerfGE 15, 288 (295)). Eine konkrete Verdunkelungsgefahr kann nicht darauf gestützt werden, dass der Angeklagte im erstinstanzlichen Verf. umfassend v. seinem Schweigerecht Gebrauch gemacht hat (OLG Frankfurt a. M. StV 2016, 443). Allgemeine Eingriffsbefugnisse – zB §§ 81a, 81b, 94 ff., aber auch § 100f (BGH NJW 1998, 3284) – bleiben unberührt.

II. Prüfung in jedem Einzelfall. Jede Beschränkung muss **in jedem Einzelfall** auf ihre konkrete Erforderlichkeit geprüft u. gem. § 34 begründet werden. § 119 sieht keine allg. anzuordnenden Beschränkungen vor (BVerfG NStZ-RR 2015, 79; OLG Köln StraFo 2013, 71; KG StV 2011; 743; OLG Düsseldorf StraFo 2014, 74; OLG Hamm StV 2010, 368; OLG Dresden StraFo 2016, 206;) die Bezugnahme auf die Natur des Tatvorwurfs stellt daher keine ausreichend konkrete Einzelfallprüfung dar (BVerfG NStZ-RR 2015, 79). Diese auf den Einzelfall bezogene Prüfung ist schon wegen der vielfach mit jeder Beschränkung einhergehenden Grundrechtseinschränkung geboten. Daher ist eine Beschränkungsanordnung nach Abs. 1 S. 1 auch nur gegen einen inhaftierten Beschuldigten zulässig, nicht gegen einen noch per Haftbefehl gesuchten (Schultheis NStZ 2011, 625 – LG Berlin RsprÜ; **aM** OLG Köln NStZ 2011, 359). Der Katalog des Abs. 1 S. 2 ist nicht abschl.; er enthält nur die häufig in Betracht kommenden Beschränkungen. Anordnungen, die anstaltsinterne Zuständigkeiten, Organisationsabläufe u. Informationspflichten betreffen, stellen keine Beschränkungen nach § 119 Abs. 1 dar u. fallen daher nicht unter die Regelungskompetenz des Haftgerichts (KG 2011, 743). Bei den nach Abs. 1 S. 2 zulässigen Maßnahmen gebietet das Grundrecht der allg. Handlungsfreiheit u. der Grundsatz der Verhältnismäßigkeit, der den Vollzug der UHaft in besonderem Maß beherrschen muss, eine Abwägung aller Umstände des Einzelfalls (BVerfG NStZ-RR 2015, 79; BVerfGE 35, 5 (9); BGHSt 44, 138 (143); → Einl. Rn. 20). Allerdings wird bei Tatbeteiligten der Erfahrungssatz, dass der unkontrollierte Informationsaustausch untereinander die Wahrheitsfindung zu erschweren bzw. zu vereiteln vermag, regelmäßig die **Trennung von Mitbeschuldigten** rechtfertigen; dies wird jedenfalls dann anzunehmen sein, wenn sie nicht geständig sind (KG NStZ-RR 2014, 377). Zu den Beschränkungen des Abs. 1 S. 2 iE (vgl. auch die Zusammenstellung bei Schultheis NStZ 2011, 626 ff.): 7

1. Für **Besuch und Telekommunikation** kann – u. wird idR – angeordnet werden, dass sie der Erlaubnis bedürfen (Nr. 1). 8

a) Besuche: Eine generelle Besuchssperre ist grds. unzulässig (OLG Düsseldorf StV 1994, 324; OLG Hamm StV 1997, 260), die Ablehnung der Besuchserlaubnis für Familienangehörige nur unter bes. strengen Voraussetzungen zulässig (OLG Hamm StV 1996, 325). Besuchserlaubnisse werden aber zumeist nur als Einzelerlaubnisse für den jeweiligen Besuch bewilligt (OLG Düsseldorf OLGSt StPO § 119 Nr. 6). Wird dem Antragsteller die Besuchserlaubnis erteilt, so wird zugleich die Dauer des Besuchs bestimmt. 9

Zur Ermöglichung v. **Besuchen von Ehegatten und Kindern** müssen die zuständigen Behörden die erforderlichen u. zumutbaren Anstrengungen unternehmen (OLG Nürnberg OLGSt StPO § 119 Nr. 30). Eine großzügigere Besuchsregelung als bei anderen UGefangenen ist hier geboten (BVerfG NJW 1993, 3059; NStZ 1994, 604; StraFo 2006, 490: auch bei Kleinkindern; OLG Düsseldorf NStZ 2017, 117 BVerfG). Das gilt auch, wenn beide Teile in UHaft sind, aber der Haftgrund der Verdunkelungsgefahr bei ihnen nicht besteht (OLG Bremen StV 1995, 645; OLG Düsseldorf NStZ 1989, 549; OLG Frankfurt a. M. MDR 1979, 1042; OLG Stuttgart StV 2003, 628), uU sogar bei Verdunkelungsgefahr (OLG Bremen StV 1998, 33; OLG Hamburg StV 1998, 34; LG Göttingen NStZ-RR 2004, 28). Es stehen jedoch grds. nur die allg. Besuchstage zur Verfügung. Nur in 10 bes. gelagerten Ausnahmefällen kann es geboten u. für die JVA zumutbar sein, für solche Besuche Gelegenheit zu anderer Zeit zu schaffen (BVerfGE 42, 95). Die Gewährung eines Intimkontaktes mit dem Ehegatten kann idR nicht verlangt werden (OLG Jena NStZ 1995, 256 = JZ 1996, 157 mkritAnm Seebode; abl. auch Paeffgen NStZ 1996, 73).

11 Für **Besuche von anderen UGefangenen** gilt Nr. 1 einschl. der Notwendigkeit der Überwachung ebenfalls (OLG Hamburg NJW 1965, 364; OLG Koblenz NStZ 1991, 207; **aM** OLG Stuttgart OLGSt StPO § 119 S. 70).

12 Für **Verteidigerbesuche** gilt § 148 (erg. → Rn. 31). Das Verteidigungsverhältnis muss durch Vollmacht u. Angabe der Strafsache, in der der Verteidiger tätig ist, ausgewiesen sein (→ § 148 Rn. 11). Um Einzelfallentscheidungen handelt es sich bei dem Schriftwechsel zwischen einem UGefangenen u. einem RA in Zivilsachen, notariellen Angelegenheiten u. Testamentssachen. Ergänzend → § 148 Rn. 3.

13 **b) Telekommunikation:** Das Begehren des UGefangenen, Telefonate mit Personen außerhalb der JVA zu führen o. v. solchen zu empfangen, wird idR dem Zweck der UHaft widerstreiten (OLG Düsseldorf StraFo 1998, 285; OLG Karlsruhe StraFo 2002, 28; OLG Köln NStZ 2011, 55). Bei Telefongesprächen mit Familienangehörigen ist mit Blick auf Art. 6 Abs. 1 GG jedoch ein großzügigerer Maßstab angebracht (vgl. BVerfG NStZ-RR 2023, 22 ff.). Sie sind in regelmäßigen Abständen zuzulassen, wenn der Haftzweck u. die Personen der Bet. es erlauben; Gefahren für den Haftzweck kann durch die Überwachung der Gespräche begegnet werden (vgl. LG Bonn StraFo 2011, 355; OLG Düsseldorf StraFo 2001, 287: einmal monatlich; OLG Rostock StraFo 2001, 286: einmal wöchentlich; AG Cottbus StV 2004, 494: zweiwöchentlich; weitergehend OLG Zweibrücken StV 2019, 567: idR zu gestatten; erg. → Rn. 17).

14 **2. Überwachung von Besuchen, Telekommunikation sowie von Schrift- und Paketverkehr** (Nr. 2; zu nach Art. 8 EMRK gebotenen Einschränkungen der Besuchs- u. Korrespondenzkontrolle vgl. Pohlreich NStZ 2011, 564 ff.):

15 **a)** Soweit **Besuche** nach Nr. 1 gestattet worden sind, können sie nach Nr. 2 überwacht werden. Die Überwachungsmaßnahmen richten sich nach dem Risiko für den Zweck der UHaft. Flucht u. Verdunkelungsgefahr müssen unterbunden werden (BVerfGE 42, 95 (100, 101); BGH NStE StPO § 119 Nr. 13). Fehlt ein solches Risiko überhaupt, kann (OLG Hamm StV 1997, 259: muss) der Haftrichter für den genehmigten Besuch gestatten, dass er ohne Überwachung stattfindet (OLG Frankfurt a. M. StV 1983, 465; OLG Hamm NStZ-RR 2009, 124, anders aber bei konkreten Anhaltspunkten für eine Gefährdung des Haftzwecks, OLG Düsseldorf NStZ-RR 2003, 126), so va bei Besuchen v. Familienangehörigen (OLG Hamm StV 2010, 368; OLG Koblenz JBlRP 2010, 105 (107); vgl. auch BVerfG NStZ 1994, 52; 1996, 614; OLG Karlsruhe StraFo 2006, 377; OLG Köln StV 1995, 259), aber auch bei Besuchen, die einem therapeutischen Gespräch (OLG Frankfurt a. M. StV 1983, 289: Drogenberater) o. der Vorbereitung eines Sachverständigengutachtens dienen (OLG Frankfurt a. M. StV 2006, 701). Eine akustische Überwachung ist nur zulässig, wenn mildere Maßnahmen zur Sicherstellung des Haftzwecks o. der Anstaltsordnung nicht ausreichen (OLG Düsseldorf NStZ-RR 2014, 218; OLG Dresden StraFo 2016, 206). Zur Überwachung der Besuche bei ausl. UGefangenen durch Dolmetscher vgl. Lorenzen/Thamm SchlHA 1995, 4 – OLG Schleswig RsprÜ; zur Pflicht des Gerichts, die Hinzuziehung v. Dolmetschern anzuordnen u. sie aus der Staatskasse zu entschädigen, OLG Frankfurt a. M. StV 1986, 24; OLG München StV 1996, 491; LG Düsseldorf StV 2012, 357; erg. → EMRK Art. 6 Rn. 24. Zur Frage, ob der UGefangene Vertreter der Presse empfangen o. gar ein Fernsehinterview aus der UHaft heraus geben darf vgl. Mansdörfer ZStW 123 (2011), 570 (574).

16 Zulässig ist die vorherige **Durchsuchung** des Besuchers u. der etwa v. ihm mitgeführten Behältnisse nach Waffen, zu übermittelnden Nachrichten o. fluchterleichternden Gegenständen, falls es eine bestehende Fluchtgefahr erfordert (BGH NJW 1973, 1656), auch wenn es sich um Verteidiger handelt (BVerfGE 38, 26). Die Anordnung, dass der Besuch nur in einem durch Trennscheiben gesicherten

Raum stattfinden darf, ist grds. zulässig (OLG Celle NStZ 1981, 196; OLG Zweibrücken StraFo 2004, 380), insbes. bei früheren Versuchen des Besuchers, Gegenstände unerlaubt zu übergeben (LG Frankfurt a. M. NStZ 1981, 496), jedoch nicht bei ganz geringfügigen Verstößen (OLG Stuttgart StV 2004, 493).

b) Wenn die Zustimmung zur **Telekommunikation** erteilt wird, wird idR auch die Überwachung des Gesprächs angeordnet werden (**aM** König NStZ 2010, 189); das Gespräch ist dann vollständig mitzuhören. Anders kann es – u. muss es ggf. mit Rücksicht auf Art. 6 Abs. 1 GG – aber uU bei Gesprächen mit Familienangehörigen gehandhabt werden (OLG Karlsruhe StV 2013, 164; KG StV 2008, 32). Abs. 1 S. 7 stellt ausdr. klar, dass die Überwachung die Befugnis einschließt, Besuche u. Telekommunikation abzubrechen, wenn dies der Zweck der UHaft erfordert. 17

c) Briefverkehr und Paketempfang sind grds. erlaubt. Die Überwachung ist nur bei Gefährdung der Haftzwecke anzuordnen (anders noch OLG Stuttgart Justiz 1999, 114 mwN). Bloße Überwachungslästigkeiten müssen hingenommen werden (BVerfGE 34, 370 (381); OLG Zweibrücken StV 1998, 32 für Paketempfang; → Rn. 11). Bücher u. Zeitschriften über die JVA zu bestellen, kann zur Erleichterung der Kontrolle dem UGefangenen aufgegeben werden. Bisher wurde die Beschränkung der Zahl der Briefe bei Schriftwechsel in Fremdsprachen (BVerfG NJW 2004, 1095 (1096): aber nicht pauschal auf etwa einen Brief pro Woche; eing. dazu Kropp JR 2003, 53) u. in extremen Fällen (KG StV 1985, 66; OLG Stuttgart MDR 1973, 335; OLG Hamburg MDR 1974, 248) sowie die Weisung, den Schriftverkehr in deutscher Sprache zu führen, wenn Absender u. Empfänger sie beherrschen (OLG Düsseldorf NStZ 1994, 559; OLG Hamm NStZ-RR 2009, 293 (294)), als zulässig angesehen; hieran dürfte sich auch nach der Neufassung des § 119 nichts geänd. haben, da die Gesetzesbegründung ausdr. betont, dass eine inhaltliche Veränderung der möglichen Maßnahmen hiermit nicht beabsichtigt sei (BR-Drs. 829/08, 13); iÜ muss der mit der Übersetzung verbundene Arbeits- u. Kostenaufwand aber hingenommen werden (BVerfG NJW 2004, 1095 (1096); KG StraFo 2004, 168; OLG Brandenburg OLGSt StPO § 119 Nr. 24; OLG Celle StraFo 2009, 515). Grundsätzlich darf die Briefkontrolle – insbes. beim Haftgrund der Fluchtgefahr – auf Stichproben beschränkt werden (BVerfG NJW 2004, 1095 (1096)); eine Beschränkung des Postverkehrs wegen Überlastung des Richters ist dann ausgeschlossen (KG NStZ 1992, 558; OLG Zweibrücken StV 1982, 530). Bei Briefen des UGefangenen an nahe Angehörige sind uU andere Maßstäbe als sonst anzulegen (OLG Brandenburg StV 1995, 420; OLG Düsseldorf NStZ 1998, 319; OLG Koblenz NStE StPO § 119 Nr. 8). Zur Überwachung v. Paketen OLG Düsseldorf JMBl. NRW. 2000, 56; § 44 RPLJVollzG. 18

Die v. der Rspr. entwickelten **Grundsätze für das Anhalten von Schreiben** gelten, soweit sie durch den Zweck der UHaft gerechtfertigt sind. Abs. 1 S. 7 stellt diese Befugnis ausdr. fest. Grund, einen Brief anzuhalten, ist nicht schon der Versuch der Umgehung der Briefkontrolle (OLG Düsseldorf NStZ 1991, 360; OLG Zweibrücken StV 1992, 236). Briefe dürfen grds. nicht wegen unsachlicher Äußerungen über das anhängige Strafverfahren o. beleidigender Angriffe gegen die mit dem Verf. befassten Personen angehalten werden (BVerfGE 42, 234 (237); 57, 170; BVerfG NStZ 1996, 509; OLG Düsseldorf StV 1996, 410; OLG München StV 1995, 140; generell gegen die Zulässigkeit des Anhaltens solcher Schreiben mit beachtlichen Gründen Paeffgen NStZ 1989, 420). Ein Brief kann aber beanstandet u. angehalten werden, wenn er den Zweck verfolgt, Zeugen psychisch unter Druck zu setzen (OLG Jena NStZ-RR 2012, 28), ferner, wenn er für den Eingeweihten nicht verständliche Passagen enthält u. daraus auf eine reale Gefahr zu schließen ist, dass darin verdeckte, den Zweck der UHaft gefährdende Mitteilungen enthalten sind (vgl. OLG Hamburg MDR 1973, 243), nicht aber schon dann, wenn der Beschuldigte sich in seiner Strafsache an den gerichtlich bestellten Sachverständigen wendet (OLG Schleswig StV 2001, 465) o. wenn er eine Belohnung für Hinweise zur Aufklärung der ihm vorgeworfenen Straftat auslobt (OLG Hamm wistra 1999, 78). Beanstandete Briefe u. Pakete werden an den Absender zurückgeleitet, soweit 19 dies ohne Gefährdung des Zwecks der UHaft möglich ist, sonst werden sie zur Habe des Gefangenen genommen.

20 Hat ein Brief Beweisbedeutung iSd § 94 für das laufende Verfahren, so **beschlagnahmt** ihn der Richter **als Beweismittel** (vgl. BGH NJW 1961, 2069; **aM** Lammer FS Hilger, 2003, 345: Verwertung zu Beweiszwecken im Strafverfahren unzulässig). Bezieht sich die Beweisbedeutung auf ein anderes Verfahren, so stellt er den Brief bei fehlender eigener Zuständigkeit (§ 98) einstweilen sicher u. leitet ihn (o. wenigstens eine Fotokopie) der StA o. im gerichtlichen Verf. dem zuständigen Richter zu (→ § 98 Rn. 5; OLG Jena NStZ-RR 2012, 28). Soweit dafür nicht auf die Rechtfertigungsgründe des Abs. 3 zurückgegriffen werden kann, ist § 108 sinngemäß entspr. anwendbar (OLG Celle NJW 1974, 805).

21 **3.** Die **Übergabe von Gegenständen** bei Besuchen bedarf der Erlaubnis (Nr. 3). In der Regel auszuschließen sind Toilettenartikel, Getränke, Lebensmittel u. sonstige Gegenstände, in denen Drogen enthalten sein könnten; denn es kann im Vollzug nicht ausgeschlossen werden, dass die eingeschmuggelten Drogen auch an andere Gefangene gelangen. Auch iÜ kann es notwendig sein, die Übergabe v. Gegenständen zu unterbinden, die zur Flucht, zur Vornahme v. Verdunkelungshandlungen o. zur Begehung weiterer Straftaten genutzt werden können.

22 **4. Trennung und Verbot gemeinsamer Unterbringung (Nr. 4 und 5):** Dabei geht es nicht um die in § 119 Abs. 2 aF behandelte Frage der Unterbringung v. UGefangenen in einer Zelle; das hat nichts mit dem Zweck der UHaft, sondern mit der Ordnung in der Vollzugsanstalt zu tun u. ist daher nunmehr in den Landes-UHaftvollzugsgesetzen zu regeln (vgl. zB § 17 Abs. 1 Nr. 2, Abs. 2, 3 RPLJVollzG). Hier wird vielmehr die Befugnis eingeräumt, zur Sicherung der Haftzwecke – vornehmlich zur Abwendung der Verdunkelungsgefahr – die Trennung v. einzelnen o. allen anderen Gefangenen abzuordnen o. die gemeinsame Unterbringung mit anderen Gefangenen einzuschränken o. auszuschließen. Auch hier geht es um Einzelfallentscheidungen; die früher in Nr. 22 UVollzO enthaltene Regel, dass Gefangene v. allen anderen Gefangenen getrennt zu halten sind, die als Beschuldigte o. Zeugen mit demselben Verf. in Verbindung stehen, ist als bei Fluchtgefahr nicht unbedingt erforderlich u. daher zu weitgehend nicht übernommen worden. Bei Fluchtgefahr kommt die Anordnung aber zB in Betracht, wenn die Gefahr besteht, dass ein Beschuldigter versuchen könnte, mit anderen Gefangenen zusammen ein Entweichen aus dem Vollzug vorzubereiten (BR-Drs. 629/08, 34). Die Gefahr der Beeinträchtigung der Wahrheitsermittlung reicht ebenfalls aus, so wenn – wie va bei nicht geständigen Beschuldigten – eine Absprache des Einlassungsverhaltens zu befürchten ist (Schultheis NStZ 2013, 91 – KG RsprÜ). Ungleichheit ggü. anderen UGefangenen aufgrund sachlich vertretbarer Erwägungen ist nicht willkürlich (BVerfGE 35, 311 = NJW 1974, 26); daher kann zB dem einen die Teilnahme an allen Gemeinschaftsveranstaltungen gestattet werden, dem anderen nur die Teilnahme an solchen, die durch Aufsichtspersonal überwacht werden. Zu nach Art. 3 EMRK gebotenen Einschränkungen v. Isolationshaft vgl. Pohlreich NStZ 2011, 563.

23 **III. Sonstige Beschränkungen.** Es können noch andere Maßnahmen als die in Abs. 1 S. 2 aufgeführten angeordnet werden. Hier ist etwa an die **Fesselung** des Beschuldigten zu denken, um eine Flucht – zB bei der Fahrt zu Gerichtsterminen – zu verhindern. Dabei muss der Fesselungsgrund aber in konkreten Tatsachen bestehen (OLG Oldenburg NJW 1975, 2219), die Fesselung muss notwendig sein (OLG Koblenz StV 1989, 209; Pohlreich NStZ 2011, 568); für noch nicht überschaubare künftige Ereignisse darf sie nicht angeordnet werden (LG Koblenz StV 1983, 467; LG Stuttgart Justiz 1990, 338). Auch **sonstige Beschränkungen** sind zulässig, wenn der Zweck der UHaft es erfordert: So kann die Einbringung bestimmter Gegenstände untersagt werden, wenn der Verdacht besteht, dass sie zur Vorbereitung eines Entweichens aus der JVA – etwa durch Kontaktaufnahme mit anderen Personen, um deren Unterstützung zu gewinnen – benutzt werden können. Soweit früher der Zeitungsbezug o. die Einbringung v. Rundfunk- u. Fern-

sehgeräten untersagt o. eingeschränkt worden ist (vgl. → 52. Aufl. 2009, § 119 Rn. 27 ff.), ging es aber zumeist um die Aufrechterhaltung der Ordnung in der Vollzugsanstalt; dies fällt nun in den Regelungsbereich der UHaftvollzugsgesetze der Länder. Es kann aber auch die Benutzung eines Flachbildschirm-Fernsehgerätes, das Datenverarbeitungs-, übermittlungs- u. speicherfähigkeiten aufweist, dem Zweck der UHaft zuwiderlaufen, weil die gespeicherten o. übertragenen Daten in der Anstalt mit zumutbarem zeitlichem Aufwand nicht hinreichend kontrolliert werden können (OLG Hamm NStZ 2009, 578). Mit der Benutzung eines eigenen Rundfunk- o. Fernsehgeräts, die grds. gestattet ist (OLG Düsseldorf StV 1991, 221), kann die Gefahr unkontrollierten Kontakts mit der Außenwelt u. zugleich innerhalb der Anstalt verbunden sein. Zur Vermeidung v. Funkvereinbarungen über Befreiungsaktionen ua krimineller Aktionen kann im Einzelfall ihre Verwendung in der Zelle untersagt werden.

Den durch Abs. 1 eröffneten Möglichkeiten des Eingriffs in Grundrechte des 24
Gefangenen sind jedoch **enge Grenzen gesetzt;** so ist etwa nur bei konkreter Gefährdung des Zwecks der UHaft unter Beachtung des Verhältnismäßigkeitsgrundsatzes eine körperliche Durchsuchung des Intimbereichs mit Inspektion v. üblicherweise bedeckten Körperöffnungen bei Aufnahme in die UHaft zulässig (BVerfG StV 2009, 253). Die Abgabe einer Urinprobe kann ohne konkreten Anlass nicht verlangt werden (LG Koblenz StraFo 2008, 119; LG Traunstein StV 2004, 144), sonst schon (BVerfG NStZ 2008, 292; OLG Oldenburg StV 2007, 88 mkritAnm Pollähne; krit. auch Paeffgen NStZ 2008, 140).

B. Zuständigkeit. Die nach Abs. 1 gebotenen Anordnungen trifft das zuständi- 25
ge Gericht (Abs. 1 S. 3), also nach § 126 Abs. 1 der Haftrichter (BGH (ER) NJW 2012, 1158; **aM** OLG Celle StV 2012, 417: Zuständigkeit nach § 134a Abs. 1 S. 2 NdsJustizvollzugsG; erg. → Rn. 1), nach Anklageerhebung das in § 126 Abs. 2 bestimmte Gericht. Schriftform ist nicht vorgeschrieben, aber wegen des Begründungserfordernisses u. wegen der Anfechtbarkeit geboten. Eine fernmündlich eingeholte u. gegebene Anordnung wird nachträglich schriftlich getroffen u. mitgeteilt. § 33 Abs. 2 gilt nicht, weil es sich um dem Vollzug angehörende Entscheidungen handelt; jedoch ist die Beteiligung des StA häufig nach der Natur der Sache geboten.

Der Erlass einer **Eilanordnung durch die StA oder die JVA** ist zulässig, wenn 26
eine Entsch. des Gerichts nicht rechtzeitig herbeigeführt werden kann (Abs. 1 S. 4). In Verschärfung der früheren Regelung (§ 119 Abs. 6 S. 2 aF) muss jetzt die vorl. Anordnung binnen 3 Werktagen dem Gericht zur Genehmigung vorgelegt werden (Abs. 1 S. 5). Die Vorlegung ist aber nicht erforderlich, wenn sich die Anordnung erledigt hat, was insbes. bei einer einzelnen Überwachungsmaßnahme der Fall sein kann. Dem betroffenen Beschuldigten bleibt es aber unbenommen, die Rechtmäßigkeit der Anordnung durch einen Antrag nach Abs. 5 überprüfen zu lassen; dasselbe gilt für eine erledigte Entsch. des Gerichts.

Mitteilungspflichten: Dem Beschuldigten sind die nach Abs. 1 v. Gericht oder 27
v. der StA bzw. der JVA getroffenen Anordnungen mitzuteilen, wie Abs. 1 S. 6 nun ausdr. vorschreibt, wie sich aber auch aus § 35 Abs. 2 ergibt. Im Fall der angeordneten Überwachung einer Telekommunikation (Abs. 1 S. 2 Nr. 2) bestimmt Abs. 3, dass die beabsichtigte Überwachung auch den Gesprächspartnern (eines Telefongesprächs, aber auch einer Mail o. einer SMS, vgl. Bittmann NStZ 2010, 16) unmittelbar nach Herstellung der Verbindung – also bei Beginn des Telefonats – mitzuteilen ist. Darüber hinaus ist bestimmt, dass auch der Beschuldigte rechtzeitig vor Beginn der Telekommunikation über diese Mitteilungspflicht zu unterrichten ist u. er selbst die Mitteilung über die Telekommunikationsüberwachung an die Gesprächspartner übernehmen kann. Dazu, ob er dies tun will, ist er zweckmäßigerweise bei Bekanntgabe der Telekommunikationsüberwachung an ihn zu befragen.

C. Ausführung der Anordnungen (Abs. 2). Grundsätzlich obliegt die Aus- 28
führung der nach Abs. 1 getroffenen Anordnungen der **anordnenden Stelle,** also dem Gericht o. der StA (S. 1). Hiervon macht aber S. 2 die praktisch höchst

bedeutsame Ausnahme, dass das Gericht – das sonst übermäßig belastet wäre – die Ausführungen v. Anordnungen widerruflich auf die StA übertragen kann. Soweit der Vorsitzende nach Abs. 1 S. 3 iVm § 126 Abs. 2 S. 3 zuständig ist, wird als eine weniger weitgehende Übertragungsmöglichkeit zwecks Entlastung des Vorsitzenden auch die Übertragung auf ein richterliches Mitglied der StrK als zulässig anzusehen sein (**aM** OLG Hamm NStZ-RR 2010, 292). Die StA kann – ebenfalls um Überlastungen vorzubeugen – ihrerseits sich bei der Ausführung der Hilfe ihrer Ermittlungspersonen (§ 152 GVG) o. der Vollzugsanstalt bedienen kann. Da die StA das Ermittlungsverfahren betreibt, wird sie auch vielfach sachgerechter als das Gericht entscheiden können, ob etwa ein Brief anzuhalten o. zu beschlagnahmen ist. Der Einfachheit halber u. nach dem Gegenstand der Anordnung ist es oftmals auch angebracht, dass die JVA die Ausführung v. Anordnungen (zB Besuchs- o. Telekommunikationsüberwachung) übernimmt, wobei dies aber stets einer Delegation durch die StA bedarf.

29 Damit ist auch die früher umstrittene Frage, ob die **Briefkontrolle** nur v. Richter o. mit Einverständnis des UGefangenen v. StA vorgenommen werden darf, entschieden (abl. Paeffgen GA 2009, 457); des Einverständnisses des StA bedarf es dazu nicht. Die Überprüfung der Pakete wird idR der StA u. von dieser der JVA übertragen werden. Im Übrigen kann der Besitz solcher Sachen untersagt werden, die nach ihrer bestimmungsgemäßen Verwendung eine Gefahr für die Haftzwecke darstellen. Die Benutzung eines Laptops bzw. eines elektronischen Lesegeräts (vgl. LG Frankfurt a. M. StV 2015, 307) ist zu gestatten, wenn es zur ordnungsgemäßen Verteidigung erforderlich ist (OLG Koblenz StV 1995, 86; LG Mannheim StraFo 2008, 469; ebenso OLG Hamm NStZ 1997, 566, falls das Diskettenlaufwerk ausgebaut wird; vgl. auch OLG Stuttgart NStZ-RR 2003, 347; Staechelin StV 1999, 610).

30 Zutreffend ordnet S. 3 die **Unanfechtbarkeit** der nach S. 2 erfolgten Übertragungen an. Da nach Abs. 5 eine umfassende Anfechtungsmöglichkeit gegen die Anordnung selbst gegeben ist (→ Rn. 36, 37), ist eine gesonderte Anfechtungsmöglichkeit hins. der Übertragung nicht erforderlich.

31 **D. Überwachungsfreiheit (Abs. 4).** Für Verteidiger gelten Beschränkungen nach Abs. 1 nicht, soweit sie den durch § 148 Abs. 1 garantierten freien Verkehr mit dem Gefangenen einschränken würden; Ausnahmen sind nur nach §§ 148 Abs. 2, 148a zulässig (vgl. BVerfG StraFo 2012, 129; erg. → § 148 Rn. 16). Dem Verteidiger werden in S. 2 eine Reihe v. Institutionen gleichgestellt. Die Regelung entspr. teilw. schon früher in der UVollzO enthaltenen Bestimmungen (Nr. 1–4), teilw. wurden entspr. Regelungen aus dem StVollzG einbezogen (Nr. 7–9, 13), iÜ wurden sie neu aufgenommen (Nr. 5, 6, 10–12, 14–17, 19a). Die Überwachungsfreiheit nach Nr. 18 (Geistliche u. Abg.) entspr. der Regelung in § 160a. Nr. 19b betr. den Kontakt mit konsularischen Vertretungen nach Art. 36 Abs. 1a WÜK (dazu → § 114b Rn. 9). Die Einschränkungen nach § 148 Abs. 2 gelten auch hins. der in S. 2 aufgeführten Institutionen.

32 Eine Überwachung darf v. § 148 Abs. 2 abgesehen aber **in den Fällen der Nr. 19** angeordnet werden, soweit das Gericht dies für geboten hält. Für die Anordnung ist ausnahmslos das Gericht zuständig; Abs. 2 S. 2 findet hier keine Anwendung.

33 Demgegenüber sind **die Voraussetzungen** für einen unüberwachten Verkehr v. der nach Abs. 2 zuständigen Stelle (Gericht o. StA) zu prüfen (S. 3), also zB, ob es sich bei einem Schreiben an den Beschuldigten im Fall der Nr. 18 um einen unter das Zeugnisverweigerungsrecht fallenden Inhalt iSd § 53 Abs. 1 Nr. 1 oder 4 handelt (BR-Drs. 829/08, 41).

34 Nach den §§ 31 ff. **EGGVG** kann der **Kontakt** zwischen dem Verteidiger u. dem UGefangenen **vorübergehend gesperrt** werden, wenn dieser im Verdacht terroristischer Gewalttaten steht.

35 **E. Anfechtung (Abs. 5). I. Beschwerde (§ 304). Beschwerde (§ 304)** gegen richterliche Entscheidungen können der Beschuldigte u. die StA einlegen. Das gilt nicht für Beschränkungen durch den ER des BGH, die dem UGefangenen im Hinblick auf den Zweck der UHaft nach Abs. 1 auferlegt werden u. die sich lediglich auf die Art u. Weise des Vollzugs erstrecken (BGH StV 2012, 419). Es gilt ebenfalls nicht, wenn das im 1. Rechtszug zuständige OLG entschieden hat (§ 304 Abs. 4 S. 2 Nr. 1, → § 304 Rn. 11; **aM** SK-StPO/Paeffgen Rn. 70; vgl. aber → Rn. 37). Der Anstaltsleiter hat hier – anders § 119a Abs. 3 – kein Beschwerderecht. Er kann allenfalls nach fruchtlosen Gegenvorstellungen beim Richter versuchen, die StA zur Beschwerde zu veranlassen. Ein Beschwerderecht hat auch derjenige, dessen Antrag auf Kommunikation mit dem UGefangenen (ganz o. teilw.) abgelehnt worden ist, zB auf Besuchserlaubnis (BGHSt 27, 175; OLG Düsseldorf StraFo 2014, 74; Löwe/Rosenberg/Hilger Rn. 156; **aM** OLG Bremen MDR 1976, 686), o. bei Überwachung des Schriftverkehrs (vgl. auch OLG Hamm MDR 1969, 161; OLG Nürnberg MDR 1980, 165). Über eine noch nicht beschiedene Beschwerde entscheidet nach Anklageerhebung zum LG gem. § 126 Abs. 2 S. 3 der Vorsitzende der StrK (KG NStZ-RR 1996, 365); die Beschwerde ist insoweit in einen Antrag auf Aufhebung der Maßnahme umzudeuten (OLG Frankfurt a. M. NStZ-RR 2014, 217).

Die Beschwerde wird idR gegenstandslos nach Entlassung aus der UHaft u. nach Urteilsrechtskraft (OLG Karlsruhe NStZ 1984, 183), anders aber uU, wenn der Haftbefehl nur außer Vollzug gesetzt worden ist (OLG Hamm NStZ-RR 2010, 292). Ausnahmen gelten auch für Briefbeanstandungen (BGHR StPO § 304 Abs. 2 Betroffener 1; OLG München StV 1995, 140) nach Überführung des UGefangenen in Strafhaft. Zum Verbot der Schlechterstellung → Vor § 304 Rn. 5, zum Rechtsschutz gegen erledigte Anordnungen → Rn. 26, → Vor § 296 Rn. 17 ff. Weitere Beschwerde ist ausgeschlossen (→ § 310 Rn. 7; **aM** SK-StPO/Paeffgen Rn. 73). **36**

II. Antrag auf gerichtliche Entscheidung. Gegen Entscheidungen der Amts- und Landgerichte ist die Beschwerde (→ Rn. 36) gegeben – auch dann, wenn es sich um Entscheidungen des erkennenden Gerichts iSd § 305 handelt (→ § 305 Rn. 7), so dass insoweit der Antrag auf gerichtliche Entsch. ausscheidet. Er ist aber zulässig, wenn ein OLG o. der ER des BGH Anordnungen nach Abs. 1 getroffen hat, wobei der Antrag hier aber keinen Devolutiveffekt hat (BGH BeckRS 2012, 2333). Vor allem ist der Antrag gegen v. der StA nach Abs. 2 S. 2 angeordnete Maßnahmen gegeben. Die Zuständigkeit des Gerichts folgt aus § 126; funktional ist bei Anhängigkeit einer Sache beim Kollegialgericht der Vorsitzende zuständig (vgl. KG StV 2013, 526 (527)). Auf nach § 148 Abs. 2 getroffene Anordnungen ist Abs. 5 S. 1 analog anwendbar (BGH (ER) NStZ 2018, 154). **37**

Die **inhaltliche Prüfung** beim Antrag auf gerichtliche Entsch. unterscheidet sich nicht v. der auf Beschwerde. Es kann nicht nur die Zulässigkeit der Anordnung v. Anfang an, sondern auch ihre Fortdauer beanstandet werden. **38**

Der Antrag hat **keine aufschiebende Wirkung;** das Gericht kann aber vorl. Anordnungen treffen (S. 2, 3). Das entspr. der Regelung des § 307 bei der Beschwerde. **39**

F. Vollstreckung einer freiheitsentziehenden Maßnahme. Für die **Vollstreckung anderer freiheitsentziehender Maßnahmen** gelten Abs. 1–5 ebenfalls (Abs. 6). Die Regelung bezieht sich auf § 116b, in dem nun das Verhältnis v. UHaft zu anderen freiheitsentziehenden Maßnahmen geregelt ist (grds. Subsidiarität der UHaft). Auch dann, wenn UHaft nicht vollzogen wird, kann es sich zur Sicherstellung ihres Zweckes als notwendig erweisen, etwa im Strafvollzugsrecht nicht vorgesehene Beschränkungen anzuordnen. Hier ist dann auch der Rechtsweg nach Abs. 5 eröffnet; die gerichtliche Zuständigkeit richtet sich nach § 126. **40**

Die Vorschr. ist auch anzuwenden, wenn **mehrere Haftbefehle** erlassen worden sind. Das kann die Notwendigkeit begründen, Beschränkungen anzuordnen, die wegen des tatsächlich vollzogenen Haftbefehls nicht erforderlich wären (erg. → Vor § 112 Rn. 11). **41**

Gerichtliche Entscheidung über eine Maßnahme der Vollzugsbehörde

119a (1) [1]**Gegen eine behördliche Entscheidung oder Maßnahme im Untersuchungshaftvollzug kann gerichtliche Entscheidung beantragt werden.** [2]**Eine gerichtliche Entscheidung kann zudem beantragt werden, wenn eine im Untersuchungshaftvollzug beantragte behördliche Entscheidung nicht innerhalb von drei Wochen ergangen ist.**

(2) [1]**Der Antrag auf gerichtliche Entscheidung hat keine aufschiebende Wirkung.** [2]**Das Gericht kann jedoch vorläufige Anordnungen treffen.**

(3) **Gegen die Entscheidung des Gerichts kann auch die für die vollzugliche Entscheidung oder Maßnahme zuständige Stelle Beschwerde erheben.**

1 **A. Geltungsbereich.** Da durch die Föderalismusreform (→ § 119 Rn. 1) die Gesetzgebungszuständigkeit für den UHaftvollzug auf die Länder übergegangen war, musste hier ein Rechtsweg gegen Entscheidungen u. Maßnahmen geschaffen werden, die aus Zwecken der Sicherheit u. Ordnung in der Vollzugsanstalt – idR v. dieser selbst – getroffen werden. Zuvor war hierfür nur der Rechtsweg nach §§ 23 Abs. 1 S. 2, 25 Abs. 1 **EGGVG** mit der Zuständigkeit des OLG gegeben, was – wie die Gesetzesbegründung zu Recht bemerkt (BR-Drs. 829/08, 44) – „in keinem angemessenen Verhältnis zu der Bedeutung der Sache steht".

2 Insoweit besteht die **Zuständigkeit des Haftrichters** nach § 126, wie sich aus § 126 Abs. 1 S. 1 ergibt („Maßnahmen, die sich auf die UHaft beziehen"; OLG Jena StV 2011, 35 (36)). Wenn Haftgericht u. Vollzugsanstalt in unterschiedlichen Bundesländern liegen, was wohl nur ausnahmsweise der Fall sein wird, muss damit der Haftrichter über Entsch. einer Behörde eines anderen Bundeslandes mit möglicherweise anderem Vollzugsrecht befinden; das schien dem Gesetzgeber aber zutr. vertretbar u. sachgerechter, als die Zuständigkeit des Haftrichters an den Sitz der Vollzugsanstalt zu binden (BR-Drs. 829/08, 45). Bei Anhängigkeit einer Sache vor einem **Kollegialgericht** ist der gesamte Spruchkörper zuständig; § 126 Abs. 2 S. 3 ist nicht anwendbar, da es sich bei der Entsch. nach § 119a nicht um eine „Maßnahme" iSd Vorschr. handelt (KG StV 2013, 526; erg. → § 126 Rn. 10).

3 § 119a **gilt nicht nur** für die UHaft aufgrund eines nach den §§ 112, 112a erlassenen Haftbefehls, sondern wie § 119 (→ § 119 Rn. 3) auch für die nach anderen Vorschr. angeordnete Haft (vgl. etwa OLG Hamm 16.10.2025 – BeckRS 2025, 30587 zu § 27 Abs. 1 IRG (Auslieferungshaft)).

4 **B. Behördliche Entscheidungen oder Maßnahmen.** Die in Betracht kommenden behördlichen Entscheidungen oder Maßnahmen werden regelmäßig v. der Vollzugsanstalt angeordnet worden sein. Sie müssen den individuellen Interessenbereich des einzelnen UGefangenen betreffen. In erster Linie wird es hierbei um Disziplinarmaßnahmen gegen den Gefangenen, aber auch um sonstige Beschränkungen gehen, etwa seine Fesselung, wenn – wie in § 119 Abs. 5 S. 1 Nr. 1 aF – die Gefahr besteht, dass er Gewalt gegen Personen o. Sachen anwendet, o. Einschränkungen bei Zeitungsbezug, Rundfunk- u. Fernsehnutzung o. Einbringung v. Gegenständen; auch Zwangsmaßnahmen auf dem Gebiet der Gesundheitsfürsorge gehören hierher. Auch die **Ablehnung einer** v. UGefangenen **begehrten Regelung oder Maßnahme** kann mit dem Rechtsbehelf des Abs. 1 S. 1 überprüft werden (BGH (ER) StraFo 2014, 382: Besuchsregelung). Inwiefern solche Maßnahmen iE zulässig sind, ist nicht mehr hier, sondern in den Erläuterungswerken zu den UHaftvollzuggesetzen der Länder zu erörtern. Abstrakt-generelle Regelungen, welche allg. die Gestaltung der UHaft betreffen (sog. **Allgemeinverfügungen**) sind ebenfalls Angelegenheiten des Vollzugs der UHaft, gegen die der Antrag auf gerichtliche Entsch. nach § 119a zulässig ist (BayObLG BeckRS 2025, 31235 mwN).

5 **C. Antrag auf gerichtliche Entscheidung.** Zum Antrag auf gerichtliche Entscheidung gelten die Ausführungen zu § 119 Abs. 5 (→ § 119 Rn. 38) entspr. Ebenso wie in § 119 hat der Antrag keine aufschiebende Wirkung, jedoch können

vorl. Anordnungen getroffen werden (vgl. → § 119 Rn. 39). Abs. 2 gilt sowohl für Anträge nach Abs. 1 S. 1 als auch solche nach Abs. 1 S. 2 (dazu → Rn. 6). Ein Rechtsschutzgesuch ist bei einer Flut v. Eingaben nur dann missbräuchlich – u. damit unzulässig-, wenn der konkrete Antrag objektiv nur den Sinn haben kann, dem Gegner zu schaden o. das Gericht zu belästigen (OLG Köln NStZ-RR 2013, 285).

D. Untätigkeit der Behörde. Bei Untätigkeit der Behörde kann ebenfalls der Antrag auf gerichtliche Entsch. gestellt werden (Abs. 1 S. 2). Das ist notwendig, weil der Betroffene erst dann den Antrag nach Abs. 1 S. 1 stellen kann, wenn die Vollzugsanstalt über einen v. ihm gestellten Antrag entschieden hat. Die Frist ist in einer der UHaft angemessenen Weise auf 3 Wochen festgesetzt u. damit zutr. erheblich kürzer als im Strafvollzug (§ 113 Abs. 1 StVollzG: 3 Monate). Die Gesetzesbegründung weist darauf hin (BR-Drs. 829/08, 46), dass – wie bei einem Antrag nach Abs. 1 S. 1 – auch hier ein Rechtsschutzbedürfnis bestehen muss; soweit dort angeführt wird, dies sei zB zu verneinen, „wenn von der zuständigen Stelle über einen identischen Antrag entschieden wurde und sich die Sachlage seitdem nicht verändert hat", kann dem allerdings nicht zugestimmt werden: In einem solchen Fall ist der Antrag nicht unzulässig, vielmehr kann er unter Bezugnahme auf die frühere Entsch. als unbegründet zurückgewiesen werden. 6

E. Verwirkung. Der Anspruch auf gerichtliche Überprüfung kann bei einer einzelfallbezogenen Prüfung wegen Entfallens des Rechtsschutzbedürfnisses verwirkt sein, wenn der Berechtigte sich verspätet auf sein Recht beruft u. unter Verhältnissen untätig bleibt, unter denen vernünftigerweise etwas zur Wahrung des Rechts unternommen worden wäre (OLG München NStZ-RR 2021, 178 unter Ablehnung abstrakter Fristen, etwa durch entspr. Anwendung der Jahresfrist des § 27 Abs. 3 EGGVG). 6a

F. Anfechtung. Gegen die gerichtliche Entsch. ist das Rechtsmittel der Beschwerde nach §§ 304 ff. gegeben (OLG Stuttgart NStZ 2011, 709). Abs. 3 stellt klar, dass das Beschwerderecht nicht nur für den durch die gerichtliche Entsch. beschwerten Betroffenen, sondern auch für die für die vollzügliche Entsch. o. Maßnahme zuständige Stelle – also idR die Vollzugsanstalt – gegeben ist. Die Umdeutung der Beschwerde in einen – erneuten – Antrag nach § 119a Abs. 1 kommt anders als bei Haftentscheidungen (→ § 117 Rn. 12) nicht in Betracht (OLG Hamburg NStZ 2020, 311). 7

Falls sich die behördliche Entsch. noch vor dem Antrag auf gerichtliche Entsch. o. vor der Entsch. über diesen Antrag **erledigt** hat, gelten die Regeln über die Anfechtung erledigter Maßnahmen (→ Vor § 296 Rn. 17 ff.) entspr. Es muss dann also auch nach Aufhebung der behördlichen Entsch. o. Maßnahme noch ein konkretes Interesse an der Feststellung der Rechtswidrigkeit bestehen (vgl. OLG Frankfurt a. M. NStZ-RR 2004, 184; Lorenzen/Thamm SchlHA 1995, 4 – OLG Schleswig RsprÜ). 8

Befindet sich der Beschuldigte inzwischen im **Strafvollzug,** so entscheidet über einen Antrag auf gerichtliche Entsch. gegen einen Verwaltungsakt die StVollstrK (§§ 109 ff. StVollzG; §§ 78a, 78b GVG). 9

G. Gegenstandswert. Der Gegenstandswert des Verfahrens nach § 119a bestimmt sich entspr. § 52 Abs. 1 GKG nach der sich aus dem Antrag des Ast. für ihn ergebenden Bedeutung des Antrags nach Ermessen (vgl. LG Darmstadt BeckRS 2020, 37608). 10

Aufhebung des Haftbefehls **Nr. 54 Abs. 1, 55, 56 RiStBV**

120 (1) [1] **Der Haftbefehl ist aufzuheben, sobald die Voraussetzungen der Untersuchungshaft nicht mehr vorliegen oder sich ergibt, daß die weitere Untersuchungshaft zu der Bedeutung der Sache und der zu erwartenden Strafe oder Maßregel der Besserung und Sicherung außer**

Verhältnis stehen würde. [2]Er ist namentlich aufzuheben, wenn der Beschuldigte freigesprochen oder die Eröffnung des Hauptverfahrens abgelehnt oder das Verfahren nicht bloß vorläufig eingestellt wird.

(2) **Durch die Einlegung eines Rechtsmittels darf die Freilassung des Beschuldigten nicht aufgehalten werden.**

(3) [1]**Der Haftbefehl ist auch aufzuheben, wenn die Staatsanwaltschaft es vor Erhebung der öffentlichen Klage beantragt. [2]Gleichzeitig mit dem Antrag kann die Staatsanwaltschaft die Freilassung des Beschuldigten anordnen.**

1 **A. Aufhebung des Haftbefehls (Abs. 1). I. Wegfall der Haftvoraussetzungen (S. 1).** Bei jeder Art v. UHaft, auch nach §§ 230 Abs. 2, 236, 329 Abs. 4 S. 1, ist das **Vorliegen der Haftvoraussetzungen stets vAw zu prüfen** (Dallinger MDR 1971, 547 – BGH RsprÜ; OLG Karlsruhe StV 2015, 652; Nr. 54 Abs. 1 RiStBV). Aber nur bei der Haftprüfung nach §§ 117, 122, beim Erlass des Eröffnungsbeschlusses (§ 207 Abs. 4) u. beim Urteilserlass (§ 268b) muss das Erg. der Prüfung auch dann begründet werden, wenn das Gericht die Haftfortdauer für gerechtfertigt hält. Der Wegfall der Haftvoraussetzungen zwingt den Haftrichter (§ 126) zur sofortigen Aufhebung des Haftbefehls.

2 Wenn zwar die in dem Haftbefehl bezeichneten Haftvoraussetzungen weggefallen, jedoch andere vorhanden sind, wird der Haftbefehl aber nicht aufgeh., sondern umgestellt o. durch einen neuen ersetzt (erg. → § 114 Rn. 18). Ist der Haftbefehl wegen Verdunkelungsgefahr ergangen, so muss berücksichtigt werden, dass sie nach der vollständigen Aufklärung der Tat meist entfällt; nach Erlass des Urteils im letzten Tatsachenrechtszug wird der Haftbefehl daher idR aufzuheben sein (OLG Celle NJW 1963, 1264). Der Erlass eines weiteren Haftbefehls ist kein Aufhebungsgrund, die Verbüßung v. Strafhaft in anderer Sache nur in Ausnahmefällen (Löwe/Rosenberg/Hilger Rn. 9; **aM** Schumann JR 1967, 340). Die UHaft darf aber nicht aufrechterhalten werden, um vermutete weitere Straftaten aufzuklären, die selbst nicht Gegenstand des Haftbefehls sind (OLG Oldenburg StV 2009, 258). Zur **Aufhebung** des Haftbefehls **durch das Revisionsgericht** → § 126 Rn. 9.

3 **II. Fehlen der Verhältnismäßigkeit und Beschleunigungsgebot (S. 1). Unverhältnismäßig** ist die UHaft, deren weiterer Vollzug zur Bedeutung der Sache u. den zu erwartenden Rechtsfolgen außer Verhältnis stehen würde (vgl. BGH BeckRS 2020, 15328, der dies für Einschränkungen im Vollzugsalltag aufgrund v. Maßnahmen zur Eindämmung der COVID-19-Pandemie grds. verneint; erg. dazu → § 112 Rn. 11a); dies gilt auch unabhängig von § 121 bei **Verletzung des Beschleunigungsgrundsatzes** (vgl. BGH NStZ-RR 2025, 253; OLG Brandenburg StV 2007, 363; 589; OLG Dresden StV 2007, 93; OLG Düsseldorf NStZ-RR 2001, 255; OLG Hamm StV 2007, 363; OLG Koblenz StV 2007, 91; OLG Köln StV 2006, 143; OLG Oldenburg NJW 2006, 2646; OLG Schleswig StV 2005, 140), selbst wenn das Urt. noch innerhalb der 6-Monats-Frist zu erwarten ist (OLG Nürnberg StraFo 2014, 72). UHaft-Verfahren sind v. Beginn an u. während der gesamten Dauer des Strafverfahrens (BVerfG StV 2009, 592; StraFo 2010, 461; OLG Naumburg StV 2009, 482), mit der größtmöglichen Beschleunigung zu betreiben (BVerfG DRiZ 2008, 60); dies gilt im Falle längerer Flucht zumindest ab dem Zeitpunkt, zu dem den Ermittlungsbehörden die Festnahme des Beschuldigten bekannt wird (KG StV 2015, 36). Das Beschleunigungsgebot gilt grds. auch, wenngleich wegen der geringeren Eingriffswirkung in abgeschwächter Form, wenn ein Haftbefehl wegen vorrangig zu vollstreckender Strafhaft in anderer Sache (Überhaft) nicht vollzogen wird (BVerfG BeckRS 2014, 51802; OLG Braunschweig BeckRS 2020, 4624 mwN); der Grad der Abschwächung richtet sich nach den Umständen des Einzelfalls, insbes. danach inwieweit der Gefangene in der Haft Beschränkungen nach § 119 unterliegt u. ob die Überhaftnotierung sonst möglichen Vollzugslockerungen entgegensteht (OLG Braunschweig BeckRS 2020, 4624). Ergänzend zur Verhältnismäßigkeit der U-Haft → § 112 Rn. 8 ff.

Auch das **Zwischenverfahren** muss mit der gebotenen Zügigkeit gefördert werden, um im Falle der Eröffnungsreife über die Zulassung der Anklage zu beschließen (BVerfG BeckRS 2011, 50361) u. anschließend im Regelfall innerhalb v. drei weiteren Monaten mit der HV zu beginnen (BVerfG NJW 2019, 915). Insoweit begründet der Erlass o. die Aufrechterhaltung eines Haftbefehls, die einen dringenden Tatverdacht voraussetzen, zugleich die Eröffnungsreife (BVerfG BeckRS 2011, 50361), es sei denn, die Anklage stützt sich auf eine v. den bisherigen Haftentscheidungen zum Nachteil des Beschwerdeführers abw. rechtliche Würdigung des Tatgeschehens (BVerfG NStZ-RR 2019, 350). 3a

Haftsachen haben grds. **Vorrang** vor der Erledigung anderer Strafverfahren (OLG Hamm StV 2006, 481; erg. → § 121 Rn. 8, 25 aE) u. erfordern eine straffe **Terminsplanung** (vgl. BVerfG StV 2008, 198: mehr als 1 Verhandlungstag pro Woche; StraFo 2013, 160; BGH NStZ-RR 2013, 86 Ls.; KG StraFo 2013, 502; OLG Düsseldorf StV 2007, 92: idR mind. 2 Verhandlungstage pro Woche; StV 2012, 420: jedenfalls 2 Verhandlungstage pro Monat zu wenig; vgl. ferner OLG Koblenz StV 2011, 167; OLG Naumburg StV 2008, 589), mit Koordinierung der Erholungsurlaube der Verfahrensbeteiligten (OLG Hamm StV 2014, 30) bzw. intensiverer Terminierung u. Verh. in den zwischen den Urlauben der Verfahrensbeteiligten verbleibenden Zeiträumen (OLG Hamburg StraFo 2017, 501). Angesichts weiterer anhängiger Verf. sowie v. Schwierigkeiten bei der Abstimmung v. Terminen mit anderen Verfahrensbeteiligten stößt die Einhaltung dieser Forderung in der Praxis oftmals auf große Probleme. Inzwischen setzt sich zunehmend eine **pragmatischere,** an den Gegebenheiten u. Besonderheiten des Einzelfalls orientierte Sichtweise durch, die nicht schematisch auf eine rein rechnerische Betrachtung der Sitzungsfrequenz abstellt (vgl. BGH NStZ-RR 2016, 217: höhere Sitzungsfrequenz wegen zahlreicher Rechtshilfeersuchen u. schwieriger Zeugenladungen im Ausland nicht möglich; OLG Stuttgart StV 2014, 752: 1 Hauptverhandlungstag pro Woche kann ausreichen, wenn das Gericht alle ihm möglichen u. zumutbaren Maßnahmen zur Beschleunigung ergriffen hat; vgl. aber auch OLG Stuttgart StV 2014, 756). Durch Einf. eines umfangreichen Beweisprogramms im Selbstleseverfahren kann zudem eine Konzentration des Prozessstoffes erreicht werden, welche einer höheren wöchentlichen Sitzungsfrequenz entspr. (vgl. BGH BeckRS 2019, 16234 mwN). Auch der **EGMR** geht davon aus, dass hins. der Sitzungsfrequenz keine schematische Handhabung mit starrer Fristenregelung angebracht ist u. berücksichtigt insoweit die praktischen Schwierigkeiten u. Möglichkeiten im Einzelfall (EGMR NJW 2015, 3773; vgl. auch BGH NStZ 2015, 221; erg. → § 121 Rn. 1, → EMRK Art. 5 Rn. 11, → EMRK Art. 6 Rn. 7a). Erg. → § 121 Rn. 1a. 3b

Selbst bei schwersten Tatvorwürfen (etwa Mord) kann die Verletzung des Beschleunigungsgebots die Aufhebung des Haftbefehls erfordern (BVerfG NJW 2006, 672; StV 2019, 563 Ls.; OLG Brandenburg StV 2019, 568; OLG Köln StraFo 2015, 323; OLG Hamm StV 2006, 191). An den zügigen Fortgang des Verfahrens sind umso strengere Anforderungen zu stellen, je länger die UHaft schon andauert (BVerfG NJW 2006, 677; 2012, 513; OLG Köln StV 2014, 32: Terminsdichte während laufender HV; OLG Naumburg StV 2009, 143). Das BVerfG beanstandet es, wenn die notwendigen Verfahrenshandlungen nicht unverzüglich vorgenommen werden, so dass sich in Wochen zu bemessende Verzögerungen ergeben (BVerfG NJW 2006, 1336; ähnlich EGMR StV 2006, 474: Verletzung des Art. 5 Abs. 3 EMRK; → EMRK Art. 5 Rn. 11). Eine ungewöhnlich lange Dauer des Revisionsverfahrens ist zu berücksichtigen (OLG Köln StraFo 2015, 323). Ein aufgeh. Haftbefehl kann nur unter denselben Voraussetzungen (→ § 116 Rn. 28) wie ein außer Vollzug gesetzter Haftbefehl neu erlassen werden (OLG Hamm StV 2008, 29). Ergänzend → § 121 Rn. 1a, 16 ff., → EMRK Art. 5 Rn. 11, → EMRK Art. 6 Rn. 7a ff. 3c

Bei der **Abwägung** (dazu OLG Dresden StV 2004, 495) ist die (Mitursächlichkeit) v. Verteidigungsverhalten für die Verfahrensdauer zu berücksichtigen (BGH NStZ-RR 2019, 283 mwN; EGMR NJW 2015, 3773; BVerfG StV 2008, 198; 4

erg. → § 121 Rn. 21). Ihr dürfen nur die Tatvorwürfe zugrunde gelegt werden, derentwegen der Haftbefehl erlassen worden ist (OLG Hamm StV 1998, 553). Es ist davon auszugehen, dass die UHaft nach § 51 Abs. 1 S. 1 StGB angerechnet wird, ebenso nach § 51 Abs. 3 S. 2 StGB die im Ausland vollzogene Auslieferungshaft (OLG München NJW 1982, 1241; OLG Stuttgart StV 1994, 588). Die Erwartung einer Strafaussetzung zur Bewährung nach § 56 StGB muss berücksichtigt werden, auch die einer späteren Aussetzung des Strafrests nach § 57 StGB (BVerfG StV 2008, 421 (422) mwN; VerfGH Berlin StraFo 2017, 369; OLG Hamm NStZ-RR 2004, 152; 2009, 124; OLG Nürnberg StV 2009, 534). Zur Aufrechterhaltung des Haftbefehls gegen einen im 1. Rechtszug zu einer Bewährungsstrafe verurteilten Angeklagten vgl. → § 112 Rn. 23. Wird die Strafe demnächst durch UHaft verbüßt sein, so muss der Haftbefehl deswegen nicht unbedingt aufgeh. werden (KG NStZ-RR 2008, 157; StV 1988, 208; OLG Düsseldorf StV 1994, 86; OLG Hamm MDR 1993, 673; OLG Stuttgart Justiz 1990, 26), anders aber, wenn die UHaft die zu erwartenden Rechtsfolgen bereits übersteigt (OLG Stuttgart Justiz 1997, 62 (63); Schlothauer StV 1988, 208; **aM** OLG Frankfurt a. M. StV 1988, 392). In diesem Fall sowie auch sonst bei schwerwiegender Verletzung des Beschleunigungsgebotes ist der Haftbefehl aufzuheben (BVerfG StraFo 2010, 461; KG StraFo 2010, 26; 2013, 506: Organisationsverschulden der Justiz; OLG Celle StraFo 2009, 515; OLG Oldenburg StV 2008, 200).

5 Der Haftbefehl muss wegen Unverhältnismäßigkeit auch bei **Aussetzung des Vollzugs** nach § 116 aufgeh. werden (BVerfGE 53, 152 (158 ff.); BVerfG NJW 2006, 668; BGHSt 39, 233 (236); KG StV 1991, 473; OLG Hamburg JR 1983, 259; OLG Köln StV 2005, 396; OLG Naumburg StV 2009, 143; OLG Stuttgart NStZ-RR 2003, 29; OLG Karlsruhe StV 2015, 653 Ls.; OLG Koblenz StV 2019, 565 Ls.). Denn auch die Beschränkungen, denen der Beschuldigte durch Auflagen u. Weisungen nach § 116 ausgesetzt ist, dürfen nicht länger andauern, als es nach den Umständen des Falles erforderlich ist (→ § 116 Rn. 1).

6 Entsprechendes gilt, wenn aufgrund des Haftbefehls nur **Überhaft** (→ Vor § 112 Rn. 13) vermerkt ist; die Strafsache ist dann grds. ebenso beschleunigt zu bearbeiten wie jede andere Haftsache (BVerfG StV 2003, 30; KG StV 2015, 37; OLG Hamm NStZ-RR 2015, 78; OLG Bremen StV 2005, 445; OLG Karlsruhe StV 2002, 317; OLG Stuttgart NStZ-RR 2003, 285; OLG Jena StV 2019, 565 Ls.). Dieser Konsequenz kann sich das Gericht auch nicht dadurch entziehen, dass es v. dem Erlass eines „Überhaft-Haftbefehls" absieht (BVerfG StV 2006, 251) o. den Haftbefehl aus sonstigen Gründen nicht vollzieht (KG StraFo 2011, 91). Allerdings sind insoweit der Maßstab für die Beurteilung des Gewichts v. Verzögerungen u. die Anforderungen an eine beschleunigte Verfahrensführung wegen der geringeren Eingriffswirkung weniger streng; das Beschleunigungsgebot schwächt sich weiter ab, wenn keine haftgrundbezogenen Beschränkungen nach § 119 Abs. 1 angeordnet sind u. eine Unterbringung im offenen Vollzug vorgesehen ist (KG NStZ-RR 2017, 287 Ls.).

7 **Nach Urteilserlass** vergrößert sich das Gewicht des staatlichen Strafanspruchs, da auf der Grdl. eines gerichtlichen Verfahrens bereits ein Schuldnachweis gelungen ist (vgl. BVerfG StV 2005, 220; BGH NStZ-RR 2025, 253). Dennoch kann die Aufhebung des Haftbefehls geboten sein, wenn sich die Zustellung des Urteils o. die Fertigstellung der Sitzungsniederschrift (OLG Hamburg StV 2015, 309; OLG Brandenburg StV 2019, 569) ungebührlich verzögert o. das Urt. in der Revision wegen eines Verfahrensfehlers aufgeh. werden musste (OLG Celle StV 2013, 644). Dies gilt ebenso, wenn das Rechtsmittelverfahren nicht mit der gebotenen Beschleunigung betrieben wird (KG StV 2007, 644; OLG Köln StV 2016, 445; vgl. → § 121 Rn. 8, → EMRK Art. 6 Rn. 9c); wie in der Tatsacheninstanz kann es geboten sein, der Bearb. v. Haftsachen den Vorrang vor Nichthaftsachen zu geben (KG NStZ 2018, 426) u. erforderlichenfalls durch gerichtsorganisatorische Maßnahmen eine zügige Bearb. zu gewährleisten. Allerdings soll der **BGH als Revisionsinstanz** nicht gehalten sein, Einzelheiten zum internen Arbeitsablauf des Sen. den mit der Haftkontrolle befassten Gerichten (§ 126 Abs. 2 S. 2) mitzuteilen, da

dies dem Instanzenzug zuwiderlaufende Kontrollbefugnisse etablieren würde (BGH NStZ 2018, 552 mAnm Bittmann u. mzustAnm Schäfer JR 2018, 414 gegen KG NStZ 2018, 426 mAnm Gerson NStZ 2018, 379; krit. zum BGH Ebner StraFo 2018, 299 sowie Bittmann NStZ 2018, 554, die zu Recht auf die Verantwortungszuständigkeit der Landesjustiz für die Haftfortdauerentscheidung hinweisen, welche insoweit – in bestimmten Grenzen (dazu Bittmann NStZ 2018, 554) – auch deren Kontrollzuständigkeit mit Blick auf den BGH impliziert; vgl. auch Mosbacher JuS 2018, 767 (771)). Zum Wiederwirksamwerden des Haftbefehls nach Wiedereinsetzung in den vorigen Stand vgl. § 47 Abs. 3.

III. Freispruch, Nichteröffnung oder endgültige Verfahrenseinstellung (S. 2). Bei Freispruch, Nichteröffnung oder endgültiger Verfahrenseinstellung (S. 2), nicht bei Unzuständigkeitserklärung nach § 16 (SK-StPO/Rudolphi § 16 Rn. 6), **wird ges. vermutet,** dass die Haftvoraussetzungen (bei Freispruch insbes. der dringende Tatverdacht) weggefallen sind o. die Verhältnismäßigkeit nicht mehr gewahrt ist (OLG Düsseldorf MDR 1974, 686; OLG Hamm NJW 1954, 86; OLG Karlsruhe NStZ 1981, 192). Auf Richtigkeit u. Rechtskraft der Entsch. kommt es nicht an; Abs. 1 S. 2 gilt auch bei einem offensichtlich fehlerhaften Freispruch (OLG Düsseldorf MDR 1974, 686; Roxin/Schünemann StrafVerfR § 30 Rn. 51). Daher muss der Haftbefehl stets aufgeh. werden (ebenso ein Außervollzugsetzungsbeschluss, vgl. § 123 Abs. 1 Nr. 1; OLG Düsseldorf NStZ 1999, 585), bei Urteilserlass durch bes. Beschl., bei Verfahrenseinstellung nach § 206a in diesem Beschl.; endg. Verfahrenseinstellung ist auch die nach § 154b Abs. 4 S. 1 (OLG Saarbrücken StV 1988, 110 Ls.). Der Fall des § 170 Abs. 2 S. 1 ist nach Abs. 3 zu behandeln (Löwe/Rosenberg/Hilger Rn. 22). 8

Mit der Aufhebung des Haftbefehls ordnet das Gericht zugleich die **Freilassung** des Beschuldigten an, wenn keine Überhaft vermerkt ist (Nr. 55 Abs. 1 RiStBV), u. veranlasst die Entlassung. Bei Aufhebung in der HV darf der Angeklagte nicht zwangsweise in die JVA zurückgebracht werden (LG Berlin NStZ 2002, 497; Löwe/Rosenberg/Hilger Rn. 27). Ihm wird zweckmäßigerweise eröffnet, dass er sich zwar frei bewegen könne, dass es sich aber empfiehlt, in die Anstalt zurückzukehren, um die Entlassungsförmlichkeiten zu erledigen (Nr. 55 Abs. 2 S. 2 RiStBV). 9

Ist gegen das Urt. o. gegen den Beschl. Berufung o. Beschwerde eingelegt worden, so darf schon vor der Rechtsmittelentscheidung ein **neuer Haftbefehl** aufgrund neuer Tatsachen o. Beweise erlassen werden, die geeignet sind, die ges. Vermutung des Abs. 1 S. 2 zu widerlegen (KG JR 1989, 344; OLG Hamm NStZ 1981, 34; OLG Karlsruhe NStZ 1981, 192). Das gilt aber nicht, wenn das freisprechende Urt. mit der Revision angefochten ist; denn in diesem Stadium des Verfahrens können neue Tatsachen o. Beweise nicht mehr berücksichtigt werden (OLG Düsseldorf NStZ 1999, 585; KK-StPO/Gericke Rn. 20; **aM** KMR-StPO/Wankel Rn. 5a für den Fall einer offensichtlich begründeten Revision). 10

Wird das freisprechende o. das Verf. einstellende **Urteil vom Revisionsgericht aufgehoben** u. die Sache nach § 354 Abs. 2 an den Tatrichter zurückverwiesen, so wird die ges. Vermutung, dass keine Haftgründe mehr vorliegen, wieder entkräftet, auch wenn der Aufhebungsgrund nur ein Verfahrensfehler ist (**aM** Wendisch StV 1985, 377). Der Tatrichter kann dann auch bei gleicher Beweislage einen neuen Haftbefehl erlassen (OLG Frankfurt a. M. StV 1985, 375; OLG Hamm NStZ 1981, 34; OLG Karlsruhe NJW 1970, 439; OLG Köln StV 1996, 389; Schlüchter Strafverfahren Rn. 235; **aM** Löwe/Rosenberg/Hilger Rn. 37; Paeffgen NStZ 1989, 423; Schlothauer/Nobis/Voigt/Wolf Untersuchungshaft Rn. 1229). Bei der Beurteilung des dringenden Tatverdachts sind aber auch die Gründe des Revisionsurteils zu berücksichtigen (OLG Hamm NStZ 1981, 34; OLG Karlsruhe NJW 1970, 439). 11

B. Rechtsmittel (Abs. 2). Ein Rechtsmittel (Abs. 2) gegen den Beschl., durch den der Haftbefehl aufgeh. worden ist (Beschwerde der StA nach § 304 Abs. 1, weitere Beschwerde nach § 310 Abs. 1), hat keine die Freilassung aufschiebende 12

Wirkung. Sie kann auch nicht durch eine Anordnung nach § 307 Abs. 2 herbeigeführt werden; die Vorschr. wird durch Abs. 2 ausgeschlossen. War der Haftbefehl nur außer Vollzug gesetzt worden, so gilt Abs. 2 aber nicht; die Anwendung des § 307 Abs. 2 ist zulässig (KK-StPO/Gericke Rn. 19).

13 **C. Auf Antrag der StA (Abs. 3).** Auf Antrag der StA (Abs. 3), der keiner Begründung bedarf, muss der Haftrichter, auch das Beschwerdegericht u. das OLG o. der BGH im Verf. nach §§ 121, 122, im Ermittlungsverfahren den Haftbefehl aufheben. An den Antrag, ihn außer Vollzug zu setzen, ist das Gericht nicht gebunden (OLG Celle NStZ 2021, 637 mwN; OLG Düsseldorf StV 2001, 462; KMR-StPO/Wankel Rn. 7; Löwe/Rosenberg/Hilger Rn. 40; **aM** BGH (ER) NJW 2000, 967 mit unzutr. (vgl. Meyer-Goßner FS Hamm, 2008, 450) „erst-recht-Schluss"; zust. aber LG Amberg StV 2011, 420; Nehm FS Meyer-Goßner, 2001, 291; Rinio NStZ 2000, 547). Da die Bindungswirkung des Abs. 3 S. 1 nur im Ermittlungsverfahren besteht, braucht der Richter einem zugleich mit der Anklageerhebung gestellten Aufhebungsantrag nicht stattzugeben (teilw. **aM** Löwe/Rosenberg/Hilger Rn. 42).

14 Die **Freilassung des Beschuldigten** kann der StA zugleich mit der Antragstellung anordnen (S. 2). Ein Ermessen ist ihm entgegen dem Wortlaut des Gesetzes nicht eingeräumt; die Aufhebung des Haftbefehls durch das Gericht darf er nicht abwarten (Löwe/Rosenberg/Hilger Rn. 46). Die Anordnung soll idR schriftlich erfolgen (vgl. iE zur Entlassung die Landesgesetze, zB § 9 RPLJVollzG zum kurzfristigen freiwilligen Verbleib u. zur Entlassungsbeihilfe).

15 **D. Rechtskraft des Urteils.** Mit der Rechtskraft des Urteils geht die **UHaft ohne weiteres in Strafhaft** o. in den Vollzug der Sicherungsmaßregel über (BGHSt 38, 63; Kusch NStZ 1993, 31 – BGH RsprÜ; KG NStZ 2012, 230; OLG Hamm NStZ 2008, 582); auf die Einleitung der Vollstreckung kommt es nicht an, es tritt sog. Organisations- o. Zwischenhaft ein (BVerfG NJW 2006, 427). Nach **aM** (OLG Braunschweig NJW 1966, 116; vgl. ferner OLG Celle NStZ 1985, 188; OLG Düsseldorf StV 1988, 110; Barthe NStZ 2016, 71 ff.; Bringewat Strafvollstreckung § 450 Rn. 9) besteht dann Vollstreckungshaft, während derer der Verurteilte wie ein Strafgefangener zu behandeln ist (dagegen ausdr. Seebode StV 1988, 119; zum Ganzen Schlothauer/Nobis/Voigt/Wolf Untersuchungshaft Rn. 968 ff., mwN zum Streitstand).

16 Der **Haftbefehl** wird gegenstandslos (BVerfGE 9, 160; KG NStZ 2012, 230; OLG Düsseldorf Rpfleger 1984, 73; OLG Hamm StraFo 2002, 100; OLG Stuttgart Justiz 1984, 213). Dies gilt auch für den außer Vollzug gesetzten Haftbefehl (BGH NJW 2025, 1899; zur Frage der Fortgeltung von Maßnahmen nach § 116 Abs. 1 in diesem Fall → § 123 Rn. 3, 3a). Gegenstandslos wird auch eine noch nicht beschiedene Haftbeschwerde (→ § 117 Rn. 13). Ist in dem rkr. Urt. aber auf eine Bewährungsstrafe o. nicht auf Freiheitsentzug erkannt, so muss der Haftbefehl aufgeh. werden. Zur Aufhebung v. Maßnahmen nach § 116 Abs. 1 vgl. § 123.

Fortdauer der Untersuchungshaft über sechs Monate — Nr. 56 RiStBV

121 (1) **Solange kein Urteil ergangen ist, das auf Freiheitsstrafe oder eine freiheitsentziehende Maßregel der Besserung und Sicherung erkennt, darf der Vollzug der Untersuchungshaft wegen derselben Tat über sechs Monate hinaus nur aufrechterhalten werden, wenn die besondere Schwierigkeit oder der besondere Umfang der Ermittlungen oder ein anderer wichtiger Grund das Urteil noch nicht zulassen und die Fortdauer der Haft rechtfertigen.**

(2) **In den Fällen des Absatzes 1 ist der Haftbefehl nach Ablauf der sechs Monate aufzuheben, wenn nicht der Vollzug des Haftbefehls nach § 116 ausgesetzt wird oder das Oberlandesgericht die Fortdauer der Untersuchungshaft anordnet.**

(3) [1] **Werden die Akten dem Oberlandesgericht vor Ablauf der in Absatz 2 bezeichneten Frist vorgelegt, so ruht der Fristenlauf bis zu dessen Entscheidung.** [2] **Hat die Hauptverhandlung begonnen, bevor die Frist abgelaufen ist, so ruht der Fristenlauf auch bis zur Verkündung des Urteils.** [3] **Wird die Hauptverhandlung ausgesetzt und werden die Akten unverzüglich nach der Aussetzung dem Oberlandesgericht vorgelegt, so ruht der Fristenlauf ebenfalls bis zu dessen Entscheidung.**

(4) [1] **In den Sachen, in denen eine Strafkammer nach § 74a des Gerichtsverfassungsgesetzes zuständig ist, entscheidet das nach § 120 des Gerichtsverfassungsgesetzes zuständige Oberlandesgericht.** [2] **In den Sachen, in denen ein Oberlandesgericht nach den §§ 120 oder 120b des Gerichtsverfassungsgesetzes zuständig ist, tritt an dessen Stelle der Bundesgerichtshof.**

Übersicht

A. Beschleunigungsgebot. Einen **Anspruch auf beschleunigte Aburteilung** hat der in UHaft (und einstweiliger Unterbringung) befindliche Beschuldigte nach Art. 5 Abs. 3 S. 2 **EMRK** (→ EMRK Art. 5 Rn. 10 ff.) u. aufgrund des aus Art. 2 Abs. 2 S. 2 GG herzuleitenden verfassungsmäßigen Grundsatzes der Verhältnismäßigkeit (BVerfGE 20, 45 (50); 20, 144 (146); 36, 264 (270); 53, 152 (158 ff.)). Abs. 1 setzt die zulässige Gesamtdauer der UHaft bis zum Urteil, auch bei Unterbrechung des Vollzugs (Löwe/Rosenberg/Hilger Rn. 10), wegen derselben Straftat (→ Rn. 11) auf 6 Monate fest (vgl. KG StraFo 2013, 502). Die Vorschr. ist eng auszulegen; die Strafverfolgungsbehörden u. Strafgerichte müssen alle möglichen u. zumutbaren Maßnahmen ergreifen, um die notwendigen Ermittlungen mit der gebotenen Schnelligkeit abzuschließen u. eine gerichtliche Entsch. über die einem Beschuldigten vorgeworfenen Taten herbeizuführen (BVerfG StV 2007, 369). Nur ausnahmsweise u. nur auf Anordnung des OLG dürfen die 6 Monate überschritten werden (Abs. 2), eine UHaft v. mehr als 1 Jahr bis zum Beginn der HV kann nur in ganz bes. Ausnahmefällen gerechtfertigt sein (BVerfG NJW 2018, 2948; BGH 7.12.2021 – AK 51/21). Eine **schematische Handhabung** anhand starrer Fristen ist dennoch **nicht** angebracht; vielmehr hängt die zulässige Dauer der UHaft v. den Umständen des Einzelfalls ab (s. nur EGMR NJW 2015, 3773: UHaft v. 7 Jahren in einem Mordfall mit int. Bezügen u. der Notwendigkeit umfangreicher int. Rechtshilfe nicht konventionswidrig; BGH NStZ-RR 2015, 221: 5 Jahre UHaft bei bes. rechtlicher u. tatsächlicher Komplexität eines Verfahrens nach dem VStGB nicht unverhältnismäßig). Bereits bei Erlass des Haftbefehls ist zu beachten, ob die Frist eingehalten werden kann (OLG Düsseldorf StV 1988, 390). Der Freiheitsanspruch des Beschuldigten ist den v. Standpunkt der Strafverfolgung aus erforderlichen u. zweckmäßigen Freiheitsbeschränkungen ständig als Korrektiv entgegenzuhalten; sein Gewicht vergrößert sich regelmäßig ggü. dem Strafverfolgungsinteresse mit zunehmender Dauer der UHaft; an einen zügigen Fortgang des Verfahrens sind daher umso strengere Anforderungen zu stellen, je länger die UHaft bereits andauert (BVerfG StV 2013, 640; BeckRS 2012, 60181). **1**

Das Beschleunigungsgebot gilt für das **gesamte Strafverfahren** (BVerfG StV 2009, 592; StraFo 2010, 461; OLG Naumburg StV 2009, 482), selbstverständlich **1a** auch schon vor Ablauf der 6-Monatsfrist (KG StraFo 2013, 502 (504)). Im **Zwischenverfahren** ist nach Anklageerhebung bei Entscheidungsreife über die Zulassung der Anklage zu beschließen u. im Regelfall binnen 3 Monaten mit der HV zu beginnen, es sei denn, das erkennende Gericht geht ohne Verstoß gegen das Willkürverbot davon aus, dass weitere Ermittlungen notwendig sind, zB weil die Anklage sich auf eine v. Haftbefehl abw. rechtliche Beurteilung stützt (BVerfG NStZ-RR 2019, 350; BGH 7.12.2021 – AK 51/21; vgl. auch BVerfG NStZ-RR 2021, 50; erg. → § 120 Rn. 3a), Auch **nach Beginn der Hauptverhandlung** sind an den zügigen Fortgang des Verfahrens umso strengere Anforderungen zu stellen, je länger die UHaft andauert; bei absehbar umfangreicheren Verf. macht dies nach der Rspr. des BVerfG eine vorausschauende, auch größere Zeiträume umgreifende Verhandlungsdichte v. durchschnittlich mind. 1, das Verf. tatsächlich fördernden Hauptverhandlungstag pro Woche notwendig (BVerfG BeckRS 2025, 1102; NJW 2019, 915: deutlich weniger als 1 Tag pro Woche nicht ausreichend; BGH NStZ-RR 2013, 86 Ls.; vgl. auch OLG Karlsruhe NStZ-RR 2018, 114; OLG Köln StraFo 2013, 336). Dabei sind wertend auch Kurztermine mit zu berücksichtigen (BVerfG NJW 2019, 915). Bei der Prüfung der Rechtmäßigkeit weiterer Haftfortdauer sind die Komplexität der Rs. – insbes. die Vielzahl der Bet. u. der Anklagevorwürfe –, das Verhalten der Verteidigung, die voraussichtliche Gesamtdauer des Verfahrens, die für den Fall einer Verurteilung im Raum stehende Straferwartung u. das hypothetische Ende einer möglicherweise zu verhängenden Freiheitsstrafe zu würdigen (BVerfG NJW 2019, 915, auch zur notwendigen Begründungstiefe der Haftentscheidung). Eine **schematische Betrachtung** ist **nicht** angebracht (vgl. BGH 24.1.2024 – StB 2/24). Eine Reduzierung der ursprünglich vorgesehenen Sitzungstage ist unbedenklich, wenn sie erst während der lfd. Verh. notwendig wird, um eine Aussetzung zu vermeiden (BGH BeckRS 2013, 6129); dies muss gleichermaßen gelten, wenn sich Terminsschwierigkeiten – va mit den Verteidigern der Angeklagten – anders nicht überwinden lassen. Eine **niedrige Sitzungsfrequenz** kann etwa aufgrund konkreter Verfahrensabläufe in der HV (BGH 24.1.2024 – StB 2/24), zB durch Probleme bei der Durchführung v. Straffällen mit Auslandsbezug u. dem Erfordernis int. Rechtshilfe gerechtfertigt sein (EGMR NJW 2015, 3773; erg. → § 120 Rn. 3b, → **EMRK** Art. 5 Rn. 11, → **EMRK** Art. 6 Rn. 7a). Das Beschleunigungsgebot verliert seine Bedeutung iÜ auch nicht durch den Erlass des Urteils 1. Instanz; erg. → § 120 Rn. 3 ff., → EMRK Art. 6 Rn. 7a ff.

1b Das Beschleunigungsgebot kann nach der Rspr. des EuGH **Einschränkungen in Vorlagefällen** nach Art. 267 AEUV erfahren. Danach darf ein nationales Gericht, das ein solches Vorabentscheidungsersuchen eingereicht hat, bis zur Antwort des Gerichtshofs keine Verfahrenshandlungen vornehmen, die einen Zusammenhang mit den Vorlagefragen aufweisen (EuGH NJW 2024, 2897 mAnm Exner-Kuhn); dies gilt grds. auch für die Terminierung der Hauptverhandlung, sodass zur Wahrung der Grundrechte des Verdächtigen ggf. der Haftbefehl außer Vollzug zu setzen ist (vgl. EuGH NJW 2024, 2897; → § 24 Rn. 14c).

1c Eine **absolute Höchstgrenze** für die Dauer v. UHaft sieht weder die StPO noch die EMRK vor (EGMR EuGRZ 1993, 384). Es kommt auf eine Abwägung aller Umstände des Einzelfalls an. Eine ein Jahr übersteigende UHaft ist allerdings nur in bes. Ausnahmefällen zu rechtfertigen (vgl. BVerfG StV 2008, 198; OLG Karlsruhe NStZ-RR 2018, 114). Der EGMR (NJW 2001, 2694) verlangt für eine zwei Jahre übersteigende UHaft „sehr zwingende Gründe" u. „besondere Sorgfalt beim Betreiben des Verfahrens"; eine UHaft v. nahezu 6 Jahren hat er trotz Schwierigkeiten des Verfahrens für unzulässig (EGMR NJW 2003, 1439), dagegen eine solche v. fast 7 Jahren bei einem Mordfall mit int. Bezügen u. vielfältigen Problemen int. Rechtshilfe für konventionskonform gehalten (EGMR NJW 2015, 3773); das BVerfG hat allerdings auch bei sehr großer Schwere des Tatvorwurfs (mehrfacher Mord) eine 8 Jahre lange UHaft beanstandet (BVerfG NJW 2005, 3485). § 122a bestimmt für den Vollzug des auf Wiederholungsgefahr (§ 112a) gestützten Haftbefehls eine Höchstdauer.

Die zeitliche Begrenzung der UHaft nach **Abs. 1 gilt nicht,** wenn der Haftbefehl nach § 230 Abs. 2 (→ § 230 Rn. 10), § 236 oder § 329 Abs. 4 S. 1 (→ § 329 Rn. 45) ergangen ist, auch nicht bei Überhaft (BGH BeckRS 2016, 14380; → Vor § 112 Rn. 13) – bei der aber das Beschleunigungsgebot zu beachten ist (KG StV 2003, 627; OLG Bremen StV 2000, 35; OLG Brandenburg StV 1999, 161; OLG Düsseldorf NJW 1991, 2302; OLG Oldenburg StraFo 1998, 137; erg. → § 120 Rn. 6) –, in den Fällen der §§ 71 Abs. 2 S. 1, 72 Abs. 4 **JGG** (OLG Celle NJW 1965, 2069) u. des § 26 IRG. § 121 ist aber entspr. bei einstweiliger Unterbringung nach § 126a anzuwenden (→ § 126a Rn. 10a). Vgl. zur Beachtung des Beschleunigungsgebots auch die RLn u. Hinweise des GStA Celle für die Bearb. v. Haftsachen StV 1997, 166. 2

B. Begrenzung der UHaft auf 6 Monate (Abs. 1). I. Fristberechnung. Die Frist beginnt nicht schon mit der vorl. Festnahme nach § 127, sondern erst mit Erlass des Haftbefehls nach § 128 Abs. 2 S. 2 (OLG Braunschweig NJW 1966, 116). War schon vorher ein Haftbefehl erlassen worden, so ist der Tag der Festnahme maßgebend. § 43 ist anwendbar, sodass der erste Tag der UHaft nicht mitzurechnen ist (OLG Hamm BeckRS 2007, 15322; OLG Frankfurt a. M. NJW 1966, 2076; **aM** Löwe/Rosenberg/Hilger Rn. 13). 3

Für die Fristberechnung werden aber nur die Zeiten berücksichtigt, in denen die UHaft tatsächlich vollzogen worden ist. 4

Unterbrechungen, zB nach § 116 oder zur Strafverbüßung, zählen nicht mit (OLG Hamm JMBl. NRW. 1982, 33; OLG Karlsruhe Justiz 1976, 263; OLG Zweibrücken MDR 1978, 245, auch nicht die Unterbringung zur Beobachtung nach § 81, wenn für ihre Dauer die UHaft ausdr. ausgesetzt worden ist (KMR-StPO/Wankel Rn. 3; **aM** KG NStZ 1997, 148 trotz des Unterschieds zwischen ausgesetzter UHaft u. Unterbringung; vgl. auch OLG Dresden NStZ-RR 2002, 60). 5

Mitgerechnet wird die **einstweilige Unterbringung** nach § 126a, wenn sie durch UHaft ersetzt werden musste, weil die zunächst angenommenen Voraussetzungen der Vorschr. zw. geworden sind, u. wenn sich die UHaft unmittelbar an die Unterbringung anschließt (hM; vgl. nur OLG Düsseldorf MDR 1994, 192; OLG Nürnberg StV 1997, 537 Ls.; Paeffgen NStZ 2003, 82; **aM** aber nicht überzeugend u. – wie OLG Düsseldorf NJW 2008, 867 zutr. feststellt – durch § 126a Abs. 2 S. 2 überholt OLG München NStZ-RR 2003, 366; OLG Schleswig NStZ 2002, 220 Ls.), nicht aber, wenn der Beschuldigte zwischenzeitlich auf freien Fuß gesetzt (OLG Koblenz MDR 1975, 422; **aM** OLG Celle NStZ 1991, 248), nach dem PsychKG NW untergebracht (OLG Düsseldorf StV 1996, 553; OLG Koblenz NStZ-RR 1998, 21) o. gegen ihn eine Freiheitsstrafe vollstreckt worden war (OLG Düsseldorf MDR 1986, 956; **aM** Starke StV 1988, 223: Anrechnung ohne Rücksicht auf Unterbrechung). 6

Entsprechendes gilt für die Unterbringung in einem **Erziehungsheim,** die nach § 72 Abs. 4 S. 2 **JGG** nachträglich durch UHaft ersetzt worden ist, wenn die Unterbringung nach § 72 Abs. 4 S. 1 **JGG** angeordnet worden war (OLG Dresden JR 1994, 377; OLG Karlsruhe NStZ 1997, 452), nicht aber bei Unterbringung Heranwachsender in einer nicht geschlossenen Einrichtung (OLG Köln NStZ-RR 2011, 121) u. nicht bei unmittelbar vorhergehender Unterbringung nach § 71 Abs. 2 **JGG** (KG JR 1990, 216; OLG Dresden JR 1994, 377; **aM** Paeffgen NStZ 1994, 424; 1996, 74). **6a**

Nicht eingerechnet wird eine im Ausland erlittene **Auslieferungshaft** (OLG Hamm NJW 1966, 314; Döllel/Dreeßen SchlHA 2009, 241 – OLG Schleswig RsprÜ; OLG Nürnberg GA 1966, 90). Ebenso zählt nur die deutsche UHaft, nicht die bei den Behörden des Entsendestaats, wenn das Verf. nach dem NATO-Truppenstatut auf die deutsche Justiz übergegangen ist (KK-StPO/Graf Vor § 112 Rn. 14). Mitgerechnet wird aber der Gewahrsam, den die Behörden des Entsendestaats an einem Mitglied der Truppe aufgrund eines Haftbefehls der BRD nach Art. V Buchst. c NTS iVm Art. 22 Abs. 3 NTS-ZA vollzogen haben (OLG Hamm 7

NStZ 1981, 272 Ls.; JMBl. NRW. 1974, 166; OLG Koblenz NJW 1974, 2193; **aM** OLG Frankfurt a. M. NJW 1973, 2218), sofern es sich dabei nicht nur um eine in der Form der „restriction" verhängte Ausgangssperre handelt (OLG Zweibrücken NJW 1975, 2150).

8 **II. Zeitliche Geltung der Beschränkungen der UHaft. Bis zu einem auf Freiheitsentziehung lautenden Urteil** (Freiheitsstrafe mit o. ohne Bewährung o. freiheitsentziehende Sicherungsmaßregeln) gelten die Beschränkungen der UHaft (OLG Düsseldorf MDR 1992, 1173). Eine versehentlich unterbliebene Haftprüfung wird nach Urteilserlass nicht nachgeholt (KG JR 1967, 266; OLG Köln JMBl. NRW. 1977, 140; vgl. auch OLG Düsseldorf NJW 1991, 2656: Keine Entsch. trotz Aufhebung des Haftfortdauerbeschlusses durch das BVerfG). Jedoch kann unabhängig v. Abs. 1 ein erheblicher Verstoß gegen das Beschleunigungsgebot durch eine v. Angeklagten nicht zu vertretende Verzögerung des Verfahrens auch nach Erlass des tatrichterlichen Urteils den Grundsatz der Verhältnismäßigkeit verletzen u. daher ebenfalls der Fortdauer der UHaft entgegenstehen (BVerfG NStZ 2005, 456; OLG Bamberg StV 1994, 141; OLG Düsseldorf NStZ-RR 2000, 250; OLG Frankfurt a. M. StV 2006, 648; OLG Koblenz StV 2004, 329; OLG Naumburg StV 2008, 201; OLG Oldenburg StV 2008, 201; OLG Saarbrücken StV 2007, 365). Zur Beachtung des für Haftsachen geltenden Beschleunigungsgebots im Berufungsverfahren vgl. OLG Frankfurt a. M. StV 2007, 249.

9 Der Wegfall der Haftbeschränkung nach dem Urteilserlass ist **endgültig,** auch wenn das Urt. auf ein Rechtsmittel durch ein dem Abs. 1 nicht entspr. Urt. (zB auf Geldstrafe) ersetzt wird o. wenn das Rechtsmittelgericht die Sache nach §§ 328 Abs. 2, 354 Abs. 2, 355 zurückverweist (OLG Hamm NJW 1965, 1818; OLG Karlsruhe Justiz 1986, 144; OLG Zweibrücken JBlRP 2010, 51).

10 Ist der Haftbefehl wegen mehrerer Taten erlassen worden u. ergeht das auf Freiheitsentziehung lautende Urt. nach **Teilabtrennung** nur wegen eines Teils dieser Taten, so ist das Verf. nach den §§ 121, 122 durchzuführen, wenn die Haft nur wegen der nicht abgeurteilten Taten weiter vollzogen wird (OLG Koblenz StV 1998, 557; vgl. auch OLG München NStZ 1986, 423 zur Zusammenrechnung der Haftzeiten in diesem Fall). Betrifft aber der Vollzug des Haftbefehls auch die bereits abgeurteilten Taten, so entfällt die Haftprüfung, die dann keinen Sinn hätte (OLG Koblenz NStZ 1982, 343; OLG Hamm NStZ-RR 2002, 382; Gericke in KK-StPO Rn. 5a; **aM** OLG Frankfurt a. M. NJW 1966, 2423; OLG Stuttgart StV 1995, 201; Löwe/Rosenberg/Hilger Rn. 22; Paeffgen NStZ 1989, 518). Die durch Anrechnung auf eine rkr. erkannte Strafe vollständig verbrauchte UHaft ist nicht mit der wegen einer anderen Tat weiterhin vollzogenen UHaft zusammenzurechnen (OLG Karlsruhe MDR 1994, 191; OLG Saarbrücken NStZ 2004, 644; **aM** Paeffgen NStZ 1995, 75).

11 **III. UHaft wegen derselben Tat.** Gegenstand der Haftprüfung nach Abs. 1 ist allein der **vollzogene Haftbefehl (**BGH BeckRS 2024, 29978). Nur wegen derselben Tat ist die Dauer der UHaft bis zum Urt. auf 6 Monate begrenzt. Der Begriff „derselben Tat" muss weit ausgelegt werden; er stimmt mit dem prozessualen Tatbegriff nicht überein (BGH NStZ-RR 2021, 155; NStZ 2019, 626; 19.10.2023 – AK 58/23; OLG München StraFo 2011, 394; OLG Düsseldorf StV 2004, 496; OLG Nürnberg StV 2017, 457). Vielmehr umfasst er alle Taten des Beschuldigten v. dem Zeitpunkt an, in dem sie – iSe dringenden Tatverdachts – bekannt geworden sind u. in den bestehenden Haftbefehl hätten aufgenommen werden können (BGH NStZ 2019, 626; NStZ-RR 2023, 349; 19.10.2023 – AK 58/23; OLG Celle StV 2012, 421; KG StraFo 2013, 507); ein „Aufsparen" v. Tatvorwürfen für einen zusätzlichen Haftbefehl zu Lasten des Beschuldigten ist unzulässig (BGH BeckRS 2020, 10647; OLG Nürnberg StraFo 2018, 386). Maßgebend ist daher nicht, dass es sich um UHaft wegen Taten handelt, die Gegenstand desselben Verfahrens sind (dazu OLG Düsseldorf StV 2004, 496), ebenso wenig kommt es auf weitere, etwa in einer Anklageschrift enthaltene Vorwürfe an (BGH

BeckRS 2024, 29978). Ob die mehreren Verf. bereits verbunden sind o. ob sie verbunden werden können, spielt ebenfalls keine Rolle (OLG Celle StV 2012, 421; OLG Oldenburg NJW 1967, 2371; Starke StV 1988, 226 ff.; **aM** OLG Braunschweig NJW 1967, 363; AK-StPO/Krause Rn. 6). Entsteht erst im weiteren Verlauf der Ermittlungen ein dringender Tatverdacht wegen einer anderen Tat, beginnt die Frist des Abs. 1 zu dem Zeitpunkt, an dem sich die Möglichkeit einer Haftbefehlserweiterung bei ordnungsgemäßer Ermittlungstätigkeit erstmals ergeben hat, sofern die weitere Tat für sich allein den Erlass des Haftbefehls rechtfertigt (BGH NStZ-RR 2023, 349; KG StraFo 2013, 507; OLG Celle StV 2012, 421); entscheidend ist insoweit, wann der neue bzw. erweiterte Haftbefehl hätte erlassen werden können, nicht hingegen, wann die StA ihn erwirkt hat (BGH NStZ-RR 2021, 155; BeckRS 2020, 10647).

Zur **Tat iSd Abs. 1** gehören vielmehr alle Taten des Beschuldigten v. dem 12 Zeitpunkt an, in dem sie bekannt geworden sind o. bei der gebotenen Beschleunigung hätten bekannt sein können (OLG Jena StV 2011, 748) u. daher in den Haftbefehl hätten aufgenommen werden können (OLG Düsseldorf StV 2004, 496; OLG Hamm StraFo 1998, 242; OLG Stuttgart StV 2008, 85; OLG Zweibrücken NStZ-RR 1998, 182; sog. „erweiterter Tatbegriff"); die „Reservehaltung" v. Tatvorwürfen, die den Erlass eines weiteren o. die Erweiterung des bestehenden Haftbefehls rechtfertigen, ist nicht zuzulassen (BGH BeckRS 2017, 108135; OLG Dresden NJW 2010, 952; OLG Frankfurt a. M. NJW 1990, 2144; OLG Naumburg StraFo 2009, 148; KG StV 2014, 233; vgl. auch OLG Hamm StV 1995, 200). **Prüfungsgegenstand** der besonderen Haftprüfung nach §§ 121, 122 ist ausschließlich der zuletzt erlassene und ordnungsgemäß verkündete Haftbefehl; ob der Haftbefehl hätte auf weitere Taten erweitert werden können, spielt keine Rolle (KG StraFo 2024, 21, 22 mwN).

Das bedeutet: Wird UHaft vollzogen, so darf sie nicht aufgrund eines weiteren 13 Haftbefehls, der bereits **bei Erlass des 1. Haftbefehls bekannt gewesene Tatvorwürfe** zum Gegenstand hat, über 6 Monate hinaus fortdauern (BGH BeckRS 2017, 108135; OLG Celle NJW 1966, 1574). Das gilt auch dann, wenn Teile der Tat erst im Laufe der Ermittlungen bekannt werden. Gleichgültig ist, ob der weitere Haftbefehl in demselben o. in einem anderen Verf. (auch dem einer anderen StA) erlassen worden ist (Lorenzen/Schiemann SchlHA 1997, 152 – OLG Schleswig RsprÜ; einschr. OLG Köln NStZ-RR 1998, 181; OLG Jena StV 1999, 329 mablAnm Schlothauer). Für die Prüfung sind nur die Taten v. Bedeutung, die im Haftbefehl genannt sind, o. hins. derer jedenfalls ein dringender Tatverdacht besteht (OLG Karlsruhe NJW 2004, 3725).

Werden erst **im Laufe des Ermittlungsverfahrens neue Taten bekannt,** so 14 kann die UHaft ohne Rücksicht auf ihre bisherige Dauer (BGH BeckRS 2017, 108135) aufgrund eines wegen dieser Taten erlassenen Haftbefehls o. aufgrund einer Erweiterung des 1. Haftbefehls bis zur Grenze des Abs. 1 vollzogen werden; die Frist beginnt v. dem Zeitpunkt an zu laufen, in dem der Tatverdacht so dringend geworden ist, dass der 2. Haftbefehl hätte erlassen bzw. der 1. Haftbefehl hätte ergänzt werden können (BGH BeckRS 2017, 108135; OLG Rostock StRR 2013, 475; OLG Düsseldorf StV 2004, 496; OLG Zweibrücken StV 2000, 629; OLG Koblenz StV 2010, 119 Ls.; **aM** OLG Karlsruhe StV 2011, 293: kein erneutes In-Lauf-Setzen); regelmäßig ist davon auszugehen, dass der Haftbefehl spätestens an dem auf die Beweisgewinnung folgenden Tag der veränderten Sachlage anzupassen ist (BGH BeckRS 2017, 108135). Dies gilt auch für neue prozessuale Taten, die Teil einer Serie gleichgerichteter Taten sind (OLG Nürnberg StraFo 2018, 386; **aM** OLG Koblenz BeckRS 2014, 19287); zur Erweiterung ist das Haftgericht selbst während der laufenden oberlandesgerichtlichen Haftprüfung befugt (OLG Nürnberg StraFo 2018, 386; erg. → § 122 Rn. 6).

Entsprechendes gilt, wenn der Beschuldigte während des Vollzugs des 1. Haft- 15 befehls, bei einer Unterbrechung des Vollzugs o. nach Aufhebung des Haftbefehls **neue Straftaten begeht.** Auch dann kann der Vollzug des wegen der neuen Taten erlassenen Haftbefehls, hier aber ohne Rücksicht auf den Zeitpunkt seines Erlasses, erneut die 6-Monatsgrenze des Abs. 1 ausschöpfen (OLG Köln NStZ-RR 2001, 123; OLG Naumburg NStZ 2005, 585; OLG Oldenburg NJW 1967, 2371; Summa NStZ 2002, 70; **aM** OLG Celle NStZ 1989, 243; krit. auch Hilger FS Gollwitzer, 2004, 65). In beiden Fällen ist es ohne Bedeutung, ob die Verf. später zur gemeinsamen Verh. verbunden werden o. nicht (KG JR 1967, 231).

16 **IV. Unmöglichkeit des Urteilserlasses innerhalb der 6-Monats-Frist. 1.** Die **besondere Schwierigkeit oder der besondere Umfang der Ermittlungen** führen nur dann zur Aufrechterhaltung der UHaft, wenn dadurch ihre Fortdauer gerechtfertigt, dh im Hinblick auf Art. 2 Abs. 2 S. 2 GG nicht unverhältnismäßig ist (BVerfG NJW 1991, 2821; StV 1998, 557). Sie ist aufgrund eines Vergleichs mit einem durchschnittlichen Ermittlungsverfahren zu beurteilen (KK-StPO/Gericke Rn. 14) u. kann zB darin liegen, dass eine Vielzahl v. Straftaten aufzuklären sind, dass zahlreiche in- o. ausl. Zeugen vernommen (vgl. OLG Hamm JZ 1965, 545) o. zeitraubende Gutachten eingeholt werden müssen (aber → Rn. 25), dass sich das Verf. gegen mehrere Mittäter richtet o. dass der Beschuldigte v. seiner Aussagefreiheit nach § 136 Abs. 1 S. 2 Gebrauch macht u. dadurch die Ermittlungen erschwert (zu letzterem **aM** Knauer StraFo 2007, 313). Sein sonstiges Prozessverhalten (Missbrauch des Beschwerderechts uÄ) begründet nicht die bes. Schwierigkeit der Ermittlungen.

17 **2. Andere wichtige Gründe:** Diese Ausnahmevorschrift ist, wie schon der Gesetzeswortlaut deutlich macht, eng auszulegen (BVerfGE 36, 264 (271); 53, 152 (159)). Die wichtigen Gründe müssen in ihrem Gewicht den beiden bes. genannten Gründen gleichstehen, brauchen ihnen aber der Art nach nicht zu ähneln (Temming/Lange NStZ 1998, 63).

18 **Entscheidend ist,** ob die Strafverfolgungsbehörden u. Gerichte alle zumutbaren Maßnahmen getroffen haben, um die Ermittlungen so schnell wie möglich abzuschließen u. ein Urt. herbeizuführen (s. etwa BVerfGE 53, 152; OLG München StraFo 2023, 19; OLG Hamm NJW 1968, 1203 (1204); OLG Köln StV 1999, 40). Dabei sind umso strengere Anforderungen zu stellen, je länger die UHaft dauert (BVerfG 17.1.2013 – 2 BvR 208/12; NStZ 2000, 153; KG StraFo 2024, 21, 22; OLG Düsseldorf NJW 1996, 2587; OLG Frankfurt a. M. StV 1982, 584; OLG München StV 1989, 351). Die Anforderungen an die Zügigkeit der Bearb. v. Haftsachen sind daher bei der 1. Haftprüfung nach § 122 Abs. 1 weniger streng als bei den späteren Prüfungen nach § 122 Abs. 4 (KG StV 1985, 116). Sind Verfahrensverzögerungen der Sphäre des Staates zuzurechnen, kommt es auf ein „Verschulden" nicht an (BVerfG StV 2006, 703). UHaft v. mehr als 1 Jahr bis zum Urt. ist nur ganz ausnahmsweise gerechtfertigt (BVerfG StV 2006, 703; NJW 2018, 2948; OLG Köln MDR 1992, 1070). Eine sicher bevorstehende, nicht gerechtfertigte und erhebliche Verzögerung steht einer bereits eingetretenen gleich (BVerfG EuGRZ 2007, 591; OLG Stuttgart NStZ-RR 2012, 62). Bereits keine signifikante Verfahrensverzögerung, welche die Auswechslung des Pflichtverteidigers gebieten würde, soll allerdings vorliegen, wenn in einem Umfangsverfahren der Beginn der HV wegen Verhinderung der Verteidiger um einige Wochen nach hinten verschoben werden muss (OLG Frankfurt a. M. StV 2012, 612; vgl. aber BVerfG BeckRS 2025, 1102; Hinausschieben der Hauptverhandlung wegen Terminschwierigkeiten der Verteidiger rechtfertigt keine erhebliche Verzögerung).

19 Auf eine **Abwägung** zwischen den Interessen der verletzten Rechtsgemeinschaft an der Verfahrenssicherung u. dem Beschleunigungsanspruch des inhaftierten Beschuldigten kommt es dabei, anders als bei der Beurteilung der Verhältnismäßigkeit nach Art. 2 Abs. 2 S. 2 GG (vgl. BVerfGE 20, 45 (50)), im Einzelfall **nicht** an (Löwe/Rosenberg/Hilger Rn. 6). Daher ist die Schwere der dem Beschuldigten vorgeworfenen Tat u. die im Raum stehende Straferwartung ohne jede Bedeutung (BVerfG StV 2007, 369; OLG Nürnberg StraFo 2016, 248; OLG Düsseldorf MDR 1992, 796; OLG Jena StraFo 2004, 318); für Kapitalverbrechen gelten keine Ausnahmen (**aM** OLG Jena StV 2011, 735 im Fall des § 112a bei Gefährdung hochrangiger Rechtsgüter u. hoher Wahrscheinlichkeit erneuter Tatbegehung).

Ein **wichtiger Grund liegt vor,** wenn das Verf. durch Umstände verzögert wird, denen die Strafverfolgungsbehörden durch geeignete Maßnahmen nicht haben entgegenwirken können (vgl. KG StraFo 2013, 502 (504); OLG Bamberg NJW 1996, 1222). Dazu gehören insbes. die Erkrankung des die Sache allein bearbeitenden StA (OLG Hamm NJW 1972, 550), die Verhinderung unentbehrlicher Verfahrensbeteiligter o. Beweispersonen infolge Erkrankung o. Unabkömmlichkeit (BVerfGE 36, 264 (274); OLG Düsseldorf NJW 1993, 1149 Nr. 18; NStE StPO § 121 Nr. 39), die Quarantäne unentbehrlicher Verfahrensbeteiligter bzw. deren Erkrankung mit einer hochansteckenden Krankheit (vgl. OLG Stuttgart NStZ-RR 2020, 218; OLG Celle StraFo 2020, 195 (197)), häufiger Verteidigerwechsel mit Akteneinsichtsgesuchen (OLG Hamm StV 1996, 497), die Notwendigkeit, die Ermittlungen wegen des Wohles v. sexuellem Missbrauch betroffenen Kindern behutsam zu führen (OLG Bamberg NJW 1995, 1689), die v. dem Beschuldigten aufgrund seiner bes. Verteidigungskonzeption (OLG Düsseldorf MDR 1987, 1048), wegen Wahrnehmung prozessualer Rechte (OLG Nürnberg wistra 2011, 478), wegen unmittelbarer Einflussnahmen auf das Verf. aus seinem Umfeld (OLG Nürnberg StraFo 2015, 288), aber auch die durch Missbrauch des Beschwerderechts verschuldete Verfahrensverzögerung (Lorenzen/Thamm SchlHA 1995, 4 – OLG Schleswig RsprÜ; Löwe/Rosenberg/Hilger Rn. 28, 34 ff.) u. die Notwendigkeit, die HV auszusetzen, etwa weil Beweisanträgen des Verteidigers stattgegeben werden muss o. weil der Verteidiger sich weigert, die (notwendige) Verteidigung zu führen (KG JR 1981, 86) bzw. die Verteidigerin ihre Beiordnung zur Pflichtverteidigerin erzwingen will (BGH NStZ-RR 2019, 283). 20

Ein wichtiger Grund kann auch bei sich ausbreitender **COVID-19-Pandemie** bestehen, wenn sich die Kammer außer Stande sieht, das Ansteckungsrisiko auf ein vertretbares Maß zu reduzieren u. deshalb die Terminierung der HV hinauszögert, einen Hauptverhandlungstermin aufhebt o. eine begonnene HV aussetzt; insoweit ist dem in § 10 EGStPO zum Ausdruck kommenden Rechtsgedanken Rechnung zu tragen (vgl. OLG Celle StraFo 2020, 195). Dem zur Entsch. berufenen Spruchkörper steht ein v. Sen. nur eingeschränkt überprüfbarer Beurteilungsspielraum zu (OLG Karlsruhe NStZ 2020, 375; vgl. auch BVerfG NJW 2020, 2327), dessen Ausübung allerdings nachvollziehbar zu begründen ist u. der sich mit weiterer Fortdauer der UHaft verringert (OLG Celle StraFo 2020, 195). Dies gilt ebenso für die Frage, ob die Anordnung einer durch § 10 EGStPO möglichen maximalen Unterbrechung der HV v. 3 Monaten u. 10 Tagen (→ § 229 Rn. 3a, b) mit dem bes. Beschleunigungsgebot noch vereinbar ist. Während dies bei infektionsbedingtem Ausfall eines Verfahrensbeteiligten (OLG Stuttgart NStZ-RR 2020, 218 mAnm Metz: angeordnete Quarantäne) o. bei konkreten Infektionsrisiken ohne weiteres zu bejahen ist (vgl. OLG Hamburg StV 2020, 458 zur Frage eines Anspruchs der Verfahrensbeteiligten auf Unterbrechung) ist bei lediglich allgemein-abstrakter Ansteckungsgefahr – dh wenn keiner der Verfahrensbeteiligten infiziert, krank-, o. krankheitsverdächtig ist (vgl. Deutscher NStZ 2020, 317 (318)) – zu prüfen, ob den gesundheitlichen Bedenken durch Schutzmaßnahmen wie Abstandsgebot, Maskenpflicht u. Reduzierung der Zuschauerplätze ausreichend Rechnung getragen werden kann. Dies wird zwar regelmäßig anzunehmen sein (s. Metz NStZ-RR 2020, 221, der in diesen Fällen ohne weiteres einen Vorrang des Beschleunigungsgrundsatzes annimmt), kann sich aber im Einzelfall anders verhalten, wenn ein Verfahrensbeteiligter nachweislich zu einer Risikogruppe nach den Vorgaben des Robert-Koch-Instituts gehört (s. Deutscher NStZ 2020, 317 (318)) o. das Tatgericht sich begründet an den Einschätzungen der zuständigen Behörden u. Ministerien sowie den zu einem konkreten Zeitpunkt angeordneten o. empfohlenen allg. Maßnahmen orientiert (vgl. OLG Stuttgart NStZ-RR 2020, 219; OLG Celle StraFo 2020, 195 (197)). Allerdings ist die Aussetzung einer HV in einer Haftsache zum Schutz vor der Ausbreitung des Corona-Virus dann nicht gerechtfertigt, wenn sie ohne jegliche Begründung ergeht u. der erneute Verhandlungsbeginn ungewiss ist (vgl. OLG Braunschweig BeckRS 2020, 4624; OLG Celle StraFo 2020, 195 (197)). Ergänzend → § 229 Rn. 3a–3c. 21

21a Ein wichtiger Grund kann auch ausnahmsweise die **kurzfristige,** weder voraussehbare noch vermeidbare **Überlastung der StA oder des Gerichts** sein (OLG Braunschweig NJW 1967, 1290; OLG Düsseldorf NJW 1993, 1149; OLG Frankfurt a. M. StV 1983, 379; OLG Koblenz OLGSt StPO § 121 S. 115; OLG Köln NJW 1973, 912), **nicht** jedoch eine nicht behebbare Belastung des Spruchkörpers (KG StraFo 2013, 509), selbst wenn sie auf einem Geschäftsanfall beruht, der sich trotz Ausschöpfung aller gerichtsorganisatorischen Mittel u. Möglichkeiten nicht mehr innerhalb angemessener Fristen bewältigen lässt (BVerfG JR 2014, 488; OLG Frankfurt StraFo 2022, 313). Der Staat hat seine Gerichte derart mit Personal auszustatten, dass sie in der Lage sind, dem Beschleunigungsgebot Rechnung zu tragen (BVerfG NJW 2018, 2948); eine allein an statistischen Kennzahlen orientierte **Personalpolitik** ohne Berücksichtigung der tatsächlichen Belastung genügt dem nicht (OLG Bremen StV 2016, 824). Ein gewisser Beurteilungsspielraum hins. der Notwendigkeit einzelner Ermittlungen zur Feststellung des hinreichenden Tatverdachts sollte der StA eingeräumt werden (Hoffmann NStZ 2002, 566). Eine Erörterung nach § 202a verstößt grds. nicht gegen den Beschleunigungsgrundsatz (OLG Nürnberg StV 2011, 750), ebenso wenig die v. sachlichen Erwägungen getragene Abtrennung der Verf. inhaftierter Erwachsener v. dem Verf. gegen Jugendliche u. Heranwachsende durch die Jugendkammer (Schultheis NStZ 2013, 93 – OLG Stuttgart RsprÜ). Ein an den EuGH gerichtetes **Vorabentscheidungsersuchen** nach Art. 267 AEUV kann einen wichtigen Grund darstellen, setzt jedoch voraus, dass das vorlegende Gericht das – regelmäßig in 3–4 Monaten erledigte – Eilvorlageverfahren betreibt (s. Nr. 33 ff. der hierzu ergangenen Hinweise (2011/C 160/01)). Das **Prozessverhalten** der Angekl. und ihrer Verteidigung kann bei der Prüfung der Verhältnismäßigkeit berücksichtigt werden, ohne dass hierzu eine Bewertung des Verhaltens als nicht sachdienlich erforderlich wäre (BGH 24.1.2024 – StB 2/24 mwN).

22 3. **Kein wichtiger Grund** ist eine strukturell zu geringe Personalausstattung o. eine dauerhafte Überlastung mit Haftsachen (BVerfG StV 2019, 563 Ls.; vgl. auch KG StV 2019, 571 Ls. Insbesondere ist die Überlastung infolge Häufung anhängiger Sachen o. unzulänglicher Besetzung des Spruchkörpers, die schon länger andauert u. durch die Besetzung freier Richterstellen (Bartsch NJW 1973, 1303 u. Bondzio NJW 1973, 1468 gegen OLG Hamm NJW 1973, 720) o. durch Ausschöpfung aller gerichtsorganisatorischen Mittel u. Möglichkeiten, insbes. durch Geschäftsverteilungsmaßnahmen der StA o. des Präsidiums des Gerichts, notfalls unter Heranziehung v. Zivilrichtern (KG StV 1992, 523; OLG Düsseldorf NJW 1993, 1088; OLG Frankfurt a. M. NJW 1996, 1485; OLG Schleswig StV 1985, 115; vgl. auch BVerfGE 36, 264 (273); BVerfG NJW 2003, 2895), hätten beseitigt werden können (BGHSt 38, 43; OLG Celle StV 2002, 150; OLG Düsseldorf StraFo 1996, 185; OLG Frankfurt a. M. StV 1990, 310; OLG Hamburg StV 1989, 489; OLG Jena NStZ-RR 1997, 364; OLG Köln MDR 1993, 787; OLG München StV 1989, 351; OLG Nürnberg StraFo 2008, 469; vgl. auch BVerfG DRiZ 2008, 60), kein wichtiger Grund, auch nicht die zeitweise Abwesenheit des Vorsitzenden (BVerfG NJW 1994, 2081), der Wechsel o. Urlaub des Vorsitzenden (OLG Düsseldorf JMBl. NRW. 1994, 272; OLG Koblenz NStZ 1997, 252), des StA o. des Berichterstatters (BVerfG NStZ 1994, 93) o. die Überlastung des SchwurG mit nicht zum Katalog des § 74 Abs. 2 GVG gehörenden Haftsachen (OLG Hamm NStZ 1983, 519).

22a Das Vorliegen einer Überlastung kann allerdings **nicht anhand starrer Fristen** beurteilt werden. Vielmehr ist auf die Besonderheiten des Einzelfalls abzustellen. Dabei sind für die Zustellung der Anklage, die Einräumung einer der Bedeutung u. der Schwierigkeit des jeweiligen Verfahrens angemessenen Stellungnahmefrist für die Angeschuldigten u. die sich anschließende, eine Kenntnis der vollständigen Aktenlage voraussetzenden Entsch. über die Eröffnung des Verfahrens ebenso eine angemessene Bearbeitungszeit in Rechnung zu stellen wie für den erforderlichen zeitlichen Aufwand für die Vorbereitung u. Terminierung der HV durch den

Vorsitzenden (BGH StV 2014, 6: Terminierung frühestens 4 Monate nach Eingang der Anklage).

Ein wichtiger Grund liegt nicht vor, wenn der **Verzögerung des Verfahrens** nicht v. vornherein durch Anlegung v. Zweitakten begegnet (BVerfG StV 1999, 162; OLG Düsseldorf StV 2001, 695; OLG Frankfurt a. M. StV 1986, 22; OLG Hamburg StV 1983, 289; OLG Köln NJW 1973, 1009 (1010); OLG Stuttgart StV 1983, 70; vgl. auch Nr. 12 Abs. 2 RiStBV) o. bei Erkrankung des Pflichtverteidigers nicht rechtzeitig ein anderer Verteidiger bestellt wird (OLG Köln StraFo 2009, 384) o. eine mögliche Verfahrenstrennung unterbleibt (KG StraFo 2009, 514). 23

Ebenso fehlt es an einem wichtigen Grund, wenn die **StA oder auch die Kriminalpolizei** (BVerfG StV 1992, 121; NStZ 1994, 553; Lorenzen/Thamm SchlHA 1995, 5 – OLG Schleswig RsprÜ) die Akten ohne vernünftigen Grund monatelang nicht (OLG Bamberg StV 1992, 426; OLG Bremen StV 1992, 426; OLG Düsseldorf StV 1990, 503; OLG Frankfurt a. M. StV 1995, 141; OLG Hamm StraFo 2004, 318; OLG Koblenz NJW 1990, 1375; OLG Köln NStZ-RR 2009, 87; OLG Schleswig StV 1992, 525) o. nur zögerlich (OLG Hamm StV 2000, 90) bearbeitet, insbes., wenn die StA die Anklage mit wochen- o. monatelanger Verzögerung (KG StV 1993, 203; OLG Bremen StV 1992, 182); OLG Celle StV 1985, 331; OLG Frankfurt a. M. StV 1992, 124; OLG Jena StraFo 1998, 103; OLG Köln NJW 1973, 1009) o. bei einem unzuständigen Gericht erhebt (BVerfG StV 1992, 522; KG StV 1993, 203; OLG Frankfurt a. M. StV 1992, 124; OLG Schleswig StraFo 2007, 288), wenn die UHaft nur zwecks Ermittlung u. Aufklärung weiterer, nicht den Haftbefehl betr. Taten aufrechterhalten wird (BVerfG NJW 1992, 1749; 1992, 1750; NStZ 2002, 100; OLG Frankfurt a. M. NStZ-RR 1996, 268) bzw. sich die Anklageerhebung in einer an sich anklagereifen Sache deshalb verzögert (KG StraFo 2018, 475), allg. Ermittlungen ohne konkrete Anhaltspunkte durchgeführt werden (OLG Bamberg StV 2012, 363), wenn die StA ggf. in Zusammenarbeit mit der Ausländerbehörde – nicht dafür Sorge trägt, dass ein wichtiger Zeuge zur Vfg. steht (KG NJW 1997, 878), o. wenn die StA nicht um die zügige Erstattung eines Sachverständigengutachtens besorgt ist (VerfGH Sachsen StraFo 2004, 54; OLG Düsseldorf NStZ-RR 2010, 19 Ls.; OLG Celle StraFo 2010, 196; OLG Hamm NStZ-RR 2001, 60; OLG Jena StraFo 1997, 318; 2004, 318). Regelmäßig gegen das Beschleunigungsgebot verstößt es, wenn die StA eine bereits erhobene Anklage wieder zurücknimmt, um ein weiteres Verf. hinzu zu verbinden u. dann erneut Anklage zu erheben; dies gilt jedenfalls dann, wenn der Beschuldigte an den dem Gegenstand des hinzuverbundenen Verfahrens zugrunde liegenden Taten nicht bet. war (OLG Nürnberg StraFo 2016, 248). 24

Dasselbe gilt, wenn das **Gericht** im Ermittlungsverfahren die richterliche Vernehmung eines Zeugen wochenlang aufschiebt (OLG Hamm NJW 2004, 2540), wenn es die Eröffnung des Hauptverfahrens (OLG Nürnberg StV 2011, 39: trotz „Eröffnungsreife") ohne stichhaltigen Grund mehrere Monate hinauszögert (KG StV 1994, 90; OLG Bamberg StV 1991, 169; OLG Bremen StV 1992, 480; OLG Düsseldorf StV 1992, 21; OLG Frankfurt a. M. StV 1992, 426; OLG Hamburg StV 1985, 198; OLG Hamm StV 2000, 90; OLG Jena StraFo 2002, 274; OLG Koblenz StraFo 2003, 92; OLG München StraFo 2007, 465; Lorenzen/Thamm SchlHA 1995, 5 – OLG Schleswig RsprÜ; OLG Zweibrücken StV 2002, 152) o. die HV erst 6 Monate o. noch später nach Erlass des Eröffnungsbeschlusses durchführt (OLG Düsseldorf StV 1992, 586; OLG Frankfurt a. M. StV 1982, 584; erg. → § 213 Rn. 6), wenn das Verf. durch unsorgfältige Terminvorbereitung (OLG Düsseldorf StV 1991, 222; OLG Frankfurt a. M. StV 1985, 198; OLG Hamburg StraFo 2007, 26; OLG Hamm StV 1992, 385; OLG Koblenz StV 2003, 519; KG StraFo 2013, 502) o. dadurch verzögert wird, dass der Geschäftsverteilungsplan geänd. (BVerfG NJW 1999, 2802; OLG Bremen StV 1994, 326) o. trotz bekannter Überlastung des zuständigen Spruchkörpers nicht geänd. wird (BVerfG StV 1997, 535; OLG Stuttgart StV 2011, 749), dass der Richter mehrere Monate dauernde kommissarische Vernehmungen anordnet (OLG Koblenz MDR 1968, 603), ein zeitaufwändiges Rechtshilfeersuchen nicht unverzüglich stellt (OLG Frankfurt a. M. 25

NStZ 1992, 145; OLG Karlsruhe NJW 1991, 3106), erforderliche Beiakten nicht unverzüglich beschafft (OLG Koblenz MDR 1974, 60), unnötigerweise weitere Anklagen (OLG Bamberg StV 1991, 29; OLG Oldenburg StraFo 2006, 410), den Ausgang anderer Strafverfahren (OLG Hamm StV 2013, 165) o. ein schriftliches Gutachten (OLG Düsseldorf NJW 1996, 2588; OLG Köln NJW 1973, 1009) abwartet, ohne Fristen zu setzen u. erforderlichenfalls mit Zwangsmaßnahmen zu drohen (vgl. BVerfG NStZ-RR 2021, 50) o. wegen Überlastung des Wahlverteidigers (OLG Hamm StV 2002, 151) o. des Sachverständigen die HV um mehrere Monate hinausschiebt (OLG Bremen StV 1997, 143; OLG Düsseldorf StV 1992, 384; OLG Zweibrücken NStZ 1994, 202), wenn sich das Gericht verzögerlich (OLG Frankfurt a. M. StV 1994, 328) o. zu Unrecht für unzuständig erklärt (BVerfG NJW 2000, 1401; KG StV 2006, 253; OLG Düsseldorf StV 1992, 425; OLG Hamm StV 1990, 168; vgl. dazu auch OLG Braunschweig Nds. Rpfl. 1999, 20 „Kompetenzkonflikt"; OLG Hamburg StV 1999, 163 u. OLG Schleswig StraFo 2007, 288 „unzulässige Verweisung"; vgl. aber auch OLG Jena StV 2007, 647: nur beachtlich, wenn die Verneinung der Zuständigkeit auf einem groben Fehler des Gerichts beruht u. dadurch erhebliche vermeidbare Verzögerungen entstehen sowie KG BeckRS 2023, 32767: keine sachwidrige Verfahrensverzögerung, wenn die Anklage rechtlich vertretbar bei dem sich ausschließlich für unzuständig haltenden Gericht erhoben wurde) o. wenn die HV ohne sachlich zwingenden Grund ausgesetzt wird (KG StraFo 2013, 502 (504); OLG Bremen StV 1986, 540; OLG Frankfurt a. M. NStZ 1988, 239; OLG Hamm NStZ-RR 2002, 348; OLG Karlsruhe StV 2000, 91), insbes., wenn sie wenigstens gegen die erschienenen Mitangeklagten hätte durchgeführt werden können (OLG Düsseldorf OLGSt StPO § 121 S. 73), uU auch, wenn die Aussetzung wegen begründeten Richterablehnungen erfolgt (BVerfG StV 1991, 565), o. wenn das Verf. gegen den Angeklagten hätte abgetrennt werden können (OLG Oldenburg StraFo 2010, 198). Auch die Erledigung v. Strafsachen, die keine Haftsachen sind, ist kein hinreichender Grund für die Verzögerung der HV; Haftsachen haben Vorrang (OLG Düsseldorf StV 1988, 390; OLG Hamm NStZ-RR 2001, 61; OLG Köln NJW 1973, 912); das gilt auch für die Jugendgerichte (OLG Köln NJW 1997, 2252).

26 **4. Gerechtfertigt** soll die Fortdauer der UHaft nach überwiegender Meinung in der Rspr. trotz verzögerter Sachbehandlung sein, wenn sie durch **spätere bes. beschleunigte Bearb.** ausgeglichen worden ist u. daher nicht mehr ins Gewicht fällt (BGHSt 38, 43 (46); OLG Brandenburg StraFo 2007, 199; OLG Düsseldorf StV 2003, 172; OLG Jena NStZ 1997, 452; KG StV 1993, 203; OLG Stuttgart Justiz 2001, 196; vgl. auch KG StraFo 2013, 502 (505); **aM** OLG Hamm StV 2006, 191 (195); Burhoff StraFo 2000, 109 (118); SK-StPO/Paeffgen Rn. 18) o. wenn auch bei zügiger Sachbehandlung der Erlass eines Urteils jedenfalls in der Frist des Abs. 1 nicht hätte erreicht werden können. Diese Rspr. ist aus verfassungsrechtlicher Sicht mit Rücksicht auf die nicht einheitliche Rspr. des BVerfG gewissen Unwägbarkeiten ausgesetzt (während das BVerfG einerseits (BVerfG NJW 2006, 672 (675)) dezidiert „erhebliche Bedenken" gegen einen möglichen Ausgleich bereits eingetretener Verzögerungen durch bes. beschleunigte Bearb. erhoben hat, hält es in anderen Entscheidungen (BVerfG EuGRZ 2007, 591; NJW 2006, 668: überobligationsmäßiger Einsatz) eine derartige Kompensation grds. für möglich; vgl. dazu KK-StPO/Gericke Rn. 22a; SK-StPO/Paeffgen Rn. 18).

27 **C. Anordnung der Haftfortdauer (Abs. 2).** Die Anordnung der Haftfortdauer (Abs. 2) über 6 Monate hinaus darf nur das OLG in dem Verf. nach § 122 treffen. Zu diesem Verf. kommt es aber nur, wenn nicht schon der Haftrichter bei Ablauf der 6-Monatsfrist den Haftbefehl aufhebt o. seinen Vollzug nach § 116 aussetzt. Dabei kann er die Aufhebung des Haftbefehls sowohl darauf stützen, dass die Voraussetzungen des § 120 Abs. 1 vorliegen, als auch darauf, dass die des Abs. 1 nicht vorliegen (OLG Braunschweig NJW 1966, 790; OLG Stuttgart NJW 1967, 66). Allerdings ist er bei der Haftentlassung aus den Gründen des Abs. 1 auf die Zustimmung der StA angewiesen, die ihn nach § 122 Abs. 1 zwingen kann, die

Akten dem OLG vorzulegen (→ § 122 Rn. 5). Die Ansicht, auch die Haftentlassung aus den Gründen des Abs. 1 sei dem OLG vorbehalten (Schnarr MDR 1990, 90), trifft nur für den Fall zu, dass das OLG bereits einmal die Haftfortdauer angeordnet hat u. nunmehr das Vorliegen der Voraussetzungen des Abs. 1 nach § 122 Abs. 4 S. 1 erneut geprüft werden muss (→ § 122 Rn. 23).

Kein Grund, den Haftbefehl aufzuheben, ist die **verspätete Vorlage der Akten** 28 bei dem OLG nach § 122 Abs. 1; die Überschreitung der Frist des Abs. 1 ist unschädlich (Schmidt MDR 1988, 357 – BGH RsprÜ; OLG Hamm NJW 2007, 3220 (3221) mwN; OLG Karlsruhe StV 2000, 513; vgl. auch BVerfG NStZ-RR 2023, 80; **aM** Schlothauer/Nobis/Voigt/Wolf Untersuchungshaft Rn. 885 bei Fn. 163), verpflichtet jedoch dazu, an die Prüfung der materiellen Voraussetzungen der Haftfortdauer erhöhte Anforderungen zu stellen (OLG Hamm NJW 2007, 3220 (3221); OLG Karlsruhe StV 2000, 513). Dies gilt gleichermaßen im Haftbeschwerdeverfahren für einen Verstoß gegen § 306 Abs. 2 Hs. 2 (BVerfG NStZ-RR 2023,80; → § 306 Rn. 11).

D. Begründung. Haftfortdauerentscheidungen unterliegen einer **bes. Begründungstiefe.** 28a In der Regel sind aktuelle Ausführungen zu dem weiteren Vorliegen der Voraussetzungen der UHaft, zur Abwägung zwischen dem Freiheitsgrundrecht des Beschuldigten u. dem Strafverfolgungsinteresse der Allgemeinheit sowie zur Frage der Verhältnismäßigkeit geboten, weil sich die dafür maßgeblichen Umstände durch den Zeitablauf verschieben können (BVerfG NJW 2019, 915 mwN). Die Begründung muss in Inhalt u. Umf. eine Überprüfung des Abwägungsergebnisses am Grundsatz der Verhältnismäßigkeit auch für das die Anordnung treffende Fachgericht im Rahmen der Eigenkontrolle gewährleisten u. in sich schlüssig u. nachvollziehbar sein (BVerfG NJW 2019, 915).

E. Ruhen des Fristenlaufs (Abs. 3). Es tritt bis zur Entsch. des OLG nur ein, 29 wenn ihm nach § 122 Abs. 1 vor Ablauf der 6-Monats-Frist des Abs. 1 die **Akten vorgelegt werden** (S. 1). Maßgebend für die Vorlage ist nicht der Tag, an dem sie verfügt wird, sondern der Tag, an dem die Akten beim OLG eingehen (KK-StPO/Gericke Rn. 28; Löwe/Rosenberg/Hilger Rn. 18; **aM** OLG Frankfurt a. M. NJW 1965, 1730). Dabei muss es sich aber um die Originalakten o. um einen Haftband handeln, der die Prüfung nach Abs. 1 ermöglicht (OLG Frankfurt a. M. NJW 1966, 2076).

Die Frist ruht auch **für die Dauer der Hauptverhandlung,** nach dem Wortlaut 30 des Abs. 3 S. 2 allerdings nur, wenn mit ihr schon vor Fristablauf begonnen worden ist; die Rspr. (zust. Löwe/Rosenberg/Hilger Rn. 19) schließt aber aus Sinn u. Zweck der §§ 121, 122, dass die Prüfungskompetenz des OLG in jedem Falle – auch bei Aufhebung des OLG-Haftfortdauerbeschlusses durch das BVerfG u. Zurückverweisung der Sache – mit Beginn der HV endet (KG StV 2007, 593; OLG Dresden NStZ 2004, 644; OLG Düsseldorf NStZ 1992, 402; vgl. auch BGH 22.6.2022 – AK 21/22).

Wird sie **ausgesetzt,** so läuft die Frist v. der Aussetzung an weiter (BGH NStZ 31 1986, 422; einschr. OLG Rostock NStZ-RR 2009, 20 Ls.). Die Frist ruht aber bis zur Entsch. des OLG, wenn ihm die Akten unverzüglich, dh ohne vermeidbare Verzögerung, vorgelegt werden (S. 3).

F. Staatsschutzsachen (Abs. 4). In Staatsschutzsachen (Abs. 4) entscheidet das 32 nach § 120 GVG zuständige OLG über die Haftfortdauer, wenn die Sache zur Zuständigkeit der StaatsschutzStrK gehört, der BGH, wenn das OLG im 1. Rechtszug zuständig ist. Für die Zuständigkeitsfrage kommt es nicht darauf an, ob der Haftbefehl auf den Verdacht einer der in § 74a Abs. 1 GVG bezeichneten Taten gestützt ist, sondern darauf, ob das Verf. eine solche Straftat zum Gegenstand hat (BGHSt 28, 355). Vgl. auch § 122 Abs. 7.

Besondere Haftprüfung durch das Oberlandesgericht **Nr. 57 RiStBV**

122 (1) **In den Fällen des § 121 legt das zuständige Gericht die Akten durch Vermittlung der Staatsanwaltschaft dem Oberlandesgericht zur Entscheidung vor, wenn es die Fortdauer der Untersuchungshaft für erforderlich hält oder die Staatsanwaltschaft es beantragt.**

(2) [1]**Vor der Entscheidung sind der Beschuldigte und der Verteidiger zu hören.** [2]**Das Oberlandesgericht kann über die Fortdauer der Untersuchungshaft nach mündlicher Verhandlung entscheiden; geschieht dies, so gilt § 118a entsprechend.**

(3) [1]**Ordnet das Oberlandesgericht die Fortdauer der Untersuchungshaft an, so gilt § 114 Abs. 2 Nr. 4 entsprechend.** [2]**Für die weitere Haftprüfung (§ 117 Abs. 1) ist das Oberlandesgericht zuständig, bis ein Urteil ergeht, das auf Freiheitsstrafe oder eine freiheitsentziehende Maßregel der Besserung und Sicherung erkennt.** [3]**Es kann die Haftprüfung dem Gericht, das nach den allgemeinen Vorschriften dafür zuständig ist, für die Zeit von jeweils höchstens drei Monaten übertragen.** [4]**In den Fällen des § 118 Abs. 1 entscheidet das Oberlandesgericht über einen Antrag auf mündliche Verhandlung nach seinem Ermessen.**

(4) [1]**Die Prüfung der Voraussetzungen nach § 121 Abs. 1 ist auch im weiteren Verfahren dem Oberlandesgericht vorbehalten.** [2]**Die Prüfung muß jeweils spätestens nach drei Monaten wiederholt werden.**

(5) **Das Oberlandesgericht kann den Vollzug des Haftbefehls nach § 116 aussetzen.**

(6) **Sind in derselben Sache mehrere Beschuldigte in Untersuchungshaft, so kann das Oberlandesgericht über die Fortdauer der Untersuchungshaft auch solcher Beschuldigter entscheiden, für die es nach § 121 und den vorstehenden Vorschriften noch nicht zuständig wäre.**

(7) **Ist der Bundesgerichtshof zur Entscheidung zuständig, so tritt dieser an die Stelle des Oberlandesgerichts.**

Übersicht

1 **A. Aktenvorlage (Abs. 1).** Auf Aktenvorlage (Abs. 1) des Haftrichters muss das OLG, iÜ kann es, wenn ihm die Akten aus einem sonstigen Grund vorliegen (OLG Düsseldorf StV 1991, 222 mwN), über die Haftfortdauer nach § 121 Abs. 1 entscheiden.

2 Die Vorlage **setzt voraus,** dass sich der Beschuldigte zzt. in UHaft befindet, findet also nicht statt, wenn er entwichen ist (OLG Hamm JMBl. NRW. 1969, 48), wenn die UHaft zur Strafvollstreckung unterbrochen (OLG Hamm JMBl. NRW. 1982, 33) o. wenn ihr Vollzug nach § 116 ausgesetzt ist (OLG Hamm NJW 1965, 1730; OLG Köln JMBl. NRW. 1986, 22; OLG Schleswig NJW 1965, 2119; OLG Karlsruhe Justiz 1978, 475 lässt genügen, dass der erneute Vollzug des Haftbefehls unmittelbar bevorsteht; Ernesti/Lorenzen SchlHA 1983, 110 – OLG Schleswig

RsprÜ hält es für ausreichend, dass der erneute Vollzug auf Haftbeschwerde der StA in Betracht kommt), sofern sich der Beschuldigte nicht trotzdem, weil er die Sicherheitsleistung nicht erbracht hat, noch in UHaft befindet (OLG Düsseldorf JMBl. NRW. 1985, 286).

Zuständig für die Vorlage ist der nach § 126 zuständige Haftrichter, bei Übertragung der Zuständigkeit nach § 126 Abs. 1 S. 3 der neue Haftrichter (→ § 126 Rn. 3). Die Ansicht, dass auch das Beschwerdegericht zuständig sein könne (Löwe/Rosenberg/Hilger Rn. 6), erscheint deshalb bedenklich, weil der Haftrichter, wenn kurz vor Ablauf der Frist des § 121 Abs. 1 Haftbeschwerde eingelegt wird, die Akten nicht dem Beschwerdegericht, sondern nach Abs. 1 dem OLG vorzulegen hat. Der Fall, dass das Revisionsgericht mit der Sache befasst ist (Löwe/Rosenberg/Hilger Rn. 7 ff.), hat keine praktische Bedeutung. 3

Zur **Vorbereitung der Vorlage** der Akten (ein Haftband genügt, wenn er dem OLG die Prüfung ermöglicht) hat der Haftrichter den Haftbefehl nach Eröffnung des Hauptverfahrens dem gegenwärtigen Sach- u. Verfahrensstand anzupassen; im Ermittlungsverfahren darf er ihn nur auf Antrag der StA auf neue Tatvorwürfe erstrecken, die die Ermittlungen ergeben haben (→ § 114 Rn. 9). 4

Der **Antrag der StA** verpflichtet den Haftrichter zur Vorlage, auch wenn er die Voraussetzungen des § 121 Abs. 1 nicht für gegeben hält. Eine Stellungnahme zum Vorliegen dieser Voraussetzungen erübrigt sich. Mit Eingang des Antrags der StA verliert der Haftrichter die Befugnis, den Haftbefehl aufzuheben o. seinen Vollzug auszusetzen (OLG Karlsruhe Justiz 1971, 331; Kleinknecht JZ 1965, 119). 5

Von Amts wegen, auch entgegen der Stellungnahme der StA, legt der Haftrichter dem OLG die Akten vor, wenn er die Voraussetzungen der §§ 112, 112a weiterhin für gegeben u. die Haftfortdauer nach § 121 Abs. 1 für gerechtfertigt hält (→ § 121 Rn. 27). Die Vorlage erfolgt über die StA beim LG u. den GStA beim OLG, unmittelbar an das OLG nur, wenn sonst die Frist des § 121 Abs. 1 nicht eingehalten werden kann. Aus Gründen des Beschleunigungsgebots ist der Haftrichter auch nach Beginn des Haftprüfungsverfahrens u. bis zu dessen Abschluss weiterhin befugt, bei Vorliegen wesentlicher neuer Tatumstände über Bestand und Vollzug des Haftbefehls zu entscheiden, zB durch Erweiterung, Anpassung an die Anklage o. Außervollzugsetzung (OLG Nürnberg StraFo 2016, 468 (489); OLG Köln JMBl. NRW. 1986, 22; KK-StPO Gericke Rn. 2, 4;; **aM** MüKoStPO/Böhm Rn. 7; dahingest. v. BGH BeckRS 2025, 32402). 6

Die Vorlage muss so **rechtzeitig** erfolgen, dass die Akten noch vor Ablauf der Frist des § 121 Abs. 1 beim OLG vorliegen (KK-StPO/Gericke § 121 Rn. 28; Kleinknecht JZ 1965, 119). Nur dann ruht der Fristenlauf bis zur Entsch. des OLG (→ § 121 Rn. 30). 7

B. Verfahren des OLG (Abs. 2). Beschuldigter *und* Verteidiger müssen vor der Entsch. **rechtliches Gehör** erhalten (S. 1). Die Anhörung veranlasst das OLG, nicht der vorlegende Richter (Löwe/Rosenberg/Hilger Rn. 22 hält das aber für zulässig), auch nicht die StA. Die Stellungnahme des GStA braucht dem Beschuldigten u. dem Verteidiger nur mitgeteilt zu werden, wenn neue Tatsachen o. Beweismittel geltend gemacht sind, die das OLG der Entsch. zugrunde legen will. 8

In der Praxis (insbes. des 3. StS des BGH) ist es vielfach üblich, dem Beschuldigten u. dem Verteidiger die Stellungnahme des GStA o. GBA zu übersenden u. in der Entsch. ggf. darauf Bezug zu nehmen. Mit der Aufforderung zur Erkl. muss eine Äußerungsfrist bestimmt werden, die idR auf wenige Tage bemessen wird, aber auf Antrag verlängert werden kann. Beginnt vor Ablauf der Frist die HV vor dem Tatrichter, so entfällt die Entsch. nach § 122 (Schmidt MDR 1988, 357 – BGH RsprÜ). 9

Eine **mündliche Verhandlung** vor dem OLG ist nicht zwingend vorgeschrieben (S. 2). In der Regel wird nach Aktenlage entschieden. Ob ausnahmsweise eine mündliche Erörterung angezeigt erscheint, beurteilt das OLG nach pflichtgemäßem Ermessen; an Anträge der StA, des Beschuldigten o. des Verteidigers ist es nicht gebunden. Findet eine Verh. statt, so gilt § 118a entsprechend. 10

11 Sind **Ermittlungen** zu der Frage erforderlich, weshalb das Urt. noch nicht erlassen werden kann, so nimmt das OLG sie wegen der Eilbedürftigkeit der Entsch. selbst im Freibeweis (→ § 244 Rn. 7, 9) vor, insbes. durch Einholung v. Stellungnahmen der Justizverwaltung o. der Richter o. StA, die mit der Sache befasst sind o. waren.

12 **C. Entscheidung des OLG (Abs. 3 S. 1, Abs. 5). I. Prüfungsumfang. Gegenstand der Prüfung** ist nur der im Verf. nach Abs. 1 vorgelegte Haftbefehl (BGH BeckRS 2016, 14380) u. damit grds. auch ausschl. die darin geschilderte prozessuale Tat (BGH NStZ-RR 2018, 53), nicht aber zugleich ein weiterer Haftbefehl, für den Überhaft notiert ist (BGH BeckRS 2025, 32892). Das OLG hat zunächst das Fortbestehen der UHaft (→ Rn. 2) u. ihrer allg. Voraussetzungen (dringender Tatverdacht, Haftgrund, Verhältnismäßigkeit) festzustellen (OLG Celle NJW 1969, 245; OLG Hamm NJW 1965, 1730), auch das Vorliegen eines formgültigen Haftbefehls (wobei str. ist, ob bei unzureichendem Haftbefehl dieser aufzuheben – so OLG Celle StV 2005, 513 u. OLG Oldenburg NStZ 2005, 342 – o. die Sache an das zuständige Gericht zurückzugeben ist – so OLG Stuttgart Justiz 2002, 248) u. dessen ordnungsgemäße Eröffnung (OLG Stuttgart NStZ 2006, 588) sowie die Subsidiarität nach § 72 Abs. 1 **JGG** (OLG Zweibrücken StV 2001, 182 (183); 2002, 433). Erst wenn aus allg. Gründen weder die Aufhebung noch die Außervollzugsetzung (→ Rn. 15) des Haftbefehls in Betracht kommt, wird geprüft, ob die Fortdauer der UHaft nach § 121 Abs. 1 gerechtfertigt ist.

13 Das OLG muss **eine doppelte Prüfung** vornehmen: Zum einen müssen Feststellungen darüber getroffen werden, ob die bes. Schwierigkeit o. der bes. Umf. der Ermittlungen o. andere wichtige Gründe ein Urt. bislang noch nicht zugelassen haben (→ § 121 Rn. 17 ff.). Falls derartige Gründe vorliegen, ist in einem zweiten Schritt festzustellen, ob diese Gründe die Fortdauer der UHaft rechtfertigen. Stellt sich heraus, dass über einen Zeitraum v. mehreren Wochen o. gar Monaten hinweg keine verfahrensfördernden Ermittlungshandlungen stattgefunden haben, kann eine Fortdauer der UHaft nicht angeordnet werden (BVerfG StV 2007, 369 mwN). Je nach dem Erg. der Prüfung ordnet das OLG dann entweder die Haftfortdauer an o. hebt den Haftbefehl auf (Schnarr MDR 1990, 91; Löwe/Rosenberg/Hilger Rn. 28 hält es für zulässig, die Aufhebung dem Haftrichter zu überlassen). Eine Haftverschonung wegen Fehlens der Voraussetzungen des § 121 Abs. 1 ist unzulässig (→ Rn. 15). Für einen Austausch der prozessualen Tat o. die Erweiterung des Haftbefehls um zusätzliche Tatvorwürfe, die sich aus den Akten ergeben, fehlt dem OLG die Zuständigkeit (BGH NStZ-RR 2018, 53 (54); vgl. auch OLG Saarbrücken NStZ 2015, 660); es darf den Haftbefehl daher nicht selbst dem Ermittlungsergebnis entspr. ergänzen o. ihn erneuern (→ § 125 Rn. 2; erg. → Rn. 6 sowie → § 121 Rn. 14).

14 **II. Zeitpunkt der Entscheidung.** Der **Zeitpunkt der Entscheidung** braucht nicht genau mit dem Ende der Frist des § 121 Abs. 1 übereinzustimmen. Das OLG kann vielmehr die Haftfortdauer schon vorher anordnen (OLG Düsseldorf OLGSt StPO § 121 Nr. 4; OLG Hamm MDR 1970, 437). Auch die Aufhebung des Haftbefehls aus den Gründen des § 121 Abs. 1 ist mit sofortiger Wirkung schon einige Tage vor Ablauf der Frist zulässig (KG StV 2006, 254 (255)), nicht aber schon Wochen vorher (OLG Celle NStZ 1988, 517; Löwe/Rosenberg/Hilger Rn. 29 ff.; **aM** OLG Hamburg NJW 1968, 1535; KK-StPO/Gericke § 121 Rn. 27). Das Haftprüfungsverfahren ist ebenfalls beschleunigt durchzuführen (vgl. BVerfG NJW 2023, 3487).

15 **III. Aussetzung des Vollzugs des Haftbefehls (Abs. 5).** Das OLG darf die Haftverschonung nicht wegen Fehlens der Voraussetzungen des § 121 Abs. 1 anordnen; denn wenn die UHaft nicht über 6 Monate fortdauern darf, wäre es sinnlos, den Beschuldigten unter Auflagen zu entlassen, deren Nichteinhaltung nicht zum erneuten Vollzug des Haftbefehls führen darf (OLG Braunschweig NJW 1967, 1290). Die Außervollzugsetzung des Haftbefehls kommt daher nur aus den Gründen des § 116 in Betracht. Das OLG sollte sie erst anordnen, wenn es festgestellt

hat, dass an sich die Haftfortdauer nach § 121 Abs. 1 gerechtfertigt ist (OLG Hamm wistra 2001, 35). Ohne diese Feststellung besteht die Gefahr, dass der Haftrichter, wenn er nach § 116 Abs. 4 den Vollzug wieder anordnet (→ Rn. 19), bei der dann sofort erforderlichen Aktenvorlage nach Abs. 1 (OLG Hamburg MDR 1969, 72; KK-StPO/Gericke § 121 Rn. 26) die Frist des § 121 Abs. 1 nicht einhalten kann. Hat das OLG dagegen die Voraussetzungen des § 121 Abs. 1 bejaht, so findet, wenn der Tatrichter den Haftbefehl nach § 116 Abs. 4 wieder in Vollzug setzt (→ Rn. 19), die nächste Haftprüfung vor dem OLG erst 3 Monate später statt.

IV. Beschluss. Durch **Beschluss,** an dessen **Begründungstiefe** erhöhte Anforderungen zu stellen sind (vgl. BVerfGE 103, 21; StraFo 2013, 160), entscheidet das OLG. Ordnet es die Haftfortdauer an, so gilt § 114 Abs. 2 Nr. 4 entspr. (Abs. 3 S. 1). Der Beschl. muss daher die Tatsachen anführen, aus denen sich der dringende Tatverdacht u. der Haftgrund ergeben, u. er muss Ausführungen zur Frage der Verhältnismäßigkeit enthalten. Insoweit ist zwar eine Bezugnahme auf den Haftbefehl o. auf die Anklageschrift zulässig, auch auf die dem Beschuldigten u. Verteidiger bekanntgegebene Stellungnahme des GStA o. GBA (→ Rn. 9); bringt der Inhaftierte jedoch substantiierte Einwände gegen die Fortdauer der UHaft – insbes. gegen den dringenden Tatverdacht u. die rechtlichen Voraussetzungen der Strafbarkeit – vor, muss das OLG hierauf eingehen (vgl. VerfGH Bayern NStZ-RR 2014, 50). Ferner muss der Beschl. im Fall der Anordnung der Haftfortdauer das Vorliegen der Gründe des § 121 Abs. 1 feststellen (vgl. BVerfG NJW 2000, 1401; 2002, 207); das erfordert eine konkrete Analyse der bisherigen Verfahrensabläufe (Scheinfeld GA 2010, 687 mwN). Es sind aktuelle Ausführungen zu dem weiteren Vorliegen der Voraussetzungen der UHaft, zur Abwägung zwischen dem Freiheitsgrundrecht des Beschuldigten u. dem Strafverfolgungsinteresse der Allgemeinheit sowie zur Frage der Verhältnismäßigkeit geboten (BVerfG StV 2007, 369); die Bezugnahme auf frühere Beschlüsse reicht idR nicht aus (VerfGH Sachsen StraFo 2003, 238). Der Beschl. wird dem Beschuldigten u. dem Verteidiger nach § 35 Abs. 2 S. 2 formlos bekanntgemacht; § 145a gilt. Die StA erfährt seinen Inhalt bei der Rücksendung der Akten. Die unverzügliche Benachrichtigung der Angehörigen des Beschuldigten, der keinen Verteidiger hat, nach § 114c muss das OLG veranlassen (BVerfGE 38, 32). **16**

Ein **Rechtsmittel** gegen die Entsch. des OLG ist ausgeschlossen (§ 304 Abs. 4 S. 2 Hs. 1); zur Zulässigkeit der Verfassungsbeschwerde (→ Einl. Rn. 230) vgl. BVerfG NJW 2000, 1401; Bleckmann NJW 1995, 2192. **17**

V. Haftbeschwerde. Eine **Haftbeschwerde** des Beschuldigten wird durch die Entsch. des OLG gegenstandslos; sie ist ebenso wie ein Haftprüfungsantrag für erledigt zu erklären (OLG Düsseldorf VRS 82, 193; Schnarr MDR 1990, 94). Dies gilt jedoch nicht, soweit die Entsch. im besonderen Haftprüfungsverfahren nicht zu dem Erfolg führen kann, der dem Beschuldigten im Falle einer Beschwerdeentscheidung – etwa durch Abänderung u. Neufassung des Haftbefehls zu seinen Gunsten – beschieden wäre (BGH NStZ-RR 2012, 285). **18**

VI. Änderung der Entscheidung. Das OLG darf seine Entsch. **nicht ändern,** insbes. wenn es den Haftbefehl wegen Fehlens der Voraussetzungen des § 121 Abs. 1 aufgeh. hat. Eine einmal nach dieser Vorschr. für unzulässig befundene UHaft darf, obwohl das verfassungsrechtlich zulässig wäre (BVerfGE 21, 189), nicht erneut vollzogen werden; die Aufhebung des Haftbefehls ist endg. (OLG Frankfurt a. M. StV 2013, 520; OLG Celle StV 2002, 556; OLG Düsseldorf StV 1996, 493; OLG München StV 1996, 676). Selbstverständlich ist auch dem Haftrichter eine Abänderung der auf § 121 Abs. 1 gestützten OLG-Entscheidung vor dem Urteilserlass (Ernesti/Lorenzen SchlHA 1983, 110 – OLG Schleswig RsprÜ) untersagt (OLG Frankfurt a. M. StV 2013, 520). Das gilt auch, wenn der Haftbefehl wegen Verdunkelungsgefahr ergangen war u. der Beschuldigte weiterhin in unlauterer Weise auf Zeugen einwirkt (OLG Zweibrücken NJW 1996, 3222) o. wenn sich die Verfahrenslage wesentlich geänd. hat u. die Durchführung des Verfahrens ohne erneute Verhaftung des Beschuldigten gefährdet erscheint (OLG Stuttgart NJW **19**

1975, 1572; KK-StPO/Gericke § 121 Rn. 31; **aM** OLG Celle NJW 1973, 1988; OLG Frankfurt a. M. StV 1985, 196 mablAnm Wendisch; OLG Hamburg StV 1987, 256; vgl. auch OLG Düsseldorf MDR 1983, 600, die dann eine unverzügliche Vorlage für erforderlich halten, damit das OLG den Erlass des neuen Haftbefehls genehmigt). Auch nach Beginn der HV kann nichts anderes gelten (**aM** OLG Hamburg StV 1994, 142 mablAnm Schlothauer = JR 1995, 72 mablAnm Paeffgen; erg. aber → Rn. 20). Der Haftrichter ist lediglich befugt, den Vollzug des v. dem OLG nach § 116 ausgesetzten Haftbefehls unter den Voraussetzungen des § 116 Abs. 4 wieder anzuordnen (Schnarr MDR 1990, 94).

20 Dem Erlass eines **Haftbefehls nach § 230 Abs. 2** steht die Entsch. des OLG niemals entgegen (KG StV 1983, 111 (112); Paeffgen JR 1995, 72).

20a Mit **Erlass des Urteils** entfällt die Sperrwirkung einer Haftaufhebungsentscheidung nach § 121; dann kann erneut Haftbefehl ergehen (OLG Düsseldorf StV 1994, 147; Schlothauer StV 1994, 147).

21 **D. Weitere Haftprüfung nach § 117 Abs. 1 (Abs. 3 S. 2–4).** Die **weitere Haftprüfung nach § 117 Abs. 1 (Abs. 3 S. 2–4)** obliegt dem OLG so lange, bis ein auf Freiheitsstrafe o. freiheitsentziehende Sicherungsmaßregeln lautendes Urt. ergeht (S. 2). Einen Anspruch auf mündliche Haftprüfung vor dem OLG hat der Beschuldigte aber nicht (S. 4).

22 Das OLG kann die Haftprüfung dem nach den allg. Vorschr. zuständigen Haftrichter für die Dauer v. höchstens 3 Monaten **übertragen** (S. 3). Der Haftrichter hat sich dann mit den Haftvoraussetzungen nach § 121 Abs. 1 nicht zu befassen (Abs. 4 S. 1); denn die Übertragung bezieht sich nur auf die Haftprüfung, die nach § 117 Abs. 1 auf Antrag des Beschuldigten vorzunehmen ist (Löwe/Rosenberg/Hilger Rn. 49; Pusinelli NJW 1966, 96). Der Haftrichter ist aber befugt, den Haftbefehl vAw aufzuheben, wenn er die Voraussetzungen des § 120 Abs. 1 für gegeben hält; er kann auch seinen Vollzug nach § 116 aussetzen.

23 **E. Weitere Haftprüfung nach § 121 Abs. 1 (Abs. 4).** Die **weitere Haftprüfung nach § 121 Abs. 1 (Abs. 4)** ist dem OLG vorbehalten (erg. aber → Rn. 22). Sie findet aber nicht vAw statt, sondern erst, wenn der Haftrichter die Akten wieder vorlegt (Löwe/Rosenberg/Hilger Rn. 56; Pusinelli NJW 1966, 96; **aM** OLG Nürnberg StV 2011, 294; SK-StPO/Paeffgen Rn. 13). Das OLG bestimmt, wann innerhalb der 3-Monatsgrenze das zu geschehen hat. Setzt es keine Frist fest, so gilt die 3-Monatsfrist des Abs. 4 S. 2; sie beginnt mit dem Erlass des Beschl. bei der vorangegangenen Haftprüfung. Der Fristenlauf ruht entspr. § 121 Abs. 3 S. 2 während der Dauer der HV (OLG Düsseldorf NStZ 1992, 402). Wird die UHaft während des Fristenlaufs unterbrochen, so verlängert sich die Frist des Abs. 4 S. 1 ohne weiteres (OLG Zweibrücken MDR 1978, 245). Das Verf. richtet sich nach den Vorschr., die für die 1. Prüfung anzuwenden sind (OLG Zweibrücken MDR 1978, 245).

24 **F. Mehrere Beschuldigte (Abs. 6).** Bei **mehreren Beschuldigten (Abs. 6)** kann das OLG über die Haftfortdauer einheitlich entscheiden, auch wenn die 6-Monatsgrenze des § 121 Abs. 1 noch nicht bei allen erreicht u. daher insoweit keine Vorlage nach Abs. 1 erfolgt ist. Dadurch soll ermöglicht werden, dass im weiteren Verf. einheitliche Haftprüfungsfristen entstehen. Da die Grenze des § 121 Abs. 1 auch in dem Verf. nach Abs. 6 zu beachten ist, darf das OLG bei einem Beschuldigten, der noch nicht 6 Monate in Haft ist, nur die Haftfortdauer anordnen. Die Aufhebung des Haftbefehls nach § 121 Abs. 1 ist unzulässig (Löwe/Rosenberg/Hilger Rn. 44; **aM** OLG Hamburg NJW 1968, 1535; KK-StPO/Gericke Rn. 14 hält die Entsch. überhaupt nur für zulässig, wenn schon beurteilt werden kann, ob die Voraussetzungen des § 121 Abs. 1 bei Fristablauf vorliegen).

25 **G. Zuständigkeit des BGH (Abs. 7).** Der **BGH (Abs. 7)** entscheidet über die Haftfortdauer, wenn für die Sache nach § 120 GVG ein OLG im 1. Rechtszug zuständig ist (vgl. § 121 Abs. 4 S. 2).

Höchstdauer der Untersuchungshaft bei Wiederholungsgefahr

122a In den Fällen des § 121 Abs. 1 darf der Vollzug der Haft nicht länger als ein Jahr aufrechterhalten werden, wenn sie auf den Haftgrund des § 112a gestützt ist.

A. Sicherungshaft wegen Wiederholungsgefahr. Sicherungshaft wegen Wiederholungsgefahr (§ 122a) darf wegen derselben Tat (→ § 121 Rn. 11 ff.) abw. v. §§ 121 Abs. 1, 122 Abs. 4 S. 2 **nicht länger als 1 Jahr** fortdauern. Der Haftbefehl muss nach Eintritt der Höchstgrenze aufgeh. werden; die Aussetzung des Vollzugs genügt nicht (→ § 122 Rn. 15). Maßnahmen nach § 71 **JGG** bleiben aber zulässig. Von der Aufhebung des Haftbefehls kann nur abgesehen werden, wenn er auf einen anderen Haftgrund umgestellt wird. Ist der Haftbefehl unzulässigerweise (→ § 112a Rn. 17) auch auf einen Haftgrund nach § 112 gestützt, so findet § 122a keine Anwendung (KK-StPO/Gericke Rn. 2). Die Höchstgrenze des § 122a führt dazu, dass das OLG (o. der BGH) schon bei der 2. Haftprüfung nach §§ 121, 122 den Entlassungszeitpunkt bestimmen muss. 1

B. Berechnung der Höchstdauer. Bei der Berechnung der Höchstdauer kommt es nur auf den Vollzug des auf Wiederholungsgefahr gestützten Haftbefehls an; war der Vollzug unterbrochen, so werden alle Haftzeiten zusammengerechnet. Hat der Beschuldigte nach Erlass des Haftbefehls eine neue Straftat begangen u. ist deswegen erneut ein auf § 112a gestützter Haftbefehl erlassen worden, so werden die Haftzeiten nicht zusammengezählt (Löwe/Rosenberg/Hilger Rn. 11). § 121 Abs. 3 ist anwendbar (OLG Frankfurt a. M. NStE StPO § 122a Nr. 1; Knauth DRiZ 1978, 337 für § 121 Abs. 3 S. 2). 2

Aufhebung der Vollzugsaussetzung dienender Maßnahmen **RiStBV 57 Abs. 2**

123 (1) **Eine Maßnahme, die der Aussetzung des Haftvollzugs dient (§ 116), ist aufzuheben, wenn**

1. der Haftbefehl aufgehoben wird oder
2. die Untersuchungshaft oder die erkannte Freiheitsstrafe oder freiheitsentziehende Maßregel der Besserung und Sicherung vollzogen wird.

(2) **Unter denselben Voraussetzungen wird eine noch nicht verfallene Sicherheit frei.**

(3) **Wer für den Beschuldigten Sicherheit geleistet hat, kann deren Freigabe dadurch erlangen, daß er entweder binnen einer vom Gericht zu bestimmenden Frist die Gestellung des Beschuldigten bewirkt oder die Tatsachen, die den Verdacht einer vom Beschuldigten beabsichtigten Flucht begründen, so rechtzeitig mitteilt, daß der Beschuldigte verhaftet werden kann.**

A. Aufhebung der Maßnahmen nach § 116 (Abs. 1). Die Aufhebung der Maßnahmen nach § 116 (Abs. 1) hat das nach § 126 zuständige Gericht bei Vorliegen der ges. Voraussetzungen vAw o. auf Antrag der StA o. des Beschuldigten zu beschließen; die Maßnahmen entfallen nicht v. selbst. Abs. 1 bestimmt folgende Aufhebungsgründe: 1

I. Aufhebung des Haftbefehls (Nr. 1). Die Maßnahmen nach § 116 Abs. 1–3 können nicht bestehen bleiben, wenn der Haftbefehl aufgeh. wird, dessen Außervollzugsetzung sie ermöglichen sollten. Eine **Ausnahme** gilt für den Fall der Rechtskraft eines auf Freiheitsstrafe ohne Strafaussetzung zur Bewährung lautenden Urteils. Die Aufhebung des Haftbefehls ist dann überflüssig. Erfolgt sie gleichwohl, so gilt für die Maßnahmen nach § 116 nicht Abs. 1 Nr. 1, sondern Nr. 2 (OLG Hamburg MDR 1977, 949; OLG Karlsruhe MDR 1980, 598; **aM** OLG Frankfurt a. M. NJW 1979, 665, das aber die Aufhebung des Haftbefehls für unzulässig hält). 2

Eine Sicherheitsleistung wird nicht dadurch frei, dass der außer Vollzug gesetzte Haftbefehl aus prozessualen Gründen hätte aufgeh. werden müssen, tatsächlich aber weiterhin in Kraft war (OLG Frankfurt a. M. NStZ-RR 2001, 381; **aM** LG Lüneburg StV 1987, 111).

3 **II. Vollzug (Nr. 2).** Vollzug (Nr. 2) der UHaft o. der erkannten Freiheitsstrafe o. freiheitsentziehenden Sicherungsmaßregel: Der Vorschr. ist zu entnehmen, dass die **Urteilsrechtskraft allein nicht** zur Aufhebung der Maßnahmen nach § 116 führt, diese vielmehr isoliert fortgelten. Das folgt ohne weiteres (krit. Schweckendieck NStZ 2011, 10) daraus, dass auch diese Maßnahmen, nicht nur der Haftbefehl (→ Vor § 112 Rn. 4), der Sicherung der Vollstreckung eines auf Freiheitsstrafe o. freiheitsentziehende Sicherungsmaßregeln (dazu Löwe/Rosenberg/Hilger Rn. 11 ff.) lautenden Urteils dienen (KG NStZ 2012, 230; OLG Bremen NJW 1963, 1024; OLG Hamburg MDR 1977, 949).

3a Allerdings hat der **BGH Zweifel** daran geäußert, ob der mit Maßnahmen nach § 116 Abs. 1 verbundene Grundrechtseingriff hierdurch nach Urteilsrechtskraft eine hinreichende gesetzliche Fundierung erfährt (BGH NJW 2025, 1899). Unklar bleibe insbes., welcher Richter in der Zeit zwischen Rechtskraft des Urteils und der Aufnahme des Verurteilten in den Strafvollzug zuständig sein solle; für die Annahme, trotz Urteilsrechtskraft sei hierzu das nach § 126 zuständige Gericht der letzten Tatsacheninstanz berufen, fehle es an einer gesetzlichen Basis (BGH NJW 2025, 1899, der den Gesetzgeber auffordert, das dargetane Regelungsdefizit zu beseitigen).

4 Die Maßnahmen werden erst mit **Beginn des Vollzuges,** nicht bereits mit der Anordnung nach § 116 Abs. 4 (**aM** OLG Jena wistra 2009, 324) o. mit der Verhaftung des Angeklagten o. Verurteilten aufgeh. (KG NStZ 2012, 230; OLG Frankfurt a. M. NStZ-RR 2003, 143 (144)); maßgebend ist die Einlieferung in die zuständige Anstalt. Die Maßnahmen sind aber schon bei Urteilsrechtskraft aufzuheben, wenn sie zur Sicherung der Vollstreckung nicht erforderlich erscheinen (OLG Bremen NJW 1963, 1024) o. wenn die StA ihre Aufhebung beantragt (OLG Hamburg MDR 1977, 949).

5 **B. Sicherheit.** Eine Sicherheit nach §§ 116 Abs. 1 S. 2 Nr. 4, 116a, die noch nicht nach § 124 Abs. 1 verfallen ist (OLG Hamm NStZ-RR 1996, 270), wird bei Eintritt der Voraussetzungen des Abs. 1 ohne weiteres frei; jedoch ist zur Aufhebung der hinterlegten Sicherheit ein feststellender Gerichtsbeschluss erforderlich (OLG Frankfurt a. M. NJW 1983, 295; OLG Stuttgart MDR 1984, 164). Erst durch ihn erlangt der Hinterleger einen Herausgabeanspruch gegen die Hinterlegungsstelle (LG Berlin NStZ 2002, 278). Wer Hinterleger ist u. ob seinem Herausgabeanspruch Rechte Dritter entgegenstehen, hat nicht das Gericht, sondern die Hinterlegungsstelle zu prüfen (OLG Celle Nds. Rpfl. 1987, 136). Der Anspruch kann in Vollziehung eines Vermögensarrests (§ 111e) nach § 111f Abs. 1 gepfändet werden (→ § 111f Rn. 2). Wird die Sicherheit erst mit der Rechtskraft des Urteils frei, so kann in sie vollstreckt werden, ohne dass zuvor ein dinglicher Arrest ausgebracht worden ist.

6 **C. Freigabe der Sicherheit eines Dritten (Abs. 3).** Gemeint ist, wer nach § 116a Abs. 1 für den Beschuldigten eine **Bürgschaft geleistet** hat (→ § 116a Rn. 4), nicht wer dem Beschuldigten o. einem Bürgen die Mittel zur Vfg. gestellt hat, mit denen sie selbst die Sicherheit geleistet haben (OLG Stuttgart Justiz 1988, 373). Zur Abtretbarkeit des Rückzahlungsanspruchs des Eigenhinterlegers vgl. OLG München StV 2000, 509 u. AG Hamburg StV 2000, 512, zur Abtretung des Auskehrungsanspruchs an den Kautionsgeber vgl. LG Gießen StraFo 2006, 324; eing. hierzu Schlothauer FS 25 Jahre AG StrafR DAV, 2009, 1039.

7 Die Sicherheit des Bürgen wird frei, wenn er den Beschuldigten innerhalb einer v. Gericht zu bestimmenden Frist, aber auch unabhängig v. einer solchen Fristbestimmung (OLG Hamm NJW 1972, 783), zur **Gestellung** veranlasst. Darunter ist nur die psychische Einwirkung auf den Beschuldigten zu verstehen, sich zu

stellen; der Bürge darf den Beschuldigten nicht etwa zwangsweise o. mit polizeilicher Hilfe zur UHaft bringen (KK-StPO/Gericke Rn. 9).

Der Bürge kann die Freigabe der Sicherheit ferner durch eine an das Gericht, die StA o. Polizei gerichtete **Fluchtanzeige** erreichen, die er so rechtzeitig erstattet hat, dass bei unverzüglichem Vorgehen der zuständigen Behörden der Aussetzungsbeschluss aufgeh. u. die Verhaftung vollzogen werden kann (OLG Düsseldorf NStZ 1985, 38; OLG Koblenz JBlRP 2004, 199). War sie rechtzeitig, so wird die Sicherheit auch dann frei, wenn dem Beschuldigten dennoch die Flucht gelingt (OLG Düsseldorf NStZ 1985, 38). 8

Der Bürge kann in beiden Fällen die Freigabe der Sicherheit auch dann verlangen, wenn sie schon **nach § 124 Abs. 1 verfallen** war (OLG Hamm NJW 1972, 783; Löwe/Rosenberg/Hilger Rn. 19). 9

Auch im Fall des Abs. 3 ist ein feststellender **Gerichtsbeschluss** (→ Rn. 5) erforderlich, der einen Antrag des Bürgen voraussetzt (Schmidt StPO/GVG Nachtrag StPO § 123 Rn. 10, 13 ff.). 10

D. Beschwerde. Beschwerde nach § 304 Abs. 1 steht der StA zu, wenn das Gericht eine Maßnahme aufhebt o. die Freigabe der Sicherheit feststellt (OLG Celle NStZ-RR 1999, 178), gegen eine abl. Entsch. auch dem Beschuldigten u. ggf. dem Bürgen. Weitere Beschwerde (§ 310 Abs. 1) ist ausgeschlossen (HK-StPO/Posthoff Rn. 10; zw. Löwe/Rosenberg/Hilger Rn. 30; **aM** SK-StPO/Paeffgen Rn. 13). 11

Verfall der geleisteten Sicherheit

124 (1) **Eine noch nicht frei gewordene Sicherheit verfällt der Staatskasse, wenn der Beschuldigte sich der Untersuchung oder dem Antritt der erkannten Freiheitsstrafe oder freiheitsentziehenden Maßregel der Besserung und Sicherung entzieht.**

(2) [1] **Vor der Entscheidung sind der Beschuldigte sowie derjenige, welcher für den Beschuldigten Sicherheit geleistet hat, zu einer Erklärung aufzufordern.** [2] **Gegen die Entscheidung steht ihnen nur die sofortige Beschwerde zu.** [3] **Vor der Entscheidung über die Beschwerde ist ihnen und der Staatsanwaltschaft Gelegenheit zur mündlichen Begründung ihrer Anträge sowie zur Erörterung über durchgeführte Ermittlungen zu geben.**

(3) **Die den Verfall aussprechende Entscheidung hat gegen denjenigen, welcher für den Beschuldigten Sicherheit geleistet hat, die Wirkungen eines von dem Zivilrichter erlassenen, für vorläufig vollstreckbar erklärten Endurteils und nach Ablauf der Beschwerdefrist die Wirkungen eines rechtskräftigen Zivilendurteils.**

A. Verfall der Sicherheit (Abs. 1). Eine nicht schon nach § 123 Abs. 2 freigewordene Sicherheit verfällt – verfassungsrechtlich unbedenklich (BVerfG NStZ 1991, 142) – der Staatskasse (OLG Köln StraFo 2011, 528: nicht dem Nebenkläger) unter den Voraussetzungen des Abs. 1 ohne weiteres. Jedoch ergibt sich aus Abs. 2, dass eine Gerichtsentscheidung getroffen werden muss, die aber nur feststellende Bedeutung hat (OLG Hamburg Rpfleger 1962, 220; OLG Karlsruhe NStZ 1992, 204). Der Verfall tritt ein, wenn der Beschuldigte sich der Untersuchung o. dem Strafantritt entzieht. Er ist endg.; dass der Beschuldigte sich später stellt o. verhaftet wird, ist ohne Bedeutung). 1

Die **Untersuchung** beginnt mit der Einleitung des Ermittlungsverfahrens u. dauert bis zur Beendigung des Verfahrens durch Einstellung nach §§ 153 ff., 170 Abs. 2, 206a, 206b, Nichteröffnung des Hauptverfahrens (§ 204) o. Rechtskraft des Urteils. Sie umfasst alle etwa notwendig werdenden verfahrensrechtlichen Maßnahmen, auch die Vollziehung der Entsch. nach § 116 Abs. 4 (OLG Braunschweig NJW 1964, 1485; OLG Karlsruhe MDR 1985, 694). 2

3 Dem **Strafantritt** kann sich nur der zu einer Freiheitsstrafe, auch Jugendstrafe (§ 17 JGG) u. Strafarrest (§ 9 WStG), o. einer freiheitsentziehenden Sicherungsmaßregel nach §§ 63, 64, 66 StGB Verurteilte entziehen; Jugendarrest (§§ 16, 16a JGG) zählt dazu nicht (KMR-StPO/Wankel Rn. 3; **aM** Löwe/Rosenberg/Hilger Rn. 10), auch nicht die Ersatzfreiheitsstrafe (Löwe/Rosenberg/Hilger Rn. 11).

4 Das **Sich-Entziehen** besteht in einem Verhalten, das, wenn auch nur vorübergehend, den Erfolg hat, dass möglicherweise notwendig werdende verfahrensrechtliche Maßnahmen gegen den Beschuldigten nicht mehr jederzeit ungehindert durchgeführt werden können (OLG Düsseldorf StV 1987, 110; OLG Frankfurt a. M. NStZ-RR 2001, 381; OLG Karlsruhe NStZ 1992, 204; vgl. auch BGHSt 23, 380 (384)). Dabei genügt, dass der Beschuldigte diesen Erfolg bewusst in Kauf nimmt, absichtlich braucht er nicht zu handeln (OLG Bamberg OLGSt StPO § 124 Nr. 5; OLG Braunschweig NJW 1964, 1485; OLG Düsseldorf StV 1987, 110); auch Schuldfähigkeit braucht dann nicht gegeben zu sein (BVerfG NStZ 1991, 142; OLG München NStZ 1990, 249). Gleichgültig ist, ob der Beschuldigte während der Zeit seiner Unauffindbarkeit o. Abwesenheit in der Sache selbst „benötigt“ wird; es reicht aus, dass infolge seines Verhaltens neue Verfolgungsmaßnahmen eingeleitet werden (OLG Braunschweig NJW 1964, 1485; OLG Hamm NStZ-RR 1996, 270; OLG Karlsruhe NStZ 1992, 204). Die bloße Vorbereitung, zB zur Flucht, führt nicht zum Verfall der Sicherheit (OLG Frankfurt a. M. NJW 1977, 1975 (1976); KK-StPO/Gericke Rn. 3), auch nicht der bloße Ungehorsam, insbes. nicht der gegen die Auflagen nach § 116 (OLG Düsseldorf NStZ 1990, 98 mwN), auch nicht die Nichtbefolgung der Ladung zum Strafantritt (OLG Düsseldorf NStZ 1996, 404; OLG Frankfurt a. M. NStZ-RR 2003, 143).

5 Der Beschuldigte entzieht sich der Untersuchung o. Vollstreckung **nur dadurch,** dass er sich v. seiner Wohnung ohne Hinterlassung einer Anschrift entfernt (OLG Hamm NJW 1996, 736: auch wenn ihm als Ausländer die Ausweisung droht), dass er sich ins Ausland absetzt (OLG Braunschweig NJW 1964, 1485), dass er sonst flüchtig wird o. sich verborgen hält o. dass er, obwohl er an sich zur Vfg. steht, die VollstrB durch Täuschung davon abhält, Vollstreckungsmaßnahmen einzuleiten o. durchzuführen (OLG Düsseldorf NJW 1978, 1932 Ls.); die bloße Vorbereitung o. der bloße Versuch, sich ins Ausland zu begeben, reicht nicht aus (OLG Frankfurt a. M. NStZ-RR 2003, 143). Der Erfolg des Sich-Entziehens entfällt aber nicht deshalb, weil das Verfahren, etwa nach § 231 Abs. 2, ohne den Beschuldigten fortgesetzt werden kann. Gleichgültig ist, ob die Verfolgungsbehörde das Erforderliche getan hat, um die Flucht des Beschuldigten zu verhindern (OLG Hamburg MDR 1980, 74). Bei Suizid verfällt die Sicherheit nicht (KK-StPO/Gericke Rn. 4; vgl. → § 112 Rn. 18); vgl. iÜ zum Tod des Beschuldigten BGHSt 45, 108 (116).

6 **B. Verfahren (Abs. 2 S. 1).** Zuständig ist das Gericht des § 126, nach Rechtskraft der zul. mit der Sache befasst gewesene Tatrichter (OLG Düsseldorf Rpfleger 1984, 73), auch im Fall des § 329 Abs. 1 (OLG Stuttgart Justiz 1984, 213).

7 Die durch Abs. 2 S. 1 vorgeschriebene **Aufforderung zur Erklärung** ist an den Beschuldigten u. den Dritten zu richten, der für ihn die Sicherheit geleistet hat, aber nur, wenn dieser ggü. der Hinterlegungsstelle im eigenen Namen als Hinterleger aufgetreten ist (OLG Düsseldorf NStZ 1990, 97; OLG Hamburg Rpfleger 1962, 220; OLG Karlsruhe NStE StPO § 124 Nr. 6; StraFo 2000, 394). Sie wird nach § 35 Abs. 2 S. 1 zugestellt, ggf. dem Zustellungsbevollmächtigten (vgl. § 116a Abs. 3) o., wenn der Aufenthalt des Beschuldigten nicht bekannt ist, öffentl. nach § 40 (OLG Hamburg NJW 1962, 2363), u. mit einer Fristsetzung verbunden. Die Abtretung der Forderung auf Rückzahlung der Sicherheit an einen anderen ist unbeachtlich (OLG Karlsruhe NStE StPO § 124 Nr. 6; Paeffgen NStZ 1990, 432). Die StA ist an dem Verf. durch Antragstellung, sonst nach § 33 Abs. 2 beteiligt.

8 Das Gericht entscheidet ohne mündliche Verh. durch **Beschluss,** der zu begründen (§ 34) u. nach § 35 Abs. 2 S. 1 zuzustellen ist. Eine Abänderung des unanfechtbar gewordenen Beschl. ist unzulässig (OLG Stuttgart MDR 1982, 341).

C. Sofortige Beschwerde (Abs. 2 S. 2, 3). Die sofortige Beschwerde (Abs. 2 S. 2, 3) steht dem **Beschuldigten u. dem Bürgen** zu, der für ihn die Sicherheit geleistet hat (dazu → Rn. 7), nicht einem Dritten, der lediglich hinter der v. einer Bank zu leistenden Bürgschaft steht (OLG Stuttgart Justiz 1988, 373), auch nicht der Dritte, der im Namen des Beschuldigten einen Geldbetrag hinterlegt hat (OLG Düsseldorf Rpfleger 1986, 275; OLG Koblenz JBlRP 2004, 199). Bei Fristversäumnis muss sich auch der Beschuldigte das Verschulden des Verteidigers anrechnen lassen (→ § 44 Rn. 19). Die StA ist zwar in Abs. 2 S. 2 nicht aufgeführt. Das bedeutet aber nicht, dass sie zur Anfechtung nicht berechtigt ist o. nur die einfache Beschwerde erheben kann; auch ihr steht die sofortige Beschwerde zu (OLG Stuttgart Justiz 1984, 213; KK-StPO/Gericke Rn. 11). War die Aufforderung nach Abs. 2 S. 1, die eine Entscheidungsvoraussetzung ist, unterblieben, so entscheidet das Beschwerdegericht nicht nach § 309 Abs. 2 selbst, sondern verweist die Sache zurück (OLG Celle NStZ-RR 1999, 178; OLG Düsseldorf NStZ 1996, 404; OLG Hamm MDR 1995, 1161; **aM** OLG Frankfurt a. M. NStZ-RR 1997, 272 Ls.; KMR-StPO/Wankel Rn. 10). 9

Eine **mündliche Verhandlung** zur Erörterung der gestellten Anträge u. der etwa v. Gericht im Freibeweis (→ § 244 Rn. 7, 9) geführten Ermittlungen findet vor der Entsch. über die sofortige Beschwerde statt (Abs. 2 S. 3), sofern sie in zulässiger Weise eingelegt ist (OLG Neustadt JZ 1952, 663; Löwe/Rosenberg/Hilger Rn. 42) u. der Beschwerdeführer auf sie nicht verzichtet hat (OLG Düsseldorf OLGSt StPO § 124 Nr. 1; NStE StPO § 124 Nr. 3); weitergehend sehen die OLGe teilw. v. einer mündlichen Verh. auch ab, wenn die Entsch. des Sen. dadurch nicht beeinflusst werden kann (OLG Hamm NJW 1996, 736; OLG Stuttgart MDR 1987, 867). Die Verh. ist nicht öffentl. Das Erscheinen der Bet. kann nicht erzwungen werden; nur wenn der Beschuldigte nicht auf freiem Fuß ist, kann er (**aM** Löwe/Rosenberg/Hilger Rn. 45: muss er) zum Termin vorgeführt werden. Wenn das ausreichend erscheint, können die mündlichen Erklärungen des Beschuldigten durch einen beauftragten o. ersuchten Richter entgegengenommen werden (vgl. → § 454 Rn. 22, 23). Im Übrigen steht die Gestaltung des Verfahrens, das ges. nicht geregelt ist, weitgehend im Ermessen des Gerichts. §§ 114 ff. ZPO (Prozesskostenhilfe) gelten entspr. (OLG Düsseldorf NStZ 1996, 404). 10

Weitere Beschwerde ist ausgeschlossen (OLG Stuttgart Justiz 1963, 63; KK-StPO/Gericke Rn. 13 mwN; **aM** SK-StPO/Paeffgen Rn. 13). 11

Auch nach **Wechsel der Zuständigkeit** für die Haftentscheidungen durch Anklageerhebung o. Berufungsvorlage nach § 321 S. 2 bleibt die Zuständigkeit des Beschwerdegerichts bestehen (OLG Hamm NStE StPO § 124 Nr. 7; erg. → § 126 Rn. 7). 12

D. Wirkungen eines Zivilurteils (Abs. 3). Die Wirkungen eines Zivilurteils (Abs. 3) hat der Beschl., mit dem die Sicherheit für verfallen erklärt wird. Ein Zivilprozess ist daher ausgeschlossen, jedoch nicht eine Amtshaftungsklage nach § 839 BGB, die darauf gestützt ist, dass die Sicherheit durch Verschulden eines Beamten verfallen sei). Für die Beziehungen zwischen dem Beschuldigten u. dem Dritten, der für ihn die Sicherheit geleistet hat, gilt Abs. 3 nicht (KK-StPO/Gericke Rn. 14). 13

Mit dem Verfall **geht die Sicherheit auf das Land über,** dessen Gericht zzt. des Verfalls die Sachherrschaft über das Verf. hat (Löwe/Rosenberg/Hilger Rn. 24). Der Fiskus wird Eigentümer der zur Sicherheit geleisteten Gegenstände u. Gläubiger verpfändeter Forderungen; eine Bürgschaft (§ 116a Abs. 1) wird fällig (KK-StPO/Gericke Rn. 7). 14

Zuständigkeit für den Erlass des Haftbefehls

125 (1) **Vor Erhebung der öffentlichen Klage erläßt der Richter bei dem Amtsgericht, in dessen Bezirk ein Gerichtsstand begründet ist oder der Beschuldigte sich aufhält, auf Antrag der Staatsanwaltschaft**

oder, wenn ein Staatsanwalt nicht erreichbar und Gefahr im Verzug ist, von Amts wegen den Haftbefehl.

(2) [1]**Nach Erhebung der öffentlichen Klage erläßt den Haftbefehl das Gericht, das mit der Sache befaßt ist, und, wenn Revision eingelegt ist, das Gericht, dessen Urteil angefochten ist.** [2]**In dringenden Fällen kann auch der Vorsitzende den Haftbefehl erlassen.**

1 **A. Haftbefehlserlass vor Erhebung der Klage (Abs. 1).** Die Vorschr. enthält eine **besondere Zuständigkeitsregelung,** die v. der des § 162 Abs. 1 S. 1 abweicht. „Unbeschadet" der hier getroffenen Regelung kann die StA aber nach § 162 Abs. 1 S. 2 den Antrag neben einem anderen Antrag (vgl. → § 162 Rn. 10) auch bei dem nach § 162 Abs. 1 S. 1 zuständigen Gericht stellen; insoweit bestehen die Zuständigkeitsvorschriften – wie sich nun eindeutig aus § 162 Abs. 1 S. 2 ergibt – nebeneinander (**aM** LG Zweibrücken NStZ-RR 2004, 304 – aufrechterhalten StraFo 2009, 243 L – beim Zusammentreffen mit § 145 GVG: § 125 Abs. 1 *lex specialis;* dagegen zutr. Steinmetz SchlHA 2005, 147).

2 **I. Sachliche Zuständigkeit.** Sachlich zuständig für den Erlass des Haftbefehls u. die Ablehnung eines darauf gerichteten Antrags der StA ist das AG, u. zwar der nach dem Geschäftsverteilungsplan zuständige **ER** (BGH StV 2011, 463 (466)), in Staatsschutzsachen der ER des OLG o. des BGH (§ 169), in Jugendsachen der Jugendrichter (§ 34 Abs. 1 **JGG;** vgl. auch BVerfG NStZ 2005, 643; Reichenbach NStZ 2005, 617 zur Zulässigkeit der Bestellung eines „Jugendermittlungsrichters", LG Berlin NStZ 2006, 525 zur Zuständigkeit eines ERs auch als Jugendrichter). Findet eine HV vor dem LG o. OLG statt, so darf dieses Gericht wegen einer nicht zur Anklage stehenden, etwa erst in der Verh. begangenen Tat keinen Haftbefehl erlassen (OLG Hamm NJW 1949, 191); anders ist es, wenn die Verh. vor dem Strafrichter stattfindet. Auch die Erstreckung des Haftbefehls auf weitere Straftaten ist dem AG vorbehalten; das OLG darf sie nicht etwa in dem Verf. nach § 122 vornehmen (OLG Hamm NJW 1971, 1325; OLG Koblenz NStZ-RR 2008, 92 Ls.; **aM** Kaiser NJW 1966, 436; Schnarr MDR 1990, 93; erg. → § 122 Rn. 13). Das Beschwerdegericht kann den Haftbefehl erlassen, wenn es v. der StA angerufen worden ist, weil das AG einen entspr. Antrag abgelehnt hat. Es darf aber nicht einen auf § 230 Abs. 2 gestützten Haftbefehl nach §§ 112, 112a aufrechterhalten (→ § 230 Rn. 25).

3 **II. Örtliche Zuständigkeit.** Örtlich zuständig ist das AG, in dessen Bezirk ein Gerichtsstand begründet ist o. der Beschuldigte sich aufhält.

4 Ein **Gerichtsstand** (§§ 7–13a, 15) ist in dem AG-Bezirk begründet, wenn das AG selbst für die Sache zuständig ist, aber auch bei sachlicher Zuständigkeit eines Gerichts höherer Ordnung, das in dem AG-Bezirk liegt.

5 **Aufenthaltsort** iSd Abs. 1 ist der Ort, an dem sich der Beschuldigte zzt. des Erlass des Haftbefehls befindet (OLG Hamm GA 1968, 343), auch wenn er nur auf der Durchreise ist, auch der Ort, an dem er sich in anderer Sache in Haft befindet. Wird der Beschuldigte nicht dem nach § 128 Abs. 1 S. 1 zuständigen Richter vorgeführt, so kann der Ort der Vorführung vor das unzuständige Gericht nicht den Aufenthaltsort iSd Abs. 1 begründen (KK-StPO/Gericke Rn. 2; Löwe/Rosenberg/Hilger Rn. 7; **aM** OLG Celle Nds. Rpfl. 1956, 39).

6 **B. Nach Anklageerhebung (Abs. 2).** Nach Anklageerhebung (Abs. 2) ist für den Erlass des Haftbefehls das mit der Sache befasste **Tatgericht** zuständig (S. 1), dh das Gericht, bei dem die Anklage erhoben ist, das Berufungsgericht erst nach Vorlegung der Akten nach § 321 S. 1, im Revisionsverfahren nicht das Revisionsgericht, sondern der letzte Tatrichter.

7 In **dringenden Fällen** kann der Vorsitzende den Haftbefehl erlassen (S. 2). Dringend ist der Fall, wenn das Zusammentreten des Kollegiums nicht abgewartet werden kann, ohne dass die rechtzeitige Verhaftung in Frage gestellt wird. Das beurteilt der Vorsitzende nach pflichtgemäßem Ermessen. Seine Entsch. bedarf keiner Bestätigung durch das Kollegialgericht. Dessen Entsch. kann aber v. der StA

u. dem Angeklagten herbeigeführt werden. Die Ablehnung eines Haftbefehlsantrags darf, da sie niemals dringend ist, nur das Kollegialgericht aussprechen.

C. Mitwirkung der StA. Vor Erhebung der öffentl. Klage ist grds. ein Antrag der StA erforderlich, da sie für das Ermittlungsverfahren verantwortlich ist u. die UHaft nach § 120 Abs. 3 jederzeit beenden kann (erg. → § 128 Rn. 9). Das gilt auch für die Erweiterung eines Haftbefehls um weitere Tatvorwürfe (Schnarr MDR 1990, 89; erg. → § 114 Rn. 18). Der Antrag einer unzuständigen StA genügt (Loh MDR 1970, 812). 8

Nur bei **Unerreichbarkeit der StA und Gefahr im Verzug** erlässt das Gericht den Haftbefehl vAw. Zur Unerreichbarkeit vgl. → § 128 Rn. 10. Gefahr im Verzug besteht, wenn ohne sofortigen Erlass des Haftbefehls die Gefahr besteht, dass die Verhaftung des Beschuldigten nicht mehr möglich sein wird. 9

Nach Erhebung der öffentlichen Klage kann das Gericht einen Haftbefehl vAw erlassen, muss die StA aber vorher hören (§ 33 Abs. 1, Abs. 2). 10

Zuständigkeit für weitere gerichtliche Entscheidungen

126 (1) [1] **Vor Erhebung der öffentlichen Klage ist für die weiteren gerichtlichen Entscheidungen und Maßnahmen, die sich auf die Untersuchungshaft, die Aussetzung ihres Vollzugs (§ 116), ihre Vollstreckung (§ 116b) sowie auf Anträge nach § 119a beziehen, das Gericht zuständig, das den Haftbefehl erlassen hat.** [2] **Hat das Beschwerdegericht den Haftbefehl erlassen, so ist das Gericht zuständig, das die vorangegangene Entscheidung getroffen hat.** [3] **Wird das vorbereitende Verfahren an einem anderen Ort geführt oder die Untersuchungshaft an einem anderen Ort vollzogen, so kann das Gericht seine Zuständigkeit auf Antrag der Staatsanwaltschaft auf das für diesen Ort zuständige Amtsgericht übertragen.** [4] **Ist der Ort in mehrere Gerichtsbezirke geteilt, so bestimmt die Landesregierung durch Rechtsverordnung das zuständige Amtsgericht.** [5] **Die Landesregierung kann diese Ermächtigung auf die Landesjustizverwaltung übertragen.**

(2) [1] **Nach Erhebung der öffentlichen Klage ist das Gericht zuständig, das mit der Sache befaßt ist.** [2] **Während des Revisionsverfahrens ist das Gericht zuständig, dessen Urteil angefochten ist.** [3] **Einzelne Maßnahmen, insbesondere nach § 119, ordnet der Vorsitzende an.** [4] **In dringenden Fällen kann er auch den Haftbefehl aufheben oder den Vollzug aussetzen (§ 116), wenn die Staatsanwaltschaft zustimmt; andernfalls ist unverzüglich die Entscheidung des Gerichts herbeizuführen.**

(3) **Das Revisionsgericht kann den Haftbefehl aufheben, wenn es das angefochtene Urteil aufhebt und sich bei dieser Entscheidung ohne weiteres ergibt, daß die Voraussetzungen des § 120 Abs. 1 vorliegen.**

(4) **Die §§ 121 und 122 bleiben unberührt.**

(5) [1] **Soweit nach den Gesetzen der Länder über den Vollzug der Untersuchungshaft eine Maßnahme der vorherigen gerichtlichen Anordnung oder der gerichtlichen Genehmigung bedarf, ist das Amtsgericht zuständig, in dessen Bezirk die Maßnahme durchgeführt wird.** [2] **Unterhält ein Land für den Vollzug der Untersuchungshaft eine Einrichtung auf dem Gebiet eines anderen Landes, können die beteiligten Länder vereinbaren, dass das Amtsgericht zuständig ist, in dessen Bezirk die für die Einrichtung zuständige Aufsichtsbehörde ihren Sitz hat.** [3] **Für das Verfahren gilt § 121b des Strafvollzugsgesetzes entsprechend.**

A. Weitere Entscheidungen und Maßnahmen. Für die weiteren Entscheidungen und Maßnahmen, die sich auf die UHaft beziehen, auch auf die Haft nach §§ 230 Abs. 2, 236, regelt die Vorschr. die gerichtliche Zuständigkeit. Im Wesent- 1 lichen handelt es sich um Entscheidungen nach §§ 116, 116b, 117, 118, 118a, 123, 124 und um Maßnahmen u. Entsch. nach §§ 119 und 119a.

2 **B. Vor Erhebung der Klage (Abs. 1).** Vor Erhebung der Klage (Abs. 1) besteht die Zuständigkeit nach § 125 Abs. 1 fort (S. 1), wobei aber der Geschäftsverteilungsplan des Gerichts die Zuständigkeit eines anderen Richters bestimmen kann (Schramm/Bernsmann StV 2006, 442). Wenn das Beschwerdegericht den Haftbefehl erlassen hat, ist der 1. Richter zuständig (S. 2).

3 Die **Übertragung der Zuständigkeit** auf ein anderes Gericht sieht S. 3 für den Fall vor, dass das Ermittlungsverfahren, zB infolge Abgabe der Sache an eine andere StA, an einem anderen Ort geführt o. die UHaft an einem anderen Ort vollzogen wird (krit. Weider StV 2010, 107). Eine weitergehende Regelung trifft § 72 Abs. 6 **JGG** für das Jugendstrafverfahren. Die Übertragung, zu der auch der ER nach § 169 befugt ist (Löwe/Rosenberg/Hilger Rn. 10), setzt einen entspr. Antrag der StA voraus, der bis zum Erlass des Übertragungsbeschlusses zurückgenommen werden kann. Das Gericht, dem die Sache übertragen wird, kann die Übernahme nicht ablehnen, weil es sie für unzweckmäßig hält (OLG Hamburg NJW 1966, 606), wird aber nicht zuständig, wenn sie auf einem Irrtum beruht. Wenn später erneut die Voraussetzungen des S. 3 gegeben sind, kann es die Sache seinerseits auf Antrag der StA auf ein anderes Gericht weiter- o. auf das 1. Gericht zurückübertragen. Mit dem Erlass des Übertragungsbeschlusses wird die Zuständigkeit des neuen Haftrichters begründet (OLG Celle OLGSt StPO § 126 S. 1; KK-StPO/Gericke Rn. 3) u. werden das ihm übergeordnete LG u. OLG für Entscheidungen über Beschwerden u. weitere Beschwerden zuständig (BGHSt 14, 180 (185); OLG Celle OLGSt StPO § 126 S. 1; OLG Hamburg NJW 1966, 606; OLG Koblenz JBlRP 2005, 140; **aM** KG JR 1985, 256). Das gilt auch für vor Erlass des Beschl. eingelegte Beschwerden (OLG Hamburg NJW 1966, 606). Der Vorlagebeschluss nach § 122 Abs. 1 ist ebenfalls an das OLG zu richten, das dem neuen Haftrichter übergeordnet ist (OLG Köln JMBl. NRW. 1966, 288; erg. → § 122 Rn. 3).

4 Der **Ermittlungsrichter des BGH** kann, nachdem der GBA die Sache nach § 142a Abs. 4 GVG an die LandesStA abgegeben hat, die Zuständigkeit für die weiteren Haftentscheidungen entspr. Abs. 1 S. 3 auf das AG des Ermittlungs- o. Haftorts übertragen (BGH NJW 1973, 475). Auf Antrag der StA kann das AG auch ohne eine solche Übertragung die weiteren Haftentscheidungen übernehmen (BGH NJW 1973, 475).

5 **C. Nach Erhebung der öffentlichen Klage (Abs. 2–4). I. Zuständigkeit.** Grundsätzlich ist das **mit der Sache befasste Gericht** zuständig (Abs. 2 S. 1), auch ein an sich unzuständiges Gericht, bei dem Anklage erhoben worden ist (OLG Düsseldorf MDR 1981, 691; LG Lüneburg StV 1987, 111; → § 170 Rn. 4). Bei Zurückverweisung der Sache durch das Revisionsgericht ist mit dem Erlass dieser Entsch. nur noch das Gericht zuständig, an das zurückverwiesen worden ist (Abs. 2 S. 2; BGH NJW 1996, 2665), auch wenn ihm die Akten noch nicht zugeleitet worden sind (Ernesti/Lorenzen SchlHA 1986, 104 – OLG Schleswig RsprÜ; OLG Zweibrücken StV 1988, 70 Ls.); eine noch nicht erledigte Haftbeschwerde ist dann in einen Haftprüfungsantrag umzudeuten (KG NStZ 2000, 444). Das Berufungsgericht wird zuständig, wenn ihm die Akten nach § 321 S. 2 vorgelegt werden.

6 Auf **noch unerledigte Beschwerden** ergeht keine Entsch. des Beschwerdegerichts; vielmehr hat das jetzt zuständige Gericht eine Entsch. zu treffen (vgl. zur Haftprüfung → § 117 Rn. 12; anders nach OLG Hamm NStE StPO § 124 Nr. 7 beim Verfall einer Sicherheit), im Fall des Abs. 2 S. 3 der Vorsitzende (KG NStZ-RR 1996, 365; **aM** OLG Karlsruhe NStZ 1984, 183).

7 Eine Haftentscheidung **während einer laufenden Hauptverhandlung** ist nach einer Entsch. des BGH (NStZ 2011, 356) stets **ohne Schöffen** zu treffen, dh unabhängig davon, ob sie in der HV o. während einer Unterbrechung erfolgt (ebenso KG StraFo 2015, 110; OLG Köln NStZ 2009, 589 mAnm Krüger; OLG München StraFo 2010, 383; OLG Hamburg StV 1998, 143 mablAnm Schlothauer = JR 1998, 169 mit teilw. zust. Anm. Katholnigg, zust. auch Rönnau GS Weßlau,

2016, 293 (302); Bertram NJW 1998, 2934, abl. hingegen Kunisch StV 1998, 687; Paeffgen NStZ 2000, 134 Fn. 26).

Diese v. BVerfG als verfassungsrechtlich unbedenklich erachtete Auff. (BVerfG NStZ 1998, 418; dazu abl. Paeffgen NStZ 2000, 134 Fn. 26; Sowada NStZ 2001, 174) wird allerdings der ges. Regelung in § 30 GVG nicht gerecht (→ GVG § 30 Rn. 2, 3). Nach der überzeugenden **Gegenauffassung** wirken die Schöffen dagegen sowohl bei Entscheidungen in der HV (KG StraFo 2016, 292 mwN; OLG Düsseldorf StV 1984, 159; OLG Koblenz StV 2010, 36; 37; OLG Köln NStZ 1998, 419 mablAnm Foth u. zust. Anm. Siegert) als auch während unterbrochener HV mit (Dehn NStZ 1997, 608; Linkenheil, Laienbeteiligung in der Strafjustiz, 2003, S. 235; ausf. u. überzeugend Sowada StV 2010, 37). Eine vermittelnde Ansicht hält die Mitwirkung der Schöffen bei der Entsch. nach § 268b für notwendig, sonst nicht (Gittermann DRiZ 2012, 12 mwN). Sind die Schöffen tatsächlich einmal nicht rechtzeitig zu erreichen, hilft § 126 Abs. 2 S. 4. Das OLG als Gericht 1. Instanz entscheidet allerdings immer in der für die HV vorgesehenen Besetzung (vgl. § 122 Abs. 2 S. 2 GVG), also ggf. mit 5 Richtern (BGHSt 43, 91 = JR 1998, 33 mablAnm Katholnigg; abl. auch Foth NStZ 1998, 262; zust. Sowada NStZ 2001, 173). 8

Nach Einlegung der Revision entscheidet grds. der letzte Tatrichter (Abs. 2 S. 2; erg. → Rn. 6). Nur wenn das Revisionsgericht das angefochtene Urt. aufhebt (Teilaufhebung genügt) u. sich ohne weiteres, dh ohne weitere Ermittlungen, ergibt, dass der Haftbefehl nach § 120 Abs. 1 S. 1 nicht länger aufrechterhalten werden kann, ist das Revisionsgericht befugt, ihn zugleich mit dem Erlass des Revisionsurteils aufzuheben (OLG Hamm StV 2015, 311: gesamte erkannte Strafe wäre vor erneuter Sachentscheidung nach Zurückverweisung im Wege der Anrechnung nach § 51 Abs. 1 StGB erledigt); verpflichtet ist es dazu nur im Fall des § 120 Abs. 1 S. 2. Eine vorherige Aufhebung kommt nur in Betracht, wenn ein Verfahrenshindernis besteht, das zur Einstellung des Verfahrens führt (BGHSt 41, 16; BGH NStZ 1997, 145). Hat die Einstellung allerdings nur vorl. Charakter – wie bei Fehlen der Anklage o. des Eröffnungsbeschlusses – wird der Haftbefehl nicht aufgeh. (BGH NStZ 1999, 520 (521); 2012, 225). Eine Befugnis zur Außervollzugsetzung des Haftbefehls (§ 116) hat das Revisionsgericht nicht (Abs. 1 S. 1 mit Abs. 2 S. 2). 9

II. Zuständigkeit des Vorsitzenden (Abs. 2 S. 3). Die Zuständigkeit des Vorsitzenden (Abs. 2 S. 3) beschränkt sich grds. auf die **Anordnung (und Ablehnung) einzelner Maßnahmen,** insbes. nach § 119. In Betracht kommen außer den Entscheidungen, die sich auf den Vollzug der UHaft beziehen, die Benachrichtigung nach § 114c Abs. 2 (→ § 114c Rn. 3 ff.), die Festsetzung o. Anordnung einer Sicherheitsleistung nach § 116a (→ § 116a Rn. 1) u. die Ausschreibung zur Festnahme o. zur Aufenthaltsermittlung (§§ 131 ff.). Dies soll allerdings nach OLG Hamm (BeckRS 2025, 34217) nicht für die Abänderung von Haftverschonungsauflagen gelten, sofern zusätzliche Auflagen angeordnet o. bestehende verschärft werden. 10

Entscheidet anstelle des funktionell ausschl. zuständigen Vorsitzenden das Kollegialgericht, so ist das hier – wo das G eine Zuständigkeit des Gerichts ausdr. nur ausnahmsweise nach Abs. 2 S. 3 anerkennt – zwar nicht „unschädlich" (OLG Frankfurt a. M. StV 1988, 536; OLG München StV 1995, 140; Veit MDR 1973, 279; **aM** OLG Düsseldorf NJW 1968, 1343; OLG Hamburg NJW 1965, 2362; KMR-StPO/Wankel Rn. 14). Die Entsch. wird aber bestandskräftig, wenn sie nicht angefochten wird; wenn Beschwerde eingelegt wird, verweist das Beschwerdegericht die Sache nicht an den 1. Richter zurück, sondern entscheidet unter Aufhebung des angefochtenen Beschl. nach § 309 Abs. 2 in der Sache selbst (BayObLGSt 2004, 118; OLG Hamm BeckRS 2025, 34217; OLG Düsseldorf JMBl. NRW. 1996, 138; KK-StPO/Gericke Rn. 13; vgl. auch OLG München StV 1995, 140; **aM** OLG Frankfurt a. M. StV 1988, 536; OLG Karlsruhe NJW 1974, 110; OLG Koblenz NJW 1981, 1570; erg. → § 309 Rn. 6). Für Entscheidungen 10a über Maßnahmen im UHaftvollzug ist bei Anhängigkeit einer Sache vor dem Kollegialgericht der gesamte Spruchkörper zuständig (KG StV 2013, 526; erg. → § 119a Rn. 2).

11 **Anfechtbar** ist die Entsch. des Vorsitzenden nur mit der Beschwerde nach § 304; die Anrufung des Kollegialgerichts gegen seine Maßnahmen ist nicht zulässig; eine Umdeutung der Beschwerde in einen Antrag nach § 238 Abs. 2 kommt daher nicht in Betracht (BVerfG 26.8.2008 – 2 BvR 1198/08).

12 In **dringenden Fällen** (→ § 125 Rn. 7) kann der Vorsitzende auch den Haftbefehl aufheben o. seinen Vollzug nach § 116 aussetzen, aber nur mit Zustimmung der StA (Abs. 2 S. 4); andernfalls muss er unverzüglich das Gericht entscheiden lassen. Allgemein zur Herbeiführung der Entsch. des Kollegialgerichts vgl. → § 125 Rn. 7.

13 **Abs. 5 enthält eine Zuständigkeitsregelung** für die erforderliche vorherige gerichtliche Anordnung bzw. Genehmigung v. Maßnahmen der Fixierung iRv Freiheitsentziehungen nach den Vollzugsgesetzen der Länder.

Einstweilige Unterbringung **Nr. 59 RiStBV**

126a

(1) Sind dringende Gründe für die Annahme vorhanden, daß jemand eine rechtswidrige Tat im Zustand der Schuldunfähigkeit oder verminderten Schuldfähigkeit (§§ 20, 21 des Strafgesetzbuches) begangen hat und daß seine Unterbringung in einem psychiatrischen Krankenhaus oder einer Entziehungsanstalt angeordnet werden wird, so kann das Gericht durch Unterbringungsbefehl die einstweilige Unterbringung in einer dieser Anstalten anordnen, wenn die öffentliche Sicherheit es erfordert.

(2) [1] **Für die einstweilige Unterbringung gelten die §§ 114 bis 115a, 116 Abs. 3 und 4, §§ 117 bis 119a, 123, 125 und 126 entsprechend.** [2] **Die §§ 121, 122 gelten entsprechend mit der Maßgabe, dass das Oberlandesgericht prüft, ob die Voraussetzungen der einstweiligen Unterbringung weiterhin vorliegen.**

(3) [1] **Der Unterbringungsbefehl ist aufzuheben, wenn die Voraussetzungen der einstweiligen Unterbringung nicht mehr vorliegen oder wenn das Gericht im Urteil die Unterbringung in einem psychiatrischen Krankenhaus oder einer Entziehungsanstalt nicht anordnet.** [2] **Durch die Einlegung eines Rechtsmittels darf die Freilassung nicht aufgehalten werden.** [3] **§ 120 Abs. 3 gilt entsprechend.**

(4) **Hat der Untergebrachte einen gesetzlichen Vertreter oder einen Bevollmächtigten im Sinne des § 1831 Absatz 5 und des § 1820 Absatz 2 Nummer 2 des Bürgerlichen Gesetzbuches, so sind Entscheidungen nach Absatz 1 bis 3 auch diesem bekannt zu geben.**

1 **A. Schutz der Allgemeinheit.** Dem Schutz der Allgemeinheit vor gemeingefährlichen Rechtsbrechern dient die Vorschr. (eing. dazu Pollähne RP Reha 2002, 229). Sie soll nicht, wie § 112, die Verfahrenssicherung, sondern die Vorwegnahme der Unterbringung nach §§ 63, 64 StGB ermöglichen (OLG Frankfurt a. M. NStZ 1985, 284). Ähnliche vorbeugende Maßnahmen lassen §§ 111a, 112a, 132a zu. Die einstweilige Unterbringung kann auch gegen Jugendliche u. Heranwachsende angeordnet werden (OLG Jena NStZ-RR 2007, 217).

2 Die **UHaft gegen vermindert Schuldfähige** (§ 21 StGB) wird durch § 126a auch dann nicht ausgeschlossen, wenn mit der Unterbringung nach §§ 63, 64 StGB zu rechnen ist (vgl. OLG Celle NStZ-RR 2017, 20; erg. → § 112 Rn. 20). Die einstweilige Unterbringung ist aber idR die angemessenere Maßnahme, weil sie die Möglichkeit der ärztlichen Behandlung bietet (KG JR 1989, 476), die ohne richterliche Genehmigung zulässig ist (Baumann NJW 1980, 1879; Koch NJW

1969, 177). Da UHaft u. einstweilige Unterbringung nicht gleichzeitig vollzogen werden können, darf wegen derselben Tat immer nur eine dieser Maßnahmen angeordnet werden.

B. Voraussetzungen der einstweiligen Unterbringung (Abs. 1). I. Dringende Gründe. Dringende Gründe (dazu → § 111a Rn. 2) müssen die Annahme rechtfertigen, dass der Beschuldigte eine rechtswidrige Tat (§ 11 Abs. 1 Nr. 5 StGB) im Zustand der Schuldunfähigkeit (§ 20 StGB) o. der verminderten Schuldfähigkeit (§ 21 StGB) begangen hat u. dass das Gericht in dem Urt. seine Unterbringung in einem psychiatrischen Krankenhaus (§ 63 StGB) o. in einer Entziehungsanstalt (§ 64 StGB) anordnen wird. Ob die Voraussetzungen des § 20 StGB o. nur die des § 21 StGB vorliegen, braucht noch nicht festzustehen. 3

II. Öffentliche Sicherheit. Die öffentliche Sicherheit muss die einstweilige Unterbringung des Beschuldigten erfordern, u. zwar zzt. des Erlasses des Unterbringungsbefehls. Das ist der Fall, wenn die Wahrscheinlichkeit dafürspricht, der Beschuldigte werde **weitere rechtswidrige Taten v. solcher Schwere** begehen, dass der Schutz der Allgemeinheit die einstweilige Unterbringung gebietet. Daran fehlt es, wenn weniger einschneidende Maßnahmen auf anderer Rechtsgrundlage genügen. Die bereits vollzogene Unterbringung nach einem landesrechtlichen Unterbringungsgesetz steht aber nicht entgegen (OLG Düsseldorf OLGSt StPO § 126a Nr. 2; **aM** Schmidt StPO/GVG Nachtrag StPO § 126a Rn. 10). Der Grundsatz der Verhältnismäßigkeit (→ Einl. Rn. 20, 21) ist zu beachten (Starke, Die einstweilige Unterbringung in einem psychiatrischen Krankenhaus nach der StPO, 1991, S. 76 ff., 127 f.). Ebenso wie bei der UHaft (→ § 120 Rn. 3 ff., → § 121 Rn. 1 ff.) sind mit zunehmender Dauer der Freiheitsentziehung stets höhere Anforderungen an das Vorliegen eines rechtfertigenden Grundes zu stellen; bei erheblichen, vermeidbaren u. dem Staat zuzurechnenden Verfahrensverzögerungen kann allenfalls noch eine v. dem Beschuldigten ausgehende außergewöhnlich hohe Gefahr für die Allgemeinheit zur Rechtfertigung einer ohnehin schon lang andauernden einstweiligen Unterbringung dienen (BVerfG NJW 2012, 513). 4

C. Unterbringungsbefehl. Durch einen Unterbringungsbefehl wird die einstweilige Unterbringung v. dem nach § 125 zuständigen Gericht (Abs. 2 S. 1) angeordnet. 5

Für seinen **notwendigen Inhalt** gilt § 114 entspr. (Abs. 2 S. 1). Anstelle der schuldhaften Tat (§ 114 Abs. 2 Nr. 2) ist die rechtswidrige Tat zu bezeichnen, anstelle des dringenden Tatverdachts (§ 114 Abs. 2 Nr. 4) die dringenden Gründe für die Annahme der rechtswidrigen Tat. Ein Haftgrund (§ 114 Abs. 2 Nr. 3) entfällt; stattdessen sind die Tatsachen anzugeben, die die Annahme rechtfertigen, dass die öffentl. Sicherheit die einstweilige Unterbringung erfordert. Auch § 114 Abs. 3 ist – entspr. dem nunmehr in Abs. 2 S. 1 in Bezug genommenen § 116 Abs. 3 – anzuwenden (Löwe/Rosenberg/Hilger Rn. 12, 13a). Die Art der Anstalt (psychiatrisches Krankenhaus o. Entziehungsanstalt) muss bezeichnet werden. Stehen nach dem Einweisungsplan mehrere Anstalten zur Vfg., so wählt der Richter eine v. ihnen aus. Im Rahmen des Verfahrens nach Abs. 1 S. 2 ist das OLG befugt, die Art der Anstalt, in der die Unterbringung erfolgen soll, auszutauschen (OLG Saarbrücken NStZ 2015, 660). 6

Für die **Bekanntmachung** des Unterbringungsbefehls gilt § 114a entspr. (Abs. 2 S. 1), für die Belehrung § 114b, für die Benachrichtigung der Angehörigen § 114c. Hat der Beschuldigte einen ges. Vertreter o. einen Bevollmächtigten iSd §§ 1831 Abs. 5, 1820 Abs. 2 Nr. 2 BGB, so sind der Unterbringungsbefehl u. Entscheidungen über ihn nach Abs. 2 und Abs. 3 auch ihm bekanntzugeben (Abs. 4); die Existenz eines Bevollmächtigten kann über das v. der Bundesnotarkammer geführte Vorsorgeregister abgefragt werden. Zu den Mitteilungspflichten vgl. → § 114 Rn. 19. 7

Der **Vollzug** des Unterbringungsbefehls wird aufgrund des richterlichen Aufnahmeersuchens (→ § 114d Rn. 2) v. der StA veranlasst (§ 36 Abs. 2 S. 1). In Betracht kommt nur der Vollzug in einer öffentl. Kranken- o. Entziehungsanstalt. 8

Der Vollzug in einer Haftanstalt ist unzulässig, auch wenn sie über eine psychiatrisch-neurologische Abt. verfügt (KK-StPO/Gericke Rn. 5; str.). In einer JVA ist auch sonst die Unterbringung nur für höchstens 24 Stunden u. nur dann zulässig, wenn eine sofortige Überführung in ein öffentl. psychiatrisches Krankenhaus o. in eine öffentl. Entziehungsanstalt nicht möglich ist; kurzzeitige Ausnahmen zur Sicherung der HV sind aber zulässig, falls auch ein Einzeltransport nicht durchführbar ist (vgl. iE OLG Hamm StV 2005, 446; NStZ 2006, 29). Im Übrigen gelten die Vorschr. über den Vollzug der Unterbringung nach §§ 63, 64 StGB entspr., wobei aber der Schutz der Allgemeinheit vor einem gemeingefährlichen Täter im Vordergrund steht (OLG Frankfurt a. M. NStZ 1985, 284). Entsprechend anwendbar sind nach Abs. 2 S. 1 auch §§ 119, 119a. Der schriftliche u. mündliche Verkehr des Betroffenen mit der Außenwelt wird v. der Anstalt kontrolliert. Die sonstigen Beschränkungen werden nach dem Zweck der Unterbringung ausgerichtet. Darüber hinaus darf durch entspr. Ausgestaltung des Vollzuges auch einer etwa bestehenden Verdunkelungsgefahr begegnet werden. Eine **Zwangsbehandlung** ist nur zulässig, wenn eine ländergesetzliche Grdl. besteht, die den v. BVerfG an Voraussetzungen u. Verf. gestellten Anforderungen genügt (BVerfG NJW 2011, 3571; vgl. auch OLG Köln StraFo 2012, 406; eing. zu Fragen des Vollzugs der einstweiligen Unterbringung Pollähne RP Reha 2003, 64 ff., speziell zur „Zwangsbehandlung" S. 71 ff.). In diesem Fall ist die Beiordnung eines rechtlichen Vertreters für den als einwilligungsunfähig eingestuften Betroffenen erforderlich (OLG Frankfurt a. M. BeckRS 2023, 1014).

9 **D. Weiteres Verfahren.** Für das weitere Verfahren gelten die **in Abs. 2 S. 1 bezeichneten Vorschr. entspr.,** insbes. §§ 115, 115a. Die früher str. Frage, ob §§ 116, 116a anwendbar sind, ist nunmehr dahin ges. geklärt, dass § 116 Abs. 3 und Abs. 4 mit § 123 Anwendung finden; wobei die entspr. Anwendung des § 116 Abs. 3 naturgemäß v. Vorliegen der Voraussetzungen des dort in Bezug genommenen § 112a unabhängig ist (BT-Drs. 16/5137, 11). Als Weisungen kommen neben den in § 116 Abs. 1 genannten auch in Betracht, sich einer medikamentösen o. psychotherapeutischen Behandlung o. einer Entziehungskur zu unterziehen, keine alkoholischen Getränke o. andere berauschende Mittel zu sich nehmen u. sich Alkohol- u. Suchtmittelkontrollen zu unterwerfen, die mit körperlichen Eingriffen verbunden sind (Schöch FS Volk, 2009, 710). § 116 Abs. 1 und Abs. 2 gelten nicht, weil diese der Flucht- o. Verdunkelungsgefahr begegnen sollen, es bei der einstweiligen Unterbringung aber anders als bei der UHaft nicht um die Verfahrenssicherung, sondern um den Schutz der Allgemeinheit geht (→ Rn. 1). Die Fortdauer der einstweiligen Unterbringung wird entspr. §§ 117–118b geprüft (OLG Düsseldorf MDR 1995, 950). Für die **gerichtliche Zuständigkeit** gilt **§ 126,** auch bei gerichtlichen Entscheidungen über die Genehmigung einer Zwangsmedikation (BGH BeckRS 2017, 112007; OLG Frankfurt a. M. BeckRS 2023, 1014).

10 Abs. 2 S. 2 sieht eine **Haftprüfung durch das OLG** entspr. §§ 121, 122 vor; damit wird eine verfahrensrechtliche Gleichstellung des vorl. Untergebrachten ggü. dem Gefangenen in der UHaft bewirkt. Es wird nach 6 Monaten geprüft, ob die Voraussetzungen des Abs. 1 weiterhin vorliegen; in die Berechnung der Frist ist zuvor vollzogene UHaft einzubeziehen (OLG Düsseldorf NJW 2008, 867). Hier ist somit ein anderer Prüfungsmaßstab als in § 121 Abs. 1 anzulegen; die Prüfung erstreckt sich nicht darauf, ob die besondere Schwierigkeit o. der besondere Umf. der Ermittlungen o. ein anderer wichtiger Grund das Urt. noch nicht zulassen (OLG Celle StraFo 2007, 372; OLG Hamm NJW 2007, 3220; OLG Köln NJW 2007, 3590; eing. u. krit. zur ges. Regelung Pollähne/Ernst StV 2009, 705). Bei der Prüfung ist zu beachten, dass § 126a dem Schutz der Allgemeinheit vor gefährlichen Straftätern dient; daher kann die v. Beschuldigten ausgehende Gefahr für höchste Rechtsgüter dazu führen, dass die Fortdauer der Unterbringung trotz vermeidbarer Verfahrensverzögerungen angeordnet werden muss (OLG Bremen NStZ 2008, 650; OLG Saarbrücken NStZ 2015, 660).

Neben der hier allein anzustellenden Prüfung der fortdauernden **Voraussetzungen des Abs. 1** sind aber auch die Einhaltung des **Verhältnismäßigkeitsgrundsatzes** u. das Beschleunigungsgebot zu beachten (KG StV 2016, 828; OLG Bremen NStZ 2008, 650; OLG Celle StraFo 2007, 372; OLG Hamm NJW 2007, 3220; OLG Karlsruhe StraFo 2010, 113; OLG Köln NJW 2007, 3590; OLG Koblenz StraFo 2007, 200). Mit einem Sachverständigen ist regelmäßig eine Frist zur Gutachtenerstellung zu vereinbaren, deren Einhaltung durch Androhung v. Ordnungsgeldern kontrolliert werden muss (KG StV 2010, 372). **10a**

Die **Aufhebung des Unterbringungsbefehls** ist zwingend vorgeschrieben, wenn die Voraussetzungen des Abs. 3 S. 1 vorliegen. Durch eine Rechtsmitteleinlegung darf (wie im Fall des § 120 Abs. 2) die Freilassung nicht aufgehalten werden (Abs. 3 S. 2). § 120 Abs. 3 gilt entspr. (Abs. 3 S. 3). Auch der Verhältnismäßigkeitsgrundsatz kann die Aufhebung gebieten (→ Rn. 5). **11**

Zulässig ist die **Umwandlung des Unterbringungsbefehls** in einen Haftbefehl, wenn sich herausstellt, dass nicht die Voraussetzungen des § 126a, sondern die der §§ 112, 112a vorliegen; im umgekehrten Fall gilt dasselbe (KG JR 1989, 476; **aM** Bohnert JR 2001, 403: Haftbefehl u. Unterbringungsbefehl bestehen nebeneinander). Vor der Entsch. müssen StA u. Beschuldigter gehört werden. Die Umwandlung kann auch das Beschwerdegericht vornehmen, gleichgültig, wer das Rechtsmittel eingelegt hat (OLG Bremen JZ 1951, 465 Ls.; KK-StPO/Gericke Rn. 9). **12**

Mit dem **Eintritt der Rechtskraft** des Urteils, das die Unterbringung anordnet, endet die einstweilige Unterbringung u. beginnt der Vollzug der Sicherungsmaßnahme, auch wenn die Vollstreckung des Urteils noch nicht eingeleitet worden ist (OLG Hamm OLGSt StGB § 67e S. 3; erg. → § 120 Rn. 15). **13**

E. Anfechtung. Gegen den Unterbringungsbefehl u. die Ablehnung seines Erlasses ist nach § 304 Abs. 1 **Beschwerde,** auch gegen Entscheidungen des OLG (§ 304 Abs. 4 S. 2 Nr. 1) u. des ERs des BGH o. OLG (§ 304 Abs. 5), u. nach § 310 Abs. 1 **weitere Beschwerde** zulässig. Mit der Beschwerde kann auch geltend gemacht werden, dass statt eines Unterbringungsbefehls ein Haftbefehl hätte erlassen werden müssen (KMR-StPO/Wankel Rn. 8). Anfechtbar ist auch die Umwandlung des Unterbringungsbefehls in einen Haftbefehl u. die umgekehrte Entsch. (KK-StPO/Gericke Rn. 10). Wegen der Rechtsbehelfe gegen Maßnahmen der Vollzugsanstalt vgl. → § 119a Rn. 4. **14**

F. Immunität. Für die Immunität gelten die gleichen Beschränkungen wie beim Erlass eines Haftbefehls (vgl. → § 114 Rn. 23). **15**

Vorläufige Festnahme

127 (1) [1] **Wird jemand auf frischer Tat betroffen oder verfolgt, so ist, wenn er der Flucht verdächtig ist oder seine Identität nicht sofort festgestellt werden kann, jedermann befugt, ihn auch ohne richterliche Anordnung vorläufig festzunehmen.** [2] **Die Feststellung der Identität einer Person durch die Staatsanwaltschaft oder die Beamten des Polizeidienstes bestimmt sich nach § 163b Abs. 1.**

(2) **Die Staatsanwaltschaft und die Beamten des Polizeidienstes sind bei Gefahr im Verzug auch dann zur vorläufigen Festnahme befugt, wenn die Voraussetzungen eines Haftbefehls oder eines Unterbringungsbefehls vorliegen.**

(3) [1] **Ist eine Straftat nur auf Antrag verfolgbar, so ist die vorläufige Festnahme auch dann zulässig, wenn ein Antrag noch nicht gestellt ist.** [2] **Dies gilt entsprechend, wenn eine Straftat nur mit Ermächtigung oder auf Strafverlangen verfolgbar ist.**

(4) **Für die vorläufige Festnahme durch die Staatsanwaltschaft und die Beamten des Polizeidienstes gelten die §§ 114a bis 114c entsprechend.**

Übersicht

1 **A. Übersicht.** Die vorläufige Festnahme geht dem Erlass eines Haftbefehls idR voraus. § 127 lässt sie in 2 Fällen zu: Wird jemand auf frischer Tat betroffen o. verfolgt, so ist jedermann, Polizeibeamte u. Privatpersonen, zur Festnahme berechtigt (Abs. 1 S. 1). Die Vorschr. überträgt dem Bürger eine öffentl. Aufgabe (KK-StPO/Schultheis Rn. 6; Roxin/Schünemann StrafVerfR § 31 Rn. 4); eine Rechtspflicht zur vorl. Festnahme begründet sie nicht (KK-StPO/Glaser Rn. 6). Bei Gefahr im Verzug sind die StA u. die Beamten des Polizeidienstes zur vorl. Festnahme befugt, wenn die Voraussetzungen eines Haft- o. Unterbringungsbefehls vorliegen (Abs. 2). Weitere Fälle der vorl. Festnahme regeln § 127b (zur Anordnung der Hauptverhandlungshaft) u. (im Gerichtssaal) § 183 S. 2 GVG. Die Verschonung v. der vorl. Festnahme sieht § 127a vor. Das Verf. nach der Festnahme richtet sich nach §§ 128, 129. Bei bereits existierendem Haftbefehl geht wegen Art. 104 Abs. 2 S. 1 GG, Art. 5 Abs. 3 S. 1 EMRK das Verf. nach § 115 der Eilkompetenz nach Abs. 2 vor (Löwe/Rosenberg/Hilger Rn. 36; offengelassen v. BGH NStZ 2018, 734).

2 **B. Vorläufige Festnahme auf frischer Tat (Abs. 1). I. Tat. Tat** iSd Abs. 1 S. 1 ist eine Straftat, die zum Erlass eines Haftbefehls (§ 112) o. Unterbringungsbefehls (§ 126a) berechtigen würde.

3 Der Versuch genügt, wenn er strafbar ist (BGH NJW 1981, 745; OLG Hamm NJW 1977, 590), nicht aber eine straflose Vorbereitungshandlung; auch nicht die Begehung einer OWi (§ 46 Abs. 3 S. 1 OWiG).

3a **Strafunmündige Kinder** (§ 19 StGB) dürfen nicht festgenommen werden, auch nicht zu dem Zweck, die Feststellung ihrer Personalien o. diejenigen ihrer Aufsichtspflichtigen zu ermöglichen (KK-StPO/Glaser Rn. 8; Bülte ZStW 121 (2009), 386; Eisenberg StV 1989, 556; **aM** KG JR 1971, 30; Verrel NStZ 2001, 286; erg. → § 163b Rn. 4). Dem wird unter Hinweis darauf widersprochen, dass § 127 ja nur das Betr. auf frischer Tat verlange, die vorl. Festnahme zudem erzieherisch sinnvoll u. ein Nichteinschreiten ggü. einem *in flagranti* erwischten Kind dem allg. Rechtsbewusstsein abträglich wäre (Streng FS Gössel, 2002, 503). Diesen an sich zutr. Erwägungen steht jedoch entgegen, dass § 127 die Begehung einer Straftat voraussetzt (→ Rn. 4) u. Zweck der Festnahme nur ist, den Täter der Strafverfolgung zuzuführen (→ Rn. 8); Abhilfe kann daher nur der Gesetzgeber schaffen, soll es nicht nur bei den außerstrafrechtlichen (Erziehungs- u. Fürsorge-) Maßnahmen verbleiben.

4 **II. Begehung einer Straftat. Nur wenn wirklich eine Straftat begangen worden ist,** ist die Festnahme nach Abs. 1 S. 1 zulässig (KG VRS 45, 35; OLG Hamm NJW 1972, 1826; 1977, 590; Rüping Strafverfahren Rn. 244; Schlüchter Strafverfahren Rn. 255; Schumann JuS 1979, 559). Nicht erkennbare Rechtfertigungs- u. Schuldausschließungsgründe lassen das Festnahmerecht unberührt (OLG Stuttgart OLGSt StPO § 127 Nr. 3). Dringender Tatverdacht o. ein anderer

hoher Verdachtsgrad genügt aber nicht (Bülte ZStW 121 (2009), 386; **aM** BGH (6. ZS) NJW 1981, 745; BayObLGSt 1986, 52; OLG Hamm NStZ 1998, 370; OLG Stuttgart OLGSt StPO § 127 Nr. 3; OLG Zweibrücken NJW 1981, 2016; Löwe/Rosenberg/Hilger Rn. 9 ff. mwN zum Streitstand; offengelassen bei BGH VRS 44, 437). Denn der Eingriff in die Freiheitsrechte eines anderen nach Abs. 1 S. 1 darf dem Bürger nur gestattet werden, wenn er sicher ist, dass der andere alle Merkmale einer Straftat verwirklicht hat; andernfalls muss er die Festnahme o. Identifizierung den staatlichen Behörden überlassen. Es geht nicht an, einem Unschuldigen das Recht der Notwehr (→ Rn. 17) gegen freiheitsbeschränkende Angriffe v. Privatpersonen zu nehmen. Bei Verkehrsstraftaten werden die Voraussetzungen des Abs. 1 nur selten vorliegen (BGH VRS 44, 437). Insbesondere die Feststellung der Fahruntüchtigkeit eines Kraftfahrers ist einer Privatperson nur möglich, wenn schwere Ausfallerscheinungen offensichtlich sind (BGH VRS 44, 437; OLG Zweibrücken NJW 1981, 2016).

III. Auf frischer Tat betroffen. Auf frischer Tat betroffen ist, wer bei der Begehung einer rechtswidrigen Tat o. unmittelbar danach am Tatort o. in dessen unmittelbarer Nähe gestellt wird (Bülte ZStW 121 (2009), 401). 5

Verfolgung auf frischer Tat liegt vor, wenn sich der Täter bereits v. Tatort entfernt hat, sichere Anhaltspunkte (zB Tatspuren) aber auf ihn als Täter hinweisen u. seine Verfolgung zum Zweck seiner Ergreifung aufgenommen wird (OLG Hamburg GA 1964, 341; vgl. auch → § 104 Rn. 3). Unmittelbar an die Tatentdeckung braucht sich die Verfolgung nicht anzuschließen; der Verfolgende, der nicht der Entdecker der Tat zu sein braucht, kann sich zunächst Hilfskräfte o. -mittel beschaffen. Auf Sicht o. Gehör braucht der Täter nicht verfolgt zu werden; eine Rast ist unschädlich (RGSt 58, 226). Die Dauer der Verfolgung ist nicht begrenzt; sie kann bis zur Ergreifung des Täters fortgesetzt werden. 6

IV. Zur Festnahme berechtigt. Zur Festnahme berechtigt ist **jedermann,** nicht nur der durch die Straftat Verletzte. Volljährigkeit ist nicht erforderlich. Die Festnahmeberechtigung nach Abs. 1 S. 1 setzt voraus, dass keine Polizeibeamten zugegen sind, u. endet daher mit deren Eintreffen (Bülte ZStW 121 (2009), 413). Gegen den Willen der Polizei dürfen Privatpersonen nicht tätig werden. Das Festnahmerecht nach Abs. 1 S. 1 haben auch die Beamten der StA u. der Polizei, auch außerhalb ihres Amtsbezirks (Kramer NJW 1993, 111), jedoch nicht zum Zweck der Identitätsfeststellung (Benfer MDR 1993, 828; **aM** Kramer NJW 1993, 111); insoweit gelten § 163b Abs. 1 (vgl. Abs. 1 S. 2) u. (obwohl Abs. 1 S. 2 die Vorschr. nicht erwähnt) § 163c (Löwe/Rosenberg/Hilger Rn. 25 Fn. 87). 7

V. Zweck der Festnahme. Der Zweck der Festnahme darf nur darin bestehen, den Täter der Strafverfolgung zuzuführen. Wer diese Absicht nicht hat, besitzt zwar uU ein Festnahmerecht nach § 229 BGB (BayObLGSt 1990, 113; OLG Düsseldorf NStZ 1991, 599), ist aber zur vorl. Festnahme nach § 127 nicht berechtigt (Lampe GA 1978, 7; **aM** wohl AG Grevenbroich NJW 2002, 1060). Abs. 1 S. 1 erlaubt daher nicht die Festnahme zu dem Zweck, weitere Straftaten zu verhindern (BGH VRS 40, 104 (106)) o. den Täter wegen seines Fehlverhaltens zur Rede zu stellen (OLG Hamm VRS 4, 446; 9, 215 (218)). Auch die Blutalkoholuntersuchung ist kein zulässiger Festnahmezweck (vgl. aber → § 81a Rn. 29). 8

VI. Festnahmegründe. Festnahmegründe sind Fluchtverdacht u. die Unmöglichkeit der sofortigen Identitätsfeststellung. 9

Für den **Fluchtverdacht** genügt, dass nach den erkennbaren Umständen des Falles unter Berücksichtigung allg. Erfahrungen vernünftigerweise die Annahme gerechtfertigt ist, der Betroffene werde sich der Verantwortung durch die Flucht entziehen, wenn er nicht alsbald festgenommen wird (BGH VRS 38, 115; 40, 104; Kusch NStZ 1992, 27 – BGH RsprÜ; BayObLG NStZ-RR 2002, 336). Die strengeren Voraussetzungen der Fluchtgefahr nach § 112 Abs. 2 Nr. 2 (→ § 112 Rn. 17 ff.) brauchen nicht vorzuliegen (Löwe/Rosenberg/Hilger Rn. 21; Kramer 10

StrafVerfR Rn. 61 Fn. 135; Schlüchter Strafverfahren Rn. 250; **aM** Naucke NJW 1968, 1225; Rüping Strafverfahren Rn. 243).

11 Zur **Feststellung der Identität** ist die Festnahme zulässig, wenn der Betroffene, weil er Angaben zur Person verweigert o. sich nicht ausweisen kann, nicht ohne Vernehmung o. Nachforschungen identifiziert werden kann, die Feststellung an Ort u. Stelle aber nicht möglich ist. Fluchtverdacht muss nicht bestehen. Dass der Name des Betroffenen bekannt ist, macht die Festnahme idR unzulässig (RGSt 67, 351 (353); OLG Köln VRS 75, 104 (106)), aber nicht in jedem Fall (OLG Hamburg MDR 1964, 778). Das Kennzeichen eines Kraftwagens ermöglicht meist keine genügende Feststellung der Identität seines Führers (KG VRS 16, 112; OLG Oldenburg VRS 32, 274; OLG Schleswig NJW 1953, 275; Krüger NZV 2003, 220). Etwas anderes gilt idR für Fahrzeuge öffentl. Verkehrsbetriebe (Löwe/Rosenberg/Hilger Rn. 24; **aM** OLG Hamm VRS 9, 215). Die Identifizierung durch einen Dritten reicht selbst dann nicht aus, wenn er sich genügend ausweisen kann (RGSt 72, 300; KK-StPO/Glaser Rn. 17). Die Feststellung der Identität durch Polizeibeamte bestimmt sich demggü. ausschl. nach § 163b Abs. 1 (Abs. 1 S. 2, vgl. dazu die Erlass zu §§ 163b, 163c).

12 **VII. Rechtsnatur der Festnahme.** Die Festnahme ist ein **Realakt ohne Anordnung** u. bedarf weder einer bestimmten Form noch einer näheren Begründung (OLG Koblenz VRS 54, 357 (359)). Jedoch muss dem Betroffenen erkennbar gemacht werden, dass es sich um eine vorl. Festnahme handelt u. welche Tat dazu Anlass gibt (BayObLGSt 1964, 34; OLG Oldenburg NJW 1966, 1764). Die Befugnis zur Festnahme, die auch während der Nachtzeit besteht (RGSt 40, 65), schließt das Recht ein, den Betroffenen festzuhalten, ihn vorübergehend in der Privatwohnung zu verwahren, um v. dort telefonisch die Polizei herbeizurufen (KG JR 1971, 30), u. ihn zur nächsten Polizeiwache zu bringen (BGH VRS 38, 115; BayObLGSt 1964, 34). Die Durchsuchung bei dem Verdächtigen (§ 102) wird durch die Ermächtigung des Abs. 1 S. 1 aber nicht gedeckt.

13 Die **Anwendung von Zwang,** die vorher nicht angekündigt zu werden braucht (BayObLGSt 1959, 38 (41); BayObLGSt 1960, 66), ist auch Privatpersonen gestattet (OLG Karlsruhe NJW 1974, 806; OLG Stuttgart NJW 1984, 1694). Erlaubt ist zB das Anhalten des Fahrzeugs, dessen Führer auf frischer Tat betroffen worden ist, durch Bereiten v. Fahrthindernissen (RGSt 34, 443 (446); KG VRS 17, 358; OLG Hamm VRS 9, 215 (217); 16, 136; OLG Oldenburg VRS 32, 274; OLG Schleswig NJW 1953, 275) o. durch Wegnahme des Zündschlüssels (OLG Saarbrücken NJW 1959, 1190).

14 Bei der Festnahme des Betroffenen ist auch die **Anwendung körperlicher Gewalt** mit der Gefahr o. Folge körperlicher Verletzungen zulässig (OLG Karlsruhe NJW 1974, 806), insbes. das feste Zupacken, auch wenn es Schmerzen verursacht (BayObLGSt 1986, 52 (55); OLG Stuttgart NJW 1984, 1694; **aM** Arzt FS Kleinknecht, 1985, 11: nur durch § 32 StGB gedeckt), falls erforderlich auch das Anspringen, zu Fall bringen u. am Boden fixieren (BGHSt 45, 378) sowie das Anlegen v. Fesseln, wenn es im Verhältnis zur Bedeutung der Sache nicht unangemessen ist. Freiheitsberaubung, Nötigung u. Körperverletzung sind durch Abs. 1 S. 1 gerechtfertigt (BGHSt 45, 378), nicht aber eine ernsthafte Beschädigung der Gesundheit (BGH NStZ-RR 2007, 303).

15 Daher können zwar das Drohen mit einer **Schusswaffe** u. die Abgabe v. Warnschüssen gerechtfertigt sein, nicht aber das gezielte Schießen auf den fliehenden Täter zum Zweck der Festnahme (BGH NJW 1981, 745; BGHR StGB § 32 Abs. 1 Putativnotwehr 1), auch nicht das Schießen mit einer Gaspistole aus geringer Entfernung (KG VRS 19, 114) o. ein lebensgefährliches Würgen (BGHSt 45, 378). Das gilt ausnahmslos, auch wenn der Betroffene eine schwerwiegende Straftat begangen hat (AK-StPO/Krause Rn. 14; Arzt FS Kleinknecht, 1985, 12; Bülte ZStW 121 (2009), 408; Peters StrafProzR Rn. 438; Roxin/Schünemann StrafVerfR § 31 Rn. 10; **aM** Holtz MDR 1979, 985 – BGH RsprÜ; KK-StPO/Glaser Rn. 28; Löwe/Rosenberg/Hilger Rn. 29; offengelassen v. BGH NStZ-RR 1998,

50; vgl. auch BGH NJW 1999, 2533: Schusswaffengebrauch nach § 54 Abs. 1 Nr. 2b PolG BW gedeckt, jedoch nicht „gezielte Schüsse auf zentrale Bereiche des Menschen"; ebenso OLG Karlsruhe Justiz 2011, 221).

16 Abs. 1 S. 1 enthält auch keinen Rechtfertigungsgrund für eine **Gefährdung des Straßenverkehrs** (OLG Celle MDR 1958, 443; OLG Hamm VRS 23, 452; OLG Oldenburg VRS 32, 274). Im Übrigen gilt auch für Eingriffe v. Privatpersonen das Übermaßverbot (BayObLGSt 1959, 38 (41); OLG Celle MDR 1958, 443; OLG Oldenburg VRS 32, 274; Löwe/Rosenberg/Hilger Rn. 19; einschr. KK-StPO/Glaser Rn. 19; Schlüchter Strafverfahren Rn. 252: nur bei offensichtlichem Missverhältnis; **aM** Arzt FS Kleinknecht, 1985, 8: Verhältnismäßigkeitsgrundsatz gilt nicht).

17 **Notwehr** (§ 32 StGB) gegen gerechtfertigte Maßnahmen des Festnehmenden darf der Betroffene nicht üben (RGSt 72, 300). Dagegen ist der Festnehmende zur Notwehr berechtigt, wenn der Betroffene sich gegen eine rechtmäßige Maßnahme zur Wehr setzt (BGHSt 45, 378; OLG Hamm NJW 1972, 1826; Arzt FS Kleinknecht, 1985, 10).

18 **C. Festnahme bei Gefahr im Verzug (Abs. 2).** Die Festnahme bei Gefahr im Verzug (Abs. 2) ist der **StA u. den Beamten des Polizeidienstes,** die nicht Ermittlungspersonen der StA zu sein brauchen, gestattet, wenn die Voraussetzungen der §§ 112, 112a, 126a vorliegen. Für das Steuerstrafverfahren sehen § 399 Abs. 1, § 402 Abs. 1, § 404 S. 1 **AO** ein Festnahmerecht der Finanzbehörden u. -beamten vor. Vgl. ferner §§ 12, 14 ff. BGSG.

19 **Gefahr im Verzug** (vgl. → § 98 Rn. 6) besteht, wenn die Festnahme infolge der Verzögerung gefährdet wäre, die durch das Erwirken eines richterlichen Haft- o. Unterbringungsbefehls eintreten würde. Das beurteilt der Beamte aufgrund pflichtgemäßer Prüfung der Umstände des Falles, soweit sie ihm zzt. seines Einschreitens erkennbar sind (BGHSt 3, 241 (243)). Hat der Richter den Erlass eines Haftbefehls bereits abgelehnt, so schließt das die vorl. Festnahme nach Abs. 2 wegen derselben Straftat aus, es sei denn, die früheren Ablehnungsgründe sind durch neue Umstände ausgeräumt (LG Frankfurt a. M. NStZ 2008, 591).

20 Zur **Durchführung** der vorl. Festnahme vgl. → Rn. 12 ff. Die Grenzen der Festnahmemittel werden für Polizeibeamte nach hM durch das Polizeirecht, insbes. die Landesgesetze über die Anwendung unmittelbaren Zwangs bestimmt (BayObLG NStZ 1988, 519; OLG Karlsruhe NJW 1974, 806 (807); Justiz 2011, 221; OLG Koblenz VRS 54, 357; **aM** Borchert JA 1982, 346, der mit Rücksicht auf § 6 **EGStPO** nur das UZwG des Bundes für anwendbar hält; Schmidt/Schöne NStZ 1994, 218 leiten die Befugnis zum Zwangsmitteleinsatz direkt aus Abs. 2 her; ausf. zur Problematik unter Ablehnung der hM SK-StPO/Paeffgen Rn. 28 ff.). Die Wohnung des Verdächtigen darf durchsucht werden, wenn konkrete Anhaltspunkte dafür bestehen, dass er dort aufzufinden ist (Kaiser NJW 1980, 876).

21 **D. Fehlen des Strafantrags (Abs. 3).** Das Fehlen des Strafantrags (Abs. 3), der Ermächtigung o. des Strafverlangens hindert die vorl. Festnahme ebenso wenig wie den Erlass eines Haftbefehls (§ 130). Nur wenn die Beseitigung des vorl. Prozesshindernisses, zB wegen Ablaufs der Antragsfrist, wegen Verzichts auf die Antragstellung o. wegen Zurücknahme des Antrags, rechtlich nicht möglich o. wenn unwahrscheinlich ist, dass der Antrag gestellt wird, muss die vorl.e Festnahme unterbleiben (Geerds GA 1982, 238 ff.). Für Abs. 1 hat das praktisch keine Bedeutung (vgl. Löwe/Rosenberg/Hilger Rn. 49).

22 Wegen eines **Privatklagedelikts** darf ein Haftbefehl erst erlassen werden, wenn die **StA** nach §§ 376, 377 die Verfolgung übernommen hat (→ § 384 Rn. 5). Gleichwohl ist die vorl. Festnahme nach Abs. 1 nicht nur zur Identifizierung, sondern auch wegen Fluchtverdachts zulässig (KK-StPO/Schultheis Rn. 47; Geerds GA 1982, 239 (248 ff.); **aM** SK-StPO/Paeffgen Rn. 35; Hilger FS Fezer, 2008, 581). Der Beschuldigte ist dann aber in dem Verf. nach § 128 auf freien Fuß zu setzen, wenn die StA nicht sofort erklärt, dass sie die Verfolgung übernimmt.

Entsprechendes gilt für die vorl. Festnahme durch Polizeibeamte nach Abs. 2 (KK-StPO/Glaser Rn. 47; Geerds GA 1982, 239 (249)).

22a **E. Pflichten für StA und Polizei.** Durch Abs. 4 ist bestimmt, dass ebenso wie bei einer Verhaftung (§ 114) die Pflicht zur Information des Beschuldigten über den Grund der vorl. Festnahme (§ 114a) erfolgen u. er entspr. § 114b belehrt werden muss sowie gem. § 114c Benachrichtigungen vorgenommen werden müssen. Damit werden auch bei einer vorl. Festnahme die Verteidigungsrechte des Beschuldigten gewahrt (dazu eing. Weider StV 2010, 102).

23 **F. Anfechtung.** Wenn der Betroffene die Festnahme selbst beanstanden will, gilt § 128; danach hat der Richter nur über die Fortdauer der Freiheitsentziehung zu entscheiden (→ § 128 Rn. 12). Über die Rechtmäßigkeit einer beendeten vorl. Festnahme nach Abs. 2 entscheidet entspr. § 98 Abs. 2 der mit der Sache befasste Richter (BGHSt 44, 171 mwN); die abwM, die § 23 EGGVG anwenden wollte, ist durch die neuere Rspr. überholt. Dasselbe wird nun (entgegen früherer Auff.: BVerwGE 47, 255; OLG Brandenburg OLG-NL 1995, 190) auch gelten müssen, wenn es um die Art u. Weise des Vollzugs der Festnahme geht (vgl. → § 98 Rn. 23; → § 105 Rn. 17; → EGGVG § 23 Rn. 10).

24 **G. Immunität.** Die vorl. Festnahme steht der Verhaftung iSd Art. 46 Abs. 2 GG gleich (Dürig/Herzog/Scholz/Klein/Schwarz GG Art. 46 Rn. 71; KK-StPO/Glaser Rn. 46). Sie ist daher ohne Genehmigung des Parlaments nur zulässig, wenn der Abg. auf frischer Tat betroffen wird, nach Verfolgung auf frischer Tat nur, wenn die Festnahme im Laufe des Tages nach der Tat gelingt. Die vorl. Festnahme zur Identitätsfeststellung ist ohne Einschränkung zulässig (**aM** Löwe/Rosenberg/Hilger Rn. 4; RGSt 59, 113).

25 **H. Festnahme von Piraterieverdächtigen.** Die Geltung des § 127 Abs. 1 S. 1 zur Festnahme von Piraterieverdächtigen auf Hoher See bejaht Esser ZIS 2009, 771, verneint aber für Soldaten der Marine die Anwendung des § 127 Abs. 2.

26 **I. Revision.** Die Rüge missbräuchlicher Inanspruchnahme der Eilkompetenz nach Abs. 2, da bereits vor der Festnahme die Voraussetzungen des § 112 vorgelegen hätten, setzt voraus, dass der Beschwerdeführer die Tatsachen vorträgt, aus denen sich für die Ermittlungsbehörden die Anhaltspunkte für den dringenden Tatverdacht hätten ergeben können (BGH NStZ 2018, 734).

Absehen von der Anordnung oder Aufrechterhaltung der vorläufigen Festnahme — Nr. 60 RiStBV

127a (1) **Hat der Beschuldigte im Geltungsbereich dieses Gesetzes keinen festen Wohnsitz oder Aufenthalt und liegen die Voraussetzungen eines Haftbefehls nur wegen Fluchtgefahr vor, so kann davon abgesehen werden, seine Festnahme anzuordnen oder aufrechtzuerhalten, wenn**

1. nicht damit zu rechnen ist, daß wegen der Tat eine Freiheitsstrafe verhängt oder eine freiheitsentziehende Maßregel der Besserung und Sicherung angeordnet wird und

2. der Beschuldigte eine angemessene Sicherheit für die zu erwartende Geldstrafe und die Kosten des Verfahrens leistet.

(2) **§ 116a Abs. 1 und 3 gilt entsprechend.**

1 **A. Normzweck.** Eine **Ergänzung des § 127 Abs. 2** enthält die (ihrerseits durch § 132 ergänzte) Vorschrift. Unter den Voraussetzungen des Abs. 1 kann der Beschuldigte ohne Mitwirkung eines Richters v. den in § 127 Abs. 2 bezeichneten Polizeibeamten, auch wenn sie nicht Ermittlungspersonen der StA sind, v. der vorl. Festnahme gegen Sicherheitsleistung verschont, aber auch v. dem Richter, dem er nach § 128 vorgeführt worden ist, entlassen werden (Löwe/Rosenberg/Hilger Rn. 11). Dadurch sollen va durchreisende Ausländer, die in der BRD eine gering-

fügige Straftat begangen haben, die Möglichkeit erhalten, die Festnahme abzuwenden.

B. Beschuldigte ohne festen Wohnsitz. Für Beschuldigte ohne festen Wohnsitz o. ohne festen Aufenthalt in Deutschland gilt Abs. 1, nach seinem Sinn aber **nur für Ausländer,** nicht für nicht sesshafte deutsche Staatsbürger (Löwe/Rosenberg/Hilger Rn. 3; **aM** KK-StPO/Glaser Rn. 2; Mayer NStZ 2016, 76 (80)). Zu den Begriffen Wohnsitz u. gewöhnlicher Aufenthalt vgl. → § 8 Rn. 1, 3. Fester Wohnsitz u. fester Aufenthalt (vgl. § 113 Abs. 2 Nr. 2) setzen die Niederlassung o. das Verbleiben für eine längere Zeit voraus, als sie für Besuch, Erholung o. vorübergehende berufliche Zwecke aufgewendet zu werden pflegt (erg. → § 113 Rn. 6). 2

C. Voraussetzungen für das Absehen von der Festnahme. I. Haftgrund der Fluchtgefahr. Nur der Haftgrund der Fluchtgefahr (§ 112 Abs. 2 Nr. 2) darf vorliegen. 3

Besteht nur o. auch Verdunkelungsgefahr (§ 112 Abs. 2 Nr. 3), so ist Abs. 1 unanwendbar, ebenso, wenn nur die Voraussetzungen des § 126a vorliegen. 4

II. Keine Freiheitsstrafe. Ferner dürfen keine Freiheitsstrafe u. keine freiheitsentziehende Sicherungsmaßregel zu erwarten sein (Abs. 1 Nr. 1), auch kein Jugendarrest nach § 16 JGG. Dass neben der zu erwartenden Geldstrafe andere Maßnahmen, zB Fahrverbot, Entziehung der Fahrerlaubnis o. Einziehung zu erwarten sind hindert die Freilassung nicht (Löwe/Rosenberg/Hilger Rn. 6). 5

III. Angemessene Sicherheit. Eine angemessene Sicherheit muss der Beschuldigte leisten (Abs. 1 Nr. 2). Der Polizeibeamte o. Richter bemisst sie unter Zugrundelegung der Strafzumessungspraxis der Gerichte (KK-StPO/Glaser Rn. 5) so, dass sie voraussichtlich die Geldstrafe u. die Kosten des Verfahrens (§ 464a Abs. 1) deckt; andere Maßnahmen (→ Rn. 5) dürfen nicht berücksichtigt werden (Löwe/Rosenberg/Hilger Rn. 6, 8). Für die Art der Sicherheitsleistung gilt § 116a Abs. 1 entspr. (Abs. 2). Die Sicherheit kann auch durch Dritte geleistet werden, zB durch Konsulate, Kraftfahrverbände, Banken, Versicherungsgesellschaften. Die Sicherheit u. die dazu gehörenden Belege werden v. der Behörde, der der anordnende Beamte angehört, an die StA weitergegeben, die dafür sorgt, dass die Sicherheit bei der Strafvollstreckung wie eine gepfändete Sache behandelt wird. 6

IV. Zustellungsbevollmächtigter (Abs. 2). Einen Zustellungsbevollmächtigten (Abs. 2) muss der Beschuldigte entspr. § 116a Abs. 3 bestellen (→ § 116a Rn. 5 ff.). Der Bevollmächtigte, der im Bezirk des zuständigen Gerichts wohnen (KMR-StPO/Wankel Rn. 8; Geppert GA 1979, 295; **aM** gegen den Wortlaut des § 116a Abs. 3: OLG Düsseldorf JMBl. NRW. 1986, 249; Löwe/Rosenberg/Hilger Rn. 10; SK-StPO/Paeffgen Rn. 6), handlungsfähig (→ Einl. Rn. 98) u. mit dem Auftrag einverstanden sein muss (OLG Düsseldorf JMBl. NRW. 1986, 249; OLG Zweibrücken VRS 53, 280), kann ein RA, ein Verwandter o. Bekannter des Beschuldigten sein, aber auch ein Spediteur, ein Vertreter eines Automobilklubs, auch ein Beamter der Strafverfolgungsbehörde, sogar der Beamte, der den Beschuldigten gestellt hat u. die Anordnung trifft (Geppert GA 1979, 295 Fn. 51; KK-StPO/Glaser Rn. 6), nicht aber eine jur. Person o. Behörde (OLG Dresden StV 2016, 219 (220)) o. eine exterritoriale Person (Botschafts- o. Konsulatsangehöriger). 7

Die **Zustellungsvollmacht** muss schriftlich erteilt u. zu den Akten genommen werden, ebenso, wenn das möglich ist, die Einverständniserklärung des Bevollmächtigten (OLG Karlsruhe StV 2007, 571). Es genügt aber, dass sie festgestellt u. aktenkundig gemacht ist (OLG Zweibrücken VRS 53, 280). Notfalls kann der Beamte daher das Einverständnis telefonisch einholen u. das in den Akten vermerken. § 145a Abs. 1 gilt entspr. (BayObLGSt 1988, 134). 8

D. Weiteres Verfahren. Hat der Beschuldigte die Sicherheit hinterlegt u. einen Zustellungsbevollmächtigten mit dessen Einverständnis bestellt, so wird die vorl. Festnahme (§ 127 Abs. 2) nicht angeordnet o. nicht aufrechterhalten. Der Beschuldigte kann das Gebiet der BRD verlassen. Der Strafbefehl o., falls eine HV stattfindet, die Ladung, wird dem Zustellungsbevollmächtigten zugestellt (vgl. § 145a 9

Abs. 2 S. 2). Die Sicherheit wird als Vorschuss auf die in dem Strafbefehl o. Urt. festgesetzte Geldstrafe u. die Verfahrenskosten behandelt; §§ 123 Abs. 2, Abs. 3 und 124 sind nicht anzuwenden. Eine in Bargeld geleistete Sicherheit wird also einfach auf die Geldstrafe u. die Kosten verrechnet. Ein sie übersteigender Betrag wird erstattet. Ist die Sicherheit in Form einer Bürgschaft geleistet worden, so wird der Anspruch gegen den Bürgen geltend gemacht.

Vorläufige Festnahme und Haftbefehl bei beschleunigtem Verfahren

127b (1) [1]**Die Staatsanwaltschaft und die Beamten des Polizeidienstes sind zur vorläufigen Festnahme eines auf frischer Tat Betroffenen oder Verfolgten auch dann befugt, wenn**

1. **eine unverzügliche Entscheidung im beschleunigten Verfahren wahrscheinlich ist und**
2. **auf Grund bestimmter Tatsachen zu befürchten ist, daß der Festgenommene der Hauptverhandlung fernbleiben wird.**

[2]**Die §§ 114a bis 114c gelten entsprechend.**

(2) [1]**Ein Haftbefehl (§ 128 Abs. 2 Satz 2) darf aus den Gründen des Absatzes 1 gegen den der Tat dringend Verdächtigen nur ergehen, wenn die Durchführung der Hauptverhandlung binnen einer Woche nach der Festnahme zu erwarten ist.** [2]**Der Haftbefehl ist auf höchstens eine Woche ab dem Tage der Festnahme zu befristen.**

(3) **Über den Erlaß des Haftbefehls soll der für die Durchführung des beschleunigten Verfahrens zuständige Richter entscheiden.**

Übersicht

1 **A. Normzweck.** Die Vorschr. soll StA u. AG zu einer **stärkeren Nutzung des beschleunigten Verfahrens** (§§ 417 ff.) veranlassen, indem sie die Möglichkeit schafft, Täter vorl. festzunehmen, auch wenn die Voraussetzungen des § 127 Abs. 1 oder Abs. 2 nicht vorliegen, u. einen (zeitlich befristeten) Haftbefehl zu erlassen, auch wenn dies nach §§ 112 ff. nicht möglich wäre. Sie zielt damit auf „reisende Straftäter", Wohnungslose, Ausländer (Scheffler NJW 1994, 2192), also insges. auf Personen, bei denen entweder aus sozialen Gründen o. aus Gründen, die in ihrer Persönlichkeit liegen, zu befürchten ist, dass sie einer beschleunigt anberaumten HV fernbleiben würden (Wächtler StV 1994, 160). Daher kann sozusagen „vorsorglich" die (befristete) Haft angeordnet werden (Neumann StV 1994, 276).

2 Wie schon gegen das gesamte beschleunigte Verf. (vgl. → Vor § 417 Rn. 3 ff.) werden auch gegen diese Regelung rechtliche **Bedenken** vorgebracht (Meyer-Goßner ZRP 2000, 348; Stintzing/Hecker NStZ 1997, 569 ff.; abl. auch AnwK Untersuchungshaft/König Rn. 2, 3; SK-StPO/Paeffgen Rn. 8 ff.; Volk/Engländer GK StPO § 33 Rn. 12; zur verfassungsrechtlichen Problematik Grasberger GA

1998, 530; der Regelung zust. aber Fülber, Die Hauptverhandlungshaft, 2000): Da das beschleunigte Verf. nur in Fällen der kleineren u. mittleren Kriminalität anwendbar ist (höchstmögliche Freiheitsstrafe nach § 419 Abs. 2: 1 Jahr), wird hiermit gerade in leichteren Fällen die Möglichkeit einer Verhaftung eröffnet, die in schwerer wiegenden Fällen nicht gegeben ist (vgl. auch Scheffler NJW 1994, 2192). Im Übrigen war eine Verhaftung nach § 230 Abs. 2 nur bei erfolgtem Fernbleiben v. der HV zulässig u. dies auch nur dann, wenn der Erlass eines Vorführungsbefehls nicht genügte (→ § 230 Rn. 19); nunmehr ist die einschneidende Maßnahme der Verhaftung bereits auf den bloßen Verdacht hin, der Beschuldigte könne der HV fernbleiben, möglich (Neumann StV 1994, 276).

Ausserdem ist zu bezweifeln, ob die **Hauptverhandlungshaft überhaupt sinnvoll** ist (so auch Stintzing/Hecker NStZ 1997, 569 ff.; Volk/Engländer GK StPO § 10 Rn. 69): Der Richter erhält dadurch zwar etwas mehr Zeit für die Ansetzung der HV im beschleunigten Verfahren, erkauft dies aber mit der Notwendigkeit einer weiteren Anhörung des Beschuldigten in derselben Woche (nach Abs. 3 sollen Haftrichter u. Richter der HV identisch sein); bei Antrag auf Haftprüfung o. Haftbeschwerde ergeben sich aufwändige Zwischenverfahren (→ § 117 Rn. 1 ff.). Da die Anordnung der Hauptverhandlungshaft in der Praxis ohnehin nur funktionieren kann, wenn hierfür jew. ein StA u. ein Richter bereitstehen (dazu → Rn. 9), erscheint es sinnvoller, das beschleunigte Verf. – bei dem der Sachverhalt einfach o. (dh idR aber *und*) die Beweislage klar sein müssen (→ § 417 Rn. 16) – sogleich nach Vorführung des Beschuldigten (§ 418 Abs. 2 S. 1) durchzuführen u. hiermit nicht einige Tage zu warten. 3

B. Vorläufige Festnahme. I. Tat. Tat iSd Abs. 1 ist jede Straftat (nicht eine OWi) eines Heranwachsenden o. Erwachsenen, nicht eines Jugendlichen (wegen § 79 **JGG:** beschleunigtes Verf. gegen Jugendliche unzulässig) o. eines Kindes (→ § 127 Rn. 3a), für die keine höhere Strafe als Geldstrafe o. Freiheitsstrafe bis zu 1 Jahr zu erwarten ist; auch die Anordnung einer Maßregel der Besserung u. Sicherung mit Ausnahme der Entziehung der Fahrerlaubnis darf nicht in Betracht kommen (vgl. § 419 Abs. 1). 4

Versuch der Straftat genügt (→ § 127 Rn. 3). 5

II. Auf frischer Tat betroffen oder verfolgt. Auf frischer Tat betroffen oder verfolgt muss die Person sein. Hierzu gelten die Ausführungen → § 127 Rn. 5, 6 entsprechend. 6

III. Zur Festnahme berechtigt. Zur Festnahme berechtigt sind anders als in § 127 nur StA u. Beamte des Polizeidienstes, die nicht Ermittlungspersonen der StA zu sein brauchen. Allerdings ist es möglich, gegen einen nach § 127 Abs. 1 oder Abs. 2 vorl. Festgenommenen unter den Voraussetzungen v. Abs. 1 Nr. 1 u. 2 einen Haftbefehl nach Abs. 2 zu erlassen. 7

IV. Festnahmegründe. Festnahmegründe sind die in Abs. 1 Nr. 1 u. 2 aufgeführten, die kumulativ vorliegen müssen: 8

1. Die unverzügliche **Entscheidung im beschleunigten Verfahren** (§§ 417 ff.) muss **wahrscheinlich** sein; unverzüglich ist iVm Abs. 2 dahin auszulegen, dass die HV binnen einer Woche stattfindet. Unverzügliche Entsch. im Normalverfahren genügt auch dann nicht, wenn in diesem auf die Einhaltung aller Fristen (§§ 201 Abs. 1, 217, 218) verzichtet wird (OLG Oldenburg StraFo 2022, 26). Ob eine unverzügliche Entsch. im beschleunigten Verf. wahrscheinlich ist, wird für StA u. Polizei aber nur dann abzusehen sein, wenn zur Durchführung dieses Verfahrens ein Richter bereitsteht; denn ob der normalerweise zuständige Richter am AG bereit u. in der Lage sein wird, innerhalb einer Woche ein beschleunigtes Verf. durchzuführen, ist für StA u. Polizei nicht absehbar, da diesen ja die Belastung des Richters nicht bekannt ist, falls sie sich nicht mit dem jew. zuständigen Richter absprechen wollen u. können (Keller/Schairer Polizei 1997, 312). In der Regel wird das Verf. daher nur in Großstädten praktikabel sein (vgl. auch Hellmann NJW 1997, 2149). 9

10 **2. Befürchtung des Fernbleibens** in der HV bedeutet, dass die Möglichkeit des Ausbleibens ernsthaft in Betracht kommen muss (Hellmann NJW 1997, 2147; **aM** SK-StPO/Paeffgen Rn. 21: hohe Wahrscheinlichkeit erforderlich). Das G verlangt insoweit „bestimmte Tatsachen". Diese festzustellen, wird regelmäßig schwierig sein (ebenso Löwe/Rosenberg/Hilger Rn. 14). Zu denken ist in 1. Linie daran, dass der Betroffene schon früher einer HV ferngeblieben ist o. dass ihm mangels festen Wohnsitzes eine Ladung nicht zugestellt werden kann, wobei auch die Anwendung der §§ 127a, 132 ausgeschlossen sein muss.

11 **V. Festnahme.** Zur Festnahme gelten die Ausführungen → § 127 Rn. 12 ff. mit der Maßgabe entspr., dass die auf Privatpersonen bzgl. Erörterungen entfallen (→ Rn. 7). Da Abs. 1 eine vorl. Bewertung durch die StA u. die Polizei hins. der unverzüglichen Entsch. im beschleunigten Verf. u. der Befürchtung des Fernbleibens voraussetzt u. gestattet, darf sich der Betroffene gegen die vorl. Festnahme auch dann nicht zur Wehr setzen, wenn er hins. der unverzüglichen Durchführung der HV berechtigte Bedenken hat o. bereit ist, zum Hauptverhandlungstermin zu erscheinen. Auch hierin zeigt sich aber die Fragwürdigkeit der Vorschrift.

12 **VI. Fehlen des Strafantrages.** Zwar enthält § 127b insoweit keine ausdr. Regelung; da es sich hierbei aber um einen weiteren Anwendungsfall einer vorl. Festnahme handelt u. die Interessenlage gleich ist, kann § 127 Abs. 3 entspr. angewendet werden (vgl. → § 127 Rn. 21; erg. aber → Rn. 19).

12a **VII. Informations-, Belehrungs- und Benachrichtigungspflichten.** Die Bestimmungen über die Informations-, Belehrungs- und Benachrichtigungspflichten nach §§ 114a–114c gelten auch hier (Abs. 1 S. 2).

13 **C. Erlass eines Haftbefehls. I. Vorführung vor den Richter.** Es gilt § 128 mit der Besonderheit, dass der Festgenommene nicht dem sonst für vorl. Festnahmen zuständigen Haftrichter, sondern nach Abs. 3 dem Richter vorgeführt werden soll, der für die HV zuständig sein wird (zur Praktikabilität dieser Bestimmung vgl. → Rn. 3).

14 Nur „in begründeten Ausnahmefällen" (BT-Drs. 13/2576, 3) soll hiervon unter Berücksichtigung der örtlichen Gegebenheiten abgesehen werden dürfen.

15 **II. Vernehmung durch den Richter.** Für die Vernehmung durch den Richter ist über § 128 Abs. 1 S. 2 auch hier § 115 Abs. 3 anzuwenden (vgl. → § 128 Rn. 7; → § 115 Rn. 6 ff.).

16 **III. Freizulasssen.** Freizulasssen ist der Beschuldigte, wenn die Durchführung der HV nicht binnen einer Woche nach der Festnahme zu erwarten ist (Abs. 2 S. 1); hierüber sollten sich StA u. Polizei mit dem Richter allerdings schon vorher verständigt haben (→ Rn. 9). Darüber hinaus muss die Freilassung aber auch dann erfolgen, wenn selbst eine nur wenige Tage dauernde Haft unverhältnismäßig wäre (§ 112 Abs. 1 S. 2 gilt auch hier), weil zB nur eine geringfügige Geldstrafe zu erwarten ist (**aM** Keller Kriminalistik 1998, 679). Schließlich muss nicht nur hinreichender (→ § 203 Rn. 2), sondern dringender Tatverdacht (→ § 112 Rn. 5) bestehen (Löwe/Rosenberg/Hilger Rn. 8; Hellmann NJW 1997, 2146, der iÜ (Hellmann NJW 1997, 2148) die Hauptverhandlungshaft auch dann für unzulässig hält, wenn durch eine Vorführung die Anwesenheit des Beschuldigten in der HV sichergestellt werden kann).

17 **IV. Haftbefehl. 1. Binnen einer Woche** muss die Durchführung der HV zu erwarten sein; deshalb ist der Haftbefehl auf höchstens eine Woche ab dem Tage der Festnahme – nicht dem des Haftbefehlerlasses – zu befristen. Für die Berechnung der Frist gilt § 43 Abs. 1 (**aM** SK-StPO/Paeffgen Rn. 18: Einbeziehung des fristauslösenden Tages); § 43 Abs. 2 ist nicht anwendbar, so dass bei Festnahme an einem Sonntag die Frist auch am nächsten Sonntag abläuft. Lässt sich der Tag der HV wie idR schon bei Haftbefehlserlass bestimmen, ist der Haftbefehl bis dahin zu begrenzen. Wird die HV über die im Haftbefehl bestimmte Zeit durch Unterbrechung ausgedehnt o. muss sie ausgesetzt werden (§ 228 Abs. 1), ist der Angeklagte freizulassen. Der Haftbefehl wird damit gegenstandslos; einer Aufhebung

bedarf es nicht (**aM** Löwe/Rosenberg/Hilger Rn. 15: deklaratorische Aufhebung). Wird der Angeklagte rkr. zu einer Freiheitsstrafe ohne Bewährung verurteilt, kann sogleich die Strafvollstreckung eingeleitet werden (§§ 449 ff.); ein „automatischer" Übergang v. Hauptverhandlungs- in Strafhaft, wie bei der UHaft (vgl. → § 120 Rn. 15), erfolgt hier aber nicht.

2. Die **Anordnung der Haft** setzt weder Flucht- noch Verdunkelungs- noch Wiederholungsgefahr, sondern nur die Befürchtung des Fernbleibens in der HV (→ Rn. 10) voraus (Hellmann NJW 1997, 2147); §§ 112, 112a, 113 gelten insoweit nicht. Dagegen sind §§ 114 ff. anwendbar. Auch die Außervollzugsetzung des Haftbefehls soll nach dem Willen des Gesetzgebers (vgl. BT-Drs. 13/2576, 3) zulässig sein, obwohl § 116 einen wegen Fluchtgefahr (§ 116 Abs. 1), Verdunkelungsgefahr (§ 116 Abs. 2) o. Wiederholungsgefahr (§ 116 Abs. 3) erlassenen Haftbefehl voraussetzt; entspr. § 116 ist die Außervollzugsetzung eines nach Abs. 2 erlassenen Haftbefehls demnach möglich, wenn durch geeignete Maßnahmen das Erscheinen des Beschuldigten in der – auch dann binnen einer Woche durchzuführenden – HV sichergestellt werden kann. Eine Wiederinvollzugsetzung des Haftbefehls bei Nichterscheinen des Beschuldigten in der HV kann aber nur dann erfolgen, wenn die im Haftbefehl bestimmte Frist noch nicht abgelaufen u. die erneute Ansetzung der HV in der Frist möglich ist. Falls eine Freiheitsstrafe v. mind. 6 Monaten zu erwarten ist, muss dem unverteidigten Beschuldigten sogleich ein Verteidiger beigeordnet werden (§ 418 Abs. 4). Bei Fehlen des Strafantrags gilt § 130 entspr. (vgl. § 130; → Rn. 12); die nach jener Bestimmung zu setzende Frist muss aber noch mind. einen Tag geringer als die nach Abs. 1 S. 2 bestimmte sein, da mit der HV ohne Vorliegen eines Strafantrages sinnvollerweise nicht begonnen werden kann. 18

D. Anfechtung. Zur Überprüfung der **vorläufigen Festnahme** nach Abs. 1 vgl. → § 127 Rn. 23. 19

Gegen den **Haftbefehl** sind die gleichen Rechtsbehelfe gegeben wie bei Anordnung der UHaft nach §§ 112 ff., also Antrag auf Haftprüfung u. Haftbeschwerde (vgl. §§ 117 ff.). Hierüber ist der Beschuldigte zu belehren (§ 115 Abs. 4). Wird Haftbeschwerde eingelegt, ist wegen der Wochenfrist nach Abs. 2 S. 2 die Anlegung v. Doppelakten unumgänglich (→ § 160 Rn. 2). Zur Anfechtung, falls der Haftbefehl vor der Entsch. des LG wegen Fristablaufs gegenstandslos geworden ist, vgl. → Vor § 296 Rn. 17 ff.; KK-StPO/Glaser Rn. 21. 20

Vorführung bei vorläufiger Festnahme — Nr. 51 RiStBV

128 (1) [1]**Der Festgenommene ist, sofern er nicht wieder in Freiheit gesetzt wird, unverzüglich, spätestens am Tage nach der Festnahme, dem Richter bei dem Amtsgericht, in dessen Bezirk er festgenommen worden ist, vorzuführen.** [2]**Der Richter vernimmt den Vorgeführten gemäß § 115 Abs. 3.**

(2) [1]**Hält der Richter die Festnahme nicht für gerechtfertigt oder ihre Gründe für beseitigt, so ordnet er die Freilassung an.** [2]**Andernfalls erläßt er auf Antrag der Staatsanwaltschaft oder, wenn ein Staatsanwalt nicht erreichbar ist, von Amts wegen einen Haftbefehl oder einen Unterbringungsbefehl.** [3]**§ 115 Abs. 4 gilt entsprechend.**

A. Normzweck. Das **Verfahren nach der vorläufigen Festnahme** nach § 127 Abs. 1, Abs. 2 (nicht zur Feststellung der Identität nach § 127 Abs. 1 S. 2) regelt § 128 für den Fall, dass die öffentl. Klage noch nicht erhoben worden ist. Die Vorschr. wird durch § 129 ergänzt. In beiden Vorschr. wird vorausgesetzt, dass noch kein Haftbefehl erlassen ist o. dass sein Erlass der Polizei bei der Festnahme nach § 127 Abs. 2 unbekannt war (Löwe/Rosenberg/Hilger Rn. 4); andernfalls gelten die §§ 115, 115a (offengelassen v. BGH NStZ 2018, 734; erg. → § 127 Rn. 1). Zur Benachrichtigung seines Konsulats bei Festnahme eines Ausländers vgl. → § 163c Rn. 14, → § 114b Rn. 9. 1

1a Die **Bestellung eines Pflichtverteidigers** bestimmt sich nach §§ 140 Abs. 1 Nr. 4, 141 Abs. 2 S. 1 Nr. 1, S. 2 (→ § 141 Rn. 10, 11, 13–15), das Bestellungsverfahren nach § 142 (→ § 142 Rn. 1 ff.).

2 **B. Freizulassen.** Freizulassen ist der vorl. Festgenommene, wenn er nicht innerhalb der Frist des Abs. 1 S. 1 dem Richter vorgeführt werden kann o. wenn sich schon vorher ergibt, dass die Festnahmegründe nicht o. nicht mehr bestehen. Die Frist des Abs. 1 S. 1 darf dann nicht abgewartet werden (vgl. OLG Frankfurt a. M. SJZ 1950, 53). Die Anordnung der Freilassung steht vor der Vorführung nur der StA o. Polizei zu, nicht etwa dem Richter nach telefonischer Unterrichtung über den Fall; er ist erst zuständig, nachdem ihm der Festgenommene vorgeführt worden ist (KK-StPO/Glaser Rn. 2). Selbst dann kann aber die StA noch die Freilassung anordnen, solange kein Haft- o. Unterbringungsbefehl erlassen worden ist (KK-StPO/Glaser Rn. 10).

3 **C. Vorführung vor den Richter (Abs. 1). I. Vorführung. Die Vorführung ist erforderlich,** wenn der Festgenommene weder freigelassen noch nach § 127a mit der Festnahme verschont wird. In der Regel führt die Polizei den Festgenommenen vor, nachdem sie ihn vernommen hat (§ 163a Abs. 4), ausnahmsweise eine Privatperson nach § 127 Abs. 1 S. 1. Sie braucht den Festgenommenen nicht unmittelbar zu einem Richter zu bringen, sondern kann ihn auch bei dem nächsten Polizeirevier abliefern, dessen Beamte ihn dann entweder freilassen o. dem Richter vorführen. Wird der Festgenommene zunächst einer JVA zugeführt, so sorgt deren Leiter für die Vorführung vor den Richter.

4 Die Vorführung erfolgt nach Abs. 1 S. 1 vor das **AG des Festnahmeortes.** Die Vorführung vor das nach § 125 Abs. 1 zuständige Gericht wird dadurch aber nicht ausgeschlossen (OLG Celle JZ 1956, 125). In Staatsschutzsachen nach § 120 Abs. 1, Abs. 2 GVG ist der Festgenommene nach Möglichkeit dem ER nach § 169 vorzuführen. Jugendliche u. Heranwachsende können dem zuständigen Jugendrichter vorgeführt werden (§ 34 Abs. 1 **JGG**). Ist der Festgenommene erkrankt, so muss er mind. symbolisch, dh durch Vorlegung der Akten, vorgeführt werden (Nr. 51 RiStBV).

5 **Unverzüglich** (→ § 25 Rn. 8) muss die Vorführung erfolgen, spätestens am Tage nach der Festnahme, dh mit Ablauf dieses Tages, auch wenn er ein Sonnabend, Sonn- o. Feiertag ist. Diese Frist des Abs. 1 S. 1, die mit der des Art. 104 Abs. 3 S. 1 GG übereinstimmt, ist die äußerste Frist (BGH NStE StPO § 128 Nr. 3); sie darf nicht zur Regel gemacht (LG Hamburg StraFo 2009, 283; Dvorak StV 1983, 514) u. somit – weil der Grundsatz des Art. 104 Abs. 2 S. 2 GG zu beachten ist – nur ausgenutzt werden, wenn eine frühere Vorführung aus sachlichen Gründen nicht möglich ist (BVerfG BeckRS 2009, 39529). Landesverfassungen können nicht wirksam kürzere Fristen bestimmen (OLG Koblenz OLGSt Nr. 1; **aM** SK-StPO/Paeffgen Rn. 5). Die Dauer einer anderweitigen Freiheitsentziehung ohne richterliche Entsch. ist nach Art. 104 Abs. 2 GG in die Vorführungsfrist einzurechnen (BGHSt 34, 365). Die Ermittlungsbehörde ist – anders als bei § 115 (→ § 115 Rn. 4) – allerdings nicht gehindert, vor der (fristgerechten) Vorführung notwendige Ermittlungen vorzunehmen, zB auch den Beschuldigten polizeilich zu vernehmen (BGH NStZ 2018, 734 KK-StPO/Glaser Rn. 5; krit. Deckers NJW 1991, 1155; Nelles StV 1992, 389; Paeffgen NStZ 1992, 533).

6 **II. Richterliche Vernehmung.** Die richterliche Vernehmung (Abs. 1 S. 2) **richtet sich nach § 115 Abs. 3** (→ § 115 Rn. 6 ff.). Sie ist entbehrlich, wenn schon der Festnahmebericht das Fehlen v. Haftgründen ergibt o. wenn ein Antrag der StA nach § 120 Abs. 3 S. 1 vorliegt. Sonst muss sie frühzeitig vorbereitet werden, da StA u. Verteidiger nach § 168c Abs. 1, Abs. 5 vom Termin benachrichtigt werden müssen (→ § 115 Rn. 9). Die Vernehmung muss so rechtzeitig stattfinden, dass die Entsch. spätestens am Tage nach der Festnahme erfolgen kann (→ Rn. 13).

D. Entscheidung des Gerichts (Abs. 2). I. Beteiligung der StA. Wie im Fall des § 125 Abs. 1 ist **grds. die StA zu beteiligen** (Kaiser NJW 1969, 1097); denn nach Abs. 2 S. 2 hängt der Erlass eines Haftbefehls idR v. einem Antrag der StA ab (OLG Naumburg StraFo 2007, 240 (241): nicht ausreichend durch die Polizei „im Auftrag der StA"). Der Richter muss die StA aber nach § 33 Abs. 2 auch anhören, wenn er den Festgenommenen freilassen will. Sie muss daher v. jeder Vorführung unterrichtet werden. Das besorgt zweckmäßigerweise schon die Polizei durch Aktenvorlage, fernschriftlich o. telefonisch. Liegen dem StA die Akten nicht vor, so kann er die Polizeibehörde beauftragen, seinen Antrag in den Akten zu vermerken, die dem AG vorzulegen sind. Ist erkennbar, dass das Ermittlungsverfahren schon v. einer StA betrieben wird, so ist möglichst diese StA zu beteiligen, sonst die für den Bezirk der Festnahme zuständige StA. In Staatsschutzsachen wird die für die Sache zuständige StA bet. (§§ 74a, 120, 142a GVG). 7

Bei **Nichterreichbarkeit der StA** – worüber ein Aktenvermerk zu fertigen ist (OLG Naumburg StraFo 2007, 240 (241)) – ist der Richter berechtigt u. verpflichtet, vAw einen Haft- o. Unterbringungsbefehl zu erlassen, wenn die Voraussetzungen dafür gegeben sind. Unerreichbar ist die StA, wenn sie nicht rechtzeitig vor Ablauf der Vorführungsfrist, auch nicht telefonisch o. durch Fernschreiben, gehört werden kann (Löwe/Rosenberg/Hilger Rn. 16; erg. → § 165 Rn. 3), aber auch, wenn sie infolge ungenügender Unterrichtung nicht in der Lage ist, zu der Frage der Verhaftung o. einstweiligen Unterbringung Stellung zu nehmen (KK-StPO/Glaser Rn. 12). 8

Ist der StA erreichbar, so steht die **fehlende Antragstellung** dem Erlass eines Haft- o. Unterbringungsbefehls entgegen. Wird er gleichwohl erlassen, so ist er zwar nicht unwirksam; die StA kann aber nach § 120 Abs. 3 S. 1 seine Aufhebung verlangen. Wenn das Gericht einen Antrag der StA auf Erlass eines Haft- o. Unterbringungsbeschlusses ablehnt, muss es einen mit Gründen versehenen (§ 34) Beschl. erlassen, den die StA mit der Beschwerde nach § 304 Abs. 1 anfechten kann. 9

II. Entscheidungsmöglichkeiten. Der Richter hat die **Rechtmäßigkeit** der vorl. Festnahme **nicht zu prüfen;** er entscheidet nur über die Fortdauer der Freiheitsentziehung. Er kann den Festgenommenen freilassen, nach § 127a mit der Festnahme verschonen (→ § 127a Rn. 1) o. einen Haft- o. Unterbringungsbefehl erlassen (§§ 112 ff., 126a); den Vollzug des Haftbefehls kann er zugleich nach § 116 aussetzen. Nach Abs. 2 S. 3 gilt wegen der Rechtsbehelfsbelehrung § 115 Abs. 4 entspr. (→ § 115 Rn. 12). 10

III. Spätester Zeitpunkt der Entscheidung. Über den spätesten Zeitpunkt der Entscheidung bestimmt § 128 nichts. Im Fall des § 129 Hs. 2 ist spätestens **am Tage nach der Festnahme** zu entscheiden. Das muss auch für § 128 gelten, da in beiden Fällen insoweit nur eine einheitliche Regelung denkbar ist (KK-StPO/Glaser Rn. 7; Löwe/Rosenberg/Hilger Rn. 11; **aM** KMR-StPO/Wankel Rn. 4; zw. OLG Frankfurt a. M. NJW 2000, 2037, dazu zu Recht abl. Gubitz NStZ 2001, 253; Schaefer NJW 2000, 1996). Ist die vollständige schriftliche Abfassung des Haft- o. Unterbringungsbefehls nicht rechtzeitig möglich, so reicht es aus, dass dem Betroffenen sein wesentlicher Inhalt zunächst mündlich bekanntgemacht wird. Die vollständige Abfassung u. Übergabe des Haftbefehls an ihn (§ 114a), bei Unterbringungsbefehl auch an den ges. Vertreter o. Bevollmächtigten (§ 126a Abs. 4), kann dann nachgeholt werden. Nicht aufschiebbar ist aber die Benachrichtigung nach § 114c. 11

Vorführung bei vorläufiger Festnahme nach Anklageerhebung

129 **Ist gegen den Festgenommenen bereits die öffentliche Klage erhoben, so ist er entweder sofort oder auf Verfügung des Richters, dem er zunächst vorgeführt worden ist, dem zuständigen Gericht vorzuführen; dieses hat spätestens am Tage nach der Festnahme über Freilassung, Verhaftung oder einstweilige Unterbringung des Festgenommenen zu entscheiden.**

1 **A. Normzweck.** Das Verfahren nach der vorläufigen Festnahme durch Beamte der StA o. der Polizei nach § 127 Abs. 2 regelt § 129 für den Fall, dass bereits die **öffentl. Klage erhoben** ist (vgl. erg. → § 128 Rn. 1).

2 **B. Verfahren nach der vorläufigen Festnahme.** Wird der Festgenommene nicht freigelassen (→ § 128 Rn. 2), so ist er sofort, dh unmittelbar durch den Festnehmenden, dem mit der Strafsache befassten Gericht vorzuführen, sofern das innerhalb der auch für § 129 geltenden Frist des § 128 Abs. 1 S. 1 möglich ist (KK-StPO/Glaser Rn. 2). Andernfalls ist er dem AG des Festnahmebezirks (§ 128 Abs. 1 S. 1) o. dem nach § 125 Abs. 1 zuständigen AG (→ § 128 Rn. 5) vorzuführen; die Wahl trifft nicht der Festgenommene, sondern der vorführende Beamte nach pflichtgemäßem Ermessen. Der Richter, dem der Festgenommene zunächst vorgeführt worden ist, kann seine Vorführung vor das mit der Sache befasste Gericht verfügen, wenn er entgegen der vorführenden Behörde der Ansicht ist, dass sie noch innerhalb der Frist des § 128 Abs. 2 S. 1 bewerkstelligt werden kann. Die **Bestellung eines Pflichtverteidigers** bestimmt sich nach §§ 140 Abs. 1 Nr. 4, 141 Abs. 2 S. 1 Nr. 1, S. 2 (→ § 141 Rn. 10, 11, 13–15), das Bestellungsverfahren nach § 142 (→ § 142 Rn. 1 ff.).

2a **C. Entscheidung des Gerichts. Spätestens am Tage nach der Festnahme,** dh mit Ablauf dieses Tages (→ § 128 Rn. 6), hat das Gericht über die Aufrechterhaltung der Freiheitsentziehung zu entscheiden (Hs. 2).

3 Wird der Festgenommene rechtzeitig dem **mit der Sache befassten Gericht** vorgeführt, so entscheidet es, in dringenden Fällen der Vorsitzende allein (§§ 125 Abs. 2 S. 2, 126a Abs. 2 S. 1), innerhalb der Frist des Hs. 2 über die Freilassung, Verhaftung o. einstweilige Unterbringung des Festgenommenen, nachdem es ihn vernommen hat. Die StA kann den Festgenommenen, anders als im Fall des § 128 (→ § 128 Rn. 2), nach der Vorführung nicht mehr auf freien Fuß setzen u. auch nicht die Aufhebung des Haftbefehls erzwingen.

4 Wird der Festgenommene zunächst einem **anderen als dem mit der Sache befassten Gericht** vorgeführt, so ist auch dieses Gericht befugt, ihn freizulassen, wenn es, nachdem es ihn vernommen hat, die Voraussetzungen für den Erlass eines Haft- o. Unterbringungsbefehls nicht für gegeben erachtet. Hält es sie für gegeben, so darf es gleichwohl keinen Haft- o. Unterbringungsbefehl erlassen, sondern ist darauf beschränkt, den Schwebezustand der vorl. Festnahme aufrechtzuerhalten u. dessen förmlichen Übergang in die UHaft o. einstweilige Unterbringung dem mit der Sache befassten Gericht zu überlassen, auch wenn die Entsch. dieses Gerichts nicht innerhalb der Frist des Hs. 2 herbeigeführt werden kann (Löwe/Rosenberg/Hilger Rn. 6; **aM** KK-StPO/Glaser Rn. 4).

Haftbefehl vor Stellung eines Strafantrags — Nr. 7 RiStBV

130 **[1] Wird wegen Verdachts einer Straftat, die nur auf Antrag verfolgbar ist, ein Haftbefehl erlassen, bevor der Antrag gestellt ist, so ist der Antragsberechtigte, von mehreren wenigstens einer, sofort von dem Erlaß des Haftbefehls in Kenntnis zu setzen und davon zu unterrichten, daß der Haftbefehl aufgehoben werden wird, wenn der Antrag nicht innerhalb einer vom Richter zu bestimmenden Frist, die eine Woche nicht überschreiten soll, gestellt wird. [2] Wird innerhalb der Frist Strafantrag nicht gestellt, so ist der Haftbefehl aufzuheben. [3] Dies gilt entsprechend, wenn eine Straftat nur mit Ermächtigung oder auf Strafverlangen verfolgbar ist. [4] § 120 Abs. 3 ist anzuwenden.**

1 **A. Haftbefehl ohne Strafantrag.** Die vorl. Festnahme wegen eines Antragsdelikts ist nach § 127 Abs. 3 schon vor Stellung des Strafantrags zulässig. Folgerichtig darf nach § 130 auch ein Haftbefehl erlassen werden, zunächst aber **nur, um dem Antragsberechtigten Gelegenheit zu geben,** die Prozessvoraussetzungen des Strafantrags zu schaffen. Beide Maßnahmen beruhen auf der Erwartung,

dass das zunächst bestehende Verfahrenshindernis alsbald beseitigt wird. Steht v. vornherein fest, dass kein Strafantrag gestellt werden kann (→ § 127 Rn. 21) o. ist unwahrscheinlich, dass er gestellt wird, so ist ein Haftbefehl daher unzulässig (KK-StPO/Glaser Rn. 2). Die Regelung des § 130 ist va für den Fall gedacht, dass gegen den vorl. festgenommenen Beschuldigten ein Haftbefehl erlassen u. alsbald vollzogen wird. Sie gilt aber auch, wenn der Vollzug des Haftbefehls nach § 116 ausgesetzt worden ist, u. in den (seltenen) Fällen, in denen zunächst der Haftbefehl wegen des Antragsdelikts erlassen u. der Beschuldigte erst dann zur Festnahme gesucht wird (KK-StPO/Glaser Rn. 1). Denn wenn u. solange der Strafantrag fehlt, muss nicht nur die Freiheitsentziehung aufgrund eines Haftbefehls auf das mögliche Mindestmaß beschränkt werden. S. 3 dehnt die Regelung des § 130 (entspr. § 127 Abs. 3 S. 2) auf den Fall aus, dass eine Tat nur mit Ermächtigung o. auf Strafverlangen verfolgt wird; ggf. ist eine Frist zu setzen, ob die Ermächtigung zur Strafverfolgung erteilt wird (BGH NJW 2010, 3042).

B. Unterrichtung des Antragsberechtigten (S. 1). Der Antragsberechtigte muss **unmittelbar nach Erlass des Haftbefehls** davon unterrichtet werden, dass ein Haftbefehl ergangen ist u. dass er aufgeh. wird, wenn der Strafantrag nicht innerhalb einer gleichzeitig bestimmten Frist (→ Rn. 4) gestellt wird. Die Benachrichtigung muss die Angaben enthalten, die der Antragsteller benötigt, um entscheiden zu können, ob er einen Strafantrag stellen will. Im Wesentlichen handelt es sich dabei um die Angaben nach § 114 Abs. 2 Nr. 1, 2; die Angabe des Haftgrundes (§ 114 Abs. 2 Nr. 3) ist idR entbehrlich. Die Unterrichtung ordnet (ebenso wie die Benachrichtigung nach § 114c Abs. 2) der Richter an, der den Haftbefehl erlassen hat; die Geschäftsstelle des Gerichts führt die Anordnung aus. Als Adressaten für den Strafantrag bezeichnet sich das Gericht idR selbst, weil dadurch die sofortige Aufhebung des Haftbefehls gewährleistet wird, wenn der Antrag nicht gestellt wird. Es kann sich empfehlen, dem Berechtigten anheimzustellen, den Strafantrag bei einer für ihn leicht erreichbaren zur Entgegennahme befugten Stelle (§ 158 Abs. 2) anzubringen u. das Gericht hiervon durch Eilbrief o. per Telefax zu benachrichtigen. 2

Sind **mehrere Antragsberechtigte** vorhanden, so muss nach S. 1 wenigstens einer unterrichtet werden. Grundsätzlich sind aber alle Antragsberechtigten zu unterrichten, die bekannt u. sofort erreichbar sind (Geerds GA 1982, 240). Werden nur einzelne Antragsberechtigte o. nur einer v. ihnen verständigt, so entspr. es dem Sinn der Regelung, nach Möglichkeit den durch die Straftat am stärksten Betroffenen o. denjenigen zu unterrichten, v. dem der Antrag am ehesten zu erwarten ist. 3

C. Fristbestimmung (S. 1). Die Fristbestimmung (S. 1) erfolgt in der Unterrichtungsverfügung. Die v. G vorgeschlagene Wochenfrist kann überschritten werden, wenn das geboten erscheint (zB bei Abwesenheit o. Erkrankung des Antragsberechtigten), insbes., wenn eine Behörde über die Ermächtigung o. das Strafverlangen zu entscheiden hat (KK-StPO/Glaser Rn. 10). Da der Haftbefehl nicht v. selbst entfällt, wenn der Strafantrag nicht rechtzeitig gestellt wird, kann die Frist auch nach ihrem Ablauf verlängert werden (Löwe/Rosenberg/Hilger Rn. 4). 4

D. Aufhebung des Haftbefehls (S. 2). Die Aufhebung des Haftbefehls (S. 2) erfolgt, wenn innerhalb der gesetzten Frist **kein Strafantrag** gestellt wird. Liegt ein Antrag vor, so ist gleichgültig, ob der Antragsberechtigte, der nach S. 1 benachrichtigt worden ist, o. ein anderer Berechtigter ihn gestellt hat. Ist der Strafantrag zwar verspätet gestellt, der Haftbefehl bei seinem Eingang aber noch nicht aufgeh. worden, so bleibt der Haftbefehl bestehen; war er schon aufgeh., so ist ein neuer zu erlassen. Die Aufhebungsgründe des § 120 bleiben unberührt; S. 4 bestimmt das überflüssigerweise für § 120 Abs. 3. Der Haftbefehl muss insbes. aufgeh. werden, wenn alle Antragsberechtigten ihre Strafanträge zurücknehmen. 5

E. Zusammentreffen mit einem Offizialdelikt. Bei Zusammentreffen mit einem Offizialdelikt sollte der Haftbefehl nicht auf das Antragsdelikt gestützt werden, solange der Strafantrag nicht gestellt ist (KK-StPO/Glaser Rn. 9). Wird 6 der Haftbefehl wegen beiden Taten erlassen, so ist nach § 130 zu verfahren. Dabei ist zu unterscheiden: Liegt das Schwergewicht bei dem Antragsdelikt, muss der Haftbefehl also aufgeh. werden, wenn kein Strafantrag gestellt wird, so muss der Antragsberechtigte entspr. unterrichtet werden. Andernfalls wird in die Mitteilung nach S. 1 nur aufgenommen, dass die Tat, soweit ihre Verfolgung v. einem Strafantrag abhängig ist, aus dem Haftbefehl ausgeschieden werden muss, wenn kein Antrag gestellt wird.

Abschnitt 9a. Weitere Maßnahmen zur Sicherstellung der Strafverfolgung und Strafvollstreckung

Nr. 39–43 RiStBV

Vorbemerkung zu § 131

1 **A. Keine abschließende Regelung.** Keine abschließende Regelung der Maßnahmen zur Sicherstellung der Strafverfolgung u. Strafvollstreckung (zu letzterem vgl. auch §§ 456a Abs. 2 S. 3, 457 Abs. 3) enthält dieser Abschn., sondern nur „weitere" neben sonstigen Verfolgungsmaßnahmen, die auf die Generalermittlungsklauseln der §§ 161 Abs. 1 S. 1, 163 Abs. 1 S. 2 oder auf spezielle Eingriffsbefugnisse nach §§ 94 ff. gestützt werden.

2 Die in § 131 aF und Nr. 39–43 RiStBV nur unvollständig geregelte **Fahndung** nach Beschuldigten u. die Ermittlung v. Zeugen sind durch das StVÄG 1999 in den §§ 131–131c umfassend normiert worden, wobei sich Personen- u. Sachfahndung allerdings auch überschneiden können (Hilger FS Riess, 2002, 172). Die Nutzung v. Dateien für Fahndungszwecke richtet sich nach §§ 483, 485, 486 ff. Der GE der BReg zur Fortentwicklung der StPO v. 21.1.2021 sieht mit § 163g eine ges. Grdl. für die automatische Kennzeichenerfassung als Fahndungsmittel vor (GE 16, 95 ff.).

3 **B. Einschaltung öffentlicher Kommunikationsmittel.** Die Fahndung unter Einschaltung öffentlicher Kommunikationsmittel (Nr. 40 Abs. 2 iVm Anl. B RiStBV), deren Zulässigkeit früher umstr. war, ist durch §§ 131 Abs. 3, 131b geregelt worden. Zur Beachtung des Art. 6 **EMRK** vgl. → EMRK Art. 6 Rn. 13.

4 Auch die früher fragliche Zulässigkeit der Fahndung über **Internet** (dazu Pätzel NJW 1997, 3131 ff.; Soiné NStZ 1997, 166 ff.; 1997, 321 ff.) ist damit zu bejahen (erg. → § 131c Rn. 2). Dies gilt unter bestimmten Voraussetzungen auch für die sog. **Facebookfahndung** (→ § 131 Rn. 3a).

5 **C. Internationale Fahndung.** Für die internationale Fahndung gelten erg. die hierfür erlassenen RLn (RiVASt 85; Nr. 41 Abs. 2, 43 RiStBV). Liegen keine Anhaltspunkte dafür vor, dass sich die gesuchte Person im Inland aufhält, soll bei auslieferungsfähigen Straftaten in den Mitgliedstaaten der Europäischen Union sowie Island, Lichtenstein, Norwegen u. der Schweiz gleichzeitig mit Einleitung der nationalen Fahndung auch int. gefahndet werden (Nr. 41 Abs. 2 RiStBV). Vgl. hierzu ferner → Einl. Rn. 215 ff., → § 163 Rn. 8a; Meyer/Hüttemann ZStW 16, 394.

6 **D. § 132 im Normgefüge. § 132** steht mit den §§ 131–131c in keinem unmittelbaren Zusammenhang. Er ergänzt die Regelungen in §§ 116a Abs. 3 und 127a hins. der Beschuldigten, die im Geltungsbereich der StPO keinen festen Wohnsitz o. Aufenthaltsort haben.

Ausschreibung zur Festnahme

Nr. 39–42 RiStBV

131 (1) **Auf Grund eines Haftbefehls oder eines Unterbringungsbefehls können der Richter oder die Staatsanwaltschaft und, wenn Gefahr im Verzug ist, ihre Ermittlungspersonen (§ 152 des Gerichtsverfassungsgesetzes) die Ausschreibung zur Festnahme veranlassen.**

(2) [1] **Liegen die Voraussetzungen eines Haftbefehls oder Unterbringungsbefehls vor, dessen Erlass nicht ohne Gefährdung des Fahndungserfolges abgewartet werden kann, so können die Staatsanwaltschaft und ihre Ermittlungspersonen (§ 152 des Gerichtsverfassungsgesetzes) Maßnahmen nach Absatz 1 veranlassen, wenn dies zur vorläufigen Festnahme erforderlich ist.** [2] **Die Entscheidung über den Erlass des Haft- oder Unterbringungsbefehls ist unverzüglich, spätestens binnen einer Woche herbeizuführen.**

(3) [1] **Bei einer Straftat von erheblicher Bedeutung können in den Fällen der Absätze 1 und 2 der Richter und die Staatsanwaltschaft auch Öffentlichkeitsfahndungen veranlassen, wenn andere Formen der Aufenthaltsermittlung erheblich weniger Erfolg versprechend oder wesentlich erschwert wären.** [2] **Unter den gleichen Voraussetzungen steht diese Befugnis bei Gefahr im Verzug und wenn der Richter oder die Staatsanwaltschaft nicht rechtzeitig erreichbar ist auch den Ermittlungspersonen der Staatsanwaltschaft (§ 152 des Gerichtsverfassungsgesetzes) zu.** [3] **In den Fällen des Satzes 2 ist die Entscheidung der Staatsanwaltschaft unverzüglich herbeizuführen.** [4] **Die Anordnung tritt außer Kraft, wenn diese Bestätigung nicht binnen 24 Stunden erfolgt.**

(4) [1] **Der Beschuldigte ist möglichst genau zu bezeichnen und soweit erforderlich zu beschreiben; eine Abbildung darf beigefügt werden.** [2] **Die Tat, derer er verdächtig ist, Ort und Zeit ihrer Begehung sowie Umstände, die für die Ergreifung von Bedeutung sein können, können angegeben werden.**

(5) **Die §§ 115 und 115a gelten entsprechend.**

A. Bedeutung der Vorschrift. § 131 regelt die **Ausschreibung des Beschuldigten zur Festnahme.** Auch die int. Fahndung kann auf die Vorschr. gestützt werden (OLG Celle Nds. Rpfl. 2009, 431 (SIS)). Die Ausschreibung ist zulässig, wenn ein Haftbefehl (§ 114) o. ein Unterbringungsbefehl (§ 126a) vorliegt (Abs. 1) o. wenn die Voraussetzungen dafür gegeben sind, dessen Erlass aber ohne Gefährdung des Fahndungserfolgs nicht abgewartet werden kann (Abs. 2). Letzteres kommt in Betracht, wenn ein Haftrichter nicht o. nicht rechtzeitig erreicht werden kann, die Ausschreibung aber zur vorl. Festnahme erforderlich ist (vgl. Soiné Kriminalistik 2001, 174). Zur – zw. – Anwendung der Vorschr. auf den Erlass eines EuHB → Vor § 112 Rn. 9–9g. 1

B. Öffentlichkeitsfahndung. Eine Öffentlichkeitsfahndung – dh eine Fahndung, die sich über behördeninterne Maßnahmen hinaus an die gesamte Bevölkerung o. aber auch an einen beschränkten Personenkreis richtet (Löwe/Rosenberg/Hilger Rn. 17) – wird bei **Straftaten erheblicher Bedeutung** (vgl. → § 98a Rn. 5) durch Abs. 3 gestattet, wenn die Voraussetzungen des Abs. 1 oder Abs. 2 gegeben sind. Der Gesetzgeber hat auf einen Deliktskatalog wie in §§ 98a Abs. 1, 100a Abs. 2, 100c Abs. 2, 110a Abs. 1 verzichtet, aber damit doch klargestellt, dass diese zu einer öffentl. Bloßstellung des Verfolgten führende Ausschreibung bei geringfügigen Straftaten untersagt ist (worunter aber zB ein Computerbetrug nach § 263a StGB nicht fällt, LG Saarbrücken wistra 2004, 279; LG Bonn NStZ 2020, 55). 2

Die Zulässigkeit der Öffentlichkeitsfahndung ist ferner an die **Subsidiaritätsklausel** gebunden, wonach andere Formen der Aufenthaltsermittlung erheblich weniger Erfolg versprechend o. wesentlich erschwert sein müssen (Abs. 3 S. 1 aE), wenn also zB eine Ausschreibung zur Aufenthaltsermittlung (§ 131a) o. örtliche Nachforschungen nicht genügen. Daneben ist angesichts der Eingriffsintensität u. Breitenwirkung einer Öffentlichkeitsfahndung der Verhältnismäßigkeitsgrundsatz zu beachten (Soiné Kriminalistik 2001, 175). 3

Personenbezogene Fahndungsdaten dürfen mit Rücksicht auf § 4b BDSG nicht an **soziale Netzwerke** übermittelt werden (Gerhold ZIS 2015, 156 (171)). Recht- 3a lich zulässig ist es jedoch, dass auf den Fahndungsaufruf aus dem sozialen Netzwerk heraus zugegriffen werden kann; dies kann dadurch erreicht werden, dass er ausschl. auf polizeieigenen Servern veröffentlicht u. auf der Fanpage der Plattform lediglich ein Hinweis auf den Fahndungsaufruf u. dessen Internetadresse eingestellt wird (sog. Link-Lösung, s. Kolmey DRiZ 2013, 242 (244); Gerhold ZIS 2015, 156 (171)) o. dass der Fahndungsaufruf mittels eines sog. i-frame unmittelbar auf der Fanpage sichtbar gemacht wird (sog. i-frame-Lösung, s. Gerhold ZIS 2015, 156 (172)). Bei einer Fahndung über soziale Netzwerke ist angesichts des – potenziellen – Verbreitungsgrades u. der Möglichkeit die Persönlichkeit verletzender Kommentareinträge allerdings in bes. Maße der Verhältnismäßigkeitsgrundsatz zu beachten; auch ist zu gewährleisten, dass sachdienliche Hinweise ausschl. außerhalb der Kommunikationsstrukturen sozialer Netzwerke übermittelt u. etwaige persönlichkeitsverletzende Kommentarinhalte auf den offiziellen Fanpages entfernt werden (Gerhold ZIS 2015, 156 (173) mwN).

4 **C. Anordnungskompetenz.** Die Anordnung darf v. Richter (§ 162 bzw. gem. § 126 Abs. 2 S. 3 vom Vorsitzenden allein) o. vom StA erlassen werden. Bei Gefahr im Verzug besteht in allen Fällen des § 131 eine Eilzuständigkeit der Ermittlungsperson der StA (dazu krit. Ranft StV 2002, 41; vgl. aber BVerfG NVwZ 2009, 1034 (1035) zu § 50 Abs. 7 S. 1 AufenthG); im Fall des Abs. 3 aber nur unter der weiteren Voraussetzung, dass der Richter o. die StA nicht rechtzeitig erreichbar sind. Erfolgt die Ausschreibung nach Abs. 2, so ist die Entsch. über den Erlass des Haft- o. Unterbringungsbefehls binnen einer Woche ab der Anordnung der Ausschreibung (vgl. BGHSt 44, 13) herbeizuführen. Wird der Haft- o. Unterbringungsbefehl fristgemäß erlassen, gilt dann Abs. 1; wird der Erlass abgelehnt, ist die Ausschreibung unverzüglich zu beenden (Hilger NStZ 2000, 562). Hatte die Ermittlungsperson der StA die Ausschreibung nach Abs. 3 angeordnet, bleibt diese nur in Kraft, wenn sie binnen 24 Stunden v. StA bestätigt wird (Abs. 3 S. 3 und 4; krit. dazu Brodersen NJW 2000, 2538; Ranft StV 2002, 41). Maßnahmen, die v. der Ermittlungsperson der StA zum Zwecke der Fahndung angeordnet wurden, bedürfen keiner nachträglichen Bestätigung durch die StA (Brodersen NJW 2000, 2538).

5 **D. Inhaltlich (Abs. 4).** Inhaltlich (Abs. 4) sind die Anforderungen an die Ausschreibung geringer als nach §§ 114 Abs. 2, 126a Abs. 2 S. 1 an den Haft- o. Unterbringungsbefehl (**aM** Löwe/Rosenberg/Hilger Rn. 27). Es ist nur eine möglichst genaue Bezeichnung u. Beschreibung erforderlich, um die Gefahr v. Verwechslungen auszuschließen; eine Ablichtung, soweit vorhanden, kann beigefügt werden, sonst kommt die Beifügung eines erstellten „Phantombilds" in Betracht, auch einer Video- o. Filmsequenz (SK-StPO/Paeffgen Rn. 8). Die Angabe der Tat nach Ort u. Zeit sowie v. Umständen, die für die Ergreifung v. Bedeutung sein können, ist möglich, aber nicht vorgeschrieben. Der Angabe des Haftgrundes bedarf es nicht.

6 **E. Nach der Ergreifung.** Nach der Ergreifung des Beschuldigten aufgrund der Ausschreibung gelten im Fall des Abs. 1 die §§ 115, 115a unmittelbar; für den Fall des Abs. 2 bestimmt Abs. 5 ihre entspr. Anwendung. Bedeutung hat das nur für den Fall, dass der fehlende Haft- o. Unterbringungsbefehl noch nicht beschafft worden ist. Dann wird trotzdem so verfahren, als sei der Verfolgte aufgrund eines richterlichen Haft- o. Unterbringungsbefehls ergriffen worden. Das Verf. nach §§ 128, 129 ist daher ausgeschlossen; es gelten nur die §§ 115, 115a (Löwe/Rosenberg/Hilger Rn. 29; SK-StPO/Paeffgen Rn. 10).

7 **F. Anfechtung.** Gegen Anordnungen der StA u. ihrer Ermittlungspersonen ist der **Antrag entspr. § 98 Abs. 2 S. 2** gegeben (OLG Celle NStZ 2010, 534; Löwe/Rosenberg/Hilger Rn. 30; **aM** SK-StPO/Paeffgen Rn. 14: § 23 **EGGVG**), gegen richterliche Anordnungen, auch den Erlass eines Europäischen Haftbefehls (OLG Nürnberg NStZ-RR 2024, 87), die **Beschwerde** nach § 304 Abs. 1. Zur Prüfung der Rechtmäßigkeit der Anordnung nach deren Beendigung vgl. → Vor

§ 296 Rn. 17 ff. Zu den Folgen bei Verstößen gegen die Voraussetzungen der §§ 131 ff. vgl. Hilger FS Riess, 2002, 173, der – zu weitgehend – uU ein Verwertungsverbot hins. der gewonnenen Erg. bejahen will.

Ausschreibung zur Aufenthaltsermittlung **Nr. 41 Abs. 5, 42 RiStBV**

131a (1) **Die Ausschreibung zur Aufenthaltsermittlung eines Beschuldigten oder eines Zeugen darf angeordnet werden, wenn sein Aufenthalt nicht bekannt ist.**

(2) **Absatz 1 gilt auch für Ausschreibungen des Beschuldigten, soweit sie zur Sicherstellung eines Führerscheins, zur erkennungsdienstlichen Behandlung, zur Anfertigung einer DNA-Analyse oder zur Feststellung seiner Identität erforderlich sind.**

(3) **Auf Grund einer Ausschreibung zur Aufenthaltsermittlung eines Beschuldigten oder Zeugen darf bei einer Straftat von erheblicher Bedeutung auch eine Öffentlichkeitsfahndung angeordnet werden, wenn der Beschuldigte der Begehung der Straftat dringend verdächtig ist und die Aufenthaltsermittlung auf andere Weise erheblich weniger Erfolg versprechend oder wesentlich erschwert wäre.**

(4) [1]**§ 131 Abs. 4 gilt entsprechend.** [2]**Bei der Aufenthaltsermittlung eines Zeugen ist erkennbar zu machen, dass die gesuchte Person nicht Beschuldigter ist.** [3]**Die Öffentlichkeitsfahndung nach einem Zeugen unterbleibt, wenn überwiegende schutzwürdige Interessen des Zeugen entgegenstehen.** [4]**Abbildungen des Zeugen dürfen nur erfolgen, soweit die Aufenthaltsermittlung auf andere Weise aussichtslos oder wesentlich erschwert wäre.**

(5) **Ausschreibungen nach den Absätzen 1 und 2 dürfen in allen Fahndungshilfsmitteln der Strafverfolgungsbehörden vorgenommen werden.**

A. Bedeutung der Vorschrift. Beschuldigte u. Zeugen können nach § 131a zur Aufenthaltsermittlung ausgeschrieben werden, wenn ihr Aufenthalt unbekannt ist (Abs. 1); darüber hinaus ist die Ausschreibung des Beschuldigten nach Abs. 2 auch zur Sicherstellung seines Führerscheins (vgl. → § 111a Rn. 15; §§ 94 Abs. 3, 111b Abs. 1 S. 2, 463b), zur erkennungsdienstlichen Behandlung (§ 81b), zur Anfertigung einer DNA-Analyse (§§ 81c, 81g; erg. → § 81g Rn. 21) o. zur Identitätsfeststellung (§ 163b) zulässig. Der Verhältnismäßigkeitsgrundsatz ist zu beachten; die Ausschreibung hat zu unterbleiben, wenn mildere Maßnahmen – zB Nachfrage bei Meldebehörden (vgl. auch BGH NStZ 2010, 230: Amtshilfeersuchen an Meldebehörde) o. sonstige Erkundigungen – ausreichen (Hilger NStZ 2000, 563). Abs. 1 ist auch im OWi-Verfahren anwendbar (Soiné Kriminalistik 2001, 176). 1

B. Öffentlichkeitsfahndung (Abs. 3). Eine Öffentlichkeitsfahndung (Abs. 3) wird – wie in § 131 Abs. 3 (→ § 131 Rn. 2) – zugelassen, wenn der Beschuldigte einer **Straftat v. erheblicher Bedeutung** (vgl. → § 131 Rn. 2) verdächtig ist; sie ist aber nur zulässig, wenn die Aufenthaltsermittlung auf andere Weise erheblich weniger Erfolg versprechend o. wesentlich erschwert wäre. Diese Subsidiaritätsklausel ist bei der Ausschreibung eines Zeugen v. besonderer Bedeutung, da dieser durch die öffentl. Ausschreibung uU Nachteile (Verwechslung mit Beschuldigtem, Nähe zur Straftat) erleiden kann (vgl. auch Abs. 4 S. 2–4; Ranft StV 2002, 43: verfassungsrechtlich bedenklich). Die Vorschr. gilt auch für die Fahndung im Internet (KMR-StPO/Wankel Rn. 4). 2

C. Anordnungskompetenz. Ausschreibungen nach Abs. 1 und Abs. 2 dürfen durch den Richter (§ 162 bzw. nach § 126 Abs. 2 S. 3 durch den Vorsitzenden) u. die StA, bei Gefahr im Verzug auch durch deren Ermittlungspersonen erfolgen (§ 131c Abs. 1 S. 2). Für den sensiblen Bereich der Öffentlichkeitsfahndung (Abs. 3) ist die Anordnung dem Richter vorbehalten, bei Gefahr im Verzug besteht aber eine Eilkompetenz der StA u. ihrer Ermittlungspersonen (§ 131c Abs. 1 S. 1; 3

dazu krit. Ranft StV 2002, 42). Das Vorliegen v. Gefahr im Verzug (= Gefährdung des Fahndungserfolgs ohne die unverzügliche Anordnung) dürfte hier aber selten anzunehmen sein (SK-StPO/Paeffgen Rn. 10). Zum Außerkrafttreten v. Anordnungen der Ermittlungspersonen der StA vgl. § 131c Abs. 2. Für die gerichtliche Überprüfung einer v. der StA nach Abs. 1 angeordneten Aufenthaltsermittlung ist entspr. § 98 Abs. 2 der Richter am AG zuständig (OLG Brandenburg NStZ 2007, 54).

4 **Inhaltlich (Abs. 4)** gilt für die Ausschreibung des Beschuldigten dasselbe wie in § 131 (→ § 131 Rn. 5). Von besonderer Wichtigkeit ist aber bei der Ausschreibung eines Zeugen, dass seine Zeugenstellung deutlich erkennbar gemacht wird. Wegen der dem Zeugen durch eine Verwechslung mit der Eigenschaft als Beschuldigter drohenden Gefahren enthält Abs. 4 S. 3 und 4 weitere Einschränkungen hins. der Ausschreibung selbst u. der Beifügung v. Abb. des Zeugen (krit. dazu Hilger NStZ 2000, 563).

5 **Fahndungshilfsmittel Abs. 5** stellt für die Fälle des Abs. 1 und Abs. 2 klar, dass die Ausschreibung in allen Fahndungshilfsmitteln der Strafverfolgungsbehörden (vgl. dazu den – nicht abschl. – Katalog in Nr. 40 Abs. 1 RiStBV) vorgenommen werden darf; eine Beschränkung hierauf enthält Abs. 5 nicht (Löwe/Rosenberg/Hilger Rn. 11). Zur Öffentlichkeitsfahndung (Abs. 3) vgl. Nr. 40 Abs. 2 iVm Anl. B RiStBV.

Veröffentlichung von Abbildungen des Beschuldigten oder Zeugen

131b (1) **Die Veröffentlichung von Abbildungen eines Beschuldigten, der einer Straftat von erheblicher Bedeutung verdächtig ist, ist auch zulässig, wenn die Aufklärung einer Straftat, insbesondere die Feststellung der Identität eines unbekannten Täters auf andere Weise erheblich weniger Erfolg versprechend oder wesentlich erschwert wäre.**

(2) [1] **Die Veröffentlichung von Abbildungen eines Zeugen und Hinweise auf das der Veröffentlichung zugrunde liegende Strafverfahren sind auch zulässig, wenn die Aufklärung einer Straftat von erheblicher Bedeutung, insbesondere die Feststellung der Identität des Zeugen, auf andere Weise aussichtslos oder wesentlich erschwert wäre.** [2] **Die Veröffentlichung muss erkennbar machen, dass die abgebildete Person nicht Beschuldigter ist.**

(3) **§ 131 Abs. 4 Satz 1 erster Halbsatz und Satz 2 gilt entsprechend.**

1 **A. Bedeutung der Vorschrift.** Über die Befugnis zur Veröff. der Abb. in § 131 Abs. 4 S. 1 zwecks Festnahme des Beschuldigten hinaus lässt § 131b die Veröff. v. Abb. zur Aufklärungsfahndung hins. des Beschuldigten (Abs. 1) u. zur Identitätsfahndung bzgl. Beschuldigter u. Zeugen (Abs. 1, Abs. 2) zu. Wie in § 131 (→ § 131 Rn. 5) kommt jede Art einer Ablichtung in Betracht (Hilger NStZ 2000, 563), also auch die Veröff. eines „Phantombildes" eines unbekannten Täters (KK-StPO/Glaser Rn. 3; SK-StPO/Paeffgen Rn. 3; **aM** fehlerhaft gegen den Wortlaut von Abs. 1 AG Torgau NStZ-RR 2003, 112) sowie v. Abb. über das **Internet** mit dem Ziel der Verbrechensaufklärung u. Identitätsfeststellung (s. Schiffbauer NJW 2014, 1053, auch zur praktischen Umsetzung durch die Polizeibehörden).

2 **B. Voraussetzungen.** Die Fahndung nach dem **Beschuldigten** ist nur bei dem Verdacht der Begehung einer (bestimmten) Straftat v. erheblicher Bedeutung (→ § 131 Rn. 2; LG Bonn NStZ 2020, 55: (versuchter) Computerbetrug ausreichend; s. dagegen LG Bonn NStZ 2005, 528: nicht bei einer OWi; AG Bonn NStZ-RR 2016, 248: nicht allein abstrakt nach möglichem Strafrahmen) u. nur dann zulässig, wenn die Aufklärung der Straftat o. die Feststellung der Identität eines unbekannten Täters auf andere Weise erheblich weniger Erfolg versprechend o. wesentlich erschwert wäre (Subsidiaritätsklausel).

2a Für die Veröff. v. Abb. eines **Zeugen** gilt dasselbe, aber mit einer teilw. strengeren Subsidiaritätsklausel: Die Fahndung auf andere Weise muss danach aussichtslos

(o. wesentlich erschwert) sein (Abs. 2 S. 1 aE). Außerdem ist bei Anordnung u. konkreter Ausgestaltung der Maßnahme die Schwere des Eingriffs in das Recht auf informationelle Selbstbestimmung des Zeugen zu gewichten, zB denkbare Auswirkungen auf sein berufliches Umfeld sowie unkontrollierbare Folgen bei Veröff. im Internet (s. VerfGH Sachsen NJW 2016, 48). Der Name des Zeugen kann grds. genannt werden (Abs. 3 iVm § 131 Abs. 4 S. 1 Hs. 1; VerfGH Sachsen NJW 2016, 48), jedenfalls wenn man den Normzweck des Abs. 2 S. 1 – wie der Wortlaut nahelegt – nicht auf die Öffentlichkeitsfahndung zu Identifizierungszwecken beschränkt.

C. Anordnungskompetenz. Diese Fahndungsart bedarf nach § 131c Abs. 1 der Anordnung durch den Richter, nur bei Gefahr im Verzug dürfen sie auch die StA u. ihre Ermittlungspersonen anordnen. Bei der Veröff. in elektronischen Medien, etwa über das **Internet,** ist § 131c Abs. 2 zu beachten. Zum Außerkrafttreten der Anordnung vgl. auch allg. § 131c Abs. 2 und → § 131c Rn. 1 ff. 3

D. Inhalt. Inhaltlich gilt dasselbe wie in § 131 Abs. 4 (→ § 131 Rn. 5). Auch hier ist es bes. wichtig, dass klar erkennbar ist, ob die Person als der Verdächtiger o. als Zeuge gesucht wird (Abs. 2 S. 2). 4

Anordnung und Bestätigung von Fahndungsmaßnahmen

131c

(1) [1]**Fahndungen nach § 131a Abs. 3 und § 131b dürfen nur durch den Richter, bei Gefahr im Verzug auch durch die Staatsanwaltschaft und ihre Ermittlungspersonen (§ 152 des Gerichtsverfassungsgesetzes) angeordnet werden.** [2]**Fahndungen nach § 131a Abs. 1 und 2 bedürfen der Anordnung durch die Staatsanwaltschaft; bei Gefahr im Verzug dürfen sie auch durch ihre Ermittlungspersonen (§ 152 des Gerichtsverfassungsgesetzes) angeordnet werden.**

(2) [1]**In Fällen andauernder Veröffentlichung in elektronischen Medien sowie bei wiederholter Veröffentlichung im Fernsehen oder in periodischen Druckwerken tritt die Anordnung der Staatsanwaltschaft und ihrer Ermittlungspersonen (§ 152 des Gerichtsverfassungsgesetzes) nach Absatz 1 Satz 1 außer Kraft, wenn sie nicht binnen einer Woche von dem Richter bestätigt wird.** [2]**Im Übrigen treten Fahndungsanordnungen der Ermittlungspersonen der Staatsanwaltschaft (§ 152 des Gerichtsverfassungsgesetzes) außer Kraft, wenn sie nicht binnen einer Woche von der Staatsanwaltschaft bestätigt werden.**

A. Anordnungskompetenz. Die Anordnungskompetenz für Maßnahmen nach § 131 ist dort für die einzelnen Möglichkeiten nach Abs. 1, Abs. 2 und Abs. 3 geregelt (vgl. → § 131 Rn. 4), für Anordnungen nach §§ 131a und 131b hier (Abs. 1; vgl. dazu → § 131a Rn. 3; → § 131b Rn. 3). 1

B. Außerkrafttreten der Anordnungen (Abs. 2). Auch Abs. 2 bezieht sich **nur auf Maßnahmen nach §§ 131a und 131b** (Brodersen NJW 2000, 2538). Da auch nichtöffentl. Ausschreibungen einen nicht unerheblichen Eingriff in Rechte der Betroffenen darstellen, ist ein automatisches Außerkrafttreten für die nach §§ 131a Abs. 1, Abs. 2 und 131b durch die Ermittlungsperson der StA getroffenen Anordnungen bestimmt (Abs. 2 S. 2), falls nicht binnen einer Woche nach Anordnung der Maßnahme (vgl. BGHSt 44, 13) die Bestätigung durch die StA erfolgt. Dasselbe gilt für einmalige Veröff. nach §§ 131a Abs. 3 und 131b (Soiné Kriminalistik 2001, 175). Soweit es sich aber um andauernde Veröff. in elektronischen Medien (zB im Internet) sowie wiederholte Veröff. im Fernsehen o. in periodischen Druckwerken handelt, muss die wegen Gefahr im Verzug durch die StA o. ihre Ermittlungspersonen getroffene Anordnung nach Abs. 1 S. 1 binnen einer Woche durch den zuständigen Richter (§ 162 bzw. § 126 Abs. 2 S. 3) bestätigt werden; sonst tritt sie außer Kraft. Mit dem Außerkrafttreten müssen die getroffenen Maßnahmen beendet werden (Hilger NStZ 2000, 563). 2

Sicherheitsleistung, Zustellungsbevollmächtigter **Nr. 60 RiStBV**

132 (1) [1] **Hat der Beschuldigte, der einer Straftat dringend verdächtig ist, im Geltungsbereich dieses Gesetzes keinen festen Wohnsitz oder Aufenthalt, liegen aber die Voraussetzungen eines Haftbefehls nicht vor, so kann, um die Durchführung des Strafverfahrens sicherzustellen, angeordnet werden, daß der Beschuldigte**

1. **eine angemessene Sicherheit für die zu erwartende Geldstrafe und die Kosten des Verfahrens leistet und**
2. **eine im Bezirk des zuständigen Gerichts wohnende Person zum Empfang von Zustellungen bevollmächtigt.**

[2] **§ 116a Abs. 1 gilt entsprechend.**

(2) **Die Anordnung dürfen nur der Richter, bei Gefahr im Verzuge auch die Staatsanwaltschaft und ihre Ermittlungspersonen (§ 152 des Gerichtsverfassungsgesetzes) treffen.**

(3) [1] **Befolgt der Beschuldigte die Anordnung nicht, so können Beförderungsmittel und andere Sachen, die der Beschuldigte mit sich führt und die ihm gehören, beschlagnahmt werden.** [2] **Die §§ 94 und 98 gelten entsprechend.**

Übersicht

1 **A. Normzweck.** Zweck der Vorschrift ist es, die Durchführung des Strafverfahrens, einschl. der Vollstreckung, gegen in der BRD nicht ansässige Beschuldigte sicherzustellen (LG Magdeburg NStZ 2007, 544). Sie ergänzt den § 127a, regelt aber im Unterschied zu dieser Vorschr. den Fall, dass gegen den Beschuldigten kein Haftbefehl erlassen werden kann. In Betracht kommen insbes. Verf. gegen durchreisende ausl. Kraftfahrer (vgl. Geppert GA 1979, 281), solange sie sich noch im Inland befinden (SK-StPO/Paeffgen Rn. 2; Jakoby StV 1993, 448; **aM** LG Hamburg NStZ 2006, 719; KK-StPO/Glaser Rn. 1; Müllenbach NStZ 2001, 637; aber dass der Beschuldigte anwesend sein muss, ergibt sich schon aus Abs. 3, vgl. → Rn. 13 ff.).

2 **B. Anordnung der Sicherheitsleistung (Abs. 1). I. Voraussetzungen.** Die **Anordnung setzt voraus,** dass der Beschuldigte einer Straftat dringend verdächtig ist (dazu → § 112 Rn. 5 ff.).

3 Ferner müssen folgende Voraussetzungen erfüllt sein:

4 Der Beschuldigte darf in der BRD **keinen festen Wohnsitz** o. Aufenthalt haben (dazu → § 127a Rn. 2).

5 Es dürfen die sonstigen **Voraussetzungen eines Haftbefehls nicht vorliegen,** es besteht also entweder kein Haftgrund nach § 112 Abs. 2 oder der Verhältnismäßigkeitsgrundsatz (§ 112 Abs. 1 S. 2) steht dem Erlass des Haftbefehls entgegen.

6 Schließlich muss eine **Geldstrafe als Hauptstrafe** zu erwarten sein (vgl. Abs. 1 S. 1 Nr. 1). Eine daneben zu erwartende Freiheitsstrafe o. freiheitsentziehende Sicherungsmaßregel schließt die Anwendung des § 132 aus (Dünnebier NJW 1968, 1753). Dass neben der Geldstrafe andere Maßnahmen, zB Fahrverbot, Entziehung der Fahrerlaubnis o. Einziehung, zu erwarten sind, steht der Anordnung aber nicht entgegen (→ § 127a Rn. 5).

II. Inhalt. Inhaltlich besteht die Anordnung aus 2 Teilen: 7

Es wird eine angemessene **Sicherheit** festgesetzt, die so hoch ist, dass sie die zu erwartende Geldstrafe u. die Verfahrenskosten deckt (Abs. 1 S. 1 Nr. 1). Für die Art der Sicherheitsleistung gilt § 116a Abs. 1 entspr. (Abs. 1 S. 2). Zu den Einzelheiten vgl. → § 127a Rn. 6. 8

Ferner wird angeordnet, dass der Beschuldigte einen **Zustellungsbevollmächtigten** zu bestellen hat; dies kann auch ein Bediensteter der Ermittlungsbehörden sein, sofern nicht er o. nahe Angehörige durch die verfolgte Tat verletzt sind (Weiß NStZ 2012, 305 (308); **aM** LG Berlin NStZ 2012, 334; erg. dazu → § 116a Rn. 5 ff.; → § 127a Rn. 7, 8). Die Zustellungsbevollmächtigung des Wahlverteidigers bleibt für die gesamte Dauer des Strafverfahrens bestehen; sie kann vor dessen Abschluss nicht durch einseitige Verzichtserklärung zum Erlöschen gebracht werden (KG StV 2013, 9 Ls.). Erg. → § 116a Rn. 6. 9

Im Falle der **Zustellung eines Strafbefehls** ist die Vorschr. allerdings nur dann mit Art. 2, 3 Abs. 1 Buchst. c, 6 Abs. 1 und Abs. 3 RL 2012/13/EU über das Recht auf Belehrung u. Unterrichtung im Strafverfahren vereinbar, wenn der Beschuldigte tatsächlich über die volle Frist für einen Einspruch verfügt; ihre Dauer darf nicht durch die Zeitspanne verkürzt werden, die der Zustellungsbevollmächtigte zur Benachrichtigung des Adressaten benötigt (EuGH NJW 2016, 303 mAnm Böhm, Brodowski StV 2016, 210 u. Kulhanek JR 2016, 1). Inzwischen hat der EuGH seine Judikatur dahin präzisiert, dass es nach EU-Recht zulässig ist, dem ausl. Beschuldigten für die Zustellung eines an ihn gerichteten Strafbefehls aufzugeben, einen Zustellungsbevollmächtigten zu benennen; die Frist für den Einspruch gegen den Strafbefehl läuft in diesem Fall bereits ab seiner Zustellung an diesen Bevollmächtigten. Sobald der Beschuldigte aber persönlich Kenntnis v. dem Strafbefehl erlangt hat, hat er ab diesem Zeitpunkt noch die volle zweiwöchige Frist zur Einspruchseinlegung zur Vfg. (EuGH BeckRS 2017, 104323 mAnm Brodowski StV 2018, 69; vgl. auch OLG München NStZ-RR 2016, 249 mzustAnm Kulhanek; Gietl StV 2017, 263 hält § 132 für europarechtswidrig wegen eines Verstoßes gegen Art. 18 AEUV u. RL 2012/13/EU; erg. Seifert StV 2018, 123; → § 37 Rn. 25). 9a

III. Pflichtgemäßes Ermessen. Im pflichtgemäßen Ermessen der Strafverfolgungsbehörden steht die Anordnung; sie **wird aber idR zu treffen sein,** wenn die Voraussetzungen des Abs. 1 vorliegen; einer Begründung bedarf die Ermessensausübung nicht (Geppert GA 1979, 299 ff.). Falls dies nach den konkreten Umständen möglich ist, ist der Beschuldigte zuvor – ggf. auch telefonisch – **anzuhören** (§ 33); eine mögliche, aber unterbliebene Anhörung macht die Anordnungsentscheidung unwirksam (AG Kehl NStZ-RR 2016, 17). 10

Der **Verhältnismäßigkeitsgrundsatz** kann der Anordnung entgegenstehen, insbes. wenn die Einstellung nach § 153 naheliegt. Kommt die Einstellung nach § 153a in Betracht, so ist es zweckmäßig, den Beschuldigten vorweg zu befragen, ob er mit dieser Sachbehandlung u. mit der Verrechnung der Sicherheit o. des beschlagnahmten Vermögenswerts auf die Auflage einverstanden ist (KK-StPO/Glaser Rn. 5; krit. SK-StPO/Paeffgen Rn. 4). 11

C. Anordnungsbefugnis (Abs. 2). Die Anordnungsbefugnis (Abs. 2) ist die gleiche **wie bei der Beschlagnahme** (→ § 98 Rn. 3 ff.), die im Fall des Abs. 3 ohnehin zu beachten ist. Zuständig ist der Richter bei dem AG, in dessen Bezirk die Handlung vorzunehmen ist (§ 162 Abs. 1); aber auch das AG des § 125 Abs. 1 ist zuständig (Dünnebier NJW 1968, 1754). Das Gericht, das die Anordnung selten treffen wird, weil idR Gefahr im Verzug (→ § 98 Rn. 6) vorliegt, entscheidet durch Beschl. nach Anhörung der StA u. des Beschuldigten (§ 33 Abs. 2, Abs. 3). Ermittlungspersonen der StA (§ 152 GVG), die meist nicht rechtzeitig zu erreichen sein wird, können die Anordnung auch mündlich treffen; dann ist aber eine schriftliche Bestätigung geboten. Gegen ihre Anordnung ist entspr. § 98 Abs. 2 S. 2 der Antrag auf gerichtliche Entsch. zulässig (vgl. → § 98 Rn. 23; Löwe/Rosenberg/Hilger Rn. 13 mwN; **aM** SK-StPO/Paeffgen Rn. 7: § 23 EGGVG), die 12 nach § 304 Abs. 1 mit der Beschwerde angefochten werden kann. Polizeibeamten, die keine Ermittlungspersonen der StA sind, dürfen, anders als im Fall des § 127a (→ § 127a Rn. 1), die Anordnung nicht treffen.

13 **D. Beschlagnahme (Abs. 3). Kommt der Beschuldigte der Anordnung nach,** leistet er also die Sicherheit u. bestellt er einen Zustellungsbevollmächtigten, so darf er das Gebiet der BRD verlassen. Das Strafverfahren wird fortgesetzt, wobei idR durch Strafbefehl o. nach § 232 entschieden wird. Ergänzend → § 127a Rn. 9.

14 **I. Beschuldigter kommt der Anordnung nicht nach. Leistet der Beschuldigte die Sicherheit nicht,** so können Beförderungsmittel ua Sachen (auch Bargeld), die er bei sich führt u. die ihm allein gehören, beschlagnahmt werden; wirtschaftliches Eigentum reicht nicht aus (**aM** KMR-StPO/Wankel Rn. 5). Die beschlagnahmten Gegenstände treten an die Stelle der Sicherheitsleistung u. dürfen den Wert der angeordneten Sicherheit nicht wesentlich überschreiten. Sachen, die nach den §§ 111b, 111c beschlagnahmt werden, sind dabei nicht zu berücksichtigen. Beweismittel können dagegen zugleich nach Abs. 3 als Ersatz für nicht geleistete Sicherheit beschlagnahmt werden.

15 Auch die **Weigerung, einen Zustellungsbevollmächtigten zu bestellen,** kann zu einer Beschlagnahme führen. Dadurch soll der Beschuldigte, gegen den kein unmittelbarer Zwang angewendet werden darf, zur Erfüllung der Anordnung veranlasst werden.

16 Wird ein Gegenstand für **beide Zwecke** beschlagnahmt, so ist das kenntlich zu machen, weil die Beschlagnahmen zu verschiedenen Zeitpunkten enden können.

17 Die **Beendigung der Beschlagnahme** kann der Beschuldigte dadurch erreichen, dass er die geforderte Sicherheit nachträglich leistet (Geppert GA 1979, 297), dass er den Zustellungsbevollmächtigten nachträglich bestellt o. dass er bei Rechtskraft des Urteils Strafe u. Kosten bezahlt. Die Beschlagnahme endet ferner, wenn der Beschuldigte freigesprochen o. das Verf. eingestellt wird. Bei rkr. Verurteilung wird wegen der Geldstrafe u. der Verfahrenskosten in die beschlagnahmten Gegenstände vollstreckt; sie werden wie gepfändete Sachen verwertet.

18 Für die **Anordnung der Beschlagnahme** gelten nach Abs. 3 S. 2 die §§ 94, 98 entspr. Die formlose Sicherstellung (→ § 94 Rn. 12) kommt nicht in Betracht. Für das Verf. ist va § 98 Abs. 2 von Bedeutung.

19 **II. Suchen nach Beschlagnahmegegenständen.** Das Suchen nach Beschlagnahmegegenständen ist **durch die Beschlagnahmebefugnis nach Abs. 3 gedeckt** (Geppert GA 1979, 297). Insbesondere, wenn auf das Fahrzeug o. die Ladung zurückgegriffen werden kann (zB bei Fernlastfahrern o. Fahrern v. Wohnwagengespannen) u. der Beschuldigte behauptet, kein Geld u. keine sonstigen beschlagnahmefähigen Sachen bei sich zu führen, ist eine Durchsuchung des Fahrzeugs u. der mitgeführten Sachen einschl. der Ladung sowie der Personen unter Beachtung des Verhältnismäßigkeitsgrundsatzes zulässig. Auch die für die Weiterfahrt nicht unbedingt benötigten Kleidungsstücke u. Gepäckteile können beschlagnahmt werden.

Abschnitt 9b. Vorläufiges Berufsverbot

Anordnung und Aufhebung eines vorläufigen Berufsverbots

132a (1) [1] **Sind dringende Gründe für die Annahme vorhanden, daß ein Berufsverbot angeordnet werden wird (§ 70 des Strafgesetzbuches), so kann der Richter dem Beschuldigten durch Beschluß die Ausübung des Berufs, Berufszweiges, Gewerbes oder Gewerbezweiges vorläufig verbieten.** [2] **§ 70 Abs. 3 des Strafgesetzbuches gilt entsprechend.**

(2) **Das vorläufige Berufsverbot ist aufzuheben, wenn sein Grund weggefallen ist oder wenn das Gericht im Urteil das Berufsverbot nicht anordnet.**

A. Normzweck. Einen **Vorgriff auf das Urteil,** in dem nach § 70 StGB im gewöhnlichen Strafverfahren o. nach § 71 StGB im Sicherungsverfahren nach §§ 413 ff. ein Berufsverbot angeordnet wird, erlaubt die Vorschrift. Entsprechende Regelungen enthalten die §§ 111a, 126a. Da der Beschuldigte nach §§ 2 Abs. 2 Nr. 6, 4 Abs. 1 Nr. 2 **StrEG** einen Entschädigungsanspruch gegen die Staatskasse hat, wenn im Urt. die Sicherungsmaßregel nach § 70 StGB nicht o. nur für einen kürzeren Zeitraum angeordnet wird, als das vorl. Berufsverbot bestanden hat, müssen Strafverfahren, in denen eine Anordnung nach § 132a getroffen worden ist, mit ähnlicher Beschleunigung wie Haftsachen durchgeführt werden (OLG Bremen StV 1997, 9). Auf das endg. Berufsverbot wird die Zeit eines vorl. Berufsverbots nur angerechnet, soweit sie nach Verkündung des letzten tatrichterlichen Urteils verstrichen ist (§ 70 Abs. 4 S. 2 StGB). 1

B. Voraussetzung der Maßnahme (Abs. 1 S. 1). Voraussetzung der Maßnahme (Abs. 1 S. 1) sind dringende Gründe für die Annahme, dass im Urt. ein Berufsverbot nach § 70 StGB angeordnet wird. Das verlangt einen dringenden Tatverdacht (→ § 112 Rn. 5) für die in § 70 Abs. 1 S. 1 StGB vorausgesetzte rechtswidrige Tat u. einen hohen Grad v. Wahrscheinlichkeit, dass das Gericht die Voraussetzungen des § 70 Abs. 1 S. 1 StGB bejahen u. es für erforderlich halten wird, ein Berufsverbot anzuordnen, weil die Gesamtwürdigung des Täters u. der Tat die Gefahr der Begehung weiterer Straftaten der in § 70 Abs. 1 S. 1 StGB bezeichneten Art ergibt (OLG Frankfurt a. M. NStZ-RR 2003, 113 mwN). 2

C. Kann-Bestimmung. Eine Kann-Bestimmung ist Abs. 1 S. 1. Allein das Vorliegen der ges. Voraussetzungen nach § 70 StGB rechtfertigt nach nunmehr hM ein vorl. Berufsverbot noch nicht. Wegen der überragenden Bedeutung von Art. 12 Abs. 1 GG muss hinzukommen, dass die als Präventivmaßnahme mit Sofortwirkung ausgestaltete Anordnung wegen ihrer erheblichen Intensität u. irreparablen Wirkung erforderlich ist, um bereits vor rkr. Abschluss des Verfahrens konkrete Gefahren für wichtige Gemeinschaftsgüter abzuwehren, die aus einer Berufsausübung durch den Beschuldigten resultieren können (so zutr. OLG Nürnberg StraFo 2011, 366 mwN). Die Anordnung kann unterbleiben (aber nicht mit aufschiebender Wirkung getroffen werden), wenn das erkennende Gericht das Wirksamwerden des Berufsverbots nach § 456c Abs. 1 aufschieben könnte. Gesichtspunkte, die es dem erkennenden Gericht gestatten, v. der Anordnung der Sicherungsmaßregel abzusehen, obwohl die Voraussetzungen des § 70 StGB vorliegen, können schon bei der Entsch. nach § 132a berücksichtigt werden. 3

Nicht zu berücksichtigen ist, dass der Beschuldigte auch in einem berufs- o. ehrengerichtlichen Verf. aus seinem Berufsstand ausgeschlossen (BGHSt 28, 84; BGH NJW 1975, 1712) o. dass gegen ihn in einem solchen Verf. ein Berufsverbot verhängt werden kann, dass der Beschuldigte bereits seinen Beruf gewechselt hat o. nicht mehr berufstätig ist (Herlan MDR 1954, 529 – BGH RsprÜ), dass er sich zzt. der Anordnung in UHaft befindet (BGHSt 28, 84) o. dass die Verwaltungsbehörde schon ein Berufsverbot verhängt o. das Ruhen der Approbation des beschuldigten Arztes angeordnet hat (BGH NJW 1975, 2249; krit. LK-StGB/Hanack StGB § 70 Rn. 79). 4

Der **Verhältnismäßigkeitsgrundsatz** (vgl. § 62 StGB) ist strikt zu beachten (OLG Hamm StraFo 2002, 178; OLG Karlsruhe StV 2002, 147). Daher ist ggf. das vorl. Berufsverbot auf bestimmte Tätigkeiten iRd Berufs o. der Gewerbeausübung zu beschränken (vgl. Herlan MDR 1954, 529 – BGH RsprÜ: Verbot, weibliche Lehrlinge auszubilden; vgl. aber auch BGH MDR 1958, 783). 5

D. Anordnung der Maßnahme. Für die Anordnung der Maßnahme ist nur der Richter zuständig, im Ermittlungsverfahren der Richter beim AG (§ 162), in Staatsschutzsachen auch der ER nach § 169. Örtlich zuständig ist jedes Amtsgericht, in dessen Bezirk ein Gerichtsstand nach §§ 7 ff. begründet ist (Löwe/Rosenberg/Gleß Rn. 11). Nach Anklageerhebung ist das Gericht zuständig, bei dem die Sache anhängig ist, das Berufungsgericht erst nach Vorlegung der Akten 6 nach § 321 S. 2, anstelle des Revisionsgerichts, das ein die Anordnung der Maßregel nach § 70 StGB abl. Urt. aufhebt u. die Sache zurückverweist, der Tatrichter (→ § 98 Rn. 4; → § 111a Rn. 7).

7 Das Gericht entscheidet durch **Beschluss,** der mit Gründen zu versehen ist (§ 34), aufgrund der Aktenlage. Ermittlungen stellt es nicht an; rechtfertigt der Akteninhalt die Anordnung nicht, so ist der darauf gerichtete Antrag der StA abzulehnen. Die vorherige Anhörung des Beschuldigten ist – außer im Fall des § 33 Abs. 4 S. 1 – erforderlich (OLG Frankfurt a. M. StV 2001, 496).

8 **Bekanntgemacht** wird der Beschl. der StA formlos (§ 35 Abs. 2 S. 2). Dem Beschuldigten ist er im Hinblick auf die Strafvorschrift des § 145c StGB, auf die hingewiesen werden sollte, durch förmliche Zustellung bekanntzumachen (KK-StPO/Glaser Rn. 8). Mit der Bekanntgabe an den Beschuldigten tritt das vorl. Berufsverbot in Kraft.

9 **Inhaltlich** muss der Beschl. den Beruf o. Berufszweig, das Gewerbe o. den Gewerbezweig, dessen Ausübung dem Beschuldigten verboten wird, genau bezeichnen. Nicht genügend bestimmte Anordnungen sind unwirksam (vgl. BGH GA 1967, 153; Holtz MDR 1979, 455 – BGH RsprÜ; OLG Karlsruhe NStZ 1995, 446: Untersagung jeder selbständigen Berufstätigkeit; Dallinger MDR 1956, 143 – BGH RsprÜ: Verbot der Ausübung des Kaufmannsgewerbes; Dallinger MDR 1958, 139 – BGH RsprÜ: Verbot, als Manager zu arbeiten; Dallinger MDR 1956, 144 – BGH RsprÜ: Verbot, sich als Erfinder zu betätigen). Wirksam ist dagegen das Verbot der Ausübung jeden Handelsgewerbes (BGH NJW 1965, 1388) u. des Vertreterberufs im weitesten Sinne (OLG Celle NJW 1965, 265).

10 Die **Wirkung der Anordnung** besteht darin, dass der Beschuldigte die ihm verbotene Tätigkeit nicht mehr ausüben darf, nach Abs. 1 S. 2 iVm § 70 Abs. 3 StGB auch nicht für einen anderen o. durch eine weisungsabhängige Person; andernfalls macht er sich nach § 145c StGB strafbar.

11 **E. Aufhebung der Maßnahme (Abs. 2). Während des ganzen Verfahrens ist vAw zu prüfen,** ob der Grund für das vorl. Berufsverbot noch besteht; ist er weggefallen, so muss die Anordnung nach § 132a unverzüglich aufgeh. werden. Die Nichtanordnung des Berufsverbots im Urt. zwingt zur Aufhebung durch das erkennende Gericht, auch wenn das Urt. noch nrkr ist. Eine erneute Anordnung nach § 132a ist dann vor der Entsch. des Rechtsmittelgerichts nur zulässig, wenn neue Tatsachen o. Beweismittel vorliegen, die die Anordnung einer Sicherungsmaßregel nach § 70 StGB wahrscheinlich machen (KK-StPO/Glaser Rn. 13; diff. Löwe/Rosenberg/Gleß Rn. 22: jedenfalls in der Berufungsinstanz zulässig; vgl. auch → § 111a Rn. 13).

12 Der bloße **Zeitablauf** ist kein Aufhebungsgrund, sofern es nicht wegen der ungewöhnlich langen Dauer des Verfahrens nicht mehr genügend wahrscheinlich ist, dass das Gericht die Anordnung nach § 70 StGB noch für erforderlich halten wird. Entsprechendes gilt für den Zeitablauf während des Berufungsverfahrens (Löwe/Rosenberg/Gleß Rn. 20) u. des Revisionsverfahrens (KK-StPO/Glaser Rn. 12; **aM** Löwe/Rosenberg/Gleß Rn. 21, SK-StPO/Paeffgen Rn. 16, die den letzten Tatrichter für verpflichtet halten, die Anordnung nach § 132a vAw aufzuheben, wenn während des Revisionsverfahrens die Zeit des vorl. Berufsverbots verstrichen ist).

13 **Zuständig** für die Aufhebung ist im Ermittlungsverfahren das AG, das die Anordnung getroffen hat; an den Aufhebungsantrag der StA ist es nicht gebunden. Nach Anklageerhebung entscheidet das mit der Sache befasste Gericht, das Berufungsgericht erst, nachdem ihn die Akten nach § 321 S. 2 vorgelegt worden sind. Das Revisionsgericht hebt die Anordnung selbst auf, wenn es das in dem Urt. angeordnete Berufsverbot endg. beseitigt o. das Verf. einstellt (BGH NStZ-RR 2004, 54). Hebt es das Urt. auf u. verweist es die Sache zurück, so hat der Tatrichter, nicht das Revisionsgericht, das vorl. Berufsverbot aufzuheben, wenn eine erneute Anordnung der Sicherungsmaßregel nach § 70 StGB nicht mehr wahrscheinlich ist.

F. Beschwerde. Beschwerde nach § 304 Abs. 1 (ohne aufschiebende Wirkung, § 307 Abs. 1) ist zulässig gegen den Beschl., mit dem das vorl. Berufsverbot angeordnet o. aufgeh. o. seine Anordnung o. Aufhebung abgelehnt worden ist. Anfechtbar sind auch Entsch. des erkennenden Gerichts (§ 305 S. 2), wobei dem Beschwerdegericht aber wie bei der Haftprüfung (→ § 114 Rn. 21) nur ein eingeschränkter Prüfungsmaßstab zur Vfg. steht (OLG Nürnberg StraFo 2011, 366). Nicht anfechtbar sind aber Entsch. des OLG (§ 304 Abs. 4 S. 2) u. der ER des BGH u. der OLGe (§ 304 Abs. 5). Weitere Beschwerde ist ausgeschlossen (§ 310 Abs. 2). **14**

G. Immunität. Obwohl es sich um keine freiheitsbeschränkende Maßnahme handelt, kann das vorl. Berufsverbot gegen Abg. aufgrund der v. BT erteilten allg. Genehmigung nicht angeordnet werden (Löwe/Rosenberg/Gleß Rn. 27; Nr. 192a Abs. 2 Buchst. e RiStBV). **15**

H. Mitteilungspflichten. Gegen Angehörige bestimmter Berufe sind vAw Pflichten zur Mitteilung der Anordnung o. Aufhebung eines vorl. Berufsverbots zu beachten, zB MiStra 23 Abs. 1 Nr. 2, 24 Abs. 1 Nr. 2, 26 Abs. 1 Nr. 2; erg. §§ 12 ff. **EGGVG.** **16**

Zehnter Abschnitt. Vernehmung des Beschuldigten

Ladung

Nr. 44 RiStBV

133 (1) **Der Beschuldigte ist zur Vernehmung schriftlich zu laden.**

(2) **Die Ladung kann unter der Androhung geschehen, daß im Falle des Ausbleibens seine Vorführung erfolgen werde.**

A. Anwendungsbereich. Für **richterliche Vernehmungen des Beschuldigten** (→ § 136 Rn. 3) im **Vorverfahren** (auch nach § 173 Abs. 3) u. im **Zwischenverfahren** nach § 202 (OLG Schleswig SchlHA 1958, 290) gilt die Vorschrift. Die Ladung zur HV u. zu Vernehmungen nach § 233 Abs. 2 S. 1 regelt § 216. Für Vernehmungen durch die StA ist § 133 entspr. anwendbar (§ 163a Abs. 3 S. 2). Ein Vorführungsrecht der Polizei besteht nur unter den Voraussetzungen der §§ 127, 163a, 163b (BGH NJW 1962, 1020; BayObLGSt 1962, 177). **1**

B. Ladung (Abs. 1). Eine Ladungsfrist besteht nicht. **2**

Die Ladung muss regelmäßig **schriftlich** erfolgen, u. zwar durch Brief, nicht durch Postkarte (vgl. Nr. 44 Abs. 1 S. 3 RiStBV). Die Ladung per Telefax steht der schriftlichen gleich. Zustellung ist nicht vorgeschrieben, aber wegen des erforderlichen Nachw. (→ Rn. 7) zweckmäßig. Eine Vernehmung ohne schriftliche Ladung schließt Abs. 1 nicht aus; sie kann daher auch aufgrund mündlicher o. telefonischer Ladung o. ohne Ladung (unaufgefordertes Erscheinen) stattfinden. Wenn der Beschuldigte der Ladung nicht folgt, ist dann aber eine Vorführung ausgeschlossen. Zur Ladung v. UGefangenen → Rn. 5a. **3**

Inhaltlich muss die Ladung den Vernehmungsort, der nicht die Gerichtsstelle zu sein braucht, u. den Vernehmungstermin angeben u. erkennen lassen, dass eine Beschuldigtenvernehmung stattfinden soll (vgl. Nr. 44 Abs. 1 S. 1 RiStBV). Der Gegenstand der Beschuldigung muss kurz bezeichnet werden, soweit es mit dem Zweck der Untersuchung vereinbar ist (Löwe/Rosenberg/Gleß Rn. 3 mwN; vgl. Nr. 44 Abs. 1 S. 2 RiStBV). Ein Hinweis auf die Aussagefreiheit nach § 136 Abs. 1 S. 2 ist nicht unzulässig (OLG Düsseldorf JZ 1974, 137), aber überflüssig. **4**

C. Zum Erscheinen verpflichtet. Zum Erscheinen verpflichtet ist der schriftlich, nach Vernehmungsunterbrechung auch der mündlich geladene Beschuldigte, auch wenn er sich nicht zur Sache äußern will (LG Aachen JMBl. NRW. 1970, 57; LG Krefeld MDR 1968, 68) u. auch, wenn er dies schon ausdr. angekündigt hat **5**

(LG Hannover NJW 1967, 791; LG Nürnberg-Fürth NJW 1967, 2126; SK-StPO/Rogall Rn. 10).

5a **Gefangene in UHaft** werden zur richterlichen Beschuldigtenvernehmung schriftlich geladen. Die Androhung nach § 133 Abs. 2 oder § 216 Abs. 1 unterbleibt. Der Richter erlässt einen Vorführungsbefehl. Dieser ist Bestandteil der Ladung u. nicht v. der StA zu vollstrecken (§ 36 Abs. 2). Er bedarf keiner bestimmten Form, kann also auch auf richterliche Anordnung v. der Geschäftsstelle weitergeleitet werden, u. zwar an den Leiter der JVA, wenn ihre Beamten vorzuführen haben. Besteht ein Vorführungsdienst in der Justiz o. obliegt die Vorführung nach den Abmachungen der Polizei, so geht die Vorführungsanordnung an diese Stelle u. nachrichtlich an den Leiter der JVA. Die Vorführungsbeamten u. die Bediensteten der JVA haben nach den für sie geltenden Bestimmungen erforderlichenfalls unmittelbaren Zwang anzuwenden. Das gilt für die Ladung zu einer richterlichen Zeugenvernehmung u. für jegliche Ladung durch die StA entspr.

6 **D. Androhung der Vorführung (Abs. 2).** Die Androhung der Vorführung (Abs. 2) steht im **Ermessen** des Gerichts (LG Mönchengladbach JZ 1970, 192) u. kommt nur in Betracht, wenn sie auch wahrgemacht werden soll (vgl. Nr. 44 Abs. 2 RiStBV). Ist mit dem Erscheinen des Beschuldigten sicher zu rechnen, so kann sie entfallen. Der Verhältnismäßigkeitsgrundsatz (→ Einl. Rn. 20) steht der Androhung nicht entgegen (KK-StPO/Diemer Rn. 13–14; SK-StPO/Rogall Rn. 13). Bei mündlicher Ladung zur Fortsetzung der Vernehmung wirkt die Androhung fort; sie kann dann auch ausgesprochen werden, wenn sie in der schriftlichen Ladung nicht enthalten war.

7 **E. Erlass des Vorführungsbefehls.** Der Erlass des Vorführungsbefehls ist ebenfalls **Ermessenssache** (VerfGH Bayern MDR 1963, 739). Er setzt die Androhung der Vorführung in einer schriftlichen Ladung, deren Zugang nachgewiesen ist (nur im Fall der Vernehmungsunterbrechung genügt die mündliche Ladung), u. das unentschuldigte Ausbleiben des Beschuldigten voraus, dem das Erscheinen im selbstverschuldetem Zustand der Verhandlungsunfähigkeit gleichsteht (Kaiser NJW 1968, 188). Eine genügende Entschuldigung muss nicht vorliegen; das Gericht hat alle ihm bekannten Hinderungsgründe zu berücksichtigen (KK-StPO/Diemer Rn. 12). Der Verhältnismäßigkeitsgrundsatz steht der Vorführung niemals entgegen (Löwe/Rosenberg/Gleß Rn. 14); zulässig ist sie auch bei geringfügigem Schuldvorwurf (LG Krefeld MDR 1968, 68; vgl. aber OLG Zweibrücken NStZ 1981, 534 für ein ausl. Rechtshilfeersuchen wegen einer OWi) u. auch, wenn der Beschuldigte angekündigt hat, dass er nicht aussagen werde (LG Nürnberg-Fürth NJW 1967, 2126; KK-StPO/Diemer Rn. 13–14; Löwe/Rosenberg/Gleß Rn. 14).

8 Wegen **Form, Inhalt und Bekanntgabe** des Vorführungsbefehls vgl. → § 134 Rn. 2 ff.

9 **F. Beschwerde.** Beschwerde nach § 304 Abs. 1 gegen die Ladung ist zulässig, wenn sie eine Vorführungsandrohung enthält (LG Hannover NJW 1967, 691; KMR-StPO/Pauckstadt-Maihold Rn. 10; Fezer StrafProzR § 3 Rn. 43; **aM** KK-StPO/Diemer Rn. 15; wieder **aM** SK-StPO/Rogall Rn. 17: anfechtbar ist schon die Ladung). Der StA steht die Beschwerde zu, wenn das AG die Vorführung ablehnt (LG Aachen JMBl. NRW. 1970, 57; LG Köln NJW 1967, 1873); das Beschwerdegericht darf die Vorführung aber nicht selbst anordnen (LG Mönchengladbach JZ 1970, 192). Weitere Beschwerde ist nach § 310 Abs. 2 ausgeschlossen (OLG Köln MDR 1952, 378; vgl. auch KG StraFo 2016, 245).

Vorführung

134 (1) **Die sofortige Vorführung des Beschuldigten kann verfügt werden, wenn Gründe vorliegen, die den Erlaß eines Haftbefehls rechtfertigen würden.**

(2) **In dem Vorführungsbefehl ist der Beschuldigte genau zu bezeichnen und die ihm zur Last gelegte Straftat sowie der Grund der Vorführung anzugeben.**

A. Sofortige Vorführung (Abs. 1). Die sofortige Vorführung (Abs. 1), dh die **Vorführung ohne vorangegangene Ladung u. Androhung** (Löwe/Rosenberg/Gleß Rn. 1), ist unter den Voraussetzungen der §§ 112, 112a, auch des § 126a (KK-StPO/Diemer Rn. 1), zulässig. Dadurch soll dem Richter ein Mittelweg zwischen sofortiger Verhaftung u. Ladung zur Vernehmung eröffnet werden. Er kommt etwa in Betracht im Fall des § 165 (Schmidt JZ 1968, 354) o. wenn die StA den Erlass eines Haftbefehls beantragt o. sich gegen seine Aufhebung beschwert hat (Löwe/Rosenberg/Gleß Rn. 3). 1

B. Vorführungsbefehl (Abs. 2). Den Vorführungsbefehl (Abs. 2) darf nur der nach §§ 125, 126, 162, 165, 169 zuständige Richter erlassen (RGSt 56, 234). Eine vorherige Anhörung unterbleibt (§ 33 Abs. 4). Schriftform ist erforderlich. 2

I. Inhalt. Der Beschuldigte muss so genau bezeichnet werden, dass Verwechslungen ausgeschlossen sind. Die ges. Bezeichnung der ihm vorgeworfenen Straftat, nicht der tatsächliche Vorgang (SK-StPO/Rogall Rn. 11), u. der Grund der Vorführung sowie Vorführungsort u. -zeit sind anzugeben. Der Haftgrund ist ebenso zu bezeichnen wie in einem Haftbefehl (→ § 114 Rn. 13). Jedoch müssen die Tatsachen nicht angegeben werden, aus denen sich dringender Tatverdacht u. Haftgrund ergeben. Im Fall des § 133 müssen die Ladung, das Ausbleiben u. das Fehlen ausreichender Entschuldigungsgründe dargetan werden. 3

II. Bekanntmachung. Die Bekanntmachung des Vorführungsbefehls an den Beschuldigten ist Voraussetzung für seine Vollstreckung (BGH NStZ 1981, 22), erfolgt aber erst unmittelbar vor deren Beginn. Auf Verlangen ist der Vorführungsbefehl dem Beschuldigten vorzuzeigen. Einen Anspruch auf Aushändigung einer Abschrift hat er nicht (Löwe/Rosenberg/Gleß Rn. 7). Wird der Vorführungsbefehl in einem Eilfall telefonisch o. durch Fernschreiben veranlasst, so gilt § 114a entspr. (OLG Stuttgart Justiz 1982, 339). 4

III. Vollstreckung. Die Vollstreckung erfolgt nach § 36 Abs. 2 S. 1 (Wendisch JR 1978, 447). Wegen der UGefangenen vgl. → § 133 Rn. 5a, wegen der Strafgefangenen zB § 36 Abs. 1 S. 2 SächsStVollzG, Art. 38 BayStVollzG. Der Vorführungsbefehl berechtigt die Polizei zum Betreten der Wohnung des Beschuldigten, nicht eines Dritten, zum Zweck seiner Ergreifung (Löwe/Rosenberg/Gleß Rn. 8; erg. → § 105 Rn. 6) u. zur Festnahme des Beschuldigten (RGSt 12, 162). Unmittelbarer Zwang darf auch sonst angewendet werden (BGH NStZ 1981, 22: Aufbrechen der Wohnungstür; Kaiser NJW 1965, 1217: Anlegung v. Fesseln). 5

IV. Wirksamkeit. Die Wirksamkeit des Vorführungsbefehls **endet mit dem Abschluss der Vernehmung** (KK-StPO/Diemer Rn. 8; Löwe/Rosenberg/Gleß Rn. 10; SK-StPO/Rogall Rn. 15; **aM** Enzian NJW 1957, 451: schon mit deren Beginn). Bis dahin darf der Beschuldigte festgehalten werden. Nach der Vernehmung ist er zu entlassen, wenn kein Haftbefehl erlassen wird. Für eine neue Ladung ist ein neuer Vorführungsbefehl erforderlich (Enzian NJW 1957, 451; **aM** Rasehorn DRiZ 1956, 269). 6

C. Beschwerde. Beschwerde nach § 304 Abs. 1 ist gegen den Vorführungsbefehl zulässig. Da sie keine aufschiebende Wirkung hat (§ 307 Abs. 1), ist sie aber regelmäßig überholt, bevor sie dem Beschwerdegericht zugeht; zur Anfechtung in diesem Fall vgl. → Vor § 296 Rn. 17 ff. 7

D. Abgeordnete. Die zwangsweise Vorführung, nicht schon ihre Androhung, bedarf der Genehmigung des BT (Anl. 5 Abschn. A Nr. 14 Buchst. k GO-BT. 8

Sofortige Vernehmung

135 [1]**Der Beschuldigte ist unverzüglich dem Richter vorzuführen und von diesem zu vernehmen.** [2]**Er darf auf Grund des Vorführungsbefehls nicht länger festgehalten werden als bis zum Ende des Tages, der dem Beginn der Vorführung folgt.**

1 **A. Geltungsbereich.** Der Geltungsbereich der Vorschrift erstreckt sich auf Vorführungen nach §§ 133, 134 Abs. 1; in den Fällen der §§ 51 Abs. 1 S. 3, 163a Abs. 3 S. 2, 161a Abs. 2 S. 1 gilt sie entspr. Die §§ 115, 115a sind nicht anzuwenden; § 135 geht vor (Löwe/Rosenberg/Gleß Rn. 1). Hinter §§ 230, 236, 329 Abs. 4 tritt die Vorschr. zurück.

2 **B. Beschleunigungsgebot (S. 1).** Der Vorführungsbefehl berechtigt nur zur Freiheitsbeschränkung nach Art. 104 Abs. 1 S. 1 GG, nicht zur Freiheitsentziehung iS Art. 104 Abs. 2–4 GG (Löwe/Rosenberg/Gleß Rn. 2; SK-StPO/Rogall Rn. 2; **aM** Moritz NJW 1977, 796).

3 Der Beschuldigte muss daher, was schon bei der Wahl des Vorführungszeitpunkts zu berücksichtigen ist, **unverzüglich** vernommen werden. Das erfordert ein Handeln ohne jede nach den Umständen vermeidbare Säumnis (Löwe/Rosenberg/Gleß Rn. 3). Gerechtfertigt sind nur Verzögerungen, deren Gründe in rechtlichen o. tatsächlichen Hindernissen liegen.

4 **Vorführung** bedeutet nicht die persönliche Gegenüberstellung mit dem Richter, sondern das Unterstellen des Beschuldigten unter dessen unmittelbare Verfügungsgewalt (vgl. → § 115 Rn. 3). Schon das Verbringen in das Gerichtsgebäude u. die Einlieferung in das Gerichtsgefängnis ist daher Vorführung (Löwe/Rosenberg/Gleß Rn. 4). Die Ergreifung des Beschuldigten mehrere Stunden vor dieser Vorführung verbietet Abs. 1 nicht. Er darf schon am Vorabend festgenommen werden, wenn nur das verhindert, dass er sich der Vorführung entzieht (BayVerfGHE 3 II 63).

5 Die **Vernehmung** muss unmittelbar nach der Vorführung stattfinden, sofern nicht Gründe in der Person des Richters (Erkrankung, unaufschiebbare Dienstgeschäfte) o. des Beschuldigten (Ermüdung durch den Transport) o. in der Gerichtsorganisation entgegenstehen (Lampe MDR 1974, 537). Der Richter muss die möglichen u. zumutbaren organisatorischen Maßnahmen zur Einhaltung des Abs. 1 treffen. Auch die Verhinderung des teilnahmeberechtigten StA o. Verteidigers kann ein Hindernisgrund sein (SK-StPO/Rogall Rn. 6).

6 **C. Zeitliche Grenze.** Die zeitliche Grenze für das Festhalten des Beschuldigten ist nach S. 2 das Ende des nächsten Tages, auch wenn einer der beiden Tage ein Sonnabend, Sonntag o. Feiertag ist (Löwe/Rosenberg/Gleß Rn. 7), gerechnet v. Beginn der Vorführung, dh der Ergreifung. Ein längeres Festhalten des Beschuldigten ist unzulässig, auch wenn die Vernehmung noch nicht möglich war.

7 Über die **Art des Festhaltens** entscheidet das Gericht (Kaiser NJW 1965, 1216). Zulässig ist die Bewachung o. Einschließung im Vernehmungsraum, uU aber auch die Aufnahme in eine Arrestzelle o. in das Gerichtsgefängnis. Die für UGefangene geltenden Erleichterungen (§ 119) müssen gewahrt werden.

Vernehmung **Nr. 45 RiStBV**

136 (1) [1]**Bei Beginn der Vernehmung ist dem Beschuldigten zu eröffnen, welche Tat ihm zu Last gelegt wird und welche Strafvorschriften in Betracht kommen.** [2]**Er ist darauf hinzuweisen, daß es ihm nach dem Gesetz freistehe, sich zu der Beschuldigung zu äußern oder nicht zur Sache auszusagen und jederzeit, auch schon vor seiner Vernehmung, einen von ihm zu wählenden Verteidiger zu befragen.** [3]**Möchte der Beschuldigte vor seiner Vernehmung einen Verteidiger befragen, sind ihm Informationen zur Verfügung zu stellen, die es ihm erleichtern, einen Verteidiger zu**

kontaktieren. [4]Auf bestehende anwaltliche Notdienste ist dabei hinzuweisen. [5]Er ist ferner darüber zu belehren, daß er zu seiner Entlastung einzelne Beweiserhebungen beantragen und unter den Voraussetzungen des § 140 die Bestellung eines Pflichtverteidigers nach Maßgabe des § 141 Absatz 1 und des § 142 Absatz 1 beantragen kann; zu Letzterem ist er dabei auf die Kostenfolge des § 465 hinzuweisen. [6]In geeigneten Fällen soll der Beschuldigte auch darauf, dass er sich schriftlich äußern kann, sowie auf die Möglichkeit eines Täter-Opfer-Ausgleichs hingewiesen werden.

(2) **Die Vernehmung soll dem Beschuldigten Gelegenheit geben, die gegen ihn vorliegenden Verdachtsgründe zu beseitigen und die zu seinen Gunsten sprechenden Tatsachen geltend zu machen.**

(3) **Bei der Vernehmung des Beschuldigten ist zugleich auf die Ermittlung seiner persönlichen Verhältnisse Bedacht zu nehmen.**

(4) **[1]Die Vernehmung des Beschuldigten kann in Bild und Ton aufgezeichnet werden. [2]Sie ist aufzuzeichnen, wenn**

1. dem Verfahren ein vorsätzlich begangenes Tötungsdelikt zugrunde liegt und der Aufzeichnung weder die äußeren Umstände noch die besondere Dringlichkeit der Vernehmung entgegenstehen oder

2. die schutzwürdigen Interessen von Beschuldigten, die erkennbar unter eingeschränkten geistigen Fähigkeiten oder einer schwerwiegenden seelischen Störung leiden, durch die Aufzeichnung besser gewahrt werden können.

[3]§ 58a Absatz 2 gilt entsprechend.

(5) **§ 58b gilt entsprechend.**

Übersicht

1 **A. Anwendungsbereich. Vernehmung** iSv I 1, III sind nach der Streichung des Wortes „Erste“ durch das G zur Fortentwicklung der StPO v. 25.6.2021 (BGBl. I 2099) alle Vernehmungen des Beschuldigten im Ermittlungsverfahren (BT-Drs. 19/27654, 79 f.). Angaben des Beschuldigten gegenüber einer V-Person gehören hierzu nicht (BGH NStZ 2023, 560 mAnm Mosbacher JuS 2023, 736). Der Beschuldigte ist bei jeder erneuten Vernehmung (erneut) iSd I zu belehren; die Anwendbarkeit auf staatsanwaltliche und polizeiliche Vernehmungen folgt aus den Verweisungen in §§ 163a III 2, IV 2. Dem Beschuldigten soll klar gemacht werden, dass seine prozessualen Rechte unabhängig davon fortbestehen, ob er sie ausübt oder ausgeübt hat, die Ermittlungsbehörden sollen für etwaige Änderungen der Verdachtslage und dadurch ggf. erforderlich werdende Anpassungen sensibilisiert werden (vgl. BT-Drs. 19/27654, 79 f.). Die Vernehmung durch den Haftrichter regeln § 115 III, § 115a II 2; in der HV gilt § 243 II–IV. Wegen Vernehmungen durch StA u. Polizei → § 163a III 2, IV 2.

2 **Sachverständige** haben keine Vernehmungsbefugnis (→ § 80 Rn. 2); § 136 hat daher für sie keine Bedeutung (BGH NJW 1968, 2297; NStZ 1997, 296; KK-StPO/Diemer Rn. 3; SK-StPO/Rogall Rn. 27; **aM** LG Oldenburg StV 1994, 646; Löwe/Rosenberg/Gleß Rn. 3; BGHSt 35, 32 (35) hat zu dieser Frage nicht Stellung genommen, sondern erwähnt nur eine dort erfolgte ordnungsgemäße Belehrung durch den Sachverständigen); zu erwägen ist allerdings, ob eine Belehrungspflicht angenommen werden sollte, wenn der Sachverständige Zusatztatsachen (→ § 79 Rn. 11) erhebt (vgl. Schmidt-Recla NJW 1998, 800). Für die Gerichtshelfer (§ 160 III) gilt die Vorschr. entspr. (→ § 160 Rn. 25), nicht aber für die Bewährungshelfer, die nach § 56d StGB erst nach der Verurteilung tätig werden (**aM** Schipholt NStZ 1993, 470).

3 **B. Vernehmung des Beschuldigten.** Die Vernehmung des Beschuldigten regelt § 136. Zum **Begriff der Vernehmung** → § 136a Rn. 4; zum Begriff Beschuldigter u. zur Abgrenzung v. Tatverdächtigen sowie zum **Zeitpunkt des Eintretens der Belehrungspflicht** vgl. → Einl. Rn. 76 ff. sowie → § 163a Rn. 4a; zur Vernehmung **Jugendlicher** Eisenberg NStZ 1999, 281 ff. Der Richter ist an die Entsch. der StA gebunden, dass der zu Vernehmende als Beschuldigter zu behandeln ist. Er darf ihn auch dann nicht als Zeugen vernehmen, wenn er Tatverdacht nicht für gegeben hält (Nehm FS Meyer-Goßner, 2001, 286). Hält er umgekehrt einen Zeugen für tatverdächtig, darf er die Zeugenvernehmung nicht fortführen; erforderlichenfalls hat er ihn sogleich als Beschuldigten zu vernehmen (AK-StPO/Schöch § 162 Rn. 6; Löwe/Rosenberg/Gleß Rn. 9; zu **polizeilichen** Vernehmungen BGHSt 51, 367 sowie eing. → § 163a Rn. 4a mN; **aM** Löwe/Rosenberg/Erb § 162 Rn. 34; Nehm FS Meyer-Goßner, 2001, 283). Will ihn die StA gleichwohl nur als Zeugen vernehmen lassen, steht ihm die Äußerungsfreiheit nach §§ 136, 163a zu; Maßregeln nach § 70 sind dann unzulässig (BGH NStZ 1997, 398). Für Kinder gilt, da sie keine Beschuldigten sein können (→ Einl. Rn. 76), § 136 nicht (vgl. Frehsee ZStW 100 (1988), 298; **aM** Ostendorf FS Heinz, 2012, 464 (469 f.)).

4 **C. Gang der Vernehmung.** Der Gang der Vernehmung ergibt sich aus der nachstehenden Reihenfolge.

5 **I. Vernehmung zur Person.** Die Vernehmung zur Person steht am Beginn jeder Vernehmung. Sie dient der Feststellung der Identität des Beschuldigten. Die darüber hinausgehende Ermittlung seiner persönlichen Verhältnisse (→ Rn. 16) gehört zur Sachvernehmung (erg. → § 243 Rn. 12). Obwohl sich das verfahrensrechtlich nicht erzwingen lässt, ist der Beschuldigte nach § 111 OWiG zu Angaben über seine Person verpflichtet (BGHSt 21, 334 (364); 25, 13 (17); BayObLGSt 1969, 79; OLG Stuttgart MDR 1987, 521), auch wenn das auf eine Selbstbelastung hinausläuft (KK-StPO/Diemer Rn. 7; **aM** Löwe/Rosenberg/Gleß Rn. 17; SK-StPO/Rogall Vor §§ 133 ff. Rn. 71), sofern die Angaben nicht ausnahmsweise (Beruf, Staatsangehörigkeit) auch für die Schuldfrage v. Bedeutung sind (BayObLGSt 1980, 79; 1980, 111). Anzugeben sind Vor-, Familien- u. Geburtsnamen,

Ort u. Tag der Geburt, Familienstand, Beruf, Wohnort, Wohnung u. Staatsangehörigkeit (vgl. Nr. 13 Abs. 1 S. 1 RiStBV). Nach der Religion wird im Hinblick auf Art. 140 GG iVm Art. 136 III 1 WeimRV nur gefragt, wenn der Sachverhalt dazu Anlass gibt (Nr. 13 Abs. 5 RiStBV). Das Gleiche gilt für Fragen nach Abstammung u. politischer Gesinnung. Über Vorstrafen vgl. → Rn. 16.

II. Eröffnung des Tatvorwurfs (I 1). Die Eröffnung des Tatvorwurfs (I 1) **6** erfolgt nach der Feststellung der Identität u. vor der Belehrung nach I 2 (Löwe/Rosenberg/Gleß Rn. 20; SK-StPO/Rogall Rn. 39). Schlagwortartige Angaben (Diebstahl, Raub, Betrug) genügen nicht. Der Sachverhalt muss dem Beschuldigten in groben Zügen u. so weit bekanntgegeben werden, dass er sich verteidigen kann (Fincke ZStW 95 (1983), 959 ff.), aber nicht so weit, dass die wirksame Verbrechensbekämpfung Schaden leidet (Eser ZStW Beiheft 86 (1974), 151). Insoweit besteht ein gewisser Beurteilungsspielraum des Vernehmenden, der aber überschritten ist, wenn dem Beschuldigten eines Gewaltdeliktes der Tod des Opfers verschwiegen wird (BGH NStZ 2012, 581; zur Frage eines Verwertungsverbotes → Rn. 21). Die Strafvorschriften werden zu Beginn der Vernehmung angegeben. Wenn danach neue rechtliche Gesichtspunkte auftreten, ist auch auf diese hinzuweisen (Löwe/Rosenberg/Gleß Rn. 26; SK-StPO/Rogall Rn. 42; **aM** KK-StPO/Diemer Rn. 9). Bei der Vernehmung über mehrere Taten kann die Vernehmung zunächst auf eine v. ihnen beschränkt werden. Dass sich das Ermittlungsergebnis ändert, zwingt zu keiner neuen Vernehmung (Schäfer wistra 1987, 165).

III. Belehrung über die Aussagefreiheit (I 2). Durch die Belehrung soll ggü. **7** dem Beschuldigten eindeutig klargestellt werden, dass es ihm **freisteht, nicht auszusagen,** obwohl ihn ein Richter, StA o. Polizeibeamter in amtl. Eigenschaft befragt (BGHSt GrS 42, 139 (147); zust. Franke JR 2000, 470; Popp NStZ 1998, 95; **aM** Roxin NStZ 1995, 466; 1997, 18: Schutz vor staatlich veranlasster irrtumsbedingter Selbstbelastung). Das Belehrungsgebot stellt klar, dass **niemand verpflichtet ist, gegen sich selbst auszusagen** (BGHSt 14, 358 (364); BGH NJW 2024, 3603; vgl. auch BVerfGE 56, 37 (49); erg. zur Selbstbelastungsfreiheit → Einl. Rn. 29a, → **EMRK** Art. 6 Rn. 4 ff.). Der Beschuldigte braucht nicht Zeuge gegen sich selbst zu sein (BGHSt 25, 325 (331)). Es steht ihm frei, sich zu der Beschuldigung zu äußern o., was aber nicht immer die zweckmäßigste Art der Verteidigung ist (BGHSt 25, 325 (331)), nicht zur Sache auszusagen (vgl. EGMR NJW 2002, 499: „Kernstück des von Art 6 EMRK garantierten fairen Verfahrens“). Der Beschuldigte hat die Aussagefreiheit, die auch die Tatbeteiligung anderer umfasst, so dass die Belehrung nach § 52 III 1 sinnlos ist (BayObLG NJW 1978, 387). I 2 begründet die Aussagefreiheit nicht, sondern setzt sie voraus (Rogall Beweismittel S. 104 ff.). Zum Verstoß gegen die Selbstbelastungsfreiheit außerhalb v. Vernehmungen nach § 136 BGH NStZ 2019, 36 sowie → Rn. 20c und → Einl. Rn. 29a.

1. Interne Ermittlungen: Die Vorschr. findet auf die Befragung v. Unterneh- **7a** mensmitarbeitern durch einen RA im Rahmen sog. interner Ermittlungen keine Anwendung (vgl. Greeve StraFo 2013, 89; Raum StraFo 2012, 395 (398); I. Roxin StV 2012, 116 (119) mwN; erg. → § 53 Rn. 16; → § 55 Rn. 1a; → § 97 Rn. 10a). Solche Vernehmungen durch Compliance-Anwälte v. Unternehmen lösen, weil privater, nicht staatlicher Natur, grds. keine Belehrungspflicht – weder nach § 136, noch nach § 55 – aus (vgl. Raum StraFo 2012, 395 (398); Kasiske NZWiSt 2014, 262 (264)). Jedoch ist befragten Arbeitnehmern, die arbeitsvertragl. zur Teilnahme an Mitarbeitergesprächen verpflichtet sind, dort nach arbeitsrechtlichen Grundsätzen ein Schweigerecht zuzugestehen, soweit sie sich selbst dem Verdacht einer Straftat aussetzen müssten (so bereits LG Hamburg MDR 1984, 867; LAG Baden-Württemberg DB 1963, 1055; vgl. auch OLG Karlsruhe NStZ 1989, 287; ferner Bauer StraFo 2012, 488; Raum StraFo 2012, 395 (397); insofern ebenso I. Roxin StV 2012, 116 (120); vgl. auch Leitner FS Schiller, 2014, 430 (435); ErfK/Schmidt GG Art. 2 Rn. 95; BGH MDR 1989, 631 zu den Grenzen der Auskunftspflichten eines freien Mitarbeiters; **aM** Kottek wistra 2017, 9 (10): zumindest faktischer

Aussagezwang; Kasiske NZWiSt 2014, 262 (265); Greco/Caracas NStZ 2015, 7 (9); Wehnert StraFo 2012, 253; Greeve StraFo 2013, 89 (94); Watl/Litzka/Pusch NStZ 2009, 68 (70); LAG BeckRS 2009, 74015 zur Auskunftsverpflichtung bei einem bestehenden Wettbewerbsverbot).

7b Es besteht also iRv internen Ermittlungen grds. **arbeitsrechtlich keine Verpflichtung zur Selbstbezichtigung,** u. es kommt auch keine zivilprozessuale Erzwingung solcher Angaben in Betracht (Raum StraFo 2012, 395 (397); s. auch Tscherwinka FS I. Roxin, 2012, 520 (528); Sidhu/v. Saucken/Ruhmannseder NJW 2011, 881 (883), die eine dahin gehende, aus dem Arbeitsverhältnis abgeleitete Belehrungspflicht des Compliance-Anwalts an nehmen). Unter dieser Voraussetzung bedarf es zum Schutz betroffener Arbeitnehmer im späteren Strafverfahren auch nicht der Annahme eines systemwidrigen, weil nicht aus einem staatlich veranlassten Aussagezwang, sondern aus einem zivilrechtlichen Vertragsverhältnis abgeleiteten, Verwertungsverbotes für iRv Mitarbeitergesprächen gemachte, selbst belastende Angaben (Bauer StraFo 2012, 488; Raum StraFo 2012, 395 (397 f.); **aM** aber Kottek wistra 2017, 9 (13 ff.); I. Roxin StV 2012, 116 (120); Tscherwinka FS I. Roxin, 2012, 520 (536); Wehnert StraFo 2012, 253; Theile StV 2011, 381 (384); v. Galen NJW 2011, 945; Jahn StV 2009, 41 (43); Watl/Litzka/Pusch NStZ 2009, 68 (70); Greco/Caracas NStZ 2015, 7 (15): Verwendungsverbot mit Fernwirkung). Ebenso wenig besteht dann ein Bedürfnis, ein derartiges strafprozessuales Verwertungsverbot aus einer Parallele zu § 97 I 3 InsO abzuleiten; dies gilt unabhängig davon, dass die ges. Auskunftspflicht nach § 97 InsO u. die vertraglichen Pflichten des Mitarbeiters aus dem Arbeitsverhältnis nicht vergleichbar sind (vgl. LG Hamburg NJW 2011, 942 (944); Raum StraFo 2012, 395 (397 f.); **aM** aber etwa Jahn/Kirsch StV 2011, 151 (152) mwN; vgl. auch Kasiske NZWiSt 2014, 262 (267); für eine ges. Regelung vergleichbar § 97 I 3 InsO Greeve FS Feigen, 2014, 66). Ergänzend → § 53 Rn. 16, → § 97 Rn. 10a–10c.

7c **2.** Dagegen steht einer **JP in den Fällen der §§ 424, 426 und 444** ein – durch die in § 74e StGB bezeichneten Personen auszuübendes – **eigenständiges Schweigerecht** zu, wenn zu ihren Lasten die Anordnung einer Einziehung o. die Verhängung einer Geldbuße in Betracht kommt (Minoggio wistra 2003, 121; Löwe/Rosenberg/Gössel § 444 Rn. 25a, 25b; **aM** BVerfG NJW 1997, 1841, allerdings zu dem mit der vorliegenden Konstellation nicht vergleichbaren Fall eines ges. geregelten Schweigerechts nach einem Landesmediengesetz). Dies ergibt sich aus dem – in § 444 II 2 in Bezug genommenen – § 426 II, dessen Verweisung auf die Vorschr. über die Vernehmung des Beschuldigten, soweit eine Verfahrensbeteiligung inmitten steht, bei der Nebenbeteiligung v. JP andernfalls obsolet wäre. Auch der EuGH gesteht einem Unternehmen ein Auskunftsverweigerungsrecht insoweit zu, als es sich durch die Antwort selbst belasten müsste (EuGH BeckRS 2004, 71022; s. auch EuG BeckRS 9998, 128792). Dieser Rechtsgedanke hat schließlich auch in § 59 V GWB Ausdruck gefunden, der im Kartellverfahren zur Auskunft verpflichtete Unternehmen berechtigt, die Auskunft auf solche Fragen verweigern, mit denen sie sich der Gefahr strafrechtlicher Verfolgung o. der Verfolgung nach dem OWiG aussetzen würden.

8 **3. Zeitpunkt und Form der Belehrung:** Der Hinweis nach I 2 ist vor jeder (zum Erfordernis der Belehrung als Beschuldigter durch die Polizei und dem Zeitpunkt des Eintretens der Belehrungspflicht → § 163a Rn. 4–4b, → Einl. Rn. 77) Vernehmung (zum Begriff → § 136a Rn. 4) zu erteilen, unabhängig davon, ob der Beschuldigte seine Rechte kennt o. nicht (BGHSt 47, 172). Der Hinweis ist v. dem Vernehmenden, der damit keinen Dritten beauftragen darf (Löwe/Rosenberg/Gleß Rn. 32), an den Beschuldigten selbst zu richten, nicht an den ges. Vertreter o. den Erziehungsberechtigten. Für den Hinweis sollten die Worte des Gesetzes benutzt werden; eine andere Fassung ist unschädlich, wenn sie dem Beschuldigten Klarheit über die Aussagefreiheit verschafft (BGH NJW 1966, 1718; BeckRS 2010, 14686). Die Aussageverweigerung des Beschuldigten muss der Vernehmende nicht einfach hinnehmen. Er muss sich zwar jeder Beeinträchtigung der Willensentschließung des Beschuldigten enthalten (Günther JR 1978, 92), darf ihm aber, wenn dazu

Anlass besteht, die Nachteile eines Verteidigungsverzichts vor Augen führen (SK-StPO/Rogall Rn. 46). Die richterliche Fürsorgepflicht (→ Einl. Rn. 155 ff.) kann sogar zur unverhüllten Empf. zwingen, zur Sache auszusagen (Kleinknecht JZ 1965, 156; Peters Rn. 207). Der Beschuldigte kann seine Bereitschaft zur Äußerung v. vornherein auf bestimmte Fragenkomplexe beschränken (Rogall Beweismittel S. 45). Er kann sie jederzeit zurücknehmen (Eser ZStW 79 (1967), 576); auch die Beantwortung einzelner Fragen kann er ablehnen (BGHSt 5, 332 (334)). Die Vernehmung kann auch trotz anfänglicher Aussageverweigerung fortgesetzt werden, aber nur, solange nicht mit verbotenen Mitteln auf die Willensfreiheit des zu Vernehmenden u. die Durchsetzbarkeit seines Aussageverweigerungsrechts eingewirkt wird (BGH NJW 2009, 3589). Zur Berücksichtigung des Schweigens des Beschuldigten bei der Beweiswürdigung vgl. → § 261 Rn. 15 ff. Zur Frage, wann ein Verdächtiger als Beschuldigter zu vernehmen ist, → § 163a Rn. 4a.

4. Zur Frage eines Verwertungsverbotes bei **Unterlassen des Hinweises** auf die Aussagefreiheit nach I 2 → Rn. 20. 9

IV. Hinweis auf das Recht zur Verteidigerkonsultation (I 2–4). Der **Hinweis auf das Recht zur Verteidigerkonsultation (I 2)** ist zugleich mit der Belehrung über die Aussagefreiheit zu erteilen; denn gerade die Frage, ob der Beschuldigte aussagen o. schweigen will, kann die Beratung mit einem Verteidiger erfordern. Das Recht auf Verteidigerkonsultation steht selbständig neben dem Schweigerecht (Beulke NStZ 1996, 258). Wird dem Beschuldigten das Recht auf Zugang zu einem Verteidiger verweigert, liegt ein Verstoß gegen Art. 6 I, III c **EMRK** vor (EGMR EuGRZ 1996, 587 (592); NJW 2009, 3707). 10

Bei einem **Verstoß gegen die Belehrungspflicht** des I 2 wird bei erneuter Vernehmung auch hier – wie bei Verstoß gegen die Belehrung über die Aussagefreiheit (→ Rn. 9) – eine **„qualifizierte Belehrung"** verlangt werden müssen (Neuhaus StV 2010, 46). Zur Frage des Verwertungsverbotes → Rn. 21, wegen der Anwendung des I 2 bei Vernehmungen nach § 115 vgl. → § 115 Rn. 8. 10a

Erklärt der Beschuldigte, dass er **erst mit einem Verteidiger sprechen** wolle, so muss die beabsichtigte Vernehmung aufgeschoben u. die weitere Entsch. des Beschuldigten, ob er sich zur Sache einlassen will, abgewartet werden (BGHSt 38, 372; vgl. auch BGH NJW 1992, 2903 (2904)); der Beschuldigte darf nicht zu weiteren Angaben gedrängt werden (BGH NStZ 2004, 450; NJW 2006, 1008). Ihm ist vielmehr Gelegenheit zu geben, sich telefonisch mit dem Verteidiger in Verbindung zu setzen. Dem Angeklagten, der noch keinen Verteidiger hat, sind Informationen zur Vfg. zu stellen, die es ihm erleichtern, einen Verteidiger zu kontaktieren **(I 3);** insbes. ist er auf bestehende anwaltliche Notdienste hinzuweisen **(I 4).** Dem entgegenstehende frühere Rspr. ist damit überholt (vgl. etwa BGHSt 42, 170 sowie BGH NStZ 1997, 251 (252), die eine Fortsetzung der Vernehmung bereits dann gestattet hatten, wenn Bemühungen um einen Verteidiger „wegen der mitternächtlichen Stunde" erfolglos erscheinen). 10b

Spontanäußerungen des Beschuldigten – zumal zum Randgeschehen – dürfen nicht zum Anlass für sachaufklärende Nachfragen genommen werden, wenn er die Konsultation eines Verteidigers begehrt u. von seinem Schweigerecht Gebrauch macht (BGHSt 58, 301; Britz NStZ 2013, 607; aber erg. → Rn. 28, → § 136 Rn. 4). Eine **Fortsetzung der Vernehmung ohne Verteidiger** ist nur zulässig, wenn der Beschuldigte damit nach erneutem Hinweis auf sein Recht der Verteidigerkonsultation (vgl. BGH BeckRS 2019, 14505 mAnm Mosbacher JuS 2020, 128 (130) u. Eidam StV 2020, 435; BGH StraFo 2019, 420; NStZ 2013, 299, der aber einen zusätzlichen Hinweis auf eine etwa fehlgeschlagene Kontaktaufnahme für entbehrlich hält) ausdr. einverstanden ist u. wenn dem ernsthafte Bemühungen vorausgegangen waren, dem Beschuldigten bei der Herstellung des Kontaktes zu einem Verteidiger zu helfen (BGHSt 42, 15). 10c

In den Fällen der notwendigen Verteidigung (§ 140) wird dieses Vorgehen allerdings oftmals nicht mehr genügen. Hat der Beschuldigte nämlich nach gebotener Belehrung gem. I 5 (→ Rn. 11a) einen Antrag auf Bestellung eines Pflicht- 10d verteidigers gem. § 141 I 1 gestellt (→ § 141 Rn. 2 ff.), ist hierüber grds. spätestens vor einer Vernehmung o. Gegenüberstellung mit ihm zu entscheiden (§ 141 I 2; → § 141 Rn. 7, 8). In diesem Fall sind Vernehmungen des Beschuldigten u. Gegenüberstellungen mit ihm vor der Bestellung eines Pflichtverteidigers nur noch zulässig, wenn einer der Ausnahmetatbestände des durch das G zur Neuregelung der notwendigen Verteidigung v. 10.12.2019 (BGBl. I 2128 (2129)) eingeführten § 141a S. 1 Nr. 1 oder 2 (→ § 141a Rn. 3–5) vorliegt *und* der Beschuldigte hiermit ausdr. einverstanden ist (→ § 141a Rn. 7, 8).

10e Die **Vorschrift des I 4 schützt nur den Beschuldigten,** der zwar einen Verteidiger befragen möchte, aber keinen benennt, nicht aber den, der bereits einen bestimmten RA bezeichnet hat (BGH BeckRS 2019, 14505 mAnm Mosbacher JuS 2020, 128 (130)). Äußert der Beschuldigte keinen Wunsch auf Zuziehung eines Verteidigers, braucht er auch nicht auf den anwaltlichen Notdienst hingewiesen zu werden (s. bereits BGHSt 47, 233; BGH NStZ 2006, 114), wie sich aus I 3 und 4 ergibt. In den Fällen der notwendigen Verteidigung (§ 140) ist allerdings auch insoweit § 141 I zu beachten (→ § 141 Rn. 2 ff.; erg. → Rn. 10d, 11a). Hat sich bereits ein Verteidiger – auch ohne Wissen des Beschuldigten – zur Übernahme der Verteidigung bereit erklärt, darf die Vernehmung ohne ihn nicht fortgesetzt werden (BGH NStZ 1997, 502; 2008, 643). Der Hinweis entfällt, wenn der Beschuldigte für dieses (nicht für ein anderes) Verf. bereits einen Wahl- o. Pflichtverteidiger hat (KK-StPO/Diemer Rn. 14; **aM** Löwe/Rosenberg/Gleß Rn. 40; SK-StPO/Rogall Rn. 48: nur, wenn er auch sein Recht kennt, sich mit dem Verteidiger zu beraten).

11 **V. Hinweis auf das Beweisantragsrecht (I 5 Hs. 1).** Der **Hinweis auf das Beweisantragsrecht (I 5)** steht im Zusammenhang mit §§ 163a II, 166 I. Um ein Antragsrecht ieS handelt es sich nicht (ANM 335 ff.). Der Hinweis erfolgt im Anschluss an die Belehrung über die Aussagefreiheit, kann aber im Lauf der Vernehmung nachgeholt werden. Er ist auch erforderlich, wenn der Beschuldigte erklärt, dass er sich zur Sache nicht äußern wolle; denn Beweisanträge kann er trotzdem stellen.

11a **VI. Hinweis auf Recht zur Bestellung eines Pflichtverteidigers (I 5 Hs. 1).** Darüber hinaus ist der Beschuldigte in den Fällen der **notwendigen Verteidigung** des § 140 (**aM** Laustetter/Voigt Kriminalistik 2021, 227, 229: bei jeder Beschuldigtenvernehmung) darüber zu belehren, dass er die Bestellung eines Pflichtverteidigers beantragen kann **(I 5).** Durch die Verweisungen in § 163a III 2, IV 2 gilt dies auch für staatsanwaltliche u. polizeiliche Vernehmungen. Die Belehrung hat sich auf das Antragsrecht gem. § 141 I (→ § 141 Rn. 2 ff.) u. den zuständigen Adressaten des Antrags iSv § 142 I zu erstrecken (→ § 142 Rn. 2 ff.). Geht es um eine Vorführung zur Entsch. über Haft ist dem Beschuldigten unabhängig v. einem Antrag ein Pflichtverteidiger zu bestellen (§ 141 II Nr. 1, → § 141 Rn. 11 ff.). Eine Vernehmung des Beschuldigten, ohne dass ihm zuvor ein Verteidiger bestellt wurde, wird in den Fällen notwendiger Verteidigung deshalb praktisch nur noch unter den engen Voraussetzungen des § 141a (→ § 141a Rn. 2 ff.) o. in Betracht kommen, wenn der Beschuldigte in den Fällen des § 141 I nach Belehrung gem. I 5 keinen Antrag auf Bestellung eines Pflichtverteidigers gestellt hat (→ § 141 Rn. 5, 18, 18a; vgl. zur früheren Rechtslage BGHSt 60, 38 mwN: Vernehmung ohne Verteidiger grds. auch beim Vorwurf schwerer Verbrechen möglich). Ergänzend → § 163a Rn. 8.

11b **VII. Hinweis auf nach § 465 entstehende Kosten (I 5 Hs. 2).** Der Beschuldigte ist ferner darauf hinzuweisen, dass er im Falle der Bestellung eines Verteidigers die dadurch nach § 465 entstehenden Kosten insofern zu tragen hat, als er verurteilt wurde (I 5 Hs. 2). Glaubt der Beschuldigte wegen Mittellosigkeit keinen Verteidiger zuziehen zu können, darf er im Fall notwendiger Verteidigung wegen § 141 I aber nicht in diesem Irrtum belassen werden (so bereits BGH NStZ 2006, 236 u. BGH NStZ-RR 2006, 181 zur früheren Rechtslage, die in diesem Unterlassen aber bei erheblicher Schwere des Schuldvorwurfs keinen revisiblen Rechtsfehler sehen, was sich allerdings nach Einf. des § 141 I kaum mehr aufrechterhalten lässt).

VIII. Schriftliche Äußerung zur Sache (I 6). Da der Beschuldigte sich zur Sache nicht zu äußern braucht, ist er auch berechtigt, mündliche Angaben abzulehnen u. sich schriftlich zu erklären. Darüber ist er vor Beginn der Vernehmung, nicht schon in der Ladung (KK-StPO/Diemer Rn. 16; Löwe/Rosenberg/Gleß Rn. 52; **aM** SK-StPO/Rogall Rn. 60), zu belehren, sofern es sich um einen für schriftliche Äußerungen geeigneten Fall handelt. Geeignet sind Fälle, in denen der Beschuldigte voraussichtlich bereit u. hinreichend fähig ist, eine sachgerechte schriftliche Äußerung abzugeben. Die Belehrung entfällt, wenn die Vernehmung die Gewinnung einer nach § 254 verlesbaren Niederschrift bezweckt o. der Beschuldigte ersichtlich so ungewandt ist, dass ihm eine schriftliche Äußerung nicht zugetraut werden kann. Der Hinweis kann va angebracht sein, wenn die Einlassung sehr umfangr. ist, wenn die Auswertung umfangreicher Unterlagen erforderlich ist o. wenn der Beschuldigte erklärt, er wolle sich vor der Vernehmung mit einem Verteidiger beraten. Eine Erg. der mündlichen Aussage durch eine schriftliche Äußerung steht dem Beschuldigten immer frei. 12

IX. Möglichkeit eines Täter-Opfer-Ausgleichs (I 6). Auch hierauf soll der Beschuldigte **in geeigneten Fällen,** dh, wenn ein solcher TOA in Betracht kommt, hingewiesen werden. Ungeeignet ist der Hinweis demnach, wenn der Beschuldigte nicht geständig ist o. anzunehmen ist, dass der Geschädigte dem TOA nicht zustimmen wird (Löwe/Rosenberg/Gleß Rn. 53; SK-StPO/Rogall Rn. 61). Die Vorschr. tritt neben die Vorschr. des § 155a, in der StA u. Gericht eine entspr. Prüfungspflicht auferlegt ist. Über § 163a III 2, IV 2 gilt die Hinweispflicht auch für Vernehmungen durch die StA u. die Polizei. 12a

X. Mitteilung der Verdachtsgründe (II). Die **Mitteilung der Verdachtsgründe (II)** ist bei jeder Vernehmung erforderlich, weil dem Beschuldigten Gelegenheit gegeben werden soll, sie zu beseitigen. Das setzt voraus, dass er sie kennt. Die Erkl. des Beschuldigten, er wolle nicht aussagen, macht die Mitteilung nicht überflüssig; vielleicht entschließt er sich zur Aussage, nachdem er erfahren hat, was ihm vorgeworfen wird. Die Mitteilung der Verdachtsgründe unterbleibt in dem Umf., in dem sie dem Beschuldigten im Interesse der Sachaufklärung verheimlicht werden müssen. Die Strafverfolgungsbehörden sind nicht etwa mit Rücksicht auf II gezwungen, vor der Vernehmung alles bekanntzugeben, was sie über den Fall wissen (**aM** Löwe/Rosenberg/Gleß Rn. 56; Lesch ZStW 111 (1999), 642). 13

D. Vernehmung zur Sache (III). Durch die Vernehmung zur Sache wird dem Beschuldigten **rechtliches Gehör** gewährt (BGHSt 25, 325 (332)). Er hat Gelegenheit, die Verdachtsgründe zu beseitigen u. Entlastungstatsachen geltend zu machen (II). Diese RL prägt die Art der Vernehmung; in ihrem Rahmen ist die Vernehmung aber auf Ermittlung der Wahrheit u. Beweissicherung ausgerichtet (BayObLGSt 1977, 126; Eser ZStW 79, 620; **aM** Löwe/Rosenberg/Gleß Rn. 57); denn die Angaben des Beschuldigten können als Beweis herangezogen werden (→ § 244 Rn. 2). 14

Eine Vernehmung iSd § 136 liegt nur vor, **wenn er sich selbst,** nicht durch seinen Verteidiger (BayObLGSt 1982, 156), **mündlich** äußert (Löwe/Rosenberg/Gleß Rn. 58; SK-StPO/Rogall Rn. 23; vgl. auch BGHR StGB § 78c I Nr. 1 Bekanntgabe 1). Die Verlesung v. Niederschriften ist keine solche Äußerung (BGHSt 3, 368). Um eine Vernehmung handelt es sich auch nicht, wenn der Richter Niederschriften über Vernehmungen durch Polizei o. StA verliest u. der Beschuldigte nur ihre Richtigkeit bestätigt (BGHSt 7, 73; BGH NStZ 1987, 85). Nur zur Vereinfachung der Protokollierung ist es zulässig, nach der Äußerung des Beschuldigten die frühere Vernehmungsniederschrift zu verlesen u. in das Prot. nur aufzunehmen, dass der Beschuldigte sie als Bestandteil seiner Erkl. vor dem Richter betrachtet wissen wolle (BGHSt 6, 279 (281); NJW 1952, 1027). Empfehlenswert ist auch dieses Verf. nicht (vgl. BGHSt 7, 73). 15

16 Bei der Vernehmung sollen die **persönlichen Verhältnisse** des Beschuldigten ermittelt werden (III), sofern das bisher nicht geschehen ist. Dazu gehören Vorleben, Werdegang, berufliche Ausbildung u. Tätigkeit, familiäre u. wirtschaftliche Verhältnisse u. sonstige Umstände, die für die Beurteilung der Tat und für die Rechtsfolgenfrage v. Bedeutung sein können (vgl. auch Nr. 13 Abs. 1 S. 3, 4 RiStBV; erg. → § 243 Rn. 12, 29). Vorstrafen werden nur erörtert, wenn sie für die Sache v. Bedeutung sind (KK-StPO/Diemer Rn. 22; vgl. Nr. 13 Abs. 1 S. 3, 4 RiStBV; erg. → § 243 Rn. 27). Allgemein gilt der Vorbehalt, dass die persönlichen Verhältnisse nur ermittelt werden, soweit das nach der Schwere des Vorwurfs u. nach dem Grad des Verdachts kein unangemessenes Eindringen in die Privatsphäre des Beschuldigten bedeutet (→ Einl. Rn. 20, 21).

17 Die **Art der Vernehmung** regelt das G nicht. Insbesondere ist nicht vorgeschrieben, dass der Beschuldigte, wie der Zeuge nach § 69 I 1, Gelegenheit zur zusammenhängenden Äußerung haben muss (**aM** offenbar BGHSt 13, 358 (361)). Zwar wird es oft (weitergehend Löwe/Rosenberg/Gleß Rn. 62: idR) zweckmäßig sein, ihn erst zu befragen, nachdem er sich so geäußert hat (OGHSt 3, 141). Die Vernehmung kann aber auch v. vornherein in Form v. Fragen u. Antworten erfolgen (OLG Köln MDR 1956, 694; KK-StPO/Diemer Rn. 19; **aM** Ernesti/Jürgensen SchlHA 1973, 186 – OLG Schleswig RsprÜ; SK-StPO/Rogall Rn. 33; erg. → § 243 Rn. 22).

18 Eine **Wahrheitspflicht** hat der Beschuldigte nicht (BGHSt 3, 149 (152)). Er hat aber auch kein *Recht* zur Lüge (BGH NStZ 2005, 517; Löwe/Rosenberg/Gleß Rn. 63; Keller JR 1986, 30; **aM** Fezer FS Stree/Wessels, 1993, 678, soweit sich der Beschuldigte nicht durch Lüge strafbar macht). Es ist daher zulässig, ihn zur Wahrheit zu ermahnen (**aM** Fezer FS Stree/Wessels, 1993, 683), ihn, wenn er die Unwahrheit sagt, in Widersprüche zu verwickeln u. auf die strafmildernde Wirkung eines Geständnisses hinzuweisen (BGHSt 1, 387).

19 Zum **Recht auf Anwesenheit** bei der Vernehmung vgl. § 168c; zum **Protokoll** §§ 168, 168a. Bei einer in Deutschland erfolgenden Vernehmung kann ausl. Ermittlungsbeamten die Teilnahme gewährt u. ihnen gestattet werden, unmittelbar Fragen an den Beschuldigten zu stellen (BGH NStZ 2007, 344).

19a **E. Bild- und Tonaufzeichnung (IV).** Die Vorschr. stellt zunächst in S. 1 klar, dass Vernehmungen generell (vgl. § 163a I 2) audiovisuell aufgezeichnet werden können. In den in S. 2 genannten Fällen ist die Vernehmung verpflichtend in Bild u. Ton aufzunehmen (dazu → Rn. 19c–f). Dies soll va der Wahrheitsfindung dienen, weil eine Videoaufzeichnung den Gang der Vernehmung zuverlässiger wiedergibt als ein Inhaltsprotokoll, ferner die HV beschleunigen, da im Einzelfall die Ladung des Vernehmungsbeamten unterbleiben kann, sowie den Beschuldigten vor rechtswidrigen Vernehmungsmethoden u. den Vernehmungsbeamten erforderlichenfalls vor falschen Anschuldigungen schützen (vgl. BT-Drs. 18/11277, 22).

19b Die Videoaufzeichnung muss die **gesamte Vernehmung** erfassen; hierzu gehören auch die erforderlichen Belehrungen nach I, nicht aber zwingend informatorische Vorgespräche (BT-Drs. 18/11277, 26; krit. dazu Weigend StV 2019, 852 (854)). Eine klassische Niederschrift, die auf dem Mitprotokollieren durch den Vernehmungsbeamten beruht, ist weiterhin möglich; eine Verpflichtung zur Vollverschriftlichung iSe wörtlichen Übertragung der Videoaufzeichnung besteht nach der Gesetzesbegründung nicht, kann sich aber – etwa in eilbedürftigen Verfahren, zB Haftsachen – im Nachhinein anbieten. Sie wird auch sonst regelmäßig sinnvoll sein (vgl. Singelnstein/Derin NJW 2017, 2646 (2649); Wickel ZIS 2020, 311 (313 f.)). IV gilt auch für Vernehmungen durch die Polizei u. die StA (§ 163 III 2, IV 2).

19c In Verfahren, denen ein **vorsätzliches Tötungsdelikt** zugrunde liegt (S. 2 Nr. 1), ist die Vernehmung grds. verpflichtend aufzuzeichnen. Das sind va solche nach den §§ 211–221 StGB, auch wenn sie im Stadium des Versuchs stecken geblieben sind, aber auch erfolgsqualifizierte Delikte, sofern der Vorsatz auf die schwere Folge gerichtet war. Ist die rechtliche Qualifizierung, insbes. die Abgrenzung zu einer fahrlässigen Begehungsweise, noch unklar, sollte im Zweifel eine Videoaufzeichnung erfolgen. Stellt sich erst während der Vernehmung heraus, dass ein vorsätzliches Tötungsdelikt in Betracht kommt, ist unverzüglich zu einer Bild- u. Tonaufzeichnung überzugehen (Singelnstein/Derin NJW 2017, 2646 (2649)).

Die Pflicht zur Videoaufzeichnung entfällt ausnahmsweise, wenn die äußeren Umstände o. eine besondere Dringlichkeit ihr entgegenstehen. Dabei wird es sich va um Fälle handeln, in denen aufgrund einer Eilsituation die technischen Möglichkeiten der Videoaufzeichnung nicht gegeben sind, zT bei notwendigen Vernehmungen noch vor Ort (BT-Drs. 18/11277, 25). Die Tatsache, dass die Vernehmung an einem Ort erfolgt, an dem die Aufzeichnungstechnik nicht zur Vfg. steht, begründet allerdings für sich allein keinen Ausnahmetatbestand (Singelnstein/Derin NJW 2017, 2646 (2649); Wickel ZIS 2020, 311 (314)). **19d**

Besonders schutzbedürftige Personen (IV 2 Nr. 2): Bei Beschuldigten, die erkennbar unter eingeschränkten geistigen Fähigkeiten o. einer schwerwiegenden seelischen Störung leiden, ist die Vernehmung ebenfalls in Bild u. Ton aufzuzeichnen, wenn hierdurch ihre schutzwürdigen Interessen besser gewahrt werden können; dies wird regelmäßig anzunehmen sein (vgl. BT-Drs. 18/11277, 26). Wird dies erst im Verlauf der Vernehmung erkennbar, sollte der ggf. nicht aufgezeichnete Teil der Vernehmung mit audiovisueller Aufzeichnung wiederholt werden (vgl. Wickel ZIS 2020, 311 (314)). **19e**

Für die Vernehmung **minderjähriger Beschuldigter** gilt die Sondervorschrift des § 70c II JGG. **19f**

Verwendungsbeschränkung (IV 3 iVm § 58a II): Durch den Verweis auf § 58a II werden die für Bild-Ton-Aufzeichnungen bei Zeugen geltenden Verwendungsbeschränkungen auf entspr. Beschuldigtenvernehmungen übertragen. Die Verwendung der Videoaufzeichnung ist auf Zwecke der Strafverfolgung beschränkt (§ 58a II 1), u. die Aufzeichnung ist unverzüglich zu löschen, sobald sie für diese Zwecke nicht mehr benötigt wird (§ 58a II 2 iVm § 101 VIII). § 58a II 2–6 regeln das Verf. der Akteneinsicht u. der Herausgabe an andere Stellen; nicht ges. geregelt, aber mit Rücksicht auf den Schutz des Beschuldigten vor einer missbräuchlichen Weitergabe geboten ist es, die Videoaufzeichnung an die Akteneinsichtsberechtigten nur mit Kopierschutz herauszugeben (vgl. BT-Drs. 18/11277, 24). **19g**

Die **Vernehmung des Beschuldigten in der Hauptverhandlung** wird nicht durch das Abspielen der Videoaufzeichnung ersetzt; § 243 V 2 bleibt unberührt. Allerdings kann die Bild-Ton-Aufzeichnung zum Zwecke der Beweisaufnahme über ein Geständnis nach § 254 I vorgeführt werden (→ § 254 Rn. 1a). Auch iÜ kann dies unter Aufklärungsgesichtspunkten geboten sein. **19h**

Die Vernehmung kann im Wege der **Bild- und Tonübertragung** iSd § 58b durchgeführt werden **(V),** dh, dass sich der Beschuldigte an einem anderen Ort als die vernehmende Person aufhält und die Vernehmung zeitgleich in Bild und Ton an diesen Ort und in das Vernehmungszimmer übertragen wird; dies gilt über §§ 163 III 2, IV 2 auch für staatsanwaltliche und polizeiliche Beschuldigtenvernehmungen. Die Entscheidung steht im pflichtgemäßen Ermessen der Vernehmungsperson (→ § 58b Rn. 1–2). **19i**

F. Verwertungsverbote. I. Unterbliebener Hinweis auf das Schweigerecht nach I 2. Der unterbliebene Hinweis auf das Schweigerecht nach I 2 begründet – ebenso wie der gegen § 243 V 1 (→ § 243 Rn. 39) u. auch im Bußgeldverfahren (OLG Bamberg StraFo 2019, 111) – **grds. ein Verwertungsverbot** (BGHSt 38, 214; 51, 367; 53, 112). Dies gilt auch, wenn bei der Frage, ob ein Verdächtiger als Beschuldigter zu vernehmen ist (→ § 163a Rn. 4a, 4b) die Grenzen des Beurteilungsspielraums willkürlich überschritten wurden (BGHSt 64, 89 mAnm Kudlich JR 2020, 81) sowie falls der Beschuldigte seine Angaben unter Vorhalt v. Erkenntnissen gemacht hat, die unzulässig erlangt wurden (BGH NStZ 2019, 227 mwN). Das **Verwertungsverbot besteht jedoch nicht,** wenn feststeht, dass der Beschuldigte sein Recht zu schweigen ohne Belehrung gekannt hat **20**

(BGHSt 38, 214 (224); vgl. auch BGH NStZ 2012, 581; SK-StPO/Rogall Rn. 78; **aM** Wohlers JR 2002, 295), o. wenn der verteidigte Angeklagte in der HV ausdr. der Verwertung zugestimmt o. ihr nicht widersprochen hat (dazu näher → Rn. 25) ebenso wenig, wenn der Rechtskreis des Angekl. nicht betroffen ist (BGH 31.1.2023 – 5 StR 382/22 mwN: Verletzungen von I bei Vernehmungen von Mitangekl.). Ob diese Grundsätze uneingeschränkt auch im OWi-Verfahren gelten, ist str. (bejahend Brüssow StraFo 1998, 294; Hecker NJW 1997, 1833; vern. Göhler NStZ 1994, 72).

20a **Lässt sich nicht klären,** ob die Belehrung erfolgt ist o. nicht, u. hat der Beschuldigte seine Aussagefreiheit nicht gekannt, so ist die Aussage ebenfalls nicht verwertbar (BGH JR 2007, 125; Löwe/Rosenberg/Gleß Rn. 78; einschr. BGH StraFo 2012, 63 (64); **aM** BGHSt 38, 214 (224); StV 1999, 354 mablAnm Wollweber; dagegen zutr. auch Roxin JZ 1992, 923; dem BGH zust. aber Bauer wistra 1993, 99). BGHSt 39, 349 wendet die in BGHSt 38, 214 aufgestellten Grundsätze entspr. auf den Fall an, dass der Beschuldigte die Belehrung infolge seines geistig-seelischen Zustandes nicht verstanden hat. Ein Verwertungsverbot besteht nach der Rspr. aber nicht, wenn der Beschuldigte ohne Zutun des Vernehmungsbeamten vor der beabsichtigten Belehrung **spontan** eine Äußerung abgegeben hat (BGH NJW 1990, 461). Das Verwertungsverbot gilt auch nicht im Verf. gegen einen Dritten, in dem der fehlerhaft nicht Belehrte ausschl. Zeuge ist (BayObLG NJW 1994, 1296; dagegen Dencker StV 1995, 232). Dass ein Mitbeschuldigter nicht o. fehlerhaft belehrt worden ist, hindert die Verwertung gegen einen anderen Beschuldigten nicht, da dessen Rechtskreis durch den Fehler nicht betroffen ist (BGH NStZ-RR 2016, 377; NStZ 1994, 595 (596); wistra 2000, 311 (313); **aM** Roxin FS Kühne, 2013, 317 (324 ff.); Löwe/Rosenberg/Gleß Rn. 90; erg. → Einl. Rn. 57b). Das Verwertungsverbot gilt auch nicht bei Beschuldigtenvernehmungen im Ausland ohne Belehrung (Becker NStZ-RR 2002, 67 – BGH RsprÜ; offengelassen v. BGH NJW 1994, 3364).

20b **Qualifizierte Belehrung:** Der Verstoß gegen die Belehrungspflicht nach I 2 wirkt regelmäßig bei späteren Vernehmungen fort, da der Beschuldigte in nachvollziehbarer Weise unter dem Eindruck steht, seine früher gemachten Angaben nicht mehr rückgängig machen zu können. Der Verfahrensfehler kann aber nach der Rspr. durch eine qualifizierte Belehrung geheilt werden; das bedeutet, dass die neue Belehrung den Hinweis auf die Unverwertbarkeit der früheren Aussage enthalten muss (BGHSt 53, 112; NStZ 2019, 227; 2015, 291; OLG Hamm StV 2010, 5; OLG München StraFo 2009, 206). Das Unterlassen der qualifizierten Belehrung macht die neue Aussage allerdings nicht schlechterdings unverwertbar. Vielmehr ist im Einzelfall abzuwägen, wobei neben dem Gewicht des Verfahrensverstoßes einerseits u. des Sachaufklärungsinteresses andererseits (zum Abwägungsvorgang BGH NJW 2009, 3589; NStZ 2019, 227; erg. zur Abwägungslehre → Einl. Rn. 55a) maßgeblich darauf abzustellen ist, ob der Beschuldigte nach erfolgter „einfacher" Beschuldigtenbelehrung davon ausgegangen ist, v. seinen früheren Angaben nicht mehr abrücken zu können (BGHSt 53, 112; BGH StV 2007, 450 (452); einschr. Roxin JR 2008, 18; Ellbogen NStZ 2010, 464; Neuhaus StV 2010, 51: Verwertungsverbot). Ergänzend → § 163a Rn. 4a, 4b; → § 136a Rn. 30 zum Erfordernis einer qualifizierten Belehrung bei Verstößen gegen § 136a.

20c **II. Außerhalb einer förmlichen Vernehmung.** Ein Verwertungsverbot soll nach einer neueren Entsch. des BGH regelmäßig auch bestehen, wenn die Verletzung der Aussagefreiheit durch eine Ermittlungsperson **außerhalb einer förmlichen Vernehmung** erfolgte (BGH NStZ 2019, 36 mablAnm Vogler: Ausnutzen einer gesundheitl. Beeinträchtigung der dezidiert nicht aussagebereiten Betroffenen); für die Verwertbarkeit v. Aussagen bei weiteren förmlichen Vernehmungen bedürfte es in einem solchen Fall einer qualifizierten Belehrung über die Unverwertbarkeit der vorherigen Angaben (dahingestellt v. BGH NStZ 2019, 36; erg. → Rn. 9, 10c, → Einl. Rn. 29a; zum Erfordernis eines Widerspruchs → Rn. 25

aE). Dagegen fallen Angaben des Beschuldigten **gegenüber einer V-Person** nicht unter §§ 136, 136a, da keine Vernehmung vorliegt und die Aussagefreiheit des Beschuldigten nicht berührt ist (BGH NStZ 2023, 560 mAnm Mosbacher JuS 2023, 736). Die von der Rspr. in derartigen Fällen mit Blick auf das nemo tenetur Prinzip und unzulässige Tatprovokationen aufgestellten Grundsätze bleiben davon allerdings unberührt (→ EMRK Art. 6 Rn. 4a – 4c).

III. Unterlassen einer audiovisuellen Aufzeichnung (IV). Das Unterlassen einer audiovisuellen Aufzeichnung (IV) führt **grds. nicht** zu einem Verwertungsverbot, auch wenn sich im Nachhinein herausstellt, dass die Voraussetzungen des IV 2 vorgelegen haben (vgl. BGH NStZ 2025, 498, der es offen lässt, ob es sich bei Abs. 4 um eine bloße Ordnungsvorschrift handelt; BT-Drs. 18/11277, 25; s. aber Weigend StV 2019, 852 (857); Singelnstein/Derin NJW 2017, 2646 (2649); Wickel ZIS 2020, 311 (316), die zumindest bei bewusstem, willkürlichem o. auf genereller Weisung beruhendem Unterlassen ein Verwertungsverbot bejahen wollen; in diesem Sinne ebenfalls von BGH NStZ 2025, 498 erwogen). Aus dem Fehlen der Bild-Ton-Aufzeichnung kann nicht geschlossen werden, dass die Vernehmungsförmlichkeiten nicht eingehalten wurden; dies ist wie sonst im Freibeweisverfahren zu klären (→ Rn. 23 sowie → § 136a Rn. 32; BT-Drs. 18/11277, 25); Unaufklärbarkeit sollte insoweit allerdings zu Lasten der Ermittlungsbehörden gehen, da diese ihre Ursache mit Blick auf den gesetzgeberischen Zweck der Vorschr. – Nachw. einer ordnungsgemäßen Vernehmung unter Einhaltung der Vernehmungsförmlichkeiten – in der Sphäre der Justiz hat (Wickel ZIS 2020, 311 (317); vgl. auch BVerfG NJW 2012, 1136). Im Übrigen soll IV eine nicht revisible Ordnungsvorschrift sein (BT-Drs. 18/11277, 25; krit. dazu Weigend StV 2019, 852 (857) u. Wickel ZIS 2020, 311 (317)). Die Rüge, das Erg. der Vorführung einer aufgezeichneten Vernehmung sei im Urt. unrichtig wiedergegeben (§ 261), dürfte aber zulässig sein, wenn sich die Unrichtigkeit ohne weiteres aus einem Vergleich der Urteilsfeststellungen mit der Videoaufzeichnung, die Aktenbestandteil ist (IV 3 iVm § 58a II), ergibt (vgl. → § 337 Rn. 14; → § 255a Rn. 13). Das Unterlassen einer Vernehmung im Wege der Bild- und Tonübertragung nach V iVm § 58b ist nicht anfechtbar (→ § 58b Rn. 3). 20d

IV. Recht der Verteidigerkonsultation nach I 2. Ein Verwertungsverbot besteht auch, wenn der Beschuldigte über das Recht der Verteidigerkonsultation nach I 2 **nicht o. nur unzureichend** (AG Neumünster StV 2001, 498) belehrt worden ist (BGHSt 47, 172; OLG Hamm NStZ-RR 2006, 47; noch offengelassen v. BGH NStZ 1997, 609). Dies gilt auch, wenn ihm nach Belehrung über dieses Recht trotz einer entspr. Bitte eine Rücksprache mit seinem Verteidiger verweigert u. er zur Sache vernommen worden ist (BGHSt 38, 372) o. wenn die Vernehmung des Beschuldigten nach fehlgeschlagener Kontaktaufnahme mit dem benannten o. einem anderen Verteidiger ohne erneuten Hinweis auf sein Recht auf Zuziehung eines Verteidigers fortgesetzt wurde (BGH BeckRS 2019, 14505 mwN mAnm Mosbacher JuS 2020, 128 (130 f.)), regelmäßig ferner, wenn Spontanäußerungen des Beschuldigten trotz einer solchen Bitte zum Anlass für sachaufklärende Nachfragen genommen werden (vgl. BGHSt 58, 301; Wohlers JR 2014, 131; aber erg. → Rn. 28, → § 136a Rn. 4). Wie bei dem unterbliebenen Hinweis auf das Schweigerecht nach I 2 erstreckt sich ein etwaiger Verstoß nicht auf davon nicht betroffene Mitbeschuldigte (vgl. → Rn. 20). 21

V. Verstöße gegen I 3, 4, 5, II, III. Verstöße gegen I 3, 4, 5, II, III begründen **kein absolutes** Verwertungsverbot in Bezug auf die gemachten Angaben; vielmehr ist im Wege einer einzelfallbezogenen Abwägung festzustellen, ob ein Verwertungsverbot vorliegt (für I 5 aF s. BGH NStZ 2018, 671 mablAnm Jäger u. Ransiek StV 2019, 160 sowie Ahlbrecht/Fleckenstein StV 2019, 661; zust. BGH BeckRS 2020, 1419; Mosbacher JuS 2020, 128 (131); vgl. auch BGH NStZ 2006, 236; **aM** Neuhaus FS Schlothauer, 2018, 246 (258)). 21a

Verstöße gegen die Pflicht zur Belehrung über das Antragsrecht zur Pflichtverteidigerbestellung nach I 5 begründen ein – relatives – Verwertungsver- 21b bot, wenn sie als schwerwiegend, bewusst o. objektiv willkürlich zu qualifizieren sind. Dies wird va anzunehmen sein, wenn nach den Umständen ein Fall der notwendigen Verteidigung offensichtlich auf der Hand lag u. insoweit ein Beurteilungsspielraum nicht gegeben war; die Schwere des Tatvorwurfs kann dabei regelmäßig bei der Abwägung keine maßgebliche Rolle spielen, da in entspr. Fällen die Voraussetzungen des § 140 I Nr. 1 und 2 unzw. vorliegen werden.

21c **VI. Überschreiten des Beurteilungsspielraums bei I 1.** Eine Überschreitung des Beurteilungsspielraums bei der Belehrung über den Tatvorwurf nach I 1 begründet ein Verwertungsverbot jedenfalls dann nicht, wenn das Aussageverhalten des Beschuldigten hierdurch nicht beeinflusst wurde (BGH NStZ 2012, 581; krit. dazu Jahn JuS 2012, 658; Neuhaus StV 2013, 488; erg. → Rn. 6).

21d **VII. Verstoß gegen die Benachrichtigungspflicht nach Art. 36 I Buchst. b S. 3 WÜK.** Der Verstoß gegen die Benachrichtigungspflicht nach Art. 36 I Buchst. b S. 3 WÜK (vgl. → GVG § 19 Rn. 1) steht dem Verstoß gegen die Belehrung über die Aussagefreiheit o. über die Verteidigerkonsultation zwar nicht gleich (vgl. BGHSt 52, 110), kann aber nach Maßgabe des Einzelfalls, bei dem die Interessen des Beschuldigten mit dem Strafverfolgungsinteresse des Staates abzuwägen sind, ein Verwertungsverbot begründen, wenn dem Beschuldigten durch die fehlende Belehrung Nachteile entstanden sind (BVerfG NJW 2014, 532; 2011, 207; BGH StV 2011, 603; Alsberg Beweisantrag/Güntge Rn. 946; erg. → § 114b Rn. 9).

21e **VIII. Jugendliche Beschuldigte.** Jugendliche Beschuldigte sind über ihr nach § 67 I JGG bestehendes Recht zu belehren, sich mit einem Erziehungsberechtigten zu besprechen; die Missachtung dieses Rechts kann zu einem Verwertungsverbot führen (OLG Celle StraFo 2010, 114; LG Saarbrücken NStZ 2012, 167; dazu eing. Möller NStZ 2012, 113).

22 **IX. Fernwirkung.** Ob das Verwertungsverbot auch eine Fernwirkung entfalten u. damit zur Unverwertbarkeit eines durch die Aussage gewonnenen weiteren Ermittlungsergebnisses führen kann, ist fraglich (bejaht v. OLG Oldenburg NStZ 1995, 412; erg. → § 136a Rn. 31).

23 **X. Freibeweisverfahren.** Das Vorliegen der Voraussetzungen eines Verwertungsverbots ist im Freibeweisverfahren v. Gericht festzustellen (BGH NStZ 1997, 609; NStZ-RR 2019, 284). Eine entgegen Nr. 45 Abs. 1 RiStBV (teilw.) unterbliebene Protokollierung einer Belehrung hindert für sich allein die Verwertung der Aussage nicht (BGH NJW 2011, 3314), kann aber ein gewichtiges Indiz für das Unterbleiben der Belehrung sein.

24 **G. Revision.** Ein revisibler Verstoß ist gegeben bei – nicht geheiltem (→ Rn. 9) – Unterlassen der nach I 2 erforderlichen Belehrungen über die Aussagefreiheit (→ Rn. 20) o. über die Möglichkeit der Verteidigerkonsultation (Kaufmann NStZ 1998, 474; Wollweber StV 1999, 355; → Rn. 21); auch die Verweigerung der Rücksprache mit einem Verteidiger (→ Rn. 21) kann die Revision begründen (BGHSt 38, 372). Zu Verstößen gegen IV und V → Rn. 20c.

25 **I. Widerspruchslösung.** Nach der v. BGH vertretenen – v. BVerfG gebilligten (BVerfG NJW 2012, 907 (911)), nicht im Ermittlungsverfahren u. im Zwischenverfahren anwendbaren (→ § 112 Rn. 5; → § 203 Rn. 2) – Widerspruchslösung muss der verteidigte Angeklagte der Verwertung der Aussage aber rechtzeitig widersprochen haben (BGHSt 38, 214; 42, 15 (22)); dem verteidigten Angeklagten steht ein solcher gleich, der v. Gericht über die Möglichkeit des Widerspruchs unterrichtet worden ist (Gegenmeinung: Zustimmung des Angeklagten zur Verwertung erforderlich; dazu Gesetzesvorschlag Jahn StraFo 2011, 123). Der Widerspruch ist **bis zu dem in § 257 genannten Zeitpunkt** zulässig u. kann bis zum Ende der Beweisaufnahme zurückgenommen werden (BGHSt 42, 15 (23)). Er kann grds. vorab erklärt werden, ohne nach Abschluss der Vernehmung wiederholt werden zu müssen (BGH NStZ 2015, 46 mwN). Widerspruch vor der HV genügt allerdings nicht (BGH NStZ 1997, 502; OLG Frankfurt a. M. StV 2011, 611; OLG

Hamm NStZ-RR 2010, 148 (149); **aM** Radtke FS Schlothauer, 2018, 453 (468); Mosbacher FS Widmaier, 2008, 343; Schlothauer FS Lüderssen, 2002, 769); ein in einer später ausgesetzten HV erhobener Widerspruch wirkt aber fort u. muss daher nicht wiederholt werden (OLG Stuttgart StV 2001, 388). Der Widerspruch muss eindeutig erklärt werden (vgl. BGH NStZ 2004, 389: bezogen auf einen o. mehrere Vernehmungsbeamte sowie OLG Frankfurt a. M. StV 2011, 611 bezogen auf mehr als einen in Betracht kommenden Verfahrensmangel; erg. → § 344 Rn. 20); er ist als wesentliche Förmlichkeit gem. § 273 zu protokollieren. Als Ausdruck seiner Dispositionsbefugnis kann er v. Angeklagten bis zur jeweiligen das Verfahrensstadium beschließenden Entsch. zurückgenommen werden (Radtke FS Schlothauer, 2018, 453 (468)). Wurde gegen die Verwertung kein Widerspruch erhoben, kann er auch im Berufungsverfahren (OLG Stuttgart NStZ 1997, 405) o. nach Zurückverweisung der Sache durch das Revisionsgericht nicht mehr geltend gemacht werden (BGHSt 50, 272; BayObLG NJW 1997, 404; OLG Celle StV 1997, 68; OLG Oldenburg StV 1996, 416; krit. Kudlich HRRS 2011, 114; abl. Burhoff StraFo 2003, 271). Es liegt im Lichte der Judikatur nahe, einen Widerspruch auch zu verlangen, wenn der Verstoß gegen das Prinzip der Selbstbelastungsfreiheit seitens der Ermittlungsbeamten außerhalb einer förmlichen Vernehmung erfolgte (→ Rn. 20c; dahingestellt v. BGH NStZ 2019, 36).

Dieses Erfordernis eines Widerspruchs, das die Rspr. allerdings schon früher (v. Schrifttum unbeanstandet) bei fehlerhaften kommissarischen (§ 224) u. ermittlungsrichterlichen (§ 168c V) Vernehmungen verlangt hat (dazu Meyer-Goßner/Appl StraFo 1998, 258), wird **in der Literatur heftig kritisiert** (Dahs StraFo 1998, 253; Brüssow StraFo 1998, 298; Fahl Rechtsmißbrauch S. 171; Fezer StV 1997, 58; Herdegen NStZ 2000, 4; Kiehl NJW 1994, 1267; Kindhäuser NStZ 1987, 530; Tolksdorf FS Graßhof, 1998, 255; Ventzke StV 1997, 543; Meyer-Mews StraFo 2009, 141; Roxin JZ 1997, 346; Tepperwien FS Widmaier, 2008, 591), hat aber auch Zustimmung erfahren (Löwe/Rosenberg/Gössel Einl. 33; Ignor FS Riess, 2002, 185; Krey/Heinrich Dt. StrafverfR § 2 Rn. 1137; Matt GA 2006, 326; Radtke FS Schlothauer, 2018, 453; R. Hamm NJW 1996, 2187; Widmaier NStZ 1992, 521; Wohlers NStZ 1995, 46; Mosbacher FS Widmaier, 2008, 350, der in Mosbacher FS Rissing-van Saan, 2011, 357 das Erfordernis als einen „Unterfall des § 238 II" bezeichnet; vgl. dazu auch Berg StraFo 2018, 327 (331); Rode StraFo 2018, 336 (342 ff.)); es darf freilich nicht ohne weiteres auf andere Fälle als die Verletzung v. Belehrungs- u. Benachrichtigungspflichten ausgeweitet werden (vgl. → § 81a Rn. 34; → § 136a Rn. 33; → § 252 Rn. 12). Das bei rechtzeitigem Widerspruch eintretende Verwertungsverbot wirkt grds. nicht ggü. Mitbeschuldigten (→ Rn 20, 20a; **aM** Löwe/Rosenberg/Gleß Rn. 90); der Widerspruch des v. Verstoß nicht betroffenen Mitbeschuldigten ist unbeachtlich. 25a

Zum **Erlass eines Zwischenbescheids** über die Begründetheit des Widerspruchs ist das Gericht nicht verpflichtet (BVerfG 18.3.2009 – 2 BvR 2025/97; BGH NStZ 2007, 719; **aM** Mosbacher FS Rissing-van Saan, 2011, 359; Mosbacher NStZ 2011, 611; v. Schlieffen FS 25 Jahre AG StrafR DAV, 2009, 812: Entsch. vor Fortsetzung der Beweisaufnahme erforderlich), daran freilich auch nicht gehindert. 26

II. Beruhen. Auf dem Verstoß gegen die Belehrungspflichten kann das **Urteil beruhen,** wenn in der HV nach § 254 ein Geständnis o. nach § 251 die Aussage eines Mitbeschuldigten verlesen bzw. (im Fall des § 254) vorgeführt o. hierüber ein Zeuge gehört worden ist. Das Beruhen ist ausgeschlossen, wenn die Aussage im Urt. nicht verwertet worden ist o. wenn feststeht, dass der Beschuldigte seine Aussagefreiheit o. das Recht der Verteidigerkonsultation zweifelsfrei auch ohne die Belehrung gekannt (BGHSt 47, 172 (173)) o. der Verwertung der Angaben zugestimmt o. ihr nach Belehrung nicht widersprochen hat. 27

III. Revisionsbegründung. Die Revisionsbegründung muss darlegen, dass eine Belehrung unterblieben ist (BGH 24.1.2024 – 6 StR 498/23: vollständige Mitteilung einer transkribierten Audiospur bzw. einer Bild- und Tonaufzeichnung der 28

Vernehmung), erforderlichenfalls dass keine verwertbare Spontanäußerung vorlag (BGH NStZ-RR 2019, 315; erg. → § 136a Rn. 4) u. dass der Verwertung nicht zugestimmt bzw. ihr (ggf. nach Belehrung) widersprochen worden ist (BGHSt 38, 214 (226, 227)). Außerdem sind der Inhalt der angeblich zu Unrecht verwerteten Aussage u. die Umstände, aus denen sich die Verwertung sowie die Rechtzeitigkeit des Widerspruchs ergeben, anzuführen (BGH NJW 1993, 2125 (2127); NStZ 1997, 614). Das Revisionsgericht ist zu einer eigenen Prüfung berufen u. dabei weder auf die Feststellungen des Tatgerichts beschränkt noch an dessen Beweiswürdigung gebunden (BGHSt 16, 164 (167); BGH NStZ-RR 2019, 284). Zum notwendigen Revisionsvorbringen hins. der Verweigerung der Zuziehung eines Verteidigers BGH NStZ 1999, 154; 2010, 97.

Verbotene Vernehmungsmethoden; Beweisverwertungsverbote

136a (1) [1]**Die Freiheit der Willensentschließung und der Willensbetätigung des Beschuldigten darf nicht beeinträchtigt werden durch Mißhandlung, durch Ermüdung, durch körperlichen Eingriff, durch Verabreichung von Mitteln, durch Quälerei, durch Täuschung oder durch Hypnose.** [2]**Zwang darf nur angewandt werden, soweit das Strafverfahrensrecht dies zuläßt.** [3]**Die Drohung mit einer nach seinen Vorschriften unzulässigen Maßnahme und das Versprechen eines gesetzlich nicht vorgesehenen Vorteils sind verboten.**

(2) **Maßnahmen, die das Erinnerungsvermögen oder die Einsichtsfähigkeit des Beschuldigten beeinträchtigen, sind nicht gestattet.**

(3) [1]**Das Verbot der Absätze 1 und 2 gilt ohne Rücksicht auf die Einwilligung des Beschuldigten.** [2]**Aussagen, die unter Verletzung dieses Verbots zustande gekommen sind, dürfen auch dann nicht verwertet werden, wenn der Beschuldigte der Verwertung zustimmt.**

Übersicht

1 **A. Normzweck.** Die Vorschr. enthält eine **Ausprägung des Art. 1 Abs. 1 GG** (Peters StrafProzR Rn. 337), nach Krack NStZ 2002, 120 dient sie daneben auch der Wahrheitsfindung u. dem Schutz „vor der massiven Beeinträchtigung der Vernehmungsatmosphäre". Der Beschuldigte ist Bet., nicht Gegenstand des Verfahrens (BGHSt 5, 332); den Anspruch auf Achtung seiner Menschenwürde verliert

er nicht, weil er einer Straftat verdächtig ist (BGHSt 14, 358 (364); Kleinknecht NJW 1964, 2185). Daher ist jede Beeinträchtigung seiner Willensentschließung u. -betätigung durch Zwang, Täuschung, Drohung u. ähnliche Mittel verboten. § 136a gilt auch für Zeugen (§ 69 Abs. 3) u. Sachverständige (§ 72) u. für Vernehmungen durch StA u. Polizei (§§ 161a Abs. 1 S. 2, 163a Abs. 3 S. 2, Abs. 4 S. 2, Abs. 5). Der Vorschr. ist der allg. Grundsatz zu entnehmen, dass die Wahrheit im Strafverfahren nicht um jeden Preis, sondern nur auf „justizförmige" Weise, dh in einem rechtsstaatlich geordneten Verfahren, erforscht werden darf (BVerfG NJW 1984, 428; BGHSt 14, 358 (365); 31, 304 (309); OLG Köln NJW 1979, 1216 (1217)).

B. Adressaten der Vorschrift. Adressaten der Vorschrift sind in 1. Hinsicht die mit der Strafverfolgung beauftragten Staatsorgane (BGHSt 17, 14 (19); OLG Oldenburg NJW 1953, 1237). Sie dürfen die nach Abs. 1, Abs. 2 verbotenen Vernehmungsmethoden weder selbst anwenden noch durch andere anwenden lassen (SK-StPO/Rogall Rn. 7). Sie dürfen den Beschuldigten nicht mit einem anderen Untersuchungsgefangenen, der ihn aushorchen soll, in eine Zelle sperren (EGMR StV 2003, 257; BGHSt 44, 129); anders aber, wenn der Beschuldigte sich freiwillig einem Mitgefangenen offenbart (BGH NJW 1989, 844; Schneider NStZ 2001, 8 ff.; krit. Lesch GA 2000, 355 ff.). Die bloße Entgegennahme v. belastenden Informationen durch die Ermittlungsbehörden, die ein Zeuge durch Täuschung des Beschuldigten erlangt hat, führt nicht zu einem Beweisverwertungsverbot; anders kann dies allerdings zu beurteilen sein, wenn die Ermittlungsbehörden den Zeugen dabei gefördert, unterstützt, bestärkt o. sonst beeinflusst haben (BGH NStZ 2017, 593). § 136a gilt auch für Sachverständige (BGHSt 11, 211; NJW 1968, 2297; VRS 29, 203; Löwe/Rosenberg/Gleß Rn. 8; **aM** SK-StPO/Rogall Rn. 8; Rüping Strafverfahren Rn. 104) u. Augenscheinsgehilfen (Löwe/Rosenberg/Gleß Rn. 8; Schmidt NJW 1962, 665). 2

Eine **Drittwirkung** hat die Vorschr. grds. **nicht** (BGHSt 27, 355 (357); KK-StPO/Diemer Rn. 3; Alsberg Beweisantrag/Güntge Rn. 922). Sie hat keine Bedeutung für den Verteidiger (BGHSt 14, 189 (192); vgl. auch BGH 30.7.2025 – 5 StR 185/25; OLG Nürnberg OLGSt § 302 S. 15), für den RA, der im Rahmen interner Ermittlungen für ein Unternehmen Mitarbeiter befragt (vgl. I. Roxin StV 2012, 116 (119)), für den eigenmächtig handelnden Dolmetscher (BGH 21.4.1978 – 2 StR 712/77) u. für Privatpersonen, die Straftaten ohne amtl. Auftrag erforschen (vgl. BGHSt 14, 189; OLG Oldenburg NJW 1953, 1237; LG Zweibrücken NJW 2004, 85 (heimliche Videoaufzeichnungen); Dencker Verwertungsverbote S. 98 ff.; Roxin/Schünemann StrafVerfR § 24 Rn. 65; **aM** Gössel StrafVerfR S. 192; Rogall ZStW 91 (1979), 41; ausf. dazu Bockemühl Private Ermittlungen S. 120 ff.; Mende, Grenzen privater Ermittlungen durch den Verletzten einer Straftat, 2001; Beulke/Swoboda StrafProzR Rn. 203: Unverwertbarkeit bei eklatanten Verstößen gegen die Menschenwürde; weitergehend Hoven/Wiedmer StV 2022, 247, 253: Unverwertbarkeit, falls die Privatperson die Willensfreiheit des „Vernommenen" beeinträchtigt und dabei eine Straftat begangen hat). Eine Ausnahme ist bei der **Privatisierung v. Polizeifunktionen** (Keller FS Grünwald, 1999, 267 ff.) o. zu machen, wenn im Auftrag o. Einverständnis der Ermittlungsbehörden Ermittlungshandlungen faktisch auf Private ausgelagert werden (Kaspar GA 2013, 206 (219)). Im Übrigen ist nur unverwertbar, was Privatpersonen unter bes. krassem Verstoß gegen die Menschenwürde (Folter, Marter, Einkerkerung) zutage gefördert haben (OLG Celle NJW 1985, 640; OLG Hamburg NJW 2005, 2326 (2329) zu ausl. Verhörspersonen; Beulke/Swoboda StrafProzR Rn. 203; Bockemühl Private Ermittlungen S. 227; Kleinknecht NJW 1966, 1543; **aM** Rüping Strafverfahren Rn. 496; vgl. auch SK-StPO/Rogall Rn. 10 ff.; Eisenberg Beweisrecht StPO Rn. 395 ff.; 630 ff.; vgl. ferner Trüg/Habetha NStZ 2008, 488: entscheidende Frage, ob sich der Staat die Verletzung v. Rechtsnormen durch Private zu Nutzen machen darf). Die Strafverfolgungsbehörden dürfen unzulässige Einwirkungen Dritter, auch v. Behörden fremder Staaten (Schroeder ROW 1969, 199), aber auch 3 sonst nicht ausnutzen, um v. dem Beschuldigten Erklärungen zu erlangen (KK-StPO/Diemer Rn. 4; Löwe/Rosenberg/Gleß Rn. 13).

3a Das wird auch hins. des **Ankaufs von Steuerdaten-CDs** angenommen, mit dem sich Mitarbeiter des Bundesnachrichtendienstes heimlich kopierte Kontendaten der Liechtensteiner Treuhand AG gegen Zahlung eines Geldbetrages in Millionenhöhe verschafft hatten, um dadurch umfangreiche Steuerhinterziehungen aufzuklären (dazu Ambos Beweisverwertungsverbote S. 111; Kölbel NStZ 2008, 241; Pitsch, Strafprozessuale Beweisverbote, 2009, S. 338 ff.; Schünemann NJW 2008, 305; Sieber NJW 2008, 886; Trüg/Habetha NJW 2008, 890); insoweit kann die bloße nachträgliche Entgegennahme der strafbar erlangten Daten kein Verwertungsverbot begründen, da es an dem Merkmal der vorherigen Beauftragung o. Förderung durch staatliche Stellen fehlt (Kaspar GA 2013, 206 (219 f.)). Die Rspr. hat dementsprechend in diesen Fällen, in denen die Mitarbeiter des Bundesnachrichtendienstes die Daten nur entgegengenommen hatten, auch kein Verwertungsverbot angenommen (LG Bochum NStZ 2010, 351, bestätigt durch BVerfG NJW 2011, 2417; LG Düsseldorf NStZ-RR 2011, 84; krit. u. abl. dazu Kühne FS Roxin, 2011, 1269 sowie Trüg StV 2011, 111; Alsberg Beweisantrag/Güntge Rn. 967; Beulke/Swoboda StrafProzR Rn. 733; hingegen zust. aus völkerrechtlicher Sicht Coen NStZ 2011, 433; vgl. auch FG Münster NZWiSt 2014, 312 mAnm Wedler/Bülte). Aus dem 2015 für Amtsträger u. deren Beauftragte eingeführten *Tatbestandsausschluss des § 202d Abs. 3 Nr. 2 StGB* ergibt sich, dass der Ankauf v. steuerrechtlich relevanten Daten nicht v. dem Anwendungsbereich der Datenhehlerei erfasst ist (BT-Drs. 18/5088, 48); dies impliziert zugleich die grds. Zulässigkeit der Verwertung entspr. erlangter Daten (erg. → § 161 Rn. 5).

3b Dies **bedeutet** jedoch **nicht, dass generell** u. unter allen Umständen ein **Verwertungsverbot ausgeschlossen** erscheint. Nach einer – allerdings vor Erlass des § 202d Abs. 3 Nr. 2 StGB – ergangenen Entsch. des VerfGH Rheinland-Pfalz (wistra 2014, 240 mAnm Wicklein StV 2014, 469 u. Pfisterer JR 2015, 314) sind die Gerichte verpflichtet, zu überprüfen, wie sich das Ausmaß u. der Grad der staatlichen Beteiligung bei dem Datenerwerb konkret darstellen. Namentlich könne dabei die Anreizwirkung zur Beschaffung derartiger Bankdaten eine Rolle spielen, die v. einem wiederholten Ankauf in einem engen zeitlichen Zusammenhang ausgehe; insofern könne es gleichsam mosaikartig zu einer Situation kommen, in welcher die Zurechnung des Handelns eines privaten Informanten zur staatlichen Sphäre geboten sein könne (VerfGH Rheinland-Pfalz wistra 2014, 240 mzustAnm Pfisterer JR 2015, 322 ff. sowie mAnm Höring DStZ 2015, 341; vgl. auch Beulke/Swoboda StrafProzR Rn. 733). Eingehend über Godenzi, Private Beweisbeschaffung im Strafprozess, 2008, S. 333, die der Ansicht ist, dass die rechtswidrige private Beweisbeschaffung als solche die Verwertungsverbotsfolge nicht auslösen könne, sondern diese nur eintrete, wenn der Staat das bereits präsente Beweismittel durch eigene zielgerichtete Ermittlungs- u. Beweiserhebungsmaßnahmen nur rechtswidrig hätte beschaffen können (krit. dazu SK-StPO/Rogall Rn. 17; Kaspar GA 2013, 206 (224)).

4 **C. Vernehmungen.** Nur auf Vernehmungen bezieht sich § 136a. Eine Vernehmung liegt vor, wenn der Vernehmende dem Beschuldigten **in amtl. Funktion gegenübertritt** u. in dieser Eigenschaft v. ihm Auskunft verlangt (BGHSt 42, 139 (145) (GrS); BGH NStZ 2025, 759); einen „funktionalen Vernehmungsbegriff" in dem Sinne, dass hierzu alle Äußerungen des Beschuldigten gehören, welche ein Strafverfolgungsorgan direkt o. indirekt herbeigeführt hat, lehnt die Rspr. ab (BGHSt 42, 139 (145)). Daraus folgt, dass Äußerungen des Beschuldigten vor Begründung der Beschuldigteneigenschaft (→ Einl. Rn. 76), Spontanäußerungen (BGH NStZ 2025, 757: „ungefragte" Aussagen) o. Äußerungen außerhalb v. Vernehmungen (BGHSt 34, 365 (369): überwachtes Privatgespräch; BGHSt 52, 11: Verdeckter Ermittler; BGH NStZ-RR 2019, 315: passive Entgegennahme; erg. → § 110c Rn. 3), auch bei Tests zur Glaubwürdigkeitsuntersuchung durch § 136a, ebenso wenig geschützt werden wie prozessuale Willenserklärungen (Löwe/Rosen-

berg/Gleß Rn. 17; dazu → Einl. Rn. 110); etwas anderes kann nur gelten, wenn Belehrungspflichten nach § 136 Abs. 1 S. 2, 163a Abs. 2 S. 2 gezielt umgangen wurden (BGH NJW 2009, 3589). Keine Vernehmung ist auch das Telefongespräch eines Polizeibeamten mit einer Partnervermittlung, die ihre Telefonnummer öffentl. zwecks Kundenwerbung angegeben hat, auch wenn der Beamte seine amtl. Eigenschaft verschweigt (Wieczorek Kriminalistik 1986, 170; **aM** LG Stuttgart NStZ 1985, 568). § 136a erfasst auch nicht den Fall, dass ein Beschuldigter über einen nach § 100a überwachten Anschluss selbstbelastende Telefongespräche führt (BGHSt 33, 217; SK-StPO/Rogall Rn. 23). Keine Vernehmung ist ein Gespräch, das ein Konsularbeamter mit einem in ausl. Haft befindlichen deutschen Beschuldigten in Erfüllung seiner Hilfspflicht nach § 7 KonsG führt (BGHSt 55, 314). Die Norm erfasst auch keine Handlungen, die auf die Abgabe prozessualer Willenserklärungen gerichtet sind (BGH NStZ-RR 2019, 27; BGHSt 17, 14 (18): Rechtsmittelerklärungen).

Die Frage, wie eine sog. **„Hörfalle"** zu beurteilen ist, dh, ob ein v. einer **4a** Privatperson auf Veranlassung der Ermittlungsbehörden mit dem Tatverdächtigen zwecks Erlangung v. Angaben zum Untersuchungsgegenstand ohne Aufdeckung der Ermittlungsabsicht geführtes belauschtes Gespräch verwertbar ist, ist heftig umstr. (vgl. aus der Diskussion im Schrifttum Fezer NStZ 1996, 289; Rothfuß StraFo 1998, 289; Roxin NStZ 1995, 465; 1997, 18). Der GrS des BGH (BGHSt 42, 139, krit. dazu Bernsmann StV 1997, 116; Derksen JR 1997, 167; Rieß NStZ 1996, 505; abl. auch Meurer FS Roxin, 2001, 1281; Roxin NStZ 1997, 18; im Wesentlichen zust. aber König Kriminalistik 1997, 179; Pawlik GA 1998, 385: „es gibt keine allgemeine Vertraulichkeitsvermutung"; Popp NStZ 1998, 95; Verrel NStZ 1997, 415) hat die Frage dahin entschieden, dass der Inhalt des Gesprächs im Zeugenbeweis jedenfalls dann verwertet werden darf, wenn es um die Aufklärung einer Straftat v. erheblicher Bedeutung geht u. die Erforschung des Sachverhalts unter Einsatz anderer Ermittlungsmethoden erheblich weniger Erfolg versprechend o. wesentlich erschwert gewesen wäre; wann eine Straftat v. erheblicher Bedeutung vorliege, lasse sich aus der – nicht abschl. – Aufzählung in §§ 98a, 100c, 110a entnehmen. Dies wurde im Vorlegungsfall (schwerer Raub) bejaht (BGH 22.8.1996 – 5 StR 680/94). Ergänzend zu dieser Rspr. wird aber daran festzuhalten sein, dass ein Verwertungsverbot auch dann angenommen werden muss, wenn ein solches Gespräch nach erklärter Verweigerung, Angaben zur Sache zu machen, mittels einer Täuschung durch die Ermittlungsbeamten herbeigeführt wird (vgl. EGMR StV 2003, 257; BGHSt 39, 335 (348); 40, 66 (72); vgl. auch BGH BeckRS 2019, 21921; erg. → EMRK Art. 8 Rn. 2 aE). Zu diesem Erg. gelangt auch BGHSt 52, 11, zust. Engländer ZIS 2008, 163; Renzikowski JR 2008, 164; Rogall NStZ 2008, 110, bei drängender Befragung durch einen Verdeckten Ermittler, nachdem sich der Beschuldigte bereits auf sein Schweigerecht berufen hatte; für eine weitergehende Geltung auf alle Fälle verdeckter Befragungen Engländer ZIS 2008, 163 (166); Renzikowski JR 2008, 164 (165).

Auf den Einsatz (Scheingeschäfte) v. **agents provocateurs und V-Leuten** ist **4b** § 136a nicht anwendbar (BGH GA 1975, 333; OLG Frankfurt a. M. NJW 1976, 985 (986); SK-StPO/Rogall Rn. 23; **aM** Löwe/Rosenberg/Gleß Rn. 4); anders liegt es beim Verdeckten Ermittler (vgl. → § 110c Rn. 3). Auch für § 81a hat die Vorschr. keine Bedeutung (BGHSt 24, 125 (129)).

D. Willensentschließung und -betätigung. Willensentschließung und **5** **-betätigung** dürfen nicht beeinträchtigt werden. § 136a verlangt aber nicht die Rücksichtnahme auf jeden Zustand einer körperlichen o. seelischen Beeinträchtigung, der sich auf Entschließungen des Beschuldigten nachteilig auswirkt (BayObLGSt 1978, 153; SK-StPO/Rogall Rn. 36; Schmidt NJW 1962, 666). Vernehmungen sind daher nur untersagt, wenn der Beschuldigte nicht mehr frei über seine Aussage, ihren Umf. u. ihren Inhalt zu entscheiden vermag; erfasst werden gravierende Verstöße gegen elementare rechtsstaatliche Grundsätze (KK-StPO/Diemer Rn. 8).

6 **E. Verbotene Mittel (Abs. 1).** Die Aufzählung ist **nicht abschließend;** Abs. 1 enthält nur Beispiele unzulässiger Beeinträchtigungen (BGHSt 5, 332 (334)). Verboten sind alle Methoden, mit denen derselbe Zweck verfolgt wird wie mit den in Abs. 1 ausdr. genannten Mitteln (BayObLGSt 1978, 153; Erbs NJW 1951, 387). Bei nicht benannten Mitteln ist eine Gesamtbewertung vorzunehmen, die sich an dem Maß der Beeinträchtigung der Willensfreiheit durch die ausdr. bezeichneten unerlaubten Handlungsweisen zu orientieren hat.

7 **I. Misshandlung. Misshandlung** ist jede erhebliche Beeinträchtigung der körperlichen Unversehrtheit o. des körperlichen Wohlbefindens (vgl. § 223 StGB), zB das Beibringen v. Verletzungen, Fußtritte, Schläge, grelle Beleuchtung bei Vernehmungen, Lärmverursachung, ständiges Stören im Schlaf, Hungern- u. Frierenlassen (Löwe/Rosenberg/Gleß Rn. 22).

8 **II. Ermüdung. Ermüdung** (allg. Schmidt MDR 1962, 358) hindert die Vernehmung nur in Extremfällen, zB bei Dauerverhören o. nach 30 bzw. 38 Stunden ohne Schlaf (BGHSt 13, 60; BGH NStZ 2015, 46; vgl. aber auch Pfeiffer/Miebach NStZ 1984, 15 – BGH RsprÜ: 24 Stunden Schlaflosigkeit unschädlich). Ermüdende Vernehmungen sind zulässig u. oft unvermeidbar (BGHSt 38, 291; BGH NStZ 1999, 630). Auch sachlich gerechtfertigte nächtliche Vernehmungen schließt § 136a nicht aus (BGHSt 1, 376). Verboten ist nur das Beeinträchtigen der Willensfreiheit durch Vernehmungen bis zur Erschöpfung der Willenskraft o. unter Ausnutzung eines solchen Zustands (BGHSt 38, 291 (293); BGHR StPO § 136a Abs. 1 Ermüdung 2). Dies wird va anzunehmen sein, wenn zu der Schlaflosigkeit Umstände hinzukommen, die für eine körperliche u. seelische Erschöpfung des Beschuldigten sprechen (s. BGH NJW 2015, 360). Dabei kommt es auf den objektiven Zustand der Ermüdung an; ob der Vernehmende ihn herbeigeführt o. überhaupt erkannt hat, ist gleichgültig (BGHSt 1, 376 (379); 12, 332; OLG Frankfurt a. M. VRS 36, 366; **aM** SK-StPO/Rogall Rn. 44). Eine unzulässige Beeinträchtigung der Willensentschließung und Willensbetätigung des Beschuldigten durch Ermüdung ist idR nicht schon dadurch dargetan, dass nachträglich und nicht bereits während der Vernehmung geltend gemacht wird, der Beschuldigte habe zuvor trotz gegebener Möglichkeiten keinen Schlaf gefunden (BGH 19.3.2025 – 6 StR 470/24 mwN). In der HV kommt es grds. auf die Verhandlungsfähigkeit des Beschuldigten an, nur ausnahmsweise ist auch ein Verstoß gegen § 136a in Betracht zu ziehen (s. BGHSt 12, 332, der für den Fall einer nächtlichen HV einen Verstoß gegen § 136a erörtert; Löwe/Rosenberg/Gleß Rn. 27; SK-StPO/Rogall Rn. 47).

9 **III. Körperliche Eingriffe. Körperliche Eingriffe** sind Maßnahmen, die sich unmittelbar auf den Körper des Beschuldigten auswirken. Untersagt sind auch schmerzfreie u. folgenlose Eingriffe. Meist werden Eingriffe schon als Misshandlung, Verabreichung v. Mitteln o. Quälerei verboten sein.

10 **IV. Verabreichung von Mitteln. Verabreichung von Mitteln** ist jede Einf. von festen, flüssigen o. gasförmigen Stoffen in den Körper. In welcher Form das geschieht (Einatmen, Einspritzen, Einführen in Körperöffnungen, Beimischen in Speisen u. Getränke), ist gleichgültig (Erbs NJW 1951, 387). In Betracht kommen betäubende, hemmungslösende, einschläfernde u. Weckmittel (BGHSt 11, 211: Pervitin), insbes. Rauschgifte u. Alkohol (s. aber Pluisch NZV 1994, 52 zum Bereitstellen geringer Mengen Alkohols zur Wiederherstellung des „Normalzustandes"). Hemmungslösende Mittel werden bei der Narkoanalyse verabreicht (sog. Wahrheitsserum); sie ist daher ausnahmslos verboten (OLG Hamm DRZ 1950, 212; Niese ZStW 63, 199; Schönke DRZ 1950, 145). Die Verabreichung v. Mitteln, die nur der Stärkung o. Erfrischung dienen (Traubenzucker, Schokolade) u. von Kaffee, Tee, Zigaretten ua Tabakwaren ist ebenso wenig untersagt (BGHSt 5, 290) wie die Weigerung, sie dem Beschuldigten zu geben. Wie bei der Ermüdung (→ Rn. 8) ist unerheblich, ob die Mittel v. dem Vernehmenden verabreicht o. v. dem Beschuldigten vor o. während der Vernehmung selbst eingenommen worden sind u. ob der Vernehmende die dadurch eingetretenen Folgen erkannt hat, also

ein pflichtwidriges Ausnutzen der Beeinträchtigung vorliegt (OLG Frankfurt a. M. VRS 36, 366; LG Mannheim NJW 1977, 346; Löwe/Rosenberg/Gleß Rn. 32; Eisenberg Beweisrecht StPO Rn. 643 ff.; **aM** OLG Celle VRS 41, 206; SK-StPO/ Rogall Rn. 51; dahingestellt von BGH NStZ 2025, 757). Beschuldigte unter Alkoholeinwirkung können vernommen werden, solange sie verhandlungsfähig sind u. ihre Willensfreiheit nicht ernsthaft beeinträchtigt ist (Dallinger MDR 1970, 14 – BGH RsprÜ: trotz 2 ‰ Blutalkohol; vgl. auch BGH 4.12.2023 – 5 StR 337/ 23; siehe dagegen OLG Köln StV 1989, 520: nicht mehr bei 4 ‰); zur Vernehmung einer unter Entzugserscheinungen leidenden Person vgl. OLG Hamm StV 1999, 360.

V. Quälerei. Quälerei ist das Zufügen länger andauernder o. sich wiederholender körperlicher o. seelischer Schmerzen o. Leiden, zB durch entwürdigende Behandlung (fortwährende Beschimpfungen u. dgl.), Dunkelhaft, Erzeugung v. Angst u. Hoffnungslosigkeit. Das Hinführen zur Leiche des Opfers kann unter bes. Umständen Quälerei sein (BGHSt 15, 187; AK-StPO/Maiwald Rn. 5; Löwe/ Rosenberg/Gleß Rn. 38; → § 88 Rn. 2). Lichtbilder der Opfer dürfen dem Beschuldigten gezeigt werden (BGH 27.7.1979 – 5 StR 19/79). 11

VI. Täuschung. Die **Täuschung** des Beschuldigten bei der Vernehmung berührt zwar weder dessen Menschenwürde (Otto GA 1970, 290; Renzikowski JR 2008, 166) noch die Freiheit seiner Willensentschließung, ist aber eines Rechtsstaates unwürdig. Daher ist sie verboten. Der Begriff ist jedoch zu weit gefasst u. muss einschr. ausgelegt werden (BGHSt 42, 139 (149) (GrS) mwN; Baumann GA 1959, 34; Otto GA 1970, 294; **aM** Eisenberg Beweisrecht StPO Rn. 655; eing. Kasiske StV 2014, 423 (427 ff.)). 12

Unbeabsichtigte Irreführungen fallen darunter nicht (BGHSt 31, 395 (400); 35, 328 (329); NStZ 2005, 517; NStZ-RR 2021, 142, 143; OLG Oldenburg NJW 1967, 1096; **aM** Löwe/Rosenberg/Gleß Rn. 49, 50; OLG Bremen NJW 1967, 2022; OLG Düsseldorf NJW 1960, 210; OLG Hamm NJW 1960, 1967), auch nicht fahrlässige Fehlinformationen (BGH NStZ 2004, 631). Auch irrtümlich falsche Rechtserklärungen des Vernehmenden sind keine Täuschungen (BGH NStZ-RR 2021, 142, 143 zu § 69 Abs. 3: versehentlicher Belehrungsfehler; SK-StPO/Rogall Rn. 59; wohl auch BGH StV 1989, 515; **aM** OLG Bremen NJW 1967, 2022; Löwe/Rosenberg/Gleß Rn. 50). 13

Gegenstand der Täuschung können Rechtsfragen sein, zB dass der Beschuldigte als Zeuge vernommen werden soll, dass er zur Aussage verpflichtet sei (BayObLGSt NJW 1979, 2625; OLG Oldenburg NJW 1967, 1096), dass er die Wahrheit sagen müsse (LG Regensburg StV 2012, 332) o. dass sein Schweigen als Schuldbeweis gewertet werden könne (Wessel JuS 1966, 171). Es kann sich auch um tatsächliche Umstände handeln, zB dass eine erdrückende Beweiskette vorliege (BGHSt 35, 328; BGH StV 2017, 507; OLG Frankfurt a. M. StV 1998, 119), dass der Mittäter schon gestanden habe (vgl. auch LG Freiburg StV 2004, 647: bewusst erzeugte Fehlvorstellung) o. anderes Beweismittel gefunden worden sei, aber auch um Absichten des Vernehmenden, zB dass er aus der Aussage keine nachteiligen Folgen ziehen werde (Dallinger MDR 1954, 17 – BGH RsprÜ). Täuschung ist auch die Befragung zur Schuldfrage unter dem Vorwand der Vernehmung zur Person (OLG Hamburg MDR 1976, 601), nicht aber das Vorspiegeln einer freundlichen Gesinnung (BGH NJW 1953, 1114; Löwe/Rosenberg/Gleß Rn. 40). Es liegt keine Täuschung iSv Abs. 1 S. 1 vor, wenn die StA dem Angekl. ihre Strafvorstellungen auf der Grundlage der im Haftbefehl enthaltenen Tatvorwürfe erklärt (BGH 10.6.2021 – 5 StR 377/20; zur „Sanktionsschere" s. → Rn. 23). 14

Kriminalistische List (allg. Puppe GA 1978, 289; Dahle Kriminalistik 1990, 431) verbietet § 136a nicht (Kleinknecht JZ 1953, 534; krit. SSW StPO/Eschelbach Rn. 36 ff.; Löwe/Rosenberg/Gleß Rn. 39; SK-StPO/Rogall Rn. 56;). Sie darf aber nur darin bestehen, dass Fangfragen gestellt u. doppeldeutige Erklärungen (insoweit **aM** Erb FS Otto, 2007, 876) abgegeben werden. Falsche Angaben über Rechtsfragen u. bewusstes Vorspiegeln o. Entstellen v. Tatsachen sind immer un- 15 tersagt (BGHSt 37, 48; BGH NStZ 1997, 251; OLG Köln MDR 1972, 965; Kleinknecht JZ 1953, 534). Das gilt auch für geringfügige Verdrehungen der Wahrheit (Beulke StV 1990, 182). Zur List bei heimlichen Ermittlungsmaßnahmen Soiné NStZ 2010, 598; ferner Kasiske StV 2014, 423 (427 ff.).

16 Das **Verschweigen von Rechten und Tatsachen** ist keine Täuschung (BGHSt 39, 335 (348); BGH NStZ 1997, 251). Wird eine ges. vorgeschriebene Belehrung (§§ 136 Abs. 1 S. 2, 163a Abs. 3 S. 2, Abs. 4 S. 2, 243 Abs. 5 S. 1) unterlassen, so beurteilen sich die Rechtsfolgen nach diesen Vorschr. (KK-StPO/Diemer Rn. 21). Auf die Verwertbarkeit v. Angaben, die der Beschuldigte außerhalb der Vernehmung macht, braucht er nicht hingewiesen zu werden (Spiegel DAR 1977, 177 – BGH RsprÜ; LG Verden MDR 1975, 950). Auch was der Vernehmende v. Sachverhalt weiß, braucht er dem Beschuldigten nicht zu offenbaren (OLG Bremen NJW 1967, 2022; VRS 36, 182; OLG Köln MDR 1972, 965).

17 Der **Irrtum des Beschuldigten** über die Kenntnis des Richters v. den Tatsachen u. das Vorliegen v. Beweisen muss nicht berichtigt (OLG Köln MDR 1972, 965; Löwe/Rosenberg/Gleß Rn. 46), darf aber nicht durch zusätzliche Erklärungen ausgeweitet u. vertieft werden (Holtz MDR 1986, 978 – BGH RsprÜ; KK-StPO/Diemer Rn. 22; vgl. auch BGH StV 1988, 419 mAnm Günther, der zutr. der Ansicht ist, der BGH habe eine Vertiefung des Irrtums zu Unrecht verneint). Beseitigt werden muss dagegen ein erkennbarer Irrtum des Beschuldigten über seine Aussagefreiheit (Löwe/Rosenberg/Gleß Rn. 47).

18 **Heimliche Tonbandaufnahmen** bei der Vernehmung sind grds. unzulässig. Die Vernehmung ist nichtöffentl. iSd § 201 StGB (OLG Frankfurt a. M. NJW 1977, 1547) u. darf daher nicht ohne Einwilligung des Beschuldigten aufgenommen werden, auch wenn er weiß, dass seine Äußerungen in einer Niederschrift festgehalten werden (ANM 517; Schmidt JZ 1956, 208).

19 **VII. Hypnose. Hypnose** ist die Einwirkung auf einen anderen, durch die unter Ausschaltung des bewussten Willens eine Einengung des Bewusstseins auf die v. dem Hypnotisierenden gewünschte Vorstellungsrichtung erreicht wird; § 136a verbietet sie ausnahmslos (KK-StPO/Diemer Rn. 28; Löwe/Rosenberg/Gleß Rn. 53; **aM** SK-StPO/Rogall Rn. 70; Peters StrafProzR Rn. 337: Lösung v. posthypnotischen Hemmungen), auch wenn sie zur Auffrischung des Gedächtnisses v. Zeugen mit deren Einwilligung angewendet werden soll (Erbs NJW 1951, 388; **aM** Fuchs Kriminalistik 1983, 6, eing. Artkämper Kriminalistik 2009, 417).

20 **VIII. Zwang. Zwang** ist zB in §§ 51, 70, 77, 112 ff., 134, 163a Abs. 3 zugelassen, darf aber nur für die dort vorgesehenen Zwecke angewendet werden. Darüber hinaus ist er verboten. Maßgebend sind aber die objektiven Umstände (zB Festnahme ohne Festnahmegrund, LG Bremen StV 1995, 515); dass der Beschuldigte irrig glaubt, er befinde sich in einer Zwangslage, ist ohne Bedeutung. Insbesondere sind unangenehme Fragen nicht untersagt (LG Bremen MDR 1952, 122). Ein Verwertungsverbot besteht iÜ nur, wenn der Zwang gezielt als Mittel zur Herbeiführung einer Aussage angewandt worden ist, also darauf gerichtet war, ob überhaupt o. wie ausgesagt werden sollte (BGH NStZ 2013, 59; NJW 1995, 2933 (2936) = StV 1996, 73 mablAnm Fezer; abl. auch Bung StV 2008, 495; Paeffgen NStZ 1997, 119). Kein unzulässiger Zwang liegt in der Vernehmung eines vorl. Festgenommenen vor Vorführung nach § 128 Abs. 1 S. 1 (BGH NStZ 1990, 195).

21 **IX. Drohung mit einer verfahrensrechtlich unzulässigen Maßnahme.** Die **Drohung mit einer verfahrensrechtlich unzulässigen Maßnahme** besteht im Inaussichtstellen einer Maßnahme, auf deren Anordnung der Vernehmende Einfluss zu haben behauptet (Achenbach StV 1989, 515; Grünwald NJW 1960, 1941), zB die Festnahme wegen Verdunkelungsgefahr (Dallinger MDR 1971, 18 – BGH RsprÜ; Volk NJW 1996, 882) o. die Einleitung einer Entziehungskur (LG Mannheim NJW 1977, 346). Warnungen, Belehrungen u. Hinweise sind keine Drohungen, wohl aber die Androhung der grundlosen Invollzugsetzung des Haftbefehls, falls kein Geständnis abgelegt werde (BGH StV 2004, 636; vgl. dagegen

BGH StraFo 2013, 162 zu „vorläufigen Einschätzungen" des Vors zur Haftfrage), o. die sachlich nicht gerechtfertigte Bloßstellung homosexueller Neigungen des Beschuldigten (OLG Naumburg StV 2004, 529). Auch in der Anwendung der „Sanktionsschere" (→ § 257c Rn. 19, 21, 32b) liegt ein Verstoß gegen § 136a (BGH NStZ 2008, 170).

Mit **zulässigen Maßnahmen** darf gedroht werden, sofern der Vernehmende zugleich zum Ausdruck bringt, dass er seine Entschließung nur v. sachlichen Notwendigkeiten abhängig machen werde. Zulässig ist daher die Androhung der (gerechtfertigten) vorl. Festnahme (BGH GA 1955, 246; Dallinger MDR 1953, 723 – BGH RsprÜ; Dallinger MDR 1956, 527 – BGH RsprÜ), der Abschiebung ins Ausland (Holtz MDR 1979, 637 – BGH RsprÜ), eines Strafverfahrens nach § 164 StGB o., bei einem offenbar falsch aussagenden Zeugen, nach §§ 153 ff. StGB (Dallinger MDR 1956, 527 – BGH RsprÜ). Verboten sind auch nicht Vorhaltungen, die vernünftigerweise das Prozessverhalten des Beschuldigten nicht beeinflussen (BGHSt 1, 387; 14, 189 (191)). 22

X. Versprechen von gesetzlich nicht vorgesehenen Vorteilen. Das Versprechen von gesetzlich nicht vorgesehenen Vorteilen, dh die **Abgabe einer bindenden Zusage**, auf deren Einhaltung der Empfänger vertrauen kann (BGHSt 14, 189 (191); OLG Hamm NJW 1968, 954; StV 1984, 456; **aM** Löwe/Rosenberg/Gleß Rn. 58; Grünwald NJW 1960, 1941: Inaussichtstellen des Vorteils genügt), für eine Aussage o. ihren besonderen Inhalt (BVerfG NJW 1984, 428) ist stets verboten, sofern es sich nicht um einen Bagatell"vorteil" handelt (BGHSt 5, 290: Raucherlaubnis). Versprechen v. Vorteilen, die dem Beschuldigten erst nach der Vernehmung zugutekommen sollen, sind dagegen zulässig, wenn sie nur Hinweise darauf enthalten, welche Änd. der Verfahrenslage durch die Aussage eintreten werden. Die Haftentlassung bei Ablegung eines Geständnisses darf zugesagt werden, wenn die Haft nur wegen Verdunkelungsgefahr begründet ist (Dallinger MDR 1952, 532 – BGH RsprÜ; **aM** LG Aachen NJW 1978, 2256), nicht aber bei Fluchtgefahr (BGHSt 20, 268; vgl. auch OLG Köln NStZ 2014, 172 sowie KG StraFo 2013, 458 zum Versprechen, bei Abgabe eines Geständnisses keinen Haftbefehl zu beantragen). Statthaft ist auch die Zusage der Einstellung nach § 154 (Pfeiffer/Miebach NStZ 1987, 217 – BGH RsprÜ; vgl. aber OLG Hamm StV 1984, 456) u. der Vergünstigung nach § 31 BtMG (Pfeiffer/Miebach NStZ 1987, 217 – BGH RsprÜ), die Erklärung, der Beschuldigte werde, wenn er gestehe, nicht ins Ausland abgeschoben (Holtz MDR 1979, 637 – BGH RsprÜ), u. der Hinweis auf die nach einem Geständnis eintretenden Strafmilderungsmöglichkeiten (BGHSt 1, 387; 14, 189; 20, 268; vgl. auch BGH NJW 1990, 1921), nicht aber für den Fall eines Geständnisses die Inaussichtstellung einer unzutreffenden günstigeren rechtlichen Bewertung der Tat (BGH NStZ 2007, 655) u. das Versprechen des Vernehmenden, dass im Fall des Geständnisses v. einer namentlichen Anzeige abgesehen werde (Dallinger MDR 1954, 17 – BGH RsprÜ). Unzulässig ist auch die Zusage der Straffreiheit o. sonstiger Vergünstigungen ggü. dem „Kronzeugen" (Löwe/Rosenberg/Gleß Rn. 61). Die StA eröffnet allerdings keine nach Abs. 1 S. 3 verbotene „unzulässige Sanktionsschere" und verspricht keinen ges. nicht vorgesehenen Vorteil, wenn sie für den Fall eines Geständnisses und einer Aufklärungshilfe iSv § 46b StGB einen bestimmten Strafantrag in Aussicht stellt und ankündigt, dieser falle ohne Geständnis und Aufklärungshilfe doppelt so hoch aus (BGH 10.6.2021 – 5 StR 377/20; vgl. aber auch BGH StraFo 2003, 97 zum Versprechen einer schuldunangemessen niedrigen Strafe). Die Zusage der Übernahme der einem aussagebereiten Zeugen durch einen anwaltlichen Beistand entstehenden Kosten enthält nicht das Versprechen v. Vorteilen iS Abs. 1 (BVerfG NJW 1984, 428). 23

XI. Anwendung des Polygraphen. Die **Anwendung des Polygraphen** (Lügendetektor; dazu iE Eisenberg Beweisrecht StPO Rn. 693 ff.) wurde früher in entspr. Anwendung v. Abs. 1 als unzulässig angesehen; sie sollte auch durch Einwilligung des Beschuldigten, der damit seine Unschuld beweisen wollte, nicht in 24

Betracht kommen, va weil sonst mittelbarer Druck auf den leugnenden Beschuldigten ausgeübt wird. Nach der Grundsatzentscheidung des BGHSt 44, 308 verstößt die freiwillige Mitwirkung des Beschuldigten hingegen nicht gegen Verfassungsgrundsätze o. § 136a: Die polygraphische Untersuchung mittels des Kontrollfragentests u. – jedenfalls im Zeitpunkt der HV – des Tatwissentests führe jedoch zu einem völlig ungeeigneten Beweismittel (§ 244 Abs. 3 S. 3 Nr. 4); denn es sei nicht möglich, eine gemessene körperliche Reaktion auf eine bestimmte Ursache zurückzuführen (aufrechterhalten v. BGH NStZ 2011, 474; dazu abl. Putzke ZJS 2011, 557). Nach dieser Entsch. schien die Debatte um das „polygraphische Gutachten" in der Strafgerichtsbarkeit erledigt (Artkämper NJ 1999, 154). Weitere u. neuere Untersuchungen sprechen sich aber für die Anwendung zur Entlastung des Beschuldigten (Meyer-Mews NJW 2000, 916), für die Anwendung im Ermittlungsverfahren (Fabian/Stadler Kriminalistik 2000, 607) o. für eine völlige Neubewertung aus (eing. Putzke/Scheinfeld/Klein/Undeutsch ZStW 121 (1989), 607 (Kurzfassung Putzke/Scheinfeld StraFo 2010, 58); zu möglichen Auswirkungen neurowissenschaftlicher Erkenntnisse Stübinger ZIS 2008, 538). Vgl. zur gesamten Problematik auch SK-StPO/Rogall Rn. 86 ff.; Schüssler, Polygraphie im deutschen Strafverfahren, 2002; JR 2003, 188. Vgl. ferner Jaworski NStZ 2008, 195 zur Anwendung des Polygraphen in Polen zwecks Ausschließung Unschuldiger aus dem Kreis der Verdächtigen.

25 **F. Erinnerungsvermögen und Einsichtsfähigkeit (Abs. 2). Erinnerungsvermögen und Einsichtsfähigkeit (Abs. 2)** des Beschuldigten dürfen nicht beeinträchtigt werden. Das Erinnerungsvermögen ist die Fähigkeit, vergangene Tatsachen mittels Denkarbeit zu vergegenwärtigen, Einsichtsvermögen die Fähigkeit des Beschuldigten, die inhaltliche u. wertmäßige Bedeutung seiner Aussage zu erkennen, sich seiner Verantwortung bewusst zu bleiben (Erbs NJW 1951, 389). Neben den Verboten des Abs. 1 hat Abs. 2 wenig praktische Bedeutung. Insbesondere verbietet er nicht Fang- u. Suggestivfragen (Schlüchter Strafverfahren Rn. 97).

26 **G. Einwilligung des Beschuldigten (Abs. 3 S. 1).** Die **Einwilligung des Beschuldigten (Abs. 3 S. 1),** auch die des ges. Vertreters u. des Verteidigers, ist unbeachtlich. Das betr. va die Anwendung des Lügendetektors, der Narkoanalyse u. der Hypnose.

27 **H. Verwertungsverbot (Abs. 3 S. 2).** Ein **Verwertungsverbot** (Abs. 3 S. 2) für die bei der entspr. Vernehmung gemachten Angaben ist die Folge des Verstoßes gegen Abs. 1, Abs. 2. Es besteht bei belastenden u. entlastenden (KK-StPO/Diemer Rn. 38; Löwe/Rosenberg/Gleß Rn. 71; Peters StrafProzR Rn. 337; Kulhanek JR 2023, 10; **aM** Dencker Verwertungsverbote S. 73 ff.; Roxin/Schäfer/Widmaier StV 2006, 655: nur bei belastenden Aussagen; dahingestellt von BGH NJW 2022, 2487 mwN zum Streitstand und Anm Kulhanek JR 2023, 10), falschen u. richtigen Aussagen (BGHSt 5, 290; Baumann GA 1959, 41; **aM** Erbs NJW 1951, 389) und, im Gegensatz zu anderen Verboten dieser Art, auch bei nachträglicher Einwilligung des Beschuldigten in die Benutzung seiner Aussage (vgl. aber auch BGH NStZ 2008, 706, wo offengelassen ist, ob auf den Schutz des Abs. 3 S. 2 verzichtet werden kann, falls anders eine effektive Verteidigung verwehrt ist; für uneingeschränkte Verwertbarkeit entlastender Aussagen hingegen Roxin StV 2009, 113). Nur weil diese weitergehende Rechtsfolge bestimmt werden sollte, erwähnt Abs. 3 S. 2 entgegen der sonstigen Technik des G das Verwertungsverbot ausdr. (Fezer JuS 1978, 105; Grünwald JZ 1983, 719). Das Verbot erstreckt sich auch auf die Verwertung v. durch Folter im **Ausland** erlangte Beweise (Ambos StV 2009, 151) und wirkt auch zugunsten von **Mitbeschuldigten** (BGH NJW 2022, 2487 mwN zum Streitstand u. Anm. Trüg NStZ 2023, 173).

28 Einen **ursächlichen Zusammenhang** zwischen Verstoß u. Aussage setzt das Verbot grds. voraus. Daran fehlt es zB, wenn der Beschuldigte ausgesagt hat, obwohl er die Täuschung erkannt hatte (Meyer JR 1966, 311; Rieß JA 1980, 301; vgl. auch BGHSt 22, 170 (175)). Erwiesen muss der Ursachenzusammenhang nicht sein; es genügt, dass er nicht auszuschließen ist (BGHSt 5, 290; 34, 365 (369)); LG

Mannheim NJW 1977, 346; Löwe/Rosenberg/Gleß Rn. 70; SK-StPO/Rogall Rn. 102). Bezieht er sich nur auf einen abtrennbaren Teil der Aussage, so besteht auch das Verwertungsverbot nur in diesem Umfang. Eine unter Anwendung v. **Folter oder unmenschlicher Behandlung** iSv Art. 3 EMRK erlangte Aussage ist aber auch dann unverwertbar, wenn das Urt. darauf nicht beruht (EGMR HRRS 2007, 655 Nr. 60; erg. → EMRK Art. 3 Rn. 5).

Die **unmittelbare und die mittelbare Verwertung** der Aussage ist verboten (Rogall JZ 1996, 950), auch die strafmildernde Beachtung eines unverwertbaren Geständnisses (**aM** Wesemann/Müller StraFo 1998, 113). Unzulässig sind die Verlesung der Niederschrift über die Vernehmung (Schmidt StPO/GVG StPO § 136a Rn. 22), das Abspielen v. Tonbandaufnahmen v. der Vernehmung (ANM 481), Vorhalte aus der Vernehmung (Dallinger MDR 1973, 371 – BGH RsprÜ; Schroth ZStW 87 (1975), 103), die Anhörung der Vernehmungsperson (Rogall MDR 1977, 979; Spendel NJW 1966, 1107) o. eines bei der Vernehmung anwesenden Dritten als Zeugen (Baumann GA 1959, 43; Heinitz JR 1964, 443) u. die Verwertung des durch verbotene Mittel erlangten Gutachtens (BGHSt 11, 211). 29

Eine **Fortwirkung** auf **spätere Aussagen** hat der Verstoß gegen § 136a grds. nicht. Der Beschuldigte kann daher – jenseits des Art. 3 EMRK unterfallenden Bereiches (dazu anschl. → Rn. 30a) – erneut vernommen, u. die neue Aussage kann verwertet werden (BGHSt 1, 376 (379); 22, 129 (134); 27, 355 (359); 37, 48; OLG Hamburg MDR 1976, 601), auch wenn die jetzige Aussagebereitschaft ohne die unzulässige Vernehmung nicht entstanden wäre (Peters StrafProzR Rn. 338). Wirkt jedoch der Verstoß gegen Abs. 1 dergestalt fort, dass die Aussagefreiheit auch bei einer nachgelagerten Vernehmung noch in rechtserheblicher Weise beeinträchtigt ist, umfasst das Verwertungsverbot des Abs. 3 auch die spätere Beweiserhebung (BGH NStZ 2021, 431 mwN). Bei der erforderlichen Gesamtwürdigung können für eine rechtserhebliche Fortwirkung der enge zeitliche Zusammenhang zwischen Erst- u. nachf. Vernehmung, die Schwere des Verstoßes gegen Abs. 1 sowie der Umstand sprechen, dass der Angeklagte bei der weiteren Vernehmung die unverwertbaren Angaben der Erstvernehmung lediglich pauschal o. bezugnehmend bestätigt hat (BGH NJW 1995, 2047; NStZ 2021, 431 mAnm Mosbacher JuS 2021, (752); erg. → § 136 Rn. 9), dagegen, wenn die unverwertbare Aussage schon länger zurückliegt, wenn die Beeinträchtigung der Willensfreiheit nicht allzu schwerwiegend war o. wenn sich der Beschuldigte o. Zeuge nach den Umständen bei seiner späteren Vernehmung darüber bewusst ist, sich v. seinen Erstangaben distanzieren zu können (BGHSt 37, 48, 53; BGH NStZ 2021, 431). Insoweit kommt es nach bisheriger Rspr. nur darauf an, dass der Beschuldigte sich bei der 2. Aussage seiner Entscheidungsmöglichkeit bewusst war (BGHSt 37, 48 (53); BGH NStZ 1988, 419). 30

Ebenso wie bei § 136 (→ § 136 Rn. 9) ist aber zu verlangen, dass der Beschuldigte auch hier „**qualifiziert**" dahin **belehrt** wird, dass die vorangegangenen Angaben nicht verwertet werden dürfen (Neuhaus NStZ 1997, 315; ebenso LG Frankfurt a. M. StV 2003, 325, zust. Weigend StV 2003, 438; Roxin HRRS 2009, 186; Alsberg Beweisantrag/Güntge Rn. 924; Arnoldi NStZ 2019, 230 (231); offengelassen v. BGHSt 53, 112 (115); BGH NStZ 2021, 431). Nach der Rspr der BGH würde allerdings selbst aus dem Unterbleiben einer „qualifizierten" Belehrung nicht ohne Weiteres die Unverwertbarkeit der späteren Aussage folgen, vielmehr wird – wie auch bei § 136 Abs. 1 (BGH NStZ 2019, 227) – eine Gesamtabwägung vorzunehmen sein, in die insbes. das Gewicht der Willensbeeinträchtigung, der zeitliche u. situative Zusammenhang zwischen den Vernehmungen u. das staatliche Interesse an der Sachaufklärung einzustellen wären (BGH NStZ 2021, 431).Wer mit der Revision behauptet, der Verstoß habe fortgewirkt, muss das in der Revisionsbegründung näher darlegen (Pfeiffer NStZ 1981, 298 – BGH RsprÜ; BGH NStZ 1988, 419 (420); **aM** Neuhaus NStZ 1997, 315; Seebode FS Otto, 2007, 1002; Weigend StV 2003, 438). 30a

Fortwirkung bei Verstoß gegen Art. 3 EMRK: Bei einer durch Folter o. unmenschliche Behandlung erlangten Aussage wird man dagegen davon auszuge- 30b hen haben, dass der ursprüngliche Verstoß sich auf alle weiteren Vernehmungen im Ermittlungsverfahren auswirkt (EGMR NJW 2010, 3145; 2006, 3117; vgl. auch bereits BGHSt 15, 187; 17, 364; zw. BGHSt 22, 129 (134)). Soweit BGHSt 55, 314 eine Fortwirkung verneint, wenn erfolgte Misshandlungen keinen Einfluss auf den Inhalt später gemachter Angaben mehr hatten, erscheint dies mit der Rspr. des EGMR zu Art. 3 EMRK nicht ohne weiteres vereinbar (dazu insbes. EGMR NJW 2010, 3145; näher → EMRK Art. 3 Rn. 5; erg. → Rn. 31).

31 Eine **Fernwirkung** in der Weise, dass auch die bei der Aussage bekanntgewordenen Beweismittel nicht benutzt werden dürfen, besteht nach der Rspr. grds. nicht (BGHSt 34, 362; OLG Hamburg MDR 1976, 601; OLG Stuttgart NJW 1973, 1941); die Frage ist aber äußerst str. (vgl. dazu eing. Eisenberg Beweisrecht StPO Rn. 714 ff.; SK-StPO/Rogall Rn. 108 ff.; Alsberg Beweisantrag/Güntge Rn. 925; erg. → Einl. Rn. 57). Beulke (ZStW 103 (1991), 669) spricht sich für eine Fernwirkung aus, will aber entspr. der amerikanischen hypothetical clean path doctrine eine Verwertung des Beweismittels zulassen, das im konkreten Fall sowieso auch „auf sauberem Weg" hätte gefunden werden können. Es wird auch Verwertbarkeit angenommen, wenn das Beweismittel bloß zufällig aufgefunden wurde („echter Zufallsfund"; vgl. Strafprozessuale Beweisverbote, 2009, S. 95 ff.; zust. Ambos Beweisverwertungsverbote S. 149). Reinecke (Die Fernwirkung von Beweisverwertungsverboten, 1990, S. 247) ist demggü. der Ansicht, dass die Verletzung eines bestehenden Verwertungsverbots grds. die Unverwertbarkeit der daraus resultierenden Beweisprodukte nach sich ziehen muss (ähnlich Müssig GA 1999, 137). Herrschend ist die **Abwägungslehre,** die zwischen der Schwere der begangenen Rechtsverletzung einerseits u. der Bedeutung des Tatvorwurfs andererseits entscheidet (BVerfG wistra 2010, 341 (344); Löwe/Rosenberg/Gleß Rn. 75, 76; abl. dazu Seebode FS Otto, 2007, 1009; Weigend StV 2003, 438). Der EGMR nimmt im **Anwendungsbereich von Art. 3 EMRK** regelmäßig eine Fernwirkung an, um solchen Ermittlungsmethoden Einhalt zu gebieten (EGMR NJW 2010, 3145); insges. wird das Verf. aber nur unfair u. konventionswidrig, wenn der Verstoß auch den Schuld- o. Strafausspruch beeinflusst hat (EGMR NJW 2010, 3145; KK-StPO/Lohse/Jakobs EMRK Art. 3 Rn. 12; erg. → EMRK Art. 3 Rn. 5).

32 **I. Beweis des Verfahrensverstoßes.** Der **Beweis des Verfahrensverstoßes** muss vAw geführt werden (Dallinger MDR 1951, 658 – BGH RsprÜ). Dabei gilt Freibeweis (BGHSt 16, 164 (166); BGH NJW 1994, 2904 (2905); SK-StPO/Rogall Rn. 101; **aM** Eisenberg Beweisrecht StPO Rn. 707; Peters StrafProzR Rn. 339; zum Freibeweis vgl. → § 244 Rn. 7, 9). Der Grundsatz in dubio pro reo gilt grds. nicht; ist der Verstoß nicht erwiesen, so ist die Aussage verwertbar (BGH NJW 1994, 2904; NStZ 2008, 643; SK-StPO/Rogall Rn. 101; Kleinknecht NJW 1966, 1544; **aM** Löwe/Rosenberg/Gleß Rn. 78; Peters StrafProzR Rn. 339; allg. zu den Beweisanforderungen EGMR NJW 2012, 2173). Im Anwendungsbereich v. Art. 3 EMRK reicht es bei **Vernehmungen im Ausland** dagegen mit Rücksicht auf die Beweisschwierigkeiten in derartigen Fällen für ein Verwertungsverbot nach der Rspr. des EGMR aus, dass ein „reales Risiko" aufgezeigt wird, wonach die Aussage unter Folter o. unmenschlicher bzw. erniedrigender Behandlung gewonnen wurde (EGMR NLMR 2012, 314; näher → EMRK Art. 3 Rn. 5a). Wegen des Ursachenzusammenhangs vgl. → Rn. 28.

33 **J. Revision.** Nur auf eine zulässige **Verfahrensrüge** (BGHSt 1, 376; Spiegel DAR 1977, 179 – BGH RsprÜ) wird der Verstoß berücksichtigt (BGH wistra 1988, 70; StV 1994, 62); ein Verfahrenshindernis begründet er nicht (LG Frankfurt a. M. StV 2003, 327; Saliger ZStW 116 (2004), 64; anders Weigend StV 2003, 436: nur dann nicht, wenn die Folgen des Verstoßes in vollem Umf. revisibel sind u. dadurch die Verfahrensfairness wiederherstellbar ist; Gau, Die rechtswidrige Beweiserhebung nach § 136a StPO als Verfahrenshindernis, 2006: bei Beweiserhebung durch Folter; vgl. dagegen → Einl. Rn. 55; s. auch BVerfG NJW 2005, 656).

34 Die Revision muss einen Sachverhalt vortragen, der einen Verstoß gegen § 136a Abs. 1 begründet (vgl. dazu BGH 27.8.2025 – 4 StR 80/25 mwN). Sie muss idR den vollständigen Inhalt der Sitzungsniederschriften (BGH NStZ-RR 2003, 144), ferner die den Verstoß gegen § 136a enthaltenden Tatsachen u. diejenigen Tatsachen mitteilen, aus denen sich die Möglichkeit eines Ursachenzusammenhangs mit der Aussage ergibt (BVerfG NStZ 2002, 487), ggf. auch darlegen, wieso der Verstoß fortgewirkt hat (Pfeiffer NStZ 1981, 298 – BGH RsprÜ; BGH NJW 1995, 2047; NStZ 2001, 551). Geht es um eine im Ermittlungsverfahren gewonnene Aussage, ist doppelter Tatsachenvortrag erforderlich, nämlich hins. ihrer Entstehung u. ihrer Verwertung (BVerfG NStZ 2002, 487). Dass der Verwertung der Aussage in der HV **widersprochen** worden ist, ist – anders als bei § 136 (→ § 136 Rn. 25) – **nicht erforderlich** (BGH 22.8.1995 – 1 StR 458/95; StV 2016, 772 Ls.; zw. BGH StV 1996, 360 mablAnm Fezer StV 1997, 57), da es sich um ein ges. normiertes Verwertungsverbot handelt (vgl. dazu Berg StraFo 2018, 327 (329)), das absolut gilt (vgl. BGH NJW 2022, 2487).

35 Der Angeklagte kann auch die unzulässige Herbeiführung der Aussagen v. Zeugen u. Sachverständigen (Grünwald JZ 1966, 490; Rogall JZ 1996, 950) u. des Geständnisses v. Mitangeklagten rügen (BGH NJW 2022, 2487; Dallinger MDR 1971, 18 – BGH RsprÜ). Ist der Beschwerdeführer der Ansicht, das Gericht sei zu Unrecht v. einem Verwertungsverbot ausgegangen, muss er die Verletzung der Aufklärungspflicht (§§ 244 Abs. 2, 245) rügen; ggf. muss dabei dargelegt werden, dass ein Verstoß gegen § 136a nicht fortgewirkt hat (BGH NJW 1995, 2047; erg. → Rn. 30).

36 Das Revisionsgericht stellt den Verfahrensverstoß im **Freibeweis** (→ § 244 Rn. 7, 9) fest (BGHSt 14, 189 (191); 16, 164 (166); BGH wistra 1988, 70; OLG Frankfurt a. M. VRS 36, 366). Auch hier gilt der Grundsatz *in dubio pro reo* nicht (BGHSt 16, 164 (167); BGH VRS 29, 204; Herlan MDR 1955, 652 – BGH RsprÜ; **aM** Löwe/Rosenberg/Gleß Rn. 80; Hamm Revision Rn. 1025). Das Beruhen kann ausgeschlossen sein, wenn das Tatgericht sich nicht – oder nicht maßgeblich (vgl. BGH 28.4.2022 – 2 StR 117/20) – auf die Angaben des Angekl. bei der Vernehmung gestützt hat.

Elfter Abschnitt.
Verteidigung **Nr. 106–108 RiStBV**

Vorbemerkung zu § 137

1 **A. Aufgabe und Rechtsstellung des Verteidigers.** Der Verteidiger, gleichgültig, ob der Beschuldigte ihn gewählt hat (§§ 137, 138) o. ob er v. Gericht bestellt worden ist (§§ 140–144), hat einen ges. Auftrag zu erfüllen, der nicht nur im Interesse des Beschuldigten, sondern auch in dem einer am Rechtsstaatsgedanken ausgerichteten Strafrechtspflege liegt (BGHSt 29, 99 (106); StraFo 2011, 92; krit. Löwe/Rosenberg/Lüderssen/Jahn Rn. 33 ff.; Jahn StV 2014, 40; erg. → § 140 Rn. 1). Nach hM ist er ein selbstständiges, dem Gericht u. der StA gleichgeordnetes **Organ der Rechtspflege** (BVerfGE 38, 105 (119); 53, 207 (214); BGHSt 9, 20 (22); 15, 326; Beulke Strafverfahren S. 163 ff., 200; Roxin FS Hanack, 1999, 8 ff.; Satzger FS Widmaier, 2008, 554; erg. → Einl. Rn. 82) in dem Sinne, dass er Teilhaber, nicht Gegner einer funktionsfähigen Strafrechtspflege ist (Dahs Strafverteidiger-HdB Rn. 11; ähnlich Hassemer ZRP 1980, 331; Fetzer FS Tolksdorf, 2014, 451 (461)). Auch ihn trifft daher die Pflicht, dafür zu sorgen, dass „das Verfahren sachdienlich und in prozessual geordneten Bahnen durchgeführt wird" (BGHSt 38, 111 (115); **aM** Bernsmann StraFo 1999, 226 ff.; Eisenberg NJW 1991, 1257; vgl. auch Maatz NStZ 1992, 513; Widmaier NStZ 1992, 519 sowie Basdorf StV 1997, 488 u. Senge NStZ 2002, 227), so dass er auch den Angeklagten in der HV nicht „nach Belieben schalten und walten lassen darf" (BGHSt 38, 111 (115)).

Dem entspr. auch die Rspr. des EGMR, der ausgeführt hat (EMGR NJW 2004, 3317; 2006, 2901): „Der besondere Status von Rechtsanwälten weist ihnen eine zentrale Rolle in der Justiz zu als Mittler zwischen der Öffentlichkeit und den Gerichten. Deswegen ist es rechtfertigt, von ihnen zu erwarten, dass sie zu einer ordentlich funktionierenden Justiz beitragen und dadurch das Vertrauen der Öffentlichkeit in die Justiz aufrechterhalten". Eine allg. Hinweispflicht zur Einhaltung der Rechtmäßigkeit des Verfahrens obliegt dem Verteidiger aber nicht (BGH NStZ 2008, 300). Eine Mitwirkungspflicht an einem justizförmigen Verf. trifft den Verteidiger nur insoweit, als er keine Verfahrensobstruktion betreiben, also insbes. die ihm eingeräumten **Rechte nicht missbräuchlich ausnutzen** darf (Dornach NStZ 1995, 61; Meyer-Goßner FS 50 Jahre BGH, 2000, 629; vgl. auch BGH NStZ 2005, 341; StraFo 2006, 497: nicht veranlasste Aufblähung des Verfahrens durch die Verteidigung; erg. → Einl. Rn. 111).

1a Der Verteidiger ist **unabhängig,** handelt also unter eigener Verantwortung (BGHSt 13, 337 (343)) u. untersteht nicht der Kontrolle des Gerichts (BVerfGE 34, 293 (302)), ist aber auch an Weisungen des Beschuldigten nicht gebunden (BGHSt 13, 337 (343)). Er ist nicht Vertreter, sondern Beistand des Beschuldigten (BGHSt 9, 356; 12, 367 (369); BGH StraFo 2011, 92; OLG Celle NStZ 1988, 426; OLG Düsseldorf StV 1984, 327; OLG Hamm MDR 1967, 856; Dahs Strafverteidiger-HdB Rn. 13; Roxin FS Hanack, 1999, 8 ff.; krit. Löwe/Rosenberg/Lüderssen/Jahn Rn. 109). Seine Aufgabe besteht darin, die Rechte des Beschuldigten allseitig zu wahren, zur Beachtung aller ihm günstigen rechtlichen u. tatsächlichen Umstände beizutragen u. auf strenge Justizförmigkeit des Verfahrens hinzuwirken (BGHSt 12, 367 (369); 15, 326 (327); BGH NJW 1964, 2402 (2403); OLG Hamm MDR 1977, 1038; OLG München NJW 1976, 252 (253); Dahs Strafverteidiger-HdB Rn. 3). Dabei ist er nicht zur Unparteilichkeit, sondern zur Einseitigkeit zugunsten des Beschuldigten ggü. den Strafverfolgungsbehörden u. dem Gericht verpflichtet (Barton FS E. Müller, 2008, 31; Krekeler NStZ 1989, 146).

2 **B. Rechte und Pflichten des Verteidigers.** Die StPO enthält nur wenige Vorschr. über die Rechte des Verteidigers (vgl. etwa §§ 147, 148, 163a Abs. 3 S. 2, 239, 240 Abs. 2, 249 Abs. 2 S. 2, 251 Abs. 1 Nr. 1, Abs. 2 Nr. 3, 297). Sie ergeben sich iÜ aus seiner ges. Aufgabe. Der Verteidiger ist zu **allen Handlungen** berechtigt, die dem **Schutz u. der Verteidigung des Beschuldigten dienen;** ihre Grenzen findet seine Tätigkeit an den Vorschr. des StGB (BGH NJW 2002, 2115), insbes. des § 185 StGB (dazu Beulke FS E. Müller, 2008, 45), des § 258 StGB (vgl. dazu Dessecker GA 2005, 142) u. des § 261 StGB. Zu letzterer Vorschr. hat BVerfGE 110, die Streitfrage nach ihrem Anwendungsbereich (vgl. BGHSt 47, 68; eing. dazu SK-StPO/Wohlers Rn. 151 ff.) dahin entschieden, dass § 261 Abs. 2 Nr. 1 StGB auf einen Strafverteidiger nur dann anwendbar ist, wenn er im Zeitpunkt der Annahme des Honorars sicher weiß, dass das Geld aus einer Katalogtat stammt. Das BVerfG hat betont, dass die Strafverfolgungsbehörden u. Gerichte auf die besondere Stellung des Strafverteidigers schon ab dem Ermittlungsverfahren angemessen Rücksicht nehmen müssen (vgl. auch BVerfG NStZ 2005, 443; Matt JR 2004, 326 will hieraus allg. einen erhöhten Verdachtsgrad für strafprozessuale Eingriffsmaßnahmen gegen Strafverteidiger herleiten; sehr krit. hingegen Fischer NStZ 2004, 473); auf diese verfassungsrechtliche Privilegierung kann sich der Verteidiger aber nicht berufen, wenn er „aus seiner Rolle als Organ der Rechtspflege heraustritt" (OLG Frankfurt a. M. NJW 2005, 1727) o. sich sonst „verteidigungsfremd" verhält (BGH NJW 2006, 2421; zust. Beulke FS Amelung, 2009, 561; krit. dazu Böhm NJW 2006, 2371; Jahn JZ 2006, 1134). Allgemein sind die Grundsätze für das **anwaltliche Standesrecht** zu beachten (vgl. auch R. Hamm NJW 1993, 289, der 6 „Verteidigungsgrundrechte" aufstellt, sowie die Übersicht bei Beulke FS Roxin, 2001, 1182).

2a Der Verteidiger ist berechtigt, **eigene Ermittlungen** zu führen (BGHSt 46, 1 (4); NJW 2025, 3096 (3097); Bockemühl Private Ermittlungen S. 42), insbes.

Zeugen, Mitbeschuldigte u. Sachverständige vor u. außerhalb der HV zu befragen (BGH AnwBl 1981, 115; OLG Frankfurt a. M. NStZ 1981, 144; OLG Köln NJW 1975, 459). Mit Blick auf den die Strafprozessordnung prägenden Amtsermittlungsgrundsatz (§§ 160 Abs, 2, 244 Abs. 2) besteht allerdings im Regelfall kein Anspruch auf staatliche Hilfestellung für solche eigenen Ermittlungen; die StPO sieht nicht vor, der Verteidigung zeitliche, finanzielle oder sonstige staatliche Ressourcen hierfür zur Verfügung zu stellen (BGH NStZ-RR 2025, 182 (183); NJW 2025, 3096 (3097)).

Der Verteidiger darf die **Rechtspflege nicht** dadurch **behindern**, dass er die Wahrheitsforschung erschwert (BGHSt 9, 20 (22); BGH StV 1999, 153), Beweisquellen trübt o. verfälscht (BGHSt 46, 53 (55, 57); BGH NJW 2009, 2690 (2693)), Flucht o. Verdunkelungsmaßnahmen des Angeklagten fördert o. ihn vor einer bevorstehenden Verhaftung o. vor anderen Zwangsmaßnahmen warnt (BGHSt 29, 99 (103); nicht unzw. deshalb OLG Jena NStZ 2022, 447, 448 mablAnm Fahl NStZ-RR 2023, 147: Information des Besch. über aus den Akten ersichtlichen Haftbefehl; erg. → § 138a, 11a). Der Verteidiger darf sich immer nur der prozessual u. standesrechtlich erlaubten Mittel bedienen (dazu Fezer StrafProzR § 4 Rn. 38 ff.; Ignor FS Schlüchter, 1998, 39). Es gehört nicht zu seinen Kernaufgaben, durch Ablehnungsanträge zu versuchen, eine Haftverschonung für seinen Mandanten zu erzwingen (BGH StraFo 2011, 92). **2b**

Ein **Recht zur Lüge** hat er **nicht** (Dahs StraFo 2000, 181; Pfeiffer DRiZ 1984, 341; Roxin FS Hanack, 1999, 12; Widmaier FS BGH IV, 2000, 1047; **aM** Paulus NStZ 1992, 305; dagegen Haas NStZ 1993, 173); er ist aber trotz eines ihm ggü. v. Beschuldigten abgelegten Geständnisses nicht gehindert, Freispruch zu beantragen (BGHSt 29, 99 (107)). Eine Pflicht des Verteidigers, an der Rekonstruktion verloren gegangener Akten mitzuwirken, bejaht Rösmann NStZ 1983, 446, während Waldowski NStZ 1984, 448 sie zutr. nur bei Verlust in dessen Einflussbereich annimmt; gänzlich abl. hingegen Jahn/Lips StraFo 2004, 229. Zur strafrechtlichen Bewertung des Verteidigerhandelns noch immer instruktiv Beulke, Die Strafbarkeit des Verteidigers, 1989, mit tabellarischer Übersicht über zulässiges u. unzulässiges Verhalten. Zur Wahrheitspflicht des (Revisions-)Verteidigers Knauer FS Widmaier, 2008, 291. **2c**

Die **Verletzung seiner Rechtspflichten** kann im Verf. gegen den verteidigten Beschuldigten nicht geahndet werden; das Gericht darf auch nicht etwa v. einer Verurteilung des Angeklagten absehen, weil die Verteidigung ihre Rechte missbraucht (verfehlt daher LG Wiesbaden NJW 1995, 409 = StV 1995, 239 mablAnm Asbrock; abl. auch Beulke FS Amelung, 2009, 551). Das Gericht hat die Gestaltung der Verteidigung – auch im Hinblick auf etwaige Sprachschwierigkeiten des Beschuldigten – nicht zu überwachen (BGH NStZ 2008, 231; erg. → Einl. Rn. 99; → § 338 Rn. 41); es ist aber ermächtigt, den Verteidiger beim Vorliegen bestimmter Voraussetzungen v. dem Verf. auszuschließen (§§ 138a ff.). Von der Teilnahme an einer Sitzung kann er ausgeschlossen werden, wenn er sich weigert, die vorgeschriebene Robe zu tragen (→ GVG § 176 Rn. 11). Die Ungehorsamsfolgen des § 177 GVG treffen ihn nicht (→ GVG § 177 Rn. 3); Ordnungsmittel nach § 178 GVG sind unzulässig. **3**

C. Beginn und Beendigung der Verteidigerstellung. Wird die Verteidigung entgeltlich übernommen, was bei einem RA stets der Fall ist, so entsteht ein Geschäftsbesorgungsvertrag iSd § 675 BGB (BGH NJW 1964, 2402; OLG Hamburg NJW 1983, 464; OLG Hamm NJW 1978, 177; Schnarr NStZ 1986, 488), bei unentgeltlicher Übernahme (zB im Fall des § 138 Abs. 2) ein Auftragsverhältnis nach § 662 BGB (Weiß NJW 1983, 90). Zur Begründung der Verteidigerstellung genügt nicht die Wahl durch den Beschuldigten, auch nicht die Ausstellung einer Vollmachtsurkunde; vielmehr ist erforderlich, dass der gewählte Verteidiger ggü. dem Beschuldigten die Wahl annimmt (§ 151 BGB; BGH StraFo 2010, 339). Nach außen kommt das üblicherweise dadurch zum Ausdruck, dass er sich im Verf. durch ausdr. Erkl. o. durch schlüssiges Verhalten als Verteidiger des Beschuldigten meldet **4**

(vgl. BVerfGE 43, 79 (94)). Eine Voraussetzung für die Begründung der Verteidigerstellung ist das aber nicht (Schnarr NStZ 1986, 488).

5 Das Verteidigerverhältnis erstreckt sich auf alle in dem Verf. gegen den Beschuldigten erhobenen Vorwürfe (BGHSt 27, 148 (150)) und, wenn es nicht auf bestimmte Prozesshandlungen (zB auf die Akteneinsicht) o. Verfahrensabschnitte (zB auf das Revisionsverfahren) beschränkt ist, auf das **gesamte Verfahren** bis zu dessen rkr. Abschluss, darüber hinaus auf Nachtragsentscheidungen, auf das Verf. nach § 8 **StrEG** (→ StrEG § 8 Rn. 4), auf das Vollstreckungsverfahren (OLG Hamm NJW 1955, 1201; OLG Schleswig SchlHA 1992, 12), auf Strafvollzugsangelegenheiten (OLG Hamm NJW 1980, 1404; OLG München NJW 1978, 654), auf das Gnadenverfahren u. auf die Wiederaufnahme des Verfahrens bis zum Wiederaufnahmebeschluss nach § 370 Abs. 2 (→ § 364a Rn. 2), nicht aber auf das Kostenfestsetzungsverfahren nach § 464b (→ § 464b Rn. 2) u. das Verf. nach § 10 **StrEG** (→ StrEG § 10 Rn. 3).

6 Die **Beendigung** des Verteidigerverhältnisses kann v. dem Beschuldigten jederzeit durch Kündigung herbeigeführt werden. Der Verteidiger kann das Mandat niederlegen (Holtz MDR 1978, 461 – BGH RsprÜ), aus standesrechtlichen Gründen aber nicht zur Unzeit, insbes. nicht kurz vor der HV mit dem Ziel, seine Bestellung als Pflichtverteidiger unter Zeitdruck zu erreichen (Isele BRAO S. 766). Wird der Verteidiger zum Pflichtverteidiger bestellt, so endet damit die Wahlverteidigung (→ § 143a Rn. 3).

7 Mit dem **Tod des Beschuldigten,** dem die Todeserklärung gleichsteht, erlischt nach § 672 S. 1 BGB das Verteidigungsverhältnis im Zweifel nicht (OLG Brandenburg BeckRS 2023, 25310 mwN; OLG Celle NJW 2002, 3720; OLG Frankfurt a. M. NStZ-RR 2002, 246; Döllel/Dreeßen SchlHA 2007, 293 – OLG Schleswig RsprÜ; die früher vertretene Gegenmeinung – vgl. OLG Düsseldorf NJW 1993, 546 mwN, so aber auch noch OLG Hamburg NStZ 2004, 280; StraFo 2008, 90; OLG München NJW 2003, 1133 – ist durch BGHSt 45, 108 überholt; erg. → § 464 Rn. 14, 22, → § 464b Rn. 2). Dasselbe gilt im Fall der Pflichtverteidigung (KG StraFo 2008, 90; OLG Karlsruhe NStZ-RR 2003, 286).

8 **D. Vollmacht. I. Form.** Eine bes. Form ist für die Beauftragung des Wahlverteidigers **nicht vorgeschrieben** (OLG Hamm AnwBl 1981, 31; LG Hagen StV 1983, 145; Kaiser NJW 1982, 1367; Weiß NJW 1983, 89). Der Verteidiger muss die, missverständlich so bezeichnete (vgl. Weiß NJW 1983, 89), „Verteidigervollmacht" demgemäß nicht unbedingt schriftlich beibringen; die Wirksamkeit der Verteidigerbestellung hängt v. der Vorlage einer Vollmachtsurkunde nicht ab (Rüth DAR 1986, 249 – BayObLG RsprÜ; LG Cottbus StraFo 2002, 233; LG Schwerin NJW 2006, 1448). Für den Nachw. des Verteidigerverhältnisses genügt die Anzeige des Beschuldigten o. des Verteidigers (→ Rn. 4), insbes. auch das gemeinsame Auftreten in der HV (BGH NStZ-RR 1998, 18; vgl. aber → § 145a Rn. 9).

9 Die Vermutung spricht für die Bevollmächtigung des RA, der sich als Verteidiger meldet u. eine Prozesshandlung für den Beschuldigten vornimmt (BayObLGSt 1980, 69; Rüth DAR 1986, 249 – BayObLG RsprÜ; Allgayer NStZ 2016, 192 (195)). Wenn im Einzelfall Zweifel an der Bevollmächtigung bestehen, kann aber die Vorlage einer Vollmachtsurkunde verlangt werden (OLG Hamm AnwBl 1981, 31; OLG München StV 2008, 127 (128); LG Hagen StV 1983, 145). Die Aufnahme einer Abtretungserklärung in die Formularprozessvollmacht ist wegen Verstoßes gegen § 305c BGB unwirksam (LG Konstanz Rpfleger 2008, 596 mzustAnm Lissner).

10 **II. Vertretungsvollmacht.** Der Verteidiger ist grds. nicht befugt, den Beschuldigten in dessen Abwesenheit in der HV zu vertreten. Er kann dazu aber durch besondere Vollmacht ermächtigt werden; wegen der Einzelheiten vgl. → § 234 Rn. 2, 3. Vgl. auch §§ 329 Abs. 1, 350 Abs. 2, 387 Abs. 1, 411 Abs. 2 S. 1.

11 **III. Untervollmacht.** Der Wahlverteidiger kann, im Gegensatz zum Pflichtverteidiger (→ § 142 Rn. 60), einen unterbevollmächtigten Verteidiger auswählen u. bevollmächtigen, wenn ihn der Beschuldigte hierzu ermächtigt hat; die Ermächti-

gung wird idR formularmäßig rechtsgültig (vgl. § 305c BGB) in der Vollmachtsurkunde erteilt (BGH StraFo 2006, 454). Auch ohne eine besondere Ermächtigung ist der Wahlverteidiger berechtigt, zur Einlegung befristeter Rechtsmittel, die er nicht selbst vornehmen kann o. will, einen Unterbevollmächtigten zu bestellen (OLG Jena StraFo 2012, 363; KG JR 1981, 168). Die Untervollmacht braucht, wie die Hauptvollmacht (→ Rn. 9), nicht unbedingt schriftlich nachgewiesen zu werden (OLG Düsseldorf StraFo 1998, 227; OLG Hamm NJW 1963, 1793; OLG Köln VRS 60, 441). Der Unterbevollmächtigte wird zusätzlicher Verteidiger, wenn er neben dem bevollmächtigten Wahlverteidiger auftritt, nicht aber, wenn er nur an dessen Stelle tätig wird (→ § 137 Rn. 5). Eine etwaige Beschränkung auf den Verhinderungsfall gilt nur im Innenverhältnis (Schmid MDR 1979, 805). Die Untervollmacht erlischt, wenn dem Hauptbevollmächtigten das Mandat entzogen wird o. wenn es aus anderen Gründen endet (Holtz MDR 1978, 111 – BGH RsprÜ).

E. Sonstige Bevollmächtigte. Außer durch einen Verteidiger kann sich der Beschuldigte bei der Abgabe v. Willenserklärungen außerhalb der HV o. ihr gleichstehender Termine durch sonstige Bevollmächtigte in der Erklärung, aber auch im Willen vertreten lassen, sofern ges. nichts anderes bestimmt ist (vgl. OLG Stuttgart StV 2016, 139: früherer RA, dem die Zulassung entzogen wurde). Solche Bevollmächtigten können insbes. für den Beschuldigten Anträge stellen u. Rechtsmittel einlegen (BayObLGSt 1975, 104; OLG Hamburg MDR 1969, 598; erg. → Einl. Rn. 134; → § 297 Rn. 7). Sie müssen verhandlungsfähig, brauchen aber nicht geschäftsfähig nach bürgerlichem Recht zu sein (BayObLGSt 1964, 85; 1975, 104; **aM** Schmid SchlHA 1981, 109). Die Vollmacht, die schriftlich, mündlich o. durch schlüssige Handlung erteilt werden kann (RGSt 66, 209 (212)), muss bei der Vornahme der Prozesshandlung bestehen, kann aber später nachgewiesen werden (OLG Bremen NJW 1954, 46). 12

Recht des Beschuldigten auf Hinzuziehung eines Verteidigers

137 (1) [1] **Der Beschuldigte kann sich in jeder Lage des Verfahrens des Beistandes eines Verteidigers bedienen.** [2] **Die Zahl der gewählten Verteidiger darf drei nicht übersteigen.**

(2) [1] **Hat der Beschuldigte einen gesetzlichen Vertreter, so kann auch dieser selbständig einen Verteidiger wählen.** [2] **Absatz 1 Satz 2 gilt entsprechend.**

A. Verteidigerwahl durch den Beschuldigten (Abs. 1). I. Recht, sich des Beistands eines Verteidigers zu bedienen (Abs. 1 S. 1). Das Recht, sich des Beistands eines Verteidigers zu bedienen (Abs. 1 S. 1), ist dem Angeklagten **verfassungsrechtlich verbürgt** (BVerfGE 39, 156 (163); 39, 238 (243); 66, 313 (319)). Es handelt sich um einen Ausdruck des Rechts auf faires Verf. (BVerfGE 68, 237 (255); BVerfG NJW 1984, 862; erg. → Einl. Rn. 19, 82). 1

Bei **nicht notwendiger** Verteidigung wird dieses Recht durch § 228 Abs. 2 eingeschränkt (OLG Düsseldorf GA 1979, 226); denn einen Anspruch darauf, dass das Gericht unter allen Umständen mit der Verh. innehalten muss, wenn der Wahlverteidiger verhindert ist, hat der Angeklagte nicht (BVerfG NJW 1984, 862; BGH NStZ 1981, 231; erg. → § 228 Rn. 10; → § 265 Rn. 43). Liegt kein Fall des § 140 vor, kann sich der Angeklagte auch selbst verteidigen (Eser FS Widmaier, 2008, 153). 2

§ 137 gilt **in jeder Lage des Verfahrens,** auch im Ermittlungsverfahren (vgl. §§ 136 Abs. 1 S. 2, 163a Abs. 3 S. 2, Abs. 4 S. 2; erg. → § 136 Rn. 10) u. nach Rechtskraft des Urteils im Strafvollstreckungs-, Gnaden- u. Wiederaufnahmeverfahren. Zum Privatklageverfahren vgl. § 387 Abs. 1. Über die Befugnisse des Verteidigers sagt § 137 nichts. Vgl. zur Stellung des Verteidigers → Einl. Rn. 82 ff.; → Vor § 137 Rn. 1 ff. 3

4 **II. Beschränkung der Zahl der Wahlverteidiger (Abs. 1 S. 2).** Die Beschränkung der Zahl der Wahlverteidiger (Abs. 1 S. 2), die mit dem GG vereinbar ist (BVerfGE 39, 156), soll verhindern, dass das Verf. durch die Mitwirkung einer Vielzahl v. Verteidigern verschleppt o. vereitelt wird (BGHSt 27, 124 (128)). Der Beschuldigte darf aber immer 3 Verteidiger haben; scheidet einer aus, so kann er durch einen anderen ersetzt werden. Zur Kostenerstattung vgl. → § 464a Rn. 13.

5 Bei der **Berechnung** zählen mit der Unterbevollmächtigte, wenn er neben dem Hauptbevollmächtigten, nicht nur an dessen Stelle, tätig wird (Holtz MDR 1978, 111 – BGH RsprÜ; KK-StPO/Willnow Vor § 137 Rn. 14; ohne diese Einschränkung: KG NJW 1977, 912; vgl. auch OLG München NJW 1976, 252 (254)), u. der nach § 138 Abs. 2 zugelassene Verteidiger (Holtz MDR 1980, 273 – BGH RsprÜ), nicht aber der gem. § 144 zusätzlich bestellte Pflichtverteidiger (Holtz MDR 1980, 273 – BGH RsprÜ; BayObLG StV 1987, 97; KK-StPO/Willnow Rn. 5; **aM** Löwe/Rosenberg/Lüderssen/Jahn Rn. 81).

6 Bei einer **Anwaltssozietät** (vgl. auch → § 146 Rn. 8) sind deren Mitglieder Verteidiger (BVerfGE 43, 79 (91)); ihre Zahl darf daher 3 nicht überschreiten (OLG Düsseldorf JZ 1976, 491; KK-StPO/Willnow Rn. 6). Dass die Vollmacht nicht (durch Streichung des Namens o. auf andere Weise) auf höchstens 3 Mitglieder der Sozietät beschränkt ist, beweist allein nicht, dass sie alle den Auftrag übernommen haben (vgl. BVerfGE 43, 79 (91); BGHSt 27, 124 (127); OLG Karlsruhe VRS 105, 348; OLG Hamm MDR 1980, 513; OLG Stuttgart Justiz 1984, 429). Es dürfen aber nicht mehr als 3 RAe die Wahl durch ausdr. Erkl. o. schlüssiges Verhalten annehmen (OLG Hamm MDR 1980, 513).

7 Die **Zurückweisung** des unter Verstoß gegen § 137 Abs. 1 S. 2 gewählten Verteidigers schreibt § 146a Abs. 1 vor; die Prozesshandlungen des zurückgewiesenen Verteidigers sind wirksam (§ 146a Abs. 2).

8 **B. Verteidigerwahl durch gesetzliche Vertreter (Abs. 2). I. Selbständiges Recht (Abs. 2 S. 1).** Ein selbständiges Recht (Abs. 2 S. 1) auf Wahl eines Verteidigers für den Beschuldigten hat der ges. Vertreter (→ § 52 Rn. 19); v. Willen des Beschuldigten ist er unabhängig. Das gleiche Recht hat im Jugendstrafverfahren der Erziehungsberechtigte (§ 67 Abs. 3 **JGG**).

9 Auch der Beschuldigte kann selbständig einen Verteidiger wählen, sich aber ohne den ges. Vertreter nicht zur Honorarzahlung verpflichten (OLG Schleswig NJW 1981, 1681); das gilt auch für einen Betreuten, für den ein Einwilligungsvorbehalt nach § 1903 Abs. 1 BGB besteht (OLG Koblenz StraFo 2006, 242). Der v. dem ges. Vertreter aus eigenem Recht beauftragte Verteidiger steht in demselben Vertrauensverhältnis zu dem Beschuldigten wie der Verteidiger, den er selbst gewählt hat.

10 **II. Beschränkung der Zahl der Verteidiger (Abs. 2 S. 2).** Bei der Verteidigerwahl gilt Abs. 1 S. 2 entspr. Bei wörtlicher Auslegung würde das bedeuten, dass der ges. Vertreter wie der Beschuldigte 3 Verteidiger wählen darf, insges. also 6 Verteidiger v. ihnen beauftragt werden dürfen. Das entspr. nicht dem Zweck der zahlenmäßigen Beschränkung der Wahlverteidiger. Abs. 2 S. 2 ist daher dahin auszulegen, dass „von der Seite des Beschuldigten", zu der auch der ges. Vertreter (und der Erziehungsberechtigte nach § 67 Abs. 3 **JGG**) gehört, insges. nur 3 Verteidiger gewählt werden dürfen (KK-StPO/Willnow Rn. 7; Fahl Rn. 234; **aM** KMR-StPO/Hiebl Rn. 44; Löwe/Rosenberg/Lüderssen Rn. 77). Dabei tritt aber das Wahlrecht des ges. Vertreters u. des Erziehungsberechtigten hinter dem Recht des Beschuldigten zurück, wenigstens einen Anwalt seines Vertrauens selbst zu wählen; ggf. muss einer der anderen Verteidiger zurückgewiesen werden.

11 **C. Sockelverteidigung.** Hierunter wird die **Koordinierung des Verteidigungsverhaltens mehrerer** in der gleichen Sache Beschuldigter durch Zusammenarbeit zwischen den Verteidigern verstanden, insbes. durch Kontaktaufnahme, Informationsaustausch u. Absprachen. Die Sockelverteidigung ist nicht grds. unzulässig; § 146 steht ihr nicht entgegen (LG Frankfurt a. M. NStZ-RR 2008, 205). Sie ist vielmehr insbes. ratsam, wenn die Interessenlage der mehreren Beschuldigten

weithin identisch ist, ihre Verteidigungsmöglichkeiten sich überwiegend gleichen u. die Koordination der tatsächlichen u. rechtlichen Durchdringung des Falles u. des Handelns im Prozess geeignet ist, die Verteidigungschancen deutlich zu erhöhen (KG StraFo 2003, 147). Zu den Grenzen u. zu den bei der Sockelverteidigung auftretenden Problemen eing. Müller StV 2001, 649 mwN.

D. Revision. Auf der Mitwirkung v. mehr als 3 Verteidigern kann das Urt. nicht beruhen (BGH 26.2.1998 – 4 StR 7/98; **aM** Neuhaus StV 2002, 44). Vgl. iÜ → § 146a Rn. 9. 12

Wahlverteidiger **Nr. 106 RiStBV**

138 (1) **Zu Verteidigern können Rechtsanwälte sowie die Rechtslehrer an deutschen Hochschulen im Sinne des Hochschulrahmengesetzes mit Befähigung zum Richteramt gewählt werden.**

(2) [1] **Andere Personen können nur mit Genehmigung des Gerichts gewählt werden.** [2] **Gehört die gewählte Person im Fall der notwendigen Verteidigung nicht zu den Personen, die zu Verteidigern bestellt werden dürfen, kann sie zudem nur in Gemeinschaft mit einer solchen als Wahlverteidiger zugelassen werden.**

(3) **Können sich Zeugen, Privatkläger, Nebenkläger, Nebenklagebefugte und Verletzte eines Rechtsanwalts als Beistand bedienen oder sich durch einen solchen vertreten lassen, können sie nach Maßgabe der Absätze 1 und 2 Satz 1 auch die übrigen dort genannten Personen wählen.**

Übersicht

A. Zugelassene Verteidiger (Abs. 1). I. Rechtsanwälte. Rechtsanwälte können zu Verteidigern gewählt werden. Sie dürfen die Verteidigung vor jedem Gericht führen; nur die beim BGH zugelassenen RAe unterliegen Beschränkungen (§ 172 Abs. 1 BRAO). 1

Ist gegen einen RA ein Berufs- o. Vertretungsverbot (§ 132a, § 70 StGB, §§ 114 Abs. 1 Nr. 4, 150, 161a BRAO) verhängt worden, so weist ihn das Gericht entspr. § 146a Abs. 1 zurück (KK-StPO/Willnow Rn. 4); die Wirksamkeit v. Prozesshandlungen eines solchen RA richtet sich nach § 146a Abs. 2 (vgl. auch OLG Celle NStZ 1989, 41). 2

Der **Fachanwalt für Strafrecht** ist durch § 1 S. 2 der Fachanwaltsordnung v. 11.3.1997 (abgedr. in der Beil. zu NJW Heft 19/1997) eingeführt worden; er muss über nachzuweisende bes. Kenntnisse im Strafrecht verfügen. 2a

Ein **Syndikusanwalt** kann zum Verteidiger gewählt werden, soweit er außerhalb seines Dienstverhältnisses (dh seines Hauptberufs) handelt, unterliegt jedoch den Einschränkungen nach § 46 BRAO (dazu iE Kramer AnwBl 2001, 140). Ein ständiger anwaltlicher Berater darf nach hM auch in Wirtschafts- u. Steuerstrafverfahren Verteidiger sein (**aM** Birkenstock wistra 2002, 47). 2b

Ein **Unternehmensanwalt** kann als „Unternehmensverteidiger" tätig werden, indem er in Strafverfahren im Bereich des Wirtschaftsstrafrechts die Interessen des 2c

Unternehmens unabhängig v. o. neben den Interessen verdächtiger o. beschuldigter Mitarbeiter vertritt (vgl. dazu Taschke FS Volk, 2009, 801; Wessing FS Mehle, 2009, 665).

3 **Ein Rechtsanwalt eines anderen EU-Mitgliedstaats,** eines anderen Vertragsstaates des Abk. über den Europäischen Wirtschaftsraum u. der Schweiz darf nach den Vorschr. des EuRAG in Deutschland tätig werden. Danach werden die „niedergelassenen europäischen RAe" nach §§ 2 ff., die den deutschen RAen gleichgestellt sind, v. den nur vorübergehend in Deutschland tätigen „dienstleistenden europäischen RAen" nach §§ 25 ff. unterschieden, die nur im Einvernehmen mit einem RA handeln dürfen („Einvernehmensanwalt"); dazu im einzelnen Löwe/Rosenberg/Lüderssen/Jahn Rn. 3a ff. Zur Übernahme der Kosten der Dolmetschertätigkeit für einen „Einvernehmensanwalt" vgl. KG NStZ 2002, 52. Ergänzend → § 37 Rn. 20; → § 53 Rn. 15; → § 148 Rn. 5.

4 **II. Rechtslehrer an Hochschulen.** Rechtslehrer an Hochschulen, sind alle hauptberuflichen (auch die entpflichteten und solche, die in den Ruhestand getreten sind: BGH 27.6.2024 – 5 StR 326/23) Professoren, Honorarprofessoren u. Privatdozenten, die an einer Universität der BRD (also nicht an einer privaten Hochschule) o. einer gleichrangigen wissenschaftlichen Hochschule dem jur. Fachbereich angehören u. rechtswissenschaftliche (nicht unbedingt strafrechtliche) Vorlesungen halten o. halten dürfen (vgl. BVerwG NJW 1970, 2314). Hierzu gehören auch die Fachhochschullehrer, wie Abs. 1 durch den Hinweis auf das Hochschulrahmengesetz klarstellt. Keine Rechtslehrer iSv Abs. 1 sind aber die Lehrbeauftragten u. wissenschaftlichen Assistenten, selbst wenn sie einen Lehrauftrag haben (KG JZ 1956, 288 mablAnm Peters; vgl. auch BVerwG NJW 1970, 2314; Löwe/Rosenberg/Lüderssen/Jahn Rn. 9; **aM** KMR-StPO/Hiebl Rn. 20). Sie können nur nach Abs. 2 zugelassen werden. Wechselt der Hochschullehrer nach Übernahme des Mandats an eine ausl. Universität, so bleibt er Wahlverteidiger (OLG Koblenz NStZ 1981, 403), nicht aber, wenn er die Stellung als Rechtslehrer wegen Mängel der Amtsführung verliert (OLG Koblenz NStZ 1981, 403; Müller FS Rüßmann, 2013, 1043). Die Vergütung richtet sich nach derjenigen der RAe (SK-StPO/Wohlers Rn. 21).

5 **III. Angehörige steuerberatender Berufe.** Angehörige steuerberatender Berufe (Steuerberater, Steuerbevollmächtigte, Wirtschaftsprüfer u. vereidigte Buchprüfer) können im Ermittlungsverfahren wegen Steuerstraftaten nach § 369 **AO** abw. v. Abs. 1 zu Verteidigern gewählt werden, soweit die Finanzbehörde das Verf. nach § 386 Abs. 2 **AO** selbständig durchführt; iÜ können sie die Verteidigung nur in Gemeinschaft mit einem RA o. Hochschullehrer führen (§ 392 Abs. 1 **AO**).

6 **IV. Selbstbestellung.** Eine Selbstbestellung ist unzulässig. Ein Beschuldigter, der RA o. Rechtslehrer an einer Hochschule ist, darf sich nicht selbst zum Verteidiger wählen (vgl. BVerfGE 53, 207; BVerfG NJW 1998, 2205). Er kann auch nicht nach Abs. 2 als sein eigener Verteidiger o. Mitverteidiger zugelassen werden (OLG Oldenburg 3.1.2022 – 2 Ss (Owi) 240/21; OLG Karlsruhe Justiz 1997, 378). Vgl. auch → § 464a Rn. 14.

7 **B. Andere Personen (Abs. 2). I. Natürliche Personen.** Nur natürliche Personen können außer RAen u. Rechtslehrern mit Genehmigung des Gerichts zu Verteidigern gewählt werden (BayObLGSt 1952, 267; vgl. auch BVerfGE 43, 79 (91)). Sie müssen geschäftsfähig sein (Seibert JZ 1951, 440).

8 In Betracht kommen insbes. ausl. Rechtsanwälte (Brangsch NJW 1981, 1180; vgl. aber OLG Stuttgart NStZ-RR 2009, 113: nicht, wenn er lediglich im Ausland weitere Aufklärungen tätigen soll; erg. auch → Rn. 3), Rechtsbeistände, die nach § 209 BRAO Mitglied der RAK sind (BGHSt 32, 326 (329)), ein Assessor (BVerfG NJW 2003, 882), Angehörige der steuerberatenden Berufe im Steuerstrafverfahren (§ 392 Abs. 2 **AO**), auch Familienangehörige, Freunde u. Bekannte, nicht jedoch Mitangeklagte (BayObLGSt 1953, 15). Mit beachtlichen Gründen für eine ersatz-

lose Streichung der in der Praxis ohnehin nahezu bedeutungslosen Vorschr. Müller FS Rüßmann, 2013, 1043.

Art. 1 §§ 1, 8 RBerG, der der Übernahme der Verteidigung entgegenstehen konnte, ist durch Art. 20 Nr. 1 RDG aufgeh. worden. Das RDG regelt nach § 1 Abs. 1 S. 1 nur die Befugnis zur Erbringung außergerichtlicher Rechtsdienstleistungen u. lässt nach § 1 Abs. 2 Regelungen in anderen Gesetzen über die Befugnis, Rechtsdienstleistungen zu erbringen – damit auch § 138 – unberührt. 9

II. Genehmigung des Gerichts. Die Genehmigung des Gerichts ist Voraussetzung für die Entstehung eines wirksamen Verteidigungsverhältnisses (OLG Karlsruhe NJW 1988, 2549; vgl. aber Hilla NJW 1988, 2525). Eine Vollmacht berechtigt vorher allenfalls zur Vertretung (→ Vor § 137 Rn. 12). 10

Die Genehmigung wird nur für den Einzelfall u. nur auf **Antrag** erteilt, der auch stillschweigend gestellt werden kann (KK-StPO/Willnow Rn. 9), zB durch Einlegung eines Rechtsmittels (RGSt 55, 213). 11

Über die Genehmigung entscheidet das Gericht nach Anhörung der StA (§ 33 Abs. 2) durch **Beschluss,** der nach § 34 mit Gründen versehen werden muss, wenn der Antrag abgelehnt wird. In der Entgegennahme v. Verfahrenshandlungen, Gewährung v. Akteneinsicht, Ladung zur Verh. uÄ kann die stillschweigende Erteilung der Genehmigung liegen (BGHR StPO § 138 Abs. 3 Zulassung 1; OLG Düsseldorf VRS 99, 370), aber es muss feststehen, dass sich das Gericht hierbei des Erfordernisses einer Genehmigung unter Abwägung der Interessen des Angeklagten gegen die Bedürfnisse der Rechtspflege bewusst war (BayObLGSt 1991, 1). 12

Die Entsch. über den Genehmigungsantrag trifft das Gericht nach **pflichtgemäßem Ermessen** (OLG Koblenz NStZ-RR 2008, 179). Es hat das Interesse des Beschuldigten an der Zulassung einer Person seines Vertrauens als Verteidiger gegen die Bedürfnisse der Rechtspflege abzuwägen (BayObLGSt 1954, 53; OLG Düsseldorf NStZ 1999, 586). Die Genehmigung darf nicht auf besondere Ausnahmefälle beschränkt werden (BayObLGSt 1978, 27; OLG Hamm NStZ 2007, 238). Sie muss vielmehr erteilt werden, wenn der Gewählte genügend sachkundig u. vertrauenswürdig erscheint u. auch sonst keine Bedenken gegen sein Auftreten als Verteidiger bestehen (BVerfG NJW 2006, 1503: Orientierung am Maßstab des § 43a BRAO; BayObLGSt 1978, 27; OLG Zweibrücken NZV 1993, 493). Insbesondere zugelassenen Rechtsbeiständen, die das Vertrauen des Beschuldigten genießen, muss die Genehmigung erteilt werden (OLG Düsseldorf OLGSt StPO § 138 Nr. 3), regelmäßig aber nicht ehem. RAe, deren Widerruf der Zulassung im BZR eingetragen wurde (OLG Stuttgart StV 2016, 139). Verwandtschaftliche u. freundschaftliche Beziehungen des Gewählten zu dem Beschuldigten u. ein Interesse dieser Person am Ausgang des Verfahrens allein stellen seine Fähigkeit, die Verteidigung sachgerecht zu führen, nicht v. vornherein in Frage (OLG Hamm MDR 1978, 509). Abgelegte jur. Staatsexamina sind nicht unbedingt erforderlich (OLG Hamm MDR 1978, 509; str.). 13

Die **Genehmigung erstreckt sich,** wenn sie nicht entspr. dem Antrag auf einzelne Verfahrenshandlungen o. -abschnitte beschränkt wird, auf das ganze Verf. (OLG Düsseldorf OLGSt StPO § 138 Nr. 3; SK-StPO/Wohlers Rn. 42). 14

Eine **nachträgliche Genehmigung,** die so lange erteilt werden kann, wie das Gericht mit der Sache befasst u. der Verfahrensabschnitt, für den die Prozesshandlung bestimmt ist, noch nicht abgeschlossen ist, wirkt, rechtzeitige Antragstellung vorausgesetzt (Ernesti/Lorenzen SchlHA 1986, 104 – OLG Schleswig RsprÜ), auf eine vorher vorgenommene Prozesshandlung zurück mit der Folge, dass sie als v. Anfang an formgerecht zu behandeln ist (RGSt 55, 213; BayObLGSt 1978, 27 (28); OLG Hamburg JZ 1955, 218; OLG Hamm MDR 1951, 503). Die Versagung der Genehmigung macht die zuvor erklärte Prozesshandlung unzulässig (RGSt 62, 250). 15

Zuständig für die Entsch. ist das mit der Sache befasste Gericht, nicht der Vorsitzende allein. Mit dieser Maßgabe ist im Ermittlungsverfahren § 142 Abs. 3 Nr. 1 und 2 entspr. anwendbar. Der ER ist zuständig, wenn die Zulassung auf die 16

Mitwirkung bei einer Untersuchungshandlung nach § 162 beschränkt ist (BGHR StPO § 138 Abs. 2 Zulassung 1). Das Rechtsmittelgericht ist zuständig, wenn ihm die Akten nach §§ 321 S. 2, 347 Abs. 2 vorgelegt worden sind (→ § 347 Rn. 8). Die Versagung der Genehmigung durch das untere Gericht bindet das Rechtsmittelgericht nicht, auch wenn eine dagegen eingelegte Beschwerde erfolglos war (BayObLGSt 1978, 27).

17 Die **Zurücknahme der Genehmigung** ist zulässig, wenn sich herausstellt, dass die Genehmigung rechtsfehlerhaft war (BayObLGSt 1953, 15), o. wenn die Genehmigungsvoraussetzungen nachträglich entfallen. Zuständig für die Zurücknahme ist das Gericht, das in diesem Zeitpunkt für die Erteilung der Genehmigung zuständig wäre (KK-StPO/Willnow Rn. 11). Liegen die Voraussetzungen der §§ 138a, 138b vor, ist nach §§ 138c, 138d zu verfahren, nicht die Bestellung zurückzunehmen (→ § 138a Rn. 3; KK-StPO/Laufhütte/Willnow Rn. 11).

18 **III. Notwendige Verteidigung.** Bei notwendiger Verteidigung nach §§ 140, 231a Abs. 4 dürfen Personen, die nicht nach Abs. 1 zum Verteidiger gewählt o. nach § 142 Abs. 6 bestellt werden dürfen, nur gemeinschaftlich mit einem solchen Verteidiger zugelassen werden (BayObLGSt 1991, 1; KG JR 1988, 391).

19 Auch sonst sind ihre **Rechte eingeschränkt.** Zwar dürfen sie die Akten einsehen, in u. außerhalb der HV Ausführungen tatsächlicher o. rechtlicher Art machen u. in der HV den Angeklagten sowie Zeugen u. Sachverständige befragen. Sie dürfen Erklärungen abgeben u. Anträge, insbes. Beweisanträge, stellen. Bei widersprüchlichen Erklärungen ist jedoch die des RA o. Hochschullehrers maßgebend. Diese Verteidiger sind auch berechtigt, Erklärungen des nach Abs. 2 zugelassenen Verteidigers zu widersprechen u. dessen Anträge zurückzunehmen, allerdings nur bis zu dem Zeitpunkt, in dem die Erkl. nach allg. Verfahrensgrundsätzen widerrufen u. der Antrag zurückgenommen werden kann.

20 Auch **Rechtsmittel** können diese nach Abs. 2 zugelassenen Verteidiger nur gemeinsam mit dem RA o. Hochschullehrer einlegen. Bei mündlichen Erklärungen genügt die Abgabe einer gemeinsamen Erklärung. Wenn Schriftlichkeit erforderlich ist, muss der RA o. Hochschullehrer aber entweder die Erkl. mitunterzeichnen o. innerhalb der Rechtsmittelfrist ggü. dem Gericht eine eigene Erkl. abgeben, aus der hervorgeht, dass er einverstanden ist (KG NJW 1974, 916; OLG Hamburg BB 1981, 658). Das gilt auch für den Fall, dass die Verteidigung nur nach § 140 Abs. 2 notwendig ist (KG JR 1983, 83). Verlangt das Gesetz, wie in § 345 Abs. 2, die Unterzeichnung der Rechtsmittelerklärung, so ist die Erkl. des nach Abs. 2 zugelassenen Verteidigers nur wirksam, wenn der mitverteidigende RA o. Hochschullehrer die Schrift ebenfalls u. ohne Zusätze, mit denen er seine Verantwortung ausschließt, o. einschränkt, formgerecht unterschreibt (BGHSt 32, 326; KG JR 1983, 83). Das gilt auch für Erklärungen eines Rechtsbeistands, der Mitglied der RAK ist (BGHSt 32, 326). Bei der Urteilsverkündung genügt die Anwesenheit des nach Abs. 2 zugelassenen Verteidigers (OLG Bremen VRS 65, 36).

21 **C. Anwaltlicher Beistand (Abs. 3).** Das Recht der hier angeführten Zeugen u. Verletzten (zu Begriff und Reichweite → § 373b), sich eines anwaltlichen Beistands zu bedienen, ergibt sich aus den § 68b (Zeugen), § 378 (Privatkläger), § 397 (Nebenkläger), § 406g (Nebenklagebefugte) u. § 406f (Verletzte), Auch diese können alle in Abs. 1 genannten Personen wählen, andere nach Abs. 3 iVm Abs. 2 S. 1 nur mit Genehmigung des Gerichts. Für die Genehmigung gelten die Ausführungen o. (→ Rn. 10–17) entsprechend.

22 **D. Beschwerde.** Gegen den Beschl., der einen Verteidiger o. einen anwaltlichen Beistand mit der Begründung zurückweist, er könne **nicht nach Abs. 1 gewählt** werden, ist Beschwerde nach § 304 zulässig; beschwerdeberechtigt sind auch der Verteidiger (BGHSt 8, 194; OLG Hamburg MDR 1969, 598) u. der Beistand. Entsch. der OLGe u. der ER sind nach § 304 Abs. 2 S. 2, Abs. 5 unanfechtbar.

Gegen die Versagung o. Zurücknahme der **Genehmigung nach Abs. 2,** auch durch das erkennende Gericht (§ 305 S. 1 steht nicht entgegen), können der Beschuldigte u. der zum Verteidiger o. Beistand Gewählte Beschwerde einlegen (BayObLGSt 1954, 53; OLG Düsseldorf NStZ 1988, 91; KK-StPO/Willnow Rn. 16; **aM** OLG Frankfurt a. M. NStZ-RR 2014, 250: keine Beschwer der nicht als Verteidiger zugelassenen anderen Person). Gegen die Erteilung der Genehmigung nach Abs. 2 steht der StA die Beschwerde zu. Das Beschwerdegericht prüft die Entsch. nur auf Ermessensfehler (OLG Düsseldorf NStZ 1999, 586; OLG Hamm NStZ 2007, 238; OLG Koblenz NStZ 2008, 179). 23

Ausschließung des Verteidigers

138a (1) **Ein Verteidiger ist von der Mitwirkung in einem Verfahren auszuschließen, wenn er dringend oder in einem die Eröffnung des Hauptverfahrens rechtfertigenden Grade verdächtig ist, daß er**

1. an der Tat, die den Gegenstand der Untersuchung bildet, beteiligt ist,
2. den Verkehr mit dem nicht auf freiem Fuß befindlichen Beschuldigten dazu mißbraucht, Straftaten zu begehen oder die Sicherheit einer Vollzugsanstalt erheblich zu gefährden, oder
3. eine Handlung begangen hat, die für den Fall der Verurteilung des Beschuldigten Datenhehlerei, Begünstigung, Strafvereitelung oder Hehlerei wäre.

(2) **Von der Mitwirkung in einem Verfahren, das eine Straftat nach § 129a, auch in Verbindung mit § 129b Abs. 1, des Strafgesetzbuches zum Gegenstand hat, ist ein Verteidiger auch auszuschließen, wenn bestimmte Tatsachen den Verdacht begründen, daß er eine der in Absatz 1 Nr. 1 und 2 bezeichneten Handlungen begangen hat oder begeht.**

(3) [1] **Die Ausschließung ist aufzuheben,**

1. sobald ihre Voraussetzungen nicht mehr vorliegen, jedoch nicht allein deshalb, weil der Beschuldigte auf freien Fuß gesetzt worden ist,
2. wenn der Verteidiger in einem wegen des Sachverhalts, der zur Ausschließung geführt hat, eröffneten Hauptverfahren freigesprochen oder wenn in einem Urteil des Ehren- oder Berufsgerichts eine schuldhafte Verletzung der Berufspflichten im Hinblick auf diesen Sachverhalt nicht festgestellt wird,
3. wenn nicht spätestens ein Jahr nach der Ausschließung wegen des Sachverhalts, der zur Ausschließung geführt hat, das Hauptverfahren im Strafverfahren oder im ehren- oder berufsgerichtlichen Verfahren eröffnet oder ein Strafbefehl erlassen worden ist.

[2] **Eine Ausschließung, die nach Nummer 3 aufzuheben ist, kann befristet, längstens jedoch insgesamt für die Dauer eines weiteren Jahres, aufrechterhalten werden, wenn die besondere Schwierigkeit oder der besondere Umfang der Sache oder ein anderer wichtiger Grund die Entscheidung über die Eröffnung des Hauptverfahrens noch nicht zuläßt.**

(4) [1] **Solange ein Verteidiger ausgeschlossen ist, kann er den Beschuldigten auch in anderen gesetzlich geordneten Verfahren nicht verteidigen.** [2] **In sonstigen Angelegenheiten darf er den Beschuldigten, der sich nicht auf freiem Fuß befindet, nicht aufsuchen.**

(5) [1] **Andere Beschuldigte kann ein Verteidiger, solange er ausgeschlossen ist, in demselben Verfahren nicht verteidigen, in anderen Verfahren dann nicht, wenn diese eine Straftat nach § 129a, auch in Verbindung mit § 129b Abs. 1, des Strafgesetzbuches zum Gegenstand haben und die Ausschließung in einem Verfahren erfolgt ist, das ebenfalls eine solche Straftat zum Gegenstand hat.** [2] **Absatz 4 gilt entsprechend.**

Übersicht

1 **A. Anwendungsbereich.** Eine **abschließende Regelung** der strafprozessualen Ausschließungsgründe, die zwingend (BGHSt 37, 395 (396)) u. mit dem GG vereinbar ist (BVerfG NJW 1975, 2341), enthalten die §§ 138a, 138b (Rieß NStZ 1981, 328). Andere Verfehlungen des Verteidigers, auch wenn sie grob standeswidrig o. sogar strafbar sind (Beleidigung, Bedrohung des Gerichts uÄ), rechtfertigen die Ausschließung nicht, ebenso wenig seine Vernehmung als Zeuge (→ Vor § 48 Rn. 18).

2 Die Ausschließungsgründe gelten **in jeder Lage des Verfahrens,** auch nach Rechtskraft des Urteils (vgl. § 138c Abs. 3 S. 2) im Vollstreckungs-, Strafvollzugs-, Gnaden- u. Wiederaufnahmeverfahren, sowie entspr. im Bußgeldverfahren (BGH wistra 1992, 228) u. im anwaltsgerichtlichen Verf. (BGHSt 37, 395).

3 Ausgeschlossen werden können **alle Verteidiger** (§ 138 Abs. 1), auch die mit Zustimmung des Beschuldigten unterbevollmächtigten Verteidiger (Rieß NStZ 1981, 331), u. die nach § 392 Abs. 1 **AO** zu Verteidigern gewählten Angehörigen steuerberatender Berufe (OLG Karlsruhe NJW 1975, 943), ferner die nach § 138 Abs. 2 zugelassenen Verteidiger. Insbesondere unterfallen § 138a aber auch die nach § 142 bestellten Verteidiger (BGHSt 42, 94; AK-StPO/Stern Rn. 9 mwN). §§ 138a ff. enthalten ggü. § 143a die speziellere Regelung (OLG Düsseldorf NStZ 1988, 519; Löwe/Rosenberg/Lüderssen/Jahn Rn. 3 ff.; offengelassen v. BGHSt 42, 94 (97)).

3a Wird nach Eröffnung des Hauptverfahrens ein **mitangeklagter RA als Verteidiger** gewählt, ist er durch Beschl. des erkennenden Gerichts zurückzuweisen; §§ 138a ff. sind nicht anwendbar (BGH StV 1996, 469; vgl. auch BGH wistra 2011, 149 (150); **aM** OLG Stuttgart Justiz 1987, 80 (81)); OLG Celle NJW 2001, 3564 wendet diesen Grundsatz auch auf den in demselben Ermittlungsverfahren mitbeschuldigten RA an; dagegen OLG Hamm NStZ-RR 2008, 252.

4 **B. Ausschließungsgründe (Abs. 1, Abs. 2). I. Tatbeteiligung (Abs. 1 Nr. 1).** Das Tatgeschehen muss als Straftat zu qualifizieren (**aM** Milzer MDR 1990, 587: Strafbarkeit des Beschuldigten nicht zu prüfen) u. die Tatbeteiligung **dem Verteidiger vorwerfbar** sein (BGH NStZ 1986, 37). Sie kann in der Form der Mittäterschaft, der mittelbaren Täterschaft o. der Teilnahme (Anstiftung, Beihilfe) bestehen (§§ 25–27 StGB). Eine darüber hinausgehende Beteiligung iSd § 60 Nr. 2 (→ § 60 Rn. 12) reicht nicht aus (OLG Zweibrücken wistra 1995, 319 mwN; Burhoff StRR 2012, 404; **aM** Schlüchter Strafverfahren Rn. 125 Fn. 392; vgl. auch Holtz MDR 1977, 984 – BGH RsprÜ). Beteiligt iSv Abs. 1 Nr. 1 ist der

Verteidiger aber auch, wenn er der Haupttäter u. der Beschuldigte der Teilnehmer ist (Fezer StrafProzR § 4 Rn. 47).

Bei Beteiligung an einem nur auf Antrag zu verfolgenden Delikt wird nicht vorausgesetzt, dass auch gegen den Verteidiger Strafantrag gestellt ist (OLG Hamburg NStZ 1983, 426); es genügt, dass die Tat im anwaltsgerichtlichen Verf. geahndet werden kann (BGH NJW 1984, 316; wistra 2000, 311 (314)). Zur Ausschließung kann bei Dauerdelikten auch eine Beteiligung nach Anklageerhebung führen (OLG Stuttgart AnwBl 1975, 213). Zum erforderlichen Verdachtsgrad vgl. → Rn. 12 ff. 5

II. Missbrauch des ungehinderten Verkehrs mit dem Beschuldigten (Abs. 1 Nr. 2). Dieser Ausschließungsgrund gilt nur, wenn der **Beschuldigte nicht auf freiem Fuß** (dazu → § 35 Rn. 13) ist. Ob der Missbrauch (zum Begriff vgl. Kröpil JR 1997, 316) des freien schriftlichen o. mündlichen Verkehrs mit dem Beschuldigten (§ 148 Abs. 1) zu einem der in Abs. 1 Nr. 2 bezeichneten verfahrensfremden Zwecke mit o. ohne Wissen des Mandanten geschehen ist, spielt keine Rolle. 6

Beim Missbrauch zur **Begehung von Straftaten** muss sich der Verdacht (→ Rn. 12 ff.) darauf beziehen, dass eine Straftat in der Form der Täterschaft o. Teilnahme vorwerfbar begangen o. dass jedenfalls mit ihrer Begehung begonnen worden ist (KK-StPO/Laufhütte/Willnow Rn. 10 mit zutr. Hinweis auf den Wortlaut v. Abs. 2; **aM** Löwe/Rosenberg/Lüderssen/Jahn Rn. 95). Der Verdacht, dass der Verteidiger erst künftig Straftaten begehen werde, reicht nicht aus. Bei Antragsdelikten setzt die Ausschließung voraus, dass mit der Stellung eines Strafantrags gerechnet werden kann; andernfalls ist die Ausschließung nicht verhältnismäßig (KK-StPO/Willnow Rn. 10). Auf die sofortige Verfolgbarkeit im Zeitpunkt der Ausschließung kommt es aber nicht an (KMR-StPO/Haizmann Rn. 8; **aM** Löwe/Rosenberg/Lüderssen/Jahn Rn. 97). 7

Die **Sicherheit einer Vollzugsanstalt** ist gefährdet, wenn konkrete Gefahren für Personen u. Sachen (Gebäude u. Einrichtungen) in der Anstalt o. einem wesentlichen Teil der Anstalt (Löwe/Rosenberg/Lüderssen/Jahn Rn. 101) o. für den durch den Freiheitsentzug begründeten Gewahrsam drohen, zB durch Einbringung v. Waffen, Sprengstoff o. Ausbruchsmaterial (KK-StPO/Willnow Rn. 11). Eine Störung der Sicherheit braucht noch nicht eingetreten zu sein; es genügt die naheliegende Möglichkeit, dass sie eintreten wird (Parigger FS Koch, 1989, 206). Es muss aber der dringende Verdacht (→ Rn. 12 ff.) begründet sein, dass die Handlung, die hierzu führen wird, bereits begonnen hat. Störungen, die nach Art, Wirkung o. Dauer nicht erheblich ins Gewicht fallen, rechtfertigen die Ausschließung nicht. 8

III. Begünstigung, Strafvereitelung, Hehlerei (Abs. 1 Nr. 3). Vgl. §§ 257–260 StGB. Dieses strafbare Verhalten muss sich, wie die Tatbeteiligung nach Abs. 1 Nr. 1, auf die Tat beziehen, die iSd § 264 Gegenstand des Verfahrens ist. 9

Ob eine Verurteilung des Beschuldigten wegen der **Haupttat** wahrscheinlich ist, braucht das Gericht nicht zu prüfen. Es unterstellt, dass er alle Tatbestandsmerkmale erfüllt hat u. dass seiner Verurteilung keine Prozesshindernisse entgegenstehen, u. prüft nur, ob der Verteidiger, wenn diese Unterstellung zutrifft, einer Straftat nach §§ 257 ff. StGB verdächtig ist (OLG Braunschweig StV 1984, 500; OLG Bremen NJW 1981, 2711). Zum Verdachtsgrad vgl. → Rn. 12 ff. 10

Versuchte Strafvereitelung nach § 258 StGB genügt für die Ausschließung (BGH 4.5.1979 – 2 ARs 88/79; OLG Jena NStZ 2022, 447; KG NStZ 1983, 556; OLG Koblenz JBlRP 2010, 21; OLG Köln NJW 1975, 459), nicht aber die (straflose) erfolglose Anstiftung eines Zeugen zur Falschaussage (OLG Bremen NJW 1981, 2711; OLG Frankfurt a. M. StV 1992, 360; **aM** Beulke NStZ 1982, 331) o. die Anwendung prozessual zulässiger Mittel (OLG Bamberg StV 2014, 8; OLG Düsseldorf NJW 1991, 996), anders möglicherweise beim Einsatz prozessual unzulässiger Mittel (Malmendier NJW 1997, 232). Allerdings kann bereits in der Benennung eines Zeugen, auf den der Verteidiger zuvor mit dem Ziel eingewirkt 11 hat, ihn zu einer Falschaussage zu veranlassen, der Versuch der Strafvereitelung liegen (BGH NJW 1983, 2712; **aM** BGHSt 31, 10 = NStZ 1982, 329 mablAnm Beulke). Das setzt aber voraus, dass der Zeuge die Falschaussage zugesichert u. der Verteidiger mit seiner Benennung alles getan hat, was seiner Meinung nach ohne weiteres in die Vollendung des Tatbestandes des § 258 StGB einmünden würde (KG StV 1984, 336).

11a Der Verteidiger ist grds. **berechtigt und sogar verpflichtet,** dem Beschuldigten zu Verteidigungszwecken mitzuteilen, was er aus den Akten erfahren hat (BGHSt 29, 99; OLG Jena NStZ 2022, 447). Dies soll sich nach der Rspr. der OLGe auch auf drohende Zwangsmaßnahmen und etwa auch darauf gerichtete, aus den Akten ersichtliche Schritte erstrecken (OLG Jena NStZ 2022, 447, 448 mablAnm Fahl NStZ-RR 2023, 147). Der Verteidiger soll danach auch als Organ der Rechtspflege idR nicht gehalten sein, etwaige Fehler der StA oder des Gerichts durch Geheimhaltung gegenüber seinem Mandanten auszugleichen (OLG Jena NStZ 2022, 447, 448 m. N. und ablAnm Fahl NStZ-RR 2023, 147). Dies erscheint nicht unzw.; der Untersuchungszweck wird jedenfalls gefährdet und ggf. werden Flucht- oder Verdunklungsmaßnahmen gefördert, wenn der Besch. aus den Akten erfährt, dass die Durchsuchung seiner Wohnung bevorsteht oder die StA einen Haftbefehl beantragt hat (s. BGHSt 29, 99 (103); erg. → Vor § 137 Rn. 1 ff., insbes. 2a).

12 **IV. Verdachtsgrad.** Die Ausschließung setzt voraus, dass der Verteidiger einer der in Nr. 1–3 bezeichneten Taten entweder **dringend o.** in einem die Eröffnung des Hauptverfahrens rechtfertigenden Grade **hinreichend verdächtig** ist. Das bedeutet aber nicht, dass beide Verdachtsgrade wahlweise zur Vfg. stehen.

13 Gemeint ist Folgendes: Der **dringende Verdacht** genügt immer. Er liegt vor, wenn der Ausschließungsgrund mit großer Wahrscheinlichkeit gegeben ist (vgl. → § 112 Rn. 6); dabei ist eine Gesamtwürdigung aller Umstände erforderlich (BGH NJW 1984, 316; OLG Hamburg NStZ 1983, 426).

14 Der **hinreichende Verdacht** verlangt nur eine geringere Wahrscheinlichkeit für das Bestehen des Ausschließungsgrundes (vgl. → § 203 Rn. 2). Er setzt voraus, dass der Vorwurf zwar nicht bis in alle Einzelheiten geklärt ist, die verfügbaren Aufklärungsmöglichkeiten und Erkenntnisquellen aber im Wesentlichen iSd sog. Anklagereife ausgeschöpft sind (BGH NStZ-RR 2024, 317; KG NStZ-RR 2016, 18; vgl. aber BGHSt 36, 133; BGH StraFo 2018, 519, die keine Anklagereife verlangen).

15 **V. Verfahren wegen Straftaten nach § 129a StGB.** In **Verfahren wegen Straftaten nach § 129a StGB,** auch iVm § 129b Abs. 1 StGB, (Abs. 2) ist für die Ausschließungsgründe nach Abs. 1 Nr. 1 und 2 weder dringender noch hinreichender Tatverdacht erforderlich. Es genügt, wie bei § 100a (→ § 100a Rn. 9), der auf bestimmte Tatsachen gestützte Verdacht für das rechtlich zu missbilligende Verteidigerverhalten (KG NJW 1978, 1538). Daher ist nicht erforderlich, dass in dem Strafverfahren ein Haftbefehl auf § 129a StGB gestützt ist. Wenn das Verf. aber (nach Teilrechtskraft, Teileinstellung, Beschränkung der Verfolgung nach § 154a) nicht mehr wegen der Tat nach § 129a StGB anhängig ist, kommt die Anwendung des Abs. 2 nicht in Betracht (KK-StPO/Willnow Rn. 15).

16 **C. Aufhebung der Ausschließung (Abs. 3).** Die **Aufhebung der Ausschließung (Abs. 3)** ist zwingend vorgeschrieben, wenn die Voraussetzungen des Abs. 3 Nr. 1 oder 2 vorliegen. Sie kommt allerdings nicht in Betracht, wenn das Verteidigungsverhältnis unabhängig v. der Ausschließung nicht mehr besteht (OLG Frankfurt a. M. NStZ-RR 2011, 149). Im Fall der Nr. 3 gilt die Einschränkung des Abs. 3 S. 2. Vgl. auch → § 138b Rn. 3.

17 **I. Wegfall der Ausschließungsvoraussetzungen (Abs. 3 S. 1 Nr. 1).** Eine Änd. der tatsächlichen Grundlagen der Ausschließungsentscheidung, die den Ausschließungsgrund entfallen lässt, zwingt zu ihrer Aufhebung. Dass die Tatsachen-

grundlage abw. beurteilt wird, ist kein Aufhebungsgrund. Im Fall des Abs. 1 Nr. 2 führt die Entlassung des Beschuldigten aus dem Gewahrsam allein nicht zur Aufhebung. Das gilt erst recht, wenn der Beschuldigte aus dem Gewahrsam entwichen ist o. sich sonst ohne Erlaubnis außerhalb der Gewahrsamsanstalt aufhält.

II. Freispruch des Verteidigers (Abs. 3 S. 1 Nr. 2). Schon der in der Vorschr. bezeichnete günstige Ausgang des Straf-, Ehren- o. Berufsgerichtsverfahrens zwingt zur Aufhebung; auf die Rechtskraft der Entsch. kommt es nicht an (OLG Stuttgart Justiz 1987, 80). Wird die Eröffnung des Hauptverfahrens abgelehnt o. das Verf. endg. eingestellt, so kommt nur die Aufhebung nach Abs. 3 S. 1 Nr. 1 in Betracht; dann muss die Rechtskraft der Entsch. abgewartet werden. 18

III. Verzögerung des Verfahrens gegen den Verteidiger (Abs. 3 S. 1 Nr. 3). Die Jahresfrist beginnt mit dem Wirksamwerden der Ausschließung (→ Rn. 22) u. endet mit dem Erlass (→ Vor § 33 Rn. 5 ff.) des Eröffnungsbeschlusses o. Strafbefehls. Ausnahmsweise kann die Ausschließung nach Abs. 3 S. 2 unter den dort bestimmten Voraussetzungen für ein Jahr verlängert werden; die Voraussetzungen hierfür knüpfen an die für die UHaft-Verlängerung nach § 121 an. 19

IV. Verfahren. Die Aufhebung tritt, auch im Fall des Abs. 3 S. 1 Nr. 3, nicht kraft Gesetzes ein, sondern erfolgt durch Beschl. des in diesem Zeitpunkt nach Abs. 1 zuständigen Gerichts (OLG Karlsruhe Justiz 1981, 446). Sie kann sowohl v. dem ausgeschlossenen Verteidiger o. dem Beschuldigten als auch, entspr. § 138c Abs. 2 S. 1, 2, v. der StA o. dem Gericht beantragt werden. Der Antrag der StA u. der Vorlegungsbeschluss des Gerichts sind zu begründen (→ § 138c Rn. 9). Die Beteiligung der RAK richtet sich nach § 138c Abs. 2 S. 3, 4. Der BGH u. das OLG entscheiden idR schriftlich, können aber entspr. § 138d Abs. 1 auch eine mündliche Verh. anberaumen. Die Entsch. ist unanfechtbar (→ § 138d Rn. 13). 20

D. Wirkung der Ausschließung. I. Jede Tätigkeit im Strafverfahren. Von jeder Tätigkeit in dem Strafverfahren bis zu dessen vollständiger Beendigung, also auch im Vollstreckungs-, Vollzugs-, Gnaden- u. Wiederaufnahmeverfahren, ist der Verteidiger ausgeschlossen. 21

Er darf nicht Verteidiger sein, nicht aufgrund einer Untervollmacht (→ Vor § 137 Rn. 11) auftreten u. den Angeklagten auch nicht aufgrund einer bes. Vollmacht bei einer bestimmten Prozesshandlung, zB bei der Rechtsmitteleinlegung, vertreten (OLG Karlsruhe Justiz 1981, 446). 22

Wirksam wird der Ausschluss nicht schon mit der Zustellung des Ausschließungsbeschlusses, sondern erst mit seiner Rechtskraft (Löwe/Rosenberg/Lüderssen/Jahn Rn. 146; KMR-StPO/Haizmann Rn. 32; → § 138d Rn. 15). Vorher kann aber angeordnet werden, dass die Rechte des Verteidigers aus den §§ 147, 148 ruhen (§ 138c Abs. 3). 23

Prozesshandlungen des ausgeschlossenen Verteidigers sind unwirksam, ohne dass das bes. festgestellt werden muss (KK-StPO/Willnow Rn. 5). Der Verteidiger, der sich an die Ausschließung nicht hält, wird förmlich zurückgewiesen (→ Rn. 28). 24

II. Verbot der Verteidigung in anderen gerichtlichen Verfahren (Abs. 4). Das Verbot der Verteidigung in anderen gerichtlichen Verfahren (Abs. 4) soll verhindern, dass die Ausschließung umgangen wird. Es tritt mit dem Wirksamwerden der Ausschließung (→ Rn. 23) kraft Gesetzes ein. Andere ges. geordnete Verf. iSd Abs. 4 sind Bußgeld-, Ehren- u. Berufsgerichtsverfahren sowie sonstige rechtlich geregelte Disziplinarverfahren, auch das DNA-Identitätsfeststellungsverfahren nach § 81g (BVerfG NStZ 2008, 226). Abs. 4 S. 1 gilt auch, wenn die Ausschließung auf Abs. 1 Nr. 2 beruht, der Beschuldigte aber nicht mehr in Haft ist, zB deshalb, weil er aus dem Gewahrsam entwichen ist o. sich sonst ohne Erlaubnis außerhalb der Anstalt befindet (vgl. → Rn. 8). 25

26 **In sonstigen Angelegenheiten (Abs. 4 S. 2),** zB in Zivil- u. Verwaltungsgerichtsprozessen, darf der ausgeschlossene Verteidiger für den Beschuldigten tätig sein; er darf ihn aber nicht aufsuchen, wenn er sich in einer JVA befindet.

27 **III. Unzulässigkeit der Verteidigung anderer Beschuldigter (Abs. 5).** Die Unzulässigkeit der Verteidigung anderer Beschuldigter (Abs. 5) folgt schon aus § 146; das Verbot wird in Abs. 5 nur vorsorglich aufgestellt. In anderen Verf. darf der ausgeschlossene Verteidiger einen Mitbeschuldigten grds. verteidigen, wenn nicht andere Hinderungsgründe entgegenstehen. Davon gilt eine Ausnahme für den Fall, dass beide Verf. eine Straftat nach § 129a, auch iVm § 129b Abs. 1 StGB zum Gegenstand haben; um dieselbe terroristische Vereinigung braucht es sich dabei nicht zu handeln. Dann ist der Verteidiger, auch wenn sein Mandant nicht nach § 129a StGB angeklagt ist, als Verteidiger auch in dem anderen Verf. ausgeschlossen. Die entspr. Anwendung v. Abs. 4, die Abs. 5 S. 2 bestimmt, bedeutet, dass der Verteidiger die Mitbeschuldigten, v. deren Verteidigung er nach Abs. 5 S. 1 ausgeschlossen ist, auch in anderen Verf. nicht verteidigen darf.

28 **IV. Zurückweisung des Verteidigers.** Die Unzulässigkeit der Verteidigung nach Abs. 4, Abs. 5 tritt **kraft Gesetzes** ein u. führt, wenn sie v. dem ausgeschlossenen Verteidiger nicht beachtet wird, zur Zurückweisung wie im Fall des § 146a (KK-StPO/Willnow Rn. 27; Dahs NJW 1976, 2149). Im Ermittlungsverfahren weist die StA den Verteidiger zurück (**aM** Dahs NJW 1976, 2149: das nach § 138c Abs. 1 zuständige Gericht). Prozesshandlungen des ausgeschlossenen Verteidigers sind ohne weiteres unwirksam.

Ausschließung bei Gefahr für die Sicherheit der Bundesrepublik Deutschland

138b [1] **Von der Mitwirkung in einem Verfahren, das eine der in § 74a Abs. 1 Nr. 3 und § 120 Abs. 1 Nr. 3 des Gerichtsverfassungsgesetzes genannten Straftaten oder die Nichterfüllung der Pflichten nach § 138 des Strafgesetzbuches hinsichtlich der Straftaten des Landesverrates oder einer Gefährdung der äußeren Sicherheit nach den §§ 94 bis 96, 97a und 100 des Strafgesetzbuches zum Gegenstand hat, ist ein Verteidiger auch dann auszuschließen, wenn auf Grund bestimmter Tatsachen die Annahme begründet ist, daß seine Mitwirkung eine Gefahr für die Sicherheit der Bundesrepublik Deutschland herbeiführen würde.** [2] **§ 138a Abs. 3 Satz 1 Nr. 1 gilt entsprechend.**

1 **A. Zusätzlicher Ausschließungsgrund in Staatsschutzsachen.** Einen zusätzlichen Ausschließungsgrund in Staatsschutzsachen nach §§ 74a Abs. 1 Nr. 3, 120 Abs. 1 Nr. 3, 7 GVG bestimmt die Vorschrift. Auch sie gilt in jeder Lage des Verfahrens u. nach Urteilsrechtskraft (→ § 138a Rn. 2).

2 Die Ausschließung setzt den auf bestimmte Tatsachen gestützten Verdacht (→ § 138a Rn. 15) voraus, dass die Mitwirkung des Verteidigers eine **Gefahr für die Sicherheit der BRD** herbeiführen werde. Wie in § 92 Abs. 3 Nr. 2 StGB kommt eine Gefährdung sowohl der äußeren als auch der inneren Sicherheit der BRD in Betracht. Sie betr. die Fähigkeit, sich nach innen o. außen gegen Störungen zur Wehr zu setzen (KK-StPO/Willnow Rn. 2). Die Ausschließung ist nur zulässig, wenn die nahe liegende Möglichkeit eines Schadenseintritts besteht. Das ist unter Abwägung aller Umstände des Falles zu beurteilen; die politische Gesinnung des Verteidigers allein besagt nichts (KK-StPO/Willnow Rn. 3).

3 **B. Aufhebung der Ausschließung (S. 2 iVm § 138a Abs. 3 S. 1 Nr. 1).** Die Aufhebung der Ausschließung (S. 2 iVm § 138a Abs. 3 S. 1 Nr. 1) ist zwingend vorgeschrieben, wenn sich zur Überzeugung des Gerichts ergibt, dass die Tatsachengrundlage des Beschl. nachträglich wegfällt (Löwe/Rosenberg/Lüderssen/Jahn Rn. 8; → § 138a Rn. 17).

Zuständigkeit für die Ausschließungsentscheidung

138c **(1) [1]Die Entscheidungen nach den §§ 138a und 138b trifft das Oberlandesgericht. [2]Werden im vorbereitenden Verfahren die Ermittlungen vom Generalbundesanwalt geführt oder ist das Verfahren vor dem Bundesgerichtshof anhängig, so entscheidet der Bundesgerichtshof. [3]Ist das Verfahren vor einem Senat eines Oberlandesgerichtes oder des Bundesgerichtshofes anhängig, so entscheidet ein anderer Senat.**

(2) [1]Das nach Absatz 1 zuständige Gericht entscheidet nach Erhebung der öffentlichen Klage bis zum rechtskräftigen Abschluß des Verfahrens auf Vorlage des Gerichts, bei dem das Verfahren anhängig ist, sonst auf Antrag der Staatsanwaltschaft. [2]Die Vorlage erfolgt auf Antrag der Staatsanwaltschaft oder von Amts wegen durch Vermittlung der Staatsanwaltschaft. [3]Soll ein Verteidiger ausgeschlossen werden, der Mitglied einer Rechtsanwaltskammer ist, so ist eine Abschrift des Antrages der Staatsanwaltschaft nach Satz 1 oder die Vorlage des Gerichts dem Vorstand der zuständigen Rechtsanwaltskammer mitzuteilen. [4]Dieser kann sich im Verfahren äußern.

(3) [1]Das Gericht, bei dem das Verfahren anhängig ist, kann anordnen, daß die Rechte des Verteidigers aus den §§ 147 und 148 bis zur Entscheidung des nach Absatz 1 zuständigen Gerichts über die Ausschließung ruhen; es kann das Ruhen dieser Rechte auch für die in § 138a Abs. 4 und 5 bezeichneten Fälle anordnen. [2]Vor Erhebung der öffentlichen Klage und nach rechtskräftigem Abschluß des Verfahrens trifft die Anordnung nach Satz 1 das Gericht, das über die Ausschließung des Verteidigers zu entscheiden hat. [3]Die Anordnung ergeht durch unanfechtbaren Beschluß. [4]Für die Dauer der Anordnung hat das Gericht zur Wahrnehmung der Rechte aus den §§ 147 und 148 einen anderen Verteidiger zu bestellen. [5]§ 142 Absatz 5 bis 7 gilt entsprechend.

(4) [1]Legt das Gericht, bei dem das Verfahren anhängig ist, gemäß Absatz 2 während der Hauptverhandlung vor, so hat es zugleich mit der Vorlage die Hauptverhandlung bis zur Entscheidung durch das nach Absatz 1 zuständige Gericht zu unterbrechen oder auszusetzen. [2]Die Hauptverhandlung kann bis zu dreißig Tagen unterbrochen werden.

(5) [1]Scheidet der Verteidiger aus eigenem Entschluß oder auf Veranlassung des Beschuldigten von der Mitwirkung in einem Verfahren aus, nachdem gemäß Absatz 2 der Antrag auf Ausschließung gegen ihn gestellt oder die Sache dem zur Entscheidung zuständigen Gericht vorgelegt worden ist, so kann dieses Gericht das Ausschließungsverfahren weiterführen mit dem Ziel der Feststellung, ob die Mitwirkung des ausgeschiedenen Verteidigers in dem Verfahren zulässig ist. [2]Die Feststellung der Unzulässigkeit steht im Sinne der §§ 138a, 138b, 138d der Ausschließung gleich.

(6) [1]Ist der Verteidiger von der Mitwirkung in dem Verfahren ausgeschlossen worden, so können ihm die durch die Aussetzung verursachten Kosten auferlegt werden. [2]Die Entscheidung hierüber trifft das Gericht, bei dem das Verfahren anhängig ist.

A. Zuständigkeit (Abs. 1). Die Ausschließung des Verteidigers berührt in 1. Hinsicht das Strafprozessrecht, nicht das anwaltliche Berufsrecht (vgl. BVerfGE 16, 214 (217); 34, 293 (306); BGHSt 15, 326 (331); zur Struktur des Verfahrens Fezer GS Meyer, 1990, 81, der eine Parallele zum Zwischenverfahren nach §§ 201 ff. zieht). Daher entscheidet über sie ein Strafgericht, jedoch nicht das Gericht, das für das Strafverfahren zuständig o. bei dem es anhängig ist, sondern das **OLG** (Abs. 1 S. 1). In bestimmten Fällen (Abs. 1 S. 2) entscheidet der BGH; dazu gehören aber nicht solche Fälle betr. Strafvollzugssachen (BGHSt 38, 52). Im Fall des Abs. 1 S. 3 ist ein anderer Sen. zuständig. 1

2 **Örtlich zuständig** ist im Ermittlungsverfahren das dem Gericht, das für das Hauptverfahren zuständig wird, übergeordnete OLG, bei Vorlegung durch den Tatrichter das diesem übergeordnete OLG u. nach Urteilsrechtskraft das OLG, in dessen Bezirk die den Antrag stellende StA ihren Sitz hat, im Verf. zur Vorbereitung der Wiederaufnahme das dem Wiederaufnahmegericht (→ § 367 Rn. 1) übergeordnete OLG.

3 Das OLG entscheidet in der **Besetzung** mit 3 Richtern (§ 122 Abs. 1 GVG), der BGH mit 5 Richtern (§ 139 Abs. 1 GVG).

4 **B. Vorlegungsverfahren (Abs. 2 S. 1, 2).** Ein Vorlegungsverfahren (Abs. 2 S. 1, 2) setzt die Ausschließung voraus; BGH u. OLG entscheiden nicht vAw.

5 **I. Vor Rechtshängigkeit und nach Urteilsrechtskraft.** Ist das **Verf. bei Gericht noch nicht o. nicht mehr anhängig,** so entscheidet das nach Abs. 1 zuständige Gericht auf Antrag der StA, im Fall des § 386 Abs. 2 **AO** der Finanzbehörde (OLG Karlsruhe NJW 1975, 943). Zur Begründung des Antrags vgl. → Rn. 9. Im Vollstreckungsverfahren stellt die für dieses Verf. zuständige StA den Antrag, bei der Vorbereitung eines Wiederaufnahmeverfahrens die StA bei dem Gericht, das nach § 367, § 140a GVG über den Wiederaufnahmeantrag zu befinden hat. Die StA beim LG legt die Akten der StA beim OLG vor, die sie mit ihrer Stellungnahme an das OLG weiterleitet; sie kann den Antrag zurücknehmen (§ 145 GVG).

6 **II. Gerichtliches Verfahren. Im gerichtlichen Verfahren** erlässt das mit der Sache befasste Gericht auf Antrag der StA o. vAw einen Vorlegungsbeschluss, den es durch Vermittlung der StA an das nach Abs. 1 zuständige Gericht weiterleitet. Der Beschl. kann zurückgenommen werden, solange noch nicht über die Ausschließung entschieden worden ist, wenn er auf Antrag der StA ergangen ist, aber nur mit deren Zustimmung.

7 **1. Auf Antrag der StA (Abs. 2 S. 1, 2).** Hält die das Verf. in dem betr. Verfahrensabschnitt betreibende StA die Ausschließung für notwendig, so stellt sie bei dem mit der Sache befassten Gericht unter Darlegung der Ausschließungsgründe (→ Rn. 9) den Antrag auf Vorlegung der Sache. Das Gericht ist nicht berechtigt, den Antrag zu prüfen u. abzulehnen; es ist zum Erlass eines Vorlegungsbeschlusses u. zur Vorlegung der Akten an das OLG verpflichtet, auch wenn es das aus sachlichen Gründen nicht für geboten hält (OLG Düsseldorf StraFo 1997, 333 mwN; OLG Karlsruhe NStZ 1983, 281). Der Vorlegungsbeschluss muss alle für die Schlüssigkeit des Begehrens notwendigen Merkmale selbst enthalten, die Bezugnahme auf den Antrag der StA genügt nach der Rspr. nicht (OLG Jena NStZ 2005, 49; OLG Hamm NStZ-RR 1999, 50). Enthält allerdings bereits der Antrag der StA alle erforderlichen Merkmale, sollte es ausreichen, dass das Gericht zu diesem Antrag in dem Beschl. Stellung nimmt (vgl. Frye NStZ 2005, 50 gegen OLG Jena NStZ 2005, 49).

8 **2. Von Amts wegen (S. 2)** erlässt das Gericht, wenn es die Ausschließung für geboten hält, einen mit Gründen versehenen (→ Rn. 9) Vorlegungsbeschluss. In der HV entscheidet das Gericht in der durch §§ 30 Abs. 1, 76 S. 1, 122 GVG, außerhalb der HV, auch wenn sie nur unterbrochen ist, in der dafür durch §§ 30 Abs. 2, 76 S. 2, 122 Abs. 1 GVG vorgeschriebenen Besetzung (KK-StPO/Willnow Rn. 8; **aM** Dünnebier NJW 1976, 3, der einen Vorlegungsbeschluss während der Unterbrechung für unzulässig hält).

9 **III. Erforderliche Begründung.** In dem Antrag der StA u. dem vAw erlassenen Vorlegungsbeschluss müssen – **entspr. § 172** (→ § 172 Rn. 26 ff.) – dem OLG die Tatsachen mitgeteilt werden, aus denen sich im Fall ihres Nachw. das die Ausschließung des Verteidigers rechtfertigende Verhalten ergeben soll; außerdem sind die Beweismittel anzugeben (OLG Jena NStZ 2022, 447; OLG Celle StV 2016, 141; OLG Bamberg StV 2014, 8; OLG Brandenburg StV 2008, 66; OLG Düsseldorf StraFo 1998, 119; 304; OLG Hamm NStZ-RR 1999, 50; OLG Jena NJW 2009, 1894; OLG Karlsruhe NJW 1975, 943). Fehlt es an einer solchen

Darlegung, die durch Bezugnahme auf andere Schriftstücke nicht ersetzt werden kann (KG NJW 2006, 1537; OLG Hamm NStZ-RR 1999, 50), so kann der Ausschließungsantrag v. OLG zur Nachbesserung zurückgegeben (Fezer GS Meyer, 1990, 87) o. als unzulässig abgelehnt werden (→ § 138d Rn. 1; OLG Celle StV 2016, 141); denn es ist nicht Aufgabe des OLG, v. sich aus nach den Grundlagen für eine etwaige Ausschließung zu forschen (OLG Düsseldorf wistra 1997, 239).

IV. Mitteilung an die Beteiligten. Abs. 2 S. 3 schreibt die Mitteilung einer Abschrift des Ausschließungsantrags der StA o. der Vorlage, dh des Vorlegungsbeschlusses des Gerichts, nur an den Vorstand der RAK für den Fall vor, dass der Verteidiger Mitglied einer RAK ist. Dass dem Verteidiger selbst u. dem Beschuldigten der Antrag o. Beschl. ebenfalls bekanntzugeben ist, versteht sich v. selbst. Die Mitteilung ordnet nicht die StA o. der Tatrichter, sondern das nach Abs. 1 zuständige Gericht an (Löwe/Rosenberg/Lüderssen/Jahn Rn. 16; **aM** Haizmann in KMR-StPO Rn. 15 für den Vorlegungsbeschluss). Sie werden regelmäßig mit der Ladung o. Terminsnachricht verbunden (→ § 138d Rn. 3). Zu dem mitgeteilten Antrag bzw. Beschl. können sich der Vorstand der RAK u. der Verteidiger **äußern.** 10

C. Vorläufige Maßnahmen des Gerichts (Abs. 3). I. Ruhen der Verteidigerrechte. Das Ruhen der Verteidigerrechte aus den §§ 147, 148 (S. 1–3), wenn der Beschuldigte auf freiem Fuß ist, nur der Rechte aus § 147, kann das Gericht anordnen, wenn es das für erforderlich hält. **Zulässig ist die Anordnung nur,** wenn zu befürchten ist, dass der Verteidiger andernfalls die zu seiner Ausschließung zwingenden unerlaubten Tätigkeiten fortsetzen werde (OLG Stuttgart AnwBl 1975, 170; 243). In die Anordnung können nach Abs. 3 S. 1 Hs. 2 auch die Verf. einbezogen werden, auf die sich die Ausschließung nach § 138a Abs. 4, Abs. 5 erstreckt. Zuständig ist vor Erhebung der öffentl. Klage u. nach rkr. Verfahrensabschluss das nach Abs. 1 für die Ausschließung zuständige OLG o. der BGH (Abs. 3 S. 2), während des gerichtlichen Verfahrens das Tatgericht, bei dem es anhängig ist (Abs. 3 S. 1). Vor der Anordnung ist die StA zu hören, wenn sie nicht selbst den Antrag gestellt hat (§ 33 Abs. 2). Der Verteidiger u. der Beschuldigte werden nach § 33 Abs. 3 gehört, sofern nicht § 33 Abs. 4 eingreift. Der Beschl., der nicht begründet zu werden braucht (**aM** KK-StPO/Laufhütte/Willnow Rn. 19; Löwe/Rosenberg/Lüderssen/Jahn Rn. 30), ist unanfechtbar (Abs. 3 S. 3). Er hat zur Folge, dass dem Verteidiger Akteneinsicht u. der Zugang zu dem in UHaft befindlichen Angeklagten verwehrt wird. Briefe des Verteidigers werden dem Angeklagten nicht ausgehändigt, Briefe des Angeklagten an den Verteidiger nicht befördert, sondern zurückgegeben. 11

II. Bestellung eines Pflichtverteidigers (Abs. 3 S. 4, 5). Die Bestellung eines Pflichtverteidigers (Abs. 3 S. 4, 5) ist für die Dauer der Anordnung, also bis zur Rechtskraft der Entsch. über die Ausschließung, **zwingend vorgeschrieben,** auch wenn die Verteidigung nicht notwendig ist o. der Beschuldigte noch andere Verteidiger hat (Lampe MDR 1975, 530). Für das Bestellungsverfahren gilt § 142 Abs. 5–7 (→ § 142 Rn. 37 ff.). Der „andere" Verteidiger kann auch ein dem Beschuldigten bereits bestellter Pflichtverteidiger sein (OLG Stuttgart AnwBl 1975, 170). Seine Aufgabe beschränkt sich auf die Wahrnehmung der ruhenden Verteidigerrechte. Dabei muss er mit dem in seinen sonstigen Verteidigerfunktionen nicht beschränkten Verteidiger zusammenwirken, bei dieser Tätigkeit aber darauf bedacht sein, dass er dem Ausschließungsgrund keinen Vorschub leistet. Der Sinn seiner Einschaltung besteht va darin, mit dem Beschuldigten das, was zur ordnungsmäßigen Verteidigung notwendig ist, auf schriftlichem o. mündlichem Weg zu erörtern; er besitzt – wie sich aus der Bezugnahme auf die §§ 147, 148 ergibt, eine Mittler- u. Informationsfunktion (weitergehend KK-StPO/Willnow Rn. 18: Recht auf Vornahme v. Prozesshandlungen). Die Ansicht, dass dem Beschuldigten in den Fällen des § 140 Abs. 1, Abs. 2 und auch sonst, wenn das geboten erscheint, ein neuer Verteidiger zu bestellen ist, der nicht nur beschränkte Aufgaben hat (KMR-StPO/Haizmann Rn. 25; AK-StPO/Stern Rn. 21; Löwe/Rosenberg/Lü- 12 derssen/Jahn Rn. 35), hat im G keine Stütze (vgl. Oellerich StV 1981, 434). Vielmehr folgt aus § 140 Abs. 1 Nr. 8, dass ein Pflichtverteidiger mit unbeschränktem Aufgabenbereich erst nach rkr. Ausschluss des Wahlverteidigers zu bestellen ist.

13 **D. Unterbrechung oder Aussetzung der Hauptverhandlung (Abs. 4).** Hat das Gericht einen Vorlegungsbeschluss nach Abs. 2 S. 2 während der HV erlassen, so darf es sie nicht fortsetzen, auch wenn der Beschuldigte noch andere Verteidiger hat (Löwe/Rosenberg/Lüderssen/Jahn Rn. 20). Es muss zugleich mit der Vorlage, dh mit Erlass des Vorlegungsbeschlusses, die HV nicht nur bis zur Entsch. durch das nach Abs. 1 zuständige Gericht, sondern bis zu deren Rechtskraft unterbrechen o. aussetzen. Die **Unterbrechung** darf **höchstens 30 Tage** dauern. Wird während dieser Zeit die Ausschließung des Verteidigers rkr. abgelehnt, so kann die HV fortgesetzt werden. Wird der Verteidiger rkr. ausgeschlossen, so ist die Fortsetzung nur möglich, wenn die Verteidigung durch schon vorher tätige Mitverteidiger o. durch den Eintritt eines neuen Verteidigers, der sich kurzfristig einarbeiten kann, sichergestellt ist (KK-StPO/Willnow Rn. 22). Andernfalls muss die Verh. ausgesetzt u. später neu begonnen werden.

14 **E. Feststellungsverfahren (Abs. 5).** Das Feststellungsverfahren (Abs. 5) soll dem Verteidiger die Möglichkeit nehmen, durch Niederlegung des Mandats die Einstellung des Ausschließungsverfahrens zu erreichen, dann aber erneut die Verteidigung des Beschuldigten zu übernehmen. Es soll auch **verhindern, dass die Ausschließungsfolgen des § 138a Abs. 4, Abs. 5 umgangen** werden (Kusch NStZ 1994, 23 – BGH RsprÜ). Daher ist das Gericht befugt, das Ausschließungsverfahren auch dann weiterzuführen, wenn der Verteidiger erst ausscheidet, nachdem die StA vor Anklageerhebung o. nach Urteilsrechtskraft den Antrag nach Abs. 2 S. 1 gestellt o. im gerichtlichen Verf. das Gericht die Sache dem nach Abs. 1 zuständigen Gericht vorgelegt, nicht jedoch, wenn der Verteidiger schon vorher das Mandat niedergelegt hat (OLG Düsseldorf NStZ 1994, 450). Vorgelegt ist die Sache nicht erst mit dem Eingang der Akten bei diesem Gericht, sondern schon mit der Verkündung des Vorlegungsbeschlusses in der HV o., bei Vorlegung außerhalb der HV, mit dem Ausgang des Beschl.es aus dem Geschäftsbereich des vorlegenden Gerichts (→ Vor § 33 Rn. 9). Dementsprechend ist auch der Antrag der StA bereits gestellt, wenn er den Geschäftsbereich der StA verlassen hat (KK-StPO/Willnow Rn. 26).

15 Die **Entscheidung,** ob das Verf. nach Abs. 5 weiterzuführen ist, trifft das nach Abs. 1 zuständige Gericht nach Anhörung der StA, des Verteidigers u. des Beschuldigten nach pflichtgemäßem Ermessen. Die Weiterführung kommt nur in Betracht, wenn Anhaltspunkte dafür vorliegen, dass der Verteidiger in dem Verfahren, in dem er ausgeschlossen werden soll, erneut tätig werden will, o. wenn nach den Umständen u. nach der Persönlichkeit des Verteidigers u. des Beschuldigten Konflikte zu erwarten sind, denen durch die Verteidigungsverbote nach § 138a Abs. 4, Abs. 5 begegnet werden muss (Rieß NStZ 1981, 332; nur den zul. genannten Gesichtspunkt berücksichtigen OLG Koblenz JR 1980, 477; vgl. auch BGH NJW 1992, 3048; OLG Düsseldorf NJW 1995, 739: Einstellung, falls der Verteidiger ausgeschieden u. ein Bedürfnis für seine weitere Ausschließung entfallen ist; OLG Hamm NStZ-RR 2008, 252 (253) aE: Einstellung, wenn Zulassung des Verteidigers als RA widerrufen).

16 Ein **Gerichtsbeschluss,** der die Weiterführung des Verfahrens ausdr. bestimmt, ist ges. nicht vorgeschrieben, aber empfehlenswert (KK-StPO/Willnow Rn. 28). Er bedarf keiner Begründung u. kann wieder aufgeh. werden, wenn der Anlass zur Weiterführung entfallen ist. Ist die Sache entscheidungsreif, so wird die Feststellung getroffen, dass die Mitwirkung des Verteidigers in dem Verf. zulässig o. dass sie unzulässig ist. Die Feststellung der Unzulässigkeit steht iSd §§ 138a, 138b, 138d der Ausschließung gleich (Abs. 5 S. 2).

17 **F. Kosten (Abs. 6).** Die dem § 145 Abs. 4 angeglichene Regelung gilt nur für das Ausschließungsverfahren, nicht für das Feststellungsverfahren nach Abs. 5 (KK-StPO/Willnow Rn. 33). Die Belastung des ausgeschlossenen Verteidigers mit den

Kosten setzt voraus, dass er die Ausschließung verschuldet hat (was im Fall des § 138b nicht der Fall sein muss), dass die HV ausgesetzt, nicht nur unterbrochen worden ist u. dass es unbillig wäre, die Staatskasse o. den Angeklagten mit den Kosten zu belasten. Die Entsch. trifft nicht das nach Abs. 1 zuständige Gericht, sondern der Tatrichter, bei dem das Verf. anhängig ist (Abs. 6 S. 2). Eine Entsch. darüber, wer die Kosten u. die notwendigen Auslagen des Verteidigers zu tragen hat, die in dem Zwischenverfahren über die Ausschließung o. deren Aufhebung entstehen, ergeht in diesem Verf. (→ § 138d Rn. 10).

G. Beschwerde. Beschwerde ist nach § 304 Abs. 1, Abs. 2 zulässig gegen die Ablehnung des Antrags der StA auf Erlass eines Vorlegungsbeschlusses (OLG Karlsruhe NStZ 1983, 281) u. gegen die Kostenentscheidung nach Abs. 6, die die StA u. der Verteidiger mit der Beschränkung des § 304 Abs. 3 anfechten können, der Angeklagte nur, wenn dem Verteidiger Kosten nicht auferlegt worden sind. 18

Verfahren bei Ausschließung des Verteidigers

138d (1) **Über die Ausschließung des Verteidigers wird nach mündlicher Verhandlung entschieden.**

(2) [1]**Der Verteidiger ist zu dem Termin der mündlichen Verhandlung zu laden.** [2]**Die Ladungsfrist beträgt eine Woche; sie kann auf drei Tage verkürzt werden.** [3]**Die Staatsanwaltschaft, der Beschuldigte und in den Fällen des § 138c Abs. 2 Satz 3 der Vorstand der Rechtsanwaltskammer sind von dem Termin zur mündlichen Verhandlung zu benachrichtigen.**

(3) **Die mündliche Verhandlung kann ohne den Verteidiger durchgeführt werden, wenn er ordnungsgemäß geladen und in der Ladung darauf hingewiesen worden ist, daß in seiner Abwesenheit verhandelt werden kann.**

(4) [1]**In der mündlichen Verhandlung sind die anwesenden Beteiligten zu hören.** [2]**Für die Anhörung des Vorstands der Rechtsanwaltskammer gilt § 247a Absatz 2 Satz 1 und 3 entsprechend.** [3]**Den Umfang der Beweisaufnahme bestimmt das Gericht nach pflichtgemäßem Ermessen.** [4]**Über die Verhandlung ist ein Protokoll aufzunehmen; die §§ 271 bis 273 gelten entsprechend.**

(5) [1]**Die Entscheidung ist am Schluß der mündlichen Verhandlung zu verkünden.** [2]**Ist dies nicht möglich, so ist die Entscheidung spätestens binnen einer Woche zu erlassen.**

(6) [1]**Gegen die Entscheidung, durch die ein Verteidiger aus den in § 138a genannten Gründen ausgeschlossen wird oder die einen Fall des § 138b betrifft, ist sofortige Beschwerde zulässig.** [2]**Dem Vorstand der Rechtsanwaltskammer steht ein Beschwerderecht nicht zu.** [3]**Eine die Ausschließung des Verteidigers nach § 138a ablehnende Entscheidung ist nicht anfechtbar.**

A. Mündliche Verhandlung (Abs. 1). In mündlicher Verhandlung (Abs. 1) wird über die Ausschließung entschieden. Kommt eine Entsch. zuungunsten des Verteidigers v. vornherein nicht in Betracht, so ist eine solche Verh. aber entbehrlich. Das ist der Fall, wenn der Ausschließungsantrag der StA o. der gerichtliche Vorlegungsbeschluss unzulässig ist, weil das Gericht unzuständig ist (BGHSt 38, 52) o. weil die erforderliche Begründung (→ § 138c Rn. 9) fehlt (OLG Bamberg AnwBl 1980, 33; OLG Düsseldorf NStZ 1983, 185; OLG Hamm NStZ-RR 1999, 50; OLG Karlsruhe NJW 1975, 943; OLG Karlsruhe NStZ 1983, 281 (282)), aber auch, wenn schon der Beschl. o. der Antrag ergibt, dass eine Ausschließung aus Rechtsgründen nicht zulässig ist (KG NJW 2006, 1537; StraFo 2008, 242; OLG Bremen NJW 1981, 2711; OLG Düsseldorf NJW 1991, 996; OLG Frankfurt a. M. StV 2005, 204; OLG Stuttgart NJW 1987, 2883). 1

2 Die mündliche Verh. ist keine HV vor dem erkennenden Gericht iSd § 169 GVG; sie ist daher **nicht öffentlich** (Pfeiffer NStZ 1981, 95 – BGH RsprÜ; OLG Stuttgart NJW 1975, 1669; Rieß NStZ 1981, 331; erg. → GVG § 169 Rn. 1).

3 **B. Ladung (Abs. 2).** Der Verteidiger muss unter Einhaltung der Ladungsfrist des Abs. 2 S. 2 und mit dem Hinweis nach Abs. 3 förmlich geladen werden. Erscheint er in der Verh., so sind Ladungsmängel u. die Nichteinhaltung der Ladungsfrist unschädlich, wenn er sie nicht rügt. Die StA, der Beschuldigte u. in den Fällen des § 138c Abs. 2 S. 3 der Vorstand der RAK werden nur formlos benachrichtigt (Abs. 2 S. 3). Spätestens mit der Ladung o. Terminsbenachrichtigung ist den Bet. der Ausschließungsantrag der StA o. der Vorlegungsbeschluss des Gerichts zur Kenntnis zu bringen (→ § 138c Rn. 10).

4 **C. Verhandlung.** In der Verhandlung (Abs. 3, Abs. 4) sind die anwesenden Bet. zu hören (Abs. 4 S. 1). Sie kann ohne Mitwirkung der StA, in Abwesenheit des Beschuldigten u. des Vorstands der RAK, unter den Voraussetzungen des Abs. 3 auch ohne den Verteidiger stattfinden, der ausgeschlossen werden soll, nicht aber, wenn er nachweist, dass ihm das Erscheinen unmöglich ist (vgl. Löwe/Rosenberg/Lüderssen/Jahn Rn. 2).

5 Eine **Vertretung des Verteidigers** durch einen anderen RA ist ausgeschlossen. Auch in Anwesenheit des betroffenen Verteidigers darf ein anderer RA nicht als dessen „Verteidiger" an der Verh. mitwirken; § 137 ist nicht anwendbar (KG AnwBl 1981, 116; **aM** offenbar BGH AnwBl 1979, 44; Dünnebier NJW 1976, 3 will § 137 Abs. 1 entspr. anwenden). Der Verteidiger kann aber in der Verh. im Beistand eines RA erscheinen, der wie der Zeugenbeistand (→ Vor § 48 Rn. 11) kein Verfahrensbeteiligter ist u. kein Antragsrecht hat (KG AnwBl 1981, 116; KK-StPO/Willnow Rn. 6).

6 Den **Umfang der Beweisaufnahme** bestimmt das Gericht nach pflichtgemäßem Ermessen (Abs. 4 S. 3). Die Aufklärungspflicht beschränkt sich auf den in dem Ausschließungsantrag der StA o. dem Vorlegungsbeschluss bezeichneten Sachverhalt; es ist nicht Aufgabe des Gerichts, ihn durch zusätzliche Ermittlungen zu erweitern (BGH NJW 1991, 2780 (2781); OLG Karlsruhe NJW 1975, 943; erg. → § 138c Rn. 9).

7 Die Beweise werden im **Freibeweisverfahren** (→ § 244 Rn. 7, 9) erhoben (BGHSt 28, 116; Pfeiffer NStZ 1981, 95 – BGH RsprÜ; BGH NStZ 1983, 503; Rieß NStZ 1981, 332; **aM** Löwe/Rosenberg/Lüderssen/Jahn Rn. 8). Die Anhörung des Vorstands der RAK im Wege der Videokonferenztechnik ist zulässig; die gerichtliche Anordnung ist unanfechtbar (Abs. 4 S. 2 iVm § 247a Abs. 2 S. 1 und 3).

8 Für das **Verhandlungsprotokoll** gelten die §§ 271–273 sinngemäß (Abs. 4 S. 3); die Erg.se der Vernehmung werden entspr. § 273 Abs. 2 nicht beurkundet (**aM** Dünnebier NJW 1976, 4).

9 **D. Entscheidung (Abs. 5).** Die Entscheidung (Abs. 5) ergeht durch Beschl., der mit Gründen zu versehen (§ 34) u. möglichst am Schluss der Verh. zu verkünden, spätestens binnen 1 Woche (§ 43) zu erlassen ist. Wird der Verteidiger ausgeschlossen, so sind er u. der Beschuldigte bei der Bekanntgabe der Entsch. nach § 35a über die zulässigen Rechtsmittel (Abs. 6 S. 1) zu belehren. Andernfalls wird nicht der Antrag der StA verworfen, sondern die Ausschließung abgelehnt (Fezer GS Meyer, 1990, 86; Frye wistra 2005, 90).

10 Der Beschl. schließt ein Zwischenverfahren ab u. ist daher mit einer **Kostenentscheidung** zu versehen (→ § 464 Rn. 6). Wird der Verteidiger ausgeschlossen, so trägt er entspr. § 465 Abs. 1 die Kosten (OLG Köln OLGSt StGB § 258 Nr. 1 S. 5; **aM** Rieß NStZ 1981, 332). Wird die Ausschließung abgelehnt, so sind der Staatskasse entspr. § 467 Abs. 1 die Kosten u. die notwendigen Auslagen des Verteidigers aufzuerlegen (BGH NJW 1991, 2917; OLG Bremen NJW 1981, 2711; OLG Karlsruhe NJW 1975, 943 (946); OLG Koblenz JR 1980, 477). Die Kosten für die Hinzuziehung eines anderen RA (→ Rn. 5) werden ihm nicht erstattet (→ § 464a Rn. 10).

E. Anfechtung (Abs. 6). I. Sofortige Beschwerde (Abs. 6 S. 1). Sofortige Beschwerde (Abs. 6 S. 1) gegen den Ausschließungsbeschluss des OLG (nicht des BGH) steht dem Verteidiger, dem Beschuldigten, für den der ausgeschlossene Verteidiger das Rechtsmittel einlegen kann (KK-StPO/Willnow Rn. 14; vgl. auch BGHSt 26, 291 (295)), u. der StA zu. Der Vorstand der RAK hat kein Beschwerderecht (Abs. 6 S. 2). Im Fall des § 138b kann die StA sofortige Beschwerde auch einlegen, wenn das OLG die Ausschließung abgelehnt hat. 11

Über das Rechtsmittel entscheidet der BGH (§§ 135 Abs. 2, 139 Abs. 2 GVG) ohne mündliche Verhandlung. 12

Einstellung des Verfahrens ist wie bei § 138c (→ § 138c Rn. 16) möglich (BGH NJW 1992, 3048). **Nicht anfechtbar** ist der Beschl. des OLG, durch den die Ausschließung des Verteidigers nach § 138a abgelehnt worden ist (Abs. 6 S. 3; Becker NStZ-RR 2002, 258 – BGH RsprÜ). Auch der Beschl., mit dem es das OLG ablehnt, die Ausschließung wieder aufzuheben, kann nicht angefochten werden (BGHSt 32, 231). 13

II. Revisionsrüge. Eine Revisionsrüge ist nach § 336 S. 2 ausgeschlossen. 14

F. Rechtskraft. Mit der Rechtskraft des Beschl. wird die Ausschließung wirksam (→ § 138a Rn. 23); dem Beschuldigten muss nunmehr ein Pflichtverteidiger bestellt werden (§ 140 Abs. 1 Nr. 8). Die Rechtskraft ist aber nur beschränkt. Der Aufhebung der Ausschließung steht sie nicht entgegen (§§ 138a Abs. 3, 138b S. 2). Auch eine Wiederholung des Ausschließungsverfahrens ist zulässig, wenn neue Tatsachen o. Beweise vorliegen (OLG Düsseldorf StraFo 1998, 305). Dabei können die im 1. Ausschließungsverfahren bekannt gewesenen Tatsachen unterstützend herangezogen werden (KK-StPO/Willnow Rn. 18). 15

Übertragung der Verteidigung auf einen Referendar

139 Der als Verteidiger gewählte Rechtsanwalt kann mit Zustimmung dessen, der ihn gewählt hat, die Verteidigung einem Rechtskundigen, der die erste Prüfung für den Justizdienst bestanden hat und darin seit mindestens einem Jahr und drei Monaten beschäftigt ist, übertragen.

A. Übertragung der Verteidigung auf einen Referendar. Die Übertragung der Verteidigung auf einen Referendar, der die 1. Staatsprüfung bestanden hat u. sich seit mind. 1 Jahr u. 3 Monaten im Vorbereitungsdienst befindet, ist nur dem RA als Wahlverteidiger gestattet, nicht dem Hochschullehrer, auch nicht dem Pflichtverteidiger (BGH NJW 1958, 1308; 1975, 2351 (2352); OLG Stuttgart NJW 1955, 1291). Sie darf nicht den Zweck verfolgen, dem Referendar die Verteidigung in eigener Sache zu ermöglichen (OLG Karlsruhe MDR 1971, 320). 1

Die Übertragung erfolgt durch Untervollmacht (erg. → Vor § 137 Rn. 11) u. bedarf nicht der Genehmigung des Gerichts, aber der **Zustimmung des Angeklagten,** die schon in der allg. Vollmachtsurkunde erteilt werden kann (erg. → § 145 Rn. 11). Hat den Verteidiger der ges. Vertreter gewählt (§ 137 Abs. 2), so muss dieser zustimmen (Löwe/Rosenberg/Lüderssen/Jahn Rn. 11), bei Wahl durch den Erziehungsberechtigten (§ 67 Abs. 3 JGG) ist dessen Zustimmung erforderlich. 2

Die **Übertragung der Verteidigung auf einen Assessor,** der nicht als Vertreter nach § 53 BRAO bestellt ist, o. auf andere Rechtskundige, die nicht mehr im Justizdienst sind, lässt § 139 nicht zu (BGHSt 26, 319; BayObLG NJW 1991, 2434). 3

Im **Privatklageverfahren** gilt die Vorschr. auch für den Anwalt des Privatklägers (§ 387 Abs. 2). 4

B. Vor Eröffnung des Hauptverfahrens. Schon vor Eröffnung des Hauptverfahrens ist die Übertragung zulässig. Der früher überw. vertretenen Gegen- 5 ansicht (vgl. BGH NJW 1973, 64) ist durch die Neufassung der Vorschr. der Boden entzogen (Meyer-Goßner NJW 1987, 1162).

6 **C. Verteidigerrechte.** Alle Verteidigerrechte hat der Referendar, dem die Verteidigung übertragen ist. Er darf insbes. anstelle des RA in der HV auftreten (OLG Oldenburg DAR 2005, 701). Seine Prozesshandlungen sind ohne weiteres wirksam. Auch Zustellungen können an ihn vorgenommen werden (§ 145a Abs. 1), aber nur über die Kanzlei des RA, nicht an seine Privatadresse. Der RA ist zur Überwachung der Verteidigertätigkeit des Referendars verpflichtet.

7 **D. Unabhängig von § 139.** Unabhängig von § 139 kann sich der Verteidiger eines Referendars zu seiner Unterstützung bedienen, auch schon in einem früheren Ausbildungsstadium. Das gilt auch für die HV, an der der RA selbst verantwortlich teilnimmt. Will der Referendar neben ihm mit eigenen Fragen u. Erklärungen auftreten, so ist die Zustimmung des Gerichts (entspr. § 138 Abs. 2) erforderlich, obgleich der Verteidiger die Verantwortung für die Ausführungen des Referendars trägt.

Notwendige Verteidigung

140 (1) **Ein Fall der notwendigen Verteidigung liegt vor, wenn**

1. **zu erwarten ist, dass die Hauptverhandlung im ersten Rechtszug vor dem Oberlandesgericht, dem Landgericht oder dem Schöffengericht stattfindet;**
2. **dem Beschuldigten ein Verbrechen zur Last gelegt wird;**
3. **das Verfahren zu einem Berufsverbot führen kann;**
4. **der Beschuldigte nach den §§ 115, 115a, 128 Absatz 1 oder § 129 einem Gericht zur Entscheidung über Haft oder einstweilige Unterbringung vorzuführen ist;**
5. **der Beschuldigte sich auf Grund richterlicher Anordnung oder mit richterlicher Genehmigung in einer Anstalt befindet;**
6. **zur Vorbereitung eines Gutachtens über den psychischen Zustand des Beschuldigten seine Unterbringung nach § 81 in Frage kommt;**
7. **zu erwarten ist, dass ein Sicherungsverfahren durchgeführt wird;**
8. **der bisherige Verteidiger durch eine Entscheidung von der Mitwirkung in dem Verfahren ausgeschlossen ist;**
9. **dem Verletzten nach den §§ 397a und 406h Absatz 3 und 4 ein Rechtsanwalt beigeordnet worden ist;**
10. **bei einer richterlichen Vernehmung die Mitwirkung eines Verteidigers auf Grund der Bedeutung der Vernehmung zur Wahrung der Rechte des Beschuldigten geboten erscheint;**
11. **ein seh-, hör- oder sprachbehinderter Beschuldigter die Bestellung beantragt.**

(2) **Ein Fall der notwendigen Verteidigung liegt auch vor, wenn wegen der Schwere der Tat, der Schwere der zu erwartenden Rechtsfolge oder wegen der Schwierigkeit der Sach- oder Rechtslage die Mitwirkung eines Verteidigers geboten erscheint oder wenn ersichtlich ist, dass sich der Beschuldigte nicht selbst verteidigen kann.**

Übersicht

A. Normzweck und Geltung. Eine **Konkretisierung des Rechtsstaatsprinzips** (→ Einl. Rn. 19) enthalten die Vorschr. (BVerfGE 46, 202 (210); 63, 380 (390); BVerfG NJW 2025, 2232 (2234)) sowie das Regelungsgefüge der §§ 140 ff. Mit dem Institut der notwendigen Verteidigung u. mit der Bestellung eines Verteidigers ohne Rücksicht auf die Einkommens- u. Vermögensverhältnisse des Angeklagten sichert der Gesetzgeber das Interesse, das der Rechtsstaat an einem prozessordnungsgemäßen Strafverfahren u. zu diesem Zweck nicht zul. an einer wirksamen Verteidigung des Beschuldigten hat (BVerfGE 65, 171 (174); 68, 237 (254); BGHSt 3, 395 (398)). Einen effektiven Zugang des Beschuldigten zu einem durch die Mitgliedsstaaten finanzierten Rechtsbeistand gebietet auch das EU-Recht (vgl. RL (EU) 2016/1919 des Europäischen Parlaments u. des Rates v. 26.10.2016 – PKH-RL). 1

§ 140 **gilt auch** im Privatklageverfahren (BVerfGE 63, 380) u. im Jugendstrafverfahren (§ 68 Nr. 1 **JGG**), **nicht** aber in Verfahren über die Anfechtung von Justizverwaltungsakten nach §§ 23 EGGVG (OLG Braunschweig NStZ 2022, 384). 2

Die Notwendigkeit der Verteidigung nach § 140 besteht auch bei einem **Rechtskundigen,** selbst wenn er zu den nach § 138 Abs. 1 zu Verteidigern wählbaren Personen gehört (BGH MDR 1954, 564), da sie sich als Beschuldigte nicht selbst zum Verteidiger bestellen können (→ § 138 Rn. 6). 3

Sind mehrere Sachen wegen des **persönlichen Zusammenhangs** nach § 2 ff. **verbunden,** so ist nach § 5 die Verteidigung insges. notwendig, wenn sie es wegen einer der Sachen ist (BGH NJW 1956, 1766 (1767) aE; erg. → § 5 Rn. 1). 4

Bei **Mitangeklagten** sind die Voraussetzungen des § 140 bei jedem v. ihnen gesondert zu prüfen. 5

Sonderfälle: Eine auf das Strafbefehlsverfahren beschränkte Verteidigerbestellung regelt § 408b, eine auf das beschleunigte Verf. beschränkte enthält § 418 Abs. 4, im Vollstreckungsverfahren ist sie in § 463 Abs. 3 S. 5 und Abs. 8 vorgesehen (aber erg. → Rn. 33 ff.), bei herbeigeführter Verhandlungsunfähigkeit in § 231a Abs. 4, im Fall der Kontaktsperre in § 34 Abs. 3 Nr. 1 **EGGVG.** Für den Spezialfall, dass der Betroffene nur deshalb nicht im Maßregelvollzug verbleiben kann, weil ein Verbot rückwirkender Verschärfung im Recht der Sicherungsverwahrung zu berücksichtigen ist (§ 1 Abs. 1 ThUG), sieht § 7 Abs. 1 S. 1 ThUG vor, dass dem Betroffenen zur Wahrnehmung seiner Rechte im Verf. u. für die Dauer der Therapieunterbringung ein RA beizuordnen ist. Dieser ist nur dann aus den im Bezirk des Prozessgerichts niedergelassenen RAn auszuwählen, wenn der Betroffene keinen zu seiner Vertretung bereiten RA finden konnte (OLG Nürnberg StV 2011, 424). 6

B. Gesetz zur Neuregelung des Rechts der notwendigen Verteidigung. 7
Durch das G zur Neuregelung der notwendigen Verteidigung v. 10.12.2019 wurde das Institut der notwendigen Verteidigung im Gefolge der Umsetzung der PKH-

RL (→ Rn. 1) umfassend normiert u. neu strukturiert. Dabei hat der Gesetzgeber die Richtlinienvorgaben unter Beibehaltung des Instituts der Pflichtverteidigung umgesetzt (vgl. Müller-Jacobsen NJW 2020, 575; Spitzer StV 2020, 418; Wasserburg GA 2020, 398) u. an vielen Stellen Richterrecht in ges. Regelungen überführt. Insgesamt lässt sich als Erg. der Gesetzesnovelle festhalten, dass die Konstellationen, in denen dem Beschuldigten bzw. Angeklagten ein Pflichtverteidiger zu bestellen ist, erheblich erweitert wurden.

8 **Überblick über die §§ 140 ff.:** Wie schon nach bisheriger Rechtslage sind die Tatbestände der notwendigen Verteidigung in § 140 erfasst, wobei der Katalog in mehrfacher Hinsicht den Vorgaben der PKH-RL entspr. angepasst bzw. ergänzt wurde. § 141 regelt nunmehr die konkreten Verfahrenssituationen, in denen dem Beschuldigten auf Antrag o. vAw ein Pflichtverteidiger zu bestellen ist, § 141a erlaubt unter engen Voraussetzungen ausnahmsweise Vernehmungen des Beschuldigten o. Gegenüberstellungen mit ihm vor der Bestellung eines Pflichtverteidigers. § 142 kodifiziert das zuvor nur fragmentarisch geregelte Verf. zur Bestellung u. Auswahl des Pflichtverteidigers, die §§ 143 und 143a bestimmen iE die bislang nur ansatzweise geregelten Fragen der Dauer u. Aufhebung der Bestellung sowie des Verteidigerwechsels. Schließlich normiert § 144 die Bedingungen, unter denen ein sog. Sicherungsverteidiger bestellt bzw. eine solche Bestellung wieder aufgeh. werden kann.

9 **C. Notwendige Verteidigung nach dem Katalog des Abs. 1.** Das G zur Neuregelung der notwendigen Verteidigung hat den **Katalog des Abs. 1 im Wesentlichen unangetastet** gelassen, allerdings einige Tatbestände nach den Vorgaben der PKH-RL erweitert bzw. präzisiert ua aus dem Anwendungsbereich des Abs. 2 in den des Abs. 1 überführt.

10 Ein Fall der notwendigen Verteidigung liegt in folgenden, sich in ihrer praktischen Anwendung vielfach überschneidenden u. teilw. kumulativ gegebenen, Fallgruppen vor:

11 **I. Hauptverhandlung vor OLG, LG oder Schöffengericht im 1. Rechtszug (Nr. 1).** Erwartung, dass die **Hauptverhandlung im 1. Rechtszug vor dem OLG, dem LG oder dem Schöffengericht (Nr. 1)** stattfindet. Die Erstreckung auf schöffengerichtliche Verf. rechtfertigt sich durch die diesen zugrundeliegende Straferwartung v. 2 Jahren (vgl. § 25 Nr. 2 GVG), welche schon bisher nach der Rspr. aufgrund der Schwere der zu erwartenden Rechtsfolge einen Fall der notwendigen Verteidigung begründete (dazu → 62. Aufl. 2019, Rn. 23 mN zur Judikatur).

11a Ein Fall der notwendigen Verteidigung liegt nunmehr bereits vor, **wenn zu erwarten ist,** dass die HV vor einem der genannten Gerichte stattfinden wird, u. nicht – wie nach früherer Rechtslage – erst dann, wenn sie dort tatsächlich stattfindet. Damit wird ein Perspektivenwechsel hin zu einer stärkeren Berücksichtigung der notwendigen Mitwirkung eines Verteidigers bereits im Ermittlungsverfahren vorgenommen (s. Müller-Jacobsen NJW 2020, 575 (576)). Insofern ist für die erforderliche Prognose nach Verfahrensstadien zu differenzieren:

11b Im **Zwischenverfahren** ist die Erwartung regelmäßig zu bejahen, wenn die Anklage zum OLG, LG o. dem SchG erhoben wird, es sei denn, das für die Eröffnung des Hauptverfahrens zuständige Gericht kommt zu dem Erg., das Verf. beim Amtsrichter zu eröffnen (→ § 209 Rn. 2). Umgekehrt kann ein Fall der Nr. 1 vorliegen, wenn der Amtsrichter gem. § 209 Abs. 2 vorlegt, weil er die Zuständigkeit eines höheren Gerichts für begründet hält (→ § 209 Rn. 3).

11c Im **Ermittlungsverfahren** bestimmt sich die Prognose nach den in seinem jeweiligen Stadium bekannten Tatsachen u. Beweisen, welche den Vorwurf des strafbaren Verhaltens stützen. Der Anfangsverdacht reicht aus, wenn die zugrunde liegenden Anhaltspunkte bereits die Erwartung rechtfertigen, die Tat werde bei weiterer Verdichtung zum hinreichenden Tatverdacht vor einem der bezeichneten Gerichte angeklagt. Dies ist unproblematisch zu bejahen, wenn dem Beschuldigten ein Verbrechen zur Last gelegt wird, da dies die Zuständigkeit des Strafrichters gem.

§ 25 GVG ausschließt. In Vergehensfällen kann es dagegen erforderlich sein, für die Prognose, dass die Anklage zu einem der in Nr. 1 bezeichneten Gerichte erfolgen wird, weitere Ermittlungen abzuwarten; ein Bsp. hierfür wären Ermittlungen zum Schadensumfang u. zu Vorstrafen des Beschuldigten beim einfachen Betrug (BT-Drs. 19/13829, 31 f.; Spitzer StV 2020, 418 (419)).

II. Vorwurf des Verbrechens (Nr. 2). Ein Fall der notwendigen Verteidigung liegt vor, wenn die Tat schon in der zugelassenen Anklage als Verbrechen (§ 12 Abs. 1 StGB) beurteilt worden ist o. wenn wegen eines Verbrechens Nachtragsanklage nach § 266 erhoben wird, aber auch, wenn in der HV auf die Möglichkeit dieser Beurteilung nach § 265 Abs. 1 hingewiesen wird (KG StV 1985, 184; OLG Düsseldorf MDR 1984, 689). War die Verteidigung nach Nr. 2 notwendig, so bleibt sie es, selbst wenn der Angeklagte nur wegen eines Vergehens verurteilt wird (OLG Düsseldorf MDR 1984, 689; OLG Hamburg StraFo 2015, 145; OLG Oldenburg StV 1995, 345), auch im Berufungsrechtszug, es sei denn, der Schuldspruch ist rkr. und die Verurteilung wegen eines Verbrechens daher ausgeschlossen (BayObLGSt 1993, 173). Nr. 2 gilt auch im vereinfachten Jugendverfahren nach §§ 76 ff. **JGG** (OLG Düsseldorf NStZ 1999, 211) sowie iVm §§ 59, 77 IRG für verantwortliche Vernehmungen iRe int. Rechtshilfeersuchens (LG Hamburg StV 2011, 430; vgl. Schomburg/Lagodny/Gleß/Hackner IRG § 59 Rn. 56). 12

III. Mögliche Anordnung des Berufsverbots (Nr. 3). Notwendig ist die Verteidigung, wenn eine solche Anordnung mit einiger Wahrscheinlichkeit zu erwarten ist (vgl. BGHSt 4, 320). Nr. 3 setzt daher voraus, dass § 70 StGB in der Anklageschrift aufgeführt ist (RGSt 68, 397) o. dass auf die Vorschr. nach § 265 Abs. 2 Nr. 1 hingewiesen wird o. dass in der HV sonst Umstände auftreten, die dem Gericht Anlass geben, sich mit der Maßregelfrage zu befassen (OLG Celle NJW 1964, 877 Ls.), zB wenn der StA die Anordnung beantragt. Wird die HV nach diesem Antrag unterbrochen u. steht zu Beginn des zur Urteilsverkündung anberaumten Termins schon fest, dass das Berufsverbot nicht angeordnet wird, so braucht aber in diesem Termin kein Verteidiger mitzuwirken (Dallinger MDR 1957, 141 – BGH RsprÜ). 13

IV. Vorführung nach den §§ 115, 115a, 128 Abs. 1, 129 (Nr. 4). Ein Fall der notwendigen Verteidigung liegt nunmehr – anders als nach früherer Rechtslage, die auf den Zeitpunkt der Vollstreckung abstellte – bereits vor, wenn der Beschuldigte einem zuständigen Gericht zur Entsch. über Haft o. einstweilige Unterbringung vorzuführen ist. 14

Dies ist zunächst anzunehmen, wenn die Vorführung des Beschuldigten **nach §§ 115, 115a** aufgrund eines Haftbefehls erfolgt. Damit sind **alle Arten von Haftbefehlen** erfasst (→ § 115 Rn. 1), aber auch – durch die Bezugnahmen in § 126a Abs. 2 S. 1, 275a Abs. 6 S. 4 –Unterbringungsbefehle nach § 126a Abs. 1 und § 275a Abs. 6 S. 1. Die Bestellung ist hier wegen § 141 Abs. 2 Nr. 1 zwingend sofort vAw vorzunehmen (→ § 141 Rn. 11 ff.). 14a

Durch die Inbezugnahme der **§§ 128, 129** gilt Nr. 4 darüber hinaus bei **vorläufiger Festnahme** vor o. nach Anklageerhebung, sei es nach § 127 Abs. 1, Abs. 2 oder § 127b. Die Bestellung nach § 141 Abs. 2 Nr. 1 erfolgt hier nur, wenn feststeht, dass der Beschuldigte tatsächlich dem zuständigen Richter vorgeführt wird, nicht aber, wenn er wieder in Freiheit gesetzt wird (vgl. § 128 Abs. 1 S. 1). Die Mat. meinen, der Beschuldigte könne nach der vorl. Festnahme zur Klärung der Frage, ob ein Haftbefehl zu beantragen sei, vernommen werden (BT-Drs. 19/13829, 33; krit. dazu Spitzer StV 2020, 418 (420) unter Hinweis auf den Zweck der RL, anwaltlichen Beistand vor Befragungen zur Sache zu gewährleisten). Im Übrigen ist § 141 Abs. 2 S. 2 zu beachten (→ § 141 Rn. 14, 15). 14b

Vorführungsbefehle nach §§ 230 Abs. 2, 329 Abs. 3 werden nicht v. Nr. 4 erfasst (vgl. Spitzer StV 2020, 418 (420)). 14c

V. Freiheitsentzug (Nr. 5). Ein Fall der notwendigen Verteidigung liegt ferner vor, sobald sich der Beschuldigte aufgrund richterlicher Anordnung o. mit 15

richterlicher Genehmigung in einer Anstalt befindet. Durch das G zur Neuregelung der notwendigen Verteidigung v. 10.12.2019 wurde die nach früherer Rechtslage bestehende zeitliche Beschränkung v. mind. 3 Monaten Anstaltsunterbringung gestrichen.

16 Zu der **Anstaltsunterbringung iS Nr. 5** gehören insbes. Straf- u. Abschiebehaft, UHaft (dazu nun aber Nr. 4), auch im Ausland (OLG Koblenz NStZ 1984, 522), Strafarrest, Auslieferungshaft u. die Unterbringung nach §§ 63, 64, 66 StGB, nach den Unterbringungsgesetzen der Länder o. mit familiengerichtlicher Genehmigung nach §§ 1631b, 1800 BGB (vgl. OLG Celle NJW 1965, 2069). Auch Freigänger (zb Art. 13 Abs. 1 Nr. 1 BayStVollzG) befinden sich in einer Anstalt iSd Nr. 5 (KG JR 1980, 348). Bei stationärer Behandlung in einer Drogentherapie-Einrichtung nach § 35 BtMG ist Nr. 5 entspr. anzuwenden (LG Gießen StV 1991, 204), ebenso bei die persönliche Freiheit erheblich einschr. Aufenthalt in einem Erziehungsheim (LG Braunschweig StV 1986, 472) o. in einer stationären Alkohol-Entziehungsbehandlung (LG München I StV 1999, 421; LG Traunstein StV 1995, 126). Nr. 5 ist iVm §§ 59, 77 IRG auf Antrag des Beschuldigten auch auf Vernehmungen aufgrund ausl. Rechtshilfeersuchen anwendbar (LG Koblenz NJW 1989, 677; Schomburg/Lagodny/Gleß/Hackner IRG § 59 Rn. 56).

17 Zur **Aufhebung** der Bestellung in den Fällen des Nr. 5 s. § 143 Abs. 2 S. 2 (→ § 143 Rn. 5, 6).

18 **VI. Unterbringung nach § 81 (Nr. 6).** Die Vorschr. gilt schon, wenn über einen ernst gemeinten Antrag auf Unterbringung zur Beobachtung zu entscheiden ist (RGSt 67, 259), auch wenn er keinen Erfolg hat. Die Verteidigung bleibt für das weitere Verf. notwendig, auch wenn es nicht zur Anstaltsunterbringung kommt (BGH NJW 1952, 797; RGSt 67, 259).

19 **VII. Sicherungsverfahren nach §§ 413 ff. (Nr. 7).** Im **Sicherungsverfahren nach §§ 413 ff. (Nr. 7)** ist die Verteidigung bereits notwendig, wenn zu erwarten ist, dass es durchgeführt werden wird; dies gilt auch vor dem AG mit dem Ziel der Unterbringung nach § 64 StGB o. der Entziehung der Fahrerlaubnis nach § 69 StGB; in den anderen Fällen ist nach § 24 Abs. 1 Nr. 2 GVG das AG nicht zuständig. Ergänzend → § 413 Rn. 9.

20 **VIII. Ausschließung des Wahlverteidigers (Nr. 8).** Die Notwendigkeit der Mitwirkung eines Verteidigers nach der Rechtskraft des Beschl., mit dem der bisherige Verteidiger nach §§ 138a ff. ausgeschlossen worden ist (→ § 138d Rn. 15), besteht unabhängig davon, ob die Verteidigung sonst notwendig gewesen wäre. Ist nur einer v. mehreren Wahlverteidigern ausgeschlossen worden, so gilt Nr. 8 nicht.

20a **IX. Bestellung eines Opferanwalts (Nr. 9).** Die Vorschr. sieht aus Gründen der Waffengleichheit unter Streichung des früheren Regelbeispiels in Abs. 2 S. 1 die Mitwirkung eines Pflichtverteidigers zwingend vor, wenn dem Verletzten (zum Begriff → § 373b; vgl. BT-Drs. 19/27654, 40) nach den §§ 397a, 406g Abs. 3, Abs. 4 ein RA beigeordnet wird.

20b **X. Bedeutung der richterlichen Vernehmung (Nr. 10).** Ein Fall der notwendigen Verteidigung liegt auch vor, wenn dies aufgrund der Bedeutung einer richterlichen Vernehmung zur Wahrung der Rechte des Beschuldigten geboten erscheint. Der Gesetzgeber hat damit die früher in § 141 Abs. 3 S. 4 enthaltene Regelung aus systematischen Gründen in den Katalog des Abs. 1 überführt (BT-Drs. 19/13829, 33). Da die Vorschr. keine Einschränkungen enthält, bezieht sie sich zeitlich auf alle richterlichen Vernehmungen vor u. nach Anklageerhebung. Erfasst sind zudem alle Arten richterlicher Vernehmungen, also Vernehmungen des Beschuldigten, aber auch Zeugen- u. Sachverständigenvernehmungen.

20c **Beschuldigtenvernehmungen** durch den Haftrichter (§§ 115 Abs. 2, 115a Abs. 2, 128 Abs. 1 S. 2) gebieten zwar mit Rücksicht auf den potenziellen Eingriff in das Freiheitsrecht des Beschuldigten (Art. 2 Abs. 2 S. 2 GG) stets die Bestellung eines Verteidigers, werden aber bereits durch Nr. 4 erfasst. Ein praktisch relevanter

Anwendungsfall für Nr. 10 kann mit Rücksicht auf § 254 bei Vernehmungen nach § 168c Abs. 1 gegeben sein. Schließlich kommen auch richterliche Vernehmungen des Beschuldigten gem. § 166 bzw. des Angeklagten gem. § 233 Abs. 2 in Betracht.

Ob bei richterlichen Zeugen- und Sachverständigenvernehmungen die Wahrung der Rechte des Beschuldigten die Mitwirkung eines Verteidigers gebietet, ist eine Frage des Einzelfalls. Es kommt auf die Bedeutung der Aussage für die Ermittlungen bzw. die spätere Beweisführung sowie darauf an, ob der Zeuge/Sachverständige in der HV voraussichtlich zur Vfg. stehen wird o. nicht (vgl. BT-Drs. 18/11277, 27). In Betracht kommen etwa Vernehmungen im Ermittlungsverfahren nach § 168c Abs. 2, wenn es um die ermittlungsrichterliche Vernehmung wesentlicher o. gar zentraler Belastungszeugen (bzw. v. Sachverständigen) geht. Dies dürfte unabhängig davon gelten, ob der bis dahin unverteidigte Beschuldigte v. einer solchen Vernehmung nach § 168c Abs. 3 ausgeschlossen werden soll (vgl. aber BT-Drs. 18/11277, 26 sowie bereits zur früheren Rechtslage BGHSt 46, 93; BGH StV 2008, 58; EGMR BeckRS 2015, 114495), da eine effektive Verteidigung es in solchen Fällen regelmäßig erfordern wird, dass dem Beschuldigten ein Verteidiger zur Seite steht, der für diesen das Fragerecht sachgerecht auszuüben vermag. Steht der Zeuge in der HV nicht mehr zur Vfg., kann dies ausschlaggebend für die Beurteilung der Frage werden, ob bei einer vernehmungsersetzenden Einf. der Aussage in die HV das Konfrontationsrecht des (dann) Angeklagten gewahrt wurde (Art. 6 Abs. 3d **EMRK;** vgl. dazu → EMRK Art. 6 Rn. 22–22g). Weitere denkbare Anwendungsfälle sind richterliche Vernehmungen v. Mitbeschuldigten (Burhoff StraFo 2018, 405 (406)), sowie solche gem. § 223, die allerdings wegen § 140 Abs. 1 Nr. 1 nur für Verf. vor dem Amtsrichter o. Berufungsverfahren vor dem LG relevant werden können. Ebenfalls zu denken ist an eine analoge Anwendung v. § 223, wenn die Eröffnung des Hauptverfahrens alleine v. der Aussage eines Zeugen o. Sachverständigen abhängt, der v. einem beauftragten o. ersuchten Richter vernommen werden soll (Schlothauer StV 2017, 557 (558)). 20d

XI. Seh-, hör- oder sprachbehinderter Beschuldigter (Nr. 11). Seh-, hör- oder sprachbehinderten Beschuldigten ist auf Antrag ein Verteidiger zu bestellen (Nr. 11). Schwerhörigkeit, die mit einem Hörgerät auszugleichen ist, o. geringfügige Sprechbehinderungen („Stottern") fallen nicht hierunter. Zur Verständigung mit hör- u. sprachbehinderten Personen vgl. § 186 GVG, mit Blinden § 191a GVG. 20e

D. Notwendige Verteidigung nach der Generalklausel des Abs. 2. Das G zur Neuregelung der notwendigen Verteidigung v. 10.12.2019 hat den Regelungsgehalt des Abs. 2 grds. unangetastet lassen, allerdings seinen Anwendungsbereich durch Aufnahme zusätzlicher zwingender Anwendungsfälle in Abs. 1 (va schöffengerichtliche Verf. in Abs. 1 Nr. 1 und die Vorführungsfälle in Abs. 1 Nr. 4) verengt. 21

Für **Vergehenssachen vor dem Amtsrichter und dem Berufungsgericht** gilt die Vorschrift. Im Gegensatz zu den Fällen des Abs. 1 entscheidet der Vorsitzende über die Verteidigerbestellung nach pflichtgemäßem Ermessen (BGH NJW 1963, 1114; BayObLGSt 1994, 169 (170); KG StV 1983, 186; **aM** Löwe/Rosenberg/Lüderssen/Jahn Rn. 47); er hat einen Beurteilungsspielraum, dem allerdings durch die tatbestandlichen Voraussetzungen des Abs. 2 Grenzen gesetzt sind. Ob die Verteidigung nach Abs. 2 notwendig ist, richtet sich idR nach dem Gewicht des ganzen Verfahrens, nicht nur nach der Bedeutung des Verfahrensteils, für den der Verteidiger fehlt. 22

Abs. 2 gilt auch in **Jugendsachen** (§ 68 Nr. 1 JGG; vgl. auch schon OLG Düsseldorf OLGSt StPO § 140 Nr. 13; OLG Hamm NStZ 1982, 298; OLG Oldenburg VRS 78, 292). Eine dem Abs. 2 entspr. Regelung enthalten §§ 428 Abs. 2, 438 Abs. 3, 444 Abs. 2 S. 2 für den Einziehungsbeteiligten u. Nebenbetroffenen sowie die JP u. PV, deren Verfahrensbeteiligung angeordnet ist. 22a

23 **I. Schwere der zu erwartenden Rechtsfolge.** Die Schwere der zu erwartenden Rechtsfolge wurde ausdr. in den Wortlaut des Abs. 2 aufgenommen; sie ist im Wege einer Gesamtbetrachtung aller ggf. zu erwartenden Rechtsfolgen im konkreten Fall zu ermitteln (vgl. BVerfG NJW 2025, 2232 (2234)). Dies entspr. inhaltlich der bisherigen Rspr., welche den Rechtsbegriff der „Schwere der Tat" maßgeblich mit Blick auf die zu erwartende Rechtsfolgenentscheidung interpretiert hat (vgl. BT-Drs. 19/13829, 34; zur Rspr. BGHSt 6, 199; KG StV 1985, 448; OLG Celle wistra 1986, 233; OLG Frankfurt a. M. StV 1983, 497; OLG Hamburg NStZ 1984, 281; OLG Koblenz VRS 69, 293; OLG Köln StV 1986, 238; OLG Stuttgart NStZ 1981, 490; OLG Zweibrücken NStZ 1986, 135). Die hierzu ergangene Judikatur gilt daher weiterhin.

23a Nicht schon jede zu erwartende Freiheitsstrafe, aber eine **Straferwartung von 1 Jahr** Freiheitsstrafe sollte idR Anlass zur Beiordnung eines Verteidigers geben (KG StraFo 2017, 153; BayObLG NStZ 1990, 142; OLG Düsseldorf NStZ 1995, 147; OLG Frankfurt a. M. StV 1995, 628; OLG Hamm NStZ-RR 2001, 107; OLG Karlsruhe StV 1992, 23; OLG München NJW 2006, 789; OLG Nürnberg StV 1987, 191), ohne dass eine solche eine zwingende Voraussetzung wäre; das gilt auch bei einem angeklagten RA (OLG Hamm StraFo 2004, 170; erg. → § 138 Rn. 6). Abs. 2 wird bei weitem zu eng ausgelegt, wenn eine Straferwartung v. 2 Jahren verlangt wird (so aber OLG Celle StV 1985, 184; OLG Frankfurt a. M. StV 1984, 370; vgl. auch OLG Zweibrücken NStZ 1987, 89). Dass mehr als 2 Jahre Freiheitsstrafe ohne Mitwirkung eines Verteidigers nicht verhängt werden dürfen, ist unstr. (BayObLG NStZ 1990, 250; OLG Stuttgart NStZ 1981, 490). Die Grenze für die Straferwartung gilt auch, wenn sie nur wegen einer erforderlichen Einheitsjugendstrafe (OLG Hamm NJW 2004, 1338; OLG Köln StV 1991, 151) o. einer Gesamtstrafenbildung erreicht wird (KG StV 2019, 175 Ls.; OLG Hamm NStZ 1982, 298; OLG Naumburg StraFo 2013, 337; OLG Jena StraFo 2005, 200; OLG Stuttgart NStZ 1981, 490; StV 2002, 237 Ls.). Zu beachten ist allerdings, dass es sich um keine starren Grenzen handelt (KG StV 2019, 175; OLG Celle StV 1986, 184; OLG Düsseldorf OLGSt StPO § 140 Nr. 13; OLG Zweibrücken NStZ 1986, 135; LG Frankfurt a. M. NStZ 2011, 183: nachträgliche Gesamtstrafenbildung einer Freiheitsstrafe v. 1 Jahr mit einer Geldstrafe). In einfachen Fällen kann zB ausnahmsweise auch bei einer Strafmaßberufung gegen ein Urteil, das auf Freiheitsstrafe v. mehr als 1 Jahr lautet, die Mitwirkung eines Verteidigers entbehrlich erscheinen (vgl. auch OLG Koblenz VRS 69, 293). Auch begründet ein Delikt mit geringfügiger Straferwartung nicht allein deshalb einen Anwendungsfall des Abs. 2, weil die Strafe später voraussichtlich in eine Gesamtstrafe v. mehr als 1 Jahr einzubeziehen sein wird (OLG Stuttgart NStZ-RR 2012, 214).

23b **Alle sonstigen Rechtsfolgen,** die in dem betr. Strafverfahren angeordnet werden können, sind zu berücksichtigen also Nebenstrafen, Nebenfolgen, Maßregeln der Besserung u. Sicherung (zB nach § 64 StGB – OLG Celle NStZ-RR 2023, 323; OLG Bremen NZV 1996, 250; OLG Karlsruhe VRS 84, 38 o. nach § 69 StGB bei einem Berufskraftfahrer), sowie die Einziehung (vgl. Spitzer StV 2020, 418 (420 f.)).

23c Darüber hinaus fließen wie schon bisher **sonstige schwerwiegende Nachteile** in die Beurteilung ein, die der Angeklagte infolge der Verurteilung zu gewärtigen hat (KG StV 1983, 186; OLG Düsseldorf StraFo 1999, 24; einschr. OLG Hamburg NStZ 1984, 281: nur wenn sie mit Bestimmtheit zu erwarten sind). Hierher gehören zB die drohende Entlassung aus dem Beamtenverhältnis (KG StV 1983, 186), o. die dem Ausländer nach §§ 53, 54 AufenthG drohende Ausweisung (BayObLG StV 1993, 180; OLG Karlsruhe StraFo 2002, 193; LG Heilbronn NStZ-RR 2002, 269) o. auch drohender Bewährungswiderruf (BayObLG NJW 1995, 2738; OLG Brandenburg NJW 2005, 521; OLG Düsseldorf StraFo 1998, 341; OLG Frankfurt a. M. StV 1995, 628; OLG Hamm StraFo VRS 100, 307; OLG Karlsruhe NStZ 1991, 505; OLG Köln StV 1993, 402; einschr. OLG Naumburg OLGSt StPO § 140 Nr. 19; OLG Oldenburg NStZ-RR 2005, 318 Ls.; OLG Nürnberg StV 2014, 275 Ls.). Zwar stellt die Gesetzesbegründung alleine auf

Rechtsfolgen „im Strafverfahren" ab (BT-Drs. 19/13829, 34), aus den Mat. iÜ ergibt sich aber zweifelsfrei, dass der Gesetzgeber den Anwendungsbereich des Abs. 2 ggü. der früheren Rechtslage nicht beschränken wollte (vgl. etwa BT-Drs. 19/13829, 31); außerdem können unter den Begriff „Rechtsfolge" sprachlich auch solche gefasst werden, die nicht strafrechtlicher Natur sind.

In **Jugendstrafsachen** (§ 68 Nr. 1 **JGG**) wird in der Rspr. bei Verhängung einer Jugendstrafe ohne Bewährung die Schwere der Rechtsfolge angenommen (OLG Celle StV 2006, 686; OLG Schleswig StV 2009, 86), aber auch, wenn diese ggf. zur Bewährung ausgesetzt wird (vgl. LG Chemnitz StV 2019, 601 unter Hinweis auf RL (EU) 2016/800) o. bei Verhängung einer Einheitsjugendstrafe (KG StV 1998, 325), Ob bei drohender Jugendstrafe stets ein Verteidiger zu bestellen ist, ist allerdings str. (dazu Gau StraFo 2007, 315; vgl. auch OLG Hamm StV 2009, 85 (86); Dölling NStZ 2009, 199). 24

II. Schwere der Tat. Für die **Schwere der Tat** bleibt nur noch ein schmaler selbständiger Anwendungsbereich, nachdem das G zur Neuregelung der notwendigen Verteidigung v. 10.12.2019 die Schwere der zu erwartenden Rechtsfolge in den Wortlaut des Abs. 2 aufgenommen hat. Ist die zu erwartende Rechtsfolge schwer, wird es regelmäßig auch die zugrunde liegende Tat sein. 25

Eine Schwere der Tat kann aber eigenständig **in Betracht zu ziehen** sein, wenn die Tatfolgen zwar – wie etwa bei dem Vorwurf der fahrlässigen Tötung – bes. gravierend sind, aber besondere in der Tat o. der Person des Beschuldigten liegende Umstände keine gravierende Rechtsfolge im Rechtssinne erwarten lassen. 26

III. Schwierigkeit der Sach- oder Rechtslage. Eine **schwierige Sachlage** besteht nicht stets bei längerer Dauer der HV o. bei schwieriger Beweislage (OLG Hamm NStZ-RR 2012, 82 Ls.) zB weil ein Indizienbeweis zu führen ist (OLG Koblenz GA 1979, 276 Ls.), o. Videoaufnahmen in Augenschein zu nehmen sind (KG NStZ-RR 2013, 116), kann aber vorliegen, wenn die Schuldfähigkeit des Angeklagten zu beurteilen ist (OLG Zweibrücken JBlRP 2009, 114; vgl. auch KG StV 1990, 298; OLG Stuttgart StV 2016, 139 (140)), wenn in einem länger dauernden Verf. zahlreiche Zeugen zu vernehmen sind (OLG Stuttgart StV 1987, 8), wenn Vorgänge der Betriebsführung, Buchhaltung u. Bilanzierung zu überprüfen sind (LG Hildesheim wistra 1989, 320), wenn es notwendig ist, schwierige Beweise zur inneren Tatseite zu erheben (LG Hamburg StV 1985, 453), die Glaubwürdigkeit eines kindlichen Zeugen mit sachverständiger Hilfe zu beurteilen (OLG Koblenz MDR 1976, 776), schwierige Indizienbeweise mit Hilfe v. Sachverständigen zu führen (OLG Hamm StV 1984, 66; LG Braunschweig NZV 2003, 49), mehrere Verfahren in mehreren Bundesländern gegen den Beschuldigten laufen (LG Braunschweig NStZ-RR 2022, 119) o. eine Verständigung iSv § 257c im Raum steht (OLG Naumburg StV 2014, 274; **aM** OLG Bamberg StraFo 2015, 67). Bei Berufung der StA gegen ein freisprechendes o. einstellendes Urt. wird idR (Ausnahme vgl. zB OLG Karlsruhe DAR 2005, 573; BayObLG NStZ 2022, 381: Freispruch bei Geständnis des Angekl.) ein Verteidiger beizuordnen sein (OLG Bremen NJW 1957, 151; OLG Düsseldorf StV 1999, 415; OLG Frankfurt a. M. StV 1990, 12; OLG Hamburg StV 1993, 66 Ls.; OLG Hamm StV 2019, 175 Ls.; vgl. auch EGMR EuGRZ 1992, 472), auch wenn die StA den Wegfall der Bewährung (KG StraFo 2013, 425) o. eine Freiheitsstrafe anstatt einer Geldstrafe (OLG Naumburg StraFo 2016, 207) erstrebt, ebenso bei sonstiger unterschiedlicher Beurteilung der Sach- o. Rechtslage (BayObLG NStZ 1990, 142; OLG Frankfurt a. M. StV 1992, 220), zB bei Berufung der StA gegen einen Freispruch des Angeklagten (OLG Hamm NStZ-RR 2018, 116 Ls.), o. der Rechtsfolgenerwartung (OLG Düsseldorf StV 1988, 290; OLG Karlsruhe NStZ-RR 2002, 336; OLG Köln StV 2004, 587; einschr. OLG Dresden NStZ-RR 2005, 318). 27

Für die Anwendung des Abs. 2 kann es auch eine Rolle spielen, dass nach § 147 Abs. 1, Abs. 7 nur der Verteidiger umfassende **Akteneinsicht** hat (OLG Koblenz NStZ-RR 2000, 176 mwN). Die Sache ist daher für den Angeklagten schwierig, 27a wenn ein wichtiger Zeuge seine Aussage in wesentlichen Punkten wiederholt geänd. hat u. ihm das vorzuhalten ist (OLG Zweibrücken StV 1986, 240), wenn widersprüchliche Angaben zentraler Belastungszeugen vorliegen (OLG Köln StraFo 2011, 508), wenn sich in den Akten ein Sachverständigengutachten über die Schuldfähigkeit des Angeklagten befindet, mit dem er sich auseinandersetzen muss (OLG Köln VRS 78, 118; Lorenzen/Schiemann SchlHA 1997, 153 – OLG Schleswig RsprÜ), o. ein Sachverständigengutachten als entscheidendes Beweismittel gegen den Angeklagten (OLG Hamm StraFo 2002, 397) o. wenn es sonst zur sachdienlichen Verteidigung gehört, dass einem Verteidiger der Akteninhalt bekannt ist (BGH JR 1955, 189; OLG Celle NStZ 2009, 175; OLG Düsseldorf VRS 83, 193; OLG Frankfurt a. M. NStZ-RR 2009, 207; OLG Hamm NStZ-RR 2001, 107; OLG Jena StV 2004, 585 OLG Karlsruhe StV 1987, 518; OLG Köln StV 1986, 238).

28 Eine **schwierige Rechtslage** ist dann gegeben, wenn bei Anwendung des materiellen o. des formellen Rechts auf den konkreten Sachverhalt bislang nicht ausgetragene Rechtsfragen entschieden werden müssen (OLG Stuttgart StV 2002, 298), aber zB auch, wenn fraglich ist, ob ein Beweisergebnis einem Verwertungsverbot unterliegt (OLG Bremen DAR 2009, 710; LG Schweinfurt StV 2008, 462; LG Köln StV 2017, 173), wenn die Subsumtion unter die anzuwendende Vorschr. des materiellen Rechts Schwierigkeiten bereiten wird (KG NJW 2008, 3449; StV 2016, 478; OLG Brandenburg NJW 2009, 1287; LG Essen StV 2016, 15: Steuerstrafverfahren), wenn nicht abschl. geklärte Rechtsfragen namentlich außerhalb des Kernstrafrechts entscheidungserheblich sind (KG StV 2016, 478), regelmäßig auch, wenn die Möglichkeit einer Verständigung nach § 257c erörtert wird (OLG Naumburg StraFo 2014, 21; **aM** OLG Bamberg StV 2015, 539 für das Berufungsverfahren, wenn dem Urt. erster Instanz eine Absprache zugrunde lag). Schwierig ist die Rechtslage jedenfalls dann, wenn ein nationales Gericht ein **Vorabentscheidungsersuchen** an den EuGH richtet (Art. 267 AEUV iVm den entspr. Hinweisen (2011/C 160/01)). Auch bei einer Berufungsverhandlung vor der WirtschaftsStrK wird idR Abs. 2 anzuwenden sein (OLG Düsseldorf OLGSt StPO § 140 Nr. 10).

29 Eine Verteidigerbestellung für die **Revisionsbegründung** kann, auch wenn sonst die Voraussetzungen des § 140 nicht vorliegen, wie schon nach früherer Rspr. verlangt werden, wenn sie besondere Schwierigkeiten macht (OLG Braunschweig NStZ-RR 2014, 51; KG NStZ 2007, 663; OLG Karlsruhe StraFo 2006, 497; OLG Koblenz StraFo 2007, 117), sonst nicht (OLG Hamm NStZ-RR 2013, 87; OLG Koblenz wistra 1983, 122; Lorenzen/Thamm SchlHA 1995, 6 – OLG Schleswig RsprÜ; **aM** OLG Saarbrücken StraFo 2009, 518), auch nicht zum Aufspüren bisher nicht erkannter Verfahrensfehler (OLG Köln VRS 78, 119; OLG Oldenburg JR 1985, 256; Lorenzen/Thamm SchlHA 1991, 124 – OLG Schleswig RsprÜ; **aM** Dahs NStZ 1982, 345; Ziegler FS 25 Jahre AG StrafR DAV, 2009, 933). Über einen Antrag auf Bestellung ist rechtzeitig vor Ablauf der Revisionsbegründungsfrist zu entscheiden (OLG Hamm NStZ-RR 2011, 86; erg. → § 346 Rn. 17), andernfalls ein Verstoß gegen den Grundsatz des fairen Verfahrens vorliegt, der gegen eine etwaige Versäumung der Revisionsbegründungsfrist die Wiedereinsetzung rechtfertigt (OLG Braunschweig NStZ-RR 2014, 51). Zur Bestellung eines neuen Pflichtverteidigers in der Revisionsinstanz → § 143a Rn. 32–35.

30 **IV. Unfähigkeit der Selbstverteidigung.** Die Verteidigungsfähigkeit des Beschuldigten richtet sich nach seiner **individuellen Schutzbedürftigkeit;** dabei sind im Wege einer Gesamtwürdigung seine persönlichen Fähigkeiten, sein Gesundheitszustand sowie die sonstigen Umstände des Falles zu berücksichtigen (BGH NJW 2022, 2126, 2127; KG StV 1985, 449; OLG Hamburg NStZ 1984, 281). Eine Bestellung kommt zB in Betracht bei jugendlichem Alter (OLG Celle StV 1991, 151) o. wenn der Beschuldigte unter Betreuung steht (OLG Celle NStZ-RR 2023, 323; OLG Hamm NJW 2003, 3286; KG StraFo 2022, 102: Aufgabenkreis Vertretung gegenüber Behörden ausr.), woran nichts ändert, wenn er einen RA als

Betreuer hat (OLG Nürnberg StraFo 2007, 418), o. im Berufungsverfahren bei heranwachsenden Angeklagten, bei denen Zweifel an den individuellen geistigen Fähigkeiten u. ihrer Reife bestehen (OLG Bremen StV 2017, 724) o. je nach Sachlage bei ausl. Jugendlichen (LG Hamburg StV 1998, 327; dazu Spahn StraFo 2004, 82). Wurde eine ursprünglich angeordnete Betreuung aufgehoben, kommt dennoch eine Bestellung nach Abs. 2 in Betracht, wenn weiterhin Gründe bestehen, die für eine Unfähigkeit der Selbstverteidigung sprechen (LG Magedburg StraFo 2024, 253). Die Bedeutung einer Beschuldigtenvernehmung für das weitere Verfahren begründet für sich genommen nicht die Unfähigkeit zur eigenen Verteidigung (vgl. BGH NJW 2022, 2126).

Abs. 2 ist schon anwendbar, wenn an der Fähigkeit zur Selbstverteidigung **30a** **erhebliche Zweifel** bestehen (OLG Frankfurt a. M. StV 1984, 370), zB wenn der Angeklagte „seelisch abartig" (OLG Hamm StV 1984, 66) o. Analphabet ist (OLG Celle StV 1983, 187; 1994, 8 Ls.; OLG Köln 22.4.2003 – Ss 150/03; LG Schweinfurt StraFo 2009, 105; vgl. auch LG Hildesheim StraFo 2008, 75: Legastheniker) o. wenn sein Prozessverhalten unverständlich u. für ihn nachteilig ist (OLG Zweibrücken NStZ 1986, 135) o. er die prozessuale Situation verkennt (OLG Celle StV 1997, 624 Ls.: § 358 Abs. 1).

Wenn der Angeklagte als **Ausländer** Verständigungsschwierigkeiten hat, ist die **30b** Anwendung des Abs. 2 zu prüfen (OLG Nürnberg NStZ-RR 2014, 183; KG StV 1985, 448; OLG Celle NStZ 1987, 521; OLG Karlsruhe NStZ 1987, 522; OLG Koblenz MDR 1994, 1137; OLG Köln wistra 1989, 157; OLG München StV 1986, 422; OLG Schleswig StV 1990, 12; OLG Zweibrücken StV 1988, 379; OLG Frankfurt a. M., das allerdings im betr. Fall wegen der Verständigungsschwierigkeiten die Schwierigkeit der Sach- oder Rechtslage als gegeben ansieht; vgl. auch BVerfGE 64, 135 (150)). Ihm wird dann regelmäßig, aber nicht ausnahmslos (BGH NJW 2022, 2126, 2127; BGHSt 46, 178; OLG Nürnberg NStZ-RR 2014, 183; OLG Düsseldorf NJW 1989, 677; OLG Hamm StV 1995, 64; OLG Köln NJW 1991, 2223; OLG Stuttgart Justiz 1994, 245; **aM** OLG Zweibrücken StV 1988, 379), ein Verteidiger beizuordnen sein, wobei allerdings auch berücksichtigt werden kann, ob seine Rechte durch die Vorschr. des § 187 **GVG** hinreichend gewahrt werden (BGH NJW 2022, 2126, 2127; OLG Nürnberg NStZ-RR 2014, 183). Das sollte jedenfalls dann gelten, wenn der Fall in tatsächlicher o. rechtlicher Hinsicht Schwierigkeiten v. Gewicht aufweist, die unter Heranziehung eines Dolmetschers nicht ohne weiteres ausräumbar erscheinen (OLG Frankfurt a. M. StV 1997, 573; StraFo 2008, 205; vgl. allerdings deutlich restriktiver BGH NJW 2022, 2126 mablAnm Schork), so insbes., wenn die Anwendung der §§ 20, 21 StGB in Frage kommt u. dazu Gutachten einzuholen sind (OLG Hamm JMBl. NRW. 1996, 236), o. wenn ihm entgegen Art. 6 Abs. 3a **EMRK** die Anklageschrift nicht in übersetzter Form übermittelt worden ist (OLG Karlsruhe StV 2002, 299; vgl. auch § 187 Abs. 2 **GVG**) o. er einer Einreisebewilligung bedarf (OLG Stuttgart NStZ-RR 2004, 338).

Wenn ein **Mitbeschuldigter** einen Verteidiger hat, kann die Beiordnung eines **31** RA in Betracht kommen, etwa wenn sich die Beschuldigten gegenseitig belasten (OLG Köln NStZ-RR 2012, 351; vgl. auch OLG Stuttgart StraFo 2013, 71: Einzelfallprüfung). Erst recht dürfte ein Fall der notwendigen Verteidigung bei mehreren, sämtlich sonst verteidigten Angeklagten (OLG Hamm StV 2009, 85) anzunehmen sein.

Auch wenn der **Nebenkläger oder Verletzte anwaltlich vertreten** ist, kann **32** zur Wahrung des Anspruchs des Angeklagten auf ein faires Verf. (→ Einl. Rn. 19), insbes. unter dem Aspekt der Waffengleichheit, die Beiordnung eines Pflichtverteidigers geboten sein (vgl. BVerfGE 56, 185; 63, 380 (391); OLG Zweibrücken StraFo 2021, 377; vgl. auch BT-Drs. 17/6261, 12). Ob daraus zu folgern ist, dass ihm insoweit regelmäßig ein Pflichtverteidiger beizuordnen ist (OLG Hamm StraFo 2004, 242; OLG Köln NStZ 1989, 542; OLG Saarbrücken NStZ 2006, 718; OLG Zweibrücken NStZ-RR 2002, 112) o. eine Prüfung der Umstände des konkreten Falles Zweifel an der Fähigkeit des Angeklagten zur Selbstverteidigung begründen muss (KG NStZ-RR 2016, 53; StV 2012, 714 unter Hinweis auf Abs. 1 Nr. 9 mablAnm Meyer-Goßner; s. auch OLG Hamburg StV 2017, 149 mkritAnm Beulke/Sander, die zutr. auf die strukturell bedingte Benachteiligung des Beschuldigten in diesen Fällen hinweisen; OLG Celle StraFo 2021, 377: wechselndes Aussageverhalten des Geschädigten), wird in der Rspr. der OLGe nicht einheitlich beurteilt. Der **EGMR** hat allerdings betont, dass sich weder aus dem Grundsatz der Waffengleichheit noch aus dem Recht auf unentgeltlichen Beistand eines Verteidigers ergibt, dass einer Partei in jedem Fall, in dem die Gegenpartei – etwa ein Nebenkläger – anwaltlich vertreten ist, ein unentgeltlicher Verteidiger bestellt werden muss (EGMR NJW 2019, 2005 (2006)). Dass der **Privatkläger anwaltlich vertreten** ist, gibt dem Angeklagten keinen Anspruch auf Beiordnung eines Pflichtverteidigers (BVerfGE 63, 380).

33 **V. Anwendung von Abs. 2 im Vollstreckungsverfahren.** Die Rechtswirkung der Verteidigerbestellung **endet grds. mit der Rechtskraft des Urteils,** wie § 143 Abs. 1 nunmehr ausdr. bestimmt (zur früheren Rspr. s. BGH NJW 1952, 797; OLG Düsseldorf StraFo 2011, 371; OLG Celle NStZ 1985, 519; OLG Hamburg StV 1981, 349; OLG Hamm NStZ 1983, 189; OLG Saarbrücken NJW 1973, 1010 (1012)). Hiervon **unberührt** bleibt aber die Möglichkeit, dem rkr. **Verurteilten wie bisher einen Pflichtverteidiger im Vollstreckungsverfahren** beizuordnen (so ausdr. BT-Drs. 19/13829, 43); dies gilt auch nach Inkrafttreten des G zur Neuregelung des Rechts der notwendigen Verteidigung vom 10.12.2019 (BGH NStZ-RR 2022, 357; eingehend dazu Lehmann StraFo 2023, 259 ff.; Labusga NStZ 2023, 461 ff.). Eine derartige Beiordnung betr. immer nur das konkrete Überprüfungsverfahren u. nicht die gesamte Straf- o. Maßregelvollstreckung (OLG Hamburg StraFo 2020, 198).

34 Dies kommt aber nur ausnahmsweise in Betracht. Ein **Fall der notwendigen Verteidigung** liegt insoweit **entsprechend Abs. 2** vor, wenn die Schwere der Tat o. die Schwierigkeit der Sach- o. Rechtslage o. die Unfähigkeit des Verurteilten, seine Rechte sachgemäß wahrzunehmen, das gebietet (BVerfG NJW 2002, 2773; BGH NStZ-RR 2025, 92 mwN; OLG München StV 2015, 49; OLG Köln NStZ-RR 2010, 326; OLG Düsseldorf NStE StPO § 140 Nr. 35; OLG Hamm StraFo 2002, 29; OLG Schleswig NStZ-RR 2008, 253 Ls.; Brandenburgisches OLG StraFo 2023, 275). Es ist insoweit allerdings nicht auf die Schwere o. die Schwierigkeit im Erkenntnisverfahren, sondern auf die Schwere des Vollstreckungsfalles für den Verurteilten o. auf besondere Schwierigkeiten der Sach- o. Rechtslage im Vollstreckungsverfahren abzustellen (BGH NStZ-RR 2022, 357; OLG Nürnberg StraFo 2021, 71, 72; OLG Frankfurt a. M. StV 2015, 229; OLG Stuttgart StV 2018, 379; OLG Celle StraFo 2012, 523; KG NJW 2015, 1897; NStZ-RR 2006, 211; OLG Hamm NStZ-RR 2008, 219; Döllel/Dreeßen SchlHA 2009, 242 – OLG Schleswig RsprÜ). Diese Voraussetzungen sind einschr. auszulegen, da im Vollstreckungsverfahren in deutlich geringerem Maße als im kontradiktorisch ausgestalteten Erkenntnisverfahren ein Bedürfnis für die Mitwirkung eines Pflichtverteidigers besteht (BVerfG NJW 2002, 2773; BGH NStZ-RR 2025, 326; OLG Köln NStZ-RR 2010, 326; OLG Hamm NStZ-RR 2008, 219; vgl. auch BGH NStZ-RR 2025, 92). Dennoch besteht in Teilen der oberger. Rspr. die **Tendenz,** die Beiordnung **auszuweiten** (dazu anschl. → Rn. 35; s. aber restriktiver der BGH NStZ-RR 2025, 326; 2025, 92). Ein Anspruch auf Beiordnung eines nicht im Gerichtsbezirk ansässigen RA besteht allerdings grds. nicht (vgl. EGMR 24.8.2010 – 40 451/06).

35 Die **Verteidigerbestellung kann insbesondere notwendig** sein im Verf. mit dem Ziel des Widerrufs der Strafaussetzung nach § 56f StGB (OLG Bamberg NStZ 1985, 39) o. nach § 57 Abs. 5 StGB (OLG Celle NStZ-RR 2008, 80), über die bedingte Entlassung aus der Strafhaft nach § 57 StGB (OLG Hamm StV 2002, 320; OLG Frankfurt a. M. StV 2015, 229; Ernesti/Lorenzen SchlHA 1985, 130 – OLG Schleswig RsprÜ), § 57a StGB (hier nach BVerfG NJW 1992, 2947 (2954) sogar idR geboten; ebenso OLG Celle NStZ-RR 2012, 29; KG NJW 2015, 1897; OLG

Jena NStZ-RR 2003, 284 Ls.; OLG Karlsruhe Justiz 1994, 66), über die Aussetzung der Vollstreckung einer Maßregel nach §§ 67c Abs. 1, 67d Abs. 2 (zur Sicherungsverwahrung s. § 463 Abs. 3 S. 5 und 8 sowie → Rn. 33), 67e StGB (BVerfG NJW 1986, 767 (771); OLG Frankfurt a. M. StraFo 2014, 304; OLG München StV 2015, 49; OLG Düsseldorf NStZ 1989, 92; OLG Hamm StV 2001, 20; OLG Jena StV 1997, 540; OLG Karlsruhe StV 1997, 314; OLG Köln NStZ 2005, 466; OLG Stuttgart StV 1993, 378), über die Erledigterklärung der Unterbringung nach § 64 StGB (OLG Karlsruhe NStZ 2006, 416; OLG Celle StraFo 2023, 232), über den Widerruf der Aussetzung nach § 67g StGB (OLG Bremen NStZ 1986, 379; OLG Celle StV 1987, 400 Ls.; OLG Koblenz StV 1983, 93 Ls.) sowie bei unbefristeter Führungsaufsicht nach § 68e Abs. 2, Abs. 3 StGB (OLG Celle StV 2019, 175 Ls.). Bei Überprüfung v. Beginn u. weiterer Vollstreckung der unbefristeten stationären Maßregeln des § 63 StGB bzw. des § 66 StGB ist die Beiordnung eines Verteidigers idR notwendig (KG NJW 2015, 1897; OLG Brandenburg NStZ-RR 1997, 96 Ls.; OLG Braunschweig StV 2001, 21; erg. → EMRK Art. 5 Rn. 13). Auch bei § 456a kommt eine Beiordnung in Betracht (OLG Oldenburg StraFo 2010, 115), im Fall des § 454b Abs. 3 wird sie regelmäßig zu erfolgen haben (→ § 454b Rn. 16). Auch die Erörterung eines kriminologischen Gutachtens iSd § 454 Abs. 2 kann, insbes. bei divergierenden Prognoseentscheidungen, eine Pflichtverteidigung erfordern (BGH NStZ-RR 2022, 357). Dies gilt jedoch nicht, solange das Gutachten noch nicht vorliegt oder noch nicht einmal eine Entscheidung darüber getroffen wurde, ob es überhaupt einer kriminalprognostischen Begutachtung bedarf (vgl. BGH NStZ-RR 2025, 92). Für das behördliche Verfahren nach § 35 BtMG kommt eine Verteidigerbestellung nach Abs. 2 nicht in Betracht (OLG Dresden StraFo 2022, 280 gegen OLG Jena NStZ 2010, 525).

Die Beiordnung muss **rechtzeitig** erfolgen (OLG Zweibrücken NStZ-RR 2006, 355: vor Gutachtenerstattung). Sie gilt idR nur für den jeweiligen Vollstreckungsabschnitt, nicht für das ganze Vollstreckungsverfahren, da die Beurteilung der Beiordnungsvoraussetzungen in den einzelnen Vollstreckungsabschnitten unterschiedlich ausfallen kann (OLG Düsseldorf StraFo 2011, 371; OLG München StraFo 2009, 527; OLG Zweibrücken NStZ 2010, 470; OLG Frankfurt a. M. NStZ-RR 2003, 252 mwN; **aM** OLG Stuttgart NJW 2000, 3367); erfolgt sie in Verfahren, in denen die **Sicherungsverwahrung vollstreckt** wird, wirkt sie dagegen für jedes weitere Verf. auf dem Gebiet der Vollstreckung fort (s. § 463 Abs. 8 S. 2), selbst wenn sie in entspr. Anwendung v. Abs. 2 angeordnet wurde (OLG Dresden StV 2015, 50). Auch im Zurückstellungsverfahren nach §§ 35, 36 BtMG kann die Bestellung eines Verteidigers geboten sein (OLG Jena StraFo 2009, 83). Dass das Verfahren gem. § 462a Abs. 5 S. 1 vor einem OLG geführt wird, reicht für sich allein nicht (BGH NStZ-RR 2022, 357). 35a

Im Vollstreckungsverfahren sieht ferner **§ 463 Abs. 3 S. 5 und 8** bzw. Abs. 8 eine Verteidigerbestellung in allen Fällen vor, in denen es nach Rechtskraft der anordnenden Entsch. um die Vollstreckung der Sicherungsverwahrung geht (erg. → § 463 Rn. 6a–6c). 36

Im **Vollstreckungshilfeverfahren** werden regelmäßig die Abs. 2 nachgebildeten Voraussetzungen einer Bestellung nach § 53 Abs. 2 Nr. 1 oder 2 IRG vorliegen (LG Kiel StV 2011, 429). Dies gilt sinngemäß auch im **Auslieferungsverfahren** gem. § 40 Abs. 2 Nr. 1 und 2 IRG. 37

Keine analoge Anwendung findet Abs. 2 im **Strafvollzugsverfahren** (KG NStZ 2017, 115; OLG Bremen NStZ 1984, 91; vgl. aber OLG Karlsruhe NStZ-RR 2002, 29 zum vollzugsrechtlichen Disziplinarverfahren); die Beiordnung v. Rechtsanwälten ist insoweit in den §§ 120 Abs. 2, 109 Abs. 3 StVollzG abschl. geregelt, was eine analoge Anwendung v. Abs. 2 ausschließt (KG NStZ 2017, 115). 38

E. Anfechtung. Wegen der sofortigen Beschwerde vgl. → § 142 Rn. 62–65, wegen der Revision → § 142 Rn. 66, 67; → § 338 Rn. 41. 39

Zeitpunkt der Bestellung eines Pflichtverteidigers

141 (1) [1]**In den Fällen der notwendigen Verteidigung wird dem Beschuldigten, dem der Tatvorwurf eröffnet worden ist und der noch keinen Verteidiger hat, unverzüglich ein Pflichtverteidiger bestellt, wenn der Beschuldigte dies nach Belehrung ausdrücklich beantragt.** [2]**Über den Antrag ist spätestens vor einer Vernehmung des Beschuldigten oder einer Gegenüberstellung mit ihm zu entscheiden.**

(2) [1]**Unabhängig von einem Antrag wird dem Beschuldigten, der noch keinen Verteidiger hat, in den Fällen der notwendigen Verteidigung ein Pflichtverteidiger bestellt, sobald**

1. **er einem Gericht zur Entscheidung über Haft oder einstweilige Unterbringung vorgeführt werden soll;**
2. **bekannt wird, dass der Beschuldigte, dem der Tatvorwurf eröffnet worden ist, sich auf Grund richterlicher Anordnung oder mit richterlicher Genehmigung in einer Anstalt befindet;**
3. **im Vorverfahren ersichtlich ist, dass sich der Beschuldigte, insbesondere bei einer Vernehmung des Beschuldigten oder einer Gegenüberstellung mit ihm, nicht selbst verteidigen kann, oder**
4. **er gemäß § 201 zur Erklärung über die Anklageschrift aufgefordert worden ist; ergibt sich erst später, dass die Mitwirkung eines Verteidigers notwendig ist, so wird er sofort bestellt.**

[2]**Erfolgt die Vorführung in den Fällen des Satzes 1 Nummer 1 zur Entscheidung über den Erlass eines Haftbefehls nach § 127b Absatz 2 oder über die Vollstreckung eines Haftbefehls gemäß § 230 Absatz 2 oder § 329 Absatz 3, so wird ein Pflichtverteidiger nur bestellt, wenn der Beschuldigte dies nach Belehrung ausdrücklich beantragt.** [3]**In den Fällen des Satzes 1 Nummer 2 und 3 kann die Bestellung unterbleiben, wenn beabsichtigt ist, das Verfahren alsbald einzustellen und keine anderen Untersuchungshandlungen als die Einholung von Registerauskünften oder die Beiziehung von Urteilen oder Akten vorgenommen werden sollen.**

Übersicht

1 **A. Überblick.** Das G zur Neuregelung der notwendigen Verteidigung v. 10.12.2019 hat in § 141 die konkreten Verfahrenssituationen u. die Zeitpunkte, in denen dem Beschuldigten bei Vorliegen eines Falles der notwendigen Verteidigung ein Pflichtverteidiger zu bestellen ist, umfassend geregelt. Insbesondere wurde nunmehr ein eigenes Antragsrecht des Beschuldigten normiert; außerdem wurden die Fallgruppen, in denen dem Beschuldigten vAw ein Pflichtverteidiger zu bestellen ist, erweitert (zu den praktischen Auswirkungen auf die Beschuldigtenvernehmung Kraft/Girkens NStZ 2021, 454). Gesetzessystematisch erfordert die Bestellung grds. einen Antrag des Beschuldigten gem. Abs. 1, sofern nicht die Voraus. des Abs. 2 für eine Bestellung vAw gegeben sind (vgl. BGH NJW 2022, 2126 (2127)).

B. Bestellung auf Antrag des Beschuldigten (Abs. 1). In den Fällen der notwendigen Verteidigung (§ 140) ist dem Beschuldigten (zum Beschuldigtenbegriff → Einl. Rn. 76) auf Antrag (krit. zum Antragserfordernis aus europarechtlicher Sicht Spitzer StV 2020, 418 (421)) unter folgenden Voraussetzungen ein Pflichtverteidiger zu bestellen: 2

Dem Beschuldigten muss bereits der **Tatvorwurf eröffnet** worden sein, worunter regelmäßig die förmliche Bekanntgabe des Ermittlungsverfahrens zu verstehen ist (BGH NStZ 2023, 685;). Darüber hinaus kann sich eine Manifestation des Verfolgungswillens der StA auch aus dem Verhalten des ermittelnden Beamten nach außen ergeben, insbesondere wie es sich in der Wahrnehmung des davon Betroffenen darstellt (BGH NStZ 2023, 686; erg. → § 136 Rn. 6; → § 163a Rn. 4). Anträge, die zuvor, etwa aufgrund v. Mutmaßungen über Ermittlungen, gestellt werden, sind unzulässig (BGH 3.4.2025 – StB 12/25; 6.8.2024 – StB 45/24). 3

Der Beschuldigte darf **noch keinen Verteidiger** haben. Dem steht der Fall gleich, dass der Wahlverteidiger ankündigt, mit der Bestellung sein Wahlmandat niederzulegen. 4

I. Antrag. Es muss ein **Antrag des Beschuldigten** vorliegen. Ein mündlicher Antrag reicht aus. Es genügt jede Wortwahl o. jedes Verhalten (vgl. § 140 Abs. 1 Nr. 11), aus dem sich ergibt, dass der Beschuldigte rechtlichen Beistand wünscht. Stellt der Beschuldigte nach ordnungsgemäßer Belehrung keinen Antrag, darf er – außer in den Fällen des Abs. 2 – auch ohne Beistand eines Pflichtverteidigers vernommen werden (vgl. Mosbacher JuS 2020, 128 (131); **aM** Beulke/Swoboda StrafProzR Rn. 258; erg. → § 136 Rn. 10d, 11a). 5

Der Beschuldigte ist darüber **zu belehren,** dass er die Bestellung eines Pflichtverteidigers **beantragen** kann (nicht „beanspruchen" kann, vgl. BGH NJW 2022, 2126; → Rn. 24; § 136 Rn. 11a, 11b). Anlass zur Belehrung besteht, wenn Ermittlungsbeamte o. StA (s. § 142 Abs. 1 S. 1) nach pflichtgemäßer Bewertung des jeweiligen Standes des Ermittlungsverfahrens der Auff. sind, dass ein Fall der notwendigen Verteidigung vorliegt. Dies wird beim Vorwurf des Verbrechens (§ 140 Abs. 1 Nr. 2) regelmäßig bereits unmittelbar nach Einleitung des Ermittlungsverfahrens u. Eröffnung des Tatvorwurfs, kann aber auch bei Vergehen schon zu diesem Zeitpunkt zu bejahen sein, wenn unter Berücksichtigung der Tatumstände u. der Person des Täters – zB Vorstrafen – zu erwarten ist, dass die HV im ersten Rechtszug vor einem der in § 140 Abs. 1 Nr. 1 bezeichneten Gerichte stattfindet o. wegen der Schwere der zu erwartenden Rechtsfolge (§ 140 Abs. 2) o. weil erkennbar ist, dass sich der Beschuldigte nicht selbst verteidigen kann (§ 140 Abs. 2), ein Pflichtverteidiger zu bestellen ist. 6

II. Unverzügliche Bestellung. Unter den Voraussetzungen des Abs. 1 S. 1 ist der Pflichtverteidiger **unverzüglich** zu bestellen. Unverzüglich bedeutet nicht sofort, aber so bald wie möglich ohne schuldhaftes Zögern, dh ohne sachlich nicht begründete Verzögerung (vgl. → § 25 Rn. 8). Wegen § 142 Abs. 5 S. 1 ist dem Beschuldigten eine angemessene Frist zur Bezeichnung eines Verteidigers einzuräumen, die je nach den Umständen sehr kurz ausfallen kann (vgl. → § 142 Rn. 22 ff., 33; Müller-Jacobsen NJW 2020, 575 (578); iÜ (regelmäßig 1 Woche ausreichend, vgl. bereits zur früheren Rechtslage Jahn StraFo 2014, 177 (185); **aM** Heydenreich StraFo 2011, 263 (265); Lam/Meyer-Mews NJW 2012, 177 (180): mind. 2 Wochen), wenn er nicht bereits in seinem Antrag einen RA benennt o. ausdr. um sofortige Bestellung ersucht (vgl. OLG Düsseldorf StraFo 2011, 275; LG Krefeld NStZ 2010, 592; Michalke NJW 2010, 18; BT-Drs. 16/13097, 19; **aM** Schlothauer FS Samson, 2010, 714). Ergänzend sogleich → Rn. 8 sowie → § 142 Rn. 33 ff. 7

Spätestens ist dem Beschuldigten vor einer Vernehmung o. einer Gegenüberstellung mit ihm ein Pflichtverteidiger zu bestellen (Abs. 1 S. 2). Die nach § 142 Abs. 5 S. 1 zu setzende Frist zur Bezeichnung eines RA (→ § 142 Rn. 32 ff.) sollte möglichst so bemessen sein, dass die entspr. Verfahrenshandlungen erst nach ihrem Ablauf vorgenommen werden. Kommt es vor Ablauf der gesetzten Frist aus un- 8 abweisbaren Gründen zu einer Vernehmung o. Gegenüberstellung, hat die Bestellung allerdings erforderlichenfalls ohne (erneute) Gewährung rechtlichen Gehörs sofort zu erfolgen. Dies gilt auch für sonstige Verfahrenshandlungen, bei denen der Verteidiger ein Anwesenheitsrecht hat (zB § 168c Abs. 2, §§ 168d, 223, 225). Ausnahmsweise können im Vorverfahren trotz eines Antrags nach Abs. 1 S. 1 Vernehmungen des Beschuldigten u. Gegenüberstellungen mit ihm bei Vorliegen der Voraussetzungen des § 141a vor der Bestellung des Pflichtverteidigers durchgeführt werden (→ § 141a Rn. 3 ff.). Zur rückwirkenden Bestellung → § 142 Rn. 19, 20.

9 Das **Bestellungsverfahren** bestimmt sich nach § 142 Abs. 1 und Abs. 3–6, ein etwaiger Verteidigerwechsel nach § 143a.

10 **C. Bestellung von Amts wegen (Abs. 2). Unabhängig v. einem Antrag des Beschuldigten** ist ihm ein Pflichtverteidiger zu bestellen, sobald eine der Verfahrenssituationen des Abs. 2 Nr. 1–4 vorliegt. „Sobald" meint hier sofort, nachdem die Verfahrenssituation eingetreten ist. „Unabhängig" bedeutet, dass die Einschränkungen des Abs. 2 bei Vorliegen eines Antrags nach Abs. 1 nicht gelten. Voraussetzung ist aber wie bei der Bestellung nach Abs. 1, dass ein Fall der notwendigen Verteidigung gem. § 140 gegeben ist u. der Beschuldigte noch keinen Verteidiger hat.

11 **I. Vorführung (Abs. 2 S. 1 Nr. 1). Von Amts wegen** ist dem Beschuldigten ein Verteidiger zu bestellen, sobald er einem Gericht zur Entsch. über Haft o. einstweilige Unterbringung vorgeführt werden soll. Damit sind die in § 140 Abs. 1 Nr. 4 bezeichneten Vorführungen erfasst (→ § 140 Rn. 14–14b).

12 Geht es um **Vorführungen in den Fällen des §§ 115, 115a** aufgrund bereits erlassener Haftbefehle, bedeutet „sobald", dass die Bestellung entspr. dem Verf. des § 142 bereits zum Zeitpunkt der Ergreifung des Beschuldigten in die Weg zu leiten ist, da ab dann die ges. Pflicht zur Vorführung besteht; in den Fällen der vorl. Festnahme (§§ 128 Abs. 1, 129) kann hingegen zugewartet werden, bis entschieden ist, ob ein Haftbefehl beantragt werden soll, weil erst dann eine Vorführung erforderlich ist (vgl. BT-Drs. 19/13829, 36; krit. dazu Beulke/Swoboda StrafProzR Rn. 259).

13 Eine **Vernehmung in der Sache ohne den Verteidiger kommt nicht in Betracht;** ist dieser verhindert, muss umterminiert o., was in Eilfällen regelmäßig geschehen wird, ein anderer Verteidiger bestellt werden (ebenso Schlothauer StV 2017, 557 (559); Burhoff StraFo 2018, 405 (409)). Rechtliches Gehör ist dem Beschuldigten zwar wie auch sonst grds. zu gewähren (§ 142 Abs. 5 S. 1). Dabei ist allerdings ebenfalls der regelmäßig bestehenden Eilbedürftigkeit der in Betracht kommenden richterlichen Vernehmungen Rechnung zu tragen. Daher wird die Frist häufig sehr kurz zu bemessen u. ein entspr. Vorschlag des Beschuldigten nicht immer umzusetzen sein (vgl. § 142 Abs. 5 S. 2 Hs. 2). Zur Vorbereitung auf den Termin ist dem Verteidiger Akteneinsicht zu gewähren u. eine Bespr. mit dem Beschuldigten zu ermöglichen (Burhoff StraFo 2018, 405 (409)). Hinsichtlich der konkreten Ausgestaltung ist allerdings auch insoweit die regelmäßig bestehende, besondere Eilbedürftigkeit zu berücksichtigen.

13a **Zulässig ohne Anwesenheit eines Verteidigers** bleiben mit Blick auf Erwgr. 20 der EU-RL vorl. Befragungen durch Polizei u. StA zum Zwecke der Identitätsfeststellung, zur Klärung der Frage, ob überhaupt Ermittlungen eingeleitet werden sollen bzw. die Feststellung v. Waffenbesitz u. ähnliche Sicherheitsfragen sowie Gegenüberstellungen als Augenscheinsobjekt (vgl. Spitzer StV 2020, 418 (420, 422)).

14 **Ausnahmen (Abs. 2 S. 2):** Erfolgt die Vorführung zur Entsch. über den Erlass eines Haftbefehls im beschleunigten Verf. (§ 127b Abs. 2) o. über die Vollstreckung eines Haftbefehls bei Ausbleiben des Angeklagten in der HV (§ 230 Abs. 2) o. im Berufungsverfahren (§ 329 Abs. 3) wird ein Pflichtverteidiger allerdings nur bestellt, wenn der Angeklagte dies nach Belehrung beantragt (Abs. 2 S. 2). Diese Ausnahmen v. Prinzip der Bestellung vAw in den Fällen des Abs. 2 S. 1 Nr. 1 sind

aufgrund einer Stellungnahme des BR in den Gesetzestext gelangt (BT-Drs. 19/13829, 64).

Im Falle des § 127b Abs. 2 liegt dem zugrunde, dass es sich um Verf. mit einfacher Sach- u. Rechtslage handelt, in denen regelmäßig ein Geständnis des Angeklagten vorliegt, u. nur Sanktionen im unteren Bereich zu erwarten sind; die Beiordnung eines Pflichtverteidigers könne, so heißt es, die Dauer des Freiheitsentzuges insoweit sogar verlängern, statt sie zu verkürzen (BT-Drs. 19/13829, 65). In den Fällen der §§ 230 Abs. 2, 329 Abs. 3 soll der Angeklagte für sein schuldhaftes Fernbleiben v. Hauptverhandlungstermin durch die amtswegige Bestellung nicht „honoriert" werden; auch insoweit könne sich iÜ die Inhaftierung unter Berücksichtigung der für das Bestellungsverfahren erforderlichen Dauer unnötig verlängern (BT-Drs. 19/13829, 65). In den genannten Ausnahmefällen bleibt es dem Angeklagten unbenommen, selbst durch einen Antrag unter den Voraussetzungen des Abs. 1 S. 1 sein Recht auf Bestellung eines Pflichtverteidigers auszuüben. 15

II. Inhaftierung (Abs. 2 S. 1 Nr. 2). Dem Beschuldigten ist ferner auch ohne Antrag ein Verteidiger beizuordnen, wenn bekannt wird, dass er sich aufgrund richterlicher Anordnung o. mit richterlicher Genehmigung in anderer Sache in Haft befindet (Fälle des § 140 Abs. 1 Nr. 5). Voraussetzung ist allerdings, dass dem Beschuldigten bereits der Tatvorwurf eröffnet wurde; damit werden Fälle v. der Bestellungspflicht ausgeschlossen, in denen das Ermittlungsverfahren nicht offen geführt wird (vgl. BGH 6.8.2024 – StB 45/24). 16

Die Bestellung kann nach Abs. 2 S. 3 unterbleiben, wenn beabsichtigt ist, das Verf. alsbald einzustellen u. keine anderen Untersuchungshandlungen als die Einholung v. Registerauskünften o. die Beiziehung v. Urteilen o. Akten vorgenommen werden sollen. In diesem Fall wird die Bestellung eines Verteidigers zur Wahrung der Rechte des Beschuldigten als nicht für erforderlich erachtet; bei den bezeichneten Ermittlungshandlungen handelt es sich um solche v. rein formalem Charakter, die keine Außenwirkung entfalten (BT-Drs. 19/13829, 37). Eine entspr. Anwendung auf die Fälle des Abs. 1 kommt nicht in Betracht (LG Freiburg NStZ 2021, 191). 17

III. Vorverfahren (Abs. 2 S. 1 Nr. 3). Die Bestellung eines Verteidigers vAw ist weiterhin erforderlich, wenn im Vorverfahren ersichtlich ist, dass sich **der Beschuldigte nicht selbst verteidigen** kann. Dabei handelt es sich nach der gesetzgeberischen Konzeption um einen Ausnahmefall (BGH NJW 2022, 2126 (2128)). Die fehlende Verteidigungsmöglichkeit bestimmt sich wie in § 140 Abs. 2 nach den persönlichen Fähigkeiten und der individuellen Schutzbedürftigkeit des Beschuldigten, nicht abstrakt nach der Schwere des Schuldvorwurfs und der Bedeutung der Vernehmung (BGH NJW 2022, 2126 (2127) mAnm Mosbacher JuS 2022, 726 (728); → § 140 Rn. 30–32; Laustetter/Voigt Kriminalistik 2021, 227, 228). 18

Bei der **Prüfung der individuellen Verteidigungsfähigkeit** des Beschuldigten ist eine Gesamtwürdigung vorzunehmen (BGH NJW 2022, 2126 (2127); → § 140 Rn. 30, 30a). Diese wird zwar insbes. bei Vernehmungen des Beschuldigten o. Gegenüberstellungen mit ihm häufig ergeben, dass sich der Beschuldigte nicht selbst verteidigen kann. Dabei ist allerdings zu berücksichtigen, dass nach der Rspr. die Beschuldigtenvernehmung unter den Voraus. des § 140 Abs. 1 Nr. oder Nr. 2 für sich genommen nicht eine Pflichtverteidigerbestellung nach Abs. 2 S. 1 Nr. 3 begründet (BGH NJW 2022, 2126); ebenso wenig ergibt sich aus der Bedeutung einer Beschuldigtenvernehmung für das weitere Verfahren im Allgemeinen die Unfähigkeit zur eigenen Verteidigung (BGH NJW 2022, 2126; BGHSt 60, 38). Nach dem Wortlaut des Gesetzes in der Auslegung durch die Rspr. des BGH sind also auch weiterhin Fälle der notwendigen Verteidigung denkbar, in denen die Erstvernehmung des Beschuldigten, sofern er keinen Antrag nach Abs. 1 gestellt hat, ohne Mitwirkung eines Verteidigers stattfindet (vgl. BT-Drs. 19/15151; BGH NJW 2022, 2126 mablAnm Schork und von Stetten StraFo 2023, 8; zust. Mosbacher JuS 2022, 726 (728); krit. dazu Beulke/Swoboda StrafProzR 18a

Rn. 260). Fehlt es nach der Gesamtabwägung der Umstände an der Verteidigungsfähigkeit des Beschuldigten, ist sein evtl. entgegenstehender Wille unbeachtlich, wenn er die Tragweite seiner Entsch. nicht zu übersehen vermag; dies wird in den einschlägigen Konstellationen regelmäßig anzunehmen sein.

19 Die Bestellung kann allerdings auch insoweit **nach Maßgabe des Abs. 2 S. 3 unterbleiben** (→ Rn. 17).

20 **IV. Zwischenverfahren (Abs. 2 S. 1 Nr. 4).** Wird der Angeklagte gem. § 201 zur Erkl. über die Anklageschrift aufgefordert o. ergibt sich die Notwendigkeit der Verteidigung später, ist ihm ebenfalls ein Verteidiger zu bestellen. Damit werden va Fälle erfasst, bei denen erst das mit der Durchführung des Hauptverfahrens befasste Gericht zu der Auff. gelangt, dass ein Fall der notwendigen Verteidigung vorliegt; zu denken wäre hier etwa daran, dass der Amtsrichter beabsichtigt, die Sache gem. § 209 Abs. 2 dem SchG vorzulegen.

21 Damit dem zu bestellenden Verteidiger noch **genügend Zeit zur Stellungnahme** zur Vfg. steht, sollte dem Angeschuldigten die Anklageschrift mit der durch § 142 Abs. 5 S. 1 vorgeschriebenen Aufforderung zugestellt werden, innerhalb einer bestimmten Frist einen RA seines Vertrauens zu bezeichnen, u. den Pflichtverteidiger unmittelbar nach Ablauf der Frist, aber noch innerhalb der Erklärungsfrist nach § 201 Abs. 1 zu bestellen (erg. → § 142 Rn. 34).

22 Eine **Bestellung** zu einem späteren Zeitpunkt **nach Anklagezustellung** ist erforderlich, wenn sich die Notwendigkeit der Verteidigung erst später ergibt, zB wenn Nachtragsanklage wegen eines Verbrechens erhoben (BGHSt 9, 243), die Tat erst in der HV als Verbrechen beurteilt wird (§ 140 Abs. 1 Nr. 2) o. sich die Schwere der Tat o. die Schwere der zu erwartenden Rechtsfolge o. die Schwierigkeit der Sach- u. Rechtslage (§ 140 Abs. 2) erst dort zeigt; die HV muss dann nach Beiordnung des Verteidigers in ihren wesentlichen Teilen wiederholt werden (BGHSt 9, 243).

23 **D. Bestellungsverfahren, Verteidigerwechsel.** Für das **Bestellungsverfahren** gilt § 142, für einen etwaigen **Verteidigerwechsel** § 143a.

24 **E. Beweisverwertungsverbot.** Verstöße gegen § 141 führen nicht zu einem absoluten Verwertungsverbot, sondern sind nach den allg. Grundsätzen der **Abwägungslehre** zu beurteilen (BGH NJW 2022, 2126 (2128) mAnm Mosbacher JuS 2022, 726 (728); ferner BGHSt 52, 110; ausf. → Einl. Rn. 55a; erg. → § 136 Rn. 21a; → § 141a Rn. 11; → § 142 Rn. 66). Ein Verwertungsverbot gilt also nicht schon dann, wenn die Pflichtverteidigerbestellung zu Unrecht unterblieben ist (BGH NJW 2022, 2126 (2128) mablAnm von Stetten StraFo 2023, 8 (13)) oder bei fehlerhaften Belehrungen nach Abs. 1 S. 1, so etwa, dass der Beschuldigte die Bestellung eines Pflichtverteidigers „beanspruchen" (statt „beantragen") könne (vgl. BGH NJW 2022, 2126 (2128) mablAnm Schork und zustAnm Mosbacher JuS 2022, 726 (728); → Rn. 6).Ein Verwertungsverbot kommt vielmehr nur bei schwerwiegenden, bewussten o. objektiven willkürlichen Verstößen in Betracht (BGH NJW 2022, 2126 (2128) mwN), so etwa, wenn die Ermittlungsbehörden einen Antrag des Beschuldigten nach Abs. 1 ignorieren o. Anhaltspunkte dafür bestehen, dass sie bewusst falsch belehrt oder gegen die Abs. 2 Nr. 1–4 verstoßen haben.

Vernehmungen und Gegenüberstellungen vor der Bestellung eines Pflichtverteidigers

141a **[1]Im Vorverfahren dürfen Vernehmungen des Beschuldigten oder Gegenüberstellungen mit dem Beschuldigten vor der Bestellung eines Pflichtverteidigers abweichend von § 141 Absatz 2 und, wenn der Beschuldigte hiermit ausdrücklich einverstanden ist, auch abweichend von § 141 Absatz 1 durchgeführt werden, soweit dies**

1. zur Abwehr einer gegenwärtigen Gefahr für Leib oder Leben oder für die Freiheit einer Person dringend erforderlich ist oder
2. zur Abwendung einer erheblichen Gefährdung eines Strafverfahrens zwingend geboten ist.

[2]**Das Recht des Beschuldigten, jederzeit, auch schon vor der Vernehmung, einen von ihm zu wählenden Verteidiger zu befragen, bleibt unberührt.**

A. Regelungszweck. Die Vorschr. soll es bei gravierenden Gefahrenlagen o. erheblichen Gefährdungen des Strafverfahrens ermöglichen, im Vorverfahren in Abweichung v. den Grundsätzen der Bestellung vAw nach § 141 Abs. 2 bzw. nach Antrag des Beschuldigten gem. § 141 Abs. 1 Vernehmungen des Beschuldigten o. Gegenüberstellungen mit ihm vor der Bestellung eines Pflichtverteidigers durchzuführen. 1

B. Ausnahmetatbestände (S. 1). Die Vorschr. ist auf **alle Vernehmungen des Beschuldigten o. Gegenüberstellungen** mit ihm im Vorverfahren anwendbar. Sie dürfen sowohl bei gebotener Pflichtverteidigerbestellung vAw (§ 141 Abs. 2) als auch auf Antrag des Beschuldigten (§ 141 Abs. 1) vor der Bestellung des Pflichtverteidigers nur durchgeführt werden, wenn einer der Ausnahmetatbestände des S. 1 Nr. 1 oder 2 gegeben ist (im Fall des § 141 Abs. 1 bedarf es zusätzlich des Einverständnisses des Beschuldigten (→ Rn. 7, 8)). 2

I. Zur Abwehr einer gegenwärtigen Gefahr. Zur Abwehr einer gegenwärtigen Gefahr für Leib o. Leben o. die Freiheit einer Person muss die Vernehmung o. Gegenüberstellung vor der Bestellung dringend erforderlich sein (§ 141a Nr. 1). Eine **gegenwärtige Gefahr** idS liegt vor, wenn bestimmte Tatsachen die Wahrscheinlichkeit begründen, dass ohne die sofortige Vernehmung o. Gegenüberstellung vor der Bestellung eines Pflichtverteidigers die bezeichneten Rechtsgüter sicher o. doch höchstwahrscheinlich (vgl. BGHSt 26, 179 zu § 34 StGB) geschädigt werden. Dringend erforderlich ist die Maßnahme, wenn sofortiges Handeln geboten ist u. der für die Bestellung nach § 142 notwendige Zeitraum nicht abgewartet werden kann; zu denken ist insoweit an akute Terrorlagen, Geiselnahmen u. Entführungen (BeckOK StPO/Krwaczyk Rn. 4, 4a). Reicht eine vorl. Bestellung durch die StA gem. § 142 Abs. 4 aus, um der Gefahr zu begegnen, sind Vernehmung o. Gegenüberstellung vor der Bestellung nicht dringlich iSd Nr. 1. 3

Die Befugnis zur Vernehmung ist nach dem Gesetzestext („soweit") **thematisch begrenzt.** Sie darf sich nur auf das zur Abwehr der Gefahr Erforderliche erstrecken (vgl. BT-Drs. 19/13829, 399), was allerdings praktisch nur schwer zu lösende Abgrenzungsprobleme mit sich bringen kann (s. Spitzer StV 2020, 418 (423); Wasserburg GA 2020, 398 (405 f.)). 3a

II. Zur Abwendung einer erheblichen Gefährdung. Zur Abwendung einer erheblichen Gefährdung eines Strafverfahrens muss die Vernehmung o. Gegenüberstellung vor der Bestellung eines Pflichtverteidigers zwingend geboten sein (§ 141a Nr. 2). Dabei kann es sich auch um ein anderes als das gegen den Beschuldigten geführte Strafverfahren handeln. 4

Ein Strafverfahren ist **erheblich gefährdet,** wenn bestimmte Tatsachen die Wahrscheinlichkeit begründen, dass ohne die sofortige Vernehmung o. Gegenüberstellung vor der Bestellung eines Pflichtverteidigers die Ermittlung der Wahrheit erheblich erschwert werden wird. Dies ist allg. bei drohendem Beweismittelverlust anzunehmen, insbes. aber wenn Beseitigung, Verfälschung o. Vernichtung v. Beweismitteln o. die Beeinflussung bzw. Bedrohung v. Zeugen durch Dritte zu befürchten ist. Dies gilt gleichermaßen, wenn die Flucht eines Mitbeschuldigten o. gesondert Verfolgten droht (BT-Drs. 19/13829, 38; krit. dazu Spitzer StV 2020, 418 (423)) o. wenn bei Straftaten mit mehreren, noch nicht bekannten Tätern ohne die Ermittlungsmaßnahme deren Ermittlung u. Festsetzung erheblich erschwert wird. 5

Zwingend geboten ist die Maßnahme, wenn der Gefährdung nicht anders – zB durch vorl. Bestellung seitens der StA gem. § 142 Abs. 4 – begegnet werden kann. 6

7 **C. Einverständnis des Beschuldigten.** In den Fällen des § 141 Abs. 1, dh bei Antrag des Beschuldigten auf Bestellung eines Pflichtverteidigers, muss der Beschuldigte darüber hinaus damit einverstanden sein, dass die Vernehmung o. Gegenüberstellung vor der Bestellung stattfindet. Dieses Erfordernis beruht darauf, dass der Beschuldigte mit seinem Antrag bereits deutlich gemacht hat, dass er Rechtsbeistand wünscht. Vor diesem Hintergrund dürfte § 141a insoweit allerdings auch nur selten zur Anwendung gelangen, da es aus Sicht des Beschuldigten nicht folgerichtig wäre, einen Antrag auf Bestellung eines Pflichtverteidigers zu stellen u. sich sogleich damit einverstanden zu erklären, dass wesentliche Ermittlungshandlungen ohne Beistand eines solchen durchgeführt werden.

8 Das **Einverständnis** muss ausdr. erklärt werden. Missverständliche o. interpretationsbedürftige Formulierungen reichen ebenso wenig aus wie Schweigen o. konkludentes Verhalten. Es ist als wesentliche Förmlichkeit zu protokollieren (s. § 168a Abs. 1 für richterliche Untersuchungshandlungen, § 168b Abs. 3 S. 2 für solche der Ermittlungsbehörden).

9 **D. Praktischer Anwendungsbereich.** Ein praktischer Anwendungsbereich für die Vorschr. kommt am ehesten in den Fällen des § 141 Abs. 2 in Betracht, die eigentlich die Bestellung eines Pflichtverteidigers vAw unabhängig v. Willen des Beschuldigten gebieten. Zu denken ist etwa an Konstellationen, in denen der Beschuldigte sich nach Belehrung über sein Schweigerecht u. sein Recht auf Befragung eines Verteidigers zur Aussage bereit erklärt, ferner für Gegenüberstellungen, die auch ohne Zustimmung des Beschuldigten erfolgen können (s. BT-Drs. 19/13829, 38). Dennoch ist zu konstatieren, dass die Anwendung der Ausnahmevorschrift des § 141a auch in solchen Fällen mit Blick auf die engen Anwendungsvoraussetzungen in Nr. 1 und 2 nur selten gegeben sein werden.

10 **E. Befragung eines Verteidigers der Wahl.** Das Recht des Beschuldigten, vor der Vernehmung einen v. ihm zu wählenden Verteidiger zu befragen, bleibt **v. § 141a unberührt** (S. 2). Dem Beschuldigten ist es somit zu ermöglichen, nach entspr. Belehrung gem. § 136 Abs. 1 S. 2 vor der Vernehmung o. der Gegenüberstellung – ggf. fernmündlich – mit einem Verteidiger seiner Wahl zu sprechen (BT-Drs. 19/13829, 38; Spitzer StV 2020, 418 (424)). Mit der Ermittlungsmaßnahme braucht allerdings nicht zugewartet zu werden, wenn ihre sofortige Durchführung unter den Voraussetzungen v. § 141a iSv Nr. 1 und Nr. 2 der Vorschr. dringend erforderlich bzw. zwingend geboten ist.

11 **F. Beweisverwertungsverbot.** Verstöße gegen § 141a führen nicht zu einem absoluten Verwertungsverbot für die aus der Ermittlungsmaßnahme gewonnen Erkenntnisse, sondern sind nach den allg. Grundsätzen der **Abwägungslehre** zu beurteilen (BGH NStZ-RR 2024, 124). Maßgebend ist daher eine Einzelfallbetrachtung, welche das Interesse des Staates an der Tataufklärung gegen das Individualinteresse des Beschuldigten an der Bewahrung seiner Rechtsgüter gegeneinander abwägt (vgl. etwa BGHSt 52, 110; Spitzer StV 2020, 418 (423); ausf. → Einl. Rn. 55a). Ein Verwertungsverbot kommt nur bei schwerwiegenden, bewussten o. objektiv willkürlichen Rechtsverstößen in Betracht (vgl. BT-Drs. 19/13829, 39). Dies wird etwa in Betracht zu ziehen sein, wenn die Ermittlungsmaßnahme in den Fällen des § 141 Abs. 1 (Antrags des Beschuldigten) ohne das notwendige Einverständnis des Beschuldigten durchgeführt o. sein Recht aus S. 2 (soeben → Rn. 10) bewusst übergangen wurde. Ergänzend → § 141 Rn. 24, → § 142 Rn. 66.

Zuständigkeit und Bestellungsverfahren

142 (1) [1]**Der Antrag des Beschuldigten nach § 141 Absatz 1 Satz 1 ist vor Erhebung der Anklage bei den Behörden oder Beamten des Polizeidienstes oder bei der Staatsanwaltschaft anzubringen.** [2]**Die Staatsanwaltschaft legt ihn mit einer Stellungnahme unverzüglich dem Gericht zur Entscheidung vor, sofern sie nicht nach Absatz 4 verfährt.** [3]**Nach**

Erhebung der Anklage ist der Antrag des Beschuldigten bei dem nach Absatz 3 Nummer 3 zuständigen Gericht anzubringen.

(2) **Ist dem Beschuldigten im Vorverfahren ein Pflichtverteidiger gemäß § 141 Absatz 2 Satz 1 Nummer 1 bis 3 zu bestellen, so stellt die Staatsanwaltschaft unverzüglich den Antrag, dem Beschuldigten einen Pflichtverteidiger zu bestellen, sofern sie nicht nach Absatz 4 verfährt.**

(3) **Über die Bestellung entscheidet**

1. **das Amtsgericht, in dessen Bezirk die Staatsanwaltschaft oder ihre zuständige Zweigstelle ihren Sitz hat, oder das nach § 162 Absatz 1 Satz 3 zuständige Gericht;**
2. **in den Fällen des § 140 Absatz 1 Nummer 4 das Gericht, dem der Beschuldigte vorzuführen ist;**
3. **nach Erhebung der Anklage der Vorsitzende des Gerichts, bei dem das Verfahren anhängig ist.**

(4) [1] **Bei besonderer Eilbedürftigkeit kann auch die Staatsanwaltschaft über die Bestellung entscheiden.** [2] **Sie beantragt unverzüglich, spätestens innerhalb einer Woche nach ihrer Entscheidung, die gerichtliche Bestätigung der Bestellung oder der Ablehnung des Antrags des Beschuldigten.** [3] **Der Beschuldigte kann jederzeit die gerichtliche Entscheidung beantragen.**

(5) [1] **Vor der Bestellung eines Pflichtverteidigers ist dem Beschuldigten Gelegenheit zu geben, innerhalb einer zu bestimmenden Frist einen Verteidiger zu bezeichnen.** [2] **§ 136 Absatz 1 Satz 3 und 4 gilt entsprechend.** [3] **Ein von dem Beschuldigten innerhalb der Frist bezeichneter Verteidiger ist zu bestellen, wenn dem kein wichtiger Grund entgegensteht; ein wichtiger Grund liegt auch vor, wenn der Verteidiger nicht oder nicht rechtzeitig zur Verfügung steht.**

(6) [1] **Wird dem Beschuldigten ein Pflichtverteidiger bestellt, den er nicht bezeichnet hat, ist er aus dem Gesamtverzeichnis der Bundesrechtsanwaltskammer (§ 31 der Bundesrechtsanwaltsordnung) auszuwählen.** [2] **Dabei soll aus den dort eingetragenen Rechtsanwälten entweder ein Fachanwalt für Strafrecht oder ein anderer Rechtsanwalt, der gegenüber der Rechtsanwaltskammer sein Interesse an der Übernahme von Pflichtverteidigungen angezeigt hat und für die Übernahme der Verteidigung geeignet ist, ausgewählt werden.**

(7) [1] **Gerichtliche Entscheidungen über die Bestellung eines Pflichtverteidigers sind mit der sofortigen Beschwerde anfechtbar.** [2] **Sie ist ausgeschlossen, wenn der Beschuldigte einen Antrag nach § 143a Absatz 2 Satz 1 Nummer 1 stellen kann.**

Übersicht

1 **A. Überblick.** Das G zur Neuregelung der notwendigen Verteidigung v. 10.12.2019 hat das bis dahin in §§ 141, 142 nur fragmentarisch normierte Verf. zur Bestellung u. Auswahl des Pflichtverteidigers nunmehr in § 142 zusammengefasst u. umfassend geregelt (s. BT-Drs. 9/13829, 39). Hinsichtlich des Verfahrens vor der Bestellung diff. das G danach, ob ein Antrag des Beschuldigten vorliegt (Abs. 1) o. dem Beschuldigten vAw ein Pflichtverteidiger zu bestellen ist (Abs. 2). Die Zuständigkeit für die Bestellung entspr. im Wesentlichen der bisherigen Regelung in § 141 Abs. 4 aF (Abs. 3), allerdings sieht Abs. 4 nunmehr eine bes. Eilzuständigkeit der StA u. ein gerichtliches Bestätigungsverfahren vor. Die Auswahl des Pflichtverteidigers regeln Abs. 5 und Abs. 6, wobei Abs. 6 für den Fall, dass das Gericht nicht den v. Beschuldigten bezeichneten Verteidiger bestimmt, gewisse Auswahlkriterien festlegt.

2 **B. Antrag des Beschuldigten nach § 141 Abs. 1 S. 1 (Abs. 1). I. Ermittlungsverfahren.** Im Ermittlungsverfahren ist ein Antrag des Beschuldigten nach § 141 Abs. 1 S. 1 bei den Behörden o. Beamten des Polizeidienstes o. bei der StA anzubringen (S. 1).

3 Zu den Behörden des Polizeidienstes gehören auch das BKA, die LKAs u. die Bundespolizei sowie über § 402 AO die Finanzbehörden u. die Zollfahndungsämter bzw. die mit der Steuerfahndung betrauten Dienststellen der Landesfinanzbehörden (§ 404 AO); mit dem Begriff StA sind die Finanzbehörden erfasst, soweit sie in selbständig geführten Steuerverfahren als funktionale StA fungieren (BT-Drs. 19/13829, 40).

4 Ein **mündlich gestellter Antrag reicht aus** (→ § 141 Rn. 5). Die StA kann bei bes. Eilbedürftigkeit selbst über die Bestellung entscheiden (S. 2; zu den Voraussetzungen u. zum Verf. → Rn. 23, 24).

5 Andernfalls legt die StA den Antrag **mit einer Stellungnahme unverzüglich** (→ § 25 Rn. 8) dem zuständigen Gericht (Abs. 3) zur Entsch. vor. Die Stellungnahme muss sich dazu verhalten, ob die StA einen Fall der notwendigen Verteidigung für gegeben hält u. ggf. welchen. Sie kann sehr kurzgehalten werden, etwa durch Hinweis auf den entspr. Fall des § 140, wenn die Situation eindeutig ist. Hat der Beschuldigte einen Verteidiger teilt die StA dies – wegen der v. Gericht erforderlichenfalls nach Abs. 5 o. Abs. 6 zu treffenden Entsch. – ebenfalls mit.

6 Stellt der Beschuldigte den **Antrag bei der Polizei,** hat diese unverzüglich die StA zu informieren, die dann nach S. 2 verfährt; dies hat bei bes. Eilbedürftigkeit ggf. mündlich zu geschehen (vgl. BT-Drs. 19/13829, 40).

7 **II. Nach Erhebung der Anklage.** Nach Erhebung der Anklage ist der Antrag bei dem Gericht anzubringen, bei dem das Verf. anhängig ist (S. 3 iVm Abs. 3 Nr. 3).

C. Antrag der StA im Vorverfahren nach § 141 Abs. 2 (Abs. 2). Muss nach § 141 Abs. 2 S. 1 Nr. 1–3 dem Beschuldigten **von Amts wegen** ein Pflichtverteidiger bestellt werden (→ § 141 Rn. 10–19), stellt die **StA unverzüglich** (→ § 141 Rn. 7, 8; → § 25 Rn. 8) den erforderlichen Antrag bei dem zuständigen Gericht. 8

Dies gilt nicht, wenn sie aufgrund bes. Eilbedürftigkeit selbst über die Bestellung entscheidet (Abs. 4). Stellt sich bei einer polizeilichen Vernehmung des Beschuldigten heraus, dass er sich nicht selbst verteidigen kann (§§ 140 Abs. 2, 141 Abs. 2 Nr. 3), ist die Polizei verpflichtet, die StA zu informieren, damit diese den Antrag nach Abs. 2 stellen kann. 9

Die Antragsverpflichtung der StA entfaltet va **Relevanz,** wenn sich im Ermittlungsverfahren ein Fall der notwendigen Verteidigung ergibt, ohne dass richterliche Ermittlungshandlungen – zB nach §§ 115, 115a, 168c – inmitten stehen, mithin das zuständige Gericht noch keine Kenntnis v. dem Verf. hat. 10

D. Zuständigkeit (Abs. 3). I. Ermittlungsverfahren. Im Ermittlungsverfahren entscheidet das AG, in dessen Bezirk die StA o. ihre zuständige Zweigstelle ihren Sitz hat (Nr. 1).Die StA kann aber auch zur Verfahrensbeschleunigung die Bestellung bei dem nach § 162 Abs. 1 S. 3 zuständigen AG beantragen, bei dem sie eine gerichtliche Vernehmung o. Augenscheinseinnahme beantragt hat (vgl. BT-Drs. 18/11277, 28). 11

Nach einer Entsch. des BGH kommt auch eine **Bestellung** ohne Antrag **vAw** in Betracht (BGH (ER) BeckRS 2021, 20920). 12

II. Fälle des § 140 Abs. 1 Nr. 4. In den Fällen des § 140 Abs. 1 Nr. 4 (→ § 140 Rn. 14–14b) entscheidet stets das Gericht, dem der Beschuldigte vorzuführen ist (Nr. 2). Bei Ergreifung aufgrund eines bestehenden Haftbefehls ist dies der Richter, der ihn erlassen hat (§§ 115 Abs. 1, 126 Abs. 1), hilfsweise der Richter des nächsten AG (§ 115a Abs. 1); dies gilt gem. § 126a Abs. 2 S. 1 gleichermaßen für Unterbringungsbefehle, im Fall der einstweiligen Unterbringung nach § 275a ist das dort in Abs. 6 bezeichnete Gericht zuständig (→ § 275a Rn. 19). 13

Eine, ggf. alternative, Zuständigkeit des ERs des OLG bzw. des BGH kann sich in den Fällen der Nr. 1 und 2 über § 169 ergeben (→ § 169 Rn. 1–4). 14

III. Nach Erhebung der Anklage. Nach Erhebung der Anklage entscheidet der Vorsitzende des Gerichts, bei dem das Verf. anhängig ist (Nr. 3); BGH NStZ-RR 2025, 18). Dies gilt – über den Wortlaut von Abs. 3 Nr. 3 hinaus – auch für die Ablehnung eines entspr. Antrags (OLG Hamm NStZ 2023, 179). 15

Das ist im **Zwischenverfahren und Hauptverfahren** der Vorsitzende des für das Hauptverfahren zuständigen Tatgerichts; dieser ist gem. § 143a Abs. 3 S. 2 auch für die Beiordnung eines neuen Pflichtverteidigers für die Revisionsinstanz auf Antrag des Angeklagten zuständig. IÜ ist der Vorsitzende des Berufungs- bzw. des Revisionsgerichts für die Entsch. zuständig, sobald die Sache dort anhängig ist, zB, wenn sich erst zu diesem Zeitpunkt herausstellt, dass – etwa wegen Schwierigkeit der Rechtslage (→ § 140 Rn. 29) – ein Fall der notwendigen Verteidigung vorliegt. 16

IV. Form der Bestellung. Die Bestellung erfolgt durch **ausdrückliche Verfügung.** Allerdings kommt wie schon nach bisheriger Rspr. auch eine Bestellung aufgrund **schlüssigen Verhaltens** in Betracht, so etwa durch die Aufforderung, für den Angeklagten als Verteidiger tätig zu werden (OLG Hamburg NJW 1998, 621), ebenso durch die ges. gebotene Inanspruchnahme eines Verteidigers, der nicht Wahlverteidiger ist (OLG Düsseldorf NStZ 1984, 43; OLG Hamm Rpfleger 1998, 440; OLG Koblenz StraFo 1997, 256; OLG Saarbrücken NJW 2007, 309), o. das widerspruchslose Mitwirkenlassen im Verf. (OLG Jena NJW 2007, 1476). 17

V. Ablehnung eines Antrags. Das zuständige Gericht bzw. der Vorsitzende entscheiden auch (durch Beschl., der nach § 34 mit Gründen zu versehen u. nach § 35 bekanntzumachen ist) über die Ablehnung eines Antrags auf Verteidigerbestellung (OLG Frankfurt a. M. NStZ-RR 2007, 244; OLG Hamm NJW 1973, 818; 18

OLG Karlsruhe NJW 1974, 110; OLG Zweibrücken StV 1982, 128) sowie über die Aufhebung der Bestellung nach §§ 143, 143a (vgl. BGH NStZ-RR 2025, 18; 2024, 354). Dass an Stelle des Vorsitzenden das Kollegialgericht entschieden hat, ist unschädlich (BVerwG NJW 1969, 2029; BGH NStZ 2004, 632; OLG Nürnberg OLGSt StPO § 350 Nr. 1; **aM** OLG Düsseldorf JMBl. NRW. 1998, 22; OLG Karlsruhe NJW 1974, 110). Eine noch nicht erledigte sofortige Beschwerde gegen die Versagung einer Beiordnung ist nach Anklageerhebung als v. Vorsitzenden des erkennenden Gerichts zu bescheidender Antrag auf Beiordnung zu behandeln (vgl. BGH NJW 2021, 1478; OLG Celle NStZ-RR 2010, 381).

19 **VI. Rückwirkende Bestellung.** Eine **rückwirkende Bestellung** soll nach der weit überwiegenden Rspr. der OLGe zur früheren Rechtslage schlechthin unzulässig u. unwirksam sein (OLG Brandenburg NStZ 2020, 625 f.; OLG Hamm NStZ-RR 2009, 113; vgl. auch BGH NStZ-RR 2009, 348; KG NStZ-RR 2014, 279), u. zwar auch dann, wenn der Antrag rechtzeitig gestellt, aber versehentlich nicht über ihn entschieden worden ist (OLG Köln NStZ-RR 2011, 325; KG StV 2007, 372 (373); OLG Bamberg NJW 2007, 3796); zur Begründung wird ausgeführt, dass bei den §§ 140 ff. „immer nur die Sicherung einer ordnungsgemäßen Verteidigung im Vordergrund steht" u. die Vorschr. nicht „in eine Sozialregelung für mittellose Beschuldigte" verkehrt werden dürften (KG StV 2007, 372 (374)). Die obergerichtliche Rspr. hält hieran überwiegend auch zur neuen Rechtslage fest (OLG Frankfurt a. M. BeckRS 2023, 19892; KG StraFo 2020, 326; OLG Hamburg StraFo 2021, 486; OLG Bremen NStZ 2021, 253).

20 Es ist allerdings **zweifelhaft,** ob sich diese Judikatur mit Blick auf die mit dem G zur Neuregelung der notwendigen Verteidigung v. 10.12.2019 verfolgten Zwecke aufrechterhalten lässt. Denn die Neukonzeption der §§ 140 ff. wurde notwendig, um Art. 4 PKH-RL umzusetzen; dieser verlangt v. den Mitgliedstaaten, beschuldigten Personen, die nicht über ausreichende Mittel zur Bezahlung eines Rechtsbeistandes verfügen, Anspruch auf PKH zu gewähren, wenn dies im Interesse der Rechtspflege erforderlich ist (vgl. BT-Drs. 19/13829, 21). Die Intention des Gesetzgebers (u. der PKH-RL) ist es also nicht nur, eine ordnungsgemäße Verteidigung zu gewährleisten, sondern gleichermaßen, mittellose Beschuldigten v. den Kosten ihrer Verteidigung freizustellen. Dies spricht dafür, eine rückwirkende Bestellung für zulässig zu erachten, wenn trotz Vorliegens der Voraussetzungen der §§ 140, 141 über den Antrag auf Pflichtverteidigerbestellung nicht entschieden o. wenn der Antrag ohne Begründung abgelehnt wurde (vgl. iE ebenso OLG Stuttgart StraFo 2023, 234; OLG Nürnberg StraFo 2021, 71, 72; LG Köln NStZ 2021, 639; LG Hamburg NStZ-RR 2021, 216 Ls.; LG Bremen StraFo 2020, 454; LG Nürnberg-Fürth StraFo 2020, 324; ferner LG Frankfurt/Oder StraFo 2022, 316; LG Bonn StraFo 2020, 325; LG Bochum NStZ-RR 2020, 352, AG Stuttgart StraFo 2024, 104 sowie schon zur früheren Rechtslage die Rspr. zahlreicher LGe (vgl. die in StV 2005, 82 ff.; 2007, 344 ff. u. StraFo 2009, 106 mitgeteilten Entsch., ferner eing. LG Stuttgart Justiz 2009, 14); zust. Beulke FS Ignor, 2023, 437 (448 ff.): s. aber auch – gegenteilig – OLG Brandenburg NStZ 2020, 625 (625 f.); LG Leipzig NStZ 2024, 190; LG Berlin NStZ 2024, 63; LG Oldenburg NStZ 2023, 127; LG Würzburg NStZ 2021, 255; LG Heilbronn StraFo 2022, 317 zur neuen Rechtslage; dahingest. von BGH 17.9.2025 – StB 46/25).

21 **Die Problematik entfällt aber,** wenn v. einer stillschweigenden Beiordnung (→ Rn. 17) ausgegangen werden kann (BGH StraFo 2006, 455; NStZ-RR 2009, 348; OLG Jena NJW 2007, 1476; OLG Oldenburg StV 2004, 587; LG Koblenz NJW 2004, 962).

22 **E. Besondere Eilbedürftigkeit (Abs. 4). I. Bestellung durch die StA (Abs. 4 S. 1).** Ist die Bestellung **besonders eilbedürftig,** kann auch die StA entscheiden (Abs. 4 S. 1). Eine bes. Eilbedürftigkeit ist gegeben, wenn angesichts der Umstände des Falles eine Bestellung durch das nach Abs. 3 zuständige Gericht nicht abgewartet werden kann, etwa weil eine Vernehmung o. Gegenüberstellung keinen Aufschub duldet.

Dies dürfte va in den Fällen des § 141a Nr. 1 und 2 in Betracht zu ziehen sein, in denen zwar grds. die dort bezeichnete Gefahr bzw. Gefährdung zu bejahen sind, deren Abwehr bzw. Abwendung aber durch eine vorl. Bestellung des Pflichtverteidigers durch die StA ausreichend begegnet werden kann (→ § 141a Rn. 3–6). 23

Die StA kann **auf Antrag des Beschuldigten oder von Amts** wegen entscheiden. Eine abl. Entsch. ist zu begründen (vgl. Art. 6 Abs. 2 PKH-RL, wonach der Beschuldigte schriftlich darüber zu informieren ist, wenn sein Antrag ganz o. teilw. zurückgewiesen wurde); die Begründung kann allerdings im richterlichen Bestätigungsverfahren nachgeholt werden (Abs. 4 S. 2; vgl. BT-Drs. 19/13829, 41). 24

II. Gerichtliche Bestätigung (Abs. 4 S. 2 und 3). Die StA ist verpflichtet, unverzüglich, jedenfalls aber binnen einer Woche nach ihrer Entsch., die gerichtliche Bestätigung der Bestellung o. der Ablehnung des Antrags des Beschuldigten einzuholen (S. 2). 25

Die **Wochenfrist** beginnt mit dem Tag, an dem die Bestellung verfügt bzw. der Antrag des Beschuldigten abgelehnt wurde; sie berechnet sich nach § 43. 26

Wird sie **überschritten**, bleibt eine erfolgte Bestellung wirksam; dies gilt auch, wenn die StA es vollständig unterlässt, eine gerichtliche Bestätigung ihrer Anordnung einzuholen. 27

Der Beschuldigte kann jederzeit selbständig die gerichtliche Entsch. beantragen (Abs. 4 S. 3). Dies wird va praktisch werden, wenn Polizei o. StA einen Antrag des Beschuldigten abgelehnt haben (krit. dazu allerdings Müller-Jacobsen NJW 2020, 575 (577), die dies für ein unrealistisches Szenario hält), kommt aber auch in Betracht, wenn dem Beschuldigten v. der StA nicht der v. ihm bezeichnete Verteidiger bestellt wurde (vgl. Abs. 5 S. 2 und Abs. 6). 28

Das für die Entsch. **zuständige Gericht** bestimmt sich nach Abs. 3. Es entscheidet nach den Maßstäben der §§ 140, 141 und verfährt erforderlichenfalls nach § 142 Abs. 5 und Abs. 6. Es kann im Bestätigungsverfahren auch einen Verteidigerwechsel nach § 143a vornehmen. 29

F. Anhörung zur Auswahl des Pflichtverteidigers (Abs. 5 S. 1 und 2). I. Gelegenheit zur Bezeichnung eines RA (Abs. 5 S. 1). Gelegenheit zur Bezeichnung eines RA (Abs. 5 S. 1) ist dem Beschuldigten zu geben. Dies gilt auch bei der Bestellung weiterer Verteidiger gem. § 144 Abs. 1 in den Fällen des § 143a Abs. 2 S. 1 Nr. 2 und 3 (§ 143a Abs. 1 S. 2 iVm Abs. 5 S. 1). 30

Die Anhörung ist, auch dann, wenn ein Pflichtverteidiger unverzüglich zu bestellen ist, **zwingend vorgeschrieben;** unterbleibt sie, führt dies zur Aufhebung der Bestellung (vgl. KG StraFo 2022, 353). Dies gilt auch für die laufende Hauptverhandlung (OLG Brandenburg StraFo 2023, 142). 31

Dem Beschuldigten ist eine **Frist zur Bezeichnung eines Verteidigers** einzuräumen (Abs. 5 S. 1). Anders als nach früherer Rechtslage (§ 142 Abs. 1 S. 1 aF war als Sollvorschrift ausgestaltet) hat die Anhörung daher ausnahmslos zu erfolgen. Sie kann nach S. 1 allenfalls dann **entbehrlich** sein, wenn der Beschuldigte, zB ggü. Ermittlungsbeamten o. der StA, bereits den Wunsch nach Beiordnung eines bestimmten Verteidigers geäußert hat. 32

Der Vorsitzende setzt dem Beschuldigten eine **angemessene Frist.** Die Länge der gewährten Frist hängt v. den Umständen des Einzelfalls unter Berücksichtigung der – etwa nach § 141 Abs. 2 Nr. 1–4 – gegebenen Verfahrenssituation ab. Bei Vollstreckung v. U-Haft in anderer Sache kommt etwa eine längere Überlegungsfrist in Betracht (1–2 Wochen). In Eilfällen, insbes. bei Vorführungen zur Entsch. über Haft o. einstweilige Unterbringung (§ 141 Abs. 2 Nr. 1) o. bei ersichtlicher Verteidigungsunfähigkeit (§ 141 Abs. 2 Nr. 3) o. wenn über einen Antrag des Beschuldigten vor dessen Vernehmung o. einer Gegenüberstellung mit ihm zu entscheiden ist (§ 141 Abs. 1 S. 2), kann diese dagegen auf eine kurze Bedenkzeit reduziert werden. In bes. Eilfällen kann die Anhörung auch telefonisch stattfinden. 33

In den Fällen des § 141 Abs. 2 Nr. 4 wird die Frist zur Benennung eines RA zweckmäßigerweise mit der Zustellung der Anklageschrift (§ 201 Abs. 1) verbun- 34 den. Sie sollte aber jedenfalls deutlich kürzer bemessen werden als die zur Erkl. über die Anklage, damit dem zu bestellenden Pflichtverteidiger genügend Zeit zur Stellungnahme verbleibt (erg. → § 141 Rn. 20, 21).

35 War die **Frist zu kurz bemessen,** kann der Beschuldigte unter den Voraussetzungen des § 143a Abs. 2 Nr. 1 beantragen, ihm einen anderen v. ihm bezeichneten Verteidiger zu bestellen (→ § 143a Rn. 12, 13).

36 **II. Entsprechende Anwendung des § 136 Abs. 1 S. 3 und 4.** Für die Anhörung des Beschuldigten gilt § 136 Abs. 1 S. 3 und 4 entspr. (Abs. 5 S. 2). Das bedeutet, dass ihm Informationen zur Vfg. zu stellen sind, die es ihm ermöglichen, einen bestimmten Verteidiger zu bezeichnen. Auf bestehende anwaltliche Notdienste ist der Beschuldigte hinzuweisen. Dem Beschuldigten kann auch eine Liste mit Rechtsanwälten ausgehändigt werden, aus denen der Vorsitzende den Pflichtverteidiger ggf. nach Abs. 6 S. 2 auszuwählen hätte (aber → Rn. 50).

37 **G. Bestellung des bezeichneten Pflichtverteidigers (Abs. 5 S. 1, 3).** Die Bestellung des v. Beschuldigten bezeichneten Verteidigers setzt voraus, dass sie innerhalb der Frist erfolgt u. ihr kein wichtiger Grund entgegensteht (Abs. 5 S. 3 Hs. 1).

38 **I. Fristverstreichung.** Lässt der Beschuldigte die ihm gesetzte Frist verstreichen, so kann der Vorsitzende, sofern der Beschuldigte nicht schon früher zum Ausdruck gebracht hat, durch welchen Verteidiger er verteidigt werden möchte, davon ausgehen, dass er keinen Verteidiger bezeichnen will o. kann. Der Vorsitzende ordnet ihm dann – wenn auch nach Fristablauf kein Vorschlag des Beschuldigten eingegangen ist (vgl. OLG Köln StV 2015, 20; OLG Stuttgart StV 2016, 139 (141); LG Braunschweig StraFo 2009, 520) – nach den Grundsätzen zu Abs. 6 S. 1 und 2 einen Verteidiger bei. Dasselbe gilt, wenn der Beschuldigte, der sich über die Tragweite seiner Erkl. bewusst ist (OLG Düsseldorf StV 2011, 651; KG StV 2015, 19), ausdr. auf die Benennung eines Verteidigers **verzichtet.**

39 **II. Beiordnung des bezeichneten RA.** Bezeichnet der Beschuldigte innerhalb der Frist einen RA, ist dieser grds. zu bestellen. Einen Rechtsanspruch auf Beiordnung des gewünschten RA unter allen Umständen hat der Beschuldigte allerdings nicht (BVerfG StV 2006, 451; BGH NJW 2019, 1818). Auch der RA kann nicht verlangen, in einer bestimmten Sache zum Verteidiger bestellt zu werden (BVerfGE 39, 238 (242); OLG Köln NStZ 1982, 129). Da jedoch ein Vertrauensverhältnis zwischen Verteidiger u. Beschuldigtem eine wesentliche Voraussetzung für die sachdienliche Verteidigung ist, muss dem Beschuldigten ein RA seines Vertrauens beigeordnet werden, wenn nicht ausnahmsweise wichtige Gründe entgegenstehen; das ergibt sich aus dem grundgesetzlich geschützten (→ Einl. Rn. 19) Anspruch auf ein faires Verf. (BVerfGE 68, 237 (256); BGHSt 48, 170; BGH NJW 1988, 3273; 2001, 237). Abs. 5 S. 2 Hs. 1 trägt dieser verfassungsrechtlichen Lage Rechnung. In Steuerstrafsachen kommt die Auswahl u. Bestellung eines Steuerberaters (s. § 392 AO) nicht in Betracht (Spitzer StV 2020, 418 (424)).

40 Der **bisherige Wahlverteidiger** kann nach Anhörung des Beschuldigten als Pflichtverteidiger beigeordnet werden, wenn er das Mandat niedergelegt hat. Sein Antrag, ihn zum Pflichtverteidiger zu bestellen, enthält die Erklärung, die Wahlverteidigung solle mit der Beiordnung enden (BGH StV 1981, 12; OLG Düsseldorf NStZ 1986, 137; OLG Frankfurt a. M. StV 1983, 408; OLG Köln NStZ 1991, 248; OLG München wistra 1992, 237; KG NJW 2012, 245). Mit der Beiordnung erlischt seine Vollmacht (BGH NStZ 1991, 94; **aM** Schnarr NStZ 1996, 217), nicht aber die bes. Ernennung zum Zustellungsbevollmächtigten, die für das gesamte Verf. gilt (KG NJW 2012, 245; erg. → § 145a Rn. 12).

41 Die Beiordnung des bisherigen Wahlverteidigers kommt allerdings wegen Abs. 5 S. 2 idR **nicht in Betracht,** wenn – etwa während lfd. HV – eine kontinuierliche Wahrnehmung der Verhandlungstage (vgl. BGH NStZ 2012, 462) o. sonst seine Verfügbarkeit nicht gewährleistet erscheint o. seiner Bestellung sonstige wichtige Gründe entgegenstehen (→ Rn. 43 ff.).

H. Wichtige, der Bestellung entgegenstehende Gründe (Abs. 5 S. 3). 42, 43
I. Beschleunigungsgebot. Ein gesetzlich normierter wichtiger Grund, den v. Beschuldigten bezeichneten RA nicht zu bestellen, liegt vor, wenn der Verteidiger nicht o. nicht rechtzeitig zur Vfg. steht (Abs. 5 S. 3 Hs. 2). Damit wird dem Beschleunigungsgebot Rechnung getragen (→ Einl. Rn. 160; → EMRK Art. 6 Rn. 7).

Der Verteidiger steht **nicht zur Verfügung,** wenn er die Verteidigung aufgrund anderweitiger Termine u. Mandate gar nicht wahrnehmen kann, o. wenn er es ablehnt, die Verteidigung zu übernehmen. 44

Der Verteidiger steht **nicht rechtzeitig zur Verfügung,** wenn er aus terminlichen Gründen an einer Ermittlungshandlung, die seine Mitwirkung erfordert, nicht teilnehmen kann, mit der wegen ihrer Eilbedürftigkeit aber nicht zugewartet werden kann. 45

Dabei wird es sich im **Ermittlungsverfahren** va um Vorführungen zur Entsch. über Haft o. einstweilige Unterbringung (§ 141 Abs. 2 Nr. 1), ggf. aber auch um Vernehmungen des Beschuldigten u. von Zeugen sowie um Gegenüberstellungen mit dem Beschuldigten handeln. Je nach Sachlage wird eine kurze Wartezeit einzuräumen sein, ein Anspruch auf Verschiebung besteht allerdings nicht (BT-Drs. 19/13829, 42; erg. → § 141 Rn. 13). 46

Im **Zwischen- und Hauptverfahren** kann der Bestellung etwa entgegenstehen, dass sich mehrere Mitangeklagte in UHaft befinden, wenn der bezeichnete Verteidiger für die vorgesehenen Hauptverhandlungstage terminlich verhindert ist (BVerfG StV 2006, 451; BGH NJW 2019, 1818; NStZ 2007, 163; OLG Schleswig 9.9.2025 – BeckRS 2025, 26342; OLG Celle NStZ 2008, 583; OLG Jena NStZ-RR 2009, 114 Ls.; OLG Köln StV 2006, 463). Durch die Verhinderung eines Verteidigers darf jedenfalls in Haftsachen nicht eine mehrmonatige Verfahrensverzögerung eintreten (BGH JR 2007, 209; OLG Hamm StV 2006, 481). Dem Beschleunigungsgebot kann in Haftsachen dadurch entsprochen werden, dass als Verteidiger nur der RA beigeordnet wird, der zusichern kann, an sämtlichen Hauptverhandlungstagen teilzunehmen (BGH NStZ-RR 2007, 149 Ls.). Stets sind aber der Wunsch des Angeklagten nach einem Verteidiger seines Vertrauens u. das Gebot der möglichst kurzen Dauer der UHaft sorgfältig miteinander abzuwägen (BGH StraFo 2009, 519; OLG Hamburg NJW 2006, 2792; OLG Hamm NJW 2006, 2788; OLG Naumburg NStZ-RR 2009, 114; vgl. auch BGH NJW 2006, 3077 (3078); StV 2009, 4). 47

II. Interessenkonflikt. Ein wichtiger Grund kommt darüber hinaus bei Interessenkonflikten in Betracht. So steht zB das Verbot der Mehrfachverteidigung nach § 146 der Bestellung des bezeichneten Verteidigers entgegen (→ § 146 Rn. 3). Die Bestellung eines Verteidigers aus der Sozietät, die auch einen Mitbeschuldigten vertritt, ist dagegen nur bei konkreten Anhaltspunkten für einen Interessenkonflikt unzulässig (BGH NStZ 2014, 660; 2016, 115; vgl. auch BVerfGE 43, 79; 45, 272; → § 146 Rn. 8; Burhoff StRR 2011, 448; enger OLG Bremen StV 2019, 175: bereits bei Absehbarkeit eines Interessenkonflikts; vgl. auch OLG Stuttgart NStZ-RR 2011, 279 für die Entpflichtung). Diese können etwa angenommen werden, wenn eine Anklage wegen einer gemeinsam begangenen Tat vorliegt, sodass eine wechselseitige Bezichtigung v. Tatbeiträgen in Betracht kommt, es sei denn, diese Gefahr erscheint aufgrund des konkreten Einlassungsverhaltens als ausgeräumt (OLG Bremen StV 2019, 175). 48

In Betracht kommen bei Vorliegen konkreter Hinweise auch **sonstige Interessenkonflikte** (s. BGH StV 2016, 473: Beziehung u. Bürogemeinschaft zwischen Verteidigerin u. Nebenklagevertreter). In Fällen denkbaren Interessenwiderstreits ist der Angeklagte zu hören (BGH NStZ 2016, 115; s. allerdings auch StV 2016, 473, der eine entspr. Unterlassung für unbeachtlich angesehen hat, weil der Angekl. im Verf. keine Einwände gegen die Bestellung erhoben habe; krit. dazu Barton StV 2016, 476), es sei denn, aufgrund Eilbedürftigkeit kann mit der Bestellung nicht zugewartet werden. Die bloße Erkl. des Einverständnisses mit der Vertretung wird 49 aber regelmäßig nicht genügen, einen bestehenden Interessenkonflikt zu beseitigen (OLG Bremen StV 2019, 178).

50 **III. Kein wichtiger Grund.** Keinen wichtigen Grund stellt es dar, dass der bezeichnete Verteidiger nicht dem Kreis der v. Gericht nach Abs. 6 S. 2 auszuwählenden Rechtsanwälte angehört; dem Beschuldigten ist vorrangig der Verteidiger zu bestellen, der sein Vertrauen genießt (vgl. BT-Drs. 19/13829, 42). **Ausnahmsweise** kann dies anders sein, wenn aufgrund konkreter Anhaltspunkte feststeht, dass dem bezeichneten RA die für die Verteidigung erforderlichen Spezialkenntnisse fehlen (s. dazu bereits OLG Schleswig StV 1987, 478 (479); Jahn FS Tepperwien, 2010, 27; Meyer-Goßner NJW 1987, 1162). Für eine ausreichende Verteidigung im Revisionsverfahren bedarf es allerdings keines im Rahmen einer Honorarvereinbarung tätig werdenden „Revisionsspezialisten" als Wahlverteidiger (BGH NStZ-RR 2023, 187).

51 Keinen wichtigen Grund stellt es ferner dar, dass der Beschuldigte bei seinem Vorschlag **keinen ortsansässigen RA** bezeichnet hat. Die frühere ges. Einschränkung, dass der Verteidiger möglichst aus der Zahl der örtlichen RAe ausgewählt werden sollte, ist bereits durch das 2. OpferRRG gestrichen worden. Vielmehr hat die Rücksicht auf das Vertrauensverhältnis den Vorrang vor der Ortsnähe (so bereits aus der früheren Rspr. BGHSt 43, 153; BayObLG StV 2006, 6; OLG Rostock StraFo 2008, 206; OLG Stuttgart StraFo 2006, 112; OLG Düsseldorf StV 1990, 254; OLG Koblenz NStZ 1989, 386), auch bei der Beiordnung eines weiteren Verteidigers zur Sicherung der HV (vgl. BVerfG NJW 2001, 3695 (3696)).

52 Eine Beiordnung unter **Beschränkung auf die Vergütung eines ortsansässigen RA** ist unzulässig (OLG Celle AnwBl 1981, 196; OLG Düsseldorf VRS 116, 273; OLG Frankfurt a. M. StV 1989, 241; OLG Hamm NJW 1968, 854; OLG Saarbrücken StV 1983, 362; OLG Zweibrücken AnwBl 1979, 440), sofern sich der RA damit nicht ausdr. einverstanden erklärt hat (OLG Hamm JurBüro 1979, 1668; OLG Koblenz MDR 1979, 427 Ls.; weitergehend LG Frankfurt a. M. StV 1987, 158 mit zutr. abl. Anm. Krehl: auch bei Nichtanfechtung des Beiordnungsbeschlusses); das Einverständnis kann nach der Rspr. – allerdings nur mit Wirkung für die Zukunft (OLG Zweibrücken NStZ-RR 1997, 287) – lediglich zur Sicherung einer wirksamen Verteidigung, nicht zum Schutz der wirtschaftlichen Interessen des RA, zurückgenommen werden (OLG Nürnberg NStZ 1997, 358; OLG Karlsruhe Justiz 1986, 51).

53 **IV. Nicht sachgerechte Verteidigung. Ist zu befürchten,** dass ein RA die Verteidigung **nicht sachgerecht und ordnungsgemäß** führt, sondern verfahrensfremde Zwecke verfolgen wird, so darf er nach der Rspr. nicht bestellt werden (BGH StRR 2008, 24; KG JR 1978, 346). Allein die Bereitschaft zu „konfliktfreudiger Verteidigung" genügt – selbstverständlich – nicht (vgl. OLG Köln StraFo 2006, 328; 2007, 28). Auch liegt ein wichtiger Grund nicht schon in einem objektiv unzweckmäßigen o. prozessordnungswidrigen Verhalten des Verteidigers, vielmehr muss es sich um ein Fehlverhalten v. bes. Gewicht handeln u. Wiederholungsgefahr bestehen (KG StV 1993, 236). Dass der Verteidiger früher einen Mitangeklagten verteidigt hat (BGH NStZ 1998, 263), genügt alleine für sich ebenfalls nicht, wobei aber im Einzelfall etwas anderes gelten kann (dazu eing. BGHSt 48, 170).

54 **V. Verwandtschaft/Vormundschaft.** Dass der RA mit dem Beschuldigten **verwandt** o. dessen **Vormund** ist, steht grds. der Beiordnung nicht entgegen (OLG Düsseldorf NJW 1990, 528).

55 **I. Auswahl durch das Gericht (Abs. 6).** Wird dem Beschuldigten aus wichtigem Grund nicht der bezeichnete Verteidiger bestellt, ist er zwingend aus dem **Gesamtverzeichnis der BRAK** auszuwählen (S. 1). Dabei soll entweder ein Fachanwalt für Strafrecht o. ein anderer geeigneter RA bestellt werden, der ggü. der RAK sein entspr. Interesse bekundet hat (S. 2). Die Auswahl eines anderen RAes ist nur ausnahmsweise möglich, wenn keiner, der diese Kriterien erfüllt,

rechtzeitig zur Vfg. steht; auch in diesem Fall muss der auszuwählende RA aber die Gewähr für eine fachgerechte Verteidigung bieten.

Mit dieser Neuregelung will der Gesetzgeber dem Erfordernis v. Art. 7 Abs. 1 PKH-RL nach **Sicherung einer angemessenen Qualität** der Verteidigung Rechnung tragen (BT-Drs. 19/13829, 42). Ob die Interessenbekundung eines RAs insoweit geeignet ist, die erforderliche fachliche Qualifikation nachzuweisen (s. BT-Drs. 19/13829, 42), mag allerdings bezweifelt werden. Vorzugswürdig erscheint es jedenfalls, einen Fachanwalt für Strafrecht zum Pflichtverteidiger zu bestellen, wenn ein solcher – rechtzeitig – zur Vfg. steht. **56**

Die Bestellung des **bisherigen Wahlverteidigers** ist zulässig, wenn der Beschuldigte ihm aus unzutreffenden Gründen das Mandat entzogen hat (BGHSt 39, 310); ob die Gründe zutr. sind, muss das Gericht ggf. aufklären (BGH NStZ 2000, 326). Vgl. dazu → § 143a Rn. 19 ff., 24 ff. **57**

Die **Bestellung eines beamteten Hochschullehrers** durch das Gericht nach Abs. 6 ist **nicht** zulässig, da ihm die Voraussetzungen für die Zulassung zur Anwaltschaft fehlen (s. § 7 Nr. 10, § 14 Abs. 2 Nr. 5 BRAO; BGH BeckRS 2019, 6992); allerdings ist ein Hochschullehrer gem. Abs. 5 S. 3 zu bestellen, wenn der Beschuldigte ihn bezeichnet hat u. keine wichtigen Gründe entgegenstehen. Die Bestellung eines Referendars ist entgegen früherer Rechtslage (s. § 142 Abs. 2 aF) nicht zulässig. **58**

J. Wirkung der Bestellung. Die **Wirkung der Bestellung** besteht in der Begründung einer öffentlich-rechtlichen Pflicht des Verteidigers, bei der ordnungsgemäßen Durchführung des Strafverfahrens u. insbes. in der HV durch sachdienliche Verteidigung des Angeklagten mitzuwirken (OLG Frankfurt a. M. NJW 1972, 1964; OLG München Rpfleger 1982, 486; vgl. auch BVerfG AnwBl 1987, 194; NJW 2019, 3370: Besondere Form der Indienstnahme Privater zu öffentl. Zwecken). Der RA ist zur Übernahme der Pflichtverteidigung verpflichtet; nur aus wichtigem Grund kann er nach §§ 48 Abs. 2, 49 BRAO Befreiung verlangen (dazu Löwe/Rosenberg/Lüderssen/Jahn Rn. 30 ff.). **59**

Die Bestellung ist **auf die Person beschränkt.** Unterbevollmächtigung (→ Vor § 137 Rn. 11) ist nicht zulässig (BGH BeckRS 2014, 3591; BGH NStZ 1995, 356; KG JR 1981, 86; Allgayer NStZ 2016, 192 (194); **aM** Löwe/Rosenberg/Lüderssen/Jahn Rn. 35). Auch der Sozius des beigeordneten RA darf die Verteidigung nicht führen (BGH StV 1981, 12; BayObLGSt 1980, 97). Bei vorübergehender Verhinderung wird die Vertretung mit Zustimmung des Vorsitzenden für zulässig gehalten (KG NStZ-RR 2005, 327 mwN; Dahs Strafverteidiger-HdB Rn. 151); richtiger erscheint es, den Vertreter vorübergehend beizuordnen (vgl. Allgayer NStZ 2016, 192 (194)). Erscheint der Vertreter nicht geeignet, um eine angemessene Verteidigung des Beschuldigten zu gewährleisten, so muss der Vorsitzende notfalls die gesamte Beiordnung zurücknehmen (s. § 143a Abs. 2 Nr. 3). Erklärt der nicht zum allg. o. amtl. Vertreter bestellte erschienene RA, er sei als „Vertreter" des beigeordneten Verteidigers erschienen, könne aber nicht als Verteidiger des Angeklagten auftreten, da er mit dem Verfahrensstoff nicht vertraut sei, liegt der absolute Revisionsgrund des § 338 Nr. 5 vor; dies gilt selbst dann, wenn lediglich über die Abtrennung des Verfahrens verhandelt u. entschieden wird, da hierdurch eine grundlegende Veränderung des prozessualen Verhältnisses der Angeklagten zueinander herbeigeführt wird (BGH StV 2011, 650). **60**

K. Rechtsmittel. I. Sofortige Beschwerde (Abs. 7 S. 1). Mit der **sofortigen Beschwerde** sind gerichtliche Entsch. über die Bestellung eines – weiteren (BGH NStZ 2020, 754; → § 144 Rn. 11) – Pflichtverteidigers anfechtbar (Abs. 7 S. 1), auch solche, mit denen die Bestellung eines Verteidigers abgelehnt wurde (BGH NStZ-RR 2025, 92). **61**

Statthaft ist sie damit gegen richterliche Ablehnungen der Bestellung bzw. Bestellungen eines Pflichtverteidigers, es sei denn, der Beschuldigte kann einen Antrag nach § 143a Abs. 2 S. 1 Nr. 1 stellen (Abs. 7 S. 2; OLG Hamburg NStZ 2021, 637; → § 143a Rn. 9–11; zur Beschwer → Rn. 63), ferner gegen Entsch. im **62**

richterlichen Bestätigungsverfahren nach Abs. 4 S. 2 und 3. Der Ablehnung steht die Nichtbescheidung eines Bestellungsantrags gleich (LG Magdeburg NStZ-RR 2009, 87). Erfasst sind richterliche Entsch. in jedem Verfahrensstadium, auch solche des erkennenden Gerichts, ebenso Entsch. des Vorsitzenden des StS eines OLG nach § 304 Abs. 4 S. 2 Nr. 1.

63 **Beschwerdeberechtigt** ist der **Beschuldigte**, sofern eine **Beschwer** vorliegt. Durch die Bestellung eines Pflichtverteidigers als solche ist der Beschuldigte regelmäßig nicht beschwert; er kann diese daher grds. nicht anfechten (BGH NStZ-RR 2023, 283; BeckRS 2023, 22278), es sei denn, der bestellte Vert. erscheint wegen mangelnder Eignung oder wegen Interessengegensatzes unfähig, die Verteidigung ordnungsgemäß zu führen oder der Besch. ist in seinen Rechten aus § 142 Abs. 5 S. 1 und 3 betroffen (BGH NStZ 2023,115 mwN). Dagegen dürfte die Beschwer in den Fällen der rückwirkenden Bestellung nach neuer Rechtslage zu bejahen sein, da der Beschuldigte nunmehr ein eigenes Antragsrecht gem. § 141 Abs. 1 S. 1 hat (dies ist allerdings in der Rspr. umstr.; → Rn. 19, 20 mit zahlreichen Nachweisen).

63a Der nicht beigeordnete **RA** hat kein eigenes Beschwerderecht (vgl. dazu schon OLG Düsseldorf StraFo 2000, 414; OLG Koblenz wistra 1986, 118; OLG Hamburg NJW 1978, 1172; Lorenzen/Thamm SchlHA 1995, 7 – OLG Schleswig RsprÜ), ebensowenig mangels Beschwer der beigeordnete RA, der allein nach § 49 Abs. 2 iVm § 48 Abs. 2 BRAO einen Antrag auf Entpflichtung stellen kann (OLG Brandenburg 22.8.2025 – BeckRS 2025, 25416 mwN). Die **StA** kann stets die gesetzwidrige Beiordnung (s. OLG Celle NStZ 2009, 56) bzw. Nichtbeiordnung eines Verteidigers rügen, ebenso die Steuer- o. Zollbehörde im Falle einer selbständig geführten Steuerstrafsache (§§ 386 Abs. 2, 399 Abs. 1, 404 AO; Spitzer StV 2020, 418 (424)). Die Beschwerde ist nicht zulässig gegen die Bestellung eines Nebenklägerbeistandes (OLG Celle NStZ-RR 2020, 320; → § 397a Rn. 19).

63b Das Gericht ist grds. zu einer **Abänderung seiner Entscheidung nicht** befugt (§ 311 Abs. 3 S. 1), es sei denn, es liegen die Voraussetzungen des § 311 Abs. 3 S. 2 vor. Das Beschwerdegericht kann die Pflichtverteidigerbestellung selbst vornehmen (BeckOK StPO/Krawczyk Rn. 53).

64 Eine **nicht erledigte sofortige Beschwerde** ist nach Aktenvorlage gem. § 321 S. 2 in einen erneuten Antrag auf Verteidigerbestellung umzudeuten (vgl. OLG Stuttgart NStZ-RR 2008, 21 zur alten Rechtslage; → § 117 Rn. 12).

64a Die **Aufhebung der Pflichtverteidigerbestellung** auf die Beschwerde der StA führt nicht dazu, dass die Bestellung von Anfang an entfällt; vielmehr tritt diese Wirkung – mit den entspr. gebührenrechtlichen Folgen (vgl. §§ 45 Abs. 3, 48 Abs. 6 RVG) – erst zu dem Zeitpunkt der Aufhebungsentscheidung ein (OLG Nürnberg NJW 2023, 2737).

64b Ein **erneuter Antrag** auf Bestellung eines Pflichtverteidigers kann nach dessen rkr. Ablehnung nur auf eine wesentliche Veränderung der tatsächlichen o. rechtlichen Verhältnisse, nicht aber auf solche Umstände gestützt werden, die bereits Gegenstand der Erstentscheidung waren (BGH NJW 2021, 1894; BeckRS 2021, 12468).

65 **II. Revision.** Die **Revision** kommt in den Fällen des § 338 Nr. 5 in Betracht, wenn die HV ohne Verteidiger durchgeführt wurde, obwohl ein Fall der notwendigen Verteidigung iSv § 140 vorlag (→ § 338 Rn. 41).

66 Ein **Verwertungsverbot** für Vernehmungen des Beschuldigten o. Gegenüberstellungen mit ihm im **Vorverfahren** unter Verstoß gegen §§ 140, 141, 142 liegt iSd Abwägungslösung vor, wenn ein schwerwiegender, bewusster o. objektiv willkürlicher Rechtsverstoß anzunehmen ist (vgl. BGHSt 47, 172 (180) zur Notwendigkeit der Bestellung eines Pflichtverteidigers im Vorverfahren nach § 141 Abs. 3 S. 2 aF; s. auch BGH BeckRS 2019, 21921; erg. → Einl. Rn. 55a, → § 141 Rn. 24, → § 141a Rn. 11). Dies wird angesichts des nunmehr engmaschigen Normenkonstrukts zum Vorliegen eines Falles der notwendigen Verteidigung mit detaillierten Handlungsanweisungen an Ermittlungsbehörden u. Gerichte zum Verf. vermutlich häufiger als nach früherer Rechtslage in Betracht zu ziehen sein. In jedem Fall

empfiehlt es sich aber für die Verteidigung, behauptete Verstöße in der HV mit einem Widerspruch geltend zu machen.

Im Übrigen gilt für gerichtliche Entsch. über die Bestellung eines Pflichtverteidigers **§ 336 S. 2.** Damit sind Rechtsfehler bei der Pflichtverteidigerbestellung grds. der revisionsgerichtlichen Kontrolle entzogen (→ § 336 Rn. 6, 7). 67

Dauer und Aufhebung der Bestellung

143 (1) **Die Bestellung des Pflichtverteidigers endet mit der Einstellung oder dem rechtskräftigen Abschluss des Strafverfahrens einschließlich eines Verfahrens nach den §§ 423 oder 460.**

(2) [1]**Die Bestellung kann aufgehoben werden, wenn kein Fall notwendiger Verteidigung mehr vorliegt.** [2]**In den Fällen des § 140 Absatz 1 Nummer 5 gilt dies nur, wenn der Beschuldigte mindestens zwei Wochen vor Beginn der Hauptverhandlung aus der Anstalt entlassen wird.** [3]**Beruht der Freiheitsentzug in den Fällen des § 140 Absatz 1 Nummer 5 auf einem Haftbefehl gemäß § 127b Absatz 2, § 230 Absatz 2 oder § 329 Absatz 3, soll die Bestellung mit der Aufhebung oder Außervollzugsetzung des Haftbefehls, spätestens zum Schluss der Hauptverhandlung, aufgehoben werden.** [4]**In den Fällen des § 140 Absatz 1 Nummer 4 soll die Bestellung mit dem Ende der Vorführung aufgehoben werden, falls der Beschuldigte auf freien Fuß gesetzt wird.**

(3) **Beschlüsse nach Absatz 2 sind mit der sofortigen Beschwerde anfechtbar.**

A. Ende der Bestellung (Abs. 1). Die Bestellung eines Pflichtverteidigers **endet grds. erst** mit der Einstellung o. dem rkr. Abschluss des Strafverfahrens. Sie gilt auch für das Adhäsionsverfahren (BGH NStZ-RR 2022, 316; 27.7.2021 – 6 StR 307/21; OLG Bamberg StraFo 2024, 462 mwN; erg. → § 404 Rn. 16), das Beschwerdeverfahren (vgl. KG StraFo 2020, 326), das Verfahren nach § 356a (BGH BeckRS 2023, 35351) sowie für Einlegung u. Begründung der Revision u. das Revisionsverfahren einschl. der Revisionsverhandlung; insoweit kommt allerdings die Bestellung eines neuen Pflichtverteidigers nach § 143a Abs. 3 in Betracht (→ § 143a Rn. 32–34). Die Bestellung wirkt ebenfalls fort, bis ggf. im abgetrennten Einziehungsverfahren gem. § 423 oder im Verf. der nachträglichen Gesamtstrafenbildung gem. § 460 abschl. entschieden ist (OLG Naumburg StraFo 2025, 235). Die Abtrennung des Verfahrens und die Aussetzung der Hauptverhandlung lassen die Bestellung des Pflichtverteidigers unberührt; sie wirkt auch nach Wiederbeginn der Hauptverhandlung fort (BGH NStZ-RR 2025, 380). 1

B. Aufhebung der Bestellung. Die vorherige Aufhebung der Bestellung kommt in den Abs. 2 geregelten Fällen in Betracht. 2

I. Wegfall der Voraussetzungen. Sie **kann** aufgeh. werden, wenn sich herausstellt, dass **kein Fall der notwendigen Verteidigung mehr** vorliegt (Abs. 2 S. 1). Dies ist anzunehmen, wenn sich im Lauf des Verfahrens ergibt, dass die tatbestandlichen Voraussetzungen, die zur Annahme eines Falles der notwendigen Verteidigung iSv § 140 Nr. 1–10, Abs. 2 geführt haben, nicht mehr gegeben sind. Das ist bspw. der Fall, wenn die StrK o. das SchG in den Fällen des § 140 Abs. 1 Nr. 1 das Hauptverfahren gem. § 209 Abs. 1 vor dem Strafrichter eröffnen (→ § 209 Rn. 2) u. auch kein sonstiger Fall der notwendigen Verteidigung vorliegt (BT-Drs. 19/13829, 43). 3

Die Aufhebung steht **im Ermessen** des Gerichts; dies gilt auch für die Fälle des Abs. 2 S. 2 (KG BeckRS 2020, 36749). Regelmäßig ist die Aufhebung der Bestellung aber nur zulässig, wenn sich die Umstände wesentlich verändert haben (so bereits aus der früheren Rspr. BGHSt 7, 69; OLG Düsseldorf NStZ 2011, 653; OLG Köln NJW 2006, 76). Das Gericht kann v. der Aufhebung absehen, wenn dies aus Gründen der prozessualen Fürsorgepflicht zugunsten des Beschuldigten 4 geboten erscheint. Dies wird va davon abhängen, ob u. inwieweit die bisherige Tätigkeit des Pflichtverteidigers, va hins. ihres Umf., ein berechtigtes Vertrauen des Beschuldigten begründet hat, der Pflichtverteidiger werde ihm auch nach Wegfall der Voraussetzungen des § 140 bis zum Abschluss des Strafverfahrens zur Seite stehen.

5 In den **Fällen des § 140 Abs. 1 Nr. 5** kann die Bestellung nur aufgeh. werden, wenn der Beschuldigte mind. zwei Wochen vor Beginn der HV aus der Anstalt entlassen wird (Abs. 2 S. 2). Wird der Beschuldigte weniger als 2 Wochen vor der HV entlassen, bleibt die Bestellung bestehen. Die Zweiwochengrenze entspr. § 140 Abs. 3 S. 1 aF und beruht auf dem Gedanken, dass während der Inhaftierung eine Vorbereitung der eigenen Verteidigung nur eingeschränkt möglich ist (BT-Drs. 19/13829, 44).

6 Die **Bestellung kann aufgehoben werden,** wenn der Beschuldigte mind. 2 Wochen vor der HV aus der Verwahrung entlassen wird u. die Verteidigung nicht aus einem anderen Grund notwendig ist; sie fällt also nicht qua Gesetzes automatisch weg (s. OLG Hamburg StraFo 2014, 383). Das Gericht muss daher stets prüfen, ob die Beiordnung des Verteidigers aufrechtzuerhalten ist, weil die auf der Freiheitsentziehung beruhende Behinderung der Verteidigung trotz der Freilassung nachwirkt; das wird idR der Fall sein (vgl. KG StraFo 2021, 120, 121 sowie zur früheren Rechtslage OLG Düsseldorf NStZ 2011, 653; OLG Celle StV 2011, 84; OLG Bremen StraFo 2002, 231; OLG Frankfurt a. M. 1997, 573 (574); OLG Hamburg StV 1994, 176: auch bei Flucht des Beschuldigten). Wird die Bestellung – durch eine ausdr. zu treffende u. mit Gründen zu versehende Entsch. (OLG Hamburg StraFo 2014, 383) – aufgeh., so muss dem Angeklagten jedenfalls genügend Zeit bleiben, sich vor der HV um einen Wahlverteidiger zu bemühen (OLG Koblenz OLGSt StPO § 143 Nr. 9).

7 **II. Hauptverhandlungshaft (Abs. 2 S. 3).** Eine Ausnahme für die in den Fällen des § 140 Abs. 1 Nr. 5 nach S. 2 geltende Beschränkung der Aufhebung der Pflichtverteidigung enthält Abs. 2 S. 3. In den Fällen der Hauptverhandlungshaft (§§ 230 Abs. 2, 329 Abs. 3), auch derjenigen zur Durchführung des beschleunigten Verfahrens (§ 127b Abs. 2), soll die Bestellung mit der Aufhebung o. Außervollzugsetzung des Haftbefehls, spätestens zum Schluss der HV aufgeh. werden. In den genannten Fällen wird der Haftbefehl idR frühestens in der HV aufgeh. bzw. außer Vollzug gesetzt, iÜ wird er aE der HV automatisch gegenstandslos; wäre Abs. 2 S. 2 in diesen Verfahrenssituationen uneingeschränkt anwendbar, könnte sich der Beschuldigte durch Nichterscheinen in der Verh. einen Pflichtverteidiger für diese u. weitere Instanzen verschaffen (so die Gesetzesmaterialien, BT-Drs. 19/13829, 44). Diesem potenziellen Missbrauch soll durch die grds. Pflicht vorgebeugt werden, die Bestellung in den in Abs. 2 S. 3 bezeichneten Konstellationen aufzuheben.

8 **III. Vorführungsfälle des § 140 Abs. 1 Nr. 4.** In den Vorführungsfällen des § 140 Abs. 1 Nr. 4 soll die Bestellung bereits mit dem Ende der Vorführung aufgeh. werden, falls der Beschuldigte auf freien Fuß gesetzt wird (Abs. 2 S. 4). Wird bei einer vorl. Festnahme ein Haftbefehl nicht erlassen o. außer Vollzug gesetzt, ist regelmäßig der Grund für eine Pflichtverteidigung entfallen, sofern kein anderer Fall der notwendigen Verteidigung vorliegt (vgl. BT-Drs. 19/13829, 44).

9 **C. Sofortige Beschwerde.** Sofortige Beschwerde ist gegen die Entsch. über die Aufhebung der Pflichtverteidigerbestellung gegeben (Abs. 3). Der Pflichtverteidiger hat insoweit (aber → § 143a Rn. 36 zum umgekehrten Fall der Ablehnung der v. ihm beantragten Rücknahme der Beiordnung) kein eigenes Beschwerderecht (BGHSt 65, 106 mAnm Gubitz NStZ 2021, 176; vgl. dazu schon die Rspr. zur früheren Rechtslage, KG StraFo 2018, 432; OLG Bamberg MDR 1990, 460; OLG Hamburg NJW 1998, 621; OLG Hamm NJW 2006, 2712; **aM** OLG Hamm NStZ 2015, 718); seine Rechte aus Art. 12 GG werden durch die Abberufung nicht beeinträchtigt (BVerfG StV 1998, 356).

10 Die **Revision** kommt unter den Voraussetzungen des § 338 Nr. 5 in Betracht (→ § 338 Rn. 41). Im Übrigen gilt § 336 S. 2.

Verteidigerwechsel

143a (1) [1]**Die Bestellung des Pflichtverteidigers ist aufzuheben, wenn der Beschuldigte einen anderen Verteidiger gewählt und dieser die Wahl angenommen hat.** [2]**Dies gilt nicht, wenn zu besorgen ist, dass der neue Verteidiger das Mandat demnächst niederlegen und seine Beiordnung als Pflichtverteidiger beantragen wird, oder soweit die Aufrechterhaltung der Bestellung aus den Gründen des § 144 erforderlich ist.**

(2) [1]**Die Bestellung des Pflichtverteidigers ist aufzuheben und ein neuer Pflichtverteidiger zu bestellen, wenn**

1. **der Beschuldigte, dem ein anderer als der von ihm innerhalb der nach § 142 Absatz 5 Satz 1 bestimmten Frist bezeichnete Verteidiger beigeordnet wurde oder dem zur Auswahl des Verteidigers nur eine kurze Frist gesetzt wurde, innerhalb von drei Wochen nach Bekanntmachung der gerichtlichen Entscheidung über die Bestellung beantragt, ihm einen anderen von ihm bezeichneten Verteidiger zu bestellen, und dem kein wichtiger Grund entgegensteht;**
2. **der anlässlich einer Vorführung vor den nächsten Richter gemäß § 115a bestellte Pflichtverteidiger die Aufhebung seiner Beiordnung aus wichtigem Grund, insbesondere wegen unzumutbarer Entfernung zum künftigen Aufenthaltsort des Beschuldigten, beantragt; der Antrag ist unverzüglich zu stellen, nachdem das Verfahren gemäß § 115a beendet ist; oder**
3. **das Vertrauensverhältnis zwischen Verteidiger und Beschuldigtem endgültig zerstört ist oder aus einem sonstigen Grund keine angemessene Verteidigung des Beschuldigten gewährleistet ist.**

[2]**In den Fällen der Nummern 2 und 3 gilt § 142 Absatz 5 und 6 entsprechend.**

(3) [1]**Für die Revisionsinstanz ist die Bestellung des bisherigen Pflichtverteidigers aufzuheben und dem Beschuldigten ein neuer, von ihm bezeichneter Pflichtverteidiger zu bestellen, wenn er dies spätestens binnen einer Woche nach Beginn der Revisionsbegründungsfrist beantragt und der Bestellung des bezeichneten Verteidigers kein wichtiger Grund entgegensteht.** [2]**Der Antrag ist bei dem Gericht zu stellen, dessen Urteil angefochten wird.**

(4) **Beschlüsse nach den Absätzen 1 bis 3 sind mit der sofortigen Beschwerde anfechtbar.**

Übersicht

1 **A. Überblick.** § 143a regelt umfassend die verschiedenen Verfahrenslagen, in denen ein Wechsel des bestellten Pflichtverteidigers in Betracht kommt. Die Vorschr. unterscheidet dabei grds. zwischen der Ersetzung des Pflichtverteidigers durch einen Wahlverteidiger (Abs. 1) sowie der Ersetzung des Pflichtverteidigers durch einen neuen Pflichtverteidiger (Abs. 2). Abs. 3 enthält eine Spezialregelung für die Auswechslung des Pflichtverteidigers im Revisionsverfahren; Abs. 4 sieht den Rechtsbehelf der sofortigen Beschwerde gegen Beschlüsse nach Abs. 1–3 vor.

2 **B. Wahl eines anderen Verteidigers (Abs. 1). I. Grundsatz (S. 1).** Wie schon nach bisheriger Rechtslage ist die Bestellung des Pflichtverteidigers aufzuheben, wenn der Beschuldigte **einen anderen Verteidiger gewählt u. dieser die Wahl angenommen** hat. Die Beauftragung eines Wahlverteidigers, der die Wahl angenommen hat, beendet die Pflichtverteidigung zwar nicht ohne weiteres (OLG Hamm JMBl. NRW. 1959, 197), zwingt aber zur Zurücknahme der Beiordnung (OLG Koblenz StV 2016, 144; OLG Karlsruhe StV 2010, 179 Ls.), sofern der gewählte Verteidiger dauerhaft u. nicht nur punktuell zur Übernahme der Verteidigung bereit ist (KG StraFo 2016, 342). Die Erteilung einer Vertretungsvollmacht gem. § 329 stellt keine Mandatierung als Wahlverteidiger dar (OLG Nürnberg StraFo 2023, 323).

3 Der Gesetzgeber hat mit dem G zur Neuregelung der notwendigen Verteidigung v. 10.12.2019 zwei in der Rspr. entwickelte Ausnahmen v. Grundsatz des Abs. 1 S. 1 kodifiziert:

4 **II. Ausnahmen (S. 2). 1.** Die Verpflichtung zur Aufhebung der Bestellung bei Wahl eines anderen Verteidigers besteht zum einen nicht, wenn zu besorgen ist, dass der **Wahlverteidiger das Mandat alsbald** wegen Mittellosigkeit des Angeklagten wieder **niederlegen** u. seine Bestellung zum Pflichtverteidiger beantragen werde (S. 2 Alt. 1).

5 Damit werden va die Fälle erfasst, in denen die Beauftragung des Wahlverteidigers nur geschieht, um die Entbindung des bisherigen Pflichtverteidigers zu erzwingen u. zu erreichen, dass der Wahlverteidiger an dessen Stelle Pflichtverteidiger wird (vgl. BGH NStZ-RR 2024, 354; OLG Celle NStZ-RR 2010, 381; OLG Köln NJW 2006, 389; OLG Düsseldorf VRS 99, 57). Einem solchen Missbrauch entgegenzuwirken erscheint auch deswegen gerechtfertigt, weil Abs. 2 die Möglichkeiten der Bestellung eines neuen Pflichtverteidigers erweitert hat (vgl. BT-Drs. 19/13829, 45). Die Befürchtung, der Wahlverteidiger werde das Wahlmandat alsbald niederlegen u. seine Beiordnung beantragen, kann allerdings durch eine entspr. Erkl. des Wahlverteidigers ausgeräumt werden (vgl. BGH NStZ 2014, 660), dass die Wahlverteidigung gesichert ist.

6 Die Bestellung des Wahlverteidigers zum Pflichtverteidiger kommt **entspr. S. 2 auch nicht in Betracht,** wenn er die Entpflichtung des bisherigen Pflichtverteidigers bereits erwirkt u. diesen aus seiner Verteidigerstellung gedrängt hat (KG NStZ 2022, 383); insoweit ist es ohne Belang, ob der Beiordnungsantrag in unmittelbarem zeitlichen Zusammenhang mit der Entpflichtung o. mit zeitlicher Verzögerung gestellt wurde (s. dazu bereits KG NStZ 2017, 64); in diesem Fall kommt regelmäßig die erneute Beiordnung des früheren Pflichtverteidigers in Betracht (BGH 16.4.2025 – StB 13/25; NStZ-RR 2024, 59; KG NStZ 2022, 383). Zum selben Erg. gelangt man, wenn man mit Rücksicht auf den Missbrauchsgedanken insoweit einen wichtigen Grund iSv § 142 Abs. 5 S. 2 bejaht, welcher der Bestellung des bezeichneten Verteidigers entgegensteht.

7 **2.** Die Aufhebung der Bestellung des bisherigen Pflichtverteidigers kommt weiterhin nicht in Betracht, wenn ihre Aufrechterhaltung **aus den Gründen des § 144 erforderlich** ist (S. 2 Alt. 2). In diesem Fall besteht ein unabweisbares Bedürfnis dafür, zur Sicherung des Verfahrens den Pflichtverteidiger neben dem Wahlverteidiger tätig bleiben zu lassen. Dazu → § 144 Rn. 2 ff.

8 **C. Bestellung eines neuen Pflichtverteidigers (Abs. 2).** Die **Bestellung eines neuen Pflichtverteidigers** an Stelle des alten hat nach Abs. 2 in folgenden Fällen zwingend zu erfolgen:

I. Bestellung eines anderen als des bezeichneten Verteidigers (S. 1 Nr. 1). Auf Antrag des Beschuldigten, wenn ihm **ein anderer als der von ihm** innerhalb der Frist des § 142 Abs. 5 S. 1 **bezeichnete Verteidiger beigeordnet** wurde (Abs. 2 S. 1 Nr. 1). Erfasst werden damit die Fälle, in denen dem Beschuldigten der ursprünglich bezeichnete Verteidiger nicht bestellt wurde, weil dem ein wichtiger Grund iSv § 142 Abs. 5 S. 2 Hs. 2 entgegenstand. Welcher Grund die Bestellung verhindert hat, spielt dabei keine Rolle (vgl. BT-Drs. 19/13829, 46). 9

Der Antrag muss **innerhalb von drei Wochen** nach Bekanntmachung der gerichtlichen Entsch. über die Bestellung gestellt werden (krit. dazu Müller-Jacobsen NJW 2020, 575 (578), die die Frist für zu kurz hält, um die Qualität der Beistandsleistung zu beurteilen). Dies ist der originäre Gerichtsbeschluss iSv § 142 Abs. 3, aber auch die gerichtliche Bestätigung im Verf. nach § 142 Abs. 4. Für die Bekanntmachung gelten die allg. Vorschr. (s. §§ 35, 145a Abs. 1), insbes. Zustellungserfordernis (§ 35 Abs. 2; vgl OLG Koblenz StraFo 2021 157), ebenso für die Berechnung der Wochenfrist (§ 43). Wiedereinsetzung in die Erklärungsfrist des Abs. 2 S. 1 Nr. 1 findet nicht statt (BGH NStZ-RR 2021, 290 mAnm Willumat NStZ 2021, 583; **aM** Koblenz StraFo 2021, 157)). 10

Ist der Antrag rechtzeitig gestellt, muss dem Beschuldigten der nunmehr bezeichnete Verteidiger beigeordnet werden, es sei denn, es steht dem ein **wichtiger Grund** entgegen (→ § 142 Rn. 42 ff.). Die Bestellung des bereits innerhalb der Frist des § 142 Abs. 5 S. 1 benannten Verteidigers kommt in Betracht, wenn der wichtige Grund, welcher der Bestellung entgegenstand, inzwischen weggefallen ist. Dies kann etwa anzunehmen sein, wenn der Verteidiger nunmehr – rechtzeitig – zur Vfg. steht o. ein Interessenkonflikt nicht mehr besteht. 11

II. Kurze Frist zur Auswahl des Verteidigers (S. 1 Nr. 1). Auf Antrag des Beschuldigten innerhalb v. drei Wochen (dazu → Rn. 10), wenn ihm nach § 142 Abs. 5 S. 1 **nur eine kurze Frist zur Auswahl** des Pflichtverteidigers gesetzt worden war (Abs. 2 S. 1 Nr. 1). Die Entpflichtung des bestellten u. Beiordnung des gewählten Verteidigers war auch schon nach früherer Rechtslage in der obergerichtlichen Rspr. für den Fall anerkannt, dass der Beschuldigte seine ursprüngliche Auswahl unter hohem Zeitdruck treffen musste (OLG Dresden NStZ-RR 2012, 213; KG NStZ-RR 2012, 351; s. auch BGH NStZ-RR 2005, 240; OLG Braunschweig StV 2013, 612; OLG Jena StraFo 2012, 139). 12

Wann eine kurze Frist iSv Nr. 1 vorliegt, ist eine **Frage des Einzelfalls.** Allgemeine Kriterien für die Beurteilung lassen sich kaum aufstellen. Eine kurze Frist wird aber jedenfalls anzunehmen sein, wenn dem Beschuldigten wegen besonderer Eilbedürftigkeit nur eine kurze Bedenkzeit eingeräumt worden war (BT-Drs. 19/13829, 46); die Anwendung der Vorschr. ist aber nicht auf solche Fälle beschränkt. 13

III. Auf Antrag des Pflichtverteidigers in den Fällen des § 115a (S. 1 Nr. 2). Der für eine **Vorführung vor den nächsten Richter gem. § 115a** kurzfristig bestellte Verteidiger beantragt die Aufhebung seiner Beiordnung aus wichtigem Grund; dies ist nach der Gesetzesformulierung insbes. bei unzumutbarer Entfernung zum künftigen Aufenthaltsort des Beschuldigten anzunehmen. 14

Eine für den beigeordneten Verteidiger **unzumutbare Entfernung** ist gegeben, wenn ihm die Distanz des Aufenthaltsortes des Beschuldigten zu seinem Kanzleisitz eine sachgerechte Verteidigung mit vertretbarem Aufwand nicht ermöglicht. Dies ist zB der Fall, wenn der Beschuldigte nach der Vorführung in eine weit entfernte JVA verbracht wird, aber auch wenn er, unter Fortgeltung eines anderen Grundes der notwendigen Verteidigung, einen v. Kanzleisitz weit entfernten Wohnsitz nimmt. 15

Ein **sonstiger wichtiger Grund** kann darin bestehen, dass der Verteidiger zwar die Vorführung wahrnehmen konnte, ihm aber wegen anderer Mandate die Kapazitäten für eine längerfristige Übernahme der Verteidigung fehlen (BT-Drs. 19/13829, 47). 16

Der Verteidiger muss seine Entpflichtung **unverzüglich beantragen,** nachdem das Verf. gem. § 115a beendet ist (S. 1 Nr. 2 Hs. 2). Beendet ist es mit der gericht- 17 lichen Entsch. darüber, ob der Haftbefehl in Vollzug zu setzen ist, einschl. der für diesen Fall vorgesehenen Belehrungen (vgl. § 115a Abs. 3), o. ob der Beschuldigte freigelassen wird. Regelmäßig wird der bestellte Verteidiger den Antrag bereits im Vorführungstermin stellen, weil er dann bereits absehen kann, ob ein wichtiger Grund iSd Nr. 2 Hs. 1 vorliegt.

18 Für das **weitere Verfahren** gilt § 142 Abs. 5 und Abs. 6 entspr. (Abs. 2 S. 2). Wird dem Entpflichtungsantrag entsprochen, ist dem Beschuldigten erneut Gelegenheit zu geben, innerhalb einer zu bestimmenden Frist einen Verteidiger zu bezeichnen (§ 142 Abs. 5 S. 1). Für die Bestellung des bezeichneten bzw. die Auswahl eines v. Beschuldigten nicht bezeichneten RAes gelten § 142 Abs. 5 S. 2, 3 und Abs. 6.

19 **IV. Endgültige Zerstörung des Vertrauensverhältnisses (S. 1 Nr. 3).** Bei **endgültiger Zerstörung des Vertrauensverhältnisses** ist die Bestellung des Pflichtverteidigers auf Antrag des Beschuldigten – (vgl. BT-Drs. 19/13829, 48) – aufzuheben u. ein neuer Pflichtverteidiger zu bestellen (Abs. 2 S. 1 Nr. 3 Alt. 1). Dies entspr. der ständigen obergerichtlichen Rspr., die daher weiterhin Geltung beanspruchen kann (vgl. BT-Drs. 19/13829, 47; BGH NStZ 2021, 60; KG StraFo 2022, 354). Endgültig zerstört ist das Vertrauensverhältnis, wenn zu besorgen ist, dass die Verteidigung objektiv nicht (mehr) sachgerecht geführt werden kann (BVerfG NJW 2001, 3695 (3697); BGHSt 39, 310 (314, 315); BGH NStZ 2004, 632; OLG Hamm NJW 2006, 2502).

20 Das ist v. **Standpunkt eines vernünftigen und verständigen** Beschuldigten aus zu beurteilen und substantiiert darzulegen (BGH NStZ 2021, 60; NJW 2019, 1818; 23.12.2025 – 5 StR 603/25; KG StraFo 2022, 354; OLG Düsseldorf StV 1993, 6; OLG Hamm StV 1982, 510). Der Beschuldigte soll die Entpflichtung nicht durch eigenes Verhalten erzwingen können. Ein im Verhältnis des Angekl. zum Verteidiger wurzelnder wichtiger Grund wird deshalb in der Rspr. regelmäßig nicht anerkannt, wenn dieser Grund allein v. Angekl. verschuldet ist (vgl. BGH NStZ-RR 2025, 181; BeckRS 2020, 15343).

21 **Pauschale, nicht näher belegte Vorwürfe** des Angeklagten gegen den Verteidiger rechtfertigen die Entpflichtung nicht (BGH NStZ 2025, 173; 2021, 381; 14.1.2025 – 5 StR 655/24; OLG Bamberg StV 1984, 234; OLG Düsseldorf AnwBl 1987, 495; OLG Hamburg NStZ 1985, 518; OLG Koblenz OLGSt StPO § 143 S. 3; OLG Köln StV 1994, 234). Unüberbrückbare Auffassungsgegensätze ideologischer o. politischer Art sind kein Aufhebungsgrund (OLG Karlsruhe NJW 1978, 1172), ebenso wenig Differenzen über die bzw. ein geplanter Wechsel der Verteidigungsstrategie (BGH NStZ-RR 2025, 181; NStZ 2020, 434; KG NStZ-RR 2012, 352; OLG Köln StV 2011, 659; BGH NStZ-RR 2025, 181: Nicht ausr. ist es, dass der Verteidiger ohne Rücksprache mit seinem Mandanten gerichtliche Anträge gestellt hat). Dies kann bei Anlegung eines strengen Maßstabs ausnahmsweise anders sein, wenn Meinungsverschiedenheiten über das Verteidigungskonzept nicht behoben werden können u. der Verteidiger sich wegen der Ablehnung seines Rates außer Stande erklärt, die Verteidigung des Angeklagten sachgemäß zu führen (BGH BeckRS 2021, 17169; vgl. auch BGH NStZ 2020, 434) oder Differenzen über die vom Beschuldigten begehrte Art und Weise des Zugriffs auf Aktenbestandteile (BGH BeckRS 2025, 923 (Vors.); → § 147 Rn. 20, 21). Fernliegen wird ein wichtiger Grund, wenn die Zerstörung des Vertrauensverhältnisses v. Beschuldigten schuldhaft herbeigeführt wurde (BGHSt 39, 310 (314 f.); BGH NStZ-RR 2025, 181). Der Angeklagte kann den Widerruf der Bestellung nicht dadurch erreichen, dass er den Verteidiger beschimpft o. bedroht (BGH NStZ 1998, 267; StraFo 2008, 243; vgl. auch besonders deutlich BGH 29.12.2022 – 1 StR 284/22), eine Strafanzeige gegen ihn erstattet (BGH NStZ-RR 2023, 55; OLG Bremen 24.9.2018 – 1 Ws 59/18 ua) o. gar tätlich angreift (KG AnwBl 1978, 241); hat dieser aber deswegen Strafanzeige erstattet, ist dem Entpflichtungsantrag idR stattzugeben (BGHSt 39, 310; zw.). Nicht ausreichend ist die Erklärung, keine Besuche durch die Pflichtverteidigerin mehr zu wünschen, ein Verweis auf ein

„Abrücken" des Angekl. von seinem Wahlverteidiger (vgl. BGH NStZ-RR 2022, 50) oder dass ein weiterer Verteidiger die Zusammenarbeit mit der Pflichtverteidigerin für „unmöglich" hält (BGH NStZ-RR 2021, 179 (180)).

Die ernsthafte Störung des Vertrauensverhältnisses muss der Angeklagte o. der Verteidiger **substantiiert darlegen** (BGH NStZ 2021, 60; 2021, 381; 17.5.2021 – 4 StR 654/19; OLG Bremen NStZ 2014, 358; KG NStZ-RR 2012, 352; OLG Karlsruhe NStZ 1988, 239). Das Gericht wird nach Abwägung aller Umstände, die der – behaupteten – Vertrauenskrise zugrunde liegen, die Beiordnung aufheben, wenn dies für eine sachgerechte Verteidigung erforderlich erscheint u. der ordnungsgemäßen Durchführung des Verfahrens nicht entgegensteht. Praktisch am wichtigsten sind Fälle, bei denen der Pflichtverteidiger mit dem inhaftierten Mandanten über einen längeren Zeitraum überhaupt nicht in Verbindung tritt (BGH NStZ-RR 2023, 116 mwN; s. ferner NStZ-RR 2024, 155). 22

Für das **weitere Verfahren** gilt auch hier § 142 Abs. 5 und Abs. 6 entspr. (Abs. 2 S. 2). 23

V. Keine angemessene Verteidigung gewährleistet (S. 1 Nr. 3). Die Entpflichtung es auch vorzunehmen, wenn **aus sonstigen Gründen** eine angemessene Verteidigung des Beschuldigten nicht gewährleistet ist (Abs. 2 S. 1 Nr. 3 Alt. 2). Der Gesetzgeber hat damit einen weiteren in der obergerichtlichen Rspr. anerkannten Fall des Rechts auf Verteidigerwechsel normiert, der auf dem Gedanken der Sicherung einer sachgerechten Verteidigung beruht u. auch gegen den Willen des Beschuldigten zulässig ist. 24

Eine **angemessene Verteidigung ist nicht gewährleistet,** wenn Umstände vorliegen, die den Zweck der Pflichtverteidigung, dem Beschuldigten einen geeigneten Beistand zu sichern u. den ordnungsgemäßen Verfahrensablauf zu gewährleisten, ernsthaft gefährden (BVerfGE 39, 238 (244); BGH NStZ-RR 2022, 353; NJW 2019, 1818; OLG Bremen NStZ-RR 2023, 251; KG JR 1982, 349; OLG Stuttgart MDR 1979, 780). Auf die Selbsteinschätzung des Verteidigers kommt es dabei nicht entscheidend an (BGH 22.2.2022 – StB 2 und 3/22). 25

Damit werden va **grobe Pflichtverletzungen** des Verteidigers erfasst (vgl. BT-Drs. 19/13829, 47; OLG Frankfurt a. M. StV 1985, 225; 450), nicht aber jedes unzweckmäßige o. prozessordnungswidrige Verhalten (KG StraFo 2016, 342; OLG Nürnberg StV 1995, 287; OLG Hamburg NStZ 1998, 586 verlangt zudem zutr. vor der Aufhebung eine Abmahnung; vgl. auch BGH NStZ-RR 2016, 115; OLG Bremen NStZ-RR 2023, 251; OLG Celle StraFo 2023, 319); denn das Gericht ist nicht verpflichtet, den bestellten Verteidiger daraufhin zu überwachen, ob er seine Verteidigungstätigkeit ordnungsgemäß erfüllt (BGH StraFo 2006, 454; Cierniak NStZ-RR 2009, 35 – BGH RsprÜ; KG JR 1982, 349; OLG Nürnberg StV 1995, 287; OLG Stuttgart MDR 1979, 780). Nur wenn klar erkennbar ist, dass der Verteidiger unfähig o. – zB bei völliger (OLG Düsseldorf NStZ-RR 2011, 48; vgl. auch OLG Braunschweig StV 2012, 719) oder längerer (vgl. OLG Naumburg BeckRS 2023, 28828) Untätigkeit, wobei allerdings Umf. u. Art der Kontaktaufnahme grds. im pflichtgemäßen Ermessen des Verteidigers stehen (BGH NStZ-RR 2021, 179 (180); OLG Naumburg BeckRS 2023, 28828 mAnm Theile/Schöbel-Götz StraFo 2024, 255) – unwillig ist, den Angeklagten sachgemäß zu verteidigen, kann es die Fürsorgepflicht (→ Einl. Rn. 162) gebieten, ihn abzulösen (KG NJW 2008, 3652; OLG Köln StraFo 2007, 157; BGH StraFo 2011, 355: Mitwirkung des bisherigen Verteidigers an einer v. Gericht initiierten, grob sachwidrigen Verständigung; vgl. auch BVerfG StV 1998, 356 u. KG StV 2009, 572). 26

Eine grobe Pflichtverletzung **kann ferner darin bestehen,** dass der Pflichtverteidiger ggü. dem Gericht eine mit dem Angeklagten nicht abgesprochene Sachdarstellung abgibt (OLG München StV 2015, 155; vgl. auch BGH BeckRS 2021, 17169) o. auf Abschluss einer Honorarvereinbarung drängt (KG StV 2013, 142). Auch die ernsthafte u. definitive Weigerung des Verteidigers, den Angeklagten zu verteidigen, kann als grobe Pflichtverletzung zur Aufhebung der Bestellung führen (OLG Frankfurt a. M. NStZ-RR 1997, 77; Döllel/Dreeßen SchlHA 2002, 152 – 27

OLG Schleswig RsprÜ), ebenso Untätigkeit (OLG Düsseldorf NStZ-RR 2011, 48; AG Frankfurt a. M. StraFo 2019, 378: fehlender Besuch des inhaftierten Beschuldigten über längeren Zeitraum), nicht aber, dass der Verteidiger sich weigert, eine v. Angeklagten eingelegte, offensichtlich aussichtslose Revision zu begründen (OLG Bremen AnwBl 1964, 288; OLG Düsseldorf StV 1984, 327; OLG Stuttgart MDR 1979, 780), da der Verteidiger berechtigt ist, seine Mitwirkung an der Begründung einer solchen Revision zu verweigern (Spiegel DAR 1986, 202 – BGH RsprÜ; Dahs Strafverteidiger-HdB Rn. 891, 905; vgl. auch EGMR NJW 2008, 2317 (2319)), anders wiederum, wenn sie nicht augenscheinlich aussichtslos ist (OLG Karlsruhe StV 2005, 77 Ls.) o. wenn er sie nur aus Zeitgründen verweigert (OLG Stuttgart StV 2002, 473) o. wenn er die Frist zur Einlegung o. Begründung schlicht versäumt (BGH StraFo 2016, 382; NStZ-RR 2018, 84; vgl. auch BGH wistra 2021, 160).

28 Eine grobe Pflichtverletzung soll nach der Rspr. auch vorliegen, wenn einer v. zwei Pflichtverteidigern an einem beträchtlichen Teil der **Hauptverhandlung nicht teilnimmt** (OLG Stuttgart NStZ 2016, 436 mit kritischen Anm. Koch StV 2016, 482); das erscheint jedoch mit Rücksicht auf § 227 und den Umstand, dass ein Verteidiger im Rahmen ggf. mit dem anderen Verteidiger abzustimmender Arbeitsteilung wesentliche Vor- und Nacharbeit auch ohne ständige Teilnahme an der HV zu leisten vermag, nicht unzweifelhaft. Keine grobe Pflichtverletzung ist anzunehmen bei Flucht des Angeklagten während lfd. HV (OLG Hamm NStZ 2015, 718), unvorschriftsmäßiger Kleidung des Verteidigers (BGH NStZ 1988, 510) o. seiner Weigerung, auf Einhaltung der Ladungsfrist zu verzichten (KG StV 2008, 68).

28a **Konkret manifestierte Interessenkonflikte** können auch Anlass zur Aufhebung der Bestellung bieten, wenn ansonsten die mindere Effektivität des Einsatzes dieses Verteidigers für seinen Mandanten zu befürchten ist (BGHSt 48, 170 (173); BGH NStZ 2021, 60 mwN). Dies kommt etwa bei einem Verstoß gegen das Verbot der Mehrfachverteidigung in Betracht (§ 146). Wegen der Formulierung in § 146 („gleichzeitig") liegt allerdings in der sukzessiven Verteidigung v. mehreren einer Tat Beschuldigten grds. kein die Verteidigung hindernder Interessenkonflikt; er kann aber mit Blick auf eine obj. Beurteilung der Umstände des Einzelfalls anzunehmen sein (BGH NStZ 2021, 60 mwN; im konkreten Fall verneint für die frühere Verteidigung eines Zeugen, die nicht denselben Sachverhalt zum Gegenstand hatte).

28b Die **längerfristige Erkrankung** des Pflichtverteidigers kann auch Anlass zu seiner Entpflichtung sein (BGH NStZ-RR 2025, 54; OLG Hamm NStZ 2021, 190).

28c Dies gilt unter Berücksichtigung des Beschleunigungsgrundsatzes ebenso, vor allem in Haftsachen, für die **Verhinderung des Pflichtverteidigers an der Teilnahme** an einem erheblichen Teil der HV (vgl. BGH NStZ-RR 2025, 54; NStZ-RR 2022, 353 mwN; OLG Hamburg StraFo 2021, 379: mehr als die Hälfte der avisierten HV-Termine; OLG Stuttgart NStZ 2016, 436; BVerfG NStZ 2006, 460); dabei können auch die Rechte von Mitangeklagten auf ein beschleunigtes Verfahren der Dispositionsbefugnis des Angeklagten entgegenstehen (OLG Hamburg StraFo 2021, 379). Voraussetzung ist aber, dass der Vorsitzende sich in Absprache mit den Verfahrensbeteiligten ernsthaft bemüht hat, die Terminsschwierigkeiten zu beseitigen (vgl. BGH NStZ-RR 2022, 353; OLG Hamburg StraFo 2021, 379; Beulke StV 2023, 191, 192). Die nach § 144 Abs. 1 grds. bestehende Möglichkeit, weitere Pflichtverteidiger zu bestellen, hat bei der Beurteilung nach Abs. 2 S. 1 Nr. 3 außer Betracht zu bleiben, da die Vorschrift nicht der Entlastung des weitgehend verhinderten Pflichtverteidigers dient (BGH NStZ-RR 2022, 353; 2022, 380).

28d Die etwaige **Ausschließungsmöglichkeit** eines Verteidigers **nach § 138 Abs. 1 und Abs. 2** dürfte jedenfalls nach dem in § 138 Abs. 2 S. 1 bezeichneten Zeitpunkt – Vorlage durch das Gericht, bei dem das Verfahren anhängig ist – zugleich einen Grund für die Aufhebung der Pflichtverteidigerbestellung nach

Abs. 2 S. 1 Nr. 3 darstellen (offen gelassen von BGH 22.2.2022 – StB 2 und 3/22 mN zur früheren Rechtslage). Im Übrigen ist die Bestellung aufzuheben, wenn der Verteidiger nicht mehr als Rechtsanwalt zugelassen ist und deshalb die Voraussetzungen des § 138 Abs. 1 nicht mehr erfüllt (BGH 3.9.2025 – 2 StR 156/24).

Dem Beschuldigten u. dem Verteidiger ist vor der Aufhebung der Bestellung **rechtliches Gehör** zu gewähren; dieses kann allerdings im Beschwerdeverfahren nachgeholt werden. Für das **weitere Verfahren** der Bestellung eines neuen Pflichtverteidigers gilt auch insoweit § 142 Abs. 5 und Abs. 6 entspr. (Abs. 2 S. 2). 29

Die Aufhebung der Bestellung kommt in **entspr. Anwendung von Abs. 2 Nr. 3** auch bei dem nach § 397a bestellten Beistand eines Nebenklägers in Betracht, wenn hierfür tragfähige Gründe vorliegen (BGH NStZ 2010, 714). 30

VI. Konsensualer Verteidigerwechsel. Auch ein **konsensualer Verteidigerwechsel** bleibt wie nach bisheriger Rspr. möglich (vgl. BT-Drs. 19/13829, 45). Er ist zulässig, wenn der Angeklagte u. beide Verteidiger damit einverstanden sind, dadurch keine Verfahrensverzögerung eintritt u. keine Mehrkosten entstehen (OLG Karlsruhe NStZ 2017, 305; KG StraFo 2016, 513; OLG Saarbrücken StraFo 2016, 514; OLG Naumburg StraFo 2016, 515; OLG Bremen NStZ 2014, 358; OLG Oldenburg NStZ-RR 2010, 210; OLG Braunschweig StraFo 2008, 428; OLG Düsseldorf StraFo 2007, 156; OLG Frankfurt a. M. StV 2008, 128; OLG Hamm NStZ-RR 2009, 264 Ls.; vgl. auch BGH BeckRS 2020, 32624: allenfalls, wenn Kostenneutralität feststeht; **aM** wohl OLG Schleswig 9.9.2025 – BeckRS 2025, 26342); auf das Einverständnis des bisherigen Verteidigers kann nicht verzichtet werden (BGH NStZ 2024, 310). Das gilt im gesamten Verfahren. Da die Gerichtsnähe des Verteidigers keine wesentliche Voraussetzung mehr für die Verteidigerbestellung ist (→ § 142 Rn. 51, 52) sind v. Begriff der Mehrkosten idS Fahrtkosten u. Abwesenheitsgelder nicht erfasst (OLG Celle StV 2020, 150). Ein **Gebührenverzicht** des alten o. neuen Pflichtverteidigers zur Vermeidung einer Mehrbelastung der Staatskasse ist zulässig (KG NStZ 2017, 305; OLG Karlsruhe NStZ 2016, 305; OLG Oldenburg NStZ-RR 2010, 210; OLG Frankfurt a. M. NStZ-RR 2008, 47, OLG Bamberg NJW 2006, 1536; **aM** OLG Bremen NStZ 2014, 358; OLG Köln NStZ 2011, 654). 31

D. Verteidigerwechsel in der Revisionsinstanz (Abs. 3). Einen **Verteidigerwechsel in der Revisionsinstanz** ermöglicht Abs. 3. Die Bestellung des bisherigen Pflichtverteidigers ist aufzuheben u. dem Beschuldigten ein neuer, v. ihm bezeichneter (KG StraFo 2024, 104) Pflichtverteidiger zu bestellen, wenn er dies spätestens binnen einer Woche nach Beginn der Revisionsbegründungsfrist beantragt u. der Bestellung des bezeichneten Verteidigers kein wichtiger Grund entgegensteht (Abs. 3 S. 1). Damit wird der Tatsache Rechnung getragen, dass es zur Durchführung einer Revision, speziell zur Begründung v. Verfahrensrügen, vertiefter Spezialkenntnisse im Revisionsrecht bedarf, die der Verteidiger in der Tatsacheninstanz oftmals nicht hat; dem Angeklagten soll daher die Möglichkeit gegeben werden, unter erleichterten Voraussetzungen in der Revision durch einen von ihm zu bezeichnenden Spezialisten vertreten zu werden, wenn er dies wünscht (vgl. BT-Drs. 19/13829, 47). 32

Der Antrag ist **spätestens binnen einer Woche** nach Beginn der Revisionsbegründungsfrist zu stellen (§ 345 Abs. 1; vgl. BGH BeckRS 2025, 31910). Damit soll dem Beschuldigten bzw. seinem bisherigen Verteidiger, der die Revision eingelegt hat, eine Überlegungsfrist eingeräumt werden, ob ein Verteidigerwechsel sinnvoll erscheint (vgl. BT-Drs. 19/13829, 47). Mit Rücksicht auf die ohnehin knapp bemessene Revisionsbegründungsfrist erscheint es allerdings zweckmäßig, den Antrag nach S. 1 möglichst frühzeitig zu stellen. 33

Der **Antrag ist fristgemäß bei dem Gericht zu stellen,** dessen Urt. angefochten wird (Abs. 3 S. 2; auch → § 341 Rn. 6). Wiedereinsetzung ist zwar unter den Voraussetzungen des § 44 möglich, die Fristen der §§ 341 Abs. 1, 345 Abs. 1 werden aber dadurch nicht gehemmt (vgl. BT-Drs. 19/13829, 48). Dem Antrag ist zu entsprechen, wenn **kein wichtiger Grund entgegensteht** (→ § 142 34

Rn. 42 ff.). Kein wichtiger Grund ist es, falls der Verteidigerwechsel Mehrkosten verursacht (BT-Drs. 19/13829, 48).

35 Zur Bestellung eines Pflichtverteidigers in der **Revisionsinstanz** bei noch nicht verteidigtem Angeklagten → § 350 Rn. 9 ff.

36 **E. Sofortige Beschwerde (Abs. 4).** Entsch. über den Verteidigerwechsel nach den Abs. 1–3 sind mit der sofortigen Beschwerde anfechtbar. Der Pflichtverteidiger kann die Ablehnung der Entpflichtung anfechten (BGH NStZ 2020, 434 mAnm Gubitz sowie Mosbacher JuS 2020, 745 (745 f.): Betroffenheit aus §§ 49 Abs. 2, 48 Abs. 2 BRAO; OLG Saarbrücken NStZ 2023, 181; vgl. dazu auch die Rspr. zur früheren Rechtslage, KG StraFo 2018, 432; OLG Hamm NJW 2006, 2712; s. ferner BT-Drs. 19/13829, 44), nicht aber die Aufhebung seiner Bestellung (BGH NJW 2020, 3331 mAnm Lammer u. ablAnm Beulke JZ 2021, 403, 409; OLG Celle StraFo 2023, 323; vgl. auch OLG Frankfurt a. M. NStZ-RR 1996, 272; OLG Hamburg NJW 1998, 62; **aM** Hilgendorf NStZ 1996, 1 (6 f.); SSW StPO/Beulke/Salat Rn. 34), es sei denn, diese ist nach den Umständen als willkürlich zu beurteilen (vgl. OLG Düsseldorf NStZ 1986, 138; OLG Köln NStZ 1982, 129; dahingestellt v. BGH NJW 2020, 3331). Wurde dem Beschuldigten nicht der v. ihm nach Abs. 2 Nr. 1 bezeichnete Verteidiger als neuer Pflichtverteidiger bestellt, prüft das Beschwerdegericht, ob das Gericht – va hins. der Annahme eines wichtigen Grundes – die Grenzen seines Beurteilungsspielraums eingehalten u. iÜ die Person des Pflichtverteidigers ermessensfehlerfrei nach Maßgabe des § 142 Abs. 6 ausgewählt hat; es kann den v. Beschuldigten im Antrag nach Abs. 2 Nr. 1 bezeichneten Verteidiger bestellen (vgl. dazu schon KG StV 1985, 448; OLG Düsseldorf StV 1986, 239; OLG Karlsruhe NJW 1978, 1064).

37 Für die **Revision** gilt § 336 S. 2.

Zusätzliche Pflichtverteidiger

144 (1) **In den Fällen der notwendigen Verteidigung können dem Beschuldigten zu seinem gewählten oder einem gemäß § 141 bestellten Verteidiger bis zu zwei Pflichtverteidiger zusätzlich bestellt werden, wenn dies zur Sicherung der zügigen Durchführung des Verfahrens, insbesondere wegen dessen Umfang oder Schwierigkeit, erforderlich ist.**

(2) [1] **Die Bestellung eines zusätzlichen Verteidigers ist aufzuheben, sobald seine Mitwirkung zur zügigen Durchführung des Verfahrens nicht mehr erforderlich ist.** [2] **§ 142 Absatz 5 bis 7 Satz 1 gilt entsprechend.**

1 **A. Bestellung zusätzlicher Pflichtverteidiger (Abs. 1).** Das G zur Neuregelung der notwendigen Verteidigung v. 10.12.2019 hat die bereits seit langem in der Rspr. anerkannte Praxis der Bestellung zusätzlicher Pflichtverteidiger, uU auch neben mehreren Wahlverteidigern (OLG Hamm NJW 1975, 1238), nunmehr ges. normiert (BT-Drs. 19/13829, 48). Bis zu zwei Pflichtverteidiger können dem Beschuldigten nach § 144 Abs. 1 in den Fällen der notwendigen Verteidigung v. Gericht zusätzlich zu einem gewählten o. einem nach § 141 bestellten Verteidiger bestellt werden.

2 Voraussetzung für die Bestellung ist, dass sie **zur zügigen Durchführung des Verfahrens,** insbes. wegen dessen Umfang. o. Schwierigkeit, erforderlich ist. Auf Umfang und Schwierigkeit kommt es nur an, wenn sie der zügigen Durchführung des Verfahrens ohne weitere Verteidiger entgegenstehen (BGHSt 65, 129; BGH NStZ 2022, 696). Dies entscheidet das Gericht nach pflichtgemäßem Ermessen (BGH 9.7.2020 – StB 21/20; zur Zweckmäßigkeit der Beiordnung aus Sicht des Gerichts Pätzel NStZ 2021, 257; zur Überprüfbarkeit → Rn. 11, 12). Dabei kann mit Rücksicht auf den Grundsatz des fairen Verfahrens auch in die Beurteilung einfließen, ob u. inwieweit die bes. Umstände des Falles zur Qualitätssicherung der Verteidigung die Bestellung weiterer Pflichtverteidiger erfordern. Nicht ausrei-

chend ist, dass die Bestellung grds. zur Verfahrenssicherung geeignet ist; sie ist nach der Rspr. des BGH lediglich in „**eng begrenzten Ausnahmefällen**" in Betracht zu ziehen (BGH NStZ 2024, 502; 30.4.2025 – StB 15/25).

Die Bestellung ist aber erforderlich, wenn ohne den bzw. die weiteren Verteidiger der zügige Fortgang des Verfahrens u. va der HV nicht gesichert werden kann (vgl. BGH NStZ 2020, 754; OLG Celle StraFo 2020, 289). Dies entspr. der früheren Rspr. (OLG Koblenz NStZ 1982, 43; OLG Düsseldorf NJW 2010, 391; OLG Hamburg StV 2000, 409; OLG Karlsruhe StV 2001, 557), auf die zur Auslegung des Abs. 1 deshalb zurückgegriffen werden kann (BGH NStZ 2020, 754). Die zusätzliche Bestellung v. Pflichtverteidigern kann va geboten sein, wenn bei einer Vielzahl v. Hauptverhandlungstagen Unterbrechungsfristen nach § 229 zu wahren sind o. in Haftsachen eine bestimmte Sitzungsfrequenz einzuhalten ist (→ § 120 Rn. 3a, → § 121 Rn. 1a), zu erwartende Terminskollisionen dem aber entgegenstehen können. Anwendungsfälle sind danach, wenn etwa zu befürchten ist o. schon feststeht, dass der Wahlverteidiger in der HV nicht ständig anwesend sein wird o. sonst die zur reibungslosen Durchführung des Hauptverfahrens erforderlichen Maßnahmen nicht treffen kann o. will (BGHSt 15, 306 (309); BGH NJW 1973, 1985; OLG Frankfurt a. M. 1994, 288; OLG Hamm NJW 1975, 1238; OLG Stuttgart NJW 1979, 559), insbes., wenn er schon früher mehrmals die Verteidigung niedergelegt hat (OLG Düsseldorf NStZ 1986, 137), o. wenn in einem Großverfahren wegen des Umf. u. der Schwierigkeit der Sache sowie der langen Verfahrensdauer ein unabweisbares Bedürfnis für die Mitwirkung mehrerer Verteidiger besteht (BGH 16.4.2025 – StB 13/25; OLG Hamm NJW 1978, 1986; OLG Karlsruhe NJW 1978, 1172; OLG Rostock StraFo 2002, 230; OLG Frankfurt a. M. StV 1993, 348; OLG Karlsruhe StraFo 2009, 517) o. sonstige Gründe der prozessualen Fürsorge (→ Einl. Rn. 155 ff.) sie gebieten (OLG Düsseldorf JurBüro 1986, 887: Mittellosigkeit des Angeklagten). Die Hinzuziehung eines Ergänzungsrichters (§ 192 Abs. 2 GVG) ist hingegen nicht maßgeblich, da für die Wahrscheinlichkeit des Eintritts des Ergänzungsfalles insbes. in der Person eines beteiligten Richters liegende, für die Sicherung der Verteidigung indes nicht erhebliche Umstände in den Blick zu nehmen sein können (BGH NStZ-RR 2021, 179). 3

Dies gilt nach der Judikatur allerdings nicht bei lediglich abstrakt-theoretischer Möglichkeit einer späteren Verfahrensgefährdung durch das Ausbleiben eines Verteidigers (OLG Hamburg StraFo 2020, 152; bes. deutlich OLG Celle StraFo 2020, 289: konkrete Gefahr), so zB weil in einer 4-Tages-Sache dem Ausfall des Wahlverteidigers vorgebeugt werden soll (OLG Frankfurt a. M. StV 1986, 144), ebenso wenig um einen weitgehend verhinderten Pflichtverteidiger zu entlasten (BGH NStZ-RR 2025, 54) o. weil der Wahlverteidiger aus terminlichen Gründen verhindert ist, eine HV wahrzunehmen (OLG Celle StV 1988, 100; OLG Düsseldorf StraFo 1999, 414; OLG Köln StraFo 1998, 267) o. die abstrakte Gefahr besteht, dass eine viel beschäftigte Verteidigerin sich mit COVID-19 infiziert u. ihr dann eine Quarantäne drohe (OLG Celle NJW-Spezial 2020, 442; Pätzel NStZ 2021, 257 (260)), ebenso nicht zu dem Zweck, die Vertretung der Verteidiger untereinander zu ermöglichen (vgl. BGH 15.5.2025 – StB 16/25; 19.2.2025 – StB 4–6/25; OLG Hamburg StraFo 2020, 152; OLG Frankfurt a. M. StV 1995, 68) o. die Beiordnung eines weiteren Verteidigers unter Hinweis auf anderweitige Mandatsverpflichtungen des bestellten Verteidigers herbeizuführen (OLG Hamburg StraFo 2020, 152). Dementsprechend ist die Bestellung zusätzlicher Pflichtverteidiger nur für die Verhandlungstage, an denen der erste verhindert ist, nicht möglich (OLG Hamm StV 2011, 660). Unzulässig ist auch die Beiordnung zweier Verteidiger mit der Maßgabe, dass nur eine Verteidigervergütung gezahlt wird (OLG Frankfurt a. M. NJW 1980, 1703). Zulässig ist nach der Rspr. im Falle der Verhinderung des Pflichtverteidigers allerdings grds. die zeitlich beschränkte Bestellung als **Vertreter für einzelne Sitzungstage** (vgl. auch BGH BeckRS 2025, 1910; OLG Stuttgart BeckRS 2011, 03142), sofern im Einzelfall eine sachgerechte Verteidigung gewährleistet bleibt. Dies kann etwa v. Umf., Bedeutung u. Schwierigkeit des Beweisprogramms des betr. Sitzungstages abhängen. 4

5 Die **Schwierigkeit des Verfahrens** kann aus tatsächlichen o. rechtlichen Gründen gefolgert werden. Oftmals werden sich dabei Überschneidungen zum Umf. des Verfahrens ergeben. Die Bestellung kommt in Betracht, wenn der Verfahrensstoff so außergewöhnlich umfangreich oder rechtlich komplex ist, dass er nur bei arbeitsteiligem Zusammenwirken mehrerer Verteidiger in der zur Vfg. stehenden Zeit durchdrungen und beherrscht werden kann (vgl. BGHSt 65, 129; BGH 30.4.2025 – StB 15/25). Zu denken ist zB an Fälle, bei denen eine Masse v. Urkunden zu sichten ist, insbes. wenn dies mit der Notwendigkeit einhergeht, bes. komplizierte Rechtsfragen – zB im Wirtschaftsstrafrecht – zu beurteilen. Der Umstand, dass die Anklage v. mehreren StAen vertreten wird, reicht für sich allein nicht aus (OLG Frankfurt a. M. NStZ-RR 2007, 244). Aus dem Umstand, dass die HV gem. § 122 Abs. 2 S. 2 GVG mit 5 Berufsrichtern durchgeführt wird, kann nicht ohne weiteres geschlossen werden, dass die Verteidigung durch einen Pflichtverteidiger nicht leistbar wäre (BGH NStZ 2024, 502).

6 In Betracht kommen aber auch **Gründe in der Person des bisherigen Verteidigers,** die der zügigen Durchführung des Verfahrens entgegenstehen können, zB Krankheit o. fehlende bzw. nur partielle Verfügbarkeit aufgrund anderweitiger Mandate.

7 Die Bestellung kann auch **gegen den Willen des Angeklagten** u. des Wahlverteidigers („Zwangsverteidiger") erfolgen (vgl. BT-Drs. 19/13829, 48), was allerdings den Ausnahmefall bilden sollte. In diesem Fall kann sie zwar zum Wegfall der Einheitlichkeit der Verteidigung führen (Rudolph DRiZ 1975, 210; Welp ZStW 90 (1978), 823 ff.); das muss aber erforderlichenfalls im Interesse einer wirkungsvollen staatlichen Strafrechtspflege in Kauf genommen werden. Die Befugnisse des „aufgezwungenen" Verteidigers sind nicht in irgendeiner Weise eingeschränkt (**aM** SK-StPO/Wohlers Vor § 137 Rn. 44 mwN).

8 **B. Aufhebung der Bestellung.** Die Bestellung ist aufzuheben, **sobald die Mitwirkung** des zusätzlichen Pflichtverteidigers zur zügigen Durchführung des Verfahrens **nicht mehr erforderlich** ist (Abs. 2 S. 1), dh wenn die speziellen Voraussetzungen des Abs. 1, welche Grdl. der Bestellung waren, entfallen sind. Dies wird nur bei wesentlichen Änd. des Verfahrens anzunehmen sein. Bei Bestellungen zur Sicherung einer umfangreichen HV kann dies häufig erst mit deren Abschluss angenommen werden (BT-Drs. 19/13829, 49), es sei denn, es ist nach dem jeweiligen Verfahrensstand – etwa aufgrund eines Geständnisses des Angeklagten – mit einer abgekürzten Beweisaufnahme zu rechnen.

9 Liegt **kein Fall der notwendigen Verteidigung mehr** vor, ist die Bestellung ebenfalls nach allg. Grundsätzen aufzuheben.

10 **C. Entspr. Geltung von § 142 Abs. 5 und Abs. 6 (Abs. 2 S. 2).** Dem Beschuldigten ist daher auch vor der Bestellung eines zusätzlichen Pflichtverteidigers Gelegenheit zu geben, innerhalb einer v. Gericht bestimmten Frist einen Verteidiger zu bezeichnen (§ 142 Abs. 5 S. 1). Das Gericht bestellt den bezeichneten Verteidiger, wenn dem kein wichtiger Grund entgegensteht (§ 142 Abs. 5 S. 3), die gerichtliche Bestellung erfolgt nach § 142 Abs. 6.

11 **D. Rechtsmittel.** Die Bestellung eines zusätzlichen Pflichtverteidigers wie deren Aufhebung sind mit der **sofortigen Beschwerde** anfechtbar (§ 142 Abs. 7 S. 1 unmittelbar für die Bestellung (BGH NStZ 2020, 754), Abs. 2 S. 2 iVm § 142 Abs. 7 S. 1 für deren Aufhebung). Dies gilt auch für die Ablehnung der (OLG Hamm BeckRS 2020, 9773) bzw. die Bestellung eines Pflichtverteidigers neben einem Wahlverteidiger (s. dazu schon OLG Düsseldorf StraFo 1999, 276; 414; OLG Frankfurt a. M. 2001, 610; OLG Köln StV 1989, 242; OLG Zweibrücken NStZ 1988, 144), ebenso gegen die Ablehnung eines darauf gerichteten Antrags (OLG München NJW 1981, 2208).

11a **Ausnahmsweise** wird eine **Beschwer des Beschuldigten** durch die Beiordnung eines zusätzlichen Pflichtverteidigers vorliegen, wenn der Angeklagte substantiiert geltend macht, dass die Vorschr. des § 142 Abs. 5 S. 1 nicht beachtet wurde, kein Vertrauensverhältnis besteht o. der bestellte Verteidiger unfähig erscheint, die Verteidigung ordnungsgemäß u. in Koordination mit dem weiteren Verteidiger zu führen; die Beschwer kann sich insoweit daraus ergeben, dass der Angeklagte seine Verteidigungsstrategie entgegen seinem Willen mit zwei statt mit einem Verteidiger abstimmen muss (so bereits die Judikatur zur früheren Rechtslage, KG StraFo 2016, 414 mwN; vgl. auch BGH NStZ-RR 2023, 283; BVerfG NStZ-RR 2019, 156; **aM** OLG Jena NStZ-RR 2012, 317; erg. zur Beschwer des Beschuldigten → § 142 Rn. 63). Ein Beschwerderecht des Beschuldigten besteht auch für die Ablehnung der Beiordnung eines zweiten Pflichtverteidigers (vgl. BGH 19.3.2024 – StB 17/24 mwN). Der Wahlverteidiger hat kein eigenes Beschwerderecht. Ergänzend → § 142 Rn. 62, 63, → § 143 Rn. 9.

Auf die **sofortige Beschwerde gegen die Ablehnung** der Bestellung eines weiteren Verteidigers prüft das Beschwerdegericht, ob der Vorsitzende des Erstgerichts die Grenzen seines Beurteilungsspielraums zu den tatbestandlichen Voraussetzungen des Abs. 1 eingehalten u. sein Entscheidungsermessen fehlerfrei ausgeübt hat; ihm ist es versagt, ein eigenes Ermessen auszuüben, es kann die Beurteilung des Vorsitzenden nur beanstanden, wenn sie sich nicht mehr iRd Vertretbaren hält (BGHSt 65, 129; BGH 30.4.2025 – StB 15/25). 12

Die **Revision** kommt nach § 338 Nr. 5 nur in Betracht, wenn im Falle fortbestehender notwendiger Verteidigung die Aufhebung der Bestellung (Abs. 2) dazu geführt hat, dass der Angeklagte gar nicht mehr vertreten war (→ § 338 Rn. 41). Im Übrigen gilt § 336 S. 2. 13

Ausbleiben oder Weigerung des Pflichtverteidigers

145 (1) [1] **Wenn in einem Falle, in dem die Verteidigung notwendig ist, der Verteidiger in der Hauptverhandlung ausbleibt, sich unzeitig entfernt oder sich weigert, die Verteidigung zu führen, so hat der Vorsitzende dem Angeklagten sogleich einen anderen Verteidiger zu bestellen.** [2] **Das Gericht kann jedoch auch eine Aussetzung der Verhandlung beschließen.**

(2) **Wird der notwendige Verteidiger erst im Laufe der Hauptverhandlung bestellt, so kann das Gericht eine Aussetzung der Verhandlung beschließen.**

(3) **Erklärt der neu bestellte Verteidiger, daß ihm die zur Vorbereitung der Verteidigung erforderliche Zeit nicht verbleiben würde, so ist die Verhandlung zu unterbrechen oder auszusetzen.**

(4) **Wird durch die Schuld des Verteidigers eine Aussetzung erforderlich, so sind ihm die hierdurch verursachten Kosten aufzuerlegen.**

Übersicht

1 **A. Bestellung eines anderen Pflichtverteidigers (Abs. 1 S. 1). I. Ergänzung der §§ 140 Abs. 1, Abs. 2, 231a Abs. 4.** Eine Ergänzung der §§ 140 Abs. 1, Abs. 2, 231a Abs. 4 enthält die Vorschrift.

2 Sie regelt den Fall, dass bei notwendiger Verteidigung zwar ein Verteidiger gewählt o. bestellt worden ist, dass er aber die Verteidigung in der HV nicht führt. Sie dient nicht primär der Verfahrenssicherung, sondern soll das Recht des Beschuldigten auf eine effektive u. angemessene Verteidigung wahren (BGH NJW 2013, 2981).

3 Der Vorsitzende hat dem Angeklagten dann sogleich, dh ohne weitere Verh. in der Sache (RGSt 44, 16), nicht unbedingt ohne Unterbrechung der Verh., einen **anderen Verteidiger zu bestellen;** das kann auch der bisherige Wahlverteidiger sein, auch wenn er das Mandat niedergelegt o. der Angeklagte ihm das Mandat entzogen hatte (BGH NStZ 1992, 292; OLG Stuttgart NJW 1979, 559; vgl. aber → Rn. 9). Dem Abs. 1 S. 1 ist der Grundsatz zu entnehmen, dass bei notwendiger Verteidigung der Verteidiger zu den Personen gehört, deren ununterbrochene Anwesenheit in der HV erforderlich ist, dass aber nicht stets derselbe Verteidiger anwesend sein muss (vgl. → § 226 Rn. 10). Daher kann mit dem neu bestellten Pflichtverteidiger die Verh. grds. ohne Wiederholung einzelner Teile weitergeführt werden (BGHSt 13, 337 (340); BGH NStZ 1981, 231; **aM** Fezer 11/55: Wiederholung; SK-StPO/Wohlers Rn. 15: nur im Ausnahmefall; vgl. aber auch → Rn. 11 ff.).

4 Ein **Pflichtverteidiger wird nicht bestellt,** wenn der Angeklagte sofort einen anderen Verteidiger wählt (KK-StPO/Willnow Rn. 6) o. wenn die Verh. nach Abs. 1 S. 2 oder nach § 265 Abs. 4 (→ Rn. 12) ausgesetzt wird. Wegen des Ausbleibens des Wahlverteidigers bei nicht notwendiger Verteidigung vgl. § 228 Abs. 2.

5 **II. Ausbleiben in der Hauptverhandlung.** Gemeint ist das Ausbleiben trotz ordnungsgemäßer Ladung (RGSt 53, 264) u. ohne Befreiung nach § 231c. Der Grund des Ausbleibens ist gleichgültig. Mangelnde Verhandlungsfähigkeit des Verteidigers steht seiner Abwesenheit gleich (Löwe/Rosenberg/Lüderssen/Jahn Rn. 14; erg. → § 51 Rn. 3; → § 329 Rn. 14). Das verspätete Erscheinen fällt nicht unter die Vorschr. (OLG Bamberg StraFo 2003, 419). Abs. 1 gilt auch nicht, wenn v. mehreren Verteidigern wenigstens einer erscheint.

6 **III. Sichentfernen zur Unzeit.** Sichentfernen zur Unzeit ist das Weggehen während der HV o. das Ausbleiben nach einer Unterbrechung, wenn Prozesshandlungen vorgenommen werden, die wesentliche Vorgänge der HV (dazu → § 338 Rn. 36 ff.) darstellen (OLG Koblenz NStZ 1982, 43; OLG Köln NJW 2005, 3588). Zulässig ist das Sichentfernen, wenn es nach § 231c genehmigt ist o. wenn sich der Verteidiger mit Zustimmung des Angeklagten v. einem Unterbevollmächtigten (→ Vor § 137 Rn. 11) vertreten lässt. Ein „prozessuales Notwehrrecht" des Verteidigers, das ihn zum Verlassen des Sitzungssaals berechtigt, gibt es nicht (OLG Köln NJW 2005, 3588; **aM** Zwiehoff JR 2006, 505).

7 **IV. Weigerung, die Verteidigung zu führen.** Die Weigerung, die Verteidigung zu führen, braucht nicht ausdr. erklärt zu werden. Es genügt, dass der Verteidiger untätig bleibt, obwohl ein Tätigwerden nach den Umständen geboten wäre (BGH StV 1993, 566; OLG Karlsruhe StV 2003, 152). Dabei handelt es sich um eine nach den Umständen des Einzelfalls zu beurteilende Entscheidung (vgl. etwa OLG Schleswig StraFo 2022, 106: nach den Umständen nicht ausr. Erklärung, an Zeugen keine Fragen zu stellen). Dauernde Ungebühr reicht nicht aus (Löwe/Rosenberg/Lüderssen/Jahn Rn. 18; vgl. aber OLG Hamm NJW 1954, 1053).

8 **B. Unterbrechung oder Aussetzung der Verhandlung. I. Nach pflichtgemäßem Ermessen (Abs. 1 S. 2).** Anstelle der Pflichtverteidigerbestellung (Abs. 1 S. 2) kann das Gericht nach pflichtgemäßem Ermessen die Verh. aussetzen.

Dies ist idR geboten, wenn der Verteidiger nur kurzfristig ausfällt, zB wegen Erkrankung, u. dem Angeklagten ein Verteidigerwechsel erspart werden soll.

Dabei hat das Gericht – über den Wortlaut der Vorschr. hinaus – auch zu prüfen, ob nicht eine Unterbrechung der HV der entstandenen Konfliktlage – Kontinuität der Verteidigung o. Fortführung der HV mit neuem Verteidiger – angemessen Rechnung trägt (BGH NJW 2013, 2981; Löwe/Rosenberg/Lüderssen/Jahn Rn. 20). Kommt danach eine Aussetzung nicht in Betracht, hat sich das Gericht um einen mit dem Pflichtverteidiger abgestimmten Termin zur Fortsetzung der HV ernsthaft zu bemühen (BGH NJW 1992, 849) bzw. eine Unterbrechung zu verlängern (Lorenzen/Thamm SchlHA 1996, 94 – OLG Schleswig RsprÜ). 9

II. Bestellung des Verteidigers erst im Lauf der Hauptverhandlung (Abs. 2). Bei Bestellung des Verteidigers erst im Lauf der Hauptverhandlung (Abs. 2) nach § 142 Abs. 3 Nr. 3 kann das Gericht die Aussetzung vAw beschließen. Dazu besteht Anlass, wenn die HV nicht, was unerlässlich ist, in Anwesenheit des neu bestellten Verteidigers in ihren wesentlichen Teilen wiederholt werden o. wenn der Verteidiger sich während der lfd. Verh. nicht genügend vorbereiten kann. 10

III. Auf Verlangen des neu bestellten Verteidigers (Abs. 3). Auf Verlangen des neu bestellten Verteidigers (Abs. 3) muss die Verh. unterbrochen o. ausgesetzt werden (BGH NStZ 2000, 212). Der Verteidiger muss selbst beurteilen, ob er für die Erfüllung seiner Aufgabe hinreichend vorbereitet ist; das Gericht prüft dies grds. nicht nach (BGH NStZ 2013, 122; JR 1998, 251; aber → Rn. 13). Verneint er dies, muss er die Erkl. dahin abgeben, ihm verbleibe nicht die zur Vorbereitung der Verteidigung erforderliche Zeit. Das kann er aber nur bei Übernahme der Verteidigung geltend machen; er kann die Unterbrechung o. Aussetzung nicht etwa zu einem beliebigen späteren Zeitpunkt erzwingen (BGHSt 13, 337 (339); BGH NJW 1973, 1985). 11

Ob die Verh. ausgesetzt werden muss o. ob eine Unterbrechung genügt, entscheidet das Gericht nach **pflichtgemäßem Ermessen** (BGHSt 13, 337 (343); Eisenberg NJW 1991, 1263; **aM** Löwe/Rosenberg/Lüderssen/Jahn Rn. 26; SK-StPO/Wohlers Rn. 19: Wahlrecht des Verteidigers). Die Unterbrechung kommt nur in Betracht, wenn der durch § 229 begrenzte Zeitraum für die Vorbereitung der Verteidigung ausreicht u. sich der Verteidiger über den Verlauf u. die wesentlichen Erg. der bisherigen Verh. zuverlässig unterrichten kann (BGHSt 13, 337 (344)). Dann hat aber die Unterbrechung den Vorrang vor der Aussetzung (KK-StPO/Willnow Rn. 10; vgl. BGH NJW 1973, 1985). 12

Unabhängig v. dem Verlangen des Verteidigers kann die **Aussetzung nach § 265 Abs. 4** geboten sein (BGH NJW 1973, 1985; NStZ 2009, 650). Stellt allerdings der neu bestellte Verteidiger seine Fähigkeit zu sachgerechter Verteidigung nicht in Frage, wird regelmäßig auch das Gericht keinen Anlass haben, seine Vorstellungen v. einer angemessenen Vorbereitungszeit gegen ihn durchzusetzen u. von ihm nicht angestrebte prozessuale Maßnahmen zu treffen (BGH NStZ 2013, 122). Gibt es jedoch greifbare Anhaltspunkte dafür, dass dies nicht der Fall sein könnte, muss das Gericht eine Aussetzung – o. Unterbrechung – prüfen; dies ist etwa der Fall, wenn der Verteidiger objektiv keine genügende Vorbereitungszeit hatte o. sich seine Einschätzung sonst unter dem Aspekt einer effektiven Verteidigung als evident interessenwidrig darstellt (BGH NJW 2013, 2981). 13

Der **Angeklagte selbst** kann aufgrund des Abs. 3 weder eine Unterbrechung noch eine Aussetzung erzwingen (BGH NJW 1963, 1114; 1973, 1985). 14

Abs. 3 gilt entsprechend, wenn kein Pflichtverteidiger bestellt zu werden braucht, weil der Angeklagte sogleich einen anderen Verteidiger wählt (OLG Karlsruhe StV 1991, 199). 15

C. Auferlegung der Kosten (Abs. 4). I. Bei Aussetzung der Verhandlung. Nur bei Aussetzung der Verhandlung nach Abs. 1 S. 2 oder Abs. 3 gilt die Vorschr., nicht bei Aufhebung des Hauptverhandlungstermins (OLG Nürn- 16 berg AnwBl 1971, 25) o. bei bloßer Unterbrechung nach § 229 (OLG Celle MDR 1979, 864). Abs. 4 ist ferner nur bei notwendiger Verteidigung nach §§ 140 Abs. 1, Abs. 2, 231a Abs. 4 anwendbar (OLG Hamm NJW 1963, 1416), dann aber sowohl auf den Pflichtverteidiger als auch auf den *Wahlverteidiger* (BayObLG NJW 1952, 1066; OLG München MDR 1979, 779; OLG Stuttgart StraFo 2020, 108 mablAnm Sommer sowie Theile StV 2020, 154).

17 Zwar hat der **Wahlverteidiger** keine unbedingte Erscheinenspflicht, wenn ein Pflichtverteidiger bestellt ist; ihm können daher bei Ausbleiben die Kosten nicht auferlegt werden, wenn der Pflichtverteidiger erscheint (OLG Köln StV 1997, 122). Anders verhält es sich aber, wenn der ausgebliebene Wahlverteidiger nicht darauf vertrauen kann, dass der Pflichtverteidiger tatsächlich zur HV erscheint (OLG Stuttgart StraFo 2020, 108). Die Aussetzung muss aus einem der Gründe des Abs. 1 S. 1 erfolgt sein.

18 Auf **andere Fälle** kann Abs. 4 **nicht entspr.** angewendet werden (KG NStZ-RR 2000, 189; OLG Frankfurt a. M. JR 1950, 570: verspäteter Beweisantrag; OLG Hamm NStZ 1983, 186: Aussetzung wegen unzulänglicher Führung der Verteidigung; OLG Köln StV 2001, 389: Entpflichtung wegen pflichtwidrigen Verhaltens; OLG Nürnberg StV 1998, 584: Unmöglichkeit des Verteidigergesprächs mit dem Angeklagten wegen Erkrankung; OLG Jena StV 2003, 432: verspäteter Aussetzungsantrag; **aM** OLG Frankfurt a. M. NJW 1977, 913: Entpflichtung des Verteidigers wegen prozessordnungswidrigen Verhaltens; OLG Hamburg NStZ 1982, 171: schuldhafte Herbeiführung der Verhandlungsfähigkeit des Angeklagten; vgl. auch OLG Bamberg StV 1989, 470; unrichtig LG Berlin NStZ 2003, 280: verspätete Aktenrückgabe; vgl. auch BVerfG NJW 2009, 1582 sowie eing. Fahl Rechtsmißbrauch S. 48 ff.).

19 **II. Schuld des Verteidigers.** Durch die Schuld des Verteidigers muss die Aussetzung erforderlich geworden sein; er muss sich prozessordnungswidrig u. pflichtwidrig verhalten haben (OLG Hamm NJW 1963, 1416; OLG Koblenz NStZ 1982, 43).

20 Das setzt zunächst voraus, dass er Kenntnis nicht nur v. dem Termin hatte (OLG Hamm JMBl. NRW. 1978, 57), sondern insbes. die **Notwendigkeit der Verteidigung kannte.** Der Pflichtverteidiger hat diese Kenntnis stets; der Wahlverteidiger kann sie in den Fällen des § 140 Abs. 1 ohne weiteres aus Anklageschrift o. Eröffnungsbeschluss gewinnen. Im Fall des § 140 Abs. 2 bedarf es idR einer Feststellung des Vorsitzenden darüber, dass die Verteidigung notwendig ist (OLG Hamm StraFo 1997, 79; OLG München MDR 1979, 779; vgl. auch BayObLG NJW 1952, 1066). Erforderlich ist eine entspr. Erkl. in der HV o. eine richterliche Entschließung, die aktenkundig gemacht u. dem Verteidiger bekanntgegeben werden muss (LG Bielefeld StV 2004, 32 Ls.). Nur wenn die Voraussetzungen des § 140 Abs. 2 offensichtlich vorliegen (zB bei Verh. über die Berufung des zu 3 Jahren Freiheitsstrafe verurteilten Angeklagten), handelt der Verteidiger auch ohne eine solche Feststellung schuldhaft (vgl. OLG Saarbrücken JBl. Saar 1962, 14).

21 **Im Einzelnen** ist ein Verschulden des Verteidigers an der Aussetzung angenommen worden, wenn er ausgeblieben ist, weil er den Termin vergessen hatte (OLG Düsseldorf JMBl. NRW. 1982, 235), weil er ohne Rückfrage beim Gericht v. einer Terminsabsetzung ausgegangen ist (OLG Düsseldorf VRS 77, 363) o. weil er die Vorbereitungszeit für zu kurz hielt (OLG Düsseldorf AnwBl 1981, 201), wenn er das Mandat unmittelbar vor der HV niedergelegt hat, weil der Mandant seiner Zahlungspflicht nicht nachgekommen ist (OLG Düsseldorf JurBüro 1997, 372; OLG Koblenz MDR 1975, 773; OLG Saarbrücken JBl. Saar 1962, 14), o. wenn er es in der HV ohne Angabe v. Gründen (OLG Saarbrücken StV 1989, 5) o. wegen Spannungen mit dem Gericht niederlegt (OLG Hamm NJW 1967, 897), wenn er einem Referendar – nicht hingegen einem anderen RA seiner Sozietät (so aber LG Duisburg StV 2005, 600 mablAnm Jahn/Kett-Straub) – Untervollmacht erteilt u. selbst ausgeblieben ist, ohne sich rechtzeitig der Zustimmung des Angeklagten zu

vergewissern (KG JR 1972, 206; zu weitgehend hingegen LG Berlin NStZ 2000, 51; vgl. hierzu BGH StraFo 2006, 454), wenn er sich aus der HV entfernt hat, weil der Angeklagte sich abfällig über ihn geäußert hat (OLG Köln MDR 1977, 598), weil seinem Aussetzungsantrag nach § 222a Abs. 2 nicht stattgegeben worden ist (OLG Frankfurt a. M. StV 1981, 289; vgl. aber RAK Frankfurt StV 1981, 210), weil er seine Bestellung zum Pflichtverteidiger erzwingen wollte (OLG Stuttgart NStZ 2019, 630: auch, wenn seine Vergütung nicht gesichert war) o. weil der Vorsitzende uniformierte Polizeibeamte zu seinem Schutz hinzugezogen hat (OLG Schleswig MDR 1977, 775) o. weil er sich grundlos geweigert hat, der Anordnung, eine Maske zum Schutz vor einer COVID-19 Infektion zu tragen, Folge zu leisten (OLG Celle BeckRS 2021, 8318). Verspätetes Erscheinen ist nicht stets schuldhaft (OLG Düsseldorf StV 1984, 372: Vertrauen auf Zuwarten des Gerichts). Die rechtzeitige Anzeige der Verhinderung (notfalls durch Telefon o. Telefax) ist erforderlich (OLG Jena OLG-NL 1995, 48 Ls.: auch bei kurzfristiger Pflichtverteidigerbestellung); erfolgt sie, schließt sie das Verschulden aus (OLG Frankfurt a. M. StV 1987, 8; OLG Hamm StV 1995, 514). Zur Überprüfung der Verhandlungsfähigkeit des Verteidigers, der sich, angeblich aus Krankheitsgründen, zur Unzeit entfernt hat, kann eine amtsärztliche Untersuchung angeordnet werden (OLG Hamburg NStZ 1982, 172).

III. Verfahren. Die Entsch. nach Abs. 4 wird sofort getroffen; sie wird nicht bis zur Kostenentscheidung nach den §§ 464 ff. aufgeschoben (erg. → § 51 Rn. 23; → § 467 Rn. 2). Zuständig ist das Gericht, nicht der Vorsitzende allein (OLG Hamm StV 1995, 514). Wurde die HV zunächst nur unterbrochen, kann aber ohne die Schöffen über die Aussetzung u. die Kostenfrage entschieden werden (BVerfG NJW 2009, 1582; OLG Stuttgart VRS 116, 116). 22

Ist der Verteidiger anwesend, so erhält er vorher **rechtliches Gehör;** der ausgebliebene Verteidiger kann es sich nachträglich durch Beschwerde nach § 304 Abs. 2 verschaffen. Im Erg. gilt § 51 Abs. 2 S. 3 entspr.; der ausgebliebene Verteidiger hat die Möglichkeit, sich nachträglich zu entschuldigen (OLG Düsseldorf StV 1984, 8; erg. → § 51 Rn. 24). 23

IV. Kostentragungspflicht. Abs. 4 begründet einen **Schadensersatzanspruch der Staatskasse** (OLG Stuttgart NStZ 1982, 130). Seine Höhe wird nicht in dem Beschl. nach Abs. 4, sondern erst in dem Verf. nach § 464b festgesetzt (vgl. → § 51 Rn. 14). Zu erstatten sind die durch die ausgesetzte Verh. entstandenen Kosten (§ 464a Abs. 1) in dem Umf., in dem der Angeklagte sie nach § 465 Abs. 1 S. 1 bei Verurteilung o. die Staatskasse nach § 467 Abs. 1 bei Freispruch zu tragen hätte (OLG Karlsruhe NJW 1980, 951). Dabei ist der wirkliche Verfahrensablauf entscheidend, nicht hypothetische Überlegungen über einen anderen Verlauf der HV (OLG Karlsruhe NJW 1980, 951). 24

D. Anfechtung. Für die Anfechtung der Verteidigerbestellung gelten → § 141 Rn. 61 ff., → § 143 Rn. 9, 10, → § 143a Rn. 36. Die Entsch. über Unterbrechung o. Aussetzung sind nach § 305 S. 1 der Anfechtung entzogen (Löwe/Rosenberg/Lüderssen/Jahn Rn. 39; **aM** SK-StPO/Wohlers Rn. 21). Der Beschl. nach Abs. 4 ist mit der einfachen Beschwerde nach § 304 Abs. 2 anfechtbar; die Wertgrenze des § 304 Abs. 3 gilt. 25

E. Revision. Wird ohne Verteidiger weiterverhandelt, begründet das nach § 338 Nr. 5 die Revision (BGH NJW 1993, 340; StV 1993, 566; erg. → § 338 Rn. 41), bei Verstoß gegen Abs. 3 gilt § 337, idR wird das Urt. darauf beruhen (vgl. aber BGH NStZ 2000, 212). Krankheitsbedingte Abwesenheit des Verteidigers begründet idR nicht die Revision, wenn für den Angeklagten ein anderer verteidigungsbereiter Verteidiger auftritt (Kusch NStZ-RR 2000, 289 – BGH RsprÜ). 26

Zustellungen an den Verteidiger **Nr. 108, 154 RiStBV**

145a (1) [1]**Der gewählte Verteidiger, dessen Bevollmächtigung nachgewiesen ist, sowie der bestellte Verteidiger gelten als ermächtigt, Zustellungen und sonstige Mitteilungen für den Beschuldigten in Empfang zu nehmen.** [2]**Zum Nachweis der Bevollmächtigung genügt die Übermittlung einer Kopie der Vollmacht durch den Verteidiger.** [3]**Die Nachreichung der Vollmacht im Original kann verlangt werden; hierfür kann eine Frist bestimmt werden.**

(2) [1]**Eine Ladung des Beschuldigten darf an den Verteidiger nur zugestellt werden, wenn er in seiner nachgewiesenen Vollmacht ausdrücklich zur Empfangnahme von Ladungen ermächtigt ist.** [2]**§ 116a Abs. 3 bleibt unberührt.**

(3) [1]**Wird eine Entscheidung dem Verteidiger nach Absatz 1 zugestellt, so wird der Beschuldigte hiervon unterrichtet; zugleich erhält er formlos eine Abschrift der Entscheidung.** [2]**Wird eine Entscheidung dem Beschuldigten zugestellt, so wird der Verteidiger hiervon zugleich unterrichtet, auch wenn eine Vollmacht bei den Akten nicht vorliegt; dabei erhält er formlos eine Abschrift der Entscheidung.**

1 **A. Zustellung an den Verteidiger (Abs. 1). I. Gesetzliche Zustellungsvollmacht.** Eine gesetzliche Zustellungsvollmacht des **gewählten sowie des bestellten** Verteidigers, die auch gegen den Willen des Beschuldigten gilt (BayObLGSt 1969, 110; KG StraFo 2019, 110), begründet die Vorschr., um das Zustellungswesen zu vereinfachen; es ist daher auch nicht möglich, die Vollmacht des Wahlverteidigers dahin einzuschränken, dass sie sich nicht auf Zustellungen erstrecken soll (OLG Dresden NStZ-RR 2005, 244; OLG Jena NJW 2001, 3204; OLG Köln NJW 2004, 3196; **aM** OLG Hamm NJW 1991, 1317).

2 Die ges. Zustellungsvollmacht dauert so lange fort, bis ihr Widerruf aktenkundig geworden ist. Hat der Beschuldigte mehrere Verteidiger, so gilt Abs. 1 für jeden v. ihnen; die Wirksamkeit der Zustellung wird aber weder dadurch berührt, dass nur an einen v. ihnen zugestellt wurde (BVerfG NJW 2001, 2532), noch dadurch, dass die anderen v. der Zustellung nicht unterrichtet worden sind (BVerfG NJW 2002, 1640; BGH NJW 1977, 640; erg. → Rn. 14). Zur Zustellung an RAe vgl. → § 37 Rn. 19, 29.

2a **II. Rechtsgeschäftliche Zustellungsvollmacht.** Neben der ges. gibt es die rechtsgeschäftliche Zustellungsvollmacht (BGH NStZ 1997, 293; OLG Rostock VRS 107, 442; OLG Stuttgart Justiz 2003, 300;), die nicht auf die nach § 137 Abs. 1 S. 2, 3 zulässigen Wahlverteidiger beschränkt ist und die – anders als die ges. Zustellungsvollmacht (→ Rn. 9) – auch später (zB durch unterschriebenen Empfangsnachweis o. durch anwaltschaftliche Vers.) nachgewiesen werden kann (BGH NStZ 1997, 293; StraFo 2010, 339; BayObLG NJW 2004, 1263; DAR 2003, 380). Zur „außergerichtlichen Vollmacht" im OWi-Verfahren (sog. „Verjährungsfalle") vgl. OLG Düsseldorf JR 2008, 522; OLG Karlsruhe NStZ 2009, 295; Göhler/Bauer OWiG § 51 Rn. 44a.

3 **III. Wirksames Verteidigungsverhältnis.** Ein wirksames Verteidigungsverhältnis setzt Abs. 1 voraus: er gilt also nicht beim Fehlen der nach § 138 Abs. 2 erforderlichen Genehmigung u. nach Zurückweisung des Verteidigers nach § 146a. Ist eine Sozietät v. mehr als 3 RAen bevollmächtigt, so darf an sie nicht zugestellt werden, wenn unter Verstoß gegen § 137 Abs. 1 S. 2 alle das Mandat angenommen haben (BayObLG NJW 1976, 861; OLG Hamm JMBl. NRW. 1982, 58 erg. → § 137 Rn. 6); eine gleichwohl erfolgte Zustellung ist aber wirksam (§ 146a Abs. 2; KMR-StPO/Müller Rn. 6).

4 Abs. 1 gilt für **jede Art von Zustellungen,** also nicht nur für die Zustellung v. gerichtlichen Entsch., auch im Fall des § 232 Abs. 4, sondern zB auch für die Zustellung der Anklageschrift nach § 201 Abs. 1.

Die ges. Zustellungsvollmacht ermächtigt auch zum Empfang **sonstiger Mitteilungen** in Strafsachen für den Beschuldigten, selbst wenn sie nicht förmlich zugestellt zu werden brauchen (BGHSt 26, 379 (381); BayObLGSt 1974, 66: Hinweis nach § 72 Abs. 1 S. 2 OWiG). Das gilt auch für Mitteilungen der StA (BGH EzSt § 33a Nr. 1; Pfeiffer NStZ 1981, 95 – BGH RsprÜ: Anträge nach § 349 Abs. 3 S. 1, Abs. 4). Wenn eine Mitteilung nur an den Verteidiger zu richten ist, liegt kein Fall des Abs. 1 vor. 5

Die Vorschr. ermächtigt iÜ zwar zu Zustellungen an den Verteidiger, begründet aber **keine Rechtspflicht,** Zustellungen für den Beschuldigten an ihn zu bewirken. Zustellungen an den Beschuldigten sind wirksam u. setzen die Rechtsmittelfristen in Lauf (BVerfG NJW 2001, 2532; BGHSt 18, 352 (354); BGH StraFo 2025, 192; KG StraFo 2021, 69; BayObLGSt 1988, 162; OLG Düsseldorf NStZ 1989, 88; OLG Frankfurt a. M. StV 1986, 288; OLG Karlsruhe VRS 105, 348; OLG Köln VRS 101, 373), auch wenn der Verteidiger zuvor gebeten hat, Zustellungen nur an ihn zu bewirken (OLG Stuttgart NStZ-RR 2009, 254 Ls.); dies gilt auch, wenn bei Urteilszustellungen Nr. 154 Abs. 1 RiStBV nicht beachtet wurde, was allenfalls ausnahmsweise einen Wiedereinsetzungsantrag begründen kann (BGH NStZ-RR 2019, 24; BeckRS 2014, 5620). Wird sowohl dem Verteidiger als auch dem Beschuldigten zugestellt, so gilt § 37 Abs. 2. 6

IV. Nachgewiesene Bevollmächtigung. Die Bestellung des **Pflichtverteidigers** ergibt sich stets aus den Akten. 7

Die **Wahlverteidigung** muss nachgewiesen sein. Dafür genügt die **Übermittlung einer Kopie** der Vollmacht durch den Verteidiger (Abs. 1 S. 2). Der Nachweis kann durch elektronische Einreichung einer digitalen Kopie der Vollmachtsurkunde geführt werden (vgl. BT-Drs. 19/27654, 81). Lediglich soweit im Einzelfall begründete Zweifel an der Bevollmächtigung bestehen, kann die Nachreichung der Vollmacht im Original verlangt werden. Hierzu kann dem Verteidiger eine Frist bestimmt werden (Abs. 1 S. 3). Nach deren fruchtlosem Ablauf kann davon ausgegangen werden, dass die Bevollmächtigung durch die eingereichte Kopie nicht nachgewiesen ist (vgl. BT-Drs. 19/27654, 81). Eine Blankovollmacht genügt selbst dann nicht, wenn sich der Verteidiger in einem begleitenden Schriftsatz selbst als Vollmachtsnehmer bezeichnet (OLG Stuttgart NStZ-RR 2001, 24). Wird die Vollmachtsurkunde erst nach der Anordnung der Zustellung vorgelegt, so ist die Zustellung an den Verteidiger wirksam, wenn die Bevollmächtigung bei deren Ausführung nachgewiesen ist (vgl. OLG Hamm OLGSt StPO § 145a S. 15 zur früheren Rechtslage), nicht aber, wenn dies erst nach der Zustellung der Fall ist (s. OLG Düsseldorf VRS 93, 169; OLG Schleswig StV 1990, 12, jew. zur früheren Rechtslage). 8

Da das G eine schriftliche Bevollmächtigung nicht verlangt (→ Vor § 137 Rn. 9), ist Abs. 1 auch anwendbar, wenn die **Vollmacht in der Hauptverhandlung** mündlich erteilt u. das im Sitzungsprotokoll beurkundet worden ist (BayObLGSt 1975, 150; OLG Celle NJW 1984, 444; OLG Düsseldorf VRS 68, 461). Ist das nicht geschehen, reicht allein das aus der Sitzungsniederschrift ersichtliche Auftreten des Verteidigers in Anwesenheit des Angeklagten nicht aus (BGHSt 41, 303 (304); BGH NStZ-RR 2009, 144; BayObLGSt 1992, 157; OLG Karlsruhe NStZ-RR 1996, 237). 9

Die **Untervollmacht** des Wahlverteidigers (→ Vor § 137 Rn. 11) enthält für den bevollmächtigten RA eine Zustellungsvollmacht nach Abs. 1 (OLG Koblenz VRS 64, 275). Der allg. Vertreter des RA (§ 53 BRAO) kann Zustellungen für den Beschuldigten ohne Untervollmacht entgegennehmen. Der Pflichtverteidiger darf keine Untervollmacht erteilen (→ § 142 Rn. 60). 10

Die Zustellungsvollmacht nach Abs. 1 besteht **nach Beendigung des Mandats** fort, bis die Anzeige des Beschuldigten, der sich dabei durch den neuen Verteidiger vertreten lassen kann (OLG Köln NStZ-RR 2016, 175), o. des bisherigen Verteidigers über das Erlöschen des Verteidigerverhältnisses zu den Akten gelangt ist (OLG Köln NStZ-RR 2016, 175; BayObLGSt 1969, 110; OLG Koblenz VRS 71, 11

203); allerdings ist bei Stellung eines Wiederaufnahmeantrags durch einen neuen Verteidiger idR davon auszugehen, dass nunmehr nur noch dieser zur weiteren Verteidigung berechtigt sein soll (OLG Düsseldorf NStZ 1993, 403). Übernimmt der Verteidiger nach Niederlegung des Mandats erneut die Verteidigung, gilt Abs. 1 nur, wenn eine neue Vollmacht zu den Akten gegeben wird (OLG Hamm NStZ-RR 2009, 144; OLG Stuttgart NStZ-RR 2002, 369). Beim Pflichtverteidiger endet die Zustellungsvollmacht mit der Aufhebung der Beiordnung; erfolgt diese nicht, gilt die Zustellungsvollmacht daher auch noch im Wiederaufnahmeverfahren (OLG Düsseldorf MDR 1994, 936). Sie wirkt grds. auch im Verf. zur nachträglichen Gesamtstrafenbildung (§ 460) fort, da dieses in die Rechtskraft der ergangenen Entsch. eingreift (KG NStZ-RR 2011, 86; OLG Köln StV 2011, 219 Ls.).

12 **B. Ladung des Beschuldigten (Abs. 2).** Eine Ladung des Beschuldigten (Abs. 2) darf dem Verteidiger grds. nur zugestellt werden, wenn er in seiner – auch durch Vorlage einer digitalen Kopie der Vollmachtsurkunde – nachgewiesenen Vollmacht **ausdr. zur Empfangnahme von Ladungen berechtigt** ist; die Zustellungsbevollmächtigung kann auch in der allg. Vollmachtsurkunde enthalten sein (einschr. OLG Düsseldorf StV 1990, 536; OLG Köln StV 1993, 402) o. sich sonst aus den Akten ergeben (OLG Celle Nds. Rpfl. 1994, 314). Die allg. Vollmacht zur Entgegennahme v. „Zustellungen aller Art" genügt dagegen nicht (OLG Karlsruhe MDR 1980, 687; OLG Köln NStZ-RR 1998, 240). Da nach der Änderung durch das G zur Fortentwicklung der StPO v. 25.6.2021 der Nachweis der Vollmacht genügt, besteht allerdings auch die Möglichkeit, die Bevollmächtigung in der HV zu Prot. zu erklären und den Verteidiger darin zur Empfangnahme von Ladungen zu bevollmächtigen (s. BT-Drs. 19/27654, 81). Eine besondere Vollmacht zur Entgegennahme v. Ladungen muss auch dem Pflichtverteidiger erteilt werden (OLG Hamm NStZ 2017, 432; OLG Düsseldorf StV 1982, 127), aber nur v. Beschuldigten selbst, nicht durch das Gericht (OLG Köln NStZ-RR 1999, 334). Liegt sie nicht vor, kommt eine Ladung über den Pflichtverteidiger nicht in Betracht (vgl. OLG Karlsruhe StraFo 2011, 509: Ladung zur Berufungshauptverhandlung). Wird der Wahlverteidiger zum Pflichtverteidiger bestellt, so ist eine erneute ausdr. Bevollmächtigung erforderlich (OLG Hamburg StraFo 2021, 381; OLG Köln NStZ-RR 199, 334; OLG Düsseldorf StV 1982, 127; dies gilt nach KG NJW 2012, 245 nicht, wenn der Beschuldigte zuvor den Wahlverteidiger ausdr. als Zustellungs- u. Ladungsbevollmächtigten benannt hat; vgl. auch Mayer NStZ 2016, 76 (77)). Ohne die ausdr. erklärte Vollmacht ist die Zustellung der Ladung an den Verteidiger wirkungslos (BayObLG NJW 2004, 532). Ist die Vollmacht aber nachgewiesen, so gilt sie auch für das Berufungsverfahren, obgleich hier die Säumnisfolgen der §§ 329, 330 eintreten können (→ § 323 Rn. 3). Die Mitteilung v. Ort u. Zeit eines Termins, zu dem der Beschuldigte nicht zu erscheinen braucht (zB nach §§ 224 Abs. 1, 350 Abs. 1 S. 1), ist keine Ladung iSd Abs. 3; sie kann, auch wenn sie formlos ergeht, an die Adresse des Verteidigers gerichtet werden. § 116a Abs. 3 wird durch Abs. 2 S. 1 nicht berührt (Abs. 2 S. 2).

13 **C. Benachrichtigung von der Zustellung (Abs. 3).** Die Vorschr. ist Ausdruck der prozessualen Fürsorgepflicht des Gerichts (→ Einl. Rn. 155 ff.). Sie soll sicherstellen, dass der Beschuldigte bei Zustellung an den Verteidiger u. der Verteidiger bei Zustellung an den Beschuldigten unverzüglich v. der zugestellten Entsch. Kenntnis erlangen (OLG Stuttgart VRS 67, 39). Wurde ein Urt. an den bestellten Verteidiger zugestellt, ist dies allein für den Fristenlauf maßgeblich; der Betroffene kann deshalb einen Antrag nach § 44 gegen die Versäumung der Rechtsmittelfrist nicht darauf stützen, er selbst habe v. der Zustellung nicht rechtzeitig Kenntnis erlangt (OLG Hamm NStZ-RR 2016, 216). Bei der Zustellung v. Anträgen u. Mitteilungen, die keine Entsch. sind, gilt Abs. 3 nicht (BGH Pfeiffer NStZ 1981, 95 – BGH RsprÜ; BGH StraFo 2003, 172). Der Verteidiger erhält nach Abs. 3 S. 2 formlos eine Abschrift der Entsch., auch wenn seine Vollmacht

nicht bei den Akten, das Verteidigungsverhältnis aber auf andere Weise bekanntgeworden ist.

Abs. 3 ist nur eine **Ordnungsvorschrift** (BGH NJW 1977, 640; dazu BVerfG NJW 2002, 1640: verfassungsrechtlich unbedenklich). Unterbleibt die Benachrichtigung, so ist die Zustellung gleichwohl wirksam; für den Fristenablauf ist nur die Zustellung, nicht die Benachrichtigung nach Abs. 3 maßgebend (BGH NJW 1977, 640; NStZ 2010, 584 zur Urteilszustellung; KG StV 2015, 228; BayObLG NJW 1993, 150; OLG Düsseldorf VRS 64, 269; OLG Frankfurt a. M. NJW 1982, 1297; OLG Hamburg NJW 1965, 1614; OLG Stuttgart VRS 67, 39; vgl. auch BVerfG NJW 1978, 1575). Das gilt insbes., wenn dem Verteidiger zugestellt worden u. die Benachrichtigung des Angeklagten nicht möglich ist, weil sein Aufenthalt nicht festgestellt werden kann (BGH NJW 1977, 640; Miebach/Kusch NStZ 1991, 28 – BGH RsprÜ). Jedoch ist das Fehlen der Benachrichtigung idR ein Wiedereinsetzungsgrund nach § 44 (→ § 44 Rn. 17; KG StraFo 2021, 69; OLG Stuttgart StV 2011, 85; **aM** OLG München StV 2011, 86 mablAnm Bockemühl); uU kann es sogar die Revision begründen (vgl. OLG Frankfurt a. M. NStZ 1990, 556; OLG Stuttgart StV 2011, 85). Dagegen ist bei einer Zustellung nach Abs. 3 eine Rechtsmittelbelehrung des Angekl. grds. nicht erforderlich (BGH NStZ-RR 2025, 214 mwN). Für die Ladung des Beschuldigten gilt Abs. 3 nicht, auch nicht für Mitteilungen der StA (Pfeiffer NStZ 1981, 95 – BGH RsprÜ). 14

D. Vertreter des Privat- oder Nebenklägers. Ein RA als Vertreter des Privat- oder Nebenklägers ist nach §§ 378 S. 2, 379 Abs. 1 S. 2 iVm § 378 S. 2 zustellungsbevollmächtigt. Für Ladungen gilt Abs. 2 entspr. (→ § 378 Rn. 7). 15

E. Einziehungsbeteiligung. Für die Einziehungsbeteiligung gilt die Vorschr. entspr. (§ 434 Abs. 1 S. 2, § 440 Abs. 3, § 444 Abs. 2 S. 2). 16

Verbot der Mehrfachverteidigung

146 [1] **Ein Verteidiger kann nicht gleichzeitig mehrere derselben Tat Beschuldigte verteidigen.** [2] **In einem Verfahren kann er auch nicht gleichzeitig mehrere verschiedener Taten Beschuldigte verteidigen.**

Übersicht

A. Normzweck. Das **Verbot der Mehrfachverteidigung** soll den Beschuldigten, auch gegen seinen Willen, davor schützen, dass der Verteidiger in einen Interessenwiderstreit gerät u. dadurch seine Beistandsfunktion, die es auch im öffentl. Interesse zu bewahren gilt, beeinträchtigt wird (BVerfGE 45, 354 (358)). Das Verbot der Mehrfachverteidigung besteht bei Tatidentität (S. 1) u. bei Verfahrensidentität (S. 2); die sukzessive Mehrfachverteidigung ist nicht mehr verboten (BGH NStZ 1994, 500; NStZ-RR 2002, 12). § 146 kann auch nicht entspr. auf den Fall angewendet werden, dass ein Verteidiger, Bevollmächtigter o. sonstiger Beistand durch die Wahrnehmung v. Interessen Dritter in einen Interessenwiderstreit gerät; nach dem Willen des Gesetzgebers (vgl. BT-Drs. 10/1313, 22) muss der Verteidiger einen solchen Konflikt (schon wegen § 356 StGB) selbst lösen (BGH NStZ 1992, 292; OLG Düsseldorf NStZ 1991, 352). Die Vorschr. ist auch 1 nicht auf den Fall entspr. anwendbar, dass der Bewährungshelfer als Bevollmächtigter sofortige Beschwerde einlegt (Bringewat MDR 1988, 617 gegen OLG Düsseldorf NStZ 1987, 340). Sie findet allerdings im Auslieferungsverfahren Anwendung (KG StraFo 2018, 425 unter Hinweis auf § 40 Abs. 3 IRG).

2 **B. Allgemeine Grundsätze. I. Begriff der Verteidigung.** Die mehrfache **Verteidigung** untersagt § 146.

3 Ein angeklagter RA, der einen an derselben Tat beteiligten Mitangeklagten verteidigt, wird entspr. § 146a Abs. 1 S. 3 zurückgewiesen (BGH wistra 2011, 149; **aM** OLG Stuttgart Justiz 1987, 80: §§ 138a ff.).

4 Verteidigung iSd § 146 ist bereits die **Anbahnung eines Mandats** (KG StV 1985, 405 mablAnm Hassemer; OLG München NJW 1983, 1688; **aM** OLG Düsseldorf StV 1984, 106; Beulke Strafverfahren S. 126; vgl. auch BVerfG NJW 1976, 231; BGHSt 28, 67).

5 § 146 **verbietet** aber **nicht,** dass sich die Verteidiger mehrerer derselben Tat Beschuldigter untereinander u. ihr Vorgehen miteinander besprechen (OLG Düsseldorf NJW 2002, 3267).

6 **II. Verteidiger.** Verteidiger iS § 146 ist nicht nur der Wahlverteidiger, sondern auch der Pflichtverteidiger; er darf nicht bestellt werden, wenn er bereits Verteidiger eines Mitbeschuldigten ist (BGHSt 26, 335; 27, 22; → § 142 Rn. 48).

7 Es macht keinen Unterschied, ob der Verteidiger die Verteidigung als Hauptverteidiger o. nur als **Unterbevollmächtigter oder allgemeiner Vertreter** nach § 53 BRAO führt (BGHSt 27, 154 (158)). Auf den Umf. der Tätigkeit kommt es dabei nicht an; § 146 gilt auch, wenn sich die Tätigkeit des Unterbevollmächtigten auf die Erledigung bestimmter Aufgaben beschränkt, zB auf Kontaktgespräche mit dem Beschuldigten (BVerfG NJW 1976, 231; OLG München NJW 1976, 252), auf die Vertretung im Haftprüfungstermin (Pfeiffer/Miebach NStZ 1984, 15 – BGH RsprÜ; OLG Hamburg MDR 1977, 776) o. auf Besuche in der UHaft (**aM** LG Bremen StV 1985, 143).

8 Auch die **Mitglieder einer Anwaltssozietät** (vgl. auch → § 137 Rn. 6) dürfen nicht mehrere Beschuldigte verteidigen (OLG Karlsruhe NJW 1976, 248; OLG Köln NStZ 1983, 560). Das gilt aber nur, wenn sich alle Sozietätsanwälte als Verteidiger bestellt haben (BGH NStZ 1983, 228; OLG Karlsruhe NJW 1976, 248). Eine nachträgliche Beschränkung auf jew. einen Beschuldigten schließt die Anwendung des § 146 aus (OLG Celle StV 1989, 471; vgl. auch OLG Stuttgart NStZ-RR 2011, 279 Ls.). Es ist zulässig, dass v. den in der Sozietät zusammengeschlossenen RAen aufgrund entspr. Einzelvollmachten jeder einen anderen Mitbeschuldigten verteidigt (BVerfGE 43, 79; 45, 272 (295 ff.); OLG Karlsruhe NStZ 1999, 212). Dabei ist unschädlich, dass in der Vollmachtsurkunde keiner der darin genannten RAe durch Streichung seines Namens o. in anderer Weise ausgeschlossen ist; maßgebend ist, dass sich die Anwälte jew. als Verteidiger nur eines Mitbeschuldigten bestellen (BVerfGE 43, 79; 45, 272 (295 ff.); BGHSt 27, 124 (127); OLG Frankfurt a. M. NStZ 1983, 472; LG Regensburg NJW 2005, 2245). Ob wegen der Gefahr eines Interessenkonflikts darin aber ein Verstoß gegen § 43a Abs. 4 BRAO, § 3 Abs. 1, Abs. 2 BerufsO liegt, ist str. (bejahend Eylmann StraFo 1998, 145; vern. Kleine-Cosack StraFo 1998, 149). Eine **Pflichtverteidigerbestellung** kommt aber bei einer Anwaltssozietät idR nicht in Betracht (OLG Frankfurt a. M. NStZ-RR 1999, 333; LG Frankfurt a. M. StV 1998, 358; OLG Stuttgart OLGSt StPO § 142 aF Nr. 5); dies gilt jedenfalls dann, wenn konkrete Hinweise auf einen Interessenkonflikt vorliegen, wobei ggf. unterschiedliche Verteidigungsziele der Beschuldigten zu berücksichtigen sind u. es auf die vorherige rkr. Aburteilung eines Mitangeklagten u. dessen Ausscheiden aus dem Verf. nicht ankommen soll (BGH NStZ 2014, 660; vgl. auch OLG Hamm StV 2004, 641); die gleichwohl erfolgte Bestellung führt jedoch nur bei konkret erkennbarem Interessenwiderstreit zur Zurücknahme der Bestellung (OLG Frankfurt a. M. StV 1999, 199; OLG Stuttgart StV 2000, 656; vgl. auch BGH NStZ 2014, 660).

III. Unwiderlegliche Vermutung. Unwiderleglich vermutet wird der Interessenwiderstreit bei Mehrfachverteidigung (OLG Düsseldorf JMBl. NRW. 1984, 234; OLG Karlsruhe MDR 1977, 777). Denn die Gefahr, dass es bei der gleichzeitigen Verteidigung mehrerer Beschuldigter durch einen RA zum Interessenwiderstreit kommt, lässt sich in keinem Fall ausschließen (vgl. BVerfGE 39, 156 (164)). Auch die verdeckte Interessenkollision, die weder der Verteidiger noch einer der Beschuldigten aufdecken kann o. will u. die dem Gericht daher nicht erkennbar wird, soll v. vornherein verhindert werden. Ob tatsächlich ein Interessenwiderstreit besteht, hat das Gericht daher nicht zu prüfen (BGHSt 27, 22 (24); 148, 151; OLG Düsseldorf NStZ 1988, 289; OLG Frankfurt a. M. NJW 1980, 898; OLG Hamm NJW 1980, 1059; OLG Karlsruhe NJW 1976, 249; OLG München NJW 1980, 1477; **aM** OLG Frankfurt a. M. NStZ 1983, 472). 9

IV. In allen Verfahrensabschnitten. In allen Verfahrensabschnitten gilt das Verbot, also schon im Ermittlungsverfahren (vgl. § 146a Abs. 1 S. 2), sofern die Beschuldigteneigenschaft (→ Einl. Rn. 76) bereits begründet ist (OLG Karlsruhe MDR 1986, 605), u. noch im Vollstreckungsverfahren (OLG Düsseldorf NStZ 1985, 521; OLG München NJW 1980, 1477; Ernesti/Lorenzen SchlHA 1985, 131 – OLG Schleswig RsprÜ). § 146 ist im Privatklageverfahren (OLG Karlsruhe Justiz 1978, 114; vgl. auch BVerfG AnwBl 1977, 223) u. im Bußgeldverfahren anzuwenden (BayObLG NJW 1977, 820; OLG Karlsruhe NJW 1977, 161; OLG Koblenz NJW 1978, 2608; OLG Köln NStZ 1983, 560; OLG Stuttgart MDR 1977, 686; vgl. auch BVerfGE 45, 272). 10

Die Vorschr. gilt auch für die gleichzeitige **Vertretung einer Nebenbeteiligten** (§ 444 Abs. 2 S. 2, § 442 Abs. 1, § 434 Abs. 1) u. eines der Tatbeteiligung beschuldigten Organs (vgl. OLG Hamburg NJW 2013, 626); die Unzulässigkeit erstreckt sich insoweit auf eine Vertretung der Nebenbeteiligten im „Innenverhältnis" (OLG Hamburg NJW 2013, 626). Unzulässig ist ferner die Vertretung **mehrerer Strafgefangener** in den Verf. nach den §§ 23 ff. EGGVG und §§ 109 ff. **StVollzG** (OLG München NStZ 1985, 383), nicht aber allg. in Strafvollzugssachen (Nestler-Tremel NStZ 1986, 534; **aM** OLG Celle StV 1986, 108; vgl. auch BVerfG NJW 1986, 1161). 11

Im **Auslieferungsverfahren** (vgl. §§ 2 ff. IRG) ist § 146 nicht anwendbar; denn dieses Verf. ist Teil des Strafverfahrens des fremden Staates, der um die Auslieferung ersucht (vgl. Rebmann NStZ 1981, 45). Wenn dagegen mehrere Beschuldigte wegen derselben Tat in die BRD eingeliefert werden sollen, gilt § 146 auch für die Verteidigung in dem Einlieferungsverfahren, das bereits zum Strafverfahren in der BRD gehört. 12

C. Verbot der Mehrfachverteidigung bei Tatidentität (S. 1). Mehrere derselben Tat Beschuldigte darf der Verteidiger nicht gleichzeitig (→ Rn. 18 ff.) verteidigen. § 146 erfasst jedoch, obwohl auch das mit dem GG vereinbar wäre (BVerfGE 45, 354), nicht den Fall, dass den Beschuldigten in verschiedenen Verf. (→ Rn. 16) verschiedene verfahrensrechtlich unabhängige Straffälle zur Last gelegt werden (BayObLG NJW 1977, 820; OLG Celle VRS 67, 347; OLG Stuttgart NStZ 1985, 326). 13

Maßgebend dafür, ob dieselbe Tat iSd S. 1 vorliegt, ist vielmehr der **strafprozessuale Tatbegriff** des § 264 (→ § 264 Rn. 2 ff.). Eine Ausnahme kann auch nicht für den Fall gemacht werden, dass zwar keine verfahrensrechtliche Tatidentität besteht, die Taten aber in engem Sachzusammenhang stehen, wie zB bei Begünstigung, Hehlerei u. Strafvereitelung (OLG Schleswig SchlHA 1993, 226). 14

Zur Frage der Anwendung des § 146 in **Verfahren nach § 129a StGB** vgl. BGHSt 27, 148; KG NStZ 1981, 75; OLG Düsseldorf AnwBl 1981, 22; OLG Frankfurt a. M. StV 1996, 84. 15

Für die Anwendung des S. 1 macht es, verfassungsrechtlich unbedenklich (BVerfG NJW 1976, 231; 1982, 1803), keinen Unterschied, ob auch **Verfahrensidentität** besteht. Bei Tatidentität ist die Mehrfachverteidigung vielmehr auch 16 verboten, wenn gegen die mehreren Beschuldigten getrennte Verf. geführt werden u. der Verteidiger in jedem dieser Verf. einen v. ihnen verteidigen will (BGHSt 26, 291 (296); 148, 154 (155); OLG Bremen NStZ 1985, 89; OLG Düsseldorf NJW 1975, 2220; OLG Hamm NStZ 1984, 425; OLG Koblenz MDR 1977, 335; OLG München NJW 1976, 252). Auch in diesem Fall ist nicht zu prüfen, ob ein Interessenwiderstreit tatsächlich vorliegt (BGHSt 26, 367 (370), OLG Frankfurt a. M. NJW 1980, 898; OLG Koblenz MDR 1977, 335).

17 **D. Verbot der Mehrfachverteidigung bei Verfahrensidentität (S. 2).** Auf Tatidentität (→ Rn. 13 ff.) kommt es nicht an, wenn die **Verf. gegen die mehreren Beschuldigten verbunden** worden sind. Ihre gleichzeitige (→ Rn. 18 ff.) Verteidigung ist dann immer unzulässig, auch schon im Ermittlungsverfahren. Wenn nicht zugleich Tatidentität vorliegt u. die Mehrfachverteidigung daher nicht auch nach S. 1 verboten ist, beginnt die Unzulässigkeit der Verteidigung nach S. 2 mit der Verfahrensverbindung u. endet v. selbst, wenn die Verf. wieder getrennt werden. Eine Verbindung nach § 237, die keine Verfahrensidentität schafft (BGHSt 36, 348), genügt nicht (OLG Stuttgart NStZ 1985, 326; **aM** OLG Celle NStZ 2011, 236; KK-StPO/Willnow Rn. 8; Beulke NStZ 1985, 289).

18 **E. Gleichzeitige Verteidigung. Nur die gleichzeitige Verteidigung** mehrerer Beschuldigter verstößt gegen § 146. Die sukzessive Mehrfachverteidigung, dh die Übernahme o. Fortführung der Verteidigung des Beschuldigten, nachdem die des Mitbeschuldigten erledigt ist, verbietet die Vorschr. nicht (→ Rn. 1). Nicht mehr gleichzeitig iSd § 146 ist die Verteidigung nur dann, wenn der Verteidiger rechtlich nicht in der Lage ist, für seinen früheren Mandanten weiterhin als Verteidiger tätig zu werden (OLG Jena NJW 2008, 311; OLG Karlsruhe NStZ 1988, 567). Nach rkr. Abschluss des Verfahrens gegen den früher verteidigten Beschuldigten darf ein anderer Tatteilnehmer verteidigt werden (BGH NStZ 1994, 500; LG Dessau-Roßlau StraFo 2008, 74), es sei denn, der Verteidiger ist auch noch im Strafvollstreckungs- o. Strafvollzugsverfahren für den früher verteidigten Beschuldigten tätig (vgl. auch Löwe/Rosenberg/Lüderssen/Jahn Rn. 23, 24).

19 Gleichzeitig ist die Verteidigung daher nur dann nicht, wenn die Verteidigerbeziehung zu dem früheren Mandanten **rechtlich beendet** ist, sei es, dass er verstorben ist, sei es, dass er dem Verteidiger das Mandat entzogen o. dieser es niedergelegt hat. Wenn der Verteidiger dem Gericht diese Beendigung nicht schon früher angezeigt hat, muss er bei Übernahme o. Fortführung der Verteidigung des anderen Beschuldigten erklären, dass er den früher verteidigten Beschuldigten nicht mehr verteidigt.

20 Fehlt es an der rechtlichen Beendigung der früheren Verteidigertätigkeit, so gilt § 146 **ohne Rücksicht auf den Umfang der früheren Tätigkeit** des Verteidigers (BGHSt 28, 67). Eine Unterscheidung zwischen Verteidigung auf materiellem o. formellem Gebiet kennt die Vorschr. nicht; die spätere Verteidigung ist bei Fehlen der rechtlichen Beendigung der früheren auch dann unzulässig, wenn die frühere sich auf unwesentliche Prozesshandlungen beschränkt hat (OLG Düsseldorf NStZ 1983, 471: Sachstandsanfrage; **aM** OLG Frankfurt a. M. NStZ 1983, 472 mablAnm Paulus, das sogar die Berufungseinlegung für unschädlich hält). § 146 gilt aber nicht, wenn der Verteidiger für den früheren Mandanten überhaupt nicht tätig geworden ist (OLG Karlsruhe MDR 1977, 777).

21 **F. Reichweite des Verbots.** Ist der Verteidiger v. den mehreren Beschuldigten **gleichzeitig beauftragt** worden, so sind sämtliche Verteidigungen unzulässig (OLG Celle StV 1986, 108; OLG Düsseldorf NStZ 1984, 235; OLG Hamm NJW 1980, 1059; OLG Koblenz VRS 65, 372; OLG Köln NStZ 1983, 560). Beim Fehlen sonstiger Anhaltspunkte ist für die Auftragserteilung das Datum der Vollmachtsurkunde maßgebend (OLG Düsseldorf JMBl. NRW. 1986, 34; OLG Hamm NJW 1980, 1059; OLG Koblenz NJW 1978, 2609). Lassen sich die Daten der Verteidigungsübernahme nicht feststellen, so sind beide Verteidigungen unzulässig (OLG Koblenz VRS 65, 372).

Bei **nicht gleichzeitiger Beauftragung** ist grds. nur die Verteidigung unzulässig, durch deren Übernahme der Verteidiger gegen das Verbot des § 146 verstoßen hat, also die später übernommene (BGHSt 26, 291 (297); 27, 148 (150); OLG Bremen NStZ 1985, 89; OLG Hamm NStZ 1984, 425; OLG Koblenz VRS 65, 372; Ernesti/Lorenzen SchlHA 1985, 131 – OLG Schleswig RsprÜ; OLG Stuttgart NStZ 1985, 326 (327); **aM** OLG Hamm NStZ 1983, 378; 1985, 327; Beulke Strafverfahren S. 126; Dünnebier NJW 1976, 7, die beide Verteidigungen für unzulässig halten). Die zuerst übernommene Verteidigung bleibt zulässig u. darf fortgeführt werden. Eine Ausnahme soll nach OLG Düsseldorf NStZ 1983, 88 gelten, wenn nicht auszuschließen ist, dass die Übernahme der späteren Verteidigung die Führung der zuerst übernommenen beeinflusst hat. 22

Die Unzulässigkeit der Verteidigung **schließt aus,** dass der Verteidiger die Interessen des Beschuldigten in dem Strafverfahren in anderer Weise (als Unterbevollmächtigter, Beauftragter) wahrnehmen darf (BGHSt 26, 335 (337); 26, 367 (373); BayObLGSt 1976, 153); lediglich eine interne Mitarbeit bei einem anderen Verteidiger ist möglich (BGH NStZ 1991, 398). 23

G. Zurückweisung. Die Zurückweisung des Verteidigers, der gegen § 146 verstößt, regelt § 146a. 24

Zurückweisung eines Wahlverteidigers

146a (1) [1] **Ist jemand als Verteidiger gewählt worden, obwohl die Voraussetzungen des § 137 Abs. 1 Satz 2 oder des § 146 vorliegen, so ist er als Verteidiger zurückzuweisen, sobald dies erkennbar wird; gleiches gilt, wenn die Voraussetzungen des § 146 nach der Wahl eintreten.** [2] **Zeigen in den Fällen des § 137 Abs. 1 Satz 2 mehrere Verteidiger gleichzeitig ihre Wahl an und wird dadurch die Höchstzahl der wählbaren Verteidiger überschritten, so sind sie alle zurückzuweisen.** [3] **Über die Zurückweisung entscheidet das Gericht, bei dem das Verfahren anhängig ist oder das für das Hauptverfahren zuständig wäre.**

(2) **Handlungen, die ein Verteidiger vor der Zurückweisung vorgenommen hat, sind nicht deshalb unwirksam, weil die Voraussetzungen des § 137 Abs. 1 Satz 2 oder des § 146 vorlagen.**

A. Zurückweisung des Verteidigers (Abs. 1). Die Folgen des Verstoßes gegen § 137 Abs. 1 S. 2, § 146 treten nicht kraft Gesetzes ein; die Verteidigung wird nicht ohne weiteres unwirksam. § 146a bestimmt vielmehr, dass der **Verteidiger ausdr. zurückgewiesen** werden muss, sobald erkennbar ist, dass die Verteidigung unzulässig ist. Erst wenn der Zurückweisungsbeschluss unanfechtbar ist, verliert er seine Verteidigerbefugnisse. Bei der Zurückweisung hat das Gericht keinen Ermessensspielraum; beim Vorliegen der ges. Voraussetzungen muss es sie anordnen (vgl. BGHSt 26, 291; BGH NJW 1977, 156). § 146a Abs. 1 gilt entspr. für Verteidiger, die in demselben Verf. Angeklagte sind (BGH wistra 2011, 149). 1

Diese Grundsätze gelten nach S. 1 Hs. 2 auch wenn im **Fall des § 146 S. 2** die Voraussetzungen des § 146 erst dadurch eintreten, dass Verf. gegen mehrere Beschuldigte verbunden werden, die denselben Verteidiger gewählt haben. Der Zurückweisung, die beide Verteidigungen betr., kann der Verteidiger dann allerdings dadurch entgehen, dass er die Verteidigerbeziehung zu einem der Beschuldigten beendet (→ § 146 Rn. 19). 2

Der **Pflichtverteidiger** wird nicht zurückgewiesen. Stellt sich heraus, dass seine Tätigkeit gegen § 146 verstößt, so wird seine Beiordnung aufgeh. u. ein anderer Pflichtverteidiger bestellt (vgl. BT-Drs. 10/1313, 23). 3

Als Verteidiger zurückzuweisen ist im Fall des § 137 Abs. 1 S. 2 derjenige, der zum Verteidiger gewählt wird, obwohl bereits 3 Verteidiger tätig sind (KG 4

NJW 1977, 912). Maßgebend ist grds. das Datum der Vollmachtsurkunde. Wenn mehrere Verteidiger gleichzeitig ihre Wahl anzeigen u. dadurch die Höchstzahl der wählbaren Verteidiger überschritten wird, müssen alle zurückgewiesen werden (S. 2). Das Gericht darf nicht etwa einen v. ihnen als Verteidiger zulassen u. nur die anderen zurückweisen; denn es muss dem Angeklagten überlassen bleiben, v. wem er verteidigt werden will. Im Fall des § 146 ist der Verteidiger zurückzuweisen, dessen Verteidigung nach den Grundsätzen → § 146 Rn. 21 ff. unzulässig ist.

5 Durch mit Gründen zu versehenen (§ 34) **Beschluss,** vor dessen Erlass die StA nach § 33 Abs. 2 und der betroffene Verteidiger nach § 33 Abs. 3 zu hören sind (vgl. BayObLG StV 1988, 97), wird über die Zurückweisung entschieden; den Bet. sollte aber zuvor Gelegenheit gegeben werden, die Verteidigungsverhältnisse so zu gestalten, dass eine Zurückweisung entbehrlich ist (OLG Zweibrücken StraFo 2009, 516). Zuständig ist das Gericht, nicht der Vorsitzende allein, bei dem das Verf. anhängig ist, das Rechtsmittelgericht erst nach Vorlage der Akten nach §§ 321 S. 2, 347 Abs. 2. Im Vorverfahren entscheidet das Gericht, das für das Hauptverfahren zuständig wäre, bei Zuständigkeitswahl nach § 24 Abs. 1 Nr. 2, 3 GVG das Gericht, bei dem die StA die Anklageerhebung beabsichtigt; es kann die Entsch. entspr. § 209 dem AG übertragen (→ § 81 Rn. 23). Tritt der Verteidiger ggü. der StA auf, so führt sie die Entsch. des danach zuständigen Gerichts herbei (Dünnebier FS G. Pfeiffer, 1988, 282).

6 **B. Wirksamkeit der Prozesshandlungen (Abs. 2).** Die Zurückweisung des Verteidigers wirkt nur für die Zukunft. Prozesshandlungen des Verteidigers vor der Zurückweisung bleiben (trotz Nichtigkeit des Mandatsvertrages, vgl. Wasmuth NStZ 1989, 349 ff.) wirksam. Daher kann der Fall eintreten, dass sich für die Revisionsbegründung eine Vielzahl v. Verteidigern bestellt (krit. dazu Foth NStZ 1987, 441). Das Revisionsgericht ist dann verpflichtet, sich mit jeder Revisionsbegründungsschrift auseinanderzusetzen; nur in der HV über die Revision braucht es nicht mehr als 3 Verteidiger zuzulassen.

6a Ob dem Verteidiger für die vor seiner Zurückweisung vorgenommene Tätigkeit ein **Honoraranspruch** zusteht, ist str. (vern. GStA Zweibrücken NStZ-RR 2004, 191, bejahend Löwe/Rosenberg/Lüderssen/Jahn Rn. 14 mwN).

7, 8 **C. Anfechtung.** Der StA steht gegen den Beschl., mit dem ihr Antrag auf Zurückweisung eines Verteidigers abgelehnt wird, die **Beschwerde** nach § 304 Abs. 1 zu (→ Vor § 296 Rn. 16). Das gleiche Rechtsmittel hat im Fall der Zurückweisung jeder davon betroffene Beschuldigte u. der zurückgewiesene Verteidiger im eigenen Namen (BGHSt 26, 291; OLG Köln NStZ 1982, 129; OLG München NJW 1976, 863), aber auch namens u. im Auftrag des Beschuldigten (BGHSt 26, 291; 27, 148; OLG Stuttgart Justiz 1984, 430; Schmidt MDR 1977, 529): § 305 S. 1 steht nicht entgegen (OLG Karlsruhe AnwBl 1989, 54; **aM** OLG Hamm NStZ 1987, 476). Der Zurückweisungsbeschluss des OLG ist nach § 304 Abs. 4 S. 2 unanfechtbar (BGH NJW 1977, 156).

9 Die **Revision** kann auf das Unterlassen der Zurückweisung nach § 146a mit Erfolg nur gestützt werden, wenn die Verteidigung der mehreren Angeklagten der Aufgabe der Verteidigung im Einzelfall tatsächlich widerstritten hat u. der Beschwerdeführer die Tatsachen darlegt, aus denen sich das ergibt (BGHSt 27, 154 (159); NStZ 1986, 513 (514); **aM** Dünnebier FS G. Pfeiffer, 1988, 278: maßgebend ist allein der Verstoß gegen § 146; erg. → § 338 Rn. 41). Ob dem Tatrichter der Verstoß gegen § 146 bekannt war, ist gleichgültig (vgl. OLG Koblenz NJW 1980, 1058; **aM** BGHSt 27, 22 (24) = JR 1977, 211 mit insoweit abl. Anm. Meyer; erg. → § 337 Rn. 9). Dass der Verteidiger eines Mitangeklagten nach § 146 hätte zurückgewiesen werden müssen, kann nicht gerügt werden (Pfeiffer/Miebach NStZ 1985, 205 – BGH RsprÜ; OLG Bremen NStZ 1985, 89). Ist ein Verteidiger zurückgewiesen worden, ohne dass die Voraussetzungen des § 146 vorgelegen haben, so begründet dass die Revision nicht, wenn der Angeklagte anderweit ordnungsgemäß verteidigt war (BGHSt 27, 154 (159)).

Akteneinsichtsrecht, Besichtigungsrecht;
Auskunftsrecht des Beschuldigten Nr. 160, 213 RiStBV

147 (1) **Der Verteidiger ist befugt, die Akten, die dem Gericht vorliegen oder diesem im Falle der Erhebung der Anklage vorzulegen wären, einzusehen sowie amtlich verwahrte Beweisstücke zu besichtigen.**

(2) [1]**Ist der Abschluss der Ermittlungen noch nicht in den Akten vermerkt, kann dem Verteidiger die Einsicht in die Akten oder einzelne Aktenteile sowie die Besichtigung von amtlich verwahrten Beweisgegenständen versagt werden, soweit dies den Untersuchungszweck gefährden kann.** [2]**Liegen die Voraussetzungen von Satz 1 vor und befindet sich der Beschuldigte in Untersuchungshaft oder ist diese im Fall der vorläufigen Festnahme beantragt, sind dem Verteidiger die für die Beurteilung der Rechtmäßigkeit der Freiheitsentziehung wesentlichen Informationen in geeigneter Weise zugänglich zu machen; in der Regel ist insoweit Akteneinsicht zu gewähren.**

(3) **Die Einsicht in die Protokolle über die Vernehmung des Beschuldigten und über solche richterlichen Untersuchungshandlungen, bei denen dem Verteidiger die Anwesenheit gestattet worden ist oder hätte gestattet werden müssen, sowie in die Gutachten von Sachverständigen darf dem Verteidiger in keiner Lage des Verfahrens versagt werden.**

(4) [1]**Der Beschuldigte, der keinen Verteidiger hat, ist in entsprechender Anwendung der Absätze 1 bis 3 befugt, die Akten einzusehen und unter Aufsicht amtlich verwahrte Beweisstücke zu besichtigen, soweit der Untersuchungszweck auch in einem anderen Strafverfahren nicht gefährdet werden kann und überwiegende schutzwürdige Interessen Dritter nicht entgegenstehen.** [2]**Werden die Akten nicht elektronisch geführt, können ihm an Stelle der Einsichtnahme in die Akten Kopien aus den Akten bereitgestellt werden.**

(5) [1]**Über die Gewährung der Akteneinsicht entscheidet im vorbereitenden Verfahren und nach rechtskräftigem Abschluss des Verfahrens die Staatsanwaltschaft, im Übrigen der Vorsitzende des mit der Sache befassten Gerichts.** [2]**Versagt die Staatsanwaltschaft die Akteneinsicht, nachdem sie den Abschluss der Ermittlungen in den Akten vermerkt hat, versagt sie die Einsicht nach Absatz 3 oder befindet sich der Beschuldigte nicht auf freiem Fuß, so kann gerichtliche Entscheidung durch das nach § 162 zuständige Gericht beantragt werden.** [3]**Die §§ 297 bis 300, 302, 306 bis 309, 311a und 473a gelten entsprechend.** [4]**Diese Entscheidungen werden nicht mit Gründen versehen, soweit durch deren Offenlegung der Untersuchungszweck gefährdet werden könnte.**

(6) [1]**Ist der Grund für die Versagung der Akteneinsicht nicht vorher entfallen, so hebt die Staatsanwaltschaft die Anordnung spätestens mit dem Abschluß der Ermittlungen auf.** [2]**Dem Verteidiger oder dem Beschuldigten, der keinen Verteidiger hat, ist Mitteilung zu machen, sobald das Recht zur Akteneinsicht wieder uneingeschränkt besteht.**

Übersicht

1 **A. Allgemeine Grundsätze. I. Regelungsgehalt.** Die Vorschrift regelt das Recht der Verfahrensbet. auf Akteneinsicht. Die Form der Gewährung von Einsicht, dh das „wie" der Akteneinsicht ist hingegen in § 32f normiert (→ § 32f).

2 **II. Zur Akteneinsicht berechtigt.** Zur Akteneinsicht berechtigt ist der Verteidiger (§ 147), der nicht verteidigte Beschuldigte unter den Voraussetzungen v. Abs. 4 (→ Rn. 31, 32), der Prozessbevollmächtigte des Privatklägers (§ 385 Abs. 3), des Nebenklägers (§ 406e), des Einziehungsbeteiligten o. Nebenbetroffenen (§§ 428 Abs. 1 S. 2, 438 Abs. 3) sowie der bußgeldbeteiligten JP o. PV (§ 444 Abs. 2 S. 2). Ferner hat das Akteneinsichtsrecht der Bevollmächtigte des Verletzten (§ 406e) u. (ohne ges. Regelung) des Antragstellers in den Verf. nach den §§ 23 ff. **EGGVG,** §§ 109 ff. **StVollzG,** nicht aber der Zeugenbeistand (BGH NStZ-RR 2010, 246) u. der psychosoziale Prozessbegleiter (§ 406g). Die Einlegung eines offensichtlich unzulässigen Rechtsmittels berechtigt nicht zur Akteneinsicht (BGH BeckRS 2020, 8572). Zur Akteneinsicht durch Sachverständige vgl. § 80 Abs. 2.

3 **III. Datenschutzrechtliche Auskunftsansprüche.** Datenschutzrechtliche Auskunftsansprüche sind im Anwendungsbereich des § 147 ausgeschlossen (Polenz NJW 2009, 1924).

4 **IV. Hinweispflicht.** Ein Tatgericht, dem im Zwischenverfahren o. während lfd. HV durch Polizei o. StA neue verfahrensbezogene Ermittlungsergebnisse zugänglich gemacht werden, trifft aus dem Gesichtspunkt der Verfahrensfairness (Art. 6 Abs. 1 **EMRK**) die Pflicht, den Angeklagten u. seinen Verteidiger hiervon zu unterrichten, damit diese sich Kenntnis v. den Erg. dieser Ermittlungen verschaffen können; dabei kommt es nicht darauf an, ob das Gericht selbst die neuen Ermittlungsergebnisse für irrelevant hält (BGH NStZ 2017, 549).

5 **V. Nichtverfahrensbeteiligte.** Die **Akteneinsicht an Nichtverfahrensbeteiligte** (bisher nur in RStBV 185 erörtert) regeln §§ 474 ff. (eingefügt durch das StVÄG 1999) umfassend (vgl. → § 474 Rn. 1 ff.). Die Übermittlung personenbezogener Daten (aus Dateien o. Akten) vAw an öffentl. Stellen des Bundes o. eines Landes für andere Zwecke als die des Verfahrens, für die die Daten erhoben worden sind, ist, soweit keine bereichsspezifischen Normen bestehen, in den §§ 12 ff.

EGGVG (iVm der MiStra) geregelt; ein solcher Fall liegt auch vor, wenn eine nicht am Verf. beteiligte öffentl. Stelle eine Mitteilung vAw anregt.

VI. Erteilung von Abschriften und Ablichtungen. Die **Erteilung von Abschriften und Ablichtungen** aus den Akten ist ein Unterfall der Akteneinsicht (OLG Hamm NJW 1985, 2040; OLG Köln NJW 1985, 336 (337)). Der Verteidiger hat allerdings keinen Anspruch darauf, dass ihm Abschriften o. Ablichtungen ausgehändigt werden (Dallinger MDR 1973, 371 – BGH RsprÜ; BayObLGSt 1953, 28; KG Rpfleger 1983, 325; OLG Hamburg NJW 1963, 1024). Ebenso werden ihm Aktenausdr. oder Datenträger aus der elektronischen Akte nur ausnahmsweise übermittelt, wenn er ein berechtigtes Interesse an dieser Form der Akteneinsicht ausr. begründet (→ § 32f Rn. 4); zur Erteilung einer Abschrift der Sitzungsniederschrift vgl. aber → § 35 Rn. 6 aE. 6

Der **Verteidiger** kann sich jedoch, wenn nicht bes. Gründe entgegenstehen, Abschriften o. Ablichtungen **selbst anfertigen** o. auf seine Kosten anfertigen lassen (BayObLGSt 1953, 28), auch in Verschlusssachen (vgl. näher BGHSt 18, 369 (371 ff.), auch zu Auflagen; OLG Hamburg NJW 1963, 1024), grds. aber nur durch sein eigenes Büropersonal (Löwe/Rosenberg/Lüderssen/Jahn Rn. 100). Entsprechendes gilt für die Aufnahme v. Tonaufzeichnungen u. grds. auch für Videoaufzeichnungen (OLG Schleswig NJW 1980, 352 (353)); im Einzelfall ist dem Verteidiger jedoch auf Antrag nach Übersendung einer Leerkassette, CD-ROM usw eine Kopie zu überlassen (BayObLG NJW 1991, 1070; OLG Koblenz NStZ-RR 2000, 311; AG Cottbus bei Burhoff StRR 2009, 146 (Messfilm); AG Bad Liebenwerda StraFo 2009, 384 (Messfoto); vgl. auch AG Peine bei Burhoff StRR 2008, 390: kein Anspruch auf Umformatierung; erg. → Rn. 19–19d zu Tonaufzeichnungen v. TKÜ-Maßnahmen). Dabei muss er dafür sorgen, dass Missbrauch ausgeschlossen ist. Seinen an der Bearb. der Sache beteiligten jur. Mitarbeitern darf er den Aktenauszug überlassen. Er darf ihn auch einem Dolmetscher o. einem v. ihm herangezogenen Sachverständigen, soweit erforderlich, zur Vfg. stellen (Erb ZStW 121 (2009), 898). Der Presse dagegen darf er den Inhalt der Akten höchstens zur Wahrung des berechtigten Interesses des Beschuldigten mitteilen, ihr aber keine Abschriften überlassen (SK-StPO/Wohlers Rn. 84; Dahs Strafverteidiger-HdB Rn. 280). Die Einsicht in Niederschriften überwachter Telefonate darf nicht v. der Erkl. abhängig gemacht werden, der Verteidiger werde keine Ablichtungen fertigen bzw. diese nach Beendigung des Verfahrens vernichten (OLG Köln StV 2009, 686 Ls.). 7

B. Akteneinsichtsrecht des Verteidigers (Abs. 1). I. Verteidiger. Der Verteidiger darf die Akten einsehen, sobald er gewählt (→ Vor § 137 Rn. 4) o. bestellt (§ 142) ist, der zur Verfahrenssicherung bestellte weitere Pflichtverteidiger (§ 144) unabhängig v. „Erstverteidiger" (OLG Köln ZfS 2010, 106: kein Verweis auf v. Letzterem gefertigte Kopien). Dass er als Zeuge benannt ist, steht nicht entgegen (OLG Celle Nds. Rpfl. 1960, 259). Die Akteneinsicht ist einem RA auch zur Prüfung, ob er das Mandat übernehmen will (Anbahnungsfall), zu gestatten (Danckert StV 1986, 171; zw. HK-StPO/Julius Rn. 9); er muss dann aber die Aufforderung des Beschuldigten, die Vertretung zu übernehmen, vorweisen (KMR-StPO/Müller Rn. 1). Der Wahlverteidiger, der seine Bevollmächtigung nur bei Zweifeln durch Vorlage einer schriftlichen Vollmachtsurkunde nachweisen muss (LG Chemnitz StraFo 2009, 207; erg. → Vor § 137 Rn. 9), kann mit der Akteneinsicht einen Unterbevollmächtigten beauftragen o. sie ggf. einem jur. Mitarbeiter o. Sachverständigen übertragen (OLG Brandenburg NJW 1996, 67), ggf. auch den Beschuldigten hinzuziehen (OLG Köln StV 1999, 12; vgl. auch → Rn. 19). 8

Der anwaltlich vertretene **Angeklagte hat keinen eigenen Anspruch** auf Akteneinsicht, die ausschließlich von seinem Verteidiger wahrgenommen wird; dies gilt in besonderem Maße für das Revisionsverfahren (BGH 26.3.2025 – 2 StR 415/24; zum Akteneinsichtsrecht des nicht anwaltlich vertretenen Beschuldigten → Rn. 31 ff.). 8a

9 Das Akteneinsichtsrecht **endet** mit dem Erlöschen der Vollmacht, der Aufhebung der Bestellung (§ 143a), der Zurückweisung nach § 146a, der Anordnung des Ruhens der Rechte aus §§ 147, 148 nach § 138c Abs. 3 S. 1 und der Rechtskraft des Beschl. über die Ausschließung nach §§ 138a ff.

10 **II. Im gesamten Verfahren.** Im gesamten Verfahren kann der Verteidiger die Akten einsehen, im Vorverfahren mit der Beschränkungsmöglichkeit nach Abs. 2 (→ Rn. 24 ff.). Während der HV kann die Einsicht nicht verlangt werden (**aM** Löwe/Rosenberg/Lüderssen/Jahn Rn. 100), sofern der Verteidiger nicht erst in ihrem Verlauf gewählt o. bestellt worden ist (OLG Stuttgart NJW 1979, 559 (560)) o. zuvor keine ausreichende Akteneinsicht erhalten hat (OLG Hamm NJW 2004, 381; erg. → Rn. 15). Auch bei Einleitung v. Vorermittlungen (→ § 152 Rn. 4a) wird ein Akteneinsichtsrecht zu bejahen sein (BGH NStZ-RR 2009, 145; Löwe/Rosenberg/Lüderssen/Jahn Rn. 120: entspr. Anwendung; **aM** Senge FS Hamm, 2008, 712: erst im Ermittlungsverfahren). Aufgrund der Verweisung in § 116 Abs. 1 S. 2 BRAO gilt § 147 im **anwaltsgerichtlichen Verfahren;** die Akteneinsicht erstreckt sich dabei auch auf Akten anderer Gerichte als der Strafgerichte soweit sie für die Entsch. über den Vorwurf berufsrechtswidrigen Verhaltens v. Belang sind (vgl. Riemer DVBl 2014, 802).

11 **Nach rechtskräftigem Abschluss des Verfahrens** muss Akteneinsicht gewährt werden, wenn sie der Vorbereitung v. Prozesshandlungen, insbes. v. Anträgen im Vollstreckungsverfahren (zur Einsicht in das Vollstreckungsheft der StA LG Ulm StraFo 2012, 378) oder v. Wiederaufnahmeanträgen nach §§ 359 ff. dient; § 147 gilt aber nicht, wenn der frühere Beschuldigte Akteneinsicht für Zwecke begehrt, die mit seiner Verteidigung in der Strafsache nicht mehr zusammenhängen (Schäfer MDR 1984, 454 gegen OLG Hamm NJW 1984, 880; vgl. auch BGH NStZ-RR 2020, 50).

12 Die Akteneinsicht muss **ausreichend und in zumutbarer** Weise gewährt werden (OLG Hamm NJW 1972, 1096 (1097); OLG Köln VRS 23, 295), uU mehrfach, wenn der Akteninhalt umfangreicher geworden ist (OLG Hamburg JR 1966, 274; OLG Hamm VRS 49, 113). Die Dauer der Überlassung der Akten u. Unterlagen richtet sich nach den Umständen des Einzelfalls (BGH JR 2006, 297 mzustAnm Cirener/Sander, dort auch zu den standesrechtlichen Folgen verzögerter Aktenrückgabe durch den RA; zu den strafrechtlichen Folgen – § 258 StGB – Erb JR 2006, 526). Zur Übermittlung einer sog. elektronischen Hilfsakte an den ER → § 168b Rn. 1.

12a Zur **Form der Gewährung der Akteneinsicht** bei der elektronischen Akte → § 32f Abs. 1 (→ § 32f Rn. 1–5), wenn die Akte in Papierform vorliegt → § 32f Abs. 2 (→ § 32f Rn. 6–11).

13 **III. Akten.** Die **Akten, die dem Gericht vorliegen** (BGH NStZ 2009, 399 (400); OLG Saarbrücken NStZ 2005, 344; OLG Celle NZV 2013, 308) o. bei Anklageerhebung wegen ihrer potenziellen Beweisbedeutung vorzulegen wären bzw. nach Anklageerhebung v. Gericht entgegengenommen werden, darf der Verteidiger einsehen (BGH StV 2010, 228 (230); 28.9.2022 – 5 StR 191/22; OLG Frankfurt a. M. NStZ 2021, 382). Hierzu gehören **nicht** die Handakten der StA (Kleinknecht FS Dreher, 1977, 721; vgl. auch Nr. 186 Abs. 3 S. 1 RiStBV) ua innerdienstliche Vorgänge, zB v. Vorsitzenden nicht unterschriebene „Nebenprotokolle", die nur technische Hilfsmittel sind (BGH NStZ 1982, 158; OLG Karlsruhe NStZ 1982, 299), Senatsakten des Revisionsgerichts (BGH NStZ 2007, 538; StraFo 2005, 28; BeckRS 2009, 6203), Entwürfe v. Urkunden, die erst nach Fertigstellung Bestandteile der Akten werden (BGHSt 29, 394), und v. Gericht in der HV angefertigte Notizen (BGH StV 2010, 228 (229); nicht aber Notizen v. Richtern aus einer anderen HV, wenn sie ohne Anspruch auf Vertraulichkeit weitergegeben werden, **aM** OLG Hamm NStZ 2005, 226 = StraFo 2004, 419 mablAnm Fischer) o. hergestellte Tonbandaufnahmen, die nur als Gedächtnisstütze verwendet werden sollen (BGH NJW 1969, 2056; erg. → Rn. 18a, → GVG § 169 Rn. 11). Auch auf nach § 119 Abs. 1 S. 2 Nr. 2, S. 7 angehaltene u. zur Habe des

Angeklagten genommene Schreiben bezieht sich das Akteneinsichtsrecht nicht (vgl. Schmidt MDR 1988, 357 ff. – BGH RsprÜ). Die Einsichtnahme erstreckt sich auch nicht auf polizeiliche Arbeitsvermerke zum Fortgang der Ermittlungen, die eine bloße Bewertung bis dahin angefallener Ermittlungsergebnisse enthalten (BGH StV 2010, 228 (229)).

Im Übrigen gilt der **Grundsatz der Aktenvollständigkeit und -wahrheit.** Es steht nicht im Belieben der Ermittlungsbehörden, ob sie Ermittlungshandlungen in den Akten vermerken u. zu welchem Zeitpunkt sie dies tun; die Verteidigung – aber auch das Gericht im Hinblick auf beantragte Maßnahmen, zB nach §§ 102, 105 (namentlich zu den sog. legendierten Kontrollen → § 105 Rn. 1b, c) – muss den Gang des Verfahrens aus den Akten nachvollziehen können, weshalb konkrete Ermittlungshandlungen u. ihr Erg. aufgenommen werden müssen (vgl. BVerfG StV 2017, 361 (362); BGH (ER) NStZ 2022, 561 mAnm Knauer/Pretsch). Schriftstücke, Ton- o. Bildaufnahmen, Videoaufzeichnungen (BayObLG NJW 1991, 1070; OLG Stuttgart NJW 2003, 767; s. § 58a), aus denen sich schuldspruch- o. rechtsfolgenrelevante Umstände ergeben können, dürfen den Akten nicht ferngehalten werden (BGH StV 2010, 228 (229); StraFo 2015, 458; OLG Köln StV 2015, 677), insbes. auch nicht die UHaft betr. Unterlagen (BGHSt 37, 204). Was für das Verf. geschaffen worden ist, darf der Akteneinsicht nicht entzogen werden (BGHSt 37, 204; OLG Koblenz NJW 1981, 1570; vgl. auch OLG Nürnberg StV 2012, 168: beigezogene Gefangenenpersonalakten); andernfalls wäre der Anspruch auf rechtliches Gehör (BVerfGE 18, 405) sowie auf ein faires Verf. verletzt. Unvereinbar soll damit auch eine als Provisorium verstandene „vorläufige" Ermittlungsakte sein, die mit dem Vorbehalt geführt wird, später eine neue Aktenordnung, eine vollständig andere Sortierung oder gar einen anderen Inhalt der Akten aufzubauen (insoweit sehr weitgehend BGH (ER) NStZ 2022, 561 (562 f.), wobei allerdings bei Einleitung umfangreicher und komplexer Verfahren – etwa im Bereich des Wirtschaftsstrafrechts – ein weniger rigoroser Ansatz angezeigt erscheint; erg. → § 168a). Eng begrenzte ges. Ausnahmen hinsichtlich der Vollständigkeit können sich aus § 96 und § 110b Abs. 3 ergeben (→ § 96 Rn. 1 ff., → § 110b Rn. 8 ff.). 14

Eine **Ausnahme** gilt nur für wirksam erklärte Vertraulichkeitszusagen (→ § 158 Rn. 16–17a; Lorenz StraFo 2016, 316 (321)) bzw. nach § 96 gesperrte Akten o. Aktenteile (OLG Celle StV 1982, 264; OLG Hamm NJW 1984, 880; Mayer Kriminalistik 2016, 228 (229 f.); erg. → § 96 Rn. 3, 12, 12a; → § 110b Rn. 8; → § 158 Rn. 17, 17a), nicht aber für Verschlusssachen (Löwe/Rosenberg/Lüderssen/Jahn Rn. 64; zu dem hierbei zu beachtenden Verf. Nr. 213 RiStBV; erg. → Rn. 21, 29). Die aktive Täuschung über die Hintergründe der Festnahme eines Beschuldigten – etwa iRe sog. legendierten Kontrolle (→ § 105 Rn. 1a) – durch **Darstellung unrichtiger Sachverhalte** in den Ermittlungsakten ist – natürlich – nicht zulässig (vgl. BGH NStZ 2010, 294). 14a

Demnach muss Einsicht in **alle Akten** gewährt werden, die dem Gericht nach § 199 Abs. 2 S. 2 vorzulegen sind, dh in alle v. 1. Zugriff der Polizei (§ 163) an gesammelten be- u. entlastenden Schriftstücke einschließlich etwaiger Bild- (OLG Karlsruhe AnwBl 1981, 18; OLG Schleswig NJW 1980, 352 (353)) u. Tonaufnahmen (Köllner StraFo 1995, 50; Schäfer NStZ 1984, 205) nebst hiervon gefertigter Verschriftungen (BGH StV 2010, 228 (229)), CDs mit den Daten eines ausgelesenen Mobiltelefons (LG Essen StraFo 2012, 100), digitale Fotos (AG Lemgo NStZ 2012, 287), Fahndungsnachweise (OLG Hamburg NStZ 1992, 50), auch in die Strafregisterauszüge (BVerfGE 62, 338; OLG Frankfurt a. M. NJW 1960, 1731), einen Mitangeklagten betr. „Sonderbände Gesundheitszustand" (OLG Frankfurt NStZ 2021, 382), ferner in die nach Anklageerhebung entstandenen Aktenteile u. in die v. Gericht herbeigezogenen oder v. der StA nachgereichten Beiakten (BGHSt 30, 131 (138); KG JR 1965, 69; OLG Karlsruhe AnwBl 1981, 18; NStZ 1982, 299; OLG Koblenz NJW 1981, 1570; OLG Schleswig StV 1989, 95), nicht aber Akten, deren Beiziehung nur angeordnet worden ist, die aber tatsächlich nicht beigezogen wurden (BGHSt 49, 317); das Erg. während der HV 15 durchgeführter verfahrensbezogener Ermittlungen ist ebenso mitzuteilen (BGHSt 36, 305; erg. → § 101 Rn. 29, → EMRK Art. 6 Rn. 16 aE; vgl. aber zu einem Sonderfall „befremdlichen" Verteidigerverhaltens BGH NStZ-RR 2008, 18) wie die Tatsache, dass ohne Veranlassung des Gerichts verfahrenserhebliche Urkunden, Ermittlungsberichte o. andere Beweismittel zu den Akten gelangt sind (BGH StV 2001, 4; 2005, 652).

15a Speziell zur Akteneinsicht im **Steuerstrafverfahren** Burkhard StV 2000, 526; Müller-Jacobsen/Peters wistra 2009, 458; auch insoweit hat der Verteidiger ein umfassendes Einsichtsrecht in alle Ermittlungsakten der Strafsachenstelle des Finanzamtes (§ 385 Abs. 1 **AO** iVm § 147). Dies kann die Identität steuerlicher Hinweisgeber einschließen, die grds. als Zeugen im Strafverfahren zu behandeln sind (vgl. v. Dorrien wistra 2013, 374; aber auch → § 158 Rn. 17); auch Unterlagen der Betriebsprüfung sind regelmäßig erfasst (OLG Rostock NZWiSt 2015, 351).

16 Auch in die **Akten anderer Behörden** (Marberth-Kubicki StraFo 2003, 369; Rieß FS Peters, 1984, 121 Fn. 39; **aM** Schäfer NStZ 1984, 206: Beweisstücke) ist Einsicht zu gewähren, es sei denn, sie sind nur zur vertraulichen Behandlung übersandt worden (**aM** BGHSt 42, 71: Vertraulichkeitsbitte ist unbeachtlich); das schließt aber ihre Verwertung durch das Gericht in der HV nach Gewährung rechtlichen Gehörs nicht aus (BGHSt 42, 71), denn dafür wäre eine Sperre nach § 96 erforderlich. § 147 Abs. 2 ist aber *lex specialis* ggü. den allg. Herausgabe- u. Beschlagnahmegrundsätzen nach § 96 (BGHSt 49, 317); das gilt auch für v. der ermittelnden StA abgetrennte Verf. hins. der Akten des Ausgangsverfahrens (BGHSt 50, 224).

16a Das Einsichtsrecht soll sich grds. nur auf das gegen den jew. Beschuldigten geführte Verfahren, **nicht** hingegen auf **Aktenbestandteile anderer Verfahren** erstrecken, selbst wenn die Verf. zeitweise gemeinsam geführt u. später getrennt wurden (BGHSt 52, 58 (62): insoweit fremde Akten; *in concreto* aber wegen Art. 6 Abs. 1 EMRK Einsicht in die demselben Spruchkörper vorliegenden Akten der Parallelverfahren wegen „untrennbar verwobenen Gesamtkomplexes"; anders allerdings nach EGMR BeckRS 2011, 24522 bei Parallelverfahren, in denen die Ermittlungen noch nicht abgeschlossen sind; vgl. auch BGH NStZ 2010, 531). Dies erscheint zw., da die Verbindung u. Trennung v. Verf. von prozessualen Zufälligkeiten bzw. prozesstaktischen Erwägungen der StA abhängt, welche den für den effektiven, durch § 147 gewährleisteten Informationsanspruch der Verteidigung maßgeblichen tatsächlichen Zusammenhang der Verf. nicht beseitigen.

17 Teil der Akten sind auch **Beweismittelordner,** die nur Ablichtungen v. sichergestellten Urkunden enthalten (vgl. OLG Köln NJW 1985, 336 (337); Schäfer NStZ 1984, 205) u. die vorl. Aufzeichnungen der Prot. nach § 168a Abs. 2 (vgl. Kurth NJW 1978, 2484).

18 Auch polizeiliche **Spurenakten,** soweit sie bei der Verfolgung einer bestimmten Tat gegen einen bestimmten – bekannten o. unbekannten – Täter angefallen sind, gehören zu den Akten, falls ihr Inhalt für die Feststellung der dem Beschuldigten vorgeworfenen Tat u. für etwaige gegen ihn zu verhängende Rechtsfolgen v. (bei großzügigster Auslegung, BGH NStZ 1983, 228) irgendeiner Bedeutung sein kann (BVerfGE 63, 45; BGHSt 30, 131; OLG Hamm NStZ 1984, 423; OLG Rostock NZWiSt 2015, 351; Fezer JZ 1996, 614; Odersky FS Rebmann, 1989, 350; **aM** alle Spurenakten ohne Rücksicht auf Zahl, Umf. u. Bezug zum Beschuldigten AK-StPO/Stern Rn. 20; Bender/Nack ZRP 1983, 1; Kleinknecht FS Dreher, 1977, 722; krit. auch Velten FS Fezer, 2008, 108; ausf. zum Problem Meyer-Goßner NStZ 1982, 353; erg. → Rn. 40; → § 163 Rn. 24; → § 199 Rn. 2). Das **BVerfG** verortet den Zugang der Verteidigung zu außerhalb der Akten liegenden Informationen beim Recht auf ein **faires Verfahren;** der Beschuldigte müsse grds. Kenntnis von solchen Inhalten erlangen können, die zum Zweck der Ermittlungen entstanden seien, aber nicht zur Akte genommen wurden (BVerfG 12.12.2020 – 2 BvR 1616/18 zu einem OWi-Verf. mAnm Krawczyk StV 2021, 396 (398 f.)). Ein Einsichtsrecht besteht dagegen **nicht,** wenn die in Frage stehenden Akten allenfalls einen theoretischen Bezug zu der dem Beschuldigten vorgeworfenen Tat aufweisen (vgl. OLG Düsseldorf NZV 2016, 140: Daten der Geschwindigkeitsmessungen des Tattages).

Von der StA erstellte **Computerausdrucke** sind zu den Akten zu nehmen u. werden deren Bestandteil. Dateien (§§ 483 ff.) sind interne Hilfs- u. Arbeitsmittel der Strafverfolgungsbehörden (→ Rn. 13) u. unterliegen grds. nicht der Einsicht (Hilger FS Riess, 2002, 179), allerdings können Ausdrucke v. Dateien den Akten beigefügt u. damit zu Aktenbestandteilen werden (vgl. Fetzer StV 1991, 142; Schäfer wistra 1989, 8); zur Dateieinsicht § 487 Abs. 2. In Form v. Computerdateien gespeicherte Kurzübersetzungen u. inhaltliche Zusammenfassungen abgehörter Telefonate sind als Auswertungen gewonnenen Beweismaterials selbst potenzielle Beweismittel u. unterliegen der Akteneinsicht (BGH StV 2010, 228; vgl. auch Wesemann FS 25 Jahre AG StrafR DAV, 2009, 893). **18a**

Ein Anspruch auf Vorlage sämtlicher **Arbeitsunterlagen eines Sachverständigen,** die zur Vorbereitung seines Gutachtens gedient haben, besteht nicht; das Gericht kann allerdings im Rahmen seiner Aufklärungspflicht gehalten sein, auf deren Offenlegung zu dringen (BGH StV 1995, 565; weitergehend Lehmann GA 2005, 639: grds. Recht auf Teilhabe; vgl. auch AG Kleve bei Burhoff StRR 2009, 107 (Bedienungsanleitung eines Messgeräts im Bußgeldverfahren); vgl. auch → § 246a Rn. 4). Zum Recht auf Akteneinsicht in die im psychiatrischen Krankenhaus geführten Krankenunterlagen bei Unterbringung im Maßregelvollzug vgl. BVerfG NJW 2006, 1116 mkritAnm Klatt JZ 2007, 95 u. mzustAnm Peter StV 2007, 421 sowie nachf. OLG Karlsruhe StV 2008, 309. **18b**

IV. Besichtigung amtlich verwahrter Beweisstücke. Das **Besichtigungsrecht** ist kein Teil des Akteneinsichtsrechts, sondern ergänzt es (Rieß FS Peters, 1984, 120; vgl. auch Schäfer NStZ 1984, 203). Beweisstücke sind in den Akten o. anderswo aufbewahrte Gegenstände, die nach den §§ 94 ff. durch Beschlagnahme o. durch Sicherstellung in anderer Weise in dem nämlichen Verfahren (vgl. BGH 28.9.2022 – 5 StR 191/22) in amtl. Gewahrsam gelangt sind, ferner die nach §§ 111b ff. sichergestellten Gegenstände, soweit sie zugleich als Beweismittel dienen können, auch wenn sie nicht in dieser Eigenschaft sichergestellt worden sind (→ § 94 Rn. 2; OLG Düsseldorf NZV 2016, 140 (141); OLG Bamberg NStZ 2018, 235). Für Beweisstücke gilt ein **Mitgabeverbot.** Sie dürfen niemals aus dem amtl. Gewahrsam entlassen werden, um ihre Authentizität mit Blick auf die Wahrheitsfindung zu gewährleisten (Pfeiffer NStZ 1981, 95 – BGH RsprÜ; LG Heilbronn StV 1988, 293 Ls.; Beulke/Witzigmann StV 2013, 75 (76); KK-StPO/Willnow Rn. 10; einschr. Löwe/Rosenberg/Lüderssen/Jahn Rn. 115; Wölky StraFo 2013, 493 (494 ff.): nur bei möglichem Substanzverlust im Fall der Mitgabe). In Betracht kommen Urkunden u. Urkundensammlungen (OLG Köln NJW 1985, 336 (337); einschr. Rieß FS Peters, 1984, 122: nur wenn ihre Beschaffenheit beweiserheblich ist) sowie Augenscheinsgegenstände – etwa Tonaufzeichnungen v. TKÜ-Maßnahmen (OLG Nürnberg StraFo 2015, 102; OLG Karlsruhe NJW 2012, 2742; OLG Frankfurt a. M. StV 2001, 611; KG NStZ 2018, 119) o. kinderpornografisches Bildmaterial auf Computern – u. Gegenstände, die Grdl. für einen Sachverständigenbeweis sein o. für Vorhalte bei Zeugen- o. Beschuldigtenvernehmungen verwendet werden können (Rieß FS Peters, 1984, 122), nicht aber beigezogene Gerichtsakten in ihrer Gesamtheit (KG JR 1992, 123) o. Akten anderer Behörden (→ Rn. 16). Durch ihre Verschriftlichung bzw. Verbildlichung (zB bei kinderpornografischen Computerdateien) ändert sich ihre Rechtsnatur als Beweismittel nicht (OLG Frankfurt a. M. NJW 2013, 1107 (1109); **aM** Beulke/Witzigmann FS Schiller, 2014, 49 (53 f.); Jahn FS Beulke, 2015, 801 (814 ff.); erg. → Rn. 21). Der Verteidiger darf die Beweisstücke an ihrem Verwahrungsort besichtigen; dazu ist ihm aber rechtzeitig vor der HV (KG StV 1989, 9) u. ohne Rücksicht darauf Gelegenheit zu geben, ob sie in ihr möglicherweise einem Verwertungsverbot unterliegen (Rieß FS Peters, 1984, 122 Fn. 44; **aM** Schäfer NStZ 1984, 203). Sind sie auf andere Weise als durch amtl. Verwahrung sichergestellt (→ § 94 Rn. 16), so **19**

muss dafür Sorge getragen werden, dass dem Verteidiger die Besichtigung ermöglicht wird, notfalls durch Umwandlung der Sicherstellung in eine amtl. Verwahrung (Rieß FS Peters, 1984, 123). Bei der Besichtigung darf der Verteidiger Aufzeichnungen machen, Lichtbilder herstellen u. Sachverständige hinzuziehen (Rieß FS Peters, 1984, 124; eing. zu letzterem Schlag FS Koch, 1989, 234 ff.); die Überlassung v. Bildmaterial mit kinderpornographischem Inhalt ist mit Rücksicht auf § 184b Abs. 5 StGB jedoch nur gestattet, wenn dies zur Erfüllung des Gutachtenauftrages erforderlich ist (BGH NStZ 2014, 514; erg. → Rn. 21).

19a **V. Tonbandaufnahmen und Videoaufzeichnungen.** Tonbandaufnahmen und Videoaufzeichnungen sind **Beweisstücke,** soweit sie – wie in der Praxis regelmäßig – auf einem Server der Polizei originär gespeichert werden; diese Originale sind nicht herausgabefähig (zur Frage, ob ein Anspruch auf eine Datenkopie besteht, sogleich → Rn. 19b). **Vom Besichtigungsrecht erfasst** werden das gesamte v. ersten Zugriff der Polizei (§ 163) an in dem Verf. gegen den Beschuldigten gesammelte Beweismaterial einschl. etwaiger Bild- u. Tonaufnahmen (BGH StV 2010, 228). Die „Besichtigung" iSv Abs. 1 erfolgt grds. nur am Ort ihrer amtl. Verwahrung (BGH NStZ 2014, 347; KG StraFo 2016, 296) in der Weise, dass der Verteidiger sie sich – zB in der Geschäftsstelle o. einer Polizeistation, aber auch in der JVA gemeinsam mit dem Angeklagten – vorspielen lässt. Insoweit muss auch in zeitlicher Hinsicht ausreichend Gelegenheit zur Anhörung gegeben werden; dabei trifft die Verteidigung die prozessuale Obliegenheit, v. den ihr eingeräumten Möglichkeiten Gebrauch zu machen, ohne dass sie allerdings auf die Hinzuziehung v. Hilfspersonen verwiesen werden kann (BGH NStZ 2014, 347; die v. BGH offengelassene Frage, ob v. der Verteidigung die Anschaffung einer speziellen Auswertungssoftware zur Lesbarmachung entspr. Dateien auf eigene Kosten verlangt werden kann, dürfte zu verneinen sein).

19b Sind die Aufnahmen für den Verteidiger ohne Erklärungen des Angeklagten u./o. eines Dolmetschers **unverständlich,** ist deren Anwesenheit beim Abhören zu gestatten (OLG Köln StV 1995, 12; vgl. auch LG Düsseldorf StraFo 2008, 505). Einen Anspruch auf Übersetzung in fremder Sprache geführter Telefongespräche, die gem. §§ 100a, 100b aufgezeichnet wurden, gibt die Vorschr. nicht (BGH NStZ 2008, 230; OLG Koblenz NStZ 1995, 611; **aM** Wesemann FS 25 Jahre AG StrafR DAV, 2009, 895). Ebenso wenig kann eine Auflistung der aufgezeichneten Gespräche mit Ausweis der Gesprächsteilnehmer u. ihrer Rufnummern sowie der Gesprächsdauer verlangt werden (BGH NStZ 2014, 347).

19c **Akteneinsicht in TKÜ-Audiodateien:** Reicht das Besichtigungsrecht der originär bei der Polizei gespeicherten Datenmengen zu Informationszwecken **nicht aus,** was etwa regelmäßig bei umfangreichen TKÜ-Maßnahmen der Fall sein wird, die vernünftigerweise „vor Ort" nicht zu erfassen u. zu bewältigen sind, hat der Verteidiger Anspruch auf Überlassung einer **Kopie** v. bereits bei den Akten in Form v. CD's oder DVD's befindlichen Datenkopien (OLG Saarbrücken StV 2019, 179; OLG Frankfurt a. M. StV 2016, 148; vgl. auch KG StraFo NStZ 2018, 119; OLG Zweibrücken StV 2017, 437; Mosbacher JuS 2017, 127 (130); **aM** OLG Hamburg NStZ 2016, 695; OLG Celle NStZ 2016, 305 mkritAnm Knauer/Pretsch; s. aber auch OLG Celle NStZ-RR 2017, 48 (50): „in bestimmten Fällen"); solche bei den Akten befindliche Datenkopien sind Aktenbestandteile, die nicht dem Besichtigungsrecht v. Beweisstücken, sondern dem Akteneinsichtsrecht unterfallen (OLG Saarbrücken StV 2019, 179; OLG Frankfurt a. M. StV 2016, 148; OLG Zweibrücken StV 2017, 437; Wettley/Nöding NStZ 2016, 633 (634)). Gibt es bei den Akten noch keine solche Kopie hat die Verteidigung unter dem Gesichtspunkt des fairen Verfahrens, speziell der Waffengleichheit mit der StA, einen Anspruch auf originäre Herstellung (Wettley/Nöding NStZ 2016, 633 (638)).

19d Bei der insoweit erforderlichen **Abwägung** (s. OLG Celle NStZ-RR 2017, 48 (50)) sollen **nach der Rspr.** auch die Persönlichkeits- u. Datenschutzinteressen der v. der TKÜ-Maßnahme betroffenen Dritten zu berücksichtigen sein, die mit der aufzuklärenden Tat in keiner Weise in Verbindung stehen (OLG Celle NStZ-RR 2017, 48 (50); OLG Frankfurt a. M. StV 2016, 148; KG StraFo 2017, 420; 2016, 296; OLG Karlsruhe NStZ 2012, 590 mit allerdings negativem Abwägungsergebnis mablAnm Meyer-Mews; abl. auch Wettley/Nöding NStZ 2016, 633 (635); Killinger StV 2016, 148; vgl. auch OLG Frankfurt a. M. StV 2001, 611; offengelassen v. BGH NStZ 2014, 347; erg. → Rn. 7). Dies erscheint zw., soweit die Verweisung auf ein Besichtigungsrecht der polizeilich verwahrten Originale aufgrund der Datenmengen faktisch einer Versagung des Informationsrechts der Verteidigung darstellt. Jedenfalls sollte aber ein „abstraktes Missbrauchsrisiko" (so OLG Celle NStZ 2016, 305 (306); OLG Hamburg NStZ 2016, 695) der Übergabe v. Kopien der Telekommunikationsdaten nicht per se entgegenstehen, da der Verteidiger als Organ der Rechtspflege standesrechtlich verpflichtet ist, einen solchen Missbrauch auszuschließen u. einem befürchteten Missbrauch auch durch Maßnahmen wie Verschlüsselungen der Dateien vorgebeugt werden kann (vgl. OLG Zweibrücken StV 2017, 437; KG StraFo 2017, 420; 2016, 296; s. auch Mosbacher JuS 2017, 127 (129). Soweit eingewandt wird, dass die nach Abschluss des Verfahrens gem. § 101 Abs. 8 S. 1 gebotene Löschung der Daten nicht gewährleistet sei (OLG Celle NStZ 2016, 305 (306); OLG Hamburg NStZ 2016, 695; vgl. dazu auch → § 101 Rn. 28), kann dem durch eine Erkl. des Verteidigers begegnet werden, die Datenkopien nach Abschluss des Verfahrens zurückzugeben (vgl. Wettley/Nöding NStZ 2016, 633 (636); **aM** allerdings OLG Hamburg NStZ 2016, 695; OLG Celle NStZ 2016, 305 (306) mablAnm Knauer/Pretsch; vgl. auch OLG Celle NStZ-RR 2017, 48). Allerdings ist nach einer Entsch. des EGMR (NJW 2020, 3019) die Weigerung deutscher Ermittlungsbehörden, der Verteidigung Kopien der TKÜ zur Vfg. zu stellen, weil die Privat- u. Intimsphäre Betroffener geschützt werden müsse, als „vernünftig" einzuschätzen u. damit nicht konventionswidrig zu werten. Zur Frage der Anfechtbarkeit → Rn. 32.

VI. Sonstige sichergestellte Daten. Das Akteneinsichtsrecht erstreckt sich auf das iRd Ermittlungsverfahrens sichergestellte Datenmaterial. Die Einsicht wird grds. durch Bereitstellen des Inhalts der Akte zum Abruf oder durch Übermittlung der Akte auf einem sicheren Übermittlungsweg, auf bes. Antrag auch durch Einsicht in Diensträumen, gewährt (§ 32f Abs. 1 S. 1, 2; Einzelheiten → § 32f Rn. 1–3). Ein Aktenausdruck oder Datenträger wird nur übermittelt, wenn der Ast. ein berechtigtes Interesse begründet (§ 32f Abs. 1 S. 3; → § 32f Rn 4). Ausnahmsweise kann die Akteneinsicht nach § 32f Abs. 1 S. 2 und 3 auch vaW bei Vorliegen wichtiger Gründe gewährt werden (§ 32f Abs. 1 S. 4; näher → § 32f Rn. 5).Das Recht auf effektive Akteneinsicht kann es nach der Rspr. des EGMR gebieten, der Verteidigung eine mit kostenloser Software lesbare Kopie zu überlassen (vgl. den EGMR NJW 2020, 3019 zugrundeliegenden Sachverhalt). Was allerdings die Frage der notwendigen Vorbereitungszeit zum Herausfiltern der relevanten Dateien angeht, muss diese nicht notwendig bereits vor dem ersten Hauptverhandlungstag abgeschlossen sein; außerdem ist dem Verteidiger erforderlichenfalls „eine gewisse Verlagerung seines Arbeitsschwerpunkts" zuzumuten (EGMR NJW 2020, 3019). 19e

VII. Weitergabe der durch die Akteneinsicht erlangten Kenntnisse an den Beschuldigten. Zur Weitergabe der durch die Akteneinsicht erlangten Kenntnisse an den Beschuldigten ist der **Verteidiger berechtigt u. idR auch verpflichtet** (BGHSt 29, 99 (102); OLG Frankfurt a. M. NStZ 1981, 144). In welcher Weise er sie mit dem Mandanten teilt, ist gesetzlich nicht vorgegeben und liegt in der Hand des Verteidigers (BGH BeckRS 2025, 923 (Vors.)). Im gleichen Umf., wie er ihn über den Akteninhalt mündlich unterrichten darf, ist er prozessual auch berechtigt, dem Beschuldigten Abschriften o. Ablichtungen des Akteninhalts auszuhändigen (BGHSt 29, 99 (102); BGH GA 1968, 307); auch die Aushändigung einer vollständigen Aktenkopie ist grds. zulässig (Welp FS Peters, 1984, 316). Ein Anspruch, Aktenbestandteile in einer Cloud zur Verfügung gestellt zu bekommen, besteht nicht (BGH BeckRS 2025, 923 (Vors.)). 20

21 **Einschränkungen** der Unterrichtung gibt es bei Verschlusssachen (BGHSt 18, 369 (371 ff.)) sowie soweit durch die Aushändigung eine **Gefährdung des Untersuchungszwecks** eintreten würde (BGHSt 29, 99 (103); Beulke Strafverfahren S. 90; **aM** Dahs Strafverteidiger-HdB Rn. 275; Dedy StraFo 2001, 152) o. wenn zu befürchten ist, dass die Ablichtungen o. Abschriften zu verfahrensfremden Zwecken, zB für eine Straftat o. private Veröff., missbraucht werden (BGHSt 29, 99 (103)) bzw. wenn bereits die Weitergabe eine Straftat begründen kann (vgl. BGH NStZ 2014, 514).

22 Für die **Weitergabe der Ablichtungen von Schriften iSv § 184b StGB** an einen Sachverständigen kommt es darauf an, ob die Überlassung des kinderpornografischen Materials zur Erfüllung des Gutachtenauftrages erforderlich war (BGH NStZ 2014, 514), was davon abhängen dürfte, ob es – zumindest auch – um die Beurteilung der Bilder als kinderpornografisch geht o. zB ausschl. um Fragen des technischen Zugriffs auf die Dateien durch den Beschuldigten; eine Weitergabe an den Mandanten dürfte mit Rücksicht auf die genannte Entsch. des BGH nicht zulässig sein (vgl. auch OLG Frankfurt a. M. NJW 2013, 1107 (1108); **aM** Beulke/Witzigmann FS Schiller, 2014, 49 (63 f.); Meyer-Lohkamp StV 2014, 772). Der Untersuchungszweck ist auch gefährdet, wenn der Beschuldigte aus einem Aktenauszug erfährt, dass eine Durchsuchung seiner Wohnung bevorsteht o. dass die StA einen Haftbefehl gegen ihn beantragt hat (BGH NStZ 2014, 514). Dagegen reicht die nur selten auszuschließende Möglichkeit, dass sich der Beschuldigte zur Verdunkelung der Sache, etwa zum Aufbau eines falschen Alibis, entschließen könnte, nicht aus (BGH NStZ 2014, 514).

23 Das Informationsrecht besteht aber nicht in **Angelegenheiten, die nicht mehr im Rahmen der Verteidigung** liegen (vgl. BGHSt 52, 58 (65)), zB wenn es sich um Einzelheiten handelt, die ausschl. die Mitbeschuldigten o. persönliche Kontroversen zwischen Justizangehörigen betreffen (Lüttger NJW 1951, 746).

24 Zur **Rückforderung der dem Beschuldigten überlassenen Aktenauszüge** ist der Verteidiger nicht verpflichtet (Bode MDR 1981, 287); dennoch sollte er dem Mandanten stets aufgeben, die Auszüge u. Abschriften nach Erledigung der Strafsache zurückzugeben, u. ihn, am besten schriftlich, davor warnen, die Unterlagen Dritten zu zeigen (vgl. auch Dahs Strafverteidiger-HdB Rn. 275; § 353d StGB). Nach BAG NJW 2009, 1897 (1898) darf der Beschuldigte die Auszüge nur dann seinem Arbeitgeber weitergeben, wenn dieser selbst ein Einsichtsrecht nach § 475 hat u. die StA einer Weitergabe zustimmt.

24a Im Übrigen gilt die **datenschutzrechtliche Zweckbindung** des § 32f Abs. 5 (→ § 32f Rn. 15 ff.).

25 **C. Beschränkung des Akteneinsichtsrechts des Verteidigers (Abs. 2, Abs. 3, Abs. 6). I. Gefährdung des Untersuchungszwecks (Abs. 2 S. 2).** Wenn der **Abschluss der Ermittlungen noch nicht nach § 169a in den Akten vermerkt** ist, kann dem Verteidiger die Akteneinsicht nach Abs. 2 S. 1 – grds. verfassungsrechtlich unbedenklich (BVerfG wistra 2004, 179; BGH NStZ-RR 2004, 321; vgl. aber → Rn. 25a) – ganz o. teilw. verweigert werden, soweit sie den Untersuchungszweck gefährden würde. Die Gefährdung dürfte auch aus einem anderen Strafverfahren ableitbar sein (BGH (ER) NStZ-RR 2012, 16 (17 f.); vgl. BT-Drs. 16/11644, 34, 16/13097, 19 und Abs. 7 S. 1, §§ 406e Abs. 2 S. 2, 477 Abs. 2 S. 1); dann ist aber die Möglichkeit teilw. Akteneinsicht bes. sorgfältig zu prüfen. Eine konkrete Gefahr wird bei alledem nicht vorausgesetzt (Pfeiffer FS Odersky, 1996, 459; **aM** Burkhard wistra 1996, 173; Eisenberg NJW 1991, 1260: Vorliegen konkreter Anhaltspunkte, die objektiv geeignet erscheinen, den Untersuchungszweck zu gefährden); erforderlich aber auch hinreichend ist es, dass eine Gesamtwürdigung der Art der Tatbegehung und der Person des Beschuldigten die Besorgnis rechtfertigt, es werde bei Kenntnisnahme des Beschuldigten zu verfahrensfremden, den Erfolg der Untersuchung gefährdenen Flucht- oder Verdunkelungshandlungen kommen (BGH (ER) NStZ 2022, 564 mAnm Knauer/Pretsch). Andererseits genügt für die Beschränkung nicht nur eine vage u. entfernte Mög-

lichkeit der Gefährdung (Schlothauer StV 2001, 195). Wenn aber zB bestimmte Untersuchungshandlungen vorbereitet werden, die nur durch Überraschung erfolgreich sein können wie etwa die Durchsuchung von Wohn- und Geschäftsräumen (vgl. ferner § 33 Abs. 4), kann die Akteneinsicht immer versagt werden (vgl. dazu eing. Walischewski StV 2001, 243; erg. → Rn. 25b).

Bei **noch nicht vollzogenem Haftbefehl** richtet sich der Anspruch auf Akteneinsicht danach, ob das staatliche Geheimhaltungsinteresse auch nach einem Bekanntwerden des Haftbefehls weiterhin das Informationsinteresse des Beschuldigten überwiegt; insoweit können dem Beschuldigten in weitem Umf. die Informationen vorenthalten werden, welche die Haftentscheidung tragen u. seine Flucht erleichtern könnten (BGH (ER) NStZ 2019, 478 mAnm Börner; KG StraFo 2012, 15 mablAnm Herrmann u. Börner StV 2012, 361). Dies gilt bei dem auf freien Fuß befindlichen Beschuldigten entspr. § 33 Abs. 4 S. 1 auch im Haftbeschwerdeverfahren, da ein noch nicht vollstreckter Haftbefehl in weitaus geringerer Intensität als der lfd. Vollzug der Maßnahme in die Grundrechte des Beschuldigten eingreift (BGH NStZ 2019, 478; vgl. auch OLG Stuttgart NStZ 1990, 247). Die Beschränkung der Akteneinsicht muss wieder aufgeh. werden, wenn ihr Grund entfallen ist. Selbstverständlich gestattet Abs. 2 S. 1 weder die Darst. eines unwahren Sachverhalts in den Ermittlungsakten noch die aktive Täuschung des Beschuldigten über die wahren Hintergründe seiner Festnahme (BGH NStZ 2010, 294). Bei einer Beschwerde gegen einen noch nicht vollstreckten Haftbefehl muss die Beschwerdeentscheidung nicht zurückgestellt werden, bis eine Akteneinsicht ohne Gefährdung des Untersuchungszwecks möglich ist (BGH (ER) NJW 2019, 2105; erg. → Rn. 40a). 25a

II. Beschuldigter in UHaft (Abs. 2 S. 2). Befindet sich der **Beschuldigte in UHaft** o. ist diese im Fall des § 127 Abs. 2 beantragt, hat der Verteidiger unter dem Gesichtspunkt der „Waffengleichheit" ein nicht beschränkbares Recht auf Zugang zu den für die Beurteilung der Rechtmäßigkeit der Freiheitsentziehung wesentlichen – ggf. auch entlastenden – Informationen (Abs. 2 S. 2 Hs. 1; vgl. Michalke NJW 2010, 18; AnwK Untersuchungshaft/König Rn. 3), auch für das Verf. vor dem nächsten AG (§ 115a; vgl. Bittmann NStZ 2010, 15). Die Akteneinsicht des Pflichtverteidigers u. entspr. Mitteilung an den Wahlverteidiger reichen aus (OLG Naumburg NStZ 2011, 599). Die durch G v. 29.7.2009 (BGBl. I 2274) eingefügte Unterausnahme dient der Umsetzung der stRspr des EGMR (NJW 2002, 2013 ff.; StV 2008, 475, bestätigt durch Große Kammer EuGRZ 2009, 566 (578)). Der EGMR hat – frühere Standards (vgl. BVerfG NJW 1994, 573; BGH NJW 1996, 734) verschärfend – jew. eine Verletzung des Art. 5 Abs. 4 EMRK darin gesehen, dass dem Verteidiger des inhaftierten Beschuldigten keine hinreichende Akteneinsicht gewährt wurde (EGMR EuGRZ 2009, 472 (474) mwN). 26

Auf welche Weise die erforderlichen Informationen erteilt werden, hat der Gesetzgeber „dem Einzelfall überlassen" (BT-Drs. 16/11644, 34). Allerdings hat er die praktische Anwendung der Vorschr. durch eine Konkretisierung der wenig aussagekräftigen Formulierung „in geeigneter Weise" zu erleichtern versucht, deren Auslegung aber voraussehbar ein beträchtliches Konfliktpotential birgt (zutr. Jahn FS I. Roxin, 2012, 585 (592)); nach dem 2. Hs. des Abs. 2 S. 2 ist aber idR (weiterg Beulke/Witzigmann NStZ 2011, 257; Weider StV 2010, 105) im vorgenannten Umf. („insoweit") Akteneinsicht zu gewähren (BT-Drs. 16/13097, 19). Hierbei ist zu beachten, dass der EGMR zu Recht die mündliche Information und die – auch schriftliche – Zusammenfassung der Tatsachen durch den Richter o. StA nicht hat ausreichen lassen; eine Schilderung des Sachverhalts nach dem Verständnis der Ermittlungsbehörden mache es dem Betroffenen faktisch unmöglich, die Zuverlässigkeit dieser Darst. wirksam anzufechten. Bei der **Entscheidung über die Haftanordnung bzw. deren Rechtmäßigkeit** darf das Gericht nicht solche Teile der Akten zugrunde legen, die dem Verteidiger zuvor vorenthalten worden sind (BT-Drs. 16/11644, 34; vgl. noch EGMR NStZ 2009, 164). Ggf. muss der Haftbefehl aufgeh. werden (BVerfG NStZ 1994, 551; NStZ-RR 2013, 379; OLG 27

Brandenburg OLGSt StPO § 114 Nr. 1; LG Magdeburg StraFo 2004, 167; vgl. aber OLG Hamm wistra 2008, 195 (197): entlastende Umstände gleichwohl verwertbar). Dies gilt gleichermaßen für die Prüfung der besonderen Haftvoraussetzungen des § 121 Abs. 1, da zur Beurteilung der Rechtmäßigkeit der Freiheitsentziehung nach Abs. 2 S. 2 auch gehört, ob das Verf. hinreichend gefördert wurde (Peglau JR 2012, 231 (233); vgl. dagegen OLG Hamm (3. StS) wistra 2008, 195 (198) gegen OLG Hamm (2. StS) StV 2002, 318 zur Rechtslage vor der Gesetzesänderung). Auf den erlassenen, aber **noch nicht vollzogenen Haftbefehl** ist Abs. 2 S. 2 nach seinem eindeutigen Wortlaut nicht anwendbar; insoweit gilt Abs. 2 S. 1 (KG StraFo 2012, 15; Peglau JR 2012, 231 (234); vgl. auch OLG München NStZ-RR 2012, 317; erg. → Rn. 25; **aM** Löwe/Rosenberg/Lüderssen/Jahn § 147 Rn. 77: entspr. Anwendung von Abs. 2 S. 2; diff. Beulke/Witzigmann NStZ 2011, 254; SK-StPO/Wohlers § 147 Rn. 66: Einzelfallentscheidung; erg. → Rn. 25).

28 **III. Vermögensarrest.** Dieselben Grundsätze müssen nach Art. 103 Abs. 1 GG gelten, wenn gegen den Beschuldigten der **Vermögensarrest** (§§ 111e, 111f) angeordnet worden ist (BVerfG NJW 2004, 2443; 2006, 1048; LG Kiel NStZ 2007, 424; LG Ravensburg NStZ-RR 2007, 114), auch bei einer Durchsuchung (BVerfG NStZ 2007, 274; LG Neubrandenburg NStZ 2008, 655; **aM** LG Saarbrücken NStZ-RR 2006, 80, dagegen Börner NStZ 2007, 682; noch weiter gehend nimmt LG Berlin StV 2010, 352 ein Recht auf Akteneinsicht selbst im Beschwerdeverfahren gegen den noch nicht vollstreckten Durchsuchungsbeschluss an; zust. Börner NStZ 2010, 417), nicht aber bei einer bloßen Beschlagnahme nach § 94 (LG Berlin NStZ 2006, 472); eing. Park StV 2009, 276.

29 **IV. Ausnahmen von der Beschränkung (Abs. 3). Ausgenommen von der Beschränkung** nach Abs. 2 sind die in **Abs. 3** bezeichneten Niederschriften u. Gutachten. Sachverständigengutachten iS Abs. 3 sind nicht die in den Akten befindlichen Übersetzungen fremdsprachiger Urkunden (OLG Hamburg StV 1986, 422; **aM** Welp StV 1986, 450). Bei den Beschuldigtenvernehmungen kommt es nicht darauf an, ob sie v. der Polizei, der StA o. einem Richter durchgeführt worden sind. Die Beschränkung gilt insbes. nicht für polizeiliche Vernehmungen, auf die bei richterlichen Vernehmungen Bezug genommen worden ist (OLG Hamm NStZ 1987, 572). Abs. 3 gilt entspr. für schriftliche Äußerungen des Beschuldigten nach §§ 136 Abs. 1 S. 4, 163a Abs. 1 S. 2, Abs. 4 S. 2 und auch für Vernehmungen, bei denen der nunmehr Beschuldigte noch als Zeuge vernommen worden war (OLG Hamm StV 1995, 571). Für Niederschriften über richterliche Untersuchungshandlungen, bei denen dem Verteidiger (zu Recht o. zu Unrecht) die Anwesenheit gestattet worden ist, gilt Abs. 3 auch dann, wenn sie nicht die Vernehmung des Beschuldigten, zu dem das Verteidigerverhältnis besteht, zum Gegenstand haben, sondern die v. Mitbeschuldigten, Zeugen o. Sachverständigen o. einen richterlichen Augenschein. Diese Ausnahmen werden zweckmäßigerweise in der Versagungsanordnung durch Aufzählung klargestellt. Eine Ausnahme v. Abs. 3 bestimmt § 34 Abs. 3 Nr. 2 S. 3 **EGGVG.**

30 **V. Aufhebung der Beschränkung (Abs. 6).** Spätestens bei der **Anbringung des Vermerks nach § 169a** muss die Beschränkung aufgeh. werden (Abs. 6). Das dadurch erlangte volle Einsichtsrecht des Verteidigers darf später nicht mehr eingeschränkt werden (BGH NStZ 1998, 97), auch nicht bei Wiederaufnahme der Ermittlungen. Von der Aufhebung der Beschränkung ist der Verteidiger unverzüglich zu unterrichten (Abs. 6 S. 2). War bereits ein Antrag auf Akteneinsicht abgelehnt worden, so muss ihm nunmehr entsprochen werden; erst danach darf Anklage erhoben werden (Meyer-Goßner NStZ 1982, 357).

31 **D. Akteneinsichtsrecht des nicht verteidigten Beschuldigten (Abs. 4).** Das Akteneinsichtsrecht des nicht verteidigten Beschuldigten (Abs. 4) wurde durch das G v. 5.7.2017 (BGBl. I 2208) erweitert u. in Abs. 4 geregelt, die Mitgabe

v. Papierakten zum Zwecke der Einsichtnahme durch RAe wurde nunmehr in § 32f Abs. 2, Abs. 3 übernommen. Anders als nach früherer Rechtslage (dazu → 60. Aufl. 2017, Rn. 3, 4) hat der unverteidigte Beschuldigte nunmehr selbst unter den in Abs. 4 genannten Voraussetzungen einen Anspruch auf Akteneinsicht; hat er einen o. mehrere Verteidiger wird die Akteneinsicht ausschl. v. diesen wahrgenommen, es sei denn, ohne eigenes Einsichtsrecht wäre die Effektivität der Verteidigung beeinträchtigt (BGH BeckRS 2020, 27383 unter Hinweis auf EGMR EuGRZ 2003, 472 (479 f.)). Gestrichen wurde die früher in Abs. 7 enthaltene Beschränkung auf „Auskünfte und Abschriften aus den Akten", da die Integrität der Akten nach pflichtgemäßem Ermessen im Einzelfall gewahrt werden kann, indem an Stelle der Einsichtnahme in die Akten Kopien aus den Akten bereitgestellt werden (Abs. 4 S. 2); auch bedarf es anders als nach Abs. 7 aF nicht mehr einer Prüfung, inwieweit die Akteneinsicht „zu einer angemessenen Verteidigung erforderlich ist", da die Beurteilung dieser Frage allein der Person überlassen bleiben soll, die sich verteidigt (BT-Drs. 18/9416, 60).

Den Anspruch auf Akteneinsicht hat der Beschuldigte allerdings nur, 32
soweit der Untersuchungszweck, auch in Bezug auf andere Strafverfahren, nicht gefährdet werden kann u. nicht überwiegende schutzwürdige Interessen Dritter entgegenstehen (Abs. 4 S. 1). Zur Gefährdung des Untersuchungszwecks vgl. → Rn. 25 sowie → § 406e Rn. 11, 12. Bei schutzwürdigen Interessen Dritter ist insbes. an die Wahrung der Intimsphäre Dritter (vgl. etwa EGMR NJW 2020, 3019) sowie an den Schutz gefährdeter Zeugen u. von Geschäfts- u. Betriebsgeheimnissen zu denken (erg. → § 406e Rn. 9, 10). Die Akten dürfen allerdings dem Beschuldigten grds. nicht überlassen werden (OLG Karlsruhe VRS 118, 211 (214)), wie sich aus einem Vergleich mit der für RAe geltenden Regelung des § 32f Abs. 2 ergibt. Wird die Akteneinsicht beschränkt und kann der Beschuldigte sich ohne deren vollständige Kenntnis nicht hinreichend verteidigen, so ist ihm ein Pflichtverteidiger beizuordnen (→ § 140 Rn. 27a); ist das wegen des geringfügigen Vorwurfs untunlich, muss die Akteneinsicht gewährt werden (EGMR NStZ 1998, 429). Der Zugang zu den für die Beurteilung der Rechtmäßigkeit der U-Haft wesentlichen Informationen darf nicht beschränkt werden (näher dazu → Rn. 26, 27; insoweit wird hier aber ein Verteidiger bestellt sein, §§ 140 Abs. 1 Nr. 4, 5, 141 Abs. 2 S. 1 Nr. 1). Die datenschutzrechtliche Zweckbindung (früher Abs. 7 S. 2) ist nunmehr in § 32f Abs. 5 geregelt (→ § 32f Rn. 15 ff.). Zur Besichtigung v. Beweisstücken → Rn. 19, zum Rechtsschutz → Rn. 39.

Im Übrigen gilt auch für den Beschuldigten die **datenschutzrechtliche** 33
Zweckbindung des § 32f Abs. 5 (→ § 32f Rn. 15 ff.).

E. Zuständigkeit (Abs. 5 S. 1). I. Ermittlungsverfahren. Im vorbereiten- 34
den Verfahren – auch nach Einstellung des Ermittlungsverfahrens – entscheidet die StA (die FBeh in Fällen des § 386 Abs. 2 **AO**) über die Akteneinsicht. Die Polizei darf keine Akteneinsicht gewähren; die Entsch. trifft immer die StA (Welp FS Peters, 1984, 324). Das gilt auch für Unfall- u. Tatortskizzen o. -aufnahmen, die bei der Beschuldigtenvernehmung verwendet worden sind (**aM** Kleinknecht Kriminalistik 1965, 454). Das Gericht ist im Ermittlungsverfahren niemals zuständig, auch wenn sich die Akten bei ihm auf Beschwerde o. zur Vornahme einer richterlichen Handlung befinden (BGH NStZ-RR 2010, 246; OLG Köln StraFo 2013, 24; OLG Hamm NStZ 1982, 348; OLG Stuttgart Justiz 1970, 113; Börner NStZ 2010, 417; Park StV 2009, 284; **aM** Welp FS Peters, 1984, 324).

II. Nach Anklageerhebung. Vom **Eingang der Anklage bei Gericht** an bis 35
zum rkr. Abschluss des Verfahrens, auch in der HV (§ 238 Abs. 2 gilt nicht), ist der Vorsitzende des jew. mit der Sache befassten Gerichts zuständig; dies gilt auch für das Revisionsgericht nach Vorlage der Akten auf Revision (vgl. BGH NStZ-RR 2020, 50). Dies betr. nicht nur die Akten, die dem Gericht tatsächlich vorliegen, sondern auch solche, die ihm – etwa als Beiakten- gem. Abs. 1 vorzulegen gewesen wären (OLG Rostock NZWiSt 2015, 351 (353)). Es gilt auch, wenn die Akten-

einsicht nicht durch die StA, sondern durch die ermittelnde Finanzbehörde verweigert wird (vgl. § 399 AO; OLG Rostock NZWiSt 2015, 351 (353)).

36 **III. Nach rechtskräftigem Abschluss.** Nach rechtskräftigem Abschluss des Verfahrens ist wiederum die StA zuständig (vgl. BGH NStZ-RR 2020, 50: GenStA nach abgeschlossenem Revisionsverfahren).

37 **IV. Entscheidung.** Einen **Bescheid** mit kurzer Begründung erfordert die Versagung der Akteneinsicht (Burkhard wistra 1996, 173). Hiervon kann sowohl in der Entsch. der StA als auch der des nach Abs. 5 S. 2 iVm § 162 angerufenen Gerichts (→ Rn. 39) abgesehen werden, wenn durch Offenlegung der Gründe der Untersuchungszweck gefährdet werden könnte (Abs. 5 S. 4). Zum Übergehen eines Antrags vgl. OLG Karlsruhe VRS 118, 211.

38 **F. Anfechtung. I. Entscheidungen der StA.** Entscheidungen der StA sind grds. nur in **3 Fällen anfechtbar** (Abs. 5 S. 2; siehe aber → Rn. 40a), nämlich 1., wenn die Versagung (LG Landau StV 2001, 613 mablAnm Schlothauer: wegen Gefährdung des Untersuchungszwecks, nicht aus anderen Gründen; abl. auch Hagmann StV 2008, 483 Fn. 6) erfolgt, nachdem bereits der Abschluss der Ermittlungen (§ 169a) in den Akten vermerkt worden ist (Abs. 2 S. 1; vgl. BGH (ER) NStZ 2022, 564 → Rn. 24); 2., wenn die Versagung die in Abs. 3 bezeichneten Niederschriften u. Gutachten betr. (→ Rn. 26), und 3., wenn sich der Beschuldigte nicht auf freiem Fuß befindet (→ Rn. 25a, 26), also va bei UHaft o. einstweiliger Unterbringung nach § 126a, oder bei Auslieferungshaft im Ausland (BGH StraFo 2021, 474), in dem Verfahren, in dessen Akten er die Einsichtnahme begehrt (s. BGH (ER) NStZ 2022, 564, nicht aber bei Haft in anderer Sache: BGH (ER) NStZ-RR 2012, 16 (17); LG Mannheim StV 2001, 613; KK-StPO/Willnow Rn. 26; **aM** LG München I StV 2006, 11; Löwe/Rosenberg/Lüderssen/Jahn Rn. 160b; Tsambikakis FS Richter II, 2006, 531).

39 In diesen Fällen wird – ebenso wie in §§ 406e Abs. 4 S. 2, 478 Abs. 3 – der **Antrag auf gerichtliche Entsch.** zugelassen; das gilt nach Abs. 7 S. 2 auch für die Versagung der Erteilung v. Auskünften u. Abschriften an den nicht-verteidigten Beschuldigten. Die gerichtl. Zuständigkeit folgt aus § 162 (ggf. iVm § 169 Abs. 1); das Verf. u. die Kostenentscheidung bestimmen sich nach den in Abs. 5 S. 3 in Bezug genommenen Vorschriften. Mit der gerichtlichen Entsch. wird bei begründetem Antrag entweder die verlangte Akteneinsicht direkt gewährt o., wenn dies nicht möglich ist, die StA hierzu angewiesen (OLG Hamm wistra 2008, 195 (198); Schlothauer StV 2001, 194 (195)). Nach Rechtskraft (→ Rn. 36) sowie im Fall der Einstellung nach § 170 Abs. 2 sind die Entsch. der StA wiederum nach Abs. 5 S. 2 anfechtbar (OLG Hamm NJW 2003, 768).

40 **Im Übrigen** ist nur die Dienstaufsichtsbeschwerde (→ Vor § 296 Rn. 22) gegeben (BayObLG BeckRS 2025, 414 Rn. 71; LG Neubrandenburg NStZ 2008, 655; im Wesentlichen auch BGH NStZ-RR 2009, 145 (idR nicht anfechtbar); **aM** SK-StPO/Wohlers Rn. 112: Abs. 5 S. 2 entspr.; ebenso OLG Saarbrücken NStZ-RR 2008, 48 Ls.; HK-StPO/Julius Rn. 26). Auch der Antrag nach §§ 23 ff. **EGGVG** ist nicht zulässig, denn aus Abs. 5 S. 2 folgt nun, dass in den übrigen Fällen ein Rechtsbehelf nicht gegeben sein soll (BayObLG BeckRS 2025, 414 Rn. 71 mAnm Corsten StV 2025, 722; OLG Rostock NZWiSt 2015, 351 (353); OLG Frankfurt a. M. NStZ-RR 2005, 376; vgl. auch OLG Hamm wistra 2003, 317). Eine Ausnahme besteht nur zur Erzwingung der Einsicht in die den Ermittlungsakten nicht beigefügten Spurenakten (BVerfGE 63, 45; OLG Hamm NStZ 1984, 423; **aM** KK-StPO/Willnow Rn. 26); hier bleibt der Antrag nach § 23 **EGGVG** zulässig. Dasselbe gilt für den nach rkr. Abschluss des Verfahrens für den durch die Gewährung v. Akteneinsicht Beschwerten. Eine Ausweitung der Anfechtungsmöglichkeit für einen außergewöhnlich gelagerten Sonderfall erwägt BGHSt 49, 317. Ergänzend → § 491 Rn. 3 aE.

40a Allerdings soll nach einer Entscheidung des BayObLG eine **entspr. Anwendung von Abs. 5 S. 2** für den Fall in Betracht kommen, dass sich ein Beschuldigter gegen die einem Mitbeschuldigten gewährte Akteneinsicht wenden will (BayObLG BeckRS 2025, 414 Rn. 91 ff. mAnm Corsten StV 2025, 722; zw.; **aM** unter Hinweis auf den eindeutigen Wortlaut von Abs. 5 S. 2 LG Koblenz wistra 2020, 429; Löwe/Rosenberg/Esser IPBPR Art. 14 Rn. 939 Fn. 2503). Das OLG Stuttgart hat die entspr. Anwendung von Abs. 5 S. 2 bejaht, wenn der Verletzte einer Straftat oder ein am Verfahren nicht beteiligter Dritter geltend macht, durch die Gewährung unbeschränkter Akteneinsicht an den Beschuldigten in seinen Rechten verletzt zu sein (OLG Stuttgart NJW 2006, 2565; zw.; siehe dazu Mehle FS Mehle 2009, 398). Zum Rechtsschutz für Beschuldigte oder Dritte, die von einer Akteneinsicht der Geschädigten betroffen sind, → § 406 Rn. 21.

Ist das Gericht nach Abs. 5 S. 1 an die Entsch. der StA zur Versagung der Akteneinsicht **gebunden,** muss es ggf. die Entsch. über eine Beschwerde gegen eine beendete Maßnahme aufschieben (BVerfG NStZ-RR 2013, 379; 2008, 16; NStZ 2007, 274; krit. Park StV 2009, 279; Rau StraFo 2008, 14; weitergehend Börner NStZ 2007, 682: § 147 Abs. 5 S. 2 entspr.). Dies gilt nicht für Beschwerden gegen einen noch398 nicht vollstreckten Haftbefehl (BGH (ER) NStZ 2019, 478 mAnm Börner; erg. → Rn. 25a). **40b**

II. Richterliche Entscheidungen. Richterliche Entscheidungen, auch des OLG im 1. Rechtszug, über die Akteneinsicht, s. dazu Mehle nach § 147 können nach § 304 Abs. 1, Abs. 4 S. 2 Nr. 4 im Ermittlungs- u. Zwischenverfahren mit der Beschwerde angefochten werden (OLG Hamburg NJW 1963, 1024; OLG Hamm NJW 1968, 169; OLG Karlsruhe Justiz 1984, 108). Das gilt auch für Entsch. des ERs nach Abs. 5 S. 2 (vgl. BT-Drs. 16/12098, 21), wegen § 305 S. 1 aber **nicht** für den Angeklagten bei **Entsch. des erkennenden Gerichts** (OLG Nürnberg wistra 2015, 365; OLG Frankfurt a. M. NStZ-RR 2001, 374; StV 2004, 362; OLG Hamm NStZ 2005, 226; OLG Koblenz StV 2003, 608; OLG Stuttgart NJW 2003, 767; OLG Naumburg NStZ-RR 2010, 151; dahingest. von BGH NStZ-RR 2023, 26; erg. → § 304 Rn. 16; siehe auch → § 406e Rn. 21). Wegen § 305 S. 2 ist die Beschwerde der StA allerdings zulässig, wenn durch die betr. Zwangsmaßnahmen Rechte v. am Verf. nicht beteiligten Personen betroffen sind (OLG Nürnberg StraFo 2015, 102; OLG Karlsruhe NJW 2012, 2742; **aM** OLG Saarbrücken StV 2019, 179) Dies gilt gleichermaßen für die StA, welche die Anordnung der Herausgabe v. Aktenbestandteilen o. Beweismitteln an die Verteidigung anfechten möchte (OLG Frankfurt NStZ 2021, 382 mAnm Fröba). Entscheidungen über die Form der Gewährung v. Akteneinsicht sind gem. § 32f Abs. 3 nicht anfechtbar (→ § 32f Rn. 12). **41**

III. Revision. Die **Revision** kann auf die **unterbliebene** Gewährung von Akteneinsicht oder Beweismittelbesichtigung nach Abs. 1 grds. mit dem Revisionsgrund des § 338 Nr. 8 geltend gemacht werden, sofern in der HV ein Antrag auf Unterbrechung o. Aussetzung gestellt u. durch Gerichtsbeschluss abgelehnt worden ist (vgl. BGH NStZ 1985, 87; KG VRS 83, 428; OLG Hamm VRS 49, 113; zum notwendigen Revisionsvorbringen vgl. BGH NStZ-RR 2004, 50 Ls.; BeckRS 2016, 110987; BayObLG NJW 1992, 2242; OLG Hamm NJW 2004, 381; sowie zu einem Fall verfahrensfremder Akten (→ Rn. 16) BGH NStZ 2010, 531). **42**

Entscheidungen über die **Form der Gewährung** der Akteneinsicht sind nach § 32f Abs. 3 der Anfechtung entzogen. Dies gilt entspr. für die Besichtigung von amtlich verwahrten Beweisstücken; auch insoweit sind die Modalitäten der Beschau nicht anfechtbar (BGH NJW 2025, 3096 mwN: grunds. nur Recht auf Einsichtnahme am Ort der behördlichen Verwahrung, nicht auf Überlassung; erg. → Rn. 19). **43**

G. Verjährungsunterbrechung. In der Gewährung der Akteneinsicht kann zugleich die Bekanntgabe einer Verfahrenseinleitung iSd § 78c Abs. 1 S. 1 Nr. 1 StGB liegen (vgl. BGH NStZ 2002, 429; 2008, 214; StV 2009, 696 (697)). **44**

Kommunikation des Beschuldigten mit dem Verteidiger

148 (1) **Dem Beschuldigten ist, auch wenn er sich nicht auf freiem Fuß befindet, schriftlicher und mündlicher Verkehr mit dem Verteidiger gestattet.**

(2) [1]**Ist ein nicht auf freiem Fuß befindlicher Beschuldigter einer Tat nach § 129a, auch in Verbindung mit § 129b Abs. 1, des Strafgesetzbuches dringend verdächtig, soll das Gericht anordnen, dass im Verkehr mit Verteidigern Schriftstücke und andere Gegenstände zurückzuweisen sind, sofern sich der Absender nicht damit einverstanden erklärt, dass sie zunächst dem nach § 148a zuständigen Gericht vorgelegt werden.** [2]**Besteht kein Haftbefehl wegen einer Straftat nach § 129a, auch in Verbindung mit § 129b Abs. 1, des Strafgesetzbuches, trifft die Entscheidung das Gericht, das für den Erlass eines Haftbefehls zuständig wäre.** [3]**Ist der schriftliche Verkehr nach Satz 1 zu überwachen, sind für Gespräche mit Verteidigern Vorrichtungen vorzusehen, die die Übergabe von Schriftstücken und anderen Gegenständen ausschließen.**

Übersicht

1 **A. Grundsatz der freien Verteidigung (Abs. 1).** Den Grundsatz der freien Verteidigung stellt Abs. 1 auf.

2 **I. Ungehinderter Verkehr zwischen Verteidiger und Beschuldigtem.** Ein ungehinderter Verkehr zwischen Verteidiger u. Beschuldigten zu Zwecken der Verteidigung gehört zu den unabdingbaren Voraussetzungen einer solchen Verteidigung (vgl. BVerfG NJW 2007, 2749 (2750); 2010, 1740 (1741); BGHSt 53, 261; vgl. auch EGMR NJW 2024, 2743). Der Verkehr zwischen Verteidiger u. Beschuldigten ist daher v. jeder Behinderung u. Erschwerung freigestellt (BGHSt 27, 260 (262); BGH NJW 1973, 2035 (2036)). Unüberwachter mündlicher u. schriftlicher Verkehr ist gewährleistet, gleichviel, ob der Beschuldigte inhaftiert o. auf freiem Fuß ist (BGHSt 33, 347 (349); erg. → Einl. Rn. 56a). Die Telefonüberwachung nach § 100a ist unzulässig, soweit der Verteidiger nicht aufgrund bestimmter Tatsachen selbst der Beteiligung an der Katalogtat des Mandanten tat- o. teilnahmeverdächtig ist (→ § 100a Rn. 21; vgl. auch → § 100c Rn. 24, → § 100f Rn. 12, → § 100g Rn. 21, → § 111 Rn. 13, → § 110a Rn. 5 zu den dort geregelten Überwachungsmaßnahmen; erg. → Rn. 16), u. bei einem nicht auf freiem Fuß befindlichen Beschuldigten bestehen grds. (Ausnahmeregelungen enthalten Abs. 2 und §§ 31 ff. EGGVG) die Beschränkungsmöglichkeiten nach § 119 nicht (§ 119 Abs. 4 S. 1; vgl. auch § 19 NRWUVollzG sowie bereits OLG Saarbrücken NJW 1978, 1446). Der Verteidiger hat ein eigenes Recht auf ungehinderten Verkehr mit seinem inhaftierten Mandanten (BGHSt 33, 347 (349); BGH NJW 1973, 1656; KG JR 1977, 213; OLG Frankfurt a. M. NStZ 1982, 134; vgl. auch § 138c Abs. 2

S. 1); ein Anspruch auf Durchführung einer gemeinsamen Bespr. zweier inhaftierter Mitangeschuldigter o. eines Mitangeschuldigten mit dem Verteidiger des anderen besteht aber nicht (Döllel/Dreeßen SchlHA 2002, 152 – OLG Schleswig RsprÜ). Der unbeschränkte Verkehr ist dem Verteidiger **nur zum Zweck der Verteidigung** gestattet (BVerfGE 46, 1 (12); 49, 24 (48); BVerfG NJW 2010, 1740; BGHSt 26, 304 (307); BGH NJW 1973, 2035 (2036); erg. → Rn. 8, 15) u. nur in diesem Umf. nicht unbefugt iSd § 115 Abs. 1 Nr. 1 OWiG (BVerfG NJW 2010, 1740). Dem Verteidiger als Organ der Rechtspflege wird grds. vertraut, dass er die ihm zu diesem Zweck eingeräumten Rechte nicht missbraucht (BGHSt 27, 260 (265); OLG Hamburg NJW 1979, 1724; OLG Saarbrücken NJW 1978, 1446 (1448)). Rundfunkaufnahmen dürfen den vertraulichen Austausch am Rande der Verh. nicht beeinträchtigen (BVerfG NJW 2008, 977 (980) mit Hinweis auf § 176 GVG).

Als **Zeuge** muss der frühere Beschuldigte nach rkr. Abschluss seines Verfahrens **2a** (bis dahin schützen Abs. 1 sowie § 55, s. Beulke FS Fezer, 2008, 4 (10)) in einem neuen Strafverfahren gegen seinen früheren Verteidiger, soweit nicht auch jetzt noch § 55 eingreift, aussagen (→ § 53 Rn. 13); der Umstand, dass die Vernehmung die Frage zum Gegenstand hat, ob sich der Anwalt durch die Art der früheren Strafverteidigung strafbar gemacht hat (insbes. nach § 258 StGB), führt nicht zu einem auf Abs. 1 gestützten Recht zur umfassenden Auskunftsverweigerung über die Interna der früheren Verteidiger-Mandanten-Beziehung; das gibt schon der Wortlaut nicht her (so iErg auch OLG Koblenz NStZ-RR 2008, 283, bestätigt durch BVerfG BeckRS 2008, 31920; **aM** Beulke FS Fezer, 2008, 10 ff. („Fernwirkung"); Bosbach NStZ 2009, 180 ff.; eing. Bosbach, Ungeschriebene strafprozessuale Zeugnisverweigerungsrechte im Bereich der Rechtsberatung?, 2009, S. 195 ff. (§ 68a Abs. 1; aber → § 68a Rn. 5); vgl. auch R. Hamm NJW 1993, 295, der eine „gesetzliche Vorsorge" fordert; vgl. noch BGHSt 53, 257 (261); → § 244 Rn. 49).

II. Verteidiger im Strafverfahren. Nur der **Verteidiger im Strafverfahren** **3** hat die Rechte aus Abs. 1, auch bei Unterbringung des Mandanten nach ThUG (LG Regensburg StV 2012, 489), nicht der Beistand nach § 149, auch nicht der Verteidiger in einem Disziplinarverfahren (LG Koblenz MDR 1981, 72), ein Rechtsassessor nur unter den Voraussetzungen des § 138 Abs. 2 S. 1 (vgl. OLG Celle NStZ 2011, 598: Besuche in U-Haft). Dies setzt neben einem bestehenden Verteidigungsverhältnis (anschl. → Rn. 4) voraus, dass der Betroffene förmlich als **„Beschuldigter"** iSv Abs. 1 anzusehen ist (→ Einl. Rn. 60, 76 ff.) bzw. dass ein Unternehmen die beschuldigtenähnliche Stellung eines Beteiligungs- bzw. Einziehungsinteressenten nach § 444 Abs. 2 S. 2, 434 Abs. 1, 432 innehat (s. jew. dort; vgl. ferner LG Bonn NZWiSt 2013, 21 (25) mablAnm Jahn/Kirsch; Frank/Vogel NStZ 2017, 313 (315); Schneider NStZ 2016, 309 (312); **aM** LG Frankfurt (Oder) NZWiSt 2022, 451; LG Mannheim NZWiSt 2021, 161; LG Gießen wistra 2012, 409; Jahn/Kirsch NZWiSt 2013, 28 mwN; erg. → § 97 Rn. 10c). Eine Vorverlagerung des Schutzes iSe möglichen materiellen Verteidigungsinteresses zur Vorbereitung später evtl. erforderlich werdender Verteidigung wäre mit dem Wortlaut von Abs. 1 nicht vereinbar u. würde zudem Missbrauchsmöglichkeiten eröffnen, denen wegen der Schwierigkeit, im Einzelfall den maßgeblichen Schutzbeginn sicher zu bestimmen, praktisch kaum entgegengewirkt werden könnte (Oesterle StV 2016, 118 (119); vgl. Thum HRRS 2012, 535 (537, 538); **aM** Klengel/Buchert NStZ 2016, 383 (385); Jahn/Kirsch NZWiSt 2013, 28, die auf einen Zusammenhang mit einer konkreten, spezifisch strafrechtlichen Angelegenheit zum Zwecke späterer Verteidigung abstellen wollen). Ein RA o. Notar, der sich außerhalb eines Strafverfahrens mit einem Gefangenen in Verbindung setzen will, unterliegt den üblichen Beschränkungen (OLG Bremen NJW 1963, 1465; OLG Hamm NJW 1971, 1852; OLG Nürnberg JR 1971, 120; OLG Saarbrücken JBl. Saar 1961, 47; Welp GA 1977, 132; **aM** HK-StPO/Julius Rn. 8; Seebode MDR 1971, 98; zur Überwachung eines solchen Besuchs vgl. früher UVollzO 36 Abs. 4 S. 2 (idR nicht); § 35 Abs. 4 UVollzG Bln., § 23 Abs. 2 HmbUVollzG (keine Überwachung); ohne spezielle Regelung § 35 RPLJVollzG). Erg. → Rn. 22.

4 Die Bevorrechtigung nach Abs. 1 setzt ein bereits durch gerichtliche Beiordnung o. durch Annahme des Verteidigungsauftrags (→ Vor § 137 Rn. 4) **bestehendes Verteidigungsverhältnis** voraus (OLG Hamm StV 2010, 587 mablAnm Bung; LG Bonn NZWiSt 2013, 21 (25) mablAnm Jahn/Kirsch; KK-StPO/Willnow Rn. 5; Thum HRRS 2012, 535 (538 f.); weitergehend AG Koblenz StV 2006, 650 mzustAnm Wilhelm: auch noch nach Kündigung des Mandats). Wer mit einem Beschuldigten ohne jeden Auftrag in Verbindung treten will, um über ein Mandat zu verhandeln (Anbiederungs- o. Angebotsfall), darf sich nicht als Verteidiger u. seine Post nicht als Verteidigerpost bezeichnen. Ein Verteidigungsverhältnis besteht auch nicht in dem sog. Anbahnungsfall, in dem der Beschuldigte o. einer seiner Angehörigen den RA zu einem Besuch auffordert, um die Übernahme der Verteidigung zu besprechen (KG StV 1985, 405 (Beschuldigter); OLG Hamm NStZ 2010, 471 (Angehöriger); OLG München StRR 2012, 348; LG Mannheim AnwBl 1976, 357 (Beschlagnahme des Aufforderungsschreibens des Beschuldigten); KK-StPO/Laufhütte/Willnow Rn. 5; Beulke Strafverfahren S. 237 Fn. 133a; **aM** OLG Düsseldorf StV 1984, 106 (Beschuldigter); AnwK Untersuchungshaft/König Rn. 2; Grube JR 2009, 363; Jahn/Kirsch NZWiSt 2013, 28 (30); vgl. auch LG Darmstadt StV 2003, 628). Denn dem Missbrauch wäre Tür u. Tor geöffnet, wenn die JVA verpflichtet wäre, für jeden Gefangenen eine Vielzahl v. „Anbahnungsgesprächen" unbeaufsichtigt zuzulassen; insbes. könnte so ständig das Verbot des § 146 umgangen werden (gegen diese Arg. HK-StPO/Julius Rn. 7 unter Hinweis auf § 146a). Wenn aber ein Missbrauch im Einzelfall auszuschließen ist, kann der Richter dem RA auch zur Anbahnung ein unbewachtes Gespräch mit dem Beschuldigten gestatten (KG StV 1991, 307; 524; weitergehend Schmitz NJW 2009, 40; Wohlers StV 2010, 154).

5 **III. Verkehr mit nicht auf freiem Fuß befindlichem Beschuldigten.** Den Verkehr mit dem nicht auf freiem Fuß befindlichen Beschuldigten regelt Abs. 1. Wo der Beschuldigte verwahrt wird (JVA, Entziehungsanstalt, psychiatrisches Krankenhaus), spielt keine Rolle. In UHaft braucht er sich nicht zu befinden; Abs. 1 gilt auch für den Verkehr mit Strafgefangenen, sofern u. solange eine Verteidigungstätigkeit ausgeübt wird (SK-StPO/Wohlers Rn. 5). In Betracht kommt die Verteidigung eines Strafgefangenen in einem neuen Strafverfahren (OLG Celle NStZ 2003, 686), in einer Strafvollstreckungssache (KG JR 1977, 213), in einer Gnadensache u. in einem Wiederaufnahmeverfahren (OLG Hamm NJW 1980, 1404), aber auch im Zusammenhang mit einem Antrag auf gerichtliche Entsch. nach § 23 EGGVG (OLG Bremen NJW 1963, 1465) oder § 109 **StVollzG** (OLG Hamm NJW 1980, 1404; OLG München NJW 1978, 654). Einem dienstleistenden eur. RA eines anderen EG-Mitgliedstaates (→ § 138 Rn. 3) ist nach § 30 EuRAG der Verkehr nur in Begleitung eines Einvernehmensanwalts erlaubt. Das Gericht kann Ausnahmen gestatten, wenn eine Gefährdung der Sicherheit nicht zu besorgen ist; §§ 138a–d, 146, 146a, 148 gelten für den Einvernehmensanwalt entspr. Auch ein ausl. Verteidiger in einem ausl. Strafverfahren hat grds. das Recht auf unüberwachten Umgang mit dem Gefangenen (OLG Celle NStZ 2003, 686).

5a **Nicht verletzt** durch die Strafverfolgungsorgane wird die Vertraulichkeit der Verteidigungskommunikation, wenn sich der Beschuldigte in Anwesenheit v. Ermittlungsbeamten ggü. dem Verteidiger in einer Weise äußert, dass dies ohne weiteres wahrgenommen werden kann (BGH JR 2019, 205).

6 **IV. Schriftverkehr.** Der **Schriftverkehr** des Beschuldigten mit dem Verteidiger darf in seinem Umf. nicht beschränkt und, v. der Ausnahmeregelung des Abs. 2 abgesehen, inhaltlich nicht überwacht werden (vgl. auch §§ 41 Abs. 2, 42 Abs. 4 RPLJVollzG; Art. 32 Abs. 1 BayStVollzG; BVerfG StV 2001, 212 erlaubt aber die Erstreckung einer Postsperre nach § 99 Abs. 1 InsO auf die Verteidigerpost). Der Beschuldigte darf der JVA seine Schreiben an den Verteidiger verschlossen zur

Beförderung übergeben; die als Verteidigerpost bezeichneten Schreiben des Verteidigers werden ihm ungeöffnet ausgehändigt. Pakete werden überprüft (§ 44 RPLJVollzG), nicht aber die einliegenden Briefe, wenn sie als Verteidigerpost gekennzeichnet sind. Die Öffnung v. Verteidigerpost ist selbst dann nicht zulässig, wenn der Gefangene zustimmt, da der Verteidiger aus § 148 ein eigenes Recht auf ungehinderten Zugang zu seinem Mandanten hat, über das dieser nicht verfügen kann (OLG Dresden StV 2006, 654; **aM** OLG Stuttgart NStZ 2011, 348). Dies gilt ebenso – selbst bei Missbrauchsverdacht – für als Verteidigerpost gekennzeichnete Sendungen (BGH NJW 2014, 2295). Zur Übergabe v. Unterlagen erg. → Rn. 15.

Die **Briefkontrolle** darf sich, wenn die Voraussetzungen des Abs. 2 nicht vorliegen, nur darauf beziehen, ob es sich nach den äußeren Merkmalen wirklich um einen Schriftwechsel mit dem Verteidiger handelt (BGH StV 2015, 339; OLG Düsseldorf NJW 1983, 186). Eine Öffnung der Sendung ist aber auch zu diesem Zweck nicht zulässig (BGH StV 2015, 339; OLG Bremen StV 2006, 650; einschr. LG Tübingen NStZ 2008, 653: Durchsicht bei gewichtigen Anhaltspunkten für Missbrauch v. Seiten des Beschuldigten); begründete Zweifel an der Verteidigerstellung dürfen lediglich dazu führen, das Schriftstück ungeöffnet zurückzusenden (BGH StV 2015, 339). Auch aus Sicherheitsgründen soll die Öffnung der Verteidigerpost zur Feststellung der Absenderidentität u. zur Überprüfung auf unzulässige Einlagen nicht statthaft, auch nicht im Beisein des Gefangenen (OLG Frankfurt a. M. StV 2005, 226; OLG Karlsruhe NStZ 1987, 188; OLG Koblenz NStZ 1986, 332; OLG Stuttgart NJW 1992, 61; **aM** OLG Koblenz StV 1982, 427 mablAnm Dünnebier; vgl. allerdings weitergehend EGMR NJW 2019, 3131: Kontrolle konventionsgemäß bei „plausiblen Gründen" für strafbares Verhalten o. wenn die Sicherheit des Gefängnisses o. Dritter bedroht ist). Für den Fall, dass der Beschuldigte sich in U-Haft befindet, stellt § 119 Abs. 4 S. 3 klar, dass die nach § 119 Abs. 2 zuständige Stelle prüfen muss, ob die Voraussetzungen für einen unüberwachten Verkehr erfüllt sind (vgl. → § 119 Rn. 31–33; praxisrelevante Fallkonstellationen bei Grube JR 2009, 366). Soweit nicht auf diese Regelung verwiesen wird (§§ 126a Abs. 2 S. 1, 275a Abs. 6 S. 4, 453c Abs. 2 S. 2), gilt: Mit dieser Prüfung kann die JVA beauftragt werden; die Anordnung, dass jeder Brief erst dem Richter vorgelegt werden muss, ist idR überflüssig (OLG Düsseldorf NJW 1983, 186 hält sie sogar für unzulässig). 7

Einer **Beschlagnahme** der Schriftstücke, die v. Verteidiger herrühren u. sich beim Beschuldigten befinden, steht Abs. 1 grds. entgegen (→ § 97 Rn. 37). Nur wenn gewichtige Anhaltspunkte dafür vorliegen, dass der Verteidiger sich an der dem Beschuldigten zur Last gelegten Tat bet. hat, hindert § 148 die Beschlagnahme der Verteidigerpost nicht, die als Beweismittel für das Verf. gegen den Beschuldigten, für ein Strafverfahren gegen den Verteidiger o. für das Ausschließungsverfahren nach den §§ 138a ff. von Bedeutung sein kann (erg. → § 97 Rn. 38). Erst recht – und schon bei Vorliegen eines bloßen Anfangsverdachts – darf ein Brief des Verteidigers beschlagnahmt u. in einem gegen ihn eingeleiteten Verf. (erg. → § 97 Rn. 4) verwertet werden, der auf eine Straftat hindeutet, die der Verteidiger – unabhängig v. der seinem Mandanten zur Last gelegten Tat – bei Gelegenheit der Verteidigung begangen hat (BGHSt 53, 257 mkritAnm Norouzi StV 2010, 670; Barton JZ 2010, 103; Kühne HRRS 2009, 548; Wohlers JR 2009, 523 (dem BGH zust. BVerfG NJW 2010, 2937; Gössel NStZ 2010, 288; Ruhmannseder NJW 2009, 2648): beim inhaftierten Mandanten in einem Verf. gegen den Verteidiger wegen versuchter Strafvereitelung als Zufallsfund beschlagnahmter Verteidigerbrief enthält Beleidigungen des Vorsitzenden Richters; erg. u. weitergehend EGMR NJW 2019, 3131). 8

V. Unüberwachte Besuche. Unüberwachte Besuche seines Mandanten in der Haftanstalt sind dem Verteidiger grds. ohne Einschränkung in Bezug auf Zeit (Dauer) u. Häufigkeit gestattet. 9

Der Verteidiger ist aber an die **anstaltsüblichen Besuchszeiten** gebunden, wenn sie iRd Zumutbaren den organisatorischen Möglichkeiten der JVA entspre- 10 chen (KG JR 1977, 213; OLG Hamm NStZ 1985, 432; OLG Karlsruhe NStZ 1997, 407 mablablAnm Schriever NStZ 1998, 159; abl. auch Paeffgen NStZ 1999, 76 Fn. 12, 13; vgl. auch früher UVollzO 36 Abs. 7). Die Festsetzung solcher Besuchszeiten verstößt nur dann gegen Abs. 1, wenn sie den Verkehr mit dem Verteidiger nicht mehr regelt, sondern nur wesentlich erschwert (KG JR 1977, 213; OLG Stuttgart NStZ 1998, 212).

11 Der Verteidiger muss das **Verteidigungsverhältnis nachweisen** (KG JR 1977, 213 (214)); zur Zuständigkeit nach § 119 Abs. 4 S. 3 → Rn. 7. Das geschieht idR durch Vorlage der Vollmacht des Gefangenen o. der Bestellungsanordnung des Gerichts (abl. Meyer-Lohkamp/Venn StraFo 2009, 269). Eine bes. Sprecherlaubnis darf die JVA nur verlangen, wenn an dem Verteidigerverhältnis Zweifel bestehen, insbes., wenn nicht sicher ist, ob ein Fall des § 137 Abs. 1 S. 2, Abs. 2 S. 2 oder des § 146 vorliegt (**aM** Löwe/Rosenberg/Lüderssen/Jahn Rn. 12). Sonst darf die JVA die Vorlage eines Dauersprechscheins nur auf besondere Anweisung des Richters o. StA fordern (OLG Frankfurt a. M. NStZ 1982, 134; **aM** LG Würzburg NJW 1972, 1824 mablAnm Seebode).

12 **Durchsuchungen** des Verteidigers sind unzulässig, weil sie den freien Verkehr mit dem Mandanten einschränken u. den Beschuldigten möglicherweise in seiner Verteidigung beeinträchtigen (Callies StV 2002, 676). Aus Sicherheitsgründen, insbes. bei erhöhter Fluchtgefahr, dürfen der Haftrichter (vgl. § 119 Abs. 1 S. 3, 4 mit Eilkompetenz der StA o. JVA) o. die nach Landesuntersuchungshaftvollzugsrecht zuständige Stelle (vgl. zB § 149 Abs. 1 S. 2 NJVollzG, § 4 Abs. 1 NRWUVollzG), bei Strafhaft des Mandanten (abgesehen v. dem Fall des § 119 Abs. 6) der Leiter der JVA, den Besuch des Verteidigers aber davon abhängig machen, dass er sich u. die mitgeführten Behältnisse nach Waffen ua gefährlichen Gegenständen durchsuchen lässt (BVerfGE 38, 26 (30); BGH (ER) NJW 1973, 1656; (ER) 2004, 457; KG NJW 1971, 476; OLG Hamm NJW 1980, 1404 (1405); Beulke Strafverfahren S. 196; einschr. OLG Saarbrücken NJW 1978, 1446; Hanack JR 1971, 273; vgl. auch Art. 29 Abs. 1 S. 2 iVm § 27 Abs. 3 BayStVollzG, § 22 NRWUVollzG, § 26 NRWStVollzG). Von dem Inhalt der Verteidigerakten darf bei einer solchen Durchsuchung keine Kenntnis genommen werden (BGH NJW 1973, 1656; 2004, 457; § 149 Abs. 1 S. 3 Hs. 1 NJVollzG, § 26 Abs. 2 S. 3 NRWStVollzG; § 23 Abs. 3 HmbUVollzG).

13 Für den Verkehr mit einem der deutschen Sprache unkundigen Beschuldigten darf der Verteidiger einen **Dolmetscher** hinzuziehen (→ EMRK Art. 6 Rn. 25 mN zur Rspr.); sein Besuchsrecht schließt aber weder die Mitnahme eines Dolmetschers noch einer Schreibkraft nach seiner Wahl ein (LG Köln NStZ 1983, 237). Erlaubt ist das Mitführen eines Notebooks (BGH NJW 2004, 457) o. eines Diktiergeräts (OLG Frankfurt a. M. AnwBl 1980, 307). Auch die Urkunden u. Gegenstände, die er für die Unterredung mit seinem Mandanten benötigt, darf der Verteidiger unüberwacht in die JVA einbringen (BGH NJW 1973, 1656 (1657); OLG Hamm NJW 1980, 1404).

14 Für das Gespräch können der Beschuldigte u. der Verteidiger die **Zurverfügungstellung eines Raumes** verlangen, in dem Gespräche mit gewöhnlicher Lautstärke geführt werden können, ohne dass unter normalen Bedingungen ein Mithören möglich ist (OLG Hamm StV 1985, 241; Krey/Heinrich Dt. StrafverfR § 1 Rn 252). Der Verteidigerbesuch darf weder akustisch noch optisch überwacht werden (vgl. auch § 36 Abs. 2 RPLJVollzG; § 26 Abs. 2 NRWStVollzG).

15 Die **Übergabe von Verteidigungsunterlagen** ist dem Verteidiger gestattet. Er darf dem Beschuldigten Schriftstücke u. sonstige Gegenstände, die unmittelbar der Vorbereitung o. Durchführung der Verteidigung dienen, also unmittelbar das Strafverfahren, nicht aber andere Verfahren, betreffen, ohne Kontrolle u. ohne besondere Erlaubnis übergeben (BVerfG NJW 2010, 1741; BGHSt 26, 304; OLG Dresden NStZ 1998, 535; LG Bonn NZWiSt 2013, 21 (25); Fezer StrafProzR § 4 Rn. 59; vgl. auch § 23 Abs. 3 HmbUVollzG; § 149 Abs. 1 S. 3 Hs. 2 NJVollzG, § 22 NRWUVollzG, § 26 Abs. 1 S. 3 NRWStVollzG; Piel/Püschel/Tsambikakis/Wallau ZRP 2009, 36 zur Übergabe v. Datenträgern mit Audiodateien abgehörter

Telefongespräche; **aM** Jahn NZWiSt 2013, 28 mwN). Dabei darf er aber die richterliche Briefkontrolle nicht umgehen; Schreiben Dritter, die an den Beschuldigten gerichtet sind, darf er ihm ohne besondere Erlaubnis selbst dann nicht übergeben, wenn sie der Verteidigung dienen (BGHSt 26, 304 (308)); das gilt auch für Schriftsätze aus anderen Verf. (BVerfG NJW 2010, 1741; **aM** Grube JR 2009, 364; Löwe/Rosenberg/Lüderssen/Jahn Rn. 17).

VI. Fernsprechverkehr. Auch der **Fernsprechverkehr** u. der Verkehr durch andere Telekommunikationsmittel unterfällt dem Überwachungsverbot (Schäfer FS Hanack, 1999, 82). Dies gilt ungeachtet der Neufassung des § 119 Abs. 1, wie § 119 Abs. 4 S. 1 deutlich macht (BVerfG StraFo 2012, 129). § 148 geht der Vorschr. des § 160a Abs. 4 S. 1 grds. vor (vgl. LG Ellwangen StraFo 2013, 380; erg. → § 100a Rn. 24a); eine Überwachung des Verteidigers nach § 100a ist deshalb nur ausnahmsweise möglich, wenn er aufgrund bestimmter Tatsachen selbst der Katalogtat des Mandanten iS „echter Beteiligung" tat- o. teilnahmeverdächtig ist (→ § 100a Rn. 21; vgl. ferner BVerfG StraFo 2012, 129); dies gilt sinngemäß auch für die in § 100c und § 100f geregelten Überwachungsmaßnahmen (→ § 100c Rn. 24, → § 100f Rn. 12). In UVollzGen der Länder ist mit näheren Maßgaben u. Vorbehalten ein Anspruch des UGefangenen auf unüberwachte Telefongespräche mit seinem Verteidiger – grds. auf eigene Kosten – vorgesehen (vgl. zB § 37 Abs. 1 S. 2 iVm § 36 Abs. 2 RPLJVollzG; § 27 Abs. 1 S. 3, § 25 Abs. 2 HmbUVollzG und zum Verbot des Mithörens bereits BGHSt 33, 347 (350); Welp NStZ 1986, 295; vgl. zB auch Art. 35 Abs. 1 S. 2 BayStVollzG). Die organisatorischen Voraussetzungen für regelmäßige unüberwachte Telefonate sind v. der JVA zu schaffen (vgl. BGH NStZ 2011, 592), v. der auch die telefonische Verbindung hergestellt werden kann (BVerfG StraFo 2012, 129). Spricht der Gefangene v. einem Geschäftszimmer der JVA aus, so kann er aber nicht verlangen, während des Gesprächs allein gelassen zu werden (BGH (ER) NStZ 1999, 471). Das Recht auf unüberwachte Ferngespräche erstreckt sich nur auf den Verteidiger, der sich im zugrunde liegenden Verf. mandatiert hat (OLG Köln NStZ 2011, 55: im Ausland ansässiger RA; erg. → § 119 Rn. 3). 16

B. Einschränkungen bei Straftaten nach § 129a StGB (Abs. 2). Die **besondere Überwachung nach Abs. 2** soll verhindern, dass der einer Straftat nach § 129a StGB (dringend) verdächtige Gefangene sich aus der JVA heraus weiterhin für die terroristische Vereinigung betätigt u. so zu deren Fortbestand beiträgt (BGH NStZ 1984, 177). Nicht erfasst ist der Fall, dass sich eine terroristische Vereinigung nach dem Tod mehrerer Mitglieder aufgelöst hat (OLG München StV 2013, 528) o. dass ein rkr. nach § 129a StGB Verurteilter ausschl. aufgrund dieser Verurteilung zu überwachen ist (bisher § 29 Abs. 1 S. 2, 3 **StVollzG**); dies fällt gem. Art. 74 Abs. 1 Nr. 1 GG fortan in die Gesetzgebungskompetenz der Länder (zB Art. 32 Abs. 1 S. 2, 3 BayStVollzG). Die Regelung des Abs. 2 ist als Ausnahme v. dem Grundsatz der freien Verteidigung in Abs. 1 abschl. (§ 119 Abs. 4 S. 1); sie ist eng auszulegen (BVerfG NStZ-RR 2023, 379; StraFo 2012, 129; vgl. auch EGMR NJW 2024, 2743) u. darf auf ähnliche Fallgestaltungen nicht entspr. angewendet werden (BGHSt 30, 38 (41); krit. zu Abs. 2 und § 148a Gohl FS Rebmann, 1989, 199); jedoch darf die Anordnung eines Trennscheibeneinsatzes (→ Rn. 22) auf (die Nachfolgeregelungen zu) § 4 Abs. 2 S. 2 StVollzG (zB Art. 6 Abs. 2 S. 2 BayStVollzG) gestützt werden, um der konkreten, anderweitig nicht ausschließbaren Gefahr zu begegnen, dass ein Gefangener seinen Verteidiger zur Freipressung als Geisel nimmt (vgl. BGHSt 49, 61; krit. dazu Beulke/Swoboda NStZ 2005, 67). Ergänzend → Rn. 22. Zu den Anforderungen an die Vorhersehbarkeit einer nationalen gesetzlichen Regelung mit Blick auf Art. 8 Abs. 2 **EMRK** s. EGMR NJW 2025, 3343. 17

I. Voraussetzungen. Voraussetzung der besonderen Überwachung des Beschuldigten ist, dass gegen ihn der dringende Tatverdacht einer Straftat nach § 129a, auch iVm § 129b StGB besteht, nicht aber, dass er sich deswegen in UHaft befindet o. auch nur ein Haftbefehl ergangen ist. Die Haftform ist vielmehr gleichgültig: Die 18

Überwachung ist insbes. auch bei UHaft in anderer Sache, bei Unterbrechung der UHaft zur Strafvollstreckung (§§ 116b, 119 Abs. 6) u. bei Strafhaft zulässig (OLG Celle NJW 1980, 1118; OLG Stuttgart Justiz 1996, 25).

19 **II. Gerichtliche Anordnung.** Für die Überwachung nach Abs. 2 ist eine gerichtliche Anordnung stets erforderlich, dh auch dann, wenn bereits ein auf § 129a, auch iVm § 129b Abs. 1 StGB gestützter Haftbefehl erlassen worden ist (die in BGHSt 36, 205 insoweit gemachte Ausnahme v. Erfordernis eines gesonderten, richterlichen Ausspruchs ist seit dem 1.1.2010 (G v. 29.7.2009, BGBl. I 2274) überholt). Auch wenn in der Mehrzahl der Fälle die Überwachung geboten ist, trägt der Gesetzestext dem Verhältnismäßigkeitsgrundsatz Rechnung u. lässt („soll") Ausnahmen zu, was eine Ermessensentscheidung unter Berücksichtigung des Einzelfalls erfordert (BVerfG NStZ-RR 2023, 377, 379). Ausnahmen kommen etwa in Betracht, wenn der Beschuldigte mit den Ermittlungsbehörden kooperiert o. seine Betätigung für die terroristische Vereinigung aufgegeben (BVerfG NStZ-RR 2023, 377, 379; KG StV 2011, 296) oder diese sich aufgelöst hat (BVerfG NStZ-RR 2023, 377, 379). Für die Bestimmung des Anordnungsgerichts nimmt Abs. 2 S. 1 auf § 126 Bezug; ist in dem neuen Ermittlungsverfahren wegen § 129a StGB noch kein Haftbefehl ergangen, verweist Abs. 2 S. 2 auf das für dessen Erlass zuständige Gericht (§§ 125, 162 Abs. 1 S. 2, 169 Abs. 1). Zumeist wird die Anordnung im Zusammenhang mit dem Haftbefehlserlass getroffen werden.

20 **III. Überwachung des Schriftverkehrs (Abs. 2 S. 1).** Sendungen eines Verteidigers an den Gefangenen o. des Gefangenen an einen Verteidiger werden aufgrund der gerichtlichen Anordnung zurückgewiesen, wenn sich der Absender nicht damit einverstanden erklärt, dass sie zunächst dem Überwachungsrichter (§ 148a) vorgelegt werden. Die Weitergabe an den Adressaten ist nur über dessen Kontrolle möglich. Das Einverständnis kann allg. o. bei der Vorlegung der einzelnen Sendung erklärt werden. In der Regel werden Verteidiger u. Beschuldigter v. dem Haftrichter aufzufordern sein, die Erkl. abzugeben. Liegt die Erkl. vor, so wird die Sendung unmittelbar an den Überwachungsrichter weitergeleitet (→ § 148a Rn. 2). Die Formulierung „im Verkehr mit Verteidigern" erfasst alle Fälle des schriftlichen Verkehrs zwischen Verteidiger u. Beschuldigten, also auch den früher gesondert geregelten Fall des Verkehrs des Inhaftierten mit einem Verteidiger in einem anderen ges. geordneten Verfahren, dh in jedem Verfahren, in dem es einen Beschuldigten u. einen Verteidiger gibt (erg. → § 138a Rn. 25).

21 **IV. Trennvorrichtungen beim Verteidigerbesuch (Abs. 2 S. 3).** Die Regelung, die rechtsgültig ist (KG JR 1979, 519; OLG Hamm NJW 1980, 1404), zwingt zur Ausstattung der Sprechzellen mit Trennscheiben, durch die die Übergabe v. Gegenständen ausgeschlossen wird (vgl. dazu KG JR 1979, 519). Andere Vorrichtungen kommen praktisch nicht in Betracht. Eine zusätzliche optische Überwachung ist unzulässig (KMR-StPO/Müller Rn. 12; Löwe/Rosenberg/Lüderssen/Jahn Rn. 43).

22 **C. Entspr. Anwendung der §§ 148, 148a.** Entsprechende Anwendung der §§ 148, 148a: Die Einschränkungen nach § 119 Abs. 1 entfalten auch keine Wirkung im schriftlichen u. mündlichen Verkehr des Gefangenen mit den in § 119 Abs. 4 S. 2 Nr. 1–19 (vgl. → § 119 Rn. 31–33) aufgezählten Personen u. Institutionen.

23 **D. Anfechtung.** Gegen einzelne Maßnahmen der StA, ihrer Ermittlungspersonen o. der JVA, die in die Rechte nach Abs. 1 eingreifen, können der Gefangene u. der Verteidiger die **Entscheidung des Haftrichters** herbeiführen (§§ 119 Abs. 5, Abs. 6, 119a, 126). Allgemeine Anordnungen der JVA können nur mit einem Antrag auf gerichtliche Entsch. nach § 23 EGGVG angefochten werden (BGHSt 29, 135: Durchsuchung der Besucher; KG JR 1979, 519: Besuchssperre; OLG Frankfurt a. M. StV 2005, 226: Kontrolle der Verteidigerpost in Anwendung eines ministeriellen Erlasses; OLG Hamm NStZ 1985, 432: Festsetzung v. Besuchszeiten; Grube JR 2009, 365; KK-StPO/Willnow Rn. 3; erg. → EGGVG § 23

Rn. 18), im Strafvollzug nach § 109 **StVollzG.** Hat der Haftrichter, auch das AG o. LG als erkennendes Gericht (§ 126 Abs. 2), die Maßnahme selbst angeordnet, so ist Beschwerde nach § 304 Abs. 1 zulässig (→ § 305 Rn. 7); der Antrag nach § 119 Abs. 5 S. 1 ist aber gegen nicht beschwerdefähige (§ 304 Abs. 4 S. 2, Abs. 5; → § 304 Rn. 13, 19) Entsch. des OLG o. des ERs des BGH statthaft. Der Verteidiger kann die Rechtsbehelfe im eigenen Namen einlegen (vgl. BGHSt 29, 135 (137); BGH NJW 1973, 1656 (1657); KG JR 1977, 213).

Haftbeschränkungsanordnungen nach Abs. 2, welche die Art u. Weise des Vollzugs regeln, können zwar in den Fällen des § 304 Abs. 4, Abs. 5 nicht mit der Beschwerde, aber in analoger Anwendung des § 119 Abs. 5 überprüft werden (BGH (ER) StV 2019, 113). 24

Durchführung von Überwachungsmaßnahmen

148a (1) [1] **Für die Durchführung von Überwachungsmaßnahmen nach § 148 Abs. 2 ist der Richter bei dem Amtsgericht zuständig, in dessen Bezirk die Vollzugsanstalt liegt.** [2] **Ist eine Anzeige nach § 138 des Strafgesetzbuches zu erstatten, so sind Schriftstücke oder andere Gegenstände, aus denen sich die Verpflichtung zur Anzeige ergibt, vorläufig in Verwahrung zu nehmen; die Vorschriften über die Beschlagnahme bleiben unberührt.**

(2) [1] **Der Richter, der mit Überwachungsmaßnahmen betraut ist, darf mit dem Gegenstand der Untersuchung weder befaßt sein noch befaßt werden.** [2] **Der Richter hat über Kenntnisse, die er bei der Überwachung erlangt, Verschwiegenheit zu bewahren; § 138 des Strafgesetzbuches bleibt unberührt.**

A. Zuständigkeit für Überwachungsmaßnahmen nach § 148 Abs. 2. Für die Kontrollmaßnahmen nach § 148 Abs. 2 ist (nur, § 119 Abs. 4 S. 1 und 2 Nr. 1–19) das AG zuständig, in dessen Bezirk die Vollzugsanstalt liegt (Abs. 1 S. 1), u. zwar der Richter, der v. Präsidium bei der Geschäftsverteilung mit dieser Aufgabe betraut worden ist (§ 21e Abs. 1 S. 1 GVG). 1

B. Überwachungsmaßnahmen. Die Überwachungsmaßnahmen nach § 148 Abs. 2 S. 1, 2 bestehen in der Kontrolle der dem Richter v. der JVA, dem Verteidiger o. dem Beschuldigten vorgelegten Schriftstücke ua Gegenstände. Der Überwachungsrichter kann ihre Weiterbeförderung an den Verteidiger o. die JVA zur Aushändigung an den Beschuldigten anordnen o. durch mit Gründen versehenen Beschl. ablehnen (dann gibt er sie dem Absender zurück); er kann auch Strafanzeige nach § 138 StGB erstatten (→ Rn. 5). Weitere Entscheidungsmöglichkeiten hat er nicht. 2

Die **Beförderungserlaubnis wird versagt,** wenn sich der Schriftverkehr auf die Förderung einer terroristischen Vereinigung bezieht. Aber auch Schriftstücke u. Gegenstände, die keine solche Zweckbestimmung haben, jedoch sonst für verteidigungsfremde Zwecke bestimmt sind, können v. der Beförderung ausgeschlossen werden (BayObLGSt 1979, 65 (69); OLG Hamburg NJW 1979, 1724; KK-StPO/Willnow Rn. 8; **aM** KG JR 1979, 216; Beulke Strafverfahren S. 196; Fezer StrafProzR § 4 Rn. 66); denn es muss nicht geduldet werden, dass der Verteidiger unter den Augen des Gerichts seine Rechte missbraucht. Was den Verteidigungszwecken dient, bestimmt aber in 1. Hinsicht der Verteidiger selbst (LG Stuttgart StV 1985, 67); die Beförderung darf nur in klaren Missbrauchsfällen verweigert werden (Löwe/Rosenberg/Lüderssen/Jahn Rn. 6 mwN). Von der Beförderung ausgeschlossen sind auch Gegenstände, die die Sicherheit der Anstalt beeinträchtigen (OLG Stuttgart NStZ 1983, 384). Die zurückgehaltene Sendung wird an den Absender zurückgeleitet (vgl. aber auch → Rn. 5). 3

4 Vor der Entsch. wird die **StA nicht gehört;** § 33 Abs. 2 gilt nicht, da v. dem Inhalt der Sendung außer dem Überwachungsrichter niemand Kenntnis nehmen darf (BayObLGSt 1979, 65 = MDR 1979, 862).

5 **C. Erstattung einer Strafanzeige (Abs. 1 S. 2).** Zur Erstattung einer Strafanzeige (Abs. 1 S. 2) ist der Überwachungsrichter verpflichtet, wenn er aus dem Schriftverkehr v. dem Vorhaben o. der Ausführung einer der in § 138 Abs. 1, Abs. 2 StGB bezeichneten Straftaten erfährt. Bei der Anzeigeerstattung darf er die bei der Überwachung erlangten Kenntnisse an die StA weitergeben (Abs. 2 S. 2 Hs. 2). Die Schriftstücke u. sonstigen Gegenstände, die den Verdacht begründen, muss er vorl. in Verwahrung nehmen, bis über ihre Beschlagnahme nach §§ 94, 98 entschieden wird, wobei aber § 97 hier nicht gilt (BGH NStZ 1990, 93: Redaktionsversehen). Erst wenn sie beschlagnahmt worden sind, gibt er sie an die StA weiter. Erfolgt in angemessener Frist keine Beschlagnahme, so werden die Schriftstücke u. Gegenstände dem Adressaten ausgehändigt, wenn sie nicht aus anderen Gründen v. der Beförderung auszuschließen sind (KMR-StPO/Müller Rn. 3). Die Beschlagnahme kann ggf. auch in einem wegen § 129a StGB bereits anhängigen Ermittlungsverfahren erfolgen (BGH StV 1990, 146 mablAnm Nestler-Tremel; **aM** auch HK-StPO/Julius Rn. 1).

6 **D. Ausschluss des Überwachungsrichters (Abs. 2 S. 1).** Der mit Überwachungsmaßnahmen nach § 148 Abs. 2 S. 1, 2 betraute Richter darf mit der Sache sonst weder befasst sein noch befasst werden.

7 **Betraut** mit den Überwachungsmaßnahmen ist der Richter beim AG nicht schon deshalb, weil er für sie nach dem Geschäftsverteilungsplan zuständig ist, sondern erst, wenn es zur Prüfung eines vorgelegten Schriftstücks o. anderen Gegenstandes gekommen ist.

8 **Als Überwachungsrichter ausgeschlossen** ist der Haftrichter, solange er nach § 126 Abs. 1 S. 1 für die weiteren richterlichen Entsch. u. Maßnahmen zuständig ist. Ausgeschlossen ist nicht der Richter, der früher einmal mit der Sache befasst war, es aber jetzt nicht mehr ist, zB der früher tätig gewesene Haftrichter, wenn nach Erhebung der Anklage die Zuständigkeit für Haftentscheidungen nach § 126 Abs. 2 S. 1, § 120 Abs. 1 Nr. 6 GVG auf das OLG übergegangen ist. Auch wer als ER eine inzwischen abgeschlossene Untersuchungshandlung vorgenommen hat, ist nicht ausgeschlossen, selbst wenn die Möglichkeit besteht, dass weitere Anträge bei ihm gestellt werden.

9 **Von der Mitwirkung in der Strafsache ausgeschlossen** ist der Überwachungsrichter. Der Ausschluss erstreckt sich auf alle wegen derselben Tat iSd § 264, auch gegen andere Tatbeteiligte, zu treffenden Entsch., nicht nur auf die Mitwirkung in der HV (Löwe/Rosenberg/Lüderssen/Jahn Rn. 15, 16). Abs. 2 S. 1 ergänzt insoweit den § 23, geht aber in der Ausschlusswirkung weiter; denn der Tätigkeit als Überwachungsrichter steht auch eine spätere Mitwirkung am Verf. als StA o. Verteidiger entgegen (Löwe/Rosenberg/Lüderssen/Jahn Rn. 16; **aM** KMR-StPO/Müller Rn. 8 für die Mitwirkung als Verteidiger). Der Ausschluss gilt nur für den Überwachungsrichter selbst, nicht für die Beschwerderichter (Holtz MDR 1982, 282 – BGH RsprÜ; KG NJW 1979, 771; KK-StPO/Willnow Rn. 12; offengelassen bei BGHSt 29, 196 (199); **aM** SK-StPO/Wohlers Rn. 18; erg. → Rn. 12). Für das Verf. gelten die §§ 22, 24, 28 entspr.

10 **E. Verschwiegenheitspflicht des Überwachungsrichters (Abs. 2 S. 2).** Die Verschwiegenheitspflicht des Überwachungsrichters (Abs. 2 S. 2) besteht **ggü. jedermann,** auch ggü. dem mit der Sache befassten Gericht u. der StA, sofern nicht die Voraussetzungen des § 138 StGB vorliegen (→ Rn. 5). Zur Zeugnisverweigerung ist der Richter nicht nur berechtigt, sondern verpflichtet (Welp GA 1977, 134 Fn. 31). Die Pflicht zur Verschwiegenheit bezieht sich aber nur auf den Inhalt der Schriftstücke u. Gegenstände, nicht auf Zeit, Art u. sonstige Umstände des technischen Vorgangs der Vorlegung (KK-StPO/Willnow Rn. 10; **aM** SK-StPO/Wohlers Rn. 14), auch nicht auf die Zahl der Gegenstände.

Der Verschwiegenheitspflicht unterliegen auch die **Gehilfen des Richters,** zB die Geschäftsstellenbeamten u. Schreibkräfte (KK-StPO/Willnow Rn. 10), auch die v. dem Richter herangezogenen Sachverständigen (OLG Stuttgart NStZ 1983, 384), Dolmetscher (deren Zuziehung als geringerer Eingriff ggü. einer Sperre jeglichen Schriftverkehrs eines Ausländers anzusehen u. daher zulässig ist, vgl. LG Baden-Baden NStZ 1982, 82; LG Köln StV 1988, 536; **aM** Kreitner NStZ 1989, 5) u. sonstigen Hilfspersonen (OLG Stuttgart Justiz 1983, 240). 11

F. Anfechtung. Gegen die Maßnahmen des Richters beim AG bei der Durchführung der Überwachung können der Beschuldigte u. der Verteidiger **Beschwerde** nach § 304 Abs. 1 einlegen, über die das LG entscheidet (BGHSt 29, 196; BayObLGSt 1990, 1), ohne dass die StA gehört wird (BayObLGSt 1990, 1; → Rn. 4). Die Mitwirkung eines nach Abs. 2 S. 1 ausgeschlossenen Richters in der Strafsache ist ein zwingender Aufhebungsgrund nach § 338 Nr. 2. Der Verwertung v. unter Verletzung der Schweigepflicht offenbarten Kenntnissen als Urteilsgrundlage kann mit der Revision nach § 337 gerügt werden. 12

Zulassung von Beiständen

149 (1) [1] **Der Ehegatte oder Lebenspartner eines Angeklagten ist in der Hauptverhandlung als Beistand zuzulassen und auf sein Verlangen zu hören.** [2] **Zeit und Ort der Hauptverhandlung sollen ihm rechtzeitig mitgeteilt werden.**

(2) **Dasselbe gilt von dem gesetzlichen Vertreter eines Angeklagten.**

(3) **Im Vorverfahren unterliegt die Zulassung solcher Beistände dem richterlichen Ermessen.**

A. Zulassung. Die Zulassung des Ehegatten (§ 1353 BGB), des Lebenspartners (vgl. § 1353 BGB bzw. § 1 LPartG für vor d. 31.10.2017 geschlossene Lebenspartnerschaften) o. des ges. Vertreters als Beistand (vgl. dazu Kaum Beistand S. 44 ff.) kann **nur auf dessen Antrag, nicht vAw** (RGSt 41, 348) u. nicht auf Antrag des Beschuldigten erfolgen (OLG Düsseldorf NJW 1979, 938). Dessen Zustimmung ist nicht erforderlich (RGSt 38, 106; KK-StPO/Willnow Rn. 1; vgl. auch Löwe/Rosenberg/Lüderssen/Jahn Rn. 4, die jedoch eine Ausnahme hins. des Ehegatten o. Lebenspartners machen). Auch der Berufsbetreuer ist – in seinem Aufgabenkreis (dazu eing. Elzer BtPrax 2000, 139) – ges. Vertreter iSd Abs. 2 (KG FamRZ 2005, 1776 Ls.; Löwe/Rosenberg/Lüderssen/Jahn Rn. 1; **aM** BGH NStZ 2008, 524; BeckRS 2012, 21709 (s. aber §§ 1896 Abs. 2 S. 2, 1902 BGB)). 1

Im Vorverfahren entscheidet über den Zulassungsantrag das entspr. § 142 Abs. 3 Nr. 1 zuständige Amtsgericht, u. zwar nach pflichtgemäßem Ermessen (Abs. 3). Für die HV, auch für vorweggenommene Beweiserhebungen nach §§ 223, 225 (Schmidt StPO/GVG StPO § 149 Rn. 7), besteht ein Rechtsanspruch auf die Zulassung (OLG Köln VRS 79, 53), auch wenn der Antragsteller ein Mitangeklagter (Löwe/Rosenberg/Lüderssen/Jahn Rn. 15) o. wenn er als Zeuge geladen u. erschienen ist (BGHSt 4, 205). Für die Entsch. ist der Vorsitzende des Gerichts zuständig. Sie muss sofort nach Antragstellung (BGHSt 4, 205) u. ausdr. getroffen werden. 2

B. Rechtsstellung. Der Beistand kann zugleich Zeuge sein (BGHSt 4, 205; erg. → Vor § 48 Rn. 23); dann muss er aber der HV zeitweise fernbleiben (§§ 58 Abs. 1, 243 Abs. 2–4; vgl. aber → § 58 Rn. 4). Er kann auch neben einem Verteidiger u. in Anwesenheit des Angeklagten auftreten, hat aber keinen Anspruch auf Bewilligung v. Prozesskostenhilfe u. Beiordnung eines RA (Holtz MDR 1978, 626 – BGH RsprÜ). Allerdings kann er, wie der Zeuge, einen RA als Beistand hinzuziehen (BGHSt 4, 205; erg. → Vor § 48 Rn. 11). Sein Recht erschöpft sich aber auch dann in der Beratung des Angeklagten u. in der Stellungnahme zur Sache; prozessuale Rechte des Angeklagten kann er, anders als der Beistand im Jugendstrafverfahren nach § 69 **JGG,** nicht wahrnehmen (BGHSt 47, 62 (66); erg. 3

→ § 244 Rn. 30), auch keine Rechtsmittel einlegen (OLG Düsseldorf NJW 1997, 2533; vgl. aber § 298 Abs. 1). Der Vorsitzende kann ihn aus den Gründen des § 247 zeitweise v. der Verh. ausschließen (BGHSt 47, 62 (66)). Zum Fragerecht vgl. → § 240 Rn. 3. Das dem Verteidiger in § 148 Abs. 1 gewährte Recht auf ungehinderten Verkehr mit dem Beschuldigten hat der Beistand nicht; der Grundsatz des fairen Verfahrens (→ Einl. Rn. 19) kann aber eine Überwachung aller Gespräche verbieten (BGHSt 44, 82).

4 **C. Benachrichtigung von der Hauptverhandlung (Abs. 1 S. 2).** Die Benachrichtigung von der Hauptverhandlung (Abs. 1 S. 2) soll so rechtzeitig erfolgen, dass der Beistand in ihr erscheinen kann (BGHSt 47, 62 (64)). Eine förmliche Ladung ist nicht vorgeschrieben.

5 **D. Anfechtung.** Antragsteller u. Beschuldigter können gegen die Ablehnung u. den Widerruf der Zulassung **Beschwerde** nach § 304 Abs. 1 einlegen, StA u. Beschuldigter auch gegen die Zulassung; § 305 S. 1 steht nicht entgegen. Die Ablehnung des Zulassungsantrags u. die verspätete Zulassung können nach § 337 die **Revision** begründen, wenn das Urt. darauf beruht (BGHSt 4, 205; Löwe/Rosenberg/Lüderssen/Jahn Rn. 21). Das Gleiche gilt für eine zu weitgehende Einschränkung der Beistandsrechte (BGHSt 44, 82) u. für das Unterlassen der Benachrichtigung nach Abs. 1 S. 2 (offengelassen v. BGHSt 44, 82, dort wN).

150 (weggefallen)

Zweites Buch. Verfahren im ersten Rechtszug

Erster Abschnitt. Öffentliche Klage

Anklagegrundsatz

151 **Die Eröffnung einer gerichtlichen Untersuchung ist durch die Erhebung einer Klage bedingt.**

A. Akkusationsprinzip (Anklagegrundsatz). Nur auf Anklage kann es zur gerichtlichen Untersuchung kommen. 1

B. Gerichtliche Untersuchung. Die gerichtliche Untersuchung tritt nicht automatisch mit der Erhebung der Klage ein. Sie entsteht erst durch förmlichen Eröffnungsbeschluss (§ 203; vgl. auch § 156). Erst dieser macht die Strafsache rechtshängig (→ Einl. Rn. 63; → § 156 Rn. 1). 2

Anklagebehörde; Legalitätsgrundsatz

152 (1) **Zur Erhebung der öffentlichen Klage ist die Staatsanwaltschaft berufen.**

(2) **Sie ist, soweit nicht gesetzlich ein anderes bestimmt ist, verpflichtet, wegen aller verfolgbaren Straftaten einzuschreiten, sofern zureichende tatsächliche Anhaltspunkte vorliegen.**

A. Offizialprinzip (Abs. 1). Das Offizialprinzip (Abs. 1) bedeutet, dass die **Strafverfolgung grds. dem Staat** (für die Rechtsgemeinschaft) obliegt, nicht dem einzelnen Bürger. Ausnahme: Privatklageverfahren (§§ 374 ff.). Von dem Anklagemonopol der StA bestehen auch im Offizialverfahren noch Ausnahmen, in denen es zur gerichtlichen Untersuchung ohne Mitwirkung der StA kommen kann: Strafbefehlsantrag der FBeh in Steuerstrafverfahren (§ 400 **AO;** → Einl. Rn. 11 ff.). Vgl. auch → Einl. Rn. 37, 38; §§ 155 Abs. 2, 160 Abs. 1, 163. Aus Abs. 1 ergibt sich nicht die Pflicht der StA zur Auskunft, ob eine beabsichtigte Handlung strafbar ist (OLG Hamburg NJW 1965, 776). 1

B. Legalitätsprinzip (Abs. 2). Das Legalitätsprinzip (Abs. 2) bedeutet **Verfolgungszwang,** u. zwar gegen jeden Verdächtigen (BVerfG NStZ 1982, 430), und, wenn die Voraussetzungen dafür bestehen, Anklagezwang (BGHSt 15, 155; Geerds SchlHA 1962, 181). Es ist für die StA das notwendige Korrelat zu ihrem Anklagemonopol (Abs. 1). Mit ihm sollen die Grundsätze der Gleichheit vor dem G (Art. 3 Abs. 1 GG), der Verpflichtung des Staates zu effektiver Strafverfolgung (BVerfG NJW 2013, 1058 (1060); ausf. hierzu Nowrousian Kriminalistik 2020, 624) u. der Gerechtigkeit iRd Möglichen verwirklicht werden. Dem Verfolgungszwang korrespondiert allerdings grds. (zu Ausnahmen → § 172 Rn. 1a; Esser/Lubrich StV 2017, 418) kein Anspruch Verletzter auf effektive Strafverfolgung; vielmehr steht diesem insoweit lediglich ein Reflexrecht zu (BVerfG NJW 2015, 150). Der Straftäter hat wiederum grds. keinen Anspruch darauf, dass rechtzeitig gegen ihn eingeschritten wird (BGH NJW 2020, 1826 (1827); → EMRK Art. 6 Rn. 3b). Abs. 2 wird durch § 170 Abs. 1 und durch §§ 172 ff. (BVerfG NJW 2015, 150; Würdinger HRRS 2016, 29) ergänzt. Die Erhebung der öffentl. Klage gehört ebenfalls zur Erfüllung des Legalitätsprinzips, wie sich aus den §§ 172 ff. ergibt. Die weitere Beteiligung der StA am gerichtlichen Verf. nach der Klageerhebung ist eine prozessuale Aufgabe eigener Art, nicht mehr Teil des Legalitätsprinzips (Strate StV 1985, 338; str.). Dieses beeinflusst das weitere Prozessverhalten der StA nur noch mittelbar (Kleinknecht FS Bruns, 1978, 180; **aM** Geppert GA 1979, 300; vgl. auch Löwe/Rosenberg/Beulke Rn. 17). Zum Erledigungsverhalten der deutschen StA Heinz FS Kühne, 2013, 213. 2

3 **I. Einzelheiten.** Es **berechtigt und verpflichtet** (vgl. auch § 163), mangels gegenteiliger ges. Bestimmungen (zB § 393 Abs. 2 **AO**), wegen verfolgbarer (vgl. → Einl. Rn. 145; § 376) Straftaten bei zureichenden Anhaltspunkten einzuschreiten. Dazu gehört auch, dass die StA verpflichtet ist, v. ihren Zwangsbefugnissen Gebrauch zu machen (Schroeder JZ 1985, 1033). In diesem Sinn ist Abs. 2 auch eine Kompetenznorm. Gegen eine konkrete Person muss sich der Anfangsverdacht nicht richten (vgl. Scheinfeld/Willenbacher NJW 2019, 1357).

3a Der Verfolgungszwang u. die dazu gehörende Kompetenz besteht **bei Steuerstraftaten auch für die FBeh** (§§ 385, 386, 397, 399 Abs. 2 **AO**). Bei Verdacht einer Steuerstraftat ermitteln die FBeh den Sachverhalt (§ 386 Abs. 1 S. 1 **AO**), wobei der Begriff der Tat wie in § 264 Abs. 1 auszulegen ist. Im Rahmen dieser sog. unselbständigen Ermittlungskompetenz nehmen sie die Rolle der Polizei ein (Sediqui wistra 2017, 259 (260) mwN); sie erstreckt sich grds. nicht auf möglicherweise in prozessualer Tateinheit stehende Allgemeindelikte (OLG Frankfurt a. M. wistra 1987, 32; Bender wistra 1998, 93 (94); aber erg. → § 160 Rn. 13; **aM** Sediqui wistra 2017, 259 (261)). Eine sog. selbständige Ermittlungskompetenz der FBeh besteht allerdings in Fällen, in denen ausschl. eine Steuerstraftat in Betracht kommt; insoweit tritt die FBeh – in den Grenzen der §§ 399 Abs. 1, 400, 401 **AO**) in die Stellung der StA ein (vgl. § 386 Abs. 2 Nr. 1 **AO;** Sediqui wistra 2017, 259 (260); erg. → Einl. Rn. 12 sowie → § 160 Rn. 13, 13a).

3b Verdeckt agierende sog. **Flankenschutzfahnder,** die häufig bei Außen- bzw. Betriebsprüfungen zusammen mit Finanzbeamten auftreten, dürfen den Steuerpflichtigen nicht dahingehend ausforschen, ob überhaupt ein Anfangsverdacht iSv Abs. 2 besteht; dies wäre mit dem nemo-tenetur-Grundsatz (→ Einl. Rn. 29a) nicht vereinbar u. würde die Grenzen zwischen Besteuerungsverfahren u. Steuerstrafverfolgung unzulässig vermischen. Erst recht dürfen sie bei bereits bestehendem Anfangsverdacht nicht ohne Belehrung des Steuerpflichtigen als Beschuldigter die Tatsachen o. Beweismittel für eine Steuerstraftat sammeln (Durst PStR 2012, 274 (275); Joecks/Jäger/Randt/Jäger AO § 397 Rn. 123 ff.; erg. → § 105 Rn. 1; zum Begriff des Beschuldigten → Einl. Rn. 76 ff.). Allerdings erweisen sich in der Praxis die Übergänge v. Besteuerungsverfahren zum Strafverfahren häufig als fließend u. entspr. Abgrenzungen als äußerst schwierig (vgl. Joecks/Jäger/Randt/Jäger AO § 397 Rn. 4 ff.), was durch die im G (§ 208 **AO**) angelegte Doppelrolle der Steuerfahndung befördert wird. Über Bindung der StA an höchstrichterliche Rspr. vgl. → GVG Vor § 141 Rn. 11.

3c **Straftaten gegen die finanziellen Interessen der Union** (Art. 22 EUStA-VO; erg. → GVG Vor § 142 Rn. 12 ff.) haben EU-Behörden, aber auch die zuständigen nationalen Ermittlungsbehörden der EUStA unverzüglich mitzuteilen (Art. 24 Abs. 1 EUStA-VO), falls ein berechtigter Grund zu der Annahme besteht, dass eine derartige Straftat begangen wurde (Art. 26 Abs. 1 EUStA-VO). Die Anzeigepflicht wird nicht erst bei Vorliegen der Voraussetzungen eines Anfangsverdachts iSv Abs. 2 ausgelöst (→ Rn. 4 ff.); ausreichend ist vielmehr eine gewisse Wahrscheinlichkeit für das Vorliegen eines solchen Verdachts, welche auf kriminalistischen Erfahrungen beruhen kann u. mehr als eine bloße Vermutung ist (vgl. BT-Drs. 19/17963, 22).

4 **II. Anfangsverdacht.** Der Anfangsverdacht muss schon in **konkreten Tatsachen** bestehen (OLG Hamburg GA 1984, 289 (290)); vage Anhaltspunkte u. bloße Vermutungen reichen nicht aus (BVerfGE 115, 166 (197); BVerfG NJW 2014, 3085; 2014, 3643 zur Wohnungsdurchsuchung). Die Frage, ob zureichende tatsächliche Anhaltspunkte vorliegen, ist keine Ermessensentscheidung (vgl. → Rn. 9), wenngleich ein gewisser Beurteilungsspielraum besteht (BGH NJW 1970, 1543; NStZ 1988, 510; OLG München NStZ 1985, 549; vgl. auch BVerfG NJW 1984, 1451; eing. hierzu Hellmann FS Kühne, 2013, 235 (238 ff.); Eisenberg/Conen NJW 1998, 2241). Bei ihrer Beurteilung können auch offenkundige Tatsachen des Zeitgeschehens eine Rolle spielen (Willms JZ 1957, 465). Behördenzeugnisse dürfen herangezogen werden (BGH NStZ 2019, 546). **Kriminalistische Erfah-**

rungen dürfen grds. berücksichtigt werden (Kuhlmann NStZ 1983, 130; Senge FS Hamm, 2008, 701; Rettenmaier/Rostalski StV 2018, 313 speziell zu Verf. nach §§ 299a, b StGB; vgl. auch BVerfG NJW 2015, 851: Berücksichtigung kriminalistischer Erfahrungssätze zulässig). Es ist allerdings unzulässig, den Anfangsverdacht hins. einer bestimmten Person ohne taugliche weitere Tatsachen alleine aus vorgefundenen individuellen Eigenschaften o. der Zugehörigkeit zu einer bestimmten Gruppe o. aber aus früherem Fehlverhalten abzuleiten (vgl. Fahrner Kriminalistik 2020, 552 (552 f.)). Entfernte Indizien (vgl. → § 261 Rn. 25) können je nach Lage des Einzelfalls genügen. Bloße Vermutungen rechtfertigen es dagegen nicht, jemandem eine Tat zur Last zu legen (vgl. auch Löwe/Rosenberg/Beulke Rn. 22). Sie können lediglich zu bes. Achtsamkeit u. zu Beobachtungen veranlassen; jedoch ergibt sich die Grdl. für dieses der Strafverfolgung vorgelagerte Verhalten nicht aus der StPO (eing. dazu Groß FS Dahs, 2005, 249). Auch auf Strafanzeigen hin, die noch keinen konkreten Anfangsverdacht begründen, kommt die Einleitung eines Ermittlungsverfahrens nicht in Betracht (BayObLGSt 1985, 71 (75); Dahs NJW 1985, 1114). Der Anfangsverdacht braucht aber weder dringend (vgl. §§ 111a, 112) noch hinreichend (vgl. § 203) zu sein (BayObLGSt 1985, 71 (75); OLG Karlsruhe Justiz 2003, 270; OLG München NStZ 1985, 549); de facto braucht er auch das Maß noch nicht zu erreichen, das für schwerwiegende Eingriffe, zB nach §§ 80–81c, 94, 99, 100a, notwendig ist (BVerfGE 17, 117 (118); → Einl. Rn. 20, 21). Bei der **Geldwäsche** muss der Anfangsverdacht nicht nur hins. der Geldwäschehandlung, sondern auch des Herrührens des Vermögensgegenstandes aus einer Katalogvortat iSv § 261 Abs. 1 S. 2 StGB gegeben sein, Anhaltspunkte für das Herrühren aus irgendeiner Straftat genügen nicht (BVerfG NZWiSt 2020, 276 (280)). Die missbräuchliche Ausnutzung des den Ermittlungsbehörden zustehenden Beurteilungsspielraums kann einen (in der Revision auf Verfahrensrüge zu beachtenden) Verstoß gegen den Grundsatz des fairen Verfahrens (→ Einl. Rn. 19) begründen (BGH JR 2005, 300). Auf **interne Ermittlungen** in Unternehmen ist Abs. 2 nicht anwendbar (vgl. aber Schulz FS Schiller, 2014, 573 (583), der darauf hinweist, dass insofern die Möglichkeit besteht, durch die Weitergabe der Erg. dieser Ermittlungen an die StA das Verbot v. Ermittlungen ins Blaue hinein zu unterlaufen).

Anfangsverdacht bei legalem Verhalten: Steht fest, dass eine Straftat began- **4a** gen worden ist, kann aus legalem Verhalten einer Person ohne weiteres auf den Anfangsverdacht geschlossen werden (so etwa aus dem – an sich rechtlich zulässigen – Erwerb v. Tatmitteln o. der Tatwaffe, zB eines Hammers o. eines Messers). Problematisch sind Fälle, bei denen bei bestimmten Handlungen nach kriminalistischer Erfahrung lediglich die Möglichkeit besteht, dass das Verhalten einer Person einen strafbaren Hintergrund hat. Die Rspr. hat insoweit darauf abgestellt, ob **weitere Anhaltspunkte** hinzutreten, insbes. ob die betr. Verhaltensweisen den Eindruck einer bewussten Verdeckung v. Begleitumständen erwecken. Das BVerfG hat dies etwa in einem Fall gebilligt, in dem die Vorinstanzen aus der Einrichtung geheimer Bankkonten im Ausland einen Anfangsverdacht für den Vorwurf der Steuerhinterziehung angenommen hatten (s. BVerfG NJW 1994, 2079 zu LG Düsseldorf wistra 1985, 201; vgl. ferner Hoven NStZ 2014, 361 (365)). Rechtlich nicht zulässig dürfte es dagegen sein, ohne zusätzliche derartige „Verdeckungsmaßnahmen" **ausschließlich** aus unzweifelhaft legalem Verhalten des Betroffenen zureichende Anhaltspunkte iSv Abs. 2 dafür ableiten zu wollen, dass überhaupt eine Straftat begangen worden ist, da dies rechtstreue Handlungen unter Generalverdacht stellen würde u. auf die „Konstruktion eines latenten Anfangsverdachtes" (Hoven NStZ 2014, 361 (367); idS auch BVerfG NStZ-RR 2019, 118 (120)) hinausliefe. Dies dürfte insbes. für solche Handlungen zu gelten haben, welche zwar unmittelbar das in Straftatbeständen geregelte soziale Verhalten tangieren, die Grenze zu strafbarem Tun aber sicher – noch – nicht überschreiten. So könnte etwa **allein** aus dem Umstand, dass bei einem Betroffenen synthetische Substanzen gefunden werden, die noch nicht Aufnahme in den Anlagen Abs. 1–3 des BtMG gefunden haben, nicht der Anfangsverdacht eines BtM-Deliktes abgeleitet werden, ebenso wenig aus zwar umstrittenen, aber v. den Finanzbehörden als (noch) unbedenklich eingestuften Steuersparmodellen der Verdacht der Steuerhinterziehung, ferner nicht der Anfangsverdacht eines Steuerdelikts allein aus der bloßen – weil schon begrifflich anonymen – Inhaberschaft v. Tafelpapieren u. deren Einlieferung in ein Depot (BFH DStR 2001, 1387; s. Satzger FS Beulke, 2015, 1009 (1019)), schließlich auch nicht alleine aus dem Erwerb u. Besitz v. Kinderfotos, die **sicher** noch nicht die Schwelle zu § 184c StGB überschritten haben, der Anfangsverdacht des Besitzes kinderpornografischer Schriften (idS wohl auch BVerfG NJW 2014, 3085 Rn. 40, wo die Annahme eines Anfangsverdachts durch das LG beim Erlass eines Durchsuchungsbeschlusses ua als verfassungsrechtlich unbedenklich gewertet wurde, weil das LG „gerade nicht ... davon ausgegangen" sei, dass der Beschuldigte sich beim Erwerb v. Nacktfotos v. Kindern „ausschließlich legal verhalten" habe). Das BVerfG hält es jedoch zumindest für verfassungsrechtlich unbedenklich, aus Verhalten des Betroffenen in einem v. tatsächlichen Wertungen abhängigen **Grenzbereich** zwischen strafrechtlich relevantem u. irrelevantem Verhalten, einen Anfangsverdacht abzuleiten (BVerfG NJW 2014, 3085 Rn. 40 zur strafrechtlichen Relevanz möglicherweise kinderpornografischem Materials, bei dem zumindest auch der kriminalistische Erfahrungssatz berücksichtigt werden könne, dass „die Grenze zur strafbaren Kinderpornografie bei dem Bezug solcher als strafrechtlich relevant einschätzbarer Medien über das Internet – jedenfalls bei Anbietern, die auch eindeutig strafbares Material liefern – nicht zielsicher eingehalten werden" könne u. regelmäßig auch überschritten werde; idS auch BVerfG NJW 2015, 851, wo erg. darauf hingewiesen wird, dass „bei Menschen mit pädophiler Neigung unter anderem ein Hang zum Sammeln und Aufbewahren einmal erworbenen Materials vorliegt, um das Material stets zur Verfügung zu haben und es mit Gleichgesinnten auszutauschen"; vgl. auch BVerfG NStZ-RR 2019, 118 (120) zu in Internetforen verbreiteten Texten, die sexuelles Interesse an Kindern dokumentieren; krit. zu einer Berücksichtigung „subjektiv-empirisch" erhöhter Tatbegehung durch eine bestimmte Gruppe v. Personen Satzger FS Beulke, 2015, 1009 (1020)).

4b **III. Vorermittlungen. Vorermittlungen** zur Klärung, ob aufgrund vorliegender tatsächlicher Anhaltspunkte die Einleitung eines Ermittlungsverfahrens veranlasst ist, sind zulässig (Lange DRiZ 2002, 264; Senge FS Hamm, 2008, 706 mwN; krit. Baldarelli Kriminalistik 2013, 356; zu – nicht als solchen bezeichneten – Vorfeldermittlungen nach § 4 Abs. 3 und Abs. 4 WpHG durch die BaFin de Sousa Mendes GA 2016, 380 (387 ff.)). Sie werden gelegentlich nur unter einem AR- (allg. Register) statt unter einem Js-Az. geführt (dagegen Schaefer FS E. Müller, 2008, 633) u. häufig auf der Überlegung beruhen, dass die Einleitung eines – formellen – Ermittlungsverfahrens für die betroffene Person ganz erhebliche private u. berufliche Nachteile haben kann, wenn der Tatvorwurf aktenkundig bzw. öffentl. wird (vgl. BGHSt 51, 372; Hellmann FS Kühne, 2013, 235 ff., va zu Verf. nach der AO; Rogall FS Frisch, 2013, 1199 (1213)). Die Ermittlungen sind in diesem Stadium auf Maßnahmen beschränkt, welche – wie etwa informatorische Befragungen o. die Einsichtnahme in freiwillig herausgegebene Unterlagen (Pfordte StraFo 2016, 53 (57)) – nicht in den strafprozessualen Zwangsbefugnissen geregelt sind. Der Ermittlungsumfang ist durch den Grundsatz der Verhältnismäßigkeit begrenzt (Keller/Griesbaum NStZ 1990, 416). Richterliche Untersuchungshandlungen können in diesem Stadium nicht beantragt werden, da Vorermittlungen nicht Teil des ges. Ermittlungsverfahrens sind (BGH (ER) 19.8.2021 – 6 BGs 95/20). Davon zu unterscheiden sind die **Vorfeldermittlungen,** die erst dazu dienen, solche Anhaltspunkte zu gewinnen (Rieß FS Otto, 2007, 964; Hornig PStR 2014, 103 zur nicht unbedenklichen Praxis bei Ermittlungen wegen Steuerhinterziehung in Bankenfällen); sie sind in strafprozessualer Hinsicht unzulässig, weil insoweit keinerlei Anfangsverdacht besteht (Löwe/Rosenberg/Beulke Rn. 22; vgl. auch Pfordte StraFo 2016, 53 (58)). Der im Vorermittlungsstadium Betroffene hat nicht die Stellung eines Beschuldigten, Zwangs- u. Eingriffsmaßnahmen, dürfen nicht vorgenommen werden (Krause FS Strauda, 2006, 357 ff.; Lange DRiZ 2002, 264

(268 ff.)). Ob u. inwieweit im Zuge v. Vorfeldermittlungen der Sicherheitsbehörden gewonnene Erkenntnisse im Strafverfahren als Beweismittel verwertet werden dürfen, ist noch ungeklärt (vgl. Weßlau FS Hilger, 2003, 72), ihre Verwertbarkeit dürfte jedoch regelmäßig zu verneinen sein. Das Verbot v. Vorfeldermittlungen darf nicht durch den Einsatz Privater umgangen werden; diese sind aber in Grenzen (insbes. nach §§ 201 ff. StGB) befugt, Sachaufklärungen anzustellen (dazu eing. Brunhöber GA 2010, 579 ff.).

IV. Rechtliche Prüfung. Eine **rechtliche Prüfung kommt zu der Prüfung des Sachverhalts hinzu.** Die StA muss zur Vermeidung v. Staatshaftung (BGHZ 20, 178; BGH NStZ 1988, 510) prüfen, ob der angezeigte o. sonst bekanntgewordene Sachverhalt überhaupt unter ein Strafgesetz fällt u. von ihr zu verfolgen ist (vgl. dazu die „Richtlinien für die Prüfung eines Anfangsverdachts wegen einer Straftat" des GStA Brandenburg, JMBl. 1998, 106). Der Anfangsverdacht kann daher zu verneinen sein, wenn ohne Zweifel ein Rechtfertigungsgrund vorlag, zB ein Fall der Nothilfe nach § 32 StGB bei Tötung eines Luftpiraten zur Rettung einer unter Todesdrohung als Geisel festgehaltenen Stewardess (Geerds ArchKrim 151, 52). Zur Notwehr des Polizeibeamten vgl. Schwabe JZ 1974, 634; zum Einsatz v. Lockspitzeln u. verdeckt ermittelnden Polizeibeamten in diesem Zusammenhang vgl. BGH StV 1989, 518. Ob Tatsachen, die einem Beweisverwertungsverbot (→ Einl. Rn. 50 ff.) unterliegen, zur Begründung eines Anfangsverdachts herangezogen, mithin zur Grdl. weiterer Ermittlungen gemacht werden dürfen, ist str.; nach hM ist dies nicht generell zu bejahen o. zu verneinen, sondern zwischen der Schwere einerseits des das Beweisverbot begründenden Rechtsverstoßes andererseits der aufzuklärenden Tat abzuwägen (vgl. Löwe/Rosenberg/Beulke Rn. 26, 27; für generelle Unverwertbarkeit aber – auch schon bei Zweifeln über die Verwertbarkeit – Hengstenberg, Die Frühwirkung derVerwertungsverbote, 2007, S. 132, 146). Fest steht aber, dass unzulässig gewonnene Erkenntnisse, also solche, die einem Beweisverwertungsverbot unterliegen, als Beweismittel schon für das Ermittlungsverfahren ausscheiden; dem Beschuldigten dürfen sie weder vorgehalten noch darf darauf die Anwendung strafprozessualer Maßnahmen gestützt werden (BGHSt 64, 89 mAnm Kudlich JR 2020, 81; BGHSt 27, 355; erg. → § 100a Rn. 35). 4c

V. Ermittlungsverfahren gegen Unbekannt. Richtet sich der **Anfangsverdacht noch nicht gegen eine bestimmte Person,** so wird das Ermittlungsverfahren zunächst gegen Unbekannt geführt (Löwe/Rosenberg/Beulke Rn. 23). Dass es ein Ermittlungsverfahren gibt, in dem ein Beschuldigter noch nicht vorhanden ist, zeigt zB § 69 Abs. 1 S. 2. Ist eine o. sind mehrere bestimmte Personen zureichend verdächtig, so wird das Ermittlungsverfahren gegen sie geführt. Sie müssen daher zu Beschuldigten gemacht (→ Einl. Rn. 76) u. bei der StA ins Js-Register eingetragen werden; nicht angängig ist es aber, das Verf. ohne nähere Konkretisierung nur „gegen die Verantwortlichen einer Firma" zu führen (Dahs FS Böttcher, 2007, 33). Aus dem Beschuldigtenverhältnis, das sich aus den Akten ergeben muss (weil das Ermittlungsverfahren ein schriftliches Verf. ist), kann nur die StA förmlich wieder entlassen (§ 170 Abs. 2), selbst wenn sich schon frühzeitig, vielleicht sogar noch im ersten Zugriff der Polizei (§ 163), ergeben hat, dass in Wirklichkeit kein zureichender Verdacht gegen die Person (mehr) besteht. 5

VI. Güter- und Pflichtenabwägung. Das **Übermaßverbot** (→ Einl. Rn. 20, 21) kann die StA nicht v. Einschreiten abhalten, um dem Beschuldigten vermeintlich unverhältnismäßig schweren Nachteil zu ersparen (BGH bei Steffen DRiZ 1972, 154). Jedoch kann das erkennbare Einschreiten zeitweise aufgeschoben werden, zB aus kriminaltaktischen Gründen, etwa um die Hintermänner, Drahtzieher o. sonstigen wichtigen Bet. ausfindig machen zu können, o. auch, wenn es bei Abwägung aller Umstände zum Schutz bes. gewichtiger Rechtsgüter gerechtfertigt u. erforderlich ist, zB um eine akute schwere Gefahr v. Geiseln abzuwehren (vgl. Krause/Nehring StrafVerfR Rn. 82). Bei Geiselnahme kann erforderlichenfalls 6

Vorsprung versprochen u. sogar erleichtert werden. Ein solches Versprechen ist rechtlich nicht bindend (§ 134 BGB; §§ 258, 258a StGB).

7 **C. Opportunitätsprinzip.** Das sog. Opportunitätsprinzip, die **Ausnahme v. Verfolgungszwang** trotz an sich bestehender Verfolgungsvoraussetzungen (Hassemer FS StA-Schleswig-Holstein, 1992, 529; Weigend ZStW 109 (1997), 103), ist – zumindest im Wesentlichen – nur die negative Seite des Legalitätsprinzips, weil die Nichtverfolgung v. konkreten Wertungs- u. Beurteilungskriterien abhängig gemacht ist (zB „Schuld gering", „öffentliches Interesse", § 153; „nicht beträchtlich ins Gewicht fällt", § 154 Abs. 1 Nr. 1, auch § 153c Abs. 2). Wenn die Nichtverfolgung v. der Anwendung solcher unbestimmten Rechtsbegriffe abhängig ist, handelt es sich nicht um Ermessensentscheidungen iSe echten Wahlrechts zwischen Verfolgung o. Nichtverfolgung – trotz des Ausdrucks „Ermessen" in § 467 Abs. 4 –, sondern um Rechtsanwendung; wesentlich ist jedoch, dass dabei ein weiter Beurteilungsspielraum (Steffen DRiZ 1972, 154), eine größere Bandbreite der Entscheidungsmöglichkeiten (Redeker DÖV 1971, 762) besteht u. aus diesem Grund abw. Entsch. möglich sind (Opportunitätsprinzip ieS; vgl. auch → § 170 Rn. 1; → GVG Vor § 141 Rn. 5 ff.).

8 Ganz **ausnahmsweise** steht die Verfolgung im echten – pflichtgemäß auszuübenden – Ermessen (zB § 153c Abs. 1 S. 1 Nr. 1, 2; § 45 Abs. 1 S. 1 **JGG;** § 47 Abs. 1 OWiG für OWien; Opportunitätsprinzip iwS).

9 Über die verfassungsrechtlichen **Grenzen** des Opportunitätsprinzips vgl. Faller FS Maunz, 1971, 69; krit. zur terminologischen Unterscheidung Schroeder FS Peters, 1984, 411 ff. Eingehend (und bejahend) Döhring, Ist das Strafverfahren vom Legalitätsprinzip beherrscht?, 1999.

10 **D. Behebbare Verfahrenshindernisse.** Behebbare Verfahrenshindernisse versucht die StA zu beseitigen, wenn es im öffentl. Interesse liegt (Löwe/Rosenberg/Beulke Rn. 30). Dieser Versuch kann zur Verfolgungspflicht gehören (vgl. auch → Einl. Rn. 145, 150 ff.), zB bei Immunität (OLG Karlsruhe Justiz 1962, 82; vgl. → § 152a Rn. 9).

11 **E. Wiederaufleben des Legalitätsprinzips (Abs. 2).** Von neuem gilt das Legalitätsprinzip (Abs. 2), wenn nach Anklageerhebung u. nach einer rkr. Abschlussentscheidung des Gerichts neue Strafverfolgung zulässig wird (zB → § 211 Rn. 5; → § 153 Rn. 39; → § 362 Rn. 1; Kleinknecht FS Bruns, 1978, 475 ff.). Jedoch kann v. der neuen Strafverfolgung nach einer Bestimmung des Opportunitätsprinzips abgesehen werden.

12 **F. Ermittlungserzwingungsantrag.** Ein Ermittlungserzwingungsantrag kommt nur in Ausnahmefällen in Betracht (→ § 172 Rn. 1b).

Landesgesetzliche Vorschriften über die Strafverfolgung von Abgeordneten **Nr. 191–192b RiStBV**

152a Landesgesetzliche Vorschriften über die Voraussetzungen, unter denen gegen Mitglieder eines Organs der Gesetzgebung eine Strafverfolgung eingeleitet oder fortgesetzt werden kann, sind auch für die anderen Länder der Bundesrepublik Deutschland und den Bund wirksam.

1 **A. Abgeordnete.** § 152a verleiht den Landesregelungen denselben Geltungsbereich, wie er dem Art. 46 GG zugunsten der BT-Abg. zukommt (vgl. Bockelmann, Die Unverfolgbarkeit der Abgeordneten nach deutschem Immunitätsrecht, 1951). Zur Aufhebung der Immunität eines Abg. nun grdl. BVerfGE 104, 310 = NJW 2002, 1111.

Art. 46 GG lautet:

(1) [1] Ein Abgeordneter darf zu keiner Zeit wegen seiner Abstimmung oder wegen einer Äußerung, die er im Bundestage oder in einem seiner Ausschüsse getan hat, gerichtlich

oder dienstlich verfolgt oder sonst außerhalb des Bundestages zur Verantwortung gezogen werden. [2] Dies gilt nicht für verleumderische Beleidigungen.

(2) Wegen einer mit Strafe bedrohten Handlung darf ein Abgeordneter nur mit Genehmigung des Bundestages zur Verantwortung gezogen oder verhaftet werden, es sei denn, daß er bei Begehung der Tat oder im Laufe des folgenden Tages festgenommen wird.

(3) Die Genehmigung des Bundestages ist ferner bei jeder anderen Beschränkung der persönlichen Freiheit eines Abgeordneten oder zur Einleitung eines Verfahrens gegen einen Abgeordneten gemäß Artikel 18 erforderlich.

(4) Jedes Strafverfahren und jedes Verfahren gemäß Artikel 18 gegen einen Abgeordneten, jede Haft und jede sonstige Beschränkung seiner persönlichen Freiheit sind auf Verlangen des Bundestages auszusetzen.

B. Verfahrenshindernis. Ein Verfahrenshindernis – → Einl. Rn. 145 – (mit Verfassungsrang) ist die Immunität. Mit dieser ist nicht die Indemnität (= materielle Immunität) gemeint („darf zu keiner Zeit zur Verantwortung gezogen werden“, Art. 46 Abs. 1 GG), sondern nur die **formelle (o. prozessuale) Immunität** („darf nur mit Genehmigung zur Verantwortung gezogen werden“, Art. 46 Abs. 2, Abs. 3 GG). Das Verfahrenshindernis beginnt idR mit der Annahme der Wahl beim Wahlleiter (vgl. §§ 45, 48 Abs. 1 BWG); es entfällt durch die Genehmigung der Strafverfolgung o. das Ende des Mandats (BGH NStZ 1992, 94; 20.8.2025 – 3 StR 484/24 zu Art. 52 Abs. 2 S. 1 ThürVerf). Vgl. aber Art. 49 GG. 2

Denn die Immunität **schützt das Parlament.** Dieses entscheidet über die Genehmigung völlig frei; der Abg. hat nicht einmal den Anspruch auf rechtliches Gehör; ein v. ihm selbst gestellter Antrag ist unbeachtlich (Anl. 5 zur GO-BT Abschn. A Nr. 3; → Rn. 4). Soweit ein Abg. ohne Genehmigung des Parlaments verfolgt werden darf (vgl. Art. 46 Abs. 2 Hs. 2 GG), kann das Parlament nach den einschlägigen Bestimmungen das Verfahrenshindernis schaffen, indem es die Aussetzung des Verfahrens verlangt (Art. 46 Abs. 4 GG). 3

C. Einzelheiten. Nr. 191 ff. RiStBV; Grundsätze in Immunitätsangelegenheiten (Anl. 5 zur GO-BT), die v. BT-Ausschuss für Wahlprüfung, Immunität u. Geschäftsordnung aufgestellt worden sind u. jew. bei Beginn einer Wahlperiode beschlossen werden (vgl. § 107 Abs. 2 GO-BT). Die Durchführung v. Ermittlungsverfahren gegen BT-Abg., sofern es sich nicht um Beleidigungen politischen Charakters handelt, ist allg. genehmigt (vgl. BGBl. 1980 I 1264); die Genehmigung umfasst aber nicht die Erhebung der öffentl. Klage (vgl. Nr. 192a Abs. 2 RiStBV). Bußgeldverfahren fallen nicht unter Art. 46 Abs. 2 GG (OLG Düsseldorf NJW 1989, 2207; **aM** Brocker GA 2002, 48; vgl. Nr. 298 RiStBV). 4

I. Ablehnung oder Einstellung eines Verfahrens. Ist die Ablehnung oder Einstellung eines Verfahrens (§§ 170 Abs. 2, 153 Abs. 1) gegen einen Abg. ohne weitere Beweiserhebung zur Sache möglich, dann zieht die StA den Abg. nicht zur Verantwortung (iSd Art. 46 Abs. 2 GG), wenn sie eine solche Vfg. trifft (**aM** Brocker GA 2002, 46). Anders im Fall des § 153a Abs. 1, wenn ein Ermittlungsverfahren durchzuführen ist (→ § 153a Rn. 7). Zur Klärung der Frage, ob es sich um eine querulatorische, vexatorische, absolut unernste o. absolut unbegründete Anzeige handelt, können gewisse Ermittlungen über die Persönlichkeit des Anzeigenden vorgenommen werden. 5

II. Mitteilung der Anschuldigung. Die Mitteilung der Anschuldigung o. des Verdachts an den Abg. mit dem Anheimstellen, sich zu äußern, ist der StA ohne Aufhebung der Immunität zur Vorbereitung einer Entsch. darüber gestattet, ob ein Ersuchen auf Entsch. über die Genehmigung zur Strafverfolgung gestellt werden soll. Einer Beschuldigtenvernehmung aber ua Ermittlungen gegen den Abg. steht dessen Immunität entgegen. Die Polizei gibt dem Abg. die Gelegenheit zur Stellungnahme nur im unmittelbaren Anschluss an die Tat an Ort u. Stelle, überlässt dies aber sonst der StA. Ein polizeilicher Aktenvermerk über Äußerungen des Abg. ersetzt in aller Regel nicht die Mitteilung des Verdachts an ihn durch die StA. 6

7 **III. Verhaftung iSd Art. 46 Abs. 2 GG.** Verhaftung iSd Art. 46 Abs. 2 GG sind nur die UHaft (§§ 112 ff.) u. die vorl. Festnahme (§§ 127 Abs. 2, 127b Abs. 1), die zum Haftbefehl führen soll. Die nach Art. 46 Abs. 2 Hs. 2 GG erlaubte Festnahme „bei Begehung der Tat" bedeutet wie in § 127 (→ § 127 Rn. 5) „auf frischer Tat betroffen" (Löwe/Rosenberg/Beulke Rn. 25). Durchsuchung zur Ergreifung nach § 102 ist nur iRd Art. 46 Abs. 2 GG (o. der entspr. landesverfassungsrechtlichen Bestimmung) zulässig (→ § 102 Rn. 18). Führt sie zur Festnahme, so wird zugleich der Weg für weitere Durchsuchung nach § 102 frei (unter Beachtung des § 97 Abs. 4). Die Verhaftung zur Vollstreckung bedarf der besonderen Genehmigung (Anl. 6 zur GO-BT Abschn. A Nr. 7 Buchst. b, 8). Eine erneute Verhaftung nach vorheriger Freilassung u. Verstreichen des der Tat folgenden Tages bedarf wieder der Genehmigung (Anl. 5 zur GO-BT Abschn. A Nr. 6 Abs. 2). Stets umschließt die Genehmigung zur Verhaftung die Genehmigung zur zwangsweisen Vorführung, nicht umgekehrt. Über die Verbringung zur Blutentnahme nach § 81a vgl. → § 81a Rn. 35. Maßnahmen nach §§ 111a, 132a sind nur mit Genehmigung des Parlaments zulässig.

8 **IV. Gegen Tatbeteiligte.** Gegen Tatbeteiligte (einschl. Hehler u. Begünstiger), die selbst nicht Immunität genießen, darf ein Strafverfahren eingeleitet u. durchgeführt werden. Der Abg. darf als Zeuge vernommen werden, wobei die §§ 53 Abs. 1 S. 1 Nr. 4, 53a, 55 zu beachten sind. Es darf bei ihm auch nach den §§ 103, 104 unter Beachtung des § 97 Abs. 4 durchsucht werden.

9 **V. Entscheidung des Parlaments.** Die Entscheidung des Parlaments führt die StA o. das Gericht herbei (auf dem Dienstweg; Nr. 192 RiStBV); der Privatkläger hat keinen Anspruch auf Aufhebung der Immunität des Abg. (OVG Berlin-Brandenburg NStZ-RR 2012, 55; **aM** Löwe/Rosenberg/Beulke Rn. 36 Fn. 119; erg. → § 382 Rn. 1).

10 **D. Mitgebrachte Strafverfahren.** Die sog. mitgebrachten Strafverfahren: Der Immunitätsausschuss des BT hat folgenden Grundsatz aufgestellt: Bei Übernahme des Abg.-Mandats anhängige Strafverfahren sowie jede Haft, Vollstreckung einer Freiheitsstrafe o. sonstige Beschränkung der persönlichen Freiheit sind vAw auszusetzen, da alle diese Maßnahmen gegen einen Abg. der Genehmigung des Parlaments bedürfen (Anl. 5 zur GO-BT Abschn. A Nr. 16; vgl. Brocker GA 2002, 50 ff.).

11 **E. Inhalt und Umfang.** Inhalt und Umfang der Genehmigung des Parlaments ergeben sich aus dessen Verh. iVm dem v. der StA gestellten Antrag (vgl. dazu KMR-StPO/Plöd Rn. 18 ff.). Das Gericht hat seiner Entsch. dem v. der Genehmigung erfassten Vorgang so zugrunde zu legen, wie er sich nach dem Erg. der HV darstellt. An die rechtliche Beurteilung, die die StA bei ihrem Antrag an das Parlament vertreten hat, ist es nicht gebunden (BGHSt 15, 274).

12 **F. Mitglieder des Europäischen Parlaments.** Ihre Immunität bestimmt sich nach Art. 9, 10 des Prot. über die Vorrechte u. Befreiungen der EG (BGBl. 1965 II 1453 (1482); dazu eing. Kreicker GA 2004, 643). Mitglieder, die zugleich BT-Abg. sind, verlieren im Geltungsbereich des EuAbgG ihre Immunität nur, soweit das Europäische Parlament u. der BT die Immunität aufheben (§ 5 Abs. 2 EuAbgG). Zur Aufhebung der Immunität vgl. Nr. 192b RiStBV.

13 **G. Verwertungsverbot.** Ein Verwertungsverbot für unter Verstoß gegen die Immunität erlangte Beweismittel wird idR nicht anzunehmen sein (Löwe/Rosenberg/Beulke Rn. 52; **aM** Brocker GA 2002, 52), nach BGH NStZ 1992, 94 jedenfalls dann nicht, wenn das Abg.-Mandat inzwischen beendet ist.

14 **H. Übermittlung.** Die Übermittlung der das Verf. abschl. Entsch. an den Präs der Körperschaft, der der Abg. angehört, regelt § 8 EGStPO (→ EGStPO § 8 Rn. 1 ff.). Für die Mitteilung schreibt Nr. 192 Abs. 5 RiStBV die Einhaltung des Dienstwegs vor.

Absehen von der Verfolgung bei Geringfügigkeit **Nr. 89, 90, 211, 222a RiStBV**

153 (1) [1]**Hat das Verfahren ein Vergehen zum Gegenstand, so kann die Staatsanwaltschaft mit Zustimmung des für die Eröffnung des Hauptverfahrens zuständigen Gerichts von der Verfolgung absehen, wenn die Schuld des Täters als gering anzusehen wäre und kein öffentliches Interesse an der Verfolgung besteht.** [2]**Der Zustimmung des Gerichtes bedarf es nicht bei einem Vergehen, das nicht mit einer im Mindestmaß erhöhten Strafe bedroht ist und bei dem die durch die Tat verursachten Folgen gering sind.**

(2) [1]**Ist die Klage bereits erhoben, so kann das Gericht in jeder Lage des Verfahrens unter den Voraussetzungen des Absatzes 1 mit Zustimmung der Staatsanwaltschaft und des Angeschuldigten das Verfahren einstellen.** [2]**Der Zustimmung des Angeschuldigten bedarf es nicht, wenn die Hauptverhandlung aus den in § 205 angeführten Gründen nicht durchgeführt werden kann oder in den Fällen des § 231 Abs. 2 und der §§ 232 und 233 in seiner Abwesenheit durchgeführt wird.** [3]**Die Entscheidung ergeht durch Beschluß.** [4]**Der Beschluß ist nicht anfechtbar.**

Übersicht

A. Opportunitätsprinzip bei Vergehen (→ § 152 Rn. 9). Die Vorschr. gilt **nicht für Verbrechen,** sondern nur, wenn das Verf. ein Vergehen (§ 12 Abs. 2 StGB) zum Gegenstand hat. Das ist auch der Fall, wenn die Tat zunächst als 1

Verbrechen geprüft worden, dieser rechtliche Gesichtspunkt aber dann wieder entfallen ist (BGH NJW 2002, 2401). Das gilt sowohl bei der Anwendung des Abs. 1 als auch im Fall des Abs. 2 (iErg ebenso Löwe/Rosenberg/Beulke Rn. 10). Im Prinzip setzen das Absehen v. der Verfolgung u. die Einstellung des Verfahrens Übereinstimmung zwischen StA u. Gericht voraus. Der Zustimmung des Nebenklägers bedarf es nicht, weil er kein Mitverfügungsrecht über das Legalitätsprinzip hat. Das Absehen v. der Verfolgung o. der öffentl. Klage durch die StA bedarf nicht der Zustimmung des Gerichts bei Vergehen mit einer im Mindestmaß nicht erhöhten Strafe, wenn die durch die Tat verursachten Folgen gering sind (→ Rn. 14 ff.). Teileinstellung wegen einer v. mehreren Taten (§ 264) ist zulässig. Wird das Verf. rechtsirrig wegen eines Teils der Tat o. bei Tateinheit wegen einer der mehreren Gesetzesverletzungen eingestellt, so handelt es sich in Wahrheit um Anwendung des § 154a (KG VRS 67, 123; Löwe/Rosenberg/Beulke Rn. 8). Im Privatklageverfahren verdrängt § 383 Abs. 2 als Spezialvorschrift die §§ 153, 153a.

1a In **Verfahren der EUStA** ist die Vorschr. anwendbar (BT-Drs. 19/17963, 34 unter Hinweis auf § 2 EUStAG; erg. → GVG Vor § 141 Rn. 12 ff.).

2 **B. Geringe Schuld (Abs. 1 S. 1). I. Als gering anzusehende Schuld.** Ist die Tat nicht strafbar o. nicht verfolgbar (vgl. §§ 152 Abs. 2, 170 Abs. 2 S. 1), so scheidet eine Anwendung des § 153 von vorneherein aus, ebenso bei fehlender Schuld des Beschuldigten (verfehlt daher OLG Stuttgart NStZ 2002, 448 Ls.: Einstellung trotz durch Sachverständigengutachten nachgewiesener Schuldunfähigkeit, was zu fehlerhaften Folgerungen sowohl hins. fehlender Zustimmung des Beschuldigten als auch zur Beschwerdeeinlegung führt). Jedoch setzt die Anwendung des § 153 nicht voraus, dass die Schuld nachgewiesen ist. Es genügt vielmehr, dass für sie eine gewisse Wahrscheinlichkeit besteht, jedenfalls die **Unwahrscheinlichkeit eines Freispruchs,** falls das Verf. durchgeführt würde.

3 Das G verlangt eine nur **hypothetische Schuldbeurteilung** (BVerfGE 82, 106). Es muss also mit Wahrscheinlichkeit anzunehmen sein, dass die Schuld des Täters als gering anzusehen wäre. Die Strafsache braucht nicht weiter aufgeklärt zu werden, als es für diese Prognose notwendig ist (Löwe/Rosenberg/Beulke Rn. 35 ff.; Brodowski u. a. NStZ 2026, 5 wollen daraus ableiten, dass nach Abs. 1 bei unbekanntem Täter verfahren werden darf), falls nicht das öffentl. Interesse an der Strafverfolgung (→ Rn. 7, 8) die Durchführung des Verfahrens gebietet. Auch wenn zu erwarten ist, dass sich eine dem Beschuldigten günstigere Erledigungsart als die Einstellung nach § 153 ergeben könnte, zB Einstellung nach § 170 Abs. 2, ist diese zusätzliche Klärung nicht geboten (Löwe/Rosenberg/Beulke Rn. 36; Ranft Rn. 1148; **aM** Wagner GS Eckert, 2008, 941; erg. → Einl. Rn. 8, 20 ff.).

4 **II. Maß der Schuld.** Die Schuld ist gering, wenn sie bei **Vergleich mit Vergehen gleicher Art** nicht unerheblich unter dem Durchschnitt liegt (Löwe/Rosenberg/Beulke Rn. 24; Hobe FS Leferenz, 1983, 633; Meyer GA 1997, 409 (410)). Ein absolutes Mindestmaß kann nicht bestimmt werden. Jedoch muss eine Strafe im untersten Bereich des in Betracht kommenden Strafrahmens angemessen sein (Rieß NStZ 1981, 8). Die Art der Tatausführung, verschuldete Auswirkungen der Tat, das Maß der Pflichtwidrigkeit ua die Größe der Schuld des Täters betr. Gesichtspunkte (§ 46 Abs. 2 StGB) sind zu berücksichtigen (Boxdorfer NJW 1976, 317; Hobe FS Leferenz, 1983, 633 ff.). Das Verschulden kann auch durch eine schon bei der Tat in Gang befindliche Rechtsentwicklung verringert werden (Cramer FS Maurach, 1972, 495), weil durch eine solche Entwicklung „die Gesinnung, die aus der Tat spricht, u. der bei der Tat aufgewandte Wille" (§ 46 Abs. 2 StGB) an Vorwerfbarkeit verlieren können, ferner durch die (nach Cramer wistra 1999, 290: auch nur zu erwartende) überlange Verfahrensdauer (BGH NJW 1990, 1000; 1995, 737), im Verkehrsstrafrecht durch Verzicht auf die Fahrerlaubnis (Eisele NZV 1999, 232).

5 **III. Zusammentreffen von Offizial- und Privatklagedelikt.** Die StA kann zwar auf den Privatklageweg verweisen, wenn hins. des Offizialdelikts die Voraussetzungen des § 170 Abs. 2 vorliegen (→ § 171 Rn. 4). Sie darf aber nicht wegen

des Offizialdelikts das Verf. nach § 153 einstellen u. wegen der damit zusammentreffenden Straftat auf den Privatklageweg verweisen (Kuhlmann MDR 1974, 897; → § 376 Rn. 10).

IV. Zusammentreffen von Straftat und OWi. Wenn die Schuld für die Straftat gering ist u. kein öffentl. Interesse an ihrer Verfolgung besteht, kann die Einstellung auf sie beschränkt werden. Dann wird „eine Strafe nicht verhängt" (§ 21 Abs. 2 OWiG). Wenn die StA das Verf. dann nicht auch wegen der OWi mangels hinreichenden Tatverdachts o. mangels Verfolgungsinteresses einstellt, sondern die Verfolgung der OWi für erforderlich hält (§ 43 Abs. 1 OWiG), gibt sie die Sache insoweit an die VerwB ab (BGHSt 41, 385 (390) mwN; **aM** Bohnert GA 2000, 116); anders im Fall des § 153a (→ § 153a Rn. 35). 6

C. Kein öffentliches Verfolgungsinteresse (Abs. 1 S. 1). Trotz geringer Schuld kann das **öffentl. Interesse** anzunehmen sein (**aM** Meyer GA 1997, 404), u. zwar aus Gründen der Spezial- u. der Generalprävention (Löwe/Rosenberg/Beulke Rn. 31; Boxdorfer NJW 1976, 317) o. auch wegen des Interesses der Allgemeinheit an der konkreten Straftat, zB zur Klärung des kriminogenen Hintergrundes (vgl. KK-StPO/Diemer Rn. 14; einschr. Löwe/Rosenberg/Beulke Rn. 29 Fn. 82) o. zur Verhinderung weiteren Schadens für den Verletzten oder uU (vgl. Beulke/Fahl NStZ 2001, 429) wegen der Stellung des Verletzten im öffentl. Leben; ferner wegen außergewöhnlicher Tatfolgen, auch soweit sie dem Täter nicht als verschuldet zuzurechnen sind (BGHSt 10, 259). Durch Zeitablauf zwischen der Tat u. ihrer Entdeckung kann das öffentl. Interesse verringert werden (BGH NStZ 1997, 543). Zur Berücksichtigung völlig unangemessener Verzögerung des Verfahrens vgl. → EMRK Art. 6 Rn. 9. Das öffentl. Interesse kann in geeigneten Fällen durch Spenden an gemeinnützige Einrichtungen nachträglich entfallen, insbes. wenn zwischen Tatvorwurf u. Zahlungsempfänger ein innerer Zusammenhang besteht (Wackernagel/Cordes NJW 2018, 3414 (3418)). Zu den Begriff des öffentl. Interesses ausfüllenden RL Magnus GA 2012, 621. 7

Das Justizinteresse an der Herbeiführung einer gerichtlichen Entsch. **aus reinen Rechtsgründen,** zB über die Gültigkeit einer Vorschr., genügt im Allgemeinen nicht; anders, wenn die Größe der Schuld davon abhängt o. die Entsch. geboten erscheint, um zu verhindern, dass sich Ungesetzlichkeiten im Sozialleben einbürgern (Boxdorfer NJW 1976, 317). Ist die Tat bereits disziplinar geahndet, so kann dies den Ausschlag für die Verneinung des öffentl. Interesses an der Strafverfolgung geben (→ Einl. Rn. 179). 8

Bei der Auslegung des Merkmals des öffentl. Verfolgungsinteresses müssen die Konstellationen berücksichtigt werden, in denen das BVerfG einen verfassungsrechtlichen **Anspruch auf effektive Strafverfolgung** bejaht hat (→ § 172 Rn. 1a); bei Personenschäden sind dabei für die Bestimmung des Ausmaßes im konkreten Einzelfall sämtliche unmittelbaren u. mittelbaren Tatfolgen in die Bewertung einzubeziehen (BVerfG NJW 2020, 675). 8a

D. Absehen von der Verfolgung durch die StA (Abs. 1). Die **Polizei ist nicht befugt,** in eigener Zuständigkeit v. der Verfolgung nach § 153 Abs. 1 abzusehen. Sie muss nach ihrem Zugriff die Akten stets der StA vorlegen (§ 163 Abs. 2 S. 1), die allein für die Abschlussverfügung zuständig ist. Jedoch darf die Polizei ihre aus eigener Initiative begonnenen Ermittlungen (nach der erforderlichen Beweissicherung) abbrechen, wenn sie der Meinung ist, die StA werde das Verf. nach § 153 Abs. 1 einstellen (Löwe/Rosenberg/Beulke Rn. 40). Die StA kann, falls sie es für geboten hält, weitere Ermittlungen durchführen o. veranlassen (§ 161). Über Fühlungnahme der StA mit anderen Behörden vgl. Nr. 93 Abs. 1 S. 1, Abs. 2 RiStBV. Wenn die FBeh das Ermittlungsverfahren führt (→ Einl. Rn. 12), kann sie es (anstatt der StA) einstellen (§§ 399 Abs. 1, 398 **AO**). Gegenvorstellungen u. Dienstaufsichtsbeschwerde des Verletzten sind zulässig (erg. → Vor § 296 Rn. 22 ff.). 9

10 **E. Zustimmung des Gerichts (Abs. 1 S. 1).** Die Ausnahme v. Legalitätsprinzip soll grds. **vom Gericht mitverantwortet** werden (vgl. aber → Rn. 14 ff.), zumal dem Verletzten bei Einstellung des Verfahrens durch die StA nach Abs. 1 (wie in anderen Fällen des Opportunitätsprinzips) das Klageerzwingungsverfahren nicht offensteht (§ 172 Abs. 2 S. 3). Die Einstellung ist aber nicht erzwingbar (Löwe/Rosenberg/Beulke Rn. 68; Aulinger JR 2002, 302). Ist in einer Steuerstrafsache das AG Zustimmungsgericht, so gilt im Ermittlungsverfahren § 391 Abs. 1 S. 2 **AO.** Die Zustimmung des Gerichts ändert nichts daran, dass die Abschlussverfügung eine solche der StA ist. Das Fehlen dieser Zustimmung macht die Einstellung nicht unwirksam (→ Einl. Rn. 104; vgl. § 44 Abs. 3 Nr. 4 VwVfG für VerwAe; **aM** Wagner ZStW 109 (1997), 589). Hält sich das v. der StA angegangene Gericht nicht für zuständig, so erlässt es einen Unzuständigkeitsbeschluss, der mit Beschwerde anfechtbar ist (§ 304; LG Itzehoe StV 1993, 537).

11 Die Erteilung o. Versagung der Zustimmung des Gerichts ist **keine Entsch.,** sondern nur eine Prozesserklärung; daher bedarf es nicht des rechtlichen Gehörs (§ 33 Abs. 2). Die Erkl. ist auch nicht mit der Beschwerde anfechtbar (BGHSt 38, 381 (382); LG Ellwangen JZ 1980, 365; Löwe/Rosenberg/Beulke Rn. 46; **aM** Gössel Rn. 95; Wagner ZStW 109 (1997), 587; vgl. auch → Rn. 33).

12 Will der StA im Verf. gegen einen **Jugendlichen** v. der Verfolgung absehen, weil die Voraussetzungen des § 153 Abs. 1 vorliegen, so bedarf es dazu nach § 45 Abs. 1 **JGG** nicht der Zustimmung des Richters. § 153 wird somit durch §§ 45, 47 **JGG** verdrängt (hM, vgl. Löwe/Rosenberg/Beulke Rn. 14; SK-StPO/Weßlau/Deiters Rn. 11). Die richterliche Zustimmung ist auch entbehrlich bei einem Heranwachsenden, wenn die StA Jugendstrafrecht für anwendbar hält (§ 109 Abs. 2 iVm § 45 Abs. 1 **JGG**).

13 Die Zustimmung des **Beschuldigten** ist bei der Anwendung des Abs. 1 nicht erforderlich, nicht einmal seine Anhörung, falls die Schuldfrage (→ Rn. 2) ohne sie zu beurteilen ist (Löwe/Rosenberg/Beulke Rn. 41 mwN).

14 **F. Bei geringfügigen Vergehen ohne gerichtliche Zustimmung (Abs. 1 S. 2). I. Nicht mit einer im Mindestmaß erhöhten Strafe.** Nicht mit einer im Mindestmaß erhöhten Strafe darf die Straftat bedroht sein.

15 Daher bedarf zB eine Einstellung bei § 244 StGB der richterlichen Zustimmung. Da § 243 StGB nur eine Strafzumessungsregel enthält, handelt es sich in diesen Fällen nicht um ein Vergehen mit einer im Mindestmaß erhöhten Strafdrohung; Abs. 1 S. 2 ist hier also anwendbar (Löwe/Rosenberg/Beulke Rn. 50). Hinzu kommt, dass in § 243 Abs. 2 StGB selbst die Strafzumessungsregel für den Fall aufgeh. wird, dass die gestohlene Sache geringwertig ist.

16 **II. Geringe Folgen der Tat.** Es muss sich um ein Vermögensvergehen handeln. Daher kann der StA bei geringen Tatfolgen auch **in sonstigen Bagatellfällen,** zB bei §§ 229, 240 Abs. 1, Abs. 3, 267 Abs. 1, Abs. 2, § 21 StVG von der Verfolgung ohne richterliche Zustimmung absehen (krit. dazu Schlüchter RPflEntlG S. 18). Gleichwohl wird der Anwendungsbereich der Vorschr. weiterhin im Wesentlichen bei den als Antragsdelikte ausgestalteten Bagatellfällen des Diebstahls u. der Unterschlagung (§ 248a StGB), der Hehlerei (§ 259 Abs. 2 StGB), des Betrugs (§ 263 Abs. 4 StGB), des Erschleichens v. Leistungen (§ 265a Abs. 3 StGB) u. der Untreue (§ 266 Abs. 2 StGB) liegen (vgl. Böttcher/Mayer NStZ 1993, 154: Gedankliche Verknüpfung mit § 248a StGB u. den dazu entwickelten Maßstäben soll erhalten bleiben). In all diesen Fällen setzt die Anwendung des § 153 voraus, dass wirksam Strafantrag gestellt ist. Darüber hinaus ist Abs. 1 S. 2 auch anwendbar bei anderen Vermögens- u. Eigentumsdelikten, bei denen Fälle mit ähnlich geringem Unrechtsgehalt vorkommen, zB unbefugter Gebrauch eines Fahrzeugs (§ 248b StGB), Entziehung elektrischer Energie (§ 248c StGB).

17 Ob die durch die Tat verursachten **Folgen gering** sind, richtet sich bei Vermögensdelikten vornehmlich nach dem entstandenen Schaden; die Wertgrenze dürfte etwa bei 50 EUR liegen, unabhängig v. den jew. Währungsverhältnissen

ausgedrückt, etwa bei dem Netto-Tagesverdienst eines durchschnittlichen Arbeiters. Das Affektionsinteresse wird nicht berücksichtigt (zB großer Erinnerungswert eines objektiv geringwertigen Gegenstandes; vgl. dazu Fischer/Fischer StGB § 248a Rn. 3 ff.). Jedoch kann dieses bei der Frage des öffentl. Interesses eine Rolle spielen (zB bei Gegenständen im Museum oder v. Museumswert). Bei der Beurteilung des öffentl. Interesses darf die kriminologische Erkenntnis nicht vernachlässigt werden, dass viele Schwerkriminelle mit kleinen Delikten beginnen (Schlüchter RPflEntlG S. 18). Das Merkmal „geringe Tatfolgen" lässt sich bei abstrakten Gefährdungsdelikten u. ohne Erfolg im Versuch steckengebliebenen Taten nur schwer ausfüllen (Rieß AnwBl 1993, 55 Fn. 76); hierbei könnte eine nur geringe (auch seelische) Auswirkung der Tat auf das Opfer einen Maßstab liefern (so Schlüchter RPflEntlG S. 18; vgl. iÜ zum Begriff „geringe Tatfolgen" Siegismund/Wickern wistra 1993, 83).

III. Grenzfälle. Gelangt die StA zu der noch vertretbaren Auff., die Mitwirkung des Gerichts sei nicht erforderlich, so braucht sie sich nicht an das Gericht zu wenden. Es ist ihr aber unbenommen, das Gericht in einem Grenzfall einzuschalten. Hält dieses seine Mitwirkung nicht für notwendig, so beschließt es, die Sache mit dieser Begründung ohne Stellungnahme zur Zustimmungsfrage zurückzugeben (KMR-StPO/Plöd Rn. 23; **aM** Löwe/Rosenberg/Beulke Rn. 54, der das Gericht zur Entsch. für verpflichtet hält). Verweigert das Gericht die Zustimmung aus sachlichen Gründen, so kann die StA neu um die Zustimmung nachsuchen, wenn sich die Sachlage ändert, v. der das Gericht ausgegangen war (Löwe/Rosenberg/Beulke Rn. 54). Hat das Gericht ein öffentl. Interesse an der Strafverfolgung angenommen, so kann die StA noch prüfen, ob § 153a anzuwenden ist. 18

Kommt die StA bei einer **neuerlichen Überprüfung** ihrer zunächst vertretenen Auff. zu dem Erg., dass es der richterlichen Mitwirkung nicht bedarf, so ist durch die vorangegangene Zustimmungsverweigerung des Gerichts kein rechtliches Hindernis eingetreten, von Abs. 1 S. 2 Gebrauch zu machen (**aM** Löwe/Rosenberg/Beulke Rn. 47). 19

IV. Steuerstraftaten (Zollstraftaten). Nach § 398 **AO** kann die StA o. nach § 399 Abs. 1 **AO** die FBeh bei einigen Steuer-(Zoll-)straftaten, bei denen nur eine geringwertige Verkürzung der fiskalischen Einnahmen eingetreten ist o. der Täter nur geringwertige Vorteile erlangt hat, ebenfalls ohne Zustimmung des Gerichts v. der Verfolgung unter den Voraussetzungen des § 153 Abs. 1 S. 1 absehen. Die Einschränkungen nach § 398 **AO** haben ggü. § 153 Abs. 1 S. 1 keine Bedeutung mehr (Siegismund/Wickern wistra 1993, 84; iE str., vgl. einerseits Malms wistra 1994, 338, andererseits Weber-Blank wistra 1995, 134). Auch ein Absehen v. der Verfolgung mit Auflagen ist ohne Zustimmung des Gerichts nun möglich (§ 153a Abs. 1 S. 6). 20

V. Betäubungsmittelstraftaten. Bei Betäubungsmittelstraftaten lässt **§ 31a BtMG** unter den Voraussetzungen des § 153 Abs. 1 S. 1 das Absehen v. der Verfolgung ohne Zustimmung des Gerichts zu, wenn bei einem Vergehen nach § 29 Abs. 1, Abs. 2 oder Abs. 4 BtMG der Täter die Betäubungsmittel lediglich zum Eigenverbrauch in geringer Menge anbaut, herstellt, einführt, ausführt, durchführt, erwirbt, sich in sonstiger Weise verschafft o. besitzt. Nach BVerfGE 90, 145 ist in diesen Fällen grds. v. der Verfolgung abzusehen (krit. dazu Nelles/Velten NStZ 1994, 366). Für die gerichtliche Einstellung nach § 31a Abs. 2 BtMG gilt hingegen dasselbe wie in § 153 Abs. 2 (→ Rn. 21 ff.). 20a

G. Einstellung durch Gerichtsbeschluss (Abs. 2). Nach Erhebung der öffentl. Klage (§ 170 Abs. 1) geht die Zuständigkeit zur Einstellung auf das Gericht über, zunächst auf das Eröffnungsgericht, im Hauptverfahren auf das erkennende Gericht des 1. Rechtszugs u. nach Einlegung eines Rechtsmittels auf das Rechtsmittelgericht (vgl. → Rn. 25). 21

I. Prüfung des Gerichts. Die Möglichkeit der Einstellung bedeutet die Pflicht, darauf zu achten, ob sie sich im Lauf des Verfahrens abzeichnet (→ Rn. 25; → Einl. 22

Rn. 20, 21). Diese Verpflichtung des Gerichts besteht unabhängig v. der Initiative o. Auff. der Verfahrensbeteiligten (→ Rn. 23).

23 **II. Anregung eines Verfahrensbeteiligten.** StA u. Angeschuldigter haben lediglich ein Zustimmungsrecht u. durch Versagung der Zustimmung ein Verhinderungsrecht, aber nicht das Recht, die Einstellung im gerichtlichen Verf. mit der Folge zu beantragen, dass das Gericht einen förmlichen Beschl. erlassen müsste. Alle Verfahrensbeteiligten haben aber die Befugnis, die Einstellung anzuregen. In einer solchen Anregung des StA o. des Angeschuldigten liegt zugleich die Zustimmung (→ Rn. 26, 27). Hat der Angeschuldigte einen ges. Vertreter, so bedarf es dennoch nur der Zustimmung des Angeschuldigten selbst.

24 **III. Beschluss (Abs. 2 S. 3).** Die Beschlussform ist für die gerichtliche Einstellung **in allen Fällen vorgeschrieben,** also auch für den Fall, dass mit ihr die HV abgeschlossen wird. Wird in diesem Fall versehentlich die Form des Urteils gewählt, so wird dieses wie ein Beschl. behandelt (→ § 296 Rn. 11 ff.). Die Begründung des Einstellungsbeschlusses ist nicht vorgeschrieben (anders in § 47 Abs. 2 S. 3 **JGG**). Sie ist auch nicht nach § 34 erforderlich, kann jedoch geboten sein, um die Rechtskraftwirkung (→ Rn. 37) klarzustellen. Erfolgt die Einstellung erst nach dem letzten Wort des Angeklagten (§ 258 Abs. 2, Abs. 3), kann das Gericht die aus seiner Sicht feststehende (geringe) Schuld im Beschl. aussprechen (BVerfGE 82, 106 = NJW 1990, 2741).

25 **H. In jeder Lage des Verfahrens (Abs. 2).** Von der Erhebung der öffentl. Klage an; doch nicht mehr nach deren zulässiger Zurücknahme (§ 156), weil diese wieder Abs. 1 anwendbar macht. Abs. 2 gilt bis zum rkr. Abschluss des Erkenntnisverfahrens, auch für das Revisionsgericht (→ § 353 Rn. 2), selbst noch bei horizontaler Teilrechtskraft (Löwe/Rosenberg/Beulke Rn. 61), zB bei Rechtskraft des Schuldspruchs (vgl. Gössel JR 1982, 273; → Einl. Rn. 185; zur vertikalen Teilrechtskraft → § 449 Rn. 9).

26 **I. Zustimmung der StA (Abs. 2).** Mit diesem Erfordernis wird ihrem **Anklagemonopol** (→ Einl. Rn. 37) **Rechnung getragen** (BGHZ 64, 347 (350)). Sein Zweck besteht insbes. darin, dass die Beurteilung des öffentl. Interesses an der Strafverfolgung der Strafverfolgungsbehörde nicht entzogen wird (vgl. aber Terbach, Einstellungserzwingungsverfahren, 1996, S. 197; NStZ 1998, 174, der aus Art. 19 Abs. 4 GG die Befugnis des Gerichts herleitet, bei rechtswidriger Verweigerung der Zustimmung diese zu substituieren u. das Verf. gleichwohl einzustellen). Im Übrigen liegt dem Erfordernis der Übereinstimmung zwischen Gericht u. StA bei Beendigung des Verfahrens nach Opportunitätsgrundsätzen (→ Rn. 1) der Rechtsgedanke der gegenseitigen Kontrolle (→ Rn. 10) zugrunde. Stimmt die StA der Einstellung zu (zB in der Form einer Anregung; → Rn. 23), u. kommt es nicht zu einem Einstellungsbeschluss, so kann sie in einem späteren Stadium des Verfahrens (zB nach weiterer Beweiserhebung) ihre Zustimmung versagen, auch in der Form der Zurücknahme der vorher erklärten, nicht zum Tragen gekommenen Zustimmungserklärung; sonst ist sie aber an ihre Erkl. gebunden (LG Neuruppin NJW 2002, 1967). Über die Verbindung mit einer Anregung zu den Nebenentscheidungen vgl. → Rn. 31. Nicht erforderlich ist die Zustimmung des Nebenklägers (BGH NStZ 1999, 312; → § 396 Rn. 18) o., wenn es sich um ein Steuerstrafverfahren handelt (→ Einl. Rn. 11 ff.), der FBeh (Löwe/Rosenberg/Beulke Rn. 76). Gegen die Verweigerung der Zustimmung der StA ist kein Rechtsmittel gegeben (SK-StPO/Weßlau/Deiters Rn. 63).

27 **J. Zustimmung des Angeschuldigten (Abs. 2).** Er hat, nachdem er einmal in den Status des Angeschuldigten versetzt o. gar schon die HV gegen ihn im Gang ist, die Befugnis, die Durchführung zum Zweck einer ihm günstigen Entsch. (Freispruch o. Einstellung wegen eines Verfahrenshindernisses) zu erzwingen, wobei er das Risiko der Verurteilung in Kauf nimmt. Eine bedingte Zustimmung (Einstellung ohne Kostentragungspflicht) ist unwirksam (**aM** OLG Düsseldorf MDR 1989, 932; LG Neuruppin NJW 2002, 1967); die Erkl. ist bedingungsfeindlich (Ernesti/

Lorenzen SchlHA 1983, 111 – OLG Schleswig RsprÜ; KK-StPO/Diemer Rn. 34; KMR-StPO/Plöd Rn. 29; **aM** Löwe/Rosenberg/Beulke Rn. 70; → Rn. 31). Die **Zustimmung enthält kein Schuldeingeständnis** (BVerfGE 82, 106). Hat er zugestimmt u. ist es nicht zur Einstellung gekommen, so kann er in einem fortgeschrittenen Stadium des Verfahrens seine Zustimmung zurücknehmen o. bei neuer Befragung versagen. Ist mit seiner Zustimmung Einstellungsbeschluss ergangen, so kann er seine Erkl. nicht mehr widerrufen (KG JR 1978, 524). Eine Ausnahme v. dem Zustimmungserfordernis schafft Abs. 2 S. 2, der auch dann gilt, wenn der anwesende Verteidiger des ausgebliebenen Angeklagten der Einstellung widerspricht (OLG Düsseldorf MDR 1992, 1174); die Vorschr. entspr. auch für den Fall anzuwenden, dass gegen den Angeklagten nach § 231b Abs. 1 verhandelt wird u. der Grund hierfür noch nicht entfallen ist, wenn der Einstellungsbeschluss erlassen werden soll, wäre zwar sachgerecht, erscheint aber in Anbetracht der Gesetzesfassung unzulässig (vgl. Löwe/Rosenberg/Beulke Rn. 73). Auch bei überlanger Verfahrensdauer (→ Rn. 4; → EMRK Art. 6 Rn. 9) bedarf es zur Einstellung der Zustimmung des Angeklagten (OLG Frankfurt a. M. NStZ-RR 1998, 52).

K. Entscheidungen über die Verfahrenskosten und Entschädigung. **28**
I. Kosten und notwendige Auslagen. Die Vfg. der StA, v. der Verfolgung abzusehen (Abs. 1), wird nicht mit einer Kostenentscheidung verbunden (§ 464 Abs. 1). Dieser Vfg. kann nur unter den Voraussetzungen des § 467a eine Kostenentscheidung des Gerichts folgen.

Für den gerichtlichen Einstellungsbeschluss gilt § 464 Abs. 1 iVm § 467 Abs. 1–4 (mit Ausnahme v. Abs. 3 S. 2 Nr. 2). Zur Anwendung des § 467 Abs. 4 vgl. → § 467 Rn. 19. **29**

II. Entschädigung. Ist eine entschädigungsfähige Strafverfolgungsmaßnahme vollzogen worden (§ 2 **StrEG**), so ist mit dem gerichtlichen Einstellungsbeschluss eine förmliche Entsch. über die Entschädigung zu verbinden (§ 8 **StrEG;** dort → StrEG § 8 Rn. 1, 2). Im Fall der Einstellung des Ermittlungsverfahrens durch die StA ergeht eine gerichtliche Entsch. nach Maßgabe des § 9 **StrEG.** Materiellrechtlich gelten § 3 (→ StrEG § 3 Rn. 1) und § 5 Abs. 2, Abs. 3 **StrEG.** Der Grundsatz des § 6 Abs. 1 Nr. 1 **StrEG** ist bei der Entsch. nach § 3 **StrEG** zu berücksichtigen. Bei Einstellung nach Abs. 2 in der Berufungsinstanz kommt ein Entschädigungsanspruch des Beschuldigten wegen vorl. Entziehung der Fahrerlaubnis in 1. Instanz nur in Betracht, wenn sich die Maßnahme nach § 111a als grob unverhältnismäßig o. rechtsmissbräuchlich darstellt (OLG Braunschweig NStZ-RR 2013, 95). **30**

III. Einfluss der StA und des Angeschuldigten. Der gerichtlichen Einstellung müssen beide zustimmen (Ausnahmen für den Angeklagten: Abs. 2 S. 2). Bei der Befragung nach der Zustimmung können sie sich im gerichtlichen Verf. auch zur Kosten- u. Entschädigungsentscheidung äußern. Sie dürfen ihre Zustimmung aber nicht nur für den Fall erklären, dass eine bestimmte Nebenentscheidung ergeht (→ Rn. 27). Die Zustimmung ist auch gültig, wenn der Stellungnahme zur Auslagenentscheidung nicht entsprochen wird (KG JR 1978, 524; OLG Hamm VRS 108, 265 (266)). Ein Zustimmungsmangel steht der Verwarnung mit Strafvorbehalt (§ 59 StGB) nicht entgegen (Horn NJW 1980, 106). **31**

IV. Begründung. Da die Nebenentscheidungen nicht anfechtbar sind (→ Rn. 36), bedürfen sie auch keiner Begründung (§ 34). **32**

L. Beschwerde (Abs. 2 S. 4). I. Hauptentscheidung. Die gerichtliche Einstellung ist für StA u. Angeschuldigten **nicht anfechtbar,** auch nicht für den Nebenkläger (§ 400 Abs. 2 S. 2; vgl. auch BGH StraFo 2015, 163). Jedoch ist die **Beschwerde** (§ 304) für StA u. Angeschuldigten (BGH NJW 2002, 2401: aber nicht für den Nebenkläger) zulässig, wenn eine prozessuale Voraussetzung fehlte, selbst wenn der Beschwerdeführer der Einstellung zunächst zugestimmt hatte (BayObLG BeckRS 2024, 95; OLG Hamm NStZ-RR 2004, 144). Das gilt zB, wenn **33**

das Verf. ein Verbrechen zum Gegenstand hat (BayObLG BeckRS 2024, 95; OLG Hamm NStZ-RR 2004, 144; → Rn. 1) o. wenn eine erforderliche Zustimmung nicht o. nicht wirksam erklärt worden ist (OLG Köln NJW 1952, 1029; Löwe/Rosenberg/Beulke Rn. 82). Fehlt die erforderliche Zustimmung des Angeschuldigten, so hat er das Beschwerderecht nach § 304 (OLG Düsseldorf StraFo 1999, 277; OLG Frankfurt a. M. NStZ-RR 1998, 52; OLG Hamm VRS 108, 75; Ernesti/Lorenzen SchlHA 1983, 111 – OLG Schleswig RsprÜ). Zwar beschwert ihn die Einstellung als solche nicht (→ Vor § 296 Rn. 8 ff.), aber es ist sein verfahrensrechtliches Mitspracherecht verletzt (→ Rn. 27).

34 Die gerichtliche Erteilung o. Versagung der Zustimmung zur Einstellung des Ermittlungsverfahrens ist als bloße Prozesserklärung nicht anfechtbar (→ Rn. 11). Der fehlerhaft eine Einstellung nach Abs. 2 aufhebende Beschl. des Beschwerdegerichts ist wirksam, steht einer erneuten Einstellung nach Abs. 2 aber nicht entgegen (BGH NJW 2002, 2401).

35 **Lehnt das Gericht eine beantragte Einstellung ab,** so haben die Bet. gegen diese Prozesserklärung nicht das Recht der Beschwerde (Löwe/Rosenberg/Beulke Rn. 81; SK-StPO/Weßlau/Deiters Rn. 62).

36 **II. Nebenentscheidungen (→ Rn. 28 ff.).** Unanfechtbar ist die Kosten- u. Auslagenentscheidung (→ § 464 Rn. 17), nicht aber die Entsch. über die Entschädigung (§ 8 Abs. 3 S. 1 **StrEG**).

37 **M. Beschränkter Strafklageverbrauch.** Die Vfg. der StA nach Abs. 1, die trotz richterlicher Zustimmung zurücknehmbar ist, **verbraucht die Strafklage nicht** (BGH NStZ-RR 2020, 179; **aM** Radtke NStZ 1999, 483: § 153a Abs. 1 S. 5 entspr.; erg. → Einl. Rn. 182). Dementsprechend gilt auch das europarechtliche Doppelbestrafungsverbot iSv Art. 54 SDÜ nicht (vgl. Hieramente StraFo 2014, 445 (452); erg. → Einl. Rn. 177a–h). Bei Einstellung durch das Gericht nach Abs. 2 kann eine mit dem Vergehen zusammentreffende OWi noch nach § 21 Abs. 2 OWiG verfolgt werden (→ Rn. 6). Neue Verfolgung ist auch möglich, wenn sich herausstellt, dass ein Verbrechen vorliegt (BGH NJW 2004, 375; OLG Hamm GA 1993, 231), wobei es unerheblich ist, ob sich der Verbrechensvorwurf auf neue Tatsachen o. nur auf eine andere rechtliche Bewertung stützt (Beulke JR 2005, 37 Fn. 6 mwN, str.). In diesem Fall kommt auch ohne Verletzung des Art. 54 SDÜ eine Verfolgung im EU-Ausland in Betracht (Hieramente StraFo 2014, 445 (452)).

38 Dass **neue Tatsachen und Beweismittel** dazu führen, die Schuld des Beschuldigten nicht mehr als gering anzusehen o. hierdurch ein öffentl. Strafverfolgungsinteresse begründet wird, genügt entgegen einer vielfach im Schrifttum vertretenen Meinung (vgl. Löwe/Rosenberg/Beulke Rn. 91) nach BGH NJW 2004, 375 mablAnm Heghmanns NStZ 2004, 633 = JZ 2004, 737 mzustAnm Kühne nicht, um das Verf. wieder aufzunehmen. Falls die neuen Tatsachen u. Beweismittel allerdings eine andere (schärfere) rechtliche Beurteilung ermöglichen, muss dies die Wiederaufnahme rechtfertigen. Die Ansicht des BGH, nur bei Vorliegen eines Verbrechens sei die Wiederaufnahme zulässig, berücksichtigt nicht die – v. Gesetzgeber doch bewusst getroffene – unterschiedliche Regelung in § 153 einerseits u. § 153a Abs. 1 S. 5 andererseits (zutr. Löwe/Rosenberg/Beulke Rn. 91; Heghmanns NStZ 2004, 633). Dass die Anordnung nach Abs. 1 mit Zustimmung des Gerichts erging, ist unerheblich (**aM** AG Verden StV 2011, 616). Wiederaufnahme bleibt auch möglich, wenn bei der Einstellung verkannt wurde, dass es sich um einen Teilakt einer Dauerstraftat o. einer Bewertungseinheit (vgl. → Einl. Rn. 175–175b) gehandelt hat (v. BGH NJW 2004, 375 offengelassen). Entfällt der Strafklageverbrauch nach richterlichem Einstellungsbeschluss (Abs. 2), so wird neue Anklage erhoben, wie sich aus § 47 Abs. 3 **JGG** ergibt. Die Existenz der Nova ist Prozessvoraussetzung für das neue Verf. (→ § 211 Rn. 7).

39 **N. Revision.** Die **Revision** kann nicht auf die Nichtanwendung des § 153 Abs. 2 gestützt werden (→ § 336 Rn. 5). Jedoch kann das Revisionsgericht bei

zulässiger Revision das Verf. – mit Zustimmung der bei ihm bestehenden StA u. des Angeklagten – selbst einstellen (→ § 353 Rn. 2; → Rn. 25).

O. Nachträgliches objektives Verfahren. Wenn die StA v. der Erhebung der öffentl. Klage abgesehen (Abs. 1) o. das Gericht das Verf. eingestellt (Abs. 2) hat, kann die StA nachträglich das objektive Verf. betreiben mit dem Ziel der (Wertersatz-)Einziehung o. der Unbrauchbarmachung (§ 76a Abs. 1, Abs. 3 StGB; §§ 435, 436, 439). Dieses Verf. kommt insbes. in Betracht, wenn es sich um die Einziehung gefährlicher Gegenstände (§ 74b StGB) o. um die Einziehung v. Schriften mit strafbarem Inhalt u. die Unbrauchbarmachung der Vervielfältigungsvorrichtungen handelt (§ 74d Abs. 1 S. 1, 2 StGB). Der Antrag nach § 435 ist aber auch zulässig, wenn die Einziehung Strafcharakter hat (§§ 74, 74a StGB). Die Einziehung des Tatertrages (§ 73 StGB) o. des Wertes des Tatertrages (§ 73c StGB) kann das Ziel des objektiven Verfahrens namentlich dann sein, wenn ein anderer den Vermögensvorteil erlangt hat (§ 73b StGB). 40

P. Mitteilungspflichten. Mitteilungspflichten, die vAw zu beachten sind, können an die Einstellung anknüpfen, zB nach der MiStra 15 Abs. 1 Nr. 4, Abs. 2, Abs. 3, 19 Abs. 1 S. 1 Nr. 4, Abs. 2, Abs. 3, 22 Abs. 2 Nr. 4, Abs. 3, Abs. 4, 42 Abs. 1 S. 1 Nr. 2, 43 Nr. 3, 44 Nr. 3; vgl. aber § 14 Abs. 2 S. 1, 4 **EGGVG** (→ EGGVG § 14 Rn. 14, 16). 41

Q. Schiedsstellen. Nur noch v. historischer Bedeutung ist das **(DDR-)Gesetz über die Schiedsstellen in den Gemeinden** v. 13.9.1990 (GBl. 1527), nach dem statt der Einstellung nach § 153 bei Vergehen mit geringfügigen Folgen die Abgabe an eine Schiedsstelle zulässig war, falls der Beschuldigte zustimmte u. kein öffentl. Interesse an der Verfolgung bestand. Dieses galt nach dem EVertr (Anl. I Kap. III Sachgebiet A Abschn. III Nr. 14b) in den Ländern des Beitrittsgebiets fort. Es ist jedoch in Brandenburg idF der Bek. v. 21.11.2000 (GVBl. I 158), in Mecklenburg-Vorpommern idF des G v. 10.7.1998 (GVOBl. 636) anzuwenden; in Sachsen wurde es durch das Schiedsstellengesetz v. 27.5.1999 (GVBl. 9/1999), in Sachsen-Anhalt durch das Schiedsstellen- u. Schlichtungsgesetz v. 22.6.2001 (GVBl. 214), geänd. durch G v. 7.12.2001 (GVBl. 540), in Thüringen durch das Schiedsstellengesetz v. 17.5.1996 (GVBl. 61), geänd. durch Art. 25 des G v. 24.10.2001 (GVBl. 265), ersetzt. In (Gesamt-)Berlin gilt stattdessen das Berliner Schiedsamtsgesetz v. 7.4.1994 (GVBl. 109). Im Übrigen sind die das strafrechtliche Schlichtungsverfahren betr. §§ 40–45 Schiedsamtsgesetz durch Art. 3 des G v. 20.12.1999 (BGBl. I 2491 (2492)) aufgeh. worden. 42

Absehen von der Verfolgung unter Auflagen und Weisungen — Nr. 93, 211 RiStBV

153a (1) [1]**Mit Zustimmung des für die Eröffnung des Hauptverfahrens zuständigen Gerichts und des Beschuldigten kann die Staatsanwaltschaft bei einem Vergehen vorläufig von der Erhebung der öffentlichen Klage absehen und zugleich dem Beschuldigten Auflagen und Weisungen erteilen, wenn diese geeignet sind, das öffentliche Interesse an der Strafverfolgung zu beseitigen, und die Schwere der Schuld nicht entgegensteht.** [2]**Als Auflagen oder Weisungen kommen insbesondere in Betracht,**

1. **zur Wiedergutmachung des durch die Tat verursachten Schadens eine bestimmte Leistung zu erbringen,**
2. **einen Geldbetrag zugunsten einer gemeinnützigen Einrichtung oder der Staatskasse zu zahlen,**
3. **sonst gemeinnützige Leistungen zu erbringen,**
4. **Unterhaltspflichten in einer bestimmten Höhe nachzukommen,**
5. **sich ernsthaft zu bemühen, einen Ausgleich mit dem Verletzten zu erreichen (Täter-Opfer-Ausgleich) und dabei seine Tat ganz oder zum**

überwiegenden Teil wieder gut zu machen oder deren Wiedergutmachung zu erstreben,
6. an einem sozialen Trainingskurs teilzunehmen,
7. an einem Aufbauseminar nach § 2b Absatz 2 Satz 2 oder an einem Fahreignungsseminar nach § 4a des Straßenverkehrsgesetzes teilzunehmen oder
8. sich psychiatrisch, psycho- oder sozialtherapeutisch betreuen und behandeln zu lassen (Therapieweisung).

[3] **Zur Erfüllung der Auflagen und Weisungen setzt die Staatsanwaltschaft dem Beschuldigten eine Frist, die in den Fällen des Satzes 2 Nummer 1 bis 3, 5 und 7 höchstens sechs Monate, in den Fällen des Satzes 2 Nummer 4, 6 und 8 höchstens ein Jahr beträgt.** [4] **Die Staatsanwaltschaft kann Auflagen und Weisungen nachträglich aufheben und die Frist einmal für die Dauer von drei Monaten verlängern; mit Zustimmung des Beschuldigten kann sie auch Auflagen und Weisungen nachträglich auferlegen und ändern.** [5] **Erfüllt der Beschuldigte die Auflagen und Weisungen, so kann die Tat nicht mehr als Vergehen verfolgt werden.** [6] **Erfüllt der Beschuldigte die Auflagen und Weisungen nicht, so werden Leistungen, die er zu ihrer Erfüllung erbracht hat, nicht erstattet.** [7] **§ 153 Abs. 1 Satz 2 gilt in den Fällen des Satzes 2 Nummer 1 bis 6 entsprechend.** [8] **§ 246a Absatz 2 gilt entsprechend.**

(2) [1] **Ist die Klage bereits erhoben, so kann das Gericht mit Zustimmung der Staatsanwaltschaft und des Angeschuldigten das Verfahren vorläufig einstellen und zugleich dem Angeschuldigten die in Absatz 1 Satz 1 und 2 bezeichneten Auflagen und Weisungen erteilen.** [2] **Absatz 1 Satz 3 bis 6 und 8 gilt entsprechend.** [3] **Die Entscheidung nach Satz 1 ergeht durch Beschluß.** [4] **Der Beschluß ist nicht anfechtbar.** [5] **Satz 4 gilt auch für eine Feststellung, daß gemäß Satz 1 erteilte Auflagen und Weisungen erfüllt worden sind.**

(3) **Während des Laufes der für die Erfüllung der Auflagen und Weisungen gesetzten Frist ruht die Verjährung.**

(4) [1] **§ 155b findet im Fall des Absatzes 1 Satz 2 Nummer 6, auch in Verbindung mit Absatz 2, entsprechende Anwendung mit der Maßgabe, dass personenbezogene Daten aus dem Strafverfahren, die nicht den Beschuldigten betreffen, an die mit der Durchführung des sozialen Trainingskurses befasste Stelle nur übermittelt werden dürfen, soweit die betroffenen Personen in die Übermittlung eingewilligt haben.** [2] **Satz 1 gilt entsprechend, wenn nach sonstigen strafrechtlichen Vorschriften die Weisung erteilt wird, an einem sozialen Trainingskurs teilzunehmen.**

Übersicht

A. Normzweck. Die **Zurückdrängung des Strafens im Bereich der kleineren Kriminalität** hatte mit der durch das EGStGB 1974 eingefügten Vorschr. des § 153a zu einem neuen Verf. geführt (zur Entwicklung u. Bedeutung des § 153a vgl. Beulke FS Dahs, 2005, 209). Die Praxis hat den Anwendungsbereich der Vorschr. im Laufe der Zeit immer mehr auch über den Bereich der kleineren in den der mittleren Kriminalität bis hin zu umfangreichen Wirtschaftsstrafverfahren ausgedehnt. Dieser extensiven Auslegung der Vorschr. ist der Gesetzgeber gefolgt u. hat die Voraussetzung, dass die Schuld gering sein müsse, dahin abgeändert, dass die Schwere der Schuld dem Absehen v. der Erhebung der öffentl. Klage nicht entgegenstehen dürfe. 1

I. Vereinfachtes Erledigungsverfahren. Es handelt sich um ein zweckmäßiges **vereinfachtes Erledigungsverfahren im Bereich der kleineren u. mittleren Kriminalität mit Beschleunigungs- u. Entlastungseffekt** (Löwe/Rosenberg/Beulke Rn. 3), um verurteilungslose Friedensstiftung in diesem Bereich ohne Verzicht auf Sanktionen, aber ohne Strafe u. Vorbestraftsein. Es als eine Art Freikauf v. Verfolgungsrisiko anzusehen (Schmidhäuser JZ 1973, 529; Walter ZStW 95 (1983), 57), geht zu weit (Löwe/Rosenberg/Beulke Rn. 10, 15; Beulke/Fahl NStZ 2001, 427), auch wenn es dazu leider in der Praxis nicht selten miss- 2 braucht wird (zur neueren rechtspolitischen Diskussion s. etwa Brüning ZIS 2015, 586). Kriminalpolitisch ist das Verf. eine Var. zur Strafaussetzung zur Bewährung, die allerdings rechtstechnisch ganz anders ausgestaltet ist. Die Unschuldsvermutung nach Art. 6 Abs. 2 **EMRK** ist bei einer Einstellung nach § 153a nicht widerlegt (BVerfG MDR 1991, 891; NStZ-RR 1996, 168; VerfGH Sachsen StraFo 2009, 108; OLG Frankfurt a. M. NJW 1996, 3353 (3354); krit. Salditt FS E. Müller, 2008, 611: Verdacht bleibt bestehen). Ist zw., ob überhaupt ein Straftatbestand erfüllt ist, muss die Rechtsfrage geklärt werden; die Anwendung des § 153a ggü. einem möglicherweise Unschuldigen ist untersagt (zutr. Beulke/Fahl NStZ 2001, 427; R. Hamm NJW 2001, 1694; gegen LG Bonn NJW 2001, 1736). Zivil- und öffentlich-rechtliche **außerstrafrechtliche Folgen** – etwa Schadensersatz, Disziplinarmaßnahmen – dürfen nicht allein an die notwendige Zustimmung des Beschuldigten zu einer Einstellung nach § 153a bzw. an die Erfüllung der Aufl. u. Weisungen geknüpft werden (Rettenmaier NJW 2013, 123).

2a In **Verfahren der EUStA** ist die Vorschr. anwendbar; für Abs. 1 ergibt sich dies aus Art. 40 Abs. 1 EUStA-VO; für Abs. 2 mittelbar aus § 2 EUStAG (vgl. BT-Drs. 19/17963, 34; erg. → GVG Vor § 141 Rn. 12 ff.). Zuständig ist die Ständige Kammer auf Vorschlag des mit der Sache betrauten Delegierten Europäischen StAs; bei der Prüfung der Anwendungsvoraussetzungen sowie der nach Abs. 1 möglichen Aufl. u. Weisungen sind die Kriterien des § 40 Abs. 2 EUStA-VO zu beachten (vgl. BT-Drs. 19/17963, 35).

3 **II. Einstellung des Verfahrens in zwei Etappen (Abs. 1, Abs. 2).** Nach § 153a wird das Verfahren, das nur ein Vergehen zum Gegenstand hat (→ § 153 Rn. 1), zunächst vorl. mit Anordnung v. Aufl. u. Weisungen u. nach deren Erfüllung endg. eingestellt. Während die endg. Einstellung nach § 153 Abs. 1, Abs. 2 voraussetzt, dass die Schuld des Täters als gering erscheint, ist nach § 153a Abs. 1 S. 1 nur noch erforderlich, dass die Schwere der Schuld der vorl. Einstellung nicht entgegensteht (hierzu → Rn. 7). Die vorl. Einstellung ist nur zulässig, wenn die Voraussetzungen für die sofortige Einstellung nach § 153 lediglich deshalb nicht gegeben sind, weil ein öffentl. Interesse an der Strafverfolgung besteht. Dieses darf aber nur so stark sein, dass es durch die Anordnung v. Aufl. u. Weisungen u. deren Erfüllung beseitigt werden kann (→ Rn. 6). Werden die Aufl. u. Weisungen erfüllt, so tritt das Verfahrenshindernis des Abs. 1 S. 5 ein (→ Rn. 43, 52). Sodann bedarf es nur noch einer förmlichen endg. Einstellung (→ Rn. 45, 53). Mit der vorl. Einstellung ist nur ein bedingtes Verfahrenshindernis verbunden (für die Fortsetzung desselben u. die Einleitung eines anderen Verfahrens gegen denselben Beschuldigten wegen derselben Tat), das, falls es nicht durch Aufhebung der vorl. Einstellung endet, sich später entweder in ein endg. umwandelt o. durch Nichterfüllung auferlegter u. übernommener Pflichten entfällt (→ Rn. 24, 25).

4 **III. Jugendstrafverfahren.** Das Verhältnis zwischen § 153a und §§ 45, 47, 109 Abs. 2 **JGG** ist zweifelhaft. Nach einer Ansicht wird § 153a durch diese Vorschr. verdrängt (Brunner/Dölling JGG § 45 Rn. 3; Böhm FS Spendel, 1992, 783), nach aA bleibt § 153a anwendbar, wenn dies für den Jugendlichen günstiger ist (Eisenberg NStZ 1991, 450 gegen LG Aachen NStZ 1991, 450). Zutreffend erscheint es, die Anwendung des § 153a auf den Fall zu beschränken, dass der Beschuldigte nicht geständig ist, so dass eine Anordnung nach § 45 Abs. 3 **JGG** unzulässig ist (Nothacker JZ 1982, 62; vgl. auch Bohnert NJW 1980, 1930 ff.).

5 Wird gegen einen **Heranwachsenden** nicht materielles Jugendstrafrecht, sondern Erwachsenenstrafrecht angewandt, so kann aber ohne diese Beschränkung nach § 153a verfahren werden.

6 **B. Zu beseitigendes öffentliches Interesse (Abs. 1, Abs. 2).** Bei der Frage, ob das öffentl. Interesse an der Strafverfolgung besteht (und daher § 153 ausscheidet, → § 153 Rn. 7, 8), sind etwaige v. dem Beschuldigten vor der Einleitung des Verfahrens o. vor der Entsch. erbrachte Leistungen v. der in Nr. 1–5 bezeichneten Art zu berücksichtigen. Mit Rücksicht einerseits auf die besondere Problematik des § 153a und andererseits auf seinen kriminalpolitischen Grundgedanken ist es gebo-

ten, ihn möglichst einheitlich anzuwenden. Dabei ist stets die kriminologische Erfahrung zu berücksichtigen, dass am Anfang der schweren Kriminalität sehr häufig leichte Vergehen stehen, ferner die Rspr. des BVerfG zu den Konstellationen, in denen ein Anspruch des Bürgers auf effektive Strafverfolgung Dritter besteht (s. BVerfG NJW 2020, 675 zu § 153; → § 153 Rn. 8a, → § 172 Rn. 1a). Vgl. Boxdorfer NJW 1976, 317; Hobe FS Leferenz, 1983, 640 ff.; Metzger FS Stöckel, 2010, 287.

C. Keine entgegenstehende Schwere der Schuld (Abs. 1, Abs. 2). In § 153 ist darauf abgestellt, dass die Schuld des Täters als gering anzusehen wäre (→ § 153 Rn. 3 ff.). Bei § 153a kommen auch gewichtigere Fälle in Betracht; jedoch darf es sich **höchstens um eine Schuld im mittleren Bereich** handeln (weiter einschr. Loos FS Remmers, 1995, 570, zust. Scheinfeld FS Herzberg, 2008, 856: nur anwendbar, wenn im gerichtlichen Verf. lediglich mit einer Geldstrafe zu rechnen wäre). Das Maß der Schuld muss mind. aufgrund eines in dieser Frage durchgeführten Ermittlungsverfahrens als nicht zu schwer beurteilt werden können (Siegismund/Wickern wistra 1993, 86). Es muss insoweit hinreichender Tatverdacht bestehen (Scheinfeld FS Herzberg, 2008, 845 mwN; weitergehend OLG Düsseldorf VRS 68, 263 (266)); denn nur dann kann dem Beschuldigten die (freiwillige) Übernahme besonderer Pflichten zugemutet werden (erg. → Rn. 2 aE). Die Vorschr. wird insbes. (aber nicht nur) gegen Ersttäter Anwendung finden (vgl. Schlüchter RPflEntlG S. 23). 7

Typische Anwendungsfälle sind nicht zu schwerwiegende Eigentums- u. Vermögensdelikte, die keine Antragsdelikte mehr sind (vgl. → § 153 Rn. 16), leichte u. mittelschwere Verkehrsstraftaten u. die Verletzung der Unterhaltspflicht. Auch bei fahrlässiger Tötung kommt § 153a in bes. gelagerten Fällen in Betracht. Bei Wirtschafts- u. Steuerstraftaten kann v. der Verfolgung abgesehen werden, wenn der Schaden nicht zu erheblich ist u. es sich um ein einmaliges Fehlverhalten handelt (vgl. auch Böttcher/Mayer NStZ 1993, 154). Bei noch aufklärbarem **Tatverdacht wegen eines Verbrechens** darf § 153a nicht angewendet werden (Deiters/Albrecht ZIS 2013, 483; noch weitgehender KK-StPO/Diemer Rn. 9: es dürfen keine Anhaltspunkte für ein Verbrechen vorliegen); dies ergibt sich im Ermittlungsverfahren aus § 160 Abs. 1, im Verfahrensstadium des Abs. 2 aus § 244 Abs. 2. 8

D. Keine Zustimmung des Gerichts (Abs. 1 S. 7). Bei **geringfügigen Vergehen** ist sie **nicht notwendig** (Abs. 1 S. 7 iVm § 153 Abs. 1 S. 2, → § 153 Rn. 14). Das gilt auch für geringfügige Steuerstraftaten (→ § 153 Rn. 20), jedoch nicht im Fall des Abs. 1 S. 2 Nr. 7 (Abs. 1 S. 7). Das Fehlen der erforderlichen Zustimmung steht der Entstehung eines Verfahrenshindernisses bei Erfüllung der Aufl. o. Weisung (→ Rn. 45) nicht entgegen (OLG Stuttgart NStZ 2007, 540; Karl NStZ 1995, 535; **aM** Schroeder NStZ 1996, 319, der dann das Klageerzwingungsverfahren nach § 172 für zulässig erachtet. Ergänzend → § 153 Rn. 10). Eine kurze Begründung sollte nur bei Ablehnung der Zustimmung erfolgen, bei Zustimmung ist sie überflüssig (zutr. R. Hamm NJW 2001, 1695 gegen LG Bonn NJW 2001, 1736). 9

E. Zustimmung des Beschuldigten (Abs. 1 S. 1). Sie ist – anders als im Fall des § 153 Abs. 1 – für die vorl. Einstellung des Ermittlungsverfahrens nach Abs. 1 deshalb erforderlich, weil der Beschuldigte bereit sein muss, die Aufl. u. Weisungen zu akzeptieren u. zu erfüllen (vgl. auch → Rn. 12). Er kann auch die Anregung zur Anwendung des § 153a geben (→ § 153 Rn. 23). Über das Verf. zur Herbeiführung der Zustimmung vgl. → Rn. 27. Die Zustimmung bezieht sich auch auf die Aufl. u. Weisungen, zu deren Konkretisierung auch die Fristen gehören (Löwe/Rosenberg/Beulke Rn. 41). Eine Zustimmung, die an Bedingungen geknüpft ist (Kostenfrage), ist unwirksam (LG Koblenz NJW 1983, 2458; erg. → § 153 Rn. 27). Die Zustimmung stellt kein Schuldeingeständnis dar u. darf daher – bei Nichterfüllung der Aufl. – nicht als Beweis für die Täterschaft des Beschuldigten gewertet werden (OLG Düsseldorf StV 2008, 13). 10

10a Ein **Geständnis** vermag zwar die Schuld soweit zu vermindern, dass der Anwendungsbereich des § 153a eröffnet ist; jedoch darf die Einstellung des Verfahrens nicht v. einem Schuldeingeständnis abhängig gemacht werden (vgl. aber krit. zum sog. Fall Edathy Rosenstock StV 2015, 654; Fahl JR 2016, 241; Trentmann ZStW 128 (2016), 445).

11 **F. Wesen und Art der Auflagen und Weisungen. I. Kein Strafcharakter.** Die Pflichten werden dem Beschuldigten auferlegt. Da er aber zustimmen muss (→ Rn. 10) u. die Erfüllung auch dann noch unterlassen kann, wenn er der vorl. Einstellung zugestimmt hatte, handelt es sich **nicht** um **strafähnliche Sanktionen** (BGHSt 28, 174 (176); Beulke FS Dahs, 2005, 215).

12 Vielmehr handelt es sich um ein **Beendigungsverfahren mit Selbstunterwerfung**, wobei die Aufl. den Charakter besonderer nichtstrafrechtlicher Sanktionen haben (Rieß FS Koch, 1989, 218); denn sie sind Leistungen, die der Genugtuung für das begangene Unrecht dienen, wie sich aus § 56b Abs. 3 StGB und § 23 Abs. 2 JGG ergibt.

13 **II. Kompensation des öffentlichen Interesses.** Die Eignungsprüfung lässt nur ein Abwägen v. Umständen unter dem Generalnenner „öffentliches Interesse an der Strafverfolgung" zu. Die Wirkung der Einstellung des Strafverfahrens auf das subjektive Empfinden des Beschuldigten spielt dabei allenfalls nur eine mittelbare Rolle. Dagegen gehört es zum öffentl. Interesse, die Resozialisierung des Täters, wenn möglich, mit den weniger einschneidenden Maßnahmen nach § 153a zu erreichen. Das öffentl. Interesse wird im Allgemeinen nicht kompensierbar sein bei erschwerenden Umständen, bei Vorstrafe o. nicht weit zurückliegender Behandlung nach § 153a wegen einer ähnlichen Tat (Eckl JR 1975, 100), wohl aber bei lange zurückliegender Tatzeit u. überlanger Dauer des Strafverfahrens (vgl. LG Frankfurt a. M. NJW 1997, 1994). Vom öffentl. Strafverfolgungsinteresse ist die der Einstellung grds. nicht entgegenstehende „öffentliche Interessiertheit" zu unterscheiden (Scheinfeld FS Herzberg, 2008, 866).

14 **G. Katalog der Auflagen und Weisungen (Abs. 1 S. 2).** In Nr. 1–3 handelt es sich um Aufl. (vgl. § 56b Abs. 1 StGB), in Nr. 4–6 um Weisungen (vgl. § 56c Abs. 2 Nr. 5 StGB). Es können **mehrere Pflichten in verschiedener Kombination** auferlegt werden; im Gegensatz zur früheren Regelung ist der Katalog aber nicht mehr abschl. („insbesondere"), sondern lässt auch andere Aufl. u. Weisungen zu (krit. dazu aus verfassungsrechtlichen Gründen Britz/Jung FS Meyer-Goßner, 2001, 307; dagegen Beulke FS Dahs, 2005, 214), zB bei leichten u. mittelschweren Gewalthandlungen die Weisung, an Beratungsstunden in einer sozialen Betreuungsstelle teilzunehmen (Beulke MschrKrim 1994, 360; vgl. auch Beulke/Theerkorn NStZ 1995, 474), o. der Verzicht auf sichergestellte o. beschlagnahmte Gegenstände (abl. Britz/Jung FS Meyer-Goßner, 2001, 307), vgl. auch Schirrmacher (Neue Reaktionen auf umweltdeliktisches Verhalten: zugleich ein Beitrag zur Konkretisierung des Anwendungsbereichs des § 153a StPO, 1998), die „neue Reaktionen auf umweltdeliktisches Verhalten" vorschlägt. Für Abs. 1 S. 2 Nr. 5 gilt der Verletztenbegriff des § 373b (BT-Drs. 19/27654, 40; → § 373b). Die nicht im Katalog genannten Aufl. u. Weisungen bedürfen in jedem Fall der Zustimmung des Gerichts (BT-Drs. 14/1928, 8). Die Aufl. u. Weisungen müssen irgendeinen Zusammenhang mit der Straftat haben; Schranken ergeben sich aus verfassungsrechtlichen (zB nach Art. 1, 2, 4, 9 GG) u. spezial-gesetzlichen (zB ausländer-, familien-, steuer- o. straßenverkehrsrechtlichen) Regelungen (vgl. Beulke FS Dahs, 2005, 216 ff. mit vielen Beispielen für unzulässige Aufl. u. Weisungen).

14a **Therapieweisung:** Kommt wegen einer der in § 181b StGB genannten Straftaten eine Weisung in Betracht, wonach sich der Angeklagte psychiatrisch, psycho- o. sozialtherapeutisch betreuen u. behandeln zu lassen hat, sieht Abs. 1 S. 8 durch Verweisung auf § 246a Abs. 2 vor, dass regelmäßig vor einer Einstellung nach Maßgabe von Abs. 1 und Abs. 2 (s. Abs. 2 S. 1) ein Sachverständigengutachten über den Zustand u. die Behandlungsaussichten des Angeklagten einzuholen ist.

I. Wiedergutmachung (Nr. 1). Die Wiedergutmachung „nach Kräften" aufzuerlegen (vgl. § 56b Abs. 2 Nr. 1 StGB; § 15 Abs. 1 Nr. 1 JGG), ist nicht zulässig. 15
Die **Leistung** muss so **konkret bestimmt** werden, dass nach Ablauf der Frist die Erfüllung o. Nichterfüllung u. damit der Eintritt o. Nichteintritt des Verfahrenshindernisses (Abs. 1 S. 5) klar auf der Hand liegt. Um weder bei dem Beschuldigten noch bei dem Verletzten den Eindruck entstehen zu lassen, der festgesetzte Wiedergutmachungsbetrag sei eine endg. Fixierung des Schadens, empfiehlt sich der Zusatz, dem Verletzten werde nicht die Möglichkeit abgeschnitten, im Zivilrechtsweg den nach seiner Meinung entstandenen weitergehenden Schaden geltend zu machen. Die Wiedergutmachungsauflage sollte, falls dafür sachlicher Anlass besteht, regelmäßig gemacht werden (Löwe/Rosenberg/Beulke Rn. 51). Dass der Beschuldigte trotz des hinreichenden Verdachts (→ Rn. 7) die strafrechtliche Schuld bestreitet, macht die Wiedergutmachungsauflage nicht unzulässig (→ Rn. 47; **aM** Dreher FS Welzel, 1974, 938); denn die Schadloshaltung des Verletzten ist auch sonst Verfahrensziel (zB § 111b Abs. 5, → § 111 Rn. 5). Handelt es sich nicht nur um eine einmalige Leistung, so wird ein Erfüllungsplan (Leistungsplan) aufgestellt (vgl. → Rn. 20, 23).

1. Vermögensschaden: Es handelt sich um zivilrechtlichen Schadenersatz, bei dem sich die Verursachung nach der Adäquanztheorie richtet. Es kann sich auch um mittelbaren Schaden handeln, zB fahrlässige Tötung des Kindes – Nervenzusammenbruch der Mutter; Unfall-Krankenhausaufenthalt mit dort erlittener Infektion. Die Ursächlichkeit fehlt, soweit der Schaden auch ohne die Tat eingetreten wäre. Mitwirkendes Verschulden des Verletzten mindert die Pflicht zum Schadenersatz (§ 254 BGB). Die Aufl., die Gerichtskosten o. die notwendigen Auslagen des Nebenklägers zu übernehmen, ist unzulässig (OLG Frankfurt a. M. MDR 1980, 515; vgl. auch BGHSt 9, 365). Wenn der Schaden nicht genau feststeht, darf er zwar geschätzt werden, aber die auferlegte Wiedergutmachung darf jedenfalls die Schadenersatzpflicht nicht übersteigen (Lackner/Kühl/Heger/Heger StGB § 56b Rn. 3a). Die Aufl. ist aber auch bei Verjährung des Anspruchs möglich (Fischer/Fischer StGB § 56b Rn. 6). Erhält der Verletzte Ersatz v. einer Vers., so wird die Anordnung nach Nr. 1 idR nicht angebracht sein, weil der Verletzte sonst doppelt entschädigt würde (KK-StPO/Diemer Rn. 14). 16

2. Immaterieller Schaden: Bei Beleidigung kann eine (mündliche o. schriftliche) Ehrenerklärung ggü. dem Verletzten auferlegt werden (Löwe/Rosenberg/Beulke Rn. 54). In den Fällen, in denen bei Durchführung des Verfahrens die Anordnung der öffentl. Bekanntmachung einer Erkl. zu erwarten wäre, kann auch die Pflicht zu solcher Bekanntmachung auferlegt werden (zB §§ 200, 165 StGB). Auch die Zahlung v. Schmerzensgeld (§ 253 Abs. 2 BGB) kann zur Aufl. gemacht werden (Löwe/Rosenberg/Beulke Rn. 53; vgl. auch LG Bremen NJW 1971, 153 bei Strafaussetzung); bei Persönlichkeitsverletzungen auch für immateriellen Schaden. § 254 BGB ist auch hier zu berücksichtigen. 17

II. Geldzahlung (Nr. 2). Zugunsten einer **gemeinnützigen Einrichtung:** Die Einrichtung muss nicht steuerrechtlich als gemeinnützig anerkannt sein (Löwe/Rosenberg/Beulke Rn. 55; Schönmehl GA 2024, 152 (154)). Die Auswahl des Begünstigten sowie der Höhe Geldauflage liegt im pflichtgemäßen Ermessen des Staatsanwalts oder Richters (Schönmehl GA 2024, 152(158 ff.) zu Ermessenskriterien). Ein Mitspracherecht des Beschuldigten besteht nicht (MüKoStPO/Peters Rn. 79; **aM** Schönmehl GA 2024, 152 (159); SK-StPO Weßlau/Deiters Rn. 43). 18

Auf Länderebene existieren **Listen** der gemeinnützigen Einrichtungen, die als Empfänger in Betracht kommen und regelmäßig bei den OLGn geführt werden; diese sind allerdings nicht verbindlich und schließen es nicht aus, auch nichtgelistete Einrichtungen zu bedenken (krit. dazu mit Blick auf eine mögliche Missbrauchsgefahr Schönmehl GA 2024, 152 (155)). Die Leistung an eine Einzelperson, zB an den Verletzten o. seine Angehörigen (über die Wiedergutmachung nach Nr. 1) hinaus, kann nach Nr. 2 nicht angeordnet werden (vgl. LG Bremen NJW 1971, 153). Ein Rechtsverhältnis zwischen dem Beschuldigten u. der Einrichtung entsteht nicht. 18a

19 Von der Aufl. der **Zahlung an die Staatskasse** kann eher Gebrauch gemacht werden als bei Bewährungsauflagen, weil die Geldzahlung hier als Sanktion an die Stelle einer Geldstrafe tritt (krit. Schönmehl GA 2024, 152 (167)). Dem Beschuldigten können zwar im Fall des Abs. 1 die Auslagen der Staatskasse nicht auferlegt werden (vgl. auch → Rn. 55); aber das Entstehen größerer Auslagen dieser Art kann ein Grund dafür sein, den Geldbetrag an die Staatskasse zahlen zu lassen (Löwe/Rosenberg/Beulke Rn. 56). Für den Betrag besteht kein ges. Höchstmaß (vgl. aber Fünfsinn NStZ 1987, 97). Eine Grenze bildet die Unzumutbarkeit bei offensichtlichem Missverhältnis zur Tatschuld o. zu den wirtschaftlichen Verhältnissen des Beschuldigten. Hat der Beschuldigte einen verrechenbaren Anspruch gegen die Staatskasse aus einer erbrachten Sicherheitsleistung, bedarf es für eine Verrechnung seiner Zustimmung (OLG Celle StraFo 2015, 204).

20 Auch bei der Anwendung der Nr. 2 ist, falls es sich nicht nur um eine einmalige Leistung handelt, ein **Tilgungsplan** (mit Raten u. Fristen) angebracht.. Zur Bemessung der Höhe der Geldauflage ausf. Cordes/Reichling NStZ 2024, 5.

20a Ist gegen den Beschuldigten das **Insolvenzverfahren eröffnet,** darf die Einstellung nicht v. der Zahlung einer Geldauflage an die Staatskasse abhängig gemacht werden, wenn der Beschuldigte durch die Erfüllung der Aufl. seine Gläubiger benachteiligt; geleistete Zahlungen können dann uU durch den Insolvenzverwalter zurückverlangt werden (BGH NStZ 2009, 521 mzustAnm Drees mablAnm Ziemann JR 2009, 167; abl. auch Beulke/Edlbauer FS Mehle, 2009, 1963). Dadurch wird jedoch das Verfahrenshindernis nach Abs. 1 S. 5 (→ Rn. 45) nicht beseitigt (Eggers/Reuker wistra 2011, 413; Pfordte StV 2010, 591; Ziemann JR 2009, 167 171).

20b Zu **Reformvorschlägen** Schönmehl GA 2024, 166.

21 **III. Sonstige gemeinnützige Leistungen (Nr. 3).** Beispiele: Hilfsdienst in einem Krankenhaus, Pflegeheim, Altenheim o. im Umweltschutz nach einem Leistungsplan unter Berücksichtigung der Zumutbarkeit. Vgl. dazu Nr. 93 Abs. 2 RiStBV: Berücksichtigung v. Einrichtungen der Opferhilfe, Straffälligen- u. Bewährungshilfe usw.

22 **IV. Unterhaltszahlungen (Nr. 4).** Diese Weisung kommt insbes. bei Verf. nach § 170 StGB in Betracht, aber auch etwa bei Betrug o. falscher Aussage in einem Unterhaltsprozess. Regelmäßig wird eine Geldzahlung auferlegt werden; ausnahmsweise können aber auch Naturalleistungen in Betracht kommen (Löwe/Rosenberg/Beulke Rn. 59; **aM** AK-StPO/Schöch Rn. 33). Es können mehrere Weisungen nach Nr. 4 (ggü. mehreren Berechtigten) zusammentreffen.

22a **V. Täter-Opfer-Ausgleich (Nr. 5).** Neben der materiell-rechtlichen Regelung in § 46a StGB wird in Nr. 5 (iVm §§ 155a, b, → § 155a Rn. 1 ff., → § 155b Rn. 1 ff.) die verfahrensrechtliche Möglichkeit eröffnet, über einen TOA zur Verfahrenseinstellung zu gelangen (vgl. dazu auch schon Rundverfügung des GStA SchlHA 1991, 153, ferner Erlass des Thüringer JM JMBl. 1994, 109 u. Rautenberg NJ 1994, 300; für das Jugendstrafverfahren vgl. Gemeinsamen RdErlass JMBl. NRW. 1995, 97). Wegen § 155a Abs. 1 S. 3 kann gegen den Willen des Verletzten die Weisung nach Nr. 5 nicht erteilt werden (Löwe/Rosenberg/Beulke Rn. 62); idR wird sie nur bei einem geständigen Beschuldigten in Betracht kommen (KK-StPO/Diemer Rn. 24; erg. → § 155a Rn. 3). Im Gegensatz zu allen anderen Nr. fehlt es in Nr. 5 dann an einem sicher feststellbaren Erfolg, das die Verfahrenseinstellung rechtfertigt, wenn schon das ernsthafte Bemühen um einen Ausgleich o. um Schadenswiedergutmachung genügen soll (SK-StPO/Weßlau/Deiters Rn. 48). Hier ist eine Feststellung der StA (in den Akten) erforderlich, dass das v. Beschuldigten gezeigte Bemühen als ausreichend anzusehen ist (vgl. Schöch FS Roxin, 2001, 1063); das wird nur in Betracht kommen, wenn dem Beschuldigten das Misslingen des Ausgleichs nicht anzulasten ist (vgl. Tolmein ZRP 1999, 410).

22b **VI. Sozialer Trainingskurs (Nr. 6).** Die Teilnahme an einem solchen Programm soll die **persönliche u. soziale Verantwortung** des Täters fördern u.

dadurch seine Fähigkeit zur Verhaltenskontrolle aufbauen bzw. stärken. Die max. auf 1 Jahr angelegte (S. 3) Weisung kommt va zur Bekämpfung häuslicher Gewalt in Betracht; sie richtet sich dem entspr. im WesentlichenW an Männer, die ggü. ihren (ehem.) Partnerinnen gewalttätig geworden sind (BT-Drs. 17/1466, 6). Eine Festlegung auf eine bestimmte Kursgestaltung hat der Gesetzgeber bewusst nicht vorgenommen, um den Besonderheiten örtlicher Programme Rechnung zu tragen; allerdings sind die Qualitätsstandards der Bundesarbeitsgemeinschaft „Täterarbeit Häusliche Gewalt" v. 11.5.2007 einzuhalten (BT-Drs. 17/1466, 6). **§ 155b findet gem. Abs. 4 S. 1 mit der Maßgabe Anwendung,** dass nicht den Beschuldigten betr. personenbezogene Daten an die mit der Durchführung des sozialen Trainingskurses befasste Stelle nur mit Einwilligung des Betroffenen übermittelt werden dürfen. Damit soll va den Interessen des Opfers an der Verfügungsbefugnis über hochsensible persönliche Daten u. damit seinem Recht auf informationelle Selbstbestimmung Rechnung getragen werden. Die durch das Einwilligungserfordernis hervorgerufenen Einschränkungen können sich allerdings auch auf den Umf. der den Beschuldigten betr. Daten negativ auswirken, die an die Trainingsstelle zu übermitteln sind; dies kann insbes. die Frage betreffen, ob gem. § 155b Abs. 1 S. 2 die Akten zur Einsichtnahme übersandt werden dürfen (vgl. BT-Drs. 17/10164, 6). Abs. 4 S. 1 gilt gem. S. 2 entspr. für soziale Trainingskurse, die dem Täter aufgrund strafrechtlicher Vorschr. aufgegeben werden, namentlich für die durch das G v. 15.11.2012 neu eingeführte Weisung bei einer Verwarnung mit Strafvorbehalt (§ 59a Abs. 2 S. 1 Nr. 5 StGB). Im Übrigen gilt § 155b uneingeschränkt (→ § 155b Rn. 1 ff.).

VII. Aufbauseminar/Fahreignungsseminar (Nr. 7). Die Teilnahme an einem Aufbauseminar nach § 2b Abs. 2 S. 2 StVG o. an einem Fahreignungsseminar nach § 4a StVG soll den besonderen Bedürfnissen des Straßenverkehrs Rechnung tragen. Aus § 69 Abs. 2 StGB folgt aber, dass allein die Teilnahme an einem Aufbauseminar in den dort genannten Fällen für eine Einstellung nicht ausreicht (BT-Drs. 13/6914, 94), so dass Nr. 7 insoweit praktisch nur in den Fällen anwendbar ist, in denen auch im Fall der Verurteilung ausnahmsweise v. Entzug der Fahrerlaubnis abgesehen worden wäre (Löwe/Rosenberg/Beulke Rn. 66). 22c

VIII. Therapieweisung (Nr. 8). Der Katalog möglicher Weisungen wurde mit Wirkung vom 1.10.2023 um eine neue Nr. 8 ergänzt, wonach der Beschuldigte angewiesen werden kann, sich psychiatrisch, psycho- oder sozialtherapeutisch betreuen und behandeln zu lassen. Die Weisung wird sich zwar praktisch grds. darauf beschränken, sich ambulant behandeln zu lassen; eine explizite Beschränkung auf eine ambulante Maßnahme enthält Nr. 8 aber nicht (BT-Drs. 20/5913 S. 73). Aufgrund des offenen Weisungskatalogs besteht die Möglichkeit, an Stelle oder zusätzlich zu einer Therapieweisung eine Vorstellungsweisung oder andere niedrigschwellige Weisung auszusprechen (BT-Drs. 20/5913, 74). 22d

H. Erfüllungsfrist (Abs. 1 S. 3). Eine **Fristbestimmung** ist nur wirksam, wenn der Beschuldigte der Einstellung zugestimmt hatte (BayObLGSt 1983, 69). Aus der Bestimmung v. Höchstfristen ergibt sich, dass die Leistungsfristen für die im Einzelfall auferlegten mehreren Aufl. u. Weisungen unterschiedlich bemessen werden können. In der Regel sollen sie unter dem Höchstmaß liegen u. möglichst 3 Monate nicht übersteigen. Sind verschieden lange Fristen bestimmt, so ist für den Eintritt des endg. Verfahrenshindernisses (Abs. 1 S. 5) die längste maßgebend, falls der Beschuldigte nicht schon vorher alle Pflichten erfüllt hat. 23

I. Widerruf und Verfallklausel. Erklärt der Beschuldigte, die übernommenen Pflichten nicht erfüllen zu wollen, o. ergibt sich der mangelnde Erfüllungswille aus seinem Verhalten, so kann die vorl. Aussetzung wegen Entfallens ihrer Grdl. widerrufen werden, falls auch nachträgliche Änd. (→ Rn. 39) nicht angebracht sind (Analogie zu § 56f Abs. 1, Abs. 2 StGB). In geeigneten Fällen kann auch schon v. vornherein klargestellt werden, unter welchen Voraussetzungen die vorl. Einstellung entfällt (Verfallklausel; Analogie zu § 42 S. 2 StGB). 24

25 Auf das **Verschulden der Nichterfüllung** der Aufl. u. Weisungen kommt es nicht an (OLG Düsseldorf MDR 1976, 423). Um nachträglich entstehende Umstände, die die Erfüllung unmöglich machen, durch Änd. der Pflichten o. Fristen berücksichtigen zu können, falls dies gerechtfertigt erscheint, empfiehlt es sich, dem Beschuldigten bei der vorl. Einstellung die alsbaldige Mitteilung solcher Umstände anzuraten.

26 **J. Überwachung.** Die Erfüllung der übernommenen Pflichten ist Aufgabe des Beschuldigten, daher **nicht Vollstreckung** (§ 36 Abs. 2). Sie wird im Fall des Abs. 1 von der StA (BGHSt 38, 381 (382)), im Fall des Abs. 2 von dem Gericht überwacht, wobei den Geschäftsstellen im Verwaltungsweg die technische Mithilfe aufgetragen werden kann. Es empfiehlt sich, die besonderen Pflichten so auszugestalten, dass der Beschuldigte den Nachw. für die Erfüllung erbringen o. die begünstigte Stelle den Empfang der Leistung der überwachenden Stelle ggü. bestätigen muss.

27 **K. Vorbereitung der Entscheidung der StA. I. Zuständigkeit.** Beabsichtigt das Revisionsgericht, das Verf. nach Abs. 2 S. 1 einzustellen (→ Rn. 47), erteilt die StA bei dem Revisionsgericht die erforderliche Zustimmung (BT-Drs. 18/11277, 28).

28 **II. Vorklärung.** Zeichnet sich nach den durchgeführten Ermittlungen zur Schuldfrage (→ Rn. 7) die Möglichkeit einer Anwendung des Abs. 1 ab, so legt die Polizei die Sache der StA vor (→ § 153 Rn. 9), falls dies noch nicht geschehen ist; die StA klärt die Höhe des Schadens u. die Leistungsfähigkeit des Beschuldigten, zB durch Vernehmung des Verletzten u. des Beschuldigten. Dann folgt die Konkretisierung der Aufl. u. Weisungen (→ Rn. 14 ff.).

29 **III. Befragung des Beschuldigten.** In der Regel wird eine **Frist zur Erkl. des Einverständnisses** mit den konkretisierten besonderen Pflichten gesetzt. Die Frist muss Raum lassen für die Befragung eines Verteidigers. Hat der Beschuldigte schon einen Verteidiger, so kann die Befragung an seine Adresse gerichtet werden (§ 145a).

30 In geeigneten Fällen kann der Beschuldigte auch auf die (ihm ohnehin unbenommene) Möglichkeit eines Abänderungsvorschlags hingewiesen werden. Die StA darf es aber nicht zu einem unsachgemäßen Feilschen kommen lassen. Zunächst nicht richtig o. unvollständig erkennbare o. erkannte relevante Umstände können auch durch nachträgliche Änd. (Abs. 1 S. 4) berücksichtigt werden.

31 **IV. Befragung des Gerichts.** Wenn die Zustimmung des Gerichts erforderlich ist (→ Rn. 9), stellt die StA einen entspr. Antrag mit Angabe der vorgesehenen Pflichten u. Fristen. Das angegangene Gericht gibt die Sache (ohne Entsch. über die Zustimmung) zurück, wenn nach seiner Auff. ein anderes Gericht über die Eröffnung des Hauptverfahrens zu entscheiden hätte o. wenn es seine Zustimmung nicht für erforderlich hält (Abs. 1 S. 7 iVm § 153 Abs. 1 S. 2). Es kann noch kleinere Änd., insbes. genauere Konkretisierung anregen (**aM** Löwe/Rosenberg/Beulke Rn. 105: Vorschlag anderer Aufl. u. Weisungen zulässig), entscheidet iÜ aber nur, ob es die Prozesserklärung der Zustimmung abgeben soll (→ § 153 Rn. 10).

32 **V. Reihenfolge der Befragungen (vgl. → Rn. 30, 31).** Im Allgemeinen wird – schon aus praktischen Gründen – zunächst die Zustimmung des Gerichts eingeholt u. dann erst der Beschuldigte befragt werden (Löwe/Rosenberg/Beulke Rn. 108). Der umgekehrte Weg kann sich aber zB empfehlen, wenn erhebliche Zweifel bestehen, ob der Beschuldigte einer angemessenen Lösung iSd § 153a zustimmen werde o. wenn seine Leistungsfähigkeiten u. -möglichkeiten erst geprüft werden müssen (zB im Fall des Abs. 1 S. 2 Nr. 3), bevor das Gericht um Zustimmung zu einem konkreten Vorschlag angegangen werden kann.

33 **L. Entscheidung der StA (Abs. 1). I. Zusammentreffen mit einem Privatklagedelikt.** Eine auf das Offizialdelikt beschränkte Anwendung des § 153a ist nicht zulässig (Löwe/Rosenberg/Beulke Rn. 17; erg. → § 153 Rn. 5).

II. Zusammentreffen mit einer OWi. Obwohl die Anwendung des § 153a keine Strafverhängung ist, kann nicht für das Vergehen § 153a angewandt u. die OWi geahndet werden (§§ 21, 43 OWiG; Löwe/Rosenberg/Beulke Rn. 27; Göhler/Thoma OWiG § 21 Rn. 27); denn anders als im Fall des § 153 (→ § 153 Rn. 6) handelt es sich bei der Anwendung des § 153a um eine Art Sachentscheidung mit strafrechtlicher Sanktion. Diese ist zwar nicht Strafe; dennoch kann sich die Kompensierung des öffentl. Interesses an der Verfolgung durch die Aufl. u. Weisungen (→ Rn. 8) nur auf die ganze Tat iSd § 264 beziehen (LG Berlin VRS 113, 116). 34

Das nach der Erfüllung der übernommenen Pflichten entstehende Verfahrenshindernis bezieht sich auch auf den rechtlichen Gesichtspunkt der OWi (BayObLGSt 1983, 69; OLG Frankfurt a. M. NJW 1985, 1850; OLG Nürnberg NJW 1977, 1787; OLG Oldenburg StV 2002, 240; → Rn. 52), sofern Identität der Tat iSd § 264 gegeben ist (→ Rn. 45). Dies ist im Verhältnis zwischen § 266a StGB u. der OWI des § 23 Abs. 1 Nr. 1 AEntG nicht der Fall (BGH NJW 2012, 2051). 35

III. Mitteilung der Verfügung. Die Vfg. wird entweder förmlich zugestellt (wobei § 145a gilt) o. formlos mit der Bitte um Empfangsbekenntnis mitgeteilt. Eines förmlichen Nachw. des Zugangs bedarf es nicht, wenn sich auf andere Weise, zB aus dem Schriftwechsel, eindeutig ergibt, dass der Beschuldigte die übernommenen besonderen Pflichten genau kennt u. auch v. der vorl. Einstellung Kenntnis hat. Auch der Anzeigeerstatter erhält (formlos) Mitteilung v. der Verfügung. Er kann gegen diese aber nur mit Gegenvorstellungen u. Dienstaufsichtsbeschwerde (→ Vor § 296 Rn. 6, 9) vorgehen. 36

IV. Verfügung der FBeh. Soweit die FBeh das Ermittlungsverfahren führen darf u. führt u. Strafbefehlsantrag stellen kann (§§ 399 Abs. 1, 400 **AO**), darf sie nach Abs. 1 verfahren, ggf. auch ohne Zustimmung des Gerichts (→ Rn. 9). 37

V. Rechtsbehelfe. Ist die Vfg. der StA ordnungsgemäß zustande gekommen, so kann auf Gegenvorstellungen o. Dienstaufsichtsbeschwerde des Verletzten (→ § 153 Rn. 9) ohne Widerrufsgrund (→ Rn. 24) das vorl. Absehen v. der Anklage nicht rückgängig gemacht werden, weil der Beschuldigte auf die v. ihm akzeptierte strafrechtliche Friedensregelung vertrauen darf. Anders ist es jedoch, wenn sich ergibt, dass es sich um ein Verbrechen handelt, weil dann das endg. Verfahrenshindernis nicht entstehen kann (→ Rn. 3, → Rn. 45). Ein weiterer Spielraum besteht hins. der einzelnen Aufl. u. Weisungen. Das Klageerzwingungsverfahren ist ausgeschlossen (§ 172 Abs. 2 S. 3; OLG Karlsruhe Justiz 1990, 28). 38

M. Nachträgliche Änderungen (Abs. 1 S. 4). I. Zulässigkeit. Eine solche ist zulässig u. kann **in Ausnahmefällen** angebracht sein. Änderungen sind zulässig, auch wenn die Frist bereits abgelaufen ist (Löwe/Rosenberg/Beulke Rn. 85; Eckl JR 1975, 101), sofern die vorl. Einstellung noch nicht widerrufen o. sonstwie entfallen ist (→ Rn. 24, 25, 38). 39

Nach dem Eintritt eines dieser Ereignisse muss das Verf. fortgesetzt werden, falls es nicht v. neuem vorl. eingestellt wird. Hierbei besteht kein Verschlechterungsverbot. 40

II. Zustimmung des Beschuldigten. Die Aufhebung einer Aufl. o. Weisung bedarf nicht der Zustimmung des Beschuldigten, wohl aber eine Änd., selbst wenn sie in einer Erleichterung für den Beschuldigten besteht. Die gesetzten Fristen können aus wichtigem Grund nur einmal verlängert werden. Einen Anspruch auf nachträgliche Änd. hat der Beschuldigte nicht. 41

N. Keine Mitwirkung des Gerichts bei nachträglicher Änderung durch die StA. Der gerichtlichen Zustimmung bedarf es für die Änd. auch dann nicht, wenn die vorl. Einstellung v. Gericht durch Zustimmung gebilligt worden war (KK-StPO/Diemer Rn. 38; **aM** Löwe/Rosenberg/Beulke Rn. 83). Jedoch darf die StA bei nachträglichen Änd. die Pflichten u. Aufl. im Gesamtquantum nur so weit verändern, dass sie noch geeignet sind, das öffentl. Interesse an der Strafverfolgung zu beseitigen (→ Rn. 6). Dabei darf bei gleichbleibender Sachlage die 42

v. Gericht mitverantwortete Bemessungsgrundlage nicht wesentlich geänd. werden (OLG Düsseldorf VRS 88, 437). Eine nachträgliche wesentliche Verschlechterung der Leistungsfähigkeit des Beschuldigten kann eine wesentliche Erleichterung der Aufl. u. Weisungen rechtfertigen.

43 **O. Entstehung eines Verfahrenshindernisses (Abs. 1 S. 5). I. Während des Schwebezustands.** Während des Schwebezustands ist die **Fortsetzung des Verfahrens unzulässig.** Sie steht daher der Erfüllung der erteilten Aufl. o. Weisungen durch den Beschuldigten zwecks endg. Verfahrenseinstellung nicht entgegen (OLG Stuttgart wistra 2007, 276); dieses beschränkte Verfahrenshindernis gilt aber erst nach förmlicher vorl. Einstellung, nicht bereits v. dem Zeitpunkt an, ab dem aufeinander bezogene Aufl. der StA u. Zustimmungserklärungen des Beschuldigten u. des Gerichts vorliegen (**aM** LG Kleve StraFo 2011, 93).

44 Allerdings hindert die vorl. Einstellung nicht das **Fortbestehen eines Haftbefehls**, der nach § 116 ausgesetzt ist, u. die weitere Gültigkeit der angeordneten weniger einschneidenden Maßnahmen (vgl. auch → § 205 Rn. 1); häufig wird allerdings der Aufhebungsgrund der Unverhältnismäßigkeit bestehen. Das Gleiche gilt für die Aufrechterhaltung einer Beschlagnahme v. Beweismitteln (§ 94). Entsteht dadurch Schaden, so ist durch geeignete Maßnahmen die Sicherstellung des Beweiswertes für ein etwa noch folgendes Strafverfahren anzustreben, so dass die Sachen selbst hrsg. werden können. Dagegen muss eine vorl. Maßnahme zur Sicherung einer bei späterer Durchführung des Verfahrens zu erwartenden Rechtsfolge aufgeh. werden (zB die vorl. Entziehung der Fahrerlaubnis nach § 111a oder die Sicherstellung nach § 111b).

45 **II. Endgültiges Verfahrenshindernis (Abs. 1 S. 5).** Ein endgültiges Verfahrenshindernis – **beschränkter Strafklageverbrauch** – (Abs. 1 S. 5) entsteht, wenn u. sobald der Beschuldigte die Pflichten voll, nicht nur teilw., erfüllt hat (BGH BeckRS 2020, 2051; OLG Düsseldorf VRS 72, 193; OLG Frankfurt a. M. NJW 1985, 1850; KG StV 2018, 401), ohne dass die vorl.e Einstellung vorher entfallen ist (→ Rn. 24, 25, 38); die Aufl., einen Erfüllungsnachweis zu erbringen, ist allerdings als reine Annexauflage ohne eigene Bedeutung (LG Berlin VRS 121, 141 (143) mwN). Hingegen entsteht kein Verfahrenshindernis, wenn der Beschuldigte eine Aufl. erfüllt, die einen Mitbeschuldigten betr. u. nur durch ein Kanzleiversehen in seine Hand geraten ist (Löwe/Rosenberg/Beulke Rn. 96; **aM** AG Grevenbroich JR 1984, 302 mablAnm Gössel), o. wenn versehentlich nur die Geschäftsstelle der StA die Verfahrenseinstellung angeboten hatte (BayObLG NJW 2000, 968). Das Prozesshindernis ergreift die gesamte Tat iSd § 264 (KG NStR-RR 2017, 86; OLG Karlsruhe Justiz 1990, 38), soweit sie sich auf den konkret bezeichneten Beschuldigten bezieht (BGH BeckRS 2020, 2051), auch wenn mehrere Delikte im Verhältnis der Tatmehrheit zueinander stehen (KG StV 2018, 401: §§ 315c, 142 StGB) u. auch die davon umfassten OWien (OLG Frankfurt a. M. NJW 1985, 1850; s. aber BGH NJW 2012, 2051 zum Verhältnis zwischen § 266a StGB u. der OWi des § 23 Abs. 1 Nr. 1 AEntG; erg. → Rn. 35). Es bezieht sich aber nach Abs. 1 S. 5 nicht auf eine Strafverfolgung wegen derselben Tat unter dem rechtlichen Gesichtspunkt eines Verbrechens (vgl. BGH NZWiSt 2020, 420). Die endg. Einstellung ist durch die StA ausdr. auszusprechen (KK-StPO/Diemer Rn. 46). Sie ist nicht mit einer Entsch. über Kosten u. Auslagen o. Entschädigung für eine Strafverfolgungsmaßnahme verbunden; jedoch kommt § 9 **StrEG** in Betracht. Über die Verfolgbarkeit einer mit dem Vergehen zusammentreffenden OWi vgl. → Rn. 35, → Rn. 52.

46 **P. Durchführung des Strafverfahrens. Entfällt die vorl. Einstellung** (→ Rn. 24, 25, 38), so erhebt die StA die öffentl. Klage. Der hinreichende Tatverdacht ist ja bereits festgestellt (→ Rn. 7). Das Gericht ist dann nicht gehindert, nach Abs. 2 zu verfahren. Wird das Verf. aber durchgeführt, so werden die in Teilerfüllung der Aufl. u. Weisungen erbrachten Leistungen – auch bei Freispruch (Löwe/Rosenberg/Meyer-Goßner, 23. Aufl. 1977, Rn. 68) – nicht erstattet. Das Gericht kann sie bei Verurteilung jedoch, wie im Falle des § 56f Abs. 3 StGB, auf

die Strafe anrechnen (Krick NStZ 2003, 68), auch auf eine Freiheitsstrafe (wie § 26 Abs. 3 S. 2 JGG zeigt: „auf Jugendstrafe anrechnen"). Nach Fristablauf erbrachte Leistungen sind zu erstatten (Kalomiris NStZ 1998, 500; **aM** Löwe/Rosenberg/Beulke Rn. 89). Wurde versehentlich trotz rechtzeitiger u. vollständiger Leistung ein Strafbefehl erlassen, ist das Verf. nach Einspruch wegen Strafklageverbrauchs (→ Rn. 45) einzustellen; bei rkr. Strafbefehl ist Wiederaufnahme des Verfahrens (§ 359 Nr. 5) zulässig (LG Berlin VRS 121, 141; Kalomiris NStZ 1998, 500).

Q. Vorläufige Einstellung des gerichtlichen Verfahrens (Abs. 2). Die **materiellen Voraussetzungen** sind in Abs. 1 genannt: Bestehendes, aber durch Aufl. u. Weisungen zu beseitigendes öffentl.es Interesse an der Strafverfolgung (→ Rn. 6, 11) u. keine entgegenstehende Schwere der Schuld (→ Rn. 7). Förmliche Voraussetzungen sind: Erhobene öffentl.e Klage, die Zustimmung der StA, die sich auch auf die Aufl. (LG Frankfurt a. M. NJW 1985, 2601 Ls.; Löwe/Rosenberg/Beulke Rn. 122) einschl. des Empfängers des Geldbetrages im Fall des Abs. 1 S. 2 Nr. 2 (OLG Düsseldorf VRS 88, 437; **aM** LG Zweibrücken NJW 1990, 1247) beziehen muss, u. deren Verweigerung nicht anfechtbar ist (BayObLG StraFo 2020, 291; OLG Hamm NStZ 1985, 472: jedenfalls nicht nach § 23 **EGGVG**), u. die Zustimmung des Angeschuldigten (→ Rn. 10). Die Befugnis nach Abs. 2 hat neben dem Tatrichter, u. zwar v. dem Zeitpunkt an, in dem das Verf. durch die Klageerhebung bei Gericht anhängig wird, nunmehr auch das Revisionsgericht, nachdem durch G v. 17.7.2017 der Passus „bis zum Ende der Hauptverhandlung, in der die tatsächlichen Feststellungen letztmalig geprüft werden können", gestrichen wurde (erg. → Rn. 28). Nach Zurückverweisung der Sache (§ 354 Abs. 2) entsteht die Einstellungsmöglichkeit nach Abs. 2 von neuem; für den Tatrichter in jeder Lage des Verfahrens (Abs. 2), also auch, wenn das Urt. teilw. rkr. ist (Löwe/Rosenberg/Beulke Rn. 121; **aM** Gössel JR 1982, 273; erg. → § 153 Rn. 25). 47

R. Durchführung des gerichtlichen Einstellungsverfahrens (Abs. 2). Anlass zur Prüfung kann die Anregung eines Verfahrensbeteiligten o. die eigene Initiative des Gerichts sein (vgl. → § 153 Rn. 22, 23). Da die Anwendung des § 153a schon im Vorverfahren (Abs. 1) u. nach Anklageerhebung im Zwischenverfahren geprüft wird, rechtfertigt sich die vorl. Einstellung nach Abs. 2 in der HV nur, wenn sich die frühere Beurteilungsgrundlage nach dem Erg. der HV entscheidend geänd. hat (SK-StPO/Weßlau/Deiters Rn. 73). 48

I. Befragung der Beteiligten. Im Zuge der etwa erforderlichen Vorklärung (→ Rn. 29) kann das Gericht die StA um Ermittlungen ersuchen, die sich dabei der Gerichtshilfe bedienen kann, soweit es sich um Klärung in deren speziellen Aufgabenbereich handelt (→ § 160 Rn. 20). Nach der Konkretisierung der beabsichtigten Aufl. u. Weisungen (→ Rn. 11, 14 ff.) durch das Gericht befragt der Vorsitzende den StA, ob er zustimme. Konkrete Anträge, die der StA mit seiner Zustimmungserklärung für die zu erteilenden Aufl. u. Weisungen stellt, bedeuten eine Einschränkung der Zustimmung. Daher hat sie das Gericht, wenn es nach Abs. 2 verfahren will, bei deren Gestaltung als Mindestgrundlage zu berücksichtigen (OLG Hamm JMBl. NRW. 1977, 201). Ist der StA einverstanden, so wird der Angeschuldigte befragt (vgl. → Rn. 30). Vor dem Einstellungsbeschluss erhält der Nebenkläger das rechtliche Gehör (→ § 396 Rn. 18); seine Zustimmung ist jedoch nicht erforderlich (BVerfG wistra 2003, 419). Fehlt die Zustimmung der StA o. des Angeschuldigten, so ist das Gericht nicht gehindert, nach § 59 StGB auf Verwarnung mit Strafvorbehalt zu erkennen (Horn NJW 1980, 106). Die Vorschr. darf jedoch nicht allein deshalb angewendet werden, weil der Richter über die Verweigerung der Zustimmung der StA verärgert ist (OLG Düsseldorf NStZ 1985, 362 mAnm Horn). 49

II. Beschluss (Abs. 2 S. 3). Die Beschlussform gilt auch, wenn das Verf. in der HV vorl. eingestellt wird (vgl. → § 153 Rn. 24). Eine Entsch. über die Kosten u. Auslagen u. über eine etwaige Entschädigung für eine Strafverfolgungsmaßnahme 50 ist erst mit dem Beschl. zu verbinden, mit dem das Verf. endg. eingestellt wird (→ Rn. 55). Zur Erfüllungskontrolle vgl. → Rn. 26, auch → Rn. 20.

51 **S. Nachträgliche Änderung des Beschlusses (Abs. 2 S. 2 iVm Abs. 1 S. 4).** Die nachträgliche Änd. bedarf der **Zustimmung des Angeschuldigten** (Abs. 1 S. 4; vgl. → Rn. 41), nicht aber entspr. Abs. 1 S. 4 der des StA, da die Zuständigkeit nun beim Gericht liegt (vgl. → Rn. 42; **aM** LG Saarbrücken wistra 2011, 199; Löwe/Rosenberg/Beulke Rn. 125 mit 83). Die nachträgliche Änd. ist v. der ebenfalls zulässigen neuen Einstellung zu unterscheiden, die im gerichtlichen Verf. aber nur in ganz besonderen Ausnahmefällen in Betracht kommt. Ihr müssen StA u. Angeschuldigter in allen Punkten zustimmen.

52 **T. Bedingtes und endgültiges Verfahrenshindernis (Abs. 2 S. 2 iVm Abs. 1 S. 5).** Bis zur Erfüllung der Aufl. u. Weisungen besteht noch kein endg., sondern nur ein **bedingtes Verfahrenshindernis;** dem entspr. sind auch europarechtlich die Voraussetzungen v. Art. 54 SDÜ nicht gegeben (vgl. Hieramente StraFo 2014, 445 (453); EuGH NJW 2014, 3007; erg. → Einl. Rn. 177a–c). Bei Nichterfüllung wird das Verf. fortgesetzt. Dies muss mind. in der Ladung zum Ausdruck kommen. Jedoch empfiehlt es sich, dem vorangegangenen Beschl. (→ Rn. 50) einen förmlichen Wiederaufnahmebeschluss mit Begründung entgegenzusetzen (OLG Stuttgart MDR 1980, 250). **Endgültig** entsteht das Verfahrenshindernis – ganz v. selbst – mit der Erfüllung der Aufl. u. Weisungen (OLG Düsseldorf MDR 1976, 423), auch wenn die festgesetzte Frist noch nicht abgelaufen war (→ Rn. 45), aus Gründen des Vertrauensschutzes auch bei fehlender Zustimmung der StA (OLG Karlsruhe NStZ 1987, 42; LG Hamburg NStE Nr. 6); jedenfalls insoweit sind auch europarechtlich die Voraussetzungen des in Art. 54 SDÜ geregelten Doppelbestrafungsverbotes erfüllt (vgl. EuGH NJW 2021, 2348; erg. → Einl. Rn. 177a-h).

52a Das bedingte Verfahrenshindernis dürfte aus Gründen des Vertrauensschutzes auch einer **Rücknahme** der zugrunde liegenden **Anklageschrift entgegenstehen** (offen gelassen von BGH 29.9.2021 – 4 StR 90/21); jedenfalls ist die Rücknahme der Anklage – mit der Folge, dass das Verfahren in den Stand des Ermittlungsverfahrens zurückversetzt wird – möglich, wenn der durch die vorläufige Einstellung bewirkte Schwebezustand beendet ist (BGH 29.9.2021 – 4 StR 90/21: Ablauf der nach Abs. 1 S. 3 iVm Abs. 2 S. 2, Abs. 1 S. 4 iVm Abs. 2 S. 2 vorgesehenen Höchstfristen). Waren die Aufl. teilw. unzulässig, so führt auch die Erfüllung der zulässigen Aufl. zu keinem Prozesshindernis (OLG Düsseldorf MDR 1985, 956; **aM** OLG Frankfurt a. M. MDR 1980, 515 (516)). Das Prozesshindernis bezieht sich nur auf die Verfolgung der Tat als Vergehen ohne Rücksicht auf die rechtliche Subsumtion in diesem Bereich (→ Rn. 45; BGH NZWiSt 2020, 402). Insofern ist hier der Strafklageverbrauch stärker als bei der Einstellung nach § 153 Abs. 2 (→ § 153 Rn. 37, 38), weil es sich um eine Verfahrensbeendigung mit Sanktionen handelt. Das Wirkungskriterium „nicht mehr als Vergehen" bedeutet nur eine Abgrenzung nach oben (zum Verbrechen hin). Im Übrigen gilt das Verfahrenshindernis für die ganze Tat iSd § 264, also auch für eine in ihr enthaltene OWi (→ Rn. 35, 45) u. auch dann, wenn sich nachträglich herausstellt, dass die Tat einen größeren Schuldumfang als ursprünglich angenommen aufweist o. wenn sich die vermeintliche Einzeltat als Teil einer Dauerstraftat o. ges. Handlungseinheit erweist (OLG Düsseldorf NStZ-RR 1997, 123; vgl. aber auch BGH NStZ 1998, 251). Das Verfahrenshindernis geht als Spezialregelung dem § 21 Abs. 2 OWiG vor (vgl. OLG Frankfurt a. M. NJW 1985, 1850; OLG Nürnberg MDR 1977, 599). Neue Strafverfolgung des Beschuldigten wegen derselben Tat ist zulässig, wenn sich der Verdacht eines Verbrechens ergibt. Neue Tatsachen o. Beweismittel sind dafür nicht erforderlich (Löwe/Rosenberg/Beulke Rn. 99; → Rn. 54).

53 **U. Endgültiger Einstellungsbeschluss.** Dieser ist in § 467 Abs. 5 **ausdr. vorgesehen u. rechtlich geboten** (OLG Celle StraFo 2015, 204; OLG Stuttgart MDR 1980, 250). Er findet seine Grdl. nicht in § 206a, sondern in der Sonderregelung des § 153a (OLG Düsseldorf MDR 1976, 423; OLG Frankfurt a. M.

MDR 1980, 515; OLG Zweibrücken MDR 1986, 165). Der Beschl. hat aber nur deklaratorische Bedeutung; er stellt das endg. Verfahrenshindernis fest (OLG Frankfurt a. M. MDR 1980, 515). Das gilt im Vergehensbereich sogar dann, wenn die Einstellungsvoraussetzungen durch die neuen Tatsachen o. Beweismittel nachträglich ganz u. gar widerlegt erscheinen (Kleinknecht FS Bruns, 1978, 186).

Ist der **Verbrechensvorwurf lediglich übersehen** worden, obwohl er nach dem gesamten Akteninhalt begründet war, so ist die neue Strafverfolgung wegen des Verbrechens dennoch zulässig (Radtke, Zur Systematik des Strafklageverbrauchs verfahrenserledigender Entscheidungen im Strafprozess, 1994, S. 351; **aM** Kleinknecht FS Bruns, 1978, 186). Für die möglich gewordene neue Strafverfolgung als Verbrechen gilt wiederum das Legalitätsprinzip (→ § 152 Rn. 13). **54**

Mit dem Beschl. wird die **Nebenentscheidung** verbunden, dass die Kosten des Verfahrens der Staatskasse zur Last fallen (§ 467 Abs. 1). Die notwendigen Auslagen des Angeschuldigten dürfen grds. nicht der Staatskasse auferlegt werden (§ 467 Abs. 5), § 465 Abs. 2 muss aber auch hier gelten (LG Frankenthal bei Kotz NStZ-RR 2004, 291; **aM** OLG Zweibrücken StV 2004, 30 mkritAnm Duttge). Die notwendigen Auslagen des Nebenklägers hat idR der Angeschuldigte zu tragen (§ 472 Abs. 2 S. 2). Eine Entsch. ergeht ggf. über die Entschädigung für eine Strafverfolgungsmaßnahme (vgl. → **StrEG** § 3 Rn. 1). **55**

V. Verjährung (Abs. 3). Die Regelung ergänzt § 78b Abs. 1 StGB (in Anlehnung an § 79a Nr. 2 Buchst. b StGB, der die Vollstreckungsverjährung betr.). Sie gilt gleichermaßen in den Fällen des Abs. 1 und des Abs. 2. Das Ruhen der Verjährung beginnt mit dem (aktenmäßigen) Erlass der Einstellungsverfügung nach Abs. 1 oder des Beschl. nach Abs. 2 (→ Vor § 33 Rn. 6, 7). Hatte der Beschuldigte seine Zustimmung nicht erteilt, so tritt die Rechtsfolge des Abs. 3 nicht ein (BayObLGSt 1983, 69). Der Zustand des Ruhens endet mit dem Ende der vorl. Einstellung. Bei neuer vorl. Einstellung (→ Rn. 40) beginnt eine neue Spanne des Ruhens der Verjährung. **56**

W. Rechtsbehelfe. Die **vorl. Einstellung** nach Abs. 2 ist nicht anfechtbar (Abs. 2 S. 4). Das gilt auch für den Nebenkläger (→ § 400 Rn. 9). Dieser kann nur, falls er das rechtliche Gehör nicht erhalten hatte (→ Rn. 49), einen Antrag nach § 33a stellen (vgl. auch OLG Frankfurt a. M. NStZ-RR 2008, 327: Keine Beschwerde). Jedoch können die StA u. der Angeschuldigte einfache Beschwerde (§ 304) einlegen, wenn sie nicht o. nicht wirksam (OLG Hamm MDR 1977, 949) o. nicht hins. aller Aufl. u. Weisungen in ihrer wesentlichen Ausgestaltung zugestimmt haben (OLG Düsseldorf VRS 88, 438 mwN; OLG Karlsruhe NStZ 1987, 42; → Rn. 47, 49; ferner → § 153 Rn. 34, 35). Wie der Einstellungsbeschluss nach Abs. 2 ist auch die Ablehnung der Einstellung nicht anfechtbar (→ § 153 Rn. 34, 35). Die **endgültige** Einstellung (→ Rn. 53) ist nicht anfechtbar (Abs. 2 S. 4), auch nicht mit der Beschwerde nach § 304 Abs. 1; dies gilt selbst dann, wenn dem endg. Einstellungsbeschluss unverzichtbare prozessuale Voraussetzungen fehlen, zB Zustimmung der StA o. des Beschuldigten (s. etwa OLG Karlsruhe Justiz 2000, 403) o. die angeordneten Maßnahmen jeder rechtlichen Grdl. entbehren (so zB LG Koblenz NJW 1983, 2458; vgl. hierzu im einzelnen Jostes, Leistungsstörungen und Fehlverhalten von Gericht und Staatsanwaltschaften bei der Einstellung von Strafverfahren gem. § 153a StPO, 2004), da diese Ausnahmetatbestände bei einem endg. Einstellungsbeschluss, dessen alleiniger Prüfungsmaßstab die Erfüllung der Aufl. ist, keine Relevanz besitzen (OLG Celle StraFo 2015, 204; KK-StPO/Diemer Rn. 61). Die Feststellung, dass erteilte Aufl. u. Weisungen erfüllt sind, ist – auch iVm einer endg. Verfahrenseinstellung – nicht anfechtbar (Abs. 2 S. 5; LG Kiel NStZ-RR 1998, 343; SK-StPO/Weßlau/Deiters Rn. 88) Die **Anfechtung des Wiederaufnahmebeschlusses** (→ Rn. 52) ist nach § 305 S. 1 ausgeschlossen (OLG Düsseldorf MDR 1985, 867; OLG Stuttgart MDR 1980, 250). Wenn sich der Verdacht eines Verbrechens ergibt (→ Rn. 54), leitet die StA zu dessen Verfolgung ein neues Verf. ein, ohne durch den Einstellungsbeschluss gehindert zu sein, weil für die Verfolgung der Tat als Verbrechen kein Verfahrenshindernis **57**

besteht. Die Revision kann nicht auf die unterlassene Anwendung des § 153a gestützt werden (vgl. → § 153 Rn. 39). § 359 ist nicht analog anwendbar (OLG Frankfurt a. M. NJW 1996, 3353; LG Baden-Baden NStZ 2004, 513 (zu § 47 JGG); **aM** Hellmann MDR 1989, 952; erg. → Vor § 359 Rn. 5, → Rn. 46 aE).

58 Unanfechtbar ist die **Entscheidung über die Kosten und Auslagen** (→ § 464 Rn. 17), nicht aber die über die Entschädigung nach dem StrEG (§ 8 Abs. 3 S. 1 **StrEG**).

59 **X. Nachträgliches objektives Verfahren. Selbständige Einziehung** (§ 76a StGB iVm §§ 435, 436): Hat die StA nach Abs. 1 vorl. v. der Erhebung der öffentl. Klage abgesehen o. das Gericht nach Abs. 2 das Verf. vorl. eingestellt, so kann die StA dennoch ein objektives Verf. betreiben (→ § 153 Rn. 40). Sie braucht dafür nicht abzuwarten, bis das endg. Verfahrenshindernis eingetreten ist. Sie wird allerdings bei der Ausübung des Ermessens berücksichtigen müssen, ob der Beschuldigte nach Sachlage darauf vertrauen darf, dass gegen ihn selbst keine strafähnliche Maßnahme mehr ergriffen wird, wenn er die übernommenen Pflichten erfüllt.

60 **Y. Eintragungen ins Zentralregister.** In das BZR werden die Entsch. nach § 153a nicht eingetragen.

61 **Z. Mitteilungspflichten. Mitteilungspflichten,** die vAw zu beachten sind, können an die endg. (§ 20 Abs. 1 S. 1 EGGVG, → EGGVG § 20 Rn. 1) Einstellung anknüpfen, zB nach der MiStra; vgl. dazu → § 153 Rn. 41.

Absehen von der Verfolgung bei möglichem Absehen von Strafe

153b

(1) **Liegen die Voraussetzungen vor, unter denen das Gericht von Strafe absehen könnte, so kann die Staatsanwaltschaft mit Zustimmung des Gerichts, das für die Hauptverhandlung zuständig wäre, von der Erhebung der öffentlichen Klage absehen.**

(2) **Ist die Klage bereits erhoben, so kann das Gericht bis zum Beginn der Hauptverhandlung mit Zustimmung der Staatsanwaltschaft und des Angeschuldigten das Verfahren einstellen.**

1 **A. Absehen von Strafe.** Von Strafe absehen kann das Gericht **bei einigen Straftaten,** zB in den Fällen der §§ 83a, 84 Abs. 4, Abs. 5, 85 Abs. 3, 86 Abs. 4, 86a Abs. 3, 87 Abs. 3, 89 Abs. 3, 98 Abs. 2, 99 Abs. 3, 113 Abs. 4, 129 Abs. 5, Abs. 6, 129a Abs. 4, Abs. 5, 139 Abs. 1, 157, 158 Abs. 1, 174 Abs. 4, 182 Abs. 4, 218a Abs. 4 S. 2, 314a, 315 Abs. 6, 315b Abs. 6, 330b Abs. 1 StGB, § 20 Abs. 2 VereinsG, §§ 29 Abs. 5, 31 BtMG. Auch in den Fällen der §§ 46a, 46b StGB kann § 153b angewendet werden (Peglau wistra 2009, 412), ferner bei § 23 Abs. 3 StGB u. § 60 StGB (Ranft Rn. 1174 ff.; Wagner GA 1972, 33 (50); **aM** Schroeder FS Peters, 1984, 411 (421)), aber nicht, wenn an der Herbeiführung eines Schuldspruchs ein öffentl. Interesse besteht (Schroeder FS Fezer, 2008, 551 (552)). § 153b gilt auch in den Fällen des § 199 StGB, wenn Straffreierklärung zu erwarten ist (Löwe/Rosenberg/Beulke Rn. 3).

2 **B. Im Ermittlungsverfahren (Abs. 1).** Im Ermittlungsverfahren (Abs. 1) trifft die StA die Entsch. mit Zustimmung des Gerichts (→ § 153 Rn. 10). Mit der Klausel „für die Hauptverhandlung zuständig" ist wie in den Fällen der §§ 153 Abs. 1, 153a Abs. 1 das Gericht gemeint, das für die Eröffnung des Hauptverfahrens zuständig wäre. Die §§ 153 Abs. 1, 153a Abs. 1 und 153b Abs. 1 schließen einander nicht aus (teilw. **aM** Löwe/Rosenberg/Beulke Rn. 7; Schroeder FS Fezer, 2008, 552); ggü. § 153a Abs. 1 S. 2 Nr. 5 (TOA) ist § 153b (iVm § 46a StGB) idR vorrangig (Löwe/Rosenberg/Beulke Rn. 8; **aM** SK-StPO/Weßlau/Deiters § 153a Rn. 39). §§ 154, 154a sind alternativ anwendbar (vgl. Löwe/Rosenberg/Beulke Rn. 6; diff. Radtke/Hohmann/Radtke Rn. 9). Das Absehen hat **keine Rechtskraftwirkung** (vgl. → § 153 Rn. 37). Das Klageerzwingungsverfahren ist nicht zulässig (§ 172 Abs. 2 S. 3). Die Anwendung v. Abs. 1 stellt kein Verfahrens-

hindernis für die Erhebung einer Privatklage dar. Bleibt bei der Einstellung noch ein Verdacht für ein Privatklagedelikt, so besteht dennoch keine Pflicht der StA, auf die Möglichkeit der Privatklage hinzuweisen. Es ist nur zweckmäßig u. üblich, dies zu tun. Über Kosten u. Entschädigung vgl. → § 153 Rn. 28 ff.

C. Nach Klageerhebung (Abs. 2). „Beginn der Hauptverhandlung“: § 243 Abs. 1 S. 1. Die Entsch. erfolgt durch Beschl., der nicht begründet werden muss (SK-StPO/Weßlau/Deiters Rn. 14; **aM** Radtke/Hohmann/Radtke Rn. 22). Ist der Ausschlussgrund einmal eingetreten, so entfällt er im weiteren Verf. nicht mehr. Auch der Angeschuldigte muss zustimmen (wie im Fall des § 153 Abs. 2). Bei Nebenklage gilt § 396 Abs. 3 entspr. (→ § 396 Rn. 18); der Nebenkläger erhält das rechtliche Gehör vor der Einstellung nach Abs. 2 (§ 33 Abs. 3). Für die Entsch. über die Verfahrenskosten u. die notwendigen Auslagen u. über die Entschädigung des Angeklagten sowie für den **Strafklageverbrauch** des gerichtlichen Einstellungsbeschlusses gilt das Gleiche wie bei der Einstellung nach § 153 Abs. 2 (→ § 153 Rn. 28 ff., 37 f.). Der Strafklageverbrauch des gerichtlichen Einstellungsbeschlusses betr. auch die Privatklage. 3

D. Selbständige Anordnung von Einziehung. Nach der Einstellung des Verfahrens durch die StA nach Abs. 1 oder durch das Gericht nach Abs. 2 kann die StA das selbständige Einziehungsverfahren beantragen (§§ 435, 436; § 76a Abs. 1, Abs. 3 StGB; → § 153 Rn. 40). 4

E. Jugendstrafrecht. § 153b bezieht sich im Jugendstrafrecht nur auf Jugendstrafe. Er ist daher nur anzuwenden, wenn diese Strafe in Betracht kommt (Radtke/Hohmann/Radtke Rn. 10; **aM** Eisenberg/Kölbel JGG § 45 Rn. 13); dann auch, wenn der Beschuldigte ein Heranwachsender ist, für den Jugendstrafrecht gilt. Bei den Möglichkeiten nach den §§ 45, 47, 109 Abs. 2 **JGG** braucht in diesen Fällen im Allgemeinen nicht auf § 153b zurückgegriffen zu werden (Löwe/Rosenberg/Beulke Rn. 6; vgl. auch BayObLG NJW 1961, 2029; Bohnert NJW 1980, 1931). 5

F. Verfahren EUStA. In Verfahren EUStA ist die Vorschr. anwendbar (vgl. § 2 EUStAG; BT-Drs. 19/17963, 34; erg. → GVG § 141 Rn. 12 ff.). 6

G. Beschwerde (§ 304). Bei gesetzmäßigem Verf. hat keiner die Beschwerde gegen den Einstellungsbeschluss des Gerichts nach Abs. 2 (BGHSt 10, 88 (91)); dies gilt gleichermaßen, wenn das Gericht den Antrag eines Verfahrensbeteiligten auf Einstellung durch Beschl. abgelehnt hat (Radtke/Hohmann/Radtke Rn. 29). Nur bei fehlender Einverständniserklärung ist Beschwerde zulässig (KK-StPO/Diemer Rn. 9). Ergänzend → § 153 Rn. 33 ff.; § 400 Abs. 2 S. 2. 7

Absehen von der Verfolgung bei Auslandstaten — Nr. 94–97, 99 RiStBV

153c

(1) [1] **Die Staatsanwaltschaft kann von der Verfolgung von Straftaten absehen,**

1. **die außerhalb des räumlichen Geltungsbereichs dieses Gesetzes begangen sind oder die ein Teilnehmer an einer außerhalb des räumlichen Geltungsbereichs dieses Gesetzes begangenen Handlung in diesem Bereich begangen hat,**
2. **die ein Ausländer im Inland auf einem ausländischen Schiff oder Luftfahrzeug begangen hat,**
3. **wenn in den Fällen der §§ 129 und 129a, jeweils auch in Verbindung mit § 129b Abs. 1, des Strafgesetzbuches die Vereinigung nicht oder nicht überwiegend im Inland besteht und die im Inland begangenen Beteiligungshandlungen von untergeordneter Bedeutung sind oder sich auf die bloße Mitgliedschaft beschränken.**

[2] **Für Taten, die nach dem Völkerstrafgesetzbuch strafbar sind, gilt § 153f.**

(2) **Die Staatsanwaltschaft kann von der Verfolgung einer Tat absehen, wenn wegen der Tat im Ausland schon eine Strafe gegen den Beschuldig-**

ten vollstreckt worden ist und die im Inland zu erwartende Strafe nach Anrechnung der ausländischen nicht ins Gewicht fiele oder der Beschuldigte wegen der Tat im Ausland rechtskräftig freigesprochen worden ist.

(3) **Die Staatsanwaltschaft kann auch von der Verfolgung von Straftaten absehen, die im räumlichen Geltungsbereich dieses Gesetzes durch eine außerhalb dieses Bereichs ausgeübte Tätigkeit begangen sind, wenn die Durchführung des Verfahrens die Gefahr eines schweren Nachteils für die Bundesrepublik Deutschland herbeiführen würde oder wenn der Verfolgung sonstige überwiegende öffentliche Interessen entgegenstehen.**

(4) **Ist die Klage bereits erhoben, so kann die Staatsanwaltschaft in den Fällen des Absatzes 1 Nr. 1, 2 und des Absatzes 3 die Klage in jeder Lage des Verfahrens zurücknehmen und das Verfahren einstellen, wenn die Durchführung des Verfahrens die Gefahr eines schweren Nachteils für die Bundesrepublik Deutschland herbeiführen würde oder wenn der Verfolgung sonstige überwiegende öffentliche Interessen entgegenstehen.**

(5) **Hat das Verfahren Straftaten der in § 74a Abs. 1 Nr. 2 bis 6 und § 120 Abs. 1 Nr. 2 bis 7 des Gerichtsverfassungsgesetzes bezeichneten Art zum Gegenstand, so stehen diese Befugnisse dem Generalbundesanwalt zu.**

Übersicht

1 **A. Entscheidungskompetenz der StA.** Die **StA allein entscheidet** (ebenso wie im Fall des § 153d), u. zwar unter Abwägung des öffentl. Interesses an der Verfolgung (→ § 153 Rn. 7, 8) gegen widerstreitende Interessen, zB Rückwirkungen auf das Ansehen der BRD. Im Gegensatz zu §§ 153 Abs. 1 S. 1, 153a Abs. 1 S. 1–4, 153b Abs. 1, 153e Abs. 1 bedarf es dabei keiner Mitwirkung des Gerichts, weil vielfach politische Gesichtspunkte zu berücksichtigen sind (Bock GA 2010, 596). Mit der Entsch. wird die im Ausland begangene Straftat Gegenstand eines inländischen Ermittlungsverfahrens (BGH NJW 1990, 1428). Eine Rechtskraftwirkung hat die Entsch. der StA, v. der Verfolgung abzusehen, nicht (LG Gießen StV 1984, 327; Bock GA 2010, 597). § 153c gilt nach § 4 Abs. 2 NTSG mit den dort bezeichneten Maßgaben entspr. In allen Fällen, in denen die StA nach § 153c verfährt, ist das Klageerzwingungsverfahren unzulässig (§ 172 Abs. 2 S. 2 Hs. 2).

In den **Fällen des § 6 Nr. 5 StGB** hatte der 2. Strafsenat des BGH in einem Anfragebeschluss gem. § 132 Abs. 3 GVG (NStZ 2015, 568) einen materiell-rechtlich verstandenen Inlandsbezug für erforderlich gehalten, um eine gleichförmige, der revisionsgerichtlichen Kontrolle zugängliche Rechtsausübung zu gewährleisten; die Vorschr. des Abs. 1 laufe insoweit auch nicht leer, da die StA im Rahmen ihrer Ermessensentscheidung v. der Verfolgung absehen könne, obwohl ein Inlandsbezug vorliege u. deutsches Strafrecht anwendbar sei, u. hierbei außenpolitische Zweckmäßigkeitserwägungen berücksichtigen könne (Abs. 3 iVm Nr. 94 Abs. 1 S. 2 RiStBV; **aM** dagegen der BGH (1. StS) BeckRS 2016, 5665; vgl. auch der 2. StS in seinem späteren Urt. in derselben Sache (BGH NJW 2017, 1043), wo zwar eine Einschränkung des Weltrechtsprinzips in § 6 Nr. 5 StGB für Taten des „Vertriebs von BtM" verneint, aber eine Beschränkung des Anwendungsbereichs aus völkerrechtlicher Sicht für möglich erachtet wird). **1a**

B. Absehen von der Verfolgung. Das Absehen ist **zulässig,** bevor das Ermittlungsverfahren gegen einen bestimmten Beschuldigten geführt wird (→ § 160 Rn. 6) o. überhaupt Ermittlungen eingeleitet werden. Es ist **gerechtfertigt,** wenn ein öffentl. Interesse an der Strafverfolgung nicht o. nicht mehr besteht o. wenn diese zu unbilligen Härten führen würde (eing. dazu Esser/Fischer JZ 2010, 217). Etwa zu erwartende Nebenstrafen u. Nebenfolgen stehen nicht entgegen (Oehler JR 1979, 218). Wenn eine Anwendung des § 153c in Frage kommt, muss die Polizei beim 1. Zugriff der StA unverzüglich die Möglichkeit der Entsch. geben (→ § 163 Rn. 23); umgekehrt muss die StA die Polizei unverzüglich, ggf. vorweg unterrichten, wenn die Absicht des Absehens besteht. **2**

C. Tatort außerhalb der BRD (Abs. 1 S. 1 Nr. 1). Die Bestimmung, die auf ähnlichen Erwägungen beruht wie § 9 StGB, berücksichtigt insbes. den Fall, dass der Täter o. der Teilnehmer einer anderen Rechtsordnung untersteht, andererseits nach dem StGB strafbar ist u. dadurch in Konfliktsituationen geraten kann. Sowohl der Tätigkeitsort als auch der Erfolgsort müssen außerhalb des Bereiches liegen (→ § 7 Rn. 2 ff.; § 9 StGB). Wenn nach zwischenstaatlichen Rechtsvereinbarungen bestimmte Taten, die außerhalb des Geltungsbereichs der StPO begangen sind, so zu behandeln sind wie im Geltungsbereich begangene, gilt Nr. 1 nicht. Über solche Verpflichtungen vgl. Nr. 94 Abs. 2 RiStBV. **3**

Nr. 1 gilt auch, wenn die Straftat an Bord eines **deutschen Schiffes oder Luftfahrzeugs** (§ 4 StGB) außerhalb des Geltungsbereichs der StPO begangen wird (Esser/Fischer JZ 2010, 218). **4**

Zum Staatsgebiet der BRD gehören auch deren **maritime Eigengewässer** (die durch feste Bauten abgegrenzten Seehäfen u. die v. Staatsgebiet umgebenen Meeresbuchten) sowie das dem Festland der BRD und ihren Eigengewässern vorgelagerte Küstenmeer in einer Breite v. zwölf Seemeilen (Wille, Die Verfolgung strafbarer Handlungen an Bord von Schiffen und Luftfahrzeugen, 1974, S. 7, 12, 13). In solchen Fällen kommt nur Nr. 2 in Betracht. **5**

D. Ausländertaten im Inland auf ausländischen Schiffen oder Luftfahrzeugen (Abs. 1 S. 1 Nr. 2). Da der ausl. Heimatstaat des Fahrzeugs idR die Tat seiner Staatsangehörigen verfolgen kann u. wird, rechtfertigt sich das Opportunitätsprinzip. Angelegenheiten, die nur die innere Ordnung des Fahrzeugs berühren u. den Ordnungsbereich der BRD nicht tangieren, geben grds. keinen Anlass zu Strafverfolgungsmaßnahmen. Ein Verzicht auf Strafverfolgung kommt in den Fällen der Nr. 2 insbes. in Betracht, wenn die Tat nicht gegen einen Staatsangehörigen der BRD o. einen ihrer Amtsträger (§ 11 Abs. 1 Nr. 2 StGB) o. Interessen der BRD begangen ist, falls sie auch nicht den Frieden o. die gute Ordnung in den Küstengewässern der BRD gestört o. gefährdet hat. **6**

I. Ausländer. Wer die Tat begangen hat, muss vor dem Absehen v. der Strafverfolgung soweit ermittelt sein, dass wenigstens mit großer Wahrscheinlichkeit festgestellt werden kann, dass es ein Ausländer war, dh ein Nichtdeutscher, der auch ein Staatenloser sein kann (erg. → Rn. 12). **7**

8 **II. Ausländische Schiffe oder Luftfahrzeuge.** Das sind diejenigen, die nicht zu den deutschen iSd § 4 StGB u. des § 10 gehören (vgl. zu § 10).

9 **III. Strafprozessuale Zwangsmaßnahmen im Inland an Bord eines ausländischen Schiffes.** Wenn die Straftat verfolgt wird, darf das völkerrechtlich gewährleistete Recht auf ungehinderte Durchfahrt durch die Küstengewässer (→ Rn. 5) durch strafprozessuale Maßnahmen grds. nicht gestört werden (näher Wille, Die Verfolgung strafbarer Handlungen an Bord von Schiffen und Luftfahrzeugen, 1974, S. 78 ff. mwN). Jedoch muss dieses Recht den berechtigten Interessen der BRD am Schutz seiner Bürger u. an der Wahrung seiner Rechtsordnung weichen, falls der Verhältnismäßigkeitsgrundsatz nicht entgegensteht (→ Einl. Rn. 20).

10 Das **Recht auf Nacheile** gestattet, das Schiff noch auf der hohen See zu verfolgen, wenn die Straftat in den Hoheitsgewässern der BRD begangen wurde. Dieser völkerrechtliche Grundsatz kommt in Art. 23 Hohe See-Übereinkommen v. 29.4.1958 (BGBl. 1972 II 1089; 1975 II 843) zum Ausdruck.

11 **IV. Strafprozessuale Zwangsmaßnahmen im Inland an Bord eines ausländischen Luftfahrzeugs.** Völkerrechtliche Schranken für solche Maßnahmen bestehen nicht (Dahm, Völkerrecht, Bd. 1, 2. Aufl. 1989, S. 722). Ein Recht auf freie Überquerung fremden Luftraums kann nur vertragl. vereinbart werden. Einzelheiten ergeben sich aus dem Abk. v. Tokio v. 14.9.1963 (BGBl. 1969 II 121; dazu Wille, Die Verfolgung strafbarer Handlungen an Bord von Schiffen und Luftfahrzeugen, 1974, S. 155 ff.).

11a **V. Kriminelle und terroristische Vereinigungen.** Kriminelle und terroristische Vereinigungen im In- u. Ausland brauchen unter den Voraussetzungen des Abs. 1 S. 1 Nr. 3 ebenfalls nicht verfolgt zu werden.

11b **VI. VStGB.** Für Taten nach dem VStGB gilt nach Abs. 1 S. 2 nicht § 153c, sondern § 153f (→ § 153f Rn. 1 ff.). Weitere Einstellungsmöglichkeiten bestehen nach § 28 IStGHG im Fall der Überstellung des Beschuldigten an den IStGH (vgl. → Einl. Rn. 207b).

12 **E. Ausland (Abs. 2).** Ausland (Abs. 2) ist jedes Gebiet außerhalb des Inlands (vgl. → Rn. 3). Die Auslandsbestrafung verbraucht die Strafklage im Geltungsbereich der StPO nicht (BVerfG StraFo 2008, 151; vgl. aber → Einl. Rn. 177 ff.). Die vollstreckte Auslandsstrafe ist jedoch auf die Inlandsstrafe anzurechnen (§ 51 Abs. 3 StGB). Die Rechtsfolgendifferenz muss relativ gering sein u. darf das generelle Strafverfolgungsinteresse nicht erheblich beeinträchtigen (vgl. → § 154 Rn. 7). Einer zu erwartenden Bestrafung mit Strafaussetzung zur Bewährung kommt dabei weniger Gewicht zu als einer nicht ausgesetzten Strafe. Der rkr. ausl. Freispruch ist grds. (vgl. aber → Einl. Rn. 177a) kein Verfahrenshindernis. Daher lässt Nr. 3 auch nach ihm das Opportunitätsprinzip gelten.

13 **F. Distanztat (Abs. 3).** Die Vorschr. ergänzt Abs. 1 S. 1 Nr. 1, knüpft an die Regelung des § 9 StGB an u. gilt für Straftaten, bei denen der **Tätigkeitsort außerhalb, der Erfolgsort** – dh das betroffene Rechtsgut – **innerhalb** des Geltungsbereichs des Gesetzes liegen, u. setzt die angegebene Interessenkollision voraus.

14 **I. Gefahr eines schweren Nachteils für die BRD.** Es genügt die Gefahr für eines der Bundesländer. Sie kann die äußere Sicherheit betreffen (vgl. §§ 93 Abs. 1, 94 Abs. 1, 97a StGB), aber auch die innere, o. sonst das Wohl, zB das wirtschaftliche Wohl, den inneren politischen Frieden, den Arbeitsfrieden.

15 **II. Sonstige entgegenstehende überwiegende öffentliche Interessen.** Die Gefahr des schweren Nachteils ist das Hauptbeispiel eines entgegenstehenden Interesses. Sie überwiegt grds. das Verfolgungsinteresse. Durch die Anführung des Beispiels ist zum Ausdruck gebracht, dass die sonstigen Interessen etwa v. gleichem Rang sein müssen. Es soll eine Freilassungsaktion in einem anderen Machtbereich erreicht o. nicht gehindert werden. Das Besondere in Abs. 3 ist, dass nur das öffentl.

Interesse berücksichtigt werden darf, das Interesse eines Beschuldigten o. Verletzten nur soweit, als es mit dem öffentl. Interesse zusammenfällt. Die Interessenkollision zwischen dem öffentl. Interesse an der Strafverfolgung (Spezial- u. Generalprävention, Gleichbehandlung) u. dem entgegenstehenden öffentl. Interesse macht eine Abwägung notwendig. Das Opportunitätsprinzip gilt nur, wenn das entgegenstehende insges. das größere Gewicht hat (eing. Bock GA 2010, 589).

G. Nach Anklageerhebung (Abs. 4). Über § 156 hinaus kann die StA die Klage **in jeder Lage des Verfahrens** (hierzu → § 153 Rn. 25; → § 154 Rn. 19) durch einseitige Erkl. zurücknehmen, das Verf. dadurch in das Stadium des Ermittlungsverfahrens zurückversetzen u. einstellen. Das mit der Sache befasste Gericht kann der StA eine entspr. Anregung geben. Die Einstellung verbraucht nicht die Strafklage (→ § 170 Rn. 9; → § 153 Rn. 37), selbst wenn schon ein (horizontal) teilrkr. Urt. vorlag (→ Einl. Rn. 185). 16

I. Voraussetzungen des Abs. 3. Die Voraussetzungen des Abs. 3 (→ Rn. 13 ff.) müssen bestehen, auch in den Fällen des Abs. 1 Nr. 1 oder 2, in denen die StA vor Anklageerhebung freier gestellt ist. 17

II. Ausnahmen. Ausgenommen sind die Fälle des Abs. 2 (→ Rn. 12). Auch in den Fällen des Abs. 1 S. 1 Nr. 3 ist eine Klagerücknahme nur zulässig, soweit es § 156 gestattet; sie kommt in Betracht, wenn die StA nach Anklageerhebung feststellt, dass die zu erwartende Mehrstrafe nicht ins Gewicht fällt. 18

H. Staatsschutzsachen (Abs. 5; §§ 74a, 120 GVG). In Staatsschutzsachen (Abs. 5; §§ 74a, 120 GVG), ausgenommen Friedensverrat u. Völkermord, stehen die Befugnisse nach Abs. 1–3 **ausschl. dem GBA** zu, u. zwar unabhängig v. der Zuständigkeit für das Verf. im staatsanwaltschaftlichen u. gerichtlichen Bereich. Diese Zuständigkeitskonzentration beruht darauf, dass die §§ 153d, 153e mit § 153c konkurrieren können, u. soll die Gewähr geben, dass das Opportunitätsprinzip im Staatsschutzbereich gleichmäßig angewendet wird. Führt das Verf. eine Landes-StA, so unterrichtet sie unverzüglich den GBA, wenn die Anwendung des § 153c in Betracht kommen könnte. Der GBA kann sich auch selbst informieren; das Gericht kann der StA o. dem GBA eine Anregung geben, diesem notfalls auch v. sich aus die Akten übersenden. Durch die Einschaltung des GBA bleibt die Anhängigkeit des Verfahrens im Land unberührt. Verfügt er das Absehen v. der Strafverfolgung ggf. iVm der Zurücknahme der Klage, so beendet er damit das im Land anhängige Verf. (Bock GA 2010, 595). 19

I. Kosten, Auslagen und Entschädigung. Es gelten § 467a (vgl. OLG Düsseldorf NStZ 1996, 245) u. § 9 **StrEG.** 20

J. Nachträgliches objektives Verfahren (§ 76a Abs. 1, Abs. 3 StGB iVm §§ 435, 436). Den Antrag nach § 435 kann nur die StA stellen, die das Verf. beendet hat; im Fall des Abs. 5 also der GBA (**aM** Löwe/Rosenberg/Beulke Rn. 34; KK-StPO/Diemer Rn. 20). 21

K. Verfahren der EUStA. § 153c ist auf Verfahren, die v. der EUStA geführt werden, **nicht anwendbar** (§ 3 Abs. 1 EUStAG; erg. → **GVG** Vor § 141 Rn. 12 ff.). 22

Absehen von der Verfolgung bei Staatsschutzdelikten wegen überwiegender öffentlicher Interessen **Nr. 98, 99 RiStBV**

153d (1) **Der Generalbundesanwalt kann von der Verfolgung von Straftaten der in § 74a Abs. 1 Nr. 2 bis 6 und in § 120 Abs. 1 Nr. 2 bis 7 des Gerichtsverfassungsgesetzes bezeichneten Art absehen, wenn die Durchführung des Verfahrens die Gefahr eines schweren Nachteils für die Bundesrepublik Deutschland herbeiführen würde oder wenn der Verfolgung sonstige überwiegende öffentliche Interessen entgegenstehen.**

(2) **Ist die Klage bereits erhoben, so kann der Generalbundesanwalt unter den in Absatz 1 bezeichneten Voraussetzungen die Klage in jeder Lage des Verfahrens zurücknehmen und das Verfahren einstellen.**

1 **A. Erweiterung des Opportunitätsprinzips im Staatsschutz. Über das in § 153c Abs. 5 gewährte Maß hinaus** wird im Staatsschutz das Opportunitätsprinzip erweitert. § 153d betr. zwar dieselben Staatsschutzdelikte, die in § 153c Abs. 5 genannt sind, u. enthält auch die gleiche Zuständigkeitskonzentration beim GBA (→ § 153c Rn. 21). Er enthält aber im Fall der Interessenkollision nicht die Einschränkung, dass der Tätigkeitsort außerhalb des Geltungsbereiches des Gesetzes liegt. § 153d gilt also auch, wenn Tätigkeits- u. Erfolgsort in diesem Bereich liegen. Zu § 153d vgl. Bernsmann JZ 1988, 544 ff.. Die Vorschr. kommt in der Praxis beim Austausch v. Spionen sowie dann in Betracht, wenn ein früherer Spion inzwischen in seinem Land eine hohe öffentl. Stellung einnimmt (Müller/Wache FS Rebmann, 1989, 340). Zur Gefahr eines schweren Nachteils für die BRD bzw. sonstigen überwiegenden öffentl. Interessen → § 153c Rn. 14, 15. § 153d gilt nach § 4 Abs. 1, Abs. 2 NTSG unter den dort bezeichneten Maßgaben entspr. Strafklageverbrauch tritt durch die Einstellung nicht ein (Radtke/Hohmann/Radtke Rn. 14). Das Klageerzwingungsverfahren ist unzulässig (§ 172 Abs. 2 S. 3).

2 **B. Nachträgliches objektives Verfahren.** Nachträgliches objektives Verfahren (§ 76a Abs. 1, Abs. 3 StGB iVm §§ 435, 436): → § 153c Rn. 21.

Absehen von der Verfolgung bei Staatsschutzdelikten wegen tätiger Reue **Nr. 100 RiStBV**

153e

(1) [1] **Hat das Verfahren Straftaten der in § 74a Abs. 1 Nr. 2 bis 4 und in § 120 Abs. 1 Nr. 2 bis 7 des Gerichtsverfassungsgesetzes bezeichneten Art zum Gegenstand, so kann der Generalbundesanwalt mit Zustimmung des nach § 120 des Gerichtsverfassungsgesetzes zuständigen Oberlandesgerichts von der Verfolgung einer solchen Tat absehen, wenn der Täter nach der Tat, bevor ihm deren Entdeckung bekanntgeworden ist, dazu beigetragen hat, eine Gefahr für den Bestand oder die Sicherheit der Bundesrepublik Deutschland oder die verfassungsmäßige Ordnung abzuwenden.** [2] **Dasselbe gilt, wenn der Täter einen solchen Beitrag dadurch geleistet hat, daß er nach der Tat sein mit ihr zusammenhängendes Wissen über Bestrebungen des Hochverrats, der Gefährdung des demokratischen Rechtsstaates oder des Landesverrats und der Gefährdung der äußeren Sicherheit einer Dienststelle offenbart hat.**

(2) **Ist die Klage bereits erhoben, so kann das nach § 120 des Gerichtsverfassungsgesetzes zuständige Oberlandesgericht mit Zustimmung des Generalbundesanwalts das Verfahren unter den in Absatz 1 bezeichneten Voraussetzungen einstellen.**

1 **A. Anwendungsbereich.** § 153e gilt auch bei den entspr. Straftaten gegen das NATO-Truppenstatut (Art. 9 des 4. StÄG; dazu eing. Löwe/Rosenberg/Beulke Rn. 22). Zu § 153e vgl. Bernsmann JZ 1988, 543.

2 **B. Mitwirkung des Gerichts.** Die Mitwirkung d. Gerichts ist in beiden Fällen zur Verfahrensbeendigung notwendig, weil hier nicht das politische Interesse mit Strafverfolgungsinteressen abgewogen wird, die Ausnahme vielmehr v. den ges. umschriebenen Voraussetzungen abhängt, die im Verhalten d. Beschuldigten liegen.

3 **C. Zuständigkeit des GBA und des OLG.** Die Zuständigkeit des GBA und des OLG besteht nicht nur, wenn sie mit der Sache befasst sind, sondern auch, wenn das Verf. von einer Landes-StA betrieben wird o. bei einem anderen Gericht anhängig ist. In diesem Fall wird, falls die Anwendung des § 153e in Betracht kommt, die Entsch. auf Anregung der Landes-StA o. des mit der Sache befassten Gerichts in einem Zwischenverfahren getroffen (BGHSt 11, 52), das allerdings ggf.

zum Abschluss des Verfahrens führt. Die Zustimmung des OLG ist keine Entsch. iSd § 33 Abs. 3; aber auch vor einem Einstellungsbeschluss nach Abs. 2 braucht dem Beschuldigten nicht das rechtliche Gehör gewährt zu werden (Löwe/Rosenberg/Beulke Rn. 16, 18; **aM** KMR-StPO/Plöd Rn. 12). Denn die Einstellung des Verfahrens ist eine justizinterne Angelegenheit; sie ist zudem keine Entsch. zum Nachteil des Beschuldigten.

D. Die dem Täter bekanntgewordene Entdeckung seiner Tat. Die dem Täter bekanntgewordene Entdeckung seiner Tat bildet die maßgebliche **zeitliche Zäsur** zwischen dem 1. und dem 2. Fall. In jedem Fall muss der Beschuldigte einen Beitrag geleistet haben. 4

I. Beitrag. Der Beitrag setzt stets ein aktives Handeln voraus. Im 1. Fall genügt ein Wirken ohne Behörden, zB das Abhalten anderer v. weiteren Gefährdungshandlungen. Im 1. Fall genügt auch, im 2. Fall genügt nur das Offenbaren bei einer Dienststelle. 5

II. Gefahr. Die Gefahr, zu deren Abwendung der Täter beiträgt, braucht nicht v. ihm verursacht zu sein. Im Fall des S. 2 ist nicht Voraussetzung, dass der Beschuldigte jegliches Wissen über Bestrebungen der angeführten Art offenbart; andererseits genügt es nicht, wenn er sein Wissen v. der Tat selbst offenbart. Er muss vielmehr sein gesamtes wesentliches Wissen über derartige Bestrebungen offenbaren, das mit der Tat irgendwie zusammenhängt. 6

E. Umfang der Einstellung. Die Einstellung kann auf weniger schwere Straftaten ausgedehnt werden, für die § 153e an sich nicht gilt, die aber in Tateinheit mit dem Staatsschutzdelikt stehen (BGH 12.1.1961 – 6 BJs 588/59). Andererseits ist ihre Einschränkung auf selbstständige, ja sogar auf unselbständige Teilakte einer rechtlich o. tatsächlich einheitlichen Tat zulässig, wenn Trennbarkeit (→ § 318 Rn. 1 ff.) besteht u. die Voraussetzungen des § 153e nur für den Teil bestehen (KMR-StPO/Plöd § 153d Rn. 2; **aM** SK-StPO/Weßlau/Deiters § 153d Rn. 3). 7

F. Gerichtsbeschluss (Abs. 2). Der Gerichtsbeschluss (Abs. 2) kann nach Erhebung der öffentl. Klage in jeder Lage des Zwischen- u. Hauptverfahrens (→ Einl. Rn. 63, 64), auch noch in der Revisionsinstanz durch den BGH (Löwe/Rosenberg/Beulke Rn. 21), ergehen. Er hat im Gegensatz zur Einstellungsverfügung des GBA als gerichtliche Sachentscheidung eine beschränkte materielle Rechtskraft (KK-StPO/Diemer Rn. 13; vgl. → § 153 Rn. 37, 38). Kosten, Auslagen u. Entschädigung: vgl. → § 153 Rn. 29, 30, 32. 8

G. Nachträgliches objektives Verfahren. Nachträgliches objektives Verfahren (§ 76a Abs. 1, Abs. 3 StGB iVm §§ 435, 436): → § 153c Rn. 21. 9

Absehen von der Verfolgung bei Straftaten nach dem Völkerstrafgesetzbuch

153f (1) [1]**Die Staatsanwaltschaft kann von der Verfolgung einer Tat, die nach den §§ 6 bis 15 des Völkerstrafgesetzbuches strafbar ist, in den Fällen des § 153c Abs. 1 Nr. 1 und 2 absehen, wenn sich der Beschuldigte nicht im Inland aufhält und ein solcher Aufenthalt auch nicht zu erwarten ist.** [2]**Ist in den Fällen des § 153c Abs. 1 Nr. 1 der Beschuldigte Deutscher, so gilt dies jedoch nur dann, wenn die Tat vor einem internationalen Gerichtshof oder durch einen Staat, auf dessen Gebiet die Tat begangen oder dessen Angehöriger durch die Tat verletzt wurde, verfolgt wird.**

(2) [1]**Die Staatsanwaltschaft kann insbesondere von der Verfolgung einer Tat, die nach den §§ 6 bis 12, 14 und 15 des Völkerstrafgesetzbuches strafbar ist, in den Fällen des § 153c Abs. 1 Nr. 1 und 2 absehen, wenn**

1. kein Tatverdacht gegen einen Deutschen besteht,
2. die Tat nicht gegen einen Deutschen begangen wurde,

3. kein Tatverdächtiger sich im Inland aufhält und ein solcher Aufenthalt auch nicht zu erwarten ist und

4. die Tat vor einem internationalen Gerichtshof oder durch einen Staat, auf dessen Gebiet die Tat begangen wurde, dessen Angehöriger der Tat verdächtig ist oder dessen Angehöriger durch die Tat verletzt wurde, verfolgt wird.

[2]**Dasselbe gilt, wenn sich ein wegen einer im Ausland begangenen Tat beschuldigter Ausländer im Inland aufhält, aber die Voraussetzungen nach Satz 1 Nr. 2 und 4 erfüllt sind und die Überstellung an einen internationalen Gerichtshof oder die Auslieferung an den verfolgenden Staat zulässig und beabsichtigt ist.**

(3) **Ist in den Fällen des Absatzes 1 oder 2 die öffentliche Klage bereits erhoben, so kann die Staatsanwaltschaft die Klage in jeder Lage des Verfahrens zurücknehmen und das Verfahren einstellen.**

1 **A. Bedeutung der Vorschrift.** Die Vorschr. flankiert das in § 1 VStGB verankerte **Weltrechtsprinzip** im Verfahrensrecht (grdl. dazu Geneuss, Völkerrechtsverbrechen und Verfolgungsermessen, 2013). Durch sie wird das sonst nach § 153c bei Auslandstaten bestehende Verfolgungsermessen der StA für Auslandstaten, die unter das VStGB fallen, eingeschränkt (OLG Stuttgart NStZ 2006, 117; vgl. dazu auch die Vfg. des GBA JZ 2005, 311; krit. hierzu Kreß ZIS 2007, 518 und – auch krit. zur ges. Fassung der Vorschr. – Gierhake ZStW 120 (2008), 375). Für Fälle mit Inlandsbezug gilt das Legalitätsprinzip (→ § 152 Rn. 2), somit besteht insoweit grds. für die StA eine Verfolgungspflicht, während iÜ die StA unter den hier aufgestellten Voraussetzungen (dazu → Rn. 2 ff.) v. ihrer Verfolgungsmöglichkeit keinen Gebrauch machen muss, sondern ausl. o. int. Strafverfolgungsbehörden den Vortritt lassen kann (BGH – ER – NStZ-RR 2012, 16). Damit soll auch eine „Überlastung der deutschen Ermittlungsressourcen durch Fälle, die keinen Bezug zu Deutschland aufweisen und bei denen die Aufnahme von Ermittlungen durch die deutschen Behörden auch keinen nennenswerten Aufklärungserfolg verspricht, vermieden werden" (BT-Drs. 14/8524, 14); die Norm enthält damit auch eine Nichtverfolgungsermächtigung, weil es sinnlos wäre, ein Verf. einzuleiten, um es dann unmittelbar nach dieser Norm wieder einzustellen (Löwe/Rosenberg/Beulke Rn. 14; vgl. auch SK-StPO/Weßlau/Deiters Rn. 3). Dem Tatortstaat u. dem Heimatstaat v. Täter u. Opfer sowie einem int. Gerichtshof, der bereit ist, den Fall an sich zu ziehen, soll der Vorrang zukommen (Werle/Jeßberger JZ 2002, 73).

1a **Politische Opportunitäten** wie va **außenpolitische Anliegen** müssen de lege lata bei der Ermessensentscheidung außer Betracht bleiben (Werle NStZ 2006, 438; Singelnstein/Stoll ZIS 2006, 119; Kurth ZIS 2006, 86; Radtke/Hohmann/Radtke Rn. 3; Geneuss, Völkerrechtsverbrechen und Verfolgungsermessen, 2013, S. 309 ff.; **aM** KK-StPO/Diemer Rn. 3). Für ihre Berücksichtigung sprechen zwar Gesichtspunkte wie mögliche außenpolitische Nachteile bei einer Strafverfolgung sowie Sensibilität in Bezug auf geschichtliche Vorgänge (KK-StPO/Diemer Rn. 3; vgl. auch SK-StPO/Weßlau/Deiters Rn. 3). Systematische Erwägungen stehen dem jedoch nach derzeitiger Gesetzeslage zwingend entgegen. Denn der Gesetzgeber hat Straftaten nach dem VStGB bewusst aus dem Anwendungsbereich der §§ 153c, 153d herausgenommen, die es erlauben, öffentl. Interessen wie etwa außenpolitische Anliegen der BRD zu berücksichtigen. So verweist § 153d Abs. 1 nicht auf die Straftaten nach dem VStGB iSv § 120 Abs. 1 Nr. 8 GVG, während § 153f gem. § 153c Abs. 1 S. 2 lex specialis zu § 153c ist, weshalb dessen Abs. 3 nicht angewendet werden kann (s. Geneuss, Völkerrechtsverbrechen und Verfolgungsermessen, 2013, S. 309 ff. sowie S. 313 ff. zu Vorschlägen de lege ferenda, um politische Aspekte bei der Entsch. mit berücksichtigen zu können).

1b **Immunität:** In persönlicher Hinsicht ist die Verfolgung im Inland in den Fällen der §§ 18–20 GVG ausgeschlossen (iE → GVG § 18 Rn. 1 ff., → GVG § 19 Rn. 1 ff., → GVG § 20 Rn. 1 ff.; KK-StPO/Diemer Rn. 3a). Dem steht jedoch nicht entgegen, einen Verdächtigen aufgrund eines entspr. Ersuchens an den IStGH zu überstellen (§ 21 GVG); insofern schließt Art. 27 IStGHSt Immunitäten für Verbrechen nach dem IStGH-Statut (Art. 6–8 IStGHSt) aus.

B. Voraussetzungen. Voraussetzungen für das Absehen v. der Verfolgung (vgl. Ambos NStZ 2006, 434): 2

I. Grundsatz. Allgemein **(für Ausländer u. Deutsche)** gilt (Abs. 1 S. 1), 3

1. dass es sich um eine Tat, die nach §§ 6–15 VStGB strafbar ist – also Völkermord (§ 6 VStGB = § 220a StGB aF), Verbrechen gegen die Menschlichkeit (§ 7 VStGB), Kriegsverbrechen (§§ 8–12 VStGB), Verbrechen der Aggression (§ 15 VStGB) u. sonstige (minder schwere) Straftaten (§ 13 VStGB: Verletzung der Aufsichtspflicht; § 14 VStGB: Unterlassen der Meldung einer Straftat) –, handeln muss,
2. dass diese Straftat entweder außerhalb des räumlichen Geltungsbereichs der StPO begangen wurde o. sie ein Teilnehmer an einer außerhalb des Geltungsbereichs begangenen Handlung in diesem Bereich begangen hat sowie
3. dass sich der Beschuldigte nicht im Inland aufhält u. ein solcher Aufenthalt auch nicht zu erwarten ist.

Zum Begriff des **Tatorts außerhalb der BRD** vgl. → § 153c Rn. 3. 4

Ob der **Begriff der Tat** wie in § 264 oder anders zu bestimmen ist, ist str. Der GBA (JZ 2005, 312) hat ihn zu Abs. 2 Nr. 4 unter Hinweis auf Art. 14 Abs. 1 IStGHSt dahin ausgelegt, dass er sich auf den Gesamtkomplex u. nicht auf einen einzelnen Tatverdächtigen u. seinen speziellen Tatbeitrag beziehe; das hat im Schrifttum mit Recht Widerspruch erfahren (vgl. Radtke/Hohmann/Radtke Rn. 22; Kreß ZIS 2007, 520 mwN). Der Hinweis auf die Formulierung in Art. 14 Abs. 1 IStGHSt („Situation") verfängt in diese Zusammenhang nicht, da diese Vorschr. lediglich einen der Auslösermechanismen der Jurisdiktion des IStGH beschreibt u. nicht die Funktion besitzt, den Lebenssachverhalt in Bezug auf Verbrechen zu umgrenzen, die einem bestimmten Beschuldigten vorgeworfen werden. Der Wortlaut v. § 153f wie seine systematische Stellung sprechen vielmehr dafür, den Begriff der „Tat" wie in §§ 155, 264 als einheitlichen geschichtlichen Vorgang zu verstehen, der sich materiellrechtlich – auch – als Völkerstraftat würdigen lässt (Radtke/Hohmann/Radtke Rn. 6, 22). 4a

Aufenthalt im Inland ist auch dann gegeben, wenn sich der Beschuldigte nur vorübergehend – freiwillig (zB auf der Durchreise) o. unfreiwillig – in der BRD aufhält. Eine Pflicht zur Strafverfolgung besteht immer dann, wenn physisch eine Verhaftung durch deutsche Behörden zumindest möglich ist (SK-StPO/Weßlau/Deiters Rn. 9; weitergehend Basak KritV 2007, 356: StA muss Fakten beibringen, welche die Möglichkeit einer künftigen Einreise fernliegend erscheinen lassen). Ein Aufenthalt im Inland ist **zu erwarten,** wenn es konkrete Anhaltspunkte hierfür gibt. Dies hängt v. einer Prognose ab, in die va berufliche, familiäre u. sonstige persönliche Beziehungen des Verdächtigen im Inland einfließen (Löwe/Rosenberg/Beulke Rn. 16; SK-StPO/Weßlau/Deiters Rn. 9); ob im Falle hochrangiger Regierungsmitglieder eines ausl. Staates auch regelmäßige Besuche inländischer Veranstaltungen mitberücksichtigt werden können, ist umstr. u. dürfte v. den Umständen des Einzelfalls abhängen (dafür Ambos NStZ 2006, 434 (436); Kurth ZIS 2006, 81 (84); dagegen Radtke/Hohmann/Radtke Rn. 13). 5

II. Deutsche. Für Deutsche ist ein Absehen v. der Verfolgung weiterhin nur dann gestattet, wenn die Tat bereits vor einem int. Gerichtshof o. durch einen Staat, auf dessen Gebiet die Tat begangen o. dessen Angehöriger durch die Tat verletzt wurde, verfolgt wird (Abs. 1 S. 2). Der Begriff „internationaler Gerichtshof" bezieht sich auf den IStGH sowie auf die nach Art. 39 ff. UN-Charta errichteten ad-hoc Gerichtshöfe für das ehem. Jugoslawien u. für Ruanda, nicht jedoch auf sog. Hybrid-Gerichte wie den Special Court für Sierra Leone o. die Extraordinary Chambers in the Courts of Cambodia (Radtke/Hohmann/Radtke Rn. 16). Der Widerspruch zu Art. 17 IStGHSt, wonach der IStGH strafverfolgend erst tätig 6 werden darf, wenn kein Staat, der Gerichtsbarkeit über die Sache hat, Ermittlungen durchführen o. aufnehmen will, ist dahin zu lösen, dass bereits das Stellen des Ersuchens an den IStGH, die Sache zu übernehmen, ausreicht (Löwe/Rosenberg/Beulke Nachtr. Rn. 24; Kirsch FS Strauda, 2006, 283). Eine anderweitige Strafverfolgung im Ausland genügt für sich allein nicht. Erforderlich ist vielmehr, dass die Tat im Ausland effektiv als Völkerrechtsverbrechen verfolgt wird; dies kann entspr. den in Art. 17 IStGHSt genannten Kriterien zu verneinen sein, wenn der andere Staat tatsächlich nicht willens o. nicht in der Lage ist, die Strafverfolgung ernsthaft durchzuführen. Eine Aburteilung durch ein ausl. Gericht schließt die Verfolgung allerdings wegen des völkerrechtlichen ne-bis-in-idem-Grundsatzes aus (Geneuss, Völkerrechtsverbrechen und Verfolgungsermessen, 2013, S. 185 ff.). Ob die StA die Tat des Deutschen – wie sonst idR – selbst verfolgt o. die Aburteilung dem int. Gerichtshof o. dem Tatortstaat überlässt, richtet sich nach den Umständen des Einzelfalls. Übernimmt der IStGH nicht, kann die StA die Verfolgung jederzeit wieder aufnehmen (Löwe/Rosenberg/Beulke Nachtr. Rn. 24).

7 **III. Ausländer.** Bei einem Ausländer kann v. der Verfolgung auch abgesehen werden, wenn er die Tat im Inland auf einem ausl. Schiff o. Luftfahrzeug begangen hat (Abs. 1 S. 1 iVm § 153c Abs. 1 Nr. 2). Vgl. dazu → § 153c Rn. 6 ff. Ausländer ist jeder, der nicht Deutscher ist, also nicht die deutsche Staatsangehörigkeit besitzt o. sonst Deutscher iSd Art. 116 GG ist (Löwe/Rosenberg/Beulke § 153c Rn. 14). Für die Ausländereigenschaft kommt es auf den Zeitpunkt der Anklageerhebung, nicht auf die Tatzeit an (Löwe/Rosenberg/Beulke § 153c Rn. 14).

8 **C. Absehen von der Verfolgung (Abs. 2).** In den hier bezeichneten Fällen **kann (nicht muss,** vgl. BT-Drs. 14/8892, 6; KK-StPO/Diemer Rn. 7: regelmäßig; **aM** Löwe/Rosenberg/Beulke Rn. 42: idR Verfolgungspflicht; diff. Geneuss, Völkerrechtsverbrechen und Verfolgungsermessen, 2013, S. 263 ff. mit Vorschlägen zur Ausübung des Ermessens) v. der Verfolgung abgesehen werden. Die Verfolgung kann also auch in der BRD geschehen, zB wenn sich hier eine größere Opfergruppe befindet (BT-Drs. 14/8892, 6). Ein „Durchermitteln" ist auch hier wie in § 153c (→ § 153c Rn. 2) nicht erforderlich, ebenso wenig die Zustimmung des Beschuldigten o. des Gerichts zum Absehen v. der Verfolgung. Abgesehen werden kann, wenn die Tat keinen Bezug zu Deutschland aufweist (Abs. 2 S. 1 Nr. 1 und 2), sich kein Tatverdächtiger im Inland aufhält (Abs. 2 S. 1 Nr. 3) u. – was bei einem Deutschen zwingende Voraussetzung ist (→ Rn. 6) – die Tat vor einem int. Gerichtshof o. durch den unmittelbar betroffenen u. daher vorrangigen Staat verfolgt wird (Abs. 2 S. 1 Nr. 4). Diese Voraussetzungen müssen kumulativ gegeben sein (Löwe/Rosenberg/Beulke Nachtr. Rn. 26), sonst bleibt es bei der Verfolgung in der BRep, also wenn es zB nur am Inlandsbezug fehlt o. nur die Verfolgung im Ausland eingeleitet ist; im ersteren Fall verlangt das Legalitätsprinzip im Zusammenhang mit dem Weltrechtsgrundsatz ein Einschreiten der deutschen Behörden, im zweiten Fall sollen die deutschen Strafverfolgungsbehörden ebenfalls ermitteln, um das „fremde Verfahren nach Kräften zu unterstützen und auch für eine etwaige spätere Übernahme des Falls durch Deutschland gerüstet zu sein" (BT-Drs. 14/8524, 38).

9 Bei **Ausländern** wird das Absehen v. der Verfolgung unter den Voraussetzungen des Abs. 2 Nr. 2 und 4 aber auch zugelassen, wenn er sich zwar im Inland aufhält, jedoch seine Überstellung an einen int. Gerichtshof (nach dem IStGHG) o. die Auslieferung an den verfolgenden Staat (nach dem IRG) zulässig u. tatsächlich beabsichtigt ist (Abs. 2 S. 2). OLG Stuttgart NStZ 2006, 117 hält deswegen „erst recht" eine Einstellung für zulässig, wenn der Verdächtige einem unmittelbaren Zugriff des verfolgenden Staats unterliegt u. damit ein Auslieferungsverfahren gar nicht erforderlich ist; dagegen berechtigte Bedenken v. Ambos (NStZ 2006, 436 mwN in Fn. 40), falls keine Verfolgung einer bestimmten Person wegen bestimmter Taten erfolgt.

9a **Gegen Art. 101 Abs. 1 S. 2 GG** verstößt Nr. 4 nicht (BVerfG NJW 2011, 2569): Hierdurch wird nicht die Zuständigkeit des IStGH begründet, vielmehr ergibt sich die formelle, materielle u. zeitliche Zuständigkeit des IStGH aus Art. 5, 11, 12 IStGHSt. Ein Verf. vor dem IStGH ist grds. unzulässig, wenn ein nationales Verf. stattfindet bzw. bereits stattgefunden hat o. die in Rede stehende Tat nicht ausreichend schwer ist, um ein Eingreifen durch den IStGH zu rechtfertigen (Art. 17 Abs. 1a–c, d IStGHSt).

D. Rücknahme der Klage (Abs. 3). Über § 156 hinaus, somit auch nach Eröffnung des Hauptverfahrens bis zum vollständigen Eintritt der Rechtskraft (Radtke/Hohmann/Radtke Rn. 31), kann die öffentl. Klage zurückgenommen u. sodann das Verf. von der StA eingestellt werden. Es gilt dasselbe wie bei § 153c (vgl. → § 153 Rn. 16 ff.). Das Gericht selbst kann nicht einstellen, braucht aber der Einstellung auch nicht zuzustimmen. Das Klageerzwingungsverfahren nach § 172 Abs. 2 ist auch hier grds. unzulässig; überprüfbar soll allerdings nach hM sein, ob die Tatbestandsvoraussetzungen nach Abs. 1 oder Abs. 2 überhaupt vorliegen, nicht jedoch das v. GBA ausgeübte Ermessen (OLG Stuttgart NStZ 2006, 117; Kreß ZIS 2007, 521 (525); abl. Ambos NStZ 2006, 434 (437 f.); Basak KritV 2007, 363; Singelnstein/Stolle ZIS 2006, 118 (120); dagegen mit beachtlichen Argumenten Radtke/Hohmann/Radtke Rn. 32; erg. → § 172 Rn. 3). 10

E. Kein Strafklageverbrauch. Strafklageverbrauch tritt weder durch die Einstellung noch durch die Klagerücknahme ein; eine Wiederaufnahme des Verfahrens ist jederzeit auch ohne Vorliegen neuer Tatsachen o. Beweismittel möglich, da sich die Einstellungs- bzw. Rücknahmevoraussetzungen – anders als etwa bei §§ 153, 153a – nicht auf Unrechts- o. Schuldgesichtspunkte beziehen (Radtke/Hohmann/Radtke Rn. 34). 10a

F. Zuständigkeit. Zuständig ist der GBA (§ 120 Abs. 1 Nr. 8 iVm § 142a Abs. 1 GVG). Die Zuständigkeit des OLG nach § 120 GVG ist auf alle Straftaten nach dem VStGB ausgedehnt worden, um damit auch eine konzentrierte Verfolgungszuständigkeit des GBA nach § 142a Abs. 1 GVG zu schaffen (Werle/Jeßberger JZ 2002, 733). 11

G. Kosten, Auslagen und Entschädigung. Vgl. → § 153c Rn. 20. 12

Teileinstellung bei mehreren Taten **Nr. 5, 101, 222a RiStBV**

154 (1) **Die Staatsanwaltschaft kann von der Verfolgung einer Tat absehen,**

1. wenn die Strafe oder die Maßregel der Besserung und Sicherung, zu der die Verfolgung führen kann, neben einer Strafe oder Maßregel der Besserung und Sicherung, die gegen den Beschuldigten wegen einer anderen Tat rechtskräftig verhängt worden ist oder die er wegen einer anderen Tat zu erwarten hat, nicht beträchtlich ins Gewicht fällt oder

2. darüber hinaus, wenn ein Urteil wegen dieser Tat in angemessener Frist nicht zu erwarten ist und wenn eine Strafe oder Maßregel der Besserung und Sicherung, die gegen den Beschuldigten rechtskräftig verhängt worden ist oder die er wegen einer anderen Tat zu erwarten hat, zur Einwirkung auf den Täter und zur Verteidigung der Rechtsordnung ausreichend erscheint.

(2) **Ist die öffentliche Klage bereits erhoben, so kann das Gericht auf Antrag der Staatsanwaltschaft das Verfahren in jeder Lage vorläufig einstellen.**

(3) **Ist das Verfahren mit Rücksicht auf eine wegen einer anderen Tat bereits rechtskräftig erkannten Strafe oder Maßregel der Besserung und Sicherung vorläufig eingestellt worden, so kann es, falls nicht inzwischen Verjährung eingetreten ist, wieder aufgenommen werden, wenn die rechtskräftig erkannte Strafe oder Maßregel der Besserung und Sicherung nachträglich wegfällt.**

(4) **Ist das Verfahren mit Rücksicht auf eine wegen einer anderen Tat zu erwartende Strafe oder Maßregel der Besserung und Sicherung vorläufig eingestellt worden, so kann es, falls nicht inzwischen Verjährung eingetreten ist, binnen drei Monaten nach Rechtskraft des wegen der anderen Tat ergehenden Urteils wieder aufgenommen werden.**

(5) **Hat das Gericht das Verfahren vorläufig eingestellt, so bedarf es zur Wiederaufnahme eines Gerichtsbeschlusses.**

Übersicht

1 **A. Normzweck.** Verfahrensbeschleunigung durch **Teilverzicht auf Strafverfolgung bei mehreren Taten** iSd § 264 ist das Ziel des § 154; er wird durch § 154a ergänzt, der die Abtrennung einzelner Tatteile o. Gesetzesverletzungen, aber auch die Beschränkung auf materiell-rechtlich selbständige Taten einer Tat iSd § 264 erlaubt. Zur irrtümlichen Anwendung v. § 154 statt § 154a und umgekehrt → § 154a Rn. 29. § 154 ermöglicht insbes. die Beschränkung o. Vermeidung v. Großverfahren. Die materiell-rechtlichen Strafzwecke dürfen dabei in ihrem Kern nicht tangiert u. nicht wesentlich beeinträchtigt werden; auch berechtigte Belange des Verletzten müssen berücksichtigt werden (Böttcher FS Volk, 2009, 61). Die Möglichkeit der Abtrennung einer der verbundenen Strafsachen (→ § 4 Rn. 11) bleibt als weitere Möglichkeit voll erhalten (Kurth NJW 1978, 2482). § 154 gilt auch im JGG-Verf. (Brunner/Dölling JGG § 45 Rn. 3b; **aM** Bohnert NJW 1980, 1930). Zur Reichweite der Einstellung, wenn das Gericht irrtümlich nach § 154 anstatt nach § 154a Abs. 2 verfahren ist, → § 154a Rn. 29.

1a **Ausländische Verfahren** o. Verurteilungen rechtfertigen, wie sich aus dem Regelungszusammenhang mit §§ 153c, 154b Abs. 2 ergibt, die Anwendung der Vorschr. nicht (Löwe/Rosenberg/Beulke Rn. 10; **aM** LG Aachen NStZ 1993, 505; LG Bonn NJW 1973, 1566; LG Essen StV 1992, 223). Etwas anderes gilt unzw. nur bei Urteilen aus anderen EU-Staaten (vgl. Art. 3 RB 2008/675/JI des EU-Rates v. 24.7.2008); hins. außereur. Strafverfahren u. Verurteilungen ist es nach wie vor umstr. (dazu eing. u. Anwendung des § 154 befürwortend Peters NStZ 2012, 76).

In **Verfahren der EUStA** ist die Vorschr. anwendbar (vgl. § 2 EUStAG; BT-Drs. 19/17963, 34; erg. → GVG § 141 Rn. 12 ff.). 1b

Die Einstellung nach § 154 steht einem Urt. nicht gleich (Cramer wistra 1999, 291; **aM** Bandemer NStZ 1988, 297). Wenn die Einwirkung durch die Vollstreckung des bereits rkr. Urteils für die (Wieder-)Eingliederung des Verurteilten ausreicht, ist der Verzicht auf die Durchführung eines weiteren Verfahrens wegen einer anderen Tat u. damit auf kumulierte Strafvollstreckung unter den näher bezeichneten Voraussetzungen vertretbar. 2

Wenn die Durchführung des bzw. der Verf. wegen der mehreren Taten **noch bevorsteht** u. die Rechtsfolgen, die wegen der minder bedeutenden Tat zu erwarten sind, in der Relation zu dem, was der Beschuldigte wegen der anderen Taten zu erwarten hat, nicht erheblich ins Gewicht fallen werden, ist der Verzicht auf die Strafverfolgung wegen der weniger bedeutenden Tat unter bestimmten Voraussetzungen ebenfalls vertretbar. 3

B. Verbundene und getrennte Verfahren. Die Anwendung des § 154 ist **nicht davon abhängig,** dass die Verf. wegen der mehreren Taten aufgrund des persönlichen Zusammenhangs verbunden sind (vgl. §§ 2–4). Sind sie verbunden, so kann schon ihre Trennung ein Mittel dazu sein, ein Großverfahren sowie die gegenseitige Behinderung im Fortgang der mehreren Strafsachen zu vermeiden, um wenigstens in dem einen Teil rasch zu einem rkr. Urt. zu gelangen. Mit der Trennung der Verf. ist aber noch kein partieller Verzicht auf Strafverfolgung verbunden. Diesen ermöglicht erst § 154. Die mehreren Taten zum Gegenstand getrennter Verf. zu machen, kann auch angebracht sein, um frühzeitig die Grdl. für die Entsch. über die vorl. Einstellung wegen einer der mehreren Taten nach § 154 zu gewinnen (erg. → § 163 Rn. 4). 4

C. Vielzahl von Taten. Bei einer Vielzahl von Taten kann auch im Hinblick auf die Rechtsfolgen der schwersten o. mehrerer schwererer Taten der Verzicht auf die Verfolgung mehrerer anderer minderschwerer Taten vertretbar sein. Dies kann sogar bei mehreren gleichgewichtigen Taten der Fall sein, wenn eine Gesamtstrafe zu bilden wäre (Sack NJW 1976, 606; → Rn. 8). 5

D. Ermittlungsverfahren (Abs. 1). Die StA soll in weitem Umf. u. in einem **möglichst frühen Verfahrensstadium** von Abs. 1 Gebrauch machen u. prüft die Möglichkeit v. Beginn der Ermittlungen an (Nr. 101 RiStBV; → § 163 Rn. 4). Sie bedarf nicht der Zustimmung des Gerichts, die nach § 153 Abs. 1 S. 1 und § 153a Abs. 1 S. 1 erforderlich ist. Eine Zusage nach Abs. 1, andere bei ihr anhängige Ermittlungsverfahren einzustellen, darf nicht Teil einer Verständigung nach § 257c sein (BVerfG NJW 2013, 1058 Rn. 79; erg. → § 257c Rn. 13). Wenn die StA wegen einer der mehreren Taten keine Anklage erhebt, ist das Gericht nicht mit ihr befasst; es kann diese Tat auch im gerichtlichen Verf. wegen der anderen Tat nicht einbeziehen, weil es insoweit an der Prozessvoraussetzung der Anklageerhebung fehlt (→ Einl. Rn. 148; → § 200 Rn. 2). Wegen der Umgrenzungsfunktion der Anklageschrift sowie der möglichen Wiedereinbeziehung der eingestellten Taten muss die StA aber die ausgeschiedenen Vorgänge in der Anklage **exakt beschreiben** (BGH BeckRS 2014, 969; KG NStZ 2012, 349; zur Einstellung bei gleichförmigen Serienstraftaten → Rn. 16b). Der Verzicht auf die Strafverfolgung wegen der einen Tat ist auch nicht im Klageerzwingungsverfahren nachprüfbar (§ 172 Abs. 2 S. 3). Der Ausdruck „vorläufig" (→ Rn. 15) wird in der Einstellungsverfügung nicht verwendet. Über den Bescheid an den Anzeigenden vgl. Nr. 101 Abs. 2 RiStBV. Zu den vAw zu beachtenden Mitteilungspflichten vgl. → § 153 Rn. 41. 6

E. Einstellungseinschränkung (Abs. 1 Nr. 1). Die **in Abs. 1 Nr. 2 ausdr. vorgesehene Einstellungseinschränkung,** dass die Einwirkung auf den Täter u. die Verteidigung der Rechtsordnung nicht Schaden leiden dürfen, gilt nach dem Sinn der Regelung **auch bei Anwendung des Abs. 1 Nr. 1.** In Vergleich zu setzen sind auf beiden Seiten die Strafen oder/und die Maßregeln der Besserung u. 7

Sicherung (KK-StPO/Diemer Rn. 6). Darüber hinaus können u. müssen aber auch die übrigen Maßnahmen (§ 11 Abs. 1 Nr. 8 StGB) berücksichtigt werden (Löwe/Rosenberg/Beulke Rn. 16). Auch die Verurteilung zu einer Verwarnung mit Strafvorbehalt kann genügen (LG Berlin NStZ 1994, 450). Ob das durch den Strafverfolgungsverzicht entfallende Rechtsfolgenquantum im Vergleich zu dem bereits rkr. Festgesetzten o. zu dem in der anderen Sache zu Erwartenden beträchtlich ins Gewicht fällt, ist im Einzelfall unter Berücksichtigung aller Umstände zu beurteilen. Ein Prozentsatz lässt sich dafür nicht festlegen. Beträchtlich ins Gewicht fällt grds. der Wegfall einer zur Einwirkung auf den Täter erforderlichen Maßregel der Besserung u. Sicherung. Ebenso scheidet die Anwendung des § 154 aus, wenn nur die Strafverfolgung wegen der mehreren Taten voraussichtlich zu einer Freiheitsstrafe führen würde. Jedenfalls ist § 154 nicht anzuwenden, soweit die wegen der nicht verfolgten Tat(en) zu erwartenden Rechtsfolgen nicht mehr deutlich hinter den wegen der anderen Tat(en) zu erwartenden (o. verhängten) Rechtsfolgen zurückbleiben (Kurth NJW 1978, 2482). Ein solches Zurückbleiben besteht aber noch bei einem Rechtsfolgenminus v. etwas mehr als einem Viertel (Kurth NJW 1978, 2482).

8 **F. Zu erwartende Gesamtstrafe. Bei zu erwartender Gesamtstrafe** ist bei der Abwägung nur das Rechtsfolgenminus relevant, das durch den Wegfall der auszuscheidenden Tat entsteht (Löwe/Rosenberg/Beulke Rn. 20). Daher ist § 154 ggf. sogar anwendbar, wenn für die Tat, deren Ausscheidung erwogen wird, ein schwererer Strafrahmen besteht als für die andere Tat. Es darf aber auch hierbei nicht zur Gleichgewichtigkeit v. ausgeschiedenen u. verbleibenden Rechtsfolgen kommen (Kurth NJW 1978, 2482).

9 **G. Urteil in angemessener Frist nicht zu erwarten (Abs. 1 Nr. 2). Darüber hinaus (Abs. 1 Nr. 2),** also auch, wenn das Rechtsfolgenminus beträchtlich ins Gewicht fällt, kann auf die Strafverfolgung wegen einer der mehreren Taten verzichtet werden, wenn es **unangemessen lange** dauern würde, bis ein Urt. in dieser Sache zu erwarten ist (Kurth NJW 1978, 2482). Wenn allerdings ein Urt. in angemessener Frist durch Verfahrenstrennung erreicht werden kann, ist dieser Weg vorzuziehen (Löwe/Rosenberg/Beulke Rn. 23). Wie alle anderen materiellen Voraussetzungen der Anwendbarkeit des § 154 setzt auch die Unangemessenheit der Verfahrensdauer einen Vergleich mit der anderen Strafsache voraus. Dabei ist die mit dem zeitlichen Abstand der Urteile abnehmende Effizienz der Einwirkung auf den Mehrfachtäter wesentlich. Auch Abs. 1 Nr. 2 gestattet keinen prinzipiellen Eingriff in das materielle Strafrecht u. befreit namentlich nicht v. der Berücksichtigung der Schuld (Kurth NJW 1978, 2482). Ergänzend → § 154a Rn. 15 zur Einstellung aus prozessökonomischen Gründen.

10 Ist das **andere Verfahren bereits rechtskräftig abgeschlossen,** so ist die Dauer des Verfahrens wegen der anderen Tat schon dann unangemessen, wenn die aus ihm zu erwartende Aufstockung der strafrechtlichen Sanktionen u. der Einwirkung auf den Mehrfachtäter nach Erledigung der ersten Strafsache an Effizienz unverhältnismäßig gering einzuschätzen ist.

11 **Sind beide Strafsachen erst durchzuführen,** so ist es ebenfalls wesentlich, wie weit bei getrennten Verf. die beiden Urteile auseinanderliegen würden. Je geringer die zusätzliche Einwirkung auf den Mehrfachtäter durch das spätere Urt. einzuschätzen ist, desto eher ist der Verzicht auf dieses länger dauernde Verf. vertretbar.

12 **H. Ausschließungsgründe für Abs. 1 Nr. 2.** Die Verfahrenstrennung nach § 4 hat Vorrang (Löwe/Rosenberg/Beulke Rn. 23), auch wenn wegen des abgetrennten Verfahrensteils voraussichtlich eingestellt werden muss (Rieß NStZ 1984, 427 in Anm. zu LG Kaiserslautern, das unter Urt. iS Abs. 1 Nr. 2 zu Unrecht nur ein Sachurteil versteht). Ob auf die Strafverfolgung einer der mehreren Taten, mit der ein beträchtliches Weniger an Rechtsfolgen verbunden wäre, verzichtet werden kann, ist – wie das Absehen nach Abs. 1 Nr. 1 – nach pflichtgemäßem Ermessen zu beurteilen; die Strafzwecke müssen durch die Verurteilung wegen der anderen Tat(en)

erreichbar erscheinen (Kurth NJW 1978, 2482; → Rn. 1, 9); sich hieraus ergebenden ungeschriebenen Ausschließungsgründen sind in Abs. 1 Nr. 2 zwei absolute Grenzen für das Ermessen gesetzt.

Ist die **Einwirkung auf den Täter** durch die Summe der Rechtsfolgen erforderlich, um ihm zu seiner Wiedereingliederung zu verhelfen, so ist ein Teilverzicht hierauf u. damit die Nichtverfolgung einer der mehreren Taten unzulässig. Das gilt zB, wenn durch den Verfolgungsverzicht eine Maßregel der Besserung u. Sicherung ausscheiden würde, deren Vollstreckung geboten erscheint. **13**

Die **Verteidigung der Rechtsordnung** darf durch den Teilverzicht ebenfalls nicht leiden. Daher scheidet eine Anwendung des Abs. 1 Nr. 2 aus, wenn die Verfolgung wegen der Tat, deren Ausscheidung erwogen wird, notwendig ist, um künftigen ähnlichen Rechtsverletzungen durch andere vorzubeugen. Das Gleiche gilt, wenn durch die Nichtverfolgung der Tat die Bevölkerung in ihrem Vertrauen auf das Funktionieren der Rechtsordnung erschüttert würde (vgl. BGHSt 24, 63; Lange NJW 1978, 786: Raison des Rechts). **14**

I. Vorläufiges Absehen nach Abs. 1. Vorläufig ist das Absehen nach Abs. 1, weil die StA die Ermittlungen **jederzeit wiederaufnehmen** kann (→ § 170 Rn. 9), wenn es ihr geboten erscheint, zB bei Unrichtigkeit ihrer Prognose über Ablauf u. Erg. des anderen Verfahrens (erg. aber → Rn. 21). Die Ermittlungen brauchen nicht weiter ausgedehnt zu werden, als notwendig ist, um eine sachgerechte Entsch. über die Einstellung treffen u. das Verf. ggf. später ohne Beweisverlust wiederaufnehmen zu können (Kurth NJW 1978, 2483; Volk NJW 1996, 880; → § 160 Rn. 15). Eine mit der Straftat tateinheitlich zusammentreffende Ordnungswidrigkeit kann trotz Einstellung des Verfahrens hins. der Straftat nach § 154 Abs. 1 von der VerwB weiter verfolgt werden (BGHSt 41, 385; Göhler wistra 1996, 132; Kindhäuser JZ 1997, 102; **aM** Schmidt wistra 1998, 211; erg. → § 153 Rn. 6; → § 153a Rn. 35). **15**

J. Nach Erhebung der öffentlichen Klage (Abs. 2). Nach Erhebung der öffentlichen Klage (Abs. 2), dh im Zwischenverfahren (BGHSt 36, 361: auch wenn in derselben Sache bei einem anderen Gericht Anklage erhoben worden ist) u. im Hauptverfahren (→ Einl. Rn. 63, 64), kann das Gericht, auch das Revisionsgericht (→ § 353 Rn. 2), das Verf. einstellen, aber nur auf Antrag der StA, nicht vAw. Ein Antrag o. die Zustimmung des Nebenklägers ist nicht erforderlich, auch nicht, wenn nur er Berufung eingelegt hat (OLG Celle NStZ 1983, 328; erg. → § 396 Rn. 18). Der Angeschuldigte braucht zu der beabsichtigten Einstellung nicht angehört zu werden (Kusch NStZ 1995, 18 – BGH RsprÜ; **aM** unter Hinweis auf § 33 Abs. 1 Radtke/Hohmann/Radtke Rn. 42; Löwe/Rosenberg/Beulke Rn. 40), es sei denn, es solle eine ihn benachteiligende Kostenentscheidung getroffen werden (OLG Oldenburg StraFo 2010, 352; OLG Dresden NStZ-RR 2015, 30). Gespräche v. Richtern allein mit der StA über eine Teileinstellung des Verfahrens unterliegen nicht den Transparenz- u. Dokumentationsregeln des Verständigungsgesetzes iSd §§ 243 Abs. 4, 257c Abs. 3 (BGH NStZ 2018, 49 (2. StS) unter Aufgabe v. BGH NStZ 2016, 171 (mablAnm Schneider u. Niemöller JR 2016, 146 (148 ff.)); offengelassen v. BGH BeckRS 2016, 110118). Die Einstellung nach Abs. 2 einer unter das JGG fallenden Tat darf nicht dazu führen, dass hins. der verbleibenden, nach Erwachsenenstrafrecht abzuurteilenden Tat § 32 Abs. 1 JGG umgangen wird (OLG Düsseldorf StV 2017, 721). **16**

I. Beschluss. Die Einstellung erfolgt durch **Beschluss** (Tolksdorf DAR 1997, 181 – BGH RsprÜ), aus dem sich die eingestellte Tat sowie die betroffenen Angeklagten konkret ergeben müssen, da er sonst keine Sperrwirkung entfaltet (BGH BeckRS 2014, 969; 2008, 20932). Dabei können auszuscheidende Taten sowohl „positiv" beschrieben werden, indem die einzustellenden Taten konkret bezeichnet werden, als auch „negativ", indem genau angegeben wird, welche der angeklagten Taten weiterhin Verfahrensgegenstand sind (BGH NJW 2015, 181). Das Wort „vorläufig" sollte im Beschl. nicht enthalten sein (vgl. → Rn. 17, 18). Besteht keine Klarheit über die ausgeschiedenen Verfahrensteile, ist die Einstellung **16a**

nach Abs. 2 wirkungslos u. steht einer Aburteilung nicht entgegen (BGH NJW 2015, 181; NStZ-RR 2013, 10). Zu den vAw zu beachtenden Mitteilungspflichten vgl. → § 153 Rn. 41. Zur unzutreffenden Annahme mehrerer prozessualer Taten u. Einstellung nach Abs. 2 → § 154a Rn. 29.

16b **II. Einstellung von Serienstraftaten.** Auch bei der **Einstellung von gleichförmigen Serienstraftaten** (etwa in Fällen des sexuellen Missbrauchs v. Kindern o. v. Rauschgiftdelikten) dürfen keine Zweifel sowohl über den Umf. der abgeurteilten als auch der eingestellten Taten bestehen. Höhere Anforderungen als an Tatkonkretisierungen in Anklageschriften bzw. im Verurteilungsfall in den Urteilsgründen dürfen allerdings auch in diesen Fällen nicht gestellt werden (BGH BeckRS 2014, 19128; auch → § 200 Rn. 9 sowie → § 267 Rn. 6a jew. mwN). Nicht ausreichend ist es danach zwar, wenn bei der Verurteilung ein Tatzeitraum zu Grunde gelegt wird, dem es an einem hinreichend bestimmten End- bzw. Anfangszeitpunkt fehlt (BGH BeckRS 2011, 16209; 2014, 969) o. wenn es wegen unterschiedlicher Tatmodalitäten an einer hinreichenden Konkretisierung der eingestellten u. abgeurteilten Taten mangelt (BGH BeckRS 2008, 20932, zu Betäubungsmitteltaten). Wird jedoch hins. sämtlicher gleichförmiger, nicht weiter konkretisierbarer Taten der gesamte angeklagte Tatzeitraum zu Grunde gelegt u. dieser mit Verurteilung u. Beschl. gem. Abs. 2 vollständig ausgeschöpft, so ist dies rechtlich unbedenklich (BGH BeckRS 2014, 19128, zu Straftaten des sexuellen Missbrauchs v. Kindern); so kann die Anzahl der – ggf. nach tatrichterlicher Schätzung – festgestellten Taten anhand v. Tatzeitraum u. Tatfrequenz konkretisiert, der Gesamtzahl der angeklagten Taten gegenübergestellt u. eine Differenz ermittelt werden, die in der Einstellungsentscheidung zum Ausdruck kommt (BGH BeckRS 2014, 19128; NJW 2015, 181).

17 **III. Keine endgültige Einstellung mehr.** Das vorl. eingestellte Verf. ist einer **endg. Einstellung nicht mehr zugänglich,** nur der (weitgehenden) Wiederaufnahme (Abs. 3–5; BayObLGSt 1966, 74; Löwe/Rosenberg/Beulke Rn. 42; → Rn. 21, 22). Die vorl. Einstellung durch Gerichtsbeschluss ist endg. gemeint u. beendet die gerichtliche Anhängigkeit (BGHSt 30, 197; BGH NStZ 2025, 499; OLG Naumburg StraFo 2015, 285; OLG Düsseldorf MDR 1988, 164; OLG Frankfurt a. M. NStZ 1988, 328), auch iSd § 154e (→ § 154e Rn. 4 ff.), u. hat sogar (anders als im Fall des § 205) beschränkte materielle Rechtskraft (BGHSt 10, 88 (94); → Einl. Rn. 182). Der – wirksame (vgl. BGH NStZ 2001, 656) – Einstellungsbeschluss schafft ein Verfahrenshindernis (BGHSt 30, 197 (198); BGH NJW 2025, 1216; BayObLG NStZ 1992, 403; OLG Düsseldorf StraFo 1999, 302; OLG Brandenburg StraFo 2019, 381), das in der Revisionsinstanz vAw zu beachten ist (BGH NStZ-RR 2007, 83; NStZ 2007, 476). Die StA kann die Anklage auch dann nicht mehr zurücknehmen, wenn der Beschl. vor Eröffnung des Hauptverfahrens ergangen ist (BGHSt 36, 361 (363)). Beweissicherungen (für den Fall der Verfahrensfortsetzung nach Abs. 3, Abs. 4) sind trotz der Rechtskraft des Beschl. zulässig (Löwe/Rosenberg/Beulke Rn. 52; weitergehend OLG Celle NStZ 1985, 218 mablAnm Schoreit, das sogar die Terminsanberaumung zwecks Verjährungsunterbrechung zulässt). Auch die Verfolgung als Ordnungswidrigkeit bleibt zulässig (BayObLG NZV 2004, 269; erg. → Rn. 15)

18 **IV. Kosten- und Entschädigungsentscheidung.** Da es sich bei der gerichtlichen Einstellung trotz des missverständlichen Wortlauts des Abs. 2 in Wahrheit um eine endg. (nur unter dem Vorbehalt einer Wiederaufnahme des Verfahrens stehende) Einstellung handelt (→ Rn. 17), ist sie mit einer Entsch. über die Verfahrenskosten u. die notwendigen Auslagen des Beschuldigten (→ § 464 Rn. 6) zu versehen (BGH NJW 1996, 2518 (2519); NStZ-RR 2012, 159); ggf. ist auch über die Entschädigung für Strafverfolgungsmaßnahmen (→ StrEG § 8 Rn. 2) zu befinden. Beim BGH werden idR bei einer dort erfolgenden Einstellung die notwendigen Auslagen des Angeklagten nach § 467 Abs. 1, Abs. 4 der Staatskasse auferlegt (vgl. aber → § 467 Rn. 19).

K. In jeder Lage des Verfahrens. In jeder Lage des Verfahrens (vgl. § 153 Abs. 2) gilt § 154, also auch im **Berufungsrechtszug** (erg. → § 302 Rn. 11) u. auch noch in der **Revisionsinstanz** (→ § 353 Rn. 2), sogar bei (horizontaler) Teilrechtskraft (BGH StraFo 2011, 184; 2014, 511; OLG Köln NJW 1952, 1029), mit der noch keine Teilvollstreckbarkeit verbunden ist (→ Einl. Rn. 185a; → § 449 Rn. 5). Es ist auch zulässig, in der HV das Verf. wegen einer Tat abzutrennen u. auszusetzen, wenn die Sache wegen der anderen Tat entscheidungsreif ist (Dallinger MDR 1975, 25 – BGH RsprÜ; → § 4 Rn. 11). § 154 gilt nicht mehr im Vollstreckungsverfahren (→ Einl. Rn. 65). Dagegen steht die Vollstreckung der wegen der anderen Tat erkannten Strafe der Einstellung nicht entgegen. Jedoch ist § 154 nach seinem Sinn nicht mehr anwendbar, wenn die neue Tat erst nach Abschluss des Vollstreckungsverfahrens wegen der anderen Tat begangen worden ist (Löwe/Rosenberg/Beulke Rn. 15). 19

L. § 154 und Verständigungen nach § 257c. Im anhängigen Verf. ist eine vorl. Einstellung nach Abs. 2 **zulässiger Gegenstand einer Verständigung** nach § 257c (→ § 257c Rn. 13). Ansonsten ist es zulässig, dass die StA anlässlich v. Verständigungsgesprächen ankündigt, v. der Verfolgung anderer bei ihr anhängiger Ermittlungsverfahren nach Abs. 1 im Hinblick auf die zu erwartende Verurteilung des Angeklagten abzusehen o. auf die Einstellung bereits anhängiger weiterer Verf. nach Abs. 2 hinzuwirken, sofern nicht der Eindruck erweckt wird, derartige Ankündigungen würden v. der Bindungswirkung der Verständigung iSd § 257c Abs. 4 erfasst; eine entspr. Klarstellung kann durch eine entspr. Belehrung des Angeklagten durch den Vorsitzenden erfolgen (BGH NStZ 2017, 56 mAnm Bittmann; erg. → Rn. 16, Eckstein NStZ 2017, 609). 19a

M. Beschwerde. Ist der Beschl. nach Abs. 2 ordnungsgemäß ergangen, so ist Beschwerde gegen ihn nicht zulässig (BGHSt 10, 88; OLG Celle NStZ 1983, 328; OLG Düsseldorf MDR 1981, 338; SK-StPO/Weßlau/Deiters Rn. 50; **aM** OLG Zweibrücken NJW 1996, 866; Möller StraFo 2013, 241). Der Beschuldigte ist durch die Einstellung nicht beschwert (BGH NStZ-RR 2008, 183; OLG Bamberg StV 1981, 402; OLG Zweibrücken NJW 1996, 866; → Vor § 296 Rn. 8 ff.), selbst wenn das Verf. wegen eines Prozesshindernisses (→ Einl. Rn. 141 ff.) hätte eingestellt werden müssen (Maatz MDR 1986, 884); anders ist es nur, wenn die Unschuld des Beschuldigten eindeutig feststand (BVerfG NJW 1997, 46; BGH NStZ-RR 2007, 21 Ls.; KG StraFo 2010, 428; vgl. auch LG Arnsberg wistra 2008, 440; AG Lebach StraFo 2013, 249). Auch die Kostenentscheidung ist nicht anfechtbar (OLG Düsseldorf JurBüro 1991, 854). Der Beschuldigte kann sich auch nicht gegen die Ablehnung der vorl. Einstellung beschweren, weil § 154 nicht seinem Schutz dient. Auch eine Beschwerde der StA gegen die Ablehnung eines Einstellungsantrags ist unzulässig (SK-StPO/Weßlau/Deiters Rn. 52; **aM** KMR-StPO/Plöd Rn. 26). Wird das Verf. gesetzwidrig, zB ohne Antrag der StA, eingestellt (OLG Düsseldorf AnwBl 1979, 40), so kann sie sich beschweren (§ 304 Abs. 1; LG Regensburg NJW 1990, 1742), nicht aber schon dann, wenn das Gericht rechtsfehlerhaft die Voraussetzungen des Abs. 1 bejaht hatte (OLG Düsseldorf NStE StPO § 154 Nr. 6). 20

N. Wiederaufnahme. I. Im Falle des Abs. 1. Die StA kann das Verf. jederzeit – bis zur Verjährung – wiederaufnehmen, auch konkludent durch Anklageerhebung (BGH NStZ-RR 2007, 20), sogar trotz einer entgegenstehenden „Zusage" (BGHSt 37, 10). Für sie enthalten Abs. 3, Abs. 4 nur RLn, jedoch keine Beschränkung, insbes. keine Bindung an die Frist des Abs. 4 (BGHSt 30, 165; BGH NJW 1986, 3217; NStZ 1986, 469); zutr. wird aber ein „sachlich einleuchtender Grund" verlangt (BGHSt 54, 1 (7); StraFo 2008, 423 (424); Löwe/Rosenberg/Beulke Rn. 35; SK-StPO/Weßlau/Deiters Rn. 29; offengelassen v. BGH NStZ 2011, 651; BeckRS 2019, 30098). Bei Serienstraftaten, bei denen früher der Beschuldigte durch die Annahme einer fortgesetzten Handlung (vgl. dazu → § 260 Rn. 14) vor ständig neuer Strafverfolgung geschützt war (vgl. → Einl. Rn. 175 f.), wird eine erneute Verfolgung wegen bisher nicht angeklagter Taten aber nur als 21 zulässig erachtet werden können, wenn die Voraussetzungen des Abs. 4 vorliegen; etwas anderes würde kein faires Verf. (→ Einl. Rn. 19) darstellen (zust. Ostendorf GS Eckert, 2008, 650; vgl. auch BGHR StrEG § 8 Verfahrensabschluss 2; Arzt JZ 1994, 1001: Stückweise Anklage könnte Rechtsmissbrauch bedeuten). Das **europarechtliche Doppelbestrafungsverbot** nach Art. 54 SDÜ gilt zwar grds. nicht (Hieramente StraFo 2014, 445 (452)); es kann aber zur Anwendung kommen, wenn bei einer Gesamtschau der staatsanwaltlichen Einstellungsentscheidung davon auszugehen ist, dass sie nach eingehenden Ermittlungen das Verfahren endgültig abschließen sollte und ein sachlicher Grund zur Wiederaufnahme nicht bestand (vgl. EGMR NJW 2024, 893; BVerfG StraFo 2022, 423); erg. → Einl. Rn. 177a–h).

22 **II. Im Fall des Abs. 2.** Mit der Einstellung durch Gerichtsbeschluss entsteht ein vAw zu beachtendes **Verfahrenshindernis,** zu dessen Beseitigung es eines Wiederaufnahmebeschlusses nach Abs. 5 bedarf (BGH NJW 2025, 1216; OLG Brandenburg StV 2019, 832). Den **Wiederaufnahmebeschluss** (Abs. 3, Abs. 4) muss das Gericht – dh der Spruchkörper (OLG Koblenz StraFo 2001, 242) – erlassen, dessen Einstellungsbeschluss rückgängig gemacht werden soll (BGH GA 1981, 36; Dallinger MDR 1973, 192 – BGH RsprÜ). Stillschweigende Wiederaufnahme, zB durch einen Eröffnungsbeschluss nach § 203 (OLG Brandenburg StV 2019, 832) o. Anberaumung eines Termins zur HV, genügt nicht (BayObLG NStZ 1992, 403; OLG Düsseldorf StraFo 1999, 302; Lorenzen/Görl SchlHA 1990, 117 – OLG Schleswig RsprÜ; **aM** OLG Celle NStZ 1985, 218 mablAnm Schoreit). Die Wiederaufnahme kommt nur bei Vorliegen sachlicher Gründe in Betracht, etwa wenn der Angeklagte im Bezugsverfahren nicht o. nur geringfügig verurteilt wurde, nicht aber deshalb, weil er flüchtig ist (OLG Hamm StraFo 2008, 382) o. weil der Vorsitzende vor Erlass des Einstellungsbeschlusses unlängliche Aktenkenntnis hatte (OLG Naumburg StraFo 2015, 285). Der Beschl. ist auch nach Ablauf der Frist des Abs. 4 zulässig, wenn sich herausstellt, dass das eingestellte Verf. kein Vergehen, sondern ein Verbrechen zum Gegenstand hat (BGHSt 54, 1 (6); BGH NStZ 1986, 36; NJW 2009, 2548 (2549)); bei einer derartigen Konstellation steht bei einer Einstellungsentscheidung im Inland auch Art. 54 SDÜ einer Drittverfolgung im Ausland nicht entgegen (Hieramente StraFo 2014, 445 (452)). Hat das AG eine Tat nach § 154 ausgeschieden u. die Strafsache dann an das LG verwiesen (§ 270), so darf nicht das LG den Wiederaufnahmebeschluss erlassen; es kann nur bei dem AG die Wiederaufnahme u. die Abgabe der Sache an sich anregen (Dallinger MDR 1973, 192 – BGH RsprÜ). Im Berufungsverfahren ist die Wiederaufnahme nicht mehr zulässig (OLG München wistra 2008, 319; OLG Hamm JMBl. NRW. 1969, 258). Der Zustimmung der StA bedarf die Wiederaufnahme durch das Gericht in keinem Fall (BGHSt 13, 44; 30, 197; OLG Frankfurt a. M. NStZ 1985, 39); jedoch ist die Anhörung der StA u. des Angeklagten vor der Entsch. notwendig (§ 33 Abs. 2, Abs. 3).

22a In der **Revision** ist die Wiederaufnahme durch ein sachlich o. örtlich unzuständiges Gericht als Verfahrenshindernis vAw zu beachten (Befassungsverbot, vgl. → Einl. Rn. 143, 150); hat nur ein nach dem Geschäftsverteilungsplan unzuständiger Spruchkörper entschieden, bedarf es einer Verfahrensrüge (BGH StV 2005, 532).

23 **III. Dreimonatsfrist.** Die Dreimonatsfrist des Abs. 4 ist eine **Ausschlussfrist zugunsten des Angeklagten.** Sie beginnt mit dem rkr. Abschluss des anderen Verfahrens, gleichviel, ob dieser in Verurteilung, Freispruch o. in Einstellung – durch Urt. (§ 260 Abs. 3) o. Beschl. (§§ 153 Abs. 2, 204, 206a) – besteht (RGSt 73, 308), nicht aber bei einer Einstellung nach § 170 Abs. 2 (OLG Düsseldorf StraFo 2008, 75; str.), anders aber bei einer Entsch. des OLG nach § 174. Ist der Beschl. nach Abs. 2 im Hinblick auf mehrere, noch nicht abgeschlossene Strafsachen ergangen, so beginnt die Frist, wenn das letzte der Verf. rkr. abgeschlossen ist. Das Verf. kann auch schon vor dem rkr. Abschluss des anderen Verfahrens wiederaufgenommen werden (OLG Celle NStZ 1985, 218). Wurden die zunächst einge-

stellten Taten allerdings bereits bei der Strafzumessung schärfend berücksichtigt (→ Rn. 25), stellt sich bei einer Wiederaufnahme wegen dieser Taten nach Abs. 4 und anschließender förmlicher Verurteilung die Frage nach der Vereinbarkeit mit Art. 6 Abs. 2 EMRK (s. EGMR NJW 2019, 203).

IV. Wiederaufnahmeantrag der StA. Will das Gericht dem Wiederaufnahmeantrag der StA nicht stattgeben, erlässt es einen mit Gründen versehenen (§ 34) Beschluss. Ist der Antrag erst im Schlussvortrag gestellt, kann das Gericht den Angeklagten auch (ohne Beschl.) insoweit freisprechen (BGH NStZ 1984, 468). **23a**

V. Beschwerde. Beschwerde steht dem Angeschuldigten gegen den Wiederaufnahmebeschluss nicht zu (OLG Düsseldorf JR 1983, 471; OLG Karlsruhe NJW 1980, 2367; OLG München NJW 1978, 1449), u. zwar im Eröffnungsverfahren analog § 210 Abs. 1, im Hauptverfahren nach § 305 (Rieß NStZ 1985, 40). Auch die StA kann weder gegen den Wiederaufnahmebeschluss noch gegen die Ablehnung der Wiederaufnahme Beschwerde einlegen (OLG Düsseldorf JR 1983, 471; OLG Frankfurt a. M. NStZ 1985, 39; OLG Stuttgart MDR 1984, 73; KK-StPO/Diemer Rn. 35; **aM** OLG Oldenburg NStZ 2007, 167 mablAnm Meyer-Goßner NStZ 2007, 421; Löwe/Rosenberg/Beulke Rn. 79: eingeschränkte Prüfungsbefugnis auf Ermessensmissbrauch). Etwas anderes ist nur dann (wie bei → § 154a Rn. 24) anzunehmen, wenn hins. der „anderen Tat" Freispruch erfolgt ist (OLG Bamberg NStZ-RR 1997, 44; Meyer-Goßner NStZ 2007, 421), o. wenn die materiellen Voraussetzungen für die Wiederaufnahme nicht vorliegen (KG StraFo 2009, 286). **24**

O. Berücksichtigung eingestellter Taten. Eine **Berücksichtigung** gem. § 154 Abs. 2 **eingestellter Taten** bei der Beweiswürdigung o. – strafschärfend – der Strafzumessung kommt – konventionsrechtlich mit Blick auf Art. 6 Abs. 2 EMRK grds. unbedenklich (EGMR NJW 2019, 203; erg. → EMRK Art. 6 Rn. 14, 15; aber auch → Rn. 23 aE) – in Betracht, wenn diese Taten prozessordnungsgemäß festgestellt sowie in den Urteilsgründen so konkret dargestellt werden, dass sie in ihrem wesentlichen Unrechtsgehalt abzuschätzen sind u. der Angeklagte hierauf **hingewiesen** wurde (vgl. BGH NJW 2014, 2514; NStZ 2012, 628; BeckRS 2016, 115077; **aM** SK-StPO/Weßlau/Deiters Rn. 57: Verwertungsverbot wegen Art. 6 Abs. 2 EMRK; erg. → § 154a Rn. 2); dies gilt auch für die Einziehung im objektiven Verfahren im Falle des § 154 Abs. 2 (BGH NJW 2024, 3080). Der Hinweis ist allerdings keine wesentliche Förmlichkeit des Verfahrens, der zwingend in das Prot. aufzunehmen ist (BGH NStZ-RR 2014, 92; BeckRS 2010, 19609). Dabei ist eine Abtrennung mit dem Ziel der Einstellung nicht anders zu behandeln als die erfolgte Einstellung selbst (BGH NStZ 2004, 162). Die Hinweispflicht besteht auch, wenn die StA vor Anklageerhebung die Strafverfolgung **nach Abs. 1 beschränkt** hat (BGHSt 30, 147; BGH 30.7.2025 – 5 StR 185/25). **25**

Die **Auseinandersetzung mit eingestellten** Taten **im Urt.** ist erforderlich, wenn sie beweismäßige Relevanz für die abgeurteilten Taten entfalten (BGHSt 44, 153 (160); BGH NStZ-RR 2025, 19; 2025, 183). Insofern sind die Gründe für die Teileinstellung im Urteil mitzuteilen und sich mit deren Beweisbedeutung auseinanderzusetzen (BGH NStZ-RR 2025, 19 (20); 2025, 183); dies kann namentlich in Aussage-gegen-Aussage-Konstellationen in Betracht kommen (vgl. BGH NStZ 2025, 623). Zur Anrechnung v. in dem nach § 154 eingestellten Verf. erlittener UHaft auf eine in einem anderen Verf. verhängte Strafe vgl. BVerfG NStZ 1999, 125; 477; BGHSt 43, 112; BGH NStZ 1999, 24. **25a**

P. Änderung der sachlichen Zuständigkeit. Die **sachliche Zuständigkeit** kann sich aufgrund einer Einstellung nach Abs. 2 **ändern,** wenn dadurch das die bisherige Zuständigkeit begründende Delikt entfällt (erg. → § 154a Rn. 17; → § 209 Rn. 2). Werden bei Anklagen, die sowohl Taten betreffen, welche der Angeklagte als Jugendlicher o. Heranwachsender als auch als Erwachsener begangen haben soll, die nach Jugendstrafrecht zu beurteilenden Straftaten v. der Verfolgung **26**

ausgenommen, steht damit die Zuständigkeit des Erwachsenengerichts fest; eine Erhaltung der Zuständigkeit des JugG trotz danach nur noch abzuurteilender Erwachsenenstraftaten kommt nicht in Betracht (**aM** Drees NStZ 1995, 482). In diesem Fall ist wegen der alleinigen Aburteilung der als Erwachsener begangenen Taten auch eine analoge Anwendung v. § 32 S. 1 JGG iVm § 105 Abs. 1 JGG nicht möglich, da der Wortlaut des § 32 S. 1 JGG eindeutig darauf abstellt, dass mehrere Straftaten aus verschiedenen Alters- u. Reifestufen „gleichzeitig abgeurteilt" werden u. auch die historische Auslegung der Regelung einer Analogie entgegensteht (zutr. BGH NJW 2019, 3599 mwN gegen BGH NZWiSt 2019, 298 (1. StS, nicht tragend)).

27 **Q. Revision.** Ist eine Verfahrensbeschränkung in der HV aufgrund Unbestimmtheit (→ Rn. 16) wirkungslos geblieben, prüft das Revisionsgericht als Verfahrensvoraussetzung nur, ob die ausgeurteilten Taten v. der Anklage erfasst sind; der Einstellungsbeschluss begründet kein Verfahrenshindernis (BGH NJW 2015, 181 unter Aufgabe v. BGH BeckRS 2014, 969). Ist der Einstellungsbeschluss dagegen wirksam, prüft das Revisionsgericht als Verfahrensvoraussetzung vAw, ob den ausgeurteilten Taten eine Einstellung entgegensteht (BGH NJW 2015, 181). Sind eingestellte Taten ausgeurteilt worden, stellt es das weitere Verfahren insoweit ein (BGH BeckRS 2013, 11213; NJW 2012, 1377); lässt sich den Urteilsgründen nicht hinreichend sicher entnehmen, dass dies nicht der Fall ist, kommt eine Aufhebung u. Zurückverweisung in Betracht (BGH BeckRS 2011, 27170). Hat das Tatgericht nach Abs. 2 eingestellte Taten bei der Beweiswürdigung o. Strafzumessung nicht berücksichtigt, obwohl dies geboten gewesen wäre (→ Rn. 25), ist zu differenzieren: Ergibt sich die Erörterungsbedürftigkeit der Gründe der Teileinstellung unmittelbar aus den schriftlichen Urteilsgründen, ist ein insoweit gegebener Erörterungsmangel bereits auf die Sachrüge hin zu beachten; ist das nicht der Fall, muss die Revision einen v. ihr behaupteten Erörterungsmangel mit der Verfahrensrüge geltend machen u. dazu vortragen, in welchem Verfahrensabschnitt die Einstellung erfolgte u. ob u. ggf. welche Gründe für die Einstellung in der HV erörtert worden sind (BGH NStZ 2018, 618; vgl. auch BGH NStZ-RR 2001, 174; OLG Hamm NStZ-RR 2003, 368).

Beschränkung der Verfolgung **Nr. 5, 101, 101a RiStBV**

154a (1) [1]**Fallen einzelne abtrennbare Teile einer Tat oder einzelne von mehreren Gesetzesverletzungen, die durch dieselbe Tat begangen worden sind,**

1. für die zu erwartende Strafe oder Maßregel der Besserung und Sicherung oder

2. neben einer Strafe oder Maßregel der Besserung und Sicherung, die gegen den Beschuldigten wegen einer anderen Tat rechtskräftig verhängt worden ist oder die er wegen einer anderen Tat zu erwarten hat,

nicht beträchtlich ins Gewicht, so kann die Verfolgung auf die übrigen Teile der Tat oder die übrigen Gesetzesverletzungen beschränkt werden. [2]**§ 154 Abs. 1 Nr. 2 gilt entsprechend.** [3]**Die Beschränkung ist aktenkundig zu machen.**

(2) **Nach Einreichung der Anklageschrift kann das Gericht in jeder Lage des Verfahrens mit Zustimmung der Staatsanwaltschaft die Beschränkung vornehmen.**

(3) [1]**Das Gericht kann in jeder Lage des Verfahrens ausgeschiedene Teile einer Tat oder Gesetzesverletzungen in das Verfahren wieder einbeziehen.** [2]**Einem Antrag der Staatsanwaltschaft auf Einbeziehung ist zu entsprechen.** [3]**Werden ausgeschiedene Teile einer Tat wieder einbezogen, so ist § 265 Abs. 4 entsprechend anzuwenden.**

Übersicht

A. Normzweck. Der **Vereinfachung und Beschleunigung des Verfahrens bei einer Tat** (§ 264), dient § 154a (BGHSt 32, 84 (87); BGH NJW 2014, 2132: uneinheitliches Organisationsdelikt). Bei § 154 handelt es sich um das Absehen v. der Strafverfolgung einer (ganzen) Tat eines Mehrfachtäters. § 154a gestattet eine Beschränkung der sonst allg. geltenden umfassenden Kognitionspflicht (→ § 264 Rn. 24 f.), wobei aber die gesamte Tat nach §§ 155, 264 Gegenstand der Urteilsfindung bleibt (BGHR StPO § 154a Beschränkung 2), so dass verfahrensrechtlich nur ein Urt. möglich ist (BGHSt 29, 341 (342)). Wie im Fall des § 154 sind dem partiellen Strafverfolgungsverzicht Grenzen gesetzt, das eine Mal durch die Beträchtlichkeitsklausel (Abs. 1 S. 1), das andere Mal durch das Gebot, dass trotz der Einschränkung die Einwirkung auf den Täter u. die Verteidigung der Rechtsordnung noch hinreichend sein müssen (Abs. 1 S. 2 iVm § 154 Abs. 1 Nr. 2). Hinter den Interessen des Nebenklägers tritt § 154a zurück (§ 397 Abs. 2). Im JGG-Verf. gilt § 154a ebenso wie § 154 (→ § 154 Rn. 1). 1

In **Verfahren der EUStA** ist die Vorschr. anwendbar (vgl. § 2 EUStAG; BT-Drs. 19/17963, 34; erg. → GVG § 141 Rn. 12 ff.). 1a

B. Berücksichtigung ausgeschiedenen Verfahrensstoffes. Der **Berücksichtigung des ausgeschiedenen Verfahrensstoffes** bei der Strafzumessung steht die Beschränkung nach der Rspr. nicht entgegen, wenn das Gericht ihn prozessordnungsgemäß festgestellt u. den Angeklagten zuvor auf diese Möglichkeit hingewiesen hat (BGHSt 30, 147 (148); 30, 197 (198); BGH StV 2009, 117; zw. BGH 30.7.2025 – 5 StR 185/25, wenn lediglich einzelne von mehreren Gesetzesverletzungen gem. Abs. 1 Satz 1 Alt. 2 ausgenommen sind, womit eine Beschränkung des Verfahrensstoffes in tatsächlicher Hinsicht nicht verbunden sei, weshalb die Verwertung des einheitlichen Verfahrensstoffes für den Angekl. nicht zweifelhaft sein könne). Das Gleiche gilt für die Berücksichtigung bei der Beweiswürdigung (BGHSt 31, 303; BGH StV 1988, 191). Das Unterlassen des Hinweises muss mit der Verfahrensrüge in der Form des § 344 Abs. 2 S. 2 gerügt werden (BGH NJW 1987, 509; NStZ 1993, 501; vgl. auch BVerfG NStZ 1995, 76). Ein ausdrücklicher Hinweis ist entbehrlich, wenn der Angeklagte durch den Ablauf der HV auf die beabsichtigte Heranziehung der ausgeschiedenen Tatteile aufmerksam geworden sein muss, ein Vertrauenstatbestand somit nicht geschaffen worden ist 2

(BVerfG NStZ 1995, 76; BGH NStZ 2004, 277; NJW 1996, 2585) o. wenn das Verteidigungsverhalten des Angeklagten durch die Heranziehung nicht beeinflusst werden kann (BGH NStZ 1987, 134; Kusch NStZ 1992, 225 – BGH RsprÜ). Umgekehrt ist eine Berücksichtigung ausgeschlossen, wenn der Angeklagte nach dem Gang der HV auf die Nichtwiedereinbeziehung vertrauen durfte (BGH NStZ 1996, 611; vgl. auch BGH NStZ 1999, 416). Können u. sollen die ausgeschiedenen Tatteile verwertet werden, ist ihre Darst. in den Urteilsgründen erforderlich; Bezugnahme auf die Anklageschrift genügt nicht (BGH StV 1995, 520).

2a Der erforderliche Hinweis ist als eine **wesentliche Förmlichkeit** in der HV zu protokollieren (OLG München NJW 2010, 1827 (1828); Löwe/Rosenberg/Beulke § 154 Rn. 59; **aM** BGH StV 2011, 399; erg. → § 265 Rn. 33, → § 273 Rn. 7).

3 **C. Ergänzende Regelungen.** Beim Zusammentreffen v. Straftat u. OWi wird nur das StrafG angewandt (§ 21 Abs. 1 S. 1 OWiG), der Bußgeldtatbestand also v. der Strafverfolgung ausgenommen. Auf Nebenfolgen aus dem OWi-Recht kann aber neben der strafrechtlichen Sanktion erkannt werden (§ 21 Abs. 1 S. 2 OWiG).

4 **D. Keine Ausklammerung strafrechtlicher Rechtsfolgen.** Die **Ausklammerung bestimmter strafrechtlicher Rechtsfolgen** ist in § 154a nicht vorgesehen. Insofern wird die Bestimmung für Einziehung, Vernichtung u. Unbrauchbarmachung durch § 421 ergänzt. Aber der Verzicht auf die Verfolgung einer bestimmten Rechtsverletzung nach § 154a kann mit der Wirkung verbunden sein, dass eine strafrechtliche Rechtsfolge ausscheidet (→ Rn. 6).

5 **E. Abtrennbare Teile der Tat (Abs. 1 Var. 1).** Erfasst werden **einzelne Elemente innerhalb einer Tat** im prozessualen Sinne, die in tatsächlicher Hinsicht in gewissem Umf. in sich abgeschlossen sind (Krell NStZ 2014, 686 (688)). Abtrennbar sind zB Teile einer falschen Zeugenaussage o. Teile einer Dauerstraftat (Löwe/Rosenberg/Beulke Rn. 6; erg. → § 264 Rn. 16 ff.). Ein einzelnes Tatbestandsmerkmal dagegen ist kein abtrennbarer Teil der Tat (Holtz MDR 1980, 985 – BGH RsprÜ; aber → Rn. 6a zu Serienbetrugstaten). Die Hauptbedeutung dieser Verfolgungsbeschränkung liegt darin, dass solche Tatteile aus der Verfolgung ausgeklammert werden können, die v. vornherein aus tatsächlichen o. rechtlichen Gründen besondere Beweisschwierigkeiten bereiten würden, ferner darin, dass solche Teile ausgeschieden werden, die erst sehr spät, etwa erst in der HV, bekannt werden (→ § 264 Rn. 9). Bei einer sonstigen Tat ist ein Teil insbes. dann abtrennbar, wenn er nur durch die Einheitlichkeit des Lebensvorgangs mit dem anderen verbunden ist (→ § 264 Rn. 2). Die Abtrennung ändert nichts daran, dass mit der Erhebung der Anklage die ganze Tat anhängig wird; für den abgetrennten Teil handelt es sich allerdings um „latente" Anhängigkeit, die sich durch die jederzeit zulässige Wiedereinbeziehung des abgetrennten Tatteils (→ Rn. 24, 25) in eine „normale" verwandelt.

6 **F. Einzelne von mehreren Gesetzesverletzungen (Abs. 1 S. 2. Var.).** Ausscheidbar sind insbes. einzelne v. mehreren in Tateinheit zusammentreffenden Gesetzesverletzungen (§ 52 StGB); nach den konkreten Umständen des Falles kann dann uU sogar auch die Gesetzesverletzung ausgeschieden werden, die einen höheren Strafrahmen enthält (vgl. auch Kurth NJW 1978, 2483). Ausscheidbar sind auch Straferhöhungstatbestände (→ § 265 Rn. 18; → § 267 Rn. 15).

7 Nur **bestimmte Teile oder Gesetzesverletzungen** können aus der Untersuchung ausgeschieden werden. Das ergibt sich daraus, dass Gegenstand der Untersuchung nach der Ausscheidung die übrigen Teile o. die übrigen Gesetzesverletzungen bleiben müssen (BGHR StPO § 154a Beschränkung 2). Es ist grds. nicht zulässig, die Untersuchung auf bestimmte Teile o. Gesetzesverletzungen zu beschränken. Die sog. Umgestaltung der Strafklage (→ § 264 Rn. 24 ff.) muss in dem verbleibenden Verfolgungsbereich möglich sein. Die Beschränkung wird in der Anklageschrift zum Ausdruck gebracht (→ § 200 Rn. 14; Nr. 101a Abs. 3 RiStBV). Über die Mitteilung an den Anzeigenden vgl. Nr. 101a Abs. 4 RiStBV.

Serienbetrugstaten: Bei massenhaft begangenen Delikten nach § 263 StGB (o. auch § 263a StGB) kommt eine Beschränkung der Strafverfolgung v. der vollendeten auf die versuchte Tat, etwa um die Vernehmung einer Vielzahl Geschädigter zur Frage des Irrtums zu vermeiden, zwar in direkter Anwendung des § 154a nicht in Betracht. Bei der Beschränkung auf den Versuch handelt es sich weder um einen abtrennbaren Teil der Tat iSd Var. 1, weil die Tathandlung dieselbe ist, noch stellt die Vollendung ggü. dem Versuch eine zusätzliche Gesetzesverletzung iSd Var. 2 dar (Krell NStZ 2014, 686 (688)). Eine **analoge Anwendung des § 154a** erscheint jedoch gerechtfertigt, wenn der Nachw. der Tatvollendung im Verhältnis zu den erwartbaren Rechtsfolgen mit einem unverhältnismäßigen Aufwand verbunden wäre, da der damit angesprochene Gesichtspunkt der Verfahrensökonomie die Grdl. der Einschränkung des Legalitätsprinzips durch Verfahrensbeschränkung bildet (vgl. BGHSt 58, 119; BGH NJW 2014, 2132; Krell NStZ 2014, 686 (689 f.); **aM** Beulke/Berghäuser FS Breidling, 2017, 13). Wegen § 244 Abs. 2 nicht zulässig ist es, ohne Zustimmung der StA aus verfahrensökonomischen Gründen bei nicht näher aufgeklärten Fällen „lediglich" wegen versuchten Betruges zu verurteilen (vgl. Ullenboom NZWiSt 2018, 317 (319) mN). 7a

G. Verhältnis der beiden Ausscheidungsmöglichkeiten zueinander. Mit der Ausscheidung eines Tatteils braucht keine Ausscheidung einer Gesetzesverletzung verbunden zu sein. Anders ist es bei Ausscheidung einer Gesetzesverletzung. Wenn mit ihr nicht ein bestimmter Sachverhalt entfällt, führt sie nicht zu der durch § 154a bezweckten Verfahrensvereinfachung u. hat dann keinen Sinn. Die Prüfung, ob eine Gesetzesverletzung u. mit ihr ein bestimmter Sachverhalt ausgeschieden werden sollen, hat daher den Vorrang, weil damit zugleich ein Tatteil ausgeschieden wird, der nicht beschrieben zu werden braucht. Beide Ausscheidungsmöglichkeiten stehen aber nebeneinander zur Verfügung. 8

H. Nicht beträchtlich ins Gewicht fallen (Abs. 1). Ob das durch die gewillkürte Reduzierung der Untersuchung entstehende Rechtsfolgenminus beträchtlich ins Gewicht fällt, richtet sich nach dem Einzelfall (→ § 154 Rn. 7). Dabei kommt es darauf an, wie gewichtig sich der Wegfall im Verhältnis zur Bezugssanktion auswirkt, weshalb auch abstrakt bedeutsame Tatbestände durch Beschränkung entfallen können (BGH NStZ-RR 2019, 384). 9

I. Abs. 1 S. 1 Nr. 1. Wenn das erwartete Rechtsfolgenminus bei Verurteilung wegen der Tat nicht beträchtlich ist, besteht für die Einschränkung der Strafverfolgung in diesem Punkt kein Hindernis. Wäre es beträchtlich, ist Abs. 1 S. 1 Nr. 1 unanwendbar. 10

II. Abs. 1 S. 1 Nr. 2. § 154 lässt bei einem Mehrfachtäter die Nichtverfolgung einer ganzen Tat zu, wenn das dadurch entstehende Rechtsfolgenminus nicht beträchtlich ist. Diesen Gedanken dehnt Abs. 1 S. 1 Nr. 2 auf den Fall aus, in dem die Verfolgung wegen einer v. mehreren Taten lediglich beschränkt. wird. In Fällen, in denen wegen einzelner Tatteile o. einzelner Gesetzesverletzungen ein Urt. in angemessener Frist nicht zu erwarten ist, kann daher die Verfolgung auf die übrigen Teile o. Gesetzesverletzungen beschränkt werden (Kurth NJW 1978, 2483). Die Beschränkung auf einzelne Gesetzesverletzungen ist nach Nr. 2 auch dann zulässig, wenn die Rechtsfolgenerwartung wegen derselben Tat beträchtlich verringert wird, dies mit Blick auf die wegen einer anderen Tat zu erwartenden Rechtsfolgen aber hinnehmbar erscheint (BGH wistra 2014, 439; vgl. auch BGH BeckRS 2015, 126410; NStZ-RR 2019, 384). 11

Bei **Verbindung mehrerer Strafsachen** gegen denselben Beschuldigten ist die Verfolgungsreduzierung auch dann zulässig, wenn das zu erwartende Rechtsfolgenminus im Verhältnis zu der wegen der anderen Tat(en) zu erwartenden Strafen o. Maßregeln nicht beträchtlich ist. Entscheidend ist in diesem Fall die Relation zu dem Gesamtergebnis. 12

13 Bei **getrennten Strafverfahren** gegen denselben Beschuldigten wegen mehrerer Taten kann sich die Nichtbeträchtlichkeit auch aus dem Vergleich mit dem in den anderen Verf. erwarteten Strafausspruch ergeben.

14 Auch **aus einer bereits rechtskräftigen Verurteilung** wegen einer anderen Tat kann abgeleitet werden, dass das durch die Anwendung des § 154a entstehende Rechtsfolgenminus nicht beträchtlich ist. Eine frühere Verurteilung, die zzt. der gegenwärtig untersuchten Tat bereits vollständig erledigt war, scheidet für den Vergleich jedoch aus (vgl. dazu → § 154 Rn. 2).

15 **I. Vermeidung einer unangemessen langen Verfahrensdauer (Abs. 1 S. 2).** Zur Vermeidung einer unangemessen langen Verfahrensdauer (Abs. 1 S. 2 iVm § 154 Abs. 1 Nr. 2) ist die Ausscheidung eines Teils der Tat o. einer Gesetzesverletzung in gewissen Grenzen ebenfalls zulässig, wenn gerade wegen dieses Teils ein Urt. in angemessener Frist nicht zu erwarten ist (Kurth NJW 1978, 2483). Zur Beschränkung „aus prozessökonomischen Gründen", falls die Anwendbarkeit des deutschen Strafrechts nach §§ 6, 7 StGB zw. erscheint bzw. ein Verfahrenshindernis in Betracht kommt (BGH NStZ 2019, 460).

16 Die beiden **absoluten Ausschließungsgründe** (→ § 154 Rn. 12) für diese Strafverfolgungsbeschränkung bestehen darin, dass die Einwirkung auf den Täter (→ § 154 Rn. 13) u. die Verteidigung der Rechtsordnung (→ § 154 Rn. 14) keinen Schaden leiden dürfen.

17 **J. Änderung der gerichtlichen Zuständigkeit.** Die gerichtliche Zuständigkeit kann sich infolge der Verfahrensbeschränkung ändern (erg. → § 154 Rn. 26; → § 209 Rn. 2). Beschränkt etwa das OLG, bei dem ua wegen Vergehens gegen § 129a StGB Anklage erhoben worden ist, die Untersuchung zugleich mit der Zulassung der Anklage auf Gesetzesverletzungen, die seine erstinstanzliche Zuständigkeit nicht begründen, so hat es das Hauptverfahren vor dem zuständigen Gericht niedriger Ordnung zu eröffnen (BGHSt 29, 341; 41, 385 (392);), das nach einer für notwendig gehaltenen Wiedereinbeziehung nach Abs. 3 die Sache aber nach §§ 225a, 270 erneut vor das höhere Gericht bringen kann (BGHSt 29, 341; Löwe/Rosenberg/Beulke Rn. 16).

18 **K. Beschränkung durch StA im Ermittlungsverfahren.** Im Ermittlungsverfahren soll die StA v. der Kann-Vorschr. des Abs. 1 in weitem Umf. u. in einem möglichst frühen Verfahrensstadium Gebrauch machen (Nr. 101a Abs. 1 RiStBV; → § 154 Rn. 6; → § 163 Rn. 4). Das Aktenkundigmachen (Abs. 1 S. 3) der **staatsanwaltschaftlichen Verfolgungsbeschränkung** nach Abs. 1 bezweckt die Unterrichtung aller Ermittlungsorgane u. des Verteidigers. Ausgeschiedene Tatteile o. Strafbestimmungen sind konkret zu bezeichnen. Die Feststellung, das Verf. werde gem. § 154 und/oder § 154a iSd Anklage beschränkt, entspr. als zu ungenau idR nicht dem G und ist daher unwirksam (BGH NStZ-RR 2024, 318 mwN; 2012, 50), es sei denn, im konkreten Fall bestehen aufgrund der Gesamtumstände keine Zweifel über die Beschränkung und die verbleibende Reichweite des Verfolgungswillens der StA (vgl. BGH NStZ-RR 2024, 318). Bei nicht hinreichender Konkretisierung des ausgeschiedenen Tatteils kann für den Fall der Wiedereinbeziehung ein Verfahrenshindernis bestehen, weil die Anklage insoweit nicht hinreichend umgrenzt ist (vgl. dazu Möllmann/Lorenzen wistra 2018, 331; erg. → § 200 Rn. 2, 24, 26).

19 **I. Vorläufige Maßnahme.** Eine vorläufige Maßnahme ist die Verfolgungsbeschränkung nach Abs. 1 durch die StA. Denn sie kann sie bis zur Anklageerhebung jederzeit wieder aufheben (→ § 154 Rn. 15).

20 **II. In der Anklageschrift.** In der Anklageschrift u. im Strafbefehlsantrag weist die StA auf die v. ihr angeordnete Beschränkung hin (Nr. 101a Abs. 3 RiStBV).

21 **L. Beschränkung durch Gericht (Abs. 2).** Das Gericht (Abs. 2), das mit der Sache befasst ist, kann die Beschränkung nach Abs. 1 **nur auf Antrag o. mit Zustimmung der StA** vornehmen. Diese soll bei der Abweichung v. der Regel der umfassenden Beurteilung der Tat in gleicher Weise wie das Gericht bet. sein

(vgl. → § 153 Rn. 26). Wenn die StA nicht v. sich aus den Antrag gestellt o. die Zustimmung erklärt hat, kann das Gericht bei ihr anfragen, ob sie zustimmen würde. Die Zustimmung des Nebenklägers ist erforderlich, wenn die Beschränkung das zur Nebenklage berechtigende Delikt betr. (BGH BeckRS 2001, 6349; erg. → § 495 Rn. 13); sie kann auch konkludent erklärt werden, etwa wenn nach rechtlicher Erörterung einer möglichen Verfahrensweise nach Abs. 2 in der HV der Nebenkläger ausdr. keine Einwände erhebt.

I. In jeder Lage des Verfahrens (Abs. 2). In jeder Lage des Verfahrens (Abs. 2), nicht nur im Eröffnungsbeschluss (§ 207 Abs. 2 Nr. 2, 4), kann das Gericht die Beschränkung mit Zustimmung der StA vornehmen (→ § 153 Rn. 25), ggf. auch erst zugleich mit dem Urt. (Kusch NStZ 1996, 324 – BGH RsprÜ). Daraus ergibt sich, dass dieser Weg auch dann offensteht, wenn ein Antrag der StA auf Beschränkung im gerichtlichen Verf. vorher abgelehnt worden ist. Nach einer Berufungsbeschränkung auf den Rechtsfolgenausspruch ist § 154a aber ausgeschlossen (→ § 318 Rn. 31). Der erforderliche Antrag o. die Zustimmung der StA ist im Revisionsverfahren Sache der StA bei dem Revisionsgericht. Die Beschränkung durch das Revisionsgericht kann eine Zurückverweisung der Sache im Schuldspruch überflüssig machen (krit. zur Praxis des BGH Heghmanns FS Beulke, 2015, 771). Ergänzend → § 354 Rn. 3. Der abgetrennte Verfahrensteil scheidet vorbehaltlich Abs. 3 aus dem weiteren Verf. aus (OLG Düsseldorf MDR 1988, 769). Eine Kosten- u. Auslagenentscheidung ergeht grds. nicht; sie kommt nur ausnahmsweise bei Beschränkung auf einzelne materiell-rechtlich selbständige Teile der Tat iSd § 264 (→ Rn. 1) in Betracht (BGHR StPO § 154a Kostenentscheidung 1; Löwe/Rosenberg/Beulke Rn. 27). 22

II. Beschwerde. Beschwerde gegen die mit dem Eröffnungsbeschluss o. später vorgenommene Beschränkung ist für den Angeklagten nicht zulässig, weil er nicht beschwert ist (→ § 154 Rn. 20); gegen die Ablehnung eines Beschränkungsantrags kann er sich nicht beschweren, weil Abs. 1 nicht seinem Schutz dient (→ § 304 Rn. 5). Für die StA ist die Beschwerde nach § 305 S. 1 unzulässig (SK-StPO/Weßlau/Deiters Rn. 43). 23

M. Wiedereinbeziehung des Ausgeschiedenen (Abs. 3 S. 1). Die Wiedereinbeziehung des Ausgeschiedenen (Abs. 3 S. 1) im gerichtlichen Verf. ist **in jeder Lage des Verfahrens** (→ Rn. 22; zu Einschränkungen im Revisionsverfahren aber → Rn. 27) zulässig, weil die Beschränkungsvoraussetzungen jederzeit in der einen o. anderen Richtung sich verändern können. Das gilt auch, wenn die StA trotz Vorliegens *einer* Tat iSd § 264 fehlerhaft nach § 154 Abs. 1 (→ § 154 Rn. 1) statt nach § 154a Abs. 1 eingestellt hatte (BGHSt 25, 388; 49, 359 (365)). Dass die StA wegen der Gesetzesverletzung keine Anklage erhoben hat, steht der Wiedereinbeziehung nicht entgegen, wenn sie in der Anklageschrift hinreichend konkretisiert (→ Rn. 18) mitgeteilt u. zugleich die Strafverfolgungsbeschränkung erklärt worden ist (BGH NStZ 1985, 515); anders ist es, wenn sie in der Anklageschrift nicht einmal erwähnt ist (BGH StV 1981, 397). Kann dem Angeklagten die Gesetzesverletzung, auf die die Verfolgung beschränkt worden ist, nicht nachgewiesen werden, so muss das Gericht, um seiner Pflicht nach § 264 zu genügen, auch ohne Antrag den ausgeschiedenen Teil wiedereinbeziehen (BGHSt 32, 84; BGH NStZ 1995, 540; BGHR StPO § 154a Beschränkung 3; vgl. auch NStZ 2013, 465), kann aber den Freispruch bei gleicher Sach- u. Rechtslage auch ohne förmliche Wiedereinbeziehung darauf erstrecken (BGH NJW 1989, 2481; 14.4.2024 – 2 StR 424/23; OLG Celle Nds. Rpfl. 1990, 315). Ob eine Verpflichtung zur Wiedereinbeziehung auch besteht, wenn in der HV erkennbar wird, dass die ausgeschiedenen Gesetzesverletzungen v. so erheblichem Gewicht sind, dass die Voraussetzungen des § 154a nicht mehr vorliegen (so Löwe/Rosenberg/Beulke Rn. 35), hat BGH NStZ 2002, 489 offengelassen. Im Eröffnungsverfahren ist für die Wiedereinbeziehung ein Beschl. notwendig (§ 207 Abs. 2 Nr. 2, 4). Sonst ist ein Beschl. ratsam, aber – im Gegensatz zu § 154 Abs. 5 – nicht vorgeschrieben. Zumindest muss die Einbeziehung deutlich zum Ausdruck 24 gebracht werden (BGH NJW 1975, 1749), zB durch entspr. Hinweis nach § 265 Abs. 1 (BGH NStZ 1994, 495). Die Zustimmung der StA ist für die Wiedereinbeziehung nicht notwendig.

25 **I. Antrag der StA (Abs. 3 S. 2).** Einem Antrag der StA (Abs. 3 S. 2) muss das Gericht entsprechen. Dem liegt der Gedanke zugrunde, dass eine v. Legalitätsprinzip abw. Sacherledigung eine Ausnahme ist, bei der der Einfluss der StA nicht ausgeschaltet werden darf (→ Rn. 21). Zulässig ist auch ein bedingter Antrag, etwa für den Fall des Freispruchs o. des Unterschreitens einer bestimmten Strafhöhe (BGHSt 29, 396).

26 **II. Aussetzung.** Die Aussetzung des Verfahrens nach der Wiedereinbeziehung (Abs. 3 S. 3 iVm § 265 Abs. 4) ist **nicht obligatorisch,** auch nicht, wenn der Angeklagte o. der StA den Antrag stellt (→ § 265 Rn. 38 ff.).

27 **N. Revision.** Ist die Strafverfolgung infolge falscher Anwendung der Rechtsbegriffe des Abs. 1 zu Unrecht beschränkt worden, so kann die StA den Mangel als Verstoß gegen die Pflicht zu umfassender Aufklärung u. rechtlicher Beurteilung der Tat rügen (§ 336 S. 1; → § 264 Rn. 24 ff.), auch der Nebenkläger, wenn das Nebenklagedelikt betroffen ist (§ 397 Abs. 2 S. 2). Hat der Tatrichter den Angeklagten freigesprochen, aber eine Wiedereinbeziehung der ausgeschiedenen Teile unterlassen u. will die StA dies beanstanden, muss sie eine ordnungsgemäße Verfahrensrüge erheben (BGH NStZ 1996, 241; Löwe/Rosenberg/Beulke Rn. 47; **aM** BGH NStZ 1995, 540 (541): Sachrüge genügt); das Revisionsgericht verweist die Sache (falls es die ausgeschiedenen Teile nicht gleich selbst wiedereinbezieht) zur Wiedereinbeziehung u. neuen Verh. zurück (Becker NStZ-RR 2001, 263 – BGH RsprÜ), uU kann es die die Freisprechung tragenden rechtsfehlerfreien Feststellungen aufrechterhalten (BGHSt 32, 84; BGHR StPO § 154a Beschränkung 3). Im Übrigen ist § 154a auch im Revisionsrechtszug anwendbar (→ Rn. 22). Ein Antrag der StA, früher ausgeschiedene Gesetzesverletzungen nach Abs. 3 S. 2 wieder einzubeziehen, ist allerdings unbeachtlich, wenn er das Revisionsgericht daran hindern würde, einen rechtsfehlerfrei getroffenen Schuldspruch zu bestätigen (BGHSt 21, 326; BGH NStZ-RR 2014, 239; NJW 1984, 1365, wo auf die Möglichkeit der StA verwiesen wird, in der Tatsacheninstanz hilfsweise die Wiedereinbeziehung zu beantragen).

27a Der **Angeklagte** kann eine **Verletzung des fairen Verfahrens** rügen, wenn sich eine Verfahrensbeschränkung gem. Abs. 2 nach den Umständen des Einzelfalls – zB bei synallagmatischer Verknüpfung mit Prozessverhalten des Angeklagten, etwa der Rücknahme v. Beweisanträgen – als Umgehung des in § 257c Abs. 2 S. 3 normierten Verbots darstellt, sich über den Schuldspruch zu verständigen; dies kann anzunehmen sein, wenn das Gericht bei der Einstellung seinen Beurteilungsspielraum überschreitet o. sein Vorgehen sonst v. G nicht gedeckt ist (BVerfG NStZ 2016, 422).

28 **O. Strafklageverbrauch.** Der Strafklageverbrauch durch eine rkr. gerichtliche Sachentscheidung erstreckt sich auch auf die ausgeschiedenen Teile der Tat u. Rechtsverletzungen (KK-StPO/Diemer Rn. 14; erg. → Einl. Rn. 171). Das gilt bereits bei Rechtskraft des Schuldspruchs (OLG Hamm JMBl. NRW. 1969, 140). Eine Beschränkung auf einen Teilakt einer Bewertungseinheit (→ Einl. Rn. 175b) durch die StA verbraucht bei Verurteilung wegen dieses Teilakts die Strafklage insges.; anders hingegen bei Freispruch (**aM** Löwe/Rosenberg/Beulke Rn. 43).

29 **P. Irrige Anwendung von §§ 154, 154a.** Wird **irrig § 154 statt § 154a oder umgekehrt § 154a statt § 154** angewendet, so richtet sich das weitere Verf. hins. Rechtshängigkeit, Rechtskraft u. Wiederaufnahme nach der tatsächlich anzuwendenden, nicht nach der irrig angewendeten Norm. Irrtümlich nach § 154 statt nach § 154a vorgenommene Verfahrensbeschränkungen sind entspr. dem tatsächlich Gewollten und rechtlich zulässigen in Entscheidungen nach § 154a umzudeuten (BGH NJW 2025, 1216 mwN); in diesem Fall bleiben verbleibende abtrennbare Teile der Tat iSv §§ 155, 264, die v. der Einstellung ersichtlich nicht erfasst sein

sollten, wegen der umfassenden Kognitionspflicht des Gerichts weiterhin rechtshängig (vgl. BGHSt 25, 388; 49, 359 zu einer – fehlerhaften – Einstellung durch die StA gem. § 154 Abs. 1; BGH NJW 2025, 1216; BeckRS 2005, 4996 bei unzutr. Annahme v. § 154 Abs. 2; **aM** zu einer Einstellung nach § 154 Abs. 2 allerdings BGH NStZ 2014, 46 – v. 4. StS in der Entsch. BGH NJW 2015, 181 inzwischen aufgegeben, insoweit abl. auch BGH NJW 2025, 1216 –, wo formal darauf abgestellt wird, dass das Gericht eine Einstellung nach § 154 Abs. 2 „beschlossen hat").

Absehen von der Verfolgung bei Auslieferung und Ausweisung

154b (1) **Von der Erhebung der öffentlichen Klage kann abgesehen werden, wenn der Beschuldigte wegen der Tat einer ausländischen Regierung ausgeliefert wird.**

(2) **Dasselbe gilt, wenn er wegen einer anderen Tat einer ausländischen Regierung ausgeliefert oder an einen internationalen Strafgerichtshof überstellt wird und die Strafe oder die Maßregel der Besserung und Sicherung, zu der die inländische Verfolgung führen kann, neben der Strafe oder der Maßregel der Besserung und Sicherung, die gegen ihn im Ausland rechtskräftig verhängt worden ist oder die er im Ausland zu erwarten hat, nicht ins Gewicht fällt.**

(3) **Von der Erhebung der öffentlichen Klage kann auch abgesehen werden, wenn der Beschuldigte aus dem Geltungsbereich dieses Bundesgesetzes abgeschoben, zurückgeschoben oder zurückgewiesen wird.**

(4) [1]**Ist in den Fällen der Absätze 1 bis 3 die öffentliche Klage bereits erhoben, so stellt das Gericht auf Antrag der Staatsanwaltschaft das Verfahren vorläufig ein.** [2]**§ 154 Abs. 3 bis 5 gilt mit der Maßgabe entsprechend, daß die Frist in Absatz 4 ein Jahr beträgt.**

A. Normzweck. Der gleiche Grundgedanke ist in § 456a u. § 17 StVollstrO 1
enthalten. In Abs. 1 ist dieselbe Tat gemeint, in Abs. 2 sind es zwei verschiedene Taten. Der Auslieferung o. der Überstellung nach §§ 2 ff. IStGHG v. 21.6.2002 (BGBl. I 2144) an einen int. Strafgerichtshof (dazu → Einl. Rn. 207a, 207b) ist in Abs. 3 die Ausweisung (vgl. §§ 53, 54 AufenthG) gleichgestellt. Dieser ist das amtl. Abschieben eines Beschuldigten in einen anderen Staat gleichzustellen, zB durch den Entsendestaat iSd NTS. Ein Deutscher darf – vorbehaltlich einer Auslieferung an einen EU-Mitgliedsstaat o. die Überstellung an einen int. Gerichtshof (vgl. auch Abs. 2) – weder ausgeliefert noch ausgewiesen werden (Art. 16 Abs. 2 GG). In Verf. der EUStA ist die Vorschr. anwendbar (vgl. § 2 EUStAG; BT-Drs. 19/17963, 34; erg. → GVG § 141 Rn. 12 ff.).

B. Befugnis der StA. Die StA kann v. der Klage nach Abs. 1–3 absehen, u. 2
zwar ohne Zustimmung des Gerichts (vgl. dazu die Hinweise des JM BW Justiz 1996, 500, des GStA SchlH SchlHA 1994, 85, die AV JM Nds. Rpfl. 1997, 194 und das RdSchr. JBlRP 2001, 212). Voraussetzung für Abs. 1 ist das Vorliegen einer bestandskräftigen Entsch. des OLG über die Zulässigkeit der Auslieferung, nicht aber deren Vollziehung (OLG Karlsruhe NJW 2007, 617). Die Entsch. über die Zulässigkeit der Auslieferung ist somit allein dem OLG übertragen (OLG Frankfurt NStZ-RR 2021, 92). Im Falle **doppelter Strafverfolgung** setzt dies voraus, dass das OLG neben der Zulässigkeit des Auslieferungsverfahrens die „Tatidentität" feststellt; erst wenn es die Auslieferung in der „gleichen Sache" für zulässig erklärt hat, ist die Abwägung für die StA eröffnet, welches Land die Strafverfolgung vornehmen soll (OLG Frankfurt NStZ-RR 2021, 92, 93). Die StA kann das Ermittlungsverfahren jederzeit wiederaufnehmen, wenn Grund dafür besteht u. kein Verfahrenshindernis (zB Verjährung) entgegensteht (vgl. → § 154 Rn. 15).

3 **C. Gericht.** Das Gericht muss dem Antrag der StA auf Einstellung stattgeben (Abs. 4; OLG Düsseldorf MDR 1990, 568), wenn der Beschuldigte tatsächlich ausgeliefert, überstellt o. ausgewiesen ist; dasselbe gilt, wenn die Auslieferung, Überstellung o. Ausweisung bestandskräftig angeordnet worden ist (OLG Düsseldorf NStE StPO § 154b Nr. 1). Vorher kann die StA die Aussetzung des Strafverfahrens (§ 228) u. ggf. einen Auslieferungshaftbefehl beantragen.

4 **D. Wiederaufnahme.** Die **Wiederaufnahme nach Abs. 4 S. 2 ist zulässig,** wenn die Voraussetzungen der gerichtlichen Einstellung entfallen o. sich als fehlend erwiesen, insbes., wenn der Angeschuldigte wieder im Geltungsbereich der StPO ist u. bei Berücksichtigung des Legalitätsprinzips u. des § 153 Abs. 1c Nr. 3 noch ein Bedürfnis für die Strafverfolgung besteht. Insoweit handelt es sich nicht um eine Ermessensentscheidung; das Beschwerdeger. kann dem entspr. die Wiederaufnahme selbst anordnen (OLG Nürnberg StraFo 2022, 389). Die in Abs. 4 S. 2 bestimmte entspr. Anwendung des § 154 Abs. 3–5 bezieht sich nur auf den Fall des Abs. 2. Nur bei Absehen v. Anklageerhebung mit Rücksicht auf eine im Ausland zu erwartende Strafe ist die Wiederaufnahme an eine Frist gebunden; da Strafnachrichten aus dem Ausland oft verspätet eingehen, verlängert Abs. 4 S. 2 die Frist des § 154 Abs. 4 für diesen Fall auf 1 Jahr. Ist der Angekl. allerdings entgegen der Annahme nicht ausgereist, kann das Verf. bis zum Verjährungseintritt jederzeit wieder aufgenommen werden (OLG Nürnberg StraFo 2022, 389).

5 **E. Kosten- und Entschädigungsentscheidung.** Obwohl Abs. 4 S. 1 die gerichtliche Entsch. als vorl. bezeichnet, handelt es sich hier wie bei § 154 (→ § 154 Rn. 17) in Wahrheit um eine endg. Einstellung (OLG Düsseldorf NStE StPO § 154b Nr. 1). Ebenso wie bei § 154 (→ § 154 Rn. 18) ist daher über Kosten u. notwendige Auslagen (→ § 464 Rn. 6) u. Entschädigung für Strafverfolgungsmaßnahmen (→ StrEG § 8 Rn. 2) zu entscheiden (OLG Düsseldorf MDR 1990, 568; vgl. auch OLG Hamburg MDR 1985, 604).

Absehen von der Verfolgung des Opfers einer Nötigung oder Erpressung

Nr. 102 RiStBV

154c (1) **Ist eine Nötigung oder Erpressung (§§ 240, 253 des Strafgesetzbuches) durch die Drohung begangen worden, eine Straftat zu offenbaren, so kann die Staatsanwaltschaft von der Verfolgung der Tat, deren Offenbarung angedroht worden ist, absehen, wenn nicht wegen der Schwere der Tat eine Sühne unerläßlich ist.**

(2) **Zeigt das Opfer einer Nötigung oder Erpressung oder eines Menschenhandels (§§ 240, 253, 232 des Strafgesetzbuches) diese Straftat an (§ 158) und wird hierdurch bedingt ein vom Opfer begangenes Vergehen bekannt, so kann die Staatsanwaltschaft von der Verfolgung des Vergehens absehen, wenn nicht wegen der Schwere der Tat eine Sühne unerlässlich ist.**

1 **A. Begehung durch Drohung.** Für die Begehung durch Drohung genügt der Versuch (§ 240 Abs. 3 StGB). Für die Drohung reicht schon die Androhung einer Strafanzeige o. sonstigen Mitteilungen (zB an Arbeitgeber, Ehegatten), aus der ein empfindliches Übel für den Täter erwächst o. entstehen würde. Zur Bedeutung des § 154c vgl. Krause FS Spendel, 1992, 547.

2 **B. Zwangslage eines Opfers einer Nötigung oder Erpressung.** Der Zwangslage eines Opfers einer Nötigung oder Erpressung soll über Abs. 1 hinaus durch Abs. 2 auch dann Rechnung getragen werden, wenn die Nötigung o. Erpressung nicht durch die Drohung der Offenbarung einer Straftat begangen worden ist. Damit sollen bes. die Fälle erfasst werden, in denen Frauen zur Ausübung der Prostitution genötigt werden („Menschenhandel" nach §§ 232 ff. StGB), aber zB wegen ihres illegalen Aufenthaltes in der BRD bei einer Strafanzeige auch

ein gegen sie gerichtetes Strafverfahren gewärtigen müssen. Das Absehen v. der Verfolgung setzt voraus, dass das v. Opfer begangene Vergehen erst durch die Anzeige bekannt geworden ist u. dass – wie in Abs. 1 – eine Sühne wegen der Schwere der Tat nicht unerlässlich ist. Wann das der Fall ist, hängt v. den Umständen des Einzelfalls ab.

C. Reichweite. § 154c lässt eine Ausnahme v. Legalitätsprinzip zu, v. der entgegen Nr. 102 Abs. 1 RiStBV nicht nur Gebrauch gemacht werden soll, wenn die Nötigung o. Erpressung strafwürdiger ist als die Tat des Genötigten o. Erpressten (Löwe/Rosenberg/Beulke Rn. 8). Dem Täter, der genötigt o. erpresst worden ist o. werden sollte, soll die Aussage erleichtert werden. Ist die Nötigung o. Erpressung durch die Drohung begangen worden, eine OWi zu offenbaren, so berücksichtigt die VerwB den Rechtsgedanken des § 154c bei der Ausübung ihres pflichtgemäßen Ermessens nach § 47 OWiG. Zu den Mitteilungspflichten → § 153 Rn. 41. 3

D. Keine Befugnis des Gerichts. Dem Gericht gibt § 154c die Einstellungsmöglichkeit nicht. Ihm bleibt aber in geeigneten Fällen die Anwendung der §§ 153 Abs. 2, 153a Abs. 2. Die Anwendung des § 154c durch die StA ist auch nicht v. richterlicher Zustimmung abhängig. 4

E. Wiederaufnahme. Die Wiederaufnahme des eingestellten Ermittlungsverfahrens ist zulässig, da die Strafklage nicht verbraucht ist; sie wird aber nur bei veränderter Sachlage ausnahmsweise in Betracht kommen (KK-StPO/Diemer Rn. 6; Löwe/Rosenberg/Beulke Rn. 12; anders Radtke, Zur Systematik des Strafklageverbrauchs verfahrenserledigender Entscheidungen im Strafprozess, 1994, S. 255 ff., 388: zulässig, wenn sich aufgrund neuer Tatsachen u. Beweismittel ergibt, dass die Bestrafung der Tat des Genötigten unerlässlich ist). Gegen die Einstellung ist Dienstaufsichtsbeschwerde (→ Vor § 296 Rn. 22), aber nicht das Klageerzwingungsverfahren zulässig (§ 172 Abs. 2 S. 3). 5

Verfolgung bei zivil- oder verwaltungsrechtlicher Vorfrage

154d [1] **Hängt die Erhebung der öffentlichen Klage wegen eines Vergehens von der Beurteilung einer Frage ab, die nach bürgerlichem Recht oder nach Verwaltungsrecht zu beurteilen ist, so kann die Staatsanwaltschaft zur Austragung der Frage im bürgerlichen Streitverfahren oder im Verwaltungsstreitverfahren eine Frist bestimmen.** [2] **Hiervon ist der Anzeigende zu benachrichtigen.** [3] **Nach fruchtlosem Ablauf der Frist kann die Staatsanwaltschaft das Verfahren einstellen.**

A. Normzweck. Die StA soll nicht durch Strafanzeige gezwungen werden, über komplizierte Vorgänge (zB Urheberrechtsverletzungen, vgl. Letzgus FS Rebmann, 1989, 300), die in erster Linie zivil- o. verwaltungsrechtliche Bedeutung haben, schwierige Beweiserhebungen durchzuführen, wenn es dem Anzeigenden darauf ankommt, das Strafverfahren als Druckmittel auf einen Gegner o. zur Vorbereitung eines anderen Verfahrens zu benutzen. Rechtliche Schwierigkeiten reichen für die Anwendung nicht aus (vgl. Groß GA 1996, 152; vgl. auch OLG Brandenburg OLGSt StPO § 154d Nr. 1). Den umgekehrten Fall (Aussetzung des Zivil- zugunsten des Strafverfahrens) regelt § 149 ZPO (dazu eing. Schwind NStZ 2006, 598). 1

B. Nur für Vergehen. Nur für Vergehen (§ 12 Abs. 2 StGB) gilt § 154d, nicht auch für Verbrechen. Bei OWien wird im Hinblick auf § 47 OWiG die an sich zulässige sinngemäße Anwendung des § 154d (§ 46 Abs. 1, Abs. 2 OWiG) kaum praktische Bedeutung gewinnen. 2

C. Zivil- oder verwaltungsrechtliche Vorfrage. Die zivil- oder verwaltungsrechtliche Vorfrage ist eine solche Frage materiell-rechtlicher Art, die bei Durchführung des Strafverfahrens zunächst v. der StA entschieden werden müsste. Dabei muss es sich um eine **präjudizielle Vorfrage** handeln, nicht ausreichend ist die Aufklärung v. Tatsachen, die auch für ein Strafverfahren v. Bedeutung wären (OLG 3

Stuttgart NStZ-RR 2003, 145 (146); Schelzke NZWiSt 2019, 15). Für arbeits- u. sozialgerichtliche Verf. gilt § 154d entspr. (KK-StPO/Diemer Rn. 4). Eine Vorfrage, über die nicht im Strafverfahren zu entscheiden wäre, scheidet hier aus. Das Gleiche gilt für Fragen, deren Klärung für die Entschließung der StA nicht entscheidend sein kann, wie zB die Frage eines zivilrechtlichen Anspruches aufgrund der Straftat. In geeigneten Fällen darf die StA ihre Entsch. nach § 170 bis zum rkr. Abschluss des anderen Verfahrens zurückstellen (Kaiser NJW 1963, 1190; vgl. § 262 Abs. 2; § 396 **AO**). In Verf. wegen Unterhaltspflichtverletzung (§ 170 StGB) kommt § 154d in Betracht, wenn der Beschuldigte negative Abstammungsklage (§ 640 ZPO) erheben will (KK-StPO/Diemer Rn. 2; **aM** SK-StPO/Weßlau/Deiters Rn. 6: § 262 Abs. 2 entspr.).

4 **D. Anfechtbarkeit.** Anfechtbar ist die Fristsetzung nach S. 1 nur mit der **Dienstaufsichtsbeschwerde** (KG JR 1959, 29). Das Klageerzwingungsverfahren nach § 172 ist nach allgM nicht schon gegen die Fristsetzung zulässig, sondern erst gegen die endg. Einstellung nach S. 3, wobei sich die Prüfung des OLG aber darauf beschränkt, ob die ges. Voraussetzungen der Vorschr. erfüllt sind o. ob das der StA eingeräumte Ermessen rechtsfehlerhaft ausgeübt wurde (OLG Brandenburg OLGSt StPO § 154d Nr. 1; OLG Nürnberg StraFo 2011, 184). Nach OLG Stuttgart NStZ-RR 2003, 145 ist das Klageerzwingungsverfahren auch unzulässig, wenn die Voraussetzungen des § 154d vorliegen u. es geboten ist, die Klärung der Vorfrage in einem zivilrechtlichen Verf. abzuwarten (erg. → § 172 Rn. 3).

5 **E. Endgültige Einstellung nach S. 3.** Die endgültige Einstellung nach S. 3 steht im Ermessen der StA (Löwe/Rosenberg/Beulke Rn. 16). Sie hindert die Ermittlungsbehörde aber nicht, die Strafverfolgung nach Abschluss des zwischen den Parteien geführten Zivilrechtsstreits wieder aufzunehmen, wenn sich daraus Anhaltspunkte für ein strafbares Verhalten des Beschuldigten ergeben (BGH NJW 2008, 2038 (2039)).

Absehen von der Verfolgung bei falscher Verdächtigung oder Beleidigung **Nr. 103 RiStBV**

154e (1) **Von der Erhebung der öffentlichen Klage wegen einer falschen Verdächtigung oder Beleidigung (§§ 164, 185 bis 188 des Strafgesetzbuches) soll abgesehen werden, solange wegen der angezeigten oder behaupteten Handlung ein Straf- oder Disziplinarverfahren anhängig ist.**

(2) **Ist die öffentliche Klage oder eine Privatklage bereits erhoben, so stellt das Gericht das Verfahren bis zum Abschluß des Straf- oder Disziplinarverfahrens wegen der angezeigten oder behaupteten Handlung ein.**

(3) **Bis zum Abschluß des Straf- oder Disziplinarverfahrens wegen der angezeigten oder behaupteten Handlung ruht die Verjährung der Verfolgung der falschen Verdächtigung oder Beleidigung.**

1 **A. Normzweck.** Das wegen der angezeigten o. behaupteten Handlung anhängige andere Verf. soll den Vorrang haben, weil es sich mit dem der falschen Verdächtigung o. Beleidigung zugrunde liegenden Sachverhalt befasst u. sein Erg. möglicherweise Einfluss auf die Entsch. über die falsche Verdächtigung o. Beleidigung haben kann. Damit sollen zugleich widersprechende Entsch. über denselben Sachverhalt möglichst ausgeschlossen werden (BGHSt 8, 133 (135); 10, 88 (89) zu § 164 Abs. 6 StGB aF). § 154e gilt auch, wenn der Vorwurf der falschen Verdächtigung nur alternativ erhoben wird (OLG Karlsruhe JR 1989, 82).

2 **B. Anhängigkeit des anderen Verfahrens (Abs. 1).** Das Strafverfahren beginnt mit der Einleitung des Ermittlungsverfahrens (BGH GA 1979, 223; → § 160 Rn. 5) o. der Erhebung der Privatklage. Die Möglichkeit zur Privatklage genügt nicht (**aM** StA Mosbach NStE StPO § 154e Nr. 1); in solchen Fällen kommt Einstellung nach § 153 Abs. 1 oder § 170 Abs. 2 mit eventueller späterer Wieder-

aufnahme des Ermittlungsverfahrens (→ § 153 Rn. 37; → § 170 Rn. 9) in Betracht. Die Anhängigkeit entfällt mit der Einstellung nach § 170 Abs. 2 (BGHSt 10, 88 (90)) o. mit einer Einstellung nach dem Opportunitätsprinzip (zB §§ 153 Abs. 1, 153a Abs. 1, 154 Abs. 1). Wenn der Anzeigende als Verletzter den Antrag nach § 172 Abs. 2 stellen kann, dauert das Verfahrenshindernis längstens bis zum fruchtlosen Ablauf der Antragsfrist o. bis zur Verwerfung des Antrags fort (BGH GA 1979, 223); durch eine neue Anzeige wegen derselben Tat nach dem endg. Verfahrensabschluss lebt das Verfahrenshindernis nicht wieder auf (BGH GA 1979, 223). Das gerichtliche Verf. endet mit dessen rkr. Abschluss (vgl. Abs. 2), auch durch einen Beschl. der in § 467 Abs. 4 bezeichneten Art (→ § 467 Rn. 19), zB nach §§ 153 Abs. 2, 153a Abs. 2, auch nach § 154 Abs. 2 (BGHSt 10, 88 (90)).

Nicht nur das **förmliche Disziplinarverfahren** ist in § 154e gemeint (zB §§ 52 ff. BDG), schon das Verf. nach §§ 17 ff. BDG genügt (BayObLGSt 1961, 80; OLG Bremen StV 1991, 252). 3

C. Vorübergehende Einstellung durch die StA (Abs. 1): I. Normzweck. Das Absehen v. der Erhebung der öffentl. Klage (vgl. auch § 153a Abs. 1) bezieht sich nicht auf die Einleitung o. Fortführung des Ermittlungsverfahrens. Nach dem Sinn der Bestimmung (→ Rn. 1) soll das Nebeneinander zweier paralleler Ahndungsverfahren möglichst vermieden werden. Daher wird das Ermittlungsverfahren wegen der falschen Verdächtigung o. Beleidigung idR schon vor seinem Abschluss einzustellen sein. Aber die StA kann (zumindest) in außergewöhnlichen Fällen ihre Ermittlungen zu Ende führen, zB wegen drohenden Beweisverlustes. In derartigen Fällen ist die StA, da das Absehen v. der öffentl. Klage nur eine Soll-Vorschr. ist, nicht gehindert, ihre Ermittlungen durch Einstellungsverfügung o. auch die öffentl. Klage abzuschließen. 4

Eine **ausdr. Vfg.** ist geboten, um die Verzögerung dem Verletzten u. etwaigen sonstigen interessierten Personen zu erklären, bei voraussichtlich längerer Aussetzungsdauer auch, um das Ruhen der Verjährung (Abs. 3) sicherzustellen. 5

II. Entscheidungsbefugnis. Die Entscheidungsbefugnis (nach Abs. 1) steht der StA zu. Die Polizei, die wegen der angezeigten o. behaupteten Handlung ermittelt (§ 163) gibt daher die Vorgänge an die StA, allerdings nach Sicherung gefährdeter Beweise, zB durch Vernehmungen o. durch Beschlagnahme v. Beweismitteln (§§ 94, 98 Abs. 1), u. nach Sicherstellung gefährdeter Einziehungsgegenstände (§§ 111b, 111j Abs. 1). Der ER ist nicht befugt, einen Antrag (§ 162) mit der Begründung zurückzuweisen, dieser sei nach Abs. 1 unzulässig. 6

III. Verfügung. Ist das Ermittlungsverfahren noch nicht abgeschlossen, so stellt die StA das Verf. vorübergehend für die Dauer der Anhängigkeit des anderen Verfahrens ein. Aber auch wenn die Ermittlungen schon beendet sind, das Verf. aber nicht eingestellt wird, ist die Formulierung „von der Erhebung der öffentlichen Klage" vorübergehend abzusehen im Allgemeinen nicht ratsam, weil für die endg. Abschlussverfügung ja gerade das Erg. des anderen Verfahrens abgewartet werden soll (→ Rn. 1). Die Vfg. wird dem Anzeigenden mitgeteilt (Nr. 103 RiStBV). 7

IV. Zusammentreffen mit anderen Straftaten. Werden dem Beschuldigten in demselben Verf. außer der falschen Verdächtigung o. Beleidigung noch andere Straftaten vorgeworfen u. handelt es sich dabei um eine andere Tat (§ 264), so wird das Verf. wegen dieser fortgeführt, erforderlichenfalls nach Abtrennung. Handelt es sich bei den mehreren Vorwürfen um eine Tat, so gibt es nur eine einheitliche Fortführung des Verfahrens iRd Abs. 1 oder eine einheitliche vorübergehende Einstellung. Im Fall der Ausscheidung der falschen Verdächtigung o. der Beleidigung nach § 154a kann das Verfahren, auch das gerichtliche, fortgeführt werden, solange der ausgeschiedene Teil nicht wieder einbezogen wird (Löwe/Rosenberg/Beulke Rn. 4). 8

D. Widerruf der Einstellung durch die StA. Die Einstellung durch die StA ist nicht obligatorisch. Daher handelt es sich nicht um ein Verfahrenshindernis für 9 das Ermittlungsverfahren (einschließlich Abschlussverfügung), sondern nur um RLn für die Verfahrensgestaltung (vgl. → § 154 Rn. 21a). Die StA kann daher ihre Einstellungsverfügung widerrufen, zB wegen drohenden Beweisverlustes (KK-StPO/Diemer Rn. 8).

10 **E. Aussetzung des gerichtlichen Verfahrens (Abs. 2). I. Beim Gericht des 1. Rechtszugs.** Nach Erhebung der Klage durch die StA o. den Privatkläger ist die Anhängigkeit des anderen Verfahrens ein vorübergehendes Verfahrenshindernis (BGHSt 8, 151; 10, 88 (89) zu § 164 Abs. 6 StGB aF; → Einl. Rn. 151), das nach hM vAw zu beachten ist (OLG Bremen StV 1991, 252 mwN).

11 Es führt aber nur zu einem Beschl. mit Einstellung bis zum Abschluss des anderen Verfahrens, dh zur Aussetzung des gerichtlichen Verfahrens (BGHSt 8, 133); § 260 Abs. 3 ist nicht anzuwenden (BGH GA 1979, 223 (224)). Denn die Einstellung wegen des Verfahrenshindernisses würde zu einem nicht gebotenen Abschluss des gerichtlichen Verfahrens (samt Entsch. über Kosten u. Auslagen) führen u. nach Wegfall des Verfahrenshindernisses die Erhebung einer neuen Anklage notwendig machen, obwohl die erhobene Klage zulässig war (→ Rn. 2).

12 Das **zeitweilige Verfahrenshindernis** des Abs. 2 ist auch noch in anderer Beziehung eingeschränkt: Es zieht nicht die Unzulässigkeit gerichtlicher Entsch. nach sich, die die Sachentscheidung nur vorbereiten (Löwe/Rosenberg/Beulke Rn. 15).

13 **II. Beim Rechtsmittelgericht.** Auch das Berufungsgericht verfährt nach Abs. 2, wenn dessen Voraussetzungen vorliegen. Das Revisionsgericht verweist die Sache nach § 354 Abs. 2 an den Tatrichter zurück, wenn Abs. 2 nicht beachtet worden ist (BGHSt 8, 151 zu § 164 Abs. 6 StGB aF; OLG Karlsruhe JR 1989, 82).

14 **F. Ruhen der Verjährung (Abs. 3).** Das Ruhen beginnt erst mit der förmlichen vorübergehenden Einstellung nach Abs. 1 oder Abs. 2 (Löwe/Rosenberg/Beulke Rn. 21). Dabei kommt es auf den Zeitpunkt des aktenmäßigen Erlasses der Entsch. an (→ Vor § 33 Rn. 6, 7). Das Ruhen dauert bis zum (aktenmäßigen) Erlass der das andere Verf. abschließende Entsch.; falls diese anfechtbar ist, bis zu deren Rechtskraft. Ausnahme: Wenn die StA ihre Einstellungsverfügung widerruft (→ Rn. 9), wird deren verjährungshemmende Wirkung beendet.

15 **G. Rechtsbehelfe.** Gegen die vorübergehende Einstellung des Ermittlungsverfahrens o. ihre Unterlassung ist nur die Dienstaufsichtsbeschwerde zulässig (→ § 172 Rn. 18). Die gerichtliche Entsch. nach Abs. 2 ist nach § 304 anfechtbar, soweit nicht § 305 entgegensteht. Die Verletzung des Abs. 2 durch den Tatrichter ist Revisionsgrund nach § 337 (BGHSt 8, 133; 8, 151; beide zu § 164 Abs. 6 StGB aF; → Rn. 13).

Einstellung des Verfahrens bei vorübergehenden Hindernissen

154f Steht der Eröffnung oder Durchführung des Hauptverfahrens für längere Zeit die Abwesenheit des Beschuldigten oder ein anderes in seiner Person liegendes Hindernis entgegen und ist die öffentliche Klage noch nicht erhoben, so kann die Staatsanwaltschaft das Verfahren vorläufig einstellen, nachdem sie den Sachverhalt so weit wie möglich aufgeklärt und die Beweise so weit wie nötig gesichert hat.

1 **A. Öffentliche Klage noch nicht erhoben.** Wenn die **öffentliche Klage noch nicht erhoben** ist, gilt § 154f, danach ist § 205 anzuwenden. Wird die erhobene Klage wieder zurückgenommen (§ 156), gilt wieder § 154f.

2 **B. Anwendbarkeit.** Die **Vorschr. ist anwendbar,** wenn der Beschuldigte – zB wegen unbekannten Aufenthalts – nicht vernommen werden kann o. wenn er nach seiner Vernehmung (§ 163a) unbekannt verzogen ist, so dass ihm die Anklageschrift nach § 201 nicht mitgeteilt o. ein Strafbefehl nicht zugestellt (→ § 409 Rn. 15 ff.) werden kann; auch länger dauernde Verhandlungsunfähigkeit des Beschuldigten kann der Anklageerhebung entgegenstehen. In Verf. der EUStA ist sie

anwendbar (vgl. § 2 EUStAG; BT-Drs. 19/17963, 34; erg. → GVG § 141 Rn. 12 ff.).

C. „Kann"-Vorschrift. Wie § 205 ist die Bestimmung als „Kann"-Vorschrift ausgestaltet. Damit bleibt für die StA die Möglichkeit trotz Vorliegens der Voraussetzungen des § 154f die öffentl. Klage zu erheben, um etwa die Verjährung der Strafverfolgung nach § 78c Abs. 1 S. 1 Nr. 10 StGB durch einen gerichtlichen Beschl. nach § 205 unterbrechen zu lassen (BR-Drs. 178/09, 34). 3

D. Vor einer vorläufigen Einstellung. Vor einer vorläufigen Einstellung ist der **Sachverhalt so weit wie möglich aufzuklären;** ferner sind – wie in § 205 (→ § 205 Rn. 6) – die Beweise zu sichern. Wird das Verf. gegen mehrere Beschuldigte geführt u. liegen nur hins. eines v. ihnen die Einstellungsvoraussetzungen vor, ist sein Verf. abzutrennen u. vorl. einzustellen, das Verf. gegen die übrigen Beschuldigten aber weiter zu betreiben. 4

E. Entsprechende Anwendung. Der Gesetzgeber hat die zu § 205 bestehende Streifrage, ob die Vorschr. auch bei **nicht in der Person des Beschuldigten liegenden Hindernissen** entspr. anzuwenden ist (vgl. → § 205 Rn. 8), nicht erörtert. Hier besteht – anders als bei § 205 – ein solches Bedürfnis aber nicht: Kann zB der einzige Belastungszeuge wegen unbekannten Aufenthalts nicht geladen werden, so hindert das die Erhebung der öffentl. Klage nicht. Liegt auch kein ausreichendes Vernehmungssurrogat (Niederschrift, Videoaufzeichnung) vor, so muss das Gericht entspr. § 205 das Verf. vorl. einstellen. 5

Umfang der gerichtlichen Untersuchung und Entscheidung

155 (1) **Die Untersuchung und Entscheidung erstreckt sich nur auf die in der Klage bezeichnete Tat und auf die durch die Klage beschuldigten Personen.**

(2) **Innerhalb dieser Grenzen sind die Gerichte zu einer selbständigen Tätigkeit berechtigt und verpflichtet; insbesondere sind sie bei Anwendung des Strafgesetzes an die gestellten Anträge nicht gebunden.**

A. Anklageprinzip. Das Anklageprinzip (→ § 152 Rn. 1) wird hier ergänzt durch die Pflichten des Gerichts, die Anklage erschöpfend zu behandeln (→ Rn. 2), über sie aber auch nicht hinauszugehen (BGHR StPO § 264 Abs. 1 Tatidentität 18), weder in sachlicher (vgl. zu § 264, auch § 266) noch in persönlicher Beziehung. „Tat" bedeutet das Gleiche wie in § 264 (Löwe/Rosenberg/Beulke Rn. 3). 1

B. Prinzip der materiellen Wahrheitserforschung. Prinzip der materiellen Wahrheitserforschung (Abs. 2 S. 1; §§ 244 Abs. 2, 384 Abs. 3), Ermittlungsgrundsatz, Untersuchungsgrundsatz, auch als Instruktions- o. Inquisitionsprinzip bezeichnet: Für die StA u. ihre Organe ergibt sich die Pflicht zur Wahrheitserforschung insbes. aus den §§ 152 Abs. 2, 160, 163 (vgl. → Einl. Rn. 23, 37, 38), für die FBeh im Steuerstrafverfahren aus denselben Vorschr. iVm §§ 385 Abs. 1, 386, 399 **AO** (vgl. → Einl. Rn. 11 ff.). 2

C. Beweislast. Der Beschuldigte hat nicht seine Unschuld zu beweisen (→ Einl. Rn. 80). Eine Verurteilung setzt voraus, dass das Gericht (mit Hilfe der StA) nachweist, was zur Verurteilung erforderlich ist (§ 244 Abs. 2). Über den Grundsatz *in dubio pro reo* vgl. → § 261 Rn. 26 ff.; hierzu u. zur Beweislast vgl. Walter JZ 2006, 340. 3

D. Bei der Anwendung des Strafgesetzes. Bei der Anwendung des Strafgesetzes (Abs. 2 S. 2) ist das Gericht nicht an die Anträge der StA o. anderer Prozessbeteiligter gebunden. Bei der Anwendung des Prozessrechts ist die Regelung verschieden. Das Gericht ist insbes. verpflichtet, über Anträge zu entscheiden (zB über Rechtsmittel, Beweisanträge). 4

Täter-Opfer-Ausgleich

155a [1]**Die Staatsanwaltschaft und das Gericht sollen in jedem Stadium des Verfahrens die Möglichkeiten prüfen, einen Ausgleich zwischen Beschuldigtem und Verletztem zu erreichen.** [2]**In geeigneten Fällen sollen sie darauf hinwirken.** [3]**Gegen den ausdrücklichen Willen des Verletzten darf die Eignung nicht angenommen werden.**

1 **A. Normzweck.** Durch diese prozessuale Vorschr. soll dem – zuvor nur in § 46a StGB geregelten – TOA ein **breiterer Anwendungsbereich** verschafft werden. Nicht erst in der HV sondern schon – u. va (BGHSt 48, 134) – im Ermittlungsverfahren ist v. der StA u. im Zwischen- u. Hauptverfahren v. Gericht die Möglichkeit eines TOA zu prüfen. Halten StA o. Gericht die Vornahme eines TOA für geeignet, dh in Fällen, in denen § 46a StGB anwendbar wäre, sollen sie den Beschuldigten nach § 136 Abs. 1 S. 4 darauf hinweisen (→ § 136 Rn. 12a; vgl. aber → Rn. 2) u. auf den TOA hinwirken. Wie Letzteres iE geschehen soll, hat der Gesetzgeber nicht geregelt, weil er für landesrechtliche Regelungen, die den jew. landesspezifischen Gegebenheiten u. entwickelten Konzepten (dazu Nw in KK-StPO/Diemer Rn. 6) zur Durchführung des TOA Rechnung tragen, Raum lassen wollte (krit. dazu Busch NJW 2002, 1326; Tolmein ZRP 1999, 409).

2 Eine Grenze für die Ausgleichsbemühungen stellt der ausdr. erklärte **entgegenstehende Wille des Verletzten** dar (S. 3; zum Begriff des Verletzten und seiner Reichweite → § 373b; BT-Drs. 19/27654, 40, 101); der Verletzte muss zwar nicht, sollte deshalb aber zuerst befragt werden, ob er mit einem TOA einverstanden ist, weil verneinendenfalls keine Bemühungen v. StA u. Gericht mehr entfaltet werden dürfen (SK-StPO/Weßlau/Deiters Rn. 6; **aM** Busch NJW 2002, 1327).

3 **B. Initiative zum TOA und Eignung.** Die Initiative zum TOA muss nicht v. der StA o. dem Gericht, sondern kann auch v. dem Beschuldigten selbst, seinem Verteidiger (dazu eing. Detter FS Mehle, 2009, 157) oder v. Verletzten u. dessen Vertreter ausgehen; für die eingeschalteten Rechtsanwälte entsteht für die Tätigkeit iRd TOA nach VV 4102 Nr. 4, 4103 RVG ein Gebührenanspruch. StA u. Gericht können auf die Möglichkeit des TOA hinweisen; sie können in geeigneten Fällen (Löwe/Rosenberg/Beulke Rn. 4: nur in Ausnahmefällen) unmittelbar selbst vermitteln (abl. SK-StPO/Weßlau/Deiters Rn. 9) o. die Ausgleichsstelle (§ 155b, → § 155b Rn. 1a) einschalten. Die **Eignung eines Verfahrens für den TOA** u. das Maß des v. der Rspr. verlangten „kommunikativen Prozesses" zwischen Täter u. Opfer sind v. der zugrunde liegenden Straftat, v. Umf. der beim Opfer eingetretenen Schädigungen u. damit v. Grad seiner persönlichen Betroffenheit abhängig (BGHSt 48, 134). Der TOA ist nicht auf bestimmte Delikte beschränkt, kommt aber im Wesentlichen wohl nur bei Körperverletzungs- u. Ehrdelikten, uU auch noch bei Freiheitsdelikten, Raub u. Erpressung in Betracht (Löwe/Rosenberg/Beulke Rn. 10). Regelmäßig wird ein Geständnis des Beschuldigten zu verlangen sein; bei einem die Tat explizit bestreitenden – nicht aber bei einem zur Sache schweigenden – Beschuldigten ist der TOA idR ausgeschlossen (BGHSt 48, 134; vgl. zu Ausnahmen aber BGH StV 2008, 464). Hinreichender Tatverdacht muss bestehen (vgl. Loos FS Küper, 2007, 321). Die Bemühungen um einen TOA dürfen das Verf. iÜ nicht unangemessen verzögern (Weimer NStZ 2002, 352); der Angeklagte hat keinen Anspruch auf Unterbrechung o. Aussetzung der HV zur Durchführung eines TOA (BGHSt 48, 134).

4 **C. Weiteres Verfahren.** Liegt das Einverständnis des Verletzten (→ Rn. 2) vor, so erteilt die StA (falls sie nicht nach erfolgtem TOA nach § 153b verfahren will, vgl. dazu Heghmanns/Herrmann Staatsanwalt Rn. 742) o. das Gericht mit – soweit erforderlich (vgl. § 153a Abs. 1 S. 1, 7, Abs. 2 S. 1) – Zustimmung des anderen dem Beschuldigten die Weisung nach § 153a Abs. 1 S. 2 Nr. 5. Die Ausgleichsstelle (§ 155b) kann, muss aber nicht eingeschaltet werden (zum praktischen Ablauf Weber DRiZ 2000, 42). War der TOA erfolgreich, was idR v. der Stellungnahme des Vermittlers abhängt (krit. dazu Schöch FS Roxin, 2001, 1063), entsteht ein

Verfahrenshindernis (dazu → § 153a Rn. 14, 43 ff.), scheitert er, nimmt das Strafverfahren seinen Fortgang, wobei das ernsthafte Bemühen des Beschuldigten noch im Urt. strafmildernd gewertet werden kann.

D. Urteilsgründe. Erfolgt der **TOA erst in der HV,** müssen die wesentlichen Einzelheiten über den erfolgreichen o. den nicht erfolgreichen Ausgleich einschl. der Frage der Zustimmung o. der Verweigerung des Tatopfers in den Urteilsgründen in dem Umf. dargelegt werden, dass sie die revisionsgerichtliche Prüfung (→ Rn. 6) ermöglichen; die Urteilsgründe müssen die „wertende Betrachtung" u. die Ausübung tatrichterlichen Ermessens erkennen lassen, ob die Voraussetzungen des TOA angenommen u. von der eröffneten Milderungsmöglichkeit nach §§ 46a, 49 StGB Gebrauch gemacht worden ist (BGHSt 48, 134; BGH StV 2008, 463). 5

E. Revision. Auf eine Verletzung der Vorschr. (durchgeführter o. nichtdurchgeführter TOA) kann die **Revision** nicht gestützt werden (Löwe/Rosenberg/Beulke Rn. 15; **aM** Weimer NStZ 2002, 350), wohl aber auf die unrichtige Annahme des Vorliegens der Voraussetzungen nach § 46a StGB für einen TOA (BGH NJW 2003, 1466). 6

Durchführung des Täter-Opfer-Ausgleichs

155b (1) [1]**Die Staatsanwaltschaft und das Gericht können zum Zweck des Täter-Opfer-Ausgleichs oder der Schadenswiedergutmachung einer von ihnen mit der Durchführung beauftragten Stelle von Amts wegen oder auf deren Antrag die hierfür erforderlichen personenbezogenen Daten übermitteln.** [2]**Der beauftragten Stelle kann Akteneinsicht gewährt werden, soweit die Erteilung von Auskünften einen unverhältnismäßigen Aufwand erfordern würde.** [3]**Eine nicht-öffentliche Stelle ist darauf hinzuweisen, dass sie die übermittelten Daten nur für Zwecke des Täter-Opfer-Ausgleichs oder der Schadenswiedergutmachung verwenden darf.**

(2) [1]**Die beauftragte Stelle darf die nach Absatz 1 übermittelten personenbezogenen Daten nur verarbeiten, soweit dies für die Durchführung des Täter-Opfer-Ausgleichs oder der Schadenswiedergutmachung erforderlich ist und schutzwürdige Interessen der betroffenen Person nicht entgegenstehen.** [2]**Sie darf personenbezogene Daten nur verarbeiten, soweit dies für die Durchführung des Täter-Opfer-Ausgleichs oder der Schadenswiedergutmachung erforderlich ist und die betroffene Person eingewilligt hat.** [3]**Nach Abschluss ihrer Tätigkeit berichtet sie in dem erforderlichen Umfang der Staatsanwaltschaft oder dem Gericht.**

(3) **Ist die beauftragte Stelle eine nichtöffentliche Stelle, finden die Vorschriften der Verordnung (EU) 2016/679 und des Bundesdatenschutzgesetzes auch dann Anwendung, wenn die personenbezogenen Daten nicht automatisiert verarbeitet werden und nicht in einem Dateisystem gespeichert sind oder gespeichert werden.**

(4) [1]**Die Unterlagen mit den in Absatz 2 Satz 1 und 2 bezeichneten personenbezogenen Daten sind von der beauftragten Stelle nach Ablauf eines Jahres seit Abschluss des Strafverfahrens zu vernichten.** [2]**Die Staatsanwaltschaft oder das Gericht teilt der beauftragten Stelle unverzüglich von Amts wegen den Zeitpunkt des Verfahrensabschlusses mit.**

A. Regelungsgehalt. Die Vorschr. schafft „aus Gründen der Normenklarheit und zum Ausschluss zweckändernder Verwendungen eine bereichsspezifische gesetzliche Grundlage sowohl für die Übermittlung von personenbezogenen Daten an die Ausgleichsstelle als auch für die Erhebung solcher Daten durch die Ausgleichsstelle sowie deren Verarbeitung und Nutzung" (BT-Drs. 14/1928, 6). Sie ist gem. § 153a Abs. 4 auf die Teilnahme an einem sozialen Trainingskurs mit der Maßgabe anwendbar, dass personenbezogene Daten, die nicht den Beschuldigten 1 betreffen, nur mit Einwilligung des Betroffenen übermittelt werden dürfen (erg. → § 153a Rn. 22b).

1a **Ausgleichsstellen** können auf TOA o. Konfliktschlichtung spezialisierte private Vereine o. Einrichtungen sein, aber auch Jugend- u. Erwachsenengerichtshilfen, die sozialen Dienste des Strafvollzugs sowie Schiedsleute uÄ.

2 **B. Verfahren. I. Übermittlung der erforderlichen Daten.** Die Übermittlung der erforderlichen Daten aus den Verfahrensakten durch StA u. Gericht regelt Abs. 1 S. 1. Die Übermittlung kann vAw o. auf Antrag der Ausgleichsstelle (Pfeiffer Rn. 1; **aM** KK-StPO/Diemer Rn. 2) geschehen; einer Einwilligung des Betroffenen bedarf es nicht. Die Übermittlung ist bereits zur Abklärung der Frage, ob die Einleitung eines Ausgleichsverfahrens möglich erscheint, zulässig.

3 Nur soweit die Erteilung der Auskünfte einen unverhältnismäßigen Aufwand erfordern würde, ist nach S. 2 die Gewährung v. Akteneinsicht zulässig (vgl. zur Form der Gewährung, § 32f); das ist etwa bei komplizierten Sachverhalten mit einer Vielzahl v. Personen o. bei komplexen u. mehrbändigen Ermittlungsakten der Fall (Busch NJW 2002, 1326) o. wenn die Kenntnis des Akteninhalts für den TOA erforderlich ist (Löwe/Rosenberg/Beulke Rn. 4). Öffentlichen Stellen sollten die Akten aber stets übersandt werden dürfen (Busch JR 2003, 94: teleologische Reduktion der Vorschr.).

4 **II. Zweckbindung.** Mit der Zweckbindung befasst sich Abs. 2. Über die Zweckbindung (TOA o. Schadenswiedergutmachung) ist die nicht-öffentl. Ausgleichsstelle nach Abs. 1 S. 3 zu informieren. Die Zweckbindung gilt auch für diejenigen personenbezogenen Daten, die erst im Rahmen der Durchführung des TOA v. der beauftragten Stelle nach Abs. 2 S. 2 erhoben werden. Nicht nur die Einwilligung des Verletzten (vgl. → § 155a Rn. 2), sondern diejenige jedes Betroffenen – also auch des Beschuldigten – ist zur Verarbeitung u. Nutzung der erhobenen Daten erforderlich (vgl. dazu Busch NJW 2002, 1327). Die Einwilligung ist idR schriftlich zu erteilen, mündliche Einwilligung genügt aber, wenn Daten lediglich bei dem Betroffenen selbst beschafft werden (Busch JR 2003, 96). Entspr. § 136 Abs. 1 S. 2 wird der staatlich beauftragte Kontaktvermittler den Beschuldigten auch belehren müssen (vgl. Schöch FS BGH IV, 2000, 309 ff.). Zumindest über das Erg. des Verfahrens vor der Ausgleichsstelle – ggf. aber auch über den Gang des Verfahrens – hat diese StA o. Gericht zu berichten (Abs. 2 S. 3; SK-StPO/Weßlau/Deiters Rn. 7). Die Berichtspflicht ist durch den Umf. der v. Beschuldigtem u. Verletzten erteilten Einwilligung begrenzt (Löwe/Rosenberg/Beulke Rn. 13 ff.).

5 **III. Datenschutz (Abs. 3).** Für die Erhebung, Verarbeitung u. Nutzung v. Daten durch eine nicht-öffentl. Stelle gelten die Vorschr. der §§ 27 ff. BDSG nach Abs. 3 – entgegen § 27 BDSG – auch dann, wenn die Daten bei der Ausgleichsstelle nicht in o. aus Dateien, sondern aktenmäßig verarbeitet werden, jedoch nur insoweit, als § 155b keine speziellere Regelung trifft (SK-StPO/Weßlau/Deiters Rn. 9; Busch NJW 2002, 1327). Abs. 3 schließt somit die Möglichkeit zur zweckändernden Verwendung nach § 28 BDSG aus (HK-StPO/Gercke Rn. 3; Pfeiffer Rn. 5).

6 **IV. Vernichtung der Unterlagen.** Die Vernichtung der Unterlagen bei der Ausgleichsstelle binnen Jahresfrist nach Abschluss des Verfahrens schreibt Abs. 4 vor. Abs. 4 S. 2 stellt die Einhaltung der Frist sicher.

Anklagerücknahme

156 Die öffentliche Klage kann nach Eröffnung des Hauptverfahrens nicht zurückgenommen werden.

1 **A. Rechtshängigkeit.** Die Rechtshängigkeit entsteht mit der Eröffnung des gerichtlichen Verfahrens nach Anklageerhebung (→ § 207 Rn. 13) o. mit dem Verfahrensereignis, das dieser Eröffnung bei den bes. Verfahrensarten entspr. (OLG

Hamm VRS 58, 363 (365)). Mit ihr verliert die StA grds. (Ausnahmen → Rn. 3–5) die Dispositionsbefugnis über die Klage (BGHSt 29, 224 (229)); auch eine Änd. der in der Anklageschrift angegebenen Tatzeiten, durch die bisher v. der Anklage nicht erfasste Straftaten in die Strafverfolgung einbezogen werden sollen, ist dann nicht mehr zulässig (BGHSt 46, 130). Das ist eine Folge des Legalitätsprinzips. Mit der Rechtshängigkeit entsteht auch ein Verfahrenshindernis für ein anderes Verf. gegen denselben Beschuldigten wegen derselben Tat (→ § 207 Rn. 13). Nach Erlass des Beschl. über die Nichteröffnung des Hauptverfahrens ist die Zurücknahme der Anklage ebenfalls ausgeschlossen (OLG Frankfurt a. M. JR 1986, 470; Fahl Rechtsmissbrauch S. 216 ff.; Sowada Gesetzliche Richter S. 700).

B. Wirkung der Zurücknahme. Die Zurücknahme versetzt das Verf. in den Stand des Ermittlungsverfahrens zurück (OLG Düsseldorf StV 2010, 512 Ls.). Das Legalitätsprinzip (§ 152 Abs. 2) wird durch § 156 nicht berührt. Die Rücknahme kann darauf beruhen, dass die Klage nachträglich als unbegründet erscheint. In diesem Fall kann die StA das Verf. nach der Rücknahme der Klage einstellen. Andernfalls muss sie die Klage neu erheben; hierfür gelten die Formvorschriften des § 200 (OLG Düsseldorf StV 2010, 512; OLG Karlsruhe Justiz 1982, 438). Die Rücknahme kann aber auch den Zweck haben, das Verf. nach den Opportunitätsbestimmungen der §§ 153 ff. einzustellen o. die Strafsache v. unzuständigen Gericht an das zuständige (BayObLG NJW 1973, 2312), auch vor einen anderen Spruchkörper desselben Gerichts (BGH NStZ 1984, 132), zu bringen o. die Verbindung mehrerer zusammenhängender Sachen zu erreichen (→ § 2 Rn. 3 ff.; → § 4 Rn. 2 ff.). Über das Verbot, den Beschuldigten dem ges. Richter zu entziehen, vgl. Art. 101 Abs. 1 S. 2 GG; → GVG § 16 Rn. 3 ff. 2

C. Strafbefehlsverfahren. Der Antrag kann nicht mehr zurückgenommen werden, wenn der Strafbefehl rkr. ist (§ 410 Abs. 3). Bei rechtzeitigem Einspruch ist die Klage bis zum Beginn der HV (zur Sache), danach noch bis zur Urteilsverkündung mit Zustimmung des Angeklagten zurücknehmbar (§ 411 Abs. 3 S. 1). In der nach § 408 Abs. 3 S. 2 anberaumten HV kann die StA die Klage nur bis zum Beginn der Verh. zur Sache zurücknehmen (OLG Düsseldorf MDR 1984, 70; → § 411 Rn. 8). 3

Im **Steuerstrafverfahren** kann der v. der FBeh gestellte Antrag v. dieser zurückgenommen werden, bis HV nach § 408 Abs. 2 anberaumt o. Einspruch gegen den Strafbefehl erhoben wird (§§ 400, 406 Abs. 1 **AO**). Von diesem Zeitpunkt an geht die Rücknahmebefugnis auf die StA über. 4

D. Sonderregelungen. Sonderregelungen enthalten die §§ 153c Abs. 4, 153d Abs. 2, 153f Abs. 3, 411 Abs. 3. Auch zu dem Zweck, das Verf. nach § 153 Abs. 1 einzustellen, darf die StA die Klage zurücknehmen (Löwe/Rosenberg/Beulke Rn. 8). Das Gleiche gilt, wenn das Verf. nach § 153a Abs. 1 eingestellt werden soll. 5

Bezeichnung als Angeschuldigter oder Angeklagter

157 **Im Sinne dieses Gesetzes ist**

Angeschuldigter der Beschuldigte, gegen den die öffentliche Klage erhoben ist,

Angeklagter der Beschuldigte oder Angeschuldigte, gegen den die Eröffnung des Hauptverfahrens beschlossen ist.

Der Begriff Beschuldigter ist hier nicht definiert. Über ihn u. seine Abgrenzung zum Verdächtigen vgl. → Einl. Rn. 77. 1

Mit der **Erhebung der öffentlichen Klage** (→ Einl. Rn. 60) wird der Beschuldigte zum **Angeschuldigten.** 2

3 Mit der **Eröffnung des Hauptverfahrens,** bei den besonderen Verfahrensarten mit dem ihr entspr. Prozessereignis (→ Einl. Rn. 64), wird der Beschuldigte zum **Angeklagten.**

4 Der **Oberbegriff** ist der des **Beschuldigten.** Zur Begründung u. Beendigung der Beschuldigteneigenschaft vgl. → Einl. Rn. 76, 81. Dieser Oberbegriff wird daher auch verwendet, wenn er für alle Verfahrensstadien gelten soll (vgl. zB → § 102 Rn. 2).

5 Als **Verurteilten** bezeichnet das G den Beschuldigten nach Rechtskraft eines verurteilenden Erkenntnisses (vgl. §§ 449 ff.). Die Regelungen über die Wiederaufnahme des Verfahrens sprechen zT v. Verurteilten (§§ 359, 364a, 364b Abs. 1, 367 Abs. 1 S. 2, 373 Abs. 2), zT aber auch v. Angeklagten (§§ 362, 366 Abs. 2, 367).

Zweiter Abschnitt. Vorbereitung der öffentlichen Klage

Strafanzeige; Strafantrag **Nr. 6, 8, 9 RiStBV**

158 (1) [1] **Die Anzeige einer Straftat und der Strafantrag können bei der Staatsanwaltschaft, den Behörden und Beamten des Polizeidienstes und den Amtsgerichten angebracht werden.** [2] **Die Anzeige und der Strafantrag sind durch die aufnehmende Stelle zu protokollieren oder auf sonstige Weise zu dokumentieren.** [3] **Dem Verletzten ist auf Antrag der Eingang seiner Anzeige schriftlich zu bestätigen.** [4] **Die Bestätigung soll eine kurze Zusammenfassung der Angaben des Verletzten zu Tatzeit, Tatort und angezeigter Tat enthalten.** [5] **Die Bestätigung kann versagt werden, soweit der Untersuchungszweck, auch in einem anderen Strafverfahren, gefährdet erscheint.**

(2) **Bei Straftaten, deren Verfolgung nur auf Antrag eintritt, müssen die Identität und der Verfolgungswille der antragstellenden Person sichergestellt sein.**

(3) [1] **Zeigt ein im Inland wohnhafter Verletzter eine in einem anderen Mitgliedstaat der Europäischen Union begangene Straftat an, so übermittelt die Staatsanwaltschaft die Anzeige auf Antrag des Verletzten an die zuständige Strafverfolgungsbehörde des anderen Mitgliedstaats, wenn für die Tat das deutsche Strafrecht nicht gilt oder von der Verfolgung der Tat nach § 153c Absatz 1 Satz 1 Nummer 1, auch in Verbindung mit § 153f, abgesehen wird.** [2] **Von der Übermittlung kann abgesehen werden, wenn**

1. **die Tat und die für ihre Verfolgung wesentlichen Umstände der zuständigen ausländischen Behörde bereits bekannt sind oder**
2. **der Unrechtsgehalt der Tat gering ist und der verletzten Person die Anzeige im Ausland möglich gewesen wäre.**

(4) [1] **Ist der Verletzte der deutschen Sprache nicht mächtig, erhält er die notwendige Hilfe bei der Verständigung, um die Anzeige in einer ihm verständlichen Sprache anzubringen.** [2] **Die schriftliche Anzeigebestätigung nach Absatz 1 Satz 3 und 4 ist dem Verletzten in diesen Fällen auf Antrag in eine ihm verständliche Sprache zu übersetzen; Absatz 1 Satz 5 bleibt unberührt.**

Übersicht

A. Allgemeines. I. Strafanzeige. Die Strafanzeige ist die Mitteilung eines Sachverhalts, der nach Meinung des Anzeigenden Anlass für eine Strafverfolgung bietet. Sie ist die bloße **Wissensübermittlung** des Verletzten o. eines anderen über eine möglicherweise o. seiner Sicht tatsächlich vorliegende Straftat (KK-StPO/Weingarten Rn. 2; Löwe/Rosenberg/Erb Rn. 1). Sie verpflichtet zur Prüfung gem. §§ 152 Abs. 2, 160 Abs. 1, 163 (BeckOK StPO/Goers Rn. 5). Ein Anspruch auf Unterlassung einer Strafanzeige besteht grds. nicht (vgl. → Rn. 24). 1, 2

Die Anzeige kann mit einem **Antrag auf Strafverfolgung** iS eines Strafantrages nach Abs. 2 verbunden sein (Löwe/Rosenberg/Erb Rn. 10), der keine Prozessfähigkeit voraussetzt (→ Einl. Rn. 98). Ein Nebenbeteiligter (→ Einl. Rn. 73) ist der Anzeigende nicht (KK-StPO/Weingarten Rn. 5); anders in den Fällen der §§ 172 (vgl. § 175 S. 1), 395 Abs. 1 Nr. 6, 406g, 469. 3

II. Strafantrag. Der **Strafantrag** (Abs. 2, §§ 77–77d StGB) ist die ausdr. o. durch Auslegung zu ermittelnde Erkl. des nach dem G zum Strafantrag Befugten, dass er die Strafverfolgung wünsche (BGH NJW 1951, 368; BGHSt 22, 80, KK-StPO/Weingarten Rn. 32; BeckOK StPO/Goers Rn. 1). Er ist eine **Prozessvoraussetzung** (→ Einl. Rn. 141), deren Fehlen zu einem Bestrafungsverbot (→ Einl. Rn. 143) führt; dies ist in der Revisionsinstanz von Amts wegen zu berücksichtigen (→ Einl. Rn. 150). Die **Tat** (→ § 264 Rn. 1 ff.) muss hinreichend bestimmt sein (KK-StPO/Weingarten Rn. 15). Das Fehlen des Strafantrags ist aber, wenn die Behebung des Mangels zu erwarten ist, kein absolutes Verbot des strafrechtlichen Vorgehens, wie sich aus §§ 127 Abs. 3, 130 ergibt. Der Strafantrag kann mit einer Strafanzeige verbunden sein u. umgekehrt; entscheidend ist nur, dass der Verfolgungswille unmissverständlich u. schriftlich zum Ausdruck gebracht wird (BGH NStZ 1995, 353). Es kann zB in der Anzeige wegen Einbruchsdiebstahls o. eines Raubüberfalls in der Wohnung zugleich ein Strafantrag wegen Hausfriedensbruchs liegen (BGH NStZ-RR 2010, 53). Eine Vermisstenmeldung enthält für sich allein aber noch keinen Strafantrag (Miebach NStZ 1990, 25 – BGH RsprÜ; Löwe/Rosenberg/Erb Rn. 39). Der Strafantrag kann auch gestellt werden, wenn das Verfahren – zu Recht o. zu Unrecht – schon im Gang ist. Er setzt nicht voraus, dass der **Täter** bekannt ist (→ Rn. 21). 4

III. Antragsfrist (§ 77b StGB). Die Antragsfrist (§ 77b StGB) beginnt erst, wenn dem Antragsberechtigten Tat u. Täter bekanntgeworden sind. Über das Ende der Frist vgl. → § 43 Rn. 1. Sind die Eltern antragsberechtigt (§ 77 Abs. 3 StGB), so beginnt die Frist für sie, sobald der Vater o. die Mutter die Kenntnis hat (BGHSt 22, 103; TK-StGB/Bosch StGB § 77b Rn. 4; KK-StPO/Weingarten Rn. 37), anders als sonst in Fällen der Gesamtvertretung (RGSt 47, 338). Im Fall des § 77 Abs. 4 StGB wird die Frist für jeden einzelnen Berechtigten durch seine Kenntnis 5 in Lauf gesetzt (§ 77b Abs. 3 StGB). Die Frist wird nur durch rechtzeitigen Eingang bei einer deutschen Behörde gewahrt (BayObLG NJW 1972, 1631; OLG Stuttgart OLGSt StPO § 158 S. 1). Der Strafantrag ist auch schon zulässig, wenn eine Tat unmittelbar bevorsteht u. sich bereits so abzeichnet, dass man sie genügend konkretisieren kann (BGHSt 13, 363; OLG Düsseldorf NJW 1987, 2526; KK-StPO/Weingarten Rn. 38). Der Strafantrag eines Minderjährigen ist nicht allein deshalb wirksam, weil der Minderjährige noch vor Ablauf der Antragsfrist volljährig geworden ist (BGH NJW 1994, 1165).

6 **B. Behördliche und dienstliche Anzeigepflicht.** Eine behördliche oder dienstliche Anzeigepflicht besteht nicht allgemein. So besteht **außerhalb** des Bereichs, der den Amtsträgern der **Strafverfolgung** zugewiesen ist, keine allg. Pflicht, ihnen bekanntgewordene Straftaten anzuzeigen (BGHSt 43, 82 (85); KK-StPO/Weingarten Rn. 26 zust. Walter NStZ 2010, 61 (Strafvollzugsbedienstete); vgl. für Strafverfolgungsorgane → § 160 Rn. 9, 10; → § 163 Rn. 9, 10). Das gilt auch für Sozialbehörden. Sie besteht aber, wenn auch eine **Privatperson** anzeigepflichtig ist (vgl. § 138 StGB, auch iVm § 148a Abs. 1 S. 2, § 37 Abs. 2 S. 2 BeamtStG, § 67 Abs. 2 S. 2 BBG), o. aufgrund **bes. Bestimmungen** (SK-StPO/Wohlers/Deiters Rn. 6; zB § 163 Abs. 1; § 183 GVG; § 14 GwG; § 41 Abs. 1 OWiG; §§ 11, 14 WpHG), etwa auch aus dem Steuerrecht (§ 31b S. 2 **AO;** dazu Hetzer EuZW 2008, 564; Höll ZIS 2010, 316); § 116 **AO** (Steuerstraftat; dazu Bülte NStZ 2009, 57; Kelnhofer/Krug StV 2008, 665; Kölbel NStZ 2008, 243; Sieber NJW 2008, 882); § 4 Abs. 5 S. 1 Nr. 10 S. 3 EStG (Korruptionsverdacht, dazu BFH NJW 2008, 3517; Höll ZIS 2010, 311; Kretschmer StraFo 2008, 498; einschr. Gatzweiler FS 25 Jahre AG StrafR DAV, 2009, 486)); vgl. auch § 12a Abs. 8 S. 3 ZollVG. Der Dienstvorgesetzte eines Soldaten (§ 40 WStG) gibt die Sache – unabhängig v. der disziplinaren Prüfung – an die StA ab, wenn das Dienstvergehen eine Straftat ist u. die Abgabe entweder zur Aufrechterhaltung der militärischen Ordnung o. wegen der Art der Tat o. der Schwere des Unrechts o. der Schuld geboten ist (§ 33 Abs. 3 WDO). Als besondere Bestimmungen genügen auch Dienstvorschriften (RGSt 53, 108; 73, 266; offengelassen v. BGHSt 43, 82 (87)). Eine andere Behörde ist zur Anzeige bei erheblichen Straftaten verpflichtet, falls die disziplinare Ahndung nicht ausreicht o. nicht in Betracht kommt u. das öffentl. Interesse die Strafverfolgung erfordert (str.; vgl. RGSt 73, 265; 74, 180; KK-StPO/Weingarten mwN), falls nicht eine andere Vorschr. entgegensteht, wie zB § 30 **AO;** die Verschwiegenheitspflicht gem. § 37 Abs. 1 BeamtStG, § 67 Abs. 1 BBG steht der Anzeige einer Korruptionsstraftat nach §§ 331–337 StGB nicht entgegen (§ 37 Abs. 2 S. 1 Nr. 3 BeamtStG, § 67 Abs. 2 S. 1 Nr. 3 BBG). Dieser Ermessensspielraum gilt auch für den Gemeindevorsteher, der zugleich Polizeiorgan ist, wenn er seine Kenntnisse bei Verwaltungsgeschäften erlangt. Wer nur Polizeibeamter ist, muss polizeilich behandeln, was ihm dienstlich zur Kenntnis gelangt (BGHSt 4, 167 (170); 38, 388 (391), KK-StPO/Weingarten Rn. 27).

6a Eine **Privatperson** trifft grds. keine Anzeigepflicht; Ausnahmen bestehen für die in § 138 StGB bezeichneten Taten (vgl. aber § 139 StGB) sowie nach §§ 11, 14 GwG für den Verdacht der Geldwäsche (o. Terrorismusfinanzierung).

7 **C. Adressaten von Strafanzeige und Strafantrag.** Die **Adressaten** der Anzeige sind in Abs. 1, des Strafantrags in Abs. 2 bezeichnet. Der Begriff der „anderen Behörde“ in Abs. 2 ist iSd Behörde des **Polizeidienstes** nach Abs. 1 zu verstehen (RGSt 67, 125 (128); KK-StPO/Weingarten Rn. 41). Bei einer Tat, die ausschl. eine Steuerstraftat darstellt, kann Adressat anstatt der StA auch die **Finanzbehörde** sein (§ 386 Abs. 1, Abs. 2 **AO**). Soweit das **Gericht** als Adressat in Betracht kommt, sind in Abs. 1 nur die AGe genannt; der Strafantrag dagegen kann nach Abs. 2 „bei einem Gericht“ angebracht werden, dh bei einem AG o. einem mit der Sache befassten Gericht, also auch bei dem LG, das die Untersuchung führt (KK-StPO/Weingarten Rn. 39), o. beim Revisionsgericht zur Behebung des Verfahrenshindernisses. Der Strafantrag kann fristwahrend auch bei einer **StA** (o. Polizei-

behörde) gestellt werden, die nicht für das Strafverfahren zuständig ist (KK-StPO/Weingarten Rn. 40; SSW StPO/Ziegler Rn. 22; Löwe/Rosenberg/Erb Rn. 41)

Die Zuständigkeit zur Entgegennahme enthält **auch eine Verpflichtung** hierzu (KK-StPO/Weingarten Rn. 13). Das schließt aber nicht aus, dass dem Anzeigenden, der eine mündliche Anzeige erstattet, nahegelegt wird, sich an die für die Bearb. zuständige Stelle zu wenden, falls das ohne erheblichen Aufwand an Zeit u. Mühe u. ohne Gefahr der Fristversäumung möglich ist. Ein Strafantrag, der bei einer anderen Stelle angebracht ist, wird durch die Weiterleitung an eine zuständige Stelle wirksam, falls er den Vss. des Abs. 2 (→ Rn. 11) entspricht u. ihn die zuständige Stelle innerhalb der Antragsfrist erhält. Andere als die in Abs. 1 genannten Adressaten sind nicht zur Entgegennahme (allgM), wohl aber zur Weiterleitung einer entgegengenommenen Anzeige an das für die Sache zuständige Rechtspflegeorgan verpflichtet (Löwe/Rosenberg/Erb Rn. 27; SK-StPO/Wohlers/Deiters Rn. 10; **aM** Schmidt StPO/GVG StPO § 158 Rn. 9; HK-StPO/Zöller Rn. 9). Demjenigen, der die Anzeige als Verletzter der Tat anbringt, ist nach Abs. 1 S. 3 auf Antrag der Eingang schriftlich zu bestätigen (→ Rn. 10a). 8

D. Form von Strafanzeige und Strafantrag. I. Formfreiheit (Abs. 1). Durch das **G zur weiteren Digitalisierung der Justiz** v. 12.7.2024 (BGBl. 2024 I Nr. 234) wurde die Beschränkung auf eine mündliche oder schriftliche Anbringung von Strafantrag und Strafanzeige in Abs. 1 S. 1 gestrichen. Dadurch können Strafanzeige und -antrag nunmehr in **jeder Form** gestellt werden, also auch telefonisch oder mittels einfacher E-Mail (BT-Drs. 20/10943 S. 34; s. zu vorher gestellten, nicht den Anforderungen von § 158 Abs. 2 aF entsprechenden Strafanträgen → Rn. 11). Sie sind nach dem mit demselben G. eingeführten Abs 1 S. 2 in jedem Fall durch die aufnehmende Stelle zu dokumentieren; dieser **Dokumentationspflicht** kann bei schriftlichen oder elektronisch eingereichten Strafanzeigen und -anträgen auch dadurch genügt werden, dass sie zum (polizeilichen) Ermittlungsvorgang oder zur Akte genommen werden (BT-Drs. 20/10943 S. 49). Bei mündlichen Anzeigen empfiehlt es sich, dass sich die aufnehmende Stelle die Dokumentation vom Anzeige- oder Antragsteller unterzeichnen lässt. Die bloße Aufnahme einer Anzeige gegen einen Angehörigen ist mangels Auskunftsverlangen keine Zeugenvernehmung; eine Belehrung nach § 52 Abs. 3 ist daher rechtlich nicht gefordert; § 163 Abs. 3 ist noch nicht anzuwenden (Beck OK StPO/Goers Rn. 7). 9

Anzeigen von Verletzten (Abs. 1 S. 3–5). S. 3 sieht eine schriftliche Anzeigebestätigung nur für Verletzte vor (weitergehend Nr. 9 Abs. 1 RiStBV). S. 4 konkretisiert den Inhalt der Bestätigung dahin, dass eine kurze Zusammenfassung der Angaben des Verletzten zu Tatzeit, Tatort u. angezeigter Tat aufzunehmen sind; stichwortartige Angaben reichen insoweit aus (KK-StPO/Weingarten Rn. 17a; krit. dazu Pollähne StV 2016, 671 (676)). Eine detaillierte rechtliche Bewertung der in Betracht kommenden Delikte ist nicht erforderlich, eine allg. Beschreibung, etwa als „Körperverletzung", genügt (vgl. BT-Drs. 18/4621, 24; Nr. 9 Abs. 2 RiStBV; BeckOK StPO/Goers Rn. 30). 10

S. 5 ermöglicht es, die **Anzeigebestätigung** wegen Gefährdung des Untersuchungszwecks zu **versagen.** Die Formulierung orientiert sich am Wortlaut v. § 406 Abs. 2 S. 2 (→ § 406e Rn. 11). Allerdings erscheint es nicht generell geboten, hiervon bei in Betracht kommenden „Aussage gegen Aussage"-Konstellationen unter Hinweis auf eine mögliche Beeinträchtigung der im weiteren Verf. gebotenen Konstanzanalyse Gebrauch zu machen (so aber Ferber NJW 2016, 279), wenn sich die Anzeigebestätigung auf stichwortartige Angaben (→ Rn. 10) beschränkt (Löwe/Rosenberg/Erb Rn. 35; enger KK-StPO/Weingarten Rn. 17a). Darüber hinaus kann bei offensichtlich rechtsmissbräuchlichen Anzeigen die Bestätigung versagt werden, da insoweit der Schutzzweck der Opferschutzrichtlinie nicht betroffen ist (vgl. BT-Drs. 18/4621, 24). 10a

II. Besonderheiten beim Strafantrag (Abs. 2). Der durch das **G zur weiteren Digitalisierung der Justiz** v. 12.7.2024 (BGBl. 2024 I Nr. 234) neugefass- 11

te Abs. 2 macht die Wirksamkeit des Strafantrags nicht von der Schriftform oder ihrem elektronischen Äquivalent (→ § 32a Rn. 4 f.) abhängig. Er kann mithin in **jeder Form** gestellt werden, also – anders als nach der alten Rechtslage (vgl. hierzu BGH NJW 2022, 2768 (2769); NStZ-RR 2020, 367) – auch mit einfacher E-Mail oder mündlich (BT-Drs. 20/10943 S. 49 f.; erg. → Rn. 9). Selbstverständlich kann der Strafantrag auch förmlich gestellt werden; der Anschluss als Nebenkläger genügt daher (BGHSt 33, 114 (116)). Es gilt die **Dokumentationspflicht** des Abs. 1 S. 2 (→ Rn. 9). Die Gesetzesänderung hat **keine Rückwirkung;** die Neufassung führt mithin nicht dazu, dass ein ursprünglich formwidriger Strafantrag nunmehr als wirksam eingelegt gilt (BGH NStZ-RR 2025, 55).

11a Ein wirksamer Strafantrag liegt nach Abs. 2 nur dann vor, wenn die **Identität** und der **Verfolgungswille** des Antragstellers sichergestellt ist. Dies ist ohne weiteres der Fall, wenn beides aus der **Erklärung** und den Umständen ihrer Abgabe eindeutig ersichtlich ist (BT-Drs. 20/10943 S. 49). Es genügt aber auch, wenn die Ermittlungsbehörden dies auf **andere Weise** feststellen können, etwa durch eine Abfrage der Personalausweisnummer, die bei einer Online-Anzeige angegeben wird, bei Antragstellung über eine behördliche oder dienstlich bekannte E-Mail-Adresse oder durch eine Bestätigung in einer späteren Zeugenvernehmung (BT-Drs. 20/10943 S. 50). Die Antragsfrist (→ Rn. 5) ist nur bei fristgerechtem Eingang eines formwirksamen Strafantrags gewahrt (KK-StPO/Weingarten Rn. 38); eine nachträgliche Heilung eines Formmangels ist ausgeschlossen (BT-Drs. 20/10943 S. 50). Wird die Identität und der Verfolgungswille des Antragstellers erst im Nachgang zum formmangelhaft gestellten Strafantrag geklärt, muss dies innerhalb der Antragsfrist geschehen sein. Das Risiko einer verspäteten Klärung trägt der Antragsteller, der es in der Hand hat, beides bereits in seiner Erklärung eindeutig zum Ausdruck zu bringen (s. a. Hauser JR 2024, 74 (77)).

12 **III. Anzeige eines Handlungsunfähigen.** Die Anzeige eines **Handlungsunfähigen** (→ Einl. Rn. 98) o. eine **anonyme Anzeige** (→ § 160 Rn. 9) sind nicht gegenstandslos, falls sie Verdacht begründen. Hieran fehlt es idR bei der Anzeige eines offensichtlichen Querulanten (vgl. BVerfGE 1, 87; Löwe/Rosenberg/Erb Rn. 15). Soll die Anzeige zugleich Antrag des Verletzten nach § 171 sein, so muss der ges. Vertreter handeln (→ § 171 Rn. 1).

13 **IV. Antragsunmündigkeit.** Antragsunmündigkeit (§ 77 Abs. 3 StGB) macht den Strafantrag wirkungslos. Ein solcher Antrag kann aber Anlass zur Verfolgung wegen eines anderen Delikts sein (→ Rn. 12). Wer das Antragsdelikt selbst begangen o. sich daran beteiligt hat, kann nicht für den antragsunmündigen Berechtigten Strafantrag stellen, wie sich aus § 181 BGB ergibt, der auch für das öffentl. Recht gilt (BGHSt 6, 155 (157); KK-StPO/Weingarten Rn. 35). Dies bestätigt auch § 77 Abs. 2 S. 3 StGB. Zur Verhinderung des ges. Vertreters bei Stellung eines Strafantrags vgl. OLG Stuttgart NJW 1971, 2237; TK-StGB/Bosch StGB § 77 Rn. 21 ff.

14 **V. Vertretung des Anzeigenden.** Die Vertretung des Anzeigenden ist zulässig, u. zwar sowohl in der Erkl. (Vertreter = Bote) als auch im Willen (→ Einl. Rn. 127). Die Vollmacht bedarf keiner bestimmten Form. Ihr Nachw. ist nur notwendig, wenn die Anzeige ein Antrag nach § 171 sein soll.

15 **VI. Vertretung des Strafantragstellers.** Die Vertretung des Strafantragstellers ist ebenfalls zulässig (erg. → Vor § 137 Rn. 12; → § 374 Rn. 6; → Einl. Rn. 127). Die Prokura nach § 49 Abs. 1 HGB umfasst die Befugnis, Strafanträge in Bezug auf Straftaten zu stellen, aufgrund derer Rechte des Unternehmens verletzt worden sind; anders liegt es aber, wenn dies eine Grundlagenentscheidung erfordert, bei der eine Vertretung des Unternehmensinhabers im Willen unzulässig ist (BGH NJW 2010, 92 (97) mAnm Bittmann zu § 119 Abs. 2 BetrVG). Für den Lauf der Strafantragsfrist muss sich der Dienstvorgesetzte die Kenntnis seines ständigen Vertreters zurechnen lassen (BGHSt 44, 209 mzustAnm Lampe).

16 **E. Vertrauliche Anzeigen, Vertraulichkeitszusagen.** Auch eine **vertrauliche Anzeige** durch einen **Informanten im Einzelfall** ist zulässig. Der Polizei

darf nicht vorgeschrieben werden, die Entgegennahme v. Anzeigen, die unter der Bedingung der Geheimhaltung des Anzeigeerstatters angeboten werden, mit dem Hinweis abzulehnen, seine Geheimhaltung könne nicht zugesichert werden (BGH MDR 1952, 659 – BGH RsprÜ; KK-StPO/Weingarten Rn. 18). Die Inanspruchnahme von Informanten war bis zur Neufassung der RiStBV vom 28. März 2023 (BAnz AT 19.6.2023 B1) in deren Anlage D näher geregelt, die aber bei der Neufassung nicht durch den Bund nicht in Kraft gesetzt wurde. Die darin getroffenen Vorgaben ergeben sich indes weitgehend aus rechtsstaatlichen Prinzipien und gesetzlichen Regelungen, sodass durch die Nichtinkraftsetzung der Anlage D der Umgang der Strafverfolgungsorgane mit solchen Informanten keine maßgeblichen Änderungen erfahren hat. Vor der Zusicherung ist regelmäßig die **Einwilligung der StA** einzuholen. Sie kommt grds. nur im Bereich der Schwerkriminalität in Betracht, im Bereich der mittleren Kriminalität nur ausnahmsweise nach bes. sorgfältiger Prüfung im Einzelfall u. im Bereich der Bagatellkriminalität überhaupt nicht. Im Allgemeinen bezwecken das Begehren u. die Zusage der Vertraulichkeit lediglich, dass der Name dessen, der die Hinweise gibt, dem Betroffenen nicht bekanntgegeben werden soll, nicht aber, dass v. den mitgeteilten Tatsachen als solchen bei den weiteren Ermittlungen kein Gebrauch zu machen sei. Wenn andere Umstände auf den Mitteilenden als Zeugen hinlenken, darf er vernommen werden, erst recht, wenn sich Anhaltspunkte für eine leichtfertig o. bewusst wahrheitswidrige Aussage o. gar für eine Tatbeteiligung ergeben. Das Begehren, auch nicht als Zeuge in das Verf. hineingezogen zu werden, darf mit Rücksicht auf das Recht des Beschuldigten auf umfassende Kenntnis der ihn belastenden Beweisumstände, nur ausnahmsweise für den Fall berücksichtigt werden, dass der Mitteilende sicher als Zeuge entbehrlich ist u. nicht andere Umstände auf ihn als Zeugen hinlenken (vgl. Geißer GA 1985, 247). Er kann aber entspr. § 96 „gesperrt" werden (→ § 96 Rn. 12; KK-StPO/Greven § 96 Rn. 21).

Vertraulichkeitszusagen können für die Polizei **auf längere Zeit tätige Vertrauenspersonen** in eng begrenzten Einzelfällen gemacht werden, in denen eine hohe Gewaltbereitschaft sowie außergewöhnliche kriminelle Energie bei der Tätergruppierung vorherrscht u. daraus bes. Gefahren für Leib o. Leben der Vertrauensperson resultieren, denen nicht durch Zeugenschutzmaßnahmen – etwa nach §§ 68a, 247a – begegnet werden kann (BVerfG NJW 2010, 925 (927)). Nach der Rspr. des BGH wird dies nur zur Bekämpfung bes. gefährlicher u. schwer aufklärbarer Kriminalität bejaht werden können (BGHSt (GSSt) 32, 115). Im Bereich der Wirtschaftskriminalität werden diese Voraussetzungen regelmäßig nicht vorliegen (Lorenz StraFo 2016, 316 (318)). Der Einsatz v. V-Personen kommt überdies nur in Betracht, wenn die Aufklärung sonst aussichtslos o. wesentlich erschwert wäre. Er war bis zur Neufassung der RiStBV vom 28. März 2023 (BAnz AT 19.6.2023 B1) in deren Anlage D näher geregelt, die aber bei der Neufassung nicht durch den Bund nicht in Kraft gesetzt wurde. Für Vertrauenspersonen hatte die BReg in der 20. Legislaturperiode geplant, die Voraussetzungen für deren Einsatz gesetzlich zu regeln (BT-Drs. 20/11312), was jedoch der Diskontinuität anheimgefallen ist. Die in der Anlage D getroffenen Vorgaben ergeben sich indes weitgehend aus rechtsstaatlichen Prinzipien und gesetzlichen Regelungen, sodass durch ihre Nichtinkraftsetzung der Umgang der Strafverfolgungsorgane mit Vertrauenspersonen keine maßgeblichen Änderungen erfahren hat. Die Zusicherung erfordert idR die vorherige Einwilligung der StA. Die Vertrauensperson kann ggü. dem erkennenden Gericht entspr. 96 „gesperrt" werden (→ § 96 Rn. 12; KK-StPO/Greven § 96 Rn. 21; KK-StPO/Bader Vor § 48 Rn. 63; s. a. Mayer Kriminalistik 2016, 228 (230)). 17

Polizei u. StA sind an die Zusicherung der Vertraulichkeit/Geheimhaltung gebunden. Der **Preisgabe des Namens** entgegen der Zusicherung kann entgegenhalten werden, dass das Vertrauen in Zusagen der Ermittlungsbehörden u. damit der Einsatz v. Vertrauenspersonen auf Dauer unmöglich gemacht würde, wenn die Vertrauensperson sich nicht auf sie verlassen könne (BVerfG NJW 2010, 925 (927) mwN). Die Bindung entfällt nur, wenn Anhalt dafür besteht, dass die 17a

Auskunftsperson den Angezeigten bewusst wahrheitswidrig o. leichtfertig belastet hat (BVerwG DÖV 1965, 488), wenn die V-Person v. einer Weisung vorwerfbar abweicht, sie sich bei der Tätigkeit strafbar macht o. wenn sich eine Tatbeteiligung des Empfängers der Zusicherung herausstellt. Nach Zusicherung der Vertraulichkeit kann uU die Genehmigung zur Aussage über den Namen des Gewährsmannes versagt werden (vgl. → § 96 Rn. 12a). Soweit Vertraulichkeit zugesichert ist, wird die Anzeige, die den Anzeigenden erkennen lässt, nicht zu den Ermittlungsakten genommen (erg. → § 160 Rn. 9; → § 96 Rn. 12–12b; krit. SSW StPO/Eschelbach § 96 Rn. 3 ff.). Instruktiv zum Ganzen mit **Hinweisen für die Praxis** KK-StPO/Weingarten Rn. 18 ff.

18 **F. Zurücknahme; Verzicht.** Die Erkl. der Zurücknahme (§ 77d StGB) bedarf keiner bestimmten Form (RGSt 8, 79; 55, 23), muss aber dem mit der Sache befassten Strafrechtspflegeorgan zugehen (BGHSt 16, 105); das ist vor Einschaltung der StA auch die Polizei (Löwe/Rosenberg/Erb Rn. 54; ebenso BGH NJW 1957, 1368 für den Verzicht; **aM** SK-StPO/Wohlers/Deiters Rn. 58). Die Ankündigung, der Antrag werde möglicherweise zurückgenommen, kann der Vermeidung unnötiger Ermittlungen dienen; sie ist keine Bedingung des Antrags. Die Rücknahme enthält zugleich einen Verzicht auf den Strafantrag. Dieser kann iÜ auch v. vornherein erklärt werden (→ Einl. Rn. 117). Die Zurücknahme kann auch unter der Bedingung einer bestimmten Kosten- u. Auslagenentscheidung erklärt werden (→ Einl. Rn. 118; → § 470 Rn. 5, 6).

19 **G. Beschränkung des Strafantrags. Beschränkbar** ist der Strafantrag, u. zwar auf einzelne Personen, aber auch sachlich u. rechtlich auf einzelne abtrennbare Teile einer Tat o. einzelne v. mehreren Gesetzesverletzungen, die durch eine u. dieselbe Handlung begangen worden sind (Kriterien für die Beschränkbarkeit der Untersuchung in § 154a). Ist eine Beschränkung nicht erkennbar, so bezieht sich der Antrag auf die ganze Tat iSd § 264 (BGHSt 33, 114 (116)) u. auf alle in Betracht kommenden Täter u. Teilnehmer sowie auf alle Antragsdelikte, die in der Tat zu sehen sind (RGSt 62, 83 (89); KG JR 1956, 351; KK-StPO/Weingarten Rn. 49). Eine Beschränkung der Anzeige als solcher (Abs. 1) ist zwar zulässig, aber rechtlich ohne Bedeutung.

20 **In tatsächlicher Hinsicht** kann der Antrag zB auf bestimmte Äußerungen innerhalb eines beleidigenden Schriftstücks beschränkt werden. Im Übrigen bleibt es dabei, dass sich das Strafverfahren auf die ganze Tat (§ 264) bezieht. Bei Beleidigung durch eine Druckschrift bezieht sich der Strafantrag auf die gesamte Verteilungsaktion mit ihren Ausläufern, auch soweit sie zzt. des Antrags noch nicht in Gang waren. Erst wenn spätere Verteilungshandlungen nicht mehr im natürlichen Zusammenhang mit den früheren stehen, sind sie eine neue Tat, deren Verfolgung v. einem Strafantrag abhängig ist.

21 **In persönlicher Hinsicht** kann sich der Antragsberechtigte darauf beschränken, jeweils binnen drei Monaten gegen die ihm bekannt werdenden Täter u. Bet. Strafantrag zu stellen (vgl. → Rn. 5). Das schließt aber nicht den **allg. Strafantrag** aus, der zu einem Ermittlungsverfahren gegen Unbekannt führt (BeckOK StPO/Goers Rn. 12); er richtet sich gegen alle in der Folge ermittelten Täter (KK-StPO/Weingarten 50). Wird in diesem Fall ein Täter ermittelt, dessen Bestrafung der Antragsteller nicht wünscht, so kann er den Antrag insoweit zurücknehmen.

22 **In rechtlicher Hinsicht** ist eine Beschränkung auf eine v. mehreren rechtlich zusammentreffenden Gesetzesverletzungen (§ 52 StGB) zulässig (OLG Frankfurt a. M. NJW 1952, 1388; KK-StPO/Weingarten Rn. 49).

23 **H. Auslegung des Strafantrags. Auslegungs- und ergänzungsfähig** ist der Strafantrag. Dabei können außerhalb des Wortlauts liegende Tatsachen mitberücksichtigt werden, sofern ihr Zusammenhang u. ihre Bedeutung erkennbar sind (vgl. RGSt 64, 106; 75, 257 (259); OLG Düsseldorf VRS 71, 28 (31)).

24 **I. Unterlassung, Schadensersatzpflicht.** Ein **Anspruch auf Unterlassung** einer Strafanzeige (§§ 823 Abs. 2, 1004 BGB) besteht nicht (vgl. auch BGH NJW

1962, 243 (245); 1986, 2502 (2503): keine Widerrufsklage). Anders ist es nur hins. missbräuchlicher Äußerungen, die in keinem inneren Zusammenhang mit der Ausführung o. Verteidigung v. Rechten stehen, der die Anzeige dienen soll, o. wenn wissentlich unwahre o. leichtfertig unhaltbare Behauptungen aufgestellt werden (BVerfG 15.12.2008 – 1 BvR 1404/04; LG Heidelberg AnwBl 1977, 23).

Wer im guten Glauben eine Strafanzeige erstattet hat, macht sich **nicht schadensersatzpflichtig,** auch wenn sich die Behauptung als unrichtig o. unaufklärbar erweist (BVerfGE 74, 257 (dazu Müller-Dietz FS Tröndle, 1989, 567); Ellbogen/Erfurth CR 2008, 638); vgl. auch § 48 Abs. 1 GwG. 25

J. Offenbarung strafrechtlich geschützter Geheimnisse. Ein Recht zur Offenbarung strafrechtlich geschützter Geheimnisse (zB §§ 203, 355 StGB, § 17 UWG) gewährt § 158 nicht (Löwe/Rosenberg/Erb Rn. 13; Sieber NJW 2008, 884; zu anderen Befugnisnormen MüKoStGB/Cierniak/Niehaus StGB § 203 Rn. 96 ff.), wohl aber muss die arbeitsvertragliche Rücksichtnahmepflicht uU zurückstehen (zur Kündigung eines Arbeitsverhältnisses wegen einer Strafanzeige BAG NJW 2004, 1547; 2007, 2204; Gach/Rützel BB 1997, 1959; vgl. auch BVerfG NJW 2001, 3474; BVerwG NJW 2001, 3280 (§ 61 Abs. 1 S. 3 BBG nF) u. insges. zu Fragen des (externen) *whistleblowing* Berndt/Hoppler BB 2005, 2628; Bürkle DB 2004, 2158; Bussmann/Matschke wistra 2008, 94; Deiseroth/Derleder ZRP 2008, 248; Hauschka DB 2006, 1143; Hefendehl ZStW 119 (2007), 839 Fn. 133; Hefendehl FS Amelung, 2009, 617; Koch ZIS 2008, 502; Kölbel JZ 2008, 1134; Wessing FS 25 Jahre AG StrafR DAV, 2009, 917; erg. → § 160 Rn. 6, 9 sowie → § 136a Rn. 3a zur sog. Liechtensteiner Steueraffäre. 26

K. Anzeige von EU-Auslandsstraftaten (Abs. 3). Abs. 3 dient der Umsetzung v. Art. 11 Abs. 2 RB (EU) 2001/220/JI v. 15.3.2001 über die Stellung des Opfers im Strafverfahren (ABl. 2001 L 82, 1). Die Vorschr. regelt die Übermittlung der Strafanzeige des Verletzten (→ Vor § 406d Rn. 2) einer in einem **anderen Mitgliedstaat der EU** begangenen Straftat an die zuständige Strafverfolgungsbehörde des betreffenden Mitgliedstaats der EU. 27

I. Pflicht zur Übermittlung. Eine Pflicht zur Übermittlung trifft die StA nur, wenn die Straftat ausschl. in einem anderen Mitgliedstaat begangen worden ist, der anzeigende Verletzte im Inland wohnt, die Weiterleitung beantragt u. die Tat aus bestimmten, im G bezeichneten Gründen hier nicht verfolgt wird. Der Fall, dass für die Tat deutsches Strafrecht nicht gilt, liegt zB vor, wenn ein in Deutschland wohnhafter Angehöriger eines anderen Mitgliedstaats dort Opfer einer auch nicht v. §§ 5, 6 StGB oder § 7 Abs. 2 StGB erfassten Straftat geworden ist; die Alt., dass die StA v. der Verfolgung einer (auch) deutschem Strafanwendungsrecht unterfallenden Tat nach § 153c Abs. 1 S. 1 Nr. 1, ggf. iVm § 153f, absieht, greift etwa ein, wenn ein Deutscher eine ausschl. (→ § 153c Rn. 3) in einem anderen Mitgliedstaat begangene Straftat zu seinem Nachteil (vgl. § 7 Abs. 1 StGB) hier anzeigt. 28

II. Absehen von der Übermittlung. Nach Ermessen v. der Übermittlung absehen kann die StA gem. S. 2 Nr. 1, wenn sowohl die Begehung der Tat als solche als auch die v. Verletzten bei der Anzeigeerstattung mitgeteilten, für die Verfolgung wesentlichen Umstände wie Tatablauf u. Beweismittel der zuständigen ausl. Strafverfolgungsbehörde bereits bekannt sind. Nach S. 2 Nr. 2 kann bei leichten Straftaten v. einer Abgabe abgesehen werden, wenn der Verletzte den Sachverhalt im anderen Staat hätte anzeigen, etwa der örtlichen Polizei in verständlicher Form hätte schildern können (vgl. BT-Drs. 16/12098, 23: Entwendung einfachen Modeschmucks im Wert v. 20 Euro). Für schwerere Straftaten gilt diese Einschränkung nicht. 29

III. Andere Fälle. Auch in anderen als den v. Abs. 3 erfassten Fällen mit Auslandsbezug kommt nach dem Grundgedanken der o. (→ Rn. 27) genannten RL eine Einzelfallentscheidung der StA darüber in Betracht, ob – unter Beachtung der rechtshilferechtlichen Vorgaben der §§ 61a Abs. 1, 92 Abs. 1 IRG – eine Übermittlung der Anzeige an die ausl. Strafverfolgungsbehörde angebracht ist (KK- 30

StPO/Weingarten Rn. 63; vgl. die Aufzählung verschiedener Fallgestaltungen in BT-Drs. 16/12098, 23).

31 **L. Der deutschen Sprache nicht mächtige Verletzte (Abs. 4).** Der deutschen Sprache nicht mächtige Verletzte erhalten nach dem durch das 3. Opferrechtsreformgesetz v. 21.12.2015 (BGBl. I 2525) neu angefügten Abs. 4 die notwendige **Hilfe bei der Verständigung,** um die Anzeige in einer ihnen verständlichen Sprache anzubringen (S. 1). Außerdem ist die schriftliche Anzeigebestätigung nach Abs. 1 S. 3 und 4 (→ Rn. 10a) dem Verletzten in eine ihm verständliche Sprache zu übersetzen (S. 2). Dazu bedarf es, wie sich aus der offenen Formulierung ergibt, nicht zwingend der Verständigung/Übersetzung mittels Dolmetscher; vielmehr kann in geeigneten Fällen aus Gründen der Praktikabilität auch auf sprachkundige Personen der Ermittlungsbehörden o. auf zuverlässige Begleitpersonen des Verletzten zurückgegriffen werden (KK-StPO/Weingarten Rn. 65). In den Fällen des Abs. 1 S. 5 bedarf es der Übersetzung der Anzeigebestätigung nicht (Abs. 4 S. 3 Hs. 2; → Rn. 10b).

Anzeigepflicht bei Leichenfund und Verdacht auf unnatürlichen Tod **Nr. 33–38 RiStBV**

159 (1) **Sind Anhaltspunkte dafür vorhanden, daß jemand eines nicht natürlichen Todes gestorben ist, oder wird der Leichnam eines Unbekannten gefunden, so sind die Polizei- und Gemeindebehörden zur sofortigen Anzeige an die Staatsanwaltschaft oder an das Amtsgericht verpflichtet.**

(2) **Zur Bestattung ist die schriftliche Genehmigung der Staatsanwaltschaft erforderlich.**

1 **A. Beweissicherung.** Der Beweissicherung dient § 159 für den Fall, dass der Tod durch eine Straftat eines anderen herbeigeführt worden ist. Die „Leichensache" ist kein Ermittlungsverfahren iSd § 160 (BGHSt 49, 29; **aM** AnwK StPO/Walther Rn. 1).

2 **I. Nicht natürlich.** Nicht natürlich ist der durch Suizid, Unfall, durch eine rechtswidrige Tat (dh eine solche, die den Tatbestand eines Strafgesetzes verwirklicht, § 11 Abs. 1 Nr. 5 StGB) o. sonst durch Einwirkung v. außen herbeigeführte Tod. Der Tod nach Operation fällt nur unter § 159, wenn wenigstens entfernte konkrete Anhaltspunkte für einen Kunstfehler o. für sonstiges Verschulden des behandelnden Personals vorliegen (Maiwald NJW 1978, 563; weitergehend Hoppmann Kriminalistik 2014, 155 (158 ff.)).

3 **II. Unbekannt.** Unbekannt ist ein Toter, der nicht sofort identifiziert werden kann. Stirbt eine nicht identifizierte Person nach längerer Behandlung im Krankenhaus, so wird ihr Leichnam nicht „gefunden" (**aM** AnwK StPO/Walther Rn. 4); anders, wenn jemand unter den Augen anderer gestorben ist, aber eine sofortige Identifizierung nicht möglich ist (KK-StPO/Weingarten Rn. 3; Löwe/Rosenberg/Erb Rn. 4). Wird jemand in unzw. Nothilfe (§ 32 Abs. 2 StGB) zur Rettung einer unter Todesdrohung festgehaltenen Geisel o. sonst mit offensichtlichem Rechtfertigungsgrund erschossen, so bedarf es keines Ermittlungsverfahrens (**aM** SK-StPO/Wohlers/Deiters Rn. 4; erg. → § 152 Rn. 4).

4 **III. Polizei.** Die Polizei sorgt unverzüglich zur Sicherung der Ermittlungen dafür, dass die Leiche geborgen u. bewacht o. sicher untergebracht wird. Bis zum Eintreffen des Arztes, der zur Leichenschau zugezogen wird, dürfen keine Veränderungen vorgenommen werden, die nicht aus Gründen der öffentl. Sicherheit zwingend erforderlich sind.

5 **B. Anhaltspunkte für den unnatürlichen Tod.** Die Anhaltspunkte für den unnatürlichen Tod müssen konkret sein u. wenigstens auf eine entfernte Möglichkeit einer Straftat hinweisen, zB Spuren, die auf Gewaltanwendung hindeuten. Sie

können sich aus dem Ort u. den näheren Umständen der Auffindung ergeben, ferner aus auffälligem Verhalten anwesender Personen (Hoppmann Kriminalistik 2014, 155 (157)), bei jüngeren Menschen sogar aus dem Fehlen v. Anhaltspunkten für einen natürlichen Tod (Löwe/Rosenberg/Erb Rn. 3). Es ist nicht auszuschließen, dass Tötungsdelikte unerkannt bleiben, weil Ärzte, welche die Todesbescheinigung ausstellen, aufgrund von Arbeitsüberlastung u. mangelnder rechtsmedizinisch-forensischer Kenntnisse fälschlicherweise einen natürlichen Tod bescheinigen (eing. Hoppmann Kriminalistik 2014, 155 (157)).

C. Polizei- und Gemeindebehörden. Polizei- und Gemeindebehörden jeder Art sind verpflichtet, u. zwar der Leiter o. ein nach der Geschäftsverteilung beauftragter Angehöriger der Behörde (Löwe/Rosenberg/Erb Rn. 5). Wenn eine Meldung gemacht ist, entfällt die Pflicht der anderen Behörde. Der leitende Arzt eines gemeindlichen Krankenhauses ist als solcher nicht Behörde. Ist die Leitung eines solchen Krankenhauses zur Vertretung der Gemeinde berechtigt, so ist sie Behörde. Das gilt auch, wenn dabei die Anzeigepflicht einen Arzt trifft. Die Erfüllung der Anzeigepflicht ist in diesem Fall nicht unbefugt u. fällt daher nicht unter § 203 Abs. 1 Nr. 1 StGB (Löwe/Rosenberg/Erb Rn. 5). 6

D. Adressat. Adressat der „sofortigen Anzeige", die keine Strafanzeige, sondern eine Information darstellt (→ Einl. Rn. 79), ist die StA o., insbes. wenn diese nicht alsbald zu erreichen ist, das AG des Ortes, wo sich die Leiche befindet. Über die Zuständigkeit für die Sektionsanordnung vgl. → § 162 Rn. 7 ff. Die Anzeige sollte möglichst an die StA gerichtet werden, da der Richter beim AG nur die Rolle eines NotStA spielt (§ 165). Wenn nicht Gefahr im Verzug ist, gibt er daher die Anzeige an die StA ab. Über die Identifizierung der Leiche vgl. § 88 (→ § 88 Rn. 1). Zur Ermittlungspflicht der StA in Todesfällen vgl. BVerfG EuGRZ 2010, 145; Maiwald NJW 1978, 561. 7

E. Überführung. Die Überführung der Leiche v. der Unfallstelle an einen anderen Ort ist nicht v. der Genehmigung der StA o. des Richters abhängig. Jedoch muss die Polizei zB Maßnahmen zur Identifizierung des Toten treffen (→ § 88 Rn. 1), Lichtbilder v. der Unfallstelle fertigen, bevor die Leiche weggebracht wird, o. die Einnahme eines Augenscheins durch den StA o. den Richter (§ 86) anregen. Zur Vermeidung einer wesentlichen Erschwerung der Leichenschau o. -öffnung, etwa durch Überführung zur Unzeit, kann die Leiche beschlagnahmt werden (→ § 94 Rn. 4). 8

F. Bestattungsschein (Abs. 2). Die schriftliche Genehmigung (sog. Bestattungsschein) muss dem Standesbeamten auf schnellstem Weg zugeleitet werden. Wenn eine Zuleitung per Fax o. als Anhang zu einer E-Mail (ggf. mit telefonischer Vorankündigung) im Einzelfall nicht genügen sollte, kann auch so verfahren werden (abl. Wohlers/Deiters in SK-StPO Rn. 13): Anruf des freigebenden StA bei der dem Standesamt nächstgelegenen Polizeibehörde, Bitte um Rückruf (zwecks Ausschlusses v. Missbrauch zur Beseitigung eines Beweismittels), Bitte u. Ermächtigung, dem Standesamt die Genehmigung der StA schriftlich zu überbringen (KK-StPO/Weingarten Rn. 9). Aus dem Bestattungsschein muss sich ergeben, ob auch die Feuerbestattung genehmigt wird (Nr. 38 RiStBV). 9

Pflicht zur Sachverhaltsaufklärung **Nr. 1–109 RiStBV**

160 (1) **Sobald die Staatsanwaltschaft durch eine Anzeige oder auf anderem Wege von dem Verdacht einer Straftat Kenntnis erhält, hat sie zu ihrer Entschließung darüber, ob die öffentliche Klage zu erheben ist, den Sachverhalt zu erforschen.**

(2) **Die Staatsanwaltschaft hat nicht nur die zur Belastung, sondern auch die zur Entlastung dienenden Umstände zu ermitteln und für die Erhebung der Beweise Sorge zu tragen, deren Verlust zu besorgen ist.**

(3) [1]**Die Ermittlungen der Staatsanwaltschaft sollen sich auch auf die Umstände erstrecken, die für die Bestimmung der Rechtsfolgen der Tat von Bedeutung sind.** [2]**Dazu kann sie sich der Gerichtshilfe bedienen.**

(4) **Eine Maßnahme ist unzulässig, soweit besondere bundesgesetzliche oder entsprechende landesgesetzliche Verwendungsregelungen entgegenstehen.**

Übersicht

1 **A. Verfolgungszwang und Amtsaufklärungsgrundsatz (Abs. 1).** Der Verfolgungszwang (Legalitätsprinzip) nach Abs. 1 ergibt sich bereits aus § 152 Abs. 2: er sichert das **verfassungsrechtliche Gebot einer wirksamen Strafverfolgung** (vgl. hierzu BVerfG NJW 2013, 1058 (1060); ausf. Nowrousian Kriminalistik 2020, 624; erg. → § 152 Rn. 2). Über das Ermittlungsverfahren vgl. → Einl. Rn. 60, 62. Die StA ist verantwortlich für die Rechtmäßigkeit u. Ordnungsmäßigkeit, Gründlichkeit u. Zuverlässigkeit des Ermittlungsverfahrens (BGH NJW 2009, 2612; Schmidt StPO/GVG Vor § 158 Rn. 3; Gössel GA 1980, 325; → § 163 Rn. 3 ff.; → GVG Vor § 141 Rn. 1 ff.). Es besteht daher kein Raum, der Verteidigung gesonderte zeitliche oder finanzielle Ressourcen für eigene Ermittlungen (vgl. hierzu → Vor § 137 Rn. 2a) zur Verfügung zu stellen (BGH NStZ-RR 2025, 182 (183)). Sie hat zudem – va in Haftsachen – für die Beachtung des Beschleunigungsgrundsatzes Sorge zu tragen (BVerfGE 36, 264 (272); → Einl. Rn. 160). Der **Amtsaufklärungsgrundsatz** verpflichtet die StA zur Beweissicherung nach dem Prinzip der Objektivität (Abs. 2). Sie hat zur Erforschung des Sachverhalts auch auf von Privaten o. verfahrensfehlerhaft erlangte Beweise zu erstrecken, soweit dem keine – vAw zu prüfende (BGH JR 2020, 81 mAnm Kudlich; BGH ZD 2021, 637 mAnm 637: private Videoaufnahmen) – **Beweisverwertungsverbote** entgegenstehen (erg. → Einl. Rn. 55 ff.; → § 161 Rn. 1). Sämtliche Beweisergebnisse sind schon aufgrund des Rechtsstaatsprinzips zu **dokumentieren** (BGH NStZ 2014, 277 (281)). Zudem müssen die ermittelten Erkenntnisse in den Akten festgehalten werden, um sie insb. für die verfahrensabschließende Entscheidung (§ 170 StPO), aber auch für die Haftfrage oder die Beantragung weiterer Ermittlungsmaßnahmen verwenden zu können (MüKoStPO/Kölbel/Ibold Rn. 48; BeckOK StPO/Sackreuther Rn. 12). Abs. 1 bildet damit die **Rechtsgrundlage für die Verwertung** von Beweisergebnissen im Ermittlungsverfahren und ist somit das Pendant zu § 261, der die rechtliche Grundlage für die Verwertung von Beweisergebnissen (zB Inhalte aus einer TKÜ) in der Hauptverhandlung darstellt (vgl. hierzu BGH NJW

2022, 1539 (1540); erg. → § 100e Rn. 23c; → § 261 Rn. 6). Beweiserhebungsverbote (zB § 100d Abs. 1, § 136a Abs. 1) sind zu beachten. Das gilt auch für das Verwendungsverbot des § 97 Abs. 1 S. 3 InsO; andere Erkenntnisse aus der Insolvenzakte dürfen herangezogen werden (LG Stuttgart NZI 2001, 498; ausf. Mayer ZWH 2023, 321; s. a. Weisser wistra 2023, 490.

Für die **EUStA** findet Abs. 1 gem. § 3 Abs. 1 EUStAG v. 10.7.2020 (BGBl. I 1648) keine Anwendung, weil die Regelung v. Art. 26 Abs. 1 EUStA-VO verdrängt wird (BT-Drs. 19/17963, 50). Ergänzend → Rn. 16; ausf. zur EUStA → **GVG** Vor § 141 Rn. 12 ff. **1a**

Ein wesentliches Mittel zur Beschleunigung ist die gleichzeitige Vornahme mehrerer Ermittlungen, wozu Hilfs- u. **Doppelakten** anzulegen sind (Nr. 12 Abs. 2, 54 Abs. 3, 56 Abs. 3 RiStBV). **2**

In größeren Sachen werden erforderlichenfalls **mehrere Sachbearbeiter** (unter einheitlicher Leitung) zu beauftragen sein (BVerfGE 20, 45 (50); Brete/Thomsen wistra 2008, 372; Krehl/Eidam NStZ 2006, 5), auch soweit die StA den Sachverhalt nicht selbst aufklärt, sondern andere Stellen damit beauftragt (Nr. 3 Abs. 2 RiStBV). **3**

An **§ 152 Abs. 2** knüpft Abs. 1 auch insofern an, als der Verfolgungszwang nur bei zureichenden tatsächlichen Anhaltspunkten gilt, die den Verdacht einer Straftat begründen. Für den sog. ersten Zugriff der Strafverfolgung setzt § 163 Abs. 1 die Polizei der StA gleich. **4**

I. Einleitung eines Ermittlungsverfahrens. Die **Einleitung eines Ermittlungsverfahrens** wird notwendig mit der Erlangung der Kenntnis nach Abs. 1, mit dem Entstehen des Anfangsverdachts (→ § 152 Rn. 4; BFH DB 2008, 2174 (2175)). Die Einleitung des Ermittlungsverfahrens unterbricht die Strafverfolgungsverjährung noch nicht (vgl. § 78c Abs. 1 Nr. 1 StGB). Bereits zu diesem Zeitpunkt können Mitteilungspflichten vAw zu beachten sein, zB nach § 60a Abs. 1a KWG (auch iVm § 34 S. 2 ZAG) sowie der MiStra 32 Nr. 1, 34 Abs. 2 S. 1 Nr. 1, 41 Abs. 1a, 42 Abs. 1 S. 1 Nr. 1, 43 Nr. 1, 44 Nr. 1, 51 Abs. 1 Nr. 1; vgl. ferner §§ 12 ff. EGGVG. Zu Folgemitteilungen verpflichtet § 20 EGGVG (MiStra 7). **5**

1. Zum Beschuldigten wird der Verdächtige gemacht durch eine Maßnahme, die erkennbar darauf abzielt, gegen ihn strafrechtlich vorzugehen (→ Einl. Rn. 76). Richtet sich der konkrete Verdacht aber noch nicht gegen eine bestimmte Person, dann ist es zunächst ein Verf. gegen Unbekannt. **6**

2. Bei **Steuerstraftaten** (vgl. → Rn. 13) muss die Einleitung eines Strafverfahrens (das Ermittlungsverfahren ist bereits Strafverfahren, → Einl. Rn. 59 ff.) gegen eine bestimmte Person unverzüglich unter Angabe des Zeitpunkts durch Aktenvermerk über die erste strafrechtliche Maßnahme festgestellt werden (§ 397 Abs. 1, Abs. 2 **AO**), gleichviel, ob sie v. der FBeh (vgl. § 386 **AO**), der Polizei o. der StA (auch nach § 165) getroffen wird. Die Maßnahme kann auch in einer Einleitungsverfügung bestehen (vgl. BFH DB 2008, 2174 (2175)), etwa auf eine Anzeige hin. Der Vermerk ist nicht konstitutiv für die Einleitung, dient vielmehr nur der Beweissicherung für den Zeitpunkt des Beginns des Strafverfahrens. Diese Regelung erklärt sich daraus, dass das Steuerstrafverfahren meist aus dem Besteuerungsverfahren hervorgeht u. mit der Einleitung des ersteren die Anwendbarkeit v. Zwang nach § 328 AO unzulässig wird (§ 393 Abs. 1 S. 2, 3 **AO;** vgl. dazu BGH NJW 2005, 763). **7**

Mit der Eröffnung (durch Mitteilung o. schlüssige Handlung) an den Beschuldigten (§ 397 Abs. 3 **AO**) erlischt dessen Befugnis, sich durch **Selbstanzeige** für leichtfertige, uU auch für vorsätzliche Steuerverkürzung Straf- o. Bußgeldfreiheit zu verschaffen (§§ 371, 378 Abs. 3 AO). Daher muss der Vermerk die Beschuldigten u. die Tat möglichst vollständig u. genau angeben; die Einleitung bezieht sich bei der Einkommensteuerhinterziehung auf die Steuererklärung insges. u. nicht nur auf die Angaben zu einzelnen Einkunftsarten (BGH NStZ-RR 2009, 340 (341); **aM** Salditt FS Volk, 2009, 647). Wird die Untersuchung später auf weitere Taten **8**

(→ § 264 Rn. 1 ff.) o. weitere Beschuldigte ausgedehnt, so ist ein entspr. Nachtragsvermerk anzubringen.

9 **II. Anzeige. Durch eine Anzeige** iSv Strafanzeige o. Strafantrag (§ 158 Abs. 1, Abs. 2): Die Anzeige begründet die Erforschungspflicht, wenn sich aus ihr der Verdacht einer Straftat schlüssig ergibt. Fehlt es daran, sind aber Anhaltspunkte dafür vorhanden, dass möglicherweise nur der Sachverhalt ungenau o. lückenhaft angegeben ist, so muss geklärt werden, ob der Verdacht bei Heilung dieses Mangels schlüssig erscheint (vgl. → Einl. Rn. 79). Bei schlüssiger Anzeige gilt dann § 170 Abs. 1, Abs. 2. Auch **anonyme Anzeigen** u. Selbstanzeigen können den Verdacht begründen (OLG Koblenz VRS 71, 37; KK-StPO/Weingarten § 158 Rn. 6 ff.), sind aber mit Vorsicht zu behandeln (Nr. 8 RiStBV; BeckOK StPO/Sackreuther Rn. 2 → § 163 Rn. 9; zu einer bedenklichen Aufforderung der Polizei zur anonymen Anzeigeerstattung per Internet vgl. Backes/Lindemann, Staatlich organisierte Anonymität als Ermittlungsmethode bei Korruptions- und Wirtschaftsdelikten, 2006; Backes StV 2006, 712; wN bei Koch ZIS 2008, 501 Fn. 15; erg. → § 158 Rn. 6 zur Anzeige v. Korruptionsstraftaten nach §§ 331 ff. StGB durch Beamte). Die Einleitung eines Steuerstrafverfahrens aufgrund einer Selbstanzeige iSd § 371 AO ist grds. zulässig u. geboten (BFH DB 2008, 2174 (2175) mwN u. Anm. Rolletschke wistra 2009, 166). Zu den „anderen Wegen" gehören zB die Erlangung der Kenntnis aus Akten o. Schriftstücken anderer Behörden o. aus Nachrichten v. Presse o. Rundfunk, die mit bestimmten u. nachprüfbaren Tatsachen belegt sind, sowie Mitteilungen nach § 183 GVG (s. a. Löwe/Rosenberg/Erb Rn. 19 ff.; KK. allg. zum Anzeige-/Überwachungssystem Velten FS Fezer, 2008, 1998). Zur Weiterleitung einer Anzeige innerhalb der EU § 158 Abs. 3 (→ § 158 Rn. 27 ff.).

10 **III. Außerdienstlich erlangtes Wissen.** Das außerdienstlich erlangte Wissen soll StAe und Polizisten nach der Rspr. zur Strafverfolgung verpflichten, falls es sich um Straftaten handelt, die nach Art o. Umf. „die Belange der Öffentlichkeit und der Volksgesamtheit in besonderem Maße berühren" (so BGHSt 12, 277 (281) unter Bezugnahme auf RGSt 70, 251; OLG Karlsruhe JR 1989, 210 mablAnm Geerds; einschr. auf „schwere Straftaten" BGHSt 38, 388; abl. Mitsch NStZ 1993, 383; Rudolphi JR 1995, 165; dazu auch OLG Koblenz NStZ-RR 1998, 332). Durch das Abgrenzungskriterium der „schweren Straftat" ist zwar ein Wertungsraum eröffnet; mit dem Bestimmtheitsgrundsatz ist dies aber im Hinblick auf eine Strafbarkeit nach § 258a, § 13 StGB vereinbar (BVerfG NJW 2003, 1030 (1031); abl. Seebode JZ 2004, 303). Bei außerdienstlicher Kenntniserlangung **schwerer Straftaten,** jedenfalls solcher iSv § 138 StGB, ergibt sich für StAe aus ihrer beamtenrechtlichen Treuepflicht eine **Verpflichtung** zum Einschreiten (Löwe/Rosenberg/Erb Rn. 23 ff; KK-StPO/Weingarten § 158 Rn. 29; s. a. SSW StPO/Ziegler Rn. 7; HK-StPO/Zöller § 158 Rn. 8, Artkämper Kriminalistik 2001, 433). Eine Berechtigung zum Einschreiten besteht uneingeschränkt (Löwe/Rosenberg/Erb Rn. 28).

11 **IV. Ziel der Ermittlungen.** Ziel der Ermittlungen ist die Entschließung der StA darüber, ob, wieweit u. nach welcher Strafbestimmung die öffentl. Klage geboten erscheint o. ob das Verf. einzustellen ist (§ 170 Abs. 1, Abs. 2). Dabei ist Konzentration auf das Wesentliche notwendig (Nr. 5 Abs. 1 RiStBV; KK-StPO/Weingarten Rn. 20). Wenn u. sobald zu erwarten ist, dass das Verf. nicht eingestellt wird, erstrecken sich die Ermittlungen – wenn auch in zweiter Linie – auch auf die in Abs. 3 bezeichneten Umstände. Das Ermittlungsverfahren wird insb. im Bereich der OK schon angesichts des dabei regelmäßig notwendigen Einsatzes verdeckter Maßnahmen (§§ 100a ff.) weitgehend nicht offen geführt werden. Doch auch im Übrigen besteht **keine Pflicht zur offenen Ermittlungsführung** (Löwe/Rosenberg/Erb. Rn. 46).

12 **Gegenüber dem Beschuldigten** hat die StA die Pflicht zur Prüfung, ob die Tat überhaupt strafbar ist, zur Aufklärung des Sachverhalts, zur beschleunigten Anklageerhebung o. Einstellung (→ Einl. Rn. 160). Säumnis kann Schadenersatz-

pflicht erzeugen (BGHZ 20, 178 = NJW 1956, 1028; BGH AnwBl 1958, 152). Jahn Gutachten 67. DJT, 2008, C 69 mwN sieht in Abs. 1 (und § 152 Abs. 2) iSd v. ihm vertretenen Beweisbefugnislehre eine Ermächtigung zur Verwertung der Beweise im Ermittlungsverfahren.

V. Steuerstrafverfahren. Bei **Steuerstraftaten** ist grds. die FBeh Ermittlungsbehörde (§§ 386, 399 Abs. 1 **AO**). Die StA ist dadurch nicht v. der Pflicht befreit, dafür zu sorgen, dass einem Verdacht nachgegangen wird; sie kann die Sache jedoch an die FBeh abgeben. Die FBeh darf das Ermittlungsverfahren nur dann führen, wenn ausschl. der Verdacht einer Steuer- o. Zollstraftat besteht. Bei Tateinheit zwischen einer solchen Straftat u. einer anderen Straftat führt die StA, mit der Einschränkung des § 386 Abs. 2 Nr. 2 **AO,** das Ermittlungsverfahren auch dann, wenn die Strafe nach § 52 Abs. 2 StGB dem Steuerstrafgesetz zu entnehmen wäre. Die StA kann die FBeh um die Durchführung der Ermittlungen jedoch auch dann nach § 161 ersuchen, wenn die Steuerstraftat mit einer allg. Straftat tateinheitlich zusammentrifft (BGHSt 36, 283 mablAnm Reiche wistra 1990, 90; zust. aber Pütz wistra 1990, 212); OLG Braunschweig wistra 1998, 71 bejaht dies auch für eine Tat iSd § 264 (zw.; abl. Bender wistra 1998, 93). Allg. zum Verhältnis v. FBeh u. StA Kapfelsperger NZWiSt 2025, 94. 13

Unterrichtungspflicht: Ungeachtet ihrer eigenständigen Ermittlungskompetenz (§§ 386 Abs. 1 S. 1, Abs. 2, 399 Abs. 1 **AO**) hat die FBeh die StA frühzeitig über alle bei der Steuerfahndung anhängigen Ermittlungsverfahren zu unterrichten, bei denen die Ausübung des Evokationsrechts (§ 386 Abs. 4 S. 2 **AO;** Nr. 267 RiStBV) nicht fern liegt, etwa weil ein Haftbefehlsantrag in Betracht kommt, eine Erledigung im Strafbefehlsverfahren zw. o. die Beweislage schwierig ist (BGH NJW 2009, 2319 mAnm Eisenberg wistra 2009, 477; Theile ZIS 2009, 446; vgl. auch Nr. 22, 140 f. AStBV (St) 2023/2024); zur Pflicht der FBeh zur Information der StA über nichtsteuerliche Straftaten vgl. Joecks/Jäger/Randt/Randt AO § 386 Rn. 58. 13a

B. Belastende und entlastende Umstände (Abs. 2). Belastende und entlastende Umstände (Abs. 2) hat die StA gleichermaßen zu ermitteln (dazu Heghmanns GA 2003, 448: unverzichtbar für rechtsstaatliche Sachaufklärung im Vorverfahren; Kelker ZStW 118 (2996), 389; vgl. auch Eschelbach HRRS 2008, 193). Denn nur dies entspr. ihrer Stellung als ein zu Gerechtigkeit u. Objektivität verpflichtetes Rechtspflege- u. Justizorgan (BGH NStZ 2008, 231; → Einl. Rn. 37, 38; → GVG Vor § 141 Rn. 1 ff.) u. gehört zum fairen Verf. (Kelker StV 2008, 385; Kuhlmann DRiZ 1976, 11 (13); → Einl. Rn. 156). Diese Pflicht gilt auch für die Umstände nach Abs. 3 und § 43 **JGG,** u. zwar auch für die HV (BGH bei Steffen DRiZ 1972, 153 (154); vgl. aber Jahn GA 2004, 284; ZStW 118 (2006), 456). Wissen eines „Kronzeugen" über Katalogtaten iSd § 100a Abs. 2 iVm § 46b Abs. 1 S. 1 Nr. 1 StGB ist v. Beginn des Ermittlungsverfahrens an entgegenzunehmen u. nach dem Zweck der in § 46b Abs. 3 StGB angeordneten Präklusion (vgl. Fischer/Fischer/Lutz StGB § 46b Rn. 21; krit. Salditt StV 2009, 377) so rechtzeitig einer Überprüfung zuzuführen, dass – soweit möglich (König NJW 2009, 2483) – die Erg. in die HV eingeführt werden können (vgl. auch Peglau wistra 2009, 410). Die Suche nach entlastendem Material rechtfertigt idR nicht die Durchsuchung der Kanzlei eines beschuldigten RA; die Vorlage kann diesem überlassen werden (BVerfG NJW 2008, 1937; 2008 2422; LG Nürnberg-Fürth StV 2010, 136 (139)). 14

C. Beweissicherung (Abs. 2). Die **Beweissicherung (Abs. 2)** besteht in erster Linie in der Erhebung der Beweise, deren Verlust zu befürchten ist, gleichviel, ob es sich um persönliche Beweismittel (→ Einl. Rn. 49) o. sachliche Beweismittel (Urkunden ua Schriftstücke, § 249, u. Augenscheinsobjekte, → § 86 Rn. 4 ff.) handelt. Ist ein Zeuge lebensgefährlich erkrankt, so besteht die Beweissicherung darin, dass eine verlesbare Äußerung durch richterliche Vernehmung (§§ 223, 251 Abs. 2 Nr. 1), notfalls wenigstens durch staatsanwaltschaftliche o. polizeiliche Vernehmung (§ 251 Abs. 1 Nr. 3) veranlasst wird. Die sachlichen Beweismittel werden va nach § 94 gesichert (KK-StPO/Griesbaum Rn. 25; **aM** 15

Schroeder JZ 1985, 1030), erforderlichenfalls durch vorgeschaltete Durchsuchung (§§ 102–104). Der Verlust des Beweismittels droht stets u. muss durch Untersuchung nach § 81a abgewendet werden, wenn der Grad der Trunkenheit des Beschuldigten festgestellt werden muss. **Nachermittlungen** der StA nach Anklageerhebung sind bei einem entspr. Anlass (zB Beweisantrag des Beschuldigten o. wegen § 152 Abs. 2, wenn sie in der HV Kenntnis v. bisher unbekannten Straftaten erhält) zulässig (BGH StV 2019, 798 mAnm Mosbacher JuS 2020, 128 (129 f.); NStZ 2021, 687 mAnm Schneider), es sei denn, sie stören das Tatgericht in seinen Aufklärungsbemühungen (Mosbacher JuS 2020, 128 (129 f.) mwN; Weigend StV 2024, 130; erg. → § 202 Rn. 5).

16 **D. Verkehr mit ausländischen Behörden, Befreiungen, Rechtshilfe, EEA, EUStA.** S. hierzu §§ 18–20 GVG und Nr. 24, 193–199 RiStBV. Vgl. zur Europäischen Ermittlungsanordnung (**EEA**) → Einl. Rn. 207f; erg. → § 161 Rn. 10. Zur VO über Europäische Herausgabeanordnungen und Sicherungsanordnungen für elektronische Beweismittel in Strafsachen (**e-evidence-VO**) s. Petersen StraFo 2023, 426. Für grenzüberschreitende Maßnahmen im Rahmen der **EUStA** ist bisher § 3 Abs. 2 EUStAG v. 10.7.2020 (BGBl. I 1648) den Vorrang v. Art. 31 Abs. 3 EUStA-VO geregelt. Damit sollte einerseits eine doppelte gerichtliche Befassung vermieden, anderseits der nach der StPO erforderliche Richtervorbehalt geleistet werden (BT-Drs. 19/17963, 29 f., 50 f.). § 3 Abs. 2 EUStAG ist nicht mit dem Unionsrecht vereinbar (EuGH NJW 2024, 487); er soll daher gestrichen werden (RefE d. BMJV v. 22.1.2026). Sieht die StPO einen Richtervorbehalt vor, gilt dieser danach auch uneingeschränkt für den deutschen Delegierten EuStA. Ergänzend → § 162 Rn. 3a, 8; ausf. zur EUStA → **GVG** Vor § 141 Rn. 12 ff.

17 **E. Rechtsfolgenumstände (Abs. 3 S. 1; Nr. 14–16 RiStBV).** Die Rechtsfolgenumstände betreffen die Täterpersönlichkeit, bei schwereren Taten auch die Entwicklung der Persönlichkeit u. die Umstände, die zur Tat geführt haben. Was erforderlich ist, ergibt sich insbes. aus § 46 StGB, auch aus § 47 Abs. 1 StGB („Einwirkung auf den Täter") und § 56 Abs. 1, Abs. 2 (Sozialprognose). Auch die Möglichkeiten eines TOA (§ 155a) sind in geeigneten Fällen in den Blick zu nehmen. Zu diesem Zweck bedarf es auch der Feststellung v. Eintragungen im BZR (hierzu Nr. 16 RiStBV; erg. → Rn. 21). Bei Jugendlichen gilt der weitergehende § 43 **JGG.**

18 **Kommt eine Geldstrafe in Betracht** u. verweigert der Beschuldigte die Auskunft o. macht er nur allg. Angaben über seine wirtschaftlichen Verhältnisse (zB „geordnet") o. sind seine Angaben zw., so führt bei Arbeitnehmern idR eine **Befragung des Arbeitgebers** zu der gewünschten Auskunft. Die Einholung einer Auskunft bei der Finanzbehörde scheitert an deren Pflicht zur Wahrung des Steuergeheimnisses (→ § 161 Rn. 5). Bei freiberuflich Tätigen spielt daher die Schätzung (§ 40 Abs. 3 StGB) eine besondere Rolle. Im Übrigen soll durch die Möglichkeit der Schätzung der Höhe des Tagessatzes gerade eine unvertretbare Belastung durch Ermittlungen der Beweisgrundlage vermieden werden. Eine gewisse Schätzgrundlage muss aber angestrebt werden. Bei Schülern und Studenten kommen Ausbildungsförderungsleistungen (zB BAföG-Sätze) o. – ebenso wie bei nicht berufstätigen Ehegatten – die Feststellung in Betracht, welche Einkünfte die Beschuldigten bei zumutbarem Einsatz ihrer Arbeitskraft (Mindestlohn) o. aufgrund v. Unterhaltsansprüchen haben könnten. Ermittlungen bei Banken sind zulässig (→ § 161 Rn. 4).

19 **I. Einordnung in die Gesamtermittlungen.** Nach Abs. 3 S. 1 wird gezielt u. systematisch idR erst dann ermittelt, wenn sich abzeichnet, dass es zu einer Verurteilung kommen wird. Diese Reihenfolge ergibt sich nicht nur aus der Natur der Sache, sondern auch aus der gebotenen Rücksicht auf den Persönlichkeitsschutz des Beschuldigten (vgl. → § 243 Rn. 29).

II. Aufgabe der StA (Abs. 3 S. 1). Sie kann Vernehmungen durchführen, Sachverständige einschalten (vgl. → § 73 Rn. 1) o. auch einen Augenscheinsgehilfen (→ § 86 Rn. 4). S. 2 erwähnt ausdr. die Gerichtshilfe (dazu → Rn. 23 ff.). Über die Aufklärung der tatsächlichen Grdl. für die Rechtsfolgenentscheidung durch die Polizei vgl. → § 163 Rn. 20, 21. Ergänzende Ermittlungsaufträge werden möglichst der Gerichtshilfe erteilt, weil es sich um deren Spezialaufgabe handelt. Voraussetzung dafür ist, dass die beschleunigte Durchführung gewährleistet erscheint. Vgl. für die Durchführung eines TOA § 115b. 20

III. Grenzen der Ermittlungen. Grenzen der Ermittlungen setzen das Verwertungsverbot nach §§ 51, 63 Abs. 4, 66 **BZRG** (dazu → § 243 Rn. 33; → § 261 Rn. 14) u. – insbes. für das Eindringen in die Intim- u. Privatsphäre des Beschuldigten – der Verhältnismäßigkeitsgrundsatz iVm der Bedeutung der Sache (→ Einl. Rn. 20, 21). 21

IV. Nachholung. Nehmen die Ermittlungen nach Abs. 3 S. 1 u. die Beschaffung des Auszugs aus dem Zentralregister u. der Akten längere Zeit in Anspruch, so kann Anklage erhoben werden mit der Ankündigung, dass das noch Ausstehende nachgereicht wird (KK-StPO/Weingarten Rn. 21, 27). Stehen die früheren Strafakten nicht zur Vfg., so genügt es – mind. in aller Regel –, eine beglaubigte Urteilsabschrift zu beschaffen (vgl. Nr. 73 RiStBV). 22

F. Gerichtshilfe (Abs. 3 S. 2; § 463d). Ihre Einrichtung ist nach Art. 294 EGStGB idR Sache der LJV. In manchen Gegenden gibt es aber auch Vereinigungen, die sich der Gerichtshilfe widmen. Die Jugendgerichtshilfe (dazu Gundelach StraFo 2019, 45; Eisenberg StV 1998, 304), die auch in Verf. gegen Heranwachsende tätig wird (§ 107 **JGG**), ist Verfahrensbeteiligte (§§ 38 Abs. 3, 50 Abs. 3 **JGG**), die Erwachsenengerichtshilfe nicht. 23

I. Aufgaben der Gerichtshilfe. Sie ist zwar ein unselbständiges Ermittlungsorgan (KK-StPO/Weingarten Rn. 33); zur Überführung o. zur Nichtüberführung hat sie aber nicht beizutragen (BGH NStZ 2008, 709; Löwe/Rosenberg/Erb Rn. 93), sondern nur mitzuhelfen bei der Gewinnung der Tatsachengrundlage für die richtige Rechtsfolgenentscheidung sowie für künftige resozialisierende Behandlung. Dies schließt die Opferberichterstattung, auch mit Bezug auf Fragen der Verfahrensgestaltung, ein (Hölscher/Trück/Hering NStZ 2008, 673; vgl. auch BGH NStZ 2008, 709; Nr. 15 RiStBV). Ihre Einschaltung durch StA o. Gericht liegt nahe, wenn der Einsatz der Mittel der Sozialarbeit für den genannten Zweck besondere Erkenntnisse verspricht u. in angemessenem Verhältnis zur Bedeutung der Sache steht (zB Auftrag nach § 155b zur Durchführung eines TOA → § 155b Rn. 1a). 24

II. Auftrag an die Gerichtshilfe. In der Mehrzahl der Fälle bedarf es keiner über Abs. 3 S. 1 hinausgehenden Konkretisierung des Auftrags. In bes. einfachen u. bes. schwierigen Fällen besteht aber Anlass, das Maß der Ermittlungen der Gerichtshilfe zu konkretisieren, damit je nach Fall nicht übertrieben u. nichts Notwendiges unterlassen wird (vgl. auch → Rn. 21). Da das Maß der notwendigen Ermittlungen oft nicht v. Anfang an richtig abzuschätzen ist, kann ein Stufenplan angezeigt sein, bei dem der Auftrag zu weiteren Ermittlungen v. dem Ausgang der Ermittlungen der ersten Stufe abhängig gemacht wird. Der Gerichtshelfer, der mit der Ausführung des Auftrags betraut ist, wird in aller Regel – vor o. nach anderen Ermittlungen – auch mit dem Beschuldigten Kontakt aufzunehmen haben. Bei Befragungen muss er den Beschuldigten nach § 136 Abs. 1 S. 2 belehren, Zeugen nach §§ 52 Abs. 3 S. 1, 55 Abs. 2 (Löwe/Rosenberg/Erb Rn. 104, 106; KK-StPO/Weingarten Rn. 34). Ein Recht auf Akteneinsicht hat er nicht (KK-StPO/Weingarten Rn. 34 aE Groß/Fünfsinn NStZ 1992, 109), ebenso wenig auf Verkehr mit dem inhaftierten Beschuldigten ohne besondere Erlaubnis der StA (KK-StPO/Weingarten Rn. 34 aE; s. a. Löwe/Rosenberg/Erb Rn. 104, 106). 25

III. Einführung in die Hauptverhandlung. Im Allgemeinen genügt es, die im Bericht festgehaltenen Tatsachen zum Gegenstand v. Fragen an den Angeklag- 26 ten u. die Beweispersonen zu machen (→ § 200 Rn. 16). Es ist rechtlich auch zulässig, den Bericht selbst zum Gegenstand des Vorhalts zu machen (BeckOK StPO/Sackreuther Rn, 22; Löwe/Rosenberg/Erb Rn. 115; erg. → § 249 Rn. 28). Die Verlesung des Berichts durch den anwesenden Vertreter der Gerichtshilfe ist stets zulässig (BGH NStZ 1984, 467 mablAnm Brunner; KMR-StPO/Noltensmeier-von Osten Rn. 20; **aM** Eisenberg NStZ 1985, 84), bei dessen Abwesenheit nur unter den Voraussetzungen des § 251 Abs. 1 (BGH NStZ 2008, 709; KK-StPO/Weingarten Rn. 36; Eisenberg NStZ 1985, 84; einschr. Löwe/Rosenberg/Erb Rn. 114). Dagegen ist die Verlesung nach § 256 nicht zulässig, weil es sich um eine Äußerung eines einzelnen Gerichtshelfers o. auch um die Äußerung mehrerer Angehöriger der Gerichtshilfe handelt, nicht aber um eine solche einer öffentl. Behörde (Löwe/Rosenberg/Erb Rn. 114; KK-StPO/Weingarten Rn. 37; vgl. a. → § 256 Rn. 15). Wird die Vernehmung des Gerichtshelfers als Zeuge beantragt, so kann das Gericht dem Antrag, falls er nicht abgelehnt wird, dadurch entsprechen, dass es die Personen, v. denen der Gerichtshelfer sein Wissen hat, vernimmt (→ § 244 Rn. 46). Wenn der Informant das Zeugnis in der HV befugt verweigert, sind die Auskünfte, die er dem Gerichtshelfer erteilt hat, nicht verwertbar (Löwe/Rosenberg/Erb Rn. 116 → § 252 Rn. 7). Die Anhörung des Gerichtshelfers als Sachverständigen ist rechtlich zulässig, wird aber selten in Betracht kommen (vgl. BGH NStZ 1984, 467; Eisenberg Beweisrecht StPO Rn. 1515b; Löwe/Rosenberg/Erb Rn. 116 mwN;; weitergehend Hölscher/Trück/Hering NStZ 2008, 676 für den bewertenden Teil des Berichts, Diese Grundsätze gelten auch für die Jugendgerichtshilfe (→ Rn. 23).

27 **IV. Kein Recht auf Anwesenheit.** Kein Recht auf Anwesenheit u. Anhörung in der HV hat der Gerichtshelfer nach der StPO (BGH NStZ 2008, 709; anders § 50 Abs. 3 **JGG** für die Jugendgerichtshilfe; vgl. a. BeckOK StPO/Sackreuther Rn. 23).

28 **G. Datenschutz (Abs. 4).** Die Vorschr. entspr. der Regelungssystematik datenschutzrechtlicher Bestimmungen bei der Kollision bereichsspezifischer Vorschr., wonach grds. der bereichsspezifischen Regelung (über die Verwendung der Daten) in dem G, das die Erhebung der Daten regelt, der Vorrang vor der Regelung im „Empfängergesetz", also der StPO, eingeräumt wird (Löwe/Rosenberg/Erb Rn. 40 f.; vgl. auch → § 161 Rn. 18e). Damit ist ua der Schutz besonderer Amts- u. Berufsgeheimnisse o. des Steuer- u. Sozialgeheimnisses (§ 30 **AO,** § 35 SGB I, §§ 67 ff. SGB X; vgl. → § 161 Rn. 5, 6, 18e) sichergestellt. § 28a Abs. 4 IfSG schließt aus, dass die nach § 28a Abs. 1 Nr. 17 IfSG zur Verhinderung der Ausbreitung der **Covid-19-Krankheit** (zB in Gaststätten) erhobenen Daten zu anderen Zwecken als zur Kontaktverfolgung verwendet werden (s. zu Luca-Daten Haak/Spittka StV 2022, 401). Das Gebot, eine Maßnahme nach Wegfall ihrer Voraussetzungen o. nach Zweckerreichung unverzüglich zu beenden, ist nicht ausdr. ausgesprochen, weil es sich bereits aus den allg. Grundsätzen über die Zulässigkeit v. Ermittlungsmaßnahmen ergibt (Soiné Kriminalistik 2001, 245).

Maßnahmen bei zeugnisverweigerungsberechtigten Berufsgeheimnisträgern

160a

(1) [1] **Eine Ermittlungsmaßnahme, die sich gegen eine in § 53 Absatz 1 Satz 1 Nummer 1, 2 oder Nummer 4 genannte Person, einen Rechtsanwalt oder einen Kammerrechtsbeistand richtet und voraussichtlich Erkenntnisse erbringen würde, über die diese das Zeugnis verweigern dürfte, ist unzulässig.** [2] **Dennoch erlangte Erkenntnisse dürfen nicht verwendet werden.** [3] **Aufzeichnungen hierüber sind unverzüglich zu löschen.** [4] **Die Tatsache ihrer Erlangung und der Löschung der Aufzeichnungen ist aktenkundig zu machen.** [5] **Die Sätze 2 bis 4 gelten entsprechend, wenn durch eine Ermittlungsmaßnahme, die sich nicht gegen eine**

in Satz 1 in Bezug genommene Person richtet, von dieser Person Erkenntnisse erlangt werden, über die sie das Zeugnis verweigern dürfte.

(2) [1] **Soweit durch eine Ermittlungsmaßnahme eine in § 53 Abs. 1 Satz 1 Nr. 3 bis 3b oder Nr. 5 genannte Person betroffen wäre und dadurch voraussichtlich Erkenntnisse erlangt würden, über die diese Person das Zeugnis verweigern dürfte, ist dies im Rahmen der Prüfung der Verhältnismäßigkeit besonders zu berücksichtigen; betrifft das Verfahren keine Straftat von erheblicher Bedeutung, ist in der Regel nicht von einem Überwiegen des Strafverfolgungsinteresses auszugehen.** [2] **Soweit geboten, ist die Maßnahme zu unterlassen oder, soweit dies nach der Art der Maßnahme möglich ist, zu beschränken.** [3] **Für die Verwertung von Erkenntnissen zu Beweiszwecken gilt Satz 1 entsprechend.** [4] **Die Sätze 1 bis 3 gelten nicht für Rechtsanwälte und Kammerrechtsbeistände.**

(3) **Die Absätze 1 und 2 sind entsprechend anzuwenden, soweit die in § 53a Genannten das Zeugnis verweigern dürften.**

(4) [1] **Die Absätze 1 bis 3 sind nicht anzuwenden, wenn bestimmte Tatsachen den Verdacht begründen, dass die zeugnisverweigerungsberechtigte Person an der Tat oder an einer Datenhehlerei, Begünstigung, Strafvereitelung oder Hehlerei beteiligt ist.** [2] **Ist die Tat nur auf Antrag oder nur mit Ermächtigung verfolgbar, ist Satz 1 in den Fällen des § 53 Abs. 1 Satz 1 Nr. 5 anzuwenden, sobald und soweit der Strafantrag gestellt oder die Ermächtigung erteilt ist.**

(5) **Die §§ 97, 100d Absatz 5 und § 100g Absatz 4 bleiben unberührt.**

Übersicht

A. Bedeutung. § 160a unterwirft **Ermittlungsmaßnahmen,** nicht nur verdeckte (§ 101 Abs. 1), Einschränkungen, wenn sie zu Erkenntnissen führen, die in einer Vernehmungssituation dem Zeugnisverweigerungsrecht eines Berufsgeheimnisträgers unterfallen würden. Zu diesem Zweck führt die durch G v. 21.12.2007 (BGBl. I 3198) eingefügte u. durch G v. 22.12.2010 (BGBl. I 2261) erweiterte, verfassungsgemäße (BVerfGE 129, 208 Rn. 243 ff.) Vorschr. ein abgestuftes System v. Beweiserhebungs- u. -verwertungsverboten ein. § 160a gilt nicht für die Vernehmung des Berufsgeheimnisträgers als Zeugen; das Recht zur Zeugnisverweigerung richtet sich unmittelbar nach § 53. § 160a ist schon nach seinem Wortlaut auf selbst beschuldigte Zeugnisverweigerungsberechtigte nicht anwendbar (BGHSt 53, 257 (262) mit insoweit zust. Anm. Barton JZ 2010, 103). Seine Schutzwirkung entfällt, wenn der Berufsgeheimnisträger (auch nach einer zunächst unzulässigen Beweiserhebung) wirksam v. der Pflicht zur Verschwiegenheit entbunden wird 1

(§ 53 Abs. 2), nicht aber schon dann, wenn er die v. Zeugnisverweigerungsrecht geschützten Erkenntnisse freiwillig den Strafverfolgungsbehörden übermittelt (BT-Drs. 16/5846, 37 zu § 160a Abs. 2 (§ 53b Abs. 2 GE); KMR-StPO/Noltensmeier-von Osten Rn. 5; dazu näher Glaser/Gedeon GA 2007, 425 ff.; krit. zur Umsetzung des Schutzes des Kernbereichs privater Lebensgestaltung (→ § 100a Rn. 24, → § 100c Rn. 13) vor heimlichen Ermittlungsmaßnahmen in Abs. 1 S. 5 und Abs. 2 Reiß StV 2008, 542). Zur Wirkungslosigkeit der Beschränkungen nach § 119 Abs. 1 ggü. dem in Abs. 1 bezeichneten Personenkreis vgl. § 119 Abs. 4 S. 1, 2 Nr. 18. Eine verfassungswidrige Ungleichbehandlung im Verhältnis zu zeugnisverweigerungsberechtigten Angehörigen liegt nicht vor (BVerfG NJW 2010, 287). Ob **zufällig erlangte Erkenntnisse** der Ermittlungsbehörden im Nachhinein dadurch zur Ermittlungsmaßnahme iSv § 160a werden, dass sie in einem bestimmten prozessualen Kontext in die HV eingeführt werden, erscheint zw. (so aber LG Augsburg StV 2014, 468: zufällig mitgehörtes Gespräch des Verteidigers mit dem Angeklagten, aus dem Schlüsse zu dessen Verhandlungsfähigkeit gezogen werden konnten).

2 **B. Geistliche, Verteidiger, Rechtsanwälte und Abgeordnete (Abs. 1). I. Absolutes Erhebungsverbot.** Ein **absolutes Erhebungsverbot** (S. 1) stellt die nach § 53 Abs. 1 S. 1 Nr. 1, 2 und 4 Zeugnisverweigerungsberechtigten sowie Rechtsanwälte u. die ihnen nach S. 1 gleichgestellten Personen v. gegen sie gerichteten staatlichen Ermittlungsmaßnahmen gleich welcher Art frei (zum Personenkreis vgl. → § 53 Rn. 12, 13, 15, 15a, 23). Der **Begriff des RA** ist nach der Neufassung v. § 53 Abs. 1 Nr. 3 sowie der Streichung des Passus „eine nach § 206 der BRAO in eine RAK aufgenommene Person“ in Abs. 1 durch das G v. 30.10.2017 (BGBl. I 3618) weit zu interpretieren u. erfasst alle Berufsträger aus EU- u. Nicht-EU-Staaten, deren Ausbildung u. Befugnisse dem Beruf des RA in Deutschland entsprechen (→ § 53 Rn. 15; BT-Drs. 18/12940, 12; zu Zweifelsfällen u. zur Prognose → Rn. 3a). Gegen Geistliche (in ihrer Eigenschaft als Seelsorger), Verteidiger (s. BVerfG StraFo 2015, 61), Rechtsanwälte u. Abg. dürfen sich keine Maßnahmen richten, die der Ermittlung v. Umständen dienen, welche v. Zeugnisverweigerungsrecht der Genannten umfasst sind. Wegen dieser Anknüpfung hängt die Reichweite des Erhebungsverbots v. Umf. des Zeugnisverweigerungsrechts der genannten Zielpersonen ab; dieses ist auf die bei der Berufsausübung **anvertrauten oder bekanntgewordenen Tatsachen** begrenzt (vgl. allg. → § 53 Rn. 7 ff., erg. → § 53 Rn. 12 (Seelsorger), → § 53 Rn. 13 (Verteidiger), → § 53 Rn. 16 (RA), → § 53 Rn. 24 (Abg.)). Der Schutz ist (anders als nach Abs. 2) absolut ausgestaltet, hängt also nicht v. Erwägungen zur Verhältnismäßigkeit im Einzelfall ab; auf die Ausübung des Zeugnisverweigerungsrechts kommt es nicht an. Die Telekommunikation mit dem Verteidiger wird durch § 148 und ggf. auch durch § 100d Abs. 5 S. 2 weitergehend geschützt (näher → § 100d Rn. 25; vgl. auch → Rn. 7, 15, sowie → § 100f Rn. 12 und → § 110a Rn. 5). Vom Erhebungsverbot nicht umfasst sind gegen andere Personen (Beschuldigte, Dritte) gerichtete Maßnahmen; diese bleiben auch dann zulässig, wenn nicht ausgeschlossen werden kann o. gar zu erwarten ist, dass möglicherweise auch die Kommunikation mit den vorgenannten Berufsgeheimnisträgern über v. Zeugnisverweigerungsrecht umfasste Inhalte betroffen sein wird (BT-Drs. 16/5846, 35; zur Frage des Verwendungsverbotes in Fällen des Abs. 1 S. 5 aber → Rn. 7).

3 **Prognose:** Eine Maßnahme gegen die in Abs. 1 S. 1 genannten Personen ist unzulässig, wenn eine Prognose („voraussichtlich“) ergibt, dass Erkenntnisse aus dem nach § 53 geschützten Bereich zu erwarten sind. Die Prognose ist aufgrund der vorliegenden **tatsächlichen Anhaltspunkte** zu erstellen. Gesonderter vorausgehender Ermittlungen bedarf es nicht; diese können jedoch durchgeführt werden, um festzustellen, ob der in Aussicht gefasste Adressat der Maßnahme – zB ein nach eigenem Bekunden im Ausland tätiger RA – ein geschützter Berufsgeheimnisträger ist. Der ges. Maßstab räumt Gericht o. Strafverfolgungsbehörde aber einen Beurteilungsspielraum ein (krit. u. enger SK-StPO/Wolter/Greco Rn. 19 ff.). Das Er-

hebungsverbot greift nicht ein, wenn konkrete Anhaltspunkte dafür bestehen, dass geschützte Inhalte mit Gegenständen verknüpft werden, die dem Ermittlungsziel unterfallen, um eine Überwachung zu verhindern (vgl. BVerfGE 120, 274 zum Kernbereichsschutz). Instruktiv KK-StPO/Weingarten Rn. 6).

II. Verständnis des Verwendungsverbots. Für das Verständnis des (absoluten) Verwendungsverbots (→ Einl. Rn. 57d) in S. 2 kommt dem Zweck des Abs. 1, der Rspr. des BVerfG zum Schutz des Kernbereichs privater Lebensgestaltung Rechnung zu tragen (BT-Drs. 16/5846, 35 zu § 53b Abs. 1 GE), bes. Bedeutung zu. Demnach dürfen zunächst alle Erkenntnisse, die in dem Zeitraum des Bestehens des Erhebungsverbots (→ Rn. 3) gewonnen werden, insges. u. ungeachtet ihres Inhalts nicht verwertet werden (vgl. BVerfGE 109, 279 sowie StraFo 2015, 61; aber → Rn. 15). Mit dem Wort „dennoch" setzt das G aber nicht notwendig einen Verstoß gegen das Erhebungsverbot voraus. Trotz seines Bestehens erlangt sind auch Erkenntnisse aus Maßnahmen, bei denen sich die *ex ante* fehlerfreie negative Prognose über Bestand o. Reichweite des Zeugnisverweigerungsrechts erst im Nachhinein als unzutr. erweist. Die Selbstständigkeit des Verwendungsverbots (in Grenzfällen) ergibt sich auch aus dem gebotenen Schutz des Kernbereichs privater Lebensgestaltung: Jedenfalls soweit dieser Bereich bei Geistlichen (in ihrer Eigenschaft als Seelsorger) u. Verteidigern betroffen ist, kann das Eingreifen des Verwendungsverbots nicht v. der vorangegangenen Verletzung des Erhebungsverbots abhängig gemacht werden (vgl. BVerfGE 109, 279; s. auch § 100c Abs. 4, Abs. 5; Baum/Schantz ZRP 2008, 139). Aus diesen verfassungsrechtlichen Vorgaben u. dem Willen des Gesetzgebers, für die in Abs. 1 genannten Berufsgeheimnisträger eine einheitliche Regelung zu treffen (BT-Drs. 16/5846, 35 sowie BT-Drs. 17/2637, 7), folgt die Gleichstellung auch der Rechtsanwälte u. Abg., u. weiter, dass die Verwendung der erlangten Erkenntnisse nicht nur als Beweismittel, sondern auch, soweit sie als Spurenansätze in Betracht kommen, verboten ist (vgl. → § 100c Rn. 17; Müller-Jacobson NJW 2011, 257; Glaser/Gedeon GA 2007, 429; Rogall JZ 2008, 827), es sei denn, der Betroffene hat den Berufsgeheimnisträger gem. § 53 Abs. 2 S. 1 von seiner Schweigepflicht entbunden (BT-Drs. 16/5846, 37; BeckOK StPO/Sackreuther Rn. 8). Das Verwendungsverbot erfasst auch entlastende Erkenntnisse (BeckOK StPO/Patzak, 18. Ed. 2014, Rn. 5; vgl. auch SK-StPO/Wolter/Greco Rn. 25). 4

III. Löschung. Unverzüglich zu löschen sind Aufzeichnungen über nach Abs. 1 S. 2 unverwertbare Erkenntnisse (Abs. 1 S. 3; erg. → § 100a Rn. 27 zur Person des Verpflichteten). Zwar besteht keine Verpflichtung zur Echtzeiterfassung der Ermittlungshandlung, dem Unverzüglichkeitsgebot ist aber nur bei zeitnaher Auswertung der Maßnahme Genüge getan (BeckOK StPO/Sackreuther Rn. 9). Abs. 1 S. 3 geht – auch in den Fällen des Abs. 1 S. 5 – der Regelung des § 101 Abs. 8 vor (BGH NJW 2014, 1314 mAnm Scharenberg StV 2014, 391). Zuständig für die Löschung ist die für die Auswertung der Überwachungsergebnisse betraute Person, in Zweifelsfällen die StA, die sich auch generell eine Entscheidungsprärogative vorbehalten kann (BeckOK StPO/Sackreuther Rn. 10). 5

IV. Dokumentation (Abs. 1 S. 4). Um die Einhaltung der Löschungspflicht, va aber, um die spätere Nachvollziehbarkeit iRv Rechtsschutzbegehren Betroffener zu sichern, müssen sowohl die Tatsache der Erlangung unverwendbarer Erkenntnisse (aber natürlich nicht diese selbst) als auch die Löschung entspr. Aufzeichnungen in den Akten festgehalten werden. 6

V. Zufällige Betroffenheit. Für den Fall der zufälligen Betroffenheit eines Geistlichen (in seiner Eigenschaft als Seelsorger), eines Verteidigers, RAs o. Abg. durch eine nicht gegen ihn gerichtete – u. daher zulässige (→ Rn. 3 aE; **aM** Reiß StV 2008, 547) – Ermittlungsmaßnahme ordnet Abs. 1 S. 5 die entspr. Geltung des Verwendungsverbots sowie der Löschungs- u. Dokumentationspflicht an (Abs. 1 S. 2–4, → Rn. 4–6). Erbringt also die gegen eine andere Person (Beschuldigter, Dritter) gerichtete Maßnahme Erkenntnisse, die v. einem der genannten Berufs- 7 geheimnisträger erlangt wurden u. über die dieser das Zeugnis verweigern dürfte, greift auch insoweit das absolute Verwertungsverbot ein. Der **Begriff der „Erkenntnisse"** in S. 5 ist weit zu verstehen u. erfasst zB auch aus der Auswertung v. Verbindungsdaten geschlossene Kontaktaufnahmen des Beschuldigten zu seinem (späteren) Verteidiger (offengelassen v. BGH NJW-Spezial 2012, 121). Aus dem Verhältnismäßigkeitsprinzip (→ Einl. Rn. 20) kann sich darüber hinaus ausnahmsweise die Pflicht ergeben, eine solche Ermittlungsmaßnahme zu unterbrechen o. zu beschränken, wenn während des Vollzugs erkannt wird, dass Erkenntnisse über v. Zeugnisverweigerungsrecht des Geistlichen, Strafverteidigers o. Abg. geschützte Inhalte erlangt werden (vgl. Wolter GA 2007, 194: Vorwirkung; zu § 148 vgl. → Rn. 3). Nach dem Wortlaut von S. 5 werden hingegen Erkenntnisse v. Verwertungsverbot nicht erfasst, die v. einem Dritten erlangt wurden, an die der Berufsgeheimnisträger die Information weitergegeben hat (vgl. BT-Drs. 17/2637, 7).

7a **VI. Zeitliche Geltung bei Verteidigern und Rechtsanwälten.** Das von Abs. 1 geschützte berufsbezogene Vertrauensverhältnis beginnt nicht erst mit dem Abschluss des zivilrechtlichen Geschäftsbesorgungsvertrages, sondern umfasst auch das entspr. Anbahnungsverhältnis (BGH StV 2016, 414 mAnm Kämpfer NStZ 2016, 742); da Abs. 1 Verteidiger u. Rechtsanwälte schützt, kommt es nicht darauf an, ob ein Mandatsverhältnis zustande kommt (vgl. BGH StV 2016, 414; Kämpfer NStZ 2016, 742; erg. → § 53 Rn. 10).

7b **VII. Anwendbarkeit von Abs. 1 bei Doppelfunktion.** Ist ein RA auch als Steuerberater für den Beschuldigten tätig, kommt es für die Anwendbarkeit von Abs. 1 darauf an, ob durch die Ermittlungsmaßnahme auch in das anwaltliche Vertrauensverhältnis eingegriffen werden soll; ist das nicht der Fall, beurteilt sich die Maßnahme nach Abs. 2 (BeckOK StPO/Sackreuther Rn. 6).

8 **C. Berufsgeheimnisträger iSd § 53 Abs. 1 S. 1 Nr. 3–3b, 5 (Abs. 2). I. Relatives Beweiserhebungsverbot.** Ein relatives Beweiserhebungsverbot sieht Abs. 2 S. 1 und 2 bei den von Abs. 1 nicht erfassten Berufsgeheimnisträgern, dh den – sonstigen – Angehörigen der in § 53 Abs. 1 S. 1 Nr. 3–3b und 5 (→ § 53 Rn. 17, 21, 22, 28 ff.) genannten Beratungs- u. Heilberufe sowie der Medien vor; die Differenzierung zu Abs. 1 trägt – verfassungsrechtlich unbedenklich – dem Umstand Rechnung, dass absolute Beweiserhebungs- u. Beweisverwertungsverbote wegen der hohen Bedeutung der Verfolgung v. Straftaten auf wenige Ausnahmefälle zu begrenzen sind (BVerfGE 129, 208 Rn. 248, 250 ff.; vgl. auch § 119 Abs. 4 S. 1, 2 Nr. 18, § 20u BKAG, § 3b G 10, § 5 Abs. 3–5 ThürPAG). Für Insolvenzverwalter gilt Abs. 2 nicht (→ § 53 Rn. 3). Aufgrund des durch G v. 22.12.2010 (BGBl. I 2261) eingefügten S. 4 ist Abs. 2 allerdings nicht mehr auf Rechtsanwälte sowie ihnen weitgehend gleich gestellte Berufsgeheimnisträger mit anwaltlichen Aufgaben anwendbar, für die nunmehr weitergehend das absolute Verbot des Abs. 1 S. 1 gilt (nach BVerfGE 129, 208 Rn. 262 ist dies vor Art. 3 GG noch zu rechtfertigen, weil eine Differenzierung zwischen Anwälten u. Verteidigern aufgrund der Nähe der Tätigkeitsfelder faktisch kaum möglich ist). Das relative Beweiserhebungsverbot des Abs. 2 greift wie das absolute in Abs. 1 nur im Rahmen der Reichweite des jeweiligen Zeugnisverweigerungsrechts ein, dh zB nicht, wenn eine Entbindung v. der Verschwiegenheitspflicht vorliegt (vgl. allg. → § 53 Rn. 7 ff., erg. → § 53 Rn. 18–20 (Ärzte usw), → § 53 Rn. 21 (Schwangerschaftsberater), → § 53 Rn. 22 (Berater für Fragen der Betäubungsmittelabhängigkeit), → § 53 Rn. 33 ff. (Presse)). Steuerberater sind geschützt, wenn sie für den Mandanten die Steuerberatung im eigentlichen Sinne u. nicht lediglich die Buchführung übernommen haben u. der Beratungsauftrag noch nicht abgeschlossen ist (Schwarz wistra 2017, 4 (6)). Wie sich aus der ggü. Abs. 1 S. 1 abw. Fassung von Abs. 2 S. 1 Hs. 1 und auch aus der Wertung des § 101 Abs. 4 ergibt, hängt die Betroffenheit des Berufsgeheimnisträgers nicht davon ab, dass sich die beabsichtigte Ermittlungsmaßnahme gegen ihn richtet (BVerfG 129, 208 Rn. 262; offenbar **aM** Glaser/Gedeon GA 2007, 425 (427); vgl. auch Jahn Gutachten 67. DJT, 2008, C

60: „Zufallsfund"). Es kommt vielmehr darauf an, ob die Prognose („voraussichtlich"; erg. → Rn. 3a) ergibt, dass die Maßnahme dem Zeugnisverweigerungsrecht nach § 53 unterliegende Erkenntnisse erbringen würde. Der Umstand, dass mit solchen Inhalten zu rechnen ist, muss bei der stets erforderlichen Verhältnismäßigkeitsprüfung bes. beachtet werden; hieraus ergeben sich Bestand und Umf. des Beweiserhebungsverbots im Einzelfall (→ Rn. 10, 11).

Das G hat hier somit dem **Verhältnismäßigkeitsgrundsatz** (→ Einl. Rn. 20) einen bes. Stellenwert eingeräumt. Abzuwägen ist das Interesse der Allgemeinheit, ggf. auch des Opfers, an einer wirksamen Strafrechtspflege gegen das öffentl. Interesse an den v. dem Berufsgeheimnisträger wahrgenommenen Aufgaben u. das individuelle Interesse an der Geheimhaltung der ihm anvertrauten o. bekannt gewordenen Tatsachen (s. BGH NStZ 2016, 741 mAnm Gercke StV 2017, 2: Psychotherapeutin). Wenn der Gegenstand des Verfahrens nicht zumindest eine Straftat v. erheblicher Bedeutung (→ § 98a Rn. 5; speziell zu Steuerstraftaten Schwarz wistra 2017, 4; erg. → § 97 Rn. 40) umfasst, ist die Annahme eines überwiegenden Strafverfolgungsinteresses regelmäßig ausgeschlossen (Abs. 2 S. 1 Hs. 2). In dem hiernach verbleibenden Rahmen kommt den (Recherche-)Interessen der Medien dann aber kein grds. Vorrang zu (BVerfGE 107, 299 (332)). Bei Tod des Geheimnisinhabers – etwa eines Patienten – ist iRd Abwägung zu beachten, dass die Schutzwirkung des hierdurch entstehenden postmortalen Achtungsanspruchs weniger weit reicht als das allg. Persönlichkeitsrecht des Lebenden (BGH StraFo 2012, 173). 9

Ist nach dem **Ergebnis der Abwägung** die in Aussicht genommene Ermittlungsmaßnahme nicht uneingeschränkt zulässig, greifen die in Abs. 2 S. 2 bezeichneten Rechtsfolgen ein: Eine unverhältnismäßige Maßnahme hat zu unterbleiben. Ist die Verhältnismäßigkeit teilw. nicht gegeben, muss die Maßnahme entspr. beschränkt werden; wenn dies nach ihrer Art nicht möglich ist, ist sie zu unterlassen. Eine **Löschungsverpflichtung** für den Fall, dass die Abwägung die Unverwertbarkeit im weiteren Verf. ergibt, besteht nach dem ausdr. Wortlaut – anders als nach Abs. 1 S. 3 – **nicht** (von BGH NStZ 2016, 741 offengelassen). 10

II. Verwertung. Abs. 2 S. 3 regelt die Verwertung v. Erkenntnissen, die dem Zeugnisverweigerungsrecht der in Abs. 2 S. 1 genannten Berufsgruppen unterliegen. Sie hängt v. einer Prüfung der Verhältnismäßigkeit im Einzelfall ab (zu den Kriterien → Rn. 9a). Durch den Verweis auf Abs. 2 S. 1 ergibt sich ein weitgehender Gleichlauf in der Beurteilung der Beweiserhebung u. -verwertung. Ein Verwertungsverbot kann aber im Einzelfall auch unabhängig v. einem Verstoß gegen das Erhebungsverbot (S. 1) eingreifen. Zu dem o. (→ Rn. 4) erörterten Fall, dass sich die *ex ante* fehlerfreie negative Prognose über Bestand o. Reichweite des Zeugnisverweigerungsrechts im Nachhinein als unzutr. erweist, kommt hier hinzu, dass die Prüfungen regelmäßig zu unterschiedlichen Zeitpunkten vorgenommen werden; in der Zwischenzeit kann die Sachlage erhebliche Änd. erfahren haben: Erschien die Erhebung v. Erkenntnissen, die dem Zeugnisverweigerungsrecht unterliegen, wegen der zunächst angenommenen schweren Straftat gerechtfertigt, so ist die spätere Verwertung der hierdurch erlangten Informationen idR gleichwohl unverhältnismäßig, wenn keine Straftat v. erheblicher Bedeutung iSv Abs. 2 S. 1 Hs. 2 mehr inmitten steht. Umgekehrt können die Erg. einer auf dem Verdacht einer weniger schweren Straftat beruhenden u. daher unzulässigen Beweiserhebung gleichwohl verwertbar sein, wenn sich später herausstellt, dass es sich in Wahrheit um eine Straftat v. erheblicher Bedeutung handelt (BT-Drs. 16/5846, 37; HK-StPO/Zöller Rn. 13; **aM** Puschke/Singelnstein NJW 2008, 117). 11

Nur **zu Beweiszwecken** verbietet Abs. 2 S. 3 die Verwertung geschützter Erkenntnisse, wenn sich als Erg. der Abwägung (→ Rn. 9a) die Unverhältnismäßigkeit einer solchen Nutzung ergibt (krit. Wolter GA 2007, 186). Die Vorschr. untersagt anders als Abs. 1 S. 2 und 5 (→ Rn. 4, 7) nicht die mittelbare Verwertung in der Weise, dass die erlangten Informationen zur Grdl. weiterer Ermittlungen gemacht werden (Gercke FS Schlothauer, 2018, 423 (432); Glaser/Gedeon GA 12

2007, 429 zu § 53b Abs. 2 GE; KK-StPO/Weingarten Rn. 16 aE; abw. Jahn Gutachten 67. DJT, 2008, C 96: Frühwirkung (→ Einl. Rn. 57e) in einem neu eingeleiteten Verfahren; **aM** auch HK-StPO/Zöller Rn. 14).

13 **III. Arzt.** Wäre ein Arzt (unmittelbar o. mittelbar, dazu → Rn. 9) v. der Ermittlungsmaßnahme betroffen, ist zu unterscheiden: Arztgespräche können im Einzelfall dem Kernbereich privater Lebensgestaltung zuzuordnen sein (BVerfGE 109, 279; weitergehend Reiß StV 2008, 543 ff. (547) für alle in § 53 Abs. 1 S. 1 Nr. 3 genannten Heilberufe). Dessen Schutz darf nicht durch Abwägung mit den Strafverfolgungsinteressen nach Maßgabe des Verhältnismäßigkeitsgrundsatzes relativiert werden (BVerfGE 109, 279); folglich greift insoweit ein absolutes Erhebungs- u. Verwendungsverbot ein, das auch Spurenansätze mit umfasst. Nur soweit der **unantastbare Bereich** des Höchstpersönlichen nicht betroffen ist, unterliegt die Erhebung u. Verwertung v. Informationen, die v. ärztlichen Zeugnisverweigerungsrecht erfasst werden, der Abwägung nach Abs. 2 (vgl. BVerfGE 32, 373; MedR 2006, 586; SSW StPO/Ziegler Rn. 6, 9; BeckOK StPO/Sackreuther Rn. 14; **aM** offenbar BT-Drs. 16/5846, 36 zu § 53b Abs. 2 GE). Diese wird allerdings idR jedenfalls bei kernbereichsnahen, bes. sensiblen Informationen, die in einem Arzt-Patienten-Gespräch ausgetauscht werden, zu einem Überwiegen der schutzwürdigen Individualinteressen führen (KK-StPO/Weingarten Rn. 15).

14 **D. Mitwirkende Personen (Abs. 3).** Auf **mitwirkende Personen** iSv § 53a erstreckt Abs. 3 den Schutz der in Abs. 1 und Abs. 2 enthaltenen Verbote nach dem Vorbild des § 97 Abs. 3, Abs. 4 S. 3 (vgl. → § 97 Rn. 43 sowie → § 53a Rn. 2 ff.).

15 **E. Verdacht der Beteiligung (Abs. 4).** Der **Verdacht der Beteiligung** sowie der Begünstigung, Strafvereitelung o. Hehlerei (nicht aber der Geldwäsche) lässt die in Abs. 1–3 enthaltenen Erhebungs- u. Verwertungsverbote entfallen (Abs. 4 S. 1; krit. Knierim StV 2008, 604); Verteidiger sind allerdings wegen § 148 bei der Telekommunikation sowie den in § 100c, § 100f und § 110a geregelten Überwachungs- bzw. Ermittlungsmaßnahmen weitergehend geschützt (→ § 100a Rn. 21; → § 100d Rn. 24; → § 100f Rn. 12; ferner → § 100g Rn. 41). Nur nach sorgfältiger, sich auf bestimmte Tatsachen (→ § 100a Rn. 9) stützender Prüfung darf der Verstrickungsverdacht angenommen werden (erg. → § 97 Rn. 18–20; zur Gesetzesgenese Leitner FS Widmaier, 2008, 334). Das BVerfG fordert über den Anfangsverdacht hinausgehende Verdachtsgründe (BVerfG NJW 2007, 2752 f.; vgl. auch EGMR EnGRZ 2018, 23). Voraussetzung ist aber nicht, dass gegen den Berufsgeheimnisträger ein Ermittlungsverfahren eingeleitet worden ist (BT-Drs. 16/6979, 45; diff. KMR-StPO/Noltensmeier-von Osten Rn. 23; vgl. auch → Rn. 1). Entsteht der Verdacht erst **nach** einer **unzulässigen Beweiserhebung,** entfällt die Schutzwirkung von Abs. 1–3 und die erlangten Erkenntnisse können verwertet werden (BGHSt 18, 227; 25, 168, jew. zu § 97). Wenn sich der Verdacht allerdings erst **aus** den **unzulässig gewonnenen Ermittlungsergebnissen** ergibt, entfällt die Unverwertbarkeit nach Abs. 1 S. 2, 5 oder Abs. 2 S. 3 nicht (BVerfG wistra 2022, 287, 291 zu § 97 Abs. 2 S. 2; vgl. a. → § 97 Rn. 48; ebenso SSW StPO/Ziegler Rn. 11; Beck OK/Sackreuther Rn. 19; **aM** BT-Drs. 16/5846, 37 zu § 53b GE, sogar für den Fall des absoluten Verwendungsverbots nach Abs. 1 S. 2; s. ferner KK-StPO/Weingarten Rn. 7). Fällt der Verdacht nachträglich weg, folgt allein aus der Zulässigkeit der Erhebung der Beweise nicht schon deren Verwertbarkeit; denn die Verwertungsregelungen in Abs. 1 S. 2, 5 sowie Abs. 2 S. 3 sind selbständig im jew. maßgeblichen Entscheidungszeitpunkt zu beurteilen (→ Rn. 4, 7, 11; Mitsch AfP 2012, 521 (526); Knierim StV 2008, 604; Burhoff StrafREV-HdB Rn. 745). Die die Verwertbarkeit in diesem Fall bejahende Rspr. zu § 97 (BGH NStZ 1983, 85; zust. Löwe/Rosenberg/Menges § 97 Rn. 151) kann daher mit der Folge der Anwendbarkeit der genannten Verwertungsverbote für § 160a nicht aufrechterhalten werden (so schon zu § 97 Fezer StrafProzR § 7 Rn. 45; Schlüchter Strafverfahren Rn. 308; vgl. auch SK-StPO/Wohlers/Greco § 97 Rn. 48 ff.; Mitsch FS Lenckner, 1998, 737; Thum HRRS 2012, 535 (540)).

Bei **Medienangehörigen** (§ 53 Abs. 1 S. 1 Nr. 5) greift die Verstrickungsregelung im Falle eines Antrags- o. Ermächtigungsdelikts erst ein, wenn die entspr. Erkl. vorliegt (Abs. 4 S. 2). Die dem Informantenschutz dienende Regelung ist va mit Blick auf die Verletzung des Dienstgeheimnisses konzipiert, die nur mit Ermächtigung verfolgt wird (§ 353b Abs. 4 StGB; vgl. BT-Drs. 17/3355, 7). Der weitergehende besondere Schutz der Presse folgt (wegen Abs. 5; anschl. → Rn. 17) aus § 97 Abs. 5 S. 2 Hs. 2 (→ § 97 Rn. 45a). Für bei einer Durchsuchung gemachte Zufallsfunde gilt § 108 Abs. 3 (→ § 108 Rn. 10). 16

F. §§ 97, 100d Abs. 5 als Spezialvorschriften (Abs. 5). Dem § 160a gehen die §§ 97, 100d Abs. 5 als **Spezialvorschriften** vor (Abs. 5; BT-Drs. 16/5846, 38; BVerfG NJW 2018, 2385 (2387) mAnm Knauer NStZ 2019, 164; BGH NJW 2018, 3261 (3263); LG Stuttgart StV 2019, 7 mAnm Jahn/Kirsch mwN; LG Mannheim NZWiSt 2012, 424 (430); Erb FS Kühne, 2013, 171 (176); Thum HRRS 2012, 535; Mitsch AfP 2012, 521 (522, 525); Burhoff StrafREV-HdB Rn. 746). § 160a tritt daher zurück, wenn § 97 an einen Eingriff höhere Anforderungen stellt; so sind etwa Mitteilungen zwischen dem Beschuldigten u. seinem Arzt o. Steuerberater nach § 97 Abs. 1 ohne weiteres beschlagnahmefrei, einer Verhältnismäßigkeitsprüfung nach § 160a Abs. 2 iVm § 53 Abs. 1 Nr. 3 bedarf es nicht (Schuster NZWiSt 2012, 28 (30); Jahn NStZ 2012, 718; Schneider NStZ 2016, 309 (310); Park Durchsuchung Rn. 626; vgl. auch Ballo NZWiSt 2013, 46 (50)). Dies gilt gleichermaßen für nach § 97 Abs. 5 beschlagnahmefreie Gegenstände (Erb FS Kühne, 2013, 171 (176); Mitsch AfP 2012, 521 (525)). § 97 geht aber auch vor, wenn umgekehrt § 160a ein höheres Schutzniveau vorsieht; Abs. 5 enthält also keine „Meistbegünstigungsklausel" (Jahn NStZ 2012, 718 f.; Park Durchsuchung Rn. 626; erg. → § 97 Rn. 50, → § 100c Rn. 22a–25; speziell zu Beschlagnahmen bei sog. internen Ermittlungen → § 97 Rn. 10a–c; dazu auch BVerfG NJW 2018, 2385 (2387)). Die Verwendung o. Verwertung der Beweismittel, die durch Verstoß gegen ein Beschlagnahmeverbot nach § 97 erlangt wurden, richtet sich dagegen nach Abs. 1 S. 2, 5 bzw. Abs. 2 S. 3 oder Abs. 3, da § 97 für die **Folgen einer rechtswidrigen Beschlagnahme** keine Regelung trifft (BVerfG NJW 2018, 2385 (2391); erg. → § 97 Rn. 50, → Rn. 15). Ausführlich zum Ganzen Valerius, Das Vertrauensverhältnis zwischen Anwalt und Mandant, 2013, S. 103, 113 ff.). Ob rechtmäßig erlangte Beweismittel in einem anderen Strafverfahren o. für die Aufklärung einer anderen prozessualen Tat verwertet werden dürfen, richtet sich hingegen nach den allg. Grundsätzen (vgl. → § 97 Rn. 49; insoweit missverständlich BVerfG NJW 2018, 2385 (2391)). Im Übrigen verweist § 100d Abs. 5 S. 3 zurück auf § 160a Abs. 4. 17

G. Revision. Die **Revision** kann darauf gestützt werden, dass Erkenntnisse bei der Beweiswürdigung verwertet worden sind, obwohl sie einem Verwertungsverbot nach Abs. 1 S. 2, 5 oder Abs. 2 S. 3 (auch iVm Abs. 3) unterliegen. Eines ausdr. **Widerspruchs** in der HV bedarf es jedenfalls dann nicht, wenn angesichts des Prozessverhaltens offensichtlich ist, dass der Angeklagte mit einer strengbeweislichen Verwertung zu seinen Lasten nicht einverstanden ist (vgl. BGHSt 50, 206 (216)); er ist jedoch mit Rücksicht darauf, dass diese Rechtsfrage zu § 160a noch nicht höchstrichterlich entschieden ist, anzuraten (Burhoff StrafREV-HdB Rn. 747; s. auch KK-StPO/Weingarten Rn. 22, der einen Widerspruch für erforderlich hält, wenn der Angeklagte über die Verwertung zweifelsfrei disponieren kann). Die Revisionsbegründung muss dartun, dass die Voraussetzungen des Abs. 4 nicht vorlagen, wenn diese Möglichkeit ernsthaft in Betracht zu ziehen ist (BGHSt 37, 245 zu § 97; ebenso BGHSt 38, 144 (146) zur Entbindung v. der Schweigepflicht). Die unzutr. Annahme eines Verwertungsverbots kann mit der Aufklärungsrüge beanstandet werden. Soweit ein Beurteilungsspielraum besteht (→ Rn. 3a, 9a), ist die Nachprüfung auf den Maßstab der Vertretbarkeit beschränkt (vgl. BGH StraFo 2012, 173; BGHSt 41, 30; s. a. KK-StPO/Weingarten Rn. 23 f.). 18

Erörterung des Verfahrensstands mit den Verfahrensbeteiligten

160b [1]**Die Staatsanwaltschaft kann den Stand des Verfahrens mit den Verfahrensbeteiligten erörtern, soweit dies geeignet erscheint, das Verfahren zu fördern.** [2]**Der wesentliche Inhalt dieser Erörterung ist aktenkundig zu machen.**

1 **A. Zielsetzung.** Zielsetzung dieser Vorschr. ist es, die Gesprächsmöglichkeiten zwischen der StA u. den Verfahrensbeteiligten zu fördern. Zwar sind solche Gespräche schon immer in der Praxis üblich gewesen (Bittmann NStZ 2015, 548); sie zu untersagen, wäre auch nicht sinnvoll u. ein solches Verbot wäre auch praktisch nicht durchsetzbar. Es war daher richtig, ausdr. zu bestimmen, dass – entgegen im Schrifttum gegen solche Gespräche gelegentlich geäußerte Bedenken (Schünemann FS Riess, 2002, 543; Weigend NStZ 1999, 59; dagegen schon Meyer-Goßner FS Gollwitzer, 2004, 175) – die StA mit den Verfahrensbeteiligten Gespräche führen darf, die geeignet sind, das Verf. zu fördern. Die StA „kann" solche Erörterungen vornehmen; es ist aber demnach nicht so, dass es solche Erörterungen geben „soll" o. gar geben „muss". Instruktiv Nötzel/Klauck NStZ 2021, 577.

2 **B. Verfahrensbeteiligte.** Das sind die Personen o. Stellen, die nach dem G eine **Prozessrolle** ausüben, dh durch eigene Willenserklärungen im prozessualen Sinn gestaltend als Prozesssubjekt mitwirken müssen o. dürfen (KK-StPO/Weingarten Rn. 3; erg. → Einl. Rn. 71 ff.). Dazu gehören im Ermittlungsverfahren der Beschuldigte u. sein Verteidiger. Ein Beitritt als Nebenkläger wird nach § 396 Abs. 1 S. 2 erst mit Erhebung der öffentl. Klage wirksam; das schließt aber nicht aus, nebenklageberechtigte Personen auch hier schon als Verfahrensbeteiligte anzusehen. Gerade wenn zwischen StA u. Verteidigung über eine im Hauptverfahren vorzunehmende Verständigung verhandelt wird, kann es im Einzelfall angebracht sein, die nebenklageberechtigte Person – also das Tatopfer – an den Erörterungen zu beteiligen.

3 Verfahrensbeteiligte ist auch die **Finanzbehörde** in Steuerstrafverfahren (vgl. §§ 403, 407 Abs. 1 **AO;** zum Zusammenwirken v. StA u. FBeh vgl. BGH NJW 2009, 2319).

4 **Keine Verfahrensbeteiligten** sind hingegen die nicht nebenklageberechtigten Verletzten (§ 406 f.); denn diesen stehen nicht prozessuale Gestaltungs-, sondern nur Informations- u. Schutzrechte zu (KK-StPO/Weingarten Rn. 6). Auch Zeugen u. Sachverständige sind nicht verfahrensbeteiligt iSd § 160b, ebenso wenig Angehörige der Bewährungs- u. Gerichtshilfe (Niemöller/Schlothauer/Weider Verständigung/Schlothauer Rn. 13).

5 **C. Verfahrensförderung.** Die Erörterungen müssen **geeignet** zur Verfahrensförderung sein. Das ist allerdings keine bedeutsame Einschränkung für die Gespräche: Da es in erster Linie um Beschränkungen bei der Strafverfolgung gehen wird, wird die Geeignetheit in aller Regel zu bejahen sein. Im Übrigen wird vielfach der Verteidiger das Gespräch mit der StA schon deshalb suchen, um die „Verhandlungsmasse" auszuloten. Die StA ist aber nicht verpflichtet, solche Gesprächsangebote aufzugreifen (→ Rn. 1).

6 **I. Gegenstand.** Gegenstand der Erörterungen kann insbes. sein, die Strafverfolgung nach § 154a Abs. 1 zu beschränken oder v. der Verfolgung v. Straftaten nach § 154 Abs. 1 abzusehen, wenn der Beschuldigte erklärt, dass er in der HV hins. einer o. mehrerer bestimmter Straftaten ein Geständnis ablegen werde. Die Erörterungen können aber – wie bisher schon üblich – auch die Verfahrenserledigung durch Einstellung nach § 153a oder durch Strafbefehl (§§ 407 ff.) zum Gegenstand haben, einen TOA bezwecken (§ 155a), u. insbes. aber auch der Vorbereitung einer Verständigung im Hauptverfahren (§ 257c) dienen. Ergänzend → § 172 Rn. 14.

II. Form. Eine bestimmte Form ist für die Erörterungen nicht vorgeschrieben. Sie werden **idR mündlich** erfolgen, können aber auch telefonisch vorgenommen werden. Es müssen nicht alle Verfahrensbeteiligten gleichzeitig anwesend sein o. beteiligt werden. Auch hier gilt der Grundsatz der freien Gestaltung des Ermittlungsverfahrens (→ Einl. Rn. 60). 7

D. Dokumentation. Der wesentliche Inhalt des Gesprächs ist **aktenkundig** zu machen (S. 2). Es ist also die Tatsache, dass u. mit welchen Verfahrensbeteiligten Erörterungen stattgefunden haben u. das Erg. dieser Erörterungen in den Akten zu vermerken; sie sollten auch in der HV offengelegt werden (BGH StV 2012, 649). Dabei wird nicht jegliche – insbes. telefonische – Kontaktaufnahme festzuhalten sein; ein Vermerk ist vielmehr nur dann erforderlich, wenn das Gespräch zu einem – positiven o. negativen – Erg. geführt hat (zust. Bittmann wistra 2009, 414; SSW StPO/Ignor/Wegner Rn. 9; **aM** SK-StPO/Deiters § 212 Rn. 5). Sind Vereinbarungen getroffen worden, hat also etwa die StA dem Beschuldigten bestimmte Verfahrensweisen (zB die Einstellung weiterer Verf. nach § 154 Abs. 1) zugesagt, ist dies bes. sorgfältig zu dokumentieren, um spätere Streitigkeiten über den genauen Inhalt der Abmachungen zu vermeiden (BGH NStZ 2012, 347). Gleiches gilt für Zusicherungen des Beschuldigten bzw. seines Verteidigers hins. einer im Hauptverfahren vorgesehenen Verständigung. Ein Verstoß gegen dieses Dokumentations- u. Transparenzgebot kann zur Unwirksamkeit einer getroffenen Verständigung führen. 8

E. Bindung. Anders als § 257c Abs. 4 enthält die Vorschr. keine Regelung zur Bindung. Es besteht mithin **kein gesetzlicher Anspruch** darauf, dass die getroffenen Vereinbarungen eingehalten werden. Die StA o. der Verfahrensbeteiligte können sich jederzeit von ihr lösen. Selbstverständlich entfällt dann auch für die andere Seite die Verpflichtung zu deren Einhaltung (Löwe/Rosenberg/Erb. Rn. 10; SSW StPO/Ignor/Wegner Rn. 12). 9

Einer differenzierter Betrachtung bedürfen hingegen die Fälle, in denen eine Seite ihre Zusage bereits erfüllt hat. Hat der Angeklagte in der HV das der StA zugesagte Geständnis abgelegt, kann die **StA** ihre verpflichtend gegebene **Zusage einer Sachbehandlung nach § 154 Abs. 1** oder der Beantragung einer bestimmten Mindest- o. Höchststrafe (Strafunter- o. Strafobergrenze nach § 257c Abs. 3 S. 2) mit Blick auf den Vertrauensschutz und die Verfahrensfairness nicht mehr zurücknehmen (Löwe/Rosenberg/Erb Rn. 11; KK-StPO/Weingarten Rn. 7; BeckOK StPO/Sackreuther Rn. 3; zu den Folgen eines Vertrauensbruchs der StA → Rn. 11). Legt der **Angeklagte** in der HV allerdings das der StA versprochene Geständnis nicht ab, so ist diese nicht mehr an ihre gegebenen Zusagen gebunden; sie kann also etwaige im Vertrauen auf Zusage vorgenommenen Verfahrensbeschränkungen nach § 154 Abs. 1 StPO aufheben und Anklage erheben, soweit die Tat nicht verjährt ist (Löwe/Rosenberg/Erb Rn. 11). 10

Hält sich die StA nicht an ihre Zusage, wegen einer anderen Tat nach § 154 Abs. 1 zu verfahren oder in Hauptverhandlung, bei dem erkennenden Gericht anhängigen Verfahrens den erforderlichen Antrag nach § 154 Abs. 2 zu stellen, obwohl der Angeklagte das zugesagte Geständnis ohne Einschränkungen abgelegt hat, begründet dies nach der bisherigen Rspr. **idR kein Verfahrenshindernis,** sondern lediglich einen wesentlichen Strafmilderungsgrund (BGHSt 52, 165; BGHSt 37, 10; zust. Fahl NStZ 2009, 613 (614); s. a. Eisenberg NStZ 2008, 698; Fezer JZ 2008, 1059). Ob dies mit Blick auf die neuere Rspr. des EGMR zu den Folgen einer rechtsstaatswidrigen Tatprovokation (EGMR NJW 2021, 3515 (3521); erg.→ Art. 6 Rn. 4b) uneingeschränkt bejaht werden kann, erscheint zw. Vielmehr liegt es wegen des **gravierenden Verstoßes gegen den Grundsatz des fairen Verfahrens** (→ Einl. Rn. 19) näher, ein Beweisverwertungsverbot für das in der Hauptverhandlung abgegebene Geständnis anzunehmen, wenn die StA den zugesagten Antrag nach § 154 Abs. 2 nicht stellt, oder eine Verfahrenshindernis hinsichtlich einer Tat anzunehmen, wegen derer die StA entgegen ihrer Zusage, nach § 154 Abs. 1 zu verfahren, nach Abschluss der Hauptverhandlung, in der der 11

Angeklagte das zugesagte Geständnis abgegeben hat, doch noch Anklage erhebt (vgl. a. Löwe/Rosenberg/Erb Rn. 11; KK-StPO/Weingarten Rn. 7; SSW StPO/Ignor/Wegner Rn. 13Eisenberg NStZ 2008, 698 (699) aE; Fezer JZ 2008, 1059 (1060); Lindemann JR 2009, 82; Sauer wistra 2009, 143; vgl. ferner Graumann FS HRRS Fezer, 2008, 53).

Allgemeine Ermittlungsbefugnis der Staatsanwaltschaft

161 (1) [1] **Zu dem in § 160 Abs. 1 bis 3 bezeichneten Zweck ist die Staatsanwaltschaft befugt, von allen Behörden Auskunft zu verlangen und Ermittlungen jeder Art entweder selbst vorzunehmen oder durch die Behörden und Beamten des Polizeidienstes vornehmen zu lassen, soweit nicht andere gesetzliche Vorschriften ihre Befugnisse besonders regeln.** [2] **Die Behörden und Beamten des Polizeidienstes sind verpflichtet, dem Ersuchen oder Auftrag der Staatsanwaltschaft zu genügen, und in diesem Falle befugt, von allen Behörden Auskunft zu verlangen.**

(2) **Soweit in diesem Gesetz die Löschung personenbezogener Daten ausdrücklich angeordnet wird, ist § 58 Absatz 3 des Bundesdatenschutzgesetzes nicht anzuwenden.**

(3) [1] **Ist eine Maßnahme nach diesem Gesetz nur bei Verdacht bestimmter Straftaten zulässig, so dürfen die auf Grund einer entsprechenden Maßnahme nach anderen Gesetzen erlangten personenbezogenen Daten ohne Einwilligung der von der Maßnahme betroffenen Personen zu Beweiszwecken im Strafverfahren nur zur Aufklärung solcher Straftaten verwendet werden, zu deren Aufklärung eine solche Maßnahme nach diesem Gesetz hätte angeordnet werden dürfen.** [2] **§ 100e Absatz 6 Nummer 3 bleibt unberührt.**

(4) **In oder aus einer Wohnung erlangte personenbezogene Daten aus einem Einsatz technischer Mittel zur Eigensicherung im Zuge nicht offener Ermittlungen auf polizeirechtlicher Grundlage dürfen unter Beachtung des Grundsatzes der Verhältnismäßigkeit zu Beweiszwecken nur verwendet werden (Artikel 13 Abs. 5 des Grundgesetzes), wenn das Amtsgericht (§ 162 Abs. 1), in dessen Bezirk die anordnende Stelle ihren Sitz hat, die Rechtmäßigkeit der Maßnahme festgestellt hat; bei Gefahr im Verzug ist die richterliche Entscheidung unverzüglich nachzuholen.**

Übersicht

A. Ermittlungsgeneralklausel. § 161 enthält eine Ermittlungsgeneralklausel („StA ist befugt") enthält (Wollweber NJW 2000, 3623). Abs. 1 ist die ges. **Ermächtigungsgrundlage für Ermittlungen jeder Art.** Aus dem verfassungsrechtlichen Gebot einer wirksamen Strafverfolgung (vgl. hierzu → § 152 Rn. 2; Nowrousian Kriminalistik 2021, 624) folgt aus der Befugnis zugleich die Pflicht der StA, die Wahrheitserforschung (§ 160 Abs. 1) auf alle erlaubten Beweismittel zu erstrecken (→ § 160 Rn. 1; SSW StPO/Ziegler § 160 Rn. 9). Dies gilt zunächst für v. ihr selbst o. durch die Polizei rechtmäßig erhobenen Beweise. Aufgrund der Pflicht zur objektiven Erforschung des Sachverhalts muss die StA ihre Beweiserhebung aber – soweit dem nicht ein Beweisverwertungsverbot entgegensteht (vgl. hierzu BGH JR 2020, 81 mAnm Kudlich) – auch auf Erkenntnisse erstrecken, die durch Private (→ Einl. Rn. 56b, 57d, → § 100h Rn. 1 f., → § 163 Rn. 46) o. rechtsfehlerhafte Ermittlungsmaßnahmen (→ Einl. Rn. 55 ff.) erlangt worden sind (hierzu → § 160 Rn. 1; vgl. a. KK-StPO/Fischer Einl. Rn. 13, 147). Abs. 1 ermächtigt die StA auch zu mit einem **weniger intensiven Grundrechtseingriff** verbundenen Ermittlungshandlungen (aber auch nur zu solchen, vgl. BGHSt 51, 211 (218)), die deshalb nicht einer speziellen Eingriffsermächtigung bedürfen; dazu gehören zB die kurzfristige Observation (zur Abgrenzung zur längerfristigen Beobachtung → § 163f Rn. 1), Erkundigungen in der Nachbarschaft, der Einsatz von **V-Leuten** (allg. zur Zulässigkeit BGH NStZ 2023, 560 (561 f.) mAnm Soiné) o. Scheinaufkäufern v. BtM, auch einfache Fahndungsmaßnahmen (Hilger NStZ 2000, 564; Soiné Kriminalistik 2001, 246), die Überprüfung auf Anhaftungen „künstlicher DNA" (Krumdiek StRR 2009, 129 (131): Bestrahlen mit UV-Licht; erg. → § 81a Rn. 6) sowie uU finanzielle Gegenleistungen für „zeugenschaftliche Kooperation" (so Kölbel NStZ 2008, 243; erg. → § 136a Rn. 3); zur Internet-Aufklärung → § 100a Rn. 7, → § 163 Rn. 28a). Abs. 1 bildet daher auch die Rechtsgrundlage für die allg. Erhebung personenbezogener Daten (BVerfG NJW 2009, 1405). Der Einsatz **„stiller SMS"** kann hingegen nicht auf die Ermittlungsgeneralklausel gestützt werden, weil damit das Grundrecht auf informationelle Selbstbestimmung (Art. 2 Abs. 1 iVm Art. 1 Abs. 1 GG) in erheblicher Weise berührt wird; die alleinige Rechtsgrundlage hierfür bildet § 100i Abs. 1 Nr. 2 (BGHSt 63, 82; erg. → § 100a Rn. 6a, → § 100g Rn. 21, → § 100i Rn. 4; vgl. zu bisher vertretenen Ansichten, → 61. Aufl. 2018, Rn. 1). Für die Gewährung v. Akteneinsicht an Privatpersonen oder Forschungseinrichtungen gelten §§ 475 f. (BVerfG NJW 2009, 2876 (2877)). 1

Auf Abs. 1 können auch Beweiserhebungen gestützt werden, wenn die an sich notwendige Anordnung der **Zwangsmaßnahme** aufgrund der **Einwilligung** des Betroffenen entbehrlich ist. Durch § 51 Abs. 1 BDSG wird dies nicht in Frage gestellt (Singelnstein NStZ 2020, 639 (640)). Denn die Norm setzt voraus, dass die Beweiserhebung u. -verwertung auf dieser Grdl. zulässig ist (Kühling/Buchner/Schwichtenberg BDSG § 51 Rn. 1). Es kann daher dahinstehen, ob die nach § 500 Abs. 1, Abs. 2 Nr. 1 subsidiäre Regelung des § 51 Abs. 1 BDSG überhaupt anwendbar ist (zutreff. abl. Mosbacher JuS 2022, 726 (729 f.): Datenerlangung nicht von Einwilligung abhängig, weil sie andernfalls mit Zwang durchgesetzt wird; erg. → § 500 Rn. 2). Dagegen spricht, dass die Möglichkeit einer Einwilligung im Strafverfahrensrecht seit jeher unstreitig und eine dies lediglich deklaratorisch bestätigende entspr. Anwendung des § 51 Abs. 1 BDSG mithin überflüssig ist (KK-StPO/Weingarten Rn. 1b). Bei der Möglichkeit, auf bestimmte Rechtspositionen zu verzichten, handelt es sich um einen übergreifenden Grundsatz (vgl. etwa für die körperliche Integrität § 228 StGB). Selbst Verwertungsverbote sind für den Angeklagten grds. disponibel (BVerfG NJW 2012, 907 (911); BGH NJW 2006, 1361). Nur ausnahmsweise bestimmt das Strafverfahrensrecht daher die Unbeachtlichkeit 1a der Einwilligung (vgl. § 136a Abs. 2, Abs. 3 S. 2). Im Übrigen kann der Betroffene in die Beweiserhebung wirksam einwilligen (vgl. etwa → § 81a Rn. 3, → § 94 Rn. 1, → § 105 Rn. 1). Soweit die Beweiserhebung in dem betr. Strafverfahren mit erheblichen Eingriffen (etwa in die körperliche Integrität) verbunden ist o. Beweise verwendet werden sollen, die mit heimlichen Eingriffen (insbes. in das Recht auf informelle Selbstbestimmung o. das Grundrecht aus Art. 10 GG) nach anderen Gesetzen o. in anderen Strafverfahren erlangt worden sind, ergibt sich die Einwilligungsmöglichkeit unmittelbar aus dem Gesetz (zB § 81 Abs. 1 S. 2, § 100e Abs. 6 Nr. 1, § 161 Abs. 3, § 479 Abs. 2 S. 1); erst recht ist eine wirksame Einwilligung in weniger erhebliche u. offene Maßnahmen wie etwa eine Durchsuchung iSd § 102 möglich (vgl. BGH NStZ-RR 2019, 26; einschr. Singelnstein NStZ 2020, 639 (641); abl. El-Ghazi ZIS 2019, 110 (117 f.)).

1b Die Einwilligung ist nur wirksam, wenn sie **Freiwilligkeit** beruht (erg. → § 105 Rn. 1). Da der Beschuldigte nicht verpflichtet ist, am Strafverfahren gegen ihn mitzuwirken, und die in Rede stehenden Grundrechtseingriffe grds. nur auf der Grundlage einer richterlichen Anordnung (zB § 105) geduldet werden müssen, ist die einer freiwilligen Einwilligung vorausgesetzte Wahlfreiheit gegeben; dies gilt jedenfalls solange die Strafverfolgungsbehörden nicht mit der Einholung eines entspr. Beschlusses „drohen" oder gar die nicht vorhandene rechtliche Möglichkeit eines solchen Vorgehens vortäuschen (erg. → § 105 Rn. 1). Aus § 51 Abs. 4 S. 1 BDSG ergibt sich nichts anderes (vgl. Kühling/Buchner/Schwichtenberg BDSG § 51 Rn. 5); insofern bedarf es ihrer entspr. Anwendung nicht (vgl. § 500 Abs. 1, Abs. 2 Nr. 1).

1c **Belehrungspflichten** sieht die StPO nur ausnahmsweise vor (zB § 81f Abs. 1 S. 2 StPO). Aus dem Umkehrschluss folgt, dass im Übrigen Belehrungen – wie sie in § 51 Abs. 3 S. 3, Abs. 4 S. 3 BDSG geregelt sind – im Strafverfahrensrecht nicht erforderlich sind. Dafür, dass der Gesetzgeber dies mit der Einführung des § 500 durch G v. 20.11.2019 (BGBl. I 1724) ändern wollte, bieten die Gesetzesmaterialien keinen Anhalt (vgl. BT-Drs. 19/4671, 71). Angesichts der abschließenden Bestimmungen in der StPO ist § 51 Abs. 3 S. 3, Abs. 4 S. 3 BDSG nicht entspr. anwendbar; einen Hinweis auf die Möglichkeit des Widerrufs der Einwilligung mit ex nunc-Wirkung und den Datenverarbeitungszweck bedarf es daher auch vor der Einwilligung in eine Durchsuchung nicht (KK-StPO/Weingarten Rn. 1b; Mosbacher JuS 2022, 726 (729 f.); **aA** LG Kiel StraFo 2022, 30, das aber § 500 Abs. 2 Nr. 1 nicht erwähnt und daher von einer uneingeschränkten Anwendbarkeit des § 51 BDSG auszugehen scheint; ungeachtet dessen ist ein daraus folgendes Beweisverwertungsverbot fernliegend); erg. → § 105 Rn. 1.

1d Hat der Betroffene wirksam in die Beweiserhebung eingewilligt u. damit auf den Grundrechtsschutz verzichtet, kann diese angesichts des dann nur noch geringen Eingriffs auf die **Ermittlungsgeneralklausel** des Abs. 1 gestützt und die dadurch erlangten Erkenntnisse nach § 160 Abs. 1 im Ermittlungsverfahren verwertet (verwendet) werden (→ § 160 Rn. 1); für die Hauptverhandlung (vgl. hierzu BGH NStZ-RR 2019, 26) gelten §§ 244 Abs. 2, 261 StPO (dazu BVerfGE 130, 1 Rn. 120 ff.; BGHSt 56, 127 Rn. 19; **aA** Singelnstein NStZ 2020, 639 (644)). Der Widerruf der Einwilligung wirkt ex nunc (ebenso § 51 Abs. 2 S. 2 BDSG); die Rechtmäßigkeit der Beweiserhebung wird durch ihn mithin nicht in Frage gestellt. Die Verwertung der bis dahin rechtmäßig erlangten Beweise ist mithin zulässig; denn sie wird im Ermittlungsverfahren auf Abs. 1 und in der HV auf § 261 gestützt u. hängt nicht v. dem fortbestehenden Einverständnis des Betroffenen in die ursprüngliche Beweiserhebung ab (vgl. auch BGHSt 61, 221 (242) (GSSt) zum Widerruf des Verzichts auf Zeugnisverweigerungsrecht; **aM** Meyer-Mews StraFo 2019, 449 (452 f.), allerdings unter Außerachtlassung der erforderlichen Unterscheidung zwischen der anfänglichen Erhebung u. der späteren Verwertung des Beweises).

1e Die **behördliche Auskunft** kann unmittelbar eingeholt werden, selbst wenn die geforderten Nachrichten erst noch durch (zumutbare) Materialsammlung o. Beobachtung dienstlicher Vorgänge gewonnen werden müssen; denn die Behörde muss möglichst gute Beweise zur Vfg. stellen (BGHSt 29, 109 (112); vgl. auch BVerfGE 57, 250 (283)). Die Behörden sind der StA ggü. zur Auskunft **rechtlich verpflichtet** (BVerfG NJW 2016, 1781 (1804)), KK-StPO/Weingarten Rn. 2, Löwe/Rosenberg/Erb Rn. 12)), ebenso ggü. der Finanzbehörde in Steuerstrafsachen (§§ 386, 399 Abs. 1 **AO;** vgl. → § 163 Rn. 31); erst recht ggü. dem Gericht (§§ 202, 244 Abs. 2; BGHSt 30, 34 (35); 36, 328 (337); Rieß FS Hilger, 2003, 175 Fn. 6; SK-StPO/Wohlers/Deiters Rn. 19; KK-StPO/Weingarten Rn. 2; zur Verwertung selbstbelastender Angaben im Verwaltungsverfahren Schlothauer FS Fezer, 2008, 267 ff.). Es gilt das „Doppeltürmodell" (vgl. hierzu BVerfG NJW 2020, 2699 (2701)). Gemäß § 500 gilt für die Übermittlung v. Daten an die StA § 25 BDSG entspr., weil die Verarbeitung der Daten durch Einholung der Auskunft im Anwendungsbereich der StPO erfolgt (**aA** BayOblG FamRZ 2020, 1942 (1945): Geltung des BayDSG; vgl. zu den rechtlichen Möglichkeiten StA bei Weigerung der ersuchten Gerichts OLG Karlsruhe Rpfleger 2021, 280). Zur umstr. Frage der Zulässigkeit der Erhebung eines beim Passregister gespeicherten Lichtbildes eines Betroffenen durch die Bußgeldstelle einschr. OLG Stuttgart StraFo 2003, 16 mablAnm Steffen; Verwertung bejahend BayObLGSt 2003, 105 = NJW 2004, 241; OLG Bamberg DAR 2006, 336; Niehaus NZV 2003, 166; krit. Löwe/Rosenberg/Gössel Einl. Rn. 100; vgl. auch → § 163 Rn. 28. Im Hinblick auf den damit verbundenen Grundrechtseingriff soll Abs. 1 S. 1 keine ausreichende Ermächtigungsgrundlage für die Beiziehung der Betreuungsakte des Beschuldigten durch die StA darstellen (BayObLG FamRZ 2020, 1942 (1944)) Wenn die in § 97 Abs. 1 Nr. 1–3 bezeichneten Unterlagen im Gewahrsam einer Behörde sind, darf die StA keine Auskunft daraus verlangen, falls die Beschlagnahme unzulässig wäre. Wenn nicht eine ausdr. ges. Vorschr. die Auskunftspflicht einschränkt (→ Rn. 3–5), darf die Auskunft nicht verweigert werden, sofern nicht die oberste Dienstbehörde erklärt, dass das Bekanntwerden ihres Inhalts dem Wohl des Bundes o. eines deutschen Landes Nachteile bereiten würde; das gilt insbes. für Auskünfte über Namen u. Anschrift v. Gewährsleuten (BGHSt 29, 390 (393); BGH NJW 1981, 1052; erg. → § 96 Rn. 12). Die auch nur teilw. Verweigerung der Auskunft muss begründet werden (BGHSt 29, 109 (112); vgl. auch BVerfGE 57, 250 (281 ff.)). Zur Einholung **nachrichtendienstlicher Erkenntnisse** Griesbaum FS Breidling, 2017, 121 (136); Verwertung v. Erkenntnissen v. Informanten u. V-Personen der Nachrichtendienste Soiné NStZ 2007, 247. Auskunftsverlangen der StA von den **ermittelnden Polizeibehörden** sind in Abs. 1 S. 1 nicht gemeint; insoweit gilt § 152 Abs. 1 GVG; Abs. 1 S. 1 iVm Abs. 3 gilt wiederum für **präventiv-polizeiliche Erkenntnisse** (Löwe/Rosenberg/Erb Rn. 20). Für iRd Strafverfolgungsvorsorge erhobene Daten (vgl. hierzu BVerfGE 113, 348) gilt Abs. 1 (KK-StPO/Weingarten Rn. 32a s. a. Löwe/Rosenberg/Erb Rn. 21). § 161 geht § 4 ZSHG nach dessen Abs. 5 vor (Löwe/Rosenberg/Erb Rn. 38; einschr. – aber unzutr. – Hilger FS Gössel, 2002, 608). Ersuchen auf Einsicht in die Akten **anderer Strafverfahren** o. um Auskünfte daraus können Gericht u. StA auf Abs. 1 S. 1 stützen (BGH 13.2.2025 – 5 StR 491/23); der Erhalt richtet sich nach § 474 Abs. 1 (→ § 474 Rn. 2). Auf der Grundlage von Abs. 1 kann die StA auch ein auf Übersendung gerichtlicher Akten gerichtetes Amtshilfeersuchen stützen (BayObLG BeckRS 2024, 34857).

Von anderen Stellen oder Personen kann ebenfalls Auskunft verlangt werden 2
(Nr. 67 RiStBV). Dabei handelt es sich um eine formlose Art der Zeugenvernehmung (LG Frankfurt a. M. NJW 1954, 688 mAnm Sichtermann). Bei Verweigerung kann die förmliche Vernehmung erzwungen (§§ 161a, 51), uU auch die Herausgabe verlangt (§ 95) o. die Durchsuchung u. Beschlagnahme angeordnet werden (Löwe/Rosenberg/Erb Rn. 22. Auf die in Betracht kommende Möglichkeit dieser Art kann ggf. bei dem Auskunftsverlangen hingewiesen werden. Der Zugriff auf bei Dritten gespeicherte **Datenbestände** ist umstritten. § 161 Abs. 1 ist nach der Rspr. des BVerfG eine ausreichende Rechtsgrundlage für ein Auskunftsersuchen der StA, das auf hausinterne Datenabgleiche durch private Stellen (zB Banken, Kreditkartenunternehmen) gerichtet ist u. insoweit heimlich erfolgt

(BVerfG NJW 2009, 1405 (1407) mablAnm Schnabel CR 2009, 385; AG Halle-Saalkreis DuD 2007, 464; Löwe/Rosenberg/Erb Rn. 39 f.; **aM** Petri StV 2007, 266; Schnabel DuD 2007, 427; Singelnstein NStZ 2012, 593 (603): § 94, es sei denn, die Daten werden unaufgefordert o. freiwillig übergeben). Die Herausgabe einer einzelnen IP-Adresse des Auftraggebers eines bestimmten Überweisungsvorgangs von einem Unternehmen, das IT-Leistungen für Banken anbietet, kann nicht auf die Generalklausel gestützt werden. Dynamische **IP-Adressen** fallen in den Schutzbereich des Art. 10 Abs. 1 GG (BVerfGE 130, 151), weshalb sich ihre Erhebung sich nach § 100g richtet (→ § 100g Rn. 8). Auskunft über statische IP-Adressen können nach § 100j Abs. 1 S. 1 erhoben werden (→ § 100j Rn. 2), weil es sich hierbei um Bestandsdaten handelt, die nicht Art. 10 GG zugeordnet sind (BVerfGE 130, 151).

3 **B. Post und Telekommunikation.** Von den Unternehmen dieses Wirtschaftssektors (einschließlich der Nachfolger der Deutschen Bundespost) kann keine „behördliche“ Auskunft verlangt werden. Soweit das Post- u. Fernmeldegeheimnis nach Art. 10 GG berührt wird, gelten § 99 (→ § 99 Rn. 14) und § 100g. Zu Bestandsdaten der Kunden v. Telekommunikationsunternehmen s. § 100j. Bei der Deutschen Postbank AG befindliche Unterlagen fallen nicht unter das Postgeheimnis, sondern unter das „Bankgeheimnis“ (→ Rn. 4).

4 **C. „Bankgeheimnis“.** Ein „Bankgeheimnis“ steht dem Auskunftsverlangen nicht entgegen (LG Hamburg NJW 1978, 958; KK-StPO/Weingarten Rn. 8; SSW StPO/Ziegler Rn. 3; ANM 476 mwN; Bilsdorfer DStR 1984, 498). Zur Auskunft verpflichtet sind aber nur **öffentlich-rechtliche Kreditinstitute** (KK-StPO/Weingarten Rn. 8; BeckOK StPO/Sackreuther Rn. 5; krit. Löwe/Rosenberg/Erb Rn. 40; einschr. MüKoStPO/Kölbel/Ibold Rn. 39: nicht für Auskünfte aus dem allg. Geschäftsbereich; s. a. Reichling JR 2011, 15 für öffentlich-rechtlich organisierte Sparkassen). **Privatbanken** können zu Auskünften nicht gezwungen werden (LG Hof NJW 1968, 65; Reichling JR 2011, 16), sind aber ihren Kunden ggü. berechtigt, die Auskunft zur Abwendung einer Beschlagnahme freiwillig zu erteilen (Löwe/Rosenberg/Erb Rn. 41; KK-StPO/Weingarten Rn. 8; Kretschmer wistra 2009, 181; Reichling JR 2011, 16). Unter Berufung auf das Bankgeheimnis darf **Rechtshilfe** in der EU iRd Prot. v. 16.10.2001 zu dem Rechtshilfe-Übk. v. 29.5.2000 (→ Einl. Rn. 215b) nicht abgelehnt werden.

4a Die **BaFin** erteilt im automatisierten Verf. den Strafverfolgungsbehörden u. Gerichten auf Ersuchen gem. § 24c Abs. 3 S. 1 Nr. 2 KWG Auskünfte aus den bei den Kreditinstituten nach § 24c Abs. 1 S. 1 KWG zu führenden Dateien, die die Kontonummern u. den Namen des Inhabers u. eines Verfügungsberechtigten (die sog. Stammdaten) enthalten (Löwe/Rosenberg/Erb Rn. 39; KK-StPO/Weingarten Rn. 8 aE). Auskunftsersuchen sind nicht auf bestimmte (schwere) Straftaten beschränkt (OLG Düsseldorf 27.4.2021 – 2 RVs 11/21; OLG Stuttgart NStZ 2016, 48).

4b Auf den **Inhalt der Konten** kann damit nicht zugegriffen werden (vgl. dazu BVerfGE 118, 168 Rn. 136; Anm Neuling HRRS 2007, 382; SSW StPO/Ziegler Rn. 4; Brender ZRP 2009, 198).

5 **D. Steuergeheimnis.** Das **Steuergeheimnis** (§ 30 **AO**) steht der Auskunftserteilung entgegen, sofern seine Offenbarung nicht ges. zugelassen ist o. der Betroffene zustimmt (§ 30 Abs. 4 Nr. 2, 3 **AO**). Den Amtsträgern (§ 30 Abs. 1 **AO**) u. den ihnen nach § 30 Abs. 3 **AO** gleichgestellten Personen ist es untersagt, die in § 30 Abs. 2 **AO** bezeichneten Tatsachen unbefugt zu offenbaren; sie dürfen darüber weder als Zeuge aussagen noch amtl. Auskünfte geben o. Akten ua Schriftstücke herausgeben. Ausnahmen bestimmt § 30 Abs. 4, Abs. 5 **AO** (vgl. dazu OLG Hamburg NStZ 1996, 43 mAnm Hellmann NStZ 1996, 556; OLG Hamm NStZ 2009, 162; Höll ZIS 2010, 310 (318); Schützeberg StRR 2009, 455). Ausführlich zum Steuergeheimnis im Strafverfahren Blesinger wistra 1991, 239 (294); 2008, 416; vgl. auch Stahl/Demuth DStR 2008, 601; Lührs MDR 1996, 21. Zum unter bestimmten Voraussetzungen nach § 161 zulässigen Ankauf v. sog. **Steuerdaten-**

CD VerfGH Rheinland-Pfalz wistra 2014, 240 sowie → § 136a Rn. 3a, 3b. Mit der Aufnahme des Tatbestandsausschlusses des § 202d Abs. 3 Nr. 2 StGB im Straftatbestand der Datenhehlerei (§ 202d StGB) hat der Gesetzgeber die Zulässigkeit der Verwertung implizit anerkannt (BT-Drs. 18/5088, 48).

E. Sozialgeheimnis. Das **Sozialgeheimnis** (§ 35 SGB I) verbietet die Auskunft durch Behörden nach § 67 S. 1 SGB X nur dann nicht, wenn der Betroffene einwilligt o. eine ges. Offenbarungspflicht nach §§ 68–77 SGB X besteht (vgl. dazu Kunkel StV 2000, 531; 2002, 333; Lührs MDR 1996, 21; Riekenbrauk StV 1992, 37). Aus § 35 Abs. 3 SGB I ergibt sich ein auch im Strafverfahren geltendes Zeugnisverweigerungsrecht u. Beschlagnahmeverbot zugunsten der Sozialbehörde (LG Braunschweig CR 1988, 229). Dasselbe gilt nach § 61 Abs. 1 SGB VIII nunmehr auch für die Jugendgerichtshilfe, insbes. sind nach § 76 SGB X in deren Akten enthaltene der ärztlichen Schweigepflicht unterliegende Daten geschützt (LG Hamburg NStZ 1993, 401 mzustAnm Dölling; vgl. auch Eisenberg NStZ 1986, 308; zur Beschlagnahme ärztlicher Abrechnungsunterlagen bei Krankenkassen vgl. Seibert NStZ 1987, 398); iÜ ist die Jugendgerichtshilfe aber nach § 61 Abs. 3 SGB VIII zur Weitergabe erhobener Daten an das JugG berechtigt u. verpflichtet (Dölling BewH 1993, 128). Im Rahmen der Amtshilfe (Art. 35 Abs. 1 GG) müssen die Personalien des Betroffenen sowie Namen u. Anschrift seines derzeitigen Arbeitgebers offenbart werden, soweit kein Grund zu der Annahme besteht, dass dadurch schutzwürdige Belange des Betroffenen beeinträchtigt werden (§ 68 Abs. 1 SGB X). Solche Belange stehen der Auskunftserteilung an die StA zur Aufklärung einer Straftat idR nicht entgegen (KG JR 1985, 25; vgl. auch OLG Köln VRS 64, 198; LG Stuttgart NStZ 1991, 551). Ohne die Einschränkungen des § 68 müssen nach § 73 SGB X, aber nur auf richterliche Anordnung (OLG Celle NJW 1997, 2964), personenbezogene Daten des Beschuldigten ua Personen (dazu OLG Karlsruhe NJW 2006, 3656) zur Aufklärung eines Verbrechens iS § 12 Abs. 1 StGB offenbart werden, zur Aufklärung eines Vergehens iS § 12 Abs. 2 StGB nur, soweit sich das Auskunftsersuchen auf die in § 72 Abs. 1 S. 1 SGB X bezeichneten Angaben u. auf Angaben über erbrachte u. demnächst zu erbringende Geldleistungen beschränkt (LG Frankfurt a. M. NJW 1988, 84). § 65 SGB VIII soll der Mitteilung der Personalien eines Hinweisgebers in einem gegen diesen gerichteten Strafverfahrens nach § 164 StGB durch das Jugendamt entgegenstehen (LG Koblenz ZKJ 2022, 463). Darüber hinaus ermächtigt § 69 Abs. 1 Nr. 1, 2 SGB X die Sozialbehörde zur Offenbarung personenbezogener Daten, soweit sie zur Erfüllung einer sozialgesetzlichen Aufgabe o. für die Durchführung eines damit zusammenhängenden gerichtlichen Verfahrens einschl. eines Strafverfahrens erforderlich ist. Ohne Einschaltung des Gerichts kann die StA daher die Offenbarung personenbezogener Daten zur Aufklärung eines Arbeitsunfalles (LG Stuttgart NStZ 1993, 552; **aM** SK-StPO/Wohlers/Deiters Rn. 35; Zeibig NStZ 1999, 339), eines Betruges durch Erschleichen v. Sozialleistungen (Welke DÖV 2010, 175 (Abrechnungsbetrug im Pflegedienstbereich)), insbes. aber einer Straftat nach § 170 StGB verlangen, die dazu geführt hat, dass die Sozialbehörde für den Unterhaltsverpflichteten einspringen musste (vgl. iE Hardtung NJW 1992, 211; Kerl NJW 1984, 2444; **aM** LG Hamburg NJW 1984, 1570). Nach § 78 Abs. 1 S. 1 SGB X dürfen die Stellen, denen personenbezogene Daten, Betriebs- u. Geschäftsgeheimnisse mitgeteilt worden sind, sie nur zu dem Zweck verwenden, zu dem sie ihnen befugt offenbart worden sind. In einem anderen Strafverfahren als dem, in dem die richterliche Anordnung ergangen ist, dürfen die Angaben daher nicht verwertet werden. Jedoch kann in dem anderen Verf. eine bes. richterliche Anordnung getroffen werden, deren Inhalt sich darauf beschränken kann, dass die Verwertung der Daten auch in diesem Verf. zulässig ist (ANM 475). 6

F. Grundsatz der freien Gestaltung des Ermittlungsverfahrens. Der **Grundsatz der freien Gestaltung des Ermittlungsverfahrens** (vgl. auch → § 163 Rn. 47) ergibt sich aus § 161. Alle zulässigen Maßnahmen sind zu ergreifen, die geeignet u. erforderlich sind, zur Aufklärung der Straftat beizutragen 7

(BVerfG NStZ 1996, 45). Die Heimlichkeit eines polizeilichen Vorgehens ist kein Umstand, der für sich allein schon die Unzulässigkeit der ergriffenen Maßnahmen begründet (BVerfG NJW 2009, 1405 (1407); BGHSt 42, 139 (150) (GrS)). Über die Anlegung v. Karteien u. Dateien s. §§ 483 ff. (vgl. auch Walder ZStW 95 (1983), 884), über Fahndung Nr. 39 ff. RiStBV (erg. → Rn. 17), über die Beiziehung v. Vorstrafakten Nr. 73 RiStBV. Über Zusammenarbeit in Angelegenheiten des Verfassungsschutzes vgl. § 1 Abs. 2, § 21 BVerfSchG, Nr. 205 RiStBV u. Soiné ZRP 2008, 108)

8 **I. Kriminaltaktische Gesichtspunkte.** Es ist möglich u. oft zweckmäßig, erst einmal Ermittlungen durchzuführen, ohne dass der Beschuldigte davon erfährt, um zunächst zu klären, ob der Vorwurf sich nicht rasch erledigt (Heghmanns FS Eisenberg, 2009, 519; vgl. auch → § 163a Rn. 3), o. um dem Beschuldigten das Erg. schon bei seiner ersten Vernehmung vorhalten zu können. Der Aufschub der Vernehmung des Beschuldigten (§ 163a Abs. 1 S. 1) kann auch deshalb angebracht sein, weil überraschende Durchsuchung o. Festnahme anzustreben ist (vgl. § 33 Abs. 4 S. 1).

9 **II. Übermaßverbot.** Übermaßverbot (vgl. → § 152 Rn. 8): Es wirkt auf Art, Maß u. Reihenfolge (→ § 160 Rn. 19) der Ermittlungen u. namentlich der Eingriffsmaßnahmen ein (→ Einl. Rn. 20, 21). Bei der medialen Kommunikation v. Ermittlungssachverhalten ist die Unschuldsvermutung zu beachten; Vorverurteilungen sind zu vermeiden (näher → Rn. 16 sowie → EMRK Art. 6 Rn. 13).

10 **G. Ermittlungen durch StA oder durch Polizei (Abs. 1 S. 2).** Die **Ermittlungen** kann die StA selbst vornehmen (Nr. 3 Abs. 1 RiStBV) o. durch die Polizei vornehmen lassen (Nr. 11 RiStBV), soweit nicht andere ges. Vorschr. die Befugnis bes. regeln, bei Steuerstraftaten auch durch die FBeh o. deren Hilfsorgane (§§ 402 Abs. 1, 404 **AO;** vgl. → § 160 Rn. 13). Die eigenen Vernehmungen des StA sind entweder Ermittlungsvernehmungen, wenn die Auskunftsperson vorher noch nicht o. noch nicht vollständig o. nur mangelhaft vernommen worden ist, o. Bestätigungsvernehmungen, bei denen es hauptsächlich auf eine prüfende u. abwägende Erörterung ankommt. Die StA kann auch um (uneidliche o. eidliche) Vernehmung im Ausland durch einen Konsularbeamten der BRD ersuchen (§ 15 KonsG). Zur Zulässigkeit der Mitwirkung sachverständiger Privatpersonen Brüning StV 2008, 100; erg. → § 105 Rn. 8b; zu Ermittlungen im Rechtshilfeweg → § 160 Rn. 16. Vgl. zur Europäischen Ermittlungsanordnung (EEA) → Einl. 207f; die FBeh ist keine Justizbehörde iSd Art. I Abs. 1 EEA; ihre Anordnung muss daher vor der Übermittlung von einem Gericht oder einer StA betätigt werden (EuGH wistra 2023, 200). S. a. KG ZWH 2024, 113 (Vorlageverfahren nach Art 267 AEUV zum EuGH) mAnm Wimmer/Wuschko ZWH 2024, 95 zur Frage der Zuständigkeit für den Erlass der EEA.

11 **I. Ersuchen und Aufträge der StA.** Ersuchen und Aufträge der StA (S. 2; § 152 Abs. 1 GVG; erg. → § 163 Rn. 1, 3): Der Grundsatz des S. 2 gilt nicht nur für das Ermittlungsverfahren, sondern für das gesamte Strafverfahren (→ Einl. Rn. 43; → § 152 Rn. 1). Die Polizei erhält damit auch die Befugnis, wie die StA v. allen Behörden Auskunft zu verlangen (Abs. 1 S. 2 aE). Die Anordnungen der StA richten sich an die Polizeibehörde, solange noch kein bestimmter Beamter mit der Bearb. in dem konkreten Fall befasst ist (Schulz/Händel/Soiné Rn. 38; → GVG § 152 Rn. 2). Zu der vielfach üblichen, allerdings v. Nr. 11 Abs. 2 RiStBV missbilligten Praxis, die gesamten Akten nur „m. d. B. um Ermittlungen" zu übersenden, vgl. Groß/Fünfsinn NStZ 1992, 108. Bei Gefahr im Verzug wendet sich die StA an einen einzelnen Beamten (zB am Tatort o. bei bes. Eile). Dem Wunsch der StA, die Sache v. einem bestimmten (bes. sachkundigen) Beamten bearbeiten zu lassen, trägt die Polizei iSd gebotenen engen Zusammenarbeit (→ § 163 Rn. 3) Rechnung. Wenn einmal ein bestimmtes Dezernat o. ein bestimmter Beamter bei der Polizei mit der Sache befasst ist, kann die StA ihre Ersuchen unmittelbar dorthin richten. Der Leitungsbefugnis der StA (→ § 163 Rn. 3) unterliegen nicht nur die

Ermittlungshandlungen ieS, sondern alle Maßnahmen zur Förderung des Strafverfahrens, also auch zB Beschlagnahme, Durchsuchung, vorl. Festnahme. Führt die FBeh das Ermittlungsverfahren wegen einer Steuerstraftat (§ 386 **AO**), so tritt sie bei Anwendung des § 161 an die Stelle der StA (§ 399 Abs. 1 **AO**); sonst hat sie die Pflichten der Polizei (§§ 401 Abs. 1, 404 **AO**). Über unmittelbaren Zwang zur Durchsetzung v. Strafverfolgungsmaßnahmen vgl. → Rn. 14. Die Leitungsbefugnis schließt ein, dass die StA der Polizei im Detail dort freie Hand lässt, wo diese die bessere Sachkunde hat, häufig also auf dem Gebiet der Kriminaltechnik u. Kriminaltaktik. Allerdings besitzt die Polizei heute auch insbes. aufgrund ihrer umfangreichen Datensammlungen vielfach einen Informationsvorsprung, der es der StA erschwert, ihre Leitungsbefugnis auszuüben (vgl. dazu Lilie ZStW 106 (1994), 625, ferner Heghmanns GA 2003, 434).

II. Bundeskriminalamt. Das BKA kann für alle StAen Ermittlungen durchführen, soweit es nach § 4 Abs. 1 BKAG zuständig o. ihm die Zuständigkeit nach § 4 Abs. 2 Nr. 1 und 2 BKAG übertragen worden ist; der GBA kann seine Ermittlungen stets durch das BKA vornehmen lassen (erg. Nr. 30–32 RiStBV). Die Verpflichtung anderer Polizeibehörden zum 1. Zugriff bleibt unberührt, ebenso die Sachleitungsbefugnis der StA nach S. 2 (§ 4 Abs. 3 S. 2 BKAG); erg. → Rn. 13 aE. Das BKA hat auch ein eigenständiges u. allg. Recht zur Datenerhebung (§ 7 Abs. 2 BKAG; dazu Paeffgen StV 2002, 339) u. ist an der Antiterrordatei bet. (§ 1 Abs. 1 ATDG; Ruhmannseder StraFo 2007, 184; krit. Zöller JZ 2007, 771; zum Zugriff des GBA vgl. § 6 Abs. 4 ATDG). Es unterrichtet die zuständige Strafverfolgungsbehörde nach § 10 Abs. 1 S. 2 Nr. 2 GwG über Erkenntnisse über Geldwäsche u. Terrorismusfinanzierung. 12

III. Präventivpolizeiliche Maßnahmen. Zu präventivpolizeilichen Maßnahmen – also zur Verhinderung o. Verhütung (zur Auslegung dieses im BPolG, BKAG u. ZFdG verwendeten Begriffes vgl. Roggan NJW 2009, 257) v. Straftaten – darf die StA der Polizei keine Weisung erteilen (KK-StPO/Weingarten Rn. 32), zB nicht zum Gebrauch der Schusswaffe zum Zweck der Befreiung v. Geiseln (→ § 163 Rn. 17). Im Rahmen der Abwehr v. Gefahren des int. Terrorismus obliegt dem BKA auch die (originäre) Aufgabe, bestimmte, in § 129a Abs. 1 und Abs. 2 StGB bezeichnete terroristische Straftaten zu verhüten (§ 5 Abs. 1 BKAG); soweit allerdings wegen einer Zuwiderhandlung gegen dieses Vereinigungsverbot bereits ein Anfangsverdacht besteht, ist die Zuständigkeit der StA oder des GBA für die Strafverfolgung begründet (vgl. Merten NJW 1992, 355; grds. auch Roggan NJW 2009, 258 (260); s. noch Löwe/Rosenberg/Erb § 163 Rn. 27; erg. → § 152 Rn. 6, → § 163 Rn. 17). 13

IV. Anwendung unmittelbaren Zwangs durch Polizeibeamte auf Anordnung des StA. Die Beurteilung der Zweck- u. Verhältnismäßigkeit durch die StA ist für die Polizei bindend. 14

H. Kontakte mit Presse und Rundfunk. I. Information. Die Unterrichtung findet eine Grenze in dem Ermittlungsgeheimnis. Das bedeutet, dass die Aufklärung der Straftat nicht durch Unterrichtung der Publikationsorgane beeinträchtigt werden darf. Mit dieser Einschränkung hat die aktuelle Berichterstattung über schwere Straftaten o. solche, die die Öffentlichkeit bes. berühren, im Allgemeinen den Vorrang vor dem Persönlichkeitsschutz des Beschuldigten. Jedoch ist neben der Rücksicht auf den unantastbaren innersten Lebensbereich u. der Unschuldsvermutung der Grundsatz der Verhältnismäßigkeit zu beachten. Danach ist eine Namensnennung, Abb. o. sonstige Identifikation des Täters nicht immer zulässig (BVerfGE 35, 202; 119, 309; BVerfG NJW 2000, 1859; 2009, 3357 mBespr Jahn NJW 2009, 3344 (Zusammenfassung der bisherigen Rspr.); NJW-RR 2010, 1195; BGH NJW 2000, 1036; 2010, 2432; OLG Hamburg AfP 2008, 95; OLG Hamm NJW 2000, 1278; OLG München ZUM 2009, 777 mAnm v. Becker; VG Saarlouis NJW 2003, 3431; DRiZ 2008, 356 Ls.; Neuling StV 2008, 390; Nr. 4a, 23 RiStBV; allg. zu den Grenzen der Öffentlichkeitsarbeit vgl. auch Lehr 15, 16

NStZ 2009, 409); das Schutzbedürfnis des Beschuldigten kann gemindert sein, wenn dieser v. sich aus die Medienöffentlichkeit sucht (vgl. BVerfG NJW 2009, 350 (352); 2117, 2119; KG NJW-RR 2007, 345). Diese Grundsätze hat auch die Polizei, soweit sie die Informationsbefugnis hat (krit. KMR-StPO/Noltensmeier-von Osten Rn. 27), zu beachten; im Zweifel muss sie die Entsch. der StA herbeiführen (vgl. auch Krause/Nehring StrafVerfR Rn. 180). Die Veröff. des Lichtbilds des Verdächtigen in der Presse ist nur bei schwerwiegenden Straftaten zulässig (OLG Hamm NStZ 1982, 82; noch enger OLG Hamburg ZUM 2010, 62 bei einem Jugendlichen; zur Verdachtsberichterstattung ausf. Hohmann NJW 2009, 881; Molle ZUM 2010, 331; vgl. auch Fehn Kriminalistik 2008, 385); zur Gefahr einer Vorverurteilung eing. Schaefer FS E. Müller, 2008, 623. Erg. → § 475 Rn. 1.

17 **H. Inanspruchnahme zur Fahndung.** Die Öffentlichkeit kann außer nach §§ 131 ff. auch durch Plakatanschläge u. Aussetzung v. Belohnung (nach den Bestimmungen der Länder u. nach Nr. 220 RiStBV) eingeschaltet werden.

18 **I. Auskunft über Fernmeldeverkehr.** Zur **Auskunft über den Postverkehr** vgl. → § 99 Rn. 14.

18a **J. Antrag auf gerichtliche Entscheidung.** Über den **Antrag auf gerichtliche Entscheidung** gegen Ermittlungsmaßnahmen nach Abs. 1 vgl. → § 98 Rn. 23; → EGGVG § 23 Rn. 9, 10.

18b **K. Verwendung von Daten aus Maßnahmen nach anderen Gesetzen (Abs. 3).** Die Verwendung von Daten, die durch nicht strafprozessuale, sondern durch **präventiv-polizeiliche** oder durch **nachrichtendienstliche** Maßnahmen (s. hierzu BGH BeckRS 2023, 16469 mwN; BeckRS 2023, 38023; JR 2023, 623 (625) mAnm Niedernhuber (628 ff.)), erlangt wurden, regelt der durch G v. 21.12.2007 (BGBl. I 3198) eingefügte – durch G v. 20.11.2019 (BGBl. I 1724) inhaltlich nicht veränderte – Abs. 3. Er führt zu einer Gleichbehandlung aller v. Verdacht bestimmter Straftaten abhängiger Ermittlungsmaßnahmen (das sind va heimliche Maßnahmen, zB §§ 100a, 100f, anders nur §§ 99, 100h Abs. 1 Nr. 1; erg. → § 479 Rn. 3), lässt allerdings § 100e Abs. 6 Nr. 3 unberührt (Abs. 3 S. 2); diese Bestimmung, die Daten aus polizeirechtlichen Online-Durchsuchungen u. Wohnraumüberwachungen betr., geht Abs. 3 S. 1 vor. Werden Daten aus vergleichbaren Maßnahmen nach anderen Gesetzen – insbes. nach den Polizeigesetzen o. den Gesetzen über die Nachrichtendienste – in das Strafverfahren eingeführt, so dürfen sie nach Abs. 3 S. 1 nur dann zu Beweiszwecken verwendet werden, wenn dies der Feststellung einer Straftat dient, aufgrund derer die Maßnahme auch nach der StPO hätte angeordnet werden dürfen (Gedanke des hypothetischen Ersatzeingriffs; BT-Drs. 16/5846, 64). Der **Grundsatz der hypothetischen Datenneuerhebung** (vgl. hierzu allg. BVerfGE 130, 1 Rn. 147; JR 2024, 661(663 f.)) ist indes nicht schematisch anzuwenden; die Voraussetzungen der Zweckänderung müssen hinsichtlich der Konkretisierung des Tatverdachts oder der Gefahrenlage mit denen der ursprünglichen Datenerhebung nicht in jedem Fall identisch sein (BVerfGE 141, 220 Rn. 287–291; NVwZ-RR 2023, 1 (8 ff.); EuGRZ 2021, 138 Rn. 99, 100). Vgl. zur Übermittlung nachrichtendienstlicher Erkenntnisse BVerfG JR 2023, 195 mAnm Löffelmann und zu den mit Blick auf die Entscheidung neugefassten Vorschr. der §§ 11a BNDG und 21 BVerfSchG. Den umgekehrten Fall (Verwendung strafprozessual erhobener Daten für präventiv-polizeiliche Zwecke) regeln §§ 479 Abs. 2 S. 2, 481 (vgl. → § 479 Rn. 10 f., → § 481 Rn. 1).

18c Diese Voraussetzungen müssen im **Zeitpunkt der Übermittlung** u. der sich daran anschließenden Verwertung der Daten im Strafverfahren erfüllt sein; allein maßgeblich ist, ob die Daten nunmehr zur Klärung des Verdachts einer Katalogtat (bestimmte Straftat iSd Abs. 3 S. 1) verwendet werden sollen (BGHSt 54, 69 (78) zu § 100d Abs. 5 Nr. 3 (jetzt § 100e Abs. 6 Nr. 3); enger Knierim StV 2008, 601; 2009, 207: Nachstellung der konkreten historischen Ermittlungssituation; vgl. auch Singelnstein ZStW 120, 880). Die Verwendung im Strafverfahren ist mithin gerechtfertigt (und damit geboten), wenn sich aus den nach anderen Gesetzen erhobenen und anschließend übermittelten Daten für sich genommen oder iVm mit anderen Erkenntnissen der Verdacht für eine Straftat ergibt, der eine entspr. Maßnahme der StPO begründen würde (BVerfGE 141, 220 Rn. 289–291). Rechtmäßig übermittelte Daten können dann uneingeschränkt sowohl als Beweismittel als auch als Ermittlungsansatz verwertet werden, auch wenn sich im Laufe der Ermittlungen der zu ermittelnde Sachverhalt letztlich nicht als Katalogtat, sondern als anderer Straftat darstellt (BGH StV 2020, 805). Erforderlich ist aber, dass das andere G die in der strafprozessualen Verwendung liegende **Zweckänderung** gestattet (BGHSt 54, 69 (78); vgl. auch BGHSt 32, 10 (15); OLG Hamburg BeckRS 2021, 2226; Weisser GSZ 2023, 183 (185 f.); Singelnstein ZStW 120, 862: Zweckbindungsgrundsatz; Griesbaum FS Breidling, 2017, 121 (137), wie etwa § 4 Abs. 4 Nr. 2 G 10 (BGH StraFo 2018, 30 Rn. 9 mAnm Lantermann StraFo 2018, 12). Die Verwendung der Daten im Strafverfahren setzt zudem grds. voraus, dass sie im Ausgangsverfahren zB polizeirechtlich rechtmäßig erhoben wurden (BGH NStZ-RR 2016, 176; s. auch BGH NJW 2017, 3173: „legendierte Kontrollen", erg. dazu → § 105 Rn. 1a–e; vgl. aber auch KK-StPO/Weingarten Rn. 40a; Singelnstein ZStW 120 (2008), 889; NStZ 2020, 639 (642); Wollweber NJW 2000, 3623; Voigt StV 2017, 435); bei rechtswidriger Datenerhebung ist hierüber anhand der v. der Rspr. für sog. relative Verwertungsverbote vertretenen **Abwägungslehre** zu entscheiden (BGH NStZ-RR 2016, 176). Jedenfalls außerhalb v. Fällen bewusster Umgehung des G ist die Unverwertbarkeit die Ausnahme (→ Einl. Rn. 55a, 57d); eine bewusste Umgehung liegt aber etwa vor, wenn Gefahrenabwehrrecht zur Legitimierung einer in Wahrheit bezweckten Strafverfolgungsmaßnahme nur vorgeschoben wird (vgl. BGH NJW 2017, 3173). Diese Grundsätze gelten auch für die sog. **Encrochat-**Fälle (ausf. → § 100e Rn. 23a ff.).

Soll die Verwendung der Daten **nicht zu Beweiszwecken,** sondern zB als **18d** weiterer Ermittlungsansatz (Spurenansatz) o. zur Ermittlung des Aufenthaltsortes eines Beschuldigten erfolgen, gilt die Einschränkung des Abs. 3 S. 1 hingegen nicht (vgl. BT-Drs. 16/5846, 64). Zufallserkenntnisse dürfen daher, auch wenn sie keine bestimmte Straftaten iSv Abs. 3 S. 1 betreffen, als Spurenansatz o. zur Ermittlung des Aufenthaltsorts des Beschuldigten verwertet werden (BVerfG NJW 2005, 2766 (§ 100a); SSW StPO/Ziegler Rn. 27; KK-StPO/Weingarten Rn. 36 Löwe/Rosenberg/Erb Rn. 80; MüKoStPO/Kölbel Rn. 45). Der Gesetzgeber hat diese Auff. durch das G v. 20.11.2019 (BGBl. I 1724) bestätigt, indem er die im GE der BReg vorgeschlagenen Restriktionen (vgl. BT-Drs. 19/4671, 10, 63 f.) gerade nicht übernommen hat (vgl. BT-Drs. 19/11190, 10). Die zum früheren Recht vertretene Gegenauffassung dürfte damit überholt sein (Singelnstein NStZ 2020, 639 (642)). Die Daten können somit Anlass zur Gewinnung neuer Beweismittel sein, was auch der Rspr. des BVerfG entspr. BVerfG NJW 2005, 2766; NJW 2009, 1405 (1407) sowie → § 479 Rn. 4). Aufgrund des in Abs. 3 S. 2 bestimmten Vorrangs des **§ 100e Abs. 6 Nr. 3** gilt dies nicht für Daten aus Online-Durchsuchungen u. Wohnraumüberwachungen, die auf polizeirechtlicher Grdl. durchgeführt werden (erg. → § 100e Rn. 25 f.). Mit **Einwilligung** der v. der Maßnahme jew. Betroffenen können die erlangten personenbezogenen Daten aber auch in Strafverfahren, die keine Katalogtat zum Gegenstand haben, zu Beweiszwecken weiterverwendet werden (erg. → Rn. 1c).

§ 25 Abs. 2 Nr. 2b BKAG ermächtigt das BKA, zur Verfolgung v. Straftaten **18e** (soweit erforderlich) die nach §§ 38 ff. BKAG erhobenen personenbezogenen Daten an Strafverfolgungsbehörden zu übermitteln (45 Abs. 1 S. 1 Nr. 4 BKAG ist allerdings verfassungswidrig, vgl. BVerfG EuGRZ 2024, 493 mAnm Thiel JR 2025, 62), dies jedoch nur dann, „wenn ein Auskunftsverlangen nach der Strafprozessordnung zulässig wäre" (vgl. → Rn. 1a; → § 163 Rn. 1a). Diese Einschränkung soll den Gleichlauf mit der jeweiligen strafprozessualen Erhebungsbefugnis gewährleisten, begrenzt aber die Übermittlung als Spurenansatz grds. nicht (→ Rn. 18d; vgl. aber Velten FS Fezer, 2008, 1995). Erkenntnisse aus einem auf § 49 BKAG gestützten verdeckten Eingriff in informationstechnische Systeme können daher uneingeschränkt übermittelt werden, wenn unter Berücksichtigung der aus der präventiven Online-Durchsuchung gewonnenen Erkenntnisse eine strafprozessuale Maßnahme nach § 100b zulässig wäre (hypothetische Datenneuerhebung); andernfalls dürfen sie – ebenso wie bei einer akustischen Wohnraumüberwachung – auch nicht als Ermittlungsansatz übermittelt werden (→ Rn. 18d; erg. → § 100e Rn. 26). Personenbezogene Daten aus einer Telekommunikationsüberwachung (§ 51 BKAG) – auch aus einer Quellen-TKÜ nach § 51 Abs. 2 BKAG (vgl. → § 100a Rn. 14a–14l; **aM** Vogel/Brodowski StV 2009, 634) – darf das BKA hingegen auch dann übermitteln, wenn Maßnahmen nach § 100a Abs. 1 S. 1 o. S. 2 nicht hätten angeordnet werden können, dann aber nur als Ermittlungsansatz. Die Übermittlungsadressaten („sonstige öffentliche Stellen") dürften durch die Benennung des Übermittlungszwecks (Strafverfolgung) hinreichend bestimmt sein (vgl. BVerfGE 110, 33 (70); 118, 168 (191)). Die Zweckbindung des Empfängers ist in § 25 Abs. 6 BKAG geregelt. Zu Anwendbarkeit u. Voraussetzungen eing. BGH JR 2018, 44 mAnm Löffelmann. Vgl. für die Zweckumwidmung von Erkenntnissen aus Maßnahmen nach **Landespolizeirecht** Weisser GSZ 2023, 183 (186). Zu Bildaufnahmen mit sog. **Bodycams** → § 100h Rn. 1c.

19 **L. Verwendung von Daten aus Maßnahmen der Eigensicherung (Abs. 4). Abs. 4** betr. die **Verwendung personenbezogener Informationen,** die durch eine Wohnraumüberwachung aus einem Einsatz technischer Mittel (§ 100c) zur Eigensicherung (also nicht zur selbständigen Erkenntnisgewinnung) im Zuge nicht offener Ermittlungen auf polizeirechtlicher Grdl. erlangt wurden (zB zum Schutz Verdeckter Ermittler, vgl. § 110a Abs. 2). Die Vorschr. schränkt die Verwertung „zu Beweiszwecken" (so auch Albrecht StV 2001, 419; Brodersen NJW 2000, 2539; KMR-StPO/Noltensmeier-von Osten Rn. 29; **aM** Löwe/Rosenberg/Erb Rn. 92; SK-StPO/Wohlers/Deiters Rn. 55: auch als Spurenansatz) ein, indem sie diese (materiell) dem Verhältnismäßigkeitsgrundsatz unterwirft u. (formell) an die Feststellung der Rechtmäßigkeit der polizeilichen Maßnahme (so auch SK-StPO/Wohlers/Deiters Rn. 54; weitergehend Löwe/Rosenberg/Erb Rn. 75: auch der strafprozessualen Verwendung) durch das zuständige AG (§ 162 Abs. 1) knüpft; diese Feststellung muss grds. vor der Verwendung erfolgen, bei Gefahr im Verzug muss sie unverzüglich nachgeholt werden. Abs. 4 bindet die Verwertung nicht an einen Straftatenkatalog (krit. Eisenberg Beweisrecht StPO Rn. 2538a: möglicher Konflikt mit § 100e Abs. 6 Nr. 3; anders Löwe/Rosenberg/Erb Rn. 91: § 100e Abs. 6 ist eine Ausführungsregelung zu Art. 13 Abs. 5 S. 2 GG; erg. → § 100c Rn. 30). Zu sonstigen Verwendungsbeschränkungen für präventiv-polizeilich erhobene Daten (somit auch nicht bei einer Wohnraumüberwachung zur Eigensicherung gewonnene) vgl. aber § 100e Abs. 6 Nr. 3; erg. → Rn. 18b ff.

20 Die **richterliche Entscheidung** beschränkt sich auf eine Rechtmäßigkeitsprüfung, wozu aber die Prüfung der Verhältnismäßigkeit gehört (erg. → § 162 Rn. 14); ob die polizeirechtliche Maßnahme u. die Art der Eigensicherung sachgerecht waren, ist nicht zu prüfen (Löwe/Rosenberg/Erb Rn. 96). Die örtliche Zuständigkeit richtet sich nach dem Sitz der Polizeibehörde als „anordnende Stelle", die die zur Eigensicherung führende Maßnahme veranlasst hat (Löwe/Rosenberg/Erb Rn. 97). Die Entsch. des AG ist mit der Beschwerde nach § 304 anfechtbar.

21 **M. Löschung (Abs. 2). Abs. 2** ordnet den Vorrang der in der StPO ausdr. geregelten **Löschungsvorschriften** (zB § 81h Abs. 3, § 100a Abs. 4, § 100c Abs. 5) vor § 58 Abs. 3 BDSG an. Damit soll das bisherige hohe Schutzniveau hins. der in Strafverfahren erhobenen u. daher regelmäßig bes. sensiblen Daten gewahrt werden (BT-Drs. 19/4671, 63; Singelnstein NStZ 2020, 639 (643)). Aufgrund der Nichtanwendbarkeit des BDSG für die Verarbeitung personenbezogener Daten durch die **EUStA** stellt § 4 Abs. 1 EUStAG klar, dass auch Abs. 2 insoweit nicht anzuwenden ist. Für die EUStA gilt der vorrangige Art. 61 Abs. 3 EUStA-VO. Der Vorrang der Regelung der EUStA-VO gilt nicht für die Datenverarbeitung

durch andere deutsche Behörden, die an den Ermittlungen mitwirken (BT-Drs. 19/17963, 53); ausf. zur EUStA → GVG Vor § 141 Rn. 12 ff.

Vernehmung von Zeugen und Sachverständigen durch die Staatsanwaltschaft Nr. 64–72 RiStBV

161a (1) [1] **Zeugen und Sachverständige sind verpflichtet, auf Ladung vor der Staatsanwaltschaft zu erscheinen und zur Sache auszusagen oder ihr Gutachten zu erstatten.** [2] **Soweit nichts anderes bestimmt ist, gelten die Vorschriften des sechsten und siebenten Abschnitts des ersten Buches über Zeugen und Sachverständige entsprechend.** [3] **Die eidliche Vernehmung bleibt dem Richter vorbehalten.**

(2) [1] **Bei unberechtigtem Ausbleiben oder unberechtigter Weigerung eines Zeugen oder Sachverständigen steht die Befugnis zu den in den §§ 51, 70 und 77 vorgesehenen Maßregeln der Staatsanwaltschaft zu.** [2] **Jedoch bleibt die Festsetzung der Haft dem nach § 162 zuständigen Gericht vorbehalten.**

(3) [1] **Gegen Entscheidungen der Staatsanwaltschaft nach Absatz 2 Satz 1 kann gerichtliche Entscheidung durch das nach § 162 zuständige Gericht beantragt werden.** [2] **Gleiches gilt, wenn die Staatsanwaltschaft Entscheidungen im Sinne des § 68b getroffen hat.** [3] **Die §§ 297 bis 300, 302, 306 bis 309, 311a und 473a gelten jeweils entsprechend.** [4] **Gerichtliche Entscheidungen nach den Sätzen 1 und 2 sind unanfechtbar.**

(4) **Ersucht eine Staatsanwaltschaft eine andere Staatsanwaltschaft um die Vernehmung eines Zeugen oder Sachverständigen, so stehen die Befugnisse nach Absatz 2 Satz 1 auch der ersuchten Staatsanwaltschaft zu.**

(5) **§ 185 Absatz 1 und 2 des Gerichtsverfassungsgesetzes gilt entsprechend.**

Übersicht

A. Bedeutung. § 161a dient der Konzentration des Ermittlungsverfahrens in der Hand der StA (→ § 163 Rn. 3 ff.), der Straffung u. Beschleunigung des Ermitt- 1 lungsverfahrens sowie der optimalen Aufklärung des Sachverhalts. Den Befugnissen der StA entspr. deren Pflicht, v. ihren Rechten Gebrauch zu machen (LG Tübingen MDR 1989, 1015). Die Vorschr. gilt nunmehr, wie der wiederholte Verweis auf § 162 Abs. 3 belegt, auch im Hauptverfahren (BT-Drs. 16/12098, 24, 25; KK-StPO/Weingarten Rn. 1; BeckOK StPO/Sackreuther Rn. 1; KMR-StPO/Noltensmeier-von Osten Rn. 1; **aM** Löwe/Rosenberg/Erb Rn. 7; MüKoStPO/Kölbel/Ibold Rn. 19; erg. → § 162 Rn. 17).

2 **B. Pflicht zum Erscheinen (Abs. 1 S. 1).** Die Klausel **„auf Ladung"** bezieht sich nur auf die Pflicht zu erscheinen. Zur Aussage ist der Zeuge auch verpflichtet, wenn er v. StA zur Vernehmung aufgesucht wird (→ Rn. 17). Nach S. 2 gelten die Vorschriften über Vernehmung (§§ 48–71), sofern nichts anderes bestimmt ist, entspr., dh soweit ihre Anwendung mit den Besonderheiten des Ermittlungsverfahrens vereinbar ist. Für die Vernehmung bestehen in inhaltlicher Hinsicht (vgl hierzu → § 68 Rn. 1; → § 69 Rn. 2) keine Besonderheiten. § 57 gilt nur hins. der Ermahnung zur Wahrheit (BeckOK StPO/Sackreuther Rn. 5; weitergehend HK-StPO/Zöller Rn. 5: ggf. Hinweis auf §§ 145d, 164, 257, 258 StGB; ebenso Löwe/Rosenberg/Erb Rn. 12), weil alle Bestimmungen, die sich auf die Vereidigung beziehen (Abs. 1 S. 3), nicht anwendbar sind. Für die Maßregelung enthalten Abs. 2 und Abs. 3 Sonderregelungen. Über die Einholung einer schriftlichen Aussage des Zeugen vgl. Nr. 67 RiStBV, einer behördlichen Auskunft Nr. 68 RiStBV. Zur Protokollierung vgl. § 168b Abs. 2, Abs. 3. § 161a Abs. 1 gilt nicht für informatorische Befragungen iRv Vorermittlungen (Senge FS Hamm, 2008, 711; → § 152 Rn. 4a) o. für eine Vernehmung zur Sache allein durch Polizeibeamte in Anwesenheit des StA, der zur Vernehmung geladen hat (OLG Hamburg StraFo 2009, 464).

3 **I. Ladung.** Die Ladung (Abs. 1 S. 2 iVm § 48) führt die StA selbst aus; § 38 gilt für sie nicht. Die Ladung muss die Strafsache, erforderlichenfalls mit kurzer Bezeichnung der Tat, erkennbar machen u. zum Ausdruck bringen, dass der Adressat als Zeuge vernommen werden soll. Mit der formlosen Ladung kann der Hinweis auf die ges. Pflicht nach S. 1 verbunden werden. Verspricht diese Art der Ladung keinen Erfolg o. soll möglichst große Sicherheit dafür geschaffen werden, dass der Zeuge zu dem festgesetzten Termin erscheint, so wird er unter Hinweis auf die ges. Folgen seines Ausbleibens gegen Nachw. (§ 37) geladen. Die Androhung ist Aufforderung, bei Verhinderung Entschuldigungsgründe vorzubringen (§ 51 Abs. 2 S. 1, 2; → Rn. 16). Befindet sich der Zeuge in Straf- o. UHaft, so unterbleibt der Hinweis; der StA ordnet aber die Vorführung aus der JVA an (→ § 133 Rn. 5a; vgl. auch Art. 38 Abs. 3 BayStVollzG sowie entspr. Vorschr. weiterer Bundesländer, die auch für Vernehmungstermine der StA gelten; → § 163a Rn. 17). Der Verteidiger hat bei der Vernehmung kein Anwesenheitsrecht u. wird daher nicht v. dem Vernehmungstermin benachrichtigt (KK-StPO/Weingarten Rn. 6); anders bei der Vernehmung des Beschuldigten durch den StA (→ § 163a Rn. 20).

4 **II. Inhalt des Hinweises. 1. Kostenfolge und Ordnungsgeld:** Mit dem Hinweis auf diese Folgen muss die Belehrung über die spätere Eventualfolge der Festsetzung einer Ersatzordnungshaft durch das Gericht (Abs. 2 S. 2 iVm § 51 Abs. 1 S. 2) nicht verbunden werden. Zur Geltung des § 51 für Kinder u. strafrechtlich nicht verantwortliche Personen vgl. → § 51 Rn. 15.

5 **2. Zwangsweise Vorführung (§ 51 Abs. 1 S. 3 Hs. 1):** Der Hinweis auf diese Möglichkeit ist bei der Ladung zur gerichtlichen Zeugenvernehmung vorgeschrieben, ohne dass es darüber einer Entsch. im Einzelfall bedarf. Denn diese Vernehmung muss grds. durchgesetzt werden. Das gilt nach dem Grundsatz der freien Gestaltung des Ermittlungsverfahrens (→ § 161 Rn. 7) nicht für die Ladung eines Zeugen durch die StA. Diese kann oft auf die Vernehmung des widerstrebenden Zeugen verzichten u. dafür v. anderen Beweismitteln Gebrauch machen. Die StA kann sich in geeigneten Fällen auch mit einer schriftlichen Äußerung des Zeugen begnügen (vgl. → § 163 Rn. 46d). Vor allem kann sie das Widerstreben des Zeugen dazu veranlassen, die StA, in deren Bezirk er wohnt, o. auch den ER

um die Vernehmung zu ersuchen (Abs. 4, § 162 Abs. 1 S. 1, 3). Daher ist die Androhung der Vorführung im Hinblick auf die Besonderheiten des Ermittlungsverfahrens (→ Rn. 1) nicht obligatorisch, sondern der Entsch. im Einzelfall vorbehalten.

C. Durchführung der Zeugenvernehmung (Abs. 1 S. 2). Die Vernehmung v. Zeugen ist trotz der Wichtigkeit v. Sachbeweisen u. des damit häufig verbundenen Sachverständigenbeweises eine wichtige u. mitunter sogar die einzige Beweismöglichkeit. Über Vernehmungstechnik u. Protokollierung der Aussage vgl. Geerds Vernehmungstechnik Kap. IX, X (dazu ferner Adler/Hermanutz Kriminalistik 2009, 535; Heubrock Kriminalistik 2010, 75; Weihmann Kriminalistik 2010, 82), über die Vernehmung v. Kindern, Jugendlichen u. Heranwachsenden Geerds Vernehmungstechnik Kap. VII (dazu ferner Hermanutz/Adler Kriminalistik 2009, 623; Weihmann Kriminalistik 2010, 82). 6

I. Zur Person und Generalfragen. Grundsätzlich wird zwischen der Vernehmung zur Person (§§ 68, 68 Abs. 2) u. der Vernehmung zur Sache (§ 69) unterschieden. Das Zeugnisverweigerungsrecht (Abs. 1 S. 2 iVm §§ 52–54) bezieht sich nur auf letztere. Die Generalfragen dienen hauptsächlich der Klärung, ob ein Zeugnisverweigerungsrecht nach § 52 Abs. 1 besteht (→ § 68a Rn. 6c); ggf. auch der Frage, ob die Mitwirkung des ges. Vertreters notwendig ist (§ 52 Abs. 2). Wenn eine dieser Fragen o. beide zu bejahen sind, wird nach § 52 Abs. 3 belehrt (→ § 163 Rn. 46b, 46d für die Polizei). Sagt der Zeuge nicht aus, so erübrigen sich weitere Generalfragen. 7

II. Zur Sache (§ 69). Die Berichtsform besteht darin, dass der Zeuge in freier, ungezwungener, durch möglichst wenig Zwischenfragen unterbrochener Rede Auskunft gibt (→ § 69 Rn. 3, 5). Danach folgen die Erläuterungs- u. Ergänzungsfragen. Unterstützende Fragen sind allerdings idR bei dem Bericht notwendig, um zu verhindern, dass der Zeuge v. der Sache abschweift, sich verrennt o. sogar „festlügt" (→ § 69 Rn. 5). Wesentlich ist dabei, dass immer gleich festgestellt wird, was der Zeuge selbst beobachtet hat o. nur v. Hörensagen weiß. Über die Verwendung v. schriftlichen Unterlagen vgl. → § 69 Rn. 8. 8

III. Art der Fragen. Fragen u. Antworten müssen konkrete Tatsachen zum Gegenstand haben (→ Vor § 48 Rn. 2). Persönliche Schlussfolgerungen u. Urteile des Zeugen gehören zur Aussage nur, soweit sie sich v. den Tatsachen nicht trennen lassen o. für die Persönlichkeit des Beschuldigten o. des Verletzten o. für die Glaubwürdigkeit eines Zeugen Bedeutung haben können. Die Vernehmungsmethoden des § 136a sind verboten (Abs. 1 S. 2 iVm § 69 Abs. 3). Unzulässig sind Suggestivfragen, mit denen eine Aussage in bestimmter Richtung nahegelegt wird, wenn sie auf eine Täuschung mit dem Risiko der Verursachung einer falschen Aussage hinauslaufen (erg. → § 136a Rn. 25). Dagegen sind sie statthaft, wenn dieses Risiko ausgeschaltet wird, zur Prüfung, ob der Zeuge beeinflussbar u. glaubwürdig ist (→ § 241 Rn. 14, 15). 9

IV. RA als Beistand des Zeugen. Vgl. §§ 406f, 406g für Verletzte u. § 68b für sonstige Zeugen. Dies gilt auch für Zeugenvernehmungen durch die StA (vgl. Abs. 1 S. 2; Granderath MDR 1983, 798; auch → Rn. 20b; → § 163 Rn. 46c). 10

V. Verteidiger. Der Verteidiger hat kein Anwesenheitsrecht, wie sich aus einem Vergleich zwischen Abs. 1 S. 52 zu §§ 163a Abs. 4 S. 52 iVm 168c Abs. 1, Abs. 5 ergibt; er darf aber zugelassen werden (Burhoff StrafREV-HdB Rn. 3815). 10a

D. Sachverständigengutachten (Abs. 1). Nach S. 2 gelten die §§ 73–76, 78, 80 entspr.; → Vor § 72 Rn. 7 zur Gutachtenerstattung. 11

I. Auswahl. Im Vorverfahren zieht die StA den Sachverständigen zu (zur Problematik Erb ZStW 121 (2009), 892), im Stadium des § 163 auch die Polizei (→ § 73 Rn. 1, 1a). Die Erfüllung der Pflicht, ein Gutachten zu erstatten (§ 75 Abs. 1, Abs. 2), kann mit den Mitteln des Abs. 2 iVm § 77 erzwungen werden. Der StA gibt dem Verteidiger, falls vorhanden, zweckmäßigerweise (weiter SK- 12

StPO/Wohlers/Albrecht Rn. 38: grds. stets; zu weitgehend Dierlamm FS E. Müller, 2008, 117: Rechtsanspruch, bei Verstoß grds. Verwertungsverbot (dazu → § 73 Rn. 1)) Gelegenheit, vor der Auswahl eines Sachverständigen Stellung zu nehmen, es sei denn, dass der Gegenstand der Untersuchung ein häufig wiederkehrender tatsächlich gleichartiger Sachverhalt (zB Blutalkoholgutachten) o. eine Gefährdung des Untersuchungszweckes (vgl. § 147 Abs. 2) o. eine Verzögerung des Verfahrens zu besorgen ist (Nr. 70 Abs. 1 RiStBV). Auch kann eine Fühlungnahme mit dem Vorsitzenden des künftigen erkennenden Gerichts, falls die Zuständigkeitsfrage schon beurteilt werden kann, zweckmäßig sein (BGHSt 44, 26 (31)), ggf. auch ein Antrag auf Bestellung des Sachverständigen beim Ermittlungsgericht (BGHSt 44, 26 (32); Löwe/Rosenberg/Erb Rn. 26; **aM** SK-StPO/Wohlers/Albrecht Rn. 38).

13 **II. Auftrag und Fristabsprache.** Der Auftrag muss genau umgrenzt sein (Nr. 72 RiStBV). Die verfügbaren Anknüpfungstatsachen werden dem Sachverständigen mitgeteilt (→ § 80 Rn. 1). Wenn geboten, wird ihm weitere Aufklärung nach § 80 verschafft, sei es auf sein Verlangen, sei es bei der Leitung der Tätigkeit des Sachverständigen (§ 78). Die Fristabsprache spielt sich in der für den Richter erläuterten Art u. Weise ab (vgl. → § 73 Rn. 12) u. ist aktenkundig zu machen.

14 **III. Schriftliche oder mündliche Gutachtenerstattung.** Die StA wird sich häufig mit einem mündlichen Gutachten begnügen können; die Beauftragung eines schriftlichen Gutachtens ist aber zulässig (Abs. 1 S. 2 iVm § 82) und kann insb in den Fällen des § 80a (erg. → § 80a Rn. 2) sinnvoll sein. Bei der Vernehmung braucht dann nur das Erg. mit den Hauptargumenten festgehalten zu werden (§ 168b Abs. 2). Das wird vielfach als Grdl. für die Abschlussverfügung nach § 170 Abs. 1, Abs. 2 genügen. Bei beabsichtigter Klageerhebung kann die StA mit dem Sachverständigen schon bei seiner Vernehmung eine weitere Frist für die Nachreichung eines schriftlichen Gutachtens absprechen (enger Löwe/Rosenberg/Erb Rn. 29). In der Zwischenzeit kann das Gericht idR aufgrund der Vernehmung des Sachverständigen das Hauptverfahren eröffnen u. den Termin für die HV bestimmen.

15 **IV. Ladung und Vernehmung.** Die Sachverständigenvernehmung spielt in der HV eine wesentlich größere Rolle als im Vorverfahren. Denn in diesem Stadium werden Sachverständige idR lediglich beauftragt, ihr Gutachten schriftlich zu den Akten zu geben. Soweit es dann noch einer Erörterung bedarf, wird häufig das Erg. in einem Vermerk niedergelegt werden können. Bei möglichen Verständigungsschwierigkeiten u. Fehlerquellen ist die Vernehmung notwendig, auch wenn ein schriftliches Gutachten vorliegt. Über die Vernehmung u. ihre Protokollierung vgl. Geerds Vernehmungstechnik Kap. X, XI. Nach S. 2 iVm § 72 gilt § 48 entspr. (→ Rn. 3). Da zwangsweise Vorführung des Sachverständigen unzulässig ist (§ 77 Abs. 1), scheidet ein Hinweis auf dieses Zwangsmittel (→ Rn. 5) v. vornherein aus. Der Verteidiger hat kein Anwesenheitsrecht (vgl. → Rn. 3; KK-StPO/Weingarten Rn. 6; Löwe/Rosenberg/Erb Rn. 31; **aM** SK-StPO/Wohlers/Albrecht Rn. 43.

16 **E. Unberechtigtes Ausbleiben des Zeugen (Abs. 2).** Nach Abs. 2 S. 1 gilt **§ 51** entspr.; vgl. im Einzelnen → § 51 Rn. 1 ff. Voraussetzung für die Maßnahmen ist der Hinweis in der Ladung (→ Rn. 3 ff.). Die StA trifft die gleichen Anordnungen wie der Richter. Nur die Ersatzordnungshaft muss er bei dem nach § 162 Abs. 1 S. 1, Abs. 3 zuständigen Gericht beantragen (Abs. 2 S. 2; vgl. → § 162 Rn. 8, 17 sowie BT-Drs. 16/12098, 24, 25). Das ist erst notwendig, wenn das Ordnungsgeld nicht beigetrieben werden konnte. Die zwangsweise Vorführung braucht die StA auch dann nicht anzuordnen, wenn sie den Hinweis auf diese Möglichkeit gegeben hatte (Welp, Zwangsbefugnisse der StA, 1976, S. 24). Die Kosten der Vorführung u. des Vollzugs einer etwaigen Ersatzordnungshaft gehören zu den Kosten, mit denen der Zeuge belastet wird.

17 **F. Unberechtigte Zeugnisverweigerung.** Die Anordnungen nach § 70 Abs. 1, Abs. 2, Abs. 4 (iVm Abs. 2 S. 1) sind unabhängig davon, wie der Zeuge

geladen worden ist (vgl. im Einzelnen → Rn. 70 ff). Sie sind auch zulässig, wenn der Zeuge überhaupt nicht geladen, sondern v. StA zur Vernehmung aufgesucht worden ist (→ Rn. 2). Wenn sich der Zeuge noch informieren muss (→ § 69 Rn. 8), muss ihm hierfür die erforderliche Zeit eingeräumt werden. Zeichnen sich ihre Voraussetzungen ab, so erhält der Zeuge unter Hinweis auf die drohenden Folgen das rechtliche Gehör. Die Festsetzung der Haft durch das nach § 162 Abs. 1 S. 1, Abs. 3 zuständige Gericht (→ § 162 Rn. 8, 17) erfolgt erst nach dem Hinweis auf die Grundlosigkeit der Weigerung u. deren Folge (→ § 70 Rn. 17). Die Vollstreckung der Erzwingungshaft erfolgt durch die StA (Löwe/Rosenberg/Erb Rn. 46); gegen deren Anordnungen über den weiteren Vollzug der Haft, insbes. über das Bestehen v. Vollstreckungshindernissen, kann entspr. § 98 Abs. 2 S. 2 die Entsch. des ERs beantragt werden (BGHSt 36, 155; erg. → § 36 Rn. 14). Zu den Kosten gehören die Auslagen für die Ladung, für die Herbeischaffung anderer Beweismittel zu dem Termin (zB Ladung o. Vorführung v. Gegenüberstellungspersonen, § 58 Abs. 2) sowie die Kosten des Vollzugs einer etwaigen Ersatzordnungs- o. Erzwingungshaft (KK-StPO/Weingarten Rn. 13). Eine ordnungsmittelbewehrte staatsanwaltliche Zeugenvernehmung liegt bei grundloser Zeugnisverweigerung nur vor, wenn ein StA selbst sie wesentlich leitet u. nicht einem Polizeibeamten überlässt (OLG Hamburg NStZ 2010, 716).

G. Nichterscheinen und Weigerung. Nach Abs. 2 S. 1 gilt § 77 entspr. (vgl. im Einzelnen → § 77 Rn. 1 ff.) Der Hinweis in der Ladung (→ Rn. 15) ist Voraussetzung im Fall des Nichterscheinens (→ Rn. 3). Bei der Verweigerung des Gutachtens des erschienenen Sachverständigen werden der Hinweis u. damit das rechtliche Gehör vor der Anordnung gegeben. Bei Verweigerung der Absprache einer angemessenen Frist o. der Einhaltung eines abgesprochenen Termins für das mündliche o. schriftliche Gutachten gilt Abs. 2 S. 1 iVm § 77 Abs. 2. 18

H. Antrag auf gerichtliche Entscheidung (Abs. 3). I. Antrag. Zur Antragstellung gegen Entsch. der StA über die Ungehorsamsfolgen nach Abs. 2 S. 1 befugt ist der betroffene Zeuge o. Sachverständige, aber auch der Beschuldigte, wenn er beschwert ist (→ § 51 Rn. 28). Über den Antrag entscheidet das gem. § 162 zuständige Gericht, im Ermittlungsverfahren also grds. das Ermittlungsgericht am Sitz der StA (bzw. ihrer Zweigstelle; Abs. 3 S. 1 iVm § 162 Abs. 1 S. 1). In Fällen, in denen das Ermittlungsverfahren Straftaten zum Gegenstand hat, die nach § 120 GVG im ersten Rechtszug zur Zuständigkeit des OLG gehören o. in denen der GBA die Ermittlungen führt, gilt erg. § 169 Abs. 1 (→ § 169 Rn. 2a). 19

Auch die **Androhung** der Vorführung in der Zeugenladung ist eine Entsch. (→ Rn. 5; BGHSt 39, 96), nicht aber der bloße formularmäßige Hinweis auf die möglichen ges. Folgen eines unentschuldigten Ausbleibens (BGH NStZ 1989, 539; BGHR StPO § 161a Rechtsmittel 2; **aM** SK-StPO/Wohlers/Albrecht Rn. 47. In ihr liegt auch eine Beschwer für den Zeugen, weil er, falls er die Ladung nicht befolgt, mit der Anordnung der Vorführung u. deren überraschender Ausführung rechnen muss (§ 33 Abs. 4). Da der nach Beginn der Vorführung gestellte Antrag keine aufschiebende Wirkung hat (Abs. 3 S. 3 iVm § 307), ist er mit Beendigung der Vorführung (§ 135) prozessual überholt; zur Anfechtung in diesem Fall vgl. → Vor § 296 Rn. 17 ff. (**aM** KMR-StPO/Noltensmeier-von Osten Rn. 27: keine prozessuale Überholung). 20

II. Zeugenbeistand (Abs. 3 S. 2). Gegen belastende Entsch. der StA nach § 68b Abs. 1 S. 3, Abs. 2 S. 1 (iVm §§ 161a Abs. 1 S. 2, 163 Abs. 3 S. 2) kann – anders als bei gerichtlichen Maßnahmen (§ 68b Abs. 3 S. 1) – der betroffene Zeuge Antrag auf gerichtliche Entsch. stellen (zur Zuständigkeit → Rn. 20, erg. → § 163 Rn. 46c, 51). 20a

III. Beschwerdevorschriften (Abs. 3 S. 3). Der Antrag kann auch auf einen bestimmten Beschwerdepunkt beschränkt werden (KK-StPO/Weingarten Rn. 23; → § 304 Rn. 4). Aufschiebende Wirkung hat er nicht (vgl. iE § 307); ob die StA in den Fällen o. (→ Rn. 20b) die Vernehmung fortsetzt o. die Entsch. des Gerichts 21 abwartet, obliegt daher ihrem pflichtgemäßen Ermessen (§ 307 Abs. 2; BT-Drs. 16/12098, 26; krit. Matt/Dierlamm/Schmidt StV 2009, 715). Wegen der Kosten gilt nunmehr § 473a entspr. (vgl. → § 473 Rn. 1 ff.). Außerdem gilt § 34 Alt. 2.

22 **IV. Nicht anfechtbar (Abs. 3 S. 4).** Der Ausschluss der Beschwerde (verfassungsrechtliche Bedenken bei Matt/Dierlamm/Schmidt StV 2009, 715 (718)) bezieht sich auf die Entsch. des Gerichts (in den Fällen → Rn. 20, 20b) im Ganzen, also auch auf die Kosten des Antrags, u. schließt daher nach § 464 Abs. 3 S. 1 Hs. 2 (iVm § 473a S. 3) auch die sofortige Beschwerde gegen die Kostenentscheidung aus (vgl. Löwe/Rosenberg/Erb Rn. 66). Gegen richterliche Haftanordnungen nach Abs. 2 S. 2 ist die Beschwerde nach allg. Grundsätzen zulässig (Löwe/Rosenberg/Erb Rn. 66; vgl. insoweit auch → § 51 Rn. 28, → § 70 Rn. 20, → § 304 Rn. 13, 19).

23 **I. Ersuchen an eine andere StA (Abs. 4).** Es handelt sich um Amtshilfe (Art. 35 GG; → GVG Vor § 156 Rn. 1); § 162 und der darin enthaltene Grundsatz bleiben unberührt. Die Bedeutung des Abs. 4 besteht nur darin, dass die ersuchte StA die bezeichneten Befugnisse erhält, obwohl sie das Ermittlungsverfahren nicht selbst führt. Von der Amtshilfe wird – wie allg. – nur aus besonderen Gründen Gebrauch gemacht. Ein solcher Grund kann zB darin bestehen, dass die andere StA aus anderen Verf. o. Vorgängen mit der Sache u. den Zusammenhängen vertraut ist. Ist dies auch bei der Polizei der Fall, so kann das Ersuchen, falls zweckmäßig, zunächst an sie gerichtet werden, ggf. mit dem Zusatz, es bei Nichtausführbarkeit an die für den Wohn- o. Aufenthaltsort des Zeugen zuständige StA zur Erledigung weiterzuleiten. Ob die Akten – ganz o. teilw. – beigefügt werden müssen, richtet sich nach dem Einzelfall. Handelt es sich um Zeugenvernehmung, so kann die ersuchende StA darum bitten, v. einer zwangsweisen Vorführung abzusehen (vgl. → Rn. 5). Um die Fristabsprache mit dem Sachverständigen kann die andere StA nicht ersucht werden (**aM** Löwe/Rosenberg/Erb Rn. 63). In dem Ersuchen kann die andere StA aber gebeten werden, v. Anordnungen, die im Ermessen der StA stehen (§ 77 Abs. 1 S. 3, Abs. 2), abzusehen.

24 **J. Dolmetscher (Abs. 5).** Bei der Vernehmung v. der deutschen Sprache nicht mächtigen Zeugen ist § 185 Abs. 1 und Abs. 2 GVG anzuwenden (→ GVG § 185 Rn. 1 ff., 9).

Ermittlungsrichter **Nr. 10 RiStBV**

162 (1) [1] **Erachtet die Staatsanwaltschaft die Vornahme einer gerichtlichen Untersuchungshandlung für erforderlich, so stellt sie ihre Anträge vor Erhebung der öffentlichen Klage bei dem Amtsgericht, in dessen Bezirk sie oder ihre den Antrag stellende Zweigstelle ihren Sitz hat.** [2] **Hält sie daneben den Erlass eines Haft- oder Unterbringungsbefehls für erforderlich, so kann sie, unbeschadet der §§ 125, 126a, auch einen solchen Antrag bei dem in Satz 1 bezeichneten Gericht stellen.** [3] **Für gerichtliche Vernehmungen und Augenscheinnahmen ist das Amtsgericht zuständig, in dessen Bezirk diese Untersuchungshandlungen vorzunehmen sind, wenn die Staatsanwaltschaft dies zur Beschleunigung des Verfahrens oder zur Vermeidung von Belastungen Betroffener dort beantragt.**

(2) **Das Gericht hat zu prüfen, ob die beantragte Handlung nach den Umständen des Falles gesetzlich zulässig ist.**

(3) [1] **Nach Erhebung der öffentlichen Klage ist das Gericht zuständig, das mit der Sache befasst ist.** [2] **Während des Revisionsverfahrens ist das Gericht zuständig, dessen Urteil angefochten ist.** [3] **Nach rechtskräftigem Abschluss des Verfahrens gelten die Absätze 1 und 2 entsprechend.** [4] **Nach einem Antrag auf Wiederaufnahme ist das für die Entscheidungen im Wiederaufnahmeverfahren zuständige Gericht zuständig.**

Übersicht

A. Untersuchungshandlungen. Die StA kann nach Abs. 1 gerichtliche Untersuchungshandlungen beantragen. Das sind einerseits Ermittlungshandlungen durch das Gericht selbst (Vernehmungen, Augenscheinnahmen), andererseits Anordnungen von Zwangsmaßnahmen (etwa von Durchsuchungen). Im 1. Fall handelt es sich um bloße Amtshilfe, im 2. um Akte der Rspr (BVerfGE 31, 43 (46); 49, 329 (341); KK-StPO/Weingarten Rn. 1a; HK-StPO/Zöller Rn. 1). Ferner sind der Amtsanwalt im Rahmen seiner Zuständigkeit (§ 142 Abs. 1 Nr. 3, Abs. 2 GVG) u. in Steuerstrafsachen die FBeh, falls sie das Ermittlungsverfahren selbständig führt (§§ 386, 399 Abs. 1 **AO**), antragsbefugt. Zur Antragsbefugnis der Polizei vgl. → § 163 Rn. 26. Bei Gefahr im Verzug u. Unerreichbarkeit des StA greift der Richter beim AG vAw ein (§ 165; vgl. ferner § 166). Die Vorschr. gilt nach § 46 Abs. 1, Abs. 2 OWiG sinngemäß auch im Bußgeldverfahren (BGHSt 52, 222 mAnm Harms NStZ 2009, 465), nicht aber im Rahmen sog. Vorermittlungen (→ § 152 Rn. 4a; vgl. Löwe/Rosenberg/Erb Vor § 158 Rn. 14; **aM** LG Offenburg NStZ 1993, 506). 1

I. Anlass. Anlass kann sein Beweissicherung, auch bessere Aufklärung, insbes. im Hinblick auf die richterliche Vereidigung der Zeugen (§ 62). 2

II. Erforderlichkeit. Wo der Antrag vermeidbar ist, sollte die StA andere Mittel anwenden (Fuhrmann JR 1965, 253). Einen Antrag auf richterliche Vernehmung eines Zeugen zu stellen, ist jedoch dann erforderlich, wenn dieser vereidigt werden soll (§ 62), zugunsten bes. schutzbedürftiger Zeugen (§§ 58a, 255a Abs. 2) o. wenn zur Beweissicherung eine verlesbare Vernehmungsniederschrift angestrebt wird (→ § 160 Rn. 15). Die richterliche Vernehmung des Beschuldigten kann zur Erlangung eines zum Zweck der Beweisaufnahme verlesbaren Geständnisprotokolls (§ 254) beantragt werden. In anderen Fällen wird das Ersuchen an das AG bei Ausnutzung der §§ 161a, 163a Abs. 3 entbehrlich sein. Ergänzend → Rn. 15. 3

Bei grenzüberschreitenden Maßnahmen iRd **EUStA** muss der mit den Ermittlungen betraute deutsche Delegierte EUStA nach § 3 Abs. 2 EUStAG eine richterliche Anordnung nur einholen, wenn nach dem Recht des anderen an der EUStA beteiligten Mitgliedstaats eine solche nicht erforderlich ist. Andernfalls wird der Antrag v. dem unterstützenden Delegierten EUStA gestellt, in dessen (Mitglied-)Staat die Maßnahme durchgeführt werden soll. Werden umgekehrt deutsche Delegierte EUStAe lediglich unterstützend tätig, haben sie die richterliche Anordnung nach der StPO einzuholen (BT-Drs. 19/17963, 29, 50). Hat der mit den Ermittlungen betraute EUStA die Anordnung indes bereits nach dem Recht des Mitgliedstaates erwirkt, in dem er seinen Sitz hat, dürften die Gerichte des Ausführungsstaates das „Ob“ der Maßnahme nicht mehr überprüfen (EuGH NJW 2024, 487 mkritAnm Duesberg; s a. Mayr wistra 2024, 459). Ergänzend → § 160 Rn. 1a, 16; ausf. zur EUStA → **GVG** Vor § 141 Rn. 12 ff.; zu Erfahrungen und Perspektiven aus deutscher Sicht Krauss-Ablaß/Hauck wistra 2023, 441. 3a

B. Untersuchungshandlung. Untersuchungshandlung ist jede im Zusammenhang mit einem Strafverfahren vor Anklageerhebung anfallende zulässige (vgl. Abs. 2) Handlung zur Förderung des Verfahrens o. zur Sicherung o. Vorwegnahme 4

einer im Straferkenntnis zu erwartenden Maßnahme, zB das Verlangen einer Auskunft nach § 161 Abs. 1 S. 1 (vgl. LG Bonn JZ 1966, 33), auch ggü. einer Bank (LG Frankfurt a. M. NJW 1954, 688; Müller NJW 1968, 1996; erg. → § 161 Rn. 1 ff.). Es sind zu unterscheiden Anordnungen (zB §§ 81, 81a, 81c, 81f, 81h, 98, 105, 111e, 114, 116, 120, 126a Abs. 2 S. 1, 132a) u. „Verhandlungen" mit Ausnahme v. Niederschriften (§§ 168, 168a).

5 Dabei darf der Richter beim AG Ermittlungshandlungen, die die StA **nicht beantragt** hat, nicht vornehmen; eine Ausnahme bestimmt § 165. Ist die Anordnung einer Zwangsmaßnahme beantragt, so darf der Richter nicht selbständig ermitteln; fehlt es an den tatsächlichen Grundlagen, so ist der Antrag ohne weiteres abzulehnen (LG Stuttgart NStZ 1983, 520 mAnm Rieß).

6 **Aus verfahrenspsychologischen Gründen,** die der prozessualen Fürsorgepflicht zuzurechnen sind (→ Einl. Rn. 156), kann es angebracht sein, dass eine Untersuchungshandlung beim ER beantragt wird, obwohl sie die StA selbst vornehmen könnte, falls die Aufklärung der Sache dadurch nicht in schädlicher Weise verzögert wird. Dieser Fall kann zB eintreten bei der Einholung einer behördlichen Auskunft nach § 161 Abs. 1 S. 1 (LG Bonn JZ 1966, 33) o. bei dem Verlangen der Herausgabe v. Bankunterlagen (§ 95).

7 **C. Ermittlungsgericht.** Im Ermittlungsverfahren ist zuständig das sog. Ermittlungsgericht (Abs. 1 S. 1), also der für diese Aufgabe (nach § 21e GVG; → Rn. 13) bestellte Richter beim AG (o. der besondere ER in den Fällen des § 169). Die Vornahme der Untersuchungshandlung besteht bei einer „Verhandlung" in deren Ansetzung u. Durchführung, bei einer „Anordnung" in dem Erlass des Beschl. u. seiner Vollstreckung (§ 36 Abs. 2). Über Zeugenladung vgl. § 48.

8 **I. Grundsatz.** Die StA stellt ihre Anträge auf gerichtliche Untersuchungshandlungen nach Abs. 1 S. 1 grds. bei dem **Amtsgericht,** in dessen Bezirk sie **ihren Sitz** hat; wird der Antrag durch eine Zweigstelle – auch eine Außenstelle – der StA (→ GVG § 141 Rn. 3; HK-StrafR/Pflieger Rn. 5) gestellt, so ist er bei dem AG zu stellen, in dessen Bezirk die Zweig- o. Außenstelle ihren Sitz hat. Damit wird ggü. der früheren Regelung, wonach die StA ihre Anträge bei dem AG zu stellen hatte, in dessen Bezirk die Handlung vorzunehmen war, eine praktisch sehr bedeutsame, vernünftige (Konzentration bei einem AG statt Antragstellung bei einer Vielzahl v. Gerichten) u. die ermittlungsgerichtliche Zuständigkeit erheblich vereinfachende Regelung getroffen. Schwierigkeiten, die mit der früheren diff. Zuständigkeitsregelung verbunden waren (→ 50. Aufl. 2007, Rn. 9 ff.) sind damit behoben. Die Regelung gilt auch für die Erhebung v. Verkehrsdaten nach § 100g; die frühere Rspr. (BGH NStZ-RR 2002, 369; wistra 2002, 473) ist überholt. Im OWi-Verf. ist auf den Sitz der Verfolgungsbehörde (ihrer Zweigstelle) abzustellen (BGHSt 52, 222 mzustAnm Harms NStZ 2009, 465; **aM** LG Arnsberg wistra 2009, 368; vgl. auch §§ 62, 68 Abs. 1 OWiG). Beauftragt der GStA nach § 145 GVG eine andere StA (als Behörde), richtet sich die Zuständigkeit nach deren Sitz (OLG Düsseldorf JMBl. NRW. 2008, 65 zu § 162 Abs. 1 S. 2 aF; **aM** LG Zweibrücken NStZ-RR 2004, 304; StraFo 2009, 243 Ls.). Als Sitz des deutschen Delegierten **EUStA** gilt nach § 3 Abs. 3 EUStAG dessen Dienstort (BT-Drs. 19/17963, 52).

9, 10 **II. Ausnahmen. 1.** Der **Erlass eines Haft- oder Unterbringungsbefehls** kann nach §§ 125 Abs. 1, 126a Abs. 2 bei dem AG beantragt werden, in dem ein Gerichtsstand begründet ist, insbes. also am Tatort (§ 7), am Wohnsitz o. gewöhnlichen Aufenthaltsort des Beschuldigten (§ 8) o. am Ergreifungsort (§ 9) sowie in den sonstigen Fällen örtlicher Zuständigkeit (§§ 10–13a, 15), schließlich auch dort, wo sich der Beschuldigte gerade aufhält (→ § 125 Rn. 5). Stattdessen kann sich die StA nach Abs. 1 S. 2 auch an das Ermittlungsgericht ihres Sitzes wenden; diese weitere Wahlmöglichkeit besteht nach dem Wortlaut aber nur, wenn „daneben" mind. eine weitere Untersuchungshandlung iSd Abs. 1 S. 1 beantragt wird (HK-StrafR/Pflieger Rn. 6; HK-StPO/Zöller Rn. 6; Bezjak/Sommerfeld ZJJ 2008, 252; Wiesneth DRiZ 2010, 46; vgl. BT-Drs. 16/5846, 84 („Kumulation"), 94; 16/6979, 45). Ansonsten kann ein dauerhaftes Auseinanderfallen v. Haft- u. sonstigem

Ermittlungsgericht nach § 126 Abs. 1 S. 3 (→ § 126 Rn. 3) vermieden werden (Bittmann NStZ 2010, 16; vgl. auch Weider StV 2010, 107).

2. Gerichtliche Vernehmungen und Augenscheinnahmen: Hierfür ist – anders als nach Abs. 1 S. 1 – auch das AG zuständig, in dessen Bezirk diese Untersuchungshandlungen vorzunehmen sind (Abs. 1 S. 3). Nach der ges. Regelung stellt die StA bei diesem AG den Antrag, wenn dies „zur Beschleunigung des Verfahrens oder zur Vermeidung von Belastungen Betroffener" angebracht ist. Abs. 1 S. 3 ist insbes. anzuwenden, wenn einem Zeugen nicht zugemutet werden kann, in den AG-Bezirk, in dem die StA ihren Sitz hat, anzureisen (vgl. Nr. 4c, 19a RiStBV). Für das Ermittlungsgericht ist die Beurteilung der StA bis zur Grenze der Willkür bindend (LG Nürnberg-Fürth NStZ-RR 2008, 313). Wohnt ein Zeuge iRv polizeilichen Zeugenschutzmaßnahmen an einem geheim gehaltenen Ort, ist das AG zuständig, in dessen Bezirk sich die Polizeidienststelle befindet, über die der Zeuge geladen werden kann (LG Karlsruhe NStZ 1997, 509). Bei einer Video-Vernehmung kommt es auf den Wohnort der zu vernehmenden Person u. nicht etwa darauf an, wo sich das Video-Vernehmungszimmer befindet (OLG München NStZ 2004, 642; AnwK StPO/Walther Rn. 11; **aM** LG München II NStZ-RR 2005, 317; Löwe/Rosenberg/Erb Rn. 29). 11

3. Sonderregelungen enthalten zB § 81 Abs. 3 (Unterbringung des Beschuldigten zur Beobachtung), § 100e Abs. 2 (Antrag auf Wohnraumüberwachung bzw. Online-Durchsuchung), § 142 Abs. 3 (Bestellung eines Verteidigers), § 157 GVG sowie § 67 Abs. 3 S. 1 IRG (dazu AG Eggenfelden NStZ-RR 2009, 280), nicht aber § 42 JGG (so LG Köln ZJJ 2008, 390; zur Problematik ausf. Bezjak/Sommerfeld ZJJ 2008, 251). 12

III. Geschäftsverteilung. Der ER wird durch den Geschäftsverteilungsplan (§ 21e Abs. 1 S. 1 GVG) bestimmt. Zu den ihm zugewiesenen Untersuchungshandlungen im Ermittlungsverfahren gehören, sofern nichts anderes bestimmt ist, auch die Entsch. über die UHaft, soweit nicht der Jugendrichter zuständig ist (§§ 34, 107 JGG; vgl. Eisenberg FS Meyer-Goßner, 2001, 294 Fn. 11). 13

D. Richterliche Prüfung (Abs. 2). Beantragt die StA eine vom Gericht selbst vorzunehmende **Ermittlungshandlung** (→ Rn. 1), wird es lediglich um Amtshilfe ersucht (BVerfGE 31, 43 (46)) und hat daher nur deren gesetzliche Zulässigkeit zu prüfen (dazu Nehm FS Meyer-Goßner, 2001, 284 ff.; → Rn. 15), trotz der Befugnisse der StA nach §§ 161a Abs. 1, 163a Abs. 3 S. 1 nicht die Zweckmäßigkeit u. Notwendigkeit einer beantragten Vernehmung (KG JR 1965, 268; OLG Stuttgart MDR 1983, 955; LG Stuttgart NStZ-RR 2011, 279; LG Düsseldorf NStZ 1985, 377 mwN; LG Freiburg NStZ 1993, 146; LG Köln MDR 1995, 1252; **aM** LG Köln NStZ 1989, 41; Löwe/Rosenberg/Erb Rn. 35; HK-StPO/Zöller Rn. 9). Abzulehnen ist die beantragte Untersuchungshandlung aber, wenn die Maßnahme völlig ungeeignet, ihr Zweck bereits erreicht ist, sie offensichtlich unverhältnismäßig wäre (→ Einl. Rn. 21, 22; KK-StPO/Weingarten Rn. 17; OLG Zweibrücken GA 1981, 418; LG Saarbrücken NStZ 1989, 132 mAnm Weyand; LG Verden StV 1986, 427; vgl. aber VerfGH Bayern MDR 1963, 739) o. wenn ein Antrag auf Vernehmung des Beschuldigten rechtsmissbräuchlich – nämlich offensichtlich ohne Notwendigkeit nur zwecks Verjährungsunterbrechung – gestellt ist (Geilen FS Schreiber, 2003, 89). Das Ersuchen um Vernehmung des Beschuldigten, der bisher nicht ausgesagt hat (→ § 163a Rn. 2), ist grds. zulässig. Eine Ausnahme ist denkbar, wenn er offenbar wohl überlegt erklärt hat, er wolle auch beim Richter keine Aussage machen o. wenn dies nach den Umständen sicher anzunehmen ist (OLG Düsseldorf NStZ 1990, 144). Ist der Vernehmungsantrag zulässig, so kann in Bagatellsachen doch die Vorführung (§ 133) unzulässig sein (→ Einl. Rn. 20, 21). Die Berechtigung einer Zeugnisverweigerung ist zu prüfen u. kann zur Ablehnung des Vernehmungsantrags führen (BGHSt 36, 298 (300); Nehm FS Meyer-Goßner, 2001, 287). 14

Beantragt die StA die Anordnung einer **Zwangsmaßnahme** (zB nach § 102), geht es um einen Akt der Rspr. (→ Rn. 1). Das Gericht muss die rechtliche 15

Zulässigkeit der beantragten Maßnahme eigenverantwortlich prüfen. Es muss dafür Sorge tragen, dass die sich aus der Verfassung und dem einfachen Recht ergebenden Voraussetzungen der Maßnahme genau beachtet werden; sie ist mithin auch am Verhältnismäßigkeitsgrundsatz zu prüfen (BVerfG NJW 2001, 1121 (1122); BGH NStZ 2010, 712; OLG Düsseldorf NStZ 1990, 145; Löwe/Rosenberg/Erb Rn. 35; KK-StPO/Weingarten Rn. 18; HK-StPO/Zöller Rn. 10). Die gerichtliche Prüfung ist auf dem gegebenen Ermittlungsstand vorzunehmen (BGH NStZ 2010, 711); dementsprechend hat die StA die in den Akten niedergelegten Ermittlungsergebnisse vollständig vorzulegen (ausf. Wenske StraFo 2023, 127 (134 ff.)).

16 **E. Vornahme der Untersuchungshandlung.** Sind die Voraussetzungen für die beantragte Untersuchungshandlung gegeben, hat der ER sie vorzunehmen. Ist eine Vernehmung beantragt, wird das Gericht dem nicht gerecht, wenn es dem Beschuldigten bei der Ladung mitteilt, er könne sich schriftlich äußern (§ 136 Abs. 1 S. 2; vgl. auch OLG Hamm JMBl. NRW. 1974, 53), o. in seinem Nichterscheinen werde die Erkl. gesehen, schweigen zu wollen. Der Vernehmungsbehelf des § 163a Abs. 1 S. 2 gilt nicht für den Richter, der um Vernehmung (mit Ladung u. richterlichem Prot., §§ 133, 168, 168a) ersucht worden ist (→ § 163a Rn. 11). Gegen die Ablehnung hat die StA die Beschwerde nach § 304.

17 **F. Erhebung der öffentlichen Klage.** Die Zuständigkeit des ER geht mit der Anklageerhebung auf das mit der Sache befasste Gericht über (Abs. 3 S. 1); für Mitbeschuldigte, gegen die noch ein gesondertes Ermittlungsverfahren geführt wird, bleibt der ER nach Abs. 1 zuständig (OLG Celle StraFo 2025, 236) Die StA ist zwar weiterhin berechtigt u. ggf. verpflichtet, belastende u. entlastende Spuren zu verfolgen (was zB § 98 Abs. 3 bestätigt), ohne die gerichtliche Untersuchung zu stören (BGH StV 2019, 798; NStZ 2021, 587 mAnm Brüning StV 2022, 206; s. a. KK-StPO/Weingarten § 161 Rn. 24; **aM** SK-StPO/Weßlau/Deiters § 151 Rn. 7; erg. → Einl. Rn. 87; → § 160 Rn. 15; → § 202 Rn. 5), insbes., wenn das Gericht die HV für weitere Ermittlungen ausgesetzt hat (→ § 228 Rn. 1 ff.). Hält sie aber eine richterliche Untersuchungshandlung für geboten, wendet sie sich an das mit der Sache befasste Gericht (LG Coburg MDR 1953, 120 mAnm Kleinknecht); gegen dessen Willen kann sie Untersuchungshandlungen nicht erzwingen (OLG Stuttgart MDR 1983, 955). Während des Revisionsverfahrens ist der letzte Tatrichter zuständig (S. 2), mit Erlass einer zurückverweisenden Entsch. das Gericht, an das zurückverwiesen wird (vgl. → § 126 Rn. 6, 9). Nach Rechtskraft lebt die Zuständigkeit des ER wieder auf (S. 3; BT-Drs. 16/11644, 35), nicht aber im Strafvollstreckungsverfahren (vgl. zB § 457 Abs. 3 S. 3; OLG Düsseldorf NJW 1981, 2133). Mit Eingang eines Wiederaufnahmeantrags beim für das Wiederaufnahmeverfahren zuständigen Gericht geht die Entscheidungskompetenz auf dieses über (S. 4; § 367 Abs. 1 S. 1; § 140a GVG).

18 **G. Beschwerde.** Wird gegen eine Entscheidung des ER Beschwerde eingelegt, so ist für diese das ihm übergeordnete Beschwerdegericht zuständig. Dorthin richtet die sachbearbeitende StA ihre Anträge u. Stellungnahmen, ggf. ohne Einschaltung der dem Beschwerdegericht zugeordneten örtlichen StA (KK-StPO/Weingarten Rn. 20); denn § 143 Abs. 1 GVG gilt hier nicht, weil es sich auch noch in der Beschwerdeinstanz um Amtshilfe für die das Verf. führende StA handelt (vgl. BVerfGE 31, 43).

19 **Mit Erhebung der öffentlichen Klage** (→ Rn. 17) geht die Kontrolle auf das mit der Sache befasste Gericht über (OLG Frankfurt a. M. StV 2006, 122). Die Beschwerde ist daher, wenn vorher nicht das dem Ermittlungsgericht übergeordnete Beschwerdegericht eine Entsch. getroffen hat, umzudeuten in einen Antrag an das erstinstanzliche Gericht (OLG Frankfurt a. M. NStZ-RR 2014, 217; OLG Jena wistra 2010, 80; OLG Karlsruhe Justiz 1998, 130; → § 98 Rn. 31, → § 111a Rn. 19, → § 111e Rn. 20; → § 117 Rn. 12, → § 126 Rn. 7, → § 169 Rn. 7; vgl. auch BGHSt 53, 1 (6); missverständlich Schmidt NStZ 2009, 246).

Aufgaben der Polizei im Ermittlungsverfahren Nr. 13–21, 43, 65–67, 70 Abs. 5, 101, 101a RiStBV

163 (1) [1] **Die Behörden und Beamten des Polizeidienstes haben Straftaten zu erforschen und alle keinen Aufschub gestattenden Anordnungen zu treffen, um die Verdunkelung der Sache zu verhüten.** [2] **Zu diesem Zweck sind sie befugt, alle Behörden um Auskunft zu ersuchen, bei Gefahr im Verzug auch, die Auskunft zu verlangen, sowie Ermittlungen jeder Art vorzunehmen, soweit nicht andere gesetzliche Vorschriften ihre Befugnisse besonders regeln.**

(2) [1] **Die Behörden und Beamten des Polizeidienstes übersenden ihre Verhandlungen ohne Verzug der Staatsanwaltschaft.** [2] **Erscheint die schleunige Vornahme richterlicher Untersuchungshandlungen erforderlich, so kann die Übersendung unmittelbar an das Amtsgericht erfolgen.**

(3) [1] **Zeugen sind verpflichtet, auf Ladung vor Ermittlungspersonen der Staatsanwaltschaft zu erscheinen und zur Sache auszusagen, wenn der Ladung ein Auftrag der Staatsanwaltschaft zugrunde liegt.** [2] **Soweit nichts anderes bestimmt ist, gelten die Vorschriften des Sechsten Abschnitts des Ersten Buches entsprechend.** [3] **Die eidliche Vernehmung bleibt dem Gericht vorbehalten.**

(4) [1] **Die Staatsanwaltschaft entscheidet**

1. **über die Zeugeneigenschaft oder das Vorliegen von Zeugnis- oder Auskunftsverweigerungsrechten, sofern insoweit Zweifel bestehen oder im Laufe der Vernehmung aufkommen,**
2. **über eine Gestattung nach § 68 Absatz 3 Satz 1, Angaben zur Person nicht oder nur über eine frühere Identität zu machen,**
3. **über die Beiordnung eines Zeugenbeistands nach § 68b Absatz 2 und**
4. **bei unberechtigtem Ausbleiben oder unberechtigter Weigerung des Zeugen über die Verhängung der in den §§ 51 und 70 vorgesehenen Maßregeln; dabei bleibt die Festsetzung der Haft dem nach § 162 zuständigen Gericht vorbehalten.**

[2] **Im Übrigen trifft die erforderlichen Entscheidungen die die Vernehmung leitende Person.**

(5) [1] **Gegen Entscheidungen von Beamten des Polizeidienstes nach § 68b Absatz 1 Satz 3 sowie gegen Entscheidungen der Staatsanwaltschaft nach Absatz 4 Satz 1 Nummer 3 und 4 kann gerichtliche Entscheidung durch das nach § 162 zuständige Gericht beantragt werden.** [2] **Die §§ 297 bis 300, 302, 306 bis 309, 311a und 473a gelten jeweils entsprechend.** [3] **Gerichtliche Entscheidungen nach Satz 1 sind unanfechtbar.**

(6) [1] **Für die Belehrung des Sachverständigen durch Beamte des Polizeidienstes gelten § 52 Absatz 3 und § 55 Absatz 2 entsprechend.** [2] **In den Fällen des § 81c Absatz 3 Satz 1 und 2 gilt § 52 Absatz 3 auch bei Untersuchungen durch Beamte des Polizeidienstes sinngemäß.**

(7) **§ 185 Absatz 1 und 2 des Gerichtsverfassungsgesetzes gilt entsprechend.**

Übersicht

1 **A. Erforschungspflicht (Abs. 1).** Im Rahmen des ges. Mandats wird die (Kriminal-)Polizei (erg. → Rn. 12) tätig, ohne Aufträge der StA (→ § 161 Rn. 11) abzuwarten (OLG Düsseldorf VRS 69, 235 (237)). In diesem Rahmen ist ihr ges. Auftrag gleich dem der StA (§§ 160 Abs. 1, 161 Abs. 1). Die Behörden u. Beamten des Polizeidienstes sind auch bei ihren Ermittlungen nach § 163 „verlängerter Arm der StA" (BVerwGE 47, 255 (263); BGH NJW 2003, 3142). Sie haben nur eine „Durchgangszuständigkeit" (Ernesti NStZ 1983, 61; ZRP 1986, 59; Krey/Heinrich Dt. StrafverfR § 3 Rn. 202). Ungeachtet der organisatorischen Selbstständigkeit der Polizei bilden ihre Ermittlungen u. die der StA stets eine Einheit, auch soweit sie ohne Auftrag der StA durchgeführt werden (BGH NJW 2003, 3142; Geißer GA 1983, 388; Rüping ZStW 95 (1983), 894; Ulrich ZRP 1977, 158). Für schwerwiegende Grundrechtseingriffe bedarf es einer speziellen Eingriffsermächtigung (vgl. §§ 94 ff.), iÜ enthält Abs. 1 S. 2 (ebenso wie § 161 Abs. 1) – anders als vor dem StVÄG 1999, als es nur eine Organisationsnorm war – eine generelle Eingriffsbefugnis für Ermittlungen jeder Art (Hilger NStZ 2000, 563; Hefendehl StV 2001, 703; Soiné Kriminalistik 2001, 247).

1a Die Befugnis, v. allen Behörden **Auskunft zu verlangen,** besteht für die Polizei neben dem Fall der Auftragserteilung durch die StA nach § 161 Abs. 1 S. 2 gem. § 163 Abs. 1 S. 2 auch bei Gefahr im Verzug (dh bei Gefährdung des Ermittlungserfolgs); sonst hat sie nur ein Fragerecht („ersuchen"), für die Behörde besteht dann aber keine Verpflichtung zur Auskunftserteilung. Die Polizei ist im Rahmen ihrer Befugnisse wie die StA zum Einschreiten bei zureichenden tatsächlichen Anhaltspunkten für das Vorliegen einer Straftat verpflichtet (§ 152 Abs. 2; vgl. Löwe/Rosenberg/Erb Rn. 17; Velten FS Fezer, 2008, 103); der Verstoß gegen das Legalitätsprinzip ist nach §§ 258, 258a StGB, die Verfolgung eines Unschuldigen nach § 344 StGB strafbar. Mit Ausnahme v. BKA, LKA u. Bundespolizeidirektion haben weitere Polizeivollzugsbehörden nur unter den engen Voraussetzungen des § 11 Abs. 2 ATDG Zugriff auf die Antiterrordatei (vgl. dazu Zöller JZ 2007, 768).

Wenn das **Opportunitätsprinzip** ieS (echtes Wahlrecht, → § 152 Rn. 7) gilt, ermittelt die Polizei nur beim Bestehen v. Anhaltspunkten dafür, dass die StA ein öffentl. Interesse bejahen könnte (zB bei Privatklagedelikten; Nr. 86, 87 Abs. 1 S. 2 RiStBV; weitergehend Löwe/Rosenberg/Erb Rn. 27). In den Fällen, in denen lediglich die StA darüber zu befinden hat, ob die Strafverfolgung durchzuführen ist (→ § 152 Rn. 3), ermittelt die Polizei so weit, dass die StA ihre Entsch. treffen kann (erg. → Rn. 4). 2

I. Lenkung des Ermittlungsverfahrens. Die Lenkung des Ermittlungsverfahrens (→ Einl. Rn. 41, 60 ff.) ist Aufgabe der StA (§ 152 Abs. 1, Abs. 2, § 160), der Herrin des Verfahrens in diesem Stadium (BVerfG NJW 1976, 231; Krey/Heinrich Dt. StrafverfR § 1 Rn. 204; **aM** Knemeyer FS Krause, 1990, 471; dagegen Bindel DRiZ 1994, 166), im Steuerstrafverfahren auch der Finanzbehörde (§§ 386, 399 Abs. 1 **AO**). Die (Kriminal-)Polizei ist Ermittlungsorgan der StA (§ 161; vgl. auch § 152 GVG). Aus dem Verhältnis zwischen § 160 und § 163 folgt, dass die Polizei auf das staatsanwaltliche Ermittlungsverfahren hinarbeitet (zur Entsch. nach § 170). Daher ist die StA grds. zur justizgemäßen Sachleitung der polizeilichen Ermittlungen verpflichtet (BGHSt 51, 285 (295); BGH NJW 2009, 2612; KK-StPO/Weingarten Rn. 2; Roxin DRiZ 1997, 119; **aM** Knemeyer/Deubert NJW 1992, 3131; vgl. auch → Einl. Rn. 41; → § 161 Rn. 11). Sie hat die Rechtskontrolle (BGHSt 34, 214 (216); Füllkrug ZRP 1984, 193; Roxin DRiZ 1969, 385; Rüping ZStW95 (1983), 909) u. trägt die Grundverantwortung für die richtige Beschaffung u. Zuverlässigkeit des im Justizverfahren benötigten Beweismaterials (Frank/Titz ZRP 2008, 127; Görgen DRiZ 1976, 296; Kuhlmann DRiZ 1976, 265; Rüping ZStW95 (1983), 909; zur Entwicklung der ges. Aufgabenverteilung Rieß FS Volk, 2009, 560; *de lege ferenda* Rieß FS Schäfer, 1979, 195; Gössel GA 1980, 325 (346 ff.); vgl. auch Buckow StraFo 2008, 379 zur „Durchreichung" polizeilicher Beschlussentwürfe an den ER; Conen FS Eisenberg, 2009, 468 zu heimlichen Ermittlungsmaßnahmen). Daher dürfen Zeugen, außer in Eilfällen (gegen diese Ausnahme SK-StPO/Wohlers/Deiters § 158 Rn. 19; andernfalls: keine Bindung der StA), Vertraulichkeitszusagen nur im Einverständnis mit der StA gemacht werden (vgl. Füllkrug ZRP 1984, 193; Geißer GA 1985, 261; Meyer ZStW 95 (1983), 843; Rebmann NJW 1985, 5; erg. → § 158 Rn. 17). Das Gericht ist an diese Zusage nicht gebunden (BGHSt 35, 82). Bei dieser Aufgabe gibt es grds. keinen staatsanwaltsfreien Raum (Geißer GA 1983, 385). Bei der Bestimmung des Maßes seiner Einschaltung muss der StA die Erkenntnis berücksichtigen, dass weitgehend im Ermittlungsverfahren die Weichen auf das richtige o. falsche Urt. hin gestellt werden (KK-StPO/Weingarten Rn. 2). 3

Um der StA die Erfüllung ihrer Aufgaben zu ermöglichen, muss die Polizei in schwierigen Fällen **von vornherein im Kontakt mit dem StA** vorgehen, insbes. bei Tötungsdelikten (BGH NJW 2009, 2612). Dieser kann v. Beginn der Ermittlungen an auch auf die Gestaltung der einzelnen Ermittlungshandlungen Einfluss nehmen, zB dahin wirken, dass ein Sachverständiger eingeschaltet wird, etwa zur Spurensicherung o. auch zur ersten Vernehmung des Beschuldigten. Allein die StA kann aufgrund ihrer forensischen Erfahrung in schwierigen Fällen beurteilen, was für das Strafverfahren notwendig ist. Ihre Sache ist es auch, frühzeitig den Stoff des Verfahrens nach den §§ 154, 154a zu beschränken, der Polizei allg. o. im Einzelfall die erforderlichen Weisungen zu erteilen (Nr. 3 Abs. 2, 11, 101 Abs. 1, 101a Abs. 1 RiStBV) u. den Status des zu Vernehmenden klarzustellen (BGH NJW 2009, 2612). 4

Das gilt auch für die **Trennung oder Verbindung** zusammenhängender Strafsachen nach § 2 (BGH MDR 1987, 249). Aus diesen Gründen muss sie sich in schwierigen Sachen v. Anfang an aktiv einschalten (Heimeshoff DRiZ 1972, 164). Daher hat sie auch die Befugnis, das Ermittlungsverfahren jederzeit an sich zu ziehen. Die Polizei wird dann nur noch nach § 161 S. 2 tätig o. in einer stets 5 bleibenden Notzuständigkeit für eilige Untersuchungshandlungen. Die StA darf auch an Ermittlungshandlungen der Polizei jederzeit teilnehmen, in einer Steuerstrafsache auch die FBeh (§ 403 Abs. 1 S. 1 **AO**); anders, wenn die Polizei in Ausführung einer richterlichen Anordnung nach Erhebung der Klage tätig wird, zB nach § 202 (vgl. → Einl. Rn. 44). Das auf der Leitungsbefugnis beruhende einseitige Anwesenheitsrecht der StA im Ermittlungsverfahren ist kein Verstoß gegen den Grundsatz der sog. Waffengleichheit zwischen StA u. Beschuldigtem (→ Einl. Rn. 88).

6 Dem **Verteidiger,** der um Auskunft ersucht, muss die Polizei das mitteilen, was sie dem Beschuldigten bei Beginn der Vernehmung über den Vorwurf sagen müsste (§ 163a Abs. 4 S. 1; Kleinknecht Kriminalistik 1965, 454). Die Akteneinsicht gewährt nur die StA (→ § 147 Rn. 33), für Akteneinsicht u. Auskünfte an Private vgl. aber § 480 Abs. 1 S. 3.

7 **II. Zuständigkeiten.** Die Behörden u. Beamten des Polizeidienstes sind nebeneinander genannt. Die Polizeibehörden müssen alle Maßnahmen zur Erfüllung der Pflicht nach Abs. 1 treffen, insbes. geeignete Beamte zur Vfg. stellen, einteilen, entspr. ausrüsten u. überwachen.

8 Über das Recht zur Nacheile (§ 167 GVG) hinaus besteht folgende Ermächtigung: Nach dem **Abkommen über die erweiterte Zuständigkeit der Polizei** der Länder bei der Strafverfolgung v. 8.11.1991 (abgedr. zB in BWGABl 1993, 719) sind die Polizeivollzugsbeamten der vertragsschließenden Bundesländer ermächtigt, Amtshandlungen auch in anderen Bundesländern vorzunehmen, wenn einheitliche Ermittlungen, insbes. wegen der räumlichen Ausdehnung der Tat o. der in der Person des Täters o. in der Tatausführung liegenden Umstände, notwendig erscheinen. Das gilt nicht nur bei Sammelverfahren (→ Rn. 19). Der einzelne Beamte muss andere relevante Erkenntnisse an den zuständigen Beamten weitergeben. Der dienstfreie u. in Zivilkleidung befindliche Beamte wird nicht sachlich unzuständig (OLG Celle Nds. Rpfl. 1964, 258).

8a **Über die Grenzen Deutschlands hinaus** dürfen die Beamten der Polizeien des Bundes u. der Länder nach Art. 40 Abs. 1 SDÜ (vgl. Gleß NStZ 2000, 57; Sommer StraFo 1999, 37) bei auslieferungsfähigen Straftaten die Observation eines Verdächtigen auf dem Hoheitsgebiet einer anderen Vertragspartei (Partnerstaaten zzt. vgl. → Einl. Rn. 216) grds. nur fortsetzen, wenn diese einem zuvor gestellten Rechtshilfeersuchen zugestimmt hat; bei bestimmten bes. schweren – in Art. 40 Abs. 7 aufgezählten – Straftaten darf nach Art. 40 Abs. 2 SDÜ eine Observation bei „besonderer Dringlichkeit der Angelegenheit" auch ohne vorherige Zustimmung über die Grenzen hinweg fortgesetzt werden. Nach Art. 41 SDÜ ist eine Nacheile ggü. einer verfolgten o. aus der Haft entflohenen Person unter ähnlichen Voraussetzungen zulässig; die BRD hat in ihren Erklärungen zu Art. 41 Abs. 9 SDÜ ihren Nachbarstaaten gestattet, das Recht der Nacheile ohne räumliche u. zeitliche Begrenzung für alle auslieferungsfähigen Straftaten u. unter Einräumung des Festhalterechts auszuüben (vgl. dazu ferner Heinrich NStZ 1996, 365). Nach dem EU-Rechtshilfe-Übereinkommen Strafsachen (vgl. → Einl. Rn. 215d) wird ua die Bildung gemeinsamer Ermittlungsgruppen (Art. 13 EU-Rechtshilfe-Übereinkommen Strafsachen; vgl. §§ 61b, 93 IRG) u. die grenzüberschreitende Überwachung der Telekommunikation (Art. 18 EU-Rechtshilfe-Übereinkommen Strafsachen) ermöglicht werden. Die LJVen, das BMI u. das BMJV haben RLn über die int. Fahndung nach Personen, insbes. der Fahndung nach Personen im Schengener Informationssystem (SIS) u. aufgrund eines Europäischen Haftbefehls vereinbart (zB für das Saarland in Kraft gesetzt am 1.4.2009, ABl. des Saarlandes 2009, 563). Vgl. auch Nr. 41 Abs. 2, 43 RiStBV; → Einl. Rn. 40, → Vor § 94 Rn. 9 aE.

8b **Europol** (vgl. den Beschl. des Rates 2009/371/JI v. 6.4.2009 zur Errichtung des Europäischen Polizeiamts, umgesetzt durch Art. 1 des G v. 31.7.2009 zur Änd. des Europol-G (BGBl. I 2504); dazu Niemeier/Walter Kriminalistik 2010, 17) hat demggü. keine Exekutivbefugnisse in den Mitgliedstaaten der EU (vgl. Tolmein

StV 1999, 108 sowie zur Bedeutung des Vertrags v. Lissabon BVerfG NJW 2009, 2267 Rn. 38, 41, 68; erg. → Einl. Rn. 40, 207 f.).

III. Voraussetzung für den sog. ersten Zugriff. Voraussetzung für den sog. ersten Zugriff ist für die Polizei ebenso wie für die StA, dass zureichende tatsächliche Anhaltspunkte bestehen, die den Verdacht einer Straftat begründen (→ § 160 Rn. 4). Eine im G nicht erwähnte, der Einleitung des Ermittlungsverfahrens vorgeordnete Phase ist das „Herumfragen", eine informatorische, formlose Befragung zur Gewinnung eines groben Bildes, ob wirklich der Verdacht einer Straftat besteht u. wer als Beschuldigter o. als Zeuge in Betracht kommt (Geppert FS Oehler, 1985, 323; Kleinknecht Kriminalistik 1965, 451; Krause/Nehring StrafVerfR Rn. 160; → Einl. Rn. 79, → Rn. 46b). 9

Bei **außerdienstlich erlangter Kenntnis** v. Verdachtsgründen gilt für den Polizeibeamten dasselbe wie für den StA (→ § 160 Rn. 10). 10

IV. Auftrag. Ein Auftrag, der dem Abs. 1 in positiver o. negativer Richtung widerspricht, darf weder aus dem Polizeisektor noch v. der StA erteilt werden; er dürfte nicht befolgt werden (vgl. → GVG § 146 Rn. 3 ff.). 11

V. Verdacht einer OWi. Beim Verdacht einer OWi gilt § 53 OWiG. Wenn der Sachverhalt aufgeklärt wird, wobei das Opportunitätsprinzip gilt, legt die Polizei die bei ihr anfallenden Ermittlungsakten der VerwB vor (§ 53 Abs. 1 S. 3 OWiG), weil sie für dieses Verf. die Grundverantwortung trägt (vgl. → Rn. 3), sofern die StA nicht die Verfolgung übernommen hat (§§ 42, 63 OWiG). 12

VI. Besondere Zuständigkeiten. Das BKA (§ 4 BKAG; Nr. 30–32 RiStBV) nimmt bei bestimmten Straftaten (→ § 161 Rn. 12) die Aufgaben nach § 163 wahr. Jedoch werden dadurch die anderen Polizeibehörden nicht ihrer Pflicht enthoben, zunächst zuzugreifen (vgl. auch → GVG § 143 Rn. 2). 13

Sonstige Träger von Polizeiaufgaben, für die in ihrem Zuständigkeitsbereich § 163 gilt: Die Bundespolizei (früher: Bundesgrenzschutz) nach dem durch das G v. 21.6.2005 (BGBl. I 1818) geänd., in BPolG umbenannten BGSG (dazu Schwabe NJW 1998, 3698; die sachliche u. örtliche Zuständigkeit ist in der BPolZV näher geregelt), der nicht nur der Grenzschutz (§ 2 BPolG) obliegt, sondern die ua auch als Bahnpolizei (§ 3 BPolG) tätig wird, zur Luftsicherheit (§ 4 BPolG), zum Schutz v. Bundesorganen (§ 5 BPolG), zu Maßnahmen auf See (§ 6 BPolG) u. zur Unterstützung v. anderen Bundesbehörden (§§ 9, 10, 11 BPolG) eingesetzt werden kann, zur Verhinderung unerlaubter Einreise in das Bundesgebiet (§ 22 BPolG) u. zur Identitätsfeststellung einer Person (§ 23 BPolG) tätig wird, aber auch die polizeilichen Aufgaben auf dem Gebiet der Strafverfolgung bei bestimmten „grenzbezogenen" Taten wahrnimmt (§ 12 BPolG); die Hauptzollämter u. Zollfahndungsämter (auch das ZKA, § 16 ZFdG), soweit es sich um bestimmte Straftaten nach der AO (§§ 208 Abs. 1 S. 1 Nr. 1, 369, 404 **AO;** vgl. Kramer wistra 1990, 169; Pütz wistra 1990, 212), dem AWG u. dem MOG handelt (§ 37 Abs. 2 AWG, § 37 Abs. 2 MOG; BGHSt 36, 283), ferner um int. organisierte Geldwäsche (§§ 1 Abs. 3c, 12b ZollVG); die Angehörigen der VerwB bei der Erforschung v. Straftaten nach dem WiStG 1954 (§ 13 Abs. 2 iVm § 63 Abs. 1 S. 1 OWiG); die Beauftragten der zuständigen Behörden in Eichsachen nach § 34 EichG idF v. 22.2.1985 (BGBl. I 410; FNA 7141-6); die für die Ausführung des BBergG zuständigen Landesbehörden nach § 147 BBergG; die Beamten des Hydrographischen Instituts, die Polizeivollzugsbeamten des Bundes, die Beamten des Zollgrenzdienstes u. der Wasser- u. Schifffahrtsverwaltungen des Bundes bei Straftaten nach § 146 BBergG im Bereich des Festlandsockels (§ 148 Abs. 2 BBergG). 14

VII. Andere Verfahrensbeteiligte. Andere Verfahrensbeteiligte als den StA, die nicht selbst vernommen werden o. sonst Gegenstand der Ermittlungshandlung sind, darf die Polizei zu ihrer Ermittlungshandlung zulassen, obgleich sie keinen Anspruch auf Anwesenheit haben (Kion NJW 1966, 1800), wenn es Ermittlungsgründe geboten erscheinen lassen. 15

16 Der **Verteidiger hat kein Recht auf Anwesenheit** bei den polizeilichen Zeugenvernehmungen (Krause/Nehring StrafVerfR Rn. 227 ff.; Krüger Kriminalistik 1974, 392; erg. → EMRK Art. 6 Rn. 16 aE), er kann aber zugelassen werden (Burhoff StrafREV-HdB Rn. 3506). **Erziehungsberechtigte und gesetzliche Vertreter** haben bei der Vernehmung v. Jugendlichen als Beschuldigte gem. § 67 Abs. 1 **JGG** ein Anwesenheits- u. Konsultationsrecht (Eisenberg JGG § 67 Rn. 11; Ostendorf FS Heinz, 2012, 464 (474 ff.)), auf das die Polizei hinweisen muss (Ostendorf FS Heinz, 2012, 464 (476), der bei einem Verstoß gegen die Belehrungspflicht ein auf Widerspruch zu beachtendes Beweisverwertungsverbot annimmt). Zum Anwesenheitsrecht des Verteidigers bei polizeilichen Beschuldigtenvernehmungen s. § 163a Abs. 4 S. 3 (→ § 163 Rn. 20) iVm § 168c Abs. 1 (→ § 168c Rn. 1), des Verletztenbeistands vgl. § 406f, zum Zeugenbeistand Abs. 3 S. 1–3 und dazu → Rn. 46b, c, 51.

17 **VIII. Kollision zwischen Strafverfolgung und Präventivmaßnahmen.** Die StA ist nur Strafverfolgungsorgan (→ GVG Vor § 141 Rn. 1 ff.), also für Präventivmaßnahmen nicht zuständig, soweit das G nichts anderes bestimmt (→ § 112a Rn. 1). Zum Zusammentreffen v. Strafverfolgung u. Gefahrenabwehr vgl. → § 152 Rn. 6, → § 161 Rn. 13; zu den „doppelfunktionalen Maßnahmen der Vollzugspolizei" eing. Ehrenberg/Frohne Kriminalistik 2003, 737. Im Hinblick auf die neu in die StPO eingefügten Zwangsmaßnahmen (§§ 98a, 98c, 100c, 110a ff., 163b, 163c, 163d, 163e, 163f), die sich ähnlich oftmals auch in den Polizeigesetzen der Länder befinden u. dort schon zuvor enthalten waren, wird aber bereits v. einer „Verpolizeilichung" des Strafprozessrechts gesprochen (Wolter Theorie und Systematik StrafProzR/Paeffgen S. 13).

18 **IX. Schriftliches Verfahren.** Ein schriftliches Verfahren ist das Ermittlungsverfahren. Daher müssen alle Beweiserhebungen u. alle relevanten Beobachtungen der Ermittlungsbeamten in irgendeiner Form aktenkundig gemacht werden (→ Einl. Rn. 62). Das gilt auch für auffällige Verhaltensweisen v. Auskunftspersonen u. für andere konkrete Beobachtungen, die für die Glaubwürdigkeit Bedeutung haben können. Aktenkundig ist auch die Mitwirkung von V-Leuten o. Informanten zu machen (LG Berlin StV 1986, 96). Die mündlichen Vernehmungen v. Zeugen u. Beschuldigten werden nach § 168b Abs. 2 grds. protokolliert (→ § 163a Rn. 23 ff.), je nach Eignung nach Anhörung der gesamten Aussage o. in Teilen o. in einem Zug-um-Zug-Prot. mit weitgehender wörtlicher Wiedergabe der Aussage. Zur Bild-Ton-Aufzeichnung einer polizeilichen Zeugenvernehmung vgl. Abs. 3 S. 1, → Rn. 46b, 46c, → § 58a Rn. 4a ff.

19 **X. Sammelverfahren.** Über Sammelverfahren vgl. → § 2 Rn. 9, 11; Nr. 25–29 RiStBV. Die Zusammenfassung mehrerer Verfahren, die einzeln zu verschiedenen StAen gehören würden, zu einem Sammelverfahren ist idR Aufgabe der beteiligten StAen (→ GVG § 143 Rn. 3). Im Verfahrensstadium nach § 163 kann die Initiative hierzu auch v. der Polizei ausgehen (erg. Nr. 28 RiStBV).

20 **B. Beginn der Erforschungspflicht.** Diese entsteht für die Polizei wie für die StA, sobald sie Kenntnis v. dem Verdacht erhält (→ § 160 Rn. 5). Der Auftrag, die zur Verhütung der Verdunkelung erforderlichen Anordnungen zu treffen, bedeutet keine Beschränkung der Erforschungspflicht. Auch die Ermittlungen der Polizei dienen der Vorbereitung der staatsanwaltschaftlichen Entsch., mit der das Ermittlungsverfahren abzuschließen ist (→ § 160 Rn. 11). Die Erforschungspflicht der Polizei ist nach dem G nicht anders beschränkt als die der StA (§ 160). Auch § 160 Abs. 2 gilt für die Polizei entspr. Ein Geständnis muss durch Kontrollvernehmungen u. kontrollierende Sachbeweise auf Richtigkeit geprüft werden (Peters Kriminalistik 1970, 428).

21 Die (grobe, sich in diesem Verfahrensstadium aufdrängende) Persönlichkeitserforschung u. sonstige Klärung der **Tatsachengrundlage für die Rechtsfolgenentscheidung** (§ 160 Abs. 3 S. 1) ist – unbeschadet der Pflicht nach Abs. 2 –

ebenfalls Aufgabe der Polizei, jedoch nur so weit, wie sie unzw. notwendig u. zulässig ist (Rössmann Kriminalistik 1968, 194; → § 160 Rn. 20).

C. Beweissicherung und Unterbrechung der Verfolgungsverjährung. Beide obliegen der Polizei ebenso wie der StA (§ 160 Abs. 2; § 78c Abs. 1 Nr. 1 StGB). Die Bekanntgabe, dass ein Ermittlungsverfahren eingeleitet ist, muss eine schriftliche o. mündliche amtl. Mitteilung an den Beschuldigten sein. Sie kann auch mit anderen Mitteilungen verbunden werden, zB im Fall des § 163a Abs. 1 S. 2 iVm den erforderlichen Belehrungen (→ § 163a Rn. 4, 5). Bei der schriftlichen Mitteilung u. bei der Anordnung der Vernehmung tritt die Unterbrechung bereits mit der Unterzeichnung ein (§ 78c Abs. 2 StGB). 22

D. Vorlage der Verhandlungen. Die **Vorlage der Verhandlungen (Abs. 2 S. 1),** dh der entstandenen Ermittlungsvorgänge (Akten, sachliche Beweismittel u. Einziehungsgegenstände) an die zuständige StA muss ohne Verzug, dh nach der unaufschiebbaren Beweissicherung (→ Rn. 22), unter Berücksichtigung des Grundsatzes der Aktenvollständigkeit (→ § 147 Rn. 14 ff.) u. nach den gebotenen Untersuchungshandlungen in sachgemäßer Berücksichtigung der in → Rn. 3 genannten Grundsätze der engen Zusammenarbeit, geschehen. In Staatsschutzsachen, in denen im 1. Rechtszug das OLG zuständig ist (§ 120 Abs. 1, Abs. 2 S. 1 GVG), werden die Akten dem GBA vorgelegt (§ 142a Abs. 1 GVG; Nr. 202 Abs. 4 RiStBV). 23

Von allen verfolgten Spuren (→ Rn. 18) muss die StA Kenntnis erhalten, auch wenn sie v. der Polizei nicht weiterverfolgt worden sind. Eine solche Spur kann sich später als wichtig erweisen o. bei Wiederaufnahme Bedeutung erlangen (Peters Kriminalistik 1970, 426). Daher hat die Polizei der StA sämtliche Spurenakten (zum Begriff vgl. Wieczorek Kriminalistik 1984, 598) vorzulegen, die bei den Ermittlungen entstanden sind, allerdings nur, soweit sie irgendeinen Bezug zu Tat u. Täter haben; sonst verbleiben sie als verfahrensfremde Vorgänge bei der Polizei, sind aber der StA offenzulegen, damit diese als aktenführende Ermittlungsbehörde (§ 147 Abs. 5, § 199 Abs. 2) entscheiden kann, ob sie zu den Akten genommen werden müssen (vgl. a. → § 147 Rn. 18; → § 199 Rn. 2). Größere Gegenstände kann die Polizei unter Verständigung der StA in Verwahrung nehmen o. an geeigneten Orten aufbewahren. Wegen der Vorlegung gespeicherter Daten vgl. Ernesti NStZ 1983, 62. Mit der Aktenübersendung endet die Erforschungspflicht der Polizei nicht (erg. → EMRK Art. 6 Rn. 16 aE); sie darf aber die Ermittlungen der StA nicht stören (vgl. → § 162 Rn. 17). Nach § 482 (MiStra 11) teilt die StA der Polizei ihr Az. u. den Ausgang des Verfahrens mit. Die Polizei darf nach § 481 personenbezogene Informationen aus Strafverfahren auch nach Maßgabe der Polizeigesetze verwenden. 24

E. Vorlage jeder Ermittlungssache. Jede Ermittlungssache ist vorzulegen, gleichviel, ob sie auf Strafanzeige o. Strafantrag (§ 158) o. vAw (Abs. 1) begonnen worden ist. Das gilt auch, wenn nach der Einleitung eines Ermittlungsverfahrens der Verdacht schlechthin entfällt o. der Verdächtige nicht ermittelt wird. Wenn es zweckmäßig ist, den Beschuldigten aus diesem Verhältnis alsbald zu entlassen, zB um ihn als Zeugen zur Vfg. zu haben o. ihn zu rehabilitieren, so werden die Akten der StA zur Teileinstellung zugeleitet (→ § 170 Rn. 8). Der polizeiliche Vorgesetzte darf die nach seiner Meinung zu Unrecht v. einem Polizeibeamten aufgenommene Sache, für die nach ihrer Art das Legalitätsprinzip gilt, nicht aus dem Geschäftsgang entfernen. Er kann nur etwaige Zweifel in einem Begleitbericht ausdrücken (BGH MDR 1956, 563). Bei Steuerstraftaten legt die Polizei ihre Akten unter den Voraussetzungen des § 386 Abs. 2 **AO** der Finanzbehörde (KK-StPO/Weingarten Rn. 24; vgl. aber Löwe/Rosenberg/Erb Rn. 95: nur fakultativ), in „gemischten" Fällen der StA vor. 25

F. Unmittelbare Vorlage an das Amtsgericht. Auch unmittelbar an das AG (Abs. 2 S. 2) kann die Polizei die Akten leiten, wenn sie eine bes. eilige richterliche Untersuchungshandlung (→ § 162 Rn. 4 ff.) für geboten hält. Einen Antrag auf 26 eine bestimmte Untersuchungshandlung kann an sich nur der StA stellen; die Polizei kann aber eine Anregung geben. Der Richter wird dann unter den Voraussetzungen des § 165 tätig (OLG Hamm NJW 2009, 242 (243); Rieß FS Volk, 2009, 579; erg. → § 81a Rn. 25b); dies gilt nicht in den Fällen der §§ 100e Abs. 1 S. 1, Abs. 2, 100f Abs. 4 (dort → § 100f Rn. 14) und § 100g Abs. 2 S. 1 (→ § 100g Rn. 24). Die Spezialregelung des Abs. 2 S. 2 und § 165 heben § 33 Abs. 2 für den Fall auf, dass die StA nicht rasch genug erreichbar ist (→ § 165 Rn. 3). Kein Fall des Abs. 2 S. 2, sondern der Normalfall des § 162 liegt vor, wenn die Polizei dem AG mit den Akten einen Antrag der StA übermittelt (Löwe/Rosenberg/Erb Rn. 98). Abs. 2 S. 2 gibt der Polizei nicht die Befugnis, eine Beschwerde zum LG einzulegen (→ § 162 Rn. 18).

27 **G. Ermittlungsbefugnisse der Polizei.** Die Ermittlungsbefugnis der Polizei umfasst die **Erhebung aller zulässigen Beweise.** Auf einzelnen Gebieten sind ihr dabei Schranken gesetzt, auf der anderen Seite hat sie Möglichkeiten, die praktisch nur ihr offenstehen. Vgl. hierzu Perschke, Zur Zulässigkeit nicht spezialgesetzlich geregelter Ermittlungsmethoden im Strafverfahren, 1997).

28 **I. Allgemeine Ermittlungen.** Vernehmung des Beschuldigten (§ 163a Abs. 1, Abs. 2, Abs. 4) u. der Zeugen (Abs. 3; dazu → Rn. 46a ff.; → § 161a Rn. 6); Herausgabeverlangen (§ 95 Abs. 1; → § 95 Rn. 2); Heranziehung eines Sachverständigen (Abs. 3 S. 4, 5; → § 73 Rn. 1) u. die vorl. Festnahme (§§ 127 Abs. 2, 127b Abs. 1). Zu nennen ist ferner außer den Maßnahmen für das Strafverfahren nach § 81b auch die Anfertigung v. Lichtbildern v. Tatort, v. Auffindungsort u. von Gegenständen, die bei der Tat eine Rolle gespielt haben (Hefendehl StV 2001, 704). Zulässig ist auch das Fotografieren v. Ansammlungen, wenn es naheliegt, dadurch bisher unbekannte o. gesuchte Täter früherer Straftaten ermitteln zu können (BGH NJW 1975, 2075). Ebenso wichtig ist es, dass v. den Opfern der Tat Aufnahmen gemacht werden. Bei unbekannten Toten kann das Röntgen-Identifizierungsverfahren v. Erfolg sein, das auf dem Vergleich v. Röntgenaufnahmen einer Leiche mit solchen Aufnahmen beruht, die bei Lebzeiten der Person aufgenommen worden sind, um die es sich bei dem Opfer mutmaßlich handelt. Dabei können Auskünfte der Krankenversicherungen v. Wert sein (vgl. → § 161 Rn. 5). Die Einholung behördlicher Auskunft ist zulässig (→ Rn. 1a), unter den Voraussetzungen von § 2b PersAuswG oder § 22 PassG auch die Anforderung eines Lichtbildes aus dem Personalausweis- o. Passregister, bei Gefahr im Verzug auch im Wege des Online-Zugriffs, § 2c Abs. 2 PersAuswG, § 22a Abs. 2 PassG (erg. → Rn. 51; → § 81b Rn. 15 aE), zur Zuordnung v. Beweismitteln ferner die Anforderung der nach § 49 Abs. 3–5, Abs. 7 AufenthG erhobenen Daten eines Ausländers (§ 89 Abs. 2 AufenthG; erg. → § 163b Rn. 6).

28a Zulässig ist auch die **Internetermittlung** durch Online-Zugriff auf öffentl. zugängliche Daten, etwa unter Zuhilfenahme der im Internet verfügbaren Suchmaschinen (vgl. Rückert ZStW 129 (2017), 302 (328)), ebenso auf – ohne bes. Zugangsberechtigung – zugängliche Datenbestände wie sie etwa in offenen Newsgroups o. in offenen Internet-Chats entstehen (Vgl. BVerfGE 120, 274 = NJW 2008, 822 (836); Rosengarten/Römer NJW 2012, 1764 (1767); Ostendorf/Frahm/Doege NStZ 2012, 529 (537); Brenneisen/Staack Kriminalistik 2012, 627; Klesczewski ZStW 123 (2001), 737 (739); Bär ZIS 2011, 58; Gercke GA 2012, 475 (481) mwN), ebenso die Ermittlung des Besitzers einer statischen IP-Adresse über öffentl. zugängliche Informationsplattformen (erg. → § 100g Rn. 45). Die Überwachung der Internetnutzung **(„Surfen")** im Internet ist nur unter den Voraussetzungen des 100a zulässig (BVerfG NJW 2016, 3580 mablAnm Eidam; krit. Heinrich ZIS 421(428): keine Befugnisnorm in der StPO; erg → § 100a Rn. 7). Die automatisierte Erfassung u. Verarbeitung der so erlangten Beweisdaten in einem Verf. gegen einen o. mehrere konkrete Beschuldigte ist ebenfalls zulässig, da es sich insoweit im Kern lediglich um eine automatisierte Erleichterung der Analyse zulässig gewonnener Daten handelt; die automatisierte Erhebung u. Auswertung v. Online-Rasterdaten („Schleppnetzfahndung im Netz") fällt allerdings, da regelmäßig eine Vielzahl v. Daten Unbeteiligter erhoben u. ausgewertet wird, nicht unter die Ermittlungsgeneralklausel (vgl. Rückert ZStW 129, 302 (331 f.), der vorschlägt, sich hins. der Eingriffsvoraussetzungen an §§ 98a, 111, 163d zu orientieren). Nach der Ermittlungsgeneralklausel zulässig ist die **Kommunikation in sozialen Netzwerken** unter einer Legende, wenn die Anmeldung unter einem Pseudonym problemlos möglich ist u. von einer Vielzahl v. Nutzern praktiziert wird (vgl. BT-Drs. 17/6587, 3; Soiné NStZ 2014, 248); auch die anonyme o. pseudonyme Kommunikation v. Polizeibeamten mit einer Zielperson ist danach zulässig (vgl. BVerfGE 120, 274 (345); Soiné NStZ 2014, 248). Dies gilt nicht bei Eingriffen in das Fernmeldegeheimnis (→ § 100a Rn. 7) sowie für die auf Dauer angelegte legendierte Teilnahme an geschlossenen Benutzergruppen unter Überwindung v. Zugangskontrollen (→ § 110a Rn. 4). Für die Übermittlung personenbezogener Informationen aus Strafverfahren zwischen Behörden des Polizeidienstes u. für eine entspr. Akteneinsicht gelten die §§ 474 Abs. 1, 480 Abs. 1 S. 5 (vgl. OLG Stuttgart NStZ 2008, 359 zu § 478 aF).

In Fällen des **Cybercrime mit Bitcoins** (zu Begriff u. Funktionsweise Greier wistra 2016, 249; Beck NJW 2015, 580; zu den Schwierigkeiten der Ermittlung aufgrund Dezentralität u. Pseudonymität derartiger Straftaten Grzywotz/Köhler/Rückert StV 2016, 753 (758)) erlaubt es die Ermittlungsgeneralklausel, die Transaktionsdaten in der sog. Blockchain mittels spezieller Software mit anderen Datensätzen, zB aus anderen Bereichen des Internets, zu verknüpfen, um Bitcoin-Adressen bestimmten natürlichen o. jur. Personen o. Personengruppen – etwa kriminellen Organisationen – zuordnen zu können (s. Grzywotz/Köhler/Rückert StV 2016, 753 (758), die allerdings offen lassen, ob es für den Software-Einsatz einer speziellen ges. Ermächtigungsnorm bedarf). 28b

Für Bagatellstraftaten sehen RLn der Länder ein **Vereinfachtes Ermittlungsverfahren** vor; vgl. für Niedersachsen Gemeinsamen RdErlass v. 5.7.1995 (Nds. Rpfl. 1995, 266) u. für Sachsen-Anhalt Gemeinsamen RdErlass v. 27.4.1995 (MBl. 1154). 28c

Aus verfahrenspsychologischen Gründen kann es angebracht sein, bei einer Untersuchungshandlung, die voraussichtlich bes. öffentl. Aufsehen erregen wird, die StA o. den ER (→ Rn. 26) einzuschalten, wenn die Aufklärung der Sache dadurch nicht in schädlicher Weise verzögert wird (→ § 162 Rn. 6). 29

II. Notwehr und Nothilfe. Neben ihren sonstigen Befugnissen stehen den Strafverfolgungsbeamten auch das Notwehr- u. Nothilferecht nach den §§ 32, 35 StGB zu (so ausdr. zB Art. 77 Abs. 2 BayPAG, § 57 Abs. 2 PolG NRW). § 34 StGB ist ebenfalls öffentlich-rechtliche Eingriffsnorm (BGHSt 27, 260; KK-StPO/Weingarten Rn. 12; **aM,** 19; Löwe/Rosenberg/Erb Rn. 9), soweit die allg. Bestimmung nicht durch bes. Regelungen verdrängt wird (zB nach §§ 34 ff. EGGVG). 30

Die **Eingriffskompetenz** steht häufig nur den Ermittlungspersonen der StA (§ 152 GVG) zu. Vor allem die Beschlagnahme einer beweglichen Sache (§§ 98 Abs. 1, 111b Abs. 1, 111e Abs. 1 S. 2), die Durchsuchung (§§ 105 Abs. 1, 111b Abs. 4), die körperliche Untersuchung des Beschuldigten (§ 81a) oder v. Zeugen (§ 81c Abs. 2) sowie die Anordnung einer Sicherheitsleistung (§ 132 Abs. 2) dürfen – außer dem Richter u. StA – nur die Ermittlungspersonen der StA anordnen; bei Steuerstraftaten auch die FBeh u. deren Hilfsorgane (§§ 399 Abs. 1, Abs. 2, 402, 404 **AO;** vgl. Brete/Thomsen wistra 2008, 367). Die Durchführung dieser Maßnahmen dagegen kann auch Polizeibeamten ohne Ermittlungspersoneneigenschaft überlassen werden, gleichviel wer die (zulässige) Anordnung getroffen hat. 31

III. Zwang. Zwang anzuwenden, gestattet Abs. 1 nicht (→ Einl. Rn. 45, 46). Zwang zur Identitätsfeststellung kann nach den §§ 163b, 163c angewendet werden, auch nach § 127 Abs. 1. Diese Regelungen lassen die polizeilichen Normen mit Ermächtigung zum Zwang unberührt (→ EGStPO § 6 Rn. 1; Art. 77 ff. BayPAG; §§ 55 ff. PolG NRW). 32

33 **IV. Razzia.** Die §§ 163b, 94, 95, 102, 103, 111b ergeben eine Rechtsgrundlage (Brodag StrafVerfR Rn. 377; vgl. auch Schultz JR 1966, 207). Eine Razzia zur Straftataufklärung kann mit einer zur Gefahrenabwehr (§ 9 Abs. 1 Nr. 3 MEPolG; Art. 13 Abs. 1 Nr. 2, 21 Abs. 1 Nr. 3, 22 Abs. 1 Nr. 4 BayPAG; § 12 Abs. 1 Nr. 2, 39 Abs. 1 Nr. 4, 40 Abs. 1 Nr. 4 PolG NRW) kombiniert werden (→ Rn. 17; vgl. aber Ernesti NStZ 1983, 61). Besteht zB der konkrete Verdacht (§ 152 Abs. 2), dass in den Räumen einer Drogenberatungsstelle (§ 203 Abs. 1 Nr. 4 StGB) mit Rauschgift gehandelt wird, so kann durch eine Razzia mit großem Polizeiaufgebot u. vorübergehender Straßenabsperrung in jenen Räumen nach Rauschgifthändlern gefahndet werden (BVerfGE 44, 357 (370) = NJW 1977, 1489).

34 **V. Fahndungsmaßnahmen und V-Leute.** S. zur **Fahndung** hierzu Nr. 39–43 RiStBV. Von wesentlicher Bedeutung sind die in §§ 98a, 98b geregelte Rasterfahndung, die in § 100h erlaubte Herstellung v. Bildaufnahmen, der Einsatz besonderer technischer Mittel zur Observation u. die Aufzeichnung des nichtöffentl. gesprochenen Wortes, der nach §§ 110a ff. zulässige Einsatz Verdeckter Ermittler, die Ausschreibung zur Festnahme o. Aufenthaltsermittlung, ggf. mit Öffentlichkeitsfahndung nach §§ 131 ff., sowie die polizeiliche Beobachtung nach § 163e und die längerfristige Observation nach § 163f.

34a Auch der Einsatz privater **V-Leute** mit dem Ziel, Beweise zu gewinnen, ist grds. zulässig (EGMR NJW 2009, 3565; HRRS 2008, 292; BVerfGE 57, 250 (284); BVerfG NJW 1987, 1874; BGH NStZ 2023, 560 (561 f.) mzustAnm Soiné; BGHSt 32, 115 (121 ff.); vgl. auch KK-StPO/Bader Vor § 48 Rn. 54 ff.). Eine gesonderte ges. Ermächtigung existiert nicht (→ § 161 Rn. 1; krit. hierzu Zimmermann StV 2023, 802 (802 f.); Beulke/Swoboda StrafProzR Rn. 651 mwN; vgl. für das Polizeirecht § 45 Abs. 2 Nr. 4 BKAG, § 28 Abs. 2 Nr. 3 BPolG). Der längerfristige Einsatz von V-Leuten ist allerdings nur zur Aufklärung erheblicher Straftaten u. unter Berücksichtigung des Subsidiaritätsprinzips (also insb. im Bereich der Rauschgift- u. Bandenkriminalität) zulässig (vgl. BVerfGE 57, 250 (284); BGH NStZ 2023, 560 (561 f.) mAnm Soiné). Die Polizeibehörde ist berechtigt, ihnen vor ihrem Einsatz zuzusichern, dass ihre Identität in dem zum Schutz vor Leibes- u. Lebensgefahren erforderlichen Maße geheim gehalten wird (BGHSt 33, 83 (91)); sie bedarf hierfür grds. der Zustimmung der StA (→ § 158 Rn. 16 ff.; → § 96 Rn. 12 ff.; erg. → § 110a Rn. 4a. Die für die Strafverfolgungsbehörde tätig werdende Person darf nicht gegen § 136a verstoßen; der vernehmungsähnlichen Befragung eines Tatverdächtigen durch eine V-Person sind wegen der Nähe zum nemo tenetur-Prinzip rechtsstaatliche Grenzen gesetzt (BGH NStZ 2023, 560 (561 f.) m. Beispielen aus der Rspr.). Die V-Person muss die Grundrechte achten u. darf diese Schranken nur mit einem anerkannten Rechtfertigungsgrund übersteigen, weil ein Verstoß dem Staat zuzurechnen wäre (Krause/Nehring StrafVerfR Rn. 245; → Einl. Rn. 18 ff., 55; erg. → EMRK Art. 6 Rn. 4–4b), es sei denn, die Polizei konnte mit einem Fehlverhalten der V-Person nicht rechnen (vgl. BGHSt 45, 321 (336); 47, 44 (48); enger Hilger NStZ 1992, 523 Fn. 128). Das bloße Betreten der Wohnung des Beschuldigten durch eine V-Person ist grds. zulässig, jedenfalls soweit keine gezielte Umgehung des § 110b Abs. 2 S. 2 oder des Art. 13 Abs. 1 GG vorliegt (BGH NJW 1995, 2236: keine entspr. Anwendung der §§ 110a ff.; der Löwe/Rosenberg/Hauck § 110c Rn. 25; Unterreitmeier Kriminalistik 2021, 643) oder gezielt Informationen aus dem Kernbereich abgeschöpft werden sollen (BVerfG 2023, 459 (461) mAnm Schneider). Es darf der V-Person nicht gestattet werden, bei seinem Einsatz Straftaten zu begehen (BGH NStZ-RR 2021, 175 (176)).

34b Ein **agent provocateur** darf weiter jedenfalls dann eingeschaltet werden, wenn der bereits bestehende starke Verdacht schwerwiegenden strafbaren Verhaltens auf seine Richtigkeit getestet werden soll (BGHSt 32, 345; BGH NJW 1980, 1761; NStZ 1981, 104). In die Bestimmung des Zeitpunkts des Zugriffs dürfen präventive u. polizeitaktische Erwägungen einfließen (BGH NStZ 2008, 685; bestätigt durch

BVerfG BeckRS 2007, 28263). Ein Verstoß gegen den Grundsatz des fairen Verfahrens nach Art. 6 Abs. 1 EMRK in Form einer **rechtsstaatswidrigen Tatprovokation** liegt erst vor, wenn der Täter von den Strafverfolgungsbehörden derart angestiftet wurde, dass er die Tat ohne die staatliche Veranlassung nicht begangen hätte (BGH NStZ 2023, 243 mAnm Moldenhauer NStZ-RR 2023, 111; ausf. zu den Voraussetzungen und Folgen Schneider NStZ 2023, 325). Der EGMR legt den Begriff Anstiftung autonom aus und hat hierfür Kriterien entwickelt; an das Vorliegen einer rechtsstaatswidrige Tatprovokation sind auch angesichts der Rechtsfolgen keine zu geringen Anforderungen zu stellen (EGMR NJW 2021, 3515 (3520 ff.) mAnm Hoven). Sie kommt danach erst bei nachhaltigen Einwirkungen auf einen nicht schon Tatgeneigten zur Tatbegehung o. zu einem „Quantensprung" in Betracht (BGH NStZ 2023, 560 (561); BGHSt 45, 321; 47, 44; BGH NJW 1981, 1626; NStZ 2014, 277; krit. Conen StRR 2009, 84, Gaede/Buermeyer HRRS 2008, 283 ff. (jew. unter Hinweis auf EGMR NJW 2009, 3565; HRRS 2008, 292; s. ferner EGMR StraFo 2014, 504 mAnm Sommer), auch zur „Beweislast"; Greco StraFo 2010, 52; vgl. zum Ganzen auch Beulke/Swoboda StrafProzR Rn. 651 mwN sowie → EMRK Art. 6 Rn. 4a, 4b zur Rspr. des EGMR). Eine Anstiftung in diesem Sinn steht inmitten, wenn der Täter zunächst v. sich aus an die V-Person herangetreten ist, sein späterer Versuch auszusteigen v. dieser jedoch mit rechtsstaatswidrigen Mitteln vereitelt wird (BGH NStZ 2009, 405) oder er beharrlich bedrängt wird (EGMR NJW 2021, 3515 Rn. 116). Vgl. zu einer rechtsstaatswidrigen Tatprovokation durch einen Verdeckten Ermittler Janssen/Wennekers StV 2022, 338. In der Revision kann eine rechtsstaatswidrige Tatprovokation nur mit einer den Anforderungen des § 344 Abs. 2 S. 2 genügenden Verfahrensrüge gerügt werden, es sei denn, der Verstoß ergibt sich ausnahmsweise ohne Weiteres aus den Urteilsgründen (BGH NStZ 2015, 226). Zu den **Rechtsfolgen** einer unzulässigen Tatprovokation → Einl. Rn. 148a sowie ausf. → **EMRK** Art. 6 Rn. 4a–c.

H. Grenzen der Befugnisse. Kein Zweifel besteht darüber, dass die Polizei eine Person zur Vernehmung (vgl. Abs. 3, § 163a) schriftlich o. mündlich vorladen kann, wenn Tatsachen die Annahme rechtfertigen, die Person werde sachdienliche Angaben zu der Tat machen können, die geklärt werden soll (über vorherige informatorische Befragung vgl. → Einl. Rn. 79, → Rn. 46b). Das Gleiche gilt, wenn gegen die Person erkennungsdienstliche Maßnahmen (§ 81b) durchzuführen sind. Nicht im ersteren, aber im letzteren Fall kann unmittelbarer Zwang angewendet werden, wenn der Betroffene der Ladung ohne hinreichenden Grund keine Folge leistet, auch unmittelbar nach der mündlichen Vorladung (erg. → § 81b Rn. 15). 35

I. Beschuldigte. Der Beschuldigte ist nicht verpflichtet, zur Sache Aussagen zu machen (§ 163a Abs. 3). Zur Person muss er iRd § 111 Abs. 1 OWiG aussagen (→ § 136 Rn. 5). 36

II. Zeuge. Der Zeuge ist zwar zum Zeugnis (§§ 48 Abs. 1, Abs. 3 S. 1) u. nunmehr auch zum Erscheinen (Abs. 3 S. 1, → Rn. 48, 49) verpflichtet. Jedoch gelten bei der Aussage zur Sache die ges. Weigerungsrechte (dazu Abs. 3 S. 2, Abs. 4 Nr. 1, → Rn. 50, 56). Die Polizei hat allerdings die Befugnis zur Identitätsfeststellung nach den Polizeigesetzen (vgl. auch → Rn. 32). 37

III. Schutz der Wohnung. Sucht der Polizeibeamte den Beschuldigten o. Zeugen in seiner Wohnung auf, so darf er sich, da er keine Zwangsbefugnis hat, nur so lange dort aufhalten, wie der Wohnungsinhaber damit einverstanden ist (OLG Schleswig NJW 1956, 1570). In Betracht kommt aber ein Betreten aus polizeilichen Gründen nach den Landespolizeigesetzen (vgl. § 19 MEPolG; Art. 23 BayPAG; § 41 PolG NRW); zum Betreten einer Wohnung durch einen Verdeckten Ermittler vgl. § 110b Abs. 3. 38

IV. Sachverständige. Der Sachverständige, der schon im polizeilichen Ermittlungsverfahren herangezogen werden darf (→ § 73 Rn. 1), kann der Polizei ggü. 39

durch seine Stellung im öffentl. Dienst o. durch allg. Vereinbarung o. durch Annahme eines Auftrags zur Begutachtung verpflichtet sein. Die Polizei kann diese Verpflichtung jedoch nicht mit Ordnungs- u. Zwangsmitteln durchsetzen. Dies kann aber die StA (§ 161a Abs. 2). Über Belehrungspflichten ggü. dem Sachverständigen Abs. 3 S. 4 (→ Rn. 46e).

40, 41 **V. Ton- und Bildaufnahmen. 1. Als Ermittlungshandlungen:** Die heimliche Aufnahme durch Bildaufnahmen gestattet § 100h Abs. 1 S. 1 Nr. 1, die des nichtöffentl. gesprochenen Wortes erlauben §§ 100a, 100c und § 100f unter den dort jew. bezeichneten Voraussetzungen. Im Übrigen gilt:

42 **a) Erklärungen gegenüber der Strafverfolgungsbehörde:** Das wissentlich an die Adresse eines Strafverfolgungsorgans gerichtete Wort (bei schriftlichen, mündlichen o. telefonischen Hinweisen o. Anzeigen, bei einer Vernehmung, einer Augenscheinnahme, einem informatorischen Gespräch, → Rn. 46b) gehört nicht der Privatsphäre o. gar der Intimsphäre an, die in Art. 2 Abs. 1 iVm Art. 1 Abs. 1 GG vor Einwirkung der öffentl. Gewalt geschützt ist (BVerfGE 34, 238). Sie können in jedem Fall aufgenommen werden, wenn besondere Umstände sie rechtfertigen. Denn es ist nicht vorgeschrieben, wie die Äußerungen der Auskunftspersonen v. den Vernehmungsbeamten festzuhalten sind. Für Vernehmungen gilt § 168a Abs. 2 S. 1 (vgl. § 168b Abs. 2). Auch die audiovisuelle Zeugenvernehmung nach Abs. 3 S. 2, § 58a (→ § 58a Rn. 7a) bedarf keiner Einwilligung.

43 **b) Privatgespräche:** Grundsätzlich unzulässig u. unverwertbar ist die heimliche Aufnahme eines Privatgesprächs, das der Sprecher nicht öffentl. führt u. das ohne eine strafprozessuale Ermächtigung u. damit rechtswidrige aufgenommen wird (§ 201 StGB). Zulässig ist sie mithin in den Fällen der §§ 100a, 100c, 100f sowie bei Rechtfertigung nach §§ 32, 34 StGB (erg. → Einl. Rn. 56b).

44 **2. Protokollbedeutung:** Das aufgenommene Wort wird in einen Aktenvermerk o. ein Prot. umgesetzt. Die Aufnahme ist dabei Hilfsmittel (→ Rn. 18).

45 **3. Verwertung als Beweismittel:** Die Ton- u. Bildaufnahmen sind Augenscheinsobjekte (→ § 86 Rn. 10, 11; → § 255a Rn. 1). Zum Vorhalt einer Tonaufnahme genügt idR die Fixierung in den Akten, notfalls mit Abspielen (BGH JZ 1956, 227; Dallinger MDR 1956, 527 – BGH RsprÜ; → § 69 Rn. 9, → § 249 Rn. 29).

46 **4. Heimliche Aufnahmen durch einen Dritten** sind nach § 201 StGB strafbar. Eine Verwertung für das Strafverfahren kommt dann in Betracht, wenn überwiegende Interessen der Allgemeinheit dies gebieten u. demggü. daher das schutzwürdige Interesse des Sprechers an der Nichtverwertung zurücktreten muss (BVerfGE 34, 238 mkritAnm Arzt JZ 1973, 506; BGHSt 19, 325 (332); BayObLG NJW 1990, 197); auch der EGMR schließt die Verwendung solcher Aufnahmen nicht grds. aus (EGMR NJW 1989, 654). Die Verwertung ist insbes. zulässig, wenn bei der Güter- u. Pflichtenabwägung das öffentl. Interesse an einer möglichst vollständigen Wahrheitsermittlung im Strafprozess überwiegt (BVerfGE 34, 238; BGHSt 36, 167 (172)). Sie kann uU auch zur Gefahrenabwehr u. unter Notwehr- o. Notstandsgesichtspunkten in Frage kommen (zum Ganzen → Einl. Rn. 56b; Fischer/Fischer/Anstötz StGB § 201 Rn. 11).

47 **I. Zeugenvernehmungen (Abs. 3–5).** Die Vernehmung v. Zeugen durch Beamte des Polizeidienstes wurde durch das G v. 17.8.2017 (BGBl. I 3202 (3209)) geänd. u. neu gefasst.

48 **I. Pflicht zum Erscheinen (Abs. 3 S. 1).** Zeugen sind nunmehr verpflichtet, auf Ladung vor Ermittlungspersonen der StA zu erscheinen u. zur Sache auszusagen, wenn der Ladung ein Auftrag der StA zugrunde liegt. Dies beruht auf der Überlegung, dass es nach bisheriger Rechtslage allein v. Zeugen – nämlich im Fall der Weigerung, vor der Polizei zu erscheinen – abhing, ob es zu einer staatsanwaltlichen Vernehmung kam (→ 60. Aufl. 2017, Rn. 37), ohne dass es hierfür einen in der Vernehmung selbst liegenden inhaltlichen Grund gegeben hätte; es geht also bei der Neuregelung um Ressourcenschonung auf Seiten der StA u. um die Beschleunigung der Verf. (vgl. BT-Drs. 18/11277, 28).

Wer **Ermittlungsperson der StA** ist bestimmt sich nach § 152 Abs. 2 GVG iVm den jeweiligen Rechtsverordnungen der Landesregierungen o. Landesjustizverwaltungen (erg. Komm. zu § 152 GVG); es genügt, wenn dies bei mehreren Vernehmungspersonen diejenige ist, welche die Vernehmung leitet (vgl. BT-Drs. 18/11277, 29). Es muss ein konkreter Auftrag der StA vorliegen, womit die Entscheidungsbefugnis der StA gewährleistet bleiben soll (BT-Drs. 18/11277, 28). Die StA muss im Einzelfall prüfen, ob der Zeuge zum Erscheinen verpflichtet u. ob die Vernehmung überhaupt v. der Polizei durchgeführt werden soll. Es wird also künftig polizeiliche Vorladungen mit u. ohne Erscheinenspflicht des Zeugen geben; dies ist wegen der unterschiedlichen Rechtsfolgen im Ladungsschreiben deutlich zu machen (Singelnstein/Derin NJW 2017, 2646 (2650)). Es bleibt allerdings abzuwarten, ob sich nicht ungeachtet dessen in der Praxis formalisierte Abläufe ausbilden werden, welche einer generellen Ermächtigung der Polizei, jedenfalls für bestimmte Fallgruppen, nahekommen (für die Zulässigkeit einer generellen Übertragung Soiné NStZ 2018, 141). Der StA bleibt es iÜ unbenommen, die Ladung eines Zeugen vor die Polizei direkt zu veranlassen. Ebenso kann es die Polizei in einfach gelagerten Fällen dabei belassen, v. dem Zeugen eine schriftliche Stellungnahme zu erbitten. **49**

II. Entsprechende Geltung von Zeugenvorschriften (Abs. 3 S. 2). Für die Durchführung der Vernehmung gelten die Vorschr. des 6. Abschn. des ersten Buches, dh die §§ 48–71, entsprechend. Dies bezieht sich namentlich auf die **Belehrungspflichten** nach §§ 52 Abs. 3, 55 Abs. 2 und § 57 Abs. 1. Diese entstehen erst, wenn es tatsächlich zur Vernehmung des Zeugen kommt, also noch nicht bei einer vorgeordneten allg. gehaltenen, formlosen informatorischen Nachfrage, ob die Person überhaupt als Zeuge in Betracht kommt (→ Einl. Rn. 79, → Rn. 9). Im Fall des § 52 Abs. 1 ist ggf. auch die Belehrung der in § 52 Abs. 2 genannten Personen notwendig, da § 52 Abs. 3 seinerseits auf diese Vorschr. Bezug nimmt. Auf das Auskunftsverweigerungsrecht muss bei gegebenem Anlass hingewiesen werden (→ § 55 Rn. 14). **50**

Ferner gelten § 48 (Form, Frist u. Inhalt; → § 48 Rn. 1a ff.), § 58 (Einzelvernehmung, Gegenüberstellung), §§ 58a, 58b (Videoaufzeichnung), § 68 (persönliche Verhältnisse u. deren Schutz; früher schon BGHSt 33, 83; erg. → § 251 Rn. 14), § 68a und § 69 (Form u. Inhalt der Befragung; erg. → § 161a Rn. 6) sowie § 68b (Wahl bzw. Beiordnung eines Zeugenbeistands; erg. → Rn. 57 sowie → § 68b Rn. 3, 9). Zur Anwesenheit des Verteidigers → Rn. 16. **51**

Vernehmungsmethoden: Aus § 136a – anwendbar über Abs. 3 S. 2 iVm § 69 Abs. 3 – ergibt sich, dass zulässig ist, was nicht unter ein solches Verbot fällt, allerdings nur, sofern im Einzelfall nicht ein anderes Verbot eingreift (→ Rn. 64). Für die polizeiliche Vernehmung unter Verstoß gegen § 136a Abs. 1, Abs. 2 gilt auch das Verwertungsverbot nach § 136a Abs. 3 S. 2 (→ § 136a Rn. 27 ff.). **52**

Bei schriftlicher Vernehmung, die im Ermittlungsverfahren genügen kann (vgl. auch → § 161 Rn. 2), muss der Zeuge in der Aufforderung zur Aussage ggf. über ein Zeugnisverweigerungsrecht nach § 52 und bei nicht fern liegender Möglichkeit einer Selbstbelastung o. einer Belastung v. Angehörigen auf das Auskunftsverweigerungsrecht nach § 55 hingewiesen werden. **53**

Die Vernehmung kann auch im Wege der **Video-Konferenztechnik** erfolgen (Abs. 3 S. 2 iVm §§ 58a, 58b; näher → § 58a Rn. 1 ff, → § 58b Rn. 1 ff.). **54**

III. Staatsanwaltliche Entscheidungsbefugnisse (Abs. 4). Abs. 4 fasst die bisher in Abs. 3 S. 2 geregelten Anordnungskompetenzen de StA zusammen u. erweitert sie. **55**

Nach Abs. 4 S. 1 Nr. 1 **entscheidet die StA bei Zweifeln** über das Bestehen der Zeugeneigenschaft u. etwaige Zeugnis- o. Auskunftsverweigerungsrechte. Der vernehmende Polizeibeamte ist also in Zweifelsfällen verpflichtet, mit dem Sachbearbeiter der StA Rücksprache zu halten, was allerdings bereits der bisherigen Praxis entspricht. Damit soll die Sachleitung u. Verantwortung der StA für die Rechtmäßigkeit der Ermittlungen unterstrichen werden (BT-Drs. 18/11277, 29). **56**

57 **Zuständig** für die – ggf. auch fernmündlich zu erteilende – Gestattung, Angaben zur Person nicht o. nur über eine frühere Identität zu machen (§ 68 Abs. 3 S. 1), sowie für die Beiordnung eines Zeugenbeistands (§ 68b Abs. 2) ist die StA (Abs. 4 S. 1 Nr. 2, 3). Daraus folgt, dass die Polizei in Zweifelsfällen gehalten ist, die StA unmittelbar in Kenntnis zu setzen (Bott StraFo 2018, 410 (414)).

58 Für **Zwangsmaßnahmen gegen den Zeugen** nach §§ 51, 70 bei unberechtigtem Ausbleiben o. unberechtigter Weigerung ist ebenfalls die StA zuständig. Die Festsetzung v. Ordnungs- u. Erzwingungshaft bleibt allerdings dem nach § 162 zuständigen Gericht vorbehalten (Abs. 4 S. 1 Nr. 4). Die zwangsweise **Vorführung** des Zeugen (§ 51 Abs. 1 S. 3) kann vor die Polizei o. die StA angeordnet werden (BT-Drs. 18/11277, 29). Soll zu deren Durchsetzung die **Wohnung** des Zeugen zwangsweise geöffnet und betreten werden, bedarf es – neben der Vorführungsanordnung der StA nach § 163 Abs. 4 S. 1 Nr. 4 iVm § 51 Abs. 1 S. 3 – einer gerichtlichen Anordnung, die auf die Annexkompetenz des § 51 Abs. 1 S. 3 gestützt werden kann (BGH (ER) NStZ 2022, 559 mAnm Lund).

59 Die **übrigen Entscheidungen,** die iRd in Abs. 3 S. 2 in Bezug genommenen Vorschr. erforderlich werden, trifft der die polizeiliche Vernehmung leitende Beamte. Das gilt etwa für Beginn, Unterbrechung u. Beendigung der Vernehmung sowie das taktische Vorgehen (Soiné NStZ 2018, 141 (143)), aber auch für die Videoaufzeichnung der Aussage u. den Ausschluss des Zeugenbeistands v. der Vernehmung nach § 68b Abs. 1 S. 3 (zum Rechtsschutz hiergegen vgl. sogleich → Rn. 60; zur Dokumentation der Ausschlussgründe → § 68b Rn. 16).

60 **IV. Antrag auf gerichtliche Entscheidung (Abs. 5).** Gegen eine Entsch. des Polizeibeamten, einen anwaltlichen Beistand nach § 68b Abs. 1 S. 3 von der Vernehmung des Zeugen auszuschließen, kann gerichtliche Entsch. durch das nach § 162 zuständige Gericht beantragt werden. Dies gilt auch für die Entsch. der StA über die Beiordnung eines Zeugenbeistandes nach § 68b Abs. 2, Abs. 4 S. 1 Nr. 3 sowie über die Zwangsmaßnahmen nach §§ 51, 70 Abs. 4 S. 1 Nr. 4 gegen nicht erschienene o. unberechtigt nicht aussagende Zeugen. Die §§ 297–300, 302, 306–309, 311a und § 473a gelten jew. entspr. (Abs. 5 S. 2). So kann der Antrag etwa durch den Verteidiger (§ 297) o. den ges. Vertreter (§ 298) gestellt werden. Über die Fortführung der Vernehmung nach erfolgtem Ausschluss des anwaltlichen Beistands entscheidet der Vernehmungsbeamte nach S. 2 iVm § 307 Abs. 1, Abs. 2 (krit. Matt/Dierlamm/Schmidt StV 2009, 718; vgl. → § 161a Rn. 21). Die auf den Antrag ergangenen gerichtlichen Entsch. sind unanfechtbar (Abs. 5 S. 3).

61 **J. Belehrung bei Untersuchungen nach § 81c. Bei Untersuchung nach § 81c** ist in den Fällen des § 81c Abs. 3 S. 1 und 2 die Belehrung des Angehörigen, ggf. des ges. Vertreters, über das Untersuchungsverweigerungsrecht Aufgabe der Polizei (Abs. 6 S. 2 iVm § 52 Abs. 3), wenn eine Ermittlungsperson die Anordnung getroffen hat (§ 81c Abs. 5). Denn die Polizei ist in diesem Fall der Auftraggeber für die Untersuchung (→ § 36 Rn. 13; → § 81c Rn. 24). Der die Untersuchung Veranlassende muss den Betroffenen auch dann vor der Untersuchung belehren, wenn dieser sich freiwillig untersuchen lässt (→ § 81c Rn. 4, 7).

62 **K. Belehrung bei Sachverständigen (Abs. 6).** Der **Sachverständige (Abs. 6 S. 1),** der v. der Polizei hinzugezogen wird (→ Rn. 39), ist ggf. mündlich o. schriftlich (→ Rn. 53) über sein Gutachtensverweigerungsrecht nach § 52 Abs. 1, Abs. 3 zu belehren (→ § 76 Rn. 1); dies gilt ebenso, falls Anhaltspunkte für die Angemessenheit einer solchen Belehrung bestehen, über sein Recht, die Auskunft über Tatsachen o. Schlussfolgerungen zu verweigern, wenn durch die Angabe eine Verfolgungsgefahr iSd § 55 Abs. 1, Abs. 2 entstehen würde (→ § 76 Rn. 1).

63 **L. Dolmetscher (Abs. 7).** Bei der Vernehmung v. Zeugen, die der deutschen Sprache nicht mächtig sind, ist § 185 Abs. 1 und Abs. 2 GVG anzuwenden (→ GVG § 185 Rn. 1, 9).

64 **M. Grundsatz der freien Gestaltung des Ermittlungsverfahrens.** Im Übrigen gilt der **Grundsatz der freien Gestaltung** des Ermittlungsverfahrens

(→ § 161 Rn. 7) auch für die Polizei, u. zwar iRd Verf. (→ Einl. Rn. 20, 21), der Gesetze ua Vorschr. u. unter Berücksichtigung dessen, was sich zwangsläufig aus der Natur der Sache ergibt (BVerfGE 103, 142 = NJW 2001, 1121 (1123)). Der Ablauf des Ermittlungsverfahrens kann nicht ges. schematisiert werden, weil Spielraum für kriminalistische Taktik u. richtigen Einsatz der Kriminaltechnik bleiben muss.

N. Schlussvermerk. Einer zusammenfassenden Darst. der Ermittlungen in 65
Form eines Schlussberichts bedarf es nach der StPO nicht. In schwierigen, umfangreichen o. unübersichtlichen Fällen muss aber eine knappe Übersicht über die Ermittlungen in einem Schlussvermerk gegeben werden, zum einen zur Selbstkontrolle des Beamten u. zur Erleichterung der Aufsicht des Vorgesetzten, zum anderen aus Ordnungsgründen, insbes. in umfangreichen Sachen, bei zahlreichen Tatbeteiligten o. Beweispersonen. Dabei wird auf wichtige Einzelheiten u. besondere Vorkommnisse hingewiesen (die jew. unverzüglich in den Akten festzuhalten sind). Im Hinblick auf § 111l kommt der Angabe der Verletzten u. etwaiger Beschlagnahmemitteilungen an sie besondere Bedeutung zu. Auch wenn die Polizei einem förmlichen Beweisantrag des Beschuldigten nicht entsprochen hat, erscheint idR ein Hinweis hierauf geboten (→ § 163a Rn. 15).

Eine **rechtliche Würdigung unterbleibt** grds., erst recht eine Stellungnahme 66
zur Schuldfrage (Soiné StPO Rn. 28). Dagegen kann im Einzelfall ein Hinweis darauf sachgemäß sein, unter welchen rechtlichen Gesichtspunkten die Ermittlungen geführt worden sind u. welche Zweifel sich dabei ergeben haben.

O. Beschwerde; Antrag auf gerichtliche Entscheidung. Beschwerde ge- 67
gen polizeiliche Maßnahmen im Ermittlungsverfahren ist zulässig, u. zwar als Sachaufsichtsbeschwerde, soweit die eigentliche Sachbehandlung beanstandet wird, o. als Aufsichtsbeschwerde ieS, die lediglich das Verhalten des Beamten als solches beanstandet (vgl. → Vor § 296 Rn. 22). Im ersteren Fall ist der StA – auch soweit der Polizeibeamte nicht als Ermittlungsperson (dazu → GVG § 152 Rn. 8) u. ohne Auftrag der StA im ersten Zugriff tätig geworden ist (Löwe/Rosenberg/Erb Rn. 101; SK-StPO/Wohlers/Albrecht Rn. 35) –, im letzteren der Dienstvorgesetzte für die Entsch. zuständig.

Über den **Antrag auf gerichtliche Entscheidung** gegen polizeiliche Maß- 68
nahmen, soweit er nicht in Abs. 5 geregelt ist (dazu → Rn. 60), vgl. → § 98 Rn. 23; → **EGGVG** § 23 Rn. 9, 10. Der Rechtsschutz gegen die (auch schon vollzogene) Anforderung eines Lichtbildes bei den Pass- o. Personalausweisbehörden für die Zwecke eines konkreten Ermittlungsverfahrens gem. § 2b PersAuswG oder § 22 PassG richtet sich nach § 98 Abs. 2 S. 2 entspr. (LG Rostock StV 2008, 627).

Vernehmung des Beschuldigten **Nr. 44, 45 RiStBV**

163a (1) [1]**Der Beschuldigte ist spätestens vor dem Abschluß der Ermittlungen zu vernehmen, es sei denn, daß das Verfahren zur Einstellung führt.** [2]**In einfachen Sachen genügt es, daß ihm Gelegenheit gegeben wird, sich schriftlich zu äußern.**

(2) **Beantragt der Beschuldigte zu seiner Entlastung die Aufnahme von Beweisen, so sind sie zu erheben, wenn sie von Bedeutung sind.**

(3) [1]**Der Beschuldigte ist verpflichtet, auf Ladung vor der Staatsanwaltschaft zu erscheinen.** [2]**Die §§ 133 bis 136a und 168c Abs. 1 und 5 gelten entsprechend.** [3]**Über die Rechtmäßigkeit der Vorführung entscheidet auf Antrag des Beschuldigten das nach § 162 zuständige Gericht.** [4]**Die §§ 297 bis 300, 302, 306 bis 309, 311a und 473a gelten entsprechend.** [5]**Die Entscheidung des Gerichts ist unanfechtbar.**

(4) [1]**Bei der Vernehmung des Beschuldigten durch Beamte des Polizeidienstes ist dem Beschuldigten zu eröffnen, welche Tat ihm zur Last gelegt**

wird. ²Im übrigen sind bei der Vernehmung des Beschuldigten durch Beamte des Polizeidienstes § 136 Absatz 1 Satz 2 bis 6, Absatz 2 bis 5 und § 136a anzuwenden. ³§ 168c Absatz 1 und 5 gilt für den Verteidiger entsprechend.

(5) **Die §§ 186 und 187 Absatz 1 bis 3 sowie § 189 Absatz 4 des Gerichtsverfassungsgesetzes gelten entsprechend.**

Übersicht

1 **A. Vernehmung des Beschuldigten.** Die Vernehmung des Beschuldigten (Abs. 1 S. 1; § 136 Abs. 2, Abs. 3; zum Begriff des Beschuldigten → Rn. 4a sowie → Einl. Rn. 76 ff.) im Ermittlungsverfahren ist **obligatorisch.** Sie dient sowohl seiner Information über das eingeleitete Verf. als auch der Sachaufklärung (Löwe/Rosenberg/Erb Rn. 32; Rieß FS Geerdts, 1995, 514); danach auftauchende neue Umstände, die sich aber im Rahmen derselben prozessualen Tat halten, verpflichten idR nicht zu ihrer Wiederholung (Löwe/Rosenberg/Erb Rn. 42; **aM** Kempf FS 25 Jahre AG StrafR DAV, 2009, 598). Der Betroffene muss spätestens mit dem Beginn dieser Vernehmung zum Beschuldigten gemacht werden (→ Einl. Rn. 76, 77; → EMRK Art. 6 Rn. 17). Bei Nichtgewährung des rechtlichen Gehörs im Ermittlungsverfahren kann nach Anklageerhebung der Vorsitzende des Gerichts die Nachholung bei der StA anregen (weitergehend Löwe/Rosenberg/Erb Rn. 121: Pflicht zur Rückgabe; Meineke StV 2015, 325: Unwirksamkeit); iÜ wird der Mangel durch die Aufforderung zur Erkl. nach § 201 geheilt (AnwK StPO/Walther Rn. 31; KMR-StPO/Noltensmeier-von Osten Rn. 11; Schäfer wistra 1987, 170; **aM** SK-StPO/Wohlers/Albrecht Rn. 11; Kempf FS 25 Jahre AG StrafR DAV, 2009, 599; Leitner FS Volk, 2009, 301; Wagner ZStW 109 (1997), 577). Die Vernehmung kann gem. § 136 Abs. 4 S. 1 bzw. muss in den Fällen des § 136 Abs. 4 S. 2 in Bild u. Ton aufgezeichnet werden (→ § 136 Rn. 19a–f). Auch eine

Vernehmung mittels Einsatz der **Videokonferenztechnik** ist möglich (s. §§ 58a, 58b für Zeugenvernehmungen); dies erspart den Versand v. Verfahrensakten u. kann zu einer Beschleunigung des Ermittlungsverfahrens beitragen; es hat zugleich den Vorteil, dass die Vernehmung durch den die Ermittlungen leitenden Beamten vorgenommen werden kann.

I. Vernehmungsbeamte. Wer den Beschuldigten vernimmt, ist Angelegenheit der Strafverfolgungsbehörden. In der Regel wird es die **Polizei** iRd ersten Zugriffs (§ 163) tun, in Steuerstrafsachen die Behörden u. Beamten der **Finanzverwaltung** (→ § 163 Rn. 3). Hat die **StA** das Ermittlungsverfahren eingeleitet, so vernimmt sie den Beschuldigten selbst o. ersucht die Polizei (§ 161 Abs. 1 S. 1) o. bei bes. Anlass eine andere StA (vgl. § 161a Abs. 4) o. ausnahmsweise den ER (§ 162 Abs. 1; → § 162 Rn. 3) um die Vernehmung. Ob diese früher o. später vorzunehmen ist, hängt v. Einzelfall ab (→ § 161 Rn. 7, 8; → § 163 Rn. 47; krit. SK-StPO/Wohlers/Albrecht Rn. 9). Da der Beschuldigte kein Recht hat, das Vernehmungsorgan zu wählen, ist rechtlich dem Erfordernis des Abs. 1 genügt, wenn ihm die Gelegenheit zur Äußerung bei der Polizei gegeben wird (**aM** Wagner ZStW 109 (1997), 577). Erklärt der Beschuldigte, nur auszusagen, wenn er eine Protokollabschrift erhält, so kann sie ihm gegeben werden, wenn Missbrauch nicht zu befürchten ist (Brodag StrafVerfR Rn. 274, 878; → Rn. 26). 2

II. Entbehrlichkeit. Ist die Sache **einstellungsreif,** gleichviel aufgrund welcher Bestimmungen (§§ 170 Abs. 2 S. 1, 153 Abs. 1, 153b Abs. 1, 153c Abs. 1–3, 153d Abs. 1, 153e Abs. 1, 153f Abs. 1 oder wegen Verfahrenshindernisses, → Einl. Rn. 146), so bedarf es der Beschuldigtenvernehmung nicht mehr (→ § 161 Rn. 8; erg. → § 152a Rn. 5; **aM** SK-StPO/Wohlers/Albrecht Rn. 7; Wagner ZStW 109 (1997), 574: nur bei § 170 Abs. 2); anders im Fall des § 153a Abs. 1 (Löwe/Rosenberg/Erb Rn. 38). Liegt nach Meinung der Polizei ein Einstellungsfall vor, gibt sie die Sache an die StA ab (§ 163 Abs. 2 S. 1). 3

B. Beschuldigtenvernehmung durch die Polizei (Abs. 4). Grundsätzlich gelten für die Belehrungspflichten eines Polizeibeamten dieselben Regeln wie bei einem Richter o. StA (vgl. BGH NStZ 2012, 581 (582); → § 136 Rn. 3 ff.); ebenso wie in § 136 wurde die Beschränkung der Hinweis- und Belehrungspflichten auf die „erste" Vernehmung durch G v. 25.6.2021 (BGBl. I 2099) gestrichen. Der Beschuldigte ist mithin bei jeder weiteren Vernehmung auf seine Rechte hinzuweisen; die bloße Unterbrechung einer Vernehmung löst bei ihrer Fortsetzung hingegen keine erneuten Hinweis- und Belehrungspflichten aus (BT-Srs. 19/27654, 77, 83). Da die Bestimmung des § 136 Abs. 1 S. 1 bei der polizeilichen Vernehmung (nicht bei einer informatorischen Befragung, vgl. → Einl. Rn. 79) durch Abs. 4 S. 1 ersetzt wird, ist der vernehmende Polizeibeamte rechtlich nicht verpflichtet, dem Beschuldigten zu eröffnen, welche Strafvorschriften iE in Betracht kommen (BGH NStZ 2012, 581 (582)). Das Gleiche gilt, wenn in Steuerstrafsachen ein Finanzbeamter vernimmt, der dem Polizeibeamten gleichsteht (→ § 163 Rn. 3). Dass der Beschuldigte als solcher zu einem Vorwurf vernommen werden soll, muss ihm schon bei der Vorladung, falls eine solche nicht stattfindet, spätestens am Beginn der Vernehmung eröffnet werden. Der Vernehmende hat hins. der Ausgestaltung der Eröffnung einen gewissen Beurteilungsspielraum; eine Verpflichtung zur Mitteilung aller bekannten Tatumstände besteht nicht (BGHSt 62, 123 (140 f.): Genese des Tatverdachts bei sog. legendierten Kontrollen; erg. dazu → § 105 Rn. 1a–e). Die nähere Bezeichnung der Tat (Abs. 4 S. 1; dazu BGH NStZ 2012, 581 (582); näher u. erg. → § 136 Rn. 6, 21, → § 152 Rn. 4) kann bis zum Beginn der Vernehmung zur Sache aufgeschoben werden. Von den Hinweispflichten nach Abs. 4 S. 2 iVm § 136 Abs. 1 S. 2–4 wird die Polizei nur befreit, wenn die Hinweise schon vorher ein Polizeibeamter o., wie hier bei sinnvoller Auslegung hinzugefügt werden muss, ein StA o. Richter gegeben hat. Eingehend zur Belehrung u. Vernehmung v. Beschuldigten durch Polizeibeamte Weihmann Kriminalistik 2010, 82). 4

4a Ob ein Verdächtiger als Beschuldigter zu belehren ist, unterliegt der pflichtgemäßen Beurteilung des Vernehmungsbeamten (BGHSt 51, 367 (371); NJW 2019, 2627 (2630); erg. zum **Beschuldigtenbegriff** → Einl. Rn. 76 ff.). Nicht ausreichend ist die allg. kriminalistische Erfahrung (allerdings wird der Halter eines KFZ beim Verdacht der Unfallflucht regelmäßig als Beschuldigter zu belehren sein; s. OLG Nürnberg StV 2015, 155; zu denkbaren Konstellationen bei Verdacht auf Trunkenheitsfahrt Soiné NZV 2016, 411 (414)); erforderlich sind vielmehr hinreichend gesicherte Erkenntnisse hins. Tat u. Täter (BGH NJW 2019, 2627 (2630); NStZ 2008, 48; NStZ-RR 2012, 49). Der Vernehmende ist dabei nicht gehindert, den Verdächtigen mit dem Tatverdacht zu konfrontieren u. ihm auf die Abklärung der Verdachtslage zielende Vorhalte u. Fragen zu stellen (BGH NJW 2019, 2627 (2630)). Die **Grenzen des Beurteilungsspielraums** sind jedoch überschritten, wenn trotz starken Tatverdachts nicht v. der Zeugen- zur Beschuldigtenvernehmung übergegangen wird u. auf diese Weise willkürlich die Beschuldigtenrechte umgangen werden (BGH NJW 2019, 2627 (2630); NStZ-RR 2012, 49). Dabei kommt es nicht nur auf die Stärke des Tatverdachts, sondern auch darauf an, wie sich das Verhalten des Vernehmungsbeamten nach außen, auch in der Wahrnehmung des Vernommenen, darstellt (BGHSt 51, 367 (371); erg. → Einl. Rn. 77). Eine Pflicht zur Belehrung besteht, sobald die Ermittlungsbehörde eine Maßnahme trifft, die nach ihrem äußeren Erscheinungsbild darauf abzielt, den Vernommenen als Täter einer Straftat zu überführen. Insoweit kommt es nicht darauf an, wie der Ermittlungsbeamte selbst sein Verhalten rechtlich bewertet (BGH NStZ 2015, 291: konkludente Zuweisung der Beschuldigtenrolle ggü. Dritten). Die Manifestation des Verfolgungswillens beurteilt sich danach, wie sich das Verhalten des ermittelnden Beamten nach außen, insb. in der Wahrnehmung des Betroffenen darstellt (BGH NStZ 2023, 686). Der Willkürmaßstab ist **objektiv** zu bestimmen; ein bewusst auf Umgehung der Beschuldigtenrechte gerichtetes Verhalten der Vernehmungsbeamten ist nicht erforderlich (BGH NJW 2019, 2627 (2630)). Zu Belehrungspflichten bei einer allg. Verkehrskontrolle Zeyher NStZ 2022, 142.

4b Wird nach diesen Maßstäben ein Tatverdächtiger zunächst zu Unrecht als Zeuge vernommen, so besteht ein **Beweisverwertungsverbot** für diese Zeugenvernehmung (vgl. BGH NJW 2019, 2627 (2630) mwN; erg. → § 136 Rn. 20a); jedoch kann der Belehrungsverstoß dadurch geheilt werden, dass der Beschuldigte bei Beginn der nachf. Vernehmung auf die Nichtverwertbarkeit der früheren Angaben hingewiesen wird (BGHSt 53, 112; erg. → § 136 Rn. 20b). Ohne eine solche sog. **qualifizierte Belehrung** ist auch ein Beweisverwertungsverbot für die nachf. Beschuldigtenvernehmung in Betracht zu ziehen. Denn die Unkenntnis v. der Unverwertbarkeit der früheren Angaben kann dazu geführt haben, dass der Angeklagte bei der Vernehmung als Beschuldigter nur Angaben gemacht hat, weil er meinte, seine Zeugenaussage ergänzen zu müssen (vgl. BGH NStZ 2015, 291; Mosbacher JuS 2015, 701 (702)). Die Annahme eines Verwertungsverbotes hängt insoweit v. einer **Abwägung** des staatlichen Strafverfolgungsinteresses mit dem Individualinteresse des Beschuldigten an der Wahrung seiner Rechte ab (BGHSt 53, 112 (116); → § 136 Rn. 9; offengelassen v. BGH NStZ 2015, 291; erg. → § 136 Rn. 20b). Dabei wiegt die Verletzung der Pflicht zur qualifizierten Belehrung regelmäßig nicht so schwer wie der vorangegangene Verfahrensfehler (BGH NStZ 2019, 227 (229)), Diese Grundsätze gelten auch bei einem Verstoß gegen § 136a (BGH NStZ 2021, 431 (432) mAnm Magnus NStZ 2022, 393).

5 Die Hinweise sind nicht nur förmliche Vorgänge, müssen vielmehr **echte Belehrungen** über die Bedeutung der Befugnisse sein, ggf. mit Gespräch hierüber unter Beachtung der Entschließungsfreiheit des Beschuldigten (→ § 136 Rn. 8).

6 **I. Hinweis auf die Aussagefreiheit.** Hinweis auf die Aussagefreiheit (§ 136 Abs. 1 S. 2; → § 136 Rn. 7): Die Belehrungspflicht ist nur für Vernehmungen eingeführt, gilt aber auch für Tests, an denen der Beschuldigte nicht mitzuwirken braucht (SSW StPO/Ziegler Rn. 28; **aM** OLG Brandenburg NStZ 2014, 524 (Atemalkoholmessung); KK-StPO/Weingarten Rn. 27; vgl. → Einl. Rn. 80;

→ § 81a Rn. 12). Das Recht, keine Angaben zu machen, bezieht sich nicht auf die Personalien iRd § 111 OWiG (→ § 136 Rn. 5; → § 163 Rn. 36). Über die Würdigung des Schweigens vgl. → § 261 Rn. 15 ff.

II. Hinweis auf das Recht der Verteidigerkonsultation. Der Hinweis auf das Recht der Verteidigerkonsultation (§ 136 Abs. 1 S. 2, → § 136 Rn. 10; vgl. auch EGMR NJW 2009, 3707; 2019, 1999 zu Art. 6 Abs. 3 Buchst. c EMRK, → EMRK Art. 6 Rn. 20) muss auch nach der vorl. Festnahme o. Verhaftung gegeben werden, insoweit als Teil der in §§ 114b, 127 Abs. 4 vorgesehenen Belehrungen. Im Sinne des Abs. 1 ist es noch keine Vernehmung, wenn der Beschuldigte erklärt, er wolle vorher einen Verteidiger befragen. In diesem Fall muss der Versuch der Vernehmung zur Sache im Ermittlungsverfahren wiederholt werden. Dieser erübrigt sich jedoch, wenn der Beschuldigte endg. erklärt, nicht aussagen zu wollen, o. wenn er o. sein Verteidiger eine schriftliche Äußerung abgibt, die erkennbar an die Stelle einer Einlassung bei der Vernehmung treten soll. 7

III. Kontaktaufnahme mit einem Verteidiger. Die Pflicht, dem Beschuldigten die Kontaktaufnahme mit einem Verteidiger zu erleichtern u. erforderlichenfalls auf anwaltliche Notdienste hinzuweisen (§ 136 Abs. 1 S. 3, 4; → § 136 Rn. 10a, 10b), gilt auch bei der polizeilichen Beschuldigtenvernehmung. 7a

IV. Recht auf Bestellung eines Pflichtverteidigers. In den Fällen der notwendigen Verteidigung ist der Beschuldigte über sein Recht auf Bestellung eines Pflichtverteidigers zu belehren **(Abs. 1 S. 5).** Die Belehrung erstreckt sich auf das Antragsrecht des Beschuldigten gem. § 141 Abs. 1 (→ § 141 Rn. 2 ff.) u. den zuständigen Adressaten des Antrags iSv § 142 Abs. 1 (→ § 142 Rn. 2 ff.). Da Vernehmungen des Beschuldigten u. Gegenüberstellungen mit ihm vor der Bestellung eines Pflichtverteidigers nur noch ausnahmsweise unter den engen Voraussetzungen des § 141a – bzw. in den Fällen des § 141 Abs. 1, wenn der Beschuldigte nach Belehrung gem. § 136 Abs. 1 S. 5 keinen Antrag stellt (→ § 136 Rn. 11a, → § 141 Rn. 5) – in Betracht kommen (→ § 141a Rn. 2 ff.), wird die Vernehmung in Anwesenheit des (Pflicht)Verteidigers bei polizeilichen Beschuldigtenvernehmungen im Ermittlungsverfahren der Regelfall sein (erg. → § 136 Rn. 10d, 11a). 8

Der **Hinweis auf das Recht zu Entlastungsbeweisanträgen** (§ 136 Abs. 1 S. 5; → § 136 Rn. 11) soll dem Beschuldigten klarmachen, dass ihm auch in dieser Form Gelegenheit zur Entlastung bei der Vernehmung gegeben werden soll, selbst wenn er persönlich sonst zur Sache keine Angaben machen will. Zur Behandlung der Beweisanträge vgl. → Rn. 15. 8a

V. Hinweis auf die Möglichkeit der schriftlichen Äußerung. Der Hinweis auf die Möglichkeit der schriftlichen Äußerung (§ 136 Abs. 1 S. 6) soll in geeigneten Fällen gegeben werden (→ § 136 Rn. 12). Dabei handelt es sich um den Hinweis auf ein Recht des Beschuldigten, der vAw nur zu geben ist, wenn er nach Art des Falls u. der Persönlichkeit des Beschuldigten sinnvoll ist (Kleinknecht Kriminalistik 1965, 455). Um einen geeigneten Fall handelt es sich bei einer erforderlichen Stellungnahme zu umfangreichen Unterlagen o. vorliegender Fachliteratur (BGH wistra 1999, 66), idR aber nicht, wenn der Beschuldigte nach Verhaftung o. vorl. Festnahme erstmals polizeilich vernommen werden soll (vgl. → Rn. 7). Gem Abs. 4 S. 2 iV, § 136 Abs. 5 ist mit G v. 25.6.2021 (BGBl. I 2099) die entspr. Anwendung des § 58b bestimmt worden und damit eine Videovernehmung des Beschuldigten ermöglicht worden (BT-Drs. 19/27654, 82 f.) 9

VI. Anwesenheits- und Mitwirkungsrecht des Verteidigers. Mit der Erg. des Abs. 4 um eine Verweisung auf § 168c Abs. 1 und Abs. 5 hat das G v. 27.7.2017 (BGBl. I 3295) in Umsetzung von Art. 3 Abs. 3b RL 2013/48/EU nunmehr ein Recht des Beschuldigten begründet, dass er auch bei polizeilichen Vernehmungen in Anwesenheit seines Verteidigers befragt wird (vgl. BT-Drs. 18/9534, 20; erg. → Rn. 1, → § 168c Rn. 5 ff.). Das Erklärungs- u. Fragerecht des § 168c Abs. 1 S. 2 gilt ebenfalls. Damit werden auch die Rechte des Beschuldigten aus Art. 6 Abs. 3 EMRK gewahrt (vgl. EGMR NJW 2019, 1999 (2002). 9a

9b **VII. Verständnishilfen.** Der durch G v. 2.7.2013 in Umsetzung v. Art. 2, 3, 5 Abs. 3 RL 2010/64/EU eingeführte Abs. 5 stellt – was sich bereits nach bisher geltender Rechtslage aus Art. 6 Abs. 3 Buchst. e EMRK ergab – klar, dass der Beschuldigte unter den Voraussetzungen von § 187 Abs. 1 und Abs. 3 **GVG** sowie § 189 Abs. 4 **GVG** (→ GVG § 187 Rn. 1, 10, → GVG § 189 Rn. 4) bei allen staatsanwaltlichen u. polizeilichen Vernehmungen Anspruch auf **Dolmetscher- und Übersetzungsleistungen** hat u. entspr. zu belehren ist. Für hör- u. **sprachbehinderte** Beschuldigte wurde Abs. 5 mit G v. 25.6.2021 (BGBl. I 2099) um eine entspr. Anwendung des § 186 **GVG** ergänzt.

10 **VIII. Inhalt und Gestaltung des Protokolls.** Das Prot. muss Inhalt u. Gang der Vernehmung bis in die Kleinigkeiten hinein wiedergeben, u. zwar möglichst in direkter Rede. Das Prot. wird zweckmäßigerweise jew. auf dem gleichen Stand gehalten wie die Vernehmung. Zur Bild- u. Tonaufzeichnung → § 136 Rn. 19a–f; zu den weiteren Dokumentationspflichten § 168b.

11 **C. Schriftliche Vernehmung des Beschuldigten (Abs. 1 S. 2).** Das schriftliche Verf. bei der Vernehmung im Vorverfahren kann in einfachen Sachen v. dem Vernehmenden gewählt werden, jedoch nicht v. dem um Vernehmung ersuchten ER (→ § 162 Rn. 16).

12 **I. Hinweise.** Die Hinweise nach § 136 Abs. 1 S. 1, 2 werden dann ebenfalls schriftlich gegeben. Für den Hinweis nach § 136 Abs. 1 S. 6 ist in diesem Fall kein Raum.

13 **II. Aufklärungsgrundsatz.** Erklärt der Beschuldigte auf den Versuch der schriftlichen Vernehmung, keine Angaben machen zu wollen, o. gibt er in der ihm (zweckmäßigerweise) gesetzten Frist keine Antwort, so ist mit dem Eingang der Äußerung o. mit dem Fristablauf die Forderung des Abs. 1 S. 1 zwar erfüllt, der Beschuldigte vernommen; aber der Aufklärungsgrundsatz kann im Einzelfall gebieten, noch eine mündliche Vernehmung zu versuchen, ggf. nach § 161a oder § 162.

14 **III. Verlesbare Urkunde.** Gibt der Beschuldigte – mit o. ohne Aufforderung – eine eigene schriftliche Äußerung ab, anstatt o. in Erg. einer protokollierten Aussage, so handelt es sich um eine in der HV verlesbare Urk. (→ § 249 Rn. 13), auch wenn der Angeklagte in der HV nicht zur Sache auszusagen bereit ist. Nicht verlesbar dagegen ist eine Erklärung, die der Verteidiger in seiner Formulierung für den Beschuldigten abgegeben hat (OLG Celle NStZ 1988, 426; OLG Jena VRS 109, 24; erg. → § 243 Rn. 30).

15 **D. Beweisanträge (Abs. 2).** Die beantragten Beweise sind zu erheben, wenn sie v. Bedeutung sind; § 244 Abs. 3–5 gilt nicht (→ Rn. 8). Die **Beweiserheblichkeit** beurteilt die StA nach pflichtgemäßem Ermessen (AnwK StPO/Walther Rn. 15; KK-StPO/Weingarten Rn. 8; KMR-StPO/Noltensmeier-von Osten Rn. 13); nach **aM** hat der Beschuldigte einen Beweiserhebungsanspruch u. ist das Merkmal „von Bedeutung" als unbestimmter Rechtsbegriff aufzufassen (AK-StPO/Achenbach Rn. 8; Löwe/Rosenberg/Erb Rn. 115; Krekeler NStZ 1991, 367; Nelles StV 1986, 77; Toepel Sachverständigenbeweis S. 302; vgl. auch Weigend StraFo 2013, 45 (48)). Wird ein Beweisantrag während einer richterlichen Vernehmung im Ermittlungsverfahren (§§ 115 Abs. 3, 162) o. in einer mündlichen Verh. nach § 118a gestellt, so handelt es sich ggü. dem Richter meist um Anregungen; die StA muss die Anträge nach Abs. 2 behandeln. In den Fällen des § 166 jedoch muss der Richter beim AG den beantragten Beweis selbst erheben. Auch sonst ist die Beweiserhebung bei Beschuldigtenvernehmungen v. Bedeutung, wenn der Verlust des Beweismittels droht (Alsberg Beweisantrag/Tsambikakis Rn. 588). Der Zeitpunkt der Beweiserhebung steht iÜ im Ermessen der Strafverfolgungsbehörde (→ § 161 Rn. 7; → § 163 Rn. 47); es gilt das Freibeweisverfahren. Entspricht die Polizei einem Beweisantrag nicht, so empfiehlt es sich, im Schlussvermerk (→ § 163 Rn. 48) bei der Vorlage der Akten an die StA hierauf hinzuweisen, weil eine endg. Ablehnung Sache der StA ist (Alsberg Beweisantrag/Tsambikakis

Rn. 589; Nelles StV 1986, 76; → § 160 Rn. 1 ff.). Gegen die Ablehnung des Beweisantrags gibt es kein Rechtsmittel.

16 Einem **Beweisermittlungsantrag** (→ § 244 Rn. 25) ist ebenfalls nachzugehen, wenn er v. Bedeutung ist (SK-StPO/Wohlers/Albrecht Rn. 74).

17 **E. Durchsetzung der Beschuldigtenvernehmung durch die StA (Abs. 3).** Wie der Zeuge u. der Sachverständige (§ 161a), ist auch der Beschuldigte (vgl. → § 152 Rn. 4a; → Einl. Rn. 76 ff.) verpflichtet, auf Ladung vor der StA zu erscheinen (S. 1). Wenn der nicht auf freiem Fuß befindliche Beschuldigte nicht in der JVA aufgesucht (→ Rn. 18) u. dort vernommen wird, ist mit seiner Ladung – wie beim Zeugen (→ § 161a Rn. 3) – der an die JVA gerichtete Vorführungsbefehl zu verbinden (→ § 133 Rn. 5a; zB Art. 38 Abs. 3 BayStVollzG, der wie entspr. Vorschr. der anderen Bundesländer auch für Vernehmungstermine bei der StA gilt; vgl. auch → § 214 Rn. 13). Die StA muss vor ihrer ersten Vernehmung dem Beschuldigten die in § 136 angeführten Hinweise geben, auch wenn dies die Polizei schon vorher getan hat (→ Rn. 6 ff.). Nur das Erscheinen bei der StA, nicht bei der Polizei o. bei einer anderen Stelle, kann erzwungen werden (BGHSt 39, 96).

18 **I. Ladung des Beschuldigten zur staatsanwaltschaftlichen Vernehmung (Abs. 3 S. 2).** Die Bezugnahme auf § 133 schließt die öffentl. Zustellung der Ladung an den Beschuldigten (§ 40 Abs. 1) aus, steht aber dem Unterbleiben einer förmlichen Ladung nicht entgegen. Der Beschuldigte kann v. StA zur Vernehmung aufgesucht werden. Es genügt auch formlose Aufforderung, wenn davon ausgegangen werden kann, dass er erscheinen wird, zB telefonische o. durch einen Polizeibeamten übermittelte Aufforderung. Wenn aber Zweifel bestehen, ob der auf freiem Fuß befindliche Beschuldigte auf formlose Ladung erscheinen wird u. sein Erscheinen wichtig ist, wird er zum Vernehmungstermin schriftlich durch Brief u. mit der Androhung geladen, dass er im Fall des Ausbleibens zwangsweise vorgeführt werde (Abs. 3 S. 2 iVm § 133; Nr. 44 Abs. 1 S. 1 u. 2 RiStBV). Die Androhung unterbleibt, wenn sie voraussichtlich nicht durchgeführt würde (Nr. 44 Abs. 2 RiStBV; → Rn. 22).

19 **II. Vorführungsbefehl.** Er ist gegen den auf freiem Fuß befindlichen Beschuldigten (vgl. → Rn. 17) nur nach der Androhung der Vorführung in der Ladung zulässig (Abs. 3 S. 2 iVm §§ 133 Abs. 2, 134 Abs. 2). Ohne diese Androhung kommt ein Vorführungsbefehl nur in Betracht, wenn die Voraussetzungen für einen Haftbefehl vorliegen (§ 134 Abs. 1). Von diesem Fall abgesehen, handelt es sich um eine im Einzelfall zu treffende Entsch., ob die StA in der Ladung des Beschuldigten für den Fall unberechtigten Ausbleibens die Vorführung androhen will o. nicht (vgl. → § 161a Rn. 5, 16). Die Vorführung ist auch gegen den Beschuldigten, der Angaben zur Sache verweigert, zulässig, um ihn Zeugen gegenüberzustellen (BGHSt 39, 96). Abs. 3 gilt für jede StA, die einen Beschuldigten vernimmt, also auch für die ersuchte StA (§ 161a Abs. 4).

20 **III. Verständigung des Verteidigers.** Wenn der Beschuldigte einen (gewählten o. bestellten) Verteidiger hat, ist ihm die Anwesenheit bei der Vernehmung des Beschuldigten durch die StA gestattet; er hat auch ein Erklärungs- u. Fragerecht (Abs. 3 S. 2 iVm § 168c Abs. 1 S. 1–3; → § 168c Rn. 1). Von dem Vernehmungstermin ist der Verteidiger auch vorher zu benachrichtigen, wenn dadurch nicht der Untersuchungserfolg gefährdet wird (Abs. 3 S. 2 iVm § 168c Abs. 5 S. 1, 2; gegen die Ausnahme Löwe/Rosenberg/Erb Rn. 65). Diese Benachrichtigung bedarf keiner bestimmten Form. Macht der Verteidiger geltend, an der Wahrnehmung des Termins verhindert zu sein, so kann der Termin verlegt werden, wenn dadurch nicht eine Gefährdung des Untersuchungserfolges o. eine schädliche Verzögerung des Verfahrens entsteht. Einen Anspruch auf Verlegung des Termins hat der Verteidiger nicht (Abs. 3 S. 2 iVm § 168c Abs. 5 S. 3).

20a **IV. Durchführung der Vernehmung u. die Belehrungspflichten.** Für die Durchführung der Vernehmung u. die Belehrungspflichten (→ § 136 Rn. 4 ff.) gilt iÜ § 136 entspr. (Abs. 3 S. 2; erg. → Rn. 4 ff.). In den Fällen der notwendigen Verteidigung (§ 140) ist der Beschuldigte darüber zu belehren, dass er die Bestellung eines Pflichtverteidigers nach Maßgabe des § 141 Abs. 1 und § 142 Abs. 1 beantragen kann (Abs. 3 S. 2 iVm § 136 Abs. 1 S. 5 (→ § 136 Rn. 11a sowie → § 141 Rn. 2 ff., → § 142 Rn. 2 ff.; erg. → Rn. 8).

21 **V. Antrag des Beschuldigten auf gerichtliche Entscheidung (Abs. 3 S. 3–5).** Über die Rechtmäßigkeit der Vorführung entscheidet auf Antrag des Beschuldigten das nach § 162 zuständige Gericht (vgl. erg. → § 161a Rn. 20, 21 und zur Unanfechtbarkeit → § 161a Rn. 22). Zum Antrag auf nachträgliche Feststellung der Rechtswidrigkeit vgl. → Vor § 296 Rn. 18a.

22 Da der Vorführungsbefehl nicht vor der Vollstreckung mitgeteilt wird, das G es vielmehr genügen lässt, dass die Vorführung angedroht wird u. der Antrag auf gerichtliche Entsch. keine aufschiebende Wirkung hat (Abs. 3 S. 4, § 307), wird die Antragsbefugnis nur dann nicht ausgehöhlt, wenn er **bereits gegen die Androhung** in der Ladung zulässig ist (Löwe/Rosenberg/Erb Rn. 76; Gössel GA 1976, 62). Denn eine Pflicht, den Vorführungsbefehl dem Beschuldigten – außer bei sofortiger Vorführung (§ 134 Abs. 1) – vor der Vollstreckung (§ 36 Abs. 2) mitzuteilen, besteht nicht; sie widerspräche dem Grundsatz, dass Entsch., deren Vollstreckung durch vorherige Mitteilung gefährdet werden kann, nicht vor ihrer Vollstreckung mitgeteilt zu werden brauchen. Die Androhung in der Ladung ist eine Einzelfallentscheidung über die Vorführung (→ Rn. 18). Obwohl sie die StA nicht bindet, ist der Beschuldigte durch sie beschwert, wenn er ohne o. mit vielleicht nicht ausreichender Entschuldigung nicht zum Vernehmungstermin erscheint, da er dann jederzeit mit der Vorführung rechnen muss (→ § 161a Rn. 20a; zur Problematik vgl. Welp, Zwangsbefugnisse für die Staatsanwaltschaft, 1976, S. 23, 28).

23, 24 **F. Niederschriften über Untersuchungshandlungen. I. StA.** § 168b.

25 **II. Polizei.** § 168b gilt ebenfalls (BGH NStZ 1997, 611). Wesentlich ist, dass die ges. vorgeschriebenen Belehrungen dokumentiert werden (§ 168b Abs. 3; vgl. Nr. 45 RiStBV). Jedoch bedarf es der Mitwirkung eines Protokollführers nicht. Bei weniger wichtigen o. ergebnislosen Vernehmungen kann auch ein Aktenvermerk genügen. Die Notwendigkeit der Festhaltung in den Akten ergibt sich auch aus § 147 (→ Einl. Rn. 62), ferner aus Gründen der Beweissicherung (§ 251 Abs. 1; vgl. auch → § 82 Rn. 1). Wird eine Niederschrift aufgenommen, so wird nach § 168a Abs. 3 verfahren. Auch v. den Möglichkeiten des § 168a Abs. 2 kann Gebrauch gemacht werden. Die Unterschrift des Vernommenen ist kein wesentliches Erfordernis der polizeilichen Niederschrift.

26 **III. Aushändigung einer Abschrift.** Das G gewährt nicht ausdr. einen Anspruch hierauf. Jedoch wird dem Beschuldigten (nicht aber dem Zeugen, vgl. KG StraFo 2015, 459 (460) mN) im Interesse seiner Verteidigung auf sein ausdr. Verlangen u. seine Kosten (**aM** KG Rpfleger 1995, 226) eine Abschrift auszuhändigen sein, wenn der Untersuchungszweck dadurch nicht gefährdet wird (Arzt JR 1978, 170 (171); weitergehend Löwe/Rosenberg/Erb Rn. 107). Auch bei polizeilicher o. richterlicher Vernehmung im Ermittlungsverfahren ist für die Entsch. u. Aushändigung stets die StA zuständig (→ § 163 Rn. 3).

26a **G. Verwertungsverbote.** → § 136 Rn. 9, 20–23. Die im deutschen Strafverfahrensrecht geltenden Maßstäbe stehen im Einklang mit dem EU-Recht (EuGH NJW 2023, 2707).

27 **H. Revision.** Auf einen Verstoß gegen Abs. 1 kann die Revision nicht gestützt werden (SK-StPO/Wohlers/Albrecht Rn. 12; erg. → Rn. 1); vgl. iÜ → § 136 Rn. 24–28.

Maßnahmen zur Identitätsfeststellung

163b (1) [1] **Ist jemand einer Straftat verdächtig, so können die Staatsanwaltschaft und die Beamten des Polizeidienstes die zur Feststellung seiner Identität erforderlichen Maßnahmen treffen; § 163a Abs. 4 Satz 1 gilt entsprechend.** [2] **Der Verdächtige darf festgehalten werden, wenn die Identität sonst nicht oder nur unter erheblichen Schwierigkeiten festgestellt werden kann.** [3] **Unter den Voraussetzungen von Satz 2 sind auch die Durchsuchung der Person des Verdächtigen und der von ihm mitgeführten Sachen sowie die Durchführung erkennungsdienstlicher Maßnahmen zulässig.**

(2) [1] **Wenn und soweit dies zur Aufklärung einer Straftat geboten ist, kann auch die Identität einer Person festgestellt werden, die einer Straftat nicht verdächtig ist; § 69 Abs. 1 Satz 2 gilt entsprechend.** [2] **Maßnahmen der in Absatz 1 Satz 2 bezeichneten Art dürfen nicht getroffen werden, wenn sie zur Bedeutung der Sache außer Verhältnis stehen; Maßnahmen der in Absatz 1 Satz 3 bezeichneten Art dürfen nicht gegen den Willen der betroffenen Person getroffen werden.**

Übersicht

A. Für Zwecke der Strafverfolgung. Für Zwecke der Strafverfolgung geben 1
die §§ 163b, 163c eine Grdl. für die Identitätsfeststellung von Verdächtigen (Abs. 1) u. Unverdächtigen (Abs. 2). Sie gelten im Bußgeldverfahren entspr. (§ 46 Abs. 1 OWiG; vgl. zur Videoüberwachung im Straßenverkehr OLG Düsseldorf NJW 2010, 1216 mkritAnm Krumm DAR 2010, 215; OLG Koblenz NStZ 2010, 589; AG Meißen NStZ-RR 2010, 154 Ls.; die AG-Entsch. bei Deutscher StRR 2009, 477 (478); Arzt/Eier NZV 2010, 117 mN (die für eine Anwendung von § 46 Abs. 1, Abs. 2 OWiG, § 163 Abs. 1 S. 2 eintreten) sowie Roggan NJW 2010, 1044; erg. → § 100h Rn. 1; → § 81b Rn. 9). Auf polizeirechtliche Regelungen können Identitätsfeststellungen zu repressiven Zwecken nicht gestützt werden (Löwe/Rosenberg/Erb Rn. 2, 10; → EGStPO § 6 Rn. 1; erg. → Rn. 10 ff.); sie bleiben indes anwendbar, soweit präventive Zwecke außerhalb des Strafverfahrens verfolgt werden (BGH NStZ-RR 2021, 226 (227)).

B. In jedem Stadium des Strafverfahrens. In jedem Stadium des Strafver- 2
fahrens kann es zur Anwendung des Abs. 1 kommen, jedoch nur gegen einen Tatverdächtigen (→ Rn. 4). Gegen den Unverdächtigen sind die Maßnahmen davon abhängig, dass sie zur Aufklärung einer Straftat erforderlich sind (Abs. 2). Daraus ergibt sich die Einschränkung, dass Abs. 2 nicht mehr anwendbar ist, wenn es in dem Verf. nicht mehr um die Aufklärung der Straftat geht.

3 **C. Belehrung.** Bei Beginn der ersten Maßnahme zum Zweck der Feststellung der Identität wird dem zu Prüfenden, wenn er zu den Verdächtigen (Abs. 1) gehört, eröffnet, welcher Straftat er verdächtig ist (Abs. 1 S. 1 Hs. 2 iVm § 163a Abs. 4 S. 1); ein Verstoß hiergegen führt zur Unrechtmäßigkeit der Maßnahme iSd § 113 Abs. 3 StGB (OLG Hamm NStZ 2013, 62), es sei denn, der Grund für die Identitätsfeststellung ist offensichtlich o. die Belehrung würde den Vollstreckungszweck gefährden (OLG Hamm NStZ 2013, 62; KG NJW 2002, 3789; zu Letzterem **aM** Löwe/Rosenberg/Erb Rn. 22). Die in Betracht kommenden Strafvorschriften brauchen nicht bezeichnet zu werden. Der Unverdächtige (Abs. 2) ist darüber zu unterrichten, welche Straftat durch seine Identifizierung aufgeklärt werden soll (Abs. 2 S. 1 Hs. 2 iVm § 69 Abs. 1 S. 2). Die Belehrung braucht sich nicht auf den Namen des Beschuldigten zu erstrecken (**aM** Roxin/Schünemann StrafVerfR § 31 Rn. 20) u. kann unterbleiben, wenn der Grund der Maßnahme dem Betroffenen bekannt ist (Kurth NJW 1979, 1379). Bei Fehlen der erforderlichen Belehrung ist die Maßnahme idR rechtswidrig (KG StV 2001, 260 mwN). Ergänzend → § 163c Rn. 13.

4 **D. Maßnahmen gegen Tatverdächtige (Abs. 1 S. 1).** Der Betroffene braucht noch nicht die Stellung eines Beschuldigten (→ Einl. Rn. 76 ff.) erlangt zu haben. Ein Verdacht besteht schon, wenn der Schluss auf die Begehung einer Straftat, auch des Versuchs, gerechtfertigt ist u. Anhaltspunkte vorliegen, die die Täterschaft o. Teilnahme des Betroffenen als möglich erscheinen lassen (BVerfGE 92, 191; KK-StPO/Weingarten Rn. 9; Löwe/Rosenberg/Erb Rn. 11; vgl. auch BGH NStZ 2016, 551: Anfangsverdacht ausreichend); dann ist gem. § 163a Abs. 4 S. 1 zu belehren (Geppert FS Schroeder, 2006, 683). Tatverdächtig iS Abs. 1 S. 1 können auch Schuldunfähige sein, nicht aber Strafunmündige (§ 19 StGB). Ein Kind, dem man sofort ansieht, dass es noch im Kindesalter steht, zählt daher nicht zu den Verdächtigen (Löwe/Rosenberg/Erb Rn. 11a; vgl. dazu auch Verrel NStZ 2001, 285). Maßnahmen zu seiner Identifizierung können aber nach Abs. 2 geboten sein, sofern nicht nur das Kind tatverdächtig ist (Streng FS Gössel, 2002, 504; erg. → § 103 Rn. 1).

5 **E. Erforderliche Maßnahmen (Abs. 1 S. 1).** Erforderliche Maßnahmen (Abs. 1 S. 1) gegen den Verdächtigen: Diese Generalklausel wird in S. 2 und S. 3 für schwerwiegendere Eingriffe ergänzt u. eingeschränkt. In der Voraussetzung der Erforderlichkeit, die durch den Verhältnismäßigkeitsgrundsatz begrenzt wird (→ Einl. Rn. 20 ff.), liegt zugleich das Erfordernis der Eignung der Maßnahme.

5a Bei **Demonstrationen,** bei denen es zu Gewalttätigkeiten kommt, ist der Begriff des Verdachts im Lichte der v. Art. 8 GG garantierten Versammlungsfreiheit auszulegen (BVerfG NVwZ 2017, 555). Die bloße Teilnahme an einer Versammlung, aus der heraus durch einzelne o. eine Minderheit Gewalttaten begangen werden, genügt nicht; dies schließt es allerdings nicht aus, gegen eine ganze Gruppe v. Versammlungsteilnehmern nach Abs. 1 S. 1 und 2 vorzugehen, wenn sich aus deren Gesamtauftreten ein Verdacht auch ggü. den einzelnen Mitgliedern der Gruppe ergibt u. das Vorgehen der übrigen Versammlungsteilnehmer weitgehend ausspart (BVerfG NVwZ 2017, 555).

6 **I. Im Einzelnen.** Die Identität kann mit vielerlei Mitteln festgestellt werden. Im Wesentlichen ist hervorzuheben: Der Verdächtige wird angehalten, nach Belehrung (→ Rn. 3) nach seinen Personalien (vgl. § 111 Abs. 1 OWiG) gefragt u. aufgefordert, sich auszuweisen. Dabei kann der Beamte verlangen, dass ihm die mitgeführten Ausweispapiere ausgehändigt werden. Oft müssen auch Feststellungen aus den polizeilichen Unterlagen getroffen o. Erkundigungen bei anderen Stellen o. Personen eingezogen o. die Echtheit der Ausweispapiere geprüft werden (Kurth NJW 1979, 1379 Fn. 38); die Kopie eines ausl. Passes kann bei der Ausländerbehörde angefordert werden (§ 89 Abs. 2 AufenthG; OLG Hamm ZfS 2010, 111).

7 **II. Festhalterecht.** Unter bestimmten Bedingungen darf der Verdächtige festgehalten werden. Festhalten (Abs. 1 S. 2) ist Freiheitsentziehung (Art. 104 Abs. 2

GG; § 163c Abs. 2; vgl. → § 163c Rn. 5; ebenso KMR-StPO/Noltensmeier-von Osten Rn. 11; **aM** Heghmanns/Scheffler StrafVerf-HdB/Jahn Kap. II Rn. 54), aber noch keine vorl. Festnahme iS §§ 127 Abs. 2, 127b Abs. 1. Es kommt nur solange in Betracht, wie die der Polizei bekannten Daten für eine eindeutige Identitätsbestimmung noch nicht ausreichen (vgl. BGHSt 59, 292). Das Anhalten zwecks Befragung nach Namen u. Anschrift u. die Einsicht in die freiwillig ausgehändigten Ausweispapiere ist noch keine Freiheitsentziehung. Diese beginnt erst, wenn die Person gehindert wird, wegzugehen, wozu schon die Aufforderung, sich nicht zu entfernen, genügt (KK-StPO/Weingarten Rn. 16). Entfernt sich der Verdächtige, berechtigt Abs. 1 S. 2 zur **Nacheile,** um die Maßnahme aufrechtzuerhalten. Ob auch Wohnungen betreten werden dürfen (so KG NJ 2021, 413 mablAnm Bode), ist mit Blick auf Art. 13 Abs. 1 GG zw. (Ziemann/Zühlke StV 2022, 371); es wird in diesen Fällen aber regelmäßig Gefahr im Verzug vorliegen, sodass die Polizei die Wohnung zur Ergreifung des Verdächtigen nach §§ 102, 105 betreten dürfen (in diese Richtung auch SSW StPO/Ziegler Rn. 6 aE). Das Verbringen zur polizeilichen Dienststelle ist ggü. dem Festhalten am Ort der Überprüfung wiederum eine weitere Stufe in den Kontrollmaßnahmen (Riegel ZRP 1978, 16). Der Eingriff in die persönliche Freiheit ist nur bei berechtigten **Zweifeln an der Identität** zulässig; kann sich die festgehaltene Person ausweisen, ist dies nur anzunehmen bei Anhaltspunkten für eine Fälschung des Ausweises o. dafür, dass die Person mit dem Ausweisinhaber nicht übereinstimmt (BVerfG NStZ 2011, 529; erg. → § 81b Rn. 12).

Zulässigkeitsvoraussetzung für die Festhaltung ist, dass die Identität sonst 8 nicht o. nur unter erheblichen Schwierigkeiten festgestellt werden kann (BVerfG StV 1992, 210). Dies kann seine Ursache in der Schwierigkeit der Beschaffung zuverlässiger Unterlagen haben (zB bei einem Ausländer) o. in dem Klärungsbedürfnis bei wechselnden u. widersprüchlichen Angaben des Kontrollierten o. anderer Auskunftspersonen (OLG Hamburg StV 2008, 12 (13)).

III. Durchsuchung. Die Durchsuchung der Person und der mitgeführten Sa- 9 chen ist als Identifikationsmittel ebenfalls nur zulässig, wenn die Identität sonst nicht o. nur unter erheblichen Schwierigkeiten festgestellt werden kann (OLG Hamm NStZ-RR 2009, 271). Sie kann die erkennungsdienstliche Behandlung (→ Rn. 13) u. das damit verbundene Festhalten der kontrollierten Person überflüssig machen.

1. Das **Durchsuchen der Person** besteht in dem Suchen in der Kleidung u. auf 10 der Körperoberfläche nach Gegenständen o. Zeichen, die zur Identifikation beitragen können (zB Ausweise o. sonstige Papiere, Leberflecke, Muttermale, Tätowierungen; erg. → § 102 Rn. 9). Die Durchsuchung kann auch auf Waffen, andere gefährliche Werkzeuge u. Explosivstoffe erstreckt werden, wenn dies nach den Umständen zum Schutz des Polizeibeamten o. eines Dritten gegen eine Gefahr für Leib o. Leben erforderlich ist (Eigensicherung nach Polizeirecht, vgl. OLG Hamburg StV 2008, 12 (13); Heghmanns/Scheffler StrafVerf-HdB/Jahn II Rn. 57).

2. Zu den **mitgeführten Sachen** gehören zB eine Brieftasche, eine Aktenta- 11 sche, ein Koffer. Auch ein Fahrzeug, das der Verdächtige führt, gehört dazu (BGH NStZ 2016, 551; Löwe/Rosenberg/Erb Rn. 46); das gewaltsame Öffnen des Pkw ist als unselbständige Begleitmaßnahme v. der Erlaubnis umfasst (BGH NStZ 2016, 551; erg. → § 105 Rn. 13). Anders verhält es sich jedoch, wenn der Verdächtige v. dem Inhaber des Fahrzeugs lediglich mitgenommen worden ist. In diesem Fall gilt für die Durchsuchung des Fahrzeugs § 103 oder das Polizeirecht (§ 18 Abs. 1 Nr. 6 MEPolG; Art. 22 Abs. 1 Nr. 6 BayPAG; § 40 Abs. 1 Nr. 6 PolG NRW).

3. Von Personen gleichen Geschlechts wird nach dem Polizeirecht die 12 Durchsuchung durchgeführt. Das gilt nicht, wenn ein Arzt durchsucht, aber auch sonst nicht, wenn die sofortige Durchsuchung zum Schutz gegen eine Gefahr für Leib o. Leben erforderlich ist (vgl. § 17 Abs. 3 MEPolG; Art. 21 Abs. 3 BayPAG; § 39 Abs. 3 PolG NRW).

IV. Erkennungsdienstliche. Erkennungsdienstliche Maßnahmen (Abs. 1 S. 3; 13 → § 81b Rn. 8) gegen den Verdächtigen sind ebenfalls nur zulässig, wenn die

Identität sonst nicht o. nur unter erheblichen Schwierigkeiten festgestellt werden kann (→ Rn. 8, 9). Diese Voraussetzung gilt aber nicht, wenn gegen den Verdächtigen schon ein Strafverfahren geführt wird u. die erkennungsdienstlichen Maßnahmen zur Durchführung dieses Verfahrens notwendig werden, weil dann nach § 81b (Alt. 1) verfahren wird. Zur Durchführung der erkennungsdienstlichen Maßnahmen ist die Verbringung zu einer Polizeidienststelle mit den erforderlichen Einrichtungen notwendig.

14 **F. Maßnahmen gegen Unverdächtige (Abs. 2).** Die Duldungspflicht des Unverdächtigen ist mit der des § 81c verwandt u. gehört iwS zur Zeugenpflicht (→ Vor § 48 Rn. 7).

15 **I. Zur Aufklärung einer Straftat geboten (Abs. 2 S. 1).** Das ist der Fall, wenn im Zeitpunkt der beabsichtigten Identitätsfeststellung konkrete Anhaltspunkte dafür bestehen, dass die Person als Zeuge o. als Augenscheinsobjekt (→ § 86 Rn. 14) benötigt wird. Hauptfall: Ein Unverdächtiger, der als Zeuge in Betracht kommt, will sich gerade v. Tatort entfernen.

16 **II. Erforderlichen Maßnahmen.** Die erforderlichen Maßnahmen sind zulässig. Die Generalklausel des Abs. 1 S. 1 gilt auch hier (erg. → Rn. 4, 5), jedoch mit stärkeren Einschränkungen.

17 **III. Festhalten.** Das Festhalten (Abs. 2 S. 2 Hs. 1; → Rn. 7) ist nur zulässig, wenn die in Abs. 1 S. 2 genannte Voraussetzung vorliegt u. die Maßnahme zur Bedeutung der Sache nicht außer Verhältnis steht (→ Einl. Rn. 20, 21). Es kommt also nicht auf die Bedeutung der zu erwartenden Aussage an, die idR ohnehin zum Kontrollzeitpunkt nicht beurteilt werden kann, sondern auf die Bedeutung der Strafsache im Ganzen. Daher darf zB ein Passant, der einen Verkehrsunfall ohne größere Folgen beobachtet hat, nicht nach Abs. 2 festgehalten werden (Kurth NJW 1979, 1379). Im Übrigen darf das Festhalten nicht eine Art Beugehaft sein, muss vielmehr auf die Durchführung v. bestimmten Identifizierungsmaßnahmen abzielen. Wenn der (potenzielle) Zeuge entgegen § 111 OWiG seine Personalien nicht angibt, wird er insoweit (§ 46 Abs. 1 OWiG) zum Verdächtigen (Göhler/Bauer OWiG Vor § 59 Rn. 141, 144; KK-StPO/Weingarten Rn. 6; **aM** HK-StPO/Zöller Rn. 4; Löwe/Rosenberg/Erb Rn. 26).

18 **IV. Durchsuchung des Unverdächtigen und seiner Sachen.** Die Durchsuchung des Unverdächtigen und seiner Sachen (Abs. 2 S. 2 Hs. 2; → Rn. 11) ist nur zulässig, wenn u. soweit sie zu seiner Identifizierung erforderlich ist (→ Rn. 2, 5, 16), jedoch nicht gegen den Willen des Betroffenen (erg. → Rn. 19). Das Hindernis des entgegenstehenden Willens kann durch ein aufklärendes Gespräch mit erlaubten Mitteln (vgl. § 136a) behoben werden. Wenn es erst während der Durchsuchung entsteht o. hervortritt, muss die Durchsuchung beendet werden.

19 **V. Erkennungsdienstliche Behandlung des Nichtverdächtigen.** Eine erkennungsdienstliche Behandlung des Nichtverdächtigen (Abs. 2 S. 2 Hs. 2) darf, falls zu seiner Identifizierung erforderlich (→ Rn. 5, 16), wie die Durchsuchung **nicht gegen seinen Willen** durchgeführt werden. Nicht erforderlich ist eine (ausdrücklich) Einverständniserklärung des Unverdächtigen (AnwK StPO/Walther Rn. 20; HK-StPO/Zöller Rn. 13; KK-StPO/Weingarten Rn. 31; KMR-StPO/Noltensmeier-von Osten Rn. 25; **aM** Löwe/Rosenberg/Erb Rn. 43; SK-StPO/Wolter Rn. 53). Seine abl. Erkl. kann auch in schlüssigen Handlungen bestehen (KK-StPO/Weingarten Rn. 31; → Einl. Rn. 126). Unmittelbarer Zwang zur Durchführung der erkennungsdienstlichen Maßnahmen (→ § 81b Rn. 15) darf gegen den Unverdächtigen nicht angewendet werden. Denn Zwang wäre nur bei Weigerung zulässig; diese steht aber den Maßnahmen überhaupt entgegen (Brodag StrafVerfR Rn. 835).

20 **G. Verdacht einer Straftat.** Entsteht der Verdacht einer Straftat während des Identifizierungsvorgangs (zB durch Angabe der geprüften Person o. durch eing. Auskünfte), so entfallen die besonderen Zulässigkeitseinschränkungen des Abs. 2; es gilt dann Abs. 1. Das ist va für die Durchsuchung u. die erkennungsdienstlichen

Maßnahmen v. Bedeutung, weil diese dann auch gegen den Willen der Person u. unter Anwendung v. Zwang durchgeführt werden können (→ § 81b Rn. 15).

H. StA und die Beamten des Polizeidienstes (Abs. 1 S. 1). Die StA und die Beamten des Polizeidienstes (Abs. 1 S. 1) sind befugt, die Maßnahmen durchzuführen, u. zwar auch im Fall des Abs. 2, der an Abs. 1 anknüpft. Eine richterliche Anordnung ist aus Praktikabilitätsgründen nicht vorgesehen (vgl. auch Löwe/Rosenberg/Erb Rn. 49). Wenn die StA die Anordnung trifft, beauftragt sie die Polizei mit der Ausführung (→ Einl. Rn. 41, 43). Führt die FBeh ein Ermittlungsverfahren wegen einer Steuer- o. Zollstraftat, so tritt sie an die Stelle der StA (→ Einl. Rn. 12, 42). Die polizeilichen Befugnisse haben auch die sonstigen Träger der polizeilichen Strafverfolgungsaufgaben (→ § 163 Rn. 13, 14). Sie können die allg. Polizei um Amtshilfe ersuchen (Art. 35 GG; § 25 Abs. 3 MEPolG; Art. 67 Abs. 4 BayPAG; § 47 Abs. 3 PolG NRW). Notwehr gegen rechtswidrige polizeiliche Maßnahmen ist eingeschränkt (OLG Hamm NStZ-RR 2009, 271). 21

I. Zufallsfunde (§ 108). Werden bei der Durchsuchung der Person u. der mitgeführten Sachen (Abs. 1 S. 3, Abs. 2 S. 2 Hs. 2) Beweismittel gefunden, die für die Aufklärung der Strafsache v. Bedeutung sind, so werden sie nach § 94 sichergestellt. Wenn sie auf die Begehung einer anderen Straftat hindeuten, gleichviel, ob diese schon Gegenstand eines anderen Verfahrens ist o. nicht, werden sie einstweilen in Beschlag genommen u. die StA hiervon verständigt (§ 108 Abs. 1 S. 1, 2). Dafür spricht auch § 111 Abs. 3. Hiernach gilt § 108 für die Zufallsfunde, die bei einer Durchsuchung an der Kontrollstelle auftauchen (KK-StPO/Weingarten Rn. 21; BeckOK StPO/von Häfen Rn. 11; **aM** MüKoStPO/Kölbel/Neßeler Rn. 18; HK-StPO/Zöller Rn. 9; SK-StPO/Wolter Rn. 7–10). Dieses Durchsuchen ist auch ein solches nach § 163b. 22

Freiheitsentziehung zur Identitätsfeststellung

163c (1) [1] **Eine von einer Maßnahme nach § 163b betroffene Person darf in keinem Fall länger als zur Feststellung ihrer Identität unerläßlich festgehalten werden.** [2] **Die festgehaltene Person ist unverzüglich dem Richter bei dem Amtsgericht, in dessen Bezirk sie ergriffen worden ist, zum Zwecke der Entscheidung über Zulässigkeit und Fortdauer der Freiheitsentziehung vorzuführen, es sei denn, daß die Herbeiführung der richterlichen Entscheidung voraussichtlich längere Zeit in Anspruch nehmen würde, als zur Feststellung der Identität notwendig wäre.** [3] **Die §§ 114a bis 114c gelten entsprechend.**

(2) **Eine Freiheitsentziehung zum Zwecke der Feststellung der Identität darf die Dauer von insgesamt zwölf Stunden nicht überschreiten.**

(3) **Ist die Identität festgestellt, so sind in den Fällen des § 163b Abs. 2 die im Zusammenhang mit der Feststellung angefallenen Unterlagen zu vernichten.**

A. Unerlässlich. Nur soweit unerlässlich (Abs. 1 S. 1) darf die Festhaltung (→ § 163b Rn. 7) iRd Abs. 2 ausgedehnt werden. Unerlässlich bedeutet so viel wie **unverzichtbar** (→ § 231a Rn. 14), enthält also das Gebot möglichster Beschleunigung. Sobald die Festhaltung für die Identitätsfeststellung nicht mehr erforderlich ist, muss der Festgehaltene auf freien Fuß gesetzt werden (BVerfG NStZ-RR 2006, 381). Sie ist auf 12 Stunden begrenzt (Abs. 2). Eine Verhaftung iSd § 310 Abs. 1 Nr. 1 stellt sie nicht dar (KO StraFo 2022, 70). 1

B. Vorführung. Die Vorführung vor den **Richter** (Abs. 1 S. 2; Art. 104 Abs. 2 S. 2 GG) ist **vAw** durchzuführen. Sie besteht in der persönlichen Verbringung des Festgehaltenen zum AG, o. in dem Vorführen im Polizeigebäude, wenn der Richter dorthin kommt. 2

3 **C. Unverzüglich.** Der Festgehaltene muss unverzüglich vorgeführt werden, gleichviel, ob er einen Antrag auf richterliche Entsch. stellt o. nicht. Unverzüglich ist nicht gleichzusetzen mit „ohne schuldhaftes Zögern" (§ 121 BGB), sondern bedeutet, dass bei der Herbeiführung der richterlichen Entsch. **jede Verzögerung,** die sich nicht sachlich o. rechtlich rechtfertigen lässt, vermieden werden muss (vgl. BVerfG NVwZ 2009, 1033; BVerwG NJW 1974, 807 (810)). Dabei setzt die Frist des Abs. 2 lediglich eine äußerste Grenze, befreit aber nicht v. der Pflicht, unverzüglich eine richterliche Entsch. herbeizuführen (BGHSt 59, 292).

4 Da nach der Rspr. des BVerfG (BVerfGE 103, 142; 105, 239) stets **ein richterlicher Notdienst** (Bereitschaftsdienst) einzurichten ist (vgl. auch § 22c GVG), wird auch außerhalb der allg. Dienststunden idR eine Vorführung möglich sein (vgl. auch Rüping FS Hirsch, 1999, 971).

5 **D. Verzicht auf Vorführung.** Er befreit **nicht** v. der Vorführungspflicht (KK-StPO/Weingarten Rn. 4). Dies gilt also auch, wenn der Betroffene erklärt, im Dienstgebäude bleiben zu wollen, bis er wegen des Fristablaufs nach Abs. 2 ohnehin auf freien Fuß gesetzt werden muss. Wenn der Festgehaltene jedoch erklärt, er wolle freiwillig im Dienstgebäude der Polizei so lange warten, bis seine Identität festgestellt ist, fehlt es angesichts der **Einwilligung** an einer Freiheitsentziehung (BGHR § 239 Abs. 1 Freiheitsberaubung 2); der Wartende muss dann nicht vorgeführt zu werden (KMR-StPO/Noltensmeier-von Osten Rn. 8; SSW StPO/Ziegler Rn. 5; einschr. KK-StPO/Weingarten Rn. 4; Löwe/Rosenberg/Erb Rn. 7). Dies gilt nicht, wenn er sich im Zustand der Willenlosigkeit befindet (vgl. § 415 Abs. 2 FamFG).

6 **E. Ausnahme von der unverzüglichen Vorführung.** Eine solche Ausnahme sieht Abs. 1 S. 2 Hs. 2 für den Fall vor, dass bis zur Erlangung der richterlichen Entsch. voraussichtlich längere Zeit vergeht als bis zur Feststellung der Identität. Das ist keine Einschränkung des Art. 104 Abs. 2 S. 2 GG, sondern eine verfassungskonforme Regelung für die Fälle, in denen eine Anrufung des Richters zu einer sachlich nicht mehr gebotenen Verlängerung der Festhaltung führen würde. Stellt sich während der Festhaltung heraus, dass die Freiheitsentziehung in den **Grenzen des Abs. 2** doch länger ausgedehnt werden muss, als zunächst angenommen, so ist im Zeitpunkt dieser Erkenntnis v. neuem zu prüfen, ob nunmehr die richterliche Entsch. noch vor der Entlassung des Festgehaltenen erreichbar ist. Nach einer Festhaltung von zwölf Stunden darf der Betroffene wegen Abs. 2 nicht auf der Grundlage der Vorschr. festgehalten werden (KK-StPO/Weingarten Rn. 2). Sie kann aber auf Polizeirecht gestützt werden, soweit hiermit präventive Zwecke außerhalb des Strafverfahrens verfolgt werden (BGH NStZ-RR 2021, 226 (227); erg. → § 163b Rn. 1).

7 **F. Gerichtliches Verfahren.** Die Vorführung zum AG ist Aufgabe der Polizeibehörde, weil ihre Maßnahme überprüft wird.

8 **I. Sachliche Zuständigkeit.** Das AG ist unabhängig davon zuständig, in welchem Verfahrensstadium die Entsch. über die Festhaltung notwendig wird (→ § 163b Rn. 2).

9 **II. Funktionelle Zuständigkeit.** Funktionell zuständig ist der Richter, dem die Geschäftsverteilung (§ 21e GVG) die Entsch. als Aufgabe zuweist. Das wird idR derselbe Richter sein, der über die Festhaltung zu entscheiden hat, wenn diese präventiv-polizeilichen Zwecken dient (§ 14 Abs. 2 MEPolG; Art. 18 BayPAG; § 36 Abs. 2 PolG NRW). Fehlt es an einer Regelung im Geschäftsverteilungsplan, so gilt § 162 (vgl. → § 162 Rn. 7).

10 **III. Örtliche Zuständigkeit.** Örtlich zuständig (Abs. 1 S. 2) ist das AG des Ergreifungsortes. Ergreifung ist nicht identisch mit dem Auffinden der zu kontrollierenden Person u. auch nicht mit dem Beginn des Identifizierungsvorgangs. Der Begriff Ergreifung steht hier für den Entschl. zur Festhaltung (→ § 163b Rn. 7; → Rn. 5). Dieser fällt mit dem Beginn der Festhaltung zusammen. Das Verbringen des Festgehaltenen zu einer Polizeidienststelle in einem anderen AGBezirk ändert

die Zuständigkeit nicht (anders bei der gerichtlichen Überprüfung der präventiv-polizeilichen Festhaltung, bei der das AG zuständig ist, in dessen Bezirk die Person festgehalten wird (Art. 18, 97 Abs. 1, 98 Abs. 2 BayPAG; § 36 Abs. 2 S. 1 PolG NRW).

IV. Verfahrensbeteiligte. Am Verfahren beteiligt sind der Festgehaltene, der das rechtliche Gehör erhält (→ Einl. Rn. 23 ff.), u. die Polizeibehörde. Diese muss dem Richter die Entscheidungsgrundlage unterbreiten. Soweit das nicht durch Unterlagen möglich ist, muss sie die Festhaltungsgründe darlegen. Von der Beteiligung der **StA** (§ 33 Abs. 2) kann wegen des Beschleunigungsgebotes (→ Rn. 1) abgesehen werden, wenn ein StA nicht sofort erreichbar ist (KK-StPO/Weingarten Rn. 11; Löwe/Rosenberg/Erb Rn. 14; vgl. auch → § 163 Rn. 26). Der Verteidiger o. RA als **Rechtsbeistand** ist zur Anwesenheit berechtigt (Löwe/Rosenberg/Erb Rn. 15; SSW StPO/Ziegler Rn. 8; einschr. KK-StPO/Weingarten Rn. 11 aE). **11**

G. Richterliche Entscheidung. Die richterliche Entscheidung ergeht über Zulässigkeit u. Fortdauer der Festhaltung (Art. 104 Abs. 2 S. 1 GG). Das bedeutet nicht, dass für die Vergangenheit festgestellt wird, ob das Festhalten zulässig war. Es wird nur die Zulässigkeit der **gegenwärtigen Festhaltung** als Voraussetzung für eine etwaige Fortdauer geprüft. Der Entscheidungstenor befasst sich nur mit der Frage der Fortdauer (Löwe/Rosenberg/Erb Rn. 18). Der Richter ordnet entweder an, den Festgehaltenen alsbald auf freien Fuß zu setzen, o. er lässt die weitere Festhaltung für eine bestimmte Anzahl v. Stunden o. bis zur Höchstdauer des Abs. 2 zu. Gegen die Fortdauer der Freiheitsentziehung kann der Betroffene sich beschweren (§ 304), idR auch **noch nach Erledigung** (KK-StPO/Weingarten Rn. 13; erg. → Vor § 296 Rn. 18a (BGHSt 36, 242 (245 ff.) ist insoweit überholt)), nicht aber die StA gegen die Freilassung (vgl. Löwe/Rosenberg/Erb Rn. 20: kein Raum für eine „sinnvolle Sachentscheidung"). **12**

H. Mitteilungs-, Belehrungs- und Benachrichtigungspflichten. Die Mitteilungs-, Belehrungs- und Benachrichtigungspflichten in den §§ 114a–114c (vgl. → § 114a Rn. 1 ff.) gelten nach Abs. 1 S. 3 für den Fall des Festhaltens durch die Polizei zum Zweck der Identitätsfeststellung entspr., dh ggf. der jeweiligen Sachlage gem. modifiziert (zB Frist iSd § 114b Abs. 2 S. 1 Nr. 1 richtet sich nach Abs. 2; Nichtverdächtigem kann keine gegen ihn erhobene Beschuldigung eröffnet werden; vgl. iE BT-Drs. 16/11644, 35, 42, 46, ferner Bittmann NStZ 2010, 15: Nichtverdächtiger hat unbedingtes Recht, selbst nach § 114c Abs. 1 zu informieren). **13**

Ein **Ausländer** ist nach Abs. 1 S. 3 iVm § 114b Abs. 2 S. 3 (in Befolgung von Art. 36 Abs. 1 Buchst. b WÜK) darüber zu belehren, dass er die Benachrichtigung seiner konsularischen Vertretung v. der Festhaltung verlangen sowie selbst dieser Mitteilungen zukommen lassen kann (vgl. näher → § 114b Rn. 9). Diese Pflicht gilt in erster Linie für die Polizei, nicht nur für den Richter (BVerfG NJW 2007, 499 (503); BGHSt 52, 110 (112); Kreß GA 2007, 302; Walter JR 2007, 101). Belehrung u. Benachrichtigung haben unverzüglich zu erfolgen (vgl. dazu auch Weigend StV 2008, 40). **14**

I. Höchstdauer der Festhaltung. Insgesamt 12 Stunden (Abs. 2) ist die Höchstdauer der Festhaltung (→ § 163b Rn. 7). Dieser Zeitraum ist kürzer als bei präventiv-polizeilicher Festhaltung nach einigen Polizeigesetzen (§ 16 Nr. 3 MEPolG; Art. 20 Nr. 3 BayPAG, § 17 Abs. 1 Nr. 3 POGRP; § 42 Abs. 2 BPolG, § 38 Abs. 1 Nr. 3 PolG NRW). Die Frist beginnt auch, wenn der Betroffene seine zunächst bestehende Freiwilligkeit (→ Rn. 5) erkennbar aufgibt (Kurth NJW 1979, 1380). Der Ausdruck „insgesamt" trägt dem Umstand Rechnung, dass der erste Teil der Festhaltung auf polizeilicher (→ § 163b Rn. 7) u. ein weiterer Teil ggf. auf richterlicher Entschließung (→ Rn. 12) beruht. Die Frist muss unbedingt eingehalten werden. Es müssen daher alle nötigen Vorkehrungen getroffen werden, um sie nicht zu überschreiten; längeres Festhalten verstößt gegen Art. 5 Abs. 1 Buchst. c **EMRK** (EGMR NJW 1999, 775; dazu Eiffler NJW 1999, 762). **15**

16 **J. Behandlung der Unterlagen (Abs. 3).** Sowohl bei der Aufbewahrung als auch hins. der Vernichtung ist der Unterschied zwischen einem Verdächtigen u. einem Unverdächtigen wesentlich.

17 **I. Feststellung der Identität Verdächtiger (§ 163b Abs. 1).** Die dabei gewonnenen Identifizierungsunterlagen werden zu den Strafakten genommen. Sie können zugleich in die polizeilichen Unterlagen aufgenommen werden (→ § 81b Rn. 2; KK-StPO/Weingarten Rn. 18; Löwe/Rosenberg/Erb Rn. 25; **aM** HK-StPO/Zöller Rn. 17; SK-StPO/Wolter § 163b Rn. 5). Der Verdächtige darf die Entfernung der Unterlagen aus dieser Slg. u. ihre Vernichtung unter den gleichen Voraussetzungen verlangen, als wenn sie nach § 81b gewonnen worden wären (→ § 81b Rn. 16 ff.). Die Entfernung u. Vernichtung der bei den Strafakten abgelegten Unterlagen kann er nicht fordern (→ § 81b Rn. 16).

18 **II. Feststellung der Identität Unverdächtiger (§ 163b Abs. 2).** Zu den im Zusammenhang mit der Feststellung angefallenen Unterlagen gehören nicht die Erg. der Identifizierung (zB Personalien; Achenbach JA 1981, 664; Vogel NJW 1978, 1227), auch nicht die gesondert aufzubewahrenden bei der Vorführung entstandenen richterlichen Akten (Löwe/Rosenberg/Erb Rn. 30). Die übrigen, insbes. durch die erkennungsdienstliche Behandlung angefallenen Unterlagen werden durch die Ermittlungsbehörde vernichtet, dürfen also nicht zu den polizeilichen Sammlungen genommen werden.

19 **III. Rechtsbehelfe.** Die Vernichtung der nach § 163b Abs. 1 gewonnenen Unterlagen (→ Rn. 17) aus den polizeilichen Sammlungen kann der Betroffene verlangen, wenn die Notwendigkeit ihrer weiteren Verwahrung völlig entfallen ist (→ § 81b Rn. 19). Wird sein Verlangen abgelehnt, so steht ihm die Klage zum VG offen (→ § 81b Rn. 23). Verlangt der Betroffene v. der StA, die bei den Ermittlungsakten befindlichen, nach § 163b Abs. 2 gewonnenen Unterlagen (→ Rn. 18) zu vernichten, so betr. diese Angelegenheit nicht das weitere Strafverfahren. Bei Ablehnung des Antrags ist § 23 **EGGVG** anwendbar (KK-StPO/Weingarten Rn. 19; Löwe/Rosenberg/Erb Rn. 31; vgl. OLG Stuttgart NJW 1977, 2276 für den Fall der Vernichtung v. Ablichtungen inzwischen freigegebener Beweisgegenstände).

Speicherung und Abgleich von Daten aus Kontrollen

163d

(1) [1]**Begründen bestimmte Tatsachen den Verdacht, daß**

1. eine der in § 111 bezeichneten Straftaten
oder
2. eine der in § 100a Abs. 2 Nr. 6 bis 9 und 11 bezeichneten Straftaten

begangen worden ist, so dürfen die anläßlich einer grenzpolizeilichen Kontrolle, im Falle der Nummer 1 auch die bei einer Personenkontrolle nach § 111 anfallenden Daten über die Identität von Personen sowie Umstände, die für die Aufklärung der Straftat oder für die Ergreifung des Täters von Bedeutung sein können, in einem Dateisystem gespeichert werden, wenn Tatsachen die Annahme rechtfertigen, daß die Auswertung der Daten zur Ergreifung des Täters oder zur Aufklärung der Straftat führen kann und die Maßnahme nicht außer Verhältnis zur Bedeutung der Sache steht. [2]**Dies gilt auch, wenn im Falle des Satzes 1 Pässe und Personalausweise automatisch gelesen werden.** [3]**Die Übermittlung der Daten ist nur an Strafverfolgungsbehörden zulässig.**

(2) [1]**Maßnahmen der in Absatz 1 bezeichneten Art dürfen nur durch den Richter, bei Gefahr im Verzug auch durch die Staatsanwaltschaft und ihre Ermittlungspersonen (§ 152 des Gerichtsverfassungsgesetzes) angeordnet werden.** [2]**Hat die Staatsanwaltschaft oder eine ihrer Ermittlungspersonen die Anordnung getroffen, so beantragt die Staatsanwaltschaft**

unverzüglich die richterliche Bestätigung der Anordnung. [3]**§ 100e Absatz 1 Satz 3 gilt entsprechend.**

(3) [1]**Die Anordnung ergeht schriftlich.** [2]**Sie muß die Personen, deren Daten gespeichert werden sollen, nach bestimmten Merkmalen oder Eigenschaften so genau bezeichnen, wie dies nach der zur Zeit der Anordnung vorhandenen Kenntnis von dem oder den Tatverdächtigen möglich ist.** [3]**Art und Dauer der Maßnahmen sind festzulegen.** [4]**Die Anordnung ist räumlich zu begrenzen und auf höchstens drei Monate zu befristen.** [5]**Eine einmalige Verlängerung um nicht mehr als drei weitere Monate ist zulässig, soweit die in Absatz 1 bezeichneten Voraussetzungen fortbestehen.**

(4) [1]**Liegen die Voraussetzungen für den Erlaß der Anordnung nicht mehr vor oder ist der Zweck der sich aus der Anordnung ergebenden Maßnahmen erreicht, so sind diese unverzüglich zu beenden.** [2]**Die durch die Maßnahmen erlangten personenbezogenen Daten sind unverzüglich zu löschen, sobald sie für das Strafverfahren nicht oder nicht mehr benötigt werden; eine Speicherung, die die Laufzeit der Maßnahmen (Absatz 3) um mehr als drei Monate überschreitet, ist unzulässig.** [3]**Über die Löschung ist die Staatsanwaltschaft zu unterrichten.**

Übersicht

1 **A. Computergestützte Fahndungsmaßnahme.** Eine computergestützte Fahndungsmaßnahme gestattet die Vorschr. (zur Entstehungsgeschichte der Vorschr. vgl. KK-StPO/Moldenhauer Rn. 1 f.). Da hierbei Datenmassen verarbeitet werden müssen, v. denen in weitem Umf. auch unbescholtene Bürger betroffen sind, gegen die keinerlei Tatverdacht besteht, war nach den Grundsätzen des Urteils des BVerfG zum Volkszählungsgesetz (BVerfGE 65, 1: Recht auf informationelle Selbstbestimmung; erg. → EGGVG Vor § 12 Rn. 2; vgl. auch BVerfGE 120, 378 mAnm Roßnagel NJW 2008, 2548) die Schaffung ausdr. ges. Grundlagen erforderlich. Der Gesetzgeber hat dem durch die Einfügung des § 163d für einen Teilbereich der computergestützten Fahndung, die sog. Netzfahndung (Löwe/Rosenberg/Erb Rn. 5 nennt sie „Kontrollfahndung"), Rechnung getragen.

2 Die **Vorschrift ermöglicht** die Errichtung v. Kurzzeit-Dateien für die automatische Speicherung u. Verarbeitung der Daten, die bei bestimmten Massenkontrollen (Personenkontrollen an der Grenze o. an Kontrollstellen nach § 111) anfallen, deren erschöpfende Auswertung an Ort u. Stelle aber, auch durch Abfrage in den Fahndungsdateien des polizeilichen Informationssystems, nicht möglich ist. Durch die in § 163d vorgesehene Speicherung u. spätere Auswertung der Daten in einer EDV-Anl. soll die Möglichkeit, Straftaten aufzuklären u. Straftäter zu ergreifen, vergrößert werden. Bei Massenkontrollen anderer Art (zB nach § 36 Abs. 5 StVO, § 12 Abs. 1, Abs. 2 GüKG u. nach allg. Polizeirecht) ist eine Datenspeicherung zum Zweck der Strafverfolgung ausgeschlossen; § 163d enthält eine insoweit abschl. Regelung (Löwe/Rosenberg/Erb Rn. 7). Die Einstellung des § 163d in die StPO bedeutet nicht, dass andere computergestützte Fahndungsmaßnahmen aus-

geschlossen sind. Vielmehr sind die Rasterfahndung u. die Polizeiliche Beobachtung ausdr. in §§ 98a, b und § 163e geregelt.

3, 4 **B. Datenspeicherung und Auswertung (Abs. 1). I. Zulässige Maßnahmen (Abs. 1 S. 1).** Zulässige Maßnahmen (Abs. 1 S. 1) sind die zeitweilige Speicherung u. die Auswertung v. Daten über Personen mit bestimmten (mutmaßlich mit denen des Täters übereinstimmenden) Merkmalen o. Eigenschaften (→ Rn. 17) in einer Datei, dh in einem automatisierten Informationssystem (Löwe/Rosenberg/Erb Rn. 39). Gespeichert u. verarbeitet werden dürfen jedoch nur solche Daten, die bei einer Kontrollstelle nach § 111 o. bei einer grenzpolizeilichen Kontrolle nach §§ 2, 23 BPolG anfallen (KK-StPO/Moldenhauer Rn. 10 f.; enger Löwe/Rosenberg/Erb Rn. 23 ff.), in Bayern nach den für die bayerische Grenzpolizei, in Bremen u. Hamburg nach den dort für die Wasserschutzpolizei geltenden Bestimmungen. Aus welchem Anlass die Personenkontrolle durchgeführt worden ist, spielt keine Rolle. Bei grenzpolizeilichen Kontrollen dürfen Daten zur Aufklärung jeder möglichen Katalogtat (→ Rn. 9) gespeichert werden, an Kontrollstellen nach § 111 nur zur Aufklärung der in dieser Vorschr. bezeichneten Taten (Löwe/Rosenberg/Erb Rn. 12). Gleichgültig ist auch, in welcher Weise (Beobachtung bei Sichtkontrollen, Einsicht in die Personalpapiere o. automatisches Ablesen dieser Papiere) die Daten erhoben worden sind (Löwe/Rosenberg/Erb Rn. 27).

5 Bei den **Daten,** die gespeichert u. verarbeitet werden dürfen, handelt es sich in 1. Hinsicht um die persönlichen Identitätsmerkmale (Name, Geburtstag, Wohnort), die sich aus den Ausweispapieren ergeben (KK-StPO/Moldenhauer Rn. 12). Darüber hinaus können Umstände gespeichert u. verarbeitet werden, die für die Aufklärung der Tat o. für die Ergreifung des Täters, auch des Teilnehmers (KK-StPO/Moldenhauer Rn. 13; Löwe/Rosenberg/Erb Rn. 18), v. Bedeutung sein können, zB Typ u. Kennzeichen des benutzten Kraftwagens, Erkenntnisse über den Ort, die Art u. Weise sowie die sonstigen Umstände der Identitätsfeststellung, auch die Erg. v. Durchsuchungen u. erkennungsdienstlichen Behandlungen (Löwe/Rosenberg/Erb Rn. 31; Rogall NStZ 1986, 390).

6 Die **Dateien,** in denen Speicherung u. Verarbeitung stattzufinden haben, werden im G nicht näher gekennzeichnet. Ihre Speicherung u. Verarbeitung ist nicht auf die StA beschränkt, wie sich aus Abs. 4 S. 3 (der sonst überflüssig wäre) ergibt (HK-StPO/Zöller Rn. 8; Wittig JuS 1997, 966 Fn. 76; vgl. auch KK-StPO/Moldenhauer Rn. 14). Die StA darf, wie stets im Strafverfahren, die Ermittlungen der Polizei übertragen o. überlassen. Auch bei der Speicherung u. Auswertung der Daten nach Abs. 1 darf sie sich der Polizei bedienen, die hierfür (im Wege der Auftragsdatenverarbeitung nach § 11 BDSG) ihre örtlichen, landes- o. bundesweiten EDV-Systeme einsetzt (Rogall NStZ 1986, 390; vgl. auch Baumann StV 1986, 497; Kühl NJW 1987, 740). Verfügt die StA über die erforderlichen technischen Voraussetzungen, so kann sie die Datenspeicherung auch selbst vornehmen.

7 Die **Auswertung der Daten** erfolgt durch Verarbeitung in einem automatischen Informationssystem o. auch mit herkömmlichen Mitteln (Löwe/Rosenberg/Erb Rn. 44). In Betracht kommt insbes. der Abgleich, dh die programmgesteuerte Durchführung v. Suchläufen, mit anderen Dateien der Strafverfolgungsbehörden (KK-StPO/Moldenhauer Rn. 15; Rogall NStZ 1986, 389 (390); vgl. § 98c). Ein Datenabgleich mit anderen behördlichen o. privaten Dateien ist nur unter den Voraussetzungen der §§ 98a, b zulässig; denn eine Ermächtigung zur Rasterfahndung enthält § 163d Abs. 1 selbst nicht (vgl. auch Rogall GA 1985, 1; NStZ 1986, 390). Begründen die ausgewerteten Daten einen Tatverdacht, so sind sie in die Ermittlungsvorgänge gegen den Beschuldigten aufzunehmen (→ Rn. 21).

8 **II. Voraussetzung der Maßnahmen (Abs. 1 S. 1).** Voraussetzung der Maßnahmen (Abs. 1 S. 1) ist der Verdacht, dass ein noch nicht ermittelter Straftäter, v. dem aber schon eine Beschreibung möglich ist, eine der in Abs. 1 S. 1 bezeichneten Taten begangen hat.

9 Bestimmte Tatsachen (vgl. → § 100a Rn. 9; → § 112 Rn. 22) müssen den **Verdacht** begründen, dass eine der in § 100a Abs. 2 Nr. 6–9 und 11 bezeichneten

schwerwiegenden Straftaten nach dem BtMG, dem Grundstoffüberwachungsgesetz, dem KWKG o. dem WaffG o. (vgl. § 111 Abs. 1 S. 1) eine Straftat nach § 129a (auch iVm § 129b) StGB, eine der in dieser Vorschr. bezeichneten Straftaten, eine Straftat nach § 250 Abs. 1 Nr. 1 StGB (aF; eine Anpassung an § 250 nF ist noch nicht erfolgt; vgl. Mitsch ZStW 111 (1999), 100) o. eine räuberische Erpressung unter Führung v. Schusswaffen nach § 255 StGB (vgl. → § 111 Rn. 3) begangen worden ist. Teilnahme u. Versuch genügen (Löwe/Rosenberg/Erb Rn. 11; Rogall NStZ 1986, 388 (389); **aM** SK-StPO/Wolter Rn. 38), nicht aber die versuchte Beteiligung nach § 30 StGB, auch nicht eine Vorbereitungshandlung (Schnarr NStZ 1990, 260).

Ferner müssen die Maßnahmen in ihrer konkreten räumlichen u. zeitlichen Gestaltung (→ Rn. 18) eine **Erfolgsaussicht** haben. Die Annahme muss gerechtfertigt sein, dass es gelingen könnte, durch Auswertung der gespeicherten Daten den Täter, auch den Teilnehmer (KK-StPO/Moldenhauer Rn. 8, 13; Rogall NStZ 1986, 389), zu ergreifen o. die Tat aufzuklären. Die Erfolgserwartung muss aber nicht schon aufgrund bestimmter Tatsachen bestehen; es genügt eine gewisse Wahrscheinlichkeit, die sich auch auf Erfahrungswissen, insbes. auf die kriminalistische Erfahrung, stützen kann (BeckOK StPO/von Häfen Rn. 8; KMR-StPO/Noltensmeier-von Osten Rn. 9; SSW StPO/Höltemeier Rn. 8; **aM** Löwe/Rosenberg/Erb Rn. 19; erg. → § 111 Rn. 5). 10

Schließlich muss der **Verhältnismäßigkeitsgrundsatz** gewahrt sein. Abzuwägen sind die Schwere der Tat u. das Ausmaß der Belastung der Betroffenen durch die Maßnahme (Kühl NJW 1987, 742; Rogall NStZ 1986, 389), auch der Grad der Erfolgsaussicht u. die Notwendigkeit der Netzfahndung (Löwe/Rosenberg/Erb Rn. 22). Eine Subsidiaritätsklausel (wie § 100a Abs. 1 Nr. 3) enthält § 163d nicht. Wenn die Maßnahmen erforderlich u. nicht unverhältnismäßig sind, können sie angeordnet werden, auch wenn Ermittlungen auf andere Weise weder ausgeschlossen noch wesentlich erschwert sind (Löwe/Rosenberg/Erb Rn. 10; Rogall NStZ 1986, 389). 11

III. Automatische Ablesung (Abs. 1 S. 2). Auch bei automatischer Ablesung (Abs. 1 S. 2) v. Pässen u. Personalausweisen an den Kontrollstellen ist Abs. 1 anwendbar. Die Vorschr. enthält eine (überflüssige) Klarstellung, dass § 163d eine ges. Ausnahme v. dem grds. Verbot der § 3a Abs. 2 PersAuswG, § 17 Abs. 2 PassG ist, wonach personenbezogene Daten, soweit ges. nichts anderes bestimmt ist, beim automatischen Lesen des Passes o. Personalausweises nicht in Dateien gespeichert werden dürfen (vgl. dazu auch VG Aachen DuD 2009, 192 (193)). 12

IV. Zweckbestimmung der Datenverarbeitung (Abs. 1 S. 3). Die gespeicherten Daten dürfen nur anderen Strafverfolgungsbehörden (StA einschl. GBA, Polizei, auch Strafgerichte, vgl. Löwe/Rosenberg/Erb Rn. 42 mwN) übermittelt werden. Ein Datentransfer an andere Behörden, auch u. insbes. an die Nachrichtendienste, ist ausgeschlossen (Rogall NStZ 1986, 390; **aM** SK-StPO/Puscke/Weßlau § 479 Rn. 49). Weitere Beschränkungen ergeben sich daraus, dass die gespeicherten Daten außer für das anhängige Strafverfahren nur für die Strafverfolgung aufgrund v. Zufallsfunden benutzt werden dürfen (vgl. § 479 Abs. 2 S. 1, → § 479 Rn. 3 ff.). Auch ein beliebiger Datentransfer an andere Strafverfolgungsbehörden ist daher nicht statthaft (Löwe/Rosenberg/Erb Rn. 43). 13

C. Zuständigkeit (Abs. 2). Zuständig (Abs. 2) für die Anordnung der Maßnahme ist, wie nach § 111 Abs. 2 (→ § 111 Rn. 15), grds. der **ER** (§§ 162, 169); er wird nur auf Antrag der StA tätig. Bei **Gefahr im Verzug** können die StA und, wenn kein StA erreichbar ist (Löwe/Rosenberg/Erb Rn. 44), ihre Ermittlungspersonen (§ 152 GVG) die Anordnung treffen. Gefahr im Verzug liegt vor, wenn die richterliche Anordnung nicht eingeholt werden kann, ohne dass der mit der Datenspeicherung u. -verarbeitung verfolgte Zweck gefährdet wird (vgl. auch → § 98 Rn. 6). Das wird insbes. der Fall sein, wenn die Polizei unmittelbar nach kriminellen Anschlägen wegen Gefahr im Verzug Kontrollstellen nach § 111 er- 14 richtet hat, die unverzüglich durch die Netzfahndung nach § 163d ergänzt werden sollen.

15 Wird die Anordnung v. der StA o. deren Ermittlungspersonen getroffen, so muss die StA unverzüglich, dh ohne vermeidbare Verzögerung (→ § 25 Rn. 8), die **richterliche Bestätigung** der Anordnung beantragen (Abs. 2 S. 2). Bestätigt sie der Richter nicht binnen 3 Werktagen (dazu → § 100 Rn. 7), so tritt sie ohne weiteres außer Kraft (Abs. 2 S. 3 iVm § 100e Abs. 1 S. 3), u. zwar mit der Folge, dass die Maßnahmen unverzüglich zu beenden u. die bis dahin gespeicherten Daten zu löschen o. zu vernichten sind. Hebt die StA die Anordnung vor Ablauf der 3-Tagesfrist auf o. sind nach deren Ablauf keine Daten mehr vorhanden, so entfällt die richterliche Kontrolle (Löwe/Rosenberg/Erb Rn. 53; Rogall NStZ 1986, 390; **aM** SK-StPO/Wolter Rn. 59).

16 **D. Anordnung der Maßnahme (Abs. 3).** Die Anordnung muss **schriftlich** ergehen (Abs. 3 S. 1). Telefax genügt der Form; eine Anordnung mit einfacher E-Mail reicht ebenfalls, da eine Unterschrift nicht vorgeschrieben ist (MüKoStPO/Kölbel/Neßeler Rn. 32; vgl. a. → § 32b Rn. 3a) nicht aber die telefonische Anordnung (Löwe/Rosenberg/Erb Rn. 56; BeckOK StPO/von Häfen Rn. 12; SSW StPO/Höltkemeier Rn. 15). Für die **Übermittlung** an die mit der Vollziehung der Anordnung betraute Behörde enthält Abs. 3 keine Regelung. Soweit deren zuverlässige Unterrichtung vom Inhalt der Anordnung sichergestellt wird, bestehen keine rechtlichen Bedenken gegen eine telefonische Übermittlung (Löwe/Rosenberg/Erb Rn. 56; **aM** Rogall NStZ 1986, 390; KK-StPO/Moldenhauer Rn. 24; MüKoStPO/Kölbel/Neßeler Rn. 32), sollte aber angesichts der technischen Möglichkeiten einer elektronischen Übermittlung (zB als Anhang einer E-Mail) möglichst vermieden werden (vgl. a. SSW StPO/Höltkemeier Rn. 15).

17 **Inhaltlich** muss die Anordnung das Verfahren, in dem sie ergeht, u. den Verfahrensgegenstand (HK-StrafR/Pflieger Rn. 5), ferner die Verdachtsmerkmale bezeichnen (Abs. 3 S. 2). Der Personenkreis, der v. der Maßnahme erfasst werden soll, muss nach bestimmten Merkmalen o. Eigenschaften so genau beschrieben werden, wie das nach den zzt. der Anordnung vorhandenen Kenntnissen über den o. die Tatverdächtigen möglich ist (Kühl NJW 1987, 742; vgl. aber auch Löwe/Rosenberg/Erb Rn. 57, der entgegen der hM auch eindeutig nicht verdächtige Kontaktpersonen einbeziehen will). Werden neue Merkmale o. Eigenschaften bekannt, so ist ihre Beschreibung nachzuliefern (KK-StPO/Moldenhauer Rn. 26; Rogall NStZ 1986, 390). Wenn eine hinreichend konkrete Beschreibung nicht möglich ist, muss die Anordnung unterbleiben.

18 In der Anordnung müssen auch **Art und Dauer** (Abs. 3 S. 3) der Maßnahmen festgelegt werden, ferner ihr Umf. u. ihre räumliche Erstreckung. Es muss insbes. bestimmt werden, bei welchen Kontroll- o. Grenzübergangsstellen die Daten zu erheben sind u. welche Stelle sie zu speichern u. auszuwerten hat (KK-StPO/Moldenhauer Rn. 26; zw. Löwe/Rosenberg/Erb Rn. 57).

19 Grundsätzlich müssen die Maßnahmen auf **höchstens 3 Monate** befristet werden (Abs. 3 S. 4); eine einmalige Verlängerung um höchstens 3 Monate ist zulässig (Abs. 3 S. 5), darüber hinaus auch dann nicht, wenn die 1. Anordnung auf weniger als 3 Monate befristet war (KK-StPO/Moldenhauer Rn. 28). Die zeitlichen Beschränkungen beziehen sich aber nur auf die Einspeicherung neuer Daten. Die bisher gespeicherten Daten dürfen in der Datei belassen u. auch noch später ausgewertet u. übermittelt werden, solange nicht nach Abs. 4 S. 2 ihre Löschung erforderlich ist.

20 **E. Beendigung; Löschung (Abs. 4 S. 1–3).** Fallen die Anordnungsvoraussetzungen nach Abs. 1 S. 1 weg, ist die Frist des Abs. 3 S. 4, 5 abgelaufen o. ist der mit der Anordnung verfolgte Zweck erreicht, so müssen die Maßnahmen unverzüglich, dh ohne vermeidbare Verzögerung (→ § 25 Rn. 8), beendet werden (Abs. 4 S. 1). Einspeicherung, Auswertung u. Übermittlung der Daten sind einzustellen.

Die **Löschung der Daten** ist aber erst erforderlich, wenn die durch die Maßnahmen erlangten Daten für das Strafverfahren nicht o. nicht mehr benötigt werden (Abs. 4 S. 2 Hs. 1). Das ist insbes. der Fall, wenn die Auswertung ergibt, dass tatverdächtige Personen nicht entdeckt worden sind (Rogall NStZ 1986, 391). Entsteht o. verstärkt sich der Tatverdacht gegen eine o. mehrere bestimmte Personen, so werden die Daten aus der Datei in die Ermittlungsakten übernommen (→ Rn. 7); auch dann sind sie, ggf. die ganze Datei, zu löschen (Schnarr ZRP 1990, 296). Auf die in die Akten aufgenommenen Erkenntnisse bezieht sich das Löschungsgebot nicht (Hilger NStZ 1997, 372). Insgesamt darf die Speicherung die Laufzeit der Maßnahmen nicht um mehr als 3 Monate überschreiten (Abs. 4 S. 2 Hs. 2); sie darf also niemals länger als 9 Monate aufrechterhalten werden. 21

Über die Löschung ist die **StA zu unterrichten** (Abs. 4 S. 3), wenn sie nicht selbst die Datei errichtet hat. In der Regel wird sie sich v. der Polizei ein Löschungsprotokoll vorlegen lassen u. es zu den Akten nehmen (Rogall NStZ 1986, 391). 22

F. Verwendung der Daten. Hinsichtlich der Verwendung der Daten gelten die Verwendungsregelungen in § 161 Abs. 3 und § 479 Abs. 2 und Abs. 3 (vgl. → § 161 Rn. 1 ff., → § 479 Rn. 1 ff.). 23

Zufallsfunde, dh bei der Datenauswertung durch die speichernde Stelle gewonnene Erkenntnisse, die sich auf andere als die in dem anhängigen Verf. verfolgten Straftaten beziehen, sind zu Beweiszwecken nur unter den einschr. Voraussetzungen der § 161 Abs. 3 S. 1, § 479 Abs. 2 S. 1 (→ § 479 Rn. 3 ff.) verwertbar, insbes. zur Ermittlung einer Person, die zum Zweck der Strafverfolgung o. -vollstreckung zur Fahndung o. Aufenthaltsfeststellung ausgeschrieben ist. Aufgrund der Einschränkung „zu Beweiszwecken“ dürfen die Daten als Spurenansatz auch für andere Straftaten als solche iSd Abs. 1 S. 1 verwendet werden (→ § 161 Rn. 18d, → § 479 Rn. 4). Allerdings ist bei der Datenverarbeitung mit einem für die Maßnahme entspr. ausgerichteten Auswertungsprogramm mit echten Zufallsergebnissen idR nicht zu rechnen (vgl. Löwe/Rosenberg/Erb Rn. 76). 24

G. Benachrichtigungspflicht. Die **Benachrichtigungspflicht** hins. der Maßnahmen nach Abs. 1 S. 1 richtet sich nach § 101 Abs. 1, Abs. 4 Nr. 10; danach sind nur die Personen, gegen die nach Auswertung der Daten weitere Ermittlungen geführt wurden, zu benachrichtigen. Die Betroffenen, gegen die ein Tatverdacht nicht entstanden o. erhärtet worden ist, brauchen nicht benachrichtigt zu werden. Vgl. iE → § 101 Rn. 4 ff. 25

H. Anfechtung. Für die Betroffenen, gegen die nach Auswertung der Daten weitere Ermittlungen geführt wurden (vgl. → § 101 Rn. 7), steht als *lex specialis* der (befristete) Rechtsbehelf nach § 101 Abs. 7 S. 2–4 iVm Abs. 4 S. 1 Nr. 10 gegen die richterliche o. nicht-richterliche Anordnung sowie die Art u. Weise ihres Vollzugs zur Vfg. (→ § 101 Rn. 25 ff.). Für danach nicht Antragsberechtigte gilt: Beschwerde (§ 304 Abs. 1) ist gegen die richterliche Anordnung (auch des ERs des BGH o. OLG, § 304 Abs. 5 aE) statthaft; ist die Maßnahme bereits erledigt, kommt dabei die Feststellung der Rechtswidrigkeit in Betracht (vgl. → Vor § 296 Rn. 17 ff.). Die Rechtswidrigkeit v. Anordnungen der StA u. ihrer Ermittlungspersonen ist nach hM – verfassungsrechtlich unbedenklich (BVerfG MDR 1990, 980) – entspr. § 98 Abs. 2 S. 2 geltend zu machen (BGHR StPO § 163d Datenspeicherung 1; Löwe/Rosenberg/Erb Rn. 83; Kühl NJW 1987, 743; Rogall NStZ 1986, 392; erg. → § 98 Rn. 23). 26

Ausschreibung zur Beobachtung bei polizeilichen Kontrollen

163e

(1) [1] **Die Ausschreibung zur Beobachtung anläßlich von polizeilichen Kontrollen, die die Feststellung der Personalien zulassen, kann angeordnet werden, wenn zureichende tatsächliche Anhaltspunkte dafür vorliegen, daß eine Straftat von erheblicher Bedeutung begangen wurde.** [2] **Die Anordnung darf sich nur gegen den Beschuldigten richten**

und nur dann getroffen werden, wenn die Erforschung des Sachverhalts oder die Ermittlung des Aufenthaltsortes des Täters auf andere Weise erheblich weniger erfolgversprechend oder wesentlich erschwert wäre. [3]Gegen andere Personen ist die Maßnahme zulässig, wenn auf Grund bestimmter Tatsachen anzunehmen ist, daß sie mit dem Täter in Verbindung stehen oder eine solche Verbindung hergestellt wird, daß die Maßnahme zur Erforschung des Sachverhalts oder zur Ermittlung des Aufenthaltsortes des Täters führen wird und dies auf andere Weise erheblich weniger erfolgversprechend oder wesentlich erschwert wäre.

(2) **Das Kennzeichen eines Kraftfahrzeuges, die Identifizierungsnummer oder äußere Kennzeichnung eines Wasserfahrzeuges, Luftfahrzeuges oder eines Containers kann ausgeschrieben werden, wenn das Fahrzeug auf eine nach Absatz 1 ausgeschriebene Person zugelassen ist oder das Fahrzeug oder der Container von ihr oder einer bisher namentlich nicht bekannten Person genutzt wird, die einer Straftat von erheblicher Bedeutung verdächtig ist.**

(3) **Im Falle eines Antreffens können auch personenbezogene Daten eines Begleiters der ausgeschriebenen Person, des Führers eines nach Absatz 2 ausgeschriebenen Fahrzeuges oder des Nutzers eines nach Absatz 2 ausgeschriebenen Containers gemeldet werden.**

(4) [1]**Die Ausschreibung zur polizeilichen Beobachtung darf nur durch das Gericht angeordnet werden. [2]Bei Gefahr im Verzug kann die Anordnung auch durch die Staatsanwaltschaft getroffen werden. [3]Hat die Staatsanwaltschaft die Anordnung getroffen, so beantragt sie unverzüglich die gerichtliche Bestätigung der Anordnung. [4]§ 100e Absatz 1 Satz 3 gilt entsprechend. [5]Die Anordnung ist auf höchstens ein Jahr zu befristen. [6]Eine Verlängerung um jeweils nicht mehr als drei Monate ist zulässig, soweit die Voraussetzungen der Anordnung fortbestehen.**

1 **A. Ausschreibung zur Beobachtung.** Unter Beobachtung **anlässlich einer polizeilichen Kontrolle** wird die planmäßige, grds. heimliche Beobachtung einer Person (o. eines Objekts) zwecks Erstellung eines vollständigen Bewegungsbildes verstanden. Sie ist nicht mit der nicht geregelten, auf §§ 161 Abs. 1, 163 Abs. 1 gestützten kurzfristigen o. der in § 163f geregelten längerfristigen Observation einer Person durch die Polizei zu verwechseln (Möhrenschlager wistra 1992, 328; Rieß NJ 1992, 497) u. auch v. der Herstellung v. Bildaufnahmen nach § 100h Abs. 1 S. 1 Nr. 1 zu unterscheiden. Die Polizeiliche Beobachtung ist seit langem üblich; sie wurde aber vielfach als Eingriff in die durch Art. 2 Abs. 1 GG garantierte Freiheit des Beobachteten bezeichnet; mit Rücksicht auf das v. BVerfG betonte Recht auf informationelle Selbstbestimmung (BVerfGE 65, 1; erg. → EGGVG Vor § 12 Rn. 2) wurde die Schaffung einer ausdr. ges. Ermächtigungsgrundlage gefordert (vgl. Löwe/Rosenberg/Erb Rn. 1; zusf. zur Problematik Bottke GS Meyer, 1990, 37 ff.). Das OrgKG hat mit § 163e eine entspr. Eingriffsnorm geschaffen (vgl. eing. Krahl NStZ 1998, 339), die die Polizeiliche Beobachtung aber nicht schlechthin u. uneingeschränkt zulässt, sondern sie an strenge Voraussetzungen knüpft u. Beschränkungen unterwirft. Soweit Polizeiliche Beobachtungen auf polizeirechtlicher Grdl. durchgeführt werden (zB § 31 BPolG), dürfen dabei gewonnene Erkenntnisse nach Maßgabe des § 161 Abs. 2 (→ § 161 Rn. 18b ff.) auch im Strafverfahren verwendet werden.

2 **B. Ziel.** Ziel der Polizeilichen Beobachtung ist die v. der betroffenen Person unbemerkte, unauffällige Ermittlung u. Slg. v. Erkenntnissen, um sich ein „Bewegungsbild" v. ihr zu verschaffen (Hilger NStZ 1992, 525). Darüber hinaus dient die Beobachtung dazu, Zusammenhänge u. Querverbindungen zwischen dieser ua Personen zu erfassen (Hilgendorf-Schmidt wistra 1989, 210), um damit kriminelle Strukturen aufspüren u. insbes. die organisierte Kriminalität bekämpfen zu können. Ihre Praktikabilität für die Strafverfolgung ist allerdings zu bezweifeln (Krahl NStZ 1998, 341); die Vorschr. unterliegt auch sonst vielfältiger Kritik (vgl. Löwe/Rosenberg/Erb Rn. 5).

C. Anordnung gegen einen Beschuldigte. I. Anlässlich von polizeilichen Kontrollen. Anlässlich von polizeilichen Kontrollen, die die Feststellung der Personalien zulassen, kann die Ausschreibung zur Beobachtung angeordnet werden. Die Kontrollstellen werden nicht für die Polizeiliche Beobachtung errichtet, sondern bereits bestehende Kontrollstellen werden hierfür genutzt (Hilger NStZ 1992, 525 Fn. 167). In Betracht kommen Kontrollstellen nach §§ 111, 163b, ferner solche nach den Polizeigesetzen der Länder u. Grenzkontrollstellen. Zur Feststellung der Personalien gehören auch Erkenntnisse über sonstige Umstände wie Begleiter, Reiseweg, Transportmittel u. mitgeführte Gegenstände (Hilger NStZ 1992, 525 Fn. 167). Alle diese Daten dürfen erfasst, der ausschreibenden Behörde gemeldet, v. dieser ausgewertet, gespeichert u. ggf. an zur Erfassung solcher Daten errichtete Zentralbehörden weitergemeldet werden. 3, 4

II. Straftat von erheblicher Bedeutung. Es muss um eine Straftat von erheblicher Bedeutung gehen. Der Begriff deckt sich insoweit mit dem in §§ 98a Abs. 1, 110a Abs. 1 verwendeten, allerdings ist er hier nicht durch einen Straftatenkatalog o. in sonstiger Weise eingeschränkt, so dass grds. wegen jeden Straftatbestandes, der diese Voraussetzung erfüllt (vgl. dazu → § 98a Rn. 5), die Polizeiliche Beobachtung angeordnet werden darf. Einschränkungen ergeben sich nur aus der Notwendigkeit des Vorhandenseins einer polizeilichen Kontrollstelle (→ Rn. 4) sowie aus der Subsidiaritätsklausel (→ Rn. 7). 5

III. Zureichende tatsächliche Anhaltspunkte. Zureichende tatsächliche Anhaltspunkte müssen für die bedeutsame Straftat bestehen. Das bedeutet, dass zumindest ein Anfangsverdacht (vgl. auch Abs. 2: Straftat … verdächtig) bestehen muss (Krahl NStZ 1998, 340); hinreichender o. dringender Tatverdacht ist nicht erforderlich, in diesem Verfahrensstadium auch kaum gegeben. Das Verf. muss sich aber gegen einen bestimmten Beschuldigten richten. 6

IV. Subsidiaritätsklausel. Eine Subsidiaritätsklausel wie in § 98a Abs. 1 S. 2 (Rasterfahndung) ist auch hier vorgesehen (Abs. 1 S. 2 Hs. 2). Zu den Merkmalen „erheblich weniger Erfolg versprechend" (Erfolgsprognose) u. „wesentlich erschwert" (Verfahrensverzögerung) vgl. → § 98a Rn. 3. 7

D. Anordnung gegen andere Personen. Auch hier müssen zureichende tatsächliche Anhaltspunkte dafür bestehen, dass durch eine bereits bekannte (HK-StPO/Zöller Rn. 7; **aM** Löwe/Rosenberg/Erb Rn. 22), als Täter verdächtigte Person eine Straftat v. erheblicher Bedeutung begangen worden ist. Zusätzliche Voraussetzungen sind jedoch, dass aufgrund bestimmter Tatsachen (→ § 112 Rn. 22) anzunehmen ist, die zu beobachtende Person (Kontaktperson) habe bereits eine Verbindung zum Täter o. wolle diese herstellen. Die Polizeiliche Beobachtung ist nur zur Erforschung des Sachverhalts o. zwecks Ermittlung des Aufenthaltsortes des Täters zulässig. Auch hier gilt die Subsidiaritätsklausel (→ Rn. 7). Für Berufsgeheimnisträger gilt § 160a. 8

E. Ausschreibung eines Kfz-Kennzeichens. Die Ausschreibung eines Kfz-Kennzeichens, das auf den Beschuldigten (→ Rn. 3 ff.) o. eine Kontaktperson (→ Rn. 8) zugelassen ist o. von diesen genutzt wird, regelt Abs. 2. Entsprechende Möglichkeiten der Ausschreibung bestehen für Wasser- u. Luftfahrzeuge sowie Container. Aber nicht nur Fahrzeuge o. Container einer nach Abs. 1 ausgeschriebenen Person, sondern darüber hinaus auch derartige Gegenstände einer namentlich bisher nicht bekannten Person, die einer Straftat v. erheblicher Bedeutung (→ Rn. 5) verdächtig ist, dürfen danach ausgeschrieben werden; eine solche Ausschreibung kommt in Betracht, wenn außer dem Kfz-Kennzeichen, der Identifizierungsnummer o. der äußeren Kennzeichnung kein Ansatz für Ermittlungen gegeben ist (vgl. Hilger NStZ 1992, 525 Fn. 172). Andere Gegenstände als Fahrzeuge o. Container können, wenn sie keinen Personenbezug aufweisen, nach §§ 161 Abs. 1 S. 1, 163 Abs. 1 S. 2 ausgeschrieben werden (BT-Drs. 16/10816, 9). Für die **automatische** Kennzeichenerfassung ist durch G v. 25.6.2021 (BGBl. I 2099) mit § 163g eine ges. Grdl. geschaffen worden. 9

10 **F. Weitere Personen.** Auch der Begleiter einer nach Abs. 1 ausgeschriebenen Person o. der Führer eines nach Abs. 2 ausgeschriebenen Fahrzeuges (Nutzer eines Containers) dürfen im Fall des Antreffens an der Kontrollstelle erfasst u. der ausschreibenden Strafverfolgungsbehörde gemeldet werden. Damit wird die polizeiliche Erfassung in nicht unbedenklicher Weise (SK-StPO/Wolter Rn. 12; Krahl NStZ 1998, 341; Strate StV 1989, 410) auf Personen ausgedehnt, die möglicherweise in keinerlei Zusammenhang mit der angenommenen Straftat stehen.

11 Schließlich kann unter den Voraussetzungen des § 163e auch gegen einen unter **Führungsaufsicht** stehenden Verurteilten die Ausschreibung zur Polizeilichen Beobachtung nach § 463a Abs. 2 angeordnet werden (vgl. Nr. 41 Abs. 7 RiStBV).

12, 13 **G. Verfahren. I. Zuständigkeit.** Grundsätzlich trifft der ER (§§ 162, 169) die Anordnung. Bei Gefahr im Verzug (→ § 98 Rn. 6) besteht eine Kompetenz der StA. Ermittlungspersonen der StA (§ 152 GVG) dürfen die Polizeiliche Beobachtung nicht anordnen; eine solche Zuständigkeitserweiterung hielt der Gesetzgeber nicht für erforderlich (BT-Drs. 12/2720, 48; vgl. aber zur unmittelbaren Aktenvorlage → § 163 Rn. 26 (gegen ein „Übergehen" der StA KK-StPO/Moldenhauer Rn. 22; wie hier Löwe/Rosenberg/Erb Rn. 38)). Die Anordnung der StA muss – wie in anderen Fällen der Eilkompetenz auch (vgl. §§ 98b Abs. 1 S. 2, 100e Abs. 1 S. 3) – unverzüglich (→ § 25 Rn. 8) richterlich bestätigt werden; sie tritt außer Kraft, wenn die Bestätigung nicht binnen 3 Werktagen erfolgt (Abs. 4 S. 1 iVm § 100e Abs. 1 S. 3; zur Fristberechnung vgl. → § 100b Rn. 1). Zwischenzeitlich erlangte Erkenntnisse dürfen grds. verwertet werden (Rieß NJ 1992, 497; vgl. auch → § 98b Rn. 11).

14 **II. Anordnung.** Der Richter o. StA wird sie idR (**aM** Löwe/Rosenberg/Erb Rn. 42: stets) schriftlich erteilen (vgl. § 98b Abs. 1 S. 4), notfalls darf sie aber auch mündlich ergehen. In der Anordnung ist die auszuschreibende Person (Abs. 1) so genau wie möglich zu bezeichnen (Hilger NStZ 1992, 525 Fn. 173) bzw. das Kfz-Kennzeichen, die Identifizierungsnummer o. äußere Kennzeichnung anzugeben. Es kann auch festgelegt werden, dass die Beobachtung nur an bestimmten Kontrollstellen o. nur zu bestimmten Zeiten stattfinden soll. Die richterliche Bestätigung bedarf der Schriftform.

15 **III. Geltungsdauer.** Unter kriminalistischen Gesichtspunkten erscheint eine zu kurze Beobachtungsphase idR wenig Erfolg versprechend (Hilgendorf-Schmidt wistra 1989, 210); eine zu lange andauernde Beobachtung kann unverhältnismäßig sein. Abs. 4 S. 5 schreibt daher eine Befristung der Anordnung auf höchstens 1 Jahr vor. Mehrmalige Verlängerung bei Fortbestehen der Anordnungsvoraussetzungen um jew. nicht mehr als 3 weitere Monate ist zulässig (Abs. 4 S. 6; Löwe/Rosenberg/Erb Rn. 40; SK-StPO/Wolter Rn. 27). Wird die Anordnung nicht verlängert, tritt sie ohne weiteres außer Kraft.

16 **H. Benachrichtigung.** Eine Benachrichtigung der Zielperson der Maßnahme u. der Personen, deren personenbezogene Daten gemeldet worden sind, sieht § 101 Abs. 1, Abs. 4 S. 1 Nr. 11 grds. vor (näher → § 101 Rn. 4 ff.). Kennzeichnungs- u. Löschungspflichten ergeben sich aus § 101 Abs. 3 (→ § 101 Rn. 3) und § 101 Abs. 8 (→ § 101 Rn. 27).

17 **I. Anfechtung.** Es gelten die Ausführungen in → § 163d Rn. 26 hins. des Antrags der Zielperson sowie der Person, deren personenbezogene Daten gemeldet worden sind (§ 101 Abs. 7 S. 2 iVm Abs. 4 S. 1 Nr. 11 als lex specialis; vgl. → § 101 Rn. 14, 25 ff.), u. der allg. Rechtsbehelfe entsprechend.

Längerfristige Observation

163f (1) [1]**Liegen zureichende tatsächliche Anhaltspunkte dafür vor, dass eine Straftat von erheblicher Bedeutung begangen worden ist, so darf eine planmäßig angelegte Beobachtung des Beschuldigten angeordnet werden, die**

1. durchgehend länger als 24 Stunden dauern oder
2. an mehr als zwei Tagen stattfinden

soll (längerfristige Observation). [2]Die Maßnahme darf nur angeordnet werden, wenn die Erforschung des Sachverhalts oder die Ermittlung des Aufenthaltsortes des Täters auf andere Weise erheblich weniger Erfolg versprechend oder wesentlich erschwert wäre. [3]Gegen andere Personen ist die Maßnahme zulässig, wenn auf Grund bestimmter Tatsachen anzunehmen ist, dass sie mit dem Täter in Verbindung stehen oder eine solche Verbindung hergestellt wird, dass die Maßnahme zur Erforschung des Sachverhalts oder zur Ermittlung des Aufenthaltsortes des Täters führen wird und dies auf andere Weise erheblich weniger Erfolg versprechend oder wesentlich erschwert wäre.

(2) [1]**Die Maßnahme darf auch durchgeführt werden, wenn Dritte unvermeidbar betroffen werden. [2]§ 100d Absatz 1 und 2 gilt entsprechend.**

(3) [1]**Die Maßnahme darf nur durch das Gericht, bei Gefahr im Verzug auch durch die Staatsanwaltschaft und ihre Ermittlungspersonen (§ 152 des Gerichtsverfassungsgesetzes) angeordnet werden. [2]Die Anordnung der Staatsanwaltschaft oder ihrer Ermittlungspersonen tritt außer Kraft, wenn sie nicht binnen drei Werktagen von dem Gericht bestätigt wird. [3]§ 100e Absatz 1 Satz 4 und 5, Absatz 3 Satz 1 gilt entsprechend.**

A. Längerfristige Observation. Die längerfristige Observation wird in Abs. 1 S. 1 als eine über einen durchgehend länger als 24 Stunden dauernden Zeitraum o. eine zwar unterbrochene, aber an mehr als 2 Tagen (unabhängig v. der jeweiligen Dauer) stattfindende planmäßige Beobachtung des Beschuldigten durch deutsche Strafverfolgungsorgane definiert. Etwaige vorhergehende Observationen durch ausl. Stellen im Ausland sind nicht einzubeziehen (BGHR StPO § 163f Observation 2). Für diese Maßnahme stellt § 163f eine ins Einzelne gehende – den für den präventiv-polizeilichen Bereich in § 45 Abs. 2 Nr. 1 BKAG, § 28 Abs. 2 Nr. 1 BPolG getroffenen Bestimmungen entspr. – Regelung dar u. unterscheidet damit die längerfristige zutr. v. der kurzfristigen Observation, die als weniger schwerwiegende Ermittlungsart nach §§ 161 Abs. 1, 163 Abs. 1 ohne weitere Einschränkungen v. StA u. Polizei vorgenommen werden kann (vgl. → § 161 Rn. 1, → § 163 Rn. 1; BVerfG StraFo 2009, 453; Hefendehl StV 2001, 704). Mit dieser ges. Regelung hatte das StVÄG 1999 eine seit langem erhobene Forderung erfüllt u. damit die bis dahin ergangene Rspr. normiert (vgl. BGHSt 44, 13; BGH NStZ 1992, 44; OLG Düsseldorf NStZ 1998, 268). Zur Erg. der Maßnahme wurde mit G v. 25.6.2021 (BGBl. I 2099) mit § 163g die eine ges. Grdl. für die **automatische Kennzeichenerfassung** eingeführt (BT-Drs. 19/27654, 86). Die bloße Überwachung bisheriger und möglicher weiterer Tatorte zur Aufklärung von Serientaten, ohne dass bislang Anhaltspunkte für die Identität der Täter vorliegen, fällt nicht unter § 163f, sondern ist nach § 100h Abs. 1 Nr. 1 StPO zulässig (LG Bamberg Kriminalistik 2023, 543). 1

Eine längerfristige Observation **liegt nicht nur dann vor,** wenn diese v. vornherein auf eine Überschreitung der in Abs. 1 S. 1 Nr. 1 und 2 genannten Fristen gerichtet ist, sondern auch, wenn sich während einer zunächst kurzfristig angelegten Beobachtung herausstellt, dass die Fristen überschritten werden müssen (vgl. BVerfG StraFo 2009, 453: keine Rückwirkung auf den Zeitpunkt der ersten Beobachtung). Sobald sich die Notwendigkeit der Fristüberschreitung ergibt, ist die richterliche Anordnung nach Abs. 3 einzuholen. § 163f gilt aber nicht, wenn sich im Laufe eines Ermittlungsverfahrens in nicht vorhersehbarer Weise mehrfach die Notwendigkeit einer vorübergehenden u. kurzfristigen Observation ergibt, auch nicht für eine erneute kurzfristige Beobachtung nach Zielerreichung der zuvor angeordneten längerfristigen Observation (Zäsur; vgl. zum Ganzen BVerfG NJW-Spezial 2009, 585; OLG Hamburg StV 2007, 628). 1a

1b **Grenzüberschreitende Observationen** sind nach Maßgabe der jew. nationalen Rechtsordnungen nach dem SDÜ, Art. 17 2. Zusatzprotokoll v. 8.11.2001 zum EuRhÜbK sowie im Bereich des Zollfahndungsdienstes des Neapel-II-Übk. v. 18.12.1997 zulässig; darüber hinaus sehen bilaterale Verträge mit Österreich, den Niederlanden, der Schweiz, Belgien, Dänemark, Frankreich, Luxemburg u. Polen grenzüberschreitende Observationen unter den Voraussetzungen des nationalen Rechts vor (s. zum Ganzen BT-Drs. 17/4333, 3 f.).

2 Soweit die längerfristige Observation **mit anderen Eingriffen verbunden** ist, zB mit dem Einsatz technischer Mittel nach § 100h Abs. 1 S. 1, müssen zusätzlich die dafür erforderlichen Voraussetzungen gegeben sein (vgl. OLG Hamm NStZ 2009, 347; Demko NStZ 2004, 62); dabei ist aber bes. der Verhältnismäßigkeitsgrundsatz zu beachten (BGHSt 46, 266; Steinmetz NStZ 2001, 344; krit. zur „Totalüberwachung" Bernsmann StV 2001, 385; Deckers StraFo 2002, 117; Gercke FS Mehle, 2009, 219; vgl. auch BVerfGE 112, 304; → § 100c Rn. 2; anders Puschke, Die kumulative Anordnung von Informationsbeschaffungsmaßnahmen im Rahmen der Strafverfolgung, 2006, S. 79 ff.: Kumulation „qualifizierter" Maßnahmen als andersartiger, einer gesonderten EGL erfordernder Eingriff).

3 **B. Voraussetzungen. I. Straftaten erheblicher Bedeutung.** Nur bei Straftaten erheblicher Bedeutung ist die Maßnahme zulässig. Auf einen einschr. Deliktskatalog wie in §§ 98a Abs. 1, 100a Abs. 2, 100c Abs. 2 oder § 110a Abs. 1 hat der Gesetzgeber verzichtet. Diese Straftatenkataloge bilden zwar Anhaltspunkte, die längerfristige Observation ist aber auch beim Verdacht dazu geringfügigerer Straftaten, insbes. der Eigentums- u. Vermögenskriminalität, zulässig, nicht jedoch im Bagatell- o. dem nur wenig darüber liegenden Bereich (OLG Düsseldorf NStZ 2023, 569 zu § 21 Abs. 1 StVG; erg. → § 98a Rn. 5); dies ist erforderlich, weil die längerfristige Observation bei der Bekämpfung der schwerwiegenden Kriminalität v. praktisch großer Bedeutung ist (Hilger NStZ 2000, 564). Die Maßnahme richtet sich gegen den Beschuldigten (Abs. 1 S. 1, 2). Sie kann sich auch gegen eine sog. Kontaktperson (Abs. 1 S. 3) richten das ist va eine Person mit engen persönlichen Verbindungen zu einem namentlich noch nicht bekannten o. sich verborgen haltenden Täter (Soiné Kriminalistik 2001, 248); für Berufsgeheimnisträger gilt insoweit § 160a.

4 **II. Tatverdacht.** Zum erforderlichen Tatverdacht → § 152 Rn. 4 (vgl. auch BGH BeckRS 2016, 15673).

5 **III. Subsidiaritätsklauseln (Abs. 1 S. 2, 3).** Die üblichen Subsidiaritätsklauseln (Abs. 1 S. 2, 3), die praktisch wenig wirksam sind (SK-StPO/Wolter Rn. 7; Meyer-Goßner ZRP 2000, 348), enthält die Vorschr.; sie sind § 163e Abs. 1 S. 2, 3 nachgebildet (vgl. → § 163e Rn. 7, 8). Dass andere Personen durch die längerfristige Observation idR betroffen werden, lässt sich nicht vermeiden u. wird daher von Abs. 2 gestattet. Begleiter des Beschuldigten dürfen entspr. § 163e Abs. 3 gemeldet werden (vgl. KMR-StPO/Noltensmeier-von Osten Rn. 8).

6 **C. Anordnung (Abs. 3).** Für die längerfristige Observation ist grds. das Gericht (§ 162), in Auslieferungssachen das OLG (§§ 14 Abs. 1, 77 Abs. 1 IRG; vgl. OLG Hamm NStZ 2009, 347), zuständig; die Anordnung durch die StA o. – nachrangig – durch ihre Ermittlungspersonen reicht nur noch bei Gefahr im Verzug aus (vgl. → § 98 Rn. 6). Damit wird ua der Tatsache Rechnung getragen, dass es bei längerfristiger Observation vielfach zu einer Kumulierung v. Ermittlungsmaßnahmen kommt (→ Rn. 2). Soweit die längerfristige Observation ohne eine gerichtliche Anordnung vorgenommen worden ist, muss sie binnen 3 Werktagen gerichtlich bestätigt werden (Abs. 3 S. 2); die Frist läuft mit dem Erlass der Anordnung, nicht erst mit dem Beginn der Observation (vgl. BGHSt 44, 243 (246); erg. → § 100b Rn. 2).

7 Die **Dauer der Observation** ist auf höchstens drei Monate befristet (Abs. 3 S. 3 iVm § 100e Abs. 1 S. 4); sie kann bei Fortbestehen der Voraussetzungen unter

Berücksichtigung der gewonnenen Erg. entspr. § 100e Abs. 1 S. 5 verlängert werden (Abs. 3 S. 3).

Die Anordnung hat **schriftlich** zu ergehen (Abs. 3 S. 3 iVm § 100e Abs. 3 S. 1); 8
sie ist gem. § 34 zu begründen.

Eine **Benachrichtigung** der Zielperson der Maßnahme u. der erheblich mit- 8a
betroffenen Personen sieht § 101 Abs. 1, Abs. 4 S. 1 Nr. 12 grds. vor (näher → § 101 Rn. 4 ff.). Kennzeichnungs- u. Löschungspflichten ergeben sich aus § 101 Abs. 3 (→ § 101 Rn. 3) u. § 101 Abs. 8 (→ § 101 Rn. 27).

D. Anfechtung. Es gelten die Ausführungen in → § 163d Rn. 26 hins. des 9
Antrags der Zielperson sowie der erheblich mitbetroffenen Personen (§ 101 Abs. 7 S. 2 iVm Abs. 4 S. 1 Nr. 12 als *lex specialis;* vgl. → § 101 Rn. 11, 25 ff.) u. der allg. Rechtsbehelfe entsprechend.

E. Revision. Eine Observation ohne die erforderliche **Anordnung** o. über die 10
zulässige **Dauer** hinaus (→ Rn. 6, 7, nicht der Verstoß gegen die Schriftform, → Rn. 8) führt zu einem Verwertungsverbot hins. der dabei gewonnenen Erkenntnisse (einschr. – Einzelfallabwägung – OLG Hamburg StV 2007, 628 (insoweit v. BVerfG StraFo 2009, 453 nicht beanstandet); vgl. auch Löwe/Rosenberg/Erb Rn. 19; Steinmetz NStZ 2001, 348; zur Fristüberschreitung erg. → § 100b Rn. 15); werden sie doch im Urt. verwertet, begründet das die Revision. Ob der **Tatverdacht** gegeben u. die Anordnung notwendig war sowie die Beachtung des Subsidiaritätsgrundsatzes (→ Rn. 4, 5), unterliegt nur **eingeschränkter revisionsrechtlicher Kontrolle** auf Willkür (KK-StPO/Moldenhauer Rn. 36; HK-StPO/Zöller Rn. 14; Löwe/Rosenberg/Erb Rn. 23; BeckOK StPO/von Häfen Rn. 18; **aM** SK-StPO/Wolter Rn. 17, § 100a Rn. 65 f.; erg. → § 100a Rn. 35 ff.; → § 110b Rn. 15). Der Kernbereichsschutz ist nunmehr (BGBl. I 1724) mit Blick auf BVerfGE 141, 220 Rn. 176 f. in Abs. 2 S. 2 u. dem dortigen Verweis auf § 110d Abs. 1 und Abs. 2 ges. geregelt (BT-Drs. 19/4671, 64). Die Rüge unzulässiger Verwertung v. Observationserkenntnissen erfordert gem. **§ 344 Abs. 2 S. 2** die Mitteilung, welche Erkenntnisse aus den einzelnen Überwachungsmaßnahmen gewonnen u. durch das Tatgericht verwertet worden sind (BGH NStZ 2021, 59). Zudem ist regelmäßig auch die Verdachts- und Beweislage, die im Zeitpunkt der beanstandeten Beweisgewinnung gegeben war, anhand der Aktenlage zu rekonstruieren und mitzuteilen (BGH JR 2021, 231). Vgl. zu den Vortragserfordernissen auch BGH BeckRS 2022, 37577. Der verteidigte Angeklagte muss der Verwertung außerdem in der Hauptverhandlung widersprochen haben (BGH BeckRS 2024, 35280).

F. Zufallserkenntnisse. Etwaige hins. anderer Straftaten erlangte Zufalls- 11
erkenntnisse sind zu Beweiszwecken nur unter den einschr. Voraussetzungen des § 479 Abs. 2 S. 1 verwertbar. Die Verwertbarkeit für polizeiliche Zwecke ergibt sich aus §§ 479 Abs. 2 S. 2, 481.

Automatische Kennzeichenerfassung

163g (1) [1]**Örtlich begrenzt dürfen im öffentlichen Verkehrsraum ohne das Wissen der betroffenen Personen Kennzeichen von Kraftfahrzeugen sowie Ort, Datum, Uhrzeit und Fahrtrichtung durch den Einsatz technischer Mittel automatisch erhoben werden, wenn zureichende tatsächliche Anhaltspunkte dafür vorliegen, dass eine Straftat von erheblicher Bedeutung begangen worden ist, und die Annahme gerechtfertigt ist, dass diese Maßnahme zur Ermittlung der Identität oder des Aufenthaltsorts des Beschuldigten führen kann.** [2]**Die automatische Datenerhebung darf nur vorübergehend und nicht flächendeckend erfolgen.**

(2) [1]**Die nach Absatz 1 erhobenen Kennzeichen von Kraftfahrzeugen dürfen automatisch abgeglichen werden mit Kennzeichen von Kraftfahrzeugen,**

1. die auf den Beschuldigten zugelassen sind oder von ihm genutzt werden oder
2. die auf andere Personen als den Beschuldigten zugelassen sind oder von ihnen genutzt werden, wenn aufgrund bestimmter Tatsachen anzunehmen ist, dass sie mit dem Beschuldigten in Verbindung stehen oder eine solche Verbindung hergestellt wird, und die Ermittlung des Aufenthaltsortes des Beschuldigten auf andere Weise erheblich weniger erfolgversprechend oder wesentlich erschwert wäre.

[2]**Der automatische Abgleich hat unverzüglich nach der automatischen Datenerhebung nach Absatz 1 zu erfolgen.** [3]**Im Trefferfall ist unverzüglich die Übereinstimmung zwischen den nach Absatz 1 erhobenen Kennzeichen und den in Satz 1 bezeichneten weiteren Kennzeichen manuell zu überprüfen.** [4]**Wenn kein Treffer vorliegt oder die manuelle Überprüfung den Treffer nicht bestätigt, sind die nach Absatz 1 erhobenen Daten sofort und spurenlos zu löschen.**

(3) [1]**Die Anordnung der Maßnahmen nach den Absätzen 1 und 2 ergeht schriftlich durch die Staatsanwaltschaft.** [2]**Sie muss das Vorliegen der Voraussetzungen der Maßnahmen darlegen und diejenigen Kennzeichen, mit denen die automatisch erhobenen Daten nach Absatz 2 Satz 1 abgeglichen werden sollen, genau bezeichnen.** [3]**Die örtliche Begrenzung im öffentlichen Verkehrsraum (Absatz 1 Satz 1) ist zu benennen und die Anordnung ist zu befristen.** [4]**Bei Gefahr im Verzug darf die Anordnung auch mündlich und durch die Ermittlungspersonen der Staatsanwaltschaft (§ 152 des Gerichtsverfassungsgesetzes) ergehen; in diesem Fall sind die schriftlichen Darlegungen nach den Sätzen 2 und 3 binnen drei Tagen vom Anordnenden nachzuholen.**

(4) **Liegen die Voraussetzungen der Anordnung nicht mehr vor oder ist der Zweck der Maßnahmen erreicht, sind diese unverzüglich zu beenden.**

1 **A. Zweck.** Mit der durch G v. 25.6.2021 (BGBl. I 2099) eingeführten Vorschrift verfolgt der Gesetzgeber den Zweck, eine rechtssichere Grundlage für die automatische Kennzeichenerfassung v. a. für den Fahndungseinsatz zum Zweck der Strafverfolgung zu schaffen. Die Maßnahme dient in erster Linie dazu, den Aufenthaltsort eines bereits bekannten Beschuldigten oder die Identität eines Tatverdächtigen zu ermitteln, von dem lediglich das Kennzeichen des von ihm genutzten Kfz bekannt ist; der Einsatz wird vor allem Fernstraßen betreffen (BT-Drs. 19/27654, 86 f.). Bei § 163g handelt es sich um die speziellere Befugnis, die insoweit § 100h verdrängt (Roggan NStZ 2022, 19; s. a. zu Regelungen in anderen Bereichen KK-StPO/Moldenhauer Rn. 1; BeckOK StPO/von Häfen Rn. 2). Es handelt sich um eine **verdeckte Ermittlungsmaßnahme** („ohne Wissen" des Betroffenen). Ob sie angesichts des auf eine verdeckte Durchführung beschränkten Wortlauts auch mit Wissen des Betroffenen, also offen, durchgeführt werden darf, ist str. (so SSW StPO/Höltkemeier Rn. 13; **aA** Roggan DVBl 2024, 886 (889 ff.), der zu Recht die Eignung offener Maßnahmen in Frage stellt). Dass der Betroffene möglicherweise Kenntnis von der Kontrollstelle erlangt hat, macht die Maßnahme aber noch nicht zu einer offenen.

2 **B. Voraussetzungen (Abs. 1).** Die Anordnung einer automatischen Kennzeichenerfassung setzt den Anfangsverdacht (→ § 152 Rn. 4 f.) für eine **Straftat von erheblicher Bedeutung** voraus (S. 1). Insofern kann auf die Auslegung der Begriffe in anderen StPO-Regelungen (→ § 163f Rn. 4 f.) zurückgegriffen werden (BT-Drs. 19/27654, 86); es genügen Straftaten aus dem Bereich mittlerer Kriminalität (KK-StPO/Moldenhauer Rn. 6; BeckOK StPO/von Häfen Rn. 4). Die Ermittlungserkenntnisse müssen die **Annahme** rechtfertigen, dass der Abgleich nach Abs. 2 zur Ermittlung der Identität oder zum Aufenthaltsort des Beschuldigten führt (S. 1). Nach den Gesetzesmaterialien handelt es um eine „Zweckbindung", mit der den verfassungsrechtlichen Anforderungen Genüge getan werden soll (BT-

Drs. 19/27654, 87). Letztlich wird lediglich das Ziel der Maßnahme beschrieben und die Eignung der konkreten Maßnahme zur Erreichung dieses Ziels (als Bestandteil des Verhältnismäßigkeitsgrundsatzes) konkretisiert (Roggan NStZ 2022, 19 (20)). Die Annahme ist begründet, wenn das Passieren einer Kontrollstelle durch einer Zielperson iSd Abs. 2 S. 1 Nr. 1 u. 2 hinreichend wahrscheinlich ist; die Anordnung darf mithin nicht „ins Blaue hinein" ergehen (BeckOK StPO/von Häfen Rn. 6). Eine **Subsidiaritätsklausel** enthält die Vorschrift nicht.

Die automatische Kennzeichenerfassung ist nur im **öffentlichen Verkehrsraum** und in diesem lediglich **örtlich begrenzt** zulässig. Darunter fallen sowohl die Verwendung fest installierter Geräte als auch der Einsatz **mobiler Geräte** aus einem polizeilichen Dienstwagen heraus (BT-Drs. 19/27654, 87; KK-StPO/Moldenhauer Rn. 8). Um den Vorgaben des BVerfG zu genügen, bekräftigt S. 2, dass die Datenerhebung nur **vorübergehend** und nicht flächendeckend durchgeführt werden darf (vgl. hierzu BVerfGE 150, 244 Rn. 115). Damit wäre, auch wenn die Regelung keine konkrete Frist enthält, jedenfalls eine dauerhafte Erfassung nicht vereinbar (SSW StPO/Höltkemeier Rn. 10; s. a. Abs. 4, → Rn. 9), das Gleiche gilt für „Kettenanordnungen" am selben Ort (Roggan DVBl 2024, 886). Die örtliche Begrenzung und damit das Verbot einer flächendeckenden Erfassung lässt sich nicht abstrakt-generell definieren, sondern nur nach den Umständen des konkreten Einzelfalls festlegen (Roggan NStZ 2022, 19 (20, 23), der ua deshalb ein Bestimmtheitsdefizit ausmacht; KK-StPO/Moldenhauer Rn. 8: Eingrenzung wird dem Bestimmtheitsgrundsatz noch gerecht). 3

Nach S. 1 dürfen ausschließlich in- und ausländische Kfz-Kennzeichen (a. entwertete, ebenso Versicherungskennzeichen u. -plaketten) sowie Ort, Datum, Uhrzeit und Fahrtrichtung erhoben werden (BT-Drs. 19/27654, 87). Weitere Elemente der bei der Erhebung erstellten Ablichtungen (etwa Anzahl der Insassen; für einen Gesichtsabgleich geeignete Bilder) dürfen weder gespeichert noch ausgewertet werden. Dies begrenzt die Maßnahme auch faktisch auf die Verwendung und Verwertung der in S. 1 abschließend aufgeführten Daten. 4

C. Abgleich (Abs. 2). S. 1 legt den Umfang des Abgleichs fest. Die nach Abs. 1 erhobenen Daten dürfen danach zum einen automatisch (computergestützt) mit den Kennzeichen der vom **Beschuldigten** zugelassenen oder genutzten Kfz abgeglichen werden (S. 1 Nr. 1). Es genügt, wenn dies – tatsachenbasiert – nach kriminalistischer Erfahrung angenommen werden kann, da Nr. 1 anders als Nr. 2 keine „bestimmten Tatsachen" für diese Annahme verlangt; bloße Vermutungen genügen aber nicht (KK-StPO/Moldenhauer Rn. 12; SSW StPO/Höltkemeier Rn. 15). Zum anderen ist der automatische Abgleich mit Kennzeichen von Kfz zulässig, die von **Kontaktpersonen** des Beschuldigten genutzt werden (S. 1 Nr. 2). Die Voraussetzungen sind dann aber enger als die nach Nr. 1. Dies gilt in erster Linie für die in Nr. 2 enthaltene Subsidiaritätsklausel (vgl. hierzu → § 98a Rn. 3; → § 163e Rn. 7). Zudem müssen bestimmte Tatsachen die Annahme begründen, dass es sich um einen bereits bestehenden oder sich anbahnenden Kontakt handelt (BT-Drs. 19/29654/88); mehr als tatsächliche Anhaltspunkte sind hierfür aber nicht vorausgesetzt (BT-Drs. 19/27654, 88; BeckOK StPO/von Häfen Rn. 9; Roggan NStZ 2022, 19 (21); enger KK-StPO/Moldenhauer Rn. 13: „qualifizierter Verdacht"). 5

S. 2–4 regeln das Verfahren des Abgleichs. Es unterscheidet sich danach, ob der unverzüglich durchzuführende automatische Abgleich (S. 2) zu einer Übereinstimmung („Treffer") führt. Ist dies der Fall, muss die Übereinstimmung unverzüglich, also ohne vermeidbare Verzögerung (→ § 163d Rn. 2), manuell überprüft werden. Ergibt der automatische Abgleich keinen Treffer oder wird dieser bei der manuellen Überprüfung nicht bestätigt, sind die nach Abs. 1 erhobenen Daten sofort und spurenlos zu löschen (S. 4). Bestätigt sich ein Treffer, richtet sich die Löschung der Daten nach § 101 Abs. 8 (BT-Drs. 19/27654, 89). 6

D. Anordnung (Abs. 3) u. Beendigung (Abs. 4). Zuständig für die Anordnung nach Abs. 1 sowie den Abgleich nach Abs. 2 ist die **StA** (Abs. 3 S. 1). Die 7

Anordnung ergeht schriftlich (Abs. 3 S. 1). Sie ist hinsichtlich der Voraussetzungen (Tatverdacht; Erfolgsannahme) zu begründen und muss die für den Abgleich vorgesehene Kennzeichen genau bezeichnen (Abs. 3 S. 2). Es sind ggf. auch die tatsächlichen Anhaltpunkte aufzuführen, aus denen sich ergibt, dass es sich um Kfz von Kontaktpersonen des Beschuldigten handelt (Abs. 2 S. 1 Nr. 2). Damit wird gewährleistet, dass nur Kennzeichen, die im Zusammenhang mit der Straftat, die der Anordnung zugrunde liegt, in diese aufgenommen werden (Roggan NStZ 2021, 19 (22)). Gem. Abs. 3 S. 3 ist zudem die örtliche Begrenzung (Abs. 1 S. 1) und eine Befristung anzuordnen (Abs. 1 S. 2).

8 Bei **Gefahr im Verzug** (→ § 105 Rn. 2) dürfen die Maßnahmen auch mündlich und durch die Ermittlungspersonen der StA (§ 152 GVG) angeordnet werden. Die schriftlichen Darlegungen sind dann binnen 3 Tagen nachzuholen (Abs. 3 S. 4).

9 Die Maßnahmen sind nach Abs. 4 unverzüglich zu **beenden,** wenn die Voraussetzungen für die Anordnung nicht mehr vorliegen oder ihr Zweck erreicht ist. Mit dem Fristablauf tritt die Anordnung ohne weiteres außer Kraft; auch in diesem Fall ist die Maßnahme ohne vermeidbare Verzögerung zu beenden.

10 **E. Rechtsschutz u. Verwertungsverbot.** Sobald dies ohne Gefährdung des Untersuchungszwecks oder sonstiger gewichtiger Rechtsgüter möglich ist, sind die **Zielpersonen** von den Maßnahmen zu unterrichten (§ 101 Abs. 4 Nr. 13, Abs. 5). Sie können nach Maßgabe von § 101 Abs. 7 S. 2–4 Rechtsschutz begehren (vgl. hierzu → § 101 Rn. 25 ff.). Bei einer willkürlichen Annahme der Voraussetzungen für die Anordnung (zB wegen eines Bagatelldelikts) kommt ein **Verwertungsverbot** in Betracht (erg. → Einl. Rn. 55; s. auch Burhoff StraFo 2021, 398 (406)). Allerdings wird ein Urteil kaum einmal auf dem Verstoß beruhen (§ 337 StPO; s. auch SSW StPO/Höltkemeier Rn. 23).

Festnahme von Störern

164 Bei Amtshandlungen an Ort und Stelle ist der Beamte, der sie leitet, befugt, Personen, die seine amtliche Tätigkeit vorsätzlich stören oder sich den von ihm innerhalb seiner Zuständigkeit getroffenen Anordnungen widersetzen, festnehmen und bis zur Beendigung seiner Amtsverrichtungen, jedoch nicht über den nächstfolgenden Tag hinaus, festhalten zu lassen.

1 **A. Amtliches Selbsthilferecht.** Das amtliche Selbsthilferecht (gegen diese Bezeichnung SK-StPO/Wolter Rn. 1) gilt bei zulässigen Amtshandlungen strafprozessualer Art (BayObLGSt 1962, 316) in allen Verfahrensstadien (→ Einl. Rn. 58) für alle im Strafprozess amtl. Handelnden (insbes. Polizei, StA, Gericht) gegen Störung, dh strafprozessual rechtswidriges Verhalten (vgl. Baufeld GA 2004, 178). Es genügt, dass die Störung unmittelbar bevorsteht (LG Frankfurt a. M. NJW 2008, 2201 (2202)). Die Festnahme u. Festhaltung kommt zB in Betracht bei Einnahme eines Augenscheins außerhalb der Diensträume des Beamten, bei Durchsuchung einer Wohnung (dazu Eisenberg FS Rolinski, 2002, 173) o. eines Geschäftsraumes, bei Durchsuchung einer Person, falls diese Amtshandlung v. einem Dritten gestört wird. Das Festnahme- u. Festhalterecht darf nur ausgeübt werden, wenn die Störung nicht mit weniger einschneidenden Maßnahmen behoben werden kann (zu Platzverweis, „Stubenarrest", Telefonsperre vgl. LG Frankfurt NJW 2008, 2201 (2202); Löwe/Rosenberg/Erb Rn. 8; erg. → § 105 Rn. 13), u. nur so lange, bis die Störung beseitigt ist (OLG Celle MDR 1955, 692; → Einl. Rn. 20, 21), längstens bis zum Ende des nächsten Tages (Art. 104 Abs. 2 S. 3 GG), selbst wenn die Festnahme richterlich angeordnet worden ist. Es richtet sich gegen Dritte (zB Neugierige), auch gegen Personen, die zu der Amtshandlung zugelassen sind (→ § 163 Rn. 15, 16; Löwe/Rosenberg/Erb Rn. 5, 5a). Ein bestehendes Anwesenheitsrecht geht für die Dauer der Festnahme unter (KK-StPO/Schmitt Rn. 7). Für Richter gilt außerdem (SK-StPO/Wohlers § 106 Rn. 19; **aM** Pfeiffer

Rn. 5; SK-StPO/Wolter Rn. 3: nur) § 180 GVG. Das nach den Polizeigesetzen bestehende Recht der Polizei zur Platzverweisung zwecks Abwehr einer Gefahr bleibt unberührt (Art. 16 BayPAG; § 34 PolG NRW; → EGStPO § 6 Rn. 1); zur Ingewahrsamnahme nach § 32 Abs. 1 Nr. 2 HSOG LG Frankfurt NJW 2008, 2201 (2202).

B. Unmittelbarer Zwang. Wenn eine Person einen Eingriff rechtlich zu dulden hat (zB der Inhaber der zu durchsuchenden Räume, § 106 Abs. 1 S. 1) u. seine Durchführung stört, wird die Maßnahme mit unmittelbarem Zwang bewirkt (SK-StPO/Wolter Rn. 16; → Einl. Rn. 45; → § 105 Rn. 13). Wenn sich der Betroffene zwar dem Eingriff selbst nicht widersetzt, aber andere zugleich stattfindende Amtshandlungen stört, kann es aus diesem Grund geboten sein, ihn nach § 164 festzuhalten (BGH (ER) StraFo 2019, 66). 2

C. Verhältnismäßigkeitsgrundsatz. Wenn die **weniger einschneidenden Mittel des Hausrechts** genügen, sind sie schon nach dem Verhältnismäßigkeitsgrundsatz (→ Einl. Rn. 20, 21) anzuwenden, bevor v. dem Festnahme- u. Festhalterecht nach § 164 Gebrauch gemacht wird. Die Klausel „an Ort und Stelle" bedeutet nur, dass es sich um eine Störung handeln muss, die am Ort der Amtshandlung vorgenommen wird o. sich unmittelbar störend dort auswirkt (SK-StPO/Wolter Rn. 8). Ein vor o. bei der Amtshandlung eintreffender Drohbrief o. eine ähnliche mittelbare Einwirkung ist kein Fall des § 164. Die Klausel bedeutet auch nicht, dass überall, wo der Beamte o. sein Behördenleiter das Hausrecht ausüben kann, § 164 ausscheidet (Schmidt NJW 1969, 394; vgl. auch OLG Hamburg VRS 28, 196; 30, 440; **aM** Geerds FS Maurach, 1972, 517; Soiné StPO Rn. 7). Denn es gibt Fälle, in denen diese Mittel nicht ausreichen o. nicht alsbald u. va nicht genügend wirksam gemacht werden können, in denen daher die Störung der Amtshandlung im dienstlichen Areal nur mit Hilfe des § 164 verhindert werden kann. Dabei ist auch an den Fall zu denken, dass das Dienstgebäude mehrere Zugänge hat, die wegen des sonstigen Dienstbetriebs nicht verschlossen, aber auch nicht so bewacht werden können, dass der Störer ferngehalten werden kann. Auch wenn der Störer v. der Straße aus die ordnungsgemäße Durchführung der Amtshandlung im dienstlichen Areal mit Hilfe eines Megaphons o. durch sonstigen Lärm o. durch Werfen v. Gegenständen verhindert, kommt die Anwendung des § 164 in Betracht. 3

D. Anordnung. Die Anordnung der Festnahme trifft der die Amtshandlung leitende Beamte o. Richter. Der Beamte braucht – ebenso wie im Fall des § 127 – nicht Ermittlungsperson der StA (§ 152 Abs. 2 GVG) zu sein (KK-StPO/Schmitt Rn. 10). 4

E. Vollziehung. Vollzogen wird die Anordnung in einer den Störer möglichst wenig belastenden Weise, die auch für den Vollzugsbeamten zumutbar ist, zB durch Absonderung in einem Raum des durchsuchten Hauses o. durch bewachte Absonderung in einem Kraftwagen. Bei länger andauernder Amtshandlung kommt auch die vorübergehende Verbringung in einen Arrestraum in Betracht, falls dies erforderlich u. angemessen erscheint (Löwe/Rosenberg/Erb Rn. 14; **aM** SK-StPO/Wolter Rn. 18). Während einer Unterbrechung der Amtshandlung (zB während der Nacht) muss der Störer idR freigelassen werden. Bei Wiederbeginn muss geprüft werden, ob die Fortsetzung der Festnahme geboten ist. 5

F. Rechtsbehelf. Gegen die Ausübung des Selbsthilferechts durch die Polizei o. StA sieht die StPO keinen Rechtsbehelf vor. Daher gelten §§ 23, 28 Abs. 1 S. 4 **EGGVG** (Amelung NJW 1979, 1688; Löwe/Rosenberg/Erb Rn. 19; **aM** Roxin/Schünemann StrafVerfR § 29 Rn. 16: § 98 Abs. 2 S. 2 entspr.). Die Beschwerde (§ 304) gegen die richterliche Anwendung des § 164 ist mit dem Ende der Festhaltung prozessual überholt; zur Anfechtung in diesem Fall vgl. → Vor § 296 Rn. 17 ff. 6

Richterliche Untersuchungshandlungen bei Gefahr im Verzug

165 Bei Gefahr im Verzug kann der Richter die erforderlichen Untersuchungshandlungen auch ohne Antrag vornehmen, wenn ein Staatsanwalt nicht erreichbar ist.

1 **A. Richter.** Der Richter wird nach § 165 vorübergehend (§ 167) **für die StA** tätig, falls die StA nicht rasch genug erreichbar ist (→ Rn. 3) u. Gefahr im Verzug besteht (→ § 98 Rn. 6), dh durch den Verzug die Aufklärung der Sache o. die Sicherung eines Beweismittels (§ 94) o. eines Einziehungsgegenstandes (§ 111b) gefährdet wird. Dies gilt selbst dann, wenn die StA schon Ermittlungen eingeleitet hat. Der Richter darf jedoch dann nicht als Not-StA tätig werden, wenn ihm bekannt ist, dass die StA nicht handeln will (KK-StPO/Schmitt Rn. 3; diff. SK-StPO/Wohlers/Albrecht Rn. 13).

2 **B. Zuständigkeit. Zuständig** ist jedes AG, in dessen Bezirk die Amtshandlung nötig wird; nach außen kommt es dabei auf den Geschäftsverteilungsplan nicht an (§ 22d GVG). Eine Zuständigkeit des LG besteht hier nicht (OLG Köln StV 2004, 417).

3 **C. Unerreichbarkeit des StA.** Vgl. → § 128 Rn. 10. **Nicht erreichbar** ist der StA auch, wenn er aus anderen Gründen die Untersuchungshandlung nicht rechtzeitig beantragen o. selbst vornehmen kann. Das kann auch darauf beruhen, dass er telefonisch nicht hinreichend informiert werden kann, sei es wegen der Schwierigkeit des Sachverhalts, der nur durch Augenschein richtig beurteilt werden kann, sei es aus Geheimhaltungsgründen o. wegen gestörter Telefonverbindung (KK-StPO/Schmitt Rn. 3; Krauth/Kurfess/Wulf JZ 1968, 736; einschr. SK-StPO/Wohlers/Albrecht Rn. 11).

4 **D. Richterlicher Art. Richterlicher Art** sind die Untersuchungshandlungen ebenso wie im Fall des § 162. § 165 begründet die Pflicht für den Richter, ohne Antrag nach § 162 tätig zu werden, was auch im Fall des § 163 Abs. 2 S. 2 auf Anregung der Polizei geschieht (→ § 163 Rn. 26, auch zu Ausnahmen). Daher gelten die §§ 168, 168a, 168c, 168d, auch § 22 Nr. 4 (→ § 22 Rn. 12; so auch KMR-StPO/Plöd Rn. 9; SK-StPO/Wohlers/Albrecht Rn. 17; **aM** RGSt 68, 375 (377); Löwe/Rosenberg/Erb Rn. 12; vgl. noch BGHSt 9, 233 (234)).

5 **E. Unzuständige Behörde.** Hat eine **unzuständige Behörde** die Untersuchungshandlung veranlasst, ist diese rechtswidrig, aber nicht unwirksam (LG Freiburg StV 2001, 268; **aM** LG Frankfurt a. M. NJW 1968, 118). Beschwerdebefugt sind StA u. Beschuldigter (LG Freiburg StV 2001, 268).

Beweisanträge des Beschuldigten bei richterlichen Vernehmungen

166 (1) **Wird der Beschuldigte von dem Richter vernommen und beantragt er bei dieser Vernehmung zu seiner Entlastung einzelne Beweiserhebungen, so hat der Richter diese, soweit er sie für erheblich erachtet, vorzunehmen, wenn der Verlust der Beweise zu besorgen ist oder die Beweiserhebung die Freilassung des Beschuldigten begründen kann.**

(2) **Der Richter kann, wenn die Beweiserhebung in einem anderen Amtsbezirk vorzunehmen ist, den Richter des letzteren um ihre Vornahme ersuchen.**

1 **A. Normzweck.** Eine **Notbeweisaufnahme zugunsten des Beschuldigten** durch den Richter sieht die Vorschr. vor; einer weitgehenden Verlagerung der Beweiserhebung im Vorverfahren v. der StA auf den Richter dient sie aber nicht, wie der Zusammenhang mit § 165 ergibt (iErg ebenso LG Zweibrücken VRS 113, 236; Löwe/Rosenberg/Erb Rn. 3a; Alsberg Beweisantrag/Tsambikakis Rn. 602; **aM** Schlothauer StV 1995, 158, der dem Beschuldigten hiernach einen Anspruch auf richterliche Vernehmung zwecks Beantragung v. Beweiserhebungen geben

will). Unerheblich ist es hingegen, aus welchem Anlass der Beschuldigte vernommen wird; Hauptfälle sind §§ 126 Abs. 1, 162, 165. Selbstverständlich ist die Vorschr. nur im Ermittlungsverfahren anwendbar (OLG Hamm StraFo 2002, 100).

B. Zuständigkeit. Zuständig ist jeder den Beschuldigten vernehmende Richter in den Fällen der §§ 115 Abs. 2, Abs. 3, 115a Abs. 2, 126a Abs. 2, 128 Abs. 1, 162, 165, auch im Fall des § 118a Abs. 1, Abs. 2 (OLG Köln NStZ-RR 2009, 123; LG Zweibrücken VRS 113, 236), nicht jedoch in dem des § 122 Abs. 2 S. 2 oder im Beschwerdeverfahren nach § 118 Abs. 2 (Löwe/Rosenberg/Erb Rn. 3; **aM** SK-StPO/Wohlers/Albrecht Rn. 5); der Beschuldigte hat auch keinen Anspruch auf eine richterliche Vernehmung allein zu dem Zweck, Beweisanträge zu stellen (Alsberg Beweisantrag/Tsambikakis Rn. 607 mwN). Lehnt der Richter den Beweisantrag ab, muss er dies protokollieren u. seine Entsch. begründen (Alsberg Beweisantrag/Tsambikakis Rn. 603). 2

C. Erheblichkeit der Beweiserhebung. Erheblich ist hins. der Freilassung des Beschuldigten alles, was zur Aufhebung o. Außervollzugsetzung des Haftbefehls führen kann (Schlothauer StV 1995, 159), soweit es sich um einzelne Beweiserhebungen handelt, die für sich allein o. iVmit dem Akteninhalt hierzu geeignet sind (OLG Köln NStZ-RR 2009, 123; erg. → Rn. 1); alternativ kommt es darauf an, ob ein Beweismittel verloren zu gehen droht, etwa weil ein Zeuge schwer erkrankt ist o. ein Augenscheinsgegenstand unterzugehen droht (Alsberg Beweisantrag/Tsambikakis Rn. 601; weitergehend Löwe/Rosenberg/Erb Rn. 6, Schlothauer StV 1995, 160: Gefahr erheblicher Beweisverschlechterung). Die Leitungsbefugnis der StA darf durch die beantragten Beweiserhebungen nicht beeinträchtigt werden. 3

D. Aufhebung des Haftbefehls. Die Aufhebung des Haftbefehls ist Sache des Richters, der ihn erlassen hat (§§ 115a Abs. 2 S. 4, 126 Abs. 1; vgl. → § 115a Rn. 5). § 166 selbst gibt kein Freilassungsrecht (KK-StPO/Schmitt Rn. 7), wohl aber § 120 Abs. 3 S. 2 für die zuständige StA (§ 167). Bei vorl. Festnahme ermöglichen die §§ 128 Abs. 2, 129 die Freilassung. 4

E. Beschwerde. Beschwerde gegen die Ablehnung einer beantragten Beweiserhebung kommt nach hM schon wegen § 167 nicht in Betracht (so iErg auch LG Berlin StV 2004, 10 mablAnm Wohlers; Eisenberg Beweisrecht StPO Rn. 561; Löwe/Rosenberg/Erb Rn. 13; **aM** SK-StPO/Wohlers/Albrecht Rn. 19; Schlothauer StV 1995, 164; für eine Beschwerdemöglichkeit de lege ferenda Kretschmer StraFo 2013, 184 (186)). Bei angeblich drohendem Beweismittelverlust kann die abgelehnte Beweiserhebung bei der StA erneut beantragt werden (§ 163a Abs. 2), gegen die Haftentscheidung sind die Rechtsbehelfe nach § 117 Abs. 1, Abs. 2 gegeben (LG Zweibrücken VRS 113, 236). 5

Weitere Verfügung der Staatsanwaltschaft

167 **In den Fällen der §§ 165 und 166 gebührt der Staatsanwaltschaft die weitere Verfügung.**

Der **Richter** hat in den Fällen der §§ 165, 166 nur als Vertreter der StA gehandelt (vgl. Schnarr NStZ 1991, 211 mwN; → Einl. Rn. 60 ff.). 1

Protokoll über richterliche Untersuchungshandlungen

168 **[1] Über jede richterliche Untersuchungshandlung ist ein Protokoll aufzunehmen. [2] Für die Protokollführung ist ein Urkundsbeamter der Geschäftsstelle zuzuziehen; hiervon kann der Richter absehen, wenn er die Zuziehung eines Protokollführers nicht für erforderlich hält. [3] In dringenden Fällen kann der Richter eine von ihm zu vereidigende Person als Protokollführer zuziehen. [4] Das Protokoll ist von dem Richter und, sofern ein solcher zugezogen wurde, dem Protokollführer zu unterschreiben.**

1 **A. Begriff (S. 1).** Der **Begriff der richterlichen Untersuchungshandlung** (S. 1) ist hier identisch mit dem Begriff Verhandlung (§ 168a Abs. 1). Zu ihm gehören – anders als im Fall des § 162 (→ § 162 Rn. 4) – nicht auch Beschlüsse nach Aktenlage u. Anordnungen, die ohne Verh. getroffen werden. Anders als bei den staatsanwaltschaftlichen Untersuchungshandlungen (§ 168b) genügt es nicht, dass das Erg. aktenkundig gemacht wird. Würde sich der Richter hierauf beschränken, so würde das Erg. der Verh. zwar nicht v. der Verwertung ausgeschlossen, der Vermerk könnte aber nur wie eine Aktennotiz eines anderen Ermittlungsorgans über ein Untersuchungsergebnis gewertet werden (vgl. BGHSt 27, 339). Für das Prot. über die HV gelten die §§ 271–274.

2 **B. Zuziehung eines UrkB.** Die Zuziehung eines UrkB (S. 2 Hs. 1; → GVG § 153 Rn. 3) ist die Regel. Er braucht nicht demselben Gericht anzugehören (BGH NJW 1986, 390 (391)). Wenn er mitwirkt, muss er während der ganzen Verh., soweit er sie zu protokollieren hat (→ Rn. 3), anwesend sein. Jedoch kann er während der Untersuchungshandlung mit einem anderen ausgetauscht werden. Das Prot. muss in diesem Fall erkennen lassen, wieweit es v. dem einen u. wieweit es v. dem anderen aufgenommen worden ist, zumal jeder seinen Teil unterschreiben muss (§ 168a Abs. 4 S. 1).

3 **C. Ohne Protokollführer (S. 2 Hs. 2).** Ohne Protokollführer (S. 2 Hs. 2) kann der Richter das Prot. fertigen, wenn ihm die Mitwirkung eines Protokollführers nicht erforderlich erscheint. Die Aufteilung des Prot. in einen Teil mit u. einen Teil ohne Protokollführer ist nicht ausgeschlossen. Soweit er das Prot. allein fertigt, ist der Richter allein verantwortlich. Insofern besteht nur die Einschränkung des § 168a Abs. 4 S. 4 für den Übertragungsgehilfen. Über die Erforderlichkeit der Zuziehung eines Protokollführers entscheidet der Richter nach seinem Ermessen (Löwe/Rosenberg/Erb Rn. 20). Seine Entsch. kann grds. auch nicht Gegenstand einer Maßnahme der Dienstaufsicht sein (BGH DRiZ 1978, 281). Die JV ist verpflichtet, nicht nur die notwendige technische Ausstattung, sondern auch weiterhin eine genügende Anzahl v. Protokollführern zur Vfg. zu halten (Kurth NJW 1978, 2484).

4 **D. Eine andere Person als ein UrkB (S. 3).** Wenn der Richter die Zuziehung eines Protokollführers für erforderlich hält, ihm aber ein UrkB seines o. eines anderen Gerichts nicht zur Vfg. steht, kann er in einem dringenden Fall eine andere Person für diese Aufgabe zuziehen, zB einen Gerichtsbediensteten, der nicht generell UrkB ist, aber diese Funktion wahrnehmen kann (→ GVG § 153 Rn. 1, 3); o. mit Einverständnis des Dienstherrn eine Person, die bei der StA tätig o. sonst Angehöriger des öffentl. Dienstes ist (zB bei der Polizei o. im Gemeindedienst). Es kann aber auch auf eine Privatperson zurückgegriffen werden, wenn sie geeignet erscheint u. auf Vergütung verzichtet, es sei denn, dass die JV die Vergütungsfrage im speziellen Fall o. allg. vorher geregelt hat. Das gilt nicht für die HV (BGH NStZ 1981, 31).

5 **I. Dringend.** Dringend ist der Fall, wenn die Untersuchungshandlung bei ordnungsgemäßer Erledigung keinen Aufschub verträgt u. dem Richter ein UrkB seines o. eines anderen Gerichts nicht zur Vfg. steht.

6 **II. Vereidigung.** Zu vereidigen ist die andere Person für die Wahrnehmung der Protokollführerfunktion, weil sie nicht in der besonderen Verpflichtung des UrkB steht (→ GVG § 153 Rn. 1). Bei einem UrkB der StA fehlt dieser Grund. Daher braucht er für die Aufnahme des Prot. über die richterliche Untersuchungshandlung nicht bes. vereidigt zu werden (**aM** KK-StPO/Schmitt Rn. 6). Wenn die Vereidigung erforderlich ist, wird sie nicht durch allg. o. andersartige Vereidigung ersetzt. Die fehlende Vereidigung steht der Verlesung des Prot., nicht jedoch der Vernehmung des Richters als Zeuge über den Inhalt der Aussage entgegen (OLG Düsseldorf StV 1995, 9 Ls.).

7 **III. Einzelfallvereidigung.** In jedem Einzelfall einer richterlichen Untersuchungshandlung muss die jew. zugezogene andere Person vereidigt werden. Eine

allg. Vereidigung als Protokollführer gibt es nicht, selbst dann nicht, wenn dem Richter (zB v. einer polizeilichen Dienststelle) bei Bedarf häufig eine bestimmte Person als Protokollführer zur Vfg. gestellt wird. Die Vereidigung bezieht sich immer nur auf den einzelnen Fall der Heranziehung, den der Richter als dringend beurteilt. Sie kann auch nicht durch einen Hinweis auf eine frühere Vereidigung ersetzt werden (BGHSt 27, 339).

IV. Ausnahmen. Ausnahmsweise können mehrere Verh. zusammen einen einzigen dringenden Heranziehungsfall ausmachen, zB wenn mehrere Zeugen vorgeladen o. mehrere vorl. Festgenommene vorgeführt sind, die trotz des Fehlens des UrkB alsbald zu vernehmen sind (vgl. BGHSt 27, 339). 8

V. Protokoll. Aus jedem Protokoll muss die Vereidigung der anderen Person als wesentliche Förmlichkeit ersichtlich sein (§ 168a Abs. 1). Wenn die mehreren Verh. zusammen einen einzigen dringenden Heranziehungsfall bilden (→ Rn. 8) u. der Protokollführer nur einen Eid geleistet hat, wird die Vereidigung in jedem der mehreren Prot. als geschehen vermerkt, weil sie sich auf jede der Untersuchungshandlungen bezogen hat. 9

E. Art der Protokollierung. Im Allgemeinen diktiert der Richter das Prot., das außerhalb der HV aufgenommen wird (krit. dazu Schünemann FS Meyer-Goßner, 2001, 390). Dabei kann er zunächst zuwarten, bis er über den Inhalt der Erklärungen der Auskunftsperson o. über das Erg. des Augenscheins gewisse Klarheit gewonnen hat. In geeigneten Fällen kann er die Formulierung auch mehr o. weniger dem Protokollführer überlassen. Ebenso kann er die Auskunftsperson bitten, gewisse Teile ihrer Aussage zu diktieren. Er selbst muss dabei aber stets auf Klarheit in den Formulierungen hinwirken. 10

F. Verlesung einer Niederschrift. Die Verlesung einer Niederschrift über eine frühere richterliche Vernehmung in der HV ist unter den Voraussetzungen des § 251 Abs. 1, Abs. 2 nur zulässig, wenn sie die wesentlichen Förmlichkeiten erfüllt (BGHR StPO § 274 Beweiskraft 17; → § 251 Rn. 32). Bei zu Unrecht unterlassener Vereidigung der anderen Person als Protokollführer (S. 3) ist eine wesentliche Förmlichkeit der Aufnahme des Prot. nicht erfüllt. Daher scheidet die Verlesung nach § 251 Abs. 2 aus (→ § 251 Rn. 32). Daran ändert es nichts, dass der Richter v. der Zuziehung eines Protokollführers überhaupt hätte absehen können (Löwe/Rosenberg/Erb Rn. 25). Die Niederschrift darf aber unter den Voraussetzungen des § 251 Abs. 1 verlesen werden (Löwe/Rosenberg/Erb Rn. 23). 11

G. Unterschrift. Das Prot. ist von dem **Richter** und, sofern ein solcher hinzugezogen wurde, dem **Protokollführer** zu unterschreiben (S. 4); die Unterschrift wird bei Führung elektronischer Akten durch eine qualifizierte elektronische Signatur ersetzt (§ 32b Abs. 1 S. 2; vgl. BT-Drs. 19/27654, 89). Der Mangel einer erforderlichen Unterschrift kann später durch Nachholung geheilt werden, zB um die Verlesbarkeit nach § 251 Abs. 2 zu sichern (→ Rn. 11). 12

Art der Protokollierung; Aufzeichnungen **Nr. 5b RiStBV**

168a

(1) [1] **Das Protokoll muß Ort und Tag der Verhandlung sowie die Namen der mitwirkenden und beteiligten Personen angeben und ersehen lassen, ob die wesentlichen Förmlichkeiten des Verfahrens beachtet sind.** [2] **§ 68 Abs. 2, 3 bleibt unberührt.**

(2) [1] **Das Protokoll kann in Form einer wörtlichen Wiedergabe der Verhandlung (Wortprotokoll) oder in Form einer Zusammenfassung ihres Inhalts (Inhaltsprotokoll) sowohl während der Verhandlung als auch nach ihrer Beendigung erstellt werden.** [2] **Die Verhandlung kann wörtlich oder in Form einer Zusammenfassung ihres Inhalts (zusammenfassende Aufzeichnung) aufgezeichnet werden.** [3] **Der Nachweis der Unrichtigkeit des Protokolls anhand der Aufzeichnung ist zulässig.**

(3) **Wird das Protokoll während der Verhandlung erstellt oder wird die Verhandlung in Form einer Zusammenfassung ihres Inhalts aufgezeichnet, so ist das Protokoll oder die zusammenfassende Aufzeichnung den an der Verhandlung beteiligten Personen, soweit es sie betrifft, zur Genehmigung auf einem Bildschirm anzuzeigen, vorzulesen, abzuspielen oder zur Durchsicht vorzulegen, es sei denn, sie verzichten darauf.**

(4) **Wird das Protokoll nach Beendigung der Verhandlung als Inhaltsprotokoll erstellt, so ist es den an der Verhandlung beteiligten Personen, soweit es sie betrifft, zur Genehmigung zu übermitteln, es sei denn, sie verzichten darauf.**

(5) **Wird das Protokoll nach Beendigung der Verhandlung durch die wörtliche Übertragung einer Aufzeichnung erstellt, so versieht die Person, welche die Übertragung hergestellt oder eine maschinelle Übertragung überprüft hat, diese mit ihrem Namen und dem Zusatz, dass die Richtigkeit der Übertragung bestätigt wird.**

(6) [1] **Die Art der Protokollierung und der Aufzeichnung, die Genehmigung des Protokolls oder einer zusammenfassenden Aufzeichnung, Einwendungen dagegen sowie ein Verzicht auf die Vorlage zur Genehmigung sind im Protokoll zu vermerken oder sonst aktenkundig zu machen.** [2] **Aufzeichnungen sind zu den Akten zu nehmen, bei der Geschäftsstelle mit den Akten aufzubewahren oder in anderer Weise zu speichern.** [3] **Sie können gelöscht werden, wenn das Verfahren rechtskräftig abgeschlossen oder sonst beendet ist; § 58a Absatz 2 Satz 2 und § 136 Absatz 4 Satz 3 bleiben unberührt.** [4] **Die Art der Aufbewahrung oder Speicherung und die Löschung sind aktenkundig zu machen.**

Übersicht

1 **A. Gesetzeszweck.** § 168a wurde durch das G zur Fortentwicklung der StPO v. 25.6.2021 (BGBl. I 2099) grdl. neu gestaltet und an die technische Entwicklung angepasst (zur gesetzgeberischen Intention BT-Drs. 19/27654, 87 ff.). Die Vorschrift erfasst nunmehr alle Formen der Dokumentation richterlicher Untersuchungshandlungen außerhalb der HV sowie – über die Verweisung in § 168b Abs. 2 S. 1 – auch staatsanwaltliche und polizeiliche Vernehmungen.

2 **B. Protokollinhalt (Abs. 1). I. Mitwirkende und beteiligte Personen.** Die **Namen der mitwirkenden und beteiligten Personen** müssen neben dem Ort u. dem Tag der Untersuchungshandlung angegeben werden.

3 Die **Mitwirkenden sind** außer dem Richter die Verfahrensbeteiligten, die ein Anwesenheits- u. Mitwirkungsrecht haben (§ 168c; § 67 **JGG**), sowie der Dolmetscher u. der Protokollführer, wenn u. soweit sie mitwirken. Zur Nennung der Namen gehört auch – wie im Prot. über die HV (§ 272 Nr. 2) – die Angabe der prozessualen Funktion, in der die Anwesenden mitwirken. Das Gleiche gilt für die

sonstigen beteiligten Personen, zB für die zu vernehmende Auskunftsperson o. für den zugezogenen Sachverständigen. Zu Einschränkungen aus Gründen des Zeugenschutzes (Abs. 1 S. 2) vgl. → § 68 Rn. 10 ff.

4 **II. Wesentliche Förmlichkeiten.** Die **wesentlichen Förmlichkeiten** sind die Fakten u. Vorgänge, die für die Gesetzmäßigkeit des Prot. v. Bedeutung sind (vgl. → § 273 Rn. 6). Sind für die Protokollierung mehrere Gestaltungsmöglichkeiten zulässig, so muss die angewendete ersichtlich sein, zB die Zuziehung eines Protokollführers o. deren Unterlassung. Wesentlich sind ferner die Förmlichkeiten, die für die Verh. vorgeschrieben sind, zB bei Vernehmungen die erforderlichen Hinweise u. Belehrungen, die Aufteilung der Vernehmung in eine solche zur Person u. eine solche zur Sache (§§ 68, 69) sowie die Frage der Vereidigung.

5 **III. Sachlicher Inhalt.** Der **sachliche Inhalt** des Prot. ist in § 168a nicht näher bezeichnet. Praktisch wird dies für die Anfertigung von Inhaltsprotokollen (→ Rn. 10–13). Anhaltspunkte ergeben sich aus der Art der Untersuchungshandlung. Bei einer Vernehmung sind zB deren Ergebnisse festzuhalten (§§ 68, 69, 136), bei Augenschein dessen Ergebnis (§ 86). Im Übrigen können **Anlagen** zum Bestandteil des Prot. gemacht werden, zB von Zeugen übergebene Schriftstücke o. das schriftliche Gutachten, das der Sachverständige mündlich vorträgt. Beobachtungen, die nicht Teil der Vernehmung sind, werden in geeigneter Weise (zB einem Zusatz) festgehalten (vgl. → Einl. Rn. 62).

6 **C. Formen des Protokolls (Abs. 2).** Das Protokoll einer Untersuchungshandlung oder Vernehmung kann sowohl während der Verhandlung als auch nach deren Abschluss erstellt werden (Abs. 2 S. 1). In beiden Fällen kann dies in Form einer wörtlichen Wiedergabe (Wortprotokoll) oder zusammenfassenden Aufzeichnung (Inhaltsprotokoll) geschehen (Abs. 2 S. 1, S. 2).

7 **Unabhängig von der Art der Dokumentation** ist ein Verhandlungsprotokoll zu erstellen. Weder eine vollständige stenografische oder Ton- bzw. Videoaufzeichnung noch ein aufgezeichnetes Diktat ersetzen die wortgetreue Überführung in ein schriftliches oder elektronisches Dokument (vgl. BT-Drs. 19/27654, 91).

8 **Das G gibt nicht vor, welche Art des Prot.** vorrangig zu erstellen ist (BT-Drs. 19/27654 S. 90). Die Entscheidung hierüber obliegt grds. der Vernehmungsperson. Allerdings ist zu beachten, dass als Grundlage des zu erstellenden Protokolls in den Fällen des § 136 Abs. 4 die Beschuldigtenvernehmung in Bild und Ton aufzunehmen ist (§ 136 Rn. 19a ff.) und in den Fällen des § 58a Abs. 2 S. 2 die richterliche Vernehmung des Zeugen in Bild und Ton erfolgen soll (→ § 58a Rn. 5 ff.).

9 **I. Wortprotokoll.** Das Wortprotokoll wird insbes. anhand einer Bild-Ton-Aufnahme (s. §§ 58a, 58b, 136 Abs. 4, Abs. 5, 168e), ggf. unter Nutzung technischer Mittel wie einer Transkriptionssoftware (BT-Drs. 19/27654, 90) o. aber auch einer stenografischen Mitschrift erstellt.

10 **II. Inhaltsprotokoll.** Das Inhaltsprotokoll besteht aus einer Zusammenfassung des wesentlichen Inhalts der Verhandlung anhand der Tonaufzeichnung eines Diktats o. aber schriftlicher Aufzeichnungen. Die Auswahl des Inhalts erfolgt durch die Vernehmungsperson, die es nach ihrem Verständnis der Wesentlichkeit in ihren eigenen Worten erstellt. Die vorläufigen Aufzeichnungen bilden die verbindliche Grundlage des Protokolls.

11 Die Verfahrensbeteiligten können auf die **Formulierungen** während der Verh. **Einfluss** nehmen. Ihre Genehmigung ist nicht vorgeschrieben.

12 **Einwendungen des Betroffenen gegen die Formulierungen** werden, soweit sie berechtigt sind, berücksichtigt u. führen noch bei der Bekanntgabe des bisher für das Prot. Vorgesehenen zu einer Fassungsänderung. Wenn sie der Betroffene wegen Nichtberücksichtigung o. trotz Fassungskorrektur nicht fallen lässt, werden sie im Prot. vermerkt (Abs. 6 S. 1; → Rn. 29). Trotzdem wird der Betroffene gefragt, ob er im Hinblick auf die festgehaltenen Einwendungen das Prot. genehmige.

13 **Inhaltsprotokolle** sollten – auch wenn der Gesetzgeber Abs. 2 S. 2 aF, der insoweit eine unverzügliche Erstellung ausdr. vorsah, gestrichen hat – mit Blick auf das Beschleunigungsgebot **sobald wie möglich** nach der Beendigung der Verhandl., ohne eine nicht durch die Sachlage begründete Verzögerung, hergestellt werden.

14 **III. Nachweis der Unrichtigkeit (Abs. 2 S. 3).** Prot. iSd § 168a haben nicht die Beweiskraft des § 274 (vgl. BGHSt 26, 281; 32, 25 (30)). Daher kann grds. die Unrichtigkeit des Prot. eingewendet u. der Einwand im Freibeweisverfahren geprüft werden (Abs. 2 S. 3; vgl. BGHR StPO § 274 Beweiskraft 17; → § 244 Rn. 7, 9; → § 274 Rn. 4). Ein Verfahrensbeteiligter kann sich auch auf die vorl. Aufzeichnungen über die Verh. berufen u. behaupten, diese seien bei der Protokollfertigung nicht richtig übertragen worden. Wenn diese Behauptung durch den Vergleich bestätigt wird, ist das Prot., soweit die Widersprüche reichen, entkräftet. Insoweit wird es dann durch die vorl. Aufzeichnungen ersetzt (vgl. OLG Stuttgart NStZ 1986, 41; Rieß NStZ 1987, 444).

15 **D. Während der Verhandlung erstellte Protokolle (Abs. 3). Abs. 3** regelt ***während* der Verhandlung** erstellte ***Wortprotokolle oder Inhaltsprotokolle.***

16 **Protokollgenehmigung durch die Beteiligten:** In beiden Fällen ist das Protokoll oder die zusammenfassende Aufzeichnung von den an der Verhandlung beteiligten Personen, soweit es sie betrifft, zu genehmigen. Dazu wird den Beteiligten die Prüfung ermöglicht. Dies geschieht je nach Form der Protokollierung bzw. Aufzeichnung, indem der betroffenen Person der Inhalt auf einem Bildschirm angezeigt, er ihr vorgelesen, abgespielt oder zur Durchsicht vorgelegt wird.

17 Nach der Klausel **„soweit es sie betrifft"** ist die Genehmigung nur v. den Personen einzuholen, die protokollierte Erklärungen abgegeben haben o. Gegenstand des Augenscheins waren. Zugleich ergibt sich aus ihr, dass die Beteiligten das Prot. nur jew. in dem Teil zu genehmigen brauchen, der sie betrifft. Eine darüber hinausgehende Protokollgenehmigung ist aber unschädlich.

18 Die Genehmigung o. ihre Verweigerung sowie etwaige Einwände sind **im Prot. zu vermerken (Abs. 6 S. 1).** Auch wenn das Prot. v. dem Beschuldigten nicht genehmigt worden ist, bleibt es ein richterliches Prot. u. damit gem. § 254 verwertbar (Becker NStZ-RR 2005, 258 – BGH RsprÜ, bestätigt durch BVerfG NStZ 2006, 46).

19 Der **Verzicht** auf die Anzeige auf einem Bildschirm oder die Mitteilung des Inhalts des Prot. o. der vorl. Aufzeichnungen ist zulässig; er ist zu protokollieren (Abs. 6 S. 1). Dieser Verzicht u. die Genehmigung des Prot. müssen nicht zusammentreffen. Der Verzicht wirkt nur so weit wie das Betroffensein. Ein darüber hinausgehender genereller Verzicht ist unschädlich, befreit insoweit aber nicht v. der Mitteilungspflicht.

20 Ein Signieren oder **Unterschreiben** des Protokolls bzw. seiner einzelnen Seiten ist **nicht mehr erforderlich;** an dessen Stelle tritt die Protokollierung der Genehmigung bzw. etwaiger Einwände (Abs. 6 S. 1; → Rn. 18; vgl. BT-Drs. 19/27654, 91).

21 Protokolle **richterlicher** Untersuchungshandlungen müssen allerdings gem. § 168 S. 4 von dem Richter und dem Protokollführer unterschrieben werden (→ § 168 Rn. 12).

22 **E. Nach Beendigung der Verhandlung erstellte Inhaltsprotokolle (Abs. 4). Nach *Beendigung* der Verhandlung erstellte *Inhaltsprotokolle*** sind den an der Verhandlung beteiligten Personen, soweit es sie betrifft (→ Rn. 17), zur Genehmigung zu übermitteln (Abs. 4). Erfasst werden damit Protokolle, die erst nach dem Abschluss der Verhandlung erstellt werden und nicht an Hand einer wörtlichen Übertragung eines vollständigen Verhandlungsmitschnitts nach Abs. 5 oder einer zusammenfassenden Aufzeichnung erfolgen (siehe dazu → 25 ff.); unerheblich ist es, ob die nachträgliche Zusammenfassung aus dem Gedächtnis, anhand von Notizen während der Verhandlung, einer Mitschrift oder einer Aufzeichnung gefertigt wird (BT-Drs. 19/27654, 91).

Auch insoweit gilt, dass ein **richterliches** Protokoll grds. auch dann gem. § 254 **verwertet** werden kann, wenn die **Genehmigung nicht erteilt** wird (→ Rn. 18). 23

Ein **Verzicht** auf die Übermittlung zur Genehmigung ist bereits während der Verhandlung, aber auch noch nach deren Abschluss, möglich. 24

F. Wörtliche Übertragung einer Aufzeichnung nach Beendigung der Verhandlung (Abs. 5). Wird das Protokoll **nach** ***Beendigung*** **der Verhandlung** durch die ***wörtliche*** **Übertragung einer Aufzeichnung** erstellt, so versieht die Person, die die Übertragung hergestellt oder eine maschinelle Übertragung überprüft hat, diese mit ihrem Namen und dem Zusatz, dass die **Richtigkeit der Übertragung bestätigt** wird (Abs. 5). 25

Die Regelung gilt sowohl im Fall der wörtlichen Übertragung der vollständigen Verhandlung als auch der zusammenfassende Aufzeichnung von deren Inhalt (vgl. BT-Drs. 19/27654, 91). Erfasst werden damit Bild-Ton-Aufzeichnungen und händische bzw. stenografische Mitschriften, aber auch ein aufgezeichnetes Diktat, welches die Verhandlung zusammenfasst. Da hier eine wörtliche Übertragung der Aufzeichnungen in das Protokoll erfolgt, bedarf es nach Auffassung des Gesetzgebers keiner gesonderten Genehmigung durch die Beteiligten (BT-Drs. 19/27654, 92). 26

Einer Unterschrift bedarf es ebenfalls nicht, eine **einfache Signatur ist ausr.;** der Nachweis der Unrichtigkeit des Dokuments anhand der Aufzeichnung ist zulässig (BT-Drs. 19/27654, 92; BeckOK StPO/El Duwaik § 168a Rn. 25). 27

G. Aktenkundigkeit, Aufbewahrung, Löschung (Abs. 6). Die **wesentlichen Umstände der Protokollierung** sind aktenkundig zu machen (Abs. 6 S. 1). Dies betrifft zunächst die Art der Protokollierung, d. h. ob es als Inhalts- oder Wortprotokoll und ob es bereits in der Verhandlung oder nachträglich erstellt wurde; darüber hinaus ist anzugeben, ob und in welcher Form eine Aufzeichnung der Verhandlung oder eine zusammenfassende Aufzeichnung ihres Inhalts erfolgt ist (vgl. BT-Drs. 19/27654, 92). Ferner müssen die Genehmigung des Protokolls oder einer zusammenfassenden Aufzeichnung sowie etwaige Einwände der Beteiligten (→ Rn. 12) und ein Verzicht auf die Vorlage zur Genehmigung aktenkundig gemacht gemacht werden. Die genannten Umstände können bereits in das Protokoll aufgenommen, oder, falls dieses schon fertiggestellt war, in einem Aktenvermerk festgehalten werden. 28

Abs. 6 S. 2 regelt die Aufbewahrung von Aufzeichnungen, die grds. zu den Akten zu nehmen oder bei der Geschäftsstelle mit den Akten aufzubewahren sind. Die Aufbewahrung dient dem Schutz vor unzutr. Veränderungen und erforderlichenfalls dem Nachweis der Unrichtigkeit der Übertragung (→ Rn. 14). Aufzeichnungen, die sich aufgrund ihrer Größe oder Art ihrer ursprünglichen Speicherung für eine solche Aufbewahrung nicht eignen, können auf andere geeignete Weise, namentlich auf einem zentralen Server außerhalb der (elektronischen) Akte gespeichert werden (BT-Drs. 19/27654 S. 92). 29

Die **Aufzeichnungen können gelöscht** werden, wenn das Verfahren rechtskräftig abgeschlossen oder sonst beendet ist (Abs. 6 S. 3 Hs. 1). In den Fällen der §§ 58a Abs. 2 S. 2, 136 Abs. 4 S. 3 (jew. iVm § 101 Abs. 8) bleibt es für die dort geregelten Bild-Ton-Aufzeichnungen dabei, dass sie unverzüglich zu löschen sind, sobald sie zur Strafverfolgung oder eine etwaige gerichtliche Überprüfung nicht mehr erforderlich sind (Abs. 6 S. 3 Hs. 2). 30

Die Art der Aufbewahrung oder Speicherung und die Löschung sind ebenfalls **aktenkundig** zu machen (Abs. 6 S. 4). 31

Protokoll über ermittlungsbehördliche Untersuchungshandlungen

Nr. 5b RiStBV

168b

(1) **Das Ergebnis der Untersuchungshandlungen der Ermittlungsbehörden ist aktenkundig zu machen.**

(2) [1] **Über die Vernehmung des Beschuldigten, der Zeugen und Sachverständigen soll ein Protokoll nach § 168a aufgenommen werden, soweit dies**

ohne erhebliche Verzögerung der Ermittlungen geschehen kann. [2]Wird über die Vernehmung des Beschuldigten kein Protokoll gefertigt, ist die Teilnahme seines Verteidigers an der Vernehmung aktenkundig zu machen.

(3) [1]**Die in § 163a vorgeschriebenen Belehrungen des Beschuldigten vor seiner Vernehmung sowie die in § 58 Absatz 2 Satz 5 vorgeschriebene Belehrung vor einer Gegenüberstellung sind zu dokumentieren. [2]Dies gilt auch für die Entscheidung des Beschuldigten darüber, ob er vor seiner Vernehmung einen von ihm zu wählenden Verteidiger befragen möchte, und für das Einverständnis des Beschuldigten gemäß § 141a Satz 1.**

1 **A. Aktenkundig zu machen (Abs. 1).** Der Obersatz in Abs. 1 trägt dem Prinzip Rechnung, dass in den Akten **alle wesentlichen Vorgänge aller Ermittlungsbehörden** festgehalten werden müssen, damit jedes weitere mit der Sache befasste Ermittlungsorgan, namentlich auch das Gericht, wenn es im Vorverfahren o. im gerichtlichen Verf. tätig wird, sowie der Verteidiger (vgl. § 147) die Entwicklung u. das bisherige Erg. des Verfahrens erkennen können (vgl. bereits OLG Karlsruhe NStZ 1991, 50 Ls.; ferner BGH NStZ 2022, 561 mAnm Knauer/Pretsch). Das Aktenkundigmachen v. Ermittlungshandlungen kann bestehen in Aktenvermerken, in Beifügung v. Fotos, Skizzen, Zeichnungen o. v. eingeholten Auskünften; für sich gefertigte Notizen o. Aufzeichnungen des Polizeibeamten gehören nicht dazu (OLG Düsseldorf StraFo 2007, 338). Abs. 1 gilt auch für Untersuchungshandlungen, die in Anordnungen bestehen (→ § 162 Rn. 4), zB für die Anordnung einer Beschlagnahme nach den §§ 98 Abs. 1, 111c Abs. 1 S. 1. Die Übermittlung einer sog. elektronischen Hilfsakte, bei der der Inhalt der Ermittlungsakte eingescannt und auf einem Datenträger zusammengeführt wird, entspricht den rechtlichen Maßgaben (BGH (ER) NStZ 2022, 561).

2 **B. Protokoll (Abs. 2).** Für das Protokoll gelten die Vorschrift des § 168a. Die Einhaltung der Soll-Vorschr., die auch bei polizeilichen Vernehmungen beachtet werden sollte (BGH NStZ 1995, 353), ist die Regel. Kleinere Verzögerungen müssen dabei in Kauf genommen werden. Das Abweichen v. der Soll-Vorschr. u. die Anwendung von Abs. 1 sind aber auch zulässig, soweit dies im Einzelfall aus begründetem Anlass, zB wegen völliger Bedeutungslosigkeit der Aussage, gerechtfertigt ist. Über den Einsatz technischer Hilfsmittel entscheidet der StA. Er soll möglichst weitgehend v. ihnen Gebrauch machen (Nr. 5a RiStBV). Über die **Aushändigung einer Abschrift** des Prot. vgl. → § 163a Rn. 26. Wird kein Prot. gefertigt, ist zumindest die Teilnahme des Verteidigers des Beschuldigten aktenkundig zu machen (Abs. 2 S. 2). Einer Unterschrift des Vernehmenden bzw. Protokollierenden bedarf es nicht (→ § 168a Rn. 20; BT-Drs. 19/27654, 93).

3 **C. Weiterer Protokollinhalt (Abs. 3).** Sämtliche vor den Vernehmungen nach § 136 Abs. 1 sowie § 163a vorzunehmenden Belehrungen sind aktenkundig zu machen (Abs. 3 S. 1 iVm § 163a Abs. 3 S. 2). Dazu gehören auch die Belehrungspflichten nach § 58 Abs. 2 S. 5 über die Möglichkeit zur Bestellung eines Pflichtverteidigers in den Fällen der notwendigen Verteidigung im Zusammenhang mit einer Gegenüberstellung (Abs. 3 S. 1; → § 58 Rn. 15a) u. § 187 GVG (Abs. 3 S. 1 iVm § 163a Abs. 5). Dies gilt ferner für die Entsch. des Beschuldigten darüber, ob er vor seiner Vernehmung einen v. ihm zu wählenden Verteidiger befragen möchte (Abs. 3 S. 2) u. für das Einverständnis des Beschuldigten damit, dass im Vorverfahren ausnahmsweise abw. v. § 141 Abs. 1 vor der Bestellung eines Pflichtverteidigers eine Vernehmung des Beschuldigten o. eine Gegenüberstellung mit ihm durchgeführt wird (Abs. 3 S. 2 iVm § 141a; → § 141a Rn. 7, 8).

Anwesenheitsrecht bei richterlichen Vernehmungen

168c (1) [1]**Bei der richterlichen Vernehmung des Beschuldigten ist der Staatsanwaltschaft und dem Verteidiger die Anwesenheit gestattet. [2]Diesen ist nach der Vernehmung Gelegenheit zu geben, sich**

dazu zu erklären oder Fragen an den Beschuldigten zu stellen. [3]Ungeeignete oder nicht zur Sache gehörende Fragen oder Erklärungen können zurückgewiesen werden.

(2) [1]**Bei der richterlichen Vernehmung eines Zeugen oder Sachverständigen ist der Staatsanwaltschaft, dem Beschuldigten und dem Verteidiger die Anwesenheit gestattet.** [2]**Diesen ist nach der Vernehmung Gelegenheit zu geben, sich dazu zu erklären oder Fragen an die vernommene Person zu stellen.** [3]**Ungeeignete oder nicht zur Sache gehörende Fragen oder Erklärungen können zurückgewiesen werden.** [4]**§ 241a gilt entsprechend.**

(3) [1]**Der Richter kann einen Beschuldigten von der Anwesenheit bei der Verhandlung ausschließen, wenn dessen Anwesenheit den Untersuchungszweck gefährden würde.** [2]**Dies gilt namentlich dann, wenn zu befürchten ist, daß ein Zeuge in Gegenwart des Beschuldigten nicht die Wahrheit sagen werde.**

(4) **Hat ein nicht in Freiheit befindlicher Beschuldigter einen Verteidiger, so steht ihm ein Anspruch auf Anwesenheit nur bei solchen Terminen zu, die an der Gerichtsstelle des Ortes abgehalten werden, wo er in Haft ist.**

(5) [1]**Von den Terminen sind die zur Anwesenheit Berechtigten vorher zu benachrichtigen.** [2]**In den Fällen des Absatzes 2 unterbleibt die Benachrichtigung, soweit sie den Untersuchungserfolg gefährden würde.** [3]**Auf die Verlegung eines Termins wegen Verhinderung haben die zur Anwesenheit Berechtigten keinen Anspruch.**

A. Richterliche Beschuldigtenvernehmung (Abs. 1). Ein **Anwesenheitsrecht** besteht für die StA u. den Verteidiger. Für die Beschuldigtenvernehmung durch die Polizei (§ 163a Abs. 4 S. 3 iVm § 168c Abs. 1 und Abs. 5) u. die StA ist ein Anwesenheitsrecht des Verteidigers ebenfalls vorgesehen (§ 163a Abs. 3 S. 2 iVm Abs. 1), auch wenn nur eine Identifizierungsgegenüberstellung (→ § 58 Rn. 9) stattfindet, nicht aber – verfassungsrechtlich unbedenklich (BVerfG NJW 2007, 204) – für die Vernehmung v. Mitbeschuldigten (BGHSt 42, 391; BGH NStZ 2010, 159; OLG Düsseldorf NStZ-RR 2003, 238; Löwe/Rosenberg/Erb Rn. 14; Senge FS E. Müller, 2008, 702; **aM** Roxin FS Kühne, 2013, 317 (331); SK-StPO/Wohlers/Albrecht Rn. 11 ff.; Gless NStZ 2010, 99; Schwaben NStZ 2002, 291; Mosbacher NStZ 2015, 303; offengelassen v. OLG Karlsruhe StV 1996, 302; vgl. zur Problematik auch Löwe/Rosenberg/Lüderssen/Jahn Einl. M 45). Der Verteidiger hat bei der richterlichen Vernehmung ein Erklärungs- u. Fragerecht; ungeeignete o. nicht zur Sache gehörende Fragen können zurückgewiesen werden (Abs. 1 S. 2 und 3, eingeführt durch G v. 27.8.2017 (BGBl. I 3295) in Umsetzung v. Art. 3 Abs. 3 Buchst. b RL 2013/48/EU). Das Vernehmungsprotokoll des StA ist in der Verlesbarkeit in der HV nicht dem richterlichen gleichgestellt (§§ 249, 251, 254). 1

B. Richterliche Zeugen- oder Sachverständigenvernehmung (Abs. 2). StA, Beschuldigtem u. Verteidiger ist die Anwesenheit gestattet. Die angeführten Anwesenheitsrechte bestehen nicht bei der Vernehmung durch den StA (§ 161a). Die unterschiedliche Regelung beruht va auf dem Unterschied in der Verlesbarkeit der Niederschriften (→ Rn. 1) u. der unterschiedlichen Behandlung der Strafbarkeit unrichtiger Aussagen (§§ 153, 154 StGB). Die bei der richterlichen Vernehmung anwesenden Verfahrensbeteiligten haben ein Erklärungs- u. Fragerecht; ungeeignete o. nicht zur Sache gehörende Fragen o. Erklärungen können zurückgewiesen werden (Abs. 2 S. 2 und 3, eingeführt durch G v. 27.8.2017 (BGBl. I 3295) in Umsetzung v. Art. 3 Abs. 3 Buchst. b RL 2013/48/EU). § 241a gilt entspr., um sicherzustellen, dass minderjährige Zeugen auch bei Vernehmungen außerhalb der HV grds. allein durch den vernehmenden Richter befragt werden (Abs. 2 S. 4; BT-Drs. 18/934, 22). 2

3 **C. Ausschließung des Beschuldigten (Abs. 3).** Die Klausel „wenn zu befürchten ist", die der Beispielsfall des S. 2 enthält, gilt auch im Fall des S. 1. Die Gefährdung des Untersuchungszwecks nach S. 1 ist zu befürchten, wenn nach den Umständen des Einzelfalls in nicht geringem Maß zu erwarten ist, der Beschuldigte werde das, was er bei der Vernehmung erfährt, möglicherweise für Verdunkelungsmaßnahmen verwerten (KK-StPO/Schmitt Rn. 6; Löwe/Rosenberg/Erb Rn. 15; **aM** SK-StPO/Wohlers/Albrecht Rn. 20). Gegen den Ausschließungsbeschluss ist Beschwerde zulässig (§ 304); sie wird jedoch nach dem Termin gegenstandslos (→ § 296 Rn. 17; **aM** SK-StPO/Wohlers/Albrecht Rn. 25). Der Verstoß gegen Abs. 3 kann ein Verwertungsverbot nach sich ziehen (StK beim AG Bremerhaven StV 2003, 328).

4 **D. Der nicht in Freiheit befindliche Beschuldigte.** Der nicht in Freiheit befindliche Beschuldigte (Abs. 4; → § 35 Rn. 13; eine entspr. Regelung enthält § 224 Abs. 2), der einen Verteidiger hat, hat einen Anspruch auf Anwesenheit nur, wenn die Vernehmung am Vollzugsort stattfindet. Erklärt der unverteidigte Beschuldigte, dass er auf Anwesenheit bei der Vernehmung verzichte, so kann diese auch ohne ihn an einem anderen Ort als dem Vollzugsort durchgeführt werden. Wird sein Antrag auf Vorführung abgelehnt, so kann er hiergegen Beschwerde einlegen (§ 304); diese wird nach der Vernehmung gegenstandslos (vgl. → Vor § 296 Rn. 17). Dem Beschuldigten, der keinen Verteidiger hat, ist gem. § 140 Abs. 1 Nr. 10 vor der zum Zwecke der Beweissicherung durchgeführten richterlichen Vernehmung des zentralen Belastungszeugen ein **Verteidiger zu bestellen,** wenn er gem. Abs. 3 von der Anwesenheit ausgeschlossen ist (s. bereits BGHSt 46, 93; EGMR NJOZ 2017, 544; erg. → § 140 Rn. 9, 20b–20d).

5 **E. Benachrichtigung (Abs. 5).** Die zur Anwesenheit Berechtigten sind von den Terminen vorher zu benachrichtigen (Abs. 5 S. 1).

5a **I. Unterbleiben der Benachrichtigung (Abs. 5 S. 2).** Die Benachrichtigung darf nach der Änderung durch das G zur Fortentwicklung der StPO v. 25.6.2021 bei Gefährdung des Untersuchungserfolges **nur in den Fällen des Abs. 2** unterbleiben, dh bei der richterlichen Vernehmung von Zeugen und Sachverständigen, nicht dagegen bei Beschuldigtenvernehmungen iSv Abs. 1; dies gilt auch für staatsanwaltliche und polizeiliche Beschuldigtenvernehmungen (§§ 163a Abs. 3 S. 2, 163a Abs. 4 S. 3). Einer Ausnahme von der Benachrichtigungspflicht bei Beschuldigtenvernehmungen bedarf es nach der Intention des Gesetzgebers nicht, weil durch die bloße Benachrichtigung des Verteidigers, mit der weder eine Wartepflicht noch auch nur ein Aufschub des Vernehmungstermins einhergeht, eine solche Gefährdung nicht zu besorgen ist (BT-Drs. 19/27654, 93). Die Möglichkeit der Anordnung einer Kontaktsperre gem. § 31 Abs. 2 **EGGVG** bei Vorliegen einer erheblichen Gefährdung des Untersuchungserfolges (→ **EGGVG** § 31 Rn. 1) bleibt davon allerdings unberührt. Dies gilt auch für den Ausschluss des Beschuldigten von der von der Vernehmung unter den in Abs. 3 genannten Voraussetzungen (→ Rn. 3).

5b Die **Benachrichtigung von Vernehmungsterminen iSd Abs. 2** entfällt bei Gefährdung des Untersuchungserfolges (Abs. 5 S. 2). Dies ist nicht bereits dann der Fall, wenn ein Ausschlussgrund nach Abs. 3 vorliegt (BGH StV 2011, 336; 2013, 3 Ls.) o. wenn sie zu einer Verzögerung des Verfahrens führen würde (Meyer-Goßner JR 1977, 258), sondern nur dann, wenn die Gefahr besteht, dass der **Untersuchungserfolg vereitelt o. verschlechtert** würde. Wenn der Beschuldigte bereits nach Abs. 3 vom Termin ausgeschlossen worden war, besteht eine Benachrichtigungspflicht (Mosbacher NStZ 2015, 303; offengelassen v. BGHSt 31, 140 (142); BGH StV 2011, 336 sowie BGH NStZ 2015, 98).

5c **Untersuchungserfolg** iSd Abs. 5 ist die Gewinnung einer Aussage, die in einem späteren Verfahrensabschnitt verwertet werden kann (BGHSt 29, 1). Die Gefährdung beurteilt der vernehmende Richter, der darüber einen Aktenvermerk zu fertigen hat (BGHSt 31, 140 (142), später das erkennende Gericht (BGH NStZ 1990, 136; → Rn. 6), u. zwar nach tatrichterlichem Ermessen (BGH NJW 2003,

3142; **abl.** Wohlers GA 2003, 897). Enthält die Entsch. des ERs keine Begründung o. fehlt sie ganz, muss der Tatrichter selbständig die Voraussetzungen für ein Unterbleiben der Benachrichtigung prüfen; dessen Entsch. ist v. Revisionsgericht nur auf Unvertretbarkeit überprüfbar (vgl. BGH NStZ 2003, 671; Mosbacher NStZ 2015, 304). Dagegen muss der Tatrichter v. ER aktenkundig gemachte Gründe nicht selbständig überprüfen bzw. sich zu eigen machen (Mosbacher NStZ 2015, 304; vgl. ferner BGHSt 29, 1 (4); 31, 140 (142); s. aber auch BGH NStZ 2015, 98, der – allerdings ohne nähere Begründung – darauf abstellt, dass das erkennende Gericht rechtsfehlerfrei die Voraussetzungen des Abs. 5 für gegeben erachtet hat).

Die **Gefährdung** kann Folge einer zeitlichen Verzögerung sein, sich aber auch aus anderen Umständen ergeben, zB aus Anhaltspunkten dafür, dass der Zeuge mit Nachdruck zu einer Falschaussage angehalten (BGHSt 32, 125 (129) (GSSt); BGH NJW 2003, 3142; Löwe/Rosenberg/Erb Rn. 42 ff.; **aM** Krause StV 1984, 172; Nelles StV 1986, 75; Zaczyk NStZ 1987, 536) o. unter Druck zur Ausübung seines Zeugnisverweigerungsrechts veranlasst werden soll (BayObLGSt 1977, 130). Die Benachrichtigung des Verteidigers darf nicht schon aus Gründen unterlassen werden, die allein in der Person des Beschuldigten liegen (BGHSt 29, 1 (4)); auch eine mögliche Beeinträchtigung v. weiteren Ermittlungshandlungen, deren Notwendigkeit sich aus dem Erg. der Vernehmung ergibt, vermag ein Unterbleiben der Benachrichtigung nicht zu rechtfertigen (BGH NStZ 1999, 417). Auch wenn einem Zeugen v. den Strafverfolgungsbehörden Vertraulichkeit zugesichert worden ist, darf die Benachrichtigung nur unter den Voraussetzungen des Abs. 5 S. 2 unterbleiben (BGH NJW 2003, 3142). **5d**

II. Verlegung des Termins. Auf die Verlegung des Termins wegen Verhinderung haben die zur Anwesenheit Berechtigten **keinen Anspruch (Abs. 5 S. 3).** Abs. 5 S. 3 schließt nicht aus, dass einem begründeten Verlegungswunsch unter Berücksichtigung des Beschleunigungsgebotes u. der Bedeutung der Vernehmung für das Verf. u. für die Verteidigung im Einzelfall Rechnung getragen wird. Das Unterlassen der Benachrichtigung hindert die Anwesenheit des Verteidigers nicht, der auf andere Weise v. der Vernehmung Kenntnis bekommen hat (→ § 223 Rn. 19). Der Verteidiger kann nicht verpflichtet werden, dem Beschuldigten eine bevorstehende richterliche Vernehmung zu verschweigen (LG Hamburg StraFo 2003, 131). Bestellt sich erst während einer bereits lfd. Vernehmung ein Verteidiger, kann es nur unter dem Gesichtspunkt des fairen Verfahrens, nicht wegen Abs. 5 S. 1 geboten sein, mit der Vernehmung innezuhalten (BGH StV 2006, 228 mablAnm Wohlers). Unterbleibt die Benachrichtigung, kann darin idR nicht eine konkludente Entsch. des ERs nach Abs. 5 S. 2 gesehen werden (OLG Schleswig StV 2008, 401). **5e**

F. Verwertungsverbot bei Verstoß gegen Abs. 5. Der Verstoß gegen gegen die Benachrichtigungspflicht iSd Abs. 5 S. 1 bei Beschuldigtenvernehmungen sowie das Fehlen eines Ausnahmetatbestandes nach Abs. 5 S. 2 bei Zeugen – und Sachverständigenvernehmungen führen zu einem Verwertungsverbot. **6**

Wenn **keine Anhaltspunkte für die Ausnahme nach Abs. 5 S. 2** vorlagen, die Benachrichtigungspflicht also verletzt worden ist – wobei es keinen Unterschied macht, ob die erforderliche Benachrichtigung absichtlich, versehentlich o. unter Verkennung der ges. Voraussetzungen unterblieben ist (vgl. BGH NJW 2003, 3142, zust. BVerfG StV 2006, 72 (77); BGHSt 51, 150) – darf die Niederschrift ohne Einverständnis des Angeklagten u. des Verteidigers nicht als richterliches Prot. gem. § 251 Abs. 2 in der HV verlesen werden (→ § 251 Rn. 32), es sei denn, das Unterbleiben der Benachrichtigung hat sich ganz ausnahmsweise nicht auf das von Abs. 2–5 geschützte Mitwirkungsrecht ausgewirkt (OLG München NStZ 2015, 300; vgl. auch BGH NStZ 2015, 98). Ausgeschlossen ist damit auch die Vernehmung des ERs (BGHSt 26, 332 (335); BGH StV 2011, 336; KG StV 1984, 68); denn diese stünde der verbotenen Verlesung einer richterlichen Vernehmungsniederschrift gleich. Zulässig bleibt es nach der Rspr. aber, die Niederschrift nach **6a**

Maßgabe des § 251 Abs. 1 als schriftliche Äußerung, auch als Niederschrift über eine „andere" Vernehmung zu verlesen; dabei muss sich der Tatrichter allerdings des minderen Beweiswerts bewusst sein u. entspr. § 265 Abs. 1 darauf hinweisen, dass er die Verlesungsgrundlage umstellen will (BGH NStZ 2021, 687 mkritAnm Brüning; NStZ-RR 2019, 222; **aM** SK-StPO/Wohlers/Albrecht Rn. 43; Widmaier FS Friebertshäuser, 1997, 185, der wegen des Verstoßes jeden inhaltlichen Zugriff auf die Aussage verwehrt). Demnach muss es auch erlaubt sein, aus der Niederschrift Vorhalte zu machen (BGHSt 34, 231 = StV 1987, 233 mablAnm Fezer; **aM** BGHSt 31, 140; vgl. auch → § 251 Rn. 15); auch können Vernehmungspersonen über den Inhalt der Vernehmung als Zeugen gehört werden (BGH NStZ 2021, 687).

6b Grundsätzlich **entsteht** das **Beweisverwertungsverbot** erst, wenn der Angeklagte in der HV spätestens zum Zeitpunkt des § 257 widerspricht (BGH NJW 1996, 2239 (2241); Mosbacher NStZ 2015, 304 schlägt allerdings insoweit mit beachtlichen Gründen ein für alle Verfahrensstadien geltendes u. vAw zu berücksichtigendes Verwertungsverbot vor u. „reserviert" das Widerspruchserfordernis lediglich für die revisionsrechtliche Geltendmachung; erg. → Rn. 9). Wird der Mangel vor der Hauptverhandlung entdeckt, so kann zur Beweissicherung jedenfalls Wiederholung der Vernehmung geboten sein (→ Einl. Rn. 159; → § 337 Rn. 39). Dasselbe gilt für eine ohne Benachrichtigung des Verteidigers durchgeführte Beschuldigtenvernehmung (BGH NStZ 1989, 282; dort auch zu einem möglichen Verlust des Rechts, der Verwertung zu widersprechen).

6c Der Verstoß gegen Abs. 5 S. 1 führt nach BGHSt 53, 191 (krit. dazu Fezer NStZ 2009, 524, Gless NStZ 2010, 98; Kudlich JR 2009, 303, Weßlau StV 2010, 41; Roxin FS Kühne, 2013, 317 (330 ff.)) **nicht** zu einem **Verwertungsverbot** hins. eines **Mitbeschuldigten** (zw.; erg. → Einl. Rn. 57b sowie Mosbacher NStZ 2015, 303).

7 **G. Zuziehung eines Dolmetschers.** Für die Zuziehung eines Dolmetschers gilt § 185 GVG (→ GVG § 185 Rn. 1, 4). War er notwendig u. zugezogen, ist er aber nicht vereidigt worden, so ist die Verlesung des richterlichen Prot. nach § 251 Abs. 2 nicht zulässig (→ § 251 Rn. 32), wohl aber nach Maßgabe des § 251 Abs. 1 (→ § 251 Rn. 15).

8 **H. Rechtshilfevernehmung im Bereich einer fremden Rechtsordnung.** Hier stellt das Unterbleiben der Benachrichtigung keinen Rechtsfehler dar, soweit die fremde Rechtsordnung kein Anwesenheitsrecht einräumt. Soweit sie den in § 168c genannten Bet. aber die Anwesenheit bei der Vernehmung erlaubt, muss das Rechtshilfeersuchen mit der Bitte verbunden werden, die ersuchende Behörde v. dem Termin so rechtzeitig zu benachrichtigen, dass die Bet. v. dem Zeitpunkt der Vernehmung verständigt werden u. an ihr teilnehmen können (RiVASt 29 Abs. 2 S. 2; BGHSt 42, 86 (91)). Ergänzend aber → § 251 Rn. 34, insbes. → § 251 Rn. 34a.

9 **I. Revision.** Der Verwertung der Niederschrift muss in der HV **widersprochen** worden sein (BGH NJW 1996, 2239 (2241); NStZ-RR 2002, 110; erg. → § 251 Rn. 32 aE). Die Rüge nach Abs. 5 S. 1 kann den Vertr. erfordern, dass der Beschuldigte auch nicht durch seinen Verteidiger Kenntnis v. der bevorstehenden Vernehmung erhalten hat (vgl. BGH NStZ 2015, 98). Hat der Tatrichter die Vernehmungsniederschrift durch Verlesung nach § 251 Abs. 2 verwertet (→ Rn. 6), weil er unter Würdigung aller Umstände die Unterlassung der Benachrichtigung (→ Rn. 5) für gerechtfertigt hielt, so darf das Revisionsgericht bei entspr. Verfahrensrüge nur prüfen, ob dem Tatrichter dabei ein Rechtsfehler, insbes. eine Überschreitung der dem tatrichterlichen Ermessen gesetzten Schranken, unterlaufen ist (BGHSt 29, 1 (3); 42, 86 (91, 92); BGH NStZ 1999, 417; **aM** Wohlers GA 2003, 898). Hat der Tatrichter aber die Prüfung unterlassen, so darf das Revisionsgericht nicht prüfen, ob die Voraussetzungen von Abs. 5 S. 2 vorlagen (BGHSt 31, 140; NJW 2003, 3142). Wenn das Gegenteil nicht nachgewiesen ist, muss davon ausgegangen werden, dass die Benachrichtigung unterblieben ist

(BayObLGSt 1953, 62; OLG Bremen OLGSt StPO § 224 S. 1; OLG Frankfurt a. M. NJW 1952, 1068).

Wurde die **erforderliche Verteidigerbestellung** (→ Rn. 4) **unterlassen,** soll dies nach BGHSt 46, 93 (zust. Schwaben NStZ 2002, 293; zw. Franke GA 2002, 578) zwar kein Verwertungsverbot für die Aussage nach sich ziehen, jedoch dürfe eine Feststellung nur dann auf die Angaben des Vernehmungsrichters gestützt werden, wenn dessen Bekundungen durch andere wichtige Gesichtspunkte außerhalb der Aussage bestätigt würden. Demgegenüber nimmt die hM im Schrifttum zutr. ein Verwertungsverbot an (Ambos NStZ 2003, 17; Gleß NJW 2001, 3606; Ignor FS Riess, 2002, 189; Kunert NStZ 2001, 217; Sowada NStZ 2005, 6; Schwenn StraFo 2008, 225; Widmaier NJW-Sonderheft Schäfer, 2002, 76; ebenso AG Hamburg StV 2004, 11 mzustAnm Meyer-Lohkamp, bestätigt durch OLG Hamburg, vgl. StV 2004, 370; vgl. aber auch OLG Düsseldorf NStZ-RR 2003, 238). Der **EGMR** hat in einem Fall einen **Verstoß gegen Art. 6 Abs. 3d EMRK** bejaht, in dem dem nach Abs. 3 von der Vernehmung der zentralen Belastungszeugen ausgeschlossenen Beschuldigten entgegen § 141 Abs. 3 aF (jetzt § 140 Abs. 1 Nr. 10) kein Verteidiger bestellt worden war (näher → § 140 Rn. 20b–20d), im Laufe des Verfahrens eine konfrontative Befragung der Zeugen – im entschiedenen Fall wegen der Geltendmachung v. ZVR – nicht mehr möglich war u. die Verurteilung ua auf der Aussage des ERs beruhte (EGMR NJW 2013, 3225; vgl. auch EGMR NJOZ 2017, 544 (Große Kammer); erg. → EMRK Art. 6 Rn. 22e, 22g). 10

Anwesenheitsrecht bei Einnahme eines richterlichen Augenscheins

168d (1) [1] **Bei der Einnahme eines richterlichen Augenscheins ist der Staatsanwaltschaft, dem Beschuldigten und dem Verteidiger die Anwesenheit bei der Verhandlung gestattet.** [2] **§ 168c Abs. 3 Satz 1, Abs. 4 und 5 gilt entsprechend.**

(2) [1] **Werden bei der Einnahme eines richterlichen Augenscheins Sachverständige zugezogen, so kann der Beschuldigte beantragen, daß die von ihm für die Hauptverhandlung vorzuschlagenden Sachverständigen zu dem Termin geladen werden, und, wenn der Richter den Antrag ablehnt, sie selbst laden lassen.** [2] **Den vom Beschuldigten benannten Sachverständigen ist die Teilnahme am Augenschein und an den erforderlichen Untersuchungen insoweit gestattet, als dadurch die Tätigkeit der vom Richter bestellten Sachverständigen nicht behindert wird.**

A. Anwesenheitsrecht bei richterlichem Augenschein. Wie bei der Vernehmung von Zeugen oder Sachverständigen (§ 168c) sind das Anwesenheitsrecht u. die Benachrichtigung geregelt. § 168d gilt nicht für den Fall, dass die Leichenöffnung auch im Beisein eines Richters stattfindet; denn § 87 enthält eine Sonderregelung über die Anwesenheit bei der Leichenöffnung (**aM** SK-StPO/Wohlers/Albrecht Rn. 3). Bei der Einnahme eines Augenscheins durch den StA hat keiner der Verfahrensbeteiligten ein Anwesenheitsrecht. Es steht im Ermessen des StA, ob er einen Verfahrensbeteiligten o. einen Sachverständigen zuzieht, den der Beschuldigte in das Verf. als Beweisperson einführen will. 1

B. Richterlicher Augenschein unter Zuziehung eines Sachverständigen (Abs. 2). Die Vorschr. soll einem Sachverständigen, den der Beschuldigte in die HV einführen will, die Anwesenheit bei einem richterlichen Augenschein ermöglichen, damit er sich aus eigener Anschauung die erforderliche Anknüpfungstatsachen für sein Gutachten verschaffen kann (Alsberg Beweisantrag/Tsambikakis Rn. 608). Wird der Beschuldigte v. dem Termin benachrichtigt (Abs. 1 S. 2 iVm § 168c Abs. 5 S. 1), muss ihm mitgeteilt werden, dass v. dem Richter ein Sachverständiger zugezogen wird, da er sonst nicht v. seinem Recht nach Abs. 2 Gebrauch machen kann. Er kann dies auch, wenn nur sein Verteidiger u. nicht er 2 selbst geladen wird. Der Richter kann den Antrag auf Ladung des v. Beschuldigten vorgeschlagenen Sachverständigen ablehnen, wenn durch die Mitwirkung dieses Sachverständigen die Tätigkeit des zum richterl Augenschein herangezogenen Sachverständigen behindert würde (Abs. 2 S. 2). Selbst laden bedeutet unmittelbar laden lassen (§ 220 Abs. 1, Abs. 2). Auch der auf eine solche Ladung erscheinende Sachverständige kann bei gegebenem Anlass nach Abs. 2 S. 2 von der Mitwirkung ausgeschlossen werden (vgl. SK-StPO/Wohlers/Albrecht Rn. 10).

3 Die **Beschwerde** steht dem Beschuldigten zu, wenn der Richter einen v. ihm benannten o. geladenen Sachverständigen v. der Teilnahme am Augenschein ausschließt (SK-StPO/Wohlers/Albrecht Rn. 13; Kretschmer StraFo 2013, 184 (186)); nach Durchführung der Augenscheinnahme ist sie gegenstandslos (Löwe/Rosenberg/Erb Rn. 20; **aM** SK-StPO/Wohlers/Albrecht Rn. 13; erg. → Vor § 296 Rn. 16 ff.). Eine Beschwerde gegen die richterliche Entsch., den Sachverständigen nicht zu laden, ist nicht zulässig, da der Beschuldigte das Recht zur Selbstladung hat (BeckOK StPO/Monka Rn. 4; **aM** Alsberg Beweisantrag/Tsambikakis Rn. 615; SK-StPO/Wohlers/Albrecht Rn. 13).

Vernehmung von Zeugen getrennt von Anwesenheitsberechtigten **Nr. 19, 19a RiStBV**

168e **[1]Besteht die dringende Gefahr eines schwerwiegenden Nachteils für das Wohl des Zeugen, wenn er in Gegenwart der Anwesenheitsberechtigten vernommen wird, und kann sie nicht in anderer Weise abgewendet werden, so soll der Richter die Vernehmung von den Anwesenheitsberechtigten getrennt durchführen. [2]Die Vernehmung wird diesen zeitgleich in Bild und Ton übertragen. [3]Die Mitwirkungsbefugnisse der Anwesenheitsberechtigten bleiben im übrigen unberührt. [4]Die §§ 58a und 241a finden entsprechende Anwendung. [5]Die Entscheidung nach Satz 1 ist unanfechtbar.**

1 **A. Normzweck. Beschränkungen der Anwesenheitsrechte** der Bet., zB nach §§ 168c Abs. 2, 406g Abs. 2 S. 1, sieht die Bestimmung für die Vernehmung bes. schutzbedürftiger Zeugen (→ § 58a Rn. 1) durch den ER vor (in der HV gilt § 247a; zur kommissarischen Vernehmung vgl. → § 223 Rn. 20; bei polizeilichen u. staatsanwaltschaftlichen Zeugenanhörungen fehlt es an einer „Parteiöffentlichkeit"). Durch die Anwesenheit etwa einer Vielzahl v. Verfahrensbeteiligten können insbes. kindliche Opferzeugen massiven psychischen Belastungen ausgesetzt werden, wodurch deren Vernehmung erheblich erschwert wird. Die Problematik kann sich in vergleichbarer Weise aber auch bei anderen Zeugen, die Opfer einer Sexualstraftat o. eines Gewaltdelikts geworden sind u. bei psychisch geschädigten o. sonst kranken o. gebrechlichen Zeugen stellen. Im Interesse des Wohls bes. schutzbedürftiger Zeugen u. der Wahrheitsfindung gestattet die Bestimmung daher, dass sich der Richter mit dem Zeugen während der Vernehmung in einem gesonderten Zimmer aufhält. Die übrigen Verfahrensbeteiligten können die Anhörung mit Hilfe einer Videosimultanübertragung zeitgleich in einem anderen Raum mitverfolgen. Die Bestimmung dient damit vornehmlich dem Zweck, eine sekundäre Traumatisierung schutzbedürftiger Zeugen durch Maßnahmen der Strafverfolgung zu vermeiden, auch belastenden Mehrfachvernehmungen durch eine umfassende richterliche Anhörung entgegenzuwirken (vgl. → § 58a Rn. 1). Der den Zeugen entlastende Effekt wird jedoch gering bleiben, wenn der vernehmende Richter ihn nicht in geeigneter Weise unterstützt u. auf seine Bedürfnisse Rücksicht nimmt (vgl. Busse/Volbert/Steller S. 205). Anzustreben ist eine tatnahe, v. Suggestionen freie Schilderung des Erlebten (vgl. die Hinweise bei Eisenberg Beweisrecht StPO Rn. 1318 ff., 1413 ff.). Bei gefährdeten u. gem. § 96 analog, § 110b Abs. 3 zu sperrenden Zeugen kann die vorgesehene Videosimultanübertragung dem Interesse an der Geheimhaltung ihrer Person zuwiderlaufen (vgl. Schlüchter/Greff Kriminalistik 1998, 534), so dass die Anwendung der Vorschr. die bes. Risiken u. Gefahren

einer Vernehmung insoweit nicht ausgleichen wird (für die HV vgl. → § 247a Rn. 1).

B. Ausnahmefälle. Nur in Ausnahmefällen wird wegen der Anlehnung des S. 1 an Voraussetzungen des § 247 S. 2 Anlass für eine Beschränkung der Anwesenheitsrechte bei einer ermittlungsrichterlichen Zeugenvernehmung sein. Erforderlich ist, dass die dringende Gefahr eines schwerwiegenden Nachteils für das Wohl des Zeugen besteht; das G kombiniert damit Kriterien des § 247 S. 2, die dort für Zeugen aus unterschiedlichen Altersstufen gelten (vgl. iE → § 247 Rn. 11, 12). Die Ursache der Gefahr muss in einer Vernehmung in Gegenwart der Anwesenheitsberechtigten liegen, so dass überhaupt erst deren tatsächliches Erscheinen Anlass für Schutzmaßnahmen bietet. Der Begriff der Vernehmung ist in S. 1 und 2 genauso wie in § 58a zu verstehen (→ § 58a Rn. 4a). Die getrennte Durchführung der Vernehmung ist subsidiär ggü. anderen Schutzmaßnahmen, etwa dem Ausschluss des Beschuldigten nach § 168c Abs. 3 (HK-StPO/Zöller Rn. 6; **aM** Löwe/Rosenberg/Erb Rn. 13) o. dem Unterlassen der Benachrichtigung gem. § 168c Abs. 5, aber auch zeugenschonenden Maßnahmen nach §§ 68 Abs. 1 S. 2, Abs. 2, Abs. 3, 68a, 68b, 241a entspr. (→ § 168c Rn. 2), § 406f (Nr. 19a Abs. 1 S. 2 RiStBV), § 406g; zur Bedeutung der Mitwirkungsbefugnisse des Angeklagten u. seines Verteidigers im Falle einer Aufzeichnung nach § 58a Abs. 1 vgl. § 255a Abs. 2 S. 1, → § 255a Rn. 8b. 2

C. Getrennte Durchführung der Zeugenvernehmung. I. Sollvorschrift. Liegen die Voraussetzungen des S. 1 vor, wird der ER im Allgemeinen aufgrund seiner Fürsorgepflicht gehalten sein, die getrennte Vernehmung anzuordnen („soll"), es sei denn, der Zeuge legt hierauf keinen Wert; eines Antrags bedarf es nicht. Auch wenn es zur audiovisuellen Zeugenvernehmung kommt, kann der Beschuldigte gem. § 168c Abs. 3 von der Anwesenheit bei der Übertragung der Vernehmung ausgeschlossen werden; dies kommt in Betracht, wenn zu befürchten ist, der Zeuge werde die Wahrheit nicht sagen, wenn der Beschuldigte seine Aussage am Bildschirm mitverfolgt (KK-StPO/Schmitt Rn. 6; **aM** Janovsky Kriminalistik 1999, 453 (455)). Auch §§ 168c Abs. 5 S. 2, 406g Abs. 2 S. 3 bleiben anwendbar. 3

Um dem Verteidiger die Teilnahme zu ermöglichen, ist uU eine kurzfristige Terminsverlegung erforderlich (OLG München StV 2000, 352). Hatten der Angeklagte u. sein Verteidiger keine Gelegenheit zur Mitwirkung an der getrennten Zeugenvernehmung, kann eine nach S. 4 erstellte Aufzeichnung nicht unter den erleichterten Voraussetzungen des § 255a Abs. 2 S. 1 in die HV eingeführt werden (vgl. → § 255a Rn. 8a). 4

II. Folge der Anordnung. Als Folge seiner Anordnung vernimmt der Richter den Zeugen – anders als nach § 247a – in Abwesenheit der übrigen Verfahrensbeteiligten getrennt, dh an einem – ggf. kindgerecht ausgestatteten – Ort, der sich nicht notwendig in dem Gebäude befinden muss, in dem sich die anderen Bet. aufhalten; es kommt lediglich darauf an, dass die technischen Voraussetzungen (→ Rn. 6, 7) gegeben sind. Der Zeuge kann v. einem Beistand, einem aussagepsychologischen Sachverständigen (Löwe/Rosenberg/Erb Rn. 16, str.) o. (als Verletzter) v. einer Vertrauensperson nach § 406f Abs. 2 begleitet werden – letzteres, wenn der Richter ihr die Anwesenheit gestattet; allerdings kann eine solche Unterstützung bereits die Voraussetzungen der Bestimmung entfallen lassen (vgl. → Rn. 2). 5

III. Zeitgleich in Bild und Ton. Zeitgleich in Bild und Ton wird den (erschienenen) Anwesenheitsberechtigten die Vernehmung per Standleitung (Videodirektschaltung) übertragen (S. 2). Die Videokamera sollte Richter u. Zeugen gleichzeitig erfassen. 6

Die **Mitwirkungsbefugnisse der Beteiligten,** insbes. das Fragerecht (BGHSt 46, 93 100)), bzw. das Konfrontationsrecht des Art. 6 Abs. 3 lit. d EMRK dürfen nach S. 3 nicht mehr als durch die technischen Gegebenheiten bedingt in Mitleidenschaft gezogen werden; eine Tonübertragungsanlage in das Vernehmungs- 7 zimmer dürfte grds. ausreichen (vgl. KK-StPO/Schmitt Rn. 7). Die Vernehmung eines Zeugen unter 18 Jahren wird nach dem gem. S. 4 entspr. anwendbaren § 241a grds. v. Richter allein durchgeführt. Wird den Bet. die unmittelbare Befragung nach § 241a Abs. 2 S. 2 nicht gestattet, so genügt eine sog. Ohrknopfverbindung zum Richter; andernfalls – u. in den übrigen Fällen – bedarf es jedenfalls zeitweise darüber hinaus einer unmittelbaren Sprechverbindung zum Vernehmungszimmer (zum praktischen Vorgehen u. zur technischen Umsetzung vgl. Janovsky Kriminalistik 1999, 455).

8 **IV. Protokoll.** Ein Protokoll der Vernehmung ist nach §§ 168, 168a zu erstellen; eine Videoaufzeichnung (→ Rn. 9) kann hierfür Grdl. sein (vgl. § 168a Abs. 2 S. 1). Ansonsten ist die Vernehmung mit einem Tonaufnahmegerät aufzuzeichnen o. durch einen Protokollführer, der sich nicht im Vernehmungszimmer aufhalten darf (Pfeiffer Rn. 3; **aM** Löwe/Rosenberg/Erb Rn. 17).

9 **D. Aufzeichnung der Vernehmung.** Für die Aufzeichnung der Vernehmung auf Bild-Ton-Träger gilt **§ 58a entspr. (S. 4).** Wenn die Voraussetzungen der getrennten Vernehmung nach S. 1 vorliegen, sollte idR aufgezeichnet werden, um dem Zeugen iRd §§ 58a Abs. 2 S. 1, 255a Mehrfachvernehmungen zu ersparen (→ § 58a Rn. 1); zur Bedeutung der Mitwirkungsbefugnisse des Beschuldigten u. des Verteidigers → Rn. 4. Von § 58a kann jedoch auch unabhängig v. den Voraussetzungen des § 168e Gebrauch gemacht werden (Rieß NJW 1998, 3241 Fn. 31); zur Aufnahme der Aussage eines entspr. § 96 oder nach § 110b Abs. 3 zu sperrenden Zeugen vgl. → § 58a Rn. 7.

10 **E. Anfechtbarkeit.** Die Entsch. des ERs über die getrennte Durchführung der Vernehmung ist unanfechtbar u. damit zugleich – soweit überhaupt Revisibilität nach § 336 S. 1 in Betracht kommt – gem. § 336 S. 2 einer revisionsgerichtlichen Nachprüfung entzogen (erg. → § 336 Rn. 3); das gilt nach dem Wortlaut u. dem Zweck des S. 5 auch für die Ablehnung eines Antrags auf Videovernehmung (Löwe/Rosenberg/Erb Rn. 31; SK-StPO/Wohlers/Albrecht Rn. 23). Wegen der Rechtsbehelfe gegen die Entsch. über die Videoaufzeichnung vgl. → § 58a Rn. 15; die Zulassung o. Nichtzulassung einer (mittelbaren) Frage iRd § 241a unterliegt der Beschwerde, idR aber nicht der Revision (→ § 336 Rn. 3).

Ermittlungsrichter des Oberlandesgerichts und des Bundesgerichtshofes Nr. 202, 203 RiStBV

169 (1) [1] **In Sachen, die nach den §§ 120 oder 120b des Gerichtsverfassungsgesetzes zur Zuständigkeit des Oberlandesgerichts im ersten Rechtszug gehören, können die im vorbereitenden Verfahren dem Richter beim Amtsgericht obliegenden Geschäfte auch durch Ermittlungsrichter dieses Oberlandesgerichts wahrgenommen werden.** [2] **Führt der Generalbundesanwalt die Ermittlungen, so sind an deren Stelle Ermittlungsrichter des Bundesgerichtshofes zuständig.**

(2) **Der für eine Sache zuständige Ermittlungsrichter des Oberlandesgerichts kann Untersuchungshandlungen auch dann anordnen, wenn sie nicht im Bezirk dieses Gerichts vorzunehmen sind.**

1 **A. Alternative Zuständigkeit. Ermittlungsrichter des OLG und des BGH** sind – jew. neben dem allg. zuständigen ER des AG (→ § 162 Rn. 7 ff.; Löwe/Rosenberg/Erb Rn. 7) – alternativ zuständig, soweit es sich um eine Strafsache nach § 120 Abs. 1 GVG o. um eine aus der Zuständigkeit der StA bei der Staatsschutzkammer des LG durch den GBA in Ausübung seines Evokationsrechts herausgenommene Strafsache nach § 74a GVG handelt (§ 120 Abs. 2 GVG).

2 **B. Ermittlungsrichter des BGH.** Der Ermittlungsrichter des BGH (Abs. 1 S. 2) ist zuständig, wenn u. solange die staatsanwaltschaftliche Kompetenz des GBA besteht (§ 142a GVG; vgl. BGH 3.4.2025 – StB 12/25), also im Fall der primären Zuständigkeit des GBA (dh in den Fällen des § 120 Abs. 1 GVG) bis zu einer

etwaigen Abgabe an den GStA bei dem zuständigen OLG; in den Strafsachen nach § 74a GVG v. der Übernahme durch ihn bis zu einer etwaigen Abgabe an die Landes-StA (BGH NJW 1973, 475); die Zuständigkeit als Haftrichter überträgt er entspr. § 126 Abs. 1 S. 3 (BGH NJW 1973, 475).

Darüber hinaus ist er (neben dem ER beim AG) auch zuständig zur Entsch. über 2a
im vorbereitenden Verf. **durch den GBA** ergangene Entsch. (§ 161a Abs. 3 S. 1 iVm §§ 162, 169 Abs. 1).

C. Ermittlungsrichter des OLG (Abs. 1 S. 1). Der Ermittlungsrichter des 3
OLG (Abs. 1 S. 1) ist nur zuständig, wenn u. solange die StA beim OLG die staatsanwaltschaftliche Kompetenz hat. Seine Zuständigkeit im Ermittlungsverfahren, die neben derjenigen des ERs beim AG besteht, ergibt sich aus § 161a Abs. 3 S. 1 iVm §§ 162 Abs. 1 S. 1, 169 Abs. 1 S. 1.

D. Ermittlungsrichter des AG. Der Ermittlungsrichter des AG (§ 162) wird 4
nach dem Sinn des § 169 nur eingeschaltet, wenn zur Ausführung des Ersuchens keine bes. Erfahrung in Staatsschutzsachen notwendig ist. Jedoch darf er ein an ihn gerichtetes Ersuchen nicht wegen Unzuständigkeit ablehnen, auch nicht ein notwendiges Eingreifen als NotStA (§ 165). Er ist ausschl. zuständig in Staatsschutzsachen nach § 74a Abs. 1 GVG, solange sie nicht der GBA nach § 74a Abs. 2 GVG übernommen hat; er wird wieder allein zuständig, wenn der GBA die übernommene Sache an die für die Staatsschutzkammer zuständige StA zurückgibt (§ 142a Abs. 4 GVG).

E. Der für eine Sache zuständige Ermittlungsrichter des OLG (Abs. 2). 5
Der für eine Sache zuständige Ermittlungsrichter des OLG (Abs. 2) ist derjenige, der nach der Geschäftsverteilung sachlich u. örtlich zuständig ist. Abs. 2 erweitert seine Kompetenz im Vergleich zum ER des AG (→ § 162 Rn. 7 ff.). Abs. 2 gilt insbes. auch, wenn v. vornherein feststeht, dass die Anordnung nur außerhalb des Bezirks durchzuführen ist. Soweit richterliche Ausführungshandlungen notwendig werden, kann ein ER außerhalb des Bezirks um Ausführung ersucht werden (§ 157 GVG), falls der Anordnende sie nicht selbst dort ausführen will (§ 166 GVG). Den ER des BGH erwähnt Abs. 2 nicht, weil sein Bezirk ohnehin das Bundesgebiet ist o. sein kann.

Ist die Zuständigkeit des ERs des OLG o. des BGH aber **regional unter** 6
mehreren Richtern aufgeteilt, so gilt Abs. 2 in beiden Fällen analog, wenn die Anordnung zwar im Bezirk ihres Gerichts, aber außerhalb ihres eigenen Zuständigkeitsbereichs durchzuführen ist.

F. Beschwerde. Über Beschwerden gegen die in § 304 Abs. 5 bezeichneten 7
Vfg. u. Beschl. des ERs des AG o. des OLG in den Sachen, die zur Zuständigkeit des OLG im 1. Rechtszug gehören, entscheidet dieses Gericht (§ 120 Abs. 3 S. 1 iVm § 73 Abs. 1 GVG). Ist aber in den in § 304 Abs. 5 bezeichneten Fällen eine Vfg. des ERs des BGH angefochten, so entscheidet der BGH (§ 135 Abs. 2 GVG). Wenn der GBA die Sache inzwischen nach § 142a Abs. 2, Abs. 4 GVG abgegeben hat, entfällt sowohl die Zuständigkeit des ERs des BGH als auch die Beschwerdezuständigkeit des BGH (BGH NJW 1973, 477). Das Gleiche gilt, wenn inzwischen Klage bei einem OLG (§ 120 GVG) erhoben worden ist (BGHSt 27, 253).

Vermerk über den Abschluss der Ermittlungen **Nr. 109 RiStBV**

169a Erwägt die Staatsanwaltschaft, die öffentliche Klage zu erheben, so vermerkt sie den Abschluß der Ermittlungen in den Akten.

Der Abschluss der Ermittlungen wird durch den Vermerk zu einer **Zäsur für** 1
das Ermittlungsverfahren, sofern es nicht eingestellt wird. Er ist aber auch vor Anwendung des § 153a Abs. 1 erforderlich (Löwe/Rosenberg/Erb Rn. 3). Durch den Vermerk werden der Ermittlungsteil u. der Entschließungsteil getrennt. Der Abschlussvermerk ist nicht Prozessvoraussetzung (→ Einl. Rn. 141). Für ihn gilt

auch nicht § 23 **EGGVG** (Bottke StV 1986, 123). Ein Recht des Beschuldigten auf ein Schlussgehör durch die StA ist damit nicht verbunden.

2 Für die **Akteneinsicht des Verteidigers:** § 147 Abs. 2, Abs. 5 S. 2, Abs. 6. Diese Folge des Abschlussvermerks bleibt auch bestehen, wenn weitere Ermittlungen vorgenommen werden müssen, die durch § 169a nicht ausgeschlossen sind (Löwe/Rosenberg/Erb Rn. 4; **aM** Strauß NStZ 2006, 556, gegen ihn zutr. Hildenstab NStZ 2008, 249). Richtet sich das Verf. gegen mehrere Beschuldigte, so wird der Abschlussvermerk erst angebracht, wenn die Ermittlungen gegen alle diejenigen abgeschlossen sind, gegen die die StA Anklage zu erheben erwägt.

Entscheidung über eine Anklageerhebung Nr. 87, 88, 90, 91, 211 RiStBV

170 (1) **Bieten die Ermittlungen genügenden Anlaß zur Erhebung der öffentlichen Klage, so erhebt die Staatsanwaltschaft sie durch Einreichung einer Anklageschrift bei dem zuständigen Gericht.**

(2) [1] **Andernfalls stellt die Staatsanwaltschaft das Verfahren ein.** [2] **Hiervon setzt sie den Beschuldigten in Kenntnis, wenn er als solcher vernommen worden ist oder ein Haftbefehl gegen ihn erlassen war; dasselbe gilt, wenn er um einen Bescheid gebeten hat oder wenn ein besonderes Interesse an der Bekanntgabe ersichtlich ist.**

1 **A. Genügender Anlass.** Er setzt voraus, dass ein Verfahrenshindernis nicht besteht (→ Einl. Rn. 141), das Verf. nicht nach einer Bestimmung des Opportunitätsprinzips (§§ 153 ff.) eingestellt wird (→ Rn. 5) u. dass der Beschuldigte der Straftat hinreichend verdächtig ist (§ 203). Der unbestimmte Rechtsbegriff „hinreichender Tatverdacht" lässt einen **nicht unerheblichen Beurteilungsspielraum** (BVerfG NStZ 2002, 606; BGH NJW 1970, 1543; **aM** Störmer ZStW 108 (1996), 517; erg. → § 152 Rn. 4, 9), zumal es sich um eine Prognose handelt (→ § 261 Rn. 27). Die Aufklärung v. Widersprüchen zwischen den Angaben des Beschuldigten u. den vorhandenen Beweisergebnissen darf der HV überlassen werden (BGH NJW 1970, 1543; OLG Dresden StV 2001, 581 Ls.). Es muss also nach dem gesamten Akteninhalt bei vorl. Tatbewertung (BGHSt 23, 304 (306)) die Verurteilung des Beschuldigten mit Wahrscheinlichkeit zu erwarten sein (BGH StV 2001, 579; vgl. auch OLG Düsseldorf StV 2008, 511 bei „Aussage gegen Aussage", erg. → § 261 Rn. 11a). Dabei gilt der Grundsatz ***in dubio pro reo* nicht;** er kann nur mittelbar eine Rolle spielen (OLG Bamberg NStZ 1991, 252; → § 203 Rn. 2-2b; → § 261 Rn. 26 ff.).

2 Es kommt auf die **eigene Prognose des StA** an, ob er selbst nach Sach- u. Rechtslage wahrscheinlich aE einer HV zum Antrag auf Verurteilung gelangen würde (SK-StPO/Wohlers/Albrecht Rn. 27; Roxin DRiZ 1997, 114; zum Problem der Bindung der StA an die ständige o. gefestigte höchstrichterliche Rspr. vgl. → GVG Vor § 141 Rn. 11). Er kann jedoch eine der bisherigen Praxis widersprechende Auff. durch Anklage zur Entsch. stellen, auch bei zw. Aussicht.

3 **Besondere Arten** der Klage sind der Strafbefehlsantrag (§ 407), die mündliche Klageerhebung im beschleunigten Verf. (§ 418 Abs. 3 S. 2) u. die mündliche Nachtragsanklage (§ 266 Abs. 2 S. 1).

4 **B. Erhebung der öffentlichen Klage.** Die Erhebung der öffentlichen Klage ist Prozessvoraussetzung für die gerichtliche Untersuchung (§ 151; → Einl. Rn. 146). Mit ihr wird das Gericht mit der Sache befasst, auch wenn es nicht zuständig ist (OLG Düsseldorf MDR 1981, 691). Die StA muss die Anklage zwar zum zuständigen Gericht erheben; aber das Gericht kann die Zuständigkeit anders beurteilen u. die Sache an das nach seiner Auff. sachlich zuständige Gericht bringen (§§ 209, 209a). Die Rechtshängigkeit tritt aber erst mit der Eröffnung der gerichtlichen Untersuchung ein (→ § 156 Rn. 1).

5 **C. Einstellung des Verfahrens (Abs. 2 S. 1). I. Einstellungsgründe.** Das Fehlen eines genügenden Anlasses zur Erhebung der öffentl. Klage (→ Rn. 1) kann

sachliche o. rechtliche Gründe haben. Die Einstellung kann zB beruhen auf dem Fehlen hinreichenden Tatverdachts o. auf einem Verfahrenshindernis (→ Rn. 1). Weitere Einstellungsmöglichkeiten bestehen nach §§ 153 ff. Der Einstellung nach Abs. 2 S. 1 steht nicht entgegen, dass der Beschuldigte der Einstellung nach § 153a nicht zugestimmt hat (LG München I AnwBl 1982, 36). Die Einstellung ist ohne Verzögerung zu verfügen; sie darf nicht in der Schwebe gehalten werden (Hilger JR 1985, 93). Eine ausnahmsweise Einstellung wegen unangemessener Verfahrensverzögerungen erwägt Mansdörfer GA 2010, 153 (165).

II. Verweisung auf den Privatklageweg (Nr. 87, 89 Abs. 2 RiStBV). Bei Einstellung des Verfahrens wegen Verneinung des öffentl. Interesses bei Privatklagedelikten (§ 376) wird ein Verfahrenshindernis für das Offizialverfahren (Miehe FS Grünwald, 1999, 383) festgestellt (Einstellungsverfügung mit der Begründung, dass kein öffentl. Interesse an der Strafverfolgung bestehe – Nr. 89 Abs. 2 RiStBV –, im Bescheid iVm der sog. Verweisung auf den Privatklageweg). Das Klageerzwingungsverfahren ist hier ebenso wenig zulässig wie bei Verneinung des hinreichenden Tatverdachts wegen des Privatklagedelikts (§ 172 Abs. 2 S. 3). Die Einstellung mit Verweisung auf den Privatklageweg kann mit der Abgabe an die VerwB nach § 43 OWiG verbunden werden. 6

III. Teileinstellung. Teileinstellung bei verbundenen Strafsachen ist zulässig. Dabei handelt es sich um eine Trennung der mehreren Strafsachen, die vorher verbunden worden waren. Durch die Teileinstellung kann eine Tat (§ 264) o. ein Beschuldigter schon im Ermittlungsstadium aus dem Verf. ausgeschieden werden (vgl. v. Heintschel-Heinegg JA 1990, 111 ff.). Dadurch kann der bisherige Beschuldigte Zeuge werden u. zu frühzeitiger Rehabilitation o. ggf. zu frühzeitiger Entschädigung (§ 9 **StrEG**) kommen. 7

IV. Strafklageverbrauch. Strafklageverbrauch tritt durch die Einstellung nach Abs. 2 S. 1 **nicht ein** (→ Einl. Rn. 168 ff.). Das Ermittlungsverfahren kann vielmehr jederzeit wiederaufgenommen werden, wenn Anlass dazu besteht (BGH NJW 2011, 2310; OLG Hamm VRS 58, 33; LG Nürnberg-Fürth NStZ 2023, 255). Ein Vertrauensschutz auf den Bestand der Einstellungsverfügung besteht nicht (Loos JZ 1978, 594). 8

Das **europarechtliche Doppelbestrafungsverbot** des Art. 54 SDÜ hindert hier die Verfolgung in einem anderen Staat der EU grds. nicht, da eine „rechtskräftige Aburteilung" nicht vorlegt, wenn das Verf. gegen den Beschuldigten – wie im Falle des Abs. 2 S. 1 (soeben → Rn. 9) – jederzeit ohne Vorlage v. nova weitergeführt werden kann (vgl. EuGH (Große Kammer) NJW 2016, 2939; BGH NStZ 2017, 174; eing. zur Rspr. des EuGH Wegner HRRS 2016, 396 ff.; erg. → Einl. Rn. 177a–c); dies gilt auch, wenn eine erste Entsch. aus formalen Gründen ohne materielle Beurteilung des zur Last gelegten Sachverhalts für nichtig erklärt wurde (BGH NJW 2016, 3044: ohne Sachprüfung erfolgte Verfahrenseinstellung wegen überlanger Dauer eines Ermittlungsverfahrens). Anders kann es sich verhalten, wenn nach den Umständen davon auszugehen ist, dass die staatsanwaltliche Einstellungsentscheidung nach eingehenden Ermittlungen auf der Basis eines ausreichend ermittelten Sachverhaltes erfolgte und ein Grund für die Wiederaufnahme nicht gegeben ist (vgl. EGMR NJW 2024, 893; BVerfG StraFo 2022, 423; Mayr StraFo 2022, 418 (423); → Einl. 177c). 9

V. Von der EUStA geführte Verfahren. In Verfahren, die von der EUStA im Anwendungsbereich der EUStA-VO geführt werden, ist Abs. 2 S. 1 nicht anzuwenden (§ 3 Abs. 1 EUStAG); Einstellungen erfolgen insoweit durch die zuständige Ständige Kammer (Art. 10 EUStA-VO) aus den in Art. 39 Abs. 1 EUStA-VO aufgeführten Gründen; über diese hinaus können aber auch sich aus nationalem Recht ergebende Prozesshindernisse berücksichtigt werden (BT-Drs. 19/17963, 34 unter Hinweis auf Erwgr. Nr. 81 S. 1). Abs. 2 S. 2 ist dagegen anwendbar; die Mitteilung erfolgt durch die EUStA (s. Art. 39 Abs. 4 EUStA-VO; erg. → Rn. 10 ff.). 9a

10 **D. Mitteilung an den Beschuldigten (Abs. 2 S. 2).** Die Mitteilung an den Beschuldigten (Abs. 2 S. 2) ist vorgeschrieben, wenn er in der bezeichneten Weise in das Verf. verstrickt war. Sie kann auch in anderen Fällen zweckmäßig sein (vgl. dazu SK-StPO/Wohlers/Albrecht Rn. 53; **aM** Gillmeister StraFo 1996, 115: wegen der „Subjektstellung des Beschuldigten" stets erforderlich). Jede Vernehmung als Beschuldigter – gleichgültig, ob durch Gericht, StA o. Polizei, auch ohne Aufnahme eines Prot. – löst die Belehrungspflicht aus; hat der Beschuldigte aber auf eine Vorladung o. ein behördliches Anschreiben gar nicht reagiert, wird idR eine Benachrichtigung v. der Verfahrenseinstellung entbehrlich sein (von der Heide NStZ 2008, 677). Wenn sich die Unschuld des Beschuldigten ergeben hat o. jeglicher begründeter Verdacht entfallen ist, wird ihm dies in der Einstellungsverfügung bescheinigt (Nr. 88 S. 2 RiStBV). Sonst braucht der Bescheid im Allgemeinen nicht mit Gründen versehen zu werden (Nr. 88 S. 1 RiStBV). Die StA ist zur Offenlegung ihrer Entscheidungsvorgänge bei der Abschlussverfügung nicht verpflichtet (Schroers FS Wolff, 1998, 478). Zur Belehrung über den Entschädigungsanspruch vgl. § 9 Abs. 1 S. 4 **StrEG.**

11 **E. Anhörung von Behörden.** Eine Behörde o. KöR, die Strafanzeige erstattet hat o. die sonst am Ausgang des Verfahrens interessiert ist, soll der StA vor der Einstellung des Verfahrens anhören (Nr. 90 RiStBV). Über die Anhörung oberster Staatsorgane des Bundes u. der Länder in Staatsschutzsachen vgl. Nr. 211 Abs. 1, Abs. 3 Buchst. a RiStBV; über die Anhörung der FBeh, falls die StA das Ermittlungsverfahren in Steuerstrafsachen selbst durchführt, vgl. § 403 Abs. 4 **AO.** Im Übrigen können vAw zu beachtende Mitteilungspflichten bestehen, zB nach der MiStra 15 Abs. 3, 19 Abs. 3, 32 Nr. 7, 36 Abs. 2 Nr. 4, 36a Abs. 1c, 37 Abs. 2 Nr. 3, 42 Abs. 1 S. 1 Nr. 2, 43 Nr. 3, 44 Nr. 3; vgl. aber § 14 Abs. 2 S. 1, 4 **EGGVG.**

12 **F. Steuerstrafsachen.** In Steuerstrafsachen stellt die FBeh das Verf. ein (→ Rn. 5 ff.), wenn sie das Ermittlungsverfahren anstelle der StA geführt hat (§§ 386, 399 **AO**). Hält sie die öffentl. Klage für gerechtfertigt u. stellt sie keinen Antrag auf Erlass eines Strafbefehls (§ 400 **AO**), so gibt sie die Sache an die StA ab, in umfangreichen Sachen möglichst mit einem Vermerk über das Ermittlungsergebnis.

13 **G. Anfechtung.** Die Einstellung ist unter den Voraussetzungen des § 172 anfechtbar, sonst nicht, insbes. nicht nach § 23 EGGVG (→ EGGVG § 23 Rn. 9). Ein Anspruch auf Ersatz v. Verteidigerkosten besteht grds. nicht (→ § 467a Rn. 1). Eine „verspätete" Einstellung kann aber einen Amtshaftungsausspruch auslösen (v. Galen FS 25 Jahre AG StrafR DAV, 2009, 491, die auch erwägt (v. Galen FS 25 Jahre AG StrafR DAV, 2009, 501), ggf. einen Entschädigungsanspruch aufgrund Sonderopfer zu bejahen). Vernichtung der in Papierform geführten Akten u. zur Löschung bei der StA gespeicherter personenbezogener Daten des Betroffenen vgl. KG StraFo 2009, 337; erg. → Einl. Rn. 64, → § 489 Rn. 9.

14 **H. Verständigung zwischen StA und Angeklagtem (Verteidiger).** Eine Verständigung zwischen StA u. dem Angeklagten bzw. für diesen mit dem Verteidiger **ist nicht ausgeschlossen u. uU sogar anzustreben.** Die Probleme, die sich für die Gerichte iRe Verständigung nach § 257c ergeben können (dazu die Erläuterungen dort) bestehen hier nicht, weil die StA iRd §§ 153 ff. bei der Entsch. über Anklage o. Einstellung des Verfahrens einen weiten Ermessensspielraum besitzt. Vgl. hierzu § 160b, → § 160b Rn. 1 ff. Hier wird es va um Beschränkungen des Anklagevorwurfs bei zugesagtem Geständnis durch Einstellungen nach § 154 Abs. 1 gehen (vgl. Dahs Strafverteidiger-HdB Rn. 176 ff.). An die dabei gemachten Zusagen ist die StA gebunden (Scheffler wistra 1990, 320; Schöch NJW 2004, 3464; **aM** Weigend JR 1991, 259; eing. zur Problematik der Absprachen im Ermittlungsverfahren Landau DRiZ 1995, 132; zu den hierbei bestehenden Gefahren Backes FS Hassemer, 2010, 985), ebenso an die Zusage, eine bestimmte Tat bei Rechtsmittelrücknahme in einem anderen Verf. nicht zu verfolgen (BGHSt 37,

10). Eine verbindliche Festlegung der Strafe durch eine *vor* der HV getroffene Vereinbarung ist selbstverständlich unzulässig (BGH NStZ 1997, 501). Ebenso ist es ausgeschlossen, die Nichtverfolgung selbständiger prozessualer Taten zuzusichern, die noch gar nicht bekannt, deshalb nicht bestimmbar sind u. auch in ihrem Gewicht u. Schuldgehalt nicht beurteilt werden können (BGH NStZ 2000, 495).

Einstellungsbescheid **Nr. 89, 91 RiStBV**

171 [1]**Gibt die Staatsanwaltschaft einem Antrag auf Erhebung der öffentlichen Klage keine Folge oder verfügt sie nach dem Abschluß der Ermittlungen die Einstellung des Verfahrens, so hat sie den Antragsteller unter Angabe der Gründe zu bescheiden.** [2]**In dem Bescheid ist der Antragsteller, der zugleich der Verletzte ist, über die Möglichkeit der Anfechtung und die dafür vorgesehene Frist (§ 172 Abs. 1) zu belehren.** [3]**§ 187 Absatz 1 Satz 1 und Absatz 2 des Gerichtsverfassungsgesetzes gilt entsprechend für Verletzte, die nach § 395 der Strafprozessordnung berechtigt wären, sich der öffentlichen Klage mit der Nebenklage anzuschließen, soweit sie einen Antrag auf Übersetzung stellen.**

A. Antrag auf Erhebung der öffentlichen Klage. Der Antrag auf Erhebung 1 der öffentlichen Klage ist eine Strafanzeige nach § 158 Abs. 1 mit dem erkennbaren Willen, die Strafverfolgung zu veranlassen (OLG Celle NStZ-RR 2011, 280 Ls.). Er kann in einem Strafantrag, in einer Ermächtigung zur Strafverfolgung o. im Strafverlangen (§§ 77, 77e StGB) enthalten sein. Der Bescheid ist dem Antragsteller ohne Rücksicht darauf zu erteilen, ob er gleichzeitig Verletzter (S. 2) u. prozessfähig ist (vgl. aber → § 172 Rn. 7, 9). Er muss nur handlungsfähig sein (→ § 158 Rn. 12). Keinen Bescheid erhalten aber idR uneinsichtige Querulanten (Kockel/Vossen-Kempkens NStZ 2001, 180). Erhebt die StA nur wegen eines Teils der Tat (§ 264) Anklage, so wird die Tat damit im Ganzen Gegenstand des gerichtlichen Verfahrens (vgl. aber § 154a). Hinsichtlich des in der Anklage nicht enthaltenen Teils bedarf es daher keiner Einstellungsverfügung. Ergeht sie dennoch, so handelt es sich nicht um einen Fall der §§ 171, 172 (OLG Karlsruhe NJW 1977, 62; SK-StPO/Wohlers/Albrecht Rn. 5; erg. → § 172 Rn. 1, 37). Hat das Ermittlungsverfahren mehrere Taten iSd § 264 zum Gegenstand u. wird das Verf. wegen einer v. ihnen eingestellt, so wird dem Antragsteller hierüber Bescheid gegeben.

B. Bescheid. Der Bescheid ist obligatorisch (Solbach NStZ 1987, 352), es sei 2 denn, dass der Anzeigende bloß eine Anregung geben wollte u. erkennbar auf Nachricht verzichtet hat o. ein Fall hartnäckiger u. uneinsichtiger Querulanz vorliegt (SK-StPO/Wohlers/Albrecht Rn. 8; Fahl Rechtsmißbrauch S. 176). Auch bei sog. „Kettenanzeigen" (der abl. beschiedene Anzeigeerstatter erstattet Anzeige gegen den Sachbearbeiter wegen Rechtsbeugung usw) kann v. weiteren Bescheiden wegen Rechtsmissbrauchs abgesehen werden (Fahl Rechtsmißbrauch S. 179).

I. Inhalt. Inhaltlich ist er verschieden, je nachdem, ob Ermittlungen durch- 3 geführt worden sind o. nicht. Im 1. Fall (vgl. § 170 Abs. 1, Abs. 2) teilt die StA mit, dass sie das Verf. eingestellt hat. Hat der Antrag v. vornherein keinen konkreten Verdacht begründet (§ 160 Abs. 1) u. daher nicht zu Ermittlungen geführt, so erteilt die StA den Bescheid, dass sie dem Antrag auf Durchführung eines Verfahrens keine Folge gebe o. es ablehne, Ermittlungen durchzuführen (o. in Ermittlungen einzutreten). Die Begründung muss in einer dem Antragsteller verständlichen Weise die tatsächlichen u. rechtlichen Gründe angeben, auf denen der Bescheid beruht (vgl. dazu Hellebrand Staatsanwaltschaft Rn. 296 ff.). Dabei ist eine in sich schlüssige u. nachvollziehbare Zusammenfassung des für die Einstellung relevanten wesentlichen Erg. der Ermittlungen sowie eine entspr. Auseinandersetzung mit dem Vorbringen des Antragstellers erforderlich (OLG Bremen StV 2018, 268 mAnm Zöller). Der Geschädigte muss auch erfahren, ob es sich um eine

Teileinstellung o. um eine Einstellung in vollem Umf. handelt (BVerfG NStZ 2002, 370 (371)). Ergänzend → Rn. 11.

4 **II. Privatklagevergehen.** Wenn ein Privatklagevergehen angezeigt ist u. die StA das öffentl. Interesse an der Strafverfolgung (nach o. ohne Ermittlungen) verneint, so verbindet sie mit ihrer Einstellungsverfügung die Verweisung des Antragstellers, falls dieser zur Erhebung der Privatklage befugt ist, auf den Privatklageweg (→ § 170 Rn. 7). Stellt die StA ihr Ermittlungsverfahren aus anderen Gründen ein, so unterlässt sie die Verweisung auf den Privatklageweg, obwohl dieser durch die Einstellung rechtlich nicht abgeschnitten wird (Solbach DRiZ 1977, 182).

5 **C. Förmliche Mitteilung an den Antragsteller (S. 1).** Über die Mitteilung an den Beschuldigten vgl. § 170 Abs. 2. Der Antragsteller (→ Rn. 1) erhält die Einstellungsverfügung formlos, wenn er nicht Verletzter ist (→ § 172 Rn. 9 ff.), weil dann nur die nicht an bestimmte Fristen gebundenen Rechtsbehelfe der Gegenvorstellungen u. Dienstaufsichtsbeschwerde zulässig sind (→ Vor § 296 Rn. 22 ff.). Ist er aber Verletzter (→ § 373b Rn. 2 ff., Rn. 7 ff.), so wird er über sein Recht zur förmlichen Einstellungsbeschwerde (S. 2) belehrt. In diesem Fall ist die Einhaltung der Beschwerdefrist eine Zulässigkeitsvoraussetzung für einen etwaigen späteren Antrag zum OLG (→ § 172 Rn. 34). Da es aber in verhältnismäßig wenigen Fällen später zu einem solchen Antrag durch den Verletzten kommt, enthält Nr. 91 Abs. 2 RiStBV eine flexible Regelung über die Form der Mitteilung. Die förmliche Zustellung der Einstellungsverfügung an den Verletzten ist ges. nicht vorgeschrieben (OLG Schleswig OLGSt StPO § 172 Nr. 11; AK-StPO/Moschüring Rn. 5; **aM** OLG Celle NStZ 1990, 505 mablAnm Nöldeke NStZ 1991, 52), empfiehlt sich aber, wenn mit einem späteren Antrag zum OLG zu rechnen ist. Mit der Wahl der ebenfalls zulässigen brieflichen Mitteilung (iVm einem vorbereiteten Empfangsbekenntnis u. der Bitte um Ausfüllung u. Rücksendung) ist das Risiko verbunden, dass bei einem Antrag an das OLG eine Sachentscheidung deshalb getroffen werden muss, weil die Verspätung der förmlichen Einstellungsbeschwerde nicht nachgewiesen werden kann.

5a **D. Anwendbarkeit in Verfahren der EUStA.** Abs. 1 S. 1 ist anwendbar (Art. 39 Abs. 4 EUStA-VO; BT-Drs. 19/17963). Abs. 1 S. 2 ist mit der Maßgabe anzuwenden, dass der Ast, der zugleich Verletzter ist, zusätzlich zu der Möglichkeit der Anfechtung gem. § 172 Abs. 2 gem. Art. 42 Abs. 3 EUStA-VO vor dem EuGH sowie über die dafür jew. vorgesehenen Fristen zu belehren ist (§ 3 Abs. 4 EUStAG). Die Kontrolle durch den EuGH kommt in Betracht, sofern die Einstellung unmittelbar auf der Grdl. des Unionrechts angefochten wird (erg. → § 172 Rn. 4a; → **GVG** Vor § 141 Rn. 12 ff.).

6 **E. Einstellungsbeschwerde (§ 172 Abs. 1 S. 1).** Die Beschwerde ist nicht nur ein Rechtsbehelf zur Erlangung einer Entsch. des GStA, sondern Vorschaltbeschwerde im Klageerzwingungsverfahren (→ § 172 Rn. 6).

7 **F. Beschwerdebelehrung (S. 2).** Sie ist auch dann notwendig, wenn mit einem späteren Antrag an das OLG nicht zu rechnen ist. Sie wird aber nur gegeben, wenn das Klageerzwingungsverfahren zulässig ist (→ § 172 Rn. 6, 8), also nicht in den Fällen des § 172 Abs. 2 S. 3 (vgl. OLG Nürnberg MDR 1959, 1030). Sie wird in konkreter Form erteilt u. muss eindeutig sein. Über das Recht zur Erhebung der Dienstaufsichtsbeschwerde wird der Antragsteller nicht belehrt (KK-StPO/Moldenhauer Rn. 12), auch nicht darüber, dass er uU Privatklage erheben kann (Solbach DRiZ 1984, 476).

8 **I. Gegenstand.** Ihr Gegenstand ist nur die Vorschaltbeschwerde, nicht der Antrag an das Gericht nach § 172 Abs. 2, über den erst mit dem Beschwerdebescheid belehrt wird. Zur Belehrung nach S. 2 gehört auch der Hinweis, dass die Beschwerde an den GStA bei dem OLG zu richten ist u. innerhalb der Frist bei der StA o. dem GStA eingelegt sein muss. Unterbleibt die Belehrung zu Unrecht o. ist sie in einem wesentlichen Punkt mangelhaft (→ § 35a Rn. 14), so läuft die Beschwerdefrist nicht (§ 172 Abs. 1 S. 2).

II. Unterbleiben der Belehrung. Die Belehrung unterbleibt, wenn die StA das Verf. eingestellt hat, weil sie keinen in Betracht kommenden Täter ermitteln konnte (**aM** SK-StPO/Wohlers/Albrecht Rn. 15); denn in diesem Fall wäre das Klageerzwingungsverfahren (→ § 172 Rn. 8) auf einen unmöglichen Erfolg gerichtet u. daher unzulässig (→ § 172 Rn. 34, 35). 9

G. Übersetzung. Nach dem durch das 3. Opferrechtsreformgesetz (BGBl. I 2525) neu angefügten S. 3 können zur Nebenklage berechtigte (§ 395) Verletzte den Antrag stellen, dass ihnen der Einstellungsbescheid sowie die Möglichkeit der Anfechtung u. die dafür vorgesehene Frist übersetzt werden. Diesem Antrag wird regelmäßig stattzugeben sein, da die Übersetzung bei nicht sprachkundigen Antragstellern notwendig sein wird, um das strafprozessuale Recht der Beschwerde aus § 172 Abs. 1 ausüben zu können (s. die Formulierung des in S. 3 in Bezug genommenen § 187 Abs. 1 S. 1 GVG). 10

H. Begründungsmängeln. Bei Begründungsmängeln des Einstellungsbescheides ist idR eine **Neubescheidung** erforderlich; nur in Ausnahmefällen kann das OLG in der Sache ohne vorherige Neubescheidung entscheiden (OLG Bremen StV 2018, 268 mAnm Zöller). 11

Beschwerde des Verletzten; Klageerzwingungsverfahren **Nr. 105 RiStBV**

172

(1) [1]**Ist der Antragsteller zugleich der Verletzte, so steht ihm gegen den Bescheid nach § 171 binnen zwei Wochen nach der Bekanntmachung die Beschwerde an den vorgesetzten Beamten der Staatsanwaltschaft zu.** [2]**Durch die Einlegung der Beschwerde bei der Staatsanwaltschaft wird die Frist gewahrt.** [3]**Sie läuft nicht, wenn die Belehrung nach § 171 Satz 2 unterblieben ist.**

(2) [1]**Gegen den ablehnenden Bescheid des vorgesetzten Beamten der Staatsanwaltschaft kann der Antragsteller binnen einem Monat nach der Bekanntmachung gerichtliche Entscheidung beantragen.** [2]**Hierüber und über die dafür vorgesehene Form ist er zu belehren; die Frist läuft nicht, wenn die Belehrung unterblieben ist.** [3]**Der Antrag ist nicht zulässig, wenn das Verfahren ausschließlich eine Straftat zum Gegenstand hat, die vom Verletzten im Wege der Privatklage verfolgt werden kann, oder wenn die Staatsanwaltschaft nach § 153 Abs. 1, § 153a Abs. 1 Satz 1, 7 oder § 153b Abs. 1 von der Verfolgung der Tat abgesehen hat; dasselbe gilt in den Fällen der §§ 153c bis 154 Abs. 1 sowie der §§ 154b und 154c.**

(3) [1]**Der Antrag auf gerichtliche Entscheidung muß die Tatsachen, welche die Erhebung der öffentlichen Klage begründen sollen, und die Beweismittel angeben.** [2]**Er muß von einem Rechtsanwalt unterzeichnet sein; für die Prozeßkostenhilfe gelten dieselben Vorschriften wie in bürgerlichen Rechtsstreitigkeiten.** [3]**Der Antrag ist bei dem für die Entscheidung zuständigen Gericht einzureichen.**

(4) [1]**Zur Entscheidung über den Antrag ist das Oberlandesgericht zuständig.** [2]**Die §§ 120 und 120b des Gerichtsverfassungsgesetzes sind sinngemäß anzuwenden.**

Übersicht

1 **A. Klageerzwingungsverfahren.** Das **Klageerzwingungsverfahren** sichert das Legalitätsprinzip auf Initiative des Verletzten, der die Strafverfolgung des Beschuldigten wünscht, aber wegen des Anklagemonopols der StA (→ Einl. Rn. 37) selbst kein gerichtliches Strafverfahren gegen den Rechtsbrecher in Gang setzen darf. Das Anklagemonopol der StA wird dadurch nicht durchbrochen; der Antragsteller kann nur erreichen, dass die StA zur Anklage gezwungen wird (§ 175). Das Klageerzwingungsverfahren ist grds. nur bei einer Einstellung nach § 170 Abs. 2 zulässig (erg. → Rn. 3). Nicht zulässig ist es, um trotz ablehnender Haltung der StA ein Sicherungsverfahren zu erzwingen, da dieses gerade nicht dem Legalitätsprinzip unterliegt (→ § 413 Rn. 10; vgl. auch OLG Hamm 20.6.2024 – BeckRS 2024, 19335)

1a Über § 172 hinaus gibt es **grds. keinen verfassungsrechtlich verbürgten Anspruch auf Strafverfolgung** eines anderen (BVerfG NStZ 2002, 606; NStZ-RR 2020, 51). Nach neuerer Rspr. des BVerfG besteht allerdings in bestimmten Fallkonstellationen ein subjektives öffentl. Recht, dh ein verfassungsrechtlicher Rechtsanspruch des Verletzten, auf wirksame Strafverfolgung gegen Dritte. Dies wurde angenommen bei erheblichen (s. BVerfG BeckRS 2021, 1319 mwN) Straftaten gegen das Leben, die körperliche Unversehrtheit, die sexuelle Selbstbestimmung u. die Freiheit der Person (BVerfG becklink 1035676) und bei spezifischen Fürsorge- u. Obhutspflichten des Staates ggü. Personen, die ihm anvertraut sind (BVerfG NJW 2015, 3500). Ebenso besteht der verfassungsrechtliche Rechtsanspruch bei Vorwürfen, ein Amtsträger habe bei Wahrnehmung öffentl. Aufgaben Straftaten begangen (BVerfG NJW 2015, 3500; NStZ-RR 2020, 51; 2015, 347 (348); erg. → § 152 Rn. 2); das gilt auch für Straftatbestände, die die Rechtspflege schützen sollen (z. B. §§ 258a, 339 StGB). Dies bedeutet nicht, dass in diesen Konstellationen dem Recht auf effektive Verfolgung Dritter nur durch Anklageerhebung genügt werden kann; erforderlich ist aber eine detaillierte u. vollständige Dokumentation des Ermittlungsverlaufs sowie eine nachvollziehbare Begründung v. Einstellungsentscheidungen, die v. OLG zu kontrollieren sind (BVerfG NJW 2020, 675 mwN). Die StA – u. nach ihrer Weisung die Polizei – müssen in den betr. Fällen die ihnen zur Vfg. stehenden personellen u. sächlichen Ressourcen auch tatsächlich nutzen (vgl. BVerfG BeckRS 2021, 1319).

Ausnahmsweise kommt im Verf. nach §§ 172 ff. auch die **Anweisung an die StA** in Betracht, **Ermittlungen** überhaupt erst **aufzunehmen** und durchzuführen, wenn die StA den Anfangsverdacht rechtsfehlerhaft aus rechtlichen Gründen verneint u. deshalb den Sachverhalt nur unzureichend o. gar nicht aufgeklärt hat o. wenn die StA fehlerhaft unter Verneinung des Anfangsverdachts aus tatsächlichen Gründen nach § 152 Abs. 2 keinerlei Ermittlungen durchgeführt hat (OLG Zweibrücken NStZ-RR 2021, 80 (81); KG NStZ-RR 2014, 14; OLG München NJW 2007, 3734; OLG Köln NStZ 2003, 682; OLG Hamm StV 2002, 128; OLG Frankfurt a. M. 16.10.2025 – BeckRS 2025, 33573; vgl. auch BVerfG NStZ-RR 2021, 146, 147) oder uU auch, wenn die StA im Kernbereich der zu untersuchenden Tat eklatant unzureichend ermittelt hat (vgl. OLG Oldenburg StraFo 2022, 204, 206 mwN). Ein solcher **Ermittlungserzwingungsantrag** unterliegt den rechtlichen Maßstäben der §§ 172 ff. (vgl. BVerfG NStZ-RR 2021, 146 (147)). 1b

I. Privatklagevergehen. Der Ausschluss des Klageerzwingungsverfahrens gilt stets, wenn es sich um eine Straftat v. der Art handelt, derentwegen die StPO das Privatklageverfahren prinzipiell zulässt (§ 374). Unter dieser Voraussetzung ist das Klageerzwingungsverfahren auch dann unzulässig, wenn der Antragsteller die Verneinung des öffentl. Interesses an der Strafverfolgung (§ 376) für rechtlich unzutr. hält (KK-StPO/Moldenhauer Rn. 39). Zulässig ist es hingegen, wenn die StA das Verf. gegen einen Jugendlichen nach § 170 Abs. 2 eingestellt hat, nicht aber bei Einstellung nur wegen Fehlens der Verfolgungsgründe des § 80 Abs. 1 S. 2 **JGG** (OLG Stuttgart NStZ 1989, 136 mwN zum Streitstand u. abl. Anm. Brunner). Betrifft die angezeigte Tat iS § 264 auch ein Offizialdelikt, so ist das Klageerzwingungsverfahren für beide Delikte zulässig, wenn der Antragsteller auch durch das Offizialdelikt verletzt ist (OLG Frankfurt a. M. NStZ-RR 2006, 47; OLG Koblenz VRS 63, 359 (360)); besteht aber hins. des Offizialdelikts kein hinreichender Tatverdacht, wird das Klageerzwingungsverfahren unzulässig (OLG Stuttgart OLGSt StPO § 172 Nr. 29). 2

II. Unzulässigkeit bei Geltung des Opportunitätsgrundsatzes. In den Fällen, in denen die StA nach einer der in Abs. 2 S. 3 genannten Bestimmungen v. der Verfolgung der Tat absieht (OLG Düsseldorf wistra 1993, 200) o. die Anklage beschränkt, ist das Klageerzwingungsverfahren auch dann unzulässig, wenn sie ihre Entsch. ohne gerichtliche Mitwirkung trifft. Dies ist der Fall bei der Anwendung der §§ 153 Abs. 1 S. 2, 153a Abs. 1 S. 7, 153c Abs. 1–5, 153f Abs. 1–3, 154b Abs. 1–3, 154c. Das gilt im Grundsatz auch bei der Anwendung des § 45 **JGG;** denn das Klageerzwingungsverfahren gilt nur, wenn es sich um die Sicherung des Legalitätsprinzips handelt (OLG Nürnberg MDR 1965, 845; → Rn. 1). Der Ausschluss des Klageerzwingungsverfahrens nach Abs. 2 S. 3 gilt nicht, wenn die StA in Überschreitung ihrer Befugnis das Verf. trotz Verbrechensverdachts eingestellt hat (OLG Hamm MDR 1993, 460; SK-StPO/Wohlers Rn. 38) o. wenn sonst der Anwendungsbereich der angewandten Einstellungsnorm überhaupt nicht gegeben ist (Löwe/Rosenberg/Graalmann-Scheerer Rn. 22; vgl. auch BVerfG NJW 2020, 675; erg. → § 153 Rn. 34). Im Fall des § 153a Abs. 1 ist – verfassungsrechtlich unbedenklich (BVerfG NJW 2002, 815) – das Klageerzwingungsverfahren bereits während des vorl. Absehens v. der Erhebung der Klage nach Abs. 1 S. 1, 7 ausgeschlossen; später besteht das Verfahrenshindernis des § 153a Abs. 1 S. 5 (erg. → § 153a Rn. 52). Zu § 154d, → § 154d Rn. 4. 3

Zusammentreffen von Verbrechens- und Vergehensverdacht: Hat die StA den hinreichenden Tatverdacht unter dem Gesichtspunkt eines Verbrechens verneint u. das Ermittlungsverfahren wegen des Vergehens nach dem Opportunitätsprinzip eingestellt, so gilt zur Erzwingung der Anklage unter dem Gesichtspunkt des Verbrechens § 172 (OLG Hamm MDR 1997, 285; zu der erforderlichen Antragsbegründung OLG Bamberg NStZ 2011, 534); anders aber, wenn die StA gar keine konkreten Anhaltspunkte für ein Verbrechen hatte u. das Ermittlungsverfahren deshalb legitim nicht auf diesen rechtlichen Gesichtspunkt erstreckt hat. In diesem Fall müsste ggf. erst ein Ermittlungsverfahren wegen des Verbrechens- 4 verdachts durchgeführt werden. Wird nach Beendigung des gerichtlichen Verfahrens nach einer Opportunitätsbestimmung neue Strafverfolgung gegen denselben Beschuldigten wegen derselben Tat zulässig, weil neue Tatsachen o. Beweismittel dem Einstellungsbeschluss die Grdl. entzogen haben, so gelten wiederum § 152 Abs. 2 (→ § 152 Rn. 11) u. § 172 (OLG Zweibrücken MDR 1991, 79).

4a **III. Anwendbarkeit der §§ 172–177 in Verfahren der EUStA.** Die §§ 172–177 sind nicht anzuwenden, soweit dem Verletzten gem. Art. 42 Abs. 3 EUStA-VO der Rechtsweg zum EuGH eröffnet ist (Art. 3 Abs. 5 S. 1 EUStAG). Dies ist der Fall, wenn die Einstellung unmittelbar auf der Grdl. des Unionsrechts angefochten wird. Beruft sich der Ast auf einen Verstoß gegen nationales Recht ist das KEV dagegen grds. eröffnet. Allerdings ist in diesem Fall § 172 Abs. 1 nicht anzuwenden (§ 3 Abs. 5 S. 2 EUStAG), da § 39 EUStA-VO eine Überprüfung des Beschl. der Ständigen Kammer durch eine vorgesetzte Stelle nicht vorsieht (s. BT-Drs. 19/17963, 52 f.); § 172 Abs. 2 S. 2 gilt mit der Maßgabe, dass der Ast binnen eines Monats nach Bekanntgabe des Bescheids nach § 171 die gerichtliche Entsch. gegen den Einstellungsbescheid der EUStA beantragen kann (§ 3 Abs. 5 S. 3 EUStAG; erg. → § 171 Rn. 5a).

5 **B. Dreistufigkeit. I. Antrag (→ § 171 Rn. 1). Nur der Antragsteller** ist legitimiert, das Klageerzwingungsverfahren zu betreiben, u. zwar nur, wenn er zugleich Verletzter ist (vgl. → Rn. 9 ff.). Antragsteller ist derjenige, der sich schon direkt bei der StA – ggf. auch über eine andere Stelle, etwa die Polizei – mit dem Antrag nach § 171 eingeschaltet hat (OLG Koblenz NStZ-RR 2012, 317; OLG Hamm JZ 1962, 171; OLG Karlsruhe Justiz 1992, 187; OLG Oldenburg MDR 1987, 431); dabei muss es sich bei Antragsdelikten um einen förmlichen Strafantrag (§ 158) gehandelt haben, so dass ein erst mit der Beschwerde nach Abs. 1 (OLG Oldenburg MDR 1987, 431) o. dem Antrag nach Abs. 2 (OLG Düsseldorf NStE StPO § 172 Nr. 32) gestellter Strafantrag nicht genügt. Ebenso wenig reicht aus, dass der Ast lediglich eine disziplinarrechtliche Reaktion hervorrufen wollte (OLG Koblenz NStZ-RR 2012, 317). Das Antragsrecht ist ein persönliches Recht; es geht nicht auf die Angehörigen o. Erben des Verletzten über (OLG Celle NStZ 1988, 568; OLG Düsseldorf NJW 1992, 2370; **aM** Weber GS Kaufmann, 1989, 781).

6 **II. Einstellungsbeschwerde (Abs. 1).** Einstellungsbeschwerde (Abs. 1) ist eine **notwendige Vorschaltbeschwerde** auf dem Weg zum OLG (Kleinknecht JZ 1952, 488 (490); Solbach DRiZ 1977, 181). Sie entfällt in Staatsschutzverfahren, in denen der GBA o. GStA zuständige StA ist (§§ 120 Abs. 1, Abs. 2, 142a Abs. 1, Abs. 2 GVG). Diese Beschwerde ist auch zulässig, wenn der Bescheid nach § 171 stillschweigend ergeht (→ Einl. Rn. 123), die StA also endg. untätig bleibt o. überhaupt die Einleitung eines Ermittlungsverfahrens ablehnt (BGH 21.1.2014 – 5 AR 29/13; OLG Karlsruhe Justiz 2005, 253; vgl. auch BVerfG NJW 2017, 3141).

7 **III. Antrag an OLG (Abs. 2).** Das Klageerzwingungsverfahren findet vor dem OLG statt. Es ist ein **prozessual selbstständiges Verf.** (BVerfGE 42, 172 (175) = NJW 1976, 1629). Der Antragsteller muss prozessfähig sein, weil der Antrag vermögensrechtliche Folgen haben kann (§§ 176, 177; OLG Düsseldorf MDR 1989, 377; OLG Stuttgart NJW 2009, 3524). Das ergibt sich auch daraus, dass der Antragsteller in dem OLG-Verf. in einer tragenden Prozessrolle ist, die mit der des Privatklägers im Privatklageverfahren verglichen werden kann (§ 374 Abs. 3). Ist der Antragsteller nicht prozessfähig, so muss für ihn der ges. Vertreter tätig werden.

8 **IV. Ziel der Beschwerde und des Antrags.** Das Ziel der Beschwerde und des Antrags ergibt sich aus Abs. 3 und aus den §§ 174, 175 (Erhebung der öffentl. Klage). Das gilt auch, wenn die StA nach Auff. des Antragstellers das Ermittlungsverfahren zu Unrecht wegen eines behebbaren Verfahrenshindernisses (→ § 152 Rn. 12) eingestellt hat. In einem solchen Fall kann es zu einer Teilanordnung des OLG kommen (OLG Karlsruhe MDR 1963, 523: Anweisung, die Aufhebung der Immunität zu betreiben). Nach Meinung v. OLG Bremen (OLGSt StPO § 175

Nr. 1) u. OLG Zweibrücken (GA 1981, 94) ist, wenn die Ermittlungen unzureichend sind o. wenn die StA die Einleitung eines Ermittlungsverfahrens v. vornherein abgelehnt hat, auch die Anweisung des OLG zulässig, die Ermittlungen aufzunehmen o. fortzusetzen (vgl. → § 175 Rn. 2).

C. Verletzter. Verletzter ist, wer durch die behauptete Tat – ihre tatsächliche Begehung unterstellt – **unmittelbar** in einem Rechtsgut verletzt ist (OLG Hamm NStZ 1986, 327; OLG Karlsruhe Justiz 1988, 400; OLG Koblenz NJW 1985, 1409; OLG Köln NJW 1972, 1338; OLG München NJW 1985, 2430; erg. → § 22 Rn. 6 ff.; zum Verletztenbegriff bei modernen Rechtsguts- u. Deliktsstrukturen Schall NStZ 2020, 569, der weitergehend als nach bisheriger Rspr. auf eine „spezifische Nähebeziehung" zwischen der behaupteten Tat u. dem Ast abstellen will; vgl. auch Frisch JZ 1974, 7, der auf das Genugtuungsinteresse abstellt, u. Haas GA 1988, 493, der bei Eigentums- u. Vermögensdelikten „zivilrechtliche Wertungen" berücksichtigen will). Dabei wird nur das v. der Strafrechtsordnung anerkannte Interesse berücksichtigt (OLG Celle Nds. Rpfl. 1962, 141). Erg. zum Verletztenbegriff → 373b Rn. 2 ff., Rn. 7 ff. 9

Der Begriff des Verletzten wird hier **weit ausgelegt,** weil der Schutz des Legalitätsprinzips innerhalb des ges. Rahmens des § 172 umfassend sein soll. Es reicht jedoch **nicht** aus, dass der Antragsteller durch die Tat lediglich wie jeder andere Staatsbürger betroffen ist, zB dadurch, dass der Beschuldigte pornographische Schriften verbreitet (OLG Hamburg NJW 1966, 1933; MDR 1972, 342 zu § 184 StGB aF) o. ein Staatsschutzdelikt begeht (OLG Düsseldorf JZ 1987, 836). Dies soll nach der obergerichtlichen Rspr. gleichermaßen der Fall sein, wenn der Antragsteller v. einem Umweltdelikt betroffen ist, u. zwar selbst dann, wenn der Geschädigte einen Vermögensschaden erlitten hat (OLG Karlsruhe NJW 2019, 2950 zu § 326 StGB; **aM** Schall FS Rengier, 2018, 447 (451)); dies überzeugt jedoch nicht, sofern der Einzelne auch in seinen individuellen Rechtsgütern – wie Gesundheit o. Vermögen – unmittelbar beeinträchtigt ist (s. Schall NStZ 2020, 569 (570)).Verletzt kann allerdings eine JP sein o. ein Personenverein (§ 374 Abs. 3) sein, ferner eine Behörde o. sonstige Stelle, die Aufgaben der öffentl. Verw. wahrnimmt (§ 194 Abs. 3 S. 2 StGB), auch eine Behörde einer Kirche ua Religionsgesellschaft (§ 194 Abs. 3 S. 3 StGB); ebenso eine Regierung (§§ 90b, 102 ff. StGB) o. ein Gesetzgebungsorgan (§§ 90b, 105 ff. StGB). 10

Beispiele: **Verletzt sind** die mittelbar durch eine Straftat nach § 130 Abs. 1, Abs. 2 StGB verletzten Mitglieder eines Bevölkerungsteils (KK-StPO/Moldenhauer Rn. 23; aber nicht die einer Religionsgemeinschaft: BVerfG BeckRS 2024, 36624; OLG Stuttgart NJW 2002, 2893), die Person, die durch einen falschen Eid o. eine falsche uneidliche Zeugenaussage betroffen ist, zB dadurch, dass ihre Stellung im Prozess erschwert worden ist (OLG Bremen NStZ 1988, 39; OLG Düsseldorf JZ 1989, 404; OLGSt StPO § 172 Nr. 6; OLG Koblenz VRS 79, 437; Döllel/Dreeßen SchlHA 2010, 230 – OLG Schleswig RsprÜ), o. dass bei abgeschlossenem Verf. sich die Aussage zu ihrem Nachteil ausgewirkt hat (OLG Düsseldorf StraFo 2001, 165), aber nicht schon ein anderer Zeuge (OLG Düsseldorf StraFo 2000, 21; OLG Stuttgart Justiz 1989, 68), ebenso bei falscher eidesstattlicher Vers. nach § 156 StGB (eing. dazu OLG Frankfurt a. M. NStZ-RR 2002, 174); ein Arrestbeklagter bei einer sein Vermögen gefährdenden falschen eidesstattlichen Vers. (OLG Bremen NJW 1950, 960); der Unterhaltsberechtigte u. der Träger der Sozialhilfe o. ein anderer öffentl. Versorgungsträger bei Verletzung der Unterhaltspflicht nach § 170 StGB (OLG Hamm NStZ-RR 2003, 116 Ls.); der durch den Betrug Getäuschte, aber nicht Geschädigte, sofern ihm wegen der schädigenden Vermögensdisposition eine Ersatzforderung droht (OLG Celle StraFo 2019, 113); im Hinblick auf einen Prozessbetrug o. wegen eines hierzu erstellten unrichtigen Gesundheitszeugnisses nach § 278 StGB nicht derjenige, der seine Ansprüche abgetreten hat (OLG Celle NJW 2008, 1463), bei § 267 StGB derjenige, zu dessen Nachteil die gefälschte Urk. im Rechtsverkehr gebraucht wird o. werden soll (OLG Karlsruhe Justiz 2003, 271); der in Not Geratene bei § 323c StGB (OLG Celle OLGSt StPO § 172 Nr. 25; nicht aber dessen Angehörige, OLG Düsseldorf NJW 1992, 2370) Verletzter ist ferner der Dienstvorgesetzte, der ein Antragsrecht nach § 194 Abs. 3 S. 1 StGB hat (BGHSt 9, 266), u. im Falle des Erschleichens v. Prozesskostenhilfe im Klageerzwingungsverfahren die Staatskasse, nicht der Anzeigeerstatter (OLG Düsseldorf MDR 1988, 77). 11

11a Bei **durch eine Straftat Getöteten** gilt der – durch d. G zur Fortentwicklung der StPO v. 25.6.2021 (BGBl. I 2099) erweiterte – Verletztenbegriff des § 373b Abs. 2 Nr. 1–5, der im Gegensatz zur früheren Rechtslage auch in einem gemeinsamen Haushalt lebende Lebensgefährten sowie bestimmte Unterhaltsberechtigte und alle Verwandten in gerader Linie umfasst (vgl. OLG Oldenburg StraFo 2022, 204, 205; im Einzelnen dazu → § 373b Rn. 9 ff.; BT-Drs. 19/27654, 99 f.). Die bisherige Rspr., die weiterhin gilt, hat insoweit bereits die nach § 395 nebenklageberechtigten Angehörigen des durch die Straftat Getöteten (OLG Celle NStZ-RR 2011, 280 Ls.), zB der Ehegatte bei Tötung des anderen Ehegatten (OLG Hamm MDR 1952, 247); ferner das Kind des getöteten Elternteils (KG JR 1957, 71; OLG Celle NJW 1954, 1660); die Eltern des getöteten minderjährigen o. volljährigen Kindes (OLG Frankfurt a. M. NJW 1963, 1368; OLG Hamburg NJW 1955, 1770) als Verletzte iSd § 172 angesehen. Mit Rücksicht auf § 373b Abs. 2 Nr. 4 gehören auch die Geschwister des Getöteten ohne weiteres zu diesem Personenkreis (anders zur früheren Rechtslage OLG Koblenz MDR 1977, 950). Zu den Verletzten gehören ebenso andere dem Getöteten nahestehende Personen soweit sie iSd § 373b Abs. 2 Nr. 2 als in einem gemeinsamen Haushalt lebende Lebensgefährten anzusehen sind (→ § 373b Rn. 11, 12, 12a; anders zur früheren Rechtslage OLG Celle NStZ-RR 2016, 285 Ls.).

12 **Nicht zu den Verletzten gehören** die Tatbeteiligten (OLG Hamburg NJW 1980, 848) o. die erfolglos zu einer Straftat Angestifteten (OLG Düsseldorf MDR 1990, 568), hins. der Strafvereitelung das Opfer der Vortat (OLG Frankfurt a. M. NStZ-RR 1998, 279; Lorenzen/Thamm SchlHA 1996, 94 – OLG Schleswig RsprÜ; OLG Stuttgart Justiz 2002, 414), die Eltern eines sexuell missbrauchten Kindes (OLG Stuttgart NStZ-RR 2012, 116), auch nicht die nach §§ 180a, 181a StGB ausgebeutete Person (BGH GA 1973, 117; OLG Hamm NJW 1972, 1874); ferner die Ärztekammer bei unerlaubter Ausübung des ärztlichen Berufs (OLG Stuttgart NJW 1969, 569); die Ausländerbehörde bei Verstößen gegen das Aufenthaltsgesetz (OLG Karlsruhe NJW 1987, 1835); die Naturschutzbehörde bei Straftat gegen das NaturschutzG (OLG Celle OLGSt StPO § 172 S. 54); ein Tierschutzverein o. der Eigentümer o. der Halter des Tieres bei Tierquälerei (OLG Braunschweig NStZ 2014, 174; OLG Celle NStZ 2007, 483; OLG Hamm MDR 1970, 946; OLG Koblenz JBlRP 2002, 311; OLG Stuttgart Justiz 2010, 309); der Dienstherr eines bestochenen Amtsträgers (OLG Nürnberg NJW 1997, 1320) o. die durch eine Straftat nach §§ 331 ff. StGB betroffenen Bürger (OLG Koblenz JBlRP 2002, 281; zu § 339 StGB vgl. OLG Dresden NStZ-RR 1998, 338; OLG Karlsruhe NStZ-RR 2001, 112) o. der durch eine Straftat nach § 315c StGB konkret Gefährdete (OLG Stuttgart NJW 1997, 1320; OLG Brandenburg 17.9.2025 – BeckRS 2025, 25423), es sei denn, ein tödlicher Unfall habe nahe gelegen (OLG Brandenburg 17.9.2025 – BeckRS 2025, 25423; OLG Celle NStZ-RR 2004, 369). auch nicht die mittelbar geschädigten späteren Erben (OLG Düsseldorf wistra 1994, 155 mwN) o. der Abtretungsempfänger (OLG Brandenburg NStZ-RR 2009, 245; erg. → Rn. 5a). Grundsätzlich sind auch die einzelnen Aktionäre einer AG nicht Verletzte iSd § 172 (OLG Braunschweig wistra 1993, 31; OLG Frankfurt a. M. NJW 2011, 691; **aM** Zielinski wistra 1993, 6), ebenso nicht eine gelöschte Gesellschaft (OLG Hamburg wistra 2015, 80), die Gesellschafter einer GmbH (OLG Celle NJW 2007, 1223; OLG Stuttgart NJW 2001, 840), anders dagegen bei der GmbH & Co. KG (OLG Celle NStZ-RR 2013, 348 Ls.); zur Verletzteneigenschaft bei der Organuntreue eing. Tiedemann FS Mehle, 2009, 625.

13 **D. Beschwerdeentscheidung (Abs. 1). I. Abhilfe durch die StA.** Die StA kann die Beschwerde durch Aufhebung ihres Bescheides nach § 171 gegenstandslos machen (Nr. 105 Abs. 2 RiStBV). Hilft die StA der Beschwerde nicht ab, so legt sie die Sache dem GStA vor (→ Rn. 14). Nimmt sie die Ermittlungen wieder auf u. stellt sie das Verf. dann erneut ein, so gelten wieder die §§ 171, 172, u. zwar auch, wenn die Beschwerde verspätet war u. daher als Dienstaufsichtsbeschwerde behandelt worden ist (vgl. → Rn. 16, 18).

II. Entscheidung durch GStA. Der GStA entscheidet, **wenn o. soweit die StA nicht abhilft.** Ist die Beschwerde bei ihm eingereicht worden u. hat er um Bericht u. Aktenvorlage ersucht, so prüft die StA nach Erhalt der Beschwerde die Frage der Abhilfe (→ Rn. 13a; Nr. 105 Abs. 2 RiStBV). Wird die Beschwerde nicht gegenstandslos, so verwirft sie der GStA als unzulässig, wenn sie nicht fristgemäß, nicht v. Antragsteller, v. einem nicht handlungsfähigen Antragsteller oder v. einem Antragsteller, der nicht Verletzter ist, eingelegt worden ist, ferner in den Fällen des Abs. 2 S. 3. Zugleich trifft er aber eine Sachentscheidung, da auch die unzulässige Beschwerde subsidiär eine Dienstaufsichtsbeschwerde darstellt, auf die ein Bescheid erteilt wird, es sei denn, dass der Beschwerdeführer nicht handlungsfähig ist (→ Rn. 18). Die Entsch. ist zu begründen (vgl. BVerfG NStZ-RR 2020, 52; 20.12.2023 – 2 BvR 559/22). Ein wiederholendes u. nicht auf neue Tatsachen gestütztes Strafverfolgungsverlangen eines bereits beschiedenen Verletzten kann unter Verweis auf die bereits erfolgte Bescheidung abgelehnt werden (vgl. BVerfG NJW 2017, 3141). Hebt der GStA den Bescheid der StA auf die zulässige förmliche Beschwerde o. im Dienstaufsichtswege auf, so gelten bei neuer Einstellung des Verfahrens durch die StA die §§ 171, 172 so, als wäre es die erste Einstellung. **14**

Es ist mit Blick auf die in Art. 19 Abs. 4 GG erfasste Garantie effektiven Rechtsschutzes verfassungsrechtlich bedenklich, wenn ein OLG die Zulässigkeit des Klageerzwingungsantrags davon abhängt macht, dass die GenStA über die Beschwerde nach Abs. 1 durch förmlichen Bescheid entschieden und nicht lediglich eine Entscheidung im Rahmen ihrer Dienstaufsicht getroffen hat und sich zugleich auf den Standpunkt stellt, eine förmliche Entscheidung nach Abs. 1 könne der Bf. auch nicht zulässigerweise mit einem Untätigkeitsantrag nach §§ 23, 27 Abs. 1 EGGVG erreichen (BVerfG NStZ-RR 2025, 144). **14a**

E. Beschwerdefrist. Die **Beschwerdefrist** beginnt mit der Bek. des Bescheides (→ § 171 Rn. 5; → § 43 Rn. 1), falls richtige u. vollständige Beschwerdebelehrung (Abs. 1 S. 2) erteilt worden ist. **15**

Die Frist beginnt unter dieser Voraussetzung (→ Rn. 15) – u. nur dann – mit dem Zugehen der Zustellung o. der formlosen Mitteilung (→ § 171 Rn. 5), nicht erst mit der tatsächlichen Kenntnisnahme (OLG Stuttgart VRS 116, 114; SK-StPO/Wohlers Rn. 46), Ausnahme → § 37 Rn. 19. Bei wiederholter Einstellung nach Aufhebung der ersten Einstellungsverfügung u. Wiedereintritt in das Ermittlungsverfahren ist das erste Beschwerdeverfahren überholt. Für die Zulässigkeit des Klageerzwingungsverfahrens kommt es dann nur darauf an, ob die formellen Voraussetzungen für die Beschwerde gegen die letzte Einstellungsverfügung erfüllt sind (OLG Celle OLGSt StPO § 172 Nr. 26; OLG Hamm NJW 1957, 1730; Löwe/Rosenberg/Graalmann-Scheerer Rn. 130; **aM** OLG Düsseldorf NStZ 1989, 193 mwN u. abl. Anm. Rieß; vgl. auch → Rn. 13a). **16**

Wiedereinsetzung in den vorigen Stand kann analog §§ 44 ff. gewährt werden (→ Vor § 42 Rn. 10). Nach der einen Ansicht ist hierfür anstatt des Gerichts der GStA zuständig (abw. v. § 46 Abs. 1; OLG Hamm NJW 1973, 1055; OLG München NJW 1977, 2365; OLG Oldenburg NJW 1967, 1814; OLG Stuttgart Justiz 1996, 347), nach der anderen, zutr. Meinung das OLG (KG JR 1982, 209; OLG Hamm NStZ 1990, 450; Löwe/Rosenberg/Graalmann-Scheerer Rn. 134; **aM** OLG Celle MDR 1972, 67; OLG Köln MDR 1972, 623; SK-StPO/Wohlers Rn. 52: jedenfalls, wenn der GStA bereits sachlich entschieden hat u. die Wiedereinsetzung iVm dem Antrag nach Abs. 2, Abs. 3 begehrt wird). Bewilligt das OLG die Wiedereinsetzung, so entscheidet es sogleich über den Klageerzwingungsantrag, auch wenn der GStA die Beschwerde nur als Dienstaufsichtsbeschwerde behandelt hatte (OLG Düsseldorf NStZ 1989, 193; **aM** OLG Stuttgart NStZ-RR 1996, 143). Unschädlich ist, dass der Klageerzwingungsantrag noch nicht gestellt, sondern erst angekündigt ist (OLG Stuttgart Justiz 1988, 404; Löwe/Rosenberg/Graalmann-Scheerer Rn. 136; **aM** OLG Düsseldorf NJW 1988, 431). **17**

F. Dienstaufsichtsbeschwerde. Die **Dienstaufsichtsbeschwerde,** die an keine Frist gebunden ist, ist neben der förmlichen Beschwerde zulässig. Über sie **18**

entscheidet der GStA beim OLG, wenn eine Entsch. der StA angegriffen ist u. diese der Beschwerde nicht abgeholfen hat (dazu iE Thode DRiZ 2007, 57). Gegen den Beschwerdebescheid des GStA ist Dienstaufsichtsbeschwerde an den JM zulässig (→ GVG § 147 Rn. 1), gleichviel, ob der Antrag nach Abs. 2 gestellt wird o. nicht. Die Dienstaufsichtsbeschwerde steht jedem, der handlungsfähig ist, zu, ohne dass er prozessfähig zu sein braucht (→ Einl. Rn. 98). Gegen jede staatsanwaltschaftliche Entsch. sind auch Gegenvorstellungen zulässig (vgl. → Vor § 296 Rn. 23); ebenso gegen eine Entsch., die der JM in Ausübung seiner Dienstaufsicht getroffen hat. Hat der vorgesetzte Beamte der StA ausdr. im Wege der Dienstaufsicht über die Beschwerde entschieden, ist ein Antrag auf gerichtliche Entscheidung unstatthaft (OLG Frankfurt a. M. BeckRS 2023, 30529 mwN).

19 **G. Ablehnender Beschwerdebescheid. Bei ablehnendem Beschwerdebescheid** nach Abs. 1 ist der Beschwerdeführer nach Abs. 2 S. 1 über das Recht zum Antrag nach Abs. 2 sowie über die dafür vorgesehene Form (Abs. 3) u. Frist (Abs. 2 S. 1) zu belehren; einer Belehrung über die Notwendigkeit, die antragsbegründenden Tatsachen u. Beweismittel anzugeben (→ Rn. 27 ff.), bedarf es aber nicht (OLG Nürnberg NStZ-RR 1998, 143 mwN). Bei fehlender o. in wesentlichen Punkten unvollständiger Belehrung läuft die Frist nicht (vgl. → § 171 Rn. 8). Die Belehrung entfällt in den Fällen des Abs. 2 S. 3.

20 **H. Verwerfung aus formellen Gründen. Bei Verwerfung der Einstellungsbeschwerde aus formellen Gründen** (→ § 174 Rn. 7) richtet sich der Antrag auf gerichtliche Entsch. nicht gegen die abl. Sachentscheidung, die im Dienstaufsichtsweg getroffen worden ist (→ Rn. 18). Das OLG prüft daher im Rahmen seiner Zulässigkeitsprüfung, ob die formellen Voraussetzungen, die zu dem abl. Beschwerdebescheid geführt haben, zutreffen. Aus dieser Rechtsauffassung ergibt sich: Auch bei Verwerfung der förmlichen Einstellungsbeschwerde als unzulässig muss der Antragsteller über die Zulässigkeit des Antrags an das Gericht belehrt werden (OLG Hamm NStZ 1990, 450; OLG Stuttgart Justiz 1996, 347).

21 **I. Prozesskostenhilfe (Abs. 3 S. 2 Hs. 2). I. Antrag.** Den Antrag auf Bewilligung der Prozesskostenhilfe für das gerichtliche Verf. kann der prozessfähige Antragsberechtigte stellen, bei mangelnder Prozessfähigkeit der ges. Vertreter, u. zwar schriftlich o. zu Prot. der Geschäftsstelle des OLG, wobei Vertretung zulässig ist (→ Vor § 137 Rn. 12 ff.). Der Antrag muss vor Ablauf der Frist nach Abs. 2 S. 1 gestellt werden (OLG Bremen NJW 1962, 169; OLG Hamm Rpfleger 1961, 81; OLG Koblenz MDR 1985, 957; OLG Stuttgart Justiz 1983, 342; **aM** OLG Celle Nds. Rpfl. 1995, 73; OLG Düsseldorf JMBl. NRW. 1988, 215: Antrag ist nicht fristgebunden; vgl. auch BGH JZ 1957, 183). Innerhalb dieser Frist muss der Antragsteller die Erkl. über seine persönlichen u. wirtschaftlichen Verhältnisse auf dem vorgeschriebenen Vordruck einreichen (OLG Koblenz MDR 1985, 957; OLG Stuttgart Justiz 1984, 368). Es gelten die §§ 114 ff. ZPO (vgl. dazu im einzelnen Kaster MDR 1994, 1073), jedoch nur so weit, wie sie die Voraussetzungen (OLG Hamm NStZ-RR 2000, 244: „ausreichendes Maß an Tatverdacht") u. Wirkungen der Prozesskostenhilfe (OLG Stuttgart Justiz 1983, 342) sowie das Bewilligungsverfahren betreffen; die Beschwerde richtet sich nach der StPO (vgl. → § 379 Rn. 8, 17). Eine kurze Angabe des Sachverhalts u. der wesentlichen Beweismittel ist notwendig (OLG Celle Nds. Rpfl. 1987, 37 (39); OLG Düsseldorf VRS 83, 272; OLG Hamm NStZ-RR 1998, 279; OLG Koblenz MDR 1972, 886; Lorenzen/Thamm SchlHA 1993, 227 – OLG Schleswig RsprÜ; vgl. § 117 Abs. 1 S. 2 ZPO).

22 **II. Rechtliches Gehör.** Die StA ist vor der Entsch. zu hören (§ 33 Abs. 2). Der Beschuldigte muss rechtliches Gehör erhalten, bevor die Prozesskostenhilfe bewilligt wird, weil damit eine ihm nachteilige Vorentscheidung getroffen wird (VerfGH Bayern JR 1962, 316; → § 173 Rn. 2; vgl. auch § 118 ZPO).

23 **III. Beiordnung eines RA (→ Rn. 32).** Die Bewilligung der Prozesskostenhilfe umfasst außer den Kosten des Verfahrens (§ 464a Abs. 1 S. 1) die Beiordnung

eines RA (Kaster MDR 1994, 1073). Behauptet der Verletzte, keinen RA zu finden, so kann ihm ohne Bewilligung der Prozesskostenhilfe ein solcher durch das OLG in entspr. Anwendung des § 78b ZPO beigeordnet werden (OLG Brandenburg BeckRS 2023, 26115; OLG Bamberg NJW 2007, 2274; OLG Koblenz NJW 1982, 61; OLG Köln NStZ-RR 2008, 117 Ls.; OLG Saarbrücken NJW 1964, 1534; OLG Stuttgart Justiz 2001, 222; **aM** OLG Bremen NStZ 1986, 475; OLG Celle NStZ 1985, 234 mablAnm Meyer-Goßner; OLG Düsseldorf NStZ 1985, 571; OLG Frankfurt a. M. NStZ 1981, 491; OLG Hamm NJW 2003, 3286). Das folgt aus der Gesetzeslogik, da das G bei Anwaltszwang auch sicherstellen muss, dass jeder Antragsteller einen RA bekommen kann (vgl. auch SK-StPO/Wohlers Rn. 59). Der Rechtsschutz darf nicht am Fehlen eines postulationsfähigen Vertreters scheitern (BVerfG 21.6.1990 – 2 BvR 17/90). Der Antragsteller muss aber glaubhaft machen, dass er trotz intensiver Suche keinen zur Vertretung bereiten RA gefunden hat und hinreichende Erfolgsaussicht besteht; sonst ist sein Antrag unzulässig (OLG Brandenburg BeckRS 2023, 26115; OLG Bamberg NJW 2007, 2274; OLG Hamm NJW 2008, 245; OLG Köln NStZ-RR 2008, 117 Ls.; OLG Stuttgart Justiz 1995, 23). Die Entsch. des OLG ist entgegen § 78b Abs. 2 ZPO wegen § 304 Abs. 4 S. 2 unanfechtbar.

IV. Kostenbeitrag des Antragstellers. Hat der Antragsteller aus seinem Einkommen o. Vermögen zu den Prozesskosten beizutragen, so setzt das Gericht zugleich mit der Bewilligung der Prozesskostenhilfe die zu zahlenden Monatsraten u. aus dem Vermögen zu zahlende Beträge fest (§§ 115 Abs. 1, Abs. 2, 120 Abs. 1 ZPO). **24**

J. Antragsfrist. Die **Antragsfrist** v. einem Monat **(Abs. 2 S. 1)** beginnt mit der Bekanntmachung der Beschwerdeentscheidung nach Abs. 1 (vgl. → § 171 Rn. 5; § 43), falls mit ihr eine ordnungsgemäße Belehrung nach Abs. 2 S. 2 verbunden ist, u. wird durch rechtzeitigen Eingang der Antragsschrift bei dem zuständigen OLG gewahrt (Abs. 3 S. 2; → Vor § 42 Rn. 11 ff.; erg. → Rn. 16). Sie kann nicht verlängert werden (OLG Düsseldorf NJW 1987, 2453; erg. → Vor § 42 Rn. 5). Gegen ihre Versäumung ist Wiedereinsetzung zulässig (→ § 44 Rn. 1, 3). Das Verschulden des RA, der den Antrag gestellt hat, ist dem Antragsteller zuzurechnen (→ § 44 Rn. 19). Ist die Prozesskostenhilfe rechtzeitig beantragt (vgl. → Rn. 21) u. wird nach der Entsch. darüber der Antrag an das OLG unverzüglich, aber erst nach Ablauf der Monatsfrist gestellt, so wird Wiedereinsetzung gewährt (BVerfG NJW 1993, 720); dafür gilt aber nicht die Frist des § 45 Abs. 1 S. 1, sondern die des § 172 Abs. 2 S. 1 (OLG Hamburg StraFo 2007, 157). **25**

K. Form des Antrags nach Abs. 3. I. Inhalt (Abs. 3 S. 1). 1. Notwendig – u. verfassungsrechtlich unbedenklich (vgl. BVerfG NStZ-RR 2020, 115; krit. dazu Feltes StraFo 2022, 178, 180) – ist eine aus sich heraus **verständliche Schilderung des Sachverhalts,** der bei Unterstellung des hinreichenden Tatverdachts die Erhebung der öffentl. Klage in materieller u. formeller Hinsicht rechtfertigen würde (vgl. OLG Celle StraFo 2025, 367; OLG Bamberg NStZ-RR 2012, 248; OLG Stuttgart NStZ-RR 2005, 113). Die Sachdarstellung muss auch in groben Zügen den Gang des Ermittlungsverfahrens, den Inhalt der angegriffenen Bescheide u. die Gründe für deren behauptete Unrichtigkeit mitteilen (BVerfG NStZ-RR 2024, 384; OLG Frankfurt a. M. BeckRS 2025, 33574; KG JR 1983, 345; OLG Celle wistra 2010, 494 (zu § 142 Abs. 2 PatG); OLG Düsseldorf NJW 1989, 3296; OLG Koblenz NStZ-RR 2007, 317 Ls.; OLG Schleswig NStZ 1989, 286; OLG Stuttgart NStZ-RR 2003, 331; **aM** OLG Celle NStZ 1989, 43; Löwe/Rosenberg/Graalmann-Scheerer Rn. 145 ff.; einschr. auch OLG Bamberg NStZ 1989, 544); dazu gehört auch die Mitteilung des wesentlichen Inhalts der Beweismittel aus der Ermittlungsakte, auf die sich der Antragsteller stützen möchte (BVerfG NJW 2015, 3500; OLG Frankfurt a. M. BeckRS 2025, 32837). Eine Bezugnahme auf den Akteninhalt oder beigefügte Schriftstücke ist zu vermeiden (OLG Frankfurt a. M. BeckRS 2025, 32837); dies gilt ebenso, wenn Anlagen oder Aktenbestandteile so in die Antragsschrift eingefügt **26**

wurden, dass ohne Kenntnisnahme der Einfügungen das Antragsvorbingen nicht verständlich ist (vgl. OLG Celle StraFo 2025, 367; OLG Brandenburg BeckRS 2024, 17242).

26a Diese Auslegung v. Abs. 3 verstößt weder gegen das Willkürverbot noch gegen Art. 19 Abs. 4 GG (BVerfG NJW 1979, 364; 2015, 3500). Das OLG soll dadurch in die Lage versetzt werden, ohne Rückgriff auf die Ermittlungsakten (einschließlich Beiakten) u. Eingaben eine Schlüssigkeitsprüfung vorzunehmen (OLG Schleswig NStZ 2013, 302; OLG Düsseldorf VRS 82, 352; OLG Koblenz MDR 1977, 950; vgl. auch OLG Celle StraFo 2025, 367; BVerfG BeckRS 2017, 112183). Die Anforderungen dürfen aber **nicht überspannt** werden: So ist eine wörtliche Wiedergabe der Bescheide nicht erforderlich, wenn sich deren Inhalt aus dem Klageerzwingungsantrag erschließt (BVerfG NStZ 2007, 272; NJW 1993, 382), ebenso wenig bedarf es der Auseinandersetzung mit rechtlich Irrelevantem (BVerfG NStZ-RR 2024, 384), der Wiedergabe der kompletten Aussage des Geschädigten u. aller Zeugen (BVerfG NJW 2016, 44; NStZ-RR 2024, 384; VerfGH Sachsen NJW 2004, 2729) o. einer Auseinandersetzung mit den Argumenten eines Sachverständigengutachtens iE (BVerfG NJW 2016, 44; NStZ 2007, 272). Ist bereits der Erlass eines Strafbefehls abgelehnt worden, müssen die tragenden Gründe der Entsch. mitgeteilt werden (OLG Frankfurt a. M. NStZ-RR 2002, 78). Auch die Darst. eines über den Gegenstand des Klageerzwingungsverfahrens anhängigen o. anhängig gewesenen Zivil- o. Verwaltungsgerichtsverfahrens kann erforderlich sein (OLG Stuttgart Justiz 2004, 128; erg. → § 154d Rn. 4).

27 2. Die **Wahrung der Frist des Abs. 2** muss der Antragsschrift – verfassungsrechtlich unbedenklich (BVerfG BeckRS 2020, 37355) – zu entnehmen sein (OLG Schleswig NStZ 2013, 302; OLG Bamberg NStZ-RR 2012, 248; KG JR 1989, 260; OLG Celle StraFo 2011, 226; OLG Düsseldorf NStZ-RR 1998, 365; StraFo 2000, 22; OLG Hamm NStZ 1992, 250; NStZ-RR 1997, 309; OLG Karlsruhe NStZ 1982, 520; Lorenzen/Thamm SchlHA 1991, 125 – OLG Schleswig RsprÜ; Krumm StraFo 2011, 207; **aM** OLG Frankfurt a. M. NStZ-RR 2006, 311), wobei es aber bei offensichtlicher Fristwahrung der genauen Angabe eines Eingangsdatums nicht bedarf (BVerfG NJW 1993, 382; BVerfG NStZ 2004, 215: Angabe des 2 Tage vor Fristablauf erfolgten Posteinwurfs genügt; BVerfG NStZ-RR 2005, 176: ausreichend, wenn zwischen Abfassung der Beschwerdeschrift u. Eingang bei Gericht 5 Tage liegen; vgl. auch OLG Hamm VRS 109, 351). Auch die Wahrung der Beschwerdefrist des Abs. 1 muss sich der Antragsschrift entnehmen lassen (OLG Hamm NStZ 2019, 487; KG NStZ-RR 2016, 176); dies gilt auch dann, wenn die GStA bei ihrer Beschwerdeentscheidung die Verfristung übersehen oder übergangen hat (OLG Zweibrücken NJW 2022, 1693).

27a **3. Verletzteneigenschaft und Antragsbefugnis** müssen, sofern sie nicht ohne weiteres ersichtlich sind, begründet werden (OLG Bamberg NStZ-RR 2012, 248; OLG Düsseldorf AnwBl 1986, 156; OLGSt StPO § 172 Nr. 17; OLG Stuttgart OLGSt StPO § 172 Nr. 23; Justiz 2004, 213). Es genügt zB nicht die bloße Angabe, der Antragsteller gehöre zu den Angehörigen des durch die Tat Getöteten.

28 **4.** Bei **Antragsdelikten** muss dargelegt werden, dass der Antrag innerhalb der Frist des § 77b StGB gestellt worden ist (OLG Karlsruhe wistra 1995, 154 mwN). Dazu gehört ggf. auch die Angabe des Zeitpunktes, in dem der Antragsteller v. der Tat u. der Person des Täters Kenntnis erlangt hat (OLG Celle GA 1962, 152; OLG Düsseldorf JMBl. NRW. 1983, 30).

29 **5.** Beruht die Einstellung darauf, dass **Strafverfolgungsverjährung** eingetreten ist, so muss auch dargelegt werden, dass u. aus welchem Grund trotzdem die Tat noch verfolgbar sein soll. Das Gleiche gilt, wenn die Verjährung nach dem Sachvortrag des Antragstellers normalerweise eingetreten sein müsste (OLG Hamburg MDR 1985, 75; OLG München NJW 1973, 2120).

30 **6.** Eine **Bezugnahme** auf die Akten, frühere Eingaben o. andere Schriftstücke ist weder zur Darlegung der Verletzteneigenschaft (OLG Düsseldorf OLGSt StPO § 172 Nr. 6) noch zur Darst. des Sachverhalts zulässig (OLG Hamm VRS 107, 197; OLG Koblenz NJW 1977, 1461). Auch auf Anlagen zu dem Klageerzwingungsantrag darf nicht Bezug genommen werden, wenn erst durch die Kenntnisnahme v. Inhalt dieser Anlagen die erforderliche geschlossene Sachdarstellung (→ Rn. 27) erreicht wird (KG NStE StPO § 172 Nr. 28; OLG Düsseldorf StV 1983, 498; OLG Saarbrücken wistra 1995, 36; Lorenzen/Görl SchlHA 1988, 109 – OLG Schleswig RsprÜ; **aM** OLG Bamberg NStZ 1990, 202 zur Feststellung der Wahrung der Fristen). Das gilt auch, wenn Schriftstücke nicht als Anlagen beigefügt, sondern als Ablichtungen in die Antragsschrift aufgenommen worden sind u. sich die eigene „Sachdarstellung" nur auf verbindende Sätze beschränkt (BVerfG NStZ-RR 2021, 146 (147); VerfGH Berlin NJW 2004, 2728; OLG Celle NStZ 1997, 406; OLG Koblenz OLGSt StPO § 172 Nr. 15). Allenfalls können Anlagen mit klarer Sachdarstellung zur Erg. des Antrags verwendet werden (OLG Köln JR 1954, 390). Diese werden dadurch Teil der Antragsschrift unter der Voraussetzung, dass der RA ersichtlich die Verantwortung für sie übernimmt (OLG Koblenz NJW 1977, 1461). Im Fall des § 211 (→ § 211 Rn. 5) muss die tatsächliche u. rechtliche Begründung des nach § 204 ergangenen Beschl. wiedergegeben werden (KG JR 1983, 345). Fremdsprachlichen Urkunden muss eine beglaubigte Übersetzung in die deutsche Sprache beigefügt werden (OLG Stuttgart NStZ 2007, 664 Ls.).

7. Schließlich müssen die **Beweismittel** angeführt werden, mit denen nach Auff. des Antragstellers der hinreichende Tatverdacht bewiesen wird (OLG Celle NStZ 1988, 568). In dem Antrag können auch neue Tatsachen o. Beweismittel vorgebracht werden; ein vollständiger Austausch der Tatsachengrundlage zwischen Ermittlungsverfahren u. Klageerzwingungsantrag ist aber nicht zulässig (OLG Stuttgart Justiz 2007, 281). Auch ob u. ggf. wie der Beschuldigte sich eingelassen hat, ist anzugeben (Krumm StraFo 2011, 208). **31**

II. RA. Nur ein RA (Abs. 3 S. 2), der bei einem Gericht im Geltungsbereich der StPO zugelassen ist (OLG Hamburg NJW 1962, 1689), kann das Gericht für den verletzten Antragsteller anrufen, **nicht** eine andere Person, auch wenn sie als Verteidiger auftreten könnte (§ 138; OLG Zweibrücken NJW 2022, 1693; OLG Bamberg JR 2022, 87 mablAnm Ladiges sowie Feltes StraFo 2022, 178 (178 f.): Hochschullehrer, der nicht zugleich RA ist). Er muss innerhalb der Monatsfrist bevollmächtigt sein (OLG Düsseldorf MDR 1983, 153); jedoch genügt der spätere Nachw. der rechtzeitig erteilten Vollmacht (vgl. → § 137 Rn. 9). Eine Befreiung v. Anwaltszwang ist ausgeschlossen (OLG Brandenburg BeckRS 2023, 26116; OLG Koblenz NJW 1982, 61). Der Antrag nach Abs. 2 kann nicht zu Prot. der Geschäftsstelle des OLG gestellt werden. Der RA ist für die Einhaltung der Form (→ Rn. 27 ff.) selbst verantwortlich; Hinweise des OLG dazu kann er nicht verlangen (OLG Nürnberg NStZ-RR 2002, 112). **32**

III. Unterzeichnung (Abs. 3 S. 2). Zur **Unterzeichnung (Abs. 3 S. 2) durch den** RA vgl. → Einl. Rn. 129. Sie setzt Mitprüfung u. Übernahme der Verantwortung – für den gesamten Antrag einschl. der Anlagen – voraus (OLG Hamm NStZ-RR 2001, 300); ist deren Fehlen aus einem Zusatz, zB „keine Haftung für die Vorgehensweise" (OLG Düsseldorf VRS 91, 182), o. aus sonstigen Umständen, zB nur Stempel u. Unterschrift auf dem v. Antragsteller selbst verfassten Schriftsatz (OLG Düsseldorf NJW 1990, 1002), ersichtlich, so ist die Unterschrift unwirksam u. der Antrag unzulässig (OLG Düsseldorf NJW 1989, 3296; OLG Frankfurt a. M. NStZ-RR 2002, 15; OLG München NStZ 1984, 281; Döllel/Dreeßen SchlHA 2008, 234 – OLG Schleswig RsprÜ; vgl. → § 345 Rn. 14). Nach Ablauf der Frist des Abs. 2 S. 1 kann der Mangel nicht mehr geheilt werden (OLG München NStZ 1984, 281). **33**

IV. Zuständiges Gericht. Der Antrag ist **bei dem für die Entsch. zuständigen** Gericht einzureichen (Abs. 3 S. 3). Örtlich zuständig ist das OLG, in dessen Bezirk die StA ihren Sitz hat, die den Einstellungsbescheid erlassen hat; eine Entsch. des OLG in der Sache setzt allerdings voraus, dass eine in seinem Bezirk liegende StA für die Anklageerhebung zuständig wäre (OLG Karlsruhe NStZ 2015, 717; KK-StPO/Moldenhauer Rn. 56). Im Falle der sachlich begründeten Substitution der Tatortstaatsanwaltschaft durch eine andere StA gem. §§ 145 Abs. 1, 147 Nr. 2 **33a**

GVG richtet sich die örtliche Zuständigkeit des für das Klageerzwingungsverfahren zuständigen OLG allein nach dem Sitz der beauftragten StA, auch wenn dort kein Gerichtsstand begründet ist (OLG Karlsruhe NStZ 2015, 717 (718)).

34 **L. Unzulässigkeit des Antrags. Unzulässig** ist der Antrag, wenn eine förmliche Voraussetzung fehlt, insbes. wenn die Fristen nach Abs. 1 (allgM) o. nach Abs. 2 oder die Form nach Abs. 3 nicht eingehalten worden sind, o. nur ein Antrag gestellt, aber nicht fristgerecht eine Begründung eingereicht wurde (OLG Hamm DAR 2003, 87); eine formgerechte Wiederholung des Antrags ist dann ausgeschlossen (OLG Düsseldorf NStZ-RR 2000, 146 Ls.: auch bei Wiederholung der Strafanzeige). Ebenso ist der Antrag nicht zulässig, wenn der Beschuldigte nicht bezeichnet (OLG Frankfurt a. M. 16.10.2025 – BeckRS 2025, 33573; OLG Düsseldorf VRS 77, 226; OLG Hamburg MDR 1993, 1226; OLG Hamm NStZ-RR 2001, 83; OLG Stuttgart 2004, 128) o. unbekannten Aufenthalts (OLG Stuttgart NStZ-RR 1999, 277) ist o. gegen ihn wegen Unmöglichkeit (→ § 205 Rn. 1) seiner Gestellung vor ein deutsches Gericht nicht verhandelt werden kann (OLG Celle NStZ-RR 2008, 78; OLG Stuttgart NStZ 2003, 682) o. wenn ein Beschuldigter fehlt (OLG Düsseldorf VRS 83, 431; 83, 434); OLG Stuttgart NStZ-RR 2003, 331) o. er ohne weiteren Sachvortrag nicht identifiziert werden kann (OLG Karlsruhe VRS 113, 46), wenn der Antragsteller unter keinem rechtlichen Gesichtspunkt Verletzter (→ Rn. 9 ff.) ist, wenn der Verletzte die Beschwerde nach Abs. 1 zurückgenommen hatte (OLG Düsseldorf JMBl. NRW. 1990, 178). OLG Stuttgart NJW 2002, 2191 hält den Antrag wegen fehlenden Rechtsschutzbedürfnisses auch für unzulässig, wenn Antragsteller u. Beschuldigter über den vermögensrechtlichen Verfahrensgegenstand im Zivilprozess einen Vergleich mit Abgeltungsklausel geschlossen haben; eine Ausnahme gelte nur für unwirksame o. wegen arglistiger Täuschung angefochtene Vergleiche.

35 Unzulässig ist der Antrag ferner iRd **Opportunitätsprinzips** (→ Rn. 3); dies gilt auch dann, wenn die StA die Tat bei Bejahung des öffentl. Interesses verfolgen kann, wie nach § 376, u. zwar selbst dann, wenn sie zunächst das Verf. betrieben, später aber eingestellt hat (KG JR 1967, 392). Gegenstandslos wird der Antrag, wenn die Tat, derentwegen der Antragsteller die Erhebung der öffentl. Klage anstrebt, inzwischen Gegenstand eines gerichtlichen Strafverfahrens geworden ist, sei es auf Anklage einer anderen StA, sei es durch Übergang v. einem gerichtlichen Bußgeld- zu einem Strafverfahren nach § 81 OWiG. Das Gleiche gilt, wenn er vor der Entsch. zurückgenommen wird (→ Einl. Rn. 116). In diesen Fällen ergeht entspr. Feststellungsbeschluss ohne Kostenentscheidung (§ 177).

36 **M. Wiederaufnahme der Ermittlungen.** Die **Wiederaufnahme der Ermittlungen** durch die StA aufgrund des Antragsvorbringens ist zulässig. Wird Anklage erhoben, ist der Antrag gegenstandslos; der Antragsteller wird damit aber nicht so gestellt, als sei sein Antrag erfolgreich gewesen (**aM** OLG München NStZ 1986, 376; erg. → § 395 Rn. 9). Nach hM erledigt sich der Antrag aufgrund prozessualer Überholung auch dann, wenn ungewiss bleibt, ob die Ermittlungen zur Anklageerhebung führen werden (OLG Bamberg wistra 2016, 123; NStZ 2010, 590; OLG Brandenburg NStZ-RR 2005, 45; OLG Jena NStZ-RR 2007, 223; KK-StPO/Moldenhauer Rn. 57; Löwe/Rosenberg/Graalmann-Scheerer Rn. 116). Dies erscheint zw., da der Antragsteller nicht nur die Wiederaufnahme der Ermittlungen, sondern eine Entsch. nach § 175 erstrebt (vgl. OLG Hamm NStZ-RR 1999, 148; OLG München NStZ 1986, 376 sowie OLG Bamberg NStZ 1989, 543; erg. → § 175 Rn. 2).

37 **N. Wiederholung des Klageerzwingungsverfahrens.** Die **Wiederholung** des gesamten Klageerzwingungsverfahrens ist uU zulässig, wenn die StA das Ermittlungsverfahren nach der Verwerfung des Antrags auf gerichtliche Entsch. wiederaufgenommen u. dann erneut eingestellt (OLG Nürnberg MDR 1964, 524; OLG Zweibrücken MDR 1987, 341 Ls.), aber nicht schon, wenn sie die Wiederaufnahme v. Ermittlungen abgelehnt hat (OLG Düsseldorf NStE StPO § 172 Nr. 26). Diese Wiederaufnahme ist ohne weiteres zulässig, wenn der Antrag v. OLG als

unzulässig verworfen worden ist (OLG Köln NStZ 2003, 682). Bei Verwerfung nach § 174 Abs. 1 jedoch kann die StA das Ermittlungsverfahren nur aufgrund neuer Tatsachen o. Beweismittel wiederaufnehmen (§ 174 Abs. 2; Kleinknecht FS Bruns, 1978, 179 (189)), sei es vAw, sei es auf erneute Vorstellungen des Antragstellers. Nur wenn der Antragsteller die Wiederaufnahme durch Nova veranlasst hat, kann er nach erneuter Einstellung des Ermittlungsverfahrens wiederholt v. Abs. 1 und Abs. 2 Gebrauch machen, um nachprüfen zu lassen, ob die Nova genügen (OLG Frankfurt a. M. NStZ-RR 2003, 268; OLG Köln NStZ 2003, 682; vgl. auch → § 211 Rn. 5).

O. Teilantrag. Für einen Teil der Tat (§ 264) ist der Antrag **nicht zulässig** 38
(OLG Frankfurt a. M. NStZ-RR 2001, 20 Ls.; OLG Karlsruhe NJW 1977, 62; Meyer-Goßner JR 1977, 216; **aM** OLG Hamm NJW 1974, 68 (69), ebenso wenig zur Einbeziehung eines bestimmten rechtlichen Gesichtspunktes (OLG Karlsruhe NJW 1977, 62); denn die Prüfung im Eröffnungsverfahren (§ 203) u. das weitere Verf. beziehen sich auch auf den nach Meinung des Verletzten zu Unrecht nicht berücksichtigten Teil.

P. Staatsschutzsachen. In **Staatsschutzsachen,** die zur Zuständigkeit des 39
OLG im 1. Rechtszug gehören (§ 120 GVG), ist keine förmliche Einstellungsbeschwerde zulässig, wohl aber der Antrag auf gerichtliche Entsch. an das örtlich zuständige OLG (OLG Stuttgart NStZ 2006, 117), gleichviel, ob die Einstellungsverfügung v. GStA bei diesem OLG o. v. GBA (§ 142a GVG) erlassen worden ist. Eine Beschwerde gegen den Beschl. des OLG ist nicht zulässig (Schmidt MDR 1992, 549 – BGH RsprÜ; BGH NStZ 2003, 501; Becker NStZ-RR 2004, 228 – BGH RsprÜ).

Verfahren des Gerichts nach Antragstellung

173 (1) **Auf Verlangen des Gerichts hat ihm die Staatsanwaltschaft die bisher von ihr geführten Verhandlungen vorzulegen.**

(2) **Das Gericht kann den Antrag unter Bestimmung einer Frist dem Beschuldigten zur Erklärung mitteilen.**

(3) **Das Gericht kann zur Vorbereitung seiner Entscheidung Ermittlungen anordnen und mit ihrer Vornahme einen beauftragten oder ersuchten Richter betrauen.**

Das Verfahren des Gerichts steht in seinem **pflichtgemäßen Ermessen** 1
(BVerfG NStZ 2002, 606). Der GStA ist stets vor der Entsch. zu hören (§ 33 Abs. 2). Er kann seine Entsch., gegen die sich der Antrag richtet, ändern, solange das OLG nicht entschieden hat. Für eine entspr. Anwendung der Vorschr. des Verwaltungsprozessrechts Würdinger HRRS 2016, 29.

Die **Beteiligung des Beschuldigten (Abs. 2)** zu Beginn des gerichtlichen 2
Verfahrens ist in der vorgesehenen Form Ermessensentscheidung. Seine Anhörung ist aber erforderlich, bevor dem Antrag stattgegeben wird, wie sich aus § 175 S. 1 ergibt (BVerfGE 42, 172). Ist das rechtliche Gehör zu Unrecht unterblieben, so kann der Mangel in dem auf die Anklage eingeleiteten gerichtlichen Verf. nicht mehr geheilt werden (BVerfGE 42, 172). Er muss vielmehr ggf. nach § 33a im gerichtlichen Klageerzwingungsverfahren selbst behoben werden. Entbehrlich ist die Beteiligung insbes., wenn der Antrag unzulässig ist.

Lückenschließende Beweiserhebungen (Abs. 3) werden v. OLG veranlasst, 3
wenn sie erwarten lassen, dass sich der hinreichende Tatverdacht ergibt (OLG Düsseldorf VRS 77, 226; vgl. auch KG NStZ 1990, 355; Rackow GA 2001, 485 zur Klärung der Verletzteneigenschaft). Wie die Ermittlungen geführt werden können, legt Abs. 3 abschl. fest (erg. aber → § 175 Rn. 2). Zu dem Beweisergebnis muss der Antragsteller gehört werden, bevor es zu seinem Nachteil verwertet wird (§ 33 Abs. 3; → Einl. Rn. 23 ff.).

Verwerfung des Antrags

174 (1) **Ergibt sich kein genügender Anlaß zur Erhebung der öffentlichen Klage, so verwirft das Gericht den Antrag und setzt den Antragsteller, die Staatsanwaltschaft und den Beschuldigten von der Verwerfung in Kenntnis.**

(2) **Ist der Antrag verworfen, so kann die öffentliche Klage nur auf Grund neuer Tatsachen oder Beweismittel erhoben werden.**

1 **A. Verwerfung des zulässigen Antrags.** Nur bei Verwerfung des zulässigen Antrags gilt § 174. Ergibt die vorgeordnete Zulässigkeitsprüfung (→ § 172 Rn. 34, 35), dass der Antrag als unzulässig zu verwerfen ist, so erhalten der Antragsteller u. der GStA den Beschl., der Beschuldigte nur, wenn er bet. worden ist (§ 173 Abs. 2). Der Verwerfung des Antrags als unzulässig kommt nicht die Wirkung des Abs. 2 zu (AK-StPO/Moschüring Rn. 13; Löwe/Rosenberg/Graalmann-Scheerer Rn. 15; **aM** OLG Hamm MDR 1965, 930; OLG Stuttgart MDR 1991, 79 unter Verwechslung v. Sperrwirkung u. Antragsrecht; → Rn. 6).

2 **B. Kein genügender Anlass.** Dazu → § 170 Rn. 1 ff.; auch hier ist also **hinreichender Tatverdacht** erforderlich (OLG Rostock NStZ-RR 1996, 272). Der Antrag wird bei dessen Fehlen als unbegründet verworfen, verbunden mit der Kostenentscheidung nach § 177. Betrifft der Antrag eine Straftat, die vAw zu verfolgen ist, u. ist er schlüssig begründet (§ 172 Abs. 3 S. 1), stellt das OLG aber nur den hinreichenden Tatverdacht für ein Privatklagedelikt o. eine OWi fest, so wird der Antrag als unbegründet (nicht als unzulässig) verworfen (OLG Celle Nds. Rpfl. 1963, 258). Wenn sich dagegen schon aus der Begründung ergibt, dass kein strafrechtliches Offizialdelikt in Betracht kommt, ist der Antrag unzulässig (SK-StPO/Wohlers Rn. 8). Beruht die Antragsberechtigung nur auf einer Straftat o. Rechtsverletzung v. mehreren, die in der Tat enthalten sind (→ § 264 Rn. 1 ff.), so ist diese doch ganz u. in jeder Beziehung Gegenstand der Prüfung (→ § 172 Rn. 1, 37). Die Entsch. des OLG muss eine nachvollziehbare, willkürfreie Beweiswürdigung enthalten (s. das BVerfG NJW 2020, 1877, das insoweit eine eigene, bis ins Detail gehende Beweiswürdigung durchführt).

3 **C. Einstellung des Verfahrens.** Eine Einstellung des Verfahrens in entspr. Anwendung des § 153 Abs. 2 (mit Zustimmung des GStA) ist nicht zulässig (OLG Hamburg VRS 38, 442; KK-StPO/Moldenhauer Rn. 4; Löwe/Rosenberg/Graalmann-Scheerer Rn. 9; **aM** OLG Braunschweig NStZ 2014, 174; OLG Celle MDR 1985, 249; OLG Hamm NJW 1975, 1984; OLG Stuttgart MDR 1982, 954). Sie wäre systemwidrig (Löwe/Rosenberg/Meyer-Goßner, 23. Aufl., Rn. 5) u. nicht sachgerecht, nachdem StA u. GStA v. dieser Möglichkeit keinen Gebrauch gemacht hatten (Löwe/Rosenberg/Graalmann-Scheerer Rn. 10). Die Geringfügigkeit berechtigt auch nicht zur Verwerfung des Antrags als unzulässig o. unbegründet (**aM** OLG Köln NJW 1991, 764; SK-StPO/Wohlers Rn. 7). Auch § 153a Abs. 2 darf das OLG nicht entspr. anwenden (AK-StPO/Moschüring Rn. 8; **aM** OLG Stuttgart NJW 1997, 3103).

4 **D. Bekanntmachung.** Bekanntzumachen ist der Beschl. nach § 174 dem Antragsteller, der StA u. dem Beschuldigten; diesem auch, wenn er v. dem Ermittlungsverfahren o. dem Klageerzwingungsverfahren nichts weiß, weil er v. der Schutzwirkung des Abs. 2 Kenntnis erhalten soll. Förmliche Zustellung ist nicht vorgeschrieben (§ 35 Abs. 2).

5 **E. Unanfechtbarkeit.** Unanfechtbar ist der Beschl. nach § 174 (vgl. → Einl. Rn. 115; BGH BeckRS 2016, 4373). Auch Gegenvorstellungen (→ Vor § 296 Rn. 23) sind durch Abs. 2 ausgeschlossen (OLG Nürnberg MDR 1966, 351). Jedoch kann der Antrag auf gerichtliche Entsch. uU wiederholt werden (→ § 172 Rn. 36). Zur Verfassungsbeschwerde bei Verstoß gegen das Willkürverbot s. BVerfG NJW 2020, 1877.

F. Wirkung (Abs. 2). Bei Verwerfung aus sachlichen Gründen kann die StA die Klage **nur aufgrund neuer Tatsachen u. Beweismittel** erheben (→ Einl. Rn. 182). Dieser (beschränkte) Strafklageverbrauch tritt nur wegen der Offizialdelikte ein – insoweit aber gegen alle durch die Tat Verletzten (OLG Koblenz NStZ-RR 1998, 339) –, nicht hins. der Privatklagedelikte, die durch die Entsch. nicht berührt werden (OLG Celle Nds. Rpfl. 1963, 258; Gössel Rn. 103). „Neu": dem OLG bei seinem Beschl. nicht bekannt (→ § 211 Rn. 3, 4; → § 359 Rn. 30). Ein neues Beweismittel liegt auch dann vor, wenn ein bereits früher vernommener Zeuge entgegen seiner früheren Aussage andere, für die Entsch. bedeutsame Angaben macht (OLG Hamburg NJW 1963, 1121). Das neue Material muss erheblich sein (SK-StPO/Wohlers Rn. 13). Vgl. → § 211 Rn. 3, → § 359 Rn. 37). Macht der Verletzte bei der StA neue Tatsachen u. Beweismittel geltend, so prüft die StA, ob das Vorbringen im Zusammenhang mit den früheren Ermittlungen einen durch tatsächliche Anhaltspunkte konkretisierten Verdacht begründet, der durch weitere Ermittlungen zum hinreichenden Verdacht werden kann (→ § 160 Rn. 4). Über Wiederholung des Klageerzwingungsverfahrens vgl. → § 172 Rn. 37. In den Grenzen des beschränkten Strafklageverbrauches gilt auch das europarechtliche Doppelbestrafungsverbot des Art. 54 SDÜ (Hieramente StraFo 2014, 445 (453); erg. → Einl. Rn. 177a–h). 6

Wenn ein **Verfahrenshindernis** zur Verwerfung des Antrags führt, entsteht zwar kein Strafklageverbrauch (→ Einl. Rn. 172); die Entsch. steht aber einer neuen Strafverfolgung entgegen, wenn u. solange ihr nicht durch Nova die Grdl. entzogen ist (vgl. → Einl. Rn. 166; → § 211 Rn. 1). 7

Anordnung der Anklageerhebung

175 **[1]Erachtet das Gericht nach Anhörung des Beschuldigten den Antrag für begründet, so beschließt es die Erhebung der öffentlichen Klage. [2]Die Durchführung dieses Beschlusses liegt der Staatsanwaltschaft ob.**

A. Anhörung des Beschuldigten. Für ihre Form gilt § 173 Abs. 2. Die Anhörung ist notwendig, wenn das OLG erwägt, dem Antrag stattzugeben; sonst gilt die Kann-Vorschr. des § 173 Abs. 2. Hat der Beschuldigte einen Verteidiger, so kann die Mitteilung mit dem Anheimgehen der Äußerung an diesen gerichtet werden (§ 145a). Dem Antragsteller braucht die Stellungnahme des GStA nicht mitgeteilt zu werden, es sei denn, dass es nach § 33 Abs. 3 notwendig ist (BVerfGE 19, 36; → Einl. Rn. 28, 29). 1

B. Anordnung der öffentlichen Klage. Der Beschl. des OLG **muss das Wesentliche enthalten,** das die StA in ihre Klage aufzunehmen hat (§ 200). Mit der Anordnung, die Ermittlungen wieder aufzunehmen, kann das Klageerzwingungsverfahren nicht beendet werden, es sei denn, die StA habe rechtsirrtümlich bisher v. der Durchführung v. Ermittlungen abgesehen (KG NStZ 1990, 356; OLG Braunschweig wistra 1993, 33; OLG Brandenburg VRS 114, 374; OLG Hamm StV 2002, 128; OLG Koblenz NStZ 1995, 50; OLG Köln NStZ 2003, 682; OLG München NJW 2007, 3734; OLG Stuttgart Justiz 2003, 270; OLG Zweibrücken NZV 2001, 387; Löwe/Rosenberg/Graalmann-Scheerer Rn. 17; Rieß NStZ 1986, 437; 1990, 10; **aM** OLG München StraFo 2014, 422; AK-StPO/Moschüring Rn. 4; SK-StPO/Wohlers Rn. 2). Ob die Wiederaufnahme der Ermittlungen durch die StA das Klageerzwingungsverfahren regelmäßig erledigt, ist str. (dafür die wohl hM, s. nur OLG Jena NStZ-RR 2007, 223; OLG Bamberg wistra 2016, 123 mwN; dagegen OLG Hamm NStZ-RR 1999, 148; näher → § 172 Rn. 36). 2

C. StA als ausführende Stelle. Auszuführen hat die StA den Beschluss. Ihr obliegt auch die Auswahl des Gerichts nach den §§ 24 ff. GVG (OLG Koblenz VRS 63, 359 (361)). Sie ist an den Beschl. in tatsächlicher u. rechtlicher Hinsicht gebunden u. kann das Verf. nicht mehr nach §§ 153 Abs. 1, 153a Abs. 1 einstellen. 3

Jedoch sind das Gericht u. die StA nach Klageerhebung nicht gehindert, § 153 Abs. 2 anzuwenden o. nach § 153a Abs. 2 zu verfahren. Zurücknehmen darf die StA die Klage nicht mehr, weil sie dadurch den Beschl. des OLG vereiteln würde, es sei denn, dass sie die Klage nur alsbald bei einem anderen zuständigen Gericht erheben will. Ist die Erhebung der Klage angeordnet, so stehen dem Strafbefehlsverfahren idR Bedenken entgegen.

4 **D. Nach Erhebung der Anklage.** Nach Erhebung der Anklage bindet der Inhalt des Beschl. weder die StA noch das Gericht (OLG Karlsruhe NJW 1977, 62), auch nicht das OLG, selbst wenn es nach § 210 Abs. 2 erneut mit der Sache befasst wird. Der Beschl. des OLG wird gegenstandslos, wenn die Tat, derentwegen Anklage erhoben werden soll, inzwischen Gegenstand eines gerichtlichen Strafverfahrens geworden ist (→ § 172 Rn. 35).

5 **E. Anweisung der StA.** Zur Anweisung der StA, Ermittlungen durchzuführen, → § 173 Rn. 4.

Sicherheitsleistung durch den Antragsteller

176 (1) [1] **Durch Beschluß des Gerichts kann dem Antragsteller vor der Entscheidung über den Antrag die Leistung einer Sicherheit für die Kosten auferlegt werden, die durch das Verfahren über den Antrag voraussichtlich der Staatskasse und dem Beschuldigten erwachsen.** [2] **Die Sicherheitsleistung ist durch Hinterlegung in barem Geld oder in Wertpapieren zu bewirken.** [3] **Davon abweichende Regelungen in einer auf Grund des Gesetzes über den Zahlungsverkehr mit Gerichten und Justizbehörden erlassenen Rechtsverordnung bleiben unberührt.** [4] **Die Höhe der zu leistenden Sicherheit wird vom Gericht nach freiem Ermessen festgesetzt.** [5] **Es hat zugleich eine Frist zu bestimmen, binnen welcher die Sicherheit zu leisten ist.**

(2) **Wird die Sicherheit in der bestimmten Frist nicht geleistet, so hat das Gericht den Antrag für zurückgenommen zu erklären.**

1 Durch **besonderen Beschluss,** der einen zulässigen Antrag voraussetzt, kann vor der Entsch. in der Sache Sicherheit verlangt werden, bei deren Nichtleistung der Antrag v. OLG für zurückgenommen erklärt wird (Abs. 2). Dies gilt nicht, wenn dem Antragsteller Prozesskostenhilfe bewilligt ist (§ 122 Abs. 1 Nr. 2 ZPO iVm § 172 Abs. 3 S. 2 Hs. 2).

2 **Für die Kosten des Klageerzwingungsverfahrens** kann Sicherheit verlangt werden, also zur Sicherung der Vollstreckung der Kostenentscheidung nach § 177. Solche Kosten können durch Untersuchungshandlungen nach § 173 Abs. 3 entstehen, zB durch Sachverständigengutachten.

3 Die **Art der Sicherheitsleistung** erfolgt nach Abs. 1 S. 2 durch Hinterlegung in barem Geld o. in Wertpapieren o. nach Abs. 1 S. 3 unbar (vgl. dazu → § 116a Rn. 4a).

Kosten

177 **Die durch das Verfahren über den Antrag veranlaßten Kosten sind in den Fällen der §§ 174 und 176 Abs. 2 dem Antragsteller aufzuerlegen.**

1 **In den angegebenen Fällen ergeht die Kostenentscheidung,** nicht bei Erledigung des Antrags infolge Wiederaufnahme der Ermittlungen durch die StA (Ernesti/Lorenzen SchlHA 1986, 106 – OLG Schleswig RsprÜ; OLG Koblenz NStZ 1990, 48), jedoch auch dann, wenn der Antrag zurückgenommen wird (OLG Düsseldorf JZ 1989, 452; OLG Koblenz OLGSt StPO § 172 Nr. 9; SK-StPO/Wohlers Rn. 2; Rieß NStZ 1990, 9; **aM** KG NStE Nr. 1; OLG Celle OLGSt StPO § 177 Nr. 3 mablAnm Rieß; OLG München JurBüro 1983, 1209; OLG Zweibrü-

cken MDR 1985, 250; KK-StPO/Moldenhauer Rn. 1). Wird der Antrag aus formellen Gründen als unzulässig verworfen, so werden dem Antragsteller ebenfalls keine Kosten auferlegt (OLG Bremen MDR 1984, 164; OLG Koblenz NJW 1985, 1409). Das hat seinen Grund darin, dass in diesem Fall eine Gebühr nach dem Kostenverzeichnis des GKG nicht anfällt u. der Antragsteller seine notwendigen Auslagen ohnehin selbst zu tragen hat. Stirbt der Antragsteller vor der Entsch. des OLG, so ist das Verf. einzustellen (SK-StPO/Wohlers Rn. 7; **aM** Weber GS Kaufmann, 1989, 781), eine Kostenentscheidung ergeht nicht (OLG Düsseldorf GA 1984, 129); dasselbe gilt bei Tod des Beschuldigten (SK-StPO/Wohlers Rn. 7).

Es handelt sich um die Gebühr nach KV 3200 GKG, die Kosten etwaiger Ermittlungen (§ 173 Abs. 3) u. die notwendigen Auslagen des Beschuldigten im OLG-Verf. (§ 464a Abs. 2; OLG Koblenz NStZ 1990, 48); zur Frage, inwieweit Verteidigerkosten geltend gemacht werden können, vgl. Rieß NStZ 1990, 8. 2

Es ergeht **keine Entsch. über die durch das Verf. beim OLG veranlassten Kosten.** Der Antragsteller kann sich aber als Nebenkläger dem gerichtlichen Verf. anschließen (§ 395 Abs. 1 Nr. 3). Seine notwendigen Auslagen fallen bei Verurteilung – u. nur dann – idR dem Angeklagten zur Last (§ 472 Abs. 1). Dazu gehören auch die durch den Antrag veranlassten Kosten; denn es kommt bei den notwendigen Auslagen des Nebenklägers nur auf deren Notwendigkeit für die Rechtsverfolgung, nicht auf den Zeitpunkt der Entstehung an (erg. → § 472 Rn. 8). Das gilt auch, wenn das Verf. durch Strafbefehl erledigt wird (Rieß NStZ 1990, 9). Bei Anordnung der Wiederaufnahme der Ermittlungen durch das OLG (→ § 175 Rn. 2) ergeht keine Kostenentscheidung (Stoffers JurBüro 1993, 645), auch nicht bei Wiederaufnahme der Ermittlungen durch die StA (OLG Brandenburg NStZ-RR 2005, 45; OLG Jena NStZ-RR 2007, 223). 3

Dritter Abschnitt. (weggefallen)

178-197 (weggefallen)

Vierter Abschnitt. Entscheidung über die Eröffnung des Hauptverfahrens

Vorbemerkung zu § 199

A. Eröffnungsverfahren. Im Eröffnungsverfahren (Zwischenverfahren) – → Einl. Rn. 63 – prüft das Gericht, welche Verf. aufgrund der Anklage durchgeführt u. welche zur Vermeidung unnötiger Hauptverfahren schon vorher beendet werden sollen („Filterfunktion" des Zwischenverfahrens, vgl. Rieß FS Rolinkski, 2002, 239; Weidemann FS v. Heintschel-Heinegg, 2015, 499). Mit der Eröffnung des Hauptverfahrens, dh mit der Zulassung der Anklage (§ 207), wird der Verfahrensstoff bestimmt u. die Rechtshängigkeit erzeugt (→ § 156 Rn. 1). Warum es trotz der Filterfunktion der §§ 170, 203 in etwa 3 % aller gerichtlichen Strafverfahren zu einem Freispruch kommt, bedürfte einer empirisch-rechtsdogmatischen Untersuchung (Kinzig FS Kerner, 2013, 727). 1

B. Personelle Trennung von Eröffnungsrichter und Richter der Hauptverhandlung. Die immer wieder erhobene Forderung, Eröffnungsrichter und Richter der Hauptverhandlung personell zu trennen (früher insbes. etwa Schünemann GA 1978, 161; zul. Traut/Nickolaus StraFo 2012, 51; Vormbaum ZIS 2015, 328) könnte zwar der postulierten Gefahr einer Vorfestlegung der Tatsachenrichter entgegenwirken u. zu einer Aufwertung des Zwischenverfahrens beitragen. Allerdings ist anzunehmen, dass sie auch zu einer merklichen Verlängerung führen würde. Da dieser Vorschlag zudem zusätzliche richterliche Ressourcen erforderte u. eine Arbeitsverdoppelung zur Folge hätte – der Richter der HV müsste wie der 2

Eröffnungsrichter wieder die gesamten Akten durcharbeiten –, hat er kaum Aussicht auf Verwirklichung.

198 (weggefallen)

Entscheidung über die Eröffnung des Hauptverfahrens

199 (1) **Das für die Hauptverhandlung zuständige Gericht entscheidet darüber, ob das Hauptverfahren zu eröffnen oder das Verfahren vorläufig einzustellen ist.**

(2) [1]**Die Anklageschrift enthält den Antrag, das Hauptverfahren zu eröffnen.** [2]**Mit ihr werden die Akten dem Gericht vorgelegt.**

1 Die **StA wendet sich** stets an das nach ihrer Beurteilung für das Hauptverfahren zuständige Gericht (§ 200 Abs. 1 S. 2). Die Anklageschrift ist Voraussetzung für das weitere Verf. (BGHSt 5, 227; → Einl. Rn. 148). Wird die Akte elektronisch geführt, ist sie dem Gericht gem. § 32b Abs. 3 S. 2 als elektronisches Dokument zu übermitteln (→ § 32b Rn. 1 ff.). In diesem Fall muss sie nicht nach § 32b Abs. 1 S. 2 mit einer elektronischen Signatur versehen sein (BGH NJW 2026, 183; vgl. auch BayObLG NJW 2025, 2570).

2 **Mit den Akten** wird die Anklageschrift dem Gericht vorgelegt. Dazu gehören alle Vorgänge, die die Polizei nach § 163 Abs. 2 S. 1 übersandt hat (→ § 163 Rn. 23, 24), sowie die bei der StA entstandenen Vorgänge mit Ausnahme der Handakten. Die StA hat insoweit kein Auswahlrecht, sie darf kein be- u. entlastendes Material zurückhalten (BGH StraFo 2009, 338) braucht aber die für diesen Beschuldigten bedeutungslosen Vorgänge nicht vorzulegen (str., ausf. dazu Meyer-Goßner NStZ 1982, 356; erg. → § 147 Rn. 18). Dementsprechend sind Beiakten nur beizufügen, wenn ihr Inhalt v. Bedeutung für die Schuld- o. Rechtsfolgenfrage sein kann (BGHSt 30, 131 (139); OLG Frankfurt a. M. NJW 1982, 1408; LG Hannover StV 2015, 683); unter den Voraussetzungen des § 96 kann allerdings die Herausgabe v. Akten o. Aktenteilen verweigert werden (OLG Frankfurt a. M. NJW 1982, 1408; Geißer GA 1983, 400; Schäfer NStZ 1990, 46; **aM** Löwe/Rosenberg/Lüderssen/Jahn § 147 Rn. 57 ff. mwN; vgl. auch BVerfGE 63, 45; SK-StPO/Paeffgen Rn. 5). Zur Dauer der Aufbewahrung v. Spurenakten nach vorl. Einstellung des Ermittlungsverfahrens vgl. Schnarr ZRP 1996, 128.

3 Für beide angegebenen Entscheidungsmöglichkeiten gibt es mehrere Entscheidungsformen (→ § 204 Rn. 1 ff.).

Inhalt der Anklageschrift Nr. 110–113, 280 RiStBV

200 (1) [1]**Die Anklageschrift hat den Angeschuldigten, die Tat, die ihm zur Last gelegt wird, Zeit und Ort ihrer Begehung, die gesetzlichen Merkmale der Straftat und die anzuwendenden Strafvorschriften zu bezeichnen (Anklagesatz).** [2]**In ihr sind ferner die Beweismittel, das Gericht, vor dem die Hauptverhandlung stattfinden soll, und der Verteidiger anzugeben.** [3]**Bei der Benennung von Zeugen ist nicht deren vollständige Anschrift, sondern nur deren Wohn- oder Aufenthaltsort anzugeben.** [4]**In den Fällen des § 68 Absatz 1 Satz 3, Absatz 2 Satz 1 genügt die Angabe des Namens des Zeugen.** [5]**Wird ein Zeuge benannt, dessen Identität ganz oder teilweise nicht offenbart werden soll, so ist dies anzugeben; für die Geheimhaltung des Wohn- oder Aufenthaltsortes des Zeugen gilt dies entsprechend.**

(2) [1]**In der Anklageschrift wird auch das wesentliche Ergebnis der Ermittlungen dargestellt.** [2]**Davon kann abgesehen werden, wenn Anklage beim Strafrichter erhoben wird.**

Übersicht

A. Funktion und Aufbau der Anklageschrift. Funktion und Aufbau der Anklageschrift (dazu Heghmanns/Herrmann Staatsanwalt Rn. 759 ff.): 1

I. Informations- und Umgrenzungsfunktion. Die Anklageschrift unterrichtet den Angeschuldigten über den gegen ihn erhobenen Vorwurf (**Informationsfunktion**) u. bezeichnet in persönlicher u. sachlicher Hinsicht den Gegenstand, über den das Gericht im Eröffnungsverfahren zu entscheiden hat (**Umgrenzungsfunktion;** BGHSt 40, 390 (392); BGH NStZ 2017, 551; Löwe/Rosenberg/Stuckenberg Rn. 3 ff.; → Rn. 7 ff.). Die Umgrenzungsfunktion dient dazu, die Tat als unverwechselbaren geschichtlichen Vorgang zu kennzeichnen (BGH NStZ 2017, 551; erg. → Rn. 7). Dies ist notwendig, um den Gegenstand des Verfahrens sowie die Reichweite des Strafklageverbrauchs und eine etwaige Verfolgungsverjährung eindeutig zu bestimmen (vgl. BGH NStZ-RR 2022, 75; → § 264 Rn. 21 ff.). Bei Zulassung der Anklage (§ 207) bezeichnet die Anklageschrift in persönlicher u. sachlicher Hinsicht den Gegenstand des Hauptverfahrens (§§ 207, 243 Abs. 3, 264). Eine weitere Anklageschrift kann nachgereicht werden, wenn die Verbindung beider Sachen nach § 4 beantragt wird. Bei der Abfassung muss der Eindruck vermieden werden, als handele es sich um ein endg. Untersuchungsergebnis. 2

II. Adressat. Die Anklageschrift wird adressiert an das AG – Strafrichter – im Fall des § 25 GVG u. sonst an den Vorsitzenden des für die Entsch. über die Eröffnung des Hauptverfahrens zuständigen Gerichts (§ 199); auch der Spruchkörper (zB WirtschaftsStrK, JugK) ist zu bezeichnen (Nr. 110 Abs. 3 S. 2 RiStBV). Hält die StA bei Anklage zum LG die Mitwirkung eines 3. Richters für geboten (§ 76 Abs. 2 GVG), ist dies anzuregen (Nr. 113 Abs. 3 RiStBV). 3

III. Aufbau. Der Hauptteil der Anklageschrift ist der Anklagesatz (Abs. 1 S. 1). Ihm folgt die Angabe der Beweismittel (Abs. 1 S. 2) u. der 2. Teil, zu dem das wesentliche Erg. der Ermittlungen gehört (Abs. 2 S. 1). Am Ende enthält die Anklageschrift die Anträge der StA auf Eröffnung des Hauptverfahrens (§ 199 Abs. 2 S. 1) u. ggf. auf Erlass o. Aufrechterhaltung eines Haft- o. Unterbringungsbefehls (§ 207 Abs. 4). Vor diesen Anträgen werden zweckmäßigerweise die Bestimmungen des GVG angegeben, aus denen sich die Zuständigkeit des angegangenen Gerichts ergibt. 4

B. Anklagesatz (Abs. 1 S. 1). Der sog. Anklagesatz (Abs. 1 S. 1) ist der **wesentliche Inhalt** der Anklageschrift, was va § 243 Abs. 3 zeigt (vgl. auch §§ 114 Abs. 2 Nr. 1, 2, 270 Abs. 2, 383 Abs. 1 S. 2). Zur Unzulässigkeit eines zu langen (weil Beweiswürdigung enthaltenden) Anklagesatzes vgl. BGH NJW 1987, 1209; erg. → GVG § 30 Rn. 2. 5

6 **I. Angaben zur Person.** Die **Angaben zur Person** enthalten die in Nr. 110 Abs. 2 Buchst. a RiStBV bezeichneten Daten. Auch der Name des Verteidigers ist in geeigneter Weise anzugeben (Nr. 110 Abs. 2 Buchst. b RiStBV).

7 **II. Tatbegriff.** Der Begriff der **Tat** entspr. dem des § 264 (BGH StraFo 2011, 395; NStZ 2012, 85). Die Tat wird also mit Zeit u. Ort sowie weiteren Einzelheiten der Tatbegehung (BGH NStZ 2017, 551) als historisches Ereignis in der Weise geschildert, dass die Identität des gemeinten geschichtlichen Vorgangs (BGHSt 5, 227) klargestellt wird (BGHSt 16, 47 (48); 29, 124 (126)). Die Tat muss sich v. anderen gleichartigen strafbaren Handlungen desselben Täters unterscheiden lassen; fehlt es daran, ist die Anklage unwirksam (BGH StraFo 2019, 206; StV 2015, 148; BGHR StPO § 200 Abs. 1 S. 1 Tat 3). Es darf nicht unklar bleiben, über welchen Sachverhalt das Gericht nach dem Willen der StA urteilen soll (BGH NStZ 2012, 85). Dabei muss die Schilderung umso konkreter sein, je größer die allg. Möglichkeit ist, dass der Angeschuldigte verwechselbare weitere Straftaten gleicher Art verübt hat (BGHR StPO § 200 Abs. 1 S. 1 Tat 4, 7; BGH NStZ-RR 2018, 353 mwN).

7a **Wann** die Tat in dem beschriebenen Sinne **hinreichend umgrenzt** ist, kann nicht abstrakt, sondern nur nach Maßgabe der Umstände des Einzelfalls beurteilt werden; aus der bes. rechtlichen Ausgestaltung eines Deliktstatbestandes kann sich ergeben, dass erhöhte Anforderungen zu stellen sind (BGH NStZ 2018, 347 mwN). Die Ausführungen im wesentlichen Erg. der Ermittlungen dürfen bei der Überprüfung herangezogen werden (BGHSt 46, 130 (134); BGH BeckRS 2017, 121077; NStZ-RR 2018, 353). Unrichtigkeiten bei der Tatzeitangabe können unschädlich sein (OLG Karlsruhe MDR 1982, 248; OLG Köln VRS 107, 312; vgl. auch OLG Celle NStZ 2015, 603 mkritAnm Mosbacher zu § 95 Abs. 2 Nr. 2 AufenthG), uU auch das völlige Fehlen der Angaben, wenn die Tat durch andere Umstände ausreichend konkretisiert wird (BGH BeckRS 2011, 19925). Auf eine Verfolgungsbeschränkung nach § 154a Abs. 1 wird in der Anklageschrift hingewiesen (Nr. 101a Abs. 3 RiStBV). Kommt wahldeutige Verurteilung (→ § 260 Rn. 27) in Betracht, so müssen sowohl bei gleichartiger (BGHSt 32, 146) als auch bei ungleichartiger (OLG Celle NJW 1988, 1225) Wahlfeststellung beide Taten angeklagt werden, falls es sich um selbständige Taten iSd § 264 handelt (Schröder NJW 1985, 780; → § 264 Rn. 15). Anklage in Wahlfeststellung setzt aber voraus, dass die beiden Sachverhalte im Verhältnis exklusiver Alternativität stehen (OLG Stuttgart NJW 1996, 2879). Enthält der Anklagesatz weitere Angaben, die nicht die angeklagte prozessuale Tat, sondern einen anderen Lebensvorgang betreffen, wird dieser hierdurch nicht zum Verfahrensgegenstand (BGH StV 2018, 103 (104)). Zum notwendigen Inhalt der Anklageschrift zur Erfüllung der Umgrenzungsfunktion wegen einer Steuerhinterziehung vgl. BGH NStZ 2013, 409, wegen § 266a BGH NStZ 2018, 338; NStZ-RR 2018, 216; Mayer/Carra NZWiSt 2018, 281; wegen Untreue BGH NStZ 2018, 347; wegen Insolvenzverschleppung BGH NStZ 2018, 347.

8 **1. Jedes gesetzliche Merkmal** des (äußeren u. inneren) Tatbestandes wird mit dem entspr. (äußeren o. inneren) Vorgang o. Zustand belegt. Die Darst. der Tat wird gestrafft, da sie nur das Thema der HV in tatsächlicher Hinsicht angeben soll. Einzelheiten des Tatgeschehens, die hierfür entbehrlich sind, werden in dem Anklagesatz nicht aufgenommen. Eine Anklageschrift, die hiergegen verstößt, darf das Gericht nicht zulassen (BGH JZ 1987, 316). Ob im Steuerstrafverfahren nur die Höhe o. auch die Berechnung der verkürzten Steuer angegeben werden muss, ist str. (vern. BayObLG NStZ 1992, 403, bejahend OLG Düsseldorf NJW 1989, 2145; NStZ 1991, 99), vgl. dazu – unter Darst. der bisherigen Rspr. – OLG Karlsruhe wistra 1994, 319.

9 **2. Vielzahl von Handlungen oder Verletzten:** Bei einer Vielzahl v. Handlungen ggü. demselben Geschädigten müssen die einzelnen Taten deutlich voneinander abgegrenzt werden (BGH NStZ 2015, 96; 2016, 745; NJW 2010, 308). Bei einer Serie v. Straftaten muss daher zunächst versucht werden, die einzelnen

Taten nach konkreten Tatbildern zu beschreiben, die ihnen ein eigenes Gepräge geben (BGH NStZ 1994, 352; s. auch BGH 21.12.2021 – StB 39/21), vgl. zB bei Anklage wegen Betrugs (BGHSt 57, 88; BGH NStZ 2006, 649), wegen Bestechung (BGHR StPO § 200 Abs. 1 S. 1 Tat 10), wegen Hehlerei (OLG Hamm wistra 2001, 236), wegen sexueller Handlungen ggü. Kindern (BGH NStZ 1999, 520; 2005, 282; KG StV 2016, 547; OLG Düsseldorf NStZ 1996, 298; OLG Koblenz NJW 1995, 3066), wegen Verstößen gegen das BtMG (BGH NStZ 2015, 96; OLG Düsseldorf JMBl. NRW. 1995, 237), wegen Fahrens ohne Fahrerlaubnis OLG Köln VRS 90, 288; OLG Zweibrücken MDR 1996, 956), wegen Verstößen gegen das VStGB (BGH NStZ-RR 2022, 75). Wenn das nicht möglich ist, die einzelnen Taten nach Tatbegehung o. Tatort also nicht individualisierbar sind, weil sie sich stets in derselben Weise am selben Ort abgespielt haben, muss eine zeitliche Eingrenzung vorgenommen werden (vgl. BGH NStZ 2014, 49; OLG Düsseldorf StraFo 1996, 151). Lassen sich auch insoweit keine genauen Feststellungen mehr treffen, ist nach dem Zweifelsgrundsatz v. **Mindestzahlen** auszugehen (zB mind. 10 Mal v. Mai bis Juli 2021; unklar BGHSt 40, 44 mablAnm Peters NStZ 1994, 591: Höchstzahl angeben); dabei steht der Umgrenzung der Anklage nicht entgegen, dass der Angekl. möglicherweise noch an weiteren ähnlichen Taten beteiligt war (BGHSt 64, 1 = NJW 2019, 1470; BGH 21.12.2021 – StB 39/21). Dies gilt nicht für Fälle des Fahrens ohne Fahrerlaubnis, da dieser Deliktstyp schon v. der äußeren Wahrnehmbarkeit keine Besonderheiten der Beweislage mit sich bringt (OLG Celle StraFo 2021, 490). Bei einer *Vielzahl sexueller Übergriffe* ggü. Kindern genügt die Anklageschrift ihrer Umgrenzungsfunktion, wenn der Verfahrensgegenstand durch die Festlegung des zeitlichen Rahmens der Tatserie, die Nennung der Höchstzahl der innerhalb dieses Zeitraums begangenen Taten u. die wesentlichen Grundzüge des Tatgeschehens bestimmt wird (vgl. BGH NStZ-RR 2018, 291 Ls.); können die Delikte hins. der Tatzeiten nicht näher bestimmt werden, erlangt die Art u. Weise der Tatbestandsverwirklichung maßgebliche Bedeutung für die Individualisierung (BGH BeckRS 2020, 28820). Ist eine Vielzahl v. Personen verletzt o. getötet worden, so müssen die festgestellten Geschädigten aufgezählt o. so bezeichnet werden, dass die Tat insges. genügend konkretisiert ist; eine sonstige Generalklausel genügt nicht (vgl. BGHSt 10, 137; BGH NStZ 1984, 229; OLG Stuttgart Justiz 1993, 266). Zu § 266a StGB hält der BGH es allerdings nicht für erforderlich, dass die Anklage die betroffenen Arbeitnehmer individualisiert, sondern für ausreichend, sie pauschal den jeweiligen Sozialversicherungsträgern zuzuordnen (BGH NStZ 2018, 338; vgl. auch BGH BeckRS 2017, 121077; NZWiSt 2020, 409 zu den allg. erforderlichen Angaben). Im Übrigen kann ein etwaiger Mangel einer solchen Rahmenklage durch § 154a geheilt werden (Bauer JZ 1967, 625 (628); Bruns FS Grützner, 1970, 473). Was die Tatzeit angeht, muss wenigstens der Zeitraum angegeben werden, über den sich die Tat insges. erstreckt hat (Dallinger MDR 1972, 752 – BGH RsprÜ).

Auch bei einer **Vielzahl gleichförmiger Taten oder Tateinzelakte** ist nach der Entsch. des GrS des BGH (BGHSt 56, 109) eine einengende Auslegung des Abs. 1 S. 1 in Bezug auf die Individualisierung der Taten, wie sie dem 1. StS des BGH vorschwebte, ausgeschlossen; er hat die Meinung des 1. StS abgelehnt, es sei ausreichend, wenn über die Angabe der Zahl der Taten, des Gesamtschadens u. des gesamten Tatzeitraums hinaus die gleichartigen Taten gruppiert bezeichnet werden u. wenn die Einzelheiten im wesentlichen Ermittlungsergebnis detailliert (etwa tabellarisch) aufgelistet werden (BGH NJW 2008, 2131; dagegen Ziegert FS Schöch, 2010, 879; BGH NStZ 2009, 703; NStZ-RR 2010, 313 mablAnm Lesch; zust. aber Kröpil DRiZ 2010, 369). Auch in diesen Fällen ist also eine Auslagerung der Details in das wesentliche Erg. der Ermittlungen nicht zulässig (BGHSt 56, 183; BGH NStZ 2011, 420; Börner NStZ 2011, 437; s. allerdings auch BGH NZWiSt 2017, 190 (2. StS) zur Erfüllung der Umgrenzungsfunktion bei sog. uneigentlichen Organisationsdelikten sowie BGH NStZ 2017, 551, wonach es einer individualisierenden Beschreibung sämtlicher Einzelakte nicht bedürfe, wenn diese durch dieselbe Handlung des Angeschuldigten zu gleichartiger Tateinheit u. damit prozessual **9a** zu einer Tat verbunden seien). Einschränkungen lässt der GrS nur bei § 243 Abs. 3 S. 1 zu (→ § 243 Rn. 13). Zur Behandlung in der Revision → Rn. 26, 27. Zur Fassung der Anklage bei einem sog. Organisationsdelikt vgl. OLG Oldenburg NStZ 2006, 467.

10 **3. Rechtsfolgenrelevante Tatsachen:** Zur Schilderung der Tat iS Nr. 110 Abs. 2 Buchst. c RiStBV gehören an sich nicht die Merkmale u. Umstände, die die Rechtsfolgen betreffen. Um den Angeschuldigten umfassend zu informieren, auf welche Rechtsfolgen er sich einstellen muss, werden – auch zur Entlastung der HV v. Hinweisen nach § 265 – in der Praxis aber auch solche Tatsachen mit aufgenommen, also zB die Darlegung der Voraussetzungen des § 21, in Betracht kommender Maßregeln der Besserung u. Sicherung o. eines bes. schweren o. minder schweren Falls (Löwe/Rosenberg/Stuckenberg Rn. 32; Rieß GA 2007, 379). Mit Blick auf § 265 Abs. 2 Nr. 1 gilt dies auch für die Maßnahmen der Einziehung u. der Unbrauchbarmachung (§ 11 Abs. 1 Nr. 8).

11 **III. Gesetzliche Merkmale der Straftat. Gesetzliche Merkmale** der Straftat sind die abstrakten Tatbestandsmerkmale der anzuwendenden materiell-rechtlichen Strafvorschriften. Ihre Angabe bezweckt, dem Beschuldigten aufzuzeigen, dass sich die Schilderung der vorgeworfenen Tat u. die tatbezogenen ges. Strafbarkeitsvoraussetzungen decken. Bei der Angabe der ges. Merkmale sind auch die Bestimmungen zu berücksichtigen, die den nach der Auff. der StA zu erwartenden Schuldspruch qualifizieren, zB Versuch, Teilnahmeform, Tateinheit, Tatmehrheit (Kaiser NJW 1981, 1028). Entsprechend der in der Praxis üblichen Aufnahme der Tatsachen, die die in Betracht kommenden Rechtsfolgen betreffen (→ Rn. 10), sind deren ges. Merkmale hier zu bezeichnen, zB § 21 oder § 61 ff. oder § 243 StGB (KK-StPO/Schneider Rn. 17).

12 **IV. Anzuwendende Strafvorschriften.** Dazu gehören 2 Teile:

13 **1.** Die **rechtliche Bezeichnung** der Straftat, wie sie in der Urteilsformel zur Bezeichnung des Schuldspruchs nach § 260 Abs. 4 S. 1, 2 enthalten sein muss. Ob die Straftat ein Vergehen o. Verbrechen ist (§ 12 Abs. 1, Abs. 2 StGB), muss nicht, sollte aber – zumindest bei Verbrechen – angegeben werden. Da der Anklagesatz – wie im Fall der späteren Verurteilung der Schuldspruch – den strafrechtlichen Vorwurf enthält, sollten für die rechtliche Bezeichnung der Tat die für den Schuldspruch geltenden Regeln angewendet werden (→ § 260 Rn. 22 ff.). Hat ein Tatbestand mehrere Begehungsformen, so muss angegeben werden, welche Tatbestandsalternative gemeint ist (BGH NStZ 1984, 133; 1985, 464).

14 **2.** Die **gesetzliche Bezeichnung** wie beim Urt. (§ 260 Abs. 5, → § 260 Rn. 54) u. beim Strafbefehl (§ 409 Abs. 1 S. 1 Nr. 4). Für die Anklageschrift ist die gesonderte Zusammenstellung der anzuwendenden Strafbestimmungen in einer Liste nicht vorgeschrieben, aber zu empfehlen. Vorschriften über bloße Straffolgen der tatbestandsmäßigen Handlung, Hinweise auf die ges. Strafdrohung der Tat ua Bestimmungen, die gleichermaßen für alle in Betracht kommenden Straftaten gelten, müssen in die Anklageschrift nicht aufgenommen werden (BGHSt 29, 124 (126)). Das gilt insbes. für Nebenstrafen u. -folgen nach §§ 44, 45 StGB u. Maßnahmen nach §§ 73 ff. StGB (vgl. BGHSt 22, 336 (338); **aM** KMR-StPO/Seidl Rn. 21). Rechtsfolgen, die außer der Tat bes. tatsächliche Umstände voraussetzen (vgl. etwa §§ 63 ff., 125a, 243 StGB), sind jedoch entspr. § 265 Abs. 2 mit der Gesetzesbezeichnung anzuführen; auch auf § 57a StGB ist hinzuweisen, falls die bes. Schuldschwere bejaht werden soll (. Die Liste der anzuwendenden Strafvorschriften steht am besten aE des Anklagesatzes. Sie wird in die Verlesung des Anklagesatzes (§ 243 Abs. 3 S. 1) miteinbezogen. Auf eine Ausscheidung einzelner Gesetzesverletzungen nach § 154a Abs. 1 weist die StA in der Anklageschrift hin (Nr. 101a Abs. 3 Hs. 2 RiStBV).

15 **V. Nebenbeteiligte. Nebenbeteiligte** (→ Einl. Rn. 73) sind mit identifizierenden Angaben zur Person anzuführen. Soweit ihre Beteiligung am gerichtlichen Verf. von deren Anordnung abhängt, wird sie in der Anklageschrift beantragt. Ferner ist die tatsächliche u. rechtliche Grdl. für die gegen sie in Betracht kom-

mende Maßnahme darzulegen. Das gilt für den Einziehungsbeteiligten (§ 424 Abs. 1 S. 1), den Nebenbetroffenen (§ 438 Abs. 1) u. die JP o. PV (§ 444; → § 444 Rn. 4). Ihnen wird die Anklageschrift auch mitgeteilt (→ § 201 Rn. 7, → § 426 Rn. 4).

C. Beweismittel (Abs. 1 S. 2–5). Verzeichnet werden die wesentlichen persönlichen u. sachlichen Beweismittel (→ Einl. Rn. 49). Zeugen u. Sachverständigen sind zu benennen. Bei Zeugen ist nicht deren vollständige Anschrift, sondern nur deren Wohn- oder Aufenthaltsort anzugeben (Abs. 1 S. 3; vgl. BT-Drs. 19/27654, 94). Der StA gibt nur die Beweismittel an, deren Verwendung in der HV er für notwendig hält (Nr. 111 Abs. 1 RiStBV). Soll nach seiner Auff. ein Zeuge o. Sachverständiger nicht geladen, sondern anstelle seiner Vernehmung eine Niederschrift o. Erkl. verlesen werden (§§ 251 Abs. 1, Abs. 2, 256), so wird nur das Schriftstück unter den Urkunden als Beweismittel aufgeführt. Wenn der Vorsitzende (§ 214) nicht alle benannten o. noch andere Zeugen o. Sachverständige lädt, erhalten die Bet. durch die Mitteilung nach § 222 Abs. 1 Kenntnis hiervon. Der Gerichtshelfer wird – v. bes. Ausnahmefällen abgesehen – nicht als Zeuge u. sein Bericht nicht als Urk. angeführt (→ § 160 Rn. 26). **16**

Aus Gründen des **Zeugenschutzes** genügt es in den Fällen des § 68 Abs. 1 S. 3, Abs. 2 S. 1 den Namen des Zeugen anzugeben (Abs. 1 S. 4; s. → § 68 Rn. 8b, 10–12). Falls die Identität des Zeugen nach § 68 Abs. 3 ganz o. teilw. geheim gehalten werden soll (vgl. → § 68 Rn. 14 ff.), ist dies anzugeben (Abs. 1 S. 5); Angeklagter u. Gericht werden dadurch schon mit der Anklage unterrichtet, dass auch Aussagen geschützter Zeugen in die HV eingeführt werden sollen (Hilger NStZ 1992, 459). **16a**

D. Wesentliches Ergebnis der Ermittlungen (Abs. 2). Der 2. Teil der Anklageschrift enthält das **wesentliche Ergebnis der Ermittlungen** (ieS, § 200 Abs. 2) u. die täterbezogenen Rechtsfolgentatsachen, u. zwar in dieser Reihenfolge, die auch bei der Beweisaufnahme einzuhalten ist. Er ist bestimmt einerseits für den Angeklagten u. seinen Verteidiger (vgl. → Rn. 21), andererseits für das über die Eröffnung des Hauptverfahrens entscheidende Gericht. Von der Aufnahme kann bei Anklagen vor dem Strafrichter abgesehen werden (Abs. 2 S. 2); entspr. ist Abs. 2 S. 1 nicht verletzt, wenn die Anklage bei Übernahme des Verfahrens v. Strafrichter durch das LG gem. § 209 Abs. 2 kein wesentliches Erg. der Ermittlungen enthält (BGH NStZ 2020, 496 mablAnm Stuckenberg). **17**

Anzuführen sind die Tatsachen samt Beweisgrundlage, aus denen sich der hinreichende Tatverdacht (→ § 170 Rn. 1, § 203) ergibt. Dabei können Nebenumstände der Tat, ihre Vorgeschichte u. Daten aus der Lebensgeschichte des Beschuldigten angeführt werden, soweit sie v. Bedeutung sind. Bloß formelhafte Wendungen genügen nicht, wie zB: „Der Angeschuldigte leugnet zwar, wird aber durch die Beweismittel überführt werden." **18**

Aufzunehmen sind ferner die **persönlichkeitsbezogenen Rechtsfolgenumstände** (Nr. 110 Abs. 2 Buchst. g; → Rn. 10 RiStBV). Dazu gehören auch, falls Geldstrafe in Betracht kommt, die Grundlagen für die Bestimmung der Höhe des Tagessatzes (§ 40 Abs. 2 StGB); ferner die Tatsachen, die für die Anordnung einer Nebenstrafe, Maßregel o. Nebenfolge (die nach der Liste der Strafvorschriften (→ Rn. 14) in Betracht kommt) v. Bedeutung sind; ebenso die verwertbaren Vorstrafen o. sonstigen Erkenntnisse aus dem Zentralregister u. dem Erziehungsregister. Rechtliche Ausführungen gehören im Allgemeinen nicht in diesen Abschnitt. Sie sind aber angebracht, wenn es sich um Streitfragen v. wesentlicher Bedeutung handelt (vgl. auch Löwe/Rosenberg/Stuckenberg Rn. 61). **19**

Der **Bericht des Gerichtshelfers** (§ 160 Abs. 3 S. 2) wird nicht in das wesentliche Erg. der Ermittlungen aufgenommen. Dass rechtsfolgenrelevante Umstände (auch) in diesem Bericht erwähnt sind, hindert aber nicht ihre Anführung im wesentlichen Erg. der Ermittlungen. **20**

Auch zur Vorbereitung des rechtlichen Gehörs (§ 33 Abs. 3) im Wege des § 201 Abs. 1 vor einem etwaigen Eröffnungsbeschluss dient die Angabe des wesentlichen Erg. der Ermittlungen. Daher ist v. der Ausnahme des Abs. 2 S. 2 für **21**

Strafrichtersachen (§ 25 GVG) nur dann Gebrauch zu machen, wenn bei einfacher Beweislage die Mitteilung des Anklagesatzes zusammen mit der Angabe der Beweismittel den Erfordernissen des § 33 Abs. 3 genügt. Darauf beruht Nr. 112 Abs. 1 RiStBV.

22 **Für die Schöffen** ist der 2. Teil der Anklageschrift nicht bestimmt (BGHSt 13, 73; GA 1960, 314; Nr. 126 Abs. 3 RiStBV; → § 261 Rn. 7, 49). Die Trennung dieses Teils v. Anklagesatz ist danach auch notwendig, weil durch Beweiswertungen ein Schöffe befangen werden könnte (zw., vgl. BGH NStZ-RR 2025, 146, der dies allerdings letzlich dahingestellt hat sein lassen; s. auch → § 261 Rn. 50; → GVG § 30 Rn. 2).

23 **E. Weitere Förmlichkeiten (Abs. 1 S. 2), Nr. 110 Abs. 3, Abs. 4 RiStBV.** Die Angaben über UHaft werden in der Praxis idR im Kopf der Anklageschrift an auffälliger Stelle vermerkt, ggf. mit Angabe des nächsten Haftprüfungstermins. Sie gehören aber nicht zum Anklagesatz u. dürfen nicht mit diesem in der HV verlesen werden (→ § 243 Rn. 15). Der Antrag zur Frage der Fortdauer einer gegenwärtig vollzogenen UHaft (§ 207 Abs. 4) wird mit dem Antrag auf Eröffnung des Hauptverfahrens verbunden. Die Anklageschrift muss v. StA unterschrieben sein (→ Einl. Rn. 128; zu den Fällen des § 32b Abs. 3 S. 2 – elektronischer Aktenführung – → § 199 Rn. 1; BGH NJW 2026, 183); das Fehlen der Unterschrift ist aber unschädlich, wenn die Anklage mit Wissen u. Wollen des zuständigen Beamten der StA zu den Akten gereicht worden ist (OLG München StraFo 2011, 226).

24 Ein **Geheimvermerk** der StA auf der Anklageschrift ist zulässig, auch mit einem auf den konkreten Fall zugeschnittenen, für den Beschuldigten bestimmten Hinweis auf Strafbestimmungen, erforderlichenfalls mit Auflagen zum Schutz des Geheimnisses (vgl. BGHSt 18, 369 (373); Nr. 213 RiStBV). Jedoch darf die Verteidigung, zB die Akteneinsicht (§ 147), dadurch nicht beschränkt werden; äußerstenfalls ist v. § 153d Gebrauch zu machen. Vgl. auch → § 35 Rn. 8.

25 **F. Mängel der Anklageschrift.** Es ist zu unterscheiden zwischen Nichterfüllung der Funktion der Anklageschrift u. bloß äußeren o. aufteilungsmäßigen Mängeln (vgl. dazu Kuckein StraFo 1997, 33 ff.).

26 **I. Funktionelle Mängel (→ Rn. 2).** Fehlt es an der genügenden Identifizierung des Angeschuldigten, so gibt das Gericht die Anklageschrift zurück; dasselbe gilt bei **mangelnder Identifizierung der Tat** (BGH NJW 1954, 360 (361); BGHR StPO § 200 Abs. 1 S. 1 Anklagesatz 4), sofern nicht Auslegung nach dem in der Anklageschrift niedergelegten wesentlichen Ermittlungsergebnis genügt (BGHSt 5, 227; 10, 137; 57, 138 (139); BGH NJW 2010, 308; OLG Düsseldorf VRS 87, 358). Auf die mündliche Erg. in der HV braucht sich das Gericht nicht verweisen zu lassen (OLG Stuttgart Justiz 1983, 266). Wird der Mangel nicht behoben, ist die Eröffnung des Hauptverfahrens abzulehnen; dies gilt namentlich, wenn die StA eine „Nachbesserung" verweigert (OLG Frankfurt a. M. NStZ-RR 2003, 146; OLG Celle StV 2012, 456; OLG Karlsruhe wistra 2004, 276 (279); Löwe/Rosenberg/Stuckenberg Rn. 86; **aM** KK-StPO/Schneider Rn. 33: keinerlei Heilungsmöglichkeit). Wird der Mangel im Eröffnungsverfahren nicht durch entspr. Klarstellung behoben, so sind Anklageschrift u. Eröffnungsbeschluss unwirksam, was zur Einstellung des Verfahrens führt; eine Klarstellung in der HV kommt nicht in Betracht, da dies dem Anklageprinzip des § 151 widerspräche (BGH NStZ 2018, 347; KG StV 2016, 547; OLG Oldenburg StV 2010, 511; vgl. auch → § 207 Rn. 11, 12; → § 243 Rn. 16).

27 **II. Sonstige Mängel.** Sind im Anklagesatz Teile enthalten, die nicht hineingehören, so kann dies dem Sitzungs-StA Anlass geben, sie bei der Verlesung wegzulassen (→ § 243 Rn. 16). Ein **Mangel, der nur die Informationsfunktion** (→ Rn. 2) der Anklage betr. (OLG Stuttgart Justiz 1993, 266), zB Fehlen der ges. Merkmale der Straftat o. der anzuwendenden Strafvorschrift (BGHR StPO § 200 Abs. 1 S. 1 Anklagesatz 5), fehlerhafte Ausgliederung der Tatdetails bei einer Vielzahl v. gleichförmigen Taten o. Tateinzelakten in das wesentliche Erg. der

Ermittlungen (→ Rn. 9a) sowie Mängel im Aufbau, in der Darst. des wesentlichen Erg. der Ermittlungen (BGHSt 40, 390; anders aber bei dessen vollständigem Fehlen, LG Cottbus StV 2014, 332) o. im Äußeren der Anklageschrift (zB das versehentliche Unterlassen der Unterschrift, BGH NStZ 2018, 538; OLG München wistra 2011, 280; OLG Düsseldorf wistra 1993, 352) machen die Anklageschrift nicht unwirksam (BGHSt 40, 44; 390; 57, 138 (139); OLG Nürnberg StraFo 2013, 462; **aM** OLG Düsseldorf JR 1998, 37 mablAnm Rieß; OLG Schleswig StV 1995, 455) u. führen deswegen auch nicht zu einem Verfahrenshindernis (→ Einl. Rn. 146, 154). Mängel dieser Art können daher auch weder die Ablehnung der Eröffnung des Hauptverfahrens zur Folge haben (OLG Nürnberg StraFo 2011, 150; **aM** Rieß JR 1998, 41) noch mit der Revision geltend gemacht werden (Kusch NStZ 1995, 19 – BGH RsprÜ). Der Vorsitzende des Gerichts sollte aber die Anklage zur Mängelbeseitigung an die StA zurückgeben. Bei Beharren der StA hat die Mitteilung der Anklageschrift (§ 201 Abs. 1) zu erfolgen (→ § 201 Rn. 1; vgl. auch KK-StPO/Schneider Rn. 35: Rechtsverstoß der Gehörsverletzung im Eröffnungsbeschluss beheben). Falls das Gericht die Mitteilung der Anklageschrift ablehnt, steht der StA dagegen die (einfache) Beschwerde zu (OLG Karlsruhe Justiz 1998, 535). Wird dieser stattgegeben, muss die Anklage zugestellt werden, wird sie verworfen, muss die StA eine berichtigte Anklage einreichen; weigert sich die StA auch jetzt noch, ist die Eröffnung des Hauptverfahrens abzulehnen.

G. Ordnungswidrigkeiten. Auf eine Ordnungswidrigkeit erstreckt die StA die öffentl. Klage bei Zusammenhang mit der Straftat nach Maßgabe der §§ 42, 64 OWiG (vgl. Nr. 280 RiStBV). Beide sind dann bes. Anklagepunkte mit gesonderten Anklagesätzen. Bei rechtlichem Zusammentreffen mit einer Straftat gelten die §§ 21, 40 OWiG. In diesem Fall wird die OWi in den Anklagesatz nur aufgenommen, wenn Nebenfolgen angestrebt werden (§ 21 Abs. 1 S. 1 OWiG). 28

H. Mitteilungspflichten. Eine Vielzahl v. Mitteilungspflichten, etwa in Strafverfahren gegen Beamte nach § 49 BeamtStG, § 125c Abs. 1, Abs. 2 BRRG (MiStra 15 Abs. 1 Nr. 2, Abs. 2) u. gegen Ärzte, Zahnärzte sowie Tierärzte wegen Verstößen gegen das BtMG gem. § 27 Abs. 3 S. 1 Nr. 2 BtMG (MiStra 50 Abs. 1 Nr. 2), o. Mitteilungsermächtigungen, insbes. nach §§ 12 ff. **EGGVG,** hat die StA bei Anklageerhebung zu beachten; die Einzelheiten ergeben sich aus der MiStra (vgl. → EGGVG § 12 Rn. 1 ff.). 29

Übermittlung der Anklageschrift

201 (1) [1]**Der Vorsitzende des Gerichts teilt die Anklageschrift dem Angeschuldigten mit und fordert ihn zugleich auf, innerhalb einer zu bestimmenden Frist zu erklären, ob er die Vornahme einzelner Beweiserhebungen vor der Entscheidung über die Eröffnung des Hauptverfahrens beantragen oder Einwendungen gegen die Eröffnung des Hauptverfahrens vorbringen wolle.** [2]**Die Anklageschrift ist auch dem Nebenkläger und dem Nebenklagebefugten, der dies beantragt hat, zu übersenden; § 145a Absatz 1 und 3 gilt entsprechend.**

(2) [1]**Über Anträge und Einwendungen beschließt das Gericht.** [2]**Die Entscheidung ist unanfechtbar.**

A. Mitteilung der Anklageschrift. Die Mitteilung der Anklageschrift mit der Aufforderung zur Erkl. (Abs. 1) dient der **Gewährung rechtlichen Gehörs** (→ Einl. Rn. 23 ff.). Sie trägt auch dem Art. 6 Abs. 3 **EMRK** Rechnung; zur Notwendigkeit der Beifügung einer fremdsprachigen Übersetzung vgl. → EMRK Art. 6 Rn. 18 u. § 187 GVG. Ein Verzicht auf die Mitteilung ist unbeachtlich (OLG Hamburg NStZ 1993, 53). Die Mitteilung ist auch dann erforderlich, wenn die Eröffnung des Hauptverfahrens voraussichtlich (zB wegen Vorliegens eines Verfahrenshindernisses) abgelehnt wird (KK-StPO/Schneider Rn. 9; SK-StPO/Paeffgen Rn. 4; **aM** Lorenzen/Thamm SchlHA 1996, 95 – OLG Schleswig 1

RsprÜ), ebenso wenn die „Nachbesserung" der Anklage (→ § 200 Rn. 26, 27) abgelehnt wird (LG Oldenburg NStZ-RR 2011, 150; **aM** OLG Frankfurt a. M. NStZ-RR 2003, 147); denn der Angeschuldigte darf über den Vorgang der Anklageerhebung nicht im Dunkeln gelassen werden. In Staatsschutzsachen kann entspr. § 174 Abs. 3 GVG ein Schweigegebot verhängt werden (KK-StPO/Schneider Rn. 5 mwN; → § 200 Rn. 24).

2 **Dem Angeschuldigten** muss die Anklageschrift mitgeteilt werden. Hat er einen Verteidiger, so gilt § 145a Abs. 1, Abs. 3; zum Verf. bei Notwendigkeit der Verteidigerbestellung vgl. → § 141 Rn. 21, → § 142 Rn. 7, 37 ff. Im Verf. gegen Jugendliche erfolgt die Mitteilung auch an Erziehungsberechtigte u. ges. Vertreter (§ 67 Abs. 2 **JGG**).

3 Auch dem **Nebenkläger** (§ 395) u. dem Nebenklagebefugten (§ 406h), letzterem allerdings nur auf seinen Antrag, muss die Anklageschrift mitgeteilt werden (Abs. 1 S. 2). Statt an sie selbst, kann die Mitteilung auch an ihren Vertreter erfolgen (§ 145 Abs. 1, Abs. 3 entspr.). Nebenbeteiligte (→ Einl. Rn. 73) erhalten nach §§ 435 Abs. 2, 440 Abs. 3, 444 Abs. 2 S. 1, 2 die Anklageschrift erst mit der Terminsnachricht.

4 Der **Vorsitzende** trifft die Anordnung nach Abs. 1; bewirkt wird sie durch den UrkB. Unterlässt er die Mitteilung, dass er auf richterliche Anordnung handelt, so ist das unschädlich (OLG Bremen JZ 1955, 680). Die förmliche Zustellung ist nur bei Mitteilung an den Angeschuldigten erforderlich, da die Fristbestimmung nach Abs. 1 eine richterliche Entsch. iSd § 35 ist (OLG Celle StV 1998, 531; OLG Karlsruhe NJW 1974, 709 (712)).

5 Die **Erklärungsfrist** muss angemessen sein. Maßgebend sind Umf. u. Schwierigkeit der Sache (Krekeler wistra 1985, 56). Eine Wochenfrist ist idR mind. erforderlich. Die Frist kann verlängert werden. Da sie keine Ausschlussfrist ist, werden Einwendungen u. Anträge berücksichtigt, die nach ihrem Ablauf, aber vor Erlass (→ Vor § 33 Rn. 5 ff.) der Entsch. nach §§ 203, 204 eingehen (OLG Schleswig SchlHA 1954, 109; Krekeler wistra 1985, 56); auch sie müssen daher nach Abs. 2 S. 1 beschieden werden (Löwe/Rosenberg/Stuckenberg Rn. 21; Krekeler wistra 1985, 56).

6 **B. Einwendungen und Beweisanträge.** Einwendungen gegen die Eröffnung des Hauptverfahrens können etwa darin bestehen, dass das Fehlen des Tatverdachts aus tatsächlichen o. rechtlichen Gründen o. das Bestehen v. Verfahrenshindernissen geltend gemacht, insbes. der Zuständigkeitseinwand nach §§ 6a, 16 erhoben wird. Beweisanträge sollten entspr. § 219 Abs. 1 S. 1 bestimmte Tatsachen u. Beweismittel angeben; notwendig ist dies jedoch nicht (Alsberg Beweisantrag/Tsambikakis Rn. 586); sie dürfen nur zu dem Zweck gestellt werden, die Entsch. nach den §§ 203, 204 vorzubereiten (vgl. § 202 S. 1). Nebenkläger u. Nebenklagebefugte können zwar keine Einwendungen gegen die Eröffnung des Hauptverfahrens erheben (→ § 395 Rn. 1); sie sind aber nicht gehindert, ihrerseits Beweisanträge zu stellen. Über solche Beweisanträge braucht das Gericht allerdings nicht förmlich nach Abs. 2 zu beschließen, da sich Abs. 2 nur auf die nach Abs. 1 Hs. 2 an den Angeschuldigten gerichtete Aufforderung bezieht.

7 Ein **Beschluss des Gerichts** (Abs. 2 S. 1) in der durch §§ 30 Abs. 2, 76 Abs. 1 GVG vorgeschriebenen Besetzung, beim OLG in der Fünferbesetzung des § 122 Abs. 2 GVG (SK-StPO/Paeffgen Rn. 14; Kretschmer StraFo 2013, 187; **aM** KK-StPO/Schneider Rn. 16; Löwe/Rosenberg/Stuckenberg Rn. 31: Dreierbesetzung), ist zur Entsch. über Einwendungen u. Anträge des Angeschuldigten erforderlich. Vor der Entsch. ist die StA zu hören (§ 33 Abs. 2). Äußert sich der Angeschuldigte schon vor Fristablauf, so kann sofort entschieden werden. Die Ablehnungsentscheidung, die nach § 34 begründet werden muss, kann mit der über die Eröffnung des Hauptverfahrens in einem gemeinsamen Beschl. verbunden werden. Einwendungen gegen die Annahme des hinreichenden Tatverdachts können stillschweigend durch den Erlass des Eröffnungsbeschlusses abgelehnt werden, nicht aber Beweisanträge (Löwe/Rosenberg/Stuckenberg Rn. 39).

Die **Ablehnung von Beweisanträgen** ist stets gerechtfertigt, wenn die Beurteilung des hinreichenden Tatverdachts keine weiteren Beweiserhebungen erfordert. Eine Ablehnung mit dieser Begründung genügt (OLG Köln JMBl. NRW. 1960, 221). Die Ablehnungsgründe des § 244 Abs. 3, Abs. 4 gelten nicht (KK-StPO/Schneider Rn. 18; Henckel StrFo 2024, 2, 5; Kretschmer StraFo 2013, 187 (188); **aM** KMR-StPO/Seidl Rn. 26; Fezer 9/72), geben aber Anhaltspunkte für die Entsch. (Paeffgen NStZ 2002, 282). Unzulässig ist die Ablehnung mit der Begründung, die Beweise würden ohnehin in der HV erhoben, die Entsch. werde dem Vorsitzenden nach § 219 vorbehalten (Löwe/Rosenberg/Stuckenberg Rn. 37), die Beweistatsache werde in der HV als wahr unterstellt (RGSt 73, 193; Alsberg Beweisantrag/Tsambikakis Rn. 620). Ein Hinweis auf das Antragsrecht nach §§ 219, 244 Abs. 3 ist nicht vorgeschrieben (**aM** KMR-StPO/Seidl Rn. 28), kann aber zweckmäßig sein. Nur die unzulässige Ablehnung löst Hinweispflichten aus. Der Vorsitzende, dem die Entsch. nach § 219 vorbehalten wurde, muss den Angeklagten darauf aufmerksam machen, dass der Antrag wiederholt werden muss (RGSt 72, 231 (233)). Bei unzulässiger Wahrunterstellung ist ein Hinweis an den Angeklagten erforderlich, wenn das erkennende Gericht die Tatsache nicht als wahr behandeln will (Löwe/Rosenberg/Stuckenberg Rn. 37). 8

C. Unanfechtbarkeit. Unanfechtbar ist die Entsch. (Abs. 2 S. 2), auch soweit Einwände nach §§ 6a, 16 zurückgewiesen werden. Die Einwände können aber in der HV wiederholt werden. Die Unanfechtbarkeit bezieht sich auch auf die Ablehnung des Antrags auf Verlängerung der Erklärungsfrist (OLG Hamm NJW 1977, 210; Krekeler wistra 1985, 56), nicht aber auf die Entsch. über die Eröffnung des Hauptverfahrens; für sie gilt § 210. Ist der Eröffnungsbeschluss ohne vorherige Zustellung der Anklageschrift an den Angeschuldigten erlassen worden, kann Antrag nach § 33a gestellt werden; die daraufhin ergangene sachliche Überprüfungsentscheidung ist unanfechtbar (KG StraFo 2008, 328; erg. → § 33a Rn. 10). 9

Die **unterbliebene Mitteilung der Anklageschrift** begründet kein Verfahrenshindernis u. führt nicht zur Unwirksamkeit des Eröffnungsbeschlusses, da der Verstoß gegen § 201 im weiteren Verf. durch Nachholung der Mitteilung geheilt werden kann (BGH NStZ 2021, 178 mwN). Der Mangel der Mitteilung der Anklageschrift berechtigt den Angeklagten aber, die Aussetzung der HV u. Nachholung der unterlassenen Mitteilung zu verlangen (vgl. BGH NStZ 2017, 63). Die Ablehnung der Aussetzung kann die **Revision** begründen (OLG Celle StV 1998, 531), wenn das Gericht sein Ermessen nach § 265 Abs. 4 fehlerhaft ausgeübt hat (BGH 21.2.2024 – 3 StR 373/23 mAnm Schäuble NStZ 2025, 74: unterbliebene schriftliche Übersetzung der Anklageschrift; → § 265 Rn. 45, 46; → § 187 **GVG** Rn. 7); dabei sind Umfang und Komplexität von Tatvorwurf und Beweislage sowie der Zeitpunkt der Unterrichtung und ggf. die Interessen anderer Verfahrensbeteiligter sowie der Beschleunigungsgrundsatz zu berücksichtigen (vgl. BGH 21.2.2024 – 3 StR 373/23). Werden solche Anträge nicht gestellt, so ist davon auszugehen, dass der Angeklagte auf die Geltendmachung des Mangels verzichtet hat (BGH NStZ 1982, 125; **aM** Löwe/Rosenberg/Stuckenberg Rn. 46), es sei denn, der Angeklagte hatte keinen Verteidiger (OLG Hamm StV 2003, 490; OLG Stuttgart StV 2003, 490). Entsprechendes gilt für den Fall, dass ein ausl. Angeklagter keine Übersetzung der Anklageschrift erhalten hat (OLG Celle StraFo 2005, 30; OLG Düsseldorf JZ 1985, 200; OLG Karlsruhe StraFo 2005, 370). Dass ein Aussetzungsantrag gestellt u. abgelehnt worden ist, muss in der Revisionsbegründungsschrift dargetan werden (OLG Düsseldorf JZ 1985, 200). Die unzulässige Ablehnung v. Beweisanträgen kann mit der Revision nicht gerügt werden, da das Urt. darauf nicht beruht. Die Verletzung v. Hinweispflichten (→ Rn. 8) kann aber die Aufklärungsrüge (§ 244 Abs. 2) begründen (→ § 219 Rn. 7). Die versäumte Mitteilung der Anklageschrift nach Abs. 1 S. 2 kann hingegen die Revision des Nebenklägers nicht begründen. 10

Anordnung ergänzender Beweiserhebungen

202 [1] **Bevor das Gericht über die Eröffnung des Hauptverfahrens entscheidet, kann es zur besseren Aufklärung der Sache einzelne Beweiserhebungen anordnen.** [2] **Der Beschluß ist nicht anfechtbar.**

1 **A. Ergänzende Beweiserhebungen.** Einzelne, ergänzende Beweiserhebungen kann das Gericht, nicht der Vorsitzende allein, vAw, ausnahmsweise schon vor der Mitteilung der Anklageschrift nach § 201 Abs. 1 (OLG Celle MDR 1966, 781), o. auf Antrag (→ § 201 Rn. 6) anordnen, soweit sie ihm vor der Entsch. über die Eröffnung des Hauptverfahrens notwendig erscheinen (Meyer-Goßner NJW 1970, 415) u. ihrer Art nach ges. statthaft sind (OLG Hamm MDR 1974, 509). Verpflichtet ist das Gericht dazu grds. nicht (Siewert/Mattheus DRiZ 1993, 357); hält es aber eine bessere Aufklärung für möglich, darf es die Eröffnung des Hauptverfahrens nicht einfach ablehnen, vielmehr muss es diese Aufklärung durch eigene Beweiserhebungen o. durch die StA (→ Rn. 3) vornehmen (OLG Saarbrücken NStZ-RR 2009, 88; SK-StPO/Paeffgen Rn. 2; **aM** LG Köln StV 2007, 572 mit diff. Anm. Rieß; Siewert/Mattheus DRiZ 1993, 357). Eine Nachholung wesentlicher Teile des Ermittlungsverfahrens kommt hingegen nicht in Betracht (OLG Celle StV 2012, 456; OLG Karlsruhe wistra 2004, 276 (279); LG Berlin NStZ 2003, 504; AG Gummersbach StraFo 2014, 511), insbes. nicht, um durch eigene Ermittlungen erst den hinreichenden Tatverdacht „herbeizuführen" (vgl. OLG Celle StV 2012, 456; OLG Karlsruhe StV 2004, 325; Henckel StraFo 2024, 2, 5 mwN). Auch bei Verletzung des § 163a Abs. 1 (→ § 163a Rn. 1) besteht keine Pflicht zur Rückgabe der Anklageschrift an die StA (**aM** Kempf FS 25 Jahre AG StrafR DAV, 2009, 602). Über die Fortdauer der Ermittlungspflicht der StA vgl. → § 162 Rn. 16. Zu Beweisanträgen der Verteidigung → § 201 Rn. 6 ff.

2 **I. Anordnung.** Die Anordnung bezeichnet die Zeugen u. Sachverständigen, die noch zu hören sind, u. das Beweisthema. Das Gericht kann auch das Aufsuchen v. Zeugen o. die Beschaffung anderer Beweismittel (zB Lichtbilder, Skizzen) anordnen. Auch die Vernehmung des Beschuldigten zu einer bestimmten Beweisfrage (aber nicht generell, vgl. Meyer-Goßner StV 2002, 394 gegen Koch StV 2002, 222) kann angeordnet werden (OLG Celle MDR 1966, 781). Einen „Anhörungstermin im Zwischenverfahren" (so Fischer StV 2003, 109) zur Vorbereitung der HV kennt das G nicht (Löwe/Rosenberg/Stuckenberg Rn. 4; vgl. dagegen → Vor § 212 Rn. 1).

3 **II. Ausführung.** Ausgeführt wird die Anordnung durch Beweiserhebungen in entspr. Anwendung der §§ 223 ff. (BGH VRS 36, 356; OLG Schleswig SchlHA 1958, 290; **aM** AK-StPO/Loos Rn. 8; Löwe/Rosenberg/Stuckenberg Rn. 17); über eine Vernehmung ist ein Prot. aufzunehmen (OLG Hamburg StV 1996, 418; vgl. → § 223 Rn. 24). Das Gericht kann auch die StA bitten, selbst o. durch Ermittlungspersonen die erforderlichen Ermittlungen vorzunehmen. Verpflichtet ist die StA hierzu nicht (KG JR 1966, 230; Fezer 9/73; Schlüchter Strafverfahren Rn. 411; Siewert/Mattheus DRiZ 1993, 355; **aM** LG Münster JR 1979, 40 mzustAnm Peters; Löwe/Rosenberg/Stuckenberg Rn. 16; SK-StPO/Paeffgen Rn. 7; Strate StV 1985, 340: Grundsätze der Amtshilfe gelten). Zulässig ist auch der Weg der Rechtshilfe (§§ 157–159 GVG). Ergeben sich in dem Zwischenverfahren nach § 202 neue Tatsachen o. Beweismittel, so ist § 33 Abs. 3 zu beachten.

4 **B. Kommissarische Vernehmung.** Auch eine kommissarische Vernehmung nach §§ 223, 224 zur Beweissicherung für die HV ist schon im Eröffnungsverfahren zulässig (→ § 223 Rn. 10).

5 **C. Nach der Eröffnung des Hauptverfahrens.** Nach der Eröffnung des Hauptverfahrens gelten die §§ 219–221. Über weitere Beweiserhebungen durch den Vorsitzenden im Zuge der Vorbereitung der HV vgl. → § 221 Rn. 2.

6 Auch **die StA** darf noch weiterhin v. sich aus ermitteln, wenn sich dies aufdrängt o. eine Verpflichtung nach § 152 Abs. 2 besteht o. Beweisverlust droht (vgl. BGH

BeckRS 2019, 10447 mAnm Mosbacher JuS 2020, 128 (129 f.); ferner BGH NStZ 2021, 687 mAnm Schneider; Hildenstab NStZ 2008, 249 zutr. gegen Strauß NStZ 2006, 556; **aM** Strate StV 1985, 337; einschr. auch Odenthal StV 1991, 441: nur zum Zweck der Beweissicherung o. -sammlung). Eine Störung der gerichtlichen Aufklärungstätigkeit ist dabei zu vermeiden; so ist darf sie etwa während laufender HV einen vom Angekl. benannten Zeugen nicht eigenmächtig vorab vernehmen (Schneider NStZ 2021, 688, 689). Nach Anklageerhebung ist wegen § 162 Abs. 3 S. 1 für Anträge der StA auf richterliche Untersuchungshandlungen ausschließlich das mit der Sache befasste Gericht zuständig; eine Notkompetenz des ER kommt nicht in Betracht (→ § 162 Rn. 17; Schneider NStZ 2021, 688, 690; **aM** Löwe/Rosenberg/Stuckenberg § 202 Rn. 8; wohl ebenso BGH NStZ 2021, 687.

D. Unanfechtbarkeit. Die Unanfechtbarkeit der Anordnung (S. 2) erfasst auch 7
die in einer solchen Anordnung etwa enthaltene Auswahl eines bestimmten Sachverständigen (OLG Düsseldorf VRS 80, 353). Auf einen Verstoß gegen § 202 kann die Revision nicht gestützt werden (Löwe/Rosenberg/Stuckenberg Rn. 22).

Erörterung des Verfahrensstands mit den Verfahrensbeteiligten

202a [1] **Erwägt das Gericht die Eröffnung des Hauptverfahrens, kann es den Stand des Verfahrens mit den Verfahrensbeteiligten erörtern, soweit dies geeignet erscheint, das Verfahren zu fördern.** [2] **Der wesentliche Inhalt dieser Erörterung ist aktenkundig zu machen.**

A. Erörterung mit den Verfahrensbeteiligten. Wie für das Ermittlungsver- 1
fahren in § 160b wird hier die **Möglichkeit der Erörterung des Verfahrensstandes im Zwischenverfahren** gestattet, wobei aber nun das Gericht bet. ist u. dieses die StA u. die Verfahrensbeteiligten (→ § 160b Rn. 2) zur Erörterung auffordert; die Anregung zu einem solchen Gespräch kann aber selbstverständlich auch v. der StA o. einem anderen Verfahrensbeteiligten ausgehen (für Ausweitung der Kommunikation zwischen dem Gericht u. den Verfahrensbeteiligten Kempf StraFo 2014, 107). Erörterungen mit nur einem v. mehreren Mitangeschuldigten sind nicht verboten, müssen aber mit der gebotenen Zurückhaltung geführt werden, um jeden Anschein der Parteilichkeit zu vermeiden; jedenfalls sind aber die anderen Mitangeklagten tunlichst über die Erörterungen zu informieren (vgl. BGH NStZ 2009, 701; StV 2011, 72; vgl. auch BGH StraFo 2012, 137). Hinsichtlich Durchführung u. Aktenkundigmachen des Gesprächs gelten die Ausführungen zu § 160b entspr. (→ § 160b Rn. 8). Einen Beispielsfall, wie ein solches Gespräch *nicht* aussehen soll, erörtert Salditt FS 25 Jahre AG StrafR DAV, 2009, 794.

Die Erörterungen werden vornehmlich zur **Vorbereitung einer Verständi-** 2
gung (§ 257c) geführt werden. Die gegen solche vorbereitenden Gespräche im Schrifttum erhobenen Bedenken (→ § 160b Rn. 1) sind damit beseitigt (**aM** SK-StPO/Paeffgen Rn. 6). Der Erörterungstermin ist so zu gestalten, dass im Anschluss umgehend über die Eröffnung des Hauptverfahrens entschieden u. die HV anberaumt werden kann (OLG Nürnberg StV 2011, 750). Die Gespräche lösen aber weder eine Bindung des Gerichts an dabei in Aussicht gestellte Strafober- o. -untergrenzen aus (vgl. Altenhain/Haimerl StV 2012, 399), noch kann durch sie ein durch den fair-trial-Grundsatz geschützter Vertrauenstatbestand entstehen (BGH StV 2011, 645; NStZ 2013, 411; KK-StPO/Schneider Rn. 20); jedoch kann sich uU daraus die Verpflichtung ergeben, den Angeklagten auf ein beabsichtigtes Abweichen v. einer früheren Ankündigung hinzuweisen (BGH NJW 2011, 3463). Zur Frage der Bindungswirkung bei Zusagen einer Einstellung nach § 154 Abs. 2 → § 160b Rn. 11.

B. Ablehnung der Eröffnung des Hauptverfahrens. Beabsichtigt das Ge- 3
richt, die Eröffnung des Hauptverfahrens abzulehnen (§ 204), ist eine vorherige Erörterung mit den Verfahrensbeteiligten überflüssig u. unzulässig; das schließt freilich nicht aus, dass das Gericht bei der StA die Rücknahme der Anklage

(→ § 156 Rn. 2) anregen kann. Ist sich das Gericht aber noch unschlüssig, ob es die Anklage zulassen soll o. nicht, ob es sie teilw. o. mit rechtlichen Änd. zulassen soll, kann eine Erörterung mit den Verfahrensbeteiligten zur Klärung str.er Punkte sachdienlich sein (Niemöller/Schlothauer/Weider Verständigung/Schlothauer Rn. 10; **aM** Schroeder FS Paeffgen, 2015, 850); allerdings ist dann darauf zu achten, dass nicht die HV durch eing. Erörterung mit den Verfahrensbeteiligten gleichsam vorweggenommen wird, insbes. darf diese Erörterung weder zu einer Nachholung wesentlicher Teile des Ermittlungsverfahrens führen (→ § 202 Rn. 1), noch zu einem Anhörungstermin im Zwischenverfahren umfunktioniert werden (→ § 202 Rn. 2).

4 **C. Gericht. „Gericht" sind nur die Berufsrichter,** nicht die Schöffen; denn diese wirken hier – wie auch sonst – außerhalb der HV nicht mit (§§ 30 Abs. 1, 77 Abs. 1 GVG). Das ist auch hinnehmbar (krit. jedoch Altenhain/Hagemeier/Haimerl NStZ 2007, 74), weil *verbindliche* Vereinbarungen erst mit Zustimmung der Schöffen in der HV getroffen werden können (BGH wistra 2012, 198; erg. → § 257c Rn. 23) u. dort zu ihrer Wirksamkeit protokolliert werden müssen (§ 273 Abs. 1a S. 1). Es ist aber auch nicht zu beanstanden, wenn bei der Großen StrK des LG u. beim StS des OLG 1. Instanz insbes. erste Anbahnungsgespräche einem der Richter, idR dem Vorsitzenden, als beauftragten Richter übertragen werden (BGHSt 59, 252 (258); BGH StV 2011, 202; **aM** KMR-StPO/Seidl Rn. 14; Löwe/Rosenberg/Stuckenberg Nachtr. Rn. 2); werden allerdings feste Vereinbarungen – zB über den in der HV festzusetzenden Strafrahmen bei Ablegung eines Geständnisses – getroffen(, so sollten alle Richter daran bet. sein.

5 **D. Vermerk (S. 2).** Der Vermerk (S. 2) ist v. einem Mitglied des Gerichts **zu unterschreiben** (Wenske DRiZ 2012, 201). Eine Beschwerde der Verfahrensbeteiligten ist weder gegen die Ablehnung noch gegen die Durchführung v. Erörterungen zulässig. Ein Verstoß gegen § 202a ist nicht revisibel (Wenske DRiZ 2012, 201).

Eröffnungsbeschluss **Nr. 115 RiStBV**

203 Das Gericht beschließt die Eröffnung des Hauptverfahrens, wenn nach den Ergebnissen des vorbereitenden Verfahrens der Angeschuldigte einer Straftat hinreichend verdächtig erscheint.

1 **A. Grundlage.** Die Grundlage für den Eröffnungsbeschluss bilden iRd Anklage (→ Einl. Rn. 37; → § 200 Rn. 2) die vorangegangenen Ermittlungen, also die ganzen Akten, nicht bloß die Anklageschrift. Über besondere Verfahrensarten vgl. → Einl. Rn. 63. Dass ein Eröffnungsbeschluss ergangen ist, stellt eine **Prozessvoraussetzung** (→ Einl. Rn. 146) für das weitere Verf. dar (BGHSt 10, 278; 29, 341 (342); BGH NStZ 1986, 276). Der Eröffnungsbeschluss wird idR – aber nicht zwingend – schriftlich abgefasst; es genügt aber auch die schlüssige und eindeutige Willenserklärung des Gerichts, die Anklage nach Prüfung und Bejahung der Eröffnungsvoraussetzungen zur Hauptverhandlung zuzulassen (BGH NStZ 2025, 250; vgl. auch BGH NStZ-RR 2023, 253 sowie OLG Hamburg StV 2019, 833 Ls.: mündlich verkündete sowie protokollierte Willenserklärung reicht aus; erg. → § 207 Rn. 8). Auch Haftentscheidungen können eine solche Wirkung entfalten, wenn sich ihnen der Eröffnungswille unzweifelhaft entnehmen lässt (BGH NStZ 2025, 250 mN).

1a Über die Eröffnung des Hauptverfahrens vor der **Großen Strafkammer** entscheiden stets 3 Berufsrichter in der Besetzung außerhalb der HV (§ 199 Abs. 1 iVm § 76 Abs. 1 S. 2 GVG; erg. GVG § 76 Rn. 16, 17); wirken weniger Berufsrichter mit, ist die Entscheidung unwirksam (BGH NStZ-RR 2023, 253; 18.7.2019 – 4 StR 310/19); das gilt selbst dann, wenn das Gericht später in reduzierter Besetzung verhandelt (BGH NStZ 2024, 761). Das **Fehlen einer Unterschrift** auf dem Eröffnungsbeschluss führt zu dessen Unwirksamkeit, wenn der Beschluss im „reinen" Umlaufverfahren – ohne vorherige Beratung und mündliche Beschlussfassung (BGH NStZ 2024, 761) – getroffen wurde, da es sich in diesem Fall bis zur Unterzeichnung aller Richter lediglich um einen Entwurf handelt (vgl. BGH NStZ-RR 2023, 253).

B. Hinreichender Verdacht. Hinreichender Verdacht besteht bei vorl. Tatbewertung (BGHSt 23, 304 (306); BGH NStZ 2024, 688; BayObLG NStZ 1983, 123; OLG Karlsruhe 2005, 72 (73)) in der **Wahrscheinlichkeit der späteren Verurteilung** (vgl. → § 170 Rn. 1). Die gleiche hohe Wahrscheinlichkeit wie beim dringenden Tatverdacht iS §§ 112 Abs. 1 S. 1, 126a Abs. 1 wird nicht vorausgesetzt (BGH NStZ 2025, 571; 2024, 688; OLG Celle StV 2016, 13; OLG Koblenz OLGSt StGB § 212 Nr. 1). Dabei besteht ein gewisser Beurteilungsspielraum (BGH NJW 1970, 1543; OLG Saarbrücken NStZ-RR 2009, 88). 2

Entlastende Einlassungen des Angeschuldigten, für deren Richtigkeit es keine zureichenden Anhaltspunkte gibt, können – wie bei der Beweiswürdigung im Urt. (→ § 261 Rn. 6) – unberücksichtigt bleiben (BGHSt 54, 275 (294)). Für ***in dubio pro reo*** (→ § 261 Rn. 26 ff.) ist bei einem Wahrscheinlichkeitsurteil noch kein Raum; in derartigen Zweifelsfällen dürfen diffizile Beweiswürdigungsfragen nicht aufgrund einer vorläufigen Tatbewertung nach Aktenlage, ohne den unmittelbaren Eindruck gerade des Personalbeweises auf das erkennende Gericht, womöglich endgültig entschieden werden (vgl. BGH NStZ 2025, 571). Zweifelhafte Tatfragen stehen einer Eröffnung nicht entgegen, wenn in der Hauptverhandlung eine Klärung zu erwarten ist, die wahrscheinlich zu einer eine Verurteilung tragenden Grundlage führen wird; dabei sind auch die besseren Aufklärungsmöglichkeiten der Hauptverhandlung in Rechnung zu stellen (vgl. OLG Frankfurt NZWiSt 2025, 111). 2a

Jedoch wird in der obergerichtlichen Rspr. der hinreichende Verdacht z. T. mit der Begründung **verneint,** dass nach Aktenlage bei den gegebenen Beweismöglichkeiten aE wahrscheinlich das Gericht nach diesem Grundsatz freisprechen wird (BayObLG NStZ 1983, 123; OLG Karlsruhe StV 2012, 459). Nach OLG Nürnberg NJW 2010, 3793 liegt es im „vertretbaren Entscheidungskorridor", schon aufgrund Aktenlage den einzigen Belastungszeugen einer bes. Glaubhaftigkeitsprüfung zu unterziehen; jedoch ist bei ungefähr gleicher Wahrscheinlichkeit v. Verurteilung u. Nichtverurteilung das Hauptverfahren zu eröffnen (OLG Koblenz NJW 2013, 98; OLG Stuttgart 2015, 298), in dem die zw. Tatfrage zu klären ist (OLG Koblenz NJW 2013, 98), u. zwar vor dem höheren Gericht (OLG Stuttgart NStZ-RR 2012, 117). Es muss für eine Straftat des Angeschuldigten einschl. der Rechtswidrigkeit u. der Schuld (§ 20 StGB) wahrscheinlich genügender Beweis vorliegen (OLG Saarbrücken NStZ-RR 2009, 88), ohne dass ein persönlicher Strafausschließungs- o. -aufhebungsgrund gegeben ist (OLG Celle NStE StPO § 203 Nr. 5). Beweisverwertungsverbote sind vAw ohne Widerspruch zu berücksichtigen (vgl. BGHSt 64, 89 = NJW 2019, 2627). Auch darf kein Hindernis der Strafverfolgung vorliegen (→ Einl. Rn. 141 ff.). Ob dies der Fall ist, wird im Freibeweisverfahren geprüft, im Strengbeweisverfahren aber dann, wenn es auf die Klärung v. Tatsachen ankommt, die die angeklagte Straftat betreffen (BGHSt 46, 349; OLG Köln NStZ-RR 2017, 150; dazu eing. Paeffgen NStZ 2002, 281; erg. → § 206a Rn. 7). Andere Gesichtspunkte, insbes. außerprozessuale Interessen an der öffentl. Erörterung bestimmter Vorgänge, bleiben außer Betracht. 2b

Entfällt der hinreichende Tatverdacht nach Eröffnung des Hauptverfahrens, so berechtigt das nicht zur Aufhebung des Eröffnungsbeschlusses (LG Lüneburg NStZ 1985, 41; KK-StPO/Schneider § 207 Rn. 19; Löwe/Rosenberg/Stuckenberg § 207 Rn. 45 ff.); der Angeklagte hat dann Anspruch auf ein freisprechendes Urt. (**aM** LG Kaiserslautern StV 1999, 13 mit verfehlten Erwägungen zur sonst angeblich unmöglichen Verfahrensbeendigung; LG Konstanz JR 2000, 306; Hohendorf NStZ 1985, 399; Ulsenheimer NStZ 1984, 440 wollen die Zurücknahme des Eröffnungsbeschlusses bis zum Beginn der HV zulassen; vgl. auch SK-StPO/Paeffgen § 206a Rn. 14). 3

4 **C. Fehlender Eröffnungsbeschluss.** Das **Fehlen** eines wirksamen Eröffnungsbeschlusses führt zur Einstellung nach § 206a Abs. 1 (BGH NStZ-RR 2023, 253). Wenn der Eröffnungsbeschluss **verlorengegangen** ist, wird er durch einen seinen Inhalt feststellenden neuen Gerichtsbeschluss ersetzt (RGSt 55, 160); ist das nicht möglich, ist das Verf. einzustellen (OLG Oldenburg NStZ 2006, 119). Ist ein Eröffnungsbeschluss **überhaupt noch nicht erlassen** worden, so kann er in der HV nachgeholt werden (BGHSt 29, 224; OLG Hamburg StraFo 2021, 205 mwN; zust. KK-StPO/Schneider § 207 Rn. 21; krit. Meyer-Goßner JR 1981, 214; **aM** SK-StPO/Paeffgen Rn. 4; SSW StPO/Beulke Einl. Rn. 108; Dahs Strafprozessrevision Rn. 244; zw. MüKoStPO/Kudlich Einl. Rn. 376), wobei beim LG stets in der 3er Besetzung (ohne Schöffen) zu entscheiden ist (BGHSt 50, 267; 60, 248; BGH NStZ 2012, 50; 2016, 302; OLG Hamburgf StraFo 2021, 205; erg. → GVG § 76 Rn. 8 ff.). Die HV kann mit Zustimmung des Angeklagten u. des Verteidigers – sodann nach Belehrung über die Möglichkeit, die Aussetzung der HV zu beantragen (§§ 217 Abs. 1, 218) – danach sogleich fortgesetzt werden (BGHSt 29, 224). Das soll auch gelten, wenn bereits mehrere Termine ohne Eröffnungsbeschluss stattgefunden haben, aber vertagt worden sind (OLG Köln JR 1981, 213 mablAnm Meyer-Goßner, das dann aber Nachholung vor der letzten HV verlangt). In der Berufungsverhandlung kann der Eröffnungsbeschluss nicht mehr nachgeholt werden (BGHSt 33, 167; OLG Hamburg StraFo 2019, 160). Bei der Entsch. über die Revision zwingt das Fehlen des Eröffnungsbeschlusses zur Einstellung des Verfahrens; eine Zurückverweisung kommt nicht in Betracht (BGHSt 10, 278 (279); BGH NStZ 2016, 447; BayObLGSt 1985, 141; OLG Bamberg StV 2016, 790 Ls.; OLG Zweibrücken StraFo 2008, 470; **aM** BGHSt 29, 224 (228)). Dies gilt selbst dann, wenn das Tatgericht in der HV nach § 154 Abs. 2 verfahren ist (BGH BeckRS 2018, 13610).

5 **Es fehlt** auch – teilw. – an einer Eröffnung des Hauptverfahrens, wenn ein Verf. einem anderen hinzuverbunden u. in dem nachf. Eröffnungsbeschluss ausdr. ausschl. auf die Anklage des früheren Verfahrens Bezug genommen wird (vgl. OLG Hamm BeckRS 2025, 33435); die Ladung v. Zeugen in der Terminsverfügung, die in der Anklage des hinzuverbundenen Verfahrens genannt sind, bedeutet keine konkludente Eröffnung des Hauptverfahrens auch bzgl. jener Anklage (BGH 8.10.2025 – 6 StR 358/25; NStZ-RR 2017, 86; OLG Hamm BeckRS 2025, 33435).

Nichteröffnungsbeschluss

204 (1) **Beschließt das Gericht, das Hauptverfahren nicht zu eröffnen, so muß aus dem Beschluß hervorgehen, ob er auf tatsächlichen oder auf Rechtsgründen beruht.**

(2) **Der Beschluß ist dem Angeschuldigten bekanntzumachen.**

1 **A. Anwendungsbereich. Nur bei Ablehnung der Eröffnung** des Hauptverfahrens gilt § 204, nicht dagegen, wenn das Gericht lediglich eine Unzuständigkeitserklärung wegen fehlender örtlicher Unzuständigkeit abgibt (→ § 16 Rn. 4) o. ein Gericht höherer Ordnung o. höheren Rangs für zuständig hält (§§ 209 Abs. 2, 209a). Der Nichteröffnungsbeschluss ist, wenn er wegen Fehlens einer Verfahrensvoraussetzung ergeht, eine Prozessentscheidung (vgl. → § 260 Rn. 47), sonst eine Sachentscheidung. Ob das eine o. das andere der Fall ist, gehört nicht in den Entscheidungssatz, sondern in die Begründung. Die Ablehnung der Eröffnung durch die aufgrund eines Zuständigkeitsstreits v. dem Präsidium bestimmte StrK wegen fehlender „Eröffnungszuständigkeit" ist unzulässig (OLG Düsseldorf MDR 1984, 73). § 206a ist hier unanwendbar (KG NStZ 2016, 374).

2 **I. Rechtsgründe.** Aus rechtlichen Gründen ist die Eröffnung abzulehnen, wenn die Anklage funktionelle Mängel enthält (vgl. → § 200 Rn. 26), wenn ein Verfahrenshindernis vorliegt (→ Einl. Rn. 142 ff.; KG NStZ 2016, 374), wenn der

Sachverhalt keinen Straftatbestand erfüllt o. wenn aufgrund rechtlicher Erwägungen – zB weil ein Rechtfertigungs-, Schuldausschließungs- o. Strafaufhebungsgrund eingreift – eine Verurteilung des Angeschuldigten ausscheidet (Martin NStZ 1995, 528). Der nur vorübergehend unbekannte Aufenthalt des Angeschuldigten führt zur vorl. Einstellung nach § 205 (KG NStZ 2016, 374; Ernesti/Lorenzen SchlHA 1984, 102 – OLG Schleswig RsprÜ). Die ungewöhnlich lange Dauer des Ermittlungs- u. Zwischenverfahrens kann im Extremfall die Ablehnung der Eröffnung zur Folge haben (LG Bad Kreuznach NJW 1993, 1725).

II. Aus tatsächlichen Gründen. Aus tatsächlichen Gründen wird das Hauptverfahren nicht eröffnet, wenn die Beweise keinen hinreichenden Tatverdacht gegen den Angeschuldigten zu begründen vermögen. Vgl. dazu → § 170 Rn. 1 ff.; → § 203 Rn. 2. 3

III. Keine Doppelbegründung. Eine Doppelbegründung – Ablehnung sowohl aus tatsächlichen als auch aus rechtlichen Gründen – ist unzulässig (hM; **aM** Martin NStZ 1995, 528); wegen § 211 muss klargestellt sein, worauf die Ablehnung beruht. Stehen sowohl tatsächliche als auch Rechtsgründe der Eröffnung entgegen, ist es eine Frage der Praktikabilität, welchen v. ihnen der Vorzug gegeben wird (Löwe/Rosenberg/Stuckenberg Rn. 16; Martin NStZ 1995, 528). Auch das Fehlen einer Verfahrensvoraussetzung geht anderen Ablehnungsgründen nicht unbedingt vor (Löwe/Rosenberg/Stuckenberg Rn. 15; Martin NStZ 1995, 528); denn zB bei Verneinung des Tatbestandes einer Sachbeschädigung sollte nicht auf den ebenfalls fehlenden Strafantrag abgestellt werden müssen. Eine – deutlich als solche zu bezeichnende – Hilfsbegründung ist hingegen zulässig. 4

B. Andere Entscheidungen. Auch andere Entscheidungen kommen in Betracht, wenn das Hauptverfahren nicht eröffnet wird, insbes. die Einstellung des Verfahrens nach §§ 153 Abs. 2, 153a Abs. 2, 153b Abs. 2, 153c Abs. 4, 153f Abs. 3, ferner die vorl. Einstellung nach §§ 154 Abs. 2, 154b Abs. 4, 154e Abs. 2 oder nach § 205. 5

C. Erschöpfung des Anklagestoffes. Erschöpfend und gleichzeitig muss die Entsch. im Eröffnungsverfahren den Anklagestoff behandeln (OLG Köln StraFo 1995, 55; OLG Nürnberg MDR 1972, 967; → § 207 Rn. 3), was aber eine Teilabtrennung (§ 2 Abs. 2) nicht ausschließt (OLG Celle wistra 2013, 405). Erforderlichenfalls beantragt die StA eine Erg. der Beschlussfassung. Eine teilw. Ablehnung der Eröffnung kommt nur in Betracht, wenn es sich um iSd § 264 selbständige Taten handelt (OLG München NJW 2013, 3799; erg. → § 210 Rn. 2). 6

D. Nichteröffnungsbeschluss. Der Nichteröffnungsbeschluss muss in einer Verwechslungen ausschließenden Weise erkennen lassen, welche Tat (→ § 264 Rn. 1 ff.) er betr., damit keine Zweifel über den Verbrauch der Strafklage entstehen (§ 211). Er muss außerdem die Ablehnungsgründe angeben (§ 34 iVm § 210 Abs. 2). 7

E. Nebenentscheidungen. Nebenentscheidungen können erforderlich sein: 8

Aufhebung des Haftbefehls (§ 120 Abs. 1 S. 2, der auch im Fall des Abs. 1 gilt) o. des Unterbringungsbefehls (§ 126a Abs. 3). 9

Aufhebung einer Beschlagnahme, sofern sie nicht für ein etwa zulässiges neues gerichtliches Strafverfahren (vgl. zu § 211) o. für ein objektives Verf. (§§ 435, 436) aufrechtzuerhalten ist. 10

Kosten und Entschädigung: §§ 464, 467, 469, 470; § 8 **StrEG.** 11

F. Bekanntmachung (§ 35 Abs. 2). Dem StA ist der Beschl. nach § 204 zuzustellen (§§ 35 Abs. 2 S. 1, 36 Abs. 1). Dadurch wird die Frist des § 210 Abs. 2 in Lauf gesetzt. Daher gilt § 41 S. 2. Auch dem Nebenkläger wird zugestellt (§§ 397 Abs. 1 S. 2 iVm 385 Abs. 1 S. 2), u. zwar mit Rechtsmittelbelehrung (§ 35a; → § 210 Rn. 6). Die Bekanntmachung an den Angeschuldigten nach Abs. 2 bedarf der förmlichen Zustellung, wenn der Beschl. selbständig anfechtbare Nebenentscheidungen (zB § 8 Abs. 3 **StrEG**) enthält; auch sonst sollte er aber 12 wegen der urteilsgleichen Wirkung zugestellt werden. Die Benachrichtigung des Verletzten regelt § 406d Abs. 1.

Einstellung des Verfahrens bei vorübergehenden Hindernissen **Nr. 104 RiStBV**

205 [1]**Steht der Hauptverhandlung für längere Zeit die Abwesenheit des Angeschuldigten oder ein anderes in seiner Person liegendes Hindernis entgegen, so kann das Gericht das Verfahren durch Beschluß vorläufig einstellen.** [2]**Der Vorsitzende sichert, soweit nötig, die Beweise.**

1 **A. Vorübergehende Hindernisse.** Bei vorübergehenden Hindernissen **tatsächlicher o. rechtlicher Art** für das Hauptverfahren gilt § 205, zB bei vorübergehender Verhandlungsunfähigkeit (→ Einl. Rn. 97) u. bei anderen vorübergehenden, in der Person des Beschuldigten liegenden Hindernissen, zB bei der Abschiebung des Angeklagten (OLG Brandenburg NStZ-RR 2005, 49; s. aber auch BGH NStZ 2019, 745 zum Rechtsmittelverfahren: nur ausnahmsweise; erg. → § 206a Rn. 6) o. bei der Rückkehr eines Ausländers in seine Heimat (OLG Koblenz VRS 68, 364) u. Unmöglichkeit bzw. Unangemessenheit seiner Gestellung (vgl. § 276; BGHSt 37, 145 (146)); letzteres kommt in Ansehung der Auswirkungen der COVID-19-Pandemie unter Abwägung aller Umstände bei betagten Angeklagten in Betracht, die aus dem Ausland anreisen müssen (AG Frankfurt (Oder) BeckRS 2020, 4955; erg. → § 276 Rn. 3). Dabei handelt es sich nicht um Verfahrenshindernisse im technischen Sinn (→ Einl. Rn. 60a, 141; → Rn. 3). Dem Erlass eines Haftbefehls steht die vorl. Einstellung nach § 205 daher nicht entgegen (BGH NStZ-RR 2013, 251 (253)). Auch kann Strafbefehl beantragt u. erlassen werden. Jedoch entsteht ein Verfahrenshindernis, das zur Einstellung des Verfahrens führt (§ 206a), bei endg. Verhandlungsunfähigkeit des Angeschuldigten (BGH NJW 1970, 1981; → Einl. Rn. 97; vgl. aber § 413).

2 **B. Vorabprüfung.** Vorab ist zu prüfen, ob nicht aus anderen Gründen ein endg. Beschl. auf Nichteröffnung des Hauptverfahrens nach § 204 zu erlassen ist, zB wenn die Geisteskrankheit schon bei der Tat vorlag. Ist in einem solchen Fall das Hauptverfahren bereits eröffnet, so ist durch Urt. in der HV freizusprechen o., wenn es dazu wegen Verhandlungsunfähigkeit des Angeklagten nicht kommen kann, das Strafverfahren endg. nach § 206a einzustellen, was den Weg für das Sicherungsverfahren nach § 413 freimacht (→ § 413 Rn. 1).

3 **C. Allgemeiner Grundsatz.** Einen allgemeinen Grundsatz enthält § 205, der **in jeder Lage des Verfahrens gilt.** Im vorbereitenden Verf. gilt für die StA § 154 f. Von der Kann-Bestimmung wird nur Gebrauch gemacht, wenn das Hindernis für längere Zeit besteht. Sonst genügt – unter Berücksichtigung des Beschleunigungsgebotes (BayObLG NJW 1978, 176; → Einl. Rn. 160) – Zuwarten o. eine Entsch. nach §§ 228, 229. Hat der Angeschuldigte seine Verhandlungsunfähigkeit (dazu eing. Eisenberg FS Ostendorf, 2015, 297) selbst herbeigeführt, so kann § 231a die Fortsetzung des Verfahrens ermöglichen. Besteht das Hindernis in Abwesenheit, so kann, falls zulässig, das Verf. durchgeführt werden nach §§ 232 Abs. 1, 233, 350, 412. Die Möglichkeit, ein Berufungsverfahren nach §§ 40 Abs. 3, 329 Abs. 1 abzuschließen, geht der Einstellung nach § 205 vor (OLG Stuttgart MDR 1982, 775). Bei Auslandsaufenthalt kommt auch ein Ersuchen an den Aufenthaltsstaat um Übernahme des Verfahrens in Betracht, zB bei fahrlässiger Tötung durch Auslandsverkehrsdelikt. Zur Unterbrechung der Verjährung vgl. § 78c Abs. 1 Nr. 11 StGB. Über Mitteilung an den Verletzten vgl. § 406d Abs. 1, an den Anzeigenden vgl. Nr. 104 Abs. 3 RiStBV iVm Nr. 103 RiStBV. Bestellung eines Verteidigers (§ 142) ist zulässig (LG Heilbronn StV 1992, 509).

4 **D. Einfache Beschwerde (§ 304).** Mit der einfachen Beschwerde (§ 304) ist der gerichtliche Einstellungsbeschluss für die StA u. den Angeschuldigten anfechtbar, auch wenn er im Hauptverfahren ergeht (OLG Düsseldorf StV 1996, 84);

unanfechtbar ist er aber für den Nebenkläger (→ § 400 Rn. 9). Das Gleiche gilt für die gerichtliche Ablehnung einer beantragten Einstellung, wenn der Beschl. im Eröffnungsverfahren ergeht; wird er im Hauptverfahren erlassen, so steht der Beschwerde § 305 S. 1 entgegen (OLG Frankfurt a. M. NJW 1969, 570). Dafür kann ggf. ein Revisionsgrund nach § 338 Nr. 8 bestehen (Löwe/Rosenberg/Stuckenberg Rn. 48). Die vorl. Einstellung kann nicht mit dem Ziel angefochten werden, das Beschwerdegericht prüfen u. erstmals entscheiden zu lassen, ob § 206a anzuwenden ist (OLG Celle MDR 1977, 161; → § 206a Rn. 10).

E. Fortsetzung des Verfahrens. Die Fortsetzung des Verfahrens ist **jederzeit möglich,** u. zwar vAw o. auf Antrag der StA, selbst stillschweigend durch Vornahme neuer Ermittlungen, also ohne bes. Aufhebungsbeschluss (**aM** Löwe/Rosenberg/Stuckenberg Rn. 41). Während der Einstellung wird v. Zeit zu Zeit geprüft, ob der Einstellungsgrund entfallen ist. Bei dieser Prüfung ist auch jew. die Haftfrage miteinzubeziehen u. ggf. sicherzustellen, dass das Verf. alsbald fortgesetzt wird, wenn der Einstellungsgrund wegfällt. Zu diesem Zweck kann auch die Aussetzung eines Haftbefehls nach § 116 aufgeh. werden, u. zwar unabhängig davon, ob der Haftbefehl wegen Verstoßes gegen die Auflagen wieder in Vollzug gesetzt werden könnte (→ § 116 Rn. 30). Auch wird, falls erforderlich, die Verjährung unterbrochen (§ 78c StGB). 5

F. Beweissicherung (S. 2). Der Vorsitzende kann die Beweise selbst erheben o. eine Anordnung treffen, die wie eine solche nach § 202 ausgeführt wird (→ § 202 Rn. 3). Die Beweissicherung kann ihre Schranken in anderen Verfahrenshindernissen finden, zB in der Immunität (vgl. zu § 152a; Nau NJW 1958, 1670). 6

G. Mehrere Beschuldigte. Wenn die Voraussetzungen des § 205 nur für einen v. ihnen vorliegen, ist die vorl. Einstellung hins. der anderen nicht zulässig. In der Regel wird dies ein Fall der Trennung der verbundenen Strafsachen sein (§§ 2 Abs. 2, 4). 7

H. Nicht in der Person des Beschuldigten liegende Hindernisse anderer Art. Bei nicht in der Person des Beschuldigten liegenden Hindernissen o. Verfahrenshemmnissen anderer Art, zB Unauffindbarkeit, Verhinderung o. Vernehmungsunfähigkeit eines wesentlichen Zeugen, ist **§ 205 entspr. anwendbar** (BGH NStZ-RR 2013, 251; Löwe/Rosenberg/Stuckenberg Rn. 32; SSW StPO/Rosenau Rn. 6). Die teilw. entgegenstehende Rspr. (OLG Düsseldorf JR 1984, 435; OLG Frankfurt a. M. NStZ 1982, 218; OLG Koblenz StV 1993, 513; OLG München NJW 1978, 176; OLG Stuttgart Justiz 2001, 552) unterscheidet nicht zwischen der sachlichen Berechtigung – dh der Frage, *ob* das Verf. trotz des Hindernisses fortgeführt werden muss – u. der prozessualen Befugnis, also was bei Verneinung der Notwendigkeit, das Verf. fortzuführen, in formeller Hinsicht zu geschehen hat (zust. Loos JR 1998, 344; ähnlich Löwe/Rosenberg/Stuckenberg Rn. 34); danach gilt: Steht ein Zeuge o. Sachverständiger in absehbarer Zeit nicht zur Vfg., kommt die prozessual grds. zulässige Einstellung aus sachlichen Gründen nicht in Betracht; dann ist vielmehr die frühere Aussage des Zeugen nach § 251 zu verlesen (BGH NStZ 1985, 230; OLG Düsseldorf StV 1996, 84) bzw. das Verf. ohne die Zeugenaussage fortzusetzen (OLG Hamm NJW 1998, 1088). Nur wenn insofern keine Möglichkeit der Fortführung des Verfahrens gegeben ist, wird es nach § 205 vorl. eingestellt (LG Düsseldorf StV 2008, 348). 8

I. Revisionsverfahren. Das Revisionsverfahren ist nicht entspr. § 205 einzustellen, weil der Angeklagte vor der Verkündung des angefochtenen Urteils eine Klage beim VG gegen die Sperrerklärung für eine VP erhoben hat (BGH NStZ 2021, 63). 9

Keine Bindung an Anträge

206 **Das Gericht ist bei der Beschlußfassung an die Anträge der Staatsanwaltschaft nicht gebunden.**

Anträge und Auffassung der StA binden das Gericht nicht, soweit es eigene Entscheidungsbefugnis hat, die zB fehlt hins. der Bestimmung des Beschuldigten u. 1

der Tat o. des öffentl. Interesses nach §§ 230 Abs. 1, 248a StGB oder § 376. Das Gericht ist weder an die Beweiswürdigung noch an die rechtliche Beurteilung der StA gebunden (vgl. § 264 Abs. 2); auch nicht an die Beurteilung der Zuständigkeit durch die StA (§ 209 Abs. 2), soweit diese nicht der StA v. G überlassen sind (zB die Auswahl unter mehreren Gerichtsständen, → Vor § 7 Rn. 10).

Einstellung des Verfahrens bei Verfahrenshindernis

206a (1) **Stellt sich nach Eröffnung des Hauptverfahrens ein Verfahrenshindernis heraus, so kann das Gericht außerhalb der Hauptverhandlung das Verfahren durch Beschluß einstellen.**

(2) **Der Beschluß ist mit sofortiger Beschwerde anfechtbar.**

1 **A. Einstellung bei Verfahrenshindernis.** Ein Verfahrenshindernis (→ Einl. Rn. 141 ff.) berechtigt außerhalb der HV zur **Einstellung des Verfahrens durch Beschluss.** Ob das Verfahrenshindernis vor o. nach Erlass des Eröffnungsbeschlusses eingetreten ist, spielt keine Rolle. Ein angefochtenes Urt. verliert dann seine Wirkung, ohne dass es aufgeh. wird (zu beachten aber → Rn. 6). In der HV muss ein Einstellungsurteil nach § 260 Abs. 3 erlassen werden, auch wenn diese nach § 229 unterbrochen ist (KG NStZ 1993, 297; NJW 1993, 673; Löwe/Rosenberg/Stuckenberg Rn. 6; **aM** SK-StPO/Paeffgen Rn. 5). Die Auslegung eines außerhalb der HV ergangenen Einstellungsbeschlusses als Einstellungsurteil ist nicht möglich (Meurer JR 1993, 95 gegen KG NJW 1993, 673). Da die Vorschr. nur bei Vorliegen eines Verfahrenshindernisses anwendbar ist, berechtigt sie nicht zur Einstellung des Verfahrens aus anderen Gründen, etwa wegen „Unzumutbarkeit" (OLG Frankfurt a. M. BeckRS 2023, 14773).

2 **I. Dauerndes Verfahrenshindernis.** Die Einstellung nach § 206a setzt voraus, dass zunächst, falls es die prozessuale Fürsorgepflicht gebietet, versucht wird, einen **behebbaren Mangel zu heilen** (BGH NStZ-RR 2013, 251; → Einl. Rn. 159; vgl. auch die Regelung des § 130); das gilt auch noch in der Revisionsinstanz (BGHSt 57, 138 (146)). Die Einstellung setzt nicht voraus, dass das Verfahrenshindernis für immer besteht. Es muss aber erheblich weiterwirken als das vorl. (§ 205) u. dadurch zu einem dauernden werden. Das bestätigt auch § 416 Abs. 3. Ein zeitiges, behebbares Hindernis berechtigt nicht zum Vorgehen nach § 206a, sondern eröffnet ggf. nur die Möglichkeit der vorläufigen Einstellung gem. § 205 (vgl. OLG Frankfurt a. M. BeckRS 2023, 14773).

3 **II. Einstellung des Verfahrens.** Die Einstellung des Verfahrens ist stets geboten, wenn das **Verfahrenshindernis dem Verf. schlechthin entgegensteht** (→ Einl. Rn. 154), zB bei Verhandlungsunfähigkeit (→ Einl. Rn. 97; LG Wuppertal StraFo 2015, 151), bei übermäßiger Gefahr für Leib o. Leben des Beschuldigten (BVerfGE 51, 324) o. bei nicht aufgeh. Immunität (§ 152a). Besteht das Verfahrenshindernis in Unzuständigkeit, so gibt es eine Reihe v. Sonderregelungen, insbes. die §§ 6, 6a, 16, 209, 225a, 269, 270. Auf bestimmte Verfahrensabschnitte kann die Einstellung nicht beschränkt werden (BayObLGSt 1985, 52 (56)).

4 Betrifft das Verfahrenshindernis **nur eine der mehreren Taten** (§ 264), die Gegenstand des Verfahrens sind, o. nur einen der mehreren Mitbeschuldigten, so wird das Verf. aber nur insoweit eingestellt. Lässt sich dem Einstellungsbeschluss keine Beschränkung entnehmen, erfasst er das gesamte Verf. (OLG Köln StraFo 2018, 115).

5 Bei **horizontaler Teilrechtskraft des Urteils** führt ein entstehendes Verfahrenshindernis zur Einstellung des ganzen Verfahrens (erg. → § 449 Rn. 12), auch noch dann, wenn das Verf. nur noch im Rechtsfolgenausspruch (ganz o. teilw.) anhängig ist (Rüth DAR 1974, 181 – BayObLG RsprÜ; → Einl. Rn. 154). Betrifft das Verfahrenshindernis nur die Verfolgbarkeit nach einem v. mehreren Strafgesetzen (§ 52 StGB), so wird dem ohne Einstellungsbeschluss Rechnung getragen

(BGH NJW 2014, 1025). Ein gleichwohl erlassener Einstellungsbeschluss ist unwirksam (OLG Düsseldorf VRS 65, 39).

III. Rechtsmittelverfahren. Im Rechtsmittelverfahren ist § 206a nur anwendbar, wenn das Verfahrenshindernis erst dort eintritt, zB infolge Verjährung, Rücknahme des Strafantrags, Tod des Angeklagten (→ Rn. 8), durch neues G (BGHSt 21, 369) o. durch Strafklageverbrauch (BGH NStZ 2012, 709; zum fehlenden o. unwirksamen Eröffnungsbeschluss aber → § 203 Rn. 4), **nicht** aber bei Abschiebung des Angeklagten nach Einlegung der Revision u. vor Zustellung des angefochtenen Urteils, es sei denn, dem Angeklagten ist es tatsächlich nicht möglich, mit seinem Verteidiger in Kontakt zu treten, was angesichts moderner Kommunikationsmittel nur selten der Fall sein wird (BGH NStZ 2019, 745 mAnm Mosbacher JuS 2020, 128 (131 f.)). Das Verf. wird somit eingestellt, das angefochtene Urt. ist damit gegenstandslos; der in manchen Entsch. – auch des BGH (zB BGH NStZ-RR 2016, 263) – zu lesende Zusatz „ohne dass es einer Aufhebung bedarf" ist nicht nur überflüssig, sondern unrichtig, da § 206a keine Befugnis zur Aufhebung v. Urteilen enthält u. §§ 349 ff. hier, weil das angefochtene Urt. nicht unrichtig war, sondern erst durch das neu eingetretene Verfahrenshindernis unrichtig geworden ist, unanwendbar sind. Nach Urteilserlass darf der Erstrichter dann aber nur einstellen, wenn gegen sein Urt. ein Rechtsmittel eingelegt worden ist, sonst nicht (erg. → § 346 Rn. 3, 11). 6

Hatte der Erstrichter hingegen bei Urteilserlass **das Vorliegen eines Verfahrenshindernisses übersehen,** so ist das eingelegte Rechtsmittel begründet u. es ist nicht eine Erstentscheidung nach § 206a, sondern unter Aufhebung des angefochtenen Urteils (wozu § 206a nicht berechtigt: die Einstellung macht nur entgegenstehende Urteile gegenstandslos) eine Rechtsmittelentscheidung zu treffen (eing. dazu Meyer-Goßner Prozessvoraussetzungen S. 43 ff.; 108 ff.; zust. KG StraFo 2009, 286 aE; OLG Celle NStZ 2008, 118; OLG Düsseldorf StraFo 2012, 332; OLG Jena VRS 110, 128 (129); KK-StPO/Schneider Rn. 4; MüKoStPO/Wenske Rn. 23; SK-StPO/Paeffgen Rn. 8; Rosenau in SSW StPO Rn. 3; zw. BGH wistra 2007, 154; StV 2011, 483; vgl. auch die Bedenken in BGHSt 52, 119 (123); zutr. BGH StV 2011, 457 (458)). Die Gegenmeinung (BGHSt 24, 208 (212); 32, 275 (290); OLG Frankfurt a. M. NJW 1991, 2849; OLG Hamburg StraFo 2019, 160) wendet demggü. § 206a auch in diesen Fällen an, bringt damit aber das Rechtsmittelsystem der StPO durcheinander (vgl. zur Berufung → § 329 Rn. 8; zur Revision → § 349 Rn. 29, 29a, → § 354 Rn. 6, → § 357 Rn. 6, zur Wiederaufnahme → § 371 Rn. 6) u. gibt § 206a eine Bedeutung, die der Vorschr. nicht zukommt. Zur Prüfung der Verfahrensvoraussetzungen bei der Berufung vgl. iÜ → § 319 Rn. 4, bei der Revision → § 346 Rn. 11. 6a

IV. Vollstreckungsverfahren. Eine Einstellung analog § 206a Abs. 1 kommt grds. auch im Vollstreckungsverfahren in Betracht; der Widerruf der Einwilligung zur Strafaussetzung bildet aber kein Verfahrenshindernis (BGH 24.7.2024 – StB 41/24 mwN). 6b

V. Tatsächliche Zweifel. Tatsächliche Zweifel darüber, **ob ein Verfahrenshindernis gegeben** ist, die grds. im Wege des Freibeweises (aber auch im Strengbeweis durch eine HV, falls es auf den genauen Tathergang ankommt, vgl. Paeffgen NStZ 2002, 283 f.; erg. → § 203 Rn. 2), nicht behoben werden können, müssen ebenfalls zur Einstellung des Verfahrens führen (BGHSt 46, 349 (352); NStZ 2010, 160; OLG Celle NStZ-RR 2012, 75 (76); OLG Köln NStZ-RR 2017, 150). Das folgt aus der Funktion der Prozessvoraussetzung als Bedingung für die Zulässigkeit eines Sachurteils (eing. dazu Meyer-Goßner Prozessvoraussetzungen S. 60 ff.; SK-StPO/Paeffgen Rn. 19). Demgegenüber wird vielfach auch auf den Grundsatz *in dubio pro reo* abgestellt (so Schwabenbauer, Der Zweifelssatz im Strafprozessrecht, 2012, S. 97 ff.; zB bei Zweifel über den Verjährungseintritt, vgl. BGH NJW 1995, 1297 (1299)), was idR zu demselben Erg. führt (Löwe/Rosenberg/Kühne Einl. K 44); der BGH warnt vor einer „schablonenhaften Antwort" (BGHSt 18, 274). Richtig ist jedoch: Die Verfahrensvoraussetzungen müssen sicher u. nicht nur 7 möglicherweise vorliegen; lassen sie sich nicht sicher feststellen, so ist *deswegen* das Verf. einzustellen, ohne Rücksicht darauf, ob dies für den Angeklagten günstig ist o. nicht (so iErg auch Löwe/Rosenberg/Stuckenberg Rn. 39). Auch die Verhandlungsfähigkeit des Angeklagten muss somit sicher gegeben sein (vgl. dazu OLG Hamburg JR 1979, 384; erg. → Einl. Rn. 97, 97a; → § 261 Rn. 34); bei Zweifeln an dauernder Verhandlungsunfähigkeit kommt nur Einstellung nach § 205 in Betracht (BGH NStZ 1996, 242).

8 **VI. Tod des Beschuldigten.** Der Tod des Beschuldigten **schließt eine Sachentscheidung aus** (BGH NJW 1983, 463; OLG Hamburg NJW 1983, 464). Das Verf. muss jedoch zu einem ordnungsgemäßen Abschluss gebracht werden; es ist daher – wie auch sonst bei Vorliegen eines unbehebbaren Verfahrenshindernisses – nach § 206a einzustellen (BGHSt 45, 108 mwN auch zur überholten Gegenmeinung, die „Selbstbeendigung" des Verfahrens annahm; dem BGH zust. OLG Celle NJW 2002, 3720; OLG Stuttgart NStZ 2004, 407), auch bei Todeseintritt während des Revisionsverfahrens (BGH NStZ-RR 2008, 146; 2014, 349 Ls.), auch wenn schon Teilrechtskraft eingetreten o. die Revision in Unkenntnis des Todes verworfen worden war (BGH StV 2006, 118; StraFo 2016, 25); eine Urteilsaufhebung erfolgt neben der Einstellung nicht (aber nicht, weil es keiner Aufhebung „bedarf" – wie BGH BeckRS 2011, 22306 mwN unrichtig meint –, sondern weil hier keine Rechtsmittelentscheidung ergeht); vgl. → Rn. 6; erg. → § 464 Rn. 14. Ein Ermittlungsverfahren wird nach § 170 Abs. 2 eingestellt. Dem Tod steht die Todeserklärung gleich (OLG Hamm NJW 1978, 177). Vor dem Tod o. in Unkenntnis des Todes ergangene abschl. Sachentscheidungen werden gegenstandslos (Becker NStZ-RR 2003, 103 – BGH RsprÜ).

9 **B. Weitere Besonderheiten.** Die Einstellung des subjektiven Strafverfahrens wegen Verhandlungsunfähigkeit des Beschuldigten steht einem Sicherungsverfahren nach §§ 413 ff. nicht entgegen. Ergibt sich in diesem Verf. nach der Eröffnung des Hauptverfahrens, dass der Beschuldigte nicht o. nicht mehr verhandlungsunfähig ist, so wird das Verf. in ein Strafverfahren übergeleitet (§ 416 Abs. 3).

10 **C. Sofortige Beschwerde (Abs. 2, § 311).** Sofortige Beschwerde (Abs. 2, § 311) ist nur gegen den Einstellungsbeschluss zulässig. Der die beantragte Einstellung abl. Beschl. ist nicht anfechtbar, auch nicht nach § 304 (Döllel/Dreeßen SchlHA 2003, 192 – OLG Schleswig RsprÜ; allgM). Die sofortige Beschwerde steht der StA zu, ebenso dem Nebenkläger, (§ 400 Abs. 2 S. 1), nicht aber dem Anzeigeerstatter (OLG Braunschweig Nds. Rpfl. 1962, 166), weil er als solcher – abgesehen v. §§ 469, 470 – im Hauptverfahren nicht bet. ist (→ Einl. Rn. 70), auch nicht dem Angeschuldigten, u. zwar mangels Beschwer (OLG Düsseldorf OLGSt Nr. 1; OLG Jena NStZ-RR 2006, 311 Ls.; OLG Köln OLGSt StPO § 206a Nr. 3; KK-StPO/Schneider Rn. 13; **aM** OLG Hamburg MDR 1967, 688; Löwe/Rosenberg/Stuckenberg Rn. 103; SK-StPO/Paeffgen Rn. 28). Der Angeschuldigte wäre nur beschwert, wenn der Vorrang des § 206b nicht berücksichtigt worden ist (→ § 206b Rn. 7). Die Beschwer fehlt auch bei Einstellung, die mit dauernder Verhandlungsunfähigkeit infolge Geisteskrankheit (zB Querulantenwahn) begründet ist (OLG Nürnberg OLGSt S. 11; **aM** OLG Hamburg JZ 1967, 546). Hebt das LG als Beschwerdegericht den Beschl. des AG auf, stellt es aber in Verbindung damit das Verf. nach § 205 vorl. ein, so ist hiergegen die Beschwerde nach § 304 zulässig (OLG Hamburg GA 1969, 145; → § 205 Rn. 4). Für die Anfechtung der Auslagenentscheidung in dem Einstellungsbeschluss gilt § 464 Abs. 3 S. 1 Hs. 1 (→ § 464 Rn. 19).

11 **D. Wirkungen des formell rechtskräftigen Beschlusses.** Der formell rechtskräftige Beschluss bedeutet die **bindende Feststellung des Verfahrenshindernisses** (→ Einl. Rn. 166). Er kann daher nicht deshalb wieder aufgeh. werden, weil er auf einem Irrtum über verfahrenserhebliche Tatsachen beruht (OLG Köln NJW 1981, 2208). Ein solcher Widerruf wäre wirkungslos (BayObLGSt 1970, 115). Das gilt aber nicht, wenn der Irrtum durch ein täuschendes Verhalten des Beschuldigten

selbst o. durch ein diesem zuzurechnendes Täuschungsverhalten eines Dritten verursacht worden ist; der Einstellungsbeschluss ist dann aufzuheben, das eingestellte Verf. ist fortzusetzen (BGHSt 52, 119 mzustAnm Kühl NJW 2008, 1008; zust. auch Rieß NStZ 2008, 297; **abl.** hingegen Ziemann HRRS 2008, 364: neue Anklage erforderlich; vgl. auch SK-StPO/Paeffgen Rn. 31 ff.). Dasselbe gilt, wenn das festgestellte Verfahrenshindernis später beseitigt wird, zB durch Wegfall der Verhandlungsunfähigkeit o. nachträgliche Stellung eines wirksamen Strafantrags. Im Übrigen entfaltet der Beschl. aber die gleichen Wirkungen wie ein Einstellungsurteil nach § 260 Abs. 3 (→ § 260 Rn. 47, 48; Löwe/Rosenberg/Stuckenberg Rn. 113; Krack Rehabilitierung S. 237). Für eine mögliche neue Strafverfolgung gilt das Legalitätsprinzip (→ § 152 Rn. 11).

Einstellung des Verfahrens wegen Gesetzesänderung

206b [1] **Wird ein Strafgesetz, das bei Beendigung der Tat gilt, vor der Entscheidung geändert und hat ein gerichtlich anhängiges Strafverfahren eine Tat zum Gegenstand, die nach dem bisherigen Recht strafbar war, nach dem neuen Recht aber nicht mehr strafbar ist, so stellt das Gericht außerhalb der Hauptverhandlung das Verfahren durch Beschluß ein.** [2] **Der Beschluß ist mit sofortiger Beschwerde anfechtbar.**

A. Normzweck. Die **weitgehend verfehlte Vorschrift** (zur Kritik vgl. insbes. 1 Löwe/Rosenberg/Stuckenberg Rn. 4), mit der die Übergangsbestimmung des Art. 96 des 1. StrRG zum Dauerrecht erhoben worden ist, will das Verf. vereinfachen u. dem Angeklagten die HV ersparen. Sie lässt (systemwidrig) die Einstellung des Verfahrens durch Beschl. zu, wenn die Tat nach § 2 Abs. 3 StGB nicht mehr strafbar ist.

Es handelt sich also um eine **sachlich-rechtliche Entscheidung** (OLG Mün- 2 chen NJW 1974, 873; Küper NJW 1975, 1330; unrichtig BayObLGSt 1969, 143 = JR 1970, 270 mit insoweit abl. Anm. Küper: Prozesshindernis), mit der richtigerweise nicht die Einstellung, sondern die Freisprechung des Angeklagten ausgesprochen werden müsste. Der Sache nach ist der Beschl. nach § 206b ein freisprechendes Erkenntnis (Bohnert GA 1982, 174; Küper JR 1970, 273).

B. Anwendungsbereich. Nach Eröffnung des Hauptverfahrens ist die Vorschr. 3 anwendbar (Löwe/Rosenberg/Stuckenberg Rn. 6; das Wort „anhängig" statt „rechtshängig" ist ein Redaktionsversehen). Ist es noch nicht eröffnet, so führt der Wegfall der Strafbarkeit zur Nichteröffnung nach § 204.

Im 1. Rechtszug ist § 206b ohne Rücksicht darauf anzuwenden, ob die Ge- 4 setzesänderung vor o. (solange das Verf. dort anhängig ist) nach Erlass des Urteils eingetreten ist. Nur wenn das Gericht sie im Urt. übersehen hat, darf der 1. Richter keinen Beschl. nach § 206b erlassen (Löwe/Rosenberg/Stuckenberg Rn. 8). In der HV führt der Wegfall der Strafbarkeit zum Erlass eines freisprechenden Urteils (OLG München NJW 1974, 873; Bohnert GA 1982, 175).

Im Berufungsrechtszug ist die Vorschr. anwendbar, auch wenn schon Teil- 5 rechtskraft eingetreten ist (Löwe/Rosenberg/Stuckenberg Rn. 9; erg. → § 354a Rn. 5), jedoch nur, wenn die Strafbarkeit erst hier entfallen ist, denn § 206b gibt ebenso wenig wie § 206a (→ § 206a Rn. 6) die Befugnis zu einer Urteilsaufhebung; vielmehr ist sonst eine Entsch. durch Urt. (Aufhebung u. Freispruch) zu treffen (OLG Düsseldorf NJW 1991, 711; KK-StPO/Schneider Rn. 5; SSW StPO/Rosenau Rn. 4; **aM** Löwe/Rosenberg/Stuckenberg Rn. 9).

Im **Revisionsrechtszug** ist für die Anwendung der Vorschr. kein Raum: Tritt 6 die Gesetzesänderung erst hier ein, gilt § 354a (KK-StPO/Schneider Rn. 7; MüKoStPO/Wenske Rn. 16; **aM** KMR-StPO/Seidl Rn. 8: § 206b geht vor; wieder anders: Löwe/Rosenberg/Stuckenberg Rn. 10; SK-StPO/Paeffgen Rn. 8; Wahlrecht zwischen § 206b u. § 354a); war sie im 1. Urt. übersehen worden, so ist nach § 349 Abs. 4 bzw. § 354 Abs. 1 zu verfahren (die Gegenauffassung will auch hier verfehlt – dazu → § 349 Rn. 29; KK-StPO/Schneider Rn. 7 – ein Wahlrecht zwischen § 206b u. § 349 Abs. 2 annehmen, was zu Streitfragen hins. der Notwendigkeit einer zulässigen Revisionsbegründung u. der Erhebung der Sachrüge führt, vgl. Bohnert GA 1982, 176; Küper NJW 1975, 1329).

7 **C. Entfallen der Strafbarkeit.** Die **Strafbarkeit der Tat ist entfallen,** wenn sie nach der Gesetzesänderung unter keinem rechtlichen Gesichtspunkt mehr verfolgt werden kann. Ist sie nunmehr als OWi zu ahnden, so gilt § 206b nicht (OLG Saarbrücken NJW 1974, 1009); vielmehr geht das Verf. entspr. § 82 OWiG in ein Bußgeldverfahren über (BayObLGSt 1969, 17; KK-StPO/Schneider Rn. 8; Löwe/Rosenberg/Stuckenberg Rn. 13; Göhler/Bauer OWiG § 82 Rn. 27). Ist die OWi wegen eines Prozesshindernisses (zB wegen Verjährung) nicht mehr verfolgbar, so muss das Verf. nach § 206a eingestellt werden (BGHSt 20, 77; OLG Saarbrücken NJW 1974, 1009). Wäre die Tat wegen eines Prozesshindernisses auch ohne die Gesetzesänderung nicht mehr verfolgbar, so erfolgt die Einstellung aber nach § 206b (Löwe/Rosenberg/Stuckenberg Rn. 15). Die Vorschr. gilt auch, wenn versäumt wurde, rechtzeitig eine Gesetzesänderung (vgl. OLG Bremen NStZ 2010, 174 zu § 95 AufenthG) o. eine Anpassung eines Blanketttatbestandes vorzunehmen (dazu Schröder FS Mehle, 2009, 601 zu § 8 FahrpersonalG).

8 **D. Entscheidung.** Die Entscheidung ergeht nach Anhörung der StA (§ 33 Abs. 2), nicht des Angeklagten, durch nach § 34 mit Gründen zu versehenden Beschl. in der für Entsch. außerhalb der HV vorgeschriebenen Gerichtsbesetzung; das OLG entscheidet daher nur mit 3 Richtern (Löwe/Rosenberg/Stuckenberg Rn. 16 mwN; SK-StPO/Paeffgen Rn. 12; erg. → GVG § 122 Rn. 4).

9 Die **Kostenentscheidung** richtet sich nach § 467 Abs. 1, Abs. 2, Abs. 3 S. 1; die Vorschr. des § 467 Abs. 3 S. 2 Nr. 2 ist nicht anwendbar (→ § 467 Rn. 17).

10 Zur **Entschädigung nach § 2 StrEG** vgl. → StrEG Vor § 1 Rn. 1.

11 **E. Sofortige Beschwerde (S. 2).** Sofortige Beschwerde (S. 2) gegen den Einstellungsbeschluss steht der StA, dem Privatkläger u. dem zugelassenen Nebenkläger (§ 400 Abs. 2 S. 1) zu; der Angeklagte ist mangels Beschwer nicht beschwerdeberechtigt. Beschlüsse des OLG im 1. Rechtszug sind entspr. § 304 Abs. 4 S. 2 Nr. 2 unanfechtbar. Die Beschwerde gegen den die Einstellung abl. Beschl. ist nach § 305 S. 1 ausgeschlossen.

12 **F. Rechtskraft.** Die Rechtskraft des Beschl. entspr. der eines freisprechenden Urteils. Sie hat daher den Verbrauch der Strafklage zur Folge (KK-StPO/Schneider Rn. 12; Löwe/Rosenberg/Stuckenberg Rn. 22; SK-StPO/Paeffgen Rn. 15; **aM** AK-StPO/Loos Rn. 9: Anwendung des § 211). Hat das Tatgericht nach Zurückverweisung das Verfahren gem. § 206b eingestellt, ist auch die Vollstreckung der rkr. gewordenen Anordnung der Wertersatzeinziehung unzulässig (KG NStZ 2023, 253).

Inhalt des Eröffnungsbeschlusses **Nr. 115 Abs. 2 RiStBV**

207

(1) **In dem Beschluß, durch den das Hauptverfahren eröffnet wird, läßt das Gericht die Anklage zur Hauptverhandlung zu und bezeichnet das Gericht, vor dem die Hauptverhandlung stattfinden soll.**

(2) **Das Gericht legt in dem Beschluß dar, mit welchen Änderungen es die Anklage zur Hauptverhandlung zuläßt, wenn**

1. **wegen mehrerer Taten Anklage erhoben ist und wegen einzelner von ihnen die Eröffnung des Hauptverfahrens abgelehnt wird,**
2. **die Verfolgung nach § 154a auf einzelne abtrennbare Teile einer Tat beschränkt wird oder solche Teile in das Verfahren wieder einbezogen werden,**
3. **die Tat rechtlich abweichend von der Anklageschrift gewürdigt wird oder**
4. **die Verfolgung nach § 154a auf einzelne von mehreren Gesetzesverletzungen, die durch dieselbe Straftat begangen worden sind, beschränkt**

wird oder solche Gesetzesverletzungen in das Verfahren wieder einbezogen werden.

(3) [1] **In den Fällen des Absatzes 2 Nr. 1 und 2 reicht die Staatsanwaltschaft eine dem Beschluß entsprechende neue Anklageschrift ein.** [2] **Von der Darstellung des wesentlichen Ergebnisses der Ermittlungen kann abgesehen werden.**

(4) **Das Gericht beschließt zugleich von Amts wegen über die Anordnung oder Fortdauer der Untersuchungshaft oder der einstweiligen Unterbringung.**

A. Zulassung der Anklage (Abs. 1). Durch Zulassung der Anklage (Abs. 1) 1
zur HV wird das Hauptverfahren aufgrund vorl. Tatbewertung unter den Voraussetzungen des § 203 eröffnet. Dabei umschreibt das Gericht den Verfahrensgegenstand idR nicht selbst; durch die Zulassung macht es vielmehr den Anklagesatz zum integrierenden Bestandteil des Eröffnungsbeschlusses (BGH GA 1980, 108). Zugleich bezeichnet der Eröffnungsbeschluss das Gericht, vor dem die HV stattfindet (vgl. zu § 209), bei mehreren Spruchkörpern gleicher Art auch den nach der Geschäftsverteilung zur Entsch. berufenen. Über den Erlass des Beschl. vgl. → Vor § 33 Rn. 5 ff.; über Unterschrift auch → Einl. Rn. 128, → Vor § 33 Rn. 6.

B. Änderungen (Abs. 2). Mit Änderungen (Abs. 2) kann das Gericht die 2
Klage zulassen. Es kann jedoch weder einen weiteren Angeklagten noch eine neue Tat (§ 264), die nicht Gegenstand der Anklage ist, in die Untersuchung einbeziehen (BGH NStE StPO § 207 Nr. 5; erg. → Einl. Rn. 37, 38). Das Gericht legt die Änd. in dem Beschl. dar. Damit kommt zum Ausdruck, dass es sich um eine Gesamtentscheidung über den Anklagestoff in persönlicher u. sachlicher Beziehung handelt. Selbst wenn diese Gesamtentscheidung aus Gründen der Praktikabilität aufgeteilt wird in einen Beschl., der Grdl. für die HV sein soll, u. einen weiteren, der einen Teil des Anklagestoffes aus der HV ausscheidet, müssen beide Beschlüsse jedenfalls gleichzeitig ergehen (OLG Nürnberg MDR 1972, 967; **aM** Löwe/Rosenberg/Stuckenberg Rn. 8).

I. Nur teilweise Eröffnung des Hauptverfahrens (Abs. 2 Nr. 1). Sind 3
mehrere Strafsachen miteinander zu einem Verf. verbunden, so kann in der einen eröffnet u. in der anderen die Eröffnung abgelehnt werden; Voraussetzung ist aber, dass die mehreren, in Tatmehrheit stehenden Taten nicht eine Tat iSd § 264 bilden (OLG München NJW 2013, 3799; erg. → § 204 Rn. 6, → § 210 Rn. 2). Das Ausscheiden einer Tat kann auch in der vorl. Einstellung nach § 154 Abs. 2 bestehen (erg. → § 154a Rn. 1, 5). Ist wegen zweier Taten nach § 42 Abs. 1 OWiG Anklage erhoben, wegen der Haupttat aber das Verf. unter keinem rechtlichen Gesichtspunkt (vgl. auch → Rn. 6) zu eröffnen, so entfällt die Zuständigkeit des Gerichts für die Zusammenhangstat; das Gericht lehnt die Eröffnung des Hauptverfahrens aus diesem Grund ab u. die StA gibt die Sache an die VerwB ab (Göhler/Bauer OWiG § 82 Rn. 8). Keine teilw. Ablehnung, sondern ein Fall des Abs. 2 Nr. 3 liegt vor, wenn bei Eröffnung wegen einer Tat nach § 129 StGB der Tatverdacht hins. eines in Tateinheit dazu stehenden Vergehens verneint wird (BGH NStZ 1989, 190; vgl. auch BGHR StPO § 264 Abs. 1 Ausschöpfung 3).

II. Abtrennbare Teile der Tat (Abs. 2 Nr. 2). Der Änderungsbeschluss ist 4
nicht erforderlich, wenn die Beschränkung schon v. der StA angeordnet worden ist (→ § 154a Rn. 20; → § 200 Rn. 7, 14) und v. Gericht übernommen wird. Die Wiedereinbeziehung kann das Gericht v. sich aus beschließen. Will die StA im Eröffnungsverfahren – etwa aufgrund der nach § 202 durchgeführten zusätzlichen Ermittlungen – die v. ihr in der Anklageschrift vorgenommene Ausscheidung eines Teils der Tat rückgängig machen, so muss das Gericht ihrem Antrag entsprechen (§ 154a Abs. 3 S. 2). Vor dieser Wiedereinbeziehung muss dem Angeschuldigten, soweit noch nicht geschehen, das rechtliche Gehör nach § 33 Abs. 3 gewährt werden. Vgl. iÜ zu §§ 154a, 397 Abs. 2.

5 **III. Andere rechtliche Würdigung (Abs. 2 Nr. 3).** Der Beschl. muss iVm der Anklageschrift auch erkennen lassen, welche Tatsachen nach Auff. des Gerichts die ges. Merkmale des anderen Tatbestands erfüllen (BGHSt 23, 304). Aus der anderen rechtlichen Beurteilung kann sich auch eine andere sachliche Zuständigkeit für das Hauptverfahren ergeben (§§ 209, 209a). Wenn die andere rechtliche Beurteilung nicht eindeutig ist, kann das Gericht im Eröffnungsbeschluss auch die Belehrung nach § 265 Abs. 1 vorwegnehmen u. auf die Möglichkeit einer anderen rechtlichen Beurteilung hinweisen (BGHSt 23, 304). Es ist auch nicht gehindert, in Anwendung des Abs. 2 Nr. 3 bes. vorgesehene Rechtsfolgenumstände hervorzuheben, die nicht in der Anklageschrift enthalten sind (→ § 200 Rn. 10), u. den Hinweis nach § 265 Abs. 2 vorwegzunehmen (→ § 265 Rn. 32).

6 Nur **unter dem rechtlichen Gesichtspunkt einer OWi** lässt das Gericht die Klage nach Abs. 2 Nr. 3 zu, wenn es abw. v. der Anklage den hinreichenden Tatverdacht hins. der Straftat verneint, ihn aber für eine OWi bejaht u. deren Verfolgung für geboten hält (§§ 82, 47 Abs. 2 OWiG). Die Strafsache wird damit in ein Bußgeldverfahren übergeleitet (§ 82 Abs. 2 OWiG). Gegen die Ausscheidung des strafrechtlichen Gesichtspunktes im Eröffnungsbeschluss hat die StA kein Beschwerderecht (vgl. → § 210 Rn. 5); sie kann aber, falls sie Anlass dazu hat, den Übergang zum Strafverfahren nach § 81 Abs. 2 S. 1 OWiG erzwingen.

7 **IV. Einzelne Gesetzesverletzungen (Abs. 2 Nr. 4).** Auch hier handelt es sich um die Ausscheidung o. Wiedereinbeziehung einzelner Rechtsverletzungen (vgl. → Rn. 4). Sie können mit der Zulassung der Anklage nach § 154a auf Antrag der StA ausgeschieden o. mit o. ohne deren Zustimmung wieder einbezogen werden. Der Begriff Straftat ist hier iSv Tat (§ 264) zu verstehen, was in § 154a Abs. 1 klargestellt worden ist (Löwe/Rosenberg/Stuckenberg Rn. 20).

8 **V. Form des Eröffnungsbeschlusses.** Der Beschl. muss regelmäßig **schriftlich** abgesetzt werden (BGH NStZ 2025, 430 mwN; → Einl. Rn. 128). Ist dies unterblieben, so besteht ein Verfahrenshindernis (→ Einl. Rn. 146), das durch die nachträgliche Erkl. des Richters, die Eröffnung des Hauptverfahrens beschlossen zu haben, nicht beseitigt wird (BGH StV 2013, 132; 2015, 740). Entscheidend sind aber nicht Wortlaut u. äußere Form. Der Beschluss muss nicht zwingend gesondert ergehen; er kann vielmehr auch anderen Gerichtsentscheidungen entnommen werden, sofern das Gericht darin hinreichend deutlich den Eröffnungswillen zum Ausdruck bringt (BGH NStZ 2025, 430). Es genügt die schlüssige u. eindeutige schriftliche Willenserklärung des Gerichts, dass es eine bestimmt bezeichnete Anklage zur HV zulässt (BGH NStZ-RR 2020, 354; NStZ 2000, 442; erg. → § 203 Rn. 1); eine mündlich verkündete u. **protokollierte** Entsch. steht einer schriftlichen gleich (BGH NStZ 2025, 430). Genügend sind etwa eine entspr. Entsch. iRe Haftprüfungsverfahrens (OLG Hamm NStZ 1990, 146) o. der Besetzungsbeschluss nach § 76 Abs. 2 GVG iVm einem gleichzeitig ergangenen Haftbefehl (BGHR StPO § 203 Beschluss 4; BGH NStZ-RR 2020, 354). Die Termins- u. Ladungsverfügung allein reicht aber idR nicht (BGH StV 2011, 457; OLG Hamburg StraFo 2019, 160; BayObLGSt 2000, 161; OLG Hamm VRS 98, 199; OLG Zweibrücken NStZ-RR 1998, 74; s. aber auch OLG Hamm NStZ 2020, 626, welches die Anordnung des persönlichen Erscheinens gem. § 236 als ausreichend erachtet hat), schon gar nicht eine nur teilw. ausgefüllte (OLG Koblenz NStZ-RR 2009, 288; StraFo 2010, 248; OLG Hamm StV 2017, 808: Fehlendes Az. sowie fehlende Personalien des Beschuldigten), es sei denn, die Akten ergeben eindeutig, dass der Richter die Eröffnung tatsächlich beschlossen hat (vgl. BGH NStZ 2020, 236; OLG Hamm NStZ 2020, 626; OLG Düsseldorf NStZ-RR 2000, 114). Ein **Verweisungsbeschluss** kann nur genügen, wenn das verweisende Gericht erkennbar die Eröffnungsvorausstzungen geprüft hat (BGH NStZ 2025, 430). Ein Beschl., mit dem das LG v. SchG ein Verf. **übernimmt,** kann den Eröffnungsbeschluss nicht ersetzen (BGH NStZ 1984, 520), auch nicht die mit einem Eröffnungsbeschluss herbeigeführte Verbindung mit einem v. einem anderen Gericht abgegebenen Verf. (BGH NStZ 1987, 239). Ein **Verbindungsbeschluss** o. ein Ver-

weisungsbeschluss nach § 270 können den Eröffnungsbeschluss nur ersetzen, wenn das verbindende bzw. das verweisende Gericht die Eröffnungsvoraussetzungen geprüft hat u. dies zum Ausdruck gekommen ist (BGH 23.10.2024 – 4 StR 167/24; NStZ-RR 2020, 154; BayObLG StraFo 2025, 455; OLG Hamburg StraFo 2019, 160; OLG Hamm NStZ-RR 2014, 114 Ls.; OLG Köln NStZ-RR 2004, 48; vgl. auch Becker NStZ-RR 2002, 68 – BGH RsprÜ: Erörterung der Frage der Einbeziehung in der HV u. im Anschluss daran verkündeter Verbindungsbeschluss ausreichend).

C. Neue Anklageschrift (Abs. 3). Eine neue Anklageschrift (Abs. 3), die dem Beschl. entspr. u. somit die zugelassene Anklage enthält, muss die StA einreichen, wenn der Eröffnungsbeschluss am sachlichen Gegenstand des Verfahrens etwas geänd. hat (Abs. 2 Nr. 1, 2). Diese Anklageschrift hat nur deklaratorische Bedeutung u. wird daher nicht mehr nach § 201 behandelt. Sie soll lediglich Verwirrung vermeiden u. insbes. dem Angeklagten klarmachen, welche tatsächlichen Vorgänge Gegenstand der HV sind. Daher ist sie ihm zuzustellen (§ 215 S. 2). Zugleich soll ein Anklagesatz geschaffen werden, der sich zur Verlesung in der HV eignet (§ 243 Abs. 3 S. 1). 9

D. UHaft (Abs. 4). Über die UHaft (Abs. 4) o. die einstweilige Unterbringung nach § 126a bedarf es einer ausdr. Entsch. nur, wenn ein Haft- o. ein Unterbringungsbefehl besteht u. vollzogen wird o. wenn er erlassen o. außer Vollzug o. wieder in Vollzug gesetzt werden soll. Befindet sich der Angeklagte in UHaft, so ist der Gegenstand der Prüfung der gleiche wie bei der Haftprüfung nach § 117. Eine unterbliebene Entscheidung ist grds. nachzuholen, da es sich um eine Sonderform der gesetzlich vorgeschriebenen Haftprüfung von Amts wegen handelt (OLG Oldenburg StraFo 2024, 378). Über die Bestellung eines Verteidigers vgl. § 140 Abs. 1 Nr. 1, 5. 10

E. Mängel des Eröffnungsbeschlusses. Schwere formelle o. sachliche Mängel können den Eröffnungsbeschluss unwirksam machen (BGHSt 57, 138 (149); NStZ 1984, 133; → Einl. Rn. 105b; zur revisionsrechtlichen Kontrolle der Mangelhaftigkeit v. Anklage u. Eröffnungsbeschluss zusf. Kuckein StraFo 1997, 33), zB wenn der Beschl. der StrK nicht schriftlich abgefasst wurde (BGH NStZ 2017, 55), wenn die StrK den Beschl. nur mit einem (BGH StV 1986, 329) o. nur mit zwei Richtern gefasst hat (BGHSt 60, 248; BGH NStZ 2016, 302; erg. → GVG § 76 Rn. 8), wobei es aber nicht auf die Zahl der Unterschriften ankommt (BGH NStZ 2014, 400), o. wenn der Vorsitzende ohne förmliche Beratung allein unterschrieben hat (BGH StV 1981, 329; 1983, 318) o. wenn u. soweit die Beschränkung einer Auslieferungsbewilligung durch den Fremdstaat entgegensteht (BGHSt 29, 94), nicht aber, wenn sich das Gericht über die örtliche Zuständigkeit geirrt hat (Beukelmann NStZ 2009, 588). Ein Eröffnungsbeschluss des AG kann trotz fehlender Unterschrift gültig sein, falls er tatsächlich gefasst worden ist u. nicht bloß ein Entwurf war (BayObLGSt 1989, 102; OLG Düsseldorf StV 1983, 408; OLG Stuttgart NStZ-RR 2010, 343; OLG Zweibrücken NStZ-RR 1998, 75; **aM** OLG Frankfurt a. M. NJW 1991, 2849; vgl. auch OLG Karlsruhe StraFo 2003, 273); dasselbe gilt für einen auch sonst unvollständig ausgefüllten Vordruck (OLG Koblenz NStZ-RR 2009, 288; OLG Zweibrücken StV 2012, 460). Unrichtige Besetzung der Abt. o. Kammer macht den Beschl. nicht unwirksam (BGH NStZ 1981, 447; StV 2014, 325 Ls.; → GVG § 22d Rn. 1), ebenso wenig die Mitwirkung eines nach §§ 22, 23 ausgeschlossenen Richters (BGHSt 29, 351; NStZ 1985, 464; **aM** Löwe/Rosenberg/Stuckenberg Rn. 67) o. die Unzuständigkeit des Eröffnungsgerichts (BayObLG JR 1975, 200), zB wenn das SchG anstatt des JugSchG entschieden hat (OLG Koblenz GA 1977, 374), anders aber, wenn ein Gericht ohne zu ihm erhobene Anklage einen Eröffnungsbeschluss erlassen hat (Becker NStZ-RR 2003, 1 – BGH RsprÜ u. BGH NStZ 2005, 464: Eröffnungsbeschluss ist gegenstandslos), o. wenn die HV nach unzulässiger Verweisung durch ein Gericht, das sich für örtlich unzuständig erklärt, gleichwohl aber einen Eröffnungsbeschluss erlassen hatte, durchgeführt wird (Löwe/Rosenberg/Stuckenberg 11

Rn. 62). Dass der Eröffnungsbeschluss auf unvollständiger Aktengrundlage ergangen ist, hat auf seine Wirksamkeit ebenfalls keinen Einfluss (Rieß NStZ 1983, 247; erg. → § 203 Rn. 2), auch nicht die unzulässige Würdigung der Ermittlungen (Pfeiffer/Miebach NStZ 1984, 15 – BGH RsprÜ) o. die unterlassene Bestellung eines Verteidigers (OLG Düsseldorf VRS 82, 126). Der funktionelle Mangel einer zugelassenen Anklage (→ § 200 Rn. 26), im Eröffnungsbeschluss nicht behoben, haftet auch diesem an (BGH GA 1973, 111; 1980, 108). Zum Nachw., dass ein nicht mehr vorhandener Eröffnungsbeschluss ergangen ist, vgl. BGH NStZ 1985, 420.

12 **F. Heilung des Mangels.** Wenn die **Behebung des Mangels möglich** ist, gehört sie zu den Aufgaben des Gerichts (→ Einl. Rn. 159). Die Behebung des Mangels ist auch noch in der HV möglich (BGH GA 1980, 108), nach der Rspr. sogar die Nachholung des Eröffnungsbeschlusses (→ § 203 Rn. 4). Der Vorgang muss aus dem Prot. ersichtlich sein (§§ 273, 274; BGH GA 1973, 111 (112)). In der HV kann ein Mangel der Anklageschrift, der sich im Eröffnungsbeschluss fortgesetzt hat, durch den StA bei der Verlesung des Anklagesatzes (→ § 243 Rn. 16) geheilt werden, wenn der Vorsitzende dem zustimmt, o. durch dessen entspr. Erkl. (BGH NStZ 1984, 133); dies gilt nicht für Mängel der Umgrenzungsfunktion (BGH NStZ 2018, 347; erg. → § 200 Rn. 7, 26). Es handelt sich dabei um eine wesentliche Förmlichkeit, die im Prot. zu beurkunden ist (BGH NStZ 1984, 133). Die Entsch., ob der Verdacht zu Recht als hinreichend beurteilt wurde, hat das Gericht in der HV nicht mehr zu prüfen (Holtz MDR 1980, 107 – BGH RsprÜ; → § 203 Rn. 2); insofern scheidet daher auch eine Heilung dieses etwaigen Mangels aus. Bei offensichtlichen Versehen äußerer Art ist Berichtigungsbeschluss zulässig (BayObLG NStZ-RR 1999, 111; OLG Bremen JR 1958, 190; → § 268 Rn. 10), aber nicht, wenn sich der Eröffnungsbeschluss aufgrund einer Personenverwechslung gegen eine andere Person als den Tatverdächtigen richtet (BGH NStZ 1990, 290). Kommt es nicht zur Heilung des Mangels, so muss das Verf. wegen Fehlens einer Prozessvoraussetzung (Befassungsverbot, → Einl. Rn. 143) eingestellt werden (§§ 206a, 260 Abs. 3; → § 200 Rn. 26). Die Einstellung erfasst das gesamte Verfahren, das damit abgeschlossen ist u. nicht mehr fortgeführt werden kann (BGH NStZ 2012, 225; 2016, 747; OLG Koblenz StraFo 2013, 116; erg. → § 203 Rn. 4). Soll der in dem eingestellten Verf. erhobene Vorwurf erneut ggü. dem Angeklagten geltend gemacht werden, muss daher eine neue Anklage erhoben werden, deren Zulässigkeit andererseits das Einstellungsurteil nicht entgegensteht (BGH JR 1957, 69; LM StPO § 207 Nr. 5; BayObLG JR 1986, 430 (431); OLG Düsseldorf NStZ 1996, 298 (300); OLG Frankfurt a. M. GA 1988, 226; Löwe/Rosenberg/Stuckenberg Rn. 85 ff.; erg. → Einl. Rn. 154).

13 **G. Rechtshängigkeit.** Rechtshängigkeit (→ § 156 Rn. 1) tritt vor dem im Beschl. bezeichneten Gericht, vor dem die HV stattfinden wird, mit dem Erlass des Eröffnungsbeschlusses ein (BGHSt 29, 341 (343)). Mit ihr erlangt dieses Gericht die Eigenschaft des erkennenden Gerichts (→ § 28 Rn. 6; → § 305 Rn. 2). Mit der Rechtshängigkeit entsteht ein Verfahrenshindernis für die Verfolgung der Tat in einem anderen Verf. (BayObLG MDR 1988, 77; erg. → Einl. Rn. 145). Dabei handelt es sich nicht um Strafklageverbrauch (→ Einl. Rn. 171 ff.). Zur Berichtigung eines fehlerhaften Eröffnungsbeschlusses vgl. OLG Karlsruhe NStZ 2009, 587 mAnm Beukelmann.

14 **H. Anfechtung.** Vgl. § 210 Abs. 1, Abs. 2. Mit der Revision kann die Fehlerhaftigkeit des Eröffnungsbeschlusses wegen § 336 S. 2 v. Angeklagten nicht gerügt werden (BGH NStZ 1981, 447; 1985, 464; StV 2014, 325 Ls.), v. der StA nur, soweit ihr eine einfache Beschwerde gegen den Eröffnungsbeschluss zustand (→ § 210 Rn. 4; Meyer-Goßner NStZ 1989, 89). Seine Unwirksamkeit ist als Mangel einer Prozessvoraussetzung vAw zu beachten (→ Einl. Rn. 150, → § 203 Rn. 1).

208 (weggefallen)

Eröffnungszuständigkeit

209 (1) **Hält das Gericht, bei dem die Anklage eingereicht ist, die Zuständigkeit eines Gerichts niedrigerer Ordnung in seinem Bezirk für begründet, so eröffnet es das Hauptverfahren vor diesem Gericht.**

(2) **Hält das Gericht, bei dem die Anklage eingereicht ist, die Zuständigkeit eines Gerichts höherer Ordnung, zu dessen Bezirk es gehört, für begründet, so legt es die Akten durch Vermittlung der Staatsanwaltschaft diesem zur Entscheidung vor.**

A. Zuständigkeitsprüfung. Die StA erhebt die Anklage bei dem zuständigen 1
Gericht (§ 170 Abs. 1). Das Gericht ist aber an den Antrag der StA nicht gebunden (§ 206), sondern muss die Zuständigkeit selbst prüfen. Für die örtliche Zuständigkeit gelten dabei § 16 und § 42 **JGG,** für die Zuständigkeit der besonderen StrK § 6a, des JugG die §§ 39–41, 108 **JGG,** für die sonstige Zuständigkeit im 1. Rechtszug der Geschäftsverteilungsplan (§ 21e GVG; → GVG § 21e Rn. 22). Hält sich das Gericht nicht für sachlich zuständig, so darf es nicht nur eine Unzuständigkeitserklärung abgeben o. die Eröffnung des Hauptverfahrens vor sich wegen eines Prozesshindernisses ablehnen, sondern muss die Sache an das nach seiner Auff. sachlich zuständige Gericht bringen (→ § 6 Rn. 1). Das Gleiche gilt für die Zuständigkeit besonderer StrKn, soweit es in diesem Bereich eine Rangfolge gibt (§ 209a).

B. Zuständigkeit eines Gerichts niedrigerer Ordnung. Bei Zuständigkeit 2
eines Gerichts niedrigerer Ordnung (Abs. 1; → Vor § 1 Rn. 2) eröffnet das Gericht, an das die StA die Anklage adressiert hat, das Hauptverfahren bei diesem mit bindender Wirkung. Dies setzt voraus („in seinem Bezirk"), dass hierfür auch eine örtliche Zuständigkeit begründet ist (OLG Hamm 21.10.2025 – BeckRS 2025, 30581). Die Strafsache wird dadurch bei diesem Gericht rechtshängig. Die StrK kann das Verf. nach Abs. 1 vor dem AG eröffnen, u. zwar vor dem Strafrichter o. dem SchG (§§ 24, 25 GVG; s. aber zu Prognoseentscheidungen nach § 24 Abs. 1 Nr. 2 GVG → § 24 GVG Rn. 4 sowie OLG München BeckRS 2025, 5642). Ist die Anklage beim SchG erhoben, so kann dieses, nämlich sein Vorsitzender (§ 30 Abs. 2 GVG), das Hauptverfahren bei dem nach der Geschäftsverteilung zuständigen Strafrichter desselben Gerichts eröffnen. Ist die Anklage zum OLG erhoben (§ 120 Abs. 1, Abs. 2 S. 1 GVG), so kann es das Hauptverfahren vor jedem der nachgeordneten Gerichte eröffnen, wenn hinreichender Tatverdacht hins. der Strafvorschrift fehlt, die die Zuständigkeit des OLG begründet (BayObLG StV 1987, 392), o. wenn das OLG die Verfolgung nach § 154a auf die nicht zu seiner Zuständigkeit gehörende Gesetzesverletzung beschränkt (BGHSt 29, 341; erg. → § 154a Rn. 17). Abs. 1 wird noch durch § 120 Abs. 2 S. 2 GVG ergänzt.

C. Zuständigkeit eines Gerichts höherer Ordnung. Bei Zuständigkeit eines 3
Gerichts höherer Ordnung (Abs. 2; → Vor § 1 Rn. 2) legt das Gericht, zu dem die Anklage erhoben ist, die Akten diesem durch Vermittlung der StA nach Durchführung des Verfahrens nach § 201, idR bei Entscheidungsreife, vor (BGHSt 6, 109; KMR-StPO/Seidl Rn. 17). Das gilt auch, wenn der Strafrichter die Zuständigkeit des SchG für gegeben erachtet (LG Lübeck SchlHA 1966, 46). Das Gericht der höheren Ordnung prüft sodann seine Zuständigkeit. Hält es ein noch höheres Gericht für zuständig, so verfährt es ebenfalls nach Abs. 2 (Meyer-Goßner JR 1986, 473). Sonst eröffnet es das Hauptverfahren, ggf. nach weiteren Beweiserhebungen (§ 202), vor sich o. nach Abs. 1 bei dem zuständigen Gericht niedrigerer Ordnung (LG Zweibrücken VRS 119, 122); es darf auch bei missbräuchlicher Vorlage nicht einfach die „Übernahme ablehnen" (OLG Frankfurt a. M. NStZ-RR 2009, 315). Es hat jedoch in beiden Fällen die Möglichkeiten des § 207 Abs. 2 (vgl. aber

→ § 154a Rn. 17). Hält es die Voraussetzungen für die Eröffnung nicht für erfüllt, so legt es, falls die Zuständigkeit des LG o. des OLG nach § 24 Abs. 1 Nr. 1 GVG (→ GVG § 24 Rn. 3) gegeben ist, gleichwohl vor (KK-StPO/Schneider Rn. 14); in den übrigen Fällen der Vorschr. (Nr. 2 und 3) verfährt es nach § 204 (vgl. LG Frankfurt a. M. NJW 2008, 91 (92)). Hält die StaatsschutzStrK die besondere Bedeutung nach § 120 Abs. 2 GVG für gegeben, so führt sie eine Entsch. des GBA über die Übernahme herbei (Löwe/Rosenberg/Stuckenberg Rn. 50). Die Vorlage allein zu dem Zweck, ein beim LG anhängiges Berufungsverfahren mit dem vorgelegten Verf. zu verbinden u. sodann ein (einheitliches) erstinstanzliches Verf. durchzuführen, ist unzulässig (BGHSt 37, 15 (19)). Eröffnet das höhere Gericht das Verf. vor sich, obwohl seine Zuständigkeit offenkundig nicht gegeben ist, so entzieht es den Angeschuldigten seinem ges. Richter (BGHSt 38, 212).

4 **D. Innerhalb desselben Gerichts.** Innerhalb desselben Gerichts unter gleichrangigen Spruchkörpern kann eine Strafsache wegen geschäftsplanmäßiger Unzuständigkeit formlos abgegeben werden (BGHSt 25, 242; Löwe/Rosenberg/Stuckenberg Rn. 9; vgl. → § 269 Rn. 6). Über Kompetenzkonflikte vgl. → Vor § 1 Rn. 14 ff.

5 **E. Innerhalb desselben Gerichtsbezirks.** Innerhalb desselben Gerichtsbezirks spielt sich die Zuständigkeitsverschiebung nach Abs. 1 und Abs. 2 ab. Die Verschiebung der Strafsache in einen anderen Gerichtsbezirk würde die örtliche Zuständigkeit des Eingangsgerichts betreffen, für die nicht § 209 gilt, sondern § 16. Wegen örtlicher Unzuständigkeit kommt es nicht zu einer unmittelbaren Abgabe der Sache an ein anderes Gericht, sondern zu einer Unzuständigkeitserklärung des mit der Sache befassten Gerichts (→ § 16 Rn. 4). Zu dieser Entsch. kommt es wegen der Vielzahl der Gerichtsstände u. des Wahlrechts der StA (→ Vor § 7 Rn. 10) selten.

6 **F. Erstinstanzliche bezirkliche Zusammenfassung.** Das gemeinsame SchG (§ 58 Abs. 2 GVG) kann das Verf. nach Abs. 1 nicht nur bei einem Strafrichter desselben AG, sondern auch bei einem Strafrichter eines anderen AG, das zu seinem Bezirk gehört, eröffnen (Löwe/Rosenberg/Stuckenberg Rn. 16). Umgekehrt kann ein Strafrichter dieses Bezirks die Sache nach Abs. 2 an das gemeinsame SchG vorlegen. Diese Grundsätze gelten bei allen Zusammenfassungen dieser Art (vgl. → GVG § 58 Rn. 1, 2), auch in den Fällen der §§ 74a, 74c, 74d GVG.

7 **G. Beschluss nach Abs. 1.** Sofern die StA die Eröffnung vor dem niederen Gericht nicht selbst beantragt o. ihr zugestimmt hatte, muss der Beschl. begründet werden (vgl. §§ 210 Abs. 2, 34; OLG Celle NStZ 2017, 495). Mit seinem Erlass (→ Vor § 33 Rn. 5 ff.) wird das Gericht, das in dem Eröffnungsbeschluss als dasjenige bezeichnet ist, vor dem die HV stattfinden soll (§ 207 Abs. 1), erkennendes Gericht, die Strafsache bei ihm rechtshängig (→ § 207 Rn. 13; → § 270 Rn. 21). Eine Vorlage nach § 225a bei unveränderter Sachlage ist ausgeschlossen (vgl. OLG Frankfurt a. M. NStZ-RR 2025, 251). Eine Vorlage nach § 225a bzw. eine Verweisung nach § 270 an ein höheres Gericht aufgrund veränderter Sachlage bleibt aber zulässig (OLG Karlsruhe NStZ 1990, 100; hins. § 225a str., vgl. OLG Frankfurt a. M. NStZ-RR 2025, 251 (253), das dazu neigt, eine grds. Sperrwirkung anzunehmen; insoweit offengelassen v. BGHSt 47, 311, wo iÜ aber entgegen der Ansicht des BGH durchaus eine „veränderte Sachlage" vorlag). Der Beschl. wird den Verfahrensbeteiligten mitgeteilt, dem Angeklagten zugestellt (§§ 35, 215, → § 215 Rn. 1).

8 **H. Beschluss nach Abs. 2.** Der Anhörung der Bet. nach § 33 Abs. 1, Abs. 3 bedarf es nicht (Löwe/Rosenberg/Stuckenberg Rn. 41), weil mit dem Beschl. lediglich die nächste Entsch. dem anderen Gericht übertragen wird. Dagegen ist der Beschl. eine Entsch. iSd § 35, weil sich mit ihm der Adressat weiterer Anträge u. Einwendungen (→ § 201 Rn. 5 ff.) ändert. Den Bet. wird der Beschl. daher formlos mitgeteilt (§ 35 Abs. 2), der StA durch Übersendung der v. ihr weiterzuleitenden Akten (Abs. 2).

I. Beschwerde (§ 304). Beschwerde (§ 304) ist gegen den Vorlegungsbeschluss (Abs. 2) nicht zulässig (KK-StPO/Schneider Rn. 19), u. zwar mangels Beschwer (→ Vor § 296 Rn. 8) u. außerdem, weil ihr der Sinn u. Zweck des Beschl. entgegenstehen würde u. sogar der Eröffnungsbeschluss unanfechtbar ist (§ 210 Abs. 1). 9

Besondere funktionelle Zuständigkeiten

209a Im Sinne des § 4 Abs. 2, des § 209 sowie des § 210 Abs. 2 stehen

1. die besonderen Strafkammern nach § 74 Abs. 2 sowie den §§ 74a und 74c des Gerichtsverfassungsgesetzes für ihren Bezirk gegenüber den allgemeinen Strafkammern und untereinander in der in § 74e des Gerichtsverfassungsgesetzes bezeichneten Rangfolge und

2. die Jugendgerichte für die Entscheidung, ob Sachen
a) nach § 33 Abs. 1, § 103 Abs. 2 Satz 1 und § 107 des Jugendgerichtsgesetzes oder
b) als Jugendschutzsachen (§ 26 Abs. 1 Satz 1, § 74b Satz 1 des Gerichtsverfassungsgesetzes)
vor die Jugendgerichte gehören, gegenüber den für allgemeine Strafsachen zuständigen Gerichten gleicher Ordnung

Gerichten höherer Ordnung gleich.

A. Normzweck. Unter Spruchkörpern gleichen Ranges iSd sachlichen Zuständigkeit (→ Vor § 1 Rn. 2) gibt es bes. Zuständigkeiten. Die Spruchkörper mit bes. Zuständigkeit haben im Eröffnungsverfahren den Vorrang. 1

Die **beiden Gleichstellungsklauseln** des § 209a sollen den Vorrang wegen seiner Bedeutung im Eröffnungsverfahren wirksam werden lassen. Nr. 1 betr. den Vorrang der bes. StrKn in der Rangfolge des § 74e GVG (→ Vor § 1 Rn. 8), Nr. 2 den Vorrang der JugGe vor den Erwachsenengerichten (→ Vor § 1 Rn. 10 ff.). 2

B. Nach der Eröffnung des Hauptverfahrens. Nach der Eröffnung des Hauptverfahrens gelten die Gleichstellungsklauseln des § 209a in einigen Fällen weiter: Die beiden Klauseln gelten für die Zuständigkeit bei Verbindung (§ 4 Abs. 2). Für die Verweisung der Strafsache vor Beginn der HV o. während dieser gilt nur noch die Gleichstellungsklausel der Nr. 2 Buchst. a, also der Vorrang des JugG als Spezialgericht für Jugendliche u. Heranwachsende (vgl. OLG Karlsruhe NStZ 1987, 375). Im Vorverfahren kann die WirtschaftsStrK eine Haftbeschwerde in entspr. Anwendung des § 209a an die allg. StrK abgeben (OLG Koblenz NStZ 1986, 327; 425). 3

C. Vorrang der besonderen StrKn. Vorrang der besonderen StrKn (Nr. 1; → Vor § 1 Rn. 7, 8) untereinander u. ggü. den allg. StrKn: Die bes. Zuständigkeit ist im Eröffnungsverfahren so anzusehen, als handele es sich um eine sachliche Zuständigkeit höherer Ordnung. Dabei ist der Rang der bes. StrKn im Verhältnis zueinander in § 74e GVG festgelegt. 4

I. Auswirkungen im Fall des § 209 Abs. 1. Das SchwurG (§ 74 Abs. 2 GVG) kann das Hauptverfahren eröffnen vor der WirtschaftsStrK (§ 74e Nr. 2 GVG); wenn diese nicht in Betracht kommt, vor der StaatsschutzStrK (§ 74e Nr. 3 GVG); wenn auch deren Zuständigkeit nicht gegeben erscheint, vor der allg. StrK. Die WirtschaftsStrK kann das Hauptverfahren eröffnen vor der StaatsschutzStrK; falls diese ausscheidet, vor einer allg. StrK. Die StaatsschutzStrK kann das Verf. vor der allg. StrK eröffnen. Dabei erfolgt aber keine Zuweisung an eine bestimmte allg. StrK (BGH StV 1990, 97 Ls.); welche StrK zuständig ist, richtet sich nach dem Geschäftsverteilungsplan (Löwe/Rosenberg/Stuckenberg Rn. 13). 5

6 **II. Auswirkungen im Fall des § 209 Abs. 2.** Wegen eigener Unzuständigkeit können innerhalb des LG über die StA vorlegen: Das SchwurG an keine andere StrK; die WirtschaftsStrK an das SchwurG; die StaatsschutzStrK an das SchwurG o., falls dieses nicht in Betracht kommt, an die WirtschaftsStrK. Die allg. StrK kann vorlegen an das SchwurG; falls dessen Zuständigkeit ausscheidet, an die WirtschaftsStrK; wenn auch diese nicht in Betracht kommt, an die StaatsschutzStrK. Die bes. StrK, der vorgelegt wird, darf ggf. nicht nur ihre Unzuständigkeit feststellen, sondern entscheidet stets über die Eröffnung des Hauptverfahrens, auch wenn sie der Auff. ist, dass die allg. StrK zuständig ist (Rieß NJW 1979, 1536).

7 **D. Vorrang der JugGe vor den Erwachsenengerichten (Nr. 2).** Im Eröffnungsverfahren wird das JugG im Verhältnis zu einem gleichrangigen Erwachsenengericht so angesehen, als wäre es ein Gericht höherer Ordnung (→ § 1 Rn. 2). Das gilt nicht nur für den Fall, dass sich das Verf. gegen einen Jugendlichen o. Heranwachsenden richtet (Nr. 2 Buchst. a), sondern auch für den Fall, dass es eine Jugendschutzsache betr. (Nr. 2 Buchst. b), selbst wenn es sich dabei um eine SchwurG-Sache handelt (BGHSt 42, 39; **aM** Katholnigg NStZ 1996, 346).

8 **I. Auswirkungen im Fall des § 209 Abs. 1 (→ Vor § 1 Rn. 12).** Wenn das JugG, zu dem Anklage erhoben ist, das Erwachsenengericht für zuständig hält, kann das Hauptverfahren eröffnen der Jugendrichter (§ 33 Abs. 2 **JGG**) vor dem Strafrichter (§ 25 GVG), das JugSchG vor dem SchG, die JugK vor einer anderen StrK, u. zwar in der Reihenfolge, die sich aus § 74e GVG ergibt.

9 **II. Auswirkungen im Fall des § 209 Abs. 2.** Wegen eigener Unzuständigkeit können über die StA vorlegen: Der Strafrichter an den Jugendrichter, das SchG an das JugSchG, die allg. o. bes. StrK an die JugK.

10 **III. Auswirkung bei Verbindung von Sachen des JugG und des Erwachsenengerichts (§§ 103 Abs. 1, Abs. 2 S. 1, 112 S. 1 JGG).** Werden Sachen dieser Art verbunden anhängig gemacht (§§ 103 Abs. 1 S. 1, 112 S. 1 **JGG** iVm § 2 Abs. 1), so ist die Klage zum JugG zu erheben. Dieses hat die Kompetenz-Kompetenz (→ Vor § 1 Rn. 12) für den Verbindungsbeschluss u. ist im Fall der Verbindung zuständig, wenn für die Strafsache gegen den Erwachsenen ein Gericht gleicher Ordnung zuständig wäre. Seine Zuständigkeit bleibt nach § 47a **JGG** (vgl. → Vor § 1 Rn. 13), der dem § 103 Abs. 3 **JGG** vorgeht, auch nach Erledigung o. Abtrennung des Verfahrens gegen den Jugendlichen nach Eröffnung des Hauptverfahrens u. Weiterführung nur gegen den Erwachsenen bestehen (BGHSt 30, 260; BayObLG MDR 1980, 958). Ein Beschl. über die Abtrennung des Verfahrens gegen den Erwachsenen u. die Abgabe an das für allg. Strafsachen zuständige Gericht darf nur zugleich mit einer Entsch. über die Eröffnung des Hauptverfahrens in der abgegebenen u. in der behaltenen Sache ergehen (KG StV 1985, 408; OLG Düsseldorf NStZ 1991, 145; OLG Hamm NStE JGG § 103 Nr. 1).

11 Eine **Ausnahme** enthält § 103 Abs. 2 S. 2, 3 **JGG.** Wenn für die Erwachsenensache die WirtschaftsStrK o. StaatsschutzStrK (§§ 74c, 74a GVG) zuständig ist, hat diese den Vorrang vor der JugK u. der JugSchutzK (Löwe/Rosenberg/Stuckenberg Rn. 38). Wenn für die Erwachsenenstrafsache das SchwurG zuständig wäre, hat bei der Verbindung die JugK den Vorrang (vgl. dazu eing. Meyer-Goßner NStZ 1989, 297).

Rechtsmittel gegen den Eröffnungs- oder Ablehnungsbeschluss

210 (1) **Der Beschluß, durch den das Hauptverfahren eröffnet worden ist, kann von dem Angeklagten nicht angefochten werden.**

(2) **Gegen den Beschluß, durch den die Eröffnung des Hauptverfahrens abgelehnt oder abweichend von dem Antrag der Staatsanwaltschaft die Verweisung an ein Gericht niederer Ordnung ausgesprochen worden ist, steht der Staatsanwaltschaft sofortige Beschwerde zu.**

(3) [1] **Gibt das Beschwerdegericht der Beschwerde statt, so kann es zugleich bestimmen, daß die Hauptverhandlung vor einer anderen Kammer des Gerichts, das den Beschluß nach Absatz 2 erlassen hat, oder vor einem zu demselben Land gehörenden benachbarten Gericht gleicher Ordnung stattzufinden hat.** [2] **In Verfahren, in denen ein Oberlandesgericht im ersten Rechtszug entschieden hat, kann der Bundesgerichtshof bestimmen, daß die Hauptverhandlung vor einem anderen Senat dieses Gerichts stattzufinden hat.**

A. Unanfechtbarkeit für den Angeklagten (Abs. 1). Sie besteht auch bei Eröffnung vor einem Gericht niederer Ordnung (OLG Hamm MDR 1982, 691). Es gilt jedoch § 33a (KG StraFo 2007, 241; vgl. auch LG Nürnberg-Fürth NStZ 1983, 136). Unanfechtbar ist auch die Zurückstellung der Eröffnungsentscheidung bei einem v. mehreren Mitangeklagten, es sei denn, hierdurch solle ein unzulässiger Rollentausch (→ Vor § 48 Rn. 22) ermöglicht werden (OLG Frankfurt a. M. NStZ-RR 2003, 117). Die Haftentscheidung nach § 207 Abs. 4 ist mit der einfachen Beschwerde anfechtbar (§ 304). OLG Karlsruhe StV 2002, 184 lässt die einfache Beschwerde auch zu, wenn das Verf. gegen einen nicht angeklagten Betroffenen eröffnet wird; dagegen zutr. OLG Frankfurt a. M. NStZ-RR 2003, 81. Eine Verfassungsbeschwerde gegen den Eröffnungsbeschluss ist ausgeschlossen (BVerfG NJW 1995, 316; **aM** Eschelbach GA 2004, 241 wegen BVerfGE 107, 395; erg. dazu → § 33a Rn. 1). Verletzt eine erneute Eröffnungsentscheidung allerdings Art. 103 Abs. 3 GG, weil entgegen § 211 keine neuen Tatsachen u. Beweismittel gegeben sind, so ist die Beschwerde in verfassungskonformer Auslegung der Vorschr. zulässig (BVerfG StV 2005, 196). 1

B. Sofortige Beschwerde der StA (Abs. 2). Sofortige Beschwerde der StA (Abs. 2) ist zulässig bei **Ablehnung, die auf Verneinung des hinreichenden Tatverdachts o. auf einem Verfahrenshindernis beruht,** das nicht in den Bereich des § 209 fällt, bei gleichzeitiger Teileröffnung u. Teilablehnung (→ § 204 Rn. 6) nur gegen den letzteren Teil, gegen ihn jedoch auch dann, wenn beide Teile eine Tat iSd § 264 bilden (OLG München NJW 2013, 3799). Sie ist ferner zulässig gegen die Verweisung der Strafsache an ein Gericht niederer Ordnung nach § 209 Abs. 1. Das Beschwerdegericht prüft die Eröffnungsentscheidung in vollem Umf., auch hins. des Vorliegens hinreichenden Tatverdachts (BGHSt 53, 238; 54, 275 (281); BGH 23.8.2023 – StB 51/23; 30.6.2022 – StB 25/22; OLG Celle NStZ 2017, 495; **aM** KG NStZ-RR 2005, 26; OLG Saarbrücken wistra 2002, 118), ohne Beschränkung auf die v. der StA geltend gemachten Beschwerdepunkte (BayObLG NJW 1987, 511). Greift die StA allerdings lediglich die Eröffnung des Hauptverfahrens vor einem Gericht niederer Ordnung an, unterliegt der Eröffnungsbeschluss nicht in vollem Umfang der Nachprüfung durch das Beschwerdegericht, es sei denn, die Beurteilung der sachlichen Zuständigkeit des Gerichts bedingt eine umfängliche Tatverdachtsprüfung (OLG Celle NStZ 2024, 697; OLG Karlsruhe BeckRS 2024, 8798; vgl. auch OLG Hamm BeckRS 2025, 30159). 2

Eine bloße **Verweisung an ein anderes Gericht** ist, ebenso wie eine bloße Unzuständigkeitserklärung (→ § 209 Rn. 1), nicht zulässig, weil § 209 Abs. 1 eine Muss-Vorschr. ist. Würde eine solche Verweisung ausgesprochen, so hätte die StA das Recht der einfachen Beschwerde (→ Rn. 4). Die entspr. Anwendung v. Abs. 2 hält OLG Stuttgart (MDR 1982, 252) für geboten, wenn die WirtschaftsStrK in der Berufungsinstanz eine Sache an eine allg. StrK verweist. Die Möglichkeit der sofortigen Beschwerde nach Abs. 2 schließt nach § 336 S. 2 die Revision aus (BGH GA 1981, 321). 2a

Im Rahmen des Beschwerdeverfahrens darf das Beschwerdegericht das Verf. zwar wegen seiner höheren Kompetenz vor einem niedrigeren, nicht aber vor sich eröffnen u. die Sache auch nicht – anders als bei § 209 (→ § 209 Rn. 3) – an ein noch höheres Gericht weiterreichen, da es hierfür iRd Beschwerdeverfahrens nicht zuständig ist; denn nur das Gericht, bei dem die Sache anhängig gemacht worden ist, ist hierzu befugt (Meyer-Goßner JR 1986, 472, zust. KMR-StPO/Seidl 2b

Rn. 22; so iErg auch BeckOK StPO/Ritscher Rn. 7; **aM** Löwe/Rosenberg/Stuckenberg Rn. 29; vgl. auch BGHSt 57, 165, wonach für eine Vorlageentscheidung „gewichtige Gründe" sprächen, im entschiedenen Fall die Vorlage aber jedenfalls nicht willkürlich erfolgt sei); die allg. StrK darf auch nicht selbst vor einem JugG eröffnen (offengelassen v. OLG Zweibrücken NStZ 1994, 48). Hatte das Beschwerdegericht übersehen, dass die sofortige Beschwerde verspätet war, muss es seinen gleichwohl erlassenen Eröffnungsbeschluss aufheben (OLG Jena StraFo 2009, 207; erg. → Vor § 296 Rn. 25).

3 Die **Gleichstellungsklauseln** des § 209a Nr. 1 und 2 gelten auch bei der Anwendung des Begriffs des Gerichts niederer Ordnung in Abs. 2. Hat eine besondere StrK das Hauptverfahren entgegen dem Antrag nicht vor sich eröffnet, sondern vor einer besonderen StrK, die ihr in der Rangfolge des § 74e GVG nachsteht, o. vor einer allg. StrK, so kann die StA gegen diesen Eröffnungsbeschluss sofortige Beschwerde einlegen. Das Gleiche gilt, wenn das JugG gegen den Antrag der StA das Hauptverfahren vor einem gleichrangigen Erwachsenengericht eröffnet hat (KG NStZ 2006, 521).

4 **C. Einfache Beschwerde der StA.** Einfache Beschwerde der StA ist nach § 304 zulässig, wenn die JugK das Verf. an die allg. StrK formlos abgibt (OLG Koblenz JR 1982, 479), das Gericht abw. v. der StA das Verf. vorl. einstellt (→ § 204 Rn. 5) o. sich für sachlich unzuständig erklärt, statt nach § 209 Abs. 2 zu verfahren (RGSt 32, 52; Löwe/Rosenberg/Stuckenberg Rn. 40); ebenso, wenn der Eröffnungsbeschluss die Anklage nicht völlig erschöpft (**aM** KK-StPO/Schneider Rn. 4) u. ein Ergänzungsantrag der StA abgelehnt wird o. wenn ein Teil der Anklagevorwürfe nach § 2 Abs. 2 abgetrennt wird (OLG Celle wistra 2013, 405) o. wenn das Gericht entgegen § 155 Abs. 1 durch Einbeziehung einer anderen Tat o. eines anderen Täters über die Anklage hinausgeht (SK-StPO/Paeffgen Rn. 9), nicht aber bei Eröffnung vor einem Gericht höherer Ordnung, es sei denn, es liege Willkür vor (Meyer-Goßner NStZ 1989, 88 zu LG Göttingen NStZ 1989, 88). Die formlose Abgabe an einen gleich- o. höherrangigen Spruchkörper innerhalb des Gerichts kann die StA mangels Beschwer nicht anfechten. Zur Beschwerde gegen die Erkl. der örtlichen Unzuständigkeit vgl. → § 16 Rn. 7; beschränkt sich eine nach § 210 Abs. 2 eingelegte Beschwerde der StA auf die Rüge der örtlichen Unzuständigkeit des AG, vor dem das LG eröffnet hat, liegt in der unzulässigen sofortigen eine zulässige einfache Beschwerde (**aM** OLG Hamburg wistra 2003, 38).

5 **D. Unzulässigkeit.** Unzulässig ist die Beschwerde, wenn das Gericht die Tat nur rechtlich anders qualifiziert (vgl. auch → § 207 Rn. 6). Hier muss die StA ihren abw. Standpunkt in der HV o. mit der Revision geltend machen (OLG München NStZ 1986, 183; LG Zweibrücken VRS 124, 33).

6 **E. Nebenkläger.** Der Nebenkläger kann wie die StA sofortige Beschwerde einlegen, wenn die Eröffnung des Hauptverfahrens abgelehnt worden ist (§ 400 Abs. 2 S. 1), aber nur wegen des Nebenklagedelikts (OLG Celle OLGSt Nr. 1; vgl. auch OLG München NStZ 1986, 183 mAnm Dahs u. weiterer Anm. Meyer-Goßner NStZ 1986, 328). Ist das Hauptverfahren vor einem niedrigeren Gericht eröffnet worden, so steht dem Nebenkläger die sofortige Beschwerde nicht zu (→ § 400 Rn. 8). Der Verletzte, der nicht Nebenkläger ist, hat kein Beschwerderecht (OLG Oldenburg Nds. Rpfl. 1954, 35).

7 **F. Wahlrecht nach Abs. 3. I. „Vor einer anderen Kammer" (S. 1).** „Vor einer anderen Kammer" (S. 1) ist auszulegen iSv „andere Abteilung oder Kammer", wie es in § 354 Abs. 3 heißt (OLG Oldenburg NStZ 1985, 473 mAnm Rieß); denn die Verweisungsmöglichkeit in beiden Alt. soll nicht nur dem OLG, sondern auch dem LG als Beschwerdegericht eingeräumt sein (OLG Oldenburg NStZ 1985, 473).

8 Vor einer bestimmten StrK wird auch dann nicht eröffnet, wenn der Geschäftsverteilungsplan keine Ausweichkammer vorsieht (Sowada Gesetzliche Richter

S. 806 Fn. 246; **aM** OLG Koblenz OLGSt StPO § 212 Nr. 1; vgl. auch → § 354 Rn. 38).

II. Benachbartes anderes Gericht. Das **andere Gericht** muss benachbart sein, dh in der Nähe liegend, wenn auch nicht angrenzend (**aM** Sowada Gesetzliche Richter S. 805 Fn. 244). Jedoch muss es zum Bezirk des Beschwerdegerichts gehören (OLG Hamm MDR 1982, 691; erg. → § 354 Rn. 41). Nach Abschluss des Hauptverfahrens tritt die ursprüngliche Zuständigkeit wieder ein (→ § 354 Rn. 47). 9

III. Besondere Gründe. Besondere Gründe müssen aber für die Anwendung des Abs. 3 bestehen, der insoweit bei verfassungskonformer Auslegung verfassungsrechtlich unbedenklich ist (BVerfG StV 2000, 537; **aM** Seier StV 2000, 586; Sowada Gesetzliche Richter S. 805); diese müssen – wenn sie nicht auf der Hand liegen – in der Beschwerdeentscheidung dargelegt werden (BGH StraFo 2017, 192). Sie ist zB gerechtfertigt, wenn nur an einem anderen Gerichtsort eine unvoreingenommene Verh. zu erwarten ist oder v. dem bisherigen Richter nach der Art seiner Meinungsäußerung im angefochtenen Beschl. nicht erwartet werden kann, dass er sich die Auff. des Beschwerdegerichts innerlich voll zu eigen machen wird (OLG Düsseldorf OLGSt S. 5; OLG Frankfurt a. M. NJW 2005, 1727 (1736); OLG Hamburg JR 1979, 384; krit. Marcelli NStZ 1986, 59; Seier StV 2000, 586), zB wenn er sich in der für die Eröffnung entscheidenden Rechtsfrage festgelegt hat (OLG Köln NStZ 2002, 35). Bei der Ermessensentscheidung kann auch die Vermeidung gravierender Verfahrensnachteile für den Angeklagten berücksichtigt werden (BVerfG BeckRS 2005, 29629; BGH StraFo 2017, 192). Eine Bindung wie im Fall des § 358 Abs. 1 besteht aber nicht. Das Gericht, vor dem eröffnet worden ist, hat auf den v. Angeklagten rechtzeitig erhobenen Einwand gem. § 16 S. 2, 3 gleichwohl seine örtliche Zuständigkeit zu prüfen; seine Prüfung ist allerdings auf die Voraussetzungen des Abs. 3 beschränkt (BGH StraFo 2017, 192; 7.10.2021 – 1 StR 77/21; Marcelli NStZ 1986, 59; Löwe/Rosenberg/Stuckenberg Rn. 36; **aM** Meyer-Goßner JR 1979, 385). Eine **analoge Anwendung** des Abs. 3 auf andere Beschlussentscheidungen ist grds. unzulässig (Meyer-Goßner JR 1979, 385; **aM** OLG Hamburg JR 1979, 383 zu § 206a Abs. 2); lediglich in dem ganz ähnlichen Fall der Anordnung der Wiederaufnahme des Verfahrens durch das Beschwerdegericht sollte Abs. 3 entspr. angewendet werden (erg. → § 370 Rn. 18). 10

IV. Geschäftsverteilung. In der Geschäftsverteilung müssen die verschiedenen Möglichkeiten berücksichtigt werden (OLG Düsseldorf StV 1985, 407; erg. → GVG § 21e Rn. 4). Es gelten die Grundsätze → § 354 Rn. 38. Eine Änd. des Beschl., weil das Gericht, vor dem eröffnet worden ist, keinen Auffangspruchkörper hat, ist unzulässig (OLG Oldenburg NStZ 1985, 473). Kann ein solcher Spruchkörper ausnahmsweise nicht gebildet werden, so muss nach § 15 verfahren werden (OLG Oldenburg NStZ 1985, 473; erg. → § 354 Rn. 38). Ein Richter, der an der früheren Entsch. mitgewirkt hat, ist nicht ausgeschlossen (→ § 354 Rn. 39). 11

Wiederaufnahme nach Ablehnungsbeschluss

211 Ist die Eröffnung des Hauptverfahrens durch einen nicht mehr anfechtbaren Beschluß abgelehnt, so kann die Klage nur auf Grund neuer Tatsachen oder Beweismittel wieder aufgenommen werden.

A. Beschränkte Sperrwirkung für neue Strafverfolgung. § 211 gilt **für jeden Fall der Nichteröffnung** des Hauptverfahrens (→ § 204 Rn. 1 ff.), also sowohl bei Sachentscheidung durch Verneinung des hinreichenden Tatverdachts (→ Einl. Rn. 182) als auch bei Nichteröffnung wegen eines Verfahrenshindernisses, das der Strafverfolgung im Ganzen entgegensteht (BGHSt 7, 64; → Einl. Rn. 172). Hat sich das Gericht lediglich für unzuständig erklärt, so gilt § 211 nicht (Löwe/Rosenberg/Stuckenberg Rn. 5). Bei der Ablehnung wegen eines Verfahrenshin- 1 dernisses handelt es sich nicht um Strafklageverbrauch; aber § 211 verleiht diesem Beschl. die gleiche Sperrwirkung. Wie die Anknüpfungspunkte des Beschl. sind dann auch die Voraussetzungen für neue Strafverfolgung verschieden. Bei der Verneinung des hinreichenden Tatverdachts ist die neue Strafverfolgung nur zulässig, wenn die Nova der Sachentscheidung die Grdl. entziehen; bei der Ablehnung wegen eines Verfahrenshindernisses ist ein neues Verf. zulässig, wenn die Nova der Feststellung des Prozesshindernisses den Boden entziehen o., was dem gleichsteht, wenn das angenommene Verfahrenshindernis beseitigt wird (Löwe/Rosenberg/Stuckenberg Rn. 14; Kleinknecht FS Bruns, 1978, 475 ff.; zB durch nachträglichen wirksamen Strafantrag); o. wenn es seine Wirkung auf andere Weise verliert (zB dadurch, dass die StA für die neue Strafverfolgung das öffentl. Interesse nach § 230 Abs. 1 StGB bejaht).

2 **Unanfechtbar** ist der Beschl., falls die Beschwerde nach § 210 vergeblich eingelegt o. ihre Frist verstrichen ist. Seine Sperrwirkung erfasst auch eine Privatklage, die anstelle der durch § 211 ausgeschlossenen öffentl. Klage erhoben werden soll (OLG Köln NJW 1952, 1152).

3 **B. Neue Tatsachen oder Beweismittel.** Neue Tatsachen oder Beweismittel (vgl. auch § 174 Abs. 2) rechtfertigen die neue Anklage, wenn sie v. Standpunkt des eröffnenden Gerichts aus geeignet sind, allein o. im Zusammenhang mit den übrigen, dem Erstgericht schon bekannt gewesenen Tatsachen u. Beweismitteln die Frage nach dem Vorliegen eines hinreichenden Tatverdachts iSd § 203 nunmehr anders zu beurteilen als bisher (BGH NStZ 2017, 593 mwN; KK-StPO/Schneider Rn. 5). Mögliche Beweisverwertungsverbote sind dabei zu berücksichtigen, da es für die Verurteilungswahrscheinlichkeit auch auf die Beweisbarkeitsprognose ankommt; insoweit hat außer Betracht zu bleiben, ob es in der HV eines Widerspruchs zur Aktivierung des Verwertungsverbotes bedürfte (BGH NStZ 2017, 593). Ist die Ablehnung auf Unwirksamkeit der Anklageschrift gestützt (→ § 200 Rn. 26), so stellt die Behebung des Mangels in der neuen Anklage eine die Sperrwirkung beseitigende neue Tatsache dar (OLG Celle StV 2012, 456 (459); OLG Düsseldorf NStZ 1982, 335; vgl. auch → § 206a Rn. 11). Im Übrigen kommt es nur darauf an, ob die neuen Tatsachen o. Beweismittel dem damaligen Beschlussgericht nicht bekannt waren, gleichviel, ob sie ihm hätten bekannt sein können o. damals schon bestanden (BGHSt 7, 64 (66); vgl. auch BGH NStZ 2017, 593). Beruhte der Ablehnungsbeschluss auf einem Subsumtionsfehler o. Irrtum, so kann er daher nicht widerrufen werden (BGHSt 52, 213 (218); vgl. auch BayObLGSt 1970, 115 zu § 206a), weil das Erfordernis der Nova dadurch umgangen würde.

4 Ob die Grdl. des früheren Beschl. durch die Nova entfallen ist, wird **vom Rechtsstandpunkt des früheren Richters** beurteilt (BGH StV 1990, 7 Ls.). Der neue Beschlussrichter ist – auch wenn er derselbe ist – an eine als falsch erkannte Rechtsauffassung, auf der der frühere Beschl. beruht, gebunden (BGHSt 18, 225). Wenn er aber aufgrund dieser Rechtsauffassung wiederaufnehmen kann, legt er dem neuen Eröffnungsbeschluss die richtige Auff. zugrunde (Hanack JZ 1971, 218). Auch ein neues Sachverständigengutachten genügt (BGHSt 18, 225; OLG Köln NStZ 2012, 175). Die abw. Aussage eines früheren Zeugen ist kein neues Beweismittel, aber eine neue Tatsache (RGSt 60, 99); dasselbe gilt, wenn ein Zeuge nunmehr auf sein Zeugnisverweigerungsrecht verzichtet (BGHR Neue Tatsachen 2).

5 **C. Neue Anklage.** Eine neue Anklage wird beim Wegfall der Sperre erhoben (OLG Nürnberg OLGSt StPO § 211 S. 1; Löwe/Rosenberg/Stuckenberg Rn. 16, 18; **aM** MüKoStPO/Wenske Rn. 39 ff.). Dies bestätigt auch der rechtsähnliche § 47 Abs. 3 **JGG.** Für die neue Strafverfolgung gilt wiederum das Legalitätsprinzip (Rieß NStZ 1983, 248), solange die Nova nicht entfallen (→ § 152 Rn. 13); insoweit ist dann auch § 172 anwendbar (KG JR 1983, 345; KK-StPO/Schneider Rn. 8; Löwe/Rosenberg/Stuckenberg Rn. 20). Die neue Klage kann zurückgenommen werden, solange kein neuer Eröffnungsbeschluss erlassen ist (§ 156); danach gilt § 210 (OLG Frankfurt a. M. NStZ-RR 2003, 81).

Die **Zuständigkeit des Gerichts** für das neue Verf. richtet sich nach der neuen Sach- u. Rechtslage. In der neuen Anklage muss auf den früheren Nichteröffnungsbeschluss Bezug genommen werden. Dabei sind die neuen Tatsachen u. Beweismittel bes. zu bezeichnen, die die Sperrwirkung beseitigen. Nur insofern besteht eine Verbindung des neuen Verfahrens mit dem früheren, die allerdings während des ganzen neuen Verfahrens andauert (→ Rn. 7). 6

D. Neues Eröffnungsverfahren. Ein Eröffnungsbeschluss kann in dem neuen Verf. nur erlassen werden, wenn die neuen Tatsachen o. Beweismittel so erheblich sind, dass sie dem früheren Ablehnungsbeschluss die Grdl. entziehen. Dieser wird mit dem neuen Eröffnungsbeschluss nicht aufgeh. (Löwe/Rosenberg/Stuckenberg Rn. 22); denn das frühere Verf. bleibt abgeschlossen, das neue ist selbständig u. nur hins. der Sperrklausel v. dem früheren abhängig (allgM; anders allerdings Radtke NStZ 1999, 484, der aber zu Unrecht den Gegensatz zwischen § 211 und §§ 359 ff. leugnet). Da die Neuheit der Tatsachen o. Beweismittel Voraussetzung für das neue Verf. ist, obliegt ihre Prüfung auch später dem jew. mit der Sache befassten Gericht (BGHSt 18, 225; Löwe/Rosenberg/Stuckenberg Rn. 24; → Einl. Rn. 150), so dass entgegen § 210 Abs. 2 hier v. Verf. wegen auch eine Beschwerde gegen die neue Eröffnungsentscheidung gegeben ist (vgl. → § 210 Rn. 1). 7

Auch **die früheren Nebenentscheidungen** werden nicht aufgehoben. War eine Entschädigungsentscheidung getroffen worden, so gilt § 14 Abs. 1 **StrEG.** Die Entsch. über die Kosten des Verfahrens, die in dem früheren Nichteröffnungsbeschluss getroffen worden ist, kann nicht entspr. § 14 Abs. 1 S. 1 StrEG korrigiert werden (KK-StPO/Schneider Rn. 11; KMR-StPO/Seidl Rn. 18). 8

E. Nebenklage. Eine im vorausgegangenen Verf. begründete Nebenklägerstellung lebt nicht wieder auf. Der Anschluss (§ 396 Abs. 1 S. 1) im neuen Verf. geschieht unabhängig v. dem früheren Verf. (Löwe/Rosenberg/Stuckenberg Rn. 23). 9

F. Sicherungsverfahren. Das Sicherungsverfahren nach §§ 413 ff. kann trotz der Ablehnung nach § 211 eingeleitet werden (RGSt 72, 145). 10

G. Revision. Ob Nova iSd § 211 vorgelegen haben, prüft das Revisionsgericht als besondere Prozessvoraussetzung vAw auf der Grdl. des zum Zeitpunkt der Eröffnung des Hauptverfahrens vorliegenden Akteninhalts (BGH NStZ 2017, 593). Bestand bzgl. der Nova ein Beweisverwertungsverbot ist dieses ebenfalls vAw zu berücksichtigen, ohne dass es eines Verwertungswiderspruchs bedarf (BGH NStZ 2017, 593). 11

Fünfter Abschnitt. Vorbereitung der Hauptverhandlung

Vorbemerkung zu § 212

A. Aufgabe des Vorsitzenden. Dem Vorsitzenden obliegt im Wesentlichen die Vorbereitung der HV. Das Gericht wirkt nur in den ges. vorgeschriebenen Fällen (vgl. §§ 223, 225, 233) mit. Aufgabe des Vorsitzenden ist nicht nur die Terminsanberaumung (§ 213) u. die Ladung des Angeklagten u. der Beweispersonen zur HV (§ 214 Abs. 1 S. 1), sondern auch die Anordnung, im Freibeweis (→ § 244 Rn. 7, 9) Ermittlungen nach unerreichbaren Zeugen vorzunehmen, weitere sachliche Beweismittel herbeizuschaffen (§ 221), ggf. auch die zum Schutz der Zeugen o. zur Sicherung der HV vor Störungen erforderlichen Maßnahmen vorzubereiten. 1

Darüber hinaus kann der Vorsitzende sich bis zur HV eine noch gründlichere **Aktenkenntnis** verschaffen als er sie für die Mitwirkung bei der Entsch. über die Eröffnung des Hauptverfahrens (§§ 203 ff.) brauchte, indem er zur Vorbereitung der HV nicht nur die bei den Akten befindlichen Lichtbilder u. Urkunden in Augenschein nimmt, sondern auch Örtlichkeiten (Tatort, Unfallstelle usw) informatorisch besichtigt (→ § 86 Rn. 6). 2

3 **B. Keine erschöpfende Regelung.** Keine erschöpfende Regelung der zur Vorbereitung der HV erforderlichen u. zulässigen Anordnungen enthalten die §§ 212 ff. Zu beachten sind auch die §§ 205, 230 Abs. 2, 231a, 232 Abs. 1 und § 233. Dencker (StV 1994, 503) weist auf die Möglichkeit hin, den Prozessbeteiligten vor der HV einen Bericht zukommen zu lassen, in dem das nach Aktenlage „Unstreitige" dargestellt wird; ob ein solcher – einen erheblichen Aufwand erfordernder – Bericht zur Vereinfachung des Verfahrens beitragen kann, erscheint aber sehr fraglich, zumal jetzt auch § 212 eine Kontaktaufnahme ermöglicht.

4 Zur Vorbereitung der HV gehört auch die Zahlung v. **Reisekostenvorschüssen** an mittellose Zeugen u. Sachverständige nach § 3 JVEG (vgl. → § 71 Rn. 3) u. an mittellose Angeklagte nach Abschn. I der bundeseinheitlich geltenden Verwaltungsvorschriften über die Bewilligung v. Reiseentschädigungen an mittellose Personen u. Vorschusszahlungen an Zeugen u. Sachverständige in der ab 1.8.1977 geltenden Fassung (abgedr. bei Piller/Hermann Justizverwaltungsvorschriften 10d). Die Entsch. trifft in beiden Fällen das Gericht; wegen der Anfechtbarkeit vgl. § 4 Abs. 3 JVEG u. → EGGVG § 23 Rn. 14.

5 **C. Beweiserhebungen.** Beweiserhebungen zur Schuld- o. Rechtsfolgenfrage darf das Gericht **vor u. außerhalb der HV** grds. nur vornehmen, wenn u. soweit das G (vgl. §§ 223, 225, 231a Abs. 1 S. 2, 233 Abs. 2) eine Vorwegnahme der HV vorsieht. Sonst sind die Anhörung des Angeklagten zur Sache u. die Vernehmung o. Beschaffung v. schriftlichen Unterlagen v. Zeugen u. Sachverständigen nur in ganz bes. gelagerten Ausnahmefällen zulässig (vgl. BGH MDR 1966, 427; RGSt 65, 322; OLG Hamm MDR 1974, 419; unrichtig LG Nürnberg-Fürth NJW 1983, 584 = JR 1983, 257 mablAnm Meyer: Anordnung v. „Nachermittlungen" durch den Vorsitzenden). Dabei müssen die Vorschr. beachtet werden, die den Prozessbeteiligten die Mitwirkung an vorweggenommenen Beweiserhebungen sichern (OLG Hamm MDR 1974, 419). Ausf. dazu Eschelbach in KMR-StPO Rn. 24 ff.

6 **D. Ermittlungen der StA.** Ermittlungen der StA zur Vorbereitung der HV sind nach Rechtshängigkeit der Sache nicht unzulässig (Hahn GA 1978, 331), müssen aber auf Eilfälle (Beweissicherung u. dgl.) beschränkt bleiben (eing. dazu Odenthal StV 1991, 441). Ihr notwendig erscheinende richterliche Untersuchungshandlungen darf die StA nicht bei dem ER (§§ 162, 169), sondern nur bei dem Vorsitzenden des erkennenden Gerichts beantragen (OLG Stuttgart MDR 1983, 955; LG Coburg MDR 1953, 120).

7 **E. Ermittlungen des Verteidigers.** Ermittlungen des Verteidigers sind ebenfalls nicht unzulässig, insbes. zur Informationsbeschaffung, aber auch zur Entwicklung einer Verteidigungsstrategie (vgl. dazu eing. AK-StPO/Schlothauer Rn. 7 ff.; erg. → Vor § 137 Rn. 2).

Erörterung des Verfahrensstands mit den Verfahrensbeteiligten

212 **Nach Eröffnung des Hauptverfahrens gilt § 202a entsprechend.**

1 **Erörterungen** iSd §§ 160b, 202a sind auch noch nach Eröffnung des Hauptverfahrens zulässig u. insbes. zur Vorbereitung einer Verständigung (§ 257c) oftmals geboten. Dies gilt nicht nur für den Verfahrensabschnitt zwischen Eröffnungsbeschluss (§ 207) u. Hauptverhandlungstermin, sondern auch nach Beginn der HV für die Abschn. zwischen einzelnen Verhandlungstagen u. für die Zeit nach einer ausgesetzten HV u. vor dem neuen Hauptverhandlungstermin (BGH NStZ 2016, 221).

Bestimmung eines Termins zur Hauptverhandlung Nr. 116 RiStBV

213 (1) **Der Termin zur Hauptverhandlung wird von dem Vorsitzenden des Gerichts anberaumt.**

(2) **In besonders umfangreichen erstinstanzlichen Verfahren vor dem Land- oder Oberlandesgericht, in denen die Hauptverhandlung voraussichtlich länger als zehn Tage dauern wird, soll der Vorsitzende den äußeren Ablauf der Hauptverhandlung vor der Terminbestimmung mit dem Verteidiger, der Staatsanwaltschaft und dem Nebenklägervertreter abstimmen.**

A. Terminsanberaumung (Abs. 1). Terminsanberaumung (Abs. 1) ist die Festsetzung v. Ort, Tag u. Stunde der HV (OLG Köln VRS 69, 451). Zur Ortsangabe gehört auch die Bezeichnung des Gerichtssaals (Holch JR 1979, 350). 1

Verhandlungsort ist idR ein Raum im Gerichtsgebäude, nicht das Amtszimmer des Richters (Nr. 124 Abs. 1 RiStBV). Aus triftigen Gründen kann der Vorsitzende die HV o. einen Teil v. ihr aber auch am Tatort, in einer JVA (OLG Hamm NJW 1974, 1780: aus Sicherheitsgründen), am Aufenthaltsort (Wohnung o. Krankenhaus) eines reiseunfähigen Angeklagten o. Zeugen o. in einem anderen Raum (vgl. OLG Hamm NJW 1960, 785: Gastwirtschaft) stattfinden lassen (erg. → GVG § 169 Rn. 6). Die gesamte HV kann außerhalb des Gerichtsbezirks durchgeführt werden (BGHSt 22, 250; erg. → GVG § 166 Rn. 1). 2

Der **Terminstag** kann notfalls ein Sonn- o. Feiertag sein (vgl. BGH NStZ 2019, 109). Jedoch ist bei der Terminsanberaumung auf konfessionelle Verhältnisse Rücksicht zu nehmen (Nr. 116 Abs. 2 RiStBV); ein Termin an einem nichtstaatlichen Feiertag, an dem dem Angeklagten aus religiösen Gründen jede Einlassung verboten ist, kann die Gewährung des rechtlichen Gehörs in Frage stellen (BGHSt 13, 123). 3

Die **Terminsstunde** ist so festzusetzen, dass ein reibungsloser Ablauf der HV gesichert ist u. den Bet. jeder vermeidbare Zeitverlust erspart bleibt (vgl. Nr. 116 Abs. 3 RiStBV). Sie kann – u. muss ggf. (vgl. BGH NStZ 2007, 281) – auch außerhalb der Dienstzeiten des Gerichts liegen. Falls das sachdienlich ist (zB im Anschluss an eine Augenscheinseinnahme am Unfallort), kann der Termin auch zur Nachtzeit stattfinden (BGHSt 12, 332); jedoch muss die Verhandlungszeit dann so bemessen werden, dass eine Übermüdung der Bet. ausgeschlossen ist (BGHSt 12, 332; vgl. auch Hanack JZ 1971, 170). 4

Ein Verbot, den Termin so anzuberaumen, dass gegen den Angeklagten 2 **Hauptverhandlungen vor verschiedenen Gerichten** parallel zueinander stattfinden, besteht nicht (BGH NStZ 1984, 274; **aM** SK-StPO/Deiters Rn. 11: nur in bes. Ausnahmefällen). 5

B. Ermessen des Vorsitzenden. Im Ermessen des Vorsitzenden (dh des Richters, der bei der Terminsbestimmung **den Vorsitz in dem Spruchkörper** führt), vor dem das Verf. eröffnet worden ist, liegt die Terminsanberaumung. Sie muss, falls keine bes. Gründe entgegenstehen, alsbald nach Eröffnung des Hauptverfahrens, im Berufungsrechtszug nach Vorlage der Akten nach § 321 S. 2 stattfinden. Terminsabsprachen können schon vorher vorbehaltlich der Anklagezulassung erfolgen. Das Gebot der Verfahrensbeschleunigung (→ Einl. Rn. 160) macht es notwendig, dass die HV baldmöglichst durchgeführt wird, insbes. in Haftsachen (BGH NStZ 2006, 513; erg. → EMRK Art. 5 Rn. 10), in denen sie grds. innerhalb v. 3 Monaten nach Eröffnung des Hauptverfahrens beginnen muss (BVerfG 2008, 421 (423); NJW 2012, 513; OLG Nürnberg StraFo 2009, 149); eine starre Frist ist das aber nicht (BGH NStZ 2014, 226). Dies kann es erforderlich machen, eine HV an Terminen anzusetzen, an denen ein originär zur Entscheidung berufenes Mitglied des Spruchkörpers verhindert ist, und so einen Vertretungsfall auszulösen (BGH NStZ 2022, 315 mAnm Arnoldi/Neumann; → § 338 Rn. 8a). Der Vorsitzende muss u. darf nicht warten, bis auch die letzte Untersuchung u. Ermittlungshandlung abgeschlossen ist (BGH BeckRS 2007, 16079; dagegen Pfordte FS Widmaier, 2008, 421 (423)). Andererseits muss der Termin so weit hinaus anberaumt werden, dass alle Verfahrensbeteiligten ausreichend Zeit zur Vorbereitung haben. Der Vorsitzende hat das Recht, die anfallenden Sachen auf die verfügbaren Sitzungstage so zu verteilen, wie es eine zweckmäßige Erledigung der Geschäfte 6 erfordert (BGHSt 15, 390 (392)); dabei muss er jedoch – gerade in Haftsachen – die Konzentrationsmaxime durch eine angemessene Sitzungsfrequenz beachten (→ § 120, Rn. 3b).

6a Bei der Ermessensausübung müssen aber außer der Belastung des Gerichts u. der Reihenfolge des Eintritts der Rechtshängigkeit auch **berechtigte Wünsche der Prozessbeteiligten** berücksichtigt werden (BGH NStZ 1998, 311; JR 2007, 209; OLG Celle VRS 113, 54 (56); OLG München StV 2007, 518), insbes. auch erforderliche Anreisezeiten (OLG Bamberg NJW 2006, 2341). Rechtliches Gehör braucht ihnen jedoch nicht gewährt zu werden (OLG Frankfurt a. M. NStZ-RR 1997, 272). Der Vorsitzende ist nicht verpflichtet, mit sämtlichen Prozessbeteiligten vor der Terminsanberaumung Fühlung zu nehmen, um etwaige Verhinderungsgründe zu ermitteln u. zu berücksichtigen; das gilt insbes. für die Schöffen (BGH NStZ 1998, 311; JR 2007, 209) u. bei einer Vielzahl v. Verteidigern (KG StV 2009, 57). Eine Absprache des Termins mit dem Verteidiger ist aber zumindest zweckmäßig (vgl. OLG Brandenburg OLG-NL 1996, 71), wird sich in Verf. mit schwieriger Beweislage u. einem seit langem in dieses eingearbeiteten Verteidiger als notwendig erweisen (OLG Frankfurt a. M. StV 1997, 402; LG Braunschweig StV 1997, 403) u. ist daher in größeren Sachen in der Praxis üblich (erg. → § 228 Rn. 10 ff.). Hat eine Terminsabsprache nicht stattgefunden, muss sich der Vorsitzende bei substantiierten Verlegungsanträgen des Verteidigers ernsthaft bemühen, dessen nachvollziehbarem Begehren Rechnung zu tragen (BGH NStZ-RR 2010, 312; vgl. auch BGH NStZ 2018, 607 mAnm Wohlers JR 2018, 529: Wahlverteidiger; erg. anschließend → Rn. 7). Zusammenfassend zur Terminierung in Wirtschaftsstrafsachen BGH NJW 2008, 2451.

7 **C. Verlegung des Termins.** Auf eine Verlegung des Termins haben die Prozessbeteiligten grds. **keinen Anspruch** (vgl. LG Nürnberg-Fürth StV 2009, 180 zur Verhinderung des Nebenklägervertreters). Der Vorsitzende entscheidet über solche Anträge nach pflichtgemäßem Ermessen unter Berücksichtigung der Interessen der Bet., des Gebots der Verfahrensbeschleunigung u. der Terminsplanung des Gerichts (OLG Frankfurt a. M. StV 1995, 11; OLG Hamm StV 2004, 642; LG Hamburg StV 1989, 340; LG Bonn StraFo 1996, 174; erg. → § 228 Rn. 10). Ein – *vor* Terminsansetzung (OLG Hamm NStZ 2010, 231) – gebuchter Urlaub des Angeklagten o. seines Verteidigers wird aber idR – jedenfalls bei kleineren Verf. – zur Terminsverlegung führen (OLG Köln DAR 2005, 576; LG Oldenburg StraFo 2008, 471). Auch muss der Vorsitzende sich nach der Rspr. ernsthaft bemühen, dem Recht des Angeklagten, sich v. einem RA seines Vertrauens vertreten zu lassen, soweit wie möglich Geltung zu verschaffen u. einem nachvollziehbaren Begehren des Verteidigers iRd zeitlichen Möglichkeiten des Gerichts sowie des Gebots der Verfahrensbeschleunigung Rechnung zu tragen (BGH NStZ 2018, 607 mAnm Arnoldi, der mit Recht darauf hinweist, dass diese Rspr. sich v. in § 228 Abs. 2 zum Ausdruck kommenden Willen des Gesetzgebers weit entfernt hat; vgl. auch BGH NStZ-RR 2010, 312 (313)). Die Verhinderung des gewählten Verteidigers aufgrund anderweiter Pflichtverteidigung kann ebenfalls ein gewichtiger Grund für eine Verlegung sein (anders OLG Frankfurt a. M. NStZ-RR 2014, 250, wenn der Verteidiger erst kurz vor dem Termin neu mandatiert wurde). In UHaftfällen erlangt demggü. das Beschleunigungsgebot erhöhtes Gewicht; insoweit kann die Terminslage der Verteidiger nur berücksichtigt werden, wie dies nicht zu einer erheblichen Verzögerung des Verfahrens führt (OLG Braunschweig BeckRS 2020, 4624; vgl. auch BVerfG BeckRS 2020, 2100).

7a Auch wenn dem Angeklagten durch die HV **Gesundheitsgefahren** drohen, kommt dem Vorsitzenden bei der Abwägung zwischen den Interessen des Angeklagten u. der Pflicht des Staates zur Gewährleistung einer funktionstüchtigen Strafrechtspflege ein erheblicher Ermessensspielraum zu; dabei können Art, Umf. u. mögliche Dauer des Strafverfahrens, Art u. Intensität der zu befürchtenden Schädigung sowie Möglichkeiten, dieser entgegenzuwirken, berücksichtigt werden (vgl. BVerfG NJW 2020, 2327; 1979, 2349; OLG Hamburg NStZ 2020, 694: hinreichende Maßnahmen zum Schutz vor einer Infektion bei 93-jährigem Angeklagten). Insoweit bietet die Verf. keinen vollkommenen Schutz vor jeglicher mit einem Strafverfahren einhergehenden Gesundheitsgefahr; für das neuartige Corona-Virus gilt, dass ein gewisses Infektionsrisiko für die Gesamtbevölkerung zum allg. Lebensrisiko gehört, v. dem auch der Angeklagte in einem Strafverfahren im Interesse einer wirksamen Strafrechtspflege nicht vollständig ausgenommen werden kann (BVerfG NJW 2020, 2327). Insbesondere wird ein Strafgericht seiner Pflicht, das Risiko einer Infektion mit potenziell gefährlichem Verlauf u. dem Interesse des Staates an einer effektiven Strafverfolgung abzuwägen, dadurch gerecht, dass es – unter sachverständiger Beratung – geeignete Maßnahmen zur Minimierung der Ansteckungsgefahr getroffen hat (BVerfG NStZ-RR 2021, 19; erg. → GVG § 176 Rn. 6a). Die Schutzpflicht des Vorsitzenden ggü. den Prozessbeteiligten kann im Einzelfall bei Abwägung der die die Gefährdungslage bestimmenden Faktoren aber auch ein einstweiliges Absehen v. Verhandlungsterminen erforderlich machen (vgl. OLG Bremen StV 2020, 634; erg. → § 121 Rn. 21a); dabei ist aber wiederum das Recht des in Haft befindlichen Angeklagten auf Aburteilung innerhalb angemessener Zeit mit zu berücksichtigen (OLG Braunschweig BeckRS 2020, 4624).

Zur **Ladung von Zeugen** → Vor § 48 Rn. 5a. 8

9 **D. Beschwerde.** Beschwerde gegen die Bestimmung o. Aufhebung eines Hauptverhandlungstermins, insbes. gegen die Ablehnung des Antrags auf Terminsverlegung ist grds. nach § 305 S. 1 ausgeschlossen. Sie kann nur dann **ausnahmsweise als zulässig** angesehen werden, wenn sie darauf gestützt ist, dass die Entsch. des Vorsitzenden rechtswidrig ist, wozu auch die fehlerhafte Ausübung seines Ermessens gehört, wenn dies zu einer selbständigen, nicht v. späteren Urt. erfassten Beschwer des Prozessbeteiligten geführt hat (BVerfG NStZ-RR 2021, 19 mwN; KG StraFo 2017, 68: Aufhebung eines Termins zur Berufungshauptverhandlung zur Vermeidung einer Pflichtverteidigerbestellung; OLG Celle NJW 2012, 246; kritisch dazu Brauer NStZ 2024, 11, 13, der annimmt, dass sich in der Praxis eine faktische Verkehrung des Regel-Ausnahme-Verhältnisses etabliert hat); die Beurteilung der Zweckmäßigkeit der Entsch. ist dem Beschwerdegericht entzogen (BVerfG NStZ-RR 2021, 19; OLG Frankfurt a. M. NStZ-RR 2026, 58; KG StV 2009, 577; OLG Celle NJW 2012, 246; OLG Dresden NJW 2004, 3196; OLG Hamburg StV 1995, 11; OLG Karlsruhe StV 1991, 509; OLG München StV 2007, 518; OLG Nürnberg StV 2005, 491; einschr. OLG Stuttgart Justiz 2006, 8: nur bei evidentem u. gewichtigem Rechtsfehler; **aM** – Beschwerde stets unstatthaft – OLG Schleswig NStZ 2026, 132; KG NStZ 2022, 703; OLG Düsseldorf JMBl. NRW. 1995, 248; OLG Hamm NStZ-RR 2010, 283; OLG Karlsruhe StV 1982, 560; SK-StPO/Deiters Rn. 16 ff.; Kropp NStZ 2004, 668; vgl. auch OLG Düsseldorf JZ 1986, 864 für die Beschwerde des Zeugen; dahingestellt v. OLG Hamburg NStZ 2020, 694). Zulässig ist die Beschwerde auch dann, wenn dem Angeklagten gegen das Urt. – wie nach § 55 Abs. 2 JGG – kein Rechtsmittel zusteht (OLG Koblenz NStZ-RR 2012, 21). Das Beschwerdegericht kann den Termin zwar nicht anstelle des Vorsitzenden festsetzen; es kann aber die Rechtmäßigkeit o. Rechtswidrigkeit der angefochtenen Vfg. feststellen (OLG Bamberg StraFo 1999, 237; OLG Frankfurt a. M. StV 2001, 157; LG Hildesheim NJW 1989, 1174) u. den Hauptverhandlungstermin aufheben (OLG Dresden NJW 2004, 3196; LG Braunschweig StraFo 2014, 115). Zur Frage, wann eine Beschwerde Aussicht auf Erfolg hat, vgl. die Zusammenstellung v. Einzelfällen bei Krumm StV 2012, 179 (180).

10 **E. Abstimmung mit den Verfahrensbeteiligten (Abs. 2). I. Besonders umfangreiches erstinstanzliches Verfahren.** In besonders umfangreichen erstinstanzlichen Verf. vor dem LG o. dem OLG soll nach dem durch das G v. 17.8.2017 (BGBl. I 3202 (3209)) neu eingeführten Abs. 2 der Vorsitzende den äußeren Ablauf der HV mit Verteidiger, StA u. Nebenklägervertreter abstimmen. Dies soll bei Großverfahren zu einer effizienten Durchführung der HV beitragen. Dass die HV mehr als 10 Tage dauern wird, ist nach dem Gesetzeswortlaut regel-

mäßig ein Indiz für den bes. Umf. des Verfahrens. Anders kann es allerdings sein, wenn eine entspr. hohe Zahl v. Verhandlungstagen lediglich notwendig wird, weil der Angeklagte nur eingeschränkt verhandlungsfähig ist o. wenn Zeugen verhindert sind (BT-Drs. 18/11277, 31) u. deshalb nur wenige Stunden am Tag verhandelt werden kann.

11 **II. Inhalt. Inhaltlich** ist die Abstimmung auf den **äußeren Ablauf** der HV beschränkt. Dieser Begriff sollte iSd v. G intendierten verbesserten Kommunikation zwischen den Verfahrensbeteiligten weit interpretiert werden. Dazu gehören etwa die Planungen des Gerichts zu Reihenfolge u. Umf. der aus seiner Sicht vAw durchzuführenden Beweisaufnahme sowie die Überlegungen der Verfahrensbeteiligten zu deren Art u. Umfang. Mit Rücksicht auf die denkbaren Anwendungsprobleme sollten auch die Absicht u. ggf. die Modalitäten einer Erkl. des Verteidigers zur Anklage nach § 243 Abs. 5 S. 3 und 4 erörtert werden (zB ihr Gegenstand u. Umf., vgl. → § 243 Rn. 31d, e). Gleiches gilt für alle Arten gerichtsorganisatorischer Fragen wie etwa die Sitzordnung im Gerichtssaal, erforderliche sitzungspolizeiliche Maßnahmen o. der geplante Umgang des Gerichts mit der (Medien)Öffentlichkeit. Wie zielführend ein solcher Abstimmungstermin im Einzelfall ist, hängt allerdings davon ab, ob u. inwieweit das Gericht u. die Verfahrensbeteiligten bereit sind, offen miteinander zu kommunizieren.

12 **III. Form.** Hinsichtlich der **Form** der Abstimmung wird es regelmäßig sinnvoll sein, einen Erörterungstermin mit den Verfahrensbeteiligten durchzuführen; der Wortlaut von Abs. 2 ermöglicht es jedoch auch, die Abstimmung telefonisch vorzunehmen. Soll der Abstimmungstermin mit einer inhaltlichen Erörterung des Verfahrensstandes nach §§ 212, 202a verbunden werden – was in der Praxis häufig der Fall sein wird, va, wenn die Möglichkeit einer Verständigung im Raum steht – empfiehlt sich die Teilnahme aller Berufsrichter (vgl. → § 202a Rn. 4).

13 **F. Revision.** Revision kann auf die Ablehnung des Vorsitzenden, den Termin zu verlegen, nicht gestützt werden; gerügt werden kann vielmehr regelmäßig nur die Ablehnung eines deswegen in der HV gestellten **Aussetzungsantrags** (OLG Düsseldorf JMBl. NRW. 1995, 248; OLG Koblenz VRS 45, 284; Julius StV 1990, 56; Arnoldi NStZ 2018, 608). Allerdings hält der BGH einen Aussetzungsantrag für entbehrlich, wenn ein Verlegungsantrag des Verteidigers nicht beschieden wurde (BGH NStZ 2018, 607 (1. StS) mkritAnm Arnoldi; zw.). Wird die rechtzeitig vorgetragene Bitte um Terminsverlegung so spät abgelehnt, dass es Angeklagten u. Verteidigern nicht möglich war, für ein Erscheinen zu dem neuen Termin irgendwelche Vorkehrungen zu treffen, so kann mit der Revision Verletzung des Anwesenheitsrechts gerügt werden (OLG Hamm JR 1971, 471). Bei ermessensfehlerhafter Ablehnung eines Verlegungsantrages wegen Verhinderung des Verteidigers ist die Revision begründet (OLG Braunschweig StV 2004, 366; Krumm StV 2012, 181). Die revisionsgerichtliche Überprüfung einer Terminierung unter dem Blickwinkel einer etwaigen vorschriftswidrigen Besetzung des Gerichts wegen Mitwirkung eines Vertreters ist auf eine Willkürkontrolle beschränkt (BGH NStZ 2022, 315 mwN: Schon eine nur vertretbare Terminierungsentscheidung ist unter diesem Blickwinkel nicht zu beanstanden; → § 338 Rn. 8a; → GVG § 192 Rn. 7). Auf eine Verletzung von Abs. 2 kann die Revision nicht gestützt werden, da es sich um eine Ordnungsvorschrift handelt (BT-Drs. 18/11277, 31).

Ladungen durch den Vorsitzenden;
Herbeischaffung der Beweismittel **Nr. 116 Abs. 4, Abs. 5, 117 RiStBV**

214

(1) [1]**Die zur Hauptverhandlung erforderlichen Ladungen ordnet der Vorsitzende an.** [2]**Zugleich veranlasst er die nach § 397 Absatz 2 Satz 3, § 406d Absatz 1 und § 406h Absatz 2 Satz 2 erforderlichen Benachrichtigungen vom Termin; § 406d Absatz 4 gilt entsprechend.** [3]**Die Geschäftsstelle sorgt dafür, dass die Ladungen bewirkt und die Mitteilungen versandt werden.**

(2) **Ist anzunehmen, daß sich die Hauptverhandlung auf längere Zeit erstreckt, so soll der Vorsitzende die Ladung sämtlicher oder einzelner Zeugen und Sachverständigen zu einem späteren Zeitpunkt als dem Beginn der Hauptverhandlung anordnen.**

(3) **Der Staatsanwaltschaft steht das Recht der unmittelbaren Ladung weiterer Personen zu.**

(4) [1]**Die Staatsanwaltschaft bewirkt die Herbeischaffung der als Beweismittel dienenden Gegenstände.** [2]**Diese kann auch vom Gericht bewirkt werden.**

A. Anordnung und Ausführung der Ladung (Abs. 1). I. Ladung. In der Ladung, dh der Aufforderung, in der HV zu erscheinen (§ 48 Abs. 1 S. 1), müssen das Gericht, der Sitzungssaal (o. ein anderer Verhandlungsort), der Zeitpunkt der Verh., die Strafsache, in der verhandelt werden soll, u. die Eigenschaft (Angeklagter, Zeuge, Sachverständiger usw) angegeben werden, in der die geladene Person erscheinen soll (OLG Hamburg NStZ-RR 1998, 183). 1

II. Ladung aller Beteiligten. Die Ladung aller Beteiligten richtet sich nach Abs. 1. Die Vorschr. gilt für die Ladung des Angeklagten (§ 216), des Verteidigers (§ 218), des Privatklägers (§ 385 Abs. 1 S. 1, Abs. 2), des Nebenklägers (§ 397 Abs. 1 S. 2), der Nebenbeteiligten (§§ 453, 442 Abs. 1, Abs. 2 S. 1, 444 Abs. 1 S. 1) sowie der Zeugen u. Sachverständigen. 2

Über die Ladung v. Kindern u. Jugendlichen vgl. → § 48 Rn. 7. Im Fall des § 52 Abs. 2 ist auch der mitwirkungsberechtigte ges. Vertreter zu laden, selbst wenn er die erforderliche Zustimmung bereits erteilt hat (KK-StPO/Gmel Rn. 3). 3

Im Verfahren gegen Jugendliche und Heranwachsende sollen neben dem Angeklagten auch der Erziehungsberechtigte u. der ges. Vertreter geladen werden (§ 50 Abs. 2 S. 1 **JGG**), u. zwar unter Hinweis auf die Folgen des Ausbleibens wie bei Zeugen (§ 50 Abs. 2 S. 2 **JGG** iVm §§ 48, 51). 4

Für **Sonderfälle** vgl. → § 48 Rn. 6 (Ladungen im Ausland), → § 48 Rn. 8 (Seeleute), → § 48 Rn. 10 (Soldaten), Art. 37 NTS-ZA (Soldaten der ausl. NATO-Truppen), Nr. 197 RiStBV (Diplomaten). 5

III. Mitteilung vom Termin. Eine Mitteilung vom Termin erhalten die **StA** u. die Behörden, die am Verf. zu beteiligen sind (vgl. Nr. 117 Abs. 2 S. 2 RiStBV), im Verf. gegen Jugendliche u. Heranwachsende auch die Jugendgerichtshilfe (§§ 50 Abs. 3 S. 1, 109 Abs. 1 S. 1 **JGG**). Auch der als Beistand zugelassene Ehegatte des Angeklagten u. der ges. Vertreter sollen v. Termin benachrichtigt werden (§ 149 Abs. 1 S. 2, Abs. 2). 6

Eine Mitteilung müssen ferner die **Verletzten § 406d Abs. 1 S. 1,** wenn sie dies beantragt haben, erhalten sowie – auch ohne Antrag – die **anwaltlichen Beistände** v. Nebenklägern o. Nebenklagebefugten **nach § 397 Abs. 2 S. 3 und § 406h Abs. 2 S. 2.** Die Mitteilung unterbleibt aber, wenn sie unter der angegebenen Anschrift nicht möglich ist (Abs. 1 S. 2 Hs. 2 mit § 406d Abs. 3 S. 1); zu einer Nachforschung nach der Anschrift ist das Gericht also nicht verpflichtet. Statt an den Verletzten kann die Mitteilung aber auch an einen als Vertreter bestellten o. als Beistand gewählten o. beigeordneten RA erfolgen (S. 2 iVm §§ 406d Abs. 3 S. 2 und § 145a). 6a

IV. Anordnung der Ladung (S. 1) und der Mitteilungen (S. 2). Die Anordnung der Ladung (S. 1) und der Mitteilungen (S. 2) trifft der Vorsitzende. Hinsichtlich der Ladung der Zeugen u. Sachverständigen besteht für ihn keine Bindung an Anträge der StA in o. außerhalb der Anklageschrift, des Angeklagten u. des Verteidigers. Die Anordnung ergeht idR schriftlich; erfolgt sie mündlich, so muss sie aktenkundig gemacht werden. Der Vorsitzende bestimmt auch die besonderen Hinweise (§§ 216 Abs. 1, 232 Abs. 1), die die Ladung enthalten soll. Eine Ladung ohne Anordnung des Vorsitzenden löst keine Säumnisfolgen (zB nach §§ 51, 230 Abs. 2, 329 Abs. 1, 412) aus, führt aber zur Entschädigung nach § 1 Abs. 1 S. 1 Nr. 1 JVEG. 7

8 Ist der **Angeklagte nicht auf freiem Fuß, so** ordnet der Vorsitzende auch seine Vorführung an (**aM** SK-StPO/Deiters Rn. 12). Für Straf- u. Untersuchungsgefangene gelten die Regelungen der StVollzGe (zB Art. 38 Abs. 2 BayStVollzG); erg. → § 133 Rn. 5a.

9 **V. Ausführung der Ladung und der Mitteilungen (S. 3).** Die Ausführung der Ladung und der Mitteilungen (S. 3) ist Aufgabe der **Geschäftsstelle** des Gerichts. Die Ladung durch sie entfällt, wenn die Ladung ggü. der geladenen Person mündlich angeordnet o. v. dem Vorsitzenden schon selbst bewirkt worden ist. Bei der Ladung des Angeklagten ist § 216 Abs. 1, beim Zeugen § 48 iVm § 51, beim Sachverständigen § 72 iVm § 48 und § 77 zu beachten. Den Nebenbeteiligten (→ Einl. Rn. 73) sind mit der Ladung die vorgeschriebenen Hinweise zu geben (§§ 435 Abs. 3, 442 Abs. 1, Abs. 2 S. 1, 444 Abs. 2 S. 2). Die Geschäftsstelle muss auf Einhaltung der Ladungsfrist (§§ 217, 218 S. 2) bedacht sein u. darauf hinwirken, dass der Vorsitzende die Zustellung des Eröffnungsbeschlusses anordnet, sofern das bisher nicht geschehen ist.

10 Eine bestimmte Form ist für die Ladung nicht vorgeschrieben (vgl. zur Ladung im Ausland Miebach NStZ 1990, 226 – BGH RsprÜ; dazu Rose wistra 1998, 13; erg. → § 244 Rn. 63); dem auf freiem Fuß befindlichen Angeklagten, den Zeugen u. den Sachverständigen soll sie jedoch **förmlich zugestellt** werden, damit sie nachweisbar ist; bei Zeugen u. Sachverständigen kann aber eine einfachere Form der Ladung gewählt werden (Nr. 117 Abs. 1 RiStBV); dasselbe gilt für die Mitteilungen. Zur Ladung v. Ausländern, die der deutschen Sprache nicht mächtig sind, vgl. → GVG § 184 Rn. 3.

11 Die Geschäftsstelle erledigt auch **Vorführungsersuchen** des Vorsitzenden (§ 36 Abs. 2 gilt insoweit nicht), indem sie sie der Stelle zuleitet, der die Vorführung obliegt (Vorführungsdienst der Justiz, Leiter der JVA o. Polizei). Der Leiter der JVA muss in jedem Fall verständigt werden.

12 **B. Ladungsplan (Abs. 2).** Der Vorsitzende muss für länger dauernde Verh. eine sinnvolle Reihenfolge der beabsichtigten Beweiserhebungen festlegen. Zu diesem Zweck muss er sich frühzeitig einen Verhandlungsplan zurechtlegen, dem schon bei der Ladung Rechnung getragen werden soll. Wegen der Ladung v. Zeugen „auf Abruf" vgl. Nr. 116 Abs. 4 RiStBV.

13 **C. Unmittelbare Ladung durch die StA (Abs. 3).** Die Anordnung trifft der StA, die Geschäftsstelle führt sie aus; § 38 gilt nicht. Die unmittelbare Ladung durch die StA, die nach § 222 Abs. 1 S. 2 zur rechtzeitigen Namhaftmachung der Beweispersonen verpflichtet, kommt insbes. in Betracht, wenn der Vorsitzende nicht alle in der Anklageschrift aufgeführten Beweispersonen lädt (was aus der Mitteilung nach § 222 Abs. 1 S. 1 erkennbar ist) o. wenn der StA nachträglich die Ladung weiterer, in der Anklageschrift noch nicht benannten Beweispersonen für erforderlich hält. Dieser Fall kann auch noch während der HV eintreten. **Im Fall des Abs. 3 gilt § 245 Abs. 2.** Ist der Zeuge, der geladen werden soll, nicht auf freiem Fuß, so ordnet der StA die Vorführung an.

14 **D. Herbeischaffung der Beweisgegenstände. Abs. 4** betr. in 1. Hinsicht die bereits bei Anklageerhebung vorhandenen Beweisstücke. Befinden sie sich nicht bei den Akten, sondern in einem Asservatenraum o. in anderweitiger Verwahrung, so hat die StA sie zur HV herbeizuschaffen. Der Vorsitzende kann ferner nach § 221 die Herbeischaffung weiterer Beweisstücke anordnen; nach Abs. 4 kann er das selber bewirken o. die StA darum ersuchen. Abs. 4 ergänzt die für persönliche Beweismittel geltende Vorschr. des Abs. 3 dahin, dass die StA zur HV weitere Beweisgegenstände herbeischaffen kann (erg. → § 245 Rn. 4).

15 **E. Beschwerde.** Eine Beschwerde gegen die Ladungsanordnung ist nach § 305 S. 1 ausgeschlossen (OLG Hamm MDR 1978, 690 Ls.; OLG Köln NJW 1981, 2480). Das gilt auch für den Zeugen, der befugt o. verpflichtet ist, nicht auszusagen (OLG Hamm MDR 1978, 690 Ls.). Auch die Beschwerde gegen die vorl. Ablehnung v. Ladungsanträgen ist unzulässig; denn der Antragsteller ist hierdurch nicht

beschwert, weil Abs. 3 und § 220 zur unmittelbaren Ladung berechtigen u. weil der Antrag in der HV nach § 244 Abs. 3–5 der Entsch. des Gerichts unterstellt werden kann.

Zustellung des Eröffnungsbeschlusses

215 [1]**Der Beschluß über die Eröffnung des Hauptverfahrens ist dem Angeklagten spätestens mit der Ladung zuzustellen.** [2]**Entsprechendes gilt in den Fällen des § 207 Abs. 3 für die nachgereichte Anklageschrift.**

A. Zustellung des Eröffnungsbeschlusses (S. 1). Dem Angeklagten ist der Beschl. zuzustellen; hat er einen Verteidiger, so gilt § 145a Abs. 1, Abs. 3. Dass der Beschl. auch der StA mitzuteilen ist, folgt aus § 35 Abs. 2. Für den Privatkläger gilt § 385 Abs. 1 S. 2, ebenso für den Nebenkläger (§ 397 Abs. 1 S. 5). Im Verf. gegen Jugendliche erhalten auch die Erziehungsberechtigten u. ges. Vertreter Abschriften (§ 67 Abs. 2 **JGG**). 1

Spätestens mit der Ladung muss der Eröffnungsbeschluss zugestellt werden. Kann bei Erlass des Beschl. noch kein Termin zur HV bestimmt werden, so wird aber mit der Zustellung nicht bis zur Ladung gewartet; denn der Angeklagte muss möglichst frühzeitig Gelegenheit erhalten, seine Verteidigung vorzubereiten. 2

Die Anordnung der Zustellung trifft der Vorsitzende. Sie muss ausdr. erfolgen. Die Anordnung der Ladung nach § 214 Abs. 1 S. 1 ersetzt sie nicht (KK-StPO/Gmel Rn. 1). Die Zustellung wird durch die Geschäftsstelle ausgeführt; nach § 35 Abs. 2 S. 1 muss förmlich zugestellt werden. 3

Der **Mangel der Zustellung** ist kein Verfahrenshindernis (BGHSt 33, 183 (186); Dallinger MDR 1975, 197 – BGH RsprÜ). Er kann dadurch geheilt werden, dass der Beschl. in der HV bekanntgemacht wird (OLG Karlsruhe MDR 1970, 438; Löwe/Rosenberg/Jäger Rn. 7). 4

Ein **Verzicht auf die Zustellung** ist möglich (→ § 337 Rn. 45). Er kann stillschweigend erklärt werden, zB durch Unterlassen eines Aussetzungsantrags in der HV (RG JW 1929, 1044; KK-StPO/Gmel Rn. 2; Löwe/Rosenberg/Jäger Rn. 7 will auf die Umstände des Einzelfalls abstellen; erg. → Rn. 8). 5

B. Nachgereichte Anklageschrift (S. 2). Die nachgereichte Anklageschrift (S. 2) nach § 207 Abs. 3 muss ebenfalls entspr. diesen Grundsätzen zugestellt werden. Ist der Eröffnungsbeschluss nicht schon vorher zugestellt worden, so können beide Zustellungen verbunden werden. 6

C. Revision. Die Revision kann nicht auf das Unterbleiben der Zustellung, sondern nur darauf gestützt werden, dass ein deswegen gestellter **Aussetzungsantrag zu Unrecht zurückgewiesen** worden ist (BGHSt 15, 40 (45); KMR-StPO/Eschelbach Rn. 14; **aM** SK-StPO/Deiters Rn. 11). War die Anklage zugestellt u. unv. zugelassen worden, so ist der Angeklagte durch die Zurückweisung des Aussetzungsantrags aber nicht iSd § 338 Nr. 8 in seiner Verteidigung beschränkt (BGH LM StPO § 215 Nr. 1; Löwe/Rosenberg/Jäger Rn. 9). 7

Ladung des Angeklagten Nr. 117, 120 RiStBV

216 (1) [1]**Die Ladung eines auf freiem Fuß befindlichen Angeklagten geschieht schriftlich unter der Warnung, daß im Falle seines unentschuldigten Ausbleibens seine Verhaftung oder Vorführung erfolgen werde.** [2]**Die Warnung kann in den Fällen des § 232 unterbleiben.**

(2) [1]**Der nicht auf freiem Fuß befindliche Angeklagte wird durch Bekanntmachung des Termins zur Hauptverhandlung gemäß § 35 geladen.** [2]**Dabei ist der Angeklagte zu befragen, ob und welche Anträge er zu seiner Verteidigung für die Hauptverhandlung zu stellen habe.**

1 **A. Ladung des Angeklagten zur Hauptverhandlung.** Die Ladung des Angeklagten zur Hauptverhandlung regelt die Vorschrift. Zu laden ist auch der nach § 233 v. Erscheinen entbundene Angeklagte (→ § 233 Rn. 19). Im Zwischenverfahren (§§ 201 ff.) wird nach § 133 geladen (→ § 133 Rn. 1). Für einen sprachunkundigen Ausländer wird eine Übersetzung der Ladung beigefügt (→ GVG § 184 Rn. 3; erg. → Rn. 8). Unter den Voraussetzungen des § 145a Abs. 2 kann die Ladung an den Verteidiger zugestellt werden, auch wenn der Angeklagte nicht auf freiem Fuß ist. Bei Unterbrechung der HV gilt § 216 nicht für den Fortsetzungstermin (→ § 229 Rn. 12).

2 **B. Auf freiem Fuß befindlicher Angeklagter (Abs. 1).** Dem auf freiem Fuß befindlichen Angeklagten (Abs. 1) wird die Ladung **förmlich zugestellt** (vgl.Nr. 117 Abs. 1 S. 1 RiStBV); Ersatzzustellung (→ § 37 Rn. 6 ff.) ist zulässig. Formlose Mitteilung der Ladung genügt nur, wenn die Ladungsfrist des § 217 Abs. 1 nicht beachtet zu werden braucht. Jedoch muss dem Angeklagten auch in diesem Fall ein Schriftstück ausgehändigt u. überlassen werden, in dem Zeit, Ort u. Terminsstunde, auch der Sitzungssaal (BayObLGSt 1969, 104; OLG Düsseldorf MDR 1987, 868), bezeichnet sind. Das bloße Vorzeigen einer solchen Terminsnachricht genügt nicht, auch wenn der Angeklagte sie gelesen u. unterschrieben hat (BayObLGSt 1962, 99). Die Warnung (→ Rn. 4) bedarf ebenfalls der Schriftform (KMR-StPO/Eschelbach Rn. 16; erg. → § 323 Rn. 3).

3 Der **Verzicht** auf die Zustellung der Ladung ist zulässig (OLG Düsseldorf MDR 1987, 868); er kann stillschweigend darin zum Ausdruck kommen, dass der Angeklagte sich zur Sache einlässt, ohne das Fehlen der Ladung zu rügen (OLG Hamburg HESt 3, 28).

4 Die in Abs. 1 S. 1 vorgeschriebene **Warnung** ist Voraussetzung für die Anwendung der Zwangsmittel des § 230 Abs. 2. Daher kann sie unterbleiben, wenn das Gericht nach § 232 in Abwesenheit des Angeklagten verhandeln kann u. will (Abs. 1 S. 2); dann erfolgt in der Ladung der Hinweis nach § 232 Abs. 1 S. 1. Die Warnung unterbleibt auch im Fall des § 233 (→ § 233 Rn. 19) u. in den Fällen der §§ 329 Abs. 1, 412; jedoch ist dann auf die anderen Folgen des Ausbleibens hinzuweisen (§ 323 Abs. 1 S. 2). Bei Ladung im Ausland hat die Warnung wegen Nr. 116 Abs. 1 RiVASt (keine Androhung v. Zwangsmaßnahmen) zu unterbleiben (OLG Brandenburg NStZ 2015, 235; LG Münster NStZ-RR 2005, 382; **aM** OLG Rostock NStZ 2010, 412). Etwas anderes soll – allerdings nur für Ladungen in sog. Schengen-Staaten o. im EU-Raum (KG StraFo 2013, 425) – jedoch auch bei Ladung über den Verteidiger (LG Saarbrücken StraFo 2010, 340) gelten, wenn ausdr. darauf hingewiesen wird, dass die Zwangsmittel lediglich im Inland vollstreckt werden können (KG StraFo 2011, 356; OLG Karlsruhe StV 2015, 345); einem der deutschen Sprache nicht mächtigen Angeklagten muss der Hinweis aber in einer ihm verständlichen Sprache erteilt werden (OLG Saarbrücken NStZ-RR 2010, 49; LG Heilbronn StV 2011, 406 Ls.). Im Übrigen ist ein Haftbefehl gegen den Angeklagten auch ohne Warnung möglich, wenn die Voraussetzungen der §§ 112, 113 vorliegen.

5 **C. Nicht auf freiem Fuß befindlicher Angeklagter (Abs. 2).** Der nicht auf freiem Fuß befindliche Angeklagte (Abs. 2) wird nach § 35 Abs. 2 S. 1 durch förmliche Zustellung geladen. Nicht auf freiem Fuß ist jeder, dem die Freiheit auf Anordnung des Gerichts o. einer Behörde entzogen u. der dadurch in der Wahl seines Aufenthalts beschränkt ist (BGHSt 4, 308; 13, 209 (212)). Unzulässig ist (wegen der Notwendigkeit der Befragung nach Abs. 2 S. 2) die Ersatzzustellung durch Niederlegung bei der Post (OLG Saarbrücken VRS 43, 39), nicht aber an den Anstaltsleiter nach § 178 Abs. 1 Nr. 3 ZPO (→ § 37 Rn. 24). Im Fall des Abs. 2 entfällt die Warnung nach Abs. 1. Sie ist aber nachzuholen, wenn der Angeklagte vor dem Termin auf freien Fuß gesetzt wird (OLG Köln StV 2014, 205).

6 Der Vorsitzende erlässt zugleich mit der Ladungsanordnung einen **Vorführungsbefehl.** Die Weitergabe des Vorführungsbefehls an die ausführende Stelle

gehört zum Bewirken der Ladung (§ 214 Abs. 1 S. 2). Führen Beamte der JVA vor, dürfen sie unmittelbaren Zwang anwenden.

Die **Befragung** nach Abs. 2 S. 2, die bei, aber nicht unbedingt zugleich mit der Zustellung erfolgen muss, soll dem Angeklagten Gelegenheit geben, förmliche Anträge zu stellen. Dass er schon Anträge nach § 201 gestellt hat, spielt keine Rolle. Die Befragung nimmt idR der Zustellungsbeamte vor, der auch ein bevollmächtigter Beamter der JVA sein kann (vgl. → § 37 Rn. 24). Sie kann aber auch einem anderen Beamten übertragen werden. Der Wortlaut der Befragung u. die Anträge des Angeklagten müssen beurkundet werden (LG Potsdam StV 2006, 574). Einen allg. Anspruch darauf, Anträge zu Prot. der Geschäftsstelle des Gerichts zu erklären, hat der Angeklagte nicht (KK-StPO/Gmel Rn. 7; **aM** KMR-StPO/Eschelbach Rn. 22); eine Ausnahme gilt, wenn die Anträge auf andere Weise nicht wirksam gestellt werden können. Bei unmittelbarer Ladung über den Verteidiger entfällt die Befragung nach Abs. 2 S. 2; denn die Ermächtigung nach § 145a Abs. 2 gilt als Verzicht auf sie (BGH NJW 2008, 1604). 7

D. Ladungsmängel. Ladungsmängel, die sich zu Lasten des Angeklagten (zu Nebenbeteiligten s. BGH NStZ 2017, 354) ausgewirkt haben, machen die Ladung unwirksam. Dazu gehört aber nach BGH NJW 2008, 1604 nicht der Verstoß gegen Abs. 2 S. 2 (**aM** LG Potsdam StV 2006, 574); demnach besteht deswegen auch kein Anspruch auf Aussetzung der HV nach § 217 Abs. 2. Ein beachtlicher Mangel hindert die Säumnisfolgen nur, wenn er ursächlich dafür war, dass der erscheinungswillige Angeklagte an der Verh. nicht hat teilnehmen können (OLG Brandenburg NStZ-RR 2009, 318; OLG Stuttgart NStZ-RR 2005, 319 mwN). Das ist auch der Fall, wenn es der Angeklagte unterlassen hat, den in der Ladung falsch bezeichneten Sitzungssaal (BayObLGSt 1969, 104) o. bei widersprüchlichen Zeitangaben die richtige Zeit zu erfragen (OLG Frankfurt a. M. NStZ-RR 1996, 75). Es macht die Ladung nicht unwirksam, wenn sie durch die Geschäftsstelle entgegen der Anordnung des Vorsitzenden dem Verteidiger statt dem Angeklagten zugestellt wurde (LG Saarbrücken StraFo 2010, 340). Eine fehlende Übersetzung (→ Rn. 1) führt nicht zur Unwirksamkeit der Ladung, sondern begründet nur die Möglichkeit der Wiedereinsetzung in den vorigen Stand (OLG Karlsruhe 16.12.2021 – 2 Rv 35 Ss 670/21; OLG Köln NStZ-RR 2015, 317, jew. mwN). 8

E. Revision. Die Revision kann auf Ladungsmängel nur gestützt werden, wenn der Angeklagte sie in der HV geltend gemacht u. deren Aussetzung beantragt hat (RGSt 48, 386; Löwe/Rosenberg/Jäger Rn. 16 ff.; BGH NStZ 2017, 354: Nebenbeteiligte). Dass der Angeklagte irrtümlich zum SchG statt zur StrK geladen worden ist, begründet die Revision auch dann nicht, wenn er vorbringt, er habe in der Annahme, noch einen 2. Tatsachenrechtszug vor sich zu haben, Verteidigungsvorbringen zurückgehalten (BGHSt 16, 389). 9

Ladungsfrist

217 (1) **Zwischen der Zustellung der Ladung (§ 216) und dem Tag der Hauptverhandlung muß eine Frist von mindestens einer Woche liegen.**

(2) **Ist die Frist nicht eingehalten worden, so kann der Angeklagte bis zum Beginn seiner Vernehmung zur Sache die Aussetzung der Verhandlung verlangen.**

(3) **Der Angeklagte kann auf die Einhaltung der Frist verzichten.**

A. Ladungsfrist (Abs. 1). Die Ladungsfrist (Abs. 1) soll dem Angeklagten ausreichend Gelegenheit zur Vorbereitung seiner Verteidigung gewähren (BGHSt 24, 143 (146, 150)). Für den Verteidiger gilt § 217 entspr. (§ 218 S. 2). Die anderen Prozessbeteiligten haben keinen Anspruch auf Einhaltung einer Ladungsfrist. 1

2 Bei der **Berechnung der Wochenfrist** sind der Zustellungstag u. der für die HV vorgesehene Tag nicht mitzurechnen; § 43 Abs. 2 gilt nicht (allgM).

3 Die **Ladungsfrist gilt auch** für die Verh. nach Zurückverweisung der Sache durch das Revisionsgericht nach § 354 Abs. 2 (RGSt 42, 407) u. für die Berufungsverhandlung (§ 323 Abs. 1 S. 1), nicht aber für die Revisionsverhandlung (→ § 350 Rn. 1). Im beschleunigten Verf. gilt § 418 Abs. 2 S. 3.

4 Ist die **Hauptverhandlung ausgesetzt** worden, muss die Ladungsfrist auch beim neuen Termin eingehalten werden (BayObLGSt 1978, 98; KK-StPO/Gmel Rn. 3; **aM** BGHSt 24, 143 (145)).

5 Die Ladungsfrist muss aber nicht eingehalten werden bei **Verlegung der Verh.** auf einen späteren Zeitpunkt (BayObLGSt 1962, 99; OLG Jena VRS 118, 296). Anders ist es bei Vorverlegung des Termins, sofern er nicht nur auf eine frühere Stunde desselben Tages verlegt wird (OLG Zweibrücken NStZ 1996, 239 mwN).

6 Bei **Fortsetzung einer unterbrochenen Hauptverhandlung** ist keine förmliche Ladung erforderlich (→ § 229 Rn. 12), daher auch nicht die Einhaltung einer Ladungsfrist (Becker NStZ-RR 2003, 98 – BGH RsprÜ; BGH NJW 1982, 248; BayObLGSt 1978, 98).

7 **B. Aussetzungsantrag wegen Nichteinhaltung der Ladungsfrist (Abs. 2).** Den Aussetzungsantrag wegen Nichteinhaltung der Ladungsfrist (Abs. 2), dem das Gericht stattgeben muss, wenn er rechtzeitig gestellt ist (KG NZV 2003, 586), kann nur der Angeklagte persönlich o. für ihn der dazu bevollmächtigte Verteidiger stellen; der Verteidiger ist aus eigenem Recht nicht antragsberechtigt. Der Angeklagte soll nach § 228 Abs. 3 auf sein Antragsrecht hingewiesen werden. Er muss nicht zum Zweck der Antragstellung in der HV erscheinen, sondern kann den Antrag schon vor ihrem Beginn schriftlich anbringen (BGHSt 24, 143 (151); OLG Düsseldorf VRS 97, 139).

8 Nur **bis zur Vernehmung des Angeklagten** zur Sache nach § 243 Abs. 5 S. 2 kann der Antrag gestellt werden: es handelt sich um eine befristete Verfahrenseinrede (Fuhrmann NJW 1963, 1320). Bei mehreren Angeklagten ist der Beginn der jeweiligen Sachvernehmung maßgebend. Ein verspäteter Antrag kann nur zur Aussetzung führen, wenn die Voraussetzungen des § 265 Abs. 4 vorliegen.

9 Über den Aussetzungsantrag **entscheidet das Gericht** durch Beschl. (BayObLGSt 1987, 55 (56) = OLGSt StPO § 212 Nr. 1).

10 **C. Verzicht auf die Einhaltung der Ladungsfrist (Abs. 3).** Den Verzicht auf die Einhaltung der Ladungsfrist (Abs. 3) kann der Angeklagte auch gegen den Widerspruch seines Verteidigers erklären (KK-StPO/Gmel Rn. 8; **aM** Rieß NJW 1977, 883). Der Verteidiger braucht eine besondere Ermächtigung des Angeklagten (KMR-StPO/Eschelbach Rn. 40; vgl. auch BGHSt 12, 367 (370)). Der Verzicht, der unwiderruflich ist, kann durch schlüssiges Verhalten erklärt werden, zB durch den Antrag nach § 233 u. durch Unterlassen des Aussetzungsantrags nach Abs. 2 bei Mitwirkung eines Verteidigers, auch wenn der Hinweis nach § 228 Abs. 3 unterlassen worden ist (Dallinger MDR 1952, 532 – BGH RsprÜ; **aM** Schmidt StPO/GVG Nachtrag StPO § 217 Rn. 11). Hat der Angeklagte keinen Verteidiger, so setzt der stillschweigende Verzicht voraus, dass er seine Rechte kennt o. über sie belehrt worden ist (OLG Hamburg NJW 1967, 456; vgl. auch BGHSt 24, 143 (145)).

11 **D. Erscheinungspflicht des Angeklagten.** Die Erscheinungspflicht des Angeklagten, auch wenn er vor Beginn der HV einen schriftlichen Aussetzungsantrag gestellt hat, über den noch nicht entschieden worden ist (→ Rn. 7), wird **durch die Nichteinhaltung der Ladungsfrist nicht berührt** (BGHSt 24, 143 (150 ff.)). Die Fristeinhaltung ist daher keine Voraussetzung für Maßnahmen, die das G (zB in § 230 Abs. 2, 232, 329 Abs. 1, 412) an das Ausbleiben des Angeklagten knüpft (BGHSt 24, 143 (149); BayObLG NJW 1967, 457; KG VRS 17, 139; OLG Bremen JR 1959, 391; OLG Köln NJW 1955, 1243; **aM** SK-StPO/Deiters Rn. 11 mwN; vgl. auch Löwe/Rosenberg/Jäger Rn. 14, der Zwangsmaßnahmen nach § 230 Abs. 2 idR für ausgeschlossen hält). Die Nichteinhaltung der Frist kann – muss aber nicht (vgl. KG VRS 87, 130) – das Ausbleiben des Angeklagten ent-

schuldigen (OLG Bremen JR 1959, 391; OLG Köln NJW 1955, 1243), u. zwar nicht nur, wenn die Ladung so spät zugestellt worden ist, dass er nicht mehr rechtzeitig erscheinen konnte, sondern auch dann, wenn die Nichteinhaltung der Frist iVm mit weiteren Umständen, die dem Gericht erkennbar sind (Abwesenheit, Krankheit), das Ausbleiben entschuldigt (BGHSt 24, 143 (149); BayObLG NJW 1967, 457).

E. Revision. Die Revision kann auf die Nichteinhaltung der Ladungsfrist, die allein mit dem Antrag nach Abs. 2 beanstandet werden kann, nicht gestützt werden (BGHSt 24, 143; BayObLG NJW 1967, 457; OLG Celle NJW 1974, 1258; OLG Koblenz VRS 52, 358; OLG Saarbrücken VRS 44, 190; **aM** OLG Hamburg NJW 1967, 456; OLG Hamm NJW 1954, 1856); das gilt selbst dann, wenn die Belehrung nach § 228 Abs. 3 unterblieben ist (Dallinger MDR 1952, 532 – BGH RsprÜ; KK-StPO/Gmel Rn. 10). Dagegen ist die unrichtige, auch stillschweigende, Ablehnung des rechtzeitig gestellten Aussetzungsantrags nach Abs. 2 ein Revisionsgrund (BayObLGSt 1987, 55 (56)), auf dem das Urt. meist beruhen wird (vgl. BayObLG NStZ 1982, 172 Ls.). Der v. Angeklagten selbst erklärte Verzicht auf die Einhaltung der Ladungsfrist enthält nicht schon den Verzicht auf die Geltendmachung eines Verstoßes gegen § 140 Abs. 2 (OLG Hamm NStZ-RR 1998, 243). 12

Ladung des Verteidigers

218 [1]**Neben dem Angeklagten ist der bestellte Verteidiger stets, der gewählte Verteidiger dann zu laden, wenn die Wahl dem Gericht angezeigt worden ist.** [2]**§ 217 gilt entsprechend.**

A. Ladung des Verteidigers (S. 1). I. Jeder Verteidiger. Jeder Verteidiger ist vAw zur HV zu laden. 1

Der **Pflichtverteidiger** ist zu laden, solange seine Bestellung nicht widerrufen worden ist (KMR-StPO/Eschelbach Rn. 8). 2

Der v. dem Angeklagten o. einem anderen Berechtigten (vgl. § 137 Abs. 2 S. 1) **gewählte Verteidiger** wird geladen, wenn seine Wahl (vgl. dazu → Vor § 137 Rn. 4) dem Gericht, im Ermittlungsverfahren auch der Polizei (OLG Köln VRS 98, 138) o. der StA (OLG Hamm VRS 41, 133), angezeigt worden ist. Das Fehlen der Anschrift ist unschädlich, wenn sie leicht festgestellt werden kann (OLG Köln DAR 1982, 24); bei unrichtiger Adressierung trägt der Verteidiger nur das Risiko der nicht mehr rechtzeitigen Ladung (OLG Braunschweig StraFo 2009, 520). S. 1 gilt auch, wenn der Angeklagte nach § 233 v. Erscheinen entbunden ist (OLG Köln NJW 1960, 736). 3

Die Vorlage einer Vollmacht setzt die Vorschr. nicht voraus (BGHSt 36, 259; BayObLGSt 1984, 133; OLG Bamberg NJW 2007, 393). Daher ist auch der Verteidiger zu laden, der in einer früheren HV mit Billigung des Angeklagten aufgetreten ist (KK-StPO/Gmel Rn. 3) o. der seine Wahl sonst durch schlüssiges Verhalten angezeigt hat (OLG Köln DAR 1982, 24). 4

Hat der Angeklagte **mehrere Verteidiger,** so sind sie, sofern nicht die Zurückweisung nach § 146a geboten ist, grds. alle zu laden (BGHSt 36, 259 (260); BGH StV 2001, 663; OLG Naumburg StraFo 2009, 332). Nur wenn mehrere Anwälte einer Sozietät bestellt sind, genügt idR die Ladung dessen, der die Wahl angezeigt hat; dasselbe gilt bei einer Bürogemeinschaft v. RAen (BGH NStZ 2007, 348). 5

S. 1 **gilt entsprechend** für den Beistand o. Vertreter des Nebenklägers (OLG Celle MDR 1966, 256; OLG Karlsruhe VRS 50, 119; → § 397 Rn. 8), für den gewählten o. bestellten Vertreter des Einziehungsbeteiligten (§ 428 Abs. 1, Abs. 2) o. des Nebenbetroffenen (§ 438 Abs. 3) u. für den Vertreter der JP o. PV (§ 444 Abs. 2 S. 2). 6

II. Förmliche Zustellung. Durch förmliche Zustellung ist der Verteidiger zu laden. Das gilt auch, wenn zwar die Ladungsfrist nicht eingehalten werden kann (→ Rn. 11), aber eine förmliche Ladung zeitlich noch möglich ist (BayObLGSt 1984, 7

133; OLG Hamm MDR 1971, 320; OLG Karlsruhe GA 1979, 347). Ist das nicht der Fall, so muss formlos, notfalls telefonisch, geladen werden. Dem S. 1 ist genügt, wenn die Ladung den Verteidiger bei Beginn der HV erreicht hat (Dallinger MDR 1975, 369 – BGH RsprÜ). Durch den Geschäftsstellenvermerk über die Ausführung der Ladungsverfügung wird sie nicht bewiesen (Rüth DAR 1974, 186 – BayObLG RsprÜ; OLG Köln DAR 1985, 125; OLG Zweibrücken NStZ 1981, 355).

8 **Kein Ersatz für die förmliche Ladung** ist die aktenkundig gemachte Kenntnis des Verteidigers v. Termin (BayObLG StV 1985, 140; OLG Celle VRS 47, 299 (301); Löwe/Rosenberg/Jäger Rn. 14; **aM** KG VRS 28, 438; OLG Celle NJW 1974, 1258; OLG Hamburg VRS 40, 38; OLG Hamm NJW 1969, 705; OLG Koblenz VRS 41, 208). Noch weniger genügt es, dass der Verteidiger auf andere Weise v. Termin erfahren hat (OLG Frankfurt a. M. StV 1983, 268; OLG Hamm NJW 1969, 705; OLG Koblenz DAR 2009, 469 Ls.), etwa weil er v. seinem Mandanten unterrichtet worden ist (OLG Hamm VRS 45, 442; OLG Köln VRS 44, 110) o. weil er die Akten eingesehen hat u. daher rechtzeitig v. dem Termin Kenntnis nehmen konnte (BGH NStZ 1985, 229; 1995, 298; BayObLGSt 1984, 133; OLG Frankfurt a. M. StV 1983, 268; OLG Hamm VRS 45, 442; OLG München NJW 2005, 2470; 2006, 1366). Ergänzend aber → Rn. 15.

9 **III. Verzicht auf die Ladung.** Ein Verzicht auf die Ladung ist möglich (BGH NStZ 2009, 48). Er kann auch stillschweigend erklärt werden (BayObLG StV 1985, 140), etwa indem der Verteidiger bei der Anzeige seiner Wahl mitteilt, er habe v. dem Termin Kenntnis (OLG Jena VRS 113, 345), o. indem er einen Vertagungsantrag stellt. Die Zustimmung des Angeklagten ist nicht erforderlich (**aM** OLG Hamm NJW 1954, 1856). Bleibt der Verteidiger in der HV aus, so kann, sofern die Verteidigung nicht notwendig ist, auch der Angeklagte nachträglich auf dessen Ladung verzichten (RGSt 43, 161; OLG Koblenz MDR 1968, 944; OLG Schleswig SchlHA 1953, 269), wenn er weiß, dass der Verteidiger nicht ordnungsgemäß geladen worden ist (OLG Brandenburg StV 1996, 368 Ls.; OLG Karlsruhe Justiz 1974, 135). Das setzt aber grds. eine eindeutige Erkl. voraus (OLG Brandenburg StV 1996, 368 Ls.; OLG Köln VRS 44, 110). Ein stillschweigender Verzicht kommt nur in Betracht, wenn dem Angeklagten bekannt ist, dass er die Aussetzung der HV verlangen kann (BGHSt 36, 259 (261); OLG Hamm NJW 1969, 705; OLG Koblenz VRS 41, 208; OLG Naumburg StraFo 2009, 332; OLG Oldenburg VRS 40, 203). Dass sich der rechtsunkundige Angeklagte ohne Einwand o. Aussetzungsantrag (→ Rn. 12) auf die Verh. einlässt, rechtfertigt den Schluss auf einen Verzicht auf die Ladung nicht (OLG Köln VRS 44, 110).

10 **B. Ladungsfrist (S. 2 iVm § 217). I. Einhaltung der Ladungsfrist.** Die Einhaltung der Ladungsfrist des § 217 Abs. 1 ist nur erforderlich, wenn der Verteidiger in dem Zeitpunkt, in dem sie für den Angeklagten beginnt, seine Wahl angezeigt hat o. wenn er bereits gerichtlich bestellt ist (BGH NJW 1963, 1114; Pfeiffer/Miebach NStZ 1983, 209 – BGH RsprÜ; BayObLG StV 1985, 140; OLG Hamm MDR 1971, 320).

11 Anders ist es, wenn die verspätete Beiordnung v. dem Vorsitzenden verschuldet worden ist (KK-StPO/Gmel Rn. 5). Unnötig ist die Einhaltung der Ladungsfrist, wenn der Verteidiger auf sie verzichtet hat.

12 **II. Aussetzungsantrag.** Ob er den Aussetzungsantrag nach S. 2 iVm § 217 Abs. 2, Abs. 3 stellen o. auf ihn verzichten will, entscheidet der in der HV erschienene Verteidiger selbst (BGHSt 18, 396; BGH NStZ 1985, 229; KK-StPO/Gmel Rn. 8; **aM** Beulke Strafverfahren S. 137; Hanack JZ 1971, 220: nicht gegen den Willen des Angeklagten). Er kann den Antrag auch schon vor der HV schriftlich stellen (OLG Celle NJW 1974, 1258; OLG Koblenz VRS 52, 357; OLG Köln JMBl. NRW. 1986, 275; erg. → § 217 Rn. 7). Die vor dem Termin ggü. dem Vorsitzenden mündlich geäußerte Bitte um Aussetzung ist aber kein wirksamer Antrag (OLG Celle NJW 1974, 1258). Hatte der Verteidiger zwischen den Sitzungstagen einer mehrmonatigen Verh. ausreichend Gelegenheit zur ergänzenden Vorbereitung, so kann der Aussetzungsantrag abgelehnt werden (Pfeiffer/Miebach

NStZ 1983, 209 – BGH RsprÜ), ebenso, wenn er zu einem Zeitpunkt, in dem eine Ladung noch rechtzeitig gewesen wäre, zuverlässige Kenntnis v. dem Termin hatte (BGH StV 1985, 133). Im Fall des § 329 hat der Verteidiger keinen Anspruch auf Aussetzung (vgl. KG VRS 63, 126).

Das Recht, die Aussetzung zu verlangen, **geht auf den Angeklagten über,** 13
wenn er allein in der HV erscheint (OLG Celle NJW 1974, 1258), ebenso die Möglichkeit des – auch schlüssigen – Verzichts auf Ladung des Verteidigers u. Einhaltung der Ladungsfrist (OLG Frankfurt a. M. NStZ-RR 2008, 381). Auf das Recht, einen Aussetzungsantrag zu stellen, muss der rechtsunkundige Angeklagte aber dann idR entspr. § 228 Abs. 3 hingewiesen werden (OLG Celle NJW 1974, 1258; OLG Köln MDR 1973, 70).

Spätestens bis zum Beginn der Vernehmung des Angeklagten zur Sache 14
nach § 243 Abs. 5 S. 2 muss der Antrag gestellt werden (S. 2 iVm § 217 Abs. 2). Wenn der Verteidiger aber erst später erscheint, gilt diese Begrenzung nicht (OLG Hamm JZ 1956, 528; Löwe/Rosenberg/Jäger Rn. 21). In diesem Fall muss er den Antrag aber, wie sich aus dem Sinn des § 217 Abs. 2 ergibt, unverzüglich nach seinem Erscheinen stellen (KK-StPO/Gmel Rn. 8; vgl. auch OLG Celle MDR 1966, 256 für den RA eines Nebenklägers). Mit dem Beginn der Urteilsverkündung endet diese Befugnis.

C. Revision. Der nicht geheilte Verstoß gegen S. 1 begründet grds. die Revisi- 15
on (BGH NStZ 2009, 48; OLG Koblenz VRS 41, 208; OLG München NJW 2006, 1366; OLG Stuttgart Justiz 1990, 407), auch wenn die Ladung ohne Verschulden des Gerichts unterblieben war (KG StV 1996, 10; OLG Bamberg NJW 2007, 393), nicht aber, wenn die Bestellungsanzeige des Verteidigers wegen fehlerhafter Adressierung erst nach dem Hauptverhandlungstermin beim Gericht eingegangen ist (OLG Stuttgart NJW 2006, 3796). Das Fehlen einer förmlichen Ladung kann aber unschädlich sein, wenn der Verteidiger auf andere Weise rechtzeitig v. Termin zuverlässig Kenntnis erlangt hat (BGH NStZ 2009, 48; OLG Koblenz DAR 2009, 592). Zum notwendigen Revisionsvorbringen vgl. BayObLG NStZ-RR 1996, 245; OLG Celle StV 2012, 588; OLG Frankfurt a. M. NStZ-RR 2008, 381; OLG Hamm StraFo 1998, 235; erg. → § 344 Rn. 20. In der Regel wird nicht ausgeschlossen werden können, dass die HV in Anwesenheit des Verteidigers für den Angeklagten günstiger verlaufen wäre (BGHSt 36, 259 (262); BayObLG StV 1985, 140; KG StV 1996, 10; OLG Hamm AnwBl 1981, 200; OLG Düsseldorf StV 1983, 269). Das gilt auch, wenn sich der Verstoß nur auf einen der mehreren Verteidiger des Angeklagten bezieht (BGH NStZ 1995, 298; OLG Karlsruhe NJW 1968, 855; OLG Köln NStZ-RR 2001, 140), sofern nicht ersichtlich die Aufgaben dieses Verteidigers nach dem Willen des Angeklagten v. dem erschienenen Verteidiger mit übernommen worden sind (BGH NStZ 2005, 646; 2006, 461); wird die Aussetzung trotz sicherer Kenntnis des Aussetzungsgrundes an mehreren Verhandlungstagen nicht verlangt, kann das Aussetzungsrecht verwirkt sein (BGH NStZ 2005, 646; erg. → § 337 Rn. 47).

Die **Nichteinhaltung der Ladungsfrist** kann ebenso wenig wie im Fall des 16
§ 217 Abs. 1 mit der Revision gerügt werden (→ § 217 Rn. 12).

Die Nichtbeachtung eines vor der HV gestellten **Aussetzungsantrags** ist auch 17
dann ein Revisionsgrund nach § 338 Nr. 8, wenn der Richter ihn nicht kannte (Rüth DAR 1974, 186 – BayObLG RsprÜ; OLG Koblenz VRS 52, 357).

Beweisanträge des Angeklagten

219 (1) [1]**Beweisanträge hat der Angeklagte bei dem Vorsitzenden des Gerichts zu stellen.** [2]**Die hierauf ergehende Verfügung ist ihm bekanntzumachen.**

(2) **Beweisanträge des Angeklagten sind, soweit ihnen stattgegeben ist, der Staatsanwaltschaft mitzuteilen.**

1 **A. Beweisanträge zur Vorbereitung der Hauptverhandlung.** Beweisanträge zur Vorbereitung der Hauptverhandlung ermöglicht die Vorschrift. Antragsberechtigt sind (vgl. allg. Alsberg Beweisantrag/Tsambikakis Rn. 640; Oske MDR 1971, 797) Angeklagte, Verteidiger, ges. Vertreter, Erziehungsberechtigte u. Nebenbeteiligte mit denselben Rechten wie der Angeklagte. Der Beweisantrag muss schriftlich (→ Einl. Rn. 128) o. zu Prot. der Geschäftsstelle (→ Einl. Rn. 131 ff.) gestellt werden u. den Anforderungen des § 244 Abs. 3 S. 1 entsprechen. Ein Antrag, der nicht auf Benutzung des Beweismittels in der HV abzielt, ist kein Beweisantrag iSd § 219 (KK-StPO/Gmel Rn. 2). Bedingte Anträge, insbes. Hilfsbeweisanträge (→ § 244 Rn. 22), sind zulässig (vgl. OLG Celle VRS 17, 281 (284)), können aber nur Erfolg haben, wenn schon vor der HV beurteilt werden kann, ob das Gericht die Voraussetzungen für gegeben hält, v. denen der Antragsteller die Herbeischaffung des Beweismittels abhängig macht. Der Antrag auf Augenscheinseinnahme (§ 225) fällt nicht unter § 219 (OLG Celle NJW 1957, 1812); über ihn muss das ganze Gericht entscheiden.

2 **B. Zuständigkeit.** Zuständig für die Entsch. über den Antrag ist **allein der Vorsitzende.** Gerichtsbeschlüsse sind unzulässig (OLG Celle NJW 1957, 1812; Löwe/Rosenberg/Jäger Rn. 37). Die Entsch. ist nur vorl. (RGSt 75, 165); sie nimmt die des erkennenden Gerichts nicht vorweg. Die Anhörung der StA vor der Entsch. ist ges. nicht vorgeschrieben (§ 33 Abs. 2 gilt für Vfg. des Vorsitzenden nicht), ist aber zweckmäßig. Der Vorsitzende ist zur Entsch. verpflichtet, sofern sie zeitlich möglich ist. Er muss den Antrag ablehnen o. ihm stattgeben; die „Verweisung" der Entsch. an das erkennende Gericht ist unzulässig (BGHSt 1, 286). Nur Beweisermittlungsanträge (→ § 244 Rn. 25) brauchen nicht beschieden zu werden. Der Vorsitzende darf jedoch einen ernsthaft gestellten Beweisantrag nicht in einen Beweisermittlungsantrag umdeuten (Pfeiffer NStZ 1982, 189 – BGH RsprÜ).

3 **C. Zulässige Ablehnungsgründe.** Ein Antrag, der den Erfordernissen des Abs. 1 S. 1 nicht entspr., wird unter Bezeichnung dieser Mängel abgelehnt. Ein vorheriger Hinweis darauf ist nicht erforderlich; denn der Angeklagte kann den Antrag, dessen Mangelhaftigkeit er aus dem Ablehnungsbeschluss ersieht, in vervollständigter Form wiederholen. Für den Antrag gelten iÜ die Ablehnungsgründe des § 244 Abs. 3, Abs. 4, Abs. 5 S. 2 (OLG Köln MDR 1953, 376; Löwe/Rosenberg/Jäger Rn. 2, 11; **aM** Peters StrafProzR Rn. 308; weiter gehend auch Deiters FS Dencker, 2012, 62). Anträge auf Sachverständigenladung können unter Hinweis auf die eigene Sachkunde des Gerichts (§ 244 Abs. 4 S. 1), die der Vorsitzende vorl. beurteilen darf, abgelehnt werden (Löwe/Rosenberg/Jäger Rn. 15). Unzulässig ist die Ablehnung mit der Zusage, das erkennende Gericht werde die Beweistatsache als wahr unterstellen (BGHSt 1, 51 (53); Alsberg Beweisantrag/Tsambikakis Rn. 652; **aM** Deiters FS Dencker, 2012, 59). Abgelehnte Anträge kann der Antragsteller in der HV wiederholen. Das erkennende Gericht entscheidet über sie ohne Bindung an die Ablehnungsgründe des Vorsitzenden (RGSt 75, 165; Oske MDR 1971, 797).

4 **D. Bekanntgabe der Verfügung.** Die Bekanntgabe der Verfügung an den Antragsteller (Abs. 1 S. 2) ist erforderlich, auch wenn dem Antrag stattgegeben wird (OLG Köln JMBl. NRW. 1962, 201; Oske MDR 1971, 797). Die formlose Bekanntgabe nach § 35 Abs. 2 S. 2 genügt. Sie muss so rechtzeitig erfolgen, dass der Antragsteller noch v. seinem Ladungsrecht nach § 220 Gebrauch machen kann. Eine Mitteilung an andere Bet. ist überflüssig, allerdings ist sie den Mitangeklagten mitzuteilen (KK-StPO/Gmel Rn. 9; Löwe/Rosenberg/Jäger Rn. 19; Alsberg Beweisantrag/Tsambikakis Rn. 653). Beweisanträge, denen stattgegeben wird, müssen aber der StA mitgeteilt werden (Abs. 2), nach § 397 Abs. 1 S. 5 auch dem Nebenkläger. Die abl., nicht die stattgebende, Vfg. muss begründet werden. Dabei genügt die Mitteilung, dass die Beweiserhebung entbehrlich erscheint (weitergehend Löwe/Rosenberg/Jäger Rn. 17); ein Hinweis auf §§ 220, 244 Abs. 3–5 ist

nicht vorgeschrieben. Der Vorsitzende kann seine Vfg. vAw o. auf Antrag ändern (Kretschmer StraFo 2013, 190).

E. Unterlassene oder unzulässige Entscheidung. Bei unterlassener oder unzulässiger Entscheidung über den Antrag treffen den Vorsitzenden in der HV **Fürsorgepflichten ggü. dem Antragsteller.** Bei unterlassener Bescheidung muss er ihn befragen, ob er den Antrag aufrechterhalten wolle, u. ihn ggf. darauf hinweisen, dass der Antrag wiederholt werden muss (BayObLG GA 1964, 334; KG JR 1950, 567; OLG Bremen VRS 36, 180 (181)). Ist der Angeklagte nicht anwesend, so muss der Antrag dem Gericht vorgelegt werden (BayObLG NJW 1956, 1042). Das gilt entspr., wenn die Ladungsverfügung des Vorsitzenden nicht ausgeführt worden o. der geladene Zeuge nicht erschienen ist (OLG Celle MDR 1962, 236; OLG Hamburg JR 1956, 28). Bei unzulässiger „Verweisung" an das erkennende Gericht (→ Rn. 2) muss der Vorsitzende dafür sorgen, dass es den Antrag bescheidet (BGHSt 1, 286). Die unzulässige Wahrunterstellung (→ Rn. 3) zwingt den Vorsitzenden dazu, dem Gericht den Inhalt seiner Vfg. bekanntzumachen u. dem Antragsteller eine abw. Ansicht des Gerichts mitzuteilen (BGHSt 1, 51; Alsberg Beweisantrag/Tsambikakis Rn. 669). Das gilt auch, wenn der Verteidiger den Antrag gestellt hat (Oske MDR 1971, 797). 5

F. Anfechtung. Die **Beschwerde** ist nach § 305 S. 1 unzulässig. 6

Auf die Verletzung des § 219 kann die **Revision** nicht gestützt werden, da das Urt. darauf nicht beruhen kann (RGSt 75, 165; KK-StPO/Gmel Rn. 12; **aM** OLG Düsseldorf JMBl. NRW. 1987, 101 (103) für den Fall, dass eine Entsch. des Vorsitzenden unterblieben ist; vgl. dazu auch SK-StPO/Deiters Rn. 41 ff.). Nur die Verletzung der Fürsorgepflichten des Vorsitzenden (→ Rn. 5) kann nach § 244 Abs. 2 gerügt werden (OLG Köln NJW 1954, 46; OLG Saarbrücken VRS 29, 292), insbes. bei Nichteinhaltung der zugesagten Wahrunterstellung (BGHSt 1, 51; anders BGHSt 32, 44 (47) = JR 1984, 172 mablAnm Meyer, das den fair trial-Grundsatz (→ Einl. Rn. 19) für verletzt hält), sofern nicht in der Nichtwiederholung des Antrags in der HV ein Verzicht auf weitere Aufklärung zu sehen ist (dazu OLG Hamm NZV 1998, 425; OLG München StV 2011, 401 Ls.). Zum notwendigen Revisionsvorbringen vgl. BayObLG GA 1964, 334; OLG Bremen VRS 36, 180; OLG Düsseldorf JMBl. NRW. 1987, 101 (103); OLG Hamm NZV 1998, 425; OLG München StV 2011, 401 Ls. 7

Unmittelbare Ladung durch den Angeklagten

220 (1) [1]**Lehnt der Vorsitzende den Antrag auf Ladung einer Person ab, so kann der Angeklagte sie unmittelbar laden lassen.** [2]**Hierzu ist er auch ohne vorgängigen Antrag befugt.**

(2) **Eine unmittelbar geladene Person ist nur dann zum Erscheinen verpflichtet, wenn ihr bei der Ladung die gesetzliche Entschädigung für Reisekosten und Versäumnis bar dargeboten oder deren Hinterlegung bei der Geschäftsstelle nachgewiesen wird.**

(3) **Ergibt sich in der Hauptverhandlung, daß die Vernehmung einer unmittelbar geladenen Person zur Aufklärung der Sache dienlich war, so hat das Gericht auf Antrag anzuordnen, daß ihr die gesetzliche Entschädigung aus der Staatskasse zu gewähren ist.**

A. Unmittelbare Ladung von Zeugen und Sachverständigen (Abs. 1). 1
Die **unmittelbare Ladung von Zeugen und Sachverständigen (Abs. 1)** (zu letzteren vgl. insbes. BGHSt 43, 171; zum psychiatrischen Sachverständigen Detter FS Meyer-Goßner, 2001, 431) zur HV (nicht zur kommissarischen Vernehmung nach § 223) ermöglicht es dem Angeklagten – u. natürlich ebenso seinem Verteidiger (BGH NStZ 2014, 351) –, auf den Umf. der Beweisaufnahme einen größeren Einfluss zu nehmen als durch die Stellung v. Beweisanträgen nach § 244 Abs. 3 S. 1; denn die Vernehmung der so unmittelbar geladenen Beweispersonen

kann das Gericht nur unter den engeren Voraussetzungen des § 245 Abs. 2 S. 2, 3 ablehnen. Statt Beweispersonen förmlich zu laden, kann der Angeklagte sie auch in der HV stellen (vgl. § 222 Abs. 2), dh zur Sitzung mitbringen; § 245 gilt dann aber nicht (→ § 245 Rn. 16).

2 Im Rahmen ihrer Beteiligungsbefugnisse haben auch **andere Verfahrensbeteiligte** das Recht der unmittelbaren Ladung, insbes. der Nebenkläger (→ § 397 Rn. 10), der Einziehungsbeteiligte (§ 433 Abs. 1), der Verfahrensbeteiligte (§ 442 Abs. 1, Abs. 2 S. 1 und die JP o. PV bei Bußgeldbeteiligung im Fall des § 444 Abs. 1, Abs. 2.

3 In der Regel ist die unmittelbare Ladung erst angebracht, wenn ein **Antrag nach § 219** auf Ladung der Beweisperson gestellt u. von dem Vorsitzenden abgelehnt worden ist (Abs. 1 S. 1). Jedoch kann der Angeklagte die Beweisperson auch ohne einen solchen erfolglosen Antrag unmittelbar laden (Abs. 1 S. 2).

4 Das **Verfahren** der unmittelbaren Ladung regelt § 38. Zu welchem Beweisthema sie vernommen werden soll, braucht der Angeklagte der Beweisperson bei der Ladung nicht mitzuteilen. Gericht u. StA muss er zwar v. der Ladung verständigen (§ 222 Abs. 2); aber auch ihnen muss er das Beweisthema nicht angeben (→ § 222 Rn. 9). Eine unmittelbare Ladung zu einem für eine Videovernehmung (§ 247a) geeigneten Ort (so Schlothauer StV 1999, 50 Fn. 27) scheidet aus, weil diese Modalität v. einem zuvor zu erlassenden Gerichtsbeschluss abhängt. Einen inhaftierten Zeugen hat der Vorsitzende ggf. vorführen zu lassen (Pauka/Daners StraFo 2015, 402). Allgemein dazu Bockemühl FS Breidling, 2017, 31 (36 ff.)).

4a Bei der **Selbstladung von Auslandszeugen** ist zu differenzieren: Eine Zustellung der Ladung durch Einschreiben mit Rückschein (§ 37 Abs. 2 iVm § 183 Abs. 1 Nr. 1 ZPO) ist in den Staaten möglich, die Art. 48 ff. SDÜ unterfallen (zu diesen → Einl. Rn. 216); allerdings darf das Ladungsschreiben wegen Art. 52 Abs. 3 SDÜ keinerlei Zwangsandrohungen u. damit keinen Hinweis auf die Folgen des Ausbleibens enthalten (Bockemühl FS Breidling, 2017, 30 (40); Hartwig StV 1996, 629; vgl. auch → § 37 Rn. 25; **aM** Fezer StV 1995, 266; Gleß FS Eisenberg, 2009, 502). Im Übrigen ist die Postzustellung an Empfänger im Ausland unzulässig (→ § 37 Rn. 25a). In Betracht kommt bei in einem solchen Staat zu ladenden deutschen Staatsangehörigen eine Zustellung nach § 16 KonsG durch die deutsche Auslandsvertretung (→ § 37 Rn. 25a; Bockemühl FS Breidling, 2017, 31 (41); Pauka/Daners StraFo 2015, 399, die auch auf die Möglichkeit einer formlosen Ladung für nicht deutsche Staatsbürger hinweisen).

5 Für **Urkunden und Augenscheinsgegenstände** gibt es keine dem § 220 vergleichbare Regelung. Der Angeklagte kann das Beweismittel zur HV mitbringen, aber auch seine Vorlegung durch den Verfügungsberechtigten veranlassen.

6 **B. Pflicht zum Erscheinen (Abs. 2).** Eine **Pflicht zum Erscheinen (Abs. 2)** besteht für den unmittelbar geladenen Zeugen o. Sachverständigen nur im selben Umf. wie auf gerichtliche Ladung (Löwe/Rosenberg/Jäger Rn. 9 unter Hinweis auf §§ 49, 50, 75, 76) u. ferner nur, wenn ihm der Gerichtsvollzieher bei der Ladung nach § 38 (bei wiederholter Ladung erneut) die ges. Entschädigung für Reisekosten u. Versäumnis in bar angeboten o. – besser – deren Hinterlegung bei der Geschäftsstelle, praktisch bei der Gerichtskasse o. -zahlstelle, nachgewiesen hat. Die Vorschr. ist mit Art. 6 Abs. 3 Buchst. d **EMRK** vereinbar (Schorn DRiZ 1963, 340).

7 Die **Höhe der Entschädigung** muss der Angeklagte nach dem JVEG selbst berechnen (KK-StPO/Gmel Rn. 9). Dem Sachverständigen, der durch die Ladung übrigens zu irgendwelchen Vorarbeiten nicht verpflichtet wird (dazu Pauka/Daners StraFo 2015, 404), muss er einen Betrag anbieten, der dessen voraussichtlichen Zeitaufwand mit dem Stundenhonorar des § 9 JVEG entspr. (vgl. Löwe/Rosenberg/Jäger Rn. 20 ff.). Einen Vorschuss aus der Staatskasse für diese Auslagen kann der Angeklagte nicht verlangen (Holtz MDR 1976, 841 – BGH RsprÜ). Weist die Beweisperson das Angebot zurück o. verzichtet sie darauf, so beseitigt das ihre Erscheinungspflicht nicht. Sie muss auch erscheinen, wenn der angebotene Betrag zu niedrig ist, sie ihn aber angenommen hat.

Bei **unentschuldigtem Ausbleiben** des nach Abs. 2 zum Erscheinen verpflichteten Zeugen o. Sachverständigen sind die Maßnahmen nach §§ 51, 77 vAw zu verhängen, wenn mit der Ladung nach § 48 der Hinweis auf sie verbunden war. Das gilt ohne Rücksicht darauf, ob ein Antrag auf Vernehmung der Beweisperson nach § 245 Abs. 2 S. 1 Erfolg gehabt hätte (Löwe/Rosenberg/Jäger Rn. 12; **aM** Meyer MDR 1979, 814). Die ordnungsmäßige Ladung u. die Voraussetzungen des Abs. 2 muss der Angeklagte dem Gericht nachweisen. 8

Einem **Missbrauch des Ladungsrechts** ist durch § 245 Abs. 2 vorgebeugt (Löwe/Rosenberg/Jäger Rn. 11; vgl. auch BGHSt 44, 26 (32); eing. dazu Fahl Rechtsmißbrauch S. 463 ff.). 9

C. Entschädigung aus der Staatskasse (Abs. 3). Entschädigung aus der Staatskasse (Abs. 3) wird nur auf Antrag der Beweisperson, des Angeklagten o. der StA angeordnet, der Antrag kann noch nach dem Ende der HV gestellt werden (OLG Köln MDR 1958, 622; LG Aachen NJW 1960, 735); für Zeugen gilt jedoch grds. die 3-Monatsfrist des § 2 Abs. 1 S. 1 JVEG (Fristverlängerung nach § 2 Abs. 1 S. 3, Wiedereinsetzung bei Fristversäumnis auf Antrag nach § 2 Abs. 2 JVEG möglich). Sachverständige werden für die vor ihrer Ladung erstellten schriftlichen Gutachten nicht entschädigt (OLG München NStZ 1981, 450). 10

Voraussetzung für die Entschädigung ist die **Sachdienlichkeit der Vernehmung** für die Sachaufklärung; dadurch soll Missbräuchen des Selbstladungsrechts vorgebeugt werden (Holtz MDR 1976, 814 – BGH RsprÜ). Bei der Beurteilung der Sachdienlichkeit, über die das Gericht in tatrichterlicher Würdigung des Erg. u. Verlaufs der HV entscheidet (OLG Düsseldorf MDR 1985, 1050), ist ein v. den Vorstellungen u. Meinungen des Angeklagten unabhängiger objektiver Maßstab anzulegen (OLG Düsseldorf MDR 1985, 1050). Sachdienlichkeit ist nicht gleichbedeutend mit Entscheidungserheblichkeit (OLG Hamburg MDR 1978, 952). Sachdienlich ist die Beweiserhebung daher schon, wenn sie das Verf. gefördert, also die Entsch. o. den Verfahrensgang irgendwie beeinflusst hat (BGH StV 1999, 576; OLG Düsseldorf MDR 1985, 1050; OLG Hamburg MDR 1978, 952; OLG München StV 1996). Das kann auch der Fall sein, wenn schon andere geeignete Beweismittel vorhanden waren, zB die Feststellungen des gerichtlich bestellten durch den gestellten Sachverständigen bestätigt wurden (KG NStZ 1999, 476). Wegen mangelnder Glaubwürdigkeit des vernommenen Zeugen darf die Entschädigung nicht abgelehnt werden (KK-StPO/Gmel Rn. 14), auch nicht, weil das Gericht dem Gutachten des Sachverständigen nicht gefolgt ist (Widmaier StV 1985, 528). Andererseits besteht ein Entschädigungsanspruch nicht schon deshalb, weil die Beweisperson auf einen Antrag nach § 245 Abs. 2 S. 1 vernommen worden ist (OLG Düsseldorf MDR 1985, 1050; OLG Stuttgart MDR 1981, 1038). Wird ihre Aussage in den Urteilsgründen erwähnt, so deutet das aber auf die Sachdienlichkeit der Vernehmung hin (OLG Schleswig SchlHA 1957, 276). 11

Eine **Entschädigungspflicht der Staatskasse nach Abs. 3 besteht nicht,** wenn der Zeuge o. Sachverständige bereits v. dem Angeklagten voll entschädigt worden ist (OLG Düsseldorf VRS 86, 449 mwN; KK-StPO/Gmel Rn. 15; Schmidt MDR 1967, 966; **aM** Widmaier StV 1985, 528). Das gilt aber nicht, wenn der Entschädigungsbetrag nur hinterlegt ist (KK-StPO/Gmel Rn. 15; Schmidt MDR 1967, 966; **aM** SK-StPO/Deiters Rn. 31). 12

Die Anordnung nach Abs. 3 gibt lediglich der Beweisperson einen Anspruch gegen die Staatskasse, berührt aber das **Verhältnis zwischen dem Angeklagten und der Staatskasse** nicht; insoweit gelten die §§ 465 ff. (RGSt 16, 212; OLG Karlsruhe MDR 1985, 694). Die nach Abs. 3 gezahlten Beträge gehören zu den Kosten des Verfahrens, die der verurteilte Angeklagte der Staatskasse nach §§ 465 Abs. 1 S. 1, 464a Abs. 1 S. 1 zu erstatten hat. Wird der Angeklagte freigesprochen, so trägt die Staatskasse dagegen die nach Abs. 3 gezahlte Entschädigung selbst (Löwe/Rosenberg/Jäger Rn. 25). Wird keine Anordnung nach Abs. 3 getroffen, so kann der Angeklagte die Erstattung seiner Aufwendungen nur in dem Verf. nach § 464b erreichen (OLG Düsseldorf Rpfleger 1985, 324). 13

14 **Abs. 3 gilt entsprechend** für die v. dem Angeklagten in der HV gestellten Zeugen u. Sachverständigen (KMR-StPO/Eschelbach Rn. 27 mwN; **aM** LG Limburg NJW 1957, 722).

15 **D. Beschwerde.** Beschwerde gegen die Ablehnung der Entschädigung nach Abs. 3 können die Beweisperson, die StA u. der Angeklagte einlegen, sofern § 305 S. 1 nicht entgegensteht (vgl. OLG Bremen GA 1955, 60; krit. Löwe/Rosenberg/Jäger Rn. 39). An der Beschwer des Angeklagten fehlt es, wenn in dem Urt. der Staatskasse die Verfahrenskosten in vollem Umf. auferlegt worden sind (Pentz NJW 1960, 735) o. wenn der Angeklagte inzwischen rkr. verurteilt ist u. die gesamten Verfahrenskosten zu tragen hat (OLG Karlsruhe MDR 1985, 694).

Herbeischaffung von Beweismitteln von Amts wegen

221 **Der Vorsitzende des Gerichts kann auch von Amts wegen die Herbeischaffung weiterer als Beweismittel dienender Gegenstände anordnen.**

1 **A. Ergänzung des § 214 Abs. 4 S. 2.** Eine Ergänzung des § 214 Abs. 4 S. 2 enthält die Vorschrift. Für das Gericht übt der Vorsitzende die Befugnis aus, die als Beweismittel dienenden Gegenstände heranzuschaffen. Nach § 221 kann er auch die Herbeischaffung v. Beweisgegenständen anordnen, die in der Anklageschrift nicht aufgeführt sind; das gilt vor u. in der HV.

2 **B. Ausführung der Anordnung.** Mit der Ausführung der Anordnung beauftragt der Vorsitzende idR die StA (vgl. § 214 Abs. 4 S. 1). Er kann sie aber auch der Geschäftsstelle des Gerichts übertragen. Die StA darf das Ersuchen nur ablehnen, wenn sie die Anordnung für unzulässig, nicht, wenn sie sie nur für unzweckmäßig hält (OLG Frankfurt a. M. NJW 1982, 1408; OLG Stuttgart Justiz 1982, 406; erg. → § 199 Rn. 2). Kommt sie einem Ersuchen des Gerichts nicht nach, so ist nur die Dienstaufsichtsbeschwerde gegeben (OLG Stuttgart Justiz 1982, 406).

3 **C. Unterrichtung der Prozessbeteiligten.** Die Unterrichtung der Prozessbeteiligten v. der Herbeiziehung neuer sachlicher Beweismittel schreibt das G nicht vor (vgl. § 222 Abs. 1 S. 1). Die Fürsorgepflicht erfordert aber die Unterrichtung (KK-StPO/Gmel Rn. 4; Löwe/Rosenberg/Jäger Rn. 7 hält die Unterrichtung wenigstens für zweckmäßig; erg. → § 222 Rn. 2).

4 **D. Anfechtung.** Beschwerde gegen die Anordnung des Vorsitzenden ist nach § 305 S. 1 ausgeschlossen. Die Revision kann auf die Verletzung des § 221 nicht gestützt werden (KK-StPO/Gmel Rn. 5; Löwe/Rosenberg/Jäger Rn. 9).

Namhaftmachung von Zeugen und Sachverständigen Nr. 118 RiStBV

222 (1) [1] **Das Gericht hat die geladenen Zeugen und Sachverständigen der Staatsanwaltschaft und dem Angeklagten rechtzeitig namhaft zu machen.** [2] **Macht die Staatsanwaltschaft von ihrem Recht nach § 214 Abs. 3 Gebrauch, so hat sie die geladenen Zeugen und Sachverständigen dem Gericht und dem Angeklagten rechtzeitig namhaft zu machen.** [3] **§ 200 Abs. 1 Satz 3 bis 5 gilt sinngemäß.**

(2) **Der Angeklagte hat die von ihm unmittelbar geladenen oder zur Hauptverhandlung zu stellenden Zeugen und Sachverständigen rechtzeitig dem Gericht und der Staatsanwaltschaft namhaft zu machen und ihre vollständige Anschrift anzugeben.**

1 **A. Vorbereitung der Hauptverhandlung.** Zur Vorbereitung der Hauptverhandlung müssen das Gericht u. die Verfahrensbeteiligten rechtzeitig erfahren, welche Zeugen u. Sachverständigen vernommen werden sollen. Dem Gericht muss die Planung der HV, insbes. die zutr. Einschätzung ihrer Dauer (OLG Stuttgart Justiz 1971, 312), ermöglicht werden. Die Verfahrensbeteiligten müssen in die Lage

versetzt werden, rechtzeitig Erkundigungen über die Beweisperson einzuholen (BGHSt 23, 244 (245)), u. der Angeklagte muss beurteilen können, ob u. welche Beweismittel er ggf. selbst beibringen soll (OLG Hamm MDR 1971, 1029). Das Unterlassen der Benachrichtigung o. ihre Verspätung gibt den Verfahrensbeteiligten das Recht, die Aussetzung der Verh. zu beantragen (§ 246 Abs. 2, Abs. 3).

Auf **Urkunden und Augenscheinsgegenstände** ist § 222 nicht anwendbar 2 (→ § 221 Rn. 3). Um eine Aussetzung o. Unterbrechung nach § 246 Abs. 2 zu vermeiden, sollen dem Angeklagten aber mit der Ladung auch die als Beweismittel dienenden Gegenstände bezeichnet werden, soweit sie nicht in der Anklageschrift bezeichnet sind (Nr. 118 Abs. 3 RiStBV).

B. Mitteilungspflichten. I. Gericht (Abs. 1 S. 1). Sämtliche geladenen Zeu- 3, 4 gen u. Sachverständigen müssen den Prozessbeteiligten (→ Rn. 6) namhaft gemacht werden, auch wenn sie bereits in der Anklageschrift aufgeführt sind (OLG Hamm NJW 1996, 534). Die Mitteilung erfolgt zweckmäßigerweise in der Ladung o. in der Terminsmitteilung für die StA (RiStVB 118 Abs. 1 S. 1). Für die Namhaftmachung gilt § 200 Abs. 1 S. 3 bis 5 (Abs. 1 S. 3; → § 200 Rn. 16, 16a; BT-Drs. 19/27654, 94). Das Gericht kann die Mitteilung allg. der Geschäftsstelle übertragen (Löwe/Rosenberg/Jäger Rn. 4).

II. StA und Angeklagte (Abs. 1 S. 2, Abs. 2). StA und Angeklagte (Abs. 1 5 S. 2, Abs. 2) sowie andere Prozessbeteiligte, die das Recht der unmittelbaren Ladung haben (→ § 220 Rn. 2), müssen dem Gericht u. einander diejenigen Zeugen u. Sachverständigen namhaft machen, die sie nach §§ 214 Abs. 3, 220 Abs. 1 selbst laden, der Angeklagte auch diejenigen, die er in der HV stellen will. Für die Namhaftmachung durch die StA (Abs. 1 S. 2) gilt § 200 Abs. 1 S. 3 bis 5 (Abs. 1 S. 3; → § 200 Rn. 16, 16a). Der Angekl. muss dagegen die vollständige Anschrift anzugeben; dies soll analog der Regelung für erstmalige Vernehmungen von Polizei und StA in § 68 Abs. 1 S. 1 und 2 (→ § 68 Rn. 7, 8a) erneute Ladungen und Vernehmungen in dieser oder einer weiteren Tatsacheninstanz auch durch das Gericht und die StA ermöglichen (BT-Drs. 19/27654, 94 f.). Bei zu erwartender längerer Verhandlungsdauer werden StA u. Angeklagte den Zeitpunkt, zu dem die Beweispersonen erscheinen sollen, zweckmäßigerweise mit dem Vorsitzenden absprechen. Andernfalls kann der Vorsitzende den Beweispersonen mitteilen, dass sie erst zu einem späteren Zeitpunkt zu erscheinen brauchen.

III. Mitteilungsempfänger. Das Gericht unterrichtet die StA, den Angeklag- 6 ten u. die anderen Prozessbeteiligten (Nebenkläger, Nebenbeteiligte). Die Mitteilung an den Verteidiger ist nicht vorgeschrieben, idR aber zweckmäßig. Die Mitteilung an den Angeklagten kann an den Verteidiger gerichtet werden, wenn er zum Empfang bevollmächtigt ist (OLG Hamm NZV 2004, 595). Bei mehreren Angeklagten wird die Mitteilung jedem v. ihnen gemacht, sofern die Aussagen einzelner Beweispersonen nicht offensichtlich nur für einen o. einige v. ihnen v. Bedeutung sind (KMR-StPO/Eschelbach Rn. 9; im Zweifel werden alle benachrichtigt. Die StA hat das Gericht u. den Angeklagten zu benachrichtigen (Abs. 1 S. 2), der Angeklagte das Gericht u. die StA (Abs. 2). Mitangeklagte braucht er nicht zu unterrichten; ihre Unterrichtung (auch durch das Gericht) kann aber zweckmäßig sein, wenn die Beweispersonen auch für diese Angeklagten v. Bedeutung sind.

IV. Rechtzeitig. Rechtzeitig muss die Mitteilung erfolgen. Den Verfahrens- 7 beteiligten muss genügend Zeit bleiben, Erkundigungen einzuziehen (vgl. § 246 Abs. 2) u. Gegenzeugen zu laden o. ihre Ladung nach § 219 zu beantragen (KK-StPO/Gmel Rn. 5). Wieviel Zeit dazu benötigt wird, richtet sich nach den Umständen des Einzelfalls.

V. Form. Eine bestimmte Form ist für die Benachrichtigung nicht vorgeschrie- 8 ben. Sie erfolgt idR schriftlich, in Eilfällen auch mündlich o. telefonisch.

Inhaltlich muss die Benachrichtigung den Vor- u. Nachnamen sowie den- 9 Wohn- o. Aufenthaltsort, nicht aber die vollständige Anschrift enthalten (Abs. 1

S. 3 iVm § 200 Abs. 1 S. 3). In den Fällen des § 68 Abs. 1 S. 3, Abs. 2 S. 1 genügt die Angabe des Namens des Zeugen (Abs. 1 S. 4). Falls die Identität des Zeugen ganz oder teilweise geheim gehalten werden soll (→ 14 ff. zu § 68) ist dies anzugebe; dies gilt gleichermaßen für die Geheimhaltung des Wohn- oder Aufenthaltsortes des Zeugen (Abs. 1 S. 3 iVm § 200 Abs. 1 S. 5). Sind die Beweispersonen schon in der Anklageschrift benannt, so kann auf sie Bezug genommen werden (Nr. 118 Abs. 1 S. 2 RiStBV). Die Angabe des Beweisthemas, zu dem der Zeuge o. Sachverständige vernommen werden soll, ist ges. nicht vorgeschrieben (RGSt 67, 180 (182)), kann aber gelegentlich sachdienlich sein, um eine Aussetzung der Verh. zu vermeiden.

10 **C. Revision.** Die Revision kann der Angeklagte, der in der HV anwesend o. vertreten war, nicht auf die Verletzung des § 222 stützen, sondern nur darauf, dass er einen Aussetzungsantrag nach § 246 Abs. 2, Abs. 3 gestellt hat, dessen Ablehnung auf Rechtsirrtum o. Ermessensmissbrauch beruht (BGHSt 1, 284; 37, 1 (2); BGH NJW 1990, 1124; OLG Hamm MDR 1971, 1029; OLG Koblenz VRS 44, 433). Anders ist es, wenn befugt in Abwesenheit des Angeklagten verhandelt worden ist (OLG Koblenz VRS 46, 447) o. wenn der Vorsitzende den rechtsunkundigen, nicht verteidigten Angeklagten nicht über sein Recht nach § 246 Abs. 2 belehrt hat (OLG Jena VRS 113, 345; erg. → § 246 Rn. 3). In der Regel wird das Urt. auf dem Mangel beruhen (KK-StPO/Gmel Rn. 12). Die StA kann die Revision ebenfalls darauf stützen, dass ihr Sitzungsvertreter einen zu Unrecht abgelehnten Aussetzungsantrag nach § 246 Abs. 2, Abs. 3 gestellt hat.

Mitteilung der Besetzung des Gerichts

222a

(1) [1] **Findet die Hauptverhandlung im ersten Rechtszug vor dem Landgericht oder dem Oberlandesgericht statt, so ist spätestens zu Beginn der Hauptverhandlung die Besetzung des Gerichts unter Hervorhebung des Vorsitzenden und hinzugezogener Ergänzungsrichter und Ergänzungsschöffen mitzuteilen.** [2] **Die Besetzung kann auf Anordnung des Vorsitzenden schon vor der Hauptverhandlung mitgeteilt werden; die Mitteilung ist zuzustellen.** [3] **Ändert sich die mitgeteilte Besetzung, so ist dies spätestens zu Beginn der Hauptverhandlung mitzuteilen.**

(2) **Ist die Mitteilung der Besetzung oder einer Besetzungsänderung später als eine Woche vor Beginn der Hauptverhandlung zugestellt oder erst zu Beginn der Hauptverhandlung bekanntgemacht worden, so kann das Gericht auf Antrag des Angeklagten, des Verteidigers oder der Staatsanwaltschaft die Hauptverhandlung zur Prüfung der Besetzung unterbrechen, wenn dies spätestens bis zum Beginn der Vernehmung des ersten Angeklagten zur Sache verlangt wird und absehbar ist, dass die Hauptverhandlung vor Ablauf der in § 222b Absatz 1 Satz 1 genannten Frist beendet sein könnte.**

(3) **In die für die Besetzung maßgebenden Unterlagen kann für den Angeklagten nur sein Verteidiger oder ein Rechtsanwalt, für den Nebenkläger nur ein Rechtsanwalt Einsicht nehmen.**

Übersicht

A. Vorverlegung der Besetzungsrüge. Die **Vorverlegung der Besetzungsrüge** nach § 338 Nr. 1 in die HV regeln die §§ 222a, 222b. Die unrichtige Gerichtsbesetzung darf grds. nicht erst mit der Revision gerügt, sondern muss schon bei dem Tatrichter beanstandet werden. Dies hat der Gesetzgeber durch Einf. des Vorabentscheidungsverfahren (§ 222b Abs. 3, → § 222b Rn. 15 ff.) unterstrichen. Für die Revision nach § 338 Nr. 1 bleibt ggü. der früheren Rechtslage nur ein deutlich schmalerer Anwendungsbereich. Dadurch soll im Interesse der Verfahrensbeschleunigung die Urteilsaufhebung wegen eines behebbaren Verfahrensmangels vermieden werden (BT-Drs. 19/17474, 29; vgl. auch BGH NZWiSt 2017, 74). Das Recht auf den ges. Richter (Art. 101 Abs. 1 S. 2 GG) wird dadurch nicht angetastet (vgl. zur alten Rechtslage BVerfG NStZ 1984, 370; BGHSt 33, 126 (129); **aM** Hamm Revision Rn. 326). 1

Auf **LG- und OLG-Strafsachen im 1. Rechtszug** ohne Rücksicht auf die voraussichtliche Dauer der Verh. ist die Regelung beschränkt. Sie gilt auch nach Aussetzung einer früheren HV u. nach Zurückverweisung durch das Revisionsgericht, nicht aber nach Änd. der Gerichtsbesetzung auf den Einwand eines Prozessbeteiligten (§ 222b Abs. 2 S. 3) u. nicht im Berufungsverfahren (KG NStZ 2018, 491). In Bußgeldverfahren vor dem OLG wegen KartellOWien (§ 82 GWB), sind §§ 222a, 222b entspr. anwendbar, in ehren- u. berufsgerichtlichen Verf. nach dem StBerG, der BRAO, der PatAO u. WPO nicht (BT-Drs. 8/976, 45). Für nach Beginn der HV notwendige Änd. der Besetzung durch Eintritt eines Ergänzungsrichters gilt sie nicht. 2

B. Besetzungsmitteilung zu Beginn der Hauptverhandlung (Abs. 1 S. 1). I. Mitteilung durch Vorsitzenden. Der Vorsitzende macht die Mitteilung, sofern sie nicht bereits nach Abs. 1 S. 2 allen Verfahrensbeteiligten vor der HV schriftlich zugegangen ist. Sie erfolgt mündlich; ihr Aushang vor der Tür des Sitzungssaals genügt nicht (BGHSt 29, 162). 3

Die Mitteilung ist eine wesentliche Förmlichkeit der HV iSd § 273 Abs. 1, deren Beobachtung gem. § 274 Abs. 1 nur durch das Prot. bewiesen werden kann (BGH NStZ-RR 2021, 81; KK-StPO/Gmel Rn. 7). 4

II. Spätestens zu Beginn der Hauptverhandlung. Spätestens zu Beginn der Hauptverhandlung muss die Mitteilung erfolgen, jedoch nicht unbedingt unmittelbar nach Aufruf der Sache (§ 243 Abs. 1 S. 1). Zunächst kann die Anwesenheit der Prozessbeteiligten u. der Beweismittel nach § 243 Abs. 1 S. 2 festgestellt werden. Es genügt, dass die Mitteilung vor der Vernehmung des 1. Angeklagten zur Person gemacht wird (BVerfG NJW 2003, 3545; BGH NJW 2001, 3062). Ob schon vorher eine Besetzungsmitteilung ergeht, steht im Ermessen des Vorsitzenden (Hamm/Pauly Revision Rn. 433). Mit Rücksicht auf die Einf. des Vorabentscheidungsverfahren (§ 222b Abs. 3), welches möglichst bereits vor der HV Klarheit über die Ordnungsmäßigkeit der Besetzung schaffen soll (BT-Drs. 19/17474, 14), sollte allerdings eine Mitteilung der Besetzung erst zu Beginn der HV möglichst vermieden werden. Sie bleibt zu diesem späten Zeitpunkt jedenfalls aber erforderlich, wenn die Zustellung der Mitteilung gescheitert ist o. wenn sich noch kurzfristig vorher die Besetzung ändert. 5

Ist die Mitteilung **verspätet,** so bleibt den Bet. wie nach früherer Rechtslage die Besetzungsrüge erhalten (§ 338 Nr. 1 Hs. 2 Buchst. b aa). Der Fehler kann nicht durch Wiederholung der HV v. der Vernehmung des 1. Angeklagten zur Person an „geheilt“ werden (Tolksdorf DAR 1998, 175 – BGH RsprÜ). Erscheinen Neben- 6 kläger o. Nebenbeteiligte erst, nachdem die Mitteilung erfolgt ist, o. liegt ihre Zulassung o. die Anordnung ihrer Beteiligung nach diesem Zeitpunkt, so wird die Mitteilung ihretwegen nicht wiederholt (vgl. aber Löwe/Rosenberg/Jäger Rn. 4). Die Rüge nach § 338 Nr. 1 steht ihnen aber nicht zu, wenn sie trotz ordnungsgemäßer Ladung nicht rechtzeitig erschienen waren.

7 **III. Inhalt der Mitteilung.** Erforderlich ist die Bekanntgabe der Namen (nicht der Anschriften) der Berufsrichter u. Schöffen einschl. der Ergänzungsrichter u. -schöffen (§ 192 Abs. 2, Abs. 3 GVG) u. die Bezeichnung der Eigenschaft, in der sie mitwirken, insbes. unter Hervorhebung des Vorsitzenden, nicht aber des Berichterstatters. Die Gründe für die Mitwirkung (Regelbesetzung, Vertretungsfall, Eintritt v. Ersatzschöffen) werden nicht bekanntgegeben (Löwe/Rosenberg/Jäger Rn. 3). Die Bet. müssen sich hiervon durch Einsichtnahme in die Besetzungsunterlagen selbst Kenntnis verschaffen. Eine Belehrung darüber sieht das G nicht vor. Auch ein Hinweis auf die Bedeutung der Mitteilung nach Abs. 1 S. 1 und auf die Rügepräklusion nach § 338 Nr. 1 Hs. 2 ist nicht erforderlich (KK-StPO/Gmel Rn. 5).

8 **C. Vorgezogene Mitteilung (Abs. 1 S. 2). I. Anordnung, Inhalt und Zeitpunkt.** Anordnung, Inhalt und Zeitpunkt stehen zwar wie nach früherer Rechtslage im **Ermessen des Vorsitzenden** (Abs. 1 S. 2 Hs. 1). Dieses sollte jedoch mit Rücksicht auf das in § 222b Abs. 3 eingeführte Vorabentscheidungsverfahren (→ § 222b Rn. 15 ff.) dahingehend ausgeübt werden, die Besetzung umgehend mitzuteilen, sobald Klarheit über sie besteht (zu den dabei allerdings möglicherweise auftretenden praktischen Problemen → § 222b Rn. 15a ff.).

9 Die Mitteilung kann mit der Ladungsanordnung (§ 214 Abs. 1 S. 1) verbunden werden. Ist zu dieser Zeit noch mit einer Besetzungsänderung zu rechnen, sollte allerdings, um die Mitteilung einer Änd. (Abs. 1 S. 3) zu vermeiden u. den Bet. überflüssige Nachforschungen zu ersparen, abgewartet werden, bis die endg. Besetzung feststeht. Anzustreben ist, dass die Mitteilung in jedem Fall spätestens eine Woche vor Beginn der HV dem Empfänger zugeht (Abs. 2).

10 **II. Förmliche Zustellung (Abs. 1 S. 2).** Die Besetzungsmitteilung ist förmlich zuzustellen (Abs. 1 S. 2). Dies ist erforderlich, da sie die einwöchige Ausschlussfrist des § 222b Abs. 1 S. 1 auslöst u. den Antragsteller zwingt, etwaige Ablehnungsgesuche unverzüglich anzubringen (§ 25 Abs. 1 S. 2). Die Zustellung erfolgt nach den allg. Vorschr. (s. § 37), an den RA gegen Empfangsbekenntnis nach § 174 ZPO (vgl. → § 37 Rn. 19).

11 **III. Adressaten.** Adressaten der förmlichen Zustellung sind die Verfahrensbeteiligten, die die Gerichtsbesetzung rügen o. Ablehnungsanträge anbringen können; soweit die förmliche Zustellung an einzelne Bet. unterbleibt, wird die Frist des § 222b Abs. 1 S. 1 für sie nicht in Gang gesetzt (vgl. BT-Drs. 19/17474, 30) bzw. die Rechtsfolge des § 25 Abs. 1 S. 2 nicht ausgelöst.

12 Der **Angeklagte** hat in den in Betracht kommenden Verf. stets einen Verteidiger (§ 140 Abs. 1 Nr. 1); an diesen, bei einer Mehrheit v. Verteidigern an jeden v. ihnen, sollte die Mitteilung förmlich zugestellt werden (Abs. 1 S. 2 Hs. 2).

12a Die Zustellung ist allerdings nach der Gesetzesänderung **nicht mehr zwingend an den Verteidiger** zu richten, sondern kann stattdessen an den Angeklagten erfolgen (vgl. dagegen § 222a Abs. 1 S. 2 Hs. 2 aF). Dies sollte jedoch v. den Gerichten aus Gründen der Verfahrensfairness vermieden werden. Der Zugang der Besetzungsmitteilung löst nicht nur die Wochenfrist für die Erhebung der Besetzungsrüge nach § 222b Abs. 1 S. 1 aus, sondern macht es auch gem. § 25 Abs. 1 S. 2 erforderlich, etwaige Befangenheitsgesuche unverzüglich anzubringen. Die sehr knapp bemessene Frist für die Prüfung durch den Verteidiger sollte nicht noch potenziell dadurch weiter verkürzt werden, dass die Besetzungsmitteilung an den Angeklagten zugestellt wird. Für den Fall, dass die Zustellung dennoch an den Angeklagten erfolgt, sollte der Verteidiger seinen Mandanten bereits im Vorfeld darauf hingewiesen haben, dass er ihn umgehend hierüber informiert (Schork NJW 2020, 1 (2)).

Ein Verteidigerwechsel zwingt nicht zur Wiederholung der Mitteilung (allgM). Die Mitteilung an die **StA** wird an die Behörde adressiert, nicht an den Sachbearbeiter. 13

Zugestellt wird ferner dem zugelassenen **Nebenkläger sowie den Einziehungsbeteiligten und Nebenbetroffenen (§§ 424 Abs. 1 S. 1, 438 Abs. 1).** Haben sie einen Prozessbevollmächtigten, so kann u. sollte die Mitteilung an diesen gerichtet werden; Abs. 1 S. 2 Hs. 2 gilt entspr. (Löwe/Rosenberg/Jäger Rn. 15). 14

Der **Antragsteller im Adhäsionsverfahren** ist nach § 406a Abs. 1 S. 2 nicht rechtsmittelberechtigt; er erhält die Mitteilung nach Abs. 1 S. 1 daher nicht. 15

IV. Änderung der mitgeteilten Besetzung (Abs. 1 S. 3). Bei einer Änderung der mitgeteilten Besetzung (Abs. 1 S. 3) wird die Mitteilung berichtigt. Das sollte unverzüglich geschehen, damit den Bet. überflüssige Erhebungen erspart werden u. nicht überflüssigerweise Weise ein Vorabentscheidungsverfahren eingeleitet bzw. – teilw. – durchgeführt wird (dazu → § 222b Rn. 15a–c). Außerdem bleibt nur bei einer unverzüglichen Änderungsmitteilung je nach noch zur Vfg. stehender Zeit bis zum Beginn der HV die Möglichkeit erhalten, im Wege des Vorabentscheidungsverfahrens (§ 222b Abs. 3) die Ordnungsmäßigkeit der Besetzung abschl. zu klären. 16

Wenn die **Berichtigung später als eine Woche vor der HV** dem Adressaten zugestellt wird, kommt ein Unterbrechungsantrag (Abs. 2) in Betracht (→ Rn. 17 ff.). Aber auch eine Berichtigung wenige Tage vor der HV hat noch einen Sinn. Denn wenn die Zeit bis zum Beginn der Verh. ausreicht, um die Vorschriftsmäßigkeit der Änd. zu prüfen, kann der Unterbrechungsantrag durch das Tatgericht abgelehnt u. das Vorabentscheidungsverfahren beschleunigt durchgeführt werden. Zumindest kann der Zeitraum, der den Verfahrensbeteiligten vor Beginn der HV zur Vfg. steht, auf die Unterbrechungsfrist angerechnet werden (→ Rn. 22). **Spätestens** muss die Änd. zu Beginn der HV (Abs. 1 S. 1; → Rn. 5) mitgeteilt werden. Bei umfangreichen o. wiederholten Änd. empfiehlt sich die nochmalige vollständige Mitteilung der Gerichtsbesetzung. 16a

D. Unterbrechung der Hauptverhandlung (Abs. 2). I. Antrag. Die Unterbrechung dient der Vorbereitung der Entsch. darüber, ob Anlass besteht, den Besetzungseinwand (§ 222b) zu erheben; sie setzt daher den Antrag eines zu diesem Einwand befugten Prozessbeteiligten voraus. Dazu gehören außer den in Abs. 2 bezeichneten Bet. der zugelassene Nebenkläger, der Einziehungsbeteiligte u. Nebenbetroffene (→ § 433 Rn. 1; → § 438 Rn. 9). 17

Der Antrag ist nur **zulässig,** wenn die Mitteilung nach Abs. 1 (auch die Änderungsmitteilung nach Abs. 1 S. 3) später als eine Woche vor Beginn der HV zugestellt o. erst zu Beginn der HV bekannt gemacht worden ist (vgl. aber → Rn. 21); die Frist wird nach § 43 Abs. 1 berechnet. Eine Belehrung über das Antragsrecht sieht § 222a nicht vor. Dass bereits ein anderer Bet. die Unterbrechung beantragt hat, steht dem Antrag nicht entgegen (Löwe/Rosenberg/Jäger Rn. 23). 18

Der Antrag muss v. jedem Bet. **bis zum Beginn der Vernehmung** des 1. Angeklagten (vgl. → § 6a Rn. 7; → § 25 Rn. 2) mündlich gestellt werden u. ist nach § 273 Abs. 1 im Prot. zu beurkunden. 18a

II. Zeitliche Voraussetzung der Unterbrechung. Die Unterbrechung kommt allerdings nur dann in Betracht, wenn abzusehen ist, dass die HV vor Ablauf der in § 222b Abs. 1 S. 1 genannten Frist beendet sein könnte (Abs. 2 aE). Voraussetzung für die Unterbrechung ist somit, dass bei einer Prognose der Verfahrensdauer die Wochenfrist zur Prüfung der Besetzung voraussichtlich nicht ausreichen wird, weil die HV bereits vorher, insbes. durch Urteilsverkündung, beendet sein wird (vgl. BT-Drs. 19/17474, 31). Umgekehrt ist die Unterbrechung nicht zulässig, wenn die HV ohnehin bereits für eine Dauer v. mehr als einer Woche angesetzt ist u. keine Anhaltspunkte für eine vorzeitige Beendigung bestehen. Bei längerer Verfahrensdauer verbleibt den Verfahrensbeteiligten die Möglich- 18b keit, die Besetzung während lfd. HV zu prüfen u. erforderlichenfalls innerhalb der Wochenfrist (§ 222b Abs. 1 S. 1) das Vorabentscheidungsverfahren auszulösen.

19 **III. Verlegungsantrag vor der Hauptverhandlung.** Ein Verlegungsantrag vor der Hauptverhandlung zum Zweck der Prüfung der Besetzung wird durch Abs. 2 an sich nicht ausgeschlossen, ist aber als **vorgezogener Unterbrechungsantrag nach Abs. 2** zu behandeln, über den das Gericht, nicht der Vorsitzende allein, in der HV nach Abs. 2 entscheidet (Hamm/Pauly Revision Rn. 445; vgl. jew. zur alten Rechtslage KMR-StPO/Eschelbach Rn. 54).

20 **IV. Entscheidung durch das Gericht.** Die Entscheidung über den Unterbrechungsantrag trifft das Gericht, nicht der Vorsitzende allein, nach Anhörung der übrigen Bet. (§ 33 Abs. 2) unter Mitwirkung der Schöffen; § 228 Abs. 1 S. 2 gilt nicht (Löwe/Rosenberg/Jäger Rn. 22; **aM** Rieß NJW 1978, 2269). Eine Begründung ist nicht erforderlich. Wird die Entsch. unterlassen, so bleibt die Besetzungsrüge nach § 338 Nr. 1 Hs. 2 Buchst. b cc zulässig (→ § 338 Rn. 19).

21 **Nach pflichtgemäßem Ermessen** entscheidet das Gericht über den Antrag. Maßgeblich ist, ob die HV vor Ablauf der Wochenfrist beendet sein könnte. Eine Unterbrechung wird deshalb regelmäßig nur noch in einfachen, im Umf. limitierten Verf. in Betracht kommen, deren Verhandlungsplanung bereits vorsieht, sie innerhalb einer Woche abzuschließen. Im Übrigen richtet sich die Entsch. danach, ob der Aufschub zur Prüfung der Besetzung erforderlich ist. Wenn ein Besetzungsfehler ausgeschlossen erscheint, kann der Antrag ohne Begründung abgelehnt werden (OLG Bremen StV 1986, 540; **aM** SK-StPO/Deiters/Albrecht Rn. 23). Lehnt das Gericht den Unterbrechungsantrag ab u. erlässt es gleichwohl vor Ablauf der Wochenfrist ein Urteil, kann die Besetzung im Wege der Revision überprüft werden (§ 338 Nr. 1b cc, → § 338 Rn. 20c). Verhandelt das Gericht wider Erwarten länger als 1 Woche, muss dagegen der Besetzungsweinwand gem. § 222b Abs. 1 S. 1 binnen einer Woche nach Bekanntmachung der Besetzung geltend gemacht werden, was grds. das Vorabentscheidungsverfahren (§ 222b Abs. 3) auslöst; die Revision bleibst dem Ast in diesem Fall erhalten, wenn das Gericht den Einwand der vorschriftswidrigen Besetzung übergangen o. zurückgewiesen hat (§ 338 1b) bb); → § 338 Rn. 20).

22 **Dauer der Unterbrechung:** Die HV ist auf Antrag für **1 Woche** zu unterbrechen, wenn die Besetzung erst an ihrem Beginn mitgeteilt wird. Dieser Zeitraum orientiert sich an u. sorgt für Gleichklang mit der Frist des § 222b Abs. 1 S. 1. Eine längere Unterbrechung ist nicht zulässig. Zwar spricht § 338 Nr. 1b) cc) nF v. „mindestens" einer Woche Prüfungsfrist als Voraussetzung für den Erhalt der Besetzungsrüge in der Revision, was impliziert, dass die Unterbrechung nach Abs. 2 auch länger als 1 Woche sein könnte. Dabei dürfte es sich jedoch um ein Redaktionsversehen des Gesetzgebers handeln. Eine 1 Woche übersteigende Frist stünde in Widerspruch zur Ausschlussfrist des § 222b Abs. 1 S. 1, welche für alle Fälle der Besetzungsrüge gedacht ist. Es wäre auch nicht recht verständlich, warum in den kurzen Verf. des Abs. 2 qua gewährter Unterbrechung die Wochenfrist des § 222b Abs. 1 S. 1 verlängert werden könnte, während sie für lange dauernde, umfangreichere Verf. uneingeschränkt gilt. Ergänzend → § 338 Rn. 20c.

22a War die Besetzung o. ihre Änd. zwar vor der HV, aber **später als 1 Woche zuvor zugestellt** worden, so kann berücksichtigt werden, dass dem Antragsteller diese Zeit schon zur Vfg. gestanden hat. Die Zeitspanne kann, anders als nach früherer Rechtslage (vgl. BGHSt 29, 283), nicht kürzer bemessen werden; dies ergibt sich aus § 338 Nr. 1b) cc). Die nachträgliche Verlängerung der Frist kommt in Betracht, wenn feststeht o. glaubhaft gemacht ist, dass dem Antragsteller die Besetzungsunterlagen nicht o. nicht rechtzeitig zur Vfg. gestellt wurden (dazu anschl. → Rn. 23 f.).

22b Rügt der Antragsteller **nach Ablauf der Unterbrechungsfrist,** die zugleich innerhalb der Wochenfrist des Abs. 1 S. 1 liegen muss (→ Rn. 22a), u. in der vorgeschriebenen Form die Besetzung des Gerichts, gilt Folgendes: Hält das Gericht den Einwand für begründet, ist § 222b Abs. 2 S. 2 anzuwenden (→ § 222

Rn. 12). Hält es den Besetzungseinwand für unbegründet, weist es ihn durch mit Gründen versehenen Beschl. zurück u. setzt die HV fort (→ § 222b Rn. 11). In diesem Fall sowie wenn das Gericht den Einwand übergeht, bleibt dem Antragsteller die Rüge der vorschriftswidrigen Besetzung in der Revision erhalten (§ 338 Nr. 1b bb. Aus den Gesetzesmaterialien ergibt sich, dass die Durchführung des Vorabentscheidungsverfahren in den Fällen des § 222a Abs. 2 grds. (aber → Rn. 21 aE) nicht in Betracht kommen soll (BT-Drs. 19/17474, 31).

E. Einsicht in die Besetzungsunterlagen (Abs. 3). Zur Zulässigkeit des Besetzungseinwands gehört die **Angabe der Tatsachen,** aus denen sich die vorschriftswidrige Besetzung ergibt (§ 222b Abs. 1 S. 2). Wer den Einwand erheben will, muss sich daher idR erst darüber unterrichten, auf welche Weise es zu der Gerichtsbesetzung gekommen ist. Zu diesem Zweck kann er bei dem Vorsitzenden mündlich o. schriftlich Auskunft einholen. Hält er das nicht für zweckmäßig o. ausreichend, so kann er Einsicht in die Besetzungsunterlagen nehmen (BGHSt 33, 126 (130); 48, 290), auch in die der JV, insbes. in die Geschäftsverteilungspläne nach §§ 21e, 21g GVG, die Schöffen- u. Ersatzschöffenlisten (→ GVG § 44 Rn. 3) u. die Unterlagen über die Schöffenwahl nach §§ 36 ff. GVG (BGHSt 33, 126 (130); 48, 290) sowie über Verhinderungen u. Vertreterbestellungen (Löwe/Rosenberg/Jäger Rn. 17). Es ist aber nicht Aufgabe des Vorsitzenden, Unterlagen der JV zu beschaffen u. bereitzustellen. Die Bet. können u. müssen sich unmittelbar an die JV wenden (OLG Düsseldorf MDR 1979, 1043; KK-StPO/Gmel Rn. 14; **aM** OLG Hamm NJW 1980, 1009). Deren Weigerung, die Unterlagen offenzulegen, ist nicht anfechtbar, insbes. nicht nach § 23 **EGGVG** (OLG Hamm NJW 1980, 1009; Kissel/Mayer GVG § 12 Rn. 111), sondern **erhält** dem Bet. die **Besetzungsrüge nach § 338 Nr. 1b) aa).** Das Gleiche gilt, wenn die Unterlagen nur unvollständig o. für zu kurze Zeit zur Vfg. gestellt werden (→ § 338 Rn. 19). Näher zu Informationsdefiziten bei der Einsicht in Besetzungsunterlagen und ihren Folgen Lantermann NStZ-RR 2022, 142. 23

Ein **Rechtsanspruch** auf Einsicht in die Unterlagen besteht für die StA, den Verteidiger u. den v. ihm oder v. dem Angeklagten zu diesem Zweck bes. bevollmächtigten RA. Nebenkläger u. Nebenbeteiligte können ebenfalls durch einen RA Einsicht nehmen lassen. Der Angeklagte u. diese Verfahrensbeteiligten selbst haben keinen Anspruch auf die Einsicht (kritisch dazu Schlothauer FS Barton, 2023, 175, 184, der mit Recht darauf hinweist, dass hierdurch die in § 222b Abs. 1 S. 4 Hs. 2 vorgesehene Möglichkeit, den Besetzungseinwand zu Protokoll der Geschäftsstelle geltend zu machen, ins Leere läuft). 24

F. Anfechtung. Maßnahmen des Vorsitzenden im Zusammenhang mit Auskünften o. Einsichtnahmen in Besetzungsunterlagen sind nicht anfechtbar; auch § 238 Abs. 2 gilt nicht. Die Beschwerde gegen die Ablehnung des Unterbrechungsantrags o. die zu kurze Bemessung der Unterbrechung ist nach § 305 S. 1 ausgeschlossen. Auch dem Gegner des Prozessbeteiligten, der die Unterbrechung erfolgreich beantragt hatte, steht gegen den Unterbrechungsbeschluss keine Beschwerde zu. Mit der Revision kann mit Erfolg nur nach § 338 Nr. 1a), b) die unrichtige Gerichtsbesetzung unter den dort genannten Voraussetzungen (→ § 338 Rn. 17 ff.), nicht aber das Unterlassen der Mitteilung über die Besetzung (Tolksdorf DAR 1998, 175 – BGH RsprÜ) o. die Fehlerhaftigkeit v. Maßnahmen u. Entsch. nach § 222a als solchen gerügt werden (Rieß NJW 1978, 2269 Fn. 89). Zum grds. bei erhobenem Besetzungseinwand vorrangig durchzuführenden Vorabentscheidungsverfahren nach § 222b Abs. 3 → § 222b Rn. 15 ff. 25

Besetzungseinwand

222b (1) [1] **Ist die Besetzung des Gerichts nach § 222a mitgeteilt worden, so kann der Einwand, daß das Gericht vorschriftswidrig besetzt sei, nur innerhalb einer Woche nach Zustellung der Besetzungsmitteilung oder, soweit eine Zustellung nicht erfolgt ist, ihrer Bekannt-**

machung in der Hauptverhandlung geltend gemacht werden. [2]Die Tatsachen, aus denen sich die vorschriftswidrige Besetzung ergeben soll, sind dabei anzugeben. [3]Alle Beanstandungen sind gleichzeitig vorzubringen. [4]Außerhalb der Hauptverhandlung ist der Einwand schriftlich geltend zu machen; § 345 Abs. 2 und für den Nebenkläger § 390 Abs. 2 gelten entsprechend.

(2) **[1]Über den Einwand entscheidet das Gericht in der für Entscheidungen außerhalb der Hauptverhandlung vorgeschriebenen Besetzung. [2]Hält es den Einwand für begründet, so stellt es fest, daß es nicht vorschriftsmäßig besetzt ist. [3]Führt ein Einwand zu einer Änderung der Besetzung, so ist auf die neue Besetzung § 222a nicht anzuwenden.**

(3) **[1]Hält das Gericht den Einwand für nicht begründet, so ist er spätestens vor Ablauf von drei Tagen dem Rechtsmittelgericht vorzulegen. [2]Die Entscheidung des Rechtsmittelgerichts ergeht ohne mündliche Verhandlung. [3]Den Verfahrensbeteiligten ist zuvor Gelegenheit zur Stellungnahme einzuräumen. [4]Erachtet das Rechtsmittelgericht den Einwand für begründet, stellt es fest, dass das Gericht nicht vorschriftsmäßig besetzt ist.**

Übersicht

1 **A. Besetzungseinwand. I. Kein Ausschluss der Amtsprüfung.** Dass die Bet. den Einwand erheben können, schließt die Prüfung der Besetzung vAw nicht aus (BGH NStZ 1996, 48), auch nicht nach dem in Abs. 1 S. 1 bezeichneten Zeitpunkt (SK-StPO/Deiters/Albrecht Rn. 2; **aM** OLG Celle Nds. Rpfl. 1991, 151; KMR-StPO/Sax Einl. III 19). Sie findet auch statt, wenn der Einwand nicht o. verspätet erhoben worden ist; denn unabhängig v. Anträgen der Bet. hat das Gericht, u. zwar abw. v. Abs. 2 S. 1 in der für die HV vorgeschriebenen Besetzung, in jeder Lage des Verfahrens die Rechtmäßigkeit seiner Zusammensetzung zu prüfen (KG MDR 1980, 688; erg. → Rn. 12). Dazu kann es ohne Rücksicht auf eine bereits eingetretene Präklusion der Besetzungsrüge v. den Prozessbeteiligten angeregt werden (KG MDR 1980, 688; Bohnert Strafprozessuale Revision S. 65).

2 **II. Zulässigkeit und Notwendigkeit des Einwands.** Der **Besetzungseinwand** ist **zu erheben,** wenn die Besetzung des Gerichts nach § 222a mitgeteilt wurde (Abs. 1 S. 1). Er knüpft an eine bestehende Besetzungsmitteilung an und kann daher frühestens mit der Eröffnung des Hauptverfahrens und Zulassung der Anklage ergehen (BGH NStZ-RR 2025, 348). Der Einwand setzt keinen Unterbrechungsantrag nach § 222a Abs. 2 voraus. Zum Einwand berechtigt sind alle Bet., die gegen das Urt. Revision einlegen u. die Besetzungsrüge erheben können, der Angeklagte u. der Verteidiger (vgl. OLG Brandenburg BeckRS 2025, 6627) ohne Rücksicht auf den Willen des anderen.

Ist keine Besetzungsmitteilung nach § 222a erfolgt o. war sie fehlerhaft, kann der Einwand zwar ebenfalls erhoben werden; er ist aber nicht erforderlich, um die Besetzungsrüge nach § 338 Nr. 1b zu erhalten (zur Möglichkeit des Besetzungseinwands bei unterbliebener o. fehlerhafter Besetzungsmitteilung → § 338 Rn. 19, 20). **2a**

Auch die Beanstandung, die StrK sei **entgegen § 76 Abs. 2 GVG** mit nur 2 statt 3 Berufsrichtern (o. umgekehrt) besetzt, muss nach der Rspr. geltend gemacht werden (BGHSt 44, 361: direkte, BGHSt 44, 328; BGH NStZ-RR 1999, 212: entspr. Anwendung), selbst wenn die Gerichtsbesetzung nach § 222a nicht mitgeteilt worden ist, da die Entsch., ob die StrK mit 2 o. 3 Berufsrichtern besetzt ist, bereits mit dem Eröffnungsbeschluss getroffen u. bekannt gemacht wird (BGH NStZ 2005, 465). Dies gilt auch für die vorschriftswidrige Besetzung des Gerichts aufgrund eines unwirksamen Schöffenauswahlverfahrens o. die wegen fehlender Vereidigung nichtige Berufung eines Schöffens (vgl. BGHSt 33, 126). Die gezielte Manipulation der Gerichtsbesetzung wird dagegen nicht v. der Präklusionswirkung erfasst, da andernfalls der bewusste Verstoß gegen das Gebot des ges. Richters folgenlos bliebe (zutr. BeckOK StPO/Ritscher Rn. 6; offengelassen v. BGH NJW 1997, 403; BVerfG NStZ 1984, 370). Auch Fehler in der Besetzung des Gerichts, die sich aus Mängeln in der Person des Richters ergeben, fallen nicht unter § 222b (vgl. BGHSt 35, 164; BGH NJW 1997, 403 mwN). **3**

Ergänzend zur Verpflichtung des Ast, den Besetzungseinwand zu erheben, → § 338 Rn. 20a, b. **3a**

III. Wochenfrist (Abs. 1 S. 1). Der Besetzungseinwand muss **binnen einer Woche** nach Zustellung der Besetzungsmitteilung erhoben werden; dies gilt auch, wenn der Ablauf der Frist in einen Zeitraum fällt, der nach Beginn der HV liegt (Abs. 1 S. 1 Alt. 1). Nach Ablauf der Frist ist die Rüge präkludiert (BT-Drs. 19/14747, 37). Zur Kritik an der durch das G zur Modernisierung des Strafverfahrens eingeführten Frist → Rn. 4b. **4**

Ist eine **Zustellung** vor Beginn der HV **nicht erfolgt,** gilt die Wochenfrist ab Bekanntmachung der Besetzung in der HV (Abs. 1 S. 1 Alt. 2). Erfasst werden damit die Fälle einer unterbliebenen o. gescheiterten Zustellung, aber auch die Mitteilung der Besetzung nach § 222a Abs. 1 S. 1. **4a**

Die Gesetzesmaterialien meinen, dass die Wochenfrist den Verfahrensbeteiligten ausreichende Möglichkeiten zur Überprüfung der Besetzung biete (BT-Drs. 19/17474, 31). Das ist anzuzweifeln. Zum einen müssen dabei Umf. u. Komplexität der Besetzungsprüfung berücksichtigt werden. So ist etwa die Einsicht in die Geschäftsverteilungspläne, die Schöffen- u. Ersatzschöffenlisten, die Unterlagen über die Schöffenwahl sowie über Verhinderungen u. Vertreterbestellungen erforderlich (dazu iE → § 222a Rn. 23). Dies erfordert insbes. für ortsfremde Verteidiger einen uU hohen logistischen Aufwand, zumal sie nicht vorhersehen u. damit entspr. planen können, wann die Wochenfrist durch Zustellung der Besetzungsmitteilung ausgelöst wird (vgl. Lesch StraFo 2023, 299, 306; Stellungnahme der Strafverteidigervereinigungen v. 21.10.2019, S. 12). Zum anderen hat der Besetzungseinwand, auch mit Blick auf ein evtl. Vorabentscheidungsverfahren nach Abs. 3, der Form des § 344 Abs. 2 S. 2 zu entsprechen (→ Rn. 6, 19); insoweit befindet sich etwa ein Revisionsführer für die Abfassung einer Revisionsrüge in den grds. für Besetzungsrügen noch verbleibenden Fällen des § 338 Nr. 1 zeitlich in einer ungleich komfortableren Lage. Innerhalb einer Woche die Besetzungsprüfung vorzunehmen u. den Besetzungseinwand nach § 222b Abs. 1 ggf. formell ordnungsgemäß auszuführen, erlegt dagegen den Verteidigern nur schwer innerhalb der Frist erfüllbare Obliegenheiten auf. **4b**

Ändert sich die Besetzung später, beginnt eine neue Frist v. einer Woche nach Zustellung der Mitteilung für den nunmehr erforderlichenfalls vorzubringenden neuen Besetzungseinwand zu laufen. Das bedeutet allerdings praktisch, dass der Aufwand für den früheren Besetzungseinwand ganz o. teilw. umsonst war (→ Rn. 15a–c; vgl. auch Claus NJW 2020, 57 (58)). **4c**

4d **Wiedereinsetzung** gegen die Versäumung der Frist sollte unter engen Voraussetzungen **möglich** sein. Nach ihrem Sinn u. Zweck handelt es sich bei der Frist des Abs. 1 S. 1 zwar um eine Ausschlussfrist, die Verfahrensverzögerungen verhindern u. für das weitere Verf. Klarheit über die Ordnungsmäßigkeit der Besetzung schaffen soll; dies könnte dafür sprechen, Wiedereinsetzung grds. für nicht zulässig zu erachten (vgl. BT-Drs. 19/17474, 14). Eine Ausnahme sollte jedoch, gerade auch mit Rücksicht auf die sehr knapp bemessene Prüfungsfrist (dazu → Rn. 4b), gemacht werden, soweit die Versäumung der Frist auf einem Verschulden der Justizverwaltung beruht. Dies kann etwa anzunehmen sein, wenn es bei der Einsicht in die erforderlichen Besetzungsunterlagen zu Verzögerungen kommt, die der Justizverwaltung zuzurechnen sind. Ein eigenes Verschulden des Verteidigers kann allerdings nach Sinn u. Zweck der Wochenfrist die Wiedereinsetzung nicht rechtfertigen.

5 **IV. Form (Abs. 1 S. 4).** Außerhalb der HV ist der Einwand in der gleichen Form geltend zu machen wie die Besetzungsrüge der Revision (§§ 345 Abs. 2, 390 Abs. 2; BGH NStZ-RR 2013, 352). In der HV wird er mündlich erhoben u. begründet, zweckmäßigerweise unter gleichzeitiger Übergabe der schriftlichen Abfassung, was die nach § 273 Abs. 1 erforderliche Protokollierung erleichtert u. die Beanstandungen klarstellt. Der Einwand kann auch in der Weise geltend gemacht werden, dass sich ein Bet. den Einwendungen eines anderen anschließt.

6 **V. Begründung (Abs. 1 S. 2).** Zu **begründen** ist der Einwand (Abs. 1 S. 2) wie nach § 344 Abs. 2 S. 2 die Besetzungsrüge der Revision (BGHSt 44, 161; KG NStZ 2024, 636; OLG Celle StraFo 2020, 159; vgl. auch OLG Köln StraFo 2020, 154; → § 338 Rn. 21). Der Umstand, dass hins. der Besetzungsrüge nunmehr regelmäßig das Vorabentscheidungsverfahren des Abs. 3 (→ Rn. 15 ff.) bereits vor o. während lfd. HV an die Stelle des Revisionsverfahrens treten wird, wirkt sich auch auf die Vortragspflichten in diesem Verfahrensstadium aus. Anders als nach früherer Rspr. (BGH StV 2016, 623) wird es regelmäßig erforderlich sein, den Geschäftsverteilungsplan des Gerichts vorzulegen, ferner ggf. Präsidiumsbeschlüsse u. relevante Vermerke. Es muss – ohne Bezugnahmen u. Verweisungen – dargelegt werden, welcher Richter an Stelle eines an der Entsch. tatsächlich beteiligten Richters hätte mitwirken müssen (BGH NZWiSt 2017, 74), unter welchem rechtlichen Aspekt der Zuständigkeitsmangel beanstandet werden soll u. welche Tatsachen dem zugrunde liegen (BGH NStZ 2007, 536; 2018, 110); zur Rüge vorschriftswidriger Schöffenbesetzung (s. BGH StV 2016, 622). Fehlt die erforderliche u. dem Verfahrensbeteiligten mögliche (BGHSt 53, 268 (279)) Begründung, so ist der Einwand nicht zulässig erhoben (BGH NZWiSt 2017, 74). Das Gericht ist in diesem Fall nicht verpflichtet, aber befugt, die Vorschriftswidrigkeit der Besetzung zu prüfen (→ Rn. 1).

7 **Alle Beanstandungen,** auch soweit sie Ergänzungsrichter u. -schöffen betreffen (BVerfG NJW 2003, 3545; BGH NJW 2001, 3062), sind gleichzeitig geltend zu machen (Abs. 1 S. 3). Das Nachschieben v. Tatsachen o. gar eines Einwands gegen die Besetzung in der Person eines anderen Richters ist auch dann nicht zulässig, wenn die Sachvernehmung des 1. Angeklagten noch nicht begonnen hat. Das gilt auch, wenn dem Bet. weitere Gründe für die schon anfänglich bestehende Fehlerhaftigkeit der Besetzung erst später bekanntgeworden sind (vgl. BGH NStZ 2020, 757; KK-StPO/Gmel Rn. 9; Löwe/Rosenberg/Jäger Rn. 18; **aM** OLG Hamm NJW 1979, 137; Ranft NJW 1981, 1476; vgl. auch BVerfG NStZ 1984, 370). Denn wenn ihm alle Besetzungsunterlagen zur Einsicht vorgelegt worden waren, kann an dieser verspäteten Kenntnis nur er selbst (o. sein Verteidiger o. Prozessbevollmächtigter) schuld sein (grds. **aM** Ranft NJW 1981, 1476, der sogar die Unzumutbarkeit rechtzeitiger Ermittlungen für möglich hält); waren die Unterlagen unvollständig, so bleibt ihm die Besetzungsrüge nach § 338 Nr. 1 erhalten. Der Einwand kann innerhalb der Frist des Abs. 1 S. 1 wiederholt werden, wenn er, etwa wegen Formmangels, als unzulässig zurückgewiesen worden war.

B. Entscheidung des Tatgerichts (Abs. 2). I. Gerichtsbesetzung (Abs. 2 S. 1). Die Entscheidung ergeht durch mit Gründen versehenen Beschluss (KG NStZ 2024, 766). Die Schöffen sind v. der Mitwirkung bei der Entsch. über die vorgezogene Besetzungsrüge ausgeschlossen (§ 76 Abs. 1 S. 2 GVG). Das OLG entscheidet mit 3 Richtern (§ 122 Abs. 1 GVG; KK-StPO/Gmel Rn. 10). Richter, gegen deren Mitwirkung sich der Besetzungseinwand richtet, wirken bei der Entsch. mit. Der Anrufung des Präsidiums bedarf es auch zur Frage der Verhinderung eines Richters nicht (BGH NStZ 1989, 9). 8

II. Rechtliches Gehör und Zeitpunkt. Die Entsch. ergeht nach Anhörung der Prozessbeteiligten (§ 33 Abs. 2) zu dem frühestmöglichen Zeitpunkt vor Beginn der HV, wenn die Besetzungsmitteilung vor deren Beginn zugestellt wurde (Abs. 1 S. 1 Alt. 1). Nur wenn das Tatgericht rasch über den Einwand entscheidet, besteht die Aussicht, dass das Rechtsmittelgericht, wie v. Gesetzgeber intendiert (BT-Drs. 19/17474, 14), schon vor o. zu Beginn der HV abschl. feststellt, ob das Gericht ordnungsgemäß besetzt ist. Aus diesem Grund geht der Gesetzgeber auch davon aus, dass die Besetzungsmitteilung so früh wie möglich vor Beginn der HV erfolgt (BT-Drs. 19/17474, 30). Eine frühzeitige Besetzungsmitteilung macht aber nur Sinn, wenn feststeht, dass sich die Besetzung nicht mehr ändern wird; gerade das wird aber oftmals, jedenfalls vor den LGn mit Schöffenbeteiligung, nicht den praktischen Realitäten entsprechen (dazu iE → Rn. 15a, b). 9

Eine möglichst **zügige Entscheidung ist auch geboten,** wenn die Bekanntmachung erst in der HV spätestens zu deren Beginn erfolgt (Fälle des Abs. 1 S. 1 Alt. 2). Das Gericht darf zwar grds. mit der Entsch. so lange warten, bis sie ohne Verzögerung des Fortgangs der HV möglich ist (vgl. Löwe/Rosenberg/Jäger Rn. 31). Der Aufschub muss aber in jedem Fall möglichst kurz sein, weil dem Bet., der den Einwand erhoben hat, das Gericht nicht richtig besetzt erscheint u. weil die mit dem Vorabentscheidungsverfahren nach Abs. 3 (→ Rn. 15 ff.) verknüpfte Intention des Gesetzgebers, so frühzeitig wie möglich Klarheit über die Ordnungsmäßigkeit der Besetzung zu gewinnen (BT-Drs. 19/17474, 14), mit zunehmender Dauer der HV immer weniger verwirklicht werden kann. 10

III. Inhalt der Entscheidung (Abs. 2 S. 2). Ist der Einwand v. einem dazu nicht befugten Bet. erhoben o. nicht form- u. fristgerecht begründet worden, so wird er als unzulässig abgelehnt (BGH NStZ 2014, 668 mzustAnm Wollschläger StV 2015, 100). Bei der Sachentscheidung gibt es 2 Möglichkeiten: 11

1. Ist der **Einwand begründet,** so beschränkt sich der Beschl. auf die Feststellung, dass das Gericht nicht vorschriftsmäßig besetzt ist, u. auf ihre Begründung. Es ist dann Sache der zuständigen Organe (Vorsitzender, Präsidium, Präs), die weiter erforderlichen Maßnahmen herbeizuführen o. zu treffen. Ist der Mangel unschwer zu beheben, so wird alsbald die ordnungsmäßige Besetzung herbeigeführt u. unmittelbar nach der Entsch. über den Einwand mit der HV in richtiger Besetzung ohne erneute Ladung v. neuem begonnen (BGH NStZ 2008, 475). Auch die Nachholung der erforderlichen Feststellung der Verhinderung des durch einen Vertreter ersetzten Richters ist noch zulässig (BGHSt 30, 268; 33, 234 (237); **aM** Kissel FS Rebmann, 1989, 73). In allen anderen Fällen muss die HV ausgesetzt werden (**aM** KK-StPO/Gmel Rn. 16; Löwe/Rosenberg/Jäger Rn. 34: HV ist ohne weiteres beendet); denn eine Fortsetzung in anderer Besetzung scheidet aus (§ 226). Für die **neue Hauptverhandlung** gilt § 222a nicht mehr (Abs. 2 S. 3; OLG Bremen NStZ 2020, 565 mAnm Daßbach). Die Besetzungsentscheidung des 1. Gerichts ist bindend (Bohnert Strafprozessuale Revision S. 61). 12

2. Ist der **Einwand unbegründet,** so wird er durch mit Gründen versehenen Beschl. zurückgewiesen u. die HV fortgesetzt, sofern § 229 Abs. 1 das nicht ausschließt. Das Gericht ist an den Beschl. aber nicht gebunden, wenn es später, u. zwar in der Besetzung nach Abs. 2 S. 2, zu der Auff. kommt, dass es doch vorschriftswidrig besetzt ist (KG MDR 1980, 688; Rieß JR 1981, 93; Schlüchter Strafverfahren Rn. 435; Vogt/Kurth NJW 1985, 105; **aM** Löwe/Rosenberg/Jäger Rn. 38 mwN; erg. → Rn. 1). 13

14 **IV. Bekanntgabe. Bekanntgegeben** wird der Beschl. allen Prozessbeteiligten (KK-StPO/Gmel Rn. 13), schriftlich (§ 35 Abs. 2 S. 2), sonst durch Verkündung in der HV (§ 35 Abs. 1 S. 1). Zur Vorlagepflicht an das Rechtsmittelgericht → Rn. 16, 17.

14a **V. Änderung der Besetzung (Abs. 2 S. 3).** Führt der Einwand zu einer **Änderung der Besetzung** bedarf es keiner erneuten Mitteilung (Abs. 2 S. 3).

15 **C. Vorabentscheidungsverfahren (Abs. 3).** Das G zur Modernisierung des Strafverfahrens v. 10.12.2019 (BGBl. I 2121 (2122)) hat ein Vorabentscheidungsverfahren über Besetzungsrügen eingeführt. Über den erhobenen Einwand soll idR schon vor o. zu Beginn der HV abschl. durch ein höheres Gericht entschieden werden; auf diese Weise sollen insbes. umfangreiche HV nicht „unter dem Damoklesschwert" einer Aufhebung wegen vorschriftswidriger Besetzung durchgeführt u. Urteilsaufhebungen wegen vorschriftswidriger Besetzung reduziert werden (BT-Drs. 19/17474, 19; Lantermann HRRS 2020, 19 (20f.)). Zu Altfällen → § 338 Rn. 16.

15a Es erscheint allerdings **zweifelhaft,** ob das Vorabentscheidungsverfahren so beschleunigt durchgeführt werden kann, dass das gesetzgeberische Ziel einer regelmäßig schon vor o. zu Beginn der HV vorliegenden, abschl. Entsch. erreicht wird (vgl. BT-Drs. 19/17474, 14). Oftmals wird schon **nicht sichergestellt** sein, dass ein frühzeitig eingeleitetes Vorabentscheidungsverfahren **überhaupt durchgeführt** wird. In der forensischen Praxis ist es nicht selten, dass sich die Gerichtsbesetzung vor Beginn der HV ändert (vgl. → § 338 Rn. 8a); dies betr. namentlich die Kammerbesetzungen vor den LGn mit Schöffenbeteiligung (weniger die allein mit Berufsrichtern besetzten Staatsschutzsenate der OLGe). Jede Änd. macht jew. eine erneute Besetzungsmitteilung notwendig (s. § 222a Abs. 1 S. 3), die wiederum die Frist des § 222b Abs. 1 S. 1 auslöst; frühere Mitteilungen sowie ein durch sie ggf. bereits ausgelöster Besetzungseinwand bzw. eingeleitetes Vorabentscheidungsverfahren werden damit zumindest teilw. gegenstandslos. Die Gefahr, auf diese Weise aE irrelevante Verf. vor den Rechtsmittelgerichten zu produzieren u. damit Verteidigungs- u. Justizressourcen über Gebühr zu beanspruchen, ist naturgemäß umso höher, je größer der Zeitraum zwischen Zustellung der Gerichtsbesetzung u. Beginn der HV ist; gerade ein solch längerer Zeitraum wäre aber erforderlich, um möglichst noch vor Beginn der HV eine abschl. Entsch. des Rechtsmittelgerichts zu erlangen.

15b Selbst wenn die **Rechtsmittelgerichte „häufig schon vor Beginn der Hauptverhandlung" entscheiden** (BT-Drs. 19/17474, 30) sollten, ist damit noch keineswegs gesagt, dass eine solche Entsch. stets endg. die Frage der Gerichtsbesetzung klärt; ändert sich nämlich die Gerichtsbesetzung noch kurzfristig im Zeitraum zwischen der Entsch. des Rechtsmittelgerichts u. dem Beginn der HV, was in der Praxis – zB aufgrund Krankheit – durchaus vorkommt, gehen die zu einer nicht mehr relevanten Gerichtsbesetzung ergangene Entsch. u. das gesamte durchgeführte Vorabentscheidungsverfahren ins Leere. Ob die Rechtsmittelgerichte sich dieser Gefahr aussetzen wollen, indem sie alles daransetzen, über ein Vorabentscheidungsverfahren möglichst noch vor Beginn der HV zu entscheiden, bleibt abzuwarten. Eher anzunehmen ist, dass sie zuwarten, bis sie sicher sein können, dass ihre Bemühungen nicht umsonst sein werden.

15c Versuchen wiederum die **Tatgerichte Änderungsmitteilungen zu vermeiden,** indem sie die Besetzung erst kurzfristig vor Beginn o. zu Beginn der HV mitteilen, wenn sie sicher sein können, dass sie sich nicht mehr ändern wird, wird der Beginn der HV wie schon nach alter Rechtslage durch Diskussionen um die Besetzung bestimmt u. das Vorabentscheidungsverfahren zieht sich uU weit in die lfd. HV hinein. Dies widerspricht der erklärten Absicht des Gesetzgebers, Streit um die Gerichtsbesetzung möglichst aus der HV herauszuhalten (vgl. BT-Drs. 19/17474, 14; Claus NStZ 2020, 57 (58)). Außerdem ist in solchen Fällen zu erwarten, dass die Tatgerichte bei HV, die nicht als Dauerverfahren angelegt sind, nicht selten bereits ein Urt. verkünden, bevor das Vorabentscheidungsverfahren abgeschlossen ist. Auch in diesem Fall wird das Vorabentscheidungsverfahren obsolet (vgl. BT-Drs. 19/17474, 31, 38; erg. → Rn. 23; zu verfassungsmäßigen Bedenken hins. des ges. Richters in diesen Fällen Lantermann HRRS 2020, 19 (21 ff.)), die zu seiner Durchführung bis dahin v. allen Bet. eingesetzten Ressourcen erweisen sich damit im Nachhinein als unnötig (immerhin bleibt dem Antragsteller insoweit nach § 338 Nr. 1b) bb) die Revision). In diesem Zusammenhang darf auch die Dauer des Vorabentscheidungsverfahrens mit dreitägiger Vorlagefrist durch das Tatgericht (Abs. 3 S. 1), Gewährung rechtlichen Gehörs (Abs. 3 S. 3) u. rechtlicher Prüfung durch das Rechtsmittelgericht nicht unterschätzt werden. Ob die Verf. vor den OLGn bzw. dem BGH so zügig betrieben werden, wie dies der Intention des Gesetzgebers entspr., erscheint vor diesem Hintergrund zw.; denkbar ist auch, dass die Rechtsmittelgerichte beim Tatgericht nachfragen, wie lange die HV voraussichtlich dauern wird, u. die Entsch. ggf. zurückstellen, falls dies nur ein kurzer Zeitraum sein sollte (vgl. Schork NJW 2020, 1 (3); eingehend zur Kritik siehe auch Reichling FS Barton, 2023, 163, 169).

I. Vorlage des Einwands beim Rechtsmittelgericht (Abs. 3 S. 1). Hält das Gericht, dessen Besetzung gerügt wurde, den Einwand nicht für begründet, hat es ihn nach S. 1 spätestens vor Ablauf v. 3 Tagen dem Rechtsmittelgericht vorzulegen. Die Vorlagepflicht entfällt nur, wenn die HV bereits vor Ablauf der 3 Tage durch Verkündung des Urteils beendet ist (BT-Drs. 19/17474, 32). Für **Besetzungsänderungen während laufender Hauptverhandlung** durch Eintritt eines Ergänzungsrichters gilt das Verf. nach Abs. 3 nicht, da es insoweit schon an einer Besetzungsmitteilung iSd § 222a Abs. 1 fehlt (→ § 222a Rn. 3 ff.; OLG Bremen NStZ 2020, 565 mAnm Daßbach); dies gilt auch dann, wenn der Vorsitzende die Änd. in der Form des § 222a Abs. 1 mitteilt (OLG Bremen NStZ 2020, 565). Hiervon zu unterscheiden ist die Verpflichtung des Ast, einen Besetzungseinwand gegen die ursprüngliche Besetzungsmitteilung auch auf etwaige Ergänzungsrichter und -schöffen zu erstrecken (→ Rn. 7). 16

Die **3-Tage-Frist berechnet sich** nach § 42. Sie bezieht sich auf die Nichtabhilfeentscheidung des Tatgerichts gemäß Abs. 2; ihre Überschreitung bleibt analog § 306 Abs. 2 Halbs. 2 ohne Auswirkung (BGH 20.3.2025 – StB 10/25; → § 306 Rn. 11). Rechtsmittelgericht ist bei erstinstanzlicher Zuständigkeit des LG nach § 121 Abs. 1 Nr. 4 **GVG** das OLG, bei Einwänden gegen die erstinstanzliche Besetzung eines OLG gem. § 135 Abs. 2 Nr. 3 **GVG** der BGH. Die Zuständigkeit des OLG bzw. des BGH besteht auch, wenn das Tatgericht den Besetzungseinwand der Sache nach für unzulässig, weil verfristet erhoben, erachtet hat (OLG Bamberg StraFo 2020, 244). 17

II. Verfahren des Rechtsmittelgerichts (Abs. 3 S. 2–4). Aus Beschleunigungsgründen ergeht die Entsch. des Rechtsmittelgerichts ohne mündliche Verh. (S. 1). Den Verfahrensbeteiligten ist zuvor rechtliches Gehör zu gewähren (S. 2). Soll, wie v. Gesetzgeber intendiert, über den Besetzungseinwand schon vor o. zu Beginn einer HV abschl. entschieden werden, erfordert dies kurze Stellungnahmefristen u. eine rasche Entsch. in der Sache. 18

Die **Entscheidung des Rechtsmittelgerichts** erfolgt – verfassungsrechtlich unbedenklich (BVerfG NStZ-RR 2022, 76) – nach revisionsrechtlichen Grundsätzen. Die zu § 338 Nr. 1 ergangene Rspr. behält ihre Gültigkeit (dazu iE → § 338 Rn. 5 ff.). **Prüfungsmaßstab** ist, ob rechtlich ein Verhinderungsfall vorgelegen hat, nicht aber, ob die Verhinderung tatsächlich bestand; der Umfang der Kontrolle ist weiter begrenzt auf eine Willkür-, nicht jedoch eine umfassende Richtigkeitskontrolle (BGH NStZ 2026, 62 mwN; → § 338 Rn. 8). 19

Die **formellen Anforderungen** an den Besetzungseinwand orientieren sich an den Grundsätzen des § 344 Abs. 2 S. 2 (BGH NStZ-RR 2022, 77; 21.4.2022 – StB 13/22; KG NStZ 2024, 766; erg. → Rn. 6); soll das Rechtsmittelgericht beschleunigt im schriftlichen Verf. entscheiden, muss es alleine an Hand der Begründung des Einwands ohne Rückgriff auf die Akten o. andere Schriftstücke o. vAw anzustellende Ermittlungen beurteilen können, ob die Besetzung des Gerichts 19a vorschriftswidrig ist o. nicht. Verweisungen u. Bezugnahmen machen die Besetzungsrüge unzulässig. Die nach § 77 Abs. 1 iVm § 54 Abs. 1 **GVG** getroffene Entscheidung über die Entbindung einer Schöffin wird vom Rechtsmittelgericht mit Blick auf § 54 Abs. 3 GVG unter entspr. Anwendung des § 336 S. 2 Alt. 1 nicht auf ihre Richtigkeit, sondern nur auf Willkür überprüft; die Gründe für die Entbindung sind vom Tatgericht aktenkundig zu machen (OLG Köln BeckRS 2024, 23929; → § 54 GVG Rn. 10).

20 Etwaige formelle Versäumnisse können allerdings innerhalb der kurzen Frist zur Stellungnahme nach S. 2 **behoben werden.** Dies erscheint mit Blick auf den erheblichen zeitlichen Druck, den Besetzungseinwand u. Vorabentscheidungsverfahren nach neuer Rechtslage auf die Verteidigung ausüben (→ Rn. 4b), aus Gründen der Verfahrensfairness geboten, zumal das Verf. dadurch nicht verlängert wird.

21 Hält das **Rechtsmittelgericht** den **Einwand für begründet,** stellt es fest, dass das Tatgericht nicht vorschriftsmäßig besetzt ist (S. 4). Das Hauptverfahren ist damit in der betr. Besetzung beendet (vgl. BT-Drs. 19/17474, 32).

22 **Verwirft das Rechtsmittelgericht den Einwand,** ist damit abschl. festgestellt, dass die Besetzung des Tatgerichts ordnungsgemäß ist. Die Revision kann darauf nicht mehr gestützt werden.

23 **Entscheidet das Tatgericht vor der Entscheidung** des Rechtsmittelgerichts durch Urteil, ist das Vorabentscheidungsverfahren erledigt (BT-Drs. 19/17474, 32; KG NStZ 2024, 766). In diesem Fall bleibt dem Angeklagten die Revision erhalten (§ 338 Nr. 1b bb). Insoweit besteht allerdings die Gefahr, dass bei den Rechtsmittelgerichten – wie auch Verteidigung u. Tatgericht – überflüssigerweise Ressourcen eingesetzt wurden (erg. → Rn. 15a–15c).

24 **D. Revision.** Mit der Revision kann nicht Verletzung des § 222b gerügt (BGH NStZ 2012, 462), sondern nur die Besetzungsrüge erhoben werden, sofern die Voraussetzungen des § 338 Nr. 1a und Nr. 1b vorliegen (dort → § 338 Rn. 16 ff.; erg. → § 222a Rn. 22, 23, 21). Wenn der Besetzungseinwand gem. Abs. 2 S. 3 zu einer Änd. der Besetzung des Gerichts geführt hat, nicht aber bei einer Änd. vAw (Rieß JR 1981, 91; **aM** Bohnert Strafprozessuale Revision S. 65), unterbleibt bei Beginn der neuen HV die Mitteilung nach § 222a, so dass auch § 338 Nr. 1 Hs. 2 nicht gilt (R. Hamm NJW 1979, 137).

Vernehmungen durch beauftragte oder ersuchte Richter Nr. 121 RiStBV

223 (1) **Wenn dem Erscheinen eines Zeugen oder Sachverständigen in der Hauptverhandlung für eine längere oder ungewisse Zeit Krankheit oder Gebrechlichkeit oder andere nicht zu beseitigende Hindernisse entgegenstehen, so kann das Gericht seine Vernehmung durch einen beauftragten oder ersuchten Richter anordnen.**

(2) **Dasselbe gilt, wenn einem Zeugen oder Sachverständigen das Erscheinen wegen großer Entfernung nicht zugemutet werden kann.**

Übersicht

A. Normzweck. Die **Vorwegnahme eines Teils der Hauptverhandlung** ist die kommissarische Vernehmung nach §§ 223, 224 (BGHSt 9, 24 (27); SK-StPO/Deiters Rn. 7; **aM** KMR-StPO/Eschelbach Rn. 2 mwN: nur Beweissicherung). Ihr Zweck ist die Gewinnung einer Niederschrift über die Vernehmung eines Zeugen o. Sachverständigen, nicht eines Mitbeschuldigten, die in der HV nach § 251 Abs. 1, Abs. 2 verlesen werden kann. Ob die Verlesung zulässig ist, entscheidet das Gericht endg. aber erst in der HV (→ § 251 Rn. 19). Liegt bereits eine zur Verlesung geeignete richterliche Vernehmung vor, so bedarf es idR keiner weiteren kommissarischen Vernehmung. Seit Inkrafttreten des ZSchG kommt als weiterer Zweck die Erstellung einer Bild-Ton-Aufzeichnung hinzu, die nach § 255a, der die Vorführung auf frühere Zeugenvernehmungen beschränkt, in die HV eingeführt werden kann. 1

B. Voraussetzungen der kommissarischen Vernehmung. I. Dem Erscheinen der Beweisperson entgegenstehende Hindernisse (Abs. 1). Diese Voraussetzungen stimmen mit geringen Abweichungen mit denen überein, unter denen nach § 251 Abs. 1 Nr. 3, Abs. 2 Nr. 1, 2 die Verlesung der Vernehmungsniederschrift zulässig ist. 2, 3

Krankheit ist ein krankhafter körperlicher Zustand, der das Erscheinen der Auskunftsperson in der HV unmöglich macht. Schlechthin ausgeschlossen braucht es nicht zu sein, die Gefahr der erheblichen Verschlechterung des Zustands genügt (BGHSt 9, 297 (300); erg. → § 251 Rn. 20). 4

Gebrechlichkeit liegt vor, wenn die Beweisperson zwar nicht krank ist, aber wegen ihres körperlichen Zustands o. wegen ihres Alters in der HV nicht erscheinen kann. 5

Andere nicht zu beseitigende Hindernisse sind zB eine bevorstehende längere Auslandsreise (RGSt 66, 213), Schwangerschaft, bei Kindern o. jugendlichen Zeugen auch die berechtigte Weigerung der Erziehungsberechtigten, sie zum Erscheinen zu veranlassen (OLG Saarbrücken NJW 1974, 1959; erg. → § 51 Rn. 15, 20). Ein Hindernis dieser Art liegt auch in den Fällen der §§ 49, 50 vor (Löwe/Rosenberg/Jäger Rn. 13), ebenso wenn die Verwaltungsbehörde einen Zeugen für die Vernehmung in der HV aus Gründen des § 96 oder des § 54 iVm § 37 BeamtStG (→ § 54 Rn. 7) endg. „gesperrt" hat (BGHSt 32, 115 (126) (GSSt); BGH NStZ 1982, 40). Nicht unter den Begriff fallen die berufliche Inanspruchnahme (KK-StPO/Gmel Rn. 8), Ordensregeln o. Lebensgewohnheiten (RG JW 2014, 430) u. Urlaub (KMR-StPO/Eschelbach Rn. 49). Der Aufenthalt im Ausland ist nur dann ein Hindernis iSd Abs. 1, wenn es nicht gelingt, die Beweisperson zum Erscheinen vor Gericht zu veranlassen (BGHSt 7, 15; Spiegel DAR 1978, 156 – BGH RsprÜ; OLG Hamm DAR 1959, 192; OLG Karlsruhe VRS 51, 61; → § 251 Rn. 21), o. wenn es ihr nicht erlaubt wird, aus ihrem Heimatstaat in die BRD einzureisen (OLG Hamm DAR 1959, 192). Wegen der Anstrengungen, die das Gericht unternehmen muss, um das Erscheinen des Zeugen o. Sachverständigen zu erreichen, gelten die gleichen Grundsätze wie im Fall der Unerreichbarkeit iSd § 244 Abs. 3 S. 3 Nr. 5 (→ § 244 Rn. 62 ff.; vgl. auch BGHSt 32, 68 (72 ff.); erg. → § 251 Rn. 21). 6

Für **längere oder ungewisse Zeit** muss das Erscheinen der Beweisperson unmöglich sein. Krankheit ist daher kein Hinderungsgrund, wenn die Genesung bevorsteht eine Erkrankung an Grippe kann aber genügen (Herlan MDR 1955, 529 – BGH RprÜ; erg. → § 251 Rn. 22). 7

II. Unzumutbarkeit des Erscheinens wegen großer Entfernung (Abs. 2). Die Unzumutbarkeit des Erscheinens wegen großer Entfernung (Abs. 2) kann nicht mit Streckenmaßen abgegrenzt werden. Zu berücksichtigen sind außer der geographischen Lage die persönlichen Verhältnisse der Beweisperson (BGH GA 1964, 275; RGSt 44, 8) u. die Verkehrsverhältnisse (OLG Köln GA 1953, 186). Die 8

Interessen der Beweisperson sind gegen die Bedeutung der Sache, die Wichtigkeit der Aussage u. die Notwendigkeit der beschleunigten Durchführung des Verfahrens abzuwägen (BGH NStZ 1981, 271; StV 1989, 468; OLG Hamm StV 2014, 329). Je wichtiger der Aufklärungswert der Aussage o. des Gutachtens ist, desto weniger kommt es auf die Entfernung der Beweisperson v. Gerichtssitz an (BGH NJW 1986, 1999 (2000); StV 1983, 444; OLG Köln VRS 70, 143); der einzige Belastungszeuge wird idR erscheinen müssen (OLG Düsseldorf NJW 1991, 2781). Der Beweisperson ist es uU sogar zuzumuten, aus Übersee anzureisen (BGHSt 9, 230). Bei Unzumutbarkeit der Unterbrechung des Urlaubs des Zeugen muss das Gericht notfalls die HV um 1 o. 2 Sitzungstage verlängern (BGH StV 1983, 444).

9 Auch die Unzumutbarkeit muss für **längere oder ungewisse Zeit** bestehen. Daher muss stets geprüft werden, ob zu erwarten ist, dass der Beweisperson auch noch im Zeitpunkt der HV das Erscheinen für längere o. ungewisse Zeit nicht zugemutet werden kann. Ergänzend → § 251 Rn. 23.

10 **C. Anordnung der kommissarischen Vernehmung.** Die Anordnung der kommissarischen Vernehmung kann bereits im Eröffnungsverfahren nach §§ 201 ff. (BGH VRS 36, 356; RGSt 66, 213; OLG Schleswig SchlHA 1958, 290; → § 202 Rn. 4) u. noch in der HV getroffen werden. Sie erfolgt vAw o. auf Antrag.

11 **Antragsberechtigt** ist neben dem StA, dem Angeklagten u. den anderen Verfahrensbeteiligten auch der zur HV geladene Zeuge o. Sachverständige (KMR-StPO/Eschelbach Rn. 63).

12 Der **Gerichtsbeschluss** muss die Beweisperson mit Namen u. Anschrift bezeichnen; er muss auch angeben, welcher Hinderungsgrund nach Abs. 1 oder Abs. 2 vorliegt. Weshalb er vorliegt, muss nur dargelegt werden, wenn sich die Gründe dafür erst aus weiteren Umständen ergeben (Herlan MDR 1955, 529 – BGH RsprÜ: längere Dauer der Erkrankung; RGSt 18, 261 (264): Unzumutbarkeit iSd Abs. 2). Der Beschl. muss ferner das Vernehmungsthema bezeichnen, wenn es sich nicht aus früheren polizeilichen o. staatsanwaltschaftlichen Vernehmungen ergibt. Auf den Anklagesatz kann Bezug genommen werden. Der Beschl. wird in der HV durch Verkündung, sonst durch formlose Mitteilung bekanntgemacht (§ 35 Abs. 1 S. 1, Abs. 2 S. 2).

13 Die **Übersendung an den ersuchten Richter** erfolgt mit einem Anschreiben des Vorsitzenden, in dem bei umfangreichen Sachen die Aktenteile bezeichnet werden, die für die Vernehmung wichtig sind (Nr. 121 Abs. 3 RiStBV), u. in das auch ein Katalog der Fragen aufgenommen werden kann, die an die Beweisperson gestellt werden sollen. Sind mehrere Beweispersonen v. verschiedenen Gerichten zu vernehmen, so kann es sich empfehlen, die Gerichte möglichst gleichzeitig unter Übersendung v. Aktenauszügen um die Vernehmung zu ersuchen (RiStVB 121 Abs. 2).

14 **D. Durchführung der kommissarischen Vernehmung. I. Durch beauftragten oder ersuchten Richter.** Durch einen beauftragten oder ersuchten Richter (→ § 63 Rn. 1) wird der Zeuge o. Sachverständige vernommen. Der beauftragte Richter braucht später in der HV nicht mitzuwirken (BGHSt 2, 1).

15 Die Vernehmung durch die ganze StrK ist keine kommissarische Vernehmung (BGHSt 31, 236). Die Vernehmung durch alle 3 Berufsrichter der erkennenden StrK ist zulässig (BGH NStZ 1983, 182; 421; SK-StPO/Deiters Rn. 21 mwN; **aM** Peters StrafProzR Rn. 548).

16 Um die Vernehmung kann auch ein **ausländischer Staat** ersucht werden (vgl. Art. 3 ff. EuRHÜbk; RiVASt 25 ff.). Zu den einzuhaltenden Zuständigkeits- u. Verfahrensvorschriften vgl. → § 251 Rn. 34.

17 Wegen der Teilnahme deutscher Richter an ausl. Vernehmungen vgl. RiVASt 140 ff., wegen der **konsularischen Vernehmungen** → § 251 Rn. 33.

18 **II. Nichtöffentliche Sitzung.** In nichtöffentlicher Sitzung wird der Zeuge o. Sachverständige vernommen. Die §§ 176–179 GVG über Sitzungspolizei, Ungehorsamsfolgen u. Ordnungsmittel wegen Ungebühr gelten entspr. (§ 180 GVG).

Die Verfahrensbeteiligten sind mit den in § 224 bestimmten Einschränkungen zur **Teilnahme** berechtigt, der Verteidiger auch, wenn die Benachrichtigung nach § 224 Abs. 1 S. 1 unterblieben ist (BGHSt 31, 148 (153); 32, 115 (129) (GSSt)). Wegen Gefährdung des Zeugen darf der Verteidiger nicht ausgeschlossen werden (BGHSt 32, 115 (GSSt); erg. → EMRK Art. 6 Rn. 22); das gilt auch für die Vernehmung inländischer o. ausl. Polizeibeamter (BGH NStZ 1984, 178). 19

Die **zeitweilige Entfernung des Angeklagten** nach § 247 ist zulässig (BGHSt 32, 32; erg. → § 247 Rn. 1). Jedoch besteht keine Unterrichtungspflicht nach § 247 S. 4 (BGH NJW 1967, 404; KK-StPO/Diemer § 247 Rn. 18). Der Zeuge kann unter Einsatz der Videotechnologie vernommen werden; das Verf. richtet sich nach § 247a, nicht nach § 168e (**aM** Löwe/Rosenberg/Erb § 168e Rn. 6). Gegenüber § 58a iVm § 168e S. 4 schränkt die Spezialregelung (→ § 58a Rn. 2a) des § 247a S. 4 zwar die Voraussetzungen für eine Bild-Ton-Aufzeichnung der Aussage gerade bei bes. schutzbedürftigen Zeugen ein; die Anwendung des § 247a ist aber aus systematischen Erwägungen (→ Rn. 1) geboten. Die Direktübertragung einer unter den Voraussetzungen der §§ 223, 247a durchgeführten kommissarischen Vernehmung in die HV ist nicht zulässig, weil dies voneinander zu trennende prozessuale Ereignisse gesetzwidrig vermischen u. kaum überwindbare praktische Probleme (zB bei der Durchführung der Vernehmung) aufwerfen würde (KK-StPO/Diemer § 247a Rn. 3; SK-StPO/Frister § 247a Rn. 57; Eisenberg Beweisrecht StPO Rn. 1308; **aM** Weigend Gutachten 62. DJT, 1998, C 56, dieser sogar für Vernehmungen durch den beauftragten Richter). 20

Bei der Vernehmung **gilt § 68;** dem Zeugen muss zunächst Gelegenheit gegeben werden, seine Wahrnehmungen im Zusammenhang wiederzugeben (BGHSt 32, 115 (GSSt)). 21

Über die **Zulassung von Fragen** entscheidet der vernehmende Richter; er kann aber auch entspr. § 242 die Entsch. des erkennenden Gerichts herbeiführen (BGH NStZ 1983, 421; OLG Frankfurt a. M. NJW 1947/48, 395). Der Verteidiger, der an der kommissarischen Vernehmung nicht teilnehmen kann o. will, ist berechtigt, schriftlich formulierte Fragen einzureichen, die der Zeuge neben den v. dem vernehmenden Richter gestellten beantworten soll (Holtz MDR 1978, 460 – BGH RsprÜ; Holtz MDR 1985, 448 – BGH RsprÜ). Von der vorherigen Erörterung der Fragen in der HV darf die Befragung nicht abhängig gemacht werden (BGH NStZ 1983, 421). 22

III. Vereidigung. Über die Vereidigung entscheidet der vernehmende Richter nach seinem Ermessen (§§ 59 Abs. 1, 79 Abs. 1). Vgl. auch § 251 Abs. 4 S. 3, 4. 23

IV. Vernehmungsniederschrift. Für die Vernehmungsniederschrift gelten die §§ 168, 168a. Der vernehmende Richter darf in das Prot. auch Feststellungen über das Verhalten der Beweisperson bei der Vernehmung aufnehmen, etwa dass der Zeuge bestimmte Angaben erst auf nachdrückliche Vorhalte gemacht hat. Er darf sogar Wertungen, die sich für ihn aus solchen Feststellungen ergeben, im Prot. vermerken (BGHSt 45, 354 mwN = JR 2001, 120 mAnm Goeckenjan/Eisenberg). Den persönlichen Eindruck, den der beauftragte Richter v. dem Vernommenen gewonnen hat, darf er ebenfalls im Prot. festhalten. Das Gericht darf derartige Feststellungen u. Wertungen aufgrund der Verlesung der Sitzungsniederschrift bei der Beweiswürdigung berücksichtigen (vgl. → § 251 Rn. 31). Protokolle über kommissarische Vernehmungen sind herbeigeschaffte Beweismittel iSd § 245 Abs. 1 S. 1 (→ § 245 Rn. 5). 24

E. Anfechtung. Beschwerde gegen die Anordnung o. Ablehnung der kommissarischen Vernehmung ist nach § 305 S. 1 ausgeschlossen (KK-StPO/Gmel Rn. 26; **aM** LG Düsseldorf NStZ 1983, 42 für den Fall der Ablehnung trotz drohenden Beweisverlusts; zust. Löwe/Rosenberg/Jäger Rn. 43; SK-StPO/Deiters Rn. 33). Auch die Beweisperson hat kein Beschwerderecht; denn sie hat keinen Anspruch auf kommissarische Vernehmung (allgM). 25

Die **Revision** kann nur auf Verletzung des § 251 bei der Verlesung der Vernehmungsniederschrift gestützt werden. Die Entsch. des Tatrichters unterliegt nur 26 in eingeschränktem Umf. (wie → § 337 Rn. 16) der revisionsgerichtlichen Überprüfung (BGH NStE Nr. 134 zu § 244).

Benachrichtigung der Beteiligten über den Termin Nr. 121 Abs. 4 RiStBV

224 (1) [1]**Von den zum Zweck dieser Vernehmung anberaumten Terminen sind die Staatsanwaltschaft, der Angeklagte und der Verteidiger vorher zu benachrichtigen; ihrer Anwesenheit bei der Vernehmung bedarf es nicht.** [2]**Die Benachrichtigung unterbleibt, wenn sie den Untersuchungserfolg gefährden würde.** [3]**Das aufgenommene Protokoll ist der Staatsanwaltschaft und dem Verteidiger vorzulegen.**

(2) **Hat ein nicht in Freiheit befindlicher Angeklagter einen Verteidiger, so steht ihm ein Anspruch auf Anwesenheit nur bei solchen Terminen zu, die an der Gerichtsstelle des Ortes abgehalten werden, wo er in Haft ist.**

1 **A. Normzweck.** Die **Vorschrift ergänzt § 223** dahin, dass StA, Angeklagte u. Verteidiger v. dem Vernehmungstermin zu benachrichtigen sind; sie setzt also einen Anspruch auf Anwesenheit bei der Vernehmung voraus. Das gilt für alle Vernehmungen nach § 223, auch wenn sie im Ausland stattfinden (BGH NStZ 1988, 563 mAnm Naucke). Ist die Anwesenheit v. Prozessbeteiligten in dem ausl. Recht bei der Vernehmung gestattet o. nach deutschem Recht zulässig (dazu → § 251 Rn. 34 ff.), so ist der Vorsitzende verpflichtet, in dem Rechtshilfeersuchen darum zu bitten, dass er v. dem Vernehmungstermin so rechtzeitig verständigt wird, dass er Angeklagte u. Verteidiger rechtzeitig v. Zeitpunkt der Beweisaufnahme benachrichtigen kann (BGHSt 35, 82). § 224 gilt entspr. für die Vernehmung des Angeklagten vor der HV (OLG Hamm MDR 1974, 419), nicht aber für die Vernehmung v. Mitangeklagten (Holtz MDR 1976, 988 – BGH RsprÜ).

2 **B. Benachrichtigungspflicht (Abs. 1 S. 1, 2).** Die **Benachrichtigung obliegt** dem beauftragten o. ersuchten Richter. Stehen Zeit u. Ort der Vernehmung durch den beauftragten Richter fest, so kann sie schon in den Beschl. nach § 223 aufgenommen werden (BGH VRS 26, 211).

3 **Zu benachrichtigen sind** außer der StA, dem Angeklagten, auch wenn er in Haft ist, u. dem Verteidiger auch der Privatkläger (§ 385 Abs. 1 S. 1) u. der Nebenkläger (§ 397 Abs. 1 S. 2 iVm § 385 Abs. 1 S. 1), die Nebenbeteiligten (→ Einl. Rn. 73), im Verf. gegen Jugendliche die ges. Vertreter u. die Erziehungsberechtigten (§ 67 Abs. 2 **JGG**), im Steuerstrafverfahren der Vertreter der FBeh (§ 407 Abs. 1 S. 3 **AO**).

4 Die Benachrichtigung des nach § 145a Abs. 1 zustellungsbevollmächtigten Verteidigers genügt; der Angeklagte muss nicht bes. verständigt werden. Die Benachrichtigung des Angeklagten ersetzt aber nicht die des Verteidigers. Vom Vernehmungstermin müssen auch die Mitangeklagten benachrichtigt werden, nicht aber die Verteidiger v. Angeklagten, denen in einem anderen Verf. die gleiche Tat zur Last gelegt wird (BGH NJW 1986, 1999 (2000)).

5 So **rechtzeitig** müssen die Bet. benachrichtigt werden, dass ihnen die Anwesenheit o. die Regelung der Vertretung bei der Vernehmung möglich ist (BGH GA 1976, 242 (244); RGSt 59, 299 (301); BayObLGSt 1951, 113 (116)). Notfalls muss die Benachrichtigung per Telefax o. telefonisch erfolgen.

6 Durch **förmliche Zustellung** o. eine andere Art der Mitteilung, die die Benachrichtigung beweist, werden die Bet. verständigt. Denn es muss ein Nachw. dafür geschaffen werden, dass sie die Benachrichtigung erhalten haben (BayObLG NJW 1953, 1316). Der Nachw. der Absendung der Benachrichtigung genügt nicht (BayObLG NJW 1953, 1316; OLG Bremen OLGSt StPO § 224 S. 1; OLG Frankfurt a. M. NJW 1952, 1068).

7 Die **Benachrichtigungspflicht entfällt,** wenn der Prozessbeteiligte auf sie verzichtet (OLG Bremen StV 1992, 59; Bohnert NStZ 1983, 345 ff.), insbes. aber,

wenn eine **Gefährdung des Untersuchungserfolgs** zu befürchten ist (Abs. 1 S. 2).

Diese Gefahr besteht nicht schon wegen einer zu erwartenden Verzögerung der Sache (BayObLGSt 1951, 113; KK-StPO/Gmel Rn. 9), sondern nur, wenn die mit der Benachrichtigung verbundene Verzögerung zum **Verlust o. zur Wertminderung des Beweismittels** führen würde (BGH NJW 1980, 2088; RGSt 43, 336; OLG Hamm VRS 24, 391; erg. → § 168c Rn. 5) o. wenn bestimmte Anhaltspunkte dafür bestehen, dass der Angeklagte o. der Verteidiger die Benachrichtigung zur Vornahme v. Verdunkelungsmaßnahmen ausnützen könnte (BGHSt 29, 1 (3); 32, 115 (122) (GSSt); erg. → § 168c Rn. 5). Die Gründe für das Unterlassen der Benachrichtigung werden zweckmäßigerweise aktenkundig gemacht. Zum Anwesenheitsrecht des nicht benachrichtigten Verteidigers vgl. → § 223 Rn. 19. 8

C. Anwesenheitsrecht. Ein Anwesenheitsrecht bei der Vernehmung haben die **Prozessbeteiligten** (→ § 223 Rn. 19). Erforderlich ist ihre Anwesenheit jedoch nicht (Abs. 1 S. 2 Hs. 2), auch nicht bei Vernehmungen im Ausland (BGH NStZ 1992, 394); das gilt auch für den notwendigen Verteidiger (BGH NJW 1952, 1426). Daher haben sie auch keinen Anspruch auf Terminsverlegung (BGHSt 1, 284; vgl. § 168c Abs. 5 S. 3), gleichgültig, ob u. aus welchem Grund sie verhindert sind (BGH VRS 26, 211), selbst beim Zusammenfallen mehrerer Vernehmungstermine bei verschiedenen Gerichten (BGH NJW 1952, 1426). Zur Anwendung des § 247 vgl. → § 247 Rn. 1, → § 223 Rn. 20. 9

Eine **Ausnahme** v. dem Anwesenheitsrecht bestimmt Abs. 2 für den Fall, dass der nicht auf freiem Fuß befindliche Angeklagte einen Verteidiger hat u. der Vernehmungstermin nicht an der Gerichtsstelle des Ortes stattfindet, wo er in Haft gehalten wird, also bei allen Terminen, die nicht im Gerichtsgebäude stattfinden (BGHSt 1, 271). Die Benachrichtigungspflicht nach Abs. 1 S. 1 bleibt aber unberührt (Holtz MDR 1976, 814 – BGH RsprÜ zu § 168c Abs. 5). Abs. 2 gilt entspr., wenn der Angeklagte an einer Vernehmung im Ausland nicht teilnehmen kann, weil er nach § 116 Abs. 1 Nr. 2 die Auflage hat, die BRD nicht zu verlassen (OLG Bamberg MDR 1984, 604). 10

D. Vorlegung des Protokolls (Abs. 1 S. 3). Die Vorlegung des Protokolls (Abs. 1 S. 3), auch einer Bild-Ton-Aufzeichnung, an StA u. Verteidiger obliegt dem Vorsitzenden. Die Vorlegungspflicht besteht unabhängig davon, ob StA u. Verteidiger bei der Vernehmung anwesend waren (BGHSt 25, 357). Dem Verteidiger wird entweder eine Abschrift o. eine Kopie übersandt o. mitgeteilt, dass er die Akten einsehen könne (BGHSt 25, 357 (359)). Der StA werden die Akten zur Kenntnisnahme v. dem Prot. zugeleitet. Der Angeklagte, auch wenn er sich selbst verteidigt, hat keinen Anspruch auf Vorlegung. 11

E. Revision. Die Revision kann auf einen Verstoß gegen § 224 nur gestützt werden, wenn der Beschwerdeführer der Verlesung des Prot. in der HV ausdr. widersprochen hat (BGHSt 1, 284 (286); 25, 357 (359); BGH NJW 1984, 65 (66); BayObLG NJW 1953, 1316; OLG Koblenz VRS 50, 32; OLG Köln VRS 60, 441; → § 251 Rn. 45; → § 337 Rn. 45), wobei Widerspruch in 2. Instanz im Hinblick auf die neuere BGH-Rspr. zum Widerspruchserfordernis (→ § 136 Rn. 25) nicht genügt (**aM** OLG Bremen StV 1992, 59; Schlothauer StV 2006, 398). Etwas anderes gilt nur, wenn der Angeklagte keinen Verteidiger hat u. seine Rechte nicht kannte. War die Verlesung gegen den Widerspruch des Beschwerdeführers erfolgt, so beruht das Urt. idR auf dem Mangel (BGHSt 9, 24 (29); 26, 332 (335)). Das gilt auch für den Fall, dass die Protokollvorlegung nach Abs. 1 S. 3 unterblieben (BGHSt 25, 357 (359)) o. die Benachrichtigung eines Angeklagten unterlassen worden ist, der nach Abs. 2 nicht zur Anwesenheit berechtigt war (Holtz MDR 1976, 814 – BGH RsprÜ). Der Verstoß gegen § 224 ist in einem anderen Verfahren, das gegen einen anderen Angeklagten wegen Beteiligung an der Tat geführt wird, aber kein Revisionsgrund (BGH NJW 1986, 1999). 12

Einnahme des richterlichen Augenscheins durch beauftragte oder ersuchte Richter

225 **Ist zur Vorbereitung der Hauptverhandlung noch ein richterlicher Augenschein einzunehmen, so sind die Vorschriften des § 224 anzuwenden.**

1 **A. Zeitpunkt der Übertragung. Vor und in der Hauptverhandlung** kann die Augenscheinseinnahme (→ § 86 Rn. 1) einem beauftragten o. ersuchten Richter (→ § 63 Rn. 1) übertragen werden (→ § 86 Rn. 2). Die Anordnung trifft stets das Gericht; § 219 gilt nicht (→ § 219 Rn. 1).

2 **B. Vorweggenommener Teil der Hauptverhandlung.** Ein vorweggenommener Teil der Hauptverhandlung ist die Augenscheinseinnahme nach § 225. Daher bestimmt die Vorschr. die Anwendung des § 224, insbes. die Benachrichtigungspflicht nach § 224 Abs. 1 S. 1. Die Anwesenheitsrechte der Prozessbeteiligten regeln §§ 168d, 224 Abs. 2. Der Angeklagte kann nach § 168d Abs. 2 die Hinzuziehung eines v. ihm beauftragten Sachverständigen verlangen. Augenscheinseinnahmen durch den beauftragten Richter sind auch außerhalb des Gerichtsbezirks zulässig (§ 166 GVG).

3 **C. Protokoll.** Das Protokoll über die Augenscheinseinnahme, das inhaltlich den §§ 86, 168a genügen muss, ist den Verfahrensbeteiligten nach § 224 Abs. 1 S. 3 vorzulegen (KK-StPO/Gmel Rn. 4; Löwe/Rosenberg/Jäger Rn. 8). In der HV wird es nach § 249 Abs. 1 S. 1 im Urkundenbeweis verlesen (→ § 249 Rn. 11).

4 **D. Beschwerde; Revision. Beschwerde** gegen den die Augenscheinseinnahme anordnenden o. abl. Beschl. ist nach § 305 S. 1 ausgeschlossen (→ § 223 Rn. 25).

5 Für die Zulässigkeit der **Revision** wegen Verletzung der Benachrichtigungspflicht u. des Anwesenheitsrechts gelten die Grundsätze → § 224 Rn. 12.

Zuständigkeitsänderung vor der Hauptverhandlung

225a (1) [1]**Hält ein Gericht vor Beginn einer Hauptverhandlung die sachliche Zuständigkeit eines Gerichts höherer Ordnung für begründet, so legt es die Akten durch Vermittlung der Staatsanwaltschaft diesem vor; § 209a Nr. 2 Buchstabe a gilt entsprechend.** [2]**Das Gericht, dem die Sache vorgelegt worden ist, entscheidet durch Beschluß darüber, ob es die Sache übernimmt.**

(2) [1]**Werden die Akten von einem Strafrichter oder einem Schöffengericht einem Gericht höherer Ordnung vorgelegt, so kann der Angeklagte innerhalb einer bei der Vorlage zu bestimmenden Frist die Vornahme einzelner Beweiserhebungen beantragen.** [2]**Über den Antrag entscheidet der Vorsitzende des Gerichts, dem die Sache vorgelegt worden ist.**

(3) [1]**In dem Übernahmebeschluß sind der Angeklagte und das Gericht, vor dem die Hauptverhandlung stattfinden soll, zu bezeichnen.** [2]**§ 207 Abs. 2 Nr. 2 bis 4, Abs. 3 und 4 gilt entsprechend.** [3]**Die Anfechtbarkeit des Beschlusses bestimmt sich nach § 210.**

(4) [1]**Nach den Absätzen 1 bis 3 ist auch zu verfahren, wenn das Gericht vor Beginn der Hauptverhandlung einen Einwand des Angeklagten nach § 6a für begründet hält und eine besondere Strafkammer zuständig wäre, der nach § 74e des Gerichtsverfassungsgesetzes der Vorrang zukommt.** [2]**Kommt dem Gericht, das die Zuständigkeit einer anderen Strafkammer für begründet hält, vor dieser nach § 74e des Gerichtsverfassungsgesetzes der Vorrang zu, so verweist es die Sache an diese mit bindender Wirkung; die Anfechtbarkeit des Verweisungsbeschlusses bestimmt sich nach § 210.**

Übersicht

1 **A. Abgabe an das sachlich zuständige Gericht.** Die **Abgabe an das sachlich zuständige Gericht** außerhalb der HV ermöglicht die Vorschrift. Sie ergänzt §§ 209 Abs. 2, 209a über die Abgabe vor Eröffnung des Hauptverfahrens u. § 270 über die bindende Verweisung in der HV.

2 Nur an ein **Gericht höherer Ordnung** (dazu → § 1 Rn. 2) kann, v. der Ausnahme des Abs. 4 S. 2 abgesehen, eine Sache abgegeben werden; iÜ gilt § 269. Als Gerichte höherer Ordnung gelten, da Abs. 1 S. 1 Hs. 2 den § 209a Nr. 2 Buchst. a für entspr. anwendbar erklärt, auch die JugGe (vgl. → § 270 Rn. 11), nicht aber die Jugendschutzgerichte; denn auf § 209a Nr. 2 Buchst. b ist nicht verwiesen (BGHSt 42, 39). Die Abgabe v. dem JugG an ein allg. Strafgericht schließt § 47a **JGG** grds. aus; eine Ausnahme bestimmt § 103 Abs. 2 S. 2, 3 **JGG.** Die Abgabe an eine StrK mit bes. Zuständigkeit (§§ 74 Abs. 2, 74a, 74c GVG) regelt Abs. 4. Im Berufungsverfahren ist die Vorschr. bei fehlender sachlicher Zuständigkeit ebenfalls anwendbar (das G zur Fortentwicklung der StPO v. 25.6.2021 hat das bis dahin bestehende Redaktionsversehen – s. BGH NStZ 2020, 291 – beseitigt; BT-Drs. 19/27654, 323). Zur Zuständigkeit bes. Strkn vgl. → § 6a Rn. 14, → GVG § 74c Rn. 6.

3 § 225a **gilt nicht entsprechend** für die geschäftsplanmäßige Zuständigkeit u. die örtliche Zuständigkeit (erg. → § 270 Rn. 3).

4 **B. Vorlegung (Abs. 1 S. 1).** Die Vorlegung (Abs. 1 S. 1) kann auf Antrag o. vAw **vor Beginn „einer" HV** beschlossen werden, also nicht nur vor Beginn der 1. HV, sondern im 1. Rechtszug auch, wenn schon eine HV stattgefunden hat u. ausgesetzt worden ist (Hohendorf NStZ 1987, 393), ferner nach Zurückverweisung der Sache an das AG durch das Revisionsgericht nach § 354 Abs. 2. Während der HV wird immer nach § 270 verfahren, auch wenn der Angeklagte nicht erschienen (OLG Hamm MDR 1993, 1002) o. die HV unterbrochen ist.

5 Die Vorlegung ist bei **sachlicher Unzuständigkeit** zwingend (§ 6). Sachliche Zuständigkeitsmerkmale, deren Prüfung mit der Eröffnung des Hauptverfahrens endet, wie die bes. Bedeutung des Falls iSd §§ 24 Abs. 1 Nr. 3, 74 Abs. 1 GVG u. die Rechtsfolgenerwartung nach § 25 Nr. 2 GVG bleiben dabei außer Betracht (→ § 270 Rn. 5). Daher ist eine Vorlegung der Sache durch den Strafrichter an das SchG unzulässig (OLG Düsseldorf NStZ-RR 2001, 222 mwN; **aM** Paeffgen NStZ 2002, 195). Hatte der Strafrichter gleichwohl dem SchG vorgelegt, wird die Sache bei diesem rechtshängig; dieses – u. nicht mehr der Strafrichter – ist damit für alle folgenden Entsch. – insbes. auch für eine (weitere) Vorlegung nach Abs. 1 S. 1 Hs. 1 – zuständig (BGH NStZ 2009, 579).

5a Stellt sich im Laufe eines **Berufungsverfahrens** heraus, dass die Zuständigkeit des AG nicht mehr besteht, kann die kleine Strafkammer außerhalb der Hauptverhandlung die Sache dem zuständigen Gericht gem. §§ 323 Abs. 1, 225a Abs. 1 S. 1 vorlegen; mit Erlass des Übernahmebeschlusses (§ 225a Abs. 1 S. 2; → Rn. 14 ff.) wird das erstinstanzliche amtsgerichtliche Urteil gegenstandslos und das Verfahren als erstinstanzliches Verfahren bei der Großen Strafkammer des LG anhängig (BGH NStZ-RR 2025, 214).

6 Den **Vorlegungsbeschluss** erlässt das Gericht in der für Entsch. außerhalb der HV vorgeschriebenen Besetzung. Der Beschl. zielt nur auf eine gerichtsinterne Richtigstellung ab u. ist daher keine Entsch. iS § 33 Abs. 2, Abs. 3, vor dessen Erlass rechtliches Gehör gewährt werden muss. Inhaltlich muss der Beschl. das Gericht bezeichnen, dem die Sache vorgelegt wird. Da dieses Gericht die Gründe kennen muss, aus denen das untere Gericht sich für sachlich unzuständig hält, muss

der Beschl. auch begründet werden. Der Beschl. wird den Verfahrensbeteiligten formlos bekanntgemacht; der StA werden die Akten mit dem Beschl. übersandt.

7 Sie ist verpflichtet, sie mit ihrer Stellungnahme an das in dem Beschl. bezeichnete höhere Gericht **weiterzuleiten** (Abs. 1 S. 1 Hs. 1), auch wenn sie die Abgabe für unbegründet hält. Ist für dieses Gericht eine andere StA zuständig, so legt sie dieser lediglich die Akten vor. Die zuständige StA leitet sie dann mit ihrer Stellungnahme an das in dem Beschl. bezeichnete Gericht weiter.

8 Die **Zuständigkeit** des abgebenden Gerichts für Haft- ua Nebenentscheidungen bleibt so lange bestehen, bis das höhere Gericht den Übernahmebeschluss (→ Rn. 26) erlassen hat.

9 **C. Beweisantragsrecht (Abs. 2).** Für den Fall, dass ein Strafrichter (§ 25 GVG) o. ein SchG die Akten einem höheren Gericht vorlegt, auch bei Abgabe an das JugG o. das JugSchG (KK-StPO/Gmel Rn. 20; Löwe/Rosenberg/Jäger Rn. 35; Alsberg Beweisantrag/Tsambikakis Rn. 676), nicht aber im Fall des Abs. 4 S. 1 (→ Rn. 22), gibt Abs. 2 dem Angeklagten das Recht, innerhalb einer bei der Vorlage zu bestimmenden Frist die Vornahme einzelner Beweiserhebungen zu beantragen. Damit wird dem Umstand Rechnung getragen, dass zu der Abgabe va ein neuer rechtlicher Gesichtspunkt o. ein in der Anklageschrift nicht bes. erwähntes, nach § 264 aber zur Aburteilung stehendes Tatgeschehen führen kann, zu dem der Angeklagte sich noch nicht hat äußern können u. zu dessen tatsächlicher Beurteilung er noch keine Beweisanträge nach § 201 Abs. 1 hat stellen können, weil er sich der Notwendigkeit dieser Verteidigungsmaßnahme nicht bewusst war. Der Angeklagte erhält damit auch die Möglichkeit, die Entsch. des höheren Gerichts über die Übernahme des Verfahrens zu beeinflussen (KMR-StPO/Eschelbach Rn. 27 mwN).

10 Für die Stellung des Beweisantrags wird dem Angeklagten durch den Strafrichter o. den Vorsitzenden des SchG eine **Frist** gesetzt, u. zwar bei der Vorlage nach Abs. 1 S. 1. Zweckmäßigerweise wird sie in den Vorlegungsbeschluss aufgenommen, der dem Angeklagten dann zuzustellen ist. Die Frist, die vAw o. auf Antrag verlängert werden kann, muss so bemessen werden, dass der Angeklagte ausreichend Zeit für die Prüfung hat, ob u. inwieweit Beweiserhebungen vor der HV seiner Verteidigung dienen können. Ein verspäteter Antrag wird berücksichtigt, wenn über die Übernahme noch nicht entschieden worden ist. Andernfalls wird er nach § 219 behandelt (Alsberg Beweisantrag/Tsambikakis Rn. 678; **aM** KMR-StPO/Eschelbach Rn. 32). Eine Belehrung darüber, wo der Antrag zu stellen ist, schreibt das G nicht vor (Löwe/Rosenberg/Jäger Rn. 38); sie wird aber idR zweckmäßig sein (vgl. → § 270 Rn. 24).

11 Der **Beweisantrag** ist bei dem Vorsitzenden des höheren Gerichts zu stellen, dem die Sache vorgelegt wird; das vorlegende Gericht leitet ihn weiter, wenn der Antrag bei ihm gestellt wird. Der Antrag bedarf keiner bes. Form, sollte aber das Beweismittel, dessen Benutzung der Angeklagte erstrebt, u. die Tatsachen bezeichnen, die durch die Beweiserhebung aufgeklärt werden sollen. Bloße Beweisanregungen sind jedoch nicht unzulässig (Löwe/Rosenberg/Jäger Rn. 36; Kretschmer StraFo 2013, 191).

12 Die **Entscheidung über den Antrag** trifft, sofern das Gericht nicht eine kommissarische Vernehmung nach § 223 oder eine Augenscheinseinnahme nach § 225 beschließen muss (vgl. → § 270 Rn. 26), nach Anhörung der StA der Vorsitzende des Gerichts, dem die Akten vorgelegt worden sind (Abs. 2 S. 2). Die Entsch. ergeht nach pflichtgemäßem Ermessen. Eine abl. Entsch. muss nach § 34 mit Gründen versehen werden; dabei genügt der Hinweis, dass die beantragte Beweiserhebung vor der HV nicht geboten erscheint. Maßgebend für die Entsch. ist, ob zur Vorbereitung der HV vor dem höheren Gericht noch eine weitere Sachaufklärung erforderlich erscheint. Das ist der Fall, wenn Beweise zu sichern sind, einzelne Beweiserhebungen eine umfangreiche Beweisaufnahme in der HV ersparen können o. die Möglichkeit weiterer Sachaufklärung erforscht werden soll, damit eine Aussetzung der HV vermieden werden kann. Die Ablehnungsgründe

des § 244 Abs. 3, Abs. 4 haben nur geringe Bedeutung; jedoch ist die Ablehnung mit der Begründung zulässig, das Beweismittel sei völlig ungeeignet o. unerreichbar o. die Beweistatsache sei unerheblich. Eine Wahrunterstellung ist ebenso unzulässig wie im Fall des § 219 (erg. → § 219 Rn. 3).

Die Entsch. muss so **rechtzeitig** getroffen werden, dass der Angeklagte sein Prozessverhalten (Antrag nach § 219, Selbstladung nach § 220) danach einrichten kann. Vor Erlass des Übernahmebeschlusses darf die Entsch. aber nicht getroffen werden. Sie erübrigt sich, wenn das Gericht die Übernahme der Sache nach Abs. 1 S. 2 ablehnt (Löwe/Rosenberg/Jäger Rn. 49). 13

D. Entscheidung des höheren Gerichts (Abs. 1 S. 2, Abs. 3). Die Entscheidung des höheren Gerichts über die Übernahme ergeht **durch Beschl. (Abs. 1 S. 2) nach Anhörung der Verfahrensbeteiligten** (§ 33 Abs. 2, Abs. 3) in der für Entsch. außerhalb der HV vorgeschriebenen Besetzung (BGH NStZ-RR 2015, 250: entspr. dem Eröffnungsbeschluss, vgl. → GVG § 76 Rn. 8). Erst mit Erlass des Übernahmebeschlusses wird die Sache beim höheren Gericht rechtshängig (BGHSt 44, 121). Den fehlenden Eröffnungsbeschluss kann der Beschl. nicht ersetzen (vgl. BGH NStZ 1984, 520). Ein konkludenter Übernahmebeschluss scheidet aus (SK-StPO/Deiters/Albrecht Rn. 20; **aM** Löwe/Rosenberg/Jäger Rn. 19; offengelassen v. BGH NStZ 2012, 46; 2021, 432; für den Sonderfall des Erlasses eines Unterbringungsbeschlusses nach Abgabe durch das AG grds. bejaht durch BGH NStZ-RR 2021, 318). Die Vfg. des Vorsitzenden, in der die Übernahme festgehalten wird, reicht nicht aus (BGH NStZ 2017, 55; vgl. auch BGH NStZ-RR 2021, 318). 14

Die **Sache wird übernommen,** wenn das höhere Gericht den hinreichenden Tatverdacht wegen der seine Zuständigkeit begründenden Gesetzesverletzung bejaht (BGHSt 29, 341 (348)). Ob hinreichender Tatverdacht auch wegen der angeklagten Tat besteht, wird nicht mehr geprüft (Löwe/Rosenberg/Jäger Rn. 22). 15

In dem – schriftlich abzufassenden (BGH NStZ 2017, 55), aber nicht notwendig zu unterzeichnenden (BGH NStZ 2021, 179) – **Übernahmebeschluss** sind der Angeklagte u. das Gericht zu bezeichnen, vor dem die HV stattfinden soll (Abs. 3 S. 1). Dieser muss den Willen des Gerichts zur Übernahme zweifelsfrei zum Ausdruck bringen (BGH NStZ 2021, 179). Nach § 207 Abs. 2 Nr. 2–4, der nach Abs. 3 S. 2 entspr. anwendbar ist, darf das Gericht die nach dieser Vorschr. zulässigen Änd., Beschränkungen u. Erweiterungen vornehmen; im Fall des § 207 Abs. 2 Nr. 2 kann es die StA zur Einreichung einer neuen Anklageschrift auffordern (§ 207 Abs. 3). Hat das Verf. mehrere Taten iSd § 264 zum Gegenstand, so kann unter Trennung der verbundenen Sachen (→ § 4 Rn. 11) die Übernahme auf eine o. einzelne v. ihnen beschränkt werden. 16

Die förmliche **Zustellung** des Übernahmebeschlusses an den Angeklagten ist entspr. § 215 geboten, an die übrigen Prozessbeteiligten nur, soweit sie beschwerdeberechtigt sind. Bereits mit dem Erlass (→ Vor § 33 Rn. 5 ff.) des Übernahmebeschlusses wird die Sache bei dem übernehmenden Gericht anhängig (Löwe/Rosenberg/Jäger Rn. 31) u. das Gericht damit für alle weiteren Entsch. zuständig. § 207 Abs. 4 gilt entspr. (Abs. 3 S. 2). 17

Eine **Weiterverweisung** der Sache nach §§ 225a, 270 ist nicht ausgeschlossen (Löwe/Rosenberg/Jäger Rn. 32). Nur die Zuständigkeit des JugG kann grds. nicht mehr abgeändert werden (§ 47a **JGG**). 18

Bei **Ablehnung der Übernahme** muss die Beschlussbegründung ergeben, aus welchen tatsächlichen o. rechtlichen Erwägungen sich das höhere Gericht nicht für zuständig hält (Löwe/Rosenberg/Jäger Rn. 25). Es bleibt dann bei der Rechtshängigkeit vor dem unteren Gericht. Der Beschl. wird den Bet. formlos bekanntgemacht (§ 35 Abs. 2 S. 2); der StA muss er nach § 35 Abs. 2 S. 1 zugestellt werden, wenn sie die Übernahme beantragt hatte. Die Akten werden an das vorlegende Gericht zurückgeleitet. Das Gericht, dem die Sache vorgelegt worden ist, darf sie nicht etwa an ein anderes Gericht weiterleiten, dem die Sache nach 19 seiner Meinung hätte vorgelegt werden müssen. Hält es einen solchen Fall für gegeben, so lehnt es die Übernahme ab (KK-StPO/Gmel Rn. 14).

20 Eine **Verfolgungsbeschränkung nach § 154a** darf das Gericht, dem die Sache vorgelegt worden ist, erst vornehmen, wenn es sie übernommen hat. Es kann der Übernahme nicht dadurch aus dem Weg gehen, dass es nach § 154a verfährt (erg. → § 154a Rn. 17); denn das niedere Gericht könnte die ausgeschiedenen Tatteile o. Gesetzesverletzungen jederzeit wieder einbeziehen u. die Sache dann nach Abs. 1 S. 1 erneut vorlegen (SK-StPO/Deiters/Albrecht Rn. 22). Entsprechendes gilt für die Trennung v. niederen Gericht verbundener Verf. durch das höhere Gericht (OLG Stuttgart NStZ 1995, 248).

21 Eine **Bindung an den Ablehnungsbeschluss** besteht nur bei gleichbleibender Sachlage. Aufgrund neuer Erkenntnisse kann in der HV nach § 270 an das Gericht verwiesen werden, das die Übernahme nach § 225a abgelehnt hatte (Löwe/Rosenberg/Jäger Rn. 33).

22 **E. Vorlegung an eine besondere StrK (Abs. 4 S. 1).** Notwendig ist die Vorlegung für die allg. StrK, wenn der Angeklagte mit Recht nach § 6a geltend macht, dass eine bes. StrK nach §§ 74 Abs. 2, 74a oder 74c GVG zuständig sei. Die Vorlegungspflicht entsteht ferner für eine bes. StrK, wenn der Angeklagte nach § 6a mit Recht einwendet, dass eine höherrangige (§ 74e GVG) bes. StrK zuständig sei. Die JugK hat auch ggü. den bes. StrKn den Vorrang (§ 209a Nr. 2 Buchst. a); jedoch gilt die Einschränkung des § 103 Abs. 2 S. 2 **JGG.** Für das Verf. gelten keine Besonderheiten. Nur das Beweisantragsrecht nach Abs. 2 entfällt, da es sich nicht um eine Zuständigkeitsänderung infolge neu hervorgetretener tatsächlicher o. rechtlicher Umstände, sondern nur um die Einhaltung v. bes. Bestimmungen über die ges. Zuständigkeitsverteilung bei den LGen handelt. Dass Abs. 4 S. 1 gleichwohl auf Abs. 2 Bezug nimmt, kann nur ein Redaktionsversehen sein (KMR-StPO/Eschelbach Rn. 60; Meyer-Goßner NStZ 1981, 169; **aM** KK-StPO/Gmel Rn. 20; Löwe/Rosenberg/Jäger Rn. 51; Alsberg Beweisantrag/Tsambikakis Rn. 676).

23 Eine **Verweisung mit bindender Wirkung (Abs. 4 S. 2)** findet statt, wenn das Gericht, das die Zuständigkeit einer anderen StrK auf einen Einwand nach § 6a für begründet hält, vor dieser StrK nach § 74e GVG den Vorrang hat. Der Verweisungsbeschluss, vor dessen Erlass die StA u. die anderen Verfahrensbeteiligten zu hören sind (§ 33 Abs. 2, Abs. 3), muss den Anforderungen des Abs. 3 S. 1 entsprechen. Dem Angeklagten wird er zugestellt, den übrigen Bet. nur, wenn sie ein Anfechtungsrecht haben (KK-StPO/Gmel Rn. 26). Anders als bei der Übernahme nach Abs. 1–3 (→ Rn. 20) kann das Gericht im Fall des Abs. 4 S. 2 die Gesetzesverletzung, die seine Zuständigkeit begründet, nach § 154a ausscheiden.

24 **F. Beschwerde.** Der Vorlegungsbeschluss ist als gerichtsinterne Maßnahme unanfechtbar (Bohnert Strafprozessuale Revision S. 38). Der Übernahmebeschluss kann in den Grenzen des § 210 angefochten werden (Abs. 3 S. 3, Abs. 4 S. 1). Für den Angeklagten ist er nach § 210 Abs. 1 unanfechtbar; die StA ist nach § 210 Abs. 2 nur beschwerdeberechtigt, wenn ihrem Antrag nicht entsprochen worden ist. Gegen den die Übernahme abl. Beschl. hat die StA kein Beschwerderecht, auch dann nicht, wenn sie sich für die Zuständigkeit des höheren Gerichts ausgesprochen hatte (OLG Celle StraFo 2011, 316; OLG Zweibrücken NStZ 1998, 211; Meyer-Goßner NStZ 1981, 169; **aM** KK-StPO/Gmel Rn. 30; Löwe/Rosenberg/Jäger Rn. 64). Der Angeklagte ist durch den Beschl. nicht beschwert; der Nebenkläger kann ihn schon wegen § 400 Abs. 2 nicht anfechten (OLG Zweibrücken MDR 1992, 1072). Gegen den Verweisungsbeschluss nach Abs. 4 S. 2 steht der StA die sofortige Beschwerde zu, wenn er entgegen ihrem Antrag erlassen worden ist. Gegen die Vfg. des Vorsitzenden über die Erhebung o. Nichterhebung einzelner Beweise nach Abs. 2 ist weder der Antrag nach § 238 Abs. 2 noch Beschwerde zulässig.

25 **G. Revision.** Nach § 336 S. 2 kann weder geltend gemacht werden, dass ein Übernahmebeschluss nach § 225a zu Unrecht ergangen, noch dass die Verweisung

nach Abs. 4 S. 2 unzulässig gewesen sei. Das Fehlen eines Übernahmebeschlusses (→ Rn. 14 ff.) begründet aber die Revision (BGHSt 44, 121; BGH NStZ 2021, 433; NStZ-RR 2020, 285).

Sechster Abschnitt. Hauptverhandlung

Vorbemerkung zu § 226

Das **Kernstück des Strafprozesses** ist die HV. In ihr wird nach dem mehr summarischen Vor- u. Zwischenverfahren der Sachverhalt endg. aufgeklärt u. festgestellt, u. zwar in einer Weise, die nach allg. Prozesserfahrung größte Gewähr für die Erforschung der Wahrheit u. zugleich für die bestmögliche Verteidigung des Angeklagten u. damit für ein gerechtes Urt. bietet (vgl. BVerfGE 74, 358 (372) = NStZ 1987, 421). 1

Die Begriffe **Hauptverhandlung und Verhandlung** stimmen nicht überein. Denn auch außerhalb der HV gibt es mündliche Verh. (vgl. etwa §§ 118 Abs. 1, 138d Abs. 1, 441 Abs. 3 S. 1). Innerhalb der HV beginnt das Verhandeln, die Verh. ieS, erst nach den in § 243 Abs. 1–3 bezeichneten förmlichen Vorgängen. Sie endet vor der Urteilsverkündung (§ 260 Abs. 1). 2

Die **wesentlichen Verfahrensgrundsätze** für die HV sind der Öffentlichkeitsgrundsatz (→ GVG § 169 Rn. 1), der Mündlichkeitsgrundsatz (→ § 261 Rn. 7) u. der Unmittelbarkeitsgrundsatz bei der Vernehmung v. Zeugen u. Sachverständigen (→ § 250 Rn. 1 ff.). Zum Beschleunigungsgrundsatz, der für das gesamte Strafverfahren, nicht nur für die HV gilt, vgl. → EMRK Art. 5 Rn. 10, → EMRK Art. 6 Rn. 7 ff., zur Sachaufklärungspflicht des Gerichts § 244 Abs. 2. 3

Ununterbrochene Gegenwart

226 (1) **Die Hauptverhandlung erfolgt in ununterbrochener Gegenwart der zur Urteilsfindung berufenen Personen sowie der Staatsanwaltschaft und eines Urkundsbeamten der Geschäftsstelle.**

(2) [1]**Der Strafrichter kann in der Hauptverhandlung von der Hinzuziehung eines Urkundsbeamten der Geschäftsstelle absehen.** [2]**Die Entscheidung ist unanfechtbar.**

A. Grundsatz der Verhandlungseinheit. Den Grundsatz der Verhandlungseinheit, stellt die Vorschr. in Abs. 1 als Ausfluss des Mündlichkeitsgrundsatzes (→ § 261 Rn. 7) auf; im Fall des § 275a und des § 27 JGG wird er durchbrochen. 1

Die HV beginnt mit dem Aufruf der Sache (§ 243 Abs. 1 S. 1) u. endet mit der Urteilsverkündung (§ 268 Abs. 2). Die Anwesenheitspflicht gilt für die gesamte HV, auch für deren unwesentliche Teile (vgl. aber → § 338 Rn. 36 ff.). 2

Gegenwart iSd § 226 erfordert auch die geistige Anwesenheit. Wer der HV geistig nicht folgen kann, etwa weil er schläft, gilt daher als abwesend (→ § 338 Rn. 14 ff.; zum schlafenden StA vgl. OLG Hamm NJW 2006, 1448). 3

Das Fehlen der **gleichzeitigen Anwesenheit** der in § 226 bezeichneten Personen ist unschädlich, wenn sie aus räumlichen Gründen (Ortsbesichtigung, Probefahrt mit einem Kraftwagen u. dgl.) nicht durchführbar ist. In diesem Fall muss aber der Ablauf des betr. Teils der HV bei deren Fortsetzung mit den Verfahrensbeteiligten erörtert werden (OLG Köln VRS 6, 461). 4

B. Richter. Die Richter, auch die Schöffen, dürfen bis zur Urteilsverkündung nicht wechseln; andernfalls muss die ganze HV wiederholt werden. Jedoch kann ein Ergänzungsrichter (§ 192 GVG) für einen ausgefallenen Richter eintreten, aber nur, wenn er an der HV v. Anfang an teilgenommen hat (BGH NJW 2001, 3062). 5

C. StA. Die StA muss bis zum Schluss der HV, auch bei der Urteilsverkündung, vertreten sein. Mehrere StAe können sich im Lauf der Verh. ablösen u. nacheinander tätig werden (BGHSt 13, 337 (341); 21, 85 (89)). Dass sie auch neben- 6 einander tätig werden können, bestimmt § 227 ausdrücklich. Über die Vernehmung des StA als Zeugen vgl. → Vor § 48 Rn. 17, über Referendare als Sitzungsvertreter der StA § 142 Abs. 3 GVG.

7 **D. UrkB.** Auch UrkB (§ 153 GVG) müssen grds. während der ganzen HV anwesend sein; § 168 S. 2 Hs. 2 gilt für die HV nicht (BGH NStZ 1981, 31 Ls.). Dem erkennenden Gericht braucht der UrkB nicht anzugehören (Pfeiffer/Miebach NStZ 1983, 213 – BGH RsprÜ; KK-StPO/Gmel/Peterson Rn. 6: Sitzung außerhalb des Gerichtssitzes). Ein als Protokollführer vereidigter Verwaltungsbeamter darf aber nicht mitwirken (BGH NStZ 1981, 31 Ls.). Mehrere UrkB können entspr. § 227 nebeneinander tätig werden u. ihre Aufgaben untereinander aufteilen; sie können auch nacheinander tätig werden (BGHSt 21, 85 (89)); zur Unterzeichnung der Sitzungsniederschrift in diesem Fall vgl. → § 271 Rn. 13.

7a Eine **Ausnahme** v. der Anwesenheitspflicht eines UrkB macht der – durch das 1. JuMoG eingefügte – Abs. 2: Der Strafrichter (§ 25 GVG) darf v. der Hinzuziehung eines UrkB absehen; davon wird er nur bei einfachen u. nicht umfangreichen Sachen Gebrauch machen, weil ihm hiermit eine zusätzliche Aufgabe aufgebürdet wird (zu Recht krit. Sommer StraFo 2004, 297). Es ist wahrnehmungspsychologisch unmöglich, dass ein Richter, der neben der Leitung der Verhandlung und der Aufnahme der Beweise auch noch mit der Führung des Protokolls beschäftigt ist, in der Lage sein soll, den „Inbegriff der Verhandlung" (§ 261) als Grundlage seiner Entscheidung zuverlässig zu erfassen; zudem mag man sich die Frage stellen, ob es noch der Rolle der Richter als unabhängige Entscheider der Strafsache entspricht, wenn man sie zunehmend in die des Protokollanten der Verhandlung drängt (aus Sicht von Gerichtspräsidenten bzw. Direktoren vor allem mit Blick auf finanzpolitische Erwägungen erwartbar positiv dagegen Guise-Rübe/Gebhardt NJW 2023, 2745).

7b Stellt sich erst während der HV die Notwendigkeit der Mitwirkung eines UrkB heraus, ist der Strafrichter nicht gehindert, ihn nachträglich hinzuzuziehen. Verhandelt der Strafrichter ohne UrkB, kann er das Prot. selbst schriftlich (etwa in Kurzschrift) aufnehmen, va aber es unter Zuhilfenahme technischer Einrichtungen selbst aufzeichnen. Er hat dann nachträglich die schriftliche Abfassung des Prot. zu veranlassen, wobei es der Übertragung der wesentlichen Erg. der Vernehmungen aber nach § 273 Abs. 2 S. 1 Hs. 2 nicht bedarf, wenn alle zur Anfechtung Berechtigten auf Rechtsmittel verzichtet o. innerhalb der Frist kein Rechtsmittel eingelegt haben. Das schriftliche (in Langschrift abgefasste) Prot. muss nicht schon während der HV angefertigt werden; es wird nach § 271 Abs. 1 nur v. Strafrichter unterzeichnet, jedoch sollte derjenige, der die Aufzeichnung in Langschrift übertragen hat, entspr. § 168a Abs. 4 S. 3 einen Übertragungsvermerk anbringen.

8 **E. Sonstige Personen.** Für einzelne Prozessbeteiligte ist die Anwesenheit in der HV nicht vorgeschrieben.

9 Insbesondere **Nebenkläger und Nebenbeteiligte** müssen in der HV nicht erscheinen u. brauchen demgemäß auch nicht ununterbrochen anwesend zu sein.

10 Die ununterbrochene Anwesenheit des **Verteidigers** ist bei notwendiger Verteidigung nach §§ 140, 231a Abs. 4 erforderlich, wie sich aus § 145 Abs. 1 S. 1 ergibt (→ § 145 Rn. 3). Die Anwesenheitspflicht gilt dann auch bei der Erörterung der Anordnung, Fortsetzung o. Aussetzung der UHaft, obwohl das nicht notwendig ein wesentlicher Teil der HV ist; denn diese Fragen sind auch für die Entsch. in der Hauptsache wesentlich (BGH 18.12.1964 – 5 StR 524/64). Die ununterbrochene Anwesenheit eines u. desselben Verteidigers verlangt das G nicht. Mehrere Verteidiger können einander daher im Laufe der HV ablösen u. nacheinander tätig werden (BGHSt 13, 337 (341); OLG Frankfurt a. M. StV 1988, 211; → § 145 Rn. 3). Zur gleichzeitigen Mitwirkung mehrerer Verteidiger vgl. → § 227 Rn. 2. Über die Vernehmung des Verteidigers als Zeugen vgl. → Vor § 48 Rn. 18, über seine Beurlaubung v. einem Teil der HV § 231c.

11 Über **Sachverständige** vgl. → § 80 Rn. 5, über **Dolmetscher** → GVG § 185 Rn. 7.

F. Heilung. Zur Heilung des Verstoßes → § 338 Rn. 3. 12

G. Revision. Vgl. → § 338 Rn. 3, 9a, 10, 21, 36 ff. Dass die HV in ununterbrochener Gegenwart der zur Urteilsfindung berufenen Personen stattgefunden hat, wird durch das Hauptverhandlungsprotokoll, nicht durch das Urteilsrubrum bewiesen (vgl. BGHR StPO § 345 Abs. 1 Fristbeginn 2, 6). Wegen Abs. 2 S. 2 ist die Zuziehung o. Nichtzuziehung eines UrkB in der Revision nicht überprüfbar (§ 336 S. 2). 13

Mehrere Staatsanwälte und Verteidiger

227 Es können mehrere Beamte der Staatsanwaltschaft und mehrere Verteidiger in der Hauptverhandlung mitwirken und ihre Verrichtungen unter sich teilen.

Mehrere Beamte der StA können in der HV nebeneinander mitwirken u. ihre Verrichtungen untereinander teilen; eine solche Teilung ist jedoch keine Voraussetzung der gleichzeitigen Mitwirkung mehrerer StAe (BGHSt 13, 337 (341)). 1

Mehrere Verteidiger desselben Angeklagten können ebenfalls nebeneinander tätig werden. Auch sie können dann ihre Verrichtungen unter sich teilen; dabei ist grds. nicht erforderlich, dass alle Verteidiger in der HV ununterbrochen anwesend sind (BGH NStZ 2017, 59 (62)). Über die Mitwirkung v. Wahl- u. Pflichtverteidigern nebeneinander o. v. mehreren Pflichtverteidigern vgl. § 144. 2

Auch bei **Teilung der Verrichtungen** unter mehreren StAen steht die StA dem Gericht als Einheit ggü. Jeder v. mehreren nebeneinander tätigen Verteidigern nimmt dagegen seine Aufgabe selbständig war. Stellt einer v. ihnen einen Antrag, so ist über ihn zu entscheiden, auch wenn der andere v. der Antragstellung absieht. Erklärt einer sein Einverständnis mit einer Prozesshandlung, widerspricht aber der andere, so gilt der Widerspruch (KK-StPO/Gmel/Peterson Rn. 3). 3

Aussetzung und Unterbrechung — Nr. 137 RiStBV

228 (1) [1]**Über die Aussetzung einer Hauptverhandlung oder deren Unterbrechung nach § 229 Abs. 2 entscheidet das Gericht.** [2]**Kürzere Unterbrechungen ordnet der Vorsitzende an.**

(2) **Eine Verhinderung des Verteidigers gibt, unbeschadet der Vorschrift des § 145, dem Angeklagten kein Recht, die Aussetzung der Verhandlung zu verlangen.**

(3) **Ist die Frist des § 217 Abs. 1 nicht eingehalten worden, so soll der Vorsitzende den Angeklagten mit der Befugnis, Aussetzung der Verhandlung zu verlangen, bekanntmachen.**

A. Aussetzung und Unterbrechung der HV (Abs. 1). I. Abgrenzung. Die Abgrenzung richtete sich nach früherer Rspr. (BGH NJW 1982, 248) u. ganz hM im Schrifttum (Löwe/Rosenberg/Becker Rn. 2 mwN) nach der tatsächlichen Dauer der Unterbrechung, nicht danach, wie das Gericht sie bezeichnet u. was es beabsichtigt hatte. Aussetzung war daher jedes Abbrechen der Verh. über den nach § 229 Abs. 1 oder Abs. 2 höchstzulässigen Zeitraum hinaus, Unterbrechung der verhandlungsfreie Zeitraum, der die zeitlichen Grenzen des § 229 nicht überschritt. 1

BGHSt 52, 24 diese – auch im Hinblick auf den ges. Richter (Art. 101 GG) – klare Regelung mit wenig überzeugender Begründung aufgegeben u. entschieden, dass das Gericht jedenfalls dann, wenn in einer HV „noch keine Erträge erzielt" worden seien, auch bei einer weiteren Verh. innerhalb der Fristen des § 229 eine Aussetzung der Verh. beschließen könne (abl. auch Löwe/Rosenberg/Becker Rn. 2; zust. aber SK-StPO/Deiters/Albrecht Rn. 5). 2

II. Aussetzung. Die Aussetzung bedeutet den **Abbruch der Verh. mit der Folge,** dass später eine neue selbständige Verh. stattfinden muss (s. BGH NStZ- 3

RR 2025, 380). Die Aussetzung ist zT ges. vorgeschrieben (vgl. §§ 138c Abs. 4, 145 Abs. 3, 217 Abs. 2, 265 Abs. 3, Abs. 4); sonst kann sich ihre Notwendigkeit aus der Fürsorgepflicht des Gerichts (OLG Celle NJW 1961, 1319; Löwe/Rosenberg/Becker Rn. 10) o. aus der Sachaufklärungspflicht (vgl. etwa → § 54 Rn. 29) ergeben.

4 Zu beachten ist, dass die Notwendigkeit, das Strafverfahren zügig u. ohne vermeidbare Verzögerungen durchzuführen, die **Aussetzung nur ausnahmsweise** zulässt (OLG Frankfurt a. M. MDR 1983, 253). Insbesondere muss stets geprüft werden, ob eine Unterbrechung nach § 229 ausreicht (BGH NStZ 2011, 294; OLG Düsseldorf StV 1997, 282). Wenn mehrere Taten iSd § 264 Gegenstand des Verfahrens sind, kann es uU ausreichen, das Verf. nur teilw. auszusetzen (Dallinger MDR 1975, 23 – BGH RsprÜ).

5 **Aussetzungsanträge** können vor o. in der HV gestellt werden. Ist ein Antrag schon vorher eingegangen, so muss das Gericht in der HV mind. klären, ob er aufrechterhalten wird (OLG Bremen GA 1964, 211). Ausdrücklich als Aussetzungsantrag braucht der Antrag nicht bezeichnet zu sein. Es genügt, dass er sinngemäß das Begehren nach Aussetzung der Verh. enthält (OLG Hamburg GA 1965, 60).

6 Die **Entscheidung** des Gerichts ergeht vAw o. auf Antrag durch Beschl., auch wenn der Antrag nicht näher begründet worden ist. Sie muss vor der Urteilsverkündung getroffen werden, damit die Prozessbeteiligten Gelegenheit haben, weitere Ausführungen zu machen ua Anträge zu stellen (KK-StPO/Gmel/Peterson Rn. 7). Nur hilfsweise gestellte Anträge können in den Urteilsgründen abgelehnt werden (OLG Schleswig SchlHA 1956, 298; Löwe/Rosenberg/Becker Rn. 16). Im Fall des § 329 Abs. 1 kann der Aussetzungsantrag des Verteidigers durch Erlass des Verwerfungsurteils abgelehnt werden (→ § 329 Rn. 11).

7 Der Ablehnungsbeschluss bedarf idR der **Begründung** (§ 34), die erkennen lassen muss, dass das Gericht die vorgetragenen o. vAw zu beachtenden Tatsachen zutr. gewürdigt u. sein Ermessen fehlerfrei ausgeübt hat. Handelt es sich um eine reine Ermessensentscheidung, so ist die Begründung entbehrlich (OLG Celle NJW 1961, 1319; **aM** Löwe/Rosenberg/Becker Rn. 19; erg. → § 34 Rn. 5). Bei der Beurteilung des Antrags ist neben der Aufklärungspflicht des Gerichts ua auch das Interesse des Angeklagten an einem beschleunigten Abschluss des Verfahrens gem. Art. 6 Abs. 1 S. 1 EMRK zu berücksichtigen (BGH StV 2016, 774; erg. → § 213 Rn. 6).

8 **III. Zuständigkeit.** Zuständig für die Entsch. über die Aussetzung der HV o. deren Unterbrechung nach § 229 Abs. 2 ist das Gericht (Abs. 1 S. 1). Der Gerichtsbeschluss nach § 229 Abs. 2 wird idR in der HV erlassen, kann aber auch außerhalb der HV in der dafür vorgeschriebenen Besetzung ergehen (BGHSt 34, 154 (155); Löwe/Rosenberg/Becker Rn. 3; Bock FS Beulke, 2015, 636; erg. → § 229 Rn. 8). War die Verh. schon unterbrochen u. ist die Unterbrechungsfrist o. die 10-Tagefrist nach § 229 Abs. 1 verstrichen, ohne dass danach weiterverhandelt worden ist, so kann die Unterbrechung nach § 229 Abs. 2 auch noch nach Ablauf der Unterbrechungsfrist, nicht aber rückwirkend nach Ablauf der Frist des § 229 Abs. 2 beschlossen werden (BGHSt 34, 154 (155); Bock FS Beulke, 2015, 636), es sei denn, der Fristablauf war nach § 229 Abs. 3 gehemmt (offengelassen v. BGH NStZ 1992, 550).

9 **Kürzere Unterbrechungen,** dh kurze Pausen o. Unterbrechungen für Stunden o. Tage bis zur Höchstgrenze v. 3 Wochen nach § 229 Abs. 1 ordnet der Vorsitzende an (Abs. 1 S. 2), der nach pflichtgemäßem Ermessen entscheidet, dabei jedoch die Fürsorgepflicht des Gerichts u. den Grundsatz des fairen Verfahrens (→ Einl. Rn. 156) beachten muss (OLG Zweibrücken StV 1990, 57: Unterbrechung zur Ermittlung einer Zeugenanschrift). Die Unterbrechungsverfügung ergeht in der HV. Außerhalb der HV besteht sie in der Verlegung des Fortsetzungstermins; die Bet. müssen davon unterrichtet werden. Hat der Vorsitzende entgegen Abs. 1 eine Unterbrechung v. mehr als 3 Wochen angeordnet, so wird der Mangel

dadurch geheilt, dass er noch rechtzeitig einen Fortsetzungstermin iRd § 229 Abs. 1 bestimmt o. dass das Gericht einen entspr. Unterbrechungsbeschluss erlässt.

B. Verhinderung des Verteidigers (Abs. 2). Die Vorschr. betr. nicht den Fall der nach §§ 140, 231a Abs. 4 notwendigen Verteidigung; insoweit gilt § 145 Abs. 1. Durch Abs. 2 soll einer Verzögerung des Verfahrens durch den Angeklagten vorgebeugt werden. Es geht grds. zu seinen Lasten, wenn er keinen Verteidiger findet, der bereit o. in der Lage ist, ihn zu verteidigen (OLG Düsseldorf GA 1979, 226; OLG Stuttgart StV 1988, 145). Einen Rechtsanspruch auf Aussetzung des Verfahrens hat er (auch bei Wechsel o. Hinzutritt eines weiteren Verteidigers, BGH NJW 1991, 1622 (1623)) nicht; andererseits ist sie nicht ausgeschlossen, wenn das Gericht sie aus bes. Gründen für angezeigt hält (BayObLGSt 1962, 226; OLG Hamm GA 1977, 310; erg. → § 213 Rn. 6; → § 265 Rn. 43). Abs. 2 ist insbes. dann nicht anzuwenden, wenn das mit dem Grundsatz eines fairen Verfahrens (→ Einl. Rn. 19) nicht vereinbar wäre (BGH NStZ 1999, 527; BayObLG StV 1989, 94; OLG Frankfurt a. M. StV 1998, 13; OLG Hamm VRS 41, 45; OLG Köln VRS 42, 284; OLG Oldenburg StV 2015, 156; OLG Zweibrücken NZV 1996, 162; vgl. auch → § 145 Rn. 9); die Interessen der Bet. u. das Gebot der Verfahrensbeschleunigung sind sorgsam gegeneinander abzuwägen (OLG Braunschweig StV 2008, 293), wobei dem Verteidigerinteresse im Zweifel Vorrang gebührt (OLG Koblenz DAR 2010, 401). Insbesondere ist dem Recht des Angeklagten, sich v. einem Verteidiger seines Vertrauens vertreten zu lassen (Art. 6 Abs. 3 Buchst. c EMRK), soweit wie möglich Rechnung zu tragen (vgl. BGH NStZ 2018, 607 mwN; erg. → § 213 Rn. 6, 7 zur Terminierung der HV u. Verlegungsanträgen). Eine Aussetzung kommt aber bei – kurzfristiger – Verhinderung des Wahlverteidigers grds. nicht in Betracht, wenn der Angeklagte durch einen Pflichtverteidiger ausreichend verteidigt wird (BGH JR 2007, 209; BayObLGSt 1996, 94). 10

Bei einer **Verspätung des Verteidigers** muss das Gericht eine angemessene Zeit warten. Für ihre Dauer gelten die zu § 329 (→ § 329 Rn. 13) u. § 412 (→ § 4412 Rn. 3) entwickelten Grundsätze (vgl. auch zum Bußgeldverfahren OLG Hamm NStZ-RR 1997, 179). Wenn der Angeklagte erklärt, dass er auf seinen Verteidiger warten wolle, wird idR eine Wartezeit v. 15 Minuten angezeigt sein (BayObLG VRS 60, 304; OLG Düsseldorf VRS 64, 276; OLG Hamm VRS 59, 449; OLG Koblenz VRS 45, 455; OLG Köln VRS 42, 284; vgl. auch OLG Köln StV 1984, 147 zu dem Fall, dass eine Gegenüberstellung beabsichtigt ist). Eine längere Wartezeit ist erforderlich, wenn es sich um einen auswärtigen Verteidiger handelt (OLG Frankfurt a. M. AnwBl 1984, 108) o. wenn das Gericht weiß, dass der Verteidiger auf dem Weg zu ihm ist (BayObLG VRS 67, 438; OLG Düsseldorf StV 1995, 454). Einem Antrag des Verteidigers auf Terminsverschiebung um 20 Minuten ist idR stattzugeben (OLG Hamburg MDR 1981, 165; vgl. auch Rüth DAR 1985, 244 – BayObLG RsprÜ; BayObLG VRS 60, 304 für den Fall der telefonischen Nachricht des Verteidigers, dass er sich verspäten werde). Eine Wartepflicht besteht auch, wenn bekannt ist, dass der Verteidiger im Hause noch einen anderen Termin wahrnimmt (OLG Hamm VRS 68, 49). 11

Die **Verhinderung des Verteidigers,** die ihre Ursache darin hat, dass das Gericht mit der Verh. verspätet beginnt, kann zur Aussetzung der Verh. zwingen (BayObLG StV 1984, 13; OLG Hamburg MDR 1964, 524). Durfte sich der Angeklagte verständigerweise darauf verlassen, dass der Verteidiger mitwirken werde, u. ist er durch dessen Fehlen in seiner Verteidigung erheblich beschränkt, so kommt die Aussetzung des Verfahrens nach § 265 Abs. 4 (→ § 265 Rn. 43 ff.) in Betracht (zum Verhältnis zwischen Abs. 2 und dieser Vorschr. vgl. BGH NStZ-RR 2006, 272; Heubel NJW 1981, 2678). 12

C. Belehrungspflicht (Abs. 3). Die Belehrungspflicht (Abs. 3) ergänzt den § 217 Abs. 2 über den Anspruch des Angeklagten auf Aussetzung bei Nichteinhaltung der Ladungsfrist. Hat der Angeklagte schon vorher auf die Fristeinhaltung 13 verzichtet (§ 217 Abs. 3), so entfällt die Belehrung (Löwe/Rosenberg/Becker Rn. 31).

14 **D. Rechtsbehelfe.** Gegen die Anordnung des Vorsitzenden auf **Unterbrechung** des Verfahrens ist der Antrag nach § 238 Abs. 2 idR mangels Beschwer unzulässig; auch Beschwerde ist nicht statthaft (Löwe/Rosenberg/Becker Rn. 35).

15 Dagegen kann gegen die Ablehnung eines Antrags auf Unterbrechung das Gericht nach § 238 Abs. 2 angerufen werden.

16 Der die **Aussetzung** abl. Beschl. ist nach § 305 S. 1 unanfechtbar (KG JR 1959, 350; OLG Hamm NJW 1978, 283). Gegen den Aussetzungsbeschluss ist Beschwerde nach § 304 zulässig, wenn er mit der Urteilsfindung in keinem inneren Zusammenhang steht, sondern das Verf. nur hemmt u. verzögert (BayObLG StV 1984, 13; KG JR 1966, 231; OLG Braunschweig StV 1987, 332; OLG Düsseldorf NStZ-RR 1996, 142; OLG Frankfurt a. M. StV 1988, 195; OLG Karlsruhe Justiz 1977, 227; OLG Stuttgart Justiz 2000, 91; Zieschang StV 1997, 286; **aM** KMR-StPO/Eschelbach Rn. 32a). Der Beschl., mit dem das Verf. zwecks Anstellung weiterer Ermittlungen o. Einholung weiterer Beweise ausgesetzt wird, ist daher unanfechtbar (OLG Braunschweig NStZ 2014, 176; OLG Düsseldorf MDR 1993, 461; OLG Köln StV 1991, 551; 1991, 552; **aM** SK-StPO/Deiters/Albrecht Rn. 21), ebenso ein Beschl. nach § 265 Abs. 4 (KG StV 1989, 8; OLG Stuttgart StraFo 2011, 97).

17 **E. Revision.** Die Revision kann, da § 228 keinen Aussetzungsanspruch gewährt, nur darauf gestützt werden, dass die Ablehnung der Aussetzung nach § 338 Nr. 8 die Verteidigung unzulässig beschränkt hat (vgl. KG StV 1982, 10). Dabei ist das Übergehen eines Aussetzungsantrags ebenso zu behandeln wie dessen ausdr. Ablehnung (→ § 338 Rn. 60). Zum notwendigen Revisionsvorbringen gehört die inhaltliche Mitteilung des Aussetzungsantrags u. des ihn abl. Gerichtsbeschlusses (OLG Koblenz VRS 49, 278) sowie die Darlegung der dadurch erfolgten unzulässigen Beschränkung der Verteidigung in einem wesentlichen Punkt (BGH NJW 1996, 2383; BayObLG StV 1999, 194), erforderlichenfalls auch die tatsächlichen Umstände, welche dem Revisionsgericht eine Beurteilung der Dringlichkeit des Aussetzungsbegehrens im Verhältnis zum Interesse des Angeklagten an einem beschleunigten Abschluss des Verfahrens gem. Art. 6 Abs. 1 S. 1 **EMRK** ermöglichen (BGH BeckRS 2016, 13587; 28.6.2023 – 4 StR 212/22). Entscheidet anstelle des nach Abs. 1 S. 1 zuständigen Gerichts der Vorsitzende, so beruht das Urt. auf dem Mangel jedenfalls dann nicht, wenn dem Verf. nicht widersprochen worden ist (BGHSt 33, 217). Auf die Unterlassung der Bekanntmachung nach Abs. 3 kann die Revision nicht gestützt werden, da es sich nur um eine Ordnungsvorschrift handelt (BGHSt 24, 143 (146); erg. → § 337 Rn. 4).

Höchstdauer einer Unterbrechung — Nr. 137 RiStBV

229 (1) **Eine Hauptverhandlung darf bis zu drei Wochen unterbrochen werden.**

(2) **Eine Hauptverhandlung darf auch bis zu einem Monat unterbrochen werden, wenn sie davor jeweils an mindestens zehn Tagen stattgefunden hat.**

(3) [1] **Hat eine Hauptverhandlung bereits an mindestens zehn Tagen stattgefunden, so ist der Lauf der in den Absätzen 1 und 2 genannten Fristen gehemmt, solange**

1. ein Angeklagter oder eine zur Urteilsfindung berufene Person wegen Krankheit oder

2. eine zur Urteilsfindung berufene Person wegen gesetzlichen Mutterschutzes oder der Inanspruchnahme von Elternzeit

nicht zu der Hauptverhandlung erscheinen kann, längstens jedoch für zwei Monate. [2] **Die in den Absätzen 1 und 2 genannten Fristen enden frühestens**

zehn Tage nach Ablauf der Hemmung. [3] Beginn und Ende der Hemmung stellt das Gericht durch unanfechtbaren Beschluß fest.

(4) [1] **Wird die Hauptverhandlung nicht spätestens am Tage nach Ablauf der in den vorstehenden Absätzen bezeichneten Frist fortgesetzt, so ist mit ihr von neuem zu beginnen. [2] Ist der Tag nach Ablauf der Frist ein Sonntag, ein allgemeiner Feiertag oder ein Sonnabend, so kann die Hauptverhandlung am nächsten Werktag fortgesetzt werden.**

(5) [1] **Ist dem Gericht wegen einer vorübergehenden technischen Störung die Fortsetzung der Hauptverhandlung am Tag nach Ablauf der in den vorstehenden Absätzen bezeichneten Frist oder im Fall des Absatzes 4 Satz 2 am nächsten Werktag unmöglich, ist es abweichend von Absatz 4 Satz 1 zulässig, die Hauptverhandlung unverzüglich nach der Beseitigung der technischen Störung, spätestens aber innerhalb von zehn Tagen nach Fristablauf fortzusetzen. [2] Das Vorliegen einer technischen Störung im Sinne des Satzes 1 stellt das Gericht durch unanfechtbaren Beschluss fest.**

Übersicht

A. Grundsatz der Konzentration der Hauptverhandlung. Der Grundsatz der Konzentration der Hauptverhandlung verlangt – ebenso wie der Grundsatz der Beschleunigung des Verfahrens nach Art. 5 Abs. 3 S. 2, 6 Abs. 1 S. 1 **EMRK** – eine **zügige Verh. ohne längere Unterbrechungen,** durch die der lebendige Eindruck der mündlichen Verh. abgeschwächt u. die Zuverlässigkeit der Erinnerung beeinträchtigt wird (BGHSt 23, 224 (226); BGH NJW 1996, 3019; OLG Karlsruhe Justiz 1988, 72). Andererseits muss Vorsorge dagegen getroffen werden, dass die HV schon deshalb ausgesetzt u. wiederholt werden muss, weil ein in wenigen Tagen zu beseitigendes Hindernis ihrer Fortsetzung entgegensteht. In Großverfahren, die monate- o. sogar jahrelang andauern, sind längere Unterbrechungen unvermeidlich, um die physische u. psychische Belastung der Bet. in erträglichen Grenzen zu halten. Daher gestattet § 229 Unterbrechungen der HV v. unterschiedlicher Länge, je nachdem, wie lange sie bereits gedauert hat. Da die frühere Unterbrechungsmöglichkeit v. nur „bis zu 10 Tagen" in der Praxis zu Schwierigkeiten u. zu sog. „Schiebeterminen" geführt hat (vgl. dazu Bertram NJW 1994, 2187; Gehb/Drange ZRP 2003, 231), ist durch das 1. JuMoG die Unterbrechungsfrist auf 3 Wochen verlängert u. durch das G zur Modernisierung des Strafverfahrens v. 10.12.2019 die max. Hemmung der Fristen auf 2 Monate erhöht worden. Der Gesetzgeber geht davon aus, dass bei Einhaltung dieser Fristen noch die Einheitlichkeit u. Unmittelbarkeit der HV gewahrt u. der Gefahr begegnet ist, dass die Urteilsberatung nicht mehr ausschl. auf dem Erg. der HV beruht (aber → Rn. 4). Besondere Unterbrechungsregelungen enthalten §§ 138c Abs. 4 S. 2, 231a Abs. 3 S. 4 und § 34 Abs. 3 Nr. 6 **EGGVG.** 1

B. Unterbrechung bis zu drei Wochen (Abs. 1). Jede Hauptverhandlung (Abs. 1) darf bis zu 3 Wochen unterbrochen (→ § 228 Rn. 2) werden. Wie lange 2 sie vorher gedauert hat, spielt keine Rolle. Auch der Unterbrechungsgrund ist gleichgültig. Wiederholte Unterbrechungen sind zulässig. Die Vorschr. erlaubt daher nach Einschaltung v. jew. 1 Verhandlungstag ständige Unterbrechungen v. 3 Wochen, was eine HV in rechtlich bedenklicher Weise in die Länge ziehen kann (Sommer StraFo 2004, 297); daher wird v. dieser Möglichkeit mit Rücksicht auf das Beschleunigungsgebot (Art. 5 Abs. 3 S. 2, 6 Abs. 1 S. 1 **EMRK**) nur ausnahmsweise Gebrauch gemacht werden dürfen (Knauer/Wolf NJW 2004, 2934; Neuhaus StV 2005, 51; vgl. auch OLG Hamm StraFo 2006, 25), großzügiger aber BGH NStZ 2006, 710 mzustAnm Dietmeier NStZ 2007, 657 u. Gössel JR 2007, 40 u. abl. Anm. Knauer StV 2007, 341.

3 **C. Unterbrechung bis zu einem Monat (Abs. 2). Hauptverhandlungen von bisher mindestens 10 Verhandlungstagen (Abs. 2)** dürfen auch bis zu 1 Monat unterbrochen werden. Das Wort **„jeweils"** bedeutet, dass nach jedem Block v. 10 Verhandlungstagen – über die regelmäßige Unterbrechungsfrist nach Abs. 1 hinaus – längere Unterbrechungen bis zu 1 Monat möglich sind (krit. dazu Knauer/Wolf NJW 2004, 2934). Die Unterbrechungsmöglichkeit nach Abs. 1 wird dadurch also nicht berührt; andererseits stehen Unterbrechungen nach Abs. 1 der Anwendung des Abs. 2 nicht entgegen. Es kommt nur darauf an, dass insges. 10 Verhandlungstage stattgefunden haben (BGH StraFo 2013, 338). Schließt sich die Unterbrechung nach Abs. 2 einer Unterbrechung nach Abs. 1 an, ohne dass es dazwischen zu einer Sachverhandlung kommt (→ § 228 Rn. 6), so läuft die Frist des Abs. 2 aber v. Beginn der 1. Unterbrechung an. Eine kürzer bemessene Unterbrechung kann jedoch auf 1 Monat verlängert werden (BGHSt 34, 154 (156); erg. → § 228 Rn. 8). Auch die Unterbrechungen nach Abs. 2 sind nicht v. Vorliegen eines bestimmten Unterbrechungsgrundes abhängig. Für die Urteilsverkündung gilt Abs. 2 nicht, sondern § 268 Abs. 3 S. 2 (BGH StraFo 2006, 26; NStZ 2004, 52; erg. → § 268 Rn. 20).

3a ***Unabhängig von der Dauer der Hauptverhandlung*** *war der Lauf der in Abs. 1 und Abs. 2 genannten Unterbrechungsfristen längstens für 2 (s. G vom 27.3.2020, BGBl. I 580) bzw. für 1 Monat (G v. 16.9.2022 (BGBl. I 1454) gehemmt, solange die HV aufgrund v. Schutzmaßnahmen zur Eindämmung der COVID-19-Pandemie nicht durchgeführt werden konnte* ***(§ 10 Abs. 1 EGStPO, aufgehoben*** *mit Wirkung zum 8.4.2023 – BGBl. I 1454; → § 10 Abs. 1* ***EGStPO****). Diese Fristen endeten frühestens 10 Tage nach Ablauf der Hemmung.. Dadurch sollte verhindert werden, dass die HV aufgrund der notwendigen Einschränkungen des öffentl. Lebens durch die Pandemie ausgesetzt u. neu begonnen werden musste (vgl. OLG Stuttgart NStZ-RR 2020, 218 (220)). Die Hemmung des § 10 Abs. 1 S. I 1 EGStPO trat kraft Gesetzes ein (BGH NStZ 2021, 186). Sie trat als* ***weiterer Hemmungstatbestand*** *neben § 229 Abs. 3 S. 1, so dass beide Vorschriften kumulativ zur Anwendung kommen konnten; innerhalb eines Unterbrechnungszeitraumes konnte § 10 Abs. 1 S. 1* ***EGStPO mehrfach greifen,*** *ohne dass zwischen den Hemmungszeiträumen zur Sache verhandelt worden sein musste (BGH NJW 2025, 767 zu § 10 Abs. 1 S. 1* ***EGStPO*** *idF des G vom 27.3.2020 (BGBl. I 580)). Dass das Gericht Beginn u. Ende der Hemmung durch unanfechtbaren Beschl. festzustellen hatte, hatte lediglich konstitutive Bedeutung; es stellte deshalb keinen Rechtsverstoß dar, wenn das Gericht den Beginn der Hemmung nicht innerhalb der dreiwöchigen Unterbrechungsfrist des Abs. 1 I festgestellt hatte (BGH NStZ 2021, 186; erg. → Rn. 8, 16).*

3b *Der Hemmungstatbestand erfasste* ***sämtliche Gründe,*** *die der Durchführung der HV aufgrund der Infektionsschutzmaßnahmen entgegenstehen konnten (BT-Drs. 19/18110, 32 f.; OLG Stuttgart NStZ-RR 2020, 218 (220)). Die Schutzmaßnahme musste nicht gerichtlich o. gesundheitsbehördlich angeordnet o. empfohlen worden sein; vielmehr genügte es, wenn sie nachvollziehbar der Verhinderung der Verbreitung v. Infektionen mit dem Coronavirus dienen sollte (BGH NStZ 2021, 186: ärztliche Empfehlung; BeckRS 2021, 7948). Der Hemmungstatbestand lag etwa vor, wenn ein Verfahrensbeteiligter erkrankt bzw. infiziert war o. Krankheitssymptome aufwies (vgl. Deutscher NStZ 2020, 318); im Falle der Erkrankung § 10 Abs. 1 I EGStPO lex specialis zu Abs. 3 III Nr. 1 (Metz NStZ-RR 2020, 221). Ebenso reichte es aus, wenn ein Verfahrensbeteiligter nachweislich zu einer*

Risikogruppe nach den Vorgaben des Robert-Koch-Instituts gehörte (vgl. dazu Deutscher NStZ 2020, 318; BGH 2021, 19996) u. damit ein potenziell erhöhtes Gesundheitsrisiko aufwies, ebenso wenn das Gericht sich im Falle einer evtl. rasch fortschreitenden Pandemie außer Stande sah, die Ansteckungsgefahr durch Kontroll- u. Schutzmaßnahmen nach § 176 GVG auf ein vertretbares Maß zu reduzieren (→ GVG § 176 Rn. 6, 23; zu den Auswirkungen auf Haftentscheidungen → § 121 Rn. 21a) o. wenn das Gericht mit der Unterbrechung Empfehlungen der zuständigen Behörden o. Ministerien zur Eindämmung der Ansteckungsgefahr folgte. Ein Hindernis für die Durchführung der HV lag auch vor, wenn es nur mittelbar auf Schutzmaßnahmen beruhte, etwa bei geringerer Verfügbarkeit von Sitzungssälen zur Verhandlung priorisierter Haftsachen (OLG Oldenburg StraFo 2021, 387) o. wenn eine Verfahrensbeteiligte dadurch mittelbar betroffen war (BGH NStZ 2021, 186: unaufschiebbarer operativer Eingriff des Ehemanns einer Schöffin). Bei konkreter Infektionsgefahr konnte sogar ein Anspruch der Verfahrensbeteiligten auf – höchstmögliche – Unterbrechung der HV bestehen (OLG Hamburg StV 2020, 458).

***§ 10 EGStPO** wurde durch G v. 16.9.2022 mit Wirkung vom 8.4.2023 **aufgehoben** (BGBl. I 1454).* **3c**

D. Fristhemmung (Abs. 3). Das G zur Modernisierung des Strafverfahrens v. 10.12.2019 (BGBl. I 2122) hat die Höchstdauer der Fristhemmung u. ihre ges. Anwendungsmöglichkeiten erweitert, um die Aussetzung v. HV aufgrund Erkrankung u. Mutterschutz zu reduzieren (BT-Drs. 532/19, 33). Die Fristverlängerung auf längstens 2 Monate bedeutet, dass eine Maximalunterbrechung der HV v. 3 Monaten u. 10 Tagen möglich ist (BT-Drs. 197474, 33). Insofern erscheint es nicht widerspruchsfrei, die mögliche Gesamtunterbrechung der HV unter den Voraussetzungen des § 229 zu erhöhen u. zugleich in § 29 Abs. 2 S. 1 unter Hinweis auf den Beschleunigungsgrundsatz – va in Haftsachen – festzulegen, dass die Durchführung der HV keinen Aufschub duldet (vgl. auch Claus NStZ 2020, 58 (61)). **4**

I. Erkrankung (S. 1 Nr. 1). Die **Erkrankung des Angeklagten oder einer zur Urteilsfindung berufenen Person** (Abs. 3 S. 1 Nr. 1) – also eines Berufsrichters o. eines Schöffen (zum Ergänzungsschöffen → Rn. 5a) – (zum Begriff **Krankheit** vgl. → § 223 Rn. 7) kann die Durchführung der HV trotz der Unterbrechungsmöglichkeiten nach Abs. 1, Abs. 2 gefährden. Die Fristhemmung, die nach § 268 Abs. 3 S. 3 auch für die Frist des § 268 Abs. 3 S. 2 gilt, soll daher verhindern, dass eine HV ausgesetzt u. wiederholt werden muss, weil der Angeklagte o. einer der Richter am Tage nach Ablauf einer Unterbrechungsfrist wegen Krankheit (auf Verhandlungsunfähigkeit kommt es nicht an) nicht an der Verh. teilnehmen kann. Ob eine Verh. am Krankenbett möglich wäre, ist gleichgültig. Verh. nach §§ 231 Abs. 2, 231a bleibt aber möglich (Schlothauer FS E. Müller, 2008, 645). Die Fristhemmung setzt außer der Krankheit (die uU auch schon länger bestehen kann, vgl. OLG Düsseldorf StV 1997, 282) voraus, dass die HV bereits an mind. 10 Tagen stattgefunden hat. Wird sie gegen mehrere Angeklagte geführt, so genügt es, dass einer v. ihnen wegen Krankheit nicht erscheinen kann; oft wird es dann aber geboten sein, das Verf. gegen den erkrankten Angeklagten abzutrennen u. gegen die anderen fortzusetzen (Meyer-Goßner NJW 1987, 1163). Bei erneuter Erkrankung einer Person kann die Unterbrechungsfrist mehrfach gehemmt sein; es genügt, wenn zwischen den Unterbrechungen an einem Tag verhandelt worden ist (BGHSt 65, 198 = NJW 2021, 959; SK-StPO/Deiters/Albrecht Rn. 11; vgl. auch BT-Drs. 19/17474, 3; **aM** Zieschang StV 1996, 115; in den v. ihm angeführten Extremfällen häufiger u. langer Unterbrechungen mit jew. nur wenigen Zwischenterminen wird allerdings neu mit der HV zu beginnen sein; insoweit dahingestellt v. BGH NJW 2021, 959; erg. → Rn. 1). **5**

Nach Auffassung des BGH ist der **Ergänzungsrichter oder – schöffe** auch vor seinem Eintritt in das Quorum (§ 192 Abs. 2 GVG) eine zur Urteilsfindung berufene Person iSv Abs. 3 S. 1 Nr. 1 (BGH NStZ 2023, 117; **aM** die hM, vgl. nur KK-StPO/Gmel/Peterson Rn. 11; Löwe/Rosenberg/Becker Rn. 17; SK-StPO Deiters Rn. 8; KMR-StPO/Eschelbach Rn. 25; Momsen/Willumat NStZ **5a**

2018, 369). Der BGH begründet dies damit, dass dies dem Sinn und Zweck der Vorschrift entspreche, welche auf Ressourcenschonung und die Vermeidung einer Aussetzung der HV abziele (BGH NStZ 2023, 117). Auch trage der Wortlaut von Abs. 3 S. 1 Nr. 1 dieses Verständnis. Ein Ergänzungsrichter oder -schöffe müsse der HV so folgen, als als ob er an Urteilsberatung und abschließender Entscheidung teilnehme, er habe das Recht, Zeugen und Sachverständige zu befragen und er müsse sich ein vorläufiges Urteil über die Ergebnisse der Beweisaufnahme verschaffen; selbst wenn er nicht in das Quorum eintrete, wirke er zwar nicht an der Entsch., aber an der Verhandlung mit, welche der Entscheidung vorausgehe (BGH NStZ 2023, 117). Dies erscheint **nicht unzweifelhaft.** Zwar ist der Ergänzungsrichter bzw. -schöffe berechtigt, in Grenzen an der Verhandlung mitzuwirken, zur Urteilsfindung im eigentlichen Sinne, dh insbes. zur Mitwirkung an der abschließenden Beratung und Entsch., ist er aber erst von dem Zeitpunkt an berufen, in dem er im Falle der Verhinderung eines Richters für diesen in das Quorum eintritt.

5b Kann ein zur Urteilsfindung berufener **Richter wegen Krankheit** zu einer HV **nicht erscheinen,** ist es im Hinblick auf das Prinzip des ges. Richters geboten, die Feststellung des Verhinderungsfalls zurückzustellen u. abzuwarten, ob die HV noch unter Mitwirkung des erkrankten Richters fortgesetzt werden kann. Solange die Fristen gehemmt sind, ist für eine Ermessensentscheidung des Vorsitzenden deshalb kein Raum. Das gilt auch hins. des Eintritts eines Ergänzungsrichters (BGHSt 61, 160 mzustAnm Ventzke NStZ 2016, 558 u. ablAnm Schäfer JR 2017, 41; BGH NStZ 2023, 509; erg. → GVG § 192 Rn. 7, 7a) Etwas anderes ist etwa dann ausnahmsweise anzunehmen, wenn schon v. vornherein feststeht, dass eine Fortsetzung der HV mit dem erkrankten Richter auch nach Ablauf der max. Fristenhemmung nicht möglich sein wird, o. wenn andere vorrangige Prozessmaximen beeinträchtigt würden (BGHSt 61, 160; dazu krit. Ventzke NStZ 2016, 558; BGH NStZ 2023, 509).

6 **II. Mutterschutz und Elternzeit (S. 1 Nr. 2).** Die Fristhemmung tritt nunmehr auch ein, wenn eine zur Urteilsfindung berufene Person (dazu soeben 5, 5a) wegen **gesetzlichen Mutterschutzes oder der Inanspruchnahme von Elternzeit** nicht zur HV erscheinen kann (Abs. 3 S. 1 Nr. 2). Soweit es den ges. Mutterschutz betr. ist diese Regelung auf eine Entsch. des BGH zurückzuführen, die eine Strafkammer als fehlerhaft besetzt ansah, weil in ihr eine Richterin mitwirkte, die sich im ges. Mutterschutz befand (BGHSt 61, 296; s. aber BGH NStZ 2021, 434 mAnm Gravenhorst, der zutr. einen – ggf. teilw. – Verzicht auf den Mutterschutz für möglich hält, sowie BGH NJW 2022, 1111, wonach bei Schöffinen die gem. § 31 S. 1 GVG als öffentliches Ehrenamt ausgeführte Schöffentätigkeit nicht dem persönlichen Anwendungsbereich des Mutterschutzes unterfällt; insoweit erg. → § 338 Rn. 9b). Dass der Gesetzgeber sie auch auf die Inanspruchnahme v. Elternzeit erstreckt hat, erscheint jedoch zu weitgehend, da die Elternzeit – anders als der Mutterschutz – nicht zwingend einzuhalten ist (Claus NStZ 2020, 58 (61 f.)).

7 **III. Dauer. Kraft Gesetzes** tritt die Fristhemmung ein. Sie dauert so lange, bis der Angeklagte – o. die andere Person – wieder im Gericht erscheinen kann, aber nicht länger als **2 Monate.** Die Höchstdauer der Hemmung bezieht sich auf die jew. nach Abs. 1 oder 2 angeordnete Unterbrechung (vgl. BT-Drs. 19/17474, 33). Dabei ist zu unterscheiden: Erkrankt die Person während einer Unterbrechung der HV nach Abs. 1 oder Abs. 2, so läuft die Frist v. 3 Wochen o. 1 Monat nicht weiter, solange die Erkrankung so schwerwiegend ist, dass die erkrankte Person nach Ablauf der Frist nicht an der Verh. teilnehmen kann (BGH NStZ 1992, 550); ist die Fortsetzung der Verh. schon auf einen Termin vor Fristablauf angesetzt, kommt es darauf an, ob die Person zu diesem Zeitpunkt verhandlungsfähig ist, falls nicht, gilt Abs. 3 (Schmitz NStZ 2010, 128, die hier ein Problem sieht, missversteht Gesetzesbegründung u. Rspr.). Nach Wegfall der Verhinderung, längstens nach 2 Monaten, läuft die Unterbrechungsfrist v. selbst weiter. Erkrankt die Person dagegen während einer nicht unterbrochenen HV, so kann der Vorsitzende (bei dessen Verhinderung sein Vertreter) eine Unterbrechung nach Abs. 1 oder das

nach § 228 Abs. 1 S. 1 dafür zuständige Gericht eine Unterbrechung nach Abs. 2 anordnen. Die Unterbrechungsfrist nach diesen Vorschr. beginnt dann erst mit dem Wegfall der Verhinderung zu laufen, spätestens nach 2 Monaten (vgl. BGH NStZ 1998, 633 zur früheren 6-Wochen-Frist). Nach dem Ende der Hemmung dauert die Unterbrechungsfrist nach Abs. 1 oder Abs. 2 in jedem Fall noch 10 Tage an (Abs. 3 S. 2); sie wird um diese Frist verlängert, um dem Gericht die Vorbereitung der Fortsetzung der HV zu ermöglichen.

IV. Gerichtsbeschluss. Durch unanfechtbaren Gerichtsbeschluss, der aber nur deklaratorische Bedeutung hat (BGH NStZ 2021, 186; NStZ-RR 2016, 178), müssen Beginn u. Ende der Hemmung festgestellt werden (Abs. 3 S. 3). Der Beschl. wird idR **außerhalb der HV ohne Mitwirkung der Schöffen** gefasst (Rieß/Hilger NStZ 1987, 149 Fn. 100); betr. die Verhinderung einen Berufsrichter, muss sein geschäftsplanmäßig bestellter Vertreter mitwirken. Wenn bei Feststellung des Beginns schon abzusehen ist, wann die Verhinderung enden wird, genügt ein einziger Beschl.; andernfalls müssen 2 Beschlüsse erlassen werden. Um Beginn u. Ende der Hemmung feststellen zu können, muss das Gericht im Freibeweisverfahren (→ § 244 Rn. 7, 9) prüfen, ob, ab wann u. bis wann die erkrankte Person wegen ihrer Erkrankung bzw. die zur Urteilsfindung berufene Person wegen Mutterschutz o. der Inanspruchnahme v. Elternzeit nicht vor Gericht erscheinen kann. Im Fall der Krankheit wird ein ärztliches Gutachten eingeholt werden müssen. Ist eine entspr. Feststellung aus medizinischen o. anderen Gründen zunächst nicht möglich, muss mit der Feststellung des Beginns der Hemmung bis kurz vor das rechnerische Ende der jeweiligen Unterbrechungsfrist gewartet werden. Ein Beschl. über das Ende der Hemmung erübrigt sich, wenn die Prüfung ergibt, dass die erkrankte Person bereits einen Tag nach Ablauf der rechnerischen Unterbrechungsfrist nach Abs. 1 oder Abs. 2 an der Verh. teilnehmen kann. In diesem Fall ist trotz der zeitweiligen Verhinderung keine Hemmung eingetreten (BGH NStZ 1992, 550; StV 1994, 5). 8

E. Fristberechnung (Abs. 4 S. 2). Da die Fristen des § 229 keine Fristen iSd §§ 42, 43 sind u. auch die Fristenregelungen der §§ 186 ff. BGB nicht anwendbar sind (BGH NStZ 2020, 622; 2017, 424; 2014, 469), bestimmt die Vorschr. ausdr., dass die HV am nächsten Werktag fortgesetzt werden kann, wenn der Tag nach Fristablauf ein Sonntag, allg. Feiertag o. Sonnabend ist (dazu → § 43 Rn. 2). Bei der Fristberechnung sind weder der Tag, an dem die Unterbrechung angeordnet wird, noch derjenige, an dem die Verh. wieder aufgenommen wird, in die Frist einzuberechnen (BGH NJW 2025, 767; NStZ 2020, 622; NStZ-RR 2020, 285; BGH 2.11.2023 – 6 StR 316/23). Zwischen dem Unterbrechungs- u. dem Fortsetzungstermin dürfen – abgesehen v. den Fällen des Abs. 4 S. 2 – nicht mehr als 21 Tage liegen (BGH NStZ 2020, 622 mwN (6. StS); NStZ-RR 2020, 285 (5. StS); 7.9.2021 – 1 StR 134/21; vgl. dagegen BGH NStZ 2014, 469 sowie BGH NStZ-RR 2016, 178, die bei ihrer Berechnung – anhand desjenigen Wochentags, der dem Wochentag entspricht, an dem die Frist beginnt – auf max. 22 Kalendertage kommen; diesen zust. Gräbener NStZ 2020, 514 (517)). Zur Fristberechnung in den Fällen des – aufgehobenen (→ Rn. 3a) – § 10 Abs. 1 S. 1 **EGStPO** s. BGH NJW 2025, 767. 9

F. Weiteres Verfahren. I. Verhandlung zur Sache. Die Fortsetzung der Hauptverhandlung **in derselben Gerichtsbesetzung** muss spätestens am Tag nach Ablauf der 3 Wochen- bzw. 1 Monatsfrist erfolgen. 10

Die Frist wird nur durch **Verhandlung zur Sache** gewahrt (BGH NJW 1952, 1149); die Rspr. hierzu ist kasuistisch und nicht ganz einheitlich. Jedenfalls muss die Sache in dem Fortsetzungstermin auf irgendeine Weise inhaltlich auf den abschl. Urteilsspruch gefördert werden (BGH NStZ 2009, 225; 2018, 297). Ein Termin, der *allein* der Einhaltung der Unterbrechungsfrist dient („Schiebetermin", → Rn. 1), genügt nicht (BGH NStZ 2023, 365; 2011, 532; 2012, 343); dies ist etwa der Fall, wenn sich die Erörterung in Formalien erschöpft, die weder für die Urteilsfindung noch den Verfahrensgang eigenständiges Gewicht besitzen (BGH 10a

NStZ 2018, 297; s. auch BGH NStZ 2023, 365: Bekanntgabe von Vfg., die außerhalb der HV ergangen waren).

11 Die **Erörterung von Rechtsfragen** (BGH NStZ 2009, 225), v. Verfahrensfragen o. Prozesshindernissen kann allerdings ausreichen, wenn deren Ziel die Klärung ist, durch welche Untersuchungshandlungen der Aufklärung des Sachverhalts Fortgang gegeben werden kann (BGHR StPO § 229 Abs. 1 Sachverhandlung 4); dies gilt insbes. dann, wenn die für den Fortsetzungstermin in Aussicht genommene sonstige Förderung des Verfahrens infolge unvorhersehbarer Ereignisse, etwa Nichterscheinen eines Zeugen o. Erkrankung eines Verfahrensbeteiligten, nicht stattfinden kann (BGH NStZ 2018, 297). Die Unterrichtung der Verfahrensbeteiligten, dass einem Beweisantrag stattgegeben worden ist, kann ausreichen (BGH NStZ 2011, 229), ebenso die Erörterung mit den Verfahrensbeteiligten, ob weitere Beweisanträge gestellt werden sollen (BGH NStZ 2021, 381), erst recht die Anordnung des Schließens der Beweisaufnahme (§ 258 Abs. 1: BGH NStZ 2021, 381), nicht dagegen die Prüfung, ob u. wann weiterverhandelt werden kann (BGH NStZ 2016, 171; OLG Celle StV 1992, 101; anders aber, wenn erörtert wird, ob gegen den ausgebliebenen Angeklagten ggf. nach § 231 Abs. 2 weiterverhandelt werden kann, BGH NStZ 2014, 220). Eine Verh. zur Sache liegt auch in der Anordnung nach § 249 Abs. 2 S. 3 (BGHSt 58, 59; vgl. auch BGH NStZ-RR 2019, 278), nicht aber in der bloßen Protokollierung, dass das Selbstleseverfahren durchgeführt wurde (BGH NStZ 2008, 115), ebenso wenig darin, einen Pflichtverteidiger zu entpflichten o. zu bestellen (BGH NStZ 2008, 115). Die Vorbereitung einer Haftentscheidung stellt zwar für sich genommen keine Sachverhandlung dar (vgl. BGH NStZ 2022, 760); sie wird aber zu einer solchen, wenn die persönlichen Umstände der Angeklagten und ihrer Haftbeeindruckung erörtert werden, welche auch im Rahmen der Strafzumessung Bedeutung erlangen können (BGH NStZ-RR 2022, 382).

11a Die **Erörterung der Verhandlungsfähigkeit** des Angeklagten (so BGHR § 229 Abs. 1 Sachverhandlung 1), selbst wenn dies iErg zur Feststellung v. Verhandlungsunfähigkeit führen würde (vgl. BGH BeckRS 2019, 26778), o. eines Ablehnungsgesuchs (so BGH NStZ 2023, 695; eher abl. BGH NStZ 2006, 710 mzustAnm Dietmeier NStZ 2007, 658 u. abl. Anm. Knauer StV 2007, 341) sowie des den Befangenheitsantrag zurückweisenden Beschlusses (BGH NStZ 2023, 695) genügt). Dies gilt auch für die Inaugenscheinnahme einer Reihe von Abbilungen (BGH BeckRS 2025, 1910). Die Verlesung des BZR-Auszuges, selbst wenn er keinen Eintrag aufweist, o. einer sonstigen Urk. reicht aus (BGH StraFo 2011, 395), allerdings darf die Verlesung nicht willkürlich zurückgehalten o. gar auf mehrere Sitzungstage verteilt werden (BGH NJW 1996, 3019; StV 1998, 359; vgl. auch BGH NStZ 1999, 521: wiederholtes Verlesen des Strafregisterauszuges u. OLG Koblenz StV 1997, 288: Verlesung einer Urkunde, die später sicher noch einmal verlesen werden muss; zust. Fahl Rechtsmißbrauch S. 297; zw. BGH NStZ 2000, 606); zum notwendigen Revisionsvorbringen in solchen Fällen vgl. BGH NStZ-RR 1998, 335. Auch eine fehlerhafte Beweisaufnahme kann aber der Verfahrensförderung dienen (BGH NStZ 2000, 212; NStZ-RR 2004, 270 Ls.); der Tag ist gleichwohl bei der Entsch., ob die Frist des § 229 gewahrt wurde, zu berücksichtigen (BGH NStZ-RR 2014, 251). Sind Sachen gegen mehrere Angeklagte verbunden, so genügt es, dass Vorwürfe gegen Mitangeklagte erörtert werden (Dallinger MDR 1975, 23 – BGH RsprÜ). BGH NJW 2009, 384 lässt es auch ausreichen, dass zur Sache verhandelt werden sollte, dies aber wegen unvorhersehbarer Ereignisse nicht möglich war (zust. Peglau JR 2009, 348; krit. Deutscher StRR 2012, 48; Mandla NStZ 2011, 7).

11b Selbst wenn nach diesen Maßstäben in einem Termin Verfahrensvorgänge stattfinden, die als Sachverhandlung anzusehen sind, kann eine **Gesamtschau des Verfahrensgangs** ergeben, dass das Gericht mit der Verhandlung nicht die substantielle Förderung des Verfahrens bezweckt, sondern allein die Wahrung der Unterbrechungsfrist im Auge hat (BGH NJW 2023, 377, allerdings zu einem Extremfall: Die jährliche Verhandlungsdauer überstieg kaum diejenige eines einzelnen gewöhnlichen Sitzungstages). Dies ist auch der Fall, wenn einheitliche Verfahrensvorgänge willkürlich in mehrere kurze Verfahrensabschnitte zerstückelt und auf mehrere Verhandlungstage verteilt werden, um dadurch die zulässigen Unterbrechungsfristen einzuhalten (BGH NStZ 2008, 115; 2023, 365).

Zum Fortsetzungstermin braucht nicht förmlich geladen zu werden; die **mündliche Bekanntmachung des neuen Termins** bei der Unterbrechung der HV genügt (BGH NStZ 1988, 421; OLG Düsseldorf NJW 1970, 1889; Nr. 137 Abs. 1 RiStBV; erg. → § 217 Rn. 6), ist aber notwendig (BayObLG NZV 1999, 306). Auch wenn der Fortsetzungstermin außerhalb der HV bestimmt wird, ist eine schriftliche Bekanntmachung nicht erforderlich (BGHSt 38, 271 für den Fall, dass der Verteidiger benachrichtigt wurde; **aM** BGH NStZ 1984, 41 mablAnm Hilger). Ist der auf freiem Fuß befindliche Angeklagte bereits zur Anklage vernommen worden, so ist es zweckmäßig, ihn darüber zu belehren, dass nach § 231 Abs. 2 auch ohne ihn weiterverhandelt werden kann (OLG Düsseldorf NJW 1970, 1889). Ist der Angeklagte nicht auf freiem Fuß, so wird der mündlichen Ladung der klarstellende Hinweis an die Vorführungsbeamten zugefügt, dass der Angeklagte zum Fortsetzungstermin wieder vorzuführen ist (→ § 216 Rn. 5). 12

Eine **Ladungsfrist** besteht für die Fortsetzungsverhandlung nicht (→ § 217 Rn. 6). 13

II. Wiederholung der Hauptverhandlung (Abs. 4 S. 1). Die Wiederholung der Hauptverhandlung ist erforderlich, wenn sie nicht spätestens am Tage nach Ablauf der in Abs. 1–3 bezeichneten Fristen fortgesetzt wird (Abs. 4 S. 1). Es muss eine völlig neue HV stattfinden, zu der der Angeklagte u. der Verteidiger schriftlich zu laden sind (§ 216). Die Ladungsfrist muss dann erneut eingehalten werden (vgl. → § 217 Rn. 4). Wegen der mündlichen Ladung v. Zeugen u. Sachverständigen vgl. Nr. 137 Abs. 2 RiStBV. 14

G. Technische Störungen (Abs. 5). Der durch das G zur Einf. der elektronischen Akte v. 5.7.2017 (BGBl. I 2208 (2213)) eingeführte Abs. 5 soll ausschließen, dass eine HV allein wegen einer kurzfristig zu beseitigenden technischen Störung wiederholt werden muss (BT-Drs. 18/9416, 61). Als **Ausnahme von Abs. 4 S. 1** darf das Gericht die HV unverzüglich nach Beseitigung einer vorübergehenden technischen Störung, spätestens aber innerhalb v. 10 Tagen nach Fristablauf fortsetzen (Abs. 5 S. 1). Erforderlich ist, dass die Fortsetzung dem Gericht – u. nicht etwa den Verfahrensbeteiligten – aufgrund der technischen Störung nicht möglich ist; dies ist nur der Fall, wenn aufgrund der Störung keinerlei prozessfördernde Handlungen o. Erörterungen zur Sache erfolgen können (BT-Drs. 18/9416, 61). Beispiele wären etwa die Nichtverfügbarkeit der elektronischen Akte o. der Ausfall einer Videokonferenzanlage bei einer geplanten Zeugenvernehmung. Vorübergehend iSd Gesetzes wird eine technische Störung nur sein, wenn sie kurzfristig auftritt u. nicht auf strukturellen Problemen beruht, dh wenn sie nicht absehbar war. Das Vorliegen einer technischen Störung stellt das Gericht durch unanfechtbaren Beschl. fest (Abs. 5 S. 2). 15

H. Revision. Die **Fristüberschreitung** ohne Wiederholung der HV ist zwar kein zwingender Urteilsaufhebungsgrund; idR beruht das Urt. aber auf dem Verfahrensmangel (BGHSt 23, 224; NStZ-RR 2020, 285; OLG Celle StV 1992, 101; OLG Karlsruhe StV 1993, 66). Nur in bes. gelagerten Ausnahmefällen ist der Verstoß gegen § 229 für das Urt. ohne Bedeutung (BGH 5.10.2021 – 6 StR 394/21; StV 1982, 4; OLG Düsseldorf StV 1994, 362); solche können bei einfach gelagertem Sachverhalt und erdrückender Beweislage nach kurzer HV oder bei Großverfahren in Betracht zu ziehen sein, in denen sich aufgrund der Mehrzahl der HV-Tage die Eindrücke der laufenden Beweisaufnahme vertieft und Vorkehrungen zur Verfestigung des Erinnerungsbildes sowie insbes. BE-Vermerke getroffen sind (BGH 7.9.2021 – 1 StR 134/21 mwN). Der Tatrichter selbst darf die Frist selbstverständlich nicht mit der Begründung überschreiten, das Urt. werde nicht auf der Gesetzesverletzung beruhen (BGH NStZ 1986, 518). Auf die fehlerhafte Feststellung des Beginns u. des Endes der Fristhemmung nach Abs. 3 kann die Revision 16 nach § 336 S. 2 nicht gestützt werden, sofern nicht Willkür anzunehmen ist (BGH NStZ 2023, 118; NStZ 2016, 688). Dies gilt gleichermaßen für die Fälle des § 10 Abs. 1 S. 2 EGStPO (BGH NStZ 2021, 186; BeckRS 2021, 19996). Sie kann aber rügen, dass die Voraussetzungen für die Hemmung überhaupt nicht vorgelegen haben (vgl. Rieß/Hilger NStZ 1987, 149). Zum notwendigen Rügevorbringen vgl. BGH 28.8.2023 – 1 StR 249/23; BeckRS 2017, 131902. Will die Revision rügen, dass das Verf. nicht gefördert worden sei, muss sie den Verfahrensablauf des betr. Termins so vollständig wiedergeben, wie dies für die Beurteilung der Rüge v. Bedeutung ist (BGH NStZ 2021, 178; BeckRS 2023, 15385; erg. → Rn. 11–11b).

Ausbleiben des Angeklagten

230 (1) **Gegen einen ausgebliebenen Angeklagten findet eine Hauptverhandlung nicht statt.**

(2) **Ist das Ausbleiben des Angeklagten nicht genügend entschuldigt, so ist die Vorführung anzuordnen oder ein Haftbefehl zu erlassen, soweit dies zur Durchführung der Hauptverhandlung geboten ist.**

Übersicht

1 **A. Anwesenheit des Angeklagten in der Hauptverhandlung (Abs. 1). I. Anwesenheitspflicht. Zwingend vorgeschrieben** ist die Anwesenheit des Angeklagten, sofern das G nicht Ausnahmen ausdr. zulässt (BGH NStZ-RR 2024, 82), wie in §§ 231 Abs. 2, 231a, 231b, 231c, 232, 233, 247, 329 Abs. 2, 350 Abs. 2, 387 Abs. 1, 411 Abs. 2 S. 1, 415 Abs. 1.

2 Der Angeklagte kann auf seine Anwesenheit nicht wirksam verzichten (BGHSt 3, 187 (191); 25, 317 (318); NJW 1976, 1108); ein in Haft befindlicher Angeklagter muss, notfalls zwangsweise, vorgeführt werden (Löwe/Rosenberg/Becker Rn. 8). Das Gericht kann den Angeklagten v. seiner Anwesenheitspflicht auch nicht entbinden (BGHSt 25, 317 (318); BGH NJW 1973, 522; KG StV 1985, 52).

3 Die Anwesenheitspflicht soll dem Angeklagten nicht nur das rechtliche Gehör gewährleisten, sondern ihm auch die Möglichkeit allseitiger u. uneingeschränkter Verteidigung sichern; außerdem soll dem Tatrichter im Interesse der Wahrheitsermittlung ein unmittelbarer Eindruck v. der Person des Angeklagten, seinem Auftreten u. seinen Erklärungen vermittelt werden (BVerfG NJW 2007, 2977 (2979); BGHSt 3, 187 (190); 26, 84 (90); OLG Hamburg JR 1987, 78; Roxin/Schünemann StrafVerfR § 44 Rn. 42). Es wird diskutiert, ob im Hinblick auf die – durch die Neufassung des § 329 aufgenommene – Rspr. des EGMR, die eine Vertretung des Angeklagten durch seinen Verteidiger genügen lässt, auch § 230 weiter eingeschränkt werden muss (vgl. Esser StV 2013, 339; Gerst NStZ 2013, 311; Püschel StraFo 2012, 495; **aM** Frisch FS Paeffgen, 2015, 612).

4 Der Anwesenheitspflicht entspr. das **Anwesenheitsrecht** des Angeklagten (BGHSt 19, 144 (147); 26, 84 (90); Rieß JZ 1975, 266). Er ist zur Anwesenheit auch dann berechtigt, wenn ausnahmsweise keine Anwesenheitspflicht besteht (BGHSt 26, 228 (234); 28, 35 (37); BGH StV 1981, 510). Das Gericht darf ihm die

Teilnahme an der HV daher nicht verwehren, auch wenn es ohne ihn verhandeln könnte (Holtz MDR 1980, 631 – BGH RsprÜ: selbst herbeigeführte Verhandlungsunfähigkeit; vgl. auch → § 231a Rn. 18). Es darf insbes. dann nicht ohne ihn verhandeln, wenn er zu erkennen gibt, dass er die Teilnahme ernsthaft beabsichtigt, daran aber schuldlos verhindert ist.

II. Ununterbrochene Anwesenheit. Die ununterbrochene Anwesenheit des Angeklagten während der gesamten HV verlangt Abs. 1, soweit nicht Ausnahmen bestimmt sind, wie in §§ 231 Abs. 2, 231b 231c, 247, 329, 411, 51 **JGG.** 5

Das gilt auch für **Ortsbesichtigungen** (BGHSt 3, 187; 25, 317 (318); OLG Hamburg GA 1961, 177). Demonstriert der Angeklagte zB bei einer Augenscheinseinnahme sein Tatverhalten außerhalb der Hörweite des Gerichts, so darf währenddessen nicht weiter zur Sache verhandelt werden (Löwe/Rosenberg/Becker Rn. 6; **aM** OLG Braunschweig NJW 1963, 1322 mablAnm Kleinknecht). Ist eine Ortsbesichtigung durch das Gericht in Anwesenheit des Angeklagten nicht möglich, so muss sie unterbleiben (OLG Hamburg JR 1987, 78: Weigerung des Hauseigentümers, dem Angeklagten Zutritt zu gewähren); das Gericht muss dann idR einen Augenscheinsgehilfen (→ § 86 Rn. 4) beauftragen (Foth JR 1987, 78). Während der Urteilsberatung, also in Abwesenheit des Angeklagten, darf der Augenschein nicht wiederholt werden (RGSt 66, 28, OLG Hamm NJW 1959, 1192). 6

Zur HV gehört auch die **Urteilsverkündung** nach § 268 (→ § 268 Rn. 14); der Angeklagte muss daher anwesend sein (RGSt 42, 244 (246); Löwe/Rosenberg/Becker Rn. 5). 7

III. Verhandlungsfähigkeit. Verhandlungsfähig (dazu → Einl. Rn. 97) muss der Angeklagte in der HV sein; seine körperliche Anwesenheit genügt nicht (BGHSt 23, 331 (334); OGHSt 2, 375 (377)). Schon bei Zweifeln an seiner Verhandlungsfähigkeit darf die HV gegen ihn nicht durchgeführt werden (BGH NStZ-RR 2024, 82; NStZ 1984, 520). Dies gilt auch, wenn das Tatgericht bestehende Zweifel an der Verhandlungsfähigkeit nur deshalb meint überwinden zu können, weil es einen rechtlich unzutreffenden Maßstab an die Verhandlungsfähigkeit anlegt (BGH NStZ-RR 2024, 82). Hat der Angeklagte seine Verhandlungsunfähigkeit selbst herbeigeführt, so kann nach Abs. 2 oder nach § 231a verfahren werden (OLG Düsseldorf NStZ 1990, 295). 8

Stellt sich heraus, dass gegen einen Angeklagten mangels Verhandlungsfähigkeit nicht nach den §§ 226 ff. verhandelt werden kann, muss das **Verfahren eingestellt** werden; der Übergang in ein Sicherungsverfahren ist ausgeschlossen (BGHSt 46, 345 f.; BGH NStZ-RR 2024, 82; → § 416 Rn. 2). Die StA hat in diesem Fall nach ihrem Ermessen zu entscheiden, ob nach § 413 ff. ein Sicherungsverfahren durchgeführt werden soll (BGH NStZ-RR 2024, 82). 8a

Eine **Erkrankung** des Angeklagten zwingt grds. nur dazu, Ort, Zeit u. Dauer der HV so einzurichten, dass er ihr folgen kann (Seetzen DRiZ 1974, 259). Auch eine Verh. am Krankenbett ist nicht ausgeschlossen (Löwe/Rosenberg/Becker Rn. 7). 9

IV. Hauptverhandlung gegen mehrere Angeklagte. Findet die Hauptverhandlung gegen mehrere Angeklagte statt, so müssen grds. (vgl. aber § 231c) alle anwesend sein, auch wenn ausschl. über die Tat eines Mitangeklagten verhandelt wird, an der sie nicht bet. waren u. die sie auch sonst nicht betr. (BGH StV 1987, 189). 10

In diesem Fall verstößt aber die **vorübergehende Abtrennung** des Verfahrens gegen einen v. ihnen nach § 4, deren Zulässigkeit durch die Regelung des § 231c nicht berührt wird (→ § 4 Rn. 11), u. die Weiterverhandlung gegen die Mitangeklagten in seiner Abwesenheit nicht gegen Abs. 1, sofern in der weitergeführten HV ausschl. Vorgänge erörtert werden, die mit dem abgetrennten Verf. in keinem inneren Zusammenhang stehen u. daher die Anwesenheit des Angeklagten, gegen den das Verf. abgetrennt worden ist, nicht erfordern (BGHSt 24, 257; RGSt 70, 68 (69)). Unzulässig ist die vorübergehende Abtrennung dagegen, wenn die Verh. in Abwesenheit des Angeklagten Vorgänge zum Gegenstand hat, die die gegen ihn 11 erhobenen Vorwürfe berühren (BGHSt 24, 257; 32, 270 (273); BGH StV 1986, 465). Etwas anderes gilt nur, wenn die Verh. auf einen Punkt beschränkt wird, der den abwesenden Angeklagten nicht betr. (BGHSt 32, 270). Die Abtrennung des Verfahrens gegen einen Mitangeklagten zu dem Zweck, es durch Urt. zu beenden, ist keine vorübergehende Abtrennung in diesem Sinn, auch wenn die Verf. wieder verbunden werden, weil wider Erwarten das Verf. gegen den Mitangeklagten nicht beendet werden konnte (BGHSt 33, 119). Vgl. erg. → § 231 Rn. 5 ff.; → § 338 Rn. 40.

12 **V. Heilung des Verstoßes gegen Abs. 1.** Vgl. → § 338 Rn. 3.

13 **B. Zwangsmittel beim Ausbleiben des Angeklagten (Abs. 2). I. Ausbleiben.** Ausgeblieben ist der Angeklagte, wenn er beim Aufruf der Sache (→ § 243 Rn. 2) nicht im Gerichtssaal ist o. nicht alsbald eintrifft (KG StV 2002, 607) o. wenn er sich im Sitzungssaal nicht zu erkennen gibt (Löwe/Rosenberg/Becker Rn. 7).

14 Wenn er den Gerichtssaal nicht betreten will, lässt ihn der Vorsitzende entspr. § 231 Abs. 1 S. 2 hereinbringen (zust. Kamp FS Rudolphi, 2004, 669); gelingt das nicht, so ist Abs. 2 anwendbar (Lemke NJW 1980, 1494).

15 Dem Ausbleiben **steht gleich,** dass der Angeklagte in selbstverschuldetem verhandlungsunfähigem Zustand erscheint (→ § 329 Rn. 18; Kamp FS Rudolphi, 2004, 670; **aM** Welp JR 1991, 267: verfassungsrechtlich unzulässige Analogie), dass er sich während der HV entfernt o. dass er in einem Fortsetzungstermin nicht erscheint (vgl. § 231 Abs. 2).

16 **II. Nicht entschuldigt.** Nicht entschuldigt ist der Angeklagte, wenn weder er selbst noch ein anderer für ihn eine genügende Entschuldigung vorgebracht hat u. auch sonst keine Entschuldigungsgründe bekanntgeworden sind. Wie bei § 329 (→ § 329 Rn. 19) kommt es nicht darauf an, ob sich der Angeklagte entschuldigt hat, sondern nur darauf, ob er entschuldigt ist (OLG Köln StraFo 2008, 29; OLG Schleswig SchlHA 2008, 490). Maßgebend ist, ob dem Angeklagten wegen seines Ausbleibens unter Abwägung aller Umstände des Falles billigerweise ein **Vorwurf gemacht** werden kann (BVerfG NJW 2007, 2318; KK-StPO/Gmel/Peterson Rn. 10). Dies ist bspw. nicht der Fall, wenn ihm eine ernsthafte Erkrankung die Teilnahme unzumutbar macht, auch, wenn er einer vollziehbaren – strafbewehrten (§ 75 Abs. 1 Nr. 1 IfSG) – Quarantäneanordnung nach §§ 28 Abs. 1 S. 2, 30 Abs. 1, 31 IfSG zuwiderhandeln müsste (auf der Heiden NJW 2020, 1023 (1026)). Im Einzelnen gelten die Grundsätze → § 329 Rn. 21 ff. Bei nachträglicher genügender Entschuldigung gilt § 51 Abs. 2 S. 2 entspr.; die bereits beschlossenen Zwangsmaßnahmen müssen umgehend, auch außerhalb der HV, aufgeh. werden (KMR-StPO/Eschelbach Rn. 37).

17 **III. Zwangsmittel. 1. Allgemeine Voraussetzungen:** Das Gericht darf die Zwangsmittel des Abs. 2 nur anwenden, wenn anders das Verf. nicht durchgeführt werden kann (OLG Hamburg StraFo 2012, 60). Voraussetzung ist eine ordnungsgemäße Ladung, die die Warnung nach § 216 Abs. 1 (→ § 216 Rn. 2–4) enthält (weitergehend Welp JR 1991, 268, der bei Anordnung wegen schuldhaft herbeigeführter Verhandlungsunfähigkeit (→ Rn. 8, 15) einen entspr. Hinweis in der Ladung verlangt); der Hinweis auf eine frühere Ladung genügt nicht (OLG Hamm NStZ-RR 2009, 89; OLG Zweibrücken StV 1992, 101).

18 Die Nichteinhaltung der Ladungsfrist des § 217 Abs. 1 ist unschädlich (→ § 329 Rn. 11).

19 Der **Grundsatz der Verhältnismäßigkeit** (→ Einl. Rn. 20) muss gewahrt sein, wie durch Abs. 2 Hs. 2 nun ausdr. klargestellt ist. Wenn das Erscheinen des Angeklagten schon mit einfacheren Mitteln sicher erreichbar ist, dürfen die Zwangsmittel des Abs. 2 nicht angewendet werden (OLG Frankfurt a. M. StV 2005, 432), etwa wenn der Angeklagte in anderer Sache in Strafhaft ist (OLG Celle StraFo 2009, 151). Der Vorführungsbefehl hat als weniger einschneidende Maßnahme den Vorrang vor dem Haftbefehl, wenn er ausreicht (BVerfGE 32, 87;

BVerfG NJW 2007, 2318; KG StraFo 2019, 462; OLG Braunschweig NStZ-RR 2012, 385 Ls.; OLG Düsseldorf NStZ 1990, 295). Stellt sich das erst nach Erlass des Haftbefehls heraus, so ist er in einen Vorführungsbefehl umzuwandeln (OLG Köln JMBl. NRW. 1959, 114). Scheitert die angeordnete Vorführung des Angeklagten zur HV, kann umgekehrt – ohne erneute Ladung (**aM** LG Zweibrücken StraFo 2006, 289) – Haftbefehl erlassen werden, es sei denn, das Scheitern beruhte auf Organisationsmängeln bei der Polizei (LG Gera StV 1997, 294). Der Verhältnismäßigkeitsgrundsatz schließt die Anwendung des Abs. 2 nicht deshalb aus, weil die Freisprechung des Angeklagten sicher zu erwarten ist (SSW StPO/Grube Rn. 16; **aM** Franz NJW 1963, 2264; vgl. auch Kamp FS Rudolphi, 2004, 680); in Betracht kommt dann idR aber nur ein Vorführungsbefehl.

2. Der **Vorführungsbefehl,** der eine neue Ladung überflüssig macht, bedarf der Schriftform (Lemke NJW 1980, 1494) u. muss die in § 134 Abs. 2 bezeichneten Angaben enthalten. Bekanntgegeben wird er dem Angeklagten erst bei einem Vollzug (→ § 134 Rn. 4). Der Vorführungsbefehl setzt keine Aussetzung der HV voraus, sondern kann auch erlassen werden, um das Erscheinen des Angeklagten in derselben Sitzung zu erzwingen (Lemke NJW 1980, 1494), auch wenn der in Haft befindliche Angeklagte sich weigert, gefesselt an einer Augenscheinseinnahme teilzunehmen (OLG Hamburg GA 1961, 177). Für die Vollstreckung gilt § 36 Abs. 2 S. 1 (dazu → § 134 Rn. 5). Der Vorführungsbefehl darf nicht früher vollstreckt werden, als notwendig ist, um den Angeklagten rechtzeitig zur HV zu bringen; iÜ gilt § 135 S. 2 (Welp JR 1991, 270). Der Vorführungsbefehl ist vollstreckt u. wird, anders als bei der Vorführung zur Vernehmung nach § 134 (→ § 134 Rn. 6), gegenstandslos, wenn der Angeklagte in den Sitzungssaal geführt worden ist (Gollwitzer FS Hanack, 1999, 153). Von da an besteht das Festhalterecht nach § 231 Abs. 1 S. 2 (Enzian NJW 1957, 450). 20

3. Der **Haftbefehl** nach Abs. 2, der auch gegen einen schuldunfähigen Angeklagten (OLG Hamm NJW 1958, 2125) und als internationaler Haftbefehl (OLG Nürnberg NStZ-RR 2024, 87) erlassen werden kann, dient nur der Sicherung der Weiterführung u. Beendigung des Strafverfahrens (zum Erlass gegen einen im Ausland lebenden Angeklagten vgl. OLG Frankfurt a. M. NStZ-RR 1999, 18). § 116 Abs. 4 Nr. 2 geht § 230 Abs. 2 vor. Der Haftbefehl nach Abs. 2 setzt keinen dringenden Tatverdacht u. keinen Haftgrund nach §§ 112, 112a voraus, sondern nur die Feststellung, dass der Angeklagte nicht erschienen u. sein Ausbleiben nicht genügend entschuldigt ist (OLG Düsseldorf JMBl. NRW. 1983, 41; OLG Karlsruhe MDR 1980, 868; vgl. auch BVerfGE 32, 87 (93)). In ihm den Beginn der Vollstreckbarkeit festzusetzen, ist zulässig (OLG Düsseldorf NStZ 1990, 295) u. uU aus Gründen der Verhältnismäßigkeit notwendig (Welp JR 1991, 270). Für die Vollstreckung gilt § 36 Abs. 2 S. 1. Der Haftbefehl muss inhaltlich § 114 Abs. 2 entsprechen (OLG Frankfurt a. M. StV 1995, 237); er muss deutlich machen, dass das Gericht eine Abwägung mit der milderen Maßnahme der polizeilichen Vorführung vorgenommen hat (KG StraFo 2019, 462). Der Haftbefehl wird dem Angeklagten entspr. § 114a bei der Verhaftung bekanntgemacht. Für die Vorführung vor das Gericht gelten die §§ 115, 115a entspr. (OLG Stuttgart MDR 1990, 75), für die ggf. erforderliche Bestellung eines Pflichtverteidigers § 141 Abs. 2 S. 1 Nr. 1 und S. 2 (→ § 141 Rn. 10, 11, 13–15) sowie für Bestellungsverfahren u. Rechtsmittel § 142 Abs. 2–7 (→ § 142 Rn. 10 ff.). 21

Bei **EU-Ausländern** kommt ein Sitzungshaftbefehl in Betracht, wenn der Angeklagte trotz ordnungsgemäßer Ladung nach § 216 in seiner Landessprache der Verh. fernbleibt; die Vollstreckung, die eine erst noch anzuberaumende künftige Verh. sichern soll, kann als Europäischer Haftbefehl erfolgen (OLG Karlsruhe StV 2015, 346; OLG Rostock NStZ 2010, 412; Ullenboom NJW 2018, 2671 (2673)). 21a

In entspr. Anwendung des § 116 kann das Gericht die **Aussetzung des Vollzugs** beschließen, wenn eine weniger einschneidende Maßnahme genügende Gewähr dafür bietet, dass der Angeklagte an der HV teilnehmen wird (OLG Frankfurt a. M. StV 2005, 432). Eine Sicherheitsleistung (§ 116 Abs. 1 Nr. 4) verfällt mit der Nichtbefolgung der Ladung, die dem Sich-Entziehen iSd § 124 Abs. 1 gleichsteht. 22

23 **Zeitlichen Beschränkungen** unterliegt der Haftbefehl, abgesehen v. dem Übermaßverbot (BVerfGE 32, 87 (94)) nicht, insbes. nicht nach § 121 Abs. 1 (KG NStZ-RR 1999, 75; OLG Oldenburg NJW 1972, 1585; **aM** Scharf/Kropp NStZ 2000, 297: beim AG höchstens 3, beim LG höchstens 6 Monate; dagegen Kamp FS Rudolphi, 2004, 682). Die HV ist aber in angemessener Frist durchzuführen (OLG Hamburg MDR 1987, 78; LG Dortmund StV 1987, 335; LG Saarbrücken StV 2001, 344; Gollwitzer FS Hanack, 1999, 157). Der Haftbefehl wirkt bis zum Ende der HV (Scharf/Kropp NStZ 2000, 297 (298); **aM** Rupp NStZ 1990, 577), aber keinesfalls darüber hinaus (OLG Saarbrücken NJW 1975, 791). Mit ihrem Abschluss wird er gegenstandslos (OLG Karlsruhe MDR 1980, 868; OLG Saarbrücken NJW 1975, 791), auch bei Einstellung nach § 205 (OLG Hamm NStZ-RR 2009, 89; **aM** OLG Nürnberg StraFo 2016, 253); seine Aufhebung durch Gerichtsbeschluss hat nur feststellende Bedeutung. Die Freiheitsentziehung aufgrund des Haftbefehls nach Abs. 2 ist, anders als die Freiheitsbeschränkung aufgrund eines Vorführungsbefehls (**aM** Löwe/Rosenberg/Becker Rn. 43), nach § 51 StGB auf die Strafe anzurechnen.

24 4. Das **Gericht,** nicht der Vorsitzende allein, erlässt den Vorführungs- o. Haftbefehl durch – zu begründenden (LG Zweibrücken NJW 2009, 1828) – Beschl., an dem nach § 30 Abs. 1 GVG grds. die Schöffen mitwirken (OLG Köln StV 2005, 433; OLG Bremen MDR 1960, 244; LG Potsdam StraFo 2019, 383). Soll allerdings die vorgebrachte Entschuldigung geprüft o. der Eingang des glaubhaft angekündigten Nachw. abgewartet werden, so kann das Gericht, statt in einer zu diesem Zweck neu anberaumten HV mit Schöffen zu entscheiden, den Beschl. nach Abs. 2 für einen späteren Zeitpunkt außerhalb der HV (ohne Schöffen) vorbehalten (Döllel/Güntge SchlHA 2013, 316 – OLG Schleswig RsprÜ; Gollwitzer FS Hanack, 1999, 109; str., vgl. zum Streitstand LG Gera NStZ-RR 1996, 239), sonst aber nicht (OLG Köln StV 2005, 433; LG Zweibrücken NStZ-RR 1998, 112).

25 5. **Beschwerde** ist gegen den Vorführungs- u. Haftbefehl zulässig; § 305 S. 1 steht nicht entgegen. Der Haftbefehl kann mit der weiteren Beschwerde nach § 310 Abs. 1 angefochten werden (OLG Celle NJW 1957, 393; OLG Hamburg NJW 1963, 1167; OLG Karlsruhe NJW 1969, 1546), der Vorführungsbefehl nicht (OLG Celle MDR 1966, 1022). Das Beschwerdegericht kann den Haftbefehl in einen Vorführungsbefehl umwandeln (vgl. OLG Celle NJW 1957, 393), aber nicht als Haftbefehl nach §§ 112, 112a aufrechterhalten; die Erstzuständigkeit nach § 125 Abs. 2 darf nicht umgangen werden (OLG Hamm NStZ-RR 2009, 89 (90); OLG Köln NStZ-RR 2006, 22). Zur Anfechtung im Falle der Erledigung des Vorführungs- o. Haftbefehls vgl. → Vor § 296 Rn. 17 ff.

26 **C. Revision.** Bei Verletzung von Abs. 1 gilt § 338 Nr. 5, sofern der Angeklagte in einem wesentlichen Teil der HV abwesend war (→ § 338 Rn. 36). Die vorschriftswidrige Abwesenheit muss nach § 344 Abs. 2 als Verfahrensmangel gerügt werden; sie ist kein vAw zu beachtendes Prozesshindernis (BGHSt 26, 84; erg. → Einl. Rn. 146). Zum notwendigen Revisionsvorbringen gehört die Angabe des Verhandlungsteils, bei dem der Angeklagte gefehlt hat (BGHSt 26, 84 (91); Holtz MDR 1981, 457 – BGH RsprÜ); dagegen muss nicht mitgeteilt werden, worüber in seiner Abwesenheit verhandelt wurde u. was die in seiner Abwesenheit vernommenen Personen ausgesagt haben (BGH NStZ 1983, 36; **aM** BGH NStZ 2008, 644, um prüfen zu können, ob es sich um einen wesentlichen Teil der HV gehandelt hat; aber das ist keine Frage der Zulässigkeit der Rüge, sondern des Beruhens des Urteils auf dem Verstoß (→ § 338 Rn. 36), also der Begründetheit). Die Abwesenheit eines Mitangeklagten kann nicht mit Erfolg gerügt werden (erg. → § 338 Rn. 4).

27 Ist das Urt. aufgrund einer **Personenverwechslung** nicht gegen den nach dem Eröffnungsbeschluss Angeklagten, sondern gegen eine andere Person ergangen, ist es auf Revision des gemeinten Angeklagten aufzuheben (OLG Bamberg NStZ 2007, 292; KMR-StPO/Eschelbach Rn. 22;). War es rkr. geworden, ist es nach § 359 Nr. 5 zu beseitigen, jedenfalls nach § 458 nicht zu vollstrecken (erg. → Einl.

Rn. 105); gegen den anderen wirkt das Urt. nicht (OLG Bamberg NStZ 2007, 292; LG Lüneburg MDR 1949, 767; nach **aM** KK-StPO/Gmel/Peterson Rn. 7; Löwe/Rosenberg/Becker Rn. 9: Unwirksamkeit des Urteils gegen beide). Die Rechtswirksamkeit des Urteils ist nicht berührt, wenn der richtige Angeklagte unter falschem Namen verurteilt wird (KG NStZ-RR 2004, 240; erg. → Einl. Rn. 174, → § 458 Rn. 10).

Anwesenheitspflicht des Angeklagten

231 (1) [1] **Der erschienene Angeklagte darf sich aus der Verhandlung nicht entfernen.** [2] **Der Vorsitzende kann die geeigneten Maßregeln treffen, um die Entfernung zu verhindern; auch kann er den Angeklagten während einer Unterbrechung der Verhandlung in Gewahrsam halten lassen.**

(2) **Entfernt der Angeklagte sich dennoch oder bleibt er bei der Fortsetzung einer unterbrochenen Hauptverhandlung aus, so kann diese in seiner Abwesenheit zu Ende geführt werden, wenn er über die Anklage schon vernommen war, das Gericht seine fernere Anwesenheit nicht für erforderlich erachtet und er in der Ladung darauf hingewiesen worden ist, dass die Verhandlung in diesen Fällen in seiner Abwesenheit zu Ende geführt werden kann.**

Übersicht

A. Anwesenheitspflicht des Angeklagten (Abs. 1 S. 1). Die Pflicht des Angeklagten zur ununterbrochenen Anwesenheit (Abs. 1 S. 1) während der gesamten Hauptverhandlung (→ § 230 Rn. 5), auch in der Berufungsverhandlung (§ 332), schließt das Verbot ein, sich aus der HV zu entfernen. S. 1 stellt das ausdr. klar. 1

Der Vorsitzende kann **geeignete Maßnahmen zur Verhinderung des Sich-Entfernens** des Angeklagten treffen (S. 2 Hs. 1), insbes. den Angeklagten in die umfriedete Anklagebank verweisen o. ihn durch Justiz- o. Polizeibeamte ständig bewachen lassen. Auch eine Fesselung kann, falls die mit der Fesselung beabsichtigten Zwecke nicht auf weniger einschneidende Art u. Weise erreicht werden können, zulässig sein (BGH NJW 1957, 271; OLG Hamm NStZ-RR 2014, 114 Ls.); dann gilt § 119 entspr. (OLG Dresden NStZ 2007, 479). Dazu bedarf es konkreter Tatsachen für einen Fesselungsgrund, die nicht allein aus allg. Erwägungen wie dem Vorliegen v. Fluchtgefahr, wohl aber aus Auffälligkeiten im Vollzug, soweit diese durch Fluchtversuche o. Gewalttätigkeiten gegen Personen o. Sachen gekennzeichnet sind, hergeleitet werden können (OLG Naumburg StraFo 2020, 203 mAnm Esser StraFo 2020, 188). 2

Die **Ingewahrsamnahme des Angeklagten** während einer Unterbrechung der Verh. lässt S. 2 Hs. 2 zu. Sie setzt voraus, dass Anlass zu der Annahme besteht, der Angeklagte wolle sich der weiteren Verh. entziehen. Die Dauer der Unterbrechung spielt grds. keine Rolle; auch bei einer Unterbrechung, die sich über die Nachtstunden erstreckt, u. bei einer wiederholten Unterbrechung ist die Maßnahme zulässig, eine feste Höchstdauer gibt es nicht (Gollwitzer FS Hanack, 1999, 163 ff.). Bei einer mehrtägigen Unterbrechung wird aber ein Haftbefehl nach 3

§§ 112 ff. erlassen werden müssen (OLG Frankfurt a. M. NStZ-RR 2003, 329); auf S. 2 Hs. 2 kann er nicht gestützt werden (BVerfGE 21, 184 (188)). Die Vollstreckung der Anordnung ist Sache des Vorsitzenden; die StA ist nicht beteiligt. Der Vollzug obliegt dem Justizwachtmeister, der Polizei nur, wenn sie zur Wahrung der öffentl. Sicherheit u. Ordnung zugezogen worden u. anwesend ist. Wenn der Angeklagte v. Beamten der JVA vorgeführt worden ist, so ist die Ingewahrsamnahme deren Aufgabe. Vollzogen wird sie durch Bewachung o. Einschließung, auch durch Unterbringung in einer JVA.

4, 5 **B. Fortsetzung der Verhandlung ohne den Angeklagten (Abs. 2). I. Normzweck und Anwendungsbereich. Maßgebend für die Vorschrift** ist die Erwägung, dass es gegen die Interessen der Strafrechtspflege verstieße, wenn dem Angeklagten die Möglichkeit gegeben würde, eine begonnene u. vielleicht schon dem Abschluss nahe HV dadurch unwirksam zu machen, dass er sich entfernt o. bei ihrer Fortsetzung ausbleibt (vgl. BGHSt 19, 144 (147); 25, 317 (319); RGSt 22, 247 (249)).

6 Abs. 2 ist eine eng auszulegende **Ausnahmevorschrift** (BGHSt 3, 187 (190); 25, 317 (320); NJW 1977, 1928; KG StV 1985, 52; OLG Düsseldorf NJW 1970, 1889; OLG Frankfurt a. M. NJW 1974, 2065), deren Anwendung aber nicht davon abhängt, dass der Vorsitzende zuvor nach Abs. 1 versucht hat, die Anwesenheit des Angeklagten zu erzwingen.

7 Abs. 2 gilt auch im **Berufungsverfahren** (OLG Bremen MDR 1979, 864; OLG Düsseldorf NJW 1970, 1889).

8, 9 **II. Voraussetzungen der Weiterführung der Verhandlung. 1. Sich-Entfernen aus der Hauptverhandlung:** Nur das eigenmächtige Verlassen der Verh. ist gemeint (BGHSt 10, 304 (305); 25, 317 (319); BGH NStZ 1984, 41; OLG Frankfurt a. M. NStZ-RR 2003, 329; OLG Köln VRS 67, 353; 70, 16).

10 **Eigenmächtig** idS handelt der Angeklagte, der ohne Rechtfertigungs- o. Entschuldigungsgründe wissentlich seiner Anwesenheitspflicht nicht genügt (BGHSt 37, 249; NStZ 2012, 405); dem steht gleich, wenn er sich wissentlich ohne Not in eine Lage begibt, die für ihn voraussehbar mit dem erheblichen Risiko verbunden ist, zum angesetzten Verhandlungstermin nicht erscheinen zu können (BGH NStZ 2019, 481). Dass er versucht haben müsse, durch Missachtung seiner Anwesenheitspflicht den Gang der Rechtspflege zu stören u. die HV unwirksam zu machen, wie die Rspr. früher angenommen hatte (vgl. dazu BGH NStZ 1988, 422), ist nicht erforderlich (BGHSt 37, 249). Dabei ist es nicht Sache des Angeklagten, den Verdacht der Eigenmächtigkeit auszuräumen (OLG Karlsruhe NStE StPO § 231 Nr. 9); sie muss ihm vielmehr, auch noch im Zeitpunkt der Revisionsverhandlung (→ Rn. 25), zur Überzeugung des Gerichts nachgewiesen werden (BGHSt 10, 304 (305); 16, 178 (180); BGH NJW 1987, 2592; NStZ-RR 2001, 333; OLG Bremen StV 1985, 50; OLG Karlsruhe StraFo 2001, 415). Wiedereinsetzung entspr. § 235, bei der die Säumnisgründe glaubhaft zu machen wären (§ 45 Abs. 2 S. 1), ist daher ausgeschlossen (BGHSt 10, 304).

11 Die **Eigenmächtigkeit fehlt,** wenn der Angeklagte sich mit ausdr. o. stillschweigender Billigung des Gerichts entfernt (BGH NJW 1973, 522; StV 1993, 285; KG NStZ-RR 2015, 251 Ls.), o. fortbleibt (BGH StraFo 2014, 335; OLG Hamm StraFo 2007, 292) o. wenn er weggeht, ohne dass das Gericht ihn entspr. der Aufforderung der StA auf seine Anwesenheitspflicht hinweist (KG StV 1985, 52). Nicht eigenmächtig handelt auch der in Haft befindliche Angeklagte, der sich weigert, an einer Ortsbesichtigung gefesselt teilzunehmen; das Gericht hat die Macht, seine Teilnahme zu erzwingen (BGHSt 25, 317; **aM** Küper NJW 1974, 2218). Auch eine persönliche Konfliktlage kann der Eigenmächtigkeit entgegenstehen (OLG Stuttgart OLGSt StPO § 231 Nr. 1).

12 **2. Ausbleiben in der Fortsetzungsverhandlung:** Die Anwendung von Abs. 2 hängt nicht davon ab, ob u. wann der Angeklagte sein Fernbleiben entschuldigt hat (BGH StV 1982, 356; OLG Frankfurt a. M. StV 1987, 380).

Maßgebend ist vielmehr, ob eine **Eigenmächtigkeit** des Angeklagten vorliegt u. ihm nachgewiesen werden kann (→ Rn. 10); dass das Gericht Grund zu der Annahme hat, der Angeklagte habe den Termin vorsätzlich nicht wahrgenommen, genügt nicht (BGH NJW 1987, 2592; Pfeiffer/Miebach NStZ 1984, 209 – BGH RsprÜ; OLG Bremen StV 1985, 50; OLG Frankfurt a. M. StV 1987, 380). 13

Die Eigenmächtigkeit setzt zunächst den Nachw. **ordnungsgemäßer Ladung** voraus (BGHSt 38, 271 (273); OLG Karlsruhe NJW 1981, 934; erg. → § 216 Rn. 8), in der er bereits auf die möglichen Konsequenzen seines Ausbleibens hingewiesen worden ist (s. Abs. 2 aE, → Rn. 20a). Wer nicht wirksam geladen worden ist, muss auch nicht erscheinen (BGH NStZ 1984, 41). War der Angeklagte aber in einer unterbrochenen HV nach ordnungsgemäßer Ladung eigenmächtig ausgeblieben, so muss er nicht nochmals geladen werden, wenn die HV abermals unterbrochen u. an einem anderen Tag fortgesetzt wird (OLG Karlsruhe MDR 1984, 690; **aM** OLG Karlsruhe NJW 1981, 934; vgl. auch BGH NJW 1987, 2592: jedenfalls, wenn ein Verteidiger anwesend ist); denn Abs. 2 gestattet es, die HV, nicht nur den Sitzungstag, an dem der Angeklagte ausgeblieben ist, in seiner Abwesenheit zu Ende zu führen. Dass der Angeklagte an einem Verhandlungstag eigenmächtig ausgeblieben ist, erlaubt die weitere Fortsetzung der Verh. ohne ihn aber nicht, wenn er an einem späteren Verhandlungstag unverschuldet nicht erschienen ist (BGH NStZ 1986, 422). 14

An der **Eigenmächtigkeit fehlt** es, wenn dem Angeklagten in der mündlichen Ladung ohne Einschränkung erklärt wird, bei seinem Nichterscheinen werde ohne ihn verhandelt (OLG Köln StV 1985, 50; vgl. auch OLG Bremen StV 1992, 558: fehlerhafte Belehrung durch Verteidiger), o. wenn das Gericht ihm freigestellt hatte, ob er zur Fortsetzungsverhandlung erscheinen wolle (BGH StV 1987, 189; OLG Köln StV 1985, 50; OLG Stuttgart NJW 1970, 343), wobei es genügt, dass er dem Verhalten des Gerichts ein derartiges Einverständnis entnehmen konnte (BGH NStZ 1989, 284; Holtz MDR 1990, 489 – BGH RsprÜ), o. wenn es ihm sogar erklärt hatte, er brauche nicht zu erscheinen (OLG Celle StraFo 2012, 140). Das Ausbleiben ist ferner nicht eigenmächtig, wenn der Angeklagte nur verschlafen hat (BGH NJW 1991, 1367) o. wenn er am Erscheinen durch Krankheit (vgl. zu COVID-19, → § 230 Rn. 16; → § 329 Rn. 26), nicht nur wegen unbedeutender Unpässlichkeiten (OLG Stuttgart NJW 1967, 944), o. andere v. seinem Willen unabhängige Umstände verhindert ist (Miebach/Kusch NStZ 1991, 28 – BGH RsprÜ), etwa wegen einer Zugverspätung (BGH NStZ 2003, 561) o. weil er in anderer Sache in UHaft genommen (BGH VRS 36, 212; OLG Frankfurt a. M. StV 1987, 380; **aM** aber BGH StV 2009, 338, weil er durch eine Straftat ein Verhaftungsrisiko gesetzt habe; dagegen zutr. Kühne StV 2009, 340) o. im Ausland festgenommen worden ist, ohne dass dies für ihn vorhersehbar war (BGH NStZ 2019, 481). Bei einem nicht auf freiem Fuß befindlichen Angeklagten kann v. einem eigenmächtigen Ausbleiben auch sonst keine Rede sein, weil das Gericht grds. die Pflicht u. die Macht hat, seine Anwesenheit an Gerichtsstelle durch Vorführung sicherzustellen (BGHSt 3, 187 (190); 25, 317 (319); BGH NStZ 1993, 446); jedoch ist eine am Maßstab der Verhältnismäßigkeit ausgerichtete Gesamtbetrachtung vorzunehmen, bei der alle Umstände des Einzelfalls einschl. des Gewichts des erhobenen Tatvorwurfs u. des erforderlichen Aufwandes für die Vorführung zu berücksichtigen sind (BGHSt 59, 187). 15

An der Eigenmächtigkeit kann es auch fehlen, wenn der Angeklagte verspätet erscheint, das aber glaubhaft mit einem Irrtum über Terminstag o. -stunde erklärt (BGH StV 1981, 393; BayObLGSt 1988, 54; OLG Bremen StV 1985, 50). Auch dringende berufliche Gründe können die Eigenmächtigkeit ausschließen (weitgehend OLG Frankfurt a. M. NJW 1974, 2065; vgl. dagegen Schmidt MDR 1981, 976 – BGH RsprÜ: bei einem RA nicht wegen Strafverteidigung in anderer Sache), zB die Notwendigkeit der Teilnahme an einer Betriebsratssitzung (OLG Köln VRS 70, 16). Insbesondere kann die Eigenmächtigkeit bei bes. Konfliktlagen entfallen, zB wenn bei Teilnahme an der Verh. der Verlust des Arbeitsplatzes droht (BGH NJW 1980, 950; StV 1984, 325). 16

17 Dem **eigenmächtigen Ausbleiben steht gleich,** dass der Angeklagte sich nach seiner Vernehmung zur Sache (vorher gilt § 231a) in einen seine Verhandlungsfähigkeit (→ Einl. Rn. 97) ausschließenden Zustand versetzt (BGH NJW 1981, 1052; Pfeiffer NStZ 1981, 95 – BGH RsprÜ), insbes. dass er sich, um das Verf. zu verhindern, bewusst in eine krankhafte seelische Erregung hineinsteigert, die ihn verhandlungsunfähig macht (BGHSt 2, 300 (304); erg. → § 231a Rn. 7), auch bei Verhandlungsunfähigkeit infolge Alkoholgenusses (BGH NStZ 1986, 372) o. ernsthaften Suizidversuchs (BGHSt 16, 178; 56, 298 mablAnm Trüg NJW 2011, 3256 u. zust. Anm. Arnoldi NStZ 2012, 108; **aM** SK-StPO/Deiters Rn. 28a; Eisenberg NStZ 2012, 67; vgl. auch OLG Koblenz NJW 1975, 322; erg. → § 231a Rn. 7, 8). Ebenso wie bei § 231a (→ § 231 Rn. 5) kann zeitweilige Verhandlungsunfähigkeit genügen, wenn sie die Beendigung des Verfahrens in vernünftiger Frist hindert (BGH NJW 1981, 1052), nicht aber, wenn sie sie nur in noch hinzunehmender Weise verzögert (BGHSt 19, 144).

18 Die Pflicht des Angeklagten, die **Verhandlung am Krankenbett** zu dulden, lässt sich aus Abs. 2 nicht herleiten (Meurer NStZ 1988, 423; Schreiner NJW 1977, 2303; **aM** Laier NJW 1977, 1139: „innere Mitwirkungspflicht"; vgl. auch BGH NJW 1987, 2592).

19 **3. Abschluss der Sachvernehmung:** Der Angeklagte muss über die Anklage, dh über den zugelassenen Anklagesatz, schon abschl. vernommen sein, im Berufungsverfahren nur, soweit sie noch Gegenstand des Verfahrens ist (OLG Bremen MDR 1979, 864). Das bedeutet aber nicht, dass er Angaben zur Sache gemacht haben muss. Er muss nur in der HV nach § 243 Abs. 5 S. 2 Gelegenheit zur umfassenden Äußerung gehabt haben (BGHSt 27, 216; NJW 1987, 2592). Sein Vorbehalt, er wolle erst zu einem späteren Zeitpunkt Erklärungen abgeben, ist unbeachtlich (BGH NJW 1987, 2592). Die Vorstrafen brauchen während der Sachvernehmung noch nicht erörtert worden zu sein (BGHSt 27, 216).

20 **4. Entbehrlichkeit der weiteren Anwesenheit des Angeklagten:** Darüber entscheidet das Gericht, nicht der Vorsitzende allein, nach pflichtgemäßem Ermessen. Maßgebend sind die besonderen Umstände des Einzelfalls. Dabei kommt es immer auf die Prozesslage nach dem Ausbleiben des Angeklagten an (vgl. dazu BGH BeckRS 2018, 4869); im Voraus kann die Entbehrlichkeit seiner Anwesenheit nicht beurteilt werden (RGSt 58, 149 (153)).

20a **5. Ladungshinweis:** Das G zur Stärkung des Rechts des Angeklagten auf Anwesenheit in der Verh. v. 17.12.2018 (BGBl. I 2571) sieht nunmehr vor, dass der Angeklagte bereits in der Ladung auf die möglichen Konsequenzen seines Ausbleibens hingewiesen wird.

21 **III. Ausschluss der Fortsetzung ohne den Angeklagten. Ausgeschlossen ist die Fortsetzung der Verhandlung** ohne den Angeklagten, wenn es notwendig ist, ihm rechtliche Hinweise nach § 265 Abs. 1, Abs. 2 zu geben (Dallinger MDR 1969, 360 – BGH RsprÜ; erg. → § 232 Rn. 18). In seiner Abwesenheit sind solche Hinweise unwirksam (Dallinger MDR 1969, 360 – BGH RsprÜ). Etwas anderes gilt, wenn ein Verteidiger mitwirkt (§ 234a Hs. 1). Dass das G Einverständniserklärungen des Angeklagten verlangt, wie in §§ 245 Abs. 1 S. 2, 251 Abs. 1 Nr. 1, Abs. 2 Nr. 3, hindert die Fortsetzung der Verh. ohne ihn nicht. Denn durch sein Ausbleiben hat der Angeklagte das Recht verwirkt, in dieser Weise gestaltend auf das Verf. einzuwirken (allgM; vgl. auch BGHSt 3, 206). § 234a Hs. 2 ändert daran nichts (→ § 234a Rn. 5).

22 **IV. Verfahren.** Ein besonderer Beschl. des Gerichts, nach Abs. 2 zu verfahren, ist nicht vorgeschrieben; es genügt, dass das Gericht seine Absicht, die HV in Abwesenheit des Angeklagten fortzusetzen, schlüssig zum Ausdruck bringt (Dallinger MDR 1975, 198 – BGH RsprÜ; Pfeiffer NStZ 1981, 95 – BGH RsprÜ; OLG Köln StV 1985, 50; KK-StPO/Gmel/Peterson Rn. 11). Eine Anordnung des Vorsitzenden allein, die die Schöffen nur schweigend hingenommen haben, genügt nicht (OLG Köln StV 2014, 206; **aM** Löwe/Rosenberg/Becker Rn. 31). Wird ein Beschl. erlassen, was zweckmäßig ist (BGHSt 59, 187 (192)), so kann er jederzeit

wieder aufgeh. werden. Auch das Urt. braucht die Anwendung des Abs. 2 nicht zu rechtfertigen (KK-StPO/Gmel/Peterson Rn. 13; LK-StGB/Becker Rn. 37). Die Urteilszustellung richtet sich nach § 35 Abs. 2; die Zustellung an den Verteidiger ist nach § 145a Abs. 1 zulässig.

V. Rückkehr des Angeklagten. Kehrt der Angeklagte in die Verhandlung zurück o. erscheint er verspätet in der Fortsetzungsverhandlung, so nimmt er seine Stellung mit allen Rechten u. Pflichten wieder ein (BGH NStZ 1986, 372; OLG Stuttgart NStZ-RR 2015, 285: letztes Wort). Die Zulässigkeit des in seiner Abwesenheit durchgeführten Teils der HV wird durch die Rückkehr nicht berührt. Da eine den §§ 231a Abs. 2, 247 S. 4 entspr. Vorschr. fehlt, muss der Angeklagte nicht über den wesentlichen Inhalt des in seiner Abwesenheit Verhandelten unterrichtet werden (BGHSt 3, 187 (189); KK-StPO/Gmel/Peterson Rn. 12; zw. BGH NStZ 1999, 256; **aM** Rieß JZ 1975, 271, der §§ 231a Abs. 2, 231b entspr. anwenden will). Im Einzelfall kann die Mitteilung aber zur Aufklärung der Sache (§ 244 Abs. 2) o., insbes. bei einem nicht verteidigten Angeklagten, aufgrund der prozessualen Fürsorgepflicht (→ Einl. Rn. 117) geboten sein (Becker NStZ-RR 2003, 2 – BGH RsprÜ). Auf das weitere Verf. hat das eigenmächtige Ausbleiben des Angeklagten keinen Einfluss; der Angeklagte kann aber mit der Behauptung, nicht eigenmächtig ferngeblieben zu sein, nach § 33a die Wiederholung des betroffenen Verfahrensteils beantragen (Weßlau StV 2014, 241). Entfernt der Angeklagte sich abermals eigenmächtig, darf die Verh. in seiner Abwesenheit nur weitergeführt werden, wenn die Voraussetzungen des Abs. 2 erneut vorliegen (BGHSt 19, 144). 23

C. Rechtsbehelfe. Die Anrufung des Gerichts gegen Anordnungen des Vorsitzenden ist nach § 238 Abs. 2 zulässig (Löwe/Rosenberg/Becker Rn. 40; **aM** BGH NJW 1957, 271; OLG Naumburg StraFo 2020, 203 für Maßnahmen nach Abs. 1 S. 2). Die Beschwerde gegen solche Maßnahmen ist zulässig (OLG Frankfurt a. M. NStZ-RR 2003, 329 mwN; dort auch zur Anfechtung bei Erledigung der Maßnahme; vgl. ferner OLG Naumburg StraFo 2020, 203 zu Abs. 1 S. 2; erg. → Vor § 296 Rn. 17 ff.). Weitere Beschwerde gegen die Ingewahrsamnahme nach Abs. 1 S. 2 Hs. 2 findet nicht statt (OLG Oldenburg Nds. Rpfl. 1954, 193). 24

D. Revision. Maßnahmen nach Abs. 1 S. 2 können grds. nicht mit der Revision angegriffen werden; allenfalls kann geltend gemacht werden, dass die Anordnung des Vorsitzenden die Verteidigung in unzulässiger Weise beschränkt habe (BGH NJW 1957, 271: Fesselung). Der **Verstoß gegen Abs. 2** ist ein zwingender Urteilsaufhebungsgrund nach § 338 Nr. 5 (OLG Celle StraFo 2012, 140; OLG Köln StV 2014, 206). Zum notwendigen Revisionsvorbringen vgl. → § 230 Rn. 26; BGH 17.5.2022 – 3 StR 107/22. Die Eigenmächtigkeit (→ Rn. 9 ff.) muss auch im Zeitpunkt der Revisionsentscheidung nachgewiesen sein (BGH NStZ-RR 2001, 333; 2015, 278; NStZ 2010, 585); ob der Tatrichter mangels Kenntnis des Hinderungsgrundes v. eigenmächtigem Ausbleiben ausgehen konnte, ist ohne Bedeutung (BGH NStZ-RR 2007, 340). Das Revisionsgericht prüft das im Freibeweis selbständig nach (BGHSt 16, 178 (181); BGH NJW 1987, 1776 (1777); BGH NStZ 1999, 418; OLG Karlsruhe NStE StPO § 231 Nr. 9); die Revisionsrechtfertigungsschrift muss ihm aber eine erste Nachprüfung ermöglichen (BGH StV 1984, 326; 2012, 72; Döllel/Dreeßen SchlHA 2012, 296 – OLG Schleswig RsprÜ). An die Feststellungen des Tatrichters ist das Revisionsgericht nicht gebunden (BGHSt 10, 304; BGH NStZ 1997, 295; OLG Stuttgart NJW 1967, 944 (946)). Nur wenn eine weitere Klärung nicht möglich ist, legt es seiner Entsch. die nicht zu erschütternde Überzeugung des Tatrichters zugrunde (Holtz MDR 1979, 281 – BGH RsprÜ; **aM** Maatz DRiZ 1991, 200, der eine weitergehende Prüfungskompetenz des Revisionsgerichts verneint, was aber wegen der fehlenden Möglichkeit einer Wiedereinsetzung in den vorigen Stand bei unverschuldetem Ausbleiben bedenklich erscheint, vgl. BGHSt 10, 304; zw. aber auch BGH StV 2012, 72: Bindung an rechtsfehlerfreie tatrichterliche Feststellungen zur Eigenmächtigkeit; dagegen eing. Weßlau StV 2014, 236). 25

Herbeiführung der Verhandlungsunfähigkeit durch den Angeklagten **Nr. 122 RiStBV**

231a (1) [1]**Hat sich der Angeklagte vorsätzlich und schuldhaft in einen seine Verhandlungsfähigkeit ausschließenden Zustand versetzt und verhindert er dadurch wissentlich die ordnungsmäßige Durchführung oder Fortsetzung der Hauptverhandlung in seiner Gegenwart, so wird die Hauptverhandlung, wenn er noch nicht über die Anklage vernommen war, in seiner Abwesenheit durchgeführt oder fortgesetzt, soweit das Gericht seine Anwesenheit nicht für unerläßlich hält.** [2]**Nach Satz 1 ist nur zu verfahren, wenn der Angeklagte nach Eröffnung des Hauptverfahrens Gelegenheit gehabt hat, sich vor dem Gericht oder einem beauftragten Richter zur Anklage zu äußern.**

(2) **Sobald der Angeklagte wieder verhandlungsfähig ist, hat ihn der Vorsitzende, solange mit der Verkündung des Urteils noch nicht begonnen worden ist, von dem wesentlichen Inhalt dessen zu unterrichten, was in seiner Abwesenheit verhandelt worden ist.**

(3) [1]**Die Verhandlung in Abwesenheit des Angeklagten nach Absatz 1 beschließt das Gericht nach Anhörung eines Arztes als Sachverständigen.** [2]**Der Beschluß kann bereits vor Beginn der Hauptverhandlung gefaßt werden.** [3]**Gegen den Beschluß ist sofortige Beschwerde zulässig; sie hat aufschiebende Wirkung.** [4]**Eine bereits begonnene Hauptverhandlung ist bis zur Entscheidung über die sofortige Beschwerde zu unterbrechen; die Unterbrechung darf, auch wenn die Voraussetzungen des § 229 Abs. 2 nicht vorliegen, bis zu dreißig Tagen dauern.**

(4) **Dem Angeklagten, der keinen Verteidiger hat, ist ein Verteidiger zu bestellen, sobald eine Verhandlung ohne den Angeklagten nach Absatz 1 in Betracht kommt.**

Übersicht

1 **A. Ergänzung des § 231 Abs. 2.** Eine Ergänzung des § 231 Abs. 2 für den Fall, dass der Angeklagte noch nicht zur Sache vernommen worden ist, enthält die mit dem GG zu vereinbarende (BVerfGE 41, 246 (249); 51, 324 (343)) Vorschrift. Führt der Angeklagte seine Verhandlungsunfähigkeit erst nach Abschluss der Sachvernehmung herbei, so gilt ausschl. § 231 Abs. 2 (BGH NJW 1981, 1052; Pfeiffer NStZ 1981, 95 – BGH RsprÜ).

2 Im Gegensatz zu dieser Vorschr. ist § 231a eine **Mussvorschrift** (BGHSt 26, 228 (234)). Sie ist aber nur in Ausnahmefällen anwendbar (BGHSt 26, 228 (241)); bei leicht behebbarer vorübergehender Verhandlungsunfähigkeit kommt sie nicht in Betracht (Rieß ZStW Beiheft 90 (1978), 196).

B. Voraussetzungen der Abwesenheitsverhandlung. I. Vorsätzliche und schuldhafte Herbeiführung der Verhandlungsunfähigkeit (Abs. 1 S. 1). Aufgrund eines ärztlichen Gutachtens u. im Freibeweis (→ § 244 Rn. 7, 9) muss die **Verhandlungsunfähigkeit** (dazu → Einl. Rn. 97) festgestellt werden (Abs. 3 S. 1). Dass ihr späterer Wegfall ausgeschlossen erscheint, hindert die Anwendung des Abs. 1 nicht (KK-StPO/Gmel/Peterson Rn. 2; einschr. Rieß JZ 1975, 270). 3

Absolute Verhandlungsunfähigkeit wird nicht vorausgesetzt. Verhandlungsunfähig iSv Abs. 1 kann der Angeklagte vielmehr auch sein, wenn er nur für kürzere Zeitspannen, die zur Erledigung des Verfahrens in vernünftiger Frist nicht ausreichen, an der Verh. teilnehmen kann (BVerfGE 41, 246; BGHSt 26, 228; NJW 1981, 1052; **aM** Roxin/Schünemann StrafVerfR § 44 Rn. 48; erg. → Rn. 9). 4

Vor Abschluss der Sachvernehmung (vgl. → § 231 Rn. 19) muss die Verhandlungsunfähigkeit eingetreten sein. Ebenso wenig wie bei § 231 (→ § 231 Rn. 19) gehört die Erörterung der Vorstrafen zur Sachvernehmung. Bei mehreren Angeklagten kommt es darauf an, ob der Angeklagte, gegen den nach § 231a verfahren werden soll, bereits zur Anklage vernommen worden ist. 5

Mittel der Herbeiführung der Verhandlungsunfähigkeit können sein Medikamentenmissbrauch, Genuss v. Rauschgift, Nichtinanspruchnahme der Behandlungsmöglichkeiten während der UHaft, bewusstes Sich-Hineinsteigern in einen psychischen Ausnahmezustand (vgl. OLG Hamm NJW 1977, 1739), Hungerstreik (BGHSt 26, 228 (239 ff.)) ua Selbstbeschädigungen (vgl. BVerfGE 51, 324 (344)), wie im Fall des § 231 Abs. 2 (→ § 231 Rn. 17) auch ein ernst gemeinter Suizidversuch (KK-StPO/Gmel/Peterson § 231 Rn. 5; **aM** Löwe/Rosenberg/Becker Rn. 7; einschr. auch Rieß JZ 1975, 269: nur wenn Selbsttötung nicht die „dominierende Triebfeder" darstellt). Zur Bekämpfung seiner Verhandlungsunfähigkeit durch aktive Maßnahmen, die über das allg. zur Erhaltung der Gesundheit übliche Maß hinausgehen, ist der Angeklagte nicht verpflichtet (Rieß ZStW Beiheft 90 (1978), 197). Insbesondere braucht er sich nicht ärztlich behandeln zu lassen, um die volle Verhandlungsfähigkeit wiederherzustellen (BGHSt 26, 228 (234); LG Nürnberg-Fürth NJW 1999, 1125; **aM** OLG Nürnberg NJW 2000, 1804 mit zutr. abl. Anm. Keller StV 2001, 671 u. Müller NStZ 2001, 53; einschr. ferner LG Lüneburg NStZ-RR 2010, 211; vgl. auch SSW StPO/Grube Rn. 5; OLG Düsseldorf StraFo 2000, 384; LG Wuppertal StraFo 2015, 151; erg. → Einl. Rn. 97). 6

Vorsätzlich und schuldhaft muss der Angeklagte seine Verhandlungsunfähigkeit herbeigeführt haben; bedingter Vorsatz genügt (BGHSt 26, 228 (239); KK-StPO/Gmel/Peterson Rn. 5; **aM** Roxin/Schünemann StrafVerfR § 44 Rn. 48). Das Herbeiführen der Verhandlungsunfähigkeit wird dem Angeklagten aber nicht zugerechnet, wenn er aus einem der Gründe des § 20 StGB nicht schuldfähig ist (dazu eing. BGHSt 56, 298 mablAnm Trüg NJW 2011, 3256 u. insoweit abl. Anm. Arnoldi NStZ 2012, 108; abl. auch Eisenberg NStZ 2012, 67; erg. → § 231 Rn. 17). 7

II. Wissentliche Verhinderung der Durch- oder Fortführung der Hauptverhandlung (Abs. 1 S. 1). Auf Dauer braucht die ordnungsgemäße HV nicht verhindert zu werden. Es genügt, dass der Angeklagte eine nach dem Beschleunigungsgebot **nicht vertretbare langfristige Verzögerung** verursacht (BGHSt 26, 228 (232)). Dazu gehört insbes. der Fall, dass er bei langer Verhandlungsdauer jew. nur kurze Zeit verhandlungsfähig ist, diese Zeitspannen aber nicht ausreichen, um das Verf. ordnungsgemäß, insbes. in angemessener Zeit, zu Ende zu führen (BVerfGE 41, 246 (247); BGHSt 26, 228 (232); BGH NJW 1981, 1052; Löwe/Rosenberg/Becker Rn. 3; **aM** Rieß JZ 1975, 269; Roxin/Schünemann StrafVerfR § 44 Rn. 48; → Rn. 5). Entsprechendes gilt, wenn in kurzen Zeitabständen immer wieder ärztliche Unterstützungsmaßnahmen o. unzumutbare ärztliche Überwachungen notwendig wären. Kurzfristige Verzögerungen rechtfertigen die Anwendung des § 231a nicht (→ Rn. 1). 8

Wissentlich verhindert der Angeklagte die HV in seiner Gegenwart, wenn er bei der Herbeiführung der Verhandlungsunfähigkeit weiß o. als sicher voraussieht, 9 dass dieser Erfolg eintreten werde (BGHSt 26, 228 (240)); bedingter Vorsatz reicht insoweit nicht aus (Löwe/Rosenberg/Becker Rn. 5; Rieß JZ 1975, 269; ZStW Beiheft 90 (1978) 197). Absicht ist nicht erforderlich (Rieß JZ 1975, 269).

10 **III. Äußerung zur Anklage (Abs. 1 S. 2).** Die Gelegenheit zur Äußerung kann dem Angeklagten schon alsbald nach der Eröffnung des Hauptverfahrens (nicht früher) gegeben werden, wenn dann schon abzusehen ist, dass eine Verh. in seiner Abwesenheit in Betracht kommt. Der Beschl. nach Abs. 3 S. 1 braucht noch nicht erlassen worden zu sein; die Anhörung sollte ihm sogar vorausgehen. Die Gelegenheit zur Äußerung gibt der Strafrichter, der Vorsitzende des SchG u. im Verf. vor dem LG o. OLG das Gericht in der Besetzung außerhalb der HV o. eines seiner Mitglieder als beauftragter Richter; die Vernehmung durch einen ersuchten Richter (→ § 63 Rn. 1) genügt nicht. Ergibt sich die Notwendigkeit der Anhörung erst in der HV, so kann auch das erkennende Gericht die Anhörung durchführen.

11 Abs. 1 S. 2 verlangt eine **Vernehmung zu der zugelassenen Anklage,** bei der dem Angeklagten Gelegenheit gegeben werden muss, die Verdachtsgründe zu beseitigen u. die zu seinen Gunsten sprechenden Tatsachen geltend zu machen (§ 136 Abs. 2). Der Angeklagte muss daher trotz seiner Verhandlungsunfähigkeit vernehmungsfähig, dh in der Lage sein zu entscheiden, ob er sich äußern will, Fragen u. Vorhalte geistig zu verarbeiten, seine Verteidigung vorzubringen u. den Inhalt seiner Aussage zu überblicken (OLG Dresden NStE StPO § 231a Nr. 1). Der spätere Wegfall dieser Fähigkeit ist ohne Bedeutung (Rieß JZ 1975, 270). Dass der Angeklagte, der nach § 136 Abs. 1 S. 2 über seine Aussagefreiheit belehrt werden muss, sich zu dem Anklagevorwurf äußert, verlangt Abs. 1 S. 2 nicht. Die Anhörung kann daher beendet werden, wenn erkennbar wird, dass er sich nicht zur Sache o. nicht sachlich äußern will.

12 Bei der Vernehmung haben StA u. Verteidiger ein **Anwesenheitsrecht;** § 168c Abs. 1, Abs. 5 gilt entspr. (Löwe/Rosenberg/Becker Rn. 16). Die Verlesung der nach §§ 168, 168a hergestellten Vernehmungsniederschrift in der HV schreibt das G nicht ausdr. vor; dass sie notwendig ist, ergibt sich aus dem Sinn der ges. Regelung (KMR-StPO/Eschelbach Rn. 31; Rieß JZ 1975, 270).

13 **C. Unerlässlichkeit der Anwesenheit des Angeklagten.** Die Unerlässlichkeit der Anwesenheit des Angeklagten **schließt** nach Abs. 1 S. 1 **die Anwendung des § 231a aus.** Ob sie vorliegt, was nur ganz ausnahmsweise der Fall sein wird, entscheidet das Gericht nach pflichtgemäßem Ermessen, wobei das Anwesenheitserfordernis nur in begrenztem Maß mit dem Interesse an der Sachaufklärung gerechtfertigt werden kann (Rieß JZ 1975, 270). Die Anwesenheit des Angeklagten kann ausnahmsweise unerlässlich sein, wenn das Gericht wegen der besonderen Sachgestaltung ohne unmittelbaren Eindruck v. dem Angeklagten o. ohne Gegenüberstellung mit Zeugen o. Mitangeklagten kein richtiges Urt. finden zu können glaubt. In aller Regel besteht die Rechtspflicht, ohne den Angeklagten zu verhandeln (Rieß JZ 1975, 270).

14 Der Ausdruck **„soweit"** macht deutlich, dass die Anwendung des Abs. 1 S. 1 bei Mehrfachtätern nach Abtrennung des übrigen Verfahrens auf einen der iSd § 264 selbständigen Straffälle u. bei einer einheitlichen Tat auf die Verh. über den Schuldspruch beschränkt werden kann.

15 **D. Notwendige Verteidigung (Abs. 4).** Schon wenn eine Verh. ohne den Angeklagten auch nur in Betracht kommt, aber noch nicht im Ermittlungsverfahren, hat ihm der Vorsitzende ohne Rücksicht auf das Vorliegen der Voraussetzungen des § 140 Abs. 1, Abs. 2 einen Pflichtverteidiger zu bestellen, wenn er noch keinen Verteidiger hat. Die Verteidigerbestellung geht also der Anhörung des Arztes nach Abs. 3 S. 1 und der Vernehmung des Angeklagten nach Abs. 1 S. 2 voraus. Sie gilt für das gesamte Verf. u. entfällt daher auch dann nicht, wenn der Angeklagte wieder an der Verh. teilnimmt.

16 **E. Beschluss (Abs. 3 S. 1).** Durch Beschluss (Abs. 3 S. 1) ordnet das Gericht die Verh. in Abwesenheit des Angeklagten an, nachdem es zur Frage seiner Ver-

handlungsunfähigkeit einen Arzt, nicht notwendigerweise einen Amtsarzt (Löwe/Rosenberg/Becker Rn. 20), im Freibeweis (→ § 244 Rn. 7, 9) als Sachverständigen gehört hat. Die Prozessbeteiligten werden vor der Beschlussfassung nach § 33 gehört. Erfolgt die Anhörung schriftlich, so kann das Anhörungsschreiben für den Angeklagten an den Verteidiger gerichtet werden (→ § 145a Rn. 5). Ist die Verhandlungsunfähigkeit schon geraume Zeit vor der HV eingetreten u. ist zu erwarten, dass sie fortdauert, so wird der Beschl. schon vor Beginn der HV (S. 2) möglichst frühzeitig erlassen, um die Aufschiebung o. Verlegung des Termins durch die sofortige Beschwerde nach Abs. 3 S. 3 zu verhindern. Sonst ergeht der Beschl. in o. während der Unterbrechung der HV. Der Beschl. ist nach § 34 mit Gründen zu versehen u. nach § 35 unverzüglich bekanntzumachen; in der HV genügt die unverzügliche Mitteilung allein an den Verteidiger, wenn die Bekanntmachung an den Angeklagten wegen seiner Verhandlungsunfähigkeit nur verspätet möglich ist (BGHSt 39, 110).

F. Durchführung der gesamten Hauptverhandlung ohne den Angeklagten. Die Durchführung der gesamten Hauptverhandlung ohne den Angeklagten, bis er wieder imstande ist, der HV uneingeschränkt zu folgen (BGHSt 26, 228 (233 ff.)), ist zulässig, wenn der Beschl. nach Abs. 3 rkr. ist (vgl. → Rn. 24). Hinweise nach § 265 Abs. 1, Abs. 2 werden dem Verteidiger erteilt (§ 234a Hs. 1); das Einverständnis des Angeklagten nach §§ 245 Abs. 1 S. 2, 251 Abs. 1 Nr. 1, Abs. 2 Nr. 3 ist nicht erforderlich (§ 234a Hs. 2). Die Befugnis, ohne den Angeklagten zu verhandeln, schließt nicht das Recht ein, ihn gegen seinen Willen v. der Verh. fernzuhalten (BGHSt 26, 228 (234); Holtz MDR 1980, 631 – BGH RsprÜ; → § 230 Rn. 4; vgl. auch BVerfGE 41, 246). Er ist zur Abwesenheit berechtigt (Rieß ZStW Beiheft 90 (1978), 198; **aM** Warda FS Bruns 1978, 415 ff.) u. wird an der Verh. beteiligt, soweit er ihr folgen kann u. äußerungsfähig ist. Das wird idR nur der Fall sein, wenn seine Verhandlungsfähigkeit nicht völlig entfallen ist (vgl. → Rn. 5, 9). Stört der Angeklagte die Verh., so kann nach § 177 GVG verfahren werden. 17

G. Wiedererlangung der Verhandlungsfähigkeit (Abs. 2). Nach Wiedererlangung der Verhandlungsfähigkeit (Abs. 2) muss der Angeklagte, ohne dass es einer förmlichen Aufhebung des Beschl. nach Abs. 3 S. 1 bedarf (KK-StPO/Gmel/Peterson Rn. 24), zur HV wieder zugezogen werden. Voraussetzung dafür ist, dass die Verhandlungsfähigkeit nicht nur für kurze Zeitspannen, sondern in einem Maße besteht, dass eine ordnungsgemäße Fortsetzung der HV in seiner Gegenwart möglich macht. 18

Ist der Angeklagte in Haft, so hat das Gericht in geeigneter Weise dafür zu sorgen, dass es v. der Wiedererlangung der Verhandlungsfähigkeit **alsbald erfährt,** zB durch den Arzt der JVA. Die Weiterverhandlung ohne den Angeklagten ist v. dem Zeitpunkt ab unzulässig, in dem das Gericht die Mitteilung erhalten hat o. bei pflichtgemäßer Kontrolle hätte erhalten müssen. Befindet sich der Angeklagte auf freiem Fuß, so obliegt es dagegen in 1. Hinsicht ihm selbst, sich das rechtliche Gehör durch entspr. Mitteilung zu verschaffen. Zur Kontrolle ist das Gericht allenfalls in Ausnahmefällen verpflichtet (Löwe/Rosenberg/Becker Rn. 31; **aM** Bohnert Strafprozessuale Revision S. 165: keine Kontrollpflicht). Ohne den Angeklagten kann daher so lange weiterverhandelt werden, bis er die Wiedererlangung seiner Verhandlungsfähigkeit mitteilt o. in der HV erscheint (OLG Düsseldorf StV 1997, 282). 19

Die **Unterrichtung** des Angeklagten über den wesentlichen Inhalt des in seiner Abwesenheit Verhandelten ist Sache des Vorsitzenden. Sie muss alsbald, ohne vermeidbare Verzögerung, erfolgen. Für die Unterrichtungspflicht gelten iÜ die gleichen Grundsätze wie bei § 247 Abs. 1 S. 4 (→ § 247 Rn. 14 ff.). Eine erweiternde Auslegung des Abs. 2 dahin, dass die Unterrichtungspflicht auch besteht, wenn der noch verhandlungsunfähige Angeklagte an der Verh. gelegentlich u. nicht nur kurzfristig wieder teilnimmt (→ Rn. 18), ist unangebracht (KK-StPO/Gmel/Peterson Rn. 24). 20

21 **H. Beschwerde.** Gegen den Beschl., der den Antrag auf Verh. ohne den Angeklagten ablehnt, ist die einfache Beschwerde nach § 304 Abs. 1 zulässig (OLG Nürnberg NJW 2000, 1804); § 305 S. 1 steht nicht entgegen (KK-StPO/Gmel/Peterson Rn. 26; Rieß JZ 1975, 271; **aM** Bohnert Strafprozessuale Revision S. 161).

22 Der Beschl., der die Abwesenheitsverhandlung anordnet, ist mit der **sofortigen Beschwerde** anfechtbar **(Abs. 3 S. 3 Hs. 1).** Beschwerdeberechtigt sind der StA, der durch den Beschl. betroffene Angeklagte, sein Verteidiger u. der ges. Vertreter, nicht aber Mitangeklagte. Wird der Angeklagte vor der Beschwerdeentscheidung wieder verhandlungsfähig, so ist die Beschwerde gegenstandslos (**aM** Löwe/Rosenberg/Becker Rn. 43; nur, wenn noch nicht in Abwesenheit des Angeklagten verhandelt worden war). Nach Abschluss der HV ist die Beschwerde nicht mehr statthaft (BGHSt 39, 110; vgl. aber → Rn. 25 aE).

23 Die sofortige Beschwerde hat abw. v. § 307 Abs. 1 **aufschiebende Wirkung** (Abs. 3 S. 3 Hs. 2). Eine noch nicht begonnene HV ist so weit hinauszuschieben, bis das Vorliegen einer Beschwerdeentscheidung erwartet werden kann. Eine schon begonnene HV muss bis zur Entsch. über die sofortige Beschwerde unterbrochen werden (Abs. 3 S. 4 Hs. 1). Die Unterbrechung, die nach § 228 Abs. 1 S. 2 vom Gericht zu beschließen ist, darf bis zu 30 Tagen dauern, auch wenn die Voraussetzungen des § 229 Abs. 2 nicht vorliegen (Abs. 3 S. 4 Hs. 2). Die Frist steht in voller Länge auch dann zur Vfg., wenn der Beschl. nach Abs. 1 während einer Unterbrechung nach einer anderen Vorschr. (zB nach §§ 229 Abs. 1, Abs. 2, 138c Abs. 4 EGGVG oder § 34 Abs. 6 EGGVG) ergeht. Sie rechnet v. Tag der Beschwerdeeinlegung bis zu dem Tag, an dem die HV fortgesetzt wird. Wann das Beschwerdegericht entschieden hat, spielt bei der Berechnung keine Rolle; denn die Frist gilt nicht für die Herbeiführung der Beschwerdeentscheidung, sondern begrenzt die zulässige Unterbrechung der HV bei der Anwendung des § 231a.

24 **I. Revision.** Die Anfechtbarkeit des Beschl.es nach Abs. 3 S. 1 mit der sofortigen Beschwerde schließt die Revisionsrüge aus, das Gericht habe die Voraussetzungen des Abs. 1 zu Unrecht angenommen (§ 336 S. 2). Die Rüge, der Angeklagte hätte nach Abs. 2 während der HV wieder zugezogen werden müssen, ist zulässig, aber erfolglos, wenn er seine Verhandlungsfähigkeit bei ihrem vermeintlichen Wiedereintritt dem Gericht nicht mitgeteilt hat (→ Rn. 20). Wurde der Beschl. nach Abs. 3 S. 1 erst verspätet bekanntgemacht (→ Rn. 17), kann dies uU die Revision begründen (vgl. BGHSt 39, 110).

Fortsetzung nach Entfernung des Angeklagten zur Aufrechterhaltung der Ordnung

231b (1) [1] **Wird der Angeklagte wegen ordnungswidrigen Benehmens aus dem Sitzungszimmer entfernt oder zur Haft abgeführt (§ 177 des Gerichtsverfassungsgesetzes), so kann in seiner Abwesenheit verhandelt werden, wenn das Gericht seine fernere Anwesenheit nicht für unerläßlich hält und solange zu befürchten ist, daß die Anwesenheit des Angeklagten den Ablauf der Hauptverhandlung in schwerwiegender Weise beeinträchtigen würde.** [2] **Dem Angeklagten ist in jedem Fall Gelegenheit zu geben, sich zur Anklage zu äußern.**

(2) **Sobald der Angeklagte wieder vorgelassen ist, ist nach § 231a Abs. 2 zu verfahren.**

1 **A. Sicherung des Ablaufs der Hauptverhandlung.** Der Sicherung des Ablaufs der Hauptverhandlung dient die Vorschr., nicht der Sanktionierung des Ordnungsverstoßes (Löwe/Rosenberg/Becker Rn. 1). Dass der Angeklagte v. Beruf RA ist, steht der Anwendung der Vorschr. nicht entgegen (BVerfGE 53, 207 (215)).

Die **Dauer der Abwesenheitsverhandlung** kann auf einen bestimmten Verfahrensabschnitt o. auf bestimmte Sitzungstage beschränkt werden. Gesetzlich ist sie nicht begrenzt (Rieß JZ 1975, 271). Wenn die Befürchtung einer schwerwiegenden Beeinträchtigung des Ablaufs der HV nicht vorher entfällt (vgl. → Rn. 7), kann die Verh. ohne den Angeklagten zu Ende geführt werden (BGH StV 2008, 174). Auch die Urteilsverkündung ist dann in seiner Abwesenheit zulässig (Löwe/Rosenberg/Becker Rn. 2). 2

B. Voraussetzungen der Abwesenheitsverhandlung (Abs. 1 S. 1). I. Beschluss nach § 177 GVG. Ein Beschluss nach § 177 GVG, durch den der Angeklagte wegen ordnungswidrigen Benehmens aus dem Sitzungssaal entfernt o. zur Haft abgeführt worden ist, muss ergangen sein o. (vgl. → Rn. 9) gleichzeitig mit der Anordnung nach § 231b getroffen werden. 3, 4

II. Nicht unerlässliche weitere Anwesenheit. Nicht unerlässlich darf die weitere Anwesenheit des Angeklagten sein. Dabei ist, wie bei § 231a (→ § 231 Rn. 14), die Erschwerung der Sachaufklärung kein hinreichender Grund, auch nicht die Beeinträchtigung der Verteidigungsmöglichkeiten des Angeklagten, selbst wenn er sich als RA selbst verteidigt. 5

III. Befürchtung einer schwerwiegenden Beeinträchtigung. Die Befürchtung einer schwerwiegenden Beeinträchtigung des Ablaufs der Hauptverhandlung muss bestehen. Das gesamte Verhalten des Angeklagten muss die Besorgnis rechtfertigen, dass er auch künftig nicht nur die ordnungsgemäße Durchführung der HV stören werde, sondern dass auch Beeinträchtigungen v. erheblichem Gewicht zu erwarten sind (Löwe/Rosenberg/Becker Rn. 5). Dass der Angeklagte den Willen o. auch nur das Bewusstsein hat, den Ablauf der HV zu beeinträchtigen, wird dabei nicht vorausgesetzt (KMR-StPO/Paulus Rn. 8). 6

Sobald schwerwiegende Störungen nicht mehr zu besorgen sind, muss der Angeklagte zur **Verhandlung wieder zugelassen** werden (RGSt 54, 110 (115)). Bei länger andauernden Verh. muss idR versucht werden, den Angeklagten nach einiger Zeit wieder an der Verh. teilnehmen zu lassen (KG StV 1987, 519; KK-StPO/Gmel/Peterson Rn. 6). Davon kann aber abgesehen werden, wenn die Annahme gerechtfertigt ist, dass er das störende Verhalten fortsetzen werde (BGHSt 9, 77 (81); Rieß JR 1975, 271). Zur Frage, ob der Angeklagte jedenfalls zum letzten Wort wieder zugelassen werden muss, vgl. → § 258 Rn. 20. 7

C. Gelegenheit zur Äußerung zu der Anklage (Abs. 1 S. 2). Gelegenheit zur Äußerung zu der Anklage (Abs. 1 S. 2) hat der Angeklagte idR in der HV nach § 243 Abs. 5 S. 1, 2 erhalten. Ist er schon vorher aus dem Sitzungssaal entfernt worden, so darf nach § 231b nur verfahren werden, wenn er zuvor durch das erkennende Gericht in der HV zu der zugelassenen Anklage gehört worden ist; die Anhörung durch einen beauftragten o. ersuchten Richter genügt nicht (allgM). Stört der Angeklagte die Verh. auch bei seiner Anhörung, so wird sie abgebrochen. Das Gericht ist dann nicht verpflichtet, ihm in anderer Weise Gelegenheit zur Äußerung zu geben (Löwe/Rosenberg/Becker Rn. 20). 8

D. Gerichtsbeschluss. Im Gegensatz zu § 231a schreibt das G hier den Erlass eines Beschl. nicht ausdr. vor. Er ist auch entbehrlich, weil das Gericht durch Fortsetzung der HV nach dem Erlass des Beschl. nach § 177 GVG u. der Entfernung des Angeklagten durch sein Vorgehen hinreichend deutlich macht, dass es für die weitere HV die Anwesenheit des Angeklagten nicht für unerlässlich hält (BGHSt 39, 72 (73)). 9

E. Unterrichtung des wieder vorgelassenen Angeklagten (Abs. 2). Sobald der Angeklagte wieder an der HV teilnehmen darf, muss er entspr. § 231a Abs. 2 unterrichtet werden; die Grundsätze → § 247 Rn. 16 ff. gelten sinngemäß (BGH StV 2008, 174). Von der Unterrichtung kann abgesehen werden, wenn sie im Hinblick auf das vorangegangene ungebührliche Verhalten des Angeklagten nicht möglich erscheint (BGH NJW 1957, 1326; RGSt 35, 433); ob das der Fall ist, muss 10 bes. sorgfältig geprüft werden. Bei erneuten schwerwiegenden Störungen wird die Unterrichtung abgebrochen.

11 **F. Rechtsbehelfe.** Die Beschwerde gegen den Beschl., dass nach § 231b in Abwesenheit des Angeklagten verhandelt werden soll, ist nach § 305 S. 1 ausgeschlossen (Löwe/Rosenberg/Becker Rn. 19 mwN).

12 Mit der **Revision** kann nach § 338 Nr. 5 gerügt werden, dass die Voraussetzungen des § 231b nicht vorgelegen haben o. entfallen waren (BGH NStZ 2015, 181). Soweit es um die Unerlässlichkeit der Anwesenheit des Angeklagten u. der Dauer der Befürchtung weiterer schwerwiegender Störungen geht, kann das Revisionsgericht (auf entspr. Rüge) nur prüfen, ob der Tatrichter die Rechtsbegriffe verkannt o. sein Ermessen missbraucht hat (BGHSt 39, 72 (74)). Nach § 337 können Verstöße gegen Abs. 1 S. 2 und Abs. 2 gerügt werden (BGH NStZ-RR 2010, 283). Auf einer verspäteten Unterrichtung nach Abs. 2 wird das Urt. idR nicht beruhen (Löwe/Rosenberg/Becker Rn. 20).

Beurlaubung einzelner Angeklagter und ihrer Pflichtverteidiger

231c **[1]Findet die Hauptverhandlung gegen mehrere Angeklagte statt, so kann durch Gerichtsbeschluß einzelnen Angeklagten, im Falle der notwendigen Verteidigung auch ihren Verteidigern, auf Antrag gestattet werden, sich während einzelner Teile der Verhandlung zu entfernen, wenn sie von diesen Verhandlungsteilen nicht betroffen sind. [2]In dem Beschluß sind die Verhandlungsteile zu bezeichnen, für die die Erlaubnis gilt. [3]Die Erlaubnis kann jederzeit widerrufen werden.**

Übersicht

1 **A. Normzweck.** In umfangreichen HV gegen mehrere Angeklagte kann die Pflicht zur ständigen Anwesenheit solche Mitangeklagte unnötig belasten, die in einzelnen längeren Abschn. v. der Verh. überhaupt nicht betroffen sind. Auch der Zeitaufwand des Verteidigers ist insoweit nutzlos.

2 § 231c ermöglicht es in solchen Fällen, den **Angeklagten und den notwendigen Verteidiger,** nicht unbedingt beide zugleich (BGH NStZ 2013, 666), zeitweise v. der Anwesenheit freizustellen. Obwohl der nicht notwendige Verteidiger der Verh. ohne weiteres fernbleiben kann, soll es zulässig sein, auch ihn v. der Teilnahme ausdr. zu entbinden (Löwe/Rosenberg/Becker Rn. 6).

3 Der § 231c **erspart den Umweg der Abtrennung** u. Wiederverbindung des Verfahrens; jedoch schließt die Vorschr. die kurzfristige Abtrennung des Verfahrens gegen einen Mitangeklagten nach den allg. Vorschr. nicht aus (→ § 4 Rn. 11). Im Gegensatz zur Abtrennung macht aber die Beurlaubung nach § 231c den Angeklagten nicht zum Zeugen (→ Vor § 48 Rn. 21ff.).

4 Die Vorschr. ist mit **großer Vorsicht** anzuwenden, weil sie leicht Revisionsgründe schafft (BGH NStZ 1981, 111; Miebach NStZ 1989, 219 – BGH RsprÜ). Das Gericht muss prognostizieren, ob tatsächlich auszuschließen ist, dass nicht doch Verhandlungsstoff verhandelt wird, der – wenn auch nur mittelbar – sich auf den den beurlaubten Angeklagten betr. Schuld- oder Rechtsfolgenausspruch auswirken

kann (BGH NStZ 2019, 144; erg. → Rn. 24). Beim Vorwurf bandenmäßiger Begehung v. Straftaten ist die Vorschr. idR unanwendbar (BGH NStZ 2010, 227).

5 **B. Voraussetzungen der Freistellung. I. Antrag.** Nur auf Antrag erfolgt die Beurlaubung. Der Antrag wird idR in der HV mündlich gestellt, ist aber auch beachtlich, wenn er schon vor deren Beginn schriftlich eingereicht wird (Löwe/Rosenberg/Becker Rn. 9).

6 Wer v. einer versehentlich bewilligten Beurlaubung Gebrauch macht, holt den Antrag dadurch stillschweigend nach (BGHSt 31, 323 (329 ff.)).

7 **Antragsberechtigt** sind der Angeklagte u. der Verteidiger, der den Antrag für den Angeklagten, aber nicht gegen dessen Widerspruch, u. im eigenen Namen stellen kann. Wirken mehrere Verteidiger mit, so hat jeder das Antragsrecht unabhängig v. den anderen. Die Antragsrechte des Angeklagten u. des notwendigen Verteidigers sind ebenfalls voneinander unabhängig u. stehen selbständig nebeneinander; der Widerspruch des Angeklagten hindert daher nicht, den notwendigen Verteidiger auf dessen Antrag zu beurlauben (Löwe/Rosenberg/Becker Rn. 7).

8 **Inhaltlich** muss der Antrag den Verhandlungsteil bezeichnen, v. dem die Freistellung gewünscht wird; denn eine Beurlaubung ist immer nur in dem beantragten Umf. zulässig. Der allg. Antrag auf Beurlaubung v. allen Verhandlungsteilen, die den Antragsteller nicht betreffen, genügt nicht (vgl. auch Löwe/Rosenberg/Becker Rn. 8).

9 **Wiederholte Antragstellung** für verschiedene Verhandlungsteile derselben HV ist zulässig.

10 **II. Teil der Verhandlung.** Nur für einen Teil der Verhandlung ist die Freistellung möglich. Sie kann schon für die Dauer der Vernehmung v. Mitangeklagten über ihre persönlichen Verhältnisse nach § 243 Abs. 2 S. 2 bewilligt werden (BGHSt 31, 323 (330)). Unzulässig ist sie für die Urteilsverkündung nach § 268. Dagegen gehören die Schlussvorträge noch zur Verh. (→ § 258 Rn. 1). Ein Angeklagter kann daher für die Zeit freigestellt werden, in der der StA o. der Verteidiger ausschl. zu den gegen Mitangeklagte erhobenen Vorwürfen plädiert.

11 Die **Dauer der Freistellung** ist, da es sich um keine Verhandlungsunterbrechung handelt, grds. nicht begrenzt; an die Fristen des § 229 ist sie nicht gebunden (BGH NJW 2003, 446 (452); Rieß NJW 1978, 2270).

12 **III. Nicht betroffen.** Nicht betroffen v. den Verhandlungsteilen muss der Antragsteller sein. Das ist der Fall, wenn gegen die Mitangeklagten auch unter Abtrennung des Verfahrens weiterverhandelt werden könnte (BGHSt 31, 323 (331)), insbes., wenn der beurlaubte Angeklagte an den v. ihnen begangenen Taten nicht bet. ist (vgl. BGHSt 32, 100). Bei einem einheitlichen Tatgeschehen ist eine Beurlaubung grds. nicht möglich (BGH NStZ 1983, 34), sofern nicht in Abwesenheit des beurlaubten Angeklagten nur Umstände erörtert o. Beweise erhoben werden, die für ihn weder im Schuld- noch im Rechtsfolgenausspruch v. Bedeutung sind, zB bei der Vernehmung eines Mitangeklagten über seine persönlichen Verhältnisse (BGHSt 31, 323 (330 ff.)) u. bei der Verh. über die Schuldfähigkeit eines Mitangeklagten u. der Anhörung eines Sachverständigen zu dieser Frage. Sind die Vorgänge auch nur teilw. o. mittelbar für den Antragsteller v. Bedeutung, so scheidet seine Beurlaubung aus (BGH NStZ 2009, 400), insbes., wenn im Zusammenhang mit dem gegen ihn erhobenen Tatvorwurf Beweise erhoben (BGH StV 1984, 102), wenn in seiner Abwesenheit Zeugen vernommen werden, die die Glaubwürdigkeit eines ihn belastenden Mitangeklagten stützen (Pfeiffer/Miebach NStZ 1985, 205 – BGH RsprÜ), wenn auch ihn berührende Beweisanträge (auch rechtsfehlerfrei) abgelehnt werden (Holtz MDR 1989, 1054 – BGH RsprÜ) o. wenn der Schlussvortrag des Mitverteidigers sich auf ein einheitliches Tatgeschehen bezieht (BGH NStZ 1983, 34).

13 **C. Gerichtsbeschluss.** Durch Beschluss des erkennenden Gerichts in der HV nach Anhörung der StA (§ 33 Abs. 1), auch der Mitangeklagten (Löwe/Rosenberg/Becker Rn. 10; KK-StPO/Gmel/Peterson Rn. 9), muss über den Antrag

entschieden werden. Der Vorsitzende allein ist nicht zuständig; die Beurlaubung durch ihn ist wirkungslos (BGH NStZ 1985, 375). Auch eine stillschweigende Befreiung durch schlüssige Handlung kommt nicht in Betracht (BGH NStZ 1985, 375; Löwe/Rosenberg/Becker Rn. 10; **aM** BGH NStZ 1995, 27; KMR-StPO/Paulus Rn. 11).

14 Die Entsch. steht im **Ermessen des Gerichts.** Es hat einerseits den Zweck der Regelung (→ Rn. 1) u. den Gesichtspunkt der Verfahrensvereinfachung zu beachten, andererseits die Gefahr zu berücksichtigen, dass während der Verfahrensteile, v. denen die Freistellung gewünscht wird, doch Umstände zur Sprache kommen könnten, die den Antragsteller, wenn auch nur mittelbar, betreffen (Löwe/Rosenberg/Becker Rn. 11).

15 **Inhaltlich** muss der Beschl. die Verh., für die die Beurlaubung erfolgt, genau bezeichnen **(S. 2).** Das geschieht möglichst durch Angabe der Verhandlungsvorgänge (Vernehmung bestimmter Zeugen o. Sachverständiger, Beweisaufnahme über einen bestimmten Tatsachenkomplex, Verh. über einen bestimmten Anklagevorwurf usw) u. ihrer voraussichtlichen Zeitdauer (KK-StPO/Gmel/Peterson Rn. 10). Es ist aber auch zulässig, in dem Beschl. nur den Beurlaubungszeitraum zu bestimmen (KMR-StPO/Paulus Rn. 11; Löwe/Rosenberg/Becker Rn. 12; **aM** Schlothauer FS Koch, 1989, 246), auch in der Weise, dass v. einem bestimmten Tag an wieder mit der Zuziehung zu rechnen ist.

16 Einer **Begründung** bedarf der Freistellungsbeschluss nicht. Der den Antrag abl. Beschl. muss dagegen erkennen lassen, ob die Voraussetzungen des § 231c nicht vorliegen o. ob das Gericht die Freistellung nach seinem Ermessen nicht für angebracht hält.

17 **D. Folgen der Freistellung.** Der Beurlaubte braucht an der Verh. während des Beurlaubungszeitraums nicht teilzunehmen. Ergibt sich allerdings während der Verh., dass entgegen der Prognose der Inhalt des betr. Verhandlungsteils doch den beurlaubten Angeklagten betreffen kann, ist die Verh. ggf. zu unterbrechen, jedenfalls aber dieser Verhandlungsteil zu wiederholen (BGH NStZ 2019, 144).

18 Diese zeitweilige Befreiung v. der Anwesenheitspflicht lässt sein **Anwesenheitsrecht** aber unberührt (→ § 230 Rn. 4), auch wenn die Verh. unter Ausschluss der Öffentlichkeit stattfindet (KMR-StPO/Paulus Rn. 14). Der beurlaubte Angeklagte u. sein Verteidiger sind befugt, während der Befreiung in der HV Prozesserklärungen abzugeben, sofern sie sich auf Prozessgegenstände beziehen, die für die Strafsache gegen den Beurlaubten v. Bedeutung sind (KK-StPO/Gmel/Peterson Rn. 14). Eine Verh. gegen den beurlaubten Angeklagten ist aber trotz dessen Anwesenheit erst nach Widerruf des Freistellungsbeschlusses (→ Rn. 21) zulässig (Löwe/Rosenberg/Becker Rn. 17).

19 Die **Mitwirkungsrechte** in der Form der Zustimmung nach den §§ 245 Abs. 1 S. 2, 251 Abs. 1 Nr. 1, Abs. 2 Nr. 3 entfallen, weil der Beurlaubte v. diesen Beweiserhebungen nicht betroffen sein kann (Rieß NJW 1978, 2270).

20 Eine **Unterrichtung** des Angeklagten u. des Verteidigers über das in ihrer Abwesenheit Verhandelte findet nicht statt. Der Vorsitzende ist allerdings nicht gehindert, ihnen darüber einen Überbl. zu verschaffen (Löwe/Rosenberg/Becker Rn. 20).

21 **E. Widerruf der Freistellung (S. 3).** Der Widerruf der Freistellung (S. 3) ist **jederzeit möglich;** er bewirkt, dass die Verh. ohne den bisher beurlaubten Angeklagten o. Verteidiger nicht fortgesetzt werden darf (Rieß NJW 1978, 2270). Der Widerruf erfolgt durch Gerichtsbeschluss, vor dessen Erlass nach § 33 die Verfahrensbeteiligten, auch der beurlaubte Angeklagte u. sein Verteidiger, zu hören sind. Der Beschl. muss in der HV verkündet u. sollte dem beurlaubten Angeklagten u. Verteidiger durch Zustellung bekanntgemacht werden (Löwe/Rosenberg/Becker Rn. 15). Der Termin, an dem sie wieder teilnehmen müssen, wird ihnen mitgeteilt. Eine förmliche Ladung ist nicht erforderlich (Rieß NJW 1978, 2270 Fn. 101); die Ladungsfristen der §§ 217 Abs. 1, 218 S. 2 gelten nicht (KMR-StPO/Paulus Rn. 12).

F. Sitzungsprotokoll. Im Sitzungsprotokoll sind nach § 273 Abs. 1 der Freistellungsantrag, der Gerichtsbeschluss, der Beginn u. das Ende der Freistellung u. der Abwesenheit des Angeklagten o. Verteidigers sowie der Widerruf u. der Zeitpunkt des darauf folgenden Wiedererscheinens zu beurkunden (KK-StPO/Gmel/Peterson Rn. 13; Löwe/Rosenberg/Becker Rn. 22). 22

G. Rechtsbehelfe. Die Beschwerde gegen den die Freistellung gewährenden o. abl. Beschl. u. den Widerrufsbeschluss ist nach § 305 S. 1 ausgeschlossen (KMR-StPO/Paulus Rn. 18). 23

Auch die **Revision** kann auf die Fehlerhaftigkeit dieser Beschlüsse nicht gestützt werden. Mit der Revision kann aber, sofern der Fehler nicht durch teilw. Wiederholung der Verh., auch in Anwesenheit des notwendigen Verteidigers, geheilt worden ist (→ § 338 Rn. 3), nach § 338 Nr. 5 gerügt werden, dass in Abwesenheit des Angeklagten o. des notwendigen Verteidigers Umstände erörtert worden sind, die den Angeklagten mind. mittelbar betrafen (BGH NStZ 2012, 463; StV 1991, 97; vgl. auch BGH 20.8.2025 – 3 StR 580/24). Der zwingende Aufhebungsgrund des § 338 Nr. 5 liegt auch vor, wenn die Verh. in Abwesenheit des Angeklagten o. des Verteidigers ohne entspr. Gerichtsbeschluss stattgefunden hat (BGH NStZ 1985, 375) o. wenn sie auf einen Verfahrensteil erstreckt worden ist, den der Beschl. nicht bezeichnet hat (BGH StV 1988, 370; NStZ 2012, 463). Das gilt auch dann, wenn der Angeklagte selbst seine Beurlaubung beantragt hatte (BGH NStZ 2010, 227). Vgl. zum Ganzen Schothauer FS Koch, 1989, 245 ff., dort auch zu den nach § 344 Abs. 2 S. 2 an die Begründung der Rüge zu stellenden Anforderungen. 24

Durchführung der Hauptverhandlung trotz Ausbleibens des Angeklagten

232 (1) [1]**Die Hauptverhandlung kann ohne den Angeklagten durchgeführt werden, wenn er ordnungsgemäß geladen und in der Ladung darauf hingewiesen worden ist, daß in seiner Abwesenheit verhandelt werden kann, und wenn nur Geldstrafe bis zu einhundertachtzig Tagessätzen, Verwarnung mit Strafvorbehalt, Fahrverbot, Einziehung, Vernichtung oder Unbrauchbarmachung, allein oder nebeneinander, zu erwarten ist.** [2]**Eine höhere Strafe oder eine Maßregel der Besserung und Sicherung darf in diesem Verfahren nicht verhängt werden.** [3]**Die Entziehung der Fahrerlaubnis ist zulässig, wenn der Angeklagte in der Ladung auf diese Möglichkeit hingewiesen worden ist.**

(2) **Auf Grund einer Ladung durch öffentliche Bekanntmachung findet die Hauptverhandlung ohne den Angeklagten nicht statt.**

(3) **Das Protokoll über eine richterliche Vernehmung des Angeklagten wird in der Hauptverhandlung verlesen.**

(4) **Das in Abwesenheit des Angeklagten ergehende Urteil muß ihm mit den Urteilsgründen durch Übergabe zugestellt werden, wenn es nicht nach § 145a Abs. 1 dem Verteidiger zugestellt wird.**

Übersicht

1 **A. Normzweck und Reichweite.** Eine **Vereinfachung des Verfahrens** in Strafsachen v. geringer Bedeutung ermöglicht die Vorschrift. Das Gericht braucht in solchen Fällen die Anwesenheit des Angeklagten nicht zu erzwingen, sondern kann unter den in Abs. 1 S. 1 bezeichneten Voraussetzungen ohne den ausgebliebenen Angeklagten verhandeln. Dabei handelt es sich um ein Ungehorsamsverfahren (Schmidt StPO/GVG StPO § 232 Rn. 1; **aM** KMR-StPO/Paulus Rn. 2; Rieß ZStW Beiheft 90 (1978), 201: v. Gericht gestattetes Fernbleiben); das Recht, der HV fernzubleiben, begründet die Vorschr. nicht (BGHSt 25, 165 (167); KK-StPO/Gmel/Peterson Rn. 9; Löwe/Rosenberg/Becker Rn. 1; **aM** Stein ZStW 97 (1985), 329).

2 § 232 **gilt auch** im Berufungsverfahren (BGHSt 25, 165; BayObLG JR 1961, 103; OLG Stuttgart NJW 1962, 2023) u. im JGG-Verf. (§ 50 Abs. 1 **JGG**), nicht aber im Revisionsverfahren (vgl. § 350 Abs. 2). Die Vorschr. ist nicht deshalb unanwendbar, weil sich der ordnungsgemäß geladene Angeklagte im Ausland aufhält (→ § 285 Rn. 1).

3 **B. Voraussetzungen der Abwesenheitsverhandlung. I. Ordnungsgemäße Ladung.** Vgl. → § 329 Rn. 9. Eine Ladung im Ausland genügt, auch wenn die Androhung v. Zwangsmitteln unterbleiben musste. Die Nichteinhaltung der Ladungsfrist steht der Anwendung des § 232 nicht entgegen (allgM; → § 329 Rn. 11).

4 Aufgrund einer öffentl. Ladung (§ 40) darf ohne den Angeklagten nicht verhandelt werden (Abs. 2); über § 232 hinaus hat diese Einschränkung aber keine Bedeutung (→ § 329 Rn. 9).

5 **II. Hinweis auf die Möglichkeit der Abwesenheitsverhandlung.** Der Hinweis auf die Möglichkeit der Abwesenheitsverhandlung ist eine **unverzichtbare Zulässigkeitsvoraussetzung** für das Abwesenheitsverfahren (Löwe/Rosenberg/Becker Rn. 7). Das Einverständnis des Angeklagten o. seines Verteidigers mit der Verh. in seiner Abwesenheit kann ihn nicht ersetzen (OLG Frankfurt a. M. NJW 1952, 1107; Löwe/Rosenberg/Becker Rn. 15; **aM** OLG Zweibrücken NJW 1968, 1977; Küper NJW 1973, 1334). Das Gericht fügt der Ladung den Hinweis nur bei, wenn es die Möglichkeit in Betracht zieht, ohne den Angeklagten zu verhandeln.

6 Anderenfalls **sieht es von dem Hinweis ab,** u. der Angeklagte ist dann verpflichtet, in der HV zu erscheinen (BGHSt 25, 165 (166)). Erscheint er nicht, gilt § 329.

7 Der Hinweis muss **klar und unmissverständlich** sein; die bloße Bezugnahme auf den Hinweis in einer früheren Ladung genügt nicht (OLG Köln NStE StPO § 232 Nr. 2). Im Berufungsverfahren wird er durch den Hinweis nach § 323 Abs. 1 S. 2 nicht ersetzt (BayObLG JR 1961, 103; OLG Zweibrücken NJW 1968, 1977). Ein Hinweis auf § 234 ist nicht vorgeschrieben, kann aber zweckmäßig sein.

8 Kommt die **Entziehung der Fahrerlaubnis** in Betracht, so ist auch hierauf hinzuweisen (Abs. 1 S. 3).

9 **III. Zu erwartende Rechtsfolgen.** Die zu erwartenden Rechtsfolgen dürfen die in Abs. 1 S. 1 bezeichneten nicht übersteigen. Dabei ist nicht die ges. Strafandrohung maßgebend, sondern die nach den Umständen des Einzelfalls zu erwartende Strafe u. Nebenfolge (BayObLG JR 1961, 103; OLG Hamm NJW 1954, 1131; OLG Stuttgart NJW 1962, 2023). Daher ist § 232 auch anwendbar, wenn eine Geldstrafe nur nach § 47 Abs. 2 StGB verhängt werden kann. Im Berufungsverfahren entspr. die zu erwartende Rechtsfolge wegen des Verschlechterungsverbots nach § 331 der im 1. Urt. erkannten Strafe (OLG Stuttgart NJW 1962, 2023). Bei Tatmehrheit kommt es auf die Gesamtstrafe an (OLG Düsseldorf NJW 1991, 2781 (2782)). Eine Geldstrafe v. mehr als 180 Tagessätzen darf in keinem Fall verhängt werden.

Auf die **Nebenfolgen** der Einziehung, Vernichtung u. Unbrauchbarmachung darf ohne Rücksicht auf ihren wirtschaftlichen Wert erkannt werden. Die Anordnung der Einziehung des Wertes v. Taterträgen ist zulässig, obwohl Abs. 1 S. 1 sie nicht aufführt. Andere dort nicht bezeichnete Nebenfolgen dürfen dagegen nicht angeordnet werden, insbes. nicht die Bekanntmachungsbefugnis nach §§ 165, 200 StGB. 10

IV. Schuldhaftes Ausbleiben des Angeklagten. Nur das **eigenmächtige Ausbleiben** (dazu → § 231 Rn. 13 ff.) des Angeklagten rechtfertigt die Anwendung des § 232 (OLG Karlsruhe NStZ 1990, 505 mwN). Daran fehlt es, wenn ein rechtzeitig gestellter Vertagungsantrag nicht beschieden worden ist (OLG Köln NJW 1952, 637). Wie bei § 231 (→ § 231 Rn. 12) u. § 329 (→ § 329 Rn. 18) kommt es nicht darauf an, ob sich der Angeklagte entschuldigt hat, sondern ob er entschuldigt ist. Von seinem eigenmächtigen Ausbleiben kann ausgegangen werden, wenn er nicht rechtzeitig erscheint u. angemessene Zeit (vgl. → § 329 Rn. 13; → § 412 Rn. 3) auf ihn gewartet worden ist. 11

Dem eigenmächtigen Ausbleiben steht das eigenmächtige **Sich-Entfernen aus der Hauptverhandlung** gleich. Die Verh. darf dann ohne den Angeklagten fortgesetzt werden, auch wenn die Voraussetzungen des § 231 Abs. 2 nicht vorliegen; diese Vorschr. enthält keine abschl. Regelung (Löwe/Rosenberg/Becker Rn. 16; vgl. auch BayObLGSt 1972, 17). 12

C. Entscheidung des Gerichts. Die **Entscheidung des Gerichts** darüber, ob es ohne den Angeklagten verhandeln will, braucht nicht durch förmlichen Beschl. getroffen zu werden. Es handelt sich um eine Ermessensentscheidung. Das Gericht muss v. der Abwesenheitsverhandlung insbes. absehen, wenn die Sachaufklärungspflicht (§ 244 Abs. 2) die Anwesenheit des Angeklagten erfordert (KK-StPO/Gmel/Peterson Rn. 11). 13

D. Hauptverhandlung ohne den Angeklagten. Die Hauptverhandlung ohne den Angeklagten wird **nach den allg. Regeln** durchgeführt. Da keine Sachvernehmung stattfindet, muss das Gericht die ihm erkennbare Einlassung des Angeklagten zur Sprache bringen. 14

Protokolle über richterliche Vernehmungen des Angeklagten als Beschuldigter in dem anhängigen Verf. müssen verlesen werden (Abs. 3), sofern der Angeklagte nicht nach § 234 durch einen Verteidiger vertreten wird, der seine Sachdarstellung vorträgt (BayObLGSt 1974, 35). Die richterliche Vernehmung ist aber keine Voraussetzungen für die Abwesenheitsverhandlung (BayObLGSt 1974, 35; OLG Köln JMBl. NRW. 1959, 72). Protokolle über Zeugenvernehmungen des Angeklagten in einem anderen Verf. u. über staatsanwaltschaftliche u. polizeiliche Vernehmungen sind v. der Verlesung ausgeschlossen. Jedoch darf aus solchen Prot. die Art der Einlassung des Angeklagten zur Sache festgestellt werden (Löwe/Rosenberg/Becker Rn. 24). 15

Der in der nach Abs. 3 verlesenen Niederschrift enthaltene **Einwand der örtlichen Unzuständigkeit** gilt unabhängig v. Zeitpunkt der Verlesung als rechtzeitig erhoben (KK-StPO/Gmel/Peterson Rn. 13). 16

Ein im Prot. enthaltener **Beweisantrag** gilt dagegen nicht als in der HV gestellt, weil die Vernehmung, anders als die nach § 233 Abs. 2 S. 1, kein vorweggenommener Teil der Verh. ist. Für Beweisanträge gilt daher § 244 Abs. 3 nicht; sie sind nur iRd Sachaufklärungspflicht nach § 244 Abs. 2 zu beachten (OLG Hamm JMBl. NRW. 1962, 203; Gollwitzer FS Tröndle, 1989, 466). 17

Werden **Hinweise nach § 265 Abs. 1, Abs. 2** notwendig, so können sie dem Verteidiger erteilt werden (§ 234a Hs. 1); wirkt kein Verteidiger mit, so muss die HV abgebrochen u. fortgesetzt werden, nachdem dem Angeklagten der Hinweis gegeben worden ist (erg. → § 231 Rn. 21). 18

Die **Zustimmungsrechte** nach §§ 245 Abs. 1 S. 2, 251 Abs. 1 Nr. 1, Abs. 2 Nr. 3 übt ebenfalls der Verteidiger aus (§ 234a Hs. 2). Ist keiner erschienen, so entfällt das Erfordernis der Zustimmung des Angeklagten (erg. → § 231 Rn. 21). 19

20 Der **Abbruch der Hauptverhandlung** ist auch erforderlich, wenn sich herausstellt, dass die Sachaufklärungspflicht eine Erörterung der Sache mit dem Angeklagten gebietet, o. wenn die HV ergibt, dass der in Abs. 1 S. 1 festgelegte Rahmen für eine schuldangemessene Ahndung der Tat nicht ausreicht.

21 **E. Nachträgliches Erscheinen des Angeklagten.** Das **nachträgliche Erscheinen des Angeklagten** in der Verh. zwingt den Vorsitzenden dazu, ihn zur Person u. zur Sache zu vernehmen (§ 243 Abs. 2 S. 2, Abs. 4 S. 1, 2) u. ihm mitzuteilen, was die bisherige Verh. ergeben hat (KK-StPO/Gmel/Peterson Rn. 15; einschr. Gollwitzer FS Tröndle, 1989, 465). Die Verh. braucht aber nicht wiederholt zu werden, selbst wenn sie schon weit fortgeschritten ist (Löwe/Rosenberg/Becker Rn. 27). Die Beschränkungen des Abs. 1 S. 1 gelten nicht mehr.

22 Ist der Angeklagte **genügend entschuldigt, so** kann ihm auf seinen Antrag, über dessen Möglichkeit er ggf. zu belehren ist, durch alsbaldigen Beschl., der nicht zur HV gehört, nach § 235 Wiedereinsetzung gewährt u. die HV sofort in seiner Anwesenheit wiederholt werden.

23 **F. Urteilsinhalt.** In dem **Urteil** darf nur eine Strafe o. Nebenfolge verhängt werden, die dem Katalog des Abs. 1 S. 1 entspricht. Das Urt. muss darlegen, dass u. weshalb die Voraussetzungen des § 232 vorgelegen haben (SK-StPO/Deiters Rn. 18; **aM** Löwe/Rosenberg/Becker Rn. 28). Auf v. dem Angeklagten vorgebrachte o. sonst erkennbare Entschuldigungsgründe für sein Ausbleiben muss eingegangen werden (erg. → § 329 Rn. 33).

24 **G. Zustellung des vollständigen Urteils (Abs. 4).** Die **Zustellung des vollständigen Urteils (Abs. 4)** erfolgt an den Pflichtverteidiger o. an den Wahlverteidiger, dessen Vollmacht sich bei den Akten befindet (§ 145a Abs. 1), sonst an den Angeklagten. Andere Zustellungsempfänger sind grds. ausgeschlossen (BGHSt 11, 152 (156)); eine Ausnahme gilt für den nach § 116a Abs. 3 bestellten Zustellungsbevollmächtigten (RGSt 77, 212; OLG München MDR 1995, 405) u. für die nach § 132 Abs. 1 Nr. 2 bevollmächtigte Person (BayObLG NStZ 1995, 561; OLG München MDR 1995, 405).

25 Sofern nicht an den Verteidiger zugestellt wird, ist nach Abs. 4 die Zustellung **durch Übergabe** erforderlich. Das bedeutet aber nicht, dass die Übergabe an den Angeklagten stattfinden muss; auch die Übergabe an einen ges. vorgesehenen Ersatzempfänger ist zulässig, insbes. nach § 178 Abs. 1 Nr. 1, 3 ZPO (BGHSt 11, 152 (156); 22, 52 (55); erg. → § 37 Rn. 7). Ausgeschlossen ist dagegen die Zustellung durch Niederlegung nach § 181 Abs. 1 ZPO (BGHSt 11, 152) u. die öffentl. Zustellung nach § 40 Abs. 2 (KMR-StPO/Paulus Rn. 20).

26 Abs. 4 ist eine nur für das Abwesenheitsurteil nach § 232 geltende **Ausnahmevorschrift.** Auf andere Fälle der Verh. u. Urteilsverkündung in Abwesenheit des Angeklagten ist sie nicht anwendbar, insbes. nicht auf das Urt. nach § 233 (BGHSt 11, 152; OLG Hamm NJW 1956, 1809; **aM** OLG Düsseldorf NJW 1956, 641) u. nach §§ 329, 412 (BayObLG NJW 1957, 1119; OLG Celle NJW 1960, 930; OLG Köln NJW 1980, 2720; erg. → § 329 Rn. 34).

27 Die mit dem Urt. zuzustellende **Rechtsmittelbelehrung** nach § 35a muss neben dem Hinweis auf die Möglichkeit der Berufung u. Revision den auf die Wiedereinsetzung enthalten (§ 235 S. 2).

28 **H. Rechtsbehelfe.** Beschwerde gegen die Abwesenheitsverhandlung u. den Beschl., mit dem sie abgelehnt wird, ist nach § 305 S. 1 ausgeschlossen. Berufung ist wie gegen andere Urteile zulässig.

29 Die **Revision** kann nach § 338 Nr. 5 darauf gestützt werden, dass die Voraussetzungen des § 232 nicht vorgelegen haben. Von Amts wegen wird das nicht geprüft, auch nicht das Fehlen des Hinweises nach Abs. 1 S. 1 (OLG Köln JMBl. NRW. 1959, 72). Die Rüge, das Gericht habe zu Unrecht angenommen, dass der Angeklagte eigenmächtig ausgeblieben sei, kann sich nur auf den Urteilsinhalt stützen. Dem Gericht unbekannte Gründe können nur mit dem Wiedereinsetzungsantrag nach § 235 geltend gemacht werden (OLG Düsseldorf NJW 1962,

2022; KK-StPO/Gmel/Peterson Rn. 24; teilw. **aM** Löwe/Rosenberg/Becker Rn. 37; erg. → § 329 Rn. 48). Die Rüge, die Niederschrift sei entgegen Abs. 3 nicht verlesen worden, ist nur nach § 337 zulässig. Dass bei der Entsch. über einen Mitangeklagten gegen § 232 verstoßen worden ist, kann nicht mit Erfolg gerügt werden (Schmidt StPO/GVG § 232 Rn. 21; → § 230 Rn. 26). Mängel der Urteilszustellung können mit der Verfahrensrüge geltend gemacht werden, Verfahrenshindernisse sind sie nicht (BayObLGSt 1995, 99).

I. Antrag auf Wiedereinsetzung. Der **Antrag auf Wiedereinsetzung (§ 235)** kann unabhängig v. der Anfechtung des Urteils mit Berufung o. Revision gestellt werden. Beim Zusammentreffen mit dem Wiedereinsetzungsantrag ist die Berufung o. Revision unter der Rechtsbedingung der Verwerfung des Wiedereinsetzungsantrags eingelegt (§§ 315 Abs. 2, 342 Abs. 2). Vgl. iÜ → § 235 Rn. 1 ff. 30

Entbindung des Angeklagten von der Pflicht zum Erscheinen **Nr. 120 RiStBV**

233 (1) [1] **Der Angeklagte kann auf seinen Antrag von der Verpflichtung zum Erscheinen in der Hauptverhandlung entbunden werden, wenn nur Freiheitsstrafe bis zu sechs Monaten, Geldstrafe bis zu einhundertachtzig Tagessätzen, Verwarnung mit Strafvorbehalt, Fahrverbot, Einziehung, Vernichtung oder Unbrauchbarmachung, allein oder nebeneinander, zu erwarten ist.** [2] **Eine höhere Strafe oder eine Maßregel der Besserung und Sicherung darf in seiner Abwesenheit nicht verhängt werden.** [3] **Die Entziehung der Fahrerlaubnis ist zulässig.**

(2) [1] **Wird der Angeklagte von der Verpflichtung zum Erscheinen in der Hauptverhandlung entbunden, so muß er durch einen beauftragten oder ersuchten Richter über die Anklage vernommen werden.** [2] **Dabei wird er über die bei Verhandlung in seiner Abwesenheit zulässigen Rechtsfolgen belehrt sowie befragt, ob er seinen Antrag auf Befreiung vom Erscheinen in der Hauptverhandlung aufrechterhalte.** [3] **Statt eines Ersuchens oder einer Beauftragung nach Satz 1 kann außerhalb der Hauptverhandlung auch das Gericht die Vernehmung über die Anklage in der Weise durchführen, dass sich der Angeklagte an einem anderen Ort als das Gericht aufhält und die Vernehmung zeitgleich in Bild und Ton an den Ort, an dem sich der Angeklagte aufhält, und in das Sitzungszimmer übertragen wird.**

(3) [1] **Von dem zum Zweck der Vernehmung anberaumten Termin sind die Staatsanwaltschaft und der Verteidiger zu benachrichtigen; ihrer Anwesenheit bei der Vernehmung bedarf es nicht.** [2] **Das Protokoll über die Vernehmung ist in der Hauptverhandlung zu verlesen.**

Übersicht

A. Normzweck und Reichweite. Die **Entbindung von der Teilnahme an der Hauptverhandlung** kommt für Angeklagte in Betracht, die weit v. Gerichtsort entfernt wohnen o. wegen Krankheit o. Gebrechlichkeit o. aus beruflichen o. anderen privaten Gründen nicht o. nur unter Schwierigkeiten vor Gericht erscheinen können. 1

2 § 233 **gilt auch** im Verf. nach Einspruch gegen einen Strafbefehl (OLG Hamm NJW 1969, 1129) u. im Berufungsverfahren (RGSt 66, 364; BayObLG NJW 1970, 1055; OLG Köln NJW 1969, 705). Die Entbindung durch das AG wirkt aber für dieses Verf. nicht fort; es bedarf eines neuen Antrags u. einer Entsch. des Berufungsgerichts (RGSt 64, 239 (244); BayObLGSt 1956, 20; OLG Schleswig NJW 1966, 67; Löwe/Rosenberg/Becker Rn. 4). Im JGG-Verf. gilt § 50 Abs. 1 **JGG.** Dass sich der Angeklagte im Ausland aufhält, steht der Anwendung des § 233 nicht entgegen (→ § 285 Rn. 1).

2a Im **OWi-Verfahren** wirkt die antragsgemäß nicht auf einen konkreten Termin bezogene Entbindung des Betroffenen von der Verpflichtung zum persönlichen Erscheinen gem. § 73 Abs. 2 OWiG bei der Verlegung des HV-Termins fort, sodass ein Entbindungsbeschluss des Gerichts für den neuen Termin nicht erneut beantragt und erlassen werden muss (BGH NJW 2024, 776).

3, 4 **B. Voraussetzungen der Entbindung (Abs. 1). I. Antrag.** Nur auf **Antrag des Angeklagten** darf die Entbindung ausgesprochen werden. Der Antrag kann erst nach Eröffnung des Hauptverfahrens gestellt werden (Löwe/Rosenberg/Becker Rn. 9 mwN); es kann aber im Einzelfall angebracht sein, den Angeklagten vor der Ladung zur HV über das Antragsrecht zu belehren (Nr. 120 Abs. 1 RiStBV). Auch ein in derselben o. in anderer Sache in Haft befindlicher Angeklagter kann den Antrag stellen.

5 Der **Verteidiger** braucht für die Antragstellung eine über die Verteidigervollmacht hinausgehende Vertretungsvollmacht (BGHSt 12, 367; OLG Hamm NJW 1969, 1129). Dabei genügt nach hM (vgl. OLG Köln NStZ 2002, 268 (269) mwN) die allg. Vollmacht, den Angeklagten in dessen Abwesenheit zu vertreten.

6 Der Vertreter kann den Antrag **noch in der Hauptverhandlung** stellen (OLG Hamm NJW 1969, 1129; OLG Schleswig SchlHA 1964, 70), auch noch am Beginn der Berufungsverhandlung (BGHSt 25, 281; BayObLGSt 1972, 47 (50); OLG Karlsruhe Justiz 1969, 127; OLG Köln NJW 1969, 705; OLG Zweibrücken NJW 1965, 1033); wird der Antrag abgelehnt, so darf sofort nach § 329 Abs. 1 verfahren werden (→ § 329 Rn. 5).

7 Der **Widerruf des Antrags** ist zulässig, solange über ihn nicht entschieden worden ist (Löwe/Rosenberg/Becker Rn. 11). Danach kann der Angeklagte jederzeit erklären, dass er auf die Entbindung verzichte. Das hat zur Folge, dass der Entbindungsbeschluss aufgeh. werden muss (KMR-StPO/Paulus Rn. 14) u. danach, wenn das nicht durch andere Vorschr. gestattet ist, nicht ohne den Angeklagten verhandelt werden darf; die Zwangsmittel des § 230 Abs. 2 können angewendet werden (OLG Köln NJW 1952, 637).

8 **II. Begrenzte Straferwartung.** Die Entbindung ist nur zulässig, wenn keine anderen als die in Abs. 1 S. 1, 3 bezeichneten Rechtsfolgen zu erwarten sind. Wie bei § 232 (→ § 232 Rn. 9) kommt es dabei nicht auf die abstrakte Strafandrohung, sondern auf die im Einzelfall zu erwartende Strafe an.

9 **C. Gerichtsbeschluss.** Durch **Gerichtsbeschluss** muss über den Antrag entschieden werden, in der HV in der dafür vorgesehenen Besetzung; ein schon vorher für den Fall der Antragstellung gefasster Beschl. ist nicht unzulässig (**aM** OLG Frankfurt a. M. NJW 1991, 2849 = JR 1992, 348 mablAnm Wendisch).

10 Die Entsch., die keiner Begründung bedarf (**aM** Löwe/Rosenberg/Becker Rn. 14), steht im **Ermessen** des Gerichts, das nicht nur die Interessen des Angeklagten (vgl. → Rn. 1), sondern auch die Bedeutung der Sache u. die Erfordernisse der Sachaufklärung zu berücksichtigen hat.

11 Die Entbindung gilt grds. **für die ganze Verhandlung;** ausnahmsweise kann sie auf einen zeitlich o. örtlich begrenzten Teil der HV beschränkt werden, etwa wenn sie teils am Gerichtsort, teils an einem anderen Ort stattfindet. Eine Entbindung nur für einzelne sachliche Abschn. der HV ist aber unzulässig (OLG Schleswig SchlHA 1978, 188; **aM** Löwe/Rosenberg/Becker Rn. 13).

12 Der **Widerruf** des Entbindungsbeschlusses ist jederzeit möglich, wenn sich herausstellt, dass die persönliche Anwesenheit des Angeklagten notwendig o. auch

nur sachdienlich ist o. dass eine höhere als die nach Abs. 1 S. 1 zulässige Strafe zu verhängen ist (Löwe/Rosenberg/Becker Rn. 12; vgl. auch OLG Hamburg MDR 1968, 344).

13 Die Entsch. über den Entbindungsantrag wird nach § 35 Abs. 2 S. 1 durch Verkündung in der HV **bekanntgemacht,** wenn der Angeklagte anwesend ist o. wenn der Verteidiger den Antrag erst in der HV gestellt hat; die Zustellung des Beschl. an den Angeklagten ist in diesem Fall nicht erforderlich (BGHSt 25, 281; vgl. auch Küper NJW 1974, 1927). Ein außerhalb der HV ergangener Beschl. muss dem Angeklagten förmlich zugestellt werden, wobei § 145a Abs. 1 gilt (KK-StPO/Gmel/Peterson Rn. 9), u. zwar so rechtzeitig, dass er sich über sein weiteres Verhalten schlüssig werden kann (BayObLG NJW 1970, 1055). Das gilt auch für den stattgebenden Beschluss.

14 **D. Vernehmung des Angeklagten (Abs. 2, Abs. 3).** Die Vernehmung des Angeklagten (Abs. 2, Abs. 3) ist **zwingend vorgeschrieben,** auch wenn bereits im Ermittlungsverfahren eine richterliche Vernehmung stattgefunden hat (OLG Schleswig NJW 1966, 67; Löwe/Rosenberg/Becker Rn. 18), im Berufungsrechtszug auch, wenn der Angeklagte schon im 1. Rechtszug nach Abs. 2 vernommen worden war (OLG Schleswig NJW 1966, 67; KMR-StPO/Paulus Rn. 23).

15 Die Vernehmung ist ein **vorweggenommener Teil der Hauptverhandlung** (BGHSt 25, 42; BayObLGSt 1974, 35 (37); OLG Hamburg NJW 1972, 2322; **aM** SK-StPO/Deiters Rn. 15). Sie muss dem Angeklagten so weit wie möglich die Verteidigungsmöglichkeiten eröffnen, die er sonst in der HV hat. Dem Angeklagten muss daher, nachdem er über seine persönlichen Verhältnisse gehört worden ist (§ 243 Abs. 2 S. 2), nach Belehrung über seine Aussagefreiheit (§ 243 Abs. 5 S. 1) Gelegenheit gegeben werden, zu allen Tatsachen u. Beweismitteln Stellung zu nehmen, die in der Anklageschrift aufgeführt sind. Außer der Sachvernehmung ist nach Abs. 2 S. 2 Gegenstand der Vernehmung auch die Befragung des Angeklagten, ob er den Entbindungsantrag aufrechterhalten wolle, u. zwingend (OLG Oldenburg Nds. Rpfl. 1955, 140) die Belehrung über die in seiner Abwesenheit zulässigen Rechtsfolgen.

16 Einer **Wiederholung der Vernehmung** bedarf es, wenn in der HV neue Tatsachen o. Beweise zum Nachteil des Angeklagten berücksichtigt werden sollen, zu denen er sich noch nicht hat äußern können (Rüth DAR 1986, 248 – BayObLG RsprÜ; OLG Hamm DAR 1994, 410; Ernesti/Lorenzen SchlHA 1981, 89 – OLG Schleswig RsprÜ), o. wenn der Angeklagte zu erkennen gibt, dass er seine früheren Angaben ergänzen o. berichtigen will (BayObLGSt 1956, 20). Ist ein Hinweis nach § 265 Abs. 1, Abs. 2 erforderlich, so muss ebenfalls eine neue Vernehmung stattfinden, auch wenn ein Verteidiger mitwirkt (→ § 234a Rn. 3), selbst wenn er vertretungsberechtigt ist (→ § 234 Rn. 11).

17 Durch einen **beauftragten oder ersuchten Richter** (vgl. → § 63 Rn. 1) muss der Angeklagte vernommen werden (Abs. 2 S. 1). Auch die Vernehmung durch einen deutschen Konsul nach § 15 Abs. 4 KonsG u. durch einen ausl. Richter ist statthaft (Löwe/Rosenberg/Becker Rn. 19). Das Vernehmungsersuchen nach Abs. 2 ist nicht deshalb unzulässig, weil der Antrag nach Abs. 1 S. 1 noch nicht gestellt ist. Das erkennende Gericht kann den Angeklagten vielmehr v. dem ersuchten Richter über seine Antragsbefugnis belehren lassen (BGHSt 25, 42; erg. → GVG § 158 Rn. 2). Dann sind aber die Zwangsmittel nach § 230 Abs. 2, die der ersuchte Richter sonst anwenden darf (OLG Hamburg GA 1968, 375), nicht zulässig (BGHSt 25, 42; OLG Bremen GA 1962, 344; OLG Frankfurt a. M. NJW 1974, 430; OLG Hamburg NJW 1972, 2322). Das Ersuchen wird auch nicht dadurch unzulässig (vgl. § 158 GVG), dass der Angeklagte bei Beginn der Vernehmung erklärt, er wolle sich in der HV selbst verteidigen (OLG Bremen GA 1962, 344; OLG Koblenz Rpfleger 1973, 61; Löwe/Rosenberg/Becker Rn. 20). Anders ist es, wenn er den Antrag zurücknimmt (→ Rn. 7).

17a Die Vernehmung kann auch **durch den erkennenden Richter selbst** außerhalb der HV im Wege der Videokonferenztechnik durchgeführt werden (Abs. 2

S. 3). Dies hat den Vorteil, dass die Vernehmung durch den in die Sache eingearbeiteten Richter erfolgt u. dadurch auch zeitraubender Aktenversand vermieden wird (Beukelmann FS v. Heintschel-Heinegg, 2015, 29; krit. Jung FS Schünemann, 2015, 905). Sie kommt etwa auch in Betracht, um Gesundheitsgefahren aufgrund der COVID-19 Pandemie zu begegnen (vgl. Wagner ZIS 2020, 223 (230)). Dafür müssen allerdings die technischen Möglichkeiten sowohl am Ort, an dem sich der Angeklagte aufhält, als auch im Sitzungszimmer des Gerichts gegeben sein.

18 Von dem Vernehmungstermin **zu benachrichtigen** sind entgegen Abs. 3 S. 1 Hs. 1 nicht nur der StA u. der Verteidiger, sondern alle Prozessbeteiligten, auch der Mitangeklagte, gegen den die Aussage verwendet werden soll (RGSt 57, 271 (272)). Anwesend brauchen sie bei der Vernehmung nicht zu sein (Abs. 3 S. 1 Hs. 2). Das Fehlen der Benachrichtigung macht die Vernehmungsniederschrift unverlesbar, wenn der nicht verständigte Prozessbeteiligte ihr widerspricht (OLG Braunschweig DAR 1992, 392).

19 **E. Hauptverhandlung.** Zur Hauptverhandlung muss auch der v. Erscheinen entbundene Angeklagte geladen werden (Ernesti/Jürgensen SchlHA 1977, 181 – OLG Schleswig RsprÜ; Löwe/Rosenberg/Becker Rn. 28; vgl. auch Nr. 120 Abs. 3 S. 1 RiStBV); er hat ein Anwesenheitsrecht (BGHSt 12, 367 (371); → § 230 Rn. 4). In der Ladung wird die Warnung nach § 216 Abs. 1 weggelassen (RGSt 57, 271 (272); KMR-StPO/Paulus Rn. 29); stattdessen wird der Angeklagte darüber belehrt, dass er nicht zu erscheinen braucht (Nr. 120 Abs. 3 S. 2 RiStBV).

20 In der HV ist an der Stelle, an der sonst die Sachvernehmung des Angeklagten stattfindet, ohne bes. Gerichtsbeschluss (KMR-StPO/Paulus Rn. 29) das **Protokoll zu verlesen (Abs. 3 S. 2).** Andere Vernehmungsprotokolle, auf die der Angeklagte Bezug genommen hat, werden ebenfalls verlesen (Löwe/Rosenberg/Becker Rn. 30). Anders als bei § 232 (→ § 232 Rn. 15) darf v. der Verlesung nicht deshalb abgesehen werden, weil der vertretungsberechtigte Verteidiger in der HV die Einlassung des Angeklagten vorträgt (BayObLGSt 1974, 35 (37); Spendel JZ 1959, 739 (740)).

21 Hat der Angeklagte bei der Vernehmung den **Einwand der örtlichen Unzuständigkeit** erhoben, so ist darüber ohne Rücksicht auf den Zeitpunkt zu entscheiden, in dem der Vorsitzende ihn in der HV zur Sprache bringt (→ § 232 Rn. 16).

22 **Beweisanträge,** die der Angeklagte bei der Vernehmung gestellt hat, ebenso Fragen, die er an Zeugen, Sachverständige o. Mitangeklagte gerichtet wissen will (Gollwitzer GS Meyer, 1990, 161), gelten, anders als im Fall des § 232 (→ § 232 Rn. 17), als in der HV selbst gestellt (BayObLG NJW 1956, 1042; Alsberg Beweisantrag/Güntge Rn. 738). Das gilt auch, wenn der Verteidiger, der den Angeklagten nach § 234 vertritt, sie nicht wiederholt (Löwe/Rosenberg/Becker Rn. 31). Der Verteidiger ist aber befugt, den Antrag zurückzunehmen. Über den Beweisantrag muss das Gericht in der HV entscheiden; lehnt ihn der unzuständige Vorsitzende vor der HV ab, so ist das ohne rechtliche Wirkung. Dem Angeklagten muss die Entsch. vor der Urteilsfällung nicht bekanntgegeben werden. Stellt der Angeklagte außerhalb der Vernehmung nach Abs. 2 schriftliche Beweisanträge, so wird über sie nur nach § 219 entschieden (BayObLG NJW 1956, 1042; erg. → § 244 Rn. 34).

23 Die **Zustimmungsrechte** nach §§ 245 Abs. 1 S. 2, 251 Abs. 1 Nr. 1, Abs. 2 Nr. 3 übt der Verteidiger aus (§ 234a Hs. 2); wirkt keiner mit, so muss die Zustimmung des Angeklagten eingeholt werden (Löwe/Rosenberg/Becker Rn. 35; erg. → § 245 Rn. 10).

24 Wegen der **Hinweise nach § 265 Abs. 1, Abs. 2** vgl. → Rn. 16.

25 **F. Urteil, Urteilszustellung.** Im **Urteil** dürfen keine höheren o. anderen als die in Abs. 1 S. 1, 3 bezeichneten Rechtsfolgen verhängt werden (Abs. 1 S. 2).

Die **Zustellung** des Urteils erfolgt an den Verteidiger (§ 145a Abs. 1) o. an den Angeklagten (OLG Frankfurt a. M. NJW 1982, 1297); § 232 Abs. 4 gilt nicht (→ § 232 Rn. 26). 26

G. Rechtsbehelfe. Die **Beschwerde** gegen den Beschl. über die Entbindung o. über die Ablehnung des Entbindungsantrags ist nach § 305 S. 1 ausgeschlossen (BayObLG NJW 1970, 1055; OLG Celle NJW 1957, 1163; OLG Hamm NJW 1969, 1129). Das Gleiche gilt für den Widerrufsbeschluss (OLG Hamburg MDR 1968, 344). Eine Ausnahme besteht, wenn der Tatrichter über einen Entbindungsantrag nicht sachlich entschieden, sondern ihn als unzulässig abgelehnt hat (OLG Köln NJW 1957, 153; Löwe/Rosenberg/Becker Rn. 41). 27

Mit der **Revision** kann nach § 338 Nr. 5 gerügt werden, dass die Abwesenheitsverhandlung unzulässig, insbes. kein wirksamer Entbindungsantrag gestellt war (RGSt 62, 259), auch dass die durch Abs. 1 S. 1, 3 bestimmten Grenzen der zulässigen Rechtsfolgen überschritten worden sind; vAw wird das nicht geprüft (KK-StPO/Gmel/Peterson Rn. 22; Löwe/Rosenberg/Becker Rn. 44; **aM** OLG Hamm JR 1978, 120 mablAnm Meyer-Goßner; OLG Köln GA 1971, 27: Verfahrenshindernis). Nur nach § 337 kann gerügt werden, dass die Vernehmung nach Abs. 2 S. 1 (OLG Schleswig NJW 1966, 67) o. die Belehrung über die zulässigen Rechtsfolgen nach Abs. 2 S. 2 unterblieben (OLG Oldenburg Nds. Rpfl. 1955, 140) o. das Vernehmungsprotokoll in der HV nicht verlesen worden ist. 28

Die **Wiedereinsetzung** in entspr. Anwendung des § 235 kommt nicht in Betracht (KK-StPO/Gmel/Peterson Rn. 21; Löwe/Rosenberg/Becker Rn. 47; **aM** LG Frankfurt a. M. NJW 1954, 167 für den Fall, dass der Verteidiger nicht geladen worden ist). 29

Vertretung des abwesenden Angeklagten

234 Soweit die Hauptverhandlung ohne Anwesenheit des Angeklagten stattfinden kann, ist er befugt, sich durch einen Verteidiger mit nachgewiesener Vertretungsvollmacht vertreten zu lassen.

A. Rechtsstellung des Verteidigers. Der Verteidiger hat die Rechtsstellung eines Beistandes des Angeklagten (→ Vor § 137 Rn. 1); Vertreter des Angeklagten ist er idR nicht. Nach § 234 kann sich der Angeklagte aber, wenn befugt (vgl. → § 232 Rn. 6) in seiner Abwesenheit verhandelt wird (vgl. §§ 231 Abs. 2, 231a, 231b, 232, 233), durch einen mit nachgewiesener Vollmacht versehenen Verteidiger vertreten lassen. Die Anordnung seines persönlichen Erscheinens nach § 236 steht dem nicht entgegen (→ § 236 Rn. 1, → § 329 Rn. 14, → § 411 Rn. 4). 1

Besondere Vorschriften enthalten für das Berufungsverfahren § 329 Abs. 1, für das Revisionsverfahren § 350 Abs. 2, für das Privatklageverfahren § 387 Abs. 1, für die HV nach rechtzeitigem Einspruch gegen den Strafbefehl § 411 Abs. 2 S. 1 und für die Nebenbeteiligten § 434 Abs. 1 S. 1, § 444 Abs. 2 S. 2). 2

Dass in der Abwesenheitsverhandlung auch ein **Verteidiger ohne Vertretungsvollmacht** mitwirken kann, ergibt sich aus § 137 Abs. 1 S. 1; er kann dann aber nur Erklärungen abgeben, zu denen er keine Vertretungsvollmacht benötigt (BayObLGSt 1980, 69). 3

Die **Vertretung des anwesenden Angeklagten** ist unzulässig (SK-StPO/Deiters Rn. 3; **aM** Löwe/Rosenberg/Becker Rn. 4; erg. → § 243 Rn. 27) u. auch überflüssig; denn Erklärungen des Verteidigers, denen der Angeklagte nicht widerspricht, gelten idR als Erklärungen des Angeklagten selbst (**aM** Geppert FS Rudolphi, 2004, 658; erg. → § 261 Rn. 16a). 4

B. Nachgewiesene Vollmacht. Die wirksame Vertretung setzt grds. eine **Vertretungsvollmacht** voraus, die dem Gericht schon bei Beginn der HV nachgewiesen sein muss. Der Nachw. kann durch eine schriftliche Vollmacht erfolgen, aber auch etwa durch Übermittlung eines mit einer qualifizierten elektronischen Signatur des Angeklagten versehenen Dokuments, in dem dieser das 5

Bestehen einer Vollmacht bestätigt (s. aber auch → Rn. 6). Die formlose Erteilung einer Vertretungsvollmacht durch den Angeklagten u. deren anschließende Verschriftlichung durch den Verteidiger genügen nicht (OLG Hamburg StraFo 2017, 371 mwN; Mosbacher NStZ 2013, 314; **aM** BayObLG NStZ 2002, 277; erg. → § 329 Rn. 15, 15a). Die gewöhnliche Verteidigervollmacht (→ Vor § 137 Rn. 8 ff.) reicht ebenfalls nicht aus (OLG Celle NStZ 2021, 764; BayObLG NJW 1956, 838; OLG Düsseldorf JMBl. NRW. 1979, 246; OLG Köln StV 1981, 119; OLG Stuttgart NJW 1968, 1733); die Vertretungsvollmacht kann aber – auch bei elektronischen Urkunden – zugleich in o. mit der Verteidigervollmacht erteilt werden (BGHSt 9, 356). Sie muss nur klar zum Ausdruck bringen, dass der Verteidiger mit der Vertretung des Angeklagten beauftragt ist. Dabei genügt, dass die Vollmacht den Verteidiger dazu allg. ermächtigt; eine Vollmacht zur Vertretung des Angeklagten „in dessen Abwesenheit" ist nicht erforderlich (BGHSt 9, 356; OLG Frankfurt NStZ-RR 2021, 83 (84); OLG Oldenburg StV 2018, 148; OLG Hamm StV 2018, 150; OLG Düsseldorf VRS 81, 292; OLG Zweibrücken StV 1981, 539).

6 **Zum Nachw. genügt es,** wenn der Angeklagte die Vollmacht bei einer kommissarischen Vernehmung vor der HV zu Prot. erklärt (OLG Hamm NJW 1954, 1856; KK-StPO/Gmel/Peterson Rn. 3). Das Bestehen der Vertretungsvollmacht kann auch aus anderen schriftlichen Erklärungen des Angeklagten ggü. dem Gericht sicher festgestellt werden (OLG Düsseldorf NStZ 1984, 524; OLG Hamburg NJW 1968, 1687; OLG Koblenz MDR 1972, 801).

7 Eine v. dem vertretungsberechtigten Verteidiger einem anderen RA erteilte **Untervollmacht** (→ Vor § 137 Rn. 11) bedarf nicht der Schriftform (BayObLGSt 1991, 41; OLG Karlsruhe NStZ 1983, 43; OLG Köln VRS 60, 441); es genügt, dass sie auf andere Weise nachgewiesen ist (OLG Hamm MDR 1985, 957).

8 **C. Vertretung in der Erklärung und im Willen.** Zur Vertretung in der Erklärung und im Willen berechtigt die Vertretungsvollmacht (BGHSt 9, 356). Der Verteidiger hat neben seinen Befugnissen als Beistand auch die Befugnisse des abwesenden Angeklagten.

9 Im Rahmen der Vollmacht, die auf einzelne Prozesshandlungen beschränkt werden kann, darf er alle **zum Verfahren gehörenden Erklärungen** abgeben u. entgegennehmen (BGHSt 9, 356; BayObLGSt 1970, 228; 1982, 156). Er kann zB den Einwand nach §§ 6a, 16 erheben, Ablehnungsanträge nach § 24 stellen, die Zustimmung nach §§ 153 Abs. 2 S. 1, 153a Abs. 2, 153b Abs. 2, 265a, 303 S. 1 erklären o. verweigern, für den Angeklagten auf die Einhaltung der Ladungsfrist nach § 217 Abs. 1 oder auf das Aussetzungsverlangen nach § 217 Abs. 2, Abs. 3 verzichten (OLG Hamm NJW 1954, 1856), die Zustimmung nach §§ 251 Abs. 1 Nr. 1, Abs. 2 Nr. 3, 245 Abs. 1 S. 2 erklären (vgl. § 234a Hs. 2, der dazu sogar den nicht vertretungsberechtigten Verteidiger ermächtigt) sowie Anerbieten nach § 56b Abs. 3 StGB u. Zusagen nach § 56c Abs. 4 StGB erklären.

10 Der Vertreter kann für den Angeklagten auch **Erklärungen zur Sache** abgeben, die in gleicher Weise wie die Einlassung o. das Geständnis des Angeklagten als Urteilsgrundlage verwertbar sind (BayObLGSt 1982, 156; Beulke FS Strauda, 2006, 90; **aM** Geppert FS Rudolphi, 2004, 657; Gillmeister FS Mehle, 2009, 239). Vorher ist er nach § 243 Abs. 5 S. 1 zu belehren (BayObLGSt 1982, 156). Zur Aussage verpflichtet ist er ebenso wenig, wie der Angeklagte selbst (KG VRS 33, 448; erg. → § 411 Rn. 6).

11 Der **Hinweis nach § 265 Abs. 1, Abs. 2** kann dem Verteidiger erteilt werden, selbst wenn er keine Vertretungsvollmacht hat (§ 234 Hs. 1). Das gilt jedoch nicht in der Abwesenheitsverhandlung nach § 233; denn sie setzt voraus, dass der Angeklagte zur Anklage vernommen worden ist (§ 233 Abs. 2 S. 1). Daraus folgt, dass seine erneute Vernehmung (auf die er allerdings verzichten kann) erforderlich ist, wenn die Anklage umgestaltet wird (BayObLGSt 1955, 186; Löwe/Rosenberg/Becker Rn. 11; **aM** OLG Karlsruhe DAR 1960, 144; erg. → § 233 Rn. 16; → § 234a Rn. 3).

Zur Frage, ob der Angeklagte iSd § 234 vertreten ist, wenn der Verteidiger **keine Erklärungen** abgibt, vgl. → § 329 Rn. 16; → § 411 Rn. 6. 12

D. Revision. Mit der Revision kann gerügt werden, dass eine wirksame Vertretungsvollmacht nicht bestanden hat, dass der Vertreter nicht zur HV geladen worden ist (OLG Köln NJW 1960, 736) u. dass das Gericht sich unter Verstoß gegen seine Aufklärungspflicht nach § 244 Abs. 2 mit dem Erscheinen des Vertreters begnügt hat, statt den Angeklagten selbst zu hören. 13

Befugnisse des Verteidigers bei Vertretung des abwesenden Angeklagten

234a **Findet die Hauptverhandlung ohne Anwesenheit des Angeklagten statt, so genügt es, wenn die nach § 265 Abs. 1 und 2 erforderlichen Hinweise dem Verteidiger gegeben werden; das Einverständnis des Angeklagten nach § 245 Abs. 1 Satz 2 und nach § 251 Abs. 1 Nr. 1, Abs. 2 Nr. 3 ist nicht erforderlich, wenn ein Verteidiger an der Hauptverhandlung teilnimmt.**

A. Normzweck. Hauptverhandlungen in Abwesenheit des Angeklagten können (ganz o. teilw.) nach §§ 231 Abs. 2, 231a Abs. 1, 231b Abs. 1, 232, 233, 329 Abs. 2, 387 Abs. 1 und 411 Abs. 2 S. 1 durchgeführt werden. § 234a will in diesen Fällen das Verf. dadurch vereinfachen, dass der anwesende Verteidiger allg. zur Wahrnehmung der Informations- u. Zustimmungsbefugnisse des Angeklagten ermächtigt wird. Für die Verh. in Abwesenheit eines nach § 231c zeitweilig beurlaubten Angeklagten hat die Vorschr. keine Bedeutung, weil während der Beurlaubung nicht über Dinge verhandelt werden darf, durch die der Angeklagte betroffen ist (→ § 231c Rn. 12). Wird der Angeklagte nach § 247 zeitweilig aus dem Sitzungszimmer entfernt, so ist § 234a ebenfalls nicht anwendbar; denn in diesem Fall findet die HV nicht iSd Vorschr. ohne Anwesenheit des Angeklagten statt. 1

B. Hinweise nach § 265 Abs. 1, Abs. 2 (Hs. 1). Hinweise nach § 265 Abs. 1, Abs. 2 (Hs. 1) können in allen Fällen gegeben werden (vgl. aber → Rn. 3), in denen zulässigerweise in Abwesenheit des Angeklagten verhandelt werden darf u. ein Wahl- o. Pflichtverteidiger mitwirkt. Eine besondere Vertretungsvollmacht braucht der Verteidiger nicht. Kann er im Einzelfall die Verteidigung nach dem Hinweis ohne zusätzliche Information des Angeklagten nicht mehr sachgerecht führen, so hat er die Möglichkeit, nach § 265 Abs. 3, Abs. 4 die Unterbrechung o. Aussetzung der Verh. zu beantragen. 2

Für die **Abwesenheitsverhandlung nach § 233** gilt Hs. 1 nicht. Denn sie setzt voraus, dass der Angeklagte zur Anklage vernommen worden ist (§ 233 Abs. 2 S. 1). Daraus folgt, dass seine erneute Vernehmung (auf die er allerdings verzichten kann) erforderlich ist, wenn die Anklage umgestaltet wird (→ § 233 Rn. 16). Der Hinweis an den Verteidiger genügt daher nicht (KK-StPO/Gmel/Peterson Rn. 3; **aM** Löwe/Rosenberg/Becker Rn. 5; Gollwitzer FS Tröndle, 1989, 470). 3

C. Zustimmungserklärungen (Hs. 2). Prozesserklärungen nach §§ 245 Abs. 1 S. 2, 251 Abs. 1 Nr. 1, Abs. 2 Nr. 3 brauchen v. dem Angeklagten nicht eingeholt zu werden, wenn zulässigerweise in seiner Abwesenheit verhandelt wird u. ein Wahl- o. Pflichtverteidiger an der Verh. teilnimmt. Das Gleiche gilt für die Zustimmung nach § 325 Hs. 2, die in § 234a nur deshalb nicht erwähnt ist, weil ihr neben § 251 Abs. 1 Nr. 1 keine selbständige Bedeutung zukommt. Für die Zustimmung zur Nachtragsanlage nach § 266 Abs. 1 gilt § 234a nicht; die Beteiligung des Angeklagten ist hier unerlässlich (Gollwitzer FS Tröndle, 1989, 470). 4

Hs. 2 bedeutet nicht, dass die Zustimmungserklärungen des Angeklagten nur dann entbehrlich sind, wenn für ihn ein Verteidiger mitwirkt; denn der Angeklagte hat in den Fällen des § 231 Abs. 2 (→ § 231 Rn. 29) u. des § 232 (→ § 232 Rn. 19) sein Zustimmungs- u. Verzichtsrecht verwirkt (KK-StPO/Gmel/Peterson Rn. 5; Gollwitzer FS Tröndle, 1989, 469). 5

Wiedereinsetzung in den vorigen Stand bei Verhandlung ohne den Angeklagten

235 [1]**Hat die Hauptverhandlung gemäß § 232 ohne den Angeklagten stattgefunden, so kann er gegen das Urteil binnen einer Woche nach seiner Zustellung die Wiedereinsetzung in den vorigen Stand unter den gleichen Voraussetzungen wie gegen die Versäumung einer Frist nachsuchen; hat er von der Ladung zur Hauptverhandlung keine Kenntnis erlangt, so kann er stets die Wiedereinsetzung in den vorigen Stand beanspruchen.** [2]**Hierüber ist der Angeklagte bei der Zustellung des Urteils zu belehren.**

1 **A. Anwendungsbereich.** Der Anwendungsbereich der Vorschrift ist auf das **Abwesenheitsurteil nach § 232** beschränkt. Sie gilt nicht in den Fällen der §§ 231 Abs. 2 (→ § 231 Rn. 10), 231a, 231b und § 233. Entsprechend anwendbar ist sie weder im Revisionsverfahren (→ § 350 Rn. 11) noch auf den Fall, dass der v. dem nach § 233 entbundenen Angeklagten benannte Verteidiger zur HV nicht geladen worden ist (→ § 233 Rn. 29).

2 **B. Sachliche Voraussetzung.** Sachliche Voraussetzung der Wiedereinsetzung ist außer der Versäumung des Termins, die nicht vorliegt, wenn der abwesende Angeklagte nach § 234 vertreten war (BayObLGSt 1965, 4 (5)), das **fehlende Verschulden** des Angeklagten an der Säumnis (S. 1 Hs. 1 iVm § 44).

3 Bei Versäumung des Termins infolge falscher Auskunft des Verteidigers über seine Verlegung wird Wiedereinsetzung idR zu bewilligen sein (Schmidt StPO/GVG StPO § 235 Rn. 5).

4 Bei **Unkenntnis von der Ladung** kommt es auf das Verschulden nicht an (S. 1 Hs. 2); die fehlende Kenntnis muss aber – wie bei § 44 S. 2 (→ § 44 Rn. 22) – für die Säumnis ursächlich geworden sein (OLG Stuttgart OLGSt StPO § 235 Nr. 1, das daneben sogar eine Verwirkung der Wiedereinsetzung annimmt). Kenntnis v. der Ladung iS der Vorschr. hat der Angeklagte noch nicht erlangt, wenn er weiß, dass sie ihm zugegangen ist; erforderlich ist auch die Kenntnis v. ihrem Inhalt (KK-StPO/Gmel/Peterson Rn. 4). Verhindert der Angeklagte arglistig den Zugang der Ladung, so ist Wiedereinsetzung ausgeschlossen. Das Gleiche gilt, wenn er arglistig v. dem Inhalt der ihm zugegangenen Ladung keine Kenntnis nimmt (Löwe/Rosenberg/Becker Rn. 10).

5 **C. Antrag.** Nur auf Antrag wird Wiedereinsetzung gewährt; denn der Angeklagte muss nach S. 1 Hs. 1 um sie „nachsuchen". Wiedereinsetzung vAw nach § 45 Abs. 2 S. 3 ist daher ausgeschlossen (→ § 45 Rn. 12). Der Antrag muss binnen einer Woche nach Zustellung des Abwesenheitsurteils gestellt werden (S. 1 Hs. 1), u. zwar bei dem Gericht, das das Urt. erlassen hat. Wegen der notwendigen Begründung vgl. § 45 Abs. 2 S. 1.

6 **D. Belehrung über die Wiedereinsetzungsmöglichkeit (S. 2).** Die Belehrung über die Wiedereinsetzungsmöglichkeit (S. 2) muss bei der Urteilszustellung nach § 232 Abs. 4 erteilt werden (→ § 232 Rn. 27). Fehlt sie, so kann der Angeklagte entspr. § 44 S. 2 Wiedereinsetzung gegen die Versäumung der Wiedereinsetzungsfrist verlangen (Löwe/Rosenberg/Becker Rn. 15 mwN).

7 **E. Entscheidung.** Die Entscheidung über den Antrag trifft das Gericht, das das Abwesenheitsurteil erlassen hat, durch Beschl., bei Bewilligung der Wiedereinsetzung mit der Kostenentscheidung nach § 473 Abs. 7 (→ § 473 Rn. 38).

8 Die **Wiedereinsetzung beseitigt das Abwesenheitsurteil** ohne weiteres; in dem Beschl. braucht das nicht ausdr. ausgesprochen zu werden (BayObLGSt 1972, 43 (45); OLG Oldenburg VRS 68, 282; erg. → § 44 Rn. 25). In der neuen Verh. muss stets ein neues Urt. erlassen werden, auch wenn es den gleichen Inhalt hat wie das frühere Abwesenheitsurteil (KMR-StPO/Paulus Rn. 14).

9 **F. Sofortige Beschwerde.** Wegen der sofortigen Beschwerde vgl. § 46 Abs. 2, Abs. 3 (→ § 46 Rn. 1 ff.).

Anordnung des persönlichen Erscheinens des Angeklagten

236 **Das Gericht ist stets befugt, das persönliche Erscheinen des Angeklagten anzuordnen und durch einen Vorführungsbefehl oder Haftbefehl zu erzwingen.**

A. Anwendungsbereich. Nur bei zulässiger Abwesenheitsverhandlung nach §§ 231 Abs. 2, 231a (bei zeitweiliger Verhandlungsfähigkeit), 231b, 232, 233 gilt die Vorschr., u. zwar in allen Rechtszügen. Die Berufung kann bei unentschuldigtem Ausbleiben trotz der Anordnung nach § 236 verworfen werden (→ § 329 Rn. 5). Im Verf. nach einem Einspruch gegen den Strafbefehl hindert § 411 Abs. 2 S. 1 die Anwendung des § 236 nicht (→ § 236 Rn. 4, → § 329 Rn. 14). Im Revisionsrechtszug ist die Anordnung nach § 236 zulässig, wenn der Angeklagte im Freibeweis zu Verfahrensfragen vernommen werden soll (→ § 350 Rn. 3). Im Privatklageverfahren gilt § 387 Abs. 3, für Einziehungsbeteiligte u. Nebenbetroffene §§ 427 Abs. 2, 438 Abs. 3. Die Befugnis des Angeklagten, sich in der HV vertreten zu lassen (§§ 234, 329 Abs. 1, 411 Abs. 2 S. 1), wird durch die Anordnung nach § 236 nicht berührt (KK-StPO/Gmel/Peterson § 234 Rn. 2; **aM** BayObLG NJW 1970, 1055 mablAnm Küper NJW 1970, 1562; erg. → § 234 Rn. 1; → § 329 Rn. 14; → § 411 Rn. 4). 1

B. Entscheidung. Die Entscheidung trifft das Gericht, nicht der Vorsitzende allein, durch einen – auf den Einzelfall bezogenen (LG Berlin VRS 118, 364) – Beschluss. 2

Sie **setzt zunächst voraus,** dass die Anwesenheit des Angeklagten in der HV einen Beitrag zur Aufklärung des Sachverhalts erwarten lässt (BGHSt 30, 172 (175) zu § 73 Abs. 2 OWiG). 3

Ist das der Fall, so steht die Entsch. darüber, ob das persönliche Erscheinen angeordnet wird, im **Ermessen des Gerichts.** Die pflichtgemäße Ermessensausübung verlangt eine sachgerechte u. umfassende Würdigung aller für u. gegen die Anordnung sprechenden Gesichtspunkte. Die berechtigten Interessen des Angeklagten u. das Interesse an möglichst vollständiger Sachaufklärung sind gegeneinander abzuwägen (BGHSt 30, 172 (175)); auch die Bedeutung der Sache fällt ins Gewicht (BayObLGSt 1973, 112 zu § 73 Abs. 2 OWiG; OLG Düsseldorf NStZ-RR 1998, 180: Strafbefehlsverfahren; OLG Stuttgart NStE StPO § 236 Nr. 1). Der Verhältnismäßigkeitsgrundsatz u. das Übermaßverbot (→ Einl. Rn. 20, 21) sind zu beachten. Die Anordnung ist auch zulässig, wenn der Angeklagte sich im Ausland befindet (OLG Schleswig SchlHA 1964, 70). 4

Der **Anordnung steht nicht entgegen,** dass der Angeklagte nicht gezwungen werden kann, zur Sache auszusagen (BayObLGSt 1972, 47 (51 f.)), auch nicht der Umstand, dass er bereits mitgeteilt hat, er werde zur Sache keine Angaben machen (BGHSt 38, 251 (257); OLG Stuttgart NStE StPO § 236 Nr. 1; **aM** Beukelmann FS v. Heintschel-Heinegg, 2015, 27). 5

Die **Aufhebung des Anordnungsbeschlusses** ist jederzeit vAw o. auf Antrag möglich. 6

C. Zustellung. Die Zustellung des Beschl. an den Angeklagten erfolgt idR zugleich mit der Ladung zum Termin (OLG Schleswig SchlHA 1964, 70; Löwe/Rosenberg/Becker Rn. 13). Die Zwangsmittel des § 236 müssen in der Ladung angedroht werden (§ 216 Abs. 1). 7

D. Zwangsmittel. Zwangsmittel (→ § 230 Rn. 17 ff.) braucht das Gericht auch dann nicht anzuwenden, wenn der Angeklagte trotz der Anordnung nach § 236 nicht erscheint. Es kann vielmehr ohne den Angeklagten verhandeln, wenn es nunmehr meint, seine Anwesenheit sei zur Sachaufklärung nicht erforderlich (Löwe/Rosenberg/Becker Rn. 14; **aM** BayObLG NJW 1970, 1055 mablAnm Küper NJW 1970, 1562). Zu dieser Ansicht kann es auch noch nach einem erfolglosen Versuch gelangen, die Anwesenheit des Angeklagten zu erzwingen (OLG Celle NJW 1970, 906; OLG Hamburg NJW 1968, 1687; vgl. auch OLG Schleswig SchlHA 1964, 70). 8

9 **E. Rechtsbehelfe.** Die **Beschwerde** gegen die Anordnung nach § 236 schließt § 305 S. 1 aus (BayObLGSt 1952, 116). Beschwerde gegen die Verhängung v. Zwangsmitteln ist zulässig (§ 305 S. 2), gegen den Haftbefehl auch die weitere Beschwerde nach § 310 Abs. 1 (→ § 310 Rn. 5).

10 Die **Revision** kann darauf gestützt werden, dass das Unterlassen der Anordnung nach § 236 die Sachaufklärungspflicht (§ 244 Abs. 2) verletzt habe. Dabei muss der Beschwerdeführer iE darlegen, aus welchen Gründen u. in welcher Hinsicht eine weitere Sachaufklärung durch die Anwesenheit des Angeklagten in der HV möglich gewesen wäre.

Verbindung mehrerer Strafsachen

237 Das Gericht kann im Falle eines Zusammenhangs zwischen mehreren bei ihm anhängigen Strafsachen ihre Verbindung zum Zwecke gleichzeitiger Verhandlung anordnen, auch wenn dieser Zusammenhang nicht der in § 3 bezeichnete ist.

1 **A. Normzweck.** Der **Verfahrensvereinfachung** dient die Vorschr. (BGHSt 19, 177 (182); 26, 271 (273): prozesstechnische Erleichterung). Anders als nach §§ 2, 4, 13 Abs. 2 werden die verbundenen Strafsachen nicht zu einem einzigen Verf. verschmolzen; weder die sachliche noch die örtliche Zuständigkeit wird verändert. Die Verbindung bezweckt nur die gleichzeitige Verh.; jede der verbundenen Sachen folgt weiterhin ihren eigenen Gesetzen (→ Rn. 8). Zur Anwendung im Revisionsverfahren vgl. Meyer-Goßner/Cierniak StV 2000, 697.

2 **B. Voraussetzungen der Verbindung. I. Bei demselben Gericht.** Bei demselben Gericht müssen die Sachen anhängig sein. Gericht iSd § 237 ist der einzelne Spruchkörper, nicht das Gericht als administrative Einheit, als Zusammenfassung aller bei ihm errichteten Spruchkörper (KK-StPO/Gmel/Peterson Rn. 2; Löwe/Rosenberg/Erb § 2 Rn. 6; Löwe/Rosenberg/Becker Rn. 4; MüKoStPO/Arnoldi Rn. 4, 5; SK-StPO/Deiters Rn. 3; SSW StPO/Grube Rn. 3; **aM** unzutr. BGHSt 26, 271 (273); noch offengelassen v. BGHSt 38, 376 (379); vgl. ferner OLG Stuttgart NStZ 1995, 248).

3 Eine Verbindung v. bei verschiedenen Spruchkörpern desselben Gerichts anhängigen Verf. kommt nur nach § 4 in Betracht (Meyer-Goßner NStZ 2004, 354; vgl. → § 4 Rn. 6 ff.).

4 In den zu verbindenden Sachen muss das Hauptverfahren eröffnet sein (KK-StPO/Gmel/Peterson Rn. 3; **aM** BGHSt 20, 219 (221)); allerdings brauchen sie sich nicht im selben Verfahrensstadium zu befinden. Im 1. Rechtszug anhängige Sachen können mit Sachen, die nach §§ 328 Abs. 2, 354 Abs. 2, Abs. 3, 355 zurückverwiesen worden sind, verbunden werden. Die große JugK kann eine erstinstanzliche Sache auch mit einem bei ihr anhängigen Berufungsverfahren verbinden.

5 Eine Strafsache gegen **Jugendliche oder Heranwachsende** kann nach §§ 103, 104, 112 **JGG** v. dem JugG mit einer Erwachsenensache verbunden werden (dazu BGHSt 29, 67; Holtz MDR 1982, 972 – BGH RsprÜ; OLG Karlsruhe MDR 1981, 693).

6 **II. Zusammenhang.** Ein Zusammenhang muss zwischen den Strafsachen bestehen, braucht aber nicht so eng zu sein, wie § 3 für die Verbindung nach §§ 2, 4, 13 vorschreibt. Es genügt, dass eine gleichzeitige Verh. unter irgendeinem Gesichtspunkt zweckmäßig erscheint, zB weil derselbe Personenkreis als Täter o. Verletzte bet. ist, weil die Beweismittel übereinstimmen o. weil gleichartige Vorwürfe o. gleichartige Rechtsfragen zu klären sind.

7 **C. Verbindungsbeschluss.** Die Verbindung erfolgt vAw o. auf Antrag, der nach **freiem Ermessen** u. ohne Begründung abgelehnt werden kann (BGH NJW 1953, 836; RGSt 57, 44); denn einen Anspruch darauf, dass alle gegen ihn anhängigen Strafsachen in einer HV erledigt werden, hat der Angeklagte nicht

(MDR 1994, 241 – BGH RsprÜ; → § 4 Rn. 10). Die Entsch. ergeht durch Beschl., der keiner Begründung bedarf u. formlos bekanntgemacht wird. Auch eine stillschweigende Verbindung, etwa durch gemeinsame Terminsanberaumung, ist wirksam (KMR-StPO/Paulus Rn. 28; **aM** OLG Hamm Rpfleger 1961, 411; Löwe/Rosenberg/Becker Rn. 10).

D. Wirkung der Verbindung. § 237 bewirkt lediglich für die Dauer der HV (KG JR 1969, 349) eine **lose Verfahrensverbindung,** durch die die Selbstständigkeit der verbundenen Sachen nicht berührt wird. Jede Sache folgt weiterhin ihren eigenen Gesetzen (BGHSt 26, 271 (275); 36, 348 (351)). Eine Berufungssache bei der großen JugK, die mit einer erstinstanzlichen Sache verbunden ist (→ Rn. 4), bleibt eine Berufungssache (BGHSt 26, 271 (275); 36, 348 (351)); eine vor der Verh. vorgenommene Berufungsbeschränkung bleibt wirksam (Miebach NStZ 1988, 211 – BGH RsprÜ). Mehrere Angeklagte werden aber durch die Verbindung stets zu Mitangeklagten; als Zeugen können sie nicht vernommen werden (→ Vor § 48 Rn. 21). Der in einer der Sachen erforderliche Ausschluss der Öffentlichkeit gilt für das ganze Verfahren. Die Entsch. sollte nicht durch einheitlichen Urteilsausspruch ergehen (BGHSt 37, 42; Meyer-Goßner DRiZ 1985, 245). Muss eine Gesamtstrafe nach § 53 StGB o. eine Einheitsstrafe nach § 32 JGG gebildet werden, was einen (persönlichen) Zusammenhang nach § 3 voraussetzt, so reicht dafür die nur zeitweilige Verbindung nach § 237 nicht aus; die Sachen müssen dann entspr. § 4 Abs. 1 verbunden werden (BGHSt 37, 42 gegen die frühere Rspr.; Löwe/Rosenberg/Becker Rn. 17; SK-StPO/Deiters Rn. 1). Die entspr. Anwendung des § 5 ist ausgeschlossen; daher erstreckt sich die Zuständigkeit des BGH zur Entsch. über die Revision nicht auf eine nach § 237 verbunden gewesene Berufungssache; das gilt nicht nur dann, wenn kein Zusammenhang nach § 3 besteht (BGHSt 35, 195) o. wenn in dem die erstinstanzliche Sache betr. Teil Freispruch (BGHR StPO § 237 Revision 2) o. Einstellung erfolgte, sondern in jedem Falle (BGHSt 36, 348 (351); 37, 42 (43); Holtz MDR 1990, 890 – BGH RsprÜ; erg. → § 4 Rn. 7, 8d; → GVG § 135 Rn. 1). 8

E. Trennung. Auch über die Trennung der verbundenen Sachen entscheidet das Gericht nach **freiem Ermessen** (RGSt 70, 65 (67)). Nach Urteilserlass ist die Trennung zwingend. Da sie kraft Gesetzes eintritt (KG JR 1969, 349), ist ein entspr. Gerichtsbeschluss nicht erforderlich. Zur vorübergehenden Abtrennung zwecks Vernehmung eines Mitangeklagten als Zeugen vgl. → Vor § 48 Rn. 22. 9

F. Anfechtung. Vgl. → § 4 Rn. 16, 17. 10

Verhandlungsleitung

238 (1) **Die Leitung der Verhandlung, die Vernehmung des Angeklagten und die Aufnahme des Beweises erfolgt durch den Vorsitzenden.**

(2) **Wird eine auf die Sachleitung bezügliche Anordnung des Vorsitzenden von einer bei der Verhandlung beteiligten Person als unzulässig beanstandet, so entscheidet das Gericht.**

Übersicht

1 **A. Normzweck. Aufgabe des Vorsitzenden** in der Hauptverhandlung ist grds. die gesamte Prozessleitung. Das ist zT in ges. Einzelregelungen bestimmt (zB in §§ 228 Abs. 1 S. 2, Abs. 3, 231 Abs. 1 S. 2, 231a Abs. 2, 231b Abs. 2, 239, 240, 241, 241a, 243 Abs. 1 S. 2, Abs. 2 S. 2, 247 S. 4, 248, 249 Abs. 2, 266 Abs. 3); iÜ gilt die allg. Aufgabenzuweisung nach Abs. 1. Andererseits sind bestimmte Anordnungen dem Gericht vorbehalten (zB §§ 4 Abs. 2, 6a S. 2, 27 Abs. 1, 51, 70, 77, 228 Abs. 1 S. 1, 230 Abs. 2, 231 Abs. 2, 231a Abs. 3, 231b Abs. 1, 231c, 233, 236, 237, 244 Abs. 6, 247, 251 Abs. 4, 265 Abs. 4, 266, 270).

2 **Vorabentscheidungen** des Vorsitzenden anstelle des an sich zuständigen Gerichts lässt die Rspr. bei der Entsch. über die Vereidigung v. Zeugen zu (→ § 59 Rn. 9, → § 60 Rn. 4).

3 Im Gegensatz zu solchen Entsch. trifft der Vorsitzende die Maßnahmen nach Abs. 1 in der HV **aus eigenem Recht** (RGSt 44, 65 (67); Fuhrmann GA 1963, 64). Sie bedürfen nicht der Billigung durch das Gericht (Schmid FS H. Mayer, 1966, 544). Soweit es sich um Maßnahmen handelt, die unmittelbar die Urteilsfindung berühren, ist das Gericht an sie aber nicht gebunden; solche Maßnahmen sind nur vorl. Art.

4 **B. Dem Vorsitzenden zugewiesene Aufgaben (Abs. 1). I. Verhandlungsleitung. Dazu gehören alle Maßnahmen zur Durchführung der HV** (Löwe/Rosenberg/Becker Rn. 3), insbes. die Eröffnung, Durchführung (ausnahmsweise auch ohne Akten: OLG Hamm VRS 40, 204), Unterbrechung u. Schließung der Verh. u. die Bestimmung des Verfahrensgangs, soweit er nicht durch § 243 festgelegt ist, auch die Urteilsverkündung (Dallinger MDR 1975, 24 – BGH RsprÜ). Der Vorsitzende bestimmt die Abfolge der Beweiserhebungen, ferner die Reihenfolge, in der die Prozessbeteiligten gehört werden (BGH MDR 1957, 53), erteilt ihnen das Wort u. entzieht es ihnen, wenn sie es missbrauchen. Der Vorsitzende ist grds. nicht verpflichtet, Anträge der Verfahrensbeteiligten zu jeder Zeit entgegenzunehmen (BGH NStZ 2014, 668); er bestimmt vielmehr den Zeitpunkt, zu dem den Antragstellern Gelegenheit zur Anbringung u. Begründung ihrer Anträge gegeben wird (BGH BeckRS 2010, 21239). Er kann es dem Angeklagten grds. nicht verbieten, während der HV Aufzeichnungen zu machen (Salditt StV 1993, 443; **aM** BGHSt 1, 322 = JZ 1952, 43 mit zutr. abl. Anm. Schmidt). Er darf aber einschreiten, wenn sich etwa Ausführungen des Angeklagten – zB in seinem letzten Wort (BGH BeckRS 2020, 12080; → § 258 Rn. 26) – mit nicht zur Sache gehörenden Umständen befassen, fortwährende Wiederholungen o. andere Weitschweifigkeiten enthalten o. sich sonst als missbräuchlich erweisen.

5 Zur Verhandlungsleitung gehört auch die Sitzungspolizei nach § 176 GVG (Löwe/Rosenberg/Becker Rn. 12; **aM** Jahn NStZ 1998, 392; erg. → Rn. 11).

6 Die **Zurücknahme** prozessleitender Anordnungen ist vAw o. auf Antrag möglich (KMR-StPO/Paulus Rn. 29 f.; Bohnert Strafprozessuale Revision S. 178).

7 **II. Vernehmung des Angeklagten und Aufnahme der Beweise.** Zur Vernehmung gehören die Vernehmung des Angeklagten zu seinen **persönlichen Verhältnissen** (→ § 243 Rn. 10 ff.) u. die **Vernehmung zur Sache** (→ § 243 Rn. 24 ff.). Der Vorsitzende ordnet die Beweiserhebungen an (BGH NStZ 1982, 432) u. führt sie durch. Er entscheidet dabei zunächst aufgr. eigener Wertung – vorläufig – darüber, ob ein, ggf. geltend gemachtes, Verwertungsverbot besteht (Schmidt NStZ 2022, 595 (596)). Er hat für die sachgerechte Ausübung des Fragerechts (§§ 240 Abs. 2, 241a) durch die Verfahrensbeteiligten Sorge zu tragen (BGH NJW 2004, 239). Er entlässt auch die Zeugen nach § 248.

8 **III. Persönliche Verpflichtung des Vorsitzenden. Persönlich** muss der Vorsitzende die Verh. leiten; er darf seine Aufgaben grds. weder ganz noch teilw.

einem anderen Gerichtsmitglied überlassen. Das gilt auch für die Erhebung v. Beweisen. Wegen der Verlesung v. Urkunden vgl. aber → § 249 Rn. 15. Ist der Vorsitzende wegen Heiserkeit am Sprechen gehindert, so liegt ein Fall der Verhinderung am Vorsitz nach § 21f GVG vor; als Beisitzer kann er an der Verh. mitwirken (Kissel/Mayer GVG § 21f Rn. 14); ist dem Vorsitzenden trotz körperlicher Beschwerden die Verhandlungsführung (ggf. für kürzere Zeiten) möglich, darf er sie nicht an den Vertreter abgeben (offengelassen v. Holtz MDR 1994, 764 – BGH RsprÜ).

C. Antrag auf gerichtliche Entscheidung (Abs. 2). I. Sachleitung. Auf die Sachleitung bezügliche Anordnungen können mit dem Zwischenrechtsbehelf des Abs. 2 beanstandet werden, dessen Zweck es ist, Fehler des Vorsitzenden iRd Instanz zu korrigieren u. damit Revisionen zu vermeiden (BGHSt 51, 144; **aM** Ignor/Bertheau NStZ 2013, 188: nur Möglichkeit, nicht Pflicht zur Beanstandung). 9

Bedarf eine Maßnahme v. vorneherein eines Gerichtsbeschlusses, so besteht kein Anlass für ein Verf. nach Abs. 2 (BGH BeckRS 2021, 4130; NStZ 2023, 310: § 255a Abs. 2 S. 3). 10

Der Begriff **Anordnung** ist in weitestem Sinne zu verstehen. Darunter fallen alle Maßnahmen, mit denen der Vorsitzende auf den Verfahrensablauf u. die Verfahrensbeteiligten einwirkt (Erker Beanstandungsrecht S. 64), auch Maßnahmen der Sitzungspolizei (BGH NStZ 2013, 608) wie zB die Sitzordnung (BGH NStZ 2019, 297; erg. → GVG § 176 Rn. 4, → § 338 Rn. 59), die Anordnung nach § 48 Abs. 2 S. 3 JGG (OLG Celle BeckRS 2023, 26754), Fragen, Vorhalte, Ermahnungen u. Belehrungen (KK-StPO/Schneider Rn. 11), auch die Zubilligung eines Auskunftsverweigerungsrechts nach § 55 (BGH NStZ 2024, 243) sowie die Feststellung, dass das v. einer Zeugin behauptete Verlöbnis mit dem Angeklagten nicht besteht (BGHSt 55, 65). Das bewusste Unterlassen einer beantragten Entsch. steht einer Maßnahme iSd Abs. 2 nicht gleich (Erker Beanstandungsrecht S. 68 ff.; Fuhrmann GA 1963, 68 ff.; **aM** Löwe/Rosenberg/Becker Rn. 18). 11

Der Begriff **Sachleitung** stimmt mit dem der Verhandlungsleitung nach Abs. 1 (→ Rn. 5) überein. Die früher vielfach übliche, aber an Abgrenzungsschwierigkeiten leidende (vgl. Erker Beanstandungsrecht S. 26 ff.) Unterscheidung zwischen formeller Leitung der Verh. (die allein die äußere Gestaltung des Verfahrens betr.) u. der Sachleitung ieS (vgl. BGH NJW 1957, 271; OLG Hamm NJW 1972, 1246), ist mit Recht überw. aufgegeben worden (vgl. Löwe/Rosenberg/Becker Rn. 19 ff.; Gössel StrafVerfR S. 170); denn auch bei der formellen Verhandlungsleitung kommen Maßnahmen in Betracht, die den Angeklagten o. andere Prozessbeteiligte beschweren. 12

Die **Anrufung des Gerichts** setzt demnach nicht eine bestimmte Art v. Anordnungen o. Maßnahmen des Vorsitzenden voraus, sondern nur, dass der Prozessbeteiligte, der sich an das Gericht wendet, schlüssig dartut, dass die Anordnung ihn beschwert (Erker Beanstandungsrecht S. 51 ff.). Es gibt grds. (vgl. aber → § 142 Rn. 62; → § 265 Rn. 28) keine v. dem Antrag nach Abs. 2 ausgeschlossene Vfg. u. Maßnahmen des Vorsitzenden (Löwe/Rosenberg/Becker Rn. 21 ff.). Das gilt auch noch für Anordnungen nach Schluss der Beweisaufnahme bis zum Beginn der Urteilsverkündung (BGH NStZ 1992, 346; erg. → § 244 Rn. 33); auch Maßnahmen der Sitzungspolizei unterliegen der Prüfung durch das Gericht (BGH StV 2009, 680 mwN). 13

II. Beanstandungsberechtigung. Zur Beanstandung berechtigt sind alle Prozessbeteiligten, die **v. der Anordnung betroffen** sind (**aM** Ebert StV 1997, 275; auch ohne Beschwer jederzeit), auch Zeugen u. Sachverständige wegen der an sie gerichteten Fragen (→ § 68a Rn. 8; → § 241 Rn. 20), nicht aber Zuhörer (Erker Beanstandungsrecht S. 75 ff.). Beanstandungsberechtigt sind auch nicht die beisitzenden Berufsrichter u. die Schöffen (Bohnert Strafprozessuale Revision S. 179 ff.; Ranft StrafProzR Rn. 1452; **aM** SK-StPO/Frister Rn. 23 mwN; Habetha NJW 2016, 3629); sie können eine gerichtliche Entsch. ohne weiteres herbeiführen 14 indem sie eine Beratung verlangen. Der Vorsitzende selbst kann nicht seine eigenen Maßnahmen beanstanden; er kann aber jederzeit die Entsch. des Gerichts herbeiführen (Erker Beanstandungsrecht S. 71).

15 Eine Rechtspflicht zum Hinweis auf das Beanstandungsrecht besteht nicht (KK-StPO/Schneider Rn. 20; Löwe/Rosenberg/Becker Rn. 31).

16 **III. Form der Beanstandung.** Eine bestimmte Form ist für die (nach § 273 Abs. 1 in der Sitzungsniederschrift zu beurkundende, vgl. Becker NStZ-RR 2003, 5 – BGH RsprU) Beanstandung nicht vorgeschrieben. Das Wort Beanstandung braucht nicht verwendet zu werden. Es genügt, dass ausdr. o. durch schlüssiges Verhalten (vgl. OLG Hamburg NJW 1953, 434) das Verlangen nach einer Gerichtsentscheidung geäußert (Schmid FS H. Mayer, 1966, 560) u. die Unzulässigkeit der Maßnahmen sowie eine Beschwer des Antragstellers behauptet wird (Erker Beanstandungsrecht S. 78). Welche Anforderungen an die Substantiierung dieses Vorbringens zu stellen sind, richtet sich nach den Umständen des Einzelfalls.

17 **IV. Beanstandung der Maßnahme als unzulässig.** Nur die Beanstandung der Maßnahme als unzulässig lässt Abs. 2 zu. Dass sie **unzweckmäßig o. unangebracht** gewesen sei, kann mit dem Antrag **nicht** geltend gemacht werden (RGSt 44, 65 (66); Seibert JR 1952, 470). Unzulässig iSv Abs. 2 sind Maßnahmen des Vorsitzenden, wenn sie gegen ges. Vorschr. o. ungeschriebene Verfahrensgrundsätze verstoßen (Schmid FS H. Mayer, 1966, 558), aber auch, wenn Ermessensmissbrauch vorliegt (Erker Beanstandungsrecht S. 83). Bei der Beanstandung v. Vorabentscheidungen des Vorsitzenden über Vereidigungsfragen (→ Rn. 2) handelt es sich nicht um einen Fall des Abs. 2, sie sind daher auch auf ihre Zweckmäßigkeit zu prüfen (→ § 59 Rn. 10).

18 **V. Anordnungen des Strafrichters.** Auch Anordnungen des Strafrichters (§ 25 GVG) können u. müssen zum Erhalt der Revisionsrüge (→ Rn. 22) nach Abs. 2 beanstandet werden, obwohl hier Vorsitzender u. Gericht identisch sind (OLG Düsseldorf StV 1996, 252; Bischoff NStZ 2010, 80; Erker Beanstandungsrecht S. 113 ff.; **aM** Ebert NStZ 1997, 565, der zwar Abs. 2 für anwendbar hält, jedoch einen Rügeverlust bei Nichtbeanstandung verneint).

19 **VI. Entscheidung des Gerichts.** Die Entscheidung des Gerichts ergeht nach Anhörung der Prozessbeteiligten (Erker Beanstandungsrecht S. 98) durch Beschluss. Dieser ist nach § 273 Abs. 1 in das Hauptverhandlungsprotokoll aufzunehmen u. in der HV grds. unmittelbar auf die Beanstandung hin, jedenfalls aber vor Abschluss des jeweiligen Verfahrensabschnitts, dem die Maßnahme zuzuordnen ist, zu fassen und zu verkünden (BGH 22.5.2025 – 2 StR 93/25). Schlüssiges Verhalten des Gerichts kann den Beschl. nicht ersetzen (Erker Beanstandungsrecht S. 34; **aM** KMR-StPO/Paulus Rn. 50). Wird ein Beweisverwertungsverbot geltend gemacht, kann die Entscheidung der Urteilsberatung vorbehalten bleiben, wenn das Gericht die Beanstandung nach vorläufiger Würdigung der aktenkundigen oder freibeweislich in Erfahrung gebrachten Verfahrenstatsachen für unbegründet hält (Vgl. BGHSt 65, 155, 162; Schmidt NStZ 2022, 595 (597)). Der Beschl. braucht nur dann begründet zu werden, wenn er den Antrag als unzulässig o. unbegründet ablehnt (Löwe/Rosenberg/Becker Rn. 32; **aM** KMR-StPO/Paulus Rn. 50: auch bei stattgebender Entsch.). Der Vorsitzende ist, wenn sich nachträglich neue Tatsachen ergeben, an die Gerichtsentscheidung nicht gebunden (vgl. Löwe/Rosenberg/Becker Rn. 37 mwN). Das Gericht kann seine Entsch. ändern, wenn es seine rechtliche Beurteilung berichtigt o. wenn sich die Sachlage geänd. hat (Erker Beanstandungsrecht S. 112). Sind Fragen zu einem sachfremden Thema insges. zurückgewiesen worden u. werden gleichwohl weitere Fragen dazu gestellt, so umfassen die erstmalige Zurückweisung u. der erstmalige Beschl. nach Abs. 2 auch deren Zurückweisung (BGH NJW 2004, 239).

20 **D. Rechtsbehelfe. I. Beschwerde.** Beschwerde gegen die Anordnung des Vorsitzenden nach § 304 ist **nicht zulässig;** der Zwischenrechtsbehelf des Abs. 2

schließt sie aus (Erker Beanstandungsrecht S. 60; KK-StPO/Schneider Rn. 24; SK-StPO/Frister Rn. 39; **aM** KMR-StPO/Paulus Rn. 55; Löwe/Rosenberg/Becker Rn. 40: Ausschluss nach § 305 S. 1). Der Beschl. des Gerichts nach Abs. 2 ist grds. nach § 305 S. 1 unanfechtbar (KK-StPO/Schneider Rn. 24); Entscheidungen, durch die **dritte Personen betroffen** sind, können angefochten werden (§ 305 S. 2).

II. Revision. Grundsatz: Die Zulässigkeit einer Verfahrensrüge setzt grds. voraus, dass der Beschwerdeführer v. dem Zwischenrechtsbehelf des Abs. 2 Gebrauch gemacht hat; wer davon absieht, **verwirkt** insoweit das Recht auf Revision (BGHSt 1, 322 (325); 51, 144 = NStZ 2007, 230; zust. KK-StPO/Schneider Rn. 36; **abl.** SK-StPO/Frister Rn. 50; SSW StPO/Grube Rn. 53). Es besteht also grds. eine Beanstandungspflicht (vgl. auch BVerfG BeckRS 2020, 9598; eing. zur Problematik Löwe/Rosenberg/Becker Rn. 43 ff.; **aM** SK-StPO/Frister Rn. 52; Habetha NJW 2016, 3632, es sei denn, die Maßnahme in der HV bedarf von vorneherein eines Gerichtsbeschlusses (vgl. BGH NStZ 2012, 585: § 251 Abs. 4 S. 1; BayOblG NStZ 2025, 184; § 265 Abs. 4). 21

Ausnahmen: Für den Angeklagten, der ohne Verteidiger ist o. den Nebenkläger, der nicht den Beistand eines RA hat u. die Beanstandungsmöglichkeit des Abs. 2 nicht kennt, gilt das nicht (OLG Koblenz StV 1992, 263; OLG Köln NStZ-RR 1997, 366; OLG Stuttgart NStZ 1988, 240). Der Revisionsangriff ist auch sonst ohne vorherige Anrufung des Gerichts zulässig, wenn der Vorsitzende eine **von Amts wegen** vorzunehmende unverzichtbare Handlung unterlässt (BGHSt 38, 260 (261); BGH NStZ 1981, 71; NJW-Spezial 2019, 730: Verlesung des Anklagesatzes; erg. KK-StPO/Schneider Rn. 30; → § 59 Rn. 13) o. wenn er sich über Verfahrensvorschriften, die keinerlei Entscheidungsspielraum zulassen, hinweggesetzt (BGHSt 42, 73 (77): § 53 Abs. 1 Nr. 3; BGH NJW 2017, 181: § 247a Abs. 1; BGHSt 45, 203 (205); BGH StV 2012, 706: § 252; BGH NStZ 2012, 585: §§ 251 Abs. 1 Nr. 1, 256 Abs. 1 Nr. 2; vgl. auch → § 252 Rn. 18), o. wenn sich der Fehler des Vorsitzenden bei der Urteilsfindung fortgesetzt hat (BGHSt 7, 281; 20, 98; OLG Köln NJW 1957, 1373; vgl. auch BGHSt 3, 368; BGH JR 1965, 348: Nichterteilung o. Beschränkung des letzten Wortes). Gegen diese Einschränkungen hat sich Mosbacher NStZ 2011, 606 ausgesprochen, der auch bei Verletzung zwingenden Verfahrensrechts durch den Vorsitzenden Abs. 2 anwenden will; gegen ihn zutr. Gaede wistra 2010, 214; Lindemann StV 2010, 383; Widmaier NStZ 2011, 305; s. auch BGH NJW-Spezial 2019, 730. Die Anrufung des Gerichts nach Abs. 2 ist allerdings zur Erhaltung der Verfahrensrüge erforderlich, wenn sich der Vorsitzende in einer Art Zwischenfeststellung zu der Rechtsanwendung in einem Fall geäußert hat, in dem ihm bei der Bewertung der tatsächlichen Grundlagen einer zwingend vorgeschriebenen u. unverzichtbaren Verfahrensvorschrift ein Beurteilungsspielraum eingeräumt ist (BGHSt 55, 65 (Verlobung); zust. Mosbacher NStZ 2011, 609). 22

Ist eine **Entscheidung nach Abs. 2 unterblieben,** so beruht das Urt. nur dann auf dem Mangel, wenn die beanstandete Maßnahme des Vorsitzenden gegen das Verfahrensrecht verstoßen hat (BGHSt 44, 82 (91); weitergehend Schmid FS H. Mayer, 1966, 562 ff.: schon wenn das Unterlassen der Entsch. zur Irreführung des Beschwerdeführers geeignet war). War sie rechtmäßig kommt ein Beruhen allenfalls dann ausnahmsweise in Betracht, wenn sich der Angeklagte bei Kenntnis der Gründe für die Zurückweisung seiner Beanstandung anders u. erfolgreicher als geschehen hätte verteidigen können (BGH BeckRS 2019, 10447; KK-StPO/Schneider Rn. 27). 23

Allein die **Verspätung der Entscheidung** (→ Rn. 19) kann der Revision dann nicht zum Erfolg verhelfen, wenn auszuschließen ist, dass der Revisionsführer aufgrund der Verspätung gehindert war, seine Verteidigung durch Anträge und Erklärungen der durch den Beschluss klargestellten Rechtslage anzupassen (BGH 22.5.2025 – 2 StR 93/25). 24

Kreuzverhör

239 (1) [1]**Die Vernehmung der von der Staatsanwaltschaft und dem Angeklagten benannten Zeugen und Sachverständigen ist der Staatsanwaltschaft und dem Verteidiger auf deren übereinstimmenden Antrag von dem Vorsitzenden zu überlassen.** [2]**Bei den von der Staatsanwaltschaft benannten Zeugen und Sachverständigen hat diese, bei den von dem Angeklagten benannten der Verteidiger in erster Reihe das Recht zur Vernehmung.**

(2) **Der Vorsitzende hat auch nach dieser Vernehmung die ihm zur weiteren Aufklärung der Sache erforderlich scheinenden Fragen an die Zeugen und Sachverständigen zu richten.**

1 **A. Kreuzverhör.** In der HV des bundesdeutschen Strafprozesses ist diese Form der Vernehmung ein **Fremdkörper** (Roxin/Schünemann StrafVerfR § 44 Rn. 24; **aM** Gaede StV 2012, 55), da sie an den anglo-amerikanischen adversatorischen Parteienprozess anknüpft, während das Schwergewicht im deutschen Verf. bei der Amtsaufklärung durch den Vorsitzenden u. das Gericht liegt. In der Praxis wird v. ihr so gut wie kein Gebrauch gemacht, was wohl va daran liegt, dass sie einen übereinstimmenden Antrag v. StA u. Verteidigung voraussetzt (Weyand NJW 2024, 637; → Rn. 5).

2 Ein **informelles Kreuzverhör** in der Weise, dass der Vorsitzende unmittelbar o. alsbald nach Entgegennahme des Berichts des Zeugen (§ 69 Abs. 1 S. 1) zunächst den StA u. den Verteidiger Fragen stellen lässt (§ 240 Abs. 2) u. seinerseits erst anschließend nochmals fragt, falls das erforderlich ist, kann in geeigneten Fällen zweckmäßig sein u. ist jedenfalls nicht unzulässig (vgl. KK-StPO/Schneider Rn. 2; SK-StPO/Frister Rn. 15).

3 **B. Voraussetzungen (Abs. 1 S. 1). I. Die von der StA und dem Angeklagten benannten Beweispersonen.** Nur die von der StA und dem Angeklagten benannten Beweispersonen können ins Kreuzverhör genommen werden. Benannt iS Abs. 1 S. 1 sind auch Zeugen u. Sachverständige, die das Gericht auf bloße Anregung v. StA o. Angeklagten geladen hat o. die v. ihnen selbst geladen o. in der HV gestellt worden sind.

4 Auf die v. Privatkläger, Nebenkläger u. den Nebenbeteiligten benannten Zeugen u. Sachverständigen ist § 239 nicht anwendbar (Löwe/Rosenberg/Becker Rn. 4; Gollwitzer FS Schäfer, 1979, 83 ff.). Bei Jugendlichen unter 16 Jahren ist das Kreuzverhör nach § 241a ausgeschlossen. Bei der kommissarischen Vernehmung nach § 223 ist es zulässig (KK-StPO/Schneider Rn. 6; Löwe/Rosenberg/Becker Rn. 5; **aM** KMR-StPO/Eschelbach Rn. 21).

5 **II. Übereinstimmender Antrag von StA und Verteidiger.** Nur auf übereinstimmenden Antrag von StA und Verteidiger, dem das Gericht selbst dann stattgeben muss, wenn der Angeklagte widerspricht (Radtke/Hohmann-Britz 6), findet ein Kreuzverhör statt. Wenn kein Verteidiger mitwirkt, ist es ausgeschlossen. Hat der Angeklagte mehrere Verteidiger, so müssen alle den Antrag stellen (KMR-StPO/Eschelbach Rn. 33; SK-StPO/Frister Rn. 5). Wirken für mehrere Angeklagte mehrere Verteidiger mit, so gilt das nur, wenn alle Angeklagten v. dem Vernehmungsgegenstand betroffen sind (Löwe/Rosenberg/Becker Rn. 7). Der Antrag, der auf die Vernehmung einzelner Beweispersonen beschränkt werden kann, muss vor Beginn der Vernehmung des Zeugen o. Sachverständigen gestellt werden; das bereits begonnene Verhör kann dem Vorsitzenden nicht entzogen werden (Löwe/Rosenberg/Becker Rn. 8).

6 **C. Durchführung des Kreuzverhörs (Abs. 1 S. 2, Abs. 2).** Mit dem Verhör beginnt, wer die Beweisperson benannt hat (Abs. 1 S. 2). Hat er es abgeschlossen, so setzt der Prozessgegner die Vernehmung fort. Ein zusammenhängender Bericht des Zeugen nach § 69 Abs. 1 S. 1 muss auch beim Kreuzverhör herbeigeführt werden (KK-StPO/Schneider Rn. 7; KMR-StPO/Eschelbach Rn. 41. Dies ist

Aufgabe des den Zeugen benennenden Verfahrensbeteiligten; erforderlichenfalls hat der Vorsitzende darauf hinzuwirken. Die formellen Befragungsregeln des angelsächsischen Strafprozesses, nach denen die den Zeugen aufrufende Partei grds. nur direkte Fragen stellen darf, während die Gegenpartei auch berechtigt ist, sog. leading questions zu stellen, gilt nicht. Die anderen Prozessbeteiligten haben das Fragerecht nach § 240 Abs. 2; das Kreuzverhör dürfen sie nicht fortführen.

D. Fragerecht des Vorsitzenden. Der Vorsitzende ist verpflichtet, nach Beendigung des Kreuzverhörs die zur Sachaufklärung erforderlichen weiteren Fragen an die Beweispersonen zu richten (Abs. 2). Den Missbrauch des Fragerechts kann er nach § 241 Abs. 1 verhindern, einzelne Fragen kann er nach § 241 Abs. 2 zurückweisen. Den Antrag dazu kann auch der befragte Zeuge o. Sachverständige stellen; wird er abgelehnt, so kann er nach § 238 Abs. 2 auf gerichtliche Entsch. antragen. Zum Beschwerderecht vgl. → § 241 Rn. 22. 7

Fragerecht

240 (1) **Der Vorsitzende hat den beisitzenden Richtern auf Verlangen zu gestatten, Fragen an den Angeklagten, die Zeugen und die Sachverständigen zu stellen.**

(2) [1]**Dasselbe hat der Vorsitzende der Staatsanwaltschaft, dem Angeklagten und dem Verteidiger sowie den Schöffen zu gestatten.** [2]**Die unmittelbare Befragung eines Angeklagten durch einen Mitangeklagten ist unzulässig.**

A. Normzweck. Das **Fragerecht der Prozessbeteiligten** soll ihnen ermöglichen, auf die vollständige Erörterung des Prozessstoffs u. auf die Ausschöpfung der persönlichen Beweismittel hinzuwirken (Löwe/Rosenberg/Becker Rn. 1). Nur (anwesende) Angeklagte, Zeugen u. Sachverständige können befragt werden; die „Befragung" der Richter u. des StA ist unzulässig (KMR-StPO/Paulus Rn. 4; Gollwitzer GS Meyer, 1990, 158). Die Befragung v. Belastungszeugen gehört zu den Mindestrechten des Angeklagten nach Art. 6 Abs. 3 Buchst. d **EMRK** (→ EMRK Art. 6 Rn. 22–22g). 1

§ 240 **gilt auch** bei kommissarischen Vernehmungen (→ § 223 Rn. 22). Für die Vernehmung v. Zeugen unter 16 Jahren ist § 241a die Sondervorschrift. 2

B. Frageberechtigte Prozessbeteiligte. Die frageberechtigten Prozessbeteiligten zählen Abs. 1, Abs. 2 S. 1 **nicht erschöpfend** auf (BGH NJW 1969, 437 (438)). Zu ihnen gehören außer den Mitgliedern des erkennenden Gerichts (Berufsrichter u. Schöffen) auch die Ergänzungsrichter u. Ergänzungsschöffen (vgl. RGSt 67, 276 (277); OLG Celle Nds. Rpfl. 1973, 110), der Privatkläger (§ 385 Abs. 1 S. 1), der Nebenkläger (§ 397 Abs. 1 S. 3) u. ihre Rechtsbeistände o. Vertreter, die Erziehungsberechtigten u. ges. Vertreter eines Jugendlichen (§ 67 **JGG**), der Beistand eines nebenklageberechtigten Verletzten nach § 406h (BGH NStZ 2005, 222) sowie der Beistand nach § 149 (BGHSt 47, 62 (64); **aM** BayObLGSt 1997, 165) u. der nach § 407 Abs. 1 S. 5 **AO** zur Anwesenheit berechtigte Vertreter der FBeh im Steuerstrafverfahren (vgl. OLG Celle Nds. Rpfl. 1969, 190). Die Einziehungsbeteiligten u. Nebenbeteiligten (§§ 427 Abs. 1, 438 Abs. 3) u. die Vertreter der bußgeldbeteiligten JP u. PV (§ 444 Abs. 2) haben das Fragerecht im Rahmen ihrer Beteiligung, ebenso ihre Prozessbevollmächtigten (§ 428). Kein Fragerecht hat der RA als Beistand des Zeugen o. Verletzten (§§ 406f, 406h; → Vor § 48 Rn. 11; § 68b). Zum Fragerecht des Sachverständigen vgl. § 80 Abs. 2. Ausnahmsweise kann der Vorsitzende einem Zeugen gestatten, einen anderen Zeugen zu befragen u. ihm Vorhalte zu machen (KMR-StPO/Paulus Rn. 12; SSW StPO/Franke Rn. 5). 3

C. Ausübung des Fragerechts. I. Befragung. Die Befragung braucht sich nicht unbedingt in der äußeren Form v. Einzelfragen zu vollziehen; auch kurze 4

Vorhalte sind zulässig (KK-StPO/Schneider Rn. 5). Grundsätzlich müssen aber einzelne u. genau umrissene Fragen gestellt werden.

5 Zusammenhängende Erklärungen über einen Tatsachenkomplex können nicht verlangt werden; denn die Befragung ist keine Vernehmung (dagegen Gaede StV 2012, 56 unter Hinweis auf Art. 6 Abs. 3 Buchst. d EMRK). Kurze Ausführungen zum besseren Verständnis der Frage sind erlaubt (Dahs Strafverteidiger-HdB Rn. 531).

6 **II. Zeitpunkt.** Den Zeitpunkt, in dem das Fragerecht ausgeübt werden darf, bestimmt der Vorsitzende im Rahmen seiner Verhandlungsleitung (BGHSt 16, 67 (70); BGH NJW 1969, 437 (438)). In der Regel ist die Ausübung des Fragerechts erst möglich, wenn der Vorsitzende die Vernehmung beendet hat. Ob er vorher schon Zwischenfragen zulässt, steht in seinem Ermessen.

7 Wollen **mehrere Prozessbeteiligte** den Angeklagten o. eine Beweisperson befragen, so wird der Vorsitzende das Wort zunächst den Richtern, dann dem StA u. dem Verteidiger o. dem Prozessbeteiligten geben, der die Beweisperson benannt hat (kritisch dazu aus Sicht der Verteidigung Weyand NJW 2024, 637, 638). Rechtlich ist er jedoch an keine bestimmte Reihenfolge gebunden (BGH NJW 1969, 437; Löwe/Rosenberg/Becker Rn. 12).

8 Das **Fragerecht endet** mit der Entlassung des Zeugen o. Sachverständigen nach § 248; in dem Verlangen, eine bereits vernommene u. entlassene Beweisperson nochmals über eine bestimmte Frage zu hören, kann ein Beweisantrag nach § 244 Abs. 3 S. 1 liegen (BGHSt 15, 161; BGH GA 1958, 305).

9 **III. Recht auf unmittelbare Befragung.** Das Recht auf unmittelbare Befragung bedeutet, dass die Fragen **ohne Vermittlung des Vorsitzenden** an den Angeklagten o. die Beweisperson gestellt werden dürfen. Der Vorsitzende ist, vorbehaltlich seiner Beanstandungsbefugnis u. -pflicht nach § 241 Abs. 2 nicht berechtigt, die Fragen an sich zu ziehen u. in einer ihm als richtig erscheinenden Form zu stellen o. das gewährte Fragerecht ohne sachlichen Grund wieder zu entziehen (OLG Hamm StV 1993, 462); liegt ein solcher vor, so darf er jedoch die begonnene Befragung unterbrechen (stark einschr. aber BGH NStZ 1995, 143: Vorsitzender bestimmt Beginn, Fortsetzung u. Ende der Befragung allein; abl. Degener StV 2002, 620: gesetzeswidrige Auslegung; abl. auch Sommer StraFo 2010, 107). Er darf grds. auch nicht verlangen, dass ihm der Inhalt der Fragen vorher mitgeteilt o. das Schriftstück, aus dem dem Zeugen Vorhalte gemacht werden sollen, vor der Befragung vorgelegt wird (BGHSt 16, 67). Etwas anderes gilt nur, wenn der Fragende sein Fragerecht schon vorher missbraucht hat; zur Abwendung weiteren Missbrauchs kann dann v. ihm verlangt werden, dass er weitere Fragen zuvor mündlich o. schriftlich mitteilt (BGH NStZ 1982, 158; Pfeiffer/Miebach NStZ 1983, 209 – BGH RsprÜ; vgl. auch § 257a; **aM** Miebach DRiZ 1977, 140). Das Recht auf unmittelbare Befragung schließt nicht aus, den Vorsitzenden zu bitten, für den Fragenden eine bestimmte Frage zu stellen; verpflichtet ist der Vorsitzende dazu aber nicht. Lehnt er die Bitte ab, so muss er den Antragsteller aber auf dessen eigenes Fragerecht verweisen (KK-StPO/Schneider Rn. 6). Zur Befragung v. Zeugen durch den Angeklagten im Fall des § 247 vgl. → § 247 Rn. 18.

10 **IV. Ausschluss von der unmittelbaren Befragung (Abs. 2 S. 2).** Ausgeschlossen von der unmittelbaren Befragung (Abs. 2 S. 2) sind – verfassungsrechtlich unbedenklich (BVerfG NJW 1996, 3408) – nur Angeklagte, die einen Mitangeklagten befragen wollen, auch wenn sie zugleich Nebenkläger o. wenn sie v. Beruf RA sind (BVerfGE 53, 207 (215)). Sie müssen sich an den Vorsitzenden wenden, der die Frage an den Mitangeklagten richtet. Weigert er sich, so kann nach § 238 Abs. 2 das Gericht angerufen werden. Die unmittelbare Befragung des Mitangeklagten ist schlechthin unzulässig; der Vorsitzende darf sie auch nicht ausnahmsweise gestatten (Löwe/Rosenberg/Becker Rn. 11). Der Verteidiger unterliegt der Einschränkung des Abs. 2 S. 2 nicht; er kann Mitangeklagte unmittelbar befragen (BGHSt 16, 67 (68)), auch wenn der Angeklagte die Fragen für ihn

vorformuliert hat. Die unmittelbare Befragung v. Zeugen darf der Vorsitzende den Angeklagten nicht, auch nicht unter Hinweis auf das Fragerecht des Verteidigers, verwehren (BGH wistra 1985, 27).

Zurückweisung von Fragen durch den Vorsitzenden

241 (1) **Dem, welcher im Falle des § 239 Abs. 1 die Befugnis der Vernehmung mißbraucht, kann sie von dem Vorsitzenden entzogen werden.**

(2) **In den Fällen des § 239 Abs. 1 und des § 240 Abs. 2 kann der Vorsitzende ungeeignete oder nicht zur Sache gehörende Fragen zurückweisen.**

Übersicht

A. Entziehung des Fragerechts beim Kreuzverhör (Abs. 1). Die Entziehung des Fragerechts beim Kreuzverhör (Abs. 1) ist zulässig, wenn die Befugnis zur Vernehmung missbraucht wird. 1

Ein **Missbrauch** liegt vor, wenn Art o. Inhalt der Vernehmung die Wahrheitsfindung gefährdet, wenn schutzwürdige Interessen des Vernommenen verletzt o. gefährdet werden o. wenn der vernehmende StA o. Verteidiger nur sachfremde Zwecke verfolgt (Löwe/Rosenberg/Becker Rn. 2). 2

Zur Entziehung des Fragerechts ist der **Vorsitzende** berechtigt; er ist dazu verpflichtet, wenn wesentliche Interessen eines Verfahrensbeteiligten o. die Menschenwürde verletzt werden (Löwe/Rosenberg/Becker Rn. 3). 3

Die **Wirkung der Entziehung** des Fragerechts besteht darin, dass anstelle des StA o. Verteidigers der Vorsitzende die Vernehmung fortsetzt (§ 239 Abs. 2); derjenige, dem das Fragerecht entzogen ist, darf aber einzelne Fragen stellen (KMR-StPO/Paulus Rn. 6; Löwe/Rosenberg/Becker Rn. 4; SSW StPO/Franke Rn. 4; **aM** KK-StPO/Schneider Rn. 4). Die gegen einen Verteidiger ausgesprochene Entziehung des Fragerechts wirkt nicht gegen den o. die Mitverteidiger. 4

B. Zurückweisung von Fragen (Abs. 2). I. Fragerecht als Ganzes. Das Fragerecht als Ganzes darf im Fall des § 240 Abs. 2 S. 1 **nicht entzogen** werden (dazu eing. Fahl Rechtsmissbrauch S. 429 ff.). Einem Missbrauch des Fragerechts muss zunächst dadurch begegnet werden, dass der Vorsitzende die vorherige Mitteilung der Fragen verlangt (→ § 240 Rn. 9), sodann durch Zurückweisung einzelner Fragen (OLG Karlsruhe NJW 1978, 436; Gollwitzer GS Meyer, 1990, 164 ff.; erg. → Rn. 7 ff.). 5

Bei **fortgesetztem erheblichen Missbrauch** kann der Vorsitzende (als letztes Mittel) auch das Stellen weiterer Fragen für bestimmte Abschn. der Beweisaufnahme ganz unterbinden (Dallinger MDR 1973, 371 – BGH RsprÜ; OLG Karlsruhe NJW 1978, 436; KK-StPO/Schneider Rn. 17; Löwe/Rosenberg/Becker Rn. 24; SSW StPO/Franke Rn. 11; **aM** RGSt 38, 57; KMR-StPO/Paulus Rn. 3; Roxin/Schünemann StrafVerfR § 44 Rn. 23). Das erfordert aber entspr. den Grundsätzen für die Ablehnung v. Beweisanträgen (→ § 244 Rn. 82 ff.) einen ausf. begründeten Beschl., aus dem klar hervorgeht, auf welche Umstände sich der die weiteren Fragen unterbindende Beschl. stützt (Dallinger MDR 1973, 371 – BGH RsprÜ; 6

OLG Karlsruhe NJW 1978, 436; Löwe/Rosenberg/Becker Rn. 24; erg. → Rn. 21).

7 **II. Zurückweisung einzelner Fragen. 1. Allgemeine Grundsätze:**

8 Die Zurückweisung ist **ausgeschlossen** bei einer **Befragung durch einen der Berufsrichter;** denn in Abs. 2 ist § 240 Abs. 1 nicht aufgeführt.

9 Hält der Vorsitzende die Frage für bedenklich, so muss er daher einen Gerichtsbeschluss nach § 242 herbeiführen (Löwe/Rosenberg/Becker Rn. 5; **aM** RGSt 42, 157 (159): Befragung ist unüberprüfbar).

10 Die Zurückweisung einer Frage unter **Wahrunterstellung** der Tatsache, auf die sie abzielt, ist unzulässig.

11 Die **Zulassung erst zu einem späteren Zeitpunkt** ist keine Zurückweisung (KMR-StPO/Paulus Rn. 19).

12 **2. Nicht zur Sache gehörig** sind Fragen, die sich nicht einmal mittelbar auf die zur Aburteilung stehende Tat u. ihre Rechtsfolgen beziehen (BGHSt 2, 284 (287); BGH NStZ 1985, 183).

13 Erwägungen, die nach § 244 Abs. 3 S. 3 Nr. 2 zur Ablehnung eines Beweisantrags wegen **Bedeutungslosigkeit** führen können (→ § 244 Rn. 54 ff.), rechtfertigen aber die Zurückweisung nach Abs. 2 noch nicht (BGH NStZ 1985, 183; 2008, 173; BayObLGSt 1964, 16). Gleichgültig ist, ob die Frage nach Ansicht des Gerichts unerheblich ist; denn ein Urt. hierüber soll sich das Gericht erst bilden, wenn es die Antwort gehört hat (BGHSt 2, 284 (288); BGH NStZ 1981, 71; 1987, 239; BayObLGSt 1964, 16).

14 Fragen, die sich ersichtlich ernsthaft darum bemühen, die **Glaubwürdigkeit eines Zeugen** zu prüfen, müssen zugelassen werden (BGHSt 2, 284 (289); 13, 252 (255); BGH NStZ 1990, 400: Frage nach intimen Beziehungen bei Vorwurf der Vergewaltigung; erg. aber → § 244 Rn. 11), ebenso Fragen, die die Erinnerungsfähigkeit des Zeugen betreffen (OLG Celle StV 1985, 7).

15 **3. Ungeeignet** sind Fragen, die in tatsächlicher Hinsicht nichts zur Wahrheitsfindung beitragen können o. aus rechtlichen Gründen nicht gestellt werden dürfen (BGHSt 13, 252 (253); 21, 334 (360); OLG Koblenz wistra 1983, 42), zB Fragen nach dem Wohnort des Zeugen im Fall des § 68 Abs. 2, Abs. 3 und entehrende o. den privaten bzw. intimen Lebensbereich betr. Fragen nach § 68a (BGHSt 13, 252 (254); BGH 4 BeckRS 2021, 6240); OLG Hamm VRS 31, 50; erg. → § 68a Rn. 8). Ungeeignet sind auch Fang- u. Suggestivfragen (Löwe/Rosenberg/Becker Rn. 14; Dahs Strafprozessrevision Rn. 323) u. die Wiederholung schon beantworteter Fragen (BGHSt 2, 284 (289); BGH NStZ 1981, 71; **aM** Sommer StraFo 2010, 105), sofern sich nicht die Prozessrolle des Befragten (jetzt Zeuge statt Mitangeklagter) geänd. hat (Miebach/Kusch NStZ 1991, 228 – BGH RsprÜ) o. Widersprüche aufzuklären sind o. klarzustellen ist, ob eine vorausgegangene allg. Bekundung auch für einen erst danach zur Sprache gebrachten Einzelfall gilt (Miebach/Kusch NStZ 1991, 228 – BGH RsprÜ). Fragen nach einem Geschäfts-, Betriebs- o. Erfindungsgeheimnis sind nicht schon ihrer Art wegen unzulässig (OLG Koblenz wistra 1983, 42: Sachaufklärung hat immer Vorrang); jedoch kommt bei Erörterung solcher Umstände die Ausschließung der Öffentlichkeit in Betracht (§ 172 Nr. 2, 3 GVG). Ungeeignet sind schließlich Fragen an den Zeugen, die reine Werturteile betreffen (→ Vor § 48 Rn. 2), ferner Fragen an den Sachverständigen, die über den Gutachterauftrag hinausgehen (Pfeiffer/Miebach NStZ 1984, 16 – BGH RsprÜ; KK-StPO/Schneider Rn. 10; vgl. auch → § 245 Rn. 6), u. Fragen an Zeugen o. Sachverständige über die rechtliche Beurteilung des Falles. Fragen an einen in ein Zeugenschutzprogramm nach dem ZSHG (→ Vor § 48 Rn. 10) aufgenommenen Zeugen über Zeugenschutzmaßnahmen sind nicht v. vornherein ungeeignet; das schließt aber die Zurückweisung einzelner Fragen, die zur Erforschung der Wahrheit (§ 244 Abs. 2) nicht erforderlich sind, nicht aus (BGHSt 50, 318; krit. Roggan GA 2012, 441; Sommer StraFo 2010, 106). Vgl. zu Abs. 2 eing. auch Fahl Rechtsmißbrauch S. 425.

C. Anordnung der Beschränkung. Durch **prozessleitende Verfügung des Vorsitzenden** wird die Beschränkung des Fragerechts auf Antrag o. vAw angeordnet; der Vorsitzende kann aber in den Fällen des Abs. 2 sogleich die Entsch. des Gerichts nach § 242 herbeiführen (erg. → § 242 Rn. 1). Ob der Vorsitzende, bevor er die Frage zurückweist, den Fragesteller auf die Bedenken hinweist u. ihm eine Abänderung o. Zurücknahme der Frage empfiehlt, steht in seinem Ermessen (erg. auch KK-StPO/Schneider Rn. 13). 16

Die Vfg. des Vorsitzenden bedarf einer (kurzen) **Begründung,** damit der Fragesteller sein weiteres Verhalten auf diese Gründe einstellen kann; eine ausf. Begründung erhält der Fragesteller erst in dem nach § 238 Abs. 2 ergehenden Gerichtsbeschluss (vgl. → Rn. 21). 17

D. Sitzungsniederschrift. In der Sitzungsniederschrift müssen die Zurückweisung einer Frage ua Beschränkungen sowie die Anrufung des Gerichts nach § 238 Abs. 2 und der darauf ergehende Gerichtsbeschluss beurkundet werden. Wird die Zurückweisung nicht beanstandet, so kann v. der Protokollierung abgesehen werden (KK-StPO/Schneider Rn. 15; **aM** SK-StPO/Frister Rn. 28). Zum Protokollvermerk bei der Entziehung des Fragerechts für bestimmte Abschn. der Beweisaufnahme vgl. → Rn. 6. 18

E. Rechtsbehelfe. I. Antrag auf gerichtliche Entscheidung nach § 238 Abs. 2. Der Antrag auf gerichtliche Entscheidung nach § 238 Abs. 2 (**aM** Erker Beanstandungsrecht S. 115: § 242 ist die Sondervorschrift) ist gegen alle Vfg. des Vorsitzenden zulässig, mit denen die Befugnis zum Kreuzverhör entzogen, eine Frage zurückgewiesen o. das Fragerecht sonst beschränkt wird. 19

Den Antrag kann auch der Zeuge o. Sachverständige stellen, der eine an ihn gerichtete und v. Vorsitzenden zugelassene Frage für unzulässig hält (Wulf DRiZ 1981, 381). 20

Die **Entscheidung des Gerichts** ergeht durch Beschl., der ausf. zu begründen ist, wenn er die Vfg. des Vorsitzenden bestätigt; insbes. muss das Gericht darlegen, ob es eine Frage als ungeeignet o. nicht zur Sache gehörig ansieht u. warum (BGH NStZ-RR 2001, 138; StraFo 2009, 333). Denn der Antragsteller muss in die Lage versetzt werden, sein weiteres Prozessverhalten danach einzurichten, u. dem Revisionsgericht muss die Prüfung ermöglicht werden, ob der Beschl. dem G entspr. (BGHSt 2, 284 (286); BGH StV 1990, 199). Die Grundsätze für die Begründung eines den Beweisantrag abl. Beschl. (→ § 244 Rn. 82 ff.) gelten entspr. (BGHSt 2, 284 (286); 13, 252 (255, 257); BGH StV 1990, 199). 21

II. Beschwerde. Beschwerde ist nach § 305 S. 1 grds. ausgeschlossen. Nur Zeugen u. Sachverständige können die Zulassung einer Frage, die sie für unzulässig halten, mit der Beschwerde anfechten (§ 305 S. 2). Die Beschwerdeentscheidung bindet das erkennende Gericht, nicht aber das Revisionsgericht (Löwe/Rosenberg/Becker Rn. 30; vgl. auch BGHSt 21, 334 (359)). 22

III. Revision. Die Revision kann unter der Voraussetzung, dass ein Gerichtsbeschluss nach § 238 Abs. 2 herbeigeführt worden ist (BGH NStZ 2005, 222; BayObLGSt 1962, 267; erg. → § 238 Rn. 21), darauf gestützt werden, dass das Fragerecht fehlerhaft entzogen o. beschränkt o. eine Einzelfrage unberechtigt o. mit unzureichender Begründung (Holtz MDR 1975, 726 – BGH RsprÜ; KMR-StPO/Paulus Rn. 29, 30) zurückgewiesen worden ist. Das Fehlen der Begründung ist ausnahmsweise unschädlich, wenn der Grund für alle Prozessbeteiligten auf der Hand liegt (BGH BeckRS 1976, 107987). Der Angeklagte kann auch durch die Zurückweisung der Frage eines Mitangeklagten beschwert sein (BGH StV 1982, 204; zw. Miebach/Kusch NStZ 1991, 228 – BGH RsprÜ; erg. → § 337 Rn. 18). Auf der fehlerhaften Zurückweisung beruht das Urt. nicht, wenn eine uferlose Fortsetzung der bereits stattgefundenen langwierigen Befragung durch den Beschwerdeführer ersichtlich nichts mehr zur Sachaufklärung hätte beitragen können (BGH NStZ 1982, 158). 23

Vernehmung minderjähriger Zeugen durch den Vorsitzenden

241a (1) **Die Vernehmung von Zeugen unter 18 Jahren wird allein von dem Vorsitzenden durchgeführt.**

(2) [1]**Die in § 240 Abs. 1 und Abs. 2 Satz 1 bezeichneten Personen können verlangen, daß der Vorsitzende den Zeugen weitere Fragen stellt.** [2]**Der Vorsitzende kann diesen Personen eine unmittelbare Befragung der Zeugen gestatten, wenn nach pflichtgemäßem Ermessen ein Nachteil für das Wohl der Zeugen nicht zu befürchten ist.**

(3) **§ 241 Abs. 2 gilt entsprechend.**

1 **A. Normzweck.** Die Vorschrift bezweckt den **größtmöglichen Schutz kindlicher u. jugendlicher Zeugen** vor den psychischen Belastungen, die mit einer Vernehmung vor Gericht verbunden sind. Mittelbar dient die Vorschr., wie § 247 S. 2 und § 172 Nr. 4 GVG, der besseren Erforschung des wahren Sachverhalts. Sie gilt entspr., wenn der ER eine Zeugenvernehmung getrennt durchführt (§ 168e S. 4) u. findet auch im Falle des § 247a Anwendung (→ § 247a Rn. 10). Zum Einsatz der Videotechnologie in diesen Fällen vgl. §§ 58a, 168e, 247a und § 255a.

2 **B. Vernehmung allein durch den Vorsitzenden (Abs. 1).** Kindliche u. jugendliche Zeugen unter 18 Jahren sollen aus vernehmungspsychologischen Gründen grds. **nur einem Gesprächspartner** gegenüberstehen. Das ist nach dem G der Vorsitzende, der die größte Gewähr dafür bietet, dass er eine behutsame, dem jeweiligen Entwicklungsstand des Kindes angepasste Vernehmung durchführt u. keine unsachgemäßen o. aggressiven Fragen stellt. Er allein darf den Zeugen vernehmen; eine Übertragung dieser Befugnis auf einen anderen Prozessbeteiligten sieht das G nicht vor. Das Kreuzverhör (§ 239) ist ausgeschlossen, grds. auch (vgl. aber Abs. 2 S. 2, → Rn. 5) die unmittelbare Befragung durch die Prozessbeteiligten. Die Befragung durch den Sachverständigen nach § 80 Abs. 2 ist kein Teil der Vernehmung; die Vorschr. bleibt daher unberührt.

3 **C. Befragung durch die anderen Prozessbeteiligten (Abs. 2): I. Recht auf mittelbare Befragung (S. 1).** Ein Recht auf mittelbare Befragung (S. 1) haben die nach § 240 Abs. 1, Abs. 2 S. 1 frageberechtigten Richter u. Prozessbeteiligten.

4 Der Vorsitzende ist, aber erst nach Abschluss seiner eigenen Vernehmung auf ihr Verlangen verpflichtet, weitere Fragen an den Zeugen zu stellen, sofern sie nicht unzulässig sind (→ Rn. 6). Er darf die Frage in der ihm angemessen erscheinenden Form stellen, inhaltlich aber nicht verändern (KMR-StPO/Paulus Rn. 7).

5 **II. Unmittelbare Befragung (S. 2).** Die unmittelbare Befragung (S. 2) kann der Vorsitzende einem nach § 240 Abs. 1, Abs. 2 S. 1 Frageberechtigten, nicht aber anderen Personen (KK-StPO/Schneider Rn. 7; SSW StPO/Franke Rn. 5; **aM** Löwe/Rosenberg/Becker Rn. 10), auf Antrag gestatten, wenn er nach pflichtgemäßem Ermessen meint, dass dadurch kein Nachteil für das Wohl des Zeugen zu befürchten ist. Ob das der Fall ist, beurteilt sich nach den Umständen des Einzelfalls; auch die Person des Fragestellers ist zu berücksichtigen. Der Vorsitzende kann daher einzelnen Frageberechtigten, etwa den beisitzenden Richtern, die unmittelbare Befragung gestatten, anderen aber verwehren. Ein Anspruch auf die unmittelbare Befragung besteht selbst dann nicht, wenn kein Nachteil für das Wohl des Zeugen zu befürchten ist. Die Erlaubnis kann der Vorsitzende jederzeit wieder entziehen. Ihre Gewährung u. Versagung sind Maßnahmen nach § 238 Abs. 1.

6 **D. Zurückweisung von Fragen (Abs. 3).** Die Zurückweisung von Fragen (Abs. 3) ist unter den Voraussetzungen des § 241 Abs. 2 (→ § 241 Rn. 6 ff.) sowohl bei der mittelbaren als auch bei der unmittelbaren Befragung zulässig. Das gilt entspr., wenn der Fragesteller im Fall des Abs. 2 S. 1 auf dem v. ihm gewählten Wortlaut der Frage besteht, obwohl er mit dem Schutzzweck des § 241a nicht vereinbar ist (KK-StPO/Schneider Rn. 4). War das Verlangen v. einem beisitzen-

den Richter gestellt u. hat der Vorsitzende Zweifel an der Zulässigkeit der Frage, so gilt § 242 (Löwe/Rosenberg/Becker Rn. 12).

E. Rechtsbehelfe. Gegen die Zurückweisung v. Fragen (→ Rn. 6) u. die Ablehnung einer mittelbaren o. unmittelbaren Befragung kann – u. muss als Voraussetzung für eine Verfahrensrüge in der Revision (BGH BeckRS 2012, 10161; erg. → § 238 Rn. 21) – nach § 238 Abs. 2 auf gerichtliche Entsch. angetragen werden. Soweit die Ermessensausübung des Vorsitzenden nach Abs. 2 S. 2 in Betracht kommt (→ Rn. 5), kann das Gericht aber nur prüfen, ob der Vorsitzende den Rechtsbegriff des Nachteils zum Wohl des Kindes verkannt o. rechtsmissbräuchlich entschieden hat (Löwe/Rosenberg/Becker Rn. 15). Wegen der Beschwerde vgl. → § 241 Rn. 22, wegen der Revision → § 241 Rn. 23. 7

Entscheidung über die Zulässigkeit von Fragen

242 **Zweifel über die Zulässigkeit einer Frage entscheidet in allen Fällen das Gericht.**

A. Anwendungsbereich. Der Anwendungsbereich der Vorschrift ist **auf die Fälle beschränkt,** in denen das Gericht nicht schon nach § 238 Abs. 2 entscheiden kann. Das ist der Fall bei Fragen der beisitzenden Richter (→ § 241 Rn. 9) u. bei v. einem Verfahrensbeteiligten geäußerten Zweifeln an der Zulässigkeit einer Frage des Vorsitzenden (Löwe/Rosenberg/Becker Rn. 1; **aM** RGSt 42, 157 (159); Dölp NStZ 1993, 419: unüberprüfbar; dagegen zutr. Frister StV 1994, 451; Schünemann StV 1993, 607). § 242 ist auch anwendbar, wenn der Vorsitzende nicht selbst nach § 241 Abs. 2 entscheiden will (→ § 241 Rn. 16); dann muss er die Bedenken, die er gegen die Zulässigkeit der Frage hat, dem Fragesteller aber mitteilen, um ihm das rechtliche Gehör zu gewähren (KK-StPO/Schneider Rn. 1). 1

B. Entscheidung durch das Gericht. Über Zweifel an der Zulässigkeit einer Frage entscheidet das Gericht. **Unzulässig** sind nicht zur Sache gehörige o. ungeeignete Fragen iSd § 241 Abs. 2 (→ § 241 Rn. 12 ff., 15). Die Zweckmäßigkeit einer Frage hat das Gericht nicht nach § 242 zu prüfen. 2

Die Entscheidung des Gerichts können der Vorsitzende, die Mitglieder des Gerichts, die Prozessbeteiligten u. der befragte Angeklagte, Zeuge o. Sachverständige herbeiführen. Sie ergeht nach Anhörung der Prozessbeteiligten (§ 33 Abs. 1), insbes. des Fragestellers, durch Beschl., der ausf. begründet werden muss, wenn er die Zulässigkeit der Frage verneint (→ § 241 Rn. 21). 3

C. Rechtsbehelfe. Wegen der Rechtsbehelfe vgl. → § 241 Rn. 19 ff. 4

Gang der Hauptverhandlung **Nr. 123, 124 RiStBV**

243 (1) [1]**Die Hauptverhandlung beginnt mit dem Aufruf der Sache.** [2]**Der Vorsitzende stellt fest, ob der Angeklagte und der Verteidiger anwesend und die Beweismittel herbeigeschafft, insbesondere die geladenen Zeugen und Sachverständigen erschienen sind.**

(2) [1]**Die Zeugen verlassen den Sitzungssaal.** [2]**Der Vorsitzende vernimmt den Angeklagten über seine persönlichen Verhältnisse.**

(3) [1]**Darauf verliest der Staatsanwalt den Anklagesatz.** [2]**Dabei legt er in den Fällen des § 207 Abs. 3 die neue Anklageschrift zugrunde.** [3]**In den Fällen des § 207 Abs. 2 Nr. 3 trägt der Staatsanwalt den Anklagesatz mit der dem Eröffnungsbeschluß zugrunde liegenden rechtlichen Würdigung vor; außerdem kann er seine abweichende Rechtsauffassung äußern.** [4]**In den Fällen des § 207 Abs. 2 Nr. 4 berücksichtigt er die Änderungen, die das Gericht bei der Zulassung der Anklage zur Hauptverhandlung beschlossen hat.**

(4) [1]**Der Vorsitzende teilt mit, ob Erörterungen nach den §§ 202a, 212 stattgefunden haben, wenn deren Gegenstand die Möglichkeit einer Verständigung (§ 257c) gewesen ist und wenn ja, deren wesentlichen Inhalt.** [2]**Diese Pflicht gilt auch im weiteren Verlauf der Hauptverhandlung, soweit sich Änderungen gegenüber der Mitteilung zu Beginn der Hauptverhandlung ergeben haben.**

(5) [1]**Sodann wird der Angeklagte darauf hingewiesen, daß es ihm freistehe, sich zu der Anklage zu äußern oder nicht zur Sache auszusagen.** [2]**Ist der Angeklagte zur Äußerung bereit, so wird er nach Maßgabe des § 136 Abs. 2 zur Sache vernommen.** [3]**Auf Antrag erhält der Verteidiger in besonders umfangreichen erstinstanzlichen Verfahren vor dem Land- oder Oberlandesgericht, in denen die Hauptverhandlung voraussichtlich länger als zehn Tage dauern wird, Gelegenheit, vor der Vernehmung des Angeklagten für diesen eine Erklärung zur Anklage abzugeben, die den Schlussvortrag nicht vorwegnehmen darf.** [4]**Der Vorsitzende kann dem Verteidiger aufgeben, die weitere Erklärung schriftlich einzureichen, wenn ansonsten der Verfahrensablauf erheblich verzögert würde; § 249 Absatz 2 Satz 1 gilt entsprechend.** [5]**Vorstrafen des Angeklagten sollen nur insoweit festgestellt werden, als sie für die Entscheidung von Bedeutung sind.** [6]**Wann sie festgestellt werden, bestimmt der Vorsitzende.**

Übersicht

1 **A. Regelmäßige Reihenfolge.** Die regelmäßige Reihenfolge der Verfahrensvorgänge in der Hauptverhandlung des 1. Rechtszugs (für die Berufungsverhandlung gilt § 324) bis zur Beweisaufnahme bestimmt die Vorschrift. Abweichungen sind zulässig, wenn dafür triftige Gründe vorliegen, der Aufbau der HV im Ganzen gewahrt bleibt u. die Prozessbeteiligten nicht widersprechen (BGHSt 19, 93 (97); BGH NStZ 1986, 371; StV 1991, 148; BayObLGSt 1953, 130; KG StV 1982, 10), wobei dem Angeklagten aber nicht das Recht beschnitten werden darf, sich im Zusammenhang zum Schuldvorwurf zu äußern (BGH StV 1990, 245).

2 Ohne Zustimmung kann v. der in § 243 bestimmten Reihenfolge abgewichen werden, wenn eine Vielzahl v. Einzeltaten zu verhandeln ist (sog. **Punktesachen**). Dann kann in der Weise verfahren werden, dass zunächst eine allg. Äußerung des aussagebereiten Angeklagten herbeigeführt, sodann die Verh. auf jew. eine o. mehrere Taten beschrieben wird u. zu jedem dieser Teilkomplexe der Angeklagte gehört u. die Beweise erhoben werden (BGHSt 10, 342; 19, 93 (96)).

In diesem Fall muss die **Sitzungsniederschrift,** in der jede wesentliche Abweichung v. der Reihenfolge des § 243 beurkundet werden muss, aber ergeben, auf welchen Abschn. sich die jeweilige Vernehmung des Angeklagten bezieht (BGHSt 10, 342). 3

B. Aufruf der Sache (Abs. 1 S. 1). Mit dem **Aufruf der Sache (Abs. 1 S. 1)** beginnt die HV, ohne Rücksicht darauf, ob der Angeklagte erschienen ist o. nicht (BGHSt 52, 24). Damit sind die für diesen Sitzungstag bestimmten Schöffen zur Verhandlung und Entscheidung berufen (BGH NStZ-RR 2024, 156); die Maßstäbe des § 229 Abs. 1 finden insoweit keine Anwendung (BGH NStZ-RR 2024, 156). Der Vorsitzende kann die Sache selbst aufrufen o. anordnen, dass der Gerichtswachtmeister o. der Protokollführer sie aufruft. Der Aufruf der Sache ohne eine solche Anordnung hat keine Rechtswirkung (Löwe/Rosenberg/Becker Rn. 15). Unterbleibt der Aufruf versehentlich, so gilt als Beginn der HV diejenige Handlung des Gerichts o. des Vorsitzenden, die den Bet. als erste erkennbar macht, dass die Sache verhandelt wird (Löwe/Rosenberg/Becker Rn. 16; ähnlich KK-StPO/Schneider Rn. 7). 4

C. Präsenzfeststellung (Abs. 1 S. 2). Die Anwesenheit des StA wird im Offizialverfahren vorausgesetzt. Der Vorsitzende hat daher nur festzustellen, ob der Angeklagte, der Verteidiger u. die anderen Verfahrensbeteiligten (Nebenkläger, Nebenbeteiligte) erschienen sind. Der Aufruf der Zeugen u. Sachverständigen beschränkt sich auf diejenigen Beweispersonen, die bereits für den Beginn der HV geladen sind. Ihr Aufruf mit den Namen (BGHSt 24, 280 (282)) u. die Präsenzfeststellung dienen der Klärung, ob die HV durchgeführt werden kann, ob noch Beweispersonen geladen u. ob Zwangsmittel angewendet werden müssen. Die Präsenzfeststellung erstreckt sich ferner auf die herbeigeschafften sachlichen Beweismittel (→ § 214 Rn. 14), für die § 245 Abs. 1 gilt. Die Präsenzfeststellung ist keine wesentliche Förmlichkeit der HV iSd § 273 Abs. 1 (KK-StPO/Schneider Rn. 10; **aM** SK-StPO/Frister Rn. 13; offengelassen in BGHSt 24, 280); gleichwohl ist es zweckmäßig, in der Sitzungsniederschrift festzuhalten, wer erschienen ist. 5

D. Entfernung der Zeugen (Abs. 2 S. 1). Die Zeugen werden idR erst gemeinschaftlich nach § 57 ermahnt u. belehrt (→ § 57 Rn. 1). Danach müssen sie den Sitzungssaal verlassen, weil die Beweisaufnahme erst nach der Vernehmung des Angeklagten stattfindet (§ 244 Abs. 1) u. jeder Zeuge einzeln vernommen werden muss (§ 58 Abs. 1). 6

Hinausgehen müssen auch Erziehungsberechtigte u. ges. Vertreter als Begleitpersonen kindlicher Zeugen (→ § 48 Rn. 7), der RA als Beistand des Zeugen (§ 406f Abs. 1 S. 2; → Vor § 48 Rn. 11) u. der Beistand des Angeklagten nach § 149 (→ § 58 Rn. 3). Ebenso wenig wie der Zeuge selbst dürfen sie sich vor Abschluss der Vernehmung im Zuhörerraum aufhalten. Das Entfernen kann nach § 176 GVG sitzungspolizeilich erzwungen werden (Löwe/Rosenberg/Becker Rn. 27; erg. → § 58 Rn. 5). 7

Ein **Anwesenheitsrecht** haben trotz ihrer beabsichtigten Zeugenvernehmung der Sitzungsstaatsanwalt, solange er die Anklage in der HV vertritt (→ Vor § 48 Rn. 17), der Verteidiger (→ Vor § 48 Rn. 18), der Nebenkläger sowie der nebenklageberechtigte Verletzte (→ § 58 Rn. 3) sowie dessen Beistand (§ 406h Abs. 1 S. 2 und Abs. 2 S. 1) und, mit der Einschränkung des § 51 Abs. 2–5 **JGG** der ges. Vertreter u. der Erziehungsberechtigte. Wie weit der Sachverständige, der zugleich Zeuge ist (→ Vor § 48 Rn. 23), an der HV teilnehmen darf, bestimmt der Vorsitzende (BGH NJW 1998, 2458 (2460)). 8

Abweichend v. Abs. 2 S. 1 kann der Vorsitzende einem Zeugen die **Anwesenheit gestatten** (RGSt 54, 297). Auch sonst hindert die Anwesenheit entgegen Abs. 2 S. 1, der nur eine Ordnungsvorschrift ist, die Vernehmung des Zeugen nicht (RGSt 54, 297; KG VRS 38, 56; KK-StPO/Schneider Rn. 14; erg. → § 58 Rn. 5). 9

10 **E. Vernehmung des Angeklagten über seine persönlichen Verhältnisse (Abs. 2 S. 2).** Die Vernehmung des Angeklagten über seine persönlichen Verhältnisse (Abs. 2 S. 2) muss der Verlesung des Anklagesatzes **(Abs. 3)** vorausgehen.

11 Ihr Zweck ist in 1. Hinsicht die **Identitätsfeststellung;** sie bezieht sich daher nur auf die in § 111 Abs. 1 OWiG bezeichneten Angaben. Nur insoweit ist der Angeklagte, ebenso wie bei der Vernehmung durch StA o. Polizei, zur Aussage verpflichtet (→ § 136 Rn. 5; **aM** SK-StPO/Frister Rn. 27). Neben der Identitätsfeststellung dient die Feststellung der Personalien der Klärung v. Prozessvoraussetzungen (Verhandlungsfähigkeit des Angeklagten; Vorliegen einer gegen ihn gerichteten Anklage) u. der Vergewisserung, dass der Angeklagte nach dem Eindruck, den er bei der Befragung macht, sich selbst verteidigen kann (Löwe/Rosenberg/Becker Rn. 33). Verweigert der Angeklagte die Angaben zur Person, so kann das Gericht ohne weiteres aufgrund freibeweislicher Würdigung des Akteninhalts (→ § 244 Rn. 7, 9) v. den im Vorverfahren festgestellten Personalien ausgehen (Löwe/Rosenberg/Becker Rn. 36).

12 Eine über die Identitätsfeststellung hinausgehende **Ermittlung der persönlichen Verhältnisse des Angeklagten,** insbes. v. Vorleben, Werdegang, beruflicher Ausbildung u. Tätigkeit, familiärer u. wirtschaftlicher Verhältnisse sowie sonstiger Umstände, die für die Beurteilung der Tat u. den Rechtsfolgenausspruch v. Bedeutung sein können, gehört zur Vernehmung zur Sache nach Abs. 4 S. 2 (BGH BeckRS 2018, 28624; BayObLGSt 1983, 153). Der Angeklagte braucht wegen seiner Aussagefreiheit (→ § 136 Rn. 7) hierzu keine Angaben zu machen (BGH StV 1984, 190 (192); BayObLGSt 1971, 44). Macht er bei der Vernehmung nach Abs. 2 S. 2 auf Verlangen Angaben, die sich auf die Schuld- o. Straffrage beziehen, so dürfen sie nicht verwertet werden, wenn er danach auf den Hinweis nach Abs. 4 S. 1 die Einlassung verweigert (BayObLGSt 1983, 153; OLG Hamburg MDR 1976, 601; OLG Stuttgart NJW 1975, 703). Macht der Angeklagte dagegen über die Angaben zur Person hinaus keine Angaben über seine persönlichen Verhältnisse, so muss das Gericht versuchen, sich mit anderen Erkenntnisquellen, insbes. durch Vernehmung v. Verwandten, ein Bild v. seiner Persönlichkeit zu verschaffen (BGH StV 1984, 190 (192); 1986, 287 Ls.).

13 **F. Verlesung des Anklagesatzes (Abs. 3 S. 1).** Durch die Verlesung des Anklagesatzes (Abs. 3 S. 1) werden dem Angeklagten nochmals die gegen ihn erhobenen **Vorwürfe zur Kenntnis** gebracht u. die ehrenamtl. Richter sowie die Öffentlichkeit über den Gegenstand der Verh. unterrichtet, Auf die Verlesung kann grds. nicht verzichtet werden (OLG Hamm NStZ-RR 1999, 276). Der Verlesung bedarf es grds. auch bei Zurückverweisung der Sache durch ein Rechtsmittelgericht mit Ausnahme eingetretener Teilrechtskraft u. von Beschränkungen o. Erweiterungen des Verfahrensgegenstandes nach § 154a Abs. 2 und Abs. 3 (BGH NStZ 2018, 614); sie hat auch in diesem Fall nach der Vernehmung des Angeklagten zu seinen persönlichen Verhältnissen durch den StA, nicht durch den Vorsitzenden Richter, zu erfolgen (BGH NStZ 2019, 293, der allerdings im konkreten Fall das Beruhen verneint hat). Die auszugsweise Verlesung eines aufgehobenen Urteils sowie die vollständige Verlesung des aufhebenden Revisionsurteils sind grds. ausr. (BGH BeckRS 20–24, 3253). Das Verlesen der gesamten Anklageschrift, inklusive des wesentlichen Ergebnisses der Ermittlungen, ist rechtsfehlerhaft (BGH NStZ-RR 2025, 146, der allerdings im konkreten Fall ausnahmsweise das Beruhen verneint hat).

13a Nach der Entsch. des GrS des BGH (BGHSt 56, 109) ist der Begriff „Verlesen" aber im Wege teleologischer Reduktion dahin auszulegen, dass es **bei Anklagen wegen einer Vielzahl gleichförmiger Taten o. gleichförmiger Tateinzelakten** genügt, wenn der Anklagesatz nur insoweit wörtlich vorgelesen wird, als in ihm die gleichartige Tatausführung, welche die Merkmale des jeweiligen Straftatbestandes erfüllt, beschrieben und die Gesamtzahl der Taten, der Tatzeitraum sowie bei Vermögensdelikten der Gesamtschaden dargestellt sind; einer Verlesung der näheren individualisierenden Umstände der Einzeltaten o. Tatzeiteinzelakte bedarf es in diesen Fällen nicht (abl. Börner NStZ 2011, 436). Der GrS hat in diesen Fällen denjenigen, die § 249 Abs. 2 entspr. anwenden wollten (LG Mühlhausen NStZ 2007, 358; vgl. auch BGH NStZ 2010, 100) ebenso eine Absage erteilt wie der Meinung, es bedürfe einer Gesetzesänderung (Britz FS E. Müller, 2008, 107). Eine Übersetzung der Anklageschrift für den ausl. Angeklagten ist nicht erforderlich, wenn dem des Lesen Kundigen eine schriftliche Übersetzung überlassen wird (BVerfG NStZ 2004, 214). Den Schöffen kann eine Abschrift des Anklagesatzes nach Verlesung ausgehändigt werden (BGHSt 56, 109 (GrS)). Die Verlesung muss immer im Ganzen erfolgen; auch in Punktesachen (→ Rn. 2) ist eine stückweise Verlesung unzulässig (KK-StPO/Schneider Rn. 3; Löwe/Rosenberg/Becker Rn. 4). Sind mehrere Strafsachen verbunden, so werden alle Anklagesätze verlesen, es sei denn, sie sind (teilw.) wörtlich identisch, was aber für die Verfahrensbeteiligten u. die Öffentlichkeit klar ersichtlich sein muss (BGH NJW 2008, 2131). Die Verlesung muss nach der Vernehmung des Angeklagten zur Person u. vor seiner Vernehmung zur Sache nach Abs. 4 S. 2 stattfinden (Dallinger MDR 1975, 368 – BGH RsprÜ). Wird der Anklagesatz versehentlich erst nach der Sachvernehmung verlesen, so muss sie (in ausf. Form) wiederholt werden (RGSt 23, 310).

Anstelle des Anklagesatzes wird im Sicherungsverfahren nach §§ 413 ff. der zur HV zugelassene Antrag (§ 414 Abs. 3), im objektiven Verf. (§ 435) die Antragsschrift ohne das wesentliche Erg. der Ermittlungen verlesen (→ § 435 Rn. 8; → § 436 Rn. 10). Nach Einspruch gegen einen Strafbefehl (§ 441 Abs. 1) trägt der StA nicht den gesamten Strafbefehl (so aber OLG Koblenz VRS 38, 56), sondern die sich aus Strafbefehlsantrag (→ § 407 Rn. 5 ff.) u. Strafbefehl ergebende Beschuldigung unter Weglassung der beantragten u. festgesetzten Rechtsfolgen vor (erg. → § 411 Rn. 3). Ist die Sache durch Verweisungsbeschluss nach § 270 vor das Gericht gelangt, so wird dieser Beschl. mit dem darin enthaltenen Anklagesatz vorgetragen (Dallinger MDR 1972, 387 – BGH RsprÜ); fehlt ein Anklagesatz (vgl. → § 270 Rn. 15), so wird er aus der Anklageschrift verlesen. Nach einer Vorlegung nach § 225a werden der Anklagesatz u. der Übernahmebeschluss verlesen; nicht verlesen wird jedoch ein Vorlagebeschluss nach § 209 Abs. 2 (offengelassen v. BGHSt 43, 360). 14

Bei **erneuter HV nach Urteilsaufhebung** (§§ 328 Abs. 2, 354 Abs. 2, Abs. 3, 355) o. im Wiederaufnahmeverfahren wird der Anklagesatz erneut vorgetragen, u. zwar mit den Einschränkungen (zB infolge v. Teilrechtskraft) o. Erweiterungen, v. denen in der neuen Verh. auszugehen ist. Wenn die Sache nur noch im Rechtsfolgenausspruch anhängig ist, wird statt des Anklagesatzes das zurückverweisende Urt. verlesen. Im Falle der Teilaufhebung und Zurückverweisung eines amtsgerichtlichen Urteils auf eine Sprungrevision sind die für den neuen Tatrichter bindend gewordenen Urteilsteile und Feststellungen des amtsgerichtlichen Urteils in der erneuten Hauptverhandlung zu verlesen oder den Verfahrensbeteiligten auf sonstige Weise bekannt zu machen (OLG Oldenburg BeckRS 2024, 22656, das insoweit den Rechtsgedanken des § 324 anwendet). 14a

Bei der **Verlesung** ersetzt der StA das Wort Angeschuldigter, das jetzt nicht mehr passt, durch das Wort Angeklagter (Rautenberg NStZ 1985, 256). Die im Anklagesatz aufgeführten Personalien lässt er weg, da sie bereits nach Abs. 2 S. 2 festgestellt worden sind (KMR-StPO/Eschelbach Rn. 75). Angaben über die UHaft des Angeklagten u. die Sicherstellung des Führerscheins dürfen nicht verlesen werden. Die Verlesung des Eröffnungsbeschlusses ist überflüssig, aber nicht verboten (BGHSt 43, 360). 15

Unklarheiten des Anklagesatzes beseitigt der StA durch zusätzliche Erklärungen darüber, welcher Vorwurf dem Angeklagten gemacht wird; auch der Vorsitzende ist dazu berechtigt u. verpflichtet (BGH GA 1973, 111; NStZ 1984, 133). Auch Mängel des Anklagesatzes, die nicht so schwer wiegen, dass der Eröffnungsbeschluss unwirksam wäre, kann der StA o. der Vorsitzende in der HV durch Klarstellung der Unvollständigkeiten o. Ungenauigkeiten beheben (BGH GA 1973, 111; NStZ 1984, 133; Holtz MDR 1980, 107 – BGH RsprÜ; erg. → § 200 16

Rn. 26). Für den Verteidiger fordert Hammerstein (FS Salger, 1995, 299) ein Recht auf Gegenerklärung zur Anklage.

17 Bei **Zulassung der Anklage mit Änderungen** verliest der StA im Fall des § 207 Abs. 2 Nr. 1, 2 den Anklagesatz aus der nach § 207 Abs. 3 eingereichten neuen Anklageschrift. Im Fall des § 207 Abs. 2 Nr. 3 trägt er den Anklagesatz mit der rechtlichen Würdigung des Eröffnungsbeschlusses vor; dabei kann er seine abw. Auff. äußern (Abs. 3 S. 3). In den Fällen des § 207 Abs. 2 Nr. 4 berücksichtigt er die v. Gericht bei der Zulassung der Anklage beschlossenen Änd., dh er lässt im Anklagesatz den ausgeschiedenen rechtlichen Gesichtspunkt u. die dazu gehörenden Tatsachen weg o. er ergänzt den Anklagesatz in rechtlicher, falls erforderlich auch in tatsächlicher Hinsicht.

18 Die Verlesung des Anklagesatzes ist eine wesentliche Förmlichkeit der HV u. muss daher nach § 273 Abs. 1 in die **Sitzungsniederschrift** aufgenommen werden (BGH NStZ 1984, 521; 1986, 39; 374). Das Gleiche gilt für Hinweise des StA o. des Vorsitzenden zur Klarstellung o. Behebung eines Mangels des Anklagesatzes (BGH GA 1973, 111; NStZ 1984, 133).

18a **G. Mitteilung von Erörterungen nach §§ 202a, 212 (Abs. 4).** Abs. 4 schreibt vor, dass in der HV **durch den Vorsitzenden mündlich** (BGH NStZ 2024, 311: Ein vom Vorsitzenden gefertigter Vermerk muss nicht förmlich verlesen werden) bekannt gegeben werden muss, ob – mündliche o. schriftliche – Erörterungen nach §§ 202a, 212 *vor* (BGH NStZ 2017, 299; BeckRS 2014, 20656: nicht *in*), aber auch nach deren Beginn *außerhalb* der HV (BGH NStZ 2024, 125; 2024, 375; 29.11.2023 – 6 StR 191/23) stattgefunden haben, wenn deren Gegenstand ausdr. o. konkludent (BGH NStZ 2019, 484) die Möglichkeit einer Verständigung nach § 257c gewesen ist (BGH NStZ 2015, 535; 2017, 52; NStZ-RR 2015, 278), auch dann, wenn diese Gespräche ergebnislos geblieben sind (BGH NStZ-RR 2021, 180; 2021, 317; NStZ 2016, 228; BVerfG NJW 2020, 2461). Derartige verständigungsbezogenen Gespräche sind v. sonstigen der Verfahrensförderung dienenden, **nicht mitteilungspflichtigen Gesprächen abzugrenzen,** zB Gesprächen mit rein organisatorischem Charakter, aber auch Rechtsgesprächen u. Hinweisen auf die vorl. Bewertung der Beweislage o. die strafmildernde Wirkung eines Geständnisses ohne Verständigungsbezug (BGH NStZ 2019, 684; 2017, 52; 2015, 535). So stellt auch die abstrakte Erörterung der Vorfrage, ob in bestimmten Konstellationen aus Rechtsgründen überhaupt eine Verständigung in Betracht kommt, noch keine konkrete verständigungsbezogene und deshalb mitteilungspflichtige Erörterung iSv Abs. 4 dar, sondern lediglich eine bloße Erörterung der Rechtslage (BGH NStZ 2021, 55 zur höchst umstr. Frage, ob und ggf. inwieweit der Begriff „Rechtsfolge" in § 257c Abs. 2 S. 1 auch auf Strafrahmenverschiebungen ausgedehnt werden kann; näher → § 257c Rn. 10). Eine **Mitteilungspflicht** ist allerdings jedenfalls dann **anzunehmen,** wenn Fragen des prozessualen Verhaltens in **Konnex zum Verfahrensergebnis** gebracht werden u. damit die Frage nach o. die Äußerung zu einer Straferwartung nahe liegt (BGH NStZ 2022, 187; 2022, 120 mablAnm Bittmann; 2019, 484;; NStZ-RR 2022, 355; BayObLG NStZ 2022, 127). **Im Zweifel** wird über das Gespräch zu berichten sein (BGH NStZ 2024, 176 mwN). Die Mitteilungspflicht greift bei **sämtlichen Vorgesprächen unter Beteiligung des Gerichts** – auch einzelner Kammermitglieder (BGH NStZ 2022, 246; Petersen JuS 2025, 121 (122)), nicht aber bei Absprachen innerhalb des Spruchkörpers (BGH NStZ-RR 2022, 285) – ein, die auf eine Verständigung iSe auf den Verfahrensgegenstand bezogenen Verhandelns abzielen (BGHSt 59, 252 (255); BGH NStZ 2014, 217 (219); 2017, 56; 2017, 658; StV 2018, 1; krit. Schmitt FS Tolksdorf, 2014, 406; BGH NStZ 2015, 537), aber auch nur bei solchen Gesprächen (Bittmann NStZ-RR 2016, 348 u. Pfister NStZ 2016, 690 gegen die weitergehende, auch Rechtsgespräche erfassende Ansicht v. BGH NStZ 2016, 688), nicht etwa bei einseitig an das Gericht herangetragenen, unerwidert gebliebenen Ansinnen (vgl. etwa OLG Saarbrücken NStZ 2017, 182). Die Mitteilungspflicht soll nach der Rspr. allerdings auch dann ausgelöst werden, wenn sich das Gericht passiv verhält u. nicht positioniert (BGH NStZ 2018, 487; 2018, 363; vgl. auch OLG Hamburg StraFo 2023, 62). Die Mitteilungspflicht gilt auch bei Erörterungen über eine – komplette – Einstellung nach §§ 153, 153a, 154 oder § 47 OwiG (BVerfG NStZ 2016, 422 mkritAnm Bittmann; BGH NStZ 2016, 743 mablAnm Bittmann; zust. Petersen JuS 2025, 121; **aM** KG NStZ 2014, 293; OLG Hamburg NStZ 2015, 661), aber nicht, wenn es nur um eine Haftverschonung bei Kautionsstellung geht (BGH NStZ 2015, 294), ferner nicht, wenn danach die Anklage zurückgenommen u. eine neue Anklage erhoben worden ist (BGH NStZ 2014, 600), auch nicht, wenn es im Falle des § 154 Abs. 2 *allein* um die Möglichkeit einer Teileinstellung geht, ohne dass die Gespräche synallagmatisch in einen Konnex zu Prozessverhalten der Verfahrensbeteiligten gebracht werden (BGH NStZ 2019, 684). Die Mitteilungspflicht gilt dagegen, wenn zwischen Eingang der Anklage u. Eröffnung des Hauptverfahrens die Gerichtsbesetzung gewechselt hat (BGH NJW 2014, 3385; NStZ 2016, 221). Auf eine ggf. gegenteilige Einschätzung durch das Gericht bzw. die StA kommt es nicht an, wenn Gespräche in der Sache verständigungsbezogen sind (vgl. BGH NStZ 2020, 236).

Dass *keine* Gespräche – vor o. während der HV – **stattgefunden haben,** muss **18b** ebenfalls mitgeteilt werden (BVerfG NJW 2014, 3504 gegen BGH NStZ 2013, 610; so aber auch BGH NStZ 2015, 232; NStZ 2023, 565; Petersen JuS 2025, 121 (123)). Aus dem Fehlen eines Vermerks nach Abs. 4 S. 1 ergibt sich – ebenso wie bei § 273 (→ § 273 Rn. 12c) – jedoch nicht, dass solche Erörterungen nicht stattgefunden haben (BVerfG NJW 2014, 3504; BGHSt 59, 21); das klärt das Revisionsgericht dann im Freibeweisverfahren (BGH StV 2014, 658).

Auch **nur mit dem Vorsitzenden geführte Gespräche** sind mitteilungs- **18c** pflichtig, wenn sie verständigungsbezogen sind u. zwar auch dann, wenn sie alleine auf seine Initiative u. ohne Vorberatung mit den übrigen Kammermitgliedern stattfanden (BGH NStZ 2016, 221; NStZ-RR 2018, 355; SK-StPO/Frister Rn. 44a; Petersen JuS 2025, 121 (122); **aM** BGH StV 2011, 202 mablAnm Schlothauer; OLG Celle NStZ 2014, 290; Schneider NStZ 2014, 198; offengelassen v. BGH StV 2012, 392; wistra 2012, 198). Dies gilt auch für den Fall, dass sich lediglich die StA zu Straferwartungen äußert, der Vorsitzende aber keine eigenen Straferwartungen formuliert (BGH StV 2019, 376). **Nur zwischen StA und Verteidigung** geführte Gespräche (→ § 160b Rn. 8) müssen dagegen nicht bekanntgegeben werden, wenn das Gericht hiervon Kenntnis erlangt hat (BGH NStZ-RR 2015, 379; NStZ 2016, 362; BGH NJW 2016, 3543; **aM** BGH NStZ 2012, 347; OLG München StraFo 2014, 157; offengelassen, aber eher verneinend, v. BGH NStZ 2015, 232), auch nicht Verh. zwischen StA u. Gericht über eine Einstellung nach § 154 Abs. 2, falls sie keine Verständigungsregelung enthalten (BGH NStZ 2018, 49 (2. StS) unter Aufgabe v. BGH NStZ 2016, 171 mablAnm Schneider u. Niemöller JR 2016, 146; offengelassen v. BGH wistra 2017, 275; erg. → § 154 Rn. 16).

Haben die **Gespräche zu einem Ergebnis** – zB zu einem Verständigungs- **18d** vorschlag (BGH NStZ 2015, 352) – **geführt,** ist auch dies mitzuteilen (Altenhain/Haimerl JZ 2010, 336), ferner – jedenfalls in den Grundzügen – auch der dahin führende Entscheidungsprozess (BGH NStZ 2014, 219; 2016, 228 mkritAnm Bittmann; BGH NStZ-RR 2022, 80). Dies alles ist – als wesentliche Förmlichkeit – gem. § 273 Abs. 1a S. 2 zu **protokollieren.** Auch hier gilt aber, dass einer Verständigung vorgelagerte Gespräche, also etwa nur kurze telefonische Kontaktaufnahmen ohne konkretes Erg., etwa die Frage an den Verteidiger, ob der Angeklagte ein Geständnis ablegen wird o. ob mit der Stellung v. Beweisanträgen zu rechnen ist, nicht erwähnt zu werden brauchen (BGHSt 58, 315; Löwe/Rosenberg/Becker Rn. 52c; Schmitt FS Tolksdorf, 2014, 407; **aM** SK-StPO/Frister Rn. 44; Duttge FS Schünemann, 2015, 882; Schlothauer StV 2013, 678; vgl. → § 160b Rn. 5). iZw wird aber in der HV zu informieren sein (BVerfG NJW 2013, 1058 (1065)), u. zwar nicht nur über die Tatsache der Verständigungsgespräche und deren Ergebnis, sondern – sowohl bei erfolgreichen als auch erfolglosen Gesprächen – auch über den **wesentlichen Inhalt** erfolgter Erörterungen (BGH NStZ 2025,

431; 2021, 506; BVerfG NJW 2024, 1097; nach Ansicht von BGH NStZ 2024, 366 gilt dies nicht für gescheiterte Gespräche *in der Hauptverhandlung*, da diese bereits ihrem Wesen nach der Kenntnis und Kontrolle der Verfahrensbeteiligten und der Öffentlichkeit unterlägen; **aM** Mosbacher JuS 2024, 226 (229); OLG Zweibrücken NStZ 2021, 253) sowie den zu einem bestimmten Erg. führenden Entscheidungsprozess (BGH NStZ 2022, 245, 246 mwN; BVerfG NJW 2024, 1097). Dazu gehört etwa, v. welcher Seite die Frage einer Verständigung aufgeworfen wurde (BGH NStZ 2018, 363 mwN), der Verständigungsvorschlag als solcher u. ob er bei den anderen Gesprächsteilnehmern auf Zustimmung o. Ablehnung gestoßen ist (BGH NStZ 2023, 565; 2017, 363) sowie vorläufige Einschätzungen der Verfahrensbeteiligten (BGH NStZ 2024, 125); dies gilt auch im Fall erfolgloser Verständigungsbemühungen (BVerfG NJW 2020, 2461; BGH NStZ 2022, 246). Die Bezugnahme auf bereits protokollierte Mitteilungen zu früheren Erörterungen genügt nur, wenn klargestellt ist, dass diese den gleichen Inhalt hatten wie das spätere Gespräch (vgl. BGH NStZ-RR 2017, 181); nicht ausreichend ist die Bezugnahme auf den Verfahrensbeteiligten übersandte Protokolle (BGH NStZ-RR 2023, 148). Eine bis in Einzelheiten der Arg. für den jeweiligen „Standpunkt" reichende Mitteilungspflicht besteht aber nicht (BGH NStZ 2015, 416). Von wem die Initiative zu dem Verständigungsgespräch ausgegangen ist, gehört ebenfalls nicht zur Mitteilungspflicht, da es insoweit nicht um den Inhalt der Unterredung geht (BGH NStZ 2015, 293; 2016, 357 (361); NZWiSt 2017, 68; **aM** Feldmann NStZ 2015, 474; diff. Pfister StraFo 2016, 190).

18e Das Gesetz enthält zwar **keine feste zeitliche Vorgabe** für die nach § 243 Abs. 4 S. 2 gebotene Mitteilung (BGH 2.3.2022 – 5 StR 365/21). Nach Verlesung des Anklagesatzes, aber vor der Belehrung des Angeklagten über seine Aussagefreiheit (Abs. 5 S. 1; BGH NStZ 2016, 357 (361); 2014, 287), erfolgt allerdings grds. die – idR umgehende (BGH NStZ 2022, 761; 2024, 375; NStZ-RR 2015, 379; Petersen JuS 2025, 121 (123)) – Information über bis dahin erfolgte Verständigungsgespräche u. ihr Erg.; die Dokumentation in Form eines Vermerks u. dessen Zusendung an die Verteidiger genügt nicht (BGH NStZ 2016, 362). Anschließend wird die HV nach §§ 244 ff. durchgeführt, wobei es hierbei allerdings nach dem Erg. einer zulässigen erfolgreichen Verständigung zu Abweichungen kommen kann. Im Übrigen hat nur der Angeklagte einen Anspruch auf unverzügliche Unterrichtung, nicht hingegen die Öffentlichkeit (BGH wistra 2016, 164).

18f **Ergeben sich** im weiteren Verlauf der HV ggü. der zu Beginn der HV gemachten Mitteilung **Änderungen,** sind diese – in aller Regel umgehend (BGH NStZ 2015, 353) – genauso bekannt zu geben u. zu protokollieren (BGHSt 58, 310; BGH NStZ 2014, 219). Jede Heimlichkeit über versuchte o. getroffene Verständigungen soll damit vermieden, die Öffentlichkeit also umfassend informiert werden (BGH NStZ 2016, 688 mit allg. zust., zum konkreten Fall aber zutr. abl. Anm. Pfister u. abl. Anm. Bittmann NStZ-RR 2016, 347). Dies gilt insbes. für Erörterungen, die nach § 212 nach Beginn, aber außerhalb der HV stattgefunden haben (BGH StV 2014, 67); auch wenn solche (weiteren) Erörterungen ergebnislos geblieben sind, ist die Tatsache, dass sie stattgefunden (und kein Erg. gehabt) haben, mitzuteilen.

18g **Mitteilungspflicht nach ausgesetzter Hauptverhandlung:** Außerhalb einer Hauptverhandlung geführte Verständigungsgespräche, über die bereits in der ausgesetzten Hauptverhandlung zutr. nach Abs. 4 informiert worden war, sind in der neuen Hauptverhandlung nochmals mitzuteilen (BGH NStZ 2023, 633; 2020, 93; 2019, 483; Mosbacher JuS 2022, 726, 730). Dies gilt auch für innerhalb einer ausgesetzten Hauptverhandlung geführte Gespräche, da Hauptverhandlung iSd Abs. 4 allein die ist, die zum Urteil geführt hat (BGH NStZ 2022, 371 mwN); insoweit haben nicht nur der Angeklagte, sondern auch Schöffen und die Öffentlichkeit im Fall einer erneut begonnenen Hauptverhandlung ein berechtigtes Interesse, über etwa vorangegangene Verständigungsgespräche bzw. eine zuvor zustande gekommene Verständigung informiert zu werden (BGH NStZ 2022, 371 (1. StS.) mAnm Mosbacher JuS 2022, 726, 730; str., **aM** BGH NStZ 2017, 299 (5.StS)).

Die Mitteilung ist gem. § 273 Abs. 1a S. 2 **zu protokollieren** (vgl. → § 273 Rn. 12a, 12b). Unterbleibt die Protokollierung, hat dies gem. § 274 zur Folge, dass sich weder das Gericht noch die Verfahrensbeteiligten auf eine stattgefundene Verständigung berufen können (Löwe/Rosenberg/Becker Rn. 52d; **aM** SK-StPO/Frister Rn. 47). Ergänzend → Rn. 38a. 18h

Nach Aufhebung und Zurückverweisung der Sache durch das Revisionsgericht umfasst die ges. Mitteilungspflicht aus Abs. 4 S. 1 grds. nicht die im 1. Rechtsdurchgang durch eine andere StrK geführten Erörterungen. Das gilt für die Berufungsinstanz auch dann, wenn über das Rechtsmittel erstmals verhandelt wird u. dem ergebnislos verlaufene verständigungsbezogene Erörterungen vor dem AG vorausgegangen sein sollten (OLG Hamburg NStZ 2016, 182). 18i

Im **abgetrennten Einziehungsverfahren** gibt es keine verständigungsbasierte Mitteilungspflicht nach Abs. 4 S. 1 (BGH NStZ 2023, 696). 18j

H. Hinweis auf die Aussagefreiheit (Abs. 5 S. 1). Der Hinweis auf die Aussagefreiheit (Abs. 5 S. 1) ist **Ausdruck des nemo-tenetur-Prinzips** (→ Einl. Rn. 29a; erg. → § 136 Rn. 7, → **EMRK** Art. 6 Rn. 4 ff.). Er kann mehreren Angeklagten gleichzeitig erteilt werden (Löwe/Rosenberg/Becker Rn. 57). Der Vorsitzende muss den Hinweis in der HV selbst erteilen; andere Personen darf er damit nicht beauftragen. Wird der abwesende Angeklagte nach § 234 durch einen Verteidiger vertreten, so wird diesem der Hinweis gegeben (BayObLGSt 1982, 156). 19

Einziehungsbeteiligte und Nebenbetroffene sowie Organe der JP o. PV, die in der HV die Befugnisse eines Angeklagten haben (§§ 427 Abs. 1, 438 Abs. 3, 444 Abs. 2 S. 2), werden vor ihrer Vernehmung ebenfalls darauf hingewiesen, dass es ihnen nach dem G freisteht, zu Fragen, auf die sich ihre Beteiligung bezieht, auszusagen o. nicht auszusagen. Das Gleiche gilt für die Nebenbeteiligten im Nachverfahren u. im objektiven Verf. (§§ 434, 435 Abs. 3 S. 2, 438 Abs. 3, 444 Abs. 3 S. 1). 20

Der Hinweis muss in der HV **wiederholt werden,** gleichviel, wie oft er schon vorher nach §§ 115 Abs. 3, 128 Abs. 1 S. 3, 136 Abs. 1 S. 2, 163a Abs. 3 S. 2, Abs. 4 S. 2 oder in einer ausgesetzten HV erteilt worden ist. Er muss auch in der Berufungsverhandlung (OLG Stuttgart NJW 1975, 703) u. in der neuen HV nach Zurückverweisung der Sache nach §§ 328 Abs. 2, 354 Abs. 2, Abs. 3 wiederholt werden. Wurde der Hinweis in der HV vergessen, ist er mit Belehrung über die Unverwertbarkeit der bisherigen Angaben nachzuholen (Geppert GS Meyer, 1990, 107; erg. → § 136 Rn. 9). 21

Der Hinweis sollte mit dem **Wortlaut** des Abs. 5 S. 1 erteilt werden; eine andere Fassung ist aber unschädlich, sofern sie dem Angeklagten nur Klarheit über seine Aussagefreiheit verschafft (Löwe/Rosenberg/Becker Rn. 56; erg. → § 136 Rn. 8). 22

Der Hinweis ist eine **wesentliche Förmlichkeit der Hauptverhandlung** iSd § 273 Abs. 1; er (nicht sein genauer Wortlaut) muss daher in der Sitzungsniederschrift beurkundet werden. 23

I. Vernehmung des Angeklagten zur Sache (Abs. 5 S. 2). I. Nach Verlesung des Anklagesatzes. Erst **nach Verlesung des Anklagesatzes u. nach dem Hinweis nach Abs. 5 S. 1** darf der Angeklagte zur Sache vernommen werden (Dallinger MDR 1975, 368 – BGH RsprÜ). Vor dem Hinweis darf er auch nicht veranlasst werden, durch Kopfschütteln o. -nicken zum Ausdruck zu bringen, ob er sich zu den ihm vorgeworfenen Taten bekennt (BGH NStZ 1988, 85). 24

Soll im Zusammenhang mit einer Mitteilung gem. Abs. 4 S. 1 erneut in Erörterungen mit dem Ziel einer Verständigung (§ 257c) eingetreten werden, ist der Vors. allerdings nicht verpflichtet, den Angekl. zunächst über sein Schweigerecht gem. Abs. 5 S. 1 zu belehren (BGH NStZ 2022, 570). 25

Die Vernehmung muss stets **vor der Beweisaufnahme** stattfinden (BayObLGSt 1953, 130; KG StV 1982, 10). Eine Zurückstellung der Sachvernehmung bis nach der Beweisaufnahme ist unzulässig (vgl. aber → Rn. 29); auch über sein Verhältnis zu den Mitangeklagten u. Belastungszeugen muss der Angeklagte vorher vernom- 26 men werden (BGH NStZ 1981, 111). Mit Zustimmung des Angeklagten kann aber während seiner Vernehmung ein Teil der Beweisaufnahme vorweggenommen werden, insbes. die Verlesung v. Vernehmungsprotokollen (OLG Neustadt NJW 1964, 313) ua Urkunden o. eine Augenscheinseinnahme (BGHSt 19, 93 (97)). Hatte der Angeklagte zunächst die Einlassung verweigert, so ist das Gericht verpflichtet, auf sein Verlangen die Sachvernehmung in Unterbrechung der nicht unaufschiebbaren weiteren Beweisaufnahme vorzunehmen (BGH NStZ 1986, 370).

27 Eine **Vertretung des Angeklagten,** der *abwesend* ist, ist nach § 234 auch bei der Einlassung möglich (vgl. → § 234 Rn. 10). Dagegen kann sich der in der HV *anwesende* Angeklagte bei seiner Einlassung nicht durch den Verteidiger vertreten lassen (BGHSt 39, 305; BayObLGSt 1980, 111; OLG Celle NStZ 1988, 426; **aM** OLG Hamm JR 1980, 82 mablAnm Fezer; Salditt StV 1993, 443). Ergänzend aber → Rn. 30 sowie → § 234 Rn. 4; zur Einlassung des Verteidigers für den schweigenden Angeklagten vgl. → § 261 Rn. 16a.

28 **II. Äußerung zur Anklage.** Der Vorsitzende, dessen Aufgabe die Vernehmung ist (§ 238 Abs. 1), muss dem Angeklagten Gelegenheit geben, sich gegen den Anklagevorwurf zu verteidigen, dh die gegen ihn vorliegenden Verdachtsgründe zu beseitigen u. die zu seinen Gunsten sprechenden Tatsachen geltend zu machen (§ 136 Abs. 2). Abs. 5 S. 2 zielt insges. darauf ab, es dem Angeklagten vorweg zu ermöglichen, seine Verteidigung zusammenhängend zu führen u. das Gericht zu veranlassen, bei der folgenden Beweisaufnahme den v. ihm geltend gemachten Gesichtspunkten Rechnung zu tragen (BGH NJW 1957, 1527; NStZ 1981, 111; 1986, 370; BayObLGSt 1953, 130; KG StV 1982, 10).

29 **Gegenstand der Vernehmung** ist der dem Angeklagten in der Anklageschrift zur Last gelegte geschichtliche Vorgang. Zur Sachvernehmung gehören aber auch die für die Rechtsfolgenfrage erheblichen Umstände, insbes. die persönlichen Verhältnisse des Angeklagten (→ Rn. 12). Die Zurückstellung der Vernehmung zu diesen Umständen bis nach der Beweisaufnahme kann zweckmäßig sein, um für den Fall der Freisprechung o. Einstellung des Verfahrens unnötige Bloßstellungen des Angeklagten u. überflüssige Erörterungen zu vermeiden (BGH NStZ 1985, 561). Ein „opening-Statement" des Verteidigers kommt zwar nach der StPO nicht in Betracht (str., vgl. dazu Müller FS Hanack, 1999, 70 ff.), wohl aber nunmehr eine Erkl. des Verteidigers für den Angeklagten zur Anklage in bes. umfangreichen erstinstanzlichen Verf. (Abs. 5 S. 3, 4, → Rn. 31a–f).

30 **III. Äußerung des Angeklagten.** Will der Angeklagte sich äußern, so muss er dies „nach Maßgabe des § 136 Abs. 2", also im Rahmen einer Vernehmung, mithin **mündlich** tun (BGH NStZ 2025, 382). Ihm steht kein Wahlrecht zu, ob er sich mündlich äußern o. – über seinen Verteidiger – schriftlich zur Sache einlassen will (BGH NJW 2008, 2356 (2357)). Äußert sich der Verteidiger in Form eines Schriftsatzes zur Sache, handelt es sich nicht um eine Sacheinlassung des Angeklagten, sondern um eine Prozesserklärung des Verteidigers, die dieser aus eigenem Recht u. in eigenem Namen abgibt; die grds. mögliche (BGH NJW 2008, 2356 (2357)) Verlesung von schriftlichen Einlassungen im Urkundenbeweis, die vom Angekl. o. seinem Verteidiger verfasst wurden, können nicht – auch nicht durch einen Antrag auf Verlesung nach § 254 als präsentes Beweismittel (BGHSt 37, 168; vgl auch BGH NStZ 2009, 173; 2019, 168 mwN) – erzwungen werden (BGH NStZ NStZ 2025, 382 mAnm Terwolbeck JR 2025, 141; 2021, 180 (182); vgl. auch BGH 24.10.2024 – 4 StR 249/24). Dies gilt grds. auch dann, wenn in der Verteidigungsschrift Äußerungen enthalten sind (BGH NJW 1993, 3337; NStZ 2002, 536), die der Angeklagte ggü. dem Verteidiger gemacht hat sowie für Erklärungen, die der Verteidiger in der HV zur Sache abgibt (BGH NStZ 2015, 207; 2021, 180 (182); krit. zur Rspr. Schlösser NStZ 2008, 310; Schlothauer StV 2007, 623; Park StV 2001, 592; der Rspr. zust. SK-StPO/Frister Rn. 78; Meyer-Mews JR 2003, 362).

Schriftliche o. mündliche Erklärungen des Verteidigers können allerdings **ausnahmsweise** in den Fällen ges. Vertretung – wie etwa in §§ 234, 329, 350, 387, 411 – als Einlassungen des Angeklagten entgegengenommen u. verwertet werden. Dies gilt gleichermaßen, wenn der Angeklagte ausdr. erklärt, die Verteidigungsschrift o. schriftliche Ausführungen des Verteidigers, in denen Angaben des schweigenden Angeklagten enthalten sind, als eigene Einlassung gelten zu lassen (BGH NStZ 2021, 180 (182); 2005, 703; vgl. auch OLG Hamm 26.8.2025 – BeckRS 2025, 23768). Derartige Einlassungen mittels Verteidigererklärung besitzen allerdings einen **erheblich geminderten Beweiswert,** da sie – wenn keine Rückfragen zugelassen werden – nicht hinterfragt werden können u. damit nur sehr eingeschränkt einer Glaubhaftigkeitsprüfung zugänglich sind (BGH NStZ 2021, 180 (182); BGH 7.9.2022 – 6 StR 225/22; NStZ 2022, 761, jew. mwN). Jedoch muss das Gericht die schriftliche Erkl. zur Kenntnis nehmen (BGH NStZ 2013, 59) u. nach Aufklärungsgesichtspunkten (§ 244 Abs. 2) behandeln. Enthält sie etwa ein (auch teilw.) Geständnis, so ist sie nach entspr. Rückfrage beim Angeklagten – mit erheblich gemindertem Beweiswert (KG NStZ 2010, 533;) – zu verwerten u. als Urkundsbeweis zu verlesen, wenn sie als Urteilsgrundlage herangezogen werden soll (BGH NJW 2008, 2356 (2357); Löwe/Rosenberg/Becker Rn. 80); dies gilt gleichermaßen bei einer erheblichen Divergenz zwischen mündlicher Einlassung des Angeklagten in der HV u. seiner schriftlichen Stellungnahme zum Tatgeschehen, wenn aus letzterer Schlussfolgerungen dazu gezogen werden sollen, ob die mündliche Einlassung glaubhaft ist (BGH NJW 2008, 2356). Wird in diesen Fällen ein Antrag gestellt, die schriftliche Erkl. des Angeklagten zu verlesen, ist dies nach Beweisantragsgrundsätzen zu verbescheiden; regelmäßig wird insoweit allerdings bereits § 244 Abs. 2 zur Verlesung drängen (BGH NJW 2008, 2356). Im Übrigen dürfen Beweisbehauptungen in einem v. Verteidiger gestellten Beweisantrag nicht in eine Einlassung des Angeklagten umgedeutet werden, wenn dieser sich dazu nicht erklärt hat (BGH StV 2017, 502). Zur Rechtsnatur der Erkl. des Verteidigers nach Abs. 5 S. 3 → Rn. 31c. **30a**

Notizen kann der Angeklagte immer verwenden (BGH NStZ 2015, 418); ihm muss Gelegenheit gegeben werden, sich **möglichst im Zusammenhang** zu äußern (BGHSt 13, 358 (360)). Hiervon kann aber bei einem bes. verwickelten o. umfangreichen Anklagevorwurf o. auch dann abgesehen werden, wenn der Angeklagte zu einer zusammenhängenden Einlassung ohne Abschweifungen nicht in der Lage ist (BGH NStZ 2000, 549). Denn anders als für Zeugen (§ 69 Abs. 1 S. 1) schreibt das G nicht vor, dass der Angeklagte veranlasst werden muss, das, was ihm v. Gegenstand seiner Vernehmung bekannt ist, im Zusammenhang anzugeben; es kann sich aber empfehlen (KMR-StPO/Eschelbach Rn. 167 mwN). Eine Vernehmung in der Form v. Fragen u. Antworten ist daher nicht unzulässig (OLG Köln MDR 1956, 654; vgl. auch RGSt 58, 110 (111): grds. nur im Austausch v. Rede u. Gegenrede; erg. → § 136 Rn. 17). **31**

J. Erklärung des Verteidigers für den Angeklagten (Abs. 5 S. 3, 4). Das G v. 17.8.2017 hat die Möglichkeit geschaffen, dass der Verteidiger in bes. umfangreichen erstinstanzlichen Verf. auf Antrag für den Angeklagten eine Erkl. zur Anklage abgeben darf. Dies soll die Kommunikation zu Beginn der HV stärken, um zu einer offenen u. effizienten Verfahrensführung beizutragen, sowie den Anspruch des Angeklagten auf umfassendes rechtliches Gehör gewährleisten (BT-Drs. 18/11277, 31). **31a**

I. Besonderer Umfang. Wie bei § 213 ist der Umstand, dass die erstinstanzliche HV voraussichtlich länger als 10 Tage dauern wird, indiziell für ihren bes. Umfang. Diese Indizwirkung kann entfallen, wenn die hohe Zahl der Verhandlungstage darauf beruht, dass sie nur zeitlich begrenzt genutzt werden können, etwa weil der Angeklagte nur eingeschränkt verhandlungsfähig ist o. weil Zeugen aus organisatorischen Gründen auf eine Vielzahl v. Verhandlungstagen geladen werden müssen. Ob bei Fehlen eines bes. Umf. im Einzelfall dennoch Eröffnungserklärungen aus Fairnessgründen zugelassen werden können (so Schneider FS Rogall, **31b**

2018, 667 (672 f.)), erscheint mit Rücksicht auf den Gesetzeswortlaut, der für eine abschl. Regelung spricht, zweifelhaft.

31c **II. Rechtsnatur und Anwendungsbereich.** Abs. 5 S. 3 gewährt dem **Verteidiger kein eigenes Erklärungsrecht zur Anklage,** vielmehr stellt sie eine Erkl. des Angeklagten selbst dar. Dies folgt aus dem Wortlaut der Vorschr., wonach der Verteidiger die Erkl. „für diesen" (dh den Angeklagten) abgibt, aus der systematischen Stellung nach dem in Abs. 5 S. 2 normierten Äußerungsrecht des Angeklagten zur Sache sowie aus den Gesetzesmaterialien (BT-Drs. 18/11277, 31; **aM** Schneider FS Rogall, 2018, 667 (677): Prozesserklärung des Verteidigers). Das kann zur Konsequenz haben, dass in der Erkl. des Verteidigers enthaltene tatsächliche Angaben zum angeklagten Sachverhalt prozessual als Einlassung des Angeklagten zu werten u. zu würdigen wären. Ob es dazu zusätzlich eines ausdr. „Sich-zu-eigen-Machens" seitens des Angeklagten bedürfte (Singelnstein/Derin NJW 2017, 2646 (2651); Schneider FS Rogall, 2018, 667 (677); unklar dazu BT-Drs. 18/11277, 32, 34), erscheint zw., da die Erkl. nach S. 3 bereits qua G eine solche des Angeklagten darstellt u. systematisch nach S. 2 verortet ist, der voraussetzt, dass der Angeklagte zur Äußerung bereit ist; wenn der Verteidiger sie abgibt, ist außerdem davon auszugehen, dass er hierzu v. dem Angeklagten ermächtigt wurde. Will der Angeklagte v. seinem Schweigerecht Gebrauch machen, wird der Verteidiger deshalb, jedenfalls solange diese Rechtsfrage höchstrichterlich noch nicht geklärt ist, darauf zu achten haben, dass er in der Erkl. Ausführungen vermeidet, die als Einlassung des Angeklagten gewertet werden können, u. sich darauf beschränken, aus seiner bzw. des Angeklagten Sicht auf die wesentlichen u. neuralgischen Punkte der Beweisaufnahme sowie möglicherweise entscheidungserhebliche Rechtsfragen hinzuweisen. Im Übrigen bleibt eine persönliche Vernehmung des Angeklagten zur Sache nach Abs. 5 S. 2 stets möglich, wenn dieser dazu bereit ist.

31d **III. Keine Vorwegnahme des Schlussvortrags.** Die Erkl. des Verteidigers darf den Schlussvortrag nicht vorwegnehmen. Erforderlichenfalls kann der Vorsitzende ihm im Rahmen seiner Sachleitungsbefugnis das Wort entziehen (§ 238 Abs. 1); insoweit ist er nicht auf das Umschwenken in das Selbstleseverfahren wie in Fällen des Abs. 5 S. 4 beschränkt (Schneider FS Rogall, 2018, 667 (676)). Ob dem Vorsitzenden damit ein „wirksames Mittel an die Hand gegeben" ist (BT-Drs. 18/11277, 34), etwaigen Verstößen zu begegnen, erscheint allerdings zweifelhaft. Die praktische Handhabung der Vorschr. dürfte **nicht unerhebliches Konfliktpotential** bergen. Zwar wird es nicht zulässig sein, in diesem Verfahrensstadium bereits die noch nicht erhobenen Beweise zu würdigen (so BT-Drs. 18/11277, 34; Schneider FS Rogall, 2018, 667 (675)). Jedoch muss es mit Rücksicht auf Sinn u. Zweck der Neuregelung grds. möglich sein, in der Erkl. nach Abs. 5 S. 3 aus Sicht des Angeklagten auf die Beweislage iSd Anklage einzugehen u. auf mögliche kritische Punkte der Beweisführung iRd bevorstehenden HV hinzuweisen. Die Grenzen zwischen legitimen Erklärungen des Angeklagten zur Anklage u. einer nicht zulässigen Vorwegnahme des Schlussvortrages werden sich daher im Einzelfall nur schwer bestimmen lassen. Ob die Erkl. – wie v. der Neuregelung intendiert – die Kommunikation mit den Verfahrensbeteiligten in der HV stärkt, hängt iÜ davon ab, ob u. inwieweit die Verteidigung sie als Chance begreift, frühzeitig sachorientiert auf die für das Strafverfahren maßgeblichen Tat- u. Rechtsfragen einzugehen.

31e **IV. Anordnung, die weitere Erklärung schriftlich einzureichen.** Der Vorsitzende kann dem Verteidiger aufgeben, die weitere Erklärung schriftlich einzureichen, wenn ansonsten der Verfahrensablauf erheblich verzögert würde. Die weitere Erkl. kann dann im **Selbstleseverfahren** eingeführt werden (Abs. 5 S. 4 iVm § 249 Abs. 2 S. 1); sie wird zu den Akten, nicht als Anl. zum Prot. genommen (Schneider FS Rogall, 2018, 667 (679)). Im Unterschied zu Konstellationen des Abs. 5 S. 3, in denen der Verteidiger inhaltlich den Schlussvortrag vorwegnimmt (dazu soeben 31d), geht es insoweit um das Unterbinden „zeitlich überbordender" (Schneider FS Rogall, 2018, 667 (676)) Eröffnungserklärungen. Damit soll eine missbräuchliche Ausübung des Erklärungsrechts verhindert werden, etwa „ausschweifende abseitige Erklärungen bei Taten, bei denen zB eine bestimmte politische Überzeugung eine Rolle spielt" (BT-Drs. 18/11277, 32). Auch hier gilt jedoch, dass in der Neuregelung Konfliktstoff angelegt ist. Darüber, was noch eine legitime Wahrnehmung des Erklärungsrechts nach Abs. 5 S. 3 darstellt o. schon eine nach Sachlage nicht gerechtfertigte erhebliche Verzögerung des Verfahrensablaufs iSv Abs. 5 S. 4, lässt sich trefflich streiten. Außerdem ist der praktische Umgang mit schriftlichen Erklärungen problematisch, die beweiswürdigende Passagen aufweisen (die v. Schneider FS Rogall, 2018, 667 (685 ff.) erwogenen Möglichkeiten – Schwärzung der entspr. Textteile, Rückgabe der Erklärung, Hinweis darauf, dass das Gericht die beweiswürdigenden Passagen nicht zur Kenntnis nehmen wird – erscheinen allesamt unbefriedigend). Es ist deshalb zu erwarten, dass die Handhabung der Vorschr. durch den Vorsitzenden im Einzelfall für Kontroversen im Gerichtssaal sorgen wird. Der Vorsitzende sollte deshalb versuchen, den Umf. der Eröffnungserklärung mit den Verfahrensbeteiligten – zB iRv Erörterungen nach § 213 Abs. 2 – bereits im Vorfeld abzusprechen u. zu begrenzen. Dabei kommt es auf die Umstände des Einzelfalls, va natürlich auf den Umf. des Verfahrensstoffes an. Allgemeine Grundsätze lassen sich kaum aufstellen. Jedenfalls wird aber Mitangeklagten bei in etwa identischem Tatvorwurf gleich viel Zeit einzuräumen sein (Schneider FS Rogall, 2018, 667 (683)), selbst wenn dies zu Überschneidungen u. Wiederholungen führen kann; iÜ kann allerdings danach diff. werden, inwieweit die Vorwürfe der Anklageschrift gegen den jew. betroffenen Angeklagten zum Umf. des Verfahrensstoffes u. der zu erwartenden Beweisaufnahme beitragen.

V. Replik. Der Vorsitzende kann der **StA** nach pflichtgemäßem Ermessen gestatten, auf die Erkl. zu replizieren (BT-Drs. 18/11277, 34). Das kann etwa erfolgen, wenn die Erkl. die Ermittlungsbehörden in polemischer Weise als einseitig u. voreingenommen attackiert (Schneider FS Rogall, 2018, 667 (674)). Dies sollte allerdings auf Ausnahmefälle beschränkt werden, um dem Beginn der HV nicht den Charakter eines „Schlagabtauschs" zwischen Verteidigung u. StA zu verleihen. Etwaigen polemischen, nicht sachbezogenen Äußerungen der Verteidigung iRd Erklärungsrechts sollte der Vorsitzende so weit wie möglich unmittelbar (durch Maßnahmen nach §§ 238 Abs. 1, 243 Abs. 5 S. 4, → Rn. 31d, 31e) begegnen, nicht durch Einräumen eines Rechts der StA auf Replik (aber auch anschließend → Rn. 31g aE). **31f**

Der **Nebenkläger** hat kein Recht zur Replik. Seine Verfahrensrechte sind grds. in § 397 Abs. 1 S. 3 abschl. erfasst. Aus dem allg. Anhörungsrecht in § 397 Abs. 1 S. 4 kann das Recht auf Replik nicht abgeleitet werden, weil es bei Abs. 5 S. 3 um eine Erkl. zur Anklage geht, deren Rechtfertigung sich allein aus dem Verhältnis zwischen der StA als Verf. der Anklageschrift u. der Verteidigung ergibt (vgl. Schneider FS Rogall, 2018, 667 (687 ff.): Replik der StA keine Frage des rechtlichen Gehörs, sondern „Prozesserklärung eigener Art"). Dies kann allerdings zu dem unbefriedigenden Erg. führen, dass etwaige persönliche u. unsachliche Attacken gegen den Nebenkläger in der Eröffnungserklärung zunächst – gerade auch mit Blick auf die (Medien)Öffentlichkeit – unerwidert bleiben. In solchen Fällen ist daran zu denken, der StA das Recht zur Replik zu geben, sofern nicht im Einzelfall Maßnahmen des Vorsitzenden nach § 238 Abs. 1, Abs. 5 S. 4 in Betracht kommen. **31g**

K. Feststellung der Vorstrafen (Abs. 5 S. 5, 6). Darunter fallen nicht nur frühere Verurteilungen, sondern auch andere Entsch., die im BZR, im Erziehungsregister (§§ 3, 59 **BZRG**) o. im Verkehrszentralregister (§§ 28–30 StVG) eingetragen sind. Ihre Feststellung gehört nicht zur Vernehmung des Angeklagten zur Person (Löwe/Rosenberg/Becker Rn. 84). **32**

Für die Entscheidung von Bedeutung (S. 5) ist die Vorstrafe nicht, wenn sie nach §§ 51, 66 **BZRG** unverwertbar ist. Im Einzelfall können Vorstrafen schon für den Schuldspruch v. Bedeutung sein, zB zur Feststellung der Gewohnheitsmäßigkeit des Handelns o. weil sie eine bestimmte Verbrechensmethode erkennen lassen, **33**

die ein Beweisanzeichen für die Begehung der neuen Tat sein kann. Dann werden die Vorstrafen schon bei der Vernehmung des Angeklagten zur Sache erörtert (Löwe/Rosenberg/Becker Rn. 85). In der Regel sind die Vorstrafen aber nur für die Rechtsfolgenentscheidung v. Bedeutung. Ist das der Fall, so müssen sie zur Sprache gebracht werden, sofern der Angeklagte nicht freizusprechen o. die Vorstrafe wegen einer Tat ergangen ist, die für die Ahndung der jetzt abzuurteilenden Tat keine Bedeutung hat.

34 Frühester **Zeitpunkt der Feststellung** ist die Vernehmung des Angeklagten zur Sache (BGH VRS 34, 219; OLG Stuttgart NJW 1973, 1941). Im Übrigen bestimmt der Vorsitzende den Zeitpunkt (S. 4); er soll so spät wie möglich liegen (Löwe/Rosenberg/Becker Rn. 87). Bei schwerwiegenden Vorverurteilungen, die nur für den Rechtsfolgenausspruch v. Bedeutung sind, wird es idR geboten sein, ihre Feststellung so lange zurückzustellen, bis abzusehen ist, dass ein Freispruch o. die Einstellung des Verfahrens nicht in Betracht kommt (Kleinknecht JZ 1965, 159). Das gilt selbst für die richterliche Feststellung der Voraussetzungen des § 66 StGB.

35 Die Befugnis zur **Stellung von Beweisanträgen** über frühere Strafverfahren, über ihren Inhalt u. über frühere Bestrafungen wird durch S. 5, 6 nicht eingeschränkt. Der Angeklagte kann solche Beweisanträge schon bei seiner Vernehmung zur Sache stellen (BGHSt 27, 216 (220)). Der StA sollte sie erst stellen, wenn eine Verurteilung wahrscheinlich ist. Der Vorsitzende ist immer berechtigt, die Herbeiführung der Entsch. über den Antrag so lange zurückzustellen, bis die Beweiserhebung v. Bedeutung ist (Löwe/Rosenberg/Becker Rn. 88).

36 **L. Revision.** Auf Verstöße gegen Abs. 1 und Abs. 2 S. 1 kann die Revision grds. nicht gestützt werden (→ Rn. 9 zu Abs. 2 S. 1). Soweit der Aufruf der Sache gem. Abs. 1 für die Gerichtsbesetzung konstituierend ist (→ Rn. 4), kann die Ermessensentscheidung des Vorsitzenden, ob er den Termin aufhebt und den HV-Termin verlegt, nur daraufhin überprüft werden, ob sich die Entscheidung als schlechthin unvertretbar und damit objektiv willkürlich erweist (BGH NStZ-RR 2024, 156).

37 Auf einer unterlassenen o. **unvollständigen Befragung zur Person** nach Abs. 2 S. 2 wird das Urt. im Allgemeinen nicht beruhen (OLG Köln NStZ 1989, 44).

38 Ein Revisionsgrund, auf dem das Urt. idR beruht, ist dagegen das **Unterlassen der Verlesung des Anklagesatzes** o. des (→ Rn. 14) an seine Stelle tretenden Strafbefehls usw (BGH NStZ 2018, 614; 1984, 521; 1986, 39; 374; 2000, 214) sowie die unterlassene Übersetzung bei einem fremdsprachigen Angeklagten (BGH StV 1993, 2; erg. → **EMRK** Art. 6 Rn. 18). Das Beruhen ist nur auszuschließen, wenn ausnahmsweise wegen der Einfachheit der Sach- u. Rechtslage weder der Gang der HV noch das Urt. irgendwie v. dem Verfahrensmangel berührt worden ist (BGH NJW 1982, 1057; NStZ 1986, 39; 374; 1995, 200; OLG Hamm NStZ-RR 1999, 276; vgl. auch OLG Köln NStZ-RR 2003, 17 zum beschleunigten Verfahren) o. wenn die Prozessbeteiligten über den Gegenstand des Verfahrens auf andere Weise, zB durch Verlesung des Revisionsurteils, unterrichtet worden sind (BGH NStZ 2006, 649; 2020, 307). Die Verlesung eines nicht dem G entspr. Anklagesatzes ist zwar ein Verfahrensverstoß, auf dem das Urt. aber regelmäßig nicht beruht (BGH NJW 1987, 1209 zu einem Anklagesatz mit Beweiswürdigung); das gilt auch für eine fehlerhafte Anklage bei einer Vielzahl v. gleichförmigen Taten o. Tateinzelakten (→ § 200 Rn. 9a), wenn der Angeklagte die Details aus dem wesentlichen Erg. der Ermittlungen entnehmen konnte (BGH NStZ 2011, 420; StV 2011, 728; BeckRS 2011, 7914; erg. → § 200 Rn. 27).

38a Behaupteter Verstoß gegen die **Mitteilungspflichten nach Abs. 4:** Es ist nicht erforderlich, dass der Verteidiger den Verstoß in der Hauptverhandlung gem § 238 Abs. 2 beanstandet hat (BGHSt 59, 252; Petersen JuS 2025, 121 (123)). Für den revisionsrechtlichen Vortrag genügt es, dass der Beschwerdeführer die außerhalb der HV geführten Gespräche inhaltlich mitteilt; der Darlegung früherer, insbes.

sonstiger zur Verfahrensförderung geeigneter Erörterungen (§ 257b) bedarf es für die Zulässigkeit der Rüge nicht (BGH BeckRS 2021, 19572; vgl. auch BGH 15.5.2025 – 1 StR 481/24). Nicht ausr. sind allerdings pauschale, ohne Mitteilung der näheren Umstände aufgestellte Behauptungen, es habe ein „Rechtsgespräch" bzw. ein „Gespräch mit dem Ziel einer Absprache" stattgefunden (BGH NStZ-RR 2022, 355; 18.4.2023 – 6 StR 124/23). Nach der Rspr. des BVerfG) wird ein Beruhen des Urteils auf einem Verstoß gegen § 257c grds. nicht auszuschließen sein (BVerfG NJW 2013, 1058 (1067); NStZ 2015, 170 (172); vgl. auch NJW 2024, 1097; BGHSt 58, 310; 59, 252 (259); BGH NStZ 2025, 431; OLG München StraFo 2014, 157; Schmitt FS Tolksdorf, 2014, 408; krit. zur Rspr. des BVerfG BGH NStZ 2016, 221), selbst wenn der Angeklagte v. seinem Verteidiger vollumfänglich über den Inhalt des Verständigungsgesprächs unterrichtet worden ist (BVerfG NJW 2024, 1097 (1102); BGH NStZ 2017, 244). Das gilt selbst dann, wenn iErg eine Verständigung nicht zustande kommt, weil auch in einem solchen Fall nicht auszuschließen ist, dass das Prozessverhalten des Angeklagten durch die vorangegangenen Verständigungsgespräche beeinflusst wurde (BGHSt 59, 252 (259); BGH NStZ 2015, 178; 2016, 228). Einer vorherigen Rüge nach § 238 Abs. 2 bedarf es nicht (BGHSt 59, 252; Schneider NStZ 2014, 252; **aM** Grube NStZ 2014, 604). Die Revision muss sich dazu verhalten, ob Erörterungen der Verfahrensbeteiligten die Möglichkeit einer Verfahrensverständigung zum Gegenstand hatten, dh ausdr. o. konkludent Fragen des prozessualen Verhaltens des Angeklagten in Konnex zum Verfahrensergebnis gebracht wurden (BGH NStZ 2014, 529; 2017, 424; 2017, 483; BGH 5.12.2023 – 5 StR 456/23). Die Verfahrensrüge muss bestimmt behaupten u. konkret darlegen, in welchem Verfahrensstadium, in welcher Form u. mit welchem Inhalt Gespräche stattgefunden haben, die auf eine Verständigung abzielten (BGHSt 58, 315; 59, 130; BGH NStZ 2014, 529; 2015, 48; 3.8.2022 – 5 StR 203/22; KG StV 2014, 78; großzügiger allerdings BGH NStZ 2017, 482); dazu gehört vollständiger Vortrag zu sich aus den Akten ergebenden, relevanten Vermerken (vgl. BGH BeckRS 2017, 105414) sowie ggf. auch die Benennung der Gesprächsteilnehmer (OLG Celle NStZ 2014, 290). Das Revisionsgericht kann die Frage dann im Freibeweis klären (BGH NStZ 2013, 724). Die Revision ist allerdings nicht zu einem Vortrag verpflichtet, ob und ggf. in welchem Umfang der Angekl. vor einer geständigen Einlassung von seinem Vert. über den Inhalt eines Verständigungsgespräches informiert worden war (BGH NStZ 2022, 760 mN). Ist die Angriffsrichtung des Revisionsvortrags eindeutig, ist eine rechtliche Falschbezeichnung unschädlich (BGH NStZ 2018, 487: „Verstoß gegen § 273 Abs. 1a S. 1").

Allerdings bleibt nach der Rspr. des BGH die **Rüge ausnahmsweise erfolglos,** **38b** wenn ein ursächlicher Zusammenhang zwischen Verfahrensverstoß u. Urt. mit Sicherheit ausgeschlossen werden kann bzw. rein theoretischer Natur ist (BGH wistra 2016, 164; vgl. auch BVerfG NJW 2024, 1097 (1102)). Der Mitteilungsmangel darf sich einerseits nicht in entscheidungserheblicher Weise auf das Prozessverhalten des Angeklagten ausgewirkt haben, und es muss zweifelsfrei feststehen, dass die Gespräche nicht auf die Herbeiführung einer **gesetzwidrigen Absprache** gerichtet waren (BGH NStZ 2023, 565; NStZ-RR 2022, 79; 15.5.2025 – 1 StR 481/24; vgl. auch BVerfG NJW 2020, 2461). Die Vielzahl der v. der Rspr. akzeptierten Ausnahmen (→ Rn. 38c) lässt es allerdings als fraglich erscheinen, ob das fehlende Beruhen tatsächlich die Ausnahme darstellt. Bei der erforderlichen Gesamtbetrachtung darf das Beruhen nicht nur unter dem Gesichtspunkt der Einwirkung auf das Aussageverhalten beurteilt werden; vielmehr ist unabhängig davon die Bedeutung der Transparenzvorschriften für die Kontrolle des Verständigungsgeschehen durch die Öffentlichkeit in den Blick zu nehmen (BVerfG NJW 2024, 1097 (1101); 2020, 2461 (2464)). Das BVerfG stellt insoweit auf eine am Einzelfall orientierte Gesamtbetrachtung ab, in welche die Schwere des Verstoßes und die Art der in der Hauptverhandlung nicht mitgeteilten Gesprächsinhalte einfließt (BVerfG NJW 2024, 1097 (1101)).

38c Die Rspr. hat das **Beruhen etwa ausgeschlossen,** wenn es keine Gespräche unter Beteiligung der StrK gegeben hat (BGH NJW 2015, 266; 2016, 419; KG StV 2014, 659 Ls.), o. wenn die StrK keine Kenntnis v. einem Gespräch zwischen StA u. Verteidigung erlangt hat (BGH StV 2014, 658), o. wenn – was im Freibeweisverfahren geklärt werden kann (BGH 8.12.2015 – 5 StR 392/15) – zweifelsfrei feststeht, dass es keinerlei Gespräche gegeben hat, bei denen die Möglichkeit einer Verständigung im Raum stand (BGH NStZ 2015, 535), o. wenn bei wertender Gesamtbetrachtung (BGH NStZ-RR 2019, 316; NStZ 2020, 751) sonst auszuschließen ist, dass Verlauf u. Inhalt eines Vorgesprächs in irgendeiner Weise für das öffentl. Verständnis der Absprache Bedeutung erlangen konnte (BGH NStZ 2016, 221; 2017, 658; 5.8.2015 – 5 StR 255/15) o. die Selbstbelastungsfreiheit des Angeklagten dadurch in relevanter Weise beeinträchtigt worden ist (BGH NStZ 2015, 537; 2016, 362; s. als Gegenbeispiel BGH NStZ 2021, 310 mit insoweit krit. Anm. Knauer; vgl. allerdings BVerfG NJW 2024, 1097 (1102); 2020, 2461 (2464), wonach zusätzlich zum Aussageverhalten des Angeklagten die Kontrollfunktion der Mitteilung zu berücksichtigen ist) o. bei lediglich geringfügigen Unvollständigkeiten o. Unrichtigkeiten der Mitteilung (BGH NStZ 2020, 751; NZWiSt 2017, 68) o. wenn der Inhalt der geführten Gespräche nicht auf die Herbeiführung einer gesetzwidrigen Absprache gerichtet war u. die Unterrichtung der Öffentlichkeit vollständig u. zutr. nachgeholt wurde (vgl. BGH NStZ 2021, 61). Ein Ausschluss des Beruhens kann auch angenommen werden, wenn es um im Vergleich zur neuerlichen Verh. im Wesentlichen identische Gespräche in einer kurz zuvor ausgesetzten Verh. geht, über deren Inhalt der Angeklagte umfassend informiert worden war (BGH NStZ-RR 2019, 316). Es reicht aber idR nicht aus, wenn der Angeklagte über seinen Verteidiger v. den Gesprächen unterrichtet worden war; denn dadurch ist die Kontrolle durch die Öffentlichkeit, die bei der Beruhensprüfung zu beachten ist, ausgeblendet (BVerfG NJW 2024, 1097 (1102) mablAnm Bittmann NStZ 2024, 518, 521; NStZ 2015, 170; 172 mzustAnm Knauer/Pretsch; abl. aber BGHSt 60, 150 mzustAnm Leitmeier NJW 2015, 645; BGH NStZ-RR 2017, 51 Ls.); dementspr. muss auch die Revision nicht dazu vortragen, ob u. ggf. mit welchem Inhalt der Angeklagte v. seinem Verteidiger informiert wurde (BGH NStZ-RR 2020, 87 mwN). Durch die unzureichende Mitteilung v. Verständigungsgesprächen, die allein Mitangeklagte betroffen haben, ist der Angeklagte idR nicht in seinen Rechten beeinträchtigt (BVerfG NStZ 2014, 528; BGH NStZ 2015, 417; 2016, 357 (360); NStZ-RR 2015, 278; anders aber im Fall BGH NStZ 2016, 228). Zu unterlassenen Mitteilungen nach Abs. 4, welche ausnahmsweise den Schuldspruch unberührt lassen u. alleine den Strafausspruch betreffen, s. BGH NStZ 2017, 596; vgl. auch OLG Oldenburg StV 2018, 13.

38d Die **StA** kann mit der Revision Mitteilungsdefizite zum Nachteil des Angekl. rügen; § 339 ist nicht anwendbar, da Abs. 4 nicht allein den Verteidigungsbelangen des Angekl. und damit seinem Schutz dient, sondern zudem – auch im Interesse der StA – bezweckt, die Öffentlichkeit und Transparenz des Verständigungsverfahrens zu gewährleisten (BGH NStZ 2023, 306).

39 Auf die **Unterlassung des Hinweises nach Abs. 5 S. 1** kann die Revision gestützt werden; es handelt sich nicht um eine bloße Ordnungsvorschrift. Das Urt. beruht aber nicht auf dem Verstoß, wenn der Angeklagte seine Aussagefreiheit gekannt hat (Pfeiffer/Miebach NStZ 1983, 210 – BGH RsprÜ; Löwe/Rosenberg/Becker Rn. 99; iErg ebenso BGHSt 25, 325, wo aber (BGHSt 25, 325 (331) die Beruhensprüfung durch die Prüfung ersetzt wird, ob durch den Verstoß „der Zweck des Hinweisgebots vereitelt worden ist"). Deswegen aber eine erweiterte Darlegungspflicht des Angeklagten im Revisionsverfahren zu fordern (so BGHSt 25, 325 (333)), lässt sich mit den Grundsätzen des Revisionsrechts, das ein Rügevorbringen zur Frage des Beruhens nicht verlangt, schwerlich vereinbaren (abl. daher SK-StPO/Frister Rn. 95 mwN; Bernsmann StraFo 1998, 75; Herdegen NStZ 1990, 518; offengelassen v. BGHSt 38, 214 (227); erg. → § 136 Rn. 21; → § 344 Rn. 27).

Eine **unzulängliche Vernehmung des Angeklagten zur Sache nach Abs. 5 S. 2** kann idR ebenso wenig gerügt werden wie die unvollständige Befragung eines Zeugen (vgl. aber auch BGH NStZ 2000, 439; OLG Koblenz OLGSt StPO § 243 Nr. 1), setzt aber jedenfalls voraus, dass gegen die Anordnung des Vorsitzenden nach § 238 Abs. 2 das Gericht angerufen worden ist (BGH NStZ 1997, 198). Ein Verstoß gegen Abs. 5 S. 3 kann allenfalls unter den Voraussetzungen v. § 238 Abs. 2 gerügt werden, wenn der Vorsitzende seinen Beurteilungsspielraum hins. des bes. Umf. der Verhandlungsdauer willkürlich ausgeübt hat; dies gilt entspr. für die Anordnung nach Abs. 5 S. 4, die weitere Erkl. schriftlich einzureichen (SSW StPO/Sättele Rn. 37). Allerdings wird es insoweit mit Rücksicht auf das Recht des Angeklagten, sich jederzeit zur Sache einzulassen, sein Recht auf das letzte Wort sowie das Recht des Verteidigers zum Schlussvortrag regelmäßig am Beruhen fehlen (vgl. SSW StPO/Franke Rn. 36, 37). Ein Freibeweis darüber, dass die Einlassung des Angeklagten einen anderen als im Urt. festgestellten Inhalt hatte, ist unzulässig (BGH NStZ 2009, 282; Pfister NStZ-Sonderheft Miebach, 2009, 27). Den Wortlaut einer schriftlichen Erkl. des Angeklagten kann das Revisionsgericht nur berücksichtigen, wenn diese als Urkundsbeweis verlesen (→ Rn. 30) wurde (BGH StV 2011, 607 Ls.). 40

Dass eine verwertbare **Vorstrafe nach Abs. 5 S. 5, 6** nicht o. nur in einem späteren Zeitpunkt hätte festgestellt werden dürfen, kann die Revision nicht mit Erfolg rügen (BayObLG MDR 1972, 626; KK-StPO/Schneider Rn. 132); das gilt selbst dann, wenn nach § 238 Abs. 2 ein Gerichtsbeschluss herbeigeführt worden ist. 41

Mitangeklagte können aus einer Verletzung des § 243 zum Nachteil eines anderen Angeklagten keine Rechte herleiten (Dallinger MDR 1973, 192 – BGH RsprÜ). 42

Beweisaufnahme; Untersuchungsgrundsatz; Ablehnung von Beweisanträgen

244 (1) **Nach der Vernehmung des Angeklagten folgt die Beweisaufnahme.**

(2) **Das Gericht hat zur Erforschung der Wahrheit die Beweisaufnahme von Amts wegen auf alle Tatsachen und Beweismittel zu erstrecken, die für die Entscheidung von Bedeutung sind.**

(3) [1]**Ein Beweisantrag liegt vor, wenn der Antragsteller ernsthaft verlangt, Beweis über eine bestimmt behauptete konkrete Tatsache, die die Schuld- oder Rechtsfolgenfrage betrifft, durch ein bestimmt bezeichnetes Beweismittel zu erheben und dem Antrag zu entnehmen ist, weshalb das bezeichnete Beweismittel die behauptete Tatsache belegen können soll.** [2]**Ein Beweisantrag ist abzulehnen, wenn die Erhebung des Beweises unzulässig ist.** [3]**Im Übrigen darf ein Beweisantrag nur abgelehnt werden, wenn**

1. **eine Beweiserhebung wegen Offenkundigkeit überflüssig ist,**
2. **die Tatsache, die bewiesen werden soll, für die Entscheidung ohne Bedeutung ist,**
3. **die Tatsache, die bewiesen werden soll, schon erwiesen ist,**
4. **das Beweismittel völlig ungeeignet ist,**
5. **das Beweismittel unerreichbar ist oder**
6. **eine erhebliche Behauptung, die zur Entlastung des Angeklagten bewiesen werden soll, so behandelt werden kann, als wäre die behauptete Tatsache wahr.**

(4) [1]**Ein Beweisantrag auf Vernehmung eines Sachverständigen kann, soweit nichts anderes bestimmt ist, auch abgelehnt werden, wenn das**

Gericht selbst die erforderliche Sachkunde besitzt. [2]Die Anhörung eines weiteren Sachverständigen kann auch dann abgelehnt werden, wenn durch das frühere Gutachten das Gegenteil der behaupteten Tatsache bereits erwiesen ist; dies gilt nicht, wenn die Sachkunde des früheren Gutachters zweifelhaft ist, wenn sein Gutachten von unzutreffenden tatsächlichen Voraussetzungen ausgeht, wenn das Gutachten Widersprüche enthält oder wenn der neue Sachverständige über Forschungsmittel verfügt, die denen eines früheren Gutachters überlegen erscheinen.

(5) [1]**Ein Beweisantrag auf Einnahme eines Augenscheins kann abgelehnt werden, wenn der Augenschein nach dem pflichtgemäßen Ermessen des Gerichts zur Erforschung der Wahrheit nicht erforderlich ist. [2]Unter derselben Voraussetzung kann auch ein Beweisantrag auf Vernehmung eines Zeugen abgelehnt werden, dessen Ladung im Ausland zu bewirken wäre. [3]Ein Beweisantrag auf Verlesung eines Ausgangsdokuments kann abgelehnt werden, wenn nach pflichtgemäßem Ermessen des Gerichts kein Anlass besteht, an der inhaltlichen Übereinstimmung mit dem übertragenen Dokument zu zweifeln.**

(6) [1]**Die Ablehnung eines Beweisantrages bedarf eines Gerichtsbeschlusses. [2]Einer Ablehnung nach Satz 1 bedarf es nicht, wenn die beantragte Beweiserhebung nichts Sachdienliches zu Gunsten des Antragstellers erbringen kann, der Antragsteller sich dessen bewusst ist und er die Verschleppung des Verfahrens bezweckt; die Verfolgung anderer verfahrensfremder Ziele steht der Verschleppungsabsicht nicht entgegen. [3]Nach Abschluss der von Amts wegen vorgesehenen Beweisaufnahme kann der Vorsitzende eine angemessene Frist zum Stellen von Beweisanträgen bestimmen. [4]Beweisanträge, die nach Fristablauf gestellt werden, können im Urteil beschieden werden; dies gilt nicht, wenn die Stellung des Beweisantrags vor Fristablauf nicht möglich war. [5]Wird ein Beweisantrag nach Fristablauf gestellt, sind die Tatsachen, die die Einhaltung der Frist unmöglich gemacht haben, mit dem Antrag glaubhaft zu machen.**

Übersicht

A. Beweisaufnahme (Abs. 1). I. Begriff. Beweisaufnahme ist der Teil der HV, in dem mit den ges. zugelassenen Beweismitteln (→ Einl. Rn. 49) vAw o. auf Antrag eines Prozessbeteiligten vergangene o. gegenwärtige Tatsachen u. Erfahrungssätze aufgeklärt werden (→ Einl. Rn. 47 ff.). Aus Abs. 1 ergibt sich, dass die Vernehmung des Angeklagten zwar formal nicht zur Beweisaufnahme gehört. Er ist aber ein Beweismittel in weiterem Sinn, wenn er aussagt (BGHSt 2, 269; 28, 196 (198); Fezer JuS 1977, 234), in Augenschein genommen wird (KG NJW 1979, 1668) o. sonst ein Bild v. dem Geschehensablauf abgibt, zB in einer Verkehrssache durch Vorführen seiner Fahrweise am Tatort. Die Beweisaufnahme hat keinen von Außen festgelegten Umfang; vielmehr folgt ihre Ausgestaltung dem tatrichterlichen Ermessen in den Grenzen der Aufklärungspflicht (BGH NStZ 2024, 312; → Rn. 10 ff.). 1

Beweisbedürftigkeit: Beweis muss erhoben werden über entscheidungserhebliche Tatsachen, die der Angeklagte nicht glaubhaft eingesteht, u. über Erfahrungssätze, die nicht allgemeingültig sind. Die Tatsachen können unmittelbar beweiserheblich o. nur mittelbar v. Bedeutung (Indiztatsachen) sein (→ § 261 Rn. 25). Privates Wissen darf der Richter als Beweisquelle nur verwenden, wenn es sich um **offenkundige Tatsachen oder Erfahrungssätze** handelt (dazu → Rn. 50 ff.). Er darf dem Angeklagten u. den Beweispersonen aber aufgrund seines privaten Wissens Vorhalte machen; dann ist für das Urt. verwertbar, was sie auf den Vorhalt erklären (vgl. → § 249 Rn. 28). Verwertet das Gericht offenkundige Tatsachen o. Erfahrungssätze, so muss es sie in der HV als solche benennen (vgl. BGH NStZ 2023, 637: nicht ausr. „zum Gegenstand der Hauptverhandlung" zu machen) und zur Sprache bringen (BVerfGE 10, 177 (183); 48, 206; BGHSt 6, 292 (295); NStZ 2013, 120; 121; 11.5.2022 – 5 StR 306/21; BayObLG NJW 1995, 976; OLG Hamm StV 1985, 225; erg. → § 261 Rn. 24). Eine Ausnahme gilt für Tatsachen, die so allg. bekannt sind, dass die Beteiligter vernünftigerweise damit rechnen müssen, dass sie zur Grdl. der Entsch. gemacht werden (BSG NJW 1979, 1063; BGHZ 31, 43 = NJW 1959, 2213; OLG Hamm VRS 41, 49). Erg. → Rn. 50 ff., § 261 Rn. 5. 2

3 **Vorgänge und visuelle Eindrücke** innerhalb einer Hauptverhandlung, etwa das Verhalten und Aussehen von Beweispersonen, müssen ebenfalls in der HV nicht zur Sprache gebracht werden; einer ausdr. Beweiserhebung bedarf es insoweit nicht (BGH 18.8.2020 – 5 StR 175/20; Mosbacher JuS 2023, 131 (135). Dies gilt allerdings nicht für Vorgänge **außerhalb der HV,** etwa in Sitzungspausen; hier bedarf es zur Wahrung des rechtlichen Gehörs der Verfahrensbeteiligten eines Hinweises des Tatgerichts in der HV, dass es seiner Entscheidung möglicherweise eine bestimmte Tatsache als gerichtskundig zugrunde legen möchte (BGH 11.5.2022 – 5 StR 306/21; Mosbacher JuS 2023, 131 (135); → Rn. 50).

4 **Inländisches gesetztes Recht** kann nicht Gegenstand der Beweisaufnahme sein (→ Rn. 49), wohl aber, im Freibeweis (→ Rn. 7), **ausländisches Recht** u. inländisches Gewohnheitsrecht (BGH NJW 1994, 3364 (3366); Löwe/Rosenberg/Becker Rn. 8; erg. → Vor § 72 Rn. 6).

5 **II. Streng- und Freibeweis. Strengbeweis** ist das Beweisverfahren nach den §§ 244–256 mit den Beweismitteln Zeugen, Sachverständige, Urkunden und richterlicher Augenschein (→ Rn. 21) unter Beachtung der Grundsätze der Mündlichkeit (→ § 261 Rn. 7) u. Öffentlichkeit der Verh. (→ GVG § 169 Rn. 1); dienstliche Erklärungen des Richters oder des Sitzungsvertreters der StA scheiden insoweit als zulässige Beweismittel aus (BGH NStZ 2025, 61 mwN; zur Revision → § 261 Rn. 51).

6 Das G verlangt den **Strengbeweis** nur für die Feststellung der **Schuld- u. Rechtsfolgentatsachen** in der HV. Sonst gilt Freibeweis, auch soweit es um die Schuldfrage geht, zB im Haftprüfungsverfahren nach § 117. Das vorgeschriebene Strengbeweisverfahren darf nicht durch ein Freibeweisverfahren ersetzt, ein Beweisantrag daher nicht mit der Begründung abgelehnt werden, die Beweisfrage sei bereits im Freibeweisverfahren geklärt (BGH StV 1995, 339). Der Ausschluss des Beweisantragsrechts in §§ 384 Abs. 3, 420 Abs. 4; 436 Abs. 2 sowie in § 78 Abs. 3 S. 1 **JGG** u. seine Einschränkung in § 77 OWiG lässt die sonstigen Grundsätze des Strengbeweises unberührt.

7 **Freibeweis** gilt für alle Beweiserhebungen außerhalb der HV sowie in u. während der HV für die Feststellung v. Prozessvoraussetzungen (→ Einl. Rn. 141 ff.) u. sonstigen prozesserheblichen Tatsachen, auch wenn sie die Urteilsgrundlagen unmittelbar beeinflussen (Kusch NStZ-RR 1999, 259 – BGH RsprÜ). Dazu gehören die tatsächlichen Voraussetzungen der Prozessvoraussetzungen u. Prozesshindernisse (BGH wistra 2011, 270 (271)) u. der Verwertungsverbote (→ Einl. Rn. 51 ff.), soweit diese nicht Auswirkungen auf die Beurteilung des Inhalts der Aussage haben (BGHSt 45, 354; BGH NStZ 2019, 168), insbes. nach § 136a Abs. 3 (→ § 136a Rn. 32), ferner der Eidesverbote nach § 60 (→ § 60 Rn. 1), der §§ 231 Abs. 2, 231a (BGHSt 26, 228 (238)), des § 329 Abs. 1 (→ § 329 Rn. 19) u. der Ablehnung eines Beweisantrags (BGH MDR 1981, 338; NJW 1993, 2881 (2882)); zur Feststellung der Zeugnisfähigkeit Beulke FS Kargl, 2015, 45. Im Freibeweis wird auch in der Verh. nach § 138d (→ § 138d Rn. 7) u. bei der Beweisaufnahme über ausl. Recht (BGH NJW 1994, 3364) u. inländisches Gewohnheitsrecht verfahren (→ Vor § 72 Rn. 6). Dem Revisionsgericht steht nur diese Beweisart zur Vfg.; erg. → § 351 Rn. 3.

8 **Doppelrelevante,** dh sowohl für die Schuld- o. Rechtsfolgenfrage als auch für Prozessentscheidungen erhebliche Tatsachen, wie etwa im Hinblick auf § 173 Abs. 1 StGB u. § 52 die verwandtschaftlichen Beziehungen zwischen Zeugen u. Angeklagten, müssen im Strengbeweis festgestellt werden (BGH StV 1982, 101; 1991, 148; Becker NStZ-RR 2003, 290 – BGH RsprÜ; vgl. auch BayObLGSt 1995, 107). Wenn die Beweisaufnahme aber zunächst nur der Entsch. über Prozesstatsachen dient, ist Freibeweis zulässig (KK-StPO/Krehl Rn. 10), selbst wenn die Bedeutung der Tatsache für den Tatvorwurf schon abzusehen ist (BGHSt 26, 228 (238)). Wird später eine Beweisaufnahme im Strengbeweis erforderlich, so muss die Prozessentscheidung dem etwa abw. Beweisergebnis angepasst werden (Többens NStZ 1982, 185). Denn dem Urt. müssen einheitliche Feststellungen zugrunde

liegen, u. die im Strengbeweis getroffenen gehen vor (Willms FS Heusinger, 1968, 407 ff.).

Das **Freibeweisverfahren** ist kein Verf. nach Gutdünken (KK-StPO/Krehl Rn. 16). Zu beachten sind die Aufklärungspflicht (BVerfG NJW 1986, 767 (768); 2012, 516 (517); BGHSt 26, 281 (284); BGH StraFo 2011, 314; OLG Frankfurt a. M. NJW 1983, 1208), der Grundsatz des rechtlichen Gehörs (BGHSt 21, 85 (87); Spiegel DAR 1979, 186 – BGH RsprÜ), Beweisverbote zum Schutz bestimmter Personen, zB § 97 und § 252, die Zeugnisverweigerungsrechte nach §§ 52 ff., die Vereidigungsverbote nach § 60 (Willms FS Heusinger, 1968, 399) u. die Aussagefreiheit des Angeklagten nach § 136 Abs. 1 S. 2. Für die Beweiswürdigung gelten keine Besonderheiten; das Gericht hat auch die Glaubwürdigkeit eingeholter dienstlicher Äußerungen u. Angaben v. Zeugen zu prüfen (BayObLGSt 2000, 94). Dagegen finden die Grundsätze der Mündlichkeit, Unmittelbarkeit u. Öffentlichkeit keine Anwendung (BGHSt 16, 164 (166)). Das Gericht kann alle ihm zugänglichen Erkenntnisquellen benutzen, insbes. schriftliche u. telefonische Auskünfte einholen (BGH NStZ 1984, 134; BayObLG NJW 1966, 1981; OLG Hamm NJW 1965, 410). Zeugen müssen nicht vereidigt, Urkunden nicht verlesen werden. Beweisanträge der Prozessbeteiligten sind insoweit nur Anregungen, über die ohne Bindung an Abs. 3–5 und § 245 Abs. 2 iRd Aufklärungspflicht entschieden werden kann (BGHSt 16, 164 (166); Pfeiffer/Miebach NStZ 1984, 18 – BGH RsprÜ; OLG Frankfurt a. M. NJW 1983, 1208; OLG Nürnberg MDR 1984, 74; vgl. auch BVerfGE 7, 275 (279)). Auch Abs. 6 S. 1 gilt nicht; die Mitteilung der Ablehnungsgründe durch den Vorsitzenden genügt (Pfeiffer/Miebach NStZ 1984, 18 – BGH RsprÜ; OLG Frankfurt a. M. NJW 1983, 1208). Die im Freibeweis gewonnenen Erg. müssen aber zum Gegenstand der mündlichen Verh. gemacht werden (Alsberg Beweisantrag/Dallmeyer Rn. 294); dies kann auch durch dienstliche Erkl. eines Richters erfolgen (BGH NStZ 2019, 168). 9

B. Amtsaufklärungspflicht (Abs. 2). I. Grundsatz. Die **Ermittlung des wahren Sachverhalts** ist das zentrale Anliegen des Strafprozesses (BVerfGE 57, 250 (275); BVerfG 24.8.2025 – 2 BvR 64/25). Die Amtsaufklärungspflicht begründet für die Prozessbeteiligten einen unverzichtbaren Anspruch darauf, dass die Beweisaufnahme auf alle Tatsachen u. alle tauglichen u. erlaubten Beweismittel erstreckt wird, die für die Entsch. v. Bedeutung sind (BGHSt 1, 94 (96); 32, 115 (124) (GSSt)). Sie besteht grds. unabhängig v. Prozessverhalten der Verfahrensbeteiligten (BGH NStZ 2020, 497; aber erg. → Rn. 102). Das Tatgericht ist grds. auch zu Nachermittlungen während lfd. HV befugt, ohne den anderen Verfahrensbeteiligten eine Teilhabe daran zu ermöglichen (BGH BeckRS 2019, 10440 mAnm Mosbacher JuS 2020, 128; auch → § 24 Rn. 18). In rechtlich unanfechtbarer Weise gewonnene Beweismittel müssen in das Verf. eingeführt werden, wenn sie zur Sachaufklärung beitragen können (OLG Schleswig NJW 1980, 352); die **Verwertung von erhobenen Daten** ist allerdings selbst dann möglich, wenn das BVerfG eine strafprozessuale Frage im Wege einer einstweiligen Anordnung zwar vorübergehend so geregelt hatte, der Inhalt der Entsch. in der Hauptsache zu derjenigen der einstweiligen Anordnung aber in Widerspruch steht (BGHSt 56, 127 (134) = JR 2011, 311 mzustAnm Löffelmann; abl. Meinicke HRRS 2011, 398). Von den Anträgen u. Wünschen der Bet. ist die Aufklärungspflicht unabhängig (BGH NJW 1966, 1524; Pfeiffer/Miebach NStZ 1984, 210 – BGH RsprÜ; OLG Düsseldorf VRS 66, 148). Das gilt auch ggü. der StA (BGH NStZ-RR 2010, 236). So kann trotz Verzichts auf die Vernehmung eines Zeugen die Aufklärungspflicht seine Anhörung gebieten (BGHSt 56, 6 (10)). Das Gericht darf aus dem Verhalten desjenigen, der Beweisanträge stellen könnte, Anhaltspunkte für die Beantwortung der Frage gewinnen, ob eine weitere Beweisaufnahme geboten ist (Holtz MDR 1985, 629 – BGH RsprÜ). Beweiserhebungen zum Privat- u. Intimleben eines Zeugen sind nur nach sorgfältiger Prüfung ihrer Unerlässlichkeit statthaft (BGH NStZ-RR 2009, 247). Zur Frage, inwieweit die Aufklärungspflicht die Vernehmung eines Verdeckten Ermittlers gebietet, vgl. BGH NStZ 1997, 294. 10

11 **II. Umfang.** Es gilt der Grundsatz der nach den Umständen **bestmöglichen Sachaufklärung** (BverfGE 57, 250 (275); BVerG 24.8.2025 – 2 BvR 64/25). Die Aufklärungspflicht reicht so weit, wie die dem Gericht o. wenigstens dem Vorsitzenden aus den Akten (vgl. BGH StV 2002, 350), durch Anträge o. Anregungen (vgl. → Rn. 23 ff.) o. sonst durch den Verfahrensablauf (BGHSt 30, 131 (140)) bekanntgewordenen Tatsachen zum Gebrauch v. Beweismitteln **drängen o. ihn nahelegen** (BGHSt 30, 131 (140); BGH StV 1991, 337; OLG Hamm NStZ 1984, 462 (463)); an die Beweismittelliste der Anklageschrift ist das Tatgericht nicht gebunden (BGH NStZ 2024, 312). Ergibt die Beweisaufnahme weder den Nachweis noch die Widerlegung eines entscheidungserheblichen Umstandes, so muss das Gericht, bevor es zu dem fraglichen Punkt zugunsten des Angekl. entscheidet, weitere bekannte oder erkennbare Beweismittel nutzen (BGH 30.3.2023 – 4 StR 318/22 mAnm Mosbacher JuS 2023, 736, 738 f.: Vernehmung der Berufsrichter des ersten Rechtsgangs als Zeugen vom Hörensagen).

11a Dass das Gericht alle Beweismittel erschöpfen müsse, wenn auch nur die entfernte Möglichkeit einer Änd. der bisher begründeten Vorstellung v. dem zu beurteilenden Sachverhalt bestehe (so BGHSt 23, 176 (188); 30, 131 (143); Pfeiffer/Miebach NStZ 1983, 210 – BGH RsprÜ), geht für den Normalfall zu weit (zutr. Widmaier NStZ 1994, 248: nur in Grenzfällen wie in den zit. Entsch.); sonst ist eine „verständige Würdigung der Sachlage" vorzunehmen (BGH NStZ 1998, 50; 2015, 36; NStZ-RR 1996, 299; offengelassen v. BGHSt 40, 3, wo aber betont wird, dass die Wichtigkeit der Beweiserhebung für die Wahrheitsfindung mit dem Beschleunigungsgebot abzuwägen sei). Das Gericht muss somit nur allen **erkennbaren u. sinnvollen** Möglichkeiten zur Aufklärung des Sachverhalts nachgehen (BGH NStZ 2005, 44; BGHR StPO § 244 Abs. 6 Beweisantrag 23). So bedarf etwa die Schuldfähigkeit eines Täters keiner näheren Prüfung, wenn Anhaltspunkte für ihre Beeinträchtigung völlig fehlen; dies gilt auch, wenn der Angekl. sich dahin einlässt, es liege bei ihm eine psychopathologische Störung vor (vgl. OLG Koblenz NStZ 2022, 510).

11b Je weniger gesichert allerdings ein Beweisergebnis erscheint, desto größer ist der Anlass, weitere Beweismöglichkeiten zu nutzen (BGH StV 2017, 502; NStZ 2013, 725; NStZ-RR 2003, 205;). Der Grundsatz des Abs. 2 schließt ein, dass das Gericht sich um den sachnächsten (OLG Düsseldorf StraFo 2008, 120: Augenschein statt Zeugenvernehmung zum Inhalt pornographischer Bilder) u. bestmöglichen (OLG Düsseldorf NStZ 2008, 358) Beweis bemühen muss (BVerfG StV 2013, 574), verbietet aber nicht, mittelbare Beweise zu erheben (BVerfGE 57, 250 (277); vgl. auch BGH NJW 1993, 803 (804): Urkundenbeweis nach § 253 bei Erinnerungsverlust des Zeugen nötig), u. zwingt auch nicht stets dazu, neben dem mittelbaren Zeugen denjenigen, der den Vorgang selbst wahrgenommen hat (→ § 250 Rn. 4) o. einen Mitangeklagten nach Abtrennung des Verfahrens erneut als Zeugen zu vernehmen (**aM** BayObLG StV 1989, 522), muss ihn aber ggf. als Mitangeklagten hören (BayObLG StV 2003, 660).

12 **Anträgen auf wiederholte Beweiserhebung** muss das Gericht nur im Rahmen seiner Aufklärungspflicht nachkommen; dies setzt aber voraus, dass Beweisthema u. Beweismittel der früheren u. der begehrten Beweiserhebung identisch sind (BGH NStZ 2021, 178). Das verlangsamte und zT vergrößerte Abspielen eines Films stellt immer noch die Inaugenscheinnahme des nämlichen Beweismittels dar (BGH NStZ-RR 2022, 55), nicht aber das Ausdrucken und die Inaugenscheinnahme vergrößerter Einzelbilder einer bereits in der HV in Zeitlupe abgespielten Videosequenz (BGH NStZ 2006, 406). Auch dem Antrag, einen bereits vernommenen Zeugen erneut zu hören, muss das Gericht nur im Rahmen seiner Aufklärungspflicht nachkommen (BGH 14.10.2025 – 2 StR 502/25), es sei denn, er soll zu einer neuen behaupteten Tatsache gehört werden (OLG Hamburg StV 2012, 589; Löwe/Rosenberg/Becker Rn. 175 ff.). Die Aufklärungspflicht geht nach hM nicht so weit wie die Pflicht, Beweise auf Antrag zu erheben (**aM** Gössel ZIS 2007, 559); eine Beweisantizipation (→ Rn. 86, 86a) ist in gewissen Grenzen zulässig (Herdegen NStZ 1984, 97; Widmaier NStZ 1994, 416). Liegt andererseits

einer der Ablehnungsgründe des Abs. 3, Abs. 4 vor, so zwingt idR auch die Aufklärungspflicht nicht zur Beweiserhebung (vgl. auch BGH StV 2010, 287). Ausnahmen gelten für unerreichbare Zeugen (→ Rn. 66) u. für weitere Sachverständige (→ Rn. 77). Zu Urteilsausführungen darüber, weshalb er keine weiteren Beweise erhoben hat, ist der Tatrichter nicht verpflichtet. Für das Revisionsgericht sind solche Ausführungen ohne Bedeutung; es prüft die Notwendigkeit weiterer Aufklärung auf entspr. Rüge aus seiner Sicht (BGH NStZ 1985, 324; 1992, 450; NStZ-RR 1996, 299; StV 1996, 581; 2009, 520; erg. → Rn. 101–103).

Eine **überschießende Aufklärung** überschreitet grds. den Zweck des Strafverfahrens u. kann auch mit dem Beschleunigungsgebot kollidieren; zu „ausufernder Aufklärung" ist der Richter nicht verpflichtet (BGHSt 40, 3; erg. → Rn. 54, → § 264 Rn. 25). Eigene Ermittlungen zur Aufdeckung fremder Taten zwecks Anwendung des § 31 Nr. 1 BtMG muss der Richter nicht anstellen (BGH NStZ 1998, 90). Steht fest, dass der Angeklagte freigesprochen werden muss, so findet keine weitere Beweisaufnahme über seine Unschuld statt (BayObLG NStZ-RR 2003, 178; erg. → Einl. Rn. 8). Jedoch ist die Verwendung präsenter Beweismittel (§ 245) u. uU auch der Gebrauch sofort o. leicht erreichbarer anderer Beweismittel iRd prozessualen Fürsorgepflicht (→ Einl. Rn. 156) zulässig u. geboten, ohne dass der Angeklagte darauf einen durchsetzbaren Anspruch hat. 13

Eine **Beschränkung der Beweisaufnahme bei Massenverfahren** aus verfahrensökonomischen Gründen ist grds. nur iRd §§ 154, 154a zulässig. Es ist daher nicht ohne weiteres erlaubt, aus prozessökonomischen Gründen in derartigen Verf. die Beweiserhebung über den Eintritt des Taterfolgs zu unterlassen u. nur wegen Versuchs zu verurteilen (BGH NJW 2013, 1545). In Massenbetrugsfällen kann es aber ausreichen, dass das Gericht sich die Überzeugung v. Vorliegen betrugsrelevanter Fehlvorstellungen aufgrund äußerer Umstände u. allg. Erfahrungssätze verschafft (BGH NStZ 2019, 43 mwN). In Fällen eines normativ geprägten Vorstellungsbildes der Geschädigten kann es ebenso genügen, nur einige Zeugen, zB zur Feststellung eines Irrtums beim Vorwurf des Betrugs, zu vernehmen u. daraus auf gleichgelagerte Irrtümer bei nicht vernommenen Geschädigten zu schließen (BGH NStZ 2019, 40; 2015, 98; NStZ-RR 2020, 117; 2017, 375; Ullenboom NZWiSt 2018, 317 (318) mwN zur Rspr.). Dies gilt va im Bereich gleichförmiger, massenhafter o. routinemäßiger betrügerischer Geschäfte, die v. selbstverständlichen Erwartungen geprägt sind (BGH NStZ 2019, 40). Ausnahmsweise kann zum Vorliegen eines Irrtums auch ganz auf die Vernehmung v. Zeugen verzichtet werden, wenn sich der Irrtum mit Rücksicht auf die äußeren Umstände u. allg. Erfahrungssätze v. selbst versteht (Peter StraFo 2019, 186 (189)), zB wenn nichtexistierende Forderungen geltend gemacht u. von den Geschädigten bezahlt werden (vgl. BGH NStZ 2019, 43; Peter StraFo 2019, 186 (189)). Auch ist es zulässig, bei sog. uneinheitlichen Organisationsdelikten aufgrund der Vernehmung einzelner getäuschter Personen zur Bemessung des Schuldumfangs eine Schätzung der Irrtumsquote vorzunehmen (BGH NStZ 2015, 98; StV 2018, 31; Ullenboom NZWiSt 2018, 317 (318)). Ergänzend zur Frage des verfahrensrechtlichen Umgangs mit Massenbetrugsfällen → § 154a Rn. 7a; → § 267 Rn. 6b; Ullenboom NZWiSt 2018, 317; Kuhli StV 2016, 40. 14

Schätzklauseln schränken die Aufklärungspflicht ein. Schätzklauseln nach sachlichem Recht (§§ 40 Abs. 3, 73b, 73d Abs. 2, 74c Abs. 3 StGB, § 29a Abs. 3 S. 1 OWiG; § 38 Abs. 4 S. 2 GWB, § 8 Abs. 3 S. 1 WiStG) bedeuten, dass das Gericht nicht alle für die Berechnung der Rechtsfolgen notwendigen Einzelheiten zu klären braucht, sondern sich mit der Ermittlung v. Anhaltspunkten begnügen darf, die nach der Lebenserfahrung eine hinreichend sichere Beurteilung erlauben (BGH NJW 1998, 1723 (1727); zu den strafrechtlichen Vorschr. im einzelnen Hellmann GA 1997, 506 ff.; Hofmann StraFo 2003, 70 ff.). Solche tatsächlichen Anhaltspunkte, bei § 40 Abs. 3 StGB zB Art, Umf. u. Ort der Berufstätigkeit u. der allg. Lebenszuschnitt, müssen immer ermittelt, in der Verh. erörtert u. im Urt. dargelegt werden (OLG Koblenz NJW 1976, 1275; Sander FS Eisenberg, 2019, 497 (500) mwN). Einer Mitteilung des Schätzungsergebnisses in der HV bedarf es nicht 15

(Sander FS Eisenberg, 2019, 497 (500)). Das Beweisantragsrecht unterliegt hins. der Schätzungsgrundlagen keinen Einschränkungen (wie hier SSW StGB/Mosbacher/Claus StGB § 40 Rn. 16; **aM** Sander FS Eisenberg, 2019, 497 (501) mwN, der es alleine auf präsente Beweismittel anwenden will).

15a Im Übrigen **kann v. weiteren Ermittlungen abgesehen werden,** wenn der damit verbundene Aufwand, die eintretenden Verfahrensverzögerungen o. die Belastung für den Angeklagten unangemessen erscheinen (Rüth DAR 1978, 206 – BayObLG RsprÜ; OLG Bremen OLGSt StGB § 40 Abs. 3 S. 1; OLG Celle NJW 1984, 185; vgl. auch Endriss StV 1997, 82 zur Festlegung des Umrechnungsmaßstabes in § 51 Abs. 4 S. 2 StGB). Das hängt v. der Bedeutung der Sache u. dem Maß der durch die Schätzung festzusetzenden Rechtsfolgen ab (Fischer StraFo 2012, 432). Bei Serienstraftaten wird eine Schätzung namentlich dann unumgänglich sein, wenn Belege über kriminelle Geschäfte abhanden gekommen sind o. von vornherein fehlten (BGHSt 40, 374 (376)). Eingehend zur Schätzung bei Vermögensdelikten, Serienstraftaten u. Steuerdelikten BGH StraFo 2010, 71. Präsente u. unschwer erreichbare Beweise müssen aber erhoben werden. Den Prozessbeteiligten ist Gelegenheit zu geben, zu der beabsichtigten Schätzung u. ihren Grundlagen Stellung zu nehmen u. Anträge zu stellen. Beweisanträge zu den Schätzungsgrundlagen können nur aus den Gründen des Abs. 3, Abs. 4 abgelehnt werden. Anderen Beweisanträgen braucht das Gericht dagegen nicht stattzugeben, wenn sie zu übermäßig belastenden, im Hinblick auf die Bedeutung der Sache u. die Höhe der Rechtsfolgen unvertretbaren Beweiserhebungen führen würden (BGH StraFo 2007, 509: Schätzung v. Wirkstoffgehalten v. Betäubungsmitteln; Hofmann StraFo 2003, 76). Für Anträge auf Erhebung der v. dem Antragsteller herbeigeschafften Beweise gilt § 245 Abs. 2 S. 2, 3. Die Grundlagen der Schätzung müssen im tatrichterlichen Urt. für das Revisionsgericht nachvollziehbar dargestellt werden.

16 Bei **Schätzungen im Verfahren nach §§ 403 ff.** erstreckt sich die Aufklärungspflicht auch auf den Entschädigungsanspruch (Löwe/Rosenberg/Hilger § 404 Rn. 9). Das Gericht kann aber den ursächlichen Zusammenhang zwischen dem konkreten Haftungsgrund u. dem daraus entstandenen Schaden sowie die Schadenshöhe entspr. § 287 ZPO nach freiem Ermessen schätzen (→ § 404 Rn. 11). Beweisanträgen zur Höhe des Schadens braucht nicht entsprochen zu werden, wenn es für die Entsch. nach Schätzungsgrundlagen darauf nicht ankommt (vgl. RGSt 44, 294).

17 **C. Beweisantrag. I. Definition.** Der Beweisantrag ist in Abs. 3 S. 1 ges. definiert. Ein **Beweisantrag liegt danach vor,** wenn der Antragsteller ernsthaft verlangt, Beweis über eine bestimmt behauptete konkrete Tatsache, die die Schuld- o. Rechtsfolgenfrage betr., durch ein bestimmt bezeichnetes Beweismittel zu erheben u. dem Antrag zu entnehmen ist, weshalb das bezeichnete Beweismittel die behauptete Tatsache belegen können soll (vgl. auch BGH NJW 2022, 2556). In dieser Legaldefinition werden verschiedene Kriterien zusammengefasst, die v. der Rspr., zT nicht unumstr. (→ Rn. 21a), entwickelt wurden. Die zu den Begriffsmerkmalen des Beweisantrags ergangene Judikatur kann daher grds. zur Auslegung der nunmehr ges. Tatbestandsmerkmale herangezogen werden.

18 Allgemein folgen die inhaltlichen Anforderungen an den Beweisantrag aus der Notwendigkeit, dem Gericht eine sinnvolle Anwendung der Ablehnungsgründe der Abs. 3–5 zu ermöglichen (vgl. BGHSt 37, 162 (165); 39, 251; 43, 321; Rose NStZ 2014, 131; Widmaier NStZ 1994, 248). Im Einzelnen:

19 **II. Ernsthaftes Verlangen. Erforderlich ist** ein ernsthaftes, unbedingtes o. an eine Bedingung geknüpftes Verlangen eines Prozessbeteiligten, über eine die Schuld- o. Rechtsfolgenfrage betr. Behauptung durch bestimmte, nach der StPO zulässige Beweismittel Beweis zu erheben (BGHSt 1, 29 (31); 6, 128 (129); s. ferner BGH NStZ 2022, 57; NJW 2022, 2556; vgl. auch § 219 Abs. 1 S. 1). Dazu genügt nicht der Hinweis auf eine Beweismöglichkeit. Der Antragsteller muss vielmehr deutlich machen, dass er die Beweiserhebung verlangt u. nicht in das gerichtliche Ermessen stellt. Um einen bloßen Beweisermittlungsantrag (iE → Rn. 25) handelt es sich dagegen, wenn keine bestimmte Tatsache behauptet, sondern Beweis darüber verlangt wird, ob, warum, wann, wie, inwieweit (vgl. BGH BeckRS 2019, 19233) o. wo sie eingetreten ist (BGHSt 8, 76); jedoch muss dann zunächst klargestellt werden, ob es sich nicht nur um einen Formulierungsmangel handelt (Alsberg Beweisantrag/Dallmeyer Rn. 103; erg. → Rn. 37, 38). Ein Antrag auf Ladung eines Zeugen vor das Prozessgericht (insbes. eines Auslandszeugen, vgl. → Rn. 78a –78c) enthält aber stets auch jedes Weniger, also den Antrag auf audiovisuelle (§ 247a) o. kommissarische (§ 223) Vernehmung (BGHSt 45, 188 (190); Diemer FS Nehm, 2006, 263; Krekeler AnwBl 2006, 596; zw. BGH NStZ 2008, 232: wohl ausdr. Antrag erforderlich; dagegen Sättele StV 2009, 456).

III. Tatsache. Der Antrag muss eine **bestimmte Beweistatsache** bezeichnen (BGHSt 39, 251). Dadurch soll eine sachgerechte Anwendung der Ablehnungsgründe auf Beweisanträge sichergestellt werden. Beim **Zeugenbeweis** muss sich diese grds. auf seine eigenen Wahrnehmungen beziehen; soll aus dieser auf ein bestimmtes weiteres Geschehen geschlossen werden, ist nicht dieses, sondern die Wahrnehmung des Zeugen tauglicher Gegenstand des Zeugenbeweises (BGH NStZ 1993, 550; OLG Hamm NStZ 2020, 246; erg. → Rn. 20b). Allerdings kann es je nach Beweislage geboten sein, die Tatsachenbehauptung dem Inhalt und den Umständen nach in zeitlicher und örtlicher Hinsicht zu präzisieren (BGH 20.8.2024 – 1 StR 315/24; s. auch → Rn. 21a ff. zur Konnexität). Die Beweistatsache kann sich auch schon aus den Umständen, unter denen der Beweisantrag gestellt ist, insbes. des sonstigen Vorbringens des Ast, o. auch dem Akteninhalt ergeben (vgl. BGH StV 2019, 802; OLG Köln StV 1995, 293). Überspannte Anforderungen dürfen allerdings – namentlich beim **Sachverständigenbeweis** (BGH StV 2019, 802; ausf. dazu Schneider NStZ 2023, 65) – nicht gestellt werden. Die Wiedergabe der Tatsache **in ihren allg. Umrissen** genügt (vgl. BGH 24.11.2022 – 4 StR 263/22; Holtz MDR 1976, 815 – BGH RsprÜ; krit. dazu Schneider NStZ 2023, 65); dies gilt namentlich bei unter Beweis gestelltem komplexen, mehraktigen Tun des Zeugen (vgl. BGH NStZ 2023, 371). **Schlagwortartige Verkürzungen** (Glaubwürdigkeit, Verwahrlosung v. Zeugen, Ausfallerscheinungen beim Angeklagten, vgl. BGH StraFo 2011, 99; „angesichts des Tatgeschehens zu erwartende Verletzungsspuren“, vgl. auch BGH NStZ 2019, 628; s. aber gegenteilig BGH 22.1.2019 – 5 StR 524/18: „Großhandel“; diff. und einschr. Schneider NStZ 2023, 65 (67 ff.)) bzw. die Nennung einer **psychiatrischen Diagnose**, welche eine Beeinträchtigung der Schuldfähigkeit iSd §§ 20, 21 StGB ergeben soll (BGH NStZ 2025, 700; NStZ 2020, 368; NStZ 2022, 61: hirnorganische Schädigung; BGH 31.7.2024 – 2 StR 44/24: schizophrene Psychose; mit Recht krit. Schneider NStZ 2023, 65 (67 ff.)) u. einfache Rechtsbegriffe (Kauf, Miete, Anstiftung) können benutzt werden (BGHSt 1, 137; BGH NStZ 2008, 52; 2014, 282), jedoch kann das Gericht verlangen, dass der Antragsteller die seiner Wertung zugrundeliegenden Tatsachen darlegt (BGHSt 37, 162; BGH NStZ 2012, 280). Die Beweistatsache muss **bestimmt behauptet** werden (vgl. BGH NJW 1995, 1501 (1503); 1999, 2683 (2684)); das gilt auch für die Tatsachen, die die Konnexität begründen sollen (BGH NJW 2011, 1239; krit. dazu Schneider NStZ 2012, 169). Es darf zB nicht offenbleiben, an welchem Tag sich die Beweistatsache ereignet hat (OLG Köln VRS 64, 279 (281)). Nicht ausreichend ist auch die Behauptung, eine bestimmte psychische Störung sei „naheliegend“ (vgl. BGH BeckRS 2019, 19233). Anträge auf **erneute Vernehmung eines Zeugen** sind nach Maßgabe des Abs. 2 zu beurteilen, wenn sie lediglich auf Wiederholung einer bereits durchgeführten Beweisaufnahme o. auf Feststellung v. deren Inhalt gerichtet sind; anders verhält es sich, wenn der Ast neu hervorgetretene Tatsachen konkret vorträgt (s. BGH StV 2019, 808, dort auch zu den Rügeanforderungen in der Revision). Bei Anträgen auf Beweiserhebung zu Bestand und Auslegung ausländischen Rechts muss eine konkrete ausländische Norm bzw. deren Inhalt und die sich daraus ergebende Rechtsfolge mitgeteilt werden (BGH 22.9.2021 – 1 StR 345/21; zur – unzulässigen – Beweiserhebung über inländisches Recht → Rn. 49). 20

20a **Negativtatsachen:** Keine hinreichend bezeichnete Tatsache ist es idR, wenn behauptet wird, ein bestimmtes Ereignis habe nicht stattgefunden (BGHSt 39, 251 (254) mwN; vgl. hierzu die abl. Anm. Hamm StV 1993, 455 u. die zust. Anm. Widmaier NStZ 1993, 602; ferner BGH StV 1996, 248; BayObLG NJW 1996, 331; eing. zum Ganzen Schneider FS Eisenberg, 2009, 616). Anders kann es aber bei einfach gelagerten Abläufen eines bestimmten Vorgangs sein (BGH NStZ 1999, 362; NJW 2003, 2761; StV 2005, 115; OLG Jena StV 2005, 11), zB eine Person habe ein in ihrer Anwesenheit angeblich geschehenes Ereignis *nicht* wahrgenommen u. das Ereignis habe daher nicht stattgefunden, da die Person es nach den konkreten Umständen hätte bemerken müssen (BGHSt 52, 322; BGH NStZ 2024, 177). Vgl. auch Niemöller StV 2003, 687 (696): Die Behauptung muss so bestimmt sein wie die spiegelbildliche Positivbehauptung.

20b Von der Beweistatsache ist das **Beweisziel** zu unterscheiden (BGH NStZ 2007, 112). Dies ist das Beweisergebnis, das sich der Antragsteller aus dem begehrten Beweis erhofft (BGHSt 39, 251; BGH NStZ-RR 2010, 181); ob das Beweisziel erreicht wird, hängt v. den v. Gericht aus der Beweistatsache gezogenen Schlüssen ab. Der Angabe des Beweisziels bedarf es im Antrag nicht; es ist im Beweisantragsrecht nur insoweit v. Bedeutung, als die für den Beweisantrag unabdingbare bestimmte Tatsachenbehauptung nicht durch die Angabe des Beweisziels ersetzt werden kann (vgl. BGH 13.8.2024 – 5 StR 270/24; 5.3.2024 – 1 StR 448/23; OLG Naumburg StV 2012, 589). Wird lediglich ein Beweisziel benannt, liegt **kein Beweisantrag** vor (vgl. BGH NStZ 2023, 250; 13.8.2024 – 5 StR 270/24; 13.3.2024 – 4 StR 448/23; BayObLG StraFo 2019, 516); allerdings kann im Einzelfall die gebotene, für den Ast. günstigste Auslegung des Antrags (→ Rn. 80), einen für die Annahme einer bestimmten Beweistatsache ausr. konkreten Tatsachenkern ergeben (vgl. BGH NJW 2022, 2556).

20c Unter Beweis gestellte **Wertungen** eines Zeugen sind keine bestimmte Behauptung einer Tatsache u. daher nach Abs. 2 zu beurteilen (vgl. BGH BeckRS 2020, 10155: „Auffassung“ einer Zeugin). **Bewertungen festgestellter Beweistatsachen** können ebenfalls nicht Gegenstand eines Beweisantrags iSv Abs. 3 S. 1 sein (BGH NStZ 2006, 712 zur Verwertung einer „operativen Fallanalyse“; dazu **aM** Schiemann NStZ 2007, 686, dort auch zur Definition u. zur forensischen Bedeutung dieser Methode: Vernehmung des „Fallanalytikers“ als Sachverständiger). Mehrere in einem Antrag behauptete Tatsachen dürfen sich nicht widersprechen (BGH NStZ 1998, 209).

21 **IV. Beweismittel.** Für die zu beweisende Tatsache muss ein **bestimmtes Beweismittel** angegeben werden; dabei muss es sich um ein Strengbeweismittel handeln (vgl. BGH 22.2.2023 – 6 StR 509/22). Im Beweisantrag ist ein **Zeuge** grds. mit vollständigem Namen u. genauer Anschrift zu benennen; nur wenn der Antragsteller hierzu nicht in der Lage ist, genügt es, iE den Weg zu beschreiben, auf dem dies zuverlässig ermittelt werden kann (BGH NStZ 2025, 432; 2023, 374). Bei der Benennung eines Zeugen ist aber der Vortrag derjenigen Tatsachen hinreichend, die es dem Gericht ermöglichen, ihn zu identifizieren u. zu ermitteln (BGH NStZ 1999, 152; 2009, 649; StraFo 2010, 341; KG StV 1993, 349; OLG Hamm StV 2008, 570; OLG Köln StV 2006, 685). Ein Zeuge, der erst aus einem Personenkreis herausgefunden werden soll, ist aber noch nicht individualisiert (BGHSt 40, 3). Beim Antrag auf Sachverständigenbeweis muss im Hinblick auf § 73 Abs. 1 kein bestimmter **Sachverständiger** bezeichnet werden (OLG Celle MDR 1959, 950; OLG Hamm MDR 1976, 338); allerdings kann die Angabe des gewünschten Fachgebietes geboten sein, wenn die dem Beweisantrag zugrunde liegende Thematik das Fachgebiet mehrerer fachlich verschiedener Disziplinen betrifft, von denen nicht eine klar im Vordergrund steht (OLG Stuttgart NStZ 2023, 763). Bei **Urkunden** muss das zu Beweiszwecken zu verwertende Dokument genau bezeichnet werden; so reicht etwa der Antrag auf Beiziehung v. Akten nicht aus (BGH NStZ-RR 1998, 276; NStZ 1999, 371; OLG Bamberg NStZ 2018, 235). Dies gilt ebenso für elektronische Dokumente; die Benennung einer elektro-

nischen Akte o. eines Datenträgers genügt nicht (Weiß wistra 2018, 245 (251)). Bei **Lichtbildern und Videos** genügt es dem entspr. nicht, eine Vielzahl gleichartiger Beweismittel zu benennen, aus denen erst diejenigen ermittelt werden sollen, die die Beweisbehauptung bestätigen können (BayObLG BeckRS 2025, 26093). Ein Beweismittelkreis kann benannt werden, wenn jedes einzelne Beweismittel Aufschlüsse zur Sache geben soll; andernfalls liegt ein Beweisermittlungsantrag vor (→ Rn. 25). Zum Austausch des Beweismittels → Rn. 46.

V. Konnexität. Das v. der neueren Rspr. des BGH entwickelte zusätzliche Merkmal der Konnexität ist durch das G zur Modernisierung des Strafverfahrens v. 10.12.2019 in die Legaldefinition des Beweisantrages in Abs. 3 S. 1 aufgenommen worden (vgl. BT-Drs. 19/17474, 34). Konstituierend für das Vorliegen eines Beweisantrags ist damit ein Konnex – also ein **verbindender Zusammenhang – zwischen Beweistatsache u. Beweismittel,** damit das Tatgericht die Ablehnungsgründe der Bedeutungslosigkeit der Beweistatsache u. völligen Ungeeignetheit des Beweismittels sinnvoll zu prüfen vermag (BT-Drs. 532/19, 34; BGH 13.3.2024 – 5 StR 393/23; vgl. dazu schon BGHSt 43, 321 (329); 52, 284). **21a**

Indem die Konnexität nunmehr grds. bereits dem Beweisantrag zu entnehmen sein muss, wird dem Antragsteller eine **zusätzliche Darlegungslast** auferlegt. Dem Antrag muss nachvollziehbar zu entnehmen sein, weshalb das bezeichnete Beweismittel die behauptete Tatsache belegen können soll. Erforderlich, aber auch ausreichend ist etwa die Darlegung der Umstände, aus denen sich ergibt, warum es dem Zeugen möglich sein kann, die Beweistatsache zu bekunden (BGHSt 66, 250 = NJW 2021, 3404 mAnm Kudlich/Koch; BGH NStZ-RR 2025, 20 (21); 2020, 180: Wahrnehmungssituation) bzw. weshalb die Auskunftsperson die in ihr Wissen gestellte Beobachtung aus eigener Wahrnehmung gemacht haben u. darüber berichten kann (BGH NStZ-RR 2001, 43). Das dürfte dann nicht gelten, wenn sich der erforderliche Zusammenhang v. selbst versteht, zB bei unmittelbaren Tatzeugen oder wenn ein Telefongespräch bewiesen werden soll, das der Zeuge selbst geführt hat, oder ein Treffen mit dem Zeugen unter Beweis gestellt wird, das dieser aus eigenem Erleben schildern kann (vgl BGH NStZ-RR 2025, 20 (21); NStZ 2021, 754). Die Anforderungen an die Darlegung der Konnexität im Beweisantrag können allerdings auch **erhöht** sein, wenn sich eine aus dem Akteninhalt ergebende Verschriftlichung v. Angaben des benannten Zeugen sowie seine etwaige dienstliche Erkl. auf der einen u. die aufgestellte Beweisbehauptung auf der anderen Seite diametral entgegenstehen (BGH NStZ 2017, 100). Bei länger andauernden Geschehensabläufen kann es erforderlich sein, die Wahrnehmungssituation des Zeugen vor Ort ganz konkret zu benennen (BGH NStZ-RR 2025, 20 (21). Bei **Sachverständigen** ist der Konnexität bereits Genüge getan, wenn der Antrag Ausführungen zu deren Sachkunde enthält (BGH NJW 2022, 2556; vgl. auch OLG Stuttgart NStZ 2023, 764). **21b**

„Qualifizierte Konnexität“: Ausführungen zur inhaltlichen Plausibilität der Beweisbehauptung können dagegen v. Antragsteller **nicht** verlangt werden (so ausdr. BGHSt 66, 250 = NJW 2021, 3404 (5. StS) mAnm Kudlich/Koch u. Eisenberg NStZ 2021, 756; Güntge JR 2022, 47 sowie Trüg NStZ 2022, 59 unter Aufgabe von BGHSt 52, 284; ebenso BGH NStZ-RR 2025, 20 (21); NStZ 2024, 439). Zwar lässt es der Wortlaut v. S. 1 offen (legt es aber auch nicht nahe, siehe BGHSt 66, 250 = NJW 2021, 3404), ob zusätzlich die Einbeziehung des bisherigen Beweisergebnisses verlangt werden kann. Allerdings hatte der Gesetzgeber bei der Normierung des Merkmals „weshalb das bezeichnete Beweismittel die behauptete Tatsache belegen können soll“ lediglich die Konnexität im in → Rn. 21a und b beschriebenen, nicht aber die „qualifizierte Konnexität“ im Sinne (s. BGHSt 66, 250 = NJW 2021, 3404; s. auch BGH NStZ 2024, 439). Es ist zudem mit der Bedeutung des Beweisantragsrechts als Teilhaberecht der Verfahrensbeteiligten an der Wahrheitsfindung in der HV unvereinbar, wenn die Rspr. teilw. iSd sog. „qualifizierten Konnexität“ auch Ausführungen zur Eignung des Beweisbegehrens für die weitere Sachaufklärung auf der Grdl. der bisherigen Beweisaufnahme ver- **21c**

langt hat (so BGHSt 52, 284 (5. StS); NStZ 2011, 169 f.; so wohl iE auch noch BGH NStZ-RR 2020, 180; **dagegen** zutr. BGHSt 66, 250 = NJW 2021, 3404 mAnm Kudlich/Koch u. Eisenberg NStZ 2021, 756 sowie Trüg NStZ 2022, 59; **abl.** zur „qualifizierten Konnexität" aus dem Schrifttum Löwe/Rosenberg/Becker Rn. 114; Krehl FS Barton, 2023, 87 (99 f.); s. auch schon Jahn StV 2009, 664; Knauer StraFo 2012, 477; Schneider FS Eisenberg, 2009, 628; Ventzke StV 2009, 657). Würde man dies verallgemeinernd als konstituierend für das Vorliegen eines Beweisantrags erachten, müsste der Antragsteller plausibel machen, warum das v. ihm benannte Beweismittel trotz ggf. entgegenstehender bisheriger Beweisergebnisse die unter Beweis gestellte Behauptung belegen können soll. Insoweit bestünde die Gefahr, dass durch erhöhte Anforderungen an die Darlegungslast iSe solchen „qualifizierten Konnexität" faktisch ein v. G sowie Sinn u. Zweck des Beweisantragsrechts nicht vorgesehener Ablehnungsgrund des „Widerspruchs zur bisherigen Beweisaufnahme" legitimiert wird, der zudem dem Verbot der Beweisantizipation widerstreitet (vgl. zutr. BGHSt 66, 250 = NJW 2021, 3404 → Rn. 86, 86a). Insoweit muss verhindert werden, dass sich die Tatgerichte qua eines weit verstandenen Konnexitätserfordernisses den formellen Anforderungen an die Ablehnung eines Beweisantrags nach Abs. 3, Abs. 4 und Abs. 5 entziehen.

21d Das ist auch zu berücksichtigen, wenn es um sog. **Beweisbehauptungen aufs Geratewohl** geht. Diesen fehlt es zwar nach der gesetzgeberischen Konzeption bereits an der gebotenen Ernsthaftigkeit des Verlangens (so ausdr. BT-Drs. 19/17474, 35; BGH wistra 2021, 368). Sie wären danach v. den Fällen fehlender Konnexität zu unterscheiden u. würden so eine eigenständige u. zusätzliche Fallgruppe möglicher Herabstufung formeller Beweisanträge zu lediglich nach den Grundsätzen der Amtsaufklärungspflicht zu beurteilenden Anträgen darstellen (vgl. Claus NStZ 2020, 58 (60). Dabei bleibt allerdings unklar, worin der Unterschied zum nunmehr ges. normierten Merkmal der Konnexität bestehen u. wie eine praktisch handhabbare Abgrenzung erfolgen soll (→ Rn. 21a). Dies gilt namentlich, soweit die Judikatur v. Ast unter bestimmten Umständen noch „qualifizierte" Angaben in Relation zum bisherigen Erg. der Beweisaufnahme verlangt (dagegen allerdings nunmehr zutr. BGHSt 66, 250 = NJW 2021, 3404 (5. StS → Rn. 21c)). Außerdem lässt sich mit Blick auf die Entwicklung der Rspr. konstatieren, dass die Konnexität als dogmatischer Ansatz die frühere Judikatur zu „ins Blaue hinein" aufgestellten Beweisbehauptungen weitgehend substituiert hat (vgl. Löwe/Rosenberg/Becker Rn. 113). Mehr spricht deshalb dafür, „ins Blaue hinein" o. „aufs Geratewohl" gestellte Anträge als Evidenzfälle fehlender Konnexität (vgl. KK-StPO/Krehl Rn. 84; dazu → Rn. 21g, h) oder als zum Zwecke der Prozessverschleppung gestellte Beweisanträge (→ Rn. 93 ff.; s. Trüg NStZ 2022, 59) zu werten. Allerdings hält der 5. StS des BGH (BGHSt 66, 250 = NJW 2021, 3404) mit Rücksicht auf die ausdrückliche gesetzgeberische Entscheidung grds. an der Rechtsfigur fest (BGH NStZ 2021, 626 (3. StS) hat es offen gelassen, unter welchen Umständen einem Antrag die Eigenschaft eines Beweisantrags fehlen kann, wenn es sich bei der Beweistatsache um eine ohne jede tatsächliche und argumentative Grundlage ins Blaue hinein aufgestellte Behauptung handelt).

21e Bei der Annahme, ein Antrag sei evident „aufs Geratewohl" o. „ins Blaue hinein" gestellt worden, ist allerdings in jedem Fall **äußerste Zurückhaltung** geboten. Der Antragsteller muss die Wahrheit der behaupteten Tatsachen nicht versichern; er kann auch Beweis über Tatsachen verlangen, die er nur vermutet o. für möglich hält (BGHSt 21, 118 (125); BGH NStZ 2013, 536; wistra 2021, 368; KG StV 1983, 95; OLG Köln NStZ 1987, 341; Hamm/Pauly Revision Rn. 823; vgl. auch Krehl FS Barton, 2023, 87 (98)). Dies gilt auch dann, wenn sie objektiv ungewöhnlich o. unwahrscheinlich erscheinen (BGH NStZ 2008, 474; wistra 2021, 368). Daran muss auch nach der Gesetzesnovelle festgehalten werden, wenn man das Beweisantragsrecht nicht in seiner Substanz aushöhlen will. Dass das Beweisbegehren dem bisherigen Erg. der Beweisaufnahme widerstreitet, ist dem Recht zur Stellung v. Beweisanträgen immanent. Sinn u. Zweck des Beweisantragsrechts besteht gerade darin, das Gericht, sofern keine ges. normierten Ablehnungsgründe bestehen, dazu zu zwingen, die Beweisaufnahme über das v. ihm nach Maßgabe der Aufklärungspflicht für erforderlich gehaltene auf alternative Geschehensabläufe zu erstrecken. Ein zu weit verstandenes Konnexitätserfordernis darf deshalb, gerade auch nicht qua Qualifizierung v. Beweisbegehren als „ins Blaue hinein" gestellt, dazu führen, Beweisanträge, die im Widerspruch zur bisherigen Beweisaufnahme stehen, in den Bereich des Aufklärungsermessens zu verschieben.

Dass die Behauptung dem bisherigen Beweisergebnis widerspricht (BGH StV 1993, 3) o. dieses keine Anhaltspunkte für ihre Richtigkeit ergeben hat (BGH NStZ 2002, 383) macht den Beweisantrag deshalb nicht wegen fehlender Konnexität zum Beweisermittlungsantrag (s. bereits BGH NJW 1988, 1859; NStZ 1993, 247), ebenso wenig dass es – auch für den Antragsteller – zw. ist, ob sich die benannten Zeugen an die Beweistatsache erinnern (zusf. zum Ganzen BGH NStZ 2013, 476; KG NStZ 2015, 419; OLG Hamburg StV 1999, 81; krit. Ventzke StV 2009, 655; unzutr. KG StV 2015, 103 mablAnm Trüg). 21f

Wie bereits angedeutet kommt **lediglich in Evidenzfällen,** bei denen Anhaltspunkte für die unter Beweisgestellte Tatsache offensichtlich fehlen, ausnahmsweise die Annahme eines Beweisermittlungsantrags (→ Rn. 25) in Betracht (vgl. BGH NStZ-RR 2021, 57; wistra 2021, 368). Damit verengt sich der Anwendungsbereich bei im Widerspruch zur bisherigen Beweisaufnahme stehenden Beweisbegehren auf ersichtlich „aus der Luft gegriffene" Beweisbehauptungen, bei denen sich die Beweisbehauptung als offensichtlich unhaltbar u. hochgradig unwahrscheinlich darstellt (vgl. BGH NStZ 2008, 474; 2013, 476; Schneider ZRP 2019, 126 (128)). Ob ein Beweisantrag idS aufs Geratewohl gestellt ist, ist aus der Sicht eines verständigen Antragstellers auf der Grdl. der v. ihm selbst nicht in Frage gestellten Tatsachen zu beurteilen (BGH NStZ 2013, 476; wistra 2021, 368; OLG Köln VRS 81, 285). Mit dieser Begründung darf der Antrag aber nur abgelehnt werden, wenn der Antragsteller bei einer solchen Sachlage auf Befragen keine plausible Antwort über seine Wissensquellen o. die Gründe für seine Vermutung geben kann (BGH StV 1985, 311; OLG Köln NStZ 2008, 584). 21g

Trotz aller Definitionsversuche wird eine **trennscharfe Abgrenzung** zwischen zulässigerweise vermuteten o. für möglich gehaltenen u. lediglich ins Blaue hinein behaupteten Tatsachen allerdings **kaum möglich** sein (so zutr. Stellungnahme Strafverteidigervereinigungen zum RefE S. 7), u. in hohem Maße v. der subjektiven Einschätzung des Gerichts abhängen. Es ist deshalb erforderlich, dass der ggf. abl. Beschl. die zugrunde liegenden Erwägungen iE darlegt, um eine rechtliche Prüfung des Revisionsgerichts zu ermöglichen; dies erfordert einen hohen argumentativen Aufwand des Tatgerichts (vgl. dazu schon BGH NStZ 2004, 51). Ein tragfähiges Indiz kann etwa sein, dass eine Mehrzahl neutraler Zeugen eine Tatsache übereinstimmend bekundet hat u. ohne Beleg für entspr. tatsächliche Anhaltspunkte das Gegenteil in das Wissen eines weiteren, völlig neu benannten Zeugen gestellt wird, dessen Zuverlässigkeit bzw. Fähigkeit, sich an die unter Beweis gestellte Tatsache zu erinnern, offensichtlichen Zweifeln begegnet; berücksichtigt werden dürfen auch die Erg. der bisherigen Beweisaufnahme sowie das Prozessverhalten des Angeklagten (vgl. BGH wistra 2021, 368; NStZ 2002, 383). 21h

VI. Verschleppungsabsicht. Zur Behandlung v. Beweisanträgen, die zum Zwecke der **Prozessverschleppung** gestellt wurden, s. Abs. 6 S. 2 (→ Rn. 92–93h). 21i

D. Bedingte Beweisanträge; Hilfsbeweisanträge; Eventualbeweisanträge. 22
Ein Beweisantrag kann **unter der Bedingung** gestellt werden, dass eine bestimmte Prozesslage eintritt (Schlothauer StV 1988, 548), dass ein anderer Bet. bestimmte Anträge stellt o. nicht stellt, dass das Gericht zu einer bestimmten Auff. gelangt (Michalke StV 1990, 185), etwa einen Zeugen für glaubwürdig (BGH NStZ 1989, 191) o. für unglaubwürdig hält o. dessen früher gemachte Angaben für erwiesen erachtet (OLG Zweibrücken StV 1995, 347), o. dass es eine bestimmte Entsch. trifft (BGHSt 29, 396), etwa einen anderen Antrag ablehnt, einem Antrag des Prozessgegners stattgibt o. einen bestimmten Zeugen vereidigt (SSW StPO/Sättele

Rn. 157). Über einen solchen Antrag ist nur zu entscheiden, wenn die Bedingung eintritt.

22a Demgegenüber wird der **Hilfsbeweisantrag** v. der Entsch. über einen (unbedingt gestellten) verfahrensabschl. Hauptantrag abhängig gemacht (Michalke StV 1990, 185), insbes., aber nicht notwendig, v. der Freisprechung o. der Verurteilung des Angeklagten zu einer bestimmten Rechtsfolge (Schlothauer StV 1988, 543). Solche Anträge sind grds. zulässig; unzulässig ist jedoch ein Hilfsbeweisantrag, der sich nach der zu beweisenden Behauptung gegen den Schuldspruch richtet, aber nur für den Fall einer bestimmten Rechtsfolgenentscheidung als gestellt gelten soll (BGHSt 40, 287; BGH NStZ 1995, 246; NStZ-RR 1998, 50; vgl. aber andererseits BGH NStZ 1998, 209). Anträge im Schlussvortrag sind im Zweifel Hilfsbeweisanträge (Dallinger MDR 1951, 275 – BGH RsprÜ; OLG Hamm GA 1972, 59; VRS 38, 293; OLG Karlsruhe MDR 1966, 948). Die verfahrensrechtliche Besonderheit v. Hilfsanträgen liegt darin, dass sie grds. erst in den Urteilsgründen beschieden werden müssen (BGHR StPO § 244 Abs. 6 Hilfsbeweisantrag 6; aber auch nun zu Abs. 6 S. 3 → Rn. 94 ff.).

22b Das gilt auch für einen **Eventualbeweisantrag,** der irreführend teilw. dem Hilfsbeweisantrag (Hamm FS Peters, 1984, 173; Michalke StV 1990, 185), teilw. dem bedingten Beweisantrag (Schlothauer StV 1988, 546) gleichgesetzt wird. Es handelt sich dabei um eine Kombination v. bedingtem Beweisantrag (→ Rn. 22) u. Hilfsbeweisantrag (→ Rn. 22a), nämlich um einen bedingten Beweisantrag, der im Schlussvortrag als Hilfsantrag gestellt wird (BGH StV 1990, 149; ähnlich Niemöller JZ 1992, 885; vgl. aber auch Widmaier FS Salger, 1995, 422 mit anderen Abgrenzungen).

22c Zur **Entscheidung** über Hilfs- u. Eventualbeweisanträge **im Urteil** → Rn. 90a.

23 **E. Beweisanregungen. Beweisanregungen** unterscheiden sich v. den Beweisanträgen dadurch, dass eine Beweiserhebung in das Ermessen des Gerichts gestellt wird, weil der Antragsteller einen Beweisantrag nicht stellen will o. aus tatsächlichen o. rechtlichen Gründen nicht stellen kann. Das Gericht entscheidet über solche Anregungen im Rahmen seiner Aufklärungspflicht nach Abs. 2 (BGHSt 6, 128; 30, 131 (142); BGH NStZ 1981, 309; OLG Koblenz VRS 65, 441 (443)).

24 **I. Beweiserbieten.** Das **Beweiserbieten** ist der Hinweis auf die Möglichkeit einer Beweiserhebung, die der Prozessbeteiligte dem Gericht für den Fall anheimstellt, dass die Aufklärungspflicht zu ihr zwingt (BGH VRS 41, 203 (206)). Die Auslegung der Erkl. wird meist ergeben, dass in Wahrheit ein Beweisantrag vorliegt.

25 **II. Beweisermittlungsanträge. Beweisermittlungsanträge** dienen der Vorbereitung v. Beweisanträgen, die der Antragsteller noch nicht stellen kann, weil er die Beweistatsache nicht kennt o. das Beweismittel nicht bestimmt bezeichnen kann (vgl. BGHSt 30, 131 (142); BGH GA 1981, 228; StV 1983, 185). Es geht ihm zunächst nur um das Auffinden brauchbaren Verteidigungsmaterials. Solche Anträge sind stets zulässig. Beweisermittlungsanträge sind zB Anträge auf Vernehmung von Zeugen, die erst die Benennung von Wahrnehmungszeugen zum eigentlichen Beweisthema ermöglichen sollen (BGH 11.9.2025 – 4 StR 64/25), Anträge auf Sachverständigengutachten mit unbestimmtem Ausgang (Pfeiffer/Miebach NStZ 1985, 205 – BGH RsprÜ: Untersuchung auf den Geisteszustand; BGH BeckRS 2021, 3721: Ersuchen, der Sachverständige möge einer bestimmten Frage nachgehen; OLG Köln NStZ 1987, 341: Verwechslung einer Blutprobe) o. auf Augenscheinseinnahmen, deren Erg. ungewiss ist (KG JR 1954, 272; OLG Koblenz VRS 49, 40; vgl. auch BGH NStZ 2021, 382: Antrag auf Aufbereitung v. Videosequenzen). Ein Antrag, durch Nachforschungen geeignete Beweismittel aufzufinden (vgl. BGH MDR 1960, 329), liegt zB vor, wenn Zeugen nur unbestimmt bezeichnet werden können (OLG Saarbrücken VRS 49, 45: Zeuge N. N. aus der Nachbarschaft), insbes. aber, wenn erst aus einer Vielzahl gleichartiger Beweismittel dasjenige ermittelt werden soll, das die Beweisbehauptung bestätigen kann. Das ist der Fall bei der Benennung eines Kreises v. Zeugen (Pfeiffer/Miebach NStZ 1983, 210 –

BGH RsprÜ; BGH StV 1996, 581) o. einer Urkundensammlung (BGHSt 6, 128; 30, 131 (142)) o. bei dem Antrag auf Beiziehung v. Akten, denn insoweit ist für einen Beweisantrag die genaue Kennzeichnung des zu Beweiszwecken zu verwertenden Dokuments erforderlich (BGH NStZ-RR 1998, 276; NStZ 1999, 371; OLG Bamberg NStZ 2018, 235). Beweisermittlungsanträge iwS sind Anträge, mit denen das Gericht zu Maßnahmen, wie der Aussetzung des Hauptverfahrens, der Zurverfügungstellung v. Akten uÄ, veranlasst werden soll, die der Antragsteller zur Gewinnung v. Beweismaterial benutzen will (BGH NStZ 1997, 562: Beiziehung v. „Krankenunterlagen").

III. Beweisanregungen im engeren Sinne. Beweisanregungen ieS sind Anträge, die aus Rechtsgründen nicht als Beweisanträge gestellt werden können, weil sie nicht den Umf., sondern nur die Art u. Weise der Beweisaufnahme betreffen, die durch Beweisanträge nicht beeinflusst werden kann. Dazu gehören Anträge auf Gegenüberstellungen (BGH NJW 1960, 2156; BGH NStZ 1988, 420 (421)), auch wenn die Zeugenvernehmung im Ausland stattfindet (BGH NStZ 1992, 394), auf **Wiederholung** einer Beweiserhebung zu derselben Beweisfrage (BGHSt 14, 21 (22); Becker NStZ-RR 2002, 258 – BGH RsprÜ; BGH StV 2001, 98; anders aber bei Vernehmung zu einer neuen Behauptung: BGH StV 1995, 566), wozu **nicht** die Vernehmung eines Zeugen rechnet, der bisher nur als Mitangeklagter vernommen worden ist (BGH BeckRS 2025, 1793 mwN; NJW 1985, 76), sowie Anträge auf Vornahme v. Versuchen u. Experimenten (BGH NJW 1961, 1486; Pfeiffer/Miebach NStZ 1987, 218 – BGH RsprÜ; BGH VRS 28, 190) u. auf Unterbringung zur Beobachtung nach § 81 (→ § 81 Rn. 3). 26

IV. Verfahrensrechtliche Besonderheiten. Beweisanregungen sind, mit Ausnahme der Beweiserbieten (→ Rn. 24), in das **Sitzungsprotokoll** aufzunehmen (OLG Nürnberg MDR 1984, 74). Die Ablehnung des Antrags erfordert keinen Gerichtsbeschluss (BGHSt 6, 128; BGH NStZ 1982, 296; 1982, 477; OLG Düsseldorf VRS 64, 216 (219)). Ausreichend, aber auch erforderlich ist die Ablehnung durch den **Vorsitzenden** (BGH NStZ 2008, 109; 2009, 401); die Anrufung des Gerichts nach § 238 Abs. 2 ist zulässig (BGH NStZ 2008, 109). Dies gilt für sämtliche Beweisbegehren unterhalb der qualitativen Schwelle des Abs. 3 S. 1 (Schneider NStZ 2024, 705 (715)) und zwar auch dann, wenn der Ast. sein Vorbringen als Beweisantrag verstanden wissen will (vgl. Schneider NStZ 2024, 705 (713 ff.); die gegenteilige Auffassung von BGH StV 1994, 172 sowie der hM – vgl. etwa KK-StPO/Krehl Rn. 101, MüKoStPO/Trüg/Habetha Rn. 179 – ist systemwidrig und widerspricht dem Wortlaut des Abs. 6 S. 1). Dass sich die Ablehnung „mit den Für und Gegen eine Beweistätigkeit des Gerichts sprechenden Umständen auseinandersetzen müsse" (so Herdegen GS Meyer, 1990, 196), verlangt die Rspr. aber nicht. Ihre Ablehnung kann nur unter Aufklärungsgesichtspunkten gerügt werden (vgl. BGHSt 30, 131; OLG Bamberg NStZ 2018, 235 mwN; erg. → Rn. 101 ff.). 27

F. Stellung von Beweisanträgen. I. Antragsrecht. Das Beweisantragsrecht folgt aus dem Anspruch auf rechtliches Gehör nach Art. 103 Abs. 1 GG (BVerfGE 46, 315 (319); 50, 32; 65, 305; erg. → Einl. Rn. 28). 28

Das Gericht muss den Antrag entgegennehmen u. prozessordnungsgemäß bescheiden. Auch bei offensichtlichem Missbrauch des Antragsrechts darf die Annahme des Antrags nicht abgelehnt (BGH JR 1980, 218) u. der Antrag nicht ohne inhaltliche Prüfung als unzulässig zurückgewiesen werden (BGHSt 29, 149; vgl. auch BGH NStZ 1986, 371). 29

Berechtigt zur Antragstellung (allg. Alsberg Beweisantrag/Güntge Rn. 690 ff.) sind der StA, der Anträge zur Be- u. Entlastung und, unabhängig v. diesen Gesichtspunkten, zur Sachaufklärung stellen kann (BGH NJW 1952, 273), der Privatkläger (vgl. aber → § 384 Rn. 14), der Nebenkläger (§ 397 Abs. 1 S. 3) im Rahmen seiner Anschlussberechtigung (Gollwitzer FS Schäfer, 1979, 67 ff.), der Antragsteller im Anhangsverfahren nach §§ 403 ff., soweit seine vermögensrechtlichen Ansprüche betroffen sind (BGH NJW 1956, 1767), der Nebenbetroffene, 30 sofern der Beweisantrag nicht die Schuldfrage betr. (§§ 438 Abs. 3, 430 Abs. 2; BGH StV 2019, 804). Antragsberechtigt sind ferner Erziehungsberechtigte u. ges. Vertreter (§ 67 Abs. 1 **JGG**) u. Beistände nach § 69 **JGG,** nicht aber nach § 149 (Holtz MDR 1978, 626 – BGH RsprÜ), auch nicht der nach § 407 Abs. 1 **AO** teilnahmeberechtigte Finanzamtsvertreter.

30a Angeklagte können Beweisanträge selbst bei Geschäftsunfähigkeit stellen, auch im Widerspruch zu ihrer bisherigen Einlassung (Holtz MDR 1977, 461 – BGH RsprÜ), Nebenbeteiligte nach §§ 433 Abs. 1 S. 1, 440 Abs. 3, 442, 444 Abs. 2 S. 2 mit der sich aus § 436 Abs. 2 ergebenden Einschränkung. Der Verteidiger, auch der Pflichtverteidiger, hat ein selbstständiges Antragsrecht (BGH NJW 1953, 1314; 1969, 281), das v. Willen des Angeklagten unabhängig ist (BGH NStZ 2009, 581; OLG Hamm VRS 42, 115 (117); OLG Köln VRS 24, 217; → Einl. Rn. 84); die Anträge können auch im Widerspruch zur Einlassung des Angeklagten (BGHSt 21, 118 (124); OLG Köln VRS 17, 140) u. sogar zu seinem Geständnis stehen. Im Übrigen dürfen in Beweisanträgen aufgestellte Behauptungen im Regelfall **nicht** in eine **Einlassung** des Angeklagten **umgedeutet** werden (vgl. OLG Hamm 26.8.2025 – BeckRS 2025, 23768).

31 **Gemeinsame Antragstellung** mehrerer Berechtigter ist zulässig, auch v. Prozessgegnern, sofern sie mit der Beweisführung nicht entgegengesetzte Interessen verfolgen. Möglich ist auch der Anschluss an den Antrag eines anderen Bet., selbst stillschweigend. Eine gemeinschaftliche Antragstellung o. ein stillschweigender Anschluss erwächst aus der „Verbundenheit der Interessen" mehrerer Prozessbeteiligter (BGHSt 32, 10 (12); BGH NStZ 1984, 42; VRS 28, 378 (380)); entscheidend ist die „Konkordanz des Verteidigungsvorbringens" (KK-StPO/Krehl Rn. 98). In einem solchen Fall ist auch der Bet., der sich dem Antrag nicht ausdr. angeschlossen hat, rügeberechtigt (→ Rn. 105).

32 **II. Form.** Beweisanträge müssen **in der HV** (→ Rn. 33 f.) **u. mündlich** (vgl. aber § 257a) gestellt werden. Die Vorlegung schriftlicher Anträge kann den mündlichen Vortrag nicht ersetzen (OLG Frankfurt a. M. NStZ-RR 1998, 210; Alsberg Beweisantrag/Güntge Rn. 724). Der Vorsitzende muss daher ggf. auf die Verlesung hinwirken (Löwe/Rosenberg/Becker Rn. 126) o. sie selbst vornehmen. Üblicherweise überreicht der Antragsteller v. sich aus einen Schriftsatz u. verliest ihn (OLG Hamm JMBl. NRW. 1970, 251). Sonst kann der Vorsitzende um schriftliche Niederlegung ersuchen; der Antragsteller muss dem aber nicht nachkommen (Rüth DAR 1979, 240 – BayObLG RsprÜ; OLG Hamm JMBl. NRW. 1970, 251). Einen Anspruch darauf, einen Beweisantrag in das Sitzungsprotokoll zu diktieren, haben die Prozessbeteiligten nicht (OLG Hamm JMBl. NRW. 1970, 251; OLG Köln VRS 70, 370).

33 **III. Zeitpunkt.** Beweisanträge sind **bis zum Beginn der Urteilsverkündung** zulässig (BGHSt 16, 389 (391); 21, 118 (124); BGH NStZ 1982, 41; OLG Köln VRS 64, 279; → § 246 Rn. 1; → § 268 Rn. 3, 15), auch im Verkündungstermin (BGH NStZ 1981, 311; 2005, 395; KG StV 1991, 59). Dies gilt nach wie vor auch, wenn der Antrag nach Ablauf einer nach Abs. 6 S. 3 gestellten Frist ohne hinreichenden Grund gestellt wird; in diesem Fall erlaubt die Fristversäumnis lediglich eine Bescheidung des Antrags im Urteil.

34 Sogar **nachdem** das **Gericht zur Urteilsverkündung im Sitzungssaal erschienen** ist, können noch Anträge gestellt werden (RGSt 66, 88; Ernesti/Jürgensen SchlHA 1976, 171 – OLG Schleswig RsprÜ). Lehnt der Vorsitzende die Entgegennahme des Antrags ab, gilt § 238 Abs. 2 (BGH NStZ 1992, 346; erg. → § 238 Rn. 13), es sei denn, der Vorsitzende lässt den Antragsteller überhaupt nicht zu Wort kommen (BGH NStZ 1992, 248; 2007, 112). Nach Beginn der Urteilsverkündung bis zum Schluss der mündlichen Begründung (BGHSt 25, 333 (335)) steht es im Ermessen des Vorsitzenden, ob weitere Anträge entgegengenommen werden (BGH NStZ 1986, 182; VRS 36, 368; OLG Neustadt NJW 1962, 1632); er braucht seine abl. Entsch. nicht zu begründen (BGH NStZ 1986, 182). Die Anrufung des Gerichts nach § 238 Abs. 2 ist jetzt ausgeschlossen (Dallinger

MDR 1975, 24 – BGH RsprÜ; erg. → § 268 Rn. 4). Maßgebend ist die Aufklärungspflicht nach Abs. 2 (Dallinger MDR 1975, 24 – BGH RsprÜ; OLG Saarbrücken OLGSt StPO § 244 Abs. 2 S. 45). Wenn aber die Urteilsbegründung zur Entgegennahme des Antrags unterbrochen worden ist, gelten Abs. 3–5 (BGH StV 1985, 398).

Vor der Hauptverhandlung gestellte Anträge müssen in der HV wiederholt 35 werden (RGSt 73, 193), sofern nicht unzulässigerweise die Wahrunterstellung zugesagt worden ist (→ § 201 Rn. 8; → § 219 Rn. 5). Das Übergehen eines außerhalb der HV gestellten Beweisantrags kann uU eine Verletzung der Aufklärungspflicht (→ Rn. 10) begründen (Becker NStZ-RR 2002, 68 – BGH RsprÜ; BGH StV 2017, 502; KG NStZ 2019, 488). Die Wiederholung ist auch **nach Aussetzung** (nicht bei bloßer Unterbrechung nach § 229) der HV (Rüth DAR 1964, 242 – BayObLG RsprÜ) u. nach Zurückverweisung durch das Revisionsgericht erforderlich.

Anträge, die **der vom Erscheinen entbundene Angeklagte** bei seiner Ver- 36 nehmung nach § 233 Abs. 2 S. 1 gestellt hat, gelten als in der HV gestellt (RGSt 40, 354 (356); BayObLGSt 1955, 267), auch wenn dort ein Verteidiger mitwirkt (Löwe/Rosenberg/Becker § 233 Rn. 31). Über schriftliche Anträge des v. Erscheinen Entbundenen vor der HV wird dagegen nur nach § 219 entschieden (BayObLGSt 1955, 267).

IV. Hinwirken auf die Stellung sachdienlicher Anträge. Das Gericht hat 37 die Pflicht, die Prozessbeteiligten zur Stellung sachdienlicher Anträge zu veranlassen u. bei der Stellung ihrer Beweisanträge zu unterstützen (BGHSt 22, 118 (122)); dies folgt aus Abs. 2 sowie aus seiner Fürsorgepflicht und der Verfahrensfairness (BGH NStZ 2024, 684 → Einl. Rn. 155 ff.). Erkennbare Missverständnisse sind durch entspr. Hinweise auszuräumen (Kusch NStZ 1993, 228 – BGH RsprÜ; BGH NStZ 1994, 483). Auf die mündliche Wiedergabe schriftlich gestellter Anträge (→ Rn. 32) u. auf die Vervollständigung unzulänglicher Beweisanträge muss hingewirkt werden (BGH StV 1981, 330; 1996, 362), sofern das nicht v. vornherein zwecklos erscheint (RGSt 51, 42; Bergmann MDR 1976, 889).

Eine Pflicht zum Hinwirken auf eine **sachdienliche Antragstellung** besteht 38 vor allem, wenn der Sachverhalt die Vermutung nahelegt, dass der Antragsteller den Antrag aus Ungeschick, ungenügender Überlegung, infolge eines Versehens o. aus ähnlichen Gründen nicht so genau u. vollständig gefasst hat, wie er dazu an sich in der Lage wäre (vgl. BGH NStZ 2024, 684 mAnm Schneider; 1995, 356), insbes., wenn er die Beweistatsachen nicht (BGH GA 1960, 315) o. nicht bestimmt genug (BGH NStZ 2014, 419) o. nicht deutlich genug angibt (BGHSt 19, 24 (25); BayObLG VRS 59, 266; OLG Köln VRS 64, 279) u. wenn das Ziel des Antrags nicht erkennbar (BGHSt 1, 137 (138); BGH NJW 1959, 396) o. das Beweismittel nicht ausreichend bezeichnet ist (OLG Saarbrücken VRS 38, 59). Das gilt für Hilfs- u. Eventualbeweisanträge (→ Rn. 22a, 22b) genauso (**aM** Fahl Rechtsmißbrauch S. 596; Schneider NStZ 2024, 686, 688; offengelassen in BGH NStZ 1994, 583 (584); BGHR StPO § 244 Abs. 6 Hilfsbeweisantrag 6). Diese Pflichten bestehen auch ggü. StA, Privat- u. Nebenkläger sowie Verteidiger (BGHSt 22, 118 (122); vgl. auch BGHSt 19, 24 (25); OLG Hamm VRS 40, 205). Zur dem Ast. günstigen Auslegung des Antrags → Rn. 79, 80.Zur ausnahmsweisen Pflicht des Ast., ein erkennbares Missverständnis des Gerichts auszuräumen, → Rn. 88.

V. Protokollierung. Nach § 273 Abs. 1 muss der Beweisantrag, auch der 39 Hilfsantrag (Dallinger MDR 1968, 552 – BGH RsprÜ; Dallinger MDR 1975, 468 – BGH RsprÜ), nicht aber eine mündliche Begründung, die der Antragsteller dem Antrag hinzufügt (OLG Nürnberg MDR 1984, 74), im Prot. beurkundet werden (→ § 273 Rn. 10). Es muss den Antragsteller u. den Inhalt des Antrags ausweisen (BGH GA 1960, 315). War der Antrag aus einem dem Gericht überreichten Schriftsatz verlesen worden, so genügt in der Sitzungsniederschrift die Bezugnahme auf das als Anl. zum Prot. genommene Schriftstück.

40 **VI. Zurücknahme und Verzicht. Zulässig** sind die Zurücknahme des Beweisantrags u. der Verzicht (vgl. Alsberg Beweisantrag/Güntge Rn. 753 ff.) auf die bereits beschlossene Beweiserhebung, solange das Beweismittel nicht im Sitzungssaal präsent ist; dann gilt § 245 Abs. 1 S. 2. Die Zurücknahme muss eindeutig erklärt werden (Dallinger MDR 1971, 18 – BGH RsprÜ; OLG Koblenz wistra 1984, 122); eine schlüssige Handlung kann aber genügen (Kusch NStZ 1993, 28 – BGH RsprÜ). Sie liegt idR nicht in der Erkl. des Antragstellers, er stelle keine weiteren Beweisanträge (Kusch NStZ 1993, 28 – BGH RsprÜ; Pfeiffer/Miebach NStZ 1983, 212 – BGH RsprÜ; BGH StV 1987, 189), er verzichte auf eine weitere Beweisaufnahme, er sei mit dem Schluss der Beweisaufnahme einverstanden (BGH StV 2003, 318; OLG Düsseldorf StV 2001, 104). Keinen Verzicht bedeutet das Unterlassen der Wiederholung eines versehentlich nicht beschiedenen Antrags (vgl. jedoch OLG Hamm JR 1971, 516).

41 Ein Verzicht kann aber angenommen werden, wenn der Antragsteller auf den Antrag nicht mehr zurückkommt, nachdem ein Beweis erhoben worden ist, den er als gleichwertig ansehen kann (Dallinger MDR 1957, 268 – BGH RsprÜ), o. wenn v. 8 Zeugen, deren Vernehmung zum selben Beweisthema er beantragt hatte, 5 erschienen sind u. die Beweistatsache nicht bestätigt haben (KG StV 1987, 80). Die Zurücknahme kann auf einen Teil des Antrags beschränkt (Dallinger MDR 1957, 268 – BGH RsprÜ; RGSt 75, 165 (168)), aber nicht unter einer Bedingung erklärt werden.

42 Die Rücknahme **wirkt nur** gegen den Bet., der sie erklärt, nicht gegen einen anderen, der sich dem Antrag angeschlossen hatte. Die Erkl. ist unwiderruflich (→ Einl. Rn. 116), hindert aber nicht die erneute Stellung des Antrags. Zurücknahme u. Verzicht müssen nach § 273 Abs. 1 im Sitzungsprotokoll beurkundet werden (BGH StV 1983, 319). Wurde der Antrag wegen einer v. Gericht angekündigten Entsch. zurückgenommen, muss das Gericht bei Änd. seiner Rechtsansicht einen entspr. Hinweis erteilen (BGH NStZ 2006, 55).

43, 44 **G. Anordnung der beantragten Beweiserhebung. I. Anordnung durch Vorsitzenden.** Die beantragte Beweisaufnahme kann der Vorsitzende nach § 238 Abs. 1 anordnen (BGH NStZ 1982, 432; KMR-StPO/Paulus Rn. 406), sofern nicht eine Aussetzung o. Unterbrechung der Verh. erforderlich ist (§ 228 Abs. 1 S. 1).

45 **II. Rechtsbehelf.** Gegen seine Anordnung, die nicht begründet zu werden braucht (KK-StPO/Krehl Rn. 115), kann nach § 238 Abs. 2 das Gericht angerufen werden, auch wenn nur die Notwendigkeit u. Sachdienlichkeit der Beweiserhebung bestr. wird (vgl. Erker Beanstandungsrecht S. 96 ff.).

46 **III. Austausch des benannten Beweismittels.** Ein Austausch des benannten Beweismittels ist beim Antrag auf Beweis durch Sachverständigen (§ 73 Abs. 1 S. 1) u. Augenschein (Abs. 5) zulässig (zur Ersetzung des Augenscheins durch Urkundenbeweis vgl. BGHSt 27, 135). Sonst gilt der Grundsatz, dass das Gericht stets ein **besseres o. gleichwertiges** Beweismittel benutzen darf (BGHSt 22, 347; BGH NJW 1983, 126; OLG Köln NStZ 1987, 341; StV 1999, 83; **aM** Schneider NStZ 2024, 705, 709 ff. unter Hinweis auf das Beweisantizipationsverbot; vgl. auch OLG Köln OLGSt StPO § 244 Nr. 10); dies bestimmt sich nach den Umständen des Einzelfalls (BGH NJW 1969, 1219; OLG Hamm StraFo 2021, 345). Beim Zeugenbeweis gilt dies aber nur, wenn der Zeuge nicht über ein eigenes Erlebnis, sondern über Feststellungen Auskunft geben soll, die v. subjektiven Vorstellungen u. der eigenen Beobachtungsgabe unabhängig sind (BGHSt 22, 347; OLG Köln Köln NStZ 1987, 341; vgl. auch BGH NJW 2011, 1299 (1300)), der Urkundenbeweis also das bessere Beweismittel ist (BGH NStZ 2008, 529). BGH NJW 2014, 1025 neigt dazu, diese Rspr. auch anzuwenden, wenn das Gericht die zu beweisende Tatsache auf die Einlassung des Angeklagten stützt. Der Urkundenbeweis kann – von einfach gelagerten Sachverhalten abgesehen – nicht durch die persönliche Vernehmung der Verhörspersonen als Zeugen ersetzt werden (vgl. OLG Hamm StraFo 2021, 345).

47 **H. Ablehnung von Beweisanträgen (Abs. 3 S. 2, 3, Abs. 4, Abs. 5).** Die nach früherer Rechtslage in S. 1 und S. 2 enthaltenen Ablehnungsgründe wurden durch das G zur Modernisierung des Strafverfahrens v. 10.12.2019 (BGBl. I 2121 (2122)) neu geordnet. Die Unzulässigkeit der Beweiserhebung ist jetzt in Abs. 3 S. 2 erfasst, die früher in S. 3 enthaltenen Ablehnungsgründe sind – mit Ausnahme der Prozessverschleppungsabsicht (dazu Abs. 6 S. 2, → Rn. 92–93h) nunmehr in Abs. 3 S. 3 enumerativ aufgeführt. Abs. 4 und Abs. 5 blieben unverändert.

48 **I. Unzulässigkeit (Abs. 3 S. 2).** Zu unterscheiden ist die Unzulässigkeit des Beweisantrags v. der der Beweiserhebung. Unzulässige Anträge sind zB Anträge v. nichtberechtigten Antragstellern (→ Rn. 30) o. die sachwidrige Verknüpfung einer Frage des Schuldspruchs mit einem Aspekt der Strafzumessung (BGH BeckRS 2017, 132691 mwN: Antrag auf Einholung eines psychiatrischen Gutachtens, falls das Tatgericht beabsichtigt, den Angeklagten zu einer nicht mehr bewährungsfähigen Freiheitsstrafe zu verurteilen). Unzulässige „Ausforschungsbeweisanträge" gibt es nicht (**aM** Spiegel DAR 1976, 95 – BGH RsprÜ; Spiegel DAR 1980, 205 – BGH RsprÜ; Ernesti/Jürgensen SchlHA 1977, 181 – OLG Schleswig RsprÜ); sie sind zulässige Beweisermittlungsanträge (→ Rn. 25).

49 Der **zwingende Ablehnungsgrund des Abs. 3 S. 2** betr. **nur Anträge auf unzulässige Beweiserhebungen.** Der Begriff ist ebenso auszulegen wie in § 245 Abs. 1 S. 1, Abs. 2 S. 2 (→ § 245 Rn. 7, 23). Unzulässig ist zB die Beweiserhebung mit in der StPO nicht zugelassenen Beweismitteln (Mitangeklagte, Privatkläger, erfolgreich abgelehnte Sachverständige) u. über Themen, die nicht Gegenstand einer Beweisaufnahme sein können (BGH BeckRS 2010, 14686; Alsberg Beweisantrag/Güntge Rn. 791 ff.). Hierher gehören Wahrnehmungen der erkennenden Richter o. sonstiger Verfahrensbeteiligter in der lfd. Verh. (BGHR StPO§ 244 Unzulässigkeit 4, 7, 9, 10, 12; BGH StV 2004, 355; erg. → § 22 Rn. 20); soweit sich ein Richter dazu in einer dienstlichen Erkl. geäußert hat, darf die Äußerung iRd Beweiswürdigung im Urt. nicht verwertet werden (BGHSt 47, 270). Mitschriften, die ein nunmehr als Zeuge vernommener Richter in einer früheren HV als erkennender Richter angefertigt hat, sind einer Beweisaufnahme nicht zugänglich (BGHSt 54, 37). Auch Mitteilungen des Angeklagten an seinen amtierenden Verteidiger vor der HV können grds. nicht Gegenstand der Beweisaufnahme sein (so zwar iErg zutr. BGH StV 2008, 284 mablAnm Beulke/Ruhmannseder, die aber zu Recht die Begründung – Schutz des Verteidigungsverhältnisses – beanstanden, so auch BGH StV 2010, 287). Unzulässig ist auch die Beweiserhebung über Bestand u. Auslegung des inländischen Rechts u. seine Anwendung auf den Entscheidungsfall (BGH NJW 1968, 1293; NStZ-RR 2021, 259; KG VRS 17, 358; OLG Hamm VRS 11, 59; KK-StPO/Krehl Rn. 3; **aM** Löwe/Rosenberg/Krause Vor § 72 Rn. 12), die schuldangemessene Höhe der Strafe (BGHSt 25, 207), die günstige Sozialprognose nach § 56 Abs. 1 StGB, soweit eine solche lediglich behauptet wird, nicht jedoch, wenn hierzu konkret Tatsachen vorgetragen werden, wobei eine Beweiserhebung allerdings idR wegen eigener Sachkunde des Gerichts (→ Rn. 73) wird abgelehnt werden können (BayObLG JR 2003, 294). Gleiches gilt für die Frage, ob die Verteidigung der Rechtsordnung der Strafaussetzung nach § 56 Abs. 3 StGB entgegensteht (OLG Celle JR 1980, 256). Der BGH (StV 1991, 99; 2004, 355; ebenso Löwe/Rosenberg/Becker Rn. 199) hat in der Vergangenheit unter bestimmten Umständen auch einen zu verfahrensfremden Zwecken gestellten Beweisantrag für unzulässig gehalten; aber eine Beweiserhebung dazu wäre nicht verboten, vielmehr käme nach neuer Rechtslage eine Verfahrensweise nach Abs. 6 S. 2 in Betracht, dh der betr. Antrag bedürfte keiner Ablehnung durch Gerichtsbeschluss (→ Rn. 92 ff.).

49a **Hauptsächlich kommt die Ablehnung nach Abs. 3 S. 2 in Betracht,** wenn ein Beweisthema- o. Beweismittelverbot (→ Einl. Rn. 51 ff.) besteht. Das Beweisthema unterliegt zB einem Beweisverbot, wenn in dem anhängigen Verf. insoweit schon eine Bindungswirkung eingetreten ist (→ Einl. Rn. 187, → § 327 Rn. 5 ff., → § 353 Rn. 20) o. wenn die Beweistatsache wegen Geheimhaltungsbedürftigkeit nicht aufgeklärt werden darf (vgl. zB § 43 **DRiG**). Beweismittelverbote bestehen in den Fällen der § 52 (→ § 52 Rn. 2, 24), § 53 (→ § 53 Rn. 1), §§ 53a, 54 (→ § 54 Rn. 25), §§ 81c, 96, 250 (→ § 250 Rn. 9 ff.), § 252 (→ § 252 Rn. 12 ff.); **nicht aber** in den Fällen des § 53 Abs. 1 Nr. 3 allein wegen einer v. Berechtigten verweigerten Schweigepflichtsentbindung (→ § 53 Rn. 19a, 45). Ferner ist die Beweiserhebung unzulässig, wenn der Beweis durch verbotene Methoden (§§ 136a, 69 Abs. 3), durch Unterlassen ges. vorgeschriebener Belehrungen (§§ 52 Abs. 3 S. 1, 81c Abs. 3 S. 2 Hs. 2) o. durch andere Verstöße gegen ges. Vorschr. erlangt worden ist. Ist der Schuldspruch rkr., sind Beweisanträge, die auf Feststellung der Unschuld o. der Schuldunfähigkeit des Angeklagten gerichtet sind, unzulässig (BGHSt 44, 119; erg. → § 353 Rn. 21). Wegen der verfassungsrechtlichen Beweisverbote vgl. → Einl. Rn. 56. Zu den Vortragspflichten in der Revision → Rn. 106 sowie BGH NStZ-RR 2019, 26.

50 **II. Offenkundigkeit (Abs. 3 S. 3 Nr. 1). Offenkundigkeit (Abs. 3 S. 3 Nr. 1)** der Beweistatsache o. ihres Gegenteils (BGHSt 6, 292 (296); BayObLGSt 1966, 4; OLG Bamberg NStZ 2015, 235; OLG Hamburg NJW 1968, 2303) macht die Beweiserhebung überflüssig. Offenkundigkeit ist der Oberbegriff für Allgemein- u. Gerichtskundigkeit. Zur Pflicht des Gerichts, offenkundige Tatsachen als solche zu benennen (nicht ausr. „zum Gegenstand der Hauptverhandlung" zu machen, vgl. BGH NStZ 2023, 637) und **in der HV zu erörtern,** vgl. → Rn. 2; sowie BGH NStZ-RR 2025, 320, zur Protokollierungspflicht vgl. → § 273 Rn. 7 aE, zur Beachtung bei der Beweiswürdigung OLG Hamm NStZ-RR 2014, 250.

51 **Allgemeinkundig** sind Tatsachen u. Erfahrungssätze, v. denen verständige u. erfahrene Menschen regelmäßig ohne weiteres Kenntnis haben o. über die sie sich aus allg. zugänglichen zuverlässigen Quellen unschwer unterrichten können (BVerfGE 10, 177 (183); BVerwG NVwZ 1983, 99; BGH JR 2018, 579; KG NJW 1972, 1909), u. zwar ohne bes. Fachkenntnisse (BGHSt 6, 292 (293); 26, 56 (59); BGH JR 2018, 579; OLG Celle NStZ 2023, 379). Die Allgemeinkundigkeit kann örtlich, zeitlich u. persönlich beschränkt sein (BGHSt 6, 292 (293); Spiegel DAR 1981, 199 – BGH RsprÜ). Quellen der Allgemeinkundigkeit, die das Gericht jederzeit benutzen darf, sind va (digitale) Nachschlagewerke, Zeitungen, Hör- u. Fernsehfunk, Land- u. Straßenkarten (OLG Brandenburg StraFo 1997, 205), Geschichtsbücher uÄ. Allgemeinkundig können insbes. Naturvorgänge, Daten (BGHSt 48, 28: aber nicht Fahrzeug- u. Halterdaten des Fahrzeugregisters), geographische Verhältnisse, geschichtlich erwiesene Tatsachen (zB der millionenfache Judenmord in den Gaskammern der Konzentrationslager während des 2. Weltkriegs, vgl. BGHSt 40, 97 (99); NJW 2002, 2115) sein.

51a Auch die Merkmale des ges. Tatbestands ua **unmittelbar beweiserhebliche Tatsachen** können im Einzelfall allgemeinkundig sein (BGHSt 40, 97 = NJW 1994, 1421: „Auschwitzlüge"; BGH BeckRS 2015, 464; 20.9.1989 – 2 StR 251/89; OLG Düsseldorf MDR 1980, 868 f.; **aM** Alsberg/Güntge Rn. 1067 f.; HK-StPO/Julius Rn. 29; diff. MükoStPO/Trüg/Habetha Rn. 221; soweit allerdings BGH NStZ 2022, 282 mzutrablAnm Habetha die Behandlung von für den Schuldspruch relevanten Haupttatsachen als allgemeinkundig prinzipiell ablehnt, bezieht er sich ausschl. auf Rspr. zur Gerichtskundigkeit; → Rn. 52). Voraussetzung ist, dass die Kenntnis von der Tatsache von einer grds. unbeschränkten Allgemeinheit geteilt wird, was ein gewichtiges Indiz für ihre Richtigkeit darstellt (vgl. BGH BeckRS 2018, 13265; MüKoStPO/Trüg/Habetha Rn. 215; KK-StPO/Krehl Rn 134); dies ist etwa auch bei der Beurteilung zeitgeschichtlicher Vorgänge nicht ausgeschlossen (mit Recht zw. aber BGH BeckRS 2018, 13265 für die Ausfüllung der komplexen Merkmale einer terroristischen Vereinigung mit Blick auf die besonderen Anforderungen an die kritische Überprüfung der Allgemeinkundigkeit zeitgeschichtlicher Vorgänge jüngerer Zeit; vgl. auch Löwe/Rosenberg/Becker Rn. 206 für Schriften mit strafbarem Inhalt). Dies ist allerdings keine Frage der prinzipiellen Zulässigkeit, sondern, wie auch sonst, der Feststellung des Vorliegens der Vorausetzungen für die Annahme von Allgemeinkundigkeit.

Den Verfahrensbeteiligten ist es allerdings unbenommen, eine allgemeinkundige Tatsache durch das Vorbringen bislang unbekannter Umstände zu **erschüttern** (BGHSt 6, 292, 295; Schneider FS Ignor, 2023, 797 (799)). 51b

Gerichtskundig sind Tatsachen u. Erfahrungssätze, die der Richter im Zusammenhang mit seiner amtl. Tätigkeit zuverlässig in Erfahrung gebracht hat (BVerfGE 10, 177 (183); BGHSt 6, 292 (293); BayObLG VRS 66, 33; KG JR 1956, 387; OLG Düsseldorf VRS 73, 210; OLG Frankfurt a. M. StV 1983, 192; OLG Köln VRS 65, 450; für Aufgabe des Begriffs SK-StPO/Frister Rn. 123 ff.; Schneider FS Ignor, 2023, 797 (809)). Das Gesetz geht davon aus, dass das Sonderwissen der Richter in Wahrnehmung ihres Amtes eine besondere Zuverlässigkeit besitzt (krit. dazu Schneider FS Ignor, 2023, 797 (803 f.); Neumann FS Ignor, 735 (747)). Richter dürfen Kenntnisse, die sie in einem anderen Verf. gewonnen haben, als gerichtskundig behandeln (BGHSt 6, 292 (293); OLG Köln VRS 65, 450.) Auch die Feststellungen anderer Richter, v. denen das Gericht amtl. erfahren hat, können gerichtskundig sein (BGHSt 6, 292 (293); KG VRS 117, 197). Dabei wird es sich praktisch vor allem um Feststellungen handeln, die in einer Anzahl von Strafverfahren in gleichbleibender Weise getroffen wurden (vgl. BGHSt 6, 292, 293). Umstände der laufenden Hauptverhandlung (KK-StPO/Krehl Rn. 137; Löwe/Rosenberg/Becker Rn. 209) sowie während der Verhandlung formlos eingeholte Auskünfte (Löwe/Rosenberg/Becker Rn. 208; Schneider FS Ignor 797, 800) dürfen dagegen nicht als gerichtskundig eingestuft werden. Dies gilt auch für in ausgesetzten Hauptverhandlungen des anhängigen Verfahrens erworbene Kenntnisse (Nüse GA 1955, 72). 52

Die **Gerichtskundigkeit beschränkt sich** – anders als die Allgemeinkundigkeit (→ Rn. 51a) – auf mittelbar beweiserhebliche Tatsachen, va auf sog. Hintergrundmaterial, nicht aber auf Tatsachen, die unmittelbar das Vorliegen o. Nichtvorliegen v. Merkmalen des äußeren o. inneren Tatbestands ergeben (BGHSt 45, 354 (359); 47, 270 (274); BGH NStZ 2025, 509) o. mittelbar für die Überführung des Angekl. von wesentlicher Bedeutung sind wie etwa mittelbare Indiztatsachen, die sich auf den Inhalt einer Zeugenaussage und das Aussageverhalten eines Zeugen beziehen BGHSt 45, 354 (358); BGH NStZ-RR 2025, 320). Hat der Richter aber durch die Erhebung zahlreicher Beweise, die er ggf. in einer ganzen Reihe von Verfahren durchgeführt hat, ein sicheres Bild von gleichbeleibenden tatsächlichen Ereignissen oder Zuständen gewonnen, so kann er dieses Wissen in späteren Verfahren verwerten, weil die tatsächliche Grundlage stets unverändert bleibt und die Besonderheiten der jeweiligen Tatausführung insoweit keine ausschlaggebende Rolle spielen können (BGH NStZ-RR 2025, 320 (321); erg. → Rn. 2. 52a

Bei **Kollegialgerichten** erfordert die Offenkundigkeit nicht die Kenntnis aller Richter (Löwe/Rosenberg/Becker Rn. 212; Dahs Strafprozessrevision Rn. 450). Das gilt auch für die Gerichtskundigkeit (BGHSt 34, 209 (210)). Es genügt, dass die Kenntnis einer Tatsache bei einem Gerichtsmitglied vorhanden ist, das sie aber an alle anderen Mitglieder vermitteln muss (**aM** KK-StPO/Krehl Rn. 140); für die Überzeugung des Gerichts v. der Offenkundigkeit genügt die Mehrheit der Mitglieder (Meyer-Goßner FS Tröndle, 1989, 558). 53

Zur **Revision** erg. → Rn. 104a. 53a

III. Bedeutungslosigkeit der Beweistatsache (Abs. 3 S. 3 Nr. 2). Eine Tatsache ist für die Entsch. ohne Bedeutung, wenn ein Zusammenhang zwischen ihr u. der abzuurteilenden Tat nicht besteht; der Umf. der Aufklärungsbemühungen des Gerichts ist insoweit auch an seiner Pflicht zur Beschleunigung u. Konzentration der HV zu messen (BGH NStZ-RR 1996, 334; weshalb entgegen Foth NStZ 1995, 375 das Gericht idR auch nicht verpflichtet ist, sonstige – in der Anklage nicht enthaltene – behauptete o. verjährte Straftaten aufzuklären; zur Ermittlung u. Verwertung solcher „überschießender" Feststellungen vgl. aber → Rn. 13, → § 264 Rn. 25). Bedeutungslos ist eine Beweistatsache auch dann, wenn sie trotz eines bestehenden Zusammenhangs nicht geeignet ist, die Entsch. irgendwie zu beeinflussen (BGH StV 2010, 557 mwN; 558). Die Bedeutungslosigkeit kann sich aus rechtlichen o. tatsächlichen Gründen ergeben. 54

55 **Aus Rechtsgründen** ist eine Tatsache bedeutungslos, wenn eine Verurteilung schon aus anderen (bereits erwiesenen) Gründen nicht möglich ist, zB wegen Vorliegens v. Prozesshindernissen, Strafausschließungs- o. Strafaufhebungsgründen (OLG Stuttgart Justiz 1997, 177). Der schon bewiesene Mangel am inneren Tatbestand macht Feststellungen zum äußeren Geschehensablauf nur ausnahmsweise überflüssig (BGHSt 16, 374 (379); BGH GA 1974, 61; Dallinger MDR 1956, 272 – BGH RsprÜ).

56 **Aus tatsächlichen Gründen** bedeutungslos sind Indiztatsachen (→ § 261 Rn. 25), wenn zwischen ihnen u. dem Gegenstand der Urteilsfindung keinerlei Sachzusammenhang besteht (Fall des § 245 Abs. 2 S. 2; vgl. → § 245 Rn. 25) o. wenn sie trotz eines solchen Zusammenhangs selbst im Fall ihres Erwiesenseins die Entsch. nicht beeinflussen könnten, weil sie nur mögliche, nicht zwingende Schlüsse zulassen u. das Gericht den möglichen Schluss nicht ziehen will (BGH NStZ 2018, 111; 2015, 354; KG StV 1988, 380; s. aber zu den Gefahren der floskelhaften Verwendung dieser Definition BGH NStZ 2024, 689; → Rn. 56b). Dabei kommt es darauf an, ob im konkreten Fall nach allg. o. jedenfalls richterlicher Erfahrung der Zusammenhang zwischen Beweisbehauptung u. Verfahrensgegenstand ohne weiteres sicher zu verneinen ist (BGH NStZ 2014, 168). Das Gericht beurteilt das auf der Grdl. des bisherigen Beweisergebnisses (BGH NStZ-RR 2010, 211; NStZ 2015, 296). Es darf die Beweiswürdigung allerdings nicht in der Weise vorwegnehmen, dass es die Beweiserheblichkeit der Indiztatsache mit der Begründung verneint, das Gegenteil sei bereits erwiesen (vgl. → Rn. 57) o. erklärt, auch wenn der Zeuge die Behauptung bestätige, müsse dies nicht richtig sein (BGH StV 2001, 95; NStZ 1997, 503; NStZ-RR 2013, 383) o. dass es die unter Beweis gestellte Tatsache in Zweifel zieht o. Abstriche an ihr vornimmt (BGH NStZ 2014, 282; NStZ-RR 2014, 316; BeckRS 2015, 14701; BeckRS 2015, 14540), o. dass es die mögliche Aufklärung zugunsten des Angeklagten sprechender Umstände unterlässt (BGH StV 2014, 586).

56a Im **Ablehnungsbeschluss** muss das Gericht seine konkreten Erwägungen darlegen, warum es aus der unter Beweis gestellten Tatsache keine entscheidungserheblichen Schlussfolgerungen ziehen will (BGH NStZ 2024, 177; 2024, 439; OLG Hamm NStZ 2020, 246). Der Antragsteller muss noch in der HV Gelegenheit erhalten, sich bei der weiteren Verfolgung seiner Rechte nach der Ablehnung u. ihren Gründen zu richten, sodass das Revisionsgericht grds. nur die Ablehnungsentscheidung zu überprüfen hat u. es ihm verwehrt ist, den Beweisantrag selbst rechtlich zu beurteilen (BGH NStZ 2018, 111; NStZ-RR 2025, 350). Daher wird ein Mangel der Beschlussbegründung auch nicht durch eine nähere Begründung in den Urteilsgründen beseitigt (BGH NStZ 2003, 380; StV 2010, 557). Das Tatgericht hat die Beweistatsache so, als sei sie bewiesen, ohne Abstriche (BGH NStZ 2019, 294; 6.5.2025 – 4 StR 474/24), in das bisher gewonnene Beweisergebnis einzustellen u. als Teil des Gesamtergebnisses in seiner indiziellen Bedeutung zu würdigen (BGH NStZ 2024, 689; NStZ 2019, 232; 2015, 599); Urkunden, die im Selbstleseverfahren eingeführt werden, dürfen erst nach dessen Abschluss berücksichtigt werden (§ 249 Abs. 2 S. 3, → § 249 Rn. 24; s. BGH NStZ 2024, 377). Die Würdigung entspricht dabei grds. den Begründungsanforderungen bei der Würdigung von durch die Beweisaufnahme gewonnenen Indiztatsachen in den Urteilsgründen (BGH 26.10.2023 – 4 StR 102/23; vgl. auch BGH NStZ 2024, 379). Allerdings kann und muss die Beschlussbegründung in laufender HV angesichts der Vorläufigkeit der Einschätzung idR weder die Ausführlichkeit noch die Tiefe der Beweiswürdigung der späteren Urteilsgründen aufweisen (BGH NStZ 2024, 379). Bei den Angekl. entlastenden Beweisbehauptungen muss die Ablehnung das ganze Beweisthema ohne Einengung, Verkürzung oder Unterstellung erfassen; nicht belegte, spekulative Umstände dürfen dabei nicht in das bisher gewonnene Beweisgefüge eingestellt werden (BGH 26.10.2023 – 4 StR 102/23). Soll mit dem Beweisantrag die Glaubhaftigkeit der Aussage eines anderen Zeugen angegriffen werden, muss das Gericht die behauptete Tatsache bei der Aussageanalyse unterstellen und in dem Ablehnungsbeschluss ausführen, warum es den Angaben des

Zeugen dennoch folgt (BGH NStZ 2024, 177 mAnm Eisenberg sowie Ventzke NStZ 2024, 183).

Es muss – wogegen in der Praxis häufig verstoßen wird – auch angegeben werden, ob die Ablehnung auf **tatsächlichen o. rechtlichen** Gründen beruht u. auf welchen (BGHSt 2, 284 (286); BGH NJW 1980, 1533 (1534); NStZ 2000, 267). Es ist idR rechtsfehlerhaft, wenn die Ablehnung allein auf die inhaltsleere Aussage gestützt wird, die unter Beweis gestellte Indiz- o. Hilfstatsache lasse für den Fall ihres Erwiesenseins keinen zwingenden, sondern lediglich einen möglichen Schluss zu, den das Gericht auf der Grdl. der bisherigen Beweisaufnahme nicht ziehen wolle (vgl. BGH NStZ 2024, 689 mAnm Ventzke; NStZ 2014, 110 (111)). Wird die Unerheblichkeit aus tatsächlichen Umständen gefolgert, müssen diese vielmehr mit konkreten fallbezogenen Erwägungen mitgeteilt werden (BGH NStZ 2024, 689; 2013, 352; OLG Düsseldorf StraFo 2002, 19; OLG Hamburg StV 2010, 122); das ist insbes. deshalb erforderlich, damit sich der Antragsteller auf die dadurch geschaffene Verfahrenslage einstellen kann (BGH StV 1990, 246; 1991, 408). 56b

Bei einer **Mehrzahl unter Beweis gestellter Tatsachen** bedarf es einer über die einzelne Beweistatsache hinausgehenden Gesamtwürdigung, warum die zu beweisende Tatsache das Gericht auch im Falle des Nachw. unbeeinflusst gelassen hätte (BGH StV 2011, 646); dies gilt namentlich für mehrere Beweisanträge, die die Glaubwürdigkeit eines Zeugen erschüttern sollen, wenn nicht nur den einzelnen Beweistatsachen, sondern auch deren Vielzahl entscheidungserhebliche Bedeutung zukommen kann (vgl. BGH NStZ-RR 2025, 319; BeckRS 2018, 13154). Geht es um die **Glaubwürdigkeit eines Zeugen**, ist zu begründen, warum die zu beweisende Tatsache das Gericht auch im Falle ihres Nachw. unbeeinflusst lassen würde (BGH StV 1990, 340; NStZ 2007, 352; OLG Frankfurt a. M. StV 1995, 346). Die erforderliche Begründung braucht jedoch idR weder die Ausführlichkeit noch die Tiefe der Beweiswürdigung der späteren Urteilsgründe aufzuweisen; die Angabe der wesentlichen Indiztatsachen genügt (BGH NStZ 2019, 547 (3. StS); teilw. strenger allerdings BGH NStZ 2019, 295 (4. StS); NStZ-RR 2014, 54; erg. → Rn. 56). 56c

Im Urteil darf sich das Gericht mit der Ablehnungsbegründung nicht in Widerspruch setzen (BGH NStZ-RR 2018, 347; NStZ 2013, 611), insbes. die Urteilsgründe nicht auf das Gegenteil der unter Beweis gestellten Tatsache stützen (BGH NStZ 2000, 267; 2012, 525; 2015, 179). Werden die als bedeutungslos erachteten Indizien im Urt. als erwiesen (→ Rn. 57) behandelt, ist dies nur unschädlich, wenn sie gleichwohl weiterhin als bedeutungslos gewürdigt werden (BGH StraFo 2014, 335). 56d

IV. Erwiesensein der Beweistatsache (Abs. 3 S. 3 Nr. 3). Wenn das Gericht v. der Richtigkeit der Beweistatsache aufgrund des bisherigen Erg. der Beweisaufnahme schon so überzeugt ist, dass es sie dem Urt. ohne weitere Beweisaufnahme zugrunde legen will, braucht es keinen Beweis zu erheben. Wird deswegen ein Beweisantrag abgelehnt, dürfen sich die Urteilsfeststellungen dazu nicht in Widerspruch setzen (BGH NStZ 2022, 501 mAnm Ventzke; 1989, 83); dazu gehört auch, dass diese Tatsache in ihrer vollen, aus Sinn und Zweck sich ergebenden Bedeutung unverändert als erwiesen behandelt und nicht in unzulässiger Weise eingeengt wird (BGH NStZ 2022, 501 mAnm Ventzke). Eine Auseinandersetzung mit der als erwiesen unterstellten Tatsache ist ua dann erforderlich, wenn die Beweiswürdigung ohne deren Erörterung lückenhaft bleibt (BGH NStZ 2011, 472). Gleichgültig ist, ob die Tatsache zugunsten des Angeklagten o. zu seinen Ungunsten wirkt (BGH StV 1983, 319 Ls.). Beweiserheblich muss die Tatsache nicht sein (BGH NJW 2010, 3458; 15.5.2018 – 1 StR 159/17). 57

V. Völlige Ungeeignetheit des Beweismittels (Abs. 3 S. 3 Nr. 4). Der Richter muss keine Beweise erheben, deren **Gelingen** infolge völliger Ungeeignetheit des benannten Beweismittels **v. vornherein ausgeschlossen erscheint** (BGHSt 14, 339; BGH NJW 1952, 191). Die Ablehnung v. Beweisanträgen setzt dann aber voraus, dass das Gericht ohne jede Rücksicht auf das bisher gewonnene 58

Beweisergebnis (BGH StV 2002, 352; s. aber BGH 12.7.2022 – 6 StR 251/22: Berücksichtigung aus der Beweisaufnahme gewonnener Anknüpfungstatsachen beim SV-Beweis zul.) im Freibeweis (Löwe/Rosenberg/Becker Rn. 231), ggf. auch unter Zuhilfenahme eigener Sachkunde (vgl. BGH 23.3.2017 – 5 StR 44/17), jedoch ohne sich iErg auf eigene Sachkunde iSv Abs. 4 S. 1 zu berufen (vgl. BGH NStZ 2018, 300), feststellen kann, dass sich mit dem angebotenen Beweismittel das in dem Beweisantrag in Aussicht gestellte Erg. nach sicherer Lebenserfahrung nicht erzielen lässt (BGH NStZ 2000, 156; 2008, 351; NStZ-RR 2014, 346; KG StraFo 2019, 465); eine Beweisantizipation derart, der Zeuge werde die Beweisbehauptung nicht bestätigen, vermag eine Ungeeignetheit des Beweismittels idR nicht zu begründen (BGH NStZ-RR 1997, 302). Die „relative" Ungeeignetheit des Beweismittels genügt nicht (BGH NJW 1983, 404; BGH 1984, 232; KG StV 1993, 120; OLG Düsseldorf NStZ 1990, 506). Ein geminderter, geringer o. zw. Beweiswert darf somit nicht mit völliger Ungeeignetheit gleichgesetzt werden (BGH StV 1993, 508; NStZ 2008, 116; zw. BGH NStZ 1997, 503 (504)).

59 **Völlig ungeeignet** ist ein **Zeuge,** der wegen dauernder körperlicher o. geistiger Gebrechen o. wegen einer vorübergehenden geistigen Störung, insbes. infolge Trunkenheit, die in sein Wissen gestellte Wahrnehmung nicht machen konnte, der wegen seiner feindseligen Einstellung zu Staat u. Justiz nicht gewillt ist, vor Gericht Angaben zu machen, u. von dem daher nur eine Störung der HV zu erwarten ist (Schmidt MDR 1983, 4 – BGH RsprÜ), o. der zu Vorgängen aussagen soll, die sich im Innern eines anderen Menschen abgespielt haben, falls er keine äußeren, einen Schluss auf die inneren Tatsachen ermöglichenden Umstände bekunden kann (BGH StV 1984, 61; 1987, 236; NStZ 2008, 580; 2008, 707; krit. Schneider FS Eisenberg, 2009, 707; erg. → Vor § 48 Rn. 2) o. die nur ein Sachverständiger zuverlässig wahrnehmen kann (BGH VRS 21, 429 (431)). BGH NStZ 1999, 46 nimmt auch bei beständiger Zeugnisverweigerung völlige Ungeeignetheit an (dazu mit Recht krit. Hecker JR 1999, 428 u. Hiebl StraFo 1999, 86).

59a **Für lange zurückliegende Vorgänge benannte Zeugen** können völlig ungeeignet sein, wenn es unmöglich, nicht nur unwahrscheinlich (BVerfG NStZ 2004, 215) erscheint, dass sie sie zuverlässig in ihrem Gedächtnis behalten haben (Spiegel DAR 1983, 203 – BGH RsprÜ; BGH StV 1982, 339 (341); NStZ 1993, 295). Das ist nach der Lebenserfahrung unter Berücksichtigung der Umstände des Einzelfalls unter Anlegung eines strengen Maßstabs (vorweggenommene Beweiswürdigung!) zu beurteilen (Miebach NStZ 1989, 219 – BGH RsprÜ; BGH NStZ 2004, 508; OLG Köln StV 1995, 293). Maßgebend sind der Gegenstand der Beweisbehauptung, die Persönlichkeit des Zeugen, die Bedeutung des Vorgangs für ihn u. die Länge des Zeitablaufs (Spiegel DAR 1983, 203 – BGH RsprÜ; BGH NStZ-RR 2012, 51; BayObLGSt 1964, 135). Wenn Anhaltspunkte dafür vorhanden sind, dass der Zeuge sich noch erinnert, darf der Antrag nicht abgelehnt werden (BGH StV 2005, 115; NStZ 2010, 52); grds. ist es Sache des Antragstellers, solche Anhaltspunkte darzutun (BGH NStZ-RR 1997, 331). Einen Erfahrungssatz, dass sich Zeugen nicht an lange zurückliegende Geschehnisse erinnern, gibt es nicht (BGH StV 2013, 70).

59b **Die besonderen persönlichen Verhältnisse des Zeugen** machen ihn nur in bes. Ausnahmefällen zu einem völlig ungeeigneten Beweismittel (BGH NStZ 1984, 42; StV 1985, 356). Ohne Hinzutreten bes. Umstände genügen insbes. nicht verwandtschaftliche Beziehungen zu dem Angeklagten (Spiegel DAR 1977, 174 – BGH RsprÜ; Alsberg Beweisantrag/Güntge Rn. 1189), der Verdacht der Tatbeteiligung (Spiegel DAR 1981, 198 – BGH RsprÜ; OLG Hamm NJW 1968, 954 (955)), die rkr. Aburteilung als Teilnehmer an der dem Angeklagten vorgeworfenen Tat (OLG Hamburg NJW 1953, 917), Vorstrafen, auch nach §§ 153 ff. StGB (RG JW 1928, 2255; KG JR 1983, 479). Ebenso wenig darf die Beweiserhebung abgelehnt werden, weil der Zeuge nach § 55 die Auskunft verweigern darf (Holtz MDR 1978, 281 – BGH RsprÜ; Holtz MDR 1981, 196 – BGH RsprÜ; BGH StV 1990, 394; anders aber, wenn er sich ernsthaft u. endg. auf § 55 berufen hat, vgl. BGH StV 2019, 808; BGHR StPO § 244 Unerreichbarkeit 17), weil er mit dem Angeklagten verfeindet (OLG Hamm JMBl. NRW. 1950, 62) o. von ihm wirtschaftlich abhängig ist (RG JW 1932, 404).

Der Augenschein ist ungeeignet, wenn er nicht rekonstruierbare örtliche Verhältnisse zur Tatzeit beweisen soll (Martin DAR 1962, 74 – BGH RsprÜ; Ernesti/Lorenzen SchlHA 1984, 104 – OLG Schleswig RsprÜ). **59c**

Niederschriften über Telefongespräche (bei der Überwachung nach § 100a), sind als Beweismittel völlig ungeeignet, wenn die Originaltonbänder abhandengekommen sind u. daher die Übereinstimmung zwischen Urkundeninhalt u. Tonband nicht festgestellt werden kann (LG Frankfurt a. M. StV 1987, 144). **59d**

Sachverständige sind ungeeignet, wenn sie zu ohne bes. Sachkunde wahrnehmbaren Vorgängen gehört werden sollen (KG VRS 48, 432; OLG Düsseldorf VRS 60, 122; OLG Koblenz VRS 48, 35), wenn das Gutachten zu keinem verwertbaren Beweisergebnis führen kann, zB wenn es auf unausgereiften Untersuchungsmethoden beruhen würde (BGH NStZ 1985, 515), wenn es auf der Grdl. der Parapsychologie erstellt werden soll (BGH NJW 1978, 1207) o. wenn nicht mehr rekonstruierbare Vorgänge durch Experimente o. Versuche aufgeklärt werden sollen (BayObLGSt 1966, 4: Zuverlässigkeit eines Radargeräts beim Einsatz zur Tatzeit; BGH VRS 50, 115: Individueller Abbauwert der Blutalkoholkonzentration zur Tatzeit; BGH VRS 36, 189; Spiegel DAR 1982, 372: Fahrversuche zur Prüfung der Reaktionsfähigkeit; Holtz MDR 1977, 108 – BGH RsprÜ: Libidoverlust infolge Trunkenheit zur Tatzeit). Dies gilt gleichermaßen, wenn dem Sachverständigen die für das verlangte Gutachten erforderliche Sachkunde fehlt, o. wenn die dafür erforderlichen Anknüpfungstatsachen nicht bekannt (BGHSt 14, 339; Holtz MDR 1978, 627 – BGH RsprÜ; BGH StV 1982, 102; BayObLG VRS 59, 266) o. vom Gericht bereits als Beweisgrundlage ausgeschlossen worden sind (BGH NStZ 2018, 300) u. wenn die tatsächlichen Grundlagen für das Gutachten nach Meinung des Gerichts, das dazu erforderlichenfalls im Freibeweis (→ Rn. 7, 9) sachkundigen Rat einholen muss (BGH NJW 1983, 404; NStZ 2012, 349; OLG Celle StV 2003, 431), auch nicht beschafft werden können (Pfeiffer/Miebach NStZ 1983, 211 – BGH RsprÜ; BGH NStZ 2003, 611; vgl. auch BGH NStZ 2013, 290 zur Beweiserhebung über das Alter des Angeklagten). **60**

Es liegt aber **keine völlige Ungeeignetheit** vor, wenn das Gutachten keine sicheren Schlüsse auf die Richtigkeit der Beweistatsache zulässt (BGH NJW 1983, 404; NStZ 1984, 564; BGH StV 2016, 342), wenn nur wenige Anknüpfungstatsachen vorliegen (BGH StV 2007, 513) o. wenn zwar genügende Anknüpfungstatsachen fehlen, diese aber noch erbracht werden können (BGH NStZ 2007, 476; StraFo 2011, 308 (311); StV 2015, 206), o. wenn die Stellungnahme des Sachverständigen für die Feststellung v. Anknüpfungstatsachen bedeutsam werden kann (BGH StV 1990, 98; 246; BayObLG NJW 2003, 3000), o. wenn ihm das zur Vfg. stehende Material Schlussfolgerungen ermöglicht, ob die Beweisbehauptung zutrifft (BGH NStZ 2009, 48; 2016, 116), o. wenn das Gutachten die unter Beweis gestellte Behauptung, wenn auch nicht sicher erweisen, so doch wahrscheinlich machen kann (BGH NStZ-RR 1997, 304; vgl. auch BGH StV 2014, 588 für anthropologische Gutachten); **dagegen** darf das Gericht ein Sachverständigengutachten mangels ausreichender aussagekräftiger und nicht weiter ermittelbarer Anknüpfungstatsachen als völlig ungeeignetes Beweismittel ansehen, sofern es eine allenfalls geringgradige Wahrscheinlichkeit nicht für geeignet hält, seine Überzeugung zu beeinflussen (BGH NStZ 2022, 247 mwN und ablAnm Ventzke). Keine völlige Ungeeignetheit liegt vor, wenn das Gericht den Beweisantrag letztlich mit Erwägungen ablehnt, die es aufgrund eigener Sachkunde angestellt hat (BGH StV 2018, 699). Dass ein Zeuge seine Einwilligung in eine psychiatrische Untersuchung verweigern wird, führt nicht zur völligen Ungeeignetheit, da idR nicht ausgeschlossen werden kann, dass der Sachverständige auf andere Weise – zB Aktenstudium, Beobachtung des Zeugen in der HV – ausreichende Anknüpfungstatsachen ermitteln kann (BGH NStZ 2009, 346). **61**

Der **ablehnende Abschluss** bedarf einer **Begründung,** die ohne jede Verkürzung o. sinnentstellende Interpretation der Beweisthematik alle tatsächlichen **61a**

Umstände dartun muss, aus denen das Gericht auf die völlige Wertlosigkeit des angebotenen Beweismittels schließt (BGH NStZ-RR 2010, 211; KG StraFo 2019, 465).

62 **VI. Unerreichbarkeit des Beweismittels (Abs. 3 S. 3 Nr. 5).** Wenn alle **Bemühungen des Gerichts,** die der Bedeutung u. dem Wert des Beweismittels entsprechen, zu dessen Beibringung erfolglos geblieben sind u. keine begründete Aussicht besteht, es in absehbarer Zeit herbeizuschaffen, ist das Beweismittel unerreichbar (BGHSt 29, 390; BGH NStZ 2023, 374; 2023, 478, 479; OLG Hamburg StV 2009, 9). Nur ausnahmsweise darf das Gericht solche Bemühungen als v. vornherein aussichtslos unterlassen (BGH 1.11.2022 – 6 StR 219/22). Dass ein Zeuge unbekannt verzogen ist, macht ihn nicht ohne weiteres unerreichbar (Herlan MDR 1954, 341 – BGH RsprÜ; NJW-Spezial 2020, 121; KG StV 2005, 13; OLG Hamm VRS 74, 365; OLG Köln StV 2002, 355; OLG München NStZ-RR 2007, 50), auch nicht der Umstand, dass ihn Polizeibeamte über das Wochenende nicht angetroffen haben (BGH StV 1984, 5) o. dass er auf Ladung nicht erschienen ist (Lorenzen SchlHA 1987, 118 – OLG Schleswig RsprÜ). Hausermittlungen genügen nicht, wenn eine Nachfrage bei der Ausländer- o. Meldebehörde Erfolg verspricht (BGH StV 1983, 319; 1996, 581: auch hins. solcher Personen beim BZR u. beim Ausländerzentralregister möglich, deren Geburtsort u. -datum nicht bekannt sind), Auskünfte v. Behörden nicht, wenn die Befragung v. Verwandten o. Bekannten aussichtsreich erscheint (OLG Frankfurt a. M. StV 1986, 468). Maßgebend ist auch nicht, ob der Zeuge am Terminstag verfügbar ist, sondern ob er in absehbarer Zeit vernommen werden kann (BGH NStZ 1983, 180). Jedoch muss nicht durch Zeitungsanzeigen nach ihm gesucht werden (Dahs Strafprozessrevision Rn. 349). Das Maß der erforderlichen Nachforschungen richtet sich immer nach der Bedeutung des Beweismittels für die Wahrheitsfindung (BGHSt 22, 118 (120); BGH NStZ 1982, 127; StV 1983, 7; OLG Frankfurt a. M. StV 1984, 147), der Schwere der dem Angeklagten vorgeworfenen Tat (BGH StV 1981, 602; KG StV 1983, 95; OLG München NStZ-RR 2007, 50; OLG Schleswig SchlHA 1979, 144) u. der bereits zur Sachaufklärung aufgewendeten Bemühungen (OLG Hamburg VRS 56, 457 (461)). Auch der Beschleunigungsgrundsatz (→ Einl. Rn. 160) darf beachtet werden (BGH GA 1975, 237; NStZ 1982, 127; BGHR StPO § 251 Abs. 2 Unerreichbarkeit 3; OLG Schleswig StV 1982, 11). Eine nur vorübergehende Unerreichbarkeit berechtigt nicht zur Ablehnung des Beweisantrags (OLG Celle NJW 1961, 1490).

62a Hat das Gericht in einem bestimmten Verfahrensstadium zu Recht Unerreichbarkeit angenommen, kann es die Aufklärungspflicht gebieten, eine Zeugin zu laden und zu vernehmen, wenn sich im weiteren Verlauf der mündlichen Verhandlung Anhaltspunkte für ihre Erreichbarkeit ergeben (vgl. BGH 19.2.2025 – 1 StR 466/24).

63 **Zeugen im Ausland** brauchen unter den in Abs. 5 S. 2 iVm S. 1 bezeichneten Voraussetzungen nicht geladen zu werden (→ Rn. 78a–c). Falls dem Gericht ihre Vernehmung zur Erforschung der Wahrheit erforderlich erscheint, hat es dagegen zu prüfen, ob sie erreichbar sind. Von Unerreichbarkeit ist auszugehen, wenn die bisherigen Bemühungen, sie zum Erscheinen zu veranlassen, erfolglos geblieben sind u. keine begründete Aussicht besteht, der Zeuge könne in absehbarer Zeit von dem Gericht als Beweismittel herangezogen werden (BGH NStZ 2023, 478, 479 mAnm v. Heintschel-Heinegg; StraFo 2020, 112; NJW 2000, 443 (447); OLG Karlsruhe Justiz 1988, 134; OLG Köln VRS 65, 40; vgl. BayObLG StV 1988, 56: Ermittlungen über zuständige Botschaft im Ausland u. Interpol). Ein Zeuge, der im Verdacht der Tatbeteiligung steht, darf nicht v. vornherein als unerreichbar angesehen werden (BGH NJW 1982, 2738; 1983, 528). Auch die Mitteilung des Zeugen allein, dass er nicht erscheinen werde, genügt nicht (BGH NStZ 2023, 478, 479; 1985, 281; StV 2001, 664), selbst wenn sie auf Befragen der Polizei o. eines Beamten der Haftanstalt erfolgt (Pfeiffer/Miebach NStZ 1985, 206 – BGH RsprÜ); das Gericht kann aber mit dem Zeugen unmittelbar Kontakt aufnehmen, um seine Aussagebereitschaft festzustellen (dazu Rose wistra 1998, 12 (13)).

Eine andere Möglichkeit ist ggf. die Vernehmung des Zeugen, falls er damit einverstanden ist, durch ein deutsches grenznahes Gericht (→ GVG § 157 Rn. 2). Soweit entspr. völkerrechtliche Vereinbarungen bestehen, ermöglicht § 183 Abs. 1 Nr. 1 eine vereinfachte Ladung durch Einschreiben mit Rückschein (vgl. → § 37 Rn. 25). Ist das nicht der Fall, muss versucht werden, den Zeugen durch den Aufenthaltsstaat zu laden (BGH NJW 1983, 527; NStZ 1984, 375; StV 1984, 408; Herdegen NStZ 1984, 339); das ist auch bei Fehlen eines Rechtshilfeabkommens nicht unmöglich (Miebach NStZ 1990, 27 – BGH RsprÜ). Einfacher u. idR schneller ist aber die Ladung über die deutschen Konsularvertretungen (Angabe der hierfür in Betracht kommenden Länder bei Julius StV 1990, 484 Fn. 1). Die durch die Ladung eintretende Verfahrensverzögerung begründet die Unerreichbarkeit nicht (BGH NJW 1985, 391 (392) aE; StV 1986, 418). Gegebenenfalls ist der Zeuge in der Ladung auf das durch Art. 12 EuRHÜbk gewährte sichere Geleit hinzuweisen (BGHSt 32, 68 (74); BGH NJW 1983, 528; NStZ 1982, 171). 63a

Auch **ohne Ladungsversuch** kann das Gericht unter bes. Umständen zu der Überzeugung gelangen, dass der Zeuge auf diese Weise nicht zum Erscheinen bewogen werden kann (BGH NStZ 1985, 375; NJW 1990, 1124 (1125); NStZ 1991, 143; StV 1992, 216). Das Fehlen der Ladung ist jedoch v. Bedeutung, wenn nicht auszuschließen ist, dass der Zeuge bei Einhaltung des vorgeschriebenen Verfahrens erschienen wäre (BGH StV 1984, 60). Das gilt auch für den Fall, dass das Gericht ihn unzulässigerweise unmittelbar telegrafisch geladen hat; eine solche Ladung braucht der Zeuge nicht zu beachten (BGH StV 1985, 48). Befindet sich der Zeuge im Ausland in Haft, so ist zu erwägen, ob der ausl. Staat nach Art. 11 Abs. 1 EuRHÜbK um seine zeitweilige Überstellung zu ersuchen ist (BGH NStZ 1981, 146; OLG Karlsruhe Justiz 1988, 134). 64

Die **Möglichkeit der kommissarischen Vernehmung** macht einen Zeugen, dessen Erscheinen vor Gericht nicht erzwungen werden kann, nicht stets erreichbar. Das Gericht muss nach pflichtgemäßem Ermessen prüfen, ob eine solche Vernehmung möglich u. sinnvoll ist (BGH NStZ 2023, 478, 479; NJW 2000, 443 (447)). Eine Beweisantizipation, welche die bisherige Beweislage u. den denkbaren Ertrag der beantragten Beweiserhebung berücksichtigt, ist möglich (Schneider FS Eisenberg, 2019, 513 (515)). Es darf die mögliche Herabsetzung des Beweiswerts der Aussage durch die bes. Umstände einer solchen Vernehmung sowie ein etwaiges Näheverhältnis zum Angeklagten o. eine denkbare Verstrickung (Schneider FS Eisenberg, 2019, 513 (523)) berücksichtigen u. den Zeugen für unerreichbar halten (BGHSt 13, 300; 22, 118 (122); BGH NJW 1983, 527; 1983, 2396; NStZ 1985, 375 (376); StV 2004, 465; OLG Hamburg JR 1980, 32; Schneider FS Eisenberg, 2019, 513 (527) will insoweit allerdings die Grundsätze des Abs. 2 anwenden). Das gilt insbes., wenn eine Gegenüberstellung (BGH GA 1966, 123 (125); 1975, 237) o. der persönliche Eindruck v. dem Zeugen erforderlich ist. 65

Erreichbar ist grds. auch ein Zeuge, der grenzüberschreitend unter Inanspruchnahme audiovisueller Verf. gem. § 247a im Wege der Rechtshilfe vernommen werden kann, wenn der Tatrichter dies nicht als für die Wahrheitsfindung wertlos erachtet (BGHSt 45, 188 (190, 197); vgl. → § 247a Rn. 6, 7, 9 sowie → Rn. 65) o. eine Ablehnung des Beweisantrages nach Abs. 5 S. 2 in Betracht kommt (BGH NJW 2001, 695; → Rn. 78a ff.). 65a

Bei der Beurteilung der Unerreichbarkeit des Auslandszeugen ist deshalb auch die Möglichkeit einer **audiovisuellen Vernehmung** des Zeugen gem. § 247a in Betracht zu ziehen (BGHSt 45, 188); Einzelheiten sind im EuRHÜbk geregelt (dazu Gleß FS Eisenberg, 2009, 505). Dies gilt umso mehr als die Videovernehmung des Zeugen in der Rspr. des EGMR als eine das Vorenthalten des Konfrontationsrechts iSv Art. 6 Abs. 3d) EMRK kompensierende Verfahrensmaßnahme anerkannt ist (EGMR 15.1.2010 – 9154/10, para 127; vgl. auch BVerfG NJW 2010, 925, 926; erg. → Art. 6 **EMRK** Rn. 22e). Der Tatrichter hat seine diesbzgl. Entsch. nach pflichtgemäßem Ermessen zu treffen (BGH NStZ 2023, 478, 479 mwN; 2015, 102); sie ist in der Revision nur eingeschränkt überprüfbar (BGH StV 2004, 465 mkritAnm Julius, der in solchen Fällen die audiovisuelle Vernehmung 65b für idR erforderlich hält). Die für die Ausübung des Ermessens maßgebenden Erwägungen müssen aber schlüssig ergeben, weshalb die audiovisuelle Vernehmung zur Sachaufklärung ungeeignet u. daher ohne Beweiswert ist; ein wegen Fehlens des persönlichen Eindrucks lediglich geminderter Beweiswert darf idR nicht mit einer völligen Untauglichkeit des Beweismittels gleichgesetzt werden (BGHSt 55, 11; vgl. aber BGH NStZ 2023, 478, 479: Gericht kann unter Abwägung aller Umstände des Einzelfalls zu dem Erg. gelangen, dass eine Videovernehmung für die Wahrheitsfindung wertlos ist). Zu einer Beweisaufnahme im Ausland o. zur Teilnahme an ihr ist das Gericht hingegen nicht verpflichtet (BGH NStZ 1985, 375 (376); NStE StPO § 244 Nr. 134; **aM** OLG Karlsruhe Justiz 1988, 134). Will das Gericht aber eine frühere nichtrichterliche Vernehmungsniederschrift zu Beweiszwecken verlesen, muss idR erörtert werden, warum eine frühere Aussage Beweiswert haben soll, eine neue kommissarische Aussage jedoch zur Aufklärung nichts beitragen könne (BGH StV 1993, 232; NStZ 2011, 422; OLG Köln StV 1995, 574).

66 **Rechtliche Hinderungsgründe,** zB die Zeugnisverweigerungsrechte nach §§ 52 ff. und die Nichterteilung der Aussagegenehmigung nach § 54, machen die Beweiserhebung unzulässig (→ Rn. 48 ff.), nicht das Beweismittel unerreichbar (Löwe/Rosenberg/Becker Rn. 247; **aM** Holtz MDR 1980, 987 – BGH RsprÜ). Dagegen sind Gefangene während der Kontaktsperre nach §§ 31 ff. **EGGVG** u. V-Leute der Polizei u. der Nachrichtendienste unerreichbar, wenn die Behörde Namen u. Anschrift nicht preisgibt (BGHSt 32, 115 (126) (GSSt); Rebmann NStZ 1982, 317; einschr. BGHSt 31, 148 (154): nur wenn Entsch. der Behörde gerechtfertigt ist). Ein Beweisantrag darf aber nur abgelehnt werden, nachdem das Gericht die zuständige Behörde (→ § 96 Rn. 12) zu einer substantiierten Äußerung über ihre Sicherheitsbedenken veranlasst u. wenigstens versucht hat, das Einverständnis mit einer Vernehmung zu erlangen, die diesen Bedenken Rechnung trägt (BVerfGE 57, 250 (287); BGHSt 29, 109 (113); 36, 159; BGH NStZ 1987, 518; 2001, 333), insbes. unter Ausschluss der Öffentlichkeit (BGHSt 29, 109 (113); BGH NJW 1980, 2088; 1981, 770), in Abwesenheit des Angeklagten (→ § 247 Rn. 18 ff.), mit Hilfe audiovisueller Verf. nach § 247a (→ § 247a Rn. 1a), unter Verlegung an einen anderen Ort (BGHSt 22, 311 (313)) o. im Wege der kommissarischen Vernehmung (BGHSt 29, 109 (113); 29, 390 (391)), aber nicht unter Ausschluss des Angeklagten u. des Verteidigers (→ § 223 Rn. 18 ff.). Zur Zulässigkeit der Vernehmung anonymer, pseudonymer u. vermummter Zeugen vgl. → § 68 Rn. 14 ff. Die Aufklärungspflicht kann dazu zwingen, Vernehmungsbeamte über frühere Vernehmungen zu hören, selbst wenn der Informant zu Unrecht nach § 96 gesperrt worden ist (BGHSt 36, 159 gegen BGHSt 33, 83 (92), anders nur bei willkürlicher o. offensichtlich rechtsfehlerhafter Sperrung) o. Polizeibeamte mit der Vernehmung zu beauftragen u. als Zeugen v. Hörensagen zu hören (BGH NJW 1981, 770; OLG Karlsruhe Justiz 1981, 366 (368); Rebmann NStZ 1982, 315 (319); **aM** Strate StV 1985, 340) o. schriftliche Äußerungen des Zeugen einzuholen u. nach § 251 Abs. 1 Nr. 1, 2 zu verlesen (→ § 251 Rn. 7, 9; vgl. auch BVerfGE 57, 250 (287)). Die Vernehmung einer Person als Zeuge ist nicht schon deshalb unzulässig, weil sie mit einer gesperrten Person identisch sein kann, es sei denn, es bestünde durch die Vernehmung Gefahr für Leib o. Leben des Zeugen (BGHSt 39, 141). Wegen der nach § 96 gesperrten Behördenakten vgl. → § 96 Rn. 2, 10.

66a Im **Ablehnungsbeschluss** muss die Unerreichbarkeit mit Tatsachen belegt werden (BGH NStZ 1993, 50; OLG Schleswig SchlHA 1976, 170). Es muss idR dargetan werden, dass u. welche Ermittlungen stattgefunden haben, um das Beweismittel zur HV herbeizuschaffen (BGH NStZ 1993, 50; Pfeiffer/Miebach NStZ 1987, 218 – BGH RsprÜ; OLG Köln StraFo 2002, 294); jedoch müssen Umstände, die ggf. den behaupteten Rechtsfehler widerlegen könnten, nicht vorgetragen werden (BGH StV 2012, 73). Wenn das Gericht eine kommissarische Vernehmung nicht für ausreichend hält, müssen auch die Gründe dafür dargelegt werden (BGH GA 1971, 85; NStZ 1983, 325).

VII. Wahrunterstellung (Abs. 3 S. 3 Nr. 6). Eine Beweiserhebung ist überflüssig, wenn das Gericht die **Beweistatsache so behandelt, als wäre sie wahr.** Da nur entlastende Tatsachen in Betracht kommen, muss der Beweisantrag zugunsten des Angeklagten gestellt sein. Tatsachen, aus denen Schlüsse zuungunsten des Angeklagten gezogen werden können, dürfen v. vornherein nicht als wahr unterstellt werden (BGH NStE StPO § 244 Nr. 133). Umgekehrt gilt: Aus als wahr unterstellten Tatsachen dürfen keine Schlüsse zuungunsten des Angeklagten gezogen werden (BGHSt 1, 137; Löwe/Rosenberg/Becker Rn. 306). Sowohl unmittelbar beweiserhebliche (BGH StV 1999, 307: aber nicht solche, die das Kerngeschehen betreffen) als auch Indiztatsachen (→ § 261 Rn. 25) können als wahr unterstellt werden (Bringewat MDR 1986, 356; Herdegen NStZ 1984, 341; **aM** Löwe/Rosenberg/Becker Rn. 296), jedoch keine Rechtsfragen (BGHR StGB § 21 Erheblichkeit 1). Immer geht die Aufklärungspflicht vor (BGH NJW 1961, 2069; NStZ 2011, 106; Rüth DAR 1981, 249 – BayObLG RsprÜ), zB wenn die Beweisbehauptung wegen ungeklärter Umstände für eine Wahrunterstellung ungeeignet ist (BGH StV 1996, 648) bzw. sich weitere aufklärungsbedürftige Umstände sich an sie knüpfen (BGH NStZ 2021, 314 mAnm Ventzke). Eine Wahrunterstellung ist regelmäßig (Kusch NStZ-RR 1999, 260 – BGH RsprÜ: Ausnahme, wenn die Tatsache im Urt. ohne jede Einschränkung als erwiesen behandelt wird) auch nicht zulässig, wenn der Angeklagte zur Prüfung der Glaubwürdigkeit eines Zeugen Tatsachen unter Beweis stellt, die dieser bestreitet (BGH NStZ 2021, 314; 2007, 282; **aM** – vereinzelt geblieben – Pfeiffer/Miebach NStZ 1987, 218 – BGH RsprÜ; OLG Hamm NStZ 1983, 522), o. wenn die Voraussetzungen des § 31 BtMG dargetan werden sollen (vgl. BGHR StPO § 244 Abs. 3 S. 2 Wahrunterstellung 24). 67

Das G sieht die Wahrunterstellung **nur für erhebliche Beweistatsachen** vor. Bedeutungslosigkeit u. Wahrunterstellung schließen einander als Ablehnungsgründe aus; v. vorneherein als bedeutungslos zu qualifizierende Tatsachen dürfen deshalb nicht als wahr unterstellt werden (BGH NStZ 2004, 51; vgl. auch BGH 6.5.2025 – 4 StR 474/24). Maßgebend für die Beurteilung der Erheblichkeit ist jedoch der Zeitpunkt des Beschlusserlasses (BGH NJW 1961, 2069 (2070); Holtz MDR 1979, 282 – BGH RsprÜ; OLG Hamm NStZ 1983, 522; OLG Karlsruhe Justiz 1977, 357). Eine Zusage, dass die Tatsache auch im Urt. als erheblich behandelt wird, liegt nach der Rspr. in der Wahrunterstellung nicht. Daher ist auch eine Unterrichtung des Antragstellers darüber, dass das Gericht die Tatsache aufgrund der Urteilsberatung als unerheblich behandeln will, nicht erforderlich (BGH NStZ 2013, 538; NStZ-RR 2009, 179; OLG Celle NStZ 1986, 91; **aM** KK-StPO/Krehl Rn. 187; Löwe/Rosenberg/Becker Rn. 312; Hamm/Pauly Revision Rn. 507; Schneider NStZ 2013, 218; Niemöller FS Schlothauer, 2018, 443 (451) mit ausf. Darst. zum Streitstand). Davon macht die Rspr. aber mit Recht eine Ausnahme, wenn es naheliegt, dass der Angeklagte wegen der Wahrunterstellung weitere Beweisanträge unterlässt (BGHSt 30, 383; BGH StraFo 2012, 230; OLG Hamm NStZ 1983, 522; abl. Herdegen NStZ 1984, 342 Fn. 142; Schneider NStZ 2013, 218). 68

Auf die **Beweistatsache selbst,** nicht nur darauf, dass das Beweismittel sie bekunden o. sonst ergeben werde, bezieht sich die Zusage der Wahrunterstellung (Pfeiffer/Miebach NStZ 1984, 210 – BGH RsprÜ; BGH StV 1995, 5; BayObLG NJW 1996, 331; OLG Koblenz VRS 52, 125); dem als Beweismittel benannten Zeugen darf daher nicht im Wege einer vorweggenommenen Beweiswürdigung die Glaubwürdigkeit abgesprochen werden (BGH StV 1995, 172; OLG Hamburg StV 2001, 332). Die behaupteten Tatsachen müssen in ihrem wirklichen Sinn ohne jede Einengung, Verschiebung o. sonstige Änd. als wahr behandelt werden (BGH NStZ 2025, 505; 2008, 299). Dabei ist nicht der Wortlaut, sondern der Sinn u. Zweck des Antrags maßgebend (BGH NJW 1959, 396; Holtz MDR 1978, 112 – BGH RsprÜ; Pfeiffer/Miebach NStZ 1986, 207 – BGH RsprÜ), wie er nach dem Gesamtvorbringen des Antragstellers in der HV zu beurteilen ist (BGH GA 1984, 21; BGHR StPO § 244 Abs. 3 S. 2 Wahrunterstellung 23). 69

70 Die **Urteilsfeststellungen und die Beweiswürdigung** dürfen der Wahrunterstellung nicht widersprechen (BGHSt 32, 44 (47); BGH NStZ 2025, 505; 2020, 690; OLG Koblenz VRS 72, 441), auch dann nicht, wenn der Beweisantrag nicht genügend konkretisiert, unklar o. widersprüchlich war o. mit anderer Begründung hätte abgelehnt werden können (BGH NStZ 2018, 48; StV 2012, 581; OLG Stuttgart StraFo 2005, 204). Die Beweistatsache darf nur nach entspr. Hinweis an den Angeklagten als erwiesen angesehen u. zu seinem Nachteil verwertet werden (BGHSt 51, 364). Das Gericht braucht aber aus der als wahr unterstellten Indiztatsache nicht die Schlussfolgerungen zu ziehen, die der Antragsteller gezogen wissen will (BGH NStZ 2013, 538). Sie untersteht der freien Beweiswürdigung wie alle anderen Tatsachen (BGH NJW 1976, 1950; NStZ 1982, 213; BGH StV 1986, 467). Grundsätzlich müssen die Urteilsgründe erkennen lassen, was das Gericht als wahr unterstellt (BGH NStZ 1996, 562); eine Auseinandersetzung mit der als wahr unterstellten Tatsache in den Urteilsgründen ist aber nur erforderlich, wenn die übrigen Feststellungen dazu drängen (BGHSt 28, 310; BGH NStZ-RR 2003, 268; 7.8.2024 – 1 StR 237/24) o. sich die Beweislage sonst als lückenhaft erwiese (BGH NStZ 2020, 690; NStZ-RR 2019, 120), insbes., wenn sonst nicht ersichtlich ist, wie Beweiswürdigung u. Wahrunterstellung in Einklang gebracht werden können (BGH NStZ 2011, 231; StV 2007, 18; BayObLG StV 2005, 14; OLG Koblenz VRS 72, 441). Auch insoweit bestehen keine Besonderheiten ggü. den durch die Beweisaufnahme festgestellten Tatsachen.

71 **VIII. Sachverständigenbeweis (Abs. 4). 1. Wegen eigener Sachkunde (Abs. 4 S. 1)** kann das Gericht Sachverständigenbeweisanträge ablehnen, soweit nicht (zB in §§ 80a, 81, 246a, § 73 **JGG**) etwas anderes bestimmt ist. In 1. Hinsicht gelten aber die Ablehnungsgründe des Abs. 3 (zust. Deckers FS Rissing-van Saan, 2011, 92). Woher der Richter die eigene Sachkunde bezieht, ist gleichgültig (zu Grenzen der eigenen Sachkunde, insbes. bei der Beurteilung jugendlicher Täter, vgl. Lüderssen FS Schreiber, 2003, 289). Es kann sich um jedermann ohne bes. Sachkunde festzustellende Tatsachen (BGH NStZ 2013, 118), aber auch um beruflich o. außerberuflich erworbenes Spezialwissen handeln, insbes. um Kenntnisse aufgrund v. Gutachten, die in gerichtlichen Verf. erstattet worden sind. Der Richter kann sich das erforderliche Wissen auch während des Prozesses aneignen (Spiegel DAR 1977, 175 – BGH RsprÜ; BGH NStZ 1983, 325), insbes. aufgrund v. Aussagen eines sachverständigen Zeugen (Spiegel DAR 1983, 205 – BGH RsprÜ) o. des Gutachtens eines Sachverständigen (BGH StV 2019, 226; OLG Koblenz OLGSt RVO § 529 S. 3), auch wenn er sich ihm nicht anschließt (BGH StV 2019, 226; NStZ 1984, 467; 2010, 586), es sei denn, er hält das Gutachten im Ganzen für unbrauchbar (BGH NStZ 2022, 505).

72 Durch **Befragung eines Sachverständigen außerhalb der HV** kann er sich die eigene Sachkunde nicht verschaffen, wenn dessen förmliche Vernehmung aufgrund eines Beweisantrags geboten wäre (BGH NStZ 2022, 372 (373); wistra 2013, 389 (399); StV 2015, 84; 3.7.2018 – 4 StR 621/17). Bei Kollegialgerichten genügt es, wenn einer der mitwirkenden Richter seine Sachkunde den anderen vermittelt (BGHSt 12, 18; BGH NStZ 1983, 325; OLG Stuttgart DAR 1976, 23; Alsberg Beweisantrag/Güntge Rn. 1360; str.). Einer Erörterung der Sachkunde in der HV bedarf es dazu nicht (BGH StV 1998, 248); eine Beweisaufnahme über die Sachkunde des Gerichts findet nicht statt (BGH NStZ 2000, 156).

73 Im **Ablehnungsbeschluss** muss nicht dargelegt werden, aus welchen Gründen sich das Gericht die erforderliche Sachkunde zutraut, im Urt. nur, wenn es sich um Fachwissen handelt, das idR nicht Allgemeingut aller Richter ist (BGHSt 12, 18; BGH NStZ 2009, 346; StV 2001, 665; BeckRS 2007, 9491). Die Ausführlichkeit, mit der das zu geschehen hat, richtet sich nach der Schwierigkeit der Beweisfrage (BGHSt 12, 18; BGH StV 1989, 331; BayObLGSt 2001, 64) sowie danach, ob die Materie eine bes. Ausbildung o. kontinuierliche wissenschaftliche o. praktische Erfahrung erfordert (BGH NStZ 2017, 300). Besondere Ausführungen sind nötig, wenn zunächst ein Sachverständiger bestellt war u. sich das Gericht erst nach dessen

erfolgreicher Ablehnung nach § 74 (BGH BeckRS 1978, 220) o. nach dessen Nichterscheinen (BGH NStZ-RR 1997, 171) auf seine eigene Sachkunde besonnen o. wenn das Gericht die v. Sachverständigen erörterte Frage im Widerspruch zu dessen Gutachten gelöst (BGH NStZ-RR 2015, 82; NStZ 2000, 437; 2015, 539; BeckRS 2018, 35121; OLG Hamm StraFo 2002, 262) o. im Gegensatz zum Obergutachter (OLG Hamm StV 2001, 221) entschieden hat. Stellt das Gericht auf Umstände ab, die dem gehörten Sachverständigen unbekannt waren, so muss es grds. dem Sachverständigen Gelegenheit geben, sich mit den abw. Anknüpfungstatsachen auseinanderzusetzen u. sie in seine Begutachtung einzubeziehen (BGH NStZ 1995, 201; OLG Zweibrücken NStZ-RR 2000, 47).

Bei der **Beurteilung der Glaubwürdigkeit von Zeugen** kann sich das Gericht eigene Sachkunde zutrauen (BVerfG NJW 2004, 209 (211); BGHSt 8, 130; BGH NStZ 2000, 214; 2013, 672); Ausnahmen gelten aber, wenn bes. Umstände vorliegen (BGH NStZ 2010, 100; 2013, 672; BGH StraFo 2012, 268), zB Psychose (BayObLG StV 1996, 476), hochgradige Medikamentenabhängigkeit (BGH StV 1990, 532; 1991, 405), Epilepsie (BGH StV 1991, 245), Asperger-Syndrom (OLG Karlsruhe StraFo 2015, 464), Gehirnschwund aufgrund langjährigen Alkoholabusus (BGH NStZ 2015, 49), schwere Schädelverletzungen (OLG Stuttgart NStZ-RR 2003, 51), deutliche Anhaltspunkte für eine Persönlichkeitsstörung (BGH NStZ 2025, 700 mAnm Georg NStZ 2026, 125; NStZ 2022, 327, 373 mwN), beginnende demenzielle Erkrankung (BGH NStZ 2019, 41). Eigene Sachkunde hat das Gericht – vor allem die Mitglieder der Jugendschutzkammer (BGH BeckRS 2022, 20789) – grds. auch für kindliche u. jugendliche Zeugen (BGHSt 3, 52; BGH NStZ 2010, 51; NStZ-RR 2006, 241), insbes. wenn die Aussage durch andere Umstände erhebliche Unterstützung findet (BGHSt 7, 82 (85); BGH NStZ-RR 1999, 48) o. entwertet wird (BGH StV 1995, 115; BGHR StPO § 244 Sachkunde 4), aber nicht, wenn das Kind jünger als 4 Jahre ist (OLG Zweibrücken StV 1995, 293), wenn Besonderheiten in der Person des Zeugen bestehen (BGH BeckRS 2022, 20789; StV 2004, 241; BGHR StPO § 244 Sachkunde 6; OLG Düsseldorf StV 1990, 13) o. bei Auffälligkeiten im Aussageverhalten (BGH StV 1991, 547; 1999, 470; NStZ 2001, 105; OLG Brandenburg StraFo 1999, 127; OLG Düsseldorf JR 1994, 379). Psychiatrische Begutachtung wird aber nur dann angezeigt sein, wenn die Zeugentüchtigkeit dadurch in Frage gestellt ist, dass der Zeuge an einer geistigen Erkrankung leidet o. sonst Hinweise darauf vorliegen, dass die Zeugentüchtigkeit durch aktuelle psychopathologische Ursachen beschränkt sein kann (BGH NJW 2005, 1519; NStZ-RR 2006, 242; StraFo 2013, 26). Die aussagepsychologische Begutachtung eines Zeugen ist regelmäßig auch dann zulässig, wenn dieser die notwendige Einwilligung in die Exploration verweigert (BGH NStZ 2015, 299; BeckRS 2021, 3721; eing. zur Zulässigkeit der aussagepsychologischen Begutachtung, insbes. bei nicht voll geschäftsfähigen Zeugen, Hilgert NJW 2016, 985). **74**

Die wissenschaftlichen Anforderungen an ein psychologisches Glaubwürdigkeitsgutachten (wie Nullhypothese, Inhaltsanalyse, Aussagegenese, Sexualanamnese) hat BGHSt 45, 164 eing. dargelegt (vgl. dazu auch Boetticher NJW-Sonderheft Schäfer, 2002, 8;mit Recht krit. dazu Fischer FS Widmaier, 2008, 191 (219): Glaubhaftigkeit einer Aussage ist nicht das Erg. einer umfassenden Beweiswürdigung, sondern ein *Indiz,* das v. Richter mit o. ohne Zuziehung eines Sachverständigen festzustellen u. als eines unter vielen Beweisanzeichen in die Beweiswürdigung einzustellen ist; vgl. auch KK-StPO/Krehl Rn. 49 ff.). Der BGH hat in der Folgezeit aber **klargestellt**, dass die Gutachten nicht einheitlich einer bestimmten Prüfstrategie folgen müssen (BGH NStZ 2001, 45; 2008, 116). Eine Glaubwürdigkeitsbeurteilung kann iÜ die Beweiswürdigung nicht ersetzen (BGH NStZ 2003, 276). Zur Bewertung eines Glaubwürdigkeitsgutachtens vgl. ferner BGH StV 1998, 116; 2003, 61; zur Glaubwürdigkeitsuntersuchung vgl. eing. OLG Schleswig SchlHA 1997, 137; Eisenberg Beweisrecht StPO Rn. 1864 ff. Das Gericht wird idR einen Psychologen mit der Untersuchung beauftragen, nur bei Hinweisen auf eine geistige Erkrankung des Zeugen o. auf Beeinträchtigung durch psychopathologische Ursachen einen Psychiater (BGH NJW 2002, 1813). **74a**

74b Die Beurteilung der **Glaubwürdigkeit des Angeklagten** gehört zum Wesen richterlicher Rechtsfindung, so dass entspr. Beweisanträge idR wegen eigener Sachkunde des Gerichts abgelehnt werden können (BGH NStZ 1987, 182; **aM** Fischer NStZ 1994, 3); die Hinzuziehung eines Sachverständigen ist aber nicht unzulässig (BGH NStZ 2005, 394). Zur Beurteilung der Eignung iSd § 69 Abs. 1 StGB hat der Tatrichter idR die notwendige eigene Sachkunde (BGHSt 50, 93 (105)).

74c Die **Frage der Schuldfähigkeit** des Angeklagten (§ 20 StGB) hat das Gericht in eigener Verantwortung zu beurteilen; es handelt sich insoweit um eine Rechtsfrage, die vor dem Hintergrund einer Gesamtwürdigung v. Tat u. Täter zu beantworten ist (BGH 7.4.2010 – 4 StR 644/09). Das Gericht ist im Regelfall aus eigener Sachkunde in der Lage zu beurteilen, ob überhaupt Anknüpfungstatsachen vorliegen, die auf eine geistige Erkrankung hindeuten (BGH 31.7.2024 – 2 StR 44/24; vgl. auch BGH VRS 39, 101). Sonst darf es sich die zur Beurteilung des Geisteszustandes erforderlichen Fachkenntnisse idR nicht zutrauen (BGH 31.7.2024 – 2 StR 44/24; NStZ 2022, 61; NStZ-RR 2003, 19; OLG Düsseldorf StV 1984, 236; OLG Oldenburg StV 2004, 477; Schmitt FS Geerdts, 1995, 541), so insbes. wenn eine schwierige Gemengelage verschiedener Faktoren vorliegt (BGH NStZ-RR 2024, 221: Anhaltspunkte für Drogen- und Alkoholkonsum sowie psychische Auffälligkeiten; vgl. auch BGH NStZ-RR 2009, 115), dahingehende ärztliche Stellungnahmen vorliegen (vgl. BGH NStZ 2022, 61), oder der Angekl. einmal schwere Hirnverletzungen erlitten hat (BGH NJW 1993, 1540; Becker NStZ-RR 2002, 69 – BGH RsprÜ; vgl. auch BGH NStZ-RR 2014, 185; NStZ 2020, 368; erg. → § 73 Rn. 8), es sei denn, diese liegen schon sehr lange zurück u. Anhaltspunkte für eine bleibende Gehirnschädigungen fehlen (OLG Frankfurt a. M. NStZ-RR 1997, 366). Zu den Anforderungen an ein psychiatrisches Sachverständigengutachten über die Schuldfähigkeit des Angeklagten u. die Voraussetzungen seiner Unterbringung in einem psychiatrischen Krankenhaus sowie zu den Prüfungsanforderungen an das Gericht bei Vorliegen eines methodenkritischen Gegengutachtens BGH NStZ 2005, 205; vgl. auch Boetticher/Nedopil/Bosinski/Saß NStZ 2005, 57).

74d Ob eine **Spielsucht** zur erheblichen Verminderung o. Aufhebung der Schuldfähigkeit geführt hat, kann das Gericht idR selbst beurteilen; eine Spielleidenschaft kann nämlich allenfalls dann beachtlich sein u. die Zuziehung eines Sachverständigen erforderlich machen, wenn feststeht, dass der Angeklagte seine Straftat zwecks Fortsetzung des Spielens begangen hat (BGHSt 49, 365; BGH NJW 2013, 181; BeckRS 2011, 17759; OLG Hamm NStZ-RR 1998, 241); zur Unterbringung nach § 63 StGB vgl. BGHSt 58, 192 u. dazu Schneider FS Tolksdorf, 2014, 413.

75 2. Die **Anhörung eines weiteren Sachverständigen (Abs. 4 S. 2)** kann – verfassungsrechtlich unbedenklich (BVerfG NJW 2004, 209) – nach Abs. 4 S. 2 Hs. 1 auch abgelehnt werden, wenn bereits nach den Gutachten anderer Sachverständiger das Gegenteil der behaupteten Tatsache erwiesen ist; das Gericht muss durch das Erstgutachten v. Gegenteil der unter Beweis gestellten Tatsache sicher überzeugt sein (BGH NStZ 2020, 623). Dabei muss dies *allein* durch das frühere Gutachten bewiesen sein (BGHSt 39, 49 (52); BGH NStZ 2005, 159; StraFo 2014, 75), nicht aufgrund anderer Beweismittel (BGH VRS 35, 207; OLG Koblenz StV 2001, 561) o. einer Gesamtwürdigung aller eingeholten Gutachten u. der sonstigen Beweisumstände (BGH MDR 1993, 165). „Früheres Gutachten" kann auch ein nach § 256 Abs. 1 Nr. 2 verlesenes ärztliches Attest sein (BGHSt 52, 322). „Weiterer" Sachverständiger kann ausnahmsweise auch der Angehörige einer anderen Fachrichtung sein (BGHSt 34, 355), zB ein Sexualwissenschaftler ggü. einem Psychiater (BGH NJW 1990, 2945), ein Psychoanalytiker ggü. einem Psychiater (BGH NStZ 1999, 630), ein Blutgruppen- ggü. einem DNA-Sachverständigen (BGHSt 39, 49), ein Rechtsmediziner ggü. einem Gynäkologen (BGHR StPO § 244 Zweitgutachter 3), nicht aber ein Gynäkologe ggü. einem Psychiater (BGH NStE StPO § 244 Nr. 126).

Das Gericht kann den Antrag aber auch ablehnen, weil es durch diese Gutachten genügend **sachkundig** geworden ist, um die Beweisfrage beurteilen zu können (BGH NStZ 1984, 467; 1985, 421). Es muss dann aber die Ausführungen des Sachverständigen iE wiedergeben u. seine Gegenansicht unter Auseinandersetzung mit ihnen näher begründen (vgl. → § 267 Rn. 13). Wenn der Richter einen Antrag auf Einholung eines weiteren Sachverständigengutachtens, der auf substantiiert dargelegte methodische Mängel des Erstgutachtens gestützt ist, wegen eigener Sachkunde zurückweist, darf er sich in den Urteilsgründen hierzu nicht dadurch in Widerspruch setzen, dass er seiner Entsch. das Erstgutachten ohne Erörterung der geltend gemachten Mängel zugrunde legt (BGHSt 55, 5; ähnlich BGH StraFo 2012, 269). Hat sich der Richter aufgrund des Gutachtens eines psychiatrischen Sachverständigen die nötige Sachkunde verschafft, dass Auffälligkeiten in der Person des Zeugen auf dessen Zeugentüchtigkeit keinen Einfluss haben, braucht er nicht noch einen Psychologen als weiteren Sachverständigen zur Glaubwürdigkeit des Zeugen zu hören (BGH NStZ 1998, 366). Dass die bereits gehörten Gutachter zu voneinander abw. Erg. gekommen sind, zwingt nicht zur Anhörung weiterer Sachverständiger (Spiegel DAR 1980, 206 – BGH RsprÜ; Dallinger MDR 1970, 732 – BGH RsprÜ). 75a

Bei **Zweifeln an der Sachkunde** des 1. Gutachters muss dem Beweisantrag stattgegeben werden (Abs. 4 S. 2 Hs. 2). Solche Zweifel sind nicht schon berechtigt, weil der Sachverständige bestimmte Untersuchungsmethoden nicht angewendet (BGH GA 1961, 241), weil er Schwierigkeiten bei der Auslegung einer Gerichtsentscheidung hat (BGHSt 23, 176 (185)), idR auch nicht, weil er nur Psychiater u. nicht auch Psychologe (BGH NStZ 1990, 400) o. Neurologe (BGH StV 1991, 244) ist. Geht es aber um die Frage, ob eine Erkrankung Auswirkungen auf die Aussagetüchtigkeit hat, darf sich das Gericht nicht mit der Beauftragung eines Psychologen begnügen, sondern muss (zusätzlich) einen Psychiater heranziehen (BGH StV 1997, 60; NStZ 1997, 199). Weicht das mündliche Gutachten v. dem schriftlich erstatteten ab, zwingt dies noch nicht zur Anhörung eines weiteren Sachverständigen (BGHSt 8, 113 (116)), es sei denn, im entscheidenden Punkt bestehe ggü. dem schriftlichen Gutachten ein nicht erklärbarer Widerspruch (BGH NStZ 1990, 244; 1991, 448; 2014, 476; OLG Karlsruhe StV 2004, 477) o. der Sachverständige vollzieht eine „totale Kehrtwende" (EGMR StraFo 2002, 81); eing. zu den notwendigen Darlegungen in der Revisionsbegründung bei Rüge des Abweichens des in der HV mündlich erstatteten v. schriftlichen Gutachten BGH NStZ 2013, 98. Widersprüche innerhalb des mündlichen Gutachtens zwingen ebenfalls zur Anhörung eines weiteren Sachverständigen (BGHSt 23, 176 (185); Spiegel DAR 1988, 230 – BGH RsprÜ). Dem Antrag muss ferner entsprochen werden, wenn die Auff. des Sachverständigen mit den Erkenntnissen der Wissenschaft nicht in Einklang steht (BGH StV 1989, 335) o. wenn ein anderer Sachverständiger über überlegene Forschungsmittel verfügt. Damit sind nur die Hilfsmittel gemeint, deren sich ein Sachverständiger für seine wissenschaftlichen Untersuchungen zu bedienen pflegt (BGHSt 23, 176 (186); BGH GA 1962, 371; NStZ 1988, 373), nicht aber persönliche Kenntnisse u. Fähigkeiten, größere Berufserfahrung, höheres Lebensalter, größerer Umf. des zur Vfg. stehenden Beobachtungsmaterials, wissenschaftliche Veröffentlichungen (BGHSt 23, 176 (186); 34, 355 (358); BGH NStZ 1988, 373; OLG Koblenz VRS 45, 367 (370)). Kein überlegenes Forschungsmittel ist auch die Beobachtung nach § 81 (BGHSt 23, 176 (187); 23, 311). Hat ein Sachverständiger bestimmte Untersuchungsmethoden nicht angewendet, so beweist das nicht, dass er über sie nicht verfügt (BGH GA 1961, 241; StV 1985, 489). Ein Sachverständiger verfügt nicht deshalb über überlegene Forschungsmittel, weil sich der Angeklagte nur v. ihm untersuchen lassen will; mit einer Untersuchungsverweigerung ggü. anderen Sachverständigen kann daher die Begutachtung durch einen bestimmten psychiatrisch/psychologischen Sachverständigen nicht erzwungen werden (BGHSt 44, 26). 76

Die **Aufklärungspflicht** kann bei bes. Schwierigkeit der Beweisfrage zur Anhörung weiterer Sachverständiger auch zwingen, wenn ein darauf gerichteter 77

Antrag nach Abs. 4 S. 2 abgelehnt werden könnte (vgl. BGHSt 23, 176 (187): Extremer Fall der Sexualpathologie; BGHSt 10, 116 (119); OLG Celle NJW 1974, 616: Schriftgutachten; BGH NStZ-RR 1997, 42: Widersprüchliche Gutachten; vgl. auch OLG Düsseldorf JMBl. NRW. 1987, 101 (104); StV 1986, 376; Erb ZStW 121 (2009), 896). Auch in Kapitelstrafsachen muss nicht stets ein Sachverständiger zur Schuldfähigkeit des Angeklagten gehört werden, falls der Tatrichter mit Blick auf Tat u. Täter über die notwendige Sachkunde verfügt (BGH NJW 2008, 1329).

77a **3.** Im **Ablehnungsbeschluss** muss im Falle des Abs. 4 S. 1 die eigene Sachkunde nicht näher begründet werden (BGHSt 12, 18; Löwe/Rosenberg/Becker Rn. 339; wohl **aM** BGH NStZ 2017, 300 mAnm Ventzke, wo allerdings erg. auch die Möglichkeit einer Darlegung in den Urteilsgründen erörtert wird; SK-StPO/Frister Rn. 220 f.); ergibt sie sich nicht aus der Lebenserfahrung, muss sie allerdings im Urt. dargelegt werden. Im Fall des Abs. 4 S. 2 ist eine nähere Begründung erforderlich, wenn einer der dort bezeichneten Umstände behauptet wird (BGHSt 10, 116 (118); OLG Celle NJW 1974, 616; OLG Düsseldorf NJW 1970, 1984; KK-StPO/Krehl Rn. 207).

78 **IX. Anträge auf Augenscheinsbeweis (Abs. 5 S. 1).** Für die Ablehnung solcher Anträge ist allein die **Sachaufklärungspflicht** der maßgebende Gesichtspunkt (BGH NStZ 1981, 310; 1984, 565; 1988, 88). Drängt sie nicht zur Augenscheinseinnahme durch das Gericht, so kann die Benutzung anderer Beweismittel genügen, insbes. die Besichtigung v. Lichtbildern der Örtlichkeit (BGH NStZ 1984, 565; 1988, 88; OLG Koblenz VRS 49, 273) u. die Anhörung v. Zeugen, insbes. v. Augenscheinsgehilfen (→ § 86 Rn. 4). Das Verbot der Beweisantizipation (→ Rn. 46) gilt für den Antrag auf Augenscheinnahme nicht; er kann – vorausgesetzt, dass tatsächlich eine weitere Sachaufklärung nicht erforderlich ist (BGH NStZ 2006, 406) – auch mit der Begründung abgelehnt werden, dass die Beschaffenheit des Augenscheinsgegenstandes schon aufgrund der in der HV erhobenen Beweise feststehe (BGHSt 8, 177 (180); Pfeiffer/Miebach NStZ 1985, 206 – BGH RsprÜ; OLG Köln NJW 1966, 606). Das gilt grds. auch für den Fall, dass Zeugen dazu ausgesagt haben (BGH VRS 20, 202 (204); OLG Koblenz VRS; 49, 40; OLG Köln StV 1983, 451). Nur wenn der Augenschein gerade zu dem Zweck beantragt ist, die Aussage eines Zeugen zu widerlegen, muss er idR erhoben werden (BGHSt 8, 177 (181); BGH NStZ 1984, 565; StV 1994, 411; KG NStZ 2007, 480; OLG Köln VRS 65, 450). Das gilt auch, wenn mehrere Mitglieder eines wesentlich gleichartigen Erlebnis- u. Interessenkreises ausgesagt haben (BGH NJW 1961, 280; OLG Koblenz StV 2013, 553; OLG Köln StV 2002, 238), nicht aber für Zeugen, die nur ein gemeinsamer Pflichtenkreis verbindet, zB Polizeibeamte (OLG Celle MDR 1965, 227; Ernesti/Jürgensen SchlHA 1979, 205 – OLG Schleswig RsprÜ; **aM** OLG Koblenz VRS 48, 120). Eine Augenscheinnahme iSd Abs. 5 S. 1 kann auf fremdem Staatsgebiet nicht durchgeführt werden (Miebach/Kusch NStZ 1991, 121 – BGH RsprÜ). Es empfiehlt sich, die Ablehnung eines Augenscheins im Beschl. entspr. zu begründen; die Wiederholung des Gesetzeswortlauts genügt idR nicht (KG NStZ 2007, 480).

78a **X. Auslandszeuge (Abs. 5 S. 2).** Die Vernehmung eines Auslandszeugen kann nach Abs. 5 S. 2 – verfassungsrechtlich grunds. unbedenklich (BVerfG BeckRS 2025, 24851) – unter den gleichen Voraussetzungen abgelehnt werden wie die Einnahme eines Augenscheins, wenn also nach dem pflichtgemäßen Ermessen des Gerichts die Beweiserhebung **zur Erforschung der Wahrheit nicht erforderlich** ist (vgl. BGH 24.11.2022 – 4 StR 263/22). Der Regelung liegt der Gedanke zugrunde, dass sich das Gericht außerhalb seiner Amtsaufklärungspflicht (→ Rn. 10) auf die Beweismittel beschränken soll, die es aus seinem eigenen Hoheitsbereich herbeischaffen kann (BR-Drs. 314/91, 103). Damit ist eine vorweggenommene Beweiswürdigung erlaubt u. erforderlich (BGHSt 40, 60; NJW 2005, 2322; vgl. auch BVerfG BeckRS 2025, 24851); das Gericht darf seine Entsch. davon abhängig machen, welche Erg. v. der beantragten Beweisaufnahme zu erwarten sind u. wie diese zu würdigen wären (BGH NStZ-RR 2018, 335; NStZ 2024, 312). Jedoch gelten die v. der Rspr. zu Abs. 5 S. 1 entwickelten Grundsätze über die – engeren – Grenzen zulässiger Beweisantizipation nicht (BGH NStZ 2023, 371; 2014, 469); die Ladung eines Auslandszeugen darf also je nach den Umständen des Einzelfalls **ausnahmsweise** auch abgelehnt werden, wenn dadurch die Aussage eines einzigen – nach Ansicht des Gerichts glaubwürdigen – Zeugen widerlegt werden soll (zw. Fezer JZ 1996, 659; vgl. auch Gerst StV 2018, 755 (759) unter Hinweis auf Art. 6 Abs. 3 Buchst. d EMRK).

Ob die Voraussetzungen des Abs. 5 S. 2 erfüllt sind, bestimmt sich nach den **Umständen des Einzelfalls** (BGH NStZ 2022, 634). Allgemein gilt der Grundsatz, dass von der Vernehmung des Auslandszeugen bei einem durch die bisherige Beweisaufnahme gesicherten Beweisergebnis abgesehen werden kann. Hierbei kommt es auf die Erg. der bereits durchgeführten Beweisaufnahme an (BGH NStZ 2009, 168). Der Antrag ist danach abzulehnen, wenn die Richtigkeit der Beweisbehauptung durch sonstige Beweismittel geklärt werden kann (Löwe/Rosenberg/Becker Rn. 357) o. die beantragte Zeugenvernehmung keine weitere wesentliche Aufklärung verspricht o. der Zeuge bereits polizeilich vernommen wurde, dabei nichts zur Aufklärung beitragen konnte und andere Angaben nicht zu erwarten sind. Auch kann das Gericht im Wege einer antizipierenden Beweiswürdigung zu der Überzeugung gelangen, dass eine aus der Vernehmung des Auslandszeugen gewonnene Aussage völlig untauglich ist, zur Sachaufklärung beizutragen und die Beweiswürdigung zu beeinflussen, weil er entweder die Beweisbehautung nicht bestätigen werde o. ein Einfluss auf die Überzeugungsbildung des Gerichts auch dann sicher ausgeschlossen ist, wenn er sie bestätigt (vgl. BGH NStZ 2024, 313; 2023, 371; s. aber auch → Rn. 78f). Ferner kann der zeitliche u. organisatorische Aufwand der Ladung u. Vernehmung mit den damit verbundenen Nachteilen durch die Verzögerung des Verfahrens in die Abwägung einfließen (vgl. BGH NJW 2002, 2403; StraFo 2016, 289; BVerfG BeckRS 2025, 24851: prozesswirtschaftlich vertretbarer Aufwand). **78b**

Dagegen wird die Vernehmung des Zeugen umso notwendiger sein, je ungesicherter das bisherige Beweisergebnis erscheint (vgl. BGH NStZ 2023, 371; 2024, 312) u. je mehr Zweifel hins. des Werts der bisher erhobenen Beweise überwunden werden müssen (vgl. BGH NStZ 2023, 371; 2024, 312; BeckRS 2020, 10337). Das gilt insbes., wenn der Auslandszeuge Vorgänge bekunden soll, die für den Schuldvorwurf von zentraler Bedeutung sind (BGH NStZ 2023, 371; 16.2.2022 – 4 StR 392/20; vgl. auch BVerfG BeckRS 2025, 24851) sowie bei einer besonderen Schwere des Tatvorwurfs und der Intensität des drohenden Freiheitsentzuges (vgl. BVerfG BeckRS 2025, 24851). Auch wenn den Gegenstand des Verfahrens eine **Auslandstat** bildet, sind grds. strengere Maßstäbe an die Ablehnung zu stellen (BGHSt 55, 11). **78c**

Der Ablehnungsgrund des Abs. 5 S. 2 gilt grunds. auch dann, wenn der Zeuge im Ausland **audiovisuell** (→ § 247a Rn. 6, 9) erreichbar ist und dort vernommen werden soll. Insoweit kann neben den auch sonst geltenden Erwägungen (→ Rn. 78b) berücksichtigt werden, dass der Zeuge der Beteiligung an der Tat verdächtig ist und ihm deshalb ein Auskunftsverweigerungsrecht nach § 55 zusteht (vgl. BGH NStZ 2022, 634; 2023, 371), ferner eine enge Verbundenheit des Zeugen mit dem Angekl., weshalb eine etwaige Falschaussage nicht effektiv sanktionierbar wäre sowie der Umstand, dass die audiovisuelle Vernehmung im Vergleich zu einer unmittelbaren Einvernahme gewisse Defizite aufweist (vgl. BGH NStZ 2023, 368, 370 zu Abs. 3 S. 4 Nr. 3). **78d**

Dieser Grundsatz gilt allerdings **nicht absolut**. Das BVerfG hat nunmehr entschieden, dass es mit Blick auf das Recht des Angeklagten auf ein faires Verfahren iVm dem Grundsatz der bestmöglichen Aufklärung des Sachverhalts im **Ausnahmefall** verfassungswidrig sein kann, wenn das Tatgericht einen Beweisantrag auf Vernehmung eines Auslandszeugen gem. Abs. 5 S. 2 ablehnt, obwohl die Möglichkeit einer audiovisuellen Vernehmung des Zeugen im Ausland bestand (BVerfG BeckRS 2025, 24851). Der entschiedene Einzelfall war durch die Schwere des **78e**

Tatvorwurfs (Anstiftung zum Mord) sowie die Intensität des drohenden Freiheitseingriffs (lebenslange Freiheitsstrafe) gekennzeichnet (vgl BVerfG BeckRS 2025, 24851), ferner dadurch, dass die dem Beweisantrag zugrundeliegenden Beweisbehauptungen nach Ansicht der Strafkammer von „große (r), teilweise sogar zentraler Bedeutung“ waren (BVerfG BeckRS 2025, 24851). Unter diesen Umständen sei es dem Beschwerdeführer verwehrt worden, eine Aussage des nach seinen Angaben zentralen (und einzigen) Entlastungszeugen in das Verfahren einzuführen (BVerfG BeckRS 2025, 24851); das BVerfG verweist zur Begründung insoweit auch auf Art. 6 Abs. 3d **EMRK**, der dem Angeklagten garantiert, dass er zur Herstellung der „Waffengleichheit“ mit der StA die Ladung und Vernehmung von Entlastungszeugen unter denselben Bedingungen erwirken kann wie sie für Belastungszeugen gelten (vgl. BVerfG BeckRS 2025, 24851; → EMRK Art. 6 Rn. 22 ff.).

78f Das BVerfG lässt es zwar dahinstehen, ob die Strafkammer im Rahmen einer antizipierenden Beweiswürdigung die Ablehnung nach Abs. 5 S. 2 verfassungsrechtlich unbedenklich auf die Erwägung hätte stützen können, eine die Beweisbehauptung bestätigende (hypothetische) Aussage des Zeugen sei mit Sicherheit unwahr (BVerfG BeckRS 2025, 24851); der Hinweis in diesem Kontext auf „ganz erheblich für eine Vernehmung des (audiovisuell) erreichbaren Zeugen sprechende Gesichtspunkte“ (BVerfG BeckRS 2025, 24851) könnte allerdings dafür sprechen, dass das BVerfG auch in diesem Fall verfassungsrechtliche Bedenken gehabt hätte. Bemerkenswert erscheint auch, dass das BVerfG das Argument der Strafkammer nicht hat ausreichen lassen, eine bloß audiovisuelle Vernehmung des Zeugen sei wegen der dabei fehlenden Möglichkeit, sich einen unmittelbaren Eindruck von ihm zu verschaffen, nicht geeignet, zur Sachaufklärung beizutragen und die Beweiswürdigung zu beeinflussen (BVerG 24.8.2025 – 2 BvR 64/25). Dies könnte eine Aufwertung des Beweiswerts der audiovisuellen Vernehmung durch das BVerfG im Vergleich zur direkten Vernehmung in der Hauptverhandlung (im Sitzungssaal) indizieren, die nicht nur bei der Auslegung des Abs. 5 S. 2, sondern auch an anderen Stellen der StPO potentiell weit reichende Folgen haben könnte (so etwa bei der Ausübung des richterlichen Ermessens in den Fällen des § 247a Abs. 1 S. 1 (→ § 247a Rn. 6a, 6b, 7) o. der Erforderlichkeit einer Kompensation für eine Einschränkung des Konfrontationsrechts iSd Art. 6 Abs. 3d) EMRK durch Videosimultanvernehmung (→ Art. 6 EMRK Rn. 22e).

78g Dem Gericht steht zur Prüfung der Voraussetzungen des Abs. 5 S. 2 das **Freibeweisverfahren** (→ Rn. 7, 9) offen (BGH StV 2003, 317; NStZ-RR 2019, 120); es ist deshalb auch befugt, sich unmittelbar (zB telefonisch) mit dem Zeugen in Verbindung zu setzen, um herauszufinden, ob er Sachdienliches zur Klärung der Beweisfrage beitragen kann (BGH NStZ 1995, 244; vgl. auch BGH StraFo 2007, 118). Bei der Entsch. können grunds. auch die Schwierigkeiten einer Ladung berücksichtigt werden, die allerdings wegen der vereinfachten Ladungsvorschriften (→ § 37 Rn. 25, 25a), namentlich innerhalb der EU bzw. zwischen den Staaten des Schengen-Verbundes, deutlich geringer geworden sind (Gleß FS Eisenberg, 2009, 499 hält die Vorschr. deshalb jedenfalls in Bezug auf EU-Auslandszeugen für nicht mehr zeitgemäß u. will sie insoweit teleologisch reduzieren; ebenso Gerst StV 2018, 755 (758)). Auch die Durchführung von Videovernehmungen von Zeugen im Ausland ist inzwischen nicht nur technisch, sondern vor allem auch rechtlich erheblich einfacher geworden (eingehend zu entspr. Rechtshilfeübereinkommen und völkerrechtlichen Grundsätzen dazu Roth NStZ 2024, 329).

78h Im **Ablehnungsbeschluss** muss das Gericht die Gründe dafür darlegen, warum es die Vernehmung des – angeblich erreichbaren – Zeugen (nur hierfür ist die Vorschr. v. praktischer Bedeutung; zum unerreichbaren Zeugen vgl. → Rn. 62–66a) für entbehrlich erachtet (BGH StraFo 2010, 341; BGH NStZ 2022, 634; OLG Köln StraFo 2008, 383), also insbes. die Erwägungen mitteilen, auf die sich seine Überzeugung stützt, die beantragte Beweiserhebung werde keinen Einfluss auf die Feststellungen haben (BGHSt 40, 60; BGH NStZ 2023, 371; 1998, 158), u. zwar auch dann nicht, wenn der Zeuge die in sein Wissen gestellte Behauptung bestätigen werde (BGH NStZ-RR 2015, 278; NStZ-RR 2018, 335). Ist der Zeuge audiovisuell erreichbar, empfiehlt es sich auch darauf einzugehen, warum nach den Grundsätzen des BVerfG (BVerfG BeckRS 2025, 24851) kein Ausnahmefall vorliegt, der eine audiovisuelle Vernehmung gebietet (→ Rn. 78e, 78f).

78i In den **Urteilsgründen** darf sich das Gericht nicht mit der Beschlussentscheidung in Widerspruch setzen (BGH StV 1997, 511). Das Revisionsgericht prüft iÜ nur, ob die v. Tatrichter nach seinem pflichtgemäßen Ermessen zu treffende Entsch. Rechtsfehler aufweist (BGH NJW 1998, 3363). Kommt das Tatgericht unter Berücksichtigung sowohl des Vorbringens im Beweisantrag als auch der Erkenntnisse der bisherigen Beweisaufnahme zu dem Erg., dass der Zeuge die Beweisbehauptung nicht bestätigen werde o. ein Einfluss auf die Überzeugungsbildung auch dann sicher ausgeschlossen ist, wenn er sie bestätigt, ist die Ablehnung des Beweisantrags idR nicht zu beanstanden (BGH NStZ 2024, 313; 2023, 371; → Rn. 78b).

78j **XI. Verlesung von Ausgangsdokumenten (Abs. 5 S. 3):** Ein Beweisantrag auf Verlesung eines Ausgangsdokumentes kann nach dem durch das G zur Einf. der elektronischen Akte v. 5.7.2017 (BGBl. 2017 I 2208) neu eingeführten Abs. 5 S. 3 abgelehnt werden, wenn nach pflichtgemäßem Ermessen des Gerichts kein Anlass besteht, an der inhaltlichen Übereinstimmung mit dem übertragenen Dokument zu zweifeln. Erfasst wird der Urkundsbeweis hins. aller Dokumente, die nach § 32e Abs. 1 übertragen wurden. Ein Beweisantrag wird schon nicht vorliegen, wenn keine Tatsachen plausibel vorgetragen werden, die eine Diskrepanz zwischen dem Ausgangsdokument u. dem umgewandelten Dokument ergeben; in diesem Fall ist nach Abs. 2 zu entscheiden. Anträge auf Inaugenscheinnahme v. Dokumenten, etwa wenn es um deren Beschaffenheit geht, können nach Abs. 5 S. 1 beschieden werden (BT-Drs. 18/9416, 62).

79 **I. Ablehnung des Beweisantrags durch das Gericht (Abs. 6). I. Auslegung bei unklaren oder mehrdeutigen Anträgen.** Wie jede strafprozessuale Willenserklärung ist auch der Beweisantrag der **Auslegung** fähig (BGH JR 1951, 509; OLG Koblenz VRS 49, 273), auch wenn er v. StA (Holtz MDR 1976, 815 – BGH RsprÜ) o. Verteidiger stammt. Wenn die Befragung des Antragstellers nicht möglich ist, muss daher durch Auslegung versucht werden, den Sinn u. Inhalt eines unklaren Antrags zu ermitteln. Das gilt gleichermaßen für Beweistatsachen (BGH NJW 1968, 1293) wie für Beweismittel (OLG Koblenz VRS 47, 180) u. für das Beweisziel (BGH StraFo 2007, 331). Auszugehen ist v. Wortlaut. Zur Auslegung sind alle dazu geeigneten Umstände heranzuziehen, insbes. der Gang der HV (BGH JR 1951, 509; OLG Celle Nds. Rpfl. 1982, 66), die übrigen Ausführungen des Antragstellers (BayObLG VRS 62, 450; Bergmann MDR 1976, 889) o. seines Verteidigers (OLG Schleswig DAR 1961, 310), vorbereitende Schriftsätze u. der sonstige Akteninhalt (Ernesti/Jürgensen SchlHA 1970, 198 – OLG Schleswig RsprU; Dahs Strafprozessrevision Rn. 329).

80 Bei mehreren Auslegungsmöglichkeiten muss **die dem Antragsteller günstigere** gewählt werden (BGH NStZ 2024, 684 mAnm Schneider; NJW 2022, 2556; OLG Hamm VRS 21, 368). Davon unberührt bleibt die Pflicht des Gerichts, auf die Stellung sachdienlicher Beweisanträge hinzuwirken (dazu → Rn. 37, 38) bzw. die Pflicht des Ast, auf evtl. Missverständnisse hinzuweisen (→ Rn. 88).

81 **II. Ablehnung durch Gerichtsbeschluss (Abs. 6 S. 1). 1. Grundsätze:** Die Ablehnung des Antrags erfolgt durch einen mit Gründen versehenen Gerichtsbeschluss (§ 34). Der Hinweis des Vorsitzenden, die StrK halte einen Zeugen für unerreichbar, erfüllt die Funktion eines solchen Beschl. nicht (BGH NStZ 1983, 568), ebenso wenig ein Vermerk des Vorsitzenden (BGH NJW-Spezial 2020, 121) oder Erörterungen des Beweisantrages in der HV (BGH 16.7.2024 – 5 StR 185/24).

82 Die zulässigen Ablehnungsgründe sind in Abs. 3, Abs. 4 und Abs. 5 erschöpfend aufgezählt (BGHSt 29, 149 (151); OLG Hamm VRS 42, 208). Ob es daneben in Ausnahmefällen eine Ablehnung wegen groben Missbrauchs des Antragsrechts geben kann, wie BGH NStZ 1986, 371 erwogen hat, ist, va mit Blick auf die v. Gesetzgeber geschaffene Möglichkeit, mit Verschleppungsabsicht gestellte Anträge nicht als Beweisanträge zu behandeln (s. Abs. 6 S. 2) abzulehnen.

83 Das **Fehlen eines Beschlusses** ist unschädlich, wenn sich aus dem Verhalten des Antragstellers ergibt, dass er den Beweisantrag nicht aufrechterhalten will (BGHR StPO § 244 Entscheidung 2 mwN), o. er nach den Umständen nicht im unklaren darüber sein konnte, dass das Gericht v. der Erledigung des Beweisantrages ausgegangen war o. dass v. der beantragten Beweiserhebung Abstand genommen wird u. er dies widerspruchslos hingenommen hat (BGH NStZ 2005, 463; 2009, 649; OLG Düsseldorf Rpfleger 1993, 460), o. wenn ausnahmsweise sonst das Beruhen des Urteils auf dem fehlenden Ablehnungsbeschluss ausgeschlossen werden kann (zB weil die behauptete Beweistatsache mit den angebotenen Beweismitteln nicht zu beweisen ist, OLG Koblenz OLGSt StPO § 244 Nr. 17 oder die Beweisbehauptung für das rechtlich relevante Beweisthema ohne jede Bedeutung ist (BGH BeckRS 2019, 7360).

84 Das **Erfordernis eines begründeten Ablehnungsbeschlusses** besteht hingegen auch bei misslungener Ladung eines Zeugen (BGH NStZ 1999, 419) sowie bei der Teilablehnung eines Beweisantrags, die auch vorliegt, wenn anstelle des benannten Beweismittels ein schlechteres (BGH StV 1996, 411; **aM** BGH StV 1983, 6 mablAnm Schlothauer), nicht aber, wenn ein gleichwertiges verwendet wird (vgl. BGHSt 34, 355 (357); Kusch NStZ 1992, 225 – BGH RsprÜ). Der Vorsitzende darf nicht anstelle des Gerichts entscheiden, auch nicht im Einverständnis der Prozessbeteiligten (BGH NStZ 1983, 422; wistra 1994, 66). Maßgebend für die Entsch. des Gerichts ist der Verfahrensstand im Zeitpunkt der Beschlussfassung; anders als die „beweismittelbezogenen" Ablehnungsgründe der Unerreichbarkeit u. Ungeeignetheit müssen die „beweisthemabezogenen" Ablehnungsgründe der Offenkundigkeit, Bedeutungslosigkeit, Erwiesenheit u. Wahrunterstellung aber auch noch bei Urteilserlass gegeben sein (Niemöller FS Hamm, 2008, 537 ff.; vgl. aber einschr. zur Wahrunterstellung → Rn. 70). Ein Beweisantrag, dem zunächst stattgegeben wurde, kann bei anderer Bewertung nach Anhörung der Bet. später noch abgelehnt werden (OLG Hamm StraFo 2006, 73). Die Bescheidung eines Beweisantrages erst im Anschluss an die Urteilsverkündung ist revisionsrechtlich unbeachtlich u. steht der Nichtbescheidung des Antrags gleich (BGH BeckRS 2007, 6573).

85 **2.** Die **Begründung des Ablehnungsbeschlusses** soll den Antragsteller darüber unterrichten, wie das Gericht den Antrag beurteilt, damit er in der Lage ist, sich in seiner Verteidigung auf die Verfahrenslage einzustellen, die durch die Antragsablehnung entstanden ist, insbes. weitere Anträge zu stellen (BGHSt 19, 24 (26); BGH 11.9.2025 – 4 StR 64/25; KG VRS 48, 432; OLG Köln VRS 49, 283). Im Einzelnen müssen in dem Ablehnungsbeschluss die rechtlichen u. tatsächlichen Erwägungen dargelegt werden, aus denen der Beweisantrag abgelehnt wird (vgl. dazu Fezer FS BGH IV, 2000, 862 ff.). Einer vorherigen Anhörung zur beabsichtigten Entsch. bedarf es nicht, anders nur bei einem Hilfsbeweisantrag (→ Rn. 90a). Durch die Beschlussbegründung soll auch dem Revisionsgericht die rechtliche Prüfung der Ablehnung ermöglicht werden (BGHSt 2, 284 (286); BGH NJW 1994, 1484; BayObLG DAR 1956, 165; KG VRS 29, 204). Eine über den Gesetzeswortlaut nicht hinausgehende Beschlussbegründung genügt daher nicht (BGHSt 13, 252 (257); Pfeiffer NStZ 1981, 96 – BGH RsprÜ; BGH VRS 16, 424; OLG Düsseldorf MDR 1980, 868); bei einfacher Sachlage kann ein Verstoß gegen diesen Grundsatz aber unschädlich sein.

86 **Verbot der Beweisantizipation:** Ein Beweisantrag darf grds. nicht mit der Begründung abgelehnt werden, das Gegenteil der Beweistatsache sei schon erwiesen, die Beweiserhebung verspreche keinen Erfolg (BGH StV 1994, 62; 1997, 567).

Das Verbot der Vorwegnahme der Beweiswürdigung bezieht sich auf Beweismittel u. Beweistatsachen. Das Gericht darf nicht v. vorneherein annehmen, dass das Beweismittel die Beweisbehauptung nicht bestätigen werde, etwa weil die Angaben eines Zeugen nur auf Schätzung beruhen (BGH NStZ 1983, 468), oder (v. Fall der völligen Ungeeignetheit abgesehen, → Rn. 58–61), dass es wertlos sei (BGHSt 23, 176; BGH NStZ 1984, 42; NStZ-RR 2012, 82). Es darf auch nicht davon ausgehen, dass die Beweistatsache nicht beweisbar o. durch die bisherige Beweisaufnahme schon widerlegt sei (BGH StV 1993, 621; 2001, 95; OLG Düsseldorf VRS 84, 453).

Das **Verbot gilt** aber **nicht schlechthin.** Es erfährt mit Rücksicht auf die jeweilige Struktur der in Betracht kommenden Ablehnungsgründe eine Reihe v. Einschränkungen u. Modifizierungen. Dies gilt etwa für die Bedeutungslosigkeit, sofern die Beweistatsache so als sei sie bewiesen, in das bisherige Beweisergebnis eingestellt wird (→ Rn. 56), die Wahrunterstellung, welcher die Prognose immanent ist, dass sich die unter Beweis gestellte Behauptung nicht widerlegen lassen wird (→ Rn. 67 ff.), ferner für die Prognose, ob ein Beweismittel völlig ungeeignet ist (→ Rn. 58 ff.) sowie die Unerreichbarkeit, die sich ua nach der Bedeutung des Beweismittels für die Wahrheitserforschung richtet (→ Rn. 62a). Auch die Ablehnung der Vernehmung eines Auslandszeugen (Abs. 5 S. 2) erlaubt in gewissen Grenzen eine vorweggenommene Beweiswürdigung (→ Rn. 78a, b). **86a**

Unter jedem in Betracht kommenden Gesichtspunkt muss der Ablehnungsbeschluss den Antrag würdigen (OLG Frankfurt a. M. NJW 1953, 198; OLG Hamm NJW 1963, 603). Die Beschlussbegründung muss den Antrag nach seinem wirklichen Inhalt u. Sinn (Pfeiffer NStZ 1981, 96 – BGH RsprÜ) u. ohne Umdeutung o. Verkürzung in seiner vollen Tragweite erledigen (Pfeiffer/Miebach NStZ 1983, 210 – BGH RsprÜ; BGH StV 1983, 90). Bei mehreren Anträgen müssen die Ablehnungsgründe für jeden Antrag dargelegt werden (BGHSt 21, 118 (124); 22, 124 (126)). Entsprechendes gilt, wenn in dem Antrag mehrere Beweismittel benannt waren (BGH StV 1987, 236). Ein u. derselbe Antrag kann zwar auch aus mehreren Gründen abgelehnt werden (BGH NJW 1953, 1314), wobei sich die Ablehnungsgründe aber nicht widersprechen dürfen (BGH NStZ 2004, 51; NJW 2011, 1299 (1300)). Der Beschl. ist auslegungsfähig (BGHSt 1, 29 (32); BGH NJW 2003, 2761 (2762); OLG Stuttgart NJW 1967, 1627), aber nicht aus den Urteilsgründen. Ein unvollständig o. mangelhaft begründeter Beschl. kann auch nicht in den Urteilsgründen ergänzt o. geänd. werden (BGHSt 29, 149 (152); BGH NJW 1985, 76; StV 2007, 176; StraFo 2010, 341; vgl. auch OLG Hamm StV 2005, 542 zu § 244 Abs. 5 S. 2). **87**

Entnimmt der Antragsteller aber aus der Ablehnungsbegründung, dass das Gericht seinen **Antrag missverstanden** hat, muss er dies sogleich u. nicht erst mit der Revision rügen (BGH NStZ 2022, 698; 17.5.2022 – 5 StR 484/21; 15.10.2025 – 3 StR 421/25 mwN). Dies gilt aber nur dann, wenn das gerichtliche Missverständnis jedenfalls auch auf der ungenauen Formulierung des Beweisantrags beruht, zB wenn das Gericht einen Antrag nicht als Beweisantrag wertet, weil der Antragsteller einen Zeugen nicht für bestimmte Wahrnehmungen, sondern für ein Beweisziel benennt (vgl. BGH NStZ 2009, 171 (173); 2019, 342; 2022, 698). Wird ein abgelehnter Antrag wiederholt, kann uU eine Bezugnahme auf den Ablehnungsbeschluss genügen (BGH NStZ-RR 2008, 146 Ls.). **88**

Bei einer **Mehrzahl von Beweisanträgen**, die mit derselben Stoßrichtung das gemeinsame Ziel verfolgen, die Überzeugung des Tatgerichts in Frage zu stellen, kann es im Einzelfall ausnahmsweise erforderlich sein, eine über die isolierte Bewertung der einzelnen Beweistatsachen hinausgehende **Gesamtwürdigung** vorzunehmen (BGH 1.7.2025 – 4 StR 572/24 mwN). Dies kann vor allem praktisch werden, wenn Beweisanträge, die angeblich unwahre Angaben einer Zeugin zum Gegenstand haben, aufgrund deren Vielzahl entscheidungserheblich für die Glaubwürdigkeit der Zeugin sein können (vgl. BGH 1.7.2025 – 4 StR 572/24; 21.7.2011 – 3 StR 44/11; 21.6.2006 – 2 StR 57/06). **88a**

89 Ergänzend zu **Begründungsanforderungen bei einzelnen Ablehnungsgründen** → Rn. 56a, b (Bedeutungslosigkeit), → Rn. 66a (Unerreichbarkeit), → Rn. 77a (Sachverständigenbeweis) u. → Rn. 78c (Auslandszeuge).

90 **3. Bekanntgegeben** werden muss der Beschl. spätestens vor dem in § 258 Abs. 1 bezeichneten Schluss der Beweisaufnahme (BGHSt 19, 24 (26)). Bis dahin kann die Entsch. zurückgestellt werden (BGH NStZ 2011, 168). Den Urteilsgründen darf die Mitteilung der Ablehnungsgründe nicht vorbehalten werden (BGH NJW 1951, 412; Pfeiffer/Miebach NStZ 1984, 17 – BGH RsprÜ; OLG Köln VRS 49, 183). Der Antragsteller kann auf die Bekanntgabe vor Urteilserlass aber verzichten; der Vermerk des Prot., dass auf ausdr. Befragen keine Beweis- o. Beweisermittlungsanträge mehr gestellt wurden u. die Beweisaufnahme im allseitigen Einverständnis geschlossen wurde, weist idR jedoch keine eindeutige Verzichtserklärung aus (BGH StV 1987, 189; 2003, 318; OLG Zweibrücken StV 1995, 347; erg. → Rn. 37). Ein Verzicht liegt hingegen bei dem nach § 233 entbundenen Angeklagten darin, dass er weder erscheint noch einen Vertreter entsendet.

90a Über einen **Hilfs- oder einen Eventualbeweisantrag** wird dagegen **erst im Urteil** entschieden. Das folgt aus der Abhängigkeit des Hilfs- v. Hauptantrag (BGH StV 1990, 149; Brause NJW 1992, 2868;); eine andere Auff. (so SK-StPO/Frister Rn. 88 ff.) würde zu einer teilw. Bekanntgabe der Urteilsgründe vor der Urteilsverkündung führen (BGH NStZ 1991, 47 mablAnm Scheffler NStZ 1991, 348 u. Schlothauer StV 1991, 349). Demgegenüber geht die Gegenansicht (früher hM) v. einem in dem Hilfsantrag liegenden Verzicht auf die Bekanntgabe vor Urteilserlass aus (BGHSt 32, 10 (13); BGH StV 1990, 149) u. schließt daraus konsequent (und unter allerdings unzutr. Berufung auf BGH v. Dallinger MDR 1951, 275 – RsprÜ verkürzt u. missverständlich wiedergegeben), dass dieser Verzicht auch widerrufen u. damit Entsch. vor Urteilserlass verlangt werden könne. Das ist abzulehnen (vgl. BGH NStZ 1991, 47; 1995, 98; StV 1996, 529; Fahl Rechtsmißbrauch S. 573; Niemöller JZ 1992, 884 ff.; Widmaier FS Salger, 1995, 431, der zutr. darauf hinweist, dass sonst der Hilfsbeweisantrag dem Antragsteller mehr Informationen verschaffen würde als ein unbedingt gestellter Beweisantrag). Die Ablehnungsbegründung kann somit zwar auch schon in der Verh., wird aber idR – u. muss dann (KG NStZ-RR 2004, 146) – in der Urteilsbegründung erfolgen (vgl. Alsberg Beweisantrag/Güntge Rn. 1454; vgl. aber auch Pfeiffer/Miebach NStZ 1985, 494 – BGH RsprÜ: ausdr. Erwähnung des Antrags ist nicht erforderlich). Das gilt auch, wenn dem Antrag stattgegeben wird, die Beweiserhebung aber nicht durchgeführt werden kann u. das Gericht den Antrag nunmehr ablehnt (BGHSt 32, 10). Im Übrigen kann lediglich dann, wenn der Hilfsantrag in einen Hauptantrag geänd. wird, das Gericht zu einer Entsch. vor Urteilserlass gezwungen werden (BGHSt 32, 10 (14)).

90b Eine **Ausnahme bestand** nach der Rspr. für den Ablehnungsgrund der **Verschleppungsabsicht** nach früherer Rechtslage: Insoweit musste die Ablehnung des Hilfsbeweisantrages ggf. nach Wiedereröffnung der Verh. dem Ast vor der Urteilsverkündung durch Gerichtsbeschluss (Abs. 6 S. 1) bekanntgegeben werden, um ihm Gelegenheit zu geben, den darin liegenden Vorwurf zu entkräften (BGHSt 22, 124; BGH NStZ 1986, 372; 1998, 207). An dieser Judikatur sollte im Grundsatz auch nach Einf. des Abs. 6 S. 2 **festgehalten werden,** der nunmehr in Verschleppungsabsicht gestellten Anträgen die rechtliche Qualität eines Beweisantrags abspricht (→ Rn. 92 ff.). Unabhängig v. der Frage, ob die Verschleppungsabsicht einen formellen Ablehnungsgrund darstellt (wie nach früherer Rechtslage) o. ob sie v. Gericht nach Aufklärungsgesichtspunkten beurteilt wird (jetzt Abs. 6 S. 2), beinhaltet sie einen Missbrauchsvorwurf, zu dem dem Ast aus Gründen der Verfahrensfairness sowie um Überraschungsentscheidungen zu vermeiden rechtliches Gehör gewährt werden sollte. Beabsichtigt der Vorsitzende deshalb, hilfsweise gestellte Anträge wegen Verschleppungsabsicht zurückzuweisen, wird er dem Ast Gelegenheit zur Stellungnahme geben (vgl. OLG Oldenburg StraFo 2020, 374). **Hiervon zu unterscheiden** ist die Rechtslage nach Verstreichenlassen einer v. Gericht nach Abs. 6 S. 3 gesetzten Frist; insoweit kommt die Ablehnung eines Antrags in den Urteilsgründen wegen Verschleppungsabsicht in Betracht (→ Rn. 94 ff.).

III. Änderung der Entscheidung. Das Gericht kann den Ablehnungsbeschluss in der HV, va in der Urteilsberatung, erneut prüfen u. ggf. die Ablehnungsgründe ändern o. ergänzen. Hierüber müssen die Prozessbeteiligten vor Schluss der Beweisaufnahme, notfalls unter Wiedereröffnung einer bereits geschlossenen Verh., durch einen mit Gründen versehenen Beschl. **unterrichtet** werden (BGHSt 19, 24 (26); 32, 44 (47); Rüth DAR 1972, 205 – BayObLG RsprÜ; Ernesti/Jürgensen SchlHA 1977, 182 – OLG Schleswig RsprÜ). Das Unterlassen dieser Unterrichtung steht der ungerechtfertigten Ablehnung eines Antrags gleich. Entsprechendes gilt, wenn v. einer durch Gerichtsbeschluss angeordneten (BGH NJW 1983, 2396) Beweisaufnahme abgesehen wird. Auch dann muss ein mit Gründen versehener Beschl. verkündet werden (BGH StV 1985, 488), so dass die bloße Feststellung der Unerreichbarkeit des Zeugen nicht genügt (BGHSt 32, 10 (12); BGH StV 1983, 318). Lediglich erg. Ausführungen in den Urteilsgründen sind nicht geeignet, Rechtsfehler des Ablehnungsbeschlusses zu heilen (BGH NStZ 2007, 349). Entscheidet sich das Gericht nachträglich dafür, einen abgelehnten Beweis doch zu erheben, so bedarf das weder der förmlichen Aufhebung des Ablehnungsbeschlusses noch einer bes. Begründung. 91

IV. Entbehrlichkeit bei Verschleppungsabsicht (Abs. 6 S. 2). Entbehrlichkeit bei Verschleppungsabsicht (Abs. 6 S. 2): Einer Ablehnung durch förmlichen Gerichtsbeschluss bedarf es nach dem durch das G zur Modernisierung des Strafverfahrens v. 10.12.2019 eingeführten S. 2 (BGBl. I 2122) nicht bei Beweisanträgen mit dem Ziel der Prozessverschleppung. Derartige mit Verschleppungsabsicht gestellte Anträge sind danach nicht mehr als Beweisanträge zu behandeln. Dies stellt einen tiefen Eingriff in die Substanz des Beweisantragsrechts dar. Im Einzelnen: 92

1. Voraussetzungen für die Annahme von Verschleppungsabsicht: Hinsichtlich der Voraussetzungen für die Annahme v. Verschleppungsabsicht kann auf die bisherige Rspr. zurückgegriffen werden, soweit sie die fehlende Sachdienlichkeit der beantragten Beweiserhebung sowie die Absicht der Verfahrensverzögerung betrifft. 93

In objektiver Hinsicht erfordert Verschleppungsabsicht zunächst, dass die beantragte Beweiserhebung **nichts Sachdienliches zu Gunsten des Ast erbringen kann.** Dies ist anzunehmen, wenn der Vorsitzende bzw. das Gericht v. der Aussichtslosigkeit- o. Nutzlosigkeit der beantragten Beweiserhebung überzeugt sind (vgl. BGH StraFo 2016, 384; NStZ 2011, 230; 2010, 161). Die Prognose erfolgt durch eine Vorwegwürdigung des voraussichtlichen Beweisergebnisses auf der Grdl. des bisherigen Erg. der Beweisaufnahme (BGHSt 21, 118; BGH NJW 2001, 1956; OLG Köln NStZ 1983, 90). Ausschlaggebend ist insoweit, ob eine erdrückende Beweislage gegeben ist, welche keinen Raum für die Annahme lässt, die beantragte Beweiserhebung könne sie zu Gunsten des Ast ändern. Es reicht weder aus, dass sich in der bisherigen Beweisaufnahme keine Anhaltspunkte für die Richtigkeit des Beweisbegehrens ergeben haben (vgl. BGH NStZ 1982, 292), noch, dass ein Erfolg der Beweisaufnahme „völlig unwahrscheinlich" sei, (BGH StraFo 2017, 21). 93a

Keine Voraussetzung mehr für die Annahme v. Verschleppungsabsicht ist nach der Legaldefinition in Abs. 6 S. 2, dass durch die beantragte Beweiserhebung eine **objektive Verzögerung** des Verfahrens eintreten würde. Verschleppungsabsicht knüpft somit objektiv allein daran an, ob durch die beantragte Beweiserhebung ein Erkenntnisgewinn für das Verf. zu erwarten ist (zust. Schneider ZRP 2019, 126 (129); vgl. dazu auch schon Niemöller NStZ 2008, 181). Erklärtes Ziel des Gesetzgebers ist es, insoweit das Begriffsverständnis der Verschleppungsabsicht in § 244 Abs. 6 S. 2 dem in § 26a Abs. 1 Nr. 3 sowie § 245 Abs. 2 S. 3 anzugleichen (BT-Drs. 19/17474, 36). Der völlige Verzicht (so ausdr. BT-Drs. 19/17474, 36) auf das objektive Erfordernis einer Verzögerung des Verfahrens bedeutet, dass Verschlep- 93b pungsabsicht auch bei geringfügigen Hinderungen des Verfahrensablaufs, zB bei präsenten o. kurzfristig herbeizuschaffenden Beweismitteln, angenommen werden kann. Insoweit wirkt es allerdings widersprüchlich, dem Ast subjektiv Verschleppungsabsicht zu unterstellen, wenn durch den Beweisantrag auch für ihn erkennbar objektiv keine nennenswerte Verzögerung des Verfahrens herbeigeführt würde, zB bei Vorlage einer Urk. o. der Sistierung eines Zeugen (anders wäre dies allerdings bei präsenten Beweismitteln zu beurteilen, wenn der Ast ein Massenaufgebot an Zeugen präsentiert o. eine Fülle neuer Urkunden vorlegt). Vgl. zur älteren Rspr., die eine nicht nur unerhebliche Verzögerung verlangt hatte BGH NStZ 1984, 230; StV 1986, 418; OLG Köln StV 1997, 458, sowie zu neueren Tendenzen in der Judikatur, die bereits jede Verzögerung ausreichen lassen wollten BGHSt 51, 333 *(obiter dictum)* (zust. BGH StraFo 2007, 509). Im Einzelnen zum früheren Streitstand in Rspr. u. Schrifttum → 62. Aufl. 2019, Rn. 67.

93c Darüber hinaus **muss der Ast sich subjektiv der Tatsache bewusst** sein, dass die beantragte Beweiserhebung nichts Sachdienliches zu seinen Gunsten ergeben wird u. er muss mit dem Antrag zumindest auch (zur Verfolgung anderer verfahrensfremder Zwecke sogleich → Rn. 93d) die **Verfahrensverzögerung bezwecken.** Maßgebend sind Kenntnis u. Einstellung des Antragstellers zzt. der Beschlussfassung. Ist der Antrag v. Verteidiger gestellt, so kommt es auf dessen Absicht an (BGHSt 21, 118 (121); BGH NJW 1969, 281), sofern er nicht die Verantwortung ablehnt (BGH GA 1968, 19; OLG Karlsruhe Justiz 1976, 440) o. sich v. dem Angeklagten ersichtlich als Werkzeug missbrauchen lässt (BGH NJW 1969, 281; NStZ 1984, 466; Kusch NStZ 1993, 229 – BGH RsprÜ; OLG Köln VRS 24, 217).

93d Dass der **Ast auch andere verfahrensfremde Ziele verfolgt,** steht der Annahme v. Verschleppungsabsicht nach der ges. Definition nicht entgegen. Unter den Begriff fallen daher alle missbräuchlich gestellten Scheinbeweisanträge, denen eine multiple Motivlage zugrunde liegt, auch diejenigen, mit denen der Antragsteller sein Antragsrecht zu dem Zweck missbraucht, Zeugen bloßzustellen (Köhler NJW 1979, 350), Propaganda zu machen (RGSt 65, 304 (306)) o. Richter dadurch auszuschalten, dass er sie als Zeugen benennt (BGH NStZ 2003, 558; vgl. aber → Rn. 49). Beweisanträge, die auch nicht ansatzweise der Erforschung der Wahrheit dienen, sondern nur bezwecken, das Gericht im Wege einer Absprache zur Verhängung einer unangemessen niedrigen Strafe zu zwingen, können ebenfalls zurückgewiesen werden (BGH NStZ 2005, 45).

93e Ob **Verschleppungsabsicht in der Person des Ast** vorliegt, bestimmt sich nach Art eines Indizienbeweises, in den gesamtwürdigend die für u. gegen sie sprechenden Umstände eingestellt werden. Dabei sind insbes. der bisherige Verfahrensablauf (BGH NStZ 2012, 462) u. das Prozessverhalten des Antragstellers v. Bedeutung (BGH NStZ 1986, 519; StV 1989, 234: Verweigerung einer Begründung zum Beweisantrag; vgl. dazu zust. Fahl Rechtsmißbrauch S. 487, abl. Herdegen GS Meyer, 1990, 204). Für diese Absicht können eine Vielzahl gleichartiger Anträge sprechen, ferner die „scheibchenweise", auf mehrere Verhandlungstage verteilte Stellung gleichartiger Anträge, auch die Wiederholung eines zurückgenommenen Antrags (BGH NJW 1982, 2201) o. ein sonst nicht erklärlicher Wechsel des Verteidigungsvorbringens (BGHR StPO § 244 Prozessverschleppung 5; OLG Karlsruhe Justiz 1976, 440), insbes., wenn frühere Entlastungsbeweise misslungen waren (BGH NJW 1953, 1314). Die verspätete Antragstellung allein genügt nicht (BGHSt 21, 118 (123); BGH NStZ 1982, 41; 1984, 230; StV 2009, 5; OLG Koblenz VRS 73, 52 (54); OLG Schleswig StV 1985, 225), kann aber uU bei einer dem Angeklagten seit langer Zeit bekannten erdrückenden Beweislage für eine Verschleppungsabsicht sprechen (BGH NStZ 1990, 350; vgl. auch BGH StV 1997, 567 mit insoweit abl. Anm. Wohlers; zust. aber Sander NStZ 1998, 207). Der Ast kann zur Darlegung der Gründe für eine späte Antragstellung verpflichtet sein, wenn er eine abl. Entsch. vermeiden will (BGHSt 51, 333; **aM** BGH NStZ 1986, 371). Ebenso kann es ein Indiz für die innere Tatsache der Verschleppungsabsicht darstellen, wenn der Antragsteller nach einer Fristsetzung iSv Abs. 6 S. 3 die

Gründe für die verspätete Antragstellung nicht nachvollziehbar u. substanziiert darlegen kann u. auch die Aufklärungspflicht nicht zur Beweiserhebung drängt (vgl. dazu schon BGHSt 52, 355; erg. → Rn. 97 f.).

2. Verfahren bei Verschleppungsabsicht: Da Beweisersuchen mit dem Ziel der Prozessverschleppung nach der gesetzgeberischen Konzeption keine Beweisanträge mehr sind (BT-Drs. 19/14747, 33 ff.; Claus NStZ 2020, 57 (60); Hamm/Pauly Revision Rn. 839; krit. dazu Börner NStZ 2020, 460 (461), der im Gesetzeswortlaut keinen genügenden Anhalt für diese Ansicht sieht), können sie v. Vorsitzenden zunächst ohne formellen Gerichtsbeschluss im Rahmen seiner Sachleitungsbefugnis gem. § 238 Abs. 1 abgelehnt werden; gegen die Entsch. des Vorsitzenden ist sodann die Beanstandung nach § 238 Abs. 2 möglich, über die durch das Gericht „in freier Würdigung“ entschieden wird (BT-Drs. 19/17474, 35). Dies ist auch möglich, falls Anträge nach Ablauf einer nach Abs. 6 S. 3 gesetzten Frist gestellt werden. Die Würdigung des Tatgerichts soll in der Revision nur daraufhin überprüft werden können, ob es seinen Beurteilungsspielraum überschritten hat (BT-Drs. 19/17474, 35; Claus NStZ 2020, 58 (60)). 93f

Diese Verfahrensweise birgt allerdings in hohem Maße die Gefahr in sich, zu einer Entkernung des Beweisantragsrechts zu führen. Ein weit verstandener, der revisionsrechtlichen Prüfung nur sehr eingeschränkt unterliegender Anwendungsbereich der Verschleppungsabsicht kann zu einer substanziellen Entwertung der formellen Voraussetzungen für die Ablehnung v. Beweisanträgen insges. führen. Insoweit ist zu bedenken, dass Anträge, die wegen Prozessverschleppungsabsicht abgelehnt werden können, grds. den formellen Anforderungen an das Vorliegen eines Beweisantrags in Abs. 3 S. 1 entsprechen. Qua G werden sie aber nunmehr in den nur begrenzt überprüfbaren Bereich des Aufklärungsermessens verschoben u. damit v. den formellen Ablehnungsvoraussetzungen der enumerativ aufgezählten Ablehnungsgründe in Abs. 3 Nr. 1–6 sowie dem Erfordernis eines begründeten Gerichtsbeschlusses nach Abs. 6 S. 1 abgekoppelt. 93g

Dies macht es unabweisbar, die **Anforderungen an Nachvollziehbarkeit und Begründungstiefe** des auf die Beanstandung der Entsch. des Vorsitzenden ergehenden Gerichtsbeschlusses zu erhöhen. Die Entsch. des Gerichts nach § 238 Abs. 2 muss deshalb die tatsächlichen u. rechtlichen Gesichtspunkte aufzeigen, welche die Maßnahme des Vorsitzenden bestätigen. Erforderlich ist insbes., dass das Tatgericht in der Entsch. die für u. gegen Verschleppungsabsicht sprechenden Indizien aufführt u. sich mit ihnen auseinandersetzt (zu diesen soeben → Rn. 93e). Zur Revision → Rn. 103a. 93h

V. Ablehnung im Urteil nach Fristsetzung (Abs. 6 S. 3–5). Beweisanträge können auch unter den Voraussetzungen von Abs. 6 S. 2 und 3 **ausnahmsweise im Urt. beschieden** werden. Diese durch das G v. 17.8.2017 (BGBl. I 3202 (3209)) eingeführte Erg. von Abs. 6 soll dem Gericht die Möglichkeit geben, dem Stellen v. Beweisanträgen zur Verfahrensverzögerung zu begegnen, ohne das Beweisantragsrecht selbst zu beschneiden (BT-Drs. 18/11277, 32). Das Verf. soll dadurch beschleunigt werden, dass bei verfristeten Beweisanträgen die Bescheidung in der HV entfällt. Die Regelung knüpft dabei an entspr. Bestrebungen in der Judikatur des BGH an, den Anwendungsbereich der Prozessverschleppungsabsicht zu erweitern (s. nur BGH NJW 2005, 2466; BGHSt 52, 355; das BVerfG (NJW 2010, 592; 2010, 2036) hatte hiergegen keine verfassungsrechtlichen Einwände erhoben), deren rechtliche Grdl. jedoch umstr. war (zum Ganzen mit umfangreichen Nachw. → 62. Aufl. 2019, Rn. 69c ff.). Durch die durch das G zur Modernisierung des Strafverfahrens v. 10.12.2019 in Abs. 6 S. 2 eröffnete Möglichkeit, bei Vorliegen v. Verschleppungsabsicht bereits das Vorliegen eines Beweisantrags zu verneinen (dazu → Rn. 92 ff.), wird allerdings der ursprünglichen ges. Intention bei der Einf. des Verfahrens nach Abs. 6 S. 3 und 4 weitgehend die Grdl. entzogen. 94

1. Nach Abschluss der von Amts wegen vorgesehenen Beweisaufnahme kann der Vorsitzende den Verfahrensbeteiligten eine angemessene, für alle Verfahrensbeteiligten gleichermaßen geltende (Schneider NStZ 2019, 489 (491); Mos- 95

bacher NStZ 2018, 9 (11)) Frist zum Stellen v. Beweisanträgen bestimmen (Abs. 6 S. 2). Dies gilt nach dem Wortlaut für alle Verf. unabhängig v. ihrem Umf. u. geht damit über die frühere Rspr. hinaus (Schlothauer FS Fischer, 2018, 819 (823)). Die Verfahrensbeteiligten, va die Verteidigung, werden nach den Mat. damit nicht gezwungen, alle Beweisanträge bereits zu Beginn der HV zu stellen, sondern können ihre Verteidigungsstrategie dem Verlauf der Beweisaufnahme anpassen (BT-Drs. 18/11277, 33). Die **vAw vorgesehene Beweisaufnahme** ergibt sich aus der Ladungsverfügung sowie weiteren Ladungen, deren Notwendigkeit sich für das Gericht – zB unter dem Gesichtspunkt v. § 244 Abs. 2 – erst im Laufe der HV ergeben hat (vgl. Krehl FS Fischer, 2018, 705 (709 f.); OLG Hamm StV 2018, 525 (529 f.)), ferner aus dem für die Einf. des in Aussicht genommenen Beweisprogramms wesentlichen Urkunden nach § 249 Abs. 1 oder Abs. 2. Sie ist erst abgeschlossen, wenn auch v. Gericht geladene Sachverständige gehört worden sind. Für den Abschluss des gerichtlichen Beweisprogramms macht es allerdings keinen Unterschied, ob das Gericht von vorneherein ein bestimmtes Beweismittel als für seine Entscheidungsfindung unerheblich erachtet und daher nicht zum Gegenstand der Beweisaufnahme macht, oder ob es von der Absicht einer solchen Beweiserhebung abrückt und die Beweisaufnahme aufgrund der geänderten Beurteilung nicht auf das Beweismittel erstreckt (BGH NStZ 2024, 312 mzustAnm Mosbacher JuS 2024, 743 (746) und mkritAnm Habetha NJW 2024, 1547). In jedem Fall erscheint es aber sinnvoll, dass der Vorsitzende den Verfahrensbeteiligten den betr. Zeitpunkt mitteilt, auch wenn es hierauf keinen ges. Anspruch gibt (vgl. Schlothauer FS Fischer, 2018, 819 (825); Schneider NStZ 2019, 489 (492)). Entsprechende Hinweise können auch schon iRe Erörterungstermins gem. § 213 Abs. 2 gegeben werden. Zur Revision → Rn. 108.

95a **2. Fristsetzung:** Dem Gericht soll mit der Fristsetzung ein Instrument an die Hand gegeben werden, das Verf. in Fällen effizient zu führen, in denen der Verdacht besteht, dass zu einem späten Verfahrenszeitpunkt gestellte Beweisanträge mit dem Ziel der Verfahrensverzögerung gestellt werden (BT-Drs. 18/11277, 33). Der Wortlaut des Gesetzes enthält über den Abschluss des gerichtlichen Beweisprogramms hinaus keine Einschränkung des richterlichen Ermessens.

95b Der BGH hat dazu entschieden, dass die Fristsetzung zur Anbringung von Beweisanträgen nach Abs. 6 S. 3 **nicht** die Feststellung oder den konkreten Verdacht einer **Absicht der Prozessverschleppung** erfordert (BGH NStZ 2024, 312 mAnm Börner, Mosbacher JuS 2024 743, 746, Stuckenberg JR 2024, 556; zust. BGH NJW 2024, 1594 mAnm Georg NStZ 2024, 444 und Gerson HRRS 2024, 352; BGH 13.3.2024 – 5 StR 393/23; so bereits Schneider NStZ 2019, 489, 494; gegen eine anlasslose Fristsetzung Singelnstein/Derin NJW 2017, 2646 (2651); Krehl FS Fischer, 2018, 705 (709 f.); vgl. auch → 67. Aufl. 2024, Rn. 95b sowie Mosbacher NStZ 2018, 9, 11). Der BGH begründet dies überzeugend vor allem unter Hinweis auf die teleologische Auslegung der Vorschrift. Abs. 6 S. 3 solle es dem Tatgericht ermöglichen, nach Durchführung der amtswegigen Beweisaufnahme den Abschluss des Verfahrens beschleunigt herbeizuführen und hierdurch eine effiziente Verfahrensgestaltung sicherzustellen; dieser Gesetzeszweck sei konterkariert und der Anwendungsbereich des Abs. 6 S. 3 liefe in wesentlichen Teilen leer, wenn es hierzu in jedem Fall zunächst der Feststellung von hinreichenden Verdachtsmomenten für eine Verschleppungsabsicht in Bezug auf die von den Verfahrensbeteiligten gestellten Beweisanträge bedürfte (BGH NStZ 2024, 312 mzustAnm Stuckenberg JR 2024, 556). Zudem würden in Fallkonstellationen, in denen von mehreren Verfahrensbeteiligten lediglich einzelne mit der Intention der Prozessverschleppung agierten, eine einheitliche Fristsetzung zu Wertungswidersprüchen führen, da sie gleichermaßen die Verfahrensbeteiligten beträfe, welche die Anordnung nicht herbeigeführt haben (BGH NStZ 2024, 312; vgl. auch Schneider NStZ 2019, 489, 494). Folgerichtig ist es insoweit, dass die Frist zur Anbringung von Beweisanträgen nach Abs. 6 S. 3 **ohne Begründung** gesetzt werden kann (BGH NJW 2024, 1594 mAnm Habetha NJW 2024, 1547 und Georg NStZ 2024, 444).

Das Gericht muss zuvor gestellte **Beweisanträge nicht beschieden** haben, da der Gesetzeswortlaut sich als rechtliche Voraussetzung für die Fristsetzung ersichtlich allein auf das gerichtlich vorgesehene Beweisprogramm bezieht (→ Rn. 95); außerdem würde der Zweck der Fristsetzung, den Abschluss des Verfahrens zügig herbeizuführen, konterkariert, wenn die Verfahrensbeteiligten die Fristbestimmung durch sukzessives Anbringen von Beweisanträgen vereiteln könnten (BGH NJW 2024, 1594 mzustAnm Kudlich/Göken JR 2024, 612). Je nach Verfahrenslage kann es allerdings sinnvoll sein, dass das Gericht vor der Fristsetzung gestellte Beweisanträge beschieden hat (Mosbacher NStZ 2018, 9). Die Fristsetzung gilt wegen der entspr. Anwendbarkeit von Abs. 6 im Ablehnungsverfahren nach § 245 (→ § 245 Rn. 28) – wenngleich mit geringer praktischer Relevanz – auch für Beweisanträge nach § 245 (Mosbacher NStZ 2018, 9 (11); **aM** Krehl FS Fischer, 2018, 705 (711); Schlothauer FS Fischer, 2018, 819 (821); Börner JZ 2018, 232 (239)). **95c**

Die **Angemessenheit der Frist** hängt naturgemäß v. Einzelfall ab. Ihre Dauer muss regelmäßig nicht begründet werden (BGH NJW 2024, 1594 mAnm Gerson HRRS 2024, 352 u. insoweit krit. Anm. Kudlich/Göken JR 2024, 612 (617)); eine Begründung kann allerdings über den Rechtsbehelf des § 238 Abs. 2 faktisch erzwungen werden. Die Frist muss so bemessen sein, dass jeder Verfahrensbeteiligte mit Rücksicht auf die Schwere der strafrechtlichen Vorwürfe sowie den Umf. u. die Komplexität des Verfahrens u. der bis dahin durchgeführten Beweisaufnahme sein Beweisantragsrecht effektiv ausüben kann. Ob meistens eine Frist v. einer Woche ausreicht (vgl. Mosbacher NStZ 2018, 9 (11); vgl. auch SSW StPO/Sättele Rn. 147: nicht weniger als 1 Woche) mag zw. erscheinen, da es häufig um umfangreiche Verf. gehen wird; jedenfalls dürfte regelmäßig eine dreiwöchige Frist, in bes. gelagerten Fällen auch eine solche v. einem Monat genügen (vgl. die zulässigen Unterbrechungsfristen in § 229 Abs. 1, Abs. 2). Zu berücksichtigen ist dabei va, dass die Verteidigung sich mit dem Angeklagten abstimmen muss, ob überhaupt Beweisanträge gestellt werden sollen u. ggf. welche u. mit welchem Inhalt. Da Beweisanträge nur in der Verh. gestellt werden können (→ Rn. 32, 34), muss das Ende der Frist auf einen Hauptverhandlungstag fallen. Die Verfahrensbeteiligten sollten zuvor angehört werden. Die Fristsetzung ist gem. § 273 Abs. 1 zu beurkunden (vgl. Schlothauer FS Fischer, 2018, 819 (826)). Zur Revision → Rn. 108. **95d**

Innerhalb der Frist gestellte Beweisanträge werden wie auch sonst im Beschlusswege nach Abs. 6 S. 1 beschieden. Das Gericht kann auch nach Ablauf der Frist entscheiden. Danach gestellte weitere Beweisanträge können dann zwar gem. Abs. 6 S. 3 im Urt. beschieden werden; stützt sich der neue Beweisantrag jedoch auf die Begründung des abl. Beschl., wird regelmäßig ein Fall des Abs. 6 S. 3 Hs. 2 vorliegen, wonach die Antragstellung vor Fristablauf nicht möglich war (vgl. Krehl FS Fischer, 2018, 705 (714); Schlothauer FS Fischer, 2018, 819 (827)). **95e**

3. Verfristete Beweisanträge: Nach Ablauf der Frist gestellte Beweisanträge, auch Hilfsbeweisanträge (Krehl FS Fischer, 2018, 705 (716); erg. vgl. → Rn. 92) können grds. im Urt. beschieden werden (S. 4 Hs. 1). Die Bescheidung folgt den für Hilfsbeweisanträge entwickelten Grundsätzen (→ Rn. 92). Der Katalog der Ablehnungsgründe wird nicht erweitert; eine Ablehnung allein wegen des Fristablaufs ist nicht möglich. Es kommen aber alle Ablehnungsgründe in Betracht. Die erforderliche Begründungstiefe entspr. der für eine Ablehnung durch Beschl. in der Verhandlung. Die Ablehnung wegen Verschleppungsabsicht erfolgt nach Aufklärungsgesichtspunkten (s. Abs. 6 S. 2, → Rn. 92 ff.). Die Fristversäumnis kann dabei wie schon nach früherer Rspr. (s. nur BGHSt 52, 355) nach Maßgabe des Einzelfalls indiziell berücksichtigt werden; ein „faktischer Automatismus" iSe Gleichsetzung v. Fristablauf u. der Annahme v. Prozessverschleppungsabsicht ist nicht zulässig. **96**

Auch kann das Gericht bei seiner Ermessensentscheidung berücksichtigen, ob die Ablehnung eines Beweisantrags im Urt. das **Informationsinteresse des Antragstellers unvertretbar beeinträchtigt;** dies kann etwa angenommen werden, wenn die Ablehnungsbegründung sich für den Antragsteller mit Rücksicht auf den Prozessverlauf als Überraschungsentscheidung darstellen würde. Dagegen ist es für **96a** eine Bescheidung in den Urteilsgründen nicht erforderlich, dass es sich bei der Zurückweisung v. Beweisanträgen um die Erstreckung bereits bekannt gegebener Ablehnungsgründe handelt (so aber Krehl FS Fischer, 2018, 705 (716); Börner JZ 2018, 232 (236 f.)); eine so weitgehende Beschränkung des Anwendungsbereichs von Abs. 6 S. 3 findet im Wortlaut keine Stütze u. widerspricht der Intention des Gesetzgebers. Ebenso besteht ggü. Volljuristen bei verfristeten Beweisanträgen auch keine Rechtspflicht des Gerichts, in der HV auf mögliche Defizite hinzuweisen (Mosbacher NStZ 2018, 9 (13)). Die Aufklärungspflicht (§ 244 Abs. 2) bleibt aber unberührt.

97 War die **Stellung des Beweisantrags vor Fristablauf nicht möglich,** bleibt es bei der Entsch. im Beschlusswege in der Verh. (S. 4 Hs. 2). Die Unmöglichkeit fristgemäßer Antragstellung ist für jeden Ast gesondert zu prüfen (Schneider NStZ 2019, 489 (497)). Dabei wird es sich va um Fälle handeln, in denen der Antragsteller erst nach Ablauf der Frist v. dem Beweismittel Kenntnis erlangt hat; dies ist regelmäßig nicht der Fall, wenn sich das Beweismittel aus den Verfahrensakten ergibt. Das Wissen des Angeklagten wird dem Verteidiger nicht ohne weiteres zugerechnet; gibt er seinem Verteidiger erst nach Ablauf der Frist die notwendigen Informationen, kann dies bei entspr. Glaubhaftmachung (dazu anschließend → Rn. 98) die Unmöglichkeit der rechtzeitigen Antragstellung begründen, es sei denn, es liegen konkrete Anhaltspunkte für kollusives Verhalten vor (vgl. Mosbacher NStZ 2018, 8 (12)). In Betracht kommen auch Konstellationen, bei denen dem Antragsteller zwar das Beweismittel, etwa die Person eines Zeugen, bereits bekannt, eine Kontaktaufnahme o. die Schaffung der Ladungsvoraussetzungen jedoch zuvor nicht möglich war. Dies muss gleichermaßen gelten, wenn rechtliche Hinweise des Gerichts nach § 265 Abs. 1, Abs. 2 eine Anpassung der Verteidigungsstrategie an die veränderte Prozesslage durch Stellen zuvor nicht in Betracht gezogener Beweisanträge erfordern; wird ein rechtlicher Hinweis kurz vor Ablauf der gesetzten Frist erteilt, muss diese grds. verlängert werden (vgl. BGH 30.8.2022 – 5 StR 153/22). Neu in das Verf. eintretende Verteidiger müssen sich – außer in den Fällen der §§ 145 Abs. 3, 265 Abs. 4 – wie auch sonst (BGH NStZ 2013, 122) so behandeln lassen, als seien sie v. Beginn an verfahrensbeteiligt gewesen.

98 Die Tatsachen, die die Einhaltung der Frist unmöglich gemacht haben, sind mit dem Antrag **glaubhaft zu machen** (S. 5), ein Nachschieben v. Gründen wie bei § 45 Abs. 2 S. 1 ist nicht möglich (BGH NJW 2024, 1594; Mosbacher JuS 2024, 743, 746). Inhaltlich bedeutet das, dass die Tatsachen soweit bewiesen sein müssen, dass das Gericht sie für wahrscheinlich hält; das Gericht muss in die Lage versetzt werden, ohne verzögernde weitere eigene Ermittlungen über den Antrag zu entscheiden (vgl. BGH NJW 2024, 1594; 13.3.2024 – 5 StR 393/23; Schneider NStZ 2019, 489 (497): „parate Beweismittel"; vgl. auch → § 26 Rn. 7, → § 45 Rn. 5a). Als Mittel der Glaubhaftmachung kommen wie auch sonst (→ § 26 Rn. 8, 9, 10, → § 45 Rn. 6) va schriftliche Erklärungen, insbes. anwaltliche o. staatsanwaltliche Vers. (nicht aber – insofern anders als iRd § 45 (vgl. → § 44 Rn. 18) –, wenn durch diese ausschl. eigene Verantwortlichkeit für eine Fristüberschreitung beseitigt werden soll, vgl. Schneider NStZ 2019, 489 (500)) u. eidesstattliche Vers. v. Zeugen sowie Urkunden in Betracht; Erklärungen – auch eidesstattliche – des Angeklagten reichen grds. nicht aus (→ § 26 Rn. 9; Schneider NStZ 2019, 489 (498 f.); Mosbacher NStZ 2018, 8 (12 f.)); das führt jedoch nicht dazu, ggü. einem unverteidigten Angeklagten Fristsetzungen aus dem Anwendungsbereich der Fristsetzungsbefugnis nach Abs. 6 S. 3 herauszunehmen (so aber Krehl FS Fischer, 2018, 705 (719)). Auf das Zeugnis eines früheren Verteidigers kann sich der aktuelle zur Glaubhaftmachung nur berufen, wenn eine Entbindung v. der Schweigepflicht vorliegt. Der Glaubhaftmachung bedarf es nicht, wenn die Gründe gerichtsbekannt sind o. sich aus den Akten ergeben.

98a Die **Entscheidung über die Glaubhaftmachung** trifft das Gericht nach pflichtgemäßem Ermessen (vgl. BGH 13.3.2024 – 5 StR 393/23; zum erforderlichen Beweisgrad → Rn. 98; → § 45 Rn. 10). Es muss den Antragsteller nicht im Wege eines Zwischenbescheides darauf hinweisen, dass u. aus welchen Gründen die Glaubhaftmachung scheitert. Dies ergibt sich schon daraus, dass das G eine Erg. der Gründe für die Glaubhaftmachung, anders als bei § 45 Abs. 2 S. 1, nicht vorsieht; es widerspräche auch der Zielsetzung der Neuregelung, einen zügigen Verfahrensabschluss zu ermöglichen, wenn die abgeschaffte Bescheidungspflicht nach § 244 Abs. 6 S. 1 durch eine solche nach unzulänglicher Glaubhaftmachung ersetzt würde (vgl. Mosbacher NStZ 2018, 9 (12); Schneider NStZ 2019, 489 (500); **aM** Krehl FS Fischer, 2018, 705 (720); Schlothauer FS Fischer, 2018, 819 (829)). Entsprechende Anträge auf Zwischenbescheidung können als unzulässig verworfen werden (Mosbacher NStZ 2018, 8 (12)).

4. Tritt das Gericht **nach Fristablauf erneut in die Beweisaufnahme** ein, etwa weil ein Ablehnungsgrund nicht ersichtlich ist o. es die Aufklärungspflicht gebietet, ist eine Bescheidung v. nach Fristablauf gestellten Beweisanträgen im Urt. grds. weiterhin möglich, es sei denn, es handelt sich um Beweisanträge, die sich erst aus der Beweisaufnahme nach Wiedereintritt ergeben haben (BGHSt 66, 96 = NJW 2021, 2129); insoweit muss der Verfahrensbeteiligte darlegen, inwieweit sich der Antrag aus der weiteren Beweisaufnahme ergeben hat, wenn er eine Bescheidung vor dem erneuten Schluss der Beweisaufnahme begehrt (BGHSt 66, 96 = NJW 2021, 2129). Im Übrigen muss das Gericht eine erneute Frist zur Stellung v. Beweisanträgen bestimmen, wenn es dies für erforderlich hält, um Verfahrensverzögerungen zu begegnen (BT-Drs. 18/11277, 33; hierzu tendiert auch BVerfG BeckRS 2020, 9598; dahingestellt v. BGH BeckRS 2020, 14446). Bereits verfristete Beweisanträge können nicht erneut gestellt werden (Mosbacher NStZ 2018, 8 (14); **aM** Krehl FS Fischer, 2018, 705 (717)); sie sind nur nach Maßgabe v. § 244 Abs. 2 zu beachten. 99

J. Revision. I. Aufklärungsrüge. Die **Aufklärungsrüge** ist zulässig, wenn das Gericht Ermittlungen unterlassen hat, zu denen es sich aufgrund seiner Sachaufklärungspflicht nach Abs. 2 gedrängt sehen musste (→ Rn. 12). Dies setzt voraus, dass dem Gericht das Beweismittel u. die hiermit verbundene Möglichkeit, den Sachverhalt erg. aufzuklären, erkennbar war (BGH NStZ 2020, 497; Löwe/Rosenberg/Becker Rn. 362). Wenn ein Beweisantrag gestellt u. abgelehnt worden war, ist statt der Erhebung einer Aufklärungsrüge die Verletzung von Abs. 3–6 zu beanstanden. 100

Die Aufklärungsrüge kommt hingegen in Betracht, wenn ein Beweisantrag nicht gestellt o. als unzulässig abgelehnt (BGH NStZ 2020, 497; Pfeiffer/Miebach NStZ 1984, 210 – BGH RsprÜ) o. nach Beweisantragsgrundsätzen verbeschieden worden war (BGH NStZ 2004, 370; BayObLG 29.9.2025 – BeckRS 2025, 26093). Ebenso ist eine Aufklärungsrüge zu erheben, wenn die unzutreffende Annahme eines Beweisverwertungsverbotes beanstandet werden soll (BGH NStZ 2019, 107; 5.5.2025 – 5 StR 687/24: Encrochat; BayObLG NStZ 2023, 316 mwN). 101

In zulässiger Form ist die Aufklärungsrüge (auch bei Augenschein u. Auslandszeuge nach Abs. 5 S. 1 und 2) nur erhoben, wenn die Revision die Tatsache, die das Gericht zu ermitteln unterlassen hat, u. das Beweismittel bezeichnet, dessen sich der Tatrichter hätte bedienen sollen (BGHSt 2, 168; BGH 23.9.2025 – 4 StR 131/25). Bei Zeugen ist die ladungsfähige Anschrift (BGH NStZ-RR 2020, 180; NStZ 2021, 576; OLG Bamberg StraFo 2018, 159) bzw. der Aufenthaltsort (BGH NStZ 2019, 428) bzw. mitzuteilen, welche konkreten Bemühungen das Gericht zur Ermittlung der konkret bezeichneten Zeugen hätte entfalten können u. müssen u. welches Erg. diese Bemühungen gehabt hätten (BGH NStZ-RR 2020, 180 mwN). Urkunden sind genau zu bezeichnen; ggf. bedarf es Vortrags, dass die Urk. nicht – über einen Vorhalt – Gegenstand der Vernehmung eines Zeugen war (vgl. BGH BeckRS 2018, 19543). Erhöhte Vortragspflichten bestehen, wenn der Beschwerdeführer beanstandet, das Tatgericht habe ein Beweisverwertungsverbot zu Unrecht angenommen o. abgelehnt, da sich dies regelmäßig nach den Umständen des Einzelfalls unter Abwägung aller maßgeblichen Gesichtspunkte sowie der widerstreitenden Interessen beurteilt (BGH NStZ 2019, 107). Ferner muss das zu erwartende Beweisergebnis benannt (BGH 10.1.2018 – 5 StR 572/18; NStZ-RR 102

2018, 241) sowie bestimmt behauptet u. konkret angegeben werden, welche Umstände das Gericht zu weiteren Ermittlungen hätten drängen müssen (BGH 14.12.2022 – 6 StR 338/22; NStZ 2011, 471; BayObLGSt 1995, 163); dies gilt auch bei behaupteten Verstößen gegen Abs. 5 S. 1 und 2 (BGH NStZ-RR 2017, 119: Auslandszeuge; NStZ 2020, 297: Augenschein). Dabei kann auch das Verhalten desjenigen, der einen Beweisantrag hätte stellen können, bewertet werden (Holtz MDR 1985, 629 – BGH RsprÜ; BGH BeckRS 1992, 07915; vgl. aber einschr. BGH StV 2017, 788 sowie NStZ 2020, 497 bei schwieriger Beweislage einerseits u. erkennbaren, aber ungenutzten Beweisführungsmöglichkeiten andererseits). Umstände, die zu einer weiteren Beweiserhebung drängten, können sich aus Beweisanregungen (Beweiserbieten, Beweisermittlungsanträge), schriftlichen Hinweisen auf Beweisquellen o. anderen Hinweisen in den Akten ergeben, wobei die Aktenstellen genau bezeichnet werden müssen (BGH VRS 32, 205). Umgekehrt kann es gegen eine Pflicht des Gerichts zur weiteren Aufklärung sprechen, wenn die gerügten Umstände in der HV v. niemandem zur Sprache gebracht worden sind (BGH NStZ-RR 2019, 57). Außerdem muss die Revision hinreichend vortragen, welches Erg. v. der unterbliebenen Beweiserhebung zu erwarten gewesen wäre (BGH NStZ-RR 2010, 316; OLG Hamm NZV 2002, 139), dh was das Beweismittel an tatsächlichem Beurteilungsstoff für die Beweisfrage ergeben hätte (vgl. → Einl. Rn. 48). Bei Zeugen müssen die Angaben konkret vorgetragen werden, die der Zeuge hätte machen können, bei psychiatrischen Sachverständigen konkrete Tatsachen, aus denen sich etwa die Voraussetzungen für eine Anwendung der §§ 20, 21 StGB ergeben (OLG Bamberg StraFo 2018, 159: nicht ausreichend allg. Hinweise auf jahrelangen Drogenkonsum o. Alkoholsucht), bei Urkunden reicht es regelmäßig nicht aus, lediglich auf deren Inhalt zu verweisen (s. BGH wistra 2019, 102). Wird beanstandet, dass das Gericht einen Zeugen nach Ablehnung eines Beweisantrags nicht vernommen hat, muss die Revision hierzu den Beweisantrag u. die Begründung des abl. Gerichtsbeschlusses vortragen; denn an die Aufklärungsrüge können nicht geringere Anforderungen gestellt werden als an die Rüge fehlerhafter Ablehnung eines Beweisantrags (BGH NStZ 1984, 329; 2015, 540; NJW 1998, 2229; BayObLGSt 1994, 256). Dass die nicht aufgeklärten Tatsachen sich zugunsten des Beschwerdeführers ausgewirkt hätten, muss dargetan werden; eine Aufklärungsrüge, die eine Feststellung verlangt, „ob" etwas so geschehen sei o. die ein günstiges Erg. nur für „möglich" erachtet, ist daher unzulässig (BGH NStZ 1995, 540). Die Aufklärungsrüge muss aber nicht darlegen, weshalb es sich aufgedrängt habe, der Zeuge werde in dem behaupteten Sinn aussagen (BGH StraFo 2009, 385).

103 **Unzulässig ist die Aufklärungsrüge,** wenn sie auf Widersprüche zwischen Urteilsfeststellungen u. Sitzungsniederschrift (Dallinger MDR 1966, 384 – BGH RsprÜ; KG JR 1968, 195) o. darauf gestützt ist, dass der Tatrichter ein benutztes Beweismittel nicht voll ausgeschöpft, insbes. einem Zeugen bestimmte Fragen nicht gestellt o. bestimmte Vorhalte nicht gemacht habe (BGHSt 17, 351; BGH NStZ 2000, 156; 2009, 468). Eine Ausnahme gilt, wenn das Unterlassen der Befragung o. des Vorhalts sich aus dem Urt. (BGHSt 17, 351; Pfeiffer/Miebach NStZ 1985, 14 – BGH RsprÜ) o. die Nichtbefragung aus dem Prot. ergibt (vgl. dazu eing. Pelz NStZ 1993, 364 ff.).

103a **II. Rechtsfehlerhafte Ablehnung wegen Verschleppungsabsicht.** Rechtsfehler bei der Ablehnung eines Antrags wegen Verschleppungsabsicht nach Abs. 6 S. 2 können nur gerügt werden, wenn der Revisionsführer gem. § 238 Abs. 2 einen **Gerichtsbeschluss herbeigeführt** hat (**aM** Börner NStZ 2020, 460 (461)). Aufgrund der gesetzgeberischen Konzeption ist klar, dass das Revisionsgericht seine eigene Würdigung der Verschleppungsabsicht nicht an die Stelle der Würdigung des Vorsitzenden bzw. des Gerichts stellen darf (BT-Drs. 19/17474, 35). Allerdings muss auch sichergestellt sein, dass die Entsch. des Tatrichters zur Verschleppungsabsicht revisionsrichterlich überprüfbar bleibt, wenn man nicht den Umgang der Gerichte mit dem Beweisantragsrecht insges. weitgehend der revisionsgerichtlichen

Kontrolle entziehen will. Bei Ablehnung wegen Verschleppungsabsicht müssen daher in dem auf die Beanstandung ergehenden Beschl. die Umstände wie bisher eing. gewürdigt werden, aus denen das Gericht auf das Vorliegen dieser Absicht schließt (dazu → Rn. 93e). Das Revisionsgericht muss durch den Beschl. in die Lage versetzt werden, auf die Verfahrensrüge zu prüfen, ob der Tatrichter seiner Entsch. für die Annahme v. Verschleppungsabsicht – u. damit die Einstufung des Antrags als bloßes Beweisersuchen – diese stützende Beweisanzeichen zugrunde gelegt u. er sich bei seiner Gesamtwürdigung der Indizien iRd ihm eingeräumten Beurteilungsspielraums gehalten hat. Eine eigene Würdigung der Verschleppungsabsicht an Hand der v. Tatgericht festgestellten Indizien stellt das Revisionsgericht zwar grds. nicht an. Dies schließt es aber nicht aus, dass die Revision v. Tatgericht nicht berücksichtigte Umstände darlegt, die gegen Verschleppungsabsicht sprechen; in diesem Fall kann es an der gebotenen Gesamtwürdigung der für u. gegen Verschleppungsabsicht sprechenden Beweisanzeichen fehlen.

III. Rechtsfehlerhafte Behandlung eines Beweisantrags. Die rechtsfehlerhafte Behandlung eines Beweisantrags kann in dem **Unterlassen der Bescheidung** (vgl. BGH 16.7.2024 – 5 StR 185/24, es sei denn, das Urt. beruht nicht darauf, vgl. BGH NStZ-RR 2012, 81; BGH 3.1.2023 – 5 StR 298/22: Ablehnung wegen Bedeutungslosigkeit wäre möglich gewesen), in der **Nichtausführung** einer auf den Antrag beschlossenen **Beweiserhebung** o. in der **mangelhaften Ablehnung** des Antrags bestehen. In allen Fällen ist die **Rüge der Verletzung von Abs. 4–5 oder Abs. 6** zu erheben; die Rüge des Verstoßes gegen § 338 Nr. 8 bringt keine Vorteile (vgl. Alsberg Beweisantrag/Güntge Rn. 1612). Auch ein Widerspruch zwischen Urteilsgründen u. Ablehnungsbeschluss kann Revisionsgrund sein (BGHSt 19, 24 (26)), zB bei Abweichung v. der Ablehnung wegen Bedeutungslosigkeit (BGH StV 1993, 173), Wahrunterstellung o. völliger Ungeeignetheit des Beweismittels (BGH NStZ 2019, 103). Wird eine zugesagte Wahrunterstellung nicht eingehalten, so ist allein Abs. 3 S. 2 verletzt; der Antragsteller hat nicht etwa die Wahl, stattdessen Verletzung des fair trial-Grundsatzes (→ Einl. Rn. 19) zu rügen (Herdegen NStZ 1984, 343; **aM** BGHSt 32, 44 = JR 1984, 172 mablAnm Meyer). Gleichgültig ist aber, ob das Beweisbegehren als Beweis- o. Beweisermittlungsantrag einzustufen ist (Pfeiffer/Miebach NStZ 1985, 14 – BGH RsprÜ; vgl. aber auch Mosbacher NStZ-Sonderheft Miebach, 2009, 24); die fehlerhafte Behandlung eines Beweisantrages als Beweisermittlungsantrag führt aber idR zur Aufhebung des Urteils (OLG Naumburg StV 2012, 589). Die Rüge der StA, das Gericht habe durch eine Wahrunterstellung seine Aufklärungspflicht verletzt, setzt idR voraus, dass die StA der Wahrunterstellung bereits in der HV entgegengetreten ist (BGH NJW 1992, 2838). 104

Der Beschwerdeführer kann rügen, das Tatgericht habe den Rechtsbegriff der **Offenkundigkeit** verkannt (vgl. BGH NJW-Spezial 2018, 473 mwN; → Rn. 50–53). Behauptet er, die offenkundige Tatsache sei nicht o. nicht ordnungsgemäß in die HV eingeführt worden, muss er die entspr. Verfahrensvorgänge vollständig vortragen (BGH NJW-Spezial 2018, 473). 104a

Rügeberechtigt sind außer dem Antragsteller auch solche Prozessbeteiligte, die mit dessen Interessen so erkennbar übereinstimmen, dass das Gericht auch ihnen ggü. zur rechtlich einwandfreien Behandlung des Antrags verpflichtet war (BGH NStZ 1984, 372; StV 1987, 189; 1998, 523; OLG Koblenz StV 2013, 553; **aM** BGH StraFo 2011, 280; StV 2011, 711 Ls.: Aufklärungsrüge nach Abs. 2 erforderlich; erg. → § 337 Rn. 18). 105

Zum **notwendigen Revisionsvorbringen** gehört bei der Rüge der **Nichtbescheidung** des Antrags die inhaltliche Mitteilung des Beweisantrags (OLG Stuttgart NJW 1968, 1732; Hamm Revision Rn. 660 mit Fn. 1474) sowie ggf. die konkrete Auseinandersetzung mit Umständen, die gegen die Richtigkeit des Revisionsvorbringens sprechen (BGH NStZ 2005, 222). Wird die **fehlerhafte Ablehnung** gerügt, so müssen außer dem Inhalt des Antrags (Beweistatsache u. Beweismittel), der Stellungnahme der StA hierzu (BGH BeckRS 2019, 43940; BeckRS 106

2018, 28616: auch wenn diese nicht in der Revisionsgegenerklärung der StA erwähnt wird), auch der gerichtliche Ablehnungsbeschluss u. etwa jew. dort in Bezug genommene weitere Beschlüsse (BGH NStZ 2023, 762), Unterlagen o. Aktenbestandteile (BGH NStZ 2022, 51; 2022, 250; 2020) sowie die die Fehlerhaftigkeit des Beschl. ergebenden Tatsachen mitgeteilt werden (BGHSt 3, 213; BGH NJW 1969, 281; NStZ 1984, 330; letzteres offengelassen v. BGH NStZ 1993, 50), wenn auch nicht unbedingt wörtlich (BGH NStZ 1986, 519; OLG Koblenz VRS 52, 125), so doch inhaltlich vollständig (BGH 13.2.1992 – 4 StR 549/91), nicht dagegen, an welchem Sitzungstag der Beweisantrag gestellt u. abgelehnt wurde (vgl. BGH BeckRS 2019, 3851). Im Falle eines behaupteten **Verstoßes gegen § 244 Abs. 4 S. 1 und 2** bei der Ablehnung eines Antrags auf Einholung eines psychiatrischen Gutachtens bedarf es keines Vortrags zu einer Einwilligung der Geschädigten in die Exploration (BGH 21.8.2014 – 3 StR 208/14; 16.2.2021 – 4 StR 517/20; NStZ 2024, 85 (1. StS) unter Aufgabe früherer, gegenteiliger Rspr.).

106a Ist die Annahme eines **Beweisverwertungsverbotes** tragender Grund für die Ablehnung eines Beweisantrages nach Abs. 3 S. 1 sind regelmäßig Beweisantrag u. Ablehnungsbeschluss im Wortlaut mitzuteilen, da sich die Fehlerhaftigkeit der Annahme eines Beweisverwertungsverbotes bereits daraus ergeben kann (BGH NStZ-RR 2019, 26). Auch für die Prüfung der Rüge etwaig notwendige, weitere Verfahrenstatsachen (zB erneute Antragstellung) müssen vollständig vorgetragen werden (BGH NStZ-RR 2019, 26; StV 2015, 85). Ist gleichzeitig die Sachrüge erhoben, so genügt eine (auch stillschweigende) Bezugnahme auf die Urteilsgründe, wenn dort der Inhalt des Antrags o. des Ablehnungsbeschlusses wiedergegeben worden ist. Das gilt insbes., wenn ein Hilfsbeweisantrag – bei dem die Rüge grds. denselben Anforderungen entsprechen u. darüber hinaus auch die Bedingung, unter der der Antrag gestellt wurde, enthalten miss (BGH NStZ-RR 2013, 349) – in den Urteilsgründen abgelehnt worden ist (BGH StV 1982, 55; OLG Stuttgart OLGSt StPO § 265 Nr. 3 mwN).

106b Das **Revisionsgericht prüft die tatsächlichen Umstände,** auf denen der Ablehnungsbeschluss beruht, **nicht nach** (BGH JR 1983, 35; NStZ 1984, 466; **aM** BGHSt 21, 118 (123)). Lässt der Tatsachenvortrag mehrere Möglichkeiten der Fehlerhaftigkeit der Beweisantragsablehnung zu o. besteht die Möglichkeit einer fehlerhaften Ablehnung des Beweisantrags als solchem o. einer Verletzung von Abs. 6 durch Ablehnung erst im Urt. (vgl. BGH BeckRS 2017, 101565, so muss der Beschwerdeführer die **„Angriffsrichtung"** klar herausstellen (BGH NStZ-RR 2017, 119; → § 344 Rn. 24). Der Inhalt des Beweisantrags u. die Beweistatsachen müssen auch dann dargelegt werden, wenn Ablehnung wegen Prozessverschleppung (BGH NStZ 1994, 47), wegen Unerreichbarkeit (dazu BGH NStZ 2015, 346; StraFo 2015, 211), o. wegen Ungeeignetheit des Beweismittels erfolgt ist (KK-StPO/Krehl Rn. 228 ff.; teilw. **aM** SK-StPO/Frister Rn. 256). Die Rüge, der Tatrichter sei v. einer Wahrunterstellung in den Urteilsgründen abgerückt, erfordert den Vortrag, ob u. ggf. wie er sich nach der Zurückweisung des Beweisantrags weiterhin mit diesem befasst hat (BGH NStZ 1994, 140). Bei der Rüge, die Zuziehung eines weiteren Sachverständigen sei abgelehnt worden, muss idR das vorliegende Gutachten mitgeteilt werden (BGH StV 1999, 195 Ls.); sonst kommt es aber grds. nicht auf den Inhalt des vorbereitenden schriftlichen, sondern auf den des mündlich in der HV erstatteten, aus den Urteilsgründen ersichtlichen Gutachtens an (BGH NStZ 2005, 582, str.; erg. → Rn. 76). Bei der Rüge der fehlerhaften Ablehnung eines Beweisantrags auf aussagepsychologische Begutachtung eines Zeugen gem. Abs. 4 S. 1 muss auch vorgetragen werden, dass der Zeuge mit der Begutachtung einverstanden gewesen wäre (vgl. BGH NStZ 2020, 48).

107 Die **Auswechslung der Ablehnungsgründe** durch das Revisionsgericht kommt idR nicht in Betracht, da der Ast. grds. die Möglichkeit haben muss, sein Prozessverhalten bei Kenntnis des alternativ gewählten Ablehnungsgrundes an diese Verfahrenssituation anzupassen (BGH NStZ 2024, 312; 2000, 437; KG VRS 48, 432; OLG Köln StV 1996, 368; siehe aber → Rn. 107b zur Auswechslung der

Ablehnungsgrundes bei der Ablehnung von Hilfsbeweisanträgen sowie der Ablehnung nach Fristsetzung iSv Abs. 6 S. 3). Anders kann es ausnahmsweise sein, wenn der zum Tragen kommende Ablehnungsgrund u. die ihn tragenden Erwägungen für den Revisionsführer auch erkennbar waren und er sich darauf einstellen konnte (KG StV 2019, 834 Ls.; s. zB BGH NStZ 2011, 646; BGH NStZ 1997, 286: Ablehnung nach § 244 Abs. 5 S. 2 statt wegen völliger Ungeeignetheit; BGH BeckRS 2021, 15281: Ablehnung nach § 244 Abs. 5 S. 1 statt wegen völliger Ungeeignetheit; BGH BeckRS 2021, 3538: Ablehnung wegen Bedeutungslosigkeit statt völliger Ungeeignetheit; BGH BeckRS 2021, 23616: Ablehnung wegen eigener Sachkunde statt wegen völliger Ungeeignetheit).

Am **Beruhen** des Urteils auf der rechtsfehlerhaften Antragsablehnung fehlt es im **107a** Übrigen nur ausnahmsweise. Wird ein Beweisantrag fehlerhaft als Beweisermittlungsantrag behandelt, ist das Beruhen regelmäßig auch dann gegeben, wenn der Beweisantrag als solcher rechtsfehlerfrei hätte abgelehnt werden können (BGH NStZ 2022, 763, 764 mwN). Es kann aber ausgeschlossen werden, wenn das Beweisbegehren mit einer auch die Ablehnung eines Beweisantrags tragenden Begründung zurückgewiesen wurde oder sicher auszuschließen ist, dass der Ast. bei ordnungsgemäßer Bescheidung (also bei Rückgriff auf einen tatsächlich gegebenen Ablehungsgrund) weitere sachdienliche Anträge hätte stellen können (BGH NStZ 2022, 763, 764).

Es fehlt am Beruhen, wenn der Tatrichter die Beweistatsache als **wahr unterstellt** hat (BGH 26.5.1977 – 5 StR 786/76; Alsberg Beweisantrag/Güntge Rn. 1677; **aM** Scheffler NStZ 1989, 159), ebenso wenn die Gründe der **Bedeutungslosigkeit** der Beweisbehauptung auf der Hand lagen, sodass der Ast. in seiner Prozessführung nicht beeinträchtigt wurde (BGH NStZ-RR 2025, 350 mwN).Wenn ein **Hilfsbeweisantrag** in zulässiger Weise erst in den Urteilsgründen beschieden worden ist, kann das Revisionsgericht die Ursächlichkeit eines Verstoßes gegen § 244 Abs. 3–5 mit der Begründung verneinen, dass der Tatrichter den Antrag mit anderer Begründung rechtsfehlerfrei hätte ablehnen können (vgl. BGH NStZ 2024, 312; 22.5.2024 – 2 StR 348/23; OLG Hamm NZV 1993, 122; erg. → § 337 Rn. 38); denn beim Hilfsbeweisantrag verzichtet der Ast. auf weiteres rechtliches Gehör und damit einhergehend auf die Möglichkeit der Anpassung seines Verteidigungsverhaltens an die Gründe des Ablehnungsbeschlusses (BGH NStZ 2024, 312). Allerdings müssen sich die Gesichtspunkte, die für die Ersetzung o. Erg. maßgebend sind, aus den Urteilsgründen selbst ergeben o. auf der Hand liegen (BGH NStZ 2020, 623; 2008, 116; OLG Stuttgart OLGSt StPO § 244 Nr. 16). **Auf dem Übergehen** eines Hilfsbeweisantrages beruht ein Urt. nicht, wenn die Urteilsgründe ergeben, dass das Tatgericht die Beweisbehauptung für unerheblich hält o. halten durfte o. dass es sie wie eine erwiesene o. als wahr unterstellte Tatsache behandelt hat (BGH NStZ-RR 2006, 382; NStZ 2011, 474). **107b**

Auch wenn ein Beweisantrag **nach Fristablauf gem. Abs. 6 S. 4 Hs. 1 im** **107c** **Urteil rechtsfehlerhaft** abgelehnt wurde, ist dies unschädlich, wenn das Tatgericht ihn ohne Rechtsfehler hätte zurückweisen können und die Ablehnungsgründe vom Revisionsgericht aufgrund des Urteilsinhalts nachgebracht werden können (BGH NStZ 2024, 312 mAnm Stuckenberg JR 2024, 556). Analog der Situation bei Hilfsbeweisanträgen (→ Rn. 107b) verbleibt dem Ast. angesichts der zulässigen Bescheidung des Beweisbegehrens in den Urteilsgründen ohnehin keine Möglichkeit der prozessualen Reaktion in der HV (BGH NStZ 2024, 312).

IV. Rechtsfehler bei der Fristsetzung nach Abs. 6 S. 3. Rechtsfehler bei **108** **der Fristsetzung nach Abs. 6 S. 3** können einen Verstoß gegen Abs. 6 S. 1 begründen. Dies betr. va die Frage, ob die Voraussetzungen für eine Fristsetzung überhaupt vorgelegen haben, etwa weil die vAw vorgesehene Beweisaufnahme noch nicht abgeschlossen war o. ein Ermessensmissbrauch bei der Anordnung festzustellen ist. Die Unangemessenheit der Frist nach Abs. 6 S. 3 kann ausnahmsweise ebenfalls gerügt werden; dies kann aber nur Erfolg haben, wenn es sich um eine nach Maßgabe aller Umstände eindeutig zu gering bemessene Frist gehandelt hat (vgl. BGH NStZ 2024, 312: eingeschr. revisionsrechtlicher Prüfungsmaßstab); dies wird sinngemäß auch zu gelten haben, wenn das Tatgericht kurz vor Ablauf der gesetzten Frist einen rechtlichen Hinweis erteilt, ohne die Frist zu verlängern (vgl. BGH 30.8.2022 – 5 StR 153/22). Ob bei evident zu kurz bemessener immerhin eine angemessene Frist in Lauf gesetzt wird, deren – gedachte – Überschreitung durch den Ast der Revision den Boden entzieht (Schneider NStZ 2019, 489 (495)) erscheint zw.; vielmehr dürften derartige Konstellationen nach Maßgabe des Einzelfalls unter Berücksichtigung v. Beruhensgesichtspunkten zu beurteilen sein. In jedem Fall muss der Antragsteller aber v. Zwischenrechtsbehelf des § 238 Abs. 2 Gebrauch gemacht haben (vgl. Mosbacher NStZ 2018, 8 (14); Güntge StraFo 2021, 92 (95)). Ausnahmsweise kann auch gerügt werden, dass das Gericht zu Unrecht eine Glaubhaftmachung nach Abs. 6 S. 4 verneint hat, nicht aber, dass es hierüber im Urt. ohne vorherigen Zwischenbescheid entschieden hat (→ Rn. 98a; **aM** Krehl FS Fischer, 2018, 705 (721); Hamm/Pauly Revision Rn. 688). Das Revisionsgericht ist ausnahmsweise befugt, die Ablehnungsgründe auszuwechseln (vgl. BGH NStZ 2011, 646; 1997, 286; erg. → Rn. 107).

109 Mit der **Sachrüge** kann **nicht** geltend gemacht werden, ein am Verf. nicht beteiligter **Sachverständiger** vertrete zu den entscheidenden Beweisfragen eine v. dem gehörten Sachverständigen abw. Auff. (BGH NJW 1998, 3654). Auch die fehlerhafte Annahme eigener Sachkunde (→ Rn. 73 ff.) kann nur mit einer Verfahrensbeschwerde beanstandet werden, falls sich die fehlende Sachkunde nicht unmittelbar aus den Urteilsausführungen ergibt (offengelassen v. BGH NStZ 1999, 297).

Umfang der Beweisaufnahme; präsente Beweismittel

245 (1) [1] **Die Beweisaufnahme ist auf alle vom Gericht vorgeladenen und auch erschienenen Zeugen und Sachverständigen sowie auf die sonstigen nach § 214 Abs. 4 vom Gericht oder der Staatsanwaltschaft herbeigeschafften Beweismittel zu erstrecken, es sei denn, daß die Beweiserhebung unzulässig ist.** [2] **Von der Erhebung einzelner Beweise kann abgesehen werden, wenn die Staatsanwaltschaft, der Verteidiger und der Angeklagte damit einverstanden sind.**

(2) [1] **Zu einer Erstreckung der Beweisaufnahme auf die vom Angeklagten oder der Staatsanwaltschaft vorgeladenen und auch erschienenen Zeugen und Sachverständigen sowie auf die sonstigen herbeigeschafften Beweismittel ist das Gericht nur verpflichtet, wenn ein Beweisantrag gestellt wird.** [2] **Der Antrag ist abzulehnen, wenn die Beweiserhebung unzulässig ist.** [3] **Im übrigen darf er nur abgelehnt werden, wenn die Tatsache, die bewiesen werden soll, schon erwiesen oder offenkundig ist, wenn zwischen ihr und dem Gegenstand der Urteilsfindung kein Zusammenhang besteht oder wenn das Beweismittel völlig ungeeignet ist.**

Übersicht

A. Präsente Beweismittel. § 245 unterscheidet zwischen den v. Gericht geladenen Zeugen u. Sachverständigen sowie den nach § 214 Abs. 4 vom Gericht o. der StA herbeigeschafften sachlichen Beweismitteln (Abs. 1) u. den v. Angeklagten o. der StA geladenen Zeugen u. Sachverständigen u. den sonstigen herbeigeschafften Beweismitteln (Abs. 2). Im Fall des Abs. 1 ist das Gericht grds. vAw zur Beweiserhebung verpflichtet, im Fall des Abs. 2 nur auf Antrag. Im Privatklageverfahren gilt § 245 nicht (→ § 384 Rn. 14). Ob sich der Begriff des präsenten Zeugen mit Rücksicht auf die heute gegebenen technischen Möglichkeiten (zB Skype) überholt hat, stellt Gerst StraFo 2013, 106 in Frage (erg. → § 247a Rn. 6). 1

B. Beweiserhebungspflicht (Abs. 1). I. Gerichtlich geladene Zeugen und Sachverständige. Gerichtlich geladene und erschienene Zeugen und Sachverständige müssen **ohne Antrag** vernommen werden. Dem liegt die Erwägung zugrunde, dass die Prozessbeteiligten möglicherweise mit Rücksicht auf die gerichtliche Ladung einen Beweisantrag nach § 219 oder die Ladung der Beweisperson nach § 220 unterlassen haben. Der Zeitpunkt der Ladung ist gleichgültig. Die Beweiserhebungspflicht setzt nur voraus, dass die Beweisperson nicht wieder abbestellt worden, dass sie vor Schluss der Beweisaufnahme erschienen (Rüth DAR 1982, 253 – BayObLG RsprÜ; Ernesti/Jürgensen SchlHA 1969, 152 – OLG Schleswig RsprÜ), dass dem Gericht ihr Erscheinen erkennbar (BGHSt 24, 280 (282)) u. dass sie noch in dem Zeitpunkt anwesend ist, zu dem sie vernommen werden soll (OLG Düsseldorf MDR 1981, 161), sich also nicht vorzeitig entfernt hat, nicht bereits entlassen (Pfeiffer/Miebach NStZ 1986, 207 – BGH RsprÜ) o. in sofort vollstreckte Ordnungshaft genommen worden ist (Dallinger MDR 1954, 17 – BGH RsprÜ). 2

Die **Beweiserhebungspflicht entfällt,** wenn die Vernehmung nicht möglich ist. Das ist der Fall, wenn ein Zeuge sich auf sein Weigerungsrecht nach §§ 52 ff. beruft; tut er das aufgrund irriger Belehrung durch das Gericht, so ist § 245 verletzt (Dallinger MDR 1974, 16 – BGH RsprÜ). Dem Nichterschienenen steht gleich, wer wegen Alkohol- o. Drogengenusses (OLG Düsseldorf MDR 1981, 161) o. wegen Gefahr für Gesundheit o. Leben (Holtz MDR 1976, 634 – BGH RsprÜ) nicht vernehmbar ist. Kann ein Sachverständiger ohne weitere Vorbereitung sein Gutachten nicht erstatten, so ist er ebenfalls kein präsentes Beweismittel (BGHSt 6, 289 (291); dies gilt ebenso, wenn es ihm völlig an der erforderlichen Sachkunde fehlt, vgl. Arnoldi NStZ 2018, 305 (307))). Das Gericht ist dann nicht gehalten, ihm deswegen weitere Vorbereitungen o. Untersuchungen zu gestatten (BGH NStZ 1993, 395), es sei denn, dies ist ohne Verzögerung der HV möglich; letzteres dürfte bei Sprachsachverständigen anzunehmen sein, die herbeigeschaffte Tonaufzeichnungen in Augenschein nehmen sollen (Momsen/Rackow/Schwarze NStZ 2018, 625). Insoweit darf die UHaft nicht als Hindernis betrachtet werden (BGHSt 43, 171). 3

II. Sonstige herbeigeschaffte Beweismittel. Sonstige herbeigeschaffte Beweismittel iSv Abs. 1 S. 1 sind Urkunden u. Augenscheinsgegenstände (nicht aber mitgebrachte schriftliche Zeugenaussagen u. Sachverständigengutachten; für sie gelten §§ 251 Abs. 1, 256), auch der Ausdruck in digitaler Form gespeicherter Dokumente (Trüg StV 2016, 343; offengelassen v. BGH StV 2016, 343). Die Verweisung auf § 214 Abs. 4 ist irreführend; denn unter Abs. 1 fallen auch die bereits bei der Vorlage nach § 199 Abs. 2 S. 2 in den Akten vorhandenen Beweisstücke, deren besondere „Herbeischaffung" zur HV nicht erforderlich ist. Daneben fallen unter Abs. 1 diejenigen Urkunden u. Augenscheinsgegenstände, die das Gericht bis zum Schluss der Beweisaufnahme u. die die StA vor der HV herbeizieht (**aM** für v. der StA v. sich aus herbeigeschaffte Beweismittel Fezer JR 1992, 36). 4

Sachliche Beweismittel, die die StA erst in der HV vorlegt, fallen unter Abs. 2 (Löwe/Rosenberg/Becker Rn. 21; **aM** SK-StPO/Frister Rn. 24).

5 **Ohne besonderen Antrag** werden sachliche Beweismittel **nur** benutzt, wenn das Gericht ihre Präsenz nach § 243 Abs. 1 S. 2 festgestellt o. wenn es sie selbst zu Beweiszwecken herbeigezogen hat, wie Prot. über kommissarische Vernehmungen (Dallinger MDR 1954, 151 – BGH RsprÜ). Das bloße Vorhandensein der Beweisgegenstände an der Gerichtsstelle macht sie noch nicht zu Beweismitteln iSd Abs. 1; dazu werden sie erst, wenn das **Gericht zu erkennen gegeben** hat, dass v. ihnen in der Beweisaufnahme Gebrauch gemacht werden soll (BGHSt 37, 168); dies ist nicht schon der Fall bei der bloßen Beiziehung einer Ermittlungsakte (vgl. BGH BeckRS 2018, 18772: Anwendungsfall des Abs. 2). Insofern bedarf es der individuellen Bezeichnung des Beweismittels; der bloße Hinweis auf allg. Urkundensammlungen genügt nicht (Arnoldi NStZ 2018, 305 (308)). Sonst hängt die Beweiserhebungspflicht v. einem Antrag eines Prozessbeteiligten ab (BGH BeckRS 2018, 18772). Der Antrag ist nicht deshalb entbehrlich, weil der Prozessbeteiligte schon vor der HV das Beweismittel zu den Akten eingereicht o. seine Benutzung beantragt hat o. weil es bereits in der Anklageschrift aufgeführt ist (BGH BeckRS 2018, 18772). Es handelt sich um einen Beweisantrag; daher müssen nicht nur die Urkunden in den Akten o. anderen Urkundensammlungen, deren Verwendung der Bet. wünscht, genau bezeichnet u. ihre Fundstelle angegeben (BGHSt 18, 347; ebenso für abzuspielende Tonbänder, KG NJW 1980, 952), vielmehr muss auch das Beweisthema konkret bezeichnet werden (Fezer JR 1992, 37).

6 **III. Umfang bei persönlichen Beweismitteln.** Der Umfang der Beweiserhebungspflicht wird bei persönlichen Beweismitteln **durch die Ladung** bestimmt. Die Auskunftsperson muss nur in der Eigenschaft vernommen werden, in der sie vorgeladen worden ist (BGH NStZ-RR 2023, 24 mwN). Als Zeuge Geladene brauchen nicht als Sachverständige vernommen zu werden u. umgekehrt (Tepperwien DAR 2005, 249 – BGH RsprÜ). Eine Ausnahme kann für Sachverständige geboten sein, sofern sie Angaben machen können, die sich auf eigene Wahrnehmungen während einer zur Vorbereitung des Gutachtens durchgeführten Untersuchung beziehen (KK-StPO Krehl Rn. 8; dahingest. von BGH NStZ-RR 2023, 24). Wer in beiden Eigenschaften geladen worden ist, muss aber als Zeuge u. Sachverständiger gehört werden. Ein Sachverständiger, der sich dazu sofort äußern kann, muss auch Fragen beantworten, die nicht Inhalt seines Gutachtenauftrags waren (BGHSt 6, 289 (291)). In dem Antrag, bestimmte Fragen zuzulassen, liegt aber nicht zugleich der Antrag, den Sachverständigen zu einem anderen als dem ursprünglich vorgesehenen Gegenstand zu hören (BGH GA 1983, 361).

7 **IV. Wegfall der Beweiserhebungspflicht wegen Unzulässigkeit der Beweisbenutzung (Abs. 1 S. 1).** Die Beweiserhebung nach Abs. 1 ist nur unzulässig, wenn auch ein Beweisantrag nach Abs. 2 S. 2 und nach § 244 Abs. 3 S. 1 als unzulässig abgelehnt werden müsste (→ § 244 Rn. 49). Die Bedeutungslosigkeit der Beweistatsache fällt darunter nicht; Abs. 1 zwingt daher zur Erhebung v. Beweisen, die aus rechtlichen o. tatsächlichen Gründen für die Entsch. ohne Bedeutung sind (BGH NStZ 1997, 610; die Entsch. BGHSt 17, 28 (30); 17, 337 (345) sind überholt). Besteht ein Prozessbeteiligter auf der Erhebung solcher Beweise o. beantragt er sie ausdr., so kann die Beweiserhebung daher nur wegen Missbrauchs v. Verteidigungsrechten abgelehnt werden (KK-StPO/Krehl Rn. 15, 16; Fahl Rechtsmißbrauch S. 461; **aM** KG NJW 1980, 953: wegen Unzulässigkeit). Unterbleibt die Beweisaufnahme wegen ihrer Unzulässigkeit, so ist ein Vermerk darüber unter Angabe der Gründe im Sitzungsprotokoll zweckmäßig. Gegen die Entsch. des Vorsitzenden, ein Beweismittel nicht zu verwenden o. es entgegen einem Beweisverbot zu benutzen, ist der Antrag nach § 238 Abs. 2 zulässig (BGH NStZ 2006, 178).

8 **V. Wegfall der Beweiserhebungspflicht bei allseitigem Verzicht (Abs. 1 S. 2).** Die Präsenz des Beweismittels gibt jedem Prozessbeteiligten einen Anspruch auf Beweiserhebung. Nur bei allseitigem Einverständnis darf v. ihr abgesehen

werden. Sind demggü. Zeugen erst zu einem späteren Zeitpunkt geladen u. noch nicht erschienen, gilt Abs. 1 S. 2 (BGH NStZ 2019, 234).

9 **1.** Der **allseitige Verzicht** verlangt einen Verzicht der StA, des Angeklagten, dem Nebenbeteiligte (§§ 434, 442, 444) insoweit gleichstehen, als die Beweiserhebung den Gegenstand ihrer Beteiligung wenigstens mittelbar berühren kann, u. des Verteidigers, nicht aber des Nebenklägers (→ § 397 Rn. 12). Hat der Angeklagte mehrere Verteidiger, so müssen alle zustimmen; die Zustimmung des nach § 138 Abs. 2 zugelassenen Verteidigers u. des Verteidigers nach § 392 **AO** ist weder ausreichend noch neben der des RA o. Hochschullehrers erforderlich. Im Jugendstrafverfahren müssen ges. Vertreter u. Erziehungsberechtigte nicht zustimmen, wohl aber der Beistand nach § 69 **JGG.** Die Zustimmung des Beistands nach § 149 u. der Prozessbevollmächtigten v. anwesenden Nebenbeteiligten ist nicht erforderlich, auch nicht die v. Mitangeklagten, für deren Verteidigung die Beweiserhebung bedeutungslos ist, zB im Fall der Verfahrensverbindung nach §§ 2 ff. bei Beweisaufnahme über eine Tat, an der der Mitangeklagte nicht bet. war, o. über Strafzumessungstatsachen, die nur einen der Angeklagten betreffen.

10 Bei **Abwesenheit des Angeklagten** nach § 233 darf ohne dessen Zustimmung v. der Beweiserhebung nicht abgesehen werden (BayObLGSt 1963, 171). In den Fällen der §§ 231 Abs. 2, 329 Abs. 2 S. 1 braucht das Einverständnis des Angeklagten nicht vorzuliegen; er hat sein Mitwirkungsrecht verwirkt (Löwe/Rosenberg/Becker Rn. 32; vgl. auch BGHSt 3, 206). Wirkt an der Abwesenheitsverhandlung ein Verteidiger mit, so ist der Verzicht des Angeklagten in keinem Fall erforderlich (§ 234a Hs. 2). Im Fall des § 247 ist er stets notwendig (Holtz MDR 1983, 282 – BGH RsprÜ).

11 **2.** Die **Verzichtserklärung** kann in einer schlüssigen Handlung liegen (vgl. BGH NJW 1978, 1815; GA 1976, 115), etwa in dem Einwirken auf einen Zeugen, nichts auszusagen (OLG Hamm VRS 45, 123). Bloßes Stillschweigen ist kein Verzicht (OLG Köln StV 2004, 311), insbes. nicht das Unterlassen des Widerspruchs gegen Erklärungen anderer Prozessbeteiligter o. das Unterlassen der Antragstellung, auch nach ausdr. Befragung durch das Gericht. Im Schweigen des Angeklagten zu dem Verzicht des Verteidigers liegt aber die eigene Zustimmung (BayObLG NJW 1978, 1817; Beulke Strafverfahren Rn. 136), auch wenn ihm selbst keine ausdr. Gelegenheit zur Äußerung gegeben worden ist. Entsprechendes gilt im umgekehrten Fall (Rieß NJW 1977, 883). Ergänzend → § 303 Rn. 3.

12 **3. Ganz oder teilweise** kann auf Beweismittel verzichtet werden, dh auf sämtliche präsenten Beweismittel, deren Existenz u. Präsenz dem Verzichtenden aber bewusst sein müssen, auf eines o. mehrere davon o. auf die teilw. Benutzung eines Beweismittels, zB auf die teilw. Verlesung einer Urk. o. eines Gutachtens o., wenn ein Zeuge zu mehreren Tatkomplexen aussagen soll, auf seine Vernehmung zu einem v. ihnen (Löwe/Rosenberg/Becker Rn. 34, 35). Bei unterschiedlichem Ausmaß des Verzichts der Prozessbeteiligten ist die zulässigerweise am stärksten beschränkte Einverständniserklärung maßgebend (KK-StPO/Krehl Rn. 19). Hat ein Zeuge bereits mit der Aussage begonnen, so kann auf seine weitere Vernehmung zu demselben Tatkomplex nicht mehr verzichtet werden (Löwe/Rosenberg/Becker Rn. 36).

13 **4. Bedingungsfeindlich** ist die Erkl. (→ Einl. Rn. 118). Sie kann nicht nur für den Fall abgegeben werden, dass das Gericht eine Verurteilung überhaupt o. mit bestimmtem Inhalt unterlässt. Zulässig ist aber ein zunächst unter Vorbehalt o. ein befristet erklärter Verzicht (Löwe/Rosenberg/Becker Rn. 37).

14 **5. Endgültigkeit des Einverständnisses:** Der Verzicht kann weder zurückgenommen noch widerrufen werden (OLG Oldenburg Nds. Rpfl. 1979, 110; Löwe/Rosenberg/Becker Rn. 38); eine Ausnahme gilt, wenn er dem Erklärenden abgenötigt worden ist. Im Widerruf des Verzichts liegt auch kein Beweisantrag nach § 244 Abs. 3 S. 1 (BGH NStZ-RR 2023, 81; Löwe/Rosenberg/Becker Rn. 38; Arnoldi NStZ 2018, 305 (308), der mit Recht darauf hinweist, dass es idR bereits an der für einen Beweisantrag erforderlichen konkreten Tatsachenbehauptung fehlen wird). Der Verzicht berechtigt das Gericht, vorbehaltlich der Aufklärungspflicht nach § 244 Abs. 2 (Holtz MDR 1981, 455 – BGH RsprÜ; BGH StV

1983, 495; OLG Koblenz VRS 71, 238 (240)), v. der Beweiserhebung abzusehen, aber nur in dem Rechtszug, für den er erklärt wurde. Die spätere Stellung v. Beweisanträgen nach § 244 Abs. 3 S. 1 hindert der Verzicht nicht. Hatte der Prozessbeteiligte einen solchen Antrag schon gestellt, so erstreckt sich der Verzicht nach Abs. 1 S. 2 auch auf ihn.

15 **C. Beweiserhebungspflicht auf Antrag (Abs. 2). I. Präsente Beweispersonen.** Präsente Beweispersonen iSv Abs. 2 S. 1 sind die v. der StA nach § 214 Abs. 3 und von anderen Prozessbeteiligten nach § 220 Abs. 1 und Abs. 2 (→ § 220 Rn. 6, 7) **geladenen u. erschienenen** (→ Rn. 3) **Zeugen u. Sachverständigen,** nicht ein anwesender Verteidiger (BGH StV 1995, 567). Die StA kann formlos, auch mündlich u. telefonisch, laden.

16 Andere Bet. müssen die Form des § 38 – Ladung durch Gerichtsvollzieher – wahren (BGH NJW 1952, 836; NStZ 1981, 401; NStZ-RR 2023, 24; erg. → § 38 Rn. 2–4); andernfalls, insbes. bei ohne Ladung erschienenen (gestellten) Beweispersonen, müssen sie einen Beweisantrag nach § 244 Abs. 3 S. 1 stellen. Präsent sind auch die v. Nebenkläger (OLG Hamm VRS 11, 59; Pauka/Daners StraFo 2015, 407 Fn. 98; **aM** SK-StPO/Frister Rn. 50) und, sofern die Vernehmung für den sie betr. Verhandlungsteil v. Bedeutung sein kann, v. Nebenbeteiligten nach §§ 433 Abs. 1 S. 1, 442 Abs. 1 sowie v. einer JP o. PV nach § 444 geladenen Beweispersonen. Dem Privatkläger steht zwar das Recht der unmittelbaren Ladung zu (§ 386 Abs. 2); jedoch ist § 245 nicht anwendbar (→ Rn. 1). Das Fehlen der Entschädigung nach § 220 Abs. 2 steht der Anwendung des Abs. 2 nicht entgegen (RGSt 54, 257). Auch das Unterlassen der rechtzeitigen Namhaftmachung nach § 222 Abs. 1 S. 2 berechtigt nur zu dem Aussetzungsantrag nach § 246 Abs. 2. Der Antragsteller mit Ausnahme der StA muss dem Gericht die Ladung in der HV nachweisen (BGH NStZ 2012, 346).

17 **II. Sonstige herbeigeschaffte Beweismittel (Abs. 2 S. 1).** Sonstige herbeigeschaffte Beweismittel (Abs. 2 S. 1) sind die v. der StA in der HV vorgelegten (→ Rn. 4) u. die v. anderen Prozessbeteiligten vor o. in der HV eingereichten **sachlichen Beweismittel,** also Urkunden, wobei Ablichtungen nicht genügen (BGH NStZ 1994, 593; erg. → § 249 Rn. 6) u. Augenscheinsgegenstände (vgl. BGH BeckRS 2018, 18772: Lichtbildmappe in beigezogener Ermittlungsakte). Dies gilt auch für Beweisanträgen beigefügte Urkunden; die Ablehnung v. deren Verlesung richtet sich somit nach Abs. 2, nicht nach § 244 Abs. 3 (offengelassen v. BGH NZWiSt 2017, 230). Dagegen stellen Ausdrucke einer ansonsten nur digital vorhandenen E-Mail präsente Beweismittel iSv Abs. 2 dar, da die Vorlage eines originär ausschließlich digital erstellten und gespeicherten Gedankeninhalts als körperliche Originalurkunde von vorneherein unmöglich ist (BGH 1.7.2021 – 3 StR 518/19 mAnm Mosbacher JuS 2022, 126, 129). Die Vorlegung erfolgt formlos; es genügt, dass die Beweismittel dem Gericht überreicht werden (Dallinger MDR 1975, 369 – BGH RsprÜ; Kusch NStZ 1993, 28 – BGH RsprÜ). Schriftliche Erklärungen des Angeklagten, der bisher zur Sache geschwiegen hat, können nicht verlesen werden (**aM** Eisenberg/Pincus JZ 2003, 400).

18 **III. Beweisantrag.** Ein **Beweisantrag** ist Voraussetzung für die Beweiserhebungspflicht **(Abs. 2 S. 1).** Das schließt die Beweisbenutzung ohne Antrag aber nicht aus (Löwe/Rosenberg/Becker Rn. 5).

19 **1. Antragsberechtigt** ist außer dem Bet., der das Beweismittel herbeigeschafft hat, jeder andere Verfahrensbeteiligte im Rahmen seiner Beteiligung.

20 **2. Form und Inhalt** des Antrags unterscheiden sich nicht v. dem des Beweisantrags nach § 244 Abs. 3 S. 1 (→ § 244 Rn. 17 ff., 32; BGH StraFo 2011, 511). Bedingte Anträge, insbes. Hilfsbeweisanträge, sind zulässig (Löwe/Rosenberg/Becker Rn. 54). Die Beweistatsachen müssen bestimmt behauptet werden; das gilt auch für persönliche Beweismittel (KK-StPO/Krehl Rn. 26). Die bloße Überreichung einer Urk. ist kein Beweisantrag, verpflichtet das Gericht aber, auf die Antragstellung hinzuwirken. Der Antrag muss spätestens bei Schluss der Beweisaufnahme gestellt werden (**aM** Löwe/Rosenberg/Becker Rn. 53: bis zum Beginn

der Urteilsverkündung). Das Beweismittel muss nicht schon bei der Antragstellung präsent sein; es genügt, dass der Antragsteller in diesem Zeitpunkt das zur Herbeischaffung Erforderliche veranlasst. Es muss aber jedenfalls zum Zeitpunkt der Entsch. über den Beweisantrag präsent sein (MüKoStPO/Trüg/Habetha Rn. 40; Arnoldi NStZ 2018, 305 (310); **aM** Löwe/Rosenberg/Becker § 220 Rn. 46: Zeitpunkt der Antragstellung maßgebend). Die Zurücknahme des Antrags ist zulässig, seine Wiederholung nur, wenn er wegen fehlender Präsenz des Beweismittels abgelehnt worden war.

IV. Zulässige Ablehnungsgründe (Abs. 2 S. 2, 3). 1. Der Katalog der sachlichen Ablehnungsgründe ist **enger als der des § 244 Abs. 3–5.** 21

Eine Ablehnung wegen Unerreichbarkeit, die bei präsenten Beweismitteln sinnlos wäre, u. unter Wahrunterstellung ist unzulässig. Der Ablehnungsgrund der Unerheblichkeit gilt nur in begrenztem Umf. (BGH NStZ 2014, 351). Die Ablehnung eines Antrags auf Anhörung eines Sachverständigen wegen eigener Sachkunde des Gerichts ist ausgeschlossen (BGH NStZ 1994, 400); auch das Auswahlrecht des Gerichts nach § 73 Abs. 1 S. 1 besteht nicht (Schulz StV 1983, 342). Für weitere Sachverständige gilt die in § 244 Abs. 4 S. 2 bestimmte Ausnahme v. Verbot der Beweisantizipation nicht (eing. zu den v. der Verteidigung geladenen Sachverständigen Detter FS Salger, 1995, 231). Auf präsente Augenscheinsgegenstände findet § 244 Abs. 5 S. 1 keine Anwendung. 22

2. Bei **Unzulässigkeit der Beweiserhebung (Abs. 2 S. 2)** ist die Ablehnung zwingend. Die Unzulässigkeitsgründe sind dieselben wie bei § 244 Abs. 3 S. 2 (→ § 244 Rn. 49). 23

3. Offenkundige und schon erwiesene Tatsachen brauchen nicht weiter aufgeklärt zu werden. Anders als bei § 244 Abs. 3 S. 2 (→ § 244 Rn. 50) ist aber die Offenkundigkeit des Gegenteils der behaupteten Beweistatsache kein zulässiger Ablehnungsgrund (Löwe/Rosenberg/Becker Rn. 60). Durch §§ 220, 245 Abs. 2 soll den Prozessbeteiligten gerade Gelegenheit gegeben werden, das Gegenteil der v. Gericht für offenkundig gehaltenen Tatsachen o. Erfahrungssätze zu beweisen. 24

4. Fehlender Sachzusammenhang: Der Begriff ist wesentlich enger als der der Bedeutungslosigkeit in § 244 Abs. 3 S. 3 Nr. 2 (→ § 244 Rn. 54). Die Ablehnung ist nur zulässig, wenn jede Sachbezogenheit zwischen Beweistatsache u. Gegenstand der Urteilsfindung fehlt (Marx NJW 1981, 1415). Bloße Unerheblichkeit aus rechtlichen o. tatsächlichen Gründen genügt nicht (Löwe/Rosenberg/Becker Rn. 62). 25

5. Völlige Ungeeignetheit ist wie bei § 244 Abs. 3 S. 3 Nr. 4 (→ § 244 Rn. 58) ohne jeden Rückgriff auf das Erg. der bisherigen Beweisaufnahme ausschl. nach den Eigenschaften des Beweismittels selbst zu beurteilen. Dabei ist ein strenger Maßstab anzulegen. Die Ablehnung wird nur in Betracht kommen, wenn Prozessbeteiligte versuchen, dem Gericht einen offensichtlich unfähigen o. nach seinem Fachgebiet ungeeigneten Sachverständigen aufzudrängen (Löwe/Rosenberg/Becker Rn. 65). Ein aussagepsychologischer Sachverständiger ist nicht schon deshalb völlig ungeeignet, weil er während der Vernehmung des betr. Zeugen in der HV nicht anwesend war (BGH StV 2011, 711). Bloße Zweifel an seiner Geeignetheit berechtigen nicht zur Ablehnung des Sachverständigen. Die Ungeeignetheit v. Zeugen ist idR durch ihre Vernehmung festzustellen. 26

6. Durch das G zur Modernisierung des Strafverfahrens v. 10.12.2019 wurde der frühere Ablehnungsgrund der **Prozessverschleppung aus dem Katalog des Abs. 2 S. 3 gestrichen** (BGBl. 2019 I 2122). Der Vorsitzende kann nunmehr im Rahmen seiner Sachleitungsbefugnis prüfen, ob die Voraussetzungen für Verschleppungsabsicht vorliegen (→ § 244 Rn. 92 ff.). Dagegen kann die Entsch. des Gerichts gem. § 238 Abs. 2 angerufen werden. 27

V. Ablehnungsverfahren. Das Ablehnungsverfahren **entspr. dem des § 244 Abs. 6.** Der Vorsitzende kann die Beweise ohne weiteres erheben. Die Ablehnung bedarf eines mit Gründen versehenen Gerichtsbeschlusses, der in der HV vor Schluss der Beweisaufnahme bekanntgemacht werden muss (Rieß NJW 1978, 28

2270). Zwar gilt grds. auch § 244 Abs. 6 S. 3–5 (dazu → § 244 Rn. 94–99; ebenso Mosbacher NStZ 2018, 9 (11); **aM** Krehl FS Fischer, 2018, 705 (711); Schlothauer FS Fischer, 2018, 819 (821)); allerdings dürfte die praktische Bedeutung bei präsenten Beweismitteln gering sein.

29 **VI. Stattgebender Beschluss.** Der stattgebende Beschluss führt zur Beweiserhebung **nur über die in dem Antrag behauptete Beweistatsache.** Zu anderen Tatsachen u. in anderer Eigenschaft (→ Rn. 6) braucht das Gericht das Beweismittel nicht zu benutzen (vgl. BGH NStZ 2025, 702: Sachverständiger). Eine kurze Befragung des Zeugen genügt; das Fragerecht nach § 240 Abs. 2 gestattet dem Antragsteller die Ausübung seiner Verteidigungsrechte (Löwe/Rosenberg/Becker Rn. 70). Er kann trotz des stattgebenden Beschl. noch auf die Beweiserhebung verzichten. Das Einverständnis der anderen Prozessbeteiligten ist dazu nicht erforderlich; sie können aber ihrerseits die Beweiserhebung beantragen (→ Rn. 19).

30 **D. Revision.** Das **unberechtigte Unterlassen der Benutzung eines präsenten Beweismittels** kann im Fall des Abs. 1 die Revision begründen. Dass es sich um herbeigeschaffte (und nicht nur bei Gericht liegende, vgl. → Rn. 5) Beweismittel gehandelt hat, ist in der Begründung darzulegen (BGHSt 37, 168 (174); vgl. zu den Rügeerfordernissen auch OLG Celle StV 1989, 243); die Revision muss bei der Rüge der unterlassenen Vernehmung eines Zeugen auch vortragen, zu welchen Beweisthemen der Zeuge im Ermittlungsverfahren bisher vernommen wurde u. zu welchen Tatsachen er nach Aktenlage bei seiner Vernehmung in der HV Angaben machen sollte (BGH NJW 1996, 1685; Arnoldi NStZ 2018, 305 (311)). **Entsprechendes gilt im Fall des Abs. 2,** wenn ein Beweisantrag übergangen, in unzulässiger Weise o. mit rechtsfehlerhafter Begründung abgelehnt worden ist. Ferner müssen wie bei § 244 (→ § 244 Rn. 106) grds. die in dem Antrag und in der gerichtlichen Ablehnungsentscheidung in Bezug genommenen Aktenbestandteile mitgeteilt werden, es sei denn, sie sind für die Prüfung der Beweisantragsqualität dieses Begehrens ohne Bedeutung (BGH NStZ 2022, 763). Das Urt. **beruht** regelmäßig auf dem Verfahrensmangel. Dies ist ausnahmsweise nicht der Fall, wenn auszuschließen ist, dass die unterlassene Beweiserhebung die Entsch. beeinflusst haben könnte (BGH 1.7.2021 – 3 StR 518/19; NJW 1996, 1685), zB wenn sich dies aus den Ausführungen im Urt. sicher ergibt (vgl. BGH BeckRS 2017, 127785) o. feststeht, dass der Zeuge v. seinem Aussageverweigerungsrecht Gebrauch gemacht hätte (Holtz MDR 1978, 459 – BGH RsprÜ). Bei der fehlerhaften Behandlung des Beweisantrags als Beweisermittlungsantrag fehlt es am Beruhen, wenn das Beweisbegehren mit einer auch die Ablehnung eines Beweisantrags tragenden Begründung zurückgewiesen wurde oder sicher auszuschließen ist, dass der Angeklagte bei ordnungsgemäßer Bescheidung weitere sachdienliche Anträge hätte stellen können (BGH NStZ 2022, 763, 764).

Ablehnung von Beweisanträgen wegen Verspätung

246 (1) **Eine Beweiserhebung darf nicht deshalb abgelehnt werden, weil das Beweismittel oder die zu beweisende Tatsache zu spät vorgebracht worden sei.**

(2) **Ist jedoch ein zu vernehmender Zeuge oder Sachverständiger dem Gegner des Antragstellers so spät namhaft gemacht oder eine zu beweisende Tatsache so spät vorgebracht worden, daß es dem Gegner an der zur Einziehung von Erkundigungen erforderlichen Zeit gefehlt hat, so kann er bis zum Schluß der Beweisaufnahme die Aussetzung der Hauptverhandlung zum Zweck der Erkundigung beantragen.**

(3) **Dieselbe Befugnis haben die Staatsanwaltschaft und der Angeklagte bei den auf Anordnung des Vorsitzenden oder des Gerichts geladenen Zeugen oder Sachverständigen.**

(4) **Über die Anträge entscheidet das Gericht nach freiem Ermessen.**

A. Grundsatz: Keine Ablehnung wegen Verspätung (Abs. 1). Eine Ergänzung des § 244 Abs. 3 enthält Abs. 1. Den Verfahrensbeteiligten kann – abgesehen v. Fall des § 244 Abs. 6 S. 3 (Fristsetzung nach Abschluss der vAw vorgesehenen Beweisaufnahme, → § 244 Rn. 94 ff.) – nicht vorgeschrieben werden, wann sie in der HV einen Beweisantrag zu stellen haben (BGH NStZ 1990, 350). Beweisanträge können daher bis zum Beginn der Urteilsverkündung gestellt werden (→ § 244 Rn. 33; → § 268 Rn. 3, 15). Dass sie schon früher hätten angebracht werden können, ist kein Ablehnungsgrund, auch wenn nach den früheren Erklärungen des Antragstellers ein Antrag nicht mehr zu erwarten war (BGH NStZ 1986, 371). Daran hat auch die Einf. von § 244 Abs. 6 S. 3, 4 nichts geänd.; selbst wenn der Antragsteller eine danach v. Vorsitzenden gesetzte Frist verstreichen lässt, kommt eine Ablehnung des Beweisantrags in den Urteilsgründen nicht wegen der Fristversäumnis, sondern nur unter den Voraussetzungen der ges. geregelten Ablehnungsgründe in Betracht (erg. → § 244 Rn. 96). Hätte der Antrag allerdings schon lange vor der HV gestellt werden können, kann dies uU für eine Verschleppungsabsicht sprechen, so dass eine Ablehnung nach § 244 Abs. 6 S. 2 durch den Vorsitzenden in Betracht kommen kann (vgl. BGH NStZ 1990, 350 zu § 244 Abs. 3 aF); vgl. auch → § 244 Rn. 93–93e. 1

B. Aussetzungsantrag (Abs. 2–4). Einen Aussetzungsantrag (Abs. 2–4) können Prozessbeteiligte stellen, denen infolge verspäteter Namhaftmachung der geladenen Beweispersonen (§ 222) die Möglichkeit genommen ist, deren Glaubwürdigkeit u. die sachliche Zuverlässigkeit ihrer Aussage zu prüfen u. etwaige Gegenbeweise anzubieten. Das Gleiche gilt, wenn ihnen Beweistatsachen, deren Bedeutung für das Verf. vorher nicht erkennbar war, nicht rechtzeitig bekanntgegeben werden. Für sachliche Beweismittel, deren Vorhandensein den Bet. nicht rechtzeitig zur Kenntnis gebracht worden ist, gelten Abs. 2–4 entspr. (OLG Hamm VRS 49, 113). Die Vorschr. findet keine Anwendung bei der Vernehmung v. Zeugen an hierfür nicht vorgesehenen Terminstagen. 2

Eine **Belehrung** über das Antragsrecht ist nicht vorgeschrieben, wird aber ausnahmsweise aufgrund der Fürsorgepflicht (→ Einl. Rn. 156 ff.) bei einem Angeklagten ohne Verteidiger geboten sein (OLG Köln OLGSt S. 1; Löwe/Rosenberg/Becker Rn. 13). 3

Antragsberechtigt ist der Gegner des Antragstellers (dazu → § 303 Rn. 3), aber nicht der Nebenkläger (→ § 397 Rn. 11), im Fall des Abs. 3 jeder betroffene Verfahrensbeteiligte (**aM** SK-StPO/Frister Rn. 18). 4

Die **Entscheidung** über den Antrag, als den ein bloßer „Protest" nicht angesehen werden kann (OLG Frankfurt a. M. NJW 1947/48, 395), trifft das Gericht (nicht der Vorsitzende allein) nach pflichtgemäßem Ermessen (Holtz MDR 1984, 278 – BGH RsprÜ; OLG Stuttgart NStZ 1990, 356) unter Beachtung der Aufklärungspflicht (§ 244 Abs. 2) u. der berechtigten Interessen der Prozessbeteiligten, insbes. des Angeklagten (BGH VRS 19, 132). Abs. 2 und Abs. 3 beziehen sich nur auf Umstände v. verfahrenserheblicher Bedeutung (BGHSt 37, 1 (3); BGH NJW 1990, 1124). Die Ablehnung ist gerechtfertigt, wenn die Beweisperson bereits bekannt war (BGH StV 1982, 457) o. Nachforschungen nach ihr offensichtlich nicht nötig sind (Holtz MDR 1984, 278 – BGH RsprÜ) o. allg. keine Umstände erkennbar sind, die das Verlangen als begründet erscheinen lassen; dabei ist auch der verfassungsrechtlich gebotene Schutz des Zeugen zu beachten (BGHSt 37, 1; Schnarr Kriminalistik 1990, 295). Darf der Wohnort des Zeugen nach § 68 Abs. 1 S. 2, Abs. 2, Abs. 3 geheim gehalten werden u. wird er daher bei der Ladungsmitteilung nach § 222 nicht angegeben, besteht kein Anspruch auf Aussetzung aus diesem Grund (Hilger NStZ 1992, 459). Wird dem Antrag stattgegeben, so ist § 145 Abs. 4 auf den Prozessgegner nicht anzuwenden (OLG Frankfurt a. M. JR 1950, 570). Zur Begründung des Ablehnungsbeschlusses vgl. → § 34 Rn. 3. 5

Die Aussetzung kann auch **von Amts wegen** angeordnet werden. Die kürzere Unterbrechung durch den Vorsitzenden (§ 228 Abs. 1 S. 2) hat den Vorzug, wenn 6 sie genügt u. der Antragsteller sich mit ihr zufrieden gibt (KMR-StPO/Paulus Rn. 10). Bei Änd. der Sachlage gilt § 265 Abs. 4.

7 **C. Anfechtung.** Die Entsch. nach Abs. 4 ist mit der Beschwerde nicht anfechtbar (§ 305 S. 1). Missbrauch des Ermessens bei der Ablehnung des Aussetzungsantrags begründet aber die Revision (BGH NJW 1990, 1124; BayObLGSt 1954, 156; Löwe/Rosenberg/Becker Rn. 24), zB bei Ablehnung mit der Begründung, der Verteidiger hätte sich die fehlenden Kenntnisse durch Akteneinsicht verschaffen können (OLG Hamm JMBl. NRW. 1968, 236). Vgl. erg. → § 222 Rn. 10.

Vernehmung eines Sachverständigen vor Entscheidung über eine Unterbringung

246a (1) [1]**Kommt in Betracht, dass die Unterbringung des Angeklagten in einem psychiatrischen Krankenhaus oder in der Sicherungsverwahrung angeordnet oder vorbehalten werden wird, so ist in der Hauptverhandlung ein Sachverständiger über den Zustand des Angeklagten und die Behandlungsaussichten zu vernehmen.** [2]**Gleiches gilt, wenn das Gericht erwägt, die Unterbringung des Angeklagten in einer Entziehungsanstalt anzuordnen.**

(2) **Ist Anklage erhoben worden wegen einer in § 181b des Strafgesetzbuchs genannten Straftat zum Nachteil eines Minderjährigen und kommt die Erteilung einer Weisung nach § 153a Absatz 1 Satz 2 Nummer 8 dieses Gesetzes oder nach § 56c Absatz 2 Nummer 6, § 59a Absatz 2 Satz 1 Nummer 5 oder § 68b Absatz 2 Satz 2 des Strafgesetzbuchs in Betracht, wonach sich der Angeklagte psychiatrisch, psycho- oder sozialtherapeutisch betreuen und behandeln zu lassen hat (Therapieweisung), soll ein Sachverständiger über den Zustand des Angeklagten und die Behandlungsaussichten vernommen werden, soweit dies erforderlich ist, um festzustellen, ob der Angeklagte einer solchen Betreuung und Behandlung bedarf.**

(3) **Hat der Sachverständige den Angeklagten nicht schon früher untersucht, so soll ihm dazu vor der Hauptverhandlung Gelegenheit gegeben werden.**

1 **A. Normzweck.** Die **Zuziehung eines Sachverständigen** verlangt die Vorschr.; sie dient „dem Schutz und dem wohlverstandenen Interesse des Angeklagten ebenso wie dem öffentlichen Interesse an einer sachgerechten Auswahl und Anordnung der Maßregel, auch um zu gewährleisten, dass nicht ungeeignete Angeklagte in den jeweiligen Einrichtungen des Maßregelvollzugs untergebracht werden. Sie ist schon deshalb der Disposition des Angeklagten unter dem Blickwinken einer Verwirkung oder eines Verzichts grundsätzlich entzogen" (BGH 28.2.2012 – 5 StR 16 u. 36/12). Die Bestimmung unterscheidet zwischen den Unterbringungen der Angeklagten in einem psychiatrischen Krankenhaus (§ 63 StGB) o. in der Sicherungsverwahrung (§§ 66, 66a StGB) u. der in einer Entziehungsanstalt (§ 64 StGB).

2 **I. Maßregel nach §§ 63 oder 66 StGB oder Vorbehalt nach § 66a StGB.** Wenn die Anordnung einer Maßregel nach §§ 63 oder 66 StGB oder eines Vorbehalts nach § 66a StGB in Betracht kommt, dh wenn diese **Anordnungen möglich erscheinen** (BGH 7.12.2023 – 5 StR 168/23; wistra 2010, 68), ist ein Sachverständiger zuzuziehen. Der Sachverständige muss kein Arzt sein; idR wird aber die Anhörung eines anderen Sachverständigen nicht ausreichen (Dallinger MDR 1976, 17 – BGH RsprÜ). Im Fall des § 63 StGB ist ein Psychiater zu hören (Müller-Dietz NStZ 1983, 204); im Fall der §§ 66, 66a StGB hat der Gutachter sich zu den einen Hang ausmachenden Persönlichkeitsmerkmalen sachverständig zu äußern (Holtz MDR 1990, 97 – BGH RsprÜ). § 246a stellt nur Mindestanforderungen (zu den „Mindestanforderungen für Prognosegutachten" Boetticher ua

NStZ 2006, 537); die Aufklärungspflicht (§ 244 Abs. 2) kann die Zuziehung mehrerer Sachverständiger gebieten (BGHSt 18, 374). „Eigene Sachkunde" des Gerichts kann die Zuziehung nicht ersetzen (Kusch NStZ-RR 2000, 36 – BGH RsprÜ; BGH StV 2001, 665 Ls.).

Bei **Betäubungsmittelserienstraftaten** kommt die Heranziehung eines SV zur Prüfung hangbedingter Gefährlichkeit iSv § 66 Abs. 1 S. 1 Nr. 4 StGB insbes. in Betracht, wenn der Tatbegehung über die Tatsache des bloßen Handels mit nicht geringen Mengen hinaus ein besonders Gefährdungspotential innewohnt (etwa aufgrund der besonderen Art der gehandelten BtM, der Art der Tatbegehung, des Beisichführens oder Besitzes von Waffen) oder der Angekl. im Übrigen mit nicht unerheblichen Sexual-, Gewalt- oder Waffendelikten auffällig geworden ist (BGH 7.12.2023 – 5 StR 168/23). 2a

II. Anordnung nach § 64 StGB. Hinsichtlich einer Anordnung nach § 64 StGB verlangt Abs. 1 S. 2 die Zuziehung eines Sachverständigen **nur dann,** wenn das Gericht die Unterbringung „erwägt", also ggü. den schwerer wiegenden Unterbringungen nach §§ 63, 66, 66a StGB in einschr. Weise. Eine Begutachtungspflicht besteht somit nicht, wenn eine Unterbringung zwar in Betracht kommt, nach den Gegebenheiten im Einzelfall das Gericht jedoch allein in Ausübung seines Ermessens nicht anordnen will und diese Entscheidung von sachverständigen Feststellungen unabhängig ist (vgl. BGH NStZ 2012, 463; 2026, 128 mwN). Unterschiedlich wird die Frage beurteilt, ob die Beauftragung nur notwendig ist, wenn das Gericht *konkret* eine Unterbringung erwägt (so die Ansicht des BR BT-Drs. 16/1110, 25), o. nur dann nicht, wenn unter Ausschöpfung des dem Gericht in § 64 StGB eingeräumten eng begrenzten Ermessensspielraums eine Unterbringung offensichtlich nicht in Frage kommt (so der Rechtsausschuss des BR BT-Drs. 16/5137, 11). Die letztgenannte Ansicht widerstreitet jedenfalls der Absicht des BR (BT-Drs. 16/5137, 11), überflüssige Begutachtungen durch forensisch erfahrene SV zu vermeiden und damit Gutachterkapazitäten zu schonen (vgl. BGH NStZ 2022, 432, 433 mzustAnm Schneider; BGH 2026, 128 (129)). BGH NStZ 2012, 463 (464) hat die Frage offengelassen. Der 6. StS des BGH hat nunmehr zutr. entschieden, dass der Verzicht auf ein SV-Gutachten nicht nur für Fälle offensichtlich fehlender Erfolgsaussicht, sondern auch für Konstellationen evident fehlenden Hangs gilt (BGH NStZ 2022, 432, 433; vgl. auch BGH NStZ 2026, 128; noch weitergehend OLG Saarbrücken NStZ 2023, 254: es müssen hinreichende Anhaltspunkte für einen Hang vorliegen). So bedarf es etwa keiner Hilfe durch einen SV, wenn sich das Tatgericht die sichere Überzeugung verschafft, dass der Angekl. unter dem Eindruck des Strafverfahrens den Drogenkonsum vollständig eingestellt hat und nach längerem Zeitablauf im maßgebenden Zeitpunkt des Urteils weiterhin abstinent lebt (BGH NStZ 2022, 432). 3

Wenn das Tatgericht einen Sachverständigen zur Prüfung der Unterbringung des Angeklagten **hinzuzieht,** erwägt es die Maßregelanordnung konkret u. hat deshalb ein Gutachten einzuholen. Dem Sachverständigen ist in diesem Fall zu ermöglichen, v. ihm für erforderlich gehaltene Erkenntnisquellen – insbes. frühere Gutachten – zu verarbeiten; dies kann nicht mit der Begründung abgelehnt werden, auf das Erg. des Gutachtens komme es nicht an (BGHSt 59, 1). 3a

III. Begutachtung bei Inbetrachtkommen einer Therapieweisung (Abs. 2). Abs. 2 statuiert eine Soll-Vorschr. zur frühzeitigen Begutachtung schon vor der HV für den Bereich der Therapieweisungen (§ 153a Abs. 1 S. 2 Nr. 8; §§ 56c Abs. 2 Nr. 6, 59a Abs. 2 S. 1 Nr. 5, § 68b Abs. 2 S. 2 StGB; erg. → § 153a Rn. 22d) bei Sexualstraftaten zum Nachteil v. Minderjährigen, soweit dies zur Feststellung einer Betreuung u. Behandlung erforderlich ist. 3b

B. Vernehmung des Sachverständigen. In der Hauptverhandlung muss der Sachverständige vernommen werden. Die Verlesung einer Vernehmungsniederschrift nach § 251 oder eines schriftlichen Gutachtens nach § 256 genügt nicht (Dallinger MDR 1953, 723 – BGH RsprÜ). Die Vorlage eines vorbereitenden schriftlichen Gutachtens ist zwar üblich u. idR sinnvoll, kann aber – abgesehen von 4

§ 244 Abs. 2 – nicht verlangt werden (BGHSt 54, 177; **aM** KMR-StPO/Hiebl Rn. 40; Ziegert StV 2011, 199; erg. → § 82 Rn. 2). Jedenfalls muss der Sachverständige aber den Angeklagten nach der Rspr. – vor der Verhandlung oder während einer Verhandlungspause – untersucht haben; die bloße Befragung im Rahmen der mündlichen Verhandlung genügt nicht (BGH NStZ 2025, 506 mAnm Ventzke u. kritAnm Mosbacher JuS 2025, 742 (746); 2000, 215; 30). Der Sachverständige muss nicht während der ganzen Hauptverhandlung anwesend sein (BGHSt 27, 166 (167); Pfeiffer/Miebach NStZ 1987, 219 – BGH RsprÜ). Ergibt sich erst in der HV, dass eine Maßregel in Betracht kommt, so braucht der bereits durchgeführte Teil der Verh. nicht wiederholt zu werden (Pfeiffer/Miebach NStZ 1987, 219 – BGH RsprÜ); das Gericht ist dann aber zu ganz besonderer Sorgfalt bei der weiteren Sachbehandlung verpflichtet (BGH NJW 1968, 2298). Bei der Vernehmung muss der Sachverständige stets umfassend gehört werden; er muss den gesamten Sachverhalt kennen u. würdigen, der den Zustand des Angeklagten u. die Behandlungsaussichten betr. u. den das Gericht der Entsch. zugrunde legen will (BGHSt 27, 166). Im Sicherungsverfahren nach §§ 413 ff. gilt § 415 Abs. 5.

5 **C. Untersuchung.** Eine Untersuchung, die im Vorverfahren auch v. der StA angeordnet worden sein kann (BGHSt 18, 374), soll der Vernehmung vorausgehen (vgl. auch §§ 80a, 414 Abs. 3). Das Wort „soll" bedeutet nur, dass die Untersuchung **auch während der HV vorgenommen** werden darf, wobei die Beobachtung des Angeklagten in der HV allein aber nicht genügt (BGHR StPO § 246a S. 1 Untersuchung 1); denn die Untersuchung selbst ist zwingend vorgeschrieben (BGHSt 9, 1; BGH NStZ 2000, 215; 2002, 384). **Verweigert der Angeklagte die Mitwirkung,** so ist sie nach §§ 81, 81a anzuordnen (BGH NJW 1972, 348), es sei denn, die verweigerte Untersuchung setze ihrer Art nach die freiwillige Mitwirkung des Angeklagten voraus u. ihre zwangsweise Vornahme könne deswegen kein verwertbares Erg. erbringen; das bedeutet aber nicht, dass damit auch auf die Einholung des Gutachtens verzichtet werden dürfte (BGH NStZ 2004, 263; StraFo 2009, 208 (209)). Die Erkl. des Angeklagten, er sei gesund, befreit v. der Untersuchung nicht (RGSt 68, 198 (200)). Eine weit zurückliegende Untersuchung in einem anderen Strafverfahren wird – va, wenn es um eine Unterbringung nach §§ 63, 66 StGB geht – idR nicht genügen; die Untersuchung muss aber nicht unmittelbar vor der HV stattgefunden haben (BGHSt 18, 374). Ihrem Gegenstand nach muss sie unter dem Gesichtspunkt der in Betracht kommenden Maßregel o. Maßregeln durchgeführt werden (RGSt 68, 327; 69, 129 (133)), also „maßnahmespezifisch" sein, so dass eine allg. psychiatrische Untersuchung nicht genügt (BVerfG NJW 1995, 3047 gegen BGH NStZ 1994, 592). Die Untersuchung zur Unterbringung nach § 63 StGB deckt aber die zu einer Unterbringung nach § 66 StGB idR mit ab (Becker NStZ-RR 2003, 98 – BGH RsprÜ).

6 **D. Revision.** Der Verstoß gegen Abs. 1 S. 1, 2 ist **Revisionsgrund nach § 337** (BGHSt 9, 1; 27, 166 (168)). Das gilt auch, wenn der Sachverständige nicht genügend über den für sein Gutachten erheblichen Sachverhalt unterrichtet worden ist (BGHSt 27, 166). Das Unterlassen der Untersuchung (Abs. 3) begründet ebenfalls die Revision; es kann auch mit der Aufklärungsrüge (→ § 244 Rn. 101 ff.) geltend gemacht werden (BGHR StGB § 66 Abs. 1 Hang 5; erg. → § 80a Rn. 5). Mit ihr kann auch die Nichtzuziehung eines weiteren Sachverständigen gerügt werden (BGHSt 18, 374) o. die fehlende Anwesenheit des Sachverständigen während eines wesentlichen Teils der Verh. (BGH StV 1999, 470).

Entfernung des Angeklagten bei Vernehmung von Mitangeklagten und Zeugen

247 [1]**Das Gericht kann anordnen, daß sich der Angeklagte während einer Vernehmung aus dem Sitzungszimmer entfernt, wenn zu befürchten ist, ein Mitangeklagter oder ein Zeuge werde bei seiner Ver-**

nehmung in Gegenwart des Angeklagten die Wahrheit nicht sagen. [2]Das gleiche gilt, wenn bei der Vernehmung einer Person unter 18 Jahren als Zeuge in Gegenwart des Angeklagten ein erheblicher Nachteil für das Wohl des Zeugen zu befürchten ist oder wenn bei einer Vernehmung einer anderen Person als Zeuge in Gegenwart des Angeklagten die dringende Gefahr eines schwerwiegenden Nachteils für ihre Gesundheit besteht. [3]Die Entfernung des Angeklagten kann für die Dauer von Erörterungen über den Zustand des Angeklagten und die Behandlungsaussichten angeordnet werden, wenn ein erheblicher Nachteil für seine Gesundheit zu befürchten ist. [4]Der Vorsitzende hat den Angeklagten, sobald dieser wieder anwesend ist, von dem wesentlichen Inhalt dessen zu unterrichten, was während seiner Abwesenheit ausgesagt oder sonst verhandelt worden ist.

Übersicht

A. Normzweck. Ausnahmen von der Anwesenheitspflicht des Angeklagten (§ 231 Abs. 1 S. 1), auch wenn er RA ist (BVerfGE 53, 207 (215)), lässt § 247 im Interesse der Sachaufklärung, des Schutzes kindlicher u. jugendlicher Zeugen (vgl. auch § 51 Abs. 1 **JGG**), erwachsener Zeugen u. des Angeklagten selbst zu (vgl. Meyer-Goßner FS G. Pfeiffer, 1988, 311). Die Vorschr. gilt auch bei Vernehmungen nach §§ 223, 224 (BGHSt 32, 32), muss aber als Ausnahmebestimmung eng ausgelegt werden (BGH NStZ 2025, 762; NJW 2010, 2450). Die Ausschließung des Nebenklägers rechtfertigt sie nicht (Löwe/Rosenberg/Becker Rn. 7; erg. → § 397 Rn. 2), auch nicht die Abwesenheit des bei der Rekonstruktion des Unfallgeschehens mitwirkenden Angeklagten v. der Verh. bei der Augenscheinseinnahme (Löwe/Rosenberg/Becker Rn. 9, 17; **aM** OLG Braunschweig NJW 1963, 1322 mablAnm Kleinknecht). Von der Ermächtigung des § 247 ist idR Gebrauch zu machen, wenn die Voraussetzungen der Vorschr. vorliegen. 1

B. Entfernung des Angeklagten bei Wahrheitsgefährdung (S. 1). I. Konkrete Gefahr. Eine konkrete Gefahr für die Wahrheitsfindung muss bestehen („wenn zu befürchten ist"), zu deren Abwendung die zeitweise Entfernung des Angeklagten notwendig u. unvermeidbar erscheint (BGHSt 3, 384 (386)). Die Befürchtung muss sich auf **konkrete, im Einzelfall begründete Tatsachen** stützen u. nicht etwa nur auf allg. Erwägungen (BGH NStZ 2015, 103). Die Bereitschaft des Zeugen o. Mitangeklagten, in Gegenwart des Angeklagten auszusagen, ist ohne Bedeutung (Dallinger MDR 1972, 199 – BGH RsprÜ). 2

Maßgebend ist die dem Gericht bekannte Sachlage bei der Beschlussfassung; wenn spätere Erkenntnisse zu einer abw. Beurteilung führen, muss die Vernehmung nicht wiederholt (KK-StPO/Diemer Rn. 5; Löwe/Rosenberg/Becker Rn. 37; **aM** OLG Hamburg NJW 1975, 1573; SK-StPO/Frister Rn. 64), dem Angeklagten aber die eing. Befragung der Auskunftsperson ermöglicht werden (Fischer NJW 1975, 2034). § 247 darf, soweit er der Sachaufklärung dient, nicht engherzig angewendet werden (Granderath MDR 1983, 800). Es genügt, dass sich die Gefahr der Beeinträchtigung der Wahrheitsfindung auf bestimmte Tatkomplexe o. Punkte 3 beschränkt, zB auf die Angaben zur Person (RGSt 38, 10, aber nicht zur Umgehung der in BGHSt 32, 32 (35 f.) aufgestellten Grundsätze, vgl. BGHR StPO § 247 Abwesenheit 7) o. auf den Vorhalt einer Urkunde.

4 Die Entfernung des Angeklagten ist zB **zulässig,** wenn ein Zeuge (o. ein Mitangeklagter: Becker NStZ-RR 2002, 69 – BGH RsprÜ) ankündigt, dass er in Gegenwart des Angeklagten v. seinem Zeugnisverweigerungsrecht Gebrauch machen werde (BGHSt 22, 18; BGHR StPO § 247 S. 2 Begründungserfordernis 3; an dieser Rspr. hält BGH NStZ 2001, 608 trotz § 247a fest), ebenso bei Geltendmachung eines umfassenden Auskunftsverweigerungsrechts nach § 55 (BGH NStZ-RR 2004, 116), o. wenn die Zeugenvernehmung aus den in § 96 und § 54 iVm § 37 Abs. 4 S. 1 BeamtStG (→ § 54 Rn. 7) anerkannten Gründen in Gegenwart des Angeklagten v. der obersten Dienstbehörde nicht ermöglicht wird (BGHSt 32, 115 (125) (GrS); 42, 175 (176) (GrS); vgl. auch BVerfGE 57, 250 (286, 287)).

5 **Nicht ausreichend** ist der bloße Wunsch des Zeugen, in Abwesenheit des Angeklagten auszusagen (BGHSt 22, 18 (21); BGH NStZ 2015, 103; NStZ-RR 2002, 217), o. die Befürchtung, mehrere Mitangeklagte würden ihre Aussagen einander anpassen (BGHSt 15, 194; 195; BGH NJW 1957, 1161; Löwe/Rosenberg/Becker Rn. 18; **aM** Hanack JZ 1972, 81, der das zu Unrecht als „überstreng" bezeichnet). Auch der Widerspruch des gem. § 1897 BGB bestellten Betreuers genügt nicht (BGHSt 46, 142).

6 **II. Während der Vernehmung.** Während der Vernehmung darf der Angeklagte ausgeschlossen werden, auch während eines Teils der Vernehmung, zB für die Beantwortung einer einzigen Frage (Dallinger MDR 1975, 544 – BGH RsprÜ). Grundsätzlich ist mit Blick auf die Bedeutung des Anwesenheitsrechts des Angeklagten eine restriktive Auslegung geboten (vgl. BGH NStZ 2025, 762; 26.5.2025 – 2 StR 639/24 zu Satz 2). Die Anordnung ist aber so auszulegen, dass der Ausschluss sich auf **alle Verfahrensvorgänge** bezieht, die mit der Vernehmung o. dem bezeichneten Teil der Vernehmung in enger Verbindung stehen o. sich daraus entwickeln (BGH BeckRS 2018, 26809: Belehrung gem. § 57); allerdings darf es sich dabei nicht um Verfahrensvorgänge mit selbständiger verfahrensrechtlicher Bedeutung handeln (BGH StV 1987, 377; Strate NJW 1979, 909; zw. BGH NStZ 2002, 384; dagegen BGH NJW 2003, 597). Es geht daher zu weit, wenn BGH NJW 1979, 276 u. BGH StV 1995, 250 (mablAnm Stein) die Verh. über den Ausschluss der Öffentlichkeit in Abwesenheit des Angeklagten tolerieren (ebenso Park NJW 1996, 2215); allerdings kann der Fehler die Revision nicht begründen, wenn die Öffentlichkeit nach § 171b Abs. 3 GVG ausgeschlossen werden musste (BGHR StPO § 247 Abwesenheit 13). Der Ausschluss umfasst aber immer die Vernehmung zur Person u. die Belehrung nach § 52 Abs. 3 S. 1 (Dallinger MDR 1972, 199 – BGH RsprÜ) sowie den Vorhalt v. Urkunden (BGHSt 21, 332 (333)), die Inaugenscheinnahme der Zeugin (BGH NStZ 2025, 762) o. die Verwendung v. Augenscheinsobjekten als Vernehmungsbehelfe (BGH NStZ 2003, 320). Entfällt der Entfernungsgrund vor Abschluss der Vernehmung, so ist der Angeklagte sofort wieder zuzulassen; einer Wiederholung der Vernehmung bedarf es grds. nicht. Die Entsch. trifft das Gericht durch Beschl.; die formlose Zulassung kann aber ausreichen.

7 **Andere Beweisvorgänge** sind während der Abwesenheit des Angeklagten untersagt, auch wenn sie der sachdienlichen Vernehmung des Zeugen o. Mitangeklagten förderlich wären. Sie müssen daher, wenn sie trotzdem stattgefunden haben, nach Wiedereintritt des Angeklagten wiederholt werden (Pfeiffer/Miebach NStZ 1985, 496 – BGH RsprÜ). Das gilt insbes. für die Vernehmung weiterer Zeugen (BGH NStZ 1993, 350), für die Verlesung v. Urkunden (BGHSt 21, 332; BGH NStZ 1997, 402; 2001, 262; NJW 2019, 692) u. für Augenscheinseinnahmen (BGH NStZ 2007, 717; 2014, 223; NJW 2003, 597; NStZ-RR 2014, 53), wobei aber geklärt werden muss, ob es sich wirklich um eine Augenscheinseinnahme o. nur um einen Vorhalt als Vernehmungsbehelf gehandelt hat (BGH NStZ-RR 2004, 237; Becker NStZ-RR 2005, 260 – BGH RsprÜ; BGH NStZ 2011, 51).

Eine – etwa wegen einer Sperrerklärung entspr. § 96 – unmögliche Augenscheinseinnahme kann durch Vernehmung eines Augenscheinsgehilfen (→ § 86 Rn. 4) ersetzt werden (OLG Karlsruhe NStZ-RR 2008, 315). Augenscheinseinnahme am Körper des Zeugen ist zulässig (BGH StraFo 2008, 76). Anträge – zB Beweisanträge o. Ablehnungsgesuche – dürfen entgegengenommen werden; es darf aber nicht über sie verhandelt o. gar entschieden werden (s. Metz NStZ 2017, 446 (451)).

Zur **Verhandlung über die Vereidigung des Zeugen** muss der Angeklagte stets zugezogen werden (BGHSt 22, 289 (297); 26, 218 (220); BGH NStZ 1999, 522; BayObLG StV 2005, 7; stRspr; daran sollte sich auch durch Abschaffung der Regelvereidigung – vgl. → § 59 Rn. 1 – grds. nichts geänd. haben, Peglau/Wilke NStZ 2005, 188; Metz NStZ 2017, 446 (450); s. allerdings BGHSt 51, 81 für eine praktisch seltene Konstellation sowie erg. dazu → Rn. 20b). War er wegen der Gefahr der Enttarnung des Zeugen o. wegen der Gefahr der gesundheitlichen Schädigung ausgeschlossen, so muss die Verh. in Abwesenheit dieses Zeugen geführt werden (BGHSt 22, 289 (297); BGH NJW 1985, 1478). 8

Auch bei der **Zeugenvereidigung** muss der Angeklagte anwesend sein (BGHSt 26, 218; BGH NStZ 1986, 133; Pfeiffer/Miebach NStZ 1988, 19 – BGH RsprÜ), sofern er nicht wegen Enttarnung o. Gefährdung des Zeugen ausgeschlossen war (BGHSt 37, 48; BGH NJW 1985, 1478), ebenso bei der **Verhandlung über die Entlassung des Zeugen** (BGH (GSSt) NJW 2010, 2450). 9

Zu den unter → Rn. 8–10 erörterten Vorgängen gilt etwas anderes **im Jugendstrafverfahren,** da § 51 Abs. 1 S. 1 **JGG** nicht auf die „Vernehmung", sondern auf die „Erörterung" abstellt (BGH NStZ 2002, 216 mAnm Eisenberg NStZ 2002, 331). 10

C. Entfernung des Angeklagten bei Vernehmung von Kindern oder Jugendlichen (S. 2). Der Begriff Wohl des Kindes umfasst das körperliche u. seelische Wohl. Erheblich ist der Nachteil nur, wenn er über die Vernehmung hinaus noch eine gewisse Zeit andauert. Auch bei der Anwendung des S. 2 muss die **Befürchtung durch konkrete Umstände begründet** sein, zB durch ein Abhängigkeitsverhältnis zwischen dem Zeugen u. dem Angeklagten o. durch Furcht des Zeugen vor Rache o. anderen Nachteilen. Das Gericht entscheidet hierüber nach pflichtgemäßem Ermessen (KK-StPO/Diemer Rn. 10); ob das Kind den Ausschluss wünscht o. nicht, ist unbeachtlich (BGH NJW 2006, 1008 (1009); NStZ 2010, 53). Auf die Gefährdung der Wahrheitsfindung kommt es bei Abs. 1 Satz 2 nicht an. Der Begriff Vernehmung stimmt mit dem in S. 1 überein (→ Rn. 6 ff.); er erstreckt sich nach BGH (26.5.2025 – 2 StR 639/24) auf die Inaugenscheinnahme des äußeren Erscheinungsbildes der Zeugin (wobei im entschiedenen Fall wohl keine prozessual eigenständige Inaugenscheinnahme stattgefunden hatte, sondern lediglich die Wahrnehmung des Erscheinungsbildes der Zeugin, wie sie notwenig mit der Vernehmung verbunden ist; s. → § 86 Rn. 14). Angaben der Eltern zur Person des Kindes sind keine Zeugeneinvernahme der Eltern, sondern nur ein Vernehmungsbehelf bei Vernehmung des Kindes (BGH NStZ 1994, 354). Dem Schutz kindlicher u. jugendlicher Zeugen dienen auch § 241a und § 172 Nr. 4 GVG. 11

D. Entfernung des Angeklagten bei Vernehmung erwachsener Zeugen (S. 2). Die Entfernung des Angeklagten ist zulässig, wenn seine Gegenwart bei dem Zeugen zu einer erheblichen Gesundheitsgefährdung mit der Folge der Vernehmungsunfähigkeit führen kann (BGHSt 22, 289; OLG Hamburg NJW 1975, 1573). Der Angeklagte kann entfernt werden, wenn seine Gegenwart bei der Vernehmung des Zeugen, bei dem es sich nicht um das Tatopfer zu handeln braucht, einen **Gesundheitsnachteil für den Zeugen befürchten** lässt, gleichviel aus welchem Grund. Der Gesundheitsnachteil braucht nur vorübergehend (Nervenzusammenbruch bei der Vernehmung), muss aber schwerwiegend sein; in Betracht kommen im Wesentlichen nur schwere psychische Beeinträchtigungen. Geringfügige u. daher noch hinnehmbare Beeinträchtigungen des Wohlbefindens reichen nicht aus (vgl. Hanack JR 1989, 255). Auch die bloße Möglichkeit der Gesund- 12 heitsgefährdung genügt nicht. Vielmehr muss eine dringende Gefahr, eine auf tatsächliche Umstände gestützte hohe Wahrscheinlichkeit für den Gesundheitsnachteil des Zeugen vorliegen. Wenn das der Fall ist, erfordert es die richterliche Fürsorgepflicht, vAw die Entfernung des Angeklagten anzuordnen, sofern nicht der Zeuge selbst darauf keinen Wert legt. Auch die Vereidigung darf dann ggf. in Abwesenheit des Angeklagten erfolgen (BGHSt 37, 48 (49)). Insbesondere bei V-Leuten kann den Zeugen in Lebens- o. Leibesgefahr auch bringen, dass der Angeklagte v. ihrem Aussehen Kenntnis erlangt (vgl. Rieß/Hilger NStZ 1987, 150).

13 **E. Entfernung des Angeklagten zum eigenen Schutz (S. 3).** Für die Dauer der Erörterungen über seinen Zustand u. die Behandlungsaussichten bei der Beweisaufnahme (gleichgültig, mit welchen Beweismitteln) o. in den Schlussvorträgen darf die Entfernung des Angeklagten angeordnet werden, wenn sonst ein **erheblicher Nachteil für seine Gesundheit zu befürchten** ist. Das Gericht kann hierüber im Freibeweis (→ § 244 Rn. 7, 9) einen anwesenden Sachverständigen hören (Löwe/Rosenberg/Becker Rn. 24). Sonstige Gründe – etwa der Wunsch des Angeklagten, ein Gutachten nicht mitanhören zu müssen – reichen nicht aus (BGH StV 1993, 285). Die Ausschließung des Angeklagten ist gerechtfertigt, wenn die Aussicht besteht, dass der Nachteil bei Einzelerörterungen in seiner Abwesenheit nicht o. in erheblich geringerem Maße eintreten wird; v. dem wesentlichen Inhalt der Erörterungen muss der Angeklagte ohnehin nachträglich unterrichtet werden (S. 4). Zur Frage einer weiter gehenden Unterrichtung über den Inhalt des Gutachtens durch den Verteidiger o. den Sachverständigen vgl. Tzschaschel NJW 1990, 749. Beruht die in S. 3 bezeichnete Befürchtung auf der Anwesenheit der Öffentlichkeit, so kann sie nach § 171b GVG ausgeschlossen werden.

14 **F. Gerichtsbeschluss.** Durch **Gerichtsbeschluss,** nicht durch Vfg. des Vorsitzenden allein, wird der vorübergehende Ausschluss des Angeklagten angeordnet (BGHSt 1, 346 (350); 22, 18 (20); BGH NJW 2025, 3007; vgl. aber BGH NStZ 2002, 46: nicht bei nur informatorischer Anhörung eines Zeugen). Die Prozessbeteiligten sind nach § 33 Abs. 1 zu hören. Aus dem nach § 35 Abs. 1 S. 1 zu verkündenden Beschl. muss hervorgehen, für welchen Teil der HV der Angeklagte sich entfernen muss, welchen Fall des § 247 das Gericht für gegeben hält u. welche konkreten Anhaltspunkte für die entspr. Befürchtung bestehen (BGH NStZ 1999, 419; OLG Hamm NStZ 2005, 467; OLG Oldenburg StraFo 2010, 115; vgl. auch BGHSt 15, 194; OLG Koblenz MDR 1977, 777); ausnahmsweise ist eine Begründung entbehrlich, wenn evident ist, dass die Voraussetzungen des § 247 vorliegen (BGH NJW 2025, 3007 mwN). Das Einverständnis der Bet. entbindet nicht v. der Beschlussfassung u. der Begründungspflicht (BGHSt 22, 18 (20); BGH NStZ 2025, 702; OLG Hamm StraFo 2009, 287; OLG Schleswig StV 2011, 351). Die Bekanntgabe des Beschl. in Anwesenheit des Angeklagten (BGH StV 2000, 120; StraFo 2015, 22; Döllel/Dreeßen SchlHA 2012, 293 – OLG Schleswig RsprÜ) u. seine Entfernung sind nach § 273 Abs. 1 im Sitzungsprotokoll zu beurkunden (OLG Hamburg NJW 1965, 1242).

14a Die vom Beschluss erfasste **Vernehmung endet** regelmäßig mit der Entlassung des Zeugen iSd § 248; wird der Zeuge zu einem späteren Zeitpunkt abermals vernommen, bedarf es für die Entfernung grds. eines **erneuten Anordnungsbeschlusses** (BGH NJW 2025, 3007; s. zur analogen Rspr. zum Ausschluss der Öffentlichkeit, nach der bei erneuter Vernehmung eines bereits entlassenen Zeugen ebenfalls grds. ein gesonderter Beschluss erforderlich ist → § 174 GVG Rn 8). Eine Ausnahme hiervon kommt allenfalls in Betracht, wenn die Entlassung des Zeugen umgehend wieder zurückgenommen wurde und die erneute Vernehmung sich zusammen mit der vorangegangenen als einheitliche Vernehmung darstellt (vgl. BGH NJW 2025, 3007). Die Bezugnahme des Vorsitzenden auf den früheren Kammerbeschluss genügt grds. nicht (BGH NJW 2025, 3007).

Das **Gesetz sieht nicht vor,** dass der ausgeschlossene Angeklagte die Vernehmung durch **Videoübertragung** mitverfolgen kann (BGH NStZ 2009, 582; offengelassen v. BGH NStZ 2001, 608); dies ist jedoch sehr zu empfehlen (BGH StraFo 2002, 191 (192); Beulke ZStW 113 (2001), 720) u. erscheint *de lege ferenda* für S. 1 und 2 erwägenswert (so auch Dahs FS Paeffgen, 2015, 559; Weigend Gutachten 62. DJT, 1998, C 54), die Praxis verfährt vielfach auch so. Zu einer Wiederholung der Übertragung bei technischen Störungen ist das Gericht aber nicht verpflichtet; die Übertragung erleichtert zwar auch die Unterrichtung des Angeklagten nach S. 4, entbindet aber nicht v. dieser Verpflichtung (BGH NStZ 2006, 116; **aM** BGHSt 51, 180, falls sich der Vorsitzende vergewissert hat, dass die Übertragung nicht durch technische Störungen beeinträchtigt wurde; vgl. auch BGH NStZ 2019, 421; zust. SK-StPO/Frister Rn. 67; erg. → Rn. 16a); es besteht auch die Möglichkeit der Heilung (→ Rn. 21) durch Verzicht auf die Befragung des Zeugen (BGH BeckRS 2011, 3309). **14b**

G. Unterrichtung des Angeklagten (S. 4). Die Unterrichtung des Angeklagten (S. 4) muss, auch wenn sie schon der Verteidiger vorgenommen hat (BGH NJW 1957, 1326), **alsbald nach seiner Wiederzulassung vor jeder weiteren Verfahrenshandlung** erfolgen (BGHSt 3, 384; BGH NStZ 1998, 263; Kusch NStZ-RR 2000, 292 – BGH RsprÜ), auch wenn die Vernehmung des Zeugen nur unterbrochen wird (BGHSt 38, 260; BGH NStZ 2010, 465; NStZ-RR 2007, 85; 2018, 117). Insbesondere ist sie notwendig vor der Vernehmung eines weiteren Zeugen (BGH NJW 1988, 429; ob das auch gilt, wenn mehrere Zeugen nacheinander in Abwesenheit des Angeklagten vernommen werden, haben BGH NStZ 1997, 123 u. BGH BeckRS 2020, 24576 offengelassen, wobei letztere Entsch. dazu neigt, eine Unterrichtung erst nach Abschluss beider Vernehmungen für zulässig zu erachten) u. der Vereidigung u. Entlassung der vernommenen Beweisperson (BGH NJW 1985, 1478; StV 1992, 550; 1996, 471; OLG Stuttgart OLGSt StPO § 247 Nr. 1), aber nicht, wenn die Entlassungsanordnung sofort zurückgenommen wird (BGH NStZ 1992, 447). Die Unterrichtung muss nicht unbedingt in Gegenwart der vernommenen Beweispersonen erfolgen (BGH NJW 1985, 1478; Dallinger MDR 1969, 17 – BGH RsprÜ; BGH 25.8.1993 – 5 StR 334/93). Nach Vernehmung mehrerer Mitangeklagter jew. in Abwesenheit der anderen muss die Unterrichtung in Gegenwart der anderen Angeklagten stattfinden (BGHSt 15, 194; BGH NJW 1957, 1161). **15**

In welcher Weise der Vorsitzende die Unterrichtung vornimmt, obliegt seiner Sachleitungsbefugnis. Die Unterrichtung beschränkt sich grds. auf den **wesentlichen Inhalt der Aussagen.** Was wesentlich ist, bestimmt der Vorsitzende nach pflichtgemäßem Ermessen (Dallinger MDR 1957, 267 – BGH RsprÜ; OLG Hamburg JR 1950, 413). Dem Angeklagten muss alles mitgeteilt werden, was er wissen muss, um sich sachgerecht verteidigen zu können (BGHSt 1, 346 (350); BGH NStZ 1983, 181; StV 1993, 287), insbes. auch die in seiner Abwesenheit gestellten Anträge u. abgegebenen Erklärungen (BGH NStZ 2018, 303; 1983, 181; OLG Frankfurt a. M. StV 1987, 9: Zurücknahme eines Beweisantrags), nicht aber die Begründung der Anträge (RGSt 32, 88). Die Unterrichtung muss sich auch auf inzwischen ergangene Beschlüsse u. Anordnungen u. sonstige wesentliche Prozesshandlungen erstrecken, zB auf die Ablehnung einer Frage nach § 242 (Gollwitzer JR 1979, 435). Im Zusammenhang mit der Unterrichtung muss der Angeklagte nicht nochmals ausdr. gefragt werden, ob er noch Fragen an die kindliche Zeugin stellen wolle, wenn er – u. sein Verteidiger – bei der Befragung bereits Gelegenheit dazu hatten (vgl. BGH NStZ 2020, 181). Zur Unterrichtung über den Inhalt einer Zeugenaussage u. zur Wiederholung einer Augenscheinseinnahme, wenn beide Beweiserhebungen im Zusammenhang vorgenommen wurden, vgl. BGH NJW 1988, 429. **16**

Die **Unterrichtungspflicht** soll auch **allein durch eine Simultanübertragung** der Zeugenvernehmung in einen anderen Raum erfüllt werden können, da dies eine weitaus umfassendere u. zuverlässigere Information des Angeklagten als **16a** die Unterrichtung durch den Vorsitzenden ermögliche (BGH NJW 2017, 3397 (1. StS); vgl. auch BGH NJW 2019, 692; Schneider NStZ 2018, 128; **aM** BGH (3. StS) NStZ 2009, 582; 2006, 116); diese Form der Unterrichtung soll zudem grds. Vorrang ggü. der durch den Vorsitzenden haben (BGH NJW 2017, 3397 (1. StS)), insoweit nicht tragend; mit Recht abl. Mosbacher JuS 2018, 129 (133); Schneider NStZ 2018, 128 (132)). Dies lässt sich allerdings nicht mit dem Wortlaut von S. 4 vereinbaren, wonach die Unterrichtung erfolgt, sobald der Angeklagte wieder anwesend ist, was selbst bei erfolgter Übertragung eine zusätzliche Unterrichtung durch den Vorsitzenden erforderlich macht (vgl. BGH (3. StS) NStZ 2009, 582; 2006, 116). Es erscheint zw., ob insoweit die Voraussetzungen für eine Rechtsfortbildung vorliegen, da die ges. Regelung eindeutig ist u. auch nicht zwingend als ergänzungsbedürftig erscheint (vgl. Mosbacher JuS 2018, 129 (133); Schneider NStZ 2018, 128 (132); erg. → Einl. Rn. 202). Im Falle der Videoübertragung reicht es aber jedenfalls zur Unterrichtung aus, wenn der Angeklagte befragt wird, ob er dieser u. der Vernehmung der Zeugin habe folgen können (vgl. BGH NStZ 2021, 567).

17 In der **Sitzungsniederschrift** muss die Unterrichtung, aber nicht ihr Inhalt beurkundet werden (Dallinger MDR 1957, 267 – BGH RsprÜ; Becker NStZ-RR 2005, 259 – BGH RsprÜ; BGH NStZ 2010, 465).

18 **H. Ergänzende Befragung durch den Angeklagten.** Eine ergänzende Befragung durch den Angeklagten ist zu gestatten, aber nicht immer eine unmittelbare Befragung. Wenn der Ausschluss des Angeklagten während der ganzen Vernehmung des Zeugen geboten ist, kann er zwar Fragen stellen, muss aber wieder abtreten, bevor der Zeuge sie beantwortet (BGHSt 22, 289 (296); BGH NJW 1985, 1478), u. er muss danach erneut unterrichtet werden. Der Gefahr eines unwürdigen „Hin und Her" kann erforderlichenfalls durch strikte Anwendung der §§ 241 Abs. 2, 241a Abs. 3 begegnet werden (vgl. Metz NStZ 2017, 446 (450); s. aber auch MüKoStPO/Cierniak/Niehaus Rn. 18: Videovernehmung nach § 247a). Soll eine Gefährdung o. Enttarnung des Zeugen verhindert werden, so muss er bei der Entgegenahme der Frage des Angeklagten den Gerichtssaal verlassen (BGH NJW 1985, 1478).

19 **I. Revision.** Der zwingende Aufhebungsgrund nach **§ 338 Nr. 5 ist gegeben,** wenn der Beschl. über den zeitweiligen Ausschluss des Angeklagten fehlt (BGHSt 4, 364; BGH NStZ 2025, 702) o. wenn der Beschl. in Abwesenheit des Angeklagten verkündet worden ist (BGH StraFo 2015, 22), beim Fehlen einer ausreichenden Begründung des Beschl. nur, wenn die sachlichen Voraussetzungen des § 247 nicht vorliegen o. wenn zw. bleibt, ob das Gericht v. zulässigen Erwägungen ausgegangen ist (BGHSt 15, 194 (196); 22, 18 (20); BGH NStZ 1987, 84; StV 2004, 305; OLG Hamm StraFo 2000, 57).

20 Die Revision ist danach **ferner begründet,** wenn die im Beschl. festgesetzte Dauer der Entfernung des Angeklagten erheblich überschritten ist o. wenn in Abwesenheit des Angeklagten Verfahrensvorgänge stattgefunden haben, die nicht zur Vernehmung gehören (→ Rn. 7 ff.):

20a Hierunter fallen insbes. eine **Augenscheinseinnahme** (BGHSt 15, 194 (196); 21, 332 (333); BGH NStZ 2022, 188; NStZ-RR 2021, 181; **aM** BGH StV 2009, 226 mablAnm Schlothauer), sofern nicht lediglich die Verwendung als Vernehmungsbehelf anzunehmen ist (BGH NStZ 2021, 181) o. der Verfahrensverstoß durch eine Wiederholung des Augenscheins in Gegenwart des Angeklagten geheilt wurde (BGH BeckRS 2021, 3809) u. die Verlesung v. Schriftstücken im **Urkundsbeweis** (BGH NJW 2019, 692); einschr. aber → Rn. 21.

20b Auch die **Vereidigung des Zeugen** zählt dazu (BGHSt 26, 218; BGH NStZ 1986, 133; Becker NStZ-RR 2003, 100 – BGH RsprÜ; OLG Dresden StV 1999, 637; **aM** Basdorf FS Salger, 1995, 215). Nach früherer Rspr. wurde auch die Verh. über die Vereidigung dazu gerechnet (BGHSt 22, 289 (297); 26, 218 (220)), anders aber mit Rücksicht auf die Neufassung des § 59 (→ § 59 Rn. 1) BGHSt 51, 81 (= JR 2007, 78 mzustAnm Müller; abl. hingegen SK-StPO/Frister Rn. 85; vgl. auch

Metz NStZ 2017, 446 (450), der mit Recht darauf hinweist, dass die praktische Relevanz der Entsch. gering ist), sofern nicht v. der Vereidigung nach § 60 Nr. 1 abgesehen wird (offengelassen v. BGHSt 51, 81).

Die umstr. Frage, ob die **Verhandlung über die Entlassung des Zeugen** noch zur Vernehmung gehört, hat der GrS des BGH iSd bisherigen Rspr. verneint (BGHSt 55, 87 mwN); die fortdauernde Abwesenheit des Angeklagten bei der Verh. über die Entlassung des Zeugen begründet damit idR den absoluten Revisionsgrund nach § 338 Nr. 5 (BGHSt 55, 87; NStZ-RR 2011, 151; StraFo 2013, 339), auch nach einer ergänzenden Vernehmung des Zeugen (BGH NStZ 2014, 532; 2015, 104) u. auch, wenn die Vernehmung des Zeugen für den Angeklagten per Video übertragen wurde (BGH StV 2015, 86 Ls.; → Rn. 14a), es sei denn, der Angeklagte hatte nach ausdr. Befragung des Vorsitzenden v. seinem Fragerecht keinen Gebrauch machen wollen (BGH NStZ 2024, 691; 2011, 534). Die Anwesenheit der Zeugin ist nicht erforderlich (vgl. BGH 1.6.2022 – 1 StR 144/22 mwN). 20c

Zum notwendigen Revisionsvorbringen vgl. BGH NStZ 1998, 425; 2000, 328; 2001, 48; Schneider NStZ 2018, 128 (134). Bei der Vernehmung der Opferzeugin als zentraler Belastungszeugin bedarf es keiner Darlegungen zum wesentlichen Aussageinhalt; ebenso wenig muss die Revision dazu vortragen, dass der Angeklagte den Sitzungssaal freiwillig verlassen hat u. zuvor keine Einwände gegen die Entfernung des Angeklagten erhoben wurden (BGH NStZ 2018, 739). Zwar erwägt BGH NStZ 2001, 48 eine Einschränkung des absoluten Revisionsgrundes nach § 338 Nr. 5 für den Fall, dass die Voraussetzungen des § 247 zweifelsfrei vorliegen u. das Einverständnis des Angeklagten u. aller Prozessbeteiligter mit seiner Abwesenheit „auf der Anerkennung dieser verfahrensrechtlich eindeutigen Situation beruht"; die Entsch. ist allerdings vereinzelt geblieben (s. dagegen BGH NStZ 2018, 739 mwN). Die Verfahrensrüge der vorschriftswidrigen Abwesenheit des Angeklagten ist auch ohne Beanstandung nach § 238 Abs. 2 zulässig (BGH StV 2010, 562). Dies gilt auch für das Unterlassen der Unterrichtung nach S. 4. Allerdings verlangt BGH NJW 2017, 3397 (1. StS) für die Rüge, dass das Gericht v. einer audiovisuellen Übertragung der Zeugenvernehmung zur Unterrichtung des Angeklagten abgesehen hat, die Herbeiführung eines Gerichtsbeschlusses (mit Recht krit. dazu Schneider NStZ 2018, 128 (133 f.)). Dies gilt ebenso, wenn die Revision rügen will, dass die Unterrichtung nach S. 4 unzureichend gewesen sei (BGH NStZ 2021, 567). 20d

Trotz § 338 Nr. 5 erfolgt **keine Urteilsaufhebung** (o. nur eine teilw., vgl. BGH BeckRS 2007, 13410), wenn ein Beruhen des Urteils auf dem Verfahrensfehler denkgesetzlich ausgeschlossen ist (BGH NStZ-RR 2021, 181; NStZ 2006, 713; erg. → § 338 Rn. 36) o. wenn das in Abwesenheit des Angeklagten in Augenschein genommene Objekt bei der Unterrichtung nach § 247 S. 4 gezeigt wird (BGHSt 54, 184) o. wenn dem Angeklagten das Augenscheinsobjekt bestens bekannt ist (BGH NStZ 2011, 51) o. wenn der Fehler durch die Verh. u. Entsch. über die Vereidigung o. Entlassung desselben Zeugen nach einer erneuten Vernehmung in Anwesenheit des Angeklagten geheilt wird (BGHSt 48, 221; vgl. auch BGH StV 2004, 305). 21

Ein **Revisionsgrund nach § 337** kann – nach den Umständen des Einzelfalls (vgl. BGH BeckRS 2013, 10155) – vorliegen, wenn die Unterrichtung nach S. 4 unterlassen worden o. verspätet erfolgt ist (BVerfG NJW 2002, 814; BGH NStZ-RR 2018, 117 mwN; NStZ 1995, 557). Auf die Rüge, die Unterrichtung sei nicht ausreichend gewesen, prüfen einige Revisionsgerichte im Freibeweis deren Inhalt (Dallinger MDR 1957, 267 – BGH RsprÜ; OLG Koblenz OLGSt StPO § 247 S. 9; **aM** OLG Hamburg JR 1950, 413); Kusch NStZ-RR 2001, 133 – BGH RsprÜ u. Becker NStZ-RR 2008, 66 – BGH RsprÜ verlangen zu weitgehend die Herbeiführung eines entspr. Gerichtsbeschlusses in der HV. 22

Anordnung einer audiovisuellen Vernehmung von Zeugen

247a (1) [1]**Besteht die dringende Gefahr eines schwerwiegenden Nachteils für das Wohl des Zeugen, wenn er in Gegenwart der in der Hauptverhandlung Anwesenden vernommen wird, so kann das Gericht anordnen, daß der Zeuge sich während der Vernehmung an einem anderen Ort aufhält; eine solche Anordnung ist auch unter den Voraussetzungen des § 251 Abs. 2 zulässig, soweit dies zur Erforschung der Wahrheit erforderlich ist.** [2]**Die Entscheidung ist unanfechtbar.** [3]**Die Aussage wird zeitgleich in Bild und Ton in das Sitzungszimmer übertragen.** [4]**Sie soll aufgezeichnet werden, wenn zu besorgen ist, daß der Zeuge in einer weiteren Hauptverhandlung nicht vernommen werden kann und die Aufzeichnung zur Erforschung der Wahrheit erforderlich ist.** [5]**§ 58a Abs. 2 findet entsprechende Anwendung.**

(2) [1]**Das Gericht kann anordnen, dass die Vernehmung eines Sachverständigen in der Weise erfolgt, dass dieser sich an einem anderen Ort als das Gericht aufhält und die Vernehmung zeitgleich in Bild und Ton an den Ort, an dem sich der Sachverständige aufhält, und in das Sitzungszimmer übertragen wird.** [2]**Dies gilt nicht in den Fällen des § 246a.** [3]**Die Entscheidung nach Satz 1 ist unanfechtbar.**

Übersicht

1 **A. Normzweck, Rechtshilfe.** Im Interesse einer **schonenden Vernehmung** bes. schutzbedürftiger Zeugen (→ § 58a Rn. 1) u. damit zugleich der Wahrheitsfindung sieht Abs. 1 S. 1 Hs. 1 Ausnahmen v. der Pflicht des Zeugen, in der HV zu erscheinen u. unmittelbar vor den Verfahrensbeteiligten auszusagen, vor. Die Vielzahl der in der HV Anwesenden kann insbes. (aber nicht nur) kindliche Opferzeugen massiv belasten u. eine unbefangene Aussage erheblich erschweren (vgl. § 168e für richterliche Vernehmungen im Ermittlungsverfahren sowie → § 223 Rn. 20, auch zu einer Verknüpfung der Anwendung der §§ 223, 247a). In Abs. 1 S. 1 Hs. 2 treten Erwägungen der Prozessökonomie u. der Verfahrensbeschleunigung hinzu (vgl. → Rn. 6, 7). Mit der Bestimmung hat das ZSchG den Einsatz der Videotechnologie in der HV geregelt u. dabei auf das bes. in Großbritannien erprobte und bewährte Modell zurückgegriffen, bei dem der Vorsitzende u. die übrigen Verfahrensbeteiligten (erg. → Rn. 10) den Sitzungssaal nicht verlassen u. der Zeuge, der sich an einem anderen Ort aufhält, mittels einer Bild-Ton-Direktübertragung vernommen wird (zu den Erfahrungen im anglo-amerikanischen Rechtskreis vgl. Bohlander ZStW 107 (1995), 82 u. Köhnken StV 1995, 376; zur Zulässigkeit einer Videokonferenz nach deutschem Recht vgl. das RhÜbk-EU v. 29.5.2000 – dazu Becker NStZ-RR 2005, 65 – BGH RsprÜ – (erg. → Rn. 1b), zur Zulässigkeit der Durchführung einer Videokonferenz zur Unterstützung einer ausl. HV gegen einen in Deutschland inhaftierten Beschuldigten Rinio NStZ 2004, 188; krit. zur Videovernehmung Eisenberg StV 2012, 67). Der Gesetzgeber ist damit den Bedenken gegen das sog. „Mainzer Modell“ – Ver-

nehmung des Zeugen durch den Vorsitzenden außerhalb des Gerichtssaals – gefolgt; eine derartige o. eine sonstige gegen Abs. 1 verstoßende Vernehmungsart ist somit unzulässig (BGH NJW 2017, 181). In der v. § 247a gewählten Form kann die audiovisuelle Zeugenvernehmung bei allen Spruchkörpern zur Anwendung kommen. Abs. 2 erstreckt die Möglichkeit der audiovisuellen Vernehmung auf Sachverständige (iE → Rn. 15 ff.).

Die Vorschr. ist als **Ausnahmebestimmung** zu § 250 S. 1 eng auszulegen (erg. → Rn. 4, 7). Ihre Anwendung kommt aber auch bei gefährdeten u. für eine unmittelbare Vernehmung in der HV nach § 96 analog, § 110b Abs. 3 gesperrten Zeugen in Betracht, wenn der Zeuge gerade durch die Vernehmung in der HV in Leibes- o. Lebensgefahr gerät u. dort nicht durch geeignete u. zulässige Vorkehrungen geschützt werden kann (Griesbaum NStZ 1998, 440). Läuft auch die Videosimultanübertragung dem Interesse an der Geheimhaltung ihrer Person zuwider, so kann dabei auch eine optische – u. notfalls zusätzlich auch eine akustische – Abschirmung des Zeugen erfolgen (BGH NStZ 2006, 648; dagegen *de lege lata* Valerius GA 2005, 466; krit. auch Schuster StV 2007, 507; erg. → § 68 Rn. 18 mwN). Auch die konkrete Gefahr eines Suizids kann der audiovisuellen Vernehmung v. Zeugen entgegenstehen (BGH NStZ 2001, 160). 1a

Die **rechtshilferechtlichen Voraussetzungen** der Videokonferenz wurden durch Art. 10 des Übk. über die Rechtshilfe in Strafsachen zwischen den Mitgliedstaaten der EU vom 29.5.2000 (ABl. 2000 C 197, 1) iE geregelt (SK-StPO/Frister Rn. 65); das Übk. ist in der BRD am 28.7.2005 in Kraft getreten (BGBl. II 650; Einzelheiten dazu bei Roth NStZ 2024, 329, 332 ff.). Nach § 61b IRG ist die Auferlegung v. Kosten o. die Festsetzung eines Ordnungsmittels gegen einen Zeugen o. Sachverständigen, der einer Ladung zur Einvernahme durch eine ausl. Justizbehörde im Wege der Videokonferenz keine Folge leistet, nicht zulässig. Im Übrigen gibt es mit einer Reihe von Staaten Übereinkommen, in denen die grenzüberschreitende Videovernehmung ausdrücklich geregelt ist (eine Auflistung findet sich bei Roth NStZ 2024, 329, 337). 1b

Die Vorschrift gestattet ausschließlich die Abwesenheit eines Zeugen; die Anwesenheitspflicht der in § 226 Abs. 1 bezeichneten Personen bleibt davon unberührt (vgl. OLG Oldenburg StraFo 2023, 481). 1c

Ist der **Zeuge zugleich Verletzter** (zum Verletztenbegriff → § 373b Rn. 2 ff., Rn. 7 ff.) gilt erg. § 48a Abs. 1 (→ § 48a Rn. 1 ff.). 2

B. Audiovisuelle Vernehmung besonders schutzbedürftiger Zeugen (Abs. 1 S. 1 Hs. 1). I. Dringende Gefahr eines schwerwiegenden Nachteils. Die dringende Gefahr eines schwerwiegenden Nachteils für das körperliche o. seelische Wohl des Zeugen muss bestehen; auf eine Gefährdung der Wahrheitsfindung stellt Abs. 1 S. 1 Hs. 1 nicht ab. Die Bestimmung kombiniert damit Kriterien des § 247 S. 2, die dort für Zeugen aus unterschiedlichen Altersstufen gelten (vgl. iE → § 247 Rn. 11, 12). Im Unterschied zu § 247 S. 2 muss die Gefahr nicht allein v. der Gegenwart des Angeklagten, sondern v. der Präsenz der in der HV Anwesenden ausgehen; es kommt deshalb auch in Betracht, die v. der COVID-19 Pandemie ausgehenden Gesundheitsgefahren – zB bei Erkrankung o. Quarantäne – mit in die Abwägung einzubeziehen (vgl. Wagner ZIS 2020, 223 (230)). Dass der Zeuge im Zeugenschutzprogramm (→ Vor § 48 Rn. 10) ist, schließt für sich allein die Gefährdung noch nicht aus. Eine Urkundenverlesung gem. § 251 Abs. 1 oder Abs. 2 sowie insbes. die Vorführung einer Bild-Ton-Aufzeichnung nach § 255a können in geeigneten Fällen eine erneute Vernehmung überhaupt entbehrlich machen (vgl. auch Nr. 222 Abs. 2 RiStBV: Vermeidung der Vernehmung eines Kindes bei glaubhaftem richterlichem Geständnis). 3

Entgegen der früheren Einschränkung, wonach § 247a nur zur Anwendung gelangte, wenn der Gefahr nicht in anderer Weise, zB nach §§ 68 Abs. 1 S. 2, Abs. 2, Abs. 3, 68a, 68b, §§ 241a, 247, 397 Abs. 1, 397a, 406f, 406h sowie § 176 GVG begegnet werden konnte (vgl. BGH NStZ 2001, 261), ist **das Verfahren nicht subsidiär;** das 1. OpferRRG hat die Subsidiaritätsklausel mit Recht gestri- 4 chen. So wird es sich idR empfehlen, die Videovernehmung anzuordnen, um den Ausschluss des Angeklagten nach § 247 abzuwenden (vgl. auch Diemer FS Nehm, 2006, 263). Bedürfen aber zB kindliche Zeugen der persönlichen Zuwendung u. Ansprache o. haben sie – weil sie etwa Opfer pornographischer Aufnahmen waren – Scheu vor einer Kameraaufzeichnung, so kann die Anwendung des § 247 dem § 247a vorzuziehen sein (BT-Drs. 15/1976, 12). Ist ein Augenschein am Körper des Zeugen einzunehmen (vgl. Rieß NJW 1998, 3242), kommt ohnehin nur eine Videovernehmung nach Abs. 1 S. 1 Hs. 1 in Betracht, da § 247 insoweit nicht (auch nicht kumulativ) anwendbar ist (→ Rn. 5 sowie → § 247 Rn. 7 u. BGH JR 1989, 254).

4a Wird ein Zeuge, der das 16. Lebensjahr vollendet hat, ausschl. durch die Anwesenheit des Angeklagten der dringenden Gefahr eines schwerwiegenden Nachteils „nur" für sein Wohl ausgesetzt, scheiden zwar grunds. sowohl Maßnahmen nach § 247 S. 2 Hs. 2 als auch nach § 247a S. 1 Hs. 1 aus. Anders verhält es sich aber, wenn konkrete – z. B. durch ärztliche Gutachten belegte – Anhaltspunkte für eine gesundheitliche Beeinträchtigung des Zeugen bestehen (vgl. den Sachverhalt bei BVerfG NJW 2014, 1082: posttraumatische Belastungsstörung); alleine darauf abzustellen, dass es aufgrund einer gegebenen Aussage-gegen-Aussage-Konstellation erforderlich sei, sich einen unmittelbaren Eindruck von der Zeugin in der Hauptverhandlung zu verschaffen, kann in in einem solchen Fall verfassungsrechtlichen Bedenken unterliegen (vgl. BVerfG NJW 2014, 1082). Insgesamt wird das Gericht jeweils abwägen müssen, „welche Maßnahme das Spannungsverhältnis zwischen Zeugenschutz, Aufklärungspflicht und Verteidigungsinteressen am besten zum Ausgleich bringt" (Hilger GA 2004, 482).

5 **II. Vernehmung des Zeugen.** Während der Vernehmung des Zeugen erlaubt die Bestimmung die Bild-Ton-Direktübertragung in die HV. Anders als in § 247 (vgl. → § 247 Rn. 6 ff.) umfasst der Begriff – wie in § 58a Abs. 1 (→ § 58 Rn. 4a) u. § 168e S. 1, 2 (→ § 168e Rn. 2) – alle Verfahrensvorgänge, die mit der Vernehmung in enger Verbindung stehen o. sich aus ihr entwickeln u. daher zu diesem Verfahrensabschnitt gehören, auch wenn es sich um Verfahrensvorgänge mit selbständiger verfahrensrechtlicher Bedeutung handelt, etwa eine Augenscheinseinnahme, die im Zusammenhang mit der Aussage steht, zB am Körper des Zeugen (vgl. → Rn. 4) o. die Verhandlung u. Entsch. über die Vereidigung sowie die Vereidigung selbst (vgl. auch → GVG § 172 Rn. 17). Diese Auslegung entspr. dem Zweck der Norm, die Konfrontation des bes. schutzbedürftigen Zeugen mit den in der HV Anwesenden zu vermeiden sowie der mit der Wendung „an einem anderen Ort" angestrebten größeren Flexibilität in räumlicher Hinsicht (BT-Drs. 13/9063, 4); hinzu kommt, dass die Verteidigungsrechte des Angeklagten u. die verfahrensrechtlichen Anforderungen an anderweitige Beweiserhebungsakte sowie die Entsch. des Gerichts einschl. der darauf bezogenen Erörterungen durch die Videodirektschaltung nicht berührt werden. Fehlt ein Zusammenhang mit der Vernehmung des Zeugen, kann die Übertragung notfalls auch unterbrochen werden.

5a Der Beschluss gilt grundsätzlich für die **gesamte Hauptverhandlung** und deckt damit mehrere Vernehmungen ab (BGH NJW 2025, 1758; s. allerdings → § 247 Rn. 14 zur Rechtslage bei der Entfernung des Angeklagten); dies gilt nicht, wenn für eine etwaige weitere Vernehmung der Zeugin die Voraussetzungen des Abs. 1 Satz 1 Hs. 1 nicht mehr vorgelegen hätten bzw. insoweit kein rechtliches Gehör gewährt worden wäre (vgl. BGH NJW 2025, 1758).

6 **C. Audiovisuelle Zeugenvernehmung aus den Gründen des § 251 Abs. 2 (Abs. 1 S. 1 Hs. 2).** Je nach den Umständen des Einzelfalls auch aus Gründen des Zeugenschutzes, jedenfalls aber im Interesse der Wahrheitsfindung sowie zur Erleichterung u. Beschleunigung des Verfahrens (auch zur Kostenersparnis) ermöglicht S. 1 Hs. 2 eine – **die unmittelbare Vernehmung in der HV ersetzende** – Videovernehmung via Standleitung unter den Voraussetzungen des § 251 Abs. 2. Die Bezugnahme auf die Anordnung in Hs. 1 beschränkt die audiovisuelle Vernehmung auf Personen, die im maßgeblichen (BGHSt 46, 73 (77)) Zeitpunkt ihrer

Anhörung in der HV die Position eines Zeugen einnehmen, mag es sich auch um frühere Mitbeschuldigte handeln. Die Verweisung auf § 251 Abs. 2 Nr. 1 belegt, dass die Videovernehmung eines Zeugen nicht mit seinem Erscheinen in der HV gleichzusetzen ist (BGHSt 46, 73 (77); → § 251 Rn. 21; das muss demnach auch für eine Vernehmung per Skype gelten; zw. Gerst StraFo 2013, 103). Sie kann in Einzelfällen die audiovisuelle Vernehmung bes. gefährdeter Zeugen, die wegen konkreter Leibes- o. Lebensgefahr für eine unmittelbare Anhörung in der HV gem. § 96 analog, § 110b Abs. 3 gesperrt sind (vgl. BGHSt 36, 159), erlauben (Griesbaum NStZ 1998, 440; erg. → § 68 Rn. 18), wenn dem nicht die Videosimultanübertragung nach S. 3 entgegensteht (→ Rn. 1a).

Zulässig ist eine Videovernehmung nach S. 1 Hs. 2 jedoch nur, soweit dies **zur Erforschung der Wahrheit erforderlich** ist (BGH NStZ 2023, 478). Mit diesem Hinweis hebt das G hervor, dass die Anordnung der audiovisuellen Vernehmung unter Aufklärungsgesichtspunkten nicht erforderlich ist, wenn v. ihr keine weitergehende o. bessere Aufklärung zu erwarten ist als etwa durch das Verlesen eines richterlichen Vernehmungsprotokolls (BGHSt 46, 73 mzustAnm Rose JR 2001, 345 u. kritAnm Sinn JZ 2001, 51; Diemer NStZ 2001, 396; **aM** Albrecht StV 2001, 366; Schwaben NStZ 2002, 289). Das Tatgericht kann also aufgrund der ihm obliegenden Abwägung im Einzelfall zu dem Ergebnis kommen, dass die audiovisuelle Vernehmung wegen gewisser Defizite gegenüber einem präsenten Zeugen für die Wahrheitsfindung wertlos ist (BGH 24.11.2022 – 3 StR 64/22 mwN; vgl. aber BVerfG BeckRS 2025, 24851 zu Fällen des § 244 Abs. 5 S. 2; → § 244 Rn. 78 f.). 6a

Auch die **Vorführung** einer etwa vorhandenen Bild-Ton-Aufzeichnung nach § 255a oder die **Verlesung** nichtrichterlicher Vernehmungsprotokolle bzw. schriftlicher Erklärungen, auch iVm anderen Beweismitteln, können zur Erforschung der Wahrheit genügen. Umgekehrt kann je nach Lage des Einzelfalls, vor allem bei krit. Beweislage, mangelbehaftetem o. unvollständigem Protokoll o. wenn die Amtsaufklärungspflicht der Anwendung des § 251 Abs. 1 Nr. 1, Abs. 2 Nr. 3 widerstreitet (vgl. → § 251 Rn. 8, 24), die Vernehmung des Zeugen mit Hilfe einer **Videosimultanübertragung** in der HV erforderlich sein. Die Regelung des S. 1 Hs. 2 ist auch mit Blick auf internationale Tendenzen, insbes. zum Schutz v. Zeugen grenzüberschreitende Vernehmungen im Wege der Rechtshilfe unter Inanspruchnahme audiovisueller Verfahren zuzulassen, in das G eingefügt worden (vgl. BGHSt 45, 188 (191, 194)). Zur Zulässigkeit einer Verbindung mit einer kommissarischen Vernehmung vgl. → § 223 Rn. 20; dies kann allerdings auf technische Grenzen stoßen (BGH NStZ 2000, 385 (Tschechien)). 6b

D. Entscheidung nach pflichtgemäßem Ermessen. Nach pflichtgemäßem Ermessen entscheidet das Gericht über das Vorliegen der Voraussetzungen des Abs. 1 S. 1 (vgl. zu § 247 BGH NStZ 1987, 84 (85)) u., falls es dies bejaht, über die Anordnung der Videovernehmung („kann"). Im Rahmen seines Rechtsfolgeermessens wird es vornehmlich die nachfolgenden konfligierenden Aspekte **zu gewichten u. gegeneinander abzuwägen haben:** die berechtigten Interessen des Zeugen, denen insbes. im Falle des Abs. 1 S. 1 Hs. 1 das Gebot prozessualer Fürsorge korrespondiert; das Recht des Angeklagten auf ein faires Verfahren, insbes. sein Anspruch auf rechtliches Gehör u. sein Fragerecht; das durch den Verzicht auf die körperliche Anwesenheit des Zeugen beeinträchtigte Unmittelbarkeitsprinzip nach § 250 S. 1 (Fischer JZ 1998, 820; positiver Meurer JuS 1999, 939); das Aufklärungsgebot des § 244 Abs. 2, das einerseits durch die Einbeziehung eines technischen Mediums in die Kommunikation leidet, andererseits unter dem Gesichtspunkt des bestmöglichen Beweises (→ § 244 Rn. 12) die persönliche Befragung des Zeugen gegenüber einer Verlesung des Protokolls o. einer Vorführung der Aufzeichnung einer früheren Vernehmung vorzuziehen nahelegen kann; in erster Linie in den Fällen des Abs. 1 S. 1 Hs. 2 Gesichtspunkte der Prozessökonomie u. der Verfahrensbeschleunigung. Auch die Anforderungen an die technische Ausgestaltung sind zu berücksichtigen (→ Rn. 10). Erg. der richterlichen 7

Abwägung kann durchaus sein, dass die Videovernehmung im Einzelfall für die Wahrheitsfindung wertlos, der Zeuge daher ein ungeeignetes Beweismittel ist (BGHSt 45, 188 (197)); dies kann insbes. der Fall sein, wenn angesichts der Gesamtumstände, etwa wegen eines bes. Näheverhältnisses zum Angeklagten o. einer denkbaren Verstrickung des Zeugen, mit einer Falschaussage zu rechnen ist (vgl. BGHSt 45, 188 (197); Schneider FS Eisenberg, 2019, 513 (523 ff.); vgl. aber auch → § 244 Rn. 78 f.).

8 **E. Gerichtsbeschluss.** Durch Gerichtsbeschluss, nicht durch Verfügung des Vorsitzenden allein, wird angeordnet, dass der Zeuge sich während seiner Anhörung an einem anderen Ort aufhält u. mittels einer Bild-Ton-Direktübertragung vernommen wird, während das Gericht einschl. des Vorsitzenden mit den anderen Verfahrensbeteiligten (vgl. aber → Rn. 10) im Sitzungssaal verbleibt. Die Prozessbeteiligten sind nach § 33 Abs. 1 zu hören. Das Einverständnis der Bet. entbindet nicht v. der Beschlussfassung. Aus dem nach § 35 Abs. 1 S. 1 zu verkündenden u. nach § 273 Abs. 1 im Sitzungsprotokoll zu beurkundenden Beschl. muss aus Gründen der Rechtsklarheit hervorgehen, welchen Fall des Abs. 1 S. 1 das Gericht für gegeben hält (BGHR StGB § 46 Abs. 3 Sexualdelikte 4). Gemäß § 34 ist eine weitergehende Begründung wegen des Rechtsmittelausschlusses nach Abs. 1 S. 2 iVm § 336 S. 2 (→ Rn. 13) nicht erforderlich (BGH NStZ-RR 2018, 118; KMR-StPO/Lesch Rn. 22; SSW StPO/Tsambikakis Rn. 20; **aM** KK-StPO/Diemer Rn. 15; SK-StPO/Frister Rn. 46). Keiner Begründung bedarf eine Entsch., mit der das Gericht einen Antrag auf Videovernehmung ablehnt (vgl. → Rn. 13 u. allg. → § 34 Rn. 3).

8a Die Entscheidung trifft das Gericht idR in der HV; sie kann aber **auch außerhalb der HV** ohne Mitwirkung der Schöffen getroffen werden, da zur Vorbereitung der audiovisuellen Vernehmung mitunter eine erhebliche Vorlaufzeit erforderlich ist, um die technischen u. tatsächlichen Modalitäten der Vernehmung abzuklären (BGH StV 2012, 655; NStZ 2025, 624).

8b Der Beschluss kann sich allg. auf die **Vernehmung** der Zeugin beziehen und erfasst in diesem Fall die gesamte Vernehmung, ohne dass bei mehreren Einvernahmen nochmals gesondert über die Voraussetzungen des Abs. 1 S. 1 zu befinden wäre (BGH NStZ 2025, 624 (625)).

9 Die **Bestimmung des genauen Vernehmungsorts,** dh des Vernehmungszimmers, kann das Gericht dem Vorsitzenden überlassen, der ihn gem. § 214 Abs. 1 S. 1 in die Anordnung der Ladung aufnimmt. Unter dem „anderen Ort“ versteht das G nicht nur ein gerichtliches Vernehmungszimmer in unmittelbarer Nähe des Sitzungssaales; vielmehr kommt auch ein entspr. – ggf. kindgerecht – hergerichteter Raum in einem anderen Gebäude, das sich außerhalb des Gerichtsortes befinden kann, in Betracht. Es ist Aufgabe des JM, ggf. seiner nachgeordneten Dienststellen, das Gericht so auszustatten, dass die Videovernehmung durchgeführt werden kann (BGHSt 51, 232). Der Ort kann auch im Ausland liegen (vgl. → Rn. 6), wobei die Regeln des int. Rechtshilfeverkehrs zu beachten sind (Rieß NJW 1998, 3241; vgl. BGHSt 45, 188 (192) für die USA). Bei in ein Zeugenschutzprogramm aufgenommenen gefährdeten Zeugen kommt auch ein dem Gericht unbekannter Ort im In- o. Ausland in Betracht (Caesar NJW 1998, 2315); die Ladung erfolgt in diesem Fall über die zuständige polizeiliche Dienststelle. Entscheidend ist bei einer grenzüberschreitenden Vernehmung, dass die Einhaltung der für die HV geltenden wesentlichen Verfahrensgarantien gewährleistet ist, insbes., dass eine unbeeinflusste Vernehmung möglich ist, bei der die Verhandlungsleitung beim Vorsitzenden liegt (§ 238) u. die ungeschmälerte Ausübung der prozessualen Befugnisse aller Prozessbeteiligten sichergestellt ist; Vertreter des ersuchten u. des ersuchenden Staates können im Vernehmungsraum anwesend sein, Dolmetscher dort u. im Sitzungssaal tätig werden (BGHSt 45, 188 (195)). Das gilt insbes. auch für die Fälle des Abs. 1 S. 1 Hs. 2.

10 **F. Durchführung der Vernehmung.** Die **Durchführung der Vernehmung** (als Teil der HV) hat das G in den technischen Einzelheiten nicht geregelt; es

fordert lediglich, dass die Aussage zeitgleich in Bild u. Ton in das Sitzungszimmer übertragen wird (Abs. 1 S. 3; BGH NJW 2017, 181). Insoweit besteht aus Gründen der Datensicherheit und des Datenschutzes eine hoheitliche Pflicht der Gerichte zur Verwendung justizeigener Soft- und Hardware (fehlerhaft deshalb AG Dortmund NJW 2025, 1831 mAnm Theis NZV 2026, 67, das eine audiovisuelle Zeugenvernehmung per WhatsApp über das Betroffenhandy für zulässig erachtet hat). Die Simultanübertragung muss allen Verfahrensbeteiligten eine möglichst umfassende Wahrnehmung der verbalen u. körperlichen Äußerungen des Zeugen (KK-StPO/Diemer Rn. 17; Schlothauer StV 1999, 50) u. eine unbeeinträchtigte Ausübung ihrer prozessualen Rechte erlauben. Umgekehrt dürfte im Allgemeinen anzustreben sein, dass der Zeuge ebenfalls die Vorgänge im Gerichtssaal – über Monitor – sieht u. nicht nur die an ihn gestellten Fragen – über Kopfhörer o. Telefon – hört (vgl. auch Rieß StraFo 1999, 6); nur bei entspr. ausgestalteter wechselseitiger Bild-Ton-Übertragung ist zB eine Gegenüberstellung möglich. Dem G liegt die Erwartung zugrunde, dass eine entspannte Vernehmungsatmosphäre auch dann geschaffen werden kann, wenn der Zeuge nur über einen Bildschirm vernommen wird; dies soll insbes. für im Umgang mit den neuen Medien wesentlich unbefangenere Kinder gelten (BT-Drs. 13/9063, 5; krit. Caesar NJW 1998, 2315). Der Zeuge kann am Vernehmungsort v. seinem Beistand – auch nach § 397a, da der Nebenkläger kein notwendiger Verfahrensbeteiligter ist (vgl. → § 226 Rn. 9) – u. (als Verletzter) v. einer zugelassenen Vertrauensperson nach § 406f Abs. 2 begleitet werden (Laubenthal GS Zipf, 1999, 481; Rieß NJW 1998, 3241). Ob diese Personen allerdings den Vorsitzenden dabei unterstützen dürfen, seine Fragen in eine kindgerechte Sprache zu übertragen (so BT-Drs. 13/7165, 10), erscheint bedenklich (Weigend Gutachten 62. DJT, 1998, C 56; vgl. auch BGHSt 43, 63; BGH NStZ 1994, 354).

Im Übrigen **gelten die allg. Bestimmungen über die Zeugenvernehmung,** 10a insbes. auch §§ 238, 241a, 247. So kann der Angeklagte aus dem Sitzungszimmer entfernt werden, wenn zu befürchten ist, dass der Zeuge – in dem Bewusstsein, dass der Angeklagte seine Aussage vor dem Bildschirm mitverfolgt – nicht die Wahrheit sagen wird (Diemer NJW 1999, 1669; allerdings gilt insoweit der engere Vernehmungsbegriff des § 247 (→ § 247 Rn. 6 ff.), der Angeklagte ist rechtzeitig wieder vorzulassen u. zu unterrichten, damit er selbst noch Fragen an den Zeugen stellen (lassen) kann (vgl. → § 247 Rn. 15–18). Zu bedenken ist auch, dass das Abspielen einer nach Abs. 1 S. 4 erstellten Aufzeichnung in einer weiteren HV gem. § 255a Abs. 2 S. 1 nicht zulässig ist, wenn neben Abs. 1 S. 1 v. § 247 Gebrauch gemacht wird (vgl. → § 255a Rn. 8). Nach §§ 171b, 172 GVG kann die Öffentlichkeit auch v. der audiovisuellen Zeugenvernehmung ausgeschlossen werden.

G. Aufzeichnung der Aussage. Die **Aufzeichnung der Aussage** soll unter 11 den Voraussetzungen des Abs. 1 S. 4 angeordnet werden; mit dieser Einschränkung gegenüber § 58a Abs. 1, der in der HV nicht anwendbar ist (→ § 58a Rn. 2a), nimmt das G einerseits Rücksicht auf das Persönlichkeitsrecht des Zeugen, andererseits dient es seinem Schutzbedürfnis, indem es ihm ggf. eine weitere Vernehmung erspart. Liegen die Voraussetzungen der Bestimmung allerdings vor, bedarf es nicht seines Einverständnisses mit der Aufzeichnung (zur Aufnahme für justizinterne Zwecke vgl. aber → GVG § 169 Rn. 11, 13). Die in Abs. 1 S. 4 geforderte Prognose erfordert (entgegen Seitz JR 1998, 312) nicht die Beurteilung, ob es zu einer weiteren HV kommen wird. Die Besorgnis, der Zeuge könne in einer solchen für eine erneute Vernehmung nicht zur Verfügung stehen, setzt **konkrete Anhaltspunkte** voraus, die die Vermutung rechtfertigen, einer weiteren Anhörung des Zeugen werden Hindernisse tatsächlicher o. rechtlicher Art – etwa die absehbare Weigerung der Erziehungsberechtigten, eine weitere Einvernahme ihres Kindes zu gestatten (→ Rn. 6) – entgegenstehen (erg. → § 58a Rn. 7). Lediglich Bezugspunkt dieser Prognose ist eine weitere HV: Eine solche kann sich va nach Einlegung der Berufung o. nach Aufhebung u. Zurückverweisung durch das Revisionsgericht ergeben; der Wortlaut deckt aber ferner (über die Vorstellungen im Gesetzgebungsverfahren hinaus, vgl. BT-Drs. 13/7165, 5, 10) eine – bei Abtrennung – nachfolgende Verhandlung gegen einen Mittäter (KK-StPO/Diemer Rn. 18), wobei, bestimmt man zutr. den additiven Sinn des Worts „weitere" aus der Sicht des Zeugen, um dessen Schutz es bei Abs. 1 S. 4 auch geht, noch nicht einmal ursprüngliche Verfahrensidentität notwendig ist Löwe/Rosenberg/Becker Rn. 24). Zur Erforschung der Wahrheit (in einer weiteren HV) erforderlich kann die Aufzeichnung insbes. sein, wenn es sich um eine umfangreiche Aussage handelt, Gegenstand der Vernehmung ein komplexes Tatgeschehen ist o. sich die Einvernahme bes. schwierig gestaltet. Das gilt zB, wenn der Zeuge erstmals vor dem LG aussagt u. daher kein Inhaltsprotokoll seiner Aussage erstellt wird. Im Übrigen wird eine Bild-Ton-Aufzeichnung einen im Regelfall höheren Beweiswert im Verhältnis zu einer Vernehmungsniederschrift besitzen. Der mit § 58a Abs. 1 S. 2 Nr. 2 insoweit übereinstimmende Wortlaut der Bestimmung lässt keinen Zweifel an der Übertragbarkeit der dortigen Grundsätze zu (anders KK-StPO/Diemer Rn. 19, der sich zu Unrecht auf eine mit § 255a korrespondierende Fassung beruft). Die Formulierung des Gesetzes („soll") stellt sicher, dass bei Vorliegen der Voraussetzungen eine Aufzeichnung im Interesse des schutzbedürftigen Zeugen u. der Wahrheitsfindung idR erstellt wird.

12 Mangels ausdr. Regelung könnte die Entscheidung nach Abs. 1 S. 4 Sache des Vorsitzenden gem. § 238 Abs. 1 sein. Jedoch spricht der enge sachliche Zusammenhang zwischen den Entscheidungskriterien nach Abs. 1 S. 1 und nach Abs. 1 S. 4 – auf Tatbestands- wie auf Rechtsfolgenseite – dafür, die in Abs. 1 S. 1 vorgesehene **Zuständigkeit des Gerichts** auf die Entsch. über eine Aufzeichnung der Aussage zu erstrecken (ähnlich KK-StPO/Diemer Rn. 20; vgl. auch Löwe/Rosenberg/Becker Rn. 27 mwN: ratsam). Die nach § 35 Abs. 1 S. 1 zu verkündende u. gem. § 273 Abs. 1 zu protokollierende Anordnung der Aufzeichnung ergeht nach Anhörung der Bet. (§ 33 Abs. 1) u. ist gem. § 34 zu begründen. Für die Verwendung der Bild-Ton-Aufzeichnung, für Akteneinsicht u. Löschung verweist S. 5 auf § 58a Abs. 2 (vgl. → § 58a Rn. 10, 11). Eine Vorführung kommt nach § 255a Abs. 1, auch nach Abs. 2 S. 1 in Betracht, wenngleich dessen zu erwartende Anwendung die in Abs. 1 S. 4 vorausgesetzte Besorgnis nicht rechtfertigt (→ Rn. 11, → § 58a Rn. 7).

13 **H. Rechtsbehelfe.** Die **Unanfechtbarkeit der Entsch. nach Abs. 1 S. 1** ordnet Abs. 1 S. 2 für alle Bet., auch für den betroffenen Zeugen, an. Dies gilt jedoch nur für die Überprüfung der Entsch. nach § 247a Abs. 1 S. 1 als solcher; die **Verletzung sonstiger Vorschriften** (zB §§ 226 Abs. 1, 241a, 247) bei Gelegenheit einer audiovisuellen Zeugenvernehmung kann mit der Revision geltend gemacht werden (BGH NJW 2017, 181; OLG Oldenburg StraFo 2023, 481; erg. → Rn. 14). Der Rechtsmittelausschluss gilt nach dem Wortlaut u. dem Zweck, Verfahrensverzögerungen u. Unsicherheiten im Prozess zu vermeiden, auch für den Fall, dass eine abl. Entsch. des Gerichts ergangen ist (Löwe/Rosenberg/Becker Rn. 31; Diemer NStZ 2001, 396; offen gelassen in BGH NStZ-RR 2000, 366). Wenn die Auswahl des Vernehmungsorts dem Vorsitzenden überlassen wurde (vgl. → Rn. 9), kann dessen Verfügung nach § 238 Abs. 2 beanstandet werden; der gerichtliche Beschl. ist nach Abs. 1 S. 2 unanfechtbar. Gemäß § 336 S. 2 ist die Entsch. nach Abs. 1 S. 1 damit zugleich revisionsgerichtlicher Kontrolle entzogen (vgl. BGHR StGB § 46 Abs. 3 Sexualdelikte 4; einschr. KMR-StPO/Lesch Rn. 36; offengelassen v. BGHR Audiovisuelle Vernehmung 6). Dem kann nicht mit der auf § 244 Abs. 2 gestützten Rüge, der Zeuge hätte bei gegenteiliger Entsch. (weiter) zur Sachaufklärung beigetragen, der Boden entzogen werden (Löwe/Rosenberg/Becker Rn. 32; Rieß StraFo 1999, 7 bei Nichtanwendung des § 247a zugunsten unmittelbarer persönlicher Vernehmung; **aM** Leitner StraFo 1999, 48; Weider/Staechelin StV 1999, 53; vgl. zu § 171b Abs. 5 GVG (früher Abs. 3) BGH NStZ 1996, 243); das Gleiche gilt für eine Rüge nach § 338 Nr. 8, der Beschl. des Gerichts gem. Abs. 1 S. 1 habe die Verteidigung unzulässig beschränkt (Löwe/Rosenberg/Becker Rn. 32; vgl. → § 336 Rn. 6; Löwe/Rosenberg/Franke § 336

Rn. 13; Diemer NStZ 2001, 397; Weider/Staechelin StV 1999, 53; **aM** SK-StPO/Frister Rn. 80). Wegen der Rechtsbehelfe im Zusammenhang mit einer Vernehmung gem. § 241a vgl. → § 241 Rn. 7. Der Zeuge kann sich gegen die Anordnung der Aufzeichnung nach S. 4 beschweren (§§ 304 Abs. 2, 305 S. 2), nicht aber – mangels Beeinträchtigung eigener Rechte – gegen das Absehen v. einer Aufnahme (zw. BVerfG NJW 2014, 1082; OLG Hamm StV 2015, 139; zur Mögl. einer Verfassungsbeschwerde gegen die Zwischenentscheidung BVerfG NJW 2014, 1082, → Einl. Rn. 231). Für die übrigen Bet. schließt § 305 S. 1 die Beschwerde aus.

Revisibel ist das Fehlen eines die audiovisuelle Zeugenvernehmung anordnenden Beschl., aus dem sich ergibt, auf welchen Ausnahmetatbestand des Abs. 1 S. 1 das Gericht sich stützt (BGH NStZ-RR 2018, 118); dem steht eine Anordnung allein des Vorsitzenden gleich (BGH NStZ-RR 2018, 118; NStZ 2008, 421. Es kann auch gerügt werden, dass sich andere Verfahrensbeteiligte als der Zeuge nicht im Sitzungssaal aufgehalten haben (OLG Oldenburg StraFo 2023, 481). Eine Beanstandung nach § 238 Abs. 2 ist – wie auch bei sonstigen revisiblen Verstößen im Rahmen einer audiovisuellen Zeugenvernehmung (BGH NJW 2017, 181; OLG Oldenburg StraFo 2023, 481) – nicht erforderlich (vgl. BGHSt 4, 364 (366) zu § 247). Allerdings wird durch die Verkündung des Gerichtsbeschlusses erst nach der Vernehmung der zunächst begangene Rechtsfehler geheilt (BGH NJW-Spezial 2019, 697). Das Beruhen kann ausgeschlossen sein, wenn die Feststellungen nicht auf den Angaben des betr. Zeugen gründen (vgl. BGH NStZ-RR 2018, 118). § 336 S. 2 steht einer Verfahrensbeschwerde auch dann nicht entgegen, wenn der Tatrichter über eine Anwendung des § 247a gar nicht – auch nicht konkludent – entschieden hat (BGHSt 45, 188 (197); Löwe/Rosenberg/Becker Rn. 33). Im Falle einer unzulänglichen Simultanübertragung liegt ein Verstoß gegen Abs. 1 S. 3, jedenfalls gegen § 244 Abs. 2 vor, der die Verfahrensrüge begründen kann (Diemer NStZ 2001, 393). Die revisionsrechtliche Nachprüfung ist auch insoweit eröffnet, als das Gericht kumulativ v. § 247 Gebrauch gemacht hat (vgl. → § 247 Rn. 19). Die Revision kann auf die Entsch. über die Aufzeichnung der Aussage grds. nicht gestützt werden, weil das Urt. hierauf nicht beruhen kann. Weitere revisionsrechtliche Fragen erörtern Diemer NStZ 2001, 393 (der zu weitgehend bei irriger Annahme der tatbestandlichen Voraussetzungen des § 247a die Revision stets zulassen will), Schlothauer StV 1999, 50 u. Weider/Staechelin StV 1999, 53. Die Beanstandung der Nichtdurchführung einer audiovisuellen Vernehmung bedarf einer zulässig erhobenen Verfahrensrüge (Becker NStZ-RR 2003, 290 – BGH RsprÜ). Ergänzend → § 338 Rn. 10. 14

I. Sachverständigenvernehmung (Abs. 2). Die Vernehmung eines Sachverständigen in der HV kann durch **Einsatz der Videokonferenztechnik** ersetzt werden. Das kommt namentlich in Betracht. wenn es sich um ein leicht abgrenzbares, isoliertes Beweisthema handelt, für dessen Beurteilung der Sachverständige keine in der HV erst o. zusätzlich festzustellende Anknüpfungstatsachen benötigt (so BT-Drs. 17/12418, 20). Diese Vernehmung ist somit mehr als eine reine Verlesung des Gutachtens durch das Gericht nach § 256 Abs. 1, aber nicht so aufwendig, wie eine Einvernahme des Sachverständigen im Sitzungssaal. Sie kann auch in Betracht gezogen werden, um Gesundheitsgefahren durch die COVID-19 Pandemie zu begegnen (vgl. Wagner ZIS 2020, 223 (230)). Für eine Videovernehmung sind die Fälle nicht geeignet, in denen es auf den persönlichen Eindruck des Gutachters vom Angeklagten in der HV ankommt. 15

Nicht zulässig ist die Videovernehmung des Sachverständigen in den Fällen des § 246a (Abs. 2 S. 2), also dann, wenn es um eine Unterbringung nach §§ 63, 64, 66 StGB geht. Wegen der gravierenden Folgen für den Angeklagten erschien dem Gesetzgeber in diesen Fällen die persönliche Anwesenheit des Sachverständigen in der HV zu Recht unverzichtbar. 16

Unanfechtbar sind sowohl die Anordnung als auch die Nichtanordnung der Videovernehmung (Abs. 2 S. 3). Sie können also nicht mit einer Beschwerde nach § 304 angefochten werden u. sind damit gem. § 336 S. 2 auch der Revision entzogen. 17

Entlassung der Zeugen und Sachverständigen **Nr. 135 RiStBV**

248 [1]**Die vernommenen Zeugen und Sachverständigen dürfen sich nur mit Genehmigung oder auf Anweisung des Vorsitzenden von der Gerichtsstelle entfernen.** [2]**Die Staatsanwaltschaft und der Angeklagte sind vorher zu hören.**

1 **A. Eigenmächtiges Weggehen.** Das **eigenmächtige Weggehen der vernommenen Beweisperson** v. der Gerichtsstelle, dh v. Verhandlungsort, der sich nicht notwendig im Gerichtsgebäude befinden muss (KK-StPO/Diemer Rn. 1), zieht die Folgen der §§ 51, 77 nach sich (→ § 51 Rn. 4). Es steht im pflichtgemäßen Ermessen des Vorsitzenden, ob er das Weggehen erlaubt (dann kann die Beweisperson ohne Vergütungsanspruch weiter als Zuhörer anwesend sein) o. anordnet (dann muss sich die Beweisperson entfernen). Seine Entsch. kann nach § 238 Abs. 2 beanstandet werden. Die Beweisperson kann aus § 248 weder einen Anspruch auf vorzeitigen Weggang noch auf weitere Anwesenheit als Zeuge o. Sachverständiger herleiten.

2 Zur **vorläufigen Beurlaubung** noch nicht vernommener Beweispersonen ist der Vorsitzende nach § 238 Abs. 1 berechtigt; mit § 248 hat das nichts zu tun (KK-StPO/Diemer Rn. 2; SSW StPO/Franke Rn. 3).

3 **B. Anhörung der StA und des Angeklagten.** Die **Anhörung der StA und des Angeklagten** vor der Genehmigung o. Anordnung des Weggehens schreibt S. 2 vor. Anzuhören sind auch die anderen frageberechtigten (→ § 240 Rn. 3) Prozessbeteiligten. Die Anhörung gibt ihnen Gelegenheit zu der Erklärung, dass sie an die Beweisperson weitere Fragen stellen wollen (RGSt 46, 196 (198)). Hat ein Zeuge die Aussage befugt verweigert, so gilt S. 2 nicht (RGSt 41, 32).

4 **C. Revision.** Die **Revision** kann auf Verletzung des § 248 nur gestützt werden, wenn das Gericht gegen die Entlassung der Beweisperson erfolglos nach § 238 Abs. 2 angerufen worden war (BGH StV 1985, 355; 1996, 248; str., vgl. Löwe/Rosenberg/Becker Rn. 13). Das Urt. kann auf der Verletzung des S. 2 nur beruhen, wenn dadurch die Stellung v. Fragen o. der Vorhalt bestimmter Umstände an die Beweisperson verhindert worden ist, was der Revisionsführer iE vortragen muss (OLG Stuttgart NStZ 1994, 600; Löwe/Rosenberg/Becker Rn. 14; **aM** SK-StPO/Frister Rn. 18: erneute Vorladung muss verlangt werden).

Führung des Urkundenbeweises durch Verlesung; Selbstleseverfahren

249 (1) [1]**Urkunden sind zum Zweck der Beweiserhebung über ihren Inhalt in der Hauptverhandlung zu verlesen.** [2]**Elektronische Dokumente sind Urkunden, soweit sie verlesbar sind.**

(2) [1]**Von der Verlesung kann, außer in den Fällen der §§ 253 und 254, abgesehen werden, wenn die Richter und Schöffen vom Wortlaut der Urkunde Kenntnis genommen haben und die übrigen Beteiligten hierzu Gelegenheit hatten.** [2]**Widerspricht der Staatsanwalt, der Angeklagte oder der Verteidiger unverzüglich der Anordnung des Vorsitzenden, nach Satz 1 zu verfahren, so entscheidet das Gericht.** [3]**Die Anordnung des Vorsitzenden, die Feststellungen über die Kenntnisnahme und die Gelegenheit hierzu und der Widerspruch sind in das Protokoll aufzunehmen.**

Übersicht

1 **A. Grundsätze. Urkundenbeweis** bedeutet Ermittlung u. Verwertung des gedanklichen Inhalts eines Schriftstücks. Er ist zulässig, wenn das G ihn nicht ausdr. untersagt (BGHSt 20, 160 (162); 27, 135 (136)). § 249 regelt nur die Form, nicht die Notwendigkeit dieses Beweises (Dallinger MDR 1972, 753 – BGH RsprÜ); hierfür sind §§ 244 Abs. 2, Abs. 3 und 245 maßgebend. Der Inhalt v. Urkunden kann daher auch durch andere Beweismittel, insbes. durch Zeugen, festgestellt werden (BGH NStZ 1985, 464). Ist Urkundenbeweis erforderlich, so wird er durch Verlesung (Abs. 1) o. Selbstlesung (Abs. 2) erhoben; ferner ist mit Zustimmung der Bet. ein Bericht des Vorsitzenden über den Urkundeninhalt zulässig (→ Rn. 25 ff.). Die Inaugenscheinnahme eines Schriftstückes ist nicht geeignet, dessen Inhalt zu beweisen (BGH NZWiSt 2023, 177; erg. → Rn. 7). Für Beweiserklärungen, die für das Verf. hergestellt worden sind, gilt das Verwertungsverbot des § 250 S. 2; Ausnahmen lassen §§ 251, 253, 254, 256 zu. Wegen der verfassungsrechtlichen Beweisverbote vgl. → Einl. Rn. 56. Kein Urkundenbeweis ist der Vorhalt v. Urkunden bei der Vernehmung (dazu → Rn. 28, 29). Zur Beurkundung des Beweises vgl. → § 273 Rn. 9.

2 **B. Urkunden (Abs. 1). I. Begriff.** Urkunden sind Schriftstücke jeder Art, die verlesbar u. geeignet sind, durch ihren (allg. verständlichen o. durch Auslegung zu ermittelnden) Gedankeninhalt Beweis zu erbringen (BGHSt 27, 135 (136); Krause Urkundenbeweis S. 113). Die Verlesung muss dazu führen, dass die Schriftzeichen unmittelbar in sinnvolle Worte umgesetzt werden (Krause Urkundenbeweis S. 116). Mit den sog. Beweiszeichen (vgl. Fischer/Fischer/Lutz StGB § 267 Rn. 5) lässt sich nur Augenscheinsbeweis führen (vgl. Habetha NZWiSt 2021, 256 (257)).

3 Anders als bei § 267 StGB kommt es weder auf die Beweisbestimmung noch auf die Echtheit der Urk. an (Krause Urkundenbeweis S. 106); auch der Aussteller muss nicht erkennbar sein (Roxin/Schünemann StrafVerfR § 28 Rn. 4). Auch in digitaler Form gespeicherte textliche Dokumente sind Urkunden (Trüg StV 2016, 343).

4 **II. Fremdsprachige Urkunden. Fremdsprachige Schriftstücke** können wegen § 184 GVG ebenfalls nicht im Urkundenbeweis verwertet werden (Krause Urkundenbeweis S. 117; **aM** Löwe/Rosenberg/Mosbacher Rn. 32 für den Fall, dass alle Bet. die Fremdsprache beherrschen). Wenn das Gericht keine eigene Sachkunde hat (vgl. § 244 Abs. 4 S. 1), also keines seiner Mitglieder den Text übersetzen kann (Krause Urkundenbeweis S. 117 ff.), muss ein Sachverständiger (der Übersetzer ist nicht Dolmetscher iSv § 185 GVG; vgl. BGHSt 1, 4 (7)) herangezogen werden. Ist schon eine Übersetzung in die deutsche Sprache bei den Akten, steht § 250 der Verlesung nicht entgegen (BGHSt 27, 135 (137)); der Vernehmung des Übersetzers o. eines anderen Sprachkundigen als Sachverständigen bedarf es daher nicht, wenn sich das Gericht v. der Richtigkeit der Übersetzung überzeugt hat (BGH GA 1982, 40; Pfeiffer/Miebach NStZ 1983, 357 – BGH RsprÜ; BGH NJW 1993, 3337; **aM** Alsberg Beweisantrag/Dallmeyer Rn. 435).

5 **In Geheim- oder Kurzschrift** abgefasste Texte können nicht Gegenstand des Urkundenbeweises sein (Alsberg Beweisantrag/Dallmeyer Rn. 433; **aM** für Kurzschrift KK-StPO/Diemer Rn. 8). Regelmäßig ist Sachverständigenbeweis erforderlich (Löwe/Rosenberg/Mosbacher Rn. 36).

6 **III. Abschriften, Kopien. Abschriften,** Durchschläge, Ablichtungen, mechanische Vervielfältigungen u. Mikrofilme, dürfen statt des Originals als Beweismittel verwendet werden (BGHSt 33, 196 (210); BGH NJW 1966, 1719; NStZ 1986, 519). Ihre Beglaubigung ist nicht notwendig (KK-StPO/Diemer Rn. 12). Einen Ersatz für die Urschrift bilden sie aber nur, wenn ihre Übereinstimmung mit dem Original feststeht (BGH NStZ 1994, 593), was im Strengbeweisverfahren festgestellt werden muss (Kusch NStZ 1994, 227 – BGH RsprÜ; SK-StPO/Frister Rn. 41). Es gilt aber der Grundsatz der freien Beweiswürdigung (BGH NStZ 1986, 519; OLG Jena VRS 114, 453).

6a Zur **Einführung elektronischer Dokumente** iSv Abs. 1 S. 2 in die HV, → Rn. 13 sowie Weiß wistra 2018, 245.

7 **IV. Augenscheinseinnahme von Urkunden. Gegenstand des Augenscheins, nicht** des Urkundenbeweises, ist eine Urkunde, wenn es nicht auf ihren Inhalt, sondern auf ihr Vorhandensein o. ihre Beschaffenheit ankommt (BGH NJW 2011, 3733; weitergehend BGH NStZ 2014, 606; → § 86 Rn. 13), insbes. auf die Feststellung v. Verfälschungsmerkmalen (OLG Hamm NJW 1953, 839; Krause Urkundenbeweis S. 114). Fotos, Abb., Diagramme o. Grafiken müssen in Augenschein genommen werden (Habetha NZWiSt 2021, 256 (258)). Augenschein ist auch für eine richterliche Schriftvergleichung erforderlich (RGSt 65, 294) sowie für das bei einer Geschwindigkeitsmessung gefertigte Lichtbild mit der eingeblendeten numerischen Anzeige der gemessenen Geschwindigkeit (BayObLGSt 2002, 50). Der gedankliche Inhalt v. Beweismitteln, die neben Texten auch Abb. enthalten, kann durch Urkundenbeweis u. simultanen Augenschein in der HV erschlossen werden (Habetha NZWiSt 2021, 256 (260)). Der Inhalt v. Tonbandaufnahmen wird zwar durch Augenschein festgestellt (→ § 86 Rn. 11); jedoch kann auch eine Niederschrift darüber hergestellt u. im Urkundenbeweis verwertet werden (BGHSt 27, 135; erg. → § 86 Rn. 3, → § 86 Rn. 15a zu Video- u. Bilddateien, → § 100a Rn. 30, → § 251 Rn. 2).

8 **C. Beispiele.** Durch das G v. 5.7.2017 (BGBl. I 2208 (2212)) wurde Abs. 1 neu gefasst u. dabei auf die früher in Abs. 1 S. 2 enthaltene Herausstellung bestimmter Arten v. Urkunden verzichtet; eine sachliche Änd. der Rechtslage ist damit nicht verbunden (BT-Drs. 18/9416, 63). Verlesbar sind ua:

9 **I. Gerichtliche Entscheidungen. Verlesbar sind** Urteile (auch der Zivil-, Verwaltungs- u. Finanzgerichte) gegen den Angeklagten u. gegen Dritte (BGHSt 1, 337 (341)), gleichgültig, in welchem Verf. sie ergangen u. ob sie rkr. sind (OLG Düsseldorf StV 1982, 512), gerichtliche Beschlüsse, aber nicht höchstpersönliche, das Urt. nur vorbereitende handschriftliche Aufzeichnungen eines Richters (SK-StPO/Frister Rn. 17; vgl. auch BGHZ 109, 260 (265)). Zweck der Verlesung kann die Unterrichtung über Gang u. Stand des Verfahrens sein (Wömpner NStZ 1984, 481), insbes. durch Verlesung des v. Revisionsgericht aufgeh. Urteils (BGH GA 1976, 368; RG JW 1931, 1816 mAnm Alsberg), etwa um die bindend gewordenen Schuldfeststellungen bekanntzumachen (BGH NJW 1962, 59; BayObLG MDR 1982, 249), u. des Revisionsurteils zur Feststellung der Bindungswirkung nach § 358 Abs. 1 (BGHSt 7, 6). Auch im Wiederaufnahmeverfahren ist die Verlesung des früheren Urteils zulässig (→ § 373 Rn. 2). Das Urt. darf aber auch zum Zweck der Tatsachenfeststellung für die Schuld- o. Rechtsfolgenfrage verlesen werden. Insbesondere darf dadurch Beweis darüber erhoben werden, wie der Angeklagte o. ein Zeuge sich früher geäußert hat (BGHSt 6, 141; BGH MDR 1955, 121; OLG Hamm NJW 1974, 1880); § 250 S. 1 steht dem nicht entgegen (BGHSt 31, 323 (332); KK-StPO/Diemer Rn. 17). Unüberprüft dürfen die tatsächlichen Feststellungen des früheren Urteils aber für die neue Verh. nicht übernommen werden (BGHSt 31, 323 (332); BGH NStZ-RR 2019, 122 Ls.; RGSt 60, 297; OLG Düsseldorf StV 1982, 512; OLG Köln StV 1990, 488; OLG Zweibrücken StV 1992, 565). Der Tatrichter kann sich aber aufgrund eigener Beweiserhebung v. der Richtigkeit der Schlüsse des früheren Tatrichters überzeugen (BGHSt 43, 106; BGH NStZ-RR 2019, 224). So können die Aufklärungspflicht o.

Beweisanträge andere Beweiserhebungen als die bloße Verlesung des Urteils gebieten (BGHSt 43, 106). Eine andere Beweiswürdigung als im verlesenen Urt. ist somit zulässig, setzt aber eine umfassende Bewertung aller früheren u. neu zutage getretenen Umstände voraus (BGHR StPO § 261 Überzeugungsbildung 19). Ergänzend → Einl. Rn. 170.

II. Auskünfte aus Registern. Unverändert sind **Auskünfte aus dem BZR** verlesbar: Vorstrafen u. Vorbelastungen des Angeklagten u. der Zeugen dürfen aus den Auszügen nach §§ 41, 61 **BZRG** u. § 30 StVG unter Beachtung des § 51 Abs. 1 **BZRG** festgestellt werden. Bestreitet der Betroffene die Richtigkeit des Auszugs o. ergeben sich sonst Zweifel, so ist Beweis nach allg. Grundsätzen zu erheben (RGSt 56, 75; Alsberg Beweisantrag/Dallmeyer Rn. 444). Vgl. auch Nr. 134 RiStBV. Ebenso verlesbar sind Auszüge aus anderen öffentl. Registern wie Grundbuch, Erziehungs-, Verkehrszentral- o. Gewerbezentralregister. Dies gilt auch für die früher ausdr. in Abs. 1 S. 2 erwähnten Personenstandsregister. In Betracht kommen insoweit insbes. Personenstandsurkunden des Standesbeamten nach dem PersonenstandsG v. 19.2.2007 (BGBl. I 122). Dazu gehören Geburts-, Heirats- u. Sterbeurkunden sowie Auszüge aus dem Familienbuch. Einfache Abschriften können ausreichen (BGH 14.5.1963 – 5 StR 121/63). 10

III. Augenscheinsprotokolle. Nur richterliche Prot., die unter Beachtung der §§ 168d Abs. 1 S. 2, 168c Abs. 5, 224, 225 zustande gekommen sind, dürfen verlesen werden (Krause Urkundenbeweis S. 149; Schneidewin JR 1951, 486). StA u. Polizeibeamte müssen grds. über ihre Besichtigungen als Zeugen vernommen werden (→ § 86 Rn. 18); eine Ausnahme gilt nach § 256 Abs. 1 Nr. 5. Die richterlichen Prot. müssen aus dem anhängigen Verf. stammen (Krause Urkundenbeweis S. 149; **aM** Löwe/Rosenberg/Mosbacher Rn. 24: nur zum Zwecke des Vorhalts). Mitprotokollierte Erklärungen v. Angeklagten u. Zeugen, die lediglich Hinweise zur Augenscheinseinnahme enthalten, dürfen mitverlesen werden (erg. → § 86 Rn. 16; → § 87 Rn. 16); zum verwertbaren Beweisstoff gehören sie nicht (BGHSt 33, 217 (221)). Augenscheinsprotokolle iS Abs. 1 S. 1 sind auch Prot. über die Leichenschau nach § 87 Abs. 1, an der ein Richter mitgewirkt hat (RGSt 53, 348; Löwe/Rosenberg/Mosbacher Rn. 25; → § 87 Rn. 7), nicht aber über die Leichenöffnung nach § 87 Abs. 2 (RGSt 53, 348; → § 87 Rn. 16). 11

IV. Andere Urkunden. Andere Urkunden sind zB Schriftstücke mit strafbarem (§§ 184, 185 StGB) Inhalt, Prot. über nach §§ 153 ff. StGB strafbare Aussagen, Briefe (BGH GA 1967, 282) ua v. Angeklagten herrührende Schriftstücke, auch wenn sie ein Geständnis enthalten (→ § 254 Rn. 1), insbes. Eingaben in dem anhängigen Verf. an Gerichte (RGSt 18, 23), Polizeibehörden (OLG Hamm VRS 42, 99), Verwaltungsbehörden (OLG Düsseldorf VRS 41, 436; OLG Koblenz LRE 15, 294; OLG Zweibrücken StV 1986, 290) u. StA (RGSt 35, 234; OLG Hamm JMBl. NRW. 1968, 215; → § 163a Rn. 14), Gerichtsbeschlüsse (BGHSt 31, 323 (331)) u. Einstellungsbescheide der StA (RGSt 24, 263; 46, 200). Schriftsätze des Verteidigers, die eine Sachdarstellung enthalten, sind nicht verlesbar (BGHSt 39, 305; OLG Celle NStZ 1988, 426); das gilt auch, wenn die gedankliche Urheberschaft des Angeklagten feststeht (Löwe/Rosenberg/Mosbacher Rn. 13; erg. → § 243 Rn. 27). Für schriftliche Äußerungen v. Zeugen, Sachverständigen u. Mitbeschuldigten gilt § 251 Abs. 1, Abs. 2, für schriftliche Gutachten auch § 256 Abs. 1. 12

V. Elektronische Dokumente (Abs. 1 S. 2). Elektronische Dokumente sind ebenfalls Urkunden soweit sie verlesen werden können (Abs. 1 S. 2). Nach der Gesetzesbegründung sind damit jegliche Formen elektronischer Information (zB Text-, Tabellen o. Bilddateien) zu verstehen, die ein Schriftstück bzw. eine körperliche Urk. ersetzen sollen u. grds. zur Wiedergabe in verkörperter Form, etwa einem Ausdruck, geeignet sind (BT-Drs. 18/9416, 1; Weiß wistra 2018, 245 (247 f.)). Gemeint ist damit eine direkte Verlesung v. dem Bildschirm, auf dem das Dokument sichtbar gemacht wird; eines Ausdrucks in Papierform bedarf es 13 nicht. Verlesen werden können originär elektronische Dokumente, aber auch solche, die durch eine Umwandlung nach § 32e Abs. 1 entstanden sind (BT-Drs. 18/9416, 62 f.; s. → § 32e Rn. 1a). Verlesbar als Urk. ist ein elektronisches Dokument, wenn sich die Daten als sinntragende Worte deuten lassen; ist das nicht der Fall, kommt nur der Augenschein in Betracht (Weiß wistra 2018, 245 (248)). Fragen der Authentizität u. Integrität des betr. Dokuments betreffen nicht die Zulässigkeit des Urkundenbeweises, sondern seine Beweisqualität u. damit va Fragen der Beweiswürdigung. Das Selbstleseverfahren (Abs. 2) ist bei elektronischen Dokumenten ebenso zulässig wie bei herkömmlichen Schriftstücken (BT-Drs. 18/9416, 63).

14 **D. Formen des Urkundenbeweises. I. Verlesung (Abs. 1).** Die Verlesung (Abs. 1) ist die **regelmäßige Form des Urkundenbeweises** (Becker NStZ-RR 2002, 70 – BGH RsprÜ). Sie wird üblicherweise durch den Vorsitzenden angeordnet; das schließt aber nicht aus, dass v. vornherein, nicht erst auf Einwendungen nach § 238 Abs. 2, das Gericht einen entspr. Beschl. fasst (BGH NJW 1985, 1848). Voraussetzung der Verlesung ist beides nicht. Der Vorsitzende o. in seinem Auftrag ein Gerichtsmitglied (Krause Urkundenbeweis S. 116), auch ein Ergänzungsrichter (RGSt 27, 172) o. Protokollführer, nicht aber der StA oder anderer Prozessbeteiligter (BGH NStZ 2023, 436; 2024, 446) verliest die Urkunde.

15 Der **Umfang der Verlesung** hängt v. der Aufklärungspflicht ab; die ganze Urk. muss – falls sie nicht in vollem Umf. verwertet werden soll (BGH NStZ 2004, 279) – nicht unbedingt verlesen werden (BGHSt 11, 29 (31); Pfeiffer/Miebach NStZ 1984, 211 – BGH RsprÜ), sofern nicht die Voraussetzungen des § 245 Abs. 1 vorliegen o. ein Antrag nach §§ 244 Abs. 3 S. 1, 245 Abs. 2 S. 1 nicht abgelehnt werden kann. Bei teilw. Verlesung, sind die verlesenen Teile exakt zu kennzeichnen; dies gilt auch für elektronische Dokumente iSv Abs. 1 S. 2 (Weiß wistra 2018, 245 (250)). Bei Gleichartigkeit der Urkunden genügt die Verlesung einer repräsentativen Auswahl. Die Verlesung muss nach § 273 Abs. 1 im Prot. beurkundet werden; der Vermerk, dass die Urk. zum Gegenstand der Verh. gemacht wurde, reicht zum Nachw. der Verlesung nicht aus (→ § 273 Rn. 9).

16 **II. Selbstleseverfahren (Abs. 2). 1.** Der **Verfahrensvereinfachung** dient das Selbstleseverfahren. Es stellt eine gleichwertige Alternative zum Verlesen der Urkunde dar (BGHSt 65, 155; BGH NJW 2024, 2475). Es gibt praktisch den Mündlichkeitsgrundsatz für den Urkundenbeweis auf; denn Gegenstand der Urteilsfindung ist der Inhalt der selbst gelesenen Urkunden auch, soweit er in der HV nicht, auch nicht innerhalb der Erkl. nach § 257 Abs. 1 oder durch Fragen, Vorhalte o. Mitteilungen des Vorsitzenden, zur Sprache gekommen ist.

17 Die Anordnung nach Abs. 2 ist auch nicht ausgeschlossen, wenn dadurch **sämtliche verfahrensrelevanten Urkunden** eingeführt werden, da Abs. 2 keine Einschränkung vorsieht u. der Gesetzgeber die Verlesung in der Verh. sowie die Selbstlesung als grds. gleichwertig konzipiert hat (vgl. BGH NJW 2021, 479). Das Selbstleseverfahren dient jedoch nicht dem Zweck, ohne vorherige Bewertung der Beweisbedeutung große Teile der Akten in die HV einzuführen und so zur potentiellen Urteilsgrundlage zu machen; vielmehr ist es geboten, die so einzuführenden Urkunden auf ihre mögliche Erheblichkeit ebenso wie ihre Verlesbarkeit, insbes. nach den §§ 249 Abs. 1, 250, 251 ff., zu prüfen (BGH NStZ 2022, 504). Das Erklärungsrecht der Bet. (§ 257) wird durch Abs. 2 nicht beschränkt.

18 Ein **Verzicht** der Prozessbeteiligten auf die Verlesung nach Abs. 1 ist nicht erforderlich. Der Mitteilung des wesentlichen Inhalts der Schrift durch den Vorsitzenden bedarf es nicht. Wer den Prozess als Zuhörer verfolgt, erhält daher v. dem Inhalt des nach Abs. 2 in die HV eingeführten Beweismittels keine Kenntnis. Der Gesetzgeber nimmt diese Einbuße an Transparenz der HV im Hinblick auf die erheblichen prozesswirtschaftlichen Vorteile des mit der Verlesung nach Abs. 1 gleichwertigen Selbstleseverfahrens in Kauf.

19 Dieses Verf. **kommt insbesondere in Betracht,** wenn v. umfangreichen Schriften o. ganzen Druckwerken (vgl. BGH NStZ 2000, 307 (309) zu Comics)

nicht nur der Inhalt (dann ist der Bericht des Vorsitzenden vorzuziehen; → Rn. 25 ff.), sondern der genaue Wortlaut festgestellt werden muss, auch wenn er unmittelbar entscheidungserheblich ist (BGHSt 30, 10 (14)). In den Fällen der §§ 253 und 254 ist das Selbstleseverfahren unzulässig, nicht aber in den Fällen der §§ 251, 256 (krit. Dahs NJW 1995, 555). Im Übrigen gelten folgende Grundsätze:

2. Auf **Anordnung des Vorsitzenden** findet das Verf. nach Abs. 2 statt. Diese kann auch in der protokollierten Übergabe der Unterlagen „für das Selbstleseverfahren" gesehen werden (vgl. BGH NStZ-RR 2019, 120). **20**

Die dem Selbstleseverfahren unterfallenden Urkunden sind so **genau zu bezeichnen,** dass sie von den Verfahrensbeteiligten ohne weiteres individualisiert werden können (BGH NStZ 2025, 305 (306) mAnm Ventzke; 2022, 504; NStZ-RR 2022, 143); dies gilt auch für elektronische Dokumente iSv Abs. 1 S. 2 (Weiß wistra 2018, 245 (250)). Bei umfangreichen Konvoluten kann allerdings eine zusammenfassende u. pauschale Benennung, ggf. auch mit dem negativen Ausschluss nicht erfasster Dokumente, genügen (BGH NStZ 2025, 305; 2019, 422; vgl. auch BGH NStZ 2012, 346: die in einem Sonderband enthaltenen Urkunden), sofern über Gegenstand und Umfang der Beweisverwendung kein Zweifel entstehen kann (vgl. BGH NStZ 2022, 504; NStZ-RR 2022, 143). Wird dagegen der Umfang des Selbstleseverfahrens anhand rechtlicher und tatsächlicher Kriterien in abstrakter Form eingeschränkt, welche den Mitgliedern des Spruchkörpers und den anderen Verfahrensbeteiligten eine individuelle Interpretation oder Subsumtion unter unbestimmte Begriffe ermöglicht, kann die Hinweiswirkung der Anordnung nach Abs. 2 verfehlt werden (s. etwa BGH NStZ-RR 2022, 143 (144): „schriftliche Erklärungen iSd § 250 StPO"; NStZ 2025, 305 (307): Bezeichnung von Urkunden mit dem Ausschluss von „Vernehmungsinhalten"); denn dann ist nicht ausgeschlossen, dass die Beteiligten Urkundenteile in unterschiedlichem Umfang zum Gegenstand der Selbstlesung machen (vgl. BGH NStZ-RR 2022, 143 (144); NStZ 2025, 305 (306)). Dies gilt nicht für den Ausschluss von Texten in fremder Sprache ohne Übersetzung, da hieraus deutlich wird, dass allein die deutsche Übersetzung zur Grundlage der richterlichen Überzeugungsbildung wurde (BGH NStZ 2025, 305 (307)). **20a**

Abweichend v. § 238 Abs. 2 können die Prozessbeteiligten einen **Widerspruch** gegen die Anordnung des Selbstleseverfahrens (nicht gegen dessen Ablauf, OLG Celle StV 2016, 794) nur unverzüglich, dh ohne vermeidbare Verzögerung, geltend machen. Obwohl Abs. 2 S. 2 ausdr. nur den Widerspruch der StA, des Angeklagten u. des Verteidigers (damit auch des Beistands nach § 69 Abs. 3 S. 2 **JGG**) zulässt, sind, wie üblich, auch die Nebenbeteiligten widerspruchsberechtigt, soweit sie v. dem Urkundenbeweis betroffen sind, nicht aber der Nebenkläger (→ § 397 Rn. 11) sowie die Eltern u. ges. Vertreter im Jugendstrafverfahren (KK-StPO/Diemer Rn. 35; **aM** Eisenberg Beweisrecht StPO Rn. 2046). Über den Widerspruch entscheidet das Gericht, dem bei der Wahl zwischen Abs. 1 und Abs. 2 eigenes Ermessen zusteht, durch mit Beschwerde nicht anfechtbaren (§ 305 S. 1) Beschluss. Die Anordnungen des Vorsitzenden zur Durchführung des Selbstleseverfahrens einschl. der Feststellungen nach Abs. 2 S. 3 können gem. § 238 Abs. 2 beanstandet werden. Ein (Verwertungs-)Widerspruch gegen die Beweisaufnahme durch Urkundenbeweis überhaupt braucht nicht in der HV beschieden zu werden (vgl. BGH NJW 2021, 479). **21**

3. Selbstlesung des Gerichts (Abs. 2 S. 1): Die Richter, auch die Ergänzungsrichter, müssen die Urk. lesen, u. zwar vor Schluss der Beweisaufnahme (BGHSt 30, 10 (11)). Das gilt auch für die Schöffen (BGH NStZ 2005, 160). Richter u. Schöffen darf dazu auch schon vor Verlesung des Anklagesatzes (BGH NStZ 2012, 346), in der Berufungsverhandlung vor dem Vortrag des Berichterstatters (§ 324 Abs. 1), Gelegenheit gegeben werden. Sonst müssen sie die Urkunden zwischen den Sitzungstagen o. in angemessenen Sitzungspausen lesen. Dazu ist ihnen das Original o. eine Abschrift o. Ablichtung der Schrift o. Ausdrucke v. in Computersystemen gespeicherten Dokumenten oder auch entspr. digitale Medien (Jahn/Brodowski FS Rengier, 2018, 409 (411)) zur Vfg. zu stellen. Vor- **22**

sitzender u. Berichterstatter werden die Schrift idR schon bei der Terminsvorbereitung gelesen haben. Gelegenheit zur Kenntnisnahme reicht – anders als bei den Prozessbeteiligten (→ Rn. 23) – hier nicht aus (BGH NStZ 2012, 346).

22a Eine **Pflicht, die Selbstlesung zu überwachen** o. inhaltlich zu überprüfen, trifft den Vorsitzenden nicht (Löwe/Rosenberg/Mosbacher Rn. 85; HK-StPO/Julius Rn. 11). Grundsätzlich genügt ihm (vgl. → Rn. 24) die Erkl. der Berufsrichter u. Schöffen, die Urkunden gelesen zu haben; verbleiben ihm jedoch begründete Zweifel, muss er die Verlesung nach Abs. 1 anordnen (KK-StPO/Diemer Rn. 39; ähnlich Eisenberg Beweisrecht StPO Rn. 2040). Kontrollfragen der Prozessbeteiligten an die Richter sind unzulässig (SK-StPO/Frister Rn. 79; teilw. **aM** Eisenberg Beweisrecht StPO Rn. 2040).

23 **4. Selbstlesung der Prozessbeteiligten (Abs. 2 S. 1):** Beteiligt sind nicht nur die Personen, die ein Widerspruchsrecht nach Abs. 2 S. 2 haben, sondern alle, die sich mit Anträgen oder Erklärungen am Verfahren beteiligen können; dazu gehört auch die Nebenklage (BGH NJW 2024, 2475; → Rn. 23a). Die Beteiligten sind nicht verpflichtet, die Urk. zu lesen; das Gericht muss ihnen, dem Angeklagten neben seinem Verteidiger, dazu aber Gelegenheit geben, sofern sie nicht ausdr. darauf verzichten. Das gilt auch für Prozessbeteiligte, die vor der HV die Akten eingesehen haben, insbes. für StA u. Verteidiger. Da sie zu dieser Zeit noch mit der Urkundenverlesung nach Abs. 1 rechnen werden, darf ihnen die Gelegenheit zur Selbstlesung nicht mit der Begründung verweigert werden, sie hätten die Schrift schon früher lesen können. Einzelne Prozessbeteiligte (etwa einen v. mehreren Angeklagten) v. der Selbstlesung auszuschließen, weil der Inhalt der Urk. für ihre Verteidigung keine Bedeutung hat, ist ebenfalls unzulässig; das kann u. muss jeder Bet. selbst beurteilen (Gollwitzer FS Sarstedt, 1981, 30). Für die Selbstlesung ist den Bet. die Schrift für eine angemessene Zeit im Original, in Abschrift o. Ablichtung zur Vfg. zu stellen; den nach § 147 zur Akteneinsicht Berechtigten können auch die Akten überlassen werden. Zum Selbstleseverfahren bei einem des Lesens unkundigen Verfahrensbeteiligten BGH NStZ 2011, 300).

23a Für die **Nebenklage** ist die Teilnahme am Selbstleseverfahren disponibel. Sie kann ausdrücklich verzichten, aber auch insgesamt und ohne ausdrückliche Erklärung von einer Teilnahme absehen (BGH NJW 2024, 2475).

24 **5. Protokollierung (Abs. 2 S. 3):** Die Urkunde, die Gegenstand des Selbstleseverfahrens gewesen ist, muss nach § 273 Abs. 1 im Prot. bezeichnet werden (BGH NStZ 2000, 47; → Rn. 20). Nach Abs. 2 S. 3 ist im Prot. auch zu beurkunden, dass der Vorsitzende die Selbstlesung angeordnet u. in der HV ausdr. festgestellt hat, dass die Richter u. Schöffen die Schrift gelesen haben u. den übrigen Prozessbeteiligten Gelegenheit gegeben worden ist, v. Wortlaut der Urk. Kenntnis zu nehmen (BGH NStZ-RR 2014, 185; NStZ 2023, 118); dass die Feststellung der Anordnung unmittelbar nachfolgte, ist nach der Rspr. unschädlich (BGH 4.12.2024 – 5 StR 444/24). Die möglicherweise missverständliche Protokollierung „vom Inhalt" sollte vermieden werden (s. BGH 7.12.2021 – 5 StR 215/21: Für Feststellungen zum Abschluss eines Selbstleseverfahrens und deren Protokollierung sind die Formulierung des § 249 Abs. 2 S. 1 zu übernehmen; vgl. aber auch BGH NJW 2010, 3382: im Zweifel so auszulegen; noch weitergehend BGH StV 2014, 68, der die „Feststellung der Kenntnisnahme" hat genügen lassen). Die Feststellung nach Abs. 2 S. 3 muss nicht den Nebenkläger bzw. seinen anwaltlichen Vertreter umfassen, wenn dieser nicht am Selbstleseverfahren beteiligt war (BGH NJW 2024, 2475 mAnm Mosbacher JuS 2025, 131 (134); → Rn. 23a). Erst wenn die Feststellungen nach Abs. 2 S. 3 getroffen worden sind, ist das Selbstleseverfahren abgeschlossen, u. die betr. Urkunden stehen als „**Inbegriff der Verhandlung**" (§ 261) der Urteilsfindung als Beweisstoff zur Vfg. (BGH NStZ 2017, 722). Erhebt ein Prozessbeteiligter nach Abs. 2 S. 2 Widerspruch, so ist auch das im Prot. zu beurkunden. Dass der darauf ergehende Gerichtsbeschluss in die Sitzungsniederschrift aufzunehmen ist, ergibt sich aus § 273 Abs. 1; das gilt auch im Fall einer Beanstandung nach § 238 Abs. 2 (→ Rn. 21).

III. Ersatz der Verlesung durch Bericht des Vorsitzenden. 1. Zulässigkeit: Die Rspr. lässt seit jeher zu, dass die Verlesung im allseitigen Einverständnis durch einen Bericht des Vorsitzenden über den Urkundeninhalt ersetzt wird, wenn die Aufklärungspflicht nicht entgegensteht (BGHSt 1, 94; 11, 29; 11, 159; OLG Düsseldorf VRS 59, 269; OLG Hamm MDR 1964, 344; OLG Köln VRS 73, 203 (211); **aM** die überwiegende Ansicht im Schrifttum; vgl. Löwe/Rosenberg/Mosbacher Rn. 45; SK-StPO/Frister Rn. 84). Mit der Einf. des Selbstleseverfahrens nach Abs. 2 hat der Gesetzgeber diese Art des Urkundenbeweises nicht abschaffen wollen (BGHSt 30, 10; vgl. auch KK-StPO/Diemer Rn. 29; **aM** Fezer StrafProzR § 13 Rn. 42; Geerds FS Blau, 1985, 71 Fn. 17). 25

Beide Beweisverfahren verfolgen unterschiedliche Zwecke: Das Selbstleseverfahren soll die Beweisaufnahme va vereinfachen, wenn es auf den Wortlaut umfangreicher Schriften ankommt; der Bericht des Vorsitzenden ist ein noch einfacheres Beweisverfahren für den Fall, dass nur der Urkundeninhalt beweiserheblich ist u. der genaue Wortlaut nicht Urteilsgrundlage werden soll (vgl. Alsberg Beweisantrag/Dallmeyer Rn. 575). 26

2. Voraussetzungen: Nur über einzelne Urkunden, deren Verlesung nicht nach §§ 250, 256 ausgeschlossen wäre (RGSt 64, 78) u. deren Inhalt nicht unmittelbar die dem Angeklagten vorgeworfene Straftat verkörpert (BGHSt 11, 29), darf Bericht erstattet werden, nicht über den Inhalt ganzer Akten, auch nicht über längere Schriftstücke, deren Inhalt wörtlich in das Urt. aufgenommen werden soll (BGHSt 5, 278; 11, 29 (31); 29, 159 (160); Rüth DAR 1983, 252 – BayObLG RsprÜ). Der Bericht darf nur in einer streng sachlichen Schilderung des Urkundeninhalts bestehen u. nicht auf eine Würdigung der Beweisbedeutung der Urk. hinauslaufen (BGHSt 1, 94 (97)). Die bloße Erörterung der Urk. mit dem Angeklagten ist kein „Bericht" (OLG Schleswig OLGSt StPO § 256 Nr. 1). Alle Prozessbeteiligten müssen sich ausdr. o. stillschweigend durch Unterlassen eines Widerspruchs mit dem Berichtsverfahren einverstanden erklären. Der Bericht des Vorsitzenden ist ein Akt der Beweisaufnahme; er muss daher im Sitzungsprotokoll beurkundet werden (OLG Düsseldorf VRS 59, 269 (270); OLG Hamburg VRS 44, 214; OLG Hamm MDR 1964, 344; OLG Köln StV 2015, 761). 27

E. Vorhalt aus Urkunden. Wenn es auf den genauen Wortlaut kurzer u. leicht fasslicher Schriftstücke, auch fremdsprachiger (Dallinger MDR 1975, 369 – BGH RsprÜ), nicht ankommt, kann ihr Inhalt durch Vorhalt an den Angeklagten, einen Sachverständigen o. Zeugen in die HV eingeführt werden. **Der Vorhalt ist kein Urkundenbeweis, sondern Vernehmungsbehelf** (BGHSt 14, 310 (312); 34, 231 (235); BGH NStZ 1985, 464). Beweisgrundlage ist die Erkl. desjenigen, dem der Vorhalt gemacht wird (BGHSt 11, 159 (160); OLG Düsseldorf StraFo 2002, 20; KK-StPO/Diemer Rn. 42 mwN); nur sie ist für die Entsch. verwertbar (BGHSt 21, 149 (150); BGH NJW 1986, 2063; StV 1990, 485; erg. → § 250 Rn. 14). Hat die Beweisperson trotz des Vorhaltes keine Erinnerung an den Inhalt der früheren Erklärung, bleibt diese somit unverwertbar (BGH NJW 2011, 3733; OLG Hamm StV 2004, 643; OLG Karlsruhe StV 2007, 630; OLG Oldenburg StV 2012, 330 Ls.; **aM** KG VRS 130, 116; Mosbacher NStZ 2014, 1 (5 f.): Verlesung des Vernehmungsprotokolls gem. § 249 neben Befragung der Vernehmungsperson stets möglich). Die Einf. von längeren, sprachlich schwierigen o. inhaltlich schwer verständlichen Urkunden durch Vorhalt ist unzulässig (BGH NStZ 2022, 119; 2000, 427; NJW 2006, 1529 (1531); OLG Frankfurt a. M. NStZ-RR 2000, 377; OLG Köln StraFo 1999, 92; s. aber erg. → § 261 Rn. 46, 46a); dies gilt aber – jedenfalls grds. – nicht, wenn der Inhalt der Urk. durch abschnittsweisen Vorhalt u. die jeweilige Bestätigung der Beweisperson in die HV eingeführt wird (offengelassen v. BGH NStZ 2014, 604). Das Gleiche gilt für Gutachten über die Blutalkoholkonzentration u. ähnliche Urkunden, zu denen der Angeklagte, dem sie vorgehalten werden, keine Erklärungen abgeben kann (OLG Celle StV 1984, 107; OLG Düsseldorf NJW 1988, 217 (218); vgl. aber § 256). 28

28a Den Vorhalt macht idR der **Vorsitzende;** er ist aber auch den **Prozessbeteiligten** gestattet. Er bedarf ebenso wie die Antwort der Beweisperson nicht der Protokollierung (vgl. BGH NStZ 2025, 703; erg. → § 273 Rn 8, 9). Zum Zweck des Vorhalts dürfen Urkunden auch verlesen werden (BGHSt 21, 285). Unterliegen sie einem Verwertungsverbot, so ist auch der Vorhalt ausgeschlossen (→ § 252 Rn. 12). Das Verbot des Urkundenbeweises nach §§ 251, 254 macht den Vorhalt jedoch nicht ohne weiteres unzulässig (BGHSt 11, 338 (340); 14, 310 (312); 34, 231 (235)); er kann auch einer nicht verlesbaren Urk. entnommen werden (BGHSt 11, 160; BGH NStZ 1983, 86). In die Sitzungsniederschrift wird der Vorhalt nicht aufgenommen (BGHSt 21, 285 (286); BGH NStZ 1999, 522; OLG Koblenz VRS 67, 146; OLG Köln VRS 73, 136 (137); erg. → § 273 Rn. 8 aE); der Vermerk im Prot., etwas sei „erörtert" worden, spricht aber dafür, dass ein Vorhalt gemacht wurde (OLG Stuttgart NStZ-RR 2003, 270).

29 Für **Tonbandaufnahmen** gilt das entspr. (BayObLG NJW 1990, 197). Sie können in der Form der Inhaltsangabe o. des Abspielens vorgehalten werden (vgl. BGHSt 14, 339; Roxin/Schünemann StrafVerfR § 28 Rn. 9).

30 **F. Revision.** Wird der **Inhalt einer Urk. wörtlich in das Urt. aufgenommen,** ohne dass sie im Urkundenbeweis in die HV eingeführt worden ist, so ist nicht § 249, sondern § 261 verletzt (BGH StV 2000, 655; NStZ 2017, 722; → § 261 Rn. 43, 44). Ob ein Vorhalt erfolgt ist, muss das Revisionsgericht ggf. im Freibeweis feststellen (BGHSt 22, 26); wird im Urt. auf die „verlesene" Urk. abgestellt o. wird die Urk. bzw. die Vernehmungsniederschrift dort wörtlich wiedergegeben, spricht dies gegen einen bloßen nicht protokollierungspflichtigen Vorhalt (BGH NStZ 2007, 235; OLG Jena StV 2007, 25), was auch entspr. Vortrag der Revision entbehrlich machen kann (vgl. BGH NStZ 2017, 722). Dass der Inhalt der Urk. in der HV „erörtert" wurde, genügt nicht (Arnoldi NStZ 2016, 691 gegen BGH NStZ 2017, 722). Zur ordnungsgemäßen Begründung einer Verfahrensrüge gehört – verfassungsrechtlich unbedenklich (BVerfGE 112, 185) – die Behauptung, die Urk. sei weder auf andere Weise – zB durch Vorhalt (Holtz MDR 1987, 981 – BGH RsprÜ; OLG Düsseldorf StV 1995, 120; OLG Hamm NJW 2004, 381; OLG Köln VRS 73, 136), Bericht (BGH StraFo 2009, 425) o. Zeugenvernehmung (OLG Köln VRS 100, 123) – in die HV eingeführt noch sei v. ihr nach Abs. 2 S. 1 Kenntnis genommen worden (BGH NStZ 2024, 503; 1992, 30; OLG Koblenz NStZ 2004, 396).

31 Die **Anordnung des Selbstleseverfahrens nach Abs. 2** kann nur nach rechtzeitigem Widerspruch (Abs. 2 S. 2), den die Revision inhaltlich mitteilen muss (BGH 23.3.2022 – 6 StR 611/21: Encrochat), zum Gegenstand einer zulässigen Verfahrensrüge gemacht werden (vgl. BGH NStZ 2023, 762; 2019, 422;). Das Urt. wird auf dem Unterlassen einer Entsch. über den Widerspruch nach Abs. 2 S. 2 im Allgemeinen nicht beruhen, da nach der ges. Wertung das Verlesen v. Urkunden ggü. dem Selbstleseverfahren eine rechtlich gleichwertige, zudem nicht vorzugswürdige Form der Erhebung des Urkundenbeweises ist (BGHSt 65, 155 = NJW 2021, 479 unter Aufgabe v. BGHSt 57, 306; BGH 14.1.2021 – 4 StR 418/20; erg. → Rn. 17); im Gegenteil erschließt sich der Inhalt der Urk. gerade bei umfangreichen Schriftstücken durch Selbstlesen regelmäßig besser als durch Zuhören beim Verlesen (BGH NJW 2021, 479). Anderes gilt nur, wenn sich gerade die besondere Form der Urkundeneinführung ausgewirkt hat, etwa weil der Angeklagte nicht lesen kann, er nicht auf die Kenntnisnahme v. Urkundeninhalt verzichtet hat u. dieses Defizit auch nicht – etwa durch einen „Vorleser" – kompensiert worden ist (BGH NJW 2021, 479). Die Möglichkeit, ein fehlerhaftes Verf. nach Abs. 2 in einen Bericht des Vorsitzenden (→ Rn. 25 ff.) umzudeuten (BGHSt 30, 10 (14)) wird – nach Wegfall der in Abs. 2 S. 2 aF vorgesehenen Mitteilung des wesentlichen Urkundeninhalts – idR am Fehlen entspr., zu protokollierender Ausführungen des Vorsitzenden scheitern (→ Rn. 18, 27; → § 273 Rn. 9).

32 Die **Art und Weise der Durchführung** des Selbstleseverfahrens muss – anders als die Rüge nicht ordnungsgemäßer Feststellung (OLG Celle StV 2016, 794) –

grds. zunächst nach **§ 238 Abs. 2** beanstandet werden, um später in der Revision eine Verfahrensrüge erheben zu können (BGH NStZ 2011, 300; 2019, 40; NZWiSt 2019, 28; BGH NJW 2024, 2475 mAnm Mosbacher JuS 2025, 131 (134): Nebenklage; NStZ 2022, 571: zu knapp bemessene Frist; erg. → § 238 Rn. 21). Die Rüge, die Berufsrichter o. Schöffen hätten die Urk. nicht gelesen, hat allerdings unter dem Blickwinkel des § 261 Erfolg, wenn die Feststellung über die Kenntnisnahme nach Abs. 2 S. 3 nicht im Prot. vermerkt wurde (BGH NStZ 2017, 722; 2005, 160 mwN; BGH 10.5.2022 – 2 StR 501/21; OLG Celle StV 2016, 794; **aM** Löwe/Rosenberg/Mosbacher Rn. 111; erg. → § 261 Rn. 46); dem Revisionsgericht ist es damit verwehrt, im Freibeweisverfahren nachzuforschen, ob die Kenntnisnahme tatsächlich unterblieben ist (BGH StraFo 2010, 27; StV 2016, 795 Ls.). Der Protokollvermerk nach Abs. 2 S. 3 beweist aber nicht die ordnungsgemäße Durchführung dieses Verfahrens, sondern allein die Tatsache, dass der Vorsitzende eine entspr. Feststellung getroffen hat (BGH NJW 2010, 3382; 2013, 93; NStZ-RR 2011, 20), wobei eine fehlerhafte Formulierung unschädlich ist, wenn feststeht, dass Abs. 2 Genüge getan wurde (BGH StV 2014, 68; NStZ-RR 2015, 278; **abl.** Ventzke StV 2014, 120). Die Rüge, die Richter u. Schöffen hätten aber tatsächlich v. Wortlaut der Schriftstücke nicht Kenntnis genommen, ist damit jedoch nicht schlechthin ausgeschlossen (BGH NJW 2010, 3382; NStZ-RR 2011, 20), setzt allerdings Vortrag der Revision zu den konkreten tatsächlichen Umständen voraus, aus denen sich das Unterbleiben der Selbstlesung o. die nicht ausreichende Zeit dafür ergeben sollen (BGH NStZ 2018, 230 mwN). Nicht gerügt werden kann, dass die Richter die Urkunden nicht mit der gebotenen Intensität gelesen hätten (BGH NStZ 2012, 584). Eine Verletzung der Rechte der **Nebenklage** bei der Durchführung des Selbstleseverfahrens kann der Angeklagte nicht geltend machen, da sie nicht seinen Rechtskreis berührt (BGH NJW 2024, 2475).

Zum **Beruhen** (§ 337 Abs. 1): Die Unbestimmtheit einer Selbstleseanordnung 33
führt nicht zwangsläufig zu deren Unwirksamkeit im Ganzen; vielmehr ist im Wege einer Einzelfallbetrachtung das Selbstleseverfahren nur insoweit von diesem Verfahrensfehler betroffen, als die Auslegungszweifel reichen können (BGH NStZ 2025, 305 (307); s. aber BGH – 5. StS – NStZ-RR 2022, 143 (144), wo ein umfängliches Selbstleseverfahren insgesamt als defizitär erachtet wurde).

Grundsatz der persönlichen Vernehmung

250 **[1] Beruht der Beweis einer Tatsache auf der Wahrnehmung einer Person, so ist diese in der Hauptverhandlung zu vernehmen. [2] Die Vernehmung darf nicht durch Verlesung des über eine frühere Vernehmung aufgenommenen Protokolls oder einer Erklärung ersetzt werden.**

Übersicht

A. Unmittelbarkeitsgrundsatz (S. 1). Der Unmittelbarkeitsgrundsatz, den 1
§ 250 S. 1 im Interesse möglichst zuverlässiger Beweisgewinnung aufstellt, gilt nur für **Wahrnehmungen v. Zeugen u. Sachverständigen** (**aM** Geppert FS Rudolphi, 2004, 643) u. nur im **Strengbeweisverfahren** (→ § 244 Rn. 6), dort aber grds. auch, wenn (vgl. § 384 Abs. 3) der Umf. der Beweisaufnahme im Ermessen des Gerichts steht (Rüth DAR 1977, 211 – BayObLG RsprÜ; OLG Hamm VRS 49, 193); er ist allerdings für das beschleunigte Verf. nach § 420 Abs. 1 und über § 411 Abs. 2 S. 2 auch für das Verf. nach Einspruch gegen einen Strafbefehl durchbrochen. Die Vorschr. bestimmt ein Beweismittelverbot, das grundrechtlich nicht

geschützt ist (BVerfGE 1, 418 (429)), auf das die Prozessbeteiligten aber nur in den Fällen der §§ 251 Abs. 1 Nr. 1, Abs. 2 Nr. 3, 255a Abs. 1 verzichten können (OLG Hamm VRS 49, 113; OLG Stuttgart NJW 1976, 1852).

2 Der Unmittelbarkeitsgrundsatz bedeutet den **Vorrang des Personalbeweises** vor dem Urkundenbeweis (BGHSt 15, 253), aber auch vor dem Augenscheinsbeweis (Alsberg Beweisantrag/Güntge Rn. 860; **aM** KMR-StPO/Paulus Rn. 7). Den schriftlichen Erklärungen eines Zeugen stehen daher die v. ihm angefertigten Skizzen u. Zeichnungen über seine Wahrnehmungen gleich (→ § 86 Rn. 12), auch Tonbandaufnahmen, die seine Äußerungen über Wahrnehmungen festhalten (KK-StPO/Diemer Rn. 3; Dahs Strafprozessrevision Rn. 300), nicht aber, da sie nur den objektiven Zustand einer Sache o. Örtlichkeit wiedergeben, die v. dem Zeugen aufgenommenen Lichtbilder, Filme u. Videoaufnahmen (BGH GA 1968, 305; Löwe/Rosenberg/Sander/Cirener Rn. 11; Schlüchter Strafverfahren Rn. 539; **aM** Krause Urkundenbeweis S. 160; vgl. auch BayObLGSt 1965, 79). Zur Durchbrechung des Unmittelbarkeitsgrundsatzes durch Vorführung einer Bild-Ton-Aufzeichnung vgl. § 255a. Für Streichung des Grundsatzes der materiellen Unmittelbarkeit der Beweisaufnahme (= grds. Verlesungsmöglichkeit v. Prot. o. schriftlicher Erklärungen) im Hinblick auf das Beweisantragsrecht Frister FS Fezer, 2008, 211 ff.

2a Von der hier behandelten **materiellen** ist die **formelle Unmittelbarkeit** zu unterscheiden: Sie fordert, dass die Beweisaufnahme grds. vor dem erkennenden Gericht selbst erfolgen muss (Beulke/Swoboda StrafProzR Rn. 631; Ranft StrafProzR Rn. 1657). Dieses Prinzip hat Auswirkungen zB auf die Frage der Aktenkenntnis v. Richtern u. Schöffen (→ GVG § 30 Rn. 2), auf die Teilnahme blinder Richter (→ § 338 Rn. 11) usw. SK-StPO/Velten (→ Vor § 250 Rn. 7, 15 ff.) will v. der materiellen Unmittelbarkeit noch das Transfergebot (= Verbot der Delegation der Beweiserhebung in das Ermittlungsverfahren) unterscheiden.

3 Ein **weiterreichender Grundsatz,** dass allg. bei der Beweisaufnahme stets das sachnächste Beweismittel benutzt werden muss, lässt sich dem § 250 nicht entnehmen (BGH NStZ-RR 2014, 152 Ls.; Löwe/Rosenberg/Sander/Cirener Rn. 23; vgl. aber → § 244 Rn. 12). Grundsätzlich muss sich das Gericht aber um die Vernehmung des unmittelbaren Zeugen (ggf. unter Anwendung von § 247 oder § 247a oder mittels Vernehmung durch einen beauftragten Richter o. bes. Anordnungen über die Durchführung der Befragung nach § 241a Abs. 2) bemühen (BGH StraFo 2002, 353; NStZ 2004, 50). Ist dies nicht möglich, ist eine bes. sorgfältige Würdigung der Aussagen des Zeugen v. Hörensagen erforderlich (BGHSt 49, 112 (119); OLG Brandenburg NStZ 2002, 611; OLG Koblenz StV 2007, 520; → § 261 Rn. 11b; → Art. 6 EMRK Rn. 22 ff.).

4 Die Vernehmung des **Zeugen vom Hörensagen,** die den Unmittelbarkeitsgrundsatz nicht verletzt (BGHSt 17, 382 (384)), ist nicht nur zulässig, wenn die Tatsachen, die ihm v. anderen mitgeteilt worden sind, einen Straftatbestand erfüllen (zB den des § 186 StGB), sondern auch, wenn die Mitteilung als Beweisanzeichen für die Richtigkeit der mitgeteilten Tatsachen dienen soll (BGHSt 1, 373; 22, 268 (270); BGH NStZ 1999, 578; Löwe/Rosenberg/Sander/Cirener Rn. 25 ff.; vgl. auch BVerfGE 57, 250 (292 ff.); **aM** Seebode/Sydow JZ 1980, 506 mwN; zusf. zum Zeugen v. Hörensagen Detter NStZ 2003, 1). Unerheblich ist, ob der Zeuge seine Wahrnehmungen zufällig, im Auftrag der Polizei o. als „gerufener Zeuge" im Auftrag des Gerichts gemacht hat (BGHSt 33, 178 (181)). Das Gericht kann sich mit der Vernehmung des Zeugen v. Hörensagen selbst dann begnügen, wenn es möglich wäre, daneben den Gewährsmann zu hören (KK-StPO/Diemer Rn. 11; Alsberg Beweisantrag/Güntge Rn. 862; **aM** Grünwald JZ 1966, 493; Hanack JZ 1972, 235; Peters StrafProzR Rn. 317; **aM** auch BayObLG StV 1982, 412, das das Vorliegen v. Hindernissen rechtlicher o. tatsächlicher Art verlangt). Es ist immer eine Frage der Aufklärungspflicht, ob der Tatrichter die mittelbare Beweisführung für ausreichend halten (BGHSt 1, 373 (376); 17, 382 (384); 32, 115 (123) (GSSt); BGH StV 1988, 91; OLG Braunschweig OLGSt StPO § 244 Nr. 3) o. ihr mit Rücksicht auf die bes. Umstände des Falles sogar den Vorzug geben darf (vgl. KK-StPO/Diemer Rn. 11). Kann der Richter sich in der Sitzung aber mit eigenen

Augen ein Bild v. Tatsachen machen, in denen die ges. Merkmale der Straftat gefunden werden, ist der Gebrauch eines ersetzenden Beweismittels v. vornherein ausgeschlossen (OLG Düsseldorf StraFo 2008, 120).

Das Wissen eines **V-Manns der Polizei,** der dem Gericht infolge Verweigerung der Aussagegenehmigung (vgl. § 54) o. der Auskunft über Person u. Anschrift nicht zur Vfg. steht, kann inhaltlich durch Vernehmung eines Beamten der Polizei o. des Verfassungsschutzamtes in den Prozess eingeführt werden (BVerfG NJW 1992, 168; BGHSt 32, 115 (122) (GSSt); 33, 178 (181); BGH NJW 1981, 1626; krit. Bruns NStZ 1983, 49; Meyer ZStW 95 (1983), 846; Rüping Rn. 423; vgl. auch BVerfGE 57, 250 (292 ff.)). Dass die Verhörsperson über die Person ihres Informanten keine Auskunft gibt, steht der Verwertung der v. diesem mitgeteilten Tatsachen nicht entgegen (BVerfG NJW 1992, 168; BGHSt 17, 382; Herdegen NStZ 1984, 200; **aM** Frenzel NStZ 1984, 40; Joachim StV 1992, 247). Denn grds. darf ein Zeuge, der v. einem anderen etwas erfahren hat, hierüber vernommen werden, selbst wenn er den anderen nicht einmal kennt. Die Urteilsfeststellungen dürfen darauf aber – wie auch sonst (vgl. BGH StV 1999, 7; NStZ 2002, 656) – idR nur gestützt werden, wenn diese Bekundungen durch andere wichtige Beweisanzeichen bestätigt worden sind (BVerfG NStZ 1995, 600; NJW 2001, 2245; BGHSt 36, 159 (166); 42, 15 (25); NStZ-RR 2002, 176; 13, wistra 2013, 400; BeckRS 2013, 6886; BGHR StPO § 250 S. 1 Unmittelbarkeit 3; BGHR StPO § 261 Überzeugungsbildung 27; OLG Köln NStZ 1996, 355; zw. BGHR StPO § 261 Zeuge 13 für den Fall, dass der Gewährsmann namentlich bekannt ist; erg. → EMRK Art. 6 Rn. 22). Beispiele für solche Beweisanzeichen finden sich bei Nack Kriminalistik 1999, 171. Das Gebot äußerster Vorsicht bei der Beweiswürdigung – dazu eing. BGH StV 2016, 774 – gilt in bes. Maße, wenn die Zahl der Zwischenglieder in der Beweisführung wächst (BGHSt 34, 15 (18)). Welche Anstrengungen das Gericht unternehmen muss, um die Vernehmung des V-Manns zu ermöglichen, hat mit § 250 nichts zu tun, sondern ist eine Frage der Aufklärungspflicht nach § 244 Abs. 2 und, wenn ein Beweisantrag gestellt ist, des Vorliegens des Ablehnungsgrundes der Unerreichbarkeit (→ § 244 Rn. 62). Gleiches gilt für einen Verbindungsführer eines Nachrichtendienstes (Soiné NStZ 2007, 252). 5

B. Verbot der Verlesung von Protokollen (S. 2). I. Grundsätze. Vernehmungsprotokolle und andere Erklärungen fallen unter das Beweisverbot (s. aber → Rn. 11a, 12, 13: Ersetzungs-, nicht Ergänzungsverbot); hierzu gehören auch Berichte, die Organe oder Einrichtungen der Vereinten Nationen zu Beweiszwecken für behördliche oder gerichtliche Verfahren verfasst haben (BGH 20.3.2024 – 3 StR 454/22; siehe allerdings → § 256 Rn. 13a). Durch ihre Verlesung darf die Vernehmung nicht ersetzt werden (→ Rn. 12). Zu den – zahlreichen – Ausnahmen siehe aber §§ 251, 253, 254, 255a, 256. 6

Wer das **Protokoll** aufgenommen hat (Gericht, StA, Polizei, andere Behörde), ist gleichgültig, ebenso, wann u. in welchem Verf. es entstanden ist (BGHSt 20, 160; zw. BGH wistra 2000, 432). 7

Erklärungen iS S. 2 sind nur diejenigen, die v. **vornherein zu Beweiszwecken verfasst** worden sind (BGHSt 6, 141 (143); 20, 160 (161); BGH NStZ 1982, 79; Löwe/Rosenberg/Sander/Cirener Rn. 8). Sie müssen nicht schriftlich sein; die Vernehmung darf auch nicht durch die Verlesung einer elektronischen Erklärung ersetzt werden (BT-Drs. 18/9416, 63). In Betracht kommen va Strafanzeigen (Ernesti/Jürgensen SchlHA 1974, 187 – OLG Schleswig RsprÜ), handschriftliche Notizen, Erläuterungen zu früheren Vernehmungen u. Antworten auf Auskunftsersuchen der Strafverfolgungsbehörden, schriftliche Sachverständigengutachten, aber auch sog. Interviewprotokolle iRe internen Untersuchung (vgl. Schelzke StraFo 2021, 481 (484)). Zweckbestimmung der Urk. muss aber nicht unbedingt der Beweis in dem vorliegenden Strafverfahren (Löwe/Rosenberg/Sander/Cirener Rn. 8; Alsberg Beweisantrag/Güntge Rn. 862; **aM** BGH NStZ 1982, 79; offengelassen in BGHSt 20, 160 (161); vgl. auch BGH JZ 1987, 315) o. überhaupt in einem Strafverfahren sein (**aM** BGH 7.1.1964 – 5 StR 549/63). 8

9 **Wahrnehmungen der Beweisperson** (Zeugen, Sachverständige, Mitbeschuldigte, nicht Mitangeklagte, BGH NStZ 2012, 322) dürfen durch die Verlesung nicht in den Prozess eingeführt werden. Protokolle haben immer solche Wahrnehmungen zum Inhalt, schriftliche Erklärungen va, wenn es sich um den Bericht über einen Vorgang handelt, dessen wahrheitsgemäße Wiedergabe nur durch eine Person möglich ist, die ihn mit einem o. mehreren ihrer 5 Sinne wahrgenommen hat (BGHSt 15, 253; 27, 135), aber auch Wahrnehmungen über innere Empfindungen des Zeugen selbst, die unmittelbar durch sinnlich wahrgenommene Vorgänge ausgelöst worden sind (KK-StPO/Diemer Rn. 5; erg. → Vor § 48 Rn. 2). Nicht personengebundene Wahrnehmungen in diesem Sinne, sondern Informationen, über die grds. jedermann berichten und in verlässlicher Weise Auskunft geben kann, unterfallen dagegen nicht dem Beweisverbot (vgl. BGH NStZ 2005, 526; Schmidt NZWiSt 2023, 461, 462).

10 Eine Ausnahme v. dem Beweisverbot besteht für sinnliche **Wahrnehmungen bei Verrichtungen mechanischer Art,** die erfahrungsgemäß keinen bleibenden Eindruck in der Erinnerung der damit befassten Person hinterlassen. Das gilt insbes. für Hersteller v. Buchungs- o. Abrechnungsstreifen, die Rechnungen, Quittungen o. Eintragungen in Geschäftsbüchern zusammenfassen (BGHSt 15, 253; KK-StPO/Diemer Rn. 6), u. für Schreibkräfte, die eine Tonbandaufzeichnung in Maschinenschrift übertragen (BGHSt 27, 135), ebenso für EDV-Ausdrucke u. für das v. einem Testgerät ausgedruckte Prot. über das Erg. einer Atemalkoholmessung (BGH NStZ 2005, 526) sowie für aus einem Handy o. einer SIM-Karte ermittelte Daten (BGH BeckRS 2016, 13371). Hier ist unmittelbar der Urkunden- o. Augenscheinsbeweis zulässig. Für die Tätigkeit des Übersetzers gilt das nicht (→ § 249 Rn. 5).

11 **Sachverständigengutachten** fallen ebenfalls unter das Verlesungsverbot (BGHSt 1, 4 (7); 22, 268 (270); BGH NStZ 2015, 476; Alsberg Beweisantrag/Güntge Rn. 867; s. aber → Rn. 12). Gleichgültig ist, ob der Sachverständige sein Gutachten aufgrund der v. ihm festgestellten Befundtatsachen (→ § 79 Rn. 10) abgibt, ob er nur abstrakte Erfahrungssätze vermittelt o. ob er seine Sachkunde auf einen Sachverhalt anwendet, der mit anderen Beweismitteln in das Verf. eingeführt wird (SK-StPO/Velten Rn. 7; **aM** OLG Stuttgart NJW 1976, 1852; Gössel DRiZ 1980, 370: nur für eigene Wahrnehmungen des Sachverständigen). Ein Sachverständiger darf daher auch keine Untersuchungsergebnisse vortragen, die ein anderer Sachverständiger gefunden hat (Rüth DAR 1965, 286 – BayObLG RsprÜ).

11a Eine **vernehmungsergänzende Verlesung** ist dagegen neben der Vernehmung der Person, die die Erklärung iSv S. 2 errichtet hat, **uneingeschränkt zulässig** (BGHSt 20, 160; BGH NStZ 1988, 36; Mosbacher NStZ 2014, 1 (2)).

11b Schriftstücke, die **nicht zu Beweiszwecken** angefertigt worden sind, wie Briefe u. Tagebücher, fallen von vorneherein nicht unter das Beweisverbot (Mosbacher NStZ 2014, 1 (2)); denn § 250 bezweckt nicht, aus dem Urkundenbeweis alles auszuscheiden, was Gegenstand des Zeugenbeweises sein kann. Eine schriftliche Erkl. des die Auskunft nach § 55 Verweigernden ist verlesbar (BGH NStZ 1988, 36).

12 **II. Ersetzungsverbot.** Nur bei Vorliegen der Voraussetzungen eines der Ausnahmetatbestände der §§ 251 ff. ist eine Durchbrechung des Ersetzungsverbotes zulässig (BGH BeckRS 2025, 25598). Allerdings verbietet S. 2 auch nur **die Ersetzung, nicht die Ergänzung** der im Prot. o. in einer schriftlichen Erkl. festgehaltenen Äußerung der Beweisperson, auch eines Mitangeklagten (BGH BeckRS 2025, 25598; NStZ 2014, 607; Mosbacher NStZ 2014, 1). Wird der Zeuge o. Sachverständige in der HV vernommen, so ist die Verlesung im Wege des Urkundsbeweises nach § 249 (auch im Selbstleseverfahren nach § 249 Abs. 2: BGH NStZ 2026, 55) daher – etwa zum Zwecke des Vorhalts o. zur Überprüfung der Glaubwürdigkeit (BGH NStZ 2014, 607; NJW 1965, 874), z. B. der Konstanz der Aussage (vgl. BGH NStZ 2026, 55)– zulässig, wenn sie weder ganz noch teilw. an die Stelle der Vernehmung in der Hauptverhandlung treten soll (BGHSt 1, 4 (5); 20, 160 (162); BGH BeckRS 2025, 25598; OLG Stuttgart

NJW 1979, 559; Mosbacher NStZ 2014, 1 (5); Alsberg Beweisantrag/Güntge Rn. 869; **aM** SK-StPO/Velten Rn. 20); dies gilt auch für die Vorführung von Bild-Ton-Aufzeichnungen von Zeugenvernehmungen nach § 255a: BGH NStZ 2026, 55; BeckRS 2025, 25598; erg. → § 255a Rn. 6 ff.). Auf diese Weise kann im Interesse der Wahrheitsfindung der wörtliche Inhalt einer Urk. erg. zur Aussage in der HV zur Kenntnis des Gerichts gebracht u. seiner Beweiswürdigung zugänglich gemacht werden (BGH NJW 1965, 874). Das gilt nach Ansicht des 1. StS des BGH auch, wenn der Zeuge die Aussage nach § 55 teilw. verweigert hat (BGH NJW 1987, 1093: jedenfalls bei schriftlichen Erklärungen; dazu eing. u. krit. Dölling NStZ 1988, 6), anders hingegen der 2. StS des BGH zu § 53 (NStZ 2016, 428).

Dabei ist gleichgültig, ob durch die Verlesung die Aussage der Beweisperson o. des Mitangeklagten unterstützt o. ihre Wahrheit überprüft (LG Lübeck StV 1984, 111; Wömpner NStZ 1983, 296), Lücken der Zeugenaussage geschlossen (BGH NStZ 2018, 611: die Vernehmung v. Polizeibeamten erg. Verlesung v. Polizeiberichten) o. ob der Inhalt der Urkunde, u. im Wege der freien Beweiswürdigung auch seine Richtigkeit (Löwe/Rosenberg/Sander/Cirener Rn. 19), festgestellt werden soll, weil der Zeuge erklärt, er erinnere sich nicht mehr, habe aber damals wahrheitsgemäße Angaben gemacht (BGHSt 23, 213 (220); BGH NJW 1970, 1558; OLG Hamm NJW 1977, 2090; NStZ 2007, 542). Ist die erg. Verlesung nach diesen Maßstäben zulässig, können darauf gerichtete Beweisanträge nicht unter Hinweis auf § 250 S. 2 abgelehnt werden (vgl. BGH NStZ 2014, 607). 12a

Nicht zulässig ist dagegen die Verlesung polizeilicher Vernehmungen des **Angeklagten** zur Erg. der Vernehmung der Vernehmungsbeamten; eine solche Verlesung erlaubt das G nur bei richterlichen Vernehmungen nach § 254 (BGH NStZ 2019, 106; 1995, 47). Ansonsten ist die vernehmungsergänzende Verlesung von Vernehmungsprotokollen, etwa von **Zeugen**, zum Zwecke des Urkundsbeweises **ergänzend zur Aussage der Auskunftsperson** nur unter den Voraussetzungen des § 253 zulässig (BGHSt 49, 68; 20, 160 (161); Mosbacher NStZ 2014, 1 (4); s. aber → Rn. 14, § 249 Rn. 28 zu Vorhalten). 12b

Der **Beweis der Existenz der Urkunde** kann durch ihre Verlesung geführt werden (Wömpner NStZ 1983, 294). Sie darf ferner verlesen werden, wenn ihr strafbarer Inhalt festgestellt werden soll (RGSt 22, 51). 13

C. Vorhalte. Vorhalte an den Angeklagten o. einen Zeugen aus der Vernehmungsniederschrift o. schriftlichen Erkl. eines ausgebliebenen Zeugen **schließt § 250** nach ganz hM **nicht aus** (Mosbacher NStZ 2014, 1 (4)). Beweismittel ist dann aber nicht der Urkundeninhalt, sondern nur die auf die Erinnerung der Aussageperson gestützte Aussage in der Hauptverhandlung (vgl. BGHSt 14, 310 (312); BGH NStZ-RR 2012, 212; Mosbacher NStZ 2014, 1 (4)). Bestätigt der Angeklagte o. die Beweisperson die dort bezeichneten Tatsachen, so können sie allerdings dem Urt. als Teil der Einlassung (Eisenberg/Pincus JZ 2003, 399) o. Zeugenaussage zugrunde gelegt werden (BGH StV 1991, 197). Erg. → § 249 Rn. 28. 14

D. Revision. Die Rüge, der Tatrichter habe unter Verletzung der Sachaufklärungspflicht einen sachferneren statt des sachnäheren Zeugen vernommen, muss darlegen, inwiefern sich dem Tatrichter die Vernehmung des sachnäheren Zeugen hätte aufdrängen müssen u. was dieser gesagt hätte (BGH StV 1988, 91). Wird die unzulässige Verwertung einer Urk. gerügt, so muss angegeben werden, v. wem sie stammt u. ob ihr Verf. in der HV vernommen worden ist (BGH 20.12.1977 – 5 StR 676/77). Ferner muss der Inhalt des Schriftstücks – ggf. auch in ihm in Bezug genommene weitere Urkunden o. Zeugenvernehmungen (BGH BeckRS 2018, 24407) – mitgeteilt werden, damit das Revisionsgericht prüfen kann, ob die Verlesung nicht nach §§ 249, 256 zulässig war (Holtz MDR 1978, 989 – BGH RsprÜ; BGH StV 1999, 197 Ls.). Bei möglicher Verlesung zur Ergänzung einer Aussage (→ Rn. 12) muss sich die Revision hierzu äußern (BGH NStZ 1995, 609). Zur Zulässigkeit der Rüge, bestimmte Urkundeninhalte hätten wegen Verstoßes gegen § 250 nicht in die HV eingeführt werden dürfen, bedarf es keines Widerspruchs in 15 der HV (BGH NStZ 2012, 585; NJW 2021, 479 mAnm Ventzke NStZ 2021, 249, 251). Zur Rüge der Verletzung des Konfrontationsrechts aus Art. 6 Abs. 3 Buchst. d **EMRK** → EMRK Art. 6 Rn. 22h.

Urkundenbeweis durch Verlesung von Protokollen

251 (1) **Die Vernehmung eines Zeugen, Sachverständigen oder Mitbeschuldigten kann durch die Verlesung eines Protokolls über eine Vernehmung oder einer Urkunde, die eine von ihm erstellte Erklärung enthält, ersetzt werden,**

1. **wenn der Angeklagte einen Verteidiger hat und der Staatsanwalt, der Verteidiger und der Angeklagte damit einverstanden sind;**
2. **wenn die Verlesung lediglich der Bestätigung eines Geständnisses des Angeklagten dient und der Angeklagte, der keinen Verteidiger hat, sowie der Staatsanwalt der Verlesung zustimmen;**
3. **wenn der Zeuge, Sachverständige oder Mitbeschuldigte verstorben ist oder aus einem anderen Grunde in absehbarer Zeit gerichtlich nicht vernommen werden kann;**
4. **soweit das Protokoll oder die Urkunde das Vorliegen oder die Höhe eines Vermögensschadens betrifft.**

(2) **Die Vernehmung eines Zeugen, Sachverständigen oder Mitbeschuldigten darf durch die Verlesung des Protokolls über seine frühere richterliche Vernehmung auch ersetzt werden, wenn**

1. **dem Erscheinen des Zeugen, Sachverständigen oder Mitbeschuldigten in der Hauptverhandlung für eine längere oder ungewisse Zeit Krankheit, Gebrechlichkeit oder andere nicht zu beseitigende Hindernisse entgegenstehen;**
2. **dem Zeugen oder Sachverständigen das Erscheinen in der Hauptverhandlung wegen großer Entfernung unter Berücksichtigung der Bedeutung seiner Aussage nicht zugemutet werden kann;**
3. **der Staatsanwalt, der Verteidiger und der Angeklagte mit der Verlesung einverstanden sind.**

(3) **Soll die Verlesung anderen Zwecken als unmittelbar der Urteilsfindung, insbesondere zur Vorbereitung der Entscheidung darüber dienen, ob die Ladung und Vernehmung einer Person erfolgen sollen, so dürfen Protokolle und Urkunden auch sonst verlesen werden.**

(4) [1]**In den Fällen der Absätze 1 und 2 beschließt das Gericht, ob die Verlesung angeordnet wird.** [2]**Der Grund der Verlesung wird bekanntgegeben.** [3]**Wird das Protokoll über eine richterliche Vernehmung verlesen, so wird festgestellt, ob der Vernommene vereidigt worden ist.** [4]**Die Vereidigung wird nachgeholt, wenn sie dem Gericht notwendig erscheint und noch ausführbar ist.**

Übersicht

A. Normzweck und Grundsätze. Ausnahmen von dem Beweisverbot des § 250 lässt die Vorschr., ohne Rücksicht auf Art u. Schwere des Tatvorwurfs (BGH NStZ 1985, 230), im Interesse der Wahrheitsfindung u. zur Erleichterung u. Beschleunigung des Verfahrens zu (BGHSt 10, 186 (189); 26, 18 (20); vgl. auch BVerfGE 57, 250 (277)). Ihrer Anwendung steht in Verf. gegen Angehörige der NATO-Verbände Art. VII Abs. 9 Buchst. c NTS nicht entgegen (BGHSt 26, 18; vgl. auch Marenbach NJW 1974, 1070). Die Verlesung v. Niederschriften über frühere Vernehmungen des Angeklagten richtet sich nicht nach § 251, sondern nach §§ 231a Abs. 1 S. 2, 233 Abs. 3 S. 2 und § 254 (OLG Köln StV 1983, 97). 1

Aufnahmen auf Tonträger dürfen nach § 255a Abs. 1 entspr. § 251 abgespielt u. verwertet werden (Löwe/Rosenberg/Sander/Cirener Rn. 12). Für die Vorführung v. Videoaufnahmen verweist § 255a Abs. 1 auf § 251. Für Tonbandaufnahmen folgt dies aus einer teleologischen Auslegung der Vorschr., der deren Wortlaut nicht entgegensteht, weil dem Gesetzgeber die neuen technischen Möglichkeiten nicht bekannt waren: Wenn schon eine „blutleere" Vernehmungsniederschrift verlesen werden darf, muss „erst recht" das Abspielen einer Tonbandaufnahme erlaubt sein (vgl. Kintzi JR 1996, 189; Mildenberger, Schutz kindlicher Zeugen im Strafverfahren durch audiovisuelle Medien, 1995, S. 228 f., 260 f.). 2

Durch das **1. JuMoG** wurde die Vorschr. verändert: Während früher in Abs. 1 die Verlesung richterlicher u. in Abs. 2 diejenige sonstiger Vernehmungsniederschriften enthalten war, sind nunmehr in Abs. 1 für *alle* Vernehmungsniederschriften u. schriftlichen Erklärungen geltende u. in Abs. 2 zusätzliche Bestimmungen für richterliche Vernehmungsniederschriften getroffen worden. Neu hinzugekommen ist die Verlesungsmöglichkeit nach Abs. 1 Nr. 4 (Prot. o. Urk. über das Vorliegen o. die Höhe eines Vermögensschadens). Durch das **Gesetz zur effektiveren und praxistauglicheren Ausgestaltung des Strafverfahrens** v. 17.8.2017 wurde die Verlesungsmöglichkeit nach Abs. 1 Nr. 2 neu eingeführt, durch das **Gesetz zur Einführung der elektronischen Akte in der Justiz** v. 5.7.2017 die Terminologie etwas verändert (va wurde der bisherige Begriff „Niederschrift" durch „Protokoll" ersetzt). 3

B. Prozessrolle bei der Vernehmung. Für die Zulässigkeit der Verlesung ist nicht die Stellung der Auskunftsperson maßgebend, die sie zzt. der Vernehmung hatte, sondern die Rolle als **Zeuge, Sachverständiger o. Mitbeschuldigter,** die sie bei einer Vernehmung im gegenwärtigen Verf. einnehmen würde (BGHSt 10, 186). Daher kann auch die Aussage eines früheren Mitbeschuldigten verlesen werden, gegen den das Verf. abgetrennt worden ist (BGHSt 10, 186). Die Vernehmung eines Zeugen kann durch die Verlesung der Vernehmung als Beschuldigter, deren geringerer Beweiswert aber berücksichtigt werden muss, ersetzt werden, auch wenn sie in einem anderen Verf. stattgefunden hat (BGHSt 10, 186); das Fehlen der Belehrung nach § 136 Abs. 1 S. 2 steht der Verlesung entgegen (Schmidt NJW 1968, 1218). Ist der Zeuge früher als Beschuldigter vernommen worden, so darf die Niederschrift aber nicht verlesen werden, wenn ihm ein Zeugnisverweigerungsrecht nach §§ 52 ff., nicht nur ein Auskunftsverweigerungsrecht nach § 55, zustehen würde (BGHSt 10, 186 (190); erg. → § 252 Rn. 11). 4

C. Verlesung von Protokollen und Urkunden aller Art (Abs. 1). Verlesung von Protokollen eines Zeugen, Sachverständigen o. Mitbeschuldigten o. von **Urkunden,** die eine v. ihm erstellte Erkl. enthalten (Abs. 1): 5

I. Alle Arten von Protokollen und Urkunden. Alle Arten der in → Rn. 3 bezeichneten Prot. über eine Vernehmung (also **richterliche und nichtrichterli-** 6

che) u. die bezeichneten **Erklärungs-Urkunden** können nach Abs. 1 verlesen werden (zur Verlesung sonstiger Zeugnisse u. Gutachten vgl. insbes. § 256). Hierzu gehören nach der Rspr. auch Zusammenfassungen v. Vernehmungsniederschriften, zB entspr. Vermerke v. Polizeibeamten, nicht aber polizeiliche Aktenvermerke, die keine Vernehmung zum Gegenstand haben (BGH NStZ 2018, 740 mwN zu § 251 aF; vgl. auch OLG Hamburg NJW 2005, 2326); ob es sich der Sache nach um das Prot. einer Vernehmung handelt, hängt v. dessen Inhalt sowie den Umständen ab, unter denen das Dokument Eingang in die Verfahrensakten gefunden hat (BGH NStZ 2018, 740). Die Verlesbarkeit des Prot. hängt davon ab, dass eine der in Nr. 1–3 bezeichneten Voraussetzungen erfüllt ist:

7 **II. Fälle des Abs. 1 Nr. 1–4. 1.** Mit **Einverständnis der Prozessbeteiligten (Nr. 1),** das nach § 273 Abs. 1 in der Sitzungsniederschrift beurkundet werden u. im Zeitpunkt der Anordnung der Verlesung vorliegen muss (BGH NStZ 2020, 94), wenn es ausdr. erklärt wird (→ § 273 Rn. 7, 8), ist die Verlesung zulässig, vorausgesetzt, dass der Angeklagte einen Wahl- o. Pflichtverteidiger hat, der an der HV mitwirkt u. in dem Zeitpunkt, in dem die Einverständniserklärungen abgegeben werden sollen, auch anwesend ist (BGH StraFo 2017, 24). Erforderlich ist das Einverständnis der StA, des Verteidigers u. des Angeklagten, dem Nebenbeteiligte (§§ 434, 442, 444) insoweit gleichstehen, als die Beweiserhebung den Gegenstand ihrer Beteiligung wenigstens mittelbar berühren kann. Auch das Einverständnis des Privatklägers muss eingeholt werden, nicht dagegen das des Nebenklägers (→ § 397 Rn. 11). Hat der Angeklagte mehrere Verteidiger, so müssen alle zustimmen. Die Zustimmung des Verteidigers ersetzt die des (anwesenden) Angeklagten nicht; fehlt die Einverständniserklärung eines v. ihnen, so ist die Verlesung unzulässig. Schweigt der Angeklagte, nachdem der Verteidiger das Einverständnis erklärt hat, so kann darin aber die stillschweigende Erkl. seines eigenen Einverständnisses liegen (erg., auch zur stillschweigenden Zustimmung, → Rn. 27). Das Einverständnis des Angeklagten braucht nicht eingeholt zu werden, wenn zulässig in seiner Abwesenheit verhandelt wird (§ 234a Hs. 2); zustimmen muss aber der nach § 247 zeitweilig ausgeschlossene Angeklagte. Mitangeklagte müssen das Einverständnis nur erklären, wenn die Verlesung die Tat betr., an der sie bet. waren. Im Jugendstrafverfahren muss nur der Beistand nach § 69 **JGG** zustimmen, nicht der ges. Vertreter u. der Erziehungsberechtigte. Vgl. zum Ganzen auch → Rn. 24 ff., insbes. zum Widerruf der Einverständniserklärung → Rn. 28.

8 Die **Aufklärungspflicht** nach § 244 Abs. 2 wird durch Nr. 1 nicht berührt. Sie kann dazu zwingen, die Beweisperson selbst dann persönlich zu hören (Zeugen ggf. nach § 247a), wenn die Prozessbeteiligten mit der Verlesung v. Prot. o. Schriftstücken einverstanden sind (BGHSt 10, 186 (191 ff.); BGH NStZ 1988, 37; 283), insbes., wenn die Vernehmungsniederschrift ersichtlich ungenau o. unklar (OLG Celle StV 1991, 294) o. die Beweisperson das alleinige Beweismittel ist (OLG Düsseldorf StraFo 1999, 305; vgl. auch OLG Köln StV 1998, 585).

8a **2.** Dient die Verlesung lediglich der **Bestätigung eines Geständnisses (Nr. 2)** ist sie auch dann möglich, wenn der Angeklagte, der keinen Verteidiger hat, u. der StA zustimmen. Diese durch G v. 17.8.2017 (BGBl. I 3202) eingeführte Regelung bezweckt, das Verf. bei geständigem Täter zu beschleunigen, indem mit Einverständnis des Angeklagten u. der StA Prot. o. Urk. v. Zeugen, Sachverständigen o. Mitbeschuldigten verlesen werden können. Die Verlesung darf ausschl. zum Zweck der Überprüfung/Bestätigung des Geständnisses erfolgen. Sie kommt nur bei weiterhin geständigem Täter in Betracht, dann aber auch bzgl. entlastender Tatsachen u. einem Teilgeständnis. Die Aufklärungspflicht kann es gebieten, trotz Zustimmung v. Angeklagtem u. StA die Vernehmungsperson persönlich in der HV zu hören.

9 **3.** Bei **Unmöglichkeit der Vernehmung (Nr. 3)** ist die Verlesung nach Nr. 3 idR aufgrund der Aufklärungspflicht geboten. Das gilt beim Tod der Beweisperson o. des Mitbeschuldigten u. bei Unmöglichkeit, sie in absehbarer Zeit – sei es auch nur kommissarisch (BGH StV 1992, 548) – zu vernehmen, zB wegen Krankheit

(dazu → Rn. 20), Gebrechlichkeit (→ § 223 Rn. 5) o. Unerreichbarkeit (→ § 244 Rn. 62; erg. → Rn. 21). Etwa erforderliche Ermittlungen werden im Freibeweis (→ § 244 Rn. 7, 9) angestellt. Die nach § 244 Abs. 3 S. 2 zu stellenden Anforderungen an die gerichtliche Ermittlungspflicht gelten auch hier (→ § 244 Rn. 62a, 63). Sie hängen v. einer Einzelfallabwägung der Bedeutung der Zeugenaussage für die Wahrheitsfindung einerseits gegen das Interesse an einer beschleunigten Durchführung des Verfahrens unter Berücksichtigung der Aufklärungspflicht andererseits ab (BGH NStZ 2018, 740; 2023, 478, 479). Weite Entfernung des Zeugen v. Gerichtsort reicht idR nicht aus. Auch die Weigerung eines im Ausland lebenden Zeugen, vor dem erkennenden Gericht zu erscheinen, genügt nicht ohne Weiteres; vielmehr muss das Gericht auch insoweit alle der Bedeutung des Beweises entspr. Bemühungen zur Beibringung des Zeugen entfalten und dabei nach pflichtgemäßem Ermessen auch die Möglichkeit einer kommissarischen oder audiovisuellen Vernehmung in Erwägung gezogen haben (BGH NStZ 2023, 478, 479 mAnm v. Heintschel-Heinegg; näher → § 244 Rn. 63). Die Unerreichbarkeit kann sich daraus ergeben, dass die oberste Dienstbehörde (→ § 54 Rn. 6; → § 96 Rn. 12) sich weigert, Namen u. Aufenthalt eines V-Manns mitzuteilen o. eine entspr. Aussagegenehmigung für einen Behördenbediensteten zu erteilen (BGHSt 29, 109 (111); 33, 70; 33, 83; KG StV 1995, 348; Rebmann NStZ 1982, 317; vgl. auch BVerfGE 57, 250 (273); **aM** Engels NJW 1983, 1530; Fezer JZ 1996, 610; Grünwald StV 1984, 58; krit. auch Bruns MDR 1984, 182; eing. Orend, Die rechtliche Unmöglichkeit im Rahmen des § 251 Abs. 1 Nr. 2 StPO, 2010, S. 139 ff.).

Das Erfordernis, dass in **absehbarer Zeit** keine Vernehmung möglich ist, **10**
bezieht sich auf eine Vernehmung vor dem erkennenden Gericht, nicht nach § 223 (BGH NStZ 1985, 561 mwN; 1986, 470). Voraussetzung ist, dass der Zeuge iSd § 244 Abs. 3 S. 3 Nr. 5 unerreichbar ist (BGH NStZ 2023, 478; Einzelheiten siehe → § 244 Rn. 62 ff.). Für eine solche Unerreichbarkeit genügt die Weigerung eines sich im Ausland aufhaltenden Zeugen, vor dem erkennenden Gericht zu erscheinen, nicht ohne Weiteres (BGH NStZ 2023, 478). Es muss sich um eine nicht zu kurze Zeitspanne handeln, um die die HV bei Abwägung aller Umstände, auch der Bedeutung der Beweisfrage u. der Schwere der Straftat sowie des Beschleunigungsgrundsatzes, nicht mehr aufgeschoben werden kann (BGHSt 13, 300 (302); 22, 118 (120); BGH NStZ 1993, 144; erg. → § 244 Rn. 62a, 64). Die Hoffnung, dass der Zeuge irgendwann in ferner Zukunft doch noch erscheinen u. vernommen werden kann, steht der Verlesung nicht entgegen (BGH NStZ 2003, 562).

Bei **rechtlichen Hindernissen** gilt Abs. 1 nicht, zB wenn der Zeuge nach dem **11**
Zustandekommen des Prot. o. der schriftlichen Erkl. befugt das Zeugnis nach §§ 52 ff. o. in der HV nach § 55 die Auskunft verweigert (BGHSt 51, 325 mwN, auch zur Gegenmeinung; abl. Hecker JR 2008, 121; Murmann StV 2008, 339; zust. Ambos Beweisverwertungsverbote S. 40; Cornelius NStZ 2008, 246; zw. BGHSt 51, 280; vgl. auch BGH NStZ 2010, 466; eing. Orend, Die rechtliche Unmöglichkeit im Rahmen des § 251 Abs. 1 Nr. 2 StPO, 2010, S. 61 ff.; erg. → Rn. 24). Eine Verlesung ist jedoch zulässig, wenn das Gericht v. der Vernehmung absehen muss, weil für den Zeugen o. seine Familie bei wahrheitsgemäßer Aussage konkrete Gefahr für Leib o. Leben besteht; das bedarf aber genauer Prüfung (BGH NStZ 1993, 350 mablAnm Eisenberg StV 1993, 624, der statt dessen die Vernehmung der Verhörsperson verlangt). Schließlich ist die (erg.) Verlesung zulässig u. nach Aufklärungsgesichtspunkten erforderlich, wenn ein Zeuge aus gesundheitlichen Gründen in der HV nicht abschl. vernommen werden kann (BGHSt 51, 280; zust. Gubitz/Bock NJW 2008, 959; Murmann StV 2008, 339).

4. Hinsichtlich eines **Vermögensschadens (Nr. 4),** u. zwar sowohl für die **12**
Frage, ob ein solcher Schaden gegeben ist, als auch für die Höhe des Schadens ist die Verlesung eines Prot. o. einer Urk. zulässig. Damit wird die Vernehmung v. Zeugen entbehrlich, die außer Angaben über diese Tatsache nichts zur Aufklärung der Straftat beitragen können. Dies kommt insbes. bei Straftaten, die gegen fremdes Vermögen gerichtet sind, in Betracht (zB bei Betrugsfällen, Autoaufbrüchen, Sachbeschädigungen usw), aber etwa auch bei Verkehrsstraftaten, zB zur

Höhe v. Reparaturkosten eines Pkw (Engelbrecht DAR 2004, 496) o. des Schadens bei unerlaubtem Entfernen v. Unfallort. Zur Abgrenzung des „Vermögensschadens" v. immateriellen Schaden vgl. → § 153a Rn. 16, 17. Auch eine teilw. Verlesung eines Prot. o. Urk. ist zulässig (vgl. das Wort „soweit" in Nr. 3). Falls Gegenstand des Verfahrens ein Verbrechen ist o. es bei einem Vergehen um sehr hohe Schadenssummen geht, wird idR aber auch jetzt noch die persönliche Vernehmung der Verlesung vorzuziehen sein (vgl. auch Knauer/Wolf NJW 2004, 2936 sowie Neuhaus StV 2005, 52, die insoweit eine restriktive Anwendung der Vorschr. verlangen; ebenso SK-StPO/Velten Rn. 22).

13 **III. Nichtrichterliche Protokolle. Nichtrichterliche Protokolle** können **auch** verlesen werden, wenn richterliche Prot. vorhanden u. verlesbar sind (BGHSt 19, 354; 27, 139 (140); BGH NStZ 1986, 469). Gleichgültig ist, v. welcher Behörde (StA, Polizei, Finanz-, Bußgeld- o. andere Behörde) u. in welchem Verf. das Prot. aufgenommen worden ist. Auch Vernehmungsprotokolle der Polizeibehörden im Ausland dürfen verlesen werden (Holtz MDR 1978, 806 – BGH RsprÜ; vgl. aber BGHSt 34, 334 (341): Verlesungsverbot, wenn der ausl. Staat der Verwertung widerspricht u. berechtigterweise die Rechtshilfe verweigert).

14 Bestimmten **Formerfordernissen** braucht das Prot. nicht zu genügen. Die Verlesung hindert insbes. nicht das Fehlen der Unterschrift des Vernehmungsbeamten (BGHSt 5, 214) o. der Auskunftsperson (OLG Düsseldorf StV 1984, 107). Auch die Person des Zeugen muss nicht feststehen. Das Prot. über die Aussage eines Zeugen, der anonym geblieben ist, darf daher verlesen werden (BGHSt 33, 83; **aM** Engels NJW 1983, 1530; Taschke StV 1985, 269; Tiedemann/Sieber NJW 1984, 761), auch die eines Zeugen, der einen falschen Namen benutzt hat (AK-StPO/Dölling Rn. 40; Fischer NJW 1974, 68; **aM** OLG Frankfurt a. M. NJW 1973, 2074). Ein Verstoß gegen die Belehrungspflicht nach §§ 52 Abs. 3 S. 1, 161a Abs. 1 S. 2, 163 Abs. 3 steht der Verlesung der Aussage eines noch lebenden Zeugen entgegen (erg. → § 252 Rn. 2).

15 Zulässig ist die Verlesung **fehlerhaft zustande gekommener richterlicher Protokolle,** die nach Abs. 2 nicht verwertet werden dürfen (→ Rn. 32), als nichtrichterliche Vernehmungsniederschriften, so insbes. bei unterlassener Benachrichtigung nach § 168c Abs. 5 (BGHR StPO § 244 Abs. 3 S. 2 Unerreichbarkeit 15; Franzheim NStZ 1983, 230; Park StV 2000, 219; **aM** Krause StV 1984, 173; Velten StV 2007, 97 zu BGH StV 2005, 255); der Richter muss sich dabei aber des minderen Beweiswertes des Beweismittels bewusst sein u. die Verfahrensbeteiligten entspr. § 265 Abs. 1 auf die beabsichtigte Verwertung als nichtrichterliche Vernehmung hinweisen (BGH NStZ-RR 2019, 222; NStZ 1998, 312; erg. → § 168c Rn. 6).

16 **IV. Von der Beweisperson erstellte Erklärungen.** Gemeint sind Urk. u. schriftliche o. elektronische Äußerungen, die **unter das Beweisverbot des § 250** fallen (→ § 250 Rn. 8). Wenn sie v. ihm nicht erfasst werden, können sie ohne weiteres nach § 249 Abs. 1 verlesen werden. Nach Abs. 1 Nr. 3 verlesbar sind etwa dienstliche Äußerungen (OLG Saarbrücken NJW 1971, 1904) u. Ordnungswidrigkeitsanzeigen (OLG Köln OLGSt StPO § 251 S. 13) verstorbener Beamter sowie Gutachten verstorbener Sachverständiger (RGSt 71, 10), nicht aber Aktenvermerke des Vernehmungsbeamten (BGH NJW 1992, 326; OLG Düsseldorf OLGSt StPO § 251 Nr. 1; Meyer MDR 1977, 544). Verlesbar sind auch Urkunden, die nicht v. der Beweisperson selbst, aber, klar erkennbar (OLG Köln StV 1983, 97), in ihrem Auftrag u. mit ihrem Willen hergestellt worden sind (BGH NJW 1992, 326); die Unterschrift des Zeugen kann fehlen. Vor der HV braucht die Urk. noch nicht bestanden zu haben.

17 Verlesbar sind auch die erst **vom Gericht eingeholten Äußerungen** des Zeugen (BGH GA 1954, 374; Löwe/Rosenberg/Sander/Cirener Rn. 11; **aM** Meyer ZStW 95 (1983), 856), insbes. v. nach § 96 gesperrten Zeugen (KG StV 1995, 348) oder v. V-Leuten der Polizei, die aus anzuerkennenden Gründen nicht einmal für eine kommissarische Vernehmung zur Vfg. stehen (BGH NStZ 1981,

270; KMR-StPO/Paulus § 250 Rn. 14; vgl. auch BVerfGE 57, 250 (278 ff.)). Die Gegenmeinung (vgl. Bruns, Neue Wege zur Lösung des strafprozessualen „V-Mann-Problems“, 1982, S. 41 ff.; Engels NJW 1983, 1530; Meyer NStZ 1986, 132) nimmt dem Angeklagten die Möglichkeit, in solchen Fällen Entlastungstatsachen durch die schriftliche Anhörung der Beweisperson zu beweisen; die Überführung des Angeklagten aufgrund solcher Äußerungen wird bei rechtsfehlerfreier Beweiswürdigung ohnehin nicht möglich sein (erg. → EMRK Art. 6 Rn. 22).

D. Verlesung richterlicher Vernehmungsprotokolle (Abs. 2). I. Zeitpunkt des Vorliegens der Voraussetzungen. Die Voraussetzungen der Verlesung müssen **noch in der HV** vorliegen (BGHSt 1, 103; 9, 297 (300)). Fallen sie nach der Verlesung weg, so ist das nur v. Bedeutung, wenn die Aufklärungspflicht zur Vorladung des Zeugen zwingt (**aM** SK-StPO/Velten Rn. 31). Abs. 2 schafft über Abs. 1 hinausgehende Möglichkeiten der Verlesung für richterliche Vernehmungsniederschriften. 18

Im Einzelnen setzt die Verlesung voraus: 19

II. Fälle des Abs. 2 Nr. 1–3. 1. Krankheit, Gebrechlichkeit, andere nicht zu beseitigende Hindernisse (Nr. 1): Die Begriffe stimmen mit denen des § 223 Abs. 1 überein (vgl. → § 223 Rn. 4 ff.). In entspr. Anwendung des Abs. 2 Nr. 1 dürfen die Prot. auch verlesen werden, wenn der erschienene Zeuge ohne Gefahr für seinen Gesundheitszustand nicht vernommen werden kann (BGHSt 9, 297; OLG München StV 2006, 464; zu Erkrankungen an COVID-19 s. Wagner ZIS 2020, 223 (230); erg. → § 223 Rn. 4). Da Krankheit u. Gebrechlichkeit (sowie andere nicht zu beseitigende Hindernisse, dazu im Folgenden) auch bereits nach Abs. 1 Nr. 3 die Verlesung ermöglichen (→ Rn. 9 ff.), läuft Abs. 2 Nr. 1 weithin leer (Neuhaus StV 2005, 51); er kann nur dadurch Bedeutung erlangen, dass man wegen der geringeren Zuverlässigkeit nichtrichterlicher Vernehmungen an Abs. 1 Nr. 2 in tatsächlicher Hinsicht schärfere Anforderungen stellt als an die Verlesung nach Abs. 2 Nr. 1 (so zutr. Knauer/Wolf NJW 2004, 2935). 20

Hinderungsgrund ist nicht die Tatsache allein, dass der Zeuge außerhalb des Geltungsbereichs der StPO wohnt; in diesem Fall muss, soweit angemessen u. geboten, erst versucht werden, ihn zum Erscheinen zu veranlassen (BGHSt 22, 118; → § 223 Rn. 8; → § 244 Rn. 62a). Soweit aber nach § 244 Abs. 5 S. 2 die Vernehmung eines Auslandszeugen abgelehnt worden ist (→ § 244 Rn. 78a–c), steht dieser einem unerreichbaren Zeugen gleich; die Vernehmungsniederschrift ist dann also verlesbar (Maatz FS Remmers, 1995, 587). Die Weigerung des dauernd außerhalb des Geltungsbereichs der StPO wohnenden Zeugen, zur Vernehmung in der HV zu erscheinen, ist ein nicht zu beseitigendes Hindernis (BGHSt 7, 15; 13, 300; 32, 68; → § 223 Rn. 6). Ihr steht das aus einer allg. gefassten Entschuldigung erkennbare Fehlen des Willens zum Erscheinen gleich (BGH 5.3.1968 – 1 StR 586/67). Des aussichtslosen Versuchs einer Ladung bedarf es auch sonst nicht, wenn das Gericht aufgrund gewissenhafter Prüfung davon überzeugt ist, dass der im Ausland wohnende Zeuge nicht erscheinen werde (vgl. → § 244 Rn. 63). Ein Fall der Nr. 1 kann auch vorliegen, wenn bei einem kindlichen o. jugendlichen Zeugen der Erziehungsberechtigte sich weigert, den Zeugen zum Erscheinen zu veranlassen (BGH NStZ-RR 2019, 222; OLG Saarbrücken NJW 1974, 1959; Orend, Die rechtliche Unmöglichkeit im Rahmen des § 251 Abs. 1 Nr. 2 StPO, 2010, S. 226 ff.). Die Möglichkeit einer Videovernehmung (§ 247a) steht einer Verlesung nach Nr. 1 nicht entgegen, da es auf die körperliche Anwesenheit des Zeugen in der HV ankommt (BGHSt 46, 73 (76)). Kein Hindernis für die Vernehmung in der HV ist die Gefährdung des Zeugen, etwa eines V-Manns der Polizei, die durch den Ausschluss der Öffentlichkeit (§ 172 Nr. 1a GVG) o. die Verlegung der HV an einen anderen Ort beseitigt werden kann (BGHSt 22, 311 (313)). 21

Die **Länge der Zeit,** in der die Auskunftsperson nicht vernommen werden kann, ist danach zu beurteilen, wann sie vor Gericht erscheinen, nicht danach, wann das Verf. weiter betrieben werden kann. Dass die Verh. nicht innerhalb der Fristen des § 229 fortgesetzt werden u. eine neue Verh. wegen der Geschäftslage 22 des Gerichts vorerst nicht stattfinden kann, erlaubt die Verlesung daher nicht (BGH 5.11.1968 – 5 StR 510/68; vgl. auch Löwe/Rosenberg/Jäger § 223 Rn. 15). Maßgebend ist neben dem Beschleunigungsgebot die Bedeutung der Sache u. die Wichtigkeit der Aussage (BGHSt 32, 68 (73); BGH NStZ-RR 1997, 268; BayObLG StV 1982, 412; OLG München StV 2006, 464).

23 **2. Unzumutbarkeit des Erscheinens (Nr. 2):** Der Begriff stimmt mit dem des § 223 Abs. 2 überein (→ § 223 Rn. 8). Die Unmöglichkeit, einen in Haft befindlichen Zeugen rechtzeitig vorzuführen, steht der Unzumutbarkeit nicht gleich (BGH GA 1970, 183).

24 **3.** Das **Einverständnis der Prozessbeteiligten (Nr. 3),** das nach § 273 Abs. 1 im Prot. beurkundet werden muss (→ § 273 Rn. 7), gestattet die Verlesung nur, wenn § 244 Abs. 2 nicht entgegensteht (→ Rn. 8) u. keine Beweisverbote bestehen (BGHSt 42, 73). Die Verlesung ist daher ausgeschlossen, wenn gegen die Belehrungspflicht nach § 52 Abs. 3 S. 1 (vgl. aber → § 252 Rn. 2 für verstorbene, → § 252 Rn. 11 für flüchtige Zeugen) o. gegen § 69 Abs. 1 S. 1 verstoßen worden war o. wenn die nach §§ 168a Abs. 4 S. 1, 271 Abs. 1 S. 1 erforderlichen Unterschriften fehlen (OLG Hamm JMBl. NRW. 1983, 51), wenn der erschienene Zeuge erstmals in der HV v. seinem Zeugnisverweigerungsrecht Gebrauch macht (→ § 252 Rn. 12) o. unter Berufung auf § 55 nicht aussagt (BGH NStZ 1982, 342; StV 1996, 191; **aM** BGH NJW 2002, 309; SK-StPO/Velten Rn. 38; erg. → Rn. 11).

25 Das Einverständnis kann schon **vor der HV** erklärt werden, zB in der Verh., die zum Zweck der kommissarischen Vernehmung des Zeugen ausgesetzt worden ist; es kann dann aber in der späteren Verh. widerrufen werden (Rüth DAR 1971, 206 – BayObLG RsprÜ; KMR-StPO/Paulus Rn. 36).

26 **Alle Prozessbeteiligten** müssen einverstanden sein, außer den in Nr. 3 genannten Bet. auch die Nebenbeteiligten (→ Einl. Rn. 73), wenn die Verlesung ihre Beteiligung betr. (§§ 433 Abs. 1 S. 1, 442 Abs. 1, Abs. 2 S. 2, 444 Abs. 2 S. 2), nicht aber der Nebenkläger (→ § 397 Rn. 12). Hat der Angeklagte einen Verteidiger, so müssen beide zustimmen (BayObLGSt 1957, 132; 1978, 17). Das Schweigen des Angeklagten zur Zustimmung des Verteidigers ist aber als Einverständniserklärung zu werten (BayObLGSt 1978, 17; KMR-StPO/Paulus Rn. 37; **aM** OLG Hamm VRS 36, 51 (53); OLG Stuttgart JR 1977, 343; erg. → § 245 Rn. 11; → § 303 Rn. 3). Erforderlich ist auch die Zustimmung des nach § 233 v. Erscheinen entbundenen Angeklagten (→ § 233 Rn. 3); wird er nach § 234 vertreten, so genügt aber die des Vertreters (Löwe/Rosenberg/Sander/Cirener Rn. 69; erg. → § 234 Rn. 10; → § 234a Rn. 4). Der Zustimmung des Angeklagten bedarf es nicht in den Fällen der §§ 231 Abs. 2, 231a und § 231b; er hat sein Anhörungsrecht verwirkt (erg. → § 245 Rn. 10). Im Fall des § 231c ist sie nicht erforderlich, weil ihn die Beweisaufnahme nicht betr. (→ § 231c Rn. 10). Wirkt an der Abwesenheitsverhandlung ein Verteidiger mit, so ist die Zustimmung des Angeklagten in keinem Fall erforderlich (§ 234a Hs. 2). Wird der Angeklagte nach § 247 zeitweilig ausgeschlossen, so ist seine Zustimmung einzuholen.

27 Das Einverständnis kann **stillschweigend** erklärt werden (BGHSt 9, 230 (232); BGH StV 1983, 319), zB dadurch, dass der Verlesung nicht widersprochen wird (BGH NStZ 1983, 325; **aM** Park StV 2000, 221). Dies setzt aber voraus, dass aufgrund der vorangegangenen Verfahrensgestaltung davon ausgegangen werden darf, dass sich alle Verfahrensbeteiligten der Tragweite ihres Schweigens bewusst waren (BGH NStZ 2017, 299: Fehlen einer entspr. Erörterung u. des Gerichtsbeschlusses nach Abs. 4 S. 1 und 2; BGH NStZ 2020, 94), zB weil der Tatrichter vorher klargestellt hat, dass nach Abs. 2 Nr. 3 verfahren werden soll (BGH NJW 1984, 65 (66); Pfeiffer/Miebach NStZ 1986, 207 – BGH RsprÜ; BGH StraFo 2010, 158; BayObLG StV 1990, 399). Wer sich schon vor der HV einverstanden erklärt hat, muss ausdr. widersprechen, wenn er seine Meinung geänd. hat (BGHSt 3, 206 (209); s. aber auch BGH NStZ 2017, 299: keine stillschweigende Zustimmung durch Schweigen zu einer Verlesungsankündigung). In das Sitzungsprotokoll wird die stillschweigende Zustimmung nicht aufgenommen (→ § 273 Rn. 8). Das Fehlen des Einverständnisses kann durch nachträgliche Einholung geheilt werden.

Der **Widerruf** der Einverständniserklärung ist bis zur Anordnung der Verlesung des Prot. möglich (Löwe/Rosenberg/Sander/Cirener Rn. 23; offengelassen v. BGH NStZ 2012, 404, ob sogar bis zur Verlesung), danach ist er unwirksam (BGH 14.1.1975 – 1 StR 620/74; OLG Koblenz VRS 57, 116). 28

III. Verlesbare Protokolle. 1. Richterliche Vernehmungsprotokolle aller Art können verlesen werden, Prot. der StA u. Polizei nur nach Abs. 1, nach Abs. 2 auch nicht mit Zustimmung der Bet. (Holtz MDR 1976, 989 – BGH RsprÜ; BGH VRS 5, 212). Verlesbar sind richterliche Prot. aus dem Ermittlungsverfahren nach §§ 162, 168c, 169 (BGHSt 10, 186), aus dem Zwischenverfahren nach § 202 (Holtz MDR 1977, 461 – BGH RsprÜ) u. aus kommissarischen Vernehmungen nach § 223 (BGH VRS 36, 356), auch wenn sich der Vernehmungsgrund geänd. hat, Prot. aus einer früheren HV, auch die nur nach § 273 Abs. 2 protokollierten (BGHSt 24, 183; BayObLG MDR 1982, 517; OLG Saarbrücken NJW 1974, 1959), sowie Vernehmungen ohne förmliche Beschlussfassung (RGSt 58, 100; 66, 213 (216); OLG Oldenburg Nds. Rpfl. 1954, 17). 29

Die Vernehmung kann auch in einem anderen Strafverfahren (BGHSt 10, 186; BayObLGSt StV 1981, 12), in einem Zivil- o. Verwaltungsgerichtsverfahren (RGSt 56, 257) o. in einem Disziplinarverfahren stattgefunden haben. Dann genügt die Einhaltung der für dieses Verf. geltenden Förmlichkeiten. 30

2. Die **in dem Protokoll in Bezug genommenen Schriftstücke und polizeilichen Protokolle** (BGH NJW 1953, 35) dürfen mit verlesen werden, nicht aber die Niederschriften über die Aussagen v. Angeklagten o. Zeugen, auf die der Vernommene sich bezogen hat. Vermerke des Richters über den Verfahrensgang u. über das Verhalten des Vernommenen dürfen ebenfalls verlesen werden (BGHSt 2, 1 (3); BGH NStZ 1983, 182), auch Vermerke über seine persönlichen Eindrücke v. dem Zeugen, nicht aber über seine Einschätzung der Identität des Zeugen mit einer bestimmten Person (OLG Hamm VRS 66, 44 (45)). Die Schuldfrage betr. Wahrnehmungen des beauftragten Richters dürfen nicht im Wege dienstlicher Erkl. in die HV eingeführt werden (BGHSt 45, 354). Ebenso wenig darf er Beobachtungen, die er bei der Vernehmung nicht in der Niederschrift selbst festgehalten hat (zB über auffälliges Gebaren o. das äußere Erscheinungsbild), den anderen Gerichtsmitgliedern bei der Beratung vermitteln, weil das § 261 widersprechen würde (BGHSt 2, 1 (2); BGH NStZ 1983, 182; 1989, 382 mablAnm Itzel; vgl. auch Foth MDR 1983, 176, der mündlichen Bericht in der HV für zulässig hält). 31

3. Nur ein **ordnungsgemäß errichtetes Protokoll** darf nach Abs. 2 verlesen werden (BGH GA 1976, 218 (220); Park StV 2000, 218); zur Verlesung fehlerhaft zustande gekommener richterlicher Prot. nach Abs. 1 vgl. → Rn. 15; zur Frage, ob einem Zeugen Vorhalte aus einer richterlichen Vernehmung gemacht werden dürfen, wenn diese unter Verletzung der Benachrichtigungspflicht des § 168c Abs. 5 zustande gekommen ist, vgl. BGHSt 34, 231. Unzulässig ist die Verlesung zB bei einem Verstoß gegen § 22 (RGSt 30, 70), gegen § 68 (BGH StV 1984, 231) u. gegen § 69 Abs. 1 (BGH NJW 1953, 35; Holtz MDR 1981, 632 – BGH RsprÜ; OLG Stuttgart DAR 1955, 67) o. bei Mitwirkung eines Protokollführers, der nicht nach § 153 Abs. 5 GVG mit Aufgaben des UrkB betraut werden durfte (BGH NStZ 1984, 564) o. nicht nach § 168 S. 3 vereidigt worden ist (BGHSt 27, 339; Pfeiffer NStZ 1981, 95 – BGH RsprÜ; BGH NStZ 1984, 564), ebenso bei Mitwirkung eines Dolmetschers, dessen nach § 189 GVG erforderliche Vereidigung unterblieben ist (BGHSt 22, 118; BayObLGSt 1977, 3). Auch das Fehlen der Unterschrift des Richters schließt die Verlesung aus (BGHSt 9, 297), ebenso das Fehlen der Unterschrift des Protokollführers sowie des Bestätigungsvermerks u. der Unterschrift der Schreibkraft nach § 168a Abs. 4 S. 2 und 3 (OLG Stuttgart NStZ 1986, 41; vgl. auch Rieß NStZ 1987, 444). Unschädlich ist das Fehlen der Unterschrift des Zeugen (RGSt 34, 396; vgl. auch OLG Düsseldorf StV 1984, 107). Ist die Verlesung nach diesen Grundsätzen unzulässig, so ist ohne Bedeutung, dass Angeklagter u. Verteidiger ihr nicht widersprochen haben (RGSt 53, 106; OLG Stuttgart NStZ 1986, 41). Sind der Angeklagte u. der Verteidiger v. dem Ver- 32 nehmungstermin nicht benachrichtigt worden, so darf das Prot. gleichwohl mit ihrem Einverständnis verlesen werden (BGHSt 26, 332; 29, 1 (2); BGH StV 1985, 397; BayObLGSt 1984, 107; KG StV 1984, 68); nur der ausdr. iRd Äußerungsrechts nach § 257 erklärte Widerspruch führt zur Nichtverwertbarkeit der Aussage (BGH NStZ 1987, 132 (133); NJW 1996, 2239 (2241)). Wegen des Verstoßes gegen Belehrungspflichten u. Beweisverbote vgl. → Rn. 11.

33 4. Die **konsularische Vernehmung** (→ Einl. Rn. 210), auch die v. freiwillig erschienenen ausl. Zeugen (BGH NStZ 1984, 128), steht der eines inländischen Gerichts gleich (§ 15 Abs. 4 KonsG), auch wenn ein Honorarkonsul sie durchgeführt hat. Da das Prot. v. dem vernehmenden Konsularbeamten selbst geführt werden kann (§ 15 Abs. 3 S. 3 KonsG), ist die Niederschrift auch verlesbar, wenn kein Protokollführer mitgewirkt hat.

34 5. Bei **Vernehmungen im Ausland** durch ein Mitglied des Gerichts findet die StPO unmittelbar Anwendung (BGH NStZ 1996, 609); sonst genügt die Einhaltung der dort bestehenden Zuständigkeits- u. Verfahrensvorschriften (BGHSt 1, 219; 42, 86 (90); BGH StV 1982, 153). Daher können auch Vernehmungsprotokolle der StA, der Polizei ua Beamter verlesen werden, die nach dem ausl. Recht zur Vernehmung ermächtigt sind (BGHSt 7, 15; Holtz MDR 1982, 282 – BGH RsprÜ; BGH NStZ 1983, 181; 1985, 376). Eingehend u. einschr. hierzu aber Gless JR 2008, 319; Nagler StV 2013, 324; vgl. ferner Oehmichen/Schneider/v. Wistinghausen StraFo 2015, 230).

34a **Nach Art. 4 Abs. 1 EuRhÜbk** (→ Einl. Rn. 215b) richtet sich die Erledigung v. Rechtshilfeersuchen zwischen den Vertragsparteien (zzt. 19 EU-Staaten sowie Norwegen u. Island, zum jeweiligen Stand vgl. www.Bundesgerichtshof.de – Bibliothek – Internationale Rechtshilfe) nunmehr allerdings nach dem Recht des ersuchenden Staates, so dass die Nichtbeachtung deutscher Verfahrensgarantien – insbes. die fehlende Benachrichtigung v. der Vernehmung – zur Unverwertbarkeit der Aussage führen kann (vgl. BGH StV 2007, 627 mAnm Schuster StV 2008, 396). Im Übrigen gilt:

35 Sieht das ausl. Recht eine **Benachrichtigung** der Prozessbeteiligten v. dem Vernehmungstermin vor, steht die Nichtbeachtung der Vorschr. der Verlesung entgegen (BGH StV 2005, 255; OLG Celle StV 1995, 179; vgl. aber → Rn. 15). Unschädlich ist hingegen das Fehlen der im ausl. Recht nicht vorgesehenen o. nicht zulässigen Benachrichtigung (BGHSt 1, 219 (221); Holtz MDR 1977, 461 – BGH RsprÜ; BGH NStZ 1985, 376; OLG Hamm VRS 24, 391; erg. → § 168c Rn. 8; → § 224 Rn. 1), ebenso die Abnahme des Voreids (BGH NStZ 2000, 547; OLG Koblenz OLGSt StPO § 251 Nr. 3) u. das Fehlen der Vereidigung (BGH VRS 31, 268). Jedoch muss das Prot. (o. wenigstens das Übersendungsschreiben) v. dem Vernehmungsbeamten unterschrieben sein (Holtz MDR 1979, 637 – BGH RsprÜ).

36 Dagegen steht eine fehlende **Belehrung** über ein Zeugnisverweigerungsrecht, die nach deutschem Recht erforderlich gewesen wäre, der Verlesung entgegen, auch wenn das ausl. Recht eine solche Belehrung nicht vorsieht (BGH NStZ 1992, 394); ob das auch bei einer fehlenden Beschuldigtenbelehrung gilt, hat BGH NStZ 1994, 595 offengelassen (vern. Rogall JZ 1996, 954). Eingehend zur Verwertung im Ausland gewonnener Beweismittel Böse ZStW 114 (2002), 148 sowie Daamen, Zur Verwertbarkeit ausl. Vernehmungsniederschriften, 2004, wobei ersterer die Erg. der Rspr. weithin ablehnt, während letzterer die daran geübte Kritik für unzutr. hält. Eingehend nun auch Schuster, Die Verwertbarkeit im Ausland gewonnener Beweise im deutschen Strafprozess, 2006, vgl. dort insbes. auch zur Nichtgewährung deutscher Beteiligungsrechte (S. 180), zu Abweichungen bei Zeugnis- u. Aussageverweigerungsrechten (S. 186), zur fehlenden Belehrung über das Schweigerecht (S. 204) u. zur fehlenden Möglichkeit der Verteidigerkonsultation (S. 214). Zur Verwertbarkeit v. Prot. über die Vernehmung anonymer Zeugen vgl. OLG Düsseldorf StV 1992, 558 mkritAnm Walther.

37 **E. Verlesung von Protokollen und Urkunden im Freibeweis (Abs. 3).** Die Vorschr. besagt nur, dass der Grundsatz der Unmittelbarkeit der Beweisauf-

nahme (→ § 250 Rn. 1) für die Urkundenverlesung im Freibeweis (→ § 244 Rn. 7, 9) nicht gilt (Löwe/Rosenberg/Sander/Cirener Rn. 71 ff.). Die Verlesung ordnet der Vorsitzende iRd Sachleitung an (vgl. Abs. 4 S. 1); eines Gerichtsbeschlusses bedarf es nur im Fall der Beanstandung (§ 238 Abs. 2).

F. Verfahren (Abs. 4). I. Verlesung in vollem Umfang. In vollem Umfang muss das Prot. o. die Urk. verlesen werden (Ausnahme → Rn. 12). Die Teilverlesung ist nur mit Zustimmung der Prozessbeteiligten zulässig (BGH NStZ 1988, 283). 38

Durch einen Bericht des Vorsitzenden (→ § 249 Rn. 25 ff.) darf die Verlesung nicht ersetzt werden (Löwe/Rosenberg/Sander/Cirener Rn. 83). 39

II. Gerichtsbeschluss (Abs. 4 S. 1, 2). Ein Gerichtsbeschluss (Abs. 4 S. 1, 2), der im Sitzungsprotokoll beurkundet werden muss, ist – „angesichts der potentiellen Bedeutung der Verlesung für die Zuverlässigkeit der Beweisgewinnung und Rekonstruktion des Tatgeschehens" (BGH NJW 2010, 3383) – erforderlich, auch wenn alle Bet. mit der Verlesung einverstanden sind (BGH NStZ 1988, 283; NStZ-RR 2007, 52; BayObLG NJW 2005, 1592; Bär DAR 1994, 386 – BayObLG RsprÜ; OLG Hamburg StV 2016, 796). Der Vorsitzende allein darf nur das Absehen v. der Verlesung anordnen. 40

Der Beschl. muss **mit Gründen versehen** werden, auch wenn die Prozessbeteiligten darauf keinen Wert legen (BGH NJW 1952, 1305; NStZ 1986, 325; OLG Koblenz OLGSt StPO § 251 Nr. 2). Die tatsächlichen Gründe der Verlesung, nicht nur die Gesetzesbestimmungen (BGH NStZ 2010, 403; OLG Karlsruhe NJW 1973, 1942), müssen so genau angegeben werden, dass sie rechtlich nachprüfbar sind (BGHSt 9, 230; NStZ 1983, 569; 2010, 403; BayObLG StV 1981, 12; OLG Düsseldorf StraFo 1999, 305; OLG Hamm StV 2014, 329). Im Fall des Abs. 2 Nr. 1, 2 muss erkennbar sein, dass die Voraussetzungen der kommissarischen Vernehmung fortbestehen; dabei kann die Bezugnahme auf den die Vernehmung nach § 223 anordnenden Beschl. ausreichen (BGH StV 1983, 232). In den Fällen des Abs. 1 Nr. 1 und des Abs. 2 Nr. 3 genügt der Hinweis auf die Vorschrift. 41

III. Vereidigung (Abs. 4 S. 3, 4). 1. Die **Feststellung der Nichtvereidigung** ist überflüssig, wenn die Auskunftsperson als Beschuldigter vernommen worden ist o. eidesunmündig war o. wenn die Nichtvereidigung in dem verlesenen Prot. vermerkt ist (OLG Stuttgart DAR 1955, 67). 42

Die Feststellung, die in der Sitzungsniederschrift beurkundet werden muss, kann bis zum Schluss der HV nachgeholt werden. Nicht erforderlich ist die Bekanntgabe der Gründe für die frühere Vereidigung (insoweit **aM** Löwe/Rosenberg/Sander/Cirener Rn. 87) o. Nichtvereidigung. 43

2. Nachholung: Eine notwendige u. durchführbare Vereidigung ist nachzuholen (S. 4); im Fall des Abs. 1 gilt Abs. 4 S. 4 nicht (BGH BeckRS 1993, 31091534). Die Notwendigkeit der Vereidigung bestimmt sich nach den allg. Vorschr. der §§ 59 ff.; Abs. 4 S. 4 erweitert die Ausnahmen der §§ 60, 61 nicht (BGHSt 1, 269 (272); BGH NStZ 1984, 179; OLG Stuttgart StV 1987, 55). Das Gericht hat über die Nachholung vAw durch förmlichen Beschl. zu entscheiden (BGHSt 1, 269 (270); OLG Stuttgart StV 1987, 55). Das ist jedoch nicht erforderlich, wenn der ersuchte Richter v. der Vereidigung abgesehen hatte; dann bedarf es eines Beschl. nur, wenn die Nichtvereidigung beanstandet wird (vgl. Miebach NStZ 1990, 230 – BGH RsprÜ). Wird die Nachholung angeordnet, so muss der Zeuge nochmals kommissarisch vernommen werden (vgl. Löwe/Rosenberg/Sander/Cirener Rn. 91). 44

G. Revision. Das Revisionsgericht prüft auf entspr. Rüge die Gründe des Verlesungsbeschlusses (→ Rn. 35) auf Rechtsfehler (Holtz MDR 1979, 990 – BGH RsprÜ). Das Fehlen eines Zustimmungspflichtigen nach Abs. 1 Nr. 1 begründet die Revision (BGH NStZ 2012, 585), ebenso das Fehlen des Beschl. nach Abs. 4 S. 1 (BGH NStZ 1993, 144; 2020, 94; OLG Brandenburg NStZ 1996, 300; OLG Hamburg StV 2016, 796), auch das Fehlen o. ein Mangel in der Begründung 45 nach Abs. 4 S. 2 (vgl. BGH NStZ 1983, 569). Dass Angeklagter u. Verteidiger der Verlesung nicht widersprochen haben, spielt hier keine Rolle (BGH NStZ 1986, 325; NStZ-RR 1997, 268). Das Urt. beruht aber nicht auf dem Verstoß, wenn allen Bet. der Grund der Verlesung klar u. von der persönlichen Vernehmung des Zeugen keine weitere Aufklärung zu erwarten war (BGH NStZ 2020, 624; 2016, 117; 2011, 356), was nach BGH NJW 2010, 3383 aber „mit Rücksicht auf Sinn und Zweck des Beschlusserfordernisses nur in Ausnahmefällen angenommen werden kann" (zust. Krüger NStZ 2011, 594), ebenso, wenn das Tatgericht seine Überzeugung nicht auf verfahrensfehlerhaft eingeführte Vernehmungsinhalte gestützt hat (vgl. BGH BeckRS 2021, 16081). Die Revision begründet auch das Fehlen der Feststellung nach Abs. 4 S. 3 und des Beschl. nach Abs. 4 S. 4 (BGH NStZ 1984, 179 (180); StV 2000, 654). Dies gilt ebenso, wenn eine Verlesung nach Abs. 1 Nr. 2 (auch) zu anderen Zwecken als der Bestätigung eines Geständnisses gedient hat, was sich etwa aus den Urteilsgründen ergeben kann. Die Geltendmachung v. Mängeln der kommissarischen Vernehmung ist verwirkt, wenn der Verlesung des Vernehmungsprotokolls in der HV nicht widersprochen wird (BGHSt 1, 284 (286); 9, 24 (28); BGH NJW 1984, 65 (66)).

46 Zum **notwendigen Revisionsvorbringen** gehören Angaben über den Inhalt des Prot. o. der Urk. (BGH NStZ 2000, 215), über den Aussteller einer nach Abs. 1 Nr. 1 verlesenen Urkunde, über die Möglichkeit der Vernehmung der Beweisperson in der HV u. über die Verwertung des Prot. o. der Urk. im Urt. (OLG Düsseldorf NStE StPO § 251 Nr. 15), zB auch im Falle des Abs. 1 Nr. 2.

Verbot der Protokollverlesung nach Zeugnisverweigerung

252 **Die Aussage eines vor der Hauptverhandlung vernommenen Zeugen, der erst in der Hauptverhandlung von seinem Recht, das Zeugnis zu verweigern, Gebrauch macht, darf nicht verlesen werden.**

Übersicht

1 **A. Anwendungsbereich.** Eine **Ergänzung der §§ 52 ff.** für den Fall nachträglicher Zeugnisverweigerung enthält § 252; er schließt dann jede Verwertung der bei einer nichtrichterlichen (→ Rn. 14, 15 zur Vernehmung richterlicher Verhörspersonen) Vernehmung gemachten Aussage des Zeugen, nicht eines Mitangeklagten (BGHSt 3, 149; BGH VRS 31, 453), insbes. deren Verlesung, auch wenn es sich um eine richterliche Vernehmungsniederschrift handelt (BGH NStZ 1997, 95), aus. Unerheblich ist, ob die Aussage für den Angeklagten günstig o. ungünstig war (BVerfG NStZ-RR 2004, 18; **aM** Löwe/Rosenberg/Sander/Cirener Rn. 8; Alsberg Beweisantrag/Güntge Rn. 871). Dies gilt auch für v. einem Sachverständi-

gen gewonnene Zusatztatsachen (Holtz MDR 1987, 625 – BGH RsprÜ). Der Aussageverweigerung in der HV steht der Fall gleich, dass der Zeuge schon vorher mitteilt, er werde nicht aussagen. Ob die Voraussetzungen des § 252 vorliegen, ist im Freibeweisverfahren zu prüfen (BGH NStZ 1996, 295).

I. § 52. Im **Fall des § 52** ist gleichgültig, ob das Angehörigenverhältnis, auch ein Verlöbnis, vor o. nach der früheren Vernehmung entstanden ist (BGHSt 22, 219 (220); 27, 231; BGH NJW 1980, 67; StV 1988, 92; zw. BGHSt 45, 342 (347), wo dann aber ein Verwertungsverbot wegen unlauterer Verfahrensmanipulation – Heirat zwecks Erlangung des Zeugnisverweigerungsrechts – verneint wurde). im Fall des Verlöbnisses (§ 52 Abs. 1 Nr. 1) ist allerdings in praktischer Hinsicht der Beurteilungsspielraum des Vorsitzenden zu beachten (BGH BeckRS 2014, 5431; erg. → § 52 Rn. 4). Das Verwertungsverbot besteht aber nicht, wenn der Angehörige, ohne die nachträgliche Aussageverweigerung erklärt zu haben, unerreichbar (vgl. BGH BeckRS 2014, 16939), geisteskrank geworden (RGSt 9, 88 (91)) o. verstorben ist (BGHSt 22, 35; Dallinger MDR 1966, 384 – BGH RsprÜ; OLG Nürnberg HESt 3, 40; **aM** Schmidt NJW 1968, 1218; Peters JR 1968, 430). Verstirbt er nach Abgabe der Erklärung, so ist die Aussage unverwertbar (OLG Celle NJW 1968, 415; Löwe/Rosenberg/Sander/Cirener Rn. 18; Schlüchter Strafverfahren Rn. 505; **aM** Michaelis NJW 1969, 730); das gilt auch dann, wenn er später außergerichtlich erklärt hatte, er werde in der HV doch aussagen (**aM** OLG Köln StraFo 2004, 382 mit zutr. abl. Anm. Foth; wie hier Alsberg Beweisantrag/Güntge Rn. 873). Das Verwertungsverbot wirkt ggü. allen Angeklagten, auch wenn das Angehörigenverhältnis nur zu einem v. ihnen besteht, sofern gegen sie ein sachlich nicht trennbarer Vorwurf erhoben worden ist (BGHSt 7, 194 (196); 27, 139 (141); 34, 215 (216)). Dabei genügt es nach bisheriger Rspr., dass in irgendeinem Verfahrensabschnitt ein gegen die mehreren Beschuldigten gerichtetes Verf. in Bezug auf dieselbe Tat iSd historischen Geschehens geführt wurde (BGH NStZ 2012, 340 mwN; erg., auch zu den Voraussetzungen des Bestehens des ZVR iE → § 52 Rn. 11). Ob an dieser Judikatur festzuhalten ist, erscheint zw. (s. die bei BGH NStZ 2012, 221 – obiter – geäußerten Bedenken; näher dazu → § 52 Rn. 11a). 2

II. §§ 53, 53a. Im **Fall der §§ 53, 53a** ist § 252 nur anwendbar, wenn schon bei der früheren Vernehmung ein Zeugnisverweigerungsrecht bestanden hat (OLG Dresden NStZ-RR 1997, 238; **aM** Mitsch AfP 2012, 521 (524) zu § 53 Abs. 1 Nr. 5; Theuner Schweigepflicht S. 331: selbst bei unlauterer Verfahrensmanipulation). Dies gilt jedoch nicht, wenn der Zeuge damals nach §§ 53 Abs. 2 S. 1, 53a Abs. 2 von der Schweigepflicht entbunden war (BGHSt 18, 146; BGH StV 1997, 233 Ls.; **aM** Geppert JURA 1988, 311). Der ER darf etwa über den Inhalt der vor ihm gemachten Aussage eines gem. § 53 Abs. 1 Nr. 3 zur Verweigerung des Zeugnisses berechtigten Arztes vernommen werden, wenn der Arzt bei dieser Aussage gem. § 53 Abs. 2 von der Verpflichtung zur Verschwiegenheit entbunden war (BGHSt 18, 146). Dies gilt nach der Rspr. des BGH entspr. für Angaben iRe polizeilichen Vernehmung, da durch das Zeugnisverweigerungsrecht des § 53 der Berufsgeheimnisträger geschützt werde u. § 252 schon mangels der in der Vorschr. vorausgesetzten Pflichtenkollision des bei seiner Vernehmung im Ermittlungsverfahren v. seiner Schweigepflicht entbundenen Berufsgeheimnisträgers nicht anwendbar sei (BGH NStZ 2012, 281 mkritAnm Geppert; Gercke FS Schlothauer, 2018, 423 (430)); Mitsch JR 2012, 432; zust. Beulke/Swoboda StrafProzR Rn. 646; erg. → § 53 Rn. 49). 3

III. § 54. Im **Fall des § 54** gilt § 252, wenn der Zeuge in der irrigen Annahme ausgesagt hatte, er sei nicht zum Schweigen verpflichtet (OLG Celle MDR 1959, 414; Gössel NJW 1981, 2220; **aM** KK-StPO/Diemer Rn. 8; Löwe/Rosenberg/Sander/Cirener Rn. 5; Alsberg Beweisantrag/Güntge Rn. 873). Wird die Aussagegenehmigung widerrufen (→ § 54 Rn. 23), bleibt das, was der Zeuge vorher in der HV ausgesagt hat, verwertbar, nicht aber seine Bekundungen im Vorverfahren (OLG Celle MDR 1959, 414; Löwe/Rosenberg/Ignor/Bertheau § 54 Rn. 20; 4

SK-StPO/Velten Rn. 9; **aM** SK-StPO/Rogall § 54 Rn. 8; KK-StPO/Diemer Rn. 8).

5 **IV. § 55.** Für das **Auskunftsverweigerungsrecht nach § 55** hat § 252 keine Bedeutung (BGHSt 6, 209 (211); 17, 337 (350); Holtz MDR 1983, 796 – BGH RsprÜ; BayObLG NJW 1984, 1256; Mitsch JZ 1992, 183; Alsberg Beweisantrag/ Güntge Rn. 873; **aM** Eisenberg Beweisrecht StPO Rn. 1284-1127; Fezer StrafProzR § 15 Rn. 57 ff.; Rogall NJW 1978, 2538), auch wenn ausnahmsweise (→ § 55 Rn. 2) die ganze Aussage verweigert werden darf (BGHSt 17, 245) o. wenn der Zeugen bei gleichzeitig bestehendem ZVR nach § 52 (nur) v. seinem Recht nach § 55 Gebrauch macht.

6 **V. Entsprechende Anwendung. Entsprechend anwendbar** ist § 252 im Fall des § 76 (ANM 467; **aM** KMR-StPO/Paulus § 72 Rn. 1), nicht im Fall des § 81c (**aM** Geppert JURA 1988, 365; Rengier JURA 1981, 304; erg. → § 81c Rn. 25) u. auch nicht, wenn der Angehörige eines Mitangeklagten früher als Beschuldigter Angaben gemacht hat, aber als Angeklagter in der HV die Aussage insoweit verweigert (BGHSt 45, 342 (350); erg. aber → Rn. 11), o. wenn ein Mitangeklagter, der früher Angaben als Zeuge gemacht hat, jetzt schweigt (BGHSt 3, 149; BGHR StPO § 252 Verwertungsverbot 9). Die Angeklagtenstellung darf aber nicht durch eine Verfahrensverbindung herbeigeführt werden, um das Zeugnisverweigerungsrecht zu umgehen (BGHSt 45, 342 (351)).

7 **B. Inhalt und Reichweite.** Auf **Aussagen vor der HV,** auch in einer früheren HV (Dallinger MDR 1969, 18 – BGH RsprÜ), in einem anderen Strafverfahren (BGHSt 20, 384; BGH StV 2005, 536) o. in einem Zivilprozess (BGHSt 17, 324; **aM** KMR-StPO/Paulus Rn. 23 mwN), bezieht sich § 252. Darunter fallen nicht nur Angaben des Zeugen bei einer förmlichen, in ein Prot. aufgenommenen Vernehmung, sondern auch Angaben ggü. der (Jugend-)Gerichtshilfe (BGH NJW 2005, 765), schriftliche Erklärungen in einem v. der Polizei zugesandten Fragebogen (OLG Stuttgart VRS 63, 52), unprotokolliert gebliebene Angaben ggü. einem Polizeibeamten (ANM 468) u. Angaben bei einer telefonischen Befragung zum Tatgeschehen (Rüth DAR 1986, 247 – BayObLG RsprÜ). Die informatorische Anhörung steht insoweit der förmlichen Vernehmung gleich (BGHSt 29, 230; OLG Bamberg NStZ-RR 2012, 83; OLG Jena StV 2006, 518; OLG Hamburg StV 1990, 535; OLG Köln VRS 80, 32; OLG Stuttgart VRS 63, 52). Auf wessen Initiative die Vernehmung stattfindet, spielt keine Rolle (BayObLG NJW 1983, 1132). § 252 ist aber nicht anwendbar, wenn der Tatrichter während der HV zu dem Erg. gelangt, dass ein dem Zeugen ursprünglich zugebilligtes Verweigerungsrecht tatsächlich nicht bestand o. besteht (BGHSt 55, 65).

8 **I. Äußerungen aus freien Stücken.** Nur Äußerungen, die ein Zeuge vor o. außerhalb der Vernehmung aus freien Stücken getan hat, werden **v. § 252 nicht erfasst** (BGHSt 1, 373; 36, 384 (389); BGH NStZ 2007, 652; OLG Karlsruhe NStZ 2024, 507; BayObLG NStZ-RR 2001, 49; OLG Saarbrücken NJW 2008, 1396). Das gilt va für den Inhalt einer Strafanzeige, mit der keine Vernehmung verbunden ist (BGH NJW 1956, 1886; Miebach NStZ 1989, 15 – BGH RsprÜ), für Äußerungen bei der Bitte um polizeiliche Hilfe (BGH GA 1970, 153; NStZ 1986, 232; BayObLG VRS 65, 290;) o. im Rahmen polizeilicher Notrufe (OLG Hamm NStZ 2012, 53), für Angaben gegenüber der Rechtspflegerin des FamG nach § 1 GewSchG (OLG Karlsruhe NStZ 2024, 507), für Spontanäußerungen u. -reaktionen (OLG Hamm NStZ 2012, 53; OLG Saarbrücken NJW 2008, 1396) auch im Anschluss an eine Vernehmung (OLG Hamm JMBl. NRW. 1972, 262; OLG München BeckRS 2009, 11744) u. für Informationen, die ein V-Mann den v. ihm herbeigerufenen Polizeibeamten gibt (LG Frankfurt a. M. StV 1988, 337). Der gezielte Einsatz eines V-Mannes ggü. einem Zeugnisverweigerungsberechtigten verstößt nach Ansicht des BVerfG – jedenfalls wegen Fehlens einer ges. Grdl. – gegen das Gebot des fairen Verfahrens (BVerfG NStZ 2000, 489; NJW 2010, 287), wobei aber offen geblieben ist, ob dies auch ein Verwertungsverbot nach sich zieht

(vern. BGHSt 40, 211; Gollwitzer JR 1995, 469; Schlüchter/Radbruch NStZ 1995, 354; bejahend Wolter FS BGH IV, 2000, 969; vgl. auch Rogall JZ 1996, 951). Verwertbar ist die Mitteilung der Zeugin ggü. einem Polizeibeamten, der an der Wohnungstür geklingelt hat, ihr Mann sei nicht zu Hause (OLG Stuttgart Justiz 1972, 322), nicht aber die Angabe, er fahre das v. der Polizei gesuchte Fahrzeug (BayObLG NStZ 2005, 468; OLG Frankfurt a. M. StV 1994, 117).

II. Schriftliche Mitteilungen und Erklärungen. Schriftliche Mitteilungen u. Erklärungen des Zeugen in dem anhängigen o. einem anderen Verfahren, auch in einem Zivil- o. Verwaltungsgerichtsverfahren, **fallen nicht unter § 252** (Kusch NStZ 1998, 26 – BGH RsprÜ; **aM** Rüth DAR 1985, 245 – BayObLG RsprÜ), ebenso wenig Briefe des Zeugen an den Angeklagten (RGSt 22, 51) u. Äußerungen ggü. anderen Zeugen (BGHSt 1, 373; 20, 384 (385); BGH JR 1951, 349; BayObLG NJW 1983, 1132) o. ggü. einer Sozialbehörde, v. der der Zeuge Hilfe o. Unterstützung erlangen will (BGH GA 1970, 153; NStZ 1986, 232). Dies gilt nicht für Schriftstücke, die der Zeuge bei seiner Vernehmung übergeben hat u. die Bestandteil seiner Aussage geworden sind (→ Rn. 12). 9

III. Äußerungen gegenüber Sachverständigen. Äußerungen gegenüber Sachverständigen **fallen nicht unter § 252,** soweit es sich um **Befundtatsachen** (→ § 79 Rn. 10) handelt (BGHSt 11, 97 (99); OLG Hamm NStZ 2012, 53 (54); Löwe/Rosenberg/Sander/Cirener Rn. 42 mwN; **aM** HK-StPO/Julius Rn. 13; SK-StPO/Velten Rn. 20); dagegen stehen Mitteilungen über Zusatztatsachen (→ § 79 Rn. 11) einer Aussage gleich (stRspr, vgl. BGHSt 36, 384 (386); BGH NStZ 2007, 353; ferner BGHSt 46, 189 für die erneute HV nach Wiederaufnahme des Verfahren); das gilt auch für frühere Äußerungen im Zivilprozess o. in einem Verf. der freiwilligen Gerichtsbarkeit (BGHSt 36, 384; BGH NJW 1998, 2229 zu § 50b FGG aF = § 159 FamFG). Ergänzend → § 81c Rn. 25. Zur Einordnung der im Rahmen einer Exploration für ein aussagepsychologisches Gutachten erhobenen Tatsachen BGHSt 46, 189 einerseits (jedenfalls Zusatztatsachen, soweit es sich um Angaben zum Tatgeschehen handelt) und BGH NStZ 2021, 690 andererseits (Befundtatsachen, zu denen der Sachverständige in seiner nämlichen Funktion vernommen werden kann; näher → § 79 Rn. 10. 10

C. Zeuge früher Beschuldigter. War der Zeuge früher Beschuldigter in demselben o. in einem anderen Verfahren, so ist seine damalige Einlassung unverwertbar, soweit er jetzt als Zeuge die Aussage befugt nach § 52 verweigert o. verweigern könnte (BGHSt 10, 186; 20, 384; 42, 391; BayObLG NJW 1983, 1132; OLG Koblenz NJW 1983, 2342). Das schließt zugleich aus, dass das früher gegen ihn ergangene Urt. verlesen (BGH NStZ 2003, 217) o. der vernehmende Richter über die Beschuldigtenvernehmung gehört wird (BGHR StPO § 252 Verwertungsverbot 6; vgl. → Rn. 13), selbst wenn er den Beschuldigten überflüssigerweise nach § 52 Abs. 3 S. 1 belehrt hatte (BGH GA 1979, 144; StV 2002, 3 Ls.; BayObLG NJW 1978, 387, OLG Koblenz NJW 1983, 2342). Wenn jedoch ein Mitangeklagter flüchtig ist, der sich sonst in demselben Verf. hätte verantworten müssen, kann die Niederschrift über seine Vernehmung als Beschuldigter nach § 251 Abs. 1 Nr. 3 oder Abs. 2 Nr. 1 verlesen werden. Dass er dabei nicht über das Recht zur Verweigerung des „Zeugnisses" belehrt worden ist, steht dem nicht entgegen, weil diese Belehrung bei der Beschuldigtenvernehmung nicht in Betracht kam (BGHSt 27, 139). 11

D. Rechtsfolge. Ein **Beweisverbot,** auf das die Bet. nicht verzichten können (BGHSt 10, 77; BGH NStZ 1997, 95; OLG Karlsruhe OLGSt StPO § 252 S. 21; aber erg. → Rn. 16a), bestimmt § 252. Es gilt nur dann nicht, wenn die Strafbarkeit des Inhalts der Aussage in einem Verf. gegen den Zeugen o. den Anstifter zum Falscheid festgestellt werden muss (OLG Hamm NJW 1981, 1682; Geppert JURA 1988, 368). 12

Über seinen Wortlaut hinaus verbietet § 252 die Verlesung der Aussage einschl. der Schriftstücke, die der Zeuge bei der Vernehmung übergeben hat u. die 12a

Bestandteil seiner Aussage geworden sind (BGHSt 22, 219; BGH StV 1996, 196; 2001, 108). Dies soll auch für ein bei der Vernehmung übergebenes Tonband über ein v. dem Zeugen mitgehörtes Gespräch, dessen Inhalt der Zeuge bei seiner Aussage hätte wiedergeben können (BGH NStZ 2013, 247 mkritAnm Böse GA 2014, 266, der sich mit beachtlichen Gründen gegen eine Ausdehnung auf „andere Beweisstücke" wendet) sowie für entspr. Handy-Videoaufnahmen (vgl. BGH NStZ 2013, 725) gelten. § 252 erstreckt sich ebenso auf jede andere Verwertung (BGHSt 2, 99; 7, 194; 29, 230 (232); 32, 25 (29); OLG Hamm NStZ 2003, 107). Der Inhalt der Aussage darf insbes. nicht durch Verlesung eines früheren Urteils (BGHSt 20, 384 (386)), durch Vorhalt (→ § 249 Rn. 28) der früheren Aussage an Angeklagte o. Zeugen (BGHSt 2, 99; 7, 194; 21, 149; BGH NJW 1980, 67 (68)) o. durch Anhörung v. Personen festgestellt werden, die bei der Vernehmung zugegen gewesen sind (BGHSt 13, 394). Eine Tonbandaufnahme o. eine Videoaufzeichnung (→ § 168a Rn. 4; → § 255a Rn. 1) über die frühere Vernehmung darf ebenfalls nicht zu Beweiszwecken abgespielt werden. Eines **Widerspruchs** des Angeklagten gegen die Verwertung bedarf es (anders als bei § 136, → § 136 Rn. 25) **nicht** (BGH StV 1998, 470; OLG Hamm NStZ 2003, 107).

13 **I. Analoge Anwendung auf Vernehmungspersonen.** Grundsätzlich ist auch die Vernehmung v. Verhörspersonen – o. auch sonstiger Personen, die bei Vernehmung des Zeugnisverweigerungsberechtigten zugegen waren (vgl. BGH StV 2018, 479) – ausgeschlossen. Beamte der StA, Polizei o. Finanzbehörden dürfen über den Inhalt der Aussage nicht vernommen werden (BGHSt 21, 218; BGH NStZ 2021, 58; Bär DAR 1987, 313 – BayObLG RsprÜ; OLG Braunschweig OLGSt StPO § 244 Nr. 3), auch nicht über ihre Eindrücke bei der Vernehmung (BGH NJW 1979, 1722), wohl aber über Auffälligkeiten im Verhalten des Zeugen (OLG Hamm JMBl. NRW. 1972, 262: Vernichtung des Prot.). Auch die bei einer „Vernehmung" durch den Verteidiger gemachten Angaben dürfen nicht verwertet werden (BGHSt 46, 1; **aM** Freund GS Meurer, 2002, 369; Roxin FS Riess, 2002, 459).

14 **II. Zulässige Vernehmung richterlicher Verhörspersonen.** Eine **Ausnahme v. dem Vernehmungsverbot** gilt für den Fall, dass der Zeuge v. einem Straf- o. Zivilrichter vernommen worden ist, der ihn nach § 52 Abs. 3 S. 1 oder der sonst einschlägigen Verfahrensvorschrift ordnungsgemäß, ggf. vorsorglich für den Fall der Angehörigeneigenschaft (BGHSt 32, 25 (31)), über sein Zeugnisverweigerungsrecht belehrt hatte o. nur deshalb nicht belehrt hat, weil der Zeuge das Angehörigenverhältnis verschwiegen hat (BGHSt 48, 294). Dann ist die **Vernehmung der mitwirkenden Richter,** auch der Schöffen (BGHSt 13, 394 (398)), nicht aber des UrkB o. sonstiger Prozessbeteiligter (BGHR StPO § 252 Verhörsperson 1), über den Inhalt der Aussage zulässig (BGH stRspr, s. BGHSt 61, 221 (GSSt); 32, 25 (29); 46, 189 (195); BGH NJW 1996, 1501 (1503); NStZ 2012, 521; zust. Krey GS Meyer, 1990, 243; krit. Eisenberg NStZ 1988, 488; Eser NJW 1963, 234; El-Ghazi/Merold StV 2012, 250 ff.; **aM** SK-StPO/Velten Rn. 3 f.; AK-StPO/Meier Rn. 20; Meyer StV 2015, 319; Alsberg Beweisantrag/Güntge Rn. 881; diff. SSW StPO/Kudlich/Schuhr Rn. 20; zumindest zweifelnd offenbar der 5. StS des BGH NStZ-RR 2015, 118); dies gilt allerdings nicht für Vernehmungen nach § 168c, bei denen gegen die Benachrichtigungspflicht gem. § 168c Abs. 5 verstoßen wurde (BGH StV 2011, 336; vgl. auch EGMR NJW 2013, 3225, auch zum Unterlassen einer Verteidigerbestellung nach §§ 140 Abs. 1 Nr. 10; erg. → § 168c Rn. 6). Die Privilegierung richterlicher Vernehmungen rechtfertigt sich aus der aus § 251 folgenden erhöhten – auch dem Zeugen erkennbaren (§§ 153 ff. StGB) – Bedeutung der richterlichen ggü. einer sonstigen Vernehmung (BGH NJW 2017, 94 (GSSt); BGHSt 49, 72 (77); vgl. auch BGH NStZ 2015, 710). Zur ordnungsmäßigen Belehrung, die das Gericht, wenn § 274 nicht gilt, im Freibeweis (→ § 244 Rn. 7, 9) feststellen muss (BGHSt 26, 281 (283)), gehört auch, dass ein verstandesschwacher Zeuge darüber belehrt wird, dass er trotz Zustimmung seines ges. Vertreters nicht auszusagen braucht (BGH NStZ 1984, 43).

Ein über die Belehrung über das ZVR hinausgehender **Hinweis** darauf, dass die Aussage verwertbar bleibt, wenn der Zeuge später das Zeugnis verweigert, wird jedoch nicht vorausgesetzt (BGHSt 61, 221 (GSSt) auf eine Vorlage des 2. StS – BGH NStZ 2015, 710;BGH BeckRS 2016, 6839 –, der die Verwertung einer früheren richterlichen Vernehmung nur dann für zulässig erachtete, wenn der Richter den Zeugen **qualifiziert** über die Möglichkeit der Einf. und Verwertung seiner Aussage im weiteren Verf. belehrt hat; s. dazu allerdings nunmehr in derselben Sache BGH NStZ 2018, 527). Auch der bloße Umstand, dass ein Zeuge vor der HV **polizeilich** vernommen worden war, löst für sich betrachtet keine Pflicht zur „qualifizierten" Belehrung auszulösen (BGH NStZ 2015, 656). **14a**

Dem Richter dürfen aus der Vernehmungsniederschrift, einschl. der darin in Bezug genommenen Prot., **Vorhalte zur Auffrischung des Gedächtnisses** gemacht, u. sie darf zu diesem Zweck auch vorgelesen werden (BGHSt 11, 338 (341); 21, 149; BGH NJW 2010, 1824 (1825)). Verwertbar ist nur das, was der Richter auf den Vorhalt erinnert; erinnert er sich trotzdem nicht an die Vernehmung u. erklärt er nur, dass er die Aussage seinerzeit richtig u. vollständig aufgenommen habe, so darf ihr Inhalt nicht verwertet werden (BGHSt 11, 338 (341); 21, 149; BGH NStZ 2012, 521; NStZ-RR 2012, 212). Der Richter ist allerdings verpflichtet, vor seiner Vernehmung die Vernehmungsniederschriften einzusehen, um sich erforderlichenfalls die Einzelheiten ins Gedächtnis zurückzurufen (BGH NStZ 2012, 521). **15**

E. Verzicht auf das ZVR. Der Verzicht auf das Zeugnisverweigerungsrecht lässt Beweiserhebungen über den Inhalt der früheren Aussage zu. Solange in der HV aber Ungewissheit darüber besteht, ob der Zeuge v. seinem Weigerungsrecht Gebrauch macht, ist die Vernehmung anderer Verhörspersonen als der Richter unzulässig. Erst muss festgestellt werden, dass auch der Zeuge zur Aussage bereit ist (BGHSt 2, 110; 7, 194 (197); 25, 176; BGH NJW 1996, 206; StV 2000, 236; BayObLG NStZ 2005, 468). Das Gleiche gilt für Vorhalte an den Angeklagten (BGHSt 2, 110). Hat ein Polizeibeamter dem Angeklagten bei dessen Vernehmung Vorhalte aus der Aussage eines nicht nach § 52 Abs. 3 S. 1 belehrten Zeugen gemacht, so schließt das die Vernehmung des Polizeibeamten als Zeugen über das, was ihm der Angeklagte erklärt hat, nicht aus (BGH NJW 1955, 1289; Nüse JR 1966, 283). **16**

F. Verzicht auf das Verwertungsverbot. Die Geltendmachung des Zeugnisverweigerungsrechts hindert den Zeugen nach der Rspr. des BGH aber nicht, nach ordnungsgemäßer („qualifizierter") Belehrung (BGHSt 57, 254; NStZ 2007, 352; 2015, 232; **aM** allerdings wohl BGH NStZ-RR 2006, 181: schriftliche Erkl. des Zeugen genügt, einschr. auch BGH NStZ 2007, 652: Belehrung idR nicht erforderlich; dagegen Fezer HRRS 2007, 284: Erkl. des Zeugen *in* der HV nötig; erg. → § 52 Rn. 31a), welche den Zeugen darüber informiert, dass seine Aussage in vollem Umf. zu Lasten o. zu Gunsten des Angeklagten verwertet werden kann, die **Verwertung der bei einer nicht-richterlichen Vernehmung gemachten Aussage zu gestatten** (BGHSt 45, 203; BGH NStZ 2020, 432; dem BGH zust. Löwe/Rosenberg/Sander/Cirener Rn. 22; Amelung GS Schlüchter, 2002, 430; abl. Beulke FS Gollwitzer, 2004, 2; Roxin FS Riess, 2002, 451; Radtke/Hohmann/Pauly Rn. 31; SK-StPO/Velten Rn. 25a; zw. offenbar BGH BeckRS 2011, 3309; Basdorf NJW-Festheft Tepperwien, 2010, 5). Die Erkl. des Zeugen muss eindeutig sein (BGH NStZ 2007, 652; Becker NStZ-RR 2007, 289 – BGH RsprÜ); ggf. ist er zu befragen, ob er der Verwertung zustimmt (BGH StraFo 2003, 170), jedoch ist der Richter zu einer solchen Befragung idR nicht verpflichtet (BGH NStZ 2003, 498 = JR 2004, 31 mablAnm Fezer). Anwaltliche Erkl. für den Zeugen wird regelmäßig genügen (BGH NStZ 2007, 712). Die Belehrung über Möglichkeit u. Rechtsfolgen eines Verzichts sowie die daraufhin abgegebene Verzichtserklärung des Zeugen sind als wesentliche Förmlichkeiten gem. § 273 Abs. 1 ins Prot. aufzunehmen (BGHSt 57, 254). Liegt ein wirksamer Verzicht vor, ist die frühere Aussage des Zeugen nach allg. Regeln verwertbar; sie kann durch Ver- **16a**

nehmung der Verhörsperson als Zeuge erfolgen (BGH NStZ-RR 2006, 181; NStZ 2007, 652); dabei sind Vorhalte aus einer Aufzeichnung der Aussage zulässig, die unmittelbare Verwertung ist jedoch grds. untersagt, da die Verzichtserklärung nicht den Grundsatz der Unmittelbarkeit einschränkt (BGHSt 52, 148). Möglich ist aber eine Verlesung nach § 251 Abs. 2 Nr. 3 (BGHSt 57, 254). Der *Widerruf* des Verzichts führt nicht zur Unverwertbarkeit der bis dahin gemachten Angaben des Zeugen in der HV (BGH NJW 2004, 1466; NStZ 2015, 656). Ein *Teilverzicht*, mit dem ein Zeuge seine Zustimmung zur Verwertung früherer Aussagen auf einzelne Vernehmungen beschränkt, ist nicht zulässig, da es dem Zeugen mit Blick auf das Gebot der Wahrheitsfindung nicht überlassen bleiben kann, sich die verwertbaren Aussagen selbst auszusuchen (dahingestellt v. BGH NStZ 2020, 741).

16b Der Zeuge kann allerdings die Verwertung seiner früheren Aussagen nicht auf einzelne Vernehmungen beschränken. Ein solcher **Teilverzicht** führt vielmehr dazu, dass sämtliche früheren Angaben – mit Ausnahme richterlicher Vernehmungen nach Belehrung über das ZVR – unverwertbar sind (BGH NStZ 2024, 173 mzustAnm Jahn JuS 2024, 179; Wohlers JR 2024, 372; diff. Heintschel-Heinegg NStZ 2024, 174). Denn ein Zeuge kann nur entscheiden, ob er sich als Beweismittel überhaupt zur Verfügung stellen will oder nicht; darüberhinaus hat er kein schützenswertes Interesse, den Umfang der Verwertbarkeit der von ihm bereits vorliegenden Angaben zu bestimmen (BGH NStZ 2024, 173; Löwe-Rosenberg/Cirener/Sander Rn. 25; Jahn JuS 2024, 179, 180).

16c Die **Rspr. des BGH** ist **bei Opferzeugen** mit Blick auf das Konfrontationsrecht des Art. 6 Abs. 3 Buchst. d EMRK allerdings **nicht unbedenklich.** Dem Opferzeugen wird durch die Kombination v. Zeugnisverweigerung u. Verzicht auf das Verwertungsverbot des § 252 das Recht eingeräumt, seiner kontradiktorischen Befragung durch die Verteidigung in der HV aus dem Weg zu gehen u. zugleich eine den Angeklagten belastende mittelbare Verwertung seiner früheren Aussage zu ermöglichen. Insofern könnte bei derartigen Prozesskonstellationen zw. sein, ob – wie in der Rspr. des EGMR gefordert (näher → EMRK Art. 6 Rn. 22c, 22d) – ausreichende, der Justiz nicht zurechenbare Gründe für die gegebene Einschränkung des Konfrontationsrechts vorliegen (Schmitt NStZ 2013, 213; vgl. auch Schädler StraFo 2008, 232). Jedenfalls aber ist bei der Würdigung der so zustande gekommenen Aussage der erheblich geringere Beweiswert zu beachten (BGHSt 45, 203 (208); vgl. auch BGH NStZ 2024, 173; Wohlers JR 2024, 372), so dass kaum jemals eine Verurteilung auf diese Aussage allein wird gestützt werden können (Vogel StV 2003, 601; Schmitt NStZ 2013, 213; Alsberg Beweisantrag/Güntge Rn. 886; vgl. auch BGH StV 2003, 604 sowie → EMRK Art. 6 Rn. 22f, 22g).

17 **G. Unerreichbare Zeugen.** Die Aussage eines vor der HV vernommenen, in ihr unerreichbaren Zeugen darf verlesen werden, wenn er damals ordnungsgemäß belehrt worden war (ob frühere Belehrung erforderlich ist, lässt BGHSt 27, 139 (143) mwN offen). Einer vorherigen Einholung einer Erkl. des Zeugen, ob er jetzt v. seinem Zeugnisverweigerungsrecht Gebrauch machen wolle, bedarf es – entgegen BGHSt 25, 176 – nicht; denn § 251 sieht dies nicht vor (vgl. auch KK-StPO/Diemer Rn. 12; Hanack JR 1977, 436).

18 **H. Revision.** Im Fall der Vernehmung des Richters (→ Rn. 14) ist es ein Revisionsgrund, wenn das Urt. nicht ausdr. feststellt, ob u. wie sich das Gericht v. der ordnungsgemäßen Belehrung des Zeugen überzeugt hat (BGH NJW 1979, 1722; **aM** KK-StPO/Diemer Rn. 32). Revisionsgrund ist es auch, wenn in unzulässiger Weise eine nichtrichterliche Verhörsperson vernommen worden ist. Zum notwendigen Revisionsvorbringen bei der Behauptung, es habe wegen einer aus „freien Stücken" abgegebenen Äußerung kein Verwertungsverbot vorgelegen (→ Rn. 8), BGH NJW 1998, 2229; erg. zum erforderlichen Vortrag in der Revision BGH NStZ 2013, 247; 2013, 725 mAnm Britz). Es ist nicht erforderlich, dass der Verwertung der Aussage in der HV widersprochen worden ist (vgl. → § 136 Rn. 25; BGH NStZ 2020, 432); auch der Beanstandung nach § 238 Abs. 2 bedarf es nicht (BGHSt 45, 203 (205); BGH NStZ 2020, 432; NStZ-RR 2012, 212 f.).

Für die Zulässigkeit der Rüge eines Verstoßes gegen § 252 bedarf es nicht des Vortrags, der Zeuge habe nicht nach qualifizierter Belehrung auf das Verwertungsverbot verzichtet (BGHSt 57, 254). Im Rahmen der Rüge einer Verletzung des § 252 bei einem Verzicht auf das Verwertungsverbot (→ Rn. 16a) muss die Revision auch den Inhalt der Belehrung durch den Vorsitzenden sowie die Reaktion des Zeugen hierauf mitteilen (OLG Hamburg NStZ 2021, 190).

Protokollverlesung zur Gedächtnisunterstützung

253 (1) **Erklärt ein Zeuge oder Sachverständiger, daß er sich einer Tatsache nicht mehr erinnere, so kann der hierauf bezügliche Teil des Protokolls über seine frühere Vernehmung zur Unterstützung seines Gedächtnisses verlesen werden.**

(2) **Dasselbe kann geschehen, wenn ein in der Vernehmung hervortretender Widerspruch mit der früheren Aussage nicht auf andere Weise ohne Unterbrechung der Hauptverhandlung festgestellt oder behoben werden kann.**

A. Urkundenbeweis. Den Urkundenbeweis lässt die Vorschr. in **Durchbrechung des Unmittelbarkeitsgrundsatzes** des § 250 zu (BGHSt 3, 199 (201); 11, 338 (341); 20, 160 (162); BGH NJW 1986, 2063). Sie regelt nicht nur, wie eine Mindermeinung annimmt (SK-StPO/Velten Rn. 5 ff. mwN; Gerst StraFo 2018, 273 (279)), eine bes. Form des Vorhalts durch Verlesen. Die Vorschr. erlaubt die Verlesung zum Zwecke des Urkundsbeweises als letzten Ausweg, wenn Vorhalte aus dem Prot. keine Übereinstimmung der gegenwärtigen Aussage mit dem Inhalt des Prot. bewirkt u. auch nicht dazu geführt haben, dass der Zeuge bekundete, bei dessen Aufnahme abw. v. seiner gegenwärtigen Aussage tatsächlich das dort Festgehaltene ausgesagt zu haben (BGH NJW 1965, 874). Ersetzt wird durch den Urkundenbeweis die Vernehmung des Verhörsbeamten, nicht der Beweisperson (vgl. BGH NStZ 2025, 703); der ergänzende Urkundsbeweis darf nur bei der originären Beweisperson herangezogen werden (BGH NStZ 2025, 703 mAnm Georg NStZ 2026, 57). Außerhalb der HV gilt § 253 nicht (SK-StPO/Velten Rn. 8). Zur Vorführung v. Bild-Ton-Aufzeichnungen vgl. § 255a. 1

Die **Entscheidung** über die Anwendung der Vorschr. trifft der Vorsitzende nach pflichtgemäßem Ermessen (§ 238 Abs. 1), das Gericht nur auf Beanstandung nach § 238 Abs. 2. Eine Pflicht zur Verlesung kommt nur unter den Voraussetzungen des § 244 Abs. 2 in Betracht (BGH NStZ-RR 2019, 188). Zur Protokollierung vgl. § 255. 2

B. Allgemeine Voraussetzungen. Allgemeine Voraussetzung der Verlesung ist die **Anwesenheit des Zeugen o. Sachverständigen** in der HV (Dallinger MDR 1970, 198 – BGH RsprÜ; KG NJW 1979, 1668; OLG Saarbrücken JR 1973, 472; Löwe/Rosenberg/Mosbacher Rn. 21). Er muss zunächst **vollständig vernommen** werden, wobei aber die Vernehmung bei „komplexem Verfahrensstoff" in einzelne Abschn. gegliedert werden darf (BGH NStZ 2011, 422; erg. → § 69 Rn. 5). Erforderlichenfalls wird damit ein Vorhalt als Vernehmungsbehelf (→ § 249 Rn. 28) verbunden o. andere zulässige Hilfe zur Gedächtnisauffrischung (→ § 69 Rn. 8) geleistet. Nur wenn das nicht zum Erfolg führt, darf nach § 253 verfahren werden (BGHSt 3, 281 (284); 20, 160 (162); BGH NStZ 2002, 46). Die Beweisperson muss sich dann zum Protokollinhalt äußern u. seinen Inhalt in ihre Aussage einbeziehen können. 3

C. Weitere Voraussetzungen der Verlesung. I. Erklärung, sich nicht erinnern zu können (Abs. 1). Die Erklärung, die nicht im Prot. beurkundet werden muss, **braucht nicht ausdr. abgegeben** worden zu sein (BGHSt 3, 281 (285)). Wenn die Erinnerungslücken schon durch die Vernehmung erkennbar werden, ist sie sogar entbehrlich (BGHSt 1, 337 (340); KK-StPO/Diemer Rn. 5; **aM** Gerst StraFo 2018, 273 (276): ausdr. Erkl. des Zeugen erforderlich). Für den 4, 5

Fall, dass der Zeuge erklärt, sich nicht einmal an den Vorgang zu erinnern, zu dem er früher vernommen worden ist, gilt Abs. 1 entspr. (Löwe/Rosenberg/Mosbacher Rn. 11). Die Richtigkeit der Erkl. des Zeugen prüft das Gericht nicht nach (RGSt 59, 248); es kann nach § 253 auch verfahren, wenn es sie für falsch hält (**aM** Gerst StraFo 2018, 273 (276)).

6 **II. Widerspruch zwischen jetziger und früherer Aussage (Abs. 2).** Widerspruch zwischen jetziger und früherer Aussage (Abs. 2), der erst in der HV, nicht schon bei früheren Vernehmungen, aufgetreten ist u. ohne deren Unterbrechung nicht anders als durch die Verlesung behoben werden kann. Es ist zunächst zu versuchen, den Widerspruch durch Befragung des Zeugen selbst zu beheben, der ihn erklären, aufklären o. ausräumen kann; erst wenn das nicht möglich ist, kommt die Feststellung des Widerspruchs als Voraussetzung für die Verlesung in Betracht (Gerst StraFo 2018, 273 (278)). Die Behebbarkeit ist iÜ idR ausgeschlossen, wenn der Richter o. Beamte, der die frühere Vernehmung geleitet hat, nicht als Zeuge geladen worden ist (RGSt 55, 223), uU aber sogar im Fall seiner Anwesenheit u. Vernehmung (RGSt 34, 48). Eine ausdr. Feststellung darüber, dass der Widerspruch nur durch die Verlesung behoben werden kann, braucht das Gericht nicht zu treffen. Bestreitet der Zeuge die Richtigkeit des Prot., so kann die Aufklärungspflicht die Vernehmung der Verhörsperson erfordern.

7 **D. Verlesbare Protokolle. Verlesbar sind** die unter Einhaltung der Formvorschriften zustande gekommenen Prot. o. Protokollabschriften (RGSt 50, 129) v. richterlichen o. nichtrichterlichen (BayObLG NJW 1954, 363) Vernehmungen des Zeugen, nicht des Verhörsbeamten (BGH NStZ 1984, 17; 2013, 479), aus jedem Abschn. des Strafverfahrens, auch aus anderen Strafverfahren u. aus Zivil- o. Verwaltungsgerichtsverfahren, auch wenn der Zeuge früher als Beschuldigter vernommen worden ist (RGSt 55, 223). Die bei der Aussage in Bezug genommenen schriftlichen Erklärungen der Beweispersonen können mitverlesen werden, auch schriftliche Gutachten des Sachverständigen. Wegen anderer schriftlicher Erklärungen des Zeugen vgl. → § 250 Rn. 8. Dasselbe gilt für Bild-Ton-Aufnahmen u. Tonaufzeichnungen (vgl. § 255a Abs. 1; Löwe/Rosenberg/Mosbacher Rn. 17).

8 Der **Umfang der Verlesung** wird durch ihren Zweck bestimmt. Das Prot. darf verlesen werden, soweit es die Gesamtheit der Tatsachen betr., die mit der nicht erinnerten Bekundung o. dem Widerspruch in innerem Zusammenhang stehen (Löwe/Rosenberg/Mosbacher Rn. 20). Das ganze Prot. muss verlesen werden, wenn die Beschränkung auf einen Teil unmöglich erscheint (RGSt 57, 377; OLG Koblenz GA 1974, 222).

9 Eine **nochmalige Verlesung** ist erforderlich, wenn das Prot. bereits zum Zweck des Vorhalts verlesen worden war (OLG Köln NJW 1965, 830).

10 **E. Vorhalte. Unberührt bleibt** die Möglichkeit, der Beweisperson aus dem Prot. Vorhalte (→ § 249 Rn. 28; → Rn. 3) zu machen (BGHSt 1, 4 (8); 1, 337 (339); 3, 199 (201); 3, 281 (283)), Vernehmungsniederschriften anderer Art, etwa ein Prot. über die Aussage eines anderen Zeugen, zum Zweck des Vorhalts zu verlesen o. Notizen u. Aufzeichnungen zu verlesen, die der vernommene Zeuge dem Gericht vorgelegt hat o. die ihm bereits vorliegen (BGHSt 20, 160 (162); → § 250 Rn. 12). Auch die Aussagekonstanz eines Zeugen (zur Beurteilung seiner Glaubwürdigkeit) kann grds. durch Vorhalt seiner früheren Aussagen überprüft werden (BGH StV 1993, 59 mablAnm Weider, gegen ihn Fischer StV 1993, 670; BGH StV 1996, 412 Ls.; **aM** OLG Hamburg StV 1990, 102 Ls.; OLG Stuttgart StV 1990, 257).

11 **F. Revision.** Mit der **Verfahrensrüge** kann geltend gemacht werden, dass die Voraussetzungen der Verlesung nach der Vorschrift nicht vorgelegen haben (§ 337); dies setzt voraus, dass der Revisionsführer die Vfg. des Vorsitzenden beanstandet hat (§ 238 Abs. 2). Nicht gerügt werden kann, dass tatsächlich kein Erinnerungsmangel vorgelegen habe, da es insoweit alleine auf die entspr. Erklärung des Zeugen ankommt (MüKoStPO/Kreicker Rn. 36). Mit der Aufklärungsrüge

(§ 244 Abs. 2) kann geltend gemacht werden, das Gericht habe trotz Vorliegen der Voraussetzungen rechtsfehlerhaft von einer Verlesung abgesehen.

Verlesung eines richterlichen Protokolls bei Geständnis oder Widersprüchen

254 (1) **Erklärungen des Angeklagten, die in einem richterlichen Protokoll oder in einer Bild-Ton-Aufzeichnung einer Vernehmung enthalten sind, können zum Zweck der Beweisaufnahme über ein Geständnis verlesen beziehungsweise vorgeführt werden.**

(2) **Dasselbe kann geschehen, wenn ein in der Vernehmung hervortretender Widerspruch mit der früheren Aussage nicht auf andere Weise ohne Unterbrechung der Hauptverhandlung festgestellt oder behoben werden kann.**

A. Anwendungsbereich. Erklärungen des Angeklagten in einem **richterlichen Protokoll** können nach § 254 verlesen werden; wegen der Verlesung der v. Angeklagten herrührenden Schriftstücke vgl. → § 249 Rn. 13. Wie im Fall des § 253 handelt es sich nach zutr. hM um einen Urkundenbeweis (BGHSt 1, 337; 14, 310 (313); KG JR 1958, 369; KK-StPO/Diemer Rn. 2; Löwe/Rosenberg/Mosbacher Rn. 1). Im allseitigen Einverständnis kann die Verlesung durch die Bekanntgabe des Geständnisses durch den Vorsitzenden (vgl. → § 249 Rn. 25 ff.) ersetzt werden (BGH VRS 32, 352 (353); Alsberg Beweisantrag/Dallmeyer Rn. 484). Ob das Gericht sich mit der Verlesung begnügt o. den Vernehmungsrichter als Zeugen vernimmt, ist eine Frage der Aufklärungspflicht nach § 244 Abs. 2. Für Nebenbeteiligte (→ Einl. Rn. 73), gegen die eine Maßnahme angeordnet werden soll (§§ 433 Abs. 1 S. 1, 442 Abs. 1, Abs. 2 S. 1, 444 Abs. 2 S. 2), gilt § 254 entspr. (Alsberg Beweisantrag/Dallmeyer Rn. 494 Fn. 762). Auf Tonbandaufnahmen ist die Vorschr. nicht anwendbar (vgl. Löwe/Rosenberg/Mosbacher Rn. 10; **aM** Alsberg Beweisantrag/Dallmeyer Rn. 495; zu Bild-Ton-Aufzeichnungen → Rn. 1a). Die Verlesung ordnet der Vorsitzende an (→ § 253 Rn. 2); wegen der Protokollierung vgl. § 255. 1

Erklärungen des Angeklagten **in einer Bild-Ton-Aufzeichnung** einer Vernehmung dürfen nunmehr ebenfalls in die HV durch Vorführen eingeführt werden. Diese durch das G v. 17.8.2017 (BGBl. I 3202 (3210)) eingeführte Regelung knüpft an die Neufassung von § 136 Abs. 4 an (→ § 136 Rn. 19a–19f), welcher die Möglichkeit einer audiovisuellen Aufzeichnung der Beschuldigtenvernehmung, auch bei polizeilichen u. staatsanwaltlichen Vernehmungen, ab 1.1.2020 in bestimmten Fällen verpflichtend, vorsieht. Entgegen der amtl. Überschrift werden damit die Voraussetzungen für die Einf. nichtrichterlicher Vernehmungsprotokolle in die HV durch Augenschein geschaffen. Dies wird mit dem erhöhten Beweiswert derartiger Videoaufzeichnungen begründet, welcher Beschränkungen der Verwendung nicht rechtfertige (BT-Drs. 18/11277, 34). Für die Vorführung gelten dieselben Voraussetzungen wie für das Verlesen eines richterlichen Prot. (dazu → Rn. 2 ff.). Die Vernehmung der Verhörsperson bleibt davon unberührt (vgl. BT-Drs. 18/11277, 34). 1a

B. Zum Zweck der Beweisaufnahme über ein Geständnis (Abs. 1). Zum Zweck der Beweisaufnahme über ein Geständnis (Abs. 1) ist die Verlesung o. Vorführung zulässig. Sie erlaubt dem Gericht die Feststellung, dass der Angeklagte **in der vorliegenden Strafsache,** nicht in einer anderen (RGSt 54, 126; KG StV 1999, 197; OLG Hamburg StV 1997, 11), ein Geständnis abgelegt, dass es einen bestimmten Inhalt gehabt hat u. dass es wahr ist (Schroth ZStW 87 (1975), 110). Geständnis in diesem Sinn ist das Zugestehen der Tat o. einzelner Tatsachen, die für die Entsch. zur Schuld- o. Rechtsfolgenfrage erheblich sein können (Dencker ZStW 102 (1990), 62 (68); Jahn FS Wolter, 2013, 767), gleichgültig, ob es sich um belastende o. entlastende (Dallinger MDR 1977, 984 – BGH RsprÜ), um un- 2 mittelbar beweiserhebliche o. um Indiztatsachen handelt (RGSt 45, 196; 54, 126). Verlesbar bzw. durch Abspielen der Videoaufzeichnung vorführbar sind auch Angaben über die persönlichen Verhältnisse des Angeklagten, über die Vorgeschichte der Tat u. über Verbindungen zu Mitangeklagten u. Mittelspersonen (Dallinger MDR 1977, 984 – BGH RsprÜ). Auch die Tatsache, dass der Angeklagte ein Geständnis nicht abgelegt (RGSt 45, 196; 54, 126) o. dass er es widerrufen hat, kann so festgestellt werden (RGSt 54, 126 (128)). Widerruft der Angeklagte das Geständnis erst in der HV, kommt die Verlesung bzw. Vorführung ebenfalls in Betracht (Weigend StV 2019, 852 (856)).

3 **C. Zur Aufklärung von Widersprüchen (Abs. 2).** Auch zur Aufklärung von Widersprüchen (Abs. 2) ist die Verlesung bzw. Vorführung unter den gleichen Voraussetzungen zulässig wie im Fall des § 253 Abs. 2 (→ § 253 Rn. 6; Jahn FS Wolter, 2013, 968).

4 **D. Verlesbarkeit.** Verlesbar ist ein richterliches Prot. nach § 254 nur, wenn der Angeklagte o. Beschuldigte nach den jeweiligen Vorschr.en – etwa §§ 136, 115 Abs. 3, 163a Abs. 3, Abs. 4 – ordnungsgemäß über seine Rechte **belehrt** wurde (KK-StPO/Diemer Rn. 7; Ventzke NStZ 2020, 631), es sei denn, er war über seine Rechte vollständig unterrichtet o. hätte ohnehin zur Sache ausgesagt (vgl. KK-StPO/Diemer Rn. 7; BGHSt 25, 325, allerdings zu § 243). Auch iÜ sind verlesbar nur ordnungsgemäß zustande gekommene (vgl. BGH StV 1985, 314; OLG Hamburg NJW 1975, 1573: Mitwirkung eines entgegen § 189 GVG nicht vereidigten Dolmetschers; BGH NJW 1994, 596 (600): Unterschrift des Protokollführers) Niederschriften über vor einem Richter (auch im Bewährungsverfahren, AG Landau NStZ 2020, 631 mAnm Ventzke; wegen ausl. u. konsularischer Vernehmungen vgl. → § 251 Rn. 33 ff.; BGH NStZ 1994, 595) abgegebene Erklärungen des jetzigen Angeklagten (BGHSt 27, 13 (17)), auch Sitzungsniederschriften über eine frühere HV (BayObLG MDR 1982, 517), auch wenn sie der Verteidiger für den Angeklagten abgegeben hat (OLG Hamm StV 2005, 122) u. auch, wenn die Erklärungen nur nach § 273 Abs. 2 protokolliert worden sind (→ § 251 Rn. 30). Ob der Angeklagte sie als Beschuldigter o. als Zeuge abgegeben hat, ist gleichgültig (MüKoStPO/Kreicker Rn. 9; KMR-StPO/Paulus Rn. 4; **aM** KK-StPO/Diemer Rn. 3), ebenso, in welchem Verfahrensabschnitt er sie gemacht hat (BGHSt 3, 149 (150)). Verlesbar sind auch Erklärungen in einem anderen Strafverfahren u. in Zivil- u. Verwaltungsgerichtsverfahren (RGSt 56, 257; Schneidewin JR 1951, 485)), sofern die Voraussetzung für eine Verwertung im Strafverfahren erfüllt sind (vgl. BGH NStZ 1996, 612 zu § 160 ZPO). Erklärungen des Angeklagten vor nichtrichterlichen Beamten können mitverlesen werden, wenn er zu erkennen gegeben hat, dass er diese Angaben als Bestandteil seiner Erklärungen vor dem Richter betrachtet wissen will (BGHSt 6, 279 (281); 7, 73 (74); BGH NJW 1952, 1027), u. wenn der vernehmende Richter sie darauf vollständig verlesen, nicht nur vorgehalten hat (BGH NJW 1996, 1547 (1550); StV 1987, 49; 1989, 90; 1991, 340). Diese Grundsätze gelten sinngemäß auch für die Vorführung v. nichtrichterlichen Bild-Ton-Aufzeichnungen.

5 **E. Verwertbarkeit.** Verwertbar ist das verlesene Prot. auch gegen einen Mitangeklagten, sofern das Geständnis zwar die dem geständigen Angeklagten vorgeworfene Tat betr., sich aber auch auf tatsächliche Vorgänge bezieht, mit denen der Anklagevorwurf gegen den Mitangeklagten im inneren Zusammenhang steht (BGHSt 3, 149 (153); 22, 372; KK-StPO/Diemer Rn. 8; **aM** Roxin/Schünemann StrafVerfR § 46 Rn. 19). Dies dürfte auch für Bild-Ton-Aufzeichnungen einer nichtrichterlichen Vernehmung gelten.

6 **F. Polizeiliche oder staatsanwaltliche Protokolle.** Polizeiliche oder staatsanwaltliche Protokolle **dürfen nicht** zum Zweck der Beweisaufnahme über ihren Inhalt verlesen werden; insoweit begründet § 254 ein Verwertungsverbot (BGHSt 1, 337 (339); 14, 310 (311); OLG Frankfurt a. M. StV 1996, 202; OLG Köln VRS 63, 365; OLG Zweibrücken VRS 60, 442; Wömpner NStZ 1983, 298; **aM** Boh-

lander NStZ 1998, 396: mit Einverständnis des Beschuldigten verlesbar). Zum Beweis dafür, dass eine solche Urk. vorhanden ist, sind sie verlesbar (BGHSt 3, 149 (150); Wömpner NStZ 1983, 298). Dies gilt nicht für die Fälle der Bild-Ton-Aufzeichnung einer Vernehmung (→ Rn. 1a).

Vorhalte aus polizeilichen Prot. verbietet § 254 nicht, auch nicht deren Ver- 7
lesung zu diesem Zweck (BGHSt 1, 337 (339); 14, 310 (311); 21, 285; BGH NStZ 2012, 401; Jahn FS Wolter, 2013, 966; **aM** Roxin/Schünemann StrafVerfR § 46 Rn. 25; → § 249 Rn. 28).

Bestreitet der Angeklagte die Richtigkeit der Niederschrift o. äußert er sich nicht 8
zur Sache, so muss der **Vernehmungsbeamte als Zeuge** gehört werden (BGH NJW 1966, 1524); das ist immer zulässig (BGHSt 3, 149 (150); 22, 170 (171); NJW 1966, 1524; Roxin/Schünemann StrafVerfR § 46 Rn. 26; **aM** Erb FS v. Heintschel-Heinegg, 2015, 141; Jahn FS Wolter, 2013, 965; Schroth ZStW 87 (1975), 130). Das Prot. darf ihm dann vorgehalten u. zu diesem Zweck auch verlesen werden (BGHSt 1, 4 (8); 337, 338; 14, 310 (312); **aM** Dahs Strafprozessrevision Rn. 311; Hanack JZ 1972, 274). Verwertbar ist aber nur, was er selbst noch v. der Vernehmung in Erinnerung hat (BGHSt 14, 310 (312); OLG Köln VRS 63, 365); die bloße Angabe, er habe die Erklärungen des Angeklagten richtig protokolliert, macht den Protokollinhalt nicht verwertbar (BGHSt 14, 310; 23, 213 (220); BGH NStZ 1995, 47; **aM** Wömpner NStZ 1983, 299). Eine Verlesung des Vernehmungsprotokolls als Erg. der Vernehmung des Vernehmungsbeamten kommt nicht in Betracht (BGH NStZ 2019, 106; Langkeit/Cramer StV 1996, 230; **aM** Kloke NStZ 2019, 374 (382)).

G. Revision. Die Revision kann die Zulässigkeit der Verlesung nicht mit der 9
Behauptung angreifen, das verlesene Prot. enthalte kein Geständnis (RGSt 45, 196; Dallinger MDR 1975, 369 – BGH RsprÜ; **aM** SK-StPO/Velten Rn. 22); das Gleiche gilt für den Widerruf des Geständnisses u. den Widerspruch iSv Abs. 2. Anders ist es jedoch, wenn die Voraussetzungen des Abs. 1 oder Abs. 2 rechtsfehlerhaft bejaht worden sind. Ein Unterbleiben des Hinweises auf die Schweigepflicht nach der jew. einschlägigen Vorschr. kann gerügt werden (erg. → § 243 Rn. 39); dazu ist es allerdings erforderlich, dass in der HV gem. § 238 Abs. 2 ein Gerichtsbeschluss herbeigeführt wurde (erg. → § 238 Rn. 21, 22). Gleiches gilt für die fehlende Übereinstimmung der Urteilsfeststellungen mit dem Inhalt des verlesenen Prot. o. der vorgeführten Bild-Ton-Aufzeichnung (→ § 337 Rn. 14); dabei muss aber dargelegt werden, dass die verlesene Niederschrift bzw. die Vorführung zum Zeitpunkt der Urteilsberatung noch beweiserheblich, also etwa der Widerspruch nicht aufgeklärt worden war (BGH NJW 2003, 150 (152)). Die unterbliebene Verlesung bzw. Vorführung nach § 254 kann die Aufklärungsrüge begründen (→ § 244 Rn. 101 ff.), ebenso das Unterlassen der Erhebung weiterer sich aus dem Inhalt der Niederschrift aufdrängender Beweise (Löwe/Rosenberg/Mosbacher Rn. 27).

Protokollierung der Verlesung

255 In den Fällen der §§ 253 und 254 ist die Verlesung und ihr Grund auf Antrag der Staatsanwaltschaft oder des Angeklagten im Protokoll zu erwähnen.

Im **Sitzungsprotokoll** muss die Urkundenverlesung schon nach § 273 Abs. 1 1
beurkundet werden (BGH NJW 1986, 2063; OLG Köln NJW 1965, 830; Löwe/Rosenberg/Mosbacher Rn. 2). § 255 erweitert das dahin, dass auf Antrag, der nach § 273 Abs. 1 ebenfalls in das Prot. aufzunehmen ist, auch der Grund der Verlesung vermerkt werden muss.

Antragsberechtigt ist außer StA u. Angeklagtem der Verteidiger (BGHSt 12, 2
367 (371); Hanack JZ 1972, 275; Rieß NJW 1977, 882), ferner die Nebenbeteiligten (→ Einl. Rn. 73) im Rahmen ihrer Beteiligung (→ § 433 Rn. 1) sowie der Privatkläger, nicht aber der Nebenkläger (→ § 397 Rn. 11).

3 Die **Revision** kann auf die fehlende Protokollierung nicht gestützt werden, da das Urt. darauf nicht beruht (→ § 344 Rn. 26). Das Revisionsgericht muss ggf. im Freibeweis (→ § 244 Rn. 7, 9) feststellen, ob die Voraussetzungen der §§ 253, 254 vorgelegen haben (Schneidewin JR 1951, 489).

Vorführung einer aufgezeichneten Zeugenvernehmung

255a (1) **Für die Vorführung der Bild-Ton-Aufzeichnung einer Zeugenvernehmung gelten die Vorschriften zur Verlesung eines Protokolls über eine Vernehmung gemäß §§ 251, 252, 253 und 255 entsprechend.**

(2) [1] **In Verfahren wegen Straftaten gegen die sexuelle Selbstbestimmung (§§ 174 bis 184k des Strafgesetzbuches) oder gegen das Leben (§§ 211 bis 222 des Strafgesetzbuches), wegen Misshandlung von Schutzbefohlenen (§ 225 des Strafgesetzbuches) oder wegen Straftaten gegen die persönliche Freiheit nach den §§ 232 bis 233a des Strafgesetzbuches kann die Vernehmung eines Zeugen unter 18 Jahren durch die Vorführung der Bild-Ton-Aufzeichnung seiner früheren richterlichen Vernehmung ersetzt werden, wenn der Angeklagte und sein Verteidiger Gelegenheit hatten, an dieser mitzuwirken, und wenn der Zeuge, dessen Vernehmung nach § 58a Absatz 1 Satz 3 in Bild und Ton aufgezeichnet worden ist, der vernehmungsersetzenden Vorführung dieser Aufzeichnung in der Hauptverhandlung nicht unmittelbar nach der aufgezeichneten Vernehmung widersprochen hat.** [2] **Dies gilt auch für Zeugen, die Verletzte einer dieser Straftaten sind und zur Zeit der Tat unter 18 Jahre alt waren oder Verletzte einer Straftat gegen die sexuelle Selbstbestimmung (§§ 174 bis 184k des Strafgesetzbuches) sind.** [3] **Das Gericht hat bei seiner Entscheidung auch die schutzwürdigen Interessen des Zeugen zu berücksichtigen und den Grund für die Vorführung bekanntzugeben.** [4] **Eine ergänzende Vernehmung des Zeugen ist zulässig.**

Übersicht

1 **A. Vorführung der Bild-Ton-Aufzeichnung.** Die Vorführung der Bild-Ton-Aufzeichnung einer Zeugenvernehmung **zum Beweis des Inhalts der Aussage,** dh der festgehaltenen Gedankenäußerungen des Zeugen einschl. seiner – nonverbalen – Reaktionen regelt Abs. 1 für die HV durch Verweisung; danach finden auf diesen Beweis des Aussageinhalts durch Augenschein (Diemer NJW 1999, 1673) die Vorschr., die sich auf die Verlesung des Prot. über eine – richterliche o. nichtrichterliche – Zeugenvernehmung beziehen, uneingeschränkt entspr. Anwendung (krit. zur Beschränkung der Unmittelbarkeit der Beweisaufnahme Fischer JZ 1998, 820). Die durch das ZSchG eingefügte Bestimmung hat insoweit nur klarstellende Bedeutung (zur früheren Rechtslage vgl. Weigend Gut-

achten 62. DJT, 1998, C 61). Sie dient neben dem Zeugenschutz (vgl. → § 58a Rn. 1) der Wahrheitsfindung sowie der Erleichterung u. Beschleunigung des Verfahrens. Die Videoaufzeichnung einer Zeugenvernehmung ist vorgesehen in § 58a, auch iVm §§ 168e S. 4, 247a S. 4. Deren Vorführung wird in Abs. 1 nicht auf einen bestimmten Kreis v. Zeugen o. Straftaten beschränkt, andererseits ist die Bestimmung nach Wortlaut, Schutzrichtung des ZSchG u. Systematik (Ausnahmevorschrift) einer (analogen) Anwendung auf Sachverständige nicht zugänglich. Insoweit verbleibt es bei der Möglichkeit einer Verlesung nach §§ 251, 253. Wie bei § 251 (→ § 251 Rn. 4) kommt es nur auf die verfahrensrechtliche Stellung der Auskunftsperson im Zeitpunkt der Vorführung an; das gilt zB für eine nach § 247a S. 4 aufgezeichnete Zeugenaussage eines früheren Mitbeschuldigten (vgl. → § 247a Rn. 6). Der Tatrichter hat sich die erforderliche Gewissheit über die Beziehung der Aufzeichnung zu dem Verfahrensgegenstand, ggf. auch deren Echtheit u. Unversehrtheit, zu verschaffen (vgl. BGHSt 14, 339 (341); 27, 135 (138)).

I. In den Fällen der §§ 251, 253. In den Fällen der §§ 251, 253 **ersetzt die Vorführung** des in der Aufzeichnung der richterlichen o. nichtrichterlichen Vernehmung enthaltenen Inhalts der Aussage **die gerichtliche Einvernahme** des Zeugen über seine Wahrnehmungen (krit. dazu Beulke ZStW 113 (2001), 734 (738)). Nur insoweit ist eine Ausnahme v. Unmittelbarkeitsgrundsatz gegeben; iÜ bleibt § 250 unberührt (BGHSt 52, 148). Das Einverständnis nach § 251 Abs. 1 Nr. 1 und § 251 Abs. 2 Nr. 3 muss sich speziell auf das Abspielen beziehen. Auch bei der Vorführung der Aufzeichnung einer Zeugenvernehmung sind aber die durch die Aufklärungspflicht gezogenen Grenzen einer Ersetzung zu beachten (vgl. → § 251 Rn. 8, 22, 24; ferner Deckers NJW 1999, 1370 zur Verteidigerbefragung u. Jung GA 1998, 325 zur Verfremdungsgefahr durch mediale Aufzeichnungen; zu Art. 6 Abs. 3 Buchst. d **EMRK** vgl. → EMRK Art. 6 Rn. 22). Darf ein fehlerhaft zustande gekommenes richterliches Prot. nicht nach § 251 Abs. 2 verlesen werden, kann auch die Aufnahme der Zeugenaussage nur entspr. § 251 Abs. 1 verwendet werden (vgl. BGH NStZ 1998, 312; → § 168c Rn. 6, 15, → § 251 Rn. 32; enger Schlothauer StV 1999, 50; zum Erfordernis eines rechtzeitigen Widerspruchs bei Verstößen gegen die Benachrichtigungspflicht nach §§ 168c Abs. 5, 224 Abs. 1 vgl. → § 224 Rn. 12, 32, → § 251 Rn. 45; Meyer-Goßner/Appl StraFo 1998, 258; erg. → § 136 Rn. 25). 2

II. In den Fällen des § 252. In den Fällen des § 252 ist die Vorführung gleich der Verlesung **stets unzulässig** (→ § 252 Rn. 12 ff.). Steht dem Zeugen jedoch nur ein Auskunftsverweigerungsrecht nach § 55 zu, so hindert das nicht die Vorführung seiner Aussage als früherer Mitbeschuldigter, es sei denn, er war damals nicht nach § 136 Abs. 1 S. 2 belehrt worden (vgl. BGHSt 10, 186; → § 251 Rn. 4). Hat der Zeuge hingegen ein Zeugnisverweigerungsrecht nach § 52 und ist er darüber bei seiner früheren Aussage nicht belehrt worden, so ist diese grds. – auch nach Abs. 1 – unverwertbar (→ § 52 Rn. 32, dort auch zu Ausnahmen bei Kenntnis, Verzicht o. Tod des Zeugen). Ist der Zeuge jedoch damals belehrt worden, ist im Falle seiner Erreichbarkeit zunächst zu klären, ob der Zeuge zur Aussage bereit ist; solange dies nicht geschehen ist, verbietet § 252 einen Vorhalt an den Angeklagten u. jede andere Beweiserhebung – auch nach § 255a – mit Ausnahme der Vernehmung des Richters als Verhörsperson (vgl. BGH NJW 1996, 206; krit. zum Ausschluss der Vorführung auch bei zulässiger richterlicher Vernehmung BGHSt 49, 72 (77); erg. → § 252 Rn. 16). Will der Angehörige nach erneuter Belehrung v. seinem Zeugnisverweigerungsrecht keinen Gebrauch machen, kann statt einer erneuten Vernehmung die Aufzeichnung seiner früheren Aussage abgespielt werden. Gestattet er unter Verweigerung iÜ lediglich die Verwertung dieser Aussage (vgl. → § 252 Rn. 16a), darf die Verhörsperson vernommen u. die Videoaufzeichnung als Vorhalt benutzt werden. Ist der angehörige Zeuge in der HV unerreichbar, weil sein Aufenthalt nicht ermittelt werden kann, so darf seine frühere Aussage vorgespielt werden, wenn er damals ordnungsgemäß belehrt worden war (vgl. SK-StPO/Velten Rn. 10); einer Erkl. des Zeugen, ob er jetzt v. Zeugnisverweige- 3 rungsrecht Gebrauch machen wolle, bedarf es nicht, da Abs. 1 iVm § 251 solches nicht vorsieht (vgl. → § 252 Rn. 17 mwN). Die Vorführung der Aufzeichnung ohne höchstpersönlichen, nach ordnungsgemäßer richterlicher Belehrung erklärten Verzicht auf das Weigerungsrecht nach § 52 ist jedoch unzulässig, wenn die Erziehungsberechtigten sich aus Gründen des Kindeswohls berechtigt weigern, das Kind in der HV vernehmen zu lassen (BGH NJW 1996, 206).

4 **III. Betrachtung der Person des Zeugen.** Aus der Betrachtung der Person des Zeugen können in gleichem Umf. wie bei Vernehmungen Schlüsse gezogen werden (vgl. → § 86 Rn. 14), wobei die Bedeutung der Abgrenzung in den Hintergrund tritt, weil die Videoaufzeichnung zugleich Gegenstand der Augenscheinseinnahme im herkömmlichen Sinn ist (Laubenthal JZ 1996, 342). Unabhängig v. den Voraussetzungen des § 255a kann die Aufzeichnung zum Zweck des Vorhalts (krit. Rieß StraFo 1999, 4 wegen der Suggestion; **aM** Pott, Rechtsprobleme bei der Anwendung von Videotechnologie im Strafprozess, 2004, S. 127: Vorhalt unzulässig; vgl. aber auch → Rn. 3) o. als Mittel des Augenscheins zum Beweis v. Umständen, die außerhalb der den Gegenstand der Vernehmung bildenden Gedankenäußerungen liegen, verwendet werden (**aM** SK-StPO/Velten Rn. 13). Geht es um die äußere Beschaffenheit des Bild-Ton-Trägers, so bedarf es eines gesonderten Augenscheins (vgl. zu Urk. → § 86 Rn. 13; → § 249 Rn. 7).

5 **IV. Gleichstellung von Bild-Ton-Aufzeichnungen mit Vernehmungsniederschriften.** Eine Gleichstellung von Bild-Ton-Aufzeichnungen mit Vernehmungsniederschriften enthält Abs. 1 jedenfalls **nicht uneingeschränkt** (**aM** KK-StPO/Diemer Rn. 4; Seitz JR 1998, 313). § 58a Abs. 2 S. 1, auch iVm § 168e S. 4 oder § 247a S. 5, macht die Verwendung der Aufnahme nämlich davon abhängig, dass dies zur Erforschung der Wahrheit erforderlich ist. Es gibt keinen Grund, § 255a Abs. 1 insoweit als Spezialregelung für die HV anzusehen; vielmehr gebietet die mit der allg. Vorschr. des § 58a Abs. 2 S. 1 bezweckte Rücksicht auf die schutzwürdigen Interessen des Zeugen, dh va auf sein Persönlichkeitsrecht, die Beachtung der – erkennbar auch auf die Vorführung in der HV abzielenden (vgl. → § 58a Rn. 1: Vermeidung v. Mehrfachvernehmungen; vgl. auch § 247a S. 4) – Verwendungsbeschränkung. Ihre Begrenzung auf die der Verh. vorgelagerten Verfahrensabschnitte ist im Gesetzgebungsverfahren zu keinem Zeitpunkt erwogen worden, die im ursprünglichen Gesetzentwurf der Fraktionen der CDU/CSU u. FDP (BT-Drs. 13/7165; Schlüchter FS Schneider I, 1998, 449 Fn. 23) vorgesehene, inhaltlich vergleichbare u. daher überflüssige Subsidiaritätsklausel ist im weiteren Verlauf des Gesetzgebungsverfahrens konsequenterweise in Wegfall gekommen. Folglich ist stets zu prüfen, ob die Vorführung der Aufzeichnung ergiebiger sein wird als die Verlesung der Vernehmungsniederschrift u. ob es im konkreten Verf. auf diesen erhöhten Beweiswert ankommt (zust. Schöch FS Meyer-Goßner, 2001, 373). Das wird mit Blick auf die Vorzüge der Wiedergabe einer Vernehmung durch Abspielen einer Videoaufnahme, insbes. ihren regelmäßig höheren Beweiswert, häufig, nicht aber gleichsam automatisch der Fall sein (wie hier Rieß StraFo 1999, 4; Beulke/Swoboda StrafProzR Rn. 670; weitergehend Weigend Gutachten 62. DJT, 1998, C 63; anders Leitner StraFo 1999, 48: Abs. 1 als lex specialis; ähnlich Pott, Rechtsprobleme bei der Anwendung von Videotechnologie im Strafprozess, 2004, S. 31, 59).

6 **B. Ersetzung der Vernehmung eines Zeugen (Abs. 2). Zulässig** ist dieErsetzung seiner Vernehmung durch die Vorführung einer Bild-Ton-Aufzeichnung einer früheren richterlichen Vernehmung bei den in Abs. 2 genannten Straftaten (Abs. 2 S. 1), wenn der Zeuge unter 18 Jahre alt ist o. wenn er zzt. der Tat unter 18 Jahre alt war o. wenn er allg. Verletzter (→ § 373b Rn. 1 ff.) einer Sexualstraftat war (Abs. 2 S. 2). „**Ersetzung**" bedeutet, dass die betr. Bild-Ton-Aufzeichnung grds. so zu behandeln ist, als sei der Zeuge in der Hauptverhandlung selbst gehört worden (BGH NStZ 2026, 55; BeckRS 2025, 25598; Mosbacher JuS 2023, 131 (131)). In der Sache handelt es sich dabei um einen Beweis des Aussageinhalts durch Augenschein, der unter den für Vernehmungsvorschriften geltenden Voraussetzun-

gen des Urkundsbeweises erhoben wird; daraus folgt, dass neben einer Vernehmung in der Hauptverhandlung die Vorführung der Bild-Ton- Aufzeichnung einer früheren Vernehmung ohne weiteres zulässig ist, soweit sie lediglich vernehmungsergänzenden Charakter hat (BGH BeckRS 2025, 25598). Zur – zulässigen – ergänzenden Verlesung von Vernehmungsprotokollen gem. § 249 → § 250 Rn. 12; BGH NStZ 2026, 55.

I. Normzweck. Eine **weitergehende Durchbrechung des Unmittelbarkeitsgrundsatzes** (§ 250) sieht S. 1 zur Vermeidung o. jedenfalls zur Verkürzung einer erneuten Vernehmung junger Zeugen in der HV unter engen Voraussetzungen vor (zur Altersgrenze → § 241a Rn. 1). Die Vorschr. bezweckt damit, diese Gruppe bes. schutzbedürftiger Zeugen vor den erheblichen psychischen Belastungen u. Beeinträchtigungen einer erneuten Vernehmung in der fremden Umgebung einer HV – regelmäßig (vgl. aber § 247a) in Gegenwart einer Reihe v. Verfahrensbeteiligten – zu bewahren, indem sie die Einf. des Inhalts einer früheren richterlichen Aussage durch die Vorführung ihrer Bild-Ton-Aufzeichnung zulässt (vgl. auch → § 58a Rn. 1). Dieser Schutzzweck wird durch den auch hier geltenden § 58a Abs. 2 S. 1 (→ Rn. 5) nicht beeinträchtigt. Die durch die Aufklärungspflicht gezogenen Grenzen einer Ersetzung (→ Rn. 2) sollten bei den eigentlichen Opferzeugen nicht zu eng gezogen werden. Bei Bedarf kann nach S. 4 verfahren werden (erg. → Rn. 10). Die Voraussetzungen des S. 1 müssen im Zeitpunkt der Vorführung vorliegen. Fallen sie danach weg, vollendet etwa der Zeuge im weiteren Verlauf der HV sein 18. Lebensjahr, so ist das nur v. Bedeutung, wenn die Aufklärungspflicht zur Vorladung des Zeugen zwingt. 7

II. Voraussetzungen des Abs. 2 S. 1–3: 1. Gegenstand der HV muss eine Straftat aus dem (eigenständigen) Katalog der Vorschr. sein. Mit der Anknüpfung an das „Verfahren“ stellt das G auf die prozessuale Tatidentität ab (→ § 264 Rn. 1 ff.). Kommt in diesem Rahmen eine weitere Straftat iSd §§ 52, 53 StGB hinzu, hindert das die Vorführung der Aufzeichnung nicht, so zB § 227 StGB, der stets die Katalogtat des § 222 StGB einschließt (BGHSt 49, 72 (79)). Der Schutzzweck der Bestimmung (→ Rn. 7) wird nicht dadurch berührt, dass noch eine Nichtkatalogtat hinzutritt (Löwe/Rosenberg/Mosbacher Rn. 11; SK-StPO/Velten Rn. 17; zw. Rieß StraFo 1999, 4 Fn. 55, wenn die Vernehmung keinen Zusammenhang mit der Katalogtat aufweist). Ist danach aber die Vorführung einheitlich zulässig, darf sie auch zum Zweck der Feststellung der Schuld u. des Schuldumfangs des weiteren Delikts verwertet werden. Der Zeuge braucht nicht Opfer der angeklagten Tat zu sein (BGH NJW 2012, 3382; zust. Krüger/Wengenroth StV 2012, 452; einschr. Diemer NJW 1999, 1674; vgl. → Rn. 9); in diesem Fall darf er aber im Zeitpunkt der Vorführung noch nicht 18 Jahre alt sein. Ferner setzt die Bestimmung mit Blick auf die Anwesenheitsrechte insbes. in den §§ 168c Abs. 2, 224, 230 iVm 137, 140 die Bild-Ton-Aufnahme einer früheren richterlichen Vernehmung des Zeugen voraus. Eine solche Aufnahme lassen § 58a, auch iVm § 168e S. 4 und § 247a S. 4, zu. Die Aufzeichnung einer nichtrichterlichen Vernehmung nach § 58a (→ § 58a Rn. 4, 4a) kann allenfalls nach Abs. 1 zum Beweis des Aussageinhalts abgespielt werden (zu ihrer Verwendung als Vorhalt o. Augenscheinsobjekt vgl. → Rn. 4). 8

Nur die Aufnahme einer ordnungsgemäßen richterlichen Vernehmung, die die **wesentlichen Verfahrensvorschriften gewahrt** hat (BGH NStZ 2024, 56; vgl. → § 251 Rn. 32), kann nach Abs. 2 S. 1 vorgeführt werden, da ein „Ausweichen“ auf § 251 Abs. 1 hier nicht möglich ist. Im Falle eines nach § 52 zeugnisverweigerungsberechtigten, erreichbaren Zeugen setzt die Vorführung eine ordnungsgemäße Belehrung bei der früheren richterlichen Vernehmung voraus (vgl. BGH NStZ 2024, 56; Mosbacher JuS 2023, 131 (133); → § 52 Rn. 32, dort auch zu Ausnahmen bei Kenntnis, Verzicht u. Tod des Zeugen). Nach BGHSt 49, 72 (82) (nicht entscheidungstragend) kann der Zeuge, da es sich bei der Aufzeichnung um einen vorverlagerten Teil der HV handelt und Abs. 2 – anders als Abs. 1 – nicht auf § 252 Bezug nimmt, durch nachträgliche Ausübung seines Zeugnisverweigerungs- 8a rechts die Verwertung der Aufzeichnung seiner früheren richterlichen Vernehmung nicht verhindern (ebenso BGH NStZ 2024, 56; 2020, 181; Löwe/Rosenberg/Mosbacher Rn. 21; Mosbacher JuS 2023, 131 (133); **aM** KK-StPO/Diemer Rn. 9a); deshalb bedarf es vor dem vernehmungsersetzenden Vorspielen der ermittlungsrichterlichen Vernehmung nicht der vorherigen Klärung der Frage, ob der Zeuge sein ZVR in der HV ausüben wolle (BGH NStZ 2020, 181). Gleiches muss im Fall des Abs. 2 S. 4 (→ Rn. 10) gelten.

8b 2. Ferner müssen Angeklagter u. Verteidiger Gelegenheit gehabt haben, **an der Vernehmung mitzuwirken,** insbes. durch Ausübung des Fragerechts (etwa im Fall des § 168c Abs. 2; vgl. OLG München StV 2000, 352); das gilt auch für Vernehmungen im Wege der Rechtshilfe. Die Mitwirkungsbefugnisse iRd §§ 168e, 247a genügen (BGHSt 49, 72 (82)). Die Mitwirkung des Beschuldigten, der zum damaligen Zeitpunkt noch keinen Verteidiger hatte, genügt nur, wenn kein Fall der notwendigen Verteidigung vorliegt (KK-StPO/Diemer Rn. 10; weitergehend Schlothauer StV 1999, 49: stets; erg. → Rn. 9), was allerdings nur sehr selten so sein wird. Die Vorführung ist auch unzulässig, wenn zwar der Verteidiger, nicht aber der Angeklagte Gelegenheit zur Mitwirkung hatte; ob dessen Ausschluss nach § 168c Abs. 3 oder Abs. 5 S. 2 rechtlich zulässig war o. nicht, ist unbeachtlich (BGHSt 49, 72 (82)). Auf die tatsächliche Wahrnehmung der Mitwirkungsrechte kommt es nicht an (KK-StPO/Diemer Rn. 11; Vogel/Norouzi JR 2004, 218; **aM** Beulke ZStW 113 (2001), 713; Schlothauer StV 1999, 49). Bestand jedoch keine Gelegenheit zur Mitwirkung darf die Aufzeichnung nur abgespielt werden, wenn sich der Angeklagte bzw. sein Verteidiger damit einverstanden erklären (SK-StPO/Velten Rn. 33; **aM** HK-StPO/Julius Rn. 16: Widerspruchslösung (→ § 136 Rn. 25) anwendbar).

8c **3. In den Fällen des Abs. 2 S. 2 und 3 iVm § 58a Abs. 1 S. 3** (Straftaten gegen die sexuelle Selbstbestimmung nach §§ 174–184k StGB), eingeführt durch das G zur Modernisierung des Strafverfahrens v. 10.12.2019 (BGBl. I 2121 (2122))) kommt die vernehmungsersetzende Vorführung der Bild-Ton-Aufzeichnung **nicht in Betracht, wenn der Zeuge** dieser unmittelbar nach der im Ermittlungsverfahren aufgezeichneten richterlichen Vernehmung **widersprochen** hat (→ § 58a Rn. 8d–h). Das Recht zum Widerspruch – wie auch das Zustimmungserfordernis vor der Aufzeichnung der Vernehmung – soll das Persönlichkeitsrecht der Opfer v. Sexualstraftaten wahren (BT-Drs. 19/17474, 25, 36; zur Kritik an der gesetzgeberischen Konzeption aber → § 58a Rn. 8a, 8c, 8f). Der Widerspruch muss allerdings direkt im Anschluss an die Vernehmung ggü. dem Richter erklärt worden sein, andernfalls der Zeuge an seine vor der Vernehmung erklärte Zustimmung gebunden bleibt; dies gilt gleichermaßen, wenn der Zeuge einen rechtzeitig erklärten Widerspruch zurücknimmt (BT-Drs. 19/17474, 36 f.).

8d **Der Widerspruch hat zur Konsequenz,** dass der Zeuge in der HV vernommen werden muss. Da der Widerspruch nur die vernehmungsersetzende Vorführung der Videoaufzeichnung ausschließt, bleibt darüber hinaus ihre Vorführung in Erg. der persönlichen Vernehmung o. im Wege des Vorhalts möglich (→ Rn. 9a); dies wird häufig – zumindest bei nicht geständigem Täter – unter Aufklärungsgesichtspunkten geboten sein, um die Aussagekonstanz zu überprüfen.

9 **III. Pflichtgemäßes Ermessen.** Nach pflichtgemäßem Ermessen kann das Gericht – nicht der Vorsitzende alleine – die Vernehmung des Zeugen durch die Vorführung ersetzen, wenn die Voraussetzungen des S. 1 vorliegen; die maßgebenden Gründe für die Entscheidung sind in den **Gerichtsbeschluss** aufzunehmen (BGH NStZ 2023, 310). Wird v. der Vernehmungsersetzung Gebrauch gemacht, ist die durch Vorspielen der Bild-Ton-Aufzeichnung eingeführte Vernehmung so zu behandeln, als sei der Zeuge in der HV selbst gehört worden (BGHSt 49, 68). Bei der **Abwägung,** ob die Vernehmung durch das Vorspielen der Aufzeichnung ersetzt werden soll, sind insbes. die schutzwürdigen Interessen des Zeugen (S. 3), das **Aufklärungsgebot u. das Verteidigungsinteresse** des Angeklagten (Deckers NJW 1999, 1370) zu berücksichtigen, während Gesichtspunkte der Verfahrens-

beschleunigung u. Prozessökonomie zurücktreten. Mit Blick auf die Durchbrechung des Unmittelbarkeitsprinzips werden die gegen eine Vorführung sprechenden Rechtsgrundsätze bes. zu gewichten sein, wenn der Zeuge nicht zu den Opfern der Straftat zählt bzw. durch sie nicht in vergleichbarer Weise betroffen ist (etwa als Hinterbliebener nach einem Tötungsdelikt o. als Tatzeuge); das Gleiche gilt, wenn die Vernehmung in den o. (→ Rn. 8a) genannten Fällen eine Nichtkatalogtat betrifft. Stets ist auch an zeugenschonende Alt. (zB § 247a) zu denken. Im Interesse der Wahrheitsfindung wird die Vorführung einer früheren richterlichen Vernehmung oftmals nur genügen, wenn der Verteidiger nach Einsicht in die vollständigen Akten gleichberechtigt an der Einvernahme mitwirken konnte (Schünemann StV 1998, 400: kommunikative Kontrolle), die Zulässigkeit der Vorführung hängt hiervon aber nicht ab (BGHSt 48, 268 = StV 2003, 650 mablAnm Schlothauer = JR 2004, 212 mablAnm Vogel/Norouzi; **aM** auch Beulke FS Gollwitzer, 2004, 16; Eisenberg/Zötsch NJW 2003, 3677).

Hält das Gericht die **persönliche Vernehmung des Zeugen** für unabweisbar geboten, ist es nicht gehindert, dem Zeugen bei der Vernehmung die Bild-Ton-Aufzeichnung vorzuhalten o. sie – zB um die Frage der Aussagekonstanz zu beurteilen – im Anschluss erg. durch Vorspielen in Augenschein zu nehmen; dies ist dann aber kein Anwendungsfall des § 255a (BGHSt 49, 68 mkritAnmKölbel NStZ 2005, 220; abl. auch Walther JZ 2004, 1112). Ebenso ist es zulässig, ein etwa vorhandenes **Transkript** der Videoaufzeichnung ergänzend zur Zeugenvernehmung oder zum Abspielen derselben zu verlesen (Mosbacher JuS 2023, 131 (133)). **9a**

IV. Ergänzende Vernehmung des Zeugen (Abs. 2 S. 4). Eine ergänzende Vernehmung des Zeugen ist nach S. 4 zulässig. Sie kann nach Maßgabe der gerichtlichen Aufklärungspflicht gem. § 244 Abs. 2 geboten sein u. ist dann v. Gericht vAw anzuordnen (BGHSt 48, 268, zust. Schlothauer StV 2003, 654 u. Vogel/ Norouzi JR 2004, 257; BGH NStZ-RR 2005, 45 Ls.). Dies wird va bei Aussage gegen Aussage-Konstellationen in Betracht zu ziehen sein, bei denen ein unmittelbarer Eindruck v. dem Zeugen v. bes. Bedeutung ist; insoweit darf nicht aus dem Blick verloren werden, dass die unmittelbare Vernehmung in der HV grds. einen höheren Beweiswert als die Vorführung einer Videoaufzeichnung besitzt. **10**

Mit einer neuen Behauptung, zu der der Zeuge noch nicht gehört worden war, kann auch ein dahingehender **Beweisantrag** gestellt werden (vgl. BGH StV 1995, 566; → § 244 Rn. 26; OLG Karlsruhe StraFo 2010, 71; Schünemann StV 1998, 400, der weitergehend einen Anspruch der Verteidigung auf erg. Zeugenvernehmung bereits bejaht, wenn diese Bedenken ggü. der Richtigkeit u. Vollständigkeit der früheren Aussage substantiieren kann; abl. hierzu Schlüchter/Greff Kriminalistik 1998, 534); der Antrag unterliegt allerdings den allg. Ablehnungsgründen (BGHSt 48, 268; Beulke ZStW 113 (2001), 714; krit. Schlothauer StV 2003, 654; Walther JZ 2004, 1111). **10a**

Der Zeuge wird idR **in der HV** unter Anwendung zeugenschonender Maßnahmen, ggf. in der Form des § 247a, erg. zu vernehmen sein. Es gilt § 241a; nach dem Zweck des Abs. 2 (→ Rn. 7) ist gem. § 241a Abs. 3 iVm § 241 Abs. 2 streng darauf zu achten, dass keine unzulässigen Wiederholungsfragen gestellt werden (vgl. → § 241 Rn. 15). Stehen dem Erscheinen des Zeugen Hindernisse iSd § 223 entgegen, etwa die berechtigte Weigerung der Eltern, das Kind o. den Jugendlichen in der HV aussagen zu lassen (→ § 223 Rn. 6), so wird im Allgemeinen (vgl. aber → § 244 Rn. 65) dessen kommissarische Vernehmung anzuordnen sein (zur Videovernehmung in diesem Zusammenhang vgl. → § 223 Rn. 20). Eine Bild-Ton-Aufzeichnung dieser Vernehmung kann nach § 255a vorgeführt werden, regelmäßig nach Abs. 1 iVm § 251 Abs. 2 Nr. 1, gem. Abs. 2 S. 1 nur, wenn der Angeklagte u. sein Verteidiger Gelegenheit hatten, an der kommissarischen Vernehmung mitzuwirken (→ Rn. 8). Nur in eng begrenzten Ausnahmefällen, etwa wenn gravierende Nachteile für das Kindeswohl zu befürchten sind, wird es die Rücksichtnahme auf den Zeugen gebieten, v. einer erg. Beweisaufnahme abzusehen, mit der Folge, dass der Grundsatz *in dubio pro reo* eingreift u. es ggf. zum **10b**

Freispruch des Angeklagten kommen kann (vgl. BGH NJW 1993, 2451; KK-StPO/Diemer Rn. 13; Meier, Recht der Jugend und des Bildungswesens, 1996, S. 459). Wenn die erg. Vernehmung konkrete Gefahren für Leib o. Leben (Suizidgefahr) des Zeugen begründet, der das Gericht nicht durch andere Schutzmaßnahmen zu begegnen vermag, kann es nach Abs. 2 S. 2 iVm § 244 Abs. 2, Abs. 3 zu einer erneuten Befragung nicht verpflichtet sein (vgl. BGHSt 39, 141; vgl. ferner BGH NStZ 1984, 31; → Vor § 48 Rn. 10).

11 **C. Verfahren.** Das Verfahren zur Anordnung der Vorführung der Aufzeichnung ergibt sich für Abs. 1 aus den dort in Bezug genommenen Vorschriften. Die Entsch. über eine Ersetzung der Vernehmung nach Abs. 2 S. 1 trifft gem. Abs. 2 S. 3 das Gericht nach einer Interessenabwägung (BGH NStZ-RR 2019, 27). Für die Protokollierung gilt § 273 Abs. 1, nicht § 255, auf den Abs. 2 S. 1 nicht verweist. Das Gleiche gilt – mit Ausnahme der Ablehnung v. Beweisanträgen (§ 244 Abs. 6 S. 1; vgl. → Rn. 10) – für Entsch. nach Abs. 2 S. 2. Auch in den Fällen des Abs. 2 ist in der HV der Grund für die Vorführung bekanntzugeben (Abs. 2 S. 3).

12 **D. Beschwerde.** Gegen die Anordnung der Vorführung der Bild-Ton-Aufzeichnung kann der Zeuge – soweit der Vorsitzende entscheidet, nach vorheriger Anrufung des Gerichts (→ § 238 Rn. 20) – Beschwerde einlegen (§§ 304 Abs. 2, 305 S. 2), für die Verfahrensbeteiligten steht der Zulässigkeit des Rechtsmittels (gegen einen Gerichtsbeschluss) § 305 S. 1 entgegen. Einen beschwerdefähigen Anspruch auf Vorführung der Aufzeichnung seiner früheren Vernehmung hat der Zeuge nicht (KK-StPO/Diemer Rn. 12).

13 **E. Revision.** Hat sich das Gericht mit der **Vorführung der Bild-Ton-Aufzeichnung begnügt,** obwohl die Umstände zu einer persönlichen (ggf. erg.) Vernehmung des Zeugen drängten (→ § 244 Rn. 12), so ist nicht § 255a, sondern die Aufklärungspflicht (§ 244 Abs. 2) verletzt (vgl. auch → § 250 Rn. 15 zum notwendigen Revisionsvorbringen). Umgekehrt kann auch das **Unterlassen der Vorführung** die Aufklärungsrüge begründen, ebenso das Unterbleiben der Erhebung weiterer sich nach ihrem Inhalt aufdrängender Beweise. Bei **unzulässiger (ersetzender) Vorführung u. Verwertung der Aufzeichnung** ist gegen den Grundsatz der persönlichen Vernehmung (§ 250) verstoßen worden; das kann gerügt werden, auch wenn nicht nach § 238 Abs. 2 das Gericht angerufen worden ist. Die Rüge (§ 261), das **Beweisergebnis der Vorführung** sei **im Urt. unrichtig wiedergegeben,** ist im **Falle des Abs. 1** zulässig, wenn sich die fehlende Übereinstimmung ohne weiteres, dh ohne dass es einer Rekonstruktion bedarf, aus den Akten – der Videoaufzeichnung, die Aktenbestandteil ist (vgl. § 58a Abs. 2 S. 2, → § 58a Rn. 11) – ergibt (vgl. → § 337 Rn. 14; OLG Stuttgart NStZ 1986, 41 (42)); zu Abs. 1 vgl. iÜ → § 251 Rn. 45, 46, → § 252 Rn. 18, → § 255 Rn. 3).

14 Im Falle einer **Vorführung nach Abs. 2** soll dies nicht möglich sein (BGH NJW 2003, 2761 (2763)). Das erscheint zweifelhaft. Jedenfalls erscheint eine Rüge gem. § 261 zulässig, die nach Abs. 2 in die Hauptverhandlung eingeführte Vernehmung sei inhaltlich im Urteil falsch dargestellt worden, da sich deren Inhalt unschwer anhand der Videoaufzeichnung (sowie einer evtl. vorhandenen Transkription) feststellen lässt; insoweit besteht kein substanzieller Unterschied zu anderen in der Rspr. anerkannten Fallgruppen, etwa im Bereich verlesener Urkunden oder nach § 273 Abs. 3 angeordneter wörtlicher Protokollierungen (→ § 261 Rn. 43 ff.; vgl. auch Mosbacher JuS 2023, 131 (134) sowie BGH NStZ 2023, 758; erg. → § 261 Rn. 42 f., § 337 Rn. 14). Nicht gerügt werden kann allerdings, das Tatgericht habe den feststehenden Inhalt der Vernehmung fehlerhaft gewürdigt. Der **Verstoß gegen das Beschlusserfordernis** (Abs. 2 S. 3, vgl. → Rn. 11) kann mit der Verfahrensrüge beanstandet werden (BGH NStZ-RR 2019, 27).

15 Zu den Vortragspflichten nach § 344 Abs. 2 S. 2 bei behaupteter Nichtbenachrichtigung vom richterlichen Vernehmungstermin im Ermittlungsverfahren s. BGH 15.4.2025 – 3 StR 575/24.

Verlesung der Erklärungen von Behörden und Sachverständigen **Nr. 68, 111 Abs. 3 RiStBV**

256 (1) **Verlesen werden können**

1. **die ein Zeugnis oder ein Gutachten enthaltenden Erklärungen**
   a) **öffentlicher Behörden,**
   b) **der Sachverständigen, die für die Erstellung von Gutachten der betreffenden Art allgemein vereidigt sind, sowie**
   c) **der Ärzte eines gerichtsärztlichen Dienstes mit Ausschluss von Leumundszeugnissen,**
2. **unabhängig vom Tatvorwurf ärztliche Atteste über Körperverletzungen,**
3. **ärztliche Berichte zur Entnahme von Blutproben,**
4. **Gutachten über die Auswertung eines Fahrtschreibers, die Bestimmung der Blutgruppe oder des Blutalkoholgehalts einschließlich seiner Rückrechnung,**
5. **Protokolle sowie in einer Urkunde enthaltene Erklärungen der Strafverfolgungsbehörden über Ermittlungshandlungen, soweit diese nicht eine Vernehmung zum Gegenstand haben und**
6. **Übertragungsnachweise und Vermerke nach § 32e Absatz 3.**

(2) **Ist das Gutachten einer kollegialen Fachbehörde eingeholt worden, so kann das Gericht die Behörde ersuchen, eines ihrer Mitglieder mit der Vertretung des Gutachtens in der Hauptverhandlung zu beauftragen und dem Gericht zu bezeichnen.**

Übersicht

A. Normzweck. Einen **Urkundenbeweis in Durchbrechung des Unmittelbarkeitsgrundsatzes** des § 250 und über § 251 hinaus lässt die Vorschr. zu. Während es dort um die Ersetzung der Vernehmung v. Zeugen, Sachverständigen u. Mitbeschuldigten durch Verlesung v. Vernehmungsniederschriften u. Erklärungen geht, können nach § 256 bestimmte Zeugnisse, Gutachten, Atteste, Berichte u. Prot. verlesen werden. Zur Verfahrensbeschleunigung und wegen der besonderen Autorität v. Behörden kann v. einer mündlichen Vernehmung ihrer Bediensteten idR abgesehen werden, da sie regelmäßig über den niedergelegten Inhalt hinaus keine Angaben machen könnten (vgl. BGH 20.3.2024 – 3 StR 454/22; OLG Koblenz NJW 1984, 2424). Durch das 1. JuMoG ist eine Ausweitung v. den 1 behördlichen auch auf private Gutachten erfolgt, soweit sie v. allg. vereidigten Sachverständigen erstattet worden sind (Abs. 1 Nr. 1b), da diesen idR dasselbe Vertrauen wie einem behördlichen Gutachten entgegengebracht werden kann. Die Vorschr. ist aber darüber hinaus in Abs. 1 Nr. 5 noch auf Erklärungen der Strafverfolgungsbehörden erstreckt worden, was den sachlichen Zusammenhang mit den übrigen Alt. sprengt (zur Kritik Knauer/Wolf NJW 2004, 2936) u. nicht unbedenklich ist, weil hier – anders als in der Gesetzesbegründung behauptet (BR-Drs. 378/03, 61) – die Objektivität der doch grds. an einer Bestrafung des Beschuldigten interessierten Strafverfolgungsbehörde im Gegensatz zu den andern in der Vorschr. bezeichneten Institutionen nicht ohne weiteres gewährleistet ist.

2 Die **Aufklärungspflicht (§ 244 Abs. 2)** bleibt v. § 256 unberührt (BGHSt 1, 94 (96); Krüger FS I. Roxin, 2012, 605; vgl. auch Nr. 111 Abs. 3 S. 2 Hs. 2 RiStBV). Zwingt sie nicht zur persönlichen Anhörung der Beweisperson, können entspr. Anträge der Prozessbeteiligten abgelehnt werden (Pfeiffer NStZ 1981, 95 – BGH RsprÜ; BayObLG NJW 1953, 194; s. auch BGH BeckRS 2018, 21210). Für das beschleunigte u. über § 411 Abs. 2 S. 2 für das Verf. nach Einspruch gegen einen Strafbefehl bestehen gem. § 420 Abs. 2 erweiterte Verlesungsmöglichkeiten.

3 **B. Zeugnis oder ein Gutachten enthaltende Erklärungen.** Ein **Zeugnis oder ein Gutachten enthaltende Erklärungen** öffentl. Behörden, allg. vereidigter Sachverständiger oder v. Gerichtsärzten können verlesen werden, nicht aber Leumundszeugnisse.

4 **I. Zeugnisse und Gutachten.** Bei den **Zeugnissen und Gutachten** ist gleichgültig, an wen sie gerichtet u. auf wessen Veranlassung sie ausgestellt worden sind (Gössel DRiZ 1980, 369; Krause Urkundenbeweis S. 167). Nur darf es sich nicht um innerdienstliche Notizen o. Vermerke o. um Berichte an Vorgesetzte handeln (Löwe/Rosenberg/Stuckenberg Rn. 31).

5 Das **Zeugnis,** das wohl nur als „behördliches" (Abs. 1 Nr. 1a) in Betracht kommt, gibt Auskunft über amtl. festgestellte Tatsachen u. über andere Wahrnehmungen v. Behördenangehörigen, die ohne § 256 als Zeugen zu vernehmen wären. Dabei kann es sich um Feststellungen aus amtl. Unterlagen o. über (vor o. nach der Tat entstandene) amtl. Vorgänge o. um Wahrnehmungen handeln, die einzelne Behördenangehörige bei (nicht nur gelegentlich) ihrer Tätigkeit für die Behörde gemacht haben (Alsberg Beweisantrag/Dallmeyer Rn. 532). Das können auch Mitteilungen anderer Behörden o. dritter Personen sein. Für Äußerungen der mit der Sache befassten Strafverfolgungsorgane, insbes. für Aktenvermerke der Polizei u. der StA, gilt nicht Abs. 1 Nr. 1a (BGH NStZ 1982, 79; 1988, 420 (421); 1995, 143), wohl aber Abs. 1 Nr. 5 (→ Rn. 26). Für Erklärungen einer mit der Sache nicht befassten Strafverfolgungsbehörde, zB über Anhängigkeit o. Stand eines anderen Verfahrens o. über die Existenz o. den Aufenthalt bestimmter Personen ist hingegen auch Abs. 1 Nr. 1a anwendbar.

6 **Gutachten** iS Abs. 1 Nr. 1 ist jede sachverständige Äußerung der Behörde o. des allg. vereidigten Sachverständigen o. Gerichtsarztes, gleichgültig, ob sie auf dem bereits vorhandenen Tatsachenmaterial o. auf erst nach Eingang des Gutachterauftrags angestellten Untersuchungen beruht (BayObLGSt 1952, 228; **aM** OLG Frankfurt a. M. NJW 1952, 757); es kommt nicht darauf an, ob die dem Gutachten zugrunde liegenden Feststellungen v. dem zuständigen Repräsentanten der Behörde selbst oder v. einem seiner Mitarbeiter getroffen worden sind (Tolksdorf DAR 2002, 203 – BGH RsprÜ). Auch behördliche Rechtsgutachten sind verlesbar (BGH NJW 1996, 1355 (1358)). Außer der gutachtlichen Äußerung ist die Mitteilung der ihr zugrunde liegenden Befundtatsachen (→ § 79 Rn. 10) verlesbar (Dallinger MDR 1955, 397 – BGH RsprÜ), die über Zusatztatsachen (→ § 79 Rn. 11) nur, wenn darin ein Zeugnis der Behörde iS Abs. 1 S. 2 liegt (Dallinger MDR 1955, 397 – BGH RsprÜ; OLG Karlsruhe NJW 1973, 1426); sonst muss der Gutachter als Zeuge vernommen werden (Dallinger MDR 1955, 397 – BGH RsprÜ). Zur Vertretung des Gutachtens vor Gericht vgl. im übrigen Seyler GA 1989, 559 ff.

II. Leumundszeugnisse. Leumundszeugnisse dürfen nicht verlesen werden, gleichgültig, ob sie den Angeklagten, einen Zeugen o. einen Dritten betreffen (Löwe/Rosenberg/Stuckenberg Rn. 13) u. ob die Prozessbeteiligten mit der Verlesung einverstanden sind. Entgegen der missverständlichen Gesetzesfassung bezieht sich das Verbot der Verlesung v. Leumundszeugnissen selbstverständlich auf die ganze Nr. 1 und nicht nur auf Nr. 1c, wo es ohnehin kaum Leumundszeugnisse geben wird. 7

Der **Begriff** Leumundszeugnis ist weit auszulegen. Darunter fallen nicht nur Äußerungen über den Ruf, den der Angeklagte, Zeuge o. Dritte bei anderen genießt, sondern alle Wertäußerungen über seine Persönlichkeit, insbes. über Fähigkeiten u. Eigenschaften, wie Glaubwürdigkeit, Zuverlässigkeit, sittliche Führung, berufliches Können (vgl. RGSt 53, 280; 59, 374; KK-StPO/Diemer Rn. 7). Ob der Verf. seine eigene Ansicht o. die Meinung anderer wiedergibt, spielt keine Rolle. 8

Leumundszeugnisse sind zB (vgl. SK-StPO/Velten Rn. 26) Schulzeugnisse, soweit sie das sittliche Verhalten u. die Wahrheitsliebe betreffen, Beurteilungen v. Dienstvorgesetzten (OGHSt 3, 80 (81)), Zeugnisse der Beschäftigungsbehörde über die Einschätzung des Charakters u. der sittlichen Eigenschaften (OLG Hamburg StV 1985, 496), Berichte der Jugendämter über die Führung v. Jugendlichen u. der JVAen über die Führung v. Gefangenen. Bezieht sich die Äußerung der Behörde nur auf einzelne Leumundstatsachen, so ist die Verlesung zulässig (KMR-StPO/Paulus Rn. 13). Auch das psychologische Gutachten über die Glaubwürdigkeit ist kein Leumundszeugnis (BGH 20.10.1959 – 5 StR 365/59). 9

In der **Nichtverlesbarkeit** stehen die behördlichen Leumundszeugnisse den privaten (§ 250) gleich; zur Feststellung des Leumunds ist immer Zeugenbeweis erforderlich (RGSt 53, 280), es sei denn, Abs. 1 Nr. 5 sei anwendbar (dazu → Rn. 26). Wenn u. soweit die Erkl. ein Leumundszeugnis enthält, ist auch die Bekanntgabe ihres Inhalts durch den Vorsitzenden u. ihr Vorhalt ggü. dem Angeklagten o. einer Beweisperson unzulässig (SSW StPO/Franke Rn. 4; → § 249 Rn. 28). 10

C. Öffentliche Behörden (Abs. 1 Nr. 1a). I. Behörden. Dies sind **nach öffentlichem Recht eingerichtete,** in den Organismus der Staatsgewalt eingegliederte, mit der Erfüllung öffentl. Aufgaben betraute Stellen des Staates o. eines anderen Trägers der öffentl. Verwaltung, die in ihrem Bestand v. dem o. den sie jew. leitenden Beamten unabhängig sind (BVerfGE 10, 20 (48); BGH VRS 11, 449 (451); BayObLGSt 1964, 36 (38); OLG Koblenz NJW 1984, 2424; vgl. auch § 1 Abs. 4 VwVfG). Obrigkeitliche Befugnisse brauchen sie nicht zu haben (BGHZ 25, 168 (188); OLG Karlsruhe NJW 1973, 1426). 11

In Betracht kommen auch **Behörden im Ausland** (BGH NJW 1992, 58 (59); BeckRS 2018, 13995: Schreiben eines ausl. Generalkonsulats). 12

Behörden sind zB (vgl. SK-StPO/Velten Rn. 21) öffentl. Kliniken u. Krankenhäuser (BGH NStZ 1984, 231; OLG Karlsruhe NJW 1973, 1426), Universitätsinstitute für Rechtsmedizin (BGH NJW 1967, 299; Becker NStZ-RR 2001, 262 – BGH RsprÜ; BGH VRS 44, 37 (39); 48, 209), staatliche Gesundheitsämter (BGHSt 1, 94 (97); Dallinger MDR 1955, 397 – BGH RsprÜ), chemische Untersuchungsanstalten (BGH NJW 1953, 1801) u. Veterinär-Untersuchungsämter (OLG Celle NJW 1966, 1881), meteorologische Institute u. Wetterämter (Löwe/Rosenberg/Stuckenberg Rn. 25), das BKA u. die Landeskriminalämter (BGH NJW 1968, 206; OLG Hamburg NJW 1969, 571), die Physikalisch-Technische Bundesanstalt in Berlin (OLG Koblenz NJW 1984, 2424), das Zollkriminalinstitut in Köln, ferner Handels- u. Handwerkskammern (RGSt 52, 198), die Deutsche Bundesbank u. die Landeszentralbanken (vgl. bereits RGSt 63, 122; erg. → § 161 Rn. 1b), Führer militärischer Einheiten der Bundeswehr (Löwe/Rosenberg/Stuckenberg Rn. 23), Gerichtsvollzieher (BayObLG StV 2002, 646). 13

Zu den Behörden idS gehören auch vom **Menschenrechtsrat** der Vereinten Nationen eingesetzte **Untersuchungskommissionen;** deren Berichte können zu 13a

Beweiszwecken verlesen und verwertet werden (BGH NJW 2024, 3166 mAnm von Wistinghausen/Braun). Dies dürfte auf Untersuchungskommssionen zu beschränken sein, deren Mandat gerade in Ermittlungen für strafrechtliche Zwecke besteht, wegen mangelnder Gewähr für die beweismäßige Zuverlässigkeit der Ergebnisse nicht aber für Berichte von UN-Stellen, die nicht in diesem Sinne als Untersuchungskommssionen ausgestaltet sind (siehe auch von Wistinghausen/Braun NJW 2024, 3169).

14 **Keine Behörden sind** in der Rechtsform der GmbH betriebene o. sonst privatrechtlich organisierte Krankenhäuser (Pfeiffer/Miebach NStZ 1988, 19 – BGH RsprÜ; BGH StraFo 2015, 246) u. Technische Überwachungsvereine (BayObLGSt 1955, 89; OLG Hamm BA 1981, 274 (276); OLG Köln MDR 1964, 254), Berufsgenossenschaften (RGSt 34, 367) u. Notare (ausgenommen die staatlichen Notariate in BW), sowie im Gegensatz zur früheren Rechtslage (vgl. KG VRS 14, 452) idR auch nicht mehr die Nachfolger der Deutschen Bundespost (Deutsche Post AG, Deutsche Postbank AG u. Deutsche Telekom AG; vgl. zur Neuorganisation der Post Gramlich NJW 1994, 2787).

15 **II. Von der Behörde stammende Erklärungen. Von der Behörde stammende Erklärungen** können verlesen werden. Der Erklärende muss die Behörde repräsentieren (BGH StV 1987, 285: Polizeipräsident; BayObLG NJW 1964, 1192; OLG Karlsruhe NJW 1973, 1426). Er muss allg. o. aufgrund bes. Anordnung zu ihrer Vertretung berechtigt sein (BGH NStZ 1984, 231; StV 1984, 142 Ls.) u. darf nicht völlig außerhalb der Zuständigkeit der Behörde handeln (BGH VRS 48, 209 (210); OLG Karlsruhe NJW 1973, 1426; Justiz 1977, 104; Gössel DRiZ 1980, 369). Es muss feststehen, dass dass die zu verlesende Erklärung von der Behörde selbst stammt und mit ihrem Willen abgegeben wurde; dies hat das Gericht freibeweislich zu klären (BGH 20.3.2024 – 3 StR 454/22; z. B. BGH VRS 11, 449; 44, 37 (39): Rückfrage bei der Behörde). Die Unterzeichnung durch einen zuständigen Vertreter mit entspr. Vertretungszusatz kann dafür ein Indiz sein; ihr Fehlen belegt aber nicht das Gegenteil (BGH 20.3.2024 – 3 StR 454/22). Berichte der Gerichtshilfe u. der Jugendgerichtshilfe sind idR nicht für die Behörde abgegeben (→ § 160 Rn. 26). Formmängel sind unschädlich, insbes. das Fehlen des Dienstsiegels u. des amtl. Stempels (RGSt 43, 405).

16 **D. Gutachten allgemein vereidigter Sachverständiger (Abs. 1 Nr. 1b).** Gutachten allgemein vereidigter Sachverständiger (Abs. 1 Nr. 1b) dürfen wie Behördengutachten verlesen werden. Zur allg. Vereidigung vgl. → § 79 Rn. 5. Ihre idR v. hoher Sachautorität geprägten Erklärungen rechtfertigen es, sie den Behördengutachten gleichzustellen (vgl. BGH NStZ 2020, 94). Daher ist nur noch in Zweifelsfällen ihre persönliche Vernehmung erforderlich. Es bleibt den Prozessbeteiligten aber unbenommen, durch Stellung v. Beweisanträgen zur näheren Erläuterung des Gutachtens o. zur Behebung v. Unklarheiten, Mängeln o. Auslassungen auf der persönlichen Vernehmung des Sachverständigen zu bestehen (Knauer/Wolf NJW 2004, 2936; Neuhaus StV 2005, 52). Dasselbe kann die – unberührt bleibende (→ Rn. 2) – Aufklärungspflicht des Gerichts gebieten. Eine Ausdehnung der Vorschr. auf private Institute kommt nicht in Betracht (BGH NStZ 2020, 94 mAnm Ventzke).

17 **E. Ärzte eines gerichtsärztlichen Dienstes (Abs. 1 Nr. 1c).** Gemeint sind va die bayerischen LG-Ärzte (G v. 27.7.1950; VO v. 6.10.1950 (BayObLG BS II 55, 56)), nicht die Ärzte der gerichtsmedizinischen Institute u. der JVAen (OLG Karlsruhe Justiz 1977, 104). Zwar sind auch die Gutachten der LG-Ärzte Behördengutachten (Art. 3 Abs. 2 des G v. 12.7.1986 (BayGVBl. 120)), sie können aber ohne Rücksicht auf die interne Organisation des gerichtsärztlichen Dienstes verlesen werden (Löwe/Rosenberg/Stuckenberg Rn. 43).

18 **F. Ärztliche Atteste über Körperverletzungen (Abs. 1 Nr. 2).** Ärztliche Atteste über Körperverletzungen (Abs. 1 Nr. 2) dürfen unabhängig v. Tatvorwurf verlesen werden. Mit dieser durch G v. 17.8.2017 (BGBl. I 3202) eingeführten

Änd. wird die Verlesbarkeit eines ärztlichen Attests nicht mehr wie früher an das zu beweisende Delikt (dazu → 60. Aufl. 2017, Rn. 20), sondern an den Inhalt des Attests geknüpft (BT-Drs. 18/11277, 34); es genügt also unabhängig v. Tatvorwurf, dass sich aus dem Attest eine körperliche Beeinträchtigung ergibt. Dadurch wird den Ärzten vermehrt erspart werden, allzu oft vor Gericht erscheinen zu müssen. Gleichgültig ist, auf wessen Veranlassung u. zu welchem Zweck das Attest ausgestellt worden ist u. ob der Angeklagte Täter o. Opfer der Körperverletzung ist (KG StV 1983, 237).

Verlesbar sind nur schriftliche Bestätigungen approbierter Ärzte (dazu Krüger FS I. Roxin, 2012, 608) über eigene Wahrnehmungen bei der Untersuchung u. Behandlung v. Kranken u. Verletzten. Eine besondere Form, insbes. Unterschriftsform ist nicht erforderlich (BGH BeckRS 2019, 22697; vgl. BGH NStZ-RR 2019, 285: Lesbarkeit der Unterschrift nicht notwendig). Der ausstellende Arzt muss lediglich erkennbar sein, u. es muss ausgeschlossen sein, dass es sich um einen Entwurf handelt (BGH BeckRS 2019, 22697; vgl. auch OLG Düsseldorf StV 2015, 542). Die Verwendung v. Kopien ist – wie auch sonst im Urkundsbeweis (→ § 249 Rn. 6) – zulässig (BGH NStZ-RR 2019, 285). Enthält das Attest außer dem Befundbericht eine gutachtliche Äußerung, zB über Schwere u. Folgen der Verletzung, Minderung der Erwerbsfähigkeit u. voraussichtliche Heilungsmöglichkeiten, so kann es auch insoweit verlesen werden (Löwe/Rosenberg/Stuckenberg Rn. 49). **Unzulässig** ist aber die Verlesung v. Tatsachen, die der Arzt bei Gelegenheit der Untersuchung ohne besondere Sachkunde festgestellt hat, zB Zustand der Kleidung, Angaben des Verletzten o. eines Dritten über den Zeitpunkt o. die Ursache der Verletzung (BGHSt 4, 15; StV 1984, 142; OLG Düsseldorf StV 2015, 542; OLG Hamburg StV 2000, 9). Vorhalte an den Angeklagten o. Beweispersonen unter Benutzung des Inhalts des Attestes sind ebenfalls zulässig (vgl. BGH StraFo 2009, 152; NStZ 2010, 466), zum Beweis dient dann insoweit aber nur die auf den Vorhalt hin abgegebene Erkl. (erg. → § 250 Rn. 14). 19

Unabhängig vom Tatvorwurf: Das Attest kann bei Körperverletzungen nach §§ 223, 224, 229, 340 StGB, aber auch dann verlesen werden, wenn es sich nach seinem Inhalt um eine schwere Körperverletzung (§ 226) o. um eine Körperverletzung mit Todesfolge (§ 227 StGB) handelt. Darüber hinaus sind im Gegensatz zum früheren Rechtszustand (vgl. BT-Drs. 18/11277, 34) auch Atteste verlesbar, wenn es dem **Nachweis einer anderen Straftat** als einer Körperverletzung dienen soll, etwa einem Sexualdelikt, einer Raubstraftat o. einem versuchten Totschlag. Eine Verlesung ist nunmehr auch möglich, wenn sie nur für die Rechtsfolgen v. Bedeutung sein kann, zB für das Vorliegen v. Regelbeispielen. Im Übrigen gilt für die Ausübung des richterlichen Ermessens § 244 Abs. 2 (vgl. Krüger StV 2018, 316 (318)). 20

Mit Einverständnis v. StA, Verteidiger u. Angeklagtem ist die Verlesung des Attestes nach § 251 Abs. 1 Nr. 1 zulässig. 21

G. Ärztliche Berichte über Blutprobenentnahmen (Abs. 1 Nr. 3). Ärztliche Berichte über Blutprobenentnahmen (Abs. 1 Nr. 3), die erkennen lassen müssen, v. wem sie herrühren (BayObLG StV 1989, 6), sind die dem Gutachten über die Schuldfähigkeit o. Fahrtüchtigkeit zugrunde liegenden Anknüpfungstatsachen über Ort, Zeitpunkt u. Verhalten (Bewusstsein, Stimmung, Erscheinungsbild) des Betroffenen bei der Blutprobenentnahme (Spiegel DAR 1979, 186 – BGH RsprÜ; Rieß NJW 1975, 87 Fn. 86) sowie die Erg. der bei dieser Gelegenheit durchgeführten klinischen Tests. Die Verwertung der Berichte kann nur durch Verlesung nach Abs. 1 Nr. 3 oder Vernehmung des Sachverständigen erfolgen (BayObLG StraFo 2002, 399; OLG Düsseldorf VRS 77, 364; erg. → Rn. 21). 22

H. Sonstige Gutachten und Berichte (Abs. 1 Nr. 4). Um Gutachten einer öffentl. Behörde o. eines Arztes im gerichtsärztlichen Dienst braucht es sich nicht zu handeln. 23

24 **Fahrtschreiber:** Gemeint ist die Auswertung eines Fahrtschreiberdiagramms. Das Gutachten darf verlesen werden, soweit es die Ablesung u. Auswertung des einprogrammierten Zeichensystems zum Inhalt hat u. soweit das Aufzeichnungsergebnis dahin ausgewertet ist, ob der Fahrtschreiber einwandfrei gearbeitet hat, nicht aber, soweit allg. die Funktionsweise des Geräts beschrieben ist (OLG Celle JR 1978, 122 mAnm Puppe).

25 Die eine **Blutprobe** auswertenden (auch privaten) Gutachten sind sowohl zur Blutgruppenbestimmung als auch zur Berechnung des Blutalkoholgehalts verlesbar; das gilt auch, soweit sie sich über die Qualität der Blutgruppe äußern. Die Verlesung ist idR ausreichend (BGHSt 28, 235 (236)); ausnahmsweise kann § 244 Abs. 2 die Vernehmung des Sachverständigen erfordern, zB wenn bei der Bestimmung des Blutalkoholgehalts die der Rückrechnung zugrunde liegenden Umstände sich bei der Beweisaufnahme nicht bestätigt haben.

26 **I. Erklärungen der Strafverfolgungsbehörden über Ermittlungshandlungen (Abs. 1 Nr. 5).** Diese Verlesungsmöglichkeit beruht auf dem Bemühen, die HV v. Vernehmungen zu entlasten, bei denen der zu Vernehmende idR nicht mehr bekunden kann, als sich aus dem Prot. o. der Urk. ergibt. Der Gesetzgeber dachte hierbei insbes. an Prot. u. Vermerke über – aber nicht hierauf beschränkte (OLG Celle NStZ 2014, 175) – Routinevorgänge, wie etwa Beschlagnahme, Spurensicherung, Durchführung einer Festnahme, Sicherstellungen, Hausdurchsuchungen, Observationsberichte (BGH NJW 2016, 1601; LG Berlin StV 2015, 544 mkritAnm Krüger; **aM** SK-StPO/Velten Rn. 33; Conen FS Eisenberg, 2019, 371 (381 ff.)). Nach dem uneingeschränkten Wortlaut der Vorschr. können sowohl Erklärungen der Strafverfolgungsbehörden über die den Gegenstand der HV betr. Ermittlungshandlungen als auch über solche in anderen Verf. verlesen werden (BGH JR 2016, 261 mzustAnm Braun; **aM** SK-StPO/Velten Rn. 33; Conen FS Eisenberg, 2019, 371 (381 ff.); vgl. auch → Rn. 5). Bei Verlesungen nach Abs. 1 Nr. 5 wird aber in besonderem Maße auf Einhaltung der Aufklärungspflicht nach § 244 Abs. 2 zu achten sein (→ Rn. 1, 2; LG Berlin StV 2015, 544); so kann die Inaugenscheinnahme einer Videoaufzeichnung nicht durch die Verlesung des über sie gefertigten Vermerks ersetzt werden (OLG Düsseldorf NStZ 2008, 358). Die Verfahrensbeteiligten müssen ggf. durch Stellung v. Beweisanträgen zur weiteren Aufklärung beitragen (Neuhaus StV 2005, 52; Sommer StraFo 2004, 298).

26a Es reicht nicht aus, dass die Erklärung allg. einer bestimmten Strafverfolgungsbehörde zugeordnet werden kann; vielmehr muss entspr. der bei Abs. 1 Nr. 1a vertretenen Auffassung der **individuelle Urheber erkennbar** sein (→ Rn. 15; dahingestellt von BGH NStZ 2023, 754). Allerdings kommt es nicht darauf an, ob die erklärende Person die Erkenntnisse unmittelbar selbst gewonnen hat oder lediglich aufgrund fremder – etwa durch mehrere Observationsbeamte zusammengetragener – Erkenntnisse gleichsam vom Hörensagen berichtet (BGH NStZ 2023, 754 (755)). Einer handschriftlichen Unterzeichnung bedarf es nicht (BGH BeckRS 2018, 19088).

27 Auf **Vernehmungen** erstreckt sich die Verlesungsmöglichkeit aber nicht; dafür gilt § 251. Der Begriff der „Vernehmung" ist weit zu fassen: Hierzu gehören auch die informatorische Befragung (→ Einl. Rn. 79; Knauer/Wolf NJW 2004, 2936; Krüger NStZ 2011, 595), der Vermerk über Befragungen (OLG Schleswig StV 2015, 541; vgl. auch BGH BeckRS 2019, 7360) o. polizeiliche Schlussberichte, in denen die Vernehmungsergebnisse wiedergegeben werden.

27a **J. Übertragungsnachweise und Vermerke nach § 32e Abs. 3 (Abs. 1 Nr. 6). Übertragungsnachweise und Vermerke nach § 32e Abs. 3 (Abs. 1 Nr. 6)** dürfen ebenfalls verlesen werden. Diese durch das G zur Einf. der elektronischen Akte in der Justiz v. 5.7.2017 eingeführte Regelung ermöglicht es, die Zeugenvernehmung einer Person, die einen sog. Umwandlungsvermerk nach § 32e Abs. 3 gefertigt hat, durch Urkundsbeweis zu ersetzen; die Vernehmung bleibt aber möglich (BT-Drs. 18/9416, 63).

K. Kollegiale Fachbehörden (Abs. 2). Die Vorschr. ergänzt § 83 Abs. 3. Sie vereinfacht das Verf. für den Fall, dass die kollegial organisierte u. besetzte Behörde das nach Abs. 1 verlesene Gutachten zu erläutern o. zu ergänzen hat o. dass das Gutachten nicht verlesen, sondern in der HV erstattet wird (einschr. Rogall FS Gössel, 2002, 516: nur Erläuterung möglich). Wenn es das Gericht für ausreichend hält, brauchen dann nicht alle Mitglieder des Kollegiums, das die Behörde vertritt, in der HV zu erscheinen, sondern es genügt, dass auf entspr. Ersuchen ein Mitglied v. diesem Kollegium beauftragt wird. Dem Ersuchen, das nur das Gericht stellen (RGSt 39, 140) u. das schon mit dem Gutachtenauftrag o. mit der Ladung (§§ 214, 221) an die Behörde gerichtet werden kann, braucht die Fachbehörde nicht zu entsprechen. Der Beauftragte hat in der HV die Stellung eines Sachverständigen (→ § 83 Rn. 5; **aM** Rogall FS Gössel, 2002, 522: Urteilsgrundlage ist u. bleibt allein das verlesene behördliche Gutachten; vgl. auch SK-StPO/Velten Rn. 36). 28

L. Anordnung der Verlesung. Die **Anordnung der Verlesung** trifft der Vorsitzende iRd Sachleitung (§ 238 Abs. 1); nur auf Beanstandung nach § 238 Abs. 2 entscheidet das Gericht. Der förmlichen Verlesung steht die Inhaltsfeststellung gleich (OLG Düsseldorf VRS 59, 269 (270); OLG Hamm OLGSt StPO § 274 S. 3; OLG Köln VRS 73, 136; → § 249 Rn. 25 ff.). 29

M. Revision. Ob die nach Abs. 1 Nr. 1a verlesene Erkl. für eine Behörde abgegeben worden ist (→ Rn. 15), klärt das Revisionsgericht ggf. im Freibeweis (BGH VRS 44, 32 (39); OLG Düsseldorf StV 1983, 273; OLG Köln NStZ-RR 1997, 367 (368)). Dies gilt gleichermaßen für Abs. 1 Nr. 1b und Nr. 1c; einer Beanstandung nach § 238 Abs. 2 bedarf es nicht (BGH NStZ 2020, 94). Hat sich das Gericht mit der Verlesung begnügt, obwohl die Umstände zu einer persönlichen Vernehmung des Zeugen o. Gutachters drängten (→ § 244 Rn. 12), so ist nicht § 256, sondern die Aufklärungspflicht (§ 244 Abs. 2) verletzt (BGH NStZ 1993, 397). Bei unzulässiger Verlesung – zB wegen fehlender Unterzeichnung (OLG Düsseldorf StV 2015, 542) – u. Verwertung des Zeugnisses, Gutachtens, Attestes o. Prot. ist gegen den Grundsatz der persönlichen Vernehmung (§ 250) verstoßen worden (BGH NJW 1980, 651); das kann gerügt werden, auch wenn nicht nach § 238 Abs. 2 das Gericht angerufen worden ist (BGH NStZ 2012, 585; OLG Düsseldorf StV 1983, 273; zw. BGH StV 2015, 534). 30

Befragung des Angeklagten und Erklärungsrechte nach einer Beweiserhebung

257 (1) **Nach der Vernehmung eines jeden Mitangeklagten und nach jeder einzelnen Beweiserhebung soll der Angeklagte befragt werden, ob er dazu etwas zu erklären habe.**

(2) **Auf Verlangen ist auch dem Staatsanwalt und dem Verteidiger nach der Vernehmung des Angeklagten und nach jeder einzelnen Beweiserhebung Gelegenheit zu geben, sich dazu zu erklären.**

(3) **Die Erklärungen dürfen den Schlußvortrag nicht vorwegnehmen.**

A. Normzweck und Reichweite (Abs. 1). Die Vorschr. sichert dem Angeklagten das **rechtliche Gehör;** sie dient auch der **Sachaufklärung,** indem der Angeklagte die Möglichkeit erhält, durch zeitnahe Erklärungen der Verfestigung eines Meinungsbildes beim Gericht entgegenzuwirken (BGH NStZ-RR 2018, 241 mN; eing. zum Erklärungsrecht des Verteidigers Burkhard StV 2004, 390). Sie stellt klar, dass der Angeklagte nach jeder Beweiserhebung, auch im Verf. nach § 249 Abs. 2 und nach der Einnahme des gerichtlichen Augenscheins befragt werden soll, ob er Erklärungen abzugeben hat. Gibt er Erklärungen ab, so müssen auch sie bei der Entsch. berücksichtigt werden (→ § 261 Rn. 5). Die Befragung ist Aufgabe des Vorsitzenden. 1

2 Obwohl es sich um eine **Sollvorschrift** handelt, darf der Vorsitzende v. der Befragung nicht ohne besonderen Grund absehen (vgl. Neuhaus FS Herzberg,

2008, 885). Es steht ihm aber frei, den Angeklagten nicht erst nach jeder Beweiserhebung, sondern bereits bei Beginn der Verh. o. der Beweisaufnahme auf sein Recht nach Abs. 1 hinzuweisen. Die Befragung ist nicht deshalb überflüssig, weil schon der Verteidiger Erklärungen abgegeben hat.

3 **Abs. 1 gilt auch** für Nebenbeteiligte, denen die Befugnisse des Angeklagten zustehen, im Rahmen ihrer Beteiligung (§§ 433 Abs. 2 S. 1, 442 Abs. 1, Abs. 2, 444 Abs. 2 S. 2). Im Jugendstrafverfahren brauchen Erziehungsberechtigte u. ges. Vertreter nicht befragt zu werden (Spiegel DAR 1977, 176 – BGH RsprÜ; KK-StPO/Diemer Rn. 2; Brunner/Dölling JGG § 67 Rn. 6; **aM** Löwe/Rosenberg/Stuckenberg Rn. 7; Eisenberg/Kölbel JGG § 67 Rn. 17).

4 In der **Sitzungsniederschrift** genügt eine allg. Feststellung, dass Abs. 1 beachtet worden ist; ein Vermerk nach jedem Beweiserhebungsakt ist nicht erforderlich (BGH 16.8.2022 – 5 StR 198/22; BGH StV 1994, 468 mablAnm Schlothauer für den Fall, dass die Erkl. nach Abs. 1 eine erstmalige Einlassung des bisher schweigenden Angeklagten zur Sache enthält).

5 **B. StA und Verteidiger (Abs. 2).** StA und Verteidiger (Abs. 2), bei mehreren Verteidigern jeder v. ihnen, dürfen sich auf Verlangen äußern, müssen also nicht bes. befragt werden. Ihre Erklärungen dürfen sie erst abgeben, wenn ihnen der Vorsitzende dazu ausdr. o. durch schlüssige Handlung Gelegenheit gibt.

5a **Widerspruch** gegen die Verwertung eines Beweises muss zum erstmöglichen Zeitpunkt geltend gemacht werden; in der Berufungsinstanz besteht keine Möglichkeit zum Widerruf mehr, wenn er in der 1. Instanz nicht o. verspätet erhoben worden ist (OLG Celle NStZ 2014, 118 mwN; vgl. auch BGHSt 38, 214 (215); 50, 272 (274); erg. → § 136 Rn. 25).

6 **Abs. 2 gilt auch** für Privatkläger (§ 385 Abs. 1 S. 1), Nebenklage (§ 397 Abs. 1 S. 3; vgl. aber OLG Hamburg StV 1990, 153: Ausführungen des zuvor als Zeuge vernommenen Nebenklägers zur Sache sind Zeugenaussagen) u. Prozessbevollmächtigte der Nebenbeteiligten (§ 434).

7 Die Abgabe einer Erkl. nach Abs. 2 ist in der **Sitzungsniederschrift** zu beurkunden (dazu Burkhard StV 2004, 397).

8 **C. Grenzen der Erklärungsrechte (Abs. 3).** Der **Schlussvortrag** darf durch die Erklärungen nach Abs. 1 und Abs. 2 **nicht vorweggenommen** werden (eing. dazu Fahl Rechtsmißbrauch S. 389 ff.). Sie dürfen sich immer nur auf die unmittelbar vorangegangene Beweiserhebung beziehen (Löwe/Rosenberg/Stuckenberg Rn. 11; Rieß NJW 1975, 94; **aM** Burkhard StV 2004, 393; Hohmann StraFo 1999, 155), insbes. zum Beweiswert des Beweismittels krit. Stellung nehmen, Unklarheiten u. Widersprüche aufzeigen u. auf Zusammenhänge mit anderen Beweismitteln hinweisen (iE dazu Hammerstein FS Rebmann, 1989, 237). Eine Gesamtwürdigung des bisherigen Verhandlungsergebnisses ist unzulässig (SSW StPO/Franke Rn. 6; Leipold StraFo 2001, 301; **aM** SK-StPO/Velten Rn. 7). Das Recht, Anträge zu stellen, schränkt Abs. 3 aber nicht ein. Überschreitet ein Verfahrensbeteiligter die Grenzen des Abs. 3, so entzieht ihm der Vorsitzende in Ausübung seiner Sachleitung nach § 238 Abs. 1 das Wort; hiergegen kann nach § 238 Abs. 2 das Gericht angerufen werden (Müller FS Fezer, 2008, 153 ff. hält dies für ausreichend u. Abs. 3 daher für überflüssig).

9 **D. Revision.** Auf eine Verletzung des § 257 kann die Revision gestützt werden (Löwe/Rosenberg/Stuckenberg Rn. 37 mwN; SK-StPO/Velten Rn. 12). Das Urt. wird aber auf dem Verstoß idR nicht beruhen (BGH BeckRS 2016, 16539). Jedenfalls bedarf es für die Zulässigkeit auch Vortrags dazu, welche Äußerungsmöglichkeiten mit welchen Inhalten dem Angeklagten verlorengegangen sind u. aus welchen Gründen er durch den Verstoß gegen Abs. 1 in seinen Verteidigungsmöglichkeiten beschränkt worden ist (BGH NStZ 2025, 123 mAnm Kudlich/Schütz; NStZ-RR 2018, 241). Rügt der Verteidiger den Verstoß, muss er vortragen, dass ihm das Wort nicht gewährt wurde u. er dagegen vergeblich nach § 238 Abs. 2 vorgegangen ist (vgl. BGH NStZ 2007, 234; dahingestellt von BGH NStZ 2025, 123 mwN).

Form von Anträgen und Anregungen zu Verfahrensfragen

257a [1]**Das Gericht kann den Verfahrensbeteiligten aufgeben, Anträge und Anregungen zu Verfahrensfragen schriftlich zu stellen.** [2]**Dies gilt nicht für die in § 258 bezeichneten Anträge.** [3]**§ 249 findet entsprechende Anwendung.**

1 **A. Normzweck und Kritik.** Den Verfahrensbeteiligten kann nach der Vorschrift aufgegeben werden, Anträge und Anregungen zu **Verfahrensfragen schriftlich** zu stellen. Nach der Gesetzesbegründung (BT-Drs. 12/6853, 19, 34) soll die Vorschr. die „straffere Durchführung" v. Groß- u. Umfangsstrafverfahren ermöglichen (ob sie dies Ziel erreichen kann, ist aber schon fraglich, vgl. dazu Münchhalffen StraFo 1995, 20; bejahend hingegen Nehm/Senge NStZ 1998, 385). Aus der Gesetzesfassung ist dieser Zweck jedoch nicht zu entnehmen.

1a Allerdings ist das den Verfahrensbeteiligten zu gewährende rechtliche Gehör (→ Einl. Rn. 23 ff.) in der Hauptverhandlung grds. als **Anhörung im wörtlichen Sinne** zu verstehen (Bandisch StV 1994, 158; Krahl GA 1998, 334), also die sprachliche Äußerung in mündlicher Verh. u. die Kenntnisnahme der Reaktion des Gerichts auf die Ausführungen (R. Hamm StV 1994, 459). An den Grundprinzipien unseres Strafverfahrens, die durch die Grundsätze der Öffentlichkeit (§ 169 S. 1 GVG), der Mündlichkeit (→ § 261 Rn. 7) u. der Unmittelbarkeit (→ § 250 Rn. 1) gekennzeichnet sind, will u. kann eine vereinzelte Vorschr. wie der durch das Verbrechensbekämpfungsgesetz 1994 eingefügte § 257a nichts ändern (vgl. auch Dahs NJW 1995, 556; Krahl GA 1998, 335 ff.).

2 Die Vorschr. bedarf daher der **teleologischen Reduktion:** Nur wenn durch eine Vielzahl v. Anträgen o. Anregungen zu Verfahrensfragen o. durch mehrere Anträge außerordentlichen Umf. der Verfahrensablauf bei mündlichem Vortrag erheblich (um Stunden o. gar Tage) verzögert werden würde, kann eine Anordnung nach § 257a in Betracht kommen (vgl. Schlüchter GA 1994, 427). Für eine Anordnung, die auch sämtliche künftigen Anträge u. Anregungen erfasst, muss die Feststellung eines zuvor erfolgten Missbrauchs des Antragsrechts verlangt werden (Krahl GA 1998, 340; vgl. König Kriminalistik 1995, 477; **aM** Pfeiffer Rn. 2; Fahl Rechtsmißbrauch S. 398; Senge NStZ 2002, 231). Nur bei einer solchen teleologischen Reduktion der Vorschr. kann sie rechtsstaatlichen Anforderungen genügen u. kann die gegen sie erhobene scharfe Kritik, die v. der Bezeichnung als „Maulkorb-Paragraph" (Bandisch StV 1994, 158; R. Hamm StV 1994, 458; Scheffler NJW 1994, 2194) über Einf. einer „Geisterverhandlung" (R. Hamm StV 1994, 457) bis zur Befürchtung einer „Grabesstille" im Gerichtssaal (Scheffler NJW 1994, 2194) reicht, entkräftet werden (König/Seitz NStZ 1995, 5 weisen insoweit auf den fair trial-Grundsatz hin).

3 **B. Anordnung.** Für einen o. mehrere zu stellende Anträge o. Anregungen kann den Verfahrensbeteiligten die Schriftform aufgegeben werden. Wenn eine allg. Anordnung für alle auch in Zukunft zu stellenden Anträge u. Anregungen, ohne dass deren Inhalt schon bekannt- o. vorherzusehen ist, getroffen werden soll, setzt dies einen festgestellten Missbrauch des Antragsrechts voraus (→ Rn. 2).

4 Die Anordnung steht **im pflichtgemäßen Ermessen** des Gerichts. Sie kann zB auch getroffen werden, wenn der Verfahrensbeteiligte v. sich aus schon einen umfangreichen schriftlichen Antrag vorlegen will. Sie kommt nicht in Betracht, wenn dem Verfahrensbeteiligten schriftliche Antragstellung nicht zumutbar o. nicht möglich ist (BT-Drs. 12/6853, 34).

5 Nur das **Gericht in voller Besetzung,** nicht der Vorsitzende allein kann die Anordnung treffen. Der Vorsitzende sollte aber zuvor auf diese Möglichkeit, wenn sie in Betracht kommt (aber natürlich nicht als „Drohung", wie R. Hamm StV 1994, 457 befürchtet), hinweisen. Sie kann ggü. allen Verfahrensbeteiligten ergehen, also StA, Verteidiger, Angeklagtem, Nebenkläger u. Nebenbeteiligten.

6 Die Anordnung kann sich **auf alle Arten v. Anträgen u. Anregungen zu Verfahrensfragen** beziehen, insbes. auf Beweis- u. Beweisermittlungsanträge, Anträge auf Einstellung, Unterbrechung o. Aussetzung des Verfahrens. Die An-

ordnung kann auf bestimmte Anträge (zB nur auf Beweisanträge) o. auch zeitlich (zB nur am heutigen Verhandlungstag) beschränkt werden. Eine Begründung der Anordnung schreibt das G zwar nicht vor; aus der erforderlichen teleologischen Reduktion der Vorschr. (→ Rn. 2) ist aber ein Begründungserfordernis zu schließen. Vor allem, wenn die Anordnung für sämtliche zukünftigen Anträge u. Anregungen erfolgt, bedarf sie einer Begründung, warum der Verfahrensbeteiligte missbräuchlich gehandelt hat (→ Rn. 3).

7 Die Anordnung ist **ausgeschlossen** bei den Anträgen nach § 258. Dabei umfasst der Ausschluss nicht nur die eigentliche Antragstellung, sondern – wie die uneingeschränkte Erwähnung des § 258 in S. 2 beweist – den gesamten Schlussvortrag. Für die Ablehnung eines Sachverständigen gilt dies mangels Verweisung in § 74 auf das Richterablehnungsverfahren nicht (vgl. → § 74 Rn. 20). Bei beabsichtigter Ablehnung des Gerichts kann zwar keine schriftliche Stellung des Antrags, aber dessen schriftliche Begründung verlangt werden (§ 26 Abs. 1 S. 2, → § 26 Rn. 2a, 2b).

8 § 257a **gilt auch nicht** für Verlesung der Anklage u. Äußerung des Angeklagten zur Anklage (§ 243 Abs. 3 und Abs. 4), für Erklärungen der Verfahrensbeteiligten, zB nach §§ 251 Abs. 2 Nr. 3 oder § 257 (König/Seitz NStZ 1995, 5), u. nicht für Äußerungen zur materiellen Rechtslage; bei letzteren verhindert § 257 Abs. 3 einen Missbrauch des Erklärungsrechts.

9 **C. Folgen der Anordnung.** Anträge u. Anregungen dürfen nur **noch in geschriebener Form** eingereicht werden. Maschinenschrift kann nicht verlangt werden, handschriftlich verfasste Erklärungen müssen aber lesbar sein. Die schriftliche Einreichung muss im Hauptverhandlungsprotokoll vermerkt werden; es handelt sich um eine wesentliche Förmlichkeit iSd § 273 Abs. 1. Ggf. muss die HV unterbrochen werden, um dem Verfahrensbeteiligten Gelegenheit zur schriftlichen Antragstellung zu geben (Dahs NJW 1995, 556). Entgegen der Anordnung mündlich gestellte Anträge o. Anregungen braucht das Gericht nicht entgegenzunehmen, ist daran durch den Beschl. aber auch nicht gehindert, wenn der zügige Verfahrensablauf dadurch nicht beeinträchtigt wird (SSW StPO/Franke Rn. 7).

10 Die **entsprechende Anwendung des § 249** hat insbes. den Sinn, dass das Gericht v. den schriftlich gestellten Anträgen u. Anregungen im Selbstleseverfahren (→ § 249 Rn. 16 ff.) Kenntnis nehmen kann; denn, wenn statt des Verfahrensbeteiligten das Gericht den Antrag entspr. § 249 Abs. 1 S. 1 verliest, wird die erwünschte „Verfahrensstraffung" kaum erreicht werden können (Scheffler NJW 1994, 2194). Auch ein zusf. Bericht des Vorsitzenden (→ § 249 Rn. 25 ff.) ist möglich u. in geeigneten Fällen empfehlenswert, um den Inhalt des Schriftsatzes in der HV bekanntzumachen.

11 Hinsichtlich der **Entscheidung über die Anträge** gelten keine Besonderheiten. Die Entsch. muss verkündet werden (§ 35 Abs. 1 S. 1) u. ist in das Hauptverhandlungsprotokoll aufzunehmen.

12 **D. Anfechtung.** Gegen die Anordnung ist eine **Beschwerde** wegen § 305 S. 1 nicht zulässig. Es bleibt nur die Möglichkeit der Gegenvorstellung (→ Vor § 296 Rn. 23 ff.).

13 Wenn die Anordnung unzulässig war, weil kein sachlich einleuchtender Grund für sie angegeben o. erkennbar o. ein Missbrauch seiner prozessualen Rechte durch den Verfahrensbeteiligten zu Unrecht bejaht worden ist, kann dies nach § 337 – für die Verteidigung nach § 338 Nr. 8 – die **Revision** begründen. Konnte deswegen ein verfahrenserheblicher Beweisantrag nicht gestellt werden, kann uU auch die Aufklärungsrüge (→ § 244 Rn. 101 ff.) begründet sein.

Erörterung des Verfahrensstands mit den Verfahrensbeteiligten

257b **Das Gericht kann in der Hauptverhandlung den Stand des Verfahrens mit den Verfahrensbeteiligten erörtern, soweit dies geeignet erscheint, das Verfahren zu fördern.**

A. Nicht auf eine einvernehmliche Verfahrenserledigung gerichtet. Diese Vorschr. ist nicht auf eine einvernehmliche Verfahrenserledigung gerichtet; **dafür gilt in der HV § 257c** (BGH BeckRS 2016, 1205; OLG Zweibrücken NStZ 2021, 253). Sie beschränkt sich vielmehr „auf kommunikative Elemente, die der Transparenz und Verfahrensförderung dienen" (BT-Drs. 16/11736, 15; BGH 7.2.2023 – 1 StR 253/22) u. umfasst ihrem Wortsinn nach alle möglichen Arten der Erörterung, die mit der Durchführung des Verfahrens zu tun haben (vgl. BGH NStZ 2020, 242). 1

B. Vorbereitung einer Verständigung nach § 257c. Die Erörterungen können aber auch der Vorbereitung einer Verständigung nach § 257c dienen (BVerfG NJW 2013, 1058 (1068); BGH NStZ 2011, 590) also etwa zur Auslotung des Strafrahmens u. der möglichen Höhe des Strafmaßes (vgl OLG Zweibrücken NStZ 2021, 253), der Erforderlichkeit weiterer Beweiserhebungen o. der einstweiligen Bewertung der erhobenen Beweise. Auch die rechtliche Bewertung der angeklagten Straftat nach der bisher durchgeführten Beweisaufnahme kann erörtert werden. Eine eventuelle Verständigung betr. Gespräche müssen nicht stets mit sämtlichen Verfahrensbeteiligten zugleich geführt werden, die anderen sind aber später darüber zu informieren (BGH NStZ 2014, 168; erg. → § 202a Rn. 1); dies gilt ebenso für die Schöffen (krit. zur – untergeordneten – Rolle der Schöffen im Verständigungsverfahren Rönnau FS Schlothauer, 2018, 367). Probleme können sich im Zusammenhang mit der Kronzeugenregelung nach § 46b StGB ergeben, weil der Beschuldigte dort seine Angaben spätestens bis zur Eröffnung des Hauptverfahrens machen muss (§ 46b Abs. 3 StGB), während die Verständigung nach § 257c erst in der HV erfolgen darf (dazu Fischer/Fischer/Lutz StGB § 46b Rn. 35; Malek StV 2010, 203). 2

C. „Kann-Vorschrift". Auch § 257b ist nur eine „Kann-Vorschrift". Das Gericht ist zu solchen Erörterungen **nicht gezwungen;** auch ein „Rechtsgespräch" kann v. den Verfahrensbeteiligten nicht verlangt werden (→ § 265 Rn. 7a). Die Vorschr. kann aber dazu dienen, Vorbehalte des Gerichts ggü. solchen Erörterungen abzubauen; da das G sie nun ausdr. erlaubt, ist für den Richter auch die Gefahr einer Ablehnung wegen Befangenheit (§ 24) gebannt (KK-StPO/Moldenhauer/Wenske Rn. 2; vgl. auch LG Verden StV 2010, 234). 3

D. Verhandlungsleitung. Die Verhandlungsleitung bei solchen Erörterungen obliegt auch hier nach § 238 Abs. 1 dem Vorsitzenden (SK-StPO/Velten Rn. 6). 4

E. Hauptverhandlungsprotokoll. In das **Hauptverhandlungsprotokoll** muss der wesentliche Ablauf u. Inhalt einer solchen Erörterung aufgenommen werden (§ 273 Abs. 1 S. 2; Pauly FS Rissing-van Saan, 2011, 431). 5

Verständigung zwischen Gericht und Verfahrensbeteiligten

257c (1) [1]**Das Gericht kann sich in geeigneten Fällen mit den Verfahrensbeteiligten nach Maßgabe der folgenden Absätze über den weiteren Fortgang und das Ergebnis des Verfahrens verständigen.** [2]**§ 244 Absatz 2 bleibt unberührt.**

(2) [1]**Gegenstand dieser Verständigung dürfen nur die Rechtsfolgen sein, die Inhalt des Urteils und der dazugehörigen Beschlüsse sein können, sonstige verfahrensbezogene Maßnahmen im zugrundeliegenden Erkenntnisverfahren sowie das Prozessverhalten der Verfahrensbeteiligten.** [2]**Bestandteil jeder Verständigung soll ein Geständnis sein.** [3]**Der Schuldspruch sowie Maßregeln der Besserung und Sicherung dürfen nicht Gegenstand einer Verständigung sein.**

(3) [1]**Das Gericht gibt bekannt, welchen Inhalt die Verständigung haben könnte.** [2]**Es kann dabei unter freier Würdigung aller Umstände des Falles sowie der allgemeinen Strafzumessungserwägungen auch eine Ober- und Untergrenze der Strafe angeben.** [3]**Die Verfahrensbeteiligten erhalten Gele-**

genheit zur Stellungnahme. [4] Die Verständigung kommt zustande, wenn Angeklagter und Staatsanwaltschaft dem Vorschlag des Gerichtes zustimmen.

(4) [1] **Die Bindung des Gerichtes an eine Verständigung entfällt, wenn rechtlich oder tatsächlich bedeutsame Umstände übersehen worden sind oder sich neu ergeben haben und das Gericht deswegen zu der Überzeugung gelangt, dass der in Aussicht gestellte Strafrahmen nicht mehr tat- oder schuldangemessen ist. [2] Gleiches gilt, wenn das weitere Prozessverhalten des Angeklagten nicht dem Verhalten entspricht, das der Prognose des Gerichtes zugrunde gelegt worden ist. [3] Das Geständnis des Angeklagten darf in diesen Fällen nicht verwertet werden. [4] Das Gericht hat eine Abweichung unverzüglich mitzuteilen.**

(5) **Der Angeklagte ist über die Voraussetzungen und Folgen einer Abweichung des Gerichtes von dem in Aussicht gestellten Ergebnis nach Absatz 4 zu belehren.**

Übersicht

1 **A. Zentrale Verständigungsvorschrift.** § 257c ist **die zentrale Vorschrift** für die erfolgte Verständigung im Strafverfahren. Eine gescheiterte Verständigung entfaltet von vorneherein weder Bindungswirkung noch Vertrauensschutz (BGH BeckRS 2024, 38144).

2 **Nach früherer Rspr.** des BGH war es lediglich erlaubt, dass das Gericht dem Angeklagten für den Fall eines v. ihm abgelegten glaubhaften Geständnisses verbindlich zusagte, dass bei der Straffestsetzung eine bestimmte Strafobergrenze nicht überschritten werden würde; hierzu war – richtiger Auff. nach – eine Zustimmung der StA nicht erforderlich (vgl. Altenhain/Haimerl GA 2005, 286 Fn. 20; **aM** BGH StV 2003, 481; offengelassen v. BGHSt 50, 40 (GrS) u. BGH NStZ 2006, 708).

3 Durch § 257c Abs. 1 tritt an die Stelle dieser gerichtlichen Zusage **eine Vereinbarung des Gerichts mit den Verfahrensbeteiligten.** Eine solche Verständigung dispensiert das Gericht jedoch nicht v. seiner Pflicht, den wahren Sachverhalt zu ermitteln; **§ 244 Abs. 2** bleibt unberührt **(Abs. 1 S. 2).** Das Gericht ist somit v. Gesetzes wegen auch im Verständigungsverfahren nicht v. seiner Pflicht zur Aufklärung des Sachverhalts entbunden, soweit dies für die Verurteilung des Angeklagten erforderlich ist (vgl. dazu Niemöller/Schlothauer/Weider Verständi-

gung/Niemöller Rn. 72; Globke JR 2014, 10; Schmitt FS Tolksdorf, 2014, 401). Zur Fundamentalkritik an der Vorschr., die in dem ges. Auftrag zu Unrecht lediglich ein „Lippenbekenntnis" sieht, vgl. → 61. Aufl. 2018, Rn. 3, 4.

Verständigungen außerhalb des gesetzlich geregelten Verfahrens – insbes. also heimliche Absprachen **(sog. *deals*)** – sind schlechthin **unzulässig** (BVerfG NJW 2013, 1058 (1067); NStZ 2016, 422; BGH NStZ-RR 2014, 284; StV 2015, 153; vgl. auch Schmitt FS Tolksdorf, 2014, 400); das gilt auch dann, wenn die Verständigung „konkludent" erfolgt, dh aus dem Ablauf des Verfahrens, insbes. dem Verhalten der Verfahrensbeteiligten, gefolgert werden kann (BGHSt 59, 21 mzustAnm Knauer NStZ 2014, 115; Kudlich JZ 2014, 471; Norouzi NJW 2014, 874 sowie ablAnm Niemöller JR 2014, 216; OLG Hamm NStZ 2016, 565 mablAnm Bittmann), o. bei einer einseitigen Verpflichtungserklärung des Gerichts ggü. dem Angeklagten (OLG München StV 2014, 523 mkritAnm Wenske). Aus ihnen können keine Ansprüche hergeleitet werden, sie haben keine Bindungswirkung nach Abs. 3 S. 4, Abs. 4 (BGH NStZ 2011, 107), sondern sind für das Verf. unbeachtlich (ebenso Schlothauer/Weider StV 2009, 601; **aM** Meyer HRRS 2011, 17, wonach sich allerdings auch hier uU ein schutzwürdiger Vertrauenstatbestand ergeben könne; erg. → § 202a Rn. 2). Auch eine Verständigung mit gesetzwidrigem Inhalt kann keine Bindungswirkung entfalten (El-Ghazi JR 2012, 407); ebenso wenig kann grds. aus einem „nicht angenommenen Angebot des Gerichts" ein Anspruch auf eine bestimmte Rechtsfolge hergeleitet werden (BGH StV 2011, 728). Die gesetzlichen Regelungen sind trotz postulierten defizitären Vollzugs des Verständigungsgesetzes noch verfassungsgemäß (s. BVerfG NStZ 2021, 558, 559). 4

Der **StA kommt eine entscheidende Rolle** für das Zustandekommen der Vereinbarung zu; ihre Zustimmung (und die des Angeklagten) ist nach Abs. 3 S. 4 Voraussetzung für deren Wirksamkeit u. damit auch für das darauf beruhende Urt. (BGH NStZ 2012, 523). Das BVerfG (NJW 2013, 1058; NStZ 2016, 422) hat zutr. darauf hingewiesen, dass die StA auf die Einhaltung der ges. Vorschr. zu achten hat u. dass ggf. die GStAe durch entspr. Weisungen an die StAe hierauf Einfluss nehmen können u. müssen (zust. Schmitt FS Tolksdorf, 2014, 410). 5

Die Verständigung kommt nach Abs. 1 **nur in geeigneten Fällen** in Betracht. Was geeignet sein soll, ist allerdings ges. nicht definiert. Es besteht insoweit ein Ermessen des Gerichts. Von vorneherein „ungeeignet" werden nur wenige Konstellationen sein. Nach der Rspr. ist dies etwa anzunehmen bei zw. Schuldfähigkeit des Angeklagten (BGH StraFo 2011, 355; NStZ-RR 2012, 140) o. idR gegen einzelne Mitglieder einer Bande (BGH NStZ 2012, 519). Ob in Fällen eines Mordes (§ 211 StGB) eine Vereinbarung darüber angestrebt werden kann, dass ein Fall besonderer Schuldschwere nicht vorliege, ist umstr. (dafür Jahn StV 2011, 497 (500); Altvater FS Rissing-van Saan, 2011, 1 (14); dagegen SK-StPO/Velten Rn. 11); man wird dies nur in Ausnahmefällen bejahen können, etwa wenn ohne das Geständnis des Angeklagten die Aufklärung des Verbrechens angesichts der sonstigen Beweislage nicht möglich wäre. Verständigungen mit dem nicht verteidigten Angeklagten sollten ebenfalls die Ausnahme darstellen; stets muss sichergestellt sein, dass der Angeklagte Inhalt, Verf. u. Folgen der Verständigung in vollem Umf. begreift. Vermutlich wird die Verteidigung (und muss sie im Interesse des Angeklagten) aber regelmäßig auszuloten versuchen, ob eine Bereitschaft des Gerichts zu einer Verständigung besteht u. welche Bedingungen das Gericht (und die StA) hierfür stellen (eing. dazu Murmann ZIS 2009, 534; **aM** Rode StraFo 2015, 90). Ein subjektives Recht des Angeklagten auf eine Information durch das Gericht über die ges. Möglichkeit des § 257c besteht aber nicht (BGH NStZ 2015, 537; OLG Celle NStZ 2012, 285). Aus Abs. 1 S. 1 folgt aber auch, dass eine *generelle* Verweigerung v. StA o. Gericht, Verständigungsgespräche zu führen, unzulässig ist (Knauer FS v. Heintschel-Heinegg, 2015, 255). 6

Rechtlich ausgeschlossen ist die Verständigung auch im **Jugendstrafverfahren** nicht (Nowak JR 2010, 248; **aM** Niemöller/Schlothauer/Weider Verständigung/Niemöller Rn. 82; einschr. auch Brunner/Dölling JGG § 18 Rn. 6e). Selbst die 7 früher v. der Rspr. gemachte Einschränkung, dass die Anwendung v. Jugendstrafrecht auf einen Heranwachsenden (BGH NStZ 2001, 555; zust. Eisenberg NStZ 2001, 556; Noak StV 2002, 445) o. umgekehrt das Erwachsenenstrafrecht auf einen Heranwachsenden (BGH NStZ-RR 2006, 187) nicht vereinbart werden dürfe, dürfte wohl mit Rücksicht auf die ausgeweiteten Verständigungsmöglichkeiten u. weil dies in Abs. 2 S. 3 nicht verboten wird, grds. nicht mehr gelten (**aM** Noak StV 2002, 445, der auch iÜ Verständigungen nur über den Umf., nicht aber über die Frage des Vorliegens der Voraussetzungen zur Anordnung v. Erziehungsmaßregeln u. Zuchtmitteln für zulässig hält). Ungeachtet dessen wird es idR unter erzieherischen Gesichtspunkten problematisch sein, mit dem Jugendlichen eine Verständigung zu vereinbaren. Die Gesetzesbegründung (BT-Drs. 16/11736, 10) weist zutr. darauf hin, dass dies jedenfalls ohne Mitwirkung eines Verteidigers nicht möglich sein wird. Die Zusage einer Strafobergrenze wurde allerdings schon früher auch bei einem Jugendlichen für erlaubt gehalten (BGHSt 52, 165; Eisenberg NStZ 2003, 132 (zw. aber BGH NStZ 2008, 698) u. Noak gegen BGH NStZ 2001, 555; vgl. auch Fahl NStZ 2009, 615).

7a Der Schluss der Beweisaufnahme markiert das **zeitliche Ende** einer möglichen Verständigung (BGH NStZ-RR 2019, 318).

8 **B. Zulässiger Gegenstand einer Verständigung (Abs. 2).** Abs. 2 umreißt den **zulässigen Gegenstand einer Verständigung.** Danach darf sich die Verständigung nur auf folgendes beziehen, wobei Gegenstand einer Verständigung natürlich nur solche Rechtsfolgen sein können, die das G im konkreten Fall vorsieht (KG StV 2012, 654):

9 **I. Rechtsfolgen.** Zum einen dürfen es nur die Rechtsfolgen sein, die **Inhalt des Urteils u. der dazugehörigen Beschlüsse** sein können. So bekräftigt Abs. 2 S. 3 noch einmal, dass der Schuldspruch nicht zum Gegenstand einer Verständigung gemacht werden darf; die strafrechtliche Bewertung eines Sachverhalts ist einer Vereinbarung nicht zugänglich (BGHSt 43, 195 (204); Becker NStZ-RR 2007, 2 – BGH RsprÜ; BGH StV 2009, 174); das schließt aber nicht aus, dass das Gericht einen Hinweis auf einen bestimmten Sachverhalt o. eine rechtliche Wertung gibt, die es seinem Verständigungsvorschlag vorl. zugrunde legt (BGH NStZ 2014, 284). Aus den vereinbarten Rechtsfolgen werden nach Abs. 2 S. 3 aber auch (sämtliche) Maßregeln der Besserung u. Sicherung (§ 61 StGB) herausgenommen. Die Rspr. hatte dies nur für die Sicherungsverwahrung (§§ 66 ff. StGB) ausgesprochen (BGH NStZ-RR 2005, 39; StV 2006, 118; NStZ 2008, 620). Dass für die Unterbringung in einem psychiatrischen Krankenhaus (§ 63 StGB) o. in einer Entziehungsanstalt (§ 64 StGB) sowie für die Führungsaufsicht (§ 68 StGB) im Hinblick auf die mögliche Gefährlichkeit des Täters für die Allgemeinheit nichts anderes gelten kann, leuchtet ohne weiteres ein. Aber wichtig ist auch, dass ein Berufsverbot (§ 70 StGB) u. der Entzug der Fahrerlaubnis (§ 69 StGB) nicht verhandelbar sind. Letzteres ist insbes. beim AG, vor dem das Verständigungsverfahren ebenso wie beim LG u. OLG anwendbar ist, v. Bedeutung. Ob das Verständigungsverbot auch für die Folgeentscheidungen (§§ 67 Abs. 2, 67b, 69a, 70a StGB) gilt, ist str. (bejahend Löwe/Rosenberg/Stuckenberg Rn. 29; Weider FS Rissing-van Saan, 2011, 736; vern. OLG Nürnberg StraFo 2016, 473; Altvater FS Rissing-van Saan, 2011, 5; Burhoff StRR 2009, 327); es dürfte nach der Intention des Gesetzes zu bejahen sein.

10 Die Vereinbarung bezieht sich also in erster Linie **auf den Strafausspruch,** wozu aber nach der Rspr. des BVerfG (NJW 2013, 1058 (1063)) nicht eine Strafrahmenverschiebung (dazu Schmitt FS Tolksdorf, 2014, 403) u. – wegen der nahen Verwandtschaft mit dem Schuldspruch – nicht die Annahme o. Nichtannahme des Vorliegens eines Regelbeispiels (zB nach § 243 StGB) gerechnet werden darf (**aM** für unbenannte minder schwere Fälle mit beachtlichen Argumenten BGH NStZ 2017, 363; Rieß StraFo 2010, 11; Mosbacher NZWiSt 2013, 201 (203); Schneider NStZ 2014, 195; Schuster StV 2014, 109; diff. BGH NStZ 2013, 540). Auch hat der BGH die Annahme eines minderschweren Falles im Rahmen einer

Verständigung jedenfalls dann als unbedenklich angesehen, wenn sie in nach herkömmlichen Strafzumessungsregeln nicht zu beanstandender Weise an den aus dem Geständnis abzuleitenden bestimmenden Strafzumessungsgrund anknüpft und es zu keiner Drucksituation für den Angekl. kommt (vgl. BGH NStZ 2013, 540 mit zustAnm Schneider NStZ 2014, 192, 195; dahingestellt von BGH NStZ 2022, 55); es erscheint allerdings nicht unzw., ob dies den Vorgaben des BVerfG entspricht.

Ob die Verhängung einer **Nebenstrafe** – wie das Fahrverbot nach § 44 StGB – oder v. **Nebenfolgen** Gegenstand der Vereinbarung sein kann, erscheint demnach auch zweifelhaft. Die **Einziehung von Taterträgen nach §§ 73 ff. StGB** („Vermögensabschöpfung") gehört aufgrund ihres zwingenden Charakters nicht zu den einer Verständigung zugänglichen Rechtsfolgen (BGH NStZ 2018, 366; 25.1.2023 – 1 StR 288/22). Zulässig dürfte es allerdings sein, ein **(Teil-)Absehen nach § 421** zum Gegenstand einer Vereinbarung nach § 257c zu machen (BGH NStZ 2018, 366; KK-StPO/Moldenhauer/Wenske Rn. 15c; Schneider NStZ 2018, 743; erg. → § 421 Rn. 13a). „Verhandelbar" ist die Höhe der Kompensation (→ EMRK Art. 6 Rn. 9a) für eine hins. Art, Ausmaß u. ihrer Ursachen prozessordnungsgemäß festgestellte überlange Verfahrensdauer, nicht aber über deren tatsächliche Grundlagen (BGHSt 61, 43); unzulässig sind auch Vereinbarungen über eine „Halbstrafen-Aussetzung" gem. § 57 Abs. 2 StGB (BGH JR 2011, 167 mzustAnm Bachmann/Goeck). **10a**

Die **Vereinbarung einer bestimmten Strafe** ist unzulässig (BVerfG NJW 2013, 1058 (1068); BGHSt 51, 84 mwN; BGH NStZ 2011, 231; KG NStZ-RR 2004, 175 (178)). Das ergibt sich schon daraus, dass das Gericht nach Abs. 3 S. 2 lediglich eine Ober- u. Untergrenze der Strafe festlegen kann. Das ist an sich erstaunlich u. wenig konsequent: Da die Rechtsfolgen verhandelbar sind u. einverständlich bestimmt werden, wäre es nur folgerichtig, sich auf eine bestimmte Strafe zu einigen. Wenn eine bestimmte Strafe vereinbart werden könnte, würde allerdings das Urt. bei der Straffestsetzung nicht mehr auf der Entsch. des Gerichts, sondern allein auf der Vereinbarung mit den Verfahrensbeteiligten beruhen. Das aber wäre mit anderen Vorschr. der StPO (§ 261) nicht zu vereinbaren. Das ändert aber nichts daran, dass in der forensischen Praxis in aller Regel *faktisch* durch Vereinbarung einer Strafuntergrenze doch eine bestimmte Strafe vereinbart werden wird (dazu → Rn. 21). Im verkehrsrechtlichen OWi-Verf. wird die Vereinbarung einer Punktstrafe im Hinblick auf die Bußgeldkatalog-VO aber als zulässig erachtet (Krumm NZV 2011, 376). **11**

Gericht, StA u. Angeklagter können sich auch darauf verständigen, bei Ablegung eines Geständnisses des Angeklagten, aber sogar auch ohne ein solches (vgl. Abs. 2 S. 2), die **Strafe zur Bewährung auszusetzen;** das erscheint aber nur dann angängig, wenn die Voraussetzungen dafür nach § 56 StGB gegeben sind (vgl. Löwe/Rosenberg/Stuckenberg Rn. 32; Niemöller/Schlothauer/Weider Verständigung/Niemöller Rn. 82; Schneider NStZ 2014, 196). Wird eine Strafaussetzung zur Bewährung zugesagt, müssen jedenfalls auch die evtl. anzuordnenden Bewährungsauflagen angesprochen werden; der Angeklagte darf damit nicht im Bewährungsbeschluss überrascht werden (BGHSt 59, 172; BGH NJW 2014, 3173; NStZ-RR 2016, 379; NStZ 2018, 420; OLG Hamm NStZ 2016, 565 (566); OLG Saarbrücken NJW 2014, 238; OLG Brandenburg NStZ-RR 2020, 88; zw. BGH StV 2015, 277 (278); **aM** OLG Rostock NStZ 2015, 663); das gilt aber nicht für eine Bewährungsanweisung, jeden Wohnsitzwechsel mitzuteilen (BGH NStZ 2015, 179; zw. OLG Frankfurt a. M. NJW 2015, 1974). **12**

II. Sonstige verfahrensbezogene Maßnahmen. Nicht nur die Rechtsfolgen, sondern darüber hinaus auch **sonstige verfahrensbezogene Maßnahmen im zugrundeliegenden Erkenntnisverfahren** können Gegenstand einer Verständigung sein. Hierunter sollen „in groben Kategorien" neben den Maßnahmen, die das Gericht „im Erkenntnis" (also idR im Urteil) treffen kann, auch noch als verfahrensbezogene Maßnahmen „Einstellungsentscheidungen und Beweiserhe- **13**

bungen“ zu verstehen sein (vgl. BT-Drs. 16/11736, 11). Es geht also etwa darum, dass Verfahrenseinstellungen nach §§ 153 ff. (BVerfG NStZ 2016, 422; BGH StV 2018, 9), eine Verfolgungsbeschränkung nach § 154a Abs. 2 (BGH NStZ 2016, 221; OLG Nürnberg StraFo 2017, 456; **aM** eine Entsch. des 2. StS des BGH (NStZ 2017, 244 mkritAnm Bittmann): unzulässig, da Absprache über den Schuldspruch, dagegen aber wiederum BGH NStZ 2018, 49 (2. StS); vgl. auch BVerfG NStZ 2016, 422: nicht sonstige „Beschränkungen“, die den Schuldspruch berühren) o. ein Absehen v. der Strafverfolgung nach § 154 Abs. 2 hins. weiterer beim erkennenden Gericht anhängiger Straftaten vereinbart wird (BGH NStZ 2016, 221; OLG Nürnberg NStZ 2017, 350; krit. Niemöller JR 2016, 149), o. dass das Gericht v. bestimmten Beweiserhebungen absieht (BVerfG NStZ 2016, 422).

13a Die Vereinbarung eines **Absehens v. einer Beweiserhebung** ist grds. möglich: Die Gesetzesbegründung (BT-Drs. 16/11736, 10) erklärt dazu, der Verzicht auf (weitere) Beweiserhebungen könne „sich nicht außerhalb dessen bewegen, was durch die unverändert geltende Sachaufklärungspflicht des Gerichtes bestimmt ist“. Insoweit gilt also, wie sich schon aus Abs. 1 S. 2 ergibt, § 244 Abs. 2; auf danach notwendige Beweiserhebungen darf nicht verzichtet werden (erg. → Rn. 14).

13b Jedenfalls können nur solche Maßnahmen für eine Verständigung in Betracht kommen, für deren Anordnung o. Nichtanordnung dem Gericht ein **Ermessens- o. Beurteilungsspielraum** eingeräumt ist (Niemöller/Schlothauer/Weider Verständigung/Niemöller Rn. 33 ff. mit Beispielen). Damit sind auch **Prozessvoraussetzungen u. Prozesshindernisse** grds. einer **Verständigung entzogen** (dazu näher Meyer-Goßner Prozessvoraussetzungen S. 104 ff.). Soweit es um organisatorische Fragen wie Terminsabsprachen einschl. Unterbrechungen der HV geht, bedarf es des formellen Verständigungsverfahrens ohnehin nicht. Was hingegen eine Vereinbarung über die Beurlaubung des Angeklagten nach § 231c betr., erscheint zw., ob insofern eine Dispositionsfreiheit für Gericht u. Verfahrensbeteiligte besteht (vgl. krit. Niemöller GA 2009, 181).

13c Dagegen handelt es sich bei **Verzichtserklärungen** (wie etwa dem Verzicht auf sichergestelltes Geld oder andere Gegenstände) **nicht** um verfahrensbezogene Maßnahmen (des Gerichts) oder ein Prozessverhalten der Verfahrensbeteiligten iSd Abs. 2 S. 1, da sie materiell-rechtliche Erklärungen des Angeklagten darstellen, welche eine Änderung der Rechte an dem sichergestellten Gegenstand bewirken können (BGH NStZ 2025, 433; 2025, 311). Ebensowenig ist ein derartiger Verzicht eine Rechtsfolge, die Inhalt eines Urteils iSd der Urteilsformel sein kann (BGH NStZ 2025, 433; 2025, 311; → Rn. 8 ff.; → § 260 Rn. 28) oder ein Prozessverhalten iSd Abs. 2 Satz 1 Var. 3 (BGH 8.10.2025 – 5 StR 235/25; → Rn. 14, 15).

14 **III. Prozessverhalten der Verfahrensbeteiligten.** Auch das Prozessverhalten der Verfahrensbeteiligten kann grds. zulässiger Gegenstand einer Verständigung sein. Dabei geht es nicht um das Auftreten der Verfahrensbeteiligten vor dem Gericht, sondern um die Geltendmachung einzelner prozessualer Rechte. Damit ist va der **Verzicht** v. Angeklagten, StA o. auch Nebenklägern **auf die Stellung bestimmter (weiterer) Beweisanträge** angesprochen, nicht aber der Herausgabeverzicht des Angeklagten (BGH 8.10.2025 – 5 StR 235/25; → Rn. 13c). Diese können auch den Schuldspruch betreffen. Insoweit erscheint auch der Verzicht des Nebenklägers auf einen den Schuldspruch betr. Beweisantrag als Gegenleistung für eine Schadenswiedergutmachung mit Abs. 2 S. 3 vereinbar (Schlothauer/Weider StV 2009, 603 Fn. 27; zweifelnd Jahn/Müller NJW 2009, 2628; vgl. auch BVerfG NJW 2013, 1058 (1063)). Der Verzicht auf die Stellung v. Beweisanträgen ist als Verständigungsgegenstand aber **nur zulässig,** soweit die **Aufklärungspflicht** des Gerichts nicht betroffen ist (vgl. BGH NStZ-RR 2024, 84). In Betracht kommt ferner der Verzicht auf sonstige prozessuale Anträge wie einen Antrag auf Ablehnung des Gerichts wegen Befangenheit, ferner Einverständniserklärungen mit der Verlesung v. Urk. unter den Voraussetzungen der § 251 Abs. 1 Nr. 1 und Abs. 2 Nr. 3, ebenso wie sonst die einverständliche Verlesung v. Urk. (vgl. Niemöller/

Schlothauer/Weider Verständigung/Niemöller Rn. 37; **aM** Schäfer JR 2010, 3208). Der **umfassende Verzicht** auf sämtliche Prozessanträge gegen die Zusicherung eines bestimmten Strafrahmens ist allerdings **unzulässig** (vgl. BGH NStZ-RR 2024, 84 mwN).

Die Verknüpfung v. **prozessualem Wohlverhalten mit der Rechtsfolgenbemessung** erscheint indes als nicht unbedenklich (s. BT-Drs. 16/11376, 16), obwohl sich die Unzulässigkeit einer solchen Verknüpfung nicht aus dem Gesetzeswortlaut ergibt (s. Weigend FS Maiwald, 2010, 838 mit Fn. 46; vgl. auch Murmann FS Roxin, 2011, 1394; Strate NStZ 2010, 365). Insoweit ist nicht recht verständlich, warum das Prozessverhalten der Verfahrensbeteiligten als zulässiger Gegenstand einer Verständigung überhaupt in Abs. 2 S. 2 aufgenommen wurde u. weiteres – nach Abschluss der Verständigung eingetretenes – Prozessverhalten des Angeklagten gem. Abs. 4 S. 2 zur Lösung des Gerichts v. der getroffenen Verständigung berechtigt, zumal Abs. 4 S. 3 unmittelbar fortfährt, dass das Geständnis des Angeklagten in diesen Fällen nicht verwertet werden darf. Jedenfalls ist der **umfassende Verzicht** auf Prozessanträge gegen die Zusicherung eines bestimmten Strafrahmens **unzulässig;** lediglich einzelne Anträge können zum Gegenstand der Verständigung gemacht werden (BGH NStZ 2023, 56; vgl. auch BT-Drs. 16/12310, 13). 15

IV. Nur auf das Verfahren bezogene Maßnahmen. Die Verständigung darf sich nur auf verfahrensbezogene Maßnahmen erstrecken (Abs. 2 S. 1). Das G **schließt** damit grds. **„verfahrensübergreifende Gesamtlösungen" aus,** d. h. Zusicherungen oder Absprachen, die ein anderes Strafverfahren betreffen (BGH NStZ-RR 2023, 58 mwN; NStZ 2016, 221; vgl. auch BVerfGE 133, 168; zur Vereinbarung einer Rechtsmittelrücknahme in einem anderen Verfahren → Rn. 15d). Zwar ist eine – außerhalb eines Verständigungsverfahrens getroffene – Vereinbarung mit der StA, andere – bei diesem o. einem anderen Gericht anhängig gemachte – Straftaten v. der Strafverfolgung auszunehmen, möglich (BGH NStZ 2017, 56); Probleme können sich dabei nur ergeben, wenn sich die StA später an diese Vereinbarung nicht hält (dazu → § 160b Rn. 9 ff.). Eine solche Vereinbarung darf aber gerade **nicht Teil einer Verständigung** nach § 257c sein (BVerfG NJW 2013, 1058 (1064); BGHSt 61, 92; BGH StraFo 2016, 472; Schmitt FS Tolksdorf, 2014, 405; Schneider NStZ 2016, 176; eing. zur Zulässigkeit sog. „Gesamtlösungen" Bittmann NStZ 2015, 551). 15a

Nicht zulässig sind Verständigungen, die **nicht in die Kompetenz des erkennenden Gerichts** fallen. Im Strafvollstreckungsverfahren anstehende Entsch. u. solche im Erkenntnisverfahren vor anderen Spruchkörpern sind einer Verständigung somit nicht zugänglich (OLG Oldenburg StV 2018, 340; Jahn/Müller NJW 2009, 2628). Hierzu gehört etwa die in die Zuständigkeit der StA fallende Befürwortung einer Strafrestaussetzung nach Halbstrafe (BGH StV 2011, 74 (75)). Unzulässig erscheint es auch, dem Angeklagten iRe Verständigung abzuverlangen, „sämtliche zur beschleunigten Beendigung der Hauptverhandlung erforderlichen prozessualen Erklärungen abzugeben" (BGH NStZ 2006, 586) o. ihm ein Verhalten anzusinnen (zB Erfüllung einer Forderung des Fiskus o. Spende an eine Opferschutzorganisation; zu ersterem zust., zu letzterem abl. Schöch NJW 2004, 3464), dessen Zweck mit der angeklagten Tat u. dem Gang der HV in keinem inneren Zusammenhang steht (vgl. dazu bereits BGHSt 49, 84; Beulke/Swoboda JZ 2005, 71). 15b

Die Entsch. über die **Fortdauer der UHaft** nach Urteilsverkündung ist aber ein zum Urt. „dazugehöriger Beschluss" (§ 268b), so dass auch die Vollstreckung v. UHaft grds. zulässiger Verständigungsinhalt sein kann (BGH NStZ 2014, 219). 15c

V. Keine Verständigung über Schuldspruch (Abs. 2 Satz 3). Der Schuldspruch sowie Maßregeln der Besserung und Sicherung dürfen nicht Gegenstand einer Verständigung sein (Abs. 2 Satz 3; s. etwa BGH NJW 2011, 1526: bandenmäßige Begehung; vgl. aber auch BGH 25.9.2025 – 5 StR 332/25 zu einer 15d zulässigen Verständigung auf einen bestimmten Strafrahmen bei einem „den tatsachen entsprechenden Geständnis" der „Taten … wie angeklagt").

15e **VI. Rechtsmittelverzicht.** Die Vereinbarung eines **Rechtsmittelverzichts** ist wegen § 302 Abs. 1 S. 2 (vgl. → § 302 Rn. 26a ff.) unzulässig. Es erscheint jedoch zulässig, die Abgabe eines Rechtsmittelverzichts bzw. die (teilw.) Rücknahme eines Rechtsmittels in einem anderen Verf. iRe Verständigung zu vereinbaren (BGH NStZ 2016, 177 mkritAnm Ventzke: Rücknahme einer Revision in anderer Sache; OLG Hamburg NStZ 2017, 307 (309); KG NStZ 2015, 236: Rücknahme der Berufung in einem Paralellverfahren; **aM** Mosbacher JuS 2015, 701; Knauer/Pretsch NStZ 2015, 238 gegen KG NStZ 2015, 236; dahingestellt v. BGH wistra 2020, 75; NStZ-RR 2023, 58). Allerdings ist eine „bedingte Verständigung unter der Voraussetzung, dass Angeklagter und StA ihre Rechtsmittel zurücknehmen", wegen der Bedingungsfeindlichkeit v. Prozesshandlungen unzulässig (vgl. BGHSt 29, 396; → Einl. Rn. 118; dahingestellt v. BGH wistra 2020, 75; NStZ-RR 2023, 58). Wenn das Gericht u. Verfahrensbeteiligte eine **„Nichtanfechtbarkeitsvereinbarung"** treffen u. diese zur Bedingung der Verständigung machen, ist eine solche Vereinbarung ebenso wie eine Verzichtsvereinbarung zu behandeln (Rieß Rieß JR 2005, 438) u. daher unwirksam. Die Verbindlichkeit einer wirksamen Verständigung wird aber durch das unzulässige Versprechen der Nichtanfechtung iÜ nicht berührt (BGHSt 52, 165; Lindemann JR 2009, 83; Rieß FS Meyer-Goßner, 2001, 652).

16 **C. Geständnis (Abs. 2 S. 2). Abs. 2 S. 2** legt fest, dass ein **Geständnis** Bestandteil jeder Verständigung „sein soll". Die Zusicherung eines bestimmten – ggü. dem ges. Normalstrafrahmen natürlich milderen – Strafrahmens hängt damit – anders als nach der früheren Rspr. (vgl. nur BGHSt 43, 195; 50, 40; BVerfG NJW 2013, 1058) – nicht zwingend v. der Ablegung eines Geständnisses ab. Das wirft die Frage auf, womit sich der Angeklagte dann überhaupt noch einen milderen Strafrahmen verdient hat (zust. HK-StPO/Temming Rn. 18; Löwe/Rosenberg/Stuckenberg Rn. 39; Leitmeier JR 2014, 374). In Betracht kommt va sonstiges prozessuales „Wohlverhalten" (soeben → Rn. 14, 15). Da allerdings insoweit „unsachgemäße Verknüpfungen" zu vermeiden sind (so die Gesetzesbegründung, BT-Drs. 16/11376, 16), wird es sich nur um Ausnahmefälle handeln können (zutr. Leitmeier HRRS 2013, 365; **aM** König NJW 2012, 1916). Zur Kritik an der Regelung s. BR-Drs. 65/09 (Beschl.), 3/4.

17 **Voraussetzung einer Verständigung mit der Zusage eines milderen Strafrahmens** wird daher regelmäßig sein, dass der Angeklagte ein glaubhaftes, qualifiziertes Geständnis abgelegt hat (BGH NStZ-RR 2013, 52; SK-StPO/Paeffgen § 202a Rn. 38). „Schlanke" Formalgeständnisse („es stimmt so, wie es in der Anklageschrift steht") werden regelmäßig nicht ausreichen. Die Glaubhaftigkeit wird idR allerdings nur an Hand der Akten u. – wie sonst auch (ohne Verständigung) bei einem in der HV abgelegten Geständnis (BGH NStZ 2012, 584; 2013, 727) – nicht durch eine weitere o. aber eine erheblich reduzierte (vgl. BGH NStZ 2017, 173: Vernehmung des polizeilichen Ermittlungsführers) Beweisaufnahme überprüft (BGH NJW 2014, 2132 (2133); StraFo 2014, 335 (336); NStZ-RR 2016, 378; weitergehend aber BVerfG NJW 2013, 1063; BGHSt 61, 277 mzustAnm Zopfs NJW 2017, 280; zust. auch Moldenhauer NStZ 2017, 103; Schneider NStZ 2014, 193; dagegen mit Recht abl. Deiters GA 2014, 701 sowie Jahn NStZ 2014, 170, der auch darauf hinweist, dass der Entsch. des BVerfG insofern keine Bindungswirkung zukommt; krit. auch Altvater StraFo 2014, 223; Ziegert StraFo 2014, 226).

17a Dabei ist **jedoch stets zu untersuchen,** ob das abgelegte Geständnis mit dem Ermittlungsergebnis zu vereinbaren ist, ob es in sich stimmig ist u. ob es die getroffenen Feststellungen trägt u. auch im Hinblick auf sonstige Erkenntnisse keinen Glaubhaftigkeitsbedenken unterliegt (BVerfG NJW 2013, 1058 (1069); BGH NStZ 2009, 467; StraFo 2012, 232; NStZ-RR 2016, 378; KG wistra 2015, 288 Ls.; OLG Celle StV 2011, 341; OLG Nürnberg StraFo 2016, 473; vgl. auch

Eisenberg StV 2014, 72; Schneider NStZ 2014, 193). Es ist daher unzulässig, dem Urt. einen Sachverhalt zu Grunde zu legen, der nicht auf einer Überzeugungsbildung unter vollständiger Ausschöpfung des Beweismaterials beruht (BGHSt 59, 21; StV 2013, 703). Hat der Angeklagte iRe zulässigen Verständigung ein Geständnis abgelegt, das das Gericht überprüft u. für glaubhaft befunden hat, kann er später nicht damit gehört werden, er habe einen in Wirklichkeit nicht o. so nicht zutreffenden Schuldvorwurf eingeräumt; das Geständnis ist aber unverwertbar, wenn bei der Vereinbarung gegen die Grundsätze des fairen Verfahrens o. gegen §§ 136, 136a, 243 Abs. 5 S. 1 verstoßen wurde (Kuckein FS Meyer-Goßner, 2001, 71; vgl. auch Kölbel NStZ 2003, 232). Bei der Verurteilung eines Angeklagten aufgrund v. Geständnissen der Mitangeklagten muss die Glaubhaftigkeit dieser Geständnisse in einer für das Revisionsgericht nachprüfbaren Weise gewürdigt werden; dazu gehören, soweit sich dies nicht aus dem Hauptverhandlungsprotokoll ergibt, das Zustandekommen u. der Inhalt der Absprache (BGHSt 48, 161; BGH StV 2006, 118; NJW 2012, 3736). Dasselbe gilt für die Verurteilung aufgrund der Angaben des nunmehr als Belastungszeugen auftretenden – aufgrund einer Absprache rkr. verurteilten – früheren Mitangeklagten (BGHSt 52, 78; vgl. dazu auch BGH NStZ 2012, 465; 2013, 353; BGH NStZ 2014, 287; BeckRS 2009, 6482), insbes. wenn der kooperierende Mitangeklagte nur ein anwaltlich vorformuliertes Geständnis mit drittbelastendem Inhalt abgelegt u. danach keine weiteren Fragen zugelassen hat. Dies gilt gleichermaßen, wenn es sich um die Angaben einer Aussageperson handelt, die nicht denselben Tatkomplex betr., die aber v. wesentlicher Bedeutung für die Würdigung des einzigen Belastungszeugen sind (BGH NStZ-RR 2019, 226).

Im Berufungsverfahren kann dem Erfordernis eines Geständnisses die Beschränkung des Rechtsmittels auf den Rechtsfolgenausspruch o., wenn zugleich die StA eine insoweit beschränkte Berufung eingelegt hat, die – teilw. – Rücknahme des eigenen Rechtsmittels genügen (OLG Brandenburg NStZ 2020, 759; OLG München StV 2014, 79; OLG Nürnberg StraFo 2016, 473; LG Freiburg StV 2010, 236; krit. Jahn StV 2011, 500; erg. → Vor § 312 Rn. 1b–1f). Eine verständigungsbasierte Berufungsbeschränkung ist unwirksam, sofern die Prozesserklärung des Angeklagten auf einer unzulänglichen Unterrichtung nach § 243 Abs. 4 beruht (OLG Brandenburg NStZ 2020, 759). **17b**

D. Inhalt der Verständigung. Das G sagt nicht, welchen Inhalt die Verständigung haben könnte. Der Inhalt **korrespondiert** aber mit dem, was **Gegenstand** der Verständigung sein darf (→ Rn. 7ff.). In aller Regel wird es hierbei um die Ablegung eines Geständnisses gegen die Angabe einer Strafober- u. Untergrenze (Abs. 3 S. 2) durch das Gericht gehen. **18**

I. Angabe einer Strafober- und -untergrenze (Abs. 3 S. 2). Die Angabe einer **Strafober- und -untergrenze** bezieht sich nach dem Gesetzeszusammenhang nur auf die Festsetzung eines solchen Strafrahmens innerhalb einer Verständigung; denn nur diese ist in § 257c geregelt (BGH NStZ 2013, 671; anschl. → Rn. 20). Für den Angeklagten v. größerem Interesse ist die Untergrenze bei einer Verständigung u. die Obergrenze bei fehlender Verständigung. Die Benennung einer solchen Alternativstrafe für den Fall des Nichtzustandekommens einer Verständigung dürfte allerdings mit Rücksicht auf den Wortlaut des Gesetzes, der ausdr. nur auf die Angabe einer Ober- u. Untergrenze innerhalb einer Verständigung abstellt, nicht zulässig sein (Schlothauer StV 2011, 207; vgl. auch BGH StV 2011, 202 (204)). Der BGH (NStZ 2013, 671) hat dies offengelassen, aber festgestellt, dass es § 257c nicht gebietet, dem Angeklagten zu Informationszwecken die Obergrenzen für geständige u. str. Einlassung mitzuteilen. **19**

Jedenfalls ist es aber insofern nicht erlaubt, dem Angeklagten mit einer weit geöffneten „**Sanktionsschere**" zu drohen (vgl. BGH NStZ 2008, 170; 2013, 671; erg. → § 136a Rn. 21). Die Differenz zwischen der absprachegemäßen u. der bei einem „streitigen" Verf. zu erwartenden Sanktion darf nicht so groß sein, dass sie strafzumessungsrechtlich unvertretbar u. mit einer angemessenen Strafmilderung **19a** wegen eines Geständnisses nicht mehr erklärbar ist (BGHSt 50, 40 (GrS)). Das gilt sowohl für den Fall, dass die ohne Absprache in Aussicht gestellte Sanktion das vertretbare Maß überschreitet, als auch für den Fall, dass das Erg. des Strafnachlasses unterhalb der Grenze dessen liegt, was noch als schuldangemessene Sanktion hingenommen werden kann (BGHSt 50, 40 (GrS)). Unzulässig ist zB die Inaussichtstellung v. „2 Jahren mit Bewährung bei Geständnis" o. „6 Jahren bei Bestreiten" (BGH StV 2004), ebenso bei Zusage v. nicht mehr als 3½ Jahren bei Geständnis, sonst 7 bis 8 Jahre (BGH NStZ 2008, 170). Der angemessene „Strafrabatt" ist iÜ eine Frage des Einzelfalls (BGH StV 2011, 202; Altvater FS Rissing-van Saan, 2011, 20; Meyer-Goßner Schünemann-Symposium 239 mwN: idR zwischen 20 u. 30 %). Bei Bildung mehrerer Gesamtstrafen ist für jede Gesamtstrafe gesondert die jeweilige Ober- u. Untergrenze zu bezeichnen (BGH StV 2014, 67 (68)).

20 **Neben der Festlegung einer Strafuntergrenze** ist auch die Angabe einer **Strafobergrenze** ges. geboten (BGH NStZ 2013, 671). Das Gericht ist nach dem Wortlaut von Abs. 3 S. 2, auch mit Rücksicht auf Abs. 4 S. 1, wo ausdr. v. „Strafrahmen" gesprochen wird (zutr. BGH StV 2010, 227; 2011, 75; NStZ-RR 2015, 379) nicht befugt, nur eine Ober- *oder* eine Untergrenze anzugeben.

21 Von der Strafuntergrenze kann das Gericht nach unten ohne Zustimmung der StA nur noch bei Lösung v. der Verständigung abkommen. Das Gericht ist aber *rechtlich* nicht gehindert, gleichwohl eine andere Strafe (bis zur Höhe der Strafobergrenze) zu verhängen (BGH NStZ 2012, 584; 2013, 417; Schlothauer StraFo 2011, 491). Das Fehlen der Angabe einer Untergrenze kann idR mit der Revision nur v. der StA gerügt werden, weil der Angeklagte hierdurch nicht beschwert ist (BGH StV 2011, 75; Schmitt StraFo 2012, 388; **aM** Knauer/Lickleder NStZ 2012, 373; Schlothauer StraFo 2011, 491; ähnlich Jahn StV 2011, 499).

22 **II. Grundsätze der Strafzumessung (Abs. 3 S. 2).** Bei Festlegung des Strafrahmens müssen die **Grundsätze der Strafzumessung berücksichtigt** (§ 46 StGB) werden; dies hat unter Würdigung aller Umstände des Falls zu geschehen (BVerfG NJW 2013, 1058 (1068)). Das Beiwort „freie" bei dem Wort „Würdigung" in Abs. 3 S. 2 hat keine besondere Bedeutung (Löwe/Rosenberg/Stuckenberg Rn. 49; **aM** Niemöller/Schlothauer/Weider Verständigung/Niemöller Rn. 55: Hypothetische Würdigung).

22a **III. Abfassung der Urteilsgründe.** Die **Abfassung der Urteilsgründe** muss nach einer Verständigung wie auch sonst den Anforderungen des § 267 gerecht werden (BGH NStZ-RR 2010, 54) u. bedarf „eines Mindestmaßes an Sorgfalt" (BGH NStZ-RR 2010, 336; 2011, 57). Ein Mangel kann zur Aufhebung des Urteils führen (BGH StV 2011, 608), etwa wenn sich die Urteilsgründe auf die Feststellung beschränken, „der Angeklagte sei der Anklageschrift nach Maßgabe der getroffenen Verständigung nicht entgegengetreten" (BGH StV 2012, 133; vgl. auch BVerfG NJW 2013, 1058 (1068) u. BGH StV 2013, 194, ferner BGH NStZ 2016, 228).

23 **E. Gang des Verständigungsverfahrens. I. Initiative zur Verständigung.** Nach dem Gesetzestext geht die Initiative zu einer Verständigung **v. Gericht aus (Abs. 3 S. 1);** das Gericht (einschließlich der Schöffen) muss sie gem. § 263 Abs. 1 mit 2/3 Mehrheit beschließen (Verurteilung zu Strafe ist eine dem Angeklagten nachteilige Entsch. über die Rechtsfolgen der Tat). Aber selbstverständlich können auch die Verfahrensbeteiligten – insbes. StA u. Verteidiger – die Anregung dazu geben. Das wird sogar oftmals der Fall sein; denn vielfach werden schon vor der HV Verständigungsgespräche nach §§ 160b, 202a, 212 stattgefunden haben, die selbst jedoch noch keine Verständigungen iSd § 257c sind (BGH NStZ 2011, 473). Das Gericht gibt seine Einschätzung bekannt; es kann sie mit einer Fristsetzung verbinden, die allerdings – orientiert an Verfahrensstand u. Schwierigkeit der Sach- u. Rechtslage – den Angeklagten nicht unzulässig unter Druck setzen darf. Die Verfahrensbeteiligten haben dann Gelegenheit zur Stellungnahme. Jedenfalls muss ein – auch noch unvollständiger – Verständigungsvorschlag dem Geständnis (→ Rn. 16 ff.) vorausgehen, nicht umgekehrt (BGH StV 2015, 277).

II. Anhörung (Abs. 3 S. 3). Nicht nur StA u. die – nicht stets notwendige (OLG Bamberg StV 2015, 539 mkritAnm König/Harrendorf; Ruhs NStZ 2016, 706; **aM** OLG Naumburg NStZ 2014, 116 mit zutr. abl. Anm. Wenske; diff. Schneider NStZ 2014, 260) – Verteidigung sind zu hören. Auch andere Verfahrensbeteiligte – va Nebenkläger – können Stellung nehmen. Zwar ist die Zustimmung des Nebenklägers zur Verständigung nicht erforderlich, sein Widerspruch kann ihr Zustandekommen nicht verhindern (dagegen Böttcher FS Schöch, 2010, 944); das ist aber konsequent, da es hier nur um die Rechtsfolgen geht u. der Nebenkläger deren Art u. Höhe ohnehin nicht entscheidend beeinflussen kann (vgl. § 400 Abs. 1). Er kann aber versuchen, durch seine Stellungnahme auf die Meinungsbildung v. StA u. Gericht einzuwirken. 24

III. Zustandekommen (Abs. 3 S. 4). StA und Angeklagter – o. für diesen der Verteidiger (**aM** SK-StPO/Velten Rn. 23), wobei aber die Zustimmung des Verteidigers bei Zustimmung des Angeklagten nicht erforderlich ist (Schlothauer StV 2011, 649; Schlothauer FS Beulke, 2015, 1033 ff. eing. zu Befugnissen des Verteidigers als Vertreter des abwesenden Angeklagten) – müssen dem Vorschlag des Gerichts ***ausdrücklich*** zustimmen. Eine konkludente Zustimmung genügt nicht (BGH NStZ 2025, 626; 2019, 688: Angeklagter; vgl. auch dezidiert BVerfG NStZ 2021, 558 Mosbacher JuS 2021, 749 (753): StA). StA u. Angeklagter sind dann an ihre ausdrückliche Zustimmung zur Verständigung gebunden (BGHSt 57, 273); iÜ kommt es aber auf einen Rechtsbildungswillen der Verfahrensbeteiligten nicht an (BVerfG NStZ 2016, 422). Die StA hat v. sich aus auch dann keine Möglichkeit mehr, die getroffene Verständigung nachträglich zu Fall zu bringen, wenn sie die Voraussetzungen des Abs. 4 S. 1 und 2 für gegeben ansieht (BGHSt 57, 273 mwN; BGH NStZ 2017, 373); vielmehr bedarf es dazu einer Entsch. durch das Tatgericht (BGH NStZ 2017, 373). 25

IV. Bindungswirkung. Auch das erkennende Gericht ist grds. (Ausnahme Abs. 4 → Rn. 26 ff.) an die Verständigung gebunden. Das gilt allerdings nur für das Tatgericht, bei dem die Verständigung erfolgte. Die Rechtsmittelgerichte u. das Gericht, an das die Sache nach § 354 Abs. 2, Abs. 3 zurückverwiesen wurde, sind an die Verständigung nicht gebunden (BGH NStZ-RR 2013, 373; OLG Rostock NStZ-RR 2013, 351; El-Ghazi JR 2012, 410; Schlothauer StraFo 2011, 494; **aM** SK-StPO/Velten Rn. 29; zum Haftbeschwerdegericht → § 117 Rn. 11b). Allerdings gilt für diese Gerichte das Verbot der *reformatio in peius* (§§ 331 Abs. 1, 358 Abs. 2; BGH StV 2010, 470). 25a

Außerhalb einer Verständigung iSv § 257c – zB mangels Zustimmung der StA oder bei rein staatsanwaltlichen Zusicherungen (BGH NStZ-RR 2023, 83 mwN uAnm Weil NZWiSt 2023, 311) – besteht keine Bindung des Tatgerichts an den v. ihm für den Fall des Zustandekommens einer Absprache in Aussicht gestellten Strafrahmen (BGH NJW 2011, 3463; NStZ 2018, 232; 2018, 419; NStZ-RR 2017, 351). Das Gericht ist nicht verpflichtet, die dort angesprochene Strafuntergrenze zu verhängen (BGH NStZ 2018, 232), selbst wenn der Angeklagte die angedachte Gegenleistung in Form eines Geständnisses ablegt. Lediglich bei Hinzutreten besonderer Umstände kann es ausnahmsweise geboten sein, dass das Gericht einen **Hinweis nach § 265 Abs. 2 Nr. 2** erteilt, wenn es die mitgeteilte Obergrenze überschreiten will (vgl. BGH NStZ 2022, 506 mablAnm Willumat; 23.11.2021 – 5 StR 300/21; s. auch Schneider NStZ 2018, 233; erg. → § 265 Rn. 21). **Umgekehrt** ist es für sich gesehen und Hinzutreten weiterer Umstände nicht Ausdruck einer unzulässigen Selbstbindung des Gerichts, wenn sich die verhängte Strafe angesichts nach seiner Einschätzung unveränderter Sachlage hinsichtlich des Wertes eines abgelegten Geständnisses im Rahmen eines Verständigungsvorschlags des Gerichts hält, dem die StA nicht zugestimmt hat (vgl. BGH NStZ 2026, 59). 25b

V. Entfallen der Bindung des Gerichts (Abs. 4). Für die Frage, ob die Voraussetzungen für einen Wegfall der Bindungswirkung gegeben sind, kommt es in erster Linie auf den **Wortlaut der des gerichtlichen Verständigungsvorschlags** an, der den Umfang der gerichtlichen Bindung und die ggf. an den 25c

Angekl. gestellten Erwartungen bestimmt (BGH NStZ-RR 2023, 58). Mit Blick auf S. 2, wonach ein Abweichen des von dem Angekl. zugesagten Prozessverhaltens den Wegfall der Bindungswirkung nach sich ziehen kann, ist insoweit eine restriktive Interpretation geboten (BGH NStZ-RR 2023, 58; MüKoStPO/Jahn/Kudlich Rn. 168; → 27).

26 Die Bindung des Gerichts entfällt, wenn **rechtlich o. tatsächlich bedeutsame Umstände übersehen** worden sind o. sich neu ergeben haben u. das Gericht deswegen zu der Überzeugung gelangt, dass der in Aussicht gestellte Strafrahmen nicht mehr tat- o. schuldangemessen ist (Abs. 4 S. 1; vgl. BGH NStZ 2013, 417). Diese starke Einschränkung rechtfertigt der Gesetzgeber damit, dass „das Ergebnis des Prozesses stets ein richtiges und gerechtes Urteil sein muss" (BT-Drs. 16/11736, 18). Ein Abweichen v. der Verständigung ist allerdings dann noch nicht gegeben, wenn das Gericht v. einer anderen rechtlichen Bewertung der Tat ausgeht, den vereinbarten Strafrahmen aber zutr. gleichwohl für schuldangemessen erachtet (BGH StV 2013, 193); hingegen ist das Abgehen aber jedenfalls zulässig u. geboten, wenn ein auf Grundlage der Verständigung ergehendes Urt. sachlichrechtlich fehlerhaft wäre (BGHSt 57, 273). Diese erleichterte Lösungsmöglichkeit bildet für den Angeklagten, der ein Geständnis abgelegt hat, eine große Unsicherheit, ob es bei der Verständigung bleiben wird.

27 Diese Unsicherheit wird noch dadurch erheblich verstärkt, dass ein Abgehen v. der getroffenen Verständigung auch dann erlaubt wird, „wenn das **weitere Prozessverhalten** des Angeklagten nicht dem Verhalten entspricht, das der Prognose des Gerichts zugrunde gelegt worden ist" (Abs. 4 S. 2). Das Gericht kann damit unmittelbaren Einfluss auf das Prozessverhalten des Angeklagten nehmen, indem es ihm für „verständigungsfremdes" Prozessverhalten mit der Lösung v. der Verständigung drohen kann. Allerdings vermag ein nicht der Prognose entspr. Verhalten des Angeklagten ein Abweichen v. der Verständigung nur dann zu rechtfertigen, wenn das v. der Erwartung abw. tatsächliche Prozessverhalten aus der Sicht des Gerichts der Strafrahmenzusage die Grdl. entzieht (BGHSt 57, 273), so dass das Gericht zu der Überzeugung gelangt, der in Aussicht gestellte Strafrahmen sei nicht mehr tat- o. schuldangemessen (BGH StV 2013, 484).

27a Nach BGH NJW 2009, 690 kann sich der Beschwerdeführer uU sogar mit einer nach einer Urteilsabsprache **erhobenen Befangenheitsrüge,** mit der die Befangenheit des Richters vor der Verständigung beanstandet wird, zu seinem eigenen Verhalten in Widerspruch setzen u. damit rechtsmissbräuchlich handeln; denn mit der Verständigung könnten die Verfahrensbeteiligten zum Ausdruck bringen, dass ein Grund für ein Misstrauen in die Unparteilichkeit des Richters nicht (mehr) besteht (dagegen Beulke/Witzigmann StV 2009, 394; Ventzke HRRS 2009, 26; Wattenberg StV 2010, 471; Niemöller/Schlothauer/Weider Verständigung/Weider Teil C Rn. 17 hält die Entsch. durch die erfolgte ges. Regelung für überholt).

27b Eine dahingehende **gerichtliche Entscheidung,** dass die **Bindungswirkung entfallen** ist, ist erforderlich; diese Wirkung tritt nicht etwa kraft Gesetzes v. selbst ein (BGHSt 57, 273; zust. Kudlich NStZ 2013, 119).

27c Die **Bindungswirkung** einer Verständigung **entfällt für das neue Tatgericht** auch infolge einer Rechtsmitteleinlegung gegen das auf der Absprache beruhende Urteil, etwa nach Berufungseinlegung für das Berufungsgericht oder nach Aufhebung und Zurückverweisung durch das Revisionsgericht (vgl. BGHSt 66, 37 = NStZ 2021, 568; BGHSt 67, 171 = NStZ 2023, 310 mAnm Horter; ferner BGH NJW 2025, 519 für erfolgreiche Nebenklagerevisionen). Dies gilt gleichermaßen, wenn das Verfahren, in dem es zur Verständigung gekommen war, ausgesetzt wird (BGHSt 66, 37 = NStZ 2021, 568). Zur Frage der Verwertbarkeit des Geständnisses in diesen Fällen → Rn. 29a–29c; zu den Konsequenzen für Umfang der Aufhebung durch das Revisionsgericht → § 353 Rn 9a, 17, 17a; zur Belehrungspflicht → Rn. 30b).

28 **F. Verwertungsverbot (Abs. 4 S. 3).** Für den Fall der **Lösung des Gerichts von der Verständigung** etabliert Abs. 4 S. 3 ein **Verwertungsverbot** hins. des

abgelegten Geständnisses des Angeklagten. Das ist ein Gebot der Verfahrensfairness; denn wenn die „Geschäftsgrundlage" für das Geständnis entfallen ist, darf auch dieses keinen Bestand mehr haben. Bindung des Gerichts u. Geständnis des Angeklagten stehen in einer Wechselbeziehung, die das Gericht nicht folgenlos einseitig auflösen kann. Will das Gericht gleichwohl zu einer Verurteilung gelangen, darf es diese in keiner Weise – auch nicht, soweit es sich auf Umstände bezieht, die für den Angeklagten günstig sind (Altvater FS Rissing-van Saan, 2011, 27) – auf das zuvor abgelegte Geständnis des Angeklagten stützen. Dass für das Gericht das Geständnis doch eine die Verurteilung motivierende Bedeutung haben kann, steht auf einem anderen Blatt. Das ist jedoch ggü. sonstigen Beweisverwertungsverboten keine Besonderheit (vgl. Weigend FS Maiwald, 2010, 844). Abs. 4 S. 3 gilt aber grunds. *nur* in den Fällen des Abs. 4 S. 1 und 2 und kann nicht entspr. auf „informelle" Absprachen, angewendet werden (BGH NStZ 2013, 353 mkritAnm Kudlich; zw.; zu hauptverhandlungsübergreifenden Fällen → Rn. 29a–29c). Eine Erstreckung auf Mitangeklagte findet nicht statt. Ob dem Beweisverwertungsverbot auch eine Fernwirkung zukommt, ob also aufgrund des Geständnisses erlangte weitere Beweise ebenfalls unverwertbar werden, ist nach den auch sonst hierzu aufgestellten Regeln (vgl. → Einl. Rn. 57) zu beantworten; es wird idR zu verneinen sein (Löwe/Rosenberg/Stuckenberg Rn. 68; Niemöller/Schlothauer/Weider Verständigung/Niemöller Rn. 150; vgl. aber auch SK-StPO/Velten Rn. 51; Jahn/Müller NJW 2009, 2629; Schlothauer/Weider StV 2009, 605; **aM** Rode StraFo 2015, 91; Rogall FS Rengier, 2018, 435 (442)).

Das Gericht muss seine Absicht, v. der Verständigung abzuweichen, nicht nur dem Angeklagten, sondern allen Verfahrensbeteiligten **unverzüglich mitteilen** (Abs. 4 S. 4), am besten in Form eines Beschl. (Niemöller/Schlothauer/Weider Verständigung/Niemöller Rn. 113; Knauer/Lickleder NStZ 2012, 377; **aM** Altvater FS Rissing-van Saan, 2011, 24; offengelassen v. BGH NStZ-RR 2011, 253). Die neu hervorgetretenen Umstände sind konkret zu bezeichnen (BGH NStZ 2006, 596), damit sich die Verfahrensbeteiligten – va wiederum der Angeklagte – auf die geänd. Situation einstellen können. Eine erneute Vernehmung des Angeklagten zur Sache wird in diesem Fall unumgänglich sein; ebenso werden nun weitere Beweiserhebungen vAw und/oder Beweisanträge folgen müssen, da ein Geständnis des Angeklagten für eine Verurteilung nicht mehr zur Vfg. steht. Eine „versuchte Verständigung" (Schöch NJW 2004, 3462) bzw. eine „gescheiterte Absprache" (Weider NStZ 2002, 174; 2004, 339) müssen aber ggf. bei der Strafzumessung berücksichtigt werden (BGHSt 49, 84 (89)). Scheitert eine Verständigung muss das Gericht bei erwogener Überschreitung der in Aussicht gestellten Strafhöhe uU einen Hinweis erteilen (BGH NStZ 2002, 219; dazu eing. u. zust. Weider NStZ 2002, 174; vgl. auch Schlothauer/Weider StV 2009, 605). 29

Verwertungsverbot in anderen als den in Abs. 4 S. 1 und 2 genannten Fällen (→ Rn. 27c): 29a

Bei einem **Entfallen der Bindungswirkung** für das neue Tatgericht infolge **Rechtsmitteleinlegung** ist zu differenzieren: Ein Verwertungsverbot kommt wg. des Verschlechterungsverbotes der §§ 331, 358 nicht in Betracht, wenn nur der Angekl. Rechtsmittel eingelegt hat (vgl. BGH StV 2010, 470; OLG Nürnberg NStZ-RR 2012, 255; KK-StPO/Moldenhauer/Wenske § 257c Rn. 38; **aM** SK-Velten § 257c Rn. 48; Löwe/Rosenberg/Stuckenberg § 257c Rn. 77: entspr. Anwendung von Abs. 4 S. 3). Dagegen ist die Annahme der Unverwertbarkeit des Geständnisses mit Blick auf den Grundsatz des fairen Verfahrens (BGHSt 66, 37 = NStZ 2021, 568, 571 mwN) geboten, wenn die StA zu Lasten des Angeklagten Berufung oder Revision eingelegt hat, sofern das neue Tatgericht sich nicht selbst an die in der Verständigung vereinbarte Strafobergrenze halten will (vgl. BGHSt 67, 171 = NStZ 2023, 310 mAnm Horter; NStZ 2017, 373, 375; OLG Karlsruhe NStZ 2014, 294; KK-StPO/Moldenhauer/Wenske Rn. 42 ff.; SSW StPO/Ignor/Wegner Rn. 116; Schneider NZWiSt 2015, 1, 4). Zu den Konsequenzen für den Umfang der Urteilsaufhebung in diesen Fällen → § 353 Rn. 9, 17, 17a; zur Belehrung → Rn. 30b. 29b

29c **Entfällt die Bindungswirkung nach Aussetzen der HV** führt dies ebenfalls grunds. zur Unverwertbarkeit des im Vertrauen auf den Bestand der Verständigung abgegebenen Geständnisses in der neuen HV (BGHSt 66, 37 = NStZ 2021, 568 mAnm Ventzke; NStZ-RR 2023, 381); dies dürfte allerdings nicht der Fall sein, wenn das Tatgericht zu Beginn der neuen HV erklärt, sich an die in der ausgesetzten HV getroffene Verständigung binden zu wollen (dahingest. von BGH NStZ 2021, 568, 571). Zur Belehrung in diesen Fällen → Rn. 30b).

30 **G. Belehrungspflicht (Abs. 5).** Der Angeklagte ist vor dem Zustandekommen über die nur **eingeschränkte Bindungswirkung der Verständigung** für das Gericht zu belehren (BVerfG NStZ 2014, 721; BGH NStZ 2025, 573). Er muss über die Voraussetzungen u. Folgen einer Abweichung des Gerichts v. dem in Aussicht gestellten Erg. **vollständig** (BGH NStZ 2023, 56) **nach allen Alt. des Abs. 4** (S. 1 Alt. 1 und 2, S. 2 und 3) gem. Abs. 5 belehrt werden (dazu iE BGH StV 2011, 76); dies betr. insbes. auch die eingeschränkte Bindungswirkung der Verständigung für das Gericht. Diese Belehrungspflicht besteht stets vor einer in Aussicht genommenen Verständigung (BGH NStZ 2019, 169; NStZ-RR 2015, 225; BeckRS 2016, 9444; 2021, 13973), nicht etwa erst dann, wenn eine Verständigung bereits erfolgt ist o. sich das Gericht v. ihr nach Abs. 4 wieder lösen will (BVerfG NJW 2014, 3506; BGH NStZ-RR 2019, 27); sie ist aber nicht konstitutiv für das Zustandekommen der Verständigung (vgl. BGH NStZ 2025, 573; → Rn. 25). Die Belehrungspflicht wird nicht dadurch außer Kraft gesetzt, dass ein dem sachlichen Gehalt auf eine Verständigung zielender Vorschlag v. Gericht nicht als solcher erkannt bzw. benannt wird (BGH NZWiSt 2020, 188).

30a Eine **Heilung** des Verstoßes durch eine **qualifizierte Belehrung** ist möglich; sie erfordert einen ausdr. Hinweis auf den Fehler u. auf die daraus folgende gänzliche Unverbindlichkeit der Zustimmung des Angeklagten sowie einer Nachholung der versäumten Belehrung nach Abs. 5 und der erneuten Einholung einer nunmehr verbindlichen Zustimmungserklärung (vgl. BGH NStZ 2025, 573; NStZ-RR 2017, 151). Wie bei anderen Belehrungspflichten auch kann der Angeklagte aber auf die Belehrung **verzichten** (OLG Rostock StV 2014, 81; **aM** SK-StPO/Velten Rn. 53; SSW StPO/Ignor/Wegner Rn. 131), was er insbes. dann tun wird, wenn er zuvor v. seinem Verteidiger bereits eing. belehrt worden ist.

30b Will sich ein **Berufungsgericht nicht an die Verständigung binden** (→ Rn. 29b), muss der Angekl. zu Beginn der Berufungsverh. neben der Belehrung nach §§ 332, 243 Abs. 5 S. 1 entspr. § 257c Abs. 4 S. 4 „qualifiziert" über die Unverwertbarkeit seines erstinstanzlich abgelegten Geständnisses belehrt werden (vgl. OLG Hamburg NStZ 2016, 182; OLG Karlsruhe NStZ 2014, 294; Wenske NStZ 2015, 137, 142; dahingest. von BGHSt 66, 37 = NStZ 2021, 568, 571, 572; NStZ-RR 2023, 381). Eine Pflicht, den Angeklagten zu Beginn der neuen HV über die Unverwertbarkeit seines in der ausgesetzten HV (→ Rn. 29c) abgegebenen Geständnisses zu belehren, soll dagegen nicht bestehen, wenn er vor der Verständigung ordnungsgemäß nach Abs. 5 belehrt worden war; es genüge vielmehr, dass er zu Beginn der neuen HV darüber informiert werde, dass eine Bindung an die in der ausgesetzten HV getroffene Verständigung entfallen ist (BGH NStZ 2021, 568 in Abgrenzung zu BGH NStZ 2019, 483 – insoweit nicht tragend – mkritAnm Ventzke und Kudlich NJW 2021, 2449). Auch insoweit liegt es jedoch nahe, eine qualifizierte Belehrung zu verlangen, um den Angekl. umfassend und zweifelsfrei über die zu seinen Gunsten bestehenden Schutzmechanismen zu informieren (s. Ventzke NStZ 2021, 572 (573 f.); Kudlich NJW 2021, 2449).

31 Sowohl die Mitteilung nach Abs. 4 S. 4 als auch die Belehrung nach Abs. 5 sind in das **Hauptverhandlungsprotokoll** aufzunehmen (§ 273 Abs. 1a S. 2). Auch die unterbliebene o. nicht ordnungsgemäße Belehrung nach Abs. 5 führt zu einem Verwertungsverbot eines iRd Verständigung abgegebenen Geständnisses (OLG Rostock StV 2014, 81), es sei denn, dass ein Beruhen auf dem Verstoß ausgeschlossen werden kann (BGH NStZ 2013, 727). Ob eine Absprache – zB mit einem Mitangeklagten – getroffen wurde u. dessen Geständnis darauf beruht, kann aber

Gegenstand eines Beweisantrags sein (BGH StV 2006, 118; Pauly FS 25 Jahre AG StrafR DAV, 2009, 734). Da im Verf. des § 257c nur das beachtlich ist, was protokolliert worden ist (BGHSt 43, 195 (206)), können aus nicht-protokollierten Gesprächen (sog. „informelle Verständigung“) keine Rechte hergeleitet werden (BGH NStZ 2001, 555; StV 2001, 554; Cierniak NStZ-RR 2009, 1 – BGH RsprÜ). Die Unzulässigkeit eines solchen verbotenen *deals* sollte deshalb konsequenterweise – entspr. Abs. 4 – auch das Geständnis selbst erfassen u. damit unverwertbar machen (Brocke StraFo 2013, 449; Meyer-Goßner StraFo 2003, 401; vgl. aber auch BGHSt 48, 161 (167); ferner BGHSt 49, 84 (89) = NStZ 2004, 338, wo auf den Einzelfall abgestellt wird).

H. Rechtsmittel. Das G sieht **keinerlei Einschränkungen im Rechtsmittelrecht** vor: **Berufung** (zu den im Zusammenhang mit Verständigungen in der Berufung auftretenden Rechtsproblemen eing. → Vor § 312 Rn. 1a–1h) u. **Revision** bleiben uneingeschränkt erhalten (BGHSt 57, 3; OLG Düsseldorf StV 2011, 80). Beschränkungen hins. der Revision gegen das Urt. bestehen also nicht (BGH NStZ 2010, 289; wistra 2010, 451). Mit der Revision kann all das gerügt werden, was den Rahmen einer erlaubten Verständigung überschreitet, also etwa ein Verstoß gegen die Aufklärungspflicht, die Zusage einer bestimmten Strafe (BGH NStZ 2011, 648; KG wistra 2015, 288), der unzulässige Druck, der Verständigung zuzustimmen u. ein Geständnis abzulegen (BGH NStZ 2010, 293, allerdings mit der Einschränkung, dem verteidigten Angeklagten sei zuzumuten, Inhalten der Verständigung, die er für unzulässig hält, sogleich zu widersprechen; dagegen Schlothauer StraFo 2011, 496); ob ein Verfahrensbeteiligter, der an einer unzulässigen informellen Absprache teilgenommen hat, das Urt. ohne weiteres dennoch mit der Verfahrensrüge diesen Verstoßes anfechten kann, hat BGH NStZ 2011, 107 offengelassen, es dürfte aber grds. zu bejahen sein (vgl. auch Meyer HRRS 2011, 17). Dies gilt nach der Rspr. auch für sog. konkludente Urteilsabsprachen (BGHSt 59, 21 (26)), ebenso wenn es an einer ausdrücklichen Zustimmung zum Verständigungsvorschlag fehlt, wobei das Beruhen regelmäßig zu bejahen sein dürfte (vgl. BVerfG NStZ 2021, 558 mAnm Czimek/Schefer; → Rdn. 25). 32

Beanstandet werden können zB die Drohung mit einer unzulässig weit geöffneten „Sanktionsschere“ (BVerfG StV 2006, 57; BGH NStZ 2005, 393), wobei das Beruhen regelmäßig auszuschließen sein dürfte, wenn der Angeklagte die Tatvorwürfe weiterhin bestreitet (BGH NStZ 2018, 419 mwN), die Vereinbarung des Absehens v. der Sicherungsverwahrung (BGH NStZ 2005, 526) bzw. sonstige gesetzwidrige Absprachen über den Inhalt einer Verständigung (vgl. BGH NStZ 2025, 433; → Rn. 8 ff.), aber auch sonstige Verfahrensfehler (BGH StV 2009, 680: örtliche Unzuständigkeit; BGHSt 57, 3: funktionelle Zuständigkeit; zw. BGH StraFo 2010, 157 hins. des Beharrens auf einer Verletzung v. § 24 Abs. 1 oder § 218 Abs. 1; dagegen Wattenberg StV 2010, 471; vgl. auch zur BGH-Rspr. Bittmann NStZ 2011, 104), auch Fehler bei der Gesamtstrafenbildung (BGH NStZ-RR 2013, 373). Einen Überbl. über die möglichen Revisionsgründe gibt Niemöller/Schlothauer/Weider Verständigung/Weider Teil C Rn. 5 ff. 32a

Auch ein **Verstoß gegen die nach Abs. 5 erforderliche Belehrung** (→ Rn. 30) kann die Revision begründen, falls das Urt. auf dem Verstoß **beruht,** was aber nach Ansicht des BVerfG (NJW 2013, 1058 (1069, 1071); NStZ-RR 2013, 315; (ihm folgend OLG Köln StV 2014, 80; OLG München StV 2014, 79; OLG Rostock StV 2014, 81)) idR der Fall sein wird (BGH StraFo 2013, 286; NStZ 2015, 358; vgl. auch BGH NStZ-RR 2023, 381; dazu Schneider NStZ 2014, 258), es sei denn, es stehe fest, dass der Angeklagte das Geständnis auch bei ordnungsgemäßer Belehrung abgegeben hätte (vgl. BGH BeckRS 2019, 25019); hierzu müssen aber v. Revisionsgericht konkrete Feststellungen getroffen werden, pauschal gehaltene, nicht näher belegte Vermutungen genügen nicht (BVerfG StV 2013, 674). Dass dem Angeklagten der Inhalt der in Abs. 5 vorgeschriebenen Belehrung nicht bekannt gewesen sei, muss idR v. ihm nicht vorgetragen werden (vgl. BGH BeckRS 2018, 4881), ebenso wenig, dass er bei ordnungsgemäßer 32b

Belehrung nicht ausgesagt hätte (BGH StraFo 2014, 335). Umgekehrt kann es am Beruhen fehlen, wenn zweifelsfrei feststeht, dass dem Angeklagten auch ohne rechtzeitige Belehrung bekannt war, unter welchen Voraussetzungen die Bindung des Gerichts an die Verständigung entfällt (BGH BeckRS 2019, 25019).

33 **Hält sich das Gericht** nicht an seine verbindlichen Zusagen, begründet das die Revision (BGH NStZ 2008, 620). Ein Gericht ist allerdings nicht an eine vereinbarte Strafobergrenze gebunden, wenn diese unter der ges. Mindeststrafe liegt (vgl. BGH StV 2004, 274). Hat das Gericht andererseits versehentlich die – rechtlich nicht mögliche – Einbeziehung einer Einzelstrafe in eine Gesamtstrafe zugesagt, muss es dies bei der Gesamtstrafenbemessung mildernd berücksichtigen (BGH NStZ 2005, 115). Zur revisionsrechtlichen Überprüfung bei Verstößen gegen die Bestimmungen des § 257c im einzelnen Niemöller/Schlothauer/Weider Verständigung/Weider Teil C Rn. 41 ff.

33a Verstöße gegen das in § 257c geregelte Verf. müssen mit einer **Verfahrensrüge** beanstandet werden (BGH StV 2010, 227). Zum notwendigen Vorbringen gehört Inhalt und Zeitpunkt der getroffenen Verständigung (BGH 23.3.2022 – 6 StR 611/21), wer von Seiten des Bf. und auf der des Gerichts daran beteiligt und inwieweit er darin eingebunden war (BGH 3.8.2022 – 5 StR 203/22), auch der Inhalt v. auf eine Verständigung abzielenden Erörterungen der Verfahrensbeteiligten; bei einem Verteidigerwechsel zwischen den Instanzen trifft den neuen Verteidiger erforderlichenfalls eine Erkundigungspflicht (BGH 22.6.2021 – 5 StR 53/21; 3.8.2022 – 5 StR 203/22). Hat das Gericht sich mit den Verfahrensbeteiligten allerdings über den Schuldspruch o. über eine nach Abs. 2 S. 3 einer Verständigung entzogene Maßregel verständigt, so ist dies auch auf die Sachrüge zu beachten; denn dann ist der Fehler ins Urt. eingegangen u. hat dieses damit rechtsfehlerhaft gemacht (so wohl auch BVerfG NJW 2013, 1058 (1067); abl. Niemöller StV 2013, 421; **aM** BGH NJW 2011, 1526; StV 2012, 134 mablAnm Velten StV 2012, 172). Haben die Verfahrensbeteiligten sich auf eine schuldunangemessene Sanktion verständigt, ist es Sache des Dienstvorgesetzten des StA, hiergegen gem. Nr. 147 Abs. 1 S. 3 RiStBV mit Rechtsmitteln vorzugehen (BGH NJW 2011, 2450 (2451)). Auch schwere Verfahrensverstöße können nicht zu einer Nichtigkeit des Verständigungs-Urteils führen (vgl. → Einl. Rn. 105a; **aM** OLG München NJW 2013, 2371; dagegen Kudlich NJW 2013, 3216; Leitmeier NStZ 2014, 690; Meyer-Goßner StV 2013, 613; Wenske StV 2014, 529 Fn. 62).

33b Erg. zur **Revision gegen Berufungsurteile** → Vor § 312 Rn. 1h.

34 Die Möglichkeit der **Wiederaufnahme des Verfahrens** unter den Voraussetzungen der §§ 359 ff. besteht uneingeschränkt (vgl. dazu OLG Stuttgart NJW 1999, 375; LG Landau StV 2009, 237), bei verbotenen heimlichen Absprachen (→ Rn. 4) uU auch nach § 359 Nr. 3, 362 Nr. 3 (Schlothauer/Weider StV 2009, 601 (606)), wobei die Anforderungen an den Geständniswiderruf bei einem nicht hinreichend überprüften Geständnis (→ Rn. 17a) ggü. den sonstigen Anforderungen bei einem Geständniswiderruf als Wiederaufnahmegrund (→ § 359 Rn. 47) herabzuschrauben sind (vgl. Eschelbach FS Paeffgen, 2015, 650).

Schlussvorträge; Recht des letzten Wortes **Nr. 138, 139 RiStBV**

258

(1) **Nach dem Schluß der Beweisaufnahme erhalten der Staatsanwalt und sodann der Angeklagte zu ihren Ausführungen und Anträgen das Wort.**

(2) **Dem Staatsanwalt steht das Recht der Erwiderung zu; dem Angeklagten gebührt das letzte Wort.**

(3) **Der Angeklagte ist, auch wenn ein Verteidiger für ihn gesprochen hat, zu befragen, ob er selbst noch etwas zu seiner Verteidigung anzuführen habe.**

Übersicht

1 **A. Normzweck.** Zur **Wahrung des rechtlichen Gehörs** (→ Einl. Rn. 23 ff.) berechtigt § 258 die Verfahrensbeteiligten, nach genügender Vorbereitung (KG NStZ 1984, 523) zum Erg. der Verh. in tatsächlicher u. rechtlicher Hinsicht Stellung zu nehmen u. Anträge zu stellen (BVerfGE 54, 140; OLG Köln VRS 69, 444; vgl. auch BGHSt 9, 77 (79)). Die Schlussvorträge der StA u. des Verteidigers, insbes. aber das letzte Wort des Angeklagten, das seine Einlassung ergänzt, gehören zum Inbegriff der HV iSd § 261 und müssen daher bei der Urteilsfindung berücksichtigt werden (BGHSt 11, 74 (75); BGH StV 1983, 402; erg. → § 261 Rn. 5). Legt der Angeklagte in seinem letzten Wort ein Geständnis ab, so muss idR noch einmal in die Verh. eingetreten werden (BGH 11.6.1975 – 2 StR 88/75).

2 **B. Schluss der Beweisaufnahme (Abs. 1).** Nach Schluss der Beweisaufnahme werden die Schlussvorträge gehalten u. erhält der Angeklagte Gelegenheit zum letzten Wort. Den Schluss der Beweisaufnahme stellt der Vorsitzende idR ausdr. fest; ein Gerichtsbeschluss ist ges. nicht vorgesehen (OLG Köln NJW 1954, 46 hält ihn sogar für irreführend). Auch eine stillschweigende Feststellung reicht aus; der Vorsitzende muss nur unmissverständlich zu erkennen geben, dass keine Beweise mehr erhoben werden u. die Schlussvorträge gehalten werden können (Miebach NStZ 1990, 28 – BGH RsprÜ; KG NStZ 1984, 523). Zum Wiedereintritt in die bereits geschlossene Beweisaufnahme vgl. → Rn. 27 ff.

3, 4 **C. Schlussvorträge (Abs. 1). I. Recht zum Schlussvortrag.** Das Recht zum Schlussvortrag haben StA, der Nebenkläger (§ 397 Abs. 1 S. 3), der Privatkläger (§ 385 Abs. 1 S. 1), an deren Stelle ihre Vertreter sprechen dürfen, der Angeklagte u. der Verteidiger, der in Abs. 1 nicht genannt ist, weil sich aus Abs. 3 ergibt, dass er den Schlussvortrag für den Angeklagten halten kann (KG NStZ 1984, 523).

5 Dass der **Verteidiger** v. diesem Recht Gebrauch macht, ist selbstverständlich. Daher muss der – anwesende (BGH NStZ 2012, 462) – Verteidiger das Wort zum Schlussvortrag nicht bes. beantragen; es wird ihm, wie den übrigen Prozessbeteiligten (→ Rn. 7), vAw erteilt (BayObLG VRS 62, 374; OLG Hamm VRS 48, 433; **aM** RGSt 42, 51; KG NStZ 1984, 523; Löwe/Rosenberg/Stuckenberg Rn. 18). Auch wenn der Verteidiger erst kurz vor der Urteilsberatung erscheint, hat er noch Anspruch auf Gelegenheit zum Schlussvortrag (BayObLG VRS 61, 128; OLG Hamm NJW 1970, 1696).

6 Die **Nebenbeteiligten,** die in der HV die Befugnisse eines Angeklagten haben (§§ 433 Abs. 1, 442 Abs. 1, Abs. 2 S. 1, 444 S. 2), erhalten, wenn sie anwesend sind, das Wort zum Schlussvortrag im Rahmen ihrer Beteiligung. Das Gleiche gilt für Bet. an einer mündlichen Verh. im Nachverfahren (§ 441 Abs. 3) u. im selbständigen Verf. nach § 444 Abs. 2 S. 1. Für diese Nebenbeteiligten können auch die Vertreter (§ 434) sprechen.

7 **Gelegenheit zum Schlussvortrag** muss der Vorsitzende diesen Prozessbeteiligten vAw geben. Dazu bedarf es nicht unbedingt einer ausdr. Worterteilung; die Gelegenheit müssen die Berechtigten aber unmissverständlich erhalten (BayObLG VRS 62, 374), nicht nur durch eine Handbewegung (RGSt 61, 317). Je nach Umfang und Dauer der Hauptverhandlung sowie der Schwierigkeit des Verfahrens und des konkreten Prozessverlaufes kann es notwendig sein, den Verfahrensbeteiligten – vor allem aber der Verteidigung – eine angemessene **Vorbereitungszeit** einzuräumen (BGH NStZ 2023, 437 mAnm Ventzke; 18.4.2024 – 6 StR 545/23 mAnm Mosbacher JuS 2024, 743); insoweit spielt auch eine Rolle, ob die Verfahrensbeteiligten bereits zuvor auf den anstehenden Schluss der Beweisaufnahme hingewiesen wurden oder aus anderen Gründen damit rechnen mussten, ihre Plädoyers halten zu müssen (BGH 18.4.2024 – 6 StR 545/23 mAnm Mosbacher JuS 2024, 743).

8 **II. Reihenfolge.** Die Reihenfolge des Abs. 1 bezeichnet die zweckmäßigste Verfahrensgestaltung, ist aber nach zutr. hM nicht zwingend (**aM** SK-StPO/Velten Rn. 22 bei fehlendem Einverständnis aller Verfahrensbeteiligter). Nach dem Grundgedanken von Abs. 1 soll dem Nebenkläger das Wort vor dem Verteidiger gewährt werden (BGH 14.5.1962 – 5 StR 121/62; RGSt 61, 317). Bei mehreren Angeklagten bestimmt der Vorsitzende die Reihenfolge in der sie u. ihre Verteidiger zu Wort kommen (KK-StPO/Tiemann Rn. 6). Treten mehrere StAe o. Verteidiger auf, so steht die Aufteilung der Schlussvorträge in ihrem Ermessen (Löwe/Rosenberg/Stuckenberg Rn. 21). Für die Berufungsverhandlung gilt § 326 S. 1, für die Revisionsverhandlung § 351 Abs. 2 S. 1.

9 **III. Pflicht zum Schlussvortrag.** Eine Pflicht zum Schlussvortrag begründet Abs. 1 grds. nicht.

10 Aufgrund seiner prozessualen Stellung im Offizialverfahren (vgl. → GVG Vor § 141 Rn. 1 ff.) ist der **StA** aber nicht nur innerdienstlich (vgl. Nr. 138, 139 RiStBV) **verpflichtet,** einen Schlussvortrag zu halten (Nehm FS Geiß, 2000, 115). Er muss das Verhandlungsergebnis in tatsächlicher u. rechtlicher Hinsicht zusf. würdigen (Hellebrand Staatsanwaltschaft Rn. 380 ff.) u. bestimmte Anträge stellen (BGH NStZ 1984, 468; OLG Düsseldorf NJW 1963, 1167; OLG Stuttgart NStZ 1992, 98; offengelassen bei BGHSt 19, 377 (378)), auch wenn nur über die Berufung des Nebenklägers zu entscheiden ist (→ § 401 Rn. 3). Ohne den Schlussvortrag der StA darf die Verh. nicht fortgesetzt werden (OLG Düsseldorf NJW 1963, 1167; Nehm FS Geiß, 2000, 115; Schlüchter Strafverfahren Rn. 561.3; **aM** KK-StPO/Tiemann Rn. 8; Fahl Rechtsmißbrauch S. 424); es ist dann der Dienstvorgesetzte des StA zu unterrichten (OLG Stuttgart NStZ 1992, 98; **aM** KK-StPO/Ott Rn. 8). Jedoch hat der StA nicht nur die Wahl, Freisprechung o. Verurteilung zu beantragen. Hält er den Sachverhalt nicht für genügend geklärt, so kann er auch den Antrag auf weitere Beweiserhebung stellen (BGHR StPO § 258 Abs. 1 Schlussvortrag 2; Löwe/Rosenberg/Stuckenberg Rn. 23; **aM** OLG Düsseldorf NJW 1963, 1167). Auch auf den Antrag, das Verf. nach § 154 einzustellen, kann das Gericht ein Sachurteil erlassen (zw. BGH NStZ 1984, 468); der StA muss vorher nicht nochmals gehört werden (BGH NStZ 1984, 468).

11 Der **Verteidiger** nimmt seine Aufgaben zwar idR nicht ordnungsgemäß wahr, wenn er nicht seinerseits einen Schlussvortrag hält, dabei auf die Anträge des StA erwidert u. Anträge stellt (**aM** OLG Köln StV 1991, 9 (11)). Dazu kann er aber nicht gezwungen werden (Löwe/Rosenberg/Stuckenberg Rn. 24; Schlüchter Strafverfahren Rn. 561.3 will bei notwendiger Verteidigung § 145 anwenden; dagegen Nehm FS Geiß, 2000, 126). Das Verf. wird daher auch fortgesetzt, wenn der Verteidiger den Schlussvortrag verweigert (Pfeiffer NStZ 1981, 295 – BGH RsprÜ).

12 **IV. Form des Schlussvortrags.** Die Schlussvorträge sollten in freier Rede gehalten werden; die Benutzung schriftlicher Aufzeichnungen darf aber nicht untersagt werden (BGHSt 3, 368; BGH MDR 1964, 72; Löwe/Rosenberg/Stu-

ckenberg Rn. 25). Eine Verdeutlichung anhand v. Skizzen u. Modellen ist zulässig (OLG Hamm VRS 35, 370).

V. Inhalt. Inhaltlich dürfen sich die Schlussvorträge nur auf Tatsachen u. Beweisergebnisse beziehen, die **Gegenstand der HV** waren. Das private Wissen dürfen weder StA noch Verteidiger verwerten (Löwe/Rosenberg/Stuckenberg Rn. 27). Urkunden dürfen nur verlesen werden, wenn sie bereits in die Verh. eingeführt worden sind. War für einen Teil der HV die Öffentlichkeit nach §§ 171b, 172 Nr. 2, 3 GVG ausgeschlossen, so dürfen StA u. Verteidiger den damit bezweckten Persönlichkeitsschutz nicht ohne bes. Grund dadurch vereiteln, dass sie die unter Ausschluss der Öffentlichkeit gewonnenen Verhandlungsergebnisse in ihrem Schlussvortrag erörtern (KMR-StPO/Stuckenberg Rn. 32). Die Schlussvorträge dürfen sich auch nicht über Verwertungsverbote (→ Einl. Rn. 55) hinwegsetzen. **13**

Der **StA** muss seinen Schlussvortrag (dazu allg. Dahs DRiZ 1960, 106; Heghmanns/Herrmann Staatsanwalt Rn. 948 ff.) objektiv u. unvoreingenommen halten; v. dem Inhalt der Anklageschrift muss er sich lösen, wenn die HV zu abw. Beweisergebnissen geführt hat. Bei der Beurteilung des Sachverhalts muss er die zugunsten u. zuungunsten des Angeklagten sprechenden Umstände gleichermaßen berücksichtigen. Im Übrigen schreiben Nr. 138, 139 RiStBV vor, zu welchen Fragen der StA Stellung zu nehmen u. was er bei der Antragstellung zu beachten hat. **14**

Für den Angeklagten hält der **Verteidiger** den Schlussvortrag (allg. dazu Alsberg AnwBl 1978, 1; Dahs Strafverteidiger-HdB Rn. 714 ff.) in eigener Verantwortung (erg. → Vor § 137 Rn. 1). Er kann einseitig die zugunsten des Angeklagten sprechenden Umstände hervorheben; zur objektiven Würdigung des Verhandlungsergebnisses ist er nicht verpflichtet. Auf eine bestimmte Redezeit darf er nicht beschränkt werden (Dallinger MDR 1953, 598 – BGH RsprÜ; Fromm StraFo 2017, 146 (150)). **15**

Einem **Missbrauch** des Schlussvortrags hat der Vorsitzende im Rahmen seiner Sachleitung nach § 238 Abs. 1 entgegenzutreten (Fahl Rechtsmißbrauch S. 414). Ein Missbrauch liegt insbes. vor bei ständigen Wiederholungen (BGH MDR 1964, 72), Weitschweifigkeiten u. Erörterung abwegiger Umstände (BGHSt 3, 368 (369)) sowie Herabsetzung des Gerichts, der anderen Prozessbeteiligten o. dritter Personen. Der Vorsitzende muss in diesen Fällen den StA o. Verteidiger zunächst ermahnen; wenn das erfolglos bleibt, darf er ihm (als letztes Mittel) das Wort entziehen (Löwe/Rosenberg/Stuckenberg Rn. 53). Hiergegen kann nach § 238 Abs. 2 das Gericht angerufen werden (KK-StPO/Tiemann Rn. 10). **16**

VI. Aufteilung der Schlussvorträge (Schuldinterlokut). Die Aufteilung der Schlussvorträge (Schuldinterlokut) des StA u. des Verteidigers in der Weise, dass nach der Beweisaufnahme zunächst nur zur Schuldfrage gesprochen, sodann zur Rechtsfolgenfrage verhandelt wird u. schließlich Schlussvorträge zu diesem Verhandlungsteil gehalten werden, ist im G nicht vorgesehen u. auch nicht üblich. Auch nach geltendem Recht kann aber ein solches „informelles Schuldinterlokut" **nicht als unzulässig** angesehen werden (Kleinknecht FS Heinitz, 1987, 651; vgl. auch BGH NStZ 1985, 561; Löwe/Rosenberg/Becker § 243 Rn. 11). Im Schrifttum wird seit langem die Einf. eines formellen Schuldinterlokuts nach amerikanischem Vorbild diskutiert (Roxin/Schünemann StrafVerfR § 44 Rn. 82, 83). **17**

D. Recht auf Erwiderung (Abs. 2 Hs. 1). Das **Recht auf Erwiderung (Abs. 2 Hs. 1)** steht dem StA, dem Privatkläger (§ 385 Abs. 1 S. 1) u. dem Nebenkläger zu (→ § 397 Rn. 10). Einen Anspruch auf mehrmalige Erw. haben sie nicht (RGSt 11, 135 (136)); der Vorsitzende kann sie ihnen aber gestatten, wenn er das für sachlich geboten hält (KK-StPO/Tiemann Rn. 13). Das Recht des Angeklagten u. seines Verteidigers, auf die Erw. seinerseits zu erwidern, folgt aus dem Recht des Angeklagten auf das letzte Wort nach Abs. 2 Hs. 2, Abs. 3 (BGH NJW 1976, 1951; RGSt 42, 51; OLG Bremen MDR 1967, 608; OLG Koblenz VRS 55, 278; OLG Oldenburg NJW 1957, 839). So oft der StA, der Privatkläger o. der **18**

Nebenkläger zur Erw. das Wort erhält, muss anschließend erneut dem Verteidiger u. dem Angeklagten das Wort erteilt werden (BGH NJW 1976, 1951; Holtz MDR 1978, 281 – BGH RsprÜ). Hat sich der in Vertretung des Angeklagten erschienene Verteidiger während der Schlussvorträge des StA u. Nebenklägers entfernt u. ist er bis zur Urteilsberatung nicht zurückgekehrt, so hat er aber sein Recht auf Erw. verwirkt (BayObLG VRS 61, 128). Über das Verlangen nach Erw. entscheidet der Vorsitzende (§ 238 Abs. 1); lehnt er sie ab, so kann nach § 238 Abs. 2 auf Entsch. des Gerichts angetragen werden.

19 **E. Letztes Wort des Angeklagten (Abs. 2 Hs. 2, Abs. 3). I. Recht des Angeklagten.** Der **Angeklagte selbst** hat das Recht, vor der Urteilsberatung als Letzter zu sprechen, auch wenn er vorher schon nach Abs. 1 einen Schlussvortrag gehalten hat o. sonst zu Wort gekommen ist (BGH StV 1999, 5; OLG Hamburg StV 2005, 205; vgl. aber auch BGH NStZ 2005, 280: bei Unklarheit des Prot., ob dem Angeklagten sowohl das Recht nach Abs. 3 als auch das nach Abs. 2 eingeräumt wurde, Freibeweis), natürlich auch, wenn er vorher geschwiegen hat (dazu Salditt FS Samson, 2010, 699). Das gilt auch in der Berufungsverhandlung (§ 326 S. 2) u. in der Revisionsverhandlung (§ 351 Abs. 2 S. 2).

20 Dieses Recht ist **nicht übertragbar,** insbes. nicht auf den Verteidiger des in der HV anwesenden Angeklagten (OLG Hamm NStZ 2022, 704; Ernesti/Jürgensen SchlHA 1970, 199 – OLG Schleswig RsprÜ; Löwe/Rosenberg/Stuckenberg Rn. 38). Auch bei Abwesenheit des Angeklagten kann der Verteidiger nicht verlangen, außer dem Schlussvortrag für den Angeklagten noch das letzte Wort zu erhalten (BGH GA 1978, 376; OLG Hamm NStZ 2022, 704; BayObLG VRS 61, 128; KK-StPO/Tiemann Rn. 14). War die HV nach § 231 Abs. 2 in Abwesenheit des Angeklagten fortgesetzt worden, kehrt er aber vor der Urteilsberatung zurück, so ist ihm das letzte Wort zu erteilen, auch wenn nur noch die Urteilsverkündung aussteht (BGH NStZ 1990, 291; 18.4.2023 – 3 StR 10/23; OLG Hamm NStZ-RR 2001, 334). Bei einem wegen ordnungswidrigen Benehmens nach § 231b ausgeschlossenen Angeklagten muss idR der Versuch gemacht werden, ihn für die Gewährung des letzten Worts wieder hinzuzuziehen (vgl. → § 231b Rn. 7). Davon kann nur abgesehen werden, wenn dieser Versuch im Hinblick auf die vorangegangenen Ausschreitungen des Angeklagten v. vornherein aussichtslos wäre (BGHSt 9, 77; BGH NJW 2005, 2466 (2469); KG StV 1987, 519; OLG Koblenz MDR 1975, 424).

21 Als **letzter Verfahrensbeteiligter** muss der Angeklagte sprechen, bevor das Gericht mit der Beratung beginnt. Das gilt nicht nur im Verhältnis zu StA u. Nebenkläger (OLG Düsseldorf VRS 97, 427; OLG Saarbrücken VRS 17, 63), sondern auch zu seinem Verteidiger (Abs. 3) u. zu den Verteidigern der Mitangeklagten (BGH NStZ 2024, 482; StV 2017, 797). Sprechen nach dem letzten Wort des Angeklagten andere Verfahrensbeteiligte für ihn, so muss ihm auch dann erneut das letzte Wort erteilt werden (BGHSt 48, 181). Das Gleiche gilt, wenn Nebenbeteiligte nach ihm das letzte Wort gehabt haben.

22 Die **Reihenfolge,** in der mehrere Angeklagte das letzte Wort haben, bestimmt der Vorsitzende (RGSt 57, 265).

23 Die **gleichen Rechte wie der Angeklagte** haben im Verf. gegen jugendliche Angeklagte die Erziehungsberechtigten u. ges. Vertreter nach § 67 Abs. 1 JGG (BGHSt 21, 288; BGH StV 2017, 717; NStZ 2013, 289; OLG Hamm StV 2007, 8; OLG Zweibrücken StV 2003, 455), auch im Verf. vor einem Erwachsenengericht (§ 104 Abs. 1 Nr. 9 JGG), auch wenn sie v. ihrem Zeugnisverweigerungsrecht (§ 52) Gebrauch gemacht haben (BGH StV 2009, 88), es sei denn, der angeklagte Jugendliche ist zum Zeitpunkt der HV bereits volljährig (BGH NStZ-RR 2009, 354 Ls.). Das letzte Wort ist ihnen vAw u. nicht nur auf Verlangen zu erteilen (BGH BeckRS 2018, 5340). Die Reihenfolge, in der dem jugendlichen Angeklagten u. seinem Erziehungsberechtigten bzw. ges. Vertreter das letzte Wort zu erteilen ist, steht im Ermessen des Vorsitzenden; dem Jugendlichen ist nach der Rspr. nicht zwingend das „allerletzte" Wort zu erteilen (BGH NStZ-RR 2017, 349; BGHSt

48, 181 (182); RGSt 57, 265; KK-StPO/Tiemann Rn. 20; **aM** Schlothauer FS Eisenberg, 2019, 271 (280), der überzeugend argumentiert, dass das Recht des Angeklagten auf das letzte Wort dem jedes anderen Verfahrensbeteiligten übergeordnet ist). Das letzte Wort haben auch Nebenbeteiligte im Umf. ihrer Beteiligung, auch die Einziehungsbeteiligten bei der mündlichen Verh. im Einziehungsverfahren nach §§ 424, 427, 430 (vgl. BGHSt 17, 28).

Dem Angeklagten muss eine wirksame Ausübung des Rechts ermöglicht werden. Dies kann es erforderlich machen, ihm nach den Umständen des Einzelfalles eine angemessene **Vorbereitungszeit** zu gewähren (BGH NStZ 2025, 251). Für die Beurteilung der Angemessenheit kommt es vor allem auf die Komplexität sowie den Umfang der Sach- und Rechtslage an; mussten die Verfahrensbeteiligten damit rechnen, ihre Plädoyers halten zu müssen – etwa weil sie hierauf bzw. auf den anstehenden Schluss der Beweisaufnahme ausdrücklich hingewiesen wurden – kann die Notwendigkeit einer Vorbereitungszeit ganz entfallen o. diese zumindest deutlich kürzer zu bemessen sein (vgl. BGH NStZ 2025, 251). **23a**

II. Hinweis auf das Recht des letzten Wortes. Ein Hinweis auf das Recht des letzten Wortes ist erforderlich, wenn es der Angeklagte nicht schon v. sich aus in Anspruch nimmt (BGHSt 18, 84; 22, 278). Auf Form u. Wortlaut des Hinweises kommt es nicht an; die Befragung nach Abs. 3 muss nicht mit den Worten des Gesetzes erfolgen. Es genügt, dass dem Angeklagten klar zur Kenntnis gebracht wird, dass er sich als letzter Verfahrensbeteiligter abschl. zur Sache äußern kann (BGHSt 18, 84; RGSt 61, 317; OLG Hamm VRS 41, 159; **aM** OLG Schleswig SchlHA 1956, 212: ausdr. Befragung). **24**

III. Inhalt. Inhaltlich steht es **dem Angeklagten grds. frei,** was er im Rahmen seines letzten Wortes vorbringen will. Ihm ist weitestgehende Verteidigungsfreiheit zu ermöglichen (BGHSt 9, 77 (79); BGH StV 1985, 355). Er darf auch über Umstände sprechen, auf die das Gericht die Beweisaufnahme nicht zu erstrecken brauchte, insbes. auf solche, die sich auf die Beweggründe für seine Tat beziehen (BGH StV 1985, 355; vgl. auch BGHSt 31, 16). Auf eine bestimmte Redezeit darf er ebenso wenig beschränkt werden wie der Verteidiger (RGSt 64, 57; → Rn. 15). Das schließt auch aus, dass ihm das letzte Wort durch vorzeitigen Aufbruch des Gerichts abgeschnitten wird (OLG Neustadt GA 1981, 186). Unzulässig ist es, ihm die Entziehung des Wortes für den Fall anzudrohen, dass er die Unwahrheit sagt (BGH JR 1965, 348). Alibibehauptungen muss das Gericht iRd § 244 Abs. 2 nachgehen (BGH NStZ 2001, 160). Zur Benutzung schriftlicher Aufzeichnungen vgl. → Rn. 12. Unterbrechungen u. Fragen sind zulässig (Dallinger MDR 1957, 527 – BGH RsprÜ). **25**

Bei **Missbrauch** des letzten Wortes, insbes. bei ständigen Wiederholungen, weitschweifigen, abwegigen o. ehrkränkenden Äußerungen, darf der Vorsitzende den Angeklagten ermahnen; wenn das erfolglos bleibt, kann er ihm das Wort entziehen (BGHSt 3, 368; einschr. KK-StPO/Tiemann Rn. 21: nur nach mehrmaligen vergeblichen Ermahnungen; vgl. auch BGH BeckRS 2020, 12080; erg. → Rn. 16). **26**

F. Wiedereintritt in die Verhandlung. Der **Wiedereintritt in die Verhandlung** verpflichtet das Gericht, nach erneuter Schließung der Beweisaufnahme den Prozessbeteiligten ohne Rücksicht auf Umf. u. Bedeutung der Weiterverhandlung nochmals Gelegenheit zum Schlusswort zu geben u. dem Angeklagten abermals das letzte Wort zu erteilen (BGH NStZ 2018, 290: Einstellung nach § 154 Abs. 2); denn die früheren Schlussvorträge u. das letzte Wort haben mit dem Wiedereintritt in die Beweisaufnahme ihre Bedeutung als abschl. Äußerung verloren (vgl. BGH NStZ 2024, 184). Dabei kann das Gericht davon ausgehen, dass StA u. Verteidiger ihr Recht kennen, den Schlussvortrag zu erneuern; ein bes. Hinweis ist nicht erforderlich (BGHSt 20, 273; 22, 278; BGH NStZ 1993, 95). Sehen sie v. weiteren Ausführungen ab, so liegt darin eine stillschweigende Bezugnahme auf den vorher gehaltenen Schlussvortrag (BayObLG NJW 1957, 1289). Dagegen muss der Angeklagte ausdr. auf sein Recht hingewiesen werden, nochmals als Letzter zu sprechen **27**

(BGHSt 13, 53 (59); 18, 84 (85); 22, 278; BGH NStZ 1987, 36). Wird nur zu einem v. mehreren Anklagevorwürfen erneut in die Beweisaufnahme eingetreten, so muss gleichwohl das letzte Wort in vollem Umf. erteilt werden (BGHSt 20, 273 (275); 22, 278 (280); Dallinger MDR 1966, 893 – BGH RsprÜ; BGH VRS 30, 121).

28 Der **Wiedereintritt** setzt keinen bes. Gerichtsbeschluss o. eine ausdr. Erklärung des Vorsitzenden bzw. des Gerichts voraus (BGH NJW 2022, 1631, 1632; NStZ 2024, 184; 25.8.2025 – 2 StR 90/25). Er liegt nicht nur in jeder Prozesshandlung, die ihrer Natur nach in den Bereich der Beweisaufnahme fällt (so BayObLG NJW 1957, 1289), sondern schon in jeder Handlung, in der der Wille des Gerichts zum Weiterverhandeln in der Sache in Erscheinung tritt (vgl. BGH NJW 2022, 1631, 1632; NStZ 2019, 426). Auf Umfang und Bedeutung der nochmaligen Verhandlungen kommt es nicht an (BGH 25.8.2025 – 2 StR 90/25). Daher handelt es sich auch dann um einen Wiedereintritt, wenn keine weitere Beweisaufnahme stattfindet, aber etwa Anträge erörtert werden (BGH NJW 2018, 414); Wiedereintritt in die Beweisaufnahme ist gleichbedeutend mit Wiedereröffnung der Verh. (BGHSt 20, 273 (275); BGH NStZ 1993, 551; vgl. auch BGH NStZ 2015, 105; OLG Hamm StraFo 2001, 64). Ob ein Wiedereintritt vorliegt, richtet sich nach den konkreten Umständen des Einzelfalls (BGH NJW 2022, 1631, 1632; NStZ 2024, 184; 25.8.2025 – 2 StR 90/25).

29 Ein **Wiedereintritt liegt zB vor** (vgl. SK-StPO/Velten Rn. 48 ff.), wenn nach dem letzten Wort des Angeklagten ein Antrag, die Beweisaufnahme wieder zu eröffnen (BayObLG NJW 1957, 1289), ein Beweisantrag (Kusch NStZ-RR 1999, 36 – BGH RsprÜ; BGH StraFo 2014, 251) o. ein Unterbrechungs- o. Aussetzungsantrag abgelehnt wird (Pfeiffer NStZ 1982, 190 – BGH RsprÜ; BGH StV 1993, 344; NStZ-RR 1997, 268 Ls.), ein Hilfsbeweisantrag entgegengenommen wird, zu dem der StA Stellung nimmt (OLG Celle StV 1985, 7), der Angeklagte dazu befragt wird, wie Äußerungen v. ihm in seinem letzten Wort in Bezug auf eine Beweiserhebung zu verstehen sind (BGH NStZ 2018, 489), eine Urk. verlesen wird, auch wenn das nicht zu Beweiszwecken geschieht (Pfeiffer/Miebach NStZ 1983, 357 – BGH RsprÜ), ein Zeuge nachträglich vereidigt wird (Löwe/Rosenberg/Stuckenberg Rn. 7), ein Beschl. über die Abtrennung v. Verfahrensteilen (BGH StV 1982, 4; 1983, 232) o. die Abtrennung des Verfahrens gegen einen Mitangeklagten ergeht (BGH StV 1984, 233; NStZ 1988, 512), eine Nachtragsanklage nicht zugelassen (BGH StV 1981, 221) o. Prozesskostenhilfe für das Adhäsionsverfahren gewährt wird (BGH NStZ-RR 2014, 15), wenn ein rechtlicher Hinweis nach § 265 Abs. 1 erteilt (BGHSt 19, 156; 22, 278; BGH NStZ 2013, 612) o. auf die rechtliche Möglichkeit einer Nebenfolge hingewiesen wird (BGH NStZ 1987, 36; OLG Düsseldorf VRS 80, 461), o. wenn ein Beschl. über die vorl. Entziehung der Fahrerlaubnis verkündet wird (OLG Düsseldorf NStZ-RR 2014, 16), o. wenn der Angeklagte an den Nebenkläger eine Wiedergutmachungszahlung leistet (BGH NStZ 2015, 105), o. wenn er sich mit formloser Einziehung einer Sache einverstanden erklärt (BGH StV 2010, 227; OLG Brandenburg NStZ 2008, 586), o. wenn v. den Verfahrensbeteiligten die Sach- u. Rechtslage erörtert wird (BGH NStZ 2012, 587; 2019, 426). Auch die informatorische Frage des Vorsitzenden an den Verteidiger, ob er die im Schlussvortrag bezeichneten Urk. vorlegen könne, soll ein Wiedereintritt in die Verh. sein (BGH NStZ 1987, 423).

29a Insbesondere bei **Entscheidungen zur Haftfrage** kann ein Wiedereintritt vorliegen, so wenn allg. mit der Haftfrage die „Sach- und Rechtslage" erörtert wird (BGH StV 1992, 551), der Haftbefehl gegen einen Mitangeklagten aufgeh. wird (BGH wistra 2011, 118), Haftfortdauer beantragt (BGH StraFo 2009, 109) o. angeordnet (BGH StV 2009, 333), ein Haftbefehl erlassen (BGH NStZ-RR 2001, 372), ein Beschl. über den Wegfall der Meldeauflage bei einem außer Vollzug gesetzten Haftbefehl verkündet (BGH StV 1988, 93) o. über einen Antrag auf Invollzugsetzung o. auf Wiederinvollzugsetzung des Haftbefehls (BGH NStZ 1986, 470; StV 1997, 339; 2001, 438) o. einen Haftentlassungsantrag entschieden wird (BGH NStZ 1984, 376).

Kein Wiedereintritt liegt grds. vor bei der Verkündung des ein Ablehnungsgesuch zurückweisenden Beschlusses; dies gilt unabhängig davon, ob der Befangenheitsantrag als unzulässig o. unbegründet behandelt wird (BGH NJW 2022, 1631 mAnm Schork; hinsichtlich der Verwerfung eines unzulässigen Ablehnungsgesuchs offengelassen bei BGH NStZ 1985, 464). Anderes gilt dann, wenn der Beschluss über die bloße Zurückweisung hinaus einen Bezug zur Sachentscheidung aufweist, weil sich in ihm die gerichtliche Bewertung einer potenziell urteilsrelevanten Frage widerspiegelt (BGH NJW 2022, 1631, 1633 mAnm Schork). Kein Wiedereintritt ist ferner anzunehmen, wenn lediglich die Verhandlungsfähigkeit des Angeklagten erörtert wird (Miebach NStZ 1990, 228 – BGH RsprÜ, zw.), wenn nur eine Negativmitteilung nach § 243 Abs. 4 protokolliert wird (BGH NStZ 2015, 658; 2016, 118), bei einer sitzungspolizeilichen Maßnahme (BGH NStZ 2006, 650), bei bloßer Entgegennahme eines Hilfsbeweisantrags, zu dem auch andere Verfahrensbeteiligte keine Erklärungen abgegeben haben (BGH NJW 2018, 414; Kusch NStZ-RR 1998, 261 – BGH RsprÜ; BGH NStZ 2004, 505) o. eines Beweisantrags nach Beginn der Urteilsverkündung (BGH NStZ 1986, 182), bei Bekanntgabe eines Verbindungsbeschlusses zur gemeinsamen Urteilsverkündung (BGH NStZ-RR 2001, 241) sowie bei einem Beschl. über die Teileinstellung des Verfahrens nach § 154 Abs. 2 (BGH NJW 2001, 2109 mzustAnm Ingelfinger JR 2002, 120 u. krit. Anm. Julius NStZ 2002, 104) o. nach § 154a Abs. 2 (vgl. BGH BeckRS 2012, 17666). Auch die Weigerung der StA, der Einstellung nach § 153 zuzustimmen (OLG Hamm VRS 23, 54) stellt keinen Wiedereintritt in die Verh. dar, das Gleiche gilt für den Fall, dass ein Zeuge nach Schluss der Beweisaufnahme unaufgefordert Erklärungen abgibt, auf die niemand eingeht (KK-StPO/Tiemann Rn. 25), o. dass der Vorsitzende den Angeklagten beim letzten Wort zu Erg. veranlasst, ohne damit in eine förmliche Vernehmung einzutreten u. dass der StA während des letzten Wortes des Angeklagten eine Zwischenbemerkung macht (OLG Saarbrücken JBl. Saar 1961, 14). 30

G. Sitzungsprotokoll. Zu den **wesentlichen Förmlichkeiten** der HV iSd § 273 Abs. 1 gehört, dass den Prozessbeteiligten das Wort zum Schlussvortrag erteilt (BGHSt 22, 278; OLG Koblenz OLGSt StPO § 258 S. 5; OLG Zweibrücken StV 1986, 51), dass der Angeklagte nach Abs. 3 befragt (BGHSt 22, 278; Pfeiffer/Miebach NStZ 1985, 494 – BGH RsprÜ; OLG Hamm VRS 41, 159) o. dass ihm sonst das letzte Wort gewährt worden ist (BGHSt 22, 278; BGH StV 1982, 103; 2002, 530), was mit diesen Worten ins Prot. aufgenommen werden sollte (Becker NStZ-RR 2005, 260 – BGH RsprÜ). Auch die Verweigerung des Schlussvortrags u. die Wortentziehung sind im Sitzungsprotokoll zu beurkunden. Die Beobachtung dieser Förmlichkeiten kann nach § 274 nur durch das Prot. bewiesen werden (BGHSt 13, 53 (59); 22, 278; Pfeiffer/Miebach NStZ 1983, 212 – BGH RsprÜ; OLG Köln VRS 62, 281). 31

Ist im Prot. nur die Erteilung des letzten Wortes beurkundet, so ist der Vermerk so **auszulegen,** dass damit auch die Befragung nach Abs. 2 verbunden war (RGSt 57, 265; OLG Hamm NJW 1959, 1933; Schmidt NJW 1959, 62). Der Protokollvermerk, dass der Angeklagte das letzte Wort hatte, beweist auch, dass dem Verteidiger Gelegenheit gegeben war, vor dem letzten Wort des Angeklagten seinerseits abschl. zu sprechen (BGH NJW 1979, 1668; OLG Köln VRS 57, 32), u. dass er die Möglichkeit der Erw. hatte (OLG Koblenz VRS 55, 278). Das gilt aber nicht bei Abwesenheit des Angeklagten (BayObLG VRS 61, 128). Der Vermerk: „Die Beteiligten blieben bei ihren Anträgen", beweist nicht, dass der Angeklagte das letzte Wort gehabt hat (Löwe/Rosenberg/Stuckenberg Rn. 56; KK-StPO/Tiemann Rn. 17; Hanack JZ 1972, 276; **aM** BGHSt 13, 53). Ebenso wenig beweist der Vermerk: „Die Angeklagten gaben keine weiteren Erklärungen ab", dass ihnen nach Wiedereintritt in die Verh. erneut das letzte Wort erteilt worden ist. 32

H. Revision. Die **Revision** kann darauf gestützt werden, dass dem Verteidiger zum Schlussvortrag keine Gelegenheit (vgl. BGHSt 3, 368; 21, 288 (290); OLG Köln VRS 69, 444) o. keine genügende Zeit zur Vorbereitung gegeben worden ist 33

(KG NStZ 1984, 523); in letzterem Fall muss der Verteidger nach § 238 Abs. 2 das Gericht angerufen haben, um sich die Revisionsrüge zu erhalten (BGH NStZ 2012, 344; Mosbacher JuS 2024, 743; **aM** 67. Aufl. 2024 Rn. 33). Die Revision kann auch rügen, dass dem anwesenden Angeklagten (seinem Erziehungsberechtigten o. ges. Vertreter), auch nach zwischenzeitlichem Wiedereintritt in die Verh. (→ Rn. 27 ff.), das letzte Wort nicht erteilt o. in unzulässiger Weise beschränkt worden ist (BGHSt 3, 368 (370); BGH NStZ 1999, 426). Zum notwendigen Revisionsvorbringen gehören nicht Angaben darüber, was der Verteidiger in dem Schlussvortrag o. der Angeklagte in dem letzten Wort vorgebracht hätte (BGHSt 21, 288 (290); OLG Düsseldorf StraFo 2001, 312; OLG Hamm NStZ-RR 2007, 123; OLG Zweibrücken StV 2003, 455), wohl aber über den Ablauf der Verh., insbes. falls nach dem letzten Wort wieder in die Verh. eingetreten worden war (Miebach NStZ 1990, 230 – BGH RsprÜ; BGH StV 1995, 176; OLG Jena NStZ-RR 2006, 278; KG StraFo 2017, 460), u. über den Inhalt des Hauptverhandlungsprotokolls (OLG Jena VRS 108, 215). Ein Revisionsgrund liegt nicht darin, dass der Verteidiger keinen Schlussvortrag gehalten hat (Holtz MDR 1980, 274 – BGH RsprÜ; Pfeiffer/Miebach NStZ 1987, 217 – BGH RsprÜ), wohl aber in der Weiterführung der Verh., nachdem der StA den Schlussvortrag verweigert hat (→ Rn. 10; **aM** Nehm FS Geiß, 2000, 116; offengelassen v. BGHR StPO § 258 Abs. 1 Schlussvortrag 2).

34 Das **Beruhen des Urteils** auf Verstößen gegen § 258, insbes. gegen Abs. 2 Hs. 2, Abs. 3, kann nur in bes. Ausnahmefällen ausgeschlossen werden (BGHSt 21, 288 (290); BGH NStZ-RR 2022, 286, 287; 12.8.2025 – 5 StR 307/25; zu solchen Ausnahmefällen vgl. BGHSt 22, 278 (280 ff.); BGH NStZ 2009, 50; BeckRS 2015, 16476; OLG Düsseldorf VRS 64, 205), jedenfalls nicht deswegen, weil sich der Angeklagte bisher nicht zur Sache eingelassen hat (BGHR StPO § 258 Abs. 3 letztes Wort 1 mwN; BGH StraFo 2014, 251); bei einem Geständnis des Angeklagten wird der Schuldspruch aber idR aufrechterhalten werden können (BGH NStZ 2018, 290; 1999, 426; StV 2010, 227; anders OLG Braunschweig StraFo 2009, 208 bei einem unvollständigen Geständnis). Dies soll bei versäumtem letztem Wort der Erziehungsberechtigten auch gelten, wenn der Angeklagte den äußeren Tatablauf eingeräumt, sich aber auf Notwehr berufen hat (BGH BeckRS 2018, 5340). Es gilt ebenso, wenn sich ein – nach Wiedereintritt in die Beweisaufnahme (→ Rn. 27) erteilter Hinweis nach § 265 ersichtlich nur auf die ges. Strafzumessungsgrundlagen bezieht (BGH NStZ 1993, 551). Bei Verstößen zu Lasten des Mitangeklagten fehlt es an einer Beschwer des Angeklagten selbst (Löwe/Rosenberg/Stuckenberg Rn. 66), bei solchen zu Lasten des Nebenklägers wird das Beruhen leichter auszuschließen sein (BGH NJW 2001, 3137; NStZ-RR 2022, 52).

Dolmetscher

259 (1) **Einem der Gerichtssprache nicht mächtigen Angeklagten müssen aus den Schlußvorträgen mindestens die Anträge des Staatsanwalts und des Verteidigers durch den Dolmetscher bekanntgemacht werden.**

(2) **Dasselbe gilt nach Maßgabe des § 186 des Gerichtsverfassungsgesetzes für einen hör- oder sprachbehinderten Angeklagten.**

1 Eine **Einschränkung der §§ 185, 186 GVG** enthält die Vorschrift. Für die Schlussvorträge gilt nicht die Pflicht, dem der Gerichtssprache nicht mächtigen (→ GVG § 185 Rn. 4) o. hör- o. sprachbehinderten (zur Verständigung mit diesem vgl. die Erläuterungen zu § 186 GVG) Angeklagten den gesamten Inhalt bekanntzumachen. Es genügt die Übersetzung der Anträge des StA u. des Verteidigers. Die Einschränkung bezieht sich aber nicht auf die eigenen Erklärungen des Angeklagten; sie müssen v. dem Dolmetscher durch wörtliche Übersetzung bekanntgemacht werden. Im Übrigen steht es im Ermessen des Vorsitzenden, den Dolmetscher zu beauftragen, auch die Schlussvorträge wörtlich zu übertragen o. durch eine ge-

drängte Inhaltsangabe verständlich zu machen (BGH GA 1963, 148; Kabbani StV 1987, 411; vgl. auch BVerfGE 64, 135 (148) = NJW 1983, 2762 (2764); Kotz StV 2012, 628 hält die Vorschr. durch die RL 2010/64/EU für überholt).

In der **Sitzungsniederschrift** braucht die Beachtung der Mindestanforderungen des § 259 ebenso wenig vermerkt zu werden wie jedes einzelne Tätigwerden des Dolmetschers in den sonstigen Teilen der HV. Es wird vermutet, dass er seine Aufgaben gesetzmäßig ausgeübt hat (RGSt 43, 441; KMR-StPO/Stuckenberg Rn. 8). 2

Die **Revision** kann darauf gestützt werden, dass die Mindestanforderungen des § 259 nicht beachtet worden sind (Löwe/Rosenberg/Stuckenberg Rn. 10). Für den Beweis des Verfahrensverstoßes gilt Freibeweis (→ § 244 Rn. 7, 9), weil es sich um keine wesentliche Förmlichkeit iSd § 273 Abs. 1 handelt (→ § 274 Rn. 8). Zu den Grenzen der Prüfung durch das Revisionsgericht → GVG § 185 Rn. 10. 3

Urteil

260 (1) **Die Hauptverhandlung schließt mit der auf die Beratung folgenden Verkündung des Urteils.**

(2) **Wird ein Berufsverbot angeordnet, so ist im Urteil der Beruf, der Berufszweig, das Gewerbe oder der Gewerbezweig, dessen Ausübung verboten wird, genau zu bezeichnen.**

(3) **Die Einstellung des Verfahrens ist im Urteil auszusprechen, wenn ein Verfahrenshindernis besteht.**

(4) [1] **Die Urteilsformel gibt die rechtliche Bezeichnung der Tat an, deren der Angeklagte schuldig gesprochen wird.** [2] **Hat ein Straftatbestand eine gesetzliche Überschrift, so soll diese zur rechtlichen Bezeichnung der Tat verwendet werden.** [3] **Wird eine Geldstrafe verhängt, so sind Zahl und Höhe der Tagessätze in die Urteilsformel aufzunehmen.** [4] **Wird die Entscheidung über die Sicherungsverwahrung vorbehalten, die Strafe oder Maßregel der Besserung und Sicherung zur Bewährung ausgesetzt, der Angeklagte mit Strafvorbehalt verwarnt oder von Strafe abgesehen, so ist dies in der Urteilsformel zum Ausdruck zu bringen.** [5] **Im übrigen unterliegt die Fassung der Urteilsformel dem Ermessen des Gerichts.**

(5) [1] **Nach der Urteilsformel werden die angewendeten Vorschriften nach Paragraph, Absatz, Nummer, Buchstabe und mit der Bezeichnung des Gesetzes aufgeführt.** [2] **Ist bei einer Verurteilung, durch die auf Freiheitsstrafe oder Gesamtfreiheitsstrafe von nicht mehr als zwei Jahren erkannt wird, die Tat oder der ihrer Bedeutung nach überwiegende Teil der Taten auf Grund einer Betäubungsmittelabhängigkeit begangen worden, so ist außerdem § 17 Abs. 2 des Bundeszentralregistergesetzes anzuführen.**

Übersicht

1 **A. Urteilsverkündung (Abs. 1). I. Zeitpunkt und Nachberatung.** Unmittelbar nach der Beratung und Abstimmung ergeht das Urt. (BGH NJW 1951, 206; 1987, 3210).

2 Zur Beratung u. Abstimmung (vgl. §§ 192–197 GVG, § 263), die geheim (§§ 43, 45 Abs. 1 S. 2 DRiG) u. kein Teil der HV sind, so dass auch eine Protokollierung nach § 273 Abs. 1 nicht in Betracht kommt (→ § 273 Rn. 8), zieht sich das Gericht idR in das **Beratungszimmer** zurück; eine Beratung nach der Ortsbesichtigung am Tatort ist unzulässig (RGSt 66, 28; OLG Hamm NJW 1959, 1192). Der Strafrichter (Einzelrichter) kann das Urt. im Sitzungssaal entwerfen, auch während der Schlussvorträge u. ohne dass er äußerlich zu erkennen geben muss, dass er „mit sich zu Rate gegangen" ist (BGHSt 11, 74 (79); OLG Köln NStZ 2005, 710).

3 Wird nach der Beratung nochmals in die Verh. eingetreten, so ist erneut nach § 258 zu verfahren (→ § 258 Rn. 27). Danach muss abermals beraten werden (BGHSt 24, 170 (171)), auch wenn der Wiedereintritt keinen neuen Prozessstoff ergeben hat (BGH NStZ 1988, 470); das Versäumen dieser Beratung begründet idR die Revision (BGH StraFo 2006, 26), anders aber ausnahmsweise, wenn die Verfahrensbeteiligten nur auf ihre bisherigen Ausführungen Bezug genommen haben (BGH NStZ 2010, 650).

4 Eine solche **Nachberatung im Sitzungssaal** ist andererseits aber auch dann nicht ausgeschlossen, wenn der neue Verhandlungsteil einen sachlichen Gehalt gehabt hat, falls auch insoweit eine rasche Verständigung aller Mitglieder des Gerichts möglich ist (BGH NJW 1992, 3181; NStZ 2001, 106; StraFo 2011, 317; vgl. auch → GVG § 193 Rn. 4). Der Vorsitzende muss sich dann aber unmittelbar an alle Gerichtsmitglieder wenden, auch an die Schöffen, damit sie u. die Verhandlungsbeteiligten erkennen können, dass es sich um eine nochmalige Beratung u. Abstimmung in abgekürzter Form handelt (BGHSt 19, 156; BGH NJW 1992, 3182; NStZ-RR 1998, 142). Eine wesentliche Förmlichkeit iSd § 273 Abs. 1 ist auch die Nachberatung nicht (OLG Karlsruhe Justiz 1985, 173); jedoch ist es zweckmäßig, die Tatsache, dass sich die Richter im Gerichtssaal verständigt haben, in der Sitzungsniederschrift zu erwähnen (BGH NJW 1987, 3210; BGHR StPO § 260 Beratung 6). Ein Hinweis des Vorsitzenden an die Beisitzer, sie sollten sich melden, wenn sie eine nochmalige Beratung wünschten, genügt nicht (BGH NStZ 1988, 470).

5 **II. Verkündung des Urteils.** Die **Verkündung des Urteils** ist iE in § 268 geregelt. Mit der Beendigung der Verlesung der Urteilsformel ist das Urt. erlassen (→ § 268 Rn. 6); nach mündlicher Bekanntgabe der Formel u. vollständiger Angabe der Gründe ist das Urt. für das erkennende Gericht nicht mehr abänderbar o. ergänzbar; für einen Wiedereintritt in die HV u. eine erneute Urteilsberatung u. -verkündung ist dann kein Raum (BGH NStZ 1984, 279; StraFo 2013, 29; erg. → § 268 Rn. 10). Da das Urt. bereits mit der Verkündung entstanden ist, ist die durch § 275 vorgeschriebene Urteilsurkunde kein wesentliches Merkmal des Urteils (Löwe/Rosenberg/Stuckenberg Rn. 26). Das Urt. führt somit die Beendigung des Verfahrens insges. (wenn es nicht anfechtbar ist o. nicht angefochten wird) herbei o. schließt jedenfalls den Rechtszug ab.

Eine **Berichtigung oder Ergänzung** der Urteilsformel ist grds. ausgeschlossen (→ § 268 Rn. 9 ff.). 6

B. Sach- und Prozessurteile. Zwischen **Sach- und Prozessurteilen** ist zu unterscheiden. Bloße Prozessentscheidungen, die ohne sachliche Prüfung des Anklagevorwurfs ergehen, sind im 1. Rechtszug die Einstellungsurteile nach Abs. 3 und § 389 Abs. 1, im Strafbefehlsverfahren das Verwerfungsurteil nach § 412. Im Berufungsverfahren gehören dazu die auf Verwerfung des Rechtsmittels lautenden Entsch. nach §§ 322 Abs. 1 S. 2, 329 Abs. 1 und die Verweisungsurteils nach § 328 Abs. 2, im Revisionsverfahren die Verwerfungsurteile nach § 349 Abs. 1, Abs. 5 und die Verweisungsurteile nach § 355. 7

Teil- und Zwischenurteile sieht die StPO grds. nicht vor (Löwe/Rosenberg/Stuckenberg Rn. 17); eine Ausnahme besteht im Adhäsionsverfahren (Grund- u. Teilurteile nach § 406 Abs. 1 S. 2). Die Rspr. lässt Teilentscheidungen auch im Revisionsverfahren zu, wenn dies wegen des Beschleunigungsgrundsatzes (→ Einl. Rn. 160) geboten ist. So kann hins. einzelner v. mehreren Straftaten („vertikal") vorab entschieden werden (BGH wistra 2000, 219 (226); StraFo 2004, 348), jedoch nicht bei materiell-rechtlich einer Tat (BGH NStZ-RR 2010, 53 (54)). Zulässig ist es aber auch, („horizontal") über einen Teil des Prozessgegenstandes zu entscheiden, zB über Schuld- u. Strafausspruch, aber nicht über die Maßnahme nach § 69 StGB (BGHSt 49, 209; NStZ-RR 2015, 382) o. nach § 66 StGB (BGH BeckRS 2011, 3960). Ergänzungsurteile zur Nachholung eines versehentlich unterbliebenen Teils der Entsch. sind hingegen nicht zulässig. Zur Frage der Unwirksamkeit v. Strafurteilen vgl. → Einl. Rn. 105. 8

C. Erschöpfende Erledigung des Eröffnungsbeschlusses. I. Grundsatz. Der Prozessgegenstand wird durch die in dem Eröffnungsbeschluss unv. o. mit Abänderungen (§ 207 Abs. 2) zugelassenen Anklage bestimmt, ggf. auch durch eine nach § 266 Abs. 1 einbezogene Nachtragsanklage. Der Urteilsspruch muss ihn erschöpfend erledigen (Pfeiffer/Miebach NStZ 1984, 212 – BGH RsprÜ). Ob das der Fall ist, beurteilt sich durch einen Vergleich der Urteilsformel mit der zugelassenen Anklage (BGH NStZ 1993, 551). Wird sie durch die Verurteilung nicht ausgeschöpft, muss Teilfreispruch erfolgen, nicht jedoch, wenn die angeklagte Tat nur rechtlich anders gewürdigt wird (BGH StV 2008, 226 (227)). Beim Revisionsgericht werden nicht abgeurteilte Taten nicht anhängig, sondern unterliegen weiterhin der Kognition des Tatrichters (BGH NStZ-RR 2017, 212 mwN). 9

Der rechtliche Hinweis nach § 265 Abs. 1 steht der Anklageerhebung nicht gleich; wird nicht entspr. dem Hinweis verurteilt, so ist daher ein Teilfreispruch nicht erforderlich (**aM** unzutr. BayObLG OLGSt StPO § 327 Nr. 1; OLG Saarbrücken NJW 1974, 375 (376); erg. → § 265 Rn. 33a). 10

II. Einzelheiten. 1. Tateinheit: Nimmt der Eröffnungsbeschluss Tateinheit (§ 52 StGB) an, wird aber nicht wegen aller Taten verurteilt, so erfolgt kein Teilfreispruch (BGH NJW 1984, 135 (136)); denn wegen einer u. derselben Tat kann das Urt. nur einheitlich auf Verurteilung o. Freispruch lauten (Pfeiffer/Miebach NStZ 1985, 15 – BGH RsprÜ; OLG Stuttgart VRS 67, 356). Das gilt auch, wenn ein alternativ angeklagter Vorwurf in der Verurteilung aufgeht (BGHSt 36, 262 (269)). Ein Teilfreispruch ist jedoch zur Klarstellung geboten, wenn die Annahme v. Tateinheit v. vornherein o. jedenfalls nach dem Erg. der HV offensichtlich fehlerhaft war u. eine der Taten nicht erwiesen ist (BGH NJW 2009, 2546 (2547); 2014, 1254; NStZ-RR 1996, 202 (203); BayObLG NJW 1960, 2014; OLG Hamm VRS 43, 370; 46, 338). War eine Dauerstraftat in Tateinheit mit zwei schwereren, rechtlich selbständigen Verstößen angeklagt, so erfolgt kein Teilfreispruch, wenn eines der schweren Delikte entfällt, der Angeklagte aber wegen der Dauerstraftat verurteilt wird (BGH VRS 21, 341; OLG Hamm VRS 50, 419), wohl aber, wenn die Dauerstraftat entfällt (BGH BeckRS 2011, 19567). Bei der Erfüllung mehrerer Alt. des § 244 Abs. 1 StGB oder des § 250 Abs. 1 StGB durch eine Tat, ist auch nur wegen eines Bandendiebstahls bzw. eines schweren Raubes u. 11, 12 nicht wegen in Tateinheit begangener mehrerer Alt. zu verurteilen (BGH NJW 1994, 2034; dem BGH zust. Altenhain ZStW 107 (1995), 382).

13 **2. Tatmehrheit:** Wird nicht wegen aller Delikte verurteilt, die nach der Anklage in Tatmehrheit (§ 53 StGB) begangen worden sein sollen, so muss insoweit freigesprochen werden (BGH NStZ-RR 2008, 287 mwN; 2012, 103; OLG Düsseldorf VRS 74, 297 (299); OLG Stuttgart Justiz 1987, 160), auch bei einer einheitlichen Tat iSd § 264 (BGHSt 44, 196 (202); OLG Saarbrücken NStZ 2005, 117 mwN). Das gilt selbst dann, wenn das Gericht der Meinung ist, dass bei zutr. rechtlicher Würdigung nur eine einzige Tat vorliegt (BGH NJW 1992, 989 (991)), o. wenn es, falls der weggefallene Vorwurf bewiesen wäre, Tateinheit (Pfeiffer/Miebach NStZ 1984, 212 – BGH RsprÜ; Miebach NStZ 1988, 212 – BGH RsprÜ; Becker NStZ-RR 2007, 131 – BGH RsprÜ; BGH StraFo 2007, 332; OLG Köln VRS 64, 207), natürliche Handlungseinheit (BGH NJW 1969, 756; VRS 39, 187 (190); vgl. auch BGHSt 22, 67 (76)), Bewertungseinheit (BGH NStZ-RR 2016, 246) o. Fortsetzungszusammenhang (Kusch NStZ 1993, 29 – BGH RsprÜ) angenommen hätte.

14 **Ein Teilfreispruch unterbleibt,** wenn das gesamte Geschehen als *eine* Tat (BGHSt 44, 196: Totschlag durch Tun statt durch Unterlassen; BGH 6.12.1991 – 2 StR 514/91: Mord statt Totschlag u. Unterschlagung; BGH NStZ 2003, 546: mitbestrafte Nachtat; BGH NStZ 2009, 347: eine statt mehrerer Beihilfehandlungen), als Bewertungseinheit (BGH NStZ-RR 2013, 6) o. als eine einheitliche Rauschtat nach § 323a StGB abgeurteilt wird (BGHSt 13, 223; OLG Hamm VRS 53, 125), nicht aber, wenn eine der angeklagten Taten nicht erwiesen ist (OLG Köln VRS 64, 207). Unzulässig ist ein Teilfreispruch, wenn der Vorwurf des unerlaubten Entfernens v. Unfallort (§ 142 StGB) entfällt u. aus der Sicht des Gerichts nur noch eine zusammenhängende Trunkenheitsfahrt (§ 316 StGB) bestehen bleibt (OLG Zweibrücken VRS 85, 206), o. wenn mehrere Einzeltaten zu einer Bewertungseinheit zusammengefasst werden (Becker NStZ-RR 2003, 98 – BGH RsprÜ; BGH NStZ-RR 2008, 316 Ls.).

15 **3.** Beschränkt das Urt. die angeklagte **Dauerstraftat** (→ § 264 Rn. 26) auf einen kürzeren Zeitraum, als in der Anklage angenommen ist, so ist kein Teilfreispruch erforderlich (BGHSt 19, 280 (285); wistra 1992, 184).

15a Bei **eindeutiger Verurteilung nach wahldeutiger Anklage** (→ § 200 Rn. 7a) ist ein Teilfreispruch nur erforderlich, wenn es sich bei den beiden alternativ angeklagten Taten um selbständige Taten iSd § 264 gehandelt hat (BGHSt 38, 172 (173, 174); BGH NStZ 1998, 635; erg. → § 264 Rn. 15).

16 **D. Urteilsformel bei Freispruch.** Ein **freisprechendes Urteil** ergeht nur, wenn die Unschuld des Angeklagten erwiesen ist o. seine Schuld unter keinem rechtlichen Gesichtspunkt (§ 264) festgestellt werden kann. Zum Vorrang des freisprechenden Urteils vor der Verfahrenseinstellung vgl. → Rn. 44 ff. Die Urteilsformel lautet: „Der Angeklagte wird freigesprochen". Bei Teilfreispruch wird auf Freisprechung „im Übrigen" erkannt. Kein Teilfreispruch ist auszusprechen, wenn der Eröffnungsbeschluss der in der Anklageschrift vorgenommenen Wertung folgt, die dem Angeklagten zur Last gelegten Delikte stellten eine einheitliche Tat iSd § 52 StGB dar; dies gilt selbst dann, wenn bei zutreffender rechtlicher Würdigung von Tatmehrheit auszugehen wäre, da in einem solchen Fall jedenfalls der gesamte Verfahrensgegenstand durch die Verurteilung erschöpfend erledigt wird (BGH 13.8.2025 – 2 StR 170/25).

17 Die rechtliche Bezeichnung des Tatvorwurfs, v. dem freigesprochen wird, ist nicht erforderlich. Auch sonstige Erläuterungen des Freispruchs in der Urteilsformel sind nicht statthaft. Gegen die Unschuldsvermutung nach Art. 6 Abs. 2 **EMRK** verstoßende Zusätze wie „mangels Beweises", „mangels begründeten Tatverdachts", „wegen erwiesener Unschuld" o. „aus rechtlichen Gründen" sind schlechthin unzulässig (KK-StPO/Tiemann Rn. 25).

18 **Neben dem Freispruch** ist die Anordnung v. Sicherungsmaßregeln (§ 71 StGB) u. von Nebenfolgen (§ 76a StGB) zulässig. Auch in diesen Fällen kommt in

der Urteilsformel zum Ausdruck, dass der Angeklagte freigesprochen wird (BGH NStZ-RR 1998, 142).

E. Urteilsformel bei Verurteilung (Abs. 2, Abs. 4). I. Grundsatz. Als **Grundsatz** gilt, dass das Gericht, in dessen Ermessen die Fassung der Urteilsformel gestellt ist, soweit das G nicht bes. Bestimmungen trifft (Abs. 4 S. 5), die im G zum Ausdruck gekommene Zweckbestimmung des Tenors, dh die Kennzeichnung der begangenen Tat u. die Verlautbarung der im Urt. getroffenen Anordnungen, berücksichtigen muss. Daher muss die Urteilsformel in knapper, verständlicher Sprache abgefasst sein; das beinhaltet vor allem, dass ohne Weiteres zu erkennen ist, in wie vielen Einzelfällen der Angeklagte verurteilt worden ist und wie viele Einzelstrafen demgemäß in der Strafzumessung zu erwarten sind (BGH 1.10.2024 – 1 StR 336/24). 19

Die Urteilsformel muss zudem von allem freigehalten werden, was nicht unmittelbar der Erfüllung ihrer Aufgaben dient (BGHSt 27, 287 (289); BGH NStZ 1983, 524; OLG Düsseldorf NJW 1987, 1958). In der Urteilsformel kommt zB nicht zum Ausdruck, dass ein Strafbefehlsverfahren vorausgegangen (OLG Düsseldorf JMBl. NRW. 1972, 84) o. dass das 1. Urt. v. Revisionsgericht aufgeh. worden ist (KK-StPO/Tiemann Rn. 28). 20

II. Schuldspruch (Abs. 4 S. 1, 2). 1. Rechtliche Bezeichnung der Tat: Die Tat wird in der Urteilsformel nicht nach tatsächlichen Merkmalen als historische Begebenheit, sondern nur rechtlich bezeichnet. 21

Dabei wird ihre rechtliche Einordnung als Verbrechen o. Vergehen (§ 12 Abs. 1, Abs. 2 StGB) in die Urteilsformel nicht aufgenommen (BGH NJW 1986, 1116). 22

Zur rechtlichen Bezeichnung der Tat soll die **gesetzliche Überschrift des Straftatbestandes** (Abs. 4 S. 2) verwendet werden. Davon kann abgewichen werden, wenn die Überschrift nicht passt, zB wenn die Verurteilung nach § 160 StGB wegen Verleitung zur Abgabe einer falschen Vers. an Eides statt erfolgt (BGH NStZ 2012, 147) o. bei Verurteilung wegen unbefugten Tragens v. Uniformen (§ 132a Abs. 1 Nr. 4 StGB), denn die ges. Überschrift des § 132a („Missbrauch von Titeln, Berufsbezeichnungen und Abzeichen“) würde die Tat nur ungenau kennzeichnen. Fehlt es – wie häufig im Nebenstrafrecht – an einer ges. Überschrift, so wird die übliche Bezeichnung der Tat gebraucht. Die Tat ist jedenfalls mit einer anschaulichen u. verständlichen Wortbezeichnung so genau wie möglich zu bezeichnen (Granderath MDR 1984, 988; Meyer-Goßner/Appl Strafsachen Rn. 42 ff.; Willms DRiZ 1976, 82). Die Formel „wegen Verstoßes gegen das Waffengesetz“ genügt nicht (BGH NStZ-RR 2007, 149), wohl aber „wegen Steuerhinterziehung“ (ohne Angabe der Steuerart, BGH BeckRS 2011, 4341). Die angewendeten Vorschr. sind nicht in die Urteilsformel aufzunehmen, sondern im schriftlichen Urt. nach der Urteilsformel aufzuführen (OLG Hamm DAR 2012, 340; erg. → Rn. 50 ff.). Nur notfalls können auch die Paragrafen der verletzten Bestimmungen genannt werden (Löwe/Rosenberg/Stuckenberg Rn. 71). 23

Zur rechtlichen Bezeichnung braucht bei Taten, die nur bei vorsätzlichem Handeln strafbar sind, das Wort „vorsätzlich“ (wegen § 15 StGB) nicht angegeben zu werden (BGH BeckRS 2014, 11008; NJW 2014, 3047); bei Taten, die vorsätzlich u. fahrlässig begangen werden können, gehört die Angabe der Schuldform, sofern sie sich nicht bereits aus der ges. Überschrift ergibt, in den Tenor (BGH VRS 65, 359 (361); OLG Celle NZV 2012, 345 (348); OLG Koblenz NStZ 1984, 370; einschr. aus Gründen der Übersichtlichkeit BGH NStZ 1992, 546 bei BtM-Delikten: nur Angabe bei fahrlässiger Begehung). Erforderlich ist ggf. ferner die Angabe, dass nur Versuch vorliegt. Die Teilnahmeform (Anstiftung, Beihilfe) ist mitzuteilen, nicht dagegen, ob der Angeklagte als Allein- o. Mittäter gehandelt hat (BGHSt 27, 287 (289); BGH BeckRS 2020, 34793). Im Fall des § 30 StGB wird die rechtliche Bezeichnung der geplanten Tat in die Urteilsformel aufgenommen (Dallinger MDR 1969, 722 – BGH RsprÜ; Holtz MDR 1986, 271 – BGH RsprÜ), im Fall des § 323a StGB aber nicht die Rauschtat (RGSt 69, 187; OLG Oldenburg Nds. Rpfl. 1970, 239). 24

25 **Nicht in die Urteilsformel gehören** die ges. Überschriften v. Bestimmungen, die keine eigene Straftat beschreiben, sondern nur eine Strafzumessungsregelung enthalten, wie § 21 StGB (BGHSt 27, 287 (289); KK-StPO/Tiemann Rn. 31 ff.) o. nur eine andere prozessuale Behandlung zulassen, wie § 248a StGB (OLG Düsseldorf NJW 1987, 1958), u. die Anwendung unbenannter Strafschärfungs- u. -milderungsvorschriften (BGHSt 27, 287 (289); BGH NStZ 1982, 29). Auch das Vorliegen ges. Regelbeispiele für bes. schwere o. minder schwere Fälle wird nicht in die Urteilsformel aufgenommen (BGHSt 23, 254 (256); 27, 287 (289); BGH NStZ 1984, 262 (263)); eine Ausnahme besteht etwa bei § 177 Abs. 6 Nr. 1 StGB, wo das G selbst die Tat als „Vergewaltigung" bezeichnet (BGH NStZ 2007, 478 Ls.; dazu Fischer/Fischer StGB § 177 Rn. 145).

25a Ist **dagegen ein eigener Straftatbestand mit bestimmten Qualifikationsmerkmalen verwirklicht** worden, so kommt das in der Urteilsformel zum Ausdruck (Meyer-Goßner/Appl Strafsachen Rn. 48). So wird bei § 177 Abs. 7 und Abs. 8 StGB wegen „schwerer" bzw. „besonders schwerer" Vergewaltigung (Fischer/Fischer StGB § 177 Rn. 148; vgl. auch BGH NStZ 2015, 603; NStZ-RR 2007, 173), nach § 260 StGB wegen gewerbsmäßiger Hehlerei (BGH NStZ 1982, 29; wistra 1986, 217), nach § 244 Abs. 1 Nr. 1–3 wegen Diebstahls mit Waffen o. wegen Bandendiebstahls o. wegen Wohnungseinbruchdiebstahls u. nach § 250 Abs. 1 StGB wegen „schweren", nach § 250 Abs. 2 StGB wegen „besonders schweren" Raubes verurteilt (BGH NStZ-RR 2022, 86; NStZ 2010, 101).

26 **2.** Das **Konkurrenzverhältnis** zwischen mehreren Verurteilungen ist in der Urteilsformel kenntlich zu machen, u. zwar bei Tateinheit nach § 52 StGB mit den Worten „in Tateinheit mit", bei gleichartiger Tateinheit unter Angabe, wie oft der Tatbestand verwirklicht wurde (BGH NStZ 1996, 610: davon aber absehen, wenn der Tenor dadurch unübersichtlich u. unverständlich werden würde; vgl. auch BGH NStZ-RR 2011, 111); dasselbe gilt bei mehrfacher Verwirklichung des Vergewaltigungstatbestandes im Wege fortlaufender Gewaltanwendung (BGH BeckRS 2010, 21364). Bei Tatmehrheit nach § 53 StGB sind die mehreren Straftatbezeichnungen durch das Wort „und" o. „sowie" zu verbinden (BGH NJW 1986, 1116). Bei Gesetzeskonkurrenz wird allein die angewendete Strafvorschrift bezeichnet, auch wenn aus der verdrängten Bestimmung Nebenfolgen angewendet worden sind (Hartung NJW 1954, 587). Die fahrlässige Begehung eines Delikts ggü. der am selben Objekt begangenen vorsätzlichen kommt im Schuldspruch nicht zum Ausdruck (BGHSt 39, 195 (199)).

27 **3.** Die **gleichartige Wahlfeststellung** kommt in der Urteilsformel nicht zum Ausdruck. Bei der gleichartigen Wahlfeststellung steht die schuldhafte Verwirklichung eines bestimmten Straftatbestandes zur Überzeugung des Gerichts fest; unsicher ist allein der Zeitpunkt oder welche von mehreren Handlungen den Erfolg herbeigeführt hat (vgl. BVerfG NStZ-RR 2023, 319, 320). Die gleichartige Wahlfeststellung ist mit dem Schuldgrundsatz und der Verfassung vereinbar (BverfG NStZ-RR 2023, 319).

27a Werden mehrere Strafbestimmungen wahlweise angewendet („gesetzesalternative **(ungleichartige) Wahlfeststellung**", zB „Diebstahl o. Hehlerei"), so muss sich das aus der Urteilsformel ergeben. Mangels bes. ges. Regelung unterliegt ihre Fassung dem richterlichen Ermessen (Abs. 4 S. 5). In der Praxis hat es sich durchgesetzt, dass beide wahlweise angewendeten Vorschr. unter Verbindung mit dem Wort „oder" in die Urteilsformel aufgenommen werden (vgl. BGHSt 25, 182 (186); KK-StPO/Tiemann Rn. 35). Der GrS des BGH hat auf eine Vorlage des 2. StS des BGH (StV 2016, 212), der sich gegen die Zulässigkeit einer ungleichartigen Wahlfeststellung überhaupt – Verstoß gegen das Analogieverbot des Art. 103 Abs. 2 GG – gewandt hat (s. BGH NStZ 2014, 392; Frister StV 2014, 584; Haas HRRS 2016, 190; Kröpil JR 2015, 116; dagegen Stuckenberg JZ 2015, 714; gegen ihn u. dem 2. StS zust. Freund/Rostalski JZ 2015, 164; 716), entschieden, dass die ungleichartige Wahlfeststellung zulässig ist (BGHSt 62, 164 (GSSt) mAnm Jahn NJW 2017, 2842; Mosbacher JuS 2018, 129 (134); Stuckenberg StV 2017, 815, speziell zur gesetzesalternativen Verurteilung wegen (gewerbsmäßig begangenen) Diebstahls o. gewerbsmäßiger Hehlerei; s. nunmehr auch die Entsch. des 2. StS des BGH – NStZ-RR 2018, 47 – im ursprünglichen Vorlegungsfall). Dies ist auch verfassungsgemäß (BVerfG NJW 2019, 2837, wonach auch kein unzulässiges Verdachtsurteil u. kein Verstoß gegen die Unschuldsvermutung vorliegt).

Bei einer **Postpendenzfeststellung** (BGHSt 35, 86 (89); BGH NStZ 1989, 266; 574; StV 1995, 522; OLG Hamburg MDR 1994, 712) wird nur das angewendete Strafgesetz (idR § 259 StGB) im Urteilsspruch erwähnt; waren beide Taten angeklagt – zB Diebstahl u. Hehlerei –, ist hins. des Diebstahls freizusprechen (BGH NStZ 2011, 510; OLG Hamburg NStZ-RR 2016, 118). **27b**

III. Rechtsfolgenausspruch (Abs. 2, Abs. 4 S. 3, 4). 1. Alle Rechtsfolgen sind in die Urteilsformel aufzunehmen, auch wenn sie neben anderen Rechtsfolgen nicht vollstreckt werden können. **28, 29**

Soweit es nach § 53 Abs. 3 iVm § 52 Abs. 4 S. 2 StGB zulässig ist, **neben lebenslanger Freiheitsstrafe als Gesamtstrafe** die Sicherungsverwahrung anzuordnen (vgl. BGHSt 34, 138), wird auch die Sicherungsmaßregel in die Urteilsformel aufgenommen (vgl. auch BGHSt 37, 160 zu § 64 StGB neben lebenslanger Freiheitsstrafe). **30**

Der **Vorbehalt der Sicherungsverwahrung** nach § 66a StGB muss im Tenor ausgesprochen werden („Die Anordnung der Sicherungsverwahrung bleibt vorbehalten"); in dem nach § 275a ergehenden Urt. wird im Tenor die Sicherungsverwahrung angeordnet o. deren Anordnung abgelehnt. **30a**

Werden **Rechtsfolgen für mehrere Taten** verhängt, so muss die Urteilsformel erkennen lassen, für welche v. ihnen die einzelnen Rechtsfolgen festgesetzt sind. **31**

2. Strafen: **32**

§ 39 StGB bedeutet nicht, dass die nach Wochen, Monaten o. Jahren zu bemessende **Freiheitsstrafe** nicht in der Weise festgesetzt werden darf, dass die einen Monat übersteigende Strafe nach Wochen, die 1 Jahr übersteigende Strafe nach Monaten bemessen werden darf. Eine Verurteilung zu 7 Wochen o. 14 Monaten Freiheitsstrafe ist daher zulässig. Nur die Bemessung nach Tagen ist ausgeschlossen. Bei lebenslanger Freiheitsstrafe ist es in Befolgung der Rspr. des BVerfG (BVerfGE 86, 288) in die Formel aufzunehmen, wenn ein Fall der bes. Schwere der Schuld (§ 57a Abs. 1 S. 1 Nr. 2 StGB; dazu BGHSt 40, 360 (GrS)) gegeben ist (BGHSt 39,), nicht hingegen bei Verhängung v. Jugendstrafe nach § 105 Abs. 3 S. 2 JGG (BGH NJW 2017, 1252) u. nicht bei Verneinung der bes. Schuldschwere (BGH NJW 1993, 2001); ein Ausspruch über die Mindestverbüßungsdauer ist unzulässig (BGH NJW 1997, 878; StV 2003, 17; StraFo 2003, 208). Das BVerfG hat sich zwar nur mit Verurteilungen nach § 211 StGB befasst; dies gilt aber auch in allen anderen Fällen der Verurteilung zu lebenslanger Freiheitsstrafe (BGHSt 44, 350; erg. → § 267 Rn. 20a). Eine Entsch. nach § 57b StGB ist auch erforderlich, wenn nach § 55 StGB mit einer lebenslangen Freiheitsstrafe eine Gesamtstrafe zu bilden ist (BGH StraFo 2001, 350 (351)). **33**

Bei **Geldstrafe** werden nur die Zahl der Tagessätze u. die Höhe eines Tagessatzes in die Urteilsformel aufgenommen (Abs. 4 S. 3), nicht aber der Gesamtbetrag (KMR-StPO/Stuckenberg Rn. 64 mwN). Die Angabe der Ersatzfreiheitsstrafe ist überflüssig, weil sie durch § 43 StGB festgelegt ist. Zahlungserleichterungen nach § 42 StGB sind anzugeben. **34**

Dass die **UHaft** angerechnet wird, kommt idR nicht in die Formel (zu Ausnahmefällen vgl. BGHSt 27, 287 (288); NJW 1990, 1428; OLG Frankfurt a. M. NStZ 1990, 147), auch nicht, wenn die Strafe nach Ansicht des Gerichts durch die angerechnete UHaft erledigt ist (BGH NStZ 1983, 524). Wohl aber ist die völlige o. teilw. Nichtanrechnung der UHaft nach § 51 Abs. 1 S. 2 StGB in der Formel auszusprechen, ferner bei ausl. Freiheitsentziehung der Umrechnungsmaßstab nach § 51 Abs. 4 S. 2 StGB (BGH NStZ 1984, 214; BGHR JGG § 52a Anrechnung 3), auch bei Verurteilung zu lebenslanger Freiheitsstrafe (BGH NJW 2004, 3789). Eine Bestimmung darüber, auf welche v. zwei im Urt. verhängten Gesamtfreiheitsstrafen **35** die UHaft anzurechnen ist, ist nicht erforderlich; das ist Sache der VollstrB (BGHR StPO § 260 Urteilsspruch 3). Besonderheiten gelten nach §§ 52, 52a Abs. 1 S. 2, Abs. 2 S. 2 **JGG** (vgl. BGHSt 37, 75).

35a Soweit ein **Teil der Strafe als vollstreckt gilt** – als Kompensation wegen rechtsstaatswidriger Verfahrensverzögerung (→ **EMRK** Art. 6 Rn. 9) o. wegen Nichterstattung erbrachter Leistungen bei Wegfall der Bewährung durch Bildung einer Gesamtstrafe nach § 58 Abs. 2 S. 2 StGB (BGHSt 36, 378) –, ist dies im Urteilstenor auszusprechen.

36 Bei **Gesamtstrafe** (§§ 53, 54 StGB) wird nur diese in die Urteilsformel aufgenommen; die Einzelstrafen werden nur in den Urteilsgründen festgesetzt (OLG Hamm JR 1979, 74; vgl. aber zum Rechtsmittelverfahren OLG Zweibrücken NStZ 2000, 610). Bei mehreren Gesamtstrafen in einem Urt. ist eine Bestimmung darüber, auf welche v. ihnen die UHaft angerechnet wird, nicht erforderlich; dies ist Aufgabe der VollstrB (BGHR StPO § 260 Urteilsspruch 3).

37 Die **Aussetzung zur Bewährung** nach §§ 56 ff., 67b 70a StGB, die Verwarnung mit Strafvorbehalt nach § 59 StGB u. das Absehen v. Strafe nach § 60 StGB müssen nach Abs. 4 S. 4 in der Urteilsformel zum Ausdruck kommen. Ist eine Strafe durch Anrechnung der UHaft aber voll verbüßt, scheidet eine Strafaussetzung begrifflich aus (BGHSt 31, 25).

38 **Maßregeln der Besserung und Sicherung** nach §§ 61 ff. StGB werden im Urteilstenor angeordnet; die Ablehnung der Anordnung erfolgt dagegen nur in den Urteilsgründen (Dallinger MDR 1952, 530 – BGH RsprÜ). Im Urteilstenor ergeht auch die Anordnung, dass die Strafe vor der Maßregel vollstreckt wird (§ 67 Abs. 2 StGB), u. die Bestimmung der Reihenfolge der Vollstreckung nach § 72 Abs. 3 S. 1 StGB. Für die Sicherungsmaßregel des Berufsverbots nach § 70 StGB bestimmt Abs. 2 ausdr. die in die Urteilsformel aufzunehmenden Einzelheiten (vgl. erg. → § 132a Rn. 9).

39 Bei **Einziehung** nach §§ 73 ff. StGB sind die Gegenstände so genau zu bezeichnen, dass die Vollstreckung ohne weiteres möglich ist, u. zwar durch Aufzählung in der Urteilsformel o. in einer bes. Anl. dazu (BGHSt 9, 88; BGH StraFo 2015, 22; NStZ 2017, 88), nicht durch Bezugnahme auf die Anklageschrift (Pfeiffer NStZ 1981, 295 – BGH RsprÜ; BGH StV 1981, 396; NStZ-RR 2009, 384 Ls.) o. auf die Asservierung (Becker NStZ-RR 2004, 227 – BGH RsprÜ; BGH StraFo 2008, 302). Bei allg. Einziehung kann eine Gattungsbezeichnung verwendet werden. Bei umfangreichen Einziehungen kann die Benennung der Gegenstände in einer besonderen Anlage zum Tenor erfolgen, die als dessen Bestandteil in die Urteilsurkunde aufzunehmen ist; die Anordnung der Einziehung muss aber stets aus sich heraus und insbes. ohne Bezugnahme auf nicht zum Urteil gehörende Schriftstücke verständlich sein (BGH 8.2.2023 – 3 StR 477/22 mwN). Bei der Einziehung einer Druckschrift ist die Angabe des Titels u. des Impressums erforderlich (BGHSt 9, 88; BGH NJW 1962, 2019). Bei der Einziehung v. Betäubungsmitteln sind Art u. Menge des einzuziehenden Rauschgifts anzugeben (BGH BeckRS 2016, 16703; BeckRS 2015, 12836). Wird Wertersatz eingezogen, so muss dessen Betrag in der Urteilsformel bezeichnet werden. Ferner ist es anzugeben, wenn die Angeklagten als Gesamtschuldner haften (BGH BeckRS 2016, 17380).

40 Die **Bekanntmachung der Entscheidung** (vgl. §§ 165, 200 StGB, muss unter Nennung des Namens des Verletzten (Nr. 231 S. 1 RiStBV) so ausgesprochen werden, dass die Vollstreckung ohne Schwierigkeiten betrieben werden kann. Dazu gehört auch die Angabe der Zeitung o. Zeitschrift, in der veröffentlicht werden soll.

41 **IV. Kosten- und Auslagenentscheidung.** Vgl. §§ 464 ff.

42 **F. Einstellung des Verfahrens (Abs. 3). I. Grundsatz. Grundsätzlich geboten,** auch bei Teilrechtskraft (→ Einl. Rn. 151), ist die Verfahrenseinstellung bei Vorliegen eines – nicht mehr behebbaren – Prozesshindernisses (→ Einl. Rn. 141 ff.), sofern das G nicht eine andere Entsch. vorsieht (Verweisung nach

§§ 270, 328 Abs. 2, 355) o. ein freisprechendes Urt. den Vorrang hat (→ Rn. 44; erg. → Vor § 296 Rn. 14).

43 Eine weitere Ausnahme besteht bei kurzfristig behebbaren Prozesshindernissen (BayObLG NJW 1991, 3292); in diesem Fall kann es zweckmäßig sein, das Verf. zu unterbrechen o. auszusetzen (BGH StV 2000, 347 (348)). Betrifft das Prozesshindernis nur eine tateinheitlich begangene Gesetzesverletzung, so scheiden diese Tatteile ohne förmliche Einstellung aus dem Verf. aus (→ Einl. Rn. 154).

44 **II. Vorrang des Freispruchs.** Steht in der HV bereits fest – also nicht, wenn noch eing. Erörterungen zur Schuldfrage erforderlich sind (BGHSt 44, 209 (218); BGH NStZ-RR 1996, 299) –, dass dem Angeklagten keine Straftat nachzuweisen ist, so wird, wenn nunmehr ein Bestrafungsverbot (→ Einl. Rn. 143, 143b) entsteht o. entdeckt wird, das Verf. nicht eingestellt, sondern der Angeklagte freigesprochen (BGHSt 13, 268 (273); 20, 333 (335); BayObLGSt 1963, 44 (47); OLG Oldenburg NJW 1982, 1166). Dies gilt gleichermaßen, wenn bei rechtlichem Zusammentreffen der schwerer wiegende Tatvorwurf nicht erweislich u. der leichter wiegende Tatvorwurf wegen eines unbehebbaren Verfahrenshindernis nicht mehr verfolgt werden kann (BGH NStZ-RR 2021, 217 mwN: (unverjährter) Mord u. Verfolgungsverjährung hins. des Totschlags).

45 **Das gilt allerdings nicht** bei Befassungsverboten (vgl. → Einl. Rn. 143 ff.; eing. dazu Meyer-Goßner Prozessvoraussetzungen S. 27 ff.; MüKoStPO/Kudlich Einl. Rn. 392; erg. → § 354 Rn. 6), zB wenn die Tat gar nicht angeklagt o. das Hauptverfahren nicht eröffnet worden war; dann ist das beim Gericht geführte Verf. einzustellen (BGHSt 46, 130; BGH NJW 2006, 522 (530); OLG Oldenburg StraFo 2006, 412 (413)), ebenso wenn das Verf. nach § 154 Abs. 2 eingestellt worden war (BGH NStZ-RR 2007, 83).

46 Ein Freispruch kann ferner erforderlich sein, weil bei **Tateinheit** (§ 52 StGB) wegen des einen rechtlichen Gesichtspunkts keine andere Entsch. ergehen darf als wegen des anderen (→ Rn. 12); dabei hat die Sachentscheidung den Vorrang (OLG Düsseldorf NJW 1982, 2883 (2884); VRS 78, 115). Den Urteilsausspruch bestimmt der schwerer wiegende Vorwurf. Treffen zB 2 Vergehen o. 2 Verbrechen zusammen u. müsste wegen des einen freigesprochen, wegen des anderen das Verf. eingestellt werden, weil insoweit ein nicht mehr behebbares Prozesshindernis vorliegt, so bestimmt die nach der ges. Strafandrohung schwerer wiegende Pflichtverletzung den Urteilsspruch (BGHSt 50, 16 (30) mwN); bei Gleichwertigkeit wird eingestellt. Entsprechendes gilt beim Zusammentreffen v. 2 Verbrechen (§ 12 Abs. 1 StGB). Bei Tateinheit zwischen einem Vergehen u. einem Verbrechen wird freigesprochen, wenn das Verbrechen nicht erwiesen ist u. das Vergehen wegen eines nicht behebbaren Prozesshindernisses nicht verfolgt werden kann (BGHSt 1, 231 (235); 7, 256 (261); Becker NStZ-RR 2005, 259 – BGH RsprÜ). Bei Tateinheit zwischen einer Straftat u. einer OWi wird ebenfalls freigesprochen, wenn die Straftat nicht beweisbar u. die OWi verjährt ist (BGH GA 1978, 371; KG DAR 2004, 459; OLG Düsseldorf JR 1991, 252; OLG Karlsruhe MDR 1975, 426; OLG Oldenburg NJW 1985, 1177). Schließlich ist freizusprechen, wenn der angeklagte Vorwurf einer vorsätzlich begangenen Tat nicht erwiesen u. die nachweisbare Fahrlässigkeitstat verjährt ist (BGHSt 36, 340).

47 **III. Prozessurteil.** Ein **Prozessurteil** ist das Einstellungsurteil. Es stellt lediglich das Bestehen eines Prozesshindernisses fest, dessen Art sich aus den Urteilsgründen ergibt. Das Einstellungsurteil beendet das Strafverfahren ebenso wie ein Sachurteil; es ist der formellen Rechtskraft (→ Einl. Rn. 164 ff.) fähig. Zu den Anforderungen an die Urteilsgründe → § 267 Rn. 29.

48 Den **Verbrauch der Strafklage** hat das Einstellungsurteil grds. nicht zur Folge (erg. → Einl. Rn. 143a, 143b). Ist das Prozesshindernis behebbar u. behoben, so kann die StA das Verf. fortführen u. eine neue Anklage erheben (BGH NJW 2018, 1268: örtliche Unzuständigkeit; LM StPO § 207 Nr. 5; wistra 1986, 69; BayObLGSt 1985, 52; OLG Frankfurt a. M. NStZ 1987, 573; OLG Köln NJW 1981, 2208); in diesem Fall ist eine etwaige Verjährungsfrist so zu berechnen, als wäre ihr

Ablauf nicht nach § 78b Abs. 3 StGB gehemmt gewesen (BGH NJW 2018, 1268). Bei einem unbehebbaren Prozesshindernis (zB Ablauf der Strafantragsfrist) hat das Einstellungsurteil allerdings, soweit es den Einstellungsgrund betr., die gleiche Wirkung wie ein die Strafklage verbrauchendes Sachurteil (erg. → Einl. Rn. 172). Zum Strafklageverbrauch bei Einstellung nach manipulativem Vortäuschen eines Verfahrenshindernisses vgl. → § 206a Rn. 11 (zw. Rieß NStZ 2008, 299 zur Anwendung auf Urteile nach Abs. 3).

49 **G. Liste der angewendeten Vorschriften (Abs. 5). I. Zweck und Standort der Liste.** Nach § 5 Abs. 1 Nr. 6 **BZRG** ist in das BZR die rechtliche Bezeichnung der Tat, deren der Verurteilte schuldig gesprochen worden ist, unter Angabe der angewendeten Vorschr. einzutragen.

50 Um die Urteilsformel v. dieser Angabe zu entlasten, gleichwohl aber eine zuverlässige Erfassung der Verurteilung im BZR u. in anderen Registern sicherzustellen, schreibt S. 1 vor, dass die angewendeten Vorschr. nach der Urteilsformel aufzuführen sind. Aufgrund dieser Liste erfolgt die Mitteilung der Verurteilung an das BZR nach § 20 **BZRG.**

51 Die Liste ist kein **Teil der Urteilsformel** (BGH BeckRS 2007, 12532; OLG Karlsruhe VRS 54, 68 (70); 58, 263); daher wird sie weder bei der Urteilsverkündung nach § 268 Abs. 2 verlesen, noch sonst in der HV bekanntgegeben (BGH NStZ-RR 1997, 166).

52 Üblich u. zweckmäßig ist es, die Liste aufgrund der Urteilsberatung schon in die **Sitzungsniederschrift** aufzunehmen. Rechtlich notwendig ist das aber nicht; sie kann auch später erstellt werden.

53 In der **Urteilsausfertigung** wird die Liste nach der Urteilsformel aufgeführt. Die Unterschriften der Richter unter der Urteilsurkunde bestätigen auch die Übereinstimmung der Liste mit dem Beratungsergebnis.

54 **II. Inhalt. Anzugeben** sind die angewendeten Rechtsvorschriften nach Gesetz, Paragraph, Absatz, Nummer, Buchstabe o. sonstigen v. Gesetzgeber verwendeten Bezeichnungen, wie Artikel, Abschnitt usw (Meyer-Goßner NStZ 1988, 530). Das angewendete G wird in der üblichen Weise abgekürzt, insbes. mit der v. Gesetzgeber verwendeten Kurzbezeichnung.

55 Bei **mehreren Angeklagten** muss die Liste für jeden einzelnen gesondert aufgestellt werden (vgl. Nr. 141 Abs. 1 S. 4 RiStBV). Eine Zusammenfassung ist nur zulässig, wenn die angewendeten Vorschr. für alle Angeklagten völlig übereinstimmen (Löwe/Rosenberg/Stuckenberg Rn. 130).

56 **III. Verurteilung.** Bei **Verurteilung** besteht die Liste aus einem Schuldspruch u. einem Rechtsfolgenteil, die beide aber nicht voneinander getrennt werden.

57 Zuerst werden die **Straftatbestände** aufgeführt, die der rechtlichen Beurteilung der Tat zugrunde liegen. Danach folgen die den Schuldspruch qualifizierenden Bestimmungen u. die Vorschr., die die Art des Verschuldens, der Beteiligung (§§ 25 Abs. 2, 26, 27, 30 StGB) u. bes. Arten der Tatbestandsverwirklichung (§ 22 StGB) kennzeichnen, ferner die Angabe des Konkurrenzverhältnisses (§§ 52, 53 StGB). Ist aufgrund eines Blankettgesetzes verurteilt worden, so ist auch die ausfüllende Norm anzugeben.

58 Wegen der **Rechtsfolgen** werden die Grundbestimmungen (§§ 38, 39, 40, 46, 47 StGB bei der Freiheitsstrafe, §§ 40, 43 StGB bei der Geldstrafe) nicht angeführt. Anzugeben sind dagegen, falls angewendet, die §§ 41, 42 StGB, ferner Strafschärfungs- u. Milderungsvorschriften (Willms DRiZ 1976, 82), bei Strafaussetzung auch § 56 StGB, bei Verurteilungen zu lebenslanger Freiheitsstrafe in Fällen bes. Schwere der Schuld (→ Rn. 33) § 57a Abs. 1 S. 1 Nr. 2 StGB, bei Verwarnung mit Strafvorbehalt § 59 StGB u. bei Absehen v. Strafe § 60 StGB. Sind Sicherungsmaßregeln o. Nebenfolgen angeordnet worden, so sind die entspr. Vorschr. der §§ 44 ff., 61 ff., 73 ff. StGB anzuführen.

59 Bei aufgrund einer Betäubungsmittelabhängigkeit begangenen Taten, die mit nicht mehr als 2 Jahren Freiheitsstrafe geahndet worden sind, ist ferner § 17 Abs. 2 **BZRG** anzugeben. Bestimmungen, die den **Nebenentscheidungen** über Kosten

u. Auslagen sowie Entschädigung für Strafverfolgungsmaßnahmen o. den gleichzeitig mit dem Urt. erlassenen Beschlüssen zugrunde liegen, werden nicht in die Liste aufgenommen.

IV. Freisprechung. Bei **Freisprechung** werden die dem Anklagevorwurf zugrunde liegenden Vorschr. nicht „angewendet" u. daher nicht in die Liste aufgenommen. Dagegen ist bei Freispruch wegen Schuldunfähigkeit der § 20 StGB anzuführen (vgl. auch § 11 Abs. 1 Nr. 1 **BZRG**), ferner die neben dem Freispruch ausgesprochenen selbständigen Rechtsfolgen nach § 71 Abs. 1, Abs. 2 StGB (Sicherungsmaßregeln) u. nach § 76a StGB (Nebenfolgen). Wegen der Nebenentscheidungen vgl. → Rn. 59. 60

V. Einstellung. Auch für das **Einstellungsurteil** gilt Abs. 5, obwohl hier eine Mitteilung an das BZR nicht vorgesehen ist. Bei Einstellung wegen Zurücknahme des Strafantrags ist § 77 Abs. 1 StGB, bei Einstellung wegen Verjährung § 78 StGB o. die einschlägige Bestimmung des LandespresseG in die Liste aufzunehmen. Wird neben der Einstellung des Verfahrens die (Wertersatz-)Einziehung angeordnet, so wird neben §§ 73 ff. StGB auch § 76a Abs. 3 StGB benannt. Wegen der Nebenentscheidungen vgl. → Rn. 59. 61

H. Berichtigung der Liste. Die **Berichtigung der Liste** ist bis zur Absendung der Mitteilung an das BZR möglich. Auf evtl. Mängeln der Liste kann das Urt. nicht beruhen (BGH BeckRS 2018, 24407; BeckRS 2007, 12532). Verwirft das Rechtsmittelgericht die Berufung o. Revision, so kann es die Liste berichtigen, um Übereinstimmung mit der Formel u. den Gründen des angefochtenen Urteils herzustellen (vgl. BGH NJW 1979, 1259 (1260); 1986, 1116 (1117)). Ändert das Rechtsmittelgericht das Urt. ab, so kann es eine berichtigte Fassung der Liste beifügen. 62

Grundsatz der freien richterlichen Beweiswürdigung

261 Über das Ergebnis der Beweisaufnahme entscheidet das Gericht nach seiner freien, aus dem Inbegriff der Verhandlung geschöpften Überzeugung.

Übersicht

1 **A. Forensische Wahrheit.** Die forensische Wahrheit, die Grdl. für die Sachentscheidung des Strafgerichts, ist das, wovon der Richter aufgrund der HV, durchgeführt nach den Grundsätzen der Unmittelbarkeit (→ § 250 Rn. 1 ff.) u. Mündlichkeit (→ Rn. 7), voll überzeugt ist (vgl. Meurer FS Tröndle, 1989, 533 ff.).

2 **I. Überzeugung.** Es genügt ein **nach der Lebenserfahrung ausreichendes Maß an Sicherheit,** demggü. vernünftige u. nicht bloß auf denktheoretische Möglichkeiten gegründete Zweifel nicht mehr aufkommen (stRspr, zB BGH NStZ-RR 2023, 59; NStZ 1988, 236; 2010, 102; 292; OLG Karlsruhe NStZ-RR 2007, 90). Der Schuldspruch muss auf einer tragfähigen Beweisgrundlage aufbauen, die die objektiv hohe Wahrscheinlichkeit der Richtigkeit des Beweisergebnisses ergibt (BVerfG NJW 2003, 2444 (2445); vgl. auch BGH NStZ 2017, 486; NStZ-RR 2025, 256). **„Zwingend" oder „eindeutig"** muss das Beweisergebnis nicht sein (BGH NStZ-RR 2023, 59). Der Richter muss sich mit allen wesentlichen für u. gegen den Angeklagten sprechenden Umständen auseinandersetzen (BGH NJW 1990, 2073; NStZ 1990, 402; wistra 1991, 63); seine Würdigung muss rationaler Arg. standhalten (Herdegen StV 1992, 527; s. auch BGH NStZ 2017, 486; erg. → § 267 Rn. 12). Ein bloß theoretischer Zweifel an der Schuld bleibt aber unberücksichtigt (BGH NStZ-RR 2008, 350; 2016, 315; StraFo 2012, 466); die Anforderungen an eine Verurteilung dürfen daher auch nicht überspannt werden (BGH NStZ-RR 2018, 289; 2015, 146; NJW 2007, 92 (94); 2013, 710), eine „mathematische Gewissheit" wird nicht verlangt (BGH NStZ-RR 2013, 352 mwN).

2a Die Beweisgrundlage darf sich aber nicht so sehr von einer festen Tatsachengrundlage entfernen, dass sie lediglich einen **bloßen Verdacht** zu begründen vermag (vgl. BGH NStZ-RR 2025, 256). Bloße Vermutungen genügen nicht (BGH NStZ 1990, 501; NStZ-RR 2016, 144; 222; vgl. auch BGH NStZ-RR 2025, 351 zu § 63 StGB), ebenso wenig unbestimmte Feststellungen (vgl. BGH NStZ 1995, 204 zu Serienstraftaten). Der Richter darf auch nicht v. seiner Überzeugung ausgehen, soweit ihr zwingende Gesetze der Logik, feststehende Erkenntnisse der Wissenschaft o. dem Zweifel enthobene Tatsachen der Lebenserfahrung widerstreiten (BGHSt 29, 18). Die Verurteilung darf nur auf bewiesene Indiztatsachen gestützt werden (BGH NJW 1980, 2423 (2424); OLG Brandenburg NJW 1997, 1794), keinesfalls auf eine Einlassung des Angeklagten, v. deren Richtigkeit das Gericht nicht überzeugt ist (BGH StV 1997, 291; 2013, 198; NStZ-RR 1997, 96; BayObLG NStZ-RR 1998, 328; OLG Koblenz StV 2005, 122; vgl. auch BGH NStZ-RR 1996, 73 zum fehlerhaften Ausschluss eines Rechtfertigungsgrundes aufgrund einer als widerlegt angesehenen Einlassung).

2b An **Beweisregeln oder Beweisvermutungen** ist der Tatrichter nicht gebunden (BGHSt 39, 291 (295); BGH StV 1988, 239); allein hierin liegt die „Freiheit" der Beweiswürdigung, diese darf nicht dahin missverstanden werden, dass die richterliche Überzeugungsbildung keine rational-objektive Grdl. verlange (Fezer StV 1995, 99), vielmehr folgt erst aus dieser die zur Überzeugung erforderliche persönliche Gewissheit (BGH StV 1993, 510; NJW 1999, 1562 (1564); OLG Celle NJW 1976, 2031; **aM** Frister FS Grünwald, 1999, 173 ff.; dagegen Freund FS Meyer-Goßner, 2001, 411). Der Beweis muss mit lückenlosen (BGH StV 1988, 93; 1988, 138), nachvollziehbaren logischen Argumenten geführt sein (Peters JR 1977, 83; vgl. auch BayObLGSt 1971, 128; OLG Köln NJW 1977, 398 (399); VRS 80, 34), Beweisanzeichen müssen in ihrer Gesamtheit gewürdigt werden (Pfeiffer/Miebach NStZ 1988, 19 – BGH RsprÜ). Die Beweiswürdigung ist somit nur fehlerfrei, wenn sie auf einer tragfähigen, verstandesmäßig einsichtigen Tatsachengrundlage beruht (BGH NJW 2014, 2132 (2133); NStZ-RR 2016, 378) u. die v. Gericht gezogene Schlussfolgerung sich nicht nur als bloße Vermutung erweist, die nicht mehr als einen Verdacht zu begründen vermag (BGHR StPO

§ 261 Vermutung 8, 11; BGH StV 1995, 453; KG StV 2002, 412; OLG Koblenz StV 2000, 70). Allein dies ist der ges. Nachw., der die Unschuldsvermutung (Art. 6 Abs. 2 **EMRK**) widerlegt (→ Einl. Rn. 3).

Ebenso wenig besteht eine Bindung an die **Feststellungen in einem rechtskräftigen Urteil.** Der Tatrichter kann sich jedoch unter eigener Würdigung der früheren Beweisgründe, erforderlichenfalls durch weitere Beweiserhebung, die Überzeugung v. den dort festgestellten Tatsachen bilden (BGH NStZ-RR 2019, 224; erg. → § 249 Rn. 9, → Einl. Rn. 170). 2c

II. Beweiswürdigung. Die Beweiswürdigung ist eine **ureigene Aufgabe des Tatrichters** (dazu Fischer NStZ 1994, 1). Er ist dabei nicht an ges. Beweisregeln gebunden (→ Rn. 11, 23) u. hat nur seinem Gewissen verantwortlich ohne Willkür zu prüfen, ob er an sich mögliche Zweifel überwinden (→ Rn. 26) u. sich v. einem bestimmten Sachverhalt überzeugen kann o. nicht (BGHSt 29, 18; BGH StraFo 2013, 338; BeckRS 2013, 11307). Auch ein Geständnis (zum Begriff BGHSt 39, 291 (303)) ist in sie einzubeziehen (→ § 244 Rn. 2); Geständnis u. Widerruf des Geständnisses sind auf ihre Richtigkeit zu überprüfen (BGH wistra 2003, 351; BeckRS 2008, 22663). Dies gilt auch bei einem verständigungsbasierten Geständnis; dieses wird – jedenfalls wenn es nur eine geringe Aussagekraft besitzt – regelmäßig nicht als alleinige Verurteilungsgrundlage dienen können (BVerfG NStZ-RR 2024, 119). Die Überprüfungspflicht gilt auch, wenn sich aus weiteren Beweismitteln das Bild eines erheblicheren Tatumfangs ergibt (BGH NStZ-RR 2019, 223: Aussage der Geschädigten). 3

Der Richter ist bei der Beweiswürdigung im Allgemeinen nicht auf **Sachverständige** angewiesen. Insbesondere bei erwachsenen Zeugen darf sich der Tatrichter die nötige Sachkunde zur Beurteilung der Glaubwürdigkeit zutrauen, wenn nicht die Beweislage – etwa infolge unklärbarer Widersprüche mehrerer Zeugen – sehr schwierig ist (→ § 244 Rn. 74). Die erforderliche Sachkunde auf dem Gebiet der **Aussagepsychologie** muss der Tatrichter jedoch haben (vgl. va Arntzen, Vernehmungspsychologie, 3. Aufl. 2008; Psychologie der Zeugenaussage, 5. Aufl. 2011; Bender/Häcker/Schwarz, Tatsachenfeststellung vor Gericht, 5. Aufl. 2021; Eisenberg Beweisrecht StPO Rn. 1428 ff.). Vorsicht ist va geboten, wenn die Aussagen Mitbeschuldigter o. kindlicher o. jugendlicher Zeugen zu würdigen sind, insbes., falls sie vor o. in der Geschlechtsentwicklung stehen u. über geschlechtsbezogene Dinge aussagen (BGH NStZ 1985, 420). Ob in diesen Fällen ein Sachverständiger notwendig ist, bestimmt sich nach den Besonderheiten des Einzelfalls (Nr. 222 Abs. 1 S. 2 RiStBV; → § 244 Rn. 74). 4

B. Inbegriff der Verhandlung. Als Mittel für die Gewinnung der Überzeugung **darf u. muss alles verwertet werden,** was zum Gegenstand der Verh. – v. Aufruf der Sache bis zu den Schlussvorträgen u. dem letzten Wort (Nehm DAR 1992, 253 – BVerfG RsprÜ; BGHSt 11, 74; BeckRS 2010, 22037) – gemacht und in ordnungsgemäßer Weise in sie eingeführt worden ist (BGH 13.2.2025 – 5 StR 491/23 mwN). Er muss seiner Entscheidung über die Schuld- und Straffrage alle Erkenntnisse zugrunde legen, die er in der Hauptverhandlung nach den Regeln des **Strengbeweises** (→ § 244 Rn. 5, 6) gewonnen hat (BGH NStZ-RR 2025, 320). Dies schließt es grds. aus, außerhalb der Hauptverhandlung erlangtes Wissen ohne förmliche Beweiserhebung zum Nachteil des Angeklagten zu verwerten, es sei denn, es handelt sich um gerichtskundige Tatsachen, die in die Hauptverhandlung ordnungsgemäß eingeführt wurden (BGH NStZ-RR 2025, 320; näher dazu → § 244 Rn. 2, 52 ff.). 5

Die Pflicht zur Verwertung erstreckt sich etwa auch auf die Erkenntnisse aus sog. **Encrochat-Daten,** die zum Gegenstand der Hauptverhandlung gemacht wurden (ausf. dazu → § 100e Rn. 23a ff., insbes. → § 100e Rn. 23c sowie → § 500 Rn. 2; s. entspr. zu sog. **ANOM-Daten** BGH NJW 2025, 1584; sowie BVerfG BeckRS 2025, 25383: Verwertung grunds. verfassungsrechtl. unbedenklich). 5a

Zur Verh. gehören auch äußere Erscheinung, Mimik, Gestik, Auftreten u. Sprachverhalten der Beweispersonen (vgl. BGH 18.8.2020 – 5 StR 175/20; KK- 5b

StPO/Tiemann Rn. 39 f.; erg. → § 86 Rn. 14), ferner Erklärungen u. Beweiserhebungen zu einer Sache, die vor dem Urt. abgetrennt worden ist (zB wegen Verhandlungsunfähigkeit eines der Angeklagten), nicht aber zu Verhandlungsteilen, an denen der Angeklagte nicht teilgenommen hat (BGH NJW 1984, 2172; StV 1984, 186). Inhaltlich dürfen nur Beweiserhebungen einschl. der Einlassung des Angeklagten zur Urteilsgrundlage gemacht werden (→ Einl. Rn. 48 ff.). Wird ein erstinstanzliches Urt. mit den Feststellungen aufgeh., verstößt es gegen § 261, wenn das neu zur Entsch. berufene Gericht seinem Urt. die aufgeh. Feststellungen zugrunde legt (BGH 22.8.2018 – 3 StR 128/18). Ob das Tatgericht Beweisstoff, der nicht Gegenstand der HV war, tatsächlich verwendet hat, kann nur anhand der Urteilsgründe überprüft werden (BGH 17.5.2018 – 3 StR 508/17). Wird der abwesende Angeklagte nach § 234 von einem Verteidiger vertreten, so sind dessen Erklärungen die Urteilsgrundlage (BayObLG VRS 47, 115; 64, 134; erg. → § 234 Rn. 10).

6 **I. Grundsatz der umfassenden Beweiswürdigung.** Wie § 244 Abs. 2 das Gericht verpflichtet, alle bekannten Beweismittel zu verwenden (→ § 244 Rn. 11, 12), so verpflichtet § 261, **alle in der HV erhobenen Beweise zu würdigen** u. dem Urt. zugrunde zu legen, **sofern nicht** im Einzelfall ausnahmsweise ein **Beweisverwertungsverbot** entgegensteht (BGHSt 29, 109 (110); Holtz MDR 1988, 101 – BGH RsprÜ; → Einl. Rn. 55; → § 267 Rn. 12, 33). Aus dem Gebot der umfassenden Würdigung folgt auch, dass das Gericht kein nicht bestehendes Beweisverwertungsverbot annehmen darf (BGH 30.4.2025 – 1 StR 349/24: Encrochat). Die einzelnen Beweisergebnisse dürfen nicht nur isoliert gewertet, sondern müssen in eine umfassende Gesamtwürdigung eingestellt werden (BGH NStZ-RR 2019, 57; NStZ 2023, 568; vgl. auch BGH NStZ-RR 2022, 213 zum Indizienbeweis). Eine Beweiswürdigung, die sich nicht mit naheliegenden alternativen Geschehensabläufen befasst o. über den Angeklagten möglicherweise entlastende Umstände (BGH NStZ-RR 2018, 120; StV 2019, 228: aus verlesener Urk. ergeben sich Anhaltspunkte für § 21 StGB) o. aber über schwerwiegende Verdachtsmomente ohne Erörterung hinweggeht, ist rechtsfehlerhaft (BGH NStZ-RR 2004, 238; 2014, 389; vgl. auch BGH 27.8.2025 – 2 StR 372/25). Dies gilt ebenso für eine Beweiswürdigung, die sich nur unzureichend mit fehlender Konstanz einer Zeugenaussage befasst (BGH StV 2011, 524; 525 Ls.) o. sie gespalten bzw. widersprüchlich würdigt (BGH NStZ 2018, 116). Wird die Überzeugung v. der Täterschaft des Angeklagten im Wege der Ausschlussmethode darauf gestützt, dass alle konkret in Betracht kommenden Alt. ausgeschlossen werden, müssen die in Betracht kommenden Alt. erörtert u. nachvollziehbar abgelehnt werden (BGH StV 2018, 700). Einen Beweis des ersten Anscheins, der nicht auf der Gewissheit des Tatrichters, sondern auf der Wahrscheinlichkeit eines Geschehensablaufs beruht, gibt es im Strafprozess aber nicht (BGH NStZ-RR 2011, 50 Ls.). Soweit Strengbeweis gilt (→ § 244 Rn. 6), muss der Richter sein sonstiges Wissen „ausblenden" (Arzt FS Peters, 1984, 223).

6a Auch die **Einlassung** des Angeklagten u. sein strafrechtlich relevantes Vorleben (BGH NStZ-RR 2019, 57) sind zu würdigen. Es ist stets zu untersuchen, ob ein abgelegtes **Geständnis** mit dem Ermittlungsergebnis zu vereinbaren ist, ob es in sich stimmig ist u. ob es die getroffenen Feststellungen trägt (BGH 19.10.2023 – 3 StR 181/23; NStZ 2016, 489; NStZ-RR 2016, 378; BVerfG NStZ-RR 2024, 119); die Übernahme der moralischen Verantwortung kann zB nicht ohne weiteres die Bedeutung eines Geständnisses haben (BGH StraFo 2003, 381). Der Richter ist freilich nicht verpflichtet, Angaben des Angeklagten als unwiderlegt hinzunehmen, für die es keine unmittelbaren Beweise gibt; die Zurückweisung einer Einlassung erfordert nicht, dass sich ihr Gegenteil positiv feststellen lässt (BGH NStZ 2006, 652; 2009, 285; NStZ-RR 2007, 86; 2010, 85); das gilt insbes. auch dafür, ob der Angeklagte überhaupt u. in welchem Umf. er Alkohol zu sich genommen hat (BGH NStZ 2007, 266). Auch bei einem zum Tatvorwurf schweigenden Angeklagten muss das Gericht nicht Tatvarianten unterstellen, für deren Vorliegen keine zureichenden Anhaltspunkte erbracht sind (BGHSt 51, 324). **Einlassungen mittels Verteidigererklärung** ohne Möglichkeit kritischen Nachfragens besitzen einen erheblich verminderten Beweiswert (BGH NStZ 2022, 761 mwN). **Zulässiges Verteidigungsverhalten** darf nicht zN des Angekl. berücksichtigt werden (BGH StraFo 2022, 116; 2013, 340); wahrheitswidrige oder beschönigende Angaben dürfen deshalb weder für den Schuldspruch noch sonst im Rahmen der Strafzumessung oder des § 56 StGB zu Lasten des Angekl. herangezogen werden (vgl. BGH 16.8.2022 – 4 StR 186/22 mwN). Die Grenze zulässigen Verteidigungsverhaltens ist erst dann überschritten, wenn das Vorbringen eine selbständige Rechtsgutsverletzung enthält oder hierdurch eine neue Straftat begangen wird (BGH 16.8.2022 – 4 StR 186/22 mN).

Zu den Anforderungen an die **Beweiswürdigung bei Verständigungen** → § 257c Rn. 17a. **6b**

Die **Beobachtungen beim Betrachten** der äußeren Erscheinung u. der körperlichen Beschaffenheit sind, jedenfalls soweit sie sich offen darbieten, als Erg. der Vernehmung zu berücksichtigen (Dallinger MDR 1974, 368 – BGH RsprÜ). Jedoch dürfen solche Beobachtungen des beauftragten Richters, die dieser nicht im Prot. festgehalten hat u. die daher auch nicht durch Verlesung nach § 251 Abs. 1, Abs. 2 in die HV eingeführt worden sind, nicht in der Beratung den anderen Gerichtsmitgliedern mitgeteilt u. verwertet werden (→ § 251 Rn. 31). Die Richter müssen – unbefangen u. unter Vermeidung des Anscheins der Befangenheit (§ 24 Abs. 2) – während der gesamten Beweiserhebung bereit sein, hinzukommende Beweiseindrücke zu registrieren u. zu berücksichtigen. Erkenntnisse, die aus der Beobachtung v. Zuhörern im Gerichtssaal gewonnen werden, müssen aber in die HV eingeführt werden, die Verfahrensbeteiligten müssen Gelegenheit zur Stellungnahme bekommen (BGH NStZ 1995, 609; OLG Jena StV 2007, 26). **6c**

II. Grundsatz der Mündlichkeit. Der **Grundsatz der Mündlichkeit** findet Ausdruck in den §§ 261, 264 (Roxin § 44 A I). Die §§ 244–256 u. alle sonstigen Grundsätze über Beweiserhebung bleiben unberührt; zu § 257a vgl. → § 257a Rn. 1. Der Grundsatz der Mündlichkeit besagt lediglich, dass nur der mündlich vorgetragene u. erörterte Prozessstoff dem Urt. zugrunde gelegt werden darf (Miebach NStZ 1990, 229 – BGH RsprÜ). Darin ist auch der Grundsatz des rechtlichen Gehörs enthalten (→ Einl. Rn. 35). Fotos, Ortspläne uÄ, die Bestandteile der Akten sind, werden dadurch zum Gegenstand der HV gemacht, dass sie mit den Bet. (zB iRe Beweiserhebung) erörtert werden (BGH VRS 27, 192). Auch allgemein- o. gerichtsbekannte Tatsachen (→ § 244 Rn. 51, 52) müssen, um verwertbar zu sein, erkennbar in die HV eingeführt werden; den Bet. muss Gelegenheit zur Stellungnahme gegeben werden (BGHSt 36, 354 (359); BGH NStZ 1998, 98; BeckRS 2018, 13265; OLG Brandenburg NStZ 2010, 294; OLG Hamburg StV 1996, 84; OLG Koblenz NStZ 2004, 396; → Einl. Rn. 28, 29). Dienstliches Wissen des Richters darf nur nach Vernehmung der Auskunftsperson in der HV (o. durch Vorhalt) verwertet werden (OLG Jena StraFo 2007, 65; Löwe/Rosenberg/Sander Rn. 19). **7**

III. Sachverständigenbeweis und die sog. Anknüpfungstatsachen. Die **Befundtatsachen,** die der Sachverständige bei Ausführung seines Auftrags aufgrund seiner bes. Sachkunde feststellt u. über die er in seinem Befund dem Gericht berichtet, dürfen aufgrund dieser Einbringung verwertet werden (→ § 79 Rn. 10, 11), zB die Buchführungsunterlagen in einem Wirtschaftsprozess, die der Gutachter verwertet hat. Das nur vorbereitende schriftliche Gutachten als solches darf das Gericht bei seiner Urteilsfindung nicht verwerten (BGH NJW 1970, 523 (525)). Gibt der Sachverständige dagegen sein mündlich erstattetes Gutachten nachträglich noch schriftlich ab, so schadet die Verwendung der schriftlichen Fassung nicht, wenn sie nur den mündlichen Vortrag wiedergibt u. keine zusätzlichen Ausführungen enthält. Erinnert sich der Sachverständige nicht mehr an den Fall (zB der Blutentnahmearzt an die Tests, → § 81a Rn. 11), übernimmt er aber bei seiner Vernehmung die volle Verantwortung für seine Aufzeichnungen, so sind die **8**

Tatsachen durch den Vorhalt eingeführt u. verwertbar (OLG Hamm JMBl. NRW. 1968, 45). Zu den Anforderungen an die Darlegung in den Urteilsgründen → § 267 Rn. 13 ff.

9 **Zusatztatsachen,** die der Sachverständige durch Befragung einer Auskunftsperson ermittelt hat, werden durch seine Vernehmung o. durch Vernehmung des Dritten als Zeuge eingeführt (→ § 79 Rn. 11).

10 **IV. Lichtbilder und Tonaufnahmen.** Ein zulässig in die HV eingeführtes Beweismittel dieser Art (→ § 86 Rn. 10, 11) kann u. muss das Gericht seiner Überzeugungsbildung zugrunde legen (BGHSt 29, 18). Auch Tonbandaufnahmen, die in der HV ausschl. für justizinterne Zwecke, insbes. für die Beratung o. Verteidigung, gefertigt worden sind (→ GVG § 169 Rn. 11), dürfen als Beratungsgrundlage verwertet werden (BGHSt 19, 193); ebenso Notizen des Vorsitzenden o. eines anderen Richters, ferner ein auf Anordnung des Vorsitzenden aufgenommenes Stenogramm (BGHSt 19, 193).

11 **C. Grundsatz der freien Beweiswürdigung.** Der Grundsatz der freien Beweiswürdigung – verfassungsrechtlich unbedenklich (BVerfG NJW 2012, 907 (912, 913)) – hat das Prinzip der Beweisregeln abgelöst. Es gibt keine Vorschr. mehr darüber, unter welchen Voraussetzungen der Richter eine Tatsache für bewiesen bzw. nicht bewiesen zu halten habe (BGHSt 29, 18; BGH NJW 1982, 2882; NStZ 2014, 475). Der Grundsatz gilt nicht nur für die Würdigung v. Zeugenaussagen, gleichgültig, ob der Zeuge vereidigt wurde o. nicht (BGH 5.11.1991 – 1 StR 574/91), sondern auch für die Würdigung der Aussagen des Angeklagten, selbst wenn diese mit Zeugenangaben im Widerspruch stehen (BGHSt 18, 238 (241); OLG Bremen VRS 79, 27; OLG Düsseldorf VRS 81, 454). So darf das Gericht den Bekundungen eines Zeugen nicht allein deshalb, weil er Anzeigeerstatter u. ggf. Geschädigter ist, ein höheres Gewicht beimessen als den Angaben des Angeklagten (BGH NStZ 2004, 635; NStZ-RR 2016, 54). Der Grundsatz bedeutet auch, dass einem Zeugen vom Hörensagen nicht schon grundsätzlich jeglicher Beweiswert abgesprochen werden darf (vgl. BGH BeckRS 2024, 24920; erg. → Rn. 11b). Soweit ein Beschluss des BayObLG (NZWiSt 2023, 459) so zu interpretieren sein sollte, dass schriftlich dokumentierte polizeiliche Ermittlungsergebnisse generell keine ausreichende Tatsachengrundlage einer Verurteilung darstellen können, widerspräche dies dem Grundsatz der freien Beweiswürdigung (zutr. Schmidt NZWiSt 2023, 461, 463). Allerdings stellt die Rspr. in bestimmten Beweiskonstellationen besondere Anforderungen an die Beweiswürdigung (erg. zu den Anforderungen an die Urteilsgründe → § 267 Rn. 12 ff.):

11a **Besonders streng** sind diese, wenn **Aussage gegen Aussage** steht u. die Entsch. *allein* (s. BGH 12.11.2019 – 5 StR 451/19; KG NStZ 2022, 512: nicht, wenn noch weitere unmittelbar tatbezogene, sachliche Beweismittel vorliegen) davon abhängt, welchen Angaben das Gericht folgt (s. nur BGH NStZ 2021, 184; NStZ-RR 2024, 125; 2023, 286; 2023, 116; OLG Frankfurt StraFo 2024, 140; OLG Koblenz NStZ-RR 2005, 79; OLG Nürnberg StraFo 2011, 96). Die Urteilsgründe müssen dann erkennen lassen, dass das Gericht alle Umstände, welche geeignet sind, die Entsch. zu Gunsten o. zu Ungunsten des Angeklagten zu beeinflussen, erkannt, in seine Überlegung einbezogen u. auch in einer Gesamtschau gewürdigt hat (BGH NStZ-RR 2025, 183; 2024, 159; 2024, 29). Das gilt auch, wenn sich der Angeklagte nicht zur Sache eingelassen hat (BGH NStZ 2013, 180; Löwe/Rosenberg/Sander Rn. 72). Es gilt bes., wenn das Tatgeschehen lange zurückliegt (BGH NStZ-RR 2022, 53), das Gericht den belastenden Angaben des einzigen Zeugen bzw. Mitangeklagten nur teilw. folgen will (BGH NStZ-RR 2023, 62; 2025, 381; vgl. auch BGH NStZ 2026, 60) bzw. bei fehlender Konstanz der belastenden Aussage (BGH NStZ 2022, 191; NStZ 2026, 60); insofern kann es erforderlich sein, außerhalb der Zeugenaussage liegende gewichtige Belastungsgründe festzustellen (vgl. BGH NStZ-RR 2023, 62; NStZ 2026, 60). Selbst wenn das Gericht für einzelne Unstimmigkeiten in der belastenden Aussage rechtsfehlerfrei eine tragfähige Erkl. findet, können sich durchgreifende Bedenken gegen die

Glaubwürdigkeit aus einer Vielzahl solcher Umstände u. deren Erheblichkeit mit Blick auf das Tatkerngeschehen ergeben (BGH StV 2019, 519; vgl. auch BGH StV 2019, 523). Bei **Sexualdelikten** ist eine sorgfältige Inhaltsanalyse der – in ihren entscheidenden Teilen in die Urteilsgründe aufzunehmenden (BGH NStZ 2023, 510; BeckRS 2023, 30926; 2024, 18801: auch ergänzende Vernehmungen nach § 255a Abs. 2 S. 4) – Angaben der Belastungszeugin sowie die Entstehung u. Entwicklung der belastenden Aussage aufzuklären u. zu bewerten (BGH StV 2017, 367) und diese einer detaillierten Konstanzanalyse aller (BGH NStZ 2024, 507) Vernehmungen zu unterziehen (s. BGH NStZ-RR 2023, 116; BeckRS 2022, 49951). Für den Angeklagten kann es sprechen, wenn es naheliegt, dass sich ein **Mitangeklagter oder tatbeteiligter Zeuge,** auch ein solcher, der (teilw.) § 55 geltend macht (BGH NStZ 2021, 1843), durch die den anderen belastende Aussage **selbst entlasten will** (BGH StV 2009, 174; 2009, 176; StraFo 2008, 474; NStZ-RR 2023, 222), zB nach § 31 BtMG (BGH NStZ 2010, 228; NStZ-RR 2012, 53; OLG Düsseldorf StraFo 2008, 208; OLG Koblenz StV 2008, 359; OLG Naumburg StV 2014, 594), o. nach § 46b StGB (BGH NStZ-RR 2014, 115), o. wenn ein **Zeuge den Angeklagten erwiesenermaßen teilweise zu Unrecht belastet** hat (BGH NStZ-RR 2017, 152: Vollständige Darlegung des Aussageverhaltens des Zeugen; vgl. ferner BGH NStZ 2015, 602; NStZ-RR 2004, 87; OLG Karlsruhe StV 1999, 139; OLG Zweibrücken NStZ-RR 1998, 209), insbes. wenn dies zu Teileinstellungen nach § 154 Abs. 2 geführt hat (BGH NStZ 2008, 581; 2009, 228; NStZ-RR 2008, 254), o. wenn der Zeuge sich selbst früher einer Falschaussage bezichtigt hat (BGH NStZ 2003, 164) o. in einem wesentlichen Punkt v. seiner früheren Tatschilderung **abweicht** (BGHSt 44, 256; BGH NJW 2023, 89; NStZ-RR 2018, 188; BeckRS 2021, 8266; BayObLG NStZ-RR 2003, 304; zur Prüfung der Aussagekonstanz eing. Deckers StV 2017, 50) o. nicht-erklärbare Erinnerungslücken geltend macht (BGH NStZ-RR 2012, 383; StV 2013, 5). Das gilt auch bei „**Lagerbildung**" mehrerer Zeugen (OLG Frankfurt a. M. StV 2011, 12; OLG Karlsruhe StraFo 2005, 250; **aM** KG NStZ 2019, 360 mablAnm Kannegießer/Eisenberg sowie Staudinger StV 2019, 834), hingegen nicht bei Abweichungen im Randbereich (BGH NStZ-RR 2003, 268), o. wenn ein Teil der Aussage eines Zeugen für glaubhaft erachtet wird, ein anderer dagegen nicht (BGHSt 44, 153; BGH NJW 1993, 2451; BeckRS 2015, 11091; 2015, 14539). Ein rkr. Freispruch eines Zeugen ist wg. der Wiederaufnahmemöglichkeit des § 362 Nr. 4 nicht geeignet, ein mögliches Selbstbelastungsmotiv des Zeugen zu relativieren (BGH NStZ-RR 2022, 86). Bei der Verurteilung eines Angeklagten aufgrund v. **Geständnissen der Mitangeklagten,** die Gegenstand einer verfahrensbeendenden **Absprache** waren, muss die Glaubhaftigkeit des Geständnisses in einer für das Revisionsgericht nachprüfbaren Weise gewürdigt werden; dazu gehört insbes. die Erörterung des Zustandekommens u. des Inhalts der Absprache (BGH NStZ 2022, 249 mwN; zur Revision → Rn. 39). Nicht ausreichend für eine Verurteilung ist ein bloßes Formalgeständnis des (Mit)Angeklagten durch seinen Verteidiger ohne weitere Angaben zur Sache u. ohne Rückfragen zuzulassen (Vgl. BGH BeckRS 2020, 23344). Es kann auch eine Häufung v. – jew. für sich erklärbaren Fragwürdigkeiten – bei einer Gesamtschau zu durchgreifenden Zweifeln an der Richtigkeit eines Tatvorwurfs führen (BGH StraFo 1997, 245; StV 2009, 230). Ein **Wechsel der Einlassung des Beschuldigten** im Laufe des Verfahrens kann ein Indiz für die Unrichtigkeit der Einlassung in der HV sein u. ihre Bedeutung für die Beweiswürdigung verringern o. uU ganz entfallen lassen (BGH NStZ-RR 2004, 88; 2017, 183; BGHR StPO § 261 Einlassung 6); auch der Zeitpunkt einer Einlassung des Angeklagten kann bei der Gesamtwürdigung gegen die Glaubhaftigkeit sprechen (BGH NStZ-RR 2017, 183). Eine **widerlegte Einlassung** kann grds. allein nicht zur Grdl. einer dem Angeklagten ungünstigen Sachverhaltsdarstellung gemacht werden; etwas anderes muss aber gelten, wenn sich bei einem komplexen Tatgeschehen solche Teile der Einlassung als unrichtig erweisen, die für die Beurteilung des Gesamtgeschehens v. wesentlicher Bedeutung sind u. nicht losgelöst v. dem andern Teil beurteilt werden können (BGH NStZ-RR 2003, 369). Dass

„Aussage gegen Aussage" stehe, wird häufig als Schlagwort benutzt; es ist jedoch sorgfältig zu differenzieren, ob diese Situation tatsächlich gegeben ist o. ob neben den widersprüchlichen Angaben des Beschuldigten u. des Belastungszeugen nicht doch noch weitere Beweisanzeichen vorhanden sind (dazu eing. Maier NStZ 2005, 246; vgl. auch BGH BeckRS 2005, 153187; OLG Stuttgart NJW 2006, 3506). Jedenfalls ist eine Gesamtwürdigung aller Indizien geboten (BGH NStZ-RR 2008, 349; 2010, 317; OLG Hamm NStZ-RR 2014, 253), wobei Plausibilität, Detailreichtum u. Widerspruchsfreiheit der Zeugenaussage zu bewerten sind (BGH StraFo 2008, 508); uU ist auch die Einholung eines Glaubwürdigkeitsgutachtens geboten. Ergänzend → § 267 Rn 12a.

11b **Besondere Vorsicht** ist geboten beim **Wiedererkennen** einer Person durch einen Zeugen (BGHSt 16, 204; 28, 310); in Fällen des wiederholten Wiedererkennens kommt dem späteren Wiedererkennen nur ein eingeschränkter Beweiswert zu (BVerfG NJW 2003, 2444; BGH NStZ 2023,250; OLG Brandenburg StV 2017, 663; OLG Düsseldorf StV 1994, 8; OLG Oldenburg StV 1994, 8; OLG Hamm StraFo 2009, 109; erg. → § 58 Rn. 9 ff.; → § 267 Rn. 12b). Dem Wiedererkennen des Täters aufgrund einer Einzellichtbildvorlage kommt wg. der damit verbundenen suggestiven Wirkung nur ein geringer Beweiswert zu, erst recht, wenn es nach einer gescheiterten Wahllichtbildvorlage erfolgte; bei einer erneuten Identifizierung in der HV besteht insoweit eine verstärkte Suggestibilität (BGH NStZ-RR 2022, 213). Umgekehrt spricht aber ein Nichtwiedererkennen in der HV gegen die Zuverlässigkeit der früheren Identifizierung (BGH StraFo 2005, 297; OLG Brandenburg StV 2017, 663; eing. zu Darstellungsmängeln bei einer auf Wiedererkennungsleistungen beruhenden Beweiswürdigung BGH NStZ 2009, 283; StV 2013, 546; OLG Koblenz StraFo 2015, 286). Es kann auch erforderlich sein, zwischen der **allg. u. der speziellen** (den Verfahrensgegenstand betr.) **Glaubwürdigkeit** eines Zeugen zu unterscheiden; denn aus der allg. Glaubwürdigkeit folgt nicht ohne weiteres auch die spezielle (BGH StV 1994, 64). Sprechen mehrere Umstände gegen die Zuverlässigkeit einer Zeugenaussage sind diese nicht nur einzeln zu erörtern, vielmehr ist dann auch eine Gesamtwürdigung aller Beweisanzeichen, die gegen die Richtigkeit der Bekundungen sprechen können, erforderlich (BGH StV 1996, 367). Eine bes. sorgfältige Beweiswürdigung ist auch erforderlich, wenn der Beobachtungszeitraum einer unbekannten Person nur kurz war (BGH NStZ 2023, 250 mAnm Eisenberg), ein **Zeuge o. Mitangeklagter** seine **Einlassung** im Laufe des Verfahrens **wechselt** (BGH NJW 2023, 89) oder sich durch seine den Angeklagten belastende Aussage **Vorteile** nach § 31 BtMG **verschafft** hat (BGHSt 48, 161 (168); BGH NStZ 2004, 691; vgl. auch BGH NJW 2012, 3736). Dies gilt, auch mit Blick auf das Konfrontationsrecht des Angeklagten (BGH BeckRS 2024, 24920; → Art. 6 EMRK Rn. 22 ff.), gleichermaßen für Angaben eines **Zeugen v. Hörensagen** sowie **mittelbar eingeführte Angaben** einer Vertrauensperson bzw. Vernehmungsperson, die durch andere gewichtige Beweisanzeichen außerhalb der Aussage bestätigt werden müssen (BGH NStZ 2023, 697: Ermittlungsrichter; 2022, 496: Vernehmungsbeamter; NStZ-RR 2018, 21; vgl. auch BayObLG 11.9.2025 – BeckRS 2025, 23573). Bei der Aussage **kindlicher Zeugen** (aber nicht nur bei diesen, vgl. OLG Düsseldorf StV 2002, 471) kommt der Entstehungsgeschichte der Beschuldigung bes. Bedeutung zu (BGH NStZ 1999, 45; 2000, 496; 2002, 656). Für sog. „**Super-Recognizer**" (zum Begriff Sticher/Grasnick Kriminalistik 2019, 369; Vomland/Thielgen/Schade Kriminalistik 2022, 165) gelten keine anderen Maßstäbe als für andere Zeugen, jedenfalls solange ein behaupteter höherer Beweiswert wissenschaftlich nicht abschließend belegt ist (BGH NStZ 2024, 504). Ergänzend → § 58 Rn. 13, zu den Anforderungen an die Urteilsgründe → § 267 Rn. 12b. Allgemein zur Überzeugungsbildung bei der Täteridentifizierung Miebach FS Rogall, 2018, 559.

11c Wegen der weitgehenden Unzuverlässigkeit menschlicher Beobachtungen ist die technische **Feststellung und Auswertung von Spuren** ua Anzeichen (→ Rn. 25) v. bes. großer Bedeutung. Zum – hohen – Beweiswert einer kombinierten Analyse v. Kern-DVA u. mitochondrialer DNA BGHSt 56, 72; BGH NStZ-RR 2025, 284 (erg. → § 267 Rn. 13b); v. Faserspuren vgl. BGHR StPO § 261 Beweiskraft 1; zu Schusswaffensparten vgl. Neuhaus StraFo 2002, 254; zur anthropologischen Identifikation lebender Personen aufgrund v. Bilddokumenten vgl. Rösing ua NStZ 1999, 230; Schott NZV 2011, 169 sowie BGH NStZ 2005, 458; OLG Braunschweig NStZ 2008, 652; OLG Hamm StraFo 2009, 109 (110); zu Brandgutachten Hölemann StraFo 2005, 487, zu Text- u. Sprechprobenvergleich Eisenberg NStZ 2010, 680. Auch das Sachverständigengutachten unterliegt der freien Beweiswürdigung (BGHSt 12, 311; erg. aber → § 244 Rn. 73). Zur richterlichen Überzeugungsbildung bei nicht allg. gültigem Erfahrungswissen (Streit in Fachkreisen) vgl. BGHSt 41, 206 (214); Hilgendorf FS Lenckner, 1998, 699.

Ist bei der Aburteilung von **Serienstraftaten des sexuellen Missbrauchs** eine Individualisierung einzelner Taten mangels Besonderheiten im Tatbild oder der Tatumstände nicht möglich, sind zumindest die Anknüpfungspunkte zu bezeichnen, anhand derer das Tatgericht den Tatzeitraum eingrenzt und auf die sich seine Überzeugung von der Mindestzahl und der Begehungsweise der Missbrauchstaten stützt (BGH NStZ-RR 2025, 149; StV 2002, 523). Dabei sind an die Konkretisierung der einzelnen Handlungsabläufe bei Verurteilungen, die Geschädigte über 14 Jahren betreffen, größere Anforderungen zu stellen als bei Tatserien zu Lasten von Kindern (BGH NStZ-RR 2025, 149; erg. → § 264 Rn. 22). **11d**

Bei **unerreichbaren Beweismitteln** (→ § 244 Rn. 62 ff.) wird die Würdigung in gewissem Grad in die Würdigung der erreichbaren Beweismittel einbezogen (BGH GA 1971, 85: „notwendig eine gewisse Vorauswürdigung des Beweismittels"; dazu Arzt FS Peters, 1984, 228). Aus der Nichterreichbarkeit wegen übergeordneter öffentl. Interessen dürfen keine Schlussfolgerungen gezogen werden (→ § 96 Rn. 10). BGHSt 49, 112 (124) (dazu Wohlers StV 2014, 567) verlangt aber eine Auseinandersetzung mit der Frage, welches Erg. die Vernehmung eines mangels Rechtshilfe eines fremden Staates unerreichbaren Zeugen hätte erbringen können, wenn der ersuchte Staat ein erhebliches eigenes Interesse am Ausgang des Verfahrens habe; scharf abl. dazu Nehm FS Widmaier, 2008, 371. **12**

Zu Verstößen gegen **Denkgesetze und Erfahrungssätze** → § 337 Rn. 27, 31, 32, 35. **12a**

Zur Berücksichtigung nach **§ 154 Abs. 2** ausgeschiedener Taten → § 154 Rn. 25. **12b**

D. Beweisverbote. Beweisverbote (Beweisverwertungsverbote) bedeuten **Ausschluss aus der Beweiswürdigung** (dazu iE → Einl. Rn. 50 ff.). Zur Problematik der freien Beweiswürdigung bei Beweisverboten vgl. Arzt FS Peters, 1984, 223 ff. Darüber hinaus ist folgendes zu beachten: **13**

I. Verbotene Verwertung früherer Verurteilungen (§§ 51, 66 BZRG). Das G hat ohne Verstoß gegen das GG dem Resozialisierungsbedürfnis Betroffener den Vorrang eingeräumt ggü. dem Interesse der Strafrechtspflege an erschöpfender Sachaufklärung (BVerfGE 36, 174). Die Hauptbedeutung des Verwertungsverbots besteht darin, dass die betroffenen Verurteilungen – schon bei Tilgungsreife (BGH StV 2016, 541) – weder als solche noch die zugrunde liegenden Taten bei der Rechtsfolgenzumessung – auch nicht für die gem. § 56 Abs. 1 StGB zu treffende Prognoseentscheidung (BGH BeckRS 2010, 6201) – berücksichtigt werden dürfen. Sie dürfen aber auch nicht als Indizien für die Frage des Schuldspruchs verwertet werden (BGH NStZ 2006, 587; StraFo 2006, 296; KG StraFo 2006, 296; vgl. auch BGH NStZ 2016, 468). Auch wenn sich der Angeklagte zu seiner Verteidigung auf eine schon getilgte frühere Verurteilung nebst der hier zugrundeliegenden Tat beruft, besteht das Verwertungsverbot (BGH NStZ-RR 2012, 143 mwN; **aM** BGHSt 27, 108; erg. → Einl. Rn. 56). Auf Freisprüche o. Einstellungen ist die Regelung nicht entspr. anwendbar (Schweckendieck NStZ 1994, 418; str.). Zur Ausnahmeregelung des § 52 Abs. 1 Nr. 2 BZRG vgl. BGHSt 57, 300; BGH StV 2013, 212; zum Verhältnis v. § 51 BZRG u. § 29 Abs. 8 S. 1 StVG vgl. OLG München DAR 2008, 398. Die Verwertbarkeit einer ausl. Verurteilung setzt grds. ebenfalls voraus, dass diese – würde es sich um eine Verurteilung nach deutschem **14**

Recht handeln – nicht tilgungsreif wäre (BGH StV 2012, 149; vgl. § 58 BZRG). Zur Revision → Rn. 39.

15 **II. Schweigen des Angeklagten. 1.** Verweigert der Angeklagte **in vollem Umfang** die Einlassung in der HV, so dürfen daraus keine für ihn nachteiligen Schlüsse gezogen (BVerfG NStZ 1995, 555; BGHSt 25, 365 (368); 34, 324 (326); BGH NStZ 2023, 752; Schneider NStZ 2017, 73 ff.), aber auch keine Entlastungsumstände unterstellt werden, für die das Beweisergebnis keinen Anhalt gibt (Rüth DAR 1969, 237 – BayObLG RsprÜ; OLG Hamburg VRS 41, 195; OLG Koblenz VRS 70, 18 (20)). Nach dem Grund des Schweigens darf nicht gefragt werden (Günther JR 1978, 94), die Prüfung seiner Gründe hierfür hat zu unterbleiben (BGH NStZ 2018, 229: Bewertung des Eindrucks des Angeklagten; Miebach NStZ-RR 2018, 265 (269) mwN zur Rspr.).

16 **Völliges Schweigen** bedeutet nicht das Unterlassen jeder Erklärung. Vielmehr steht es dem Schweigen gleich, wenn der Beschuldigte die Täterschaft allg. bestreitet (BGHSt 25, 365 (368); 38, 302 (307); BGH NStZ 2013, 57; StraFo 2022, 357), wenn er allein bestreitet, einen späteren Mitangeklagten zu kennen (OLG Hamburg StV 2008, 239), wenn er sich als unschuldig bezeichnet (OLG Celle NJW 1974, 202; OLG Hamburg MDR 1976, 864; OLG Hamm NJW 1973, 1708), wenn er, ohne zum Sachverhalt Stellung zu nehmen, die Beweisaufnahme „mit lebhafter Mimik und Gestik" begleitet (BGH StV 1993, 458; einschr. Miebach NStZ 2000, 235; Schneider NStZ 2017, 126 (131), sofern sich dem Verhalten ein „intersubjektiv vermittelbarer Erklärungswert zuschreiben lässt"; dies dürfte nur ganz ausnahmsweise anzunehmen sein, wenn das nonverbale Verhalten in seiner Äußerungsform unterschiedlichen Interpretationen nicht zugänglich u. damit eindeutig, vgl. BGH NStZ 2021, 318), wenn er nur Rechtsausführungen des Inhalts macht, dass die ihm vorgeworfene Tat weder eine Straftat noch eine Ordnungswidrigkeit sei (BayObLG MDR 1988, 882), wenn er nur erklärt, er habe die Tat nicht begangen (BGHSt 34, 324 (326)) o. er habe „mit dem Vorfall nichts zu tun" (BGH NStZ 2007, 417), wenn er nur erklärt, er wolle dazu beitragen, die gegen ihn erhobenen Vorwürfe „zu klären und zu lösen" (BGH NStZ 1997, 147), wenn er vorangegangenen Alkoholgenuss bestreitet u. iÜ schweigt (OLG Düsseldorf MDR 1988, 796) o. wenn er sagt, er könne sich wegen seiner Alkoholisierung an nichts erinnern, der Vorwurf sei aber richtig (OLG Hamm VRS 112, 119), wenn er nur die Haltereigenschaft zugibt (BVerfG NJW 1994, 847; OLG Düsseldorf DAR 2003, 40; OLG Köln VRS 79, 29), wenn er nur erklärt, ein Verwandter habe das Fahrzeug gelenkt (OLG Stuttgart VRS 69, 295), o. wenn er sich auf Verjährung (BayObLG StV 1982, 258) o. andere Verfahrenshindernisse beruft. Kein pauschales Bestreiten ist aber der Widerruf einer umfangreichen früheren Einlassung (BGH NStZ 1998, 109). Ein belastendes Indiz darf auch nicht aus dem Zeitpunkt des Antritts eines Entlastungsbeweises (BGH NStZ 2002, 161) o. aus der Bitte im letzten Wort, von der Verhängung eines Fahrverbots abzusehen (OLG Brandenburg DAR 2008, 392) hergeleitet werden, ebenso wenig daraus, dass der Angeklagte eine Mitwirkung an der Sachaufklärung verweigert o. sich dabei des Beistands eines RA bedient (BGHSt 45, 367) o. seinen Verteidiger nicht v. der Schweigepflicht entbindet (BGH NStZ 2011, 357). Auch die Verweigerung der Entbindung eines Zeugen v. der Schweigepflicht darf nicht zu seinen Lasten verwertet werden (BGHSt 45, 363), es sei denn, der Angeklagte hat sich zur Sache eingelassen u. dabei den Vorgang um eine v. ihm erwähnte Erkl. selbst zu seiner Entlastung angeführt (vgl. bereits BGHSt 20, 298; Schneider NStZ 2017, 126 (134): widersprüchliches Verhalten als Beweisvereitelung). Der ggü. einem Angeklagten begangene Verstoß wirkt idR auch ggü. dem Mitangeklagten (BGH StV 1987, 377; erg. → Einl. Rn. 57b).

16a Lässt der schweigende Angeklagte zu, dass sein **Verteidiger tatsächliche Erklärungen abgibt,** so sind diese unverwertbar, wenn der Angeklagte nicht ausdr. erklärt, dass er sie bestätigen wolle (BGHSt 39, 305; BGH NStZ 2002, 555; 2006, 408; KG StraFo 2023, 192; OLG Saarbrücken NStZ 2006, 182; Beulke FS Strauda,

2006, 95, der allerdings – zu weitgehend (zust. BVerfG BeckRS 2008, 40234) – noch eine „qualifizierte Belehrung" des Angeklagten verlangt; **aM** Schäfer FS Dahs, 2005, 455); ggf. ist der Verteidiger als Zeuge zu hören (BGHSt 39, 305). Erklärungen des Verteidigers können also nicht ohne weiteres als Einlassung des schweigenden Angeklagten angesehen werden (KG StraFo 2023, 192 mwN; OLG Düsseldorf NJW 2002, 2728; OLG Hamm NStZ-RR 2002, 14; Löwe/Rosenberg/Sander Rn. 79; offengelassen v. BayObLG NStZ 2003, 388; **aM** BGH StV 1998, 59 mablAnm Park; Kusch NStZ-RR 2001, 131 – BGH RsprÜ). Das gilt aber nicht, wenn der Verteidiger *für den Angeklagten* – dh v. diesem bevollmächtigt (BGH NStZ 2005, 703) – Erklärungen zur Sache abgibt, etwa den Anklagevorwurf „in vollem Umfang einräumt" u. nur auf weitere Fragen keine Auskunft geben will (BGH NStZ 1994, 352), eine schriftlich vorformulierte Erkl. verliest u. der Angeklagte bestätigt, dass dies seine Einlassung sei (BGH NStZ 2019, 206), o. wenn er eine schriftliche Äußerung des Angeklagten in dessen Anwesenheit verliest u. dieser nicht widerspricht (BGH NStZ 1994, 449; zur Problematik der „Einlassungssurrogate" vgl. Dahs NStZ 2004, 451; zur Verwertung schriftlicher Äußerungen des Angeklagten vgl. auch Miebach NStZ-RR 2018, 265 (270) sowie Park StV 2001, 593, gegen diesen Geppert FS Rudolphi, 2004, 647). Speziell zu Erklärungen des Verteidigers nach § 243 Abs. 5 S. 3 → § 243 Rn. 31c.

Die **Wahrnehmung von prozessualen Rechten** (zB § 257 Abs. 1, § 258 Abs. 3) darf unabhängig v. Einlassungsverhalten nicht zum Nachteil des Angeklagten berücksichtigt werden (BGHSt 45, 363; Schneider NStZ 2017, 126 (131)). Stellt der Verteidiger Beweisanträge, so darf daraus keine Einlassung des schweigenden Angeklagten konstruiert werden (BGH NStZ 2000, 495; 2016, 59; 2017, 96), ebenso wenig aus Fragen der Verteidigung an einen Zeugen (BGH StV 2014, 513) o. aus der Abgabe einer bloßen Prozesserklärung (BGH StraFo 2008, 79). Der Verzicht auf den Antritt eines Entlastungsbeweises darf ebenfalls nicht zu seinem Nachteil verwertet werden (BGHSt 41, 153 (155); vgl. aber auch Schneider NStZ 2017, 126 (133 f.)). **16b**

2. Das **teilweise Schweigen** eines Angeklagten (eing. dazu Schneider NStZ 2017, 73 (75 ff.)) darf als Beweisanzeichen verwertet werden (BGHSt 20, 298; 32, 140 (145); BGH NStZ 2022, 761; **aM** Park StV 2001, 591; Rogall Beweismittel S. 250 ff.; vgl. auch v. Galen FS Barton, 2023, 19 (21 f.)), vorausgesetzt, dass der Beschuldigte in einigen Teilpunkten an der Aufklärung des Sachverhalts mitwirkt, dann aber einzelne Tat- o. Begleitumstände nicht erwähnt (BGH NStZ-RR 2005, 147), auf einzelne Fragen o. Vorhalte keine o. lückenhafte Antworten gibt (vgl. BGH 21.12.2021 – 3 StR 380/21; OLG Celle NJW 1974, 202; OLG Hamm NJW 1974, 1880; OLG Oldenburg NJW 1969, 808; **aM** Dahs GA 1978, 90) o. Beweismittel zwar benennt, dem Gericht aber nicht zugänglich macht (BGHSt 20, 298; **aM** OLG Düsseldorf StV 1990, 442). Allerdings müssen nach den Umständen Äußerungen dazu zu erwarten gewesen sein, andere mögliche Ursachen des Verschweigens ausgeschlossen werden können u. die gemachten Angaben nicht ersichtlich fragmentarischer Natur sein (BGH NStZ 2015, 601; 2016, 332; NJW 2002, 2260; 21.12.2021 – 3 StR 380/21; erg. → Rn. 18). Kein Teilschweigen in diesem Sinn ist die Einlassung nur zu einem v. mehreren Tatvorwürfen (BGHSt 32, 140; BGH NStZ 2000, 494; KG StraFo 2025, 280; OLG Karlsruhe StraFo 2004, 355; OLG Köln VRS 61, 361), gleichgültig, ob wegen der verschiedenen Taten überhaupt o. im selben Verf. Anklage erhoben worden ist (BGHSt 32, 140 (145)). Das bedeutet, dass das Schweigen zu einer Tat nicht als belastendes Indiz zu einer anderen Tat herangezogen werden darf, zu der sich der Beschuldigte eingelassen hat; dies dürfte auch für Schweigen zu gelten haben, das sich auf Vorgänge bezieht, die strafrechtlich nicht mehr verfolgbar sind (zB Verjährung) o. für sich betrachtet keine strafrechtliche Relevanz aufweist (Schneider NStZ 2017, 126 (127)). Die Verwertbarkeit bei der Beweiswürdigung hängt weiter davon ab, dass es der Lebenserfahrung entspr., dass ein Unschuldiger sich auch da verteidigt hätte, wo der Beschuldigte geschwiegen hat (Meyer JR 1966, 352; **aM** Eser ZStW 86 (1974); Dingeldey JA 1984, 413, die die Begleitumstände des Teilschweigens für maß- **17**

gebend halten). Lässt das Teilschweigen mehrere Deutungsmöglichkeiten zu, so müssen alle in Rechnung gestellt werden (OLG Köln VRS 57, 429). Kritisch zur Rspr. Schneider NStZ 2017, 73 (75 ff.), der mit Recht darauf hinweist, dass es eines argumentativen Rückgriffs auf das Teilschweigen regelmäßig nicht bedarf, vielmehr dessen beweiswürdigende Verwertung angesichts der „Fallstricke" revisionsrechtlich mit einem beträchtlichen Risiko behaftet ist.

18 **3.** Aus dem **zeitweisen Schweigen,** va dem unterschiedlichen Aussageverhalten des Beschuldigten bei mehreren Vernehmungen (Pfeiffer/Miebach NStZ 1986, 208 – BGH RsprÜ; BGH StV 1984, 143; 1988, 239) o. in mehreren Verfahrensabschnitten dürfen keine nachteiligen Schlüsse gezogen werden (BGH NStZ 2023, 752 mAnm Nicolai; StV 1994, 413; anders bei außerprozessualem Schweigen, vgl. OLG Karlsruhe NStZ 1989, 287; **aM** Park StV 2001, 590). Das gilt auch, wenn sich der Angeklagte erst im Laufe der HV eingelassen hat (BGH NStZ 2014, 666; 2016, 49; 2016, 220; Schneider NStZ 2017, 73 (74)); ebenso darf aber auch nicht als Beweisanzeichen verwertet werden, dass er vor der Polizei geschwiegen hat (BGHSt 20, 281; 38, 302 (305); BGH StraFo 2002, 14; OLG Karlsruhe StV 2003, 609; OLG Stuttgart NStZ 1981, 272; 1986, 182). Die in einem Parallelverfahren als Zeuge unter Berufung auf § 55 erfolgte Auskunftsverweigerung darf nicht zu seinem Nachteil verwertet werden (BGHSt 38, 302 (306); Schneider NStZ 2017, 126 (129)). Umgekehrt spricht ebenfalls nicht gegen ihn, dass er früher ausgesagt hat, aber in der HV die Aussage verweigert (Dallinger MDR 1971, 18 – BGH RsprÜ; OLG Koblenz VRS 45, 366; OLG Köln NStZ 1991, 52; OLG Zweibrücken StV 1986, 290), dass er vor dem AG ausgesagt hat, aber in der Berufungsverhandlung schweigt (OLG Celle VRS 31, 205; OLG Hamm NJW 1974, 1880), o. dass er sich erst nach Aussetzung der HV zum Schweigen entschlossen hat (Dallinger MDR 1968, 202 – BGH RsprÜ). Jedoch darf dann der Inhalt der früheren Aussage nach § 254 oder durch **Vernehmung der Verhörsperson** festgestellt u. verwertet werden; § 252 gilt nicht entspr. (BGHSt 1, 337; BGH NJW 1966, 1524; OLG Köln DAR 1987, 157).

18a Dass der Angeklagte sich erst **spät im Laufe der HV eingelassen** hat, darf aber zu seinem Nachteil verwertet werden, wenn er sich im Ermittlungsverfahren zum Tatvorwurf geäußert hatte (BGH NStZ-RR 2010, 53 Ls.; StraFo 2011, 400). Auch ist es zulässig, einer erst spät gegen Ende der HV aufgestellten Entlastungsbehauptung einen **geringeren Beweiswert** beizumessen, weil der Angeklagte Gelegenheit hatte, seine Einlassung dem bisherigen Erg. der Beweisaufnahme anzupassen (BGH NStZ-RR 2012, 18; vgl. auch BGH NStZ 2021, 319; Schneider NStZ 2017, 73 (75) mwN; **aM** v. Galen FS Barton, 2023, 19 (20 f.)).

19 **III. Schweigen des Zeugen. 1. Schweigt ein Zeuge unberechtigterweise,** so darf diese Tatsache mit der gebotenen Vorsicht zur Überzeugungsbildung verwertet werden (BGH NJW 1966, 211; DAR 1985, 388), ohne dass der Tatrichter zuerst versuchen muss, den Zeugen nach § 70 zu einer Aussage zu veranlassen (vgl. aber → § 70 Rn. 13).

20 **2. Schweigt der Zeuge befugt** aufgrund eines Zeugnisverweigerungsrechts nach § 52, so ist dies nicht als belastendes Indiz verwertbar (BGHSt 22, 113; 32, 140 (141); BGH StV 1997, 171), auch dann nicht, wenn er zunächst ausgesagt hat, dann aber in der HV schweigt (BGH StV 1991, 450), u. auch nicht, wenn er ausdr. erklärt, dass er den Angeklagten nicht belasten wolle (OLG Köln VRS 57, 425). Das Verbot besteht auch, wenn ein Angehöriger es zunächst unterlässt, Angaben zu machen (BGHSt 34, 324 (327); Holtz MDR 1993, 9 – BGH RsprÜ), nach anfänglicher Zeugnisverweigerung doch noch aussagt u. nunmehr zu prüfen ist, ob seine den Angeklagten entlastenden Angaben glaubhaft sind (BGH NStZ 2003, 443; 2010, 101; StV 2002, 4), u. wenn der Zeuge nur zur Tatfrage unwesentliche Angaben macht u. sich iÜ auf sein Weigerungsrecht beruft (BGH JR 1981, 432). Auffälligkeiten im Verhalten des Zeugen sind ebenfalls unverwertbar (vgl. BGH NStZ 2023, 115; → § 52 Rn. 23). In die Beweiswürdigung darf aber einbezogen werden, dass der zur Aussage bereite Zeuge nicht schon im Ermittlungsverfahren

auf das angebliche Alibi des Angeklagten verwies (BGHSt 34, 324 (327); vgl. auch BGH NStZ 1989, 281; NStZ-RR 2017, 316). Die gleichen Grundsätze gelten bei der Zeugnisverweigerung nach §§ 53, 53a und bei der Eidesverweigerung nach § 61 (**aM** KK-StPO/Slawik § 61 Rn. 4). Schweigt der Zeuge berechtigt nach § 54, so kann dieses Verhalten theoretisch zwar gewürdigt werden, weil diese Bestimmung nicht den Schutz des Angeklagten bezweckt (→ § 54 Rn. 3); praktisch wird dies jedoch nur beschränkt möglich sein. Soweit der Zeuge die Auskunft nach § 55 verweigert, können daraus Schlüsse gezogen werden (BGH StV 1984, 233; OLG Hamm HESt 3, 44; **aM** Rüping Strafverfahren Rn. 179). Dabei liegen dem Angeklagten günstige Schlüsse nahe. In bes. Ausnahmefällen ist aber auch der Schluss zu seinen Ungunsten denkbar, zB wenn anzunehmen ist, dass der Zeuge keinesfalls allein, sondern allenfalls mit dem Angeklagten tätig geworden ist. Aus der früheren Auskunftsverweigerung können in dem nun gegen ihn geführten Verf. ebenso wenig Schlüsse gezogen werden, wie wenn er als Beschuldigter keine Angaben zur Sache macht (BGHSt 38, 302 mwN; OLG Stuttgart NStZ 1981, 272).

3. Das **teilweise Schweigen des Zeugen,** insbes. die Nichtbeantwortung einzelner Fragen, ist in allen Fällen, in denen er die Wahl zwischen Reden u. Schweigen hat, ebenso der Beweiswürdigung zugänglich wie das teilw. Schweigen des Angeklagten (BGHSt 32, 140 (142)). Das gilt entspr., wenn ein Zeuge zur Sache aussagt, die Überprüfung der Richtigkeit seiner Angaben aber verhindert, indem er die ihm mögliche u. zumutbare Mitwirkung daran verweigert, zB die Blutprobenentnahme unter Berufung auf sein Weigerungsrecht nach § 81c Abs. 3 S. 1 (BGHSt 32, 140 (142)). Das Verbot, Schlüsse zuungunsten des Angeklagten zu ziehen, gilt aber auch, wenn der Zeuge im Ermittlungsverfahren geschwiegen u. den Angeklagten erst in der HV entlastet hat (BGH NJW 1980, 794; NStZ 2016, 301; StV 1987, 51; 2016, 419 Ls.), wenn er in der HV zunächst das Zeugnis verweigert u. erst in deren weiteren Verlauf ausgesagt hat (BGH StV 2016, 419) o. wenn er im 1. Rechtszug ausgesagt u. erst in der Berufungsverhandlung das Zeugnis verweigert hat (BayObLG NJW 1969, 200). 21

IV. Äußerungen des Beschuldigten außerhalb des Verfahrens. Äußerungen des Beschuldigten außerhalb des Verfahrens sind nach ordnungsgemäßer Einf. in die HV **verwertbar,** auch wenn er im Strafverfahren keine Angaben zur Sache macht (Miebach NStZ 2000, 235). ZB darf sein Unfallbericht an seine Haftpflichtversicherung, der als Beweismittel beschlagnahmt worden ist, nach Verlesung (§ 249) verwertet werden, ebenso – verfassungsrechtlich unbedenklich (BVerfG NStZ 1995, 599) – nach Einf. durch Zeugenaussage eines Angehörigen der Vers. (ausf. dazu KG NZV 1994, 403; Ellbogen Kriminalistik 2007, 397; mit Recht aber einschr. Ulsenheimer FS Meyer-Goßner, 2001, 364, wenn die wirtschaftliche Existenz eines Arztes dadurch beeinträchtigt würde). Auch Angaben, die ein Asylbewerber iRd Anhörung nach § 15 Abs. 1, Abs. 2 Nr. 1 AsylG über die Modalitäten seiner Einreise macht, dürfen ohne seine Zustimmung verwertet werden (BGHSt 36, 328; ebenso OLG Düsseldorf StV 1992, 503 für Angaben aus einem im Ausland gestellten Asylantrag; **aM** Ventzke StV 1990, 279), ferner Erklärungen iRd Zollkontrolle bei der Einreise (OLG Oldenburg StV 1996, 416). Erkenntnisse aus der nach Umweltschutzgesetzen vorgeschriebenen Eigenüberwachung unterliegen idR keinem Beweisverwertungsverbot (Franzheim NJW 1990, 2049 gegen Michalke NJW 1990, 417), auch nicht die nach § 138 Abs. 1, Abs. 2 ZPO abgegebenen Erklärungen (**aM** Dauster StraFo 2000, 154). Vgl. auch Verrel NStZ 1997, 362 sowie zur Verwertung v. im Sozialhilfeverfahren gemachten Angaben v. Glahn StraFo 2000, 186. Für eine Ausdehnung des Schutzes der Selbstbelastungsfreiheit auf die Mitwirkung im Wirtschaftsverwaltungsverfahren Bärlein/Pananis/Rehmsmeier NJW 2002, 1825. Ergänzend → § 161 Rn. 1a. Zur Verwertung selbstbelastender Angaben im Verwaltungsverfahren Schlothauer FS Fezer, 2008, 267 ff. Zum Verwendungsverbot hins. der nach § 630c Abs. 2, Abs. 3 BGB u. nach § 802c Abs. 1 S. 1 ZPO erteilten Auskünfte Stam StV 2015, 130; Weiß 22

NJW 2014, 507. Zum Verwertungsverbot des § 630c Abs. 2 S. 3 BGB Ruppert HRRS 2015, 448.

23 **E. Beweisvermutungen.** Gesetzliche Beweisvermutungen o. widerlegbare Beweisregeln (dazu Sarstedt FS Hirsch, 1968, 176), die mit den rechtsstaatlichen Grundsätzen nicht in Widerspruch zu stehen brauchen (BVerfGE 9, 167), bürden dem Angeklagten keine Beweislast auf (vgl. aber Walter JZ 2006, 340) u. schränken auch die freie Beweiswürdigung nicht ein (BGHSt 6, 292 (296); OLG Hamm VRS 41, 49). Sie stellen nur das Beweisthema anders u. ändern die Grenzen der notwendigen Beweiserhebung sowie den Beziehungspunkt für die Beweiswürdigung. Zum Beispiel gestattet u. verpflichtet die Beweisvermutung des § 69 Abs. 2 StGB, die Frage der Eignung, Kraftfahrzeuge zu führen, abw. v. der ges. Regel zu beurteilen, wenn bes. Umstände dies rechtfertigen. Einen Beweis des ersten Anscheins gibt es im Strafprozess nicht (BGH StraFo 2003, 381; NStZ-RR 2003, 371 Ls.; Becker NStZ-RR 2006, 4 – BGH RsprÜ; **aM** Volk FS 25 Jahre AG StrafR DAV, 2009, 886 Fn. 2).

23a **F. Schätzklauseln.** Bei **Schätzklauseln** (→ § 244 Rn. 15) darf sich der Tatrichter auf Indizien stützen, die es ihm nach allg. Lebenserfahrung ermöglichen, eine hinreichend sichere Schätzgrundlage festzustellen (Alsberg Beweisantrag/Tsambikakis Rn. 1588; Sander FS Eisenberg, 2019, 497 (501)). Hinsichtlich der Tatsachen, welche die Basis der Schätzung bilden, gilt der Grundsatz *in dubio pro reo*, nicht jedoch für den Schätzwert als solchen (Sander FS Eisenberg, 2019, 497 (501)). Im Übrigen gilt allgemein für Schätzungen, dass die zugrunde liegenden tatsächlichen Umstände in den Urteilsgründen dargelegt werden müssen (vgl. OLG Hamm BeckRS 2023, 567).

23b **G. Rechtskräftiges Urteil.** Ein **rechtskräftiges Urteil** trägt, insbes. hinsichtlich der ihm zugrundeliegenden Feststellungen die Vermutung der Richtigkeit in sich; diese wird nur im Falle einer erfolgreichen Wiederaufnahme erschüttert, also etwa durch einen Beschluss gem. § 370 Abs. 2 (BGH NStZ 2022, 188).

24 **H. Eigenes Wissen.** Eigenes Wissen über die zu beweisenden Tatsachen darf der Richter **nicht verwenden** (Dallinger MDR 1952, 532 – BGH RsprÜ; → § 86 Rn. 6) u. auch nicht in der HV als Richter bekunden; das gilt auch für durch eine „private Beweisaufnahme" ermittelte Tatsachen (BGH NStZ 2013, 357). Er darf dies aber zum Vorhalt benutzen (→ § 69 Rn. 7; → § 244 Rn. 3). Auch Erkenntnisse aus anderen HV dürfen nicht verwertet werden (OLG Düsseldorf VRS 77, 137 mwN), es sei denn, es handele sich um allgemein- o. gerichtskundige Tatsachen (→ § 244 Rn. 51 ff.). Jedoch müssen auch sie zum Gegenstand der Verh. gemacht werden (BGH NStZ 1995, 246; OLG Frankfurt a. M. StV 1999, 138; erg. → § 244 Rn. 3). Eigene Sachkunde in Fragen, die sich für den Beweis durch Sachverständige eignen, darf der Richter verwenden (→ § 244 Rn. 72 ff.).

25 **I. Indizien- oder Anzeichenbeweis.** Der Indizien- oder Anzeichenbeweis ist ein Beweis, bei dem **v. einer mittelbar bedeutsamen Tatsache auf eine unmittelbar entscheidungserhebliche Tatsache** geschlossen wird. Hilfstatsachen, die einen Schluss auf den Wert des Beweismittels zulassen, zB frühere Verurteilung des Zeugen wegen falscher Aussage, bilden eine Untergruppe der Indizien. Das Indiz kann durch persönliche o. sachliche Beweismittel festgestellt werden. Es darf nur verwertet werden, wenn es in ordnungsgemäßer Weise in die HV eingeführt worden ist (Miebach NStZ 1988, 212 – BGH RsprÜ). Der **Beweiswert einzelner Indizien** ergibt sich regelmäßig erst aus dem Zusammenhang mit anderen Indizien, weshalb sie mit der gebotenen Gesamtwürdigung (→ Rn. 6) zueinander in Bezug gesetzt werden müssen (vgl., BGH NStZ-RR 2022, 213). Der sog. **Alibibeweis** ist eine Verteidigungsmöglichkeit, keine Pflicht; sein Scheitern ist für sich allein kein Indiz für Täterschaft (BGH NStZ 2025, 61; 2004, 392), denn auch ein unschuldig mit einem schweren Tatvorwurf Konfrontierter kann Zuflucht zur Lüge nehmen (BGH NStZ 2025, 61 mwN). Dasselbe gilt, wenn der Angeklagte einen Alibibeweis gar nicht erst zu erbringen versucht, sondern sich auf die Erkl. be-

schränkt, er wisse nicht, wo er zur Tatzeit gewesen sei (BGHSt 41, 153 (155)). Ebenso kommt der Widerlegung einer bewusst wahrheitswidrigen Einlassung nur ein begrenzter Beweiswert für die Täterschaft zu, weil auch ein Unschuldiger Zuflucht zur Lüge nehmen kann (BGH NStZ-RR 2021, 113, 114; NStZ 2000, 549); dasselbe gilt für einen Fluchtversuch des Angeklagten (BGH NStZ 2008, 303), allerdings nur, falls der Flüchtende bereits mit dem Tatvorwurf konfrontiert war (BGH NStZ-RR 2010, 20). Eine nachweisbar erlogene Alibibehauptung kann aber ein belastendes Indiz sein, wenn sich der Angeklagte möglicherweise mit Täterwissen vorweg verteidigt hat (BGH NStZ 1999, 423; NStZ-RR 2011, 184) o. bes. Umstände hinzutreten (BGH NStZ 2004, 392). Das Anzeichen muss selbst unzw. feststehen, bevor Schlüsse daraus gezogen werden (Löwe/Rosenberg/Sander Rn. 61); so darf etwa der bloße Verdacht der Begehung weiterer Taten nicht als Indiz für den Nachw. der konkret abzuurteilenden Tat herangezogen werden (BGH NStZ-RR 2017, 88). Verjährte Taten dürfen berücksichtigt werden (OLG Düsseldorf NStZ-RR 2018, 56). Bei einem **Indizienring** weist jedes einzelne Anzeichen für sich auf die entscheidungserhebliche Tatsache hin; dann muss eine Gesamtwürdigung vorgenommen werden (BGH NStZ-RR 2017, 383; NStZ 1998, 265; StV 1987, 238); dabei können aber auch Indizien, die einzeln nebeneinander stehen, in ihrer Gesamtheit die Überzeugung des Tatrichters v. der Täterschaft des Angeklagten begründen (BGH BeckRS 2008, 850). Bei der **Indizienkette** wird dagegen v. einem Indiz auf ein 2., 3. … u. aE auf die beweiserhebliche Tatsache geschlossen (vgl. auch Trück NStZ 2010, 587); ihr Wert hängt v. schwächsten Glied ab, auch hier müssen die einzelnen Indiztatsachen feststehen, wenn sie als belastender Umstand gewertet werden sollen. Indizien können zB aus dem Verhalten eines Verfahrensbeteiligten o. einer Auskunftsperson gewonnen werden. Es bedarf idR aber keiner ausdr. Würdigung des Umstands, dass ein Verletzter durch seinen RA gem. § 406e Abs. 1 Zugang zum Inhalt der Ermittlungsakten hatte (BGH NStZ 2016, 367 mablAnm Gubitz; abl. auch Eisenberg JR 2016, 391; erg. → § 406e Rn. 11, 12). Sind zwischen einem Indiz u. der entscheidungserheblichen Tatsache mehrere Schlussfolgerungen notwendig, so muss die Beweiskette lückenlos sein. Zu Serienstraftaten → § 267 Rn. 6, 6a, 6b.

J. Grundsatz in dubio pro reo. Der **Grundsatz *in dubio pro reo,*** dessen Rechtsnatur unterschiedlich beurteilt wird, ist keine Beweisregel, sondern eine **Entscheidungsregel** (BVerfG BeckRS 2008, 42275; BGH NStZ 2023, 568; OLG Jena VRS 107, 200), ein Rechtssatz (Stree JZ 1974, 300), der dem sachlichen Strafrecht angehört. Er besagt nichts darüber, wie der Tatrichter die Beweise zu würdigen hat, sondern greift erst nach abgeschlossener Beweiswürdigung ein (BGH NStZ 2026, 130; NStZ-RR 2015, 83); er ist also auf einzelne Elemente der Beweiswürdigung grds. nicht anzuwenden (BGH NJW 2005, 2322 (2324); NStZ 2026, 130; NStZ-RR 2013, 20); so ist es insbes. rechtsfehlerhaft, „Sachverhaltslücken" unabhängig v. restlichen Sachverhalt zugunsten des Angeklagten zu schließen (BGH NStZ-RR 2016, 272). Für den Fall, dass das Gericht nicht die volle Überzeugung v. der Täterschaft des Angekl. oder v. dem Bestehen unmittelbar entscheidungserheblicher Tatsachen (→ Rn. 29) gewinnt, schreibt der Zweifelssatz vor, dass die dem Angeklagten jew. günstigste Rechtsfolge eintreten muss (BVerfG MDR 1975, 468; VerfGH Bayern NJW 1983, 1600 (1602); BGH NStZ 2000, 498; StV 2001, 666; StraFo 2015, 159). Dabei kommt es nur auf Zweifel an, die der Richter, ausweislich der Urteilsgründe, tatsächlich gehabt hat, nicht auf Zweifel, die er nach Meinung des Angeklagten hätte haben müssen (BVerfG NJW 1988, 477; 2002, 3015 Ls.; NStZ-RR 2007, 381). Der Zweifelssatz bedeutet, dass bei der rechtlichen Würdigung v. der gleichen Bedeutung wie bei einem zur Überzeugung des Gerichts festgestellten Sachverhalt auszugehen ist (BGH StraFo 2014, 296). 26

Er bedeutet hingegen **nicht,** dass das Gericht v. der dem Angeklagten günstigsten Fallgestaltung auch dann ausgehen muss, wenn hierfür keine zureichenden Anhaltspunkte bestehen (BGHSt 25, 365 (367); BGH NStZ 2021, 116; BeckRS 2020, 25873; OLG Koblenz VRS 67, 267 (268); OLG Stuttgart NJW 2013, 2296 26a

(2298)). Es ist namentlich mit Blick auf den Zweifelssatz nicht geboten, zugunsten des Angeklagten Tatvarianten zu unterstellen, für die es keine konkreten Anhaltspunkte gibt (BGH NStZ-RR 2025, 285; NStZ 2023, 315: spekulative Annahmen; NStZ 2026, 130; Schmidt NZWiSt 2023, 461, 463 zu Recht gegen BayObLG NZWiSt 2023, 459). Einlassungen des Angeklagten, für deren Richtigkeit keine zureichenden Anhaltspunkte bestehen, dürfen nicht ohne Weiteres als unwiderlegt hingenommen und der Entscheidung zugrundegelegt werden; vielmehr ist die Einlassung des Angeklagten wie die anderer Beweismittel auf ihre Plausibilität und ihren Wahrheitsgehalt zu überprüfen (BGH NStZ 2021, 574; 13.11.2025 – 3 StR 233/25). Sie sind auch nicht schon deshalb als unwiderlegbar hinzunehmen, weil es für das Gegenteil keine unmittelbaren Beweise gibt (BGH NStZ-RR 2018, 20); dies gilt auch bei nicht widerlegbaren, aber durch nichts gestützten Angaben des Angeklagten (BGH NStZ-RR 2017, 221: Billigung eines Mittäterexzesses bei sukzessiver Mittäterschaft; vgl. auch BGH NStZ 2021, 118). Vielmehr muss sich der Richter seine Überzeugung v. der Richtigkeit o. Unrichtigkeit aufgrund des gesamten Erg. der Beweisaufnahme bilden (BGH NStZ-RR 2005, 45). Eine derartige eigenständige Prüfung ist auch geboten, wenn ein Sachverständiger einen bestimmten Sachverhalt nicht ausschließen kann bzw. für möglich hält (BGH NStZ-RR 2024, 223: Schuldfähigkeit).

26b Eine bloße **denktheoretische Möglichkeit,** dass der Geschehensablauf auch anders gewesen sein könnte, darf die Verurteilung nicht hindern (BGH NStZ 2022, 698; NStZ-RR 2005, 147; 2015, 83; NJW 2013, 2981). Zweifel, die sich als bloße Vermutungen ohne gesicherte Tatsachengrundlage erweisen, sind denktheoretisch in diesem Sinn (BGH NStZ-RR 2022 146). „Zwingend" müssen die gezogenen Schlüsse nicht sein (BGH NStZ 2010, 102 (103); vgl. auch BGH NStZ 2021, 116); der Begriff der richterlichen Überzeugung schließt die Möglichkeit eines anderen, auch gegenteiligen Sachverhalts nicht aus (BGH BeckRS 2008, 14103; NStZ 2011, 699). Unterstellungen zu Gunsten des Angeklagten erfordern aber reale Anknüpfungspunkte (BGH NStZ 2009, 630; NStZ-RR 2013, 117; BeckRS 2015, 15313); der Zweifelssatz gilt nicht für entlastende Indiztatsachen (BGH NStZ-RR 2009, 90). Dem Angeklagten darf jedoch kein Nachteil daraus erwachsen, dass er die Tat bestreitet o. zum Tatvorwurf schweigt (→ Rn. 16) u. er damit nicht in der Lage ist, Umstände vorzutragen, die sich zu seinen Gunsten auswirken können (BGH StV 1990, 9; 2015, 146; StraFo 2004, 19).

27 **Prognoseentscheidungen** beruhen auf Wahrscheinlichkeitsfeststellung. Daher gilt für sie selbst der Satz *in dubio pro reo* nicht (OLG Koblenz NJW 1978, 2043 (2044); OLGSt StPO § 352 Nr. 2; VRS 53, 29). Dagegen sind zw. Tatsachen, die für eine günstige Prognoseentscheidung sprechen können, als Entscheidungsgrundlage zu verwenden (Dallinger MDR 1973, 900 – BGH RsprÜ), krit. dazu Walter JZ 2006, 343.

28 Die gleichen Grundsätze gelten für die dem Urt. vorgelagerten Entsch., bei denen eine **Wahrscheinlichkeit** genügt (Schöneborn MDR 1975, 443). Jedoch kann der hinreichende Tatverdacht (→ § 170 Rn. 1), bei dem auf das Erg. der späteren HV abgestellt wird, mit der Begründung verneint werden, dass der Tatrichter höchstwahrscheinlich nach dem Grundsatz *in dubio pro reo* nicht zu einer Verurteilung kommen werde (OLG Karlsruhe MDR 1974, 596). Der Grundsatz gilt auch nicht bei den Sozialprognosen, die für vorl. Eingriffe (zB §§ 111a Abs. 1, 132a Abs. 1), für Strafaussetzung zur Bewährung u. bei der Anordnung v. Maßregeln der Besserung u. Sicherung getroffen werden müssen.

28a Ist nicht eindeutig aufzuklären, ob der Angekl. denselben Straftatbestand durch das eine oder das andere Verhalten erfüllt hat, ist aber sicher, dass er die Tat verwirklicht hat und andere straflose Handlungen ausgeschlossen sind, kommt eine Verurteilung auf wahldeutiger Tatsachengrundlage (sog. **unechte Wahlfeststellung**) in Betracht (vgl. BGH 24.5.2022 – 5 StR 464/21; 16.2.2021 – 2 StR391/20; 8.3.2012 – 4 StR 498/11); dies gilt auch für die alternative Verwirklichung verschiedener Mordmerkmale (BGH 10.7.2025 – 1 StR 254/25 mwN). Eine solche wahldeutige Verurteilung ist nur zulässig, wenn das Tatgericht zwar die

Überzeugung von einem bestimmten Geschehensablauf trotz Ausschöpfung aller Beweismittel nicht zu gewinnen vermag, jedoch die Gewissheit erlangt hat, dass von zwei oder mehreren tatbestandsmäßigen Sachverhaltsvarianten (die jede für sich den Erfolg herbeigeführt haben können) eine mit Sicherheit vorliegt (BGH 10.7.2025 – 1 StR 254/25). An die Beweiswürdigung bestehen umso strengere Anforderungen, je mehr Geschehensabläufe in Betracht kommen (BGH 10.7.2025 – 1 StR 254/25; 24.5.2022 – 5 StR 464/21).

I. Bei unmittelbar entscheidungserheblichen Tatsachen. Bei unmittelbar entscheidungserheblichen Tatsachen, sei es, dass sie zum Tatbestand gehören o. zum Bereich des Allgemeinen Teils des StGB, kommt dem Angeklagten die Rechtswohltat des nicht behebbaren Zweifels zugute, u. zwar auch, soweit es sich um die Straffestsetzung (Strafausschließungs-, Strafaufhebungs- u. ges. Strafmilderungsgründe) o. um die Voraussetzungen für eine Maßregel der Besserung u. Sicherung handelt (Bruns JZ 1958, 647). Jedoch gilt der Zweifelssatz **nicht für entlastende Indizien,** aus denen lediglich ein Schluss auf eine unmittelbar entscheidungsrelevante Tatsache gezogen werden kann (BGH NStZ-RR 2017, 183; NStZ 2001, 609; missverständlich, weil zu eng auf den Alibibeweis abgestellt: BGHSt 25, 285; BGH JR 1978, 348). Das bedeutet nicht, dass das Urt. auf unbewiesene Indiztatsachen gestützt werden darf (BGH NStZ 1981, 33; StV 2017, 7 mwN). Denn der Satz, dass nur Bewiesenes zuungunsten des Angeklagten berücksichtigt werden darf, ergibt sich ohne weiteres aus den Denkgesetzen. Nur festgestellte Tatsachen, nicht bloße Möglichkeiten, Wahrscheinlichkeiten o. Vermutungen können die richterliche Überzeugung begründen. Dementsprechend erfordert zB eine Verurteilung wegen Vollrauschs die zweifelsfreie Feststellung, dass sich der Angeklagte schuldhaft berauscht hat, während eine Verurteilung nicht in Betracht kommt, wenn die Berauschung zw. ist (BGH 4.2.1992 – 1 StR 808/91). Zugunsten des Angeklagten dürfen die Erg. v. Messungen, die mittels Atemalkoholtestgeräten gewonnen wurden, verwertet werden (BGH NStZ 1995, 96). Das Gericht darf die Verurteilung auf die Einlassung des Angeklagten stützen, wenn es v. ihrer Richtigkeit überzeugt ist (BGH NStZ 1986, 325; StV 1988, 328); es darf aber nicht zugunsten eines Angeklagten getroffene Feststellungen zum Nachteil eines anderen Angeklagten o. gegen ihn selbst in einem späteren Verf. verwenden (BGH NStZ-RR 2001, 18 Ls.; vgl. zum Ganzen Liebhart NStZ 2016, 136). 29

1. Beispiele (vgl. auch Miebach NStZ-RR 2015, 298 (302)): Der Grundsatz gilt für die Frage des Tatbestandsirrtums nach § 16 StGB (RGSt 64, 26), für die tatsächliche Grdl. des Verbotsirrtums (§ 17 StGB; BayObLG NJW 1954, 811), des freiwilligen Rücktritts v. Versuch (BGH StV 1995, 509), der Notwehr (BGH NStZ 2005, 85) u. des entschuldigenden Notstands nach § 35 StGB (BGH 14.2.1956 – 5 StR 599/55), der Schuldfähigkeit (§§ 20, 21 StGB), soweit tatsächliche Zweifel bestehen (BGH BeckRS 2014, 23346), die sich auf Art u. Grad des psychischen Ausnahmezustands, nicht hingegen auf die rechtliche Wertung der zur Schuldfähigkeit getroffenen Feststellungen, beziehen (BGH NStZ 1996, 328; NStZ-RR 2006, 335); er gilt ferner für die bes. Umstände des § 56 Abs. 2 StGB (Dallinger MDR 1973, 900 – BGH RsprÜ) sowie bei der Anwendung des § 55 StGB, wenn Zweifel über die Tatzeit bestehen (BGH 7.11.1956 – 2 StR 492/56), bei Anwendung des § 157 StGB (Dallinger MDR 1952, 407 – BGH RsprÜ), auch hins. gewerbsmäßiger Hehlerei in Postpendenzfeststellung, wenn der Diebstahl verjährt ist (BGH NJW 2003, 2759). Ergänzend → Rn. 36. 30

2. Tateinheit; Tatmehrheit: Bei Zweifeln, ob Tateinheit o. Tatmehrheit vorliegt, ist Tateinheit anzunehmen (BGH NStZ 1983, 364; StV 1988, 202; 1992, 54). Haben sich in der HV keine Anhaltspunkte dafür ergeben, dass mehrere Fälle des Handeltreibens mit Betäubungsmitteln dieselbe Rauschgiftmenge betreffen, so gebietet es der Zweifelsgrundsatz nicht, eine einheitliche Tat anzunehmen (BGH StV 1995, 417); ähnliches galt nach der Rspr. des BGH (BGHSt 23, 33 (35); 35, 318 (324)) schon für die fortgesetzte Handlung (vgl. → § 260 Rn. 14). Bei der Prüfung einer **Gesamtstrafenlage** iSd § 55 StGB ist bei nicht exakt feststehender 31

Tatzeit im Zweifel zugunsten des Angeklagten v. einer Tatbegehung vor der früheren Verurteilung auszugehen, wenn sich die auf diese Weise ermöglichte Bildung einer Gesamtstrafe im konkreten Fall tatsächlich für den Angeklagten günstiger auswirkt (BGH NStZ-RR 2020, 378 mwN).

32 **3. Zu nicht übereinstimmenden Feststellungen** kann *in dubio pro reo* in einem Urt. führen hins. verschiedener Angeklagter, zB wenn nicht festgestellt werden kann, ob der Getötete das vorsätzlich gegebene Gift des A o. des B genommen hat u. daran gestorben ist, so dass beide nur wegen Versuchs strafbar sind, o. dass beide Angeklagten nur wegen Beihilfe zu verurteilen sind, obwohl einer v. ihnen der Täter gewesen sein muss (BGH GA 1992, 470). Ist ein Angeklagter wegen des Zweifelssatzes freigesprochen worden, können gleichwohl hins. eines Mitangeklagten für diesen günstige Feststellungen geboten sein, die auf der Annahme der Tatbeteiligung des freigesprochenen Angeklagten beruhen (BGH StV 1996, 81; 2005, 596; 2015, 153). Auch hins. ein u. desselben Angeklagten ist je nach Feststellungszweck eine unterschiedliche Bewertung möglich; zB wird bei einem Verkehrsunfall für die Feststellung der Schuldfähigkeit des Beschuldigten ein möglichst hoher, bei der Prüfung der Fahrtüchtigkeit ein möglichst geringer Blutalkohol-Abbauwert angenommen (BGH VRS 21, 54).

33 **II. Verfahrensrechtlich erhebliche Tatsachen.** Bei verfahrensrechtlich erheblichen Tatsachen, die im Freibeweisverfahren festgestellt werden (→ § 244 Rn. 7, 9), gilt der Grundsatz nur zT (OLG Düsseldorf JZ 1985, 300).

34 1. Ob **Verfahrenshindernisse** (→ Einl. Rn. 141 ff.), erwiesen sein müssen o. der Grundsatz *in dubio pro reo* gilt, lässt sich nach Ansicht der Rspr. nicht für alle Verfahrensvoraussetzungen einheitlich bestimmen (BGHSt 18, 274 (277)). Richtigerweise ist der Grundsatz hier nicht anwendbar, da das weitere Prozedieren ohne Rücksicht auf *in dubio pro reo* nur zulässig ist, wenn die Prozessvoraussetzungen sicher (und nicht nur möglicherweise) vorliegen (vgl. → § 206a Rn. 7). Da der Angeklagte normalerweise verhandlungsfähig ist, gilt für das Verfahrenshindernis der Verhandlungsunfähigkeit jedenfalls *in dubio pro reo* nicht schlechthin (Dallinger MDR 1973, 902 – BGH RsprÜ; Miebach NStZ 1988, 213 – BGH RsprÜ; → § 205 Rn. 1). Hat der Richter jedoch Zweifel an der Verhandlungsfähigkeit, darf die HV nicht gegen den Angeklagten geführt werden (BGH NStZ 1984, 520). Erforderlich ist insofern eine hinreichend sichere Prognose, zB bei Verhandlungsunfähigkeit wegen übermäßiger Leibes- o. Lebensgefahr (vgl. → Einl. Rn. 97, 97a). Das Antragserfordernis in § 247 StGB gilt auch dann, wenn ein Verlöbnis nicht erwiesen, aber möglich ist (BayObLG MDR 1961, 873). Bei unbehebbarem Zweifel über die formellen Voraussetzungen eines Straffreiheitsgesetzes, insbes. über die Tatzeit, sollte nach älterer Rspr. zuungunsten des Beschuldigten entschieden werden (BGH GA 1956, 350; Herlan MDR 1955, 527 – BGH RsprÜ), zugunsten hingegen, wenn die Amnestie v. Schuldumständen (zB v. Vorstrafen, Gewinnsucht) abhänge (BGH JR 1954, 351); diese Rspr. ist als überholt anzusehen (Meyer-Goßner FS Jung, 2007, 543; Zopfs In dubio pro reo S. 347), es gilt dasselbe wie bei anderen Bestrafungsverboten (→ Einl. Rn. 143; → § 206a Rn. 7).

35 **2. Bei sonstigen prozesserheblichen Tatsachen** gilt *in dubio pro reo* nicht (→ § 337 Rn. 12; **aM** Schwabenbauer NStZ 2014, 495). Vielmehr ist aus der in Betracht kommenden Verfahrensvorschrift zu entnehmen, welche prozessualen Tatsachen festzustellen sind. Bei Zweifeln an der Verhandlungsfähigkeit des Angeklagten bei der Erkl. des Rechtsmittelverzichts ist der Verzicht als wirksam zu behandeln (Dallinger MDR 1973, 902 – BGH RsprÜ; BGH NStZ 1984, 329; Pfeiffer/Miebach NStZ 1985, 207 – BGH RsprÜ; erg. → § 302 Rn. 10). Entsprechendes gilt, wenn zw. bleibt, ob die Rechtsmittelrücknahme durch unrichtige Auskünfte veranlasst wurde (OLG Düsseldorf MDR 1984, 604). Wegen Zweifels an der Einhaltung der Wiedereinsetzungsfrist vgl. → § 45 Rn. 3. Ist zw., ob ein anderer Rechtsbehelf fristgemäß eingelegt ist, so ist zugunsten des Angeklagten zu entscheiden; nur die zu seinen Ungunsten eingelegten Rechtsbehelfe sind als unzulässig zu verwerfen (BGH StV 1995, 454; OLG Düsseldorf JZ 1985, 300;

OLG Hamburg NJW 1975, 1750; SK-StPO/Frisch Vor § 296 Rn. 187; Hamm Revision Rn. 112; **aM** BGH NJW 1960, 2022; OLG Düsseldorf MDR 1985, 784; OLG Karlsruhe NJW 1981, 138; OLG Stuttgart MDR 1981, 424: Entsch. stets zugunsten des Rechtsmittels; KG JR 1954, 470 mablAnm Sarstedt; OLG Celle NJW 1967, 640: Entsch. stets zugunsten der Rechtskraft; vgl. auch KG VRS 83, 448; OLG Celle Nds. Rpfl. 1983, 123; 1985, 173: Entsch. zugunsten des Beschwerdeführers bei Verschulden der Justizbehörden o. der Post an der Ungewissheit); die zu seinen Gunsten eingelegten gelten als rechtzeitig. Bleibt dagegen zw., ob der Schriftsatz überhaupt bei Gericht eingegangen ist, so muss der Rechtsbehelf als unzulässig behandelt werden (BGH NStZ 1999, 372; BGHR StPO § 345 Frist 1; OLG Düsseldorf NZV 2001, 47; OLG Hamm NStZ 1982, 43; OLG Stuttgart MDR 1984, 512). Das Gleiche gilt bei anderen Anträgen, die als unzulässig verworfen werden können (zB § 368). Hat der Verteidiger ein Rechtsmittel zurückgenommen, nachdem er v. dem Angeklagten nach § 302 Abs. 2 dazu ermächtigt worden ist, so ist die Zurücknahme wirksam, wenn die Behauptung, die Rücknahmeermächtigung sei vorher widerrufen worden, nicht voll nachgewiesen werden kann (BGHSt 10, 245). *In dubio pro reo* gilt insbes. nicht, wenn es sich darum handelt, ob eine prozessuale Ausnahmeregelung eingreift, zB ein Zeugnisverweigerungsrecht (BGH 27.3.1962 – 1 StR 77/62) o. ein Beweisverbot (→ Einl. Rn. 51 ff.; BGH JR 1962, 109; zur Problematik Dencker Verwertungsverbote S. 135 ff.).

III. Verurteilung nach dem leichteren Gesetz. Nach dem leichteren Gesetz ist bei Zweifeln im Tatsächlichen zu verurteilen, wenn die mehreren möglichen Verhaltensweisen zueinander in einem Stufenverhältnis (Mehr o. Weniger) stehen. Versagt die Unterscheidung zwischen leichterem u. schwererem Gesetz, so kommt Verurteilung mit Gesetzesalternativität in Betracht (→ § 260 Rn. 27). Beispiel für „im Zweifel für das leichtere Gesetz“: Meineid – fahrlässiger Falscheid; Notzucht – Verführung (BGHSt 22, 154 (156)). Der Tatbestand des leichteren Gesetzes muss aber in vollem Umf. festgestellt sein (BGHSt 22, 154 (156)). Diese Grundsätze gelten auch für die Entsch., ob Vollendung o. Versuch (BGHSt 22, 154 (156)), Vorsatz o. Fahrlässigkeit (BGHSt 23, 203), Tun o. Unterlassen o. ob Täterschaft o. Mitwirkung als Gehilfe anzunehmen (BGHSt 31, 136) o. ob beim Heranwachsenden Erwachsenen- o. Jugendstrafrecht anzuwenden ist (BGHSt 12, 116). 36

IV. Bei Gesetzesauslegung. Bei Gesetzesauslegung u. sonst in Rechtsfragen **gilt *in dubio pro reo* grds. nicht** (BGHSt 14, 68 (73); Dallinger MDR 1972, 572 – BGH RsprÜ; → Einl. Rn. 199). Jedoch bei der Auslegung eines Grundrechts ist im Zweifel für den Rechtsanspruch des Bürgers zu entscheiden (BVerfGE 15, 275 (281); 30, 162). 37

K. Revision. I. Sachrüge. Mit der **Sachrüge** kann geltend gemacht werden, der Tatrichter habe seine Befugnis willkürlich ausgeübt. Das ist zB der Fall, wenn sich die Schlussfolgerungen so sehr v. einer festen Tatsachengrundlage entfernen, dass sie letztlich bloße Vermutungen sind (BGH NStZ 1981, 33; 1986, 373). Ferner kann gerügt werden, der Tatrichter habe keine Beweisgründe angegeben o. keine Beweiswürdigung vorgenommen (BGH NStZ 2010, 570) o. die Beweise nicht erschöpfend gewürdigt (→ Rn. 6; BGHSt 29, 18 (20)) o. gegen die Gesetze der Logik o. der Lebenserfahrung (→ Rn. 2; ausf. dazu → § 337 Rn. 26 ff.) o. allg. Auslegungsregeln (vgl. BGH NStZ-RR 2017, 318) verstoßen (KG NZV 1994, 403). Dies gilt ebenso für die Beanstandung, die Beweiswürdigung sei lückenhaft, weil das Urt. nicht erörtert, dass der insoweit schweigende o. bestreitende Angeklagte v. einem Mitangeklagten belastet wird, mit dem das Gericht eine Absprache getroffen hat, sofern sich dieser Umstand aus dem Urt. selbst ergibt (vgl. BGH NStZ 2022, 249; Mosbacher JuS 2020, 745 (747)); ist das nicht der Fall muss eine Verfahrensrüge erhoben werden, die Inhalt u. Ablauf der Verständigung darlegt (BGH NStZ 2012, 465). Mit der Sachrüge kann auch beanstandet werden, dass aus dem unterschiedlichen Aussageverhalten des Beschuldigten (→ Rn. 18; vgl. BGH NStZ 1986, 325) o. aus einer befugten Zeugnisverweigerung Schlüsse gezogen 38 worden sind (BGH JR 1981, 432; Miebach NStZ 2000, 241; Wagner ZStW 106 (1994), 286; **aM** BGHSt 38, 302; Schäfer FS Riess, 2002, 485: Verfahrensrüge). Schließlich ist nach der Rspr. ein Verstoß gegen § 51 BZRG, ggf. iVm § 63 Abs. 4 BZRG, auf die Sachrüge hin zu prüfen, selbst dann, wenn die Verurteilung nicht aus dem Register bekannt, sondern v. dem Beschuldigten o. Zeugen selbst berichtet wird (BGHSt 24, 378; 25, 100; BGH NStZ 2016, 468; NStZ-RR 2020, 217; 12.4.2023 – 4 StR 478/22). Mosbacher JuS 2020, 745 (749) weist allerdings zu Recht darauf hin, dass § 51 BZRG wie alle anderen Verwertungsverbote systematisch dem Verfahrensrecht angehört u. deshalb nur auf die Verfahrensrüge berücksichtigt werden sollte (ebenso tendenziell – nicht tragend – BGH 16.9.2020 – 5 StR 314/20 mAnm Mosbacher JuS 2021, 126 (130); Sander Hdb des StrafRechts Bd. 9 § 59 Rn. 27; dazu auch → Rn. 40).

39 Erg. und ausf. zur **eingeschränkten Prüfungsbefugnis** der Beweiswürdigung durch das Revisionsgericht → § 337 Rn. 26 ff.

40 Allerdings ist dem Revisionsgericht eine Prüfung v. **Beweisverwertungsverboten** (→ Einl. Rn. 52 ff.) auf die **allein** erhobene Sachrüge verwehrt, selbst wenn das Urt. Ausführungen zu den Verfahrensvorgängen enthält, da die Beweisverbote in systematischer Hinsicht dem Verfahrensrecht angehören (BGH NStZ 2019, 107; zust. Mosbacher JuS 2019, 129 (131); BayObLGSt 2023, 316; **aM** noch derselbe 2. StS BGH NStZ 2018, 296 unter Hinweis auf BGHSt 51, 285 (287); vgl. auch BGHSt 34, 324 (325); OLG Saarbrücken NStZ 2018, 480; erg. → § 344 Rn. 20 sowie → Rn. 21a, falls zugleich eine Verfahrensrüge zulässig erhoben wurde).

41 Im Fall eines **Freispruchs** ist auf Sachrüge zu berücksichtigen, dass der Tatrichter überspannte Anforderungen an die für eine Verurteilung erforderliche Gewissheit gestellt hat (→ Rn. 2; Holtz MDR 1978, 806 – BGH RsprÜ; BGH BeckRS 2015, 15313; erg. → § 337 Rn. 27). Die Beweiswürdigung kann auch beanstandet werden, wenn sich das Gericht für eine Feststellung entschieden hat, ohne sich mit anderen naheliegenden Möglichkeiten des Geschehensablaufes auseinanderzusetzen (BGHSt 25, 365 (367)), o. wenn diese Prüfung nicht zu erkennen ist (→ § 337 Rn. 29). Zu den Anforderungen an die Urteilsgründe in diesen Fällen → § 267 Rn. 31 ff. Der Grundsatz ***in dubio pro reo*** (→ Rn. 26) kann als verletzt nur gerügt werden, wenn die Urteilsgründe selbst ergeben, dass das Gericht seine Zweifel nicht überwunden hat (BVerfG MDR 1975, 468; → Rn. 26).

42 **II. Verfahrensrüge.** Die **verfahrensrechtliche Rüge der Verletzung des § 261** („Inbegriffsrüge") verspricht keinen Erfolg, wenn es zu ihrem Nachw. in der Revisionsinstanz einer Rekonstruktion der HV bedürfte. Das sog. revisionsrechtliche **Rekonstruktionsverbot** (→ § 337 Rn. 14) betr. va behauptete Widersprüche zwischen dem Inhalt der Beweisaufnahme u. den Urteilsgründen (vgl. Mosbacher JuS 2019, 766 (769)). Mit der Behauptung, eine mündliche Verteidigererklärung für den Angeklagten sei im Urteil unzutreffend wiedergegeben (vgl. BGH 24.10.2024 – 4 StR 249/24), ein Zeuge habe anders ausgesagt o. die Aussage sei anders zu verstehen, o. eine Vertragsurkunde sei nicht richtig ausgelegt worden, o. ein in die Verh. ordnungsgemäß eingeführtes Schriftstück sei unrichtig übersetzt worden (s. BGH NStZ-RR 2019, 57), o. ein Augenschein sei unzutreffend gewürdigt (BGH BeckRS 2024, 42070; 22.5.2025 – 2 StR 93/25), kann die Revision deshalb grds. keinen Erfolg haben (OLG Brandenburg NStZ-RR 2009, 209); das gilt auch dann, wenn ein Prozessbeteiligter Aufzeichnungen über den Inhalt der Aussage vorlegt, selbst wenn diese als Anl. zum Prot. genommen worden sind (BGHSt 43, 212; BGH NStZ 1990, 35; vgl. auch BGH NStZ 2023, 758: Vorlage der Transkription einer in die HV qua Augenschein gem. § 255a Abs. 2 S. 1 eingeführten Zeugenvernehmung). Dies hat seine Ursache darin, dass im deutschen Strafprozess keine Grdl. existiert, welche die Erg. der Beweisaufnahme objektiv dokumentiert (s. zu Reformbemühungen Schmitt NStZ 2019, 1; Mosbacher StV 2018, 184; rechtsvergleichend v. Galen StraFo 2019, 309). Auch Erkenntnisse, die erst während o. nach der Urteilsverkündung erlangt wurden, dürfen nicht verwertet werden (BGH NStZ 2017, 375). Im Übrigen kann eine Inbegriffsrüge, mit der die Lückenhaftigkeit der Beweiswürdigung wegen behaupteter nicht erschöpfender Würdigung des Beweismaterials gerügt wird, nur Erfolg haben, wenn sich mit Rücksicht auf die sonstigen Feststellungen eine Erörterung aufdrängen musste (BGH NStZ-RR 2023, 285; vgl. auch BGH 29.10.2025 – 3 StR 487/24; → Rn. 48).

Anders verhält es sich allerdings, wenn ohne Beweisaufnahme in der Revisionsinstanz der Nachw. geführt werden kann, dass die im Urt. getroffenen Feststellungen nicht durch die in der HV verwendeten Beweismittel u. nicht durch Vorgänge gewonnen worden sind, die zum Inbegriff der HV gehören (→ Rn. 5, § 337 Rn. 14; BGH NStZ-RR 1998, 17; 2012, 257; OLG Bamberg StV 2015, 760). Dies ist anzunehmen, wenn das Prot. eine ausreichende Beurteilungsgrundlage darstellt, weil sich aus ihm beweiskräftig ergibt, dass ein bestimmter Beweis erhoben bzw. nicht erhoben wurde. Bei der Rüge, der Angeklagte habe entgegen den Urteilsfeststellungen keine Angaben zur Sache gemacht, muss ggf. vorgetragen werden, dass auch der Verteidiger für ihn keine Erkl. abgegeben hat (BayObLG NStZ 2003, 388; → Rn. 16a). Umgekehrt kann unter Hinweis auf das Prot. gerügt werden, der Angeklagte habe sich entgegen den Urteilsgründen zur Sache geäußert (BGH 21.1.2025 – 6 StR 534/24; NStZ-RR 2018, 356; erg. → § 274 Rn. 13). Insoweit muss der Inhalt der Sacheinlassung v. der Revision – anders als bei Mitangeklagten – nicht vorgetragen werden (BGH NStZ 2018, 113 (114)); dies gilt unabhängig davon, in welcher Form u. mit welchem Inhalt die Einlassung erfolgt ist (BGH NStZ 2018, 113 (114); NStZ-RR 2018, 356). 43

Bei der Rüge, bestimmte **im Urteil verwertete Urkunden** seien nicht Bestandteil der Beweisaufnahme, etwa eines angeordneten Selbstleseverfahrens, gewesen, bedarf es ggf. Vortrags dazu, dass diese nicht anderweitig, etwa durch Verlesung nach § 249 Abs. 1 oder im Rahmen weiterer Selbstleseverfahren, zum Gegenstand der HV gemacht wurden (vgl. BGH NStZ 2024, 503; 7.12.2022 – 5 StR 122/22). Unter dem Gesichtspunkt des § 261 kann gerügt werden, eine audiovisuelle Beschuldigtenvernehmung (s. § 136 Abs. 4) sei ausweislich des Prot. nicht in die HV eingeführt, aber im Urt. verwertet worden (Wollschläger FS Schlothauer, 2018, 517 (526)). Dies gilt gleichermaßen, wenn eine verlesene Urkunde im Urteil nicht gewürdigt (vgl. BGH 13.1.2022 – 3 StR 318/21) oder der genaue Wortlaut längerer, komplexer o. sprachlich komplizierter Urk. o. mehrseitiger Vernehmungsniederschriften allein durch Vorhalt an die Vernehmungsperson in die HV eingeführt wurde (vgl. BGH 29.6.2021 – 3 StR 156/21; NStZ 2022, 119; näher → Rn. 46, 46a; → § 249 Rn. 28). 43a

Ausnahmsweise kann sogar eine Abweichung des Inhalts der Beweisaufnahme v. den Urteilsfeststellungen gerügt werden, wenn deren Erg. verschriftlicht o. sonst – etwa durch Einf. einer audiovisuellen Vernehmung in die HV – objektiv u. damit beweiskräftig festgehalten sind. So verhält es sich, wenn beanstandet wird, das Urt. gebe die Aussage eines Zeugen o. Sachverständigen, die in der HV verlesen wurde, o. den Wortlaut einer verlesenen Urk. falsch o. unvollständig wieder, setze sich mit ihm in Widerspruch (BGH BeckRS 2018, 21465), o. die Urk. habe einen eindeutig anderen Inhalt (BGH StV 2015, 757; BeckRS 2021, 23453; 26.4.2023 – 2 StR 559/21; OLG Karlsruhe StraFo 2023, 22 (23); BayObLG StV 1985, 226; OLG Köln StV 1995, 630; ebenso BGH StV 1993, 459 für die verlesene, bei den Akten befindliche Erkl. des Angeklagten); denn in diesen Fällen hätte das Gericht eine nicht gemachte Aussage o. eine Urk. mit anderem Inhalt gewürdigt, so dass der Überzeugungsbildung die äußere Grdl. gefehlt hätte (→ § 337 Rn. 14). Dies gilt gleichermaßen, wenn die Urteilsgründe im Widerspruch zum Inhalt einer in die Verh. eingeführten audiovisuellen Vernehmung stehen (→ § 255a Rn. 13 für Zeugenvernehmungen; → § 136 Rn. 20a zur Beschuldigtenvernehmung; zu den Rügeanforderungen in einem solchen Fall BGH 2.4.2025 – 6 StR 336/24: erg. → § 337 Rn. 14). Für alle genannten Ausnahmefälle gilt allerdings, dass sie ihre Grenze im Vorrang der tatrichterlichen Beweiswürdigung finden (vgl. Mosbacher JuS 2019, 766 (769)). Die Revision kann deshalb nicht rügen, der Tatrichter hätte eine Urk. o. einen bestimmten Aussageinhalt anders würdigen müssen als geschehen (vgl. OLG Karlsruhe StraFo 2023, 22 (23)); → § 337 Rn. 15). 44

45 Dementsprechend ist auch die Würdigung v. **Lichtbildern,** zB eines Radarfotos, bzw. einer **Videoaufzeichnung** (BGH BeckRS 2019, 17189) grds. allein Sache des Tatrichters (BGHSt 29, 18; 41, 376; s. aber auch → Rn. 48; erg. → § 267 Rn. 10). Das Gleiche gilt für das Erg. eines Augenscheins. Über ihn hat grds. allein der Tatrichter zu befinden; er unterliegt auch bei entspr. Verfahrensrüge grds. nicht der Überprüfung durch das Revisionsgericht (BGH NStZ 2025, 763; NStZ-RR 2014, 251). Es kann allerdings uU gerügt werden (vgl. BGHSt 41, 377), dass ein Lichtbild o. eine Videosequenz entgegen den Urteilsgründen unergiebig bzw. beweisneutral ist; diese Ausnahme ist allerdings auf Evidenzfälle zu beschränken, in denen sich die Feststellungen ohne weiteren Interpretationsakt des Revisionsgericht als rechtsfehlerhaft erweisen (Mosbacher JuS 2019, 766 (770)). Mit Blick auf § 344 Abs. 2 S. 2 muss die Revision jedenfalls den Inhalt der Videosequenz mitteilen (vgl. BGH NStZ 2021, 178). Zur Frage, inwieweit es gerügt werden kann, ein Urteil setze sich nicht – hinreichend – mit einer Urkunde oder einem Lichtbild auseinander, s. → Rn. 48.

46 Dass eine in den Urteilsgründen verwertete **Urkunde,** insbes. eine Vernehmungsniederschrift, in der HV **nicht verlesen** bzw. – wegen der fehlenden Feststellung nach § 249 Abs. 2 S. 3 – auch nicht im Selbstleseverfahren (vgl. BGH BeckRS 2020, 25265) in die HV eingeführt worden sei, kann gerügt werden, wenn auszuschließen ist, dass ihr Inhalt nicht anders (zB durch Vorhalt oder in sonst zulässiger Weise) in die HV eingeführt worden ist (BGH NJW 1990, 1189 (1190); NStZ 2018, 158; OLG Düsseldorf StraFo 2017, 234; OLG Bremen StV 2015, 109; OLG Schleswig StV 1998, 365); dazu muss sich die Revisionsbegründung verhalten (BGH NStZ-RR 2024, 60 mwN). Dies gilt sinngemäß ebenso für den Inhalt einer audiovisuellen Vernehmung. Inhaltlich sowie sprachlich komplexe längere Textpassagen einer Urk. – bzw. einer audiovisuellen Vernehmung können nach der Lebenserfahrung nicht wortwörtlich auf einen Vorhalt wiedergegeben werden (BGH NStZ 2016, 430; NZWiSt 2023, 177: finanzielle Transaktionen; vgl. auch BGH NStZ-RR 2024, 60; zu Chatverläufen s. BGH BeckRS 2018, 29180; deutlich großzügiger allerdings BGH 27.11.2024 – 3 StR 308/24; erg. → Rn. 46a); gleiches gilt sinngemäß für das Erfassen umfangreicher Wortdokumente im Wege des Augenscheins, wobei allerdings Zeugenbeweis erg. herangezogen werden kann (vgl. BGH 10.8.2022 – 3 StR 491/22: Notizbuch).

46a Allerdings beurteilt die Rspr. dies nach den **Umständen des Einzelfalls.** Es ist nicht ausgeschlossen, dass auch umfangreichere Sachverhalte im Zeugenbeweis durch **Vorhalt** (→ § 249 Rn. 28) schriftlicher Unterlagen in die Hauptverhandlung eingeführt werden. Nach BGH NStZ 2014, 604 liegt es nahe, dass Polizeibeamte, die sich erfahrungsgemäß im Wege der vorherigen Durchsicht ihrer Ermittlungsunterlagen auf ihre Vernehmung intensiv vorbereiten, sich an Einzelheiten erinnern können u. ihnen die entscheidenden Passagen wörtlich präsent sind (krit. dazu Eisenberg NStZ 2015, 92). Dies hat der BGH auch in einem Fall angenommen, in dem eine sachverständige Zeugin den Inhalt einer von ihr erstellten längeren Tabelle auf Vorhalt bestätigt hat (vgl. BGH 27.11.2024 – 3 StR 308/24). Ist das Schriftstück in der HV erörtert worden, kann das Urt. idR nicht auf der fehlenden Verlesung beruhen (BGH NStZ 2007, 235).

47 Die Revision kann grds. nicht mit der Behauptung gehört werden, das Tatgericht habe sich mit einer bestimmten **Aussage einer Beweisperson nicht auseinandergesetzt,** wenn sich dies nicht aus dem Urt. selbst ergibt (BGH NStZ-RR 2008, 148).

48 Inwieweit als Verstoß gegen § 261 gerügt werden kann, das Urt. **setze sich nicht mit** einer verlesenen **Aussage** oder einer zum Gegenstand der Beweisaufnahme gemachten **Urkunde** oder einem **Lichtbild** auseinander, wird in der Rspr. nicht einheitlich beantwortet (vgl. → § 337 Rn. 15a). Die Tendenz in der neueren Rspr. geht dahin, hier großzügiger zu verfahren (BGH 14.5.2025 – 1 StR 410/24; 7.10.2025 – 3 StR 534/24; StV 2013, 491 (492); s. auch schon StV 1991, 548 (549); ähnlich OLG Karlsruhe StraFo 2023, 22, 23 u. OLG Zweibrücken StV 1994, 545: keine Auseinandersetzung mit Aussage in der 1. Instanz). Sie lässt die

Rüge zu, das Gericht habe seiner Entsch. nicht das gesamte – beweisrelevante – Erg. der HV zugrunde gelegt (BGH NStZ 2008, 705; 2009, 404; NStZ-RR 2017, 319; vgl. aber auch → § 267 Rn. 12), sofern das Beweismittel im Urteil unvollständig, unrichtig oder trotz sich aufdrängender Erörterungsbedürftigkeit (vgl. BGH NStZ-RR 2017, 185) überhaupt nicht gewürdigt wurde, wenn der Nachweis ohne Rekonstruktion der Hauptverhandlung geführt werden kann (BGH 29.10.2025 – 3 StR 487/24: Lichtbild; ebenso BGH 4 StrR 561/14; vgl. auch BGH NStZ 2025, 763). Zurückhaltender ist die Rspr. allerdings bei in der Hauptverhandlung in Augenschein genommenen Audio- und Videodateien und verweist insoweit zur Begründung der Unzulässigkeit der Rüge auf das Rekonstruktionsverbot (BGH NStZ 2025, 763: Audiodatei; BGH 18.12.2024 – 1 StR 293/24: Videoaufzeichnungen). Jedenfalls ist Revisionsvortrag dazu erforderlich, ob die unmittelbare Verwertung verlesener Vernehmungsniederschriften mit Rücksicht auf das Unmittelbarkeitsgebot (§ 250) überhaupt – zB nach § 253 – zulässig o. etwa die Nichtberücksichtigung dieses Beweisstoffes rechtlich geboten war (vgl. BGH BeckRS 2018, 28848).

Die Inbegriffsrüge, das Gericht habe es **unterlassen, einen gebotenen Augenschein durchzuführen,** setzt Vortrag dazu voraus, ob u. inwieweit dieses Beweismittel ggf. durch andere Beweismittel – va Zeugen o. Sachverständige – ersetzt worden ist (vgl. BGH BeckRS 2020, 22043: Inaugenscheinnahme der äußeren Form v. Schreiben). 49

Die Rüge, ein **Schöffe** habe **Einsicht in die Anklageschrift** mit dem wesentlichen Erg. der Ermittlungen genommen (→ § 200 Rn. 22), hatte nach früherer Ansicht des BGH als Verstoß gegen die Grundsätze der Mündlichkeit u. Unmittelbarkeit (→ Rn. 7) Erfolg, wenn der Schöffe v. dieser Darst. vor dem Abschluss der Urteilsberatung Kenntnis genommen hatte (BGHSt 13, 73 (75); Dallinger MDR 1973, 19 – BGH RsprÜ); richtigerweise ist das nur anzuerkennen, wenn besondere Umstände vorliegen, die eine Beeinflussung des Schöffen befürchten lassen (vgl. BGHSt 43, 360; BGH NJW 1987, 1209; dahingestellt von BGH NStZ-RR 2025, 146; Löwe/Rosenberg/Sander Rn. 31a; s. auch BGH NStZ-RR 2014, 251; erg. → § 200 Rn. 22; → GVG § 30 Rn. 2). 50

Die Verletzung von § 261 kann mit Erfolg gerügt werden, wenn Feststellungen, die möglicherweise für den **Schuld- oder Strafausspruch** von Bedeutung sein können, in der Hauptverhandlung nicht nach den Regeln des **Strengbeweises** getroffen wurden (vgl. BGH NStZ 2025, 61 f. mwN: dienstliche Erklärung des Richters oder StA; → § 244 Rn. 5 ff.). Grundsätzlich bedeutet dies, dass außerhalb der Hauptverhandlung erlangtes Wissen ohne förmliche Beweiserhebung nicht zum Nachteil des Angeklagten verwertet werden darf (BGH 28.5.2025 – 1 StR 116/25); eine Ausnahme gilt für offenkundige Tatsachen (dazu im Einzelnen → § 244 Rn. 50 ff.; zur Revision s. → § 244 Rn. 104a; BGH 28.5.2025 – 1 StR 116/25). 51

Zur Rüge der **Aktenwidrigkeit der Urteilsgründe** → § 337 Rn. 15a, 23. 52

Entscheidung zivilrechtlicher Vorfragen

262 (1) **Hängt die Strafbarkeit einer Handlung von der Beurteilung eines bürgerlichen Rechtsverhältnisses ab, so entscheidet das Strafgericht auch über dieses nach den für das Verfahren und den Beweis in Strafsachen geltenden Vorschriften.**

(2) **Das Gericht ist jedoch befugt, die Untersuchung auszusetzen und einem der Beteiligten zur Erhebung der Zivilklage eine Frist zu bestimmen oder das Urteil des Zivilgerichts abzuwarten.**

A. Anwendungsbereich (Abs. 1). Die **Entscheidung über bürgerliche Rechtsverhältnisse** (Abs. 1), v. deren Beurteilung die Strafbarkeit abhängt, ist grds. (wegen der Ausnahmen vgl. → Rn. 3, 11) Sache der Strafgerichte. Das gilt **über Abs. 1 hinaus** auch für auf anderen Rechtsgebieten liegende Vorfragen 1

(RGSt 39, 62 (64); 43, 373 (377); BayVerfGHE 16, 64; BayObLG NJW 1960, 1534; vgl. auch § 154d S. 1), zB steuerrechtliche Fragen (BGH NZWiSt 2019, 28). Für das Verf. u. den Beweis gelten die Vorschr. der StPO, insbes. der Amtsermittlungsgrundsatz u. der Grundsatz der freien Beweiswürdigung nach § 261 (RGSt 43, 373 (377)), so dass zivilrechtliche Beweisregeln wie §§ 891, 1006 Abs. 1 S. 1, 1362 BGB nicht anzuwenden sind (eing. dazu Weber FS Trusen, 1994, 591).

2 **B. Bindung an rechtskräftige Entscheidungen anderer Gerichte.** Eine Bindung an rechtskräftige Entscheidungen anderer Gerichte besteht im Strafverfahren grds. nicht.

3 **I. Rechtskräftige Zivilurteile.** Rechtskräftige Zivilurteile binden den Strafrichter, wenn sie Gestaltungsurteile (zB Ehescheidungs- o. Aufhebungsurteile) sind (RGSt 14, 364 (374); KK-StPO/Tiemann Rn. 5) o. sonst für u. gegen alle wirken, wie die Urt, die nach § 1600d BGB, §§ 640 ff. ZPO die Vaterschaft feststellen (BGHSt 26, 111; OLG Hamm JMBl. NRW. 1974, 19; OLG Stuttgart NJW 1973, 2305; OLG Zweibrücken MDR 1974, 1034; **aM** vgl. auch Eggert MDR 1974, 445).

4 Gestaltende Urteile, die die Rechtslage rückwirkend ändern, haben aber insoweit **keine bindende Wirkung.** Eine solche Wirkung fehlt auch allen Feststellungs- u. Leistungsurteilen. Wenn der Angeklagte v. einem Zivilgericht auf Zahlung v. Unterhalt verurteilt o. die Klage gegen ihn rkr. abgewiesen worden ist, enthebt das den Strafrichter daher in dem Verf. wegen Vergehens gegen § 170 StGB nicht der Pflicht, über die Frage der Unterhaltspflicht selbständig zu entscheiden, auch wenn das Urt. vor der Tat rkr. geworden ist (BGHSt 5, 106; BayObLG NJW 1967, 1287; OLG Bremen NJW 1964, 1286; OLG Celle NJW 1955, 563; OLG Hamm NJW 1954, 1340; OLG Oldenburg NJW 1952, 118; OLG Stuttgart NJW 1960, 2204). Entsprechendes gilt für andere Zivilurteile, die nicht für o. gegen alle wirken (Löwe/Rosenberg/Stuckenberg Rn. 14 ff.; **aM** Schwab NJW 1960, 2169). Der Tatrichter muss die Eigentumsfrage daher auch dann selbständig prüfen, wenn darüber schon ein Zivilgericht entschieden hat.

5 **II. Urteile anderer Gerichtszweige.** Auch an Urteile anderer Gerichtszweige ist das Strafgericht grds. nicht gebunden, selbst wenn sie in einem Verf. ergangen sind, in dem der Grundsatz der Amtsaufklärungspflicht gilt. Das gilt für alle Urteile der Finanz- u. Verwaltungsgerichte sowie für Urteile über arbeits- u. sozialrechtliche Vorfragen, sofern sie keine rechtsgestaltende Wirkung haben.

6 **III. Bindung an rechtskräftige Strafurteile.** Zur Bindung an rechtskräftige Strafurteile vgl. → Einl. Rn. 170.

7 **C. Verwaltungsakte.** Verwaltungsakte haben im sachlichen Strafrecht häufig eine **Tatbestandswirkung.** ZB setzen § 85 Abs. 1 Nr. 2 StGB u. § 20 Nr. 2 VereinsG voraus, dass die Verwaltungsbehörde ein Vereinsverbot nach § 3 VereinsG ausgesprochen o. eine Feststellung nach § 8 Abs. 2 S. 2 VereinsG getroffen hat. In solchen Fällen steht die Bindung an den Verwaltungsakt außer Frage (Löwe/Rosenberg/Stuckenberg Rn. 26). Anders ist es, wenn Schuld- o. Rechtsfolgenausspruch davon abhängen, dass ein Verwaltungsakt ergangen ist, ohne dass das zum ges. Tatbestand gehört.

8 Hier gilt der Grundsatz, dass der Strafrichter an **rechtsgestaltende Verwaltungsakte** gebunden ist, sofern sie nicht nach § 44 Abs. 1 VwVfG nichtig sind (BayVerfGHE 16, 64; Löwe/Rosenberg/Stuckenberg Rn. 17). Das gilt zB für die Verleihung der Beamteneigenschaft u. der deutschen Staatsangehörigkeit (KK-StPO/Tiemann Rn. 6), für die Tilgung v. Eintragungen im BZR (BGHSt 20, 205; RGSt 56, 68; Löwe/Rosenberg/Stuckenberg Rn. 20), für die Erteilung v. Patenten (RGSt 14, 262) u. die Eintragung in die Warenzeichenrolle (RGSt 48, 389 (391)). Gestaltende Verwaltungsakte iwS sind auch solche, die ein bestimmtes Handeln gebieten o. verbieten, für den Staatsbürger also Pflichten begründen. Der Strafrichter ist an sie ebenfalls gebunden, wenn sie nicht nichtig sind (OLG Celle NJW 1967, 743; 1967, 1623; OLG Hamburg JZ 1970, 586; OLG Hamm VRS 30,

478; OLG Karlsruhe NJW 1967, 1625). Wird ein Verwaltungsakt, dessen Nichtbeachtung strafbar ist, v. der Widerspruchsbehörde oder v. Verwaltungsgericht aufgeh., nachdem der Angeklagte gegen die darin enthaltene Weisung verstoßen hat, so ist das für den Strafrichter unbeachtlich; denn die spätere Aufhebung eines strafbewehrten Verwaltungsakts lässt die Strafbarkeit einer bereits vorher begangenen Zuwiderhandlung unberührt (BGHSt 23, 86 (91); BGH NJW 1982, 189; OLG Frankfurt a. M. GA 1987, 549; OLG Hamburg NJW 1980, 1007; OLG Karlsruhe NJW 1978, 116).

D. Aussetzung des Verfahrens (Abs. 2). Die Aussetzung des Verfahrens (Abs. 2) ist schon vor Erlass des Eröffnungsbeschlusses u. noch im Berufungsrechtszug zulässig (vgl. § 332), die Vorschr. ist aber entgegen der früher hM auch im Revisionsverfahren entspr. anwendbar (BayObLG NJW 1994, 2104; Jörgensen, Die Aussetzung des Strafverfahrens zur Klärung außerstrafrechtlicher Rechtsverhältnisse, 1991, S. 57, 350). Im Ermittlungsverfahren gilt § 154d. Eine Sonderregelung enthält § 396 **AO.** 9

I. Voraussetzung. Voraussetzung ist, dass die Strafbarkeit einer Handlung von der dem Strafrichter obliegenden Beurteilung eines außerstrafrechtlichen Rechtsverhältnisses abhängt, über das noch nrkr entschieden worden ist. Gleichgültig ist, ob es sich um ein **Rechtsverhältnis des bürgerlichen o. des öffentl. Rechts** handelt (Kaiser NJW 1961, 1190; → Rn. 1). Abs. 2 betr. aber nicht den Fall, dass Tatsachen, die für das Strafverfahren erheblich sind, auch in dem anderen Verf. Bedeutung haben; der Strafrichter darf die Feststellung solcher Tatsachen nicht dem anderen Verf. überlassen. Auch zu dem Zweck, die Entsch. eines anderen Strafgerichts o. die des GrS des BGH (so OLG Stuttgart StV 2004, 142) abzuwarten, darf die Aussetzung nicht beschlossen werden (Löwe/Rosenberg/Stuckenberg Rn. 44; ebenso für das Zivilrecht (§ 148 ZPO) Kähler NJW 2004, 1132). 10

II. Ermessen des Gerichts. Im Ermessen des Gerichts steht die Verfahrensaussetzung (BayVerfGHE 16, 64; OLG Düsseldorf StV 1995, 459 Ls.; SK-StPO/Velten Rn. 19). Maßgebend sind Art u. Bedeutung der Strafsache, das Gebot der Verfahrensbeschleunigung, die Schwierigkeit der Vorfrage u. ihre Bedeutung für das anhängige Verf. (KK-StPO/Tiemann Rn. 8; vgl. auch Kissel FS G. Pfeiffer, 1988, 196). Eine Rechtspflicht zur Aussetzung besteht, wenn eine entscheidungserhebliche Vorfrage nur v. dem anderen Gericht mit bindender Wirkung entschieden werden kann. 11

III. Frist zur Erhebung der Zivilklage. Eine Frist zur Erhebung der Zivilklage (Verwaltungsklage usw) kann nicht nur dem Beschuldigten, sondern jedem Verfahrensbeteiligten gesetzt werden, auch dem am Verf. beteiligten Verletzten, sogar einem Zeugen (Löwe/Rosenberg/Stuckenberg Rn. 51). Da die Klageerhebung keinen bes. Zeitaufwand erfordert, kann die Frist kurz bemessen werden. Eine Verpflichtung zur Klageerhebung begründet die Fristsetzung nicht; dem Bet., der die Klageerhebung unterlässt, entstehen Nachteile allenfalls bei der Beweiswürdigung (KK-StPO/Tiemann Rn. 10). Nach fruchtlosem Ablauf der Frist wird das Strafverfahren fortgesetzt. 12

IV. Gerichtsbeschluss. Durch Gerichtsbeschluss wird die Aussetzung auf Antrag o. vAw nach Anhörung der Prozessbeteiligten (§ 33 Abs. 1, Abs. 2) angeordnet. Einer Begründung bedarf der Aussetzungsbeschluss nicht, auch nicht der einen Aussetzungsantrag abl. Beschl. (RGSt 57, 44; **aM** KK-StPO/Tiemann Rn. 9; Löwe/Rosenberg/Stuckenberg Rn. 49). Eine Bindung an den formlos bekanntzumachenden Aussetzungsbeschluss besteht nicht. Das Gericht darf das Verf. jederzeit fortsetzen, wenn es das für angebracht hält (KMR-StPO/Stuckenberg Rn. 43). Das Ruhen der Verjährung nach § 78b Abs. 1 StGB bewirkt der Beschl. nicht (SK-StPO/Velten Rn. 26). 13

V. Bindung an das Urteil des Zivilgerichts. Eine Bindung an das Urteil des Zivilgerichts, das nach der Verfahrensaussetzung ergangen ist, besteht nur unter den o. (→ Rn. 2 ff.) bezeichneten allg. Voraussetzungen (RGSt 14, 364 (374); Bay- 14

ObLGSt 1952, 224; KK-StPO/Tiemann Rn. 3). Das Strafgericht ist aber berechtigt, sein Urt. auf die Entsch. des Zivilgerichts zu stützen; es braucht insbes. die Beweise, auf denen es beruht, nicht nochmals zu erheben, wenn es die Beweisaufnahme für ausreichend hält (diff. Jörgensen, Die Aussetzung des Strafverfahrens zur Klärung außerstrafrechtlicher Rechtsverhältnisse, 1991, S. 331 ff.).

15 **E. Rechtsbehelfe.** Der Aussetzungsbeschluss kann nur dann mit der **Beschwerde** nach § 304 angefochten werden, wenn geltend gemacht wird, dass die rechtlichen u. tatsächlichen Voraussetzungen des Abs. 2 nicht vorliegen u. die Aussetzung daher nur verfahrensverzögernd wirkt (vgl. OLG Düsseldorf MDR 1992, 989; OLG Frankfurt a. M. NJW 1966, 992; erg. → § 228 Rn. 16).

16 Die Anfechtung der Fristsetzung zur Klageerhebung ist mangels Beschwer ausgeschlossen, die Anfechtung des einen Aussetzungsantrag abl. Beschl. des erkennenden Gerichts nach § 305 S. 1 (RGSt 43, 179 (181); OLG Hamm NJW 1978, 283; s. auch VerfGH Bayern NJW 2000, 3705: Verfassungsbeschwerde unzulässig).

17 Die **Revision** kann darauf gestützt werden, dass das Gericht irrig v. einer Bindung an die Entsch. über das nichtstrafrechtliche Rechtsverhältnis ausgegangen ist. Dass die Aussetzung nach Abs. 2 abgelehnt worden ist, kann wegen des weiten Ermessens des Gerichts (→ Rn. 11) nicht mit Erfolg gerügt werden (Ernesti/Jürgensen SchlHA 1973, 187 – OLG Schleswig RsprÜ; AK-StPO/Moschüring Rn. 48).

Abstimmung

263 (1) **Zu jeder dem Angeklagten nachteiligen Entscheidung über die Schuldfrage und die Rechtsfolgen der Tat ist eine Mehrheit von zwei Dritteln der Stimmen erforderlich.**

(2) **Die Schuldfrage umfaßt auch solche vom Strafgesetz besonders vorgesehene Umstände, welche die Strafbarkeit ausschließen, vermindern oder erhöhen.**

(3) **Die Schuldfrage umfaßt nicht die Voraussetzungen der Verjährung.**

1 **A. Erforderliche Mehrheit.** Abweichend von § 196 Abs. 1 GVG bestimmt die Vorschr., dass bei jeder dem Angeklagten nachteiligen Entsch. über die Schuld- u. Rechtsfolgenfrage eine **Zweidrittelmehrheit** erforderlich ist. Sonst genügt stets die einfache Mehrheit, auch für die Verfahrensvoraussetzungen (Löwe/Rosenberg/Stuckenberg Rn. 16) u. die objektiven Bedingungen der Strafbarkeit (SSW StPO/Franke Rn. 7; **aM** KK-StPO/Tiemann Rn. 8; Mellinghoff Strafverfahren S. 117, 144; Roxin/Schünemann StrafVerfR § 48 Rn. 13), sowie für Einstellungen nach § 153a (**aM** Mellinghoff Strafverfahren S. 149). Über Beratung u. Abstimmung vgl. iÜ §§ 192–197 GVG. § 263 gilt auch im Berufungsrechtszug (§ 332). Wegen der Abstimmung beim Revisionsgericht vgl. → § 351 Rn. 7.

2 **B. Schuldfrage.** Die Schuldfrage ist bei der Abstimmung innerhalb einer Straftat iSd §§ 52 ff. StGB (Löwe/Rosenberg/Stuckenberg Rn. 5) **unteilbar;** es darf nicht nach einzelnen Tat- o. Rechtsfragen abgestimmt werden (BGH DRiZ 1976, 319; KK-StPO/Tiemann Rn. 3; ausf. Schmidt StPO/GVG GVG § 194 Rn. 13 ff.; vgl. auch Mellinghoff Strafverfahren S. 30 ff., 115 ff.). Das schließt zwar die Klärung v. Teilfragen, zB über die Glaubwürdigkeit v. Zeugen o. die Frage, auf welche Beweismittel o. -anzeichen die Entsch. gestützt werden soll, bei der Beratung durch Abstimmung (mit einfacher Mehrheit) nicht aus. Jedoch binden solche rein informatorischen Einzelabstimmungen bei der einheitlichen Abstimmung über die Schuldfrage nicht (BGH DRiZ 1976, 319; RGSt 8, 218 (220); 61, 217 (220 ff.)). Abgestimmt werden muss darüber, ob der Angeklagte einer bestimmten Straftat schuldig ist, nicht nur allg. über seine „Schuld" (KK-StPO/Tiemann Rn. 3).

3 Die Schuldfrage **umfasst nach Abs. 2** auch die v. Strafgesetz bes. vorgesehenen Umstände, die die Strafbarkeit ausschließen, vermindern o. erhöhen (Mellinghoff Strafverfahren S. 118 ff.). Die Abgrenzung v. der Rechtsfolgenfrage stimmt mit der

nach § 318 (→ § 318 Rn. 14 ff.) maßgebenden überein (OLG Bremen NJW 1953, 1034; Löwe/Rosenberg/Stuckenberg Rn. 2; **aM** OLG Hamm MDR 1954, 631 für § 157 StGB).

Umstände, die die Strafbarkeit ausschließen, sind alle Rechtfertigungsgründe (Notwehr, rechtfertigender Notstand, Einwilligung, Wahrnehmung berechtigter Interessen usw), auch soweit sie nicht im StGB vorgesehen sind, wie §§ 228, 904 BGB, § 127 Abs. 1 StPO, §§ 758, 758a ZPO, sowie alle Schuldausschließungsgründe (zB nach §§ 20, 33, 35 StGB) u. Strafaufhebungsgründe (zB nach §§ 24, 161 Abs. 2, 306e, 314a StGB). 4

Zu den **Umständen, die die Strafbarkeit vermindern,** gehören die im G tatbestandsmäßig festgelegten Privilegierungen, die die mildere Beurteilung des Grundtatbestandes zulassen (vgl. §§ 248a, 263 Abs. 4), sowie die in den §§ 157, 158, 213 Alt. 1, 216 StGB bezeichneten Umstände (Löwe/Rosenberg/Stuckenberg Rn. 8). 5

Umstände, die die Strafbarkeit erhöhen, sind die qualifizierend wirkenden Merkmale, zB die §§ 224–227 StGB ggü. § 223 StGB, die tätliche Begehung der Beleidigung nach § 185 StGB, die öffentl. Begehung der Beleidigung nach §§ 186, 187 StGB (BayObLG NJW 1961, 569), die gewerbs- u. gewohnheitsmäßige Begehung der Tat, das Handeln aus Gewinnsucht (BGHSt 3, 30) u. der Umstand, dass der Angeklagte als Amtsträger gehandelt hat (KK-StPO/Tiemann Rn. 6). Regelbeispiele für bes. schwere Fälle rechnen nur dazu, wenn sie als Grund der Straferhöhung tatbestandsmäßig festgestellt sind. Die nur idR straferhöhenden Umstände u. die unbenannten bes. schweren Fälle gehören zum Rechtsfolgenausspruch (Löwe/Rosenberg/Stuckenberg Rn. 10). 6

Die **Voraussetzungen der Verjährung (Abs. 3)** umfasst die Schuldfrage nicht (vgl. zu dieser nur historisch bedingten Vorschr. SK-StPO/Velten Rn. 14). 7

C. Rechtsfolgenausspruch. Zum Rechtsfolgenausspruch **gehören alle Sanktionen,** die im Strafverfahren festgesetzt werden können (Strafen, Nebenstrafen, Sicherungsmaßregeln, Geldbußen nach dem OWiG, Erziehungsmaßnahmen u. Zuchtmittel nach dem JGG). Darunter fällt auch die Entsch., ob Jugend- o. Erwachsenenstrafrecht anzuwenden ist (BGHSt 5, 207; BayObLGSt 1956, 7), ob ein minder schwerer Fall vorliegt o. ein durch Regelbeispiele beschriebener bes. schwerer Fall (Löwe/Rosenberg/Stuckenberg Rn. 9), ferner die Frage, ob § 47 StGB anzuwenden, UHaft anzurechnen, v. Strafe abzusehen, der Angeklagte für straffrei zu erklären (§ 199 StGB) o. Strafaussetzung zur Bewährung zu versagen ist (KK-StPO/Tiemann Rn. 7). Über die Strafe, Strafaussetzung, Maßregeln usw ist erforderlichenfalls gesondert abzustimmen (Mellinghoff Strafverfahren S. 40; 127 ff.). 8

D. Offenlegen des Abstimmungsergebnisses. Das Offenlegen des Abstimmungsergebnisses im Urt. o. in sonstiger Weise **verstößt idR gegen das Beratungsgeheimnis** (§ 43 DRiG) u. ist daher unzulässig (BGH DRiZ 1976, 319; vgl. auch OLG Hamm MDR 1964, 863; **aM** Mellinghoff Strafverfahren S. 175 ff., der sogar die Darlegung v. Abstimmungsverfahren u. -verhältnis in den Urteilsgründen fordert). Eine **Ausnahme** gilt, wenn das Tatgericht Abstimmungsfehler selbst entdeckt (KK-StPO/Tiemann Rn. 9) o. wenn die Art der Abstimmung den Gegenstand v. Meinungsverschiedenheiten unter den erkennenden Richtern bildet. Dann ist es angezeigt u. geboten, dass Anlass u. Art der Abstimmung, deren Reihenfolge u. die Stimmenverhältnisse in die Urteilsgründe aufgenommen werden, damit das Revisionsgericht das Abstimmungsverfahren prüfen u. ggf. eine auf einer fehlerhaften Abstimmung beruhende Entsch. aufheben kann (BGH DRiZ 1976, 319; RGSt 60, 295 (296); Alsberg Beweisantrag/Güntge Rn. 819). Dasselbe gilt, wenn ein überwiegendes Interesse an der Aufklärung eines schwerwiegenden Tatvorwurfs, insbes. einer Rechtsbeugung (§ 339 StGB), besteht (OLG Naumburg NJW 2008, 3585 mwN); für die Richter besteht insoweit nach hM aber nur ein Aussagerecht, nicht eine Aussagepflicht (OLG Naumburg NJW 2008, 3585; dagegen zutr. Erb NStZ 2009, 189: nur Aussageverweigerung nach § 55 bzw. § 136). 9

10 **E. Revision.** Die Revision kann darauf gestützt werden, dass die Abstimmung fehlerhaft war. Das darf aber nicht nur allg. gerügt, sondern muss mit bestimmten Tatsachen begründet werden (RGSt 61, 217; OLG Celle MDR 1958, 182). In der Regel steht der Aufklärung der Rüge das Beratungsgeheimnis nach § 43 DRiG entgegen. Die beteiligten Richter können aber selbst auf Abstimmungsfehler hinweisen (→ Rn. 9) o. auf das Revisionsvorbringen entspr. Angaben machen (KMR-StPO/Stuckenberg Rn. 21). Gerügt werden kann auch, dass eine Beratung u. Abstimmung überhaupt nicht stattgefunden habe (BGHSt 19, 156; BGH NJW 1987, 3210; OLG Köln StV 1996, 13: auch im Fall des § 329 Abs. 1). Jedoch unterliegt die Dauer der Urteilsberatung nicht revisionsrechtlicher Kontrolle (BGHSt 37, 141).

Gegenstand des Urteils

264 (1) **Gegenstand der Urteilsfindung ist die in der Anklage bezeichnete Tat, wie sie sich nach dem Ergebnis der Verhandlung darstellt.**

(2) **Das Gericht ist an die Beurteilung der Tat, die dem Beschluß über die Eröffnung des Hauptverfahrens zugrunde liegt, nicht gebunden.**

Übersicht

1 **A. Normzweck.** Die Tat im prozessualen Sinn ist Gegenstand des Strafverfahrens gegen einen Beschuldigten (vgl. § 155 Abs. 1). Sie bestimmt u. begrenzt den Prüfungsumfang des Gerichts (**Kognitionspflicht u. Kognitionsgrenze**). Sie legt dabei zugleich fest, wann die Verfahrenshindernisse der anderweitigen **Rechtshängigkeit** (→ Einl. Rn. 60b, 145) u. des **Strafklageverbrauchs** (BGH NJW 2025, 456 mwN); → Einl. Rn. 163 ff.) – vAw – zu beachten sind (vgl. Mosbacher JuS 2019, 766).

1a Der **Strafklageverbrauch** reicht so weit wie die Aburteilungsbefugnis des Gerichts (BGHSt 29, 288 (292)). Bei der Bestimmung seiner Reichweite sind auch Gesichtspunkte des Vertrauensschutzes mit einzubeziehen (BGH NJW 2025, 456 mwN). Grundlage für ein berechtigtes Vertrauen des Angeklagten im Zweitverfahren ist der dem Erstverfahren zugrundeliegende tatsächliche Lebenssachverhalt, vor allem die in der Anklageschrift angeführte prozessuale Tat (→ Rn. 2 ff.; → Rn. 18 zu §§ 129, 129a StGB; BGH NJW 2025, 456).

1b Der Tatbegriff des § 264 ist grds. der gleiche wie in Art. 103 Abs. 3 GG (BVerfGE 45, 434; BGHSt 32, 146 (150); erg. → Einl. Rn. 168, 171 ff.), § 200 Abs. 1 (→ § 200 Rn. 7 ff.) u. §§ 154, 155 (BGHSt 25, 388 (390)). Wird das Verf.

gegen mehrere Beschuldigte geführt, so hat es die Taten jedes Beschuldigten zum Gegenstand, selbst wenn sie zu demselben geschichtlichen Vorgang gehören (was zu bes. ges. Folgen führen kann, zB §§ 2–4, 60 Nr. 2, 466).

B. Prozessualer Tatbegriff. Die prozessuale Tat wird als **einheitlicher geschichtlicher Vorgang** definiert, der sich v. anderen ähnlichen o. gleichartigen unterscheidet (BGHSt 22, 375 (385); BGH StV 1991, 245; 2015, 675), u. innerhalb dessen der Angeklagte einen Straftatbestand verwirklicht hat o. haben soll (BGHSt 29, 341 (342); 32, 215 (216); 59, 4 (8); BGH NStZ 2020, 46). 2

I. Einheitlicher Lebensvorgang. Den Rahmen bietet das **tatsächliche Geschehen, wie es die Anklage beschreibt** (BGH NStZ 2019, 354). Zur Tat gehört (ohne Rücksicht darauf, ob sachlichrechtlich Tateinheit o. Tatmehrheit vorliegt; aber → Rn. 12 ff., 16 ff.) aber auch das gesamte Verhalten des Täters, soweit es nach natürlicher Auff. einen einheitlichen Lebensvorgang darstellt (BGHSt 13, 320; 60, 62; BGH NStZ 2017, 303; 2021, 120), dessen getrennte Aburteilung zu einer Aufspaltung eines zusammengehörenden Geschehens führen würde (BGH NJW 2025, 456; NStZ 2019, 354; vgl. auch BGH 9.11.2022 – 2 StR 368/21; erg. → § 200 Rn. 7 ff.). Die Frage der Einheitlichkeit des Lebensvorgangs bestimmt sich nach den Umständen des Einzelfalls auf der Grdl. der Erg. der durchgeführten Beweisaufnahme (vgl. BGH NStZ 2021, 120). In der Regel wird die prozessuale Tat durch Tatort, Tatzeit u. das Tatbild umgrenzt u. insbes. durch das Täterverhalten sowie die ihm innewohnende Angriffsrichtung bestimmt (BGHSt 35, 60 (64); BGH NJW 2022, 2349; NStZ 2020, 46; NStZ-RR 2020, 377). Liegen nach dieser Maßgabe verschiedene Lebenssachverhalte und mithin mehrere selbständige prozessuale Taten vor, so sind diese nur dann vollumfänglich Gegenstand der Urteilsfindung, wenn sich nach dem aus der Anklageschrift erkennbaren Willen der Staatsanwaltschaft ergibt, dass sie sämtlich einer Aburteilung zugeführt werden sollen (BGH 27.5.2025 – 3 StR 594/24 mwN). Ändert sich im Laufe des Verfahrens das Bild des Geschehens, wie es in Anklage u. Eröffnungsbeschluss umschrieben ist, so kommt darauf an, ob die Tat trotz der Veränderung des Tatbildes noch als „nämliche" zu beurteilen ist, dh, ob bestimmte Merkmale sie weiterhin als einmaliges u. unverwechselbares Geschehen kennzeichnen (BGH NStZ 2020, 46 mwN; erg. → Rn. 24 ff.). 3

Die **innere Verknüpfung mehrerer Vorgänge** muss so sein, dass ihre getrennte Aburteilung in verschiedenen erstinstanzlichen Verf. einen einheitlichen Lebensvorgang unnatürlich aufspalten würde (BVerfGE 45, 434; BGHSt 23, 141; 29, 288 (293); BGH NJW 2025, 456; 2022, 2349; BayObLG NJW 1984, 187; OLG Braunschweig NStZ-RR 1997, 80; OLG Celle NJW 1992, 190; OLG Düsseldorf NJW 1983, 768; OLG Hamm StV 1984, 15; OLG Jena NStZ 1999, 516 sowie OLG Köln NStZ 1988, 568 u. BayObLGSt 2001, 134 zu mehreren Verkehrsverstößen bei einer einheitlichen Fahrt). Sie muss sich jedoch aus den Ereignissen selbst ergeben, wird also nicht allein dadurch begründet, dass eine Handlung, etwa zum besseren Verständnis der gesamten Umstände, in der Anklageschrift erwähnt wird (BGHSt 13, 21 (25); 41, 292 (297); BGH NStZ 1996, 563; vgl. auch BGHSt 32, 146 (149): Erwähnung v. Angaben des Angeklagten vor der Polizei). Insofern indiziert ein enger zeitlicher, örtlicher u. sachlicher Zusammenhang eine prozessuale Tat, wenn er ihn auch nicht für sich allein begründet (BGHSt 34, 14 (18)). Neben den äußeren Umständen der Tat ist ggf. ein innerer – motivatorischer – Zusammenhang zu berücksichtigen (BGH NJW 2022, 2349). Auch eine größere zeitliche Abweichung der Tat v. dem in der Anklage angenommenen Zeitpunkt kann unschädlich sein (OLG Hamm NStZ-RR 1997, 79). Andererseits genügt es nicht, dass sich das angeklagte Geschehen wiederholt, mithin sowohl zum in der Anklage genannten als auch zu einem weiteren Zeitpunkt ereignet hat (BGH BeckRS 2008, 11776); vielmehr muss die Identität der Tat gewahrt bleiben (BGH NStZ 2012, 168). 4

Der **persönliche Zusammenhang iSd § 3 genügt nicht,** um Tatidentität zu begründen (→ § 3 Rn. 2; BGHSt 13, 21 (25); BGH NStZ 1984, 469). Auch der 5

Umstand, dass der Täter dieselbe Gelegenheit (zB sein Angestelltenverhältnis) o. denselben Partner benutzt hat, um seine Handlungen auszuführen, reicht für sich allein nicht aus, ebenso nicht, dass sich die Tat an einem anderen Tag gegen dasselbe Objekt gerichtet hat (BGHR StPO § 264 Abs. 1 Tatidentität 29), es sei denn, die Tat ist unabhängig v. der Tatzeit nach anderen Merkmalen unverwechselbar individualisiert (BGH NStZ-RR 2004, 146 Ls.).

6 Bei **sukzessiver Tatbestandsverwirklichung,** dh wenn der deliktische Erfolg erst nach u. nach durch mehrere Handlungen herbeigeführt wird – wie etwa beim „Quälen“ in § 225 Abs. 1 StGB o. dem „Nachstellen“ in § 238 Abs. 1 StGB – schließt die vorherige Verurteilung wegen einer Handlung (zB einer Körperverletzung) eine neue Anklage u. etwaige Verurteilung wegen dieser Straftatbestände trotz möglicher tateinheitlicher Begehung mit der bereits abgeurteilten Tat nicht aus, wenn sie auf andere geschichtliche Vorgänge gestützt ist (Mutzbauer FS Fischer, 2018, 751 (760)).

6a Eine **Inlandstat iSd §§ 3, 9 StGB** ist nicht allein tatbestandsbezogen zu verstehen, sondern umfasst regelmäßig die im Rahmen desselben Lebensvorgangs verwirklichten Delikte und führt auch für diese zur Anwendung deutschen Strafrechts (BGH NStZ 2023, 478 (480); LK-StGB/Werle/Jessberger StGB Vor §§ 3 ff. Rn. 338). Bei Auslandstaten mit besonderem Inlandsbezug und gegen international geschützte Rechtsgüter iSd §§ 5 und 6 StGB wertet der BGH dagegen den Anwendungsbereich dahin als tatbestandsbezogen, als das tateinheitliche Zusammentreffen eines der enumerativ aufgeführten Delikte mit einem anderen Delikt für dieses grds. nicht die Geltung des deutschen Strafrechts begründet (BGHSt 40, 125, 132 f.; 34, 1; vgl. auch BGH NStZ 2023, 478 (480) mwN u. mAnm Lenk JZ 2024, 360).

7 **II. Beispiele. Generalisierende Kriterien lassen sich kaum aufstellen;** maßgeblich sind die tatsächlichen Verhältnisse des Einzelfalls (BGH BeckRS 2017, 149147). Dabei ist auch der der konkret in Rede stehende Straftatbestand zu berücksichtigen (vgl. BGH NJW 1992, 1776 zum Verrat v. Geschäfts- o. Betriebsgeheimnissen; BGH wistra 2003, 385 zur Vorteilsgewährung; BGH NStZ 2013, 546 zu mehreren zeitlich verschiedenen Anbau u. Ernten v. Cannabis; BGH StraFo 2008, 383 zu mehreren zeitlich aufeinanderfolgenden Schüssen o. Messerstichen auf verschiedene Personen; BGH NStZ 2009, 585 zur Anstiftung u. zuvor versuchten Kettenanstiftung). Im Steuerstrafverfahren wird etwa die prozessuale Tat durch die einschlägige Blankettvorschrift iVm den sie ausfüllenden Regelungen des Steuerstrafrechts bestimmt (BGH NStZ 2016, 296 (298)).

8 Es **handelt sich zB um eine Tat,** wenn ein Kraftfahrer vor der Polizei flieht u. nach erzwungenem Anhalten alsbald Widerstand leistet (OLG Stuttgart MDR 1975, 423), ebenso wenn aus Anlass der Ahndung einer Verkehrs-OWi unmittelbar danach eine Beleidigung des Polizeibeamten begangen wird (KG StV 2020, 578); ebenso sind die Brandstiftung u. der darauf beruhende Betrug zum Nachteil der Vers. idR eine Tat (BGHSt 45, 211; BGH wistra 2002, 154; NStZ 2006, 350), Herstellen v. Falschgeld u. späteres Inverkehrbringen (BGH wistra 1993, 193), vorsätzliche Körperverletzung u. unterlassene Hilfeleistung (BGHSt 16, 200). Ein einheitlicher geschichtlicher Vorgang ist regelmäßig anzunehmen, wenn zeitlich spätere Handlungen auf die Verwertung der Tatbeute gerichtet sind (BGH 30.9.2020 – 5 StR 99/20: Untreue und Betrug; BayObLG 14.10.2025 – BeckRS 2025, 27779). Zur Tatidentität zwischen Vortat (Betrug) u. Geldwäsche (§ 261 StGB) vgl. BGH NStZ 2012, 321. Auch Tun u. Unterlassen können zusammen gehören (BGH NStZ 1984, 469), zB Körperverletzung u. unterlassene Hilfeleistung (OLG Celle NJW 1961, 1080; vgl. aber dagegen BGHR StPO § 264 Abs. 1 Tatidentität 46: Brandstiftung u. unterlassene Hilfeleistung), ferner gefährliche Körperverletzung u. Totschlag (BGH NStZ-RR 2009, 289) sowie der Vorwurf, eine Katalogtat iSd § 138 StGB nicht angezeigt o. sie begangen zu haben (BGH NStZ 1993, 50 mwN). Bei enger räumlicher u. zeitlicher Verknüpfung wird auch nur eine Tat im prozessualen Sinn vorliegen, wenn der Täter entweder an einem Raub

o. einem Betrug bet. war o. sich nur bei der Beuteteilung der Hehlerei schuldig gemacht hat (BGHSt 35, 86 (88); BGH NStZ 1989, 266). Unter diesen Voraussetzungen kann auch ein **Beitrag im Vorbereitungsstadium** mit dem nachfolgenden Tatgeschehen unter Berücksichtigung des motivatorischen Zusammenhangs eine einheitliche Tat bilden (BGH NJW 2022, 2349: Auskundschaften des Tatorts und Raubüberfall). Weitere Bsp. aus der Rspr. bei KK-StPO/Tiemann Rn. 12, 13.

Bei Anklage wegen **Hehlerei** kann aber regelmäßig nicht eine prozessuale Tat mit dem vorangegangenen Raub angenommen werden (BGHSt 35, 60 (64); Löwe/Rosenberg/Stuckenberg Rn. 109; **aM** Gillmeister NStZ 1989, 4, der aber unzutr. davon ausgeht, dass mit der Anklage wegen Hehlerei dem Gericht der gesamte Vortat-Sachverhalt zur Beurteilung unterbreitet ist). Eine generell einheitliche Betrachtungsweise ist in diesen Fällen entgegen Wolter NStZ 1988, 457 weder möglich noch geboten. Falls der Angeklagte entweder eines Diebstahls o. einer Hehlerei bzw. einer Unterschlagung (OLG Oldenburg NStZ-RR 2011, 282) schuldig ist, kommt es ebenfalls darauf an, ob die beiden Taten nach Tatzeit, Tatort, Tatobjekt u. Tatbild (vgl. BGHSt 36, 151 (154)) einen einheitlichen geschichtlichen Vorgang bilden (BGH NStZ 1999, 363; wistra 2008, 22 (25); OLG Celle NJW 1988, 1225; OLG Düsseldorf NStZ-RR 1999, 304; Döllel/Dreeßen SchlHA 2007, 288 – OLG Schleswig RsprÜ; **aM** die ältere Rspr. vgl. BGHSt 35, 172 (174)). 9

Keine Tatidentität besteht hingegen bei Anklage wegen Betrugs u. Verurteilung nach § 145d StGB (BGH NStZ 1992, 555) o. nach § 246 StGB (OLG Zweibrücken StraFo 2009, 423), auch nicht bei Anklage wegen einer Verkehrsstraftat u. Verurteilung nach § 145d StGB (OLG Celle Nds. Rpfl. 1997, 264). Mehrere prozessuale Taten sind anzunehmen bei wiederholter Anstiftung nach Fehlschlag (BGHSt 44, 91), bei unterschiedlichen Zeugenaussagen bei verschiedenen Gelegenheiten (BGHSt 32, 146), bei Bestechlichkeit u. Steuerhinterziehung (BGHR StPO § 264 Abs. 1 Tatidentität 14), Bestechung u. Betrug (BGHSt 43, 96 (98)). Weitere Bsp. aus der Rspr. bei KK-StPO/Tiemann Rn. 15, 16. 10

C. Verhältnis zum materiellen Recht. Im Verhältnis zum materiellen Recht ist der prozessuale Tatbegriff **selbstständig.** Die Prüfung prozessualer Tatidentität hat ebenso wie diejenige der materiellrechtlichen Konkurrenz für jeden Bet. gesondert zu erfolgen (BGH VRS 83, 188). 11

I. Tateinheit. Tateinheit iSd § 52 StGB stellt allerdings idR, wenn auch nicht immer, auch eine einheitliche prozessuale Tat dar (stRspr, vgl. nur BGHSt 41, 385 (389); BGH 27.5.2025 – 3 StR 594/24; BeckRS 2020, 42039; 16.5.2023 – 6 StR 545/22). Dies gilt grds. auch für die natürliche Handlungseinheit (s. etwa BGHSt 22, 67 (76): Polizeiflucht) u. die Bewertungseinheit (BGHSt 41, 385 (394); BGH NStZ-RR 2018, 351; KK-StPO/Tiemann Rn. 11; zu **Ausnahmen** und Besonderheiten bei Dauerdelikten u. Organisationsdelikten → Rn. 16 ff.). 12

Allerdings erscheint dies **in Fällen zweifelhaft,** in denen mehrere zeitlich u. örtlich weit auseinanderliegende Tathandlungen aufgrund Besonderheiten der Tatbestandsfassung zu einer Tat im Rechtssinne zusammengefasst werden. Dies gilt etwa für den v. vorneherein geplanten mehrfachen Gebrauch einer gefälschten Urk. (vgl. BGH NStZ 2018, 468) o. Kommissionsgeschäfte im Betäubungsmittelhandel (vgl. BGH NStZ 2019, 89 (GSSt)). Die Annahme einer Kongruenz zwischen Tateinheit u. einer prozessualen Tat im Rechtssinne würde etwa im Bsp. des Kommissionsgeschäftes zu dem unhaltbaren Erg. führen, dass die Aburteilung wegen eines Umsatzgeschäftes Rechtskraft bzgl. aller weiteren bewirkte u. umgekehrt die Anklage wegen lediglich eines Teilgeschäftes die Aburteilungsbefugnis für alle anderen umfasste (zutr. Mosbacher JuS 2019, 766 (767)). 12a

In Fällen der **mitbestraften Vor- oder Nachtat** ist dagegen unumstr., dass zeitlich v. der angeklagten Tat verschiedene Vorbereitungs-, Verwertungs- o. Sicherungshandlungen prozessual selbständige Taten darstellen (KK-StPO/Tiemann Rn. 11; Löwe/Rosenberg/Stuckenberg Rn. 114). 12b

13 Tateinheit u. **eine Tat im prozessualen Sinne liegt etwa** bei Zusammentreffen v. **Betäubungsmitteldelikten und Verstößen nach dem WaffG** vor, wenn die maßgeblichen Tatbestände wenigstens teilw. durch ein u. dieselbe Handlung verwirklicht worden sind; bloße Gleichzeitigkeit reicht nicht aus (BGH NStZ-RR 2013, 82). Es darf sich nicht um ein zufälliges Zusammentreffen verschiedener Delikte handeln, vielmehr ist ein funktionaler Zusammenhang bzw. eine zweckgebundene Verknüpfung der Handlungen erforderlich (OLG Hamm NStZ 2019, 695). So ist bei der zeitgleichen Aufbewahrung v. Waffen u. BtM für die Annahme v. Tateinheit u. einer prozessualen Tat ein funktionaler Zusammenhang zwischen beiden Besitzlagen notwendig (BGH NStZ-RR 2013, 82).

14 **II. Tatmehrheit. Sachlichrechtlich selbständige Taten** sind dagegen regelmäßig, wenn auch nicht immer, auch prozessual selbständig (BGHSt 35, 14 (19); 36, 151 (154); BGH NStZ 2019, 354; BeckRS 2009, 10281: zeitlich zusammentreffende Körperverletzung zweier Personen; OLG Stuttgart NJW 2021, 2596). Die Annahme einer einheitlichen prozessualen Tat bei Vorliegen materiell-rechtlicher Tatmehrheit kommt nur in Betracht, wenn die einzelnen Handlungen nicht nur äußerlich ineinander übergehen, sondern wegen der ihnen zugrundeliegenden Vorkommnisse unter Berücksichtigung ihrer strafrechtlichen Bedeutung im Sinne eines „inneren Beziehungs- und Bedingungszusammenhangs" (OLG Stuttgart NJW 2021, 2596) auch innerlich derart miteinander verknüpft sind, dass der Unrechts- u. Schuldgehalt der einen Handlung nicht ohne die Umstände, die zu der anderen Handlung geführt haben, richtig gewürdigt werden kann u. ihre getrennte Würdigung u. Aburteilung als unnatürliche Aufspaltung eines einheitlichen Lebensvorgangs empfunden wird (BGH NJW 2025, 456 mwN; 27.5.2025 – 3 StR 594/24; NZWiSt 2017, 74; OLG Stuttgart NJW 2021, 2596, 2597: § 113 StGB nach vorläufiger Festnahme aufgrund einer unmittelbar vorangegangenen Trunkenheitsfahrt; KG NZV 2019, 264: VerkehrsOWi und Beleidigung). Zu Ausnahmen bei den Organisationsdelikten → Rn. 18.

14a Im **Steuerstrafrecht** sind unrichtige Angaben in einer Erklärung zur gesonderten und einheitlichen Feststellung von Besteuerungsgrundlagen (§ 181 Abs. 2 Nr. 1 AO) und solche in einer denselben Veranlagungszeitraum betreffenden Einkommensteuererklärung (§ 25 Abs. 1 EStG, § 56 EStDV) nach der Rspr. des BGH unter ausdr. Ablehnung einer Bewertungseinheit eigenständige Taten im materiellen wie im prozessualen Sinn; dies gilt auch dann, wenn die unrichtigen Angaben in beiden Erklärungen dieselben Besteuerungsgrundlagen betreffen und der Grundlagenbescheid (§ 180 Abs. 1 Nr. 2a) AO) gem. § 182 Abs. 1 Bindungswirkung für die Einkommensteuerveranlagung entfaltet (BGH NJW 2025, 2412). Dasselbe gilt für das Verhältnis der Taten zueinander, wenn Erklärungen pflichtwidrig nicht abgegeben worden sind (BGH 30.4.2025 – 1 StR 39/25), ebenso für unrichtige, unvollständige o. unterlassene Umsatzsteuervoranmeldungen und die denselben Besteuerungszeitraum betr. unrichtige, unvollständige o. unterlassene Umsatzsteuerjahreserklärungen – BGH 10.12.2025 – 1 StR 387/25).

15 **Wahldeutig angeklagte Straftaten** sind prozessual selbständig (BGHSt 38, 172; BGH NStZ 1998, 635; 2011, 510). Eine (auch wahldeutige) Verurteilung (dazu → § 260 Rn. 27) zB wegen Diebstahls o. Hehlerei o. wegen Betrugs u. Computerbetrugs (BGH NStZ 2014, 42) kann nur erfolgen, wenn beide Taten angeklagt worden sind (OLG Köln StV 2016, 218). Dasselbe muss bei Anklage wegen Diebstahls u. Verurteilung wegen Begünstigung gelten (vgl. BGHSt 35, 80; OLG Frankfurt a. M. NStZ 1988, 92; OLG Köln NJW 1990, 587). Ist das tatsächliche Geschehen aber in der Anklageschrift umfassend dargestellt, so ist andererseits auch eine gegensätzliche rechtliche Wertung erlaubt (BayObLG NJW 1989, 2828: Anklage wegen § 99 Abs. 1 StGB, Verurteilung wegen § 145d StGB).

16 **III. Dauerdelikte, Organisationsdelikte. Dauerdelikte** führen im Grundsatz zur Annahme einer prozessualen Tat. Ihre Aburteilung verbraucht daher alle während des Dauerdelikts begangenen Einzelakte, weshalb diese auch nicht mehr unter einem anderen strafbaren Gesichtspunkt, nämlich tateinheitlich mit der

anderen Straftat verfolgt werden können (BGH NJW 1954, 1577; KK-StPO/Tiemann Rn. 17). Diese Konsequenz widerspricht allerdings materiellen Gerechtigkeitserwägungen, wenn es sich um **Zustandsdelikte mit einem deutlich höheren Unrechtsgehalt** handelt, deren Aburteilung nicht möglich war, weil die Umstände der Tatbegehung nicht bekannt waren (→ Rn. 17a).

Es kann sich nach der Rspr. aber auch um **zwei Taten im prozessualen Sinn** handeln, wenn iRe Dauerstraftat in Tatmehrheit mit dieser andere Straftaten begangen werden. Dies wird angenommen, wenn die natürliche Betrachtung u. der Grundsatz gerechter Gesetzesanwendung eine getrennte Würdigung u. Aburteilung verlangen (BVerfGE 45, 434; BGH NStZ 2004, 694: unerlaubter Besitz v. Betäubungsmitteln u. Führen eines Kfz unter Wirkung v. berauschenden Mitteln ohne innere Beziehung – anders aber bei einer solchen, BGH NStZ 2012, 709 – zueinander, ebenso KG NStZ-RR 2012, 155 u. OLG Hamm NStZ-RR 2010, 154 Ls.; abl. hingegen Stuckenberg FS v. Heintschel-Heinegg, 2015, 435; vgl. ferner BGHSt 25, 72: Trunkenheitsfahrt u. anschließendes unerlaubtes Entfernen v. Unfallort; KG NStZ-RR 2008, 48: Besitz v. Betäubungsmitteln u. von explosionsgefährlichen Stoffen; zum Zusammentreffen v. Verstößen gegen das BtMG u. gegen das WaffG → Rn. 13 sowie Wesemann/Voigt StraFo 2010, 452; zum Ganzen KK-StPO/Tiemann Rn. 17 f. mit weiteren Bsp.). 17

Diese Bewertung ist insbes. dann gerechtfertigt, wenn diese anderen Straftaten das **strafrechtliche Gewicht der Dauerstraftat erheblich übersteigen** (BGH NStZ 1996, 41: Fahren ohne Fahrerlaubnis bei Flucht nach einer räuberischen Erpressung; BGHSt 36, 151: Waffenbesitz u. schwere räuberische Erpressung; vgl. auch BGH NJW 2025, 456 zu §§ 129, 129a StGB → Rn. 18a; diff. Beulke/Swoboda StrafProzR Rn. 792, krit. jedoch Beulke FS BGH IV, 2000, 805; ebenso BGH NStZ-RR 1999, 8 für Übergang v. der abstrakten Gefährlichkeit zur konkreten Gefährdung bei einer Rauschtat; OLG Hamburg NStZ-RR 1999, 247 zum Verstoß gegen eine Aufenthaltsbeschränkung nach dem AsylG u. einem Diebstahl – ebenso OLG Celle NStZ-RR 2010, 248 – sowie OLG Stuttgart Justiz 2001, 497 beim Verstoß gegen AsylG u. WaffG gegen OLG Stuttgart NStZ-RR 1996, 173; vgl. ferner BGHSt 60, 198 (201) zum Umgang mit explosionsgefährlichen Stoffen; vgl. auch BGHSt 48, 153 = NStZ 2003, 678 mit insoweit abl. Anm. Loos; abl. auch Ziemann JR 2006, 414: Völkermord im Verhältnis zu den einzelnen Mordtaten). 17a

Für die sog. **Organisationsdelikte** (zB §§ 129, 129a StGB) folgert der BGH aus deren Wortlaut und Tatbestandsstruktur, dass die materiell-rechtliche Tat prinzipiell die gesamte Beteiligung des Mitglieds umfasst. Der Tatbestand der mitgliedschaftlichen Beteiligung an einer terroristischen o. kriminellen Vereingung verbindet grds. alle von dem Mitglied in deren Interesse ausgeführten Handlungen zu einer einzigen Tat im sachlich-rechtlichen Sinne; weitere hierdurch verwirklichte Tatbestände werden zu Tateinheit verklammert (BGH NJW 2025, 456 unter Aufgabe von BGHSt 60, 308 (318)). Nur wenn mindestens zwei andere, durch verschiedene Beteiligungsakte begangene Gesetzesverstöße ein – mehr als unwesentlich – höheres Gewicht als das Vereinigungsdelikt haben, stehen sie, obwohl sie mit diesem jeweils tateinheitlich zusammenfallen, in Tatmehrheit zueinander (BGH NJW 2025, 456 unter Aufgabe von BGHSt 60, 308). Das hat zur Folge, dass mitgliedschaftliche Beteiligungsakte, die zugleich einen anderen Straftatbestand als den des Organisationsdeliktes verwirklichen, idR in Tateinheit zu diesen stehen. 18

Ungeachtet dessen kann der Beteiligungsakt eines Vereinigungsmitglieds, der ein weiteres Strafgesetz verletzt, im Verhältnis zur bereits abgeurteilten idealkonkurrierenden mitgliedschaftlichen Beteiligung als **verfahrensrechtlich selbständig** zu beurteilen sein, wenn er sich von den vereinigungsbezogenen Betätigungen, die dem Mitglied in dem abgeschlossenen Verfahren zur Last lagen, in seiner Qualität wesentlich abhebt (BGH 14.11.2024 – 3 StR 189/24). So liegt es nach Ansicht des BGH jedenfalls, wenn das nachträglich hervorgetretene Verhalten noch einen anderen Straftatbestand erfüllt; nicht maßgeblich soll sein, ob eine mit einem mitgliedschaftlichen Beteiligungsakt zusammenfallende weitere Straftat schwerer wiegt als das Vereinigungsdelikt (BGH NJW 2025, 456 gegen BGHSt 29, 288; 18a

Löwe/Rosenberg/Stuckenberg § 264 Rn. 85). Der Gedanke des Vertrauensschutzes (→ Rn. 1) steht dem nicht entgegen. Ein Angeklagter darf erst dann darauf vertrauen, mit seiner rechtskräftigen Verurteilung wegen mitgliedschaftlicher Beteiligung sei eine nicht berücksichtigte in Tateinheit mit einem Beteiligungsakt begangene andere Straftat miterledigt, wenn dieses strafbare Verhalten in seiner konkreten Ausgestaltung festgestellt worden oder wenigstens Gegenstand von gerichtlichen Feststellungsversuchen gewesen ist, sei es unter dem Gesichtspunkt des Vereinigungsdelikts (BGH NJW 2025, 456 mwN).

18b Der in tatsächlicher Hinsicht nicht identische, anderweitig strafbare und somit prozessual selbständige Beteiligungsakt kann trotz der vorangegangenen Verurteilung im neuen Verfahren zu einem **Schuldspruch** führen, der nicht nur auf das weitere Delikt, sondern nochmals auf die **mitgliedschaftliche Beteiligung** lautet (BGH 14.11.2024 – 3 StR 189/24). Wenn danach eine neue Verurteilung Zuwiderhandlungen gegen das Vereinigungsverbot der §§ 129 ff. StGB einschließen kann, sind die Zuständigkeitsvorschriften der §§ 74a Abs. 1 Nr. 4, Abs. 2, 120 Abs. 1 Nr. 6, Abs. 2 S. 1 Nr. 1, 142a **GVG** anwendbar (BGH NJW 2025, 456).

18c Hat bei einer durch mehrere Personen ausgeführten Deliktsserie ein Tatbeteiligter einen Beitrag zum Aufbau o. zur Aufrechterhaltung der auf Straftaten ausgerichteten Struktur erbracht, werden die Einzeltaten zu einem sog. **uneigentlichen Organisationsdelikt** zusammengefasst, durch welches sie für den im Hintergrund Tätigen zu einer Tat zusammengeführt werden (BGH NZWiSt 2017, 190 (193): Lastschriftenreiterei).

19 Ob eine Dauerstraftat dagegen **zwei sonst selbständige Taten** verfahrensrechtlich zu einer Tat verbinden kann (so BGHSt 6, 92 (96 f.)), ist im Einzelfall nach natürlicher Betrachtung zu entscheiden. Die Frage ist nach der Rspr. jedenfalls zu verneinen, wenn die Dauerstraftat im Vergleich zu den anderen Straftaten minder schwerer Art ist. ZB können zwei voneinander unabhängige Unfallgeschehen durch Trunkenheitsfahrt o. zwei schwere Diebstähle durch Fahren ohne Fahrerlaubnis nicht zu einer Tat zusammengefasst werden (BGHSt 23, 141; vgl. auch BGH NStZ 1997, 508; OLG Düsseldorf NStZ-RR 1999, 176: Förderung der Prostitution u. Zuhälterei ggü. Menschenhandel). Besteht zwischen diesen schwereren Straftaten keine Tatidentität, so kann jede v. ihnen – jew. in Tateinheit mit der minder schweren Dauerstraftat – Gegenstand einer Teilanfechtung (Teilrechtskraft), ja sogar eines bes. Verfahrens sein (BGHSt 23, 141; BGH NStZ 1997, 508). Ergänzend → Einl. Rn. 175, 175a.

20 **D. Gegenstand der Urteilsfindung.** Die **in der Anklage bezeichnete Tat,** wie sie sich **nach dem Erg. der HV** darstellt, ist Gegenstand der Urteilsfindung. Verfahrensgegenstand sind nur Taten einer bestimmten Person; daher bleibt die Tat im prozessualen Sinn stets auf die in der Anklageschrift als Angeschuldigter bezeichnete Person bezogen (BGH NStZ-RR 2016, 316). Die Tat ist unter allen rechtlichen Gesichtspunkten abzuurteilen (BGH NStZ 2014, 599). Speziell zur gerichtlichen Kognitionspflicht beim Vorwurf der Insolvenzverschleppung BGH NStZ 2018, 347.

21 Die **Anklage,** die Prozessvoraussetzung ist, ist **maßgebend** dafür, was dem Gericht zur Untersuchung u. Entsch. unterbreitet ist (BGHSt 43, 96; BGH NStZ 1999, 206); die Anklage muss daher die strafbare Handlung nach Ort, Zeit o. sonst in konkretisierbarer Weise schildern (BGH NJW 1991, 2716; 1994, 2966; wistra 2003, 111; OLG Hamm NStZ-RR 1997, 139; näher → § 200 Rn. 7, 8); dabei ist eine unrichtige Bezeichnung der Tatzeit o. des Tatortes unschädlich, wenn die Tat – zB durch die Schilderung des Tathergangs – noch hinreichend individualisiert ist (BGH NJW 1999, 802; NStZ 2010, 346; NStZ-RR 2005, 320; 2006, 316; OLG Celle DAR 1998, 241); sonst ist eine Verschiebung des Tatzeitpunkts unzulässig (BGHSt 46, 130; BeckRS 2014, 23272; OLG Celle NZV 2012, 399; OLG München NStZ-RR 2005, 350). Auch bei angeklagter Mittäterschaft u. ausgeurteilter Anstiftung wird idR Tatidentität bestehen (BGHSt 48, 183), nicht aber bei Mittäterschaft beim Mord u. versuchter Strafvereitelung (BGH BeckRS 2011,

16369). Der Eröffnungsbeschluss bestimmt zwar endg., welche Taten das Gericht untersucht; es kann aber keine Tat Gegenstand des Eröffnungsbeschlusses sein, die nicht in der Anklage enthalten ist u. auf die sich der Verfolgungswille der StA daher nicht bezieht (BGH NJW 2010, 308 (309); StV 1995, 522); jedoch ist die Schilderung der Vorgeschichte o. von Tathintergründen o. des Nachtatverhaltens nicht notwendigerweise Gegenstand der Anklage (BGH NStZ 2000, 216; NJW 1997, 3034). Der Verfolgungswille ist aber innerhalb ein u. derselben Tat im prozessualen Sinn unteilbar (BGHSt 16, 200; 23, 270; BGH NStZ-RR 2010, 53; → Rn. 2), soweit das G nicht Ausnahmen zulässt u. hiervon zulässig Gebrauch gemacht wird (→ Rn. 5). Bei Beschränkung der gerichtlichen Untersuchung ohne rechtliches Hindernis verbraucht das rkr. Sachurteil die Strafklage für die Tat auch so weit, wie sie nicht untersucht worden ist (→ Einl. Rn. 168 ff.; Baumann StrafProzR 5 I 2).

Bei einer **Mehrzahl gleichgelagerter oder ähnlicher Straftaten,** z. B. dem sexuellen Missbrauch von Kindern über einen längeren Zeitraum,müssen sich diejenigen, deretwegen eine Verurteilung erfolgt, v. anderen gleichartigen Taten, die der Angeklagte begangen haben kann, genügend unterscheiden lassen (BGH NStZ 1992, 602; näher → § 200 Rn. 9, 9a). Die Verurteilung wegen Taten, die insges. nur vage umschrieben sind, ist – insbes., wenn der Angeklagte die Vorwürfe bestreitet – mit rechtsstaatlichen Grundsätzen nicht vereinbar (OLG München wistra 2006, 439), wobei die Anforderungen aber nicht überspannt werden dürfen (BGH NStZ-RR 2004, 118; Cierniak/Zimmermann NStZ-RR 2014, 166 – BGH RsprÜ: sexuell missbrauchte Kinder). Deshalb bedarf es der Feststellung einer Mindestzahl ihrer Begehung nach konkretisierter Einzeltaten innerhalb eines bestimmten Zeitraums, zB innerhalb einer bestimmten Woche o. eines bestimmten Monats (BGHSt 40, 138; vgl. auch BGH NStZ-RR 1999, 274; 2007, 173; StraFo 2009, 71; BGH NStZ-RR 2022, 75; erg. → § 200 Rn. 7a ff.; → § 267 Rn. 5); die Urteilsgründe müssen darlegen, wie das Gericht die Überzeugung v. dieser Mindestzahl gewonnen hat (BGH NStZ-RR 2008, 338; 349, 350). Notfalls ist die Zahl der Einzelakte zu schätzen (BGH wistra 2007, 143). Ist auch das nicht möglich, ist v. lediglich *einer* Tat auszugehen (BGH StV 2000, 600). Straftaten, die nicht unter die in der zugelassenen Anklage nach Ort u. Zeit, Opfer, Täterverhalten sowie Art u. Weise der Tatverwirklichung konkretisierten Serienstraftaten fallen, wahren nicht die Identität der Tat iSv § 264 (BGH NStZ 2020, 308; 19.4.2023 – 1 StR 72/23: sexueller Missbrauch von Kindern). 22

E. Keine Bindung an Beurteilung der Tat im Eröffnungsbeschluss (Abs. 2). Die **sog. Umgestaltung der Strafklage (Abs. 2),** dh eine Änd. der tatsächlichen o. rechtlichen Beurteilung der Tat im Verhältnis zur zugelassenen Anklage, kann nach dem Erg. der HV notwendig u. nach § 265 vollzogen werden. 23

I. In tatsächlicher Hinsicht. In tatsächlicher Hinsicht hat das Gericht in seine Untersuchung auch die Teile der Tat einzubeziehen, die **erst in der HV bekannt** werden. Die Identität der Tat muss dabei aber gewahrt bleiben (BGH NStZ-RR 2009, 146; NStZ 2024, 184). Die zu prüfende Tat umfasst alle mit dem Vorgang zusammenhängenden u. darauf bzgl. Vorkommnisse u. tatsächlichen Umstände, die geeignet sind, das in diesen Bereich fallende Tun des Angeklagten unter irgendeinem rechtlichen Gesichtspunkt als strafbar erscheinen zu lassen, zu qualifizieren o. zu mildern (zB BGH wistra 2001, 57: Verurteilung nach § 263 StGB statt § 264a StGB; OLG Karlsruhe VRS 92, 255: statt als Fahrer des Pkw begangenes unerlaubtes Entfernen v. Unfallort das Überlassen des Pkw an fahrerlaubnislosen anderen). Insofern kann ein Vorgang zur Tat gehören, auf den sich der Verfolgungswille der StA (infolge Verkennung der Untrennbarkeit) gar nicht richtet (vgl. BGHSt 16, 200; 23, 270 (275); BGH StV 1981, 127; BayObLGSt 1964, 95; OLG Düsseldorf NJW 1983, 767). 24

Ob die Identität der Tat auch im Falle der **Veränderung des Tatbildes** noch gewahrt ist, ist nach dem Kriterium der „Nämlichkeit" der Tat zu beurteilen; diese ist dann gegeben, wenn bestimmte Merkmale die zugelassene Tat weiterhin als einmaliges u. unverwechselbares Geschehen kennzeichnen (BGH NStZ 2019, 428; 25

2020, 46; BeckRS 2021, 19198: Abweichung bei der Tatzeit; Mosbacher JuS 2019, 766 (767)). Die prozessuale Tat wird idR durch Tatzeit, Tatort u. Tatbild umgrenzt u. insbes. durch das Täterverhalten sowie die ihm innewohnende Angriffsrichtung sowie durch das Tatopfer bestimmt (BGHSt 35, 60 (64); BGH NStZ 2019, 428; 2020, 46). Es darf dabei nicht das der Anklage zugrunde liegende Geschehen vollständig verlassen u. durch ein anderes ersetzt werden, mag dies auch gleichartig sein (BGH StraFo 2017, 26; 2009, 71; BeckRS 2013, 17197; KG StraFo 2012, 375).

25a Werden **Serienstraftaten** – vor allem des sexuellen Missbrauchs v. Kindern (→ § 267 Rn. 6a) – in einem bestimmten Tatzeitraum durch eine gleichförmige Tatbegehung an einem jew. identischen Tatort gekennzeichnet, macht ein ggü. der Anklage abw. Tatort eine Geschehen zu einem anderen geschichtlichen Ereignis, das nicht v. der Tat iSd § 264 erfasst wird; dies gilt gleichermaßen für Veränderungen u. Erweiterungen des Tatzeitraumes (BGH BeckRS 2023, 28288; 4.3.2021 – 2 StR 423/20; vgl. auch BGH 8.2.2022 – 3 StR 440/21) sowie Abweichungen v. der Art u. Weise der Tatbestandsverwirklichung (BGH BeckRS 2021, 9395). Die Feststellung eines über die Anklage hinausgehenden rechtlich selbständigen Geschehens nimmt andererseits der Anklage u. dem auf ihr beruhenden Eröffnungsbeschluss nicht ihre Wirksamkeit (BGH NStZ 2011, 47; vgl. auch BGH StraFo 2013, 249).

25b Handelt es sich um sich überschneidende, **ineinander übergehende Geschehensabläufe,** ist es unschädlich, wenn ein Teil des Geschehens in der Anklage nicht erwähnt (BGH NStZ 2009, 705: Trunkenheitsfahrt u. Drogentransport) o. wenn es einem mitangeklagten Mittäter zugeordnet war (BGH NStZ 1996, 243), anders jedoch, wenn es sich um voneinander trennbare Geschehensabläufe handelt (BGHSt 32, 215: Anklage wegen Strafvereitelung, Verurteilung wegen Mordes; BGH NJW 1946, 130: Einbeziehung bisher nicht erfasster Tatzeiträume; BGH NStZ-RR 2002, 98: Anklage wegen versuchter räuberischer Erpressung, Verurteilung wegen Steuerhehlerei; vgl. auch OLG Hamm NStZ-RR 2009, 274: Hilfeleistung zu weiteren nun angeklagten Haupttaten nach Verurteilung wegen *einer* Beihilfehandlung, zw.). **Erfolgsdelikte** sind regelmäßig bereits durch die Art des Erfolgs u. das Tatopfer hinreichend konkretisiert; Abweichungen hins. Tatzeit, Tatort u. Art u. Weise der Tatbegehung lassen die Tatidentität regelmäßig unberührt (BGH NStZ-RR 2017, 652). Wird der Angeklagte **freigesprochen,** so darf er nicht wegen einer anderen Tat verurteilt werden, auch wenn diese im Fall der Verurteilung mit der angeklagten Tat in Tateinheit stehen würde (BGHR StPO § 264 Abs. 1 Tatidentität 24: Gleichzeitige Ausübung der tatsächlichen Gewalt über 2 verschiedene Waffen). Bei einer **Unterlassungstat** kommt es idR darauf an, ob zwischen den Situationen, aus denen heraus die Handlungspflicht entsteht, ein enger Zusammenhang besteht (BGH NStZ 1995, 46; 2009, 286). § 138 StGB ist durch den Vorwurf der Beteiligung an einer dort bezeichneten Tat erfasst (BGH NStZ-RR 1998, 204; BeckRS 2016, 19580) u. umgekehrt (BGHSt 48, 183). Zum Tatbegriff bei Bestechlichkeit vgl. BGH NStZ 2000, 318.

26 Bei einer **Dauerstraftat** sind Gegenstand der Untersuchung alle Einzelhandlungen (BGHSt 9, 324 (334); BGH NStZ 1982, 128; 213; 519), selbst wenn nur eine v. ihnen Gegenstand der Anklage war (BGHSt 27, 115; BGH NStZ 1985, 325); das gilt auch noch in der Berufungsinstanz (BGHSt 21, 256 (259); BayObLG NStZ-RR 2002, 89; OLG Koblenz NStZ 2011, 423 Ls.). Untersucht wird die Dauerstraftat in allen Teilen bis zur letzten Tatsachenverhandlung zum Schuldspruch (BGHSt 9, 324; StV 1986, 141; → Einl. Rn. 175, 175a); denn diese unterbricht die möglicherweise bis dahin bestehende Einheitlichkeit des Tatgeschehens, weil nur Vergangenes Gegenstand der Strafklage sein kann. Ist das Urt. nur im Rechtsfolgenausspruch angefochten worden, so tritt dieser Erfolg mit dem Ersturteil ein (BayObLG GA 1978, 81). Voraussetzung für die Einbeziehung ist, dass die Tat schon vor dem Eröffnungsbeschluss begonnen worden ist (BGHSt 27, 115 (116)). Sie muss als solche u. darf nicht nur in einem Teilakt in Tateinheit mit einem schwereren Delikt (zB unerlaubtes Waffenführen bei einem Raub) angeklagt sein (BGH JR 1995, 168).

II. In rechtlicher Hinsicht. In rechtlicher Hinsicht gilt die **allseitige Kognitionspflicht** des Gerichts (modifiziert durch § 154a u. durch §§ 81, 82 OWiG). Der Unrechtsgehalt der Tat muss ohne Rücksicht auf die dem Eröffnungsbeschluss zugrunde gelegte Bewertung (BGHSt 32, 84 (85); BGH NStZ 1983, 174; NStZ-RR 2017, 352; BeckRS 2019, 23116) ausgeschöpft werden, soweit keine rechtlichen Gründe entgegenstehen (BGHSt 25, 72 (75)), wie die Verjährung o. die sonstige Nichtverfolgbarkeit unter einem rechtlichen Gesichtspunkt (vgl. → Einl. Rn. 173). Strafvorschriften, die infolge Subsidiarität zurücktreten (Fischer/Fischer/Lutz StGB Vor § 52 Rn. 41), brauchen nur so weit berücksichtigt zu werden, als es für die Strafzumessung o. die Anordnung v. Nebenfolgen notwendig ist. Allein nach dem subsidiären Gesichtspunkt wird die Tat beurteilt, wenn der primäre nicht angewandt werden darf, zB weil hierfür nicht ausgeliefert worden ist. Das Gericht muss eine einheitliche Entsch. treffen. Es darf nicht teils verurteilen, teils die Erledigung einer späteren Entsch. überlassen (BGH StV 1987, 52). Es darf die Tat auch nicht unter Beschränkung auf einen rechtlichen Gesichtspunkt aburteilen, für den es zuständig ist, u. die Erledigung iÜ einem späteren Urt. vorbehalten o. durch Verweisung nach §§ 225a, 270 einem Gericht höherer Ordnung überlassen (RGSt 61, 225). Die gleichwohl erfolgte Aburteilung unter nur einem rechtlichen Gesichtspunkt (zB nach § 145c StGB) führt dann zum Strafklageverbrauch auch hins. des anderen nicht behandelten (zB § 263 StGB, vgl. BGH NStZ 1991, 549). 27

F. „Überschießende" Feststellungen. Überschießende Feststellungen über Vorgänge, die **nicht zu der zu untersuchenden Tat** gehören, sind zulässig, wenn sie mind. mittelbar für die Beurteilung der Tat o. des Täters v. Bedeutung sind (vgl. § 160 Abs. 3 S. 1; → § 244 Rn. 13, 54; → § 267 Rn. 11). Daher kann auch eine Straftat, die nicht Gegenstand des Verfahrens ist, festgestellt u. als Indiz verwertet werden (BGHSt 34, 209 (210); BGH NStZ 1981, 99; erg. → **EMRK** § 6 Rn. 14). Aus dieser Feststellung können auch Schlüsse für die Strafzumessung gezogen werden; jedoch darf das nicht zur Ahndung dieser Straftat führen, sondern lediglich zur Würdigung der Persönlichkeit u. der schädlichen Neigungen des Täters (BGH NJW 1951, 769; **aM** Vogler FS Kleinknecht, 1985, 429 unter Hinweis auf Art. 6 Abs. 2 **EMRK**). Die Tatsache, dass der Angeklagte schon früher einer gleichen Straftat verdächtig war, ist als Indiz für die neue Tat ungeeignet. Aber die in dem früheren Verf. festgestellten Tatsachen dürfen als zusätzliche Beweisanzeichen für die Täteridentität neben den sonstigen Beweismitteln benutzt werden (BGH 16.6.1961 – 5 StR 181/61). 28

G. Zusammentreffen mit Owi. Im weiteren Sinn umfasst die prozessuale Tat innerhalb des einheitlichen Geschehens auch die Vorgänge, die den Tatbestand einer OWi erfüllen können (§ 82 Abs. 1 OWiG). Jedoch tritt bei Tateinheit mit einer Straftat, derentwegen verurteilt wird, die OWi zurück (§ 21 OWiG). 29

Ist eine Tat **nur in einem Bußgeldbescheid** als Owi geahndet worden, steht dieser Umstand einer späteren Verfolgung der Tat als Straftat nicht entgegen (BGH NStZ-RR 2026, 21 mWn). 29a

H. Beschränkung des Verfahrens auf Tatteile. Eine Beschränkung des Verfahrens auf einen Teil der Tat kann eintreten nach § 154a, durch Beschränkung des Strafantrags (→ § 158 Rn. 19, 20) u. aufgrund sonstiger Verfahrenshindernisse, die sich nur auf einen Teil der Tat beziehen (vgl. → § 260 Rn. 46). Eine Abtrennung v. Verfahrensteilen ist nur zulässig, wenn es sich bei dem abgetrennten Verfahrensstoff um selbständige prozessuale Taten handelt (BGH NStZ 2002, 105). 30

I. Strafklageverbrauch durch ausländische Urteile. → Einl. Rn. 177–177e. 31

J. Revision. Die Revision kann geltend machen, dass wegen einer Tat verurteilt worden sei, auf die sich die zugelassene Anklage nicht erstreckt. War *nur* wegen einer solchen Tat verurteilt worden, so spricht das Rechtsmittelgericht, wenn die in der Anklageschrift bezeichnete Tat nicht erwiesen ist, den Angeklagten frei; zugleich wird das (gerichtliche) Verf. eingestellt (BGH NJW 2000, 3293; Löwe/Rosenberg/Stuckenberg Rn. 116). War *auch* wegen einer solchen Tat ver- 32 urteilt worden, so wird das Urt. insoweit aufgehoben und das Verfahren eingestellt (BGH NStZ-RR 2022, 87). Die StA kann, auch mit der Sachrüge (BGH StV 1981, 127 (128)), beanstanden, dass die Tat im Urt. nicht unter allen tatsächlichen u. rechtlichen Gesichtspunkten erschöpfend behandelt worden sei (BGH NStZ-RR 2012, 215; BayObLGSt 1986, 100 (102)). Die Beanstandungen, ein Teil des Verhandlungsstoffes sei ohne Zustimmung der StA nach § 154a ausgeschieden worden o. trotz Freispruchs sei ein ausgeschiedener Teil nicht wiedereinbezogen worden (→ § 154a Rn. 24), können nur mit der Verfahrensrüge geltend gemacht werden (BGH NStZ 1996, 241 mwN; 2012, 337; **aM** BGH NStZ 1995, 540).

33 **K. Aufhebung eines früheren Urteils.** Ist der Angeklagte wegen Hehlerei verurteilt worden u. wird er nunmehr wegen des – eine andere Tat iSd § 264 darstellenden – diebischen o. räuberischen Erwerbs derselben Sache verurteilt (vgl. → Einl. Rn. 173), so darf die Verurteilung wegen Hehlerei nicht bestehen bleiben. BGHSt 35, 60 (66) hat insoweit die wegen Hehlerei erkannte Strafe auf die neue Strafe angerechnet; die Aufhebung der Verurteilung erfolgte erst im Wiederaufnahmeverfahren (LG Saarbrücken NStZ 1989, 546 mAnm Gössel, der die Entsch. insges. dem Wiederaufnahmeverfahren vorbehalten will). Nach aA sollte dem Gericht die Befugnis zur Aufhebung des wegen Hehlerei ergangenen Urteils (mit der Folge der Anrechnung der dort erkannten Strafe nach § 51 Abs. 2 StGB) zugesprochen werden (Meyer-Goßner FS Salger, 1995, 353).

Veränderung des rechtlichen Gesichtspunktes oder der Sachlage

265 (1) **Der Angeklagte darf nicht auf Grund eines anderen als des in der gerichtlich zugelassenen Anklage angeführten Strafgesetzes verurteilt werden, ohne daß er zuvor auf die Veränderung des rechtlichen Gesichtspunktes besonders hingewiesen und ihm Gelegenheit zur Verteidigung gegeben worden ist.**

(2) **Ebenso ist zu verfahren, wenn**

1. **sich erst in der Verhandlung vom Strafgesetz besonders vorgesehene Umstände ergeben, welche die Strafbarkeit erhöhen oder die Anordnung einer Maßnahme oder die Verhängung einer Nebenstrafe oder Nebenfolge rechtfertigen,**
2. **das Gericht von einer in der Verhandlung mitgeteilten vorläufigen Bewertung der Sach- oder Rechtslage abweichen will oder**
3. **der Hinweis auf eine veränderte Sachlage zur genügenden Verteidigung des Angeklagten erforderlich ist.**

(3) **Bestreitet der Angeklagte unter der Behauptung, auf die Verteidigung nicht genügend vorbereitet zu sein, neu hervorgetretene Umstände, welche die Anwendung eines schwereren Strafgesetzes gegen den Angeklagten zulassen als des in der gerichtlich zugelassenen Anklage angeführten oder die zu den in Absatz 2 Nummer 1 bezeichneten gehören, so ist auf seinen Antrag die Hauptverhandlung auszusetzen.**

(4) **Auch sonst hat das Gericht auf Antrag oder von Amts wegen die Hauptverhandlung auszusetzen, falls dies infolge der veränderten Sachlage zur genügenden Vorbereitung der Anklage oder der Verteidigung angemessen erscheint.**

Übersicht

A. Normzweck. Der **Sicherung der umfassenden Verteidigung des Angeklagten** in rechtlicher u. tatsächlicher Hinsicht u. seinem Schutz vor Überraschungen dient die Vorschr. (BGHSt 23, 95 (96); 25, 287 (289); 29, 274 (278); 66, 20; NStZ-RR 2022, 383). 1, 2

Sie ist ein ges. geregelter Fall der **Fürsorgepflicht,** deren es hier bedarf, weil die Befugnis des Gerichts, die Tat ohne Bindung an die Rechtsauffassung der Anklage unter allen in Betracht kommenden rechtlichen Gesichtspunkten umfassend zu beurteilen (§ 264), dazu führen kann, dass der Angeklagte aufgrund eines anderen als des in der Anklage angeführten Strafgesetzes verurteilt wird. 3

Von dieser Möglichkeit muss er, auch im Interesse der **Aufklärungspflicht** (BGHSt 28, 196 (198); RGSt 76, 82), unterrichtet werden, damit er seine Verteidigung auch in tatsächlicher Hinsicht darauf einrichten kann. Er muss darauf vertrauen können, dass seiner Verurteilung nur solche Strafbestimmungen zugrunde gelegt werden, auf die er entweder durch die nach § 207 zugelassene Anklage o. durch einen entspr. Hinweis in der HV unterrichtet worden ist (BGHSt 16, 47 (49); 29, 124 (127); 29, 274, 278). 4

Das gebietet auch der **Grundsatz des rechtlichen Gehörs** (BGHSt 11, 88 (91); BGH NJW 1988, 501; Schlothauer StV 1986, 214; vgl. aber BGHSt 22, 336 (339); BayVerfGHE 11, 195: kein Anspruch aus Art. 103 Abs. 1 GG). Entsprechendes gilt in den Fällen des Abs. 2. 5

Verfahrensrechtlich ist der Hinweis nach Abs. 1, Abs. 2 demnach eine **Ergänzung der vom Gericht zugelassenen Anklage** (BGHSt 66, 20 = NJW 2022, 201 (GSSt) mAnm Exner-Kuhn; BGHSt 13, 320 (324)). Daraus folgt, dass sich die Erforderlichkeit des Hinweises grds. nach dem Inhalt der Anklage beurteilt (OLG Schleswig SchlHA 2011, 274), wobei ein Hinweis im „wesentlichen Ergebnis der Ermittlungen" (§ 200 Abs. 2) genügt (BGH NStZ 2001, 162). Was nicht nach § 200 Abs. 1 S. 1 zum notwendigen Inhalt der Anklageschrift gehört, kann auch nicht Gegenstand des Hinweises nach Abs. 1, Abs. 2 sein (BGHSt 16, 47 (48); 22, 336 (338); 29, 124 (127); KG VRS 53, 42). Das gilt insbes. für die Rechtsfolgen der Tat. Der zugelassenen Anklage stehen die mündliche Anklage in dem Verf. nach § 418, der Einbeziehungsbeschluss u. § 266 Abs. 1 und (nach Einspruch) der Strafbefehl gleich. Ist die Anklage mündlich erhoben, so ist das Sitzungsprotokoll maßgebend. Im Fall des § 270 tritt der Verweisungsbeschluss an die Stelle der Anklage; weicht er rechtlich v. ihr ab, so ist eine Verurteilung entspr. der Anklage daher nur nach vorherigem Hinweis nach Abs. 1 zulässig (RGSt 65, 363). 6

Nur bei einer Verurteilung ist der Hinweis erforderlich, also nicht, wenn das Gericht den Angeklagten freispricht o. das Verf. einstellt. Der Verurteilung steht aber das Absehen v. Strafe (vgl. → § 153b Rn. 1) u. die Einstellung aufgrund eines Straffreiheitsgesetzes gleich (BGH NJW 1952, 1346). 7

Ein **Rechtsgespräch** des Gerichts mit den Verfahrensbeteiligten ist zulässig u. oftmals förderlich, verpflichtet ist das Gericht dazu aber nicht (erg. → § 33 Rn. 1). 7a

Insbesondere kann ein Verfahrensbeteiligter nicht verlangen, dass sich das Gericht zu Inhalt u. Erg. einzelner Beweiserhebungen erklärt (BGHSt 43, 212; BGH StV 2001, 387; StraFo 2009, 75; Becker NStZ-RR 2005, 259 – BGH RsprÜ), auch dann nicht, wenn dies in die Form eines Beweisantrages gekleidet ist (KG StV 2013, 491).

8 **B. Anderes Strafgesetz (Abs. 1). I. Hinweispflicht. Erforderlich ist der Hinweis,** wenn (infolge anderer rechtlicher Beurteilung bei gleich bleibendem Sachverhalt o. wegen in der HV neu hervorgetretener Tatsachen) aufgrund eines Strafgesetzes verurteilt werden soll, das anstatt o. neben einem in der Anklage bezeichneten Strafgesetz für den Schuldspruch in Betracht kommt (BGH BeckRS 2015, 17041), auch bei Verurteilung wegen § 323a statt wegen der „Rauschtat" (OLG Köln NStZ-RR 1998, 370; OLG Oldenburg NJW 2009, 3669), wegen Tatvollendung statt wegen Versuchs (Herlan MDR 1954, 531 – BGH RsprÜ), nicht aber wegen untauglichen statt wegen tauglichen Versuchs o. bei Verurteilung unter dem Gesichtspunkt der *actio libera in causa* (BayObLGSt 1992, 161).

8a Der Verurteilung aufgrund eines anderen Strafgesetzes steht der Fall gleich, dass sich die Zahl der Verstöße gegen dasselbe Strafgesetz erhöht (vgl. Holtz MDR 1977, 461 – BGH RsprÜ; BGH NStZ 1985, 563). Zur entspr. Anwendung von Abs. 1 bei Änd. der Tatrichtung trotz gleichbleibenden Sachverhalts vgl. → Rn. 22. Bloße Schreibfehler in der Anklageschrift machen keinen Hinweis erforderlich.

8b Bei **Umgestaltung der Strafklage** v. einem Offizialdelikt auf ein relatives Antragsdelikt (zB v. § 224 StGB auf § 223 StGB) muss die StA das bes. öffentl. Interesse an der Strafverfolgung ausdr. erklären (BGH NStZ-RR 2017, 251; zur sonst möglichen Annahme einer konkludenten Erkl. durch Anklageerhebung s. Fischer/Fischer/Anstötz StGB § 230 Rn. 4).

9 Auch das **mildere Strafgesetz** ist idR ein anderes G iSv Abs. 1, auf das hingewiesen werden muss (BGH 10.9.2025 – 5 StR 300/25), zB § 212 statt § 211 StGB (BGH NStZ-RR 1996, 10; einschr. aber BGH StV 2008, 342), § 222 StGB statt § 221 Abs. 3 StGB (BGH NStZ 1983, 424; OLG Hamm JMBl. NRW. 1968, 284), Fahrlässigkeit statt Vorsatz (OLG Neustadt JR 1958, 352; **aM** Rüth DAR 1971, 207 – BayObLG RsprÜ; vgl. auch Dallinger MDR 1952, 532 – BGH RsprÜ; RGSt 65, 363: § 161 StGB statt § 154 StGB), Verurteilung nach KCanG statt BtMG (vgl. Winkler StraFo 2024, 407, 413), Versuch statt Vollendung (BGHSt 2, 250; BGH 27.9.2022 – 5 StR 104/22; Rüth DAR 1971, 207 – BayObLG RsprÜ; OLG Köln VRS 56, 281), §§ 240, 246, 52 StGB statt § 250 StGB (BGH StraFo 2005, 468); bei abw. neuen Tatumständen auch § 250 Abs. 1 Nr. 1b StGB statt § 250 Abs. 2 Nr. 1 und 3 StGB (BGH StraFo 2002, 261). Der Hinweis ist aber entbehrlich, wenn nur ein erschwerender Umstand wegfällt, der die Verteidigung des Angeklagten nicht berührt, zB § 242 StGB statt § 244 Abs. 1 StGB o. § 176 Abs. 1 StGB statt § 176a Abs. 2 Nr. 1 StGB (BGH NJW 1970, 904; NJW 2011, 3111), § 250 Abs. 1 Nr. 1b) StGB gegenüber § 250 Abs. 2 Nr. 1 StGB (BGH NStZ 2023, 511), § 253 StGB statt § 255 StGB, o. wenn v. mehreren Strafgesetzen, die der Angeklagte nach der Anklage tateinheitlich verletzt haben soll, eines entfällt. Dies soll aber nicht gelten, wenn der Angeklagte statt wegen § 30a Abs. 2 Nr. 2 BtMG nur wegen § 29a Abs. 1 Nr. 2 BtMG verurteilt wurde (BGH NStZ 2018, 159 mit zutr. abl. Anm. Ventzke). Die bei Anwendung des § 21 StGB mögliche Strafmilderung nach § 49 Abs. 1 StGB ist kein anderes Strafgesetz iS Abs. 1 (BGH NJW 1988, 501). Beim Hinweis auf ein milderes G bleibt der in der zugelassenen Anklage enthaltene Vorwurf bestehen; Angeklagte u. Verteidiger müssen sich hierauf einstellen (Dallinger MDR 1972, 925 – BGH RsprÜ).

10 Kommt **Wahlfeststellung** in Betracht (dazu → § 260 Rn. 27), so muss auf den in der Anklage nicht enthaltenen rechtlichen Gesichtspunkt hingewiesen werden (BGH NStZ 1990, 449; NJW 1985, 2488; Holtz MDR 1977, 108 – BGH RsprÜ), nicht notwendig auch auf die Möglichkeit der Wahlfeststellung (Dallinger MDR 1974, 369 – BGH RsprÜ).

Auch auf eine **Änderung der Schuldform** (Vorsatz statt Fahrlässigkeit; für den umgekehrten Fall vgl. → Rn. 9) muss hingewiesen werden (BGH VRS 49, 184; Rüth DAR 1977, 206 – BayObLG RsprÜ; Rüth DAR 1986, 248 – BayObLG RsprÜ; OLG Koblenz VRS 63, 50), selbst wenn beide Begehungsweisen im selben Straftatbestand erfasst werden (OLG Braunschweig NStZ-RR 2002, 179; OLG Oldenburg StraFo 2011, 401). Fehlt in der Anklage die Angabe der Schuldform, so ist ein Hinweis nur erforderlich, wenn Vorsatz angenommen werden soll (OLG Oldenburg StraFo 2011, 401; OLG Stuttgart StV 2008, 626). 11

Verschiedene Begehungs- oder Teilnahmeformen: Der Hinweis ist auch erforderlich, wenn eine in ihrem Wesen verschiedene Begehungsform derselben Straftat in Betracht kommt (Küpper NStZ 1986, 249; Schlothauer StV 1986, 217), zB die Tatbegehung durch Tun statt Unterlassen u. umgekehrt (BGH StV 1984, 367 Ls.; StraFo 2002, 15), die andere Begehungsform bei § 142 StGB (OLG Brandenburg StraFo 2002, 193 mwN), bei § 146 (BGH wistra 1993, 193), bei § 177 (BGH StV 2006, 5), bei § 211 StGB (BGHSt 23, 95; 25, 287; BGH StV 1998, 583; NStZ 2017, 242), auch bei Austausch der Bezugstat beim Verdeckungsmord (BGHSt 56, 121), bei § 224 StGB (BGH NStZ 2018, 557; 1984, 328; StV 1997, 237), bei § 266 StGB (BGH NJW 1954, 1616: Übergang v. Missbrauchs- zum Treuebruchtatbestand; einschr. für den umgekehrten Fall: BGH NJW 1984, 2539), bei § 308 StGB (BGH StV 1989, 468), bei § 315c StGB (OLG Hamm VRS 42, 115), bei § 323a StGB, wenn sich die Rauschtat ändert (BayObLGSt 1954, 45; Ernesti/Jürgensen SchlHA 1969, 153 – OLG Schleswig RsprÜ). Weitere Einzelheiten zur Rspr. bei KK-StPO/Bartel Rn. 9. 12

Dagegen bedarf es beim Übergang zu einer anderen **gleichartigen Begehungsform** keines Hinweises (vgl. BGHSt 21, 1; 23, 95 (96); Miebach NStZ 1988, 212 – BGH RsprÜ), zB bei § 224 StGB (RGSt 30, 176: mittels gefährlichen Werkzeugs statt mittels Waffe), bei § 225 StGB (RGSt 70, 358: Vernachlässigen statt Quälen u. Misshandeln), bei § 226 StGB (BGH JR 1989, 294: Lähmung statt Verlust eines Gliedes), bei § 284 Abs. 1 (OLG Düsseldorf JMBl. NRW. 1991, 19); vgl. auch BGH NStZ-RR 2017, 109 zu verschiedenen Katalogtaten nach § 140 Nr. 2 iVm § 126 Abs. 1 Nr. 2 StGB; weitere Beispiele aus der Rspr. bei SK-StPO/Velten Rn. 19. Näher dazu KK-StPO/Bartel Rn. 10. 13

Abs. 1 gilt auch, wenn eine **andere Teilnahmeform** in Betracht kommt, zB Mittäter- statt Alleintäterschaft (BGHSt 11, 18; NStZ 1994, 46; StV 1996, 82; StraFo 2013, 480), u. im umgekehrten Fall (BGHSt 11, 18; BGH NStZ 1990, 449; StV 2016, 778 Ls.; wistra 1996, 69), Teilnahme statt Täterschaft o. Mittäterschaft (BGH 27.9.2022 – 5 StR 104/22; MDR 1977, 63; BeckRS 2019, 1572) u. umgekehrt (BGHSt 56, 235 (237); BGH StraFo 2015, 517), Wechsel der Teilnahmeform (Anstiftung statt Beihilfe u. umgekehrt), ebenso Annahme eines uneigentlichen Organisationsdelikts statt Mittäterschaft (BGH NStZ 2018, 673). 14

Ferner gilt Abs. 1 bei **anderer Beurteilung des Konkurrenzverhältnisses,** zB wenn Tatmehrheit statt Tateinheit (BGH StV 1991, 102; OLG Koblenz OLGSt StPO § 265 S. 29) o. Tateinheit statt Tatmehrheit, angenommen werden soll. 15

Auf die Möglichkeit der **Bejahung besonderer Schuldschwere** nach § 57a StGB sollte hingewiesen werden, wenn die Anklageschrift einen solchen Hinweis nicht enthält; eine Verpflichtung hierzu besteht aber nicht (BGH NStZ 2025, 174 mablAnm Georg und kritAnm Stuckenberg JR 2025, 391; NJW 1996, 3285; **aM** Wollweber NJW 1998, 122; zw. Becker NStZ-RR 2003, 291 – BGH RsprÜ, dagegen BGH StV 2006, 60), auch nicht nach Abs. 2 Nr. 1 Var. 1 (BGH 11.9.2024 – 3 StR 109/24). Dies gilt gleichermaßen für die Anwendbarkeit v. Jugendstrafrecht o. Erwachsenenstrafrecht für Heranwachsende (vgl. BeckOK StPO/Eschelbach Rn. 16). 15a

II. Inhalt des Hinweises. Inhaltlich muss der Hinweis **eindeutig** sein (BGH StV 2013, 485) u. den Angeklagten u. seinen Verteidiger in die Lage versetzen, die Verteidigung auf den neuen rechtlichen Gesichtspunkt einzurichten (BGHSt 13, 320 (324); 18, 56; BGH NStZ 1985, 563). Daher muss für den 15b

Angeklagten u. den Verteidiger aus dem Hinweis allein o. iVm der zugelassenen Anklage erkennbar sein, welches Strafgesetz nach Auff. des Gerichts in Betracht kommt u. in welchen Tatsachen es die ges. Merkmale als möglicherweise erfüllt ansieht (BGHSt 2, 371 (373); 22, 29 (30); BGH 10.4.2024 – 5 StR 85/24; OLG Oldenburg NJW 2009, 3669). Erforderlich u. ausreichend ist jeder Hinweis, der dies erfüllt (BGHSt 18, 56; BGH StV 1998, 414; NJW 1985, 2488). Wird einer v. 2 Mittätern darauf hingewiesen, dass er wegen Beihilfe verurteilt werden kann, so erübrigt sich der Hinweis an den anderen, dass für ihn Alleintäterschaft in Betracht kommt (BGH NStZ 1983, 569; **aM** Berz NStZ 1986, 87). Der Hinweis auf die Möglichkeit der Verurteilung wegen Beihilfe deckt aber nicht den Schuldspruch wegen Mittäterschaft ab (BGH NJW 1985, 2488). Die bloße Bezeichnung der neu in Betracht kommenden Gesetzesbestimmungen reicht regelmäßig nur aus, wenn der Angeklagte durch einen rechtskundigen Verteidiger vertreten ist (BGHSt 13, 320 (324); Dallinger MDR 1957, 653 – BGH RsprÜ; vgl. aber auch BGHSt 18, 56). Das Gericht muss idR die Tatbestandsmerkmale des neuen rechtlichen Gesichtspunkts eindeutig bezeichnen, um dem Angeklagten zu erkennen zu geben, auf welche tatsächlichen Annahmen sich der neue Vorwurf stützt (BGHSt 13, 320 (324); 19, 141 (143); Pfeiffer NStZ 1981, 190 – BGH RsprÜ; BGH NStZ 1993, 200). Der bloße Hinweis auf die ges. Bestimmung ohne Angabe der tatsächlichen Umstände kann unzureichend sein (BGH StraFo 2007, 159; NStZ 2012, 50), reicht allerdings bei unveränderter Sachlage (BGH NStZ 2011, 474; 10.4.2024 – 5 StR 85/24) oder wenn die tatsächlichen Grundlagen des neu in Betracht gezogenen Straftatbestandes für den Angeklagten ohne Weiteres zweifelsfrei ersichtlich sind (BGH BeckRS 2024, 13780 mwN). Eine Belehrung in Form eines Rechtsgesprächs ist nicht erforderlich (BGHR StPO § 265 Abs. 1 Hinweis 2). Nennt ein Strafgesetz mehrere gleichwertig nebeneinander tehende Begehungsformen, wie etwa § 211 StGB, so muss der Hinweis angeben, welche v. ihnen nach Ansicht des Gerichts in Betracht kommt (BGHSt 23, 95 (96); 25, 287 (288); BGH NStZ 2007, 116; erg. → Rn. 12); bei rechtlich gleich schwerwiegenden Begehungsarten ist diese Angabe entbehrlich (BGHSt 21, 1).

15c **Im Falle verschiedener Mordmerkmale** muss der rechtl Hinweis, wenn dies nicht nach den Umständen selbst erklärend ist, regelmäßig die konkreten Tatsachen benennen, aus denen sich ggf. das andere Mordmerkmal ergeben soll (vgl. BGH NStZ 2005, 111; 2011, 475); insbes. beim Hinweis auf das Mordmerkmal der niedrigen Beweggründe sind auch diejenigen Tatsachen u. Umstände konkret zu bezeichnen, die dieses Mordmerkmal ausfüllen können (BGH NStZ 2017, 242 mAnm Gubitz; BeckRS 2019, 588 zu einem Hinweis nach Abs. 2 Nr. 3).

15d **Auch in anderen Fällen** kann es zum Schutz des Angeklagten vor Überraschungen erforderlich sein, den rechtlichen Hinweis mit konkreten Tatsachen inhaltlich anzureichern (BGH wistra 2018, 49 zu § 266a StGB).

15e Eine **Verpflichtung zur Rücknahme des Hinweises** für den Fall, dass das Gericht entspr. der rechtlichen Bewertung in der Anklageschrift verurteilen will, besteht nicht. Die Erteilung eines rechtlichen Hinweises nach Abs. 1 begründet kein schutzwürdiges Vertrauen darauf, dass das Gericht lediglich diesem Hinweis gem. urteilt; durch die Neufassung des Abs. 2 Nr. 2 hat sich daran nichts geänd. (BGH BeckRS 2018, 15987; OLG Hamburg NJW 2020, 3794; erg. → Rn. 21).

16 **C. Sonstige Hinweispflichten (Abs. 2).** Abs. 2 wurde durch das G v. 17.8.2017 BGBl. I 3202 (3210)) neu gefasst u. ergänzt; die Vorschr. enthält nunmehr Hinweise auf die Veränderung rechtlicher (Nr. 1) wie auch tatsächlicher (Nr. 3) Gesichtspunkte.

17 **I. Straferhöhende Umstände, Sicherungsmaßregeln, Nebenstrafen (Nr. 1). 1.** Der **Hinweis auf straferhöhende Umstände** ist nur erforderlich, wenn sie sich erst in der HV ergeben haben (neu hervorgetreten sind), der Angeklagte sie also nicht bereits der Anklageschrift entnehmen u. seine Verteidigung darauf einrichten konnte (BGHSt 29, 274 (279)). Der Wegfall straferhöhender o. das Hervortreten strafmildernder Umstände begründet keine Hinweispflicht

(Löwe/Rosenberg/Stuckenberg Rn. 40). Das Gleiche gilt für den Wegfall eines in der zugelassenen Anklage aufgeführten Milderungsgrundes (BGH NJW 1988, 501: § 21 StGB), sowie für die Absicht des Gerichts, eine Strafrahmenverschiebung nach § 46a StGB allein an der nicht genügenden Höhe der Geldzahlung scheitern zu lassen (BGH NStZ 2026, 131).

Straferhöhende Umstände iSv Abs. 2 sind grds. die gleichen, für die § 263 Abs. 2 bei der Abstimmung eine Zweidrittelmehrheit verlangt → § 263 Rn. 6). Erforderlich ist, dass die in Betracht kommende Strafschärfung an ges. bestimmte Umstände anknüpft, dass also, wie in §§ 221 Abs. 2, Abs. 3, 224, 226, 239 Abs. 3, Abs. 4, 239a Abs. 3, 246 Abs. 2, 250 Abs. 1 StGB durch Hinzutritt eines weiteren Tatbestandsmerkmals ein neuer ges. Tatbestand entsteht (vgl. BGHSt 29, 274 (279, 280); BGH NStZ 2025, 174; OLG Jena StV 2007, 230) o. eine anderweit ges. festgelegte Strafschärfungsregelung angewendet werden soll (BGH NJW 1977, 1830). 18

An diesen Voraussetzungen fehlt es bei den unbenannten **besonders schweren Fällen** (vgl. BGHSt 29, 274 (279); BGH NStZ 2025, 174). Erläutert das G – wie nun idR – die bes. schweren Fälle an Regelbeispielen, so ist dagegen ein Hinweis erforderlich, wenn sich erst in der HV ergibt, dass die Merkmale eines Regelbeispiels verwirklicht sein können (BGH NJW 1988, 501; Arzt JuS 1972, 516). Entsprechendes gilt, wenn die Voraussetzungen des Regelbeispiels sich nicht ohne weiteres aus dem äußeren Sachverhalt ergeben, der schon iRd Schuldvorwurfs Gegenstand der Verh. ist (BGH NJW 1980, 714 für den Fall gewerbsmäßigen Handelns; weitergehend KK-StPO/Bartel Rn. 15; Roxin/Schünemann StrafVerfR § 44 Rn. 30: stets, wenn die Verurteilung wegen eines bes. schweren Falles aufgrund eines Regelbeispiels in Betracht kommt). Die Annahme eines bes. schweren Falles außerhalb der Regelbeispiele erfordert dagegen keinen Hinweis (Arzt JuS 1972, 516; **aM** Schlothauer StV 1986, 221). 19

2. Der **Hinweis auf die mögliche Anordnung einer Sicherungsmaßregel,** die nicht bereits in der zugelassenen Anklage erwähnt wird, ist stets erforderlich, gleichgültig, ob in der HV neue Tatsachen hinzugetreten sind, die erst die Anordnung der Sicherungsmaßregel ermöglichen, o. ob das Gericht bei gleich bleibendem Sachverhalt entgegen der Anklage die Maßregel in Betracht zieht. Das gilt zB bei Anordnung eines Berufsverbots (BGHSt 2, 85), bei der Entziehung der Fahrerlaubnis (BGHSt 18, 288; BGH StraFo 2003, 276), u. zwar auch dann, wenn zuvor im Strafbefehl ein Fahrverbot verhängt worden war (BayObLGSt 2004, 43), bei der Anordnung einer isolierten Sperre für die Erteilung der Fahrerlaubnis (KG VRS 129, 10), bei Anordnung v. Führungsaufsicht (BGH StV 2015, 207), bei Unterbringung im psychiatrischen Krankenhaus (BGH NStZ-RR 2002, 271; 29.8.2023 – 5 StR 365/23), in der Entziehungsanstalt (BGH StV 2008, 344; 2015, 206) u. in der Sicherungsverwahrung (BGH StV 1994, 232; NStZ-RR 2004, 297; NStZ 2009, 227). Die Hinweispflicht erstreckt sich nicht auf die einzelnen Anordnungstatbestände des § 66 StGB (BGH StraFo 2017, 418; vgl. ferner BGH StV 1982, 4; 1988, 329; OLG Koblenz VRS 50, 30; Schlothauer StV 1986, 216). Der Hinweis ist auch erforderlich, wenn eine andere als die in der Anklageschrift bezeichnete Maßregel in Betracht kommt (BGHSt 29, 274 (279); BGH StV 1991, 198). Die Aufnahme in die Liste der anzuwendenden Vorschr. in der Anklageschrift sowie ein etwaiger Hinweis im wesentlichen Erg. der Ermittlungen, dass ein Sachverständiger mit der Erstellung eines entspr. Gutachtens beauftragt worden sei, reicht aus (BGH NStZ-RR 2018, 23). Dass sich Verfahrensbeteiligte – insbes. ein Sachverständiger – dazu geäußert haben, genügt allein nicht (BGH NStZ-RR 2002, 271; 2004, 297; StraFo 2003, 57; 2010, 157; erg. → Rn. 28). 20

3. Nach **Nr. 1** ist auch der **Hinweis auf die mögliche Anordnung einer Nebenstrafe oder Nebenfolge** erforderlich, also etwa die Einziehung (§§ 73 ff. StGB; BGH NStZ 2019, 747 (1. StS); OLG Koblenz NJW 2018, 2505) o. Unbrauchbarmachung (§ 74d StGB) o. Aberkennung des Rechts, öffentl. Ämter zu bekleiden (BGH NStZ 2020, 47), aber auch das Fahrverbot (§ 44 StGB; BT-Drs. 18/11277, 35). Die Hinweispflicht nach Abs. 2 Nr. 1 gilt nach einer Entscheidung 20a des GSSt des BGH – namentlich für die Einziehung des Wertes von Taterträgen (§§ 73, 73c StGB); – auch dann, wenn zwar in Anklage u. Eröffnungsbeschluss der erforderliche Hinweis unterblieben war, aber wenigstens die zugrunde liegenden Tatsachen schon vor der HV bekannt u. in der Anklage genannt waren (BGH NJW 2021, 201 (GSSt) mAnm Exner-Kuhn, Mosbacher JuS 2022, 126; vgl. dazu schon der 1. StS = BGH NStZ 2019, 747; vgl. auch BGH NStZ-RR 2025, 57; 2020, 25; **aM** der 5. StS im Vorlagebeschluss nach § 132 Abs. 2 und Abs. 4 GVG = BGH NStZ 2019, 748 mablAnm Börner; ferner BeckRS 2020, 13670 sowie dem 5. StS zuneigend der 2. StS (BeckRS 2020, 1798)). Zu Recht stellt der GSSt des BGH darauf ab, dass der Angeklagte in diesen Fällen ohne ausdr. rechtlichen Hinweis auf die Möglichkeit der Einziehung nicht hinreichend vor einer Überraschungsentscheidung geschützt wird; dies gilt unabhängig davon, ob eine Rechtsfolge im Ermessen des Gerichts steht, von einer aktuellen Prognose abhängt oder – wie die Einziehung des Wertes von Taterträgen – zwingend anzuordnen ist (BGHSt 66, 20 (GSSt) = NJW 2022, 701; vgl. → Rn. 2). Vielmehr ist der Angeklagte durch einen dahingehenden rechtlichen Hinweis, wie es Sinn u. Zweck des § 265 entspr., in die Lage zu versetzen, sich in rechtlicher u. tatsächlicher Hinsicht umfassend gegen die Anordnungsvoraussetzungen der Einziehung zu verteidigen. Inhaltlich wird es ausreichend sein, wenn die Anklageschrift darauf hinweist, dass die dem Angekl. zugeflossenen Gelder, die Werte der von ihm entwendeten Beutestücke oder die von ihm aus dem Verkauf von BtM erlangten Erlöse der Einziehung (des Wertes von Taterträgen) unterliegen (Mosbacher JuS 2022, 126 (127)).

21 **II. Abweichen von einer mitgeteilten vorläufigen Bewertung (Nr. 2).** Die Vorschr. verpflichtet das Gericht zu einem Hinweis, wenn es v. einer **in der Verh.** (nicht außerhalb: BGH 29.11.2018 – 5 StR 519/18) mitgeteilten vorl. Bewertung der Sach- oder Rechtslage abweichen will. Sie basiert auf der – auch § 257c Abs. 4 S. 4 zugrundeliegenden – Überlegung, dass durch die vorherige Mitteilung, die unzweideutig auf die Einengung der in Betracht kommenden Möglichkeiten bezogen ist, bei den Verfahrensbeteiligten ein Vertrauenstatbestand geschaffen wurde u. Überraschungsentscheidungen vermieden werden sollen (vgl. BT-Drs. 18/11277, 35). Diesem Gesetzeszweck entspr. es, v. der Formulierung „in der Verhandlung" auch die ausgesetzte Verh. umfasst zu sehen (so OLG Hamburg NJW 2020, 3794; offengelassen v. BGH NStZ 1998, 529), zumal ein förmlich erteilter Hinweis grds. für das gesamte weitere Verf. wirkt (→ Rn. 26; OLG Hamburg NJW 2020, 3794). Es kommen hierfür etwa Mitteilungen des Gerichts iRv Erörterungen nach § 265 Abs. 1 oder Abs. 2, § 257b (vgl. OLG Düsseldorf StraFo 2019, 158; erg. → § 24 Rn. 18) o. sonstige im Prot. festgehaltenen Bewertungen in Betracht, sofern durch sie die schutzwürdige Erwartung geweckt wurde, das Gericht habe sich bereits vorl. festgelegt (vgl. OLG Hamburg NJW 2020, 3794).

21a Nach dem **Scheitern eines Verständigungsgespräches** ist allerdings nach der Rspr. des BGH regelmäßig nicht förmlich auf die Möglichkeit hinzuweisen, von dem in Aussicht gestellten Verständigungsstrafrahmen trotz Geständnisses des Angeklagten abzuweichen; ein Hinweis kommt danach lediglich ausnahmsweise bei Hinzutreten besonderer Umstände in Betracht (BGH NStZ 2022, 506 mwN und ablAnm Willumat sowie Anm Mosbacher JuS 2022, 726 (727)). Allerdings wird durch einen Verständigungsvorschlag des Gerichts, der dessen vorläufige Einschätzung hinsichtlich des Strafrahmens offenbart, durchaus ein schutzwürdiges Vertrauen des Angekl. begründet (s. OLG Düsseldorf BeckRS 2018, 42194; Schneider NStZ 2018, 233; vgl. auch Mosbacher JuS 2022, 726 (727); erg. → § 257c Rn. 25b). Dies gilt aber jedenfalls nicht für Fälle eines späten Geständnisses, wenn – wie regelmäßig anzunehmen – dem Verständigungsvorschlag die Erwartung eines zeitnahen und dadurch verfahrensabkürzenden Geständnisses zugrunde liegt (BGH NStZ 2022, 191). Abs. 2 Nr. 2 ist bei Entsch. über die Haftfrage nicht anwendbar (BGH 30.6.2020 – 6 StR 103/20), ebenso wenig, wenn das Gericht beschließt, ein aussagepsychologisches Gutachten einzuholen (BGH 28.8.2019 – 5 StR 387/19).

III. Hinweis auf veränderte Sachlage (Nr. 3). Nr. 3 erstreckt die Hinweispflichten des Gerichtes ausdr. auf Veränderungen der Sachlage, die nach früherer Rechtslage nur eine entspr. Anwendung v. § 265 ermöglichten (→ 60. Aufl. 2017, Rn. 21). **Weitergehende Hinweispflichten** werden dadurch **nicht begründet,** die zur aF v. der Rspr. entwickelten Grundsätze sind grds. weiter anwendbar (BGH NStZ 2019, 239; 2020, 97; aber → Rn. 24 zur Relevanz der Gesetzesänderung für das Kriterium der Erforderlichkeit zur genügenden Verteidigung des Angeklagten). Der Angeklagte darf nicht mit der Feststellung einer erheblichen Tatsache überrascht werden, auf die er weder durch die Anklage noch durch den Eröffnungsbeschluss so vorbereitet worden ist, dass er sich dazu äußern konnte (so schon zur alten Rechtslage BGHSt 11, 88 (91); BGH NStZ 1994, 46; OLG Jena StV 2007, 230). Die Hinweispflicht hängt v. den Umständen des Einzelfalls ab (BGH NStZ 2015, 233). 22

Eine **Hinweispflicht besteht insbesondere,** wenn sich die tatsächlichen Grundlagen des Schuldvorwurfs o. das Tatbild wesentlich ändern (BGH StV 1990, 249), va soweit Tatzeit, Tatort, Tatobjekt, Tatopfer, Tatrichtung o. beteiligte Personen betroffen sind (BGH NStZ 2019, 239), aber auch bei einer Veränderung der Motivlage iRd § 211 StGB bei der Annahme niedriger Beweggründe (BGH NStZ 2019, 236; 2020, 94). Dies gilt ebenso, wenn das Gericht anstelle nicht näher konkretisierter Taten in einem bestimmten Tatzeitraum nun v. nach Zeit, Ort u. Tatbegehung bestimmten Taten ausgehen will (BGHSt 40, 44 (48); 44, 153; BGH NStZ 1999, 42; NJW 1998, 3654; einschr. BGHSt 48, 221: nur ausnahmsweise geboten; vgl. auch BeckOK StPO/Eschelbach Rn. 20, 21: nachträgliche Substantiierung anfänglich vage umschriebener Serientaten), o. wenn bei einer Anklage wegen Beihilfe die Person des Haupttäters (OLG Hamburg HESt 3, 54), bei Anklage wegen Mittäterschaft die des Mittäters wechselt (vgl. Holtz MDR 1977, 108 – BGH RsprÜ, der die Hinweispflicht aus Abs. 4 herleitet) o. wenn das Gericht v. unbekannten statt in der Anklage benannten Mittätern ausgehen will (Holtz MDR 1977, 108 – BGH RsprÜ; BGH NStE StPO § 265 Nr. 17) o. wenn das Opfer der Straftat ausgewechselt werden soll (Ernesti/Jürgensen SchlHA 1974, 183 – OLG Schleswig RsprÜ; OLG Stuttgart MDR 1967, 233) o. ein weiterer Verletzter hinzutritt (BGH GA 1962, 338). Die Hinweispflicht nach Nr. 3 besteht grds. auch, wenn das Gericht eine **andere Tatzeit** feststellen will (vgl. BGHSt 19, 88; BGH NJW 1988, 571; NStZ 1994, 502; StraFo 2006, 75; OLG Bremen StV 1996, 301; s. aber BGH BeckRS 2020, 27123: uU entbehrlich bei eindeutig identischem Tatbild) oder v. einem wesentlich erweiterten Tatzeitraum ausgehen will (BGH NStZ-RR 2006, 316 (317); OLG Schleswig MDR 1980, 516; OLG Köln StV 1984, 414); das ist aber ohnehin nur zulässig, wenn die in der Anklage beschriebene Tat unabhängig v. der Tatzeit nach anderen Merkmalen individualisiert u. dadurch weiterhin als einmaliges, unverwechselbares Geschehen gekennzeichnet ist (BGH BeckRS 2020, 41617; 2014, 15652; sonst ist eine Nachtragsanklage notwendig). 23

Ob sich die Sachlage iSd Abs. 2 Nr. 3 geändert hat, bestimmt sich nicht nur nach dem Anklagesatz, sondern sämtlichen in der Anklageschrift enthaltenen Informationen (BGH NJW 2024, 1594). Dies gilt insbes. für im Zeitpunkt der Anklageerhebung aktenkundige objektive Beweismittel (vgl. § 199 Abs. 2 S. 2), die Eingang in die Beweismittelliste (§ 200 Abs. 1 S. 3) oder das wesentliche Ermittlungsergebnis (§ 200 Abs. 2) gefunden haben, da sich daraus – unabhängig von der fehlenden Bindung des Gerichts an die Beweismittelliste – Rückschlüsse auf die Bedeutung der betr. Beweismittel bereits für die Eröffnungsentscheidung und Verteidigungsmöglichkeiten im Zwischenverfahren ziehen lassen (BGH NJW 2024, 1594). 23a

Regelmäßig nicht erforderlich soll ein Hinweis auf Feststellungen sein, die sich nur auf die Tatplanung u. -vorbereitung o. generell auf die Bewertung v. Indiztatsachen beziehen (vgl. BGH NStZ 2019, 239; BeckRS 2019, 16616; vgl. auch BGH NStZ 2000, 48 zur alten Rechtslage); auch insoweit wird es allerdings auf eine Einzelfallbetrachtung ankommen. Das Gericht ist jedenfalls **nicht verpflich-** 23b

tet, sich zu einzelnen Beweiserhebungen zu erklären (BGHSt 43, 212) o. vor der Urteilsberatung seine **Beweiswürdigung offenzulegen** (BGH BeckRS 2019, 16616; vgl. BGH BeckRS 2020, 21303).

24 Die Veränderung der Sachlage muss **für das Verteidigungsverhalten bedeutsam** sein, um die Hinweispflicht auszulösen. Aus dem Verweis auf die in Abs. 1 normierte Hinweispflicht ergibt sich nunmehr, dass es nicht mehr ausreicht, wenn der Angeklagte aus dem Gang der Verh. erfährt, dass das Gericht neue tatsächliche Gesichtspunkte in seine die Tatfrage betr. Überlegungen einbezogen hat o. dass diese iRv Vernehmungen angesprochen worden sind (BGH NStZ 2019, 236 (3. StS) mzustAnm Gubitz; hierzu tendiert auch der 4. StS, BGH NStZ-RR 2021, 346; KK-StPO/Bartel Rn. 26; **aM** allerdings BGH NStZ 2019, 239 (5. StS); insoweit zust. Arnoldi NStZ 2020, 99 (101); Schlosser NStZ 2020, 267 (270); dahingestellt v. BGH BeckRS 2019, 28195; zur Rspr. zur früheren Rechtslage vgl. Becker NStZ-RR 2001, 263 – BGH RsprÜ; BGH StV 1996, 584; 1998, 381). Das bisherige erkennbare Verteidigungsverhalten des Angeklagten in tatsächlicher Hinsicht kann ebenso in die Beurteilung einfließen wie das Erg. der Beweisaufnahme, wie es sich nach ihrem bisherigen Verlauf darstellt.

25 **Inhaltlich** muss der Hinweis auf die veränderte Sachlage eindeutig, umfassend u. unmissverständlich sein. Er muss den Angeklagten in die Lage versetzen, sich in seinem Verteidigungsverhalten auf die veränderte Sachlage einzustellen, sich dazu erforderlichenfalls zu äußern u. Beweisanträge zu stellen o. Beweisanregungen zu geben (vgl. BGH NStZ-RR 2022, 383 (384) sowie bereits BGHSt 19, 141; 28, 196). Er kann auch in einem auf die bisherige Beweisaufnahme gestützten Haftbefehl enthalten sein, sofern sich für den Angeklagten daraus eindeutig ergibt, dass er sich gegen den Schuldvorwurf auf geänderter tatsächlicher Grundlage zu verteidigen haben wird (BGH NStZ-RR 2022, 383 (384)).

26 **D. Entbehrlichkeit des Hinweises.** Der Hinweis nach Abs. 1, Abs. 2 ist überflüssig, wenn der neue rechtliche o. tatsächliche Gesichtspunkt schon in dem (dem Angeklagten bekanntgegebenen) Verweisungsbeschluss nach § 270 (BGHSt 22, 29 (31); Hanack JZ 1972, 434; → Rn. 6) o., bei Urteilsaufhebung durch das Revisionsgericht nach § 354 Abs. 2, in dem aufgeh. o. in dem aufhebenden Urt. erörtert ist (BGHSt 22, 29 (31); StV 2008, 342), auch wenn es in der neuen HV nicht verlesen worden, sondern dem Angeklagten nur durch Zustellung bekanntgemacht worden ist. War die HV nach Erteilung des Hinweises ausgesetzt worden, so ist seine Wiederholung nicht erforderlich, sofern kein Anhalt dafür besteht, dass der Angeklagte ihn vergessen hat (Dallinger MDR 1971, 363 – BGH RsprÜ; offengelassen v. BGH NStZ 1998, 529).

27 Entsprechendes gilt im **Berufungsrechtszug.** Ein schon im 1. Rechtszug erteilter Hinweis braucht nur wiederholt zu werden, wenn konkrete Zweifel daran bestehen, dass der Angeklagte ihn noch in Erinnerung hat (vgl. RGSt 59, 423; KK-StPO/Bartel Rn. 34; weitergehend Löwe/Rosenberg/Stuckenberg Rn. 14). Der Hinweis ist auch entbehrlich, wenn schon der 1. Richter den Angeklagten (unter Verletzung von Abs. 1) aufgrund des veränderten rechtlichen Gesichtspunkts verurteilt hatte (OLG Köln NJW 1957, 473 Ls.) o. wenn das Berufungsgericht entspr. der zugelassenen Anklage, v. der der 1. Richter abgewichen war, entscheiden will (OLG Koblenz VRS 52, 428), nicht aber, wenn das 1. Urt. den neuen rechtlichen Gesichtspunkt nur erörtert hat, ohne den Angeklagten deswegen zu verurteilen (BayObLG VRS 61, 31).

28 Im **Wiederaufnahmeverfahren** muss der in der früheren HV erteilte Hinweis in der neuen HV wiederholt werden (RGSt 58, 52), sofern nicht schon das frühere Urt. den Angeklagten unter dem neuen rechtlichen Gesichtspunkt verurteilt hatte (RGSt 57, 10; 58, 52;).

29 Etwaige **konkludente Informationen** aus dem Gang der HV machen den **Hinweis nicht entbehrlich** (BGH 2019, 236 (3. StS); 2019, 747 (1. StS); vgl. aber auch BGH NStZ 2019, 239 (5. StS); erg. → Rn. 47 zum Revisionsvorbringen). Der Hinweis ist nicht deshalb nicht etwa deshalb entbehrlich, weil einzelne o.

alle Prozessbeteiligte den neuen rechtlichen Gesichtspunkt in der HV v. sich aus erörtert haben (BGHSt 19, 141; 22, 29 (31); BGH NStZ 1998, 529) o. ein Sachverständiger dazu gehört wurde (BGH StV 2008, 344; NStZ 2009, 468), auch wenn sich das Gericht an dem Meinungsaustausch bet. hat (BGH NJW 1964, 459; NStZ 2009, 227), o. weil der StA den Hinweis angeregt (BGHSt 56, 121 (125); Pfeiffer/Miebach NStZ 1983, 358 – BGH RsprÜ) o. die Verurteilung unter dem neuen rechtlichen Gesichtspunkt beantragt hat (BGH StV 1988, 329; Kusch NStZ 1994, 25 – BGH RsprÜ; BGH StraFo 2005, 468; Becker NStZ-RR 2007, 5 – BGH RsprÜ; BayObLG VRS 62, 129). Den Hinweis ersetzt auch nicht die Erörterung des neuen rechtlichen Gesichtspunkts in einem Beschl. über die Haftfortdauer (BGHSt 22, 29; BGH BeckRS 2019, 1572) o. über die Ablehnung eines Beweisantrags (KMR-StPO/Stuckenberg Rn. 16) o. die Beauftragung eines Sachverständigen (BGH StV 2010, 178) o. die Übersendung eines Sachverständigengutachtens (OLG Oldenburg NJW 2009, 3669) o. seine Aufnahme in eine Zeugenladung (KG VRS 130, 117). Ein Hinweis ist auch nicht etwa deshalb entbehrlich, weil eine Verständigung nach § 257c zwischen dem Gericht u. den Verfahrensbeteiligten getroffen wurde u. das Gericht die Strafe dem Verständigungsstrafrahmen entnehmen will (BGHSt 56, 235 mablAnm Jahn/Rückert NStZ 2012, 48).

E. Erteilung des Hinweises. Die Erteilung des Hinweises nach Abs. 1 oder Abs. 2 ist **Aufgabe des Vorsitzenden.** Wenn er den Hinweis ablehnt, gilt § 238 Abs. 2 (Löwe/Rosenberg/Stuckenberg Rn. 48). Auch sonst kann er durch Gerichtsbeschluss erfolgen; das Wort „Hinweis" muss nicht notwendig darin enthalten sein, sofern die Zweckbestimmung der gerichtlichen Anordnung eindeutig ist (BGH NStZ-RR 2022, 383 (384); 17.1.2024 – 5 StR 377/23). **30**

Der Hinweis ist **dem Angeklagten selbst** zu erteilen, daneben richtet er sich auch an den Verteidiger (BGH NStZ 1983, 35; 1993, 200); Erteilung nur an den Verteidiger genügt bei Anwesenheit des Angeklagten in der HV aber nicht (BGH NStZ 2013, 248; StV 2015, 206). Wenn der Angeklagte an der Verh. nicht teilnimmt, ist ihm der Hinweis schriftlich zu erteilen, ggf. iVm der neuen Ladung zur HV (Löwe/Rosenberg/Stuckenberg Rn. 50; vgl. Dallinger MDR 1969, 360 – BGH RsprÜ für § 231 Abs. 2; BayObLGSt 1955, 186 für § 233; erg. → § 231 Rn. 21; → § 233 Rn. 16; → § 234a Rn. 3). Im Fall des § 231b Abs. 1 S. 1 kann es genügen, dass dem Angeklagten der Hinweis schriftlich o. durch einen beauftragten Richter mündlich bekanntgegeben wird. Erscheint für den abwesenden Angeklagten ein Verteidiger, so genügt es, außer im Fall des § 233, dass diesem die Hinweise nach Abs. 1 und Abs. 2 erteilt werden (§ 234a Hs. 1). **31**

Der Hinweis ist in dem **Zeitpunkt** zu erteilen, in dem sich erstmals die Möglichkeit einer anderen rechtlichen Beurteilung ergibt, also frühzeitig. Er kann auch schon bei der Vorbereitung der HV erteilt werden, auch schon im Eröffnungsbeschluss (BGHSt 23, 304), sonst in öffentl. Sitzung (BGH StraFo 2003, 134). **32**

Eine **gesonderte Befragung** des Angeklagten nach dem Hinweis ist zwar zweckmäßig, unerlässlich aber nur, wenn sonst – etwa wegen unmittelbar danach erfolgende Urteilsberatung o. -verkündung – keine Verteidigungsmöglichkeit bestünde (BGH NStZ 2013, 58). **32a**

Der Hinweis nach Abs. 1 oder Abs. 2 ist eine **wesentliche Förmlichkeit der HV** iSd § 273 Abs. 1; er wird nach § 274 nur durch das Sitzungsprotokoll bewiesen (BGHSt 2, 371 (373); 19, 141; BeckRS 2014, 11026; OLG Braunschweig NStZ-RR 2002, 179; BayObLG VRS 62, 129; OLG Hamm NJW 1980, 1587). Auch der wesentliche Inhalt des Hinweises ist im Prot. zu beurkunden (BGHSt 2, 371 (373); Dallinger MDR 1970, 198 – BGH RsprÜ); fehlt dies, so kann das Revisionsgericht den Inhalt des Hinweises aber im Freibeweis (→ § 244 Rn. 7, 9) feststellen (BGHSt 13, 320 (323); 19, 141 (143); **aM** Dallinger MDR 1970, 198 – BGH RsprÜ). **33**

Eine **Rücknahme des Hinweises,** weil das Gericht an der ursprünglichen rechtlichen Bewertung festhalten will, ist nicht erforderlich (BGH NJW 1998, 3654 **33a**

(3655); BeckRS 2018, 15987; krit. dazu unter dem Gesichtspunkt des fairen Verfahrens Scheffler JR 1989, 260; zw. auch Burhoff StrafRHV-HdB Rn. 1697).

34 **F. Aussetzung bei veränderter Sach- und Rechtslage (Abs. 3). I. Rechtsanspruch auf Aussetzung der Verhandlung.** Einen Rechtsanspruch auf Aussetzung der Verhandlung (§ 228 Abs. 1 S. 1) hat der Angeklagte unter den Voraussetzungen des Abs. 3 im Offizialverfahren, nicht im Privatklageverfahren (§ 384 Abs. 3). Eine Belehrung über sein Antragsrecht schreibt das G nicht vor (vgl. dazu BGH StV 1998, 252).

35 Ein Anspruch auf Aussetzung besteht dagegen in den Fällen des Abs. 2 Nr. 2 und Nr. 3 nicht (vgl. BT-Drs. 18/11277, 36).

36 **II. Voraussetzung des Aussetzungsanspruchs. Voraussetzung des Aussetzungsanspruchs** ist eine Veränderung der Rechtslage infolge Hervortretens neuer Tatsachen o. tatsächlicher Verhältnisse in der HV, die der Angeklagte nicht der Anklageschrift, dem Eröffnungsbeschluss o. einer früheren Verh. entnehmen konnte (BGH wistra 2006, 191). Abs. 3 ist nicht anwendbar, wenn der Tatrichter aus dem unv. gebliebenen Tatsachenmaterial lediglich andere Schlussfolgerungen zieht o. Feststellungen trifft (BGH NStZ 2018, 558). Ein neues Beweismittel ist für sich genommen kein solcher Umstand (BGH NStZ 2018, 558: erstmalige Einlassung eines Mitangeklagten; RGSt 52, 249).

36a Die neu hervorgetretenen Umstände, die zum äußeren o. inneren Tatbestand gehören können, müssen zudem die **Anwendung eines Strafgesetzes** zulassen, das nach seiner **abstrakten Strafandrohung schwerer** ist als das in der zugelassenen Anklage bezeichnete (zB Mord statt Totschlag, vgl. BGH NStZ 1993, 400, nicht aber der Wegfall einer fakultativen Strafmilderungsmöglichkeit, vgl. BGH NStZ 2013, 358 (§§ 23 Abs. 2, 49 Abs. 1 StGB) sowie BGH NStZ 2018, 558 (§§ 27 Abs. 2, 49 Abs. 1 StGB)). Dem steht der Fall gleich, dass neu hervorgetretene Umstände die Strafbarkeit erhöhen o. die Anordnung einer Sicherungsmaßregel o. die Verhängung einer Nebenstrafe o. Nebenfolge begründen können (Abs. 2 Nr. 1). Im Aussetzungsantrag sind die neu hervorgetretenen Tatsachen bestimmt zu bezeichnen, ferner muss der Angeklagte die neu hervorgetretenen Umstände bestreiten, dh ihre Richtigkeit in Abrede stellen (BGH NStZ 2016, 61 mkritAnm Ventzke), u. behaupten, auf die Verteidigung nicht genügend vorbereitet zu sein (BGH NStZ 2020, 370). Ob das zutrifft, hat das Gericht nicht zu prüfen (allgM). Es kann aber abw. v. der Auff. des Angeklagten beurteilen, ob die neu hervorgetretenen Umstände die Anwendung der schwereren Bestimmung überhaupt zulassen.

37 **III. Entscheidung über den Aussetzungsantrag. Entscheidung über den Aussetzungsantrag:** Nach der Rspr. ist eine Unterbrechung der HV nach § 229 nicht ausreichend, vielmehr ist auf den Antrag des Angeklagten die HV nach § 228 auszusetzen u. danach neu zu beginnen (BGHSt 48, 183). Diese Interpretation knüpft zwar formal gut vertretbar an den Begriff der Aussetzung in § 228 an, wird jedoch in häufig vorkommenden Konstellationen, in denen zur ausreichenden Vorbereitung der Verteidigung erkennbar eine Unterbrechung der Verh. genügt, den praktischen Bedürfnissen nicht gerecht. Das sachgerechte Erg. kann mit einer vertretbaren Auslegung – untechnische Verwendung des Wortes „aussetzen" wie auch in Abs. 4 – gefunden werden (zust. BGH BeckRS 2010, 144150); dies dürfte etwa bes. in den Fällen des Abs. 2 Nr. 1 zu erwägen sein, in denen es nach der Erg. in Abs. 2 Nr. 1 durch das G v. 17.8.2017 um die mögliche Verhängung einer Nebenstrafe o. Nebenfolge geht.

37a Die Aussetzungsentscheidung ergeht durch – idR unanfechtbaren (OLG Dresden JR 2008, 304 mzustAnm Gössel; OLG Naumburg NStZ-RR 2010, 151 Ls.; → § 305 Rn. 4) – **Beschluss.**

38 **G. Aussetzung bei veränderter Sachlage (Abs. 4). I. Auf Antrag oder von Amts wegen.** Auf Antrag oder von Amts wegen kann das Gericht auch **in**

sonstigen Fällen die Verh. aussetzen, wenn das zur besseren Vorbereitung der Anklage o. Verteidigung angezeigt erscheint (vgl. auch BGHSt 36, 210).

Der früher geäußerten Ansicht, die Vorschr. dürfe nicht eng ausgelegt werden (BGH NJW 1958, 1736; OLG Hamburg NJW 1966, 843; OLG Zweibrücken StV 1984, 148), wird heute wegen des Beschleunigungsgrundsatzes widersprochen u. **Unterbrechung statt Aussetzung** empfohlen, was grds. richtig ist (Schmitt StraFo 2008, 319; offengelassen v. BGH NStZ 2017, 63). Antragsberechtigt sind alle Prozessbeteiligten, auch der Privatkläger, nicht aber der Nebenkläger (→ § 397 Rn. 11). Die entspr. Anwendung des Abs. 4 bestimmt § 154a Abs. 3 S. 3. 39

II. Veränderte Sachlage. Bei der veränderten Sachlage iSv Abs. 4 kann es sich um eine **Veränderung des Sachverhalts o. der Verfahrenslage** handeln. 40

Der **Sachverhalt ist verändert,** wenn in der zugelassenen Anklage nicht erwähnte Handlungen o. sonstige Tatsachen nach § 264 zum Gegenstand des Urteils gemacht werden sollen (BGHSt 8, 92 (96); BGH StV 1992, 452). Gleichgültig ist, ob die neuen Tatsachen den Schuldumfang, den Strafausspruch o. die Anordnung v. Sicherungsmaßregeln bzw. die Verhängung v. Nebenstrafen o. Nebenfolgen betreffen. Sie müssen aber entscheidungserheblich sein. Ob dies die Aussetzung der Verh. rechtfertigt, hängt v. den Umständen des Einzelfalls ab (dazu Löwe/Rosenberg/Stuckenberg Rn. 103). Dabei ist va auf den Zeitraum abzustellen, den die Verteidigung bei objektiver Betrachtung zu ihrer Vorbereitung benötigt. Insoweit sind auch die Verfahrenslage bei Eintritt der Änd. sowie die Bedeutung der Änd. sowie etwaige Schwierigkeiten, sich auf die neue Sachlage einzustellen, zu berücksichtigen (erg. → Rn. 45). 41

Im Übrigen darf der Begriff **nicht eng ausgelegt** werden; eine Veränderung der Sachlage ist auch anzunehmen, wenn das Gericht aus den dem Angeklagten bereits aus der zugelassenen Anklage bekannten Tatsachen andere rechtliche Schlussfolgerungen zieht (BGH NStZ 2018, 673: Fall des Abs. 1). 41a

Auch bei Veränderungen der **Verfahrenslage** gilt Abs. 4, zB bei Nachholung der unterbliebenen Übersetzung der Anklageschrift (insoweit kann allerdings eine Unterbrechung der Hauptverhandlung ausreichen: → Rn. 45; → GVG § 187 Rn. 7a; erg. → § 201 Rn. 10; → EMRK Art. 6 Rn. 18), beim Nachschieben bisher v. der Verfolgungsbehörde zurückgehaltener Beweismittel in der HV (BGH NStZ 2005, 430: zuvor nach § 96 gesperrte Unterlagen; BayObLGSt 1981, 14;: Lichtbilder; LG Duisburg StV 1984, 19, LG Berlin StV 2014, 403, LG Hamburg StV 2014, 406: Akten u. Beweisstücke; LG Leipzig StV 2008, 514 u. LG-Nürnberg-Fürth JZ 1982, 260: Vernehmungsprotokolle; vgl. auch LG Bochum NJW 1988, 1533; LG Hannover StV 2013, 79) sowie bei unvorhergesehener Mandatsniederlegung durch den Verteidiger, falls nicht rechtzeitig adäquater Ersatz gefunden werden kann (OLG Saarbrücken BeckRS 2020, 42758). In Betracht kommt auch die Vorlage eines vorbereitenden schriftlichen Gutachtens zur Vorbereitung der Verteidigung auf die Befragung des Sachverständigen. 42

Insbesondere gilt Abs. 4, wenn der Angeklagte in seinem Recht, sich des **Beistands eines Verteidigers** zu bedienen, unvorhergesehen beeinträchtigt wird, zB beim Ausbleiben des Verteidigers wegen plötzlicher Erkrankung (OLG Celle NJW 1965, 2264)), beim Tod des Verteidigers (BayObLG StV 1983, 270) o. bei Zurückweisung des ohne Robe erschienenen Verteidigers (OLG Köln VRS 70, 21), uU entgegen § 228 Abs. 2 auch bei bloßer Verhinderung des Verteidigers (→ § 228 Rn. 10 ff.; zum Verhältnis zwischen Abs. 4 und § 228 Abs. 2 vgl. allg. Heubel NJW 1981, 2678), immer vorausgesetzt, dass die Durchführung der HV dadurch für den Angeklagten unzumutbar wird (OLG Celle NJW 1965, 2264; OLG Frankfurt a. M. NStZ-RR 1996, 304; OLG Hamm VRS 47, 358). Bei Niederlegung des Mandats kann die Verh. grds. – ggf. nach einer Unterbrechung zur Einarbeitung – mit dem neu bestellten Verteidiger fortgesetzt werden, lediglich in bes. gelagerten Fällen kann auch eine Aussetzung geboten sein (BGH NJW 2000, 1350), es sei denn, es bestehen Anhaltspunkte dafür, dass ein Abbruch der Verh. provoziert werden soll (offengelassen v. BGH NJW 2000, 1350). 42a

43 **Maßgebend** ist die prozessuale Fürsorgepflicht (Dallinger MDR 1976, 988 – BGH RsprÜ; BayObLGSt 1962, 226; OLG Hamm VRS 74, 36 (38)). Dabei müssen die Bedeutung der Sache, die Schwierigkeit der Rechtslage, die Lage des Verfahrens bei Eintritt des Verhinderungsfalls, der Anlass, die Voraussehbarkeit u. die voraussichtliche Dauer der Verhinderung sowie die Fähigkeit des Angeklagten, sich selbst zu verteidigen, berücksichtigt u. abgewogen werden (vgl. etwa BGH NStZ 2018, 673; KG NZV 1993, 411; OLG Düsseldorf wistra 1993, 352; OLG Hamm VRS 59, 449; OLG Köln VRS 42, 284; OLG Stuttgart StV 1988, 145; vgl. auch BVerfG NJW 1984, 862; OLG Zweibrücken StV 1984, 148). Formelhafte Wendungen erlauben dem Revisionsgericht eine Überprüfung, ob das Ermessen fehlerfrei ausgeübt wurde, nicht (BGH NStZ 2019, 481).

44 **Abs. 4 gilt ferner** bei zu Unrecht verweigerter Akteneinsicht (OLG Köln VRS 85, 443), bei Unmöglichkeit rechtzeitiger Beauftragung eines anderen Verteidigers (OLG Düsseldorf GA 1979, 226 (227)), etwa wenn der Antrag auf Bestellung eines Verteidigers für den Angeklagten unerwartet erst kurz vor der HV abgelehnt worden ist (OLG Hamm NJW 1973, 381), bei vorangegangener Ablehnung einer Terminsverlegung durch den Vorsitzenden (OLG Stuttgart MDR 1976, 510), o. wenn die Verteidigung (zB infolge Mangels an Vorbereitungszeit) durch den Wechsel beeinträchtigt wird (BGH NJW 1965, 2164; NStZ 1983, 281; 1998, 530; eing. auch BGH NStZ 2009, 650).

45 **III. Entscheidung des Gerichts.** Das Gericht entscheidet über die Aussetzung nach **pflichtgemäßem Ermessen;** maßgebend ist, ob die Gewährleistung eines fairen Verfahrens (→ Einl. Rn. 19) u. die Fürsorgepflicht (→ Einl. Rn. 155 ff.) die Aussetzung gebieten (BGH NStZ-RR 2002, 270). Dabei sind auch die Komplexität des Tatvorwurfs und der Beweislage zu berücksichtigen. Die Dauer der Aussetzung bemisst sich danach, welche Zeit StA o. Verteidiger brauchen, um ihre Rechte sachgemäß wahrzunehmen. Eine **bloße Unterbrechung** der Verh. kann hier – im Gegensatz zu Abs. 3 (→ Rn. 37) – genügen (BGHSt 48, 183; BGH 21.2.2024 – 3 StR 373/23 mAnm Stuckenberg StV 2025, 653: unterbliebene schriftliche Übersetzung der Anklageschrift; → GVG § 187 Rn. 7a), sie darf aber nicht zu kurz sein (BGH EzSt § 338 Nr. 1); das Beschleunigungsgebot (→ Einl. Rn. 160) ist zu beachten, jedoch gegen die Interessen einer sachgerechten Verteidigung abzuwägen (vgl. BGH NStZ 2018, 673). Ein Aussetzungsantrag muss noch in der HV beschieden werden; bis zur Urteilsverkündung darf die Bekanntgabe der Entsch. nicht hinausgeschoben werden (erg. → § 228 Rn. 6).

46 **H. Revision.** Die **Revision** kann auf Verletzung von Abs. 1, Abs. 2 oder Abs. 3 gestützt werden. Als Verletzung von Abs. 4 kann nur geltend gemacht werden, dass das Gericht die Rechtsbegriffe verkannt o. sein Ermessen fehlerhaft ausgeübt habe (BGHSt 8, 92 (96); BGH StV 1998, 252; BGH 21.2.2024 – 3 StR 373/24; OLG Koblenz VRS 51, 288; zu den Anforderungen an die Revisionsbegründung BGH NStZ 2024, 59; erg. → § 337 Rn. 16), zB durch übermäßige Beschränkung des in § 137 gewährten Rechts (OLG Celle NJW 1965, 2264). Die Verletzung des § 265 zuungunsten des Angeklagten können StA, Privat- u. Nebenkläger nicht geltend machen, um eine Urteilsaufhebung zum Nachteil des Angeklagten zu erreichen (→ § 339 Rn. 4).

47 Zum **notwendigen Revisionsvorbringen** gehört bei der Rüge der Verletzung eines unterbliebenen Hinweises iSv Abs. 1 oder Abs. 2 Nr. 1 die Mitteilung, welchen Inhalt die zugelassene Anklage insoweit gehabt hat (dies ist nach BGH NStZ 2020, 370 allerdings nicht erforderlich bei einem nach Abs. 1 erteilten Hinweis), u. die Angabe, dass der Angeklagte ohne den erforderlichen Hinweis anders verurteilt worden ist (BGH StraFo 2002, 261; OLG Koblenz OLGSt StPO § 258 S. 5; Löwe/Rosenberg/Stuckenberg Rn. 118). Eine vollständige Wiedergabe der Anklageschrift ist nicht erforderlich, da das Revisionsgericht vAw den Inhalt der Anklage als Prozessvoraussetzung zur Kenntnis zu nehmen hat (BGH StraFo 2009, 115; OLG Hamm VRS 99, 448). Umfasst die Anklage mehrere Straffälle, so muss dargelegt werden, in welchem v. ihnen gegen Abs. 1 oder Abs. 2 verstoßen worden

ist (Holtz MDR 1977, 461 – BGH RsprÜ). Die Rüge der Verletzung von Abs. 3 oder Abs. 4 durch Ablehnung eines Aussetzungsantrags erfordert die Mitteilung des Antrags u. des wesentlichen Inhalts des abl. Beschl. (OLG Koblenz VRS 51, 288); uU sind auch weitere Angaben notwendig, warum die verbliebene Zeit ungenügend war (vgl. BGH NStZ 2019, 485; 1996, 99). Bei der Rüge nach Abs. 3 ist ferner Vortrag zu den neu hervorgetretenen Umständen sowie, dass der Angeklagte deren Richtigkeit bestr. hat, erforderlich (vgl. BGH NStZ 2018, 156). Bei der Rüge nach Abs. 2 Nr. 3, dem Urt. liege eine veränderte Sachlage zugrunde (→ Rn. 22–26), ist ein entspr. Tatsachenvortrag notwendig (BGH NStZ-RR 2011, 25; BayObLGSt 1992, 161); dazu wird auch, falls dies nicht selbst erklärend ist, gehören, inwieweit der Hinweis für die genügende Verteidigung des Angeklagten erforderlich o. nicht deshalb entbehrlich war, weil er bereits durch den Gang der HV hinreichend über die Veränderung der Sachlage unterrichtet wurde (dazu iE BGH NStZ 2019, 239; Ausführungen dazu wären allerdings nach der Rechtsauffassung des 3. StS des BGH entbehrlich (BGH NStZ 2019, 236); erg. → Rn. 24, 29).

Enthält das Protokoll einen rechtlichen Hinweis iSd Abs. 1 oder Abs. 2, ist dieser aber **ersichtlich unvollständig,** soll nach der Rspr. des BayObLG das Revisionsgericht im Wege des Freibeweises feststellen können, welchen genauen Inhalt der Hinweis hatte und welche Tatsachen insoweit vom Gericht angesprochen wurden (BayObLG NStZ 2023, 765; → § 274 Rn. 5). 48

Das **Urteil beruht** idR auf dem Verstoß gegen Abs. 1, Abs. 2. Dabei genügt, dass eine andere Verteidigung nicht ausgeschlossen werden kann; nahezuliegen braucht sie nicht (BGH NStZ-RR 2025, 57; NJW 1985, 2488; BeckRS 2021, 15136). Ausnahmsweise kann das Beruhen verneint werden, wenn StA u. Verteidiger sich mit dem neuen Gesichtspunkt in der HV befasst haben u. daher nicht ersichtlich ist, dass dem Angeklagten eine andere Verteidigungsmöglichkeit offenstand (BGH MDR 1977, 63; NStZ 1995, 247; StraFo 2008, 385), o. wenn sonst sicher festgestellt werden kann, dass sich der Angeklagte auch bei einem entspr. Hinweis nicht anders hätte verteidigen können (BGHSt 2, 250; 23, 95 (98); BGH NStZ-RR 1996, 10; BGHR StPO § 265 Abs. 1 Hinweispflicht 7; OLG Köln VRS 56, 281 (282)), o. der Angeklagte in sonstiger Weise durch das Gericht einen Hinweis erhalten hatte (BGH NStZ 1992, 249: Beschl. nach § 81a). In Zweifelsfällen sind Ausführungen zur Beruhensfrage in der Revisionsrechtfertigungsschrift erforderlich (BGHR StPO § 265 Abs. 1 Hinweispflicht 9; BGH StV 2012, 74; erg. → § 344 Rn. 27); dies wird sich für den Revisionsführer speziell in den Fällen des Abs. 2 Nr. 2 und 3 empfehlen. 49

Befragung des Angeklagten vor Erteilung von Auflagen oder Weisungen

265a [1]**Kommen Auflagen oder Weisungen (§§ 56b, 56c, 59a Abs. 2 des Strafgesetzbuches) in Betracht, so ist der Angeklagte in geeigneten Fällen zu befragen, ob er sich zu Leistungen erbietet, die der Genugtuung für das begangene Unrecht dienen, oder Zusagen für seine künftige Lebensführung macht.** [2]**Kommt die Weisung in Betracht, sich einer Heilbehandlung oder einer Entziehungskur zu unterziehen oder in einem geeigneten Heim oder einer geeigneten Anstalt Aufenthalt zu nehmen, so ist er zu befragen, ob er hierzu seine Einwilligung gibt.**

A. Auflagen und Weisungen. Von Auflagen und Weisungen nach §§ 56b, 56c StGB **sieht das Gericht idR ab, wenn** der Verurteilte sich zu angemessenen Leistungen verpflichtet, die der Genugtuung für begangenes Unrecht dienen (§ 56b Abs. 3 StGB), o. wenn er entspr. Zusagen für seine künftige Lebensführung macht (§ 56c Abs. 4 StGB) u. damit zu rechnen ist, dass er die Leistungen erbringen u. die Zusagen einhalten wird. Dasselbe gilt bei der Verwarnung mit Strafvorbehalt (vgl. § 59a Abs. 2 S. 2 StGB iVm § 56c Abs. 3, Abs. 4 StGB). 1

2 Für den Fall, dass Aufl. u. Weisungen in Betracht kommen, **schreibt S. 1 vor,** dass der Angeklagte in geeigneten Fällen befragt wird, ob er sich zu freiwilligen Leistungen erbietet u. Zusagen macht. Das dient der Vorbereitung der v. Gericht zu treffenden Entsch., insbes. auch der Klärung, welche Aufl. u. Weisungen für den Angeklagten zumutbar sind (vgl. §§ 56b Abs. 1 S. 2, 56c Abs. 1 S. 2 StGB).

3 **S. 2 gilt für den Fall,** dass eine der Weisungen nach § 56c Abs. 3 StGB, die nur mit Einwilligung des Verurteilten zulässig sind, in Betracht kommt; er ist dann zu befragen, ob er diese Einwilligung gibt. Wegen der meist einschneidenden Wirkung der Maßnahmen nach § 56c Abs. 3 StGB empfiehlt es sich, dass der Vorsitzende den Angeklagten auf die Bedeutung seiner Einwilligung bes. hinweist.

4 **B. Voraussetzungen der Befragung. I. Inbetrachtkommen.** In Betracht kommen müssen die Aufl. o. Weisungen. Das ist der Fall, wenn **mit einiger Wahrscheinlichkeit zu erwarten** ist, dass der Angeklagte verurteilt, die Strafe zur Bewährung ausgesetzt u. eine Auflage o. Weisung angeordnet wird.

5 Sofern der Angeklagte nicht voll geständig ist, kann das idR erst aufgrund einer Zwischenberatung beurteilt werden, die einen bestimmten Schuldspruch ins Auge fasst. Die Möglichkeit einer solchen Beratung setzt § 265a stillschweigend voraus (Schmidt-Hieber NJW 1982, 1020).

6 **II. Geeignete Fälle.** Auf geeignete Fälle ist die Befragung nach S. 1 beschränkt. Sie setzt voraus, dass nach der Persönlichkeit des Angeklagten **mit der Einhaltung seiner Zusagen zu rechnen** ist (Löwe/Rosenberg/Stuckenberg Rn. 6). Die Befragung unterbleibt, wenn der Angeklagte seine Freisprechung erstrebt u. sich mit seinem übrigen Vorbringen in Widerspruch setzen würde, falls er sich zu Leistungen o. Zusagen der in S. 1 bezeichneten Art erböte (Wulf JZ 1970, 161). Sie unterbleibt insbes., wenn aus anderen Gründen ein echtes u. annehmbares Anerbieten bei der Persönlichkeit des Angeklagten o. den Umständen des Falles nicht zu erwarten ist.

7 **Im Fall des S. 2 ist die Befragung zwingend,** sofern der Angeklagte die erforderliche Einwilligung zu der in Betracht gezogenen Maßnahme nicht schon vorher erteilt hatte.

8 **C. Befragung.** Die Befragung ist **Aufgabe des Vorsitzenden.** Er nimmt sie aber erst vor, nachdem er sich mit den anderen Gerichtsmitgliedern darüber verständigt hat, dass die Befragung nach der Verfahrenslage überhaupt in Betracht kommt. Dem Angeklagten steht es frei, zu antworten o. zu schweigen. Seine Einwilligung kann er bis zur Erteilung der Weisung widerrufen (Löwe/Rosenberg/Stuckenberg Rn. 12).

9 Bei **Abwesenheitsverhandlungen,** in denen der Angeklagte nach § 234 vertreten wird, kann der Vertreter befragt werden u. Erklärungen für den Angeklagten abgeben.

10 **D. Zeitpunkt der Befragung.** Wenn der Angeklagte nicht voll geständig ist, erfolgt die Befragung idR erst nach Schluss der Beweisaufnahme vor dem letzten Wort (§ 258 Abs. 3) des Angeklagten (Löwe/Rosenberg/Stuckenberg Rn. 13; Wulf JZ 1970, 161). Gelangt das Gericht erst in der Urteilsberatung zu dem Erg., dass Aufl. o. Weisungen in Betracht kommen, so muss erneut in die HV eingetreten (→ § 258 Rn. 28) u. die Befragung vor der Urteilsverkündung nachgeholt werden. Die vorher unterbliebene Befragung kann noch nach der Urteilsverkündung, aber vor Verkündung des Beschl. nach § 268a erfolgen; der Beschl. darf dann erst nach erneuter Beratung erlassen werden (Wulf JZ 1970, 161).

11 **E. Sitzungsprotokoll.** In das Sitzungsprotokoll müssen die Befragung durch den Vorsitzenden u. die darauf abgegebenen Erklärungen des Angeklagten aufgenommen werden; sie sind wesentliche Förmlichkeiten iSd § 273 Abs. 1 (Löwe/Rosenberg/Stuckenberg Rn. 16).

12 **F. Beschwerde.** Die Beschwerde gegen den Beschl. nach § 268a Abs. 1 kann nicht auf die Unterlassung der Befragung nach S. 1 gestützt werden (§ 305a Abs. 1

S. 2; OLG Köln NJW 2005, 1671). Wird eine Weisung nach § 56c Abs. 3 StGB ohne Einwilligung erteilt, so ist das stets ein Beschwerdegrund.

G. Revision. Revision ist ausgeschlossen, weil die Aufl. u. Weisungen nicht Teil des Urteils sind (Löwe/Rosenberg/Stuckenberg Rn. 18). Werden sie versehentlich in das Urt. aufgenommen, so wird dieser Urteilsteil als Beschl. nach § 268a, eine dagegen etwa eingelegte Revision als Beschwerde behandelt (→ § 296 Rn. 11). 13

Nachtragsanklage

266 (1) **Erstreckt der Staatsanwalt in der Hauptverhandlung die Anklage auf weitere Straftaten des Angeklagten, so kann das Gericht sie durch Beschluß in das Verfahren einbeziehen, wenn es für sie zuständig ist und der Angeklagte zustimmt.**

(2) [1]**Die Nachtragsanklage kann mündlich erhoben werden.** [2]**Ihr Inhalt entspricht dem § 200 Abs. 1.** [3]**Sie wird in das Sitzungsprotokoll aufgenommen.** [4]**Der Vorsitzende gibt dem Angeklagten Gelegenheit, sich zu verteidigen.**

(3) [1]**Die Verhandlung wird unterbrochen, wenn es der Vorsitzende für erforderlich hält oder wenn der Angeklagte es beantragt und sein Antrag nicht offenbar mutwillig oder nur zur Verzögerung des Verfahrens gestellt ist.** [2]**Auf das Recht, die Unterbrechung zu beantragen, wird der Angeklagte hingewiesen.**

Übersicht

A. Nachtragsanklage (Abs. 1, Abs. 2). I. Weitere Straftaten des Angeklagten (Abs. 1). Auf weitere Straftaten des Angeklagten (Abs. 1), auch auf OWien (vgl. §§ 42, 64 OWiG), kann die StA die Anklage erstrecken. Begriffsnotwendig muss es sich um Taten handeln, die nicht nur rechtlich selbständig (§ 53 StGB) sind, sondern mit den angeklagten Taten auch **nicht iSd § 264 eine einheitliche Handlung** bilden, so dass das Gericht sie nicht schon nach dieser Vorschr. mit aburteilen kann (BGH NJW 1970, 904; OLG Koblenz VRS 46, 204; OLG Saarbrücken NJW 1974, 375; Achenbach MDR 1975, 19). So sind weitere Teilakte einer Dauerstraftat o. einer Bewertungseinheit keine weiteren Straftaten iSd Abs. 1 (Löwe/Rosenberg/Stuckenberg Rn. 5; vgl. auch BGH NStZ 1982, 128; erg. → § 264 Rn. 9). Etwas anderes gilt, wenn bis zum Erlass des Eröffnungsbeschlusses kein strafbarer Einzelakt nachzuweisen ist; später begangene Handlungen können dann Gegenstand der Nachtragsanklage sein (vgl. BGHSt 27, 115 (117); BayObLGSt 1963, 115). 1

Nachtragsanklage kann auch zwecks wahldeutiger Verurteilung (dazu → § 260 Rn. 27) wegen der nichtangeklagten Alternativstraftat (Greff, Die verfahrensrechtliche Bewältigung wahldeutiger Verurteilungen bei mehreren prozessualen Taten, 2002, S. 89 ff.) o. wegen einer erst in der HV festgestellten Tat erhoben werden, die kein Teilakt der angeklagten Dauerstraftat ist (vgl. auch BGH NJW 1993, 3338). 2

3 Ein **sachlicher Zusammenhang** iSd § 3 zwischen der angeklagten u. der weiteren Tat ist nicht erforderlich. Auch Gleichartigkeit der Taten wird nicht vorausgesetzt. Die Bildung einer Gesamtstrafe braucht nicht möglich zu sein.

4 **II. Erhebung der Nachtragsanklage (Abs. 2).** Die Erhebung der Nachtragsanklage (Abs. 2) steht im **Ermessen der StA.** Sie kann auch ein neues Strafverfahren einleiten (Gollwitzer JR 1996, 476; Lüttger GA 1957, 206), das aber wegen der Sonderregelung des § 266 nicht entspr. § 4 (→ § 4 Rn. 9) mit dem lfd. Verf. verbunden werden kann; sollen beide Verf. verbunden verhandelt werden, muss mit der HV neu begonnen werden (BGHSt 53, 108). Die Nachtragsanklage kann bis zum Beginn der Urteilsverkündung (§ 268 Abs. 2) erhoben werden (Dallinger MDR 1955, 397 – BGH RsprÜ; KK-StPO/Bartel Rn. 4; **aM** Löwe/Rosenberg/Stuckenberg Rn. 9: bis zum Schluss der HV).

5 Sie muss **mündlich** erhoben werden; S. 1 ist insoweit keine Kannvorschrift (KK-StPO/Bartel Rn. 3). Legt der StA dem Gericht eine schriftliche Nachtragsanklage vor, so muss er ihren Inhalt daher erst mündlich in der HV vortragen, bevor die Erstreckung des Verfahrens zulässig ist. Dabei kann er auf die Schrift Bezug nehmen; fehlt es selbst hieran, so ist die Nachtragsanklage nicht wirksam erhoben (Rüth DAR 1985, 245 – BayObLG RsprÜ).

6 **Inhaltlich** muss die Nachtragsanklage, auch wenn sie nur mündlich erhoben wird, den Erfordernissen des § 200 Abs. 1 S. 1 entsprechen. Sie muss die dem Angeklagten zur Last gelegte weitere Tat unter Hervorhebung ihrer ges. Merkmale u. der Zeit u. des Ortes ihrer Begehung sowie das anzuwendende Strafrecht bezeichnen; das wesentliche Ermittlungsergebnis braucht nicht mitgeteilt zu werden (Löwe/Rosenberg/Stuckenberg Rn. 11). Die Erhebung der Nachtragsanklage in einer den Mindestanforderungen entspr. Form gehört zu den vAw zu beachtenden Prozessvoraussetzungen (Pfeiffer/Miebach NStZ 1986, 207 – BGH RsprÜ; BGH NStZ 1986, 276; BayObLGSt 1953, 1; OLG Koblenz VRS 49, 43).

7 Die Nachtragsanklage wird in das **Sitzungsprotokoll** aufgenommen (S. 3). Die schriftlich eingereichte Nachtragsanklage kann als Anl. zum Prot. genommen u. zu seinem Bestandteil gemacht werden.

8 **B. Voraussetzungen der Einbeziehung (Abs. 1). I. Zuständigkeit des Gerichts.** Gemeint ist die **sachliche Zuständigkeit;** die örtliche ist stets gegeben (§ 13).

9 Die Zuständigkeit eines niederen Gerichts hindert die Einbeziehung nicht (§ 269), die eines höheren Gerichts selbst dann, wenn das Gericht die Sache v. vornherein insges. o. jedenfalls wegen der einbezogenen Tat nach § 270 an dieses Gericht verweisen will.

10 In der **Berufungsverhandlung** kann § 266 nicht angewendet werden, da die kleine StrK, die nur Berufungsgericht ist, die weitere Straftat nicht in das Berufungsverfahren einbeziehen kann (OLG Stuttgart NStZ 1995, 51; KMR-StPO Rn. 3; Meyer-Goßner JR 1985, 454); mangels sachlicher Zuständigkeit kann auch für die JugK nichts anderes gelten (**aM** HK-StPO/Rautenberg § 332 Rn. 2; zw. SK-StPO/Frisch § 332 Rn. 6). Eine Nachtragsanklage, die nur den Sinn hat, die im Berufungsverfahren fehlende Voraussetzung einer zugelassenen Anklage nachzuholen, ist unzulässig, da sie sich nicht auf eine weitere Straftat iS Abs. 1 bezieht (BGHSt 33, 167).

11 **II. Zustimmung des Angeklagten.** Nur mit Zustimmung des Angeklagten ist die Einbeziehung möglich (BGH NStZ-RR 1999, 303: auch bei Serienstraftaten). Sie muss **ausdr. u. eindeutig** erklärt werden (BGH NJW 1984, 2172). Das bloße Unterlassen eines Widerspruchs o. die sachliche Einlassung auf die Nachtragsanklage genügt nicht (BGH NJW 1984, 2172; BayObLGSt 1953, 1).

12 Der Angeklagte muss die Zustimmung **persönlich erklären.** Eine v. dem Verteidiger in seiner Gegenwart erklärte Zustimmung ist aber wirksam, wenn der Angeklagte ihr nicht widerspricht. Der Widerspruch des Verteidigers gegen die Zustimmungserklärung des Angeklagten ist unbeachtlich (KK-StPO/Bartel Rn. 7; Löwe/Rosenberg/Stuckenberg Rn. 19; Schlothauer FS Beulke, 2015, 1027

(1031); **aM** Rieß NJW 1977, 883 Fn. 34; Spendel JZ 1959, 741). Findet die Verh. in Abwesenheit des Angeklagten statt, so genügt es nicht, dass der Verteidiger zustimmt; § 234a gilt nicht → § 234a Rn. 3).

Die Zustimmung, die nicht widerrufen werden kann (allg. M), gehört zu den **wesentlichen Förmlichkeiten der Verhandlung** iSd § 273 Abs. 1 und muss daher im Sitzungsprotokoll beurkundet werden (BGH NJW 1984, 2172; Holtz MDR 1977, 984 – BGH RsprÜ). 13

Das **Fehlen der Zustimmung** soll nach hM kein in jeder Lage des Verfahrens zu beachtendes Prozesshindernis (BGH NStZ-RR 1999, 303; OLG Karlsruhe StV 2002, 184; **aM** LG München I MDR 1978, 161; AK-StPO/Loos Rn. 12), sondern im Rechtsmittelzug nur auf Rüge zu berücksichtigen sein, dann aber zur Einstellung des Verfahrens führen (BGH NStZ-RR 1999, 303; Holtz MDR 1977, 984 – BGH RsprÜ; OLG Hamm StV 1996, 532). Dem kann nicht gefolgt werden (zust. Löwe/Rosenberg/Stuckenberg Rn. 20; Radtke/Hohmann/Radtke Rn. 20; SSW StPO/Rosenau/Dorneck Rn. 17), weil es eine Verfahrenseinstellung ohne Vorliegen eines Verfahrenshindernisses (abgesehen v. §§ 153 ff.) nach den Regeln der StPO nicht gibt (Meyer-Goßner Prozessvoraussetzungen S. 14 ff.; erg. → Einl. Rn. 60a). Der ohne Zustimmung des Angeklagten erlassene Einbeziehungsbeschluss steht einem unwirksamen Eröffnungsbeschluss gleich u. führt damit zu einem vAw zu beachtenden Befassungsverbot (→ Einl. Rn. 143a, 150). 14

C. Einbeziehungsbeschluss (Abs. 1). Der Einbeziehungsbeschluss (Abs. 1) ist eine **Ermessensentscheidung,** die das Gericht – anders als nach § 76 Abs. 2 GVG (→ § 76 Rn. 4) – in der Besetzung der HV (Cierniak/Zimmermann NStZ-RR 2014, 165 – BGH RsprÜ; in BGH StV 2011, 365 handelte es sich nicht um eine Nachtragsanklage iSd § 266), nicht der Vorsitzende allein, trifft (BGH StV 1995, 342; 2002, 183). Er hat die Wirkung eines Eröffnungsbeschlusses (→ Rn. 21) u. muss in der HV bekanntgemacht werden (§ 35 Abs. 1). Den Erfordernissen des § 207 braucht er nicht zu entsprechen (OLG Hamburg VRS 107, 449; KK-StPO/Bartel Rn. 9); er kann auf die protokollierte Nachtragsanklage o. die als Anl. zum Prot. genommene Anklageschrift (→ Rn. 7) Bezug nehmen, wenn er nicht v. ihr abweicht. Erforderlich ist nur, dass allen Prozessbeteiligten durch das Gericht deutlich gemacht wird, dass u. in welchem Umf. die weitere Tat Gegenstand des Verfahrens wird (OLG Oldenburg JR 1963, 109), u. dass insbes. der Angeklagte erkennen kann, welche weitere Handlung ihm zur Last gelegt wird u. welchen ges. Tatbestand sie erfüllt (BayObLGSt 1953, 1). Dann kann ausnahmsweise auch das Fehlen eines ausdr. Einbeziehungsbeschlusses unschädlich sein (BGH NJW 1990, 1055; **aM** KMR-StPO/Stuckenberg Rn. 22; erg. → Rn. 20). 15

Der Einbeziehungsbeschluss setzt wie der Eröffnungsbeschluss **hinreichenden Tatverdacht** voraus (Löwe/Rosenberg/Stuckenberg Rn. 16; Hilger JR 1983, 441; **aM** Fezer StrafProzR § 9 Rn. 289). Selbst wenn dieser Verdacht besteht, steht die Einbeziehung aber im Ermessen des Gerichts. Dass die Tat vorher nach § 154 Abs. 1 ausgeschieden worden ist, steht nicht entgegen. 16

Der Beschl. muss nach § 273 Abs. 1 im **Sitzungsprotokoll** beurkundet werden (BGH StV 1995, 342). 17

Weder der Einbeziehungsbeschluss noch der abl. Beschl. bedarf der **Begründung.** Insbesondere ist die Begründung überflüssig, es fehle der hinreichende Tatverdacht (vgl. Meyer-Goßner JR 1984, 53). Wird sie dennoch gegeben, so tritt die Sperrwirkung des § 211 nicht ein (Löwe/Rosenberg/Stuckenberg Rn. 28; Meyer-Goßner JR 1984, 53; **aM** Hilger JR 1983, 411, der folgerichtig der StA das Beschwerderecht nach § 210 Abs. 2 geben will, wodurch aber der Beschleunigungseffekt des § 266 entfiele). 18

Eine **nicht zulässig erhobene Nachtragsanklage** wird durch Beschl. als unzulässig zurückgewiesen, eine im Hinblick auf § 264 überflüssige (→ Rn. 2) v. Vorsitzenden für gegenstandslos erklärt (Kleinknecht JZ 1971, 106; vgl. auch BGH BeckRS 2013, 19681; OLG Saarbrücken NJW 1974, 375 (376)). Eine Beschlussentscheidung ist nur angebracht, wenn über die Tragweite des § 264 Zweifel 19 bestehen (weitergehend BGH NJW 1970, 904: Zurückweisungsbeschluss immer zulässig).

20 Das **Fehlen des Einbeziehungsbeschlusses** ist wie das Fehlen des Eröffnungsbeschlusses ein vAw zu beachtendes Prozesshindernis, das idR zur Einstellung des Verfahrens führt (BGH StV 1996, 5; 2002, 183; BeckRS 2011, 4933; zu einem Ausnahmefall vgl. BGH NJW 1990, 1055).

21 **D. Weiteres Verfahren.** Der Erlass des Einbeziehungsbeschlusses **entspr. dem Eröffnungsbeschluss** u. seiner Verlesung (BGHSt 9, 243 (245); BayObLGSt 1953, 1). Durch ihn wird die einbezogene Tat der Untersuchung u. Entsch. des Gerichts unterstellt; sie wird rechtshängig. Die Einhaltung des regelmäßigen Verfahrensgangs nach §§ 243, 244 Abs. 1 ist idR nicht möglich (Dallinger MDR 1955, 397 – BGH RsprU). Eine erneute Belehrung nach § 243 Abs. 5 S. 1 ist entbehrlich. Jedoch muss der Angeklagte nach § 243 Abs. 5 S. 2 zu der Nachtragsanklage vernommen werden; Abs. 2 S. 4 enthält insoweit eine nicht gerechtfertigte Einschränkung (vgl. BGHSt 9, 243 (245)). Es genügt insbes. nicht, dass der Angeklagte vor Erlass des Einbeziehungsbeschlusses Gelegenheit zur Stellungnahme hatte. Einer Wiederholung der vor Erhebung der Nachtragsanklage stattgefundenen Beweisaufnahme bedarf es nicht (BGH NJW 1984, 2172).

21a Bei **Nichteinbeziehung** ist die Nachtragsanklage endg. erledigt; ein Eröffnungsbeschluss außerhalb der HV ist ausgeschlossen (BGH StraFo 2005, 203; OLG Karlsruhe StV 2002, 184 mzustAnm Keller/Kelnhofer). Dem Tatrichter steht es jedoch grds. frei, in Abstimmung mit der StA die zusätzlichen Vorwürfe nach einer hierauf bezogenen weiteren Anklage durch Eröffnung u. Verbindung zum Gegenstand einer einheitlichen HV zu machen (BGH StV 2008, 226); bei schon lfd. HV muss dann aber mit der HV neu begonnen werden (BGHSt 53, 108).

22 **E. Unterbrechung der Verhandlung (Abs. 3).** Auf Antrag des Angeklagten, der nicht offenbar mutwillig (dazu krit. Fahl Rechtsmißbrauch S. 47) o. nur zur Verfahrensverzögerung gestellt ist, muss die Verh. **iRd Höchstdauer des § 229** unterbrochen werden. Eine Aussetzung nach § 228 kommt idR nicht in Betracht, da sie die Prozessbeschleunigung zunichtemachen würde, die § 266 bewirken will. Die Unterbrechung kann auch vAw angeordnet werden, wenn der Vorsitzende sie für erforderlich hält, zB weil Beweismittel heranzuschaffen sind o. der Angeklagte Gelegenheit erhalten muss, seine Verteidigung vorzubereiten. Gegen die Entsch. des Vorsitzenden kann nach § 238 Abs. 2 auf gerichtliche Entsch. angetragen werden.

23 Den **Hinweis auf das Antragsrecht** schreibt S. 2 vor.

24 **F. Anfechtung.** Weder der Einbeziehungsbeschluss o. der Beschl., der die Einbeziehung ablehnt, noch die Vfg. des Vorsitzenden, mit der die Unterbrechung der Verh. nach Abs. 3 S. 1 angeordnet o. abgelehnt wird, kann mit der Beschwerde angefochten werden. Mit der Revision kann geprüft werden, dass die nach Abs. 1 erforderliche Zustimmung des Angeklagten nicht erteilt worden ist (→ Rn. 14).

Urteilsgründe

267 (1) [1] **Wird der Angeklagte verurteilt, so müssen die Urteilsgründe die für erwiesen erachteten Tatsachen angeben, in denen die gesetzlichen Merkmale der Straftat gefunden werden.** [2] **Soweit der Beweis aus anderen Tatsachen gefolgert wird, sollen auch diese Tatsachen angegeben werden.** [3] **Auf Abbildungen, die sich bei den Akten befinden, kann hierbei wegen der Einzelheiten verwiesen werden.**

(2) **Waren in der Verhandlung vom Strafgesetz besonders vorgesehene Umstände behauptet worden, welche die Strafbarkeit ausschließen, vermindern oder erhöhen, so müssen die Urteilsgründe sich darüber aussprechen, ob diese Umstände für festgestellt oder für nicht festgestellt erachtet werden.**

(3) [1] Die Gründe des Strafurteils müssen ferner das zur Anwendung gebrachte Strafgesetz bezeichnen und die Umstände anführen, die für die Zumessung der Strafe bestimmend gewesen sind. [2] Macht das Strafgesetz Milderungen von dem Vorliegen minder schwerer Fälle abhängig, so müssen die Urteilsgründe ergeben, weshalb diese Umstände angenommen oder einem in der Verhandlung gestellten Antrag entgegen verneint werden; dies gilt entsprechend für die Verhängung einer Freiheitsstrafe in den Fällen des § 47 des Strafgesetzbuches. [3] Die Urteilsgründe müssen auch ergeben, weshalb ein besonders schwerer Fall nicht angenommen wird, wenn die Voraussetzungen erfüllt sind, unter denen nach dem Strafgesetz in der Regel ein solcher Fall vorliegt; liegen diese Voraussetzungen nicht vor, wird aber gleichwohl ein besonders schwerer Fall angenommen, so gilt Satz 2 entsprechend. [4] Die Urteilsgründe müssen ferner ergeben, weshalb die Strafe zur Bewährung ausgesetzt oder einem in der Verhandlung gestellten Antrag entgegen nicht ausgesetzt worden ist; dies gilt entsprechend für die Verwarnung mit Strafvorbehalt und das Absehen von Strafe. [5] Ist dem Urteil eine Verständigung (§ 257c) vorausgegangen, ist auch dies in den Urteilsgründen anzugeben.

(4) [1] Verzichten alle zur Anfechtung Berechtigten auf Rechtsmittel oder wird innerhalb der Frist kein Rechtsmittel eingelegt, so müssen die erwiesenen Tatsachen, in denen die gesetzlichen Merkmale der Straftat gefunden werden, und das angewendete Strafgesetz angegeben werden; bei Urteilen, die nur auf Geldstrafe lauten oder neben einer Geldstrafe ein Fahrverbot oder die Entziehung der Fahrerlaubnis und damit zusammen die Einziehung des Führerscheins anordnen, oder bei Verwarnungen mit Strafvorbehalt kann hierbei auf den zugelassenen Anklagesatz, auf die Anklage gemäß § 418 Abs. 3 Satz 2 oder den Strafbefehl sowie den Strafbefehlsantrag verwiesen werden. [2] Absatz 3 Satz 5 gilt entsprechend. [3] Den weiteren Inhalt der Urteilsgründe bestimmt das Gericht unter Berücksichtigung der Umstände des Einzelfalls nach seinem Ermessen. [4] Die Urteilsgründe können innerhalb der in § 275 Abs. 1 Satz 2 vorgesehenen Frist ergänzt werden, wenn gegen die Versäumung der Frist zur Einlegung des Rechtsmittels Wiedereinsetzung in den vorigen Stand gewährt wird.

(5) [1] Wird der Angeklagte freigesprochen, so müssen die Urteilsgründe ergeben, ob der Angeklagte für nicht überführt oder ob und aus welchen Gründen die für erwiesen angenommene Tat für nicht strafbar erachtet worden ist. [2] Verzichten alle zur Anfechtung Berechtigten auf Rechtsmittel oder wird innerhalb der Frist kein Rechtsmittel eingelegt, so braucht nur angegeben zu werden, ob die dem Angeklagten zur Last gelegte Straftat aus tatsächlichen oder rechtlichen Gründen nicht festgestellt worden ist. [3] Absatz 4 Satz 4 ist anzuwenden.

(6) [1] Die Urteilsgründe müssen auch ergeben, weshalb eine Maßregel der Besserung und Sicherung angeordnet, eine Entscheidung über die Sicherungsverwahrung vorbehalten oder einem in der Verhandlung gestellten Antrag entgegen nicht angeordnet oder nicht vorbehalten worden ist. [2] Ist die Fahrerlaubnis nicht entzogen oder eine Sperre nach § 69a Abs. 1 Satz 3 des Strafgesetzbuches nicht angeordnet worden, obwohl dies nach der Art der Straftat in Betracht kam, so müssen die Urteilsgründe stets ergeben, weshalb die Maßregel nicht angeordnet worden ist.

Übersicht

1 **A. Schriftliche Urteilsgründe.** Schriftliche Urteilsgründe sind die **durch die Unterschriften der Richter (§ 275) gedeckten Gründe** des Gerichts (BGH wistra 1987, 181), die in der Beratung gewonnen worden sind. Umstände, die nach der Beratung hervorgetreten sind, dürfen daher grds. nicht berücksichtigt werden (BGH StraFo 2017, 236; Miebach NStZ 1988, 213 – BGH RsprÜ). Zwar darf der Vorsitzende bei der mündlichen Urteilsverkündung (§ 268 Abs. 2 S. 1) nur die Gründe erwähnen, die für das Gericht maßgebend waren. Jedoch ist die mündliche Urteilsbegründung ihrer Natur nach nur vorl. Art; maßgebend sind die schriftlichen Urteilsgründe (§ 275). Über den Zweck der Begründung vgl. → § 34 Rn. 1. Die Urteilsgründe dienen nicht der Dokumentation all dessen, was in der HV ausgesagt o. verlesen wurde (Kusch NStZ 1995, 20 – BGH RsprÜ; BGHR StPO § 267 Darstellung 1). **Verfahrensrechtliche Vorgänge** werden idR im Urt. nicht erörtert (BGH NStZ-RR 2018, 113); dem entspr. sind auch keine Ausf. zu Beweisverboten veranlasst, selbst wenn diese mit den Beteiligten in der HV ausführlich diskutiert wurden (vgl. BGHSt 51, 1 (5); NStZ 2019, 107; Schmidt NStZ 2022, 595 (597)). Dies gilt auch für den Verlauf der Urteilsberatung u. das Abstimmungsergebnis. Jedoch muss bei Zweifeln über ihr Vorhandensein das Vorliegen der Prozessvoraussetzungen (→ Einl. Rn. 141 ff.) dargelegt werden (OLG Hamm GA 1986, 562).

2 Die Urteilsgründe müssen stets eine in sich geschlossene, **aus sich heraus verständliche** Darstellung der Feststellungen und der sie tragenden Beweiserwägungen enthalten (BGHSt 30, 225 (227); 33, 59 (60); BGH NStZ 2022, 188; 2022, 125; vgl. auch OLG Hamm NStZ-RR 2010, 348 zur Benutzung medizinischer Fachausdrücke). **Bezugnahmen** auf Aktenteile (zB Anklageschrift, Sitzungspro-

tokoll, polizeiliche Vermerke, Audiodateien, Telefongespräche, Schriftstücke, Gutachten) sind unzulässig (BGH NStZ 1987, 374; StV 2004, 4; vgl. auch 24.9.2024 – 5 StR 302/24; KG NStZ 2015, 419; OLG Hamm StraFo 2002, 132; OLG Köln NStZ-RR 2011, 348), auch wenn es sich um digitale Beweise handelt (Jahn/Brodowski FS Rengier, 2018, 409 (416)) o. sie „angesiegelt" werden (BGH NStZ 2007, 478; OLG Frankfurt a. M. NZV 2011, 150) u. auch, soweit es sich um den Einziehungsanspruch handelt (BGH StV 1981, 396). Ebenso unzulässig ist es, als beweisrelevant erachtete Dokumente bildlich in den Urteilsgründen zu dokumentieren; vielmehr bedarf es einer textlichen Würdigung der erhobenen Beweise (BGH NStZ 2024, 185). Auch v. „Einrücken" v. Teilen der Anklageschrift in die Urteilsgründe ist abzuraten (BGH StV 2011, 8 Ls.). Auch durch Bezugnahme auf im Selbstleseverfahren nach § 249 Abs. 2 eingeführte Urk. (BGH StV 2014, 78 Ls.) o. ein eigenes früheres Urt. können die notwendigen eigenen Darlegungen im Urt. nicht ersetzt werden (BGH NStZ-RR 2007, 22). Anlagen zum Urteil, zB die Berechnung der verkürzten Steuer, sind erlaubt, wenn sie mit dem Urt. eine Einheit bilden (BGH NStZ 1987, 374). Dagegen genügt nicht die Angabe, die in einem Hilfsantrag unter Beweis gestellten Tatsachen seien als wahr unterstellt worden (OLG Celle JR 1985, 32). Bei der Bildung der Gesamtstrafe nach § 55 StGB darf nicht auf die Strafzumessungsgründe des einbezogenen Urteils Bezug genommen werden (Pfeiffer/Miebach NStZ 1986, 208 – BGH RsprÜ; Becker NStZ-RR 2003, 5 – BGH RsprÜ).

Jedoch kann ein **Berufungsurteil,** sofern dadurch die Gesamtdarstellung nicht unklar wird, in der Weise auf das 1. Urt. Bezug nehmen, dass genau angegeben wird, in welchem Umf. dessen Inhalt übernommen wird (BGHSt 33, 59; OLG Hamm StV 2009, 403 Ls.; OLG Oldenburg StV 1989, 55); das gilt bei Verwerfung der Berufung auch hins. der Feststellungen zu den persönlichen u. wirtschaftlichen Verhältnissen des Angeklagten (OLG Stuttgart NStZ-RR 2003, 83). Erforderlich ist aber eine genaue Beschreibung des Gegenstandes der Bezugnahme o. die Angabe der Seiten, Absätze u. Sätze (OLG Hamm NStZ-RR 1997, 369). Ist die Berufung auf den Rechtsfolgenausspruch beschränkt, bedarf es einer Bezugnahme auf den rkr. Schuldspruch nicht (BGH NStZ-RR 2001, 202; OLG Hamm VRS 102, 206). Bei Änd. des Schuldspruchs (OLG Köln MDR 1979, 865) o. der Beweiswürdigung (OLG Oldenburg Nds. Rpfl. 1954, 35) ist die Bezugnahme hingegen unzulässig. Auch auf die Feststellungen der aufgeh. amtsgerichtlichen Entsch. zur Person des Angeklagten (BGH wistra 1988, 33) u. die Strafzumessungserwägungen des 1. Richters darf grds. nicht Bezug genommen werden (OLG München wistra 2006, 160), jedenfalls dann nicht, wenn in der Berufungsverhandlung neue wesentliche Strafzumessungskriterien hervorgetreten sind (Ernesti/Lorenzen SchlHA 1985, 33 – OLG Schleswig RsprÜ). Ebenso ist die Bezugnahme auf Feststellungen in einem v. Revisionsgericht aufgeh. Urt. grds. unzulässig (→ § 354 Rn. 46). Wegen der Urt. im wiederaufgenommenen Verf. vgl. → § 373 Rn. 7. Bei Verhängung einer einheitlichen Jugendstrafe nach § 31 Abs. 2 **JGG** müssen die in den einbezogenen Urt. festgestellten Straftaten dargestellt u. gewürdigt werden; Bezugnahme ist auch hier nicht gestattet (BGHSt 16, 337; Böhm NStZ 1983, 449 – BGH RsprÜ). 2a

B. Äußerer und innerer Tatbestand. Äußerer und innerer Tatbestand als das Erg. der Beweiswürdigung (nicht der „Inbegriff der Verh.", → § 261 Rn. 5) sind bei Verurteilung darzulegen. Beide hängen zusammen. In der Regel kann der innere Sachverhalt nicht verneint werden, bevor nicht der äußere festgestellt ist (Dallinger MDR 1956, 272 – BGH RsprÜ; BGH NStZ 1987, 362; BayObLG NJW 1987, 1654). Wenn die Feststellungen in einem Abschn. der Urteilsbegründung getroffen werden, in dem sie gew. nicht ihren Platz haben (zB in einem Abschn. „rechtliche Würdigung"), wird dadurch ihre Bedeutung nicht beeinträchtigt; denn die schriftlichen Entscheidungsgründe bilden eine Einheit (BGH AfP 1978, 103). 3

I. Persönliche Verhältnisse. Die persönlichen Verhältnisse des Angeklagten, sein Werdegang, die für seine Tat wesentlichen Anlagen u. Umwelteinflüsse werden 4

üblicherweise am Beginn der Urteilsgründe dargelegt (Meyer-Goßner NStZ 1988, 531). Sie können aber auch an anderen Stellen des Urteils mitgeteilt werden. In der Regel genügt ein relativ kurz zusammengefasster Lebenslauf (Becker NStZ-RR 2004, 66 – BGH RsprÜ); entscheidungsunerhebliche Details sind wegzulassen (Becker NStZ-RR 2007, 131 – BGH RsprÜ), die detailgetreue Wiedergabe des BZR-Auszugs ist untunlich (BGH NJW 2011, 3463 (3465); NStZ-RR 2013, 287 Ls.). Zum Fehlen v. Ausführungen zu den persönlichen Verhältnissen → Rn. 42.

5 **II. Für erwiesen erachtete äußere Tatsachen.** Die für erwiesen erachteten äußeren Tatsachen – einschl. der Angabe v. Ort u. Zeit der Tat, soweit zur Identifizierung der Tat notwendig (vgl. dazu BGHSt 22, 90 (92); BGH StV 2010, 61; → § 200 Rn. 7 ff.) – werden entspr. dem Erg. der Beweisaufnahme (§ 261) angeführt (Pfeiffer/Miebach NStZ 1984, 213 – BGH RsprÜ; Miebach NStZ 1989, 15 – BGH RsprÜ; vgl. dazu u. zum Folgenden ferner die in Becker NStZ-RR 2003, 4 – BGH RsprÜ mitgeteilte Rspr. des BGH), nicht weitschweifig (BGH NStZ-RR 2018, 256 Ls.; BeckRS 2010, 9539: prägnante Zusammenfassung), aber so vollständig, dass der Rechtskundige in den konkreten Tatsachen den abstrakten Tatbestand erkennt (BGH NStZ-RR 2008, 83). Die möglichst **in sich geschlossene, nachvollziehbare u. auf das Wesentliche beschränkte** (BGH NStZ 2020, 102; BayObLG StraFo 2025, 237) Darst. und Würdigung des Sachverhalts muss erkennen lassen, welche Tatsachen der Richter als seine Feststellungen über die Tat seiner rechtlichen Beurteilung zugrunde legt (BGH BeckRS 2009, 3653). Das Revisionsgericht ist nicht gehalten, sich aus einer Fülle erheblicher u. unwesentlicher Tatsachen diejenigen herauszusuchen, in denen eine Straftat gesehen werden kann; Telekommunikation u. Chatverläufe sind nur dann wörtlich mitzuteilen, wenn es auf den genauen Wortlaut ankommt (vgl. BGH BeckRS 2021, 18863). Die Tatsachen sind in sachlicher Form u. mit möglichst eindeutigen Formulierungen darzustellen; der Umgangssprache entnommene Wendungen u. Redensarten sind dabei grds. zu vermeiden (BGH NJW 2014, 3382). Die Sachdarstellung darf nicht durch eine bloße Tabelle mit pauschalen Angaben zu den einzelnen Taten ersetzt werden (BGH NJW 1992, 1709; StV 2010, 60; BGHR StPO § 267 Abs. 1 S. 1 Sachdarstellung 1, 6, 10; vgl. aber BGH wistra 1996, 62 u. BayObLGSt 2004, 152). Das gilt auch bei Wahlfeststellung mit Tatsachenalternativität (BGH NStZ 1981, 331; → § 260 Rn. 27) u. Umgestaltung der Strafklage (→ § 264 Rn. 24 ff.). Wenn der Angeklagte einer Vielzahl in Tatmehrheit stehender gleichartiger Vorfälle schuldig ist, müssen die Taten nach Zeit, Ort u. ungefährer Begehungsweise festgestellt werden (BGH NStZ 1992, 602; vgl. auch BGH StV 1993, 508; 528; NStZ 2008, 352: Keine genügende Bestimmtheit der einzelnen Taten; BGH NStZ 2000, 607: Wiedergabe des Gesetzeswortlauts genügt nicht; BGH NStZ-RR 2021, 83: Vielzahl v. Verkehrsverstößen; erg. → § 264 Rn. 22). Allein die Bezeichnung „Pornofilm" ist keine hinreichende Feststellung für ein sexualbezogenes Geschehen in pornographischer Form (BGH NStZ 2017, 644; BeckRS 2009, 87429; 15.6.2011 – 4 StR 183/11).

5a Zwischen den Feststellungen u. der – durch eine erkennbare Struktur nachvollziehbar gemachten (BGH NStZ-RR 2020, 321) – **Beweiswürdigung** ist grds. **zu trennen** (BGH NStZ 2020, 102; 30.5.2023 – 6 StR 212/23). Zu den Anforderungen an die Feststellung u. die Beweiswürdigung bei einer Verurteilung wegen Beihilfe BGH NStZ-RR 2020, 28, wegen Vorenthaltens von Arbeitsentgelt (BGH NStZ 2024, 127), v. Besteuerungsgrundlagen in steuerstrafrechtlichen Urt. BGH NZWiSt 2018, 38; 2019, 178; NJW 2009, 2546; BeckRS 2020, 26036; zur Darst. der Schadenshöhe bei Betrug u. Untreue Schlösser StV 2010, 157.

6 **III. Serienstraftaten.** Bei Serienstraftaten ist die **größtmögliche Individualisierung u. Konkretisierung der Einzeltaten** statt einer Schätzung der Anzahl der Taten erforderlich (BGHSt 42, 107; BGH NStZ 1994, 352; 502; 555; StV 2002, 523; BGHR StPO § 267 Abs. 1 S. 1 Mindestfeststellungen 7, 8); denn auch die serienmäßige Tatbegehung erlaubt keine Abstriche v. dem Grundsatz, dass jede abgeurteilte Tat als historisch einmaliger Vorgang darzustellen ist, wobei die Indivi-

dualisierung über die Angabe v. Tatort u. -zeit o. durch sonstige Umstände (Tatopfer, Tatbeute oÄ) erfolgen kann (BGH StV 1999, 137; 2011, 608; vgl. auch BGH NStZ-RR 2017, 375: Irrtum bei Anlagebetrug; Erb GA 1995, 437; Kuckein StraFo 1997, 37). Falls sich Feststellungen auf andere Weise nicht treffen lassen, ist es jedoch zulässig, einen rechnerisch bestimmten Teil des Gesamtgeschehens bestimmten strafrechtlich erheblichen Verhaltensweisen im Wege der Schätzung zuzuordnen, wobei die Feststellung der Zahl der Einzelakte u. die Verteilung des Gesamtschadens auf diese Einzelakte nach dem Grundsatz *in dubio pro reo* erfolgt (BGHSt 40, 374 (377); BGH NStZ 2004, 568; 2.11.2021 – 1 StR 322/21; vgl. auch BGH NJW 2014, 2054: massenhafter Betrug durch sog. „Ping-Anrufe"; erg. → § 244 Rn. 15a). Lässt sich die Anzahl der Taten mit im Wesentlichen gleichartigen Geschehensablauf aber überhaupt nicht aufklären, ist zugunsten des Angeklagten v. nur einer Tat auszugehen (BGHSt 40, 374 (377); BGH NStZ 2005, 113; BGH 2.11.2021 – 1 StR 322/21).

Beim **sexuellen Missbrauch von Kindern bzw. Schutzbefohlenen** dürfen an die Individualisierbarkeit der einzelnen Taten im Urt. keine übersteigerten Anforderungen gestellt werden, da eine Konkretisierung der jeweiligen Straftaten nach genauer Tatzeit und exaktem Geschehensablauf oft nicht möglich ist (BGH 15.1.2025 – 2 StR 298/24; NStZ 1994, 502; NStZ-RR 2010, 205 Ls.). Der Tatrichter muss aber seine Überzeugung v. Vorliegen einer Mindestanzahl v. Straftaten in einem bestimmten Zeitraum darlegen u. insoweit die Handlungsabläufe so weit wie möglich konkretisieren (BGH NStZ-RR 2018, 151 mwN). Ist eine Individualisierung einzelner Taten nicht möglich, sind zumindest die Anknüpfungspunkte zu bezeichnen, aufgrund derer sich der Tatrichter die Überzeugung v. der Mindestanzahl der Missbrauchstaten u. ihrer Begehungsweise in einem bestimmten Zeitraum verschafft hat (BGH NStZ-RR 2022, 145; 15.1.2025 – 2 StR 298/24); dabei sind grds. bei Verurteilungen, die den sexuellen Missbrauch von Geschädigten über 14 Jahren betreffen, größere Anforderungen an die Konkretisierung einzelner Handlungsabläufe zu stellen als bei Tatserien zu Lasten von Kindern (BGH NStZ-RR 2022, 145 mwN); dies gilt namentlich bei Verurteilungen, die einen großen Zeitraum betreffen (BGH BeckRS 2023, 28288; → erg. § 261 Rn. 11a, → § 264 Rn. 25a). Die Feststellung, dass der Angekl. das Alter des kindlichen Opfers gekannt habe, kann grds. allein auf Zeugenaussagen gestützt werden; in Zweifelsfällen können allerdings Angaben zu Erscheinungsbild und Auftreten des Kindes im Tatzeitraum erforderlich sein (BGH NStZ-RR 2026, 53). 6a

Für eine **Betrugsstrafbarkeit** ist grds. festzustellen, welche irrige Vorstellung die verfügende Person hatte; diese ist in der Verh. zu vernehmen u. zu ihrem Vorstellungsbild zu befragen (BGH NJW 2003, 1198). Im Falle gleichförmigen, routinemäßigen u. massenhaften Betruges kann allerdings die Feststellung eines Irrtums bei wenigen Zeugen ausreichen, aus deren Aussage auf die Erregung eines Irrtums auch bei anderen Verfügenden geschlossen werden kann (BGH StraFo 2018, 158; erg. → § 244 Rn. 14). 6b

Zu den Anforderungen an ein Urteil wegen **Steuerhinterziehung** s. BGH 19.2.2025 – 1 StR 482/24. 6c

IV. Innerer Tatbestand. Der innere Tatbestand wird zweckmäßig jew. **bei den einzelnen Punkten des äußeren Sachverhalts** mit dargestellt, soweit er sich nicht v. selbst aus der Schilderung des äußeren Sachverhalts ergibt. Das gilt auch, wenn der Vorsatz nur ein ungeschriebenes Tatbestandserfordernis ist (BGHSt 5, 143). Die Rechtsbegriffe, die den inneren Tatbestand betreffen (zB Vorsatz, Fahrlässigkeit) müssen bei der Darst. in die entspr. tatsächlichen Bestandteile aufgelöst werden (KG DAR 1962, 56; OLG Köln VRS 82, 30). Das Gleiche gilt für die Irrtumsfrage (§§ 15, 16 StGB). Das Urt. muss Ausführungen über das Unrechtsbewusstsein enthalten, falls dessen Fehlen nahelag, u. zwar auch dann, wenn sich der Angeklagte auf das Fehlen nicht berufen hatte (BGH 15.6.1962 – 4 StR 96/62). 7

C. Verweisung auf Abbildungen (Abs. 1 S. 3). Das Urt. muss die Bezugnahme **deutlich u. zweifelsfrei** zum Ausdruck bringen (OLG Bamberg NZV 8

2008, 166; OLG Jena NZV 2008, 165); bei einem **Lichtbild** genügt regelmäßig die Mitteilung der genauen Fundstelle in den Akten sowie der Hinweis, die Abb. sei in der HV in Augenschein genommen worden (s. BGH StraFo 2016, 155; OLG Saarbrücken NStZ 2024, 60; vgl. ferner OLG Hamm StraFo 1998, 52; **aM** KG VRS 113, 300; OLG Bamberg NStZ 2008, 211; OLG Brandenburg StraFo 1998, 51; OLG Hamm NStZ-RR 1998, 238; OLG Köln NJW 2004, 3274; vgl. allerdings zu elektronischen Speichermedien → Rn. 9). Insoweit kommt es allerdings auf die Umstände des Einzelfalls an (BGH StraFo 2016, 155; OLG Saarbrücken NStZ 2024, 60). Die Verweisungserlaubnis u. die Ermächtigung zur Bezugnahme in Abs. 4 S. 1 Hs. 2 schließen zugleich das Verbot sonstiger Bezugnahme ein, soweit mit ihr notwendige Teile der schriftlichen Urteilsbegründung (BGH NStZ 1991, 596: auch bei freisprechenden Urt.) ersetzt werden sollen (→ Rn. 2). Das **Hineinkopieren von Lichtbildern** – etwa von Tatmitteln oder Tatörtlichkeiten – in die Urteilsgründe, anstatt auf diese wegen der Einzelheiten zu verweisen, ist regelmäßig untunlich (BGH NStZ 2025, 626; 2024, 185).

9 **Abbildung** ist eine unmittelbar durch den Gesichts- o. Tastsinn wahrnehmbare Wiedergabe der Außenwelt, va Zeichnungen, Skizzen, Fotos – auch Radarfotos – u. Abzüge v. anderen Bildträgern (vgl. § 11 Abs. 3 StGB), nicht aber die in ein Messfoto eingeblendeten Daten (BayObLG NStZ 2023, 320; OLG Düsseldorf DAR 2016, 149; OLG Hamm NStZ-RR 2016, 121) o. bei den Akten befindliche Schriftstücke, auf deren Wortlaut es ankommt (BGH MMR 2021, 639). In der Verweisung auf ein **elektronisches Speichermedium** als solches liegt aber keine wirksame Bezugnahme iSd Abs. 1 S. 3 (BGHSt 57, 53; BGH 14.11.2023 – 3 StR 221/23; OLG Braunschweig NStZ 2024, 511; OLG Jena NZV 2012, 144); Gegenstand einer zulässigen Bezugnahme können daher nur Ausdrucke v. Bilddateien o. Einzelbildern einer Videosequenz sein (Jahn/Brodowski FS Rengier, 2018, 409 (417)). Handelt es sich um eine große Menge von Video- und Bildaufnahmen ist es zwar nicht erforderlich, in den Urteilsgründen jede einzelne zu beschreiben; zumindest für eine exemplarische Auswahl der Aufnahmen sind aber konkrete Feststellungen zum Inhalt geboten (BGH NStZ 2026, 61: kinder- und jugendpornographische Schriften). Auch eine Tatort- o. Unfallskizze ist eine Abbildung. Diese kann jedoch idR leicht mit ihrem gesamten Beweisinhalt in den Urteilsgründen beschränkt werden. Eine Bezugnahme auf sie wegen weiterer Einzelheiten ist daher meist nicht sinnvoll.

10 Nur **wegen der Einzelheiten** ist die Bezugnahme erlaubt. Diese Einschränkung tritt zu der anderen, dass nur auf eine Abb. verwiesen werden darf, die Bestandteil der Akten ist. Die Schilderung des „Aussagegehalts" der Abb. darf nicht ganz entfallen (OLG Düsseldorf VRS 74, 449 (451); JMBl. NRW. 1997, 263, letztere auch zu den Anforderungen an die Urteilsgründe bei Identifizierung durch Stimmenvergleich). Eine Beschreibung des Wesentlichsten in knapper Form ist erforderlich. Wird aber im Urt. auf ein zur Identifizierung uneingeschränkt geeignetes Foto verwiesen, so bedarf es idR keiner näheren Ausführungen (vgl. BGH BeckRS 2021, 18863; NStZ-RR 2017, 288 Ls.; KG VRS 123, 290; OLG Saarbrücken NStZ 2024, 60). Nur wenn nach Inhalt o. Qualität des Fotos Zweifel an seiner Eignung als Grdl. für eine Identifizierung des Fahrers bestehen, muss der Richter angeben, aufgrund welcher auf dem Foto erkennbaren Identifizierungsmerkmale er die Überzeugung v. der Identität des Betroffenen mit dem abgebildeten Fahrzeugführer gewonnen hat (BGHSt 41, 376; BGH NStZ-RR 2017, 288 Ls.; BayObLGSt 1996, 34; OLG Saarbrücken NStZ 2024, 60; OLG Bamberg NZV 2012, 250; OLG Hamm VRS 105, 353; OLG Oldenburg NJW 2015, 1398); der Richter selbst muss sich überzeugt haben, nicht nur ein Sachverständiger (OLG Frankfurt a. M. NZV 2002, 135; OLG Zweibrücken StraFo 2018, 116: erhöhte Anforderungen bei als fehlsam bekanntem Sachverständigen) o. irgendwelche Zeugen (OLG Köln VRS 94, 112). Eine Beschreibung des Fotos ist entbehrlich, wenn der Richter das Foto selbst o. eine Ablichtung davon in die Urteilsgründe aufnimmt (BayObLG NStZ-RR 1996, 211; OLG Düsseldorf NZV 2007, 254; OLG Jena VRS 110, 424), was sich aber bei Lichtbildern bzw. Darstellungen pornographischen Inhalts verbietet (BGH NJW 2006, 1890 (1891); vgl. auch BGH 22.11.2022 – 2 StR 333/

22; OLG Celle BeckRS 2024, 12389; OLG Köln NStZ 2011, 476). Durch eine erg. Verweisung wird die Abb. als Ganzes Bestandteil der Urteilsgründe (BGH NStZ 2000, 307 (309); OLG Hamm NZV 2005, 208). Das Revisionsgericht kann die in Bezug genommene Abb. aus eigener Anschauung würdigen (BGH NStZ 2000, 307 (309); OLG Brandenburg DAR 2016, 282; OLG Celle OLGSt StPO § 267 Nr. 7).

Soweit in den Urteilsgründen statt einer Bezugnahme ein **Vergleich zwischen dem Angeklagten u. dem Foto** vorgenommen wird, sind Ausführungen zur Identifizierung (KG OLGSt StPO § 267 Nr. 9; OLG Hamm DAR 2004, 597) u. zur Bildqualität erforderlich (BayObLG DAR 1998, 147; OLG Hamm NStZ-RR 2009, 250; OLG Koblenz NZV 2010, 212), wobei es aber genügt, wenn diese Angaben aus dem Zusammenhang der Urteilsgründe entnommen werden können (OLG Hamm VRS 92, 271; NZV 2001, 89; vgl. auch BayObLGSt 1999, 134: Feststellung aufgrund einer zulässig erhobenen Verfahrensrüge). Diese Grundsätze gelten auch, wenn das Lichtbild nicht zur Täteridentifizierung, sondern aus anderen Gründen zum Gegenstand der Beweiswürdigung gemacht wird (OLG Hamm NZV 2007, 376). Die Regeln sind ebenso anzuwenden für eine Videoaufnahme (KG VRS 114, 34; Lorenzen/Schiemann SchlHA 1997, 170 – OLG Schleswig RsprÜ) sowie für aus einem Videofilm gewonnene Fotos (BayObLG NStZ-RR 1999, 90), nicht aber für den Videofilm selbst (→ Rn. 9) o. für auf einem Radarfoto eingeblendete Messprotokolle (OLG Hamm NStZ-RR 2009, 151; anders aber KG NZV 2016, 293, falls der gedankliche Inhalt der Urk. auf einen Blick erfassbar ist). 10a

D. Indizien. Die Indizien (Abs. 1 S. 2) – die Beweisanzeichen o. „Untertatsachen" – sollen angegeben werden (vgl. dazu Liebhart NStZ 2016, 134). Die Urteilsgründe sind so abzufassen, dass die tatgerichtliche Entscheidung nachvollziehbar und einer – auf die Sachrüge durchzuführenden – revisionsgerichtlichen Überprüfung zugänglich ist (BGH NStZ 2024, 439; NStZ-RR 2013, 78). In diesem Rahmen muss sich das Gericht bei der **Beweiswürdigung** (nicht in den Feststellungen, vgl. BGH BeckRS 2017, 123281) mit allen für den Tathergang wesentlichen u. sich etwa weiter aufdrängenden Umständen einzeln u. insges. befassen u. auseinandersetzen (BGHSt 12, 311; 14, 165; → § 261 Rn. 25). Auch dabei kann auf Abb. in den Akten verwiesen werden (→ Rn. 8). Die Beweiswürdigung soll keine umfassende Dokumentation der Hauptverhandlung enthalten (BGH 24.9.2024 – 5 StR 301/24). Es ist regelmäßig verfehlt, die Aussagen v. Zeugen u. Sachverständigen in ihren Einzelheiten mitzuteilen (BGH NStZ-RR 2023, 256: Hineinkopieren eines SV-Gutachtens in das Urteil; 11.7.2023 – 1 StR 92/23); unnötig ist es, für jede einzelne Feststellung, sei sie in Bezug auf den Tatvorwurf auch noch so unwesentlich, einen Beleg in der Beweiswürdigung zu erbringen (BGH BeckRS 2017, 123281); vielmehr ist es eine unabdingbare gedankliche Vorarbeit bei der Abfassung der Urteilsgründe eine wertende Auswahl zwischen Wesentlichem u. Unwesentlichem zu treffen (BGH NStZ-RR 2023, 256; 19.7.2023 – 2 StR 258/22). In den Urteilsgründen müssen alle Redewendungen vermieden werden, die den Eindruck eines verbleibenden Zweifels in einer wesentlichen Tatfrage machen (→ § 261 Rn. 26 ff.). 11

E. Beweiswürdigung im Übrigen. Es ist regelmäßig mitzuteilen, ob und ggf. wie der Angeklagte sich **zur Sache eingelassen** hat (BGH 13.8.2025 – 1 StR 317/25). 11a

Aus § 261 ergibt sich weiter, dass der Tatrichter **den festgestellten Sachverhalt,** soweit er bestimmte Schlüsse zugunsten o. zuungunsten des Angeklagten nahelegt, iVm den sonst festgestellten Tatsachen **erschöpfend zu würdigen** hat (→ § 261 Rn. 6); diese erschöpfende Würdigung hat er in den Urteilsgründen darzulegen (BGH NJW 1980, 2423; NStZ 2007, 538; NStZ-RR 2017, 383; BeckRS 2016, 20615; KG StV 2013, 10; OLG Dresden StV 2013, 11; OLG Hamm VRS 69, 137). Die Urteilsgründe müssen erkennen lassen, dass die Beweiswürdigung auf einer tragfähigen, verstandesmäßig nachvollziehbaren Tatsachengrundlage beruht u. sich nicht als bloße Vermutung erweist (BGH NStZ 2017, 486 12 mwN). Sie müssen eine **Gesamtwürdigung** aller in der HV festgestellten Tatsachen enthalten (BGH NStZ 1993, 501; NStZ-RR 2013, 51; 2014, 152). Eine Beweiswürdigung, die über schwerwiegende Verdachtsmomente hinweggeht, ist rechtsfehlerhaft (BGH BeckRS 2016, 21181). Das bedeutet aber nicht, dass in den Urteilsgründen stets in allen Einzelheiten darzulegen ist, auf welche Weise der Richter zu bestimmten Feststellungen gelangt ist (BGH NStZ 2009, 403; NStZ-RR 2010, 247 Ls.; OLG Schleswig SchlHA 2009, 273) o. dass alle nur irgendwie denkbaren Gesichtspunkte abgehandelt werden müssten (BGH StraFo 2010, 426) o. dass alle Beweismittel erwähnt werden müssen (BGH NStZ-RR 2025, 147); denn das Abfassen unangemessen breiter Urteilsgründe ist weder durch § 267 noch sachlich-rechtlich geboten (BGH NStZ 2009, 701). Vielmehr ist das Beweisergebnis nur insoweit zu erörtern, wie es für die Entsch. v. Bedeutung ist (BGH NStZ-RR 2020, 258). Es ist **regelmäßig verfehlt,** den Inhalt einer überwachten Kommunikation (Chats, E-Mails, Prot. v. Telefon- u. Innenraumgesprächen) wörtlich o. auch nur in einer ausf. Inhaltsangabe wiederzugeben (BGH 4.10.2017 – 3 StR 145/17 mwN); allerdings bedarf es einer Darlegung zumindest insoweit, als es für die Überprüfung durch das Revisionsgericht notwendig ist (vgl. BGH 14.6.2022 – 6 StR 228/22: Pauschaler Hinweis auf nicht näher beschriebene Chatnachrichten nicht ausr.). Die bloße Wiedergabe der Aussagen des Angeklagten u. der Zeugen genügt selbst dann nicht, wenn ihr Inhalt breit dargestellt wird (BGH NStZ 1985, 184; 1998, 51). Das ist regelmäßig sogar fehlerhaft u. kann den Bestand des Urteils gefährden, weil dies eine Beweisdokumentation, aber keine Beweiswürdigung ist (Kusch NStZ-RR 2000, 293 – BGH RsprÜ; BGH NStZ-RR 2009, 183; 2013, 52; 2014, 349 Ls.; wistra 2004, 150), ebenso liegt es bei Erörterung hypothetischer Geschehensmöglichkeiten u. überflüssiger Beweiserhebungen (BGH NStZ-RR 2003, 49). Die Beweiswürdigung dient auch nicht dazu, für alle Sachverhaltsfeststellungen einen Beleg zu erbringen o. mitzuteilen, welche Beweise in der HV erhoben worden sind (BGH NStZ-RR 1998, 277; NStZ 2007, 720; NJW 2010, 882 (883)). Ausführungen zur Verwertbarkeit v. Beweismitteln sind v. Rechts wegen nicht geboten (vgl. BGH NJW 2006, 1361 (1362); 2009, 2612 (2613); wistra 2006, 311 (313)). Vielmehr muss die **Einlassung des Angeklagten** mitgeteilt (BGH BeckRS 2020, 18734; NStZ 2020, 625, nicht aber, wenn es sich um „schlichte Prozesserklärungen des Verteidigers" handelt, vgl. BGH BeckRS 2020, 20707; BGH NStZ 2015, 299; 473; OLG Hamm StV 2008, 401; OLG Jena VRS 114, 458 o. sich aus dem Zusammenhang der Urteilsgründe hinreichend deutlich ergibt, dass sich der Angekl. nicht zur Sache eingelassen hat: BGH NStZ-RR 2025, 215) u. unter Berücksichtigung der erhobenen Beweise gewürdigt werden (BGH StV 1984, 64 Ls.; Cierniak/Zimmermann NStZ-RR 2013, 135 – BGH RsprÜ; OLG Düsseldorf NStZ 1985, 323; OLG Köln StraFo 2003, 313; OLG Stuttgart Justiz 1990, 372); seine bestreitende Einlassung u. ihre Widerlegung bestimmen Umf. u. Inhalt der Darlegung im Urt. (BGH NStZ 2015, 473). Zusätze wie „zur festen" o. „zur sicheren" Überzeugung des Gerichts sei etwas erwiesen, sind überflüssig u. können uU Anlass zu Missdeutungen geben (Kusch NStZ-RR 2001, 129 – BGH RsprÜ), jedenfalls einen Mangel der Beweiswürdigung nicht ausgleichen (BGH StraFo 2003, 132; NStZ 2006, 406).

12a Um die **Beweiswürdigung nachvollziehbar zu machen** (→ § 261 Rn. 2), muss zB dargetan werden, warum der Zeuge u. nicht der Angeklagte glaubwürdig (OLG Düsseldorf VRS 66, 36) u. warum einem Zeugen zum Nachteil des Angeklagten nur teilw. geglaubt worden ist (Holtz MDR 1978, 988 – BGH RsprÜ; OLG Braunschweig StV 2009, 120), wobei im letzteren Falle regelmäßig „gewichtige Gründe" benannt werden müssen (BGH NStZ 2019, 746). Insoweit kann es geboten sein, den wesentlichen Inhalt einer Zeugenaussage in den Urteilsgründen darzustellen (BGH NStZ-RR 2022, 253; 2021, 114; vgl. auch BGH 17.12.2025 – 6 StR 260/25). Jede ernsthaft in Betracht kommende Fallgestaltung ist abzuhandeln (Pfeiffer/Miebach NStZ 1984, 212 – BGH RsprÜ; zum „Rache-Motiv" vgl. BGH NStZ-RR 2003, 206 sowie BGH NStZ-RR 2017, 384), bes. wenn der Angeklagte zur Sache geschwiegen hat (Holtz MDR 1980, 108 – BGH RsprÜ).

Eine Auseinandersetzung mit ggü. dem Vorverfahren abw. Darst. (OLG Hamm StV 2007, 630) o. wechselnden Einlassungen (BGH NStZ 1992, 48) eines Angeklagten ist erforderlich, ebenso mit der abw. Aussage eines Zeugen, wenn sich daraus erhebliche Bedenken gegen seine Glaubwürdigkeit ergeben (BGH StraFo 2003, 274; 2020, 27; vgl. auch StV 2020, 449; BGHR StPO § 261 Inbegriff der Verhandlung 21) o. wenn auf die „Aussagenkonstanz" abgestellt wird (BGH StV 2008, 237; NStZ-RR 2017, 52 Ls.), ebenso bei der Konstellation „**Aussage gegen Aussage**" (BGH NStZ-RR 2010, 20 Ls.; OLG Frankfurt a. M. NZV 2004, 158; im Einzelnen dazu → § 261 Rn. 11a). Bei problematischen Beweislagen ist der entscheidende Teil der Zeugenaussagen sowie deren Entwicklung im Urt. mitzuteilen (BGH StV 2020, 446; NStZ 2021, 183; NStZ-RR 2023, 222: Überführung durch tatbeteiligten Zeugen), auch der geänd. Teil der Aussage u. warum der Änd. keine durchgreifende Bedeutung zukommt (BGH NStZ 2020, 240). Stützt das Tatgericht sich auf einen v. mehreren vernommenen Tatzeugen, muss es regelmäßig darlegen, welche Angaben die anderen Zeugen gemacht u. warum diese die Überzeugungsbildung nicht beeinflusst haben (BGH NStZ 2020, 240). Insbesondere wenn ein Angeklagter allein o. überw. durch die Angaben anderer Tatbeteiligter überführt werden soll, müssen die Urteilsgründe erkennen lassen, dass der Richter alle entscheidungsrelevanten Umstände erkannt u. in seine Überlegungen einbezogen hat (BGH StraFo 2011, 358; NStZ-RR 2016, 148); das gilt in bes. Maße, wenn die Tatbeteiligten in illegalen Rauschgifthandel verwickelt sind (BGH StV 2011, 4) o. die belastenden Angaben nur mittelbar über Vernehmungspersonen in die HV eingeführt wurden (BGH NStZ 2021, 183). Ferner müssen nahe liegendes Verteidigungsvorbringen abgehandelt u. sich aufdrängende Beweisumstände (Pfeiffer/Miebach NStZ 1984, 212 – BGH RsprÜ) o. nahe liegende alternative Geschehensabläufe (BGH NStZ-RR 2010, 183) o. auch die naheliegende Möglichkeit eines Alternativtäters (vgl. BGH 13.5.2025 – 1 StR 169/25) erörtert werden; einer Erörterung bloß theoretischer Möglichkeiten bedarf es aber nicht (BGH NStZ-RR 2016, 211). Grundsätzlich ist auch ein **Geständnis** des Angekl. auf seine Richtigkeit zu überprüfen; eine Beschränkung auf den Hinweis, der Angekl. sei geständig gewesen, reicht regelmäßig nicht aus (BGH NStZ 2023, 57; vgl. auch BGH NStZ 2024, 380; 2024, 382). Ein verständigungsbasiertes Geständnis mit nur geringer inhaltlicher Aussagekraft wird nicht als alleinige Verurteilungsgrundlage dienen können (vgl. BVerfG NStZ-RR 2024, 119). Bleibt ein Beweismittel unerwähnt, so ist daraus aber nicht zu schließen, dass es übersehen worden ist (BGH NStZ-RR 2001, 174; NStZ 2012, 49; NStZ 2015, 451), anders nur im Fall des § 273 Abs. 3 (OLG Hamm NStZ-RR 2006, 18 Ls.). Das gilt auch, wenn ein verwendetes Beweismittel in der überflüssigen, aber vielfach üblichen formelhaften Aufzählung nicht erwähnt ist (BGH NJW 1951, 325). Wenn sich in der HV wesentliche neue tatsächliche Gesichtspunkte herausgestellt haben, muss sich aus dem Urt. ergeben, dass der Angeklagte dazu gehört worden ist (BGHSt 28, 196; vgl. → § 265 Rn. 23). Hat der Angeklagte mit Tatsachen belegte, nicht eindeutig unerhebliche Bedenken gegen einen Beweis o. den Wert eines Beweismittels (zB gegen die Glaubwürdigkeit eines Zeugen) geäußert, so muss sich das Gericht damit auseinandersetzen (BGH NJW 1961, 2069; StV 1991, 410). Will der Tatrichter aus dem äußeren Tatgeschehen Schlüsse auf den subjektiven Tatbestand ziehen, bedarf es einer Gesamtwürdigung des Tatgeschehens, wobei auch das unmittelbar nach Abschluss der Tat gezeigte Verhalten des Angeklagten von Bedeutung sein kann (BayObLG NStZ-RR 2022, 119). Ergänzend → § 261 Rn. 11a.

Im Falle des wiederholten Wiedererkennens (→ § 58 Rn. 13; → § 261 Rn. 11b) müssen die Urteilsgründe – falls die Umstände des Falls dazu Anlass geben (OLG Hamm NStZ-RR 2000, 213; StV 2005, 433) – erkennen lassen, dass sich der Richter des beschränkten Beweiswerts bewusst war (BGH NStZ 2023, 250 mAnm Eisenberg; 2010, 53 OLG Frankfurt a. M. NStZ-RR 1999, 365; StV 2002, 525; OLG Hamm StV 2013, 569; OLG Köln StV 1998, 640; OLG Rostock StV 1996, 419; OLG Zweibrücken StV 2004, 65). Erfolgt die Identifikation des An- **12b**

geklagten allein durch das Wiedererkennen iRe **Lichtbildvorlage,** muss das Urt. erkennen lassen, ob diese ordnungsgemäß erfolgt ist u. welcher Beweiswert ihr zukommt (BGH NStZ-RR 2008, 148; OLG Hamm StV 2008, 511; OLG Zweibrücken JBl. RhPf 2007, 271). Dabei muss das Tatgericht die Angaben des Zeugen zur Täterbeschreibung zumindest in gedrängter Form wiedergeben und zum Erscheinungsbild des Angekl. in der HV in Beziehung setzen (BGH NStZ 2023, 511; NStZ-RR 2023, 254). Konnte ein Zeuge eine ihm zuvor unbekannte Person nur kurze Zeit beobachten, darf sich das Tatgericht nicht ohne Weiteres auf eine evtl. subjektive Gewissheit beim Wiedererkennen verlassen, sondern muss anhand objektiver Kriterien überprüfen, welche Beweisqualität dieses Wiedererkennen hat und dies in den Urteilsgründen darlegen (BGH NStZ-RR 2023, 254). Bei der Identifizierung anhand des Lichtbildes einer Überwachungskamera müssen sich die Urteilsgründe dazu verhalten, ob es zu Identifizierungszwecken überhaupt geeignet war, wozu gem. Abs. 1 S. 3 auf das bei den Akten befindliche Foto verwiesen werden kann (BGH NStZ-RR 2018, 120). Bei der eigenständigen Identifizierung des Angeklagten durch das Tatgericht anhand von **Videoaufnahmen** müssen die Urteilsgründe eine Beschreibung der Augenscheinsobjekte und der die Identifizierung ermöglichenden charakteristischen Merkmale enthalten (BGH 24.4.2024 – 5 StR 21/24). In welchem Umfang im konkreten Fall dem Wiedererkennen Beweiswert zukommt, hat das Tatgericht im Übrigen unter Berücksichtigung aller Umstände zu beurteilen und darzulegen, wobei maßgeblich jene äußeren Merkmale des Täters sind, welche für das Wiedererkennen entscheidend waren (BGH NStZ-RR 2022, 213 (215)). Eine Zusammenstellung möglicher Fehlerquellen beim Wiedererkennen gibt Odenthal StraFo 2013, 64; erg. → § 261 Rn. 11b.

13 Dem **Gutachten eines Sachverständigen** darf sich das Gericht nicht einfach anschließen (BGHSt 7, 238; 8, 113 (118)), schon gar nicht, wenn es lediglich Wahrscheinlichkeitsaussagen enthält (BGH NStZ 2009, 284: „Täteranalyse des LKA"; KG VRS 120, 89), auch nicht bei psychologischen Glaubwürdigkeitsbegutachtungen (BGH NStZ-RR 2021, 114, 116). Will es dem Erg. ohne Angabe eigener Erwägungen folgen, so müssen in den Urteilsgründen, sofern es sich nicht um ein weithin standardisiertes Verf. handelt (BGH NStZ 2020, 693), wenigstens die wesentlichen Anknüpfungstatsachen u. Darlegungen des Sachverständigen wiedergegeben werden (BGHSt 34, 29 (31); BGH NStZ 2019, 690; KG NStZ 2015, 239; OLG Düsseldorf VRS 64, 208; OLG Hamm StraFo 2002, 58; OLG Koblenz VRS 75, 52; OLG Köln VRS 68, 354; OLG Brandenburg BeckRS 2024, 212220: anthropologisches Gutachten); das gilt auch dann, wenn dem Gericht „die Sachkunde des Sachverständigen aus einer Vielzahl von Verfahren bekannt ist" (BGH StraFo 2008, 120). Dem Revisionsgericht muss es möglich sein, eine Berechnung (BGH StV 1987, 528) o. eine Schlussfolgerung des Sachverständigen (BGHSt 19, 690: Einschätzung der Ursächlichkeit der Tathandlung durch Rechtsmediziner) nachzuprüfen. Beruht das Gutachten auf einer noch wenig erprobten o. umstr. Methode, so muss der Tatrichter das Revisionsgericht durch eine Darst. des Streitstandes in die Lage versetzen zu prüfen, ob die Abwägung der für u. gegen die Methode sprechenden Umstände stattgefunden hat (BGH NStZ 1994, 250; 2000, 106). Folgt der Tatrichter dem Gutachten nicht, so muss er die Ausführungen des Sachverständigen in nachprüfbarer Weise wiedergeben, sich mit ihnen auseinandersetzen u. seine abw. Auff. begründen (BGH NStZ 2024, 247; NStZ-RR 2024, 386). Lehnt das Gericht das eine Gutachten ab (BGHSt 21, 62) u. folgt es – etwa in Berücksichtigung der übrigen Beweisergebnisse – einem anderen (→ § 244 Rn. 75), so muss es seine Gründe hierfür angeben (BGH StV 1983, 8; NStZ 2006, 296; BayObLG NZV 2003, 204); dazu gehört auch, wie sich die Sachverständigen jew. zu den Ausführungen des anderen verhalten haben (BGH NStZ 2019, 240). Widerspricht das (vorbereitende) schriftliche Gutachten dem mündlich in der HV erstatteten, muss das Gericht darlegen, warum es das eine für zutr., das andere für unzutr. erachtet hat (BGH StV 2020, 445; 2005, 653; NStZ 2016, 432; OLG Karlsruhe StV 2004, 477; erg. → § 244 Rn. 76). Im Fall des § 244 Abs. 4 S. 1 muss in schwierigen Fällen die Grdl. der eigenen Sachkunde des Gerichts angegeben

werden (BGHSt 12, 18 (20); Holtz MDR 1977, 810 – BGH RsprÜ; erg. → § 244 Rn. 71 ff.).

Im Einzelnen: Bei **Blutalkoholgutachten** reicht die Angabe des Mittelwerts der Blutalkoholkonzentration aus (BGHSt 28, 235). Die Mitteilung des Erg. des Gutachtens kann auch genügen, wenn es sich um ein *weithin standardisiertes Verfahren* (zB *Daktyloskopie*) handelt (BGH NStZ 1993, 95); **das gilt nicht für** ein *Schriftsachverständigengutachten* (OLG Frankfurt a. M. StV 1994, 9), ein *Vergleichsgutachten betreffend Werkzeugspuren* (BGH StV 2011, 8 mAnm Eisenberg), ein *morphologisches* (OLG Karlsruhe Justiz 2000, 41), ein *aussagepsychologisches* (OLG Hamm StV 1998, 240) o. ein *anthropologisches Gutachten* (OLG Brandenburg BeckRS 2024, 21220; OLG Celle NZV 2013, 47, wobei hierzu umstr. ist, ob statistische Angaben zur Merkmalshäufigkeit möglich u. erforderlich sind; dafür OLG Bamberg StV 2011, 717; OLG Braunschweig StV 2000, 546; OLG Jena VRS 110, 115; 424, 425; dagegen OLG Celle NZV 2013, 47; OLG Hamm NStZ-RR 2008, 287; OLG Jena VRS 122, 143: OLG Oldenburg NZV 2009, 52; eing. dazu u. ebenfalls abl. Rösing/Quarch/Danner NStZ 2012, 548; über die Fragwürdigkeit der Berechnung einer Identitätswahrscheinlichkeit Gabriel/Huckenbeck/Kürpiers NZV 2014, 346). Zum Beweis durch Einsatz v. *Spurensuchhunden (Mantrailereinsätze)* eing. LG Nürnberg-Fürth StraFo 2013, 384. **13a**

Bei **DNA-Gutachten** hat der Tatrichter den Grad der Übereinstimmung zwischen den Allelen des Angeklagten u. den auf Tatortspuren festgestellten Allelen (sog. Identitätswahrscheinlichkeit) mitzuteilen u. die Grundlagen für deren Berechnung so darzulegen, dass dem Revisionsgericht eine Plausibilitätsprüfung möglich ist (BGH NStZ-RR 2018, 288; NStZ 2019, 427 mwN). Zur Nachvollziehbarkeit der Wahrscheinlichkeitsberechnung bei DNA-Vergleichsuntersuchungen, die sich auf eindeutige Einzelspuren beziehen u. keine Besonderheiten in der forensischen Fragestellung aufweisen, sind allerdings Ausführungen zur Anzahl der untersuchten Merkmalssysteme u. der diesbzgl. Übereinstimmungen im Gegensatz zur früheren Rspr. (zB BGH NStZ 2016, 490) nicht mehr erforderlich; vielmehr genügt danach die Mitteilung des Gutachtenergebnisses in Form der biostatischen Wahrscheinlichkeitsaussage in numerischer Form (BGH NJW 2020, 350; 2018, 3192 mkritAnm Müller/Eisenberg JR 2019, 46; vgl. auch BGH NStZ-RR 2018, 288). Dies gilt gleichermaßen für Ausführungen zur unabhängigen Vererblichkeit der untersuchten Merkmalsysteme (BGH NStZ 2014, 477; zust. BGH NStZ 2016, 490; zu den wissenschaftlichen Grundlagen biostatischer Wahrscheinlichkeitsrechnungen iRv DNA-Spurengutachten Schneider/Anslinger/Eckert/Fimmers/Schneider NStZ 2013, 693). Bei Mischspuren ist allerdings mitzuteilen, wie viele Systeme untersucht wurden, ob u. inwieweit sich Übereinstimmungen in den untersuchten Systemen ergaben u. mit welcher Wahrscheinlichkeit die festgestellte Merkmalskombination bei einer weiteren Person zu erwarten ist (BGH NJW 2020, 350; BeckRS 2021, 12312, jew. mwN). Die Art des Spurenträgers (etwa Haar, Hautschuppe, Blutspritzer) muss bezeichnet werden, sofern das Tatgericht eine Sekundärübertragung in Betracht zieht (BGH NStZ 2024, 505). Ob sich das Tatgericht allein aufgrund der Übereinstimmung v. DNA-Identifizierungsmustern v. der Täterschaft des Angeklagten zu überzeugen vermag, ist vorrangig ihm selbst überlassen (BGHSt 58, 212; vgl. aber BGH 14.5.2025 – 6 StR 623/24 zu nicht tragfähigen Erwägungen, mit denen das Tatgericht den Beweiswert der DNA-Spur relativiert hat). Dass der Angekl. als Mitverursacher einer DNA-Spur „nicht ausgeschlossen werden könne" lässt keinen Schluss auf seine Täterschaft zu (BGH 8.12.2025 – 6 StR 382/25). Eingehend zur Darstellung von DNA-Gutachten im Strafurteil Henke NStZ 2023, 13. **13b**

Bei der **Prüfung der Schuldfähigkeit** bedarf es der Darlegung der psychischen Störung anhand der 4 Eingangsmerkmale des § 20 StGB u. dazu, in welchem Ausmaß die Einsichts- o. Steuerungsfähigkeit aus fachwissenschaftlicher Sicht bei der Tat beeinträchtigt waren (BGH NStZ 2013, 31). Bei der Bejahung eines der Eingangsmerkmale u. bei der Annahme verminderter Schuldfähigkeit nach § 21 StGB handelt es sich um Rechtsfragen. Der Tatrichter hat die Darlegungen des **13c**

Sachverständigen daher zu überprüfen u. rechtlich zu bewerten. Er ist verpflichtet, seine Entsch. in einer für das Revisionsgericht nachprüfbaren Weise zu begründen (BGH NStZ 2013, 53). Dazu sind die wesentlichen Anknüpfungspunkte und Darlegungen des Sachverständigen in den Urteilsgründen so umfassend darzustellen, wie dies zum Verständnis des Gutachtens und zur Beurteilung seiner Schlüssigkeit erforderlich ist (NStZ-RR 2023, 150). Auf der Grundlage der Ausführungen des Sachverständigen muss der Tatrichter die Rechtsfragen des §§ 20, 21 StGB in eigener Verantwortung beantworten; es ist deshalb regelmäßig untunlich, sich dem Gutachten ohne weitere eigene rechtliche Erwägungen anzuschließen (BGH 5.11.2025 – 5 StR 536/25). Mit einem in der HV verlesenen ärztlichen Untersuchungsbericht, welcher der Einschätzung des Gerichts entgegenstehen könnte, muss es sich auseinandersetzen (BGH BeckRS 2018, 26794).

14 Die **Ablehnung eines Hilfsbeweisantrags,** über den in der HV keine Entsch. mehr verkündet worden ist, muss in der schriftlichen Urteilsbegründung gerechtfertigt werden (→ § 244 Rn. 22a, 90a).

15 **F. Besondere Umstände (Abs. 2).** § 263 Abs. 2; → § 263 Rn. 2. **Dazu gehören** alle Rechtfertigungs-, Schuld- u. Strafausschließungsgründe sowie Strafaufhebungsgründe. Abs. 2 betr. nur die Fälle, in denen die „besonders vorgesehenen Umstände" ges. nach Art der Tatbestandsschilderung konkretisiert sind. Im Gegensatz zu diesen „benannten" Rechtsfolgenänderungen stehen die „unbenannten", für die Abs. 3 S. 2 gilt. Zu dieser Gruppe gehören auch die Sanktionsänderungsregelungen mit Regelbeispielen (zB § 243 StGB; → § 265 Rn. 18, 19). Unter Abs. 2 fallen insbes. § 49 StGB (iVm dem auf ihn verweisenden Gesetz, zB § 157 StGB), §§ 21, 23 Abs. 2, 41, 60 StGB, ferner zB § 224 StGB. Ob der Angeklagte in der HV in seiner Einlassung bes. Umstände iS Abs. 2 behauptet hat, kann das Revisionsgericht nach Ansicht des BGH nicht durch eigene Beweiserhebungen prüfen (BGHSt 31, 139 = NStZ 1983, 278 mit zutr. ablAnm Fezer; **aM** auch AK-StPO/Wassermenn Rn. 13; Herdegen FS Salger, 1995, 306 (316)).

16 **G. Zur Anwendung gebrachtes Strafgesetz und Begründung der Rechtsfolgenentscheidung (Abs. 3). I. Strafgesetz (Abs. 3 S. 1).** Die Liste der angewendeten (§ 260 Abs. 5, → § 260 Rn. 49) Strafgesetze ersetzt die Angabe der Vorschr. in der Urteilsbegründung nicht.

17 An Rechtsfragen soll nicht mehr als notwendig abgehandelt u. entschieden werden. Die Ablehnung einer nach Sachlage in Betracht zu ziehenden rechtlichen Beurteilung ist aber notwendig, um bei den Bet. u. dem Revisionsgericht Irrtum o. Zweifel auszuschließen, dass das Problem nicht erkannt worden sei.

18 **II. Für die Strafe bestimmende Gründe (Abs. 3 S. 1).** Die für die Strafe bestimmenden Gründe (Abs. 3 S. 1), **nicht etwa sämtliche Strafzumessungsgründe,** müssen angegeben werden (BGH NStZ-RR 2014, 320 Ls.; NStZ-RR 2008, 343). Dazu gehört auch die Angabe der bestimmenden Gründe für die Wahl der einen o. anderen zulässigen Strafart. Zu den anzugebenden Umständen gehören nicht nur die Zumessungstatsachen, sondern auch die Erwägungen, die dazu geführt haben, dass auf diese u. keine andere Rechtsfolge erkannt worden ist (vgl. BGH NJW 1976, 2220). Bei Verwertung v. Vorstrafen sind die Zeit der Verurteilung, Art u. Höhe der erkannten Rechtsfolge sowie deren Vollstreckung, darüber hinaus aber auch – in kurzer, präziser Zusammenfassung (BGH NStZ-RR 1996, 266) – der Gegenstand der früheren Verurteilung anzugeben (OLG Köln StV 1996, 321), jedoch nicht eine wörtliche Wiedergabe der früheren Urt. (BGH NJW 1999, 2533 (2535)). Wenn zwischen Tat u. Urt. eine lange Zeit verstrichen ist und/oder eine v. Angeklagten nicht zu vertretende lange Verfahrensdauer vorliegt, müssen die Gründe ergeben, dass das Gericht diese Umstände bei der Strafzumessung berücksichtigt hat (BGH NStZ 1986, 218; NStZ-RR 2016, 341; erg. → **EMRK** Art. 6 Rn. 7 ff.); das Ausmaß der deshalb gebotenen Strafmilderung ist in den Urteilsgründen konkret zu benennen (BGH NStZ 1996, 328). Wenn auf eine kurzfristige Freiheitsstrafe erkannt worden ist, muss das Vorliegen der Voraussetzungen des § 47 StGB dargelegt werden (BGHR StGB § 47 Abs. 1 Umstände 4).

Eine nicht ausschließbare, nicht unerhebliche Mitschuld des Verletzten ist zu berücksichtigen (→ § 261 Rn. 26). Naheliegende Milderungsgründe, insbes. ein Geständnis (BGH NStZ-RR 2014, 106 Ls.) o. zB § 157 StGB, sind zu erörtern (BayObLG NJW 1996, 2244).

Die Begründung muss umso eing. sein, je mehr sich die Strafe o. andere Rechtsfolge der oberen o. unteren Grenze des zulässigen Rahmens nähert (BGH StV 2012, 668; OLG Karlsruhe NJW 1980, 134). Ist die Strafe sehr hoch u. weicht sie erheblich v. den Strafen anderer Gerichte in vergleichbaren Fällen ab, so muss dies an den Besonderheiten des Falls verständlich gemacht werden (BGH BeckRS 2012, 25393). Eine bes. Begründung ist auch erforderlich, wenn das Berufungsgericht o. nach einer Urteilsaufhebung u. Zurückverweisung der neu entscheidende Tatrichter auf dieselbe Strafe erkennt wie der 1. Richter, obwohl Umstände festgestellt werden, aufgrund deren ein wesentlich niedrigerer Strafrahmen vorgeschrieben ist (BGH StV 2017, 34; OLG Bamberg NStZ-RR 2012, 138; OLG Hamm StraFo 2005, 33; OLG Köln NJW 1986, 2328); Gleiches gilt, wenn neue Feststellungen getroffen worden sind, die die Tat nun in einem wesentlich milderen Licht erscheinen lassen (BGH NStZ-RR 2013, 113). Bei Geldstrafe ergibt sich aus § 40 Abs. 2 StGB, welche Umstände bestimmend sind. Die Angabe der bestimmenden Umstände ist aber auch für die Festsetzung, Auswahl u. ggf. zeitliche Bemessung anderer Rechtsfolgen notwendig. Wenn mehrere Angeklagte in einem Verf. abgeurteilt werden, muss für jeden v. ihnen die Strafe „aus der Sache" selbst gefunden werden, wobei der Gesichtspunkt, dass die verhängten Strafen auch in einem gerechten Verhältnis zueinander stehen sollten, nicht völlig außer Betracht bleiben darf (BGH StraFo 2016, 477 mwN; NStZ-RR 2017, 40). **18a**

Nur das Endergebnis der Strafzumessung muss zahlenmäßig mitgeteilt werden, nicht dagegen der „Spielraum" nach § 46 Abs. 1 S. 1 StGB (Zipf, Die Strafmaßrevision, 1969, S. 214; str.). Denn auch sonst sind Zwischenergebnisse auf dem Weg zur Gewinnung des Endergebnisses nicht mitzuteilen. Jedoch sind bei Tatmehrheit (§ 54 StGB) auch die Einzelstrafen zu begründen. Bei der Abh. der Katalogpunkte des § 46 Abs. 2 StGB ist zu bedenken, dass sie je nach Inhalt positive o. negative Wirkung haben können, was nicht unklar bleiben darf. Die Bildung der **Gesamtstrafe** ist gesondert zu begründen (BGH 15.9.2023 – 5 StR 134/23). **19**

Unzulässig sind **Eventualbegründungen** (BGHSt 7, 359), zB die Angabe, das Gericht hätte die Strafe nicht anders bemessen, wenn v. einem anderen Zusammentreffen der Straftaten (RGSt 70, 403) oder v. einem anderen Strafgesetz (RGSt 71, 105) hätte ausgegangen werden müssen. **20**

Bei Verurteilung zu **lebenslanger Freiheitsstrafe** müssen sich in Befolgung der Rspr. des BVerfG (vgl. → § 260 Rn. 33) die Gründe damit auseinandersetzen, ob ein Fall der bes. Schwere der Schuld iSd § 57a Abs. 1 S. 1 Nr. 2 StGB gegeben ist; in einer Gesamtwürdigung sind sämtliche Gesichtspunkte, die für o. gegen diese Annahme sprechen, gegeneinander abzuwägen (BGHSt 40, 360; Stree NStZ 1992, 464). Ist die lebenslange Freiheitsstrafe als absolute Strafe vorgesehen (§ 211 Abs. 1 StGB, §§ 6 Abs. 1 Nr. 1, 7 Abs. 1 Nr. 1, 8 Abs. 1 Nr. 1 VStGB), müssen sich an die Feststellung, dass diese zu verhängen ist, Ausführungen zu § 57a Abs. 1 S. 1 Nr. 2 StGB anschließen; in den anderen Fällen, in denen zu lebenslanger Freiheitsstrafe verurteilt werden kann (zB §§ 212 Abs. 2, 251 StGB), müssen nach den Strafzumessungserwägungen Darlegungen zur Frage der bes. Schwere der Schuld folgen. Abs. 3 S. 1 und die hierzu entwickelten Grundsätze (→ Rn. 18) gelten entspr. (BGH NStZ-RR 1996, 321). **20a**

Die **zugleich angeordnete Sicherungsverwahrung** ist kein bestimmender Strafzumessungsumstand iSv Abs. 3 S. 1, der das Tatgericht zur Erörterung bei der Festsetzung der Freiheitsstrafe verpflichtet (BGH 10.5.2022 – 4 StR 99/22 gegen BGH 22.3.2022 – 1 StR 455/21 und BGH 21.1.2021 – 2 StR 188/20 unter zutr. Hinweis darauf, dass die Strafe und der präventive Freiheitsentzug der Sicherungsverwahrung verschiedene Zwecke verfolgen und deshalb unabhängig voneinander bemessen bzw. verhängt werden). **20b**

21 **III. Minder schwere und besonders schwere Fälle (Abs. 3 S. 2, 3).** Die Annahme eines minder schweren Falls muss als Ausnahme v. der Regel begründet werden (krit. Hettinger FS Paeffgen, 2015, 270). Ebenso die Verhängung einer kurzen Freiheitsstrafe nach § 47 Abs. 1 StGB, nicht aber die unterbliebene Kumulation von Geld- und Freiheitsstrafe, da der Gesetzgeber die Fälle einer gesonderten Begründungspflicht abschließend geregelt hat (BGH NJW 2022, 1759). Liegt aufgrund aller für die Wertung der Tat u. des Täters bedeutsamen Umstände die Verneinung eines minder schweren Falls auf der Hand, dann bedarf es hierzu nicht der Erwähnung im Urt. (BGH NStZ-RR 2010, 57). Wird ein bes. schwerer Fall nicht angenommen, obwohl die Voraussetzungen nach den Regelbeispielen dafür vorliegen, so muss diese Abweichung v. der Regel ebenfalls begründet werden (eing. dazu BGH NJW 2011, 2450). Auch im umgekehrten Fall muss das Abweichen v. der Regel begründet werden. In allen genannten Fällen ist auch dann eine Begründung notwendig, wenn das Gericht mit seiner Entsch. einen in der HV gestellten Antrag abgelehnt hat (BGH StV 1990, 100 mAnm Schlothauer).

22 **IV. Jugendliche und Heranwachsende.** Bei Jugendlichen und Heranwachsenden, auf die Jugendstrafrecht angewandt wird (§ 105 **JGG**), gilt zusätzlich der Begründungszwang nach § 54 Abs. 1 **JGG.** Bei der Festsetzung der Jugendstrafe muss der Erziehungszweck (§ 18 Abs. 2 **JGG**) als bestimmender Umstand bes. in Betracht gezogen werden (BGHSt 15, 224).

23 **H. Strafaussetzung zur Bewährung, Verwarnung mit Strafvorbehalt und Absehen von Strafe (Abs. 3 S. 4).** §§ 56, 59 StGB; § 21 JGG; Fälle des Absehens v. Strafe: → § 153b Rn. 1. Die Gewährung der genannten Arten der Erleichterung **muss begründet werden,** die Nichtgewährung, falls damit ein wenn auch nur hilfsweise gestellter Antrag abgelehnt worden ist (BGH 17.11.2025 – 5 StR 566/25; BayObLG MDR 1980, 951; OLG Düsseldorf StV 1997, 123; OLG Hamm VRS 81, 20); das gilt aber nur, wenn in Anbetracht der verhängten Strafe eine Anwendung dieser Vorschr. rechtlich möglich gewesen wäre (BGH StraFo 2012, 137). Der Antrag auf milde Bestrafung gilt als Antrag nach Abs. 3 S. 4 (OLG Braunschweig NJW 1954, 284; vgl. auch OLG Bremen NJW 1954, 613). Die Ablehnung muss jedoch nach allg. Grundsätzen, die für die Urteilsbegründung gelten, auch sonst begründet werden, wenn eine Strafaussetzung naheliegt (BGHSt 6, 68; 167, 172; BGH NStZ 1986, 374; BeckRS 2011, 21184; OLG Hamm VRS 36, 177) o. wenn zwar ein Antrag aus verständlichen Gründen nicht gestellt worden ist, zB deshalb, weil sich der Angeklagte mit seiner sonstigen Einlassung (dem Bestreiten der Tat) in Widerspruch gesetzt hätte, aber die bes. Umstände des Falles zur Prüfung der Vergünstigung drängten (vgl. BGH LM StGB § 23 Nr. 27; VRS 66, 443; KG JR 1964, 107; OLG Köln VRS 67, 119). Eine kumulative Begründung mit mehreren Versagungsgründen ist zulässig, dagegen nicht eine Eventualbegründung, das Gericht hätte die Aussetzung aus einem bestimmten anderen Grund abgelehnt, wenn der herangezogene Grund nicht Bestand hätte (BGHSt 7, 359). Das Unterlassen v. Ausführungen zu § 56 Abs. 3 StGB (Verteidigung der Rechtsordnung) ist nicht immer fehlerhaft (OLG Köln MDR 1985, 248; vgl. aber BGH NStZ 1989, 527).

23a **I. Urteil nach Verständigung.** Die Urteilsgründe müssen sich nun auch dazu äußern, ob dem Urt. eine **Verständigung nach § 257c** vorausgegangen ist **(Abs. 3 S. 5);** denn dies ist – insbes. für die Rechtsmittelgerichte – v. erheblicher Bedeutung, um ua prüfen zu können, ob das Verf. nach § 257c eingehalten wurde u. keine unzulässigen Vereinbarungen getroffen wurden. Es ist aber auch für Folgeverfahren (zB gegen Mittäter) insofern v. Bedeutung, inwieweit ein iRe Verständigung abgelegtes Geständnis zur Beweiswürdigung verwertet werden kann (BGHSt 52, 78; eing. BGHSt 58, 184). Grundsätzlich reicht allerdings die Angabe, dass eine Verständigung stattgefunden habe, aus; der Inhalt der Verständigung muss nicht wiedergegeben werden (BGHSt 58, 184; BGH NStZ 2010, 348; 2011, 170); anders aber, wenn die Mitteilung v. Einzelheiten zum Inhalt der Verständigung erforderlich ist, um die Beweiswürdigung zum Einlassungsverhalten des Angeklagten ausreichend auf Rechtsfehler überprüfen zu können (BGH NStZ-RR 2013, 52; krit. Schlothauer StV 2013, 195). Wenn eine Verständigung erzielt wurde, das Gericht sich aber nach § 257c Abs. 4 von ihr wieder gelöst hat, ist das ebenfalls anzugeben, damit überprüfbar ist, ob das Beweisverwertungsverbot nach § 257c Abs. 4 S. 3 beachtet worden ist (KMR-StPO/Stuckenberg Rn. 95; **aM** BGHSt 57, 273: Dokumentation in der Sitzungsniederschrift gem. § 273 Abs. 1a S. 1 genügt. Das bedeutet aber, dass die Verständigung im Urt. entgegen Abs. 3 S. 5 nicht mehr erwähnt werden darf, wenn das Gericht v. ihr wieder abgegangen ist, weil sonst ein unrichtiger Eindruck in den Urteilsgründen entstehen würde. Vorteilhafter erscheint doch, nach Abs. 3 S. 5 die Verständigung u. dementspr. dann auch das Abgehen v. der Verständigung im Urt. zu dokumentieren, damit eine fehlerhafte Sachbehandlung nicht nur nach einer zulässigen Verfahrensrüge berücksichtigt werden kann; ähnlich Kudlich NStZ 2013, 120; Schlothauer StV 2013, 195). Der Verstoß gegen Abs. 3 S. 5 kann die Revision begründen, falls – was allerdings idR nicht der Fall sein dürfte – das Urt. darauf beruht (BGH StV 2011, 76; zw. KMR-StPO/Stuckenberg Rn. 123; vgl. auch Schneider NStZ 2014, 262). Eine entspr. Anwendung des Abs. 3 S. 5 auf nicht zustande gekommene o. informelle Absprachen kommt nicht in Betracht (BGHSt 58, 184).

J. Abgekürztes Urteil (Abs. 4). Bei mehreren Taten (→ § 264 Rn. 2ff.) kann für die eine die Abkürzung zulässig, für die andere unzulässig sein. Wird die abgekürzte Form gewählt, so ist es zweckmäßig u. üblich, nach dem Wort „Gründe" in Klammern zu vermerken „abgekürzt gemäß § 267 Abs. 4 StPO". Es müssen alle Anfechtungsberechtigten auf das zulässige Rechtsmittel gegen das Urt. (Berufung o. Revision) verzichtet haben, u. zwar hins. des Schuld- u. des Rechtsfolgenausspruchs vollständig (OLG Jena NStZ-RR 2015, 181; Ernesti/Lorenzen SchlHA 1983, 112 – OLG Schleswig RsprÜ; Löwe/Rosenberg/Stuckenberg Rn. 132; **aM** Hütwohl NStZ 2016, 710; Niehaus NZV 2003, 412). Eine Beschwerde nach § 464 Abs. 3 oder nach § 8 Abs. 3 **StrEG** oder gegen einen gleichzeitig mit dem Urt. erlassenen Beschl. steht nicht entgegen. Die Abkürzung der Urteilsgründe ist auch zulässig, wenn das Urt. durch Nichtanfechtung rkr. geworden ist, nicht aber, wenn das Urt. mangels statthafter Rechtsmittel (zB nach § 55 Abs. 2 JGG) mit seiner Verkündung rkr. wird (BVerfG NJW 2004, 209). 24

I. Mindestinhalt bei Verurteilung. Anzugeben sind die erwiesenen Tatsachen, die den ges. Tatbestand abdecken, wie in Abs. 1 S. 1 vorgeschrieben (BGH NStZ 2014, 53). Die Vereinfachung besteht darin, dass Abs. 1 S. 2, Abs. 2 und Abs. 3 nicht angewendet werden müssen. Die Rechtsfolgen freilich u. die sie tragenden Bestimmungen müssen ebenfalls angeführt werden. 25

II. Auf Geldstrafe, Verwarnung mit Strafvorbehalt, Fahrverbot oder Fahrerlaubnisentziehung lautende Urteile (Abs. 4 S. 1 Hs. 2). Bei Ausschöpfung dieser Vereinfachungsmöglichkeit kann es, wenn das Urt. im Schuldspruch der Anklage entspr., praktisch zu einem vollständigen Verzicht auf gesonderte Abfassung der Urteilsgründe kommen (Rieß NJW 1978, 2271). Denn die in Bezug genommene Anklage wird Bestandteil der Urteilsgründe. Auf diese Weise wird auch die Aufnahme des Urteils mit seiner Begründung in das Prot. (§ 275 Abs. 1 S. 1) erleichtert (Rieß NJW 1978, 2271). Bei Verbindung mehrerer Strafsachen (§§ 4, 237) ist die Verweisung auch wegen einer v. ihnen zulässig, jedenfalls dann, wenn nicht auf eine Freiheitsstrafe als Gesamtstrafe erkannt wird (OLG Braunschweig StraFo 2008, 247). 26

Gegenstand der Verweisung im Urteil ist im Normalfall der Anklagesatz der zugelassenen Anklage (§§ 200 Abs. 1 S. 1, 207), wie er zu Beginn der HV nach § 243 Abs. 3 S. 2 vorgetragen wird. Ist der Anklagesatz bei der Zulassung der Anklage geänd. worden (§ 207 Abs. 2), so ist zu prüfen, ob mit der Verweisung nicht Unklarheit entsteht u. sie daher besser zu unterlassen ist. Bei Klageerhebung im beschleunigten Verf. wird auf die Anklageschrift o. den Protokollteil (§ 418 Abs. 3 S. 2) verwiesen. Auf den Strafbefehl wird Bezug genommen, wenn er erlassen, dann aber auf Einspruch HV durchgeführt worden ist. Auf den Strafbefehlsantrag wird 27 verwiesen, wenn es zur HV nach § 408 Abs. 3 S. 2 gekommen ist. In beiden Fällen wird aber nur der Teil in Bezug genommen, der dem Anklagesatz entspricht. Wenn eine Urteilsausfertigung an eine Person o. Stelle gegeben wird, die das in Bezug genommene Schriftstück nicht in Händen hat, wird dieses, soweit darauf Bezug genommen ist, beigefügt (Löwe/Rosenberg/Stuckenberg Rn. 140).

27a **III. Vorausgegangene Verständigung.** Auch bei einem rkr. Urt. darf die Angabe, dass dem Urt. eine (endgültige oder v. Gericht widerrufene) Verständigung vorausgegangen ist, nicht fehlen (Abs. 4 S. 2). Das kann für ein Wiederaufnahmeverfahren, va aber für ein selbständiges Verf. gegen einen Mittäter v. Interesse sein.

28 **IV. Weiterer Inhalt.** In Betracht kommen va die Umstände, die für künftige Entsch. (zB späterer Widerruf der Strafaussetzung o. Aussetzung des Strafrestes) u. für Wiedereingliederungsbehandlung (zB bei der Bewährungshilfe o. im Strafvollzug) v. Bedeutung sein können. Dabei kommt der Feststellung solcher Fakten, Beobachtungen u. Prognosen bes. Bedeutung zu, die sich nicht o. nicht genügend schon aus dem Akteninhalt ergeben (Hanack FS Tröndle, 1989, 504). In einfachen Fällen, zB bei verhältnismäßig geringer Geldstrafe, zumal wenn der Verurteilte bisher unbestraft war, kann auf weiteren Inhalt verzichtet werden.

29 **K. Einstellungsurteil (§ 260 Abs. 3). An Tatsachen** muss angegeben werden, was zur tatsächlichen u. rechtlichen Kennzeichnung des Verfahrenshindernisses notwendig ist. Über die Begründung eines Einstellungsurteils (→ § 260 Rn. 42 ff.) o. einer sonstigen Nichtverurteilung, mit der keine Sachentscheidung verbunden ist, enthält § 267 keine Regelung. Jedoch ergibt sich bei Anfechtbarkeit des Urteils aus § 34, dass die Voraussetzungen für die prozessuale Entsch. darzutun sind (OLG Hamm MDR 1986, 778; OLG Köln NJW 1963, 1265; Güntge/Füssinger SchlHA 2015, 302 – OLG Schleswig RsprÜ). Bei einem Einstellungsurteil sind somit die tatsächlichen u. rechtlichen Voraussetzungen des jeweiligen Verfahrenshindernisses in einer revisionsrechtlich überprüfbaren Weise festzustellen u. zu begründen (BGHSt 56, 6: Verjährung; s. ferner BGH NStZ 2020, 235: anderweitige Rechtshängigkeit; BGH NStZ-RR 2019, 259: Verbot der Doppelbestrafung nach Art. 54 SDÜ; BGH BeckRS 2018, 17767: rechtsstaatswidrige Tatprovokation). Hängt das Vorliegen des Verfahrenshindernisses v. der strafrechtlichen Würdigung der Sache ab, bedarf es einer im Strengbeweisverfahren festzustellenden Sachverhaltsgrundlage (BGH NStZ 2020, 235); dies gilt auch, wenn das Gericht v. einem Strafklageverbrauch ausgehen möchte (BGH NStZ 2020, 691 mAnm Stuckenberg JR 2021, 229).

30 **L. Nach Wiedereinsetzung (Abs. 4 S. 4).** In diesem Fall **kann das Urt. nachträglich nach Abs. 1–3 begründet** werden. Die Begründungsfrist beginnt nicht schon mit dem Erlass (→ Vor § 33 Rn. 5 ff.) des die Wiedereinsetzung gewährenden Beschl., sondern erst, wenn die Akten bei dem für die Urteilsergänzung zuständigen Gericht eingehen (BGHSt 52, 349; vgl. auch BGH NJW 2024, 2340); hat allerdings das für die Entsch. zuständige Gericht unter Verstoß gegen § 46 Abs. 1 Wiedereinsetzung gewährt, beginnt die Frist ausnahmsweise bereits mit Erlass des Wiedereinsetzungsbeschlusses, weil das Gericht zugleich Kenntnis über die Voraussetzungen einer Erg. erlangt (BGH NStZ-RR 2012, 49). Bei nach Wiedereinsetzung erfolgter Bezeichnung der Berufung als Revision (→ § 335 Rn. 10) beginnt die Frist mit dem wirksamen Übergang (OLG München NJW 2007, 96; zw. Rieß NJW 1978, 2271). Die Dauer der Frist richtet sich nach § 275 Abs. 1 S. 2 Hs. 1 und 2. Eine Überschreitung nach § 275 Abs. 1 S. 4 ist unzulässig (OLG Hamburg MDR 1978, 247).

30a **Abs. 4 Satz 4 gilt entspr.,** wenn das Gericht **unverschuldet** keine Kenntnis von der Revisionseinlegung hatte (BGH NStZ 2025, 626 mwN und mablAnm Kudlich/Schütze; BGH NJW 2024, 2340). Allerdings ist dies auf eng umgrenzte Sachverhalte zu beschränken, in denen das für die Urteilsabfassung zuständige Gericht von der Rechtsmitteleinlegung weder Kenntnis hatte noch nach den konkreten Umständen hätte haben müssen (BGH NStZ 2025, 626). Abzustellen ist dabei auf die Mitglieder des erkennenden Gerichts, an die sich § 267 richtet (BGH NStZ 2025, 626 (627). Dies kommt etwa in Betracht, wenn die Revision zwar wirksam elektronisch übermittelt wurde, wegen technischer Störungen (BGH NJW 2024, 2340) oder „technischer Fehlbedienung" (BGH NStZ 2025, 626) aber nicht zu den Sachakten gelangt ist. Die Frist des § 275 Abs. 1 S. 2 darf aber noch nicht verstrichen sein (BGH NStZ-RR 2013, 53). Für das Bußgeldverfahren s. BGHSt 43, 22.

M. Freispruch (Abs. 5). Mit dem Freispruch wird iErg festgestellt, dass die ges. Unschuldsvermutung nicht widerlegt ist (→ Einl. Rn. 3). Bei Teilfreispruch wird „im Übrigen" freigesprochen. 31

I. Urteilsgründe (Abs. 5 S. 1). 1. Freispruch aus tatsächlichen Gründen: Zunächst muss der Anklagevorwurf aufgezeigt (BGHSt 37, 21 (22)) u. sodann der festgestellte Sachverhalt – wie im Fall des Abs. 1 – dargelegt werden (BGH NJW 1980, 2423; NStZ 1991, 596; BGHR StPO § 267 Abs. 5 Freispruch 2, 7, 10); es sind also in einer geschlossenen Darst. diejenigen Tatsachen zum objektiven Tatgeschehen festzustellen, die das Gericht für erwiesen hält (BGH 2019, 254; 27.8.2025 – 5 StR 268/25). Auf die Darstellung der Feststellungen kann nur ausnahmsweise verzichtet werden, wenn solche zum objektiven Tatgeschehen überhaupt nicht möglich waren (vgl. BGH 19.3.2025 – 6 StR 543/24). 32

Erst im Anschluss an die Feststellungen folgt die entscheidende **Beweiswürdigung** (BGH NStZ-RR 2018, 151; 27.8.2025 – 5 StR 268/25; → Rn. 12). Dabei müssen nicht alle Umstände lückenlos angeführt werden (Holtz MDR 1978, 281 – BGH RsprÜ; BGH NStZ-RR 2011, 50 Ls.). Die Einlassung des Angeklagten (BGH BeckRS 2025, 1778; NStZ 2014, 325) u. die gegen ihn sprechenden Umstände müssen aber erörtert, über schwer wiegende Verdachtsmonete darf nicht hinweggegangen werden (BGH NStZ-RR 2015, 255; NStZ 2026, 130). Liegen mehrere Beweisanzeichen vor, so genügt es nicht, sie einzeln abzuhandeln; erforderlich ist vielmehr eine Gesamtwürdigung unter Gewichtung der einzelnen Beweise (BGH NStZ 2021, 121; 27.8.2025 – 5 StR 268/25), ebenso im Fall einer Nichtverurteilung wegen eines idealkonkurrierenden Delikts (BGH NStZ-RR 2015, 93). Erg. → § 261 Rn. 26-26b. 32a

Die Anforderungen an eine umfassende Würdigung der festgestellten Tatsachen sind **nicht geringer als im Fall der Verurteilung** (BGH NJW 2023, 89; NStZ 2002, 446; 2009, 512; OLG Bamberg DAR 2011, 89; 147); uU sind auch Feststellungen zu – einschlägigen – Vorstrafen (BGH NStZ 2022, 509) sowie Angaben zu den persönlichen Verhältnissen des Angeklagten erforderlich, wenn diese für die Beurteilung des Tatvorwurfs eine Rolle spielen können (BGHSt 52, 314; BGH NStZ 2025, 629). Die Begründung eines Freispruchs muss also so abgefasst sein, dass bei Revision geprüft werden kann, ob dem Tatrichter Rechtsfehler unterlaufen sind (→ § 261 Rn. 38 ff.), insbes., ob der den Entscheidungsgegenstand bildende Sachverhalt erschöpfend gewürdigt (BGHSt 52, 314; BGH NStZ-RR 2015, 44; BGHR StPO § 267 Abs. 5 Freispruch 8), eine Gesamtschau der belastenden Indizien vorgenommen wurde (BGH NStZ 2017, 600 mwN) u. ggf., warum das festgestellte Verhalten nicht strafbar ist (BGH NStZ-RR 1997, 374). Hat der Angekl. „Täterwissen" offenbart, müssen sich die Urteilsgründe hiermit auseinandersetzen (BGH NStZ-RR 2025, 184). Der Tatrichter kann aber einzelne Umstände offen lassen, wenn unabhängig davon eine weitere Tatbestandsvoraussetzung fehlt (BGH StraFo 2003, 382). 33

Bei **Freispruch aus subjektiven Gründen** ist idR zunächst der äußere Tathergang aufzuklären u. darzustellen (BGH NJW 1991, 2094); darauf kann nur ausnahmsweise verzichtet werden (BGH NStZ-RR 2005, 211). Maßgeblich ist, ob die Urteilsgründe ihrer Aufgabe gerecht werden, dem Revisionsgericht die Überprüfung der Beweiswürdigung auf Rechtsfehler zu ermöglichen (BGH NJW 2005, 2322 (2325); 19.3.2025 – 6 StR 543/24). Bei Freispruch v. dem Vorwurf einer üblen Nachrede aufgrund des § 193 StGB muss aus Gründen des Schutzes des 33a

Beleidigten erst die Erweislichkeit der behaupteten o. verbreiteten Tatsache geprüft werden (BGHSt 11, 273; zur Prüfungsreihenfolge bei den einzelnen Beleidigungstatbeständen Graul NStZ 1991, 457).

34 **2. Freispruch aus rechtlichen Gründen:** Wenn die Tat zwar nachgewiesen, aber nicht strafbar ist, muss die erwiesene Tat geschildert werden. Einer Darlegung der Beweiswürdigung bedarf es in diesem Fall nicht. Dafür muss sich ergeben, aus welchen Gründen die Tat nicht strafbar ist.

35 **II. Freispruch iVm Anordnung von Maßnahmen.** → § 260 Rn. 18. In diesem Fall werden in der Begründung die Anknüpfungstat u. die sonstige tatsächliche Grdl. der Anordnung sowie die Rechtsgrundlage dargelegt.

36 **III. Abgekürzte Urteilsbegründung bei Freispruch (Abs. 5 S. 2, 3).** Die dem Angeklagten zur Last gelegte Tat braucht nicht geschildert zu werden, da sie sich aus der zugelassenen Anklage ergibt. Es empfiehlt sich jedoch, den Inhalt des Anklagesatzes wiederzugeben. Zumindest in Urt. des AG kann diese Wiedergabe durch Verweisung ersetzt werden (→ Rn. 27), die sogar bei Verurteilung zulässig ist. Diese Vereinfachungsmöglichkeiten erleichtern die Aufnahme des ganzen Urteils in das Prot. (→ Rn. 26). Entfällt die Rechtskraft durch Wiedereinsetzung in den vorigen Stand (→ § 44 Rn. 25), so dürfen die Urteilsgründe nachträglich ergänzt werden (Abs. 5 S. 3 iVm Abs. 4 S. 4 (die Verweisung in Abs. 5 S. 3 auf Abs. 4 S. 3 ist ein Redaktionsversehen); → Rn. 30). Im Übrigen genügt die globale Feststellung, dass der Angeklagte aus tatsächlichen Gründen (→ Rn. 32) o. aus rechtlichen Gründen (→ Rn. 34) freizusprechen war.

37 **N. Anordnung einer Maßregel der Besserung und Sicherung (Abs. 6).** Die Urteilsgründe müssen die tragenden für erwiesen erachteten Tatsachen angeben, u. zwar die **tatbezogenen Umstände u. die Prognosetatsachen,** außerdem die **Rechtsgrundlage** (vgl. auch BGHSt 50, 93 (105) zu § 69 Abs. 1 S. 1 Var. 2 StGB). Im Falle des § 69a Abs. 1 S. 1 StGB muss eine Gesamtwürdigung der Tatumstände u. der Täterpersönlichkeit zum Beleg der fehlenden Eignung des Angeklagten zum Führen v. Kfz vorgenommen werden (BGH NStZ-RR 2019, 29). Das Fehlen der notwendigen Nachprüfungsgrundlage ist schon auf die Sachrüge zu beachten (BGH NStZ-RR 2012, 110 L zu § 66 StGB; OLG Düsseldorf OLGSt StGB § 69 Nr. 1). Wird ein Antrag auf Anordnung abgelehnt, so muss dies begründet werden. Aber auch ohne Antrag ist die Nichtanordnung zu begründen, wenn sich die Anordnung aufdrängte (BGH NJW 1999, 2606 = JR 2000, 207 mAnm Schöch; BeckRS 2010, 28378). Dasselbe gilt sowohl für die Anordnung als auch für die Ablehnung des Vorbehalts der Sicherungsverwahrung nach § 66a StGB. Der Begründungszwang nach S. 2 soll dem Erg. des Strafverfahrens hins. der Entziehung der Fahrerlaubnis den Vorrang ggü. einem Entziehungsverfahren der VerwB sichern, die an den Inhalt des Urteils gebunden ist (§ 4 Abs. 3 StVG; OLG Hamm DAR 1972, 131).

38 **O. Nebenentscheidungen.** Für **Nebenentscheidungen** im Urteil, wie Einziehung (→ Vor § 421 Rn. 1, 2), Geldbuße gegen eine JP o. PV (§ 444), öffentl. Bekanntmachung der Verurteilung (§ 200 StGB; Nr. 231 RiStBV) u. Kosten- u. Entschädigungsausspruch, sind die tatsächlichen u. rechtlichen Grundlagen anzugeben. Das Gleiche gilt, wenn eine Geldbuße im Strafurteil gegen einen Betroffenen (→ Einl. Rn. 93) festgesetzt wird, der in das Strafverfahren nur wegen einer ZusammenhangsOWi miteinbezogen worden ist (§§ 42, 64 OWiG), aber auch sonst, wenn das strafgerichtliche Urt. eine Bußgeldfestsetzung enthält (§§ 82, 83 OWiG).

39 **P. Berichtigung der schriftlichen Urteilsgründe.** Änd. u. Erg. sind **bis zu dem Zeitpunkt zulässig,** in dem das schriftliche Urt. aus dem inneren Dienstbereich des Gerichts hinausgegeben wird o. die Frist des § 275 Abs. 1 S. 3 abläuft (BGH NJW 1997, 1862 (1863); BayObLG NJW 1981, 2589; OLG Düsseldorf MDR 1993, 894; vgl. auch OLG Köln BeckRS 2025, 33121). Danach vorgenommene Änd. sind für die revisionsrechtliche Prüfung ebenso ohne Bedeutung wie dienstliche Äußerungen der Richter (BGH StraFo 2008, 163; BeckRS 2011,

15377); so können auch fehlende Feststellungen zu den persönlichen Verhältnissen des Angeklagten (→ Rn. 4) nicht nachgeschoben werden, selbst wenn das Fehlen nur auf einem Versehen beruhte (BGH NStZ-RR 2007, 236). Es ist nur noch eine bloße Urteilsberichtigung, dh die Behebung eines Versehens, das sich zwanglos aus klar zutage liegenden Tatsachen ergibt, zulässig (BGH NStZ-RR 2015, 119; StV 1985, 401; 1.3.2023 – 2 StR 56/22). Diese Möglichkeit geht weiter als bei der Urteilsformel (→ § 268 Rn. 9 ff.). Sie wird durch Beschl. der Richter vollzogen, die an dem Urt. mitgewirkt u. die Urteilsurkunde unterschrieben haben. Ist einer verhindert, so genügt die Mehrheit u. ein Verhinderungsvermerk nach § 275 Abs. 2 S. 2. Ein Richter, der an der Verh. nicht teilgenommen hat, kann nicht als Ersatzmann unterschreiben (Kusch NStZ 1993, 30 – BGH RsprÜ; OLG Karlsruhe NStZ 2009, 587 mzustAnm Beukelmann; OLG Oldenburg NStE StPO § 260 Nr. 16). Die Berichtigung wird erst unzulässig, wenn durch sie Zweifel entstehen können, ob sie über das Beheben eines Versehens hinaus eine Meinungsänderung, eine sachliche Änd. enthält (BGHSt 12, 376; BGH NStZ 1991, 195; BayObLG NStZ-RR 1999, 140; OLG Koblenz VRS 72, 194).

Ein echter **Widerspruch zwischen Urteilstenor und -gründen** kann nicht berichtigt werden; er hebt die gedankliche Einheit des Urteils auf (BGH NStE StPO § 267 Nr. 29; StraFo 2007, 203; NStZ 2008, 710). Ein solcher Widerspruch ist ein materiell-rechtlicher Verstoß u. führt idR bei Revision auf Sachrüge zur Aufhebung des Urteils (BGH StraFo 2011, 399), uU kann das Revisionsgericht aber auch auf die niedrigere v. beiden Strafen durcherkennen (BGH NStZ-RR 2009, 250; 2012, 179; vgl. aber BGH NStZ 2014, 225). Nur wenn die abw. Angabe in den Urteilsgründen zur Gewissheit des Revisionsgerichts auf einem Schreibversehen beruht u. somit lediglich ein scheinbarer Widerspruch vorliegt, kann dieser berichtigt werden u. das Urt. Bestand haben (BGH JZ 1952, 282; BeckRS 1992, 31087357; vgl. auch → § 354 Rn. 33). **39a**

Gegen den Berichtigungsbeschluss ist **Beschwerde** zulässig, wenn das Urt. nicht mehr angefochten werden kann (OLG Schleswig OLGSt StPO § 304 Nr. 3). Ist Revision eingelegt, so ist die Beschwerde – auch gegen die Ablehnung eines Berichtigungsantrags – unzulässig (BayObLG StraFo 1998, 382; OLG Bamberg wistra 2012, 164; OLG Celle Nds. Rpfl. 1986, 137). **39b**

Q. Revision. Revision kann beschränkt eingelegt (→ § 344 Rn. 4 ff.; erg. zu den §§ 318, 327) u. vor Erledigung ganz o. teilw. zurückgenommen werden (§ 302). Im Rahmen unzulässiger Bezugnahme (→ Rn. 2) fehlt die Begründung (→ Rn. 8, 10, 26, 27) u. idR die Überprüfbarkeit (→ § 337 Rn. 21). **40**

I. Verfahrensrüge. → § 344 Rn. 20 ff. Zum Fehlen der Urteilsgründe vgl. § 338 Nr. 7. Das Fehlen v. Ausführungen zu einem gestellten Antrag auf Strafaussetzung zur Bewährung (Abs. 3 S. 4) kann beanstandet werden (BGH StV 2008, 345 Ls.; BeckRS 2019, 6311); auch die Übergehung eines hilfsweise gestellten Beweisantrages in den Gründen kann gerügt werden (→ § 244 Rn. 22a, 90a). **41**

II. Sachrüge. → § 344 Rn. 13 ff. **1.** Auf allgemeine oder ausgeführte Sachrüge (→ § 244 Rn. 101 ff.) wird das ganze **Urt. in materiell-rechtlicher Hinsicht** nachgeprüft, auch im Rechtsfolgenausspruch. Sind die Urteilsgründe erkennbar lückenhaft, enthalten sie zB keine ausreichende Tatsachenfeststellung (BGH NStZ 2008, 352; zur v. Urteilsverfasser gewollten, aber nicht erkennbaren Lückenhaftigkeit der Feststellungen Eschelbach FS Widmaier, 2008, 127), keine Beweisgründe o. keine Beweiswürdigung, so ist das Urt. aufzuheben (BGH NStZ-RR 1999, 45). Fehlende Ausführungen zu den persönlichen Verhältnissen des Angeklagten (→ Rn. 4) führen uU zur Aufhebung des Strafausspruchs (BGH NStZ-RR 1998, 17; 1999, 46; BGHR StPO § 267 Abs. 3 S. 1 Strafzumessung 8, 9, 17; OLG Köln StraFo 2009, 242; OLG Stuttgart StV 1991, 340), ggf. auch des Schuldspruchs (BGH StV 1990, 438; NStZ-RR 2013, 52) (einschr. aber BGH NStZ 1996, 49), o. sogar eines Freispruchs (BGHSt 52, 314; BGH NStZ 2014, 172; NJW 2017, 743). Hatte der Angeklagte sich hierzu nicht geäußert, muss das Urt. erkennen lassen, dass sich das Gericht insoweit um Aufklärung auf anderem Wege (zB Vorstrafen- **42**

akten, Zeugenvernehmungen) bemüht hat (BGH NStZ 1991, 231; 2014, 171; StV 1992, 463 mwN; insofern neigt BGH StV 1998, 636 aber dazu, idR die Erhebung einer Verfahrensrüge zu verlangen, zust. Schäfer FS Riess, 2002, 483; vgl. auch BGH NStZ-RR 2011, 88). Die Zulässigkeit einer nachträglichen Änd. o. Erg. der schriftlichen Urteilsgründe wird auf die Sachrüge geprüft (OLG Köln VRS 63, 460; offengelassen v. BGH NStZ 2004, 508 (509)).

43 **2. Rechtsfolgenausspruch:** Eine Verletzung des Abs. 3 S. 1 kann mit der Begründung geltend gemacht werden, das Urt. führe nicht diejenigen Umstände an, die für das Gericht bestimmend gewesen seien (BGH MDR 1970, 899; Bruns Rn. 126). Der Verstoß gegen Abs. 3 S. 2 hins. der Nichtbeachtung eines gestellten Antrags begründet die Revision (BGH StV 1999, 137). Ergänzend → § 337 Rn. 34.

44 **3.** Zur **Rüge der Beweiswürdigung** vgl. → Rn. 12, 13; → § 337 Rn. 26 ff.

45 **4.** Bei **Aburteilung einer Tatserie** kann es den Bestand eines Urteils insges. gefährden, wenn die Urteilsgründe wegen einer nicht auf die einzelnen Taten bezogenen Nummerierung aus sich heraus nicht mehr ohne weiteres verständlich sind u. die Ermittlung des Sachverhalts in Bezug auf die jeweiligen Tathandlungen ohne eine vollständige Rekonstruktion u. tabellarische Exzerpierung des Urteilsinhalts kaum möglich ist; es ist daher ratsam, in den Urteilsgründen für die einzelnen Taten iRd Sachverhaltsdarstellung einheitliche Ordnungsziffern zu vergeben u. diese durchgängig bei Beweiswürdigung, rechtlicher Würdigung sowie Strafzumessung weiter zu verwenden (BGH wistra 2006, 467 (468); BeckRS 2010, 2973).

Urteilsverkündung **Nr. 142, 143 RiStBV**

268

(1) Das Urteil ergeht im Namen des Volkes.

(2) [1]**Das Urteil wird durch Verlesung der Urteilsformel und Eröffnung der Urteilsgründe verkündet.** [2]**Die Eröffnung der Urteilsgründe geschieht durch Verlesung oder durch mündliche Mitteilung ihres wesentlichen Inhalts.** [3]**Bei der Entscheidung, ob die Urteilsgründe verlesen werden oder ihr wesentlicher Inhalt mündlich mitgeteilt wird, sowie im Fall der mündlichen Mitteilung des wesentlichen Inhalts der Urteilsgründe soll auf die schutzwürdigen Interessen von Prozessbeteiligten, Zeugen oder Verletzten Rücksicht genommen werden.** [4]**Die Verlesung der Urteilsformel hat in jedem Falle der Mitteilung der Urteilsgründe voranzugehen.**

(3) [1]**Das Urteil soll am Schluß der Verhandlung verkündet werden.** [2]**Es muß spätestens zwei Wochen danach verkündet werden, andernfalls mit der Hauptverhandlung von neuem zu beginnen ist.** [3]**§ 229 Absatz 3, 4 Satz 2 und Absatz 5 gilt entsprechend.**

Übersicht

A. Im Namen des Volkes (Abs. 1). Im Namen des Volkes (Abs. 1) werden die Urteile verkündet. Die Vorschr., die dem Art. 20 Abs. 2 S. 1 GG („Alle Staatsgewalt geht vom Volke aus") entspr., ist eine Sollvorschrift, deren Nichtbeachtung den Bestand des Urteils nicht gefährdet (vgl. BGH 24.7.2025 – 3 StR 382/24). Mit der Formel wird nicht gesagt, dass das Volk auch so entschieden hätte, sondern nur, dass das Gericht für das Volk – also in dessen Auftrag – das Urt. erlässt. 1

B. Urteilsverkündung (Abs. 2). I. Einheitliches Ganzes. Ein einheitliches Ganzes bildet die nach S. 1 aus der Verlesung der Urteilsformel u. der Eröffnung der Urteilsgründe bestehende Urteilsverkündung (BGHSt 25, 333 (335); RGSt 61, 388 (390); OLG Düsseldorf MDR 1984, 604; OLG Hamm VRS 57, 35 (36)). Die Urteilsverkündung ist Aufgabe des Vorsitzenden, der sie aber bei umfangreichen Urteilen o. bei stimmlichen Schwierigkeiten ganz o. teilw. auf ein anderes Gerichtsmitglied übertragen kann (Löwe/Rosenberg/Stuckenberg Rn. 17; vgl. auch OLG Oldenburg NJW 1952, 1310: keine Übertragung auf Referendar). Die Urteilsverkündung erfolgt öffentl. (§ 173 Abs. 1 GVG); eine Ausnahme bestimmt § 48 Abs. 1 **JGG.** 2

Die Urteilsverkündung beginnt bereits mit den ersten Worten der Eingangsformel „Im Namen des Volkes" (BGH 26.10.2023 – 5 StR 257/23; → § 246 Rn. 1, → § 244 Rn. 33). 3

II. Urteilsformel (S. 1). Die Urteilsformel (S. 1) muss, da sie stets zu verlesen ist, vor der Urteilsverkündung **niedergeschrieben** werden. In das Sitzungsprotokoll braucht sie zu diesem Zweck noch nicht aufgenommen zu werden (RGSt 60, 270); es genügt, dass sie auf einem Zettel ohne Unterschrift zu Papier gebracht worden ist (RGSt 60, 270; OLG Hamm JMBl. NRW. 1975, 165). Bis zur Verkündung handelt es sich um einen Entwurf, der noch geänd. werden kann, danach nicht mehr (BGH NStZ 2015, 651). Nach Verlesung sollte sie aber in das Sitzungsprotokoll integriert werden (Becker NStZ-RR 2002, 100 – BGH RsprÜ). 4

Die Verlesung der Urteilsformel ist der **wesentliche Teil der Urteilsverkündung;** fehlt sie, so liegt kein Urt. im Rechtssinne vor (BGHSt 8, 41; 15, 263 (264); OLG Düsseldorf MDR 1984, 604). Ihre ordnungsgemäße Verkündung kann nicht durch Dazwischen-Schreien verhindert werden (BGH 26.10.2023 – 5 StR 257/23 mAnm Mosbacher JuS 2024, 226 (230)). Allerdings begründet eine verkündete Urteilsformel auch dann ein rechtswirksames u. damit rechtsmittelfähiges Urteil, wenn sie zuvor nicht o. nicht vollständig schriftlich niedergelegt wurde (OLG Köln StraFo 2020, 334). 5

III. Urteilsgründe (S. 2). Die Urteilsgründe (S. 2) werden verlesen o. in ihrem wesentlichen Inhalt in freier Rede, auch unter Benutzung v. Aufzeichnungen, mitgeteilt; auch die vollständige Verlesung zuvor abgefasster u. in der Urteilsberatung bestätigter Urteilsgründe ist danach nicht unzulässig (BGH wistra 2005, 110). Die Bekanntgabe der Gründe ist aber keine Wirksamkeitsvoraussetzung für das Urteil; es handelt sich nicht einmal um einen wesentlichen Teil der HV (→ § 338 Rn. 38). Das Urt. ist daher wirksam, wenn nach Verlesung der Urteilsformel der Vorsitzende erkrankt o. stirbt (BGHSt 8, 41) o. der Angeklagte ins Krankenhaus gebracht u. die Urteilsbegründung in seiner Abwesenheit gegeben o. zu Ende geführt wird (BGHSt 15, 263) o. die Gründe durch einen Dolmetscher in Abwesenheit des Gerichts mitgeteilt werden (BGHR StPO § 338 Nr. 1 Gericht 1; aber uU Revisionsgrund!). Im Jugendstrafverfahren gilt die Einschränkung des § 54 Abs. 2 **JGG.** 6

IV. Schutz von Prozessbeteiligten, Zeugen oder Verletzten. Dem Schutz von Prozessbeteiligten, Zeugen oder Verletzten (zum Begriff → § 373b Rn. 1 ff., 8 ff.) dient S. 3. Danach kann auf die Darst. v. Details aus dem privaten Lebensbereich des Betroffenen verzichtet werden. Von Bedeutung ist dies insbes. in den Fällen, in denen während der HV nach den §§ 171b, 172 GVG die Öffentlichkeit zum Schutz der Privatsphäre des Betroffenen ausgeschlossen worden war. 6a

V. Reihenfolge (S. 4). Die Verlesung der Urteilsformel muss der Mitteilung der Urteilsgründe vorausgehen. Denn der Angeklagte soll nicht dadurch belastet 7

werden, dass er den Urteilsausspruch erst nach langwieriger Mitteilung der Gründe erfährt (Löwe/Rosenberg/Stuckenberg Rn. 18).

8 **VI. Abschluss.** Abgeschlossen ist die Urteilsverkündung mit dem letzten Wort der mündlichen Bekanntgabe der Urteilsgründe (BGHSt 5, 5 (9); 25, 333 (335); OLG Hamm VRS 57, 35 (36); OLG Koblenz VRS 49, 194 (196); erg. → § 260 Rn. 5). Nicht mehr zur Urteilsverkündung gehören die Bekanntgabe der Beschlüsse nach § 268a (BGHSt 25, 333) u. § 268b, auch nicht die Rechtsmittelbelehrung nach § 35a (BGH NStZ 1984, 279).

9 **VII. Berichtigung der Urteilsformel.** Die Berichtigung der Urteilsformel ist möglich, solange die Urteilsverkündung noch nicht abgeschlossen (→ Rn. 8) ist (BGHSt 25, 333 (336)). Mit der Verkündung kann dann eingehalten, u. sie kann mit der Verlesung der berichtigten, dh neu gefassten (OLG Koblenz VRS 49, 194 (196)) Urteilsformel u. der erneuten Bekanntgabe der Gründe wiederholt werden.

10 Sobald aber das Urt. vollständig verkündet worden ist, dürfen, u. zwar sowohl zugunsten als auch zuungunsten des Angeklagten (RGSt 61, 388 (392)), nur noch **offensichtliche Schreibversehen und offensichtliche Unrichtigkeiten** berichtigt werden (BGHSt 25, 333 (336); BGH NStZ 1984, 279; OLG Hamm VRS 57, 35 (36)), auch Zähl- o. Multiplikationsfehler (BGH NStZ 2000, 430; wistra 2003, 99 (100)). Dabei ist ein strenger Maßstab anzulegen (BGH NStZ 2023, 440; NStZ-RR 2023, 149). Es muss es sich um Fehler handeln, die sich ohne weiteres aus den Tatsachen ergeben, die für alle Verfahrensbeteiligten klar zutage liegen u. jeden Verdacht einer späteren sachlichen Änd. ausschließen (BGH NStZ-RR 2024, 180; 2023, 149 mwN; OLG Koblenz VRS 72, 194; vgl. auch BGHSt 12, 374; StraFo 2017, 373: „Zählfehler" bei Freispruch „im Übrigen"; BGH BeckRS 2019, 23750 wendet dieselben Grundsätze auf die Berichtigung v. Beschlüssen an); ein nach Urteilsverkündung erfolgtes Einverständnis der Verfahrensbeteiligten rechtfertigt die Berichtigung dagegen nicht (BGH NStZ 2023, 440). Es muss eindeutig erkennbar sein, was das Gericht tatsächlich gewollt u. entschieden hat (BGH NStZ-RR 2017, 212). Dabei ist die mündliche Mitteilung der Urteilsgründe v. maßgebender Bedeutung (vgl. BGH 1.3.2023 – 2 StR 56/22; OLG Düsseldorf MDR 1981, 606; OLG Karlsruhe NStZ-RR 1999, 112; OLG Neustadt JR 1958, 352).

11 Als **unzulässig** ist angesehen worden die Verkündung eines „Nachtragsurteils" über einen versehentlich nicht mitverkündeten Urteilsteil (BGH NStZ 1984, 279; RGSt 61, 388 (390)), das Auswechseln der in der Urteilsformel angeführten Schuldform (OLG Zweibrücken NStZ-RR 2008, 381) o. der Straftatbestände (BGHSt 3, 245; BGH NStZ-RR 2021, 181), die Herauf- o. Herabsetzung der Freiheitsstrafe auf das in den Gründen bezeichnete Maß (BGH StraFo 2012, 145; OLG Düsseldorf VRS 88, 358; OLG Koblenz VRS 72, 194), die Herab- o. Heraufsetzung der falsch berechneten Geldstrafe o. Geldbuße (BGH NJW 1953, 155; OLG Oldenburg Nds. Rpfl. 1994, 165), die nachträglich bewilligte Strafaussetzung zur Bewährung (OLG Düsseldorf VRS 89, 124), der nachträgliche Ausspruch über die Einbeziehung einer früheren Verurteilung nach § 31 Abs. 1 JGG (BGH NStZ 2009, 43) o. deren Wegfall aus der verhängten Gesamtstrafe (OLG Düsseldorf MDR 1981, 606) u. die Erg. des Urteils durch Nebenentscheidungen (BGH NJW 1953, 155), insbes. durch die Kostenentscheidung (OLG Karlsruhe NStZ-RR 1997, 157; OLG Koblenz StraFo 2003, 425). Ein auf einem Sinneswandel des erkennenden Richters beruhendes Abweichen der mündlichen Urteilsgründe v. der verkündeten Urteilsformel rechtfertigt ebenfalls nicht die Berichtigung (OLG Dresden StraFo 2021, 31).

12 Die zulässige Berichtigung der Urteilsformel erfolgt außerhalb der HV durch **Gerichtsbeschluss** (BGHSt 3, 245 (246); OLG Koblenz Rpfleger 1973, 219; erg. → § 267 Rn. 39), der mit der einfachen Beschwerde nach § 304 Abs. 1 angefochten werden kann, sofern nicht das Urt., dessen Bestandteil der Berichtigungsbeschluss ist, mit einem Rechtsmittel angefochten worden ist (OLG Düsseldorf MDR 1981, 606) o. noch angefochten werden kann (OLG Oldenburg MDR 1959, 60; **aM** Löwe/Rosenberg/Stuckenberg Rn. 61: ohne diese Einschränkun-

gen). Auch das Revisionsgericht kann die Berichtigung – selbst bei teilw. Urteilsrechtskraft – vornehmen (BGH BeckRS 2009, 86435). Ein unzulässiger Berichtigungsbeschluss ist unbeachtlich (BGH BeckRS 2011, 2764; OLG Düsseldorf VRS 88, 358).

C. Zeitpunkt der Urteilsverkündung (Abs. 3). I. Schluss der HV (S. 1). 13
Am Schluss der HV (S. 1), dh im Anschluss an das letzte Wort des Angeklagten (vgl. BGH 30.9.2024 – 1 StR 334/24) und an die Beratung, soll das Urt. verkündet werden (vgl. auch § 260 Abs. 1).

Da die Urteilsverkündung zur HV gehört (OLG Oldenburg NJW 1952, 1310; 14
Löwe/Rosenberg/Stuckenberg Rn. 1; vgl. auch BGHSt 4, 279), muss sie in Gegenwart der in § 226 bezeichneten Personen, des Angeklagten, sofern nicht in seiner Abwesenheit verhandelt werden darf, u. (bei notwendiger Verteidigung) des Verteidigers erfolgen (Löwe/Rosenberg/Stuckenberg Rn. 5 ff.).

Der **Wiedereintritt in die Verhandlung** ist bis zum Abschluss der Urteils- 15
verkündung (→ Rn. 8) zulässig (Dallinger MDR 1972, 199 – BGH RsprÜ; erg. → § 258 Rn. 27 ff.), danach nicht mehr (OLG Zweibrücken MDR 1997, 87; erg. → § 260 Rn. 5). Schon nach ihrem Beginn (→ Rn. 3) haben die Prozessbeteiligten aber keinen Anspruch darauf, dass ihnen Gelegenheit zur Antragstellung gegeben wird u. dass neue Anträge sachlich beschieden werden (BGHSt 15, 263 (264); BGH StV 1985, 398; erg. → § 244 Rn. 33). Der Vorsitzende (§ 238 Abs. 2 gilt nicht) kann aber, auch wenn die Urteilsformel bereits vollständig verlesen worden ist (BGHSt 25, 333), die Urteilsverkündung unterbrechen u. die Verh. wieder eröffnen, um die Antragstellung zu ermöglichen. Er kann auch über die Frage des Wiedereintritts in die HV eine Beratung stattfinden lassen (Dallinger MDR 1975, 24 – BGH RsprÜ; erg. → § 244 Rn. 33). Allein in der Entgegennahme eines Antrags liegt keine Wiedereröffnung der Verh. (BGH NStZ 1986, 182). Sachlich maßgebend für die Frage des Wiedereintritts ist die Aufklärungspflicht nach § 244 Abs. 2 (BGH NStZ 1986, 182).

II. Verkündungstermin (S. 2, 3). Wird das Urt. nicht im Anschluss an die 16
Beratung verkündet, so muss der Vorsitzende einen besonderen Verkündungstermin, der Teil der HV ist, anberaumen, zu dem in der HV mündlich, sonst schriftlich geladen wird (BayObLG NZV 1999, 306; KMR-StPO/Voll Rn. 10). Das Urt. darf dann nicht später als zwei Wochen nach dem Schluss der Verh. verkündet werden; andernfalls muss mit der HV v. neuem begonnen werden. Eine weitere Fristverlängerung nach § 229 Abs. 2 kommt nicht in Betracht (BGH StV 2015, 280; erg. → § 229 Rn. 3 aE). Die Frist läuft auch während einer zwischenzeitlichen Beratung (Roxin/Schünemann StrafVerfR § 44 Rn. 7). Für ihre Hemmung bei Erkrankung des Angeklagten o. eines Richters o. Schöffen bzw. bei Mutterschutz o. Elternzeit gilt § 229 Abs. 3 entspr. (S. 3; → § 229 Rn. 4 ff.). Ist der Tag nach Ablauf der Frist ein Sonntag, allg. Feiertag o. Sonnabend, so braucht die Verkündung erst am nächsten Werktag stattzufinden (S. 3 iVm § 229 Abs. 4 S. 2; → § 229 Rn. 9). § 229 Abs. 5 gilt ebenfalls entsprechend. Nur wegen einer vorübergehenden technischen Störung soll nicht schon deshalb mit der HV v. neuem begonnen werden müssen (BT-Drs. 18/9416, 64).

Die Unterbrechungsfrist war ebenfalls gehemmt, *solange die HV aufgrund v. Schutz-* 17
maßnahmen zur Verhinderung der Verbreitung v. Infektionen mit dem SARS-CoC-2-Virus nicht durchgeführt werden konnte, längstens jedoch für 1 Monat; die Frist endete frühestens zehn Tage nach Ablauf der Hemmung (§ 10 Abs. 2 iVm Abs. 1 EGStPO; erg. → § 229 Rn. 3a, 3b sowie → § 10 ***EGStPO****).* ***Die Vorschrift wurde mit Wirkung vom 8.4.2023 aufgehoben*** *(BGBl. I 1454).*

D. Widersprüche zwischen Urteilsformel und Sitzungsniederschrift. Be- 18
stehen Widersprüche zwischen der Urteilsformel in der Sitzungsniederschrift u. der in der Urteilsurkunde, so ist die **Formel im Prot. maßgebend,** da sie nach § 274 als verkündet gilt (BGHSt 34, 11 (12); BGH NStZ 2020, 371; OLG Köln NStZ 2007, 481); ob das Revisionsgericht dies vAw (BGH NStZ 2020, 371 (1. StS) o. lediglich auf Verfahrensrüge (BGH NStZ 2021, 319 (6. StS); 3.5.2019 – 3 StR

462/18; NStZ-RR 2020, 357) zu berücksichtigen hat, ist unter den Sen. des BGH umstritten. Dass die Strafe in der Urteilsformel geringer ist als die in den Gründen als angemessen bezeichnete, beschwert den Angeklagten nicht; ebenso für die Höhe der Wertersatzeinziehung BGH NStZ-RR 2014, 16. Im Übrigen ist ein Widerspruch zwischen Urteilsformel u. den schriftlichen Urteilsgründen, da beide eine Einheit bilden, ein sachlich-rechtlicher Mangel, der mit der Revision gerügt werden kann (vgl. BGH 5.8.2025 – 3 StR 245/25). Ausnahmsweise kann dies anders sein, wenn ohne Weiteres deutlich wird, dass das Tatgericht seine Ausführungen zur Strafzumessung in Wirklichkeit nicht auf die in den Urteilsgründen, sondern auf die in der Urteilsformel bezeichnete Strafe bezogen hat (vgl. BGH 5.8.2025 – 3 StR 245/25).Widersprüche zwischen mündlichen u. schriftlichen Urteilsgründen sind ohne Bedeutung; maßgebend sind die schriftlichen Gründe (→ § 337 Rn. 22).

19 **E. Zustellung des Urteils.** Die Zustellung des Urteils ist erforderlich, wenn der Angeklagte bei der Verkündung nicht anwesend war o. sich vor ihrem Abschluss entfernt hatte, auch wenn die Urteilsformel noch in seiner Gegenwart verlesen worden war (→ § 314 Rn. 7; → § 341 Rn. 9).

20 **F. Revision.** Die Revision kann nicht darauf gestützt werden, dass die Eingangsformel nach Abs. 1 unterlassen worden ist (→ Rn. 1), dass die Urteilsformel nicht durch Verlesen der vorher niedergelegten Entsch. verkündet worden ist (RGSt 71, 377 (379); OLG Düsseldorf VRS 88, 358; OLG Hamm VRS 60, 206), dass die Eröffnung der Urteilsgründe unterblieben ist (→ Rn. 6) o. dass v. der Reihenfolge des Abs. 2 S. 4 abgewichen worden ist. Die Überschreitung der Frist des Abs. 3 S. 2 ist ein Mangel, auf dem das Urt. idR beruhen wird (BGH StV 1982, 4; BGH NJW 2007, 448) gegen BGH NJW 2007, 96 *(obiter dictum),* der unzutr. einen Widerspruch zu § 229 Abs. 1 angenommen hat; vgl. auch Knauer StV 2007, 342), es sei denn, die Entsch. wurde rechtzeitig u. unter dem noch frischen Eindruck der soeben beendeten HV getroffen (BGH wistra 2014, 361). Zu Widersprüchen zwischen Tenor der Urteilsurkunde u. verkündeter Urteilsurkunde → Rn. 18.

Aussetzung der Vollstreckung von Strafen oder Maßregeln zur Bewährung **Nr. 140 RiStBV**

268a

(1) **Wird in dem Urteil die Strafe zur Bewährung ausgesetzt oder der Angeklagte mit Strafvorbehalt verwarnt, so trifft das Gericht die in den §§ 56a bis 56d und 59a des Strafgesetzbuches bezeichneten Entscheidungen durch Beschluß; dieser ist mit dem Urteil zu verkünden.**

(2) **Absatz 1 gilt entsprechend, wenn in dem Urteil eine Maßregel der Besserung und Sicherung zur Bewährung ausgesetzt oder neben der Strafe Führungsaufsicht angeordnet wird und das Gericht Entscheidungen nach den §§ 68a bis 68c des Strafgesetzbuches trifft.**

(3) [1] **Der Vorsitzende belehrt den Angeklagten über die Bedeutung der Aussetzung der Strafe oder Maßregel zur Bewährung, der Verwarnung mit Strafvorbehalt oder der Führungsaufsicht, über die Dauer der Bewährungszeit oder der Führungsaufsicht, über die Auflagen und Weisungen sowie über die Möglichkeit des Widerrufs der Aussetzung oder der Verurteilung zu der vorbehaltenen Strafe (§ 56f Abs. 1, §§ 59b, 67g Abs. 1 des Strafgesetzbuches).** [2] **Erteilt das Gericht dem Angeklagten Weisungen nach § 68b Abs. 1 des Strafgesetzbuches, so belehrt der Vorsitzende ihn auch über die Möglichkeit einer Bestrafung nach § 145a des Strafgesetzbuches.** [3] **Die Belehrung ist in der Regel im Anschluß an die Verkündung des Beschlusses nach den Absätzen 1 oder 2 zu erteilen.** [4] **Wird die Unterbringung in einem psychiatrischen Krankenhaus zur Bewährung ausgesetzt, so**

kann der Vorsitzende von der Belehrung über die Möglichkeit des Widerrufs der Aussetzung absehen.

A. Normzweck. Jeder Tatrichter muss den **Beschl. nach § 268a zusammen mit dem Urt.** erlassen, wenn es ihn erfordert. Eine Verweisung auf das Nachtragsverfahren nach § 453 ist unzulässig (Löwe/Rosenberg/Stuckenberg Rn. 9). 1

Das gilt nach § 332 auch für das **Berufungsgericht.** Mit Erlass des Berufungsurteils, durch das das 1. Urt. abgeändert o. die Berufung als unbegründet verworfen wird, also nicht in den Fällen der §§ 322 Abs. 1 S. 2, 329 Abs. 1 S. 1, entfällt der Beschl. des 1. Gerichts (OLG Dresden NJ 2001, 323; OLG Hamm MDR 1992, 989). Eine gegen ihn vorsorglich eingelegte Beschwerde ist gegenstandslos (OLG Hamm NJW 1967, 510; **aM** BayObLG NJW 1956, 1728 mablAnm Schmitt). Das Berufungsgericht muss einen neuen selbständigen Beschl. nach § 268a erlassen, wenn auch sein Urt. das erfordert (OLG Düsseldorf MDR 1982, 1042; LG Osnabrück NStZ 1985, 378); das gilt auch für die Bestellung des Bewährungshelfers (OLG Köln JR 1991, 473). Die „Bestätigung" des 1. Beschl. ist eine Entsch. in diesem Sinn (OLG Celle MDR 1970, 68). 2

Das **Verbot der Schlechterstellung** gilt nicht (Kusch NStZ 1995, 220 – BGH RsprÜ; KG StraFo 2010, 426; OLG Düsseldorf NStZ 1994, 198; OLG Oldenburg NStZ-RR 1997, 9; **aM** OLG Frankfurt a. M. NJW 1978, 959), gleichgültig, ob auch die §§ 56e, 59a Abs. 2, 68d StGB eine Abänderung zulassen (jedenfalls unter dieser Voraussetzung: BGH NJW 1982, 1544; OLG Hamm NJW 1978, 1596) o. nicht (OLG Hamburg NJW 1981, 470; OLG Koblenz NStZ 1981, 154; erg. → § 305a Rn. 4). 3

Das **Revisionsgericht** kann allenfalls die Mindestdauer der Bewährungszeit entspr. § 354 Abs. 1 festsetzen; Auflagen u. Belehrung nach Abs. 3 muss es dem Tatrichter überlassen (→ § 354 Rn. 26d). 4

B. Beschluss (Abs. 1, Abs. 2). Der Beschluss (Abs. 1, Abs. 2) hat bei Strafaussetzung zur Bewährung (§ 56 StGB) die in §§ 56a–56d StGB bezeichneten Entsch. zum Inhalt, bei Verwarnung mit Strafvorbehalt (§ 59 StGB) die Entsch. nach § 59a StGB, bei Aussetzung einer Sicherungsmaßregel (§ 67b StGB) u. bei Anordnung der Führungsaufsicht (§ 68 StGB) die Entsch. nach §§ 68a–68c StGB. 5

Der Beschl., an dem die Schöffen mitwirken, wird in der HV im Anschluss an das Urt. **verkündet,** wobei es dem Richter freisteht, ob er nach der Verlesung der Urteilsformel sogleich die Urteilsgründe bekanntgibt o. vorher den Entscheidungssatz des Beschl. verkündet (BGHSt 25, 333). Zur Urteilsverkündung gehört die Beschlussverkündung nicht (BGHSt 25, 333; → § 268 Rn. 8). Dem nicht anwesenden Angeklagten wird eine Beschlussausfertigung zugestellt (§ 35 Abs. 2); der anwesende Angeklagte erhält eine Abschrift (Nr. 140 S. 1 RiStBV). 6

Eine **Begründung** des Beschl. ist nur erforderlich, wenn das Gericht auf Anerbieten u. Zusagen des Angeklagten, die er nach Befragung (§ 265a) gemacht hat, nicht eingegangen ist (vgl. auch BGH BeckRS 2021, 23446). Die sachlich-rechtlichen Voraussetzungen für die Anordnungen sind darzulegen (Löwe/Rosenberg/Stuckenberg Rn. 5). 7

C. Versehentlich unterlassener Beschluss. Der versehentlich unterlassene Beschluss kann durch das Berufungsgericht (OLG Düsseldorf MDR 1982, 1042) **nachgeholt** werden. Ob auch sonst eine Nachholung möglich ist, ist str.: OLG Düsseldorf StV 2008, 512 mwN hält dies generell für ausgeschlossen, verweist aber darauf, dass die Bedingung der straffreien Führung auch ohne Bewährungsbeschluss selbstverständlich ist u. eine Mindestbewährungszeit aus dem G folgt (vgl. auch OLG Hamm NStZ-RR 2000, 126; LG Freiburg StV 1994, 534). Damit wird eine entspr. Anwendung des § 453, wie sie teilw. v. Rspr. u. Schrifttum für zulässig gehalten wird, überflüssig (vgl. KK-StPO/Appl § 453 Rn. 3 mwN). Auch v. einer beschränkten Möglichkeit nachträglicher Anordnung (OLG Frankfurt a. M. StV 1983, 24; SK-StGB/Horn StGB § 56 Rn. 34: nur wenn Urteilsgründe eine Entscheidungsgrundlage bieten; OLG Köln StV 2001, 227 Ls.: nicht die Zahlung einer 8

Geldbuße gem. § 56b Abs. 2 Nr. 4 StGB; OLG Düsseldorf StraFo 1999, 238; LG Osnabrück NStZ 1985, 378: keine Nachholung v. Auflagen) ist daher abzusehen. Jedoch hat entspr. § 453a stets eine nachträgliche Belehrung zu erfolgen (OLG Düsseldorf StraFo 1999, 238). Zuständig ist das Gericht, das den Beschl. hätte erlassen müssen; nach Urteilsrechtskraft gilt § 462a (OLG Köln JR 1991, 473). Die Revision kann auf das Unterlassen der Beschlussfassung nicht gestützt werden (OLG Koblenz MDR 1981, 423).

9 **D. Belehrung (Abs. 3).** Die Belehrung (Abs. 3) ist in der HV nach Verkündung des Beschl. (S. 3) mündlich zu erteilen. Im Strafbefehlsverfahren gilt § 409 Abs. 1 S. 2. Die zusätzliche Aushändigung eines Merkblatts ist zweckmäßig (vgl. → § 268c Rn. 2). Ist die Belehrung aus Versehen, aus Zweckmäßigkeitsgründen (S. 4) o. wegen Abwesenheit des Angeklagten unterblieben, so wird sie nach § 453a nachgeholt. Die Belehrung ist eine wesentliche Förmlichkeit iS § 273 Abs. 1.

10 **E. Anfechtung.** Die Anfechtung des Urteils mit Berufung o. Revision umfasst nicht die des Beschl. nach § 268a. Gegen ihn ist, auch wenn er v. Berufungsgericht erlassen worden ist, Beschwerde nach § 304 Abs. 1 zulässig (vgl. § 305a Abs. 1). Sinnvoll ist sie aber nur, wenn gegen das Urt. keine o. nur eine auf einen Nebenpunkt beschränkte Berufung o. wenn Revision eingelegt wird (OLG Düsseldorf NJW 1956, 1889; erg. → § 305a Rn. 1); denn bei Abänderung des Urteils entscheidet das Berufungsgericht ohnehin neu, wenn dazu noch Anlass besteht (→ Rn. 2).

11 Eine mit Gründen versehene **Nichtabhilfeentscheidung** nach § 306 Abs. 2 (→ § 306 Rn. 7 ff.) muss das Gericht erlassen, wenn es der Beschwerde nicht abhilft, der Strafaussetzungsbeschluss nicht begründet ist u. das Beschwerdevorbringen erhebliche Tatsachenbehauptungen enthält (BGHSt 34, 392; BeckRS 2011, 25073).

Beschluss über die Fortdauer der Untersuchungshaft

268b [1]**Bei der Urteilsfällung ist zugleich von Amts wegen über die Fortdauer der Untersuchungshaft oder einstweiligen Unterbringung zu entscheiden.** [2]**Der Beschluß ist mit dem Urteil zu verkünden.**

1 **A. Prüfung der Haft- oder Unterbringungsvoraussetzungen.** Die Prüfung der Haft- oder Unterbringungsvoraussetzungen nach §§ 112 ff., 126a erfolgt, solange der Haft- o. Unterbringungsbefehl vollzogen wird, **stets vAw** (→ § 120 Rn. 2), auch während der HV. Wenn das Gericht feststellt, dass diese Voraussetzungen nicht mehr vorliegen, muss es den Haft- o. Unterbringungsbefehl sofort aufheben (§§ 120 Abs. 1 S. 1, 126a Abs. 3 S. 1); bis zur Urteilsverkündung darf damit nicht gewartet werden. Wird die Feststellung während einer Unterbrechung der HV getroffen, so muss der Haft- o. Unterbringungsbefehl sofort u. ohne Mitwirkung der Schöffen aufgeh. werden (erg. → § 126 Rn. 8; → GVG § 30 Rn. 3).

2 **B. Bei der Urteilsfällung.** Bei der Urteilsfällung muss vAw durch Gerichtsbeschluss über die Fortdauer der UHaft o. der einstweiligen Unterbringung entschieden werden. Damit ist nicht der Fall gemeint, dass der Angeklagte freigesprochen o. seine Unterbringung nicht angeordnet wird; denn dann muss der Haft- o. Unterbringungsbefehl schon nach §§ 120 Abs. 1 S. 2, 126a Abs. 3 S. 1 aufgeh. werden. Wird der Angeklagte verurteilt, so hat das Gericht stets das Fortbestehen der Haftgründe, die ggf. auszuwechseln sind, u. die Frage der Anwendung des § 116 zu prüfen (Lorenzen/Schiemann SchlHA 1998, 173 – OLG Schleswig RsprÜ). Weicht die Verurteilung v. dem Vorwurf des Haftbefehls ab, muss der Haftbefehl ihr angeglichen werden (OLG Karlsruhe wistra 1991, 277; OLG Stuttgart Justiz 2007, 238). Die Regelung des S. 1 bedeutet insbes., dass das Gericht das Erg. seiner Prüfung der Haft- o. Unterbringungsvoraussetzungen auch dann begründen u. bekannt geben muss, wenn es die Fortdauer der Haft o. einstweiligen Unterbringung des verurteilten Angeklagten für erforderlich hält (vgl. → § 120 Rn. 2). Das gilt aber nur, wenn der Haftbefehl vollzogen wird; ist sein Vollzug

nach § 116 ausgesetzt, so findet § 268b keine Anwendung (**aM** KMR-StPO/Voll Rn. 1; Löwe/Rosenberg/Stuckenberg Rn. 2); es gilt aber → § 120 Rn. 5.

C. Beschluss. Der Beschluss, der nach § 273 Abs. 1 im Sitzungsprotokoll zu beurkunden ist, ergeht **unter Mitwirkung der Schöffen** (→ § 126 Rn. 8) u. ist nach § 34 zu begründen, wobei es aber einer gesonderten Begründung des dringenden Tatverdachts nicht bedarf, weil dieser idR durch das Urt. hinreichend belegt ist (BGH NStZ 2004, 276; 2006, 297; BeckRS 2016, 15393; **aM** OLG Hamm NStZ-RR 2010, 55 Ls.; OLG Jena NStZ-RR 2009, 123 Ls.). Jedoch muss sich der Beschl. iÜ eing. mit dem weiteren Vorliegen der UHaft-Voraussetzungen befassen (OLG Saarbrücken StV 2016, 443 Ls.); sich idR (Ausnahme vgl. BGH BeckRS 2016, 15393) insbes. zur Verhältnismäßigkeit weiteren Freiheitsentzugs äußern (BVerfG StV 2009, 479 (481)). S. 2 schreibt vor, dass er „mit dem Urteil" zu verkünden ist. Das ist ungenau; zunächst muss die Urteilsformel verlesen werden (§ 268 Abs. 2 S. 2); ob dann erst die Urteilsgründe eröffnet werden o. zunächst der Beschl. nach § 268b verkündet wird, steht im Ermessen des Vorsitzenden. Zur Urteilsverkündung gehört die Bekanntgabe des Beschl. nicht (→ § 268 Rn. 8). 3

D. Unterlassen der Beschlussfassung. Das Unterlassen der Beschlussfassung ist auf den Fortbestand des Haft- o. Unterbringungsbefehls ohne Einfluss (Löwe/Rosenberg/Stuckenberg Rn. 8). Ihre **Nachholung** ist bis zur Rechtskraft des Urteils auf Antrag o. vAw möglich. Der nach der HV erlassene Beschl. wird dem Angeklagten zugestellt. Das Gleiche gilt, wenn der Beschl. in der HV zwar gefasst, aber versehentlich nicht verkündet worden ist (KK-StPO/Bartel Rn. 7). 4

E. Anfechtung. Vgl. § 117 Abs. 1, Abs. 2. Ein Anspruch auf mündliche Haftprüfung besteht nicht (§ 118 Abs. 4). Eine Rechtsmittelbelehrung wird nicht erteilt. Eine begründete Beschwerde führt idR nur zur Aufhebung des Haftfortdauerbeschlusses, aber nicht des Haftbefehls (OLG Hamm NStZ-RR 2010, 55 Ls.). 5

Belehrung bei Anordnung eines Fahrverbots

268c

[Satz 1 bis 31.5.2026:] [1]Wird in dem Urteil ein Fahrverbot angeordnet, so belehrt der Vorsitzende den Angeklagten über den Beginn der Verbotsfrist (§ 44 Abs. 3 Satz 1 des Strafgesetzbuches). ***[Satz 1 ab 1.6.2026: [1] Wird in dem Urteil ein Fahrverbot angeordnet, so belehrt der Vorsitzende den Angeklagten in den Fällen des § 44 Absatz 3 Satz 1 und 2 des Strafgesetzbuches über den Beginn der Verbotsfrist.]*** **[2]Die Belehrung wird im Anschluß an die Urteilsverkündung erteilt. [3]Ergeht das Urteil in Abwesenheit des Angeklagten, so ist er schriftlich zu belehren.**

A. Belehrungspflicht (S. 1). Über den **Beginn der Verbotsfrist nach § 44 Abs. 3 S. 1 StGB** ist der Angeklagte, gegen den ein Fahrverbot angeordnet worden ist, in seinem eigenen Interesse zu belehren. Die Belehrung soll ihn veranlassen, den Führerschein unverzüglich in amtl. Verwahrung zu geben, um zu verhindern, dass sich das Fahrverbot verlängert. Die Belehrungspflicht gilt auch im Berufungsrechtszug (§ 332), selbst wenn der Angeklagte schon durch den 1. Richter belehrt worden war. Für das Strafbefehlsverfahren schreibt § 409 Abs. 1 S. 2 die Belehrung vor. Ab 1.6.2026 ist die Belehrung auf § 44 Abs. 3 S. 2 StGB nF zu erstrecken (BGBl. 2026 I Nr. 46). 1

Der **Vorsitzende** erteilt die Belehrung. Er kann sich ebenso wie bei der Rechtsmittelbelehrung (→ § 35a Rn. 7) eines Merkblatts bedienen, dessen Aushändigung an den Angeklagten die Belehrung aber nur ergänzen, nicht ersetzen kann. 2

Inhaltlich sollte sich die Belehrung nicht nur auf den Beginn der Verbotsfrist, sondern auch auf den Zeitpunkt des Wirksamwerdens des Fahrverbots (§ 44 Abs. 2 S. 1 StGB, § 25 Abs. 2 S. 1, Abs. 2a S. 1 StVG) erstrecken (OLG Celle VRS **54**, 128). Auch der Hinweis darauf, wo der Führerschein in amtl. Verwahrung zu geben ist, erscheint zweckmäßig. Weitere Belehrungen schreibt das G nicht vor. 3

4 **B. Im Anschluss an die Urteilsverkündung (S. 2).** Im Anschluss an die Urteilsverkündung (S. 2) ist die Belehrung zu erteilen. Ist ein Beschl. nach § 268a oder § 268b erlassen worden, so wird erst nach dessen Verkündung belehrt. Die Belehrung sollte vor der Rechtsmittelbelehrung erteilt werden; erfolgt sie erst später, so ist das aber unschädlich (Löwe/Rosenberg/Stuckenberg Rn. 7). Die Belehrung ist keine wesentliche Förmlichkeit iSd § 273 Abs. 1 (KK-StPO/Bartel Rn. 8); ihre Beurkundung im Sitzungsprotokoll ist aber zweckmäßig.

5 **C. Schriftliche Belehrung (S. 3).** Eine schriftliche Belehrung (S. 3) wird erteilt, wenn das Urt. in Abwesenheit des Angeklagten ergeht. Ein Merkblatt mit der Belehrung wird ihm dann zugleich mit dem Urt. zugestellt (Löwe/Rosenberg/Stuckenberg Rn. 8).

6 **D. Nachholung der unterlassenen Belehrung.** Die Nachholung der unterlassenen Belehrung durch das Gericht sieht das G nicht vor (Löwe/Rosenberg/Stuckenberg Rn. 9; vgl. aber Schmidt StPO/GVG Nachtrag StPO § 268c Rn. 4). Nach § 59a Abs. 4 S. 1 StVollstrO (vgl. bei KMR-StPO/Voll Rn. 6) muss die VollstrB sie aber nachholen, wenn sie den Führerschein zur Vollstreckung einfordert.

Belehrung bei vorbehaltener Sicherungsverwahrung

268d **Ist in dem Urteil die Anordnung der Sicherungsverwahrung nach § 66a Absatz 1 oder 2 des Strafgesetzbuches vorbehalten, so belehrt der Vorsitzende den Angeklagten über die Bedeutung des Vorbehalts sowie über den Zeitraum, auf den sich der Vorbehalt erstreckt.**

1 **A. Belehrungspflicht.** Bei Verurteilung wegen einer der in § 66 Abs. 3 S. 1 StGB genannten Straftaten kann nach § 66a Abs. 1 Nr. 1 StGB die Anordnung der Sicherungsverwahrung vorbehalten werden, wenn deren Voraussetzungen nach § 66a Abs. 1 Nr. 2 u. 3 iVm § 66 Abs. 3 oder § 66 Abs. 1 S. 1 Nr. 4 StGB gegeben sind. Darüber hinaus kann auch nach § 66a Abs. 2 StGB die Sicherungsverwahrung vorbehalten werden. Das dafür einzuhaltende Verf. regeln § 66a Abs. 3 StGB u. § 275a (→ § 275a Rn. 1 ff.). Der **Vorsitzende des Gerichts hat den Verurteilten** sodann **mündlich zu belehren,** dass das Gericht des ersten Rechtszugs, falls es die Sicherungsverwahrung anordnen will, spätestens 6 Monate vor dem Zeitpunkt, in dem die Freiheitsstrafe vollständig vollstreckt ist, in einer neuen HV (§ 275a) über die Anordnung der Sicherungsverwahrung entscheiden soll u. dass dies auch gilt, wenn ein Strafrest vollstreckt wird. Der Vorsitzende muss den Verurteilten insbes. darüber belehren, dass diese Anordnung erfolgen wird, wenn die Gesamtwürdigung des Verurteilten, seiner Tat o. seiner Taten u. erg. seiner Entwicklung bis zum Zeitpunkt der Entsch. ergibt, dass v. ihm erhebliche Straftaten zu erwarten sind, durch welche die Opfer seelisch o. körperlich schwer geschädigt werden (§ 66a Abs. 3 S. 2 StGB). Schließlich wird der Vorsitzende erläutern, dass vor der Entsch. das Gutachten eines bisher iRd Strafvollzugs nicht mit der Behandlung des Verurteilten befasst gewesenen Sachverständigen eingeholt werden wird (§ 275a Abs. 4).

2 **B. Im Anschluss an die Urteilsverkündung.** Im Anschluss an die Urteilsverkündung erfolgt die Belehrung, vor der Rechtsmittelbelehrung. Obwohl sie keine wesentliche Förmlichkeit iSd § 273 Abs. 1 ist, sollte im Prot. beurkundet werden, dass sie erfolgt ist.

3 **C. Unterbleiben der Belehrung.** Ist die **Belehrung unterblieben,** kann sie entspr. § 453a nachgeholt werden (Löwe/Rosenberg/Stuckenberg Rn. 6). Im Übrigen hindert das Unterbleiben der Belehrung grds. die Anordnung der Sicherungsverwahrung nicht. In diesem Fall muss aber bes. sorgfältig geprüft werden, ob nach der Entwicklung des Verurteilten die Voraussetzungen des § 66a Abs. 3 S. 2 StGB erfüllt sind (vgl. auch SK-StPO/Frister Rn. 4).

Verbot der Verweisung bei Zuständigkeit eines Gerichts niederer Ordnung

269 **Das Gericht darf sich nicht für unzuständig erklären, weil die Sache vor ein Gericht niederer Ordnung gehöre.**

A. Normzweck. Eine **Abweichung von § 6** bestimmt die Vorschr. aus Gründen der Prozesswirtschaftlichkeit u. zur Verfahrensbeschleunigung (BGHSt 46, 238 (240)). Sie erklärt das Fehlen der sachlichen Zuständigkeit für unbeachtlich, wenn das Verf. vor einem Gericht höherer Ordnung prozessordnungsgemäß eröffnet worden ist (BGH NStZ 2012, 46). Die größere sachliche Zuständigkeit schließt die geringere ein; die Verh. vor einem unzuständigen Gericht höherer Ordnung benachteiligt den Angeklagten nicht (RGSt 62, 265 (271)). § 269 gibt dem höheren Gericht aber nicht die Befugnis, sich für zuständig zu erklären, obwohl die Sache bei einem Gericht niederer Ordnung anhängig ist (BGHSt 37, 15 (20); 38, 172 (176); 44, 121; erg. → Rn. 4). 1

B. Reichweite. Im gesamten Hauptverfahren, nicht nur in der HV, darf das erkennende Gericht die Sache nicht an ein Gericht niederer Ordnung bringen. Das ist nur für das Eröffnungsverfahren nach § 209 Abs. 1 vorgesehen. 2

§ 269 gilt auch, wenn sich die Zuständigkeit eines Gerichts niederer Ordnung schon aus dem Eröffnungsbeschluss ergibt (Löwe/Rosenberg/Stuckenberg Rn. 9) o. wenn die Sache durch einen sachlich zu Unrecht erlassenen, aber bindenden Verweisungsbeschluss nach § 270 an das Gericht höherer Ordnung gelangt war (RGSt 44, 392 (395); 62, 265 (271); OLG Karlsruhe NStZ 1987, 375). Die Vorschrift gilt über § 2 Abs. 2 JGG auch für Jugendstrafverfahren (vgl. BGH NJW 2025, 2042). 3

Das **Verbot mehrfacher Rechtshängigkeit** geht der Regelung des § 269 vor. Ist eine Sache schon bei einem Gericht niederer Ordnung anhängig, so muss das Gericht höherer Ordnung, sobald es davon Kenntnis erlangt, sein Verf. einstellen (BGHSt 22, 232 (235); erg. → § 12 Rn. 1, 2). 4

C. Abgabe an ein Gericht niederer Ordnung. Die Abgabe an ein Gericht niederer Ordnung schließt § 269 zwingend aus, auch bei Einverständnis der Prozessbeteiligten. Gericht niederer Ordnung (vgl. → § 1 Rn. 2) ist der Strafrichter im Verhältnis zum SchG (→ GVG § 25 Rn. 1), die kleine StrK ggü. der großen, nicht das SchG im Verhältnis zum erweiterten SchG (→ GVG § 29 Rn. 2), auch nicht die große StrK ggü. dem SchwurG (BGHSt 26, 191 (194); 27, 99 (101)). Das Erwachsenengericht darf die Sache nur an ein gleichrangiges JugG abgeben, nicht an ein JugG niederer Ordnung (BGHSt 18, 173). Im Verhältnis der JugG untereinander gilt die Regelung des § 47a **JGG.** Der Jugendrichter ist ggü. dem JuSchG ein Gericht niederer Ordnung (BGHSt 18, 173 (176)), beide ggü. der JugK, die kleine ggü. der großen JugK. 5

Einer Abgabe zwischen **gleichrangigen Spruchkörpern** steht § 269 nicht entgegen (BGHSt 27, 99 (102)), auch nicht, wenn zwischen ihnen, wie nach § 74e GVG, eine Reihenfolge festgesetzt ist. Die Abgabe an ein Gericht höherer Ordnung hindert § 269 ebenfalls nicht (vgl. § 225a). 6

D. Trennung verbundener Sachen. Nach der Trennung verbundener Sachen nach § 4 gilt § 269 ebenfalls. Die abgetrennte Sache fällt daher nicht ohne weiteres an das für sie zuständige niedere Gericht zurück (BGHSt 47, 116 mwN, auch zur Gegenmeinung; SK-StPO/Frister Rn. 12; Kindhäuser § 12 Rn. 37). Bei einer Trennung nach § 237 verbundener Verf. stellt sich das Problem nicht (vgl. → § 237 Rn. 1). 7

E. Revision. Mit der Revision kann **grds. nicht geltend gemacht werden,** dass ein Gericht niederer Ordnung sachlich zuständig gewesen wäre (→ § 338 Rn. 32). Eine **Ausnahme** besteht, wenn statt zum AG ohne sachlich rechtfertigenden Grund zum LG angeklagt u. der Angeklagte dadurch willkürlich seinem ges. Richter entzogen worden ist (BGHSt 38, 172 (176); 44, 36; vgl. auch BGH NStZ 2020, 291; 20.8.2025 – 3 StR 484/24; NJW 2025, 2042; erg. → § 338 Rn. 32), ebenso bei willkürlicher Anklage zum OLG (BGHSt 46, 238 (241); erg. → GVG 8

§ 120 Rn. 11). Dann gilt wieder § 6; der Fehler ist also vAw zu beachten u. führt zur Verweisung der Sache an das zuständige Gericht (BGHSt 40, 120; 45, 58 (59); 46, 238 (245); SK-StPO/Frister Rn. 20; **aM** BGHSt 43, 53 *(obiter dictum)*; dahingestellt v. BGH NStZ 2020, 291; 20.8.2025 – 3 StR 484/24). Einige OLGe haben diese Rspr. auf das Verhältnis SchG statt Strafrichter ausgedehnt u. die willkürliche Annahme der Zuständigkeit des SchG vAw beanstandet (OLG Hamm StraFo 1996, 87; OLG Köln StraFo 1996, 85; OLG Oldenburg NStZ 1994, 449). Auf Vorlage durch das OLG Celle (Nds. Rpfl. 1995, 273) hat der BGH (BGHSt 42, 205; abl. SK-StPO/Frister Rn. 23) jedoch entschieden, dass der Verstoß gegen § 328 Abs. 2 (also die unterlassene Zurückverweisung der Sache im Berufungsverfahren an den Strafrichter) nur auf Rüge zu beachten ist. Wie bei einer Sprungrevision zu entscheiden ist (dazu OLG Düsseldorf NStZ 1996, 206), hat der BGH offengelassen; er scheint aber auch hier der Verneinung der Prüfung vAw zuzuneigen. Das ist schon deswegen unzutreffend, weil es dort – anders als nach durchgeführtem Berufungsverfahren (vgl. dazu SK-StPO/Frisch § 328 Rn. 35) – allein um die sachliche Zuständigkeit des SchG geht (KK-StPO/Gericke § 338 Rn. 66; Löwe/Rosenberg/Siolek GVG § 24 Rn. 34). Aber auch iÜ ist BGHSt 42, 205 unrichtig: Das Fehlen der sachlichen Zuständigkeit ist nach § 328 Abs. 2 vom Berufungsgericht vAw zu beachten; dann kann aber für das Revisionsgericht nichts anderes gelten (vgl. BGHSt 18, 79 (81)). Verweisung vAw erfolgt auch, wenn das AG statt des sachlich zuständigen LG entschieden hat (KG StV 2013, 555; OLG Brandenburg NStZ 2001, 611; Löwe/Rosenberg/Siolek GVG § 24 Rn. 38; vgl. auch BGH NStZ 2000, 387; erg. → § 328 Rn. 7). Bei Revisionen gegen Urteile eines OLG nach Anklageerhebung durch eine GenStA hat sich der BGH grds. nicht von sich aus mit dessen sachlicher Zuständigkeit zu befassen (BGH 22.3.2022 – 3 StR 454/21), etwas anderes dürfte allerdings in Fällen objektiver Willkür zu gelten haben (dahingest. von BGH 22.3.2022 – 3 StR 454/21).

Verweisung bei Zuständigkeit eines Gerichts höherer Ordnung

270 (1) [1]**Hält ein Gericht nach Beginn einer Hauptverhandlung die sachliche Zuständigkeit eines Gerichts höherer Ordnung für begründet, so verweist es die Sache durch Beschluß an das zuständige Gericht; § 209a Nr. 2 Buchstabe a gilt entsprechend.** [2]**Ebenso ist zu verfahren, wenn das Gericht einen rechtzeitig geltend gemachten Einwand des Angeklagten nach § 6a für begründet hält.**

(2) **In dem Beschluß bezeichnet das Gericht den Angeklagten und die Tat gemäß § 200 Abs. 1 Satz 1.**

(3) [1]**Der Beschluß hat die Wirkung eines das Hauptverfahren eröffnenden Beschlusses.** [2]**Seine Anfechtbarkeit bestimmt sich nach § 210.**

(4) [1]**Ist der Verweisungsbeschluß von einem Strafrichter oder einem Schöffengericht ergangen, so kann der Angeklagte innerhalb einer bei der Bekanntmachung des Beschlusses zu bestimmenden Frist die Vornahme einzelner Beweiserhebungen vor der Hauptverhandlung beantragen.** [2]**Über den Antrag entscheidet der Vorsitzende des Gerichts, an das die Sache verwiesen worden ist.**

Übersicht

A. Normzweck, Anwendungsbereich. Veränderungen der sachlichen Zuständigkeit u. der ihr nach Abs. 1 S. 1 Hs. 2, S. 2 gleichgestellten Zuständigkeiten nach Beginn der HV kann nach § 270 auf prozesswirtschaftliche Weise durch Verweisung an das zuständige Gericht mit bindender Wirkung, also unter Vermeidung der Verfahrenseinstellung u. erneuten Anklageerhebung, Rechnung getragen werden. 1

Die Vorschr. ist **entsprechend anwendbar** auf den Fall, dass bei der Eröffnung des Hauptverfahrens das die Zuständigkeit des höheren Gerichts begründende Delikt nach § 154a Abs. 1 ausgeschieden worden ist, v. dem niederen Gericht, vor dem das Verf. eröffnet wurde, dann aber nach § 154a Abs. 3 wieder einbezogen wird (BGHSt 29, 341 (344 ff.)). BGHSt 39, 202 (zust. Odersky FS Salger, 1995, 357) hat die Vorschr. entspr. auf den Fall angewendet, dass der Kartellsenat des OLG einen Straftatbestand für erfüllt ansieht; der BGH erachtet dann die Verweisung an die WirtschaftsStrK des LG für zulässig (Rieß NStZ 1993, 513 hält diesen Weg zutr. für bedenklich u. will das Erg. über eine Rechtsanalogie zu §§ 6, 6a, 209, 209a, 225a, 269, 270 erreichen; richtiger erscheint eine Analogie zu §§ 17a Abs. 2, Abs. 4, 17b GVG; erg. → GVG § 17b Rn. 2; **aM** auch Göhler wistra 1994, 260 sowie Löwe/Rosenberg/Franke GVG § 121 Rn. 23a, der das OLG für zuständig hält, dagegen Wrage-Molkenthin/Bauer wistra 1994, 83; Bauer wistra 1994, 132 spricht sich für eine Einstellung des Verfahrens durch das OLG u. Neuanklage durch die StA beim Strafgericht aus). 2

§ 270 gilt nicht entspr. für die geschäftsplanmäßige Zuständigkeit (vgl. BGHSt 27, 99 (102): formlose Abgabe) u. für die örtliche Zuständigkeit (OLG Braunschweig GA 1962, 284; OLG Hamm JMBl. NRW. 1969, 66; erg. → § 16 Rn. 4). Im beschleunigten Verf. gilt die Sonderregelung des § 419, im Berufungsverfahren § 328 Abs. 2 (vgl. aber → § 6a Rn. 13 ff.), im Privatklageverfahren § 389. 3

B. Verweisung an das zuständige Gericht (Abs. 1). I. Sachliche Zuständigkeit eines Gerichts höherer Ordnung (S. 1 Hs. 1). Bei **sachlicher Zuständigkeit eines Gerichts höherer Ordnung (S. 1 Hs. 1),** die für das Gericht der niederen Ordnung (zur Rangordnung der Gerichte vgl. → § 1 Rn. 2; → § 269 Rn. 5) nach § 6 ein vAw zu berücksichtigendes Verfahrenshindernis ist, muss die Verweisung vAw erfolgen (OLG Stuttgart Justiz 1995, 99), u. zwar wegen des gesamten Anklagevorwurfs, der iSd § 264 eine einheitliche Tat bildet (KK-StPO/Greger Rn. 19). 4

Sachliche Zuständigkeitsmerkmale, deren Prüfung mit der Eröffnung des Hauptverfahrens endet, wie die bes. Bedeutung des Falls iSd §§ 24 Abs. 1 Nr. 3, 74 Abs. 1 GVG u. die Rechtsfolgenerwartung nach § 25 Nr. 2 GVG, bleiben dabei außer Betracht (BGH NStZ 2009, 579; erg. → GVG § 24 Rn. 8, → GVG § 25 Rn. 4). 5

Die Verweisung darf nur in der **HV des 1. Rechtszugs** erfolgen, auch wenn sie nach Aussetzung der Verh. (§ 228) o. wegen nicht rechtzeitiger Fortsetzung nach einer Unterbrechung (§ 229 Abs. 4 S. 1) o. nach Zurückverweisung durch das Revisionsgericht nach § 354 Abs. 2 erneut durchgeführt wird. 6

Die Verweisung darf ferner erst **nach Beginn der HV (§ 243 Abs. 1 S. 1)** beschlossen werden. Vor der HV u. nach Aussetzung der HV bis zum Beginn der neuen HV wird nach § 225a verfahren (BGH NStZ 2021, 433; erg. → § 225a Rn. 4). 7

Den Beginn o. die Durchführung der **Beweisaufnahme** setzt die Verweisung nicht grds. voraus; selbst präsente Beweise (§ 245 Abs. 1) müssen nicht unbedingt erhoben werden. Wenn sich die Zuständigkeit des höheren Gerichts bereits aus 8 dem Anklagesatz ergibt, ist die Verweisung daher ohne weiteres möglich (OLG Düsseldorf NStZ 1986, 426; Löwe/Rosenberg/Stuckenberg Rn. 16); der Angeklagte braucht dann vorher nicht einmal nach § 243 Abs. 5 S. 2 zur Sache vernommen zu werden.

9 Wenn die Verweisung aber wegen einer v. Eröffnungsbeschluss aufgrund neu hervorgetretener Umstände abw. rechtlichen Bewertung beschlossen werden soll, setzt sie **hinreichenden Tatverdacht** voraus (BGHSt 29, 216 (219); 29, 341 (344); BGH NStZ 1988, 236). Dabei gelten die gleichen Grundsätze wie bei § 203 (→ § 203 Rn. 2). Die Verweisung ist erst zulässig, wenn sich dieser Verdacht genügend verfestigt hat, wenn also nicht zu erwarten ist, dass er bei weiterer Verh. wieder entfällt (OLG Frankfurt a. M. NStZ-RR 1997, 311). Der volle Nachw. der Tatsachen, die die Zuständigkeit des höheren Gerichts begründen, ist nicht erforderlich u. darf nicht einmal geführt werden (SK-StPO/Frister Rn. 8). Denn wenn das Gericht den hinreichenden Tatverdacht festgestellt hat, darf es nicht weiterverhandeln, um ihn zu erhärten o. zu entkräften; vielmehr geht die Entscheidungskompetenz auf das Gericht der höheren Ordnung über (Dallinger MDR 1972, 18 – BGH RsprÜ). Das Gericht ist nur berechtigt, den hinreichenden Tatverdacht zu verneinen u. lediglich die bei ihm angeklagte Tat abzuurteilen (Löwe/Rosenberg/Stuckenberg Rn. 14).

10 Wegen **unzureichender Strafgewalt des AG (§ 24 Abs. 2 GVG)** darf an das LG erst verwiesen werden, wenn die Verh. soweit geführt worden ist, dass der Schuldspruch feststeht, u. wenn sich die Straferwartung soweit verfestigt hat, dass nicht mehr zu erwarten ist, eine mildere Beurteilung werde noch eine Strafe iRd Strafgewalt als ausreichend erscheinen lassen (BGHSt 45, 58 (60); BGH NStZ 2018, 111; OLG Karlsruhe JR 1991, 36; OLG Nürnberg StraFo 2013, 514). Die bloße Vermutung, dass das der Fall sein wird, genügt nicht (OLG Düsseldorf StraFo 2000, 235; OLG Frankfurt a. M. StV 1996, 533; OLG Karlsruhe JR 1991, 36; OLG Köln StraFo 2009, 112). Ausreichend können Umstände sein, welche außerhalb der angeklagten Tat liegen, sich jedoch auf die Straferwartung entscheidungserheblich auswirken können (BGH NStZ 2018, 111: Erfordernis nachträglicher Gesamtstrafenbildung). Das Scheitern v. Verständigungsgesprächen kann auch dann nicht zur Verweisung führen, wenn das Gericht nun einen bes. Umf. der Sache annimmt (BGH NJW 2017, 280 mzustAnm Zopfs u. Moldenhauer NStZ 2017, 103).

11 **II. Verweisung an das zuständige JugG (S. 1 Hs. 2).** Die entspr. Anwendung des § 209a Nr. 2 Buchst. a bedeutet, dass die JugG bei der Verweisungsfrage allg. den Gerichten höherer Ordnung gleichgestellt sind. Die Verweisung an das zuständige JugG ist daher auch erforderlich, wenn es nur gleichrangig ist. Dagegen darf an ein JugG niederer Ordnung nicht verwiesen werden. Da S. 1 Hs. 2 den § 209a Nr. 2 Buchst. b nicht aufführt, kommt in einer Jugendschutzsache die Verweisung an ein gleichrangiges JugG nicht in Betracht (BGHSt 42, 39), wohl aber an ein höheres (unklar OLG Saarbrücken NStZ-RR 2003, 377). Eine zulässige Verweisung umfasst auch ein nach § 103 **JGG** hinzuverbundenes Verf. gegen einen Erwachsenen (LG Berlin NStZ-RR 1999, 154).

12 **III. Verweisung von einer oder an eine StrK mit besonderer Zuständigkeit (S. 2).** Die Verweisung von einer oder an eine StrK mit besonderer Zuständigkeit (S. 2) setzt einen **rechtzeitig erhobenen Einwand des Angeklagten nach § 6a** voraus. Ist er zu Recht geltend gemacht worden, so ist die Verweisung geboten, auch v. der StrK mit bes. Zuständigkeit an die allg. StrK (vgl. Rieß NJW 1979, 1536). Wird v. einer StrK mit bes. Zuständigkeit an eine andere StrK dieser Art verwiesen, so ist gleichgültig, ob diese StrK der verweisenden nach § 74e GVG im Rang vorgeht o. nachsteht (KK-StPO/Greger Rn. 16a). Der Grundsatz des § 269 gilt nicht (Löwe/Rosenberg/Stuckenberg Rn. 21). Zur Verweisung in einem Berufungsverfahren über eine Wirtschaftsstraftat vgl. → § 6a Rn. 13 ff. Bei der Prüfung, ob die Wirtschafts-StrK zuständig ist, bleibt das in § 74c Abs. 1 Nr. 6 GVG enthaltene Erfordernis der bes. Kenntnisse des Wirtschaftslebens als normati-

ves Tatbestandsmerkmal (→ Rn. 5; → GVG § 74c Rn. 5) außer Betracht (Rieß NJW 1979, 1536; erg. → § 6a Rn. 4).

Entscheidungsgrundlage für die Verweisung ist die Sachlage, wie sie sich zu Beginn der HV aufgrund des gesamten bis dahin angefallenen Prozessstoffes darstellt (KMR-StPO/Voll Rn. 20). Da es sich nur um die Nachprüfung der Zuständigkeitsbeurteilung im Eröffnungsbeschluss handelt, ist es nicht zulässig, das Erg. der Beweisaufnahme abzuwarten. Andernfalls hätte die zeitliche Begrenzung der Einwandsbefugnis durch § 6a S. 3 keinen Sinn. 13

C. Verweisungsbeschluss (Abs. 2). Der Verweisungsbeschluss (Abs. 2) wird in der für die HV vorgeschriebenen Gerichtsbesetzung nach Anhörung der Verfahrensbeteiligten erlassen (dazu Gollwitzer FS Riess, 2002, 151). 14

Inhaltlich muss der Beschlussausspruch das Gericht bezeichnen, an das die Sache verwiesen wird. Außerdem muss der Beschl. die für den Anklagesatz in § 200 Abs. 1 S. 1 vorgeschriebenen Angaben enthalten, jedoch mit den Veränderungen, aus denen sich die Zuständigkeit des höheren Gerichts ergibt. Das Fehlen dieser Angaben ist aber unschädlich, wenn das AG bei gleich bleibender rechtlicher Beurteilung der Tat die Sache nur deshalb an das LG verweist, weil seine Rechtsfolgenkompetenz nach § 24 Abs. 2 GVG nicht ausreicht (Dallinger MDR 1966, 894 – BGH RsprÜ). Das Gleiche gilt, wenn der Verweisungsbeschluss lediglich die Zuständigkeitsentscheidung des Eröffnungsbeschlusses korrigiert (Löwe/Rosenberg/Stuckenberg Rn. 25). 15

Eine **Begründung** des Beschl.es ist nicht erforderlich, kann aber zweckmäßig sein (KMR-StPO/Voll Rn. 22). Der die Verweisung abl. Beschl. muss dagegen mit Gründen versehen werden (§ 34). 16

Mitgeteilt wird der Beschl. durch Verkündung (§ 35 Abs. 1), bei Abwesenheit des Angeklagten zugleich mit der Fristsetzung nach Abs. 4 S. 1 durch förmliche Zustellung (§ 35 Abs. 2 S. 2). 17

D. Wirkung des Verweisungsbeschlusses (Abs. 3 S. 1). Die Wirkung des Verweisungsbeschlusses (Abs. 3 S. 1) entspr. der eines Eröffnungsbeschlusses (Dallinger MDR 1972, 387 – BGH RsprÜ). Die fehlende Anklage (Becker NStZ-RR 2007, 4 – BGH RsprÜ o. den fehlenden Eröffnungsbeschluss (BGH 30.1.2024 – 5 StR 577/23; NStZ 1988, 236) ersetzt er jedoch nicht. Mit seinem Erlass (→ Vor § 33 Rn. 5 ff.) macht der Beschl. die Strafsache bei dem Gericht, an das verwiesen wird, unmittelbar rechtshängig (OLG Karlsruher Justiz 1984, 429; KK-StPO/Greger Rn. 23; **aM** Löwe/Rosenberg/Stuckenberg Rn. 33: erst mit dem Eingang der Akten bei diesem Gericht). Das Verf. geht in der Lage, in der es sich befindet, auf das Gericht über, an das die Sache verwiesen worden ist. 18

Dieses Gericht ist **an den Verweisungsbeschluss gebunden** (BGHSt 27, 99 (103); 29, 216; BGH NStZ 1988, 236; OLG Frankfurt a. M. NStZ-RR 1997, 311), auch wenn er formell o. sachlich fehlerhaft ist (BGHSt 29, 216; BGH NStZ 2009, 579; 2018, 111; BGHR StPO § 270 Abs. 1 Wirksamkeit 1; OLG Karlsruhe MDR 1980, 599; OLG Schleswig NStZ 1981, 491). Eine Weiterverweisung an ein noch höheres Gericht ist zulässig (BGHSt 21, 268 (270); RGSt 59, 244). 19

Die **Bindungswirkung entfällt** aber, wenn der Beschl. mit den Grundsätzen rechtsstaatlicher Ordnung in offensichtlichem Widerspruch steht (OLG Köln NStZ-RR 2011, 288). Das ist der Fall, wenn er auf Willkür beruht (BGHSt 29, 216 (219); OLG Düsseldorf StraFo 1998, 274; OLG Stuttgart Justiz 1983, 164; OLG Zweibrücken MDR 1992, 178), insbes. weil er offensichtlich gesetzwidrig ist (BGH NStZ 2009, 404; OLG Düsseldorf NStZ 1986, 426; StraFo 1997, 115; OLG Frankfurt a. M. NStZ-RR 1996, 42; OLG Karlsruhe NStZ 1990, 100) o. wenn höherrangiges Recht des Art. 101 Abs. 1 S. 1 GG verletzt wurde (BGH NJW 2017, 280). Die Sache wird dann zurückverwiesen (BGHSt 45, 58; OLG Bamberg NStZ-RR 2005, 377; nach überholter **aM** – dazu BGHSt 45, 58 – tritt Nichtigkeit ein; erg. → Einl. Rn. 105, 108); § 269 steht nicht entgegen (BGHSt 45, 58). Ist aber tatsächlich die sachliche Zuständigkeit des höheren Gerichts gegeben, verbleibt die Sache trotz willkürlicher Verweisung bei diesem (BGHSt 20

45, 58; NJW 2017, 280 mzustAnm Zopfs u. mwN zu dieser u. zur Gegenauffassung; Moldenhauer NStZ 2017, 103; ebenso OLG Köln StraFo 2009, 112 bei erheblicher Verfahrensverzögerung).

21 Die **Zuständigkeit des verweisenden Gerichts für verfahrensrechtliche Entscheidungen** entfällt mit dem Erlass des Verweisungsbeschlusses. Es darf zB keine Haftentscheidung mehr treffen; § 207 Abs. 4 gilt nicht entspr. (**aM** Löwe/Rosenberg/Stuckenberg Rn. 31). Solange sich die Akten bei ihm befinden, ist das verweisende Gericht aber zur Vorlage nach § 122 Abs. 1 verpflichtet, wenn sie wegen Ablaufs der Frist des § 121 Abs. 1 alsbald geboten ist (OLG Karlsruhe Justiz 1984, 429).

22 **E. Anfechtbarkeit des Verweisungsbeschlusses (Abs. 3 S. 2).** Der Angeklagte kann den Beschl. nicht anfechten (§ 210 Abs. 1), die StA entspr. § 210 Abs. 2 nur, wenn sie die Verweisung an ein noch höheres Gericht beantragt hatte (KK-StPO/Greger Rn. 25; vgl. für einen Sonderfall auch Ernesti/Lorenzen SchlHA 1985, 119 – OLG Schleswig RsprÜ), sonst ist eine Beschwerde ausgeschlossen (BGHSt 45, 26). Die Ablehnung des Verweisungsantrags (o. der Einwendungen nach § 6a) ist nach § 305 S. 1 unanfechtbar (OLG Braunschweig NJW 1958, 1550; erg. → § 6a Rn. 16).

23 **F. Beweisanträge (Abs. 4).** Die Regelung trägt dem Umstand Rechnung, dass die Sache bei Verweisung v. AG an das LG (nur dann gilt Abs. 4) mitunter noch nicht genügend geklärt, der Angeklagte bisher vielleicht noch ohne Verteidiger ist und bei der Anhörung nach § 201 Abs. 1 keinen Anlass hatte, zu der abw. Beurteilung der Sache Stellung zu nehmen o. Beweisanträge zu stellen (Löwe/Rosenberg/Stuckenberg Rn. 40). Das Beweisantragsrecht nach Abs. 4 dient nur der Vorbereitung der neuen HV.

24 Die **Fristsetzung nach S. 1** ist Aufgabe des Vorsitzenden des verweisenden Gerichts. Die Frist muss zugleich mit der Bekanntmachung des Verweisungsbeschlusses an den Angeklagten bestimmt werden; sie kann schon in den Beschl. aufgenommen werden. Die Frist muss so bemessen werden, dass der Angeklagte ausreichend Zeit hat, sich die Antragstellung zu überlegen; die Frist kann auf Antrag o. vAw verlängert werden. Mit der Fristsetzung wird zweckmäßigerweise der Hinweis verbunden, dass die Anträge an das Gericht zu richten sind, an das die Sache verwiesen worden ist; ges. vorgeschrieben ist der Hinweis nicht (→ § 225a Rn. 10).

25 Der **Beweisantrag** bedarf keiner bes. Form, muss aber die Beweismittel u. Beweistatsachen bezeichnen.

26 Die **Entscheidung** über den Antrag trifft der Vorsitzende des Gerichts, an das die Sache verwiesen worden ist (S. 2); kommissarische Vernehmungen nach § 223 ordnet das ganze Gericht an (KK-StPO/Greger Rn. 29). Für die Entsch. ist maßgebend, ob zur Vorbereitung der HV vor dem Gericht, an das verwiesen worden ist, noch eine weitere Sachaufklärung erforderlich erscheint. Ist das nicht der Fall, so können die Anträge ohne die Beschränkungen des § 244 Abs. 3–5 abgelehnt werden. Die Ablehnung mit der Zusage, die Beweistatsache werde als wahr unterstellt, ist unzulässig. Die abl. Entsch. muss begründet werden (§ 34); wird dem Antrag stattgegeben, so ist keine Begründung erforderlich. Die Entsch. über den Beweisantrag muss so rechtzeitig getroffen werden, dass der Angeklagte weitere Anträge nach § 219 stellen oder v. seinem Selbstladungsrecht nach § 220 Gebrauch machen kann. Die Entsch. ist unanfechtbar.

27 **G. Revision.** Hat ein Gericht eine Sache nach Abs. 1 an ein Gericht höherer Ordnung verwiesen, ist die Prüfung des Revisionsgerichts auf die Frage beschränkt, ob das Recht aus Art. 101 Abs. 1 S. 2 GG objektiv willkürlich verletzt ist (BGHSt 29, 216 (219); 61, 277; BGH NStZ 2018, 111). Ist die Verweisung nach Abs. 1 zu Unrecht unterblieben u. war der Tatrichter auch beim Erlass des Urteils nicht zuständig, so ist das Verfahrenshindernis der sachlichen Unzuständigkeit bei zulässiger Revision vAw zu berücksichtigen (→ § 338 Rn. 32). Das Unterlassen der Verweisung an das JugG muss nach § 338 Nr. 4 gerügt werden. Das Gleiche gilt, wenn

der zulässige Einwand des Angeklagten nach § 6a zu Unrecht als unbegründet verworfen worden ist. War die Fristsetzung nach Abs. 4 S. 1 unterblieben, so kann die Revision nur Erfolg haben, wenn der Fehler bereits in der HV beanstandet worden ist (RGSt 62, 265 (272); KMR-StPO/Voll Rn. 40; Löwe/Rosenberg/Stuckenberg Rn. 56).

Hauptverhandlungsprotokoll **Nr. 144, 161 RiStBV**

271 (1) [1]**Über die Hauptverhandlung ist ein Protokoll aufzunehmen und von dem Vorsitzenden und dem Urkundsbeamten der Geschäftsstelle, soweit dieser in der Hauptverhandlung anwesend war, zu unterschreiben.** [2]**Der Tag der Fertigstellung ist darin anzugeben oder aktenkundig zu machen.**

(2) [1]**Ist der Vorsitzende verhindert, so unterschreibt für ihn der älteste beisitzende Richter.** [2]**Ist der Vorsitzende das einzige richterliche Mitglied des Gerichts, so genügt bei seiner Verhinderung die Unterschrift des Urkundsbeamten der Geschäftsstelle.**

Übersicht

A. Verhandlungsprotokoll. I. Protokoll über die Hauptverhandlung (Abs. 1 S. 1). Über die HV ist ein Prot. aufzunehmen **(Abs. 1 S. 1).** Dabei **bildet die Niederschrift über den Verlauf der HV eine Einheit** (BVerfG StV 2002, 521; BGHSt 16, 306; 29, 394; Pfeiffer NStZ 1981, 297 – BGH RsprÜ). Umfasst sie mehrere Tage, so braucht das Prot. daher nicht täglich abgeschlossen zu werden, selbst wenn der UrkB gewechselt hat (→ Rn. 13). Das gilt an sich auch für HV v. langer Dauer; jedoch ist dann die Anfertigung v. Teilprotokollen empfehlenswert, darauf besteht aber kein Anspruch (BGH NStZ 1993, 141). Auch dann bildet aber das Sitzungsprotokoll eine einheitliche Urk. (BGHSt 16, 306), so dass die zu Beginn des Prot. aufgeführten Personen nach § 274 für die gesamte HV als anwesend gelten, wenn ihre (vorübergehende) Entfernung nicht protokolliert worden ist (BGH NJW 1994, 3364; Becker NStZ-RR 2002, 100 – BGH RsprÜ), u. die das Gesamtprotokoll abschl. Unterschrift des Vorsitzenden den gesamten Protokollinhalt umfasst (BVerfG 10.1.1992 – 2 BvR 1643/91). 1, 2

II. Urkundspersonen. Urkundspersonen sind der Vorsitzende u. – soweit nicht der Strafrichter v. dessen Zuziehung nach § 226 Abs. 2 abgesehen hat – der bei dieser Tätigkeit grds. unabhängige (Löwe/Rosenberg/Stuckenberg Rn. 14; **aM** OLG Köln NJW 1955, 843: an Weisungen des Vorsitzenden gebunden; erg. → GVG § 153 Rn. 3) UrkB, der während der HV ausgewechselt werden kann (→ § 226 Rn. 7). Beide tragen zusammen die Verantwortung dafür, dass der Protokollinhalt mit dem übereinstimmt, was in der HV geschehen ist. Der UrkB nimmt das Prot. auf; der Vorsitzende überwacht die ordnungsgemäße Beurkundung, prüft das Prot. auf Richtigkeit u. Vollständigkeit u. veranlasst notwendige 3

Abänderungen u. Erg. (Nr. 144 Abs. 1 S. 2, 3 RiStBV) o. nimmt sie selbst vor. Wegen der Genehmigung der Änd. durch den UrkB vgl. → Rn. 14.

4 Bei **Meinungsverschiedenheiten** über tatsächliche Vorgänge muss der Vorsitzende eine Klärung versuchen, insbes. durch Befragung der anderen Prozessbeteiligten. Wird die Meinungsverschiedenheit dadurch nicht beseitigt, so muss das im Prot. vermerkt werden; die Beweiskraft des § 274 entfällt insoweit (→ § 274 Rn. 16). Besteht die Meinungsverschiedenheit nur über die Rechtsfrage, ob der Vorgang nach § 273 protokollierungsbedürftig ist, so kann der Vorsitzende den UrkB zur Protokollierung anweisen (Gollwitzer FS Gössel, 2002, 547). Der Vorsitzende kann u. muss auch einschreiten, wenn ein Dritter versucht, seine eigene Bewertung eines Verfahrensvorgangs in das Prot. zu diktieren (BGH NJW 2005, 3434).

5 Die **Anrufung des Gerichts** nach § 238 Abs. 2 ist ausgeschlossen (OLG Köln NJW 1955, 843; Löwe/Rosenberg/Stuckenberg Rn. 75).

6 **III. Form. Schriftlich** (handschriftlich o. in Maschinenschrift) wird das Prot. aufgenommen.

7 Es ist auch bei Beteiligung v. Ausländern **in deutscher Sprache** abzufassen; Aussagen u. Erklärungen in fremder Sprache können aber nach § 185 Abs. 1 S. 2 GVG in das Prot. aufgenommen werden, wenn das angezeigt erscheint (→ GVG § 185 Rn. 8).

8 **Tonbandaufnahmen** sind keine Prot., sondern Hilfsmittel für ihre Fertigung (OLG Koblenz NStZ 1988, 42; vgl. aber Roggemann JR 1966, 47: selbständige Erg. des Schriftprotokolls; Kühne StV 1991, 103: § 168a Abs. 2 S. 1 gilt auch hier).

9 In **Kurzschrift** darf das Prot. nicht geführt werden (RGSt 55, 1; Löwe/Rosenberg/Stuckenberg Rn. 2); § 168a Abs. 3 gilt für die HV nicht. Bei der Abfassung des Prot., die auch noch nach der HV zulässig ist (BGH GA 1960, 61), kann aber ein während der HV aufgenommenes Stenogramm o. eine andere vorl. Aufzeichnung verwendet werden (RGSt 65, 434; MeyerGoßner/Appl 903, 1029).

10 Die als **Hilfsmittel** verwendeten Tonbandaufnahmen u. vorl. Aufzeichnungen werden kein Bestandteil der Akten; sie brauchen weder verwahrt noch den Verfahrensbeteiligten zugänglich gemacht zu werden (BGHSt 29, 394; Dallinger MDR 1973, 903 – BGH RsprÜ; OLG Koblenz NStZ 1988, 42 vgl. auch OLG Karlsruhe NStZ 1982, 299).

11 Die **äußere Beschaffenheit** des Prot. muss seiner Bedeutung als Beweisquelle (§ 274) entsprechen. Überklebungen u. Ausschabungen sind unzulässig. Überschreibungen, Durchstreichungen, Rasuren u. dgl. möglichst zu vermeiden. Bei Verwendung v. Vordrucken muss auch bei Platzmangel die Übersichtlichkeit gewahrt werden. Durch Verstöße gegen diese Regeln kann die Beweiskraft des betr. Teils des Prot., wenn auch nicht des gesamten Prot., in Frage gestellt werden (Löwe/Rosenberg/Stuckenberg Rn. 5; erg. → § 274 Rn. 15).

12 **IV. Inhalt. Inhaltlich** muss das Prot. die in § 271 bezeichneten Angaben enthalten u. die nach § 273 Abs. 1 protokollierungspflichtigen Vorgänge in der Reihenfolge festhalten, in der sie sich ereignet haben. Für einheitliche Verfahrensvorgänge sind aber Zusammenfassungen zulässig (vgl. → § 257 Rn. 4). Das Prot. muss jedenfalls erkennen lassen, dass die für die HV vorgeschriebene Ordnung des Verfahrensgangs eingehalten ist (Löwe/Rosenberg/Stuckenberg Rn. 4).

13 **V. Unterzeichnung. Unterzeichnet** wird das Prot. v. dem Vorsitzenden u. – soweit in der HV anwesend – dem UrkB (Abs. 1 S. 1). Auch Randvermerke sind v. beiden Urkundspersonen zu unterschreiben. Die Unterzeichnung v. Protokollanlagen ist zweckmäßig, ges. aber nicht vorgeschrieben (OLG Düsseldorf MDR 1986, 166) u. kann für sich allein die Protokollunterschrift nicht ersetzen (OLG Hamm NStZ 2001, 220; NStZ-RR 2001, 83). Beim Wechsel des UrkB unterschreibt jeder den v. ihm beurkundeten Teil (BGH wistra 1991, 272); ein vollständiger Protokollabschluss mit der Unterschrift des Vorsitzenden ist wegen des Wechsels nicht erforderlich. Auch das Prot. über die mehrtägige HV wird nur aE unterschrieben, es sei denn, dass Teilprotokolle (→ Rn. 2) angefertigt worden sind (OLG

Stuttgart StraFo 2002, 133). Zur Unterschriftsleistung bei Aufnahme des vollständigen Urteils in das Prot. vgl. → § 275 Rn. 1. Für die Anforderungen an die Unterzeichnung gelten die Grundsätze für die Unterschrift des Verteidigers (→ Einl. Rn. 129, 130).

Abänderungen (vgl. → Rn. 22) des Vorsitzenden müssen durch die Unterschrift des UrkB gedeckt sein (RGSt 20, 425 (427); 22, 245; BayObLGSt 1985, 57); die schriftliche Genehmigung der Abänderungen aE des Prot. reicht aus (Pfeiffer NStZ 1981, 297 – BGH RsprÜ; Meyer-Goßner/Appl Strafsachen Rn. 1032). Das im Voraus erklärte Einverständnis des UrkB mit den Abänderungen ist wirkungslos. 14

Die **Nachholung** der versehentlich unterbliebenen Unterschrift ist jederzeit zulässig u. geboten, auch wenn bereits ein Rechtsmittel eingelegt ist, das ihr Fehlen rügt (BGHSt 10, 145). Gegenüber dem Revisionsgericht ist die nachgeholte Unterschrift wirksam, selbst wenn dadurch der Revisionsrüge der Boden entzogen wird (BGHSt 12, 270; krit. Hanack JZ 1972, 490). 15

Bei **Verhinderung des Vorsitzenden** unterschreibt für ihn der dienst- (nicht lebens-)älteste Beisitzer (Abs. 2 S. 1; SK-StPO/Frister Rn. 22). Eine Verhinderung iSd Vorschr. liegt vor, wenn dem Vorsitzenden die Unterzeichnung aus rechtlichen o. tatsächlichen Gründen dauernd o. jedenfalls voraussichtlich so lange unmöglich ist, dass ein Warten auf den Wegfall des Hindernisses das Verf. ungebührlich verzögern würde. In Betracht kommen außer Tod u. Ausscheiden aus dem Richterdienst längerer Urlaub u. Erkrankung auf nicht absehbare Zeit (vgl. Busch JZ 1964, 748), nicht aber dienstliche Überlastung (KMR-StPO/Gemählich Rn. 13) o. Ausscheiden aus dem Spruchkörper bei Beibehaltung der Richterstellung (Löwe/Rosenberg/Stuckenberg Rn. 25). Entsprechend § 21h S. 2 GVG ist bei der Vertretungsregelung das Dienstalter u. nur ersatzweise das Lebensalter maßgebend (KK-StPO/Greger Rn. 10). Im erweiterten SchG (§ 29 Abs. 2 GVG) vertritt den Vorsitzenden der 2. Richter beim AG. Bei Verhinderung des einzigen richterlichen Mitglieds genügt die Unterschrift des UrkB (Abs. 2 S. 2). 16

Bei **Verhinderung des UrkB** unterschreibt der Vorsitzende allein (Lorenzen/Schiemann SchlHA 1997, 171 – OLG Schleswig RsprÜ), wenn auch er verhindert ist, der dienstälteste Beisitzer. 17

Ein **Hinweis auf die Verhinderung** bei der Unterzeichnung durch den Vertreter ist erforderlich; auch der Verhinderungsgrund muss angegeben werden (Börtzler MDR 1972, 187; Meyer-Goßner/Appl Strafsachen Rn. 1028). Durch die Corona-Pandemie bedingte Einschränkungen des Dienstbetriebes können im Einzelfall die Annahme einer – näher darzulegenden – Verhinderung rechtfertigen (BGH NStZ-RR 2021, 57). Bei dienstlicher Überlastung liegt ein Verhinderungsfall nicht vor (BGH NStZ-RR 2021, 57). 18

VI. Tag der Fertigstellung (Abs. 1 S. 2). Der Tag der Fertigstellung muss nach Abs. 1 S. 2 im Prot. vermerkt oder sonst aktenkundig gemacht werden. Fertigstellung ist der Tag, an dem das **Prot. mit der letzten Unterschrift der Urkundsperson** (→ Rn. 13 ff.) **abgeschlossen** wird (BGHSt 23, 115; 27, 80; BayObLG NJW 1981, 1795; vgl. auch Nr. 144 Abs. 1 S. 4 RiStBV). Vor Fertigstellung kann das Urt. nicht wirksam zugestellt und daraus folgende Fristen können nicht in Lauf gesetzt werden (vgl. → § 273 Rn. 34; BGH 4.7.2023 – 5 StR 112/23). Bei einer mehrtätigen HV ist das Prot. erst fertig gestellt, wenn beide Urkundspersonen das Prot. als abgeschlossen ansehen u. die ganze Niederschrift unterzeichnet haben (BGHSt 29, 394; BGH NStZ-RR 2021, 57; → Rn. 2); zur Vermeidung v. Verzögerungen ist es zu empfehlen, bei länger dauernden HV die v. verschiedenen UrkB zu verantwortenden Teilprotokolle zügig zu überprüfen u. notwendige Änd. zeitnah genehmigen zu lassen (vgl. BGH NStZ-RR 2021, 57). An der Fertigstellung fehlt es nicht deshalb, weil das Prot. unrichtig o. lückenhaft ist o. sonstige formelle Mängel aufweist (BGH NStZ 1984, 89; BayObLG NJW 1981, 1795), wohl aber, wenn der Vorsitzende, bevor er unterschreibt, ohne Kenntnis o. ohne Äußerung des UrkB dazu sachliche Änd. vornimmt (BGHSt 37, 287; wistra 19

1995, 273; BayObLG StV 1985, 360), o. wenn die Urteilsformel unvollständig ist (OLG Stuttgart MDR 1995, 842). Mit den insges. erforderlichen Unterschriften der Urkundspersonen wird das Prot. Bestandteil der Akten u. kann v. dem Verteidiger (§ 147 Abs. 1) und v. RA des Verletzten (§ 406e Abs. 1) **eingesehen** werden (BGHSt 29, 394; Dallinger MDR 1975, 725 – BGH RsprÜ); ein Anspruch auf Übersendung der in Papierform geführten Akte besteht allerdings nicht (BGH 10.1.2023 -1 StR 464/22). Es ist aber weder für die Fertigstellung des Prot. nach Abs. 1 noch für die Wirksamkeit der Zustellung des Urteils nach § 273 Abs. 4 erforderlich, dass die v. den Urkundspersonen unterschriebene Niederschrift in tatsächlicher Hinsicht zur Akte genommen wird (BGH NStZ 2014, 420). Zur Erteilung v. Teilabschriften vgl. → § 35 Rn. 6.

20 Der **Vermerk** im Protokoll nach Abs. 1 S. 2 wird aE der Protokollurkunde v. dem zul. Unterzeichnenden, idR also v. Vorsitzenden, angebracht, datiert u. unterschrieben. Der Vermerk ist kein Bestandteil des Prot.; sein Fehlen beweist nicht, dass das Prot. noch nicht fertiggestellt ist (BGHSt 23, 115; BGH 2017, 115803; OLG Düsseldorf MDR 1991, 557; OLG Köln Rpfleger 1970, 139).

20a **Alternativ** besteht – vor allem bei bei elektronischer Erstellung und Signierung des Prot. – die Möglichkeit, das Datum der Protokollfertigstellung außerhalb des Prot. **aktenkundig zu machen,** etwa in einem kurzen Vermerk des Urkundsbeamten der Geschäftsstelle o. durch einen in den Akten selbst sofort sichtbaren Auszug aus den vorhandenen Metadaten der letzten Signatur (BT-Drs. 19/27654, 95).

21 **B. Änderungen und Berichtigungen. I. Noch nicht fertiggestelltes Protokoll.** Das noch nicht fertiggestellte Protokoll kann u. muss geänd. u. ergänzt werden, wenn **beide Urkundspersonen das für erforderlich** halten; Beschränkungen bestehen insoweit nicht (vgl. BGH GA 1954, 119; 1992, 319). Zur Genehmigung v. Änd. des Vorsitzenden durch den UrkB vgl. → Rn. 14. Dass ein Prozessbeteiligter bereits Revision eingelegt hat, steht der Protokolländerung nicht entgegen. Das Revisionsgericht hat die Änd. o. Erg. auch dann zu berücksichtigen, wenn dadurch einer Verfahrensrüge die Grdl. entzogen wird (OLG Karlsruhe NJW 1980, 716; vgl. auch BGH NStZ 2002, 160).

22, 23 **II. Berichtigung des fertiggestellten Protokolls.** Die Berichtigung des fertiggestellten Protokolls ist, sofern es sich nicht um eine verlesene u. genehmigte Niederschrift nach § 273 Abs. 3 handelt (OLG Düsseldorf OLGSt StPO § 273 Nr. 2), auf Antrag o. vAw ohne zeitliche Beschränkung (OLG Hamm JMBl. NRW. 1974, 214; OLG Karlsruhe GA 1971, 216), auch noch nach Urteilsrechtskraft (OLG Düsseldorf MDR 1990, 359), nicht nur zulässig, sondern geboten, wenn **beide Urkundspersonen darin übereinstimmen, dass das Prot. unrichtig** ist (BGH JZ 1952, 281) u. dies durch ihre Unterschrift dokumentieren (BGH NStZ 2015, 358). Ggf. muss der Vorsitzende Erhebungen veranlassen, die den Vorgang in die Erinnerung zurückrufen können (KG NStZ 1990, 359; OLG Düsseldorf StV 1985, 359; OLG Hamburg NJW 1971, 1326). Hält eine der beiden Urkundspersonen das Prot. für richtig o. erinnert sie sich nicht mehr, so ist eine Berichtigung ausgeschlossen (BGHSt 55, 31; BeckRS 2019, 15077). Bei Verhinderung des Vorsitzenden gelten die gleichen Grundsätze wie (→ Rn. 16) bei seiner Verhinderung an der Unterschriftsleistung (OLG Hamburg NJW 1965, 1342; OLG Hamm JMBl. NRW. 1962, 38; OLG Saarbrücken OLGSt StPO § 271 S. 5; Löwe/Rosenberg/Stuckenberg Rn. 51). Die Berichtigung wird idR nicht im Prot., sondern auf einer besonderen Erkl. vermerkt, die v. beiden Urkundspersonen zu unterzeichnen u. dem Prot. anzufügen ist. Die Berichtigung v. Schreibfehlern u. offenbaren Unrichtigkeiten ist ohne diese Beschränkungen möglich (OLG Düsseldorf MDR 1991, 557).

24 Die **Ablehnung des Antrags auf Protokollberichtigung** spricht der Vorsitzende allein aus (OLG Düsseldorf StV 1985, 359; OLG Schleswig MDR 1960, 521). Will er den Antrag aus Rechtsgründen ablehnen, etwa weil der Berichtigungsantrag keine wesentliche Förmlichkeit iSd § 273 Abs. 1 betr. u. daher un-

zulässig ist (OLG Hamburg NJW 1965, 1342; OLG Nürnberg MDR 1984, 74; OLG Schleswig NJW 1959, 162; vgl. aber OLG Celle NStZ 2011, 237: zulässig, wenn eine nicht wesentliche Förmlichkeit ins Prot. aufgenommen wurde u. nun berichtigt werden soll), so braucht er den UrkB nicht vorher anzuhören (OLG Frankfurt a. M. StV 1993, 463). Sonst darf die Ablehnung erst erfolgen, wenn er eine schriftliche Äußerung des UrkB herbeigeführt hat (OLG Düsseldorf MDR 1990, 743; NStZ 1998, 477). Wenn auch nur eine der Urkundspersonen die Berichtigung nicht für gerechtfertigt hält, muss der Antrag abgelehnt werden; eine freibeweisliche Aufklärung des tatgerichtlichen Verfahrensablaufs kommt dann nach der BGH-Rspr. nicht (mehr) in Betracht (BGH StV 2014, 68 mwN; erg. → § 274 Rn. 17).

Wirksam ist die Protokollberichtigung für u. gegen alle Verfahrensbeteiligten (Löwe/Rosenberg/Stuckenberg Rn. 55). 25

Wirkt sich die Berichtigung zugunsten des Beschwerdeführers o. – bei einem einheitlichen Vorgang – teilw. zu seinen Gunsten aus, so ist sie auch im **Revisionsverfahren** zu beachten (BGHSt 51, 298 (304) (GrS) mwN)). Eine Protokollberichtigung, durch die einer zulässigen Verfahrensrüge der Boden entzogen wird, darf seit einer Entscheidung des GrS des BGH bei der Revisionsentscheidung ebenfalls berücksichtigt werden, sofern dabei ein bestimmtes Verfahren eingehalten wird (BGHSt 51, 298). Das BVerfG (BVerfGE 122, 248) hat eine dagegen erhobene Verfassungsbeschwerde abgelehnt. 26

Der GrS des BGH hat **folgende Verfahrensweise vorgeschrieben:** Die Urkundspersonen haben vor einer beabsichtigten Protokollberichtigung zunächst den Beschwerdeführer anzuhören. Widerspricht er der beabsichtigten Berichtigung substantiiert, sind erforderlichenfalls weitere dienstliche Erklärungen und Stellungnahmen der übrigen Verfahrensbeteiligten zu dem tatsächlichen Geschehen einzuholen (BGH NStZ 2023, 118). Halten die Urkundspersonen trotz des Widerspruchs übereinstimmend (vgl. BGH 14,8,2024 - 5 StR 206/24) an der Protokollberichtigung fest, ist ihre Entsch. hierüber mit Gründen zu versehen. In dem Beschl. sind die Tatsachen anzugeben, welche die – sichere (BGH NStZ 2023, 118; 14.8.2024 – 5 StR 206/24) – Erinnerung der Urkundspersonen belegen, ferner ggf. markante Besonderheiten des Falles (BGH NStZ 2023, 118); darüber hinaus ist auf das Vorbringen des Beschwerdeführers u. ggf. abw. Erklärungen einzugehen (BGH NStZ 2023, 118). Wurde das Prot. berichtigt, ohne den Revisionsführer zuvor anzuhören o. ist in sonstiger Weise das v. BGH vorgeschriebene Verf. nicht eingehalten worden, ist die Berichtigung außer Acht zu lassen, da eine nachträgliche Anhörung des Revisionsführers u. erneute Entsch. über die Protokollberichtigung das Recht des Angeklagten auf ein faires Verf. verletzen würde; das Revisionsgericht hat seiner Entsch. dann das unberichtigte Prot. zugrunde zu legen (BGH NStZ 2011, 168; BeckRS 2019, 15077; OLG Hamm StV 2011, 272; OLG Saarbrücken NStZ-RR 2011, 319; **aM** BGH StraFo 2011, 356: wiederholte Berichtigungsversuche sind zulässig; zust. SSW StPO/Güntge Rn. 18; eing. u. krit. dazu Ventzke HRRS 2011, 338). Dasselbe gilt, wenn der Protokollführer vor Erlass des Berichtigungsbeschlusses nicht angehört wurde (LG Köln StV 2011, 405), o. wenn das Verf. der Protokollberichtigung trotz Kenntnis der erhobenen Rüge nicht durchgeführt wird (vgl. Dehne-Niemann wistra 2011, 214). Eine Rücksendung der Akten an das Tatgericht durch das Revisionsgericht sowie eine freibeweisliche Aufklärung durch dieses scheiden aus (BGH StV 2011, 267; 2014, 68; NStZ-RR 2017, 52; OLG Saarbrücken NStZ-RR 2011, 319; erg. → Rn. 24). 26a

Die Beachtlichkeit der Berichtigung unterliegt iRd erhobenen Verfahrensrüge der Überprüfung durch das Revisionsgericht (Anwendungsfälle: BGH NStZ 2008, 580; NJW 2012, 1015; BeckRS 2008, 6936). Eine Beschwerde gegen den Berichtigungsbeschluss (→ Rn. 28) gibt es hier nicht (vgl. BGH BeckRS 2018, 33943). Eine erneute Zustellung des Urteils (§ 273 Abs. 4) nach Berichtigung des Prot. ist nicht erforderlich. § 274 gilt für den berichtigten Teil des Prot. nicht (dagegen Hebenstreit HRRS 2008, 172). Das Revisionsgericht kann vielmehr im Freibeweisverfahren prüfen, ob die Berichtigung zu Recht erfolgt ist (vgl. dazu 26b auch OLG Dresden StraFo 2007, 420 (allerdings noch vor der Entsch. des GrS des BGH ergangen)). Im Zweifel gilt das Prot. in der nicht berichtigten Fassung (BGH StV 2011, 267). Eine Protokollberichtigung scheidet natürlich aus, wenn das Prot. inhaltlich richtig ist, weil der zu protokollierende Verfahrensvorgang (hier: Feststellung nach § 249 Abs. 2 S. 3) tatsächlich nicht stattgefunden (BGHSt 54, 37 = JR 2010, 135 mAnm Schroeder) bzw. so stattgefunden hat, auch wenn dem tatsächlichen Geschehen ein Versehen des Richters zugrunde liegt (BGH NStZ 2010, 403).

26c Die **Revision** kann nach der Berichtigung neue Verfahrensrügen erheben, wenn sich aus dem berichtigten Prot. ein anders gelagerter Verfahrensfehler ergibt (**aM** Schlothauer FS Hamm, 2008, 667), zB wenn die Wiedergabe einer vergessenen Zeugenaussage im Prot. nachgeholt wird, sich aber bei ihr Verstöße gegen Belehrungspflichten finden (vgl. BGH BeckRS 2018, 23216). Die Begründungsfrist wird dann erst ab Zustellung des Berichtigungsbeschlusses laufen können; hält man dagegen die ursprüngliche Frist des § 345 Abs. 1 S. 1 auch hier für gegeben, müsste jedenfalls Wiedereinsetzung zur Nachholung der Verfahrensrüge gewährt werden (BGH NJW 2006, 3582 (3587); vgl. → § 44 Rn. 7a).

27 **III. Wiederherstellung eines verlorengegangenen Protokolls.** Die **Wiederherstellung einer verlorengegangenen Sitzungsniederschrift** (vgl. die VO v. 18.6.1942 (RGBl. I 395; FNA 315-4)) steht der Berichtigung gleich. Vorsitzender u. Protokollführer können sie aus ihrem Gedächtnis, erforderlichenfalls unter Zuhilfenahme v. Aufzeichnungen, Bekundungen anderer Verfahrensbeteiligter u. erg. Nachforschungen, rekonstruieren. Bei der Rekonstruktion ist das Prot. so wiederzugeben, wie es die Urkundspersonen in Erinnerung haben (KG NStZ 1990, 405). Im (teilw.) wiederhergestellten Prot. ist kenntlich zu machen, für welche Feststellungen sie mangels sicherer eigener Erinnerung die Verantwortung nicht übernehmen können; das Prot. gilt ab dem Zeitpunkt als fertiggestellt, an dem endg. feststeht, dass keine weitere Rekonstruktion möglich ist (BayObLG StraFo 2020, 29; KG NStZ 1990, 405, jew. auch zum weiteren Verfahren). Ob die Rekonstruktion auch ggü. dem Revisionsgericht wirksam ist, richtet sich nach den o. (→ Rn. 26) aufgezeigten Grundsätzen.

28 **C. Beschwerde. Beschwerde** nach § 304 Abs. 1 ist gegen die Protokollberichtigung (auch wenn sie vAw getroffen worden ist) u. ihre Ablehnung durch den Vorsitzenden zulässig, nicht aber gegen die vor Fertigstellung des Prot. erfolgte Änd. (→ Rn. 22) o. deren Ablehnung (OLG Brandenburg NStZ-RR 1998, 308).

29 Mit der Beschwerde kann **keine inhaltliche Änderung des Protokolls** verlangt werden, weil es dem Beschwerdegericht nicht möglich ist, die Richtigkeit der beurkundeten Vorgänge zu prüfen (OLG Hamburg NStZ 2021, 63; OLG Düsseldorf Rpfleger 1991, 124). Die Beschwerde kann nur auf Rechtsfehler im Verf. o. auf rechtsfehlerhafte Erwägungen in dem Ablehnungsbeschluss gestützt werden (KG JR 1960, 28; OLG Düsseldorf StV 1985, 359; OLG Karlsruhe Justiz 1977, 387), zB darauf, dass der Vorsitzende ohne Anhörung des UrkB entschieden hat (OLG Hamm JZ 1951, 466; Lorenzen/Schiemann SchlHA 1997, 171 – OLG Schleswig RsprÜ), dass er den Antrag in der irrigen Meinung, es handele sich nicht um eine Förmlichkeit iS § 273 Abs. 1, ohne Prüfung abgelehnt hat o. dass er diese Frage falsch beurteilt hat (OLG Schleswig NJW 1959, 162).

30 **D. Revision.** Die **Revision** kann weder darauf gestützt werden, dass kein Sitzungsprotokoll vorhanden ist, noch darauf, dass der Inhalt des Prot. unvollständig o. unrichtig ist (→ § 273 Rn. 36, → § 344 Rn. 26).

31 **E. Reformbestrebungen.** Der Entwurf eines Gesetzes zur digitalen Dokumentation der Hauptverhandlung vom 10.5.2023 (**DokHVG,** BT-Drs. 20/8096) sieht eine digitale Inhaltsdokumentation der erstinstanzlichen Hauptverhandlungen vor den LGn und OLGn vor (§ 271 Abs. 2 GE). Die Dokumentation soll spätestens zum 1.1.2030 (bei den OLGn ab 1.1.2028) durch eine Tonaufzeichnung erfolgen, die automatisiert in ein elektronisches Textdokument (Transkript) übertragen wird.

Zusätzlich soll auch eine Bildaufzeichnung möglich sein, die von den Bundesländern durch Rechtsverordnung teilweise oder flächendeckend eingeführt werden kann (§ 19 EGStPO GE). Das Gesetz würde die Besonderheit beseitigen, dass in Deutschland, anders als weitgehend in Europa (vgl. von Galen StraFo 2019, 309 ff.) und vor den internationalen Strafgerichten (vgl. Schmitt NStZ 2019, 1 ff.), im Bereich der Schwerkriminalität keine Dokumentation der Beweisinhalte erfolgt.

Das geplante Gesetz trägt dem Umstand Rechnung, dass vor den Landgerichten 32
und Oberlandesgerichten der **Inhalt der HV** im Protokoll – anders als bei den Amtsgerichten (vgl. § 273 Abs. 1) – nicht festgehalten wird. Das herkömmliche selektive „Mitschreiben" der Richter – und anderer Verfahrensbeteiligter – ist in hohem Maße subjektiv geprägt und fehleranfällig. Damit fehlt es gerade in den Fällen der Schwerkriminalität an einer objektiven, zuverlässigen Dokumentation des Inhalts der Beweisaufnahme. Hinzu kommt mit Blick auf die beteiligten Richter, dass der Vorgang des Mitschreibens der für wesentlich erachteten Inhalte die Konzentration auf das Geschehen als solchem beeinträchtigt und damit ein Erfassen des „Inbegriffs der Verhandlung" (§ 261) erschwert (s. BT-Drs. 20/8096, 1; Schmitt NStZ 2019, 1, (5)). Die digitale Dokumentation ermöglicht ausserdem in der HV exakte Vorhalte früherer Beweisinhalte und vermeidet entsprechende Diskussionen darüber. Für die Urteilsberatung und -absetzung liefert sie eine umfassende und objektive Grundlage. Nur am Rande sei erwähnt, dass es nicht Aufgabe eines Richters – etwa eines Beisitzers einer Großen Strafkammer oder eines Strafsenates beim OLG – sein kann (bzw. sein sollte), als Stenograph der Aussageinhalte in der HV zu fungieren (s. Mosbacher, Stellungnahme zur öffentlichen Anhörung vor dem Rechtsausschuss des BT, S. 1).

Das geplante Gesetz ist auf **fundamentale Kritik,** vor allem aus der Richter- 33
schaft, gestoßen. Es wird jeglicher Handlungsbedarf bestritten und geltend gemacht, man solle den Nutzern, d. h. den Richtern, kein Hilfsmittel aufzwingen, das sie nicht wollten (s. Empfehlung des Rechtsausschusses, BT-Drs. 227/1/23, 1 f.; vgl. auch Stellungnahme des DRiB zur öffentlichen Anhörung im Rechtsausschuss des BT, S. 2; Erhard ZRP 2023, 12 mwN). Es werden überdies mit Blick auf eine behauptete Fehlerquote des Transkripts von 5–10 % langwierige Streitigkeiten über dessen inhaltliche Richtigkeit und damit eine „Beweisaufnahme über die Beweisaufnahme" erwartet. Diesen Bedenken trägt allerdings § 273a Abs. 2 S. 4 GE Rechnung, in dem es die Aufzeichnung als zulässiges Beweismittel über die in der HV erzielten Beweisergebnisse ausschließt; auch gibt es keinen subjektiven Anspruch der Verfahrensbeteiligten auf Unterbrechung der HV zur Überprüfung von Aufzeichnung und Transkript (vgl. BT-Drs. 20/8096, 31; dagegen allerdings mit Blick auf die praktische Handhabung Erhard ZRP 2023, 12 (13)). Im Übrigen legen Erfahrungen an internationalen Gerichten, etwa am IStGH, nahe, dass die Fehleranfälligkeit der automatisierten Fertigung des Transkripts mit dem rasch voranschreitenden technischen Fortschritt stetig sinken wird.

Darüber hinaus werden **Beeinträchtigungen für Opferschutz und Wahr- 34
heitsfindung** durch Ton- und Bildaufzeichnungen der HV befürchtet (so etwa Stellungnahme des DRiB zur öffentlichen Anhörung im Rechtsausschuss des BT, S. 3 ff.). Daran ist richtig, dass das Wissen der Zeugen, aber auch Angeklagten um eine visuelle Dokumentation ihrer Aussage sowie ein befürchteter Missbrauch der Aufzeichnung durch Weiterverbreitung durchaus als zusätzliche Belastung empfunden werden kann. Hinzu kommt, dass sich mit Blick auf die Revision eine visuelle Dokumentation der HV nur schwerlich mit der Aufgabenverteilung zwischen Tat- und Revisionsgericht vereinbaren lässt (Schmitt NStZ 2019, 1 (6 ff.); näher zur Revision Mosbacher FS Ignor, 2023, 677 (682 ff.)). Die im GE vorgesehene optionale audiovisuelle Aufzeichnung (§ 19 EGStPO GE) ist daher abzulehnen und die Dokumentation der HV auf eine in ein digitales Transkript zu übertragende Tonaufzeichnung zu beschränken.

Diese Bedenken gelten allerdings ohnehin nicht in gleichem Maße für **Ton- 35
aufzeichnungen.** Dass Aussageinhalte in der HV erfasst werden, ist Zeugen und Angeklagten bewusst; es entspricht auch der Gesetzeslage bei richterlichen Unter-

suchungshandlungen sowie staatsanwaltlichen und polizeilichen Vernehmungen im EV (§§ 168a, 168b Abs. 2 S. 1). Bei besonders bedrohten oder vulnerablen Zeugen kann von der Dokumentation abgesehen werden (§ 273 Abs. 2 GE). Es gibt auch keine Hinweise aus der Praxis europäischer Länder oder am IStGH, dass eine technische Erfassung der Beweisaufnahme das Aussageverhalten der Zeugen beeinflusst oder diese verstärkt die Aussage verweigern. Im Übrigen dient die vollständige und wahrheitsgetreue Erfassung der Beweisinhalte ersichtlich der Wahrheitsfindung im Strafprozess und fördert diese.

36 Weitere Befürchtungen aus der Praxis, dass die digitale Dokumentation der HV zu einer unüberschaubaren **Ausweitung der Revision** führen könnte, addressiert der GE, indem er klarstellt, dass zur Überprüfung eines behaupteten Verfahrensmangels ein Beweismittel nur heranzuziehen ist, wenn der Verfahrensmangel daraus ohne weiteres erkennbar ist (§ 352 Abs. 3 S. 1 GE); dies ist insbes. dann nicht der Fall, wenn es möglich ist, dass weitere Beweiserhebungen dem Beweisinhalt die maßgebliche Bedeutung für das Urteil genommen haben, oder wenn lediglich Feststellungen oder Wertungen angegriffen werden, die dem Tatgericht vorbehalten sind (§ 352 Abs. 3 S. 2 GE). Im Übrigen kann erwartet werden, dass auch die Rspr. der Revisionsgerichte der sinnvollen Aufgabenverteilung zwischen Tat- und Revisionsrichter Rechnung trägt und eine Überfrachtung des Revisionsverfahrens verhindert (vgl. Schmitt NStZ 2019, 1 (7 ff.); Mosbacher FS Ignor, 2023, 677 (682)).

37 Der Bundesrat hat am 19.12.2023 die Gesetzesinitiative in den **Vermittlungsausschuss** überwiesen (BT-Drs. 20/9878). Es bleibt zu hoffen, dass ein Kompromiss gefunden wird, der die wünschenswerte digitale Dokumentation der HV – qua elektronisches Transkript, nicht durch audiovisuelle Aufzeichnung (→ Rn. 34) – ermöglicht und zugleich praktisch handhabbar macht. Dabei sollten allgemeine Befürchtungen, die mit der Abkehr von einer nahezu 150 Jahre unverändert praktizierten Verfahrensweise nachvollziehbar einhergehen, sowie die erwarteten Mühen der Transformation nicht handlungsleitend sein.

Inhalt des Hauptverhandlungsprotokolls

272 Das Protokoll über die Hauptverhandlung enthält

1. den Ort und den Tag der Verhandlung;
2. die Namen der Richter und Schöffen, des Beamten der Staatsanwaltschaft, des Urkundsbeamten der Geschäftsstelle und des zugezogenen Dolmetschers;
3. die Bezeichnung der Straftat nach der Anklage;
4. die Namen der Angeklagten, ihrer Verteidiger, der Privatkläger, der Nebenkläger, der Anspruchsteller nach § 403, der sonstigen Nebenbeteiligten, der gesetzlichen Vertreter, der Bevollmächtigten und der Beistände;
5. die Angabe, daß öffentlich verhandelt oder die Öffentlichkeit ausgeschlossen ist.

1 **A. Kopf.** Der Kopf des Sitzungsprotokolls muss **die in § 272 bezeichneten Angaben** enthalten. Treten während der HV Änd. ein (Verlegung des Verhandlungsorts, Eintritt v. Ergänzungsrichtern o. -schöffen, Wechsel des StA, Verteidigers o. UrkB), so wird das an der Stelle vermerkt, an der sie im Verfahrensgang stattgefunden haben (Meyer-Goßner/Appl Strafsachen Rn. 910). Die in Nr. 2 und 4 vorgeschriebenen Angaben müssen nach einer Unterbrechung der HV auch dann nicht wiederholt werden, wenn die HV an einem anderen Tag fortgesetzt wird (Pfeiffer/Miebach NStZ 1985, 16 – BGH RsprÜ; BGH NStZ-RR 2011, 253).

2 **B. Erforderliche Angaben. I. Ort und Tag der Verhandlung (Nr. 1).** Der Ort ergibt sich idR aus dem Sitz des erkennenden Gerichts, das mit der genauen

Bezeichnung des Spruchkörpers am Kopf des Prot. angeführt wird. Wenn die Verh. an einen anderen Ort verlegt wird, ist das unter Angaben des betroffenen Verhandlungsteils zu vermerken (Löwe/Rosenberg/Stuckenberg Rn. 6). Der Tag der Verh. muss kalendermäßig bezeichnet werden.

Bei einer **mehrtätigen Verh.** sind alle Verhandlungstage aufzuführen; dabei sollte – wie es üblich ist, obwohl Nr. 1 das nicht ausdr. vorschreibt (BGH NStZ 2009, 105) – die genaue Angabe (Stunde u. Minute) der Unterbrechung u. des Wiederbeginns enthalten sein. Kürzere Pausen im Verlauf eines Verhandlungstages brauchen in das Sitzungsprotokoll dagegen nicht aufgenommen zu werden (BGH VRS 32, 143). 3

II. Namen der Richter, des Beamten der StA usw (Nr. 2). Aufzuführen sind auch die Ergänzungsrichter o. -schöffen. Die Richter müssen mit ihrer Dienstbezeichnung u. Funktion (Vorsitzender, Beisitzer, Ergänzungsrichter) bezeichnet werden. Bei den Schöffen sind Angaben über Beruf u. Wohnort entbehrlich (Löwe/Rosenberg/Stuckenberg Rn. 10); auf ihre Vereidigung wird nicht hingewiesen. Der Wechsel des StA o. UrkB muss im Prot. an der Stelle vermerkt werden, an der er eingetreten ist. Ferner ist im Kopf des Sitzungsprotokolls der Dolmetscher aufzuführen, im Folgenden nur bei Wechsel des Dolmetschers (Kusch NStZ-RR 2000, 297 – BGH RsprÜ). Der als Sachverständige anwesende Übersetzer (→ GVG § 185 Rn. 2) wird erst an der Stelle erwähnt, an der nach § 243 Abs. 1 S. 2 seine Anwesenheit festgestellt wird. 4

III. Bezeichnung der Straftat (Nr. 3). Die Bezeichnung der Straftat (Nr. 3) ist der zugelassenen Anklage (dem Strafbefehl, im Fall des § 418 der schriftlichen o. mündlichen Anklage) zu entnehmen, nicht dem späteren Urt. (Löwe/Rosenberg/Stuckenberg Rn. 14). Wie bei § 260 Abs. 4 S. 1 genügt die rechtliche Bezeichnung der Tat („wegen Diebstahls"). Bei mehreren Taten wird nur die schwerwiegendste aufgeführt („wegen Raubes ua"). Entsprechend gilt das für die Straftaten mehrerer Angeklagter. 5

IV. Namen der Angeklagten, Verteidiger und anderer Verfahrensbeteiligter (Nr. 4). Der Angeklagte wird, auch wenn er nicht erschienen ist, mit Namen, Vornamen, Geburtstag u. -ort sowie Anschrift (auch UHaft o. Strafhaft in anderer Sache) bezeichnet. Nur wenn das vollständige Urt. in das Prot. aufgenommen wird (§ 275 Abs. 1 S. 1), muss das Prot. auch die anderen für den Urteilskopf erforderlichen Angaben enthalten (Löwe/Rosenberg/Stuckenberg Rn. 17). Die Verteidiger sind aufzuführen, wenn sie wenigstens an einem Teil der Verh. teilgenommen haben, nicht, wenn sie nicht erschienen sind (SK-StPO/Frister Rn. 10). Auch die sonstigen Verfahrensbeteiligten u. ihre Bevollmächtigten o. Vertreter werden nur aufgeführt, wenn sie in der HV anwesend sind (**aM** KK-StPO/Greger Rn. 7). 6

V. Öffentlichkeit oder Nichtöffentlichkeit der Verhandlung (Nr. 5). Die Öffentlichkeit oder Nichtöffentlichkeit der Verhandlung (Nr. 5) wird am Anfang des Prot. vermerkt. Bei mehrtägiger Verh. genügt der am 1. Tag aufgenommene Vermerk (OLG Düsseldorf JMBl. NRW. 1963, 215; Löwe/Rosenberg/Stuckenberg Rn. 21). Wird die Öffentlichkeit im Laufe der Verh. ausgeschlossen, so muss der Verfahrensabschnitt, in dem nichtöffentl. verhandelt wurde, genau bezeichnet werden (BGH StV 1994, 471). 7

Beurkundung der Hauptverhandlung **Nr. 136, 143, 144, 161 RiStBV**

273 (1) [1]**Das Protokoll muß den Gang und die Ergebnisse der Hauptverhandlung im wesentlichen wiedergeben und die Beachtung aller wesentlichen Förmlichkeiten ersichtlich machen, auch die Bezeichnung der verlesenen Urkunden oder derjenigen, von deren Verlesung nach § 249 Abs. 2 abgesehen worden ist, sowie die im Laufe der Verhandlung gestellten Anträge, die ergangenen Entscheidungen und die Urteilsformel**

enthalten. [2]**In das Protokoll muss auch der wesentliche Ablauf und Inhalt einer Erörterung nach § 257b aufgenommen werden.**

(1a) [1]**Das Protokoll muss auch den wesentlichen Ablauf und Inhalt sowie das Ergebnis einer Verständigung nach § 257c wiedergeben.** [2]**Gleiches gilt für die Beachtung der in § 243 Absatz 4, § 257c Absatz 4 Satz 4 und Absatz 5 vorgeschriebenen Mitteilungen und Belehrungen.** [3]**Hat eine Verständigung nicht stattgefunden, ist auch dies im Protokoll zu vermerken.**

(2) [1]**Aus der Hauptverhandlung vor dem Strafrichter und dem Schöffengericht sind außerdem die wesentlichen Ergebnisse der Vernehmungen in das Protokoll aufzunehmen; dies gilt nicht, wenn alle zur Anfechtung Berechtigten auf Rechtsmittel verzichten oder innerhalb der Frist kein Rechtsmittel eingelegt wird.** [2]**Der Vorsitzende kann anordnen, dass anstelle der Aufnahme der wesentlichen Vernehmungsergebnisse in das Protokoll einzelne Vernehmungen im Zusammenhang als Tonaufzeichnung zur Akte genommen werden.** [3]**§ 58a Abs. 2 Satz 1 und 3 bis 6 gilt entsprechend.**

(3) [1]**Kommt es auf die Feststellung eines Vorgangs in der Hauptverhandlung oder des Wortlauts einer Aussage oder einer Äußerung an, so hat der Vorsitzende von Amts wegen oder auf Antrag einer an der Verhandlung beteiligten Person die vollständige Protokollierung und Verlesung anzuordnen.** [2]**Lehnt der Vorsitzende die Anordnung ab, so entscheidet auf Antrag einer an der Verhandlung beteiligten Person das Gericht.** [3]**In dem Protokoll ist zu vermerken, daß die Verlesung geschehen und die Genehmigung erfolgt ist oder welche Einwendungen erhoben worden sind.**

(4) **Bevor das Protokoll fertiggestellt ist, darf das Urteil nicht zugestellt werden.**

Übersicht

1 **A. Normzweck, Anwendungsbereich.** Das **Sitzungsprotokoll dient** in 1. Hinsicht der Nachprüfung der Gesetzmäßigkeit der HV durch das Rechtsmittelgericht, nur ausnahmsweise (vgl. → Rn. 23) auch Zwecken, die außerhalb des Verfahrens liegen. Für die Einhaltung der wesentlichen Förmlichkeiten des Verfahrens hat das Prot. die ausschl. Beweiskraft (§ 274). Seine Verlesung ist nur im Fall des Abs. 3 erforderlich.

2 Die **§§ 271–273 gelten auch** für die mündliche Haftprüfung (§ 118a Abs. 3 S. 3) u. die Verh. über die Verteidigerausschließung (§ 138d Abs. 4 S. 3).

3 Sie **werden ergänzt** durch die §§ 64, 86, 249 Abs. 2 S. 2, 255, §§ 182, 183, 185 Abs. 1 S. 2 GVG u. für Vorgänge außerhalb der HV durch die §§ 168–168b.

B. Protokollierung der Hauptverhandlung (Abs. 1). I. Gang und Ergebnisse der Hauptverhandlung. Das Prot. muss die **zeitliche Reihenfolge aller wesentlichen Verfahrensvorgänge** kenntlich machen, insbes. Abweichungen v. normalen Verfahrensgang, zB in Punktesachen (→ § 243 Rn. 2). 4

Ergebnisse der HV sind nicht die Erg. der Beweisaufnahme; für sie gilt Abs. 2. 5
Die in der HV ergangenen Entsch. werden am Schluss von Abs. 1 bes. erwähnt (vgl. dazu → Rn. 11 ff.).

II. Beachtung der wesentlichen Förmlichkeiten. Solche Förmlichkeiten 6
sind alle Vorgänge, die **für die Gesetzmäßigkeit des Verfahrens** v. Bedeutung sein können; Kahlo (FS Meyer-Goßner, 2001, 466) definiert sie genauer als die „gesetzlich vorgeschriebenen Verlaufsstrukturen der Hauptverhandlung, die deren Fortgang eine den Grundsätzen eines rechtsstaatlichen Strafverfahrens entsprechende Form geben und es dem Angeklagten ermöglichen, diesem Gang bei verständiger Würdigung zuzustimmen". Dabei kommt es nur auf das vorliegende Verf. an; die Bedeutung des Vorgangs für andere Verf. macht ihn nicht zu einer wesentlichen Förmlichkeit (Löwe/Rosenberg/Stuckenberg Rn. 6; **aM** BayObLGSt 1964, 141 = JZ 1965, 291 mablAnm Sarstedt).

Wesentliche Förmlichkeiten sind insbesondere die Angaben über die Öf- 7
fentlichkeit der Verh. (→ § 272 Rn. 7), die Verh. über ihren Ausschluss (→ GVG § 174 Rn. 5) sowie der Ausschließungsbeschluss (→ GVG § 174 Rn. 8), seine Durchführung u. die Wiederherstellung der Öffentlichkeit (BGHSt 4, 279; Becker NStZ-RR 2001, 264 – BGH RsprÜ; BGH StV 2018, 205; StraFo 2016, 112), die Anwesenheit der in § 226 bezeichneten Prozessbeteiligten (BGHSt 24, 280; OLG Bremen NJW 1975, 1793) u. des Verteidigers im Fall der notwendigen Verteidigung nach §§ 140, 231a Abs. 4 (BGHSt 24, 280), nicht des Sachverständigen (→ § 274 Rn. 8), die Hinzuziehung des Dolmetschers u. ihr Anlass (→ GVG § 185 Rn. 7) sowie seine Vereidigung nach § 189 GVG (BGH NJW 2012, 1015), die Abwesenheit des Angeklagten nach §§ 231 Abs. 2, 231a, 231b, 231c (→ § 231c Rn. 25), §§ 232, 233 u. seine Entfernung nach § 247 (→ § 247 Rn. 14), die Vorgänge nach § 243 Abs. 2 S. 2 – Abs. 4 S. 2 (vgl. BGH NStZ 1986, 39; 1986, 374: Verlesung des Anklagesatzes; BGH StV 1990, 245; 1992, 1; OLG Hamburg OLGSt StPO § 247 S. 7; OLG Köln NStZ 1989, 44: Vernehmung des Angeklagten zur Person u. Sache; BGH NStZ 1995, 560; BeckRS 2018, 1599: auch die erst im Verlauf der HV – zB bei einer Äußerung nach § 257 oder § 258 – erfolgte Einlassung des Angeklagten zur Sache; OLG Hamm JR 1980, 82; OLG Köln VRS 59, 349: Vortrag der Einlassung des Angeklagten durch den Verteidiger; BGHSt 37, 260: Äußerung zum Antrag nach § 404), die ges. vorgeschriebenen Belehrungen, Hinweise, Unterrichtungen u. Aufforderungen zur Stellungnahme, zB nach § 52 Abs. 3 S. 1 (→ § 52 Rn. 30), § 55 Abs. 2 → § 55 Rn. 15), § 61 Hs. 2 (→ § 61 Rn. 2), § 247 S. 4 (→ § 247 Rn. 17), § 257 Abs. 1 (→ § 257 Rn. 4), § 258 Abs. 3 (→ § 258 Rn. 31), § 265 Abs. 1, Abs. 2 (→ § 265 Rn. 33), § 268a Abs. 3 (→ § 268a Rn. 3), die Rechtsmittelbelehrung (OLG Düsseldorf NStE StPO § 274 Nr. 3), prozessuale Einverständniserklärungen, zB nach §§ 245, S. 3, 251 Abs. 1 Nr. 1, Abs. 2 Nr. 3, § 266 Abs. 1 (→ § 266 Rn. 13), § 303 (→ § 303 Rn. 4), § 325 (→ § 325 Rn. 5), auch der Widerspruch gegen die Verwertung eines Beweises, insbes. einer Aussage (vgl. → § 136 Rn. 25; BayObLG NStZ 1997, 99; offengelassen v. BGH NStZ 1997, 614), die Vereidigung o. Nichtvereidigung v. Zeugen u. Sachverständigen (→ § 59 Rn. 12, → § 79 Rn. 4), die Erhebung v. Beweisen, insbes. der Vernehmung v. Zeugen u. Sachverständigen, der Verlesung v. Urk. (→ Rn. 9) u. des Augenscheins (BGH NStZ 2002, 219; NStZ-RR 1999, 37; erg. → § 86 Rn. 17), der Beschl. nach § 244 Abs. 6 S. 1 (BGH StV 1994, 635), die Wiederholung eines Teils der Beweisaufnahme zur Heilung des Verstoßes gegen § 226 (OLG Köln NStZ 1987, 244), die Heilung v. Vereidigungsfehlern (BGHSt 4, 130 (132); RGSt 72, 219 (221)), ges. vorgesehene Erklärungen v. Angeklagten u. Zeugen, zB nach § 52 Abs. 1, Abs. 2 (→ § 52 Rn. 30), § 61 (→ § 61 Rn. 1), § 67 (→ § 67 Rn. 8), § 79 Abs. 3 (→ § 79 Rn. 7), § 257 (→ § 257 Rn. 7), aber auch die

qualifizierte Belehrung über Möglichkeiten u. Rechtsfolgen eines Verzichts auf das Verwertungsverbot gem. § 252 sowie die daraufhin abgegebene Verzichtserklärung (BGHSt 57, 254), sowie die Erhebung der Nachtragsanklage (→ § 266 Rn. 7). Auch die Erörterung gerichtskundiger Tatsachen gehört hierher (OLG Frankfurt a. M. StV 1989, 97; Meyer-Goßner FS Tröndle, 1989, 560; offengelassen BGH StV 1988, 514; **aM** BGHSt 36, 354, aber wegen der unerwünschten Konsequenz des § 274 kann die Eigenschaft als wesentliche Förmlichkeit nicht verneint werden; dieser Einwand zieht nach der erweiterten Möglichkeit der Berichtigung des Prot. (→ § 271 Rn. 26 ff.) ohnehin nicht mehr; den BGH abl. auch Kahlo StV 1991, 52). Zur Protokollierungspflicht im Verständigungsverfahren s. Abs. 1a (→ Rn. 12a ff.).

7a Durch Abs. 1 S. 2 ist klargestellt, dass auch der wesentliche Ablauf u. Inhalt einer **Erörterung nach § 257b** eine wesentliche Förmlichkeit der HV darstellt; nicht ausreichend sind inhaltsleere Formulierungen (vgl. BGH NStZ 2020, 242: „Die Sach- und Rechtslage … wurde erörtert."). Da aus dieser Erörterung aber keine unmittelbaren Rechtsfolgen erwachsen, erscheint dies als eine überflüssige Belastung des Protokolls.

8 **Keine wesentlichen Förmlichkeiten sind** die Vereidigung der Schöffen, für die § 45 DRiG gilt (Dallinger MDR 1973, 372 – BGH RsprÜ; BGH NStZ 1981, 311), die Beratung des Gerichts (BGHSt 5, 294; 37, 141 (143); OLG Hamm Rpfleger 1997, 230; OLG Köln StraFo 2002, 325; **aM** Kahlo FS Meyer-Goßner, 2001, 468; vgl. auch BGH NJW 1987, 3210: Protokollvermerk über die Nachberatung im Sitzungssaal ist zweckmäßig), die Bekanntgabe des versehentlich nicht zugestellten Eröffnungsbeschlusses (OLG Karlsruhe MDR 1970, 438), Maßnahmen der Sitzungspolizei (hierfür gilt § 182 GVG), die Präsenzfeststellung nach § 243 Abs. 1 S. 2 (Dallinger MDR 1966, 965) u. das Erscheinen der Zeugen in der HV (BGHSt 24, 280), dass dem Angeklagten nach dem Hinweis auf sein Schweigerecht nach § 243 Abs. 5 S. 1 Gelegenheit gegeben worden ist, sich zur Anklage zu äußern (BGH NJW 2016, 3795), die Einf. allgemeinkundiger Tatsachen (anders aber bei gerichtskundigen o. sonstigen nur beschränkt offenkundigen Tatsachen, vgl. → Rn. 7; Erörterungs- u. Protokollierungspflicht entsprechen sich, vgl. → § 244 Rn. 3), die Verwendung v. Augenscheinsgegenständen als Vernehmungshilfen (→ § 86 Rn. 8), die Belehrung des Angeklagten über die ges. Folgen eigenmächtigen Ausbleibens in einer Fortsetzungsverhandlung (OLG Düsseldorf NJW 1970, 1889), die stillschweigende Zustimmung zur Verlesung nach § 251 Abs. 2 Nr. 3 (BayObLG NJW 1978, 1817; OLG Köln NStZ 1988, 31) u. zur Rechtsmittelrücknahme nach § 303 (OLG Hamm NJW 1969, 151; OLG Köln MDR 1954, 500), die Befragung des Angeklagten nach § 265a; Vorhalte an Angeklagte u. Zeugen (BGH NStZ-RR 1999, 107; NJW 2003, 597), insbes. aufgrund v. Urk. (→ § 249 Rn. 28), auch aus polizeilichen Prot. (Spiegel DAR 1987, 201 – BGH RsprÜ), Verwendung v. Augenscheinsobjekten als Vernehmungsbehelfe (BGH NStZ 2003, 320), Verhandlungspausen u. kurze Unterbrechungen (BGH VRS 32, 143; OLG Köln StraFo 2002, 325) u. Erklärungen über den Rechtsmittelverzicht (vgl. aber → § 274 Rn. 11).

9 **III. Bezeichnung der verlesenen Urkunden.** Die Bezeichnung der verlesenen Urkunden o. derjenigen, v. deren Verlesung nach § 249 Abs. 2 abgesehen worden ist (nicht ihr Inhalt), muss in das Prot. aufgenommen werden (vgl. → § 255 Rn. 1; zur Urkundsqualität v. elektronischen Dokumenten, vgl. § 249 Abs. 1 S. 2). Wird eine Urk. nur teilw. verlesen, sind die verlesenen Teile genau zu bezeichnen (BGH NStZ 2004, 279; 2011, 110; NStZ-RR 2007, 52). Es muss außer der Anordnung der Verlesung auch mitgeteilt werden, dass diese ausgeführt wurde (BGH wistra 1992, 30; Kusch NStZ 1993, 30 – BGH RsprÜ; BGH NStZ 1999, 424). Für die Protokollierung genügt nicht die Feststellung, dass ein Gutachten o. eine Urk. „zum Gegenstand der Verhandlung" gemacht worden ist (BGHSt 11, 29; BGH NJW 2011, 3733; OLG Celle StV 1984, 107; OLG Düsseldorf NZV 1996, 503); denn das beweist nicht die Art der Verwendung (OLG Saarbrücken NStZ-RR 2000, 48). Zu protokollieren ist auch die Kenntnisnahme im Selbstleseverfahren (→ § 249 Rn. 23; BGH NStZ 2000, 47) u. der Bericht des Vorsitzenden über den Inhalt der Urk. (→ § 249 Rn. 27), nicht aber der bloße Vorhalt (→ § 249 Rn. 28). Zur Protokollierung im Fall des § 249 Abs. 2 vgl. → § 249 Rn. 24.

IV. Gestellte Anträge. Die **im Verlauf der Verhandlung gestellten Anträge** (Antragsteller, Antragsinhalt) müssen im Prot. beurkundet werden, auch die Hilfsanträge (Dallinger MDR 1968, 552 – BGH RsprÜ; Dallinger MDR 1975, 368 – BGH RsprÜ) u. die unzulässigen Anträge, nicht aber die Begründung der Anträge (RGSt 32, 239 (241); OLG Nürnberg MDR 1984, 74). Wegen der Beweisanregungen vgl. → § 244 Rn. 23 ff., wegen der Beweisanträge → § 244 Rn. 39. 10

V. Ergangene Entscheidungen. Die ergangenen Entscheidungen **(Gerichtsbeschlüsse u. Vfg. des Vorsitzenden)** müssen in ihrem vollen Wortlaut und, wenn sie eine Begründung enthalten, mit den Gründen in das Prot. aufgenommen werden. Wird der Beschl. mit der Begründung gesondert abgefasst, so braucht er nicht in die Sitzungsniederschrift aufgenommen zu werden, sondern es genügt, dass die mündliche Bekanntmachung im Prot. vermerkt u. auf den Beschl., der dem Prot. als Anl. beigefügt wird, ausdr. Bezug genommen wird (Holtz MDR 1991, 297 – BGH RsprÜ). 11

Das **Urteil** wird mit der in der Verh. verkündeten Formel (§ 268 Abs. 2 S. 1) beurkundet. Der Vermerk: „Es wurde das anliegende Urt. verkündet“, genügt nicht (RGSt 58, 143). Wegen der Urteilsgründe genügt der Vermerk, dass sie eröffnet worden sind. 12

VI. Verständigungsverfahren. Nicht nur aus den Urteilsgründen, sondern auch aus dem Hauptverhandlungsprotokoll muss sich ergeben, **ob eine Verständigung nach § 257c stattgefunden** hat. Abs. 1a S. 1 schreibt deshalb vor, dass der wesentliche Ablauf u. der Inhalt sowie das Erg. der Verständigung – einschl. etwaiger iRd Verständigung abzugebender u. abgegebener Prozesserklärungen (vgl. Schlothauer/Weider StV 2009, 604; einschr. Bittmann wistra 2009, 416) – zu protokollieren sind (dazu BVerfG NJW 2013, 1058 (1065); → § 243 Rn. 18a ff.). Das ist – im Gegensatz zur Regelung in Abs. 1 S. 2 – sinnvoll, um die Einhaltung des in § 257c vorgeschriebenen Verfahrens (insbes. auch durch das Revisionsgericht) prüfen u. feststellen zu können, ob auch keine unzulässigen Vereinbarungen getroffen wurden. Wird ein Vermerk über ein außerhalb der Hauptverhandlung geführtes Verständigungsgespräch verlesen, ist es für Abs. 1a S. 2 ausr., wenn der Vermerk durch die Aktenfundstelle unverwechselbar gekennzeichnet wird (BGHSt 64, 168 = NJW 2019, 3316). Hat der Vorsitzende eine Verständigung fehlerhaft nicht o. nur unzureichend protokollieren lassen, kann (und muss) die Entsch. des Gerichts nach § 238 Abs. 2 herbeigeführt werden (BVerfG StV 2000, 3; Beulke/Swoboda JZ 2005, 74), ebenso bei Unklarheit über den Inhalt der Verständigung (BGH StV 2004, 342; Tepperwien DAR 2005, 253 – BGH RsprÜ). Die Protokollierungspflicht hindert aber nicht die (freibeweisliche) Feststellung eines *rechtlich zulässigen* (offengelassen v. BGH StV 2014, 397 Ls.) o. *unzulässigen* Geschehens (zB Vereinbarung einer Punktstrafe), gleichgültig ob es sich in o. außerhalb der HV ereignet hat (BGHSt 45, 227 (228); NStZ-RR 2007, 245; OLG Köln NStZ 2014, 727 mablAnm Schneider NStZ 2015, 53). 12a

Mitteilungen und Belehrungen nach § 243 Abs. 4 (→ § 243 Rn. 18a–h) u. § 257c Abs. 4 S. 4 und Abs. 5 (→ § 257 Rn. 30) sind gleichfalls zu protokollieren (Abs. 1a S. 2), wobei sich Umf. der Mitteilungs- u. der Protokollierungspflichten decken müssen (Feldmann NStZ 2015, 475 mN aus der Rspr. des BGH; Pfister StraFo 2016, 193; **aM** Bittmann NStZ 2016, 120; Mosbacher NStZ 2013, 724). Es empfiehlt sich, über ein außerhalb der HV geführtes Verständigungsgespräch einen entspr. Vermerk zu fertigen, diesen in der HV zu verlesen u. anschließend als Anl. zum Prot. zu nehmen (vgl. BGH NStZ-RR 2018, 355), auch wenn es zur Erfüllung der Protokollierungspflicht ausreicht, dass der Vermerk durch Angabe der Aktenfundstelle so unverwechselbar bezeichnet wird, dass eine eindeutige Identifizierung des Schriftstücks möglich ist (BGH StraFo 2019, 468). Es bietet sich 12b ferner an, entspr. Abs. 3 S. 3 zu dokumentieren, dass der Protokollvermerk vorgelesen u. genehmigt wurde (vgl. BGHSt 58, 310 mAnm Radtke NStZ 2013, 669). Bei Fehlen der Protokollierung gilt die negative Beweiskraft des Prot. nach § 274 (→ § 274 Rn. 14; BGH NJW 2015, 645). Enthält das Prot. lediglich Erklärungen gem. §§ 212, 202a, ist dadurch aber nicht ausgeschlossen, dass eine Verständigung nach § 257c erfolgt ist (OLG Zweibrücken NJW 2012, 3193).

12c Schließlich verlangt Abs. 1a S. 3 auch einen Protokollvermerk, falls eine Verständigung nach § 257c **nicht stattgefunden** hat (sog. „Negativattest"). Die Vorschr. betr. nur die HV; sie besagt nichts darüber, ob außerhalb der HV Verständigungsgespräche stattgefunden haben (BGH NStZ 2017, 52; Ladiges JR 2012, 372; Niemöller GA 2014, 183; **aM** Jahn/Müller NJW 2009, 2630). Diese Regelung steht im Widerspruch zu § 274, weil danach aus dem Fehlen einer Protokollierung über eine Verständigung folgt, dass es eben keine Verständigung gegeben hat. Um der Vorschr. überhaupt einen Sinn zu geben, legt der BGH (BGHSt 56, 3) sie deshalb dahin aus, dass – in Abweichung v. § 274 – jedes Hauptverhandlungsprotokoll sich dazu äußern muss, ob eine Verständigung stattgefunden hat o. nicht (so auch Altenhain/Haimerl StV 2012, 397; Brand/Petermann NJW 2010, 268; Kühne FS Kerner, 2013, 749; **aM** Bittmann wistra 2009, 416; Niemöller StV 2012, 387 möchte dem Negativattest u. seinem Fehlen jede Beweiskraft absprechen; erg. → § 274 Rn. 14, 14a). Wenn entgegen der im Prot. enthaltenen Feststellung nach Abs. 1a S. 3, welche an der Beweiskraft des Sitzungsprotokolls teilnimmt (BayObLG NStZ 2021, 320), eine – im Urt. unberücksichtigte – Verständigung stattgefunden haben soll, ist der Fälschungseinwand nach § 274 S. 2 zu erheben (BGH StV 2010, 346). Enthält das Prot. weder eine Feststellung nach Abs. 1a S. 1 noch nach Abs. 1a S. 3 – also weder die Mitteilung dass eine, noch dass keine Verständigung stattgefunden hat –, ist es widersprüchlich u. verliert insoweit seine Beweiskraft; dann muss eine Überprüfung im Freibeweisverfahren erfolgen (OLG Celle StV 2012, 141; OLG Düsseldorf StV 2011, 80), wobei der Beschwerdeführer iE darlegen muss, in welchem Verfahrensstadium, in welcher Form u. mit welchem Inhalt die v. ihm behauptete Verständigung zustande gekommen ist (BGHSt 56, 3; OLG Hamm NStZ 2017, 725). Auf die Verletzung der Protokollierungsvorschrift selbst kann die Revision aber – entgegen Brand/Petermann NJW 2010, 268 – nicht gestützt werden (BGH NStZ 2011, 170; Bauer StV 2011, 340; Ladiges JR 2012, 373; vgl. → Rn. 36 sowie → § 344 Rn. 26a); jedoch wird nach der Rspr. des BVerfG (NJW 2013, 1058 (1067), krit. dazu Stuckenberg ZIS 2013, 216) dann grds. ein Verstoß gegen § 257c nicht auszuschließen sein, so dass ein Beruhen auf dem Rechtsfehler idR anzunehmen ist (BGHSt 58, 310; krit. Schneider NStZ 2014, 257; siehe aber auch BGHSt 59, 130; BGH NStZ 2023, 306; erg. dazu → § 344 Rn. 26a), sofern nicht ausnahmsweise zweifelsfrei feststeht, dass es keinerlei Gespräche gegeben hat, in denen die Möglichkeit einer Verständigung im Raum stand (BGH StV 2013, 612 Ls.). Durch die unzureichende Mitteilung u. Protokollierung v. Verständigungsgesprächen, die allein Mitangeklagte betroffen haben, ist ein Angeklagter aber idR nicht in seinen Rechten beeinträchtigt (BGH NStZ 2015, 657).

13 **C. Wesentliche Ergebnisse der Vernehmung (Abs. 2).** Die Aufnahme von wesentlichen Ergebnissen der Vernehmung (Abs. 2) ist nur **für die Verh. vor dem Strafrichter u. dem SchG** vorgeschrieben u. nur für Vernehmungen der Angeklagten, Zeugen und. Sachverständigen. Für den Augenscheins- u. Urkundenbeweis hat Abs. 2 keine Bedeutung.

14 Die Protokollierung des wesentlichen Vernehmungsergebnisses ist **Aufgabe des UrkB.** Der Vorsitzende kann ihm aber Weisungen darüber erteilen, was als wesentlich iSd Abs. 2 anzusehen ist. Er ist auch rechtlich nicht gehindert, dem UrkB die Zusammenfassung der Aussage ins Prot. zu diktieren (vgl. aber Löwe/Rosenberg/Stuckenberg Rn. 41: weder üblich noch angebracht). Die Prozessbeteiligten haben auf die Niederschrift nach Abs. 2 keinen Einfluss; sie können nur Anregungen geben o. den Antrag nach III stellen. Da die nach Abs. 2 vom Protokollführer festgehaltenen Aussagen der vernommenen Person weder vorgelesen noch v. dieser genehmigt werden, haben sie nur einen sehr geringen Beweiswert (dazu Meyer-Goßner FS Fezer, 2008, 137).

Das 1. OpferRRG hat allerdings die Möglichkeit geschaffen, nach Anordnung des Vorsitzenden einzelne **Vernehmungen auf Tonträger aufzunehmen,** wodurch die Notwendigkeit der Anwesenheit eines Protokollführers zwar nicht entfällt (vgl. aber § 226 Abs. 2), dieser jedoch entlastet wird. Vor allem sollen dadurch aber erneute Vernehmungen des Zeugen o. Vernehmungen des erstinstanzlichen Richters o. Protokollführers über die Aussage des Zeugen in der Berufungsinstanz vermieden werden (vgl. § 323 Abs. 2 S. 6); die Herstellung einer Abschrift der Aufnahme („Verschriftung") ist erst u. nur dort erforderlich (vgl. die Erläuterungen zu § 323 Abs. 2; praktische Bedeutung dürfte dies umständliche Verf. aber kaum erlangen, vgl. die berechtigte Kritik in BR-Drs. 829/03, 9; vgl. auch BT-Drs. 15/1976, 12, wo zu Recht eine Erstreckung der Aufnahme der Vernehmungen auf Tonträger auch im Verf. vor dem LG u. dem OLG eine Absage erteilt wird). Der Tonträger ist aufzubewahren (Abs. 2 S. 3). Das Einsichtsrecht u. der Datenschutz sind durch den in Abs. 2 S. 4 enthaltenen Verweis auf § 58a Abs. 2 S. 1 und § 58a Abs. 2 S. 3–6 gesichert; eine Vernichtungsregelung (§ 58a Abs. 2 S. 2 mit § 101 Abs. 8) ist wegen der Möglichkeit einer Wiederaufnahme des Verfahrens nach §§ 359 ff. nicht vorgesehen. Die Einschränkungen nach § 58a Abs. 3 gelten nicht, so dass der Verteidigung eine Kopie der Aufzeichnung überlassen werden kann (Neuhaus StV 2004, 624). 14a

Von der Tonträgeraufnahme abgesehen genügt iÜ stets ein **knappes Inhaltsprotokoll;** ein Wortprotokoll ist nur im Fall des Abs. 3 vorgesehen (für eine umfassende Dokumentation durch Einsatz v. Bild-Ton-Technik Witting FS Schiller, 2014, 691; dagegen krit. Meyer-Goßner FS Fezer, 2008, 135). Die Bezugnahme auf Niederschriften über frühere Vernehmungen ist zulässig, wenn die Aussage in der HV v. ihnen nicht o. nur unwesentlich abweicht (vgl. auch Nr. 144 Abs. 2 S. 1 RiStBV). Auch auf ein schriftliches Sachverständigengutachten kann Bezug genommen werden (BGH GA 1964, 275). Zur späteren Verlesung vgl. → § 251 Rn. 30; → § 325 Rn. 11. 15

Das **Inhaltsprotokoll kann entfallen,** wenn allseitiger Rechtsmittelverzicht erklärt o. das Urt. in der Rechtsmittelfrist nicht angefochten wird (Abs. 2 Hs. 2); entspr. wird bei Rücknahme des Einspruchs gegen den Strafbefehl verfahren. 16

Die **Beweiskraft des Protokolls** nach § 274 beschränkt sich auf die Feststellung, dass der Angeklagte o. die Beweisperson vernommen worden ist; für den Inhalt der Aussage ist es nicht beweiskräftig (→ § 274 Rn. 10; → § 337 Rn. 13). 17

D. Vollständige Niederschreibung von Vorgängen, Aussagen und Äußerungen (Abs. 3). I. Vorgänge in der HV. Nur Vorgänge in der HV können festgestellt werden, nicht Vorgänge vor ihrem Beginn, in einer Sitzungspause o. außerhalb des Sitzungssaals. 18

Zu den wesentlichen Förmlichkeiten der HV braucht der Vorgang nicht zu gehören; er muss nicht einmal eine Prozesshandlung sein, sondern kann in dem besonderen Verhalten des Angeklagten o. eines Zeugen (Erröten, Erbleichen, Mimik, Gestik), auch v. Richtern u. Schöffen (Schlafen während der Verh.) liegen (Müller FS Volk, 2009, 488). 19

Der **Wortlaut einer Aussage oder Äußerung** kann insges. o. in einem Teil beurkundungsbedürftig sein. Aussagen iSv Abs. 3 S. 1 sind die Einlassung des Angeklagten u. die Aussagen v. Zeugen u. Sachverständigen; Äußerungen können auch v. anderen Personen stammen, die sich im Sitzungssaal befinden. 20

Nur **wenn es auf die Feststellung ankommt,** wird die vollständige Niederschreibung angeordnet. Dabei kann sich das Interesse an der Feststellung sowohl auf das lfd. als auch auf ein anderes (auch künftiges) Verf. beziehen. 21

Für das laufende Verfahren kommt es auf die Feststellung insbes. an, wenn die Vorgänge o. Äußerungen Verfahrensfehler enthalten, auf die die Revision gestützt werden kann, wenn sie Anlass zu Beweisanträgen o. zu weiterer Sach- 22

aufklärung bieten o. wenn sie für die Beweiswürdigung v. besonderer Bedeutung sind. Dass eine Aussage entscheidungserheblich ist, genügt allein nicht (SK-StPO/Frister Rn. 36; **aM** Löwe/Rosenberg/Stuckenberg Rn. 50). Ein Protokollierungsbedürfnis ist vielmehr nur anzuerkennen, wenn es nicht lediglich auf den Inhalt, sondern auf den genauen Wortlaut der Aussage ankommt (Ernesti/Jürgensen SchlHA 1976, 172 – OLG Schleswig RsprÜ; Roxin/Schünemann StrafVerfR § 51 Rn. 5; Schlüchter Strafverfahren Rn. 590 Fn. 662; M. J. Schmid NJW 1981, 1353; Sieß NJW 1982, 1625; **aM** Müller FS Volk, 2009, 492; Schröder FS Schlüchter, 1998, 97; erheblich weitergehend auch Meyer-Mews NJW 2002, 103, der einen Anspruch auf Tonbandmitschnitt der Beweisaufnahme in bestimmten Fällen annimmt; dagegen zutr. Uetermaier NJW 2002, 2298), insbes., wenn verschiedene Deutungsmöglichkeiten mit der Gefahr unterschiedlicher Folgerungen bestehen.

23 **Für andere Verfahren** kommt es auf die Feststellung an, wenn sie die Grdl. für eine strafgerichtliche Verurteilung (vgl. Nr. 144 Abs. 2 S. 2 RiStBV), für eine disziplinarische Ahndung o. für ein zivilrechtliches Verf. bilden kann.

24 **II. Von Amts wegen oder auf Antrag.** Von Amts wegen oder auf Antrag wird die vollständige Niederschreibung angeordnet.

25 **Von Amts wegen** veranlasst sie der Vorsitzende, wenn er nach pflichtgemäßem Ermessen die Voraussetzungen des Abs. 3 S. 1 für gegeben hält.

26 **Antragsberechtigt sind** die Prozessbeteiligten mit Ausnahme des Nebenklägers (vgl. → § 397 Rn. 11) u. der Berufsrichter u. Schöffen (KMR-StPO/Gemählich Rn. 36; **aM** SK-StPO/Frister Rn. 39; Ulsenheimer NJW 1980, 2274), auch nicht die Zeugen u. Sachverständigen (Löwe/Rosenberg/Stuckenberg Rn. 56; **aM** Schmid GA 1962, 362; Ulsenheimer NJW 1980, 2274).

27 Der Antragsteller muss den zu protokollierenden Vorgang **genau bezeichnen** u. darlegen, worin sein rechtliches Interesse an der Beurkundung besteht (OLG Bremen NStZ 1986, 183; Löwe/Rosenberg/Stuckenberg Rn. 56). Der Antrag, alle Wahrnehmungen des Gerichts bei einer Augenscheinseinnahme zu protokollieren, ist unzulässig (OLG Bremen NStZ 1986, 183 unter Klarstellung seiner den gegenteiligen Eindruck erweckenden Entsch. OLG Bremen NJW 1981, 2827 = JR 1982, 252 mablAnm Foth). Im Übrigen ist es den Prozessbeteiligten unbenommen, selbst o. durch eine Hilfsperson Aussagen im Stenogramm festzuhalten (BGHSt 18, 179 (181); Marxen NJW 1977, 2190; erg. → GVG § 169 Rn. 15).

28 Der Antrag nach S. 1 ist im **Sitzungsprotokoll** zu beurkunden (Löwe/Rosenberg/Stuckenberg Rn. 62), ebenso die Anordnung des Vorsitzenden, mit dem ihm entsprochen wird. Lehnt der Vorsitzende ihn ab, so sind der Inhalt des Antrags, seine Ablehnung u. ihre Begründung im Prot. festzuhalten.

29 **III. Entscheidung.** Die Entscheidung darüber, ob u. wie die Beurkundung erfolgen soll, trifft auch im Fall des Abs. 3 der **Vorsitzende.** Er allein, im Fall des S. 2 das Gericht, hat nach pflichtgemäßem Ermessen zu beurteilen, ob es auf die Feststellung der Vorgänge o. den Wortlaut der Aussage o. Äußerung ankommt; das Antragsrecht allein gibt keinen Beurkundungsanspruch (BGH NJW 1966, 63 = JR 1966, 305 mablAnm Lackner; Sieß NJW 1982, 1625). Demgegenüber hält die hM die Frage, ob es auf die Feststellung ankommt, für eine Rechtsfrage, die keinen Raum für Ermessensentscheidungen lässt. Wenn es auf die Feststellung ankommt, ist nach dieser Ansicht ein Anspruch auf Niederschreibung gegeben (vgl. OLG Bremen NJW 1981, 2827; Ernesti/Jürgensen SchlHA 1976, 172 – OLG Schleswig RsprÜ; Löwe/Rosenberg/Stuckenberg Rn. 57). Praktisch ist die Streitfrage v. geringer Bedeutung; denn die Ablehnung der vollständigen Niederschreibung wird v. Revisionsgericht ohnehin nicht geprüft (vgl. → Rn. 36).

30 Wird die Protokollierung nach Abs. 3 von einem Prozessbeteiligten erfolglos beantragt, so können er u. jeder andere antragsberechtigte Prozessbeteiligte auf **gerichtliche Entscheidung** antragen (S. 2), gleichviel, ob es bei der Protokollierung auf deren Bedeutung im selben o. in einem anderen, auch künftigen, Verf. ankommt. Das Gericht entscheidet durch Beschl., der alsbald, nicht erst nach der Urteilsverkündung, bekanntzumachen ist (Löwe/Rosenberg/Stuckenberg Rn. 60;

Schmid GA 1962, 363). Der Vorsitzende ist an den Beschl. nur insoweit gebunden, als er die Niederschreibung veranlassen muss; Wortlaut u. Inhalt bestimmt allein er zusammen mit dem UrkB (Sieß NJW 1982, 1627). Der Beschl., der seine abl. Entsch. bestätigt, bindet ihn nicht; wenn er seine Meinung ändert, kann er gleichwohl die Beurkundung veranlassen (KK-StPO/Greger Rn. 27). Neben S. 2 ist § 238 Abs. 2 nicht anwendbar; S. 2 ist die Sondervorschrift (Erker Beanstandungsrecht S. 120 ff.).

IV. Vollständige Niederschrift, Verlesung und Genehmigung. Die vollständige Niederschrift ordnet der **Vorsitzende** an. Er kann sie dem UrkB ins Prot. diktieren o. sich darauf beschränken, ihn zum Mitschreiben zu veranlassen. Der Antragsteller hat nicht das Recht, etwas ins Prot. zu diktieren (Löwe/Rosenberg/Stuckenberg Rn. 53; erg. → § 244 Rn. 32). Die Niederschrift muss nicht unbedingt in der HV angefertigt werden. Der Vorsitzende kann sie auch in einer Sitzungspause vorbereiten, muss aber ihren Inhalt mit dem UrkB abstimmen (Löwe/Rosenberg/Stuckenberg Rn. 54). Ist die Beurkundung für einen außerhalb des anhängigen Verfahrens liegenden Zweck bestimmt, so kann sie auch zur Anl. des Prot. gemacht werden, die sonst aber allen Erfordernissen des Prot. entsprechen muss (KK-StPO/Greger Rn. 29). 31

Die Niederschrift muss in der Verh. **vorgelesen und genehmigt** werden. Welche der beiden Urkundspersonen sie verliest, bestimmt der Vorsitzende. Die Genehmigung muss grds. ausdr. erteilt werden. Eine Genehmigung liegt aber auch darin, dass sich die Prozessbeteiligten auf allg. Befragen mit der Art der Protokollierung einverstanden erklären. 32

Im **Sitzungsprotokoll** (S. 3) muss die Verlesung vermerkt u. angegeben werden, ob die Genehmigung erteilt o. ob u. welche Einwendungen erhoben worden sind. Der Genehmigungsvermerk kann sich darauf beschränken, dass Einwendungen nicht erhoben worden sind (KMR-StPO/Gemählich Rn. 39). 33

E. Fertigstellung des Protokolls (Abs. 4). Die Fertigstellung des Protokolls (Abs. 4) ist **Voraussetzung der Urteilszustellung.** Zur Fertigstellung vgl. iE → § 271 Rn. 19; die vorherige Zustellung ist unwirksam u. setzt die v. der Urteilszustellung abhängigen Fristen, insbes. die Revisionsbegründungsfrist nach § 345 Abs. 1 S. 2, nicht in Lauf (BGHSt 27, 80; BGH NStZ 2014, 420; NJW 2011, 3528; BayObLG StV 1985, 360; OLG Karlsruhe NJW 1980, 716; OLG Stuttgart MDR 1995, 843). Mängel des Prot. machen die Urteilszustellung nicht unwirksam, wohl aber Unleserlichkeit o. (erhebliche) Unvollständigkeit der Urteilsausfertigung (BGHR StPO § 145a Unterrichtung 1; BGH NStZ 2007, 53). 34

F. Beschwerde. Die Beschwerde gegen den Gerichtsbeschluss, mit dem die vollständige Niederschreibung nach Abs. 3 S. 1 abgelehnt worden ist, schließt § 305 S. 1 aus, soweit die Niederschreibung für Zwecke des vorliegenden Verfahrens beantragt war. Sollte sie einen außerhalb dieses Verfahrens liegenden Zweck verfolgen, so ist Beschwerde nach § 304 Abs. 1 zulässig (KK-StPO/Greger Rn. 36); mit ihr kann aber nur geltend gemacht werden, dass die Protokollierung rechtsfehlerhaft verweigert worden ist (Löwe/Rosenberg/Stuckenberg Rn. 66; SK-StPO/Frister Rn. 52). 35

G. Revision. Die Revision kann grds. nicht auf einen Mangel des Prot. gestützt werden (vgl. aber → § 344 Rn. 26, 26a zur Rüge des Verstoßes gegen § 273 Abs. 1a), auch nicht auf inhaltliche Widersprüche bei der Wiedergabe einer Aussage o. eines Gutachtens in der Niederschrift nach Abs. 2 und in den Urteilsgründen (OLG Brandenburg NStZ-RR 2009, 247), es sei denn, die Vernehmung wurde auf Tonträger aufgenommen (vgl. → Rn. 14a). Mit der Tonträgeraufnahme (Neuhaus StV 2004, 625) o. der Niederschrift nach Abs. 3 lässt sich aber der Gegenbeweis gegen die Urteilsfeststellungen führen (→ § 337 Rn. 14; zum notwendigen Revisionsvorbringen vgl. BayObLG NStZ 1990, 508). Ob es im Fall des Abs. 3 rechtsfehlerhaft ist, wenn die Urteilsfeststellungen ergeben, dass es für die Entsch. gerade auf die beantragte, aber abgelehnte vollständige Niederschrift ankam 36 (so OLG Bremen NJW 1981, 2827 = JR 1982, 252 mablAnm Foth), ist revisionsrechtlich iErg ohne Bedeutung; denn das Urt. kann auf der Ablehnung des Antrags nicht beruhen (vgl. Kusch NStZ 1994, 25 – BGH RsprÜ; BGH NStZ 1993, 499; KG VRS 11, 436; Löwe/Rosenberg/Stuckenberg Rn. 67; **aM** OLG Bremen NJW 1981, 2827; AK-StPO/Lemke Rn. 26; SK-StPO/Frister Rn. 59; Ulsenheimer NJW 1980, 2274). Das gilt auch für den Fall, dass der Antrag darauf gerichtet war, die Beweisgrundlagen, insbes. den Wortlaut einer Aussage, im Prot. festzuhalten (KK-StPO/Greger Rn. 35; **aM** Schlüchter Strafverfahren Rn. 590; SK-StPO/Schlüchter Rn. 47; Ulsenheimer NJW 1980, 2274). Die Rüge, die Mitteilung nach § 243 Abs. 4 sei nicht gem. Abs. 3 vorgelesen u. genehmigt worden, kann keinen Erfolg haben, weil das Urt. hierauf nicht beruhen kann (BGH NStZ 2015, 416 (417); eing. Pfister StraFo 2016, 193). War die nach § 243 Abs. 4 erfolgte Mitteilung unvollständig, gibt das Prot. jedoch die Mitteilung zutr. wieder, liegt kein Verstoß gegen § 273 Abs. 1a vor (BGH BeckRS 2016, 17189).

Beweiskraft des Protokolls **Nr. 144 RiStBV**

274 **[1] Die Beobachtung der für die Hauptverhandlung vorgeschriebenen Förmlichkeiten kann nur durch das Protokoll bewiesen werden. [2] Gegen den diese Förmlichkeiten betreffenden Inhalt des Protokolls ist nur der Nachweis der Fälschung zulässig.**

Übersicht

1, 2 **A. Formelle Beweiskraft des Sitzungsprotokolls (S. 1). I. Vereinfachung des Revisionsverfahrens.** Der Vereinfachung des Revisionsverfahrens dient die Vorschr.; sie will dem Revisionsgericht die Prüfung v. Verfahrensrügen erleichtern (BGH NJW 1976, 977). Die Förmlichkeiten des Hauptverfahrens sollen nicht Gegenstand v. Beweiserhebungen im Rechtsmittelzug sein (vgl. auch Danckert, Die materielle Beweiskraft des Hauptverhandlungsprotokolls im Strafprozess, 2012, S. 121 ff.; krit. auch Stuckenberg FS Rüßmann, 2013, 639).

3 S. 1 lässt daher den Grundsatz der freien Beweisermittlung u. Beweiswürdigung zurücktreten (BGHSt 26, 281 (283)) u. bestimmt als ges. Beweisregel die **ausschließliche Beweiskraft des Sitzungsprotokolls** (vgl. auch Schumann JZ 2007, 930: Beweismittelausschlussregel). Durch andere Beweise kann es grds. nicht ergänzt, ersetzt o. widerlegt werden (BGHSt 2, 125 (126); BGH NStZ 1993, 51; KG VRS 43, 199), insbes. nicht durch dienstliche Äußerung der Gerichtsmitglieder u. der Prozessbeteiligten (BGHSt 8, 283; 13, 53 (59); 22, 278 (280); BGH NStZ 1992, 49) – auch nicht im v. der Rspr. geschaffenen (vgl. → § 271 Rn. 26a) Rügeberichtigungsverfahren (BGH wistra 2009, 484) – o. durch die Urteilsgründe (BGHSt 2, 125 (126); BGH NJW 1976, 977; OLG Hamm NJW 1978, 2406). Auch das Einverständnis der Prozessbeteiligten darüber, dass das Prot. unrichtig ist, kann die Beweiskraft nicht beseitigen (Löwe/Rosenberg/Stuckenberg Rn. 27).

4 Die **entsprechende Anwendung des § 274** auf Prot. über richterliche Untersuchungshandlungen außerhalb der HV kommt nicht in Betracht (→ § 168a Rn. 12). Ebenso wenig gilt § 274 für Hinweise, die keine Förmlichkeiten des Hauptverfahrens betreffen (BGH StV 2011, 399 zu § 154a; vgl. gerade dazu aber → § 154a Rn. 2a).

5 **II. Auslegung der Protokolleintragungen.** Die Auslegung der Protokolleintragungen schließt § 274 nicht aus (BGHSt 4, 140; 13, 53 (59); 31, 39; BGH JR

1961, 508; KG VRS 43, 199; OLG Hamm JZ 1957, 227). Sie ist stets zulässig u. geboten, wenn der Sinn des Prot. zw. ist (RG JW 1926, 2761). Das Revisionsgericht kann zur Auslegung alle ihm geeignet erscheinenden Erkenntnisquellen heranziehen, zB dienstliche Äußerungen der Gerichtsmitglieder (RG JW 1927, 126 mAnm Beling; BayObLGSt 1995, 976; OLG Celle NJW 1947/48, 394), den Akteninhalt, die Urteilsgründe (BGH NStZ 1991, 143) u. die Revisionsbegründungsschrift (KG VRS 43, 199; Alsberg Beweisantrag/Güntge Rn. 1638). Bleibt das Prot. trotz versuchter Auslegung mehrdeutig, so entfällt seine Beweiskraft (BGHSt 31, 39; → Rn. 17).

III. Umfang der Beweiskraft. 1. Nur **im anhängigen Verfahren für das Gericht höherer Instanz,** das die Gesetzmäßigkeit des Verfahrens zu prüfen hat, ist das Prot. beweiskräftig (BGHSt 26, 281 (282)), nicht in anderen Verfahren. 6

Eine öffentl. Urk. mit Beweiskraft für u. gegen jedermann ist es nicht (OLG Hamm NJW 1977, 592; Löwe/Rosenberg/Stuckenberg Rn. 3). Der Protokollvermerk über die Zeugenvereidigung befreit das Gericht daher in einem Verf. wegen Meineids nicht v. der Prüfung, ob die Vereidigung stattgefunden hat (Sarstedt FS Hirsch, 1968, 186). 7

2. Nur **die für die Hauptverhandlung vorgeschriebenen Förmlichkeiten,** dh die wesentlichen Förmlichkeiten iSd § 273 Abs. 1, Abs. 1a (OLG Bremen NJW 1975, 1793; Löwe/Rosenberg/Stuckenberg Rn. 15; weitergehend KK-StPO/Greger Rn. 4), werden v. der Beweiskraft umfasst. Andere Verfahrensvorgänge müssen im Freibeweis geklärt werden (BGHSt 22, 26; NStZ 2012, 344; OLG Schleswig SchlHA 1980, 20); dabei ist das Sitzungsprotokoll als Beweismittel verwertbar (RGSt 43, 438). Für Angaben nach § 272, die keine wesentlichen Förmlichkeiten sind, wie die Angabe der Personalien u. die Bezeichnung der Straftat, gilt § 274 nicht (OLG Düsseldorf MDR 1990, 359). Daher beweist auch der Vermerk, dass öffentl. verhandelt wurde (§ 272 Nr. 5), nur, dass die Öffentlichkeit nicht ausgeschlossen, nicht auch, dass sie tatsächlich hergestellt war. Die Abwesenheit v. Personen, deren Anwesenheit § 226 nicht vorschreibt (zB Erziehungsberechtigte, Sachverständige), wird nicht dadurch bewiesen, dass das Prot. ihre Anwesenheit nicht vermerkt (Pfeiffer/Miebach NStZ 1985, 207 – BGH RsprÜ; BGH NStZ 1985, 455; 1999, 426; OLG Braunschweig StV 2011, 595; OLG Hamm NStZ 2009, 44 (45)). Beurkundet das Prot. die Verlesung der Anklageschrift, so ist damit nur die Verlesung des Anklagesatzes bewiesen, weil nur das die vorgeschriebene Förmlichkeit ist (BGH BeckRS 1968, 135). Ob das wesentliche Ermittlungsergebnis mitverlesen wurde, ist dem Beweis zugänglich. 8

Nur für **Vorgänge in der HV,** einschl. der zur Entscheidungsverkündung gehörenden Rechtsmittelbelehrung nach § 35a (→ Rn. 12), gilt die Beweiskraft des § 274, nicht für Vorgänge vor o. nach der Verh. (OLG Hamburg NJW 1955, 1201), außerhalb der Verh. (Tolksdorf DAR 2001, 207 – BGH RsprÜ) o. in einer Sitzungspause, auch nicht die Vorgänge, die die Beratung o. Abstimmung betreffen (BGHSt 5, 294; BGH NStZ 2009, 105; OLG Hamburg NJW 1955, 1201; Ernesti/Jürgensen SchlHA 1973, 187 – OLG Schleswig RsprÜ), gleichviel, ob sie sich im Beratungszimmer o. im Sitzungssaal zugetragen haben (OLG Hamburg NJW 1955, 1201). 9

Die Beweiskraft erstreckt sich auch nicht auf den **Inhalt der nach § 273 Abs. 2 protokollierten Aussagen** (BGH StV 1997, 455; BayObLG NJW 1995, 976; KG VRS 100, 454); insoweit sind grds. die Urteilsgründe maßgebend (→ § 337 Rn. 13). Mit den nach § 273 Abs. 3 wörtlich protokollierten Aussagen kann aber der Gegenbeweis gegen die Urteilsfeststellungen geführt werden (→ § 337 Rn. 14). 10

Bei **Anwesenheit eines Dolmetschers** beweist der Protokollvermerk über eine Rechtsmittelbelehrung nicht nur die Belehrung als solche, die Richtigkeit u. Vollständigkeit, sondern auch deren korrekte Übersetzung (KG NStZ 2009, 406). 10a

Ein im Anschluss an die Urteilsverkündung erklärter **Rechtsmittelverzicht** (→ Einl. Rn. 137) nimmt an der Beweiskraft des § 274 teil, wenn er nach § 273 Abs. 3 S. 3 beurkundet worden ist (stRspr, vgl. nur BGHSt 18, 257; BGHR StPO 11

§ 274 Beweiskraft 2; OLG Düsseldorf VRS 92, 257; KG VRS 104, 141; StraFo 2016, 27; **aM** Löwe/Rosenberg/Stuckenberg § 273 Rn. 21: nur erhöhter Beweiswert). Wird dagegen nur die Abgabe der Erkl. im Prot. vermerkt, so ist die Richtigkeit des Vermerks im Freibeweis zu klären, wobei das Prot. nur ein Beweisanzeichen für den Verzicht ist (BGHSt 18, 257; 19, 101 (105); BGH wistra 1994, 29; OLG Düsseldorf StraFo 1999, 308; OLG Hamm NStZ-RR 2010, 215; OLG Karlsruhe StV 2014, 401; OLG Köln NStZ-RR 2006, 83). Das Gleiche gilt, wenn die Unterschrift des Richters unter dem nach § 273 Abs. 3 S. 3 errichteten Prot. fehlt (BGH NStZ 1984, 181) o. erst nach 4 Monaten hinzugefügt worden ist, obwohl der Richter sich an den Sachverhalt nicht mehr erinnern konnte (BayObLG NStZ-RR 1996, 276). Rechtsmittelerklärungen während der HV im Rechtsmittelzug (Beschränkung; Zurücknahme) nehmen an der Beweiskraft teil (RGSt 66, 417; OLG Hamburg NJW 1955, 1201; OLG Koblenz VRS 42, 135), nicht aber die Beratung mit dem Verteidiger darüber (BGH NStZ 1996, 297).

12 **IV. Wirkung der Beweiskraft.** Die Wirkung der Beweiskraft kann positiv o. negativ sein.

13 **1.** Die **positive Beweiskraft** bedeutet, dass die im Prot. beurkundeten wesentlichen Förmlichkeiten der HV als geschehen gelten, selbst wenn sie nicht stattgefunden haben (BGH JR 1961, 508). Dies gilt namentlich für Protokolleinträge, welche eine Sacheinlassung des Angeklagten dokumentieren (vgl. BGH NStZ 2018, 114). Hat der Angeklagte vor der Vernehmung v. Zeugen laut Prot. Angaben zur Sache gemacht, ist nicht protokollierungspflichtig (wenn auch empfehlenswert), dass er sich später weiter geäußert hat (Becker NStZ 2007, 291 – BGH RsprÜ). Ein späterer Protokollvermerk über Angaben des Angeklagten zur Sache beweist, dass er sich trotz anfänglichen Schweigens nach der Belehrung (§ 243 Abs. 5 S. 1) doch noch geäußert hat (BGH NStZ 1992, 49; Kusch NStZ-RR 1998, 264 – BGH RsprÜ); fehlt jedoch ein solcher Vermerk, ist davon auszugehen, dass er auch im weiteren Verlauf der HV geschwiegen hat (BGH NStZ 1995, 560; 2000, 217; StV 2002, 531). Der Vermerk: „Rechtsmittelbelehrung wurde erteilt", beweist die Belehrung (OLG Düsseldorf NStZ 1986, 233; OLG Koblenz OLGSt StPO § 274 Nr. 2) u. ihre Richtigkeit u. Vollständigkeit (KG VRS 102, 198; OLG Köln OLGSt StPO § 35a Nr. 1).

14 **2.** Die **negative Beweiskraft** bedeutet, dass als nicht geschehen gilt, was im Prot. nicht beurkundet ist (BGHSt 22, 278 (280); BGH NStZ 1993, 51; OLG Bamberg NJW 2013, 1251; OLG Hamburg MDR 1973, 156; OLG Hamm VRS 60, 206). Daher gilt mangels gegenteiligen Vermerks die Verlesung des Anklagesatzes (BGHR StPO § 274 Beweiskraft 6) o. eine Beweiserhebung (BGH NStZ 2002, 219) o. eine Einlassung des Angeklagten (BGH BeckRS 2018, 1599: nicht ausreichend der Protokolleintrag „der Angeklagte machte ergänzende Ausführungen zu seiner Verteidigung" im Rahmen seines letzten Wortes) als nicht erfolgt, ein Zeuge nur als uneidlich vernommen (BGH NStZ 1986, 323; OLG Köln NJW 1954, 1820), ein Antrag, zB ein Beweisantrag, auch ein Hilfsbeweisantrag (Dallinger MDR 1975, 368 – BGH RsprÜ; KG VRS 43, 199), als nicht gestellt, die ausgeschlossene Öffentlichkeit als nicht wiederhergestellt (Holtz MDR 1977, 810 – BGH RsprÜ; BGH StV 1989, 384 Ls.) u. das letzte Wort als nicht erteilt (BGHSt 22, 278 (280); OLG Zweibrücken MDR 1969, 780). Ist allerdings ein Vorgang nur deshalb nicht beurkundet worden, weil die Urkundspersonen ihn nicht nach § 273 Abs. 1 für protokollierungsbedürftig gehalten haben, so entfällt insoweit die Beweiskraft (RGSt 64, 309; Alsberg Beweisantrag/Güntge Rn. 1646).

14a Jedes Prot. muss **gem. § 273 Abs. 1a S. 1 und 3** einen Vermerk enthalten, ob eine Verständigung nach § 257c stattgefunden hat o. ob das nicht der Fall war (erg. → § 273 Rn. 12c). Wenn weder das eine noch das andere protokolliert ist, ist das Prot. lückenhaft u. verliert insoweit seine Beweiskraft (BGHSt 56, 3 mAnm Bauer StV 2011, 340; erg. → Rn. 17). Zur Frage der Protokollberichtigung (→ § 271 Rn. 26 ff.) in diesem Fall Momsen FS Roxin, 2011, 1403.

V. Wegfall der Beweiskraft. Wegfall der Beweiskraft (dazu zusf. Schäfer FS 50 Jahre BGH, 2000, 710): Nur ein ordnungsgemäß errichtetes u. entspr. § 271 Abs. 1 S. 1 von beiden Urkundspersonen unterzeichnetes Prot. ist nach § 274 beweiskräftig (BGH GA 1962, 305; OLG Hamm VRS 60, 206; OLG Saarbrücken VRS 48, 439). 15

Ergeben sich aus dem Prot. **Meinungsverschiedenheiten zwischen den Urkundspersonen,** so entfällt die Beweiskraft, soweit es an der erforderlichen Übereinstimmung fehlt. Die Beweiskraft entfällt auch, wenn eine Urkundsperson o. beide den Inhalt des Prot. nachträglich für unrichtig erklären, so dass es v. ihrer Unterschrift nicht mehr gedeckt ist (BGHSt 4, 364; BGH StV 1988, 45; zw. Alsberg Beweisantrag/Güntge Rn. 1645), o. jedenfalls durch eine nachträgliche Erkl. von ihm abrücken (BGHSt 51, 298 (308) mwN; BGH NStZ 2014, 668; BayObLGSt 1973, 200 (202); OLG Hamm VRS 60, 206; OLG Jena NStZ-RR 1997, 10; OLG München StraFo 2009, 335; OLG Saarbrücken VRS 48, 439). Lediglich die einseitige Erkl. einer der Urkundspersonen beseitigt die Beweiskraft des Prot. aber nicht, wenn damit die tatsächliche Grdl. für eine Verfahrensrüge des Angeklagten entfällt (BGH NStZ-RR 2007, 245). Eine Protokollberichtigung (→ § 271 Rn. 23 ff.) beseitigt nicht die Beweiskraft des Prot., sondern ändert nur dessen Inhalt. 16

Die Beweiskraft entfällt ferner, wenn das Prot. selbst (dazu Fezer NStZ 2002, 272) erkennbare Fehler wie **offensichtliche Lücken, Unklarheiten oder Widersprüche** aufweist (BGHSt 16, 306 (308); 17, 220; 31, 39; BGH NStZ 2002, 47; 2006, 117; 181; 714; BGHR StPO § 274 Beweiskraft 12). Offensichtlich ist eine Lücke insbes., wenn eine genaue Bezeichnung der verlesenen Teile einer nur teilw. verlesenen Urk. (→ § 273 Rn. 9) fehlt (OLG Hamburg StV 2012, 74), o. wenn ein protokollierter Vorgang beweist, dass ein anderer geschehen ist, über den das Prot. schweigt, etwa weil beurkundet ist der Beschl. über die Ablehnung eines Beweisantrags, nicht aber der Antrag selbst (vgl. Dallinger MDR 1952, 659 – BGH RsprÜ), o. der Inhalt des gestellten Beweisantrags fehlt (OLG Hamm NStZ-RR 2008, 382), o. die Wiederherstellung der Öffentlichkeit, nicht aber ihr Ausschluss (BGHSt 17, 220), o. dass es dem Angeklagten frei stehe, sich zur Anklage zu äußern, nicht aber die Verlesung der Anklage (BGH StV 2004, 297; zw.). Aus – sonstigen – Fehlern des Prot. darf aber nicht geschlossen werden, dass ein eindeutig bekundeter Vorgang so nicht stattgefunden haben könne (**aM** OLG Hamburg StV 2004, 298 mablAnm Ventzke u. abl. Anm. Klemke StV 2004, 589). Vermerkt das Prot. nichts zur Frage der Entlassung eines Zeugen, liegt eine offensichtliche Lücke vor (BGH NStZ 2000, 546, hins. Nichtvereidigung überholt), nicht aber, wenn die Vereidigung eines Zeugen angeordnet worden ist, das Prot. aber über die Vereidigung selbst nichts enthält (Dallinger MDR 1974, 548 – BGH RsprÜ). Ein Widerspruch – der sich somit stets aus dem Prot. selbst ergeben muss – liegt zB vor, wenn in verschiedenen Teilen des Prot. verschiedene Richter als Mitwirkende genannt sind (BGHSt 16, 306; krit. Hanack JZ 1972, 489), wenn das Prot. unterschiedlichste Verfahrensgestaltungen möglich erscheinen lässt (BGH NStZ 2000, 49), wenn sich Zeitangaben im Prot. o. wenn sich Protokollinhalt u. eine Anl. zum Prot. widersprechen (BGH NStZ 2006, 714; OLG Brandenburg NStZ 1995, 52). BGH NStZ 2002, 270 mit zutr. abl. Anm. Fezer u. abl. Anm. Köberer StV 2002, 527 rechnet verfehlt auch die unvorstellbare fehlende Anwesenheit eines notwendigen Verteidigers bei einer wesentlichen Zeugeneinvernahme hierzu (zw. auch BGH NStZ 2005, 46). Ein widersprüchliches Prot. darf berichtigt werden, auch wenn dadurch einer Revisionsrüge der Boden entzogen wird (Becker NStZ-RR 2008, 66 – BGH RsprÜ; erg. → § 271 Rn. 26); BGHSt 55, 31 meint, die Protokollberichtigung müsse der Annahme einer Lückenhaftigkeit grds. vorgehen; eine Klärung im Freibeweisverfahren durch das Revisionsgericht sei nur in Fällen krasser Widersprüchlichkeit des Protokollinhalts zulässig (abl. Güntge JR 2010, 540; erg. → § 271 Rn. 24). 17

Die **Folge des Wegfalls der Beweiskraft** ist nicht, dass das Vorbringen des Beschwerdeführers als wahr unterstellt wird (BGHSt 17, 220 (222); OLG Hamm 18

VRS 105, 41). Er hat nur die Möglichkeit, den Nachw. zu führen, dass ein bestimmter Vorgang geschehen o. nicht geschehen ist. Das Rechtsmittelgericht muss im Freibeweis (→ § 244 Rn. 7, 9) u. in freier Beweiswürdigung klären, wie der Verfahrensablauf wirklich war (BVerfG StV 2002, 521; BGHSt 4, 364; 17, 220; 31, 39 (41); BGH NJW 1982, 1057; NStZ 2014, 668; BeckRS 2018, 33943; KG VRS 129, 143). Dabei kann es sich aller erreichbaren Beweismittel bedienen (BGHSt 17, 220 (222); BGH NJW 1976, 977), insbes. des Urteilsinhalts (OLG Koblenz VRS 63, 130 (132)) u. dienstlicher Äußerungen der Gerichtsmitglieder, der Prozessbeteiligten u. des Protokollführers (BayObLGSt 1953, 135). Lässt sich der Verfahrensvorgang dadurch nicht aufklären, muss die Revision nach dem Grundsatz, dass ihr nur erwiesene Verfahrensfehler zum Erfolg verhelfen können (→ § 337 Rn. 10), verworfen werden (BVerfG StV 2002, 521; OLG Saarbrücken VRS 48, 439).

19 **B. Einwand der Fälschung (S. 2).** Der Einwand der Fälschung (S. 2) ist zulässig u. **hebt die Beweiskraft auf,** soweit bewiesen ist, dass das Prot. entweder eine unechte o. verfälschte Urk. ist, weil es ganz o. teilw. v. einem Unbefugten hergestellt worden ist (OLG Düsseldorf StV 1984, 108), o. dass es zwar v. den Urkundspersonen stammt, v. ihnen aber bewusst mit falschem Inhalt angefertigt worden ist (OLG Düsseldorf StV 1984, 108). Bloße Missverständnisse u. Nachlässigkeiten der Urkundspersonen bei der Protokollierung genügen nicht (BGH StV 1997, 455; OLG Bamberg NJW 2013, 1251; OLG Düsseldorf NJW 1997, 1718; Kohlhaas NJW 1974, 24), selbst wenn sich die fahrlässig protokollierten Tatsachen nicht o. in anderer Weise ereignet haben (OLG Düsseldorf StV 1984, 108).

20 Den **Nachweis der Fälschung** hat der Prozessbeteiligte zu führen, der sich auf sie beruft. Dabei genügt aber, dass dem Gericht die Beweismittel für die konkret behauptete Fälschung bezeichnet werden; es stellt dann Ermittlungen im Freibeweis (→ § 244 Rn. 7, 9) an.

21 Der **Verteidiger** kann sich grds. auch dann auf das Prot. berufen, wenn er selbst meint, der Vorgang könne unrichtig beurkundet sein (Beulke FS Roxin, 2001, 1193; Hamm Revision Rn. 292 mwN; Tepperwien FS Meyer-Goßner, 2001, 595; zw. BGH StV 1999, 582 mablAnm Docke/v. Döllen/Momsen; zw. auch Detter StraFo 2004, 329; vgl. ferner BGH StV 1999, 585). Das gilt aber nicht, wenn er genau weiß o. im Laufe des Verfahrens erfährt, dass ordnungsgemäß verfahren worden ist; dann ist eine Berufung auf das Prot. rechtsmissbräuchlich u. die Verfahrensrüge unzulässig (BGHSt 51, 88 mzustAnm Fahl JR 2007, 34 u. abl. Anm. Gaede StraFo 2007, 29 u. Mikolajczyk ZIS 2006, 541; zust. ferner Kudlich HRRS 2007, 9, Satzger/Hanft NStZ 2007, 185, Valerius FS Paulus, 2009, 182; abl. hingegen Beulke FS Amelung, 2009, 558; Lindemann/Reichling StV 2007, 152, Krawczyk HRRS 2007, 101, Tsambikakis StV 2014, 25; Wagner StraFo 2007, 496; vgl. auch Danckert, Die materielle Beweiskraft des Hauptverhandlungsprotokolls im Strafprozess, 2012, S. 233 ff.; Winkler FS Tolksdorf, 2014, 425; erg. → Einl. Rn. 111).

Absetzungsfrist und Form des Urteils **Nr. 141 RiStBV**

275 (1) [1]**Ist das Urteil mit den Gründen nicht bereits vollständig in das Protokoll aufgenommen worden, so ist es unverzüglich zu den Akten zu bringen.** [2]**Dies muß spätestens fünf Wochen nach der Verkündung geschehen; diese Frist verlängert sich, wenn die Hauptverhandlung länger als drei Tage gedauert hat, um zwei Wochen, und wenn die Hauptverhandlung länger als zehn Tage gedauert hat, für jeden begonnenen Abschnitt von zehn Hauptverhandlungstagen um weitere zwei Wochen.** [3]**Nach Ablauf der Frist dürfen die Urteilsgründe nicht mehr geändert werden.** [4]**Die Frist darf nur überschritten werden, wenn und solange das Gericht durch einen im Einzelfall nicht voraussehbaren unabwendbaren**

Umstand an ihrer Einhaltung gehindert worden ist. [5]Der Zeitpunkt, zu dem das Urteil zu den Akten gebracht ist, und der Zeitpunkt einer Änderung der Gründe müssen aktenkundig sein.

(2) [1]**Das Urteil ist von den Richtern, die bei der Entscheidung mitgewirkt haben, zu unterschreiben. [2]Ist ein Richter verhindert, seine Unterschrift beizufügen, so wird dies unter der Angabe des Verhinderungsgrundes von dem Vorsitzenden und bei dessen Verhinderung von dem ältesten beisitzenden Richter unter dem Urteil vermerkt. [3]Der Unterschrift der Schöffen bedarf es nicht.**

(3) **Die Bezeichnung des Tages der Sitzung sowie die Namen der Richter, der Schöffen, des Beamten der Staatsanwaltschaft, des Verteidigers und des Urkundsbeamten der Geschäftsstelle, die an der Sitzung teilgenommen haben, sind in das Urteil aufzunehmen.**

Übersicht

A. Aufnahme des Urteils in das Sitzungsprotokoll. Aufnahme des Urteils in das Sitzungsprotokoll: Es steht im **Ermessen des Vorsitzenden,** ob das Urt. mit den Gründen als bes. Niederschrift zu den Akten gebracht o. ob es schon in die Sitzungsniederschrift aufgenommen wird. Das in das Prot. aufgenommene Urt. unterliegt denselben Anforderungen wie jedes andere; ein bes. Urteilskopf mit den nach Abs. 3 erforderlichen Angaben ist aber entbehrlich, wenn sie sich bereits aus dem Prot. ergeben (vgl. Nr. 141 Abs. 1 S. 2 RiStBV). Die Urteilsformel u. die Gründe müssen im Prot. v. sämtlichen mitwirkenden Richtern unterschrieben werden (BGHSt 58, 243; OLG Frankfurt a. M. StraFo 2013, 121; **aM** OLG Hamm NStZ 2013, 304): beim Einzelrichter genügt jedoch Unterschrift unter das Prot. (OLG Hamburg NStZ-RR 2016, 179; offengelassen v. OLG Celle StraFo 2012, 21). Vorsitzender u. Protokollführer müssen das Prot. unterzeichnen (Löwe/Rosenberg/Stuckenberg § 271 Rn. 21, 23). Da die Fristen für die Urteilsabsetzung nach Abs. 1 nicht gelten (KG VRS 82, 135; OLG Düsseldorf MDR 1982, 249; KMR-StPO/Gemählich Rn. 5; **aM** Löwe/Rosenberg/Stuckenberg Rn. 21), darf das Urt. nachträglich nicht mehr ergänzt o. geänd. werden (BayObLG NStZ-RR 2000, 87; OLG Oldenburg NZV 2012, 352). Jedoch ist die vorzeitige Zustellung eines v. Richter noch nicht unterschriebenen Urteils rechtlich bedeutungslos; die Unterschrift darf insoweit innerhalb der Urteilsabsetzungsfrist nachgeholt werden (OLG Celle StraFo 2012, 21). 1

B. Frist für die Fertigstellung des schriftlichen Urteils (Abs. 1). I. Vollständiges Urteil. Das vollständige Urteil muss innerhalb der Fristen des Abs. 1 S. 2 schriftlich zu den Akten gebracht werden (BGHR StPO § 275 Abs. 1 S. 1 Akten 1). **Zum Urt. gehören** nicht nur die schriftlichen Gründe, sondern auch die Urteilsformel (vgl. § 268 Abs. 2 S. 1) u. das Rubrum mit den nach Abs. 3 erforderlichen Angaben (Rüth DAR 1983, 253 – BayObLG RsprÜ; Bär DAR 1987, 314 – BayObLG RsprÜ; OLG Köln NJW 1980, 1405; VRS 64, 282; OLG Zweibrücken DAR 1978, 194), die, auch soweit es die Anschrift des Angeklagten betr., keine das Revisionsgericht bindenden Feststellungen enthalten (BGH NJW 1987, 1776). 2

3 Die Urteilsurkunde muss in Schriftform, aber nicht notwendigerweise bereits in Reinschrift vorhanden sein (OLG Rostock StV 1996, 253; Dahs Strafprozessrevision Rn. 213; vgl. auch Nr. 141 Abs. 2 S. 3 RiStBV). Der schriftliche Entwurf des Berichterstatters genügt aber ebenso wenig wie das Diktat auf einen Tonträger (OLG Hamm NStZ 2011, 238; OLG Karlsruhe Justiz 1976, 442).

4 Vollständig ist das Urt. erst, wenn es die **Unterschriften** aller Berufsrichter trägt (→ Rn. 19 ff.) o. einzelne Unterschriften in zulässiger Weise – innerhalb der Fristen des Abs. 1 S. 2 (BGH StV 2000, 184) – durch einen Verhinderungsvermerk nach Abs. 2 S. 2 ersetzt worden sind (BGHSt 26, 247 (248); 31, 212 (213); BGH NStZ 1984, 378; KG StV 1986, 144; OLG Düsseldorf VRS 72, 117).

5 Die Unterschriften der Richter müssen **Änderungen und Ergänzungen** der Urteilsfassung decken, bevor die Höchstfristen des Abs. 1 S. 2 abgelaufen sind (BGH NStZ 1984, 378; NStZ-RR 2014, 17 Ls.). Der Vorsitzende, der die Urteilsgründe ändert o. ergänzt, muss daher die Zustimmung der übrigen Richter vor Fristablauf herbeiführen (BGHSt 27, 334; BGH StV 1984, 144); eine vorher erklärte allg. Ermächtigung der anderen Richter ist wirkungslos (BGHSt 27, 334; BGH NStZ 1984, 378). Nur Urteilsergänzungen ohne sachlichen Gehalt brauchen v. den Unterschriften der übrigen Richter nicht gedeckt zu sein (Holtz MDR 1979, 638 – BGH RsprÜ; Holtz MDR 1984, 93 – BGH RsprÜ).

6 Der Mangel der fehlenden Unterschrift eines Richters kann **nicht dadurch geheilt** werden, dass er den v. dem Vorsitzenden ohne inhaltliche Änd. unterschriebenen Urteilsentwurf gefertigt hat (OLG Düsseldorf VRS 72, 117) o. dass er nachträglich der Fassung der Urteilsgründe zustimmt u. die fehlende Unterschrift nach Fristablauf nachholt (BGHSt 28, 194 (195); BGH NStZ 1982, 476; Kusch NStZ 1995, 220 – BGH RsprÜ; BayObLG StraFo 2026, 70; OLG Köln StraFo 2018, 353; Rieß NStZ 1982, 443; **aM** Löwe/Rosenberg/Stuckenberg Rn. 4, 36; Gollwitzer FS Kleinknecht, 1985, 166 ff.) o. eine Urteilszustellverfügung unterzeichnet (BGH StV 2010, 618). Auch ein unvollständiger Verhinderungsvermerk kann nachträglich nicht wirksam ergänzt werden (BGH StV 2000, 184; Rieß NStZ 1982, 443).

7 **II. Zu den Akten gebracht.** Zu den Akten gebracht werden muss das fertiggestellte Urt. **innerhalb der Frist des Abs. 1 S. 2.** Auf der Geschäftsstelle muss es nicht bereits niedergelegt sein (Holtz MDR 1990, 99 – BGH RsprÜ); es genügt, dass es vor Fristablauf auf den Weg dorthin gebracht ist, insbes., dass es (mit den Akten o. ohne sie) im Dienstzimmer des Richters zum Abtrag bereitgelegt wird (BGHSt 29, 43; BGH wistra 1985, 72). Dass es in die Akten eingelegt wird, ist nicht erforderlich (BGH NStE StPO § 275 Nr. 14; NStZ-RR 2007, 54), reicht aber auch nicht aus (OLG Bremen StV 1998, 641; OLG Köln Rpfleger 1977, 413); auf das Datum des Urteils kommt es nicht an (OLG Köln StraFo 2019, 71). Wird das Urt. erst kurz vor Ablauf der Frist zu den Akten gebracht, so empfiehlt es sich, dass der Richter vermerkt, an welchem Tag das geschehen ist (BGHSt 29, 43 (47)). Zum Nachw. der Fristwahrung genügt aber auch eine nachträgliche dienstliche Äußerung des Richters (BGHSt 29, 43 (47); → Rn. 18). Lässt sich nicht feststellen, ob das Urt. rechtzeitig zu den Akten gebracht ist, so ist davon auszugehen, dass die Frist des Abs. 1 S. 2 versäumt ist (OLG Frankfurt a. M. StraFo 1999, 164; OLG Koblenz MDR 1976, 950; OLG Stuttgart StV 1986, 144; → § 338 Rn. 55). Für die **elektronische Akte** gilt § 32b Abs. 2 (→ § 32 Rn. 4).

7a Ein **elektronisches Dokument** ist erst zu den Akten gebracht (§ 32b Abs. 2), sobald es von einer verantwortenden Person oder auf deren Veranlassung in der elektronischen Akte gespeichert ist und zwar im Ordner „Hauptakte"; das Ablegen im Ordner „Geschäftsgang" der elektronischen Akte genügt nicht (OLG Düsseldorf BeckRS 2023, 35335 mAnm van Endern NZV 2024, 196; BT-Drs. 18/9416, 49: Ablage in einem Zwischenspeicher nicht ausreichend).

8 **III. Höchstfristen (Abs. 1 S. 2).** Die **gestaffelten Höchstfristen des Abs. 1 S. 2,** bei deren Berechnung § 43 heranzuziehen ist (Holtz MDR 1980, 815 – BGH RsprÜ; Rieß NStZ 1982, 442), betragen mind. 5 Wochen, bei 4–10-tägiger HV 7 Wochen, bei 11–20-tägiger HV 9 Wochen (BGHSt 35, 259), bei 21–30-

tägiger HV 11 Wochen usw (vgl. SK-StPO/Frister Rn. 12). Die Fristen dürfen nur ausgeschöpft werden, wenn eine frühere Urteilsabsetzung nicht möglich ist. Denn in 1. Hinsicht gilt (auch für rkr. Urteile) das Gebot des Abs. 1 S. 1, dass das Urt. unverzüglich zu den Akten zu bringen ist (BVerfG StV 2006, 81 (85); OLG Naumburg StV 2008, 201). Jede unter Berücksichtigung der Geschäftslage nicht gerechtfertigte Verzögerung muss vermieden werden (Rieß NStZ 1982, 442). Verfahrensrechtliche Folgen (→ Rn. 28) hat aber nur die Überschreitung der Höchstfristen des Abs. 1 S. 2 (**aM** Keller/Meyer-Mews StraFo 2005, 357). Der Beschl. des Gemeinsamen Sen. der obersten Gerichtshöfe des Bundes NJW 1999, 2603, wonach für die Urteilsabsetzung eine Höchstfrist v. 5 Monaten besteht, gilt nicht für das Strafverfahren (BGH NStZ 1994, 46).

Bei der Berechnung der Frist in den Fällen des Abs. 1 S. 2 Hs. 2 wird die Zahl 9 der Verhandlungstage **abstrakt berechnet;** auf die einzelnen Vorgänge an den jeweiligen Sitzungstagen kommt es nicht an (BGH NStZ 1984, 466). Mitgezählt wird daher auch der Verhandlungstag, an dem es nur zum Aufruf der Sache, aber nicht zur Sachverhandlung gekommen ist, zB wegen Ausbleibens des Angeklagten o. des notwendigen Verteidigers, o. an dem unter Verstoß gegen § 231 Abs. 2 zur Sache verhandelt worden ist (BGH NStZ 1984, 466). Der Tag der Urteilsverkündung wird mitgerechnet, nicht aber ein Tag, an dem nur beraten worden ist (KK-StPO/Greger Rn. 44).

Bei **mehreren Mitbeschuldigten** gilt für das Urt. eine einheitliche Höchstfrist, 10 auch wenn gegen einen der Angeklagten, infolge Beurlaubung nach § 231c oder vorübergehender Abtrennung, an einzelnen Tagen nicht verhandelt worden ist (Holtz MDR 1980, 631 – BGH RsprÜ; Rieß NStZ 1982, 442). Nur wenn gegen einen der Mitangeklagten das Urt. früher ergeht als gegen die anderen, beginnt die Frist für dieses Urt. mit dem Tag seiner Verkündung (Rieß NStZ 1982, 442).

IV. Unabänderlichkeit der Urteilsgründe (Abs. 1 S. 3). Die Unabänder- 11 lichkeit der Urteilsgründe (Abs. 1 S. 3) **tritt mit dem Fristablauf auch ein,** wenn die Urteilsurkunde noch nicht nach außen bekanntgemacht worden ist. Eine Änd., auch in der Form einer Erg., hat dann keine rechtliche Wirkung (BGH NStZ 1993, 200; Rieß NStZ 1982, 444). Andererseits steht der Erg. o. Änd. der Urteilsgründe nicht entgegen, dass das Urt. bereits zu den Akten gebracht worden ist. Solange die Frist des Abs. 1 S. 2 nicht abgelaufen ist, darf es berichtigt u. geänd. werden (vgl. → § 267 Rn. 39); ausgeschlossen sind Änd. – auch innerhalb der Frist des Abs. 1 S. 2 – aber, wenn das Urt. bereits zugestellt worden ist (BGHSt 43, 22 (26); OLG Dresden NZV 2012, 557) oder sonst den inneren Bereich des Gerichts verlassen hat (KG StraFo 2022, 471). Berichtigungen des Urteils, die keine sachlichen Änd. enthalten, sind auch später noch zulässig (→ § 267 Rn. 39).

V. Zulässige Fristüberschreitung (Abs. 1 S. 4). Nur **unvorhersehbare u.** 12 **unabwendbare Umstände** rechtfertigen die Überschreitung der Fristen des Abs. 1 S. 2 (dazu allg. Rieß NStZ 1982, 444), nicht die irrtümliche Annahme, das Urt. sei rkr. (BGH StV 1988, 193). Dabei dürfen zwar keine überstrengen Anforderungen gestellt werden (BGHSt 26, 247 (249); OLG Hamm NJW 1988, 1991); eine Überschreitung der Frist um nahezu ein Jahr muss aber zur Urteilsaufhebung führen (OLG Jena StraFo 2013, 475; OLG Zweibrücken NJW 2004, 2108).

Unvorhersehbar ist zB die Erkrankung des Richters bei Gerichten, die mit 13 einem einzigen Berufsrichter besetzt sind (KG StraFo 2016, 386 mwN; Rieß NStZ 1982, 444), das überraschende Versterben des Berichterstatters (BGH NStZ-RR 2007, 88), **nicht aber** der schlechte Gesundheitszustand eines überlasteten Richters (OLG Hamm MDR 1977, 1039) o. die Erkrankung eines Richters beim Kollegialgericht (BGH StraFo 2008, 163; StV 2015, 96) o. der Antritt eines geplanten Urlaubs (OLG Koblenz DRiZ 1989, 221; StV 2009, 11), auch nicht ein Irrtum bei der Fristberechnung (Pfeiffer/Miebach NStZ 1985, 207 – BGH RsprÜ; BGH StV 1984, 143 Ls.; 1997, 204; 2012, 5).

14 Umstände, die die **Organisation des Gerichts** betreffen, rechtfertigen die Fristüberschreitung idR nicht (BGH NJW 1988, 1094; 2019, 1159; OLG Hamm VRS 53, 193), insbes. nicht die allg. Arbeitsüberlastung des Richters (BGH NJW 2019, 1159; NStZ 2008, 55; StV 2012, 5; BayObLGSt 1982, 139; OLG Düsseldorf StraFo 2001, 385) o. der Kanzlei (BayObLG StV 1986, 145; OLG Hamm VRS 50, 121; OLG Koblenz VRS 65, 451; OLG Köln MDR 1978, 864; Ernesti/Jürgensen SchlHA 1978, 188 – OLG Schleswig RsprÜ; OLG Zweibrücken VRS 54, 130), sofern es sich nicht um einen plötzlich auftretenden Engpass handelt (Rieß NJW 1975, 88), auch nicht die Abordnung des Richters an die StA (OLG Hamm VRS 53, 193) o. die zeitweilige Versendung (BGH StV 1989, 469 Ls.; OLG Jena VRS 107, 374) o. Unauffindbarkeit der Akten (OLG Celle NJW 1982, 397; OLG Koblenz NZV 2011, 359; Lorenzen/Görl SchlHA 1988, 111 – OLG Schleswig RsprÜ; **aM** OLG Hamm NJW 1988, 1991 für den Fall, dass die Akten noch vor Leistung der letzten richterlichen Unterschrift in Verlust geraten) o. der Urteilsurkunde (BGH StraFo 2012, 271; erg. aber → Rn. 18) ua Versehen des Richters (KG VRS 83, 278), der Geschäftsstelle o. der Kanzlei (BayObLG StV 1986, 145: OLG Koblenz StV 2009, 11).

15 Beim **Ausfall des Berichterstatters** des Kollegialgerichts ist die Fristüberschreitung gerechtfertigt, wenn er am Tage vor dem Fristablauf an der Abfassung des Urteils gehindert ist (BGH NStZ 1986, 564), nicht aber, wenn das Urt. schon im Entwurf vorliegt u. von den anderen Richtern ohne bes. Mühe fertiggestellt werden kann (BGHSt 26, 247). Sonst kommt es darauf an, ob es dem Vorsitzenden o. dem anderen Beisitzer möglich u. zuzumuten ist, das Urt. abzufassen (BGH NStZ 1999, 474; StV 2011, 211). Das ist nicht der Fall, wenn diesen Richtern die notwendigen Aufzeichnungen nicht zur Vfg. stehen o. wenn sie schon durch ihre sonstige richterliche Tätigkeit erheblich belastet sind. Ist der Berichterstatter, der schon vor der HV längere Zeit dienstunfähig krank war, nach deren Beendigung erneut erkrankt, so muss das Urt. durch den Vorsitzenden o. den anderen Beisitzer fristgerecht abgefasst werden (BGH NStZ 1982, 80; 1988, 513).

16 Nach **Wegfall des Hindernisses** muss das Urt. mit größtmöglicher Beschleunigung zu den Akten gebracht werden (BGH NStZ 1982, 519; StV 1995, 514; KG StraFo 2016, 386); denn die Fristüberschreitung ist nur so lange gerechtfertigt, wie sie durch nicht voraussehbare u. unabwendbare Umstände o. durch neu hervortretende Umstände dieser Art verursacht wird (BayObLGSt 1982, 139). Der Fristablauf wird durch ein Hindernis iSd Abs. 1 S. 4 nicht gehemmt o. unterbrochen (OLG Düsseldorf StV 2008, 131).

17 **Aktenkundig** muss der Grund für die Überschreitung der Frist des Abs. 1 S. 2 nicht gemacht werden. Ein entspr. Vermerk in den Akten ist aber zweckmäßig, weil er den Anfechtungsberechtigten die Entsch., ob die Rüge des § 338 Nr. 7 erhoben werden soll, u. dem Revisionsgericht die Prüfung dieser Rüge erleichtert (BGH NStZ 1991, 297; Rieß NStZ 1982, 444).

18 **VI. Aktenkundigkeit (Abs. 1 S. 5).** Der **Zeitpunkt,** zu dem das Urt. zu den Akten gebracht ist, u. der Zeitpunkt einer Änd. der Urteilsgründe muss zwingend aktenkundig sein (Abs. 1 S. 5). Bei **Akten in Papierform** wird dies durch einen Vermerk in den Akten geschehen; ein Vermerk der Geschäftsstelle muss dies nach der Neufassung des Abs. 1 S. 5 nicht mehr zwingend sein. Der Vermerk kann auch noch nach Ablauf der Frist des Abs. 1 S. 2 auf der Urschrift des Urteils, auf einem bes. Blatt o. im Hauptverhandlungskalender angebracht werden (Rieß NStZ 1982, 443). Er hat nicht die Beweiskraft des § 274 und hindert daher nicht den anderweitigen Nachw., dass das fertig gestellte Urt. rechtzeitig zu den Akten gebracht worden ist (BGHSt 29, 43 (46); Miebach NStZ 1988, 449 – BGH RsprÜ; BGH NStZ-RR 2015, 257; zw. BGH StraFo 2012, 271). Maßgebend ist immer der tatsächliche Zeitpunkt; notfalls ist er im Freibeweis (→ § 244 Rn. 7, 9) festzustellen, insbes. durch Einholung dienstlicher Erklärungen der Richter. Der Eingangsvermerk ist kein Bestandteil des Urteils u. wird daher nicht in die Urteilsausfertigungen aufgenommen (vgl. BGH BeckRS 2021, 15678). Bei **elektronischen Akten**

werden die genannten Zeitpunkte automatisch im System erfasst; ein zusätzlicher Vermerk ist nicht erforderlich. Auch hier kann im Freibeweis ein früherer o. späterer Zeitpunkt festgestellt werden (BT-Drs. 18/9416, 64).

C. Unterzeichnung der Urteilsurkunde (Abs. 2). Die Unterschrift muss die **Identität des Unterschreibenden** ausreichend kennzeichnende Schriftzüge mit individuellen, charakteristischen Merkmalen aufweisen, die die Nachahmung erschweren, sich als Wiedergabe eines Namens darstellen u. die Absicht einer vollen Unterschriftsleistung erkennen lassen (BGH BeckRS 2018, 22168 unter Hinweis auf BGH BeckRS 2010, 4929); leserlich müssen sie nicht sein (BGH BeckRS 2018, 22168; vgl. auch BayObLG Strafo 2025, 240 sowie KG NStZ 2024, 188: großzügiger Maßstab; OLG Brandenburg BeckRS 2025, 31281; OLG Köln NStZ-RR 2011, 348; OLG Oldenburg NStZ 1988, 145; erg. zur Unterschrift des RA → Einl. Rn. 129), ein Namenskürzel (Paraphe) reicht aber nicht aus (OLG Köln StraFo 2018, 353), ebensowenig einfache gerade oder nahezu gerade Linien (BayObLG Strafo 2025, 71). Mit der Unterschrift, die das gesamte Urt. decken muss (vgl. BayObLGSt 1970, 224; → Rn. 5), beurkunden die Berufsrichter (Abs. 2 S. 3; vgl. aber BGHSt 39, 281 (285): ehrenamtliche Richter dürfen mitunterschreiben) die Übereinstimmung der Urteilsgründe mit dem Beratungsergebnis (BGHSt 26, 247 (248); 31, 212). Der überstimmte Richter darf daher seine Unterschrift nicht verweigern; er bezeugt mit ihr nur die Auff. der Mehrheit (BGHSt 26, 92 (93); OLG Naumburg NJW 2008, 3585 (3586)). 19

Bei **Verhinderung (Abs. 2 S. 2)** eines Richters ist das Urt. nicht „für den Verhinderten" o. „in Vertretung" zu unterschreiben (BGH NStZ 2022, 510; OLG Düsseldorf VRS 99, 456), sondern die Tatsache der Verhinderung u. ihr Grund zu bezeugen; verfassungsrechtliche Bedenken gegen die zwingende Angabe des Grundes bestehen nicht (Leitmeier HRRS 2016, 500). Die Angabe des Grundes kann aber allg. gehalten (Urlaub, Krankheit, usw) werden (BGHSt 31, 212 (214)). Ob im konkreten Fall ein generell geeigneter Grund zur Verhinderung führt, obliegt der Beurteilung des Vorsitzenden u. ist in der Revision lediglich daraufhin zu überprüfen, ob der dem Vorsitzenden insoweit eingeräumte Spielraum in rechtsfehlerhafter Weise überschritten ist o. die Annahme der Verhinderung auf sachfremden Erwägungen beruht u. sie sich deshalb als willkürlich erweist (BGH NStZ 2016, 623 mAnm Ventzke). Auch wenn man eine Pflicht des Vorsitzenden, organisatorische Vorkehrungen zu treffen, die eine Unterschriftsleistung durch sämtliche an der Entsch. mitwirkenden Berufsrichter ermöglicht, bejahen wollte, dürfte dies nicht zu einer ins Einzelne gehenden Kontrolle des Revisionsgerichts führen (BGH NStZ 2016, 623). 20

Der Richter muss **zweimal unterschreiben:** Urt. *und* Vermerk (Miebach NStZ 1990, 229 – BGH RsprÜ); ein einziger Richter kann auch die Verhinderung der beiden anderen beurkunden (Miebach NStZ 1990, 229 – BGH RsprÜ; BGHSt 26, 247 (248)). Ist der Verhinderungsvermerk nicht v. dem dazu befugten mitwirkenden Richter, zB nicht v. dem älteren, sondern v. dem jüngsten Beisitzer, angebracht worden, so ist er gleichwohl wirksam (Holtz MDR 1980, 456 – BGH RsprÜ); aber nur ein Richter, der an der HV mitgewirkt hat, kann die Verhinderung feststellen (BGH NStZ 1993, 448). 20a

Ob der Vorsitzende o. sein Vertreter den Verhinderungsvermerk anbringt o. den **Wegfall der Verhinderung abwartet,** steht in seinem Ermessen (BGH NStZ 1993, 96; 2016, 623 mAnm Ventzke; **aM** OLG Zweibrücken StV 1990, 14; SK-StPO/Frister Rn. 28), wobei allerdings das Beschleunigungsgebot zu beachten ist (Peglau JR 2007, 146). Die Rückkehr eines beurlaubten Richters braucht nicht abgewartet zu werden (vgl. auch BGH StraFo 2006, 334; BeckRS 2011, 25185). 21

Wegen der **Verhinderungsgründe** bestehen keine Beschränkungen (BGHSt 31, 212 (214); dazu iE Peglau JR 2007, 146). Verhindert ist ein Richter an der Unterschrift, wenn er sie aus tatsächlichen Gründen nicht mehr leisten kann oder aus Rechtsgründen nicht mehr leisten darf (BGH NStZ 2021, 751 mN). In Betracht kommen Urlaub (BGH StV 1998, 477: gleichgültig, wo er verbracht 22 wird), Krankheit, Elternzeit (BGH NStZ 2020, 181), aber auch andere Dienstgeschäfte, zu denen sogar die Teilnahme an einem Betriebsausflug gehören kann (BGHSt 31, 212 (214)). Ein Richter, der nach § 22 Nr. 5 von der Ausübung des Richteramtes ausgeschlossen ist, darf weder an einer Fassungsberatung teilnehmen noch die Urteilsurkunde unterzeichnen (BGH NStZ 2021, 751). Nichterreichbarkeit im Gerichtsgebäude am letzten Tag der Frist ist aber kein Verhinderungsgrund (BGHSt 28, 194; KG StV 1986, 144), auch nicht die Weigerung eines Richters, das Urt. zu unterschreiben (Löwe/Rosenberg/Stuckenberg Rn. 45; SK-StPO/Frister Rn. 29).

23 Nicht an der Unterschrift gehindert ist ein **aus dem Spruchkörper ausgeschiedener Richter,** der weiterhin bei demselben Gericht (BayObLGSt 1982, 133), bei einem anderen Gericht (BGH NStZ 1982, 476; 2014, 355: Versetzung an das OLG; BGH NStZ 1993, 96; OLG Zweibrücken StV 1990, 14: Versetzung an das AG; ebenso BGH NStZ 2011, 358) o. als abgeordneter Richter bei der JV o. bei der StA tätig ist (BGH NStZ 2006, 586; StraFo 2007, 66); das kann aber im Einzelfall der Unterzeichnung entgegenstehen (BGH NStZ-RR 1999, 46; Becker NStZ-RR 2003, 292 – BGH RsprÜ; Cierniak/Zimmermann NStZ-RR 2014, 169 – BGH RsprÜ; BGH NJW 2003, 836). An der Unterschrift gehindert ist aber, wer aus dem Justizdienst ausgeschieden (BayObLG NJW 1967, 1578) o. nunmehr bei der StA o. bei der JV als Beamter beschäftigt ist (Holtz MDR 1994, 1072 – BGH RsprÜ; krit. Gollwitzer FS Kleinknecht, 1985, 168; Gollwitzer FS Gössel, 2002, 551). Wird ein Richter auf Probe zur StA versetzt, so bleibt er Richter (vgl. §§ 12, 13, 19a Abs. 3 **DRiG**) u. kann Urteile, an denen er mitgewirkt hat, noch unterschreiben (BGH StV 1992, 557; NStZ 2019, 300).

23a Ein **rekonstruiertes Urteil** tritt nur dann an die Stelle des Originals, wenn der iudex a quo die Übereinstimmung der rekonstruierten mit der ursprünglichen Urkunde durch Unterschrift bestätigt (Braunschweig StraFo 2021, 429).

23b Bei **Beschlüssen** ist eine Unterzeichnung nicht zwingend erforderlich; es muss sich aber zumindest aus den Umständen zweifelsfrei ergeben, dass die Entscheidung auf der Willensbildung der zur Entscheidung berufenen Richter beruht (OLG Hamm NStZ 2024, 187). In diesem Fall ist die Ersetzung der Unterschrift eines an der Unterzeichnung des schriftlichen Beschlusses verhinderten Richters auch dann möglich, wenn der Tenor des Beschlusses nicht zuvor in einem schriftlichen Vermerk niedergelegt worden ist (OLG Hamm NStZ 2024, 187).

24 **D. Urteilskopf (Abs. 3).** Das schriftliche Urt. besteht aus dem Urteilskopf (Rubrum), der Urteilsformel u. den Urteilsgründen (vgl. § 268 Abs. 2 S. 1).

25 Im Urteilskopf ist der Angeklagte zu bezeichnen (vgl. Nr. 141 Abs. 1 S. 1 RiStBV) u. der **Tag der Sitzung,** ggf. sämtliche Sitzungstage, anzugeben (Löwe/Rosenberg/Stuckenberg Rn. 23). Jedoch genügt bei einer HV, die sich über längere Zeit erstreckt hat, die Angabe des Zeitraums mit der in jedem Fall notwendigen Bezeichnung des Tages der Urteilsverkündung (OLG Koblenz Rpfleger 1973, 219).

26 Die **Namen der Mitwirkenden** müssen stets angegeben werden, die der Ergänzungsrichter nur, wenn sie an dem Urt. mitgewirkt haben. Haben mehrere StAe o. Verteidiger (gemeinsam o. nacheinander) mitgewirkt, so müssen alle genannt werden. Bei dem Namen des Verteidigers wird nicht angegeben, ob er Wahl- o. Pflichtverteidiger ist. Von mehreren Protokollführern braucht nur derjenige bezeichnet zu werden, der am Verkündungstermin teilgenommen hat. Auch Nebenkläger u. ihre Prozessbevollmächtigten sollten aufgeführt werden (Kusch NStZ-RR 1999, 38 – BGH RsprÜ), ferner die Nebenbeteiligten u. ihre Prozessbevollmächtigten, nicht hingegen die Beistände (KK-StPO/Greger Rn. 16, 19).

27 **E. Revision.** Auf einem Verstoß gegen das Unverzüglichkeitsgebot des Abs. 1 S. 1 kann das Urt. nicht beruhen (Rieß NStZ 1982, 442; BGH NStZ 2006, 463 lässt offen, ob bei einer „mit rechtsstaatlichen Grundsätzen unvereinbaren Verzögerung" etwas anderes gilt; ähnlich BGH NStZ 2006, 296 „allenfalls in außergewöhnlich gelagerten Einzelfällen", zust. Schmidt NStZ 2006, 317). Die Rüge, das

Urt. sei nicht rechtzeitig mit den richterlichen Unterschriften o. einem zulässigen Verhinderungsvermerk zu den Akten gebracht worden (Abs. 1 S. 2), o. ein Verhinderungsvermerk sei nicht unterzeichnet worden (BGH NStZ-RR 2021, 183), ist **Revisionsgrund nach § 338 Nr. 7** (wegen der Einzelheiten vgl. → § 338 Rn. 54 ff.). Ein versehentlich angebrachter Verhinderungsvermerk (Richter hatte am Urt. nicht mitgewirkt) ist unschädlich (BGH NStZ 1999, 154); iÜ prüft das Revisionsgericht die fristgerechte Beurkundung eines grds. tragenden Verhinderungsgrundes nur auf Ermessensfehler (BGH NStZ 2020, 181). Gelangen nur Tenor o. Rubrum verspätet zu den Akten, so liegt ein Revisionsgrund nach § 337 vor (Rüth DAR 1983, 253 – BayObLG RsprÜ; OLG Köln NJW 1980, 1405; VRS 64, 282); das Urt. wird idR auf dem Mangel nicht beruhen. Auf eine Unrichtigkeit o. Unvollständigkeit des Rubrums kann die Revision nicht gestützt werden (BGH 24.7.2025 – 3 StR 382/24: Fehlen der Überschrift „Urteil" und der Formel „Im Namen des Volkes"; Kusch NStZ 1995, 221 – BGH RsprÜ; OLG Stuttgart VRS 124, 308), das gilt – jedenfalls beim LG 1. Instanz wegen §§ 222a, 222b – auch bei unvollständiger Bezeichnung der mitwirkenden Richter (BGH NStZ 1989, 584; 1994, 47).

Das **Fehlen *einzelner* Unterschriften** ist mit einer Verfahrensrüge zu beanstanden (BGH NStZ-RR 2024, 181; OLG Frankfurt a. M. NStZ-RR 2016, 287). Das ***vollständige*** Fehlen der Unterschrift macht das Urt. hingegen sachlich-rechtlich fehlerhaft u. führt auf die Revision zu seiner Aufhebung (BGH NStZ-RR 2024, 181; OLG Frankfurt a. M. NStZ-RR 2016, 287; OLG Köln NStZ-RR 2011, 348; einschr. für das Rechtsbeschwerdeverfahren des OWiG OLG Bamberg NJW 2013, 2212). Dasselbe gilt im Fall einer unzureichenden bzw. nicht individualisierbaren Unterschrift (OLG Frankfurt a. M. NStZ-RR 2016, 287; OLG Köln StraFo 2018, 353; → Rn. 19). **28**

Siebter Abschnitt. Entscheidung über die im Urteil vorbehaltene oder die nachträgliche Anordnung der Sicherungsverwahrung

Einleitung des Verfahrens; Hauptverhandlung; Unterbringungsbefehl

275a (1) [1]**Ist im Urteil die Anordnung der Sicherungsverwahrung vorbehalten (§ 66a des Strafgesetzbuches), übersendet die Vollstreckungsbehörde die Akten rechtzeitig an die Staatsanwaltschaft des zuständigen Gerichts.** [2]**Diese übergibt die Akten so rechtzeitig dem Vorsitzenden des Gerichts, dass eine Entscheidung bis zu dem in Absatz 5 genannten Zeitpunkt ergehen kann.** [3]**Ist die Unterbringung in einem psychiatrischen Krankenhaus gemäß § 67d Absatz 6 Satz 1 des Strafgesetzbuches für erledigt erklärt worden, übersendet die Vollstreckungsbehörde die Akten unverzüglich an die Staatsanwaltschaft des Gerichts, das für eine nachträgliche Anordnung der Sicherungsverwahrung (§ 66b des Strafgesetzbuches) zuständig ist.** [4]**Beabsichtigt diese, eine nachträgliche Anordnung der Sicherungsverwahrung zu beantragen, teilt sie dies der betroffenen Person mit.** [5]**Die Staatsanwaltschaft soll den Antrag auf nachträgliche Anordnung der Sicherungsverwahrung unverzüglich stellen und ihn zusammen mit den Akten dem Vorsitzenden des Gerichts übergeben.**

(2) **Für die Vorbereitung und die Durchführung der Hauptverhandlung gelten die §§ 213 bis 275 entsprechend, soweit nachfolgend nichts anderes geregelt ist.**

(3) [1]**Nachdem die Hauptverhandlung nach Maßgabe des § 243 Abs. 1 begonnen hat, hält ein Berichterstatter in Abwesenheit der Zeugen einen Vortrag über die Ergebnisse des bisherigen Verfahrens.** [2]**Der Vorsitzende verliest das frühere Urteil, soweit es für die Entscheidung über die vor-**

behaltene oder die nachträgliche Anordnung der Sicherungsverwahrung von Bedeutung ist. [3] Sodann erfolgt die Vernehmung des Verurteilten und die Beweisaufnahme.

(4) [1] **Das Gericht holt vor der Entscheidung das Gutachten eines Sachverständigen ein. [2] Ist über die nachträgliche Anordnung der Sicherungsverwahrung zu entscheiden, müssen die Gutachten von zwei Sachverständigen eingeholt werden. [3] Die Gutachter dürfen im Rahmen des Strafvollzugs oder des Vollzugs der Unterbringung nicht mit der Behandlung des Verurteilten befasst gewesen sein.**

(5) **Das Gericht soll über die vorbehaltene Anordnung der Sicherungsverwahrung spätestens sechs Monate vor der vollständigen Vollstreckung der Freiheitsstrafe entscheiden.**

(6) [1] **Sind dringende Gründe für die Annahme vorhanden, dass die nachträgliche Sicherungsverwahrung angeordnet wird, so kann das Gericht bis zur Rechtskraft des Urteils einen Unterbringungsbefehl erlassen. [2] Für den Erlass des Unterbringungsbefehls ist das für die Entscheidung nach § 67d Absatz 6 des Strafgesetzbuches zuständige Gericht so lange zuständig, bis der Antrag auf Anordnung der nachträglichen Sicherungsverwahrung bei dem für diese Entscheidung zuständigen Gericht eingeht. [3] In den Fällen des § 66a des Strafgesetzbuches kann das Gericht bis zur Rechtskraft des Urteils einen Unterbringungsbefehl erlassen, wenn es im ersten Rechtszug bis zu dem in § 66a Absatz 3 Satz 1 des Strafgesetzbuches bestimmten Zeitpunkt die vorbehaltene Sicherungsverwahrung angeordnet hat. [4] Die §§ 114 bis 115a, 117 bis 119a und 126a Abs. 3 gelten entsprechend.**

Übersicht

1 **A. Vorbehaltene und nachträgliche Anordnung der Sicherungsverwahrung.** Mit G v. 21.8.2002 (BGBl. I 3344) wurde die vorbehaltene Sicherungsverwahrung nach § 66a StGB – nach Maßgabe des § 106 Abs. 3 S. 2 JGG auch gegen einen Heranwachsenden (dort nach § 106 Abs. 4 JGG idR mit der gleichzeitigen Anordnung der Vollziehung der Strafe in einer sozialtherapeutischen Anstalt) – eingeführt; danach hat – falls zzt. des Urteils ein Hang des Täters iSd § 66 Abs. 1 Nr. 4 StGB noch nicht hinreichend sicher festgestellt werden kann – das

Gericht den Vorbehalt der Anordnung der Sicherungsverwahrung im Urt. auszusprechen (§§ 260 Abs. 4 S. 4, 267 Abs. 6 S. 1) u. später über die vorbehaltene Sicherungsverwahrung zu entscheiden. Zusätzlich ist mit G v. 23.7.2004 (BGBl. I 1838) die Möglichkeit der nachträglichen Anordnung der Sicherungsverwahrung nach § 66b StGB (auch hier durch Einfügung des § 106 Abs. 5 und Abs. 6 JGG gegen einen Heranwachsenden u. durch G v. 8.7.2008 (BGBl. I 1212) nach § 7 Abs. 2 und Abs. 3 JGG auch gegen einen Jugendlichen) geschaffen worden, nachdem fünf Bundesländer diese Möglichkeit in ihren – v. BVerfG (BVerfGE 109, 190) wegen fehlender Gesetzgebungskompetenz der Länder für verfassungswidrig erklärten – Straftäter-Unterbringungsgesetzen bereits vorgesehen hatten. Nach § 66b StGB konnte unter den dort bezeichneten Voraussetzungen in Fällen, in denen sich die Gefährlichkeit des Täters erst nach der Verurteilung im Strafvollzug o. bei Beendigung der Unterbringung in einem psychiatrischen Krankenhaus nach § 63 StGB ergibt, die Sicherungsverwahrung nachträglich angeordnet werden.

Mit **G v. 22.12.2010** (BGBl. I 2300) – insbes. auch mit Rücksicht auf die Rspr. **1a**
des EGMR (→ Rn. 2a) – ist das Recht der Sicherungsverwahrung neu geregelt worden,

- indem diese im Wesentlichen auf Verbrechen, die sich gegen das Leben, die körperliche Unversehrtheit, die persönliche Freiheit o. die sexuelle Selbstbestimmung richten, u. auf weitere schwere Straftaten, die im Höchstmaß mit Freiheitsstrafe v. mind. 10 Jahren bedroht sind, beschränkt wurde (§ 66 Abs. 1 Nr. 1a und Nr. 1b),
- die vorbehaltene Sicherungsverwahrung dahin ausgeweitet wird, dass sie nach § 66a Abs. 1 Nr. 3 StGB schon angeordnet werden darf, wenn der Hang des Täters zu erheblichen Straftaten, nicht nur seine darauf beruhende Gefährlichkeit, zwar wahrscheinlich, aber nicht mit hinreichender Sicherheit feststellbar ist, u. die Anordnung der vorbehaltene Sicherungsverwahrung nach § 66a Abs. 2 StGB auch gegen sog. Ersttäter zulässig ist,
- die nachträgliche Anordnung der Sicherungsverwahrung auf den Fall der Unterbringung nach für erledigt erklärter Unterbringung in einem psychiatrischen Krankenhaus beschränkt wird (§ 66b Abs. 1 nF = § 66b Abs. 3 aF StGB).

Mit demselben G wurde als Erg. auch das **G zur Therapierung und Unter-** **1b**
bringung psychisch gestörter Gewalttäter (Therapieunterbringungsgesetz – BGBl. 2010 I 2305 mit Änd. durch G v. 5.12.2012 (BGBl. I 2425)) geschaffen (dazu Schröder/Starke DRiZ 2011, 254 ff. (284 ff.)).

Anwendbar sind die ges. Regelungen im StGB, in der StPO, im GVG u. JGG **1c**
gem. Art. 316e EGStGB **aber nur,** wenn die Tat o. mind. eine der Taten, wegen deren Begehung die Sicherungsverwahrung angeordnet o. vorbehalten werden soll, nach dem 31.12.2010 begangen worden ist; in allen anderen Fällen ist – vorbehaltlich der Sonderregelungen in Art. 316e Abs. 2 und Abs. 3 EGStGB – das bis zum 31.10.2010 geltende Recht anzuwenden (vgl. BGH NStZ-RR 2020, 325). Eine weitere Einschränkung des Anwendungsbereichs ergibt sich aus Art. 316f Abs. 1 EGStGB für die ab dem 1.6.2013, nach § 316f Abs. 2 EGStGB für die bis zum 31.5.2013 begangenen Taten (vgl. → EGStGB Art. 316f Rn. 1 ff.).

B. Verfassungswidrigkeit der Regelungen und Konsequenzen. Das **2**
BVerfG (BVerfGE 109, 190 = NJW 2004, 750) hatte zunächst keine grds. verfassungsrechtlichen Bedenken gegen eine v. Bundesgesetzgeber geschaffene Möglichkeit der nachträglichen Sicherungsverwahrung (abw. allerdings die Senatsminderheit); die im Schrifttum gleichwohl noch geäußerten verfassungsrechtlichen Vorbehalte hatte es nicht geteilt.

Sodann hat allerdings eine **Kammer des EGMR** – bestätigt durch Nichtannah- **2a**
mebeschluss der Großen Kammer v. 10.5.2010 (vgl. → EMRK Art. 19 Rn. 2) – entschieden (NJW 2010, 2495), die Sicherungsverwahrung sei als Strafe iSd Art. 7 Abs. 1 EMRK u. als mit Art. 5 Abs. 1 S. 2 EMRK unvereinbar anzusehen (ebenso EGMR HRRS 2011, 42 Ls.).

2b Im Anschluss daran hat das **BVerfG** durch die **Entscheidung v. 4.5.2011** (NJW 2011, 1931) alle Vorschr. des StGB u. des JGG über die Anordnung u. die Dauer der Sicherungsverwahrung für verfassungswidrig erklärt. Die Vorschr. sollten aber bis zu einer ges. Neuregelung, längstens bis 31.5.2013, mit v. BVerfG getroffenen Übergangsregelungen anwendbar sein, wonach in den sog. Altfällen die Sicherungsverwahrung nur noch angeordnet werden durfte, wenn eine hochgradige Gefahr schwerster Gewalt- o. Sexualstraftaten aus konkreten Umständen abzuleiten war u. der Untergebrachte an einer psychischen Störung iSd § 1 Abs. 1 Nr. 1 ThUG litt (vgl. → Rn. 22), in Neufällen wurde eine strikte Prüfung der Verhältnismäßigkeit vorgeschrieben. Bis dahin war nach § 275a zu verfahren (vgl. auch BVerfG NJW 2011, 2711 Ls. zur Anordnung der nachträglichen Sicherungsverwahrung; BVerfG NJW 2012, 3357 zur vorbehaltenen Sicherungsverwahrung).

2c Der **BGH** hat daraufhin in seiner Entsch. v. 23.5.2011 (BGHSt 56, 248 = NStZ 2011, 453) die Vorgaben des BVerfG umgesetzt (vgl. dazu Peglau NJW 2011, 1924).

2d Einen eing. **Überblick** über die nach der Neuregelung durch das G v. 22.12.2010 (→ Rn. 1a) u. aufgrund der Entsch. des BVerfG (→ Rn. 2b) entstandene verwickelte Regelung hins. Alt- u. Neufällen gibt Mosbacher HRRS 2011, 229.

2e Mit dem **„Gesetz zur bundesrechtlichen Umsetzung des Abstandsgebotes im Recht der Sicherungsverwahrung“** v. 5.12.2012 (BGBl. I 2425) wurden schließlich ua in einem neuen § 66c StGB die Ausgestaltung der Unterbringung in der Sicherungsverwahrung u. des vorhergehenden Strafvollzuges geregelt sowie erhebliche Änd. in §§ 7 und 106 JGG eingeführt. Übergangsvorschriften zu diesem G enthält Art. 316f EGStGB (vgl. → EGStGB Art. 316f Rn. 1 ff.).

3 **C. Verfahrensmäßige Behandlung.** Die Anordnung der Sicherungsverwahrung nach einem Vorbehalt im Urt. o. bei nachträglicher Anordnung ist gleich geregelt: Beide richten sich nach § 275a. Vorbehalt u. nachträgliche Entsch. erfolgen durch dasselbe Gericht (dazu → Rn. 8), aber **in zwei getrennten Verhandlungen.** § 275a regelt das Verf. über die nachträgliche Anordnung der Sicherungsverwahrung nach Vorbehalt (§ 66a StGB) o. ohne einen solchen (§ 66b), wobei das „Nachverfahren“ im Wesentlichen genauso wie die HV 1. Instanz abläuft (→ Rn. 9); denn der Verurteilte darf im 2. Teil nicht anders gestellt werden, als wenn das Gericht die Sicherungsverwahrung sogleich im 1. Teil angeordnet hätte (vgl. aber die Ausnahme → Rn. 8). Um deutlich zu machen, dass es im Verf. nach § 275a um einen neuen 2. Teil des Erkenntnisverfahrens geht, wurde im Anschluss an die Regelungen des 6. Abschn. des 2. Buches dieser neue Abschn. 7 eingefügt (zu „Verfahrensidentität und Prozessgegenstand des Verf. zur nachträglichen Anordnung der Sicherungsverwahrung“ v. Freier ZStW 120 (2008), 273).

4 **D. Rechtzeitige Aktenübersendung. I. Verfahren bei vorbehaltener Sicherungsverwahrung (Abs. 1 S. 1 und 2, Abs. 5).** Die StA, die die Strafvollstreckung führt u. die eine andere als die für das erkennende Gericht zuständige StA sein kann, hat die Akten „rechtzeitig“ an die zuständige StA zu übersenden. „Rechtzeitig“ bedeutet, dass die Akten so zeitig vorgelegt werden müssen, dass das Gericht spätestens 6 Monate vor der vollständigen Vollstreckung der Freiheitsstrafe (auch Vollstreckung eines Strafrestes) über die Anordnung der Sicherungsverwahrung entscheiden kann (Abs. 5 mit § 66a Abs. 3 S. 1 StGB).

5 Die Überschreitung dieser Entscheidungsfrist steht der Anordnung der Sicherungsverwahrung nach der in § 66a Abs. 3 S. 1 StGB getroffenen ges. Regelung nicht entgegen (anders die frühere Rspr., vgl. BGHSt 51, 159) Die Zeitgrenze gilt allerdings nur für das erste tatrichterliche Urteil, nicht jedoch für nachf. Entsch. im Rechtsmittelverfahren.

6 **II. Verfahren bei nachträglicher Anordnung der Sicherungsverwahrung (Abs. 1 S. 3–5).** Während im Fall einer vorbehaltenen Sicherungsverwahrung (→ Rn. 5) eine weitere gerichtliche Entsch. über den Vorbehalt in jedem Fall erfolgen muss (Anordnung o. Ablehnung der Sicherungsverwahrung, → Rn. 12),

findet ein gerichtliches Verf. über die Anordnung der nachträglichen Sicherungsverwahrung nur statt, wenn die StA dies beantragt. Erwägt die StA den Antrag auf Anordnung der nachträglichen Sicherungsverwahrung zu stellen, muss sie dies dem Betroffenen mitteilen, um ihm rechtliches Gehör zu gewähren (Abs. 1 S. 4). Eine Mitteilung ist somit nicht erforderlich, wenn die Vorprüfung durch die StA ergibt, dass eine nachträgliche Sicherungsverwahrung nicht in Betracht kommt (Cierniak/Zimmermann NStZ-RR 2014, 169 – BGH RsprÜ; Folkers NStZ 2006, 431; Bender, Die nachträgliche Sicherungsverwahrung, 2007, S. 112). Die StA soll den Antrag unverzüglich stellen u. ihn zusammen mit den Akten dem Vorsitzenden des Gerichts übergeben, wobei es sich empfiehlt, dass sie für sich Doppelakten anlegt. Bei der Antragstellung muss eine Erkl. der Erledigung der Unterbringung in einem psychiatrischen Krankenhaus u. damit die diesbzgl. Anordnungsvoraussetzung des § 66b S. 1 StGB (= § 66b Abs. 3 StGB aF) bereits vorliegen (BGH StV 2012, 405).

Der Antrag sollte inhaltlich einer Anklageschrift bzw. einer Antragsschrift nach § 414 Abs. 2 entsprechen (OLG Rostock StV 2005, 279 (280); Folkers NStZ 2006, 430); er ist Verfahrensvoraussetzung (BGH BeckRS 2011, 22978). Der Antrag muss die Behauptung enthalten, dass nach vorl.er Einschätzung der StA die materiellen Voraussetzungen der nachträglichen Sicherungsverwahrung im weiteren Verf. festgestellt werden, also eine unter sachverständiger Hilfestellung erfolgende Gesamtwürdigung des Verurteilten, seiner Taten u. erg. seiner Entwicklung während des Vollzugs der Maßregel dessen besondere Gefährlichkeit ergeben wird (vgl. BGH NJW 2006, 852; Cierniak/Zimmermann NStZ-RR 2014, 169 – BGH RsprÜ). Fehlt eine solche Begründung, ist der Antrag als unzulässig zurückzuweisen (BGHSt 50, 284; krit. dazu Zieschang/Rau JR 2006, 213; Folkers NStZ 2006, 432); die Entsch. muss durch Urt. ergehen (→ Rn. 13; **aM** Römer JR 2006, 7), wobei dann aber v. der Einholung v. Sachverständigengutachten abgesehen werden kann (BGH NJW 2006, 852). 6a

Die StA kann den **Antrag** bis zur Entsch. des Gerichts **zurücknehmen** (Rissing-van Saan FS Nehm, 2006, 202), nach Beginn der HV aber nur noch mit Zustimmung des Verurteilten (so überzeugend BGH NJW 2006, 852). Ein Zwischenverfahren wie in § 203 gibt es nicht (Rissing-van Saan FS Nehm, 2006, 202). 6b

Für **Taten vor dem 1.1.2011** gilt sowohl materiell-rechtlich wie auch prozessual das bis zum 31.12.2010 geltende Recht (BGH NStZ-RR 2020, 325; → Rn. 1c); insoweit liegt ein Verfahrenshindernis vor, wenn die StA den Antrag auf nachträgliche Anordnung der Sicherungsverwahrung erst stellt, wenn der Verurteilte die Strafe aus der Anlassverurteilung bereits vollständig verbüßt hat (BGH NStZ-RR 2020, 325 mwN). 6c

III. Unverzügliche Übergabe. Unverzügliche Übergabe der Akten mit ihrem **Antrag** (also ohne schuldhaftes Zögern) an den Vorsitzenden des Gerichts wird nach Abs. 1 S. 5 von der StA im Fall der nachträglichen Sicherungsverwahrung verlangt. Bei der vorbehaltenen Anordnung fordert Abs. 5 rechtzeitige Entsch. nach rechtzeitiger Vorlage gem. Abs. 1 S. 2 (→ Rn. 5). Zu den Akten gehört natürlich auch eine vorliegende Stellungnahme des Betroffenen aufgrund der nach Abs. 1 S. 2 erfolgten Mitteilung. 7

E. Zuständiges Gericht. Zuständiges Gericht ist die Große StrK (§ 74 GVG, auch als SchwurG, Wirtschafts- o. JugK o. im Fall des § 120 GVG das OLG, da das AG keine Sicherungsverwahrung anordnen darf (§ 24 Abs. 1 Nr. 2, Abs. 2 GVG). Daher besteht auch für den 2. Teil des Verf. notwendige Verteidigung nach § 140 Abs. 1 Nr. 1. § 74f Abs. 1 GVG bestimmt, dass dieselbe StrK wie bei der 1. HV verhandeln u. entscheiden muss, die den Vorbehalt angeordnet hat o. die – bei nachträglicher Anordnung – als Tatgericht entschieden hat, wobei zwischenzeitlich erfolgte personelle Veränderungen unschädlich sind. Falls im Fall des § 66b aF StGB ausschl. das AG als Tatgericht entschieden hat, ist nach § 74f Abs. 2 GVG eine (Große) StrK des dem AG übergeordneten LG für die nachträgliche Anordnung der Sicherungsverwahrung zuständig. Hier fallen – anders als im Regelfall (→ Rn. 3) – das Gericht der ersten Entsch. u. das Gericht, das über die nach- 8 trägliche Sicherungsverwahrung zu entscheiden hat, zumeist auseinander (vgl. dazu aber → GVG § 74f Rn. 2).

9 **F. Vorbereitung und Durchführung der HV.** Für die Vorbereitung und Durchführung der HV **gelten die Vorschr. des 5. u. 6. Abschn. des 2. Buches, §§ 213–275, entspr.** (Abs. 3). Der Vorsitzende teilt dem Verurteilten möglichst rasch – nicht erst mit der Ladung zur HV – den vorliegenden Antrag mit (Bender, Die nachträgliche Sicherungsverwahrung, 2007, S. 118). In der HV tritt an die Stelle der Verlesung der Anklage wie im Berufungsverfahren (§ 324) der Vortrag des Berichterstatters über die Erg. des bisherigen Verf. u. die Verlesung des Urteils, soweit es für die jetzt zu treffende Entsch. v. Bedeutung ist (Abs. 3). Die Verlesung dient der Information der Schöffen, die mit denen des 1. Teils im Zweifel nicht identisch sind u. die den Akteninhalt nicht kennen. Ein Verlesungsverzicht wie in § 324 S. 2 ist hier deswegen u. wohl mit Rücksicht auf die Schwere des möglichen Eingriffs gegen den Verurteilten nicht vorgesehen. Die sich anschließende Beweisaufnahme folgt dann den allg. Regeln. Der Gegenstand der Beweisaufnahme ist aber durch den begrenzten Verf. erheblich eingeschränkt; Beweisanträge, die dies nicht beachten, sind unzulässig (Löwe/Rosenberg/Stuckenberg Rn. 50). Zum Erlass eines Unterbringungsbefehls → Rn. 14.

10 **G. Sachverständigengutachten (Abs. 3).** Wie nach dem auch hier anzuwendenden § 246a (erg. dort) ist durch das Gericht, nicht durch die StA (dazu krit. Folkers NStZ 2006, 428), bei vorbehaltener Sicherungsverwahrung *ein,* bei nachträglicher Anordnung sind *zwei* Sachverständigengutachten einzuholen. Diese Differenzierung ist sachgerecht, weil beim Vorbehalt die Frage einer Sicherungsverwahrung bereits Verhandlungsgegenstand war, während sie bei der nachträglichen Anordnung nun erstmals entscheidend thematisiert wird. Dass im 1. Teil o. in einer früheren Verh. bereits ein Gutachten eingeholt wurde, genügt nicht (Müller-Metz StV 2003, 50). Anders als nach § 454 (→ § 454 Rn. 37) schreibt Abs. 4 S. 2 ausdr. vor, dass „externe“ Sachverständige das Gutachten zu erstatten haben. Dadurch soll gewährleistet sein, dass die Sachverständigen nicht bereits aufgrund ihres Umgangs mit dem Betroffenen während des Strafvollzugs o. der Unterbringung in einem psychiatrischen Krankenhaus voreingenommen sind. Natürlich haben die externen Gutachter die im Vollzug gesammelten Erkenntnisse – u. damit auch die Ansichten „interner“ Sachverständiger – zu berücksichtigen. Als Gutachter kommen Psychiater, Psychologen u. Kriminologen in Betracht (SK-StPO/Frister Rn. 50; Kinzig NStZ 2004, 659); es ist nicht unbedingt erforderlich, dass 2 Fachärzte mit psychiatrischer Ausbildung als Sachverständige beauftragt werden (BGHSt 50, 121). Es genügt im Fall des § 66b StGB nicht, dass 2 Sachverständige an *einem* Gutachten mitgewirkt haben, auch wenn die StrK erwartet, sie würden in der HV „jeder ein eigenständiges Gutachten erstellen“ (OLG Hamm StraFo 2009, 39). Eine Unterbringung nach § 81 wird idR nicht in Betracht kommen (OLG Nürnberg StV 2010, 510).

11 **H. Entscheidung. I. Vorbehaltene Sicherungsverwahrung.** Mit der hier ergehenden Entsch. – Anordnung o. Ablehnung der Sicherungsverwahrung – (BGH NStZ 2013, 100: evtl. entspr. dem Rechtsgedanken des § 206a auch im Beschlusswege) ist der Vorbehalt des 1. Urteils endg. erledigt. Das Gericht ist – anders als sonst bei früher ergangenen Urteilen (vgl. → Einl. Rn. 170) – an die Feststellungen des ersten Urteils gebunden; denn beide Entsch. bilden insoweit eine Einheit u. dürfen nicht in sich widersprüchlich sein.

12 Lediglich zur Frage der bestehenden Gefährlichkeit des Verurteilten sind neue Feststellungen möglich u. geboten. Auch für doppelrelevante Feststellungen (→ Einl. Rn. 187) muss aber eine Bindungswirkung bejaht werden. Stellen sich in der zweiten Verh. andere, neue Tatsachen heraus, die die Freisprechung o. die Anwendung eines milderen Strafgesetzes zu begründen geeignet sind, bleibt nur die Möglichkeit, das im 1. Teil ergangene Urt. mit den hierfür anwendbaren Vorschr. über die Wiederaufnahme des Verf. (vgl. → Vor § 359 Rn. 4) anzugreifen (also nach § 359 Nr. 5), wobei aber die Einschränkungen des § 363 zu beachten sind.

13 **II. Nachträgliche Sicherungsverwahrung.** Das Gericht lehnt nach einer HV – nicht etwa außerhalb dieser (BGH NStZ 2011, 693) – mit Urt. u. nicht etwa durch Beschl. (vgl. BGHSt 50, 180; BGH NJW 2006, 852; NStZ 2006, 178; NStZ-RR 2017, 7; OLG Hamm NStZ-RR 2005, 109) die nachträgliche Sicherungsverwahrung entweder ab o. ordnet diese an. Nicht erforderlich ist, dass sich der Verurteilte noch im Maßregelvollzug befindet, wohl aber, dass der Antrag der StA (→ Rn. 6) vor der Entlassung gestellt u. dem Verurteilten zuvor mitgeteilt wurde (BGHSt 50, 180 (184); BGH StV 2010, 509; Renzikowski NStZ 2006, 283; Zschieschack/Rau JR 2006, 9; **aM** Folkers NStZ 2006, 431). Der Antrag ist unter allen materiellrechtlich in Betracht kommenden Gesichtspunkten – nicht nur nach der v. der StA herangezogenen Vorschr. – zu prüfen (BGH NStZ 2006, 178). Bei der Ablehnung sind die dieser Entsch. zugrunde gelegten Tatsachen „verbraucht"; dh dass das frühere Urt. nicht erneut für ein nachträgliches Sicherungsverfahren herangezogen werden darf.

13a Die **Urteilsgründe** müssen – wie sonst auch nach § 267 Abs. 1 S. 1 – klar, geschlossen, erschöpfend u. aus sich heraus verständlich sein. Allerdings ist eine Bezugnahme auf das Ausgangsurteil zulässig, wobei jedoch der Umf. der in Bezug genommenen Feststellungen eindeutig u. zweifelsfrei erkennbar sein muss. Auf jeden Fall ist aber darzulegen, ob u. inwieweit im Ausgangsurteil Ausführungen zur Sicherungsverwahrung o. vorbehaltenen Sicherungsverwahrung enthalten sind (vgl. BGHSt 50, 121 (131)). Die für erwiesen erachteten Tatsachen, v. denen in § 66b StGB die Anordnung der Maßregel abhängig gemacht ist, müssen angegeben werden (vgl. BGHSt 51, 185 = StV 2007, 238).

14 **I. Rechtsmittel.** In Betracht kommt nur die **Revision** (§ 333), die sich natürlich nur gegen das im Verf. nach § 275a ergangene, nicht gegen das im 1. Teil verhängte Urt. richten kann. Gegen das Urteil, das die Sicherungsverwahrung anordnet, hat der Angeklagte (auch die StA zu seinen Gunsten) die Revision, gegen die Ablehnung der Anordnung, die den Angeklagten nicht beschwert, kann die StA Revision einlegen. Hat das LG fehlerhaft ohne HV durch Beschl. entschieden (→ Rn. 13), begründet dies die Revision (BGHSt 50, 180). Ein Nebenkläger, der unter den Voraussetzungen des § 395 im Fall der vorbehaltenen Sicherungsverwahrung auch in diesem Verfahrensteil zugelassen werden muss (**aM** Löwe/Rosenberg/Stuckenberg Rn. 42), kann die Ablehnung aber wegen § 400 Abs. 1 nicht anfechten; im Verf. über die nachträgliche Anordnung der Sicherungsverwahrung ist die Nebenklage nicht zulässig (Becker NStZ-RR 2008, 68 – BGH RsprÜ; OLG Brandenburg NStZ 2006, 183). Die Rücknahme der Revision ist zulässig, nach Beginn der HV gem. § 303 aber nur mit Zustimmung des Verurteilten (BGH NJW 2006, 852).

15 **J. Unterbringungsbefehl (Abs. 6). I. Nachträgliche Sicherungsverwahrung.** Im Falle einer anzunehmenden Anordnung der nachträglichen Sicherungsverwahrung (§ 66b StGB, §§ 7 Abs. 2–4, 106 Abs. 6 JGG) kann nach Abs. 6 S. 1 ein Unterbringungsbefehl erlassen werden, der bis zur Rechtskraft des Urteils gilt, mit dem die Sicherungsverwahrung angeordnet wird (vgl. aber zur Aufhebung des Unterbringungsbefehls → Rn. 21). Der Unterbringungsbefehl kann sich als notwendig erweisen, wenn sich erst gegen Ende der Unterbringung nach § 63 StGB herausstellt, dass eine erhebliche Gefährdung durch den Verurteilten für die Allgemeinheit besteht. Hierfür verlangt das G „dringende Gründe", die sich idR aus den eingeholten Gutachten ergeben werden; die nach Abs. 4 vorgeschriebenen Gutachten können (OLG Rostock StV 2005, 279 (280)), müssen aber nicht (OLG München NStZ 2005, 573) vor Erlass des Unterbringungsbefehls eingeholt werden. Ein Unterbringungsbefehl darf nicht etwa schon deshalb erlassen werden, weil sonst die Prüfung, ob Tatsachen iSd § 66b StGB vorliegen, erschwert o. gar vereitelt würde; vielmehr müssen solche Tatsachen für den Erlass des Unterbringungsbefehls gegeben sein (OLG Koblenz NStZ 2005, 97).

16 Durch den Unterbringungsbefehl wird vermieden, dass ein Verurteilter aus dem psychiatrischen Krankenhaus (wegen Erledigterklärung nach § 67d Abs. 6 StGB)

entlassen werden muss u. dadurch möglicherweise weitere Straftaten begeht, durch die die Opfer seelisch o. körperlich schwer geschädigt werden. Es wird kein Haftbefehl erlassen, weil es jetzt nicht mehr um die spätere Vollstreckung einer Freiheitsstrafe o. auch einer freiheitsentziehenden Sicherungsmaßregel geht (vgl. → Vor § 112 Rn. 4), sondern ausschl. um eine Unterbringung nach §§ 66 ff. StGB; deswegen ist hier – entspr. den sonstigen Fällen der Unterbringung nach § 126a – ein Unterbringungsbefehl zu erlassen.

17 **II. Vorbehaltene Sicherungsverwahrung.** Auch im Falle der vorbehaltenen Sicherungsverwahrung (§ 66a StGB, § 106 Abs. 3 JGG) kann ein Unterbringungsbefehl ergehen. Weil hier aber wegen der in Abs. 1 S. 1, Abs. 5 iVm § 66a Abs. 2 S. 1 StGB eröffneten Frist v. 6 Monaten zzgl. des verbleibenden Strafrestes (→ Rn. 5) genügend Zeit eingeräumt ist, um zu einer Entsch. über die vorbehaltene Sicherungsverwahrung zu gelangen, wird der Erlass eines Unterbringungsbefehls nur gestattet, wenn das Gericht 1. Instanz (LG bzw. OLG, vgl. → Rn. 8) bis zu diesem Zeitpunkt die Sicherungsverwahrung angeordnet hat; der Unterbringungsbefehl wird also für die Dauer des Revisionsverfahrens erlassen. Die für den Erlass des Unterbringungsbefehls auch hier erforderlichen „dringenden Gründe" ergeben sich aus der Anordnung der Sicherungsverwahrung im erstinstanzlichen Urteil. Wurde die in § 66a Abs. 3 S. 1 StGB vorgeschriebene Frist v. diesem Gericht nicht eingehalten o. wird im erstinstanzlichen Urt. die Anordnung der (vorbehaltenen) Sicherungsverwahrung abgelehnt, darf somit kein Unterbringungsbefehl erlassen werden, so dass der Verurteilte nach völliger Strafverbüßung auch dann auf freien Fuß zu setzen ist, wenn die StA gegen die Nichtanordnung der Sicherungsverwahrung Revision eingelegt hat.

18 **III. Anordnung.** Nach den in Abs. 6 S. 4 in Bezug genommenen Vorschr. muss der Unterbringungsbefehl schriftlich ergehen u. die in § 114 Abs. 2 verlangten Angaben enthalten, wobei die entspr. Anwendung der Vorschr. bedeutet, dass bei nachträglicher Sicherungsverwahrung die nach § 66b StGB erforderlichen Voraussetzungen dargelegt werden müssen, während es bei Anordnung der vorbehaltenen Sicherungsverwahrung (vgl. → Rn. 17) genügen dürfte, auf das ergangene Urt. Bezug zu nehmen. Der Unterbringungsbefehl ist dem Betroffenen gem. § 114a bekanntzugeben, die Belehrungspflicht nach § 114b und die Benachrichtigungspflicht nach § 114c sind zu beachten. § 115 ist nur insofern v. Bedeutung, dass der Unterbringungsbefehl dem Betroffenen v. dem zuständigen Gericht (→ Rn. 19) mündlich zu eröffnen u. ihm nach § 114a S. 1 eine Abschrift auszuhändigen ist. § 115a kann nur v. Bedeutung sein, wenn bei (beabsichtigter o. bereits angeordneter) nachträglicher Sicherungsverwahrung o. nach Erlass eines die vorbehaltene Sicherungsverwahrung anordnenden Urteils der Betroffene auf freien Fuß gelangt war. Für den Vollzug der Unterbringung nach Abs. 5 gelten die Regelungen der §§ 119, 119a entsprechend. Eine Außervollzugsetzung des Unterbringungsbefehls entspr. § 116 ist kraft Gesetzes ausgeschlossen; sie verbietet sich hier ohnehin nach der Natur der Sache (Gefährlichkeit des Betroffenen).

19 **IV. Zuständigkeit.** Soweit die Anordnung der Sicherungsverwahrung nach § 66a StGB vorbehalten wurde, richtet sich die Zuständigkeit für den Erlass des Unterbringungsbefehls nach der Zuständigkeit für das Hauptverfahren; sie ergibt sich damit aus § 74f GVG (→ GVG § 74f Rn. 1 ff.). Für den Fall des § 66b StGB (bzw. § 106 Abs. 6 JGG) trifft Abs. 6 S. 2 die Regelung, dass das Gericht, welches die Unterbringung nach § 63 StGB für erledigt erklärt, dh idR die StVollstrK (§§ 463 Abs. 5, 462, 462a; vgl. → § 463 Rn. 11), auch für den Erlass des – notwendigerweise gleichzeitig ergehenden – Unterbringungsbefehls zuständig ist (dazu BR-Drs. 202/04, 27). Die Zuständigkeit dieses Gerichtes endet aber mit Eingang des Antrags der StA (→ Rn. 7) auf Anordnung der nachträglichen Sicherungsverwahrung bei dem nach § 74f GVG zuständigen Gericht.

20 **V. Anfechtung.** Gegen den Unterbringungsbefehl kann der Betroffene Beschwerde einlegen (§§ 304 Abs. 1, Abs. 4 S. 2 Nr. 1, 305 S. 2). Er kann aber vor

Beginn der HV auch gem. Abs. 6 S. 4 iVm §§ 117, 118 mündliche Prüfung beantragen, ob die Unterbringung aufrechtzuerhalten ist. Das Haftprüfungsverfahren nach §§ 121 ff. findet keine Anwendung (OLG München NStZ-RR 2009, 20).

VI. Aufhebung des Unterbringungsbefehls. Abs. 6 S. 4 erklärt § 126a 21
Abs. 3 für entspr. anwendbar. Das bedeutet: Wenn keine dringenden Gründe mehr gegeben sind, dass die nachträgliche Sicherungsverwahrung angeordnet werden wird o. wenn die StA die Aufhebung des insoweit erlassenen Unterbringungsbefehls selbst beantragt, weil sie keinen Antrag auf nachträgliche Sicherungsverwahrung stellen will (§ 126a Abs. 3 S. 3 iVm § 120 Abs. 3), muss der Unterbringungsbefehl aufgeh. werden. Da im Fall des § 66a StGB ein Unterbringungsbefehl nur nach Erlass des die Sicherungsverwahrung anordnenden erstinstanzlichen Urteils ergehen darf (vgl. → Rn. 17), kommt eine Aufhebung nur durch das Revisionsgericht zusammen mit der Urteilsaufhebung in Betracht (§ 126 Abs. 3).

Achter Abschnitt. Verfahren gegen Abwesende

Vorbemerkung zu § 276

A. Verfahren gegen Abwesende. Ein Verfahren gegen Abwesende findet seit 1
der Aufhebung der §§ 276 Abs. 2, 277–284 durch Art. 21 Nr. 74, 75 EGStGB **nicht mehr statt.** Die §§ 285 ff. sehen nur noch ein **Beweissicherungsverfahren** sowie zur Erzwingung o. Sicherung der Gestellung des Beschuldigten die Vermögensbeschlagnahme u. das sichere Geleit vor.

B. In allen Verfahrensabschnitten. In allen Verfahrensabschnitten sind die 2
Vorschr. des 8. Abschn. anzuwenden, auch in den Rechtsmittelzügen (KK-StPO/Greger § 276 Rn. 1; Löwe/Rosenberg/Stuckenberg Rn. 8; **aM** KMR-StPO/Haizmann Rn. 3).

Begriff der Abwesenheit

276 Ein Beschuldigter gilt als abwesend, wenn sein Aufenthalt unbekannt ist oder wenn er sich im Ausland aufhält und seine Gestellung vor das zuständige Gericht nicht ausführbar oder nicht angemessen erscheint.

A. Gesetzliche Fiktion der Abwesenheit. Eine gesetzliche Fiktion der Ab- 1
wesenheit stellt die Vorschr. auf. Liegen ihre Voraussetzungen vor, so gilt der Beschuldigte selbst dann als abwesend, wenn er in Wahrheit anwesend ist (Löwe/Rosenberg/Stuckenberg Rn. 1).

Sein **Aufenthalt ist unbekannt** iSd § 276, wenn die Strafverfolgungsbehörden 2
u. das Gericht ihn weder kennen noch mit einem der Bedeutung der Sache entspr. Aufwand ermitteln können u. auch keine begründete Aussicht besteht, dass der Aufenthaltsort demnächst bekannt wird.

Um einen **gestellungshindernden Aufenthaltsort** handelt es sich, wenn die 3
Gestellung, dh das Bewirken des Erscheinens durch Ladung o. das Erzwingen des Erscheinens durch ein Auslieferungsersuchen (OLG Frankfurt a. M. NJW 1972, 1875), nicht ausführbar o. nicht angemessen erscheint. Unausführbar ist sie, wenn mit Sicherheit zu erwarten ist, dass der Angeklagte trotz Ladung zur HV nicht erscheinen wird (KK-StPO/Greger Rn. 6; vgl. auch Oppe NJW 1966, 2237), o. wenn ein Auslieferungsersuchen unmöglich ist o. keinen Erfolg verspricht. Unangemessen ist sie, wenn die mit der Auslieferung aus dem Ausland für den Beschuldigten verbundenen Nachteile o. die mit der Erstellung der Auslieferungsunterlagen verbundenen Schwierigkeiten o. die der Staatskasse durch den Vollzug der Auslieferung entstehenden Kosten außer Verhältnis zu der Bedeutung der

Sache stehen (Löwe/Rosenberg/Stuckenberg Rn. 9; vgl. auch RiVASt 88 Abs. 1 Buchst. c; erg. → § 205 Rn. 1).

4 **B. Ausland.** Ausland iSd § 276 ist jedes nicht zur BRD gehörende Gebiet, auch die offene See (Löwe/Rosenberg/Stuckenberg Rn. 12).

277-284 (weggefallen)

Beweissicherungszweck

285

(1) [1]Gegen einen Abwesenden findet keine Hauptverhandlung statt. [2]Das gegen einen Abwesenden eingeleitete Verfahren hat die Aufgabe, für den Fall seiner künftigen Gestellung die Beweise zu sichern.

(2) Für dieses Verfahren gelten die Vorschriften der §§ 286 bis 294.

1 **A. Keine HV gegen den Abwesenden (Abs. 1 S. 1).** Keine HV (Abs. 1 S. 1) findet gegen einen iSd § 276 Abwesenden statt. Ein Prozesshindernis (→ Einl. Rn. 143) ist die Abwesenheit aber nicht (KK-StPO/Greger Rn. 2). Die Möglichkeit der Verh. gegen einen ausgebliebenen Angeklagten nach §§ 231 Abs. 2, 232, 233 wird durch Abs. 1 S. 1 nicht eingeschränkt (AK-StPO/Achenbach Rn. 2; Löwe/Rosenberg/Stuckenberg Rn. 2), auch nicht das Verf. nach §§ 329, 412 (eing. dazu SK-StPO/Frister Rn. 8, 13).

2 **B. Zum Zweck der Beweissicherung (Abs. 1 S. 2).** Zum Zweck der Beweissicherung (Abs. 1 S. 2) darf gegen den Abwesenden ein gerichtliches Verf. eingeleitet werden. Ein Ermittlungsverfahren ist bei Abwesenheit des Beschuldigten ohne weiteres zulässig. Sind in einem solchen Verf. Beweise zu sichern, so trifft die StA die erforderlichen Anordnungen, wenn sie selbst dafür zuständig ist; andernfalls beantragt sie richterliche Maßnahmen o. Untersuchungshandlungen, auf die §§ 286, 287 anzuwenden sind. Wird das Verf. nicht nach §§ 153 ff., 170 Abs. 2 eingestellt, so erfolgt die vorl. Einstellung nach § 205 S. 1. Eine Anklageschrift reicht die StA nur ein, wenn die Vermögensbeschlagnahme nach § 290 angeordnet werden soll. Wenn die Zustellung im Ausland durchführbar erscheint, kann auch ein Strafbefehlsantrag gestellt werden (KMR-StPO/Haizmann Rn. 12; Rieß JZ 1975, 268). War das Verf. schon bei Gericht anhängig, bevor sich die Abwesenheit des Angeschuldigten herausstellt, so führt das Gericht, wenn die StA die Anklage nicht zurücknimmt, das erforderliche Beweissicherungsverfahren durch, bevor es das Verf. nach § 205 einstellt. War schon das Hauptverfahren eröffnet, so gilt § 289.

Vertretung von Abwesenden

286

[1]Für den Beschuldigten kann ein Verteidiger auftreten. [2]Auch Angehörige des Beschuldigten sind, auch ohne Vollmacht, als Vertreter zuzulassen.

1 **A. Verteidigung.** Die Verteidigung ist nicht notwendig. Allerdings kommt die Anwendung des § 140 Abs. 2 in Betracht, wenn der Beschuldigte keine Kenntnis v. dem Verf. hat (KK-StPO/Greger Rn. 2; weitergehend Dierbach StraFo 2019, 50 (51): auch in Fällen des § 168c). Für den Beschuldigten kann aber ein v. ihm selbst oder v. einem Vertreter bevollmächtigter Verteidiger tätig werden. Die §§ 137 ff. gelten entspr., auch § 145a.

2 **B. Angehörige (S. 2).** Angehörige (S. 2) müssen als Vertreter zugelassen werden, auch wenn sie keine Vollmacht des Beschuldigten nachweisen können. Melden sich mehrere, so kann das Gericht die Zahl der Vertretungsberechtigten entspr. § 137 Abs. 1 S. 2 beschränken.

Der **Begriff** Angehörige ist weit auszulegen (SK-StPO/Frister Rn. 4; **aM** KMR-StPO/Haizmann Rn. 4); über den in § 52 Abs. 1 und § 11 Abs. 1 Nr. 1 StGB bezeichneten Personenkreis hinaus gehören dazu auch entfernte Verwandte u. Stiefeltern, nicht aber geschiedene Ehegatten. 3

Vertretung iSd S. 2 bedeutet nicht rechtsgeschäftliche Vertretung, sondern Interessenwahrnehmung nach Art der Verteidigung. Vertretungsbefugnis iSd § 234 haben die Angehörigen nicht (KK-StPO/Greger Rn. 5). 4

Benachrichtigung von Abwesenden

287 (1) **Dem abwesenden Beschuldigten steht ein Anspruch auf Benachrichtigung über den Fortgang des Verfahrens nicht zu.**

(2) **Der Richter ist jedoch befugt, einem Abwesenden, dessen Aufenthalt bekannt ist, Benachrichtigungen zugehen zu lassen.**

A. Benachrichtigung des Abwesenden. Die Benachrichtigung des Abwesenden über den Fortgang des Verf. steht im Ermessen des Gerichts. Einen Rechtsanspruch hat der Abwesende auch dann nicht, wenn er eine Zustellungsvollmacht hinterlegt hat. 1

B. Verteidiger. Dem Verteidiger u. den als Vertreter zugelassenen Angehörigen (§ 286 Abs. 1 S. 2) sind die ges. vorgeschriebenen Mitteilungen nach den allg. Vorschr. zu machen (KK-StPO/Greger Rn. 2). 2

Öffentliche Aufforderung zum Erscheinen oder zur Aufenthaltsortsanzeige

288 **Der Abwesende, dessen Aufenthalt unbekannt ist, kann in einem oder mehreren öffentlichen Blättern zum Erscheinen vor Gericht oder zur Anzeige seines Aufenthaltsortes aufgefordert werden.**

A. Öffentliche Aufforderung. Die öffentliche Aufforderung an den Abwesenden, vor Gericht zu erscheinen o. seinen Aufenthaltsort anzuzeigen, steht im Ermessen des Vorsitzenden. Sie erfolgt in 1. Hinsicht durch Anzeige in öffentl. Blättern, dh in Zeitungen, die nicht nur v. einem beruflich eng begrenzten Personenkreis gelesen werden (Löwe/Rosenberg/Stuckenberg Rn. 9). § 288 schließt die Aufforderung durch Ton- o. Fernseh-Rundfunk nicht aus, auch nicht den Versuch, mit dem Abwesenden durch andere geeignete Mittel Verbindung aufzunehmen (vgl. auch SK-StPO/Frister Rn. 2). 1

B. Rechtsfolgen. Rechtsfolgen hat die Aufforderung nicht. Sie steht nicht einer Ladung gleich u. stellt auch keine öffentl. Zustellung iSd § 40 dar (KK-StPO/Greger Rn. 1). 2

Beweisaufnahme durch beauftragte oder ersuchte Richter

289 **Stellt sich erst nach Eröffnung des Hauptverfahrens die Abwesenheit des Angeklagten heraus, so erfolgen die noch erforderlichen Beweisaufnahmen durch einen beauftragten oder ersuchten Richter.**

A. Zuständigkeit für die Beweissicherung. Die Zuständigkeit für die Beweissicherung nach § 285 Abs. 1 S. 2 richtet sich grds. nach den allg. Regeln. Im Vorverfahren sichert die StA die Beweise. Nur für die Beweissicherung nach Eröffnung des Hauptverfahrens enthält § 289 eine Sonderregelung. Die erforderlichen Anordnungen trifft das Gericht; die Beweise erhebt ein beauftragter o. ersuchter Richter. 1

B. Durchführung der Beweiserhebung. Für die Durchführung der Beweiserhebung gelten die §§ 223 ff. Verteidiger u. nach § 286 Abs. 1 S. 2 als Vertreter zugelassene Angehörige müssen nach § 224 benachrichtigt werden. Die Benach- 2 richtigung des Abwesenden kann unterbleiben (§ 287). StA u. Verteidiger sind zur Anwesenheit berechtigt, Angehörige als Vertreter im selben Umf. wie der Beschuldigte.

Vermögensbeschlagnahme

290 (1) **Liegen gegen den Abwesenden, gegen den die öffentliche Klage erhoben ist, Verdachtsgründe vor, die den Erlaß eines Haftbefehls rechtfertigen würden, so kann sein im Geltungsbereich dieses Bundesgesetzes befindliches Vermögen durch Beschluß des Gerichts mit Beschlag belegt werden.**

(2) **Wegen Straftaten, die nur mit Freiheitsstrafe bis zu sechs Monaten oder mit Geldstrafe bis zu einhundertachtzig Tagessätzen bedroht sind, findet keine Vermögensbeschlagnahme statt.**

1 **A. Zweck der Vermögensbeschlagnahme.** Zweck der Vermögensbeschlagnahme (vgl. auch § 443) ist, die Gestellung des Abwesenden durch Entzug seiner finanziellen Mittel zu erzwingen u. dadurch die Durchführung der HV zu ermöglichen (Börner NStZ 2005, 548). Dass die Auslieferung des Abwesenden nicht verlangt werden kann, steht der Beschlagnahme nicht entgegen (KK-StPO/Greger Rn. 2), auch nicht dessen Erklärung, er werde in die BRD trotz Verlustes seines Vermögens nicht zurückkehren (Börner NStZ 2005, 549). Die Vermögensbeschlagnahme darf aber nicht angeordnet werden, wenn feststeht, dass ihr Zweck nicht erreichbar ist, zB weil der Abwesende nicht reisefähig ist o. im Ausland gegen seinen Willen festgehalten wird o. weil sein Vermögen so gering ist, dass die Beschlagnahme ihn nicht beeindruckt.

2 **B. Voraussetzung der Vermögensbeschlagnahme.** Voraussetzung der Vermögensbeschlagnahme ist die Erhebung der öffentl. Klage u. das Vorliegen v. Verdachtsgründen, die den Erlass eines Haftbefehls rechtfertigen würden. Ein Haftbefehl muss noch nicht erlassen sein; ein Haftgrund nach §§ 112 Abs. 2, 112a braucht nicht vorzuliegen (KK-StPO/Greger Rn. 4; Frister in SK-StPO Rn. 4; **aM** KMR-StPO/Haizmann Rn. 6; Börner NStZ 2005, 549).

3 **C. Verhältnismäßigkeitsgrundsatz.** Der Verhältnismäßigkeitsgrundsatz muss gewahrt sein (Börner NStZ 2005, 550). Bei Straftaten v. geringem Gewicht ist die Vermögensbeschlagnahme unzulässig (Abs. 2). Auch sonst darf sie nicht angeordnet werden, wenn ihre Auswirkungen außer Verhältnis zu den Rechtsfolgen stehen, mit denen der Abwesende wegen der Tat zu rechnen hat.

4 **D. Gerichtsbeschluss.** Durch Gerichtsbeschluss wird die Vermögensbeschlagnahme angeordnet. Das Gericht entscheidet vAw o. auf Antrag der StA nach pflichtgemäßem Ermessen. Der Beschl. ist nach § 34 mit Gründen zu versehen; seine Bekanntmachung regelt § 291. In dem Beschl. muss der Beschuldigte genau bezeichnet werden; iÜ genügt die abstrakte Anordnung der Vermögensbeschlagnahme ohne Bezeichnung der einzelnen Vermögensgegenstände.

5 **Zuständig** ist das Gericht, bei dem die Sache anhängig ist, auch das Berufungsgericht, das das Verf. nach § 205 eingestellt hat (Löwe/Rosenberg/Stuckenberg Rn. 13).

6 **E. Beschwerde.** Beschwerde gegen den die Vermögensbeschlagnahme anordnenden Beschl. kann der Beschuldigte, gegen den Beschl., der einen entspr. Antrag ablehnt, die StA nach § 304 Abs. 1, Abs. 4 S. 2 Nr. 1 einlegen.

Bekanntmachung der Beschlagnahme

291 Der die Beschlagnahme verhängende Beschluß ist im Bundesanzeiger bekanntzumachen und kann nach dem Ermessen des Gerichts auch auf andere geeignete Weise veröffentlicht werden.

A. Voraussetzung der Wirksamkeit. Voraussetzung der Wirksamkeit der Vermögensbeschlagnahme (§ 292 Abs. 1) ist die **Bekanntmachung des Beschlusses.** Sie muss stets im BAnz. erfolgen, nach dem Ermessen des Gerichts auch durch Veröff. auf andere geeignete Weise (→ § 111e Rn. 16). Die Art der Bekanntmachung wird bereits in dem Beschlagnahmebeschluss bestimmt (Löwe/Rosenberg/Stuckenberg Rn. 2; **aM** KK-StPO/Greger Rn. 1; SK-StPO/Frister Rn. 3). Die Veröff. auf andere geeignete Weise kann auch noch durch einen späteren Beschl. angeordnet werden (Löwe/Rosenberg/Stuckenberg Rn. 2). Die Beschlagnahme wird mit dem Ablauf des Tages wirksam, an dem sie im BAnz. veröffentlicht wird (AnwK StPO/Martis Rn. 1 u. Löwe/Rosenberg/Stuckenberg Rn. 1, je zu § 292). 1

B. Ausführung. Die Ausführung der Veröff. ist keine Vollstreckung iSd § 36 Abs. 2 S. 1 (KK-StPO/Greger Rn. 1); sie ist daher Sache des Gerichts. 2

Wirkung der Bekanntmachung

292 (1) **Mit dem Zeitpunkt der ersten Bekanntmachung im Bundesanzeiger verliert der Angeschuldigte das Recht, über das in Beschlag genommene Vermögen unter Lebenden zu verfügen.**

(2) [1]**Der die Beschlagnahme verhängende Beschluß ist der Behörde mitzuteilen, die für die Einleitung einer Pflegschaft über Abwesende zuständig ist.** [2]**Diese Behörde hat eine Pflegschaft einzuleiten.**

A. Absolutes Verfügungsverbot (Abs. 1). Ein absolutes Verfügungsverbot (Abs. 1) tritt mit dem Zeitpunkt der 1. Bekanntmachung im BAnz. ein; eine frühere Bekanntmachung auf andere Weise ist ohne Bedeutung (→ § 291 Rn. 1). Dem Abwesenden wird die Befugnis entzogen, Vfg. über sein gegenwärtiges o. künftiges Vermögen zu treffen. Gleichwohl getroffene Vfg. sind nach § 134 BGB nichtig (Löwe/Rosenberg/Stuckenberg Rn. 2). Da die Nichtigkeit nicht v. der Bösgläubigkeit des Vertragspartners abhängt, ist die Eintragung des Verfügungsverbots im Grundbuch entbehrlich. Vfg. v. Todes wegen fallen nicht unter das Verbot (SK-StPO/Frister Rn. 3). Bestehende Rechte Dritter an den beschlagnahmten Vermögensgegenständen bleiben unberührt. 1

B. Abwesenheitspflegschaft (Abs. 2). Die Abwesenheitspflegschaft (Abs. 2) nach § 1911 BGB dient der Fürsorge für das beschlagnahmte Vermögen. Die Interessen des Beschuldigten dürfen nicht stärker beeinträchtigt werden, als es der Zweck der Beschlagnahme erfordert (BayObLGZ 1963, 257). Der Vorsitzende teilt dem zuständigen Vormundschaftsgericht den Beschlagnahmebeschluss mit, damit die Pflegschaft eingeleitet wird. Der Pfleger hat die Aufgabe, das inländische Vermögen des Beschuldigten sicherzustellen u. zu verwalten (Einzelheiten bei Löwe/Rosenberg/Stuckenberg Rn. 5 ff.). Vermögensverfügungen darf er treffen, soweit der Zweck der Beschlagnahme nicht entgegensteht (BayObLGZ 1963, 257; vgl. auch Hilger NStZ 1982, 374: Erfüllung v. Ansprüchen der durch die Straftat Geschädigten). Gesetzlicher Vertreter iSd § 298 Abs. 1 ist der Pfleger nicht (OLG Karlsruhe Justiz 1984, 291). 2

Aufhebung der Beschlagnahme

293 (1) **Die Beschlagnahme ist aufzuheben, wenn ihre Gründe weggefallen sind.**

(2) [1]**Die Aufhebung der Beschlagnahme ist auf dieselbe Weise bekannt zu machen, wie die Bekanntmachung der Beschlagnahme.** [2]**Ist die Veröffentlichung nach § 291 im Bundesanzeiger erfolgt, ist zudem deren Löschung zu veranlassen; die Veröffentlichung der Aufhebung der Beschlagnahme im Bundesanzeiger ist nach Ablauf von einem Monat zu löschen.**

1 **A. Aufhebung der Beschlagnahme (Abs. 1).** Die Aufhebung der Beschlagnahme (Abs. 1) ist zwingend geboten, wenn der Abwesende nicht mehr tatverdächtigt ist, wenn die Eröffnung des Hauptverfahrens abgelehnt o. das Verf. wegen eines Prozesshindernisses eingestellt wird, wenn der Abwesende nunmehr (infolge Auslieferung, Verhaftung o. Selbstgestellung) für das Strafverfahren zur Vfg. steht o. wenn er gestorben ist (Löwe/Rosenberg/Stuckenberg Rn. 1). Für eine gesondert anzustellende Prüfung des Übermaßverbotes anhand bloßen Zeitablaufs ist daneben kein Raum (Börner NStZ 2005, 552).

2 **B. Bekanntmachung der Aufhebung (Abs. 2).** Erst die Bekanntmachung der Aufhebung (Abs. 2) lässt nach hM das absolute Verfügungsverbot (→ § 292 Rn. 1) entfallen; Just (FS Meyer-Goßner, 2001, 180) weist allerdings zutr. darauf hin, dass die Parallele zum Grundstücks- u. Grundbuchrecht gegen die Publizitätsbedürftigkeit spricht. Die Bekanntmachung muss der Veröff. der Beschlagnahme (§ 291) entsprechen. Im BAnz. ist mit der Veröff. der Aufhebung zugleich die Beschlagnahme zu löschen. Die Bekanntmachung der Aufhebung ist nach Ablauf eines Monats zu löschen. Der Aufhebungsbeschluss ist auch dem Vormundschaftsgericht mitzuteilen, das die Abwesenheitspflegschaft aufzuheben hat (Löwe/Rosenberg/Stuckenberg Rn. 6).

Verfahren nach Anklageerhebung

294 (1) **Für das nach Erhebung der öffentlichen Klage eintretende Verfahren gelten im übrigen die Vorschriften über die Eröffnung des Hauptverfahrens entsprechend.**

(2) **In dem nach Beendigung dieses Verfahrens ergehenden Beschluß (§ 199) ist zugleich über die Fortdauer oder Aufhebung der Beschlagnahme zu entscheiden.**

1 **A. Verfahren (Abs. 1).** Das Verfahren (Abs. 1) nach Erhebung der öffentl. Klage hat nicht nur die Beweissicherung zum Ziel, sondern auch die umfassende Aufklärung des Sachverhalts. Insoweit ist § 202 entspr. anwendbar.

2 **B. Entscheidung des Gerichts (Abs. 2).** Das Gericht lehnt die Eröffnung des Hauptverfahrens ab (§ 204) o. stellt das Verf. nach § 205 S. 1 vorl. ein. Die Eröffnung des Hauptverfahrens (§ 207) ist unzulässig (KK-StPO/Greger Rn. 1; Löwe/Rosenberg/Stuckenberg Rn. 3). Zugleich mit der Entsch. muss über die Fortdauer o. Aufhebung der Beschlagnahme entschieden werden.

Sicheres Geleit

295 (1) **Das Gericht kann einem abwesenden Beschuldigten sicheres Geleit erteilen; es kann diese Erteilung an Bedingungen knüpfen.**

(2) **Das sichere Geleit gewährt Befreiung von der Untersuchungshaft, jedoch nur wegen der Straftat, für die es erteilt ist.**

(3) **Es erlischt, wenn ein auf Freiheitsstrafe lautendes Urteil ergeht oder wenn der Beschuldigte Anstalten zur Flucht trifft oder wenn er die Bedingungen nicht erfüllt, unter denen ihm das sichere Geleit erteilt worden ist.**

1 **A. Abwesender Beschuldigter.** Einem abwesenden Beschuldigten kann das Gericht nach seinem pflichtgemäßen Ermessen (OLG Düsseldorf NStZ-RR 1999, 245) sicheres Geleit erteilen **(Abs. 1 Hs. 1),** damit er an dem Strafverfahren persönlich teilnehmen u. seine Freisprechung erwirken kann. Das sichere Geleit dient zugleich dem Interesse des Staates an der Durchführung des Strafverfahrens (OLG Hamburg JR 1979, 174); zur Teilnahme an einem Zivilrechtsstreit ist es daher nicht zu gewähren (**aM** BGH NJW 1991, 2500). Der spätere Wegfall der Abwesenheit (zum Begriff vgl. § 276) berührt das unbeschränkt erteilte sichere Geleit nicht (OLG Köln NJW 1954, 1856). Einem Zeugen kann sicheres Geleit

nicht erteilt werden; nur wenn er in einer anderen Sache Beschuldigter ist, kann in diesem Verf. § 295 angewendet werden (BGHSt 35, 216). Wegen des sicheren Geleits für aus dem Ausland erschienene Zeugen vgl. iÜ → § 244 Rn. 63.

In jedem Verfahrensabschnitt ist § 295 anwendbar. Das sichere Geleit kann zB gewährt werden für eine Vernehmung durch den StA o. den ER, für sonstige einzelne prozessuale Vorgänge im Vor- o. Zwischenverfahren, insbes. aber für die Hauptverhandlung. Sicheres Geleit ist auch noch in den Rechtsmittelzügen zulässig. 2

Es kann an **Bedingungen** geknüpft werden **(Abs. 1 Hs. 2),** aber nicht nachträglich (Löwe/Rosenberg/Stuckenberg Rn. 9). Bedingungen sind auch nur zulässig, soweit sie mit dem Zweck des sicheren Geleits im Zusammenhang stehen, insbes., soweit sie die Flucht o. Verdunkelung verhindern o. den Strafantritt sichern sollen. In Betracht kommen Anweisungen über Aufenthaltsort u. Reiseweg, über Sicherheitsleistung, Abgabe des Reisepasses u. regelmäßige Meldungen. Für Sicherheitsleistungen gilt § 124 nicht; daher muss das Gericht bestimmen, unter welchen Voraussetzungen die Sicherheit verfällt (Löwe/Rosenberg/Stuckenberg Rn. 10). Die Bedingung kann nicht darin bestehen, dass dem Beschuldigten untersagt wird, öffentl. aufzutreten o. an Versammlungen teilzunehmen (Schmidt MDR 1992, 549 – BGH RsprÜ mwN). 3

Der **Widerruf** des sicheren Geleits, v. dem der Beschuldigte noch keinen Gebrauch gemacht hat, ist zulässig, wenn er den damit verfolgten Zweck vereitelt, zB indem er im Ausland bleibt, Ladungen nicht beachtet (KK-StPO/Greger Rn. 9) o. sein Erscheinen v. unerfüllbaren Bedingungen abhängig macht (OLG Zweibrücken NJW 1966, 1722). 4

B. Befreiung von der UHaft (Abs. 2). Die Befreiung von der UHaft (Abs. 2) bewirkt das sichere Geleit. Dass bereits ein Haftbefehl nach §§ 112 ff. besteht, wird nicht vorausgesetzt (Gössel JR 1979, 174). Ist ein bestehender Haftbefehl schon nach § 116 ausgesetzt, so ist sicheres Geleit zwar idR überflüssig, aber nicht unzulässig (Löwe/Rosenberg/Stuckenberg Rn. 5). Den Erlass eines Haftbefehls schließt das sichere Geleit nicht aus; er darf aber nicht vollzogen werden (OLG Köln StraFo 2007, 294). Für andere freiheitsentziehende Zwangsmaßnahmen (Haft nach §§ 230 Abs. 2, 236) gilt Abs. 2 entsprechend. 5

Nur **für eine bestimmte Straftat** wird sicheres Geleit erteilt; der Begriff ist in dem verfahrensrechtlichen Sinn des § 264 zu verstehen (Löwe/Rosenberg/Stuckenberg Rn. 6). 6

Das sichere Geleit **erstreckt sich,** wenn es nicht zeitlich (zB bis zum Abschluss der Vernehmung des Beschuldigten in der HV) befristet o. auf bestimmte Vernehmungen (zB im Ermittlungsverfahren) beschränkt ist, auf das ganze Strafverfahren bis zum Erlass eines auf Freiheitsstrafe lautenden Urteils. Die unbefristete Erteilung des sicheren Geleits ist bereits im Ermittlungsverfahren zulässig (KK-StPO/Greger Rn. 6; **aM** OLG Oldenburg Nds. Rpfl. 1972, 223; SK-StPO/Frister Rn. 7). 7

C. Erlöschen (Abs. 3). Das Erlöschen des sicheren Geleits (Abs. 3) tritt bei Vorliegen der Erlöschensgründe ohne weiteres ein. Ein Gerichtsbeschluss ist nicht erforderlich, kann aber zweckmäßig sein, wenn der Erlöschensgrund nicht offensichtlich ist (KK-StPO/Greger Rn. 10). Ein auf Freiheitsstrafe lautendes Urt. führt zum Erlöschen, auch wenn es noch nrkr ist (Löwe/Rosenberg/Stuckenberg Rn. 18). Anstalten zur Flucht (vgl. auch § 116 Abs. 4 Nr. 2) trifft der Beschuldigte nicht, wenn er die BRD wieder verlassen will, nachdem der Verfahrensteil abgeschlossen ist, auf den das sichere Geleit beschränkt war (KK-StPO/Greger Rn. 6). Das Nichterfüllen der Bedingungen führt nur zum Erlöschen, wenn der Beschuldigte schuldhaft handelt; eine gröbliche Zuwiderhandlung (wie in § 116 Abs. 4 Nr. 1) wird aber nicht vorausgesetzt. 8

D. Beschluss des Gerichts. Durch Beschluss des Gerichts (Geleitbrief), der auch vAw ergehen kann, wird das sichere Geleit erteilt. Er muss die Straftat, auf die es sich bezieht, genau bezeichnen; ferner muss das Gericht angegeben werden, vor 9 dem die Prozesshandlung stattfinden soll, für die sicheres Geleit erteilt wird. Ggf. sind die Bedingungen zu beschreiben, an die das sichere Geleit geknüpft ist.

10 **Zuständig** ist im Ermittlungsverfahren der ER (§§ 162, 169), wenn das sichere Geleit nicht über dieses Verf. hinauswirken soll; andernfalls entscheidet das Gericht, vor dem die HV stattfinden soll (OLG Hamburg JR 1979, 174; KK-StPO/Greger Rn. 7; SK-StPO/Frister Rn. 6). Das v. einem unzuständigen Gericht erteilte sichere Geleit ist wirksam; es darf nicht wegen der Unzuständigkeit abgeändert o. widerrufen werden (Löwe/Rosenberg/Stuckenberg Rn. 16).

11 **E. Beschwerde (§ 304 Abs. 1).** Beschwerde (§ 304 Abs. 1) können StA u. Beschuldigter gegen die Versagung u. den Widerruf des sicheren Geleits sowie gegen die Feststellung seines Erlöschens einlegen. Die StA kann auch die Erteilung anfechten, der Beschuldigte nur, wenn er durch Bedingungen beschwert ist (OLG Hamburg JR 1979, 174; OLG Köln OLGSt StPO § 295 S. 1; Löwe/Rosenberg/Stuckenberg Rn. 26). Weitere Beschwerde ist nach § 310 ausgeschlossen (OLG Frankfurt a. M. NJW 1952, 908; OLG Köln MDR 1958, 941; erg. → § 310 Rn. 5). Wird der Beschuldigte unter Verletzung des sicheren Geleits verhaftet, so stehen ihm die Rechtsbehelfe des Antrags auf Haftprüfung (§ 117) u. der Haftbeschwerde offen.

Drittes Buch. Rechtsmittel

Erster Abschnitt. Allgemeine Vorschriften

Vorbemerkung zu § 296

Übersicht

A. Rechtsmittel. Rechtsmittel zur Anfechtung gerichtlicher Entsch. sind im Strafprozess die einfache (§ 304), sofortige (§ 311) u. weitere (§ 310) Beschwerde, die Berufung (§§ 312 ff.) u. die Revision (§§ 333 ff.). Wegen der förmlichen Rechtsbehelfe, die keine Rechtsmittel sind, vgl. → Rn. 20, wegen der formlosen Rechtsbehelfe → Rn. 21 ff. 1

I. Wesen des Rechtsmittels. Das Wesen des Rechtsmittels besteht darin, dass es eine noch nrkr gerichtliche Entsch. zur Nachprüfung vor ein Gericht höherer Ordnung bringt (Devolutiveffekt). Berufung u. Revision hindern ferner den Eintritt der Rechtskraft des Urt. (§§ 316 Abs. 1, 343 Abs. 1) u. damit seine Vollstreckbarkeit (Suspensiveffekt); die Beschwerde hat diese Wirkung nicht (§ 307 Abs. 1). 2

II. Statthaftigkeit. Statthaft ist ein Rechtsmittel gegen richterliche Entsch. nur, wenn das G es zur Vfg. stellt. Weder Art. 19 Abs. 4 GG noch das Rechtsstaatsprinzip (→ Einl. Rn. 18) gewährleisten einen strafprozessualen Rechtsmittelzug (BVerfGE 11, 232 (233); 28, 21 (36); 40, 272 (274); 41, 23 (26); BGHSt 28, 57 (58)). Ebenso wenig umfasst die Rechtsschutzgarantie aus Art. 2 Abs. 1 iVm Art. 20 GG den Anspruch, eine förmliche Entscheidung auch mit Eingaben zu erhalten, die **missbräuchlich,** offensichtlich wiederholend oder sinnlos vorgebracht werden; dies gilt auch dann, wenn die Anträge zwar formal auf neue Entscheidungen gerichtet sind, letztlich aber demselben Muster folgen und dazu dienen, eine andere Entscheidung in der Sache zu erwirken, über die gerichtlich bereits entschieden worden war (BGH NStZ-RR 2023, 287 mAnm Fahl). 3

Ein Rechtsmittel kann **erst nach Erlass der angefochtenen Entscheidung** eingelegt werden (BGHSt 25, 187 (189); BayObLG NJW 1961, 1637; OLG Hamm BeckRS 2024, 13480; OLG Koblenz MDR 1985, 955; OLG Köln VRS 47, 189), auch nicht zur „Beseitigung des Rechtsscheins einer nicht-existierenden Entscheidung" (so aber LG Hildesheim NStZ 1991, 401 mit insoweit zust. Anm. Laubenthal). Zulässig sind Rechtsmittel gegen Urt. somit erst nach der Verkündung (§ 268 Abs. 2 S. 1), gegen Beschlüsse außerhalb der HV erst nach ihrem Erlass (→ Vor § 33 Rn. 5, 8). Dabei kommt es aber nicht darauf an, dass auch der Beschwerdeführer weiß, dass die Entsch. bereits erlassen ist (BGHSt 25, 187 (189); OLG Hamm NStZ 1981, 200 Ls.; **aM** BayObLG NJW 1961, 1637; OLG Hamm VRS 37, 61). Unschädlich ist es auch, dass die Rechtsmittelschrift schon vor Erlass der Entsch. verfasst u. abgesandt worden ist (OLG Jena NStZ-RR 2012, 180). 4

Unzulässig ist die **bedingte Einlegung von Rechtsmitteln** (BGHSt 5, 183; 25, 187; OLG Hamm NJW 1973, 257; → Einl. Rn. 118), zB unter der Bedingung, 5 dass auch ein anderer Prozessbeteiligter die Entsch. angefochten hat (BGH NStZ 2014, 55 mwN), dass eine Haftbeschwerde erfolglos bleibt (BGH NStZ-RR 2009, 317), dass dem Beschwerdeführer keine Kosten entstehen (OLG Hamm MDR 1974, 777), dass Prozesskostenhilfe bewilligt (BGH NStZ-RR 2008, 49) o. dass nicht nachträglich Zahlungserleichterungen gewährt werden (OLG Hamm NJW 1973, 257). Die Angabe des Beweggrundes der Rechtsmitteleinlegung ist keine Bedingung (Dallinger MDR 1954, 18 – BGH RsprÜ). Unschädlich sind auch bloße Rechtsbedingungen (OLG Düsseldorf GA 1969, 468; → Einl. Rn. 119), zB dass ein gleichzeitig eingelegtes anderes Rechtsmittel unzulässig (OLG Köln NJW 1963, 1073), ein Rechtsmittelverzicht unwirksam (BayObLG wistra 1997, 359) o. ein gleichzeitig gestellter Wiedereinsetzungsantrag unbegründet ist (Ernesti/Jürgensen SchlHA 1973, 188 – OLG Schleswig RsprÜ). Aber schon der durch Auslegung nicht behebbare Zweifel, ob eine andere als eine Rechtsbedingung vorliegt, macht das Rechtsmittel unzulässig (BGHSt 5, 183; OLG Hamm MDR 1974, 777; → Einl. Rn. 118).

6 Ausnahmsweise kann ein unbefristeter Rechtsbehelf infolge **Verwirkung** unzulässig werden (dagegen Schlüchter GS Meyer, 1990, 445), wenn der Berechtigte längere Zeit (OLG Hamm NStZ-RR 2004, 144: Beschwerde der StA nach mehr als einem Jahr; OLG Koblenz wistra 1987, 357: ein Antrag nach § 33a wird nach 2 Jahren u. 3 Monaten gestellt; LG Potsdam NJW 2004, 696: nach 4 Jahren) hindurch untätig bleibt, obwohl er die Rechtslage kannte o. zumutbarerweise hätte kennen müssen (BVerfGE 32, 305; OLG Koblenz MDR 1985, 344), insbes. dann, wenn der Gegner auf die bestehende Situation vertrauen durfte (OLG Oldenburg StraFo 2007, 33: Bewährungszeitverlängerung statt Widerruf) oder der Berechtigte unter Verhältnissen untätig bleibt, unter denen vernünftigerweise etwas zur Wahrung des Rechts unternommen zu werden pflegt (OLG Bamberg StraFo 2022, 170 mAnm Beier). Über Rechtsmittel mit verunglimpfender Begründung vgl. → Vor § 33 Rn. 12.

7 Zum **Verzicht** auf Rechtsmittel vgl. § 302.

8 **III. Beschwer.** Eine Beschwer ist **Voraussetzung für die Zulässigkeit,** nicht erst für die Begründetheit, eines förmlichen Rechtsmittels (BGHSt 16, 374; 28, 327 (330); BayObLGSt 1977, 143; Löwe/Rosenberg/Jesse Rn. 54; Roxin/Schünemann StrafVerfR § 53 Rn. 11; **aM** KMR-StPO/Plöd Rn. 14: Behauptung der Beschwer genügt). Ein besonderes Rechtsschutzbedürfnis ist daneben nicht erforderlich (Stephan NJW 1966, 2394; Löwe/Rosenberg/Jesse Rn. 56; **aM** für Ausnahmefälle: Ellersiek Beschwerde S. 61 ff.). Fehlt die Beschwer hins. eines Teils der angefochtenen Entsch., so ist eine Prüfung insoweit auch dann ausgeschlossen, wenn das Rechtsmittel iÜ zulässig ist (**aM** BGHSt 37, 5 zur fehlenden Unterbringungsanordnung bei alleinigem Rechtsmittel des Angeklagten, wobei es dort aber wegen § 358 Abs. 2 S. 3 auf die Frage der Beschwer gar nicht ankam).

9 **1.** Nur eine **unmittelbare Beeinträchtigung** der Rechte o. schutzwürdigen Interessen des Betroffenen durch die Entsch. begründet eine Beschwer (BGHSt 7, 153; 13, 75 (77); 16, 374 (376); OLG Düsseldorf NStZ 1984, 326; JMBl. NRW. 1988, 165; OLG Hamburg NJW 1998, 1328 („Abmahnung"); OLG Schleswig NJW 1957, 1487; vgl. auch → § 333 Rn. 5).

10 Die Beschwer kann auch in der **Unterlassung** einer rechtlich möglichen o. gebotenen Entsch. bestehen, die für den Betroffenen eine günstigere Rechtslage geschaffen hätte (BGHSt 28, 327 (330); KK-StPO/Paul Rn. 5; erg. → § 213 Rn. 8; → § 304 Rn. 3). Dabei ist die objektive Rechtslage maßgebend, nicht die subjektive Einschätzung des Betroffenen (BGHSt 28, 327 (330); Ernesti/Lorenzen SchlHA 1985, 133 – OLG Schleswig RsprÜ). Eine Beschwer liegt daher für den Angeklagten nicht darin, dass das Urt. nicht die Anordnung einer Maßregel der Besserung u. Sicherung enthält, selbst wenn sie seiner Heilung dienen könnte (BGHSt 38, 4 (7); BGH NStZ 2007, 213; NStZ-RR 2009, 252; 2011, 22; 14.10.2020 – 5 StR 272/20; OLG Köln NJW 1978, 2350; Meyer-Goßner FS Frisch, 2013, 1308 ff.; **aM** Dencker FS Mehle, 2009, 143; Radtke FS Roxin, 2011,

1433). Sie fehlt auch, wenn das Gericht v. einem rechtlich nicht gebotenen Teilfreispruch absieht (BayObLGSt 1986, 100 (102)). Dagegen ist das Unterlassen nachträglicher Gesamtstrafenbildung (§ 460) grds. beschwerend (BVerfG StV 2018, 350).

Nur aus dem **Entscheidungsausspruch,** nicht aus den Gründen des Urt. o. Beschl. kann sich die Beschwer ergeben (BGHSt 7, 153; 16, 374; BGH StraFo 2020, 204; eing. BGH NJW 2016, 728 mAnm Michalke u. im Hinblick auf die Rspr. des EGMR – dazu → EMRK Art. 6 Rn. 15a – krit. Anm. Grosse-Wilde/Stuckenberg StV 2016, 784; → Rn. 13). Das gilt grds. auch dann, wenn die Art der Entscheidungsbegründung Grundrechte verletzt (Löwe/Rosenberg/Jesse Rn. 62; **aM** Ellersiek Beschwerde S. 53); etwas anderes kann sich nur in seltenen Ausnahmefällen ergeben (vgl. BVerfGE 6, 7 (9); 28, 151 (160); BGH StraFo 2020, 204). Ein Rechtsmittel kann auch nicht zu dem Zweck eingelegt werden, bloße Fassungsfehler des Urteilsspruchs zu berichtigen (OLG Saarbrücken VRS 28, 440) o. Unrichtigkeiten des Rubrums (OLG Saarbrücken VRS 21, 130), des Urteilskopfes o. anderer durch § 275 Abs. 2 vorgeschriebener Angaben (OLG Koblenz VRS 45, 190) o. der Bezeichnung der angewendeten Vorschr. (§ 260 Abs. 5 S. 1) zu beseitigen. 11

2. Der **Angeklagte** ist durch jede für ihn nachteilige Entsch. beschwert, zB durch Verwerfung einer zurückgenommenen Berufung nach § 329 Abs. 1 (OLG Zweibrücken VRS 63, 57) o. eines in Wahrheit gar nicht eingelegten Rechtsmittels (OLG Saarbrücken VRS 27, 453), durch Straffreierklärung nach § 199 StGB (RGSt 42, 399 (401)) o. durch Absehen v. Strafe (Dahs Strafprozessrevision Rn. 35), durch Einziehungsanordnung auch, wenn die Sache einem anderen gehört (BayObLGSt 1955, 107; OLG Celle NJW 1960, 1873). Wenn die Strafe durch UHaft verbüßt ist, beschwert den Angeklagten auch die Strafaussetzung zur Bewährung (BGH NJW 1961, 1220); an der Beschwer fehlt es aber, wenn die UHaft nicht auf die Geldstrafe, sondern auf die nicht zur Bewährung ausgesetzte Freiheitsstrafe angerechnet worden ist (OLG Hamm MDR 1975, 334 Ls.). Zur Beschwer durch eine Verurteilung unter einem zu milden rechtlichen Gesichtspunkt, insbes. bei unrichtiger Annahme einer einheitlichen Tat, vgl. → § 354 Rn. 17. 12

Ein **freisprechendes Urteil** kann der dann nur durch die Gründe beschwerte (→ Rn. 11) Angeklagte grds. nicht anfechten (BGHSt 7, 153; 16, 374; BGH NStZ-RR 2022, 192; OLG Hamm NJW 2012, 3046). Das gilt auch bei Freisprechung wegen Schuldunfähigkeit nach § 20 StGB (BGHSt 5, 267; OLG Frankfurt a. M. NStZ-RR 2010, 346; Krack Rehabilitierung S. 217; eing. BGH NJW 2016, 728 mAnm Michalke u. krit. Anm. Grosse-Wilde/Stuckenberg StV 2016, 784; **aM** SK-StPO/Frisch Rn. 160; Kuckein GS Keller, 2003, 137; Peters StrafProzR Rn. 614), selbst wenn das Gericht offenlässt, ob überhaupt eine tatbestandsmäßige, rechtswidrige Tat vorliegt (BGHSt 16, 374; Löwe/Rosenberg/Jesse Rn. 75; **aM** OLG Schleswig NJW 1957, 1487; erg. aber → EMRK Art. 6 Rn. 15a). Eine Ausnahme besteht, wenn die Urteilsgründe ihn so schwer belasten, dass eine erhebliche, ihm nicht zumutbare Beeinträchtigung eines grundrechtlich geschützten Bereichs festzustellen ist, die durch den Freispruch nicht aufgewogen wird; das ist aber nicht bereits anzunehmen, wenn die Entscheidungsgründe einzelne belastende, unangenehme o. für ihn „unbequeme" Ausführungen enthalten (BGH StV 2020, 454; vgl. auch BVerfG 28, 151 (161); zur Frage eines Konventionsverstoßes durch die Gründe eines freisprechenden Urt. s. BGH StraFo 2020, 204 sowie → **EMRK** Art. 6 Rn. 15a. Anfechtbar ist das Urt. aber, soweit es zugleich Sicherungsmaßregeln o. Nebenfolgen, zB die Einziehung o. Unbrauchbarmachung, anordnet (RGSt 61, 293; 66, 420 (421)). 13

Durch die **Verfahrenseinstellung** wegen eines Prozesshindernisses ist der Angeklagte idR nicht beschwert (BGHSt 23, 257 (259); BGH NJW 1970, 154 (155); 2007, 3010 (3011)); anders aber bei Einstellung wegen eines noch behebbaren Verfahrenshindernisses (BGH NJW 2011, 2310 u. NStZ 2011, 650: Mängel der Anklageschrift; BayObLGSt 1989, 33; OLG Stuttgart NJW 1963, 1417: nachholbarer Strafantrag). Der Angeklagte kann daher nach ganz hM auch nicht verlangen, 14 dass sein Strafverfahren mit dem Ziel des Freispruchs weitergeführt wird (**aM** Sternberg-Lieben ZStW 108, 754, falls das Prozesshindernis erst in der HV entstanden o. zutage getreten ist; teilw. **aM** auch Krack Rehabilitierung Rn. 321). Auch eine Beschwer durch den Kostenausspruch berechtigt nicht zur Einlegung eines Rechtsmittels gegen die Einstellungsentscheidung (Löwe/Rosenberg/Franke § 333 Rn. 22; vgl. auch BGH NStZ-RR 1996, 299). Besteht nach der Verfahrenslage, namentlich auf der Grundlage der getroffenen Feststellungen, aber ein Anspruch auf Freisprechung (→ § 260 Rn. 44), so kann gegen das Einstellungsurteil Berufung o. Revision mit dem **Ziel der Freisprechung** eingelegt werden (BGHSt 13, 268; BGH NStZ-RR 2023, 56; OLG Frankfurt a. M. NJW 1980, 2824; OLG Hamburg JZ 1967, 546; OLG Oldenburg NJW 1985, 1177; OLG Stuttgart NJW 1963, 1417).

15 Die **Möglichkeit eines Nachtragsverfahrens** beseitigt die Beschwer nicht (→ § 333 Rn. 5).

16 **3.** Für die **StA** gelten besondere Grundsätze. Da sie im Strafverfahren nicht Partei ist, sondern allg. Aufgaben der staatlichen Rechtspflege erfüllt (→ Einl. Rn. 87), ist sie berechtigt, nach pflichtgemäßem Ermessen Entsch. anzufechten, die, gleichviel, ob sie jemanden beschweren, den Geboten der Rechtspflege nicht entsprechen (OLG Braunschweig NJW 1973, 2117; OLG Bremen NStZ 1989, 286; OLG Düsseldorf NStZ 1990, 292; OLG Saarbrücken NJW 1973, 1011); eine Ausnahme gilt nur für Rechtsmittel zugunsten des Angeklagten (→ § 296 Rn. 14). Die StA kann daher Revision auch einlegen, wenn sie das 1. Urt. nicht o. nur zugunsten des Angeklagten angefochten o. wenn sie sich im Gegensatz zu dem Angeklagten mit einer Strafmaßberufung begnügt hatte (OLG Koblenz NJW 1982, 1770). Auch dass das Urt. o. der Beschl. dem ausdr. Antrag der StA entsprochen hat, steht der Anfechtung nicht entgegen (RGSt 48, 26; KG JR 1969, 349). Nichts anderes gilt für ein Urt., das nach einer Verständigung ergangen ist (→ § 257c Rn. 32). Die StA kann eine Entsch. aber nicht mit dem Ziel anfechten, sie mit einer anderen Begründung aufrechtzuerhalten (OLG Hamburg StV 2009, 630; Löwe/Rosenberg/Franke § 333 Rn. 21; **aM** Wohlers Staatsanwaltschaft Rn. 285).

17 **IV. Prozessuale Überholung.** Die Rechtsmittel der StPO dienen der Beseitigung einer gegenwärtigen, fortdauernden Beschwer. Ihr Ziel ist die Aufhebung einer den Beschwerdeführer beeinträchtigenden Maßnahme. Eine Maßnahme, die aus tatsächlichen o. rechtlichen Gründen nicht mehr ungeschehen gemacht werden kann, ist daher grds. nicht anfechtbar (BGH NJW 1973, 2035; OLG Frankfurt a. M. BeckRS 2023, 17322; OLG Düsseldorf JZ 1984, 756). Entsprechendes gilt für den Fall, dass die beschwerende Anordnung zurückgenommen (LG Koblenz NStZ 2003, 330 zur Anordnung nach §§ 100g, 100h) o. die angefochtene Entsch. aus anderem Anlass o. durch den Fortgang des Verf. gegenstandslos geworden, also prozessual überholt ist. Das an sich statthafte Rechtsmittel ist dann unzulässig. **Prozessual überholt** ist zB die Beschwerde gegen einen Beschlagnahmebeschluss, wenn inzwischen ein Bestätigungsbeschluss nach § 98 Abs. 2 ergangen ist (BGH NStZ 2000, 154), die Haftbeschwerde, nachdem infolge der Rechtskraft des Urt. Strafhaft eingetreten ist (KG StraFo 2022, 467; OLG Hamm 2009, 655; anders jedoch – zu weitgehend – OLG Hamm StraFo 2002, 100 mit insoweit zust. Anm. Nobis; Park/Schlothauer FS Widmaier, 2008, 394), ebenso die Beschwerde gegen das Anhalten eines eing. Briefes an einen früheren UHaftgefangenen (OLG Stuttgart Justiz 2001, 114), ein Antrag nach § 458 Abs. 1 (OLG Stuttgart NStZ-RR 2003, 60) o. die Beschwerde gegen die Ablehnung der bedingten Entlassung nach vollständiger Verbüßung der Strafe (OLG Hamm NStZ 1998, 638; 2009, 592) u. die erst nach Urteilsrechtskraft eingelegte Beschwerde gegen die Zurücknahme der Pflichtverteidigerbestellung (OLG Düsseldorf JZ 1984, 756) o. gegen die Zulassung des Nebenklägers (OLG Hamm VRS 31, 121). Ein Rechtsmittel, das schon zzt. seiner Einlegung prozessual überholt war, wird als unzulässig verworfen (OLG Stuttgart Justiz 2012, 301: sofortige Beschwerde gegen abgelehnten Befangenheitsantrag nach Instanzenwechsel). Wird es erst nachträglich gegenstandslos, zB Ent-

lassung aus der Strafhaft nach Einlegung der sofortigen Beschwerde gegen die Ablehnung der bedingten Entlassung (OLG Hamm NStZ 2009, 592), so ist es durch Beschl. (ohne Kostenentscheidung) für erledigt zu erklären (OLG Bremen MDR 1963, 335; Peters JR 1973, 343).

Die **Beschwerde zur Feststellung der Rechtswidrigkeit** einer durch Vollzug o. auf andere Weise erledigten richterlichen Anordnung o. die Weiterführung des Verf. zu diesem Zweck ist grds. unzulässig (vgl. OLG Saarbrücken NJW 1995, 1302 zu einer Beschwerde der StA). Hiervon ist allerdings schon immer dann eine Ausnahme zugelassen worden, wenn Wiederholungsgefahr besteht (OLG Hamm NStZ-RR 2009, 293) o. wenn das Interesse des Betroffenen an der Feststellung der Rechtswidrigkeit der Maßnahme auch nach deren Erledigung fortbesteht, zB bei Beschlüssen, mit denen Ordnungsmittel festgesetzt worden sind (→ § 51 Rn. 28, → GVG § 181 Rn. 3). **18**

Nach der **Rspr. des BVerfG** (BVerfGE 96, 27; BVerfG NJW 1998, 2131; vgl. auch BVerfG StV 1997, 505 zu präventiven richterlichen Durchsuchungsanordnungen) bleibt entgegen der früheren Rspr. (BVerfGE 49, 329) die Beschwerde nach Art. 19 Abs. 4 GG aber auch zulässig in Fällen tiefgreifender, tatsächlich jedoch nicht mehr fortwirkender Grundrechtseingriffe, wenn sich die Belastung durch die Maßnahme nach dem typischen Verfahrensablauf auf eine Zeitspanne beschränkt, in welcher der Betroffene die gerichtliche Entsch. im Beschwerdeverfahren kaum erlangen kann (weitergehend SK-StPO/Wohlers § 160 Rn. 89 mwN: bei jeder Grundrechtsverletzung). Das hat das BVerfG für die aufgrund richterlicher Anordnung vorgenommene Wohnungsdurchsuchung bejaht; auch für eine Beschlagnahmeanordnung kann es in Betracht kommen (BVerfG NJW 1999, 273; wistra 2008, 463; dazu krit. Roxin StV 1997, 656), etwa bei schwerwiegender Beeinträchtigung der Pressefreiheit (BVerfG NJW 2007, 1117 (1121)). Ferner ist es insbes. bei Eingriffen in die körperliche Unversehrtheit (BVerfG NJW 2007, 1345; OLG Celle StV 2012, 524; SK-StPO/Rogall § 81a Rn. 116) u. in die persönliche Freiheit (so bei erledigten Vorführungen, Festnahmen u. Verhaftungen) idR anzunehmen (BVerfG StV 1999, 295 für eine Freiheitsentziehung zur Durchsetzung eines Platzverweises; BVerfG NStZ-RR 2004, 252 für einen Vollstreckungshaftbefehl; BVerfG StraFo 2006, 20; BGH StraFo 2017, 190; 2017, 415 u. KG StraFo 2017, 29 für UHaft- bzw. Haftentschädigung, vgl. aber OLG Koblenz StV 2007, 589 Ls.; BVerfG NJW 2006, 40 für Ordnungshaft nach § 70 Abs. 2; auch für einen Arrest als Disziplinarmaßnahme (OLG Hamburg NStZ 2020, 311) u. für einen Haftbefehl nach § 230 Abs. 2, letzteres aber nur, wenn die Haftentlassung vor der Entsch. des Beschwerdegerichts erfolgt; **aM** OLG Celle NStZ-RR 2003, 177 Ls.; OLG Düsseldorf StV 2001, 332: auch noch danach, dagegen zutr. OLG Frankfurt a. M. NStZ-RR 2007, 349), bei schwerwiegenden Einwirkungen nach § 136a (LG Ravensburg NStZ-RR 2008, 45) sowie bei einer bis zur Erledigung verzögerten Sachbehandlung (BVerfG NStZ 2007, 413). Die Beschwerde darf dann nicht wegen prozessualer Überholung als unzulässig verworfen werden; vielmehr ist die Rechtmäßigkeit der Maßnahme zu überprüfen u. ggf. deren Rechtswidrigkeit festzustellen. Wird die Beschwerde allerdings erst lange nach Erlass des Beschl. eingelegt, kann sie wegen fehlenden Rechtsschutzbedürfnisses unzulässig sein (BVerfG NJW 2003, 1514: Beschwerde gegen Durchsuchung nach 2 Jahren; ebenso LG Saarbrücken NStZ-RR 2008, 113 bei 4–6 jähriger Verzögerung trotz möglicher Auswirkungen für ein Steuerfestsetzungsverfahren; aber BVerfG NStZ 2009, 166: nicht schon nach 1 Jahr; vgl. auch Park/Schlothauer FS Widmaier, 2008, 397 ff.; erg. → Rn. 6); auch nach rkr. Abschluss des Strafverfahrens ist sie zwar grds. noch möglich (BVerfG NJW 2005, 1855), idR jedoch ausgeschlossen (OLG Frankfurt a. M. NStZ-RR 2003, 175). Kritisch dazu aber Meyer/Rettenmaier NJW 2009, 1238, die darauf hinweisen, dass strikt zwischen dem (fortwirkenden) Feststellungsinteresse u. einer etwaigen Verwirkung dieses Interesses zu unterscheiden ist. **18a**

Die StPO sieht nunmehr die **Gewährung nachträglichen Rechtsschutzes** ausdr. in § 101 Abs. 7 S. 2 durch die Möglichkeit der gerichtlichen Überprüfung **18b** der Rechtmäßigkeit heimlicher Ermittlungsmaßnahmen (vgl. § 101 Abs. 1) sowie der Art u. Weise ihres Vollzugs vor, wobei aber eine kurze Antragsfrist v. 2 Wochen nach der Benachrichtigung v. der Maßnahme einzuhalten ist (vgl. → § 101 Rn. 1 ff. sowie Puschke/Singelnstein NJW 2008, 116).

19 **V. Zuständigkeit des Rechtsmittelgerichts.** Die Zuständigkeit des Rechtsmittelgerichts richtet sich nach den §§ 73 Abs. 1, 74 Abs. 3, 120 Abs. 3, 121 Abs. 1, 135 GVG, 41 Abs. 2 **JGG.** Maßgebend ist, welches Gericht die angefochtene Entsch. erlassen hat, gleichviel, ob es dazu berufen war o. nicht (BGHSt 22, 48 (50); KG VRS 79, 433; OLG Hamm NStE GVG § 74 Nr. 2; → Vor § 1 Rn. 9).

20 **B. Andere förmliche Rechtsbehelfe.** Andere förmliche Rechtsbehelfe sind der Antrag auf Wiedereinsetzung in den vorigen Stand (§§ 44, 235, 329 Abs. 3, 412), auf Entsch. des Rechtsmittelgerichts (§§ 319 Abs. 2, 346 Abs. 2) u. auf Wiederaufnahme des Verf. (§§ 359 ff.), der Einspruch gegen einen Strafbefehl (§§ 409 Abs. 1 Nr. 7, 410, 411), der Antrag auf gerichtliche Entsch. nach §§ 111 Abs. 2, 161a Abs. 3, 163 Abs. 3 S. 2, 172 Abs. 2 und § 458 sowie nach §§ 22, 23, 37 **EGGVG** u. § 109 **StVollzG** u. der Antrag auf ein Nachverfahren (§ 439).

21 **C. Formlose Rechtsbehelfe.** Formlose Rechtsbehelfe sind die Dienstaufsichtsbeschwerde u. die Gegenvorstellung.

22 **I. Dienstaufsichtsbeschwerde.** Die Dienstaufsichtsbeschwerde, die zu den Petitionen iSd Art. 17 GG gehört (BVerwG NJW 1977, 118), wendet sich an den die Dienstaufsicht führenden Vorgesetzten. Mit ihr kann sowohl das dienstliche Verhalten des Beamten (Dienstaufsichtsbeschwerde ieS) als auch dessen Sachbehandlung (Sachaufsichtsbeschwerde) beanstandet werden. Sie ist an keine Form o. Frist gebunden. Im Bereich der StA kann Dienstaufsichtsbeschwerde beim GStA (vgl. → § 172 Rn. 18) u. gegen dessen Entsch. (o. auch unmittelbar) bei dem JM eingelegt werden (§ 147 GVG). Zur Dienstaufsichtsbeschwerde gegen polizeiliche Maßnahmen im Ermittlungsverfahren vgl. → § 163 Rn. 50, im Strafvollzug nach den StVollzGen (zB Art. 115 Abs. 3 BayStVollzG). Richterliche Entsch. unterliegen der Dienstaufsicht nicht (§ 26 Abs. 1 **DRiG**). Auf die Dienstaufsichtsbeschwerde muss die zuständige Behörde einen Bescheid erteilen, aus dem zu erkennen ist, dass die Eingabe geprüft u. was veranlasst worden ist (→ Vor § 33 Rn. 10; SK-StPO/Frisch Rn. 40).

23 **II. Gegenvorstellungen.** Gegenvorstellungen, auch gegen richterliche Entsch., sind als Erscheinungsform des Petitionsrechts nach Art. 17 GG zulässig (BVerfGE 9, 89 (107); vgl. allg.: Wölfl StraFo 2003, 222; Woesner NJW 1960, 2129). Sie sind eine Aufforderung an das Gericht, die eigene Entsch. aus nachträglich besserer Einsicht vAw aufzuheben o. abzuändern (OLG Stuttgart Justiz 1971, 148; Ellersieck Rn. 29; Hohmann JR 1991, 10). Sie können formlos (**aM** Wölfl StraFo 2003, 225: schriftlich wegen Art. 17 GG) erhoben werden u. sind grds. an keine Frist gebunden (vgl. aber OLG Koblenz MDR 1985, 344: nicht nach mehr als einem Jahr; erg. → Rn. 6). Gegenvorstellungen setzen keine persönliche Beschwer voraus u. stehen daher jedem am Strafprozess Bet. für die Anregung offen, eine unrichtige Entsch. richtigzustellen (OLG Schleswig NJW 1978, 1016).

24 **Zulässig** sind sie aber nur, wenn das Gericht seine Entsch. selbst wieder aufheben darf (Wölfl StraFo 2003, 225). Das ist der Fall (vgl. § 306 Abs. 2 Hs. 1), wenn ein Beschl. o. eine Vfg. mit dem Rechtsmittel der einfachen Beschwerde angefochten werden könnte o. nur deshalb nicht angefochten werden kann, weil § 305 S. 1 entgegensteht (Woesner NJW 1960, 2131) o. der Rechtsmittelzug erschöpft ist (BGH MDR 1964, 1019). Die Gegenvorstellung ist dann auch zulässig, wenn der Beschwerdeführer den möglichen Beschwerdeweg nicht o. nicht alsbald beschreiten will (SK-StPO/Frisch Rn. 33). Gegen die Entsch. des Beschwerdegerichts sind Gegenvorstellungen nicht mehr statthaft, wenn die Sache wieder beim 1. Gericht anhängig ist. Der Betroffene muss dann einen Abänderungsantrag bei diesem Gericht stellen (Lorenzen/Görl SchlHA 1989, 107 – OLG Schleswig RsprÜ; **aM** Matt MDR 1992, 826). Eine Ausnahme gilt nur, wenn dem

Beschwerdegericht schwerwiegende Verfahrensfehler unterlaufen sind (OLG Stuttgart Justiz 1996, 147). Eine Entsch., gegen die sofortige Beschwerde zulässig ist o. bei Vorhandensein einer (weiteren) Beschwerdeinstanz zulässig wäre, darf der Richter nicht ändern (§ 311 Abs. 2 S. 1).

Daher sind in diesen Fällen auch Gegenvorstellungen **unzulässig** (KG NStZ-RR 2013, 218; OLG München MDR 1987, 782; Ernesti/Lorenzen SchlHA 1985, 134 – OLG Schleswig RsprÜ; LG Koblenz StraFo 2007, 41). Etwas anderes gilt nur dann, wenn mit den Gegenvorstellungen eine Grundrechtsverletzung behauptet wird u. die Aufhebung der rkr. Entsch. die Einlegung der Verfassungsbeschwerde (→ Einl. Rn. 229 ff.) ersparen würde (BVerfGE 63, 77; OLG Düsseldorf MDR 1980, 335; 1982, 518; OLG Karlsruhe Justiz 2002, 24; erg. → Einl. Rn. 234; **aM** Meyer FS Kleinknecht, 1985, 280 ff.; Zuck JZ 1985, 921). Ausnahmen gelten auch dann, wenn mit den Gegenvorstellungen beanstandet wird, dass ein befristetes Rechtsmittel nur deshalb als unzulässig verworfen worden ist, weil das Gericht aufgrund Tatsachenirrtums eine nicht bestehende Fristversäumung angenommen – o. eine Fristversäumung übersehen (OLG Jena StraFo 2009, 207) – hat. Dann kann die Entsch. aufgeh. werden (OLG Nürnberg MDR 1966, 524; Meyer FS Kleinknecht, 1985, 282; erg. → § 346 Rn. 13), ohne dass dazu die entspr. Anwendung des § 33a (**aM** OLG Düsseldorf MDR 1985, 956) o. des § 44 (→ § 44 Rn. 2) notwendig wäre. Auch ein unheilbar unwirksamer Beschl. kann auf Gegenvorstellungen zurückgenommen werden (→ Einl. Rn. 105). 25

Wer Gegenvorstellungen erhebt, hat **Anspruch auf Entscheidung des Gerichts** (Löwe/Rosenberg/Jesse Rn. 85; Woesner NJW 1960, 2132; **aM** KK-StPO/Paul Rn. 4; KMR-StPO/Plöd Rn. 4); eine Begründung der Entsch. ist nicht notwendig, aber wünschenswert (Wölfl StraFo 2003, 227). Eine *reformatio in peius* scheidet aus (Wölfl StraFo 2003, 227). Bei unzulässigen o. unbegründeten Gegenvorstellungen ergeht aber kein förmlicher Beschl.; vielmehr teilt der Vorsitzende dem Bet. formlos die abl. Entsch. mit. Sind die Gegenvorstellungen begründet, so ergeht ein neuer Beschl., dessen Anfechtbarkeit sich nach den ges. Vorschr. richtet (Hohmann JR 1991, 13). 26

Rechtsmittelberechtigte — Nr. 147–150 RiStBV

296 (1) **Die zulässigen Rechtsmittel gegen gerichtliche Entscheidungen stehen sowohl der Staatsanwaltschaft als dem Beschuldigten zu.**

(2) **Die Staatsanwaltschaft kann von ihnen auch zugunsten des Beschuldigten Gebrauch machen.**

A. Anfechtungsberechtigte (Abs. 1). I. StA. Die StA kann (mit der Wirkung des § 301) zuungunsten des Beschuldigten Rechtsmittel einlegen, aber auch zu seinen Gunsten (→ Rn. 14 ff.). 1

Anfechtungsberechtigt ist die StA bei dem Gericht, das die Entsch. erlassen hat (OLG Jena StV 2013, 12), nur im Vorverfahren können auch Entsch. bezirksfremder Gerichte angefochten werden (Loh MDR 1970, 812; erg. → § 162 Rn. 1). Die Ersetzungsbefugnis des § 145 GVG ist zu beachten. Wirksam ist die Rechtsmittelerklärung aber auch, wenn sie der StA nach behördeninterner Anweisung nicht ohne Zustimmung des Vorgesetzten hätte abgeben dürfen (BGHSt 19, 377 (382)). 2

Berufung können auch die **Amtsanwälte** einlegen, da dieses Rechtsmittel nach § 314 Abs. 1 noch an das AG zu richten ist (Amelunxen Strafsachen S. 40). Ob dem örtlichen Sitzungsvertreter (→ GVG § 142 Rn. 9) neben der Vertretung der StA vor dem Strafrichter auch noch die Einlegung der Berufung übertragen werden kann, richtet sich nach Landesrecht. In Bayern ist er dazu ermächtigt (Art. 14 Abs. 2 S. 2 AGGVG iVm § 1 Nr. 4 der VO v. 16.5.1957 (GVBl. 119) mit ÄndVO v. 18.6.1970 (GVBl. 296), vgl. BayObLGSt 1961, 75), nicht aber in Hessen (OLG 3

Frankfurt a. M. DRiZ 1978, 186) u. Schleswig-Holstein (Ernesti/Jürgensen SchlHA 1972, 161 – OLG Schleswig RsprÜ).

4 Die StA entscheidet nach **pflichtgemäßem Ermessen,** ob sie ein Rechtsmittel einlegen will (vgl. dazu Amelunxen Staatsanwaltschaft S. 20 ff.; Leonhardt, Rechtsmittelermessen der Staatsanwaltschaft, 1994; Matthies StraFo 2009, 229); das Legalitätsprinzip gilt hierbei nicht mehr, sondern wirkt auf das Prozessverhalten des StA nur mittelbar ein (→ § 152 Rn. 2). Vgl. zur Rechtsmittelbefugnis der StA Nr. 147 RiStBV u. dazu Schlothauer StV 2014, 426.

5 **II. Beschuldigte.** Der Beschuldigte kann Rechtsmittel ohne Rücksicht auf Alter u. Geschäftsfähigkeit einlegen; er darf aber nicht verhandlungsunfähig sein (OLG Hamburg NJW 1978, 602; KK-StPO/Paul Rn. 3; **aM** SK-StPO/Frisch Rn. 7), sofern er nicht im bisherigen Verf. als verhandlungsfähig angesehen (Löwe/Rosenberg/Jesse Rn. 5) o., im Fall des § 413, trotz seiner Verhandlungsunfähigkeit gegen ihn verhandelt worden ist. Wegen des ges. Vertreters vgl. § 298 Abs. 1, wegen der Erziehungsberechtigten § 67 Abs. 3 **JGG.** Beistände nach § 149 Abs. 1 und § 69 Abs. 1 **JGG** sind nicht rechtsmittelberechtigt, auch nicht der Bewährungshelfer (OLG Koblenz NStZ-RR 1996, 300). Das Gleiche gilt für den Insolvenzverwalter (Partei kraft Amtes), da das G diese nicht, wie erforderlich (SK-StPO/Frisch Vor § 296 Rn. 104; zw. Löwe/Rosenberg/Jesse Rn. 3), als Anfechtungsberechtigte bezeichnet (unzutr. daher BGH NStZ 1999, 573).

6 Rechtsmittel können auch die **Nebenbeteiligten** (vgl. §§ 433 Abs. 1 S. 1, 440 Abs. 3, 442 Abs. 1, 444 Abs. 2 S. 2) einlegen.

7 Wegen der **Verteidiger** vgl. § 297.

8 **III. Privat- und Nebenkläger.** Privat- und Nebenkläger sind rechtsmittelberechtigt, der Nebenkläger aber nur wegen des Nebenklagedelikts u. nur zu Ungunsten des Beschuldigten (→ § 400 Rn. 1), auch nicht zu Gunsten eines Nebenbeteiligten; vgl. aber → § 301 Rn. 2.

9 **IV. Antragsteller im Anhangsverfahren.** Antragsteller im Anhangsverfahren sind – abgesehen v. der sofortigen Beschwerde nach § 406a Abs. 1 S. 1 – iÜ nicht rechtsmittelberechtigt (§ 406a Abs. 1 S. 2).

10 **V. Zeugen, Sachverständige und andere von einer Entscheidung betroffene Personen.** Zeugen, Sachverständige und andere von einer Entscheidung betroffene Personen können nach § 304 Abs. 2 Beschwerde einlegen, aber keine anderen Rechtsmittel.

11 **B. Zulässige Rechtsmittel.** Das zulässige Rechtsmittel (→ Vor § 296 Rn. 1) bestimmt sich nicht nach der Bezeichnung der angefochtenen Entsch., sondern **nach ihrem sachlichen Inhalt** (BGHSt 8, 383; 18, 381 (385); BGHSt 25, 242).

12 Bezeichnet sich die Entsch. als Urt., ist sie aber nach dem Verfahrensrecht ein **Beschluss,** so ist sie nur mit **Beschwerde** anfechtbar. Das gilt zB für die durch Urt. angeordnete vorl. Verfahrenseinstellung (BGHSt 25, 242) u. die Einstellung des Privatklageverfahrens nach § 383 Abs. 2 (KG JR 1969, 472; OLG Düsseldorf MDR 1962, 327), für die im Urt. bestimmte Strafaussetzung nach § 57 StGB (BGH StV 1982, 61) u. für die Verwerfung der sofortigen Beschwerde nach § 59 **JGG** durch Urt. (OLG Hamm MDR 1979, 253; OLG Koblenz OLGSt JGG § 59 Nr. 1).

13 Ist eine als Beschl. bezeichnete Entsch. ihrem Wesen nach ein **Urteil** richtet sich die Anfechtbarkeit nach dieser Eigenschaft (BGHSt 18, 381 (385); BGH NStZ-RR 2017, 7; BayObLG NJW 1978, 903; KG StV 2019, 438). Das gilt zB, wenn in der HV das Verf. durch Beschl. nach § 206a eingestellt (KG VRS 100, 134; OLG Celle NJW 1960, 114; OLG Köln NJW 1966, 1935; OLG Stuttgart Justiz 1972, 363) o. die Berufung nach § 322 Abs. 1 S. 2 (RGSt 63, 246) o. nach § 329 Abs. 1 durch Beschl. verworfen (KG JW 1929, 1894) o. das Urt. aufgeh. u. die Sache zurückverwiesen (RGSt 65, 397) o. ein verspäteter Einspruch gegen einen Strafbefehl verworfen wird (BayObLGSt 1959, 84). Hat die Entsch. eine mündliche Verh. u. öffentl. Verkündung vorausgesetzt, so bleibt sie auch dann ein Urt., wenn die

Verh. unterblieben ist (BGHSt 8, 383). Andererseits wird eine Entsch. ihrem Wesen nach nicht dadurch zum Urt., dass das Gericht entgegen dem G eine HV anberaumt u. in ihr entscheidet.

C. Rechtsmittel der StA zugunsten des Beschuldigten (Abs. 2). Als staatliches Rechtspflegeorgan kann die StA Rechtsmittel auch zugunsten des Beschuldigten einlegen, u. zwar ohne dessen Einverständnis, sogar gegen seinen Widerspruch (vgl. aber § 302 Abs. 1 S. 2), allerdings nur, wenn der Beschuldigte durch die Entsch. beschwert ist (RGSt 42, 399; OLG Koblenz NJW 1982, 1770; Löwe/Rosenberg/Jesse Rn. 7). Bei der Ausübung seines Ermessens ist der StA an Nr. 147 Abs. 3 S. 1 RiStBV gebunden. Dass das Rechtsmittel zugunsten des Beschuldigten eingelegt wird, muss spätestens bis zum Ablauf der Begründungsfrist deutlich zum Ausdruck gebracht werden (vgl. Nr. 147 Abs. 3 S. 2 RiStBV). Eine nicht eindeutige Erkl. ist nach ihrem Gesamtinhalt auszulegen und kann nicht aus Umständen außerhalb dieser geschlussfolgert werden (BGHSt 2, 41; BGH 10.1.2022 – 3 StR 448/21), nicht aufgrund v. Vorgängen u. Erklärungen außerhalb dieser Willensäußerung (BGHSt 2, 41; **aM** Hamm Revision Rn. 50); zur Anfechtung einer Unterbringung nach § 64 StGB vgl. BGH NStZ-RR 2012, 72. Im Zweifel ist anzunehmen, dass das Rechtsmittel zuungunsten des Beschuldigten eingelegt ist (BGH BeckRS 2013, 10261 mwN). Die Rechtsmitteleinlegung zugunsten des Beschuldigten enthält eine Rechtsmittelbeschränkung in dem Sinne, dass das Berufungs- u. Revisionsgericht nicht zu seinen Ungunsten entscheiden darf (§§ 331, 358 Abs. 2). 14

Die StA kann Rechtsmittel auch zugunsten des Einziehungsbeteiligten ua **Nebenbeteiligter** einlegen, auch zugunsten der in § 304 Abs. 2 bezeichneten Personen, etwa des nach § 470 zu den Kosten verurteilten Antragstellers (RGSt 7, 409). Sie kann jedoch keine Rechtsmittel zugunsten des Nebenklägers einlegen (LG Dresden NStZ 1994, 251; Schmidt StPO/GVG StPO § 296 Rn. 7; **aM** KG NStZ 2012, 112; OLG Dresden NStZ-RR 2000, 115), denn sie hat nicht die Verfahrensposition des Nebenklägers, die sich auf sein persönliches Interesse auf Genugtuung beschränkt (→ Vor § 395 Rn. 1; BGHSt 37, 136), zu verfolgen; vgl. auch zur Privatklage → § 377 Rn. 9. 15

Für **andere Rechtsbehelfe** als Beschwerde, Berufung u. Revision gilt Abs. 2 nicht, insbes. nicht für den Wiedereinsetzungsantrag (→ § 44 Rn. 9). Nach § 365 (→ § 365 Rn. 2) ist die Vorschr. aber auf Wiederaufnahmeanträge anwendbar. 16

D. Mehrere Rechtsmittel. Über mehrere (zulässige) Rechtsmittel (zB des Angeklagten u. der StA) gegen ein dieselbe Tat betr. Urt. ist aufgrund einer einheitlichen HV **einheitlich zu entscheiden** (OLG Köln NStZ-RR 2008, 207; KK-StPO/Paul Rn. 9 u. SK-StPO/Frisch Rn. 23, je zu § 327; erg. → § 328 Rn. 2). Die teilw. unterlassene Entsch. stellt einen Verfahrensfehler dar (OLG Düsseldorf NStZ-RR 2001, 246, das aber unrichtig statt das angefochtene Urt. zu ergänzen wegen fehlenden Beruhens auf dem Fehler v. einer Entsch. abgesehen hat; näher dazu Meyer-Goßner FS Gössel, 2002, 644). 17

Einlegung durch den Verteidiger

297 **Für den Beschuldigten kann der Verteidiger, jedoch nicht gegen dessen ausdrücklichen Willen, Rechtsmittel einlegen.**

A. Rechtsmittel. Nur für Rechtsmittel (→ Vor § 296 Rn. 1 ff.) gilt § 297, nicht für andere Rechtsbehelfe (Kleinknecht NJW 1961, 87: Wiedereinsetzungsanträge; erg. → § 44 Rn. 4). Die entspr. Anwendung der Vorschr. bestimmen §§ 118b, 365, 410 Abs. 1 S. 2. Für die Prozessbevollmächtigten u. Beistände v. Privat- u. Nebenklägern gilt § 297 nicht entspr. (Löwe/Rosenberg/Jesse Rn. 3). 1

B. Verteidiger. Als Verteidiger ist, ohne dass es einer weiteren Vollmacht bedarf (BGHSt 12, 367 (370)), der im bisherigen Verf. tätig gewesene Wahl- o. Pflichtverteidiger ausgewiesen, auch der Verteidiger nach §§ 138 Abs. 2, 139 und 2 der ohne bes. Vollmacht neben dem Angeklagten in der HV aufgetretene Verteidiger (OLG Koblenz VRS 68, 51; erg. → Vor § 137 Rn. 9; → § 145a Rn. 6 ff.). § 297 begründet eine Rechtsvermutung, dass der Verteidiger mit Vollmacht u. aufgrund eines entspr. Auftrags des Beschuldigten handelt (BGHSt 61, 218; OLG Düsseldorf NStZ 1997, 52). Rechtsmittel einlegen kann aber auch, wer erst später zum Verteidiger bestellt worden ist. Die Vollmacht muss dann vor der Rechtsmitteleinlegung erteilt, kann aber später nachgewiesen werden (BGHSt 36, 259 (260); OLG Hamm VRS 108, 266). Die nachträgliche Genehmigung der Rechtsmitteleinlegung durch den Beschuldigten innerhalb o. außerhalb der Rechtsmittelfrist genügt nicht (RGSt 66, 265 (267); Löwe/Rosenberg/Jesse Rn. 5). Der Sozius des Pflichtverteidigers ist nicht rechtsmittelberechtigt (BayObLG NJW 1981, 1629; → § 142 Rn. 60). Dies gilt auch für den reinen „Terminsvertreter", der – z. B. wegen Erkrankung des Pflichtverteidigers – nur für einen HV-Termin bestellt wird (OLG Köln StraFo 2024, 57; → § 144 Rn. 4).

3 **C. Aus eigenem Recht und im eigenen Namen.** Aus eigenem Recht und im eigenen Namen handelt der Verteidiger bei der Anfechtung; er darf dieses Recht aber **nicht gegen den Willen des Beschuldigten** ausüben (BGHSt 12, 367 (370); BayObLGSt 1977, 102; OLG Koblenz VRS 68, 51), denn es handelt sich um ein Rechtsmittel des Beschuldigten (BGHSt 61, 218 mwN). Auch beim Zusammentreffen verschiedenartiger Anfechtung durch den Beschuldigten u. den Verteidiger ist der Wille des Beschuldigten maßgebend (OLG Düsseldorf NStZ-RR 2000, 148 mwN), aber nur, sofern er noch verfahrensmäßig beachtet werden kann (vgl. OLG Düsseldorf NStZ-RR 2002, 177).

4 **Beschränkungen des sich aus § 297 ergebenden Rechts** müssen ausdr. erklärt werden, entweder schon in der Verteidigungsvollmacht o. durch spätere Erkl. ggü. dem Verteidiger o. dem Gericht (OLG Düsseldorf NStZ 1989, 289; OLG Koblenz VRS 68, 51). Bloße Zweifel an der Beschränkung machen das Rechtsmittel nicht unzulässig; ob es dem Willen des Beschuldigten widerspricht, muss ggf. aufgeklärt werden (OLG Karlsruhe NStZ-RR 2004, 271; SK-StPO/Frisch Rn. 15).

5 **Unwirksam ist das Rechtsmittel,** wenn das Urt. bereits durch Rechtsmittelverzicht des Angeklagten rkr. geworden ist (BGH NJW 1978, 330; OLG Zweibrücken BeckRS 2024, 19254) o. wenn der Angeklagte nach Eingang des Rechtsmittels bei Gericht auf Rechtsmittel verzichtet (BGH GA 1973, 46; OLG Zweibrücken BeckRS 2024, 19256; OLG Düsseldorf MDR 1983, 512; OLG Karlsruhe Justiz 1964, 270) o. dem Rechtsmittel widerspricht; beides ist als Zurücknahme (§ 302 Abs. 1 S. 1) anzusehen (KK-StPO/Paul Rn. 3).

6 Das Recht, für den Beschuldigten Rechtsmittel einzulegen, **erlischt** mit Entziehung der Vollmacht, die das bereits eingelegte Rechtsmittel idR aber unberührt lässt, Aufhebung der Bestellung (§ 143a) o. Tod des Beschuldigten (→ § 138 Rn. 14).

7 **D. Vertreter, der nicht Verteidiger ist.** Auch ein Vertreter, der nicht Verteidiger ist, kann für den Beschuldigten Rechtsmittel einlegen (RGSt 66, 209 (211); BayObLG NJW 1976, 156; erg. → Vor § 137 Rn. 12), auch eine JP, für die deren Vertretungsberechtigter die Erkl. abgeben muss (vgl. Allgayer NStZ 2016, 193; str.). Dabei kann es sich um Vertretung in der Erkl. o. im Willen handeln (BayObLGSt 1964, 85). Der Vertreter kann die Rechtsmittelurkunde mit dem Namen des Angeklagten unterzeichnen (RGSt 66, 209 (211); OLG Hamm VRS 108, 266); er kann das Rechtsmittel auch zu Prot. der Geschäftsstelle einlegen u. begründen (→ Einl. Rn. 134). Der für den Beschuldigten handelnde Vertreter braucht wie der Beschuldigte selbst nur verhandlungsfähig zu sein (→ Einl. Rn. 134). Es genügt die mündliche Bevollmächtigung zur Rechtsmitteleinlegung. Die Vollmacht muss bei der Einlegung erteilt worden sein, kann aber später nachgewiesen werden (→ Rn. 2).

Einlegung durch den gesetzlichen Vertreter **Nr. 154 Abs. 2 RiStBV**

298 (1) **Der gesetzliche Vertreter eines Beschuldigten kann binnen der für den Beschuldigten laufenden Frist selbständig von den zulässigen Rechtsmitteln Gebrauch machen.**

(2) **Auf ein solches Rechtsmittel und auf das Verfahren sind die für die Rechtsmittel des Beschuldigten geltenden Vorschriften entsprechend anzuwenden.**

1 **A. Eigenes Recht auf Rechtsmitteleinlegung (Abs. 1).** Ein eigenes Recht auf Rechtsmitteleinlegung (Abs. 1) im Beschwerde-, Berufungs- u. Revisionsverfahren, nicht im Ordnungsmittelverfahren nach § 51 (KG 27.4.1970 – 3 Ws 22/70), hat der **ges. Vertreter** (zum Begriff vgl. → § 52 Rn. 19), aber nur innerhalb der für den Beschuldigten lfd. Frist (anders bei den Begründungsfristen nach §§ 317, 345 Abs. 1, bei denen es auf die Zustellung an den Beschwerdeführer ankommt) u. nur zu dessen Gunsten (OLG Celle NJW 1964, 417; OLG Hamm NStZ 2008, 119 (120); 2009, 44; Lorenzen/Thamm SchlHA 1995, 7 – OLG Schleswig RsprÜ; vgl. auch BGHSt 19, 196 (198)). Andere Rechtsbehelfe, zB nach §§ 44, 319 Abs. 2, 346 Abs. 2, kann er nur für sein eigenes Rechtsmittel einlegen (Löwe/Rosenberg/Jesse Rn. 5); vgl. aber § 118b (Antrag auf Haftprüfung), → § 365 Rn. 4 (Antrag auf Wiederaufnahme), § 410 Abs. 1 S. 2 (Einsprüche im Strafbefehlsverfahren). Ein **nach dem BGB bestellter Betreuer** ist nur rechtsmittelbefugt, wenn sein Aufgabenbereich sich speziell o. nach dem allg. Umf. der Bestellung auf eine Betreuung in dem Straf- o. Vollstreckungsverfahren bezieht (OLG Celle NStZ-RR 2025, 352; KG NStZ-RR 2024, 225: Aufgabenkreis „Behördenangelegenheiten" nicht ausr.; OLG Hamm NStZ 2008, 119; vgl. auch BGH StraFo 2013, 469), sonst nicht (OLG Dresden StraFo 2015, 149).

2 Der **Widerspruch des Beschuldigten** macht das Rechtsmittel des ges. Vertreters nicht unzulässig (Löwe/Rosenberg/Jesse Rn. 7), auch nicht der vor Ablauf der Anfechtungsfrist erklärte Rechtsmittelverzicht des Beschuldigten o. seines Verteidigers (Ernesti/Lorenzen SchlHA 1985, 134 – OLG Schleswig RsprÜ), auch wenn der StA ebenfalls auf Anfechtung verzichtet hat; denn die Rechtskraft tritt vor Ablauf der Frist erst ein, wenn alle zur Anfechtung Berechtigten auf Rechtsmittel verzichtet haben (→ Einl. Rn. 164).

3 **Zurücknehmen oder nachträglich beschränken** (→ § 302 Rn. 2, 14) kann der ges. Vertreter sein Rechtsmittel entspr. § 302 Abs. 1 S. 3 nur mit Zustimmung des Beschuldigten (BGH NJW 2016, 2576 mwN; vgl. auch § 55 Abs. 3 **JGG**), selbst wenn der Beschuldigte bereits auf Rechtsmittel verzichtet hatte (OLG Celle NJW 1964, 417).

4 Aufgrund einer **Vollmacht** des Beschuldigten kann der ges. Vertreter auch in dessen Namen ein Rechtsmittel einlegen (→ § 297 Rn. 7). Der ges. Vertreter kann sich v. einem Bevollmächtigten vertreten lassen.

5 **B. Verfahren (Abs. 2).** Ort u. Zeit der HV sollen dem ges. Vertreter rechtzeitig mitgeteilt werden (§ 149 Abs. 2). War er in der HV nicht anwesend, so braucht ihm das Urt. nicht zugestellt zu werden (vgl. aber § 67 Abs. 2 **JGG**); dass ihm der Ausgang der HV nicht mitgeteilt worden ist, gibt ihm daher keinen Anspruch auf Wiedereinsetzung (BGHSt 18, 22; BayObLG NJW 1954, 1378; Ernesti/Lorenzen SchlHA 1985, 134 – OLG Schleswig RsprÜ; **aM** OLG Stuttgart NJW 1960, 2353). Nach Einlegung des Rechtsmittels hat er die gleichen Befugnisse wie der Angeklagte. Er wird zur HV geladen (vgl. § 330), darf an ihr teilnehmen, Anträge stellen (vgl. → § 244 Rn. 30) u. Erklärungen abgeben. Ist er nicht auf freiem Fuß, so muss er auf seinen Antrag vorgeführt werden, wenn die HV am Haftort stattfindet (RGSt 64, 364; vgl. auch § 330 Abs. 2). Zur Kostentragungspflicht des ges. Vertreters vgl. → § 473 Rn. 8. Der Angeklagte ist so zu behandeln, als habe er die Entsch. selbst angefochten; die Rechtsmitteleinlegung ist ihm bekanntzugeben (vgl. auch § 330 Abs. 1). Ist eine weitere Anfechtung statthaft,

so kann er die neue Entsch. selbst dann anfechten, wenn er auf Rechtsmittel gegen die 1. Entsch. verzichtet hatte (OLG Hamm NJW 1973, 1850).

6 **C. Ende der gesetzlichen Vertretung.** Endet die gesetzliche Vertretung, etwa weil der Beschuldigte volljährig geworden ist, **vor der Entsch. über das Rechtsmittel,** so wird es nicht unzulässig, sondern verliert nur seine Selbstständigkeit (BGHSt 10, 174; BGH NJW 1964, 1732). Die Verfügungsbefugnis geht auf den Angeklagten über (BGHSt 10, 174); er kann das Rechtsmittel weiterführen, auch wenn er zuvor auf ein eigenes Rechtsmittel verzichtet hatte (BGHSt 10, 174; SK-StPO/Frisch Rn. 18). Nimmt der Angeklagte es nicht zurück, so wird über das Rechtsmittel auch dann sachlich entschieden, wenn der Angeklagte es nicht übernimmt (BGHSt 10, 174 (176); 22, 321 (326)). Wechselt der ges. Vertreter, so tritt der neue in das Verf. ein (Löwe/Rosenberg/Jesse Rn. 17).

7 **D. Jugendstrafverfahren.** Im Jugendstrafverfahren stehen die Rechte des ges. Vertreters nach § 298 auch dem Erziehungsberechtigten zu (§ 67 Abs. 3 **JGG**). Sind mehrere vorhanden, so kann jeder v. ihnen diese Rechte ausüben (§ 67 Abs. 5 S. 1 **JGG**).

Abgabe von Erklärungen bei Freiheitsentzug

299 (1) **Der nicht auf freiem Fuß befindliche Beschuldigte kann die Erklärungen, die sich auf Rechtsmittel beziehen, zu Protokoll der Geschäftsstelle des Amtsgerichts geben, in dessen Bezirk die Anstalt liegt, wo er auf behördliche Anordnung verwahrt wird.**

(2) **Zur Wahrung einer Frist genügt es, wenn innerhalb der Frist das Protokoll aufgenommen wird.**

1 **A. Normzweck.** Eine **Ausnahme** v. der allg. Regel, dass eine Verfahrenserklärung erst mit dem Eingang bei dem zuständigen Gericht wirksam wird, bestimmt die Vorschrift. Durch die Rechtsmitteleinlegung beim Gericht des Verwahrungsorts soll der umständliche u. zeitraubende Weg vermieden werden, den Inhaftierten dem zuständigen, möglicherweise weit entfernten Gericht vorzuführen o. den UrkB dieses Gerichts zum Aufsuchen der Vollzugsanstalt zu zwingen (OLG Düsseldorf NJW 1970, 1890).

2 Die Vorschr. gilt nur **für nicht auf freiem Fuß befindliche Beschuldigte.** Das sind alle Beschuldigten, die auf behördliche Anordnung verwahrt werden (erg. → § 35 Rn. 13), auch wenn sie sich in einer Haftanstalt des Ortes befinden, in dem das zuständige Gericht seinen Sitz hat (Schmid Rpfleger 1962, 301). Außer für den Beschuldigten gilt § 299 für den ges. Vertreter (§ 298 Abs. 2), nicht aber für Privat- u. Nebenkläger (KG NStZ 2015, 719).

3 **B. Auf das Rechtsmittel bezogene Erklärungen.** Erklärungen, die sich auf Rechtsmittel beziehen, sind die Einlegung u. Begründung v. Rechtsmitteln, der Verzicht auf sie (BGH NJW 1958, 470; Holtz MDR 1978, 281 – BGH RsprÜ), ihre Zurücknahme (Dallinger MDR 1968, 18 – BGH RsprÜ), Wiedereinsetzungsanträge u. Gegenerklärungen, zB nach §§ 347 Abs. 1 S. 4, 349 Abs. 2 S. 2, aber immer nur in Sachen, in denen der Inhaftierte Beschuldigter ist, wenn auch nicht notwendig in der Sache, in der er sich in Haft befindet.

4 **§ 299 gilt nicht** für die *schriftliche* Einlegung v. Rechtsmitteln (BGH NStZ 1997, 560; OLG Düsseldorf NStZ-RR 1999, 147; OLG Hamm NJW 1971, 2181) u. für Anträge anderer Art, zB für Einwendungen nach §§ 6a S. 2, 16 S. 2, Anträge (o. Anträge auf Prozesskostenhilfe) nach § 172 (KG JR 1964, 28; OLG Düsseldorf MDR 1988, 165; OLG Hamm NJW 1971, 2181; OLG Stuttgart Justiz 1983, 242; **aM** OLG Bremen NJW 1962, 169), Erklärungen im Verwaltungsstreitverfahren (OVG Hamburg MDR 1970, 266) u. Verfassungsbeschwerden (OLG Bremen Rpfleger 1958, 228).

5 Die **entsprechende Anwendung** der Vorschr. bestimmen §§ 118b, 298 Abs. 2, 365, 410 Abs. 1 S. 2, ferner § 29 Abs. 2 **EGGVG** u. § 120 Abs. 1 **StVollzG.**

C. Kein Wahlrecht. Kein Wahlrecht zwischen dem AG des Verwahrungsorts u. dem zuständigen Gericht hat der Beschuldigte (Meyer JR 1982, 169). Die Vorführung vor das zuständige Gericht kann er selbst dann nicht verlangen, wenn es sich am Haftort befindet (Löwe/Rosenberg/Jesse Rn. 1; **aM** OLG Bremen Rpfleger 1956, 240; OLG Stuttgart NStZ 1981, 492 = JR 1982, 167 mablAnm Meyer), insbes. dann nicht, wenn sich in der Haftanstalt eine Geschäftsstelle des örtlich zuständigen AG befindet (Meyer 1982, 167; vgl. auch SK-StPO/Frisch Rn. 4). 6

D. Wirksamkeit der Erklärung. Die Wirksamkeit der Erklärung vor dem AG des Verwahrungsorts tritt bereits mit dem Abschluss der Beurkundung ein. Das gilt grds. auch für Erklärungen nach § 302 Abs. 1 (BGH NJW 1958, 470; Dallinger MDR 1968, 18 – BGH RsprÜ; Holtz MDR 1978, 281 – BGH RsprÜ; **aM** Löwe/Rosenberg/Jesse § 302 Rn. 38). Ist die Sache schon beim Rechtsmittelgericht anhängig, so wird die Rücknahmeerklärung aber erst wirksam, wenn sie dort eingeht (Holtz MDR 1978, 281 – BGH RsprÜ; erg. → § 302 Rn. 8). 7

E. Fristversäumnis. Der Beschuldigte darf nicht darauf vertrauen, dass in der Haftanstalt an jedem Tag ein UrkB zur Vfg. steht, um rechtzeitig ein Rechtsmittel einlegen zu können; gibt er erst am Tag vor Fristablauf einen Vormelder zur Vorführung zu dem UrkB ab, hat er es zu vertreten, wenn die Frist versäumt wird (BGH BeckRS 2014, 7852; KG NStZ-RR 2009, 19). 8

Falschbezeichnung eines zulässigen Rechtsmittels

300 **Ein Irrtum in der Bezeichnung des zulässigen Rechtsmittels ist unschädlich.**

A. Allgemeiner Rechtsgedanke. Einen allgemeinen Rechtsgedanken drückt § 300 aus. Der Bürger hat nach Art. 19 Abs. 4 GG einen substanziellen Anspruch auf eine möglichst wirksame gerichtliche Kontrolle in allen ihm v. der Prozessordnung zur Vfg. gestellten Rechtszügen (BVerfGE 35, 263 (274); 40, 272 (275)); der bloße Irrtum bei der Erkl. darf daher sein Rechtsmittel nicht unzulässig machen. § 300 gilt für alle Rechtsbehelfe u. Anträge im Strafverfahren (RGSt 67, 123 (125)) u. im Bußgeldverfahren (BGHSt 23, 233 (235)). Den Übergang v. einem Rechtsmittel zum anderen (vgl. → § 335 Rn. 9 ff.) ermöglicht die Vorschr. nicht (OLG Zweibrücken StV 1997, 313). 1

B. Unschädlich. Unschädlich ist die fehlende o. (auch aus Irrtum über die Zulässigkeit des Rechtsmittels) **falsche Bezeichnung** des Rechtsmittels, auch der StA (BGHSt 50, 180) u. des Verteidigers, wenn nur ein bestimmtes Rechtsmittel statthaft u. die Einlegung des zulässigen Rechtsmittels offensichtlich bezweckt ist (BayObLG BeckRS 2024, 95; KG VRS 35, 287; OLG Celle VRS 15, 58; OLG Düsseldorf VRS 59, 358; vgl. auch BGH 20.12.2023 – StB 72/23 Wille zur Rechtsmitteleinlegung muss jedenfalls deutlich erkennbar sein). Daher kann mangels Willen, ein Rechtsmittel einzulegen, zwar ein Kostenfestsetzungsantrag idR nicht in eine sofortige Beschwerde gegen die Kostenentscheidung umgedeutet werden (OLG Düsseldorf NStE StPO § 300 Nr. 4; zu einem Ausnahmefall vgl. jedoch OLG Hamm NStE StPO § 300 Nr. 6), wohl aber wird zB eine unzulässige sofortige Beschwerde gegen ein Einstellungsurteil als Berufung (OLG Celle NJW 1960, 114), eine unzulässige Beschwerde gegen eine Entsch. nach § 111i Abs. 2 als Revision (BGHSt 55, 62 (64)), eine Berufung unter Beschränkung auf die Bewährungsauflage als Beschwerde nach § 305a (BayObLG VRS 66, 37), eine Berufung unter Beschränkung auf die Strafaussetzung als sofortige Beschwerde nach § 59 Abs. 1 **JGG** (OLG Hamm MDR 1979, 253) u. ein unzulässiger Wiedereinsetzungsantrag gegen ein Berufungsurteil als Revision behandelt (OLG Hamm JMBl. NRW. 1965, 82). Ist nur der Antrag nach § 33a zulässig, so wird die Eingabe als solcher Antrag behandelt. Wenn allerdings der Beschwerdeführer auf der Durchführung des unzulässigen Rechtsmittels besteht, muss es verworfen werden (OLG Düsseldorf MDR 1962, 328; SK-StPO/Frisch Rn. 5). Das Gleiche gilt, wenn auch 2 das an sich statthafte Rechtsmittel unzulässig ist, weil das Rechtsmittelvorbringen nicht der erforderlichen Form entspricht.

3 **C. Auslegung der Erklärung.** Auszulegen ist die Erklärung, **wenn mehrere Rechtsmittel zulässig sind u. unklar bleibt,** welches eingelegt werden soll (vgl. auch → § 335 Rn. 5). Maßgebend sind der Gesamtinhalt der Verfahrenserklärungen u. die Erklärungsumstände (BGHSt 2, 41 (43); 19, 273 (275)), soweit sie innerhalb der für die Einlegung des Rechtsmittels geltenden Frist erkennbar werden (BayObLGSt 1973, 146; OLG Düsseldorf NStE StPO § 300 Nr. 5). Das Rechtsmittel ist so zu deuten, dass der erstrebte Erfolg möglichst erreichbar ist (BGH NJW 1956, 756; OLG Düsseldorf VRS 59, 358; OLG Hamm wistra 2000, 318; OLG Koblenz VRS 65, 45; OLG Stuttgart Justiz 1986, 27 (28)). iZw (nicht bei zweifelsfreier Erklärung, OLG Köln NStZ-RR 2011, 283) gilt das Rechtsmittel als eingelegt, das die umfassendere Nachprüfung erlaubt (OLG Frankfurt a. M. BeckRS 2023, 30861; OLG Koblenz VRS 65, 45; OLG Köln MDR 1980, 690; vgl. auch → § 335 Rn. 4 ff.); ebenso ist zu verfahren, wenn zwischen Rechtsmittelerklärungen des Angeklagten u. des Verteidigers nach § 297 ein nicht aufklärbarer Widerspruch besteht (OLG Düsseldorf MDR 1993, 676).

4 Eine „Revision", mit der die erneute Prüfung des Sachverhalts erstrebt wird, ist als Berufung (Lorenzen SchlHA 1987, 114 – OLG Schleswig RsprÜ), eine unzulässige Rechtsbeschwerde als Berufung, nicht als Revision (BayObLGSt 1969, 93; OLG Düsseldorf GA 1990, 567; OLG Hamm VRS 49, 49; OLG Jena VRS 116, 364; anders, wenn ausschl. ein Verfahrenshindernis geltend gemacht wird, so OLG Bamberg NStZ 2013, 182), ein „Wiedereinsetzungsantrag" uU als Berufung (OLG Düsseldorf NJW 1988, 153) zu behandeln. Soll ein Urt. sowohl mit Berufung o. Revision als auch, wegen einer Nebenentscheidung, mit der sofortigen Beschwerde angefochten werden, so muss innerhalb der Frist des § 311 Abs. 2 S. 1 die Einlegung auch dieses Rechtsmittels ausdr. erklärt werden; die Berufung o. Revision darf nicht als sofortige Beschwerde ausgelegt werden (→ § 464 Rn. 21). Eine Umdeutung, dass ein für einen Beschwerdeführer eingelegtes Rechtsmittel für einen anderen gelten solle, ist nicht möglich (Tolksdorf DAR 1996, 180 – BGH RsprÜ). In Zweifelsfällen ist eine Erläuterung durch den Beschwerdeführer einzuholen (BGHSt 2, 63 (67)). Zur Auslegung v. Revisionsrügen vgl. → § 344 Rn. 11.

Wirkung eines Rechtsmittels der Staatsanwaltschaft Nr. 147, 149 RiStBV

301 **Jedes von der Staatsanwaltschaft eingelegte Rechtsmittel hat die Wirkung, daß die angefochtene Entscheidung auch zugunsten des Beschuldigten abgeändert oder aufgehoben werden kann.**

1 **A. Wirkung zugunsten des Beschuldigten.** Zugunsten des Beschuldigten kann ein Rechtsmittel der StA **in den Grenzen der zulässigen Nachprüfung nach §§ 327, 352** (vgl. BGH BeckRS 2015, 14541 u. BGH NJW 2016, 3670: Nachprüfung nur im Umf. der Urteilsanfechtung; BGH NStZ 2002, 198: keine Schuldspruchänderung bei auf den Rechtsfolgenausspruch beschränkter Revision der StA) auch wirken, wenn es zu seinen Ungunsten eingelegt ist. Das Rechtsmittel muss aber zulässig sein (RGSt 63, 184 (186)). § 301 ist trotz des missverständlichen Wortlauts („kann") zwingendes Recht. Ist ein Urt. auf die Berufung der StA nach § 301 abgeändert worden, so kann der Angeklagte dagegen Revision einlegen, auch wenn er das 1. Urt. nicht o. nur teilw. angefochten hatte (OLG München wistra 2006, 439); da die Sache aber nur zu seinen Gunsten anhängig bleibt, gilt dann das Verbot der Schlechterstellung (→ § 358 Rn. 11).

2 **B. Entsprechende Anwendung.** Entsprechend anwendbar ist die Vorschr. auch zugunsten der Einziehungsbeteiligten u. Nebenbetroffenen (§§ 431 Abs. 1 S. 1, 438) u. der beteiligten JP o. PV (§ 444), auf das Rechtsmittel des Privatklägers (vgl. § 390 Abs. 1 S. 3) u. des Nebenklägers (BGH NJW 1986, 2716 (2717); StraFo

2010, 202; wobei Senge FS Rissing-van Saan, 2011, 657 eine Einschränkung dahin machen will, dass dies wegen § 400 Abs. 1 nicht hins. des Rechtsfolgenausspruchs gilt) sowie im Wiederaufnahmeverfahren (→ § 365 Rn. 5).

C. Entscheidung. Die Entscheidung lautet bei der Anwendung des § 301 nicht auf Verwerfung des zuungunsten des Angeklagten eingelegten Rechtsmittels, sondern auf Aufhebung o. Abänderung der angefochtenen Entsch. auf das Rechtsmittel der StA (KMR-StPO/Plöd Rn. 5; **aM** SK-StPO/Frisch Rn. 6; erg. → § 473 Rn. 15). Hat auch das v. dem Angeklagten o. sonst zu seinen Gunsten eingelegte Rechtsmittel Erfolg, so ist das Urt. auf beide Rechtsmittel hin aufzuheben. Die Rspr. beschränkt sich aus Vereinfachungsgründen allerdings darauf, das zu Ungunsten des Angeklagten eingelegte Rechtsmittel der StA o. des Privat- o. Nebenklägers zu verwerfen (BGH VRS 50, 369; BeckRS 2008, 16160). Das ist wegen der Unabänderlichkeit der Entsch. im Revisionsverfahren vertretbar, nicht aber im Berufungsverfahren (dazu iE Meyer-Goßner/Cierniak NStZ 2000, 611). 3

Zurücknahme und Verzicht **Nr. 152 RiStBV**

302 (1) [1]**Die Zurücknahme eines Rechtsmittels sowie der Verzicht auf die Einlegung eines Rechtsmittels können auch vor Ablauf der Frist zu seiner Einlegung wirksam erfolgen.** [2]**Ist dem Urteil eine Verständigung (§ 257c) vorausgegangen, ist ein Verzicht ausgeschlossen.** [3]**Ein von der Staatsanwaltschaft zugunsten des Beschuldigten eingelegtes Rechtsmittel kann ohne dessen Zustimmung nicht zurückgenommen werden.**

(2) **Der Verteidiger bedarf zur Zurücknahme einer ausdrücklichen Ermächtigung.**

Übersicht

A. Rechtsmittelrücknahme (Abs. 1 S. 1). I. Ganz oder teilweise Rücknahme. Ganz oder teilweise kann ein Rechtsmittel zurückgenommen werden, auch wenn es unzulässig ist (BGH NStZ 1995, 356; NStZ-RR 2000, 305). 1

Die in der Teilrücknahme liegende nachträgliche Rechtsmittelbeschränkung ist in gleicher Weise u. in gleichem Umf. zulässig wie eine v. vornherein nach §§ 318, 2

344 Abs. 1 erklärte Beschränkung des Rechtsmittels (BGHSt 33, 59; KK-StPO/Paul Rn. 7). Abs. 1 S. 2 und § 55 Abs. 3 **JGG** gelten auch für die Teilrücknahme.

3 **II. Rücknahmeberechtigung. Rücknahmeberechtigt** ist, wer das Rechtsmittel eingelegt hat. Der jugendliche Beschuldigte kann sein Rechtsmittel ohne Zustimmung des ges. Vertreters zurücknehmen. Die Wirksamkeit der Rücknahmeerklärungen anderer Bet. setzt deren Handlungsfähigkeit (→ Einl. Rn. 98) voraus. Wegen des ges. Vertreters u. der Erziehungsberechtigten vgl. → § 298 Rn. 1, 3, 7; erg. → Rn. 8a.

4 Die **Rücknahmeerklärung des Angeklagten erstreckt sich** stets auch auf das Rechtsmittel des Verteidigers (BGH NStZ-RR 2007, 210); dass das Rechtsmittel v. Verteidiger eingelegt u. begründet worden war, ist ohne Belang (BGH NStZ 2019, 692). Haben mehrere Verteidiger Rechtsmittel eingelegt, so führt die im Auftrag des Angeklagten erklärte Zurücknahme des einen zur Zurücknahme des Rechtsmittels insges. (BGH NStZ 1996, 202; NStZ-RR 2019, 351); anders kann es sein, wenn ein bes. Auftrag des Angeklagten nicht vorliegt (OLG Koblenz VRS 68, 213) o. wenn die Rücknahmeerklärung vor ihrem Eingang bei Gericht durch einen anderen Verteidiger widerrufen wird (LG München I NStE StPO § 302 Nr. 29). Hatte der Angeklagte trotz notwendiger Verteidigung (§ 140 Abs. 1 o. Abs. 2) keinen Verteidiger, ist die Rücknahme des Rechtsmittels – ebenso wie beim Verzicht (→ Rn. 25) – unwirksam (OLG Köln StV 2004, 68 Ls.; einschr. OLG Koblenz NStZ 2007, 55 für ein außerhalb der HV zurückgenommenes Rechtsmittel).

5 Der **StA** kann, unbeschadet des Abs. 1 S. 2 (→ Rn. 27), v. dem Vorgesetzten um Zurücknahme ersucht werden (§ 146 GVG); der GStA beim OLG kann das Rechtsmittel der StA beim LG auch selbst zurücknehmen. Der GBA kann nur dem GStA anheimstellen, die Revision der örtlichen StA zurückzunehmen, braucht sie aber beim BGH nicht zu vertreten, wenn er sie für unbegründet hält. Ergänzend s. Nr. 168 RiStBV, Graalmann-Scheerer FS Schlothauer, 2018, 485 (494).

6 **III. Bis zur Entscheidung über das Rechtsmittel.** Nur bis zur Entscheidung über das Rechtsmittel ist, mit der Einschränkung des § 303, die Zurücknahme zulässig (BGH 16.5.2023 – 3 StR 85/23; NStZ-RR 2024, 225; OLG Hamburg MDR 1983, 154), auch noch nach Erlass, aber vor Rechtskraft eines Verwerfungsbeschlusses nach § 346 Abs. 1 (BGH NStZ 1998, 52). Die Berufung kann noch nach Zurückverweisung der Sache durch das Revisionsgericht (§ 354 Abs. 2, Abs. 3) zurückgenommen werden (vgl. aber → § 303 Rn. 2), sofern das Urt. (bei bloßem Teilerfolg der Revision) nicht schon im Schuldspruch rkr. geworden ist (OLG Stuttgart NJW 1982, 897) o. die Feststellungen zum Tatgeschehen (teilw.) aufrechterhalten worden sind (BayObLGSt 1988, 46; KG StraFo 2016, 27; OLG Zweibrücken NStZ 2010, 459). Der Rechtsmittelrücknahme steht nicht entgegen, dass inzwischen ein Verfahrenshindernis entstanden ist; denn das allein beendet das Verf. nicht (BGHSt 50, 30 (35)); **aM** BayObLGSt 1974, 8). Eine Berufungsrücknahme kann sich aber nicht auf einen zuvor v. LG nach § 154 Abs. 2 eingestellten Verfahrensteil erstrecken (OLG Frankfurt a. M. NStZ 1988, 328).

7 **IV. Form.** Die **Form** für die Zurücknahme ist für den Angeklagten (BGH NStZ-RR 2023, 81) die gleiche, die für die Einlegung des Rechtsmittels vorgeschrieben ist (OLG Düsseldorf JZ 1985, 300; OLG Köln VRS 70, 445; → Rn. 18). Dagegen ist der Verteidiger nicht verpflichtet, die Rücknahme des Rechtsmittels – wie seine Einlegung – als elektronisches Dokument iSv § 32d S. 2 zu übermitteln, da sich diese Vorschrift ausdrücklich und abschließend auf die dort genannten schriftlichen Erklärungen beschränkt (s. BGH 4.7.2023 – 4 StR 171/23); die Rücknahme kann daher auch per Telefax erfolgen (OLG Karlsruhe NStZ-RR 2023, 81; → § 32d). Ebenso wenig wie bei der Einlegung (→ Einl. Rn. 140) genügt allerdings ein Telefonanruf (OLG Karlsruhe Justiz 1986, 307; OLG Stuttgart NJW 1982, 1472; **aM** OLG Hamburg MDR 1981, 424). Die Zurücknahme muss **eindeutig** – wenn auch nicht unbedingt unter Verwendung dieses Wortes – erklärt werden (BGH BeckRS 2016, 19300; erg. → Rn. 20); sie kann nicht darin gesehen

werden, dass der StA die Verwerfung seines eigenen Rechtsmittels beantragt, gleichgültig, ob v. ihm ein Freispruch angegriffen o. nur der Strafausspruch angefochten worden ist (OLG Koblenz NStZ 1994, 354). Bei nicht eindeutigen Erklärungen sind deren Gesamtsinn u. die Umstände der Abgabe maßgeblich (BGH NStZ-RR 2019, 351). Die Rücknahmeerklärung des verteidigten Angeklagten mit dem Zusatz, dass weitere Ausführungen vorbehalten bleiben, ist wirksam (BGH StraFo 2020, 458). Die Zurücknahme ist wie die Einlegung des Rechtsmittels bedingungsfeindlich (BGHR StPO § 302 Abs. 2 Rücknahme 2; → Einl. Rn. 118; → Vor § 296 Rn. 5).

Die **Erklärung wird wirksam,** wenn sie dem mit der Sache befassten Gericht **8** zugeht (OLG Düsseldorf JZ 1985, 300; OLG Karlsruhe JR 1992, 302), nicht erst mit dem Eingang bei der zuständigen Geschäftsstelle (OLG Neustadt NJW 1962, 359). Eine Besonderheit gilt für Erklärungen nach § 299 (→ § 299 Rn. 4). Sind die Akten dem Rechtsmittelgericht nach §§ 306 Abs. 2, 321 S. 2, 347 Abs. 2 vorgelegt worden, so kann das Rechtsmittel nur ihm ggü. zurückgenommen werden (vgl. → § 347 Rn. 6). Zweifel am Eingang der Rücknahmeerklärung gehen zu Lasten dessen, der sie angeblich abgegeben hat (OLG Düsseldorf JZ 1985, 300).

V. Prozessual handlungsfähig. Der **Angeklagte** muss bei Abgabe der Erkl. **8a** (OLG Hamm VRS 110, 225: nicht bei der Übergabe) **prozessual handlungsfähig** (→ Einl. Rn. 97) sein (BGH NStZ 1983, 280; NStZ-RR 2016, 180; vgl. auch OLG Naumburg 22.8.2025 – BeckRS 2025, 33725: Nebenkläger). Das bedeutet, dass er in der Lage sein muss, seine Interessen vernünftig wahrzunehmen u. bei hinreichender Freiheit der Willensentschließung u. Willensbetätigung die Bedeutung der Erkl. zu erkennen (BGH NStZ-RR 2024, 225). Dies wird durch Geschäfts- o. Schuldunfähigkeit des Erklärenden nicht notwendig ausgeschlossen (BGH NStZ 2023, 699; NStZ-RR 2024, 225, 226 mwN); ggf. ist es im Freibeweisverfahren zu klären (BGH NStZ 2017, 487 (488); NStZ-RR 2005, 149; 2007, 210). „Emotionale Aufgewühltheit" o. „depressive Verstimmung" stellen die Wirksamkeit der Erkl. nicht in Frage (Becker NStZ-RR 2005, 261 – BGH RsprÜ; Cierniak/Zimmermann NStZ-RR 2013, 136 – BGH RsprÜ). Bei fehlender Verhandlungsfähigkeit ist die Rücknahme unwirksam (Kusch NStZ 1992, 29 – BGH RsprÜ. Bleiben Zweifel, so ist v. Verhandlungsfähigkeit auszugehen (BGH NStZ 2018, 615; NStZ-RR 2024, 225; OLG Naumburg 22.8.2025 – BeckRS 2025, 33725). Hatte das Tatgericht keine Zweifel an der Verhandlungsfähigkeit, so kann diese grds. auch v. Revisionsgericht bejaht werden (BGH NStZ 2023, 699; NStZ-RR 2012, 318). Erg. → Einl. Rn 97.

VI. Unwiderruflich und unanfechtbar. Unwiderruflich und unanfechtbar ist **9** die Rücknahmeerklärung (BGHSt 37, 15 (17); BGH NStZ-RR 2013, 381; BGH 16.12.2021 – 1 StR 285/21; KG JR 1977, 34; 1981, 480; OLG Hamburg NJW 1978, 602; erg. → Rn. 21).

Lediglich in besonderen Fällen können **schwerwiegende Willensmängel** bei **10** der Erklärung des Verzichts oder die Art und Weise seines Zustandekommens dazu führen, dass eine Verzichtserklärung unwirksam ist (BGH 9.8.2022 – 1 StR 119/22 mN). Grds. ist daher auch eine auf **Irrtum** beruhende o. durch **Täuschung oder Drohung** herbeigeführte Rücknahmeerklärung nicht nach §§ 119, 123 BGB anfechtbar (BGH StV 1994, 64), erg. aber → Rn. 22; § 136a gilt ebenfalls nicht (→ Einl. Rn. 110). Dies gilt auch für einen durch den Verteidiger hervorgerufenen Irrtum (BGH NStZ-RR 2019, 318 (351) mwN). Jedoch sind Erklärungen unwirksam, die das Gericht mit unlauteren Mitteln erlangt hat (vgl. KG JR 1977, 34 u. OLG Dresden StraFo 2009, 521: Rücknahme bzw. Beschränkung der Berufung durch den aufgrund eines rechtswidrigen Haftbefehls festgenommenen Angeklagten, der seine Freilassung erreichen will; OLG Stuttgart Justiz 1995, 448: Nichteingehaltene Inaussichtstellung einer Strafermäßigung bei Berufungsbeschränkung) o. die auf durch unzutr. richterliche Auskunft hervorgerufenem Irrtum über die Erfolgsaussichten des Rechtsmittels (OLG Zweibrücken StV 1982, 13) o. über Tragweite u. Rechtsfolgen der Rücknahmeerklärung beruhen (OLG Düsseldorf

MDR 1984, 604; OLG Köln StraFo 2014, 77). Dies muss aber feststehen; der Grundsatz *in dubio pro reo* gilt nicht (OLG Düsseldorf NStZ-RR 1996, 307). Bei Unwirksamkeit der Rücknahmeerklärung tritt keine Rechtskraft ein (dazu SK-StPO/Frisch Rn. 32); aus Gründen der Rechtssicherheit muss aber die Rechtskraft über eine entspr. Anwendung des § 45 Abs. 1 oder durch einen fristgebundenen Antrag auf Fortsetzung des Rechtsmittelverfahrens herbeigeführt werden.

11 **VII. Rechtsfolgen der Zurücknahme.** Eine Entsch. über das zurückgenommene Rechtsmittel ist überflüssig; es ergeht lediglich eine selbständige Kostenentscheidung (→ § 464 Rn. 13). Eine irrtümlich trotz wirksamer Zurücknahme ergangene Entsch. ist gegenstandslos (Becker NStZ-RR 2006, 5 – BGH RsprÜ). War der Angeklagte wegen zweier Taten verurteilt worden u. wurde, nachdem das Verf. wegen einer der beiden Taten nach § 154 Abs. 2 eingestellt worden ist, die Berufung zurückgenommen, ist der Kostenbeschluss mit einem Beschl. zu verbinden, in dem klargestellt wird, dass der Angeklagte nur wegen einer Tat zu der hierfür durch das AG festgesetzten (Einzel-)Strafe verurteilt u. die Gesamtstrafe entfallen ist; dasselbe gilt, wenn die Berufung auf den eingestellten Fall beschränkt war. Bleiben mehrere rkr. Einzelstrafen bestehen, hat das LG aus diesen eine neue Gesamtstrafe zu bilden (KG NStZ 1990, 250; OLG Oldenburg Nds. Rpfl. 1995, 135).

11a **VIII. Prüfung der Wirksamkeit der Rücknahmeerklärung.** Hält das Gericht die Rücknahme für wirksam, wird dies v. einem Verfahrensbeteiligten jedoch bestritten, so spricht es **durch (deklaratorischen) Beschl.** aus, dass die Rücknahmeerklärung wirksam ist (BGH NStZ-RR 2001, 267; BeckRS 2014, 4121; 2019, 16100). Befindet sich der Betroffene in Haft, wird der Haftbefehl entspr. § 47 Abs. 3 wieder wirksam (OLG Düsseldorf VRS 112, 474). Wird die Wirksamkeit zu Unrecht bestritten, spricht das Gericht durch (deklaratorischen) Beschl. aus, dass das Rechtsmittel durch Zurücknahme erledigt ist (BGH NStZ-RR 1998, 60; 2003, 241; Becker NStZ-RR 2005, 68 – BGH RsprÜ; OLG Hamm VRS 98, 140). Das Rechtsmittelgericht ist dafür zuständig, nachdem ihm die Akten zur Entsch. vorgelegt worden sind (→ Rn. 8; → § 347 Rn. 7; BGH NStZ 2009, 51; StraFo 2011, 232; KK-StPO/Gericke § 346 Rn. 24a; zw. BGH NStZ 2005, 113; NStZ-RR 2005, 211; Cierniak NStZ-RR 2009, 34 – BGH RsprÜ: auch vorher schon?). Gegen den Beschl. ist, soweit es sich um eine Berufung handelte, entspr. § 322 Abs. 2 die sofortige Beschwerde zulässig (OLG Frankfurt a. M. NStZ 1988, 328 mwN), bei einer Revision entspr. § 346 Abs. 2 Antrag auf Entsch. des Revisionsgerichts (BGH NStZ 2005, 113; NStZ-RR 2005, 211; Cierniak NStZ-RR 2009, 34 – BGH RsprÜ erwägt nicht fristgebundene Entsch. des Revisionsgerichts; das ist abzulehnen, denn es darf nicht beliebig lange in der Schwebe bleiben, ob das tatrichterliche Urt. rkr. ist). Die Feststellung der Unwirksamkeit der Revisionsrücknahme hat nicht zur Folge, dass mit deren Bekanntgabe die Revisionsbegründungsfrist erneut in Gang gesetzt wird (OLG Köln StraFo 2001, 386).

12 **IX. Verzicht auf die Wiederholung des Rechtsmittels.** Den Verzicht auf die Wiederholung des Rechtsmittels enthält die Rücknahmeerklärung (BGHSt 10, 245 (247); BGH NStZ-RR 2004, 341). Daher sind die erneute Einlegung u. ein Wiedereinsetzungsantrag grds. unzulässig (BGH NJW 1984, 1974 (1975); Pfeiffer NStZ 1982, 190 – BGH RsprÜ; BGH NStZ 1984, 181; Pfeiffer/Miebach NStZ 1985, 207 – BGH RsprÜ), auch wenn die Revision unzulässig war (BGH NStZ 1995, 356; erg. → Rn. 2). Ob etwas anderes gelten kann, wenn sich aus einem Vorbehalt o. den Begleitumständen das Fehlen des Verzichtswillens ergibt, erscheint fraglich (so aber BayObLGSt 1974, 57; offengelassen in BGHSt 10, 245 (247)).

13 **B. Rechtsmittelverzicht (Abs. 1 S. 1). I. Zulässigkeit. Zulässig** ist der Verzicht, sobald u. solange das Rechtsmittel eingelegt werden kann (OLG Köln NJW 1980, 2720; Löwe/Rosenberg/Jesse Rn. 7 ff.), also schon vor Bekanntgabe der Urteilsgründe (OLG Hamm JMBl. NRW. 1976, 23), aber nicht vor Erlass der

Entsch. (BGHSt 43, 195; BGH StV 2000, 542; erg. → Vor § 296 Rn. 4). Der in Abwesenheit verurteilte Angeklagte kann schon vor Beginn der Einlegungsfrist auf das Rechtsmittel verzichten, jedenfalls dann, wenn er sich zuvor über den Inhalt der Entsch. unterrichten konnte (BGHSt 25, 234; Pfeiffer/Miebach NStZ 1986, 208 – BGH RsprÜ; KK-StPO/Paul Rn. 6; **aM** Hamm Revision Rn. 129).

Wirksam wird die Verzichtserklärung mit ihrem Eingang bei Gericht (→ Rn. 8); damit sind früher eingelegte Rechtsmittel erledigt (BGHR StPO § 302 Rechtsmittelverzicht 7; vgl. auch OLG Zweibrücken StraFo 2025, 460), später eing. Anfechtungserklärungen sind wegen Eintritts der Rechtskraft unwirksam (KK-StPO/Paul Rn. 16) u. damit unzulässig. Geht allerdings eine Anfechtungserklärung früher bei dem Gericht ein als eine zuvor abgesandte Verzichtserklärung, ist die Anfechtung wirksam (BGH GA 1973, 46; OLG Hamburg NJW 1952, 638). 14

Bei **gleichzeitigem Eingang** v. Anfechtungserklärung u. Verzicht ist der Verzicht unbeachtlich (BGH NJW 1960, 2202; BGHR StPO § 302 Rücknahme 4). Das Gleiche gilt, wenn nicht aufgeklärt werden kann, welche der beiden Erklärungen eher bei Gericht eingegangen ist (Kusch NStZ 1992, 29 – BGH RsprÜ). Stammt aber der Verzicht v. Angeklagten u. die Anfechtungserklärung v. Verteidiger, geht der Wille des Angeklagten vor (BGHR StPO § 302 Rechtsmittelverzicht 11; erg. → Rn. 26, 35). 15

Teilverzicht ist ebenso zulässig wie Teilrücknahme (→ Rn. 2). Er liegt aber nicht darin, dass ein Rechtsmittel nur beschränkt eingelegt wird (→ Rn. 31). 16

Der **Verzicht erstreckt sich** auf alle Rechtsmittel, die gegen die Entsch. zulässig sind. Wird auf Rechtsmittel gegen ein Urt. verzichtet, so umfasst das auch die sofortigen Beschwerden nach § 464 Abs. 3, § 8 Abs. 3 StrEG, wenn über sie belehrt worden o. auf die Belehrung verzichtet worden ist (OLG Hamm MDR 1971, 776; weitergehend OLG Nürnberg NStZ 1997, 302: ohne diese Einschränkung). Andernfalls muss der Wille des Erklärenden durch Auslegung ermittelt werden (OLG Düsseldorf NStE StPO § 302 Nr. 22; OLG Hamburg MDR 1993, 568; erg. → § 464 Rn. 21). 17

II. Form. Die Form des Verzichts richtet sich für den Angeklagten, wie die der Zurücknahme (→ Rn. 7), nach der Form für die Rechtsmitteleinlegung (BGHSt 18, 257 (260); 31, 109 (111); BGH NJW 1984, 1974; OLG Düsseldorf JZ 1985, 960; NStZ 1982, 521; OLG Köln VRS 71, 54). Für den Verteidiger gilt dagegen die Vorschrift des § 32d S. 2 nicht (BGH NStZ-RR 2023, 81; → Rn. 7). 18

Der Verzicht kann **in der HV** unmittelbar nach der Urteilsverkündung erklärt u. im Prot. beurkundet werden (BGHSt 31, 109 (111); BGH NJW 1984, 1974; NStZ 1986, 277; OLG Bremen NJW 1961, 2271; OLG Düsseldorf JZ 1985, 960; OLG Koblenz MDR 1981, 696; → Einl. Rn. 137; vgl. auch Nr. 143 RiStBV), auch teilw. (BGH NJW 1991, 2847) u. auch in einem anderen Verf. desselben Gerichts (Miebach NStZ 1989, 220 – BGH RsprÜ). Zur Entgegennahme zuständig sind Protokollführer u. Vorsitzender (Pfeiffer/Miebach NStZ 1983, 359 – BGH RsprÜ). Die Erkl. wird sofort wirksam, nicht erst mit der Fertigstellung des Prot. iSd § 273 Abs. 4 (Becker NStZ-RR 2002, 100 – BGH RsprÜ); zur Beweiskraft vgl. → § 274 Rn. 11. 19

Der Verzicht setzt eine **eindeutige, vorbehaltslose und ausdrückliche Erklärung** voraus (OLG Karlsruhe Justiz 1965, 242; OLG Köln NJW 1980, 2720), wobei aber nicht v. „Verzicht" gesprochen werden muss, wenn die Auslegung der Erkl. eindeutig ist (BGH BeckRS 2018, 16744 mwN; OLG Zweibrücken JBlRP 2011, 27). Daher genügt das Schweigen des Angeklagten, sei es zu gerichtlichen Feststellungen o. zu Erklärungen Dritter, auch seines Verteidigers, nicht (OLG München StV 2017, 810), grds. ebenso wenig das Kopfnicken auf Befragen durch das Gericht (OLG Hamm wistra 2003, 440), es sei denn, dies ist nach dem Verfahrensablauf zweifelsfrei als Zustimmung anzusehen (BGH NStZ 2005, 47). Auch liegt ein wirksamer Verzicht nicht vor, solange Angeklagter u. Verteidiger zu erkennen geben, dass sie die Frage des Verzichts noch miteinander o. mit Dritten erörtern wollen (BGH NStZ-RR 2017, 186 Ls.). In der Anfrage, wohin die Strafe 20 zu zahlen sei sowie in der Zahlung selbst o. in der Übersendung des Führerscheins bei Verurteilung zu einem Fahrverbot kann aber ein Verzicht zu sehen sein (vgl. OLG Köln VRS 41, 440; OLG Naumburg NZV 1997, 493; OLG Stuttgart NJW 1990, 1494). Die Erklärung, das Urt. werde angenommen, enthält idR einen Rechtsmittelverzicht (BGH JZ 1952, 568 Ls.; OLG Hamm NStZ-RR 2010, 215).

21 **III. Widerruf und Anfechtung.** Widerruf und Anfechtung des Verzichts sind ebenso unzulässig wie bei der Rechtsmittelrücknahme (BGH NJW 1984, 1974; NStZ 1997, 148; OLG Düsseldorf NStZ 1982, 521; OLG Frankfurt a. M. StV 1987, 289; → Rn. 9). Wiedereinsetzung in den vorigen Stand findet nicht statt (BGH NStZ-RR 2017, 92). Die noch nicht bei Gericht eingegangene Erkl. kann aber, auch formlos, widerrufen werden (BGH GA 1973, 46; Kusch NStZ 1997, 378 – BGH RsprÜ; OLG Hamburg NJW 1960, 1969; OLG Hamm StraFo 2008, 33).

22 Die – erwiesene (BGH NStZ-RR 2017, 92; OLG Hamburg NStZ 2014, 534 (535)) – **Irreführung des Beschwerdeberechtigten** durch unrichtige o. fehlende amtl. Auskunft macht die Erkl. unwirksam (BGHSt 46, 257; BGH StV 2001, 556; NStZ 2004, 636; OLG Bremen JZ 1955, 680; OLG Hamm NJW 1976, 1952; OLG Köln NJW 1968, 2349; OLG Zweibrücken NStZ 1982, 348 Ls.; → Einl. Rn. 110; → Rn. 10), wenn sie hierauf beruht (OLG Hamburg NStZ 2017, 307 (308) mwN; OLG Koblenz NStZ-RR 1996, 306). Die unrichtige Belehrung durch den Pflichtverteidiger kann die Unwirksamkeit nicht zur Folge haben (BGH NStZ 1983, 213; Becker NStZ-RR 2004, 228 – BGH RsprÜ; BGH BeckRS 2010, 8671; vgl. auch BGH NStZ-RR 2019, 318 (351); **aM** OLG Frankfurt a. M. NJW 1971, 949; Löwe/Rosenberg/Jesse Rn. 54; offengelassen v. BGH NStZ 1999, 364). Zur Unwirksamkeit führt aber nicht die in dem Antrag der StA auf Erlass eines Haftbefehls liegende „Drohung" (BGHSt 17, 14; OLG Hamburg MDR 1964, 615), nicht die Hoffnung auf Bestehenbleiben eines Haftverschonungsbeschlusses (BGH wistra 1994, 197), auch nicht auf Absehen v. der Vollstreckung nach § 456a (BGH NStZ 2001, 220), wie überhaupt aus enttäuschten Erwartungen die Unwirksamkeit eines Verzichts nicht hergeleitet werden kann (BGH wistra 2002, 108), auch nicht die Ankündigung des StA, er werde Revision einlegen, wenn kein Rechtsmittelverzicht erfolgt (BGH NStZ 1986, 277), o. die Anordnung des sofortigen Vollzugs der Strafe durch die StA nach Rechtsmittelverzicht (Kusch NStZ 1992, 29 – BGH RsprÜ) o. das Auseinanderfallen v. mündlicher u. schriftlicher Urteilsbegründung (Kusch NStZ 1992, 29 – BGH RsprÜ), auch nicht ein falsches o. missverstandenes Geständnis (BGH NStZ-RR 1997, 173).

23 **IV. Wirksamkeit des Verzichts.** Auf die Wirksamkeit des Verzichts ist das Fehlen der Rechtsmittelbelehrung ohne Einfluss (BGH NStZ 1984, 181; 329; 2006, 351; Kusch NStZ-RR 2000, 38 – BGH RsprÜ). Die Wirksamkeit setzt aber voraus, dass der Angeklagte verhandlungsfähig (BGH NStZ 1984, 181; 1996, 297; → Rn. 3, 8a, → Einl. Rn. 97) ist; geschäftsfähig iSd bürgerlichen Rechts muss er nicht sein (BGH NStZ 1983, 280; Miebach NStZ 1988, 213 – BGH RsprÜ). Der Verzicht kann durch die Art u. Weise seines Zustandekommens unwirksam sein (BGHSt 45, 51: Unzulässige Verständigungsgespräche; BGH NStZ 2006, 464: Verstoß gegen den Grundsatz des fairen Verf.; OLG Bremen StraFo 2011, 515: Vorformulierter Verzicht; OLG Jena StV 2019, 838: irreführende Angaben durch das Gericht; erg. → Rn. 14). Der Erklärende muss sich der Tragweite seiner Erkl. bewusst sein (BVerfG NStZ-RR 2008, 209; OLG Zweibrücken BeckRS 2024, 19256).

24 Auch **im Anschluss an die Urteilsverkündung** ist der **Rechtsmittelverzicht** grds. wirksam. Zu diesem Verzicht sollte der Angeklagte zwar idR v. Vorsitzenden nicht veranlasst werden (vgl. Nr. 142 Abs. 2 S. 1 RiStBV). Ein Verstoß gegen diesen Grundsatz bewirkt jedoch allein nicht die Unwirksamkeit des Verzichts, da der Angeklagte auch bei Verhängung einer hohen Strafe dafür im Einzelfall verständliche Gründe haben kann (BGH NStZ 1996, 297; OLG Köln VRS 48, 213).

Vielmehr ist der Verzicht eines verhandlungsfähigen (vgl. dazu Pfeiffer/Miebach NStZ 1987, 221 – BGH RsprÜ; BGH NStZ-RR 1997, 305; Kusch NStZ-RR 1999, 262 – BGH RsprÜ; → Rn. 8a) Angeklagten idR als wirksam anzusehen (BGH StV 2013, 199; OLG Oldenburg NStZ 1982, 520), auch bei emotionaler Aufgewühltheit (BGH NStZ 2014, 533; NStZ-RR 2017, 186 Ls.), auch der Verzicht eines Jugendlichen (OLG Düsseldorf MDR 1986, 75; Döllel/Dreeßen SchlHA 2008, 236 – OLG Schleswig RsprÜ), eines Heranwachsenden, auf den Jugendstrafrecht angewendet wird (BGH BeckRS 2016, 112924) o. eines Ausländers (BGH NStZ 2000, 441; OLG Düsseldorf Rpfleger 1999, 96; OLG Hamburg StV 2006, 175; OLG Oldenburg NStZ 1982, 520; OLG Zweibrücken StV 1994, 362). Anders kann es sein, wenn im Einzelfall Zweifel daran bestehen, dass der Angeklagte sich zu diesem Zeitpunkt der Tragweite seiner Erkl. bewusst war (BGH NStE StPO § 302 Nr. 28; OLG Düsseldorf NStZ 1982, 521).

In der Rspr. ist die **Unwirksamkeit zB angenommen** worden, wenn der Vorsitzende unzuständigerweise eine Zusage abgegeben hat, die nicht eingehalten worden ist (BGH NJW 1995, 2568), wenn der Verzicht lediglich aufgrund einer objektiv unrichtigen Erkl. des Gerichts zu Stande gekommen ist (KG NStZ 2007, 541), wenn der StA mit der Ankündigung eines unsachgemäßen Haftantrages für den Weigerungsfall gedrängt (BGH NJW 2004, 1885) o. wenn das Gericht grundlos mit der Invollzugsetzung des Haftbefehls gedroht hatte (BGH StV 2004, 636), wenn der Angeklagte die deutsche Sprache nicht o. nur unvollkommen beherrscht (OLG München StV 1998, 646; OLG Nürnberg StV 2014, 529), wenn schon der zuvor erklärte Verzicht auf die Rechtsmittelbelehrung unwirksam war (OLG Hamm NJW 1983, 530), wenn trotz fühlbarer Bestrafung die Verzichtserklärung entgegengenommen worden ist, ohne dass sich der Angeklagte mit seinem (anwesenden) Verteidiger beraten konnte (BGHSt 18, 257 (260); 19, 101; OLG Köln NStZ 1981, 490), auch dann, wenn der Verteidiger fehlerhafter Weise nicht geladen (OLG Hamm VRS 53, 367; OLG Schleswig NJW 1965, 312; **aM** KK-StPO/Paul Rn. 12) o. aus sonstigem Grund abwesend war (OLG Düsseldorf StraFo 2012, 105: ursprünglich nur Haftprüfungstermin) o. der v. 2 Verteidigern des Angeklagten nur einer wegen unterbliebener Ladung des anderen anwesend war (BGH NStZ 2005, 114) o. der Verteidiger des ausl. Angeklagten verhindert war o. verspätet erschienen ist (OLG Köln StV 2005, 544; StraFo 2010, 29). Der v. einem erwachsenen Angeklagten erklärte Verzicht ist aber idR auch dann wirksam, wenn der Verteidiger widerspricht (OLG Oldenburg NStZ 1982, 520). 25

Hingegen ist die Verzichtserklärung insbes. **unwirksam,** wenn **entgegen § 140 Abs. 1** (OLG Frankfurt a. M. StV 1991, 296) **oder § 140 Abs. 2** (OLG Düsseldorf NStZ 1995, 147; StraFo 1998, 384; OLG Frankfurt a. M. NStZ 1993, 507; OLG Hamm StraFo 2009, 290; OLG Koblenz StraFo 2006, 27; OLG Köln StV 2003, 65 je mwN; vgl. aber auch OLG München NJW 2006, 789; NStZ-RR 2010, 19) kein Verteidiger o. ein nicht zugelassener RA (BGHSt 47, 238; anders aber, wenn der Widerruf der Zulassung noch nicht bestandskräftig ist, BGH NStZ-RR 2004, 179) mitgewirkt hat. Zu § 140 Abs. 2 wird in der Rspr. auch eine **aM** vertreten (OLG Brandenburg StraFo 2001, 136 mablAnm Braun; OLG Hamburg StV 1998, 641 mzustAnm Rogall; StV 2006, 175 mablAnm Keller/Gericke), die aber unzutr. ist, weil § 140 nicht nur vor, sondern auch nach der Urteilsverkündung Bedeutung hat (KG StV 2006, 686; 2013, 11; OLG Naumburg StV 2013, 12; iErg ebenso OLG Köln StV 2003, 65; Kleinbauer wistra 2007, 39), wie sich bereits aus § 143 Abs. 1 ergibt, wonach eine Pflichtverteidigerbestellung erst mit Urteilsrechtskraft endet. 25a

V. Folgen des Verzichts. Der Verzicht des Angeklagten führt zum Verlust des Rechtsmittels (BGH NStZ 2017, 92); der Verzicht macht ein Rechtsmittel des Verteidigers somit wirkungslos (BGH NStZ 2014, 533; → § 297 Rn. 5). Wird die Wirksamkeit des Verzichts zu Unrecht bestritten, spricht das Gericht durch Beschl. aus, dass das Rechtsmittel durch Verzicht erledigt ist (BGH NStE StPO § 302 Nr. 26; vgl. → Rn. 11). Allgemein schließt der Verzicht die Einlegung des Rechts- 26 mittels u. die Wiedereinsetzung aus (BGH NJW 1978, 330; GA 1969, 281; Pfeiffer/Miebach NStZ 1987, 18 – BGH RsprÜ). Ein trotzdem eingelegtes Rechtsmittel wird als unzulässig verworfen (BGH NJW 1984, 1974 (1975); NStZ 1984, 181; BayObLGSt 1960, 238). War der Verzicht aber unwirksam, kann dies die Wiedereinsetzung in den vorigen Stand wegen Versäumung einer Rechtsmittelfrist begründen (BGHSt 45, 227; BGH NJW 1995, 2568; NStZ 2002, 379).

26a **C. Unzulässiger Rechtsmittelverzicht (Abs. 1 S. 2).** Das in Abs. 1 S. 2 enthaltene **Verbot einer Rechtsmittelverzichtserklärung nach einer Verständigung** (§ 257c), das für Rücknahme (→ Rn. 26f) u. Teilrücknahme eines Rechtsmittels weder direkt noch analog gilt (OLG Nürnberg StraFo 2016, 473; OLG Hamburg NStZ 2017, 307), geht über das hinaus, was BGHSt 50, 40 (GrS) mit dem Gebot einer „qualifizierten Belehrung" nach einer Absprache verlangt hatte. Nach einer Verständigung darf es gar keinen Rechtsmittelverzicht mehr geben (vgl. auch Niemöller NStZ 2013, 21: selbst dann nicht, wenn das Urt. nicht auf der Verständigung beruht, weil zB das Gericht v. ihr abgewichen ist o. die Verständigung ihrem Inhalt nach rechtswidrig war). Ein gleichwohl erklärter Verzicht ist unwirksam. Das Vorliegen einer Verständigung muss aber durch das Hauptverhandlungsprotokoll (§ 273 Abs. 1a S. 1) nachgewiesen sein bzw. dieses darf kein Negativattest (§ 273 Abs. 1a S. 3) enthalten (vgl. BGH NStZ-RR 2019, 318; BeckRS 2016, 112924); andernfalls ist im Freibeweisverfahren festzustellen, ob eine Verständigung stattgefunden hat (OLG Frankfurt a. M. NStZ-RR 2010, 213). Das Urt. kann grds. nur durch ungenutzten Ablauf der Rechtsmittelfristen (§§ 314, 341) rkr. werden. Der Angeklagte kann daher ein möglicherweise vorhandenes eigenes Interesse, das Urt. nach einer Verständigung schnell rkr. werden zu lassen (zB zwecks Übergang v. UHaft in Strafhaft), nach der Intention des Gesetzgebers nicht mehr realisieren (Murmann ZIS 2009, 534), während derjenige, der ein nicht verständigungsbasiertes Urt. idR nicht vorhersehen konnte, gleichwohl sogleich wirksam auf Rechtsmittel verzichten kann. Die Praxis hat aber insoweit eine Umgehungsstrategie entwickelt (dazu → Rn. 26e).

26b Die ges. Regelung **rechtfertigt sich** dennoch aus der zutreffenden Überlegung, dass eine Überprüfung der Verständigung durch das Rechtsmittelgericht nicht v. vornherein ausgeschlossen sein soll (so auch Altenhain/Haimerl JZ 2010, 333). Dass das Gericht den Angeklagten nun nochmals über die Freiheit zur Einlegung eines Rechtsmittels belehren muss u. ein vereinbarter Rechtsmittelverzicht schlechthin unwirksam ist, ist zu begrüßen. Die Regelung ist entspr. auf eine heimliche, unter Umgehung des § 257c getroffene Absprache anzuwenden (BVerfG NJW 2013, 1058 (1064); BGHSt 59, 21 mzustAnm Knauer NStZ 2014, 115; OLG Köln NStZ 2014, 727; Norouzi NJW 2014, 874; **aM** Niemöller NStZ 2013, 22). Ob eine solche Verständigung stattgefunden hat, ist freibeweislich zu ermitteln (BGHSt 59, 21); Zweifel, ob eine Absprache stattgefunden hat, dürfen sich nicht zulasten des Betroffenen auswirken (BVerfG NJW 2012, 1136; OLG Zweibrücken NJW 2012, 3193). Nicht anwendbar ist sie bei Verständigungen zwischen StA u. Verteidigung ohne gestaltende Beteiligung des Gerichts (OLG Hamm StV 2019, 842 Ls.).

26c Um das Urt. nach § 267 Abs. 4 **in abgekürzter Form** abfassen zu können, wird der Richter regelmäßig den Ablauf der Rechtsmittelfrist abwarten müssen; das kann insbes. beim AG, wo jede Woche eine größere Zahl v. Urteilsbegründungen abzufassen sind, zu Unzuträglichkeiten führen, so dass eine Ausnahme für das amtsgerichtliche Verf., wie es der Entwurf der BRAK vorsah, erwägenswert gewesen wäre.

26d Es ist **nicht unzulässig,** ein zunächst gegen das Verständigungsurteil eingelegtes Rechtsmittel wegen veränderter Umstände vor Ablauf der Rechtsmittelfrist zurückzunehmen, wodurch doch davor Rechtskraft eintritt (Niemöller NStZ 2013, 23). Rechtsmitteleinlegung u. eine zeitlich alsbald nachf. Rücknahme des Rechtsmittels sind aber unwirksam, wenn Einlegung u. Rücknahme erkennbar nur dem Zweck dienen, damit die Regelung des Abs. 1 S. 2 zu umgehen (SSW StPO/Hoch Rn. 59; **aM** BGHSt 55, 82 mit zutr. abl. Anm. Malek StraFo 2010, 251; Niemöller

StV 2010, 597; Staudinger HRRS 2010, 347; vgl. auch Gericke NStZ 2011, 110, der meint, die Rücknahmeerklärung sei bereits wegen des in ihr liegenden Verzichts unwirksam gewesen; ebenso Schlothauer StraFo 2011, 494; anders Löwe/Rosenberg/Jesse Rn. 72 ff. u. Frisch FS Dencker, 2012, 116, die streng zwischen Verzicht u. Rücknahme unterscheiden; erg. → Rn. 12).

Eine verständigungsbasierte **verfahrensübergreifende Rechtsmittelrücknahme** ist nach der Rspr. grds. zulässig (OLG Hamburg NStZ 2017, 307: Rücknahme der Berufung in einem anderen Berufungsverfahren; erg. → § 257c Rn. 15b). 26e

Beruft sich ein Angeklagter auf die Unwirksamkeit eines v. ihm erklärten Rechtsmittelverzichts u. schweigt das Prot. dazu, ob eine Verständigung stattgefunden hat o. nicht (vgl. → § 273 Rn. 12c, → § 274 Rn. 14a), so muss er iE darlegen, in welchem Verfahrensabschnitt, in welcher Form u. mit welchem Inhalt die v. ihm behauptete Verständigung zustande gekommen ist (BGHSt 56, 3 mablAnm Bauer StV 2011, 340). 26f

D. Rechtsmittel zugunsten des Beschuldigten (Abs. 1 S. 2). Vgl. → § 296 Rn. 14. Die Zustimmung kann der Beschuldigte formlos erklären; bloßes Schweigen genügt nicht. Zur Anwendung des Abs. 1 S. 2 auf Rechtsmittel des ges. Vertreters vgl. → § 298 Rn. 3. Eine dem Abs. 1 S. 2 entspr. Regelung enthält § 55 Abs. 3 **JGG.** 27

E. Rücknahmebefugnis des Verteidigers (Abs. 2). I. Zurücknahme. Für die Zurücknahme des Rechtsmittels des Verteidigers (erst recht für die des Rechtsmittels des Beschuldigten durch den Verteidiger) gilt Abs. 2, aber nicht für die Rücknahme hins. des Adhäsionsausspruchs nach § 406 (KG NStZ-RR 2010, 115) u. nicht für den Nebenklägervertreter (BGH NStZ 2019, 45: auch keine entspr. Anwendung). Die Ermächtigung, die an keine bes. Form gebunden ist (BGH BeckRS 2018, 23236; 2019, 4519; NStZ 2019, 548), also auch mündlich und telefonisch erteilt werden kann (vgl. BGH 4.7.2023 – 4 StR 171/23), kann nur ein verhandlungsfähiger Angeklagter (→ Einl. Rn. 97) erteilen (BGH NStZ 1983, 280; → Rn. 3, 23), nicht sein ges. Vertreter (BGHSt 61, 218). Die Ermächtigung muss bei Abgabe der Erkl. erteilt sein, rückwirkende Genehmigung ist nicht ausreichend (BayObLG 2.12.2025 – BeckRS 32964; OLG Zweibrücken StraFo 2010, 252); ihr Fehlen macht die Erkl. des Verteidigers unwirksam. Für den Nachweis der Ermächtigung genügt die anwaltliche Versicherung (BGH 14.8.2025 – 4 StR 91/24 mwN). 28

Ein **Widerruf der Ermächtigung** ist nur so lange möglich wie die Rücknahmeerklärung noch nicht bei Gericht eingegangen ist (BGH BeckRS 2021, 15848). Zum Nachw. vgl. → Rn. 33. Zurücknahme ist auch die in der Teilrücknahme liegende nachträgliche Rechtsmittelbeschränkung (→ Rn. 2), aber nicht das Fallenlassen einer bestimmten Rechtsmittelbegründung, zB einer Verfahrensrüge (→ § 352 Rn. 7). Keine Teilrücknahme (und auch kein Teilverzicht, dazu → Rn. 30 f.) liegt aber in der innerhalb der Revisionsbegründungsfrist erklärten Beschränkung des Rechtsmittels nach unbeschränkter Rechtsmitteleinlegung; denn die Anfechtungserklärung selbst enthält noch keine Aussage darüber, in welchem Umf. das Urt. angefochten wird, vielmehr wird erst durch die Beschränkungserklärung der Umf. der Anfechtung konkretisiert (BGHSt 38, 4; BGH NStZ-RR 2020, 222; SK-StPO/Frisch Rn. 10; erg. → Rn. 31); das gilt aber nicht für die Berufung, weil § 317 keine Begründungspflicht enthält, mit Einlegung der Berufung das Urt. damit insges. angefochten ist (OLG Stuttgart Justiz 2011, 104; vgl. auch OLG München StV 2017, 810; **aM** OLG Koblenz NStZ-RR 2001, 247, falls Beschränkung in der Berufungsbegründungsfrist erfolgt). Allerdings bedarf eine nicht eindeutige Erklärung, va, wenn sie ohne jur. Beistand erfolgt ist, der Auslegung, ob mit ihr tatsächlich eine Beschränkung gewollt ist (BGH NJW 1992, 516). Aufgrund der Ermächtigung nach Abs. 2 kann der Verteidiger das Rechtsmittel des Angeklagten auch in dessen Abwesenheit ohne weiteres zurücknehmen (aber nicht aufgrund allg. Prozessvollmacht, → Rn. 32). Die Rücknahmeerklärung in seiner Anwesenheit ist für den Angeklagten bindend, wenn er nicht widerspricht 29

(BGH GA 1968, 86; OLG Frankfurt a. M. NStZ-RR 1997, 45; **aM** OLG Zweibrücken NStZ 1987, 573; Löwe/Rosenberg/Jesse Rn. 93: ausdr. Zustimmung des Angeklagten erforderlich; erg. → § 303 Rn. 3), anders bei Schweigen des Angeklagten auf eine schriftliche Anfrage des Verteidigers (OLG Oldenburg StraFo 2010, 347). Zur Form der Rücknahme durch den Verteidiger → Rn. 33a.

30 **II. Verzicht.** Den Verzicht auf Rechtsmittel kann der Verteidiger – soweit er nicht überhaupt unzulässig ist (→ Rn. 26a ff.) – ebenfalls **nur mit bes. Ermächtigung** erklären. In der Ermächtigung zur Zurücknahme ist sie nicht enthalten (BGHSt 3, 46; 10, 320 (321); BGH NJW 1952, 273). Wie für die Teilrücknahme (→ Rn. 29) ist die Ermächtigung auch für den Teilverzicht erforderlich. Der nach der Urteilsverkündung spontan v. Verteidiger erklärte Verzicht bedarf zu seiner Wirksamkeit der ausdr. Zustimmung des Angeklagten (BayObLG NStZ 1995, 142; OLG Zweibrücken StV 1989, 11), so dass allein das Nichtwidersprechen idR nicht genügt (BayObLG NStZ 1995, 142).

31 Da der Verteidiger auch ohne bes. Ermächtigung v. der Rechtsmitteleinlegung überhaupt absehen kann, ist er auch befugt, ein **beschränktes Rechtsmittel** ohne Ermächtigung nach Abs. 2 einzulegen (BGHSt 38, 4; vgl. → Rn. 29). Der nicht angefochtene Teil der Entsch. wird erst mit Ablauf der Rechtsmitteleinlegungsfrist rkr. (OLG Hamm NStZ 2016, 106 (107)); bis dahin kann die Anfechtung erweitert werden (BGHSt 38, 366; vgl. auch BayObLGSt 1967, 146; erg. → § 318 Rn. 31; → § 343 Rn. 1; → § 344 Rn. 4). Legt der Angeklagte ein unbeschränktes u. der Verteidiger ein beschränktes Rechtsmittel ein, geht das Rechtsmittel des Angeklagten vor; das gilt auch dann, wenn die Erkl. des Verteidigers zeitlich nachfolgte (OLG Karlsruhe NStZ-RR 2004, 271).

31a Wird v. Verteidiger **aber ohne die nach Abs. 2 erforderliche Ermächtigung** tatsächlich ein Teilverzicht (o. eine Teilrücknahme, → Rn. 29) erklärt, hat die Unwirksamkeit dieser Erkl. zur Folge, dass das Urt. insges. angefochten ist (OLG München StV 2017, 810; Meyer-Goßner MDR 1979, 809; Schmidt StPO/GVG Nachtrag StPO § 302 Rn. 13; Spendel ZStW 67 (1955), 563; **aM** BGHSt 3, 46; 10, 320 (321): Teilrechtskraft hins. des nichtangefochtenen Teils; dies ist aber unlogisch – Mayer MDR 1979, 196 – u. steht im Widerspruch zur ständigen Rspr. des BGH bei der Teilrücknahme, da dort bei auf Abs. 2 beruhender Unwirksamkeit v. unbeschränkter Anfechtung ausgegangen wird, wobei die Revision wegen Fehlens der Begründung dann teilw. unzulässig sei, vgl. BGHR StPO § 302 Beschränkung 2 mwN).

32 **III. Form.** Eine bestimmte Form ist für die **Ermächtigung** nicht vorgeschrieben (BGH NStZ-RR 2025, 257); sie kann schriftlich, mündlich (BGH NStZ-RR 2017, 185; NStZ 2004, 55; 2005, 583), auch fernmündlich erteilt werden (BGHSt 10, 245 (246); BGH NStZ 2017, 487). Für ihren Nachweis genügt die anwaltliche Versicherung des Verteidigers (BGH NStZ-RR 2025, 257). Die bei Übernahme des Mandats erteilte allg. Prozessvollmacht kann jedoch nicht als ausdr. Ermächtigung angesehen werden (OLG Frankfurt NStZ-RR 2021, 83), es sei denn, das Mandat wurde erst zur Durchführung des Rechtsmittelverfahrens erteilt (BGH NStZ 1998, 531; StraFo 2004, 57; OLG Düsseldorf StV 2013, 615 Ls.); sonst muss sich die Ermächtigung auf ein bestimmtes Rechtsmittel beziehen (BGH NStZ 2000, 665; KG NJW 2009, 1686; StV 2016, 182 Ls.; OLG Hamm NStZ 2016, 106; Löwe/Rosenberg/Jesse Rn. 92). Für den Nebenklägervertreter gilt das nicht (**aM** OLG Oldenburg NStZ-RR 2001, 246 mit unrichtiger Gleichsetzung v. Verteidiger u. Vertreter; erg. → § 397 Rn. 5). Auch ein Unterbevollmächtigter des Pflichtverteidigers kann aber mit Einverständnis des Angeklagten die Rücknahme erklären (BGH NStZ 1995, 356).

33 Der **Nachweis** der Ermächtigung kann noch nach Abgabe der Erkl. geführt werden (BGHSt 36, 259 (260); BGH NStZ 2001, 104; 2005, 583; NStZ-RR 2010, 55), auch noch vor dem Revisionsgericht, nachdem über die als wirksam behandelte Berufung entschieden worden ist (BayObLG MDR 1982, 249; Meyer-Goßner MDR 1979, 810; ebenso im Rechtsbeschwerdeverfahren, vgl. OLG Bran-

denburg NStZ-RR 1998, 309). Als Nachw. kann das Gericht die anwaltliche Vers. des Verteidigers genügen lassen (BGH NJW 1952, 273; 2005, 211; 2013, 352; NStZ 2017, 487; OLG Frankfurt NStZ-RR 2021, 83; vgl. auch BGH BeckRS 2018, 23236: Erkl. der Rechtsanwältin, das Rechtsmittel „in besonderer Vollmacht" zurückzunehmen, genügt bereits).

Verteidiger und RAe müssen die **Rücknahme** von Berufung, Revision und Einspruch gegen den Strafbefehl als **elektronisches Dokument** übermitteln (§ 32d S. 2 Nr. 1–3; BT-Drs. 20/10943, 47). Der Verzicht auf die Rechtsmittel bzw. die Möglichkeit, diese mündlich in der Hauptverhandlung oder zu Protokoll der Geschäftsstelle zurückzunehmen, wird hiervon nicht erfasst (BT-Drs. 20/ 10943, 47). 33a

IV. Widerruf. Der Widerruf der Ermächtigung ist zulässig. Er ist schon wirksam, wenn ihn der Beschuldigte mündlich o. fernmündlich dem Gericht (BGH NStZ-RR 2007, 157; BayObLGSt 1984, 9) o. dem Verteidiger ggü. erklärt (BGHSt 10, 245 (247); OLG Düsseldorf NStZ 1989, 289), der davon unverzüglich das Gericht benachrichtigen muss, wenn er eine Verzichts- o. Rücknahmeerklärung bereits abgegeben hat (Dahs Strafverteidiger-HdB Rn. 836). Der Widerruf ist formlos möglich. Er muss nicht ausdr. erklärt werden (BGH NStZ 2014, 54), liegt aber idR nicht schon in der Beauftragung eines weiteren Verteidigers mit der Rechtsmittelbegründung (BGH NStZ 2000, 608; OLG München NStZ 1987, 342), kann jedoch darin gesehen werden, dass der Angeklagte selbst ein Rechtsmittel einlegt (BGH NJW 1967, 1046; BayObLG NJW 1995, 1230: Widerruf der Verzichtsermächtigung; vgl. aber KG JR 1981, 480: kein Widerruf der Rücknahmeermächtigung) o. begründet (BayObLGSt 1984, 9). Im Interesse der Rechtssicherheit kann die Ermächtigung nicht wegen Irrtums angefochten werden, jedenfalls dann nicht, wenn der Irrtum nicht auf einer unzulässigen Willensbeeinflussung beruht (Becker NStZ-RR 2007, 292 – BGH RsprÜ). 34

Der Widerruf ist nur **wirksam,** wenn die Rücknahme- o. Verzichtserklärung noch nicht bei Gericht eingegangen ist (BGHSt 10, 245; BGH NStZ 2019, 548; 4.7.2023 – 4 StR 171/23; OLG München NJW 1968, 1000). Ist dem Verteidiger die Ermächtigung erteilt worden, lässt sich aber nicht feststellen, ob sie ihm ggü. rechtzeitig zurückgenommen worden ist, so bleibt es bei der Zurücknahme des Rechtsmittels o. dem Verzicht (Kusch NStZ 1997, 28 – BGH RsprÜ; → § 261 Rn. 35). 35

V. Ende der Ermächtigung. Die Ermächtigung des Wahlverteidigers **endet** mit dem Mandat (OLG Köln VRS 57, 356; LG Zweibrücken NStZ-RR 2002, 177), auch wenn die Verteidigung niedergelegt wird, um die Bestellung als Pflichtverteidiger zu erreichen (BGH EzSt StPO § 302 Nr. 2; Holtz MDR 1978, 461 – BGH RsprÜ). Der Widerruf der Zulassung zur RAschaft führt zur Unwirksamkeit einer danach erklärten Rücknahme (OLG Karlsruhe NStZ 1997, 169). 36

Zustimmungserfordernis bei Zurücknahme

303 [1] **Wenn die Entscheidung über das Rechtsmittel auf Grund mündlicher Verhandlung stattzufinden hat, so kann die Zurücknahme nach Beginn der Hauptverhandlung nur mit Zustimmung des Gegners erfolgen.** [2] **Die Zurücknahme eines Rechtsmittels des Angeklagten bedarf jedoch nicht der Zustimmung des Nebenklägers.**

A. Anwendungsbereich. Die Vorschr., die der materiellen Gerechtigkeit dient, nicht der Würde des Gerichts o. dem Schutz des Rechtsmittelgegners (BGHSt 23, 277 (279)), gilt auch für nachträgliche Beschränkungen (Teilrücknahme) des Rechtsmittels (RGSt 65, 231 (235); OLG Frankfurt a. M. VRS 50, 416; OLG Koblenz BA 1986, 458 (459)). In der Berufungsverhandlung gegen den abwesenden Angeklagten ist sie idR nicht anwendbar (§ 329 Abs. 5 S. 2), auch 1 nicht auf die Beschwerde, da über sie nicht, wie über Berufung u. Revision, nach mündlicher Verh. entschieden wird (§ 309 Abs. 1).

2 **B. Beginn der HV.** Beginn der HV ist nach §§ 243 Abs. 1 S. 2, 324, 351 der Aufruf der Sache. Vorher kann das Rechtsmittel, abgesehen v. dem Fall des § 302 Abs. 1 S. 2, ohne weiteres zurückgenommen werden (BayObLG wistra 1994, 118). Die Beschränkung des § 303 tritt mit Beginn der 1. HV endg. für das gesamte Verf. ein (vgl. OLG Thüringen StraFo 2020, 375). Wird sie ausgesetzt, so lebt daher die Befugnis des Beschwerdeführers, über sein Rechtsmittel allein zu verfügen, nicht wieder auf (BGHSt 23, 277; Rieß JR 1986, 441). Wenn das Revisionsgericht ein Berufungsurteil aufhebt u. die Sache nach §§ 354 Abs. 2, Abs. 3, 355 zurückverweist, kann das Rücknahmerecht (vgl. → § 302 Rn. 4) auch vor Beginn der neuen Verh. nur mit Zustimmung des Gegners ausgeübt werden (BayObLG NJW 1985, 754; OLG Stuttgart Justiz 1990, 469; SK-StPO/Frisch Rn. 6).

3 **C. Gegner.** Als Gegner stehen sich auf der einen Seite StA, Privatkläger u. Nebenkläger (dessen Zustimmung nach S. 2 aber nicht erforderlich ist), auf der anderen Angeklagte, Verteidiger, ges. Vertreter u. Nebenbeteiligte (→ Einl. Rn. 73) gegenüber. Das Rechtsmittel des ges. Vertreters kann ohne Zustimmung des Angeklagten zurückgenommen werden; das Gleiche gilt im umgekehrten Fall. Die Zustimmung zur Zurücknahme eines Rechtsmittels der StA, des Privat- o. Nebenklägers ist eine dem Angeklagten selbst vorbehaltene Entsch. (BayObLGSt 1951, 562; OLG Hamm NJW 1969, 151; OLG Koblenz NJW 1951, 933); nur im Fall des § 234 genügt die Zustimmung des Verteidigers (allgM). Ist der Angeklagte anwesend, so ist sein Schweigen zur Zustimmung des Verteidigers idR als eigene Zustimmung zu werten (BayObLG NJW 1985, 754; Löwe/Rosenberg/Jesse Rn. 7; **aM** OLG Koblenz NJW 1951, 933; Hamm Revision Rn. 138; erg. → § 245 Rn. 11, → § 251 Rn. 26, → § 302 Rn. 29).

4 **D. Zustimmung.** Die Zustimmung, die unwiderruflich u. unanfechtbar ist, muss dem Gericht ggü. erklärt werden, zwar nicht sofort, aber innerhalb einer angemessenen Überlegungsfrist. Bei einer mehrtägigen HV genügt ohne Rücksicht auf die Dauer der Unterbrechung die Zustimmung zu Beginn des nächsten Verhandlungstages (OLG Düsseldorf MDR 1983, 1045). Hält der Gegner nach Ablauf angemessener Frist seine Rücknahmebereitschaft nicht mehr aufrecht, so kann die Zustimmung nicht mehr wirksam erklärt werden (OLG Hamm NJW 1969, 151). Wird die Zustimmung ausdr. erklärt, so ist sie im Prot. zu beurkunden (BayObLG NJW 1985, 754; OLG Köln MDR 1954, 500).

5 Sie kann aber auch in **schlüssigen Handlungen** liegen (BGH 6.10.1980 – AnwSt (R) 7/80; RGSt 64, 17 (20)), zB darin, dass der Angeklagte die Berufung ebenfalls auf das Strafmaß beschränkt, nachdem die StA eine solche Beschränkung erklärt hatte (BayObLGSt 1951, 562; Ernesti/Lorenzen SchlHA 1984, 106 – OLG Schleswig RsprÜ).

6 Auch das bloße **Schweigen** kann als Zustimmung gewertet werden, sofern dem Rechtsmittelgegner durch die Zurücknahme nur Vorteile erwachsen (KG VRS 65, 59; OLG Düsseldorf MDR 1976, 1040; OLG Hamm NJW 1969, 151; OLG Köln MDR 1954, 500; Rpfleger 1977, 105; Ernesti/Jürgensen SchlHA 1973, 188 – OLG Schleswig RsprÜ); eine ausdr. Befragung ist aber vorzuziehen. In beiden Fällen gilt nicht die negative Beweiskraft nach § 274 (BayObLG NJW 1985, 754; OLG Celle NStZ-RR 2017, 152 Ls.; OLG Hamm NJW 1969, 151; OLG Köln MDR 1954, 500); das Vorliegen der Zustimmung muss im Freibeweis festgestellt werden (OLG Celle NStZ-RR 2017, 152 Ls.; OLG Hamm NJW 1969, 151; KK-StPO/Paul Rn. 4).

7 **E. Streit über die Wirksamkeit.** Bei Streit über die Wirksamkeit der Zurücknahme erlässt das Gericht, wenn es sie verneint, das Sachurteil; eine vorherige Wiedereinsetzung in den vorigen Stand nach § 44 ist weder möglich noch nötig (**aM** LG Osnabrück StraFo 1997, 309 (311)). Wenn die Wirksamkeit bejaht wird,

lautet das Urt. dahin, dass das Rechtsmittel durch Zurücknahme erledigt ist (vgl. RGSt 67, 281; → § 302 Rn. 11).

Zweiter Abschnitt. Beschwerde

Vorbemerkung zu § 304

1 **A. Rechtsmittel gegen Beschlüsse und Verfügungen.** Das Rechtsmittel gegen Beschlüsse und Verfügungen ist die Beschwerde. Nur ausnahmsweise können auch Nebenentscheidungen des Urt. mit der Beschwerde angefochten werden (→ § 304 Rn. 1). Die Zulässigkeit der Beschwerde regeln nicht nur die §§ 304 ff., sondern auch zahlreiche Einzelvorschriften der StPO ua Gesetze (vgl. etwa §§ 56 Abs. 2 S. 3, 159 Abs. 1 S. 2, 181 GVG). Entsprechendes gilt für den Ausschluss der Beschwerde, der sich nicht nur aus §§ 305 S. 1, 310 Abs. 2, sondern aus vielen Vorschr. der StPO (→ § 304 Rn. 2) ua Gesetze (vgl. etwa § 54 Abs. 3 S. 1 GVG, § 63 Abs. 1 **JGG**) ergibt. Eingehend dazu Weidemann, Die Stellung der Beschwerde im funktionalen Zusammenhang der Rechtsmittel des Strafprozesses, 1999.

2 **B. Arten.** Arten der Beschwerde sind die (unbefristete) einfache Beschwerde u. die (befristete) sofortige Beschwerde (§ 311), die das G vorsieht, wenn aus Gründen der Rechtssicherheit eine schnelle u. endg. Klärung erforderlich ist. Eine weitere Beschwerde ist nur in den Fällen des § 310 Abs. 1 zulässig. Eine „außerordentliche Beschwerde wegen greifbarer Gesetzeswidrigkeit" gibt es im Strafverfahren nicht (BGHSt 45, 37), ebenso wenig im Bußgeldverfahren (BGH NStZ-RR 2004, 52).

3 Die Beschwerde nach §§ 304 ff. ist eine **Tatsachen- und Rechtsbeschwerde;** sie stellt sowohl die Tatsachengrundlage der angefochtenen Entsch. als auch die Rechtsanwendung zur Nachprüfung des Beschwerdegerichts. Neue Tatsachen können vorgebracht u. berücksichtigt werden. Dabei kann Beschwerdegrund nicht nur die Unrechtmäßigkeit, sondern, sofern das nicht ges. ausgeschlossen ist (wie in § 305a), auch die Unangemessenheit der Entsch. sein (vgl. → § 81 Rn. 29; → § 309 Rn. 4).

4 Zur **Rechtskraft** der Beschwerdeentscheidung vgl. → Einl. Rn. 166, zur Abänderbarkeit → Vor § 296 Rn. 24.

5 **C. Schlechterstellung des Beschwerdeführers.** Die Schlechterstellung des Beschwerdeführers durch die Beschwerdeentscheidung ist nach zutr. hM grds. **nicht verboten** (KG JR 1981, 391 (392); OLG Schleswig JurBüro 1985, 1372; Bloy JuS 1986, 589; Schlüchter Strafverfahren Rn. 663; **aM** Wittschier, Das Verbot der reformatio in peius im strafprozessualen Beschlussverfahren, 1985, S. 185 ff.); denn das G enthält entspr. Vorschr. nur für Berufung (§ 331), Revision (§ 358 Abs. 2) u. Wiederaufnahme (§ 373 Abs. 2), u. allein der Gesetzgeber hat darüber zu bestimmen, wann dem Beschwerdeführer die Rechtswohltat des Verbots der Schlechterstellung zugutekommt (→ § 331 Rn. 1). Eine Ausnahme gilt nur für Beschlüsse, die Rechtsfolgen endg. festsetzen u. der materiellen Rechtskraft fähig sind (OLG Celle NStE StGB § 51 Nr. 23; OLG Hamm VRS 106, 127; SK-StPO/Frisch Rn. 23), zB Beschlüsse nach § 51 (→ § 51 Rn. 28), nach § 460 (→ § 460 Rn. 24), Beschlüsse, durch die bei Widerruf der Strafaussetzung Leistungen zu Unrecht nach § 56f Abs. 3 S. 2 StGB angerechnet worden sind (OLG Hamm NStZ 1996, 303; OLG München MDR 1980, 517; OLG Nürnberg StraFo 2011, 243), u. Beschlüsse nach § 57a StGB, durch die eine bes. Schwere der Schuld verneint worden ist (OLG Hamm NStZ 1994, 53), auch Beschlüsse nach § 178 GVG (Rinio StV 2015, 681 mwN gegen OLG Hamburg StV 2015, 680; Habetha NJW 2015, 3627). Das Verschlechterungsverbot gilt auch für die UHaft betr. Haftverschonungsbeschlüsse (BVerfG StraFo 2005, 502; OLG Düsseldorf StV 1993, 480), jedoch nicht für den Widerruf der Aussetzung der Unterbringung nach § 67g StGB (OLG Hamburg NStZ-RR 2007, 250). Ergänzend → § 268a Rn. 3; → § 305a Rn. 4.

6 **D. Nach Übergang der gerichtlichen Zuständigkeit.** Nach Übergang der gerichtlichen Zuständigkeit durch Anklageerhebung ist eine noch nicht beschiedene Beschwerde in einen Antrag an das erkennende Gericht auf Aufhebung der beschwerenden Entsch. umzudeuten (OLG Jena wistra 2010, 80; erg. → § 111a Rn. 19, → § 117 Rn. 12, → § 126 Rn. 7).

Zulässigkeit

304 (1) **Die Beschwerde ist gegen alle von den Gerichten im ersten Rechtszug oder im Berufungsverfahren erlassenen Beschlüsse und gegen die Verfügungen des Vorsitzenden, des Richters im Vorverfahren und eines beauftragten oder ersuchten Richters zulässig, soweit das Gesetz sie nicht ausdrücklich einer Anfechtung entzieht.**

(2) **Auch Zeugen, Sachverständige und andere Personen können gegen Beschlüsse und Verfügungen, durch die sie betroffen werden, Beschwerde erheben.**

(3) **Gegen Entscheidungen über Kosten oder notwendige Auslagen ist die Beschwerde nur zulässig, wenn der Wert des Beschwerdegegenstands 300 Euro übersteigt.**

(4) [1] **Gegen Beschlüsse und Verfügungen des Bundesgerichtshofes ist keine Beschwerde zulässig.** [2] **Dasselbe gilt für Beschlüsse und Verfügungen der Oberlandesgerichte; in Sachen, in denen die Oberlandesgerichte im ersten Rechtszug zuständig sind, ist jedoch die Beschwerde zulässig gegen Beschlüsse und Verfügungen, welche**

1. **die Verhaftung, einstweilige Unterbringung, Unterbringung zur Beobachtung, Bestellung eines Pflichtverteidigers oder deren Aufhebung, Beschlagnahme, Durchsuchung oder die in § 101 Abs. 1 oder § 101a Absatz 1 bezeichneten Maßnahmen betreffen,**
2. **die Eröffnung des Hauptverfahrens ablehnen oder das Verfahren wegen eines Verfahrenshindernisses einstellen,**
3. **die Hauptverhandlung in Abwesenheit des Angeklagten (§ 231a) anordnen oder die Verweisung an ein Gericht niederer Ordnung aussprechen,**
4. **die Akteneinsicht betreffen oder**
5. **den Widerruf der Strafaussetzung, den Widerruf des Straferlasses und die Verurteilung zu der vorbehaltenen Strafe (§ 453 Abs. 2 Satz 3), die Anordnung vorläufiger Maßnahmen zur Sicherung des Widerrufs (§ 453c), die Aussetzung des Strafrestes und deren Widerruf (§ 454 Abs. 3 und 4), die Wiederaufnahme des Verfahrens (§ 372 Satz 1) oder die Einziehung oder die Unbrauchbarmachung nach den §§ 435, 436 Absatz 2 in Verbindung mit § 434 Absatz 2 und § 439 betreffen.**

[3] **§ 138d Abs. 6 bleibt unberührt.**

(5) **Gegen Verfügungen des Ermittlungsrichters des Bundesgerichtshofes und des Oberlandesgerichts (§ 169 Abs. 1) ist die Beschwerde nur zulässig, wenn sie die Verhaftung, einstweilige Unterbringung, Bestellung eines Pflichtverteidigers oder deren Aufhebung, Beschlagnahme, Durchsuchung oder die in § 101 Abs. 1 bezeichneten Maßnahmen betreffen.**

Übersicht

A. Beschlüsse und Verfügungen. Gegen Beschlüsse und Verfügungen lässt Abs. 1 die Beschwerde zu. Sie kann **darüber hinaus** gegen alle richterlichen Maßnahmen (nicht gegen JV-Maßnahmen) eingelegt werden, die nicht mit Berufung o. Revision anfechtbar sind. Gegen ein Urt. ist die Beschwerde zulässig, soweit es über die Kosten u. Auslagen (§ 464 Abs. 3 S. 1 Hs. 1), über die Entschädigungspflicht der Staatskasse (§ 8 Abs. 3 S. 1 **StrEG**) u. über die Aussetzung der Jugendstrafe (§ 59 Abs. 1 **JGG**) entschieden hat. 1

Im **1. Rechtszug oder im Berufungsverfahren** müssen die Entsch. ergangen sein; sind sie auf Beschwerde hin erlassen worden, so wird ihre Anfechtbarkeit durch § 310 Abs. 2 eingeschränkt. Entsch. im 1. Rechtszug sind auch Beschlüsse im Wiederaufnahmeverfahren (→ § 372 Rn. 2), nicht aber nach § 12 Abs. 2 (→ § 12 Rn. 9), § 13 Abs. 2 S. 2 (→ § 13 Rn. 8), § 14 (→ § 14 Rn. 4) u. § 15 (→ § 15 Rn. 8). Auch für Entsch., die dem Gericht des 1. Rechtszugs iRd Strafvollstreckung übertragen sind, gilt Abs. 1 nicht (OLG Celle MDR 1985, 344; OLG Hamm NStZ 1989, 443 mwN; OLG Stuttgart NStZ 1989, 492 mAnm Katholnigg). 2

Die **Unterlassung einer rechtlich gebotenen Entscheidung,** auch wenn sie vAw zu treffen ist, kann ebenso angefochten werden wie eine für den Beschwerdeführer ungünstige Entsch. (BGH NJW 1993, 1279 mwN; Schmidt MDR 1994, 240 – BGH RsprÜ; BayObLG NJW 1958, 1693; OLG Frankfurt a. M. NJW 2002, 453; 2002, 454; OLG Stuttgart Justiz 1986, 27; erg. → Vor § 296 Rn. 10; → § 311 Rn. 1; → § 464 Rn. 16). Eine reine „Untätigkeitsbeschwerde" ist der StPO jedoch fremd (BGH NJW 1993, 1279; OLG Stuttgart NStZ-RR 2003, 284; LG Stuttgart NStZ 1991, 204; Gimbel ZRP 2004, 35; **aM** OLG Braunschweig StraFo 1996, 59 mzustAnm Stern; AK-StPO/Altenhain/Günther Rn. 18; eing. zur Problematik Graßmann, Rechtsbehelfe gegen Unterlassen im Strafverfahren, 2004, S. 232, der „die rechtsverletzende gerichtliche Untätigkeit" als tauglichen Beschwerdegegenstand ansieht) u. nunmehr wegen §§ 198 ff. GVG nicht nur hier, sondern auch in Strafvollzugssachen u. im Vollstreckungsverfahren ausgeschlossen (OLG Frankfurt a. M. NStZ-RR 2013, 264; OLG Hamburg NStZ 2012, 656; **aM** Kotz StRR 2012, 207). Das gilt auch für eine verzögerte Entsch. über die Eröffnung des Hauptverfahrens (OLG Dresden NJW 2005, 2791; dagegen Hoffmann NStZ 2006, 256). 3

Für die **Teilanfechtung** v. Beschlüssen gelten die allg. Grundsätze über die Rechtsmittelbeschränkung (§§ 318, 344 Abs. 1). Der angefochtene Teil der Entsch. muss ggü. dem nicht angefochtenen derart selbständig sein, dass er eine gesonderte Prüfung u. Beurteilung erlaubt (KG JR 1982, 114; OLG Frankfurt a. M. NJW 1980, 2535; OLG Koblenz NStZ 1987, 24; LG Stralsund NStZ-RR 2008, 58; Ellersiek Beschwerde S. 36, 104; vgl. auch → § 51 Rn. 28; → § 81 Rn. 28; → § 318 Rn. 6). Eine unwirksame Beschränkung ist unbeachtlich; der Beschl. wird in vollem Umf. geprüft (KG JR 1982, 114; → § 318 Rn. 32). 4

Eine **außerordentliche Beschwerde** wegen „greifbarer Gesetzeswidrigkeit" gegen (rkr.) Entsch. (so früher einmal für das Zivilprozessrecht entwickelt, vgl. jetzt aber BGH NJW 2004, 2224), gibt es im Strafverfahren nicht (BGHSt 45, 37; KG StV 2019, 438), auch nicht im OWi-Verf. (BGH NStZ-RR 2004, 52). 4a

5 **B. Ausschluss der Beschwerde.** Der Ausschluss der Beschwerde ist, außer in Abs. 4 und Abs. 5, **ausdr. vorgesehen in den** §§ 28 Abs. 1, 46 Abs. 2, 68b Abs. 3 S. 1, 81c Abs. 3 S. 4, 100 Abs. 3 S. 3, 138d Abs. 6 S. 3, 147 Abs. 4 S. 2, 153 Abs. 2 S. 4, 153a Abs. 2 S. 4, 161a Abs. 3 S. 4, 163a Abs. 3 S. 3, 168e S. 5, 201 Abs. 2 S. 2, 202 S. 2, 229 Abs. 3 Hs. 2, 247a S. 2, 305 S. 1, 310 Abs. 2, 322a S. 2, 348 Abs. 2, 406 Abs. 2 S. 3, 406e Abs. 3 S. 2, 419 Abs. 2 S. 2, 464 Abs. 3 S. 1 Hs. 2, 467a Abs. 3, 469 Abs. 3 und in §§ 41 S. 2, 52 Abs. 4, 53 Abs. 2, 54 Abs. 3 S. 1, 171b Abs. 5 GVG, teilw. (o. nicht für alle Prozessbeteiligte) auch in §§ 210 Abs. 1, Abs. 2, 225a Abs. 3 S. 3, Abs. 4 S. 2 Hs. 2, 270 Abs. 3 S. 2, 372 S. 2, 431 Abs. 5 S. 1 und neben dem Haftprüfungsantrag in § 117 Abs. 2 S. 2. In einigen Fällen kann die Entsch. zwar nicht mit Beschwerde, aber mit dem Rechtsmittel gegen das Urt. angefochten werden (§§ 28 Abs. 2 S. 2, 305 S. 1 iVm § 336). Auch Sonderregelungen über Rechtsbehelfe schließen die Anwendung des § 304 aus (BGHSt 10, 88 (91); OLG Düsseldorf JZ 1986, 864), zB § 319 Abs. 2 (→ § 319 Rn. 2), § 346 Abs. 2 (→ § 346 Rn. 14), § 410 Abs. 1 S. 1. Der ausdr. Ausschließung der Beschwerde steht es gleich, wenn Sinn u. Zweck der Entsch. einer Anfechtung v. vornherein entgegenstehen (BGHSt 10, 88 (91); OLG Hamm NJW 1977, 210), zB die Nichtverlängerung der Erklärungsfrist nach § 201 Abs. 1 (→ § 201 Rn. 9) o. gerichtsinterne Angelegenheiten (→ § 30 Rn. 8).

6 **C. Beschwerdeberechtigt (Abs. 1, Abs. 2).** Beschwerdeberechtigt (Abs. 1, Abs. 2) ist, wer **durch die Maßnahme in seinen Rechten verletzt,** dh in Freiheit, Vermögen o. einem sonstigen Recht in sachlich-rechtlicher o. verfahrensrechtlicher Art beeinträchtigt ist (BGH NStZ-RR 2020, 171; BayObLGSt 1952, 232 (233); erg. → § 464 Rn. 19; allg. zur Beschwer vgl. → Vor § 296 Rn. 8 ff.). Das sind in 1. Hinsicht die Verfahrensbeteiligten (OLG Hamm wistra 1998, 38: also nicht der Richter; dazu → Einl. Rn. 70 ff.), der Verteidiger auch, wenn seine eigenen Rechte betroffen sind, zB durch Zurückweisung nach § 146a (→ § 146a Rn. 9), Verweigerung des ungehinderten Verkehrs mit dem Mandanten nach § 148 Abs. 1 (→ § 148 Rn. 24), Ausschließung nach §§ 138a ff. (§ 138d Abs. 6 S. 1) o. wegen der Weigerung, die Amtstracht anzulegen (OLG Karlsruhe NJW 1977, 309 wendet dann Abs. 2 an), nicht aber der Wahlverteidiger gegen die Beiordnung eines zusätzlichen Pflichtverteidigers (→ § 144 Rn. 11).

7 Nach Abs. 2 sind auch **andere von einer Entscheidung betroffene Personen** beschwerdeberechtigt, wobei eine Unterscheidung in unmittelbar u. mittelbar Betroffene weder geboten noch durchführbar ist (BGHSt 27, 175; Ellersiek Beschwerde S. 112), zB Zeugen u. Sachverständige gegen die Anordnung v. Ordnungsmitteln nach §§ 51, 77 oder § 178 GVG oder – aber nur ausnahmsweise – § 176 GVG (→ GVG § 176 Rn. 16; OLG Stuttgart NStZ-RR 2016, 383), Eigentümer beschlagnahmter Sachen (BGH NStZ-RR 2020, 171; OLG Celle NJW 1965, 362), wer durch eine Maßnahme nach § 119 beschwert ist o. für den Beschuldigten Sicherheit geleistet hat (§ 124 Abs. 2 S. 2), Personen, denen die Genehmigung zur Verteidigung nach § 138 Abs. 2 verweigert worden ist (→ § 138 Rn. 23), Schöffen im Fall des § 56 GVG, nicht aber die Jugendgerichtshilfe (OLG Frankfurt a. M. NStZ-RR 1996, 251) o. die Verwandten des Gefangenen, dessen bedingte Entlassung nach § 57 StGB abgelehnt worden ist (BayObLGSt 1952, 232: Eltern; OLG Schleswig SchlHA 1958, 288: Ehefrau), auch nicht derjenige Nichtverfahrensbeteiligte, dem Auskünfte aus den Akten versagt worden sind (Becker NStZ-RR 2006, 261 – BGH RsprÜ; vgl. §§ 475 Abs. 4, 478 Abs. 3 S. 2). Die Beschränkungen des § 305 S. 1 gelten für die dritten Personen nicht (§ 305 S. 2).

8 **D. Beschwerdegerichte.** Vgl. §§ 73, 74a III, 74b, 121 Abs. 1 Nr. 2, 135 Abs. 2 GVG. Über die Beschwerde gegen eine Entsch. des Vorsitzenden o. des beauftragten Richters entscheidet nicht das Gericht, dem der Richter angehört, sondern das übergeordnete Gericht. Örtlich zuständig ist stets nur dieses Gericht. Die Unzuständigkeit des Beschwerdegerichts führt aber nicht zur Unwirksamkeit der Entsch. (→ Einl. Rn. 104 ff.).

9 **E. Wertgrenze (Abs. 3).** Durch die Wertgrenze (Abs. 3) wird die Zulässigkeit der Beschwerde für den Fall beschränkt, dass lediglich die Kosten- u. Auslagenentscheidung (der Höhe o. dem Grunde nach) angefochten wird (vgl. auch § 108 Abs. 1 S. 2 Hs. 2 OWiG und § 4 Abs. 3 JVEG sowie § 567 Abs. 2 ZPO). Die Vorschr. betr. die Kostengrundentscheidungen nach § 464 Abs. 1, Abs. 2 oder in selbständigen Kosten- u. Auslagenbeschlüssen (vgl. → § 464 Rn. 13, → § 467 Rn. 2), aber auch die Kostenfestsetzung nach § 464b. Der Beschwerdewert bemisst sich nach dem Unterschiedsbetrag zwischen dem in der angefochtenen Entsch. zugebilligten u. dem mit der Beschwerde verlangten Betrag. Maßgebend ist der Wert zzt. der Beschwerdeeinlegung; spätere Wertminderungen bleiben außer Betracht (OLG Düsseldorf MDR 1986, 341). Betrifft die angefochtene Entsch. nur den Grund des Anspruchs, so kommt es darauf an, ob seine Höhe den Betrag v. 200 EUR wahrscheinlich übersteigen wird. Die Mehrwertsteuer ist mitzurechnen (vgl. KG AnwBl 1980, 467; MDR 1958, 701; OLG Bremen NJW 1956, 72). Für die Beschwerde nach § 8 Abs. 3 **StrEG** gilt Abs. 3 nicht (→ StrEG § 8 Rn. 20).

10 **F. BGH-Entscheidungen (Abs. 4 S. 1). BGH-Entscheidungen** (Abs. 4 S. 1) – auch des Senatsvorsitzenden (BGH NStZ 2001, 551; BeckRS 2012, 14902; offengelassen v. BVerfG NJW 2015, 2175 (2176)) – sind mit der Beschwerde nicht anfechtbar (vgl. BGH BeckRS 2025, 2612; NStZ-RR 2019, 123; 30.11.2023 – 3 StR 227/23: Beschlüsse nach § 349 Abs. 2); es gibt kein übergeordnetes Gericht. Beschwerde ist jedoch zulässig gegen bestimmte Vfg. des ERs des BGH (→ Rn. 19).

11 **G. OLG-Beschlüsse (Abs. 4 S. 2).** OLG-Beschlüsse (Abs. 4 S. 2) u. Vfg. des Senatsvorsitzenden, auch die im Urt. getroffenen Entsch. über Kosten u. Auslagen nach § 464 und über die Entschädigungspflicht der Staatskasse nach §§ 2 ff. **StrEG** (BGHSt 26, 250; BGH NStZ 2000, 330; vgl. auch → StrEG § 9 Rn. 10), sind grds. unanfechtbar, auch wenn sie in Staatsschutzsachen ergangen sind, in denen das OLG nach § 120 Abs. 1, Abs. 2 GVG im 1. Rechtszug zuständig ist (erg. → § 28 Rn. 3, 8; → § 338 Rn. 26).

11a Entscheidungen der OLGe in **Überstellungsverfahren nach § 7 Abs. 1 S. 2 IStGHG** sind unanfechtbar, eine entspr. Anwendung von Abs. 4 S. 2 Nr. 1 kommt nicht in Betracht; dies gilt wegen § 30 Abs. 2 S. 3 IStGHG auch für Anordnungen von Beschlagnahme und Durchsuchung sowie wegen § 50 Abs. 1 S. 3 IStGHG ebenso für Bargeldbeschlagnahmen (BGH 8.10.2025 – 2 ARs 397/25).

12 In diesen Fällen gelten jedoch die in S. 2, 3 bezeichneten **Ausnahmen,** in denen die Beschwerde an den BGH (§ 135 Abs. 2 GVG) zulässig ist (vgl. ferner § 159 Abs. 1 S. 2 GVG). Der Katalog des Abs. 4 S. 2 Hs. 2 Nr. 1–5 enthält eine für die StPO **abschl. Aufzählung** (BVerfGE 45, 363 (374); BGH BeckRS 2019, 34565). Die Vorschr. ist eng auszulegen (BGHSt 25, 120; 43, 262 (264); BGH NStZ-RR 2019, 353: Führungsaufsicht; BGH 1.6.2022 – StB 19/22: Strafzeitberechnung gem. § 458 Abs. 1); der BGH lässt jedoch ausnahmsweise eine entspr. Anwendung auf andere Fälle im engsten Rahmen zu, wenn die angegriffene Entsch. insbes. im Hinblick auf die durch sie beeinträchtigten Rechtspositionen mit den im Katalog der Vorschr. genannten vergleichbar ist (BGHSt 30, 168 (171); BGH 27.5.2021 – StB 19/21: nicht die Aufhebung v. Hauptverhandlungsterminen; BGH NStZ-RR 2022, 149: nicht die Anordnung einer Maskenpflicht im Sitzungssaal; 11.1.2024 – StB 80/23: nicht die Berichtigung des HV-Protokolls; BGH 29.5.2024 – StB 31/24: nicht die Entscheidung über die Auswahl eines SV). Im Einzelnen gelten folgende Ausnahmen:

13 **I. Verhaftungen und andere Eingriffe (S. 2 Nr. 1).** Vgl. §§ 112 ff., 126a, 81, 98, 105, 111b, 111e, 140 ff. Bei **Verhaftungen** ist die Beschwerde nur im selben Umf. zulässig wie die weitere Beschwerde nach § 310 Abs. 1 (→ § 310 Rn. 5, 7), also nicht, wenn nur über Aufl. nach § 116 Abs. 1 S. 2 (BGHSt 25, 120) o. Beschränkungen nach § 119 Abs. 1 (BGHSt 26, 270; BGH BeckRS 2017, 130467) bzw. Fragen der Ausgestaltung des Vollzugs der U-Haft (BGH 26.5.2025

– StB 24/25) zu entscheiden ist (BGH BeckRS 2012, 2333) o. wenn der Beschwerdeführer nur einen v. mehreren Haftgründen beanstandet, dessen Wegfall nicht zur Haftentlassung führen würde (BGHSt 34, 34), o. ein weiterer Haftgrund hinzutritt (BGHSt 47, 249 = NStZ 2002, 445), o. wenn lediglich die Erweiterung des Tatvorwurfs bei einem bestehenden Haftbefehl erstrebt wird (BGHSt 37, 347; BGH BeckRS 2015, 5423; OLG Braunschweig StV 2013, 749) o. nur eine Änd. in der rechtlichen Bewertung der Tat (OLG Hamburg NStZ 2001, 274). Erzwingungshaft nach § 70 ist aber eine Verhaftung (BGHSt 36, 192 gegen 30, 52), nicht jedoch Ersatzordnungshaft (BGH NStZ 1994, 198; 2010, 44; BeckRS 2016, 19591; vgl. → § 70 Rn. 11). Der im Wiederaufnahmeverfahren bestellte Vert. ist kein Pflichtvert. iSv Nr. 1 (BGH 10.8.2022 – 3 ARs 9/22). Mit dem Begriff der **Durchsuchung** ist nur die nach Beweismitteln iSd §§ 102 ff. gemeint, nicht die sitzungspolizeilich angeordnete (BGH BeckRS 2016, 10556); sie erfasst auch Entsch. nach §§ 110 Abs. 1, 98 Abs. 2 S. 2 (vgl. zu Abs. 5 BGH NStZ 2021, 623). Die **Beschlagnahme** umfasst auch den Vermögensarrest nach § 111e, jedenfalls soweit er der Sicherung der Einziehung v. Wertersatz (§§ 73c, 74c StGB) dient (BGHSt 29, 13; Pfeiffer NStZ 1982, 190 – BGH RsprÜ), nicht aber die einstweilige Beschlagnahme nach § 108 (BGHSt 28, 349). Da die Beschwerdemöglichkeit schlechthin für die **in § 101 Abs. 1 bezeichneten Maßnahmen** eingeräumt wird, ist sie nicht nur für die sofortige Beschwerde nach § 101 Abs. 7 S. 3 (= § 101 Abs. 9 S. 3 des GE, auf die in der Gesetzesbegründung allein abgestellt wird, vgl. BT-Drs. 16/5846, 66), sondern für alle Beschwerden (zB die v. Telekommunikationsdienstleistern) gegen Maßnahmen nach § 101 Abs. 1 gegeben. Der BGH neigt dazu, bei einer mit einer **längeren Unterbringung** verbundenen Maßnahme nach § 81a die Beschwerde für zulässig zu erachten (BGH StV 1995, 628; zust. SK-StPO/Frisch Rn. 63). Gegen die Anordnung der Entnahme v. Körperzellen sowie deren molekulargenetische Untersuchung (§§ 81a Abs. 2, 81e Abs. 1, 81f Abs. 2) ist die Beschwerde unzulässig (BGH NStZ 2008, 146.

14 **II. Ablehnung der Eröffnung und Einstellung des Verfahrens (S. 2 Nr. 2).** Vgl. §§ 210 Abs. 2 Alt. 1, 206a. Die Verfahrensabtrennung bzgl. eines v. mehreren Mitangeschuldigten steht dem nicht gleich, wenn die Eröffnungsentscheidung möglich bleibt (BGH NJW 1993, 1279; Schmidt MDR 1994, 240 – BGH RsprÜ). Der BGH prüft das Bestehen eines hinreichenden Tatverdachts eigenständig in vollem Umf. (BGHSt 53, 238).

15 **III. Anordnung der Abwesenheitsverhandlung; Verweisung an niederes Gericht (S. 2 Nr. 3).** Vgl. §§ 210 Abs. 2 Alt. 2, 231a. Anfechtbar ist auch die Eröffnung des Hauptverfahrens vor einem Gericht niederer Ordnung nach § 209 Abs. 1 wegen einer Straftat, die kein Staatsschutzdelikt ist. Beschlüsse nach § 231 Abs. 2 sind auch dann nicht anfechtbar, wenn sie auf § 231a Abs. 1 Bezug nehmen (Pfeiffer NStZ 1981, 95 – BGH RsprÜ).

16 **IV. Akteneinsicht (S. 2 Nr. 4).** Die Beschwerdemöglichkeit besteht nur für **Verfahrensbeteiligte** (BGHSt 36, 338; 59, 183); dies gilt grds. auch für den **Nebenkl.** bei Verweigerung der Akteneinsicht nach Abschluss der Ermittlungen (Umkehrschluss zu § 406e Abs. 5 S. 4, → § 406e Rn. 21), sofern die Akteneinsicht für eine sachgerechte Mitwirkung im Verfahren notwendig erscheint (vgl. BGH NStZ-RR 2023, 26: Bedeutung für den Schuldspruch). Die Beschwerde kommt nicht in Betracht, wenn die sachgerechte Verteidigung oder Mitwirkung des Rechtsmittelführers im anhängigen Strafverfahren nicht in Frage steht (BGH NStZ-RR 2023, 25). Vgl. iÜ § 147.

16a Die Ausnahme, die § 32f Abs. 3 unberührt lässt, betr. im Übrigen nur das **Einsichtsrecht dem Grunde nach,** nicht die Form der Einsichtnahme (BGH NStZ-RR 2019, 255). Sie erfasst nicht die Überlassung der vollständigen Akten auf einem Laptop (BGH NStZ-RR 2019, 255), die Ausstattung des Angeklagten mit Abschriften o. Ablichtungen aus den Akten (BGHSt 27, 244) o. mit der Kopie eines Videofilms (BGHR StPO § 304 Akteneinsicht 2), die Überlassung v. Ablichtungen der Aufzeichnungen des UrkB vor Fertigstellung des Prot. (BGHSt 29, 394) u. und

Modalitäten der weiteren Tätigkeit des Verteidigers nach Akteneinsicht, wie die Bedingungen, unter denen er den Akteninhalt mit dem Angeklagten erörtern darf (BGHSt 27, 244).

V. Widerruf der Strafaussetzung und des Straferlasses; Wiederaufnahme; Einziehung ua (S. 2 Nr. 5). Anfechtbar ist die Versagung v. Strafaussetzung in Gesamtstrafenbeschlüssen nach § 460 (BGHSt 30, 168), nicht aber die mit der Strafaussetzung verbundenen Entsch. über die Dauer der Bewährungszeit u. die Aufl. (BGHSt 25, 120 (122); 30, 32; BGHR StPO § 304 Strafrest 1) sowie die auf § 68f Abs. 2 StGB gestützten Entsch. (BGHSt 30, 250), auch nicht die Aussetzung der Entsch. über den Antrag des Verurteilten auf Erlass der Reststrafe bis zum Abschluss eines schwebenden Verf. (BGHSt 32, 365). Im Wiederaufnahmeverfahren ist nur gegen die nach § 372 S. 1 anfechtbaren Entsch. Beschwerde zulässig, nicht aber solche nach §§ 364a, 364b (BGH NJW 1976, 431; 16.10.2024 – StB 58/24). 17

VI. Entscheidungen über den Verteidigerausschluss (S. 2 Hs. 3). Entscheidungen über den Verteidigerausschluss (S. 2 Hs. 3) sind nach § 138d Abs. 6 S. 1 (→ § 138d Rn. 12 ff.) mit sofortiger Beschwerde anfechtbar, auch wenn sie v. dem OLG erlassen sind. Die Zurückweisung eines Verteidigers nach §§ 137 Abs. 1 S. 2, 146 ist dagegen nicht anfechtbar (BGH NJW 1977, 156). 18

H. Verfügungen des Ermittlungsrichters des BGH u. des OLG (Abs. 5). Verfügungen des Ermittlungsrichters des BGH u. des OLG (Abs. 5), auch in Beschlussform (BGHSt 29, 13) sind **nur in den bezeichneten Fällen** (vgl. dazu → Rn. 13) anfechtbar (Schmidt MDR 1993, 508 – BGH RsprÜ), auch wenn ein Antrag auf Anordnung einer solchen Maßnahme abgelehnt worden ist; das gilt jedoch nicht bei Ablehnung der Anordnung v. Erzwingungshaft (BGHSt 43, 262). Unter Vfg. iSd Abs. 5 sind auch solche im Vorverfahren getroffenen Entsch. zu verstehen, die als Beschl. ergehen (BGH 18.10.2017 – StB 24/17). Bei der ermittlungsrichterlichen Bestätigung einer vorläufigen Sicherstellung nach §§ 110 Abs. 2, 98 Abs. 2 S. 2 analog handelt es sich um eine die Durchsuchung betr. Entsch. iSd Abs. 5 (BGH NStZ 2021, 623); dagg. betrifft die Entscheidung über die Bekanntgabe der Gründe einer Durchsuchungsanordnung nicht eine „Durchsuchung" iSv Abs. 5, sondern die Art und Weise deren Vollzugs (BGH StraFo 2022, 24). 19

Auf **andere Maßnahmen** ist Abs. 5 grds. nicht entspr. anwendbar (BGHSt 29, 13 (14); BGH NStZ-RR 2024, 84), es sei denn, die angefochtene Entsch. greift in mit den Ausnametatbeständen vergleichbarer Weise in die Rechtssphäre des Betroffenen ein (BGH NStZ-RR 2024, 84 mwN). Insbesondere ist Abs. 5 nicht anwendbar auf Maßnahmen nach § 81g (BGH NJW 2002, 765; NStZ-RR 2023, 326), auf die Verhängung v. Ordnungsgeld o. Ordnungshaft (BGH StraFo 2017, 17), auf den Beschl., der gem. § 27 auf ein Ablehnungsgesuch ergeht (BGH 25.11.2020 – StB 40/20), auf den Beschluss, der einen erweiterten dringenden Tatverdacht und die Geltung des Grundsatzes der Spezialität feststellt (BGH BeckRS 2025, 36040), auf die Anordnung, dem Gefangenen ein Schreiben nicht auszuhändigen (BGH NStZ-RR 2002, 190) bzw. generell haftungsbezogene Beschränkungen iSd § 119 Abs. 1 (BGH 3.5.2023 – StB 22/23), auf die Ablehnung eines Richter-Ablehnungsgesuchs (BGH NStZ-RR 2024, 84) oder Maßnahmen nach § 148 Abs. 2 S. 1, 3 (BGH 15.10.2020 – StB 33/20; vgl. auch 1.6.2023 – StB 18–19/23). Über die Beschwerde entscheidet der BGH (§ 135 GVG) o. das OLG (§ 120 Abs. 3 S. 2 GVG). 20

Nicht der Beschwerde unterliegende Entscheidungen

305 **[1]Entscheidungen der erkennenden Gerichte, die der Urteilsfällung vorausgehen, unterliegen nicht der Beschwerde. [2]Ausgenommen sind Entscheidungen über Verhaftungen, die einstweilige Unterbringung, Beschlagnahmen, die vorläufige Entziehung der Fahrerlaubnis, das vorläufige Berufsverbot oder die Festsetzung von Ordnungs- oder**

Zwangsmitteln sowie alle Entscheidungen, durch die dritte Personen betroffen werden.

1 **A. Der Beschwerde entzogen (S. 1).** Grundsätzlich der Beschwerde entzogen (S. 1) sind **die der Urteilsfällung vorausgehenden Entsch.** des erkennenden Gerichts. Die Vorschr. ist prozessual notwendig. Sie soll Verfahrensverzögerungen verhindern, die eintreten würden, wenn Entsch. der erkennenden Gerichte sowohl auf eine Beschwerde als auch auf das Rechtsmittel gegen das Urt. überprüft werden müssten (Löwe/Rosenberg/Matt Rn. 2). Der Ausschluss der Beschwerde gilt entspr. diesem Gesetzeszweck nur, wenn das Urt. anfechtbar ist (OLG Hamm NStZ 1986, 328; OLG Koblenz NStZ-RR 2012, 21), u. nur für Entsch., die in innerem Zusammenhang mit der Urteilsfällung stehen, ausschl. ihrer Vorbereitung dienen, bei der Urteilsfällung selbst der nochmaligen Prüfung des Gerichts unterliegen (OLG Braunschweig StV 1987, 332; OLG Frankfurt a. M. StV 2006, 122) u. keine weiteren Verfahrenswirkungen äußern (OLG Düsseldorf VRS 69, 445; OLG Karlsruhe NJW 1977, 309; OLG Stuttgart NJW 1976, 1647). **Anfechtbar sind dagegen** Maßnahmen, die eine v. Urt. nicht umfasste, selbständige Beschwer eines Verfahrensbeteiligten bewirken sowie v. erkennenden Gericht nicht bei Erlass des Urt. u. auch nicht iRe Urteilsanfechtung nachprüfbar sind (vgl. OLG Hamburg StV 2020, 458 mwN). Dies gilt etwa für die StA, die die Entsch. des Gerichts auf Herausgabe v. Aktenbestandteilen o. auch Beweismitteln an die Verteidigung anfechten möchte (OLG Frankfurt NStZ 2021, 382). Die Änd. der Entsch. vor dem Urt. verbietet S. 1 nicht (RGSt 59, 241). Die Vorschr. steht jedoch einer Verfassungsbeschwerde (→ Einl. Rn. 230 ff.) entgegen (BVerfGE 1, 9; 9, 261 (265)).

2 **I. Erkennendes Gericht.** Erkennendes Gericht (vgl. auch → § 28 Rn. 6) ist das Gericht, bei dem das **Hauptverfahren anhängig** ist (BGHSt 2, 1 (2); OLG Hamm NStE JGG § 103 Nr. 1 mwN; OLG Stuttgart NStZ 1985, 524). S. 1 gilt für die Entsch. dieses Gerichts v. der Eröffnung des Hauptverfahrens (KG NStZ-RR 2016, 143; → § 207 Rn. 13) bis zur Urteilsfällung, auch für gleichzeitig mit dem Eröffnungsbeschluss erlassene Entsch. (BayObLGSt 1955, 113), selbst bei Eröffnung vor einem anderen Gericht (KG JR 1979, 479; KK-StPO/Zabeck Rn. 2; Löwe/Rosenberg/Matt Rn. 8; **aM** OLG Bremen JR 1958, 189; OLG Schleswig SchlHA 1954, 64). Das Berufungsgericht, für dessen Entsch. § 305 ebenfalls gilt (OLG Köln NJW 1956, 803 Ls.), ist erkennendes Gericht, sobald ihm die Akten nach § 321 S. 2 vorgelegt sind (→ § 28 Rn. 6), das Gericht, an das die Sache nach §§ 328 Abs. 2, 354 Abs. 2, Abs. 3, 355 zurückverwiesen worden ist, nach Eingang der Akten. Zum beschleunigten Verf. nach §§ 417 ff. u. zum Strafbefehlsverfahren vgl. → § 28 Rn. 6.

3 Entscheidungen des **Vorsitzenden des erkennenden Gerichts** sind unter den o. (→ Rn. 1) genannten Voraussetzungen ebenfalls v. der Anfechtung ausgenommen (KG JR 1979, 479; OLG Düsseldorf NStZ 1986, 138; OLG Hamm NStZ-RR 2009, 352; OLG Zweibrücken StV 1988, 519; **aM** OLG Koblenz wistra 1983, 122; einschr. Löwe/Rosenberg/Matt Rn. 14: nur Entsch. anstelle des erkennenden Gerichts).

4 **II. Unzulässigkeit bei innerem Zusammenhang.** Unzulässig ist die Beschwerde gegen Entsch., die dem Urt. zeitlich u. sachlich vorausgehen, wenn sie **mit ihm in einem inneren Zusammenhang** stehen (OLG Hamm MDR 1987, 868; NStZ-RR 2009, 352; KG StraFo 2017, 68), insbes. die Beweisaufnahme vorbereiten (→ § 73 Rn. 18, → § 74 Rn. 20, → § 219 Rn. 6), auch durch Ablehnung der Unterbrechung o. Aussetzung (OLG Naumburg NStZ-RR 2010, 151; OLG Hamburg BeckRS 2020, 7013 mwN) bzw. Aussetzung der Verh. zum Zweck weiterer Sachaufklärung (→ § 228 Rn. 16) o. nach § 262 (→ § 262 Rn. 7) o. nach § 265 Abs. 4 (→ § 265 Rn. 37). Der Beschwerde entzogen sind ferner Entsch., die den Fortgang u. die Gestaltung des Verf. betreffen, zB die Verbindung v. Sachen anordnen o. ablehnen (KG NStZ-RR 2013, 218; → § 4 Rn. 6) o. einen Verfahrensteil abtrennen (OLG Hamm wistra 1999,), die Unwirksamkeit einer Beru-

fungsrücknahme feststellen (OLG Frankfurt a. M. NStZ-RR 2005, 46), den Antrag auf Entbindung nach § 233 ablehnen (→ § 233 Rn. 6), das persönliche Erscheinen nach § 236 (→ § 236 Rn. 3) o. die Durchführung der HV ohne den Beschuldigten anordnen (→ § 415 Rn. 12), idR auch die Terminsanberaumung durch den Vorsitzenden bzw. die Ablehnung der Aufhebung v. Hauptverhandlungsterminen, es sei denn, diese erfolgte ermessensfehlerhaft und in der fehlerhaften Ausübung des Ermesses liegt eine bes., selbständige Beschwer (OLG Frankfurt a. M. 28.10.2025 – BeckRS 2025, 30992; OLG München NStZ 2020, 503; vgl. ferner OLG Celle NStZ 2012, 176; OLG Hamburg NStZ 2020, 694; str., s. iE → § 213 Rn. 9), o. Vfg. zur Sicherung der HV (OLG München NStZ 2020, 503) o. die Entsch. über die Zurückweisung eines Verteidigers wegen möglicher Mehrfachverteidigung (OLG Hamm MDR 1988, 868) o. über die Übernahme v. Dolmetscherkosten (OLG Köln NStZ 2011, 360). Die Abl. der Akteneinsicht durch das erk. Gericht unterfällt ebenfalls S. 1 (→ § 147 Rn. 4; dahingest. von BGH NStZ-RR 2023, 26), es sei denn, es handelt sich um wegen der insoweit eindeutigen ges. Regelung um einen Fall des § 406e Abs. 5 S. 4 (→ § 406e Rn. 21; dahingest. von NStZ-RR 2023, 26).

Hat eine Entsch. nur o. auch **prozessuale Bedeutung in anderer Richtung,** 5
so ist sie wegen dieser selbständigen Bedeutung anfechtbar. Das gilt zB v. dem Beschl. über die Zurückweisung des Verteidigers nach § 146a (→ § 146a Rn. 9) u. die Nichtzulassung des Nebenklägers (→ § 396 Rn. 19).

B. Ausnahmen (S. 2). Die Ausnahmen (S. 2) betreffen **Maßnahmen, die bei** 6
der Urteilsfällung nicht geprüft werden, weil sie weder rückwirkend beseitigt noch nachgeholt werden können. Die Anfechtbarkeit wird daher schon durch S. 1 nicht ausgeschlossen. S. 2 verdeutlicht das nur für einige Beispielsfälle, bei denen es sich überw. um Grundrechtseingriffe handelt. Daraus darf nicht geschlossen werden, dass nur die Anordnung, nicht auch die Ablehnung der Maßnahme anfechtbar ist. Auch die StA kann gegen die Ablehnung ihres Antrags auf Erlass eines Haftbefehls, Beschlagnahmebeschlusses usw Beschwerde einlegen (vgl. → § 98 Rn. 31; → § 114 Rn. 21), der Angeklagte auch, wenn seinem Antrag auf Beschlagnahme eines Beweismittels nicht stattgegeben worden ist (**aM** OLG Hamburg JR 1985, 300 mablAnm Meyer); vgl. aber auch KG NStZ-RR 2016, 143: Keine Beschwerde des Beschuldigten gegen eine Entsch., welche die Dritten gerade schützt.

S. 2 enthält **keine abschließende Aufzählung** (OLG Celle StV 2012, 524; 7
OLG Koblenz NStZ 1994, 355; Amelung Rechtsschutz S. 20 ff.). Anfechtbar mit der Beschwerde sind zB auch die Durchsuchungsanordnung u. ihre Ablehnung (→ § 105 Rn. 15), die Anordnung der Entnahme v. Körperzellen nach § 81a zwecks späterer molekulargenetischer Untersuchung (OLG Bremen StV 2010, 122), die Feststellung des nächsten Prüftermins nach § 67e Abs. 2 StGB (OLG Nürnberg StraFo 2022, 168), aber nicht die Anordnung der psychiatrischen Untersuchung des Angeklagten ohne seine Unterbringung (OLG Düsseldorf VRS 99, 123). Der Begriff Verhaftungen ist nicht, wie bei §§ 304 Abs. 4 S. 2 Nr. 1, 310 Abs. 1, einschr. auszulegen; alle Entsch. im Zusammenhang mit der UHaft fallen darunter (OLG Karlsruhe StV 1997, 312; KK-StPO/Zabeck Rn. 12). Mit der einstweiligen Unterbringung ist nur die nach § 126a gemeint (wegen § 81 vgl. → § 81 Rn. 28, wegen § 81a → § 81a Rn. 30). Zu den Ordnungs- u. Zwangsmitteln gehört auch die Vorführung des Beschuldigten (zB nach §§ 134, 230 Abs. 2). Wegen der Entsch., durch die **dritte Personen** betroffen werden, vgl. → § 304 Rn. 6, 7.

Beschwerde gegen Strafaussetzungsbeschluss

305a (1) [1] **Gegen den Beschluß nach § 268a Abs. 1, 2 ist Beschwerde zulässig.** [2] **Sie kann nur darauf gestützt werden, daß eine getroffene Anordnung gesetzwidrig ist.**

(2) **Wird gegen den Beschluß Beschwerde und gegen das Urteil eine zulässige Revision eingelegt, so ist das Revisionsgericht auch zur Entscheidung über die Beschwerde zuständig.**

1 **A. Beschwerde gegen den Beschluss nach § 268a Abs. 1, Abs. 2.** Die Anfechtung des Urt. mit Berufung o. Revision erstreckt sich nicht auf den Beschl. nach § 268a (→ § 268a Rn. 10); gegen ihn **muss ausdr.** (vgl. → § 464 Rn. 21) **Beschwerde nach § 304 Abs. 1** eingelegt werden (Abs. 1 S. 1 hat nur klarstellende Bedeutung), die sich aber nach Abs. 1 S. 2 nur auf gesetzwidrige Anordungen bezieht und damit nur zu einer eingeschränkten Prüfung führt. Die gleiche Einschränkung enthält § 453 Abs. 2 S. 2 für nachträgliche Entscheidungen. Für die Abhilfe nach § 306 Abs. 2 gilt die Einschränkung nicht. Wann Entsch. nach § 268a gesetzwidrig sind, ergibt das sachliche Recht (§§ 56a ff., 59a, 68b, 68c StGB). Eine **Prüfung der Ermessensausübung** durch das untere Gericht ist dem Beschwerdegericht **verwehrt** (BGH 7.9.2022 – 3 StR 261/22; OLG Köln NJW 2005, 1671; OLG Hamburg MDR 1971, 66); gesetzwidrig ist aber auch ein auf Ermessensüberschreitung o. -missbrauch beruhender Beschl., insbes., wenn die Anordnung einen einschneidenden unzumutbaren Eingriff in die Lebensführung des Verurteilten enthält (BGH StV 1998, 658; OLG Köln NJW 1999, 373). Auch die Art u. Weise des Zustandekommens einer Anordnung kann ihre Gesetzwidrigkeit ergeben (BGH NJW 2014, 3173 mwN).

2 **Beschwerdeberechtigt** sind, auch nach Rechtskraft des Urt. (KG NStZ-RR 2006, 137; OLG Braunschweig MDR 1970, 69; OLG Hamm NJW 1964, 937; **aM** Pusinelli NJW 1962, 903), der Angeklagte (Verteidiger, ges. Vertreter) u. die StA (OLG Nürnberg NJW 1959, 1451), auch zu seinen Ungunsten (KK-StPO/Zabeck Rn. 5; **aM** OLG Hamm NJW 1969, 890). Der Nebenkläger ist entspr. § 400 Abs. 1 zur Anfechtung nicht berechtigt (→ § 400 Rn. 3), erst recht nicht der sonstige Geschädigte (OLG Düsseldorf StV 2001, 228). Die Bestimmung der gemeinnützigen Einrichtung, an die ein Geldbetrag zu zahlen ist, beschwert den Angeklagten idR nicht (OLG Köln NJW 2005, 1671).

3 Einen Zwang zur **Begründung der Beschwerde** enthält Abs. 1 S. 2 trotz des missverständlichen Wortlauts („gestützt werden“) nicht (Ellersiek Beschwerde S. 67).

4 **B. Entscheidung des Beschwerdegerichts.** Die Entscheidung des Beschwerdegerichts ergeht stets durch besonderen Beschl. u. **in der Sache selbst.** Das gilt auch, wenn das Berufungsgericht, statt selbst nach § 268a zu entscheiden (→ § 268 Rn. 2), den 1. Beschl. nur nach Abs. 1 S. 2 geprüft hat (KK-StPO/Zabeck Rn. 15; **aM** OLG Hamm GA 1971, 125). Ist der Beschl. nicht gesetzwidrig, so wird die Beschwerde als unbegründet, nicht als unzulässig verworfen (OLG Nürnberg NJW 1959, 1451). Eine Schlechterstellung des Beschwerdeführers kommt bei der eingeschränkten Prüfungsbefugnis des Beschwerdegerichts praktisch kaum in Betracht (vgl. Meyer JR 1982, 338); grds. unzulässig ist sie nicht (str., vgl. dazu KG NStZ-RR 2006, 137 mit ausf. Nachw. zum Streitstand; erg. → § 268a Rn. 3).

5 Die Beschwerde ist **unzulässig,** wenn die Aussetzung zur Bewährung rkr. widerrufen worden ist, weil damit die im Bewährungsbeschluss erteilten Auflagen u. Weisungen gegenstandslos geworden sind (OLG Frankfurt a. M. NStZ-RR 2010, 187). Auch die vorgebliche Nichteinhaltung einer Verständigung nach § 257c kann nur mit der Revision geltend gemacht werden (OLG Rostock NStZ 2015, 663).

6 Die Entscheidung des Revisionsgerichts (Abs. 2) setzt voraus, dass eine Abhilfeentscheidung des Landgerichts ergangen ist (BGH 18.11.2025 – 5 StR 448/25).

7 **C. Zuständigkeit.** Zuständig ist bei Berufung das Berufungsgericht (vgl. aber → § 268a Rn. 2), nach Urteilsrechtskraft das Beschwerdegericht. Wenn gegen das Urt. Revision eingelegt ist, entscheidet, wie nach § 464 Abs. 3 S. 3, § 59 Abs. 5 **JGG,** § 8 Abs. 3 S. 2 **StrEG,** aus Gründen der Verfahrensvereinfachung das Revisionsgericht (BGHR StPO § 305a Abs. 1 Zuständigkeit 1). Es bleibt auch

nach Abschluss des Revisionsverfahrens zuständig, wenn es über die Beschwerde versehentlich nicht mitbefunden hat (BGH NStZ 1986, 422). Seine Zuständigkeit besteht aber nicht o. nicht mehr, wenn die Revision unzulässig o. bereits durch Entsch. (BGHSt 10, 19) o. Zurücknahme (BayObLGSt 1960, 186) erledigt ist, wenn die Beschwerde dem Revisionsgericht erst nach Erlass der Revisionsentscheidung zur Kenntnis gelangt o. wenn sie bei Erlass der Entsch. – zB mangels erforderlicher Abhilfeentscheidung nach § 306 Abs. 2 – noch nicht entscheidungsreif ist (BGHSt 34, 392; BGH NJW 1992, 2169; erg. → § 464 Rn. 25; → StrEG § 8 Rn. 16); dann ist das Beschwerdegericht zuständig (BGHSt 34, 392; BGH NJW 1992, 2169). Abs. 2 ist auf Beschlüsse gem. § 111i Abs. 3 nicht entspr. anwendbar (BGH BeckRS 2016, 20841).

Einlegung; Abhilfeverfahren

306 (1) **Die Beschwerde wird bei dem Gericht, von dem oder von dessen Vorsitzenden die angefochtene Entscheidung erlassen ist, zu Protokoll der Geschäftsstelle oder schriftlich eingelegt.**

(2) **Erachtet das Gericht oder der Vorsitzende, dessen Entscheidung angefochten wird, die Beschwerde für begründet, so haben sie ihr abzuhelfen; andernfalls ist die Beschwerde sofort, spätestens vor Ablauf von drei Tagen, dem Beschwerdegericht vorzulegen.**

(3) **Diese Vorschriften gelten auch für die Entscheidungen des Richters im Vorverfahren und des beauftragten oder ersuchten Richters.**

1 **A. Einlegung der Beschwerde (Abs. 1). I. Bei dem zuständigen Gericht. Bei dem Gericht, das die Entscheidung erlassen hat,** ist die Beschwerde einzulegen.

2 **II. Form.** Die Beschwerde, die nicht an Bedingungen geknüpft werden darf (→ Einl. Rn. 118, → Vor § 296 Rn. 5), kann in deutscher Sprache (→ GVG § 184 Rn. 2) schriftlich (→ Einl. Rn. 128), durch Einreichung eines elektronischen Dokuments nach Maßgabe des § 32a (→ § 32a Rn. 1 ff.) o. per Telefax (→ Einl. Rn. 139a) o. zu Prot. der Geschäftsstelle (→ Einl. Rn. 131 ff.) eingelegt werden. Die telefonische Einlegung ist unzulässig (→ Einl. Rn. 140).

3 Wird sie durch einen **Verteidiger oder RA** eingelegt, soll sie gem. § 32d S. 1 als elektronisches Dokument eingereicht werden. Zur Einlegung zu Prot. der HV vgl. → Einl. Rn. 137. Beschwerden in verunglimpfender Form werden sachlich nicht beschieden (→ Vor § 33 Rn. 12).

4 **III. Frist.** Eine Frist besteht, anders als bei der sofortigen Beschwerde (§ 311 Abs. 2), für die einfache Beschwerde nicht. Jedoch ergibt sich eine zeitliche Beschränkung daraus, dass sie durch den Fortgang des Verf. gegenstandslos werden kann (→ Vor § 296 Rn. 17). Zur Verwirkung vgl. → Vor § 296 Rn. 6. Vor Erlass der Entsch. (dazu → Vor § 33 Rn. 5 ff.) kann die Beschwerde nicht eingelegt werden (→ Vor § 296 Rn. 4).

5 **IV. Beschwerdebegründung.** Eine Beschwerdebegründung ist nicht vorgeschrieben, aber **zulässig u. zu empfehlen.** Kündigt der Beschwerdeführer bei der Beschwerdeeinlegung eine nachträgliche Begründung an, so muss das Beschwerdegericht im Hinblick auf Art. 103 Abs. 1 GG für deren Anbringung entweder eine Frist setzen o. angemessene Zeit mit der Entsch. warten (BVerfG NJW 2009, 1582 (1583) mwN), u. zwar so lange, wie es nach den Umständen, insbes. unter Berücksichtigung der Schwierigkeit u. des Umf. des Entscheidungsstoffes, der Notwendigkeit etwaiger Bespr. o. Unterlagenbeschaffung angebracht erscheint (BVerfGE 4, 190 (192); BayVerfG Rpfleger 1964, 171). Das Beschleunigungsgebot (→ Einl. Rn. 160) ist aber zu beachten.

6 Setzt das Beschwerdegericht eine **Frist,** so muss sie in diesem Sinn angemessen sein (BVerfGE 12, 6) u. vor der Entsch. abgewartet werden (BVerfGE 42, 243; 46, 313; OLG Karlsruhe). Einem Verlängerungsantrag braucht das Gericht nur zu

entsprechen, wenn die Frist so knapp bemessen ist, dass sie nicht eingehalten werden kann (BayVerfGHE 15 II 51; 16 II 1; Röhl NJW 1964, 277). Wiedereinsetzung ist nicht möglich (→ § 44 Rn. 3); § 33a findet keine Anwendung (OLG Bamberg MDR 1991, 665). Eine Beschwerdebegründung ist bei der Entsch. stets zu berücksichtigen, wenn sie eingeht, bevor über die Beschwerde entschieden worden ist (OLG Karlsruhe MDR 1983, 250; Löwe/Rosenberg/Matt Rn. 8); maßgebend ist der Erlass (→ Vor § 33 Rn. 5 ff.) der Entsch. (BayVerfGHE 16 II 1). Gegen Art. 103 Abs. 1 GG wird verstoßen, wenn ein beim unteren Gericht eingereichter Schriftsatz nicht rechtzeitig an das Beschwerdegericht weitergeleitet u. daher nicht berücksichtigt wird (BVerfGE 62, 347).

7 **B. Abhilfeverfahren (Abs. 2 Hs. 1).** Das Abhilfeverfahren (Abs. 2 Hs. 1) soll dem Gericht, dem Vorsitzenden o. den in Abs. 3 bezeichneten Richtern, wenn diese die angefochtene Vfg. erlassen haben, bei begründeter einfacher Beschwerde (für die sofortige gilt § 311 Abs. 3) die Berichtigung seiner Entsch. ermöglichen u. dem Beschwerdegericht die Befassung mit der Sache ersparen (BGH NJW 1992, 2169). Insbesondere ist ein Mangel des rechtlichen Gehörs zu beheben, wenn er der Grund für die Einlegung der Beschwerde ist (→ § 33a Rn. 5).

8 **I. Abhilfeentscheidung.** Die Abhilfeentscheidung, zu der der Richter bei begründeter Beschwerde verpflichtet ist, ergeht in derselben Form wie die durch sie berichtigte Entsch.; sie bildet mit ihr verfahrensrechtlich eine Einheit (Ellersiek Beschwerde S. 32, 170; Gollwitzer JR 1974, 206). Sie muss begründet (§ 34) u. den Bet. bekanntgegeben werden (§ 35 Abs. 2). Das gilt auch bei Teilabhilfe, die möglich ist, soweit Teilbeschwerde hätte erhoben werden können (→ § 304 Rn. 4). Werden neue Tatsachen o. Beweisergebnisse berücksichtigt, so muss der Beschwerdegegner gehört werden (§ 33 Abs. 3), sonst nicht (Rahn NJW 1959, 1167; Röhl MDR 1955, 522; **aM** Löwe/Rosenberg/Matt Rn. 18; Park FS Schlothauer, 2018, 143 (146)); ihm verbleibt die Möglichkeit, die Abhilfeentscheidung anzufechten (OLG Frankfurt a. M. NStZ-RR 2011, 290).

9 Bei **Nichtabhilfe** braucht nur das Erg. der Prüfung in den Akten vermerkt zu werden (OLG München NJW 1973, 1143). Bei Kollegialgerichten kann der Vorsitzende den Vermerk allein unterzeichnen. Eine Begründung ist zulässig, aber nicht erforderlich (KG VRS 38, 127). Etwas anderes gilt nur, wenn der angefochtene Beschl. nicht begründet worden ist u. das Beschwerdevorbringen erhebliche Tatsachenbehauptungen enthält (BGHSt 34, 392; OLG Hamm StV 1996, 421; LG Potsdam NStZ-RR 2001, 20); in diesem Fall ist der – förmliche o. formlose, nicht anfechtbare – Beschl. dem Beschwerdeführer aber mitzuteilen. Ein Begründungsmangel im Nichtabhilfebeschluss kann in Ausnahmefällen zu dessen Aufhebung führen (OLG Celle StV 2015, 305 mwN).

10 **II. Zurückverweisung zur Nachholung des Abhilfeverfahrens.** Eine Zurückverweisung zur Nachholung des Abhilfeverfahrens kommt nur ausnahmsweise in Betracht (vgl. BGHSt 34, 392; s. aber deutlich weitergehend BGH 27.1.2022 – 6 StR 1/22 zu § 305a), wenn dadurch das Verf. beschleunigt wird (vgl. OLG München NJW 1973, 1143: leichtere Durchführung notwendiger Ermittlungen durch den 1. Richter; vgl. aber KK-StPO/Zabeck Rn. 20) o. wenn das Beschwerdegericht an einer sofortigen eigenen Sachentscheidung gehindert ist (Ellersiek Beschwerde S. 171), bei neuem entscheidungserheblichem Vorbringen (vgl. BGH NStZ 1992, 507 zu § 305a), nicht aber, um eigene Ermittlungen zu ersparen. Das Abhilfeverfahren ist für die Entsch. des Beschwerdegerichts keine Verfahrensvoraussetzung (Löwe/Rosenberg/Matt Rn. 21; Gollwitzer JR 1974, 207; Schlüchter Strafverfahren Rn. 664.3). Bei erkennbarer Unbegründetheit der Beschwerde scheidet eine Zurückverweisung idR aus (OLG Hamm VRS 104, 372).

11 **C. Vorlage an das Beschwerdegericht (Abs. 2 Hs. 2).** Die Vorlage an das Beschwerdegericht (Abs. 2 Hs. 2) erfolgt, wenn die Beschwer vorher nicht behoben wird, **über die StA** (Ausnahme: → § 148a Rn. 12). Die Einhaltung der Dreitagesfrist, innerhalb deren die Sache vorgelegt, dh die Vorlegung verfügt

werden soll, ist nicht zwingend vorgeschrieben; es handelt sich um eine Sollvorschrift (s. nur BGHSt 47, 106 (112); BGH 27.11.2024 – StB 66/24; vgl. auch KG StV 2019, 564 Ls.; KK-StPO/Zabeck Rn. 18; **aM** Ahmed StV 2016, 799; Park FS Schlothauer, 2018, 143 (147 f.)). Die Frist, die mit dem Eingang der Beschwerde beginnt, sollte zwar nach Möglichkeit eingehalten werden (KG StV 2015, 157), in umfangreichen Verfahren ist ihre Überschreitung aber oftmals nicht zu vermeiden (vgl. BGH 27.11.2024 – StB 66/24). Sind weitere Ermittlungen geboten, aber in der Frist nicht möglich, so überlässt sie der Richter dem Beschwerdegericht (KK-StPO/Zabeck Rn. 18; **aM** KG StV 2015, 157; OLG München NJW 1973, 1143; SK-StPO/Frisch Rn. 30). Da die Akten dem Beschwerdegericht mit größtmöglicher Beschleunigung zuzuleiten sind, ist das untere Gericht nicht befugt, sie zurückzuhalten, weil eine Beschwerdebegründung angekündigt ist, o. dem Beschwerdeführer gar für deren Anbringung eine Frist zu setzen (OLG Hamm StraFo 2002, 177; Park FS Schlothauer, 2018, 143 (149); **aM** Löwe/Rosenberg/Matt Rn. 7); auch die StA darf die Weiterleitung nicht verzögern. Eine erhebliche Fristüberschreitung kann der Beschwerde uU zum Erfolg verhelfen, wenn sie einer sachlichen Rechtfertigung entbehrt (vgl. KG StV 2015, 157). Entspr. führt der Verstoß gegen Abs. 2 Hs. 2 nicht automatisch zur Unverhältnismäßigkeit der Untersuchungshaft, sondern nur bei einer die Frist erheblich überschreitenden Vorlage der Haftbeschwerde, die sachlich nicht gerechtfertigt ist (BVerfG NStZ-RR 2023, 80; BGH NStZ-RR 2025, 83; erg. → § 121 Rn. 28). Die Frist beginnt mit dem Eingang der Beschwerde beim iudex a quo, sie endet mit der Vorlageverfügung (Park FS Schlothauer, 2018, 143 (151)).

D. Unzulässige Beschwerde. Die unzulässige Beschwerde darf der 1. Richter nicht selbst verwerfen (RGSt 43, 179; OLG Karlsruhe Justiz 1996, 233; vgl. auch BVerfG 21.10.2025 – NJW 2026, 151). Er muss sie aber als Gegenvorstellung (→ Vor § 296 Rn. 23 ff.) behandeln u. prüfen, ob sie zur Änd. der Entsch. Anlass gibt (BGH StraFo 2015, 419; KG JR 1957, 430; KK-StPO/Zabeck Rn. 12). Ändert er die Entsch. nicht, so legt er die Beschwerde dem Beschwerdegericht vor. Aus Gründen der prozessualen Fürsorgepflicht (→ Einl. Rn. 157) kann es gelegentlich geboten sein, den Beschwerdeführer auf die Unzulässigkeit hinzuweisen; ihm darf dann auch angekündigt werden, dass v. der Vorlage an das Beschwerdegericht abgesehen wird, wenn er nicht ausdr. auf ihr besteht (Löwe/Rosenberg/Matt Rn. 22). 12

Keine Vollzugshemmung

307 (1) **Durch Einlegung der Beschwerde wird der Vollzug der angefochtenen Entscheidung nicht gehemmt.**

(2) **Jedoch kann das Gericht, der Vorsitzende oder der Richter, dessen Entscheidung angefochten wird, sowie auch das Beschwerdegericht anordnen, daß die Vollziehung der angefochtenen Entscheidung auszusetzen ist.**

A. Keine aufschiebende Wirkung (Abs. 1). Keine aufschiebende Wirkung (Abs. 1) hat die Beschwerde, soweit nicht (wie in §§ 81 Abs. 4 S. 2, 231a Abs. 3 S. 3, 454 Abs. 3 S. 2, 462 Abs. 3 S. 2 sowie § 181 Abs. 2 GVG, § 65 Abs. 2 S. 3 **JGG**) etwas anderes bestimmt ist. Wenn allerdings die Vollstreckbarkeit o. weitere Vollstreckung eines Urt. o. einer abschl. Beschlussentscheidung v. dem Erg. einer Beschwerde abhängt, ist entspr. § 449 diese Entsch. abzuwarten, hat die Beschwerde also aufschiebende Wirkung (Löwe/Rosenberg/Matt Rn. 3). Das gilt insbes. in den Fällen von § 453 Abs. 2 S. 3 (→ § 452 Rn. 8), §§ 462 Abs. 3 und 464 Abs. 3. 1

B. Aussetzung der Vollziehung (Abs. 2). Die Aussetzung der Vollziehung (Abs. 2) vAw o. auf Antrag, der nicht vor Beschwerdeeinlegung gestellt werden kann (KK-StPO/Zabeck Rn. 8; Löwe/Rosenberg/Matt Rn. 1; so auch Leipold gegen Schlicht StraFo 2005, 90), ist eine **Ermessensentscheidung** (OLG Karlsruhe NJW 1976, 2274), bei der das öffentl. Interesse an sofortiger Vollziehung 2 gegen die dem Beschwerdeführer drohenden Nachteile abgewogen werden muss (BGH NStZ 2010, 343; NStZ-RR 2017, 53; vgl. auch BGH 10.1.2025 – StB 75–77/24; OLG Frankfurt a. M. NJW 1976, 303; vgl. auch KG StraFo 2012, 62). Maßgebend sind insbes. die Aussichten des Rechtsmittels; sie kommt in Betracht, wenn die sofortige Beschwerde sich nach vorläufiger Prüfung nicht als aller Voraussicht nach unzulässig o. unbegründet erweist (BGH 10.1.2025 – StB 75–77/24). Die Aussetzung ist auch anzuordnen, wenn der Richter die Unrichtigkeit seiner Entsch. nachträglich erkennt, der Beschwerde aber nach § 311 Abs. 3 S. 1 nicht abhelfen kann. Unzulässig ist sie, wenn die sofortige Vollziehung ges. bestimmt ist (vgl. § 120 Abs. 2). Die Dauer der Aussetzung, die nachträglich verkürzt o. verlängert werden kann, richtet sich nach den Umständen des Falles. Die nicht befristete Aussetzung entfällt mit der Entsch. über die Beschwerde ohne weiteres. Diese Maßstäbe gelten auch für die Prüfung einer Aussetzung der Vollziehung einer gerichtlichen Anordnung nach dem PUAG (BGH NStZ-RR 2019, 62).

3 **Zuständig** ist sowohl der iudex a quo als auch das Beschwerdegericht, bei einem Kollegialgericht des 1. Rechtszugs auch der Vorsitzende allein (**aM** Löwe/Rosenberg/Matt Rn. 1). Ist die Sache bereits an das Beschwerdegericht abgegeben, so ist nur dieses zuständig (Löwe/Rosenberg/Matt Rn. 1; **aM** KK-StPO/Zabeck Rn. 4). Eine ausdr. Entsch. nach Abs. 2 ist nur erforderlich, wenn ein Antrag gestellt ist; die vorherige Anhörung des Gegners des Beschwerdeführers ist entbehrlich (Ellersiek Beschwerde S. 160; Rahn NJW 1959, 1167; **aM** SK-StPO/Frisch Rn. 10).

4 Gegen einen Ablehnungsbeschluss des iudex a quo ist **Beschwerde** nach § 304 Abs. 1 zulässig, solange nicht über die Beschwerde entschieden worden ist (Löwe/Rosenberg/Matt Rn. 9). Mit der Entsch. wird das Rechtsmittel gegenstandslos. Lehnt das Beschwerdegericht eine Anordnung nach Abs. 2 ab, so ist hiergegen Beschwerde nur nach Maßgabe des § 310 Abs. 1 zulässig.

Befugnisse des Beschwerdegerichts

308 (1) [1]**Das Beschwerdegericht darf die angefochtene Entscheidung nicht zum Nachteil des Gegners des Beschwerdeführers ändern, ohne daß diesem die Beschwerde zur Gegenerklärung mitgeteilt worden ist.** [2]**Dies gilt nicht in den Fällen des § 33 Abs. 4 Satz 1.**

(2) **Das Beschwerdegericht kann Ermittlungen anordnen oder selbst vornehmen.**

1 **A. Anhörung des Beschwerdegegners (Abs. 1).** Die Anhörung des Beschwerdegegners (Abs. 1) geht über die Gewährung des rechtlichen Gehörs hinaus, weil sie sich nicht nur, wie nach Art. 103 Abs. 1 GG, § 33 Abs. 3, auf Tatsachen u. Beweisergebnisse, sondern auf das gesamte Beschwerdevorbringen bezieht.

2 **I. Gegner des Beschwerdeführers (S. 1).** Gegner des Beschwerdeführers (S. 1) sind die durch die erstrebte Entsch. in ihren rechtlichen Interessen beeinträchtigten Verfahrensbeteiligten (Löwe/Rosenberg/Matt Rn. 7; erg. → § 303 Rn. 3; → § 347 Rn. 1). Zu Beschwerden des Angeklagten sind StA, Privat- u. Nebenkläger zu hören (Ausnahme: → § 148a Rn. 12), zu Beschwerden der StA der Angeklagte, der Verteidiger, auch der ges. Vertreter (KK-StPO/Zabeck Rn. 2; Löwe/Rosenberg/Matt Rn. 8; **aM** KMR-StPO/Plöd Rn. 2), zu Beschwerden Drittbeteiligter die StA, der Beschuldigte nur, wenn seine Interessen unmittelbar berührt sind, wie bei der Beschwerde gegen eine Kostenentscheidung nach § 51 Abs. 1 S. 1 (BayVerfGHE 18 II 134).

3 Nur bei Abänderung der Entsch. zum **Nachteil des Gegners** ist die Anhörung erforderlich, nicht bei vollständiger Verwerfung der Beschwerde (OLG Düsseldorf NStE Nr. 1). Ein Nachteil liegt in jeder Beeinträchtigung der rechtlichen Interessen des Gegners, auch durch Änd. der Beschlussbegründung (KK-StPO/Zabeck Rn. 4). Die StA ist durch jede Entsch. „benachteiligt", die die Entsch. o. ihre

Begründung ganz o. teilw. zugunsten des Beschwerdeführers ändert. Die Eröffnung des Hauptverfahrens vor dem LG statt vor dem SchG benachteiligt den Angeklagten nicht (vgl. § 269).

II. Zur Gegenerklärung mitzuteilen (S. 1). Zur Gegenerklärung mitzuteilen (S. 1) sind **Einlegung u. Begründung der Beschwerde** (BVerfGE 17, 188), auch spätere Ergänzungen. Die Mitteilung, die nicht wiederholt werden muss, wenn sie bereits das untere Gericht o. die StA veranlasst hat (Röhl MDR 1955, 522), kann formlos erfolgen; ihr Zugang muss aber feststehen (BVerfGE 36, 85). Für die Abgabe der Gegenerklärung ist dem Beschwerdegegner eine angemessene Frist zu setzen (Röhl MDR 1955, 522), vor deren Ablauf nicht entschieden werden darf (BVerfG MDR 1988, 553); ohne eine solche Fristsetzung muss mit der Entsch. angemessene Zeit gewartet werden (BVerfGE 4, 190; 24, 23; Ellersiek Beschwerde S. 183; erg. → § 306 Rn. 5). Eine Form ist für die Gegenerklärung nicht vorgeschrieben. Dem Beschwerdeführer muss sie nur zur Kenntnis gebracht werden, wenn sie neue Tatsachen o. Beweisergebnisse enthält, die das Beschwerdegericht ohne weiteres verwerten will (§ 33 Abs. 3). Die Rechtsgründe, die für die Entsch. des Beschwerdegerichts maßgebend sind, erfahren die Bet. durch die Beschwerdeentscheidung; vorher werden sie ihnen nicht mitgeteilt. 4

III. Notwendig überraschende Maßnahmen (S. 2). Bei notwendig überraschenden Maßnahmen (S. 2) **unterbleibt die Anhörung des Beschwerdegegners** nach § 33 Abs. 4 S. 1, zB bei Beschwerde der StA gegen den einen Haftbefehlserlass abl. Beschluss. Das Gleiche gilt, wenn der Angeklagte die Anhörung durch seine Flucht vereitelt hat (OLG Düsseldorf JurBüro 1986, 1216; OLG Hamburg MDR 1979, 865). Die Maßnahme ist dann vollziehbar, ihrem Wesen nach aber nur vorl. Art (BVerfGE 9, 89 (106)), bis die Anhörung im Verf. der weiteren Beschwerde (§ 310 Abs. 1), sonst nach § 311a nachgeholt ist (Gehrlein FS Boujong, 1996, 771). 5

B. Ergänzende Ermittlungen (Abs. 2). Ergänzende Ermittlungen (Abs. 2) können sich als notwendig erweisen, bevor das Beschwerdegericht entscheidet; denn es prüft die Entsch. des unteren Gerichts, soweit angefochten, auch in tatsächlicher Hinsicht (→ § 309 Rn. 2). Es kann, ohne insoweit an Anträge gebunden zu sein (BVerfG NStZ-RR 2008, 209 mwN), die Ermittlungen selbst vornehmen, ihre Durchführung durch einen beauftragten o. ersuchten Richter anordnen, die StA darum bitten, die dieser Bitte aber nicht zu entsprechen braucht (KG JR 1967, 69; Löwe/Rosenberg/Matt Rn. 19), o. die Polizei darum ersuchen (vgl. → Einl. Rn. 44), zB um eine Vernehmung o. um die Anfertigung v. Lichtbildern o. Skizzen; zur Unanfechtbarkeit solcher Anordnungen vgl. → § 310 Rn. 3. Im Ermittlungsverfahren ist die Aufklärungsbefugnis eingeschränkt; sie erstreckt sich nur auf Umstände u. Beweismittel, die die Ermittlungsbehörde zur Grdl. einer beantragten gerichtlichen Entsch. gemacht wissen will (KG JR 1967, 69; LG Köln StV 1983, 275; KK-StPO/Zabeck Rn. 18; Löwe/Rosenberg/Matt Rn. 20). Von dem Erg. der Ermittlungen müssen die Verfahrensbeteiligten nach § 33 Abs. 3 unterrichtet werden, wenn sie zu ihrem Nachteil verwertet werden sollen. 6

Entscheidung

309 (1) **Die Entscheidung über die Beschwerde ergeht ohne mündliche Verhandlung, in geeigneten Fällen nach Anhörung der Staatsanwaltschaft.**

(2) **Wird die Beschwerde für begründet erachtet, so erläßt das Beschwerdegericht zugleich die in der Sache erforderliche Entscheidung.**

A. Schriftliches Verfahren. Im schriftlichen Verfahren nach Aktenlage ergeht die Entsch. (BGHSt 13, 102 (108)) durch Beschl., der nach § 34 zu begründen ist. Eine mündliche Verh. ist, abgesehen v. den Fällen der §§ 118 Abs. 2, 124 Abs. 2 S. 3, nicht zulässig (BayObLGSt 1953, 202). Das Beschwerdegericht kann aber aus 1 besonderen Gründen mündliche Erklärungen entgegennehmen o. herbeiführen (Löwe/Rosenberg/Matt Rn. 2).

2 Die **Anhörung der StA,** die beim Zustandekommen der angefochtenen Entsch. mitgewirkt hat, ist unter der Voraussetzung des § 308 Abs. 1 S. 2 vor der Entsch. erforderlich. Die StA beim Beschwerdegericht (dieselbe StA, der GStA beim OLG o. der GBA) braucht nur in geeigneten Fällen gehört zu werden; Abs. 1 schränkt insoweit den § 33 Abs. 2 ein (→ § 33 Rn. 10). Die Anhörung steht im Ermessen des Gerichts; v. ihr wird aber nur abgesehen werden können, wenn der Beschwerde der StA stattgegeben o. die Beschwerde eines anderen Verfahrensbeteiligten verworfen wird (KK-StPO/Zabeck Rn. 3).

3 **B. Beschwerdeentscheidung.** Wenn die Beschwerde ges. ausgeschlossen, mangels Beschwer nicht statthaft (→ Vor § 296 Rn. 8 ff.), verspätet o. nicht formgerecht eingelegt ist, wird sie als unzulässig verworfen. Bei der sachlichen Prüfung, deren Umf. durch das Beschwerdevorbringen nur beschränkt wird, wenn die Beschwerde selbst in zulässiger Weise (→ § 304 Rn. 4) beschränkt ist (KG JR 1982, 114; OLG München MDR 1974, 332), muss das Beschwerdegericht alle für die Entsch. wesentlichen Tatsachen prüfen u. aufklären, auch soweit das bisher nicht geschehen ist (BGH NJW 1964, 2119; KG JR 1982, 114; OLG Koblenz MDR 1975, 241), insbes. wenn sie erst durch das Beschwerdevorbringen bekanntgeworden sind. Die Aufhebung der Entsch. mit der Anweisung an das untere Gericht, die Sache weiter aufzuklären, ist unzulässig (KK-StPO/Zabeck Rn. 7). Ergibt die Prüfung, dass der angefochtene Beschl. zutr. ist, so wird die Beschwerde als unbegründet verworfen.

4 Ist sie begründet, so muss das Beschwerdegericht eine **eigene Sachentscheidung** anstelle des 1. Richters treffen (BGH NJW 1964, 2119), auch in Ermessensfragen (OLG Hamburg MDR 1970, 255; OLG Schleswig NJW 1976, 1467; **aM** Bloy JuS 1986, 588; Ellersiek Beschwerde S. 34 ff.: Nachprüfung nur auf Ermessensfehler; erg. → StrEG § 8 Rn. 22), sofern derselbe Verfahrensgegenstand wie in der Erstentscheidung betroffen ist (vgl. BGH BeckRS 2020, 36455) u. soweit die Prüfungsaufgabe des Beschwerdegerichts nicht ges. eingeschränkt ist, wie in §§ 305a Abs. 1 S. 2, 453 Abs. 2 S. 2 (zu § 229 Abs. 3 vgl. OLG Düsseldorf StV 1997, 282 mablAnm Zieschang). Es erlässt auch den aus sachlichen Gründen nicht ergangenen Haft- o. Vorführungsbefehl u. den Eröffnungsbeschluss o. ordnet eine Beschlagnahme an (BGH MDR 1964, 1019). Zur Abfassung der Beschwerdeentscheidung vgl. Meyer-Goßner/Appl Strafsachen Rn. 868 ff., zum Verschlechterungsverbot → Vor § 304 Rn. 5.

5 Bei der **Beschwerde gegen eine Unterlassung** fehlt eine nachprüfbare Entsch. u. daher auch die Entscheidungsbefugnis des Beschwerdegerichts (vgl. RGSt 19, 332 (337)). Jedoch kann in dem Untätigbleiben eine beschwerdefähige stillschweigende Entsch. liegen (→ Einl. Rn. 123; → § 304 Rn. 3). Ist das der Fall, u. war die Unterlassung rechtswidrig u. enthielt sie eine Beschwer für den Beschwerdeführer, so spricht das Gericht die Verpflichtung des für die unterlassene Entsch. zuständigen Richters aus, die Entsch. zu erlassen, wenn die Sache entscheidungsreif ist (Ellersiek Beschwerde S. 194).

6 Bei **Unzuständigkeit des unteren Gerichts** gilt folgendes: War das Gericht örtlich unzuständig, so muss das Beschwerdegericht den Beschl. grds. aufheben u. eine Entsch. über den gestellten Antrag ablehnen; eine Verweisung an das örtlich zuständige Gericht ist ausgeschlossen (KG StV 1998, 384 mwN; **aM** Fröhlich NStZ 1999, 585). Nur wenn das zuständige Gericht ebenfalls im Bezirk des Beschwerdegerichts liegt, kann in der Sache entschieden werden (OLG Bamberg NStZ-RR 2013, 326; OLG Nürnberg StraFo 2000, 280 (281)). Hat statt des sachlich zuständigen AG das LG im 1. Rechtszug entschieden, verweist das OLG die Sache an das AG zurück (OLG Düsseldorf VRS 96, 38; OLG Hamburg NJW 1964, 1913; OLG Koblenz VRS 67, 120; OLG Saarbrücken NStZ-RR 2004, 112 (113)). War für die angefochtene Entsch. nicht das AG o. LG, sondern das Beschwerdegericht zuständig, so hebt es den Beschl. auf u. entscheidet als Gericht des 1. Rechtszugs. In der

Sache selbst entscheidet es auch bei einem Verstoß gegen die geschäftsplanmäßige Zuständigkeit (OLG Köln StraFo 2011, 402 mwN; **aM** OLG München MDR 1974, 332; OLG Rostock NStZ-RR 2000, 14) u. gegen die funktionelle Zuständigkeit (→ Vor § 1 Rn. 8), insbes., wenn statt des allein zuständigen Vorsitzenden das ganze Gericht entschieden hat (→ § 126 Rn. 10) o. die StrK ohne die Mitwirkung der Schöffen (KG StraFo 2015, 419) o. statt der StVollstrK die StrK (KG NStZ 2007, 422; OLG Düsseldorf NStZ-RR 2001, 111; erg. → § 462 Rn. 5). Zurückverweisung ist aber erforderlich, wenn das OLG im Fall des § 122 Abs. 2 S. 1 GVG statt mit 5 nur mit 3 Richtern entschieden hat (BGHSt 38, 312). Zum Verstoß gegen die Zuständigkeitsvorschrift des § 78b Abs. 1 GVG vgl. → GVG § 78b Rn. 8.

7 **C. Zurückverweisung der Sache an das untere Gericht.** Eine Zurückverweisung der Sache an das untere Gericht ist **nur in eng begrenzten Ausnahmefällen** zulässig (BGH NJW 1964, 2119; eing. dazu OLG Düsseldorf NJW 2002, 2963; SSW StPO/Hoch Rn. 22 ff.), nicht stets schon, weil die Entsch. entgegen § 34 keine Begründung enthält (KG StV 1986, 142; OLG Schleswig SchlHA 1985, 120; **aM** OLG Oldenburg NJW 1971, 1098; Lorenzen/Thamm SchlHA 1993, 223 – OLG Schleswig RsprÜ) o. nicht ordnungsgemäß zustande gekommen ist (OLG Karlsruhe VRS 68, 360; **aM** OLG Hamburg NJW 1962, 2363). In Haftsachen steht der Beschleunigungsgrundsatz nach Art. 5 Abs. 4 **EMRK** idR der Zurückverweisung entgegen (EGMR StV 2008, 475 Rn. 73).

8 Die Zurückverweisung kommt in Betracht, wenn ein **Verfahrensmangel** vorliegt, den das Beschwerdegericht nicht beheben kann (BGH NStZ-RR 2013, 16 (18); Roxin/Schünemann StrafVerfR § 56 Rn. 11 halten das für den einzigen zulässigen Grund), wie das Unterlassen einer zwingend vorgeschriebenen mündlichen Anhörung (KG NStZ 1999, 320; OLG Braunschweig StV 2014, 158; OLG Düsseldorf StV 1987, 257; OLG Jena NStZ 2007, 421; OLG Koblenz NStZ 1984, 189; erg. → § 118a Rn. 7, → § 454 Rn. 15 ff.) o. eine unzulässige Teilentscheidung über die Eröffnung des Hauptverfahrens (OLG Düsseldorf GA 1986, 37; OLG Nürnberg MDR 1972, 967), o. der so schwer wiegt, dass v. einer ordnungsgemäßen Justizgewährung nicht mehr gesprochen werden kann, zB bei Nichtbeteiligung des Betroffenen im selbständigen Einziehungsverfahren (OLG Karlsruhe NJW 1974, 709 (712)) o. bei Mitwirkung eines nach § 22 ausgeschlossenen Richters (KG JR 1967, 266; OLG Bremen NJW 1966, 605; OLG Saarbrücken NJW 1966, 167; erg. → § 22 Rn. 21), nicht aber eines nach § 24 wegen Befangenheit abgelehnten Richters (OLG Hamm JMBl. NRW. 1982, 222; erg. → § 28 Rn. 4), o. bei Verstoß gegen § 29 DRiG im Fall des § 46 Abs. 3 (OLG Frankfurt a. M. NStZ-RR 2004, 300). Die Zurückverweisung erfolgt auch, wenn das Untergericht noch keine eigene Sachentscheidung getroffen hat (vgl. BGH 17.4.2024 – StB 23/24 zu § 454). Zum Fall der Unzuständigkeit → Rn. 6.

9 Eine Zurückverweisung erfolgt auch nicht deshalb, weil das untere Gericht bestimmte **Tatsachen oder Beweismittel nicht berücksichtigt** hat u. das Beschwerdegericht daher weitgehend über einen anderen Sachverhalt entscheiden muss (OLG Karlsruhe NJW 1974, 709 (712)). Der Gesichtspunkt, dass dem Beschwerdeführer andernfalls eine Instanz „verlorenginge" (vgl. BGHSt 8, 194 (195); OLG Bremen NJW 1966, 605; OLG Koblenz MDR 1975, 241; OLG Oldenburg NJW 1971, 1098), hätte den Gesetzgeber veranlassen können, die Zurückverweisung wie in § 354 Abs. 2 vorzusehen. Stattdessen hat er in § 309 das Beschwerdegericht beauftragt, selbst zu entscheiden; daran sind die Gerichte gebunden (KG StraFo 2015, 419; OLG Düsseldorf MDR 1993, 375; Hanack JZ 1967, 223). Eine Zurückverweisung kommt aber in Betracht, wenn das untere Gericht den Antrag zu Unrecht als unzulässig abgelehnt hat (zB wegen vermeintlicher örtlicher Unzuständigkeit, OLG Stuttgart NStZ 1991, 291) u. eine sachliche Entsch. daher völlig fehlt (vgl. OLG Frankfurt a. M. NStZ 1983, 426; OLG Koblenz MDR 1975, 241; SK-StPO/Frisch Rn. 13). Eine Zurückverweisung kommt uU auch in Betracht, wenn die Beschwerde erhebliches neues Vorbringen enthält, das einer

Klärung bedarf (OLG Hamm NStZ-RR 2014, 154). Die Zurückverweisung unterbleibt stets, wenn der Antrag, über den entschieden worden ist, ohne sachliche Prüfung verworfen werden muss.

10 Eine **Bindung an die Aufhebungsansicht** des Beschwerdegerichts besteht nach der Zurückverweisung nicht; § 358 Abs. 1 gilt nicht entspr. (Meyer NStZ 1987, 27; Mohrbotter ZStW 84 (1974), 621; **aM** SK-StPO/Frisch Rn. 30); allerdings darf das Erstgericht nur dann anders als das Beschwerdegericht entscheiden, wenn sich der zu beurteilende Sachverhalt geänd. hat (OLG Braunschweig StV 2016, 102 mit iErg zust. Anm Weidemann). OLG Düsseldorf NJW 2002, 2963 macht ferner eine Ausnahme für den Fall, dass dem Beschwerdegericht aus zwingenden Sacherwägungen eine eigene abschl. Sachentscheidung verwehrt ist.

Weitere Beschwerde

310 (1) **Beschlüsse, die von dem Landgericht oder von dem nach § 120 Abs. 3 des Gerichtsverfassungsgesetzes zuständigen Oberlandesgericht auf die Beschwerde hin erlassen worden sind, können durch weitere Beschwerde angefochten werden, wenn sie**

1. eine Verhaftung,
2. eine einstweilige Unterbringung oder
3. einen Vermögensarrest nach § 111e über einen Betrag von mehr als 20 000 Euro

betreffen.

(2) **Im übrigen findet eine weitere Anfechtung der auf eine Beschwerde ergangenen Entscheidungen nicht statt.**

1 **A. Grundsätzlich ausgeschlossen.** Grundsätzlich ausgeschlossen ist die weitere Beschwerde. Der Beschwerdeführer, dessen Rechtsmittel erfolglos war, kann das nächsthöhere Gericht nicht anrufen, auch wenn er erstmals durch die Beschwerdeentscheidung beschwert ist (OLG Bremen NStZ 1986, 524; OLG Celle MDR 1996, 1284; OLG Koblenz VRS 65, 144; Lorenzen SchlHA 1987, 120 – OLG Schleswig RsprÜ) o. jedenfalls ein neuer Beschwerdegrund vorliegt (KG JR 1969, 194; OLG Hamm NJW 1970, 2127; OLG Köln NStZ-RR 2002, 244) o. ein Verstoß gegen Verfassungsrecht geltend gemacht wird (OLG Düsseldorf NJW 1991, 2434; OLG Karlsruhe Justiz 2002, 24). Auch der Gegner des Beschwerdeführers hat gegen die ihm ungünstige Beschwerdeentscheidung keine Beschwerde (KG JR 1962, 311; OLG Bremen Rpfleger 1963, 15; OLG Karlsruhe Justiz 1974, 98).

2 Der Ausschluss gilt aber nicht für alle Entsch. des Beschwerdegerichts, sondern nur für **Beschlüsse, die auf Beschwerde hin erlassen sind,** wobei es genügt, dass eine Erkl. vertretbar als Beschwerde ausgelegt worden ist (OLG Köln MDR 1980, 600). Sie müssen **denselben Verfahrensgegenstand** betreffen wie die 1. Entsch. (OLG Celle StraFo 2025, 23; OLG Hamm NJW 1970, 2127; GA 1976, 58; eing. dazu Bock ZIS 2016, 716); maßgebend dafür ist nicht allein der Entscheidungssatz, sondern die gesamte Prozesslage (OLG Stuttgart NStZ 2018, 239; OLG Nürnberg NStZ-RR 1999, 53; vgl. auch OLG Frankfurt a. M. NStZ-RR 2012, 54: Entsch. des Beschwerdegerichts über die Erinnerung nach § 11 Abs. 2 RPflG unter Übergehung des Richters). Ein neuer Verfahrensgegenstand wird nicht dadurch begründet, dass der Bf. erstmals durch die angegriffene Beschwerdeentscheidung beschwert wird, wenn derselbe Sachverhalt nunmehr nur anders rechtlich bewertet wird (vgl. OLG Celle StraFo 2025, 23 (24) mwN).

2a *Nicht* auf eine Beschwerde ergangen ist dagegen ein Beschl., wenn gar keine Beschwerde eingelegt war (OLG Saarbrücken VRS 27, 453; Lorenzen/Thamm SchlHA 1995, 35 – OLG Schleswig RsprÜ; OLG Stuttgart Justiz 1971, 270), wenn das Beschwerdegericht im 1. Rechtszug zuständig gewesen wäre (KG NStZ 2007, 422; OLG Düsseldorf NStZ-RR 2001, 111 mwN; OLG Karlsruhe StV 2012, 616 mit hins. der Beschwerdefrist unzutr. Anm. Becker, da hier §§ 44 S. 2, 45 Abs. 2 S. 3 eingreifen; OLG Koblenz NZV 2001, 314; NStZ-RR 2011, 211 Ls.; **aM** OLG Frankfurt a. M. NStZ-RR 2017, 252 Ls.; OLG Celle NStZ-RR 2016, 326 Ls. mkritAnm Müller-Metz; OLG Jena NStZ-RR 2016, 19; zw. Bock ZIS 2016, 718), wenn das LG zur Entsch. über die (Rechts-)Beschwerde nicht zuständig war (OLG Celle NJW 1973, 1710; OLG Hamm NJW 1972, 1725) o. wenn weder das AG noch das Beschwerdegericht zuständig waren (OLG Celle NZV 2012, 556; OLG Frankfurt a. M. NJW 1980, 1808; OLG Karlsruhe Justiz 2002, 23).

Anfechtbar sind auch Entsch., die auf einen erst im Beschwerderechtszug gestellten **außerhalb oder neben der eigentlichen Beschwerde** liegenden Antrag ergangen sind (BayObLGSt 1951, 340; OLG Hamm GA 1962, 381), zB auf Wiedereinsetzung gegen die Versäumung der Beschwerdefrist (OLG Celle StraFo 2025, 23 (24); BayObLGSt 1952, 8; KG NJW 1966, 991) o. auf Beiordnung eines Verteidigers (OLG Celle StraFo 2025, 23 (24); OLG Bamberg NStZ 1985, 39); das Gleiche gilt, wenn das LG eine weitere selbständige Entsch. über das Rechtsmittelbegehren hinaus trifft (BayObLGSt 1957, 40; OLG Celle Nds. Rpfl. 1975, 222; OLG Hamburg MDR 1978, 864; OLG Stuttgart NStZ 2001, 496). Unanfechtbar ist dagegen ein Beschl., mit dem das Beschwerdegericht nach § 308 Abs. 2 weitere Ermittlungen, zB die Herbeiziehung bestimmter Aufklärungsmittel, anordnet (KG JR 1969, 194) o. seine Entsch. auf Gegenvorstellungen o. vAw in unzulässiger Weise berichtigt o. ändert (OLG Hamm GA 1962, 381; **aM** OLG Oldenburg Nds. Rpfl. 1985, 44). 3

B. Verhaftung, einstweilige Unterbringung und Vermögensarrest. Verhaftung, einstweilige Unterbringung und Vermögensarrest (nach §§ 111e über einen Betrag v. mehr als 20.000 EUR) können mit der weiteren Beschwerde angefochten werden (Abs. 1): Es handelt sich um eine **eng auszulegende Ausnahmevorschrift** (BGHSt 25, 120; KG NJW 1979, 2626; OLG Stuttgart NStZ 2018, 239: keine Anwendung in Fällen des § 17a Abs. 4 S. 3 GVG). Sie enthält eine erschöpfende Regelung, die durch Landesrecht nicht erweitert werden kann (BVerfGE 48, 367 (376) = NJW 1978, 1911). 4

I. Verhaftung (Nr. 1). Gemeint ist der Haftbefehl nach §§ 112 ff., 230 Abs. 2 (→ § 230 Rn. 25), § 236 (→ § 236 Rn. 9) u. § 329 Abs. 4 S. 1 und die Anordnung der Erzwingungshaft nach § 70 Abs. 2 (→ § 70 Rn. 20). Nicht unter den Begriff fallen die Haft nach § 453c (→ § 453c Rn. 17) u. § 457 (→ § 457 Rn. 10, 16), die vorl. Festnahme nach § 127 Abs. 2 (OLG Frankfurt a. M. NStZ-RR 2010, 22), die Ingewahrsamnahme nach § 231 Abs. 1 S. 2 (→ § 231 Rn. 24), die Ordnungshaft nach § 51 (→ § 51 Rn. 28), § 95 (→ § 95 Rn. 12), nach § 96 OWiG (OLG Hamm NStZ 1992, 443; VRS 111, 59), der Vorführungsbefehl nach § 230 Abs. 2 (→ § 230 Rn. 25), die Ablehnung des sicheren Geleits nach § 295 (→ § 295 Rn. 11) u. die Anordnung eines jugendstrafrechtlichen Ungehorsamsarrest (OLG München NStZ 2012, 166). Vgl. auch → § 304 Rn. 13. 5

II. Einstweilige Unterbringung (Nr. 2). Einstweilige Unterbringung (Nr. 2) ist die nach § 126a und § 71 Abs. 1 **JGG** (OLG Hamburg NJW 1963, 1167), nicht die Unterbringung nach § 81 (→ § 81 Rn. 28). 6

III. Bestand und Vollzug des Haft- oder Unterbringungsbefehls. Bestand und Vollzug des Haft- oder Unterbringungsbefehls kann der Beschuldigte zur Prüfung des Beschwerdegerichts stellen (KG NJW 1979, 2626; vgl. auch BGHSt 25, 120; → § 304 Rn. 13). Zwar spricht der Begriff Verhaftung an sich dafür, dass die weitere Beschwerde nur zulässig ist, wenn der Beschuldigte sich in Haft befindet (vgl. §§ 114a, 114c Abs. 1, Abs. 2, 119 Abs. 5, Abs. 6 S. 2). Jedoch gilt Abs. 1 seinem Sinn nach stets, wenn es um den Bestand eines Haft- o. Unterbringungsbefehls geht, auch wenn die Auswechslung des einen gegen den anderen in Frage steht (→ § 126a Rn. 12). Der Haft- o. Unterbringungsbefehl ist ein Rechtstitel für die Verhaftung. Für die Klärung, ob er erlassen o. aufrechterhalten werden soll, muss nicht abgewartet werden, bis es zu seinem Vollzug kommt. Abs. 1 gilt daher 7 auch, wenn der Haftbefehl noch nicht o. nicht mehr vollzogen wird, insbes., wenn sein Vollzug nach § 116b zum Zweck der Strafvollstreckung in anderer Sache unterbrochen (OLG Karlsruhe Justiz 1980, 208; **aM** OLG Koblenz MDR 1978, 339), wenn nur Überhaft (→ Vor § 112 Rn. 13) notiert ist (**aM** OLG Koblenz OLGSt StPO § 310 Nr. 3, 4) o. wenn der Vollzug nach § 116 ausgesetzt ist (sehr str., wie hier zB KG NJW 1979, 2626; OLG Hamburg StV 1994, 323; OLG Hamm StraFo 2002, 140; OLG Koblenz NStZ 1990, 102 mzustAnm Hohmann NStZ 1990, 507; OLG Köln StV 1994, 321; Paeffgen NStZ 1991, 425; **aM** zB OLG Bremen StV 1981, 131; OLG Düsseldorf NStZ 1990, 248; OLG Zweibrücken StV 1991, 219; ausf. dazu mwN Matt NJW 1991, 1801; vgl. auch BGHSt 29, 200 zu § 304 Abs. 4 S. 2 Nr. 1). Unter Beachtung der verfassungsrechtlichen Anforderungen gilt Nr. 1 auch bei Aufhebung des Haftbefehls u. Freilassung des Beschwerdeführers (BVerfG NStZ-RR 2017, 379; OLG Düsseldorf StV 2001, 332; Park/Schlothauer FS Widmaier, 2008, 395; **aM** OLG Zweibrücken JBlRP 2001, 195; erg. → Vor § 296 Rn. 18a; vgl. §§ 2, 4 Abs. 1 **StrEG**). Soweit es nur um die Anordnung, Änd. o. Aufhebung v. Auflagen geht, ist die weitere Beschwerde jedoch ausgeschlossen (KG NJW 1979, 2626; OLG Celle NStZ-RR 2006, 222 mwN; OLG Frankfurt a. M. NJW 1973, 209; OLG Hamburg StV 1994, 323; **aM** OLG Nürnberg MDR 1961, 619; Neuhaus StV 1999, 341; vgl. auch BGHSt 25, 120; 26, 270; 29, 200). Das Gleiche gilt bei Vollzug des Haftbefehls für die Gestaltung der Haftverhältnisse (OLG Köln NStZ-RR 2012, 93 Ls.).

8 **IV. Nichterlass oder Aufhebung eines Haft- oder Unterbringungsbefehls.** Bei Nichterlass oder Aufhebung eines Haft- oder Unterbringungsbefehls steht der StA die weitere Beschwerde zu (BGHSt 36, 396 (398); 43, 262 (265); OLG Braunschweig 1.10.2025 – BeckRS 2025, 30153; OLG Stuttgart JR 1967, 431; **aM** Löwe/Rosenberg/Matt Rn. 18 ff.). Das Gleiche gilt, wenn der Vollzug nach § 116 ausgesetzt worden ist.

9 **V. Vermögensarrest.** Beschlüsse, die einen Vermögensarrest (§ 111e) über einen Betrag v. mehr als 20.000 Euro betreffen, unterliegen der weiteren Beschwerde **(Nr. 3).** Nach der Streichung des Wortes „Anordnung“ durch das G zur Reform der strafrechtlichen Vermögensabschöpfung v. 13.4.2017 (BGBl. I 872) gilt dies eindeutig nicht mehr nur für die **Anordnung** des Arrestes, sondern auch bei **Aufhebung** eines Vermögensarrestes o. bei **Bestätigung der ablehnenden Entscheidung** des Beschwerdegerichts (BT-Drs. 18/9525, 86). Nr. 3 gilt für den Vermögensarrest nach § 111e selbst, **nicht** für Maßnahmen, die in **Vollziehung** des Arrests getroffen worden sind (so schon bisher, OLG Hamburg NJW 2008, 1830; OLG Köln NStZ-RR 2011, 279 Ls.). Für die Wertgrenze ist auf den in dem Arrestbeschluss bezifferten, zu sichernden Anspruch (→ § 111e Rn. 13) abzustellen, nicht etwa auf die Lösungssumme (§ 111e Abs. 4 S. 2) o. das Erg. bereits getroffener Vollstreckungsmaßnahmen (AnwK StPO/Rotsch/Gasa Rn. 7).

10 **C. Zuständigkeit.** Zuständig für die Entsch. ist idR das OLG (§ 121 Abs. 1 Nr. 2 GVG). Über Beschwerdebeschlüsse des OLG nach § 120 Abs. 3 GVG entscheidet der BGH (§ 135 Abs. 2 GVG).

11 Die **Abhilfeentscheidung** nach § 306 Abs. 2 trifft das Beschwerdegericht (KK-StPO/Zabeck Rn. 15); gegen sie ist weitere Beschwerde zulässig. Für die Nachholung des rechtlichen Gehörs gilt § 311a.

Sofortige Beschwerde

311 (1) **Für die Fälle der sofortigen Beschwerde gelten die nachfolgenden besonderen Vorschriften.**

(2) **Die Beschwerde ist binnen einer Woche einzulegen; die Frist beginnt mit der Bekanntmachung (§ 35) der Entscheidung.**

(3) [1] **Das Gericht ist zu einer Abänderung seiner durch Beschwerde angefochtenen Entscheidung nicht befugt.** [2] **Es hilft jedoch der Beschwerde ab,**

wenn es zum Nachteil des Beschwerdeführers Tatsachen oder Beweisergebnisse verwertet hat, zu denen dieser noch nicht gehört worden ist, und es auf Grund des nachträglichen Vorbringens die Beschwerde für begründet erachtet.

A. Sofortige Beschwerde. Die sofortige Beschwerde unterscheidet sich v. der einfachen (§ 304) durch die Einlegungsfrist (Abs. 2) u. das Abhilfeverbot (Abs. 3 S. 1). Sofortig ist die Beschwerde grds. nur, wenn das **ausdr. bestimmt** ist (BayObLG NJW 1956, 32; OLG Köln NJW 1957, 1204; OLG Oldenburg NJW 1959, 2275; Löwe/Rosenberg/Matt Rn. 3; Ellersiek Beschwerde S. 71; **aM** OLG Hamm NJW 1961, 135; vgl. aber auch → § 302 Rn. 11; → § 322a Rn. 8); ein Sonderfall ist § 181 GVG (→ GVG § 181 Rn. 1). Eine „weitere" sofortige Beschwerde gibt es nicht. Für das Verf. gelten außer den bes. Vorschr. des § 311 die §§ 304 ff., soweit sie mit ihnen vereinbar sind, auch § 304 Abs. 3, Abs. 4. Sofortige Beschwerde ist auch gegen eine stillschweigend erlassene Entsch. (vgl. → Einl. Rn. 123) u. gegen das gesetzwidrige Unterlassen einer Entsch. zulässig, falls sie beim förmlichen Erlass der Entsch. zulässig wäre (LG Braunschweig NJW 1973, 210; erg. → Vor § 296 Rn. 10, → § 304 Rn. 3, → § 309 Rn. 5, → § 464 Rn. 16). 1

B. Beschwerdefrist (Abs. 2 S. 1). Die Beschwerdefrist (Abs. 2 S. 1) v. einer Woche (zur Berechnung vgl. § 43) beginnt mit der Bekanntmachung (Verkündung o. förmlichen Zustellung) der angefochtenen Entscheidung. Bei formloser o. unterlassener Bekanntmachung wird sie nicht in Lauf gesetzt (→ § 35 Rn. 10). Zur Wahrung der Frist vgl. → Vor § 42 Rn. 11 ff.; → § 464 Rn. 21. Eine verspätet eingelegte sofortige Beschwerde darf nur das Beschwerdegericht als unzulässig verwerfen; die §§ 319 Abs. 1, 346 Abs. 1 gelten nicht entspr. Wiedereinsetzung ist nach § 44 möglich (vgl. EGMR NJW 2008, 2320). Bei Zweifeln an der Fristwahrung gelten die Grundsätze → § 261 Rn. 35. 2

C. Schriftlich oder zu Protokoll. Schriftlich oder zu Protokoll der Geschäftsstelle (§ 306 Abs. 1) ist die sofortige Beschwerde bei dem Gericht anzubringen (→ § 306 Rn. 3), das die angefochtene Entsch. erlassen hat (vgl. → § 306 Rn. 2). 3

Für die **Begründung** des Rechtsmittels, die noch nach Ablauf der Einlegungsfrist möglich ist, gelten dieselben Grundsätze wie bei § 306 (→ § 306 Rn. 5). 4

D. Abhilfe. Abhilfe durch das untere Gericht ist grds. **nicht möglich** (Abs. 3 S. 1). Der Richter darf seine Entsch. auf die Beschwerde weder abändern noch ergänzen (OLG München MDR 1987, 782). Zur Unzulässigkeit der Abänderung des Beschl. vAw o. auf Gegenvorstellungen vgl. → Vor § 296 Rn. 24 ff. 5

Eine Ausnahme gilt bei **Verletzung des rechtlichen Gehörs** (Abs. 3 S. 2). Hat das Gericht Tatsachen o. Beweisergebnisse verwertet, zu denen der Beschwerdeführer noch nicht gehört worden war, u. hält es aufgrund des Beschwerdevorbringens die sofortige Beschwerde für begründet, so hilft es ihr ab, vorausgesetzt, sie ist fristgemäß eingelegt u. auch sonst zulässig (OLG Düsseldorf MDR 1986, 341; KK-StPO/Zabeck Rn. 7; Katzenstein StV 2003, 361 Fn. 31; **aM** KMR-StPO/Plöd Rn. 6; Löwe/Rosenberg/Matt Rn. 12: auch bei Unzulässigkeit wegen Verspätung). Dabei muss, wie im Fall des § 33a (→ § 33a Rn. 9), der Mangel für die Unrichtigkeit der Entsch. ursächlich gewesen sein; nur eine auf dem Beschwerdevorbringen beruhende neue tatsächliche o. rechtliche Würdigung der Tatsachen o. Beweisergebnisse, zu denen der Beschwerdeführer nicht gehört worden ist, rechtfertigt die Änd. der Entsch. (KK-StPO/Zabeck Rn. 6; Löwe/Rosenberg/Matt Rn. 11). Die Abänderung erfolgt durch einen neuen Beschl., der den Bet. nach § 35 Abs. 2 bekanntgemacht wird u. erneut mit der sofortigen Beschwerde anfechtbar ist. 6

Liegen die Voraussetzungen des Abs. 3 S. 2 nicht vor, so ist ein **Nichtabhilfebeschluss** überflüssig. Nur wenn das Gericht trotz der Verletzung des rechtlichen Gehörs die Beschwerde für unbegründet hält, vermerkt es das in den Akten, bevor es sie dem Beschwerdegericht zuleitet. 7

8 **E. Wirkung der Rechtsmitteleinlegung.** Die sofortige Beschwerde hat aufschiebende Wirkung, wenn das bes. bestimmt ist (→ § 307 Rn. 1), sonst nicht (§ 307 Abs. 1). Es gilt aber § 307 Abs. 2. Die Rechtskraft des angefochtenen Beschl. ist bis zum Ablauf der Frist des Abs. 2 S. 1 gehemmt, wenn sie nicht schon vorher durch Verzicht (§ 302) herbeigeführt worden ist. Die sofortige Beschwerde bewirkt eine weitere Hemmung, bis das Rechtsmittel durch Abhilfe, Zurücknahme o. Verwerfung erledigt ist.

Nachträgliche Anhörung des Gegners

311a (1) [1] **Hat das Beschwerdegericht einer Beschwerde ohne Anhörung des Gegners des Beschwerdeführers stattgegeben und kann seine Entscheidung nicht angefochten werden, so hat es diesen, sofern der ihm dadurch entstandene Nachteil noch besteht, von Amts wegen oder auf Antrag nachträglich zu hören und auf einen Antrag zu entscheiden.** [2] **Das Beschwerdegericht kann seine Entscheidung auch ohne Antrag ändern.**

(2) **Für das Verfahren gelten die §§ 307, 308 Abs. 2 und § 309 Abs. 2 entsprechend.**

1 **A. Nichtanhörung des Beschwerdegegners.** Die Nichtanhörung des Beschwerdegegners (→ § 308 Rn. 2), gleichgültig, ob sie gegen § 308 Abs. 1 S. 1 verstößt o. nach dessen S. 2 zulässig war, **zwingt zu einem** an keine Frist gebundenen **Nachverfahren,** sofern der Beschwerde stattgegeben worden, die Entsch. nach § 310 nicht weiter anfechtbar ist u. der dem Beschwerdeführer entstandene Nachteil (→ § 308 Rn. 3) noch besteht, die Entsch. also nicht aus anderen Gründen aufgeh. worden o. durch den Fortgang des Verf. überholt ist (vgl. aber → Vor § 296 Rn. 18a; dazu BVerfG NJW 2000, 649; erg. → § 33a Rn. 6). Gegenüber § 33a (der für den Beschwerdeführer selbst gilt, Döllel/Dreeßen SchlHA 2007, 281 – OLG Schleswig RsprÜ) ist § 311a die speziellere Vorschrift. Sie ermöglicht stets die Nachholung des Gehörs zu Rechtsfragen (BayObLG MDR 1983, 689). Im Revisionsverfahren gilt § 356a. Die Vorschr. ist nicht anwendbar, wenn die StA der Beschwerdegegner ist (vgl. → § 33a Rn. 3; **aM** Löwe/Rosenberg/Matt Rn. 5).

2 **B. Nachverfahren.** Der Beschwerdegegner wird auf Antrag o., zweckmäßigerweise mit Fristsetzung, **vAw nachträglich zu der Beschwerde gehört** (Nachholungsverfahren). Die §§ 307, 308 Abs. 2, 309 Abs. 2 gelten entspr. (Abs. 2). Wenn der Beschwerdegegner das beantragt, muss das Beschwerdegericht neu entscheiden (Überprüfungsverfahren). Erweist sich die Beschwerdeentscheidung als zutreffend, so wird sie bestätigt. War sie zum Nachteil des Beschwerdeführers unrichtig, so wird sie abgeändert; das ist auch vAw zulässig (Abs. 1 S. 2). Wird ein Nachverfahren durchgeführt, kommt eine Ablehnung der Richter für die neu zu treffende Sachentscheidung in Betracht (OLG Stuttgart NStZ 2019, 693; erg. → § 25 Rn. 11) Ergänzend → § 33a Rn. 8.

3 **C. Beschwerde.** Wird der **Antrag auf Durchführung des Nachverfahrens abgelehnt,** so ist gegen diesen – als erstinstanzliche Entsch. anzusehenden – Beschl. die Beschwerde nach § 304 zulässig (KG NJW 1966, 991). Das Gleiche gilt für die Entsch. über die Aussetzung der Vollziehung nach § 307 (KK-StPO/Zabeck Rn. 14; **aM** OLG Celle MDR 1996, 1284; SK-StPO/Frisch Rn. 23). Die Überprüfungsentscheidung ist unanfechtbar (KG NJW 1966, 991; erg. → § 33a Rn. 10).

Dritter Abschnitt. Berufung Nr. 147–158a RiStBV

Vorbemerkung zu § 312

A. Wesen der Berufung. Die Berufung führt, wenn sie zulässig ist, im Umf. der Anfechtung (§ 318) zu einer völligen Neuverhandlung der Sache. Es findet eine neue HV statt, in der nicht das angefochtene Urt. geprüft, sondern auf der Grdl. des Eröffnungsbeschlusses über alle Tat- u. Rechtsfragen nach dem Erg. der Berufungsverhandlung neu entschieden wird (BGHSt 64, 209 = NJW 2020, 253; KG VRS 109, 112 (114); OLG Düsseldorf NJW 1983, 767 (768); OLG Karlsruhe NJW 1979, 2415 (2416)). Der Berufungsrechtszug ist „gewissermaßen eine 2. Erstinstanz" (Roxin § 52 E III). Für den Prozessstoff gilt § 264 (OLG Koblenz VRS 45, 289; OLG Köln VRS 62, 283); im Rahmen dieser Vorschr. dürfen auch Tatsachen herangezogen werden, die der 1. Richter nicht gekannt o. nicht gewürdigt hat. Die Regeln der Mündlichkeit u. der Unmittelbarkeit der Beweisaufnahme gelten im Berufungsverfahren grds. im selben Umf. wie im Verf. des 1. Rechtszugs (OLG Bremen MDR 1979, 865); eine Ausnahme lässt § 325 zu. 1

B. Verständigungen. Für Verständigungen nach § 257c gilt dasselbe wie in der 1. Instanz. Anwendbar sind über § 332 die §§ 243 Abs. 4, 257b, 257c, 273 Abs. 1 S. 2, 273 Abs. 1a und § 267 Abs. 3 S. 5; auch § 212 ist entspr. anwendbar (→ § 323 Rn. 1). 1a

I. Bindung des Berufungsgerichts. Eine Bindung an das iRe erstinstanzlichen Verständigung abgelegte Geständnis besteht nicht; § 257c Abs. 4 S. 3 ist auch nicht analog anwendbar, da es an einer planwidrigen Regelungslücke fehlt (OLG Düsseldorf StV 2011, 80; OLG Nürnberg NStZ-RR 2012, 255; OLG Karlsruhe NStZ 2014, 294; Niemöller/Schlothauer/Weider Verständigung/Weider C 99; El-Ghazi JR 2012, 411; Schneider NZWiSt 2015, 1 (2); **aM** Kuhn StV 2012, 10; Moldenhauer/Wenske NStZ 2012, 184; erg. → § 257c Rn. 32). 1b

Allerdings kann das erstinstanzliche Geständnis einem **Beweisverwertungsverbot** unterliegen, wenn bei der Verständigung zentrale Vorschr. – va § 257c Abs. 5, aber auch § 243 Abs. 4 – verletzt wurden; dies setzt allerdings voraus, dass der Angeklagte der Verwertung bis zum Zeitpunkt des § 257 Abs. 2 widersprochen hatte (Schneider NZWiSt 2015, 1 (3); Wenske NStZ 2015, 143; erg. → § 136 Rn. 25). 1c

Ebenso ist eine **Beschränkung der Berufung des Angeklagten** auf den Rechtsfolgenausspruch unwirksam, wenn sie auf einer gesetz- o. gar verfassungswidrigen Absprache beruht (KG StV 2012, 654; OLG München StV 2014, 79; Norouzi StV 2014, 661; **aM** Wenske NStZ 2015, 138), jedoch nicht, wenn sie auf eine in der Berufungsinstanz erfolgte – wenn auch möglicherweise unzureichend dokumentierte – Verständigung hin erklärt wird (OLG Hamburg NStZ 2014, 534; OLG Karlsruhe NStZ 2014, 536; OLG Nürnberg StraFo 2016, 473; Bittmann NStZ 2015, 550; **aM** OLG Stuttgart StV 2014, 397 mablAnm Wenske NStZ 2015, 138), anders jedoch wiederum, wenn hierbei gegen §§ 243 Abs. 4, 273 Abs. 1a (OLG Hamm NStZ 2016, 565 mablAnm Bittmann) o. gegen § 257c Abs. 5 verstoßen wurde (OLG Braunschweig NStZ 2016, 563; OLG Hamm NStZ 2016, 565). 1d

II. Berufung der StA. Die StA ist wegen ihrer Wächterfunktion (vgl. BVerfGE 133, 168 (220)) uneingeschränkt zur Berufungseinlegung berechtigt. Dies gilt auch, wenn erstinstanzlich die Strafobergrenze des Verständigungsstrafrahmens verhängt wurde (Wenske NStZ 2015, 141; Moldenhauer/Wenske NStZ 2012, 184). Das Geständnis ist, ggf. auch über Sekundärbeweismittel, verwertbar, wenn das Berufungsgericht den beim AG vereinbarten Strafrahmen nicht überschreiten will (Schneider NZWiSt 2015, 1 (3); Wenske NStZ 2015, 141; insoweit **aM** El-Ghazi JR 2012, 413; Norouzi StV 2014, 661). In diesem Fall kann das Berufungsgericht auch auf eine höhere als die v. AG erkannte Strafe erkennen, sofern sich diese 1e innerhalb des dort vereinbarten Rahmens hält (vgl. OLG Karlsruhe NStZ 2014, 294 (295); Schneider NZWiSt 2015, 1 (3)).

1f Allerdings unterliegt das Geständnis aus Gründen der Verfahrensfairness (Art. 6 Abs. 1 EMRK) einem **Verwertungsverbot,** falls das Berufungsgericht den Angeklagten zu einer über der erstinstanzlich abgesprochenen Obergrenze liegenden Strafe verurteilen will (OLG Karlsruhe NStZ 2014, 294 (295); Schneider NZWiSt 2015, 1 (3); Wenske NStZ 2015, 142); in diesem Fall ist auch eine etwaige Beschränkung der Berufung auf das Strafmaß aus Gründen der Verfahrensfairness (Art. 6 Abs. 1 EMRK) unwirksam (OLG Düsseldorf StV 2011, 80 (81); Schneider NZWiSt 2015, 1 (4); Kuhn StV 2012, 10 (12); **aM** Moldenhauer/Wenske NStZ 2012, 184 (185); Wenske NStZ 2015, 141: instanzübergreifende Fortgeltung des erstinstanzlich vereinbarten Verständigungsstrafrahmens). Über die Unwirksamkeit der Rechtsmittelbeschränkung u. das Verwertungsverbot muss eine gem. § 273 Abs. 1a S. 2 zu protokollierende qualifizierte Belehrung des Angeklagten nach § 257c Abs. 4 S. 4 erfolgen (OLG Karlsruhe NStZ 2014, 294 (295)), die sinnvollerweise nach dem Zeitpunkt des § 324 Abs. 1 erfolgt (Schneider NZWiSt 2015, 1 (5)). Jedoch begründet ein Verstoß gegen die Belehrungspflicht nicht ohne Weiteres ein Verbot der Verwertung eines in der Berufungsverhandlung abgelegten Geständnisses des Angeklagten; vielmehr hängt dieses v. einer Einzelfallabwägung ab (OLG Karlsruhe NStZ 2014, 294 (295); zust. Moldenhauer NStZ 2014, 493; abl. Norouzi StV 2014, 661). Zur Mitteilungspflicht nach § 243 vgl. → § 243 Rn. 18e.

1g **III. Ablauf.** Zum Ablauf des Berufungsverfahrens → § 324 Rn. 4, 7a.

1h **IV. Revision.** Es gelten die Grundsätze wie auch sonst in Verf. nach § 257c (→ § 257c Rn. 32a–33a). Im Übrigen kann mit der Verfahrensrüge beanstandet werden, dass das Berufungsgericht dem Angeklagten keine qualifizierte Belehrung erteilt o. das erstinstanzliche Geständnis verwertet hat, obwohl es sich nicht an den dort vereinbarten Strafrahmen gehalten hat (dazu → Rn. 1f).

2 **C. Nachprüfung des Verfahrens.** Eine Nachprüfung des Verfahrens des 1. Richters ist nicht notwendig (BayObLGSt 1956, 249), sofern es nicht ausnahmsweise auch für die Entsch. des Berufungsgerichts v. Bedeutung ist (Gössel JR 1982, 271). Daher fehlt eine dem § 336 entspr. Vorschrift.

3 **D. Einlegung des Rechtsmittels durch die StA.** Zur Einlegung des Rechtsmittels durch die StA s. Nr. 147, 148 RiStBV; BGH BeckRS 2019, 9626 mwN.

Zulässigkeit

312 Gegen die Urteile des Strafrichters und des Schöffengerichts ist Berufung zulässig.

1 **A. Urteile.** Gegen **Urteile des Strafrichters** (§ 25 GVG) **u. des SchG** (§ 24 GVG) ist die Berufung zulässig (auch wenn im Strafverfahren nur Verurteilung wegen einer OWi erfolgte, vgl. § 313 Abs. 1 S. 1; BGHSt 35, 290; OLG Düsseldorf GA 1990, 567; OLG Jena VRS 116, 364), im Jugendstrafverfahren gegen Urt. des Jugendrichters (§ 39 **JGG**) u. des JugSchG (§ 40 **JGG**). Ob die angefochtene Entsch. als Urt. bezeichnet ist, spielt keine Rolle; maßgebend ist ihr sachlicher Inhalt (→ § 296 Rn. 11). Zur Behandlung der Revision als Berufung vgl. § 335 Abs. 3 S. 1, der Berufung als Rechtsbeschwerde § 83 Abs. 2 S. 1 OWiG.

2 Gegen **Nebenentscheidungen im Urteil** ist statt der Berufung die sofortige Beschwerde zulässig (vgl. → § 333 Rn. 3).

3 Die **Anfechtungsberechtigung** richtet sich nach den allg. Vorschr. (→ § 296 Rn. 2 ff., → § 297 Rn. 3 ff., → § 298 Rn. 1).

4 Zur **Beschwer** vgl. → Vor § 296 Rn. 8 ff., → § 333 Rn. 5.

5 **B. Berufungsgericht.** Berufungsgericht ist sowohl bei Berufungen gegen Urt. des Strafrichters als auch gegen Urt. des SchG die kleine StrK des LG (§ 74 Abs. 3 GVG); die große StrK entscheidet nur als Gericht 1. Instanz. Lediglich über

Berufungen gegen Urt. des JugSchG entscheidet noch eine große Jugendkammer in der Besetzung mit drei Richtern u. zwei (Jugend-)Schöffen (§ 33b Abs. 1 **JGG**). Gegen Berufungsurteile ist nach § 333 Revision zulässig.

Annahmeberufung bei geringen Geldstrafen und Geldbußen **Nr. 158a RiStBV**

313 (1) [1]**Ist der Angeklagte zu einer Geldstrafe von nicht mehr als fünfzehn Tagessätzen verurteilt worden, beträgt im Falle einer Verwarnung die vorbehaltene Strafe nicht mehr als fünfzehn Tagessätze oder ist eine Verurteilung zu einer Geldbuße erfolgt, so ist die Berufung nur zulässig, wenn sie angenommen wird.** [2]**Das gleiche gilt, wenn der Angeklagte freigesprochen oder das Verfahren eingestellt worden ist und die Staatsanwaltschaft eine Geldstrafe von nicht mehr als dreißig Tagessätzen beantragt hatte.**

(2) [1]**Die Berufung wird angenommen, wenn sie nicht offensichtlich unbegründet ist.** [2]**Andernfalls wird die Berufung als unzulässig verworfen.**

(3) [1]**Die Berufung gegen ein auf Geldbuße, Freispruch oder Einstellung wegen einer Ordnungswidrigkeit lautendes Urteil ist stets anzunehmen, wenn die Rechtsbeschwerde nach § 79 Abs. 1 des Gesetzes über Ordnungswidrigkeiten zulässig oder nach § 80 Abs. 1 und 2 des Gesetzes über Ordnungswidrigkeiten zuzulassen wäre.** [2]**Im übrigen findet Absatz 2 Anwendung.**

A. Zulässigkeitsvoraussetzungen. I. Zusätzliche Zulässigkeitsvoraussetzung. Die Vorschrift stellt eine zusätzliche Zulässigkeitsvoraussetzung für **Berufungen im Bereich der Bagatellkriminalität** auf (Rieß AnwBl 1993, 55), die auch für nach einer gem. § 420 Abs. 4 durchgeführten HV erlassene Urt. gilt (OLG Frankfurt a. M. NStZ-RR 1997, 273). 1

Sie schränkt damit § 312 in nicht unbedenklicher Weise ein, weil sie dem Richter am AG (abgesehen v. dem Fall eines nur eine OWi betr. Strafverfahrens, → Rn. 7) durch Bestimmung der Strafhöhe Einfluss auf die Zulässigkeit des Rechtsmittels eröffnet, u. den StA bei der Überlegung, eine wie hohe Strafe er beantragen soll, beeinflussen kann (Werle JZ 1991, 792). Gegenüber dem „normalen" Berufungsverfahren, das auf Neuverhandlung u. nicht auf Überprüfung des erstinstanzlichen Verf. angelegt ist (→ Vor § 312 Rn. 1, 2), stellt die Annahmeberufung eine systemwidrige Regelung dar (Gössel ZIS 2009, 539; Meyer-Goßner ZRP 2000, 350). Die Vorschr. gilt auch für das Privatklageverfahren (vgl. BT-Drs. 12/1217, 40; **aM** Hettenbach, Die Annahmeberufung nach § 313 StPO, 1997, S. 113), in Jugendsachen wird sie aber als unanwendbar erachtet (Schäfer NStZ 1998, 334). 2

II. Verurteilung. Bei **Verurteilung** zu einer nach § 40 StGB verhängten o. nach § 59 StGB vorbehaltenen Geldstrafe v. nicht mehr als 15 Tagessätzen ist die Berufung nur zulässig, wenn sie v. Berufungsgericht angenommen wird (Abs. 1 S. 1). Das gilt unabhängig davon, wer die Berufung einlegt (Angeklagter, StA, Nebenkläger o. Nebenbeteiligter) u. für die StA auch dann, wenn sie eine Geldstrafe v. mehr als 15 Tagessätzen beantragt hatte (AK-StPO/Dölling Rn. 3; KK-StPO/Paul Rn. 2; Rieß FS Kaiser II, 1998, 1470; **aM** Tolksdorf FS Salger, 1995, 393 ff.). In einem Bewährungsbeschluss nach § 59a StGB auferlegte Geldbußen bleiben außer Betracht (OLG Hamm NStZ-RR 2006, 346). 3

Beim **Absehen von Strafe** nach § 60 StGB gilt § 313 nicht (OLG Oldenburg NStZ-RR 1998, 309), wohl aber bei Absehen v. Strafe nach § 113 Abs. 4 S. 1 StGB (OLG Stuttgart Justiz 2006, 256) o. nach § 158 Abs. 1 StGB (LG Bad Kreuznach NStZ-RR 2002, 217) o. nach § 29 Abs. 5 BtMG (LG Hamburg StraFo 2007, 421). 3a

4 **III. Freispruch oder Einstellung.** Bei Freispruch oder Einstellung ist eine Berufung des Angeklagten mangels Beschwer ohnehin v. LG als unzulässig zu verwerfen (→ § 322 Rn. 1); die Berufung der StA o. des Nebenklägers ist nur zulässig, wenn die StA Verurteilung zu einer Geldstrafe v. mehr als 30 Tagessätzen beantragt hatte (Abs. 1 S. 2).

4a Hatte die **StA selbst Freispruch beantragt** u. will sie nun gleichwohl Berufung einlegen (→ Vor § 296 Rn. 16), kommt es darauf an, ob sie für den Fall der Verurteilung eine höhere Strafe als Geldstrafe v. 30 Tagessätzen beantragt hätte u. demgemäß im Berufungsverfahren beantragen will. Das lässt sich leicht feststellen, wenn sie zuvor im Strafbefehl eine Strafe beantragt hatte (so OLG Dresden NStZ 2011, 477; OLG Hamm NStZ 1996, 455; OLG Koblenz NStZ-RR 2000, 306; OLG Schleswig SchlHA 2000, 256; **aM** OLG Stuttgart VRS 99, 268) o. nach Antragstellung in der HV noch einmal in die Beweisaufnahme eingetreten wurde u. die StA erst danach Freispruch beantragte; iÜ muss das LG v. der diesbzgl. Erkl. der StA, die sie in ihrer Berufungsbegründung (§ 317) darzulegen hat, ausgehen (zust. Radtke/Hohmann/Beukelmann Rn. 5; Ebert JR 1998, 265 (269, 270); vgl. auch Rieß FS Kaiser II, 1998, 1470).

4b Die **hM** hält demggü. in einem solchen Fall Abs. 1 S. 2 für unanwendbar, so dass die Berufung nicht der Annahme bedürfe (OLG Celle Nds. Rpfl. 1995, 358; OLG Jena StraFo 2000, 92; OLG Karlsruhe MDR 1996, 517; OLG Koblenz NStZ 1994, 601; OLG Köln NStZ 1996, 150; OLG Oldenburg Nds. Rpfl. 1995, 135; Feuerhelm StV 1997, 101; Tolksdorf FS Salger, 1995, 401); dasselbe soll in diesem Fall auch für die Berufung des Nebenklägers gelten (OLG Hamm VRS 95, 382; OLG Zweibrücken MDR 1996, 732). Die hM setzt sich damit aber in Widerspruch zu den Vorstellungen des Gesetzgebers, der in Bagatellfällen auch der StA gerade kein uneingeschränktes Recht, Berufung einzulegen, zugebilligt hat, wie sich eindeutig aus Abs. 1 S. 2 ergibt (so zutr. auch HK-StrafR/Unger/Halbritter Rn. 3; Ebert JR 1998, 265 (267, 268)).

5 **IV. Gesamtgeldstrafe.** Bei einer Gesamtgeldstrafe kommt es auf deren Höhe an; ob die Summe der einbezogenen Einzelgeldstrafen über 15 Tagessätze beträgt (also zB zweimal 10 Tagessätze, Gesamtstrafe 14 Tagessätze), ist unbeachtlich. Wurden mehrere Geldstrafen o. mehrere Gesamtgeldstrafen verhängt, die untereinander nicht gesamtstrafenfähig sind, sind die verhängten (o. bei Freispruch beantragten) Strafen zusammenzurechnen; die Berufung bedarf also nicht der Annahme, wenn zwei nicht-gesamtstrafenfähige Geldstrafen zu je 10 Tagessätzen ausgesprochen worden sind (**aM** Hettenbach, Die Annahmeberufung nach § 313 StPO, 1997, S. 48). Das folgt aus dem Wortlaut des Abs. 1 S. 1 („einer" Geldstrafe) u. daraus, dass eine § 79 Abs. 2 OWiG entspr. Vorschr. fehlt u. zudem diese Vorschr. in Abs. 3 nicht für entspr. anwendbar erklärt worden ist (vgl. auch BR-Drs. 314/91, 113).

5a **Spätere Beschränkungen des Verfahrensstoffes** durch Teilrücknahme der Berufung o. nach §§ 154, 154a bleiben außer Betracht (OLG Stuttgart Justiz 1999, 494).

6 **V. Maßregel der Besserung und Sicherung.** Wenn eine Maßregel der Besserung und Sicherung nach § 61 Nr. 2, 4, 5, 6 StGB (vgl. § 24 Abs. 2 GVG), eine Nebenstrafe (zB Fahrverbot nach § 44 StGB) o. eine sonstige Maßnahme (zB nach §§ 73 ff. StGB) gegen den Angeklagten verhängt o. von der StA gegen den nichtverurteilten Angeklagten beantragt worden ist, **ist die Berufung stets (ohne Annahme) zulässig** (OLG Hamburg JR 1999, 479 Hettenbach, Die Annahmeberufung nach § 313 StPO, 1997, S. 84). Beschränkungen der Berufung bleiben außer Betracht (Döllel/Dreeßen SchlHA 2001, 149 – OLG Schleswig RsprÜ).

6a Gleichzeitige Verurteilung im **Adhäsionsverfahren** macht die Berufung jedenfalls dann nicht annahmefrei, wenn die Anfechtung eines zivilrechtlichen Urt. wegen Nichterreichen der Berufungssumme ebenfalls verwehrt wäre (OLG Jena NStZ 1997, 274; **aM** Gössel JR 1999, 481).

VI. OWi. Soweit **nur wegen einer OWi verurteilt** wurde, weil die Tat im Strafverfahren nach § 82 OWiG nur als OWi qualifiziert wurde o. weil eine Überleitung nach § 81 OWiG v. OWi- ins Strafverfahren erfolgte, dann aber im Urt. doch nur eine OWi angenommen wurde (Rieß AnwBl 1993, 56 Fn. 88), o. lediglich im Hinblick auf eine OWi der Angeklagte freigesprochen o. das Verf. eingestellt worden ist, kommt es auf die Höhe der verhängten o. beantragten Geldbuße nicht an. Hier bedarf die Berufung stets der Annahme, wobei aber für die Annahmeentscheidung bes. Vorschr. bestehen (Abs. 3, vgl. → Rn. 9). Ist der Angeklagte sowohl zu einer Geldstrafe v. nicht mehr als 15 Tagessätzen als auch zu einer Geldbuße wegen einer OWi verurteilt worden, so sind für Geldstrafe u. Geldbuße die Annahmevoraussetzungen getrennt zu prüfen (Göhler JR 1995, 524). Stellt die OWi ggü. der Straftat eine prozessual selbständige Tat dar, gilt § 83 Abs. 2 OWiG, dh die gegen die Verurteilung wegen einer OWi zulässige Rechtsbeschwerde wird, wenn sie u. wenn die die Straftat betr. Berufung angenommen wird, als Berufung behandelt. Wird die Berufung hins. der Straftat nicht angenommen, kann die Verurteilung wegen der OWi nur mit der Rechtsbeschwerde angefochten werden; es liegt dann dieselbe Situation vor wie bei einer sonstigen unzulässigen Berufung (vgl. Göhler/Bauer OWiG § 83 Rn. 10). Handelt es sich hingegen um eine Tat iSd § 264, muss die Annahme der Berufung wegen der Geldstrafe o. die Annahme wegen der Geldbuße zur Zulässigkeit der Berufung insges. führen, weil dann eine getrennte Aburteilung in 2 verschiedenen Verfahrensstufen o. -arten ausgeschlossen ist (vgl. BGHSt 35, 290; Böttcher/Mayer NStZ 1993, 155); demggü. hält OLG Celle StV 1995, 179 wegen des Wortes „oder" statt „und" in Abs. 1 S. 1 in diesem Fall eine Annahme der Berufung nicht für erforderlich, wobei diese Wortauslegung aber nicht überzeugt (ebenso Hettenbach, Die Annahmeberufung nach § 313 StPO, 1997, S. 46; **aM** KMR-StPO/Brunner Rn. 6), zumal dadurch die Berufung in Bagatellfällen uneingeschränkt gestattet wird, was § 313 gerade verhindern will. 7

B. Annahme der Berufung. Nach Abs. 2 **ist die Berufung anzunehmen,** wenn sie nicht offensichtlich unbegründet ist (dazu → Rn. 9); das gilt auch bei Verurteilung nur wegen einer OWi (Abs. 3 S. 2). Soweit das Verf. eine OWi betr., ist die Berufung nach Abs. 3 darüber hinaus aber auch dann anzunehmen, wenn eine Rechtsbeschwerde zulässig o. die Rechtsbeschwerde zuzulassen wäre. Das bedeutet, dass entspr. § 79 Abs. 1 Nr. 1–3 OWiG (Nr. 4 und 5 betreffen das hier nicht angewandte OWi-Verf.) bei einer Verurteilung zu einer Geldbuße v. mehr als 250 EUR o. Anordnung einer Nebenfolge vermögensrechtlicher Art (Einziehung) in dieser Höhe o. nicht-vermögensrechtlicher Art die Berufung angenommen werden muss; bei Freispruch o. Einstellung muss eine Geldbuße v. mehr als 600 EUR v. der StA beantragt worden sein. Ist der Angeklagte zu einer Geldbuße v. mehr als 250 EUR verurteilt worden, bedarf die zu seinen Ungunsten eingelegte Berufung der StA nicht der Annahme; die Grenze v. 600 EUR ist insoweit ohne Belang (vgl. BGHSt 37, 316). Bei Verurteilung wegen mehrerer OWien sind – wie bei mehreren Geldstrafen – entgegen der Regelung im OWi-Verf. – die Geldbußen zusammenzurechnen (Hettenbach, Die Annahmeberufung nach § 313 StPO, 1997, S. 41); übersteigen sie 250 EUR, muss die Berufung angenommen werden (vgl. → Rn. 5). Ferner ist die Berufung unter den Voraussetzungen des § 80 Abs. 1, Abs. 2 OWiG zuzulassen. Im Übrigen gilt Abs. 2; somit kann eine Berufung auch dann angenommen werden, wenn die Rechtsbeschwerde unzulässig wäre (Pfeiffer Rn. 3). 8

C. Offensichtlich unbegründet. Offensichtlich unbegründet muss die Berufung sein, **wenn sie nicht angenommen** wird. Der Gesetzgeber hat hier bewusst an die Regelung in § 349 Abs. 2 angeknüpft (zutr. krit. dazu Fezer NStZ 1995, 267; Gössel ZIS 2009, 539). Danach muss für jeden Sachkundigen anhand der Urteilsgründe u. einer evtl. vorliegenden Berufungsbegründung (→ § 317 Rn. 1) u. des Prot. der HV ohne längere Prüfung erkennbar sein, dass das Urt. sachlichrechtlich nicht zu beanstanden ist u. dass keine Verfahrensfehler begangen worden 9 sind, die die Revision begründen würden (erg. → § 349 Rn. 10). Die in § 328 Abs. 2 aF enthaltene (durch das StVÄG 1987 abgeschaffte) Regelung, wonach eine Zurückverweisung an das AG durch das Berufungsgericht wegen eines Mangels, der die Revision begründen würde, erfolgen konnte, erlangt jetzt in diesem Zusammenhang wieder Bedeutung: Zwar ist eine Zurückverweisung an das AG aus diesem Grunde nicht mehr zulässig; die Zurückverweisungsmöglichkeit wurde aber gerade wegen der Neuverhandlung beim LG gestrichen. Daraus folgt, dass in solchen Fällen – insbes. bei Vorliegen eines absoluten Revisionsgrundes nach § 338 (zw. Hartwig NStZ 1997, 113; Rieß FS Kaiser II, 1998, 1472) – eine Berufungsverhandlung ermöglicht werden muss. Bei Ankündigung neuer Beweismittel darf die Annahme der Berufung nur abgelehnt werden, wenn an der Richtigkeit der bisherigen Feststellungen vernünftigerweise kein Zweifel bestehen kann (BVerfG NJW 1996, 2785; NStZ 2002, 43). Neue Tatsachen werden im Annahmeverfahren aber nicht ermittelt (Tolksdorf FS Salger, 1995, 408; **aM** Hartwig NStZ 1997, 112 Fn. 14). Soweit in Abs. 3 auf § 80 Abs. 2 OWiG verwiesen wird, wonach die Rechtsbeschwerde wegen eines Verfahrensfehlers nicht zugelassen wird, ist damit die Annahme der Berufung nur bei OWien eingeschränkt; auf Verurteilungen o. Freisprüche u. Einstellungen wegen einer Straftat kann diese Regelung nicht ausgedehnt werden.

10 **Anders als bei der Revision,** die bei der Sachrüge nur die Urteilsgründe zur Grdl. der Prüfung machen (→ § 337 Rn. 22) u. Beweiswürdigung u. Rechtsfolgenausspruch nur auf rechtliche Fehler überprüfen darf (→ § 337 Rn. 26 ff., 34 ff.), ist dem Berufungsgericht eine weitergehende Überprüfungsbefugnis zuzusprechen, weil die Berufungsverhandlung zu einer völligen Neuverhandlung der Sache führt (→ Vor § 312 Rn. 1). Daher ist die Berufung auch dann nicht offensichtlich unbegründet, wenn sich aus der Sicht des LG, das hierfür den gesamten Akteninhalt berücksichtigen darf (Rieß AnwBl 1993, 56), Bedenken gegen die Beweiswürdigung o. die Strafzumessung des AG ergeben (KK-StPO/Paul Rn. 5). Demzufolge ist die Prüfung auf Verfahrensfehler auch nicht v. einer ordnungsgemäßen Rüge entspr. § 344 Abs. 2 S. 2 abhängig. Allein die Anregung in der Berufungsbegründung, das Verf. nach § 153a Abs. 2 einzustellen, kann die Annahme der Berufung nicht rechtfertigen (Tolksdorf FS Salger, 1995, 408).

11 **D. Entscheidung.** Wie bei jeder Berufung prüft das AG die fristgerechte Einlegung u. verwirft eine verspätete Berufung nach § 319 Abs. 1 als unzulässig. Andernfalls legt es die Berufung dem LG vor. Zu dessen Entsch. vgl. § 322a.

12 **E. Sprungrevision.** Zur Möglichkeit der Sprungrevision vgl. → § 335 Rn. 21.

Form und Frist **Nr. 150, 157 RiStBV**

314 (1) **Die Berufung muß bei dem Gericht des ersten Rechtszuges binnen einer Woche nach Verkündung des Urteils zu Protokoll der Geschäftsstelle oder schriftlich eingelegt werden.**

(2) **Hat die Verkündung des Urteils nicht in Anwesenheit des Angeklagten stattgefunden, so beginnt für diesen die Frist mit der Zustellung, sofern nicht in den Fällen der §§ 234, 387 Abs. 1, § 411 Abs. 2 und § 428 Absatz 1 Satz 1 die Verkündung in Anwesenheit des Verteidigers mit nachgewiesener Vertretungsvollmacht stattgefunden hat.**

1 **A. Berufungseinlegung.** Berufungseinlegung ist jede Erklärung, die deutlich erkennen lässt, dass der Beschwerdeführer das 1. Urt. anfechten will; das Wort Berufung braucht nicht verwendet zu werden (Peters StrafProzR Rn. 625; erg. → § 341 Rn. 1). Vgl. auch → § 335 Rn. 2. Unzulässig ist die Einlegung der Berufung vor Erlass des 1. Urt. u. die bedingte Berufung (vgl. → Einl. Rn. 118, → Vor § 296 Rn. 4 ff., → § 341 Rn. 4 ff.).

Legen **mehrere Beschwerdeführer** Berufung ein, mit denen dasselbe Ziel verfolgt wird, so handelt es sich um ein einheitliches Rechtsmittel, über das nur einheitlich entschieden werden kann (→ § 322 Rn. 4, → § 341 Rn. 2). 2

Zur **Vertretung** bei der Einlegung vgl. → Einl. Rn. 134, → § 341 Rn. 3. 3

B. Adressat der Anfechtungserklärung (Abs. 1). Adressat der Anfechtungserklärung (Abs. 1) ist das Gericht, dessen Urt. angefochten wird, nicht das Berufungsgericht. Eine Ausnahme gilt nach § 45 Abs. 1 S. 2 (→ § 45 Rn. 4). Stammt das Urt. v. einer aufgrund der VO v. 20.3.1935 (RGBl. I 403; FNA 300-5) gebildeten Zweigstelle des AG oder v. einem auswärtigen Gerichtstag, so kann die Berufung sowohl dort als auch bei dem Stammgericht eingelegt werden (BayObLGSt 1975, 9; VRS 53, 433; OLG Zweibrücken MDR 1985, 345 für Zweigstellen; OLG Schleswig SchlHA 1953, 70 für Gerichtstage). Entsprechendes gilt im umgekehrten Fall (Kissel/Mayer GVG § 22 Rn. 2). 4

C. Form. Die Berufung muss in deutscher Sprache (→ GVG § 184 Rn. 2) **schriftlich** (→ Einl. Rn. 128), auch durch elektronisches Dokument nach Maßgabe des § 32a (→ § 32a Rn. 2 f., 4 ff.) o. **zu Prot. der Geschäftsstelle** (→ Einl. Rn. 131 ff.; für Verteidiger → § 32d Rn. 12) eingelegt werden. Die handschriftliche Unterzeichnung der Berufungsschrift ist nicht unbedingt erforderlich (OLG Nürnberg NStZ 2017, 494). Die telefonische Einlegung ist wirkungslos (→ Einl. Rn. 140). Für inhaftierte Angeklagte gilt § 299. Berufung kann auch im Anschluss an die HV zu Prot. der Sitzungsniederschrift erklärt, sollte dort aber nicht entgegengenommen werden (→ Einl. Rn. 137, → § 341 Rn. 7). Berufungsschriften mit beleidigendem Inhalt dürfen nicht als unzulässig verworfen werden (SK-StPO/Frisch Rn. 2; erg. → Vor § 33 Rn. 12a, → § 341 Rn. 7). 5

Wird die Berufung **schriftlich durch einen Verteidiger** eingelegt, muss sie als **elektronisches Dokument** nach Maßgabe der §§ 32d S. 2 Nr. 1, 32a Abs. 3 übermittelt werden (→ § 32d Rn. 1 ff.; 32a Rn. 4 f.; → Einl. Rn. 128a-d, 130a). 5a

Werden die Akten elektronisch geführt, muss die **StA** die Berufung dem Gericht gem. § 32b Abs. 3 S. 2 als **elektronisches Dokument** übermitteln (→ § 32b Rn. 1 ff.). 5b

D. Frist. Die Wochenfrist **(Abs. 1),** die nicht verlängert werden kann (→ Vor § 42 Rn. 5) beginnt mit der Urteilsverkündung (§ 268 Abs. 2 S. 1) u. wird nach § 43 berechnet. Das Fehlen der Rechtsmittelbelehrung (§ 35a) ist für den Fristablauf ohne Bedeutung (→ § 35a Rn. 12). 6

In **Abwesenheit des Angeklagten (Abs. 2)** ist das Urt. verkündet, wenn er bei der Verkündung auch nur zeitweise abwesend war (KG JR 1992, 304; OLG München MDR 1990, 847; OLG Stuttgart NStZ 1986, 520 mablAnm Paulus; erg. → § 341 Rn. 9). Die Anwesenheit des Verteidigers bei der Verkündung genügt jedoch, wenn der Verteidiger nach den in Abs. 2 Hs. 2 genannten Fällen zur Vertretung berechtigt u. die Vertretungsvollmacht nachgewiesen ist (vgl. → § 329 Rn. 15a; § 234 Rn. 5). In diesen Fällen „kann dem Angeklagten angesonnen werden, kurzfristig mit dem von ihm mit besonderer Vollmacht versehenen Verteidiger die Rechtsmitteleinlegung abzuklären" (BT-Drs. 15/3482, 21; vgl. auch → § 341 Rn. 9); idR werden aber ohnehin beide das erwünschte Erg. auch schon vor der HV erörtert haben. Wegen der Anwendung des Abs. 2 auf StA u. Privatkläger vgl. → § 341 Rn. 10. Allerdings bestimmt sich die Berufungseinlegungsfrist gegen das Verwerfungsurteil nach Abs. 2 Hs. 1, wenn es dem Verteidiger an der erforderlichen Verteidigungsbereitschaft fehlt, nachdem er erklärt hatte, mangels Absprache mit der Angekl. nicht als ihr Vertreter aufzutreten (OLG Celle StraFo 2025, 193). 7

In Lauf gesetzt wird die Frist des Abs. 2 erst mit der Zustellung des vollständigen Urt. mit Gründen (BGHSt 15, 263 (265); Lintz JR 1977, 127); die Zustellung der Urteilsformel allein reicht nicht aus. Die Berufung kann aber auch vor Urteilszustellung wirksam eingelegt werden (→ § 341 Rn. 11). 8

Zur **Fristwahrung** vgl. → Vor § 42 Rn. 11 ff., zur Rechtslage bei Zweifeln an der Fristwahrung → § 261 Rn. 35. 9

Berufung und Wiedereinsetzungsantrag

315 (1) **Der Beginn der Frist zur Einlegung der Berufung wird dadurch nicht ausgeschlossen, daß gegen ein auf Ausbleiben des Angeklagten ergangenes Urteil eine Wiedereinsetzung in den vorigen Stand nachgesucht werden kann.**

(2) [1] **Stellt der Angeklagte einen Antrag auf Wiedereinsetzung in den vorigen Stand, so wird die Berufung dadurch gewahrt, daß sie sofort für den Fall der Verwerfung jenes Antrags rechtzeitig eingelegt wird.** [2] **Die weitere Verfügung in bezug auf die Berufung bleibt dann bis zur Erledigung des Antrags auf Wiedereinsetzung in den vorigen Stand ausgesetzt.**

(3) **Die Einlegung der Berufung ohne Verbindung mit dem Antrag auf Wiedereinsetzung in den vorigen Stand gilt als Verzicht auf die letztere.**

1 **A. Zusammentreffen von Berufung und Wiedereinsetzung.** Das Zusammentreffen von Berufung und Wiedereinsetzung ist **in den Fällen der §§ 235 Abs. 1 S. 1, 412 S. 1** möglich. Eine mit § 315 übereinstimmende Regelung enthält § 342 für die Revision. Neben dem Wiedereinsetzungsantrag kann vorsorglich (→ Einl. Rn. 118) Berufung eingelegt werden; dann fallen beide Einlegungsfristen zusammen. Mit der Berufungseinlegung darf nicht etwa gewartet werden, bis über die Wiedereinsetzung entschieden ist (→ § 342 Rn. 1). Unklare Erklärungen des Angeklagten sind durch Rückfrage bei ihm aufzuklären. iZw ist anzunehmen, dass beide Rechtsbehelfe gemeint sind.

2 **B. Weiteres Verfahren.** Das weitere Verfahren **erledigt zunächst den Wiedereinsetzungsantrag.** Erst nach dessen rkr. (§ 46 Abs. 3) Ablehnung ist auf die Berufung einzugehen. Wird Wiedereinsetzung bewilligt, wird die Berufung gegenstandslos (→ § 342 Rn. 2).

3 **C. Verzicht auf die Wiedereinsetzung (Abs. 3).** Als Verzicht auf die Wiedereinsetzung (Abs. 3) gilt die Einlegung der Berufung ohne gleichzeitigen (dazu → § 342 Rn. 3) o. vorausgegangenen Wiedereinsetzungsantrag. Der Verzicht wird unwiderlegbar ges. vermutet. Wegen der Einzelheiten vgl. → § 342 Rn. 3 ff.

Hemmung der Rechtskraft **Nr. 154 RiStBV**

316 (1) **Durch rechtzeitige Einlegung der Berufung wird die Rechtskraft des Urteils, soweit es angefochten ist, gehemmt.**

(2) **Dem Beschwerdeführer, dem das Urteil mit den Gründen noch nicht zugestellt war, ist es nach Einlegung der Berufung sofort zuzustellen.**

1 **A. Hemmung der Rechtskraft (Abs. 1).** Vgl. auch → § 343 Rn. 1. Nur die rechtzeitige Berufung hemmt die Rechtskraft, nicht die verspätete. Deren Verwerfung nach §§ 319 Abs. 1, 322 Abs. 1 führt daher nicht die Rechtskraft herbei, sondern hat nur feststellende Wirkung (→ § 319 Rn. 1; → § 322 Rn. 2; → § 346 Rn. 5). Die Hemmung der Rechtskraft tritt auch ein, wenn die Berufung aus anderen Gründen als wegen verspäteter Einlegung unzulässig, nicht aber, wenn sie, etwa nach § 55 Abs. 1 S. 1 **JGG,** v. vornherein unstatthaft ist o. allseits auf Rechtsmittel verzichtet worden war (SK-StPO/Frisch Rn. 4). Bei wirksam beschränkter Berufung erstreckt sich die Hemmung der Rechtskraft nur auf die angefochtenen Urteilsteile (→ § 318 Rn. 31). Die Hemmung bewirkt, dass das Verf. rechtshängig bleibt u. das Urt. noch nicht vollstreckbar ist (§ 449). Sie erstreckt sich auf Mitangeklagte, die keine Berufung eingelegt haben, aber v. der Entsch. mitbetroffen sind (OLG Celle NJW 1960, 1873). Die Hemmung dauert bis zur endg. Entsch. nach § 322 (→ § 322 Rn. 2) o. bis zur Sachentscheidung des Berufungsgerichts.

2 **B. Zustellung (Abs. 2).** Zugestellt (Abs. 2) wird das Urt. an den Beschwerdeführer, falls das nicht bereits nach § 314 Abs. 2 geschehen ist, auch wenn die

Berufung bereits nach § 317 begründet worden ist. Von der Zustellung ist abzusehen, wenn die Berufung nicht statthaft (→ Rn. 1) o. verspätet eingelegt worden ist, nicht aber, wenn andere Vorschr. über die Einlegung nicht beachtet sind (→ § 343 Rn. 2).

Die **nachträgliche Zustellung** ist erforderlich, wenn das Berufungsgericht einem Antrag nach § 322 Abs. 2 stattgibt o. dem Beschwerdeführer Wiedereinsetzung gegen die Versäumung der Einlegungsfrist gewährt. Die nach § 267 Abs. 4 S. 3 ergänzten Urteilsgründe werden zugestellt, auch wenn das Urt. schon vorher zugestellt war (→ § 343 Rn. 3). 3

Das **Unterbleiben der Urteilszustellung** begründet, auch für das Berufungsverfahren, kein Prozesshindernis (BGHSt 33, 183), berechtigt den Beschwerdeführer aber, die Aussetzung der Berufungsverhandlung zu beantragen (OLG Köln NStZ 1984, 475). 4

C. Zustellungsverfahren. Die Anordnung trifft der Vorsitzende; die Geschäftsstelle führt sie aus (§ 36 Abs. 1). Zuzustellen ist eine Urteilsausfertigung; die Zustellung einer beglaubigten Abschrift ist aber nicht unwirksam (→ § 37 Rn. 1; → § 343 Rn. 4). Zugestellt wird, ausgenommen bei öffentl. Zustellung (§ 40 Abs. 2 S. 2), das Urt. mit den Gründen. 5

Ein **in Verlust geratenes Urteil** ist möglichst mit den Gründen wiederherzustellen, mind. die Urteilsformel. Die Wiederherstellung vernichteter Aktenteile regelt die VO v. 18.6.1942 (RGBl. I 395; FNA 315-4). Eine Verfahrensvoraussetzung des Berufungsverfahrens ist das Vorhandensein der Akten nicht (OLG Saarbrücken NJW 1994, 2711). Wegen der Einzelheiten vgl. Löwe/Rosenberg/Gössel Rn. 16 ff. 6

Berufungsbegründung **Nr. 150 Abs. 1 S. 4, 156 Abs. 1 RiStBV**

317 **Die Berufung kann binnen einer weiteren Woche nach Ablauf der Frist zur Einlegung des Rechtsmittels oder, wenn zu dieser Zeit das Urteil noch nicht zugestellt war, nach dessen Zustellung bei dem Gericht des ersten Rechtszuges zu Protokoll der Geschäftsstelle oder in einer Beschwerdeschrift gerechtfertigt werden.**

A. Berufungsbegründung. Die Berufungsbegründung ist ges. **nicht vorgeschrieben;** die StA ist aber nach Nr. 156 Abs. 1 RiStBV gehalten, das Rechtsmittel zu begründen. Zweck der Begründung ist die vorl. Unterrichtung des Gerichts u. des Beschwerdegegners über Richtung u. Umf. der Berufung. Soweit die Berufung nach § 313 der Annahme bedarf, ist eine Berufungsbegründung zwar ebenfalls nicht erforderlich, aber dringend zu empfehlen, um dem Berufungsgericht darzulegen, dass die Berufung nicht offensichtlich unbegründet ist (Siegismund/Wickern wistra 1993, 88; erg. → § 313 Rn. 4, 9) o. bei Verurteilung wegen einer OWi die Voraussetzungen der §§ 79 Abs. 1, 80 Abs. 1, Abs. 2 OWiG vorliegen (→ § 313 Rn. 7). Einer Nachfrage des Gerichts, ob u. wann mit einer Berufungsbegründung zu rechnen sei, bedarf es idR nicht (BVerfG NJW 2002, 2940). Eine Stellungnahme des Gegners zur Berufungsbegründung sollte dem Berufungsführer mitgeteilt werden, wenn das Berufungsgericht erwägt, die Berufung nicht anzunehmen (Siegismund/Wickern wistra 1993, 88). Zur Notwendigkeit einer Berufungsbegründung bei der Nebenklage vgl. → § 400 Rn. 5. 1

B. Begründungsfrist. Die Begründungsfrist beträgt **eine Woche** u. beginnt mit Ablauf der Einlegungsfrist des § 314, spätestens mit Zustellung des Urt. im Fall des § 316 Abs. 2. Die Versäumung der nach § 43 zu berechnenden Frist ist aber rechtlich bedeutungslos; denn das Berufungsgericht muss auch Ausführungen berücksichtigen, die erst nach Fristablauf gemacht werden. Daher kann die Begründungsschrift auch bei diesem Gericht eingereicht werden. Gegen die Versäumung der Frist gibt es keine Wiedereinsetzung (KG VRS 122, 148; OLG Dresden OLG-NL 1998, 216; erg. → § 44 Rn. 3). 2

3 **C. Form.** Die Berufung kann **schriftlich** (→ Einl. Rn. 128) in einer Beschwerdeschrift o. **zu Prot. der Geschäftsstelle** des Gerichts des 1. Rechtszugs (→ Einl. Rn. 131 ff.) begründet werden. Wird sie **schriftlich** durch einen **Verteidiger oder RA** begründet, muss sie als **elektronisches Dokument** übermittelt werden (§ 32d S. 2 Nr. 1; → § 32d Rn. 1 ff.). Die **StA** muss die Begründung gem. § 32b Abs. 3 S. 2 dem Gericht als elektronisches Dokument übermitteln, wenn die Akten elektronisch geführt werden (→ § 32b Rn. 1 ff.).

Berufungsbeschränkung **Nr. 150 Abs. 1 RiStBV**

318 **[1]Die Berufung kann auf bestimmte Beschwerdepunkte beschränkt werden. [2]Ist dies nicht geschehen oder eine Rechtfertigung überhaupt nicht erfolgt, so gilt der ganze Inhalt des Urteils als angefochten.**

Übersicht

1 **A. Beschränkung der Berufung.** Die Beschränkung der Berufung, die **nicht v. einer Bedingung abhängig** gemacht werden darf (→ Einl. Rn. 118), kann schon bei ihrer Einlegung erklärt, aber auch später durch Teilrücknahme (→ § 302 Rn. 2) herbeigeführt werden, für die § 303 gilt (→ § 303 Rn. 1). Die zunächst beschränkte Einlegung kann innerhalb der Einlegungsfrist (§ 314) zur unbeschränkten erweitert werden (BayObLGSt 1967, 146), sofern nicht in der Beschränkung der Wille zum Teilverzicht zum Ausdruck gekommen war (→ § 302 Rn. 16; → § 344 Rn. 4).

2 **Fehlt eine entspr. Erklärung,** so gilt der gesamte Urteilsinhalt als angefochten (S. 2). Ausdrücklich braucht die Beschränkung aber nicht erklärt zu werden. Sie kann sich insbes. aus **Wortlaut u. Sinn** der Berufungsbegründung ergeben (OLG Schleswig SchlHA 1980, 20; erg. → § 344 Rn. 6). Dass die – nach § 317 nicht vorgeschriebene – Begründungsschrift das Urt. nur teilw. angreift, bedeutet aber, anders als bei der Revision (→ § 344 Rn. 6), idR keine Beschränkung (OLG Oldenburg VRS 23, 46 (48); OLG Karlsruhe NStZ-RR 2021, 319; Löwe/Rosenberg/Gössel Rn. 13). Bei Unklarheiten ist bei dem Beschwerdeführer zurückzufragen, notfalls die Erkl. auszulegen. Dabei ist, auch bei der Berufung der StA (BayObLG wistra 1994, 118; **aM** OLG Oldenburg NStZ-RR 1996, 77), nicht am Wortlaut zu haften, sondern der Sinn der Erkl. zu erforschen (BGHSt 29, 359 (365); OLG Koblenz VRS 49, 379; OLG Köln VRS 70, 445), wobei bei Erklärungen der StA u. des Verteidigers ggü. denjenigen eines rechtsunkundigen Angeklagten ein strengerer Maßstab anzulegen ist (BayObLG NStZ-RR 2000, 379; KG NJW 2012, 1093). Führt die Auslegung zu keinem eindeutigen Erg., so gilt keine Beschränkung (BGHSt 29, 359 (365); OLG Koblenz VRS 67, 284; OLG Köln VRS 70, 445; OLG Oldenburg NStZ-RR 1996, 77; vgl. dazu auch einerseits BayObLG StraFo 2003, 313, andererseits OLG München StraFo 2003, 314 zur unklaren Urteilsanfechtung der StA bei mehreren Angeklagten).

3 **Beispiele aus der Rspr.:** Legt ein teilw. freigesprochener Angeklagter unbeschränkt Berufung ein, so ist das idR dahin zu verstehen, dass er nur den verurteilenden Teil des Erkenntnisses anfechten will (BayObLGSt 1980, 115; OLG Köln VRS 62, 283 (284)). Die Einlegung der Berufung mit der Begründung, die Strafe erscheine zu hoch, enthält eine Beschränkung auf den Strafausspruch, wenn sie v. einem Juristen stammt; andernfalls kann darin die bloße Angabe des Beweggrunds für die Berufungseinlegung liegen (Bär DAR 1987, 314 – BayObLG RsprÜ;

OLG Hamm JMBl. NRW. 1953, 69; 1974, 118; OLG Stuttgart Justiz 1984, 404; vgl. auch OLG Köln VRS 70, 445; einschr. OLG Düsseldorf VRS 76, 447). Wer nur die Annahme eines minder schweren Falles anstrebt, beschränkt die Berufung idR auf das Strafmaß (OLG Köln NStZ 1989, 339). Die Erklärung, die Berufung ziele allein auf eine Strafaussetzung zur Bewährung, enthält nicht ohne weiteres eine entspr. Berufungsbeschränkung (Bär DAR 1987, 315 – BayObLG RsprÜ; OLG Koblenz VRS 71, 446; OLG Oldenburg NStZ-RR 2010, 56; OLG Stuttgart Justiz 2000, 19). Bei Einlegung der Berufung „allein wegen der Anzahl der Tagessätze" liegt aber immer eine Strafmaßberufung vor (Rüth DAR 1986, 249 – BayObLG RsprÜ). Eine nachträgliche Beschränkung liegt nicht darin, dass im SchlA nur die Änd. des Rechtsfolgenausspruchs beantragt wird (OLG Hamm JMBl. NRW. 1957, 58).

Zur **Beschränkungsbefugnis des Verteidigers** vgl. → § 302 Rn. 31; → § 344 Rn. 5. Die in der HV erklärte Rechtsmittelbeschränkung des entgegen § 140 Abs. 1, Abs. 2 unverteidigten Angeklagten ist – wie ein Rechtsmittelverzicht (→ § 302 Rn. 25) – unwirksam (OLG Köln StraFo 1997, 49). Zur Wirksamkeit einer Beschränkung der Berufung des Angeklagten auf Anregung des Gerichts u. nach Abschluss einer Verfahrensvereinbarung vgl. KG NStZ-RR 2004, 176; OLG München NStZ 2006, 353. 4

B. Bestimmte Beschwerdepunkte. Auf bestimmte Beschwerdepunkte kann die Berufung beschränkt werden, aber nicht auf die Frage der rechtlichen Würdigung der tatsächlichen Feststellungen durch das AG (entgegen Milzer NStZ 1993, 69 darf bei einem Geständnis des Angeklagten in der Berufungshauptverhandlung das LG auch nur dieses u. nicht die „glaubhaft eingestandenen tatsächlichen Feststellungen des AG" seinem Urt. zugrunde liegen). 5

Die Wirksamkeit der Beschränkung beurteilt sich in erster Hinsicht nach der sog. **Trennbarkeitsformel:** Die Beschränkung ist nur möglich, wenn sie sich auf Beschwerdepunkte bezieht, die nach dem inneren Zusammenhang des Urt. losgelöst v. seinem nicht angegriffenen Teil rechtlich u. tatsächlich selbständig beurteilt werden können, ohne eine Prüfung der Entsch. iÜ erforderlich zu machen (BGHSt 64, 209; 62, 155; 25.10.2023 – 5 StR 104/23 mwN; 14.4.2024 – 2 StR 424/23). 6

In engem Zusammenhang damit steht das **Erfordernis der Widerspruchsfreiheit:** Die trotz ihres stufenweisen Zustandekommens als einheitliches Ganzes anzusehende abschl. Entsch. des Verf. darf nicht in sich widerspruchsvoll sein. Eine Berufungsbeschränkung ist daher unwirksam, wenn sie zu Widersprüchen zwischen den nicht angefochtenen Teilen des Urt. u. der Entsch. des Rechtsmittelgerichts führen kann (BGHSt 62, 155; 7, 283 (285); 10, 71 (72);BGH 14.4.2024 – 2 StR 424/23; OLG Düsseldorf wistra 1988, 118). 7

Ob diese Voraussetzungen vorliegen, **prüft das Rechtsmittelgericht** vAw (BGH NJW 1980, 1807; → § 352 Rn. 4) im Freibeweis (OLG Oldenburg NStZ-RR 2008, 117), nach hM endg. erst aus der Sicht des Erg. der Beratung über die zu treffende Entsch. (BGHSt 27, 70 (72); OLG Celle MDR 1971, 322 (323); OLG Hamburg JZ 1978, 665; OLG Köln NStZ 1984, 379), wobei dem Berufungsgericht bei der Prüfung der Wirksamkeit aber ein gewisser Beurteilungsspielraum zugebilligt wird (BayObLGSt 1999, 96). Im Einzelnen gilt (auch für die Revisionsbeschränkung nach § 344 Abs. 1, die des Zusammenhangs wegen hier einbezogen wird) Folgendes: 8

I. Verfahrensrechtlich voneinander unabhängige Straffälle. Jeder Angeklagte kann **unabhängig v. den Mitangeklagten selbständig** Berufung einlegen (KK-StPO/Paul Rn. 1). Ist ein Angeklagter wegen mehrerer Taten iSd § 53 StGB verurteilt worden, die auch verfahrensrechtlich (§ 264) mehrere Straffälle bilden, so kann er die Berufung auf die Verurteilung wegen eines o. mehrerer v. ihnen beschränken, ohne dass es insoweit auf Widerspruchsfreiheit (→ Rn. 7) ankommt (BayObLGSt 1959, 126; 1966, 84 (86); OLG Düsseldorf VRS 74, 366; OLG Karlsruhe JR 1989, 82: nicht, wenn die mehreren Taten zueinander im Verhältnis der Alternativität (vgl. BGHSt 32, 146) stehen; Löwe/Rosenberg/Franke § 344 Rn. 19; Meyer JR 1972, 205; **aM** OGHSt 1, 74 (78); OLG Celle NJW 1959, 399 (400)). Der Beschränkung steht auch nicht entgegen, dass die Vollstreckung aller Strafen zur Bewährung ausgesetzt (BayObLGSt 1966, 84 (86)), dass eine Gesamt- 9 strafe gebildet ist o. dass das Urt. Rechtsfolgen anordnet, die alle abgeurteilten Straffälle zur Grdl. haben (BayObLGSt 1966, 84 (86): Fahrverbot u. Fahrerlaubnisentziehung; RG HRR 1938, 264: Sicherungsverwahrung). Die Gesamtstrafe u. die anderen Rechtsfolgen sind dann aber immer mitangefochten (BGHSt 8, 268 (271); 11.10.2023 – 2 StR 3/23), sofern nicht die angefochtene Einzelstrafe ersichtlich für sie bedeutungslos ist (OLG Koblenz VRS 55, 194; Löwe/Rosenberg/Franke § 344 Rn. 20).

10 **II. Sachlich-rechtlich selbständige Straftaten.** Bei sachlich-rechtlich selbständigen Straftaten (§ 53 StGB), die **verfahrensrechtlich (§ 264) eine einheitliche Tat** bilden, ist die Berufungsbeschränkung ebenfalls wirksam (BGHSt 21, 256 (258); 24, 185; BeckRS 2018, 14695 mwN; BayObLGSt 1980, 115; KG StraFo 2016, 27; OLG Köln VRS 62, 283; **aM** OLG Hamm VRS 40, 19; 457; 41, 28; 155; OLG Köln NJW 1971, 156). Der Richter ist aber in dem weiteren Verf. (nach Zurückverweisung durch das Revisionsgericht) an die Feststellungen zu dem nicht angefochtenen Urteilsteil gebunden (BGHSt 24, 185; 28, 119 (121); OLG Karlsruhe MDR 1976, 71; OLG Köln VRS 62, 283; **aM** Löwe/Rosenberg/Franke § 344 Rn. 22).

11 Eine Berufungsbeschränkung ist aber **nicht wirksam,** wenn jeder der in Tatmehrheit stehenden Straftaten ihrerseits in Tateinheit (§ 52 StGB) mit demselben leichteren Delikt steht (BGHSt 25, 72 (75); BayObLGSt 1957, 108; 1966, 84 (86); OLG Celle NJW 1959, 399; OLG Koblenz VRS 74, 196 (198); OLG Köln MDR 1964, 525; Löwe/Rosenberg/Franke § 344 Rn. 23; **aM** BGHSt 23, 141 (150)). Entscheidet erst die Begründetheit des Rechtsmittels darüber, ob überhaupt mehrere Straftaten iSd § 53 StGB vorliegen, so kann die Berufung ebenfalls nicht beschränkt werden, zB wenn die mehreren Straftaten eine einheitliche Tat des Vollrauschs nach § 323a StGB (OLG Hamm VRS 39, 190) bilden können o. wenn eine einheitliche Trunkenheitsfahrt vorliegt, die nur durch die Straftat nach § 142 StGB sachlich-rechtlich in 2 Teile aufgespalten wird, aber als einheitliche Tat zu beurteilen ist, wenn kein Verstoß gegen § 142 StGB vorliegt (BGHSt 25, 72; BayObLGSt 1971, 46; BayObLG VRS 59, 336; OLG Düsseldorf VRS 63, 462; OLG Köln VRS 62, 283; OLG Stuttgart VRS 72, 186 (187)). Sind Gegenstand der Anklage mehrere Delikte in Wahlfeststellung, so kann die Berufung nicht auf die Verurteilung wegen eines v. ihnen beschränkt werden (OLG Karlsruhe JR 1989, 82).

12 **III. Verurteilung wegen einheitlicher Tat. 1.** Auf **einzelne rechtliche Gesichtspunkte des Schuldspruchs** kann die Berufung nicht beschränkt werden, bei Tateinheit auch dann nicht, wenn das AG irrtümlich Tatmehrheit angenommen hat (BGHSt 6, 229 (230); 21, 256 (258); BGH NStZ 2003, 264; 14.4.2024 – 2 StR 424/23; BayObLG NStZ 1988, 570), also nicht auf die Nachprüfung einzelner Gesetzesverletzungen (BGHSt 24, 185 (189); BGH NStZ-RR 2026, 22; OLG Düsseldorf VRS 63, 462; OLG Frankfurt a. M. NStZ-RR 2003, 371; OLG Hamm NZV 2008, 164), auch nicht auf die Frage, ob Tateinheit o. Tatmehrheit vorliegt (OLG Hamm VRS 40, 191; Hamm Revision Rn. 147), innerhalb eines einheitlichen Schuldspruchs nicht auf einzelne Tatbestandsmerkmale (BGHSt 19, 46 (48)).

13 Eine **Ausnahme** macht BGHSt 39, 390 bei Dauerdelikten; dort ist bei Zuhälterei in Tateinheit mit Vergewaltigung die Beschränkung auf § 177 StGB zugelassen worden (vgl. auch BGH NStZ 2000, 483 mwN für das Jugendstrafverfahren); BGH NJW 2010, 1979 erörtert Beschränkungen bei Verurteilung o. Nichtverurteilung nach § 129 StGB. Auch die Frage, ob die Strafklage verbraucht, ein wirksamer Strafantrag gestellt o. die Auslieferungsbedingungen eingehalten sind, kann selbständig geprüft werden (Löwe/Rosenberg/Franke § 344 Rn. 18), in Ausnahmefällen auch die Frage der Verjährung (OLG Frankfurt a. M. NStZ 1982, 35).

14 Die **Anfechtung des Schuldspruchs erfasst** stets alle weiteren Urteilsteile (BGHSt 64, 209 = NJW 2020, 253; OLG Zweibrücken NStZ-RR 2008, 381

(382)). Zur Schuldfrage gehören die Voraussetzungen eines minder schweren o. bes. schweren Falles, wenn sie zugleich den Schuldumfang betreffen o. mit den Schuldfeststellungen untrennbar verknüpft sind. Entsprechendes gilt für die Regelbeispiele des § 243 Abs. 1 Nr. 1, 2, 4 StGB (BGHSt 29, 359; OLG Schleswig NJW 1979, 2057; SchlHA 1982, 96), aber nicht des § 243 Abs. 1 Nr. 3 (OLG Düsseldorf OLGSt StPO § 318 Nr. 8) o. des § 263 Abs. 3 S. 2 Nr. 1 StGB (OLG Köln NStZ-RR 2003, 298; **aM** BayObLG NStZ-RR 2003, 209; OLG Karlsruhe NStZ-RR 2004, 271; diff. OLG Stuttgart NStZ 2014, 719). Zum Schuldspruch gehören auch Strafänderungsgründe, zB die Gewerbsmäßigkeit beim Handeltreiben mit BtM (s. aber auch KG StraFo 2017, 157: Fehlende Feststellungen des AG zur erforderlichen Absicht können ggf. durch das Berufungsgericht widerspruchsfrei getroffen werden) o. beim Diebstahl nach § 243 Abs. 1 S. 2 Nr. 3 StGB o. der Hehlerei nach § 260 StGB (BGH NStZ 1982, 29; OLG Köln StraFo 2016, 162) sowie die Frage des Mitverschuldens des Tatopfers, sofern eine neue Beweisaufnahme über den Unfallhergang erforderlich ist (BayObLGSt 1966, 155; OLG Hamm DAR 1957, 303), beim Handeltreiben mit Betäubungsmitteln auch die Feststellungen zur Suchtmotivation (BayObLG NStZ-RR 2004, 246).

Kein Teil der Schuldfrage sind dagegen die Frage der verminderten Schuldfähigkeit nach § 21 StGB (BGHSt 7, 283; OLG Hamburg StraFo 2016, 517; OLG Köln NStZ 1984, 379); die Anwendung des § 157 StGB (BGHSt 2, 379; OLG Stuttgart NJW 1978, 711), der §§ 158, 161 Abs. 2 StGB (BGH NJW 1962, 2164) u. des § 213 StGB (BGH NJW 1956, 756). 15

2. Die **Beschränkung auf den Rechtsfolgenausspruch** ist grds. wirksam (BGHSt 29, 359 (364); 33, 59; BGH BeckRS 2018, 14695; zur Bindung an die Schuldfeststellungen vgl. → § 327 Rn. 5 ff.), setzt aber voraus, dass das angefochtene Urt. seine Prüfung ermöglicht (OLG Köln NStZ 2024, 638 mAnm Sandherr; OLG Jena NStZ-RR 2015, 181). Die Beschränkung ist daher nicht möglich, wenn das Urt. nicht unterschrieben ist (OLG Frankfurt a. M. NStZ-RR 2010, 250) o. keine Gründe enthält (OLG Düsseldorf VRS 72, 117; OLG Köln MDR 1969, 864) o. die Feststellungen zur Tat, sei es auch nur zur inneren Tatseite (OLG Düsseldorf VRS 70, 137; OLG Koblenz VRS 53, 337; OLG Oldenburg StraFo 2008, 385), so knapp, unvollständig, unklar o. widersprüchlich sind, dass sie keine hinreichende Grdl. für die Prüfung der Rechtsfolgenentscheidung bilden (BGHSt 62, 155; 33, 59; BayObLG NStZ 2025, 630; OLG Köln NStZ 2024, 638; OLG Bamberg DAR 2015, 273; OLG Düsseldorf NStZ 1992, 298; OLG Hamburg wistra 2012, 284 Ls.; OLG Hamm NJW 2012, 1239; OLG Koblenz NStZ-RR 2005, 178) oder unklar bleibt, ob sich der Angekl. überhaupt strafbar gemacht hat (BGHSt 62, 155; BayObLG NStZ 2025, 630; OLG Köln NStZ 2024, 638) bzw. seine Schuldunfähigkeit im Raum steht (BayObLG BeckRS 2023, 28684). Dies gilt etwa auch, wenn sich im Fall einer Verurteilung wegen Betruges aus dem amtsgerichtlichen Urteil nicht ergibt, ob dem Getäuschten ein Schaden iSd § 263 StGB entstanden ist (BayObLG BeckRS 2023, 31056) oder wenn bei einer Verurteilung wegen sexuellen Missbrauchs von Kindern nach den amtsgerichtlichen Feststellungen unklar ist, ob die Erheblichkeitsschwelle des § 184h Nr. 1 StGB überschritten ist (BayObLG BeckRS 2023, 31050). Für die Wirksamkeit einer Beschränkung auf die Verurteilung wegen Fahrens ohne Fahrerlaubnis – welche die gleichzeitige Verurteilung nach § 316 Abs. 1 StGB ausnimmt – bedarf es keiner Feststellungen zu den Beweggründen u. Gesamtumständen der Fahrt; diese können vielmehr v. Berufungsgericht getroffen werden, u. dürfen lediglich nicht in Widerspruch zu den Schuldfeststellungen des Erstgerichts stehen (BGHSt 62, 155; OLG Koblenz NZV 2013, 411 mzustAnm Sandherr; König DAR 2014, 372; **aM** BayObLG NStZ 1997, 359; KG VRS 115, 137; OLG München NZV 2014, 51; OLG Bamberg DAR 2013, 585; vgl. auch OLG Nürnberg NStZ 2016, 497). 16

Insbesondere ist die **Beschränkung ausgeschlossen,** wenn das Revisionsgericht das Berufungsurteil zwar in vollem Umf. aufgeh., darin getroffene Feststellungen aber aufrechterhalten hat (BayObLG MDR 1988, 883: innerprozessuale 17

Bindungswirkung; andernfalls aber Beschränkung möglich, OLG Stuttgart Justiz 1990, 469), wenn das Urt. das angewendete Strafgesetz nicht genau erkennen lässt (OLG Düsseldorf DAR 1970, 191), wenn die Schuldfeststellungen eine Überprüfung des Strafausspruchs nicht ermöglichen (BGH NZWiSt 2014, 73; OLG Frankfurt a. M. NStZ-RR 2015, 150), wenn ungeklärt ist, ob ein Strafantrag erforderlich ist (BayObLGSt 1994, 98), wenn das Konkurrenzverhältnis nicht bestimmt ist (OLG Köln NStE StPO § 318 Nr. 14), wenn nicht ersichtlich ist, welche v. mehreren Tatmodalitäten festgestellt sind (OLG Köln VRS 82, 39), wenn das AG die Schuldform nicht festgestellt (OLG Düsseldorf VRS 89, 218) o. die Frage der Schuldfähigkeit nicht geprüft hat, obwohl dazu Anlass bestand (OLG Bamberg StV 2018, 276; BayObLG NZV 2001, 353; OLG Frankfurt a. M. NJW 1968, 1638; OLG Hamm NStZ-RR 2008, 138 (ADHS-Erkrankung); OLG Koblenz VRS 75, 46; OLG Köln StraFo 1998, 120), o. eine erhebliche Verminderung der Schuldfähigkeit nicht rechtsfehlerfrei begründet wurde u. Schuldunfähigkeit nicht auszuschließen ist (BGHSt 46, 257; OLG Hamburg VRS 130, 25). Eine Berufungsbeschränkung ist ferner unbeachtlich, wenn die Tat überhaupt nicht mit Strafe bedroht ist (BayObLGSt 1992, 52; OLG Celle StraFo 2004, 61; OLG Stuttgart NStZ-RR 2002, 47), etwa nur eine OWi darstellt (BayObLG NJW 2005, 309; OLG Koblenz NStZ-RR 2008, 120), o. unklar bleibt, ob sich der Angeklagte überhaupt strafbar gemacht hat (BGH BeckRS 2016, 3826), wenn der Schuldspruch auf einem nicht o. nicht mehr gültigen G beruht (Holtz MDR 1978, 282 – BGH RsprÜ; BayObLGSt 1962, 216; erg. → § 354a Rn. 5), wenn eine neue Entsch. über die Schuldfrage aufgrund der für die Strafbemessung festgestellten Tatsachen zur Verneinung der Schuld führen könnte (BGH NJW 1996, 2663 (2664): Rücktritt v. Versuch; OLG Düsseldorf NStZ 1984, 90; OLG Köln NStZ 1984, 379; OLG Zweibrücken MDR 1986, 75; **aM** OLG Hamm JMBl. NRW. 1973, 141; Hettinger JZ 1987, 386; gegen ihn OLG Köln NStZ 1989, 25), wenn – ausgenommen bei Haschisch (BayObLG StraFo 2003, 383) – keine Feststellungen über den Wirkstoffgehalt eines Betäubungsmittels getroffen sind (BayObLG NStZ-RR 2001, 335; KG NStZ-RR 2012, 289 Ls.; OLG München NStZ-RR 2011, 89; **aM** OLG Celle NStZ-RR 2012, 59; OLG Frankfurt a. M. NStZ-RR 2003, 23 (25); OLG Oldenburg NStZ-RR 2008, 117), wenn der fehlerhafte Schuldspruch einen höheren Strafrahmen vorgibt (OLG Köln NStZ-RR 2000, 49) o. wenn die beanstandete Annahme o. Nichtannahme eines die Strafbarkeit erhöhenden o. mindernden Umstandes einen untrennbaren Teil der Schuldfrage bildet (BGHR StPO § 344 Abs. 1 Beschränkung 2; BGHR StGB § 163 Aussage 1; BGH NStZ 1994, 47) o. wenn ein milderer Schuldspruch in Betracht kommt u. danach möglicherweise Verjährung eingetreten ist (BGH NStZ-RR 2014, 349). Sie ist schließlich unwirksam, wenn die StA ein Urt., dem eine Verständigung zugrunde liegt, mit der Revision angreift (OLG Naumburg NStZ 2018, 238).

17a **Nicht jeder Fehler im nicht angefochtenen Teil der erstinstanzlichen Entscheidung** steht der Wirksamkeit einer Beschränkung entgegen (OLG Köln NStZ-RR 2017, 153; KG StraFo 2017, 157; OLG Hamburg VRS 107, 449 (453)). Vielmehr hat das Rechtsmittelgericht im Fall eines auf den Rechtsfolgenausspruch beschränkten Rechtsmittels die Prüfung der Rechtsfolgenentscheidung grds. auf der Basis des Schuldspruchs des angefochtenen Urteils vorzunehmen, auch wenn dieser auf einer rechtsfehlerhaften Subsumtion und damit unzutreffenden rechtlichen Einordnung des Tatgeschehens beruht (vgl. BGH NStZ-RR 2022, 290 mwN). **Nicht ausgeschlossen ist die Beschränkung daher,** wenn das AG das geltende Recht nur falsch angewendet (BGH NStZ 1996, 352; NStZ-RR 2013, 349; BayObLGSt 1987, 69; OLG Celle NJW 1963, 64; OLG Oldenburg VRS 129, 11; **anders,** wenn der fehlerhafte Schuldspruch zu Lasten des Angeklagten einen höheren Strafrahmen vorgibt, als er nach der festgestellten Tat bei zutr. rechtlicher Wertung zur Anwendung kommen würde: OLG Köln NStZ 2024, 638 mwN) o. Fehler bei der Subsumtion begangen hat (BGH BeckRS 2016, 14075; OLG Köln NStZ 2024, 638 mwN) o. bei einem Verstoß gegen die Kognitionspflicht (OLG Köln NStZ-RR 2017, 153) o. wenn bei Feststellung aller Tatbestandsmerkmale lediglich weitere unrechtsbeschreibende Feststellungen fehlen (so zB bei Verkehrsdelikten Feststellungen zu Anlass u. Motiv der Tat, OLG Dresden NStZ-RR 2013, 356 Ls.; str.) o. wenn das AG fehlerhaft Tatmehr- statt Tateinheit angenommen hat (BGH NStZ-RR 1996, 267 Ls.; OLG Köln StraFo 2022, 436 (438) mwN; BayObLG NStZ 1988, 570; OLG Frankfurt a. M. NStZ-RR 2004, 74 (75); OLG Hamm NStZ-RR 2010, 345) o. wenn die Beweisaufnahme zur Straffrage ergibt, dass der Angeklagte nicht schuldig ist (BGHSt 7, 283; **aM** Peters StrafProzR Rn. 498 ff.; Roxin/Schünemann StrafVerfR § 53 Rn. 19). Vgl. erg. → § 353 Rn. 21.

17b Die Berufungsbeschränkung ist auch möglich, wenn der nicht angefochtene Schuldspruch auf einem **Gesetz** beruhte, das **zwischenzeitlich weggefallen** war, sofern dieses durch ein anderes Gesetz ersetzt wurde, nachdem das abgeurteilte Verhalten strafbar blieb (vgl. BGH NJW 1965, 543; 12.2.1974 – 1 StR 610/73). Beim Handeltreiben mit Cannabis steht der Wirksamkeit der Berufungsbeschränkung auf den Strafausspruch daher nicht das zwischenzeitliche Inkrafttreten des Cannabisgesetzes entgegen, wenn die Tat auch nach neuem Recht strafbar ist (zutr. OLG Karlsruhe BeckRS 2024, 11869 gegen BayObLG BeckRS 2024, 7422; 2024, 7585). Die Änderung der Rechtslage führt lediglich dazu, dass die mit der Beschränkung eingetretene Teilrechtskraft nach dem in § 354a niedergelegten Grundsatz dahingehend durchbrochen wird, dass die geänderte Rechtslage zu berücksichtigen ist; handelt es sich um das mildere Gesetz, ist dieses gem. § 2 Abs. 3 StGB anzuwenden, der Schuldspruch umzustellen und die Strafe dem geänderten Strafrahmen zu entnehmen (vgl. OLG Karlsruhe BeckRS 2024, 11869; → § 354 Rn. 1, 5).

18 **3. Innerhalb des Rechtsfolgenausspruchs** sind weitere Beschränkungen auf abtrennbare Urteilsteile (→ Rn. 6) möglich:

19 Bei der **Geldstrafe** auf die Zahl des Tagessatzes (OLG Koblenz NJW 1976, 1275; Kadel GA 1979, 465; KK-StPO/Paul Rn. 8a; **aM** Horn JR 1977, 97; Lackner/Kühl/Heger/Heger StGB § 40 Rn. 19) o. auf seine Höhe (BGHSt 27, 70; 34, 90 (92); BayObLGSt 1979, 130) u. auf die Entsch. über Zahlungserleichterungen nach § 42 StGB (vgl. RGSt 64, 207 (208); **aM** OLG Bremen NJW 1954, 522), idR aber nicht auf die Verhängung der Geldstrafe neben einer Freiheitsstrafe nach § 41 StGB (OLG Düsseldorf JMBl. NRW. 1999, 41; vgl. aber OLG Köln OLGSt StGB § 41 S. 1: abtrennbar, wenn die ges. Mindestfreiheitsstrafe verhängt worden ist).

20 Bei der **Freiheitsstrafe** auf die Strafbemessung, auf die Vornahme (OLG Frankfurt a. M. NStZ-RR 2014, 220) o. das Unterlassen einer Gesamtstrafenbildung (OLG Düsseldorf VRS 68, 365) u. auf die Bemessung der Gesamtstrafe (BGH NStZ-RR 2000, 13; 2012, 288; OLG Braunschweig NStZ-RR 2015, 19 Ls.; OLG Hamburg MDR 1976, 419), es sei denn, bei dieser werde nur formelhaft u. nichtssagend auf die Erwägungen zu den Einzelstrafen Bezug genommen (BGH NStZ-RR 2013, 373; OLG München NStZ 2011, 117); hingegen stehen Fehler bei der Bemessung der Einzelstrafen der Beschränkung nicht entgegen (BGHR StPO § 318 Strafausspruch 2). Zulässig ist die Beschränkung auf die Anrechnung o. Nichtanrechnung der UHaft nach § 51 StGB (BGHSt 7, 214 = JZ 1955, 383 mablAnm Würtenberger; wistra 1990, 350) o. den Anrechnungsmaßstab nach § 51 Abs. 4 S. 2 StGB (OLG Hamm StV 1999, 652). Nicht zulässig ist die Beschränkung auf die Entsch. über die Anwendung v. Jugend- o. Erwachsenenstrafrecht (OLG Celle NZV 2014, 374 mwN).

20a Auch auf die **Verwarnung mit Strafvorbehalt** (BGH NStZ-RR 2018, 86) u. die **Strafaussetzung zur Bewährung** ist die Beschränkung zulässig, sofern nicht eine innere Abhängigkeit v. der gesamten Straffrage besteht (BGH NStZ-RR 2018, 86 zu § 59 StGB; zur Bewährung s. BGHSt 24, 164; BGH NJW 1983, 1624; NStZ 1982, 285 (286); KG NZV 2002, 240; OLG Dresden NStZ-RR 2012, 289; OLG Hamburg NStZ-RR 2006, 18; VRS 123, 88; OLG Karlsruhe NJW 1980, 133; VRS 95, 225; OLG Köln NStZ 1989, 91; OLG Nürnberg NZV

2007, 642); der Berufungsführer darf keine für Schuldspruch und/oder Strafzumessung doppelrelevante Tatsachen bestreiten (OLG Frankfurt a. M. NStZ-RR 2013, 219), jedoch können solche auch bei Rechtskraft des Schuldspruchs noch nachträglich getroffen werden (OLG Koblenz NZV 2013, 411 (412)). Zur Wirksamkeit der Beschränkung müssen sich aber idR aus dem angefochtenen Urt. die Sachverhalte früherer Verurteilungen ergeben (BayObLG NStZ-RR 2004, 336; OLG Köln StraFo 2004, 245; erg. → Rn. 28 aE). Möglich ist bei fehlender Abhängigkeit eine solche Beschränkung auch trotz einer Gesamtstrafenbildung; dabei erfolgt aber trotz der Beschränkung eine nachträgliche Gesamtstrafenbildung durch das Berufungsgericht mit einer anderweit rkr. erkannten Strafe, wenn das AG hierzu keine Entsch. getroffen hatte (BGHSt 55, 220), denn § 55 StGB erlaubt u. fordert gerade eine solche Rechtskraftdurchbrechung (zutr. LG Freiburg NStZ-RR 2008, 236).

21 Wird die Nachprüfung der Strafbemessung verlangt, so **erstreckt sich das Rechtsmittel** stets auf die Gesamtstrafe (BGH wistra 1999, 99), auf die Anrechnung o. Nichtanrechnung der UHaft, auf die Frage der Strafaussetzung zur Bewährung (OLG Düsseldorf NJW 1956, 1889), auf die Einziehung als Nebenstrafe (OLG Düsseldorf VRS 51, 439), auf Sicherungsmaßregeln, auch auf die Entziehung der Fahrerlaubnis nach § 69 StGB, wenn sie wegen charakterlicher Ungeeignetheit angeordnet worden ist (BGHSt 10, 379; Rüth DAR 1985, 246 – BayObLG RsprÜ; OLG Koblenz VRS 57, 107).

22 Bei **Nebenstrafen und Nebenfolgen** kann die Berufung nicht auf die Verhängung des Fahrverbots (§ 44 StGB) beschränkt werden, da diese Rechtsfolge mit der Hauptstrafe – dh mit der Gesamtstrafe, nicht mit den Einzelstrafen (OLG Jena NZV 2006, 167) –, insbes. aber mit der Geldstrafe, untrennbar verknüpft ist (OLG Düsseldorf VRS 84, 336; OLG Hamm NStZ 2006, 592; OLG Schleswig NStZ 1984, 90; **aM** BayObLGSt 1966, 64; Rüth DAR 1985, 239 – BayObLG RsprÜ), wohl aber auf den Beginn der Wirksamkeit des Fahrverbots (§ 25 Abs. 2a StVG; OLG Düsseldorf NStZ-RR 1999, 61), idR auch auf die Aberkennung der Rechte nach § 45 Abs. 2 StGB. Die Einziehungsanordnung ist gesondert anfechtbar, wenn die Einziehung Sicherungsmaßnahme (OLG Düsseldorf NJW 1972, 1382; VRS 51, 439; OLG Hamm NJW 1975, 67), nicht aber, wenn sie Nebenstrafe ist (BGH NStZ 1993, 400; Rüth DAR 1984, 246 – BayObLG RsprÜ).

22a Eine Beschränkung auf die Anordnung o. Nichtanordnung des (auch des erweiterten) **Einziehung des Tatertrages oder des Wertes des Tatertrages** ist grds. zulässig, da diese den Strafausspruch nicht berührt (BGHSt 55, 174 (175); BGH 4.12.2024 – 5 StR 498/23; NJW 2018, 2141; BayObLG NStZ-RR 1999, 269; vgl. aber OLG Celle NStZ-RR 2016, 21 zur fehlenden Beschwer des Angeklagten), es sei denn, die Entsch. kann ausnahmsweise nicht losgelöst v. übrigen Urteilsinhalt, insbes. der Strafzumessung, geprüft u. beurteilt werden (BGH NStZ-RR 2026, 56; wistra 2005, 137). Die Einschränkung gilt, wie auch sonst (vgl. → Rn. 16, 17), nicht, wenn es bereits gegegenüber dem Schuldspruch an der Trennbarkeit fehlt, weil die Tatsachenfeststellungen unklar, lückenhaft, widersprüchlich oder so dürftig sind, dass sie den Unrechts- und Schuldgehalt der Tat nicht erkennen lassen und deshalb keine taugliche Grundlage für eine Rechtsfolgenentscheidung darstellen (BGH 4.12.2024 – 5 StR 498/23). Die Einschränkung gilt ferner nicht bei der Einziehung nach § 33 S. 1 BtMG, da diese lediglich Sicherungscharakter besitzt (BGH BeckRS 2018, 31875). Bei Nichtanordnung v. Einziehung (§ 73 StGB) u. erweiterter Einziehung (§ 73a StGB) kann das Rechtsmittel idR nicht auf eine v. beiden beschränkt werden (BGH BeckRS 2011, 19724). Die Abführung des Mehrerlöses nach §§ 8, 9 WiStG kann gesondert angefochten werden (OGHSt 1, 161; OLG Hamburg HESt 1, 156), ebenso die Anordnung der Urteilsbekanntmachung (RGSt 42, 30 (31)).

23 Bei den **Sicherungsmaßregeln** gilt folgendes:

24 Die Rechtsmittelbeschränkung auf die Anordnung der Unterbringung in einem psychiatrischen Krankenhaus nach **§ 63 StGB** (wegen § 24 Abs. 2 GVG kommt nur die Revision in Betracht) ist zwar neben einer Strafe möglich (BGHSt 5, 267;

5, 312 (313); BGH NJW 1963, 1414; 1969, 1578; **aM** Löwe/Rosenberg/Franke § 344 Rn. 53; anders jedoch bei Jugendlichen, vgl. BGH NStZ-RR 1998, 188). Dies hängt aber davon ab, dass nicht zwischen dem nicht angefochtenen Teil und dem Maßregelausspruch ein **untrennbarer Zusammenhang** besteht, wofür auf den Einzelfall abzustellen ist; ein solcher untrennbarer Zusammenhangwird aber regelmäßig anzunehmen sein, wenn es bei einem Freispruch um die Schuldfähigkeitsbeurteilung geht und insbesondere die Unterbringung nach § 63 StGB sowie der auf § 20 StGB gestützte Freispruch gleichmaßen von der Bewertung der Schuldfähigkeit abhängen (BGH 25.10.2023 – 5 StR 104/23 mwN). Die **StA** kann das Rechtsmittel ansonsten grds. (jedoch wegen § 5 Abs. 3 **JGG** nicht bei Verurteilung zu Jugendstrafe ohne Anordnung der Unterbringung, vgl. BayObLGSt 1989, 48, anders hingegen, wenn die Unterbringung angeordnet worden war, BGH NStZ 2016, 105) darauf beschränken, dass die Anordnung neben einem Freispruch o. einer Strafe nicht getroffen worden ist (vgl. BGH 28.3.2019 – 4 StR 530/18; NStZ-RR 2015, 72; LK/Cirener StGB § 63 Rn. 211; **aM** BGH 6.3.2025 – 3 StR 515/24, wonach in solchen Konstellationen die Gefahr einer inkonsistenten Gesamtentscheidung bestünde). Besteht allerdings ein untrennbarer Zusammenhang zwischen der Entsch. über die Strafaussetzung zur Bewährung u. dem v. der StA angestrebten Maßregelausspruch, ist die Beschränkung auf letzteren unzulässig; dies kommt etwa in Betracht, wenn der mögliche Rechtsfehler sowohl die Kriminalprognose (§ 56 Abs. 1 StGB) als auch die Gefahrenprognose (§ 63 StGB) betr. (BGH NStZ-RR 2017, 253). Legt der freigesprochene Angeklagte Revision ein, so ist die Beschränkung im Gegensatz zur früher hM unwirksam, weil die Unterbringung nach § 63 StGB u. der auf § 20 StGB gestützte Freispruch gleichermaßen v. der Bewertung der Schuldfähigkeit abhängen u. nunmehr nach § 358 Abs. 2 S. 2 eine Bestrafung des Angeklagten möglich ist, wenn sich jetzt seine Schuldfähigkeit herausstellt (BGH NStZ 2013, 424); etwas anderes gilt nur, falls die den Freispruch tragende Schuldunfähigkeit feststeht u. nur die der Maßregel zugrunde liegende Gefährlichkeitsprognose zu überprüfen ist (BGH NStZ-RR 2014, 54).

Die gleichen Grundsätze gelten für die Anordnung der Unterbringung in einer **Entziehungsanstalt** nach **§ 64 StGB** (BGHSt 38, 362 (364)). Im Regelfall besteht wegen der Zweispurigkeit von Strafe und Maßregel keine Wechselbeziehung zwischen beiden (BGH 18.1.2024 – 5 StR 590/23). Die Ausnahme der Maßregelanordnung vom Rechtsmittelangriff ist allerdings unwirksam, wenn das Gericht eine solche Wechselbezüglichkeit durch entspr. Erwägungen in den Urteilsgründen hergestellt hat (BGH 18.1.2024 – 5 StR 590/23). Dies gilt ebenso, wenn die Berufung o. Revision sich gegen den Schuldspruch wendet, der als Symptomtat unauflösbar mit der Entscheidung nach § 64 StGB vrbunden ist (BGH 24.9.2013 – 2 StR 397/13) sowie, wenn das AG fehlerhaft keine Entscheidung nach § 64 StGB getroffen hat (OLG Frankfurt a. M. NJW 2025, 257). **25**

Anders ist das aber zu beurteilen, wenn mehrere Symptomtaten festgestellt sind, die vom Rechtsmittelangriff ausgenommen sind und die Maßregelanordnung losgelöst von den Beschwerdepunkten tragen (BGH 11.10.2023 – 2 StR 3/23; 26.1.2023 – 3 StR 154/22). Versagung der Strafaussetzung zur Bewährung u. Entsch. nach § 64 StGB können regelmäßig nicht voneinander getrennt werden (BGH NStZ 1994, 449; NStZ-RR 2012, 202; OLG Köln NStZ-RR 1997, 360 (361)). **25a**

Eine Beschränkung auf die **Nichtanordnung der Unterbringung** ist nicht zulässig, da der Angekl. hierdurch nicht beschwert ist (BGH 21.9.2022 – 6 StR 365/22). **25b**

Die Anordnung o. Nichtanordnung der Sicherungsverwahrung nach **§ 66 StGB** ist unabhängig v. der Schuldfrage anfechtbar (wegen § 24 Abs. 2 GVG nur mit der Revision). Auch innerhalb des Ausspruchs über die Rechtsfolgen besteht zwischen dem Strafausspruch u. der Unterbringung in der Sicherungsverwahrung grds. keine der Rechtsmittelbeschränkung entgegenstehende Wechselwirkung (BGH NStZ 2007, 212 (213); BeckRS 2008, 15027; 2018, 29988; NStZ-RR 2018, 305), es sei **26** denn, das Tatgericht hat gerade wegen der erwarteten Wirkungen des langjährigen Strafvollzugs v. der Anordnung der Sicherungsverwahrung abgesehen (BGH NStZ 2013, 707; NStZ-RR 2018, 305); Wechselwirkung besteht auch hins. der Anordnung nach § 66 StGB u. der nach § 64 StGB; eine Beschränkung ist daher nicht möglich (BGH NStZ-RR 2014, 88; BeckRS 2019, 9057 mAnm Müller-Metz NStZ-RR 2019, 227).

26a Bei **§ 67 Abs. 2 StGB** ist eine Beschränkung auf die Anfechtung der Anordnung über den Vorwegvollzug der Strafe grds. zulässig (BGHR StPO § 260 Abs. 1 Urteilstenor 3; zu einem Ausnahmefall aber BGH 18.12.2007 – 3 StR 516/07); sie kann ggf. aber – verfassungsrechtlich zulässig (BVerfG NStZ 2008, 614) – auch die Unterbringungsanordnung erfassen (BGH StraFo 2012, 413). Eine Beschränkung auf die Dauer des Vorwegvollzugs setzt voraus, dass die Maßregel als solche rechtsfehlerfrei angeordnet worden ist (BGH NStZ-RR 2014, 107).

27 Für die Anordnung der Führungsaufsicht nach **§ 68 StGB** gilt das entspr. (vgl. Löwe/Rosenberg/Franke § 344 Rn. 56).

28 Die Beschränkung des Rechtsmittels auf die Entziehung der Fahrerlaubnis nach **§ 69 StGB** ist unwirksam, wenn Charaktermängel des Angeklagten der Grund der Anordnung sind (BGH NJW 1954, 1167 (1168); OLG Düsseldorf VRS 81, 184; OLG Frankfurt a. M. NZV 1996, 414 mwN; str.), nicht aber bei Entziehung wegen körperlicher o. geistiger Ungeeignetheit, auch nicht, wenn nur die Rechtsmeinung angegriffen wird, die Feststellungen trügen die Maßregelentscheidung (OLG Dresden NStZ-RR 2005, 385 Ls.). Entsprechendes gilt für die isolierte Sperre nach § 69a Abs. 1 S. 3 StGB (KG VRS 109, 278; OLG Zweibrücken NJW 1983, 1007). Die Beschränkung ist unwirksam, wenn die Strafe wegen des Fahrerlaubnisentzugs höher o. milder bemessen wurde, wenn sie auf doppelrelevanten Tatsachen (hins. Strafzumessung u. § 69 StGB) beruht (OLG Frankfurt a. M. NZV 2002, 382; OLG Stuttgart MDR 1997, 382), idR aber auch, wenn die Freiheitsstrafe zur Bewährung ausgesetzt worden ist (OLG Hamm VRS 32, 17 (18); OLG Köln VRS 16, 422; vgl. auch BGH VRS 29, 14 (15)), o. wenn die StA das Rechtsmittel zuungunsten des Angeklagten eingelegt hat (BayObLGSt 2004, 93; BayObLG VRS 81, 443); bei Ablehnung der Strafaussetzung zur Bewährung ist die Beschränkung nur dann unwirksam, wenn sich der Berufungsführer gegen insoweit doppelrelevante Feststellungen wendet o. die Bewährungsentscheidung mit der Maßregelanordnung eng verbunden ist, so dass die entstehende Gesamtentscheidung möglicherweise nicht frei v. inneren Widersprüchen bleiben würde (BGHSt 47, 32).

29 Die Bemessung der Sperre nach **§ 69a StGB** kann gesondert angefochten werden, wenn die Gründe für ihre Anordnung v. denen trennbar sind, die zur Fahrerlaubnisentziehung geführt haben (Spiegel DAR 1980, 202 – BGH RsprÜ; BGH VRS 21, 262; OLG Jena VRS 118, 279; **aM** OLG Düsseldorf VRS 66, 42); regelmäßig wird das aber nicht der Fall sein (vgl. BayObLG NZV 1991, 397; KG VRS 33, 265 (266); 40, 276). Zulässig ist die Festsetzung einer isolierten Sperrfrist bei Rechtsfehlerhaftigkeit der Anordnung (LG Potsdam NStZ-RR 2003, 19).

30 Die Anordnung des Berufsverbots nach **§ 70** StGB ist idR gesondert anfechtbar (BGHSt 17, 38; BGH NJW 1975, 2249; OLG Hamm NJW 1957, 1773; **aM** Löwe/Rosenberg/Gössel Rn. 115). Auf die Befristung der Anordnung kann das Rechtsmittel nicht beschränkt werden (BGH 25.7.1978 – 5 StR 130/78).

30a Auf das Unterlassen v. Feststellungen nach **§ 111i Abs. 2** kann das Rechtsmittel beschränkt werden (BGH BeckRS 2009, 19069).

30b Auch die **Kompensationsentscheidung** (→ EMRK Art. 6 Rn. 9a) ist grds. selbständig anfechtbar, es sei denn, der Strafausspruch ist im Einzelfall untrennbar mit der Kompensation verknüpft (BGH NStZ-RR 2014, 21; 349; NJW 2016, 3670; KG StV 2019, 842 Ls.).

31 **C. Rechtsfolgen der Beschränkung.** Die **wirksame Berufungsbeschränkung** auf die Verurteilung wegen einer o. mehrerer in Tatmehrheit (§ 53 StGB) begangener Straftaten führt zur Rechtskraft des Urt. wegen der übrigen, auch wenn

Tatidentität iSd § 264 vorliegt. Bei Berufungsbeschränkung innerhalb einer einheitlichen Tat tritt die sog. horizontale Teilrechtskraft ein (→ Einl. Rn. 184 ff.; erg. → § 353 Rn. 20). Sie hindert weder die Einstellung des Verf. wegen eines Prozesshindernisses (KG StraFo 2013, 20; erg. → Einl. Rn. 151 ff.) noch die Abänderung des Schuldspruchs mit Freisprechung bei nachträglicher Gesetzesänderung (→ § 354a Rn. 5). Bei Beschränkung auf den Rechtsfolgenausspruch darf der Schuldspruch nicht geänd. u. keine Beschränkung nach § 154a vorgenommen werden (OLG Köln VRS 110, 120); Feststellungen des Berufungsgerichts zum Schuldumfang dürfen zu den diesbzgl. Feststellungen des AG nicht in Widerspruch stehen (BayObLGSt 1999, 83; OLG Frankfurt a. M. NStZ-RR 1998, 341), auch dann nicht, wenn das Berufungsgericht die Feststellungen für unrichtig hält (BayObLGSt 1999, 155; OLG Düsseldorf NStZ-RR 2000, 307; eing. dazu Meyer-Goßner Prozessvoraussetzungen S. 91 ff.). Zu Besonderheiten im OWi-Verf. BGH NStZ 2013, 486 mit zutr. krit. Anm. Paul.

Bei **unwirksamer Berufungsbeschränkung** gilt das Rechtsmittel als in vollem Umf. eingelegt (BGHSt 6, 229 (230); 21, 256 (258); OLG Koblenz VRS 69, 298; vgl. auch BayObLG NStZ 1998, 532: Auswirkung auf sonst wirksame Beschränkung bei Annahme v. Tateinheit durch das Berufungsgericht). 32

D. Revisionsgericht. Das Revisionsgericht prüft die Wirksamkeit der Berufungsbeschränkung vAw (→ § 352 Rn. 4); denn es handelt sich um die Frage der Rechtskraft der angefochtenen Entsch., also eines vAw zu prüfenden Prozesshindernisses (→ Einl. Rn. 145). Ergänzend → § 327 Rn. 9. 33

Verspätete Einlegung

319 (1) **Ist die Berufung verspätet eingelegt, so hat das Gericht des ersten Rechtszuges das Rechtsmittel als unzulässig zu verwerfen.**

(2) [1] **Der Beschwerdeführer kann binnen einer Woche nach Zustellung des Beschlusses auf die Entscheidung des Berufungsgerichts antragen.** [2] **In diesem Falle sind die Akten an das Berufungsgericht einzusenden; die Vollstreckung des Urteils wird jedoch hierdurch nicht gehemmt.** [3] **Die Vorschrift des § 35a gilt entsprechend.**

A. Verspätete Berufungseinlegung. Bei verspäteter Berufungseinlegung (§ 314), idR nicht bei bloßen Zweifeln an der Fristeinhaltung (→ § 261 Rn. 35), muss das Gericht des 1. Rechtszugs das Rechtsmittel **als unzulässig verwerfen** (Abs. 1); das gilt auch im Fall des § 313 (→ § 313 Rn. 11). Eine gleich lautende Regelung enthält § 346 für die Revision. Eine Verwerfung aus anderen Gründen ist dem 1. Richter nicht gestattet (erg. → § 346 Rn. 2). Zur nachträglichen Berücksichtigung v. Verfahrenshindernissen vgl. → § 346 Rn. 3. Der Verwerfungsbeschluss, der nur feststellende Wirkung hat (→ § 316 Rn. 1; → § 346 Rn. 5), ergeht vAw nach Anhörung der StA (§ 33 Abs. 2), nicht des Beschwerdeführers, ist zu begründen (§ 34) u. wird dem Beschwerdeführer, bei Berufung des ges. Vertreters auch dem Angeklagten (OLG Hamm NJW 1973, 1850), mit der Belehrung über sein Anfechtungsrecht (Abs. 2 S. 3) zugestellt (erg. → § 346 Rn. 4). Die Wiederaufhebung des Beschl. durch das AG ist unzulässig u. wirkungslos (→ § 346 Rn. 6). 1

Bei **Verwerfung der sofortigen Beschwerde** gegen die Ablehnung eines Wiedereinsetzungsantrags nach Versäumung der Berufungseinlegungsfrist verwirft das LG zugleich nach Abs. 1 die Berufung; hat es das unterlassen, trifft das OLG mit der Verwerfung der sofortigen Beschwerde gegen den Beschl. des LG die noch fehlende Entsch. nach Abs. 1 (OLG Stuttgart NStZ 1990, 247; **aM** OLG Hamm VRS 87, 127; OLG Jena NStZ 2005, 653; OLG Oldenburg NStZ-RR 2008, 150). 1a

B. Antrag auf Entscheidung des Berufungsgerichts (Abs. 2). Der Antrag auf Entscheidung des Berufungsgerichts (Abs. 2) ist keine sofortige Beschwerde, 2

sondern ein **Rechtsbehelf eigener Art** (→ § 346 Rn. 8). Er steht nur dem zu, der Berufung eingelegt hat, nicht dem Beschwerdegegner, dem Angeklagten aber auch, wenn die Berufung des ges. Vertreters o. Erziehungsberechtigten verworfen worden ist (erg. → § 346 Rn. 9). Die Beschwerde nach § 304 Abs. 1 wird durch Abs. 2 ausgeschlossen.

3 **Anzubringen** ist der Antrag entspr. § 306 Abs. 1 bei dem AG, das ihn, auch bei verspäteter Einlegung, an das Berufungsgericht weiterzuleiten hat, ohne dass es ihn verwerfen o. ihm abhelfen darf (OLG Celle JR 1949, 122). Bei dem Berufungsgericht kann der Antrag nicht angebracht werden (KK-StPO/Paul Rn. 7; SK-StPO/Frisch Rn. 14). Der Antrag muss schriftlich (→ Einl. Rn. 128) gestellt werden, bedarf aber sonst keiner besonderen Form (→ § 346 Rn. 8). Ein Antrag auf Wiedereinsetzung enthält idR auch den Antrag nach Abs. 2 (OLG Bremen GA 1954, 279).

4 Die **Entscheidung des Berufungsgerichts,** das auch im Fall des § 335 (→ § 335 Rn. 7) zuständig ist (OLG Bremen Rpfleger 1958, 182; OLG Stuttgart Justiz 1972, 208), beschränkt sich nicht auf die Prüfung des angefochtenen Beschl., sondern erstreckt sich auf die Zulässigkeit der Berufung insges. (erg. → § 346 Rn. 10). Zur Berücksichtigung v. Prozesshindernissen vgl. → § 346 Rn. 11. Das Berufungsgericht kann den Antrag, ohne Kostenentscheidung (→ § 346 Rn. 12), als unzulässig o. unbegründet verwerfen o. den angefochtenen Beschl. aufheben. Dann muss das AG über die Berufung neu entscheiden. Zur Wiederaufhebung des Verwerfungsbeschlusses vgl. → § 346 Rn. 13.

5 Die **Anfechtung des Beschlusses** ist ausgeschlossen (BayObLGSt 1951, 177; OLG Koblenz VRS 64, 283), es sei denn, das AG war zur Verwerfung nicht befugt (→ Rn. 1); denn dann ist der Beschl. des LG der Sache nach eine Entsch. nach § 322 Abs. 1 (OLG Düsseldorf VRS 86, 129; OLG Frankfurt a. M. NStZ-RR 2011, 49; OLG Koblenz NZV 2001, 314).

6 Eine **Hemmung der Vollstreckbarkeit** des Urt.bewirkt der Antrag nicht (Abs. 2 S. 2 Hs. 2). Die Aussetzung des Vollzugs nach § 307 Abs. 2 ist nicht zulässig, da es sich um keine Beschwerde handelt. Die Vollstreckung sollte aber möglichst bis zum Beschl. des Berufungsgerichts aufgeschoben werden (→ § 346 Rn. 15).

7 Zum Zusammentreffen des Antrags nach Abs. 2 mit einem **Wiedereinsetzungsantrag** vgl. → § 346 Rn. 16 ff.

Aktenübermittlung an die Staatsanwaltschaft **Nr. 157 RiStBV**

320 **[1] Ist die Berufung rechtzeitig eingelegt, so hat nach Ablauf der Frist zur Rechtfertigung die Geschäftsstelle ohne Rücksicht darauf, ob eine Rechtfertigung stattgefunden hat oder nicht, die Akten der Staatsanwaltschaft vorzulegen. [2] Diese stellt, wenn die Berufung von ihr eingelegt ist, dem Angeklagten die Schriftstücke über Einlegung und Rechtfertigung der Berufung zu.**

1 **A. Aktenvorlage an die StA (S. 1).** Die Aktenvorlage an die StA (S. 1) erfolgt, sofern nicht schon vorher eine Berufungsbegründung eingegangen ist, nach Ablauf der Frist des § 317, bei mehreren Beschwerdeführern erst, wenn sie für alle abgelaufen ist. In diesem Fall kann vorher eine der Berufungen nach § 319 Abs. 1 verworfen werden, wenn sie verspätet ist.

2 **B. Zustellung der Schriftstücke (S. 2).** Die Zustellung der Schriftstücke (S. 2) über Einlegung u. Begründung der Berufung ist erforderlich, wenn das Rechtsmittel nicht v. dem Angeklagten eingelegt worden ist. Die StA stellt die Schriftstücke über ihre Berufung dem Angeklagten o. dessen zustellungsbevollmächtigtem Verteidiger (§ 145a Abs. 1) zu, das Gericht die über die Berufung des Nebenklägers (KK-StPO/Paul Rn. 3). Formlose Mitteilung genügt (§ 35 Abs. 2 S. 2; **aM** SK-StPO/Frisch Rn. 6). Das Unterlassen der Zustellung der Berufungsrechtfertigungsschrift begründet nicht die Revision (vgl. aber OLG Köln MDR

1974, 950: mit erg. Beweiserhebungen begründet Rechtfertigungsschrift der StA), berechtigt den Angeklagten jedoch, die Aussetzung der Verh. zu beantragen (OLG Köln NStZ 1984, 475; OLG Koblenz VRS 51, 98).

Eine **Berufungsgegenerklärung** sieht das G nicht vor; unzulässig ist sie nicht. Im Fall des § 313 ist sie dem Berufungsgegner zu empfehlen. 3

Aktenübermittlung an das Berufungsgericht **Nr. 158 RiStBV**

321 [1] **Die Staatsanwaltschaft übersendet die Akten an die Staatsanwaltschaft bei dem Berufungsgericht.** [2] **Diese übergibt die Akten binnen einer Woche dem Vorsitzenden des Gerichts.**

A. Aktenübersendung an die StA (S. 1). Die Aktenübersendung an die StA beim Berufungsgericht **(S. 1)** hat nur für selbständige Amtsanwaltschaften praktische Bedeutung (Amelunxen Strafsachen S. 75), sonst handelt es sich um eine u. dieselbe Behörde (KK-StPO/Paul Rn. 1). 1

B. Aktenvorlage an den StrK-Vorsitzenden (S. 2). Die StA muss die StrK (allg. StrK o. bes. StrK nach § 74c GVG) genau bezeichnen (Schlüchter Strafverfahren Rn. 673 Fn. 245; Meyer-Goßner NStZ 1981, 171). Bei der Aktenvorlage benennt sie die Zeugen u. Sachverständigen, deren Vernehmung sie für erforderlich hält (Nr. 158 RiStBV). Die Vorlage soll binnen 1 Woche erfolgen. Es handelt sich um eine Ordnungsvorschrift (SK-StPO/Frisch Rn. 4; erg. → § 337 Rn. 4), mit der das Verf., insbes. in Haftsachen, beschleunigt werden soll. Erst mit dem Eingang der Akten zur Durchführung des Berufungsverfahrens beim Berufungsgericht, wird die Sache dort anhängig, wird der Berufungsrichter erkennender Richter (→ § 28 Rn. 5; → § 305 Rn. 2) u. geht die Zuständigkeit für die weiteren Entsch. auf dieses Gericht über (Fezer JR 1996, 39; erg. → § 347 Rn. 6 ff.). Noch nicht erledigte Beschwerden sind dann ggf. in Anträge an das Berufungsgericht umzudeuten (vgl. → § 111a Rn. 19, → § 117 Rn. 12, → § 142 Rn. 65). 2

Verwerfung ohne Hauptverhandlung

322 (1) [1] **Erachtet das Berufungsgericht die Vorschriften über die Einlegung der Berufung nicht für beobachtet, so kann es das Rechtsmittel durch Beschluß als unzulässig verwerfen.** [2] **Andernfalls entscheidet es darüber durch Urteil; § 322a bleibt unberührt.**

(2) **Der Beschluß kann mit sofortiger Beschwerde angefochten werden.**

A. Verwerfung der unzulässigen Berufung. Die Verwerfung der unzulässigen Berufung durch Beschl. gestattet Abs. 1 S. 1 (vgl. auch § 349 Abs. 1 für die Revision). Die **Vorschr. über die Einlegung der Berufung sind nicht beachtet,** wenn die Berufung nicht innerhalb der Frist des § 314 eingelegt, aber deswegen nicht schon v. AG, dessen unrichtige Feststellung der Rechtzeitigkeit das Berufungsgericht nicht bindet (Amelunxen Strafsachen S. 71), nach § 319 verworfen worden ist, ferner wenn die Form des § 314 nicht gewahrt, der Beschwerdeführer nicht beschwert (→ Vor § 296 Rn. 12) o. nach § 55 Abs. 1 S. 1 JGG o. aus anderen Gründen zur Anfechtung nicht befugt ist (vgl. OLG Stuttgart NJW 1949, 916), zB als Verteidiger nicht bevollmächtigt o. nicht nach § 138 Abs. 2 zugelassen ist (RGSt 62, 250), wenn ein früher eingelegtes Rechtsmittel zurückgenommen (→ § 302 Rn. 12) o. ein Rechtsmittelverzicht erklärt worden ist (→ § 302 Rn. 26), aber nicht schon bei Einlegung mit dem alleinigen Ziel, den Führerschein wegen Zeitablaufs zurückzuerhalten (Geppert ZRP 1981, 89; D. Meyer MDR 1976, 629; **aM** LG Berlin VRS 49, 276: unzulässig, da rechtsmissbräuchlich; dagegen spricht jetzt aber auch § 473 Abs. 5). 1

B. Beschluss nach Abs. 1 S. 1. Der Beschl. nach Abs. 1 S. 1 ist zu begründen (§ 34) u. dem Beschwerdeführer mit Rechtsmittelbelehrung (§ 35a) zuzustellen 2

(§ 35 Abs. 2 S. 1), dem Angeklagten auch, wenn die Berufung des ges. Vertreters o. Erziehungsberechtigten verworfen worden ist (→ § 319 Rn. 1). Wird die rechtzeitige Berufung als unzulässig verworfen, so wird das Urt. nicht bereits dadurch, sondern erst mit der Rechtskraft des Beschl. rkr. (KK-StPO/Paul Rn. 3; erg. → § 316 Rn. 1). War sie verspätet eingelegt, so hat die Verwerfung hins. Rechtskraft u. Vollstreckbarkeit nur feststellende Bedeutung (→ § 316 Rn. 1; → § 319 Rn. 1; → § 346 Rn. 5).

3 Ergeht kein Beschl. nach Abs. 1 oder kein Nichtannahmebeschluss nach § 322a und wird das Verf. auch nicht außerhalb der HV nach §§ 153 ff., 206a eingestellt, so muss in der HV durch **Urteil** entschieden werden (Abs. 1 S. 2), auch bei Unzulässigkeit der Berufung (§ 260 Abs. 3), über die nicht nach Abs. 1 entschieden worden ist, etwa weil Zweifel an der Zulässigkeit in der HV geklärt werden sollten (OLG Celle GA 1963, 380).

4 Über **mehrere Berufungen,** die eine einheitliche Tat (§ 264) desselben Angeklagten betreffen, kann nur durch denselben Beschl. o. dasselbe Urt. entschieden werden (→ § 328 Rn. 2). Es ist aber zulässig, die eine Berufung nach Abs. 1 S. 1 zu verwerfen u. die anderen zur HV zu bringen (RGSt 67, 250).

5 Eine v. mehreren Berufungen, die das Berufungsurteil, ohne dass es deswegen angefochten wird, **versehentlich nicht erledigt** hat, wird mit der Rechtskraft des Urt. gegenstandslos (BayObLGSt 1968, 31 (34); Löwe/Rosenberg/Gössel § 327 Rn. 19).

5a **C. Vorabentscheidung bei Rücknahme.** Das Rechtsmittelgericht kann analog Abs. 1 in den Fällen, in denen zw. den Verfahrensbeteiligten str. ist, ob eine Berufung wirksam zurückgenommen worden ist, mittels Vorabentscheidung die **Erledigung des Rechtsmittels** feststellen (BGH NStZ-RR 2016, 24; OLG Karlsruhe NStZ-RR 2021, 319 mwN). Dies betrifft aber grunds. nur die Frage der Unzulässigkeit des Rechtsmittels als Ganzes (zutr. BeckOK StPO/Eschelbach Rn. 7), nicht aber, wenn die Unklarheit hinsichtlich einer nur teilweisen Berufungsrücknahme oder einer Berufungsbeschränkung besteht, es sei denn, es handelt sich bei der str. Berufungsbeschränkung um eine von mehreren prozessual selbständigen Taten (OLG Karlsruhe NStZ-RR 2021, 319: „vertikale" Berufungsbeschränkung).

6 **D. Sofortige Beschwerde (Abs. 2).** Sofortige Beschwerde (Abs. 2) steht dem Angeklagten auch zu, wenn die Berufung des ges. Vertreters o. Erziehungsberechtigten verworfen worden ist, selbst wenn er nach Erlass des Urt. auf Rechtsmittel verzichtet hatte (→ § 346 Rn. 9). Hebt das OLG den Beschl. als unrichtig auf, so kommt die Sache zur HV. In ihr ist die StrK an die Aufhebungsansicht des OLG nicht gebunden (RGSt 59, 241; SK-StPO/Frisch Rn. 15), auch nicht an die frühere eigene Ansicht bei der Prüfung nach Abs. 1 S. 1. Zur Anwendung des § 34a auf den Verwerfungsbeschluss vgl. → § 34a Rn. 5, zur Wiederaufhebung des Beschwerdebeschlusses bei Irrtum über tatsächliche Umstände → § 346 Rn. 13 und zur entspr. Anwendung des Abs. 2 bei Erledigterklärung der Berufung nach Zurücknahme → § 302 Rn. 11 sowie OLG Thüringen StraFo 2020, 375).

7 **E. Revision (§ 333).** Revision (§ 333) ist zulässig, wenn die Berufung durch Urt. als unzulässig verworfen wurde (BayObLG NStZ-RR 1996, 366), ebenso im Fall des § 329 (→ § 329 Rn. 46 ff.). Das gilt auch, wenn insoweit in der HV fehlerhaft durch Beschl. entschieden worden ist (OLG Zweibrücken JBlRP 1998, 222).

Entscheidung über die Annahme der Berufung

322a [1]**Über die Annahme einer Berufung (§ 313) entscheidet das Berufungsgericht durch Beschluß.** [2]**Die Entscheidung ist unanfechtbar.** [3]**Der Beschluß, mit dem die Berufung angenommen wird, bedarf keiner Begründung.**

A. Annahmeberufung. Die Vorschr. bezieht sich auf § 313. Sie trifft Regelungen zu Form u. Inhalt der nach § 313 zu treffenden Entscheidung. Bei mehreren Berufungen verschiedener Beschwerdeführer sind für jeden die Voraussetzungen der Annahme getrennt zu prüfen (**aM** Rieß FS Kaiser II, 1998, 1469). Berufungsbeschränkungen sind auch hier nach § 318 zulässig u. zu beachten. 1

B. Annahme. I. Beschluss. Sie erfolgt durch **Beschluss der kleinen Strafkammer** außerhalb der HV ohne Mitwirkung der Schöffen (§ 76 Abs. 1 S. 2 GVG). Der Beschl. wird zweckmäßigerweise mit der Terminsbestimmung (§§ 332, 213) u. der Ladungsanordnung (§ 323 Abs. 1 S. 1) verbunden; erfolgt die Terminsbestimmung ohne Erlass eines Annahmebeschlusses, kann darin die stillschweigende Annahme der Berufung liegen (OLG Bamberg StraFo 2016, 30; OLG Celle StraFo 2011, 403; OLG Frankfurt a. M. NStZ-RR 2011, 382; OLG Zweibrücken NStZ-RR 2002, 245). 2

Die Annahme **bedarf keiner Begründung** (S. 3). Eine Begründung ist aber nicht unzulässig u. kann sich empfehlen, um dem Beschwerdeführer deutlich zu machen, worin ein Schwerpunkt der Berufungsverhandlung liegen wird, o. um ihm eine Beschränkung des Rechtsmittels nahezulegen, falls zB nur die Strafzumessung durch das AG bedenklich erscheint. Auch die Teilannahme einer Berufung, zB hins. einer v. mehreren Taten o. nur hins. des Strafausspruchs, ist zulässig (LG Stuttgart NStZ 1995, 301; Tolksdorf FS Salger, 1995, 406; **aM** Rieß FS Kaiser II, 1998, 1475). Hält das LG die Berufung wegen eines Verfahrensfehlers für nicht offensichtlich unbegründet (→ § 313 Rn. 9), sollte es dies darlegen, um dem Beschwerdeführer einen Übergang zur Revision zu ermöglichen (vgl. → § 335 Rn. 21). 3

II. Frist. Eine Frist, innerhalb derer die Annahmeentscheidung ergehen muss, ist nicht vorgeschrieben. Das LG muss aber in jedem Fall die Begründungsfrist v. 1 Woche (§ 317) abwarten, um dem Beschwerdeführer Gelegenheit zur Darlegung zu geben, dass die Berufung nicht offensichtlich unbegründet ist. Andererseits sollte das LG noch vor Ablauf eines Monats nach Zustellung des amtsgerichtlichen Urt. mit Gründen entscheiden, um dem Beschwerdeführer den Übergang zur Revision zu ermöglichen (vgl. → § 335 Rn. 21). 4

Die Annahmeentscheidung ist unanfechtbar (S. 2) u. nicht zurücknehmbar (OLG Zweibrücken NStZ-RR 2002, 245). Daher weist das Verf. nach Erlass des Annahmebeschlusses ggü. anderen Berufungsverfahren keine Besonderheiten mehr auf. Es wird wie jede andere Berufung behandelt; insbes. gilt auch § 329. 5

C. Nichtannahme. I. Beschluss. Durch Beschluss außerhalb der HV ergeht auch hier die Entscheidung. Da der Beschl. mit seinem Erlass (dh mit Herausgabe in den Geschäftsgang, OLG Koblenz JBlRP 2005, 74) unanfechtbar ist (S. 2), bedürfte er nach § 34 an sich keiner Begründung; der Umkehrschluss aus S. 3 ergibt jedoch, dass hier entgegen § 34 eine Begründungspflicht besteht (Feuerhelm StV 1997, 104). 6

Entsprechend der Übung zu § 349 Abs. 2, dem § 313 Abs. 2 nachgebildet ist (→ § 313 Rn. 9), wird das LG sich aber mit dem Hinweis auf die „offensichtliche Unbegründetheit" beschränken können u. dazu § 313 Abs. 2 bzw. im Fall des § 313 Abs. 3 diese Vorschr. mit der entspr. Bestimmung des OWiG zitieren, falls eine Berufungsbegründung (§ 317) nicht vorgelegt worden ist (OLG Frankfurt a. M. NStZ-RR 1996, 78; **aM** Rieß FS Kaiser II, 1998, 1472 Fn. 57); andernfalls wird kurz auf die Ausführungen der Berufungsbegründung einzugehen sein (OLG Stuttgart Justiz 1999, 494 (495)). Daher ist vor Erlass des Beschl. u. Fehlen einer mit Einlegung der Berufung gegebenen Begründung die Frist des § 317 abzuwarten (→ Rn. 4). Eine nähere Begründung des Nichtannahmebeschlusses ist insbes. erforderlich, wenn der Beschwerdeführer neue Beweisanträge angekündigt hatte, um die Feststellungen des AG zu entkräften (BVerfG NJW 1996, 2785). Rechtliches Gehör braucht zuvor aber nicht gewährt zu werden (OLG Frankfurt a. M. NStZ-RR 1997, 273; OLG Koblenz NStZ 1995, 251; Rieß FS Kaiser II, 1998, 1474; Tolksdorf FS Salger, 1995, 405; **aM** OLG München StV 1994, 237); Anträge des 7

Rechtsmittelgegners sind allerdings gem. § 33 Abs. 3 zur Stellungnahme mitzuteilen.

8 **II. Nichtannahmeentscheidung.** Die Nichtannahmeentscheidung ist grds. unanfechtbar (OLG Düsseldorf StV 1994, 122; OLG Hamm NStZ-RR 2006, 346; Lorenzen/Thamm SchlHA 1995, 7 – OLG Schleswig RsprÜ); das gilt auch, wenn das Berufungsgericht nach Ablauf der in § 317, aber vor Ablauf der nach § 345 Abs. 1 geltenden Frist entschieden hat (OLG Bamberg StraFo 2015, 161). Es muss sich aber tatsächlich um einen Fall des § 313 Abs. 1 gehandelt haben. Hat das LG (tatsächlich, nicht nur nach Behauptung des Beschwerdeführers, vgl. OLG Hamm NStZ-RR 2006, 346) irrig dessen Voraussetzungen angenommen, obwohl die Berufung der Annahme nicht bedurfte, ist gegen den Nichtannahmebeschluss sofortige Beschwerde (entspr. § 322 Abs. 2) zulässig (OLG Dresden StraFo 2021, 31, OLG Hamburg JR 1999, 479), ebenso bei unzulässiger Rücknahme der (auch konkludent erklärten, → Rn. 3) Annahme (OLG Bamberg StraFo 2016, 30; OLG Celle StraFo 2011, 403; OLG Frankfurt a. M. NStZ-RR 2011, 382; OLG Zweibrücken NStZ-RR 2002, 245). Der Beschl. ist gegenstandslos, wenn der Angeklagte zu keinem Zeitpunkt Berufung eingelegt hatte (OLG Koblenz NStZ-RR 2012, 21 Ls.). Bei behaupteter Verletzung des rechtlichen Gehörs ist die Anhörungsrüge (§ 33a) gegeben (OLG Karlsruhe NStZ-RR 2005, 178 Ls.).

9 **D. Kostenentscheidung.** Eine Kostenentscheidung ist bei Annahme der Berufung nicht veranlasst; die entstandenen Kosten gehören zu denjenigen des Berufungsverfahrens. Bei Nichtannahme der Berufung ergeht eine Kostenentscheidung nach §§ 464 Abs. 1, 473 Abs. 1, Abs. 2.

Vorbereitung der Berufungshauptverhandlung

323 (1) [1]**Für die Vorbereitung der Hauptverhandlung gelten die Vorschriften der §§ 214 und 216 bis 225a.** [2]**In der Ladung ist der Angeklagte auf die Folgen des Ausbleibens ausdrücklich hinzuweisen.**

(2) [1]**Die Ladung der im ersten Rechtszug vernommenen Zeugen und Sachverständigen kann nur dann unterbleiben, wenn ihre wiederholte Vernehmung zur Aufklärung der Sache nicht erforderlich erscheint.** [2]**Sofern es erforderlich erscheint, ordnet das Berufungsgericht die Übertragung einer als Tonaufzeichnung zur Akte genommenen Vernehmung gemäß § 273 Abs. 2 Satz 2 in ein Protokoll an.** [3]**Wer die Übertragung hergestellt hat, versieht diese mit dem Vermerk, dass die Richtigkeit der Übertragung bestätigt wird.** [4]**Der Staatsanwaltschaft, dem Verteidiger und dem Angeklagten ist eine Abschrift des Protokolls zu erteilen.** [5]**Der Nachweis der Unrichtigkeit der Übertragung ist zulässig.** [6]**Das Protokoll kann nach Maßgabe des § 325 verlesen werden.**

(3) **Neue Beweismittel sind zulässig.**

(4) **Bei der Auswahl der zu ladenden Zeugen und Sachverständigen ist auf die von dem Angeklagten zur Rechtfertigung der Berufung benannten Personen Rücksicht zu nehmen.**

1 **A. Vorbereitung der Berufungsverhandlung.** Die Vorbereitung der Berufungsverhandlung folgt den Bestimmungen für die HV im 1. Rechtszug **(Abs. 1 S. 1).** Auch § 212 ist aber entspr. anzuwenden (Wenske NStZ 2015, 137); danach muss der Vorsitzende den wesentlichen Inhalt verständigungsbezogener Erörterungen aktenkundig machen u. den Verfahrensbeteiligten gem. §§ 243, 332 mitteilen (Schneider NZWiSt 2015, 1).

2 Da die Sache im Umf. der Anfechtung völlig neu verhandelt wird (→ Vor § 312 Rn. 1), müssen alle, auch bisher nicht vernommene (Abs. 3), Zeugen und Sachverständigen geladen werden, deren Aussage für die Entsch. von Bedeutung sein kann. Die Ladung, bei der außer dem Vorschlag der StA (→ § 321 Rn. 2) die Berufungsbegründung des Angeklagten zu beachten ist (Abs. 4), unterbleibt nur

dann, wenn die Beweismittel überflüssig sind o. die Verlesung der Niederschrift über ihre Aussage im 1. Rechtszug nach § 325 Abs. 1 genügt (Abs. 2; dazu → Rn. 4). In Zweifelsfällen kann der Vorsitzende bei dem Beschwerdeführer anfragen, welches Ziel mit der Berufung verfolgt u. für welche Beweispersonen die wiederholte Vorladung (§ 325 Abs. 1) beantragt wird.

Stellt sich bei der Vorbereitung des Berufungsverfahrens heraus, dass die Zuständigkeit des AG nicht besteht, kann die Sache außerhalb der Hauptverhandlung dem zuständigen Gericht gem. Abs. 1 S. 1 iVm § 225a Abs. 1 S. 1 zur Übernahme vorgelegt werden (vgl. BGH NStZ-RR 2025, 214; → § 225a Rn. 5a). **2a**

B. Hinweis auf die Folgen des Ausbleibens (Abs. 1 S. 2). Der Hinweis auf die Folgen des Ausbleibens (Abs. 1 S. 2) ist dem Angeklagten schon in der allg. Rechtsmittelbelehrung erteilt worden (§ 35a S. 2). Bei der Ladung des Angeklagten, die nach § 145a Abs. 2 auch dem Verteidiger zugestellt werden kann (KK-StPO/Paul Rn. 4; Löwe/Rosenberg/Gössel Rn. 10; **aM** Küper NJW 1974, 1929; erg. → § 145a Rn. 7; → § 329 Rn. 9), muss er wiederholt werden, ebenso bei Ladungen zu Fortsetzungsterminen (OLG Oldenburg StV 2018, 151). Der Hinweis muss schriftlich erteilt werden (BayObLGSt 1962, 99; OLG Düsseldorf MDR 1987, 868) u. zutr., vollständig u. unmissverständlich sein (OLG Zweibrücken StV 1981, 539). Er muss der jeweiligen Verfahrenslage angepasst werden u. hängt insbes. davon ab, welcher Verfahrensbeteiligte Berufung eingelegt hat (§§ 329 Abs. 1, Abs. 2, 330). Bei Berufung der StA ist ein Hinweis auf § 329 Abs. 2 S. 1, Abs. 4 S. 1 erforderlich (OLG Stuttgart MDR 1986, 778). Der bloße Hinweis auf die Belehrung in einer früheren Ladung genügt nicht (BayObLGSt 1975, 30; OLG Koblenz NJW 1981, 2074). Kann sich der Angeklagte in der Berufungsverhandlung vertreten lassen (§ 329 Abs. 1 S. 1), so muss in der Ladung auch hierauf unmissverständlich hingewiesen werden (BayObLGSt 1978, 64; OLG Bremen StV 1989, 54). Im Fall des § 234 ist neben dem Hinweis nach § 329 auch der nach § 232 Abs. 1 S. 1 erforderlich (BayObLGSt 1963, 27 (29); OLG Hamm NJW 1954, 1131; erg. → § 329 Rn. 9, 14. **3**

Tonaufzeichnungen (Abs. 2 S. 2–6): Soweit beim AG einzelne Vernehmungen nach § 273 Abs. 2 S. 2 als Tonaufzeichnungen zur Akte genommen worden sind u. die Aussage für das Berufungsverfahren v. Bedeutung ist (was bei unbeschränkt eingelegten Berufungen idR der Fall sein wird), ordnet der Vorsitzende die Übertragung in ein Prot. an (S. 2). Die Person, die die Übertragung hergestellt hat, muss diese mit einem Vermerk versehen u. die Richtigkeit der Übertragung bestätigen (S. 3). Die Abschrift hat aber nicht die Beweiskraft des § 274; vielmehr bleibt der Nachw. der Unrichtigkeit der Übertragung zulässig (S. 5; vgl. die entspr. Regelung in § 168a Abs. 4 S. 3 und 4, → § 168a Rn. 11). Die Abschrift ist den Verfahrensbeteiligten mitzuteilen (S. 4); das G erwähnt nur StA, Verteidiger u. Angeklagten, aber auch der Nebenkläger o. ein Nebenbeteiligter müssen eine Abschrift zwecks Gewährung des rechtlichen Gehörs erhalten. Falls der Angeklagte nicht die erneute Vernehmung des Zeugen o. Sachverständigen rechtzeitig vor der HV beantragt hat (was eine rechtzeitige Übersendung der Abschrift an ihn bedingt), ist das Prot. in der Berufungsverhandlung nach Maßgabe des § 325 zu verlesen (S. 6); denn diesem Zweck dient das ganze Verfahren. Von der Verlesung wird aber abgesehen, wenn es auf den Inhalt der Aussage nach dem Gang des Berufungsverfahrens nicht mehr ankommt o. wenn die erneute persönliche Vernehmung der Aussageperson nach § 244 Abs. 2 erforderlich erscheint. **4**

Gang der Berufungshauptverhandlung

324 (1) [1] **Nachdem die Hauptverhandlung nach Vorschrift des § 243 Abs. 1 begonnen hat, hält ein Berichterstatter in Abwesenheit der Zeugen einen Vortrag über die Ergebnisse des bisherigen Verfahrens.** [2] **Das Urteil des ersten Rechtszuges ist zu verlesen, soweit es für die Berufung von Bedeutung ist; von der Verlesung der Urteilsgründe kann abgesehen**

werden, soweit die Staatsanwaltschaft, der Verteidiger und der Angeklagte darauf verzichten.

(2) **Sodann erfolgt die Vernehmung des Angeklagten und die Beweisaufnahme.**

1 **A. Gang der Berufungsverhandlung.** Der Gang der Berufungsverhandlungen entspr. nach § 332 **dem der HV im 1. Rechtszug,** soweit § 324 nichts anderes bestimmt. Die Verh. beginnt mit dem Aufruf der Sache u. der Präsenzfeststellung (§ 243 Abs. 1); darauf erfolgt die Belehrung nach § 57 und, nachdem die Zeugen den Gerichtssaal verlassen haben, die Vernehmung des Angeklagten zur Person (§ 243 Abs. 2) sowie, falls erforderlich, eine Klärung der mit der Berufung verfolgten Ziele. Anstelle der Verlesung des Anklagesatzes (§ 243 Abs. 3) hält sodann der Berichterstatter (→ Rn. 3) einen Vortrag über die Erg. des bisherigen Verf. (→ Rn. 4); wichtigster Teil ist die Verlesung des angefochtenen Urt. (→ Rn. 5), v. der aber bei allseitigem Verzicht ganz o. teilw. abgesehen werden kann (→ Rn. 6). Der Vortrag, insbes. die Urteilsverlesung, soll den Gegenstand der Verh. klarstellen u. die Verfahrensbeteiligten auf die wesentlichen tatsächlichen u. rechtlichen Gesichtspunkte aufmerksam machen (BayObLGSt 1958, 84 (88); MDR 1982, 249; OLG Hamburg NStZ 1985, 379). Sie sind wesentliche Förmlichkeiten der HV iS § 273 Abs. 1 (Ernesti/Jürgensen SchlHA 1972, 161 – OLG Schleswig RsprÜ; Amelunxen Strafsachen S. 87), aber kein Teil der Beweiserhebung (KG StV 2013, 433). Die weitere Verh. richtet sich nach den Vorschr. der § 243 Abs. 4, Abs. 5, § 244 Abs. 1 (→ Rn. 8), § 257 ff.

2 **B. Vortrag des Berichterstatters (Abs. 1 S. 1). I. Berichterstatter.** Berichterstatter ist bei der für Berufungen – abgesehen v. Berufungen gegen Urt. des JugSchG – stets zuständigen (→ § 312 Rn. 5) kleinen StrK (§ 76 Abs. 1 S. 1 GVG) notwendigerweise der Vorsitzende.

3 Nur bei der als Berufungsgericht tätig werdenden großen JugK (und im Fall des § 76 Abs. 3 GVG) ist es der Berichterstatter in der Strafsache (vgl. → GVG § 21g Rn. 2); den Vortrag kann aber auch ein anderer Berufsrichter übernehmen, auch der Vorsitzende (OLG Koblenz VRS 51, 98 (100); Bloy JuS 1986, 592). Die Urteilsverlesung kann nicht nur jedem Mitglied des Gerichts, sondern auch dem Protokollführer übertragen werden (KK-StPO/Paul Rn. 4).

4 **II. Ergebnisse des bisherigen Verfahrens.** Dazu gehören auch das Ermittlungsverfahren sowie Angaben zu Vorliegen und Inhalt einer etwaigen erstinstanzlichen Verständigung. Für den Vortrag gilt die in Abs. 1 S. 2 Hs. 1 für die Urteilsverlesung enthaltene Einschränkung entspr.; er hat sich auf die Einzelheiten zu beschränken, die für die Berufung v. Bedeutung sind. Maßgebend sind die Umstände des Einzelfalls. Zur Unterrichtung über den Verfahrensgegenstand kann, wenn er aus der Urteilsverlesung nicht klar genug hervorgeht, der Vortrag der Anklagevorwürfe einschl. der Nachtragsanklage erforderlich sein, ferner der Bericht über die Ausscheidung v. Verfahrensteilen nach § 154a und ihre Wiedereinbeziehung, auch nach den §§ 430, 442, sowie über vorangegangene Urteilsanfechtungen u. Zuständigkeitsverschiebungen, zB nach §§ 225a, 270. Nach der Urteilsverlesung (→ Rn. 5) sind die Berufungsbegründung, insbes. soweit sie Beschränkungen enthält, ggf. die Bedenken gegen die Zulässigkeit der Berufung o. ihre Beschränkung, u. sonstige Anträge vorzutragen. Die Berufungsbegründungen, auch der StA, dürfen verlesen werden (OLG Köln NJW 1961, 1127). Auf nach Berufungseinlegung v. der StA durchgeführte Ermittlungen muss hingewiesen werden (OLG Köln MDR 1974, 950).

5 **C. Verlesung des 1. Urteils (Abs. 1 S. 2).** Das **angefochtene Urt.** (Urteilsausspruch u. Gründe) muss verlesen werden, soweit es für die Berufung v. Bedeutung ist u. die Verfahrensbeteiligten auf die Verlesung nicht verzichten. Ist es in Verlust geraten, so wird die Verh. gleichwohl durchgeführt (RGSt 65, 373). Ohne Bedeutung für die Berufung iS Abs. 1 S. 2 Hs. 1 sind die Urteilsfeststellungen, die nur Mitangeklagte, gegen die nicht verhandelt wird, betreffen o. die nicht ange-

fochten sind, etwa bei auf einzelne tatmehrheitliche Verurteilungen o. auf den Rechtsfolgenausspruch beschränkter Berufung. Von der Verlesung der angefochtenen Urteilsteile sind die Beweiswürdigung u. die Strafzumessungsgründe möglichst auszunehmen (**aM** SK-StPO/Frisch Rn. 14). Zwingend ist das aber nicht. Dass die Schöffen hierdurch beeinflusst werden können, hat der Gesetzgeber in Kauf genommen; sie erfahren durch den Vortrag auch die Einwendungen des Beschwerdeführers gegen das Urt. (OLG Köln NJW 1961, 1127). Die bloß teilw. Verlesung ordnet der Vorsitzende an; hiergegen kann nach § 238 Abs. 2 auf gerichtliche Entsch. angetragen werden. Zur Beweisaufnahme gehört die Urteilsverlesung nicht (OLG Stuttgart NStZ-RR 2003, 270); sie kann daher nicht die Beweiserhebung des Berufungsgerichts darüber ersetzen, was Angeklagte o. Zeugen vor dem 1. Gericht ausgesagt haben. Kommt es hierauf an, so muss das Urt. nochmals nach § 249 verlesen werden (BayObLGSt 1958, 84 (88); OLG Hamm NJW 1974, 1880; Ernesti/Lorenzen SchlHA 1986, 107 – OLG Schleswig RsprÜ; OLG Stuttgart NStZ-RR 2003, 270; **aM** Welp FS E. Müller, 2008, 775: Verlesung unzulässig).

Im Falle der **Teilaufhebung und Zurückverweisung** auf eine Sprungrevision sind die für den Tatrichter bindend gewordenen Urteilsteile und Feststellungen des amtsgerichtlichen Urteils zu verlesen oder den Verfahrensbeteiligten auf sonstige Weise bekannt zu machen (OLG Oldenburg StraFo 2024, 380). 5a

Bei **Verzicht der Beteiligten** (Abs. 1 S. 2 Hs. 2), den herbeizuführen Sache des Vorsitzenden ist (§ 238 Abs. 1), kann v. der Verlesung der Urteilsgründe (nicht des Urteilsausspruchs) auch dann abgesehen werden, wenn sie für die Berufung v. Bedeutung sind. Insoweit sind sie dann in den Bericht nach Abs. 1 S. 1 aufzunehmen (Löwe/Rosenberg/Gössel Rn. 16; Rieß NJW 1978, 2271). Ein Verlesungsverbot begründet der Verzicht nicht (Rieß NJW 1978, 2271). Er hindert insbes. nicht, die Urteilsfeststellungen zu verlesen, die für das Berufungsgericht bindend sind (→ Rn. 7); § 249 Abs. 2 gilt insoweit nicht. Den Verzicht müssen alle Prozessbeteiligten mit Ausnahme der Nebenkläger (→ § 397 Rn. 12) erklären. Entsprechendes gilt für Nebenbeteiligte (→ Einl. Rn. 73). Im Privatklageverfahren ist der Verzicht des Privatklägers erforderlich (→ § 385 Rn. 2). Der Verzicht u. sein Ausmaß sind nach § 273 Abs. 1 im Sitzungsprotokoll zu beurkunden. Vgl. erg. → § 245 Rn. 9. 6

D. Erneute Berufungsverhandlung. Bei erneuter Berufungsverhandlung nach Aufhebung des 1. Berufungsurteils durch das Revisionsgericht u. Zurückverweisung der Sache nach §§ 354 Abs. 2, 355 ist auch die Verlesung des aufgeh. Urt. zulässig (BGH GA 1976, 368). Soweit es für die neue Verh. bindende Feststellungen enthält, ist die Verlesung sogar erforderlich (BayObLG MDR 1982, 249). Das gilt insbes. für die Schuldfeststellungen, wenn die Berufung auf den Rechtsfolgenausspruch beschränkt o. nach teilw. Aufhebung u. Zurückverweisung durch das Revisionsgericht nur noch zur Straffrage zu verhandeln ist. 7

E. Mitteilungen nach § 243 Abs. 4 S. 1. Mitteilungen nach § 243 Abs. 4 S. 1 erfolgen nach dem Vortrag des Berichterstatters, aber vor der Belehrung u. Vernehmung des Angeklagten. An dieser Stelle kann sinnvollerweise auch eine etwa erforderliche qualifizierte Belehrung (→ Vor § 312 Rn. 1f) erfolgen (Schneider NZWiSt 2015, 1 (5)). 7a

F. Vernehmung des Angeklagten und Beweisaufnahme (Abs. 2). Für die Vernehmung des Angeklagten und die Beweisaufnahme (Abs. 2) gelten die **gleichen Grundsätze wie im 1. Rechtszug** (dazu → § 243 Rn. 10 ff., 24 ff.). Auch § 243 Abs. 5 S. 2, 3 ist anzuwenden (→ § 243 Rn. 26 ff.). Die Vernehmung des Angeklagten zur Sache ist zwingend vorgeschrieben (RGSt 65, 373; BayObLGSt 1956, 20; OLG Bremen MDR 1979, 864), auch bei Strafmaßberufung (OLG Köln NJW 1955, 1333). Die Beweisaufnahme vollzieht sich, v. der Verfahrenserleichterung nach § 325 abgesehen, wie im 1. Rechtszug (→ Vor § 312 Rn. 1). Von der ges. Reihenfolge kann abgewichen werden (vgl. → § 243 Rn. 1). Die Beweisaufnahme kann vorgezogen werden (OLG Schleswig SchlHA 1954, 331; **aM** Löwe/Rosenberg/Gössel Rn. 4; SK-StPO/Frisch Rn. 3), aber nicht vor den Vortrag u. 8

die Urteilsverlesung (OLG Köln NJW 1959, 1551; OLG Saarbrücken VRS 22, 54).

9 **G. Revision.** Das Unterlassen des Vortrags u. der Urteilsverlesung kann die Revision begründen (OLG Jena StraFo 2017, 159; OLG Hamburg NStZ 1985, 379; Döllel/Dreeßen SchlHA 2007, 290 – OLG Schleswig RsprÜ), nicht aber die angebliche Unvollständigkeit des Berichts (KK-StPO/Paul Rn. 10; SK-StPO/Frisch Rn. 29), auch nicht die bloße Teilverlesung des Urt. trotz fehlenden Verzichts. Revisionsgrund kann es sein, dass Teile des Berichts wie Beweisergebnisse verwertet worden sind, ohne dass sie Gegenstand der Beweisaufnahme waren (→ Rn. 5). Die unterlassene Vernehmung des Angeklagten zur Sache zwingt idR zur Urteilsaufhebung (OLG Köln NJW 1955, 1333).

Verlesung von Urkunden

325 Bei der Berichterstattung und der Beweisaufnahme können Urkunden verlesen werden; Protokolle über Aussagen der in der Hauptverhandlung des ersten Rechtszuges vernommenen Zeugen und Sachverständigen dürfen, abgesehen von den Fällen der §§ 251 und 253, ohne die Zustimmung der Staatsanwaltschaft und des Angeklagten nicht verlesen werden, wenn die wiederholte Vorladung der Zeugen oder Sachverständigen erfolgt ist oder von dem Angeklagten rechtzeitig vor der Hauptverhandlung beantragt worden war.

1 **A. Verlesung von Urkunden (Hs. 1).** Die Verlesung von Urkunden (Hs. 1) bei der Beweisaufnahme ist schon nach §§ 249–256, 332 zulässig. Die Voraussetzungen dafür werden durch Abs. 1 Hs. 1 nicht erweitert. Die Vorschr. stellt nur klar, dass auch beim Bericht nach § 324, der nicht zur Beweisaufnahme gehört (→ § 324 Rn. 5), Urk. verlesen werden dürfen. Dabei muss, auch im Interesse der Unbefangenheit der Schöffen, der Eindruck vermieden werden, dass es sich um eine Beweiserhebung handelt. Der Begriff „Urkunde" umfasst **auch elektronische Dokumente,** soweit sie verlesbar sind (§ 249 Abs. 1 S. 2).

2 **B. Verlesung von Vernehmungsprotokolle (Hs. 2).** Die Vorschr. gestattet in **Durchbrechung des Unmittelbarkeitsgrundsatzes** (§ 250) unter bestimmten Voraussetzungen die – nicht nur auszugsweise (OLG Hamburg MDR 1973, 871) – Verlesung v. Prot. über die Vernehmung v. Beweispersonen im 1. Rechtszug auch dann, wenn sie nach §§ 251, 253 nicht zulässig wäre. Dem liegt die Erwägung zugrunde, dass die Verlesung des Sitzungsprotokolls des 1. Rechtszugs die Vernehmung der Auskunftspersonen vor dem Berufungsgericht ersetzen kann (zu den Bedenken gegen die Verlesung dieser den Vernommenen nicht vorgelesenen u. von ihnen nicht genehmigten Prot. vgl. Meyer-Goßner NJW 1987, 1165). Im Interesse der Sachaufklärung (§ 244 Abs. 2) darf v. dieser Befugnis nur zurückhaltend Gebrauch gemacht werden (RGSt 63, 228 (229); BayObLGSt 1972, 227; → Rn. 12). Zur Anwendung des Hs. 2 im Privatklageverfahren vgl. → § 386 Rn. 3.

3 **I. Mit Zustimmung der Prozessbeteiligten.** Mit Zustimmung der Prozessbeteiligten ist die Verlesung, v. den sich aus § 244 Abs. 2 ergebenden Einschränkungen abgesehen, **stets zulässig.** Insoweit wird § 250 zu einer dispositiven Gesetzesvorschrift abgeschwächt. Die Verlesung ist auch statthaft, wenn die Ladung wegen verspäteter Antragstellung nicht mehr ausgeführt werden konnte o. wenn der Zeuge o. Sachverständige zwar geladen, aber nicht erschienen ist, selbst wenn die Ladung ihn möglicherweise nicht erreicht hat (OLG Celle NJW 1961, 1490).

4 Außer der StA u. dem Angeklagten müssen **sämtliche Prozessbeteiligte** zustimmen, die eigene prozessuale Rechte haben, auch die Nebenbeteiligten (→ Einl. Rn. 73), soweit sie durch die Beweiserhebung betroffen sind, der Verteidiger (SK-StPO/Frisch Rn. 21; Gollwitzer JR 1977, 345; **aM** KK-StPO/Paul Rn. 6; offenbar auch OLG Stuttgart JR 1977, 343 (344)), der Beistand nach § 69 Abs. 3 **JGG,**

der Privatkläger, nicht aber Nebenkläger (→ § 397 Rn. 12), Erziehungsberechtigte u. ges. Vertreter. Wie auch sonst (→ § 245 Rn. 11), macht die in Gegenwart des Angeklagten abgegebene Zustimmungserklärung des Verteidigers die des Angeklagten überflüssig u. umgekehrt (BayObLGSt 1978, 17; Löwe/Rosenberg/Gössel Rn. 17). Zum Zustimmungserfordernis bei Abwesenheitsverhandlungen vgl. → § 234a Rn. 4 ff., → § 251 Rn. 26.

Die **Zustimmung** muss grds. ausdr. erklärt werden, kann aber auch in schlüssigem Verhalten liegen (vgl. OLG Köln BeckRS 2025, 34476; BayObLGSt 1978, 17; OLG Stuttgart JR 1977, 343 (344); SK-StPO/Frisch Rn. 22). Die ausdr. Zustimmung muss nach § 273 Abs. 1 im Prot. beurkundet werden, die stillschweigende nicht (→ § 273 Rn. 7, 8). Wenn Prozessbeteiligte ihr Recht zum Widerspruch nicht kennen, müssen sie darüber belehrt werden, dass sie nicht zuzustimmen brauchen. Die nachträgliche Einholung der Zustimmung ist zulässig. Ausgeschlossen ist der Widerruf der Zustimmung. 5

II. Ohne Zustimmung der Prozessbeteiligten. Ohne Zustimmung der Prozessbeteiligten darf das Prot. nur verlesen werden, wenn folgende negativen Voraussetzungen erfüllt sind: 6

1. Keine Ladung: Der Zeuge o. Sachverständige darf zur Berufungsverhandlung nicht geladen worden sein. Von wem u. auf wessen Veranlassung die Ladung erfolgt ist, spielt keine Rolle. Gleichgültig ist auch, ob die Ladung die Beweisperson erreicht (OLG Celle NJW 1961, 1490 (1491)) u. weshalb sie der Ladung nicht Folge geleistet hat. Die bloße Gestellung des Zeugen o. Sachverständigen in der HV steht der Ladung gleich (J. Meyer MDR 1962, 540). 7

Die **Abbestellung** eines vAw geladenen Zeugen steht der Nichtladung gleich, sofern der Angeklagte davon benachrichtigt worden ist, damit er selbst die Ladung vornehmen o. beantragen kann (BayObLGSt 1957, 99; OLG Stuttgart JR 1977, 343). 8

2. Kein Antrag auf Ladung: Die Verlesung ist ferner unzulässig, wenn der Angeklagte die Ladung der Beweisperson beantragt hatte. Er soll darauf vertrauen können, dass ihre Vernehmung dann auch stattfindet (OLG Stuttgart JR 1977, 343). Antrag iSd Abs. 1 Hs. 2 ist jede Eingabe, die das Verlangen auf Vorladung der Auskunftsperson erkennen lässt u. nicht nur hilfsweise gestellt ist (OLG Hamburg NJW 1962, 880). Anträge v. Nebenbeteiligten, die die gleichen Rechte wie der Angeklagte haben, stehen gleich, auch Anträge des Verteidigers, nicht aber der StA, auch nicht der Privat- u. Nebenkläger (SK-StPO/Frisch Rn. 18), der Erziehungsberechtigten u. ges. Vertreter. 9

Nur der **rechtzeitig vor der HV** gestellte Ladungsantrag hindert die Verlesung. Rechtzeitig ist er, wenn das Gericht die Ladung, notfalls telefonisch (Löwe/Rosenberg/Gössel Rn. 15; **aM** KK-StPO/Paul Rn. 5), ohne Verschiebung der HV veranlassen kann. Auf die Erfolgsaussichten der Ladung (Krankheit des Zeugen uÄ) kommt es nicht an. Weshalb sie nicht bewirkt worden o. erfolglos geblieben ist, spielt ebenfalls keine Rolle. 10

III. Verlesbare Protokolle. Verlesbar sind nur die nach § 273 Abs. 2, Abs. 3 gefertigten Vernehmungsprotokolle aus der HV des 1. Rechtszugs, in der das Urt. ergangen ist (KK-StPO/Paul Rn. 4, 8), nicht Prot. aus einer ausgesetzten o. sonst vorangegangenen HV o. aus einer kommissarischen Vernehmung (BayObLGSt 1957, 132; BayObLG StV 1990, 399; OLG Hamm JMBlNW 1963, 214). Schriftstücke, auf die sich der Zeuge bei seiner Vernehmung bezogen hat, dürfen mitverlesen werden (OLG Hamm DAR 1956, 166), nicht aber die ihm vorgehaltenen Prot. über Vernehmungen im Vorverfahren (SK-StPO/Frisch Rn. 9). Die Verletzung wesentlicher Formvorschriften macht die Sitzungsniederschrift unverwertbar (OLG Stuttgart NJW 1970, 343; KK-StPO/Paul Rn. 8), nicht jedoch der Umstand, dass der Zeuge ein Weigerungsrecht nach §§ 52 ff. hat, v. dem er im 1. Rechtszug keinen Gebrauch gemacht hatte (RG JW 1927, 1492; KK-StPO/Paul Rn. 10). Ist es erst nach der Vernehmung entstanden o. teilt der Zeuge dem 11

Berufungsgericht mit, dass er nunmehr die Aussage verweigern wolle, so darf die Niederschrift dagegen nicht verlesen werden.

12 **IV. Sachaufklärungspflicht (§ 244 Abs. 2).** Die Sachaufklärungspflicht (§ 244 Abs. 2) kann zum Absehen v. der Urkundenverlesung u. zur **persönlichen Anhörung der Beweisperson** zwingen (BayObLG NJW 1967, 312; OLG Koblenz StV 1982, 65 (66); VRS 63, 130 (133); OLG Saarbrücken OLGSt § 244 S. 28, 30; vgl. § 323 Abs. 2). Bei Aussagen v. prozessentscheidender Bedeutung kommt eine Verlesung nicht in Betracht (KG StraFo 2022, 356; OLG Celle StV 1994, 474 Ls.; OLG Düsseldorf StraFo 2008, 208: bei „Aussage gegen Aussage", vgl. → § 261 Rn. 11a; OLG Zweibrücken NStZ 1992, 147). Das Gleiche gilt, wenn Zweifel daran bestehen, ob die Aussage richtig protokolliert worden ist (KG StraFo 2022, 356; OLG Köln GA 1970, 248), wenn einander widersprechende Zeugenaussagen zu beurteilen sind (KG StraFo 2022, 356; OLG Frankfurt a. M. StV 1987, 524; OLG Koblenz StV 1982, 65), wenn das Berufungsgericht die Glaubwürdigkeit des Zeugen anders beurteilen will als der 1. Richter (BayObLGSt 1972, 227; BayObLG StV 1992, 152) u. wenn der persönliche Eindruck des Zeugen für die Entsch. v. Bedeutung ist. Dass auch sonst nur die Prot. über die Aussagen nebensächlicher Zeugen o. Sachverständiger verlesen werden dürfen (OLG Zweibrücken NJW 1982, 117; KK-StPO/Paul Rn. 2), ist dem Gesetz, auch § 244 Abs. 2, aber nicht zu entnehmen (SK-StPO/Frisch Rn. 24). Nach den Erfordernissen der Sachaufklärung ist auch der Antrag zu bescheiden, den im 1. Rechtszug vernommenen Zeugen o. Sachverständigen unter Verzicht auf die Verlesung nach Abs. 1 Hs. 2 in der Berufungsverhandlung erneut zu hören.

13 **C. Vereidigung.** Das Berufungsgericht muss nach der Verlesung über die Frage der Vereidigung eines im 1. Rechtszug uneidlich vernommenen Zeugen o. Sachverständigen neu entscheiden (OLG Hamm NJW 1965, 1344; MDR 1980, 953). Dabei bedarf es aber nicht stets einer förmlichen Beschlussfassung, jedenfalls dann nicht, wenn der Zeuge o. Sachverständige unvereidigt geblieben ist (Regelfall). Ist der Zeuge o. Sachverständige zu vereidigen, so muss er geladen o. kommissarisch vernommen u. vereidigt werden.

14 War der Zeuge **im 1. Rechtszug verbotswidrig vereidigt** worden, so darf die verlesene Aussage nach entspr. Hinweis an die Bet. als uneidliche gewertet werden (vgl. → § 60 Rn. 30).

15 **D. Revision.** Die Revision kann auf Verlesung einer Sitzungsniederschrift unter Verstoß gegen Abs. 1 Hs. 2 gestützt werden; erforderlichenfalls muss zur Zulässigkeit der Rüge auch zu der Möglichkeit vorgetragen werden, dass die notwendige Zustimmung durch schlüssiges Verhalten erfolgt ist (vgl. OLG Köln BeckRS 2025, 34476). Mit der Aufklärungsrüge (§ 244 Abs. 2) kann geltend gemacht werden, dass statt der Verlesung die persönliche Anhörung der Beweisperson hätte erfolgen müssen (SK-StPO/Frisch Rn. 34).

Schlussvorträge

326 [1] **Nach dem Schluß der Beweisaufnahme werden die Staatsanwaltschaft sowie der Angeklagte und sein Verteidiger mit ihren Ausführungen und Anträgen, und zwar der Beschwerdeführer zuerst, gehört.** [2] **Dem Angeklagten gebührt das letzte Wort.**

1 **A. Reihenfolge der Schlussvorträge.** Die Reihenfolge der Schlussvorträge regelt S. 1 abw. v. § 258 Abs. 1 dahin, dass der Beschwerdeführer zuerst gehört wird. Von mehreren Beschwerdeführern hält derjenige den Schlussvortrag zuerst, der das Urt. am weitestgehenden angefochten hat; bei gleichartiger Anfechtung gilt § 258 Abs. 1 (KK-StPO/Paul Rn. 1). StA u. Nebenkläger (§ 397 Abs. 1 S. 2) haben das Recht zur Erw. (§§ 258 Abs. 2 Hs. 1, 332); erg. → § 258 Rn. 8.

2 **B. Letztes Wort.** Das letzte Wort (→ § 258 Rn. 19 ff.) gebührt nach S. 2 stets dem anwesenden Angeklagten. Das gilt auch, wenn vorher der Verteidiger einen

Schlussvortrag gehalten hat; § 258 Abs. 3 ist anzuwenden (§ 332). Das letzte Wort müssen auch die anwesenden Nebenbeteiligten (→ Einl. Rn. 73) im Rahmen ihrer Beteiligung erhalten, u. zwar vor dem Angeklagten (erg. → § 258 Rn. 23).

C. Revision. S. 1 ist eine nicht revisible Ordnungsvorschrift (RGSt 64, 133; OLG Oldenburg NJW 1957, 839). Dagegen kann ein Verstoß gegen S. 2 die Revision begründen (BayObLGSt 2001, 105; OLG Hamm StV 2000, 298). Wie im Fall des § 258 Abs. 3 (→ § 258 Rn. 18) ist ein Beruhen des Urt. auf dem Verfahrensmangel idR nicht auszuschließen. 3

Umfang der Urteilsprüfung

327 Der Prüfung des Gerichts unterliegt das Urteil nur, soweit es angefochten ist.

A. Zulässigkeit und Vorliegen der Prozessvoraussetzungen. Bei jeder Berufung, auch wenn sie nach § 318 wirksam beschränkt ist, hat das Berufungsgericht die Zulässigkeit des Rechtsmittels (→ § 322 Rn. 1) u. das Vorliegen der Prozessvoraussetzungen (→ Einl. Rn. 141 ff.) zu prüfen. 1

B. Unbeschränkte Berufung. Bei unbeschränkter Berufung ist die **gesamte Tat iSd § 264** Gegenstand des Berufungsverfahrens (→ Vor § 312 Rn. 1). Die v. dem 1. Gericht unter Verstoß gegen § 264 nicht abgeurteilten Tatteile muss das Berufungsgericht in das Urt. einbeziehen (OLG Düsseldorf NJW 1983, 767; Meyer-Goßner JR 1985, 452; vgl. auch BayObLGSt 1986, 100); denn durch das 1. Urt. wird der Prozessstoff nicht begrenzt. Auch die nach dem 1. Urt. begangenen Teilakte einer Dauerstraftat sind in die Verurteilung aufzunehmen (SK-StPO/Frisch Rn. 7; vgl. → § 331 Rn. 10). 2

Das Berufungsgericht **prüft das 1. Urteil** nicht lediglich auf Rechtsfehler, sondern entscheidet ohne Bindung an die Berufungsbegründung (§ 317), aber in den durch das Verschlechterungsverbot des § 331 gezogenen Grenzen über alle Tat- u. Rechtsfragen nach dem Erg. der Berufungsverhandlung als 2. Tatsacheninstanz (→ Vor § 312 Rn. 1). Die tatsächlichen Feststellungen des 1. Urt. darf es nicht einfach übernehmen, auch wenn der Beschwerdeführer sie nicht angreift (OLG Hamm VRS 39, 278) o. (bei Berufung der StA) der Angeklagte sich ihnen durch Rechtsmittelverzicht „unterworfen" hat (BayObLG MDR 1974, 250). 3

Hatte das 1. Gericht einen verfahrensrechtlich (§ 264) **selbständigen Straffall übersehen,** der Gegenstand des Eröffnungsbeschlusses ist, u. fehlt es daher insoweit an einer erstinstanzlichen Entsch., so darf das Berufungsgericht sie nicht nachholen; die Sache ist in diesem Umf. noch beim AG anhängig (BGHSt 46, 130; BGH NStZ 1993, 551; OLG Stuttgart Justiz 2014, 198; SK-StPO/Frisch Rn. 5; Meyer-Goßner JR 1985, 452; **aM** BayObLGSt 1999, 29; erg. → § 352 Rn. 1). 4

C. Wirksam beschränkte Berufung (§ 318). Bei wirksam beschränkter Berufung (§ 318) hat das Berufungsgericht die **eingetretene Teilrechtskraft** o. (bei horizontaler Teilanfechtung) die Bindungswirkung der nicht angefochtenen Feststellungen zu beachten (→ Einl. Rn. 187; → § 318 Rn. 31). Es kann u. darf diejenigen Entscheidungsteile nicht prüfen, deren Nachprüfung der Beschwerdeführer nicht verlangt (BGHSt 29, 359 (364)) o. mangels Beschwer nicht verlangen kann (BayObLG VRS 72, 76). Das gilt auch für die sog. doppelrelevanten Tatsachen, die sowohl dem angefochtenen als auch dem nicht angefochtenen Urteilsteil zugrunde liegen (BGHSt 24, 274 (275); BGH NStZ 1981, 448; erg. → § 353 Rn. 20), auch zB für solche, aus denen sich das Vorliegen eines Regelbeispiels nach § 243 Abs. 1 S. 2 Nr. 1, 2, 4 StGB ergibt (BGHSt 29, 359; OLG Köln StraFo 2001, 93; erg. aber → § 318 Rn. 14). 5

Bei der **auf den Rechtsfolgenausspruch beschränkten Berufung** darf das Berufungsgericht daher zur Schuldfrage (zum Mitverschulden vgl. Bär DAR 1987, 315 – BayObLG RsprÜ) zwar zusätzliche (OLG Celle VRS 42, 20; OLG Köln VRS 32, 344), aber keine abw. Feststellungen treffen (BGHSt 10, 71; KG VRS 25, 6

130; OLG Hamburg VRS 25, 351; OLG Hamm NJW 1968, 998; VRS 37, 295; 41, 103; OLG Koblenz VRS 70, 14). Es darf zB bei einem rkr. Schuldspruch keine abw. Feststellungen über die Schuldart (OLG Hamm VRS 13, 363: Verurteilung wegen Fahrlässigkeit, wenn 1. Urt. die Schuldart offen lässt; OLG Frankfurt a. M. NStZ-RR 1997, 45: keine Verurteilung wegen bedingten Vorsatzes statt wegen Fahrlässigkeit), über die Vorsatzart (BGHSt 10, 71; 30, 340 (343); BayObLG VRS 63, 280), über den Grad des Fahrlässigkeitsvorwurfs (BGHSt 10, 71; OLG Celle VRS 42, 20), über das Maß der Pflichtwidrigkeit (BayObLG VRS 60, 211; OLG Hamm VRS 41, 103), den Beweggrund der Tat (OLG Hamburg VRS 25, 351; **aM** OLG Koblenz VRS 47, 256) o. die festgestellte Schadenshöhe (BGHSt 30, 340 (343); BGH NStZ 1981, 448) o. über doppelrelevante Tatsachen (KG StraFo 2013, 289) treffen. Das Berufungsgericht darf nicht entgegen dem Ersturteil eine vorverlegte Schuld *(actio libera in causa)* annehmen (BayObLGSt 1994, 9; OLG Stuttgart Justiz 1996, 26); umgekehrt darf es auch v. den Feststellungen zur Frage der vorverlegten Schuld nicht abweichen (BayObLGSt 1968, 70; OLG Hamm VRS 37, 295; OLG Koblenz MDR 1972, 622), ebenso wenig v. denen zur Schuldfähigkeit nach § 20 StGB (BayObLGSt 1968, 70; OLG Hamm JMBl. NRW. 1973, 141). Auch die dem rkr. Schuldspruch zugrunde liegenden Feststellungen, die das Tatgeschehen lediglich näher beschreiben, binden den Richter, der erneut über die Strafzumessung zu entscheiden hat (BGHSt 30, 340; erg. → § 353 Rn. 20a–20d, 21). Tatrichterliche Feststellungen zum gewerbsmäßigen Handeln entfalten im Falle der wirksamen Berufungsbeschränkung auf den Rechtsfolgenausspruch keine Bindungswirkung, sofern sie nicht als Qualifikationstatbestand, sondern als reine Strafzumessungsregel ausgestaltet sind (OLG Bamberg StraFo 2018, 159 zu § 263 Abs. 3 S. 2 Nr. 1 Alt. 1 StGB; vgl. auch BGH NJW 2017, 2847 zu § 95 Abs. 3 S. 2 Nr. 2b AMG).

7 Auf das **Prozessgeschehen** bezieht sich die Bindung nicht (OLG Hamm VRS 68, 441: Inhalt der Einlassung des Angeklagten).

8 Ist gegen den nach § 20 StGB freigesprochenen Angeklagten eine **Sicherungsmaßregel nach § 64 oder § 69 StGB** angeordnet worden, so muss das Berufungsgericht ohne Bindung an die Feststellungen des 1. Urt. das Vorliegen einer rechtswidrigen Tat (BGH NStZ 1989, 84; BayObLGSt 1984, 74 = NStZ 1985, 90; OLG Hamm NJW 1956, 560) u. die Schuldunfähigkeit des Angeklagten selbständig nachprüfen (BayObLGSt 1977, 80; 1978, 1; SK-StPO/Frisch Rn. 21; Meyer-Goßner DRiZ 1989, 55; erg. → § 318 Rn. 24; → § 331 Rn. 22).

9 **D. Revision.** Das Revisionsgericht prüft vAw, ob das Berufungsgericht über alle Bestandteile des 1. Urt. entschieden hat, die v. der Berufung erfasst worden sind (→ § 352 Rn. 4). Hat das Berufungsgericht in Verkennung der Berufungsbeschränkung o. der Bindungswirkung der nicht angefochtenen Urteilsfeststellungen über die Schuldfrage neu entschieden, so ist das Urt. auch ohne ausdr. Rüge auf die Revision aufzuheben (BayObLGSt 1978, 1; OLG Bremen JZ 1958, 546; OLG Hamm NJW 1968, 998; OLG Oldenburg NJW 1959, 1983; **aM** OLG Hamm NStZ-RR 2010, 345 bei fehlender Beschwer des Angeklagten; erg. → § 352 Rn. 4).

Inhalt des Berufungsurteils

328 (1) **Soweit die Berufung für begründet befunden wird, hat das Berufungsgericht unter Aufhebung des Urteils in der Sache selbst zu erkennen.**

(2) **Hat das Gericht des ersten Rechtszuges mit Unrecht seine Zuständigkeit angenommen, so hat das Berufungsgericht unter Aufhebung des Urteils die Sache an das zuständige Gericht zu verweisen.**

1 **A. Entscheidungsmöglichkeiten des Berufungsgerichts.** Die Entscheidungsmöglichkeiten des Berufungsgerichts regelt die Vorschrift. Sie setzt eine

zulässige Berufung (unzulässige Berufungen werden nach §§ 319, 322, in der HV durch Urt. nach § 260 Abs. 1 verworfen) u. das Fehlen v. Prozesshindernissen voraus, das in der HV idR zum Einstellungsurteil nach § 260 Abs. 3 führt (vgl. → Einl. Rn. 154). Die Möglichkeit der Verfahrenseinstellung nach §§ 153 ff. lässt § 328 unberührt. Die Vorschr. wird durch § 329 Abs. 1 ergänzt.

B. Eigene Sachentscheidung des Berufungsgerichts (Abs. 1). Führt die Berufungsverhandlung zum selben Erg. wie die Verh. im 1. Rechtszug, so muss die Berufung mit der Kostenentscheidung nach § 473 Abs. 1 **als unbegründet verworfen** werden; die bloße Wiederholung des 1. Urt. genügt nicht (OLG Saarbrücken VRS 28, 439). Wird bei einer Verbindung einer Berufungssache mit einer erstinstanzlichen (→ § 4 Rn. 8) die Urteilsgewalt des AG überschritten, so wird die Berufung nicht verworfen, sondern das 1. Urt., das durch die neue erstinstanzliche Entsch. gegenstandslos wird, aufgeh. (Pfeiffer/Miebach NStZ 1986, 210 – BGH RsprÜ). Wenn u. soweit das Berufungsgericht zu einer abw. Entscheidung gelangt, die durch bloße Änd. des Urteilsausspruchs nicht klargestellt werden kann, **hebt es das Urt. auf u. erlässt ein eigenes Urt.,** dessen Kosten- u. Auslagenentscheidung sich auf das gesamte bisherige Verf. im 1. u. 2. Rechtszug beziehen muss (OLG Hamburg NJW 1971, 2183 (2185)); ggf. ist eine neue Entsch. nach § 268a (→ § 268a Rn. 2) u. nach § 8 **StrEG** (→ StrEG § 8 Rn. 15) zu treffen. Auch bei **Teilerfolg der Berufung** kann es zur Klarstellung zweckmäßig sein, das Urt. in vollem Umf. aufzuheben u. neu zu fassen (vgl. § 329 Abs. 6 Hs. 1). Über mehrere Berufungen (zB der StA u. des Angeklagten) ist, v. den Fällen der §§ 322, 329 Abs. 1 abgesehen, durch ein u. dasselbe Urt. zu entscheiden (RGSt 67, 250; OLG Karlsruhe Justiz 1980, 484), wobei die Verwerfung der einen Berufung u. die Urteilsaufhebung o. -änderung aufgrund der anderen möglich ist; bei neuer Gesamtstrafenbildung durch das LG darf aber nur *eine* Gesamtstrafe verhängt werden (dazu iE Meyer-Goßner/Cierniak NStZ 2000, 611). Nach Verwerfung der Berufung des Angeklagten u. Aufhebung des Urt. auf die zuungunsten des Angeklagten eingelegte Berufung der StA bildet die zunächst verhängte Strafe aber für die neue Berufungsverhandlung keine Strafuntergrenze. Hielt das AG die angeklagte Tat für nicht erwiesen u. hat es wegen einer nichtangeklagten Tat verurteilt, ist unter Aufhebung des Ersturteils freizusprechen; daneben ist das beim AG (ohne Anklage) geführte Verf. einzustellen (BGHSt 46, 130; BayObLGSt 1999, 29; KG StraFo 2012, 375). Für die Abfassung der Urteilsgründe gilt § 267; Bezugnahmen auf das 1. Urt. sind in gewissem Umf. zulässig (→ § 267 Rn. 2). Die Liste der angewendeten Vorschr. (§ 260 Abs. 5 S. 1) stellt das Berufungsgericht bei Abänderung des 1. Urt. selbst auf, soweit nicht die Erg. o. Berichtigung der Liste des 1. Richters ausreicht. 2

C. Ergänzung des Urteils. Eine Ergänzung des Urteils ist zulässig u. verstößt nicht gegen § 331, wenn es der 1. Richter unterlassen hat, bei tatmehrheitlicher Verurteilung eine Einzelstrafe (BGHSt 4, 345; BGH NJW 1979, 936; NStZ-RR 2016, 251 Ls.; BeckRS 2015, 9783; OLG Frankfurt a. M. NJW 1973, 1057; OLG Köln VRS 62, 283 (285)) o. die Tagessatzhöhe (§ 40 Abs. 1 S. 2 StGB) einer Einzelgeldstrafe festzusetzen (BGH VRS 60, 192; Rüth DAR 1980, 262 – BayObLG RsprÜ; D. Meyer MDR 1978, 894; **aM** OLG Hamm MDR 1978, 420; LG Würzburg MDR 1979, 421; vgl. auch BGHSt 30, 93); eine Erg. scheidet aber aus, wenn insoweit schon Rechtskraft eingetreten ist (BGH BeckRS 1998, 30031777). 3

D. Zurückverweisung der Sache an das AG. Die Zurückverweisung der Sache an das AG lässt das G grds. nicht zu. Das Berufungsgericht muss somit auch dann in der Sache selbst entscheiden, wenn grobe Verfahrensfehler dem Angeklagten im 1. Rechtszug die Verteidigungsmöglichkeiten in erheblichem Umf. verkürzt haben (OLG Karlsruhe NStZ-RR 2014, 17; vgl. auch BayObLG 2.12.2025 – BeckRS 2025, 32964) o. wenn absolute Revisionsgründe vorliegen würden (LG Zweibrücken MDR 1991, 894) o. wenn v. AG nach § 154a ausgeschiedene Verfahrensteile wieder einbezogen werden sollen (OLG Karlsruhe NZV 2005, 212). Eine Zurückverweisung ist aber zulässig, wenn das AG aus Rechtsirrtum v. einer 4

Sachentscheidung abgesehen hat, so bei irrtümlicher Annahme des nicht genügend entschuldigten Ausbleibens nach § 412 (→ § 412 Rn. 10) o. bei Verfahrenseinstellung wegen eines (nicht vorliegenden) Verfahrenshindernisses (BayObLG 2.12.2025 – BeckRS 2025, 32964; OLG Hamm NStZ 2010, 295; OLG Koblenz NStZ 1990, 296; OLG Stuttgart NStZ 1995, 301). Insoweit kommt auch eine Aufhebung des erstinstanzlichen Urteils in Betracht, wenn dieses unter dem gleichen Rechtsfehler wie das Berufungsurteil leidet und das Berufungsgericht nicht selbst in der Sache hätte entscheiden können (BayObLG 2.12.2025 – BeckRS 2025, 32964).

5 **E. Verweisung an das zuständige Gericht (Abs. 2).** Die Verweisung an das zuständige Gericht (Abs. 2) ist bei örtlicher o. sachlicher Unzuständigkeit des 1. Richters zwingend vorgeschrieben (vgl. BayObLG BeckRS 2026, 32: Verweisung an sachlich zuständige Große Strafkammer durch kleine Strafkammer im Berufungsverfahren); dies gilt – wegen der Möglichkeit des Beschlussverfahrens nach §§ 460, 462 – allerdings nicht, wenn sich die Überschreitung des Strafrahmens gem. § 24 Abs. 2 GVG daraus ergeben würde, dass erst während des laufenden Berufungsverfahrens ein Urteil rechtskräftig wird, dessen Strafausspruch mit der Strafe für die im Berufungsverfahren anhängigen Taten gesamtstrafenfähig ist (BayObLG BeckRS 2026, 32).

5a Voraussetzung für die Verweisung gemäß Abs. 2 ist, dass der Angeklagte in der Berufungshauptverhandlung erscheint (vgl. → § 329 Rn. 8 aE); dann geht Abs. 2 dem Abs. 1 – ausnahmslos (Meyer-Goßner GS Schlüchter, 2002, 532 Fn. 58) – vor. Die bloße Unzuständigkeit nach dem Geschäftsverteilungsplan des AG ist nach allgM unbeachtlich. Die Verweisung erfolgt durch Urt. (BGHSt 26, 106 (108)), in dem zugleich das 1. Urt. aufzuheben ist. Auch ohne ausdr. Aufhebung entfällt dieses Urt. notwendigerweise v. selbst (BGHSt 21, 245). Der verweisende Teil des Urt. braucht nicht den Formerfordernissen des § 270 Abs. 2 zu genügen (OLG Koblenz GA 1977, 374; LG Verden NJW 1974, 759 (761); Gollwitzer JR 1978, 477).

5b War allerdings **Teilrechtskraft eingetreten,** ist also etwa der Schuldspruch des Urt. des AG rkr. geworden, so steht dies – entgegen der bisherigen hM – der Verweisung grds. entgegen. Das gilt sowohl, wenn die Teilrechtskraft durch eine wirksame Berufungsbeschränkung als auch, wenn sie durch eine teilw. Urteilsaufhebung durch das Rechtsmittelgericht herbeigeführt worden ist (die durch BGH StraFo 2010, 203 vorgenommene Differenzierung, wonach dies nur im letzteren Fall gelten soll, ist inkonsequent u. unhaltbar; vgl. dazu Meyer-Goßner Prozessvoraussetzungen S. 99). Etwas anderes gilt nur, wenn sich die Unzuständigkeit des AG aus dem Urt. des AG selbst ergibt, zB bei Verurteilung wegen eines Staatsschutzdelikts, wofür nach § 74a GVG die Staatsschutzkammer des LG zuständig ist (KG StV 2013, 555; vgl. zum Ganzen eing. Meyer-Goßner Prozessvoraussetzungen S. 95; erg. → Einl. Rn. 151 ff.).

6 **I. Örtliche Unzuständigkeit.** Die örtliche Unzuständigkeit des 1. Gerichts berücksichtigt das Berufungsgericht ohne besonderen Einwand (BayObLGSt 1987, 33), falls der Angeklagte sie im 1. Rechtszug rechtzeitig (§ 16 S. 3) geltend gemacht hatte. Nimmt er den Einwand nicht zurück, so verweist das Berufungsgericht die Sache an das örtlich zuständige Gericht, auch wenn es nicht zu seinem Bezirk gehört (OLG Hamm wistra 2006, 37; SK-StPO/Frisch Rn. 18; **aM** KMR-StPO/Brunner Rn. 24). Ergänzend → § 355 Rn. 6.

7 **II. Sachliche Unzuständigkeit.** Die sachliche Unzuständigkeit des 1. Gerichts, die das Berufungsgericht vAw zu beachten hat (§ 6; vgl. aber → § 329 Rn. 8), zwingt nur dann zur Zurückverweisung, wenn der Strafrichter seine Kompetenz überschritten hat (Hegmann NStZ 2000, 577); die Unterschreitung der sachlichen Zuständigkeit ist wegen § 269 kein Zurückverweisungsgrund, es sei denn, die Annahme der Zuständigkeit sei willkürlich (OLG Koblenz StV 1996, 588; vgl. → § 269 Rn. 8). Abs. 2 erfasst nicht nur den Fall des im 1. Rechtszug unterlaufenen Rechtsirrtums über die sachliche Zuständigkeit, also etwa die irrtümliche

Verh. vor dem Strafrichter, obwohl die Sache zum SchG angeklagt war (OLG Naumburg NStZ 1996, 248); Abs. 2 gilt vielmehr auch dann, wenn sich die Unzuständigkeit erst aufgrund der Beweisaufnahme in der Berufungsverhandlung herausstellt (BGH StraFo 2010, 203). Entscheidend ist immer, ob der 1. Richter nach der objektiven Rechtslage, wie sie sich dem Berufungsgericht darstellt, zuständig war o. nicht (Löwe/Rosenberg/Gössel Rn. 25). Die Verweisung der Sache an ein höheres Gericht zur Aburteilung wegen einer schwereren Straftat setzt voraus, dass der Angeklagte dieser Tat hinreichend verdächtig ist (BayObLGSt 1977, 143; vgl. auch BayObLG NStZ-RR 2000, 177 zur Verweisung wegen § 63 StGB).

Die **Zuständigkeit der Jugendgerichte** steht der sachlichen Zuständigkeit 8
gleich (OLG Oldenburg NJW 1981, 1384 mAnm Rieß NStZ 1981, 304). Ergänzend → § 6a Rn. 13 ff.

III. Sachliche Zuständigkeit des Berufungsgerichts. Die sachliche Zustän- 9
digkeit des Berufungsgerichts geht **nicht weiter als die des 1. Richters** (BGHSt 31, 63 (66); 34, 159 (160); 204, 206; BGH NJW 1970, 155; OLG Celle StraFo 2018, 120; OLG Hamm JMBl. NRW. 1990, 91 zur Anordnung der Unterbringung nach § 63 StGB; → § 6 Rn. 4). Hält die kleine StrK eine Rechtsfolge für erforderlich, die das AG gem. § 24 Abs. 2 GVG nicht anordnen durfte u. steht das Verschlechterungsverbot (§ 331) der Anordnung nicht entgegen (vgl. dazu BGHSt 31, 63; Pfeiffer/Miebach NStZ 1985, 208 – BGH RsprÜ; Miebach/Kusch NStZ 1991, 122 – BGH RsprÜ; BGH NStE StPO § 328 Nr. 7: Beschränkung der Berufung der StA auf den Strafausspruch), so muss sie die Sache an die große StrK zur erstinstanzlichen Verh. verweisen (BayObLG StraFo 2000, 230).

Die Möglichkeit, sogleich selbst als **Gericht des 1. Rechtszuges** zu verhandeln, 10
die v. der Rspr. als zulässig angesehen wurde, besteht, nachdem die Zuständigkeit der großen StrK als Berufungsgericht durch das RpflEntlG beseitigt wurde (vgl. § 76 Abs. 1 S. 1 GVG), nicht mehr; die kleine StrK ist stets nur Berufungsgericht. Das gilt auch für die erweiterte kleine StrK nach § 76 Abs. 6 GVG (SSW StPO/Brunner Rn. 25; erg. → GVG § 76 Rn. 15); sie kann nicht als erstinstanzliche große StrK weiterverhandeln (vgl. Steinmetz JR 1993, 232).

Die Problematik kann jetzt somit **nur noch bei der großen JugK** auftreten, 11
wenn diese als Berufungsgericht (§ 33b Abs. 1 **JGG**) das Vorliegen einer Schwurgerichtssache bejaht (§ 41 Abs. 1 Nr. 1 **JGG**) o. wenn in einer gegen Jugendliche u. Erwachsene verbundenen Strafsache für den Erwachsenen die große StrK zuständig wäre (§ 41 Abs. 1 Nr. 3 **JGG**), ferner in Jugendschutzsachen u. in Fällen des § 108 Abs. 3 **JGG.** Im ersteren Fall wird eine Überleitung schon deswegen ausscheiden, weil die große JugK als Berufungsgericht idR in der Besetzung mit nur 2 Berufsrichtern, als SchwurG jedoch mit 3 Berufsrichtern entscheidet (§ 33b Abs. 2 **JGG;** erg. → GVG § 76 Rn. 13); auch in den anderen Fällen sollte besser eine Verweisung an die große JugK als Gericht 1. Instanz erfolgen, um die nach § 33b Abs. 2 **JGG** erforderliche Entsch. über die Mitwirkung des 3. Richters nicht im Berufungsverfahren zu treffen. Von der Möglichkeit der Überleitung eines Berufungs- in ein erstinstanzliches Verf. sollte somit auch beim jugendgerichtlichen Verf. abgesehen werden (zust. SK-StPO/Frisch Rn. 30; AnwK StPO/Rotsch/Gasa Rn. 10; ebenso SSW StPO/Brunner Rn. 26; SK-StPO/Degener GVG § 24 Rn. 45; iErg auch OLG Jena NStZ-RR 2003, 139, aber ohne Erörterung der Problematik); der BGH hat allerdings hieran bisher festgehalten (BGHR StPO § 328 Abs. 1 Überleitung 2; BGH NStZ 2010, 94).

Hat die kleine StrK die **Beschränkung der Rechtsfolgenkompetenz nicht** 12
beachtet, so hebt das OLG auf Revision das Urt. mangels Zuständigkeit der kleinen StrK auf. Eine notwendige Gesamtstrafenbildung nach § 55 StGB, die die Strafgewalt des Berufungsgerichts überschreitet, ist im Verf. nach § 460 vorzunehmen (vgl. BGHSt 34, 204 (206); Miebach NStZ 1990, 29 – BGH RsprÜ).

IV. Folgen der Verweisung. Die **Rechtshängigkeit** geht mit dem Erlass des 13
Verweisungsurteils auf das Gericht über, an das verwiesen wird. Das angefochtene

Urt. entfällt damit (BGH StraFo 2010, 203). Eine Rücknahme der Berufung ist danach ausgeschlossen (BGHSt 34, 204), vor der Verweisung aber nicht. Zur Teilrechtskraft → Rn. 5a; zur Frage des Verschlechterungsverbots vgl. → § 331 Rn. 4a. Die Verweisung bindet das Gericht nicht, an das verwiesen worden ist. Ggf. muss es nach §§ 225a, 270 verfahren o. sich für unzuständig erklären (Löwe/Rosenberg/Gössel Rn. 34).

14 **F. Revision.** Mit der Revision ist jedes Berufungsurteil anfechtbar, auch das Verweisungsurteil nach Abs. 2 (→ § 333 Rn. 1). Der Verstoß gegen Abs. 2 ist vAw zu beachten (**aM** offenbar OLG Hamm NStZ-RR 2009, 379, das erörtert, ob eine Verfahrensrüge erhoben werden muss o. die Sachrüge genügt) u. führt zur Verweisung an das zuständige Gericht (OLG Brandenburg NStZ 2001, 611; KMR-StPO/Brunner Rn. 28; erg. → § 269 Rn. 8). Eine ungerechtfertigte Zurückverweisung (→ Rn. 4) beschwert den Angeklagten u. begründet damit die Revision (OLG Karlsruhe NStZ-RR 2005, 208; 2014, 17), ebenso eine ungerechtfertigte Verweisung (→ Rn. 5 ff.; OLG Brandenburg NStZ-RR 2009, 57 Ls.; OLG Hamm NStZ-RR 2009, 379).

Ausbleiben des Angeklagten; Vertretung in der Berufungshauptverhandlung

329 (1) [1]**Ist bei Beginn eines Hauptverhandlungstermins weder der Angeklagte noch ein Verteidiger mit nachgewiesener Vertretungsvollmacht erschienen und das Ausbleiben nicht genügend entschuldigt, so hat das Gericht eine Berufung des Angeklagten ohne Verhandlung zur Sache zu verwerfen.** [2]**Ebenso ist zu verfahren, wenn die Fortführung der Hauptverhandlung in dem Termin dadurch verhindert wird, dass**

1. **sich der Verteidiger ohne genügende Entschuldigung entfernt hat und eine Abwesenheit des Angeklagten nicht genügend entschuldigt ist oder der Verteidiger den ohne genügende Entschuldigung nicht anwesenden Angeklagten nicht weiter vertritt,**
2. **sich der Angeklagte ohne genügende Entschuldigung entfernt hat und kein Verteidiger mit nachgewiesener Vertretungsvollmacht anwesend ist oder**
3. **sich der Angeklagte vorsätzlich und schuldhaft in einen seine Verhandlungsfähigkeit ausschließenden Zustand versetzt hat und kein Verteidiger mit nachgewiesener Vertretungsvollmacht anwesend ist.**

[3]**Über eine Verwerfung wegen Verhandlungsunfähigkeit nach diesem Absatz entscheidet das Gericht nach Anhörung eines Arztes als Sachverständigen.** [4]**Die Sätze 1 bis 3 finden keine Anwendung, wenn das Berufungsgericht erneut verhandelt, nachdem die Sache vom Revisionsgericht zurückverwiesen worden ist.**

(2) [1]**Soweit die Anwesenheit des Angeklagten nicht erforderlich ist, findet die Hauptverhandlung auch ohne ihn statt, wenn er durch einen Verteidiger mit nachgewiesener Vertretungsvollmacht vertreten wird oder seine Abwesenheit im Fall der Verhandlung auf eine Berufung der Staatsanwaltschaft nicht genügend entschuldigt ist.** [2]**§ 231b bleibt unberührt.**

(3) **Kann die Hauptverhandlung auf eine Berufung der Staatsanwaltschaft hin nicht ohne den Angeklagten abgeschlossen werden oder ist eine Verwerfung der Berufung nach Absatz 1 Satz 4 nicht zulässig, ist die Vorführung oder Verhaftung des Angeklagten anzuordnen, soweit dies zur Durchführung der Hauptverhandlung geboten ist.**

(4) [1]**Ist die Anwesenheit des Angeklagten in der auf seine Berufung hin durchgeführten Hauptverhandlung trotz der Vertretung durch einen Verteidiger erforderlich, hat das Gericht den Angeklagten zur Fortsetzung der Hauptverhandlung zu laden und sein persönliches Erscheinen anzuordnen.**

[2]Erscheint der Angeklagte zu diesem Fortsetzungstermin ohne genügende Entschuldigung nicht und bleibt seine Anwesenheit weiterhin erforderlich, hat das Gericht die Berufung zu verwerfen. [3]Über die Möglichkeit der Verwerfung ist der Angeklagte mit der Ladung zu belehren.

(5) **[1]Wurde auf eine Berufung der Staatsanwaltschaft hin nach Absatz 2 verfahren, ohne dass ein Verteidiger mit nachgewiesener Vertretungsvollmacht anwesend war, hat der Vorsitzende, solange mit der Verkündung des Urteils noch nicht begonnen worden ist, einen erscheinenden Angeklagten oder Verteidiger mit nachgewiesener Vertretungsvollmacht von dem wesentlichen Inhalt dessen zu unterrichten, was in seiner Abwesenheit verhandelt worden ist. [2]Eine Berufung der Staatsanwaltschaft kann in den Fällen des Absatzes 1 Satz 1 und 2 auch ohne Zustimmung des Angeklagten zurückgenommen werden, es sei denn, dass die Voraussetzungen des Absatzes 1 Satz 4 vorliegen.**

(6) **Ist die Verurteilung wegen einzelner von mehreren Taten weggefallen, so ist bei der Verwerfung der Berufung der Inhalt des aufrechterhaltenen Urteils klarzustellen; die erkannten Strafen können vom Berufungsgericht auf eine neue Gesamtstrafe zurückgeführt werden.**

(7) **[1]Der Angeklagte kann binnen einer Woche nach der Zustellung des Urteils die Wiedereinsetzung in den vorigen Stand unter den in den §§ 44 und 45 bezeichneten Voraussetzungen beanspruchen. [2]Hierüber ist er bei der Zustellung des Urteils zu belehren.**

Übersicht

A. Verwerfung der Berufung des unentschuldigt ausgebliebenen Angeklagten (Abs. 1). Die früher gültige Fassung der Vorschr. sah eine Verwerfung der Berufung des Angeklagten auch dann vor, wenn für diesen ein vertretungsbereiter Verteidiger erschienen, eine Vertretung nach den Vorschr. der StPO aber nicht zulässig war. Nachdem der EGMR mit Urt. v. 8.11.2012 die Verwerfung der Berufung in diesen Fällen beanstandet hatte, da der Angeklagte „nicht seiner Rechte auf Verteidigung beraubt werden dürfe", die OLGe aber dem EGMR im Hinblick auf die ges. Regelung in § 329 die Gefolgschaft verweigert hatten, sah sich der Gesetzgeber zur Neufassung des § 329 gezwungen, um künftig weitere Verurteilungen der BRD durch den EGMR zu vermeiden (zust. Frisch NStZ 2015, 69; Frisch FS Paeffgen, 2015, 589; krit. Bartel DRiZ 2015, 176; Böse FS Paeffgen, 2015, 580). Dabei hat er zugleich einige bisher umstr Fälle mitgeregelt (Abs. 1 S. 2). 1

I. Zweck der Vorschrift. Der Zweck der Vorschrift besteht darin, den Beschwerdeführer daran zu hindern, die Sachentscheidung über seine Berufung dadurch zu verzögern, dass er sich der Verh. entzieht (BGHSt 17, 188; 23, 331 (334); 25, 281 (284); 27, 236 (238)). Die Berufung wird verworfen, gleichviel, ob der Angeklagte die auf seine Veranlassung anberaumte Berufungsverhandlung bewusst 2

o. nur aus Nachlässigkeit versäumt (BGHSt 27, 236 (239); 30, 98 (99)). Das G nimmt dabei aus Gründen der Verfahrensbeschleunigung in Kauf, dass ein unrichtiges Urt. allein wegen des unentschuldigten Ausbleibens des Angeklagten rkr. wird (BGHSt 17, 188 (189); 23, 331 (335)). Diese Ausnahme v. dem Grundsatz, dass gegen einen abwesenden Angeklagten kein Urt. erlassen werden darf (§§ 230 Abs. 1, 332), beruht auf der Unterstellung, dass der säumige Angeklagte an der Durchführung der HV kein Interesse hat u. auf das Rechtsmittel u. damit auf eine sachliche Prüfung des angefochtenen Urt. verzichtet (BGHSt 15, 287 (289); 24, 143 (150); KG NJW 1969, 475; OLG Koblenz NJW 1975, 322; Rosenau JR 2000, 82; **aM** Löwe/Rosenberg/Gössel Rn. 77: Verwirkung der Berufung durch Säumnis); nach § 391 Abs. 2 besteht in einem rechtsähnlichen Fall eine Rücknahmevermutung (eing. zur Problematik Böse FS Paeffgen, 2015, 567). § 329 ist eine aufs Engste auszulegende Ausnahmebestimmung (BGHSt 17, 188 (189); BayObLGSt 1975, 30 (32); KG JR 1969, 270).

3 **II. Anwendungsbereich.** Die Verwerfung nach Abs. 1 ist nicht nur in der 1. Berufungsverhandlung zulässig u. bei Vorliegen der ges. Voraussetzungen zwingend, sondern auch, wenn eine Verh. ausgesetzt war u. dann eine neue Berufungsverhandlung beginnt (BGHSt 27, 236 (239); OLG Brandenburg wistra 2012, 43), o. wenn eine neue Verh. stattfindet, nachdem gegen ein Verwerfungsurteil Wiedereinsetzung nach Abs. 7 bewilligt worden war (Küper NJW 1977, 1276; JZ 1978, 207) o. nach vorl. Einstellung nach § 153a und Fortsetzung des Verf. (OLG Düsseldorf MDR 1987, 517). Zur Geltung des § 329 bei Berufung des ges. Vertreters vgl. § 330.

4 Nach **Zurückverweisung durch das Revisionsgericht (§§ 354 Abs. 2, Abs. 3, 355)** ist die Verwerfung – in der gesamten Berufungsinstanz (KG StraFo 2013, 469) – unzulässig (Abs. 1 S. 4); denn auch ein säumiger Angeklagter soll nicht an einem Zwischenergebnis festgehalten werden, das v. Revisionsgericht für unrichtig erklärt worden ist. Da diese Folge aber nicht eintritt, wenn die Berufung schon durch das aufgeh. Urt. nach Abs. 1 verworfen worden war, kann in diesem Fall nach Zurückverweisung durch das Revisionsgericht erneut nach Abs. 1 verfahren werden (BGHSt 27, 236; OLG Oldenburg GA 1993, 462), vorausgesetzt, der Angeklagte wurde in der Ladung auf diese Ausnahme v. Wortlaut des Abs. 1 S. 4 hingewiesen (OLG Oldenburg StraFo 2009, 336). Eine Verwerfung scheidet aber wiederum aus, wenn das OLG – ebenso wie zuvor das LG – eine (teilw.) Entsch. in der Sache selbst getroffen hatte (OLG Stuttgart NStZ-RR 2005, 241). Das gilt auch, wenn das OLG ein Sachurteil allein aus verfahrensrechtlichen Gründen aufgeh. hatte (zw. OLG Oldenburg StraFo 2009, 114). Die Verh. auf Berufung der StA (→ Rn. 35 ff.) schließt Abs. 1 S. 4 ebenfalls nicht aus (Rieß NJW 1975, 89), dgl. nicht eine erfolgreiche Sprungrevision, denn die Verurteilung beruht dann nicht auf dem beanstandeten, sondern auf dem neuen AG-Urt. (Gollwitzer JR 1989, 345). Die Vertretung durch einen mit nachgewiesener (→ Rn. 15a; § 234 Rn. 5) Vertretungsvollmacht versehenen Verteidiger ist auch im Fall des Abs. 1 S. 4 zulässig. Ist die Anwesenheit des Angeklagten hingegen zur Durchführung der HV erforderlich, ist die Vorführung o. Verhaftung des Angeklagten anzuordnen (Abs. 3).

5 **III. Hinderungsgründe. Keine Hinderungsgründe** für die Anwendung des Abs. 1 sind die fehlende Urteilszustellung (BayObLG NJW 1994, 1748), die Anordnung des persönlichen Erscheinens des Angeklagten nach § 236 (BayObLGSt 1963, 106), die Anwesenheit eines zwar verteidigungsbereiten, aber nicht vertretungsberechtigten o. -willigen (→ Rn. 15) Verteidigers (OLG Köln NStZ-RR 1999, 112) u. die Abwesenheit des Verteidigers, dessen Mitwirkung nach § 140 notwendig ist (BayObLGSt 1999, 69; OLG Hamm NJW 1970, 1245; **aM** OLG Köln StraFo 2016, 416).

6, 7 **IV. Voraussetzungen des Verwerfungsurteils. 1.** Eine **zulässige Berufung** setzt Abs. 1 voraus. Ist sie unzulässig, so muss sie nach § 322 Abs. 1 S. 2 verworfen werden; diese Entsch. hat den Vorrang (BGHSt 30, 98 (100)). Der Hinweis nach

§ 323 Abs. 1 S. 2 umfasst auch diesen Fall der rein prozessualen Entsch. („ohne Verhandlung zur Sache").

2. Das Fehlen einer **Prozessvoraussetzung** (→ Einl. Rn. 141 ff.) o. das Vorliegen eines Prozesshindernisses steht der Verwerfung nach Abs. 1 entgegen. In diesem Fall ist keine Berufungs-, sondern eine Erstentscheidung zu treffen u. daher das Verf. nach § 206a bzw. § 260 Abs. 3 einzustellen (vgl. etwa OLG Hamm 26.8.2025 – BeckRS 2025, 27858). Dies gilt unabhängig v. der Frage, zu welchem Zeitpunkt das Verfahrenshindernis eingetreten ist o. das Fehlen der Prozessvoraussetzung übersehen wurde, es also bereits v. AG hätte berücksichtigt werden müssen; denn v. Vorliegen o. Fehlen dieser Umstände hängt die Zulässigkeit des Verf. im Ganzen ab (OLG Köln StraFo 2020, 157; OLG Hamburg NJW 2012, 631; OLG Celle NStZ-RR 2012, 75; OLG Karlsruhe NJW 1978, 840; OLG Stuttgart Justiz 1964, 64; dahingestellt v. BGH NStZ 2001, 440; Löwe/Rosenberg/Stuckenberg § 206a Rn. 15 mwN; SSW StPO/Brunner Rn. 7; Paulus NStZ 2001, 445; vgl. auch BGH NStZ 2001, 440; **aM** Meyer-Goßner Prozessvoraussetzungen S. 46; KK-StPO/Paul Rn. 13; SK-StPO/Frisch Rn. 39; Duttge NStZ 2001, 442). Dementsprechend prüft das Revisionsgericht auf die allein erhobene Sachrüge gegen ein Verwerfungsurteil gem. § 329 Abs. 1 umfänglich das Fehlen v. Prozessvoraussetzungen o. das Vorliegen v. Prozesshindernissen (BGHSt 21, 242; OLG Hamm 26.8.2025 – BeckRS 2025, 27858; OLG Köln StraFo 2020, 157; → Rn. 49). 8

3. Die **ordnungsgemäße Ladung des Angeklagten** in der durch §§ 216, 323 Abs. 1 S. 1 vorgeschriebenen Form (→ § 216 Rn. 2 ff.) setzt die Verwerfung nach Abs. 1 voraus (BGHSt 24, 143 (149); OLG Düsseldorf StV 1982, 127; 216; OLG Köln VRS 64, 198). Ladungsmängel, die für das Ausbleiben nicht ursächlich sind, hindern die Verwerfung aber nicht (OLG Düsseldorf StV 1982, 216 (217); OLG Hamm NStZ-RR 2009, 314; OLG Zweibrücken JBlRP 2001, 250). Ordnungsgemäß ist die Ladung auch bei Zustellung an den Verteidiger nach zur Möglichkeit§ 145a Abs. 2 (→ § 145a Rn. 12; → § 323 Rn. 3), nicht an sonstige Bevollmächtigte (OLG Dresden StraFo 2005, 423). Die Ladung ist auch bei öffentl. Zustellung nach § 40 ordnungsgemäß (OLG Düsseldorf StV 1982, 127 (128); OLG Frankfurt a. M. StV 1983, 233; OLG Hamburg JR 1982, 122; OLG Köln VRS 59, 42; unrichtig OLG Frankfurt a. M. JR 1978, 392), sofern der Angeklagte nicht zur Tatzeit Jugendlicher war (OLG Stuttgart StV 1987, 309; **aM** KG JR 2006, 301 mablAnm Eisenberg/Haeseler; LG Zweibrücken MDR 1991, 985); dabei berührt die fehlende Belehrung nach § 35a S. 2 die Wirksamkeit der öffentl. Ladung nicht, führt allerdings dazu, dass die Versäumung der Berufungshauptverhandlung nach Abs. 7 iVm § 44 S. 2 als unverschuldet anzusehen ist (OLG Hamm NStZ 2014, 422). 9

Ist der Angeklagte **der deutschen Sprache nicht mächtig** und ist seine Unterrichtung nicht auf andere Weise sichergestellt, müssen Ladung und Warnhinweis nach §§ 216 Abs. 1 S. 1, 323 Abs. 1 S. 2 übersetzt werden, um ihm die Ausübung seiner Rechte zu ermöglichen (OLG Karlsruhe 16.12.2021 – 2 Rv 35 Ss 670/21; LG Heilbronn StV 2011, 406 Ls.; **aM** BayObLG NStZ 1996, 248; OLG Köln NStZ-RR 2015, 317; OLG Nürnberg NStZ-RR 2010, 286; erg. → GVG § 184 Rn. 3). Unterbleibt die Übersetzung, führt dies nicht zur Unwirksamkeit zur Ladung, sondern zur Möglichkeit, Wiedereinsetzung nach Maßgabe von Abs. 7 S. 1 zu beantragen (OLG Karlsruhe 16.12.2021 – 2 Rv 35 Ss 670/21; → Rn. 40 ff.; erg. § 216 Rn. 8). 9a

Die Ladung muss den **Hinweis auf die Folgen des Ausbleibens** (§ 323 Abs. 1 S. 2) enthalten (→ § 323 Rn. 3). Dies gilt auch für die Ladung zum Fortsetzungstermin einer Berufungsverhandlung (OLG Oldenburg StV 2018, 151). Sein Fehlen steht der Anwendung des Abs. 1 entgegen (BayObLGSt 1978, 64; OLG Düsseldorf MDR 1987, 868), sofern der Angeklagte nicht bereits durch den Hinweis nach § 35a S. 2 über die Folgen seines Nichterscheinens ausf. genug unterrichtet worden ist. 10

Die **Nichteinhaltung der Ladungsfrist** des § 217 Abs. 1 hindert die Verwerfung nicht (BGHSt 24, 143; BayObLGSt 1966, 121; OLG Saarbrücken VRS 11

44, 190; offengelassen v. OLG Frankfurt a. M. NStZ-RR 1999, 18), es sei denn, dass ein Aussetzungsantrag nach § 217 Abs. 2 schon vor der HV schriftlich gestellt worden (vgl. → § 217 Rn. 7) u. begründet ist. In der Durchführung der Berufungsverhandlung u. der Verkündung des Verwerfungsurteils kann die Ablehnung des Aussetzungsantrages gesehen werden (BayObLG NStZ 1982, 172 Ls.).

12 **4.** Ist unter Verstoß gegen § 140 Abs. 2 **kein Verteidiger bestellt** (OLG Stuttgart StV 2009, 12) oder unter Verstoß gegen § 218 der **Verteidiger nicht geladen** worden (BayObLG StV 2002, 356 Ls.; OLG Köln VRS 98, 138 (139)) bzw. dieser **krankheitsbedingt verhindert** (OLG Köln 24.6.2016 – III-1 RVs 114/16; vgl. auch BVerfG NJW 2025, 2232 (2234)), steht dies dem Erlass eines Verwerfungsurteils entgegen. Ein unentschuldigt nicht erschienener Angeklagter muss sich aber auch ein unentschuldigtes Nichterscheinen des ihn vertretenden Verteidigers zurechnen lassen (BT-Drs. 18/3562, 69).

13 Auch das **verspätete Erscheinen** führt nicht zur Verwerfung, wenn bis zum Eintreffen des Angeklagten das Verwerfungsurteil noch nicht ergangen ist. Wie in den Fällen des § 228 (→ § 228 Rn. 11) u. des § 412 (→ § 412 Rn. 3) ist angemessene Zeit – idR 15 Minuten (BayObLG NStZ 2025, 125; VerfGH Berlin NJW 2004, 1158; OLG Koblenz DAR 1980, 280) – zu warten, wobei es – entgegen früherer Rspr. (OLG Düsseldorf NStZ-RR 2001, 303; OLG Frankfurt a. M. NStZ-RR 2012, 258). – nicht auf die angesetzte Terminsstunde, sondern auf den Aufruf der Sache ankommt (dazu Spitzer StV 2016, 49). Hat der Angeklagte erklärt, dass er sich unverschuldet verspäten werde, muss auch länger als 15 Minuten gewartet werden (BayObLG NStZ 2025, 125; OLG Oldenburg KG NStZ-RR 2002, 218; StraFo 2022, 28; OLG Köln StraFo 2013, 251), idR aber nicht bei einer verschuldeten Verspätung (OLG Hamm NStZ-RR 2009, 251 OLG Oldenburg NJW 2009, 1762), zu Ausnahmefällen vgl. KG StraFo 2013, 427; OLG Brandenburg StraFo 2012, 270; OLG München VRS 113, 117). Der Angeklagte ist erschienen, selbst wenn er außer der Einlassung zur Sache auch Angaben zur Person verweigert (**aM** LG Berlin NStZ-RR 1997, 338).

14 **5. Erscheinen eines Vertreters:** Ist das Verf. durch einen Strafbefehl eingeleitet worden (also nicht im Fall des § 408 Abs. 3 S. 2; OLG Koblenz Rpfleger 1990, 385), so kann sich der Angeklagte nach § 411 Abs. 2 S. 1 (→ § 411 Rn. 4) auch in der Berufungsverhandlung vertreten lassen, selbst wenn nach § 236 sein persönliches Erscheinen angeordnet worden ist (BayObLGSt 1977, 177; OLG Zweibrücken NStZ 2023, 383; OLG Celle NJW 1970, 906; OLG Düsseldorf StV 1985, 52); die Verwerfung der Berufung nach Abs. 1 ist dann – selbst wenn es sich um einen Fortsetzungstermin handelt (dahingestellt v. OLG Thüringen StraFo 2020, 420) – ausgeschlossen. Der Vertreter muss bei Beginn der Berufungsverhandlung erschienen sein, braucht aber ebenso wenig wie der Angeklagte Erklärungen zur Sache abzugeben o. Anträge zu stellen (vgl. OLG Oldenburg StV 2018, 148). Lediglich wenn konkrete Anhaltspunkte dafür vorliegen, dass er es gar nicht zu einer Sachverhandlung kommen lassen will, kommt eine Berufungsverwerfung trotz Vertretung des Angeklagten in Betracht (OLG Hamm StV 2018, 150 mwN). Erscheint der Vertreter verschuldet nicht, muss der seinerseits zum Erscheinen verpflichtete Angekl. die Verwerfung hinnehmen (OLG Braunschweig 20.12.2021 – 1 Ws 276/21).

15 **Dasselbe gilt** auch dann, wenn die Vertretung durch den erschienenen nach § 138 Abs. 1, Abs. 2 gewählten Verteidiger (nicht Pflichtverteidiger u. nicht sonstige Dritte, etwa der Beistand nach § 149) sonst nach den Vorschr. der StPO nicht zulässig ist. Der Verteidiger muss nicht nur bei Beginn, sondern auch bei jedem Fortsetzungstermin erschienen sein (Frisch NStZ 2015, 69 (70)).

15a Erforderlich ist zudem, dass die **Vertretungsvollmacht** des Verteidigers **nachgewiesen** ist. Hierfür genügt es, wenn sich die Prozessvollmacht auf die Verteidigung u. Vertretung in allen Instanzen erstreckt (so nunmehr BGH NStZ 2023, 759; vgl. auch BGH NJW 1956, 1727; ebenso bereits OLG Oldenburg u. OLG Hamm bei Spitzer NStZ 2021, 327 (329); dagegen musste sie sich nach einem Teil der Rspr ausdr. auf die Abwesenheitsvertretung des Angeklagten in der Berufungshauptverhandlung beziehen, OLG Celle StraFo 2021, 127; KG bei Spitzer NStZ 2021, 327). Der Nachw. kann durch schriftliche, aber auch durch die Übermittlung einer elektronischen (→ § 234 Rn. 5) Vollmacht erfolgen, wobei diese in derselben Urk. bzw. elektronischem Dokument wie die Verteidigervollmacht enthalten sein kann; die Vorlage eines Ausdrucks einer der dem Verteidiger v. Angeklagten übermittelten Bilddatei der Vollmacht reicht ebenfalls aus (OLG Karlsruhe NStZ-RR 2021, 184; vgl. auch Spitzer NStZ 2021, 327 (330)). Die allg. (KG NStZ 2016, 234 mzustAnm Mosbacher; **aM** Franzke StV 2019, 363 (365); zu Einzelheiten der Vertretungsvollmacht Spitzer StV 2016, 49) o. eine formlose (OLG Hamburg StraFo 2017, 371; erg. → § 234 Rn. 5) Vertretungsvollmacht genügen nicht, ebenso wenig, wenn die Vollmacht aufgrund einer mündlichen Ermächtigung durch den Angeklagten v. dem bevollmächtigten Verteidiger selbst unterzeichnet wird (KG StraFo 2018, 71), auch nicht die Übermittlung per Telefax am Vortag an die allg. Posteingangsstelle des Gerichts (OLG Köln StraFo 2017, 237). Dagegen soll es je nach den Umständen des Einzelfalls ausreichen können, dass der Verteidiger die Vollmachtsurkunde selbst vervollständigt (OLG Köln StraFo 2021, 431, das allerdings selbst die Gefahr sieht, dass sich ein Verteidiger gewissermassen auf Vorrat Vollmachtsformulare ausstellen lässt, um diese bei Bedarf zu ergänzen und vorzulegen).

Ist eine **Vertretungsvollmacht nachgewiesen** (→ Rn. 15a), findet die **HV ohne den Angeklagten** statt – auch wenn das persönliche Erscheinen des Angeklagten nach § 236 angeordnet worden war –, es sei denn, die Anwesenheit des Angeklagten ist erforderlich (dazu → Rn. 15a, b, 36). Der den Angeklagten vertretende Verteidiger hat alle Angeklagtenrechte, einschl. des letzten Worts nach § 258 Abs. 2 (erg. → § 411 Rn. 6). Abs. 2 S. 2 stellt klar, dass ein Verwerfungsurteil nicht ergehen darf, wenn der Angeklagte wegen ordnungswidrigen Benehmens aus dem Sitzungssaal entfernt worden ist; § 231b geht § 329 vor (erg. → Rn. 36). **15b**

Zu prüfen ist somit zunächst, ob trotz der Vertretung durch einen Verteidiger die **Anwesenheit des Angeklagten erforderlich** ist (Abs. 2 S. 1; abl. Sommer StV 2016, 56). Erforderlichkeit ist im Wege einer konventionsfreundlichen Auslegung nur anzunehmen, wenn die Anwesenheit des Angeklagten wirklich zur Urteilsfällung unerlässlich ist (zu den Einzelheiten vgl. → Rn. 36). Wird die Erforderlichkeit verneint, findet die HV ohne den Angeklagten statt; allerdings kann sich auch noch im weiteren Verlauf der HV die Erforderlichkeit ergeben (Frisch NStZ 2015, 69 (71)). **15c**

Wird die **Erforderlichkeit bejaht, so ist nach Abs. 4** zu verfahren: Die HV ist zu unterbrechen (§ 228 Abs. 1 S. 2) u. der Angeklagte ist neu unter Belehrung über die Möglichkeit der Verwerfung seiner Berufung bei nicht genügend entschuldigtem Ausbleiben zu laden u. zugleich ist sein persönliches Erscheinen anzuordnen (§ 236); die Verwerfung der Berufung trotz Anwesenheit eines bevollmächtigten Verteidigers bereits im ersten Hauptverhandlungstermin kommt nicht in Betracht (OLG Brandenburg StraFo 2020, 28). Erscheint der Angeklagte im Fortsetzungstermin ohne genügende Entschuldigung nicht u. wird seine Anwesenheit weiterhin für erforderlich erachtet, ist die Berufung wie nach Abs. 1 zu verwerfen. Mit dieser sachgerechten u. konsequenten (Frisch NStZ 2015, 69 (71)) Regelung ist es vermieden worden, Zwangsmaßnahmen nach Abs. 3 gegen den Angeklagten anwenden zu müssen u. gleichwohl sichergestellt, dass ein ordnungsgemäßer Abschluss des Berufungsverfahrens durch den Angeklagten verhindert werden kann (abl. Sommer StV 2016, 56 (58)). Dagegen ist die Verwerfung nach Abs. 4 S. 2 nicht möglich, wenn der Angeklagte zwar zum Fortsetzungstermin erscheint, sich dann aber entschuldigt aus der Verh. entfernt (OLG Hamburg StraFo 2018, 69; Spitzer NStZ 2021, 327 (332)). Dies gilt auch, wenn der Angeklagte nach – auch kurzfristiger – Aussetzung zu einer neu anberaumten HV nicht erscheint (OLG Brandenburg StraFo 2019, 384; Spitzer NStZ 2021, 327 (332)). **15d**

6. Durch die ges. Neuregelung sind aber – ohne dass dies durch die Entsch. des EGMR notwendig gewesen wäre – **weitere** (nach Frisch NStZ 2015, 69 (72) **16**

„nicht überzeugende, überflüssige und partiell verfehlte") **Verwerfungsmöglichkeiten in Abs. 1 S. 2** hins. der Fortführung einer HV geschaffen worden. So erfolgt eine Verwerfung der Berufung auch in den in Abs. 1 S. 2 Nr. 1 geregelten Fällen, nämlich bei Entfernens des Verteidigers ohne genügend Entschuldigung bei nicht genügend entschuldigter Abwesenheit des Angeklagten (dazu Spitzer StV 2016, 51), sowie in dem Fall, dass der Verteidiger den abwesenden Angeklagten – sei es wegen Widerrufs der Vollmacht durch den Angeklagten, sei es wegen Niederlegung des Mandats aus anderen Gründen – nicht weiter vertritt; denn erschienen ist der Verteidiger als Vertreter nur, wenn er den Mandanten auch vertreten will, die Vertretungsvollmacht genügt nicht. Daher liegt keine Vertretung vor, wenn der Verteidiger nach Beginn der Berufungsverhandlung erklärt, er könne sich mangels ausreichender Information zur Sache o. wolle sich wegen absprachewidriger Nichtvergütung (Spitzer StV 2016, 50) nicht äußern, u. dann die Verteidigung niederlegt (SK-StPO/Frisch Rn. 14; **aM** BayObLG NStZ 1981, 112 mablAnm Meyer-Goßner); dasselbe gilt, wenn der Verteidiger nur zu dem Zweck erscheint, einen auf Verhandlungsunfähigkeit des Angeklagten gestützten Aussetzungsantrag zu stellen (KG JR 1985, 343), nicht aber, wenn er bereit ist, bei Ablehnung des Aussetzungsantrags auch ohne den Angeklagten zu verhandeln (OLG Köln StV 1992, 567).

16a Es ist zwar notwendig, auch in diesen Fällen eine Möglichkeit zu schaffen, um das Berufungsverfahren zu einem sachgerechten Abschluss zu bringen; **bedenklich ist es aber,** hierauf – wie § 329 es tut – mit einem Verwerfungsurteil zu reagieren, da hierdurch der Angeklagte mit den Folgen eines möglicherweise problematischen Verhaltens seines Verteidigers belastet wird (zutr. Frisch NStZ 2015, 69 (72, 75); Pollähne GS Weßlau, 2016, 240), vielmehr wäre auch hier – ebenso wie in den folgenden Fällen – eine Lösung wie in Abs. 4 angemessen. Festzuhalten ist aber, dass ein Verteidigeraustausch während der HV zulässig bleibt u. bei notwendiger Verteidigung (§ 140) ein anderer Verteidiger zu bestellen ist (Frisch NStZ 2015, 69 (72, 75)).

17 **7. Entfernt sich der Angeklagte** ohne genügende Entschuldigung aus der Verh. o. erscheint er zu einem Fortsetzungstermin nicht u. ist für ihn kein Verteidiger mit schriftlicher Vertretungsvollmacht anwesend (→ Rn. 15a; § 234 Rn. 5), wird die Berufung – entgegen der früher herrschenden Rspr. (BGHSt 23, 331 (332); BayObLG VRS 61, 131) – ebenfalls verworfen (Abs. 1 S. 2 Nr. 2; auch hierzu krit. Frisch NStZ 2015, 69 (72, 74)), der zutr. darauf hinweist. dass das Verhalten des Angeklagten auf unterschiedlichen Gründen beruhen kann; eing. dazu SK-StPO/Frisch Rn. 46d). Für die Anwendung des § 231 Abs. 2 ist dann kein Raum.

18 **8.** Schließlich ist die Berufung zu verwerfen, wenn der Angeklagte sich vorsätzlich u. schuldhaft in einen **seine Verhandlungsfähigkeit ausschließenden Zustand** versetzt hat u. kein (verhandlungsfähiger) Verteidiger mit schriftlicher Vertretungsvollmacht anwesend ist (Abs. 1 S. 2 Nr. 3; → Rn. 15a). Auch hier gilt (wie → Rn. 16, 17), dass der Zustand nicht schon bei Beginn der Verh. bestehen muss, sondern auch während der Verh. eintreten kann (Spitzer StV 2016, 52). Voraussetzung der Verwerfung ist aber, dass das Gericht einen Arzt als Sachverständigen angehört hat (Abs. 1 S. 3); die Pflicht des Angeklagten zur Duldung einer solchen Untersuchung ergibt sich aus § 81a (SK-StPO/Frisch Rn. 46h). Die Anhörung erfolgt im Freibeweisverfahren (Spitzer StV 2016, 53). Unter Nr. 3 fällt auch die geistige Abwesenheit infolge schuldhafter Trunkenheit (BGHSt 23, 331; OLG Frankfurt a. M. NJW 1968, 217; erg. → § 230 Rn. 8) o. Genusses anderer berauschender Mittel in Kenntnis der dadurch verursachten Vereitelung der HV (OLG Köln VRS 65, 47; Seetzen DRiZ 1974, 259). Abs. 1 ist aber nicht entspr. anwendbar, wenn der in der Berufungsverhandlung erschienene Angeklagte eine Verh. mit der unwahren Behauptung ablehnt, er sei verhandlungsunfähig (KG JR 1969, 270; OLG Köln MDR 1981, 162), wohl aber, wenn sich erst im Laufe der Beweisaufnahme die Verhandlungsunfähigkeit herausstellt (**aM** zur früheren

Rechtslage OLG Celle StV 1994, 365; OLG Frankfurt a. M. NStZ-RR 2005, 174; OLG Karlsruhe NStZ 1990, 297).

9. Alle Entschuldigungsgründe muss das Gericht beachten, gleichviel, wie sie ihm bekannt geworden sind. Denn es kommt nicht darauf an, ob sich der Angeklagte entschuldigt hat, sondern ob er entschuldigt ist (BGHSt 17, 391 (396); KG JR 1978, 36; OLG Celle StV 1987, 192; OLG Düsseldorf StV 1987, 9; OLG Koblenz VRS 64, 211 (212); OLG Köln NZV 1999, 261 (zu § 74 Abs. 2 OWiG); OLG Saarbrücken NJW 1975, 1613). Eine genügende Entschuldigung fehlt daher nicht schon deshalb, weil der Angeklagte einen hinreichenden Entschuldigungsgrund, obwohl er dazu imstande gewesen wäre, nicht rechtzeitig geltend (OLG Düsseldorf NStZ 1984, 331; OLG Köln GA 1963, 58; OLG München MDR 1957, 761) o. nicht glaubhaft gemacht hat (BayObLGSt 1997, 145; OLG Köln NJW 1953, 1036 (1037); VRS 71, 371). Die Entschuldigung kann sich aus den Akten, die das Gericht zu diesem Zweck durchzusehen hat, aus Erklärungen des Verteidigers (OLG Köln StraFo 2006, 205) o. anwesender Zeugen, aus allgemeinkundigen Tatsachen o. aus nahe liegenden Zusammenhängen, zB der Abschiebung des ausl. Angeklagten (KG StV 1992, 567; OLG Stuttgart NStZ-RR 2004, 338) o. seiner Ausweisung (BayObLG StV 2001, 339), ergeben. Das Urt. muss sich mit etwa vorgebrachten bzw. ersichtlichen Entschuldigungsgründen auseinandersetzen (OLG Brandenburg StraFo 2018, 481). Zur Nichtberücksichtigung eines Akteneinsichtsantrags OLG Karlsruhe VRS 118, 211. 19

Hat das Gericht Anhaltspunkte dafür, dass das Ausbleiben des Angeklagten entschuldigt sein kann, so muss es ihnen durch **Ermittlungen im Freibeweis** (→ § 244 Rn. 7, 9) nachgehen (BayObLG NStZ-RR 1999, 143; StV 2001, 338; OLG Düsseldorf VRS 71, 292; OLG Hamm VRS 107, 206; OLG Köln StraFo 2006, 205; OLG München NJW 2008, 3797; OLG Stuttgart Justiz 2004, 126; OLG Zweibrücken StV 2001, 336 Ls.). Das gilt auch, wenn der Angeklagte seine Verhandlungsunfähigkeit mit einer dazu nicht geeigneten Arbeitsunfähigkeitsbescheinigung beweisen will (KG JR 1978, 36; OLG Düsseldorf VRS 87, 439). Den Angeklagten trifft keine Mitwirkungspflicht; dass er der Auflage, ein amtsärztliches Zeugnis beizubringen, nicht nachkommt, rechtfertigt die Anwendung von Abs. 1 nicht (Rüth DAR 1986, 249 – BayObLG RsprÜ; OLG Celle StV 1987, 192; OLG Karlsruhe NJW 1969, 476). In der Vorlage einer ärztlichen Arbeitsunfähigkeitsbescheinigung liegt idR konkludent die Entbindung des Arztes v. der Schweigepflicht (OLG Karlsruhe NStZ 1994, 141; OLG Nürnberg NJW 2009, 1761; eing. u. krit. dazu Albrecht ZIS 2013, 181). 20

Das Gericht darf im Freibeweis aber nur solche Beweise erheben, die **sofort zur Verfügung stehen** (KG VRS 107, 119; OLG Hamburg JZ 1963, 480 (481); OLG Köln VRS 71, 371; OLG Saarbrücken NJW 1975, 1613), also nur eine Unterbrechung, nicht aber eine Aussetzung der HV erfordern (BayObLG NStZ-RR 2003, 87). Es darf nicht etwa wochenlange Ermittlungen anstellen u. erst in einer neuen Verh. nach Abs. 1 verfahren (OLG Hamburg JR 1959, 29). Sind keine Umstände ersichtlich, die das Ausbleiben des Angeklagten entschuldigen können, hat der Angeklagte insbes. solche nicht schlüssig vorgetragen, so ist das Gericht zu Nachforschungen nicht verpflichtet (OLG Bamberg DAR 2008, 217 Ls.; OLG Koblenz NJW 1975, 322). Genügend entschuldigt ist das Ausbleiben nur, wenn es glaubhaft (→ § 26 Rn. 7; → § 45 Rn. 10) erscheint, dass den Angeklagten kein Verschulden trifft (eing. dazu SK-StPO/Frisch Rn. 21 ff.). 21

Bloße **Zweifel** an der Richtigkeit des tatsächlichen Vorbringens des Angeklagten u. an der Beweiskraft der vorgelegten Urk. rechtfertigen die Verwerfung nicht (OLG Düsseldorf VRS 89, 132; OLG Frankfurt a. M. NJW 1988, 2965; OLG Koblenz NJW 1975, 322; OLG Köln NJW 1993, 1345), so insbes., wenn in einem ärztlichen Attest die Art der Erkrankung nicht angegeben ist (OLG Hamm NZV 2009, 247; OLG Nürnberg NJW 2009, 1761); denn nur die bestimmte Feststellung, nicht der bloße Verdacht, dass die Entschuldigung unwahr ist, lässt sie als ungenügend erscheinen (OLG Düsseldorf StV 1987, 9 (10); OLG Hamm StraFo 2012, 193). 22

23 Bei der **Verschuldensfrage** ist eine weite Auslegung zugunsten des Angeklagten geboten (BGHSt 17, 391 (397); BayObLGSt 2001, 14). Maßgebend ist, ob dem Angeklagten nach den Umständen des Falles wegen seines Ausbleibens billigerweise ein Vorwurf zu machen ist (OLG Brandenburg NJW 1998, 842; OLG Bremen StV 1987, 242; OLG Düsseldorf NJW 1985, 2207; OLG Nürnberg NStZ-RR 2010, 286; OLG Stuttgart wistra 2006, 319; OLG Zweibrücken VRS 112, 122). Ist der Angeklagte ersichtlich unter keinen Umständen bereit, überhaupt zur Berufungsverhandlung zu erscheinen, so ist Abs. 1 nach seinem Sinn auch dann anzuwenden, wenn für den angesetzten Termin ein Entschuldigungsgrund besteht (OLG Karlsruhe MDR 1978, 75; OLG Oldenburg NStZ-RR 2012, 180).

24 Ist der **Angeklagte in Haft,** so ist sein Ausbleiben idR ohne weiteres entschuldigt. Ist er in der Berufungssache inhaftiert, hat der Vorsitzende die Vorführung anzuordnen; dass der Angeklagte sie nicht selbst betreibt, stellt kein Verschulden dar (OLG Stuttgart StV 1988, 72). Sein Ausbleiben ist aber unentschuldigt, wenn er ohne Grund die Vorführung verweigert (OLG Karlsruhe MDR 1974, 598; vgl. auch OLG Stuttgart Justiz 1972, 187). Befindet sich der Angeklagte in anderer Sache in Haft, so muss er die JVA nicht auf die Notwendigkeit seiner Vorführung hinweisen (OLG Braunschweig NStZ 2002, 163; OLG Köln StraFo 2008, 248). Ein unentschuldigtes Ausbleiben kann aber anzunehmen sein, wenn er nach Erhalt der Terminsladung eine neue Straftat begeht u. deswegen im Ausland inhaftiert wird (OLG Frankfurt a. M. NStZ-RR 1999, 144).

25 **Einzelfälle:** Die weite Entfernung des Angeklagten v. Gerichtsort genügt nicht (vgl. LG Bielefeld NStZ-RR 1998, 343: Kurzvisum beantragen), auch nicht die Furcht, bei seinem Erscheinen in Vollstreckungshaft genommen zu werden (OLG Hamm JMBl. NRW. 1976, 9). Die irrtümliche Annahme, dass der Verteidiger zur Vertretung berechtigt ist, kann entschuldigen (BayObLGSt 1956, 32; OLG Hamm VRS 106, 294), auch eine unrichtige Auskunft des Gerichts (OLG Zweibrücken NStZ-RR 2000, 111) bzw. des Verteidigers (OLG Nürnberg StraFo 2024, 423), ebenso die fehlerhafte Ablehnung (OLG Köln VRS 85, 443; OLG München NStZ-RR 2006, 20) o. die Nichtbescheidung eines Vertagungs- o. Entbindungsantrags (Löwe/Rosenberg/Gössel Rn. 44; vgl. aber OLG Schleswig SchlHA 1976, 159 für einen kurz vor der Verh. gestellten Antrag), nicht aber die Unkenntnis v. der Ladung, die der ortsabwesende Angeklagte selbst verschuldet (OLG Düsseldorf JMBl. NRW. 1985, 286) o. der ausl. Angeklagte sich nicht hat übersetzen lassen (OLG Hamm JMBl. NRW. 1981, 166), uU aber eine außergewöhnlich lange Ladungsfrist (OLG Saarbrücken NStZ 1991, 147: 1 Jahr; einschr. OLG Düsseldorf NStZ-RR 1996, 169: Darlegung erforderlich, dass zumutbare Vorkehrungen gegen das Vergessen des Termins getroffen wurden). Verschulden trifft den Angeklagten, wenn er sich nicht bei seinem Verteidiger o. bei Gericht darüber erkundigt, ob dem Verlegungsantrag stattgegeben worden ist (OLG Karlsruhe NStE StPO § 329 Nr. 18; vgl. auch LG Potsdam NStZ-RR 2013, 317 Ls.).

26 **Krankheit** entschuldigt, wenn sie nach Art u. Auswirkungen eine Beteiligung an der HV unzumutbar macht (OLG Düsseldorf NStZ 1984, 331: Abzess in der Mundhöhle; OLG Hamm StraFo 1998, 233: eitrige Entzündungen; OLG Köln VRS 111, 43: Durchfallerkrankung; OLG Düsseldorf NStE StPO § 329 Nr. 16: nicht bei nur psychischer Belastung, wohl aber bei paranoider Psychose mit der Gefahr psychophysischer Dekompensation, OLG Köln StraFo 2010, 73), auch wenn keine Verhandlungsunfähigkeit vorliegt (OLG Düsseldorf StV 1987, 9; OLG Köln VRS 72, 442 (444)), aber die Beeinträchtigung erheblich ist (Döllel/Dreeßen SchlHA 2009, 245 – OLG Schleswig RsprÜ; OLG Stuttgart wistra 2006, 319) o. die Gefahr der Verschlimmerung besteht (OLG Düsseldorf MDR 1982, 954). Andererseits entschuldigt Verhandlungsunfähigkeit auch dann, wenn der Angeklagte vor Gericht erscheinen könnte. Dass sich der Angeklagte nicht rechtzeitig in ärztliche Behandlung begeben hatte, berechtigt nicht zur Verwerfung (OLG Köln NStZ-RR 2009, 86). Eine Operation ist kein Entschuldigungsgrund, wenn sie aufschiebbar ist (OLG Koblenz OLGSt StPO § 329 Nr. 3; vgl. auch KG BeckRS 2020, 32123; BayObLGSt 1999, 42 zum Unterlassen einer die Verhandlungsunfä-

higkeit beseitigenden Therapie), ein Suizidversuch nicht, wenn er nur die Verzögerung des Verf. bezweckt (OLG Koblenz NJW 1975, 322). Zur Glaubhaftmachung der Krankheit genügt ein privatärztliches Attest (OLG Düsseldorf VRS 90, 184; OLG Frankfurt a. M. StV 1988, 100), das aber – außer bei einer stationären Krankenhausbehandlung (OLG Köln StraFo 2016, 112) – konkrete Angaben über die Erkrankung enthalten muss (KG StraFo 2007, 244; OLG Hamm NZV 2009, 158; Döllel/Dreeßen SchlHA 2005, 258 – OLG Schleswig RsprÜ); allein die Behauptung, der Angeklagte sei erkrankt, ohne dass Angaben zur Art der Erkrankung gemacht werden, verpflichtet das Gericht nicht zu weiterer Aufklärung (OLG Bamberg NZV 2009, 303; OLG München StV 2012, 79). Eine Arbeitsunfähigkeitsbescheinigung genügt idR nicht (BayObLG NJW 2023, 2586; OLG Köln NStZ-RR 2009, 112), ebenso wenig nach Wegfall der Quarantänepflicht das Übersenden einer Bescheinigung über das Vorliegen eines positiven Corona-Tests (BayObLG BeckRS 2023, 16542). Wurde die Art der Erkrankung mitgeteilt, fehlen aber konkrete Angaben dazu, muss das Gericht prüfen, ob der Angeklagte genügend entschuldigt ist (OLG Nürnberg NJW 2009, 1761). Ein zeitnah erstelltes ärztliches Attest, das Art und Schwere der Erkrankung mitteilt, reicht grunds. aus (KG StraFo 2025, 402). Zweifeln an der Richtigkeit des Attestes o. der Erheblichkeit der Erkrankung ist vAw nachzugehen (vgl. BayObLGSt 1998, 79; OLG Karlsruhe StraFo 1998, 25; OLG Köln StraFo 2006, 413; OLG München StraFo 2014, 79; s. auch KG StraFo 2025, 402). Das Attest muss idR im Original vorgelegt werden (OLG Düsseldorf StraFo 1997, 118); das Vertrauen des Angeklagten auf seine entschuldigende Wirkung kann genügen (OLG Düsseldorf NJW 1985, 2207; OLG Hamm StV 1993, 7; OLG Köln VRS 97, 362; OLG München StraFo 2013, 208). Der Angeklagte kann auch als entschuldigt gelten, wenn er nachweislich einer vollziehbaren – strafbewehrten (§ 75 Abs. 1 Nr. 1 IfSG) – Quarantäneanordnung nach §§ 28 Abs. 1 S. 2, 30, 31 IfSG zuwiderhandeln müsste, um der Ladung des Gerichts nachzukommen (vgl. auf der Heiden NJW 2020, 1023 (1026)).

Die Wahl des falschen **Verkehrsmittels** u. die zu knapp bemessene Reisezeit 27
lassen das Ausbleiben als unentschuldigt erscheinen (OLG Bamberg NJW 1995, 740: bei Fahrstrecke v. über 100 km Zeitreserve einplanen; OLG Köln JMBl. NRW. 1972, 63: erkennbar zu spät ankommender Zug), wobei die Anforderungen aber nicht überspannt werden dürfen (VerfGH Berlin NJW 2004, 1158; vgl. auch zum Verpassen des Zuges OLG München wistra 2008, 480). Eine Kraftfahrzeugpanne ist idR nicht voraussehbar u. daher zur Entschuldigung geeignet (OLG Bremen DAR 1956, 144; OLG Hamm VRS 97, 44; OLG Karlsruhe NJW 1973, 1515; OLG Schleswig OLGSt StPO § 329 S. 131), nicht aber Parkschwierigkeiten beim Gericht (großzügig jedoch OLG Nürnberg OLGSt StPO § 44 Nr. 2) o. üblicherweise zu erwartende Verkehrsstauungen (BVerfG StV 1994, 113; OLG Jena NStZ-RR 2006, 147). Ein Angeklagter muss nicht mit öffentl. Verkehrsmitteln zum Gericht fahren, wenn eine ihm angebotene private Mitfahrgelegenheit zuverlässig erscheint (OLG Oldenburg StraFo 2009, 336).

Die **Regelung beruflicher oder privater Angelegenheiten** entschuldigt das 28
Ausbleiben nur, wenn sie unaufschiebbar u. von solcher Bedeutung ist, dass dem Angeklagten das Erscheinen billigerweise nicht zugemutet werden kann, so dass die öffentlich-rechtliche Pflicht zum Erscheinen in der HV ausnahmsweise zurücktreten muss (KG GA 1977, 127; OLG Hamm NJW 1960, 1921 (1922); OLG Karlsruhe VRS 89, 130; OLG Saarbrücken StraFo 1997, 175), zB aus religiösen Gründen (OLG Köln NJW 1993, 1345; LG München I StraFo 2011, 95), bei drohenden wirtschaftlichen Verlusten (OLG Düsseldorf NJW 1960, 1921), bei Arbeitsbeginn nach langer Erwerbslosigkeit (OLG Hamm VRS 87, 138; OLG Koblenz OLGSt StPO § 329 Nr. 5) o. drohendem Verlust des Arbeitsplatzes (OLG Düsseldorf NJW 1995, 207), bei angedrohter ZV der Wohnung (OLG Köln StraFo 2011, 54), in einer Bagatellsache bei einer gebuchten Urlaubsreise (OLG Düsseldorf NJW 1973, 109; OLG Hamm VRS 109, 40), aber nicht deshalb, weil ein Urlaub geplant o. in Kenntnis des Hauptverhandlungstermins gebucht ist (OLG Hamm VRS 39, 208; 110, 28; LG Berlin VRS 112, 276). Ein längerer, zeitlich nicht

befristeter Auslandsaufenthalt muss unterbrochen werden (BayObLG NJW 1994, 1748); ob eine Dienstreise ins Ausland verschoben o. unterbrochen werden muss, hängt v. der Art der Geschäfte, ihrer Wichtigkeit u. ihrer unaufschiebbaren Dringlichkeit ab (vgl. OLG Hamm NZV 2006, 165).

29 Entschuldigen kann auch das **Vertrauen auf Auskünfte des Verteidigers,** zB wenn dieser eine falsche Uhrzeit für den Verhandlungsbeginn nennt (OLG Hamm VRS 42, 289; OLG Karlsruhe AnwBl 1977, 224) o. wahrheitswidrig erklärt, der Termin sei v. Gericht abgesetzt worden (OLG Hamm NStZ-RR 1997, 113; OLG Köln NStZ-RR 1997, 208) o. dem Angeklagten mitteilt, er sei erkrankt u. ohne ihn als Pflichtverteidiger könne der Termin nicht stattfinden (OLG Hamm NStZ-RR 2010, 245). Nach der Rspr. ist das Ausbleiben aber verschuldet, wenn der Verteidiger nur mitteilt, die Verh. werde wegen eines Vertagungsantrages nicht stattfinden (OLG Hamm JMBl. NRW. 1979, 20; LG Berlin NStZ 2005, 655; LG Köln MDR 1982, 73; zw.; einschr. KG VRS 127, 164; vgl. auch OLG Koblenz StraFo 2009, 421: nicht bei willkürlicher Ablehnung einer Terminsverlegung), jedenfalls dann, wenn der Angeklagte bereits eine anderslautende Benachrichtigung des Gerichts erhalten hat (BayObLG NStZ-RR 2003, 85; OLG Koblenz VRS 44, 290); es entschuldigt auch nicht, wenn der Verteidiger die Verwerfung der Berufung für rechtlich unzulässig hält, weil er einen Entbindungsantrag nach § 233 stellen will (OLG Saarbrücken NJW 1974, 327 Ls.), o. wenn er nach längerer Wartezeit den Angeklagten zum Verlassen des Gerichtsgebäudes auffordert (OLG Hamm VRS 55, 275).

30 Das Ausbleiben eines Angeklagten, dessen Einreise in die Bundesrepublik nach einer Ausweisung untersagt ist, ist genügend entschuldigt (BayObLG NStZ-RR 2024, 183 (184) mwN; OLG Bremen StraFo 2005, 381); dasselbe gilt, wenn ein Ausländer zur Vermeidung seiner drohenden Ausweisung und Abschiebung freiwillig das Bundesgebiet verlassen hat und ihm bei Wiedereinreise die Strafbarkeit droht (OLG Köln StraFo 2008, 29 mN: entspr. Auflage im Bewährungsbeschluss; vgl. auch BayObLG NStZ-RR 2024, 183 (184)). Ein **rechtskräftig ausgewiesener Ausländer** ist auch nicht verpflichtet, sich um ein Visum zu bemühen oder eine Betretenserlaubnis nach § 11 Abs. 8 AufenthG durch die zuständige Ausländerbehörde zu erwirken (BayObLG NStZ-RR 2024, 183 (184) mwN; **aM** OLG Oldenburg BeckRS 2023, 15805).

31 **V. Verwerfungsurteil. 1. Zeitpunkt:** Die Verwerfung der Berufung erfolgt idR sofort nach der Feststellung, dass das Ausbleiben des Angeklagten nicht ausreichend entschuldigt ist, ggf. nachdem hierüber im Freibeweis Ermittlungen ausgestellt worden sind (→ Rn. 19). Hat auch die StA Berufung eingelegt, so ist zunächst das Urt. nach Abs. 1 zu erlassen u. sodann über das Rechtsmittel der StA zu verhandeln u. zu entscheiden (BayObLGSt 1956, 32; OLG Stuttgart NJW 1961, 1687); die Urt. müssen dann auf dieselbe Weise zugestellt werden (OLG Karlsruhe NJW 1972, 1871). Beide Entsch. können aber auch in einem Urt. getroffen werden (RGSt 65, 231; OLG Karlsruhe NJW 1972, 1871).

32 **2. Wegfall der Verurteilung wegen einzelner Taten (Abs. 6):** Dem Berufungsgericht, das nach Abs. 1 verfährt, ist grds. jede Änd. des angefochtenen Urt. untersagt, auch wenn es auf einem ungültigen G beruht (OLG Frankfurt a. M. NJW 1963, 460). Nur nach Abs. 6 ist eine Klarstellung u. eine Gesamtstrafenbildung zulässig; das gilt aber auch für ein auf Berufung der StA ergehendes Urteil. Der Wegfall der Verurteilung wegen einzelner Straftaten kann darauf beruhen, dass das Verf. nach den §§ 153 ff. o. wegen eines Verfahrenshindernisses eingestellt (Rieß NJW 1975, 89) o. ein Verfahrensteil abgetrennt worden ist. Eine vor der Berufungshauptverhandlung erfolgte Verfahrensbeschränkung nach § 154a hindert die Verwerfung nicht (**aM** OLG Rostock NStZ 1994, 401 mit unrichtigen Folgerungen); eine neue Einzel- o. Gesamtstrafe darf deswegen im Verwerfungsurteil nicht festgesetzt werden. Auch eine entspr. Anwendung des Abs. 6 auf den Fall, dass infolge Zeitablaufs die Sperre für die Neuerteilung der Fahrerlaubnis nach § 69a Abs. 1 StGB abgelaufen ist, kommt nicht in Betracht (SK-StPO/Frisch,

5. Aufl., Rn. 45; **aM** LG Kiel NJW 1976, 1326). Ebenso ist eine nachträgliche Gesamtstrafenbildung (§ 55 StGB) ausgeschlossen (OLG Stuttgart Justiz 1998, 572).

3. Notwendiger Inhalt des Urteils: Da gegen das Verwerfungsurteil die Revision zulässig ist (→ Rn. 46), muss es nach § 34 begründet werden, u. zwar so, dass der Angeklagte die maßgebenden Erwägungen – insbes. hins. des Erfordernisses der persönlichen Anwesenheit trotz Vertretung durch einen Verteidiger – erkennen u. das Revisionsgericht sie prüfen kann (OLG Thüringen StraFo 2020, 420; KG StV 1987, 11; OLG Düsseldorf VRS 86, 453; OLG Hamm NStZ-RR 2000, 84). Wenn Entschuldigungsgründe weder vorgebracht noch sonst ersichtlich sind, genügt die formularmäßige Verwerfung ohne nähere Begründung (OLG Frankfurt a. M. NJW 1970, 959; OLG Hamm VRS 39, 210; OLG Karlsruhe NJW 1969, 476). Andernfalls muss sich das Urt. mit allen geltend gemachten u. sonstigen als Entschuldigung in Betracht kommenden Tatsachen auseinandersetzen (KG StV 1987, 11; 1995, 575; BayObLGSt 1999, 69; OLG Bremen StV 1987, 242; OLG Celle StV 1987, 192; OLG Düsseldorf StV 1987, 9; OLG Hamm NStZ-RR 2003, 86) und, wenn es ein Attest nicht als genügende Entschuldigung ansieht, seinen wesentlichen Inhalt mitteilen (OLG Frankfurt a. M. StV 1988, 100; OLG Nürnberg StraFo 2008, 248). Wenn dazu Anlass besteht, muss das Urt. auch die Zulässigkeit der Berufung u. das Fehlen v. Prozesshindernissen erörtern. 33

4. Die **Zustellung des Verwerfungsurteils** richtet sich nach den allg. Vorschr. (→ § 37 Rn. 4 ff.). Auch Ersatzzustellung (→ § 37 Rn. 6 ff.) ist zulässig; § 232 Abs. 4 gilt nicht (SK-StPO/Frisch Rn. 46; erg. → § 232 Rn. 26). 34

B. Verhandlung auf Berufung der StA. Hat nur (o. auch) die StA Berufung eingelegt, so kann grunds. **ohne den Angeklagten** verhandelt werden; denn der Angeklagte soll es auch in diesem Fall nicht in der Hand haben, den weiteren Ablauf des Verf. aufzuhalten u. seine Weiterführung für längere o. kürzere Zeit zu verhindern (BGHSt 17, 391 (395); OLG Karlsruhe NStZ-RR 2004, 21; vgl. auch BVerfG NJW 2025, 2232 (2234))). Ist auch kein Verteidiger mit nachgewiesener (→ Rn. 15a; § 234 Rn. 5) Vertretungsvollmacht anwesend, erscheint aber vor Urteilsverkündung der Angeklagte o. ein solcher Verteidiger, so ist er v. dem wesentlichen Inhalt dessen zu unterrichten, was in seiner Abwesenheit verhandelt worden ist (Abs. 5 S. 1). Liegt ein Fall der **notwendigen Verteidigung** iSv § 140 Abs. 2 vor (→ § 140 Rn. 21 ff.), der sich auch auf das Berufungsverfahren auswirkt (BVerfG NJW 2025, 2232 (2234)), kommt wie im Fall des Abs. 1 bei der Berufung des Angekl. nach der neuesten Rspr. des BVerfG eine Verwerfung der Berufung bei einer fehlenden Ladung des Verteidigers oder dessen krankheitsbedingten Verhinderung oder dessen fehlender Bestellung nicht in Betracht (BVerfG NJW 2025, 2032 (2234); → Rn. 12). 35

Die Verh. in Abwesenheit des Angeklagten ist ausgeschlossen, wenn seine **Anwesenheit erforderlich** ist (Abs. 2). Damit soll klargestellt werden, dass die Durchführung der Berufungshauptverhandlung nicht den gesetzlichen Regelfall darstellt (BVerfG NJW 2025, 2232 (2235)). Erforderlich ist seine Anwesenheit, wenn die Aufklärungspflicht (§ 244 Abs. 2: BVerfG NJW 2025, 2232 (2234); vgl. auch OLG Köln 17.9.2025 – BeckRS 2025, 27036) für die Beweiswürdigung o. die Entsch. über die Rechtsfolgen zu seiner erneuten Anhörung o. dazu drängt, dass sich das Berufungsgericht einen persönlichen Eindruck v. ihm verschafft. Dies ist nach obergerichtlicher Rspr. stets der Fall, wenn die Aufklärung irgendeines für die Schuld- o. Straffrage bedeutsamen Umstandes in Rede steht (OLG Hamburg NStZ 2017, 607; vgl. auch BVerfG NJW 2025, 2232 (2235)). Insbesondere kann die Anwesenheit des Angeklagten notwendig sein bei einer Strafmaßberufung der StA (OLG Hamburg StV 1982, 558; OLG Hamm VRS 90, 443; OLG Koblenz VRS 45, 189; OLG Köln StraFo 2011, 360) o. wenn es um die Strafaussetzung zur Bewährung geht (OLG Köln 17.9.2025 – BeckRS 2025, 27036) o. wenn eine Verständigung nach § 257c erörtert werden soll (Frisch NStZ 2015, 69 (73)) o. in einem Jugendstrafverfahren (Eisenberg NStZ 1999, 286). 36

37 Eine Grenze für die in dem Abwesenheitsurteil zu verhängende **Strafe** besteht zwar nicht; insbes. ist das Berufungsgericht nur an den Strafrahmen des § 24 Abs. 2 GVG (→ § 328 Rn. 9), nicht den des § 233 Abs. 1 gebunden (BGHSt 17, 391; OLG Celle NStZ 2021, 764). Allerdings darf gegen den Angeklagten **keine deutlich höhere Strafe** verhängt werden (BVerfG NJW 2025, 2232 (2235 f.); BayObLG BeckRS 2024, 5361; s. dazu auch schon BGHSt 17, 391 (399); OLG Karlsruhe NStZ-RR 2004, 21). Ohne den Angekl. kann auch nicht verhandelt werden, wenn erstmals eine nicht zur Bewährung ausgesetzte Freiheitsstrafe oder eine andere Strafart als in der ersten Instanz verhängt werden soll (vgl. BVerfG NJW 2025, 2232 (2236); BayObLG BeckRS 2024, 5361).

37a Auch die erforderliche Gegenüberstellung mit Zeugen o. Mitangeklagten kann die Anwesenheit des Angeklagten erfordern. Je mehr Sachbeweise vorhanden sind, umso weniger wird allerdings die Anwesenheit des Angeklagten bedeutsam sein (BT-Drs. 18/3562, 73). Auch das Hervortreten neuer Umstände, die nicht schon nach § 265 Abs. 1, Abs. 2 zur Belehrung u. Anhörung des Angeklagten zwingen, kann einer Verh. in dessen Abwesenheit entgegenstehen (BGHSt 17, 391 (398)). Die Erforderlichkeit ist dagegen idR zu verneinen, wenn es nur um die Klärung v. Verfahrenshindernissen o. allein um Rechtsfragen geht o. wenn nur noch eine Entsch. über die Tagessatzhöhe zu treffen ist (OLG Hamburg NStZ 2017, 607). Abs. 2 S. 2 stellt klar, dass die Möglichkeit, den Angeklagten wegen ordnungswidrigen Benehmens aus dem Sitzungssaal zu entfernen o. zur Haft abzuführen (§ 231b mit § 177 GVG) unberührt bleibt.

37b Wenn eine Verh. in Abwesenheit des Angeklagten nach diesen Grundsätzen unzulässig ist, muss sein Erscheinen nach Abs. 3 (→ Rn. 45) erzwungen werden.

38 **Abs. 5 S. 2** enthält eine Ausnahme v. dem Grundsatz des § 303 S. 1; die StA kann ihre Berufung *in der* HV (OLG Nürnberg StraFo 2025, 326; OLG München NStZ 2008, 120; SK-StPO/Frisch Rn. 50; **aM** KG 4.9.2020 – 5 Ws 217/19; LG Dresden NStZ 1999, 265: auch noch danach) ohne Zustimmung des nicht erschienenen Angeklagten zurücknehmen o. (durch Teilrücknahme) beschränken. Das gilt aber nicht, wenn die Sache erneut verhandelt wird, nachdem sie v. Revisionsgericht zurückverwiesen worden ist.

39 Der **notwendige Urteilsinhalt** richtet sich für den sachlichen Teil nach § 267. Darüber hinaus muss das Urt. nach § 34 zur Frage des unentschuldigten Ausbleibens des Angeklagten Stellung nehmen (OLG Karlsruhe NJW 1972, 1871; OLG Köln NJW 1963, 1265; → Rn. 33). Wegen der Urteilszustellung vgl. → Rn. 34. Zur Revision § 340.

40 **C. Wiedereinsetzung (Abs. 7).** Der Angeklagte kann gegen Urt. nach Abs. 1 und auf Berufung der StA ergangene Urt. (nicht bei wirksamer Vertretung in der HV durch einen Verteidiger) die Wiedereinsetzung unter den Voraussetzungen der §§ 44, 45 „beanspruchen". Hierüber ist er bei der Zustellung des Urt. ausdr. zu belehren (S. 2). Er muss sie in der Form des § 45 beantragen (OLG Düsseldorf VRS 97, 132). Die Frist beginnt mit der – wirksamen (LG Zweibrücken VRS 123, 178) – Urteilszustellung; dabei gilt § 37 Abs. 2 (OLG Oldenburg StraFo 2011, 280). Wiedereinsetzung vAw nach § 45 Abs. 2 S. 3 ist ausgeschlossen (→ § 45 Rn. 12). Jedoch kann dem verspätet mit genügender Entschuldigung erschienenen Angeklagten auf seinen Antrag, über dessen Möglichkeit er ggf. zu belehren ist (→ Einl. Rn. 157), gegen das soeben ergangene Verwerfungsurteil sofort in einem nicht zur HV gehörenden Beschl. Wiedereinsetzung gewährt werden, falls die HV noch alsbald durchgeführt (im Fall des Abs. 2 von neuem begonnen) werden kann (Löwe/Rosenberg/Gössel Rn. 121). Der Bf. muss alle Tatsachen, auf die er sein Wiedereinsetzungsgesuch stätzen möchte, innerhalb der Frist des Abs. 7 S. 1 vorbringen (OLG Braunschweig 20.12.2021 – 1 Ws 276/21).

41 Beim **Fehlen der ordnungsgemäßen Ladung** (→ Rn. 9) ist der Angeklagte an sich nicht säumig; gleichwohl ist der Nichtsäumige nach zutr. hM dem Säumigen gleichzustellen u. ohne Rücksicht auf ein Verschulden des Angeklagten – ggf. auch vAw – Wiedereinsetzung zu gewähren, wenn das Gericht das Fehlen o. die Un-

wirksamkeit der Ladung übersehen hat (BGH NJW 1987, 1776 (1777) aE; OLG Brandenburg NStZ 2018, 117; KG NStZ-RR 2011, 86; OLG Celle JR 1979, 121; OLG Frankfurt a. M. JR 1986, 213; OLG Hamburg StV 2001, 339; OLG Hamm NStZ 1982, 521; OLG Köln NStZ-RR 2015, 317). Dafür sprechen nicht nur ein „Erst-recht-Schluss" (Döllel/Dreeßen SchlHA 2005, 263 – OLG Schleswig RsprÜ), der Hinweis auf die entspr. Regelung in § 235 S. 1 aE u. Praktikabilitätsgründe (Gollwitzer FS Kleinknecht, 1985, 165); dogmatisch ist dies nämlich va deswegen gerechtfertigt, weil es der Grundentscheidung des Gesetzgebers entspr., den näheren Rechtsbehelf (Wiedereinsetzung) zuzulassen, wenn dadurch dasselbe Erg. wie durch das aufwändigere Rechtsmittel ohne Rechtsverlust erreicht werden kann (zum Ganzen Meyer-Goßner FS Hamm, 2008, 443; zust. SK-StPO/Frisch Rn. 63). Eine zu starr am Wortlaut des Gesetzes haftende Mindermeinung wollte demggü., wenn das Urt. mit der Revision angefochten werden kann (OLG Düsseldorf NStZ 1987, 523), nur diese zulassen (KG JR 1984, 78; OLG Saarbrücken MDR 1987, 695; LG Göttingen Nds. Rpfl. 1990, 11; erg. → § 44 Rn. 2). Wiedereinsetzung wird auch gewährt, wenn die Berufung zu Unrecht wegen Verhandlungsunfähigkeit des Angeklagten verworfen wurde (→ Rn. 18; OLG Frankfurt a. M. NStZ-RR 2005, 174). Will der Angeklagte ohnehin nicht zur Berufungshauptverhandlung erscheinen, steht dies einer darauf gestützten Wiedereinsetzung auch dann entgegen, wenn er auf eine Vertretung durch den Verteidiger gehofft hat (OLG Karlsruhe NStZ-RR 2021, 184).

Die **Wiedereinsetzung setzt voraus,** dass zur Entschuldigung geeignete 42 (→ Rn. 23 ff.) Tatsachen geltend u. glaubhaft gemacht werden (OLG Düsseldorf StraFo 2000, 126; OLG Hamm VRS 96, 439; OLG Köln NStZ-RR 2002, 142; OLG Stuttgart Justiz 2003, 489), die dem Berufungsgericht nicht bekannt waren; ob sie ihm hätten bekannt sein müssen, ist unbeachtlich (OLG Köln StV 1989, 53; OLG München NStZ 1988, 377; **aM** OLG Düsseldorf StV 1985, 52; 1987, 242). Die Rechtsfehlerhaftigkeit der Verwerfung der Berufung kann nicht im Wiedereinsetzungsverfahren, sondern nur mit der Revision geltend gemacht werden (OLG Hamm wistra 1997, 157; 2008, 40). Auf Tatsachen, die das Gericht bereits – wenn auch rechtsfehlerhaft – in dem Urt. als zur Entschuldigung nicht geeignet gewürdigt hat, kann der Antrag daher nicht gestützt werden (OLG Düsseldorf VRS 97, 139 mwN; wistra 2003, 399 (400); StV 2009, 13; vgl. aber KG NStZ-RR 2006, 183: nicht bei Würdigung nur vermuteter Hinderungsgründe). Sie können nur im Zusammenhang mit neuen Tatsachen zur Begründung verwendet werden (OLG Düsseldorf VRS 90, 184; wistra 1996, 158; OLG Jena VRS 105, 299). Auch auf neue Beweismittel für die v. Berufungsgericht schon gewürdigten Tatsachen kann der Antrag nicht gestützt werden (OLG Düsseldorf NStZ 1992, 99 (100); OLG Hamburg MDR 1991, 469). Der Angeklagte kann aber Tatsachen geltend machen, die das Berufungsgericht hätte würdigen müssen, die es jedoch im Berufungsurteil nicht gewürdigt hat (KG StraFo 2025, 402; OLG Düsseldorf OLGSt StPO § 44 Nr. 31; OLG Hamm NStZ-RR 1997, 368 (369); OLG München NStZ 1988, 377). Behauptet der Angeklagte, am Ort der Ersatzzustellung nicht wohnhaft gewesen zu sein, muss er Gründe vortragen, die geeignet sind, die Indizwirkung der Zustellung zu entkräften u. dem Gericht ausreichende Anhaltspunkte für eine Überprüfung des räumlichen Lebensmittelpunkts vAw zu liefern (OLG Karlsruhe VRS 115, 196). Beruft er sich auf eine Erkrankung muss er durch Attest deren Art angeben sowie den Umf. der v. ihr ausgehenden körperlichen u. geistigen Beeinträchtigungen darlegen (OLG Braunschweig NStZ 2014, 289).

Die **Entscheidung** ergeht – nach Ablauf der in Abs. 7 gesetzten Frist (OLG 43 Düsseldorf NStZ 1998, 637; zur Ausnahme → Rn. 40) – durch Beschl. u. wird in der für Entsch. außerhalb der HV maßgebenden Besetzung getroffen. Das Beschwerdegericht prüft nur die Tatsachen, die innerhalb der Frist des Abs. 7 S. 1 dargelegt wurden (OLG Braunschweig 20.12.2021 – 1 Ws 276/21). Gegen den Beschl. ist nach § 46 Abs. 3 sofortige Beschwerde zulässig.

Als **Folge der Wiedereinsetzung** wird das frühere Urt. beseitigt, ohne dass es 44 ausdr. aufgeh. zu werden braucht (OLG Stuttgart NJW 1961, 1687 (1688)), zugleich damit auch ein etwa auf die Berufung der StA in derselben HV ergangenes Urt., da es ebenfalls eine – nunmehr beseitigte – Folge der Säumnis ist. Daher ist über beide Berufungen erneut zu entscheiden (RGSt 61, 180; 65, 232 (233)).

44a Gegen den die Wiedereinsetzung abl. Beschl. ist **sofortige Beschwerde** zulässig (§ 46 Abs. 3); wird zugleich ein Antrag auf Wiedereinsetzung gegen die Versäumung der Wiedereinsetzungsfrist (→ § 45 Rn. 3) gestellt, kann das OLG zusammen mit der Beschwerde – abw. v. § 46 Abs. 1 – auch über diesen Antrag entscheiden (KG OLGSt StPO § 46 Nr. 7).

45 **D. Vorführung oder Verhaftung (Abs. 3).** Vorführung oder Verhaftung (Abs. 3) ist auf die Berufung des Angeklagten nur zulässig, wenn ein Verwerfungsurteil nicht erlassen werden kann, weil die Sache v. Revisionsgericht zurückverwiesen worden war (Abs. 1 S. 4; → Rn. 4). Bei Berufung der StA – o. des Nebenklägers (OLG Köln NStZ 2014, 296) – darf das Erscheinen des Angeklagten nur erzwungen werden, wenn die Aufklärungspflicht o. andere zwingende Gründe seine Anwesenheit erforderlich machen (Michel MDR 1991, 933; → Rn. 36); sonst sind die Vorführung u. der Erlass eines Haftbefehls unzulässig. Die Verf. nach Abs. 1 und Abs. 2 haben also Vorrang vor Abs. 3. Insbesondere ist eine Verhaftung des Angeklagten mit dem Grundsatz der Verhältnismäßigkeit nicht zu vereinbaren, wenn in der nächsten HV bei unentschuldigtem Fernbleiben des Angeklagten ein Urt. nach Abs. 1, Abs. 2 ergehen könnte o. wenn bei verständiger Würdigung aller Umstände die Erwartung gerechtfertigt ist, dass der Angeklagte zu dem Termin erscheinen wird (BVerfG NJW 2001, 1341). Die Beschränkungen nach §§ 121, 122 gelten für die Haft nach Abs. 3 nicht (→ § 121 Rn. 2). Für die ggf. erforderliche Bestellung eines Pflichtverteidigers gilt § 141 Abs. 2 S. 1 Nr. 1 und S. 2 (→ § 141 Rn. 10, 11, 13–15) sowie für Bestellungsverfahren u. Rechtsmittel § 142 Abs. 2–7 (→ § 142 Rn. 8 ff.).

45a Bei einem dauerhaft **im Ausland lebenden Angeklagten** setzt der Erlass eines Haftbefehls nach Abs. 3 voraus, dass seine Ladung zum Termin nicht nur gem. § 216 Abs. 1 S. 1 die Warnung vor den Folgen seines unentschuldigten Ausbleibens enthielt, sondern darüber hinaus den eindeutigen Hinweis, dass die Vollstreckung ausschließlich im Geltungsbereich der StPO erfolgt (KG NStZ-RR 2024, 127).

46 **E. Revision.** Revision gegen das Verwerfungsurteil nach Abs. 1 ist zulässig (§ 333), auch neben einem Wiedereinsetzungsantrag (Folge: → § 342 Rn. 2). Unzulässig ist die Revision im Fall des § 55 Abs. 2 **JGG** (OLG Düsseldorf MDR 1994, 1141), auch bei einem Heranwachsenden im Fall des § 109 Abs. 2 **JGG** (BGHSt 30, 98).

47 **I. Verfahrensvoraussetzungen.** Zu den Verfahrensvoraussetzungen, die das Revisionsgericht vAw zu prüfen hat (→ § 337 Rn. 6), gehört weder die Zustellung des Urt. nach § 316 Abs. 2 (→ § 316 Rn. 4) noch das unentschuldigte Ausbleiben des Angeklagten zu Beginn der Berufungsverhandlung (BGHSt 15, 287). War das Verwerfungsurteil trotz wirksamer Berufungsrücknahme ergangen, ist es auf zulässige Revision aufzuheben (OLG Jena VRS 108, 267; erg. → § 302 Rn. 11); ebenso ist bei einer wegen verspäteter Einlegung unzulässigen Berufung das gleichwohl ergangene Berufungsurteil aufzuheben u. die Berufung als unzulässig zu verwerfen (OLG Hamm NJW 2009, 245 Ls. = NStZ-RR 2008, 383 mit zutr. Anm. d. Schriftltg.).

48 **II. Prüfung durch das Revisionsgericht.** Nur die Verletzung des § 329 kann mit der Revision geltend gemacht werden. § 340 schränkt dabei die Revision ein. Das Revisionsgericht prüft auf entspr. **Verfahrensrüge** (BayObLG NStZ 2025, 574; OLG Nürnberg NJW 2009, 1761; OLG Saarbrücken VRS 44, 190; OLG Stuttgart Justiz 2006, 235) im Freibeweis (→ § 244 Rn. 7, 9), ob der Beschwerdeführer dort geladen worden ist, wo er gewohnt hat (BGH NJW 1987, 1776; KG JR 1984, 78; OLG Düsseldorf StV 1990, 58; → Rn. 41), o. ob die bes. Vollmacht nach § 145a Abs. 2 vorlag (OLG Düsseldorf StV 1982, 127). Im Übrigen kann das Urt. auf die Revision nur daraufüberprüft werden, ob das Berufungsgericht seine

Aufklärungspflicht (→ Rn. 19) verletzt u. daher seiner Entsch. nicht alle in diesem Zeitpunkt erkennbaren Entschuldigungsgründe zugrunde gelegt (BayObLG NJW 2001, 1438) o. ob es die Rechtsbegriffe des Ausbleibens o. der genügenden Entschuldigung verkannt hat (KG JR 1992, 347; OLG Hamm NJW 1963, 65; OLG Karlsruhe VRS 118, 211; OLG Koblenz VRS 47, 359 (361); OLG Saarbrücken NJW 1975, 1613 (1614)). An die tatsächlichen Feststellungen des Urt., die in der Revisionsbegründungsschrift nicht wiederholt zu werden brauchen (OLG Brandenburg NStZ 1996, 249; OLG Düsseldorf StV 1984, 148; VRS 78, 129), ist das Revisionsgericht gebunden; es darf sie weder prüfen noch ergänzen (BGHSt 28, 384; KG StV 1987, 11; OLG Bremen StV 1987, 11 (12); 242; OLG Düsseldorf StV 1983, 193; OLG Hamm VRS 68, 55; OLG Karlsruhe NStZ 1982, 433). Nachträgliches Entschuldigungsvorbringen ist unbeachtlich (KG GA 1973, 29; OLG Frankfurt a. M. NJW 1974, 1151). Nur auf die – schlüssig vorgetragene (OLG Köln NStZ-RR 1999, 337) – Rüge, dass das Berufungsgericht seine Ermittlungspflicht verletzt habe, ist dem Revisionsgericht die Möglichkeit des Freibeweises eröffnet (BGHSt 28, 384 (386); KG NStZ-RR 2002, 218; OLG Celle Nds. Rpfl. 1993, 112; OLG Düsseldorf StV 1982, 216). Zweifel über das Vorliegen einer genügenden Entschuldigung o. über die Wirksamkeit der Ladung führen zur Urteilsaufhebung (OLG Düsseldorf VRS 78, 130; OLG Stuttgart NStZ 1989, 81). Bei behaupteter **nicht ordnungsgemäßer Ladung** müssen gem. § 344 Abs. 2 S. 2 alle hierfür maßgeblichen Umstände vorgetragen werden (BayObLG NStZ 2025, 574 mAnm Georg; KG NStZ 2009, 111; OLG Hamm NStZ-RR 2005, 114; vgl. ferner OLG Karlsruhe NZV 1996, 164 sowie BayObLG NStZ-RR 2001, 374 bei Nichtladung des Verteidigers, → Rn. 12), ebenso bei geltend gemachter Erkrankung (BayObLG NJW 2023, 2586; erg. → Rn. 26). Bei Verwerfung der Berufung trotz Vertretung muss vorgetragen werden, dass der Verteidiger den Angeklagten auch hat vertreten wollen (OLG Hamm NStZ-RR 2006, 212 Ls.; OLG Jena StraFo 2016, 417; erg. → Rn. 16).

Auf die allein erhobene Sachrüge gegen ein Verwerfungsurteil gem. § 329 **49**
Abs. 1 prüft das Revisionsgericht das Fehlen v. Prozessvoraussetzungen o. das Vorliegen v. Prozesshindernissen (BGHSt 21, 242; OLG Hamm 26.8.2025 – BeckRS 2025, 27858; OLG Köln StraFo 2020, 157; → Rn. 8; **aM** OLG Dresden NJW 2000, 3297; OLG Saarbrücken NStZ 1991, 147; Kratz in Jung/Müller-Dietz 108; Weidemann NStZ 2010, 472: auch zur Prüfung. ob zu Recht eine nicht genügende Entschuldigung angenommen wurde). Wird die Sachrüge nur mit sachlich-rechtlichen Angriffen gegen das 1. Urt. begründet, so ist sie unzulässig (OLG Köln NJW 2001, 1223; Döllel/Dreeßen SchlHA 2002, 171 – OLG Schleswig RsprÜ; Löwe/Rosenberg/Gössel Rn. 98). Die Sachrüge kann in die Rüge der Verletzung des § 329 umgedeutet werden, sofern sie den Anforderungen des § 344 Abs. 2 genügt (OLG Brandenburg StraFo 1997, 213; OLG Koblenz NJW 1975, 322; SK-StPO/Frisch Rn. 70; erg. → § 344 Rn. 11).

III. Aufhebung des Verwerfungsurteils. Bei Aufhebung des Verwerfungs- **50**
urteils entfällt automatisch auch das in Abwesenheit des Angeklagten auf die Berufung der StA ergangene Urt. (OLG Stuttgart NJW 1961, 1687). Die Aufhebung dieses Urt. lässt hingegen das Verwerfungsurteil unberührt (OLG Stuttgart Justiz 1999, 493), es sei denn, das Urt. sei aufgeh. worden, weil die Voraussetzungen des Abs. 1 gefehlt haben (Meyer-Goßner FS Gössel, 2002, 646). Nach Aufhebung des Verwerfungsurteils u. Zurückverweisung wird nicht mehr geprüft, ob die Entschuldigung in der früheren Berufungsverhandlung genügt hat.

Maßnahmen bei Berufung des gesetzlichen Vertreters

330 (1) **Ist von dem gesetzlichen Vertreter die Berufung eingelegt worden, so hat das Gericht auch den Angeklagten zu der Hauptverhandlung zu laden.**

(2) [1]**Bleibt allein der gesetzliche Vertreter in der Hauptverhandlung aus, so ist ohne ihn zu verhandeln.** [2]**Ist weder der gesetzliche Vertreter noch der Angeklagte noch ein Verteidiger mit nachgewiesener Vertretungsvollmacht bei Beginn eines Hauptverhandlungstermins erschienen, so gilt § 329 Absatz 1 Satz 1 entsprechend; ist lediglich der Angeklagte nicht erschienen, so gilt § 329 Absatz 2 und 3 entsprechend.**

1 **A. Berufung des gesetzlichen Vertreters.** Auf die Berufung des gesetzlichen Vertreters (vgl. § 298) o. des Erziehungsberechtigten, der nicht ges. Vertreter ist (§ 67 Abs. 3 **JGG**) ist, ist der Angeklagte zur Berufungsverhandlung zu laden (Abs. 1).

2 **B. Folgen des Ausbleibens (Abs. 2). In Ergänzung des § 329,** der iÜ gilt (vgl. näher dazu Schäfer NStZ 1998, 334), regelt Abs. 2 die Folgen des Ausbleibens. Für den Fall, dass sowohl der Angeklagte als auch der ges. Vertreter o. Erziehungsberechtigte unentschuldigt ausgeblieben u. auch nicht zulässig vertreten sind (→ § 329 Rn. 15; zur Vertretung des ges. Vertreters durch einen RA vgl. OLG Bremen NJW 1960, 1171), bestimmt Abs. 2 S. 2 Hs. 1 die entspr. Anwendung des § 329 Abs. 1 S. 1. Ist nur der Angeklagte erschienen, so wird gegen ihn verhandelt (Abs. 2 S. 1). Ist nur der ges. Vertreter anwesend, so gelten nach Abs. 2 S. 2 Hs. 2 die Grundsätze des § 329 Abs. 2 und Abs. 3 (→ § 329 Rn. 35 ff.).

3 **C. Urteil.** Das Urteil ist stets dem Angeklagten zuzustellen, dem ges. Vertreter nur, wenn es in seiner Abwesenheit verkündet worden ist. Für die Anfechtung gilt die Fristenregelung des § 298 Abs. 1 nicht (Löwe/Rosenberg/Gössel Rn. 8; SK-StPO/Frisch Rn. 8, 9).

Verbot der Verschlechterung

331

(1) **Das Urteil darf in Art und Höhe der Rechtsfolgen der Tat nicht zum Nachteil des Angeklagten geändert werden, wenn lediglich der Angeklagte, zu seinen Gunsten die Staatsanwaltschaft oder sein gesetzlicher Vertreter Berufung eingelegt hat.**

(2) **Diese Vorschrift steht der Anordnung der Unterbringung in einem psychiatrischen Krankenhaus oder einer Entziehungsanstalt nicht entgegen.**

Übersicht

1 **A. Verschlechterungsverbot.** Das Verschlechterungsverbot (vgl. auch §§ 358 Abs. 2, 373 Abs. 2) ist keine zwingende Folge des Rechtsstaatsprinzips (BGHSt 9, 324 (332); BGHZ 85, 180 (185) = NJW 1983, 174; BayVerfGH NJW 1959, 285; OLG Hamburg NJW 1981, 470; OLG Schleswig MDR 1985, 80), sondern eine

dem Angeklagten v. Gesetzgeber gewährte **Rechtswohltat**, der der Gedanke zugrunde liegt, dass er (sein ges. Vertreter u. die Erziehungsberechtigten) v. der Einlegung v. Rechtsmitteln gegen Urt. nicht durch die Besorgnis abgehalten werden soll, es könne ihm dadurch ein Nachteil entstehen (BGHSt 7, 86; 11, 319 (323); 27, 176 (178); 29, 269 (270); BGH NJW 1973, 107 (108); OLG Düsseldorf VRS 74, 297 (300);). Dem Angeklagten (zur Berufung der StA zu seinen Gunsten vgl. → § 296 Rn. 14) sollen die durch das 1. Urt. erlangten Vorteile belassen werden, selbst wenn sie gegen das sachliche Recht verstoßen (vgl. BGHSt 27, 176: Geldstrafe v. weniger als 5 Tagessätzen entgegen § 40 Abs. 1 S. 2 StGB; OLG Düsseldorf NJW 1964, 216; OLG Hamm JMBl. NRW. 1958, 203; OLG Oldenburg NJW 1956, 1730: Jugendstrafe v. weniger als 6 Monaten entgegen § 18 Abs. 1 S. 1 JGG; BayObLGSt 1958, 47: Umwandlung einer unzulässigen Freiheitsstrafe v. 2 Wochen in Strafarrest; LG Stuttgart NStZ-RR 1996, 292: Umwandlung unzulässiger Freiheitsstrafen v. 1 Woche in Geldstrafen).

Teilrechtskraft wird durch das Verschlechterungsverbot nicht herbeigeführt 2
(KMR-StPO/Brunner Rn. 8; Löwe/Rosenberg/Gössel Rn. 3; Löwe/Rosenberg/Franke § 358 Rn. 23; SK-StPO/Frisch Rn. 4; Hanack JZ 1973, 660; **aM** BGHSt 11, 319 (322); 14, 5 (7); BGH NJW 1979, 936; KK-StPO/Paul Rn. 1; KK-StPO/Gericke § 358 Rn. 22; erg. → § 358 Rn. 13).

B. Urteile. Nur auf Urteile bezieht sich das Verschlechterungsverbot; für Be- 3
schwerdeentscheidungen gilt es grds. nicht (→ Vor § 304 Rn. 5). Es gilt auch, wenn im Berufungsverfahren ein Urteil des AG aufgehoben und die Sache an die erstinstanzlich zuständige StrK des LG verwiesen worden ist (§ 328 Abs. 2), die sodann als erstinstanzliches Gericht entscheidet (BGH NStZ-RR 2025, 289).

Zu beachten ist es nicht nur bei der Entsch. über die Berufung, sondern **im** 4
gesamten weiteren Verfahren, soweit es sich nicht um ein neues Verf. handelt (dazu unter → Rn. 4a). Es gilt somit auch, wenn eine zuungunsten des Angeklagten eingelegte Berufung der StA verworfen wurde (OLG Bamberg NStZ-RR 2015, 149) o. nach § 301 nur zu dessen Gunsten erfolgreich war (BGHSt 13, 41; Dallinger MDR 1969, 904 – BGH RsprÜ; Hanack JZ 1973, 661) u. beim Übergang v. Sicherungsverfahren nach § 413 in das gewöhnliche Strafverfahren (BGHSt 11, 319). Das Verbot gilt auch bei einem Ersturteil nach § 74 Abs. 2 S. 1 OWiG (OLG Oldenburg NStZ 1997, 397).

Das Verschlechterungsverbot **gilt aber nicht in einem neuen Verfahren:** 4a
Stand dem Urt. ein Verfahrenshindernis in Form eines Befassungsverbotes (→ Einl. Rn. 143, 143a) entgegen u. hat das Berufungsgericht deshalb das Verf. eingestellt, so ist ein neu entscheidendes Gericht an die Strafe im aufgeh. Urt. nicht gebunden (eing. dazu Meyer-Goßner Prozessvoraussetzungen S. 72 ff.): Abgesehen davon, dass ein *insgesamt* aufgeh. Urt. keine Rechtswirkungen bzgl. einer neuen Strafzumessung entfalten kann, kann die Befassung mit der Sache durch ein iwS unzuständiges Gericht für das zuständige Gericht keine Wirkungen erzeugen. Das ist etwa bei fehlender Anklage o. fehlendem Eröffnungsbeschluss der Fall (BGHSt 20, 77 (80); KK-StPO/Paul Rn. 9; MüKoStPO/Quentin Rn. 22; Meyer-Goßner JR 1978, 122; **aM** BayObLGSt 1961, 124; OLG Hamburg NJW 1975, 1473 (1475); Löwe/Rosenberg/Gössel Rn. 18). So ist es aber auch bei der Entsch. durch ein ieS unzuständiges Gericht u. demzufolge vorgenommener Verweisung nach § 328 Abs. 2; denn nur aus Vereinfachungsgründen hat der Gesetzgeber hier die der Sache nach gegebene Einstellung des Verf. u. den Neuanfang beim zuständigen Gericht durch eine Verweisung v. unzuständigen an das zuständige Gericht ersetzt (eing. dazu Meyer-Goßner FS Volk, 2009, 455; **aM** Becker NStZ-RR 2006, 261 – BGH RsprÜ; BGH NStZ-RR 2010, 284 (286); BeckRS 2014, 20919; Löwe/Rosenberg/Gössel § 328 Rn. 35 „weil auch das neue Verfahren auf der Berufung beruht"; aber das tut es gerade nicht, sondern es ist Folge der – in der Verweisung steckenden – Einstellung des Berufungsverfahrens). Auch bei Einstellungen wegen entgegenstehender Rechtskraft (dazu → § 411 Rn. 12) o. entgegenstehender Rechtshängigkeit (→ § 12 Rn. 2) gilt nichts anderes: Hat das Berufungsgericht eine

v. mehreren Strafen herabgesetzt, obwohl insoweit wegen einer wirksamen Berufungsbeschränkung Teilrechtskraft eingetreten war, so ist demnach das Urt. ohne Berücksichtigung der v. Berufungsgericht vorgenommenen Strafmilderung aufzuheben, da die (Teil-)Rechtskraft dem Verschlechterungsverbot vorgeht (**aM** OLG Hamburg NStZ-RR 2006, 18 (20) ohne Erörterung der Problematik). Von der hier vertretenen Auff. ist stillschweigend auch Becker NStZ-RR 2006, 5 – BGH RsprÜ ausgegangen, indem er eine in Unkenntnis der Revisionsrücknahme in einem Beschl. nach § 349 Abs. 4 ergangene Strafmilderung nach Erkennen der zuvor eingetretenen Rechtskraft als „gegenstandslos" bezeichnet u. die Strafmilderung nicht etwa aufrechterhalten hat (eing. zum Ganzen Meyer-Goßner FS Jung, 2007, 551 ff.).

5 **C. Art und Höhe der Rechtsfolgen.** Art und Höhe der Rechtsfolgen dürfen nicht zum Nachteil des Angeklagten geänd. werden (Abs. 1).

6 **I. Rechtsfolgen.** Rechtsfolgen iSd Abs. 1 sind **nur diejenigen, die im Urt. angeordnet** sind (OLG Hamburg MDR 1980, 598), also nicht die mit der Strafaussetzung zur Bewährung verbundenen Auflagen u. Weisungen nach §§ 56a ff. StGB (→ § 268a Rn. 3). Auch Zahlungserleichterungen nach § 42 StGB dürfen zum Nachteil des Angeklagten geänd. werden (Kadel, Die Bedeutung des Verschlechterungsverbots für Geldstrafenerkenntnisse nach dem Tagessatzsystem, 1984, S. 70 ff.; einschr. OLG Hamburg MDR 1986, 517; OLG Schleswig NJW 1980, 1535: nur bei neuen Tatsachen u. Beweismitteln). Das Verschlechterungsverbot **gilt nicht** für die Entsch. über Kosten u. Auslagen (→ § 464 Rn. 26; → § 464b Rn. 8), die Entschädigung für Strafverfolgungsmaßnahmen (→ StrEG § 8 Rn. 22) und die Änderung einer Zinsentscheidung im Adhäsionsverfahren (BGH 20.5.2025 – 2 StR 138/25).

7 **II. Im 1. Urteil unterlassene Rechtsfolgenfestsetzungen.** Im 1. Urteil unterlassene Rechtsfolgenfestsetzungen darf das Berufungsgericht **nachholen;** denn wenn es an der Festsetzung der Rechtsfolge fehlt, liegt eine richterliche Entsch., die Gegenstand einer Änd. zum Nachteil des Angeklagten sein könnte, überhaupt nicht vor (BGHSt 30, 93 (97); 35, 208 (212)). Somit kann das Berufungsgericht bei tatmehrheitlicher Verurteilung die v. 1. Richter versehentlich nicht verhängten Einzelstrafen u. die Tagessatzhöhe (§ 40 Abs. 1 S. 2 StGB) v. Einzelgeldstrafen festsetzen (dazu → § 328 Rn. 3) o. eine unterlassene Gesamtstrafenbildung nachholen, auch wenn dies zum Verlust einer bewilligten Strafaussetzung zur Bewährung führt (Kusch NStZ 1997, 73 – BGH RsprÜ).

8 **III. Schuldspruchänderungen.** Schuldspruchänderungen zuungunsten des Angeklagten sind nach hM **stets zulässig** (BGHSt 14, 5 (7); BGH NJW 1986, 332; Pfeiffer/Miebach NStZ 1986, 209 – BGH RsprÜ; NStZ-RR 2020, 148); wer sein Rechtsmittel nicht auf den Rechtsfolgenausspruch beschränkt, muss sie in Kauf nehmen (BGHSt 21, 256 (260); 29, 63 (66); Löwe/Rosenberg/Gössel Rn. 7 ff.; **aM** Peters StrafProzR Rn. 618; krit. auch Hanack JZ 1973, 660). Bei einer Verurteilung aufgrund einer Verständigung nach § 257c wird aber v. einer Schuldspruchänderung abzusehen sein (vgl. BGH StraFo 2003, 384). Es ist zulässig, unter Aufrechterhaltung der Geldbuße wegen einer Straftat statt wegen einer OWi zu verurteilen. Das Berufungsgericht kann auch eine einheitliche Handlung statt Tatmehrheit annehmen, selbst wenn das AG teilw. freigesprochen hatte (BGHSt 21, 256); es darf dann auf eine Strafe in der Höhe der bisherigen Gesamtstrafe erkennen (BGH JR 1983, 210; VRS 66, 443 (444)), wobei es den Freispruch mit aufhebt (BGH NStZ-RR 1997, 331). Eine auf Rechtsmittel des Angeklagten erfolgte Verschärfung des Schuldspruchs darf bei der Rechtsfolgenzumessung nicht zu dessen Lasten berücksichtigt werden (BGH NStZ-RR 2010, 118). Die kraft Gesetzes eintretenden Rechtsfolgen des § 45 StGB werden bei Änd. des Schuldspruchs durch das Schlechterstellungsverbot jedoch nicht ausgeschlossen; demggü. bejahen Brand/Reschke JZ 2011, 1102 einen Verstoß gegen das Verschlechte-

rungsverbot, wenn eine Änd. des Schuldspruchs ein Betätigungsverbot nach § 6 Abs. 2 S. 2 Nr. 3 GmbHG nach sich zieht.

Wird der Schuldspruch zuungunsten des Angeklagten auf dessen Berufung geänd., so gestattet eine daneben eingelegte **Strafmaßberufung der StA** die Erhöhung der Strafe, wobei die hM zwar insoweit auch den geänd. Schuldspruch zugrunde legen will, eine Strafverschärfung aber nur bis zur Obergrenze der im 1. Urt. angewendeten Strafvorschrift zulässt (BGH NJW 1986, 332; BayObLG NStZ-RR 2000, 379; Löwe/Rosenberg/Gössel Rn. 27; abl. Cierniak NStZ 2001, 399: keine Begrenzung); richtig erscheint hingegen, die Rechtsmittel streng zu trennen, so dass hins. der StA-Berufung nach wie vor v. dem durch diese nichtangefochtenen Schuldspruch auszugehen ist, der erhöhte Schuldumfang allerdings schärfend berücksichtigt werden kann (eing. dazu Meyer-Goßner FS Gössel, 2002, 650; teilw. **aM** Löwe/Rosenberg/Gössel § 318 Rn. 79a). 9

IV. Fortsetzungs- und Dauerstraftaten. Bei Fortsetzungs- und Dauerstraftaten gilt das Verschlechterungsverbot nicht für die Tatteile nach dem 1. Urteil. Wegen der späteren Einzelhandlungen darf die Strafe verschärft (BGHSt 9, 324; BayObLG NStZ 1986, 319 (320)), auch die Strafaussetzung aufgeh. werden (BayObLGSt 1957, 83). Straferhöhung ist auch zulässig, wenn der Angeklagte durch das 1. Urt. nur wegen eines als selbständig angesehenen Teilaktes verurteilt worden war, das Berufungsgericht aber wegen der gesamten Tat verurteilt (BGH GA 1970, 84; BayObLG JZ 1982, 869). 10

V. Verringerung des Schuldumfangs. Eine Verringerung des Schuldumfangs o. die rechtlich mildere Beurteilung der Tat durch das Berufungsgericht zwingt zwar nicht zur Herabsetzung der Strafe, auch nicht die Annahme eines minder schweren Falls (Dallinger MDR 1974, 16 – BGH RsprÜ; OLG Köln MDR 1953, 440) o. der Wegfall eines Straferhöhungsgrundes (Ernesti/Jürgensen SchlHA 1970, 200 – OLG Schleswig RsprÜ), erfordert aber eine Begründung im Urt. (OLG Bamberg NStZ-RR 2012, 138; OLG München NJW 2009, 160; 161). Bei tatmehrheitlicher Verurteilung zwingt der Wegfall einer o. mehrerer Einzelstrafen ebenfalls nicht zur Herabsetzung der Gesamtstrafe, wenn schon die übrigbleibenden Einzelstrafen sie rechtfertigen (BGHSt 7, 86; 14, 5 (8); BGH NStZ 2007, 527). Bleibt aber nur eine Einzelstrafe übrig, so darf sie nicht überschritten werden (OLG Düsseldorf StV 1986, 146). 11

VI. Gleichzeitige Milderung anderer Rechtsfolgen. Ob eine Änd. des Rechtsfolgenausspruchs in Art u. Höhe eine Verschlechterung bedeutet, ist bei gleichzeitiger Änd. anderer Rechtsfolgen in **„ganzheitlicher Betrachtungsweise“** aufgrund eines Gesamtvergleichs des früheren u. des neuen Rechtsfolgenausspruchs zu beurteilen (BGHSt 24, 11; 29, 269 (270); BGH NStZ 1983, 168; OLG Celle StraFo 2023, 325; OLG Hamburg MDR 1982, 776). Zulässig ist zB die Verhängung eines Fahrverbots (§ 44 StGB) bei gleichzeitiger Ersetzung einer Freiheitsstrafe durch eine Geldstrafe (BayObLG MDR 1978, 422) o. bei – zu keiner wirtschaftlichen Verschlechterung führenden – Herabsetzung der Geldstrafe (OLG Schleswig NStZ 1984, 90; LG München I NZV 2005, 56; SK-StPO/Frisch Rn. 70), aber nicht bei Herabsetzung einer Geldbuße (OLG Bamberg DAR 2015, 271; OLG Hamm NZV 2007, 635 (636); OLG Karlsruhe NZV 1993, 450). Die Bemessung des Tagessatzes (nicht die Anzahl der Tagessätze: OLG Köln DAR 2005, 697 (698); **aM** LG Köln NStZ-RR 1997, 370, das dabei aber § 43 StGB übersehen hat), darf erhöht werden, wenn zugleich das Fahrverbot entfällt u. der Angeklagte wirtschaftlich nicht schlechter gestellt wird als beim Bestehen bleiben der Nebenstrafe (BayObLGSt 1979, 127; KG VRS 52, 113; OLG Hamm VRS 50, 50; OLG Köln VRS 40, 257; vgl. auch BGHSt 24, 11 u. OLG Düsseldorf VRS 83, 441). Zur Verhängung einer Geldbuße statt Einziehung vgl. BayObLG NJW 1998, 3287. 12

D. Verschlechterung der Strafart. Die Verschlechterung der Strafart ist **unzulässig.** Eine Geldstrafe darf nicht durch eine Freiheitsstrafe ersetzt werden, auch 13 wenn deren Vollstreckung zur Bewährung ausgesetzt wird (OLG Hamburg MDR 1982, 776). An die Stelle einer Freiheitsstrafe kann aber Geldstrafe in beliebiger Höhe treten, auch wenn die Strafe zur Bewährung ausgesetzt war (OLG Hamm VRS 40, 22). Es ist auch zulässig, eine Freiheitsstrafe durch Geldstrafe u. Fahrverbot nach § 44 StGB zu ersetzen (BayObLGSt 1977, 153). Beim Austausch mit einer Freiheitsstrafe darf aber die Zahl der Tagessätze (§ 40 Abs. 1 S. 1 StGB) der Geldstrafe die frühere Freiheitsstrafe nicht übersteigen (OLG Düsseldorf NJW 1994, 1016; VRS 72, 202; OLG Hamm NJW 2008, 1014 Ls.). War nach § 41 StGB neben Freiheitsstrafe auch Geldstrafe verhängt worden, so darf die Geldstrafe bei entspr. Herabsetzung der Freiheitsstrafe erhöht werden (OLG Schleswig SchlHA 1949, 138; Amelunxen Strafsachen S. 106). Dasselbe wurde für Freiheitsstrafe u. Vermögensstrafe nach § 43a StGB angenommen, nicht aber umgekehrt (BGH NJW 1997, 2335); auch nach Wegfall der Vermögensstrafe wegen ihrer Verfassungswidrigkeit (BVerfG NJW 2002, 1779) kommt eine Erhöhung der Freiheitsstrafe nicht in Betracht (BGH NStZ-RR 2002, 206 Ls.), ebenso wenig die Verhängung einer Geldstrafe nach § 41 StGB, denn eine unzulässige Sanktion darf nicht durch eine bisher nicht verhängte zulässige Sanktion ersetzt werden (**aM** BGH NStZ 2003, 198). Zur Ersetzung einer Verwarnung mit Strafvorbehalt (§ 59 StGB) durch eine Geldbuße nach dem OWiG vgl. OLG Zweibrücken MDR 1992, 1072.

14 Anstelle einer Freiheitsstrafe darf nicht auf eine höhere **Jugendstrafe** erkannt werden (BGHSt 10, 100 (103); 29, 269 (271); BGH JZ 1956, 101). Jedoch darf an die Stelle einer Jugendstrafe eine niedrigere Freiheitsstrafe treten, die so bemessen ist, dass die Möglichkeit besteht, den Angeklagten nach derselben Zeit bedingt zu entlassen, wie das bei der Jugendstrafe der Fall wäre (BGHSt 29, 269 (274); **aM** Kinzig FS Eisenberg, 2009, 395: Freiheitsstrafe stets strenger als Jugendstrafe). Wenn die Verurteilung zu Freiheitsstrafe bes. nachteilige Rechtsfolgen nach sich zieht, die die Verurteilung zu Jugendstrafe nicht gehabt hätte, muss das Gericht, sofern das rechtlich möglich ist, auch aussprechen, dass diese Folgen nicht eintreten (BGHSt 29, 269 (274)). Anstelle v. Jugendarrest darf auf Geldstrafe erkannt werden, wenn sie nach den Umständen des Falles nicht schwerer wiegt (BayObLGSt 1970, 159; OLG Köln NJW 1964, 1684). Zum Verschlechterungsverbot innerhalb der Sanktionsarten des JGG vgl. Brunner/Dölling JGG § 55 Rn. 21 ff.; Eisenberg/Köbel JGG § 55 Rn. 73 ff.; zum Verschlechterungsverbot bei § 31 JGG vgl. OLG Celle NStZ-RR 2001, 90.

15 **E. Verschärfung der Strafhöhe. I. Geldstrafe.** Bei der Geldstrafe darf weder die Zahl der Tagessätze noch die Endsumme erhöht werden (OLG Koblenz StraFo 2023, 325 mwN; BayObLG NJW 1980, 849; OLG Celle NJW 1976, 121; OLG Düsseldorf JR 1986, 121 (122); OLG Köln VRS 60, 46).

16 Die Erhöhung der Anzahl der Tagessätze ist auch dann ausgeschlossen, wenn die Tagessatzhöhe herabgesetzt wird u. das Produkt aus beiden die v. AG festgesetzte Endsumme nicht übersteigt (OLG Celle StV 2009, 403 Ls.). Umgekehrt ist aber die Erhöhung des Tagessatzes zulässig, wenn zugleich die Anzahl der Tagessätze herabgesetzt u. die Endsumme nicht erhöht wird (OLG Celle StV 2009, 403 Ls.; OLG Köln VRS 60, 46).

17 **II. Freiheitsstrafe.** Die Freiheitsstrafe darf nicht erhöht werden, auch nicht, wenn eine daneben verhängte Geldstrafe wegfällt (Dallinger MDR 1975, 541 – BGH RsprÜ; RGSt 59, 318 (320)) o. wenn die höhere Freiheitsstrafe im Gegensatz zu der im 1. Urt. verhängten zur Bewährung ausgesetzt wird (BGH JZ 1956, 101; OLG Brandenburg StV 2009, 89 mwN). Bei gleichbleibender Freiheitsstrafe darf auch nicht weniger UHaft angerechnet werden als im 1. Urt. (BGH JZ 1952, 754; RGSt 66, 351 (353)). Die Versagung der im 1. Urt. (zu Recht o. Unrecht) bewilligten Strafaussetzung ist ebenfalls unzulässig (BayObLGSt 1962, 1; vgl. auch Löwe/Rosenberg/Gössel Rn. 77 ff.), auch wenn die Freiheitsstrafe erheblich ermäßigt wird (BayObLGSt 1959, 143; OLG Frankfurt a. M. NJW 1964, 368); allerdings muss die angeordnete Strafaussetzung zur Bewährung aufgeh. werden, wenn die Strafe durch die erlittene UHaft bereits vollständig verbüßt ist (BGH NStZ-RR 2008, 350).

III. Gesamtstrafe. Das Verschlechterungsverbot gilt sowohl für die Einzelstrafen als auch für die Gesamtstrafe (BGHSt 1, 252; 28, 119 (122); NStZ 2020, 184; NStZ-RR 2015, 149). Das Verbot steht einer Erhöhung v. Einzelstrafen auch dann entgegen, wenn die nunmehr ausgeurteilte Gesamtstrafe niedriger ausgefallen ist (BGH NStZ-RR 2021, 220). Wird statt wegen einer Einheitstat wegen mehrerer selbständiger Handlungen verurteilt, so darf jede Einzelstrafe die Höhe der früheren Einheitsstrafe erreichen; weder eine Einzelstrafe noch die Gesamtstrafe darf sie aber übersteigen (BGHR StPO § 358 Abs. 2 Nachteil 5 mwN; Bär DAR 1987, 316 – BayObLG RsprÜ; OLG Hamm VRS 42, 99; OLG Stuttgart NJW 1965, 1874; vgl. auch Holtz MDR 1980, 988 – BGH RsprÜ; Pfeiffer/Miebach NStZ 1986, 209 – BGH RsprÜ; OLG Brandenburg NStZ-RR 2014, 90 Ls.). Wird Tateinheit statt Tatmehrheit angenommen, so darf auf eine Strafe iHd bisherigen Gesamtstrafe erkannt werden (BGH 4.10.2022 – 2 StR 319/21; NStZ 1984, 262); das Verschlechterungsverbot gebietet iÜ nur, dass die Summe der bisherigen Einzelstrafen bei der Bemessung der neu festzusetzenden Einzelstrafe nicht überschritten wird (BGH 4.10.2022 – 2 StR 319/21). Zur Strafermäßigung bei Wegfall v. Einzelstrafen vgl. → Rn. 11. Wird eine einbezogene Geldstrafe vor Erlass des Berufungsurteils bezahlt, muss sie in vollem Umf. berücksichtigt werden, selbst wenn dies zur Unterschreitung der ges. Strafuntergrenze führt (OLG Oldenburg StV 2006, 518). 18

Bei **Einbeziehung von Vorverurteilungen** nach § 55 StGB entfällt die in dem 1. Urt. gewährte Strafaussetzung, wenn sie nicht auch für die neue Gesamtstrafe zu bewilligen ist (BGHSt 7, 180; anders nach OLG Hamburg StraFo 1999, 351, wenn nur eine Berufung des Angeklagten die Gesamtstrafenbildung ermöglicht hat; allg. krit. zum Wegfall der Strafaussetzung zur Bewährung Hamm FS Hanack, 1999, 371). Wenn eine Gesamtstrafe aufgeh. wird u. unter Auflösung einer anderen Gesamtstrafe die ihr zugrunde liegenden Einzelstrafen nach § 55 StGB einbezogen werden, sollte die neue Gesamtstrafe nach früherer Rspr. nicht höher sein dürfen als die Summe der beiden ursprünglichen Gesamtstrafen (BGHSt 15, 164). Von dieser Rspr. ist BGHSt 35, 208 schon insoweit abgegangen, als dort zutr. entschieden ist, dass § 55 StGB (und § 460, vgl. → § 460 Rn. 19) allein der Sicherung des in den §§ 53 ff. StGB verankerten Gesamtstrafenprinzips diene u. dies für den Betroffenen durchaus nachteilige Wirkungen haben könne. Die §§ 53 ff. StGB durch Anwendung des Verschlechterungsverbotes teilw. außer Kraft zu setzen, geht zu weit, indem es den Anwendungsbereich des Verschlechterungsverbots überdehnt (LG Lüneburg NStZ 2009, 573; Bringewat NStZ 2009, 542), u. übersieht, dass § 55 StGB gerade den Eingriff in die Rechtskraft v. Entsch. ermöglicht (vgl. Lackner/Kühl/Heger/Heger StGB § 55 Rn. 10). Über das Maß der §§ 54, 55 StGB hinausgehende Vorteile darf der Angeklagte nicht verlieren, auch wenn eine neue Gesamtstrafe gebildet wird (BGHSt 8, 203; BGH BeckRS 2016, 9859). 19

Wird eine **Gesamtstrafe aus Freiheits- und Geldstrafe** (§ 53 Abs. 2 S. 1 StGB) aufgeh. u. auf beide Strafarten nebeneinander erkannt (§ 53 Abs. 2 S. 2 StGB), so darf die Summe aus der Freiheitsstrafe u. den Tagessätzen die frühere Gesamtstrafe nicht übersteigen (BGH StraFo 2013, 345; StV 2016, 788 Ls.; BayObLGSt 1971, 7; 1982, 43 (45)). War auf Freiheits- u. Geldstrafe nebeneinander erkannt, so steht das Verschlechterungsverbot der Bildung einer Gesamtfreiheitsstrafe stets entgegen (BGH BeckRS 2009, 89526; BayObLGSt 1979, 105; KG JR 1976, 516 (517); OLG Düsseldorf wistra 2000, 359; vgl. aber BGH BeckRS 2016, 112680), selbst wenn diese die Höhe der Freiheitsstrafe des 1. Urt. nicht erreicht o. zur Bewährung ausgesetzt wird (OLG Hamburg StraFo 1999, 351). War dem Erstrichter aber eine einbeziehungsfähige Geld- o. Freiheitsstrafe unbekanntgeblieben o. hatte er die Notwendigkeit der Einbeziehung übersehen (vgl. dazu OLG Düsseldorf JR 2001, 477), ist das Berufungsgericht nach § 331 Abs. 1 nicht gehin- 20 dert, eine nachträgliche Gesamtfreiheitsstrafe zu bilden (BGHSt 35, 208; OLG Düsseldorf JMBl. NRW. 1998, 23; vgl. auch KG StraFo 2020, 422).

20a Nimmt das Berufungsgericht erstmals einen **Härteausgleich** wegen nicht mehr möglicher Gesamtstrafenbildung vor, darf es nicht gleichwohl auf die v. AG verhängte Einzelstrafe erkennen (OLG Koblenz NStZ-RR 2004, 330; OLG München NJW 2006, 1302; **aM** OLG Hamm NJW 2008, 2358).

20b Das Verbot der Schlechterstellung ist auch bei einem im Urt. enthaltenen **Kompensationsausspruch** wegen rechtsstaatswidriger Verfahrensverzögerung (→ EMRK Art. 6 Rn. 9a) zu beachten (OLG Celle NJW-Spezial 2012, 154).

21 **IV. Nebenfolgen.** Unzulässig ist die nachträgliche Anordnung o. Verschärfung der Bekanntmachungsbefugnis (BayObLGSt 1954, 71). Für die Vermögensabschöpfung nach altem Recht (**Verfall** nach §§ 73 ff. StGB aF) – auch iVm einer Feststellung nach § 111i StPO aF – gilt das Verschlechterungsverbot (BGH BeckRS 2015, 9406; wistra 2013, 474; OLG Hamm StV 2008, 132; Löwe/Rosenberg/Gössel Rn. 106). Dies gilt auch für Rechtsmittelentscheidungen, die nach dem Inkrafttreten der Reform der Vermögensabschöpfung am 1.7.2017 getroffen werden, auf die aber wegen der Übergangsregelungen des Art. 316h S. 2 **EGStGB** u. § 14 **EGStPO** das alte Recht anzuwenden ist (OLG Hamburg wistra 2018, 396; 2018, 438).

21a Aufgrund einer Vorlegung nach § 121 Abs. 2 Nr. 1 GVG hin hat der BGH entschieden, dass das Verschlechterungsverbot aufgrund des – unv. – eindeutigen Wortlauts der Vorschr. („Rechtsfolgen der Tat") u. der Abhängigkeit der selbständigen Einziehung nach § 76a Abs. 1 StGB v. Vorliegen eines im Ermessen der StA stehenden Antrags (erg. → Rn. 4 ff., → § 435 Rn. 19) auch für die **Einziehung v. Taterträgen** nach dem neuen Recht der Vermögensabschöpfung gilt (BGHSt 64, 48 mkritAnm Wagner wistra 2020, 367). Dies war in der Rspr. zunächst nicht einheitlich beantwortet worden (s. dazu 66. Aufl. 2023, Rn. 21a mN sowie Schmidt NStZ 2018, 631 mit ausf. Darst. des Streitstandes).

21b Die **Einziehung von Tatprodukten, Tatmitteln und Tatobjekten** (§§ 74 ff. StGB) unterliegt ebenfalls dem Verschlechterungsverbot (BGH BeckRS 2018, 30980). Soll ein Gegenstand als Surrogat (§ 73 Abs. 3 StGB) statt als Tatmittel (§ 74 Abs. 1 StGB) eingezogen werden, steht Abs. 1 dem nicht entgegen (BGH NStZ-RR 2016, 41). Das Gleiche gilt, wenn sich die nachträgliche Anordnung nur zum Nachteil des Einziehungsbeteiligten auswirkt. Die Einziehung eines Gegenstandes, die im 1. Urt. nach § 74 Abs. 3 StGB nicht möglich war, darf daher auf die alleinige Berufung des Angeklagten angeordnet werden, wenn der Gegenstand ihm zzt. der Entsch. nicht mehr gehört (KMR-StPO/Brunner Rn. 38; **aM** Löwe/Rosenberg/Gössel Rn. 107), etwa weil ihn ein Dritter erworben hat (vgl. § 74a Nr. 2 StGB). Zulässig ist die Zuerkennung eines vermögensrechtlichen Anspruchs nach § 403 (Tolksdorf DAR 2001, 207 – BGH RsprU; OLG Celle NStZ-RR 2016, 288).

22 **V. Maßregeln der Besserung und Sicherung.** Für Maßregeln der Besserung und Sicherung gilt grds. Abs. 1. Nur die in Abs. 2 bezeichneten Maßregeln dürfen auch auf alleinige Berufung des Angeklagten angeordnet o. ausgetauscht werden (OLG Celle NStZ-RR 2013, 317). Das gilt auch, wenn die Berufung nur den Strafausspruch angreift (BayObLGSt 1994, 258; **aM** BGH NStZ 1992, 539; Tolksdorf FS Stree/Wessels, 1993, 766) o. auf die Frage der Strafaussetzung zur Bewährung beschränkt ist (KK-StPO/Paul Rn. 7; SK-StPO/Frisch § 327 Rn. 18; **aM** BayObLGSt 1986, 59 = JR 1987, 172 mablAnm Meyer-Goßner): Nichts anderes gilt ferner, wenn das Rechtsmittel die Nichtanwendung der Maßregel nach § 64 StGB ausdr. v. dem Rechtsmittelangriff ausnimmt (Löwe/Rosenberg/Gössel Rn. 85; **aM** BGHSt 38, 362; dagegen zutr. Hanack JR 1993, 430; Hamm FS Hanack, 1999, 374; ebenso für das Berufungsverfahren OLG Braunschweig bei Kotz/Rahlf NStZ-RR 2011, 168; OLG Hamburg NStZ 2013, 124: jedenfalls bei StA-Berufung nicht möglich). Für eine Maßregel nach § 63 StGB wurde dies v. BGH StV 1998, 342; NStZ-RR 2003, 18; Becker NStZ-RR 2006, 5 – BGH

RsprÜ bisher offengelassen, anders allerdings – jedoch ohne nähere Begründung – BGH BeckRS 2010, 22039. Das gilt generell, nicht nur, wenn Maßregel- u. Strafausspruch untrennbar sind (so BGH StraFo 2009, 209; 2009, 210)) o. auch der Schuldspruch angegriffen wird (BGH NStZ-RR 2013, 54; 2013, 239; 2014, 58; NStZ 2012, 72); denn um die Anordnung o. Nichtanordnung der Unterbringung v. Rechtsmittelangriff auszunehmen, fehlt dem Angeklagten die Dispositionsbefugnis (eing. dazu Meyer-Goßner Prozessvoraussetzungen S. 101 ff.; **aM** BGH StV 2012, 203; OLG Düsseldorf StraFo 2007, 66; Dencker FS Mehle, 2009, 143). Ein Austausch der Maßregeln nach §§ 63, 64 StGB gegen die Sicherungsverwahrung (§ 66 StGB) ist unzulässig (BGHSt 25, 38; vgl. aber auch BGHSt 5, 312). Im Übrigen gilt auch nach Einf. der nachträglichen Sicherungsverwahrung (§ 66b StGB) das Verschlechterungsverbot für die Anordnung der Sicherungsverwahrung uneingeschränkt; eine entspr. Anwendung des Abs. 2 ist ausgeschlossen (Peglau NJW 2004, 3599). Da auch für das Berufungsgericht die Begrenzung der Rechtsfolgenkompetenz des AG nach § 24 Abs. 2 GVG gilt (→ § 328 Rn. 9; → GVG § 24 Rn. 9), muss die kleine StrK, wenn sie die Unterbringung nach § 63 StGB für erforderlich hält, die Sache an die große StrK zwecks Verh. 1. Instanz entspr. § 328 Abs. 2 verweisen (Löwe/Rosenberg/Gössel Rn. 88; SK-StPO/Frisch Rn. 63; **aM** HK-StPO/Rautenberg Rn. 23).

Die Abänderung der Dauer des Vorwegvollzugs von Strafe vor der Unterbringung nach § 64 StGB (Zweidrittel statt Halbstrafenzeitpunkt) verstößt nicht gegen das Verschlechterungsverbot (BGH NStZ-RR 2025, 216). 23

Ist auf **Entziehung der Fahrerlaubnis** (§ 69 StGB) erkannt worden, so darf stattdessen ein Fahrverbot nach § 44 StGB angeordnet werden (BayObLGSt 1970, 159; OLG Düsseldorf VRS 81, 184). Das Berufungsgericht darf auch bei vorl. Entziehung der Fahrerlaubnis nach § 111a dieselbe Sperre (§ 69a Abs. 1 StGB) festsetzen wie der 1. Richter (BGH VRS 21, 335; OLG Frankfurt a. M. VRS 52, 413; OLG Karlsruhe VRS 51, 204; OLG Saarbrücken VRS 42, 359; Fischer StGB § 69a Rn. 23), sie aber nicht verlängern (BGHSt 5, 168 (178); BayObLGSt 1965, 140; OLG Karlsruhe VRS 48, 425), auch nicht bei gleichzeitiger Aussetzung der Freiheitsstrafe zur Bewährung (OLG Oldenburg MDR 1976, 162). Unzulässig ist es auch, die irrtümlich o. durch den nachträglichen Erwerb einer Fahrerlaubnis unrichtig gewordene Festsetzung einer isolierten Sperre (§ 69a Abs. 1 S. 3 StGB) durch die Entziehung der Fahrerlaubnis (OLG Dresden OLG-NL 1998, 192; OLG Koblenz VRS 51, 96; 60, 431, OLG Köln NJW 2010, 2817) o. durch ein Fahrverbot nach § 44 StGB zu ersetzen (OLG Frankfurt a. M. VRS 64, 12). Die bei der Anordnung nach § 69 StGB unterlassene Einziehung des Führerscheins kann dagegen nachgeholt werden (BGHSt 5, 168; Kusch NStZ 1993, 230 – BGH RsprÜ). 24

F. Revision. Der Verstoß gegen § 331 ist vAw zu berücksichtigen (BGHSt 14, 5 (7); 29, 269 (270); OLG Düsseldorf StV 1986, 146; VRS 72, 202; erg. → § 358 Rn. 13). 25

Anwendbarkeit der Vorschriften über die erstinstanzliche Hauptverhandlung

332 **Im übrigen gelten die im sechsten Abschnitt des zweiten Buches über die Hauptverhandlung gegebenen Vorschriften.**

A. Vorschriften über die HV. Von den Vorschriften über die HV gelten im Berufungsverfahren außer den in § 323 Abs. 1 S. 1 bezeichneten Bestimmungen insbes. §§ 231–232 Abs. 2, soweit § 329 nicht anwendbar ist (BGHSt 15, 287 (291); OLG Bremen MDR 1979, 865; Meyer JR 1978, 393), § 233 (→ § 233 Rn. 1), die Regelungen des Verständigungsgesetzes (namentlich §§ 243 Abs. 4, 257c; vgl. OLG Brandenburg NStZ 2020, 759), §§ 263–265 und §§ 271–274; zu § 266 → § 266 Rn. 10. Die Vorschr. der bes. Arten des Verf. (§§ 407 ff.) gehen aber auch im Berufungsverfahren vor (vgl. → § 411 Rn. 4, 7, → § 418 Rn. 15, → § 419 Rn. 17, → § 420 Rn. 12; Meyer-Goßner GS Meurer, 2002, 423 ff.). 1

2 **B. Gegenstand der Urteilsfindung.** Gegenstand der Urteilsfindung ist nicht der Tatbestand des angefochtenen Urt., sondern **die Tat in dem weiten Umf. des § 264** (→ Vor § 312 Rn. 1; → § 327 Rn. 2 ff.), uU auch erst nach dem 1. Urt. begangene Fortsetzungsdelikte (→ § 264 Rn. 9). Nur neue selbständige Straftaten dürfen in die Entsch. nicht einbezogen werden.

3 **C. Urteil.** Für das Urteil gelten die §§ 260, 267, 268, 275, auch § 268a (→ § 268a Rn. 2). Auf tatsächliche u. rechtliche Ausführungen des 1. Urt. darf in gewissem Umf. Bezug genommen werden (→ § 267 Rn. 2).

Vierter Abschnitt. Revision Nr. 159–169 RiStBV

Vorbemerkung zu § 333

1 **A. Wesen der Revision.** Das Wesen der Revision besteht in dem **grds. Ausschluss der Tatsachenfeststellungen v. der Überprüfung** durch das Rechtsmittelgericht. Die Revision ist ein Rechtsmittel mit begrenzten Prüfungsmöglichkeiten. Das G gestaltet sie als eine Rechtsbeschwerde aus (Willms JR 1975, 55), mit der nur erreicht werden kann, dass das Revisionsgericht auf entspr. Rüge das Urt. u. das ihm zugrunde liegende Verf. auf Rechtsfehler prüft. Eine Neuverhandlung der Sache im Revisionsrechtszug ist ausgeschlossen. Da die Beweisaufnahme nicht wiederholt wird, ist das Revisionsgericht an die Feststellungen des Tatrichters gebunden. Es kann nur prüfen, ob sie rechtlich einwandfrei zustande gekommen sind u. ob der Tatrichter die Beweise fehlerfrei gewürdigt hat (→ § 337 Rn. 26, 26a).

2 Nur für die Vertretbarkeit, **nicht für die Richtigkeit** der tatrichterlichen Entsch. über Schuld u. Strafe hat das Revisionsgericht einzustehen (Schmid ZStW 85 (1973), 367; Teyssen JR 1978, 310; **aM** Löwe/Rosenberg/Franke Rn. 5: nicht einmal für die Vertretbarkeit). Die Aufgabe, die Tatsachen festzustellen, sich eine Überzeugung v. der Schuld o. der Nichterweislichkeit der Schuld des Angeklagten zu bilden u. eine gerechte Strafe festzusetzen, ist allein dem Tatrichter gestellt. Er hat hierzu innerhalb der allg. rechtlichen Grenzen die Macht u. trägt dafür die Verantwortung (BGHSt 10, 208 (210); 29, 18 (20); BGH NJW 1965, 406 (407)). Das Revisionsgericht nimmt sie ihm nicht ab, auch wenn ihm das ausnahmsweise möglich wäre (vgl. dazu auch Pérez-Barberá FS Roxin, 2011, 1444).

3 Diese **prozessuale Arbeits- und Verantwortungsteilung** bestimmt die Grenzen der Prüfungsbefugnisse des Revisionsgerichts (zum Verhältnis v. Tatrichter u. Revisionsrichter BGH NStZ-RR 2011, 51 (52); Rieß FS Fezer, 2008, 455 ff.). Ob der Tatrichter v. einem Geschehen überzeugt (o. nicht überzeugt) u. welche Rechtsfolge hierfür angemessen ist, bleibt in seiner Verantwortung (erg. → Rn. 21, 26, 34). Im Laufe der Zeit ist jedoch durch die Rspr. die Urteilsprüfung dahin erweitert worden, dass die Revisionsgerichte aufgrund der Sachrüge die tatsächlichen Feststellungen u. die Beweiswürdigung des angefochtenen Urt. auch auf Klarheit, Folgerichtigkeit, Nachvollziehbarkeit u. Vollständigkeit sowie die Plausibilität des Erg. überprüfen (zum „Wandel der Revision" Frisch FS Fezer, 2008, 353 ff.).

4 **B. Zweck.** Zweck der Revision ist die **Wahrung der Rechtseinheit u. die Herbeiführung einer gerechten Entsch.** im Einzelfall (Löwe/Rosenberg/Franke Rn. 7 ff.; Fezer StrafProzR § 20 Rn. 2). Ob einer dieser Zwecke im Vordergrund steht o. ob sie gleichwertig sind, ist streitig. Praktische Bedeutung hat die Frage aber nicht (KMR-StPO/Momsen Rn. 6; Schmidt StPO/GVG StPO Vor § 296 Rn. 39; **aM** Löwe/Rosenberg/Franke Rn. 8; SK-StPO/Frisch Rn. 15). Denn da sich Rechtsanwendung immer nur am Einzelfall vollziehen kann, fördert die Revision zugleich mit der Einzelfallgerechtigkeit die Einheitlichkeit der Rspr. (demggü. auf die Kontroll- u. Disziplinierungsfunktion abstellend Knauer NStZ 2016, 1). Die Revisionsgerichte können mit ihrer Rspr. beide Zwecke der Revisi-

on, die sich begrifflich ohnehin nicht trennen lassen, in gleichem Maße erfüllen (Cramer FS Salger, 1995, 450; Rieß FS Hanack, 1999, 400). Zusätzlich ist ihnen die Aufgabe der Rechtsfortbildung übertragen (vgl. § 132 Abs. 4 GVG). Mit Langer (FS Meyer-Goßner, 2001, 497 (521)) ist als Ziel der Revision „die richtige Gesetzesanwendung als Weg zur Wahrung der Rechtseinheit und zur Gewährleistung der Einzelfallgerechtigkeit" zu bezeichnen. Rosenau (FS Widmaier, 2008, 521) sieht als Sinn u. Zweck der Revision die rechtsstaatsförmige Qualitätskontrolle u. folglich die Qualitätssicherung im Strafverfahren an.

C. Verständigung nach § 257c. Für eine Verständigung nach § 257c ist im Revisionsverfahren kein Raum. Wenn hier Absprachen über die Strafhöhe (und evtl. sogar über die Schuld des Angeklagten) getroffen werden (vgl. dazu Hamm FS Dahs, 2005, 267), ist dies zu missbilligen. Dem Revisionsgericht stehen insoweit (nur) die Möglichkeiten nach §§ 153, 154, 154a, 154b zur Verfügung. 5

D. Einlegung durch die StA. Zur Einlegung der Revision durch die StA s. Nr. 147, 148 RiStBV sowie Graalmann-Scheerer FS Schlothauer, 2018, 485. 6

Zulässigkeit

333 Gegen die Urteile der Strafkammern und der Schwurgerichte sowie gegen die im ersten Rechtszug ergangenen Urteile der Oberlandesgerichte ist Revision zulässig.

A. Urteile. Gegen Urteile ist Revision zulässig, auch gegen Berufungsurteile, mit denen die Sache nach § 328 Abs. 2 zurückverwiesen worden ist (BGHSt 26, 106; BayObLGSt 1977, 143; **aM** KG JR 1972, 255). Ob die angefochtene Entsch. als Urt. bezeichnet ist, spielt keine Rolle; maßgebend ist ihr Inhalt (→ § 296 Rn. 11; erg. → § 312 Rn. 1). Für AG-Urt. wird § 333 durch § 335 ergänzt. 1

B. Gesetzlich ausgeschlossen. Gesetzlich ausgeschlossen ist die Revision nach § 434 Abs. 3 S. 2 (auch iVm § 436 Abs. 2), § 55 Abs. 2 **JGG** u. § 10 BinSchVfG. Bestrebungen, die Regelung des § 55 Abs. 2 **JGG** auf das Erwachsenenstrafrecht auszudehnen (BT-Drs. 16/6969 Anl. 1; zust. Röhling ZRP 2009, 17), ist entschieden zu widersprechen (BT-Drs. 6969 Anl. 2; Meyer-Goßner ZRP 2004, 129); stattdessen sollte § 55 Abs. 2 **JGG** aufgeh. werden (Meyer-Goßner FS Eisenberg, 2009, 399). 2

Im Urt. zu treffende **Nebenentscheidungen** sind statt mit Revision mit sofortiger Beschwerde anfechtbar, so die Entsch. über die Kosten nach § 464 Abs. 3 S. 1 (→ § 464 Rn. 17), über die Aussetzung der Jugendstrafe zur Bewährung (§ 59 Abs. 1 **JGG**) u. über die Entschädigung für Strafverfolgungsmaßnahmen (§ 8 Abs. 3 **StrEG**). Nebenentscheidungen im Urt., die durch bes. Beschl. hätten getroffen werden müssen, sind ebenfalls nur mit Beschwerde anfechtbar, zB die Entsch. über die Beschlagnahme (RGSt 54, 165), über die Festsetzung v. Bewährungsauflagen (OLG Hamm VRS 37, 263; **aM** Hamm Revision Rn. 27), über die DNA-Identitätsfeststellung nach § 81g (Becker NStZ-RR 2002, 67 – BGH RsprÜ) u. über die Aussetzung der Strafvollstreckung nach § 57 StGB (BGH GA 1982, 219). 3

C. Anfechtungsberechtigung. Die Anfechtungsberechtigung richtet sich nach den allg. Vorschr. (→ § 296 Rn. 1 ff.; → § 297 Rn. 2 ff.; → § 298 Rn. 1). 4

D. Beschwer. Die Beschwer (vgl. → Vor § 296 Rn. 8 ff.) entfällt nicht deshalb, weil ein Nachtragsverfahren nach § 459a (BGH 23.4.1976 – 2 StR 106/76; BeckRS 1976, 00286; RGSt 64, 207 (208); OLG Bremen NJW 1954, 423) o. nach § 460 möglich ist (BGHSt 12, 1 (GSSt); BGHSt 23, 98; 25, 382; StV 1982, 569; OLG Düsseldorf VRS 68, 365; OLG Koblenz VRS 60, 424; OLG Köln MDR 1983, 423). Allgemein zur Beschwer des Angeklagten: Blaese/Wielop Revision S. 74 ff.; → Vor § 296 Rn. 12 ff. 5

6 **E. Zuständigkeit.** Die Zuständigkeit der Revisionsgerichte bestimmen §§ 121 Abs. 1 Nr. 1, 135 Abs. 1 GVG. Für Bayern gilt Art. 11 BayAGGVG (→ EGGVG § 9 Rn. 1).

334 (weggefallen)

Sprungrevision

335 (1) **Ein Urteil, gegen das Berufung zulässig ist, kann statt mit Berufung mit Revision angefochten werden.**

(2) **Über die Revision entscheidet das Gericht, das zur Entscheidung berufen wäre, wenn die Revision nach durchgeführter Berufung eingelegt worden wäre.**

(3) [1] **Legt gegen das Urteil ein Beteiligter Revision und ein anderer Berufung ein, so wird, solange die Berufung nicht zurückgenommen oder als unzulässig verworfen ist, die rechtzeitig und in der vorgeschriebenen Form eingelegte Revision als Berufung behandelt.** [2] **Die Revisionsanträge und deren Begründung sind gleichwohl in der vorgeschriebenen Form und Frist anzubringen und dem Gegner zuzustellen (§§ 344 bis 347).** [3] **Gegen das Berufungsurteil ist Revision nach den allgemein geltenden Vorschriften zulässig.**

Übersicht

1 **A. Sprungrevision (Abs. 1, Abs. 2).** Die Sprungrevision (Abs. 1, Abs. 2) ist zur Vereinfachung des Verf. zugelassen. Wenn es dem Beschwerdeführer **nur auf die Klärung v. Rechtsfragen ankommt,** soll eine 2. Tatsacheninstanz erspart werden können (BGHSt 2, 63 (65); 5, 338 (339)). Verfahrensrechtliche Besonderheiten bestehen, von Abs. 3 abgesehen, nicht (vgl. aber → Rn. 21 zur Annahmeberufung nach § 313). Die Rügemöglichkeiten sind nicht eingeschränkt; § 357 ist anzuwenden, ebenso § 121 Abs. 2 GVG (BGHSt 2, 63; 17, 280; 17, 382; 29, 305 (307)). Wird das Urt. auf die Revision aufgeh. u. die Sache an das AG zurückverwiesen, so kann das neue Urt. auch nach § 312 mit Berufung angefochten werden (vgl. auch OLG Celle MDR 1992, 286 zu § 55 Abs. 2 **JGG**).

2 **B. Unbestimmte Anfechtung.** Die unbestimmte Anfechtung des Urt., bei der der Beschwerdeführer die Wahl zwischen Berufung u. Revision zunächst offenlässt, ist in Erweiterung des § 335 zulässig, weil der Beschwerdeführer die Entsch. über das geeignete Rechtsmittel idR erst nach Kenntnis der Urteilsgründe treffen kann (BGHSt 2, 63; 5, 338; 6, 206). Sie ist aber auch bei in Abwesenheit ergangenen Urt. statthaft (BayObLGSt 1957, 225; Löwe/Rosenberg/Franke Rn. 8). Die unbestimmte Anfechtung kann innerhalb der Einlegungsfrist der §§ 314 Abs. 1, 341 Abs. 1 ohne Benennung des Rechtsmittels o. unter dem ausdr. Vorbehalt seiner späteren Benennung (BGHSt 2, 63; 5, 338 (342); 13, 388 (393); BayObLGSt 1983, 93) o. als „gehäufte" Anfechtung (Einlegung v. „Berufung oder Revision") erklärt werden (RG JW 1926, 2198; OLG Köln NJW 1954, 692; OLG Nürnberg MDR 1959, 595). In beiden Fällen wird die Rechtskraft nach §§ 316 Abs. 1, 343 Abs. 1

gehemmt. Im Zweifel ist anzunehmen, dass das Rechtsmittel nicht endg. gewählt ist (BGHSt 17, 44 (48); 25, 321 (324); OLG Düsseldorf JZ 1984, 756).

Die **endgültige Wahl** kann nur bis zum Ablauf der Revisionsbegründungsfrist (§ 345 Abs. 1) getroffen werden (BGHSt 2, 63 (70); 25, 321 (324); KG StraFo 2026, 35; OLG Köln StraFo 2020, 334; OLG Düsseldorf NStZ 1983, 471), allerdings bis dahin auch noch trotz zuvor erfolgter Verwerfung der Berufung als unzulässig (KG JR 1999, 125). Wird die Wahl getroffen, so ist sie endg.; ein späterer Übergang zu dem anderen Rechtsmittel ist nur bis zum Beginn der Revisionsbegründungsfrist möglich, danach nicht mehr (OLG Hamm VRS 81, 35; OLG Naumburg StraFo 2009, 388; SK-StPO/Frisch Rn. 10; **aM** OLG Celle NJW 1982, 397 = JR 1982, 38 mablAnm Meyer). 3

Wird **keine Wahl getroffen** o. ist die Erkl. nicht formgerecht, dh ebenso wie die Rechtsmitteleinlegung (BayObLG NStZ-RR 1998, 51), o. nicht rechtzeitig bei dem zuständigen AG eingegangen, so wird das Rechtsmittel als Berufung durchgeführt (BGHSt 2, 63; 5, 338; 33, 183 (189); 40, 395 (398); OLG Dresden wistra 2005, 318; OLG Stuttgart Justiz 1991, 161), auch wenn nach Ablauf der Frist des § 345 Abs. 1 Revision gewählt wird (BayObLGSt 1970, 158). 4

Bei Abgabe einer **nicht eindeutigen Erklärung** wird das Rechtsmittel ebenfalls als Berufung behandelt (OLG Hamm NJW 2003, 1469; Lorenzen/Thamm SchlHA 1991, 126 – OLG Schleswig RsprÜ; Löwe/Rosenberg/Franke Rn. 11; **aM** OLG Düsseldorf MDR 1972, 343; OLG Koblenz VRS 65, 45: Verwerfung als unzulässig), insbes., wenn die Erkl. inhaltlich den Anforderungen an eine Revisionsbegründung entspr., die Wahl der Revision aber nicht erklärt ist (Rüth DAR 1983, 254 – BayObLG RsprÜ) o. bei widersprüchlichen Erklärungen v. Angeklagtem u. Verteidiger (OLG Düsseldorf MDR 1993, 676) oder v. mehreren Verteidigern (OLG Jena StraFo 2016, 28). 5

Bei **Wahl der Revision** wird das Rechtsmittel so behandelt, als sei v. vornherein Revision eingelegt worden. Wird sie nicht rechtzeitig o. nicht in zulässiger Weise begründet, so wird sie als unzulässig verworfen, nicht als Berufung behandelt (KG JR 1987, 217; KMR-StPO/Momsen Rn. 29; Löwe/Rosenberg/Franke Rn. 13; **aM** OLG Bamberg NStZ-RR 2018, 56). Das gilt auch für den Fall, dass die Form des § 345 Abs. 2 nicht gewahrt ist (KG JR 1987, 217; OLG Nürnberg NStZ-RR 2007, 151 (152); SK-StPO/Frisch Rn. 13; **aM** BGHSt 2, 63 (71); OLG Hamm VRS 97, 181). Nur bei unwirksamer Wahl der Revision (zB bei Abgabe der Erkl. ggü. dem unzuständigen LG) wird das Rechtsmittel als Berufung behandelt (BayObLGSt 1983, 93; vgl. auch OLG Köln NStZ 1992, 204: Unwirksamkeit wegen Verstoßes gegen prozessuale Fürsorgepflicht). 6

Bei **verspätetem Eingang** der Anfechtungserklärung (§§ 314 Abs. 1, 341 Abs. 1) verwirft das AG das unbestimmte Rechtsmittel nach § 319 Abs. 1 (KK-StPO/Gericke § 346 Rn. 5). 7

Wiedereinsetzung in den vorigen Stand gegen die Versäumung der Anfechtungsfrist ist zulässig; über den Antrag entscheidet das Berufungsgericht (BayObLGSt 1962, 156; Rüth DAR 1972, 264 – BayObLG RsprÜ). Keine Wiedereinsetzung wird gegen die Versäumung der Wahl nach rechtzeitiger Rechtsmitteleinlegung gewährt. Nach Ablauf der Frist des § 345 Abs. 1 geht die Möglichkeit der Wahl der Revision endg. unter (BayObLG wistra 2001, 279; OLG München wistra 2009, 327; OLG Stuttgart Justiz 1991, 161); das gilt auch bei Anwendung des Jugendstrafrechts (OLG Hamm NStZ-RR 2012, 285 Ls.). 8

C. Übergang zu einem anderen Rechtsmittel. Der Beschwerdeführer braucht erst nach Zustellung des Urt. u. innerhalb der dadurch in Lauf gesetzten Revisionsbegründungsfrist die Wahl zu treffen, ob das eingelegte Rechtsmittel eine Berufung o. Revision sein soll (→ Rn. 2, 3). Dieses Wahlrecht verliert er auch nicht deshalb, weil er bereits vorher das Rechtsmittel anders bezeichnet hat, es sei denn, dass er sich bereits abschl. auf eines der beiden Rechtsmittel festgelegt hat (OLG Düsseldorf OLGSt StPO § 335 Nr. 3; MDR 1995, 1253). 9

10 Nach Berufungseinlegung ist innerhalb der Revisionsbegründungsfrist (§ 345 Abs. 1) der **Übergang zur Revision** zulässig (BGHSt 40, 395 (398) mwN), wobei der Übergang ggü. dem AG erklärt werden muss (BGHSt 40, 395 (398)). Vor Fristablauf darf gegen den Willen des Beschwerdeführers noch keine Berufungsverhandlung durchgeführt werden (OLG Frankfurt a. M. NStZ 1991, 506). Der Übergang muss klar u. eindeutig erklärt werden; andernfalls bleibt es bei der Berufung, auch wenn nach Fristablauf die Wahl der Revision erklärt wird (OLG Celle MDR 1960, 159; OLG Stuttgart OLGSt StPO § 346 S. 1).

11 Innerhalb der Frist des § 345 Abs. 1 ist auch der **Übergang zur Berufung** zulässig (BGH stRspr, vgl. BGH NJW 2004, 789; BayObLG NStZ-RR 2003, 173; KG NStZ-RR 2002, 177), auch wenn zunächst wegen Versäumung dieser Frist Wiedereinsetzung bewilligt werden musste (→ Rn. 13). Das gilt auch für Revisionen der StA (OLG Celle MDR 1967, 421) u. des Verteidigers (BGHSt 17, 44 (47); 25, 321). Wird der Übergang zur Berufung erst nach Fristablauf erklärt, ist die (somit weiter als solche zu behandelnde) Revision als unzulässig zu verwerfen, wenn sie nicht fristgerecht begründet wurde (OLG München NStZ-RR 2007, 56).

12 Ein **nochmaliger Wechsel** des Rechtsmittels ist ausgeschlossen: Hatte der Rechtsmittelführer das zunächst unbestimmt eingelegte Rechtsmittel später eindeutig bezeichnet o. ist er v. der Berufung zur Revision o. umgekehrt übergegangen, ist er an die getroffene Wahl nunmehr gebunden (BGHSt 13, 388; Döllel/Dreeßen SchlHA 2010, 232 – OLG Schleswig RsprÜ; **aM** OLG Celle NJW 1982, 397 = JR 1982, 38 mablAnm Meyer; OLG Celle Nds. Rpfl. 1993, 331; vgl. auch OLG Köln NStZ-RR 1996, 175: jedenfalls keine Bindung bei Erkl. vor wirksamer Urteilszustellung).

13 **Wiedereinsetzung in den vorigen Stand** ist zulässig, um den Übergang zur Berufung zu ermöglichen (OLG Köln NStZ 1994, 199; OLG München StraFo 2010, 252; OLG Schleswig MDR 1981, 251; OLG Zweibrücken MDR 1985, 517), nicht aber zur Ermöglichung des Übergangs zur Revision nach Ablauf der Frist des § 345 Abs. 1 (OLG Dresden wistra 2005, 318; OLG Hamm NStZ 1991, 601). Zuständig ist das Revisionsgericht (OLG Köln NStZ 1994, 199; OLG Schleswig MDR 1981, 251; Löwe/Rosenberg/Graalmann-Scheerer § 46 Rn. 4; **aM** OLG München StraFo 2010, 252; OLG Zweibrücken MDR 1985, 517: Berufungsgericht).

14 **D. Verschiedenartige Anfechtung (Abs. 3).** Bei verschiedenartiger Anfechtung (Abs. 3) durch mehrere Verfahrensbeteiligte **hat die Berufung,** auch wenn sie nicht in vollem Umf. eingelegt ist, **den Vorrang,** da sie das umfassendere Rechtsmittel ist u. auch zur Prüfung in tatsächlicher Hinsicht führt. Dadurch wird verhindert, dass eine Sache vor verschiedene Rechtsmittelgerichte kommt (RGSt 63, 194 (196); BGH NStZ 2023, 176; OLG Karlsruhe Justiz 1977, 24). Wenn das auch in anderen Fällen möglich ist, gilt Abs. 2 entspr. (BGHSt 4, 207; BayObLGSt 1951, 398; OLG Düsseldorf MDR 1952, 313; vgl. auch § 83 Abs. 2 OWiG). Wird das Verfahren gegen einen Mitangeklagten, der Berufung eingelegt hat, nach Beginn der Berufungshauptverhandlung gem. § 153a Abs. 2 eingestellt, ist es rechtlich nicht ausgeschlossen, das Berufungsverfahren gegen den Angeklagten, der Sprungrevision eingelegt hat, fortzusetzen (BGH NStZ 2023, 176 mablAnm Ventzke); falls die Einstellung nach § 153a Abs. 2 bereits vor der Berufungsverhandlung erfolgt, dürfte dagegen das Verfahren vor dem Revisionsgericht fortzusetzen sein (dahingest. von BGH NStZ 2023, 176).

15 **I. Dasselbe Urteil.** Dasselbe Urteil muss v. mehreren Bet. mit verschiedenartigen Rechtsmitteln angefochten worden sein; auf dieselbe Straftat müssen sich die Rechtsmittel nicht beziehen (RGSt 63, 194; Löwe/Rosenberg/Franke Rn. 22). Hatte das AG die verschiedenen Sachen getrennt, so gilt Abs. 3 nicht. Eine Verfahrenstrennung nach Erlass des 1. Urt. hindert dagegen die Rechtsfolgen des Abs. 3 nicht (OLG Zweibrücken MDR 1986, 778; Hamm Revision Rn. 31;

KMR-StPO/Momsen Rn. 38), auch wenn die Trennung sachlich geboten war (OLG Karlsruhe Justiz 1977, 24).

II. Beteiligte. Beteiligte iS Abs. 3 S. 1 sind alle Verfahrensbeteiligten, die ein selbstständiges Anfechtungsrecht haben (RGSt 63, 194; BayObLGSt 1951, 398), auch Mitangeklagte (RGSt 63, 194). Angeklagte u. Verteidiger gelten als derselbe Bet.; widersprechen sich ihre Rechtsmittelerklärungen, so ist entspr. § 297 die des Angeklagten maßgebend (BayObLGSt 1977, 102; OLG Hamm NZV 2006, 184; OLG Koblenz MDR 1975, 424). Ein Bet. in mehreren Verfahrensrollen (zB der Mitangeklagte als Nebenkläger) kann für jede v. ihnen ein anderes Rechtsmittel mit der Wirkung des Abs. 3 einlegen (OLG Hamm JMBl. NRW. 1955, 99). 16

III. Behandlung als Berufung. Die Behandlung der Revision als Berufung bedeutet, dass **dieses Rechtsmittel an die Stelle der Revision tritt,** solange es nicht vor o. in der Berufungsverhandlung zurückgenommen o. durch das Berufungsgericht als unzulässig verworfen worden ist (OLG Köln NStZ-RR 2001, 86; Meyer-Goßner FS Gössel, 2002, 644). Eine Umwandlung findet aber nicht statt. Die Revision bleibt vielmehr so lange bedingt bestehen, bis das Berufungsgericht sachlich entschieden hat (BayObLGSt 1993, 232; OLG Düsseldorf MDR 1988, 165) o. die Berufung nicht mehr zurückgenommen werden kann, auch bei Aufhebung des Berufungsurteils durch das Revisionsgericht u. Zurückverweisung der Sache an das LG (BayObLGSt 1984, 116 (119)). Sie muss daher ordnungsgemäß eingelegt, braucht aber für die Sachbehandlung nach Abs. 3 nicht begründet zu werden (BayObLGSt 1970, 41). Ist die Berufung zurückgenommen o. als unzulässig verworfen worden, so wird das Verf. mit der Revision, wenn sie rechtzeitig u. formgerecht begründet worden ist, fortgesetzt (OLG Köln VRS 99, 276), andernfalls wird sie dann als unzulässig verworfen (Löwe/Rosenberg/Franke Rn. 24). Der Zurücknahme u. Verwerfung der Berufung als unzulässig steht weder die Einstellung nach § 205 oder nach § 206a (OLG Schleswig SchlHA 1995, 159) noch die Verwerfung nach § 329 Abs. 1 gleich (RGSt 59, 63; Burhoff DAR 2001, 451 – OLG Hamm RsprÜ; OLG Köln VRS 99, 276; KK-StPO/Gericke Rn. 11; **aM** SSW StPO/Momsen/Momsen-Pflanz Rn. 19), auch nicht die Nichtannahme nach § 322a, da diese eine *Sach*prüfung enthält (OLG Karlsruhe NStZ 1995, 562; Meyer-Goßner NStZ 1998, 19; **aM** BayObLG StV 1994, 238; OLG Stuttgart NJW 2002, 3487; diff. SK-StPO/Frisch Rn. 24). Verwerfung nach § 329 Abs. 1 ist nur *vor*, nicht mehr *nach* Rücknahme der Berufung der StA o. des Nebenklägers möglich, da damit die Revision wiederauflebt (OLG Bamberg NStZ 2006, 591; OLG Köln VRS 99, 276). 17

Trifft das Berufungsgericht unter **Verstoß gegen Abs. 3** keine Entsch. über die Revision, bleibt das Verf. insoweit bei ihm anhängig. Gegebenenfalls muss das Revisionsgericht die Sache an das Berufungsgericht zurückverweisen (BayObLGSt 1951, 398; OLG Karlsruhe Justiz 1977, 24; OLG Köln StraFo 2016, 155; **aM** OLG Hamm NStZ 1998, 270); das gilt auch bei erfolgter Nichtannahme der Berufung (**aM** u. inkonsequent OLG Karlsruhe NStZ 1995, 562, das die Nichtannahme der Verwerfung als unzulässig nicht gleichstellt (→ Rn. 17 aE)), gleichwohl aber die Revision selbst als unzulässig iSd § 313 Abs. 2 verwirft; dazu Meyer-Goßner NStZ 1998, 19). 18

Die **Anfechtung des Berufungsurteils** richtet sich nach den allg. Vorschr. (Abs. 3 S. 3). Auch wer Sprungrevision eingelegt hatte, kann gegen das neue Urt. Berufung o. Revision einlegen. 19

E. Aktenvorlage. Zunächst entscheidet das AG, ob das Rechtsmittel eine Berufung o. Revision ist. Hat es die Sache dem LG als Berufung vorgelegt, so entscheidet dieses über die Art des Rechtsmittels; es darf die Akten nicht einfach dem OLG zur Entsch. vorlegen (BGHSt 13, 303 (305)). Hält es das Rechtsmittel für eine Revision, so gibt es die Sache dem AG zur Einhaltung des Verf. nach § 347 zurück (SK-StPO/Frisch Rn. 31; **aM** KK-StPO/Gericke Rn. 8: Abgabe an das Revisionsgericht). Das Revisionsgericht, das das Rechtsmittel nur für eine Berufung ansieht, gibt die Sache durch Beschl. an das LG ab (BayObLGSt 1962, 20

166; OLG Köln NStZ 1992, 204; OLG Schleswig SchlHA 1961, 307). Zur entspr. Anwendung des § 348 auf diesen Fall vgl. → § 348 Rn. 5.

21 **F. Annahmeberufung.** Im Fall des § 313 muss zunächst Berufung eingelegt werden; denn nur, wenn diese angenommen wird, ist sie zulässig. Andernfalls liegt eine unzulässige Berufung vor, die nach Abs. 1 auch die Revision ausschließt (KK-StPO/Paul § 313 Rn. 4; Pfeiffer Rn. 5; Meyer-Goßner NJW 2003, 1369; Ostendorf ZRP 1994, 338; Scheffler GA 1995, 455 (458); OLG Frankfurt a. M. NStZ-RR 1996, 174 sieht hierfür „gewichtige Gründe", lässt die Frage aber letztlich offen); nach **aM** ist die Sprungrevision auch hier stets zulässig (OLG Dresden StV 2016, 803 Ls.; OLG Düsseldorf VRS 88, 188; OLG Hamm NStZ 2011, 42; OLG Karlsruhe NStZ 1995, 562; OLG Stuttgart Justiz 1995, 414; OLG Zweibrücken StV 1994, 119; SK-StPO/Frisch Rn. 27; Feuerhelm StV 1997, 102; Tolksdorf FS Salger, 1995, 402; ebenso BayObLGSt 1993, 147 (zust. BGHSt 40, 395 (397)), das aber irrig davon ausgeht, es selbst müsse sonst iRd Revision die Zulässigkeit der Berufung nach § 313 überprüfen). Die Zulässigkeit der Sprungrevision v. der Annahme der Berufung abhängig zu machen, erscheint auch deswegen sachgerecht, weil es sonst der Rechtsmittelgegner in der Hand hätte, durch Einlegung der Berufung eine annahmefreie Sprungrevision zu einer annahmepflichtigen Berufung zu machen (Meyer-Goßner NStZ 1998, 22), u. das LG bei Doppelanfechtung des Urt. nach Abs. 3 die Entsch. über die Sprungrevision manipulieren könnte (dazu Meyer-Goßner NJW 2003, 1369).

21a **Nach der hier vertretenen Ansicht** (zust. KK-StPO/Paul § 313 Rn. 4; Lesch StrafProzR § 2 Rn. 76) kann der Beschwerdeführer somit erst nach Annahme der Berufung erklären, dass er zur Revision übergehe; der Übergang ist allerdings nur möglich, wenn die Revisionsbegründungsfrist (§ 345 Abs. 1) noch nicht abgelaufen ist (→ Rn. 9, 10). Wiedereinsetzung in den vorigen Stand zur Ermöglichung des Übergangs zur Revision muss dann – anders als sonst (→ Rn. 13) – gewährt werden (Meyer-Goßner NJW 2003, 1369; vgl. auch Tolksdorf FS Salger, 1995, 404). Der Übergang kann sich insbes. anbieten, wenn das LG die Berufung wegen eines Verfahrensfehlers angenommen hat (→ § 313 Rn. 10). Jedoch ist das Revisionsgericht an die Beurteilung des LG nicht gebunden; es kann die Revision auch dann als (offensichtlich) unbegründet verwerfen, wenn das LG die Berufung für zulässig, weil nicht offensichtlich unbegründet (§ 313 Abs. 2 S. 1) erachtet hat.

22 Folgt man der **Gegenansicht,** die die Revision stets für zulässig erachtet – u. damit dem Gesetzeszweck zuwiderläuft (Pfeiffer Rn. 5) –, so ist jedenfalls aber ihre Einlegung unter dem Vorbehalt, dass die Berufung nicht angenommen werde, unzulässig (OLG Frankfurt a. M. NStZ-RR 1996, 174; OLG Zweibrücken StV 1994, 119; erg. → Vor § 296 Rn. 5). Ist die Berufung durch Beschl. nach § 322a nicht angenommen worden, kann auch bei noch offener Revisionsbegründungsfrist nicht mehr Revision eingelegt werden (BayObLGSt 1994, 86; OLG Koblenz JBlRP 2000, 22; 2005, 74; OLG Oldenburg NStZ 2012, 54; Rieß FS Kaiser II, 1998, 1477; Tolksdorf FS Salger, 1995, 405; **aM** OLG Frankfurt a. M. NStZ-RR 2003, 53; AK-StPO/Maiwald Rn. 2; Feuerhelm StV 1997, 102).

Überprüfung der dem Urteil vorausgegangenen Entscheidungen

336 **[1] Der Beurteilung des Revisionsgerichts unterliegen auch die Entscheidungen, die dem Urteil vorausgegangen sind, sofern es auf ihnen beruht. [2] Dies gilt nicht für Entscheidungen, die ausdrücklich für unanfechtbar erklärt oder mit der sofortigen Beschwerde anfechtbar sind.**

1 **A. Entscheidungen vor und außerhalb der HV.** Entscheidungen vor und außerhalb der HV unterliegen der Prüfung des Revisionsgerichts im Rahmen seiner allg. Prüfungskompetenz nach § 337 (Löwe/Rosenberg/Franke Rn. 1; Gössel NStZ 1982, 142). S. 1 ist das notwendige Gegenstück zu § 305 S. 1. Entscheidungen iS § 336 sind verfahrensrechtliche Entsch. in dem Verf., in dem das

angefochtene Urt. ergangen ist, auch Anordnungen des Vorsitzenden (BGHSt 7, 281 (282); BGH NJW 1973, 1985).

Gemeint sind **nur gerichtliche Entscheidungen;** auf fehlerhaften Verfahrenshandlungen der StA kann das Urt. nicht beruhen (BGHSt 6, 326 (328); BGH NJW 1967, 1869; Dallinger MDR 1967, 14 – BGH RsprÜ; BGHR StPO § 349 Abs. 1 Unzulässigkeit 1). 2

Grundsätzlich beruht das Urt. auch nicht auf gerichtlichen **Entscheidungen vor Erlass des Eröffnungsbeschlusses** (BGHSt 6, 326; 15, 40 (44); BGH GA 1980, 255; Dallinger MDR 1974, 16 – BGH RsprÜ). Eine Ausnahme gilt, wenn die Entsch. möglicherweise bis zum Urt. fortgewirkt hat, zB bei fehlerhafter Zulassung des Nebenklägers o. unzulässiger Ablehnung des Antrags auf Verteidigerbestellung. War eine solche Entsch. v. Beschwerdegericht erlassen u. gebilligt worden, so ist das Revisionsgericht hieran nicht gebunden (BGHSt 26, 191 (192); BGH NJW 1973, 1985; Schmidt NStZ 2009, 243). Zur Revisibilität ermittlungsrichterlicher Entsch. eing. Landau/Sander StraFo 1998, 397 sowie Schlothauer StraFo 1998, 402. 3

Entscheidungen aus früheren HV werden grds. nicht geprüft (Hilger NStZ 1983, 429), zB nicht die Ablehnung eines Beweisantrags in einer ausgesetzten HV (OLG Koblenz VRS 62, 287; OLG Saarbrücken VRS 46, 46 (48)). Anders sollte es nach BGHSt 31, 15 bei der Zurückweisung eines Ablehnungsgesuchs sein; dagegen nun zutr. BGH NJW 2006, 854. Wird ein Berufungsurteil angefochten, so kann die Revision nicht auf Mängel des Verf. vor dem AG gestützt werden (RGSt 59, 299; 60, 111 (113); 61, 399). 4

Einstellungsbeschlüsse nach § 153 Abs. 2 sind mit der Revision nicht angreifbar (BayObLGSt 1970, 225; KG JR 1967, 430; VRS 33, 446), ebenso wenig Entsch. nach § 153a Abs. 2 (OLG Hamm JMBl. NRW. 1980, 104) u. nach § 154 Abs. 2 (Dallinger MDR 1970, 383 – BGH RsprÜ; RGSt 66, 326). 5

B. Unanfechtbare oder mit sofortiger Beschwerde anfechtbare Entscheidungen (S. 2). Unanfechtbare oder mit sofortiger Beschwerde anfechtbare Entscheidungen (S. 2) werden **v. Revisionsgericht nicht mehr geprüft,** auch nicht nach § 338 (vgl. BGH NStZ-RR 2022, 384, 385; KK-StPO/Gericke Rn. 13; Löwe/Rosenberg/Franke Rn. 13). Ob sofortige Beschwerde eingelegt war, ist gleichgültig (Dünnebier FS Dreher, 1977, 679). Die Anfechtbarkeit mit der einfachen Beschwerde schließt die Revision nicht aus (Rieß NStZ 1981, 447; vgl. auch Meyer-Goßner NStZ 1989, 89 zum Eröffnungsbeschluss); dies gilt auch, wenn das Beschwerdegericht verkannt hat, dass das Rechtsmittel der sofortigen Beschwerde nicht statthaft war (BGH NStZ-RR 2022, 384, 385: Fall des § 28 Abs. 2 S. 2). Unter S. 2 fallen insbes. Entsch. nach §§ 28 Abs. 2 S. 1, 46, 81, 138d, 142 Abs. 7, 143 Abs. 3, 143a Abs. 4, 144 Abs. 2, 201, 210, 225a, 231a, 304 Abs. 4 S. 2 (krit. SK-StPO/Frisch Rn. 21), § 304 Abs. 5 (BGH NJW 2002, 2401) u. §§ 52, 54 GVG, nicht aber die Unanfechtbarkeit nach § 305 S. 1 (OLG Koblenz VRS 71, 200). 6

C. Entziehung des gesetzlichen Richters. Die Entziehung des gesetzlichen Richters kann auch dann mit der Revision gerügt werden, wenn gegen die Entsch. nach S. 2 sonst keine Rüge zulässig ist (BGHSt 46, 238 (246); SK-StPO/Frisch Rn. 20; → GVG § 16 Rn. 8, → GVG § 120 Rn. 11). 7

Revisionsgründe

337 (1) **Die Revision kann nur darauf gestützt werden, daß das Urteil auf einer Verletzung des Gesetzes beruhe.**

(2) **Das Gesetz ist verletzt, wenn eine Rechtsnorm nicht oder nicht richtig angewendet worden ist.**

Übersicht

1 **A. Begrenzte Prüfungsmöglichkeit.** Eine begrenzte Prüfungsmöglichkeit eröffnet die Revision. Das Urt. kann **nur auf Rechtsfehler** geprüft werden, allerdings auch darauf, ob die festgestellten Tatsachen eine zuverlässige Grdl. für die Prüfung bieten. Mit bloßen Einwendungen gegen die Richtigkeit der Feststellungen u. der Beweiswürdigung kann der Beschwerdeführer nicht gehört werden; denn das Revisionsgericht kann die Beweisaufnahme nicht wiederholen u. ist daher außerstande, die aus Rechtsgründen nicht zu beanstandenden Tatsachenfeststellungen des Urt. zu überprüfen. Eine begriffliche Klärung der Abgrenzung der Tatfrage v. der Rechtsfrage ist schwierig, aber zur Festsetzung der Grenzen der Revisibilität v. Strafurteilen idR auch nicht erforderlich. Neumann FS Hamm, 2008, 534 schlägt als griffiges Abgrenzungskriterium vor, dass es um eine revisible Rechtsfrage geht, wenn eine Regel, um eine nicht revisible Tatfrage, wenn eine singuläre Feststellung umstr. ist. Vgl. hierzu auch die ausf. Darst. bei SK-StPO/Frisch Rn. 10 ff.; erg. → Vor § 333 Rn. 2 ff.

2 **B. Gesetz. Gesetz** iS Abs. 1 ist jede Rechtsnorm (Abs. 2; § 7 **EGStPO**), die in den Verf., Gesetzen u. Rechtsverordnungen des Bundes u. der Länder niedergelegt ist, auch Gewohnheitsrecht (→ GVG § 132 Rn. 19), allg. Regeln des Völkerrechts (Art. 25 GG), Auslieferungs- ua Staatsverträge, die sich in formellen Gesetzen niedergeschlagen haben, sowie ausl. Rechtsvorschriften (Löwe/Rosenberg/Franke Rn. 7 ff.).

3 **Keine Rechtsnormen** sind Verwaltungsanordnungen (BGH NStZ 1982, 321; BayObLG NJW 1952, 235; OLG Köln NJW 1961, 1127; **aM** OLG Hamburg NStZ 1984, 273 für den Fall, dass die Anordnung einen Blankettatbestand ausfüllt, der das mit Strafe bedrohte Verhalten nicht konkret beschreibt), Dienstvorschriften der Bundesbahn (BGH VRS 16, 53; RGSt 53, 134; LG Mainz MDR 1982, 597), Vereinssatzungen, Unfallverhütungsvorschriften der Berufsgenossenschaften (RGSt 52, 42; OLG Hamm OLGSt BauONW § 3 S. 1; **aM** für die seit 1963 v. den Berufsgenossenschaften aufgrund des § 708 RVO erlassenen Unfallverhütungsvorschriften: BayObLGSt 1986, 75) u. allg. Geschäftsbedingungen, auch nicht die Geschäftsverteilungspläne der Gerichte (RGSt 76, 233; BayVerfGHE 38 II 90; BayObLGSt 1977, 141; vgl. auch VerfGH Bayern NJW 1978, 1515: Rechtssetzungsakte eigener Art), der Grundsatz *in dubio pro reo* (→ § 261 Rn. 26 sowie zur Revisibilität im Rahmen der Sachrüge → Rn. 5) sowie die Denkgesetze u. Erfahrungssätze (KMR-StPO/Momsen Rn. 103 ff.; Löwe/Rosenberg/Franke Rn. 11; Roxin/Schünemann StrafVerfR § 55 Rn. 15; s. aber zur Revisibilität im Rahmen der Sachrüge → Rn 27 ff.).

4 **Soll- oder Ordnungsvorschriften** (dazu allg. Bohnert NStZ 1982, 5) sind zwar Rechtsnormen iSd § 337; der Tatrichter darf sich über sie nicht hinwegsetzen, sofern dafür kein triftiger Grund besteht (BGHSt 3, 384; Dallinger MDR 1955, 397 – BGH RsprÜ). Jedoch ist bei solchen Vorschr. ein Beruhen des Urt. auf der Gesetzesverletzung (→ Rn. 36) ausgeschlossen. Der Verstoß kann daher mit der Revision nicht gerügt werden (BGHSt 30, 255 (257); Spiegel DAR 1981, 196 –

BGH RsprÜ; Pfeiffer NStZ 1981, 93 – BGH RsprÜ; Bohnert NStZ 1983, 344; **aM** Neuhaus FS Herzberg, 2008, 871). Erg. Löwe/Rosenberg/Franke Rn. 15 ff., 22; Wolter Theorie und Systematik StrafProzR/Frisch S. 201: unbrauchbarer u. überflüssiger Begriff; Hamm Revision Rn. 246 ff.).

C. Verletzung des Gesetzes. I. Verfahrensvoraussetzungen und Verfahrenshindernisse. Das Vorhandensein von Prozessvoraussetzungen und das Fehlen von Prozesshindernissen werden vom Revisionsgericht **von Amts wegen** überprüft (BGHSt 13, 128; 22, 213; 46, 230, 236; KK-StPO/Gericke Rn. 25 mwN). Unschädlich ist dabei, dass das Urt. wegen Beschränkung des Rechtsmittels bereits teilw. rkr. ist (BGHSt 6, 305; 15, 203 (207); 21, 242; → Einl. Rn. 151 ff.). Das Revisionsgericht ist weder an die tatsächlichen Feststellungen noch an die Beweiswürdigung des Tatrichters gebunden (BGHSt 5, 225; 14, 137 (139); OLG Düsseldorf VRS 71, 28). Es prüft die Prozessvoraussetzungen und -hindernisse selbständig u. aufgrund eigener Sachuntersuchung unter Benutzung aller verfügbaren Erkenntnisquellen im Freibeweisverfahren (→ Einl. Rn. 152). Zu den gesetzlichen und sonstigen Prozesshindernissen im Einzelnen → Einl. 145 ff. 5

Eine Ausnahme gilt für die sog. **doppelrelevanten Tatsachen**. Was der Tatrichter zum Schuldspruch im Strengbeweis festgestellt hat, bindet das Revisionsgericht (BGH MDR 1956, 272; OLG Düsseldorf MDR 1988, 253; Löwe/Rosenberg/Franke Rn. 31; KK-StPO/Gericke Rn. 25), nach Ansicht des BGH allerdings nicht die Tatzeit, wenn ihre datenmäßige Fixierung für den Schuldspruch u. die sichere Erfassung der ihm zugrunde liegenden Tatsachen nicht unerlässlich ist (BGHSt 22, 90; **aM** Löwe/Rosenberg/Franke Rn. 32). Würde die Ermittlung der maßgebenden Tatsachen eine Beweisaufnahme wie in der HV vor dem Tatrichter erforderlich machen, so ist dem Revisionsgericht nicht verwehrt, das Urt. aufzuheben u. die Sache an den Tatrichter zurückzuverweisen (BGHSt 16, 399 (403); OLG Celle MDR 1960, 334; OLG Düsseldorf MDR 1994, 716 Ls.). Zu Zweifeln an dem Bestehen eines Prozesshindernisses vgl. → § 206a Rn. 7, → Art. 261 Rn. 34; hat das Tatgericht die Verhandlungsfähigkeit sorgfältig geprüft u. ohne Rechtsfehler bejaht, kann auch das Revisionsgericht davon ausgehen (BGH StV 2002, 598; NStZ-RR 2006, 42; 2013, 154). Für die Verhandlungsfähigkeit in der Revision reicht es aus, dass der Beschwerdeführer mind. zeitweilig bei der Entsch. über die Fortführung o. Rücknahme des Rechtsmittels zu einer Grundübereinkunft mit seinem Verteidiger in der Lage war (BGH NStZ-RR 2018, 320; erg. → Einl. Rn. 97, 97a). 6

II. Verfahrensrecht. 1. Bei der **Abgrenzung des Verfahrensrechts vom sachlichen Recht** ist nicht entscheidend, ob die Vorschr. in der StPO o. in einem anderen G steht, sondern ob sie den Weg bestimmt, auf dem der Richter zur Urteilsfindung berufen u. gelangt ist (Löwe/Rosenberg/Franke Rn. 41). Dann gehört sie dem Verfahrensrecht an; alle anderen Vorschr. gehören zum sachlichen Recht (BGHSt 19, 273 (275); 25, 100; eing. dazu SK-StPO/Frisch Rn. 22 ff.). 7

Die **Abgrenzung** ist jedoch im Einzelfall nicht unumstr.: Auf die **Sachrüge** geprüft werden insbes. die Verletzung der Denkgesetze (BGHSt 3, 213 (215); BGH NStZ-RR 2020, 90; str.) u. des Grundsatzes *in dubio pro reo* (BGH LM StPO § 261 Nr. 19; OLG Celle MDR 1957, 436; SK-StPO/Frisch Rn. 66), die unzulässige Verwertung des Schweigens des Angeklagten (BGH NStZ 1997, 147; **aM** BGHSt 32, 140; OLG Koblenz VRS 45, 365; Löwe/Rosenberg/Franke Rn. 42: nur Verfahrensregel; **aM** SK-StPO/Frisch Rn. 67: Eisenberg Beweisrecht StPO Rn. 912: sachlicher u. verfahrensrechtlicher Mangel) o. der Zeugnisverweigerung eines Angehörigen (BGH JR 1981, 432 mkritAnm Hanack; **aM** OLG Karlsruhe GA 1975, 182; Löwe/Rosenberg/Franke Rn. 42: nur Verfahrensmangel) u. der Auskunftsverweigerung nach § 55 im Verf. gegen den Zeugen selbst (OLG Stuttgart NStZ 1981, 272), die Verwertung v. Vorstrafen unter Verstoß gegen § 51 **BZRG** (BGHSt 24, 378; 27, 108; **aM** Schäfer FS Riess, 2002, 484; krit. auch Sander Hdb des Strafrechts Bd. 9 § 59 Rn. 27; erg. § 261 Rn 38, 39), nicht aber die in dem angegriffenen Urt. nicht erörterte Frage, ob u. wie erbrachte Bewäh- 8 rungsleistungen nach § 58 Abs. 2 S. 2 StGB bei der Gesamtstrafenbildung berücksichtigt worden sind (BGHSt 35, 238).

8a Die **Verwertung des nach §§ 154, 154a ausgeschiedenen Prozessstoffs** ohne Hinweis an den Angeklagten wird nur auf eine entspr. Verfahrensrüge geprüft (→ § 154a Rn. 2), ebenso **rechtsstaatswidrige Verfahrensverzögerungen**, es sei denn, die Verletzung ergibt sich allein aus dem dem Revisionsgericht bereits vorliegenden Urt. selbst (SK-StPO/Frisch Rn. 66a). Auch **Rechtsfehler bei Verständigungen nach § 257c** können nur mit einer alle Vorgänge darlegenden Verfahrensbeschwerde beanstandet werden (anders aber, wenn die danach erfolgte Strafzumessung angegriffen wird). Manche Rechtsverstöße verletzen zugleich das Verfahrensrecht u. das sachliche Strafrecht (BGH StV 1981, 127: Verletzung der Pflicht zur allseitigen Prüfung des Sachverhalts; OLG Koblenz VRS 72, 441: wenn nicht ohne weiteres zu ersehen ist, wie Beweiswürdigung u. Wahrunterstellung in Einklang gebracht werden können).

9 **2. Verletzt ist das Verfahrensrecht,** wenn eine ges. vorgeschriebene Handlung unterblieben, wenn sie fehlerhaft vorgenommen worden ist o. wenn sie überhaupt unzulässig war (BGH MDR 1981, 157; Löwe/Rosenberg/Franke Rn. 44). Dabei ist die wirkliche Sachlage maßgebend, wie das Revisionsgericht sie ermittelt, nicht die Sachlage, die der Tatrichter gekannt u. beurteilt hat (BGHSt 10, 304; 16, 178 (180)). Ob dem Beschwerdeführer o. dem Tatrichter die den Mangel begründenden Tatsachen bekannt waren, ist gleichgültig (BGHSt 20, 98; 22, 266; BGH StV 1988, 89; OLG Koblenz NJW 1980, 1058; KK-StPO/Gericke Rn. 23; **aM** BGHSt 27, 22 (24) = JR 1977, 211 mit insoweit abl. Anm. Meyer; erg. → § 52 Rn. 34). Der seinerzeitige Verfahrensstand ist nur maßgebend, wenn die Verfahrenshandlung sich nach ihm zu richten hatte, wie die Nichtvereidigung eines Zeugen wegen des in der HV bestehenden Tatverdachts (BGHSt 10, 358 (365); vgl. auch BVerfG 12.3.1992 – 2 BvR 1574/91). Nachträgliche Ereignisse können einer begründeten Verfahrensrüge nicht den Boden entziehen (Widmaier FS Hanack, 1999, 387 (396)).

10 **3. Bewiesen** muss der Verfahrensmangel sein (BGHSt 16, 164 (167); BGH NJW 1953, 836; NStZ 1993, 395; StraFo 2009, 293; Hamm Revision Rn. 307; **aM** Löwe/Rosenberg/Franke Rn. 51; krit. auch Roxin NStZ 1989, 378). Ist der Beweis unmöglich, zB bei Vorgängen, für die das Beratungsgeheimnis nach § 43 DRiG gilt, so ist die Rüge unzulässig (RGSt 61, 217; 67, 279; OLG Celle MDR 1958, 182; erg. → § 275 Rn. 19).

11 **Beweisgrundlage** ist in 1. Hinsicht die Sitzungsniederschrift (§ 274). Nur wenn sie im Einzelfall ohne Beweiskraft (→ § 274 Rn. 15) o. wenn sie verloren gegangen ist, kommt Freibeweis (→ § 244 Rn. 7, 9) in Betracht (BGH NJW 1976, 977); an die Würdigung des Tatrichters ist das Revisionsgericht dann nicht gebunden (BGH NJW 1978, 1390). Einen unbestrittenen Tatsachenvortrag kann das Revisionsgericht allerdings ohne weiteres seiner Prüfung zugrunde legen (vgl. Knauer NStZ 2021, 312), sofern die Voraussetzungen des § 344 Abs. 2 S 2 gewahrt sind (→ § 344 Rn. 20 ff.). Auch die Urteilsgründe können den Verfahrensmangel ausweisen (dazu Hamm FS Rissing-van Saan, 2011, 201 ff.), selbst wenn er sich dem Prot. nicht entnehmen lässt (BayObLGSt 1953, 151), zB wenn sich aus dem Urt. der Teilnahmeverdacht gegen einen nach § 59 vereidigten Zeugen ergibt. Feststellungen über den Gang der HV trifft das Revisionsgericht, wenn gerügt ist, dass der Angeklagte während eines Teils der HV abwesend gewesen o. dass er über sachliche Veränderungen des Anklagevorwurfs nicht ausreichend unterrichtet worden ist (BGHSt 19, 141 (143)), wegen der vorrangigen Bedeutung des Art. 103 Abs. 1 GG auch, wenn der Angeklagte die Versagung des rechtlichen Gehörs durch Unterlassen einer bestimmten Verfahrenshandlung rügt (BGHSt 22, 26; OLG Düsseldorf VRS 64, 128; Hanack JZ 1973, 729).

12 **Zweifel an dem Verfahrensverstoß** wirken nicht zugunsten des Beschwerdeführers (→ § 261 Rn. 35). Lässt sich das Gegenteil nicht beweisen, so wird – verfassungsrechtlich unbedenklich (Spiegel DAR 1983, 208 – BVerfG RsprÜ) – davon ausgegangen, dass das Verf. rechtmäßig war (BGHSt 16, 164 (167); 17, 351

(353); 21, 4 (10); BGH StraFo 2011, 314 (315); krit. Löwe/Rosenberg/Franke Rn. 51; SK-StPO/Frisch Rn. 76). Eine Ausnahme gilt, wenn der Nachw. infolge Verschuldens der Justizbehörden nicht zu führen ist, wie bei fehlender Zustellung der Anklageschrift (OLG Celle StV 1998, 531) o. bei der Ladung zur HV (OLG Jena StraFo 2004, 357; OLG Karlsruhe MDR 1974, 774) o. bei fehlender Dokumentation der Gründe für eine Änd. der Geschäftsverteilung (BGHSt 53, 268 (282)) o. bei einem Verstoß gegen eine ges. angeordnete Dokumentationspflicht (so zu § 273 Abs. 1a BVerfG NJW 2012, 1136; dem BVerfG zust. Schwabenbauer NStZ 2014, 495; OLG Zweibrücken NJW 2012, 3193; zu § 273 Abs. 3 OLG Karlsruhe StV 2014, 401).

4. Eine **Wiederholung oder Ergänzung der Beweisaufnahme** durch das 13
Revisionsgericht ist ausgeschlossen; sie würde der Ordnung des Revisionsverfahrens widersprechen (BGHSt 15, 347; 29, 18 (20); 31, 139 (140); BGH NJW 1984, 1245 (1246)). Die Urteilsfeststellungen über die Beweisaufnahme können daher mit Verfahrensrügen nach den §§ 244 Abs. 2, 261 grds. nicht bekämpft werden. Es ist Sache des Tatrichters, die Erg. der Beweisaufnahme festzustellen u. zu würdigen; der dafür bestimmte Ort ist das Urteil. Was in ihm über das Erg. der Verh. zur Schuld- u. Rechtsfolgenfrage festgestellt ist, bindet das Revisionsgericht (BGHSt 21, 149; BGH NJW 1969, 1911 (1912); Dallinger MDR 1974, 369 – BGH RsprÜ) u. ist dem Freibeweis nicht zugänglich (BGHSt 15, 347; 29, 18 (20); 31, 139; Holtz MDR 1979, 638 – BGH RsprÜ; erg. → § 351 Rn. 3). Zu erwägen ist aber, ob nicht in den Fällen, in denen es für die Begründung einer Verfahrensrüge lediglich darauf ankommt, ob ein bestimmter Vorgang in der HV stattgefunden hat o. nicht, das Verbot der „Rekonstruktion der Hauptverhandlung" eingeschränkt werden sollte (so Pauly FS Hamm, 2008, 572; ähnlich schon Ebert Strafrechtspflege/Fezer S. 108: Beweiserhebung über Hauptverhandlungsvorgänge zur Feststellung v. Verfahrensfehlern bei Herstellung der Beweisgrundlage zulässig; vgl. auch Herdegen FS Salger, 1995, 315 sowie Wilhelm ZStW 117 (2005), 144 mit entspr. Anwendung des § 26 Abs. 2 S. 1).

Der **Gegenbeweis gegen die Urteilsfeststellungen** lässt sich daher nur führen, 14
wenn er ohne Rekonstruktion der HV erbracht werden kann (BGH NStZ 1997, 296; OLG Hamburg StV 2012, 74; → § 261 Rn. 42 ff.), zB wenn im Sitzungsprotokoll der Inhalt einer Aussage nach § 273 Abs. 3 protokolliert worden ist (BGHSt 38, 14; BGH NStZ 2015, 473) o. sich aus ihm im Widerspruch zu den Urteilsfeststellungen ergibt, dass der Angeklagte sich in der HV eingelassen o. nicht eingelassen hat (→ § 261 Rn. 43), hingegen nicht bei Protokollierung nach § 273 Abs. 2 (BGHSt 29, 18 (20); 38, 14 (16); BayObLG NStZ 1990, 508; **aM** OLG Koblenz VRS 46, 435 (436); krit. auch Löwe/Rosenberg/Franke Rn. 58), wohl aber, wenn die Urteilsfeststellungen einer in der HV verlesenen Urk. (Miebach NStZ 1988, 212 – BGH RsprÜ; BGH NStZ-RR 2003, 52; BeckRS 2018, 21465) o. dem verlesenen Prot. über eine kommissarische Vernehmung (BGHSt 29, 18 (21); Pfeiffer/Miebach NStZ 1987, 18 – BGH RsprÜ; BayObLG StV 1986, 226; OLG Bremen StV 1990, 536) o. einer polizeiliche Vernehmung (BGH StV 1983, 121 Ls.) widersprechen (vgl. auch BVerfGE 82, 236 (259)) o. ein wesentliches Detail einer verlesenen Urk. verschweigen (BGH StV 2003, 318). Das kann bei einer Aufzeichnung des Protokollinhalts auf Tonträger nach § 168a Abs. 2 durch einen Wortvergleich festgestellt werden (OLG Stuttgart NStZ 1986, 41), ebenso bei einer verlesenen u. als Anl. zum Hauptverhandlungsprotokoll genommenen schriftlichen Erkl. (KG StV 2003, 320) o. einer nach § 255a Abs. 1 vorgeführten Videoaufzeichnung (Diemer NStZ 2002, 19), nicht aber bei einer Videoaufzeichnung nach § 247a S. 4 (Hofmann StraFo 2004, 303) o. § 255a Abs. 2 (BGH NJW 2003, 2761 (2763) = StV 2003, 650 mit insoweit ablAnm Schlothauer; Hofmann NStZ 2002, 569; zw., **aM** Wollschläger FS Schlothauer, 2018, 517 (526); Leitner StraFo 2004, 306; Wasserburg FS Richter II, 2006, 557), weil es sich bei diesen um einen direkten bzw. einen vorweggenommenen Teil der HV handelt. Zur Überprüfung v. Sachverhaltsfeststellungen des Gerichts anhand v. Erkenntnissen, die

digital auf einem Speichermedium festgehalten sind, eing. Gercke/Wollschläger StV 2013, 106. Ergänzend → § 261 Rn. 42 ff.

15 Eine **eigene Bewertung des Beweisergebnisses** ist dem Revisionsgericht verwehrt. Es darf nicht prüfen, ob eine Urk. richtig ausgelegt (→ Rn. 32), ob der Inhalt einer Zeugenaussage richtig gewürdigt ist (vgl. BGH NJW 2003, 2761), wohl aber, ob ein Lichtbild für Beweiszwecke überhaupt „ergiebig" ist (BGHSt 41, 376 (382); OLG Hamm VRS 108, 435; **aM** BGHSt 29, 18 = JR 1980, 168 mablAnm Peters; erg. → § 261 Rn. 44, 45, 48). Mit der Behauptung, das Gericht habe sich mit einer bestimmten Aussage einer Beweisperson o. einer Einlassung des Angeklagten (dazu BGH NStZ 2004, 392) nicht auseinandergesetzt, kann die Revision nicht gehört werden, es sei denn, die Aussage o. die Einlassung ist in der HV verlesen worden (→ Rn. 14; → § 261 Rn. 47, 48; vgl. auch OLG Oldenburg StV 2002, 524: Verlesung nach § 325) o. sie ergibt sich aus dem Urt. selbst (BGH NJW 1992, 2840; NStZ 1995, 27; abl. Herdegen StV 1992, 596).

15a Die **Aktenwidrigkeit der Urteilsgründe** kann nicht mit einer Verfahrensbeschwerde beanstandet werden. Dem Versuch, Widersprüche zwischen dem Inhalt des Urt. u. den Akten alternativ auf eine Rüge nach § 244 Abs. 2 (wegen Nichteinführung des Akteninhalts in die HV) o. nach § 261 (wegen Nichterörterung des Widerspruchs in den Urteilsgründen) zu stützen (so Schlothauer StV 1992, 134 (139); Ziegert StV 1996, 279 bezeichnet es als eine zulässige „prozessuale Wahlfeststellung"; ähnlich Herdegen FS Eisenberg, 2009, 530), ist der BGH entgegengetreten (BGH NStZ 1999, 423; 2007, 115; BeckRS 2017, 122558; vgl. auch BGH BeckRS 2007, 14391: „Widersprüche zwischen dem Inhalt des Urteils und den Akten sind, wenn sie sich nicht aus den Urteilsgründen selbst ergeben, für sich allein regelmäßig revisionsrechtlich unerheblich"; ebenso BGH NStZ 2012, 152; NStZ-RR 2017, 16; erg. → Rn. 23). Eine Verletzung der Aufklärungspflicht kann idR auch nicht damit begründet werden, dass die Urteilsgründe sich zu bestimmten Punkten im Zusammenhang mit einer Zeugenvernehmung nicht äußern (BGH NJW 1992, 2838; NStZ 2000, 156; 2006, 55; **aM** Bauer NStZ 2000, 72; Herdegen StV 1992, 596). Nur wenn sich das Urt. entscheidend (zB bei „Aussage gegen Aussage", vgl. → § 261 Rn. 11a) auf eine widersprüchliche Aussage stützt o. ein essentieller, nicht erklärlicher Widerspruch zwischen Akteninhalt u. Urteilsgründen besteht (BGHSt 43, 212 (215)), kann es ein Erörterungsmangel u. somit ein Verstoß gegen § 261 sein, wenn der Widerspruch in den Urteilsgründen nicht aufgelöst wird.

16 **5. Ermessensentscheidungen des Tatrichters** prüft das Revisionsgericht nur darauf, ob der Richter sich der Befugnis, sein Ermessen auszuüben, bewusst gewesen ist u. ob er es fehlerhaft ausgeübt hat, weil er die anzuwendenden Rechtsbegriffe verkannt, die Grenzen seiner Ermessensfreiheit durch unzulässige Erwägungen überschritten u. sich nicht nach den Grundsätzen u. Wertmaßstäben des Gesetzes gerichtet hat, insbes. willkürlich u. grob missbräuchlich verfahren ist (BGHSt 6, 298 (300); 10, 327 (329); 18, 238; KG StV 1983, 186). Sein eigenes Ermessen darf das Revisionsgericht nicht an die Stelle des tatrichterlichen Ermessens setzen (BGHSt 5, 57 (58); 15, 390 (393); Löwe/Rosenberg/Franke Rn. 63).

17 Beruht die angegriffene Entsch. auf der Bewertung tatsächlicher Umstände, bei der dem Tatrichter ein **Beurteilungsspielraum** eingeräumt ist, so ist das Revisionsgericht an die ihr zugrunde liegenden tatsächlichen Feststellungen gebunden. Seine Prüfung beschränkt sich darauf, ob der Tatrichter sich der Möglichkeit einer Ermessensentscheidung bewusst geworden ist (BGHSt 22, 266 (267)) u. ob er die anzuwendenden Rechtsbegriffe verkannt hat (vgl. OLG Köln NJW 1986, 2896). Das gilt zB für die Feststellung des Verlöbnisses des Angeklagten (→ § 52 Rn. 33), des Teilnahmeverdachts des Zeugen (→ § 60 Rn. 34), der Befangenheit des Sachverständigen (→ § 74 Rn. 21), der Voraussetzungen für die Verlesung nach § 251 (→ § 251 Rn. 42) u. des nicht genügend entschuldigten Ausbleibens des Angeklagten in der Berufungsverhandlung (→ § 329 Rn. 48).

18 **6. Beschwer:** Jeder Bet. kann nur Verfahrensfehler rügen, die ihn selbst beschweren (BGHSt 12, 1 (2)). Auf Verstöße, die nur andere Bet. betreffen, kann er

die Revision nicht stützen (BGHSt 10, 119 (121); Dallinger MDR 1973, 192 – BGH RsprÜ; BGH StV 1984, 493 Ls.; OLG Saarbrücken VRS 35, 41 (42)); das gilt auch für zwingende Aufhebungsgründe (→ § 338 Rn. 4). Ausreichend ist aber eine mittelbare Beschwer. Der hiervon betroffene Angeklagte kann zB rügen, dass die Ehefrau eines Mitangeklagten nicht nach § 52 Abs. 3 S. 1 belehrt worden ist (Dallinger MDR 1973, 902 – BGH RsprÜ), dass ein Brief des Mitangeklagten zu Unrecht beschlagnahmt worden ist (RGSt 20, 91 (93)) o. dass ein Geständnis des Mitangeklagten nach § 136a nicht hätte verwertet werden dürfen (Dallinger MDR 1971, 18 – BGH RsprÜ). Die fehlerhafte Ablehnung v. Beweisanträgen anderer Prozessbeteiligter kann er rügen, wenn er sich ihnen zwar nicht angeschlossen hatte, das Gericht aber wegen gleichartiger Interessenlage auch ihm ggü. zur rechtlich einwandfreien Behandlung verpflichtet war (→ § 244 Rn. 105). Das ist bei einem Beweisantrag der StA nur der Fall, wenn er zugunsten des Angeklagten o. zur objektiven Wahrheitserforschung gestellt war.

Auf Verfahrensverstöße, die **kein Verwertungsverbot** nach sich ziehen, kann die Revision trotz bestehender Beschwer nicht gestützt werden. Allerdings ist weitgehend ungeklärt, unter welchen Voraussetzungen Beweisergebnisse trotz Missachtung v. Beweisverboten verwertet werden dürfen (→ Einl. Rn. 55 ff.). Für den Fall, dass der Verstoß nur die Interessen dritter Personen berührt, hat der BGH die (v. Gossrau MDR 1958, 468 sog.) Rechtskreistheorie entwickelt (BGHSt 11, 213 (GSSt); BGHSt 17, 245 (247); eing. dazu Wolter Theorie und Systematik StrafProzR/Frisch S. 173 ff.). Sie bedeutet, dass der Angeklagte den Verstoß gegen nur die Interessen v. Zeugen o. des Staates schützende Vorschr., wie § 54 (→ § 54 Rn. 32), § 55 (→ § 55 Rn. 17), § 70 (→ § 70 Rn. 21), § 81c Abs. 1, Abs. 2 S. 1 (→ § 81 Rn. 32), § 81d (→ § 81d Rn. 6), § 95 Abs. 2 S. 2 iVm § 55 (→ § 95 Rn. 11), nicht rügen kann. Bei den übrigen Verstößen kommt es nach der Rspr. auf eine Abwägung der Interessen des Angeklagten an der Bewahrung seiner Rechtsgüter gegen das Interesse des Staates an der Tataufklärung u. Verfolgung v. Straftaten an (→ Einl. Rn. 55a). Vgl. iÜ die Erläuterungen zu den einzelnen Vorschriften. Ein Verstoß gegen das Verwertungsverbot des § 51 Abs. 1 BZRG ist – anders als eine Missachtung des in § 51 Abs. 1 BZRG ebenfalls enthaltenen Vorhalteverbots – bereits auf die Sachrüge zu beachten (BGH StraFo 2009, 243 mwN). 19

III. Sachliches Recht. 1. Die **Prüfung des Revisionsgerichts** auf die Sachrüge beschränkt sich nicht darauf, ob das Recht auf den festgestellten Sachverhalt richtig angewendet worden ist. Es prüft vielmehr auch, ob die Urteilsfeststellungen überhaupt eine tragfähige Grdl. für diese Prüfung bieten (BGHSt 14, 162 (165); BGH NJW 1978, 113 (115)), insbes., ob sie frei v. Lücken, Widersprüchen u. Verstößen gegen Denk- u. Erfahrungssätze sind. 20

Diese Kontrolle der Voraussetzungen richtiger Rechtsanwendung wird im Schrifttum teilw. unter dem Begriff **Darstellungsrüge** zusammengefasst (vgl. Löwe/Rosenberg/Franke Rn. 82 ff.; Beulke Handbuch des Strafrechts Bd. 9 § 60 Rn. 22 ff.; Fezer, Die erweiterte Revision, 1974, S. 9, 14). Unzureichende Feststellungen können allerdings idR nur bei einer Verurteilung, nicht bei einem Freispruch aus tatsächlichen Gründen mit der Sachrüge beanstandet werden (BayObLGSt 1988, 148: Aufklärungsrüge nötig). 21

2. Grundlagen der Prüfung sind nur die Urteilsurkunde u. die Abb., auf die nach § 267 Abs. 1 S. 3 verwiesen worden ist (Rieß NJW 1978, 2270). Alle anderen Erkenntnisquellen sind dem Revisionsgericht grds. verschlossen (BGHSt 35, 238 (241); BGH NJW 1998, 3654; NStZ-RR 2012, 216; erg. aber → Rn. 25). Die nach § 268 Abs. 2 S. 2 mündlich mitgeteilten Urteilsgründe sind nicht maßgebend (BGHSt 2, 63 (66); 7, 363 (370); Kusch NStZ 1996, 326 – BGH RsprÜ); Widersprüche zwischen Urt. u. Prot. sind für die Sachrüge ohne Bedeutung; die Gründe sind maßgebend (→ § 273 Rn. 36). Unbeachtlich sind auch unzulässige Berichtigungsbeschlüsse (BGHSt 2, 248; BGH GA 1969, 119; Dallinger MDR 1973, 902 – BGH RsprÜ) u. Urteilsergänzungen, für die § 267 Abs. 4 S. 3 keine Grdl. bietet 22

(BayObLGSt 1977, 137) o. die nach Ablauf der dort bestimmten Frist zu den Akten gebracht worden sind (BayObLGSt 1979, 148 (152)).

23 Den **Akteninhalt** darf das Revisionsgericht bei der Prüfung der Sachrüge nicht berücksichtigen (BGHSt 35, 238 (241); OGHSt 1, 42 (43); OLG Köln MDR 1984, 335; Wagner ZStW 106 (1994), 299; **aM** Peters StrafProzR Rn. 647; Rüping Strafverfahren Rn. 641), selbst wenn er ihm auf eine Verfahrensrüge, zB nach § 244 Abs. 2, eröffnet ist (BGH GA 1955, 269; Löwe/Rosenberg/Franke Rn. 78; Schmid ZStW 85 (1973), 906; **aM** BGHSt 22, 282 (289) u. BGH StV 1993, 176 mablAnm Schlothauer); das muss auch dann gelten, wenn eine Mangelhaftigkeit des Urt. durch einen „Blick in die Akten" möglicherweise leicht zu beheben ist (**aM** Kuckein/Müller NJW-Festheft Tepperwien, 2010, 31; vgl. dagegen BGH BeckRS 2010, 10343, jew. zu fehlenden Feststellungen zur Kenntnis des Kindesalters bei § 176 Abs. 1 StGB). Die **Rüge der „Aktenwidrigkeit"** ist unbeachtlich (OLG Koblenz VRS 46, 440 (441); Dahs Strafprozessrevision Rn. 92; Fezer StrafProzR § 20 Rn. 7); ein Erörterungsmangel kann nur dann bejaht werden, wenn sich ein Widerspruch aus dem Urt. selbst ergibt, also sich dieses etwa auf Aussagekonstanz beruft, obwohl sich die Aussagen widersprochen haben (BGH StV 1992, 2), o. wenn sonst das Beweisergebnis mit den Mitteln des Revisionsrechts ohne weiteres feststellbar ist (BGH StV 1991, 549).

24 Dem Revisionsgericht sind, abgesehen v. der Anhörung v. Sachverständigen zur Feststellung v. Erfahrungssätzen (→ Rn. 31; → § 351 Rn. 3), **Beweisaufnahmen** nicht gestattet (Gössel JR 1983, 120; Schmid ZStW 85 (1973), 893). Es darf aber Lichtbilder u. Filmstreifen, deren strafbarer Inhalt Gegenstand des Urt. ist, daraufhin in Augenschein nehmen, ob sie die Überzeugungsbildung des Tatrichters tragen (BGHSt 41, 376 (382) gegen BGHSt 29, 18 (22); OLG Hamburg NStZ 1981, 393; erg. → Rn. 15).

25 Neben dem Urteilsinhalt beachtet das Revisionsgericht aber auch **offenkundige Tatsachen** (→ § 244 Rn. 50 ff.; OLG Düsseldorf NJW 1993, 2452). Es kann mit ihnen Lücken in den Urteilsfeststellungen schließen u. Widersprüche ausräumen (BGHSt 49, 34 (41); BayObLGSt 1987, 171 (173)). Dasselbe gilt für die Gerichtskundigkeit des Revisionsgerichts (BGH BeckRS 1996, 03749; Meyer-Goßner FS Tröndle, 1989, 563), zB die Kenntnis v. Tatsachen aus der Befassung mit einem ersten, aufgeh. Urt. des LGs (BGH NStZ-RR 2004, 238 (239)). Eingehend zu den revisionsrechtlichen Folgerungen Meyer-Goßner/Cierniak StV 2000, 696 ff.

26 3. Die **Beweiswürdigung** des Tatrichters unterliegt einer – eingeschränkten – Prüfung des Revisionsgerichts (zusf. zur Rspr. des BGH Miebach NStZ-RR 2014, 233; 2016, 329; Nack StV 2002, 510 (558 ff.); erg. → § 261 Rn. 2 ff., 38 ff.). Das Revisionsgericht darf die Beweiswürdigung nur auf rechtliche Fehler prüfen, sie aber nicht durch seine eigene ersetzen (BGHSt 10, 208 (210); 29, 18 (20)). Das Revisionsgericht hat die tatrichterliche Überzeugungsbildung grds. selbst dann hinzunehmen, wenn eine andere Beurteilung näher gelegen hätte o. überzeugender gewesen wäre (BGH NStZ-RR 2015, 178). Die nach Ansicht des Beschwerdeführers falsche Würdigung der Beweise kann daher mit der Revision nicht gerügt werden (BGH NStZ-RR 2008, 146), wohl aber der Weg dorthin (Jähnke FS Hanack, 1999, 356).

26a Die Revisionsgerichte haben nach und nach ihre **Prüfungsbefugnis** dahin **ausgeweitet**, ob die Beweiswürdigung des Tatrichters plausibel – dh für das Revisionsgericht nachvollziehbar – ist (vgl. Dahs FS Hamm, 2008, 41; Fischer FS Paulus, 2009, 69; Hamm FS Fezer, 2008, 393). Diese „notwendige und unumkehrbare" Entwicklung (Fezer FS Hanack, 1999, 340, der aber in Fezer FS Otto, 2007, 901 zutr. darlegt, dass sie teilw. zur Relativierung der Verfahrensvorschriften durch den BGH geführt hat), ist im Interesse der Einzelfallgerechtigkeit zu begrüßen (Dietmeier ZIS 2008, 101) u. „rechtfertigt die Revision als einziges Rechtsmittel im Bereich der schweren Kriminalität" (Rieß FS Hanack, 1999, 417). Die Beweiswürdigung muss somit die Tatsachenfeststellungen für das Revisionsgericht insges. nachvollziehbar machen; mangelnde Plausibilität der Tatsachenfeststellungen ist als revisibler Rechtsfehler anzusehen (dazu eing. Frisch ZIS 2016, 707 (711); vgl. auch Gericke FS Tolksdorf, 2014, 243; krit. Herdegen FS Eisenberg, 2009, 535).

Das Revisionsgericht prüft auch, ob der Tatrichter seine **Pflicht zur erschöpfenden Würdigung der Beweise** (→ § 261 Rn. 6) erfüllt hat. So kann die Sachrüge erfolgreich sein, wenn hins. einer Zeugenaussage im Urt. genannte Tatsachen, die ihrer Glaubhaftigkeit entgegenstehen, nicht in die Glaubhaftigkeitsprüfung einbezogen wurden, wenn sich aufdrängende Falschbelastungshypothesen nicht widerlegt o. sämtliche Qualitätsmängel der Aussage nicht einer wertenden Gesamtbetrachtung unterzogen worden sind (vgl. BGH NStZ 2008, 581; NStZ 2009, 106; 2009, 107; 2009, 108)). 26b

Rechtsfehlerhaft ist die Beweiswürdigung insbes., wenn sie in sich widersprüchlich, lückenhaft o. unklar ist o. gegen **Denkgesetze o. gesicherte Erfahrungssätze** verstößt (BGH NStZ-RR 2020, 90; NStZ 1983, 277; wistra 2008, 22 (24); 107; StraFo 2012, 236; OLG Koblenz NJW 1986, 1003), über schwerwiegende Verdachtsmomente hinweggeht (BGH wistra 2010, 70) o. einzelne Belastungsindizien nur gesondert erörtert, ohne eine Gesamtabwägung vorzunehmen (BGH StV 2012, 74; erg. → § 261 Rn. 2, → § 267 Rn. 33) o. wenn der Tatrichter überspannte Anforderungen an die für eine Verurteilung erforderliche Gewissheit stellt (BGH NStZ 1984, 180; 2010, 407; NStZ-RR 2009, 248). 27

Widersprüche und Unklarheiten stehen einer Nachprüfung der Beweiswürdigung durch das Revisionsgericht entgegen u. stellen daher einen sachlich-rechtlichen Mangel des Urt. dar (BGHSt 3, 213 (215); 14, 162 (164); 15, 1 (3); BGH NStZ-RR 2019, 317; BeckRS 2013, 2879; OLG Koblenz VRS 65, 441 (443)). 28

Die rechtliche Prüfung ist auch nicht möglich, wenn die **Beweiswürdigung Lücken** aufweist, insbes., wenn nicht alle aus dem Urt. ersichtlichen Umstände gewürdigt sind, die Schlüsse zugunsten o. zuungunsten des Angeklagten zulassen (BGHSt 14, 162 (164); 25, 285; BGH NJW 1980, 2423; Pfeiffer/Miebach NStZ 1984, 17 – BGH RsprÜ; Pfeiffer/Miebach NStZ 1985, 15 – BGH RsprÜ). Daher ist es fehlerhaft, wenn der Tatrichter, obwohl der Sachverhalt dazu drängt, eine nahe liegende Möglichkeit des Tathergangs, auch der inneren Tatseite, außer Betracht lässt (BGHSt 18, 204 (207); 25, 365 (367); BGH NJW 1953, 1441; StV 1987, 423; VRS 65, 351 (353)). Die Aussagen eines Zeugen v. Hörensagen müssen einer bes. sorgfältigen u. kritischen Würdigung unterzogen werden (BGH NStZ 1988, 144; OLG Köln NStZ 1990, 557). Beim Indizienbeweis muss sich der Tatrichter mit allen festgestellten Beweisanzeichen auseinandersetzen (BGHSt 12, 311 (315); BGH NJW 1967, 1140). Das Revisionsgericht muss aber keine Mutmaßungen darüber anstellen, ob weitere Beweise zur Aufklärung der Tatvorwürfe zur Vfg. gestanden hätten, aber nicht erhoben, o. zwar erhoben, aber nicht im Urt. gewürdigt wurden. Soweit der BGH in einem Einzelfall den Anwendungsbereich der Sachrüge auf die Lückenhaftigkeit persönlicher Feststellungen ausgeweitet hat (BGH 29.7.2021 – 1 StR 221/21), erscheint dies zu weitgehend ((zutr. Mosbacher JuS 2022, 126, 129). 29

Der **Verstoß gegen die Denkgesetze** ist ebenfalls ein sachlich-rechtlicher Mangel (BGHSt 6, 70 (72); 19, 33 (34); KG JR 1959, 106). Ein solcher Verstoß liegt etwa vor (vgl. allg. Meurer FS Wolf, 1985, 483 ff.) bei Kreis- o. Zirkelschlüssen (BVerfG NJW 2003, 2444 (2446); BGH StraFo 2003, 131; NJW 2016, 262 (263);), unauflösbaren Widersprüchen (vgl. BGH NStZ 2021, 116), Begriffsvertauschungen (Dahs Strafprozessrevision Rn. 449), Rechenfehlern (OLG Bremen VRS 54, 65 (68); Geerds FS Peters, 1984, 269), bei der irrtümlichen Annahme, eine Schlussfolgerung sei zwingend (KG VRS 63, 46 (47); OLG Köln VRS 64, 230; OLG Schleswig SchlHA 1956, 184), o. bei der Verwendung v. Nichtbewiesenem als Beweisanzeichen (BGH NJW 1980, 2423 (2424); OGHSt 1, 165). 30

Ein **Kreis- oder Zirkelschluss** liegt vor, wenn aus einer Aussage selbst auf ihre Glaubhaftigkeit geschlossen wird (vgl. BGH NStZ-RR 2015, 286 (287); 2020, 90). Die Zirkelschlüssigkeit kann aber entfallen, wenn Teile einer Aussage, aus deren Wahrheit auf die Glaubhaftigkeit anderer Aussageteile geschlossen wird, eine außerhalb der Aussage selbst liegend, also „externe" Bestätigung erfahren haben. Ein 30a

Zirkelschluss ist daher nicht gegeben, wenn aus dem Ablauf der Vernehmung o. dem Verhalten der Beweisperson bei ihrer Befragung o. aus der inhaltlichen Struktur ihrer Aussage auf deren Glaubhaftigkeit geschlossen werden kann, o. wenn Umstände außerhalb der Aussage selbst, welche diese zu bestätigen geeignet sind, durch entspr. Vorhalte an den Zeugen in die HV eingeführt wurden (so BGH StV 2005, 487 mwN).

31 Die Beweiswürdigung ist fehlerhaft, wenn sie **Erfahrungssätze nicht beachtet,** also die aufgrund allg. Lebenserfahrung o. – aktueller (vgl. BGH NStZ-RR 2020, 116) – wissenschaftlicher Erkenntnisse gewonnenen Regeln, die keine Ausnahme zulassen u. eine an Sicherheit grenzende Wahrscheinlichkeit zum Inhalt haben, außer Acht lässt (BGHSt 6, 70 (72); 31, 86 (89); BGH NJW 1982, 2882; NStZ-RR 2002, 39). Sie binden den Tatrichter in gleicher Weise wie die Denkgesetze (BGHSt 5, 34 (36); 25, 246 (248); 29, 18 (21); BGH NJW 1978, 1207), sofern nicht neuere Erkenntnisse die früheren widerlegen (OLG Düsseldorf VRS 59, 287 (289): Darlegungspflicht). Umgekehrt ist es rechtsfehlerhaft, wenn der Tatrichter v. einem nicht bestehenden Erfahrungssatz ausgeht (BGHSt 7, 82 (83); NStZ-RR 2023, 185; BayObLG NStZ-RR 2022, 119; OLG Düsseldorf StV 1993, 572; OLG Karlsruhe StV 1995, 13), zB „Erkenntnisse" der Parapsychologie berücksichtigt (BGH NJW 1978, 1207) o. einen Erfahrungssatz zugunsten eines anderen Erfahrungssatzes vernachlässigt (Kusch NStZ 1997, 376 – BGH RsprÜ). Gravierende Fehlbewertungen der Beweiskraft v. statistisch belegten Häufigkeitswerten begründen idR einen Rechtsfehler (BGH StV 1996, 583). Das Revisionsgericht kann das Bestehen o. Fehlen v. Erfahrungssätzen im Freibeweis (→ § 244 Rn. 7, 9), auch durch Anhörung v. Sachverständigen, prüfen (BGHSt 7, 82; 25, 246 (249); 33, 133 (136)).

32 4. Die **Auslegung** von Äußerungen, Erklärungen, Urk., Verträgen u. bildlichen Darst. ist eine Tatsachenwürdigung, die nur dem Tatrichter zusteht (BGH NStZ-RR 2017, 318; OLG Hamburg JR 1983, 508; OLG Köln NJW 1982, 657; NStZ 1981, 183). Dem Revisionsgericht ist eine eigene Würdigung ebenso verboten wie bei der Beweiswürdigung (BGH 11.12.2024 – 6 StR 248/24 mwN; NStZ-RR 2017, 318; BGHSt 3, 69 (70); 21, 371 (372); BGH NJW 1952, 1186; OLG Düsseldorf JMBl. NRW. 1981, 223; OLG Köln AfP 1985, 285). Dabei ist aber mit Wittig GA 2000, 267 zwischen Feststellung des Wortlauts u. der Umstände (= Tatsachenfeststellung) u. der Anwendung v. Auslegungsregeln (= Rechtsanwendung) zu unterscheiden. Die **Prüfung** des Revisionsgerichts **beschränkt** sich demnach darauf, ob die Auslegung auf Rechtsirrtum beruht (BGHSt 37, 55 (61); OLG Hamm NJW 1971, 1852 (1853); OLG Köln JMBl. NRW. 1983, 36), ob sie lückenhaft ist, weil v. mehreren Auslegungsmöglichkeiten nur eine geprüft ist (BGHSt 25, 365 (367); OLG Köln NJW 1988, 1802) o. gegen Sprach- u. Denkgesetze, Erfahrungssätze u. allg. Auslegungsregeln verstößt (BGHSt 21, 371 (372); 65, 202; 11.12.2024 – 6 StR 248/24 mwN; BayObLG NJW 1990, 922; OLG Köln NStZ 1981, 183). Das gilt auch für die Auslegung v. Verwaltungsanordnungen (BGHSt 31, 314 (316); BGH VRS 16, 53). Eine allg. Auslegungsregel ist zB der Grundsatz, dass der nicht eindeutige Sinn der Gedankenäußerung aus dem Zusammenhang u. Zweck zu erforschen ist (Holtz MDR 1977, 281 – BGH RsprÜ; RGSt 61, 151 (154)).

33 **5. Gesetzesanwendung:** Das sachliche Recht ist verletzt, wenn eine auf den festgestellten Sachverhalt anzuwendende Norm nicht o. nicht richtig angewendet worden ist o. wenn eine unanwendbare Rechtsnorm o. eine „Norm" angewendet worden ist, die keine Rechtsnorm ist. Der Fehler kann insbes. in der falschen Auslegung der Rechtsnorm o. in falscher Subsumtion liegen. In beiden Fällen ist das Revisionsgericht v. der Auff. des Tatrichters unabhängig. Bei unbestimmten Rechtsbegriffen ist das Revisionsgericht zwar an die dazu festgestellten Tatsachen, aber nicht an die Ansicht des Tatrichters gebunden (dazu eing. u. zutr. Tolksdorf FS Meyer-Goßner, 2001, 523; ähnlich Geisler FS Geppert, 2011, 113 zur weithin verfehlten Anerkennung tatrichterlicher Beurteilungsspielräume durch das Revisionsgericht; teilw. **aM** Maatz StraFo 2002, 373: eingeschränkter Prüfungsmaßstab

des Revisionsgerichts; vgl. auch SK-StPO/Frisch Rn. 109 ff.). Es kann, wenn die Feststellungen vollständig sind, abschl. im entgegengesetzten Sinn entscheiden wie der Tatrichter (vgl. BGH VRS 54, 436).

6. Der **Rechtsfolgenausspruch** ist als Rechtsanwendung v. dem Revisionsgericht überprüfbar (BVerfG NJW 2007, 2977 (2978); eing. dazu SK-StPO/Frisch Rn. 147 ff.). Der Tatrichter muss seine Zumessungserwägungen daher in einem die Nachprüfung ermöglichenden Umf. darlegen (OLG Düsseldorf NStZ 1988, 325). Allerdings trägt die Verantwortung für die Festsetzung der Rechtsfolgen in 1. Hinsicht der Tatrichter; insbes. die Strafbemessung ist seine Aufgabe (BGHSt 17, 35 (36); BGH wistra 1982, 225). In Zweifelsfällen ist die Wertung des Tatrichters zu respektieren (BGH NStZ 1982, 114; 1984, 360; StV 1983, 502). Das Revisionsgericht darf nur eingreifen, wenn die Strafzumessungserwägungen des Urt. in sich rechtsfehlerhaft sind o. wenn der Tatrichter die ihm nach § 46 StGB obliegende Pflicht zur Abwägung der für u. gegen den Angeklagten sprechenden Umstände verletzt, insbes. rechtlich anerkannte Strafzwecke nicht in den Kreis seiner Erwägungen einbezogen hat (BGHSt 17, 35 (36); 27, 2; 34, 345 (349); BGH NStZ-RR 2012, 168; 2016, 313). Es prüft auch, ob die verhängte Strafe noch innerhalb des Rahmens liegt, innerhalb dessen sie schon o. noch als gerecht anerkannt werden kann (BGH NStZ-RR 2008, 343; NJW 2011, 2819 (2821)). Das ist nur dann nicht der Fall, wenn dem Tatrichter ein offensichtlich grober Fehlgriff vorzuwerfen ist (BGHSt 17, 35 (37); Dallinger MDR 1974, 721 – BGH RsprÜ; BGH JR 1981, 334; NStZ 1985, 415; OLG Düsseldorf VRS 59, 284), die Strafe also bei Berücksichtigung des zur Vfg. stehenden Strafrahmens unvertretbar hoch o. niedrig ist (BGH NJW 1977, 1247; 1990, 846; OLG Karlsruhe NJW 1980, 133; krit. zu dieser Rspr. Foth NStZ 1992, 444). 34

Rechtsfehlerhafte Strafzumessungserwägungen liegen zB vor (vgl. auch Sander StraFo 2010, 366), wenn der Tatrichter v. einem falschen Strafrahmen ausgegangen ist (BGH NJW 1978, 174; StV 1981, 124; wistra 1982, 225), wenn der Strafzumessung ein nicht eindeutig geklärter Sachverhalt zugrunde liegt (BGHSt 1, 51), ohne dass v. der dem Angeklagten günstigsten Möglichkeit ausgegangen wurde (BGH StV 1986, 5), wenn die Strafzumessungserwägungen widersprüchlich sind (BGHSt 16, 360 (364); Dallinger MDR 1953, 148 – BGH RsprÜ; Dallinger MDR 1972, 250 – BGH RsprÜ; OLG Köln VRS 58, 23) o. gegen Denkgesetze (BayObLG HESt 3, 64; KG VRS 3, 276) o. Erfahrungssätze verstoßen (OLG Hamm VRS 21, 72; OLG Köln VRS 8, 364; OLG Oldenburg VRS 5, 320) o. wenn hypothetische Strafzumessungserwägungen angestellt sind, zB dass auf dieselbe Strafe auch erkannt worden wäre, wenn die Tat rechtlich anders beurteilt werden müsste (BGHSt 7, 359; Ernesti/Jürgensen SchlHA 1980, 170 – OLG Schleswig RsprÜ), wenn die eine o. andere Rechtsverletzung nicht vorläge (BGH JR 1955, 228) o. wenn die Voraussetzungen des § 21 StGB gegeben wären (BGH StV 1981, 401). 35

Ein fehlender Ausspruch zur **besonderen Schwere der Schuld** bei Verurteilung zu lebenslanger Freiheitsstrafe (vgl. → § 260 Rn. 33, → § 267 Rn. 20a) beschwert den Angeklagten nicht (BGH NStZ 1993, 134). Ob der Tatrichter die Tat zu Recht als bes. schwer eingestuft hat o. nicht, unterliegt iÜ aber revisionsgerichtlicher Kontrolle (BGHSt 39, 121; Stree NStZ 1992, 465), u. zwar sowohl hins. der Gewichtung als auch der dieser zugrundeliegenden Feststellungen (Stree JR 1994, 166; zw. BGHSt 39, 208 (210)). Die Überprüfung beschränkt sich jedoch darauf, ob der Tatrichter alle maßgeblichen Umstände bedacht hat (BGHSt 39, 208 (210)); das Revisionsgericht darf seine Wertung nicht an die Stelle derjenigen des Tatrichters setzen (BGH StV 1993, 420). 35a

D. Beruhen des Urteils auf der Gesetzesverletzung. I. Allgemeines. Ein Gesetzesverstoß begründet die Revision nur, wenn das Urt. bei richtiger Anwendung des Gesetzes anders ausgefallen wäre. Dieser **ursächliche Zusammenhang zwischen Gesetzesverstoß u. Urt.** braucht aber nicht erwiesen zu sein. Die 36 bloße Möglichkeit, dass das Urt. auf dem Fehler beruht, reicht aus (BGHSt 1, 346 (350); 22, 278 (280); 9.12.2021 – 4 StR 162/21).

37 Nur wenn sie **ausgeschlossen o. rein theoretisch** ist, fehlt es an dem ursächlichen Zusammenhang (BGHSt 14, 265 (268); 18, 290 (295); BGH NStZ 1985, 135; 2016, 221), insoweit hat das Revisionsgericht eine „Beweislast" (Herdegen NStZ 1990, 516; Niemöller NStZ 2015, 492). Zum „Durchentscheiden" des Revisionsgerichts krit. Dehne-Neumann wistra 2011, 218. Bei den zwingenden Aufhebungsgründen des § 338 Nr. 1–7 wird das Beruhen des Urt. auf dem Verfahrensverstoß unwiderlegbar vermutet (→ § 338 Rn. 1).

38 **II. Verfahrensfehler.** Bei Verfahrensfehlern kommt es darauf an, **ob ein rechtsfehlerfreies Verf. zu demselben o. möglicherweise zu einem anderen Erg. geführt** hätte (BGH StV 2010, 193; OLG Hamm StV 1984, 105; OLG Karlsruhe Justiz 1985, 475; Löwe/Rosenberg/Franke Rn. 180). Die Beurteilung dieser Frage hängt v. den Umständen des Einzelfalls ab. Erwähnt das Urt. bei der überflüssigen, aber vielfach üblichen zusf. Aufzählung der benutzten Beweisquellen ein bestimmtes Beweismittel, so bedeutet das nicht ohne weiteres, dass das Urt. auf ihm beruht (BGH NJW 1951, 325; Dallinger MDR 1952, 17 – BGH RsprÜ; OLG Hamm VRS 41, 123; OLG Jena VRS 109, 24; Ernesti/Jürgensen SchlHA 1976, 171 – OLG Schleswig RsprÜ). Auf Verfahrensverstößen im Vorverfahren beruht das Urt. idR nicht (vgl. → § 336 Rn. 3), auch nicht auf Verfahrensfehlern nach Urteilserlass (BGH NJW 1951, 970; vgl. aber § 338 Nr. 7). Die fehlerhafte Anwendung einer Verfahrensvorschrift ist unschädlich, wenn das Verf. nach einer anderen Vorschr. rechtmäßig ist (BGHSt 30, 10 (14) zu § 249 Abs. 2 aF (dazu → § 249 Rn. 31 aE); Holtz MDR 1983, 624 – BGH RsprÜ). Bei mit fehlerhafter Begründung abgelehnten Beweisanträgen kann ein Beruhen des Urt. in Ausnahmefällen ausgeschlossen werden, wenn die Anträge mit anderer Begründung zu Recht hätten abgelehnt werden können u. die Verteidigungsmöglichkeiten des Angeklagten hierdurch nicht berührt wurden (BGH NStZ-RR 2010, 211). Ob das Urt. auf der Verlesung der Übertragung eines Tonbandprotokolls ohne die nach § 168a Abs. 4 S. 2, 3 erforderlichen Unterschriften beruht, prüft OLG Karlsruhe Justiz 1985, 475 zu Unrecht durch Abhören des Tonbandes.

39 Die rechtzeitige **Heilung des Verstoßes** schließt das Beruhen aus (allg. dazu Frisch FS Rudolphi, 2004, 637 mit Beispielen). Die Heilung, zu der der Tatrichter nicht nur berechtigt, sondern verpflichtet ist (RGSt 41, 404 (405); OLG Oldenburg Rpfleger 1979, 221; Löwe/Rosenberg/Franke Rn. 185; → Einl. Rn. 159), erfolgt bei fehlerhaft unterlassenen Verfahrenshandlungen durch Nachholung, zB durch Erlass des Eröffnungsbeschlusses vor o. nach Beginn der HV (BGHSt 29, 224; OLG Düsseldorf MDR 1970, 783; OLG Köln JR 1981, 213; → § 203 Rn. 4), durch Bekanntgabe des nicht zugestellten Eröffnungsbeschlusses in der HV (OLG Karlsruhe MDR 1970, 438), durch Nachholen der unterbliebenen Vereidigung eines Zeugen (→ § 60 Rn. 29) o. durch nachträgliche Gewährung des letzten Wortes nach § 258 Abs. 2. Ein fehlerhafter Verfahrensvorgang kann durch Wiederholung in einwandfreier Form geheilt werden (BGHSt 30, 74 (76); OLG Hamburg NJW 1975, 1573; vgl. auch BGH NStZ-RR 2014, 251 zu einer fehlerhaften Besetzung des Gerichts). Die Heilung einer gesetzwidrigen Entsch. erfolgt dadurch, dass sie zurückgenommen wird (BayObLGSt 1952, 270; 1953, 214; MDR 1955, 56) o., wenn das nicht möglich ist, nach entspr. Hinweis an die Prozessbeteiligten unberücksichtigt bleibt (Schmid JZ 1969, 758; erg. → § 60 Rn. 30). Nach der Urteilsverkündung ist die Heilung v. Verfahrensfehlern ausgeschlossen (OLG Hamm JMBl. NRW. 1955, 237; Poppe NJW 1954, 1951; Schmid JZ 1969, 762). Zur Heilung v. zwingenden Urteilsaufhebungsgründen vgl. → § 338 Rn. 3.

40 **III. Sachlich-rechtliche Mängel.** Bei sachlich-rechtlichen Mängeln ergibt sich das Beruhen **ohne weiteres aus dem Urteil.** Fehlerhafte Hilfserwägungen sind idR unschädlich (OLG Düsseldorf wistra 2007, 439 mwN), stellen aber eine unnötige Belastung der Urteilsgründe dar u. können zu Missdeutungen Anlass geben (Cierniak NStZ-RR 2009, 34 – BGH RsprÜ). Enthält das Urt. wider-

sprüchliche Feststellungen, so kann oft nicht ausgeschlossen werden, dass auch die übrigen Feststellungen fehlerhaft sind (KG DAR 1956, 331; VRS 14, 37 (45)). Zur Entsch. des Revisionsgerichts bei fehlerhaften Strafzumessungserwägungen vgl. → § 354 Rn. 24 ff.

E. Verlust von Verfahrensrügen. I. Zeitablauf. Der Beschwerdeführer hat es in der Hand, Verfahrensfehler durch Nichterhebung v. Verfahrensrügen hinzunehmen. 41

In mehreren Fällen ist die Geltendmachung v. Verfahrenseinreden schon vorher an bestimmte Fristen gebunden (vgl. §§ 6a S. 3, 16 S. 2, 25, 217 Abs. 2, 218 S. 2, 222b Abs. 1 S. 1, 246 Abs. 2 S. 2); danach können sie nicht mehr gerügt werden. Das gilt auch für die Revisionsbegründungsfrist des § 345 Abs. 1. Eine Verfahrensrüge, die erst nach zweimaliger Aufhebung u. Zurückverweisung erhoben wird, ist unzulässig (BGHSt 10, 278). 42

II. Verzicht. Der **Verzicht** auf die Einhaltung des Verf. mit der Folge, dass die Revision auf den Verstoß nicht gestützt werden kann, ist nur in engen Grenzen wirksam (BGH GA 1986, 372; Löwe/Rosenberg/Franke Rn. 193; SK-StPO/Frisch Rn. 208). Denn grds. kann nicht erlaubt werden, dass Gericht u. Prozessbeteiligte die ges. Verfahrensordnung für den Einzelfall abändern. 43

Unverzichtbar sind daher nicht nur die Verfahrensvoraussetzungen (BGH NJW 1967, 2368; GA 1965, 56; Dallinger MDR 1975, 198 – BGH RsprÜ) u. die Beachtung v. Bestimmungen, deren Verletzung zwingende Aufhebungsgründe nach § 338 Nr. 1–6 sind (BGHSt 22, 18 (20); 35, 164 (165); BGH NJW 1976, 1108; Holtz MDR 1983, 282 – BGH RsprÜ; OLG Frankfurt a. M. MDR 1986, 606; OLG Zweibrücken StV 1986, 240), sondern auch die Einhaltung der anderen Verfahrensbestimmungen, die allg. der rechtsstaatlichen Ausgestaltung des Verf. dienen. 44

Verzichtbar sind zB die Rechtsmittelbelehrung nach § 35a → § 35a Rn. 4), die Zustellung der Anklageschrift (→ § 201 Rn. 9) u. des Eröffnungsbeschlusses (RGSt 55, 159; KK-StPO/Gmel § 215 Rn. 2), die Ladung nach § 216 (OLG Hamburg HESt 3, 28) u. nach § 218 (OLG Hamm JZ 1956, 258; VRS 53, 367; OLG Koblenz MDR 1968, 944), die Namhaftmachung nach § 222 (BGHSt 1, 284) u. die Benachrichtigung nach § 224 (BGHSt 9, 24 (28); 25, 357 (359); BGH NJW 1952, 1426) sowie die Urteilszustellung nach § 316 Abs. 2 (Meyer JR 1986, 301). 45

Die **Verzichtserklärung** kann nur nachträglich erfolgen (Bohnert NStZ 1983, 348; **aM** Löwe/Rosenberg/Franke Rn. 198). Sie kann in einer schlüssigen Handlung liegen (RGSt 58, 125 (127); OLG Koblenz MDR 1968, 944), insbes. darin, dass der Angeklagte v. seinem Recht, die Aussetzung der Verh. zu verlangen, keinen Gebrauch macht (BGHSt 15, 40 (45)). Das bloße Unterlassen eines Widerspruchs o. Gegenantrags ist idR kein Verzicht (vgl. aber → § 136 Rn. 25; krit. zur Rspr. des BGH in Bezug auf das Beweisantragsrecht Herdegen NStZ 2000, 5). Zur Rügepräklusion durch Schweigen vgl. Kindhäuser NStZ 1987, 529. Der Verzicht ist nur wirksam, wenn der Verfahrensbeteiligte den Mangel u. die prozessuale Abwehrbefugnis gekannt hat (RG JW 1922, 1394; Löwe/Rosenberg/Franke Rn. 200). Im Stillschweigen eines Angeklagten, der keinen Verteidiger hat, liegt daher idR kein wirksamer Verzicht (BGHSt 6, 140; BGH NJW 1951, 205; MDR 1961, 249; erg. → § 217 Rn. 10, → § 224 Rn. 7). Der Verzicht des Angeklagten bindet den Verteidiger (Löwe/Rosenberg/Franke Rn. 201). Wird in Abwesenheit des Angeklagten verhandelt, so genügt der Verzicht des Verteidigers (vgl. BGHSt 3, 206 (210); OLG Hamm NJW 1954, 1856). 46

III. Verwirkung. Nicht die Prozessbeteiligten, sondern die Gerichte tragen die Verantwortung für ein einwandfreies Verf. (vgl. aber → Einl. Rn. 111, → Vor § 137 Rn. 1). Daher steht ihr Schweigen zu einem Verfahrensverstoß der Erhebung der Revisionsrüge – jedenfalls grds. – nicht entgegen (OLG Hamm VRS 14, 370; eing. dazu Fahl Rechtsmißbrauch S. 624 ff., ferner Dahs NStZ 2007, 241: Keine „Anzeigepflicht" des Verteidigers hins. begangener Prozessfehler). Ein **Rügeverlust wegen arglistigen Verhaltens** (vgl. Jescheck JZ 1952, 400; Schmid, Die Ver- 47 wirkung von Verfahrensrügen im Strafprozess, 1967, S. 297 ff.) setzt vielmehr voraus, dass der Prozessbeteiligte selbst den Verfahrensfehler in der Absicht herbeigeführt hat, ihn ggf. mit der Revision zu rügen (OLG Hamm NJW 1960, 1361; Löwe/Rosenberg/Franke Rn. 208; Fahl Rechtsmißbrauch S. 623). Handelt es sich um eine verzichtbare Vorschr. (→ Rn. 45), so liegt darin ein Verzicht, u. auf die Frage der Verwirkung kommt es nicht an (zust. SK-StPO/Frisch Rn. 226). Kann auf die Einhaltung der Vorschr. nicht verzichtet werden, so bedeutet das grds., dass die Vorschr. zu wichtig ist, als dass ein arglistiges Verhalten dem Beschwerdeführer das Rügerecht nehmen könnte (vgl. BGHSt 15, 306 (308); 22, 83 (85); KGSt 13, 555; OLG Frankfurt a. M. MDR 1986, 606; OLG Hamm StraFo 2009, 287; Schlüchter GS Meyer, 1990, 457; zw. BGH StV 1999, 189). Das gilt auch, wenn mit dem Verfahrensverstoß einem Antrag des Beschwerdeführers entsprochen worden war (Holtz MDR 1978, 461 – BGH RsprÜ; BGH NStZ 1993, 198; vgl. aber dazu ausf. u. einschr. Fahl Rechtsmißbrauch S. 630 ff.) o. er sogar ausdr. zugesichert hatte, er werde die Revision auf den Mangel nicht stützen (OLG Hamm VRS 11, 223 (225)). Da ferner ein arglistiges Verhalten des Verteidigers dem daran nicht beteiligten Angeklagten nicht entgegengehalten werden kann (vgl. BGHSt 24, 280 (283); Jescheck JZ 1952, 402), kommt ein Rügeverlust wegen arglistigen Verhaltens praktisch nicht in Betracht (Schlüchter GS Meyer, 1990, 457; vgl. aber Dahs Strafverteidiger-HdB Rn. 799 ff. mwN; Fahl Rechtsmißbrauch S. 654 ff.).

48 Zur Verwirkung durch **Nichtbeanstanden von Anordnungen des Vorsitzenden** nach § 238 Abs. 2 vgl. → § 238 Rn. 21.

Absolute Revisionsgründe

338 Ein Urteil ist stets als auf einer Verletzung des Gesetzes beruhend anzusehen,

1. wenn das erkennende Gericht nicht vorschriftsmäßig besetzt war; war nach § 222a die Mitteilung der Besetzung vorgeschrieben, so kann die Revision auf die vorschriftswidrige Besetzung nur gestützt werden, wenn
  a) das Gericht in einer Besetzung entschieden hat, deren Vorschriftswidrigkeit nach § 222b Absatz 2 Satz 2 oder Absatz 3 Satz 4 festgestellt worden ist, oder
  b) das Rechtsmittelgericht nicht nach § 222b Absatz 3 entschieden hat und
    aa) die Vorschriften über die Mitteilung verletzt worden sind,
    bb) der rechtzeitig und in der vorgeschriebenen Form geltend gemachte Einwand der vorschriftswidrigen Besetzung übergangen oder zurückgewiesen worden ist oder
    cc) die Besetzung nach § 222b Absatz 1 Satz 1 nicht mindestens eine Woche geprüft werden konnte, obwohl ein Antrag nach § 222a Absatz 2 gestellt wurde;

2. wenn bei dem Urteil ein Richter oder Schöffe mitgewirkt hat, der von der Ausübung des Richteramtes kraft Gesetzes ausgeschlossen war;

3. wenn bei dem Urteil ein Richter oder Schöffe mitgewirkt hat, nachdem er wegen Besorgnis der Befangenheit abgelehnt war und das Ablehnungsgesuch entweder für begründet erklärt war oder mit Unrecht verworfen worden ist;

4. wenn das Gericht seine Zuständigkeit mit Unrecht angenommen hat;

5. wenn die Hauptverhandlung in Abwesenheit der Staatsanwaltschaft oder einer Person, deren Anwesenheit das Gesetz vorschreibt, stattgefunden hat;

6. wenn das Urteil auf Grund einer mündlichen Verhandlung ergangen ist, bei der die Vorschriften über die Öffentlichkeit des Verfahrens verletzt sind;

7. wenn das Urteil keine Entscheidungsgründe enthält oder diese nicht innerhalb des sich aus § 275 Abs. 1 Satz 2 und 4 ergebenden Zeitraums zu den Akten gebracht worden sind;
8. wenn die Verteidigung in einem für die Entscheidung wesentlichen Punkt durch einen Beschluß des Gerichts unzulässig beschränkt worden ist.

Übersicht

A. Zwingende Aufhebungsgründe. Zwingende Aufhebungsgründe (**„absolute" Revisionsgründe**) enthält § 338. Die Vorschr. stellt die **unwiderlegbare Vermutung** auf, dass das Urt. auf einer Verletzung der in Nr. 1–7 bezeichneten Verfahrensbestimmungen – wegen Nr. 8 vgl. → Rn. 58 – beruht (BGHSt 27, 96 (98); Cramer FS Peters, 1984, 239), weil hier der Nachw. des Beruhens trotz der Schwere des Rechtsverstoßes nur schwer geführt werden kann (Kudlich FS Fezer, 2008, 440). Gegen die Vorschr. selbst kann das Gericht nicht verstoßen (zutr. Weiler NStZ 1999, 109), denn es geht hier um die *Folgen* eines Rechtsfehlers. Die Zulässigkeit der Rüge richtet sich nach den allg. Vorschr. (BGHSt 27, 96 (98)). 1

Von der Urteilsaufhebung darf nur abgesehen werden, wenn ausnahmsweise das **Beruhen denkgesetzlich ausgeschlossen** ist (VerfGH Sachsen StV 2015, 758; BGH NJW 1977, 443; NStZ 2006, 713; 2007, 352; StV 2011, 211; **aM** Weiler NStZ 1999, 107); erg. → Rn. 36, 50b. Allerdings muss das Urt. nicht immer in dem Umf. aufgeh. werden, in dem es angefochten ist. Hat sich der Verfahrensmangel nur auf einen abtrennbaren Teil ausgewirkt, so hat das Urt. im übrigen 2

Bestand (BGH NStZ 1983, 375; StV 1984, 186; NJW 2003, 597; Löwe/Rosenberg/Franke Rn. 4).

3 Zur **Heilung des Verstoßes** ist der Tatrichter ebenso berechtigt u. verpflichtet wie bei den anderen Verfahrensfehlern (→ § 337 Rn. 39). Sie erfolgt – soweit noch zulässig, vgl. → § 260 Rn. 5 – idR durch Wiederholung der wesentlichen Teile der HV, soweit sie fehlerhaft war (BGHSt 9, 243; 21, 332; Holtz MDR 1983, 450 – BGH RsprÜ). Die Bekanntgabe des bisherigen Verfahrensverlaufs durch den Vorsitzenden genügt nicht (BGHSt 30, 74 (76); BGH NStZ 1982, 42; BayObLG NStZ 1990, 250; OLG Köln StV 2001, 330; OLG Zweibrücken StV 1986, 240). BGHSt 33, 99 = NStZ 1985, 422 mablAnm Schöch = StV 1985, 402 mablAnm Fezer hält das Unterlassen der Wiederholung einer Zeugenvernehmung (bei der gegen § 169 GVG verstoßen worden war) mit Recht für unschädlich, wenn die Prozessbeteiligten auf sie verzichtet haben, weil sie die Aussage für bedeutungslos hielten.

4 **Rügeberechtigt** sind nur die durch den Verfahrensfehler unmittelbar betroffenen Bet. (BGHSt 10, 119 (121); Dallinger MDR 1973, 730 – BGH RsprÜ), der Angeklagte daher nicht wegen der unzulässigen Abwesenheit eines Mitangeklagten (BGHSt 31, 323 (331); Pfeiffer NStZ 1981, 297 – BGH RsprÜ) o. des Verteidigers eines Mitangeklagten (RGSt 52, 188; 57, 373) o. wegen einer nichtöffentl. Zeugenaussage, die ihn selbst nicht betr. (BGH NJW 1962, 261). ebenso wegen unzureichender Mitteilung nach § 243 Abs. 4 ggü. einem Mitangeklagten (BVerfG NStZ 2014, 528).

5 **B. Vorschriftswidrige Besetzung (Nr. 1).** Ein Besetzungsmangel nach Nr. 1 liegt vor, wenn das erkennende Gericht nach der Geschäftsverteilung für die Entsch. der Sache nicht zuständig o. personell falsch besetzt war (BeckOK StPO/Wiedner Rn. 6).

6 **I. Recht auf den gesetzlichen Richter.** Das Recht auf den gesetzlichen Richter sichert die Vorschrift. Die **Unabhängigkeit der Rspr.** sowie das Vertrauen der Rechtssuchenden und der Öffentlichkeit in die Unparteilichkeit und Sachlichkeit der Gerichte soll gewährleistet sein (BVerfGE 95, 322, 327; BGH 22.9.2021 – 1 StR 345/19 mwN). Das erkennende Gericht, dh das Gericht, das in der HV das Urt. fällt (BGHSt 47, 220), kann daher nicht nur infolge Verletzung einer die Gerichtsbesetzung ausdr. regelnden Vorschr., insbes. der §§ 21a ff., 59, 70, 76 Abs. 2, 78 Abs. 2, 122 GVG, §§ 18, 19, 28, 29, 37 **DRiG,** unrichtig besetzt sein, sondern unabhängig v. solchen Vorschr. auch bei Verletzung des Grundsatzes, dass niemand seinem ges. Richter entzogen werden darf (Art. 101 Abs. 1 S. 2 GG, § 16 GVG). Bei einem solchen Verstoß sollte nach früherer Rspr. die Rüge nach Nr. 1 allerdings nur begründet sein, wenn die Fehlbesetzung auf Willkür beruhte (BVerfG NJW 1992, 2075; Cierniak/Zimmermann NStZ-RR 2013, 166 – BGH RsprÜ). Demgegenüber hat das BVerfG (NJW 2005, 2689; 2009, 1734) entschieden, dass nicht nur eine reine Willkür-, sondern eine umfassende Rechtswidrigkeitsprüfung erfolgen müsse. Dem hat sich die Rspr. des BGHSt (53, 268 (275)) angeschlossen; allerdings tendiert der 3. StS. nunmehr dazu, dem Präsidium bei Änd. einer lfd. Geschäftsverteilung einen Prognosespielraum hins. der Beurteilung der Belastungsfrage einzuräumen (BGH BeckRS 2021, 13180; eingeh. → GVG § 21e Rn. 25, 26; zu der zu erhebenden Besetzungsrüge → GVG § 21e Rn. 27).

7 **II. Mängel der Geschäftsverteilung.** Die fehlerhafte Zusammensetzung des **Präsidiums** kann die Revision weder allg. (wegen Verstoßes gegen § 21b GVG) noch im Einzelfall, zB bei Verstoß gegen § 21c Abs. 2 GVG, begründen (→ GVG § 21e Rn. 25). Auf Rüge nach Nr. 1 wird aber die Gesetzmäßigkeit der Aufstellung u. Abänderung des **Geschäftsverteilungsplans** geprüft (BGHSt 3, 353; 11, 106 (109); 12, 402), ebenso inhaltliche Mängel (im Einzelnen → GVG § 21e Rn. 25; erg. → GVG § 21g Rn. 11). Auch die Bestimmung des Vorsitzenden einer Großen StrK ist Teil der vorschriftsmäßigen Besetzung iSd Nr. 1 (BGH NJW 2009, 931). Der Geschäftsverteilungsplan darf nicht in die ges. Regelung der sachlichen Zuständigkeit eingreifen; wird dagegen verstoßen, ist die Revision nach Nr. 1 begründet (BGHSt 38, 376). Die fehlerhafte Besetzung anderer StrKn führt

grds. nicht zugleich zur fehlerhaften Besetzung des erkennenden Gerichts (BGHSt 9, 203 (207 ff.); Pfeiffer NStZ 1981, 297 – BGH RsprÜ; Pfeiffer/Miebach NStZ 1985, 495 – BGH RsprÜ). Eingehend → § 21e GVG.

III. Verhinderung eines Richters. Bei Verhinderung eines Richters prüft das Revisionsgericht auf Rüge nach Nr. 1 aufgrund der v. der Justizverwaltung behaupteten tatsächlichen Umstände im Zeitpunkt der HV (BGHSt 14, 11 (16)), **ob rechtlich ein Verhinderungsfall vorgelegen** (BGHSt 8, 17; 21, 131; 25, 54; NStZ 2022, 315), nicht aber, ob die Verhinderung tatsächlich bestanden hat. Das Gleiche gilt für die Rüge der fehlerhaften Vertreterbestellung durch das Präsidium o. den Gerichtspräsidenten (Holtz MDR 1977, 461 – BGH RsprÜ; BGH NStZ 2001, 491; OLG Hamm JMBl. NRW. 1980, 67 (68)). 8

Eine Verhinderung durch **Urlaub** tritt auch ein, wenn v. dem Urlaub des Mitglieds des Spruchkörpers nur einzelne Sitzungstage, nicht notwendig bereits der erste Hauptverhandlungstag, einer auf mehrere Tage anberaumten HV betroffen sind (BGHR StPO § 338 Nr. 1 Vertreter 6; BGH NStZ 2022, 310); der Vorsitzende ist insoweit nicht gehalten, den Eintritt des Verhinderungsfalls durch eine kurzfristige Änd. der Terminierung zu vermeiden (BGH NStZ 2020, 757 mAnm Börner NStZ 2021, 251; BGH NStZ 2022, 315 mAnm Arnoldi/Neumann). Dies gilt auch dann, wenn der Urlaub erst beantragt u. bewilligt wird, nachdem ein Verf. bereits terminiert u. eine Besetzungsmitteilung erfolgt war (BGH NStZ 2020, 757 mAnm Börner NStZ 2021, 251; BGH 2022, 315 mAnm Arnoldi/Neumann). 8a

Zum **Eintritt des Ergänzungsrichters** s. § 192 GVG Rn. 7. 8b

IV. Unrichtige Schöffenbesetzung. Unrichtige Schöffenbesetzung kann nicht gerügt werden, wenn sie auf einem **außerhalb des Gerichtsbereichs liegenden Fehler** beruht (BGH NStE GVG § 36 Nr. 3; OLG Jena NStZ 1994, 252), zB auf einem Verstoß gegen § 36 Abs. 4 GVG (BGHSt 22, 122); dieser Rechtsgedanke ist in den §§ 65, 73 Abs. 2 ArbGG ausdr. anerkannt. Auf **gerichtliche Fehler** kann die Rüge gestützt werden, zB auf Nichteinhaltung der Schöffenverteilung nach Sitzungsliste o. auf einen Verstoß gegen § 35 Abs. 1 S. 1 **JGG** durch Wahl eines Jugendschöffen aus der Vorschlagsliste für Erwachsenenschöffen (BGHSt 26, 393); vgl. auch → GVG § 32 Rn. 7, → GVG § 40 Rn. 7, → GVG § 42 Rn. 8, → GVG § 43 Rn. 3. Wählt der Schöffenwahlausschuss, obwohl die Vorschlagsliste einer Gemeinde des Bezirks fehlt, so ist die Rüge nach Nr. 1 nur begründet, wenn dieses Verf. sachfremd u. willkürlich war. Ein zwingender Aufhebungsgrund liegt vor bei fehlerhafter Auslosung u. Verteilung der Schöffen nach §§ 45, 48, 77 GVG sowie bei Mitwirkung eines nicht entspr. § 45 Abs. 2–4 DRiG vereidigten Schöffen (BGHSt 3, 175; 4, 158; 48, 290; OLG Celle StV 1999, 201), sofern es sich nicht um einen nicht eingesetzten Ergänzungsschöffen o. einen durch einen Ergänzungsschöffen ersetzten Schöffen handelt (Holtz MDR 1978, 282 – BGH RsprÜ). Im Übrigen führen nur schwerwiegende Fehler bei der Schöffenheranziehung zur vorschriftswidrigen Besetzung (BGHSt 34, 121 (122); Tolksdorf DAR 2001, 207 – BGH RsprÜ). Ergänzend → § 36 Rn. 5, → GVG § 54 Rn. 10. 9

V. Abwesenheit eines Richters oder eines Schöffen. Die Abwesenheit eines Richters oder eines Schöffen während **wesentlicher Teile der HV** (dazu → Rn. 36 ff.) wird ebenfalls bereits v. Nr. 1 erfasst (BGH NStZ-RR 2019, 218 mwN). Dies gilt auch für einen für eine verhinderte Gerichtsperson eintretenden Ergänzungsrichter u. -schöffen (→ § 226 Rn. 5). 9a

Das einer **Schöffin** ausgesprochene **ärztliche Beschäftigungsverbot** nach § 16 Abs. 1 MuSchG führt nicht zu einer gesetzeswidrigen Gerichtsbesetzung (BGH NJW 2022, 1111 mkritAnm Müller-Jacobsen und Gubitz NStZ 2022, 380). Die als öffentl. Ehrenamt ausgeführte Schöffentätigkeit (§ 31 S. 1 GVG) unterfällt nicht dem persönlichen Anwendungsbereich des MuSchG; das Gericht ist nicht Arbeigeber der Schöffin und damit nicht Adressat des ärztlichen Beschäftigungsverbots, das auf ihre konkrete Arbeitstätigkeit bezogen ist (BGH NJW 2022, 1111, 1112). Im Übrigen unterfallen Schöffinnen auch nicht – weder unmittelbar noch 9b analog – den für Berufsrichterinnen geltenden Mutterschutzvorschriften (BGH NJW 2022, 1111 (1113) mkritAnm Müller-Jacobsen).

10 **VI. Mängel in der Person des Richters oder Schöffen.** Mängel in der Person des Richters oder Schöffen können, etwa bei Verhandlungsunfähigkeit, aber auch bei Verstoß gegen § 226, deren Anwesenheit iS Nr. 5 in Frage stellen. Gleichwohl **gilt nur Nr. 1 als speziellere Vorschr.** (BGH NJW 2001, 3062; Roxin/Schünemann StrafVerfR § 46 Rn. 36 sowie § 55 Rn. 39; **aM** Schroeder NJW 1979, 1530; zur Heilung des Verstoßes → Rn. 3). Dies gilt auch für Videovernehmungen nach dem sog. Mainzer Modell, bei denen der Vorsitzende sich mit dem Zeugen außerhalb des Sitzungszimmers befindet (vgl. etwa BGHSt 44, 361 (365); BGH NJW 1999, 1724; tendenziell **aM** – Verstoß gegen Nr. 5 – BGH StraFo 2017, 22 (23)). Der nachgeburtliche Mutterschutz einer Richterin führte nach früherer Rechtslage zu einem Dienstleistungsverbot, das ihrer Mitwirkung in der HV entgegensteht (BGHSt 61, 296 mAnm Metz NStZ-RR 2017, 120; Jahn JuS 2017, 277; Niemöller NStZ 2017, 425; s. dazu aber nunmehr § 229 Abs. 3 S. 1 Nr. 2).

11 Die Mitwirkung eines **blinden Richters** beeinträchtigt die Besetzung nicht nur, wenn es in der HV zur Augenscheinseinnahme kommt (so aber BGHSt 4, 191; 5, 354; 11, 74 (78); 18, 51; BGH JZ 1989, 156), sondern ist auch sonst in der Tatsacheninstanz unzulässig (BVerfG NJW 2004, 2150; BGHSt 34, 236; vgl. auch BVerfGE 20, 52 (55); **aM** Schulze MDR 1995, 670; Wolf ZRP 1992, 15). Jedenfalls darf ein blinder Richter nicht als Vorsitzender einer Strafkammer mitwirken (BGHSt 35, 164; BGH JZ 1989, 156; SK-StPO/Frisch Rn. 52; **aM** OLG Hamburg NStZ 2000, 616 für den Vorsitzenden einer StVollstrK; OLG Zweibrücken NJW 1992, 2437 für den Vorsitzenden einer BerufungsStrK; vgl. dazu – auch zum Absehen v. der Vorlegung nach § 121 GVG – BVerfG NJW 1992, 2075).

12 Dass ein **stummer Richter** nicht mitwirken darf, folgt aus dem Grundsatz der Mündlichkeit der HV (KK-StPO/Gericke Rn. 50).

13 Das Gleiche gilt für die Mitwirkung eines **tauben Richters** (BGHSt 4, 191 (193)).

14 Die bloße **Unaufmerksamkeit des Richters** ist nur dann ein Revisionsgrund, wenn sie sich über wesentliche Teile der HV erstreckt, zB bei Übermüdung (BGHSt 2, 14 (15); 11, 74 (77); OLG Hamm NJW 2006, 1449), Ablenkung durch Aktenstudium o. Durchsicht v. Gefangenenbriefen (BGH NJW 1962, 2212; vgl. Ernesti/Lorenzen SchlHA 1982, 115 – OLG Schleswig RsprÜ).

15 Das Gleiche gilt für den Fall des **schlafenden Schöffen** (BGHSt 2, 14; 11, 74 (77); BGH NStZ 2019, 106; BeckRS 2020, 31984; OLG Köln OLGSt StPO § 338 Nr. 1; krit. zur Verortung bei Nr. 1 Mosbacher JuS 2021, 126 (127): relativer Revisionsgrund (Verstoß gegen § 261)). Eine mögliche vorübergehende Beeinträchtigung der Aufmerksamkeit durch Ermüdungserscheinungen genügt nicht (BGH NStZ 2019, 106).

15a Ob auch ein vorgeblicher **Mangel an richterlicher Erfahrung** als Verstoß gegen Art. 101 Abs. 1 S. 2 GG gewertet werden u. daher zu einer unrichtigen Gerichtsbesetzung führen kann, wird neuerdings problematisiert, ist aber abzulehnen; vgl. dazu Lobmüller StV 2015, 246.

16 **VII. Rügepräklusion (Nr. 1 Hs. 2).** Das G zur Modernisierung des Strafverfahrens v. 10.12.2019 hat einen erheblichen Teil der praktischen Anwendungsfälle vorschriftswidriger Besetzung in erstinstanzlichen Verf. vor dem LG u. dem OLG der Revision entzogen u. gem. § 222b Abs. 3 in das Vorabentscheidungsverfahren vor dem Rechtsmittelgericht vorverlagert (→ § 222b Rn. 15 ff.); für **Verf. vor dem AG, Berufungsverfahren vor dem LG u. in den Fällen des § 222b Abs. 2 S. 3** (→ § 222b Rn. 14a) **gilt Nr. 1** uneingeschränkt. Im Vorabentscheidungsverfahren nach § 222b Abs. 3 müssen die Verfahrensbeteiligten nunmehr binnen einer Woche nach Zustellung der Besetzungsmitteilung o. ihrer Bekanntmachung in der HV (§ 222b Abs. 1 S. 1) alle objektiven (→ Rn. 20a) Besetzungsmängel rügen; nach diesem Zeitpunkt sind sie mit Besetzungseinwänden generell

präkludiert (s. BVerfG NStZ-RR 2022, 76; BGH 27.2.2024 – 5 StR 604/23). Hilft das Tatgericht einer erhobenen Besetzungsrüge nicht ab, wird hierüber grds. im Vorabentscheidungsverfahren abschl. entschieden; eine Revision ist nicht möglich (s. BVerfG 16.12.2021 – 2 BvR 2076/21, 2 BvR 2113/21). Die rechtlichen Maßstäbe für die Beurteilung der Rechtmäßigkeit der Besetzung wurden durch die Gesetzesnovelle nicht verändert (s. § 338 Nr. 1 Hs. 1; BGH NJW 2022, 1470 (1472); → Rn. 6 ff.). In Altfällen, in denen eine Entscheidung des Rechtsmittelgerichts gem. § 222b Abs. 3 nF mangels erfolgtem Inkrafttreten der Neuregelung noch nicht möglich war, tritt keine Rügepräklusion ein (BGH NStZ-RR 2022, 77).

Auch an dem **grundsätzlichen Regelungsgefüge** v. Präklusionswirkung gem. 16a
§ 222b einerseits u. Ausnahmetatbeständen in § 338 Nr. 1 Hs. 2 hat der Gesetzgeber festgehalten (BT-Drs. 19/17474, 37; BGH NJW 2022, 1470 (1472)). In den erstinstanzlichen LG- u. OLG-Sachen, in denen die Mitteilung nach § 222a vorgeschrieben ist (→ § 222a Rn. 2), hängt die Zulässigkeit der Besetzungsrüge nunmehr davon ab, dass eine der Voraussetzungen der Buchst. a oder b vorliegt. Ausnahmen v. der Rügepräklusion bestehen danach in folgenden Fällen:

1. Entscheidung in unrichtiger Besetzung (Nr. 1a). Die Ausnahme betr. 17
den praktisch kaum vorkommenden Fall, dass sich das Gericht über den eigenen Beschl. o. eine Entsch. des OLG o. des BGH im Vorabentscheidungsverfahren hinwegsetzt, mit dem die Unrichtigkeit der Besetzung festgestellt worden ist. Hatte das Gericht jedoch einem Besetzungseinwand stattgegeben u. in geänd. Besetzung sofort neuverhandelt (→ § 222b Rn. 12), so kann in der Revision die Besetzung insoweit nicht mehr gerügt werden (BGH NStZ 2008, 475: unstatthaftes widersprüchliches Prozessverhalten; krit. dazu Ventzke StV 2009, 69).

2. Die weiteren Ausnahmen haben als **gemeinsame Voraussetzung,** dass das 18
Rechtsmittelgericht nicht nach § 222b Abs. 3 entschieden hat (Nr. 1b). Die Revision kann in diesem Fall ausnahmsweise in folgenden Fällen auf die vorschriftswidrige Besetzung gestützt werden:

Die Vorschriften über die Mitteilung wurden verletzt (Nr. 1b aa): Dies ist 19
anzunehmen, wenn die Mitteilung vollständig unterlassen wurde, aber auch, wenn sie falsch o. unvollständig ist. In Betracht kommt auch die Verletzung des Anspruchs des Angeklagten auf ausreichenden Einblick in die Besetzungsunterlagen o. die Zurverfügungstellung fehlerhafter Unterlagen (Rieß NJW 1978, 2269; → § 222a Rn. 23, → § 222b Rn. 7).

Der form- u. fristgerecht erhobene **Einwand wurde übergangen oder zu-** 20
rückgewiesen (Nr. 1b bb). Es muss sich um den Einwand des Beschwerdeführers (OLG Frankfurt a. M. NStZ-RR 2015, 341), nicht nur eines Mitangeklagten (Pfeiffer/Miebach NStZ 1985, 495 – BGH RsprÜ; SK-StPO/Frisch Rn. 66) handeln. Die Fallgruppe ist gegeben, wenn das Gericht der Besetzungsrüge nicht abgeholfen u. sie dem Rechtsmittelgericht nicht zur Entsch. nach § 222b Abs. 3 S. 1 vorgelegt hat; dies wird praktisch va der Fall sein, wenn das Tatgericht zuvor ein Urt. verkündet hat. Der Einwand wurde aber auch iSd Vorschr. übergangen, wenn das Tatgericht ein Urt. vor der Entsch. des Rechtsmittelgerichts verkündet (vgl. BGH NStZ 2023, 687 mAnm Czimek/Schefer). Die Besetzungsrüge bleibt insoweit nur in Bezug auf die Tatsachen erhalten, die der Beschwerdeführer mit dem Einwand geltend gemacht hat; neue Tatsachen kann er nicht nachschieben (→ § 222b Rn. 7);

Der Einwand muss grds. **sowohl bei einem Besetzungsfehler als auch bei** 20a
einem Anwesenheitsverstoß erhoben worden sein (BVerfG NJW 2003, 3545). Das gilt zB bei fehlender Vereidigung eines Schöffen (BGHSt 48, 290), aber auch für den Fall, dass es sich um Mängel des gesamten Schöffenwahlverfahrens des ganzen Gerichtsbezirks handelt (BGHSt 33, 126). Erforderlich ist, dass der Mangel objektiv erkennbar war (BGH NStZ 1996, 48), offensichtlich musste die Fehlbesetzung jedoch nicht sein (BGH NJW 1997, 403). Auch wenn der Mangel nicht objektiv erkennbar war, kann der Revisionsführer aber die unrichtige Besetzung nicht rügen, wenn er keinen Besetzungseinwand erhoben oder v. einer Über-

prüfung abgesehen hatte (**aM** KK-StPO/Gericke Rn. 10). Das G hat den Bet. nämlich die „prozessuale Prüfungslast" auferlegt (Roxin § 41 C 1) u. die Frage, *ob* geprüft werden muss, kann nicht v. Erg. der Prüfung – erkennbar o. nicht – abhängig gemacht werden.

20b Das **gilt hingegen nicht,** wenn der Mangel erst entstanden o. erkennbar geworden ist, nachdem er nicht mehr beanstandet werden konnte, zB wenn die auf Einwand geänd. Besetzung des Gerichts als vorschriftswidrig gerügt wird (§ 222b Abs. 2 S. 3) o. bei Eintritt des Mangels nach dem Zeitpunkt des § 222b Abs. 1 S. 1 (BGHSt 44, 361 (364); StraFo 2005, 162; SK-StPO/Frisch Rn. 59; vgl. auch BVerfG NStZ 1984, 370; zw. BGH NJW 2009, 931 (932)), etwa wenn die Mitwirkung eines verhandlungsunfähig gewordenen Richters gerügt wird. Für Mängel in der Person des Richters (Blindheit) gilt die Rügepräklusion auch sonst nicht (BGHSt 34, 236; 35, 164).

20c Die **Besetzung konnte trotz Unterbrechungsantrag nicht mindestens eine Woche geprüft** werden **(Nr. 1b cc).** Erfasst wird damit, dass das Tatgericht ein Urt. vor Ablauf der einwöchigen Frist des § 222b Abs. 1 S. 1 erlassen hat, obwohl ein Antrag nach § 222a Abs. 2 gestellt wurde. Gleiches gilt, wenn das Tatgericht, etwa weil es v. einer längeren Verfahrensdauer ausgegangen war, einen Unterbrechungsantrag nach § 222a Abs. 2 abgelehnt, dann jedoch dennoch vor Ablauf der Wochenfrist ein Urt. verkündet hat (vgl. BT-Drs. 19/17474, 38). Soweit die Verwendung des Wortes „mindestens" suggerieren könnte, dass das Tatgericht in den Fällen des § 222a Abs. 2 eine Unterbrechung v. mehr als 1 Woche gewähren u. damit die Ausschlussfrist des § 222b Abs. 1 S. 1 in diesen Fällen verlängern könnte, dürfte es sich um ein Redaktionsversehen des Gesetzgebers handeln; der Beschwerdeführer soll wenigstens 1 Woche Zeit zur Besetzungsprüfung haben, aber auch nicht mehr (→ § 222a Rn. 22).

20d **3.** Die **Besetzungsrüge nach Nr. 1** wird ebenfalls **nicht präkludiert,** wenn ein **Besetzungseinwand** als unstatthaft und damit **unzulässig verworfen** wurde, weil der Anwendungsbereich des § 222b nicht eröffnet war; dies betrifft Fälle einer nach dem Beginn der Hauptverhandlung eintretenden Besetzungsänderung, auf die sich die Pflicht zur Mitteilung nach § 222a Abs. 1 nicht erstreckt und ein Besetzungseinwand nach § 222b Abs. 1 nicht zu erheben ist (BGH NJW 2022, 1470: Eintritt eines Ergänzungsrichters gem. § 192 Abs. 2, Abs. 3 **GVG**). Nach wie vor ist ebenso wenig ein Besetzungseinwand erf., wenn sich der Besetzungsmangel aus in der Person des Richters liegenden Tatsachen ergibt (BGH NJW 2022, 1470 (1472) mwN).

20e **4.** Die **Unanfechtbarkeit eines Beschlusses nach § 28 Abs. 1** steht der Besetzungsrüge ausnahmsweise nicht entgegen, wenn die Anwendungsvoraussetzungen der Norm verkannt werden und so in objektiv willkürlicher Weise in die Gerichtsbesetzung eingegriffen wird (BGH NJW 2022, 1470 (1472) mAnm Kudlich/Göken JR 2022, 429; → § 28 Rn. 1).

21 **VIII. Notwendiges Revisionsvorbringen.** Die Revision muss iE die **Voraussetzungen für die Ausnahmetatbestände** der Nr. 1a und 1b darlegen. Der Beschl. nach § 222b Abs. 2 S. 2 bzw. die Entsch. des Rechtsmittelgerichts gem. § 222b Abs. 2 S. 4 sind vorzutragen (Nr. 1a), ebenso die Tatsachen, aus denen sich die Verletzung der Mitteilungspflichten ergibt (Nr. 1b aa). Im Fall des Nr. 1b bb muss dargetan werden, dass der Einwand der vorschriftswidrigen Besetzung vor dem LG rechtzeitig (§ 222b Abs. 1 S. 1; s. dazu schon BGH JR 1981, 122; StV 1986, 516 Ls.) u. in der vorgeschriebenen Form (→ § 222b Rn. 6, 7) geltend gemacht worden ist; der Beschl., durch den der Besetzungseinwand zurückgewiesen wurde, ist ebenfalls wiederzugeben (vgl. BGH NJW 1990, 3219 (3220); 2001, 3062 zur alten Rechtslage). Im Fall des Nr. 1b cc müssen der Antrag nach § 222a Abs. 2 sowie die Umstände mitgeteilt werden, aus denen sich ergibt, dass dem Antragsteller nicht mind. eine Woche zur Prüfung der Besetzung zur Vfg. gestanden hat.

21a Die Tatsachen, aus denen sich eine **vorschriftswidrige Besetzung** des Gerichts ergibt, müssen genau bezeichnet (BGHSt 12, 33; Kusch NStZ 1995, 221 – BGH RsprÜ), die Namen der Richter u. die Gründe, die ihrer Mitwirkung entgegenstanden, müssen angegeben werden (BGHSt 22, 169; BayObLG StV 1984, 414; OLG Koblenz VRS 56, 38), insbes. also auch die Regelungen des Geschäftsverteilungsplans (BGH BeckRS 2006, 8694; BayObLG Rpfleger 1994, 178). Die Revision muss idR mitteilen, welche Schöffen bei richtiger Gesetzesanwendung zur Mitwirkung berufen waren (BGHSt 36, 138 (139); BGH NJW 1991, 50; 2002, 2963) o. warum die Änd. des Geschäftsverteilungsplans gesetzeswidrig war (BGHSt 40, 218 (240)). Bei der Rüge, die Ersatzschöffen hätten nicht an breitester Stelle gestanden, müssen der für die Heranziehung maßgebende Zeitpunkt u. der damalige Stand der Ersatzschöffenliste angegeben werden (BGH GA 1981, 382); der Begründung muss zu entnehmen sein, in welcher zeitlichen Abfolge u. Nähe zur anberaumten HV die Entpflichtung des Hauptschöffen u. sodann der jew. an nächster bereiter Stelle stehenden Ersatzschöffen erfolgte (BGH StV 2016, 622). Wird die Mitwirkung eines eingeschlafenen Richters gerügt, so muss der in Betracht kommende Verhandlungsabschnitt genau bezeichnet werden (Dallinger MDR 1974, 725 – BGH RsprÜ; OLG Hamm NJW 2006, 1449 verlangt auch die Angabe, dass der Teil der HV nicht wiederholt worden ist, zw.). Dass ein Richter am Urt., aber teilw. nicht in der Verh. mitgewirkt hat, kann wie bei Nr. 5 (→ Rn. 35) die Revision nur begründen, wenn dargelegt wird, dass die Abwesenheit während eines wesentlichen Teils der HV andauerte (BGH NStZ-RR 1997, 353).

22 **C. Mitwirkung eines ausgeschlossenen Richters (Nr. 2).** Über Ausschließung eines Richters vgl. §§ 22, 23, 31 Abs. 1, 148a Abs. 2 S. 1. Ein unbedingter Revisionsgrund liegt nur vor, wenn der ausgeschlossene Richter an dem Urt. mitgewirkt hat, nicht aber, wenn er Vfg. zur Vorbereitung der HV getroffen hat. Der zwingende Aufhebungsgrund kann unabhängig davon geltend gemacht werden, ob der Richter nach § 24 abgelehnt worden ist (Löwe/Rosenberg/Franke Rn. 61; Bohnert Strafprozessuale Revision S. 84) o. ob bei der Ablehnung die jetzt geltend gemachten Tatsachen vorgebracht worden sind. In der Revisionsbegründungsschrift muss der ausgeschlossene Richter namentlich bezeichnet werden (BGH NJW 1962, 500).

23 **D. Mitwirkung eines abgelehnten Richters (Nr. 3). I. Voraussetzung.** Voraussetzung der Rüge ist, dass der abgelehnte Richter **an dem angefochtenen Urt.,** nicht nur an einer Entsch. vor der HV, **mitgewirkt** hat (BGH JZ 1956, 409) u. dass er in der HV bzw. in den Fällen des § 25 Abs. 1 S. 2 vorher wegen Befangenheit abgelehnt worden ist o. trotz erfolgloser Ablehnung weiter mitgewirkt hat. Die Ablehnung vor Eröffnung des Hauptverfahrens o. im 1. Rechtszug (RGSt 60, 111) genügt nicht. Rügeberechtigt ist der Angeklagte, der den Richter abgelehnt hat, nicht ein Mitangeklagter (Holtz MDR 1985, 981 – BGH RsprÜ).

24 Bei der **Selbstanzeige** nach § 30 ist Nr. 3 nicht anwendbar, es sei denn, ein Ablehnungsberechtigter hat sich das Vorbringen des Selbstanzeigenden zu eigen gemacht und ihn deswegen abgelehnt (BGH NStZ 2023, 558; → § 30 Rn. 9, 10.)

25 **II. Sofortige Beschwerde nach § 28 Abs. 2.** Eine sofortige Beschwerde nach § 28 Abs. 2 ist die Rüge ihrer Natur nach; das G ändert nur aus Zweckmäßigkeitsgründen den Instanzenzug (BGHSt 27, 96 (98)). **Die Rüge ist aber Teil der Revision** (RGSt 74, 296). Die Anfechtung nach § 28 Abs. 2 S. 2 „zusammen mit dem Urteil" erfordert nicht etwa, dass außerdem eine bes. sofortige Beschwerde eingelegt wird (vgl. → § 28 Rn. 8).

26 Die Rüge setzt jedoch die **Anfechtbarkeit des Ablehnungsbeschlusses** mit der sofortigen Beschwerde voraus (→ § 28 Rn. 8). Sie ist daher – verfassungsrechtlich unbedenklich (BVerfGE 45, 363) – unzulässig, wenn sie sich gegen einen nach § 304 Abs. 4 S. 2 unanfechtbaren Ablehnungsbeschluss des im 1. Rechtszug entscheidenden OLG richtet (BGHSt 27, 96; 8.3.2023 – 3 StR 434/22 mwN) o. wenn das OLG nach § 27 Abs. 4 entschieden hatte (**aM** RGSt 33, 314; 37, 112).

27 Nach **Beschwerdegesichtspunkten** behandelt das Revisionsgericht die Rüge (BGHSt 21, 334 (338); BGH NJW 1985, 443; OLG Köln StV 1988, 287; einschr. aber → Rn. 28); es darf daher auch etwaige Unzulässigkeitsgrundsätze berücksichtigen, auf die das Tatgericht seine Verwerfung des Ablehnungsgesuchs nicht gestützt hat (vgl. BGH NStZ 2025, 753). Es prüft die angefochtene Entsch. auch in tatsächlicher Hinsicht u. darf dabei sein eigenes Ermessen an die Stelle des tatrichterlichen Ermessens setzen (BGHSt 1, 34 (36); 18, 200 (203); 23, 265; 25, 122 (126)), berücksichtigt aber nicht neue, bei der tatrichterlichen Entsch. noch nicht vorhandene Tatsachen u. Beweismittel (BGHSt 21, 85 (88); BGH BeckRS 2016, 12690), auch nicht die Aussage eines Zeugen, der seinerzeit die Aussage verweigert hat (OLG Bremen JZ 1977, 442). Bei fehlender Tatsachengrundlage muss das Revisionsgericht das Urt. aufheben u. die Sache zurückverweisen (BGHSt 23, 200 (203); 23, 265 (267); OLG Hamburg StV 2015, 15; **aM** Löwe/Rosenberg/Franke Rn. 64: im Freibeweis Ermittlungen anstellen).

28 **III. Mit Unrecht verworfen.** Mit Unrecht verworfen war das als unbegründet o. unzulässig verworfene Ablehnungsgesuch nach früherer Rspr. nur, wenn es sachlich begründet war, wobei es nicht darauf ankommen sollte, ob es v. einem unzuständigen o. nicht ordnungsmäßig besetzten Gericht beschieden o. ob es irrtümlich als unzulässig behandelt worden war (BGHSt 18, 200; 21, 334 (338); 23, 265 (267)). Nach der Rspr. des BVerfG (NJW 2005, 3410), der sich der BGH angeschlossen (BGHSt 50, 216; BGH NStZ 2006, 51) u. damit seine frühere Rspr. teilw. aufgegeben hat, ist zu unterscheiden: Das Gesuch ist **nicht nur bei sachlicher Begründetheit,** sondern auch dann „mit Unrecht verworfen", wenn die unter Mitwirkung des abgelehnten Richters beschlossene **Verwerfung gem. § 26a** als unzulässig auf einer **willkürlichen** o. die Anforderungen des Art. 101 Abs. 1 S. 2 GG grdl. verkennenden Rechtsanwendung beruht (BVerfG NJW 2006, 3129; NStZ-RR 2007, 275; BGH NJW 2025, 2333; NStZ 2025, 757; NStZ 2021, 56; OLG München NJW 2007, 449; erg. → § 26a Rn. 11). Das muss auch für die übrigen Fälle einer ungerechtfertigten Verwerfung des Gesuchs als unzulässig gelten, zB im Fall des § 25 Abs. 1 S. 2 (vgl. auch BGH NJW 2025, 2333; NStZ 2018, 732 zu § 25 Abs. 2 S. 1 Nr. 2; OLG Celle VRS 113, 54; OLG München NJW 2007, 451). Ist die Ablehnung als unzulässig aber lediglich rechtsfehlerhaft, jedoch nicht willkürlich erfolgt, ist es – wie bisher – bei sachlicher Unbegründetheit nicht „zu Unrecht verworfen"; dies kann das Revisionsgericht nach Beschwerdegrundsätzen beurteilen, sofern keine Verletzung v. Art. 101 Abs. 1 S. 2 GG im Ablehnungsverfahren gerügt ist (BGH NStZ 2018, 732; 2007, 161; 2009, 223; vgl. auch BGH NStZ-RR 2019, 120). Das Revisionsgericht kann den Verwerfungsgrund nach § 26a auch „austauschen" (BGH wistra 2006, 431: fehlende Begründung statt fehlender Glaubhaftmachung).

29 **IV. Notwendiges Revisionsvorbringen.** Die **Formvorschrift des § 344 Abs. 2** ist zu beachten (BGHSt 21, 334 (340); 27, 96 (98)). Der Beschwerdeführer muss daher, idR wörtlich (BGH StV 1996, 2), zumindest aber dem ganzen Inhalt nach (Ernesti/Jürgensen SchlHA 1976, 172 – OLG Schleswig RsprÜ), das Ablehnungsgesuch u. den abl. Gerichtsbeschluss mitteilen (BGH NJW 1979, 2160; OLG Düsseldorf NJW 1992, 585 Ls.), auch die Tatsachen, die für die Prüfung v. Bedeutung sind, ob der Befangenheitsantrag rechtzeitig iSd § 25 Abs. 1 S. 1 bzw. § 25 Abs. 1 S. 2 und Abs. 2 Nr. 2 gestellt wurde (vgl. BGH NStZ 2016, 627; BeckRS 2019, 31921), den Vortrag eines Sachverhalts, der tatsächlich die Besorgnis der Befangenheit rechtfertigen könnte (BGH NStZ-RR 2025, 321), ferner den Inhalt der dienstlichen Äußerung nach § 26 Abs. 3 (BGH StV 1981, 163; 1993, 235 Ls.; 1996, 2), außerdem sonstiges zum Verständnis der Rüge erforderliches Vorbringen (BGHR StPO § 344 Abs. 2 S. 2 Befangenheitsrüge 1: beweiswürdigende Ausführungen eines anderen Urt., wenn daraus die Befangenheit hergeleitet wird; BGH StV 2012, 587: bei Befangenheit wegen Ablehnung eines Beweisantrages Angabe des Inhalts dieses Antrages mit darin in Bezug genommenen Aktenbestandteilen u. des Ablehnungsbeschlusses; Kusch NStZ-RR 2001, 134 – BGH RsprÜ: frühere

dienstliche Äußerungen der StA; vgl. ferner BGH NStZ 2025, 321 zu unvollständigem Vortrag), bei der Rüge, der Antrag sei zu Unrecht nach § 26a Abs. 1 Nr. 1 als verspätet verworfen worden, auch den Verfahrensablauf, aus dem sich die Rechtzeitigkeit beurteilen lässt (Holtz MDR 1977, 109 – BGH RsprÜ), bei der Rüge der willkürlichen Richterentziehung (→ Rn. 28), dass der abgelehnte Richter bei der Entsch. über das Ablehnungsgesuch mitgewirkt hat (BGH NStZ 2009, 581).

E. Unzuständigkeit des Gerichts (Nr. 4). Die Vorschr. betr. nur die örtliche (BGHSt 11, 130 (131); RGSt 40, 354 (359)), sachliche u. die bes. Zuständigkeit gleichrangiger Gerichte (§§ 74 Abs. 2, 74a, 74c GVG). Für die Verteilung der Geschäfte unter den Spruchkörpern desselben Gerichts nach dem Geschäftsverteilungsplan hat sie keine Bedeutung (BGHSt 31, 389 (390); Pfeiffer NStZ 1981, 297 – BGH RsprÜ); insoweit gilt Nr. 1 (BGHSt 3, 353 (355); → Rn. 7). 30

I. Örtliche Zuständigkeit. Die Rüge setzt die **rechtzeitige Erhebung des Einwands** nach § 16 voraus (→ § 16 Rn. 18). Die Revision muss nach § 344 Abs. 2 die Tatsachen mitteilen, die das ergeben (BGH GA 1980, 225; OLG Düsseldorf VRS 71, 366; OLG Köln VRS 74, 32). Das Revisionsgericht prüft dann, ob der Einwand rechtzeitig erhoben u. ob er zu Unrecht verworfen worden ist. Die örtliche Zuständigkeit beurteilt es nach den dem Eröffnungsbeschluss zugrunde liegenden Tatsachen (BGH StraFo 2011, 271; erg. → § 355 Rn. 6). Einer Verfahrensrüge bedarf es jedoch nicht, wenn das AG seine örtliche Zuständigkeit verneint u. das Verf. nach § 260 Abs. 3 eingestellt hat (OLG Köln VRS 74, 32). 31

II. Sachliche Zuständigkeit. Die sachliche Zuständigkeit ist eine **vAw zu prüfende Verfahrensvoraussetzung** (§ 6); Nr. 4 hat insoweit keine Bedeutung mehr (BayObLG VRS 68, 454). Die Entsch. eines höheren statt eines niedrigeren Gerichts ist wegen § 269 unschädlich (BGHSt 1, 346 (348); 9, 367 (368); 21, 334 (358)). Anders ist es, wenn (objektive) Willkür vorliegt (BGHSt 38, 172 (176); OLG Celle Nds. Rpfl. 1995, 24; erg. → § 269 Rn. 8); dann führt die vAw vorzunehmende Prüfung zur Aufhebung des Urt. u. zur Verweisung an das zuständige Gericht (BGHSt 40, 120). Auch die unzutr. Beurteilung der bes. Bedeutung der Sache (§§ 24 Abs. 1 Nr. 3, 74 Abs. 1 S. 1 GVG) ist nur bei Willkür revisibel (BGH BGHSt 57, 165; BGH 20.8.2025 – 3 StR 484/24). Im Übrigen beurteilt sich die sachliche Zuständigkeit des Tatrichters aufgrund der Urteilsfeststellungen (RGSt 44, 137) nach objektiven Gesichtspunkten (OLG Celle JR 1950, 414; Löwe/Rosenberg/Franke Rn. 71). Es kommt darauf an, ob der Tatrichter bei zutr. Beurteilung der Tat sachlich zuständig war (Dallinger MDR 1952, 118), u. zwar beim Erlass des Urt. (BGHSt 1, 346; 10, 64; BGH NStZ 1987, 132; 1991, 503; NStZ-RR 2012, 76 mablAnm Sturm/Lickleder ZIS 2012, 591, da die fehlende sachliche Zuständigkeit der materiellen Rechtslage vorgehe; vgl. auch Meyer-Goßner Prozessvoraussetzungen S. 50 ff.). 32

Die **unterlassene Verweisung nach § 270** wegen des in der HV entstandenen Verdachts einer schwereren Straftat an ein höheres Gericht nimmt dem niederen Gericht nicht die sachliche Zuständigkeit, wenn dieser Verdacht zur Verurteilung nicht genügt hat; das gilt nicht nur für die Revision des Angeklagten, sondern auch für diejenige der StA o. des Nebenklägers (**aM** OLG Oldenburg GA 1992, 471). Anders ist es nur, wenn das niedere Gericht auch im Urt. noch den Tatverdacht hins. der schwereren Straftat bejaht hat (BGH GA 1962, 149; Dallinger MDR 1972, 18 – BGH RsprÜ) o. wenn das Revisionsgericht entgegen der Ansicht des niederen Gerichts einen Tatverdacht für gegeben hält; dann hebt es auf die Revision der StA o. des Nebenklägers das Urt. auf u. verweist die Sache an das höhere Gericht (OLG Oldenburg NStZ-RR 1996, 240; SK-StPO/Frisch Rn. 90 ff.). 32a

III. Besondere Zuständigkeit gleichrangiger Spruchkörper. Die Rüge setzt voraus, dass der Angeklagte rechtzeitig den **Einwand nach § 6a** erhoben hat (→ § 6a Rn. 16). Das Revisionsgericht prüft dann die Rechtzeitigkeit u. Begründetheit des Einwands, wobei es nicht darauf ankommt, ob das Gericht seine 33

Zuständigkeit auf der Grdl. objektiv willkürlicher Erwägungen angenommen hat (BGHSt 57, 3 mwN). Auf das Erfordernis der bes. Kenntnisse des Wirtschaftslebens in § 74c Abs. 1 Nr. 6 GVG kann die Rüge nicht gestützt werden (BGH NStZ 1985, 464; 466; → GVG § 74c Rn. 10).

34 Auch die Nichtbeachtung der Zuständigkeit der **Jugendgerichte** wird nur auf Rüge nach Nr. 4 geprüft (BGHSt 18, 79 (GSSt); BGHSt 26, 191 (198); BGH NStZ 1996, 250; BeckRS 2019, 35791; Rieß NStZ 1981, 304; Brunner/Dölling JGG §§ 33–33b Rn. 8; **aM** OLG Oldenburg NJW 1981, 1384; Eisenberg/Kölbel JGG §§ 33–33b Rn. 20f.; erg. → Vor § 1 Rn. 11). Ein Einwand nach § 6a ist keine Voraussetzung für die Rüge; die Vorschr. gilt hier nicht (BGHSt 30, 260; BGH StV 1981, 77; KG StV 1985, 408; → § 6a Rn. 2). Dass statt des allg. Gerichts ein JugG entschieden hat, kann wegen § 47a **JGG** nicht gerügt werden (BGH StraFo 2004, 103; NStZ 2011, 527). Dagegen kann die Unzuständigkeit des allg. Gerichts auch der Erwachsene rügen, obwohl ohne die Verbindung mit dem Verf. gegen einen Heranwachsenden dieses Gericht für seine Aburteilung zuständig gewesen wäre (BGHSt 30, 260; BGH StV 1985, 357 Ls.; einschr. OLG Koblenz VRS 71, 141). Dass ein unzuständiges allg. Gericht die Verfolgung nach § 154a auf Straftaten beschränkt hat, für die es zuständig war, beanstandet der BGH nicht (NStZ 1991, 503; 1996, 244; 2005, 650; **aM** mit zutr. rechtssystematischen Bedenken Eisenberg/Sieveking NStZ 1992, 295).

34a **IV. Notwendiges Revisionsvorbringen.** § 344 Abs. 2 S. 2 ist zu beachten. Alle Tatsachen müssen umfassend angeführt werden, aus denen sich die Fehlerhaftigkeit der Zusammensetzung des Gerichts ergeben soll. Es ist bei der Rüge der örtlichen Unzuständigkeit darzulegen, dass die Rüge rechtzeitig erhoben wurde (§ 16) u. wie der Einwand v. Gericht beschieden worden ist (OLG Köln StV 2004, 314; Burhoff/Kotz StrafR-Rechtsmittel-HdB/Junker Teil A Rn. 2927); der Wiedergabe der für den Einwand gegebenen Begründung bedarf es hingegen nicht (Amtsprüfung, vgl. OLG Köln StV 2004, 314). Kann eine abgetrennte Strafsache die Zuständigkeit begründet haben (vgl. → § 13 Rn. 1), so müssen die Abtrennung u. die für die Zuständigkeit relevanten Umstände mitgeteilt werden (BGH NJW 1993, 2819).

35 **F. Vorschriftswidrige Abwesenheit (Nr. 5). I. Abwesenheit bei einem wesentlichen Teil der HV.** Nur die Abwesenheit bei einem **wesentlichen** Teil der HV begründet die Revision (BGHSt 26, 84 (91); BGH NStZ 2019, 481; krit. Hamm Revision Rn. 404ff.). Ob ein Verhandlungsteil als wesentlich einzuordnen ist, bestimmt sich nach dem Zweck der jeweils betroffenen Vorschriften sowie danach, in welchem Umfang ihre sachliche Bedeutung betroffen sein kann (BGHSt 55, 87; BGH NStZ 2011, 534; 20.8.2025 – 3 StR 580/24; → Rn. 2); nicht wesentlich ist ein Verhandlungsteil, wenn es denkgesetzlich ausgeschlossen ist, dass bez. des Prozessgeschehens in Abwesenheit des Angekl. sein Anspruch auf rechtliches Gehör sowie seine prozessualen Mitwirkungsrechte beeinträchtigt worden sind und auch sonst das Ergebnis der Hauptverhandlung nicht im Sinne des § 261 bestimmt worden sein kann (BGH NStZ 2011, 233; 20.8.2025 – 3 StR 580/24). Die Prüfung nimmt das Revisionsgericht nach Maßgabe des Einzelfalls vor (BGH 20.8.2025 – 3 StR 580/24). Betrifft der Verfahrensverstoß danach einen wesentlichen Teil der HV, so ist eine Prüfung der Beruhensfrage grds. ausgeschlossen (BGH StV 1984, 102; 1986, 465; OLG Oldenburg StV 1995, 345; vgl. aber BGH StV 2011, 211).

36 **Wesentlich** sind die Vernehmung des Angeklagten zur Person u. Sache (BGHSt 9, 243 (244); BGH NStZ 1983, 375), die Verlesung des Anklagesatzes (BGHSt 9, 243 (244)) u. des Urt. 1. Instanz nach § 324 Abs. 1 S. 2 (OLG Düsseldorf StraFo 1999, 125; OLG Zweibrücken StV 1986, 240; **aM** BGH NStZ 1987, 135 für das ehrengerichtliche Verf.), der Vortrag nach § 324 (RG HRR 1930, 1178), auch die Verh. u. Entsch. über eine Verfahrenstrennung (BGH StraFo 2010, 339). Wesentlich ist insbes. die Beweisaufnahme (BGHSt 9, 243 (244); 21, 332 (334); BGH NJW 1973, 522; NStZ 1986, 564; KG StV 1983, 186; OLG Hamburg StV 1984,

111; OLG Köln NStZ 1987, 244) einschl. der Vernehmung der Mitangeklagten (BGH StV 1986, 288), der Vernehmung der Zeugen zur Person (OLG Hamm NJW 1992, 3252) u. der Ortsbesichtigung (BGHSt 3, 187; 25, 317 (318); BGH NStZ 1982, 42; StV 1983, 4), der Verzicht auf präsente Zeugen (BGH NStZ 2019, 234; 1996, 351, nicht dagegen der Verzicht auf für einen späteren Zeitpunkt geladene u. nicht erschienene Zeugen: BGH NStZ 2019, 234; StraFo 2017, 240), ferner Erörterungen über Beweisanträge v. Mitangeklagten (RG HRR 1937, 288) u. über die Zeugenvereidigung (BGH StV 1988, 370; vgl. aber BGHSt 22, 289 (297)), sofern die Vereidigung nicht nach § 60 Nr. 1 ausgeschlossen ist (BGH NJW 1986, 267; Holtz MDR 1978, 460 – BGH RsprÜ), die Feststellung der Vorstrafen (BGH NJW 1972, 2006), es sei denn, dass daraus keine Folgerungen zu Lasten des Angeklagten gezogen worden sind (Kusch NStZ 1993, 30 – BGH RsprÜ), die Schlussvorträge (OLG Hamburg StV 1984, 111), auch des Verteidigers des Mitangeklagten (BGH StV 1983, 4; BGH NJW 2014, 2807) u. des Nebenklägervertreters (RGSt 40, 230), sowie die Verlesung der Urteilsformel nach § 268 Abs. 2 (BGHSt 8, 41; 15, 263; 16, 178 (180); BGH NStZ 1989, 284).

Nicht wesentlich sind zB der Aufruf der Zeugen u. Sachverständigen (BGHSt 15, 263; BGH NJW 1953, 1801), die Belehrung nach § 57 (BGHR StPO § 38 Nr. 1 Schöffe 8), die Festsetzung v. Ordnungsmitteln nach § 51 (Dallinger MDR 1975, 23 – BGH RsprÜ), die Feststellung der Identität des Angeklagten (OLG Düsseldorf Rpfleger 1993, 460) u. seiner Verhandlungsfähigkeit (Kusch NStZ 1994, 228 – BGH RsprÜ), die nur die Voraussetzungen des § 247 betr. Befragung eines Zeugen (BGH NStZ 1998, 528), die Frage seiner Vernehmungsfähigkeit (BGH StraFo 2010, 493), Erörterungen zur Verteidigung des Angeklagten (BGH BeckRS 2019, 584), die mündliche Eröffnung der Urteilsgründe (BGHSt 15, 263; 16, 178 (180); BGH NStZ-RR 1998, 237; BeckRS 2018, 4869; **aM** Roxin/Schünemann StrafVerfR § 44 Rn. 47) u. die Verkündung v. Beschlüssen nach § 268a (BGHSt 25, 333) u. § 268b (Poppe NJW 1954, 1915). Bei § 257b kommt es auf den Inhalt der Erörterung an (vgl. BGH NStZ 2020, 242). 37

Abwesend ist ein Verfahrensbeteiligter, der sich im Gerichtssaal aufhält u. sich an der HV beteiligt, erst dann, wenn er nach den konkreten Gegebenheiten außer Stande ist, auf die Verh. – sei es auch nur mit der Bitte, lauter zu sprechen o. das Mikrofon zu benutzen – Einfluss zu nehmen (BGH BeckRS 2013, 11731). Abwesenheit des Verteidigers iSv Nr 5 liegt nur bei körperlicher Abwesenheit o. erkennbarer Verhandlungsunfähigkeit im Falle einer notwendigen Verteidigung vor (BGH NStZ-RR 2021, 116). Abwesend ist auch ein Angeklagter, der sich in einem Nebenraum zum Sitzungssaal befindet (BGH NStZ 2019, 421). BGH NJW 2017, 181 (183) neigt dazu, auch bei Abwesenheit des Vorsitzenden Nr. 5 und nicht Nr. 1 anzuwenden (zw.). 38

Verhandelt das Berufungsgericht in Abwesenheit des Angekl., anstatt die Berufung gem. § 329 Abs. 1 zu verwerfen, eröffnet dies nach Ansicht des OLG Köln nicht ohne Weiteres die Rüge nach Nr. 5, da dem Angekl. durch die Sachverhandlung ein Mehr an rechtlichem Gehör zuteil wurde (OLG Köln NStZ 2023, 381 mAnm Krenberger). 38a

II. StA. Der StA muss ständig anwesend sein (→ § 226 Rn. 6). Nach Nr. 5 kann gerügt werden, dass er sachlich (vgl. §§ 142, 142a GVG), nicht örtlich (RGSt 73, 86), unzuständig war. Die unzulässige weitere Vertretung der Anklage nach der Zeugenvernehmung des StA (→ Vor § 48 Rn. 17) begründet die Revision nur nach § 337 (BGHSt 14, 265; BayObLG VRS 64, 25). Zur Weigerung des StA, einen Schlussvortrag zu halten, vgl. → § 258 Rn. 10, 33. 39

Der **UrkB der Geschäftsstelle** muss ebenfalls ständig anwesend sein (BayObLG NStZ-RR 2002, 16; vgl. → § 226 Rn. 7). 39a

III. Angeklagte. Der Angeklagte muss nicht nur anwesend, sondern auch verhandlungsfähig (dazu → Einl. Rn. 97) sein. Ist er dauernd verhandlungsunfähig, so besteht ein Prozesshindernis (→ Einl. Rn. 143). Der Aufhebungsgrund der Nr. 5 liegt vor, wenn während einer zeitweiligen Abtrennung des Verf. in Abwesenheit 40 des Angeklagten Vorgänge erörtert worden sind, die die gegen ihn erhobenen Vorwürfe berühren (BGHSt 24, 257; 30, 74; Holtz MDR 1979, 989 – BGH RsprÜ; BGH StV 1986, 465), sonst nicht (BGHSt 21, 180; 32, 100; 32, 270 (273); erg. → § 230 Rn. 11), also auch nicht bei Abwesenheit eines Mitangeklagten (Pfeiffer NStZ 1981, 95 – BGH RsprÜ; Kusch NStZ 1996, 22 – BGH RsprÜ; BGH NJW 1990, 846; dahingestellt v. BGH NStZ 2019, 481). Ferner ist Nr. 5 anzuwenden, wenn das Gericht gegen § 230 (→ § 230 Rn. 26), § 231 (→ § 231 Rn. 25), § 231b (→ § 231b Rn. 12), § 231c (→ § 231c Rn. 24) o. § 247 (→ § 247 Rn. 19) verstoßen hat.

41 **IV. Verteidiger. Nur bei notwendiger Verteidigung** nach § 140 ist die Abwesenheit des Wahlverteidigers u. des bereits bestellten Pflichtverteidigers ein zwingender Aufhebungsgrund (BGHSt 15, 306), sofern sie sich auf einen Zeitraum bezieht, in dem nicht nur über die Tat eines Mitangeklagten verhandelt worden ist (BGHSt 21, 180; BGH NStZ 1983, 375; StV 1986, 288). Das gilt auch im Fall der §§ 140 Abs. 2, 145 Abs. 1 S. 1 (KG StV 1983, 186; **aM** OLG Hamm AnwBl 1981, 189 mablAnm Molketin AnwBl 1981, 217: nur § 337). Es gilt ebenso bei alleiniger Mitwirkung eines nicht mehr als RA zugelassenen „Scheinverteidigers" (BGH 30.8.2022 – 4 StR 117/22). Hat das Gericht im Fall des § 140 Abs. 2 – ebenso im Fall des § 145 Abs. 1 S. 1 (→ § 145 Rn. 26) – die Bestellung eines Verteidigers unterlassen, so gilt ebenfalls Nr. 5, nicht § 337 (BGHSt 15, 306; OLG Hamm NStZ-RR 1997, 78; OLG Karlsruhe StraFo 2005, 370), ebenso, wenn ein Verteidiger mitgewirkt hat, dessen Zulassung zur RAschaft widerrufen war (BGHSt 47, 238; BGH BeckRS 2019, 5405); zum Fall der unzulässigen Unterbevollmächtigung (→ § 142 Rn. 60) vgl. OLG Hamm Rpfleger 1998, 440.

41a Die Revision muss zu § 140 Abs. 1 **darlegen,** in welchem – wesentlichen (→ Rn. 36, 37; OLG Brandenburg NStZ 1997, 612) – Abschn. der HV der Angeklagte nicht verteidigt war (BGH NStZ 1983, 36; StV 1986, 288), im Fall des § 140 Abs. 2, warum die „Schwere der Tat" bzw. „die Schwere der zu erwartenden Rechtsfolge", „die Schwierigkeit der Sach- o. Rechtslage" o. die „Verteidigungsunfähigkeit" die Mitwirkung eines Verteidigers erforderten (OLG Hamm NStZ-RR 2001, 373). Der Verstoß gegen § 146a begründet die Revision idR nicht (→ § 146a Rn. 10). Sind mehrere Verteidiger vorhanden, so genügt die Anwesenheit eines v. ihnen (Dallinger MDR 1966, 200 – BGH RsprÜ), auch im Fall der Arbeitsteilung (Holtz MDR 1981, 457 – BGH RsprÜ). War der Verteidiger körperlich anwesend, kann die Revision grds. nicht darauf gestützt werden, dass er die Verteidigung nicht ordnungsgemäß geführt hat (BGHSt 39, 310 (314); erg. → Einl. Rn. 99, → Vor § 137 Rn. 3) o. nicht genügend vorbereitet war (BGH NStZ 2000, 212; 2000, 327); eine Ausnahme gilt, wenn er erkennbar verhandlungsunfähig war (BGH 30.6.2022 – 1 StR 277/22) oder wenn der Pflichtverteidiger gegen den Willen des Angekl. vollständig untätig ist, er etwa seine Tätigkeit gänzlich verweigert (BGH 30.6.2022 – 1 StR 277/22 mwN). Nach der Rspr. des EGMR (NJW 2003, 1229; vgl. dazu Gaede HRRS 2007, 407 u. eing. Wohlers FS Frisch, 2013, 1325) kann jedoch die eindeutige Missachtung einer reinen Formvorschrift die Verantwortung des Staates nach Art. 6 Abs. 1, Abs. 3 Buchst. c **EMRK** begründen, wenn der Fehler zur Folge hat, dass dem Betroffenen ein ihm an sich zustehendes Rechtsmittel genommen wird, ohne dass dies v. einem höherinstanzlichen Gericht bereinigt wird; das gilt in bes. Maße bei der Gerichtssprache nicht mächtigen Ausländern. Nach deutschem Recht wird dann an eine vAw zu gewährende Wiedereinsetzung in den vorigen Stand entspr. § 45 Abs. 2 S. 2 zu denken sein (zust. Wohlers FS Frisch, 2013, 1342). Die Weigerung des Verteidigers, einen Schlussvortrag zu halten, begründet die Revision aber nicht (Holtz MDR 1980, 274 – BGH RsprÜ). Das Fehlen des Verteidigers eines Mitangeklagten kann nicht gerügt werden (BGHSt 31, 323 (331)). Hat sich der Verteidiger eigenmächtig v. der Urteilsverkündung entfernt, ist die Rüge verwirkt (BGH NStZ 1998, 209; erg. → § 337 Rn. 47).

V. Andere Prozessbeteiligte. Für den Privatkläger gilt § 391. Der Nebenkläger braucht in der HV nicht anwesend zu sein (→ § 398 Rn. 2). Die Verletzung seines Rechts auf Anwesenheit kann er nur nach § 337 rügen (OLG Karlsruhe VRS 50, 119), ebenso, dass er zwar anwesend war, ihm jedoch kein Dolmetscher zur Seite steht (BGH NJW 2015, 96). Für Beistände (§ 149; § 69 Abs. 1 JGG) gilt Nr. 5 ebenfalls nicht. 42

VI. Sachverständige. Sachverständige brauchen nicht ständig anwesend zu sein (→ § 80 Rn. 5); der Verstoß gegen § 246a führt nur zu der Rüge nach § 337 (→ § 246a Rn. 6). 43

Der **Dolmetscher** muss nach § 185 GVG grds. während der ganzen Verh. zugegen sein; andernfalls gilt Nr. 5 (BGHSt 3, 285; OLG Celle StV 2016, 104; vgl. auch BVerfGE 64, 135 (149)). Dass er zeitweilig als Zeuge (BGHR StPO § 338 Dolmetscher 1) o. Sachverständiger (BGH 29.11.1977 – 1 StR 631/76) vernommen worden ist, schadet nicht. Kann der Angeklagte sich in der deutschen Sprache verständigen, so ist auch die zeitweilige Abwesenheit des Dolmetschers unschädlich (BGHSt 3, 285; BGH NStZ 2002, 275; BGHR StPO§ 338 Dolmetscher 3; Löwe/Rosenberg/Franke Rn. 100). Hat ein Dolmetscher an der Verhandlung teilgenommen, hätte aber nicht als solcher tätig werden dürfen, betrifft dies nicht die Anwesenheit iSd Nr. 5; hat ein gerichtlich bestellter Dolmetscher als solcher an der Verhandlung tatsächlich teilgenommen, ist seine Abwesenheit nicht deshalb zu fingieren, weil Ablehnungsgründe gegen seine Person vorgelegen haben (BGH NJW 2025, 1428 mablAnm Schefer NStZ 2025, 438 und Seel StraFo 2025, 282: Pflichtverteidigerin des Mitangeklagten als Dolmetscherin). Erg. → GVG § 185 Rn. 10. 44

G. Ungesetzliche Beschränkung der Öffentlichkeit (Nr. 6). I. Öffentlichkeit der Gerichtsverhandlung. Die Öffentlichkeit der Gerichtsverhandlung (§ 169 GVG; erg. → GVG § 169 Rn. 1 ff.) ist eine grdl. Einrichtung des Rechtsstaats (BGHSt 3, 386 (387); 23, 176 (178)). 45

Der Durchsetzung dieses Grundsatzes dient Nr. 6. Der Angeklagte kann die Rüge daher auch erheben, wenn er selbst die Ausschließung der Öffentlichkeit verlangt hatte (BGH NStZ 2024, 4489 mwN). Verstöße gegen § 243 Abs. 4 S. 1 enthalten nicht zugleich einen Verstoß gegen den Öffentlichkeitsgrundsatz (BGH NStZ 2013, 724; erg. → § 243 Rn. 38a). 46

Da der Angeklagte andererseits keinen Anspruch auf Ausschluss der Öffentlichkeit hat, auch nicht nach Art. 1, 2 GG oder Art. 6 Abs. 1 S. 2 **EMRK** (BGHSt 23, 82; str.), ist Nr. 6 bei **unzulässiger Erweiterung der Öffentlichkeit** nicht anwendbar (BGHSt 10, 202 (206); 23, 82 (85); 23, 176 (178); Holtz MDR 1979, 458 – BGH RsprÜ; SK-StPO/Frisch Rn. 127 ff.; SSW StPO/Momsen/Momsen-Pflanz Rn. 63; **aM** Kissel/Mayer GVG § 169 Rn. 60; Kudlich FS Fezer, 2008, 446; Roxin FS Peters, 1984, 400). Die öffentl. Verh. unter Verstoß gegen § 48 Abs. 1 **JGG** kann nur nach § 337 gerügt werden (BGHSt 23, 176; Kusch NStZ 1994, 230 – BGH RsprÜ); ein Jugendlicher kann es nicht rügen, wenn gegen ihn im Hinblick auf erwachsene o. heranwachsende Mitangeklagte öffentl. verhandelt worden ist (BGH NJW 2006, 1220). Nicht gerügt werden kann auch die Ablehnung eines Antrags des Angeklagten auf Ausschließung der Öffentlichkeit (Dallinger MDR 1953, 149 – BGH RsprÜ; KG JR 1950, 119), die Nichtbeachtung eines Ausschließungsbeschlusses (Herlan GA 1963, 102 – BGH RsprÜ), die Duldung der Anwesenheit v. Personen in einer nichtöffentl. Sitzung ohne Zulassung nach § 175 Abs. 2 S. 1 GVG (Pfeiffer/Miebach NStZ 1985, 207 – BGH RsprÜ), zB des Vertreters der Finanzverwaltung (Pfeiffer NStZ 1981, 297 – BGH RsprÜ), sowie insbes. der Verstoß gegen § 169 S. 2 GVG (BGHSt 36, 119 mwN). 47

II. Unzulässig beschränkt. Unzulässig beschränkt iSd Nr. 6 ist die Öffentlichkeit bei **Verletzung des** § 48 **JGG,** auch des § 169 S. 1 GVG iVm §§ 171a–173, 175, 177 GVG (iE → GVG § 171a Rn. 1 ff., → GVG § 171b Rn. 1 ff., → GVG § 172 Rn. 1 ff., → GVG § 173 Rn. 1 ff., → GVG § 175 Rn. 1 ff., → GVG § 177 Rn. 1 ff.), soweit die jeweiligen tatbestandlichen Voraussetzungen für den Aus- 48 schluss nicht vorgelegen haben. Zur mündlichen Verh. iSd Nr. 6 gehört die Urteilsverkündung (BGHSt 4, 279; BGH MDR 1955, 246; Roxin/Schünemann StrafVerfR § 47 Rn. 25; str.). Die Öffentlichkeit ist nach § 169 Abs. 1 Satz 1 GVG unzulässig beschränkt, wenn *einzelne Personen,* die als Repräsentanten der Öffentlichkeit gelten können, in gesetzwidriger Weise nicht eingelassen o. entfernt worden sind (BGHSt 3, 386; 28, 341; BGH 2.12.2025 – 5 StR 388/25 erg. → § 58 Rn. 5); Prüfungsmaßstab der sitzungspolizeilichen Verfügung des Vorsitzenden ist, ob er hierdurch sein pflichtgemäßes Ermessen überschreitet oder missbraucht (BGH 2.12.2025 – 5 StR 388/25). Dies gilt aber nicht, wenn die Person freiwillig der Bitte des Vorsitzenden, den Saal zu verlassen, Folge leistet (BGH 9.9.2025 – 2 StR 514/25; NJW 1989, 465; NStZ 1999, 425), selbst dann nicht, wenn die Zuhörer einer solchen Bitte mit innerem Widerstreben folgen, ohne dies nach außen erkennbar zum Ausdruck zu bringen (BGH 15.5.2018 – 1 StR 159/117). Allerdings darf der Vorsitzende eine solche „Bitte" nicht an alle Anwesenden richten, weil dies zu einer Umgehung des Öffentlichkeitsgrundsatzes führen würde (BGH NStZ 1993, 450), schon gar nicht darf sie mit dem Hinweis verknüpft werden, sonst werde über den Ausschluss der Öffentlichkeit entschieden werden (OLG Braunschweig StV 1994, 474). Nr. 6 ist idR gegeben, wenn der Zutritt zur Verh. nur in den Sitzungspausen gestattet wird (BGH NStZ 2004, 510).

48a Die Vorschr. ist auch bei Nichtbeachtung des **Verf. für die Ausschließung** grds. anwendbar (§ 174 GVG), etwa wenn die Öffentlichkeit über die in dem Beschl. bestimmte Dauer ausgeschlossen war (BGHSt 7, 218; Dallinger MDR 1970, 562 – BGH RsprÜ; Holtz MDR 1976, 988 – BGH RsprÜ; BGHR StPO § 338 Ausschluss 4), wenn nur eine Anordnung des Vorsitzenden (BGHSt 17, 220 (222)) o. kein Gerichtsbeschluss (OLG Hamm StraFo 2000, 195) ergangen ist, ferner im Fall des § 171b Abs. 3 S 1 GVG (BGH NStZ 2021, 760; vgl. auch BGH NStZ 2024, 762), es sei denn, es handelt sich um einen Fall des § 171b Abs. 3 S. 2 GVG (BGHSt 64, 64: Nr. 6 nicht anwendbar; erg. → GVG § 171b Rn. 16) o., wenn der Beschl. entgegen § 174 Abs. 1 S. 2 Hs. 1 GVG nicht öffentl. verkündet (BGH NJW 1980, 2088; BGH StV 1985, 223) o. entgegen § 174 Abs. 1 S. 3 GVG nicht begründet worden ist (BGHSt 1, 334; BGH NStZ 1982, 169; einschr. BGHSt 45, 117; BGH BeckRS 2021, 23959; Becker NStZ-RR 2002, 262 – BGH RsprÜ, „wenn der Verteidiger offenkundig den Antrag für den Angeklagten gestellt hatte, der Ausschluss für das Gericht zwingend war und alle Verfahrensbeteiligten sowie die Zuhörer im Gerichtssaal den Ausschlussgrund eindeutig erkennen konnten"; erg → § 174 GVG Rn. 21), insbes. nicht aus sich heraus verständlich ist (BGHSt 1, 334; 30, 298; BGH NJW 1979, 276). Das Unterlassen der Anhörung der Bet. nach § 174 Abs. 1 S. 1 GVG kann nur nach § 337 gerügt werden (BGH MDR 1988, 791; NJW 1979, 276; **aM** Dahs Strafprozessrevision Rn. 203).

48b Hingegen ist es **rechtlich unschädlich,** wenn das Gericht nach Verkündung des Beschl. über den Ausschluss der Öffentlichkeit auf Gegenvorstellungen eines Verfahrensbeteiligten hierüber erneut nicht öffentl. verhandelt; denn mit Bekanntgabe der Entsch. ist die Verh. nichtöffentl. (BGH NStZ 2015, 230).

49 **III. Verschulden des Gerichts. Auf Verschulden des Gerichts muss der Verfahrensverstoß beruhen** (BGHSt 21, 72 (74); 22, 297; BGH NStZ 2023, 703; 17.2.2023 – 5 StR 392/21; Löwe/Rosenberg/Franke Rn. 113; **aM** Dahs Strafprozessrevision Rn. 199; Kudlich FS Fezer, 2008, 446; Roxin/Schünemann StrafVerfR § 47 Rn. 24; eing. zur Problematik SK-StPO/Frisch Rn. 136 ff.); hierzu muss die Revision vortragen (vgl. BGH NStZ-RR 2025, 290; BeckRS 2021, 24837). Nr. 6 ist nur anwendbar, wenn das Gericht o. der Vorsitzende eine die Öffentlichkeit unzulässig beschränkende Anordnung getroffen o. eine ihnen bekannte Beschränkung nicht beseitigt hat (BGHSt 22, 297 (301); BGH NStZ 2023, 703; 1995, 143), insbes. infolge unrichtiger rechtlicher Bewertung der ihnen bekannten Tatsachen (BGH JR 1979, 262; OLG Hamm NJW 1974, 1780; OLG Zweibrücken NJW 1995, 3333). Das Verschulden untergeordneter Beamter begründet die Revision nicht (OLG Karlsruhe NZV 2004, 421), erst recht nicht zufällige Geschehnisse, wie das Zuschlagen der Außentür (BGHSt 21, 72). Mögliche Einschränkungen durch anlässlich der COVID-19 Pandemie seitens der Exekutive angeordnete allg. Ausgangsbeschränkungen begründen kein Verschulden des Gerichts (BGH BeckRS 2021, 3211; Arnoldi NStZ 2020, 313 (316); dahingestellt v. BGH NStZ-RR 2021, 83; → GVG § 169 Rn. 5).

Vorsitzender u. Gericht haben aber eine **Aufsichtspflicht** ggü. den untergeordneten Beamten, u. das gröbliche Vernachlässigen dieser Pflicht ist ihnen als eigenes Verschulden zuzurechnen (BGHSt 22, 297 (301)). Vor allem wenn die Sitzung nicht im Gerichtsgebäude stattfindet, müssen sie sich davon überzeugen, dass die Vorschr. über die Öffentlichkeit beachtet sind (BGH NJW 1979, 2622; StV 1981, 3; OLG Hamm StV 2002, 474; OLG Saarbrücken VRS 113, 109); ebenso ist zu prüfen, ob trotz geschlossener Eingangstür noch ein Zugang zum Gerichtsgebäude möglich war (BGH NStZ 2012, 173). Wenn Einlasskontrollen angeordnet worden sind, darf mit der Verh. erst begonnen werden, wenn den rechtzeitig erschienenen Personen nach Kontrolle der Zutritt gewährt worden ist (BGH NStZ 1995, 181). Die Anforderungen an die Aufsichtspflicht dürfen allerdings nicht überspannt werden (BGHSt 22, 297 (301); BGH StV 1981, 3 (4); Becker NStZ-RR 2001, 267 – BGH RsprÜ). **50**

Zum **notwendigen Revisionsvorbringen** gehört die Angabe der tatsächlichen (konkreten) Umstände, aus denen sich ergibt, dass das Gericht die Öffentlichkeit beschränkt hat (BGH NJW 2006, 1220; vgl. auch BGH NStZ-RR 2025, 290) o. warum es den Verfahrensverstoß zu vertreten hat (BGH NStZ 2012, 173; NStZ-RR 2023, 152; BayObLGSt 1994, 41), soweit dem Revisionsführer dies möglich ist (OLG Hamm StV 2002, 474; OLG Saarbrücken NStZ-RR 2008, 50); dazu kann auch Vortrag zu den örtlichen Verhältnissen erforderlich sein (vgl. BGH NStZ-RR 2016, 245). War der Zugang tatsächlich nicht beschränkt, aber ein missverständliches Schild über die „Öffnungszeiten" am Gericht angebracht, bedarf es der Darlegung, dass sich dadurch tatsächlich jemand v. der Teilnahme an der Sitzung hat abhalten lassen (**aM** OLG Zweibrücken NJW 1995, 3333; offengelassen v. BGH NStZ 1996, 278); das gilt aber nicht, wenn eine bestimmte Sitzung versehentlich ausdr. als „nicht-öffentlich" bezeichnet worden war (OLG Celle NStZ 2012, 654). Auch die erfolgte Anrufung des Gerichts gegen den Ausschluss der Öffentlichkeit (§ 238 Abs. 2) muss ggf. vorgetragen werden (Meyberg NStZ 2013, 609). **50a**

Die Rüge eines **zu weit erstreckten Ausschlusses der Öffentlichkeit** muss nicht nur vortragen, welche Verfahrensvorgänge während seiner Dauer, also in nichtöffentlicher Hauptverhandlung ausgeführt wurden, sondern diese müssen dabei auch so genau bezeichnet werden, dass dem Revisionsgericht die Nachprüfung ihres etwaigen Zusammenhangs mit dem den Öffentlichkeitsausschluss gebietenden Verfahrensvorgang möglich ist (BGH 1.8.2023 – 4 StR 88/23). Dies beruht darauf, dass nach der Rspr. des BGH ein Ausschluss der Öffentlichkeit, der sich auf einen bestimmten Verfahrensvorgang beschränkt, auch weitere Verfahrensvorgänge umfasst, die mit diesem in enger Verbindung stehen oder sich aus ihm heraus entwickeln, und die daher zu demselben Verfahrensabschnitt gehören (vgl. etwa BGH 22.3.2023 – 1 StR 243/22; 1.8.2023 – 4 StR 88/23; → § 171b **GVG** Rn. 3a). **50b**

Wie bei Nr. 5 (→ Rn. 36) ist § 338 nicht anwendbar, wenn das **Beruhen** des Urt. auf dem Fehler **denkgesetzlich ausgeschlossen** ist (BGH NJW 1996, 138: Hinweis nach § 265 während Öffentlichkeitsausschlusses auf einen später nach § 154a ausgeschiedenen Tatteil; BGH StV 2000, 248: Hinweis nach § 265 sowie Teileinstellung nach § 154 Abs. 2; Becker NStZ-RR 2002, 261 – BGH RsprÜ: bloße Terminankündigungen; BGH NJW 2003, 2761; 2004, 865 (867): Anordnung der Unterbrechung der HV; BGH NStZ-RR 2014, 381 mablAnm Foth: Verlesung einer Aussagegenehmigung; BGH NStZ 2023, 700 mablAnm Ventzke und kritAnm Mosbacher JuS 2023, 736739 f.: Zeugenbelehrung unter Verstoß gegen § 169 Abs. 1 S. 1 GVG). Darüber Ausführungen in der Revisionsbegründung zu verlangen, geht aber zu weit (vgl. BGH BeckRS 2018, 12847 sowie BGH **50c**

NStZ-RR 2018, 324 für einen Verstoß gegen § 174 Abs. 1 GVG; **aM** bei einem Teilfreispruch BGH StV 2008, 123 mablAnm Ventzke).

50d Bezieht sich der Verfahrensverstoß nur auf einen **abtrennbaren Teil des Urteils,** so ist auch nur dieser Teil des Urt. aufzuheben (BGH NStZ 2025, 382 (383) mwN).

51 **H. Fehlende oder verspätete Urteilsbegründung (Nr. 7). I. Fehlende Gründe.** Fehlende Gründe zwingen idR schon zur Urteilsaufhebung auf die Sachrüge (KG StraFo 2016, 156; BayObLG VRS 61, 130; OLG Celle NJW 1959, 1648; OLG Hamm NStZ 2011, 238). Nr. 7 hat daher insoweit nur für **Prozessurteile nach §§ 329 Abs. 1, 412** Bedeutung.

52 Die Vorschr. setzt das völlige Fehlen der Urteilsgründe voraus, etwa weil der Richter vor Urteilsabsetzung verstorben (OLG Celle NJW 1959, 1648) o. dienstunfähig erkrankt (KG StraFo 2016, 156) o. aus dem Richterdienst ausgeschieden ist (Kusch NStZ 1993, 30 – BGH RsprÜ; BayObLGSt 1967, 51; OLG Zweibrücken NStZ-RR 1997, 10)) o. weil die Richter sich nicht darüber einigen können, was das Erg. der Beratung war (Dallinger MDR 1954, 337 – BGH RsprÜ). Liegen bei tatmehrheitlicher Verurteilung Gründe nur wegen einer der Taten vor, so beschränkt sich die Urteilsaufhebung auf die übrigen (KK-StPO/Gericke Rn. 94). Zur fehlenden o. unzureichenden Unterschrift vgl. → § 275 Rn. 29).

53 Unvollständige o. sonst **mangelhafte Entscheidungsgründe** fallen nicht unter Nr. 7 (Dallinger MDR 1971, 548 – BGH RsprÜ; Rüth DAR 1985, 246 – BayObLG RsprÜ). Die Vorschr. hindert auch nicht, die Urschrift des Urt. außerhalb der Akten u. dort nur eine beglaubigte Abschrift aufzubewahren (OLG Celle MDR 1970, 608; OLG Koblenz OLGSt StPO § 258 S. 5; vgl. auch OLG Stuttgart JR 1977, 126). Sie ist sinngemäß anwendbar, wenn die Urteilsurkunde nicht zu den Akten gelangt (RGSt 40, 184; 65, 373) o. mit den Akten abhandengekommen ist u. nicht wiederhergestellt werden kann (RGSt 54, 101), nicht aber, wenn eine beglaubigte Abschrift zur Vfg. steht (Lintz JR 1977, 128). Eine Wiederherstellung, bei der sich das neue Urt. wesentlich v. dem früheren unterscheidet, genügt nicht (Holtz MDR 1983, 450 – BGH RsprÜ).

53a Das Urt. ist nach einer Entsch. des BGH (BeckRS 2020, 40435) auch dann nicht vollständig innerhalb der sich aus § 275 Abs. 1 S. 2 und 4 ergebenden Frist zu den Akten gebracht, wenn ein **Richter aus Rechtsgründen gehindert** war – im Fall aufgrund ges. Ausschlusses gem. § 22 –, das Urt. zu unterschreiben u. ein in dieser Konstellation gebotener Verhinderungsvermerk unterblieben ist (zweifelnd BGH 12.9.2023 – 5 StR 251/23; krit. dazu Mosbacher JuS 2021, 749 (750); erg. → § 22 Rn. 4).

54 **II. Fristüberschreitung.** Die **verspätete Urteilsabsetzung** kann die Richtigkeit u. Vollständigkeit der Gründe beeinflussen, obwohl das vielfach nicht nachweisbar ist. Daher besteht, auch auf Revision der StA (BGH NStZ 1985, 184), ein zwingender Aufhebungsgrund ohne Rücksicht darauf, ob das Urt. solche Mängel aufweist (Becker NStZ-RR 2003, 6 – BGH RsprÜ; Rieß NStZ 1982, 441) u. ob die Frist nur ganz geringfügig überschritten wurde (BGH StV 1998, 477; StraFo 2005, 76). Das Fehlen des Rubrums o. Tenors ist nur ein Revisionsgrund nach § 337 (OLG Köln NJW 1980, 1405; VRS 64, 282).

55 **Nicht rechtzeitig zu den Akten gebracht** ist das Urt., wenn sich der Nachw. der Wahrung der Frist des § 275 Abs. 1 S. 2 weder durch den Eingangsvermerk der Geschäftsstelle noch auf andere Weise (→ § 275 Rn. 18) mit hinreichender Gewissheit erbringen lässt (vgl. → § 275 Rn. 7 aE) u. eine Fristüberschreitung nach § 275 Abs. 1 S. 4 (→ § 275 Rn. 12 ff.) nicht zulässig war. Ob die Voraussetzung dieser Vorschr. vorliegen, beurteilt allein das Revisionsgericht (vgl. BGHSt 26, 247; OLG Celle Nds. Rpfl. 1977, 64; OLG Karlsruhe Justiz 1976, 442); es kann dazu im Freibeweis (→ § 244 Rn. 7, 9) Ermittlungen führen (vgl. OLG Hamm MDR 1977, 1039). Geht das Urt. nach Fristablauf verloren, so liegt Nr. 7 vor, wenn es nicht mehr originalgetreu rekonstruiert werden kann (BGH NJW 1980, 1007).

Nachträgliche Ergänzungen des Urt. sind unzulässig (§ 275 Abs. 1 S. 3) u. werden v. Revisionsgericht nicht zur Kenntnis genommen (s. aber zur Urteilsergänzung in den Fällen des § 267 Abs. 4 S. 4 → § 267 Rn. 30, 30a). Auch eine Nachholung der richterlichen Unterschriften hindert die Aufhebung nicht (→ § 275 Rn. 6); das Fehlen einer Unterschrift bzw. eines Verhinderungsvermerkes wird aber nur auf eine entspr. Verfahrensbeschwerde, nicht auf Sachrüge beachtet (BGHSt 46, 204), es sei denn, das Urt. enthalte gar keine Unterschrift (OLG Hamm NStZ-RR 2009, 24; Döllel/Dreeßen SchlHA 2002, 172 – OLG Schleswig RsprÜ). Ist das Urt. nur mit den Gründen zum Schuldspruch fertiggestellt, so gilt Nr. 7, falls der Rechtfertigungsgrund für die Fristüberschreitung nicht anerkannt wird, nicht nur für den Rechtsfolgenausspruch, dessen Begründung nachgeliefert wird, sondern für das ganze Urt. (Rieß NStZ 1982, 446). 56

Zum **notwendigen Revisionsvorbringen** gehören der Tag der Urteilsverkündung, die Zahl der Hauptverhandlungstage u. das Datum des auf dem Urt. angebrachten Eingangsstempels (vgl. BGH StV 2019, 820; OLG Frankfurt StraFo 2024, 144), ferner zu welchem Zeitpunkt das Urteil nach dem Eingangsstempel auf die Geschäftsstelle gelangte bzw. sonst zu den Akten gebracht wurde, sofern dies aus den Verfahrensakten zu entnehmen ist (BGH 28.10.2021 – 4 StR 122/21; 12.6.2025 – 6 StR 233/24; vgl. auch OLG Celle NStZ 2026, 133; vgl. aber auch gegenteilig BGHSt 29, 43 (44) in einem Fall, in dem diese Information dem Beschwerdeführer nicht ohne weiteres zugänglich war), nicht aber die Angabe der Dauer der 3 Tage nicht überschreitenden HV (BGHSt 29, 43 (44)). Die Feststellung der Verhinderung (§ 275 Abs. 2 S. 2) wird v. Revisionsgericht nicht nachgeprüft, wenn der angegebene Verhinderungsgrund allg. geeignet ist, den Richter v. der Unterschrift abzuhalten (BGHSt 31, 212 (214); BGH EzSt StPO § 275 Nr. 2; vgl. auch BGH NJW 1961, 782; zw. OLG Zweibrücken StV 1990, 14); anders ist es, wenn substantiiert geltend gemacht wird, der Verhinderungsvermerk beruhe auf willkürlichen, sachfremden Erwägungen (BGHSt 31, 212), o. beanstandet wird, es sei zu Unrecht eine Verhinderung aus rechtlichen Gründen angenommen worden (BGH BeckRS 2020, 40435; NStZ 1993, 96). Fehlt die Feststellung, so prüft das Revisionsgericht auf entspr. Verfahrensrüge im Freibeweis (→ § 244 Rn. 7, 9), ob der Richter tatsächlich verhindert war (BGHSt 28, 194; 29, 43 (47); KG StV 1986, 144; OLG Hamm NJW 1988, 1991; BayObLG VRS 61, 130 lässt zu Unrecht die Sachrüge genügen). Bei Anhaltspunkten für das Vorliegen der Voraussetzungen des § 275 Abs. 1 muss sich die Revision auch hierzu verhalten (OLG Frankfurt NStZ-RR 2024, 182). Die begründete Verfahrensrüge schließt eine abschl. Prüfung des Urt. auf die gleichfalls erhobene Sachrüge hin aus (OLG Celle Nds. Rpfl. 1993, 133). 57

I. Unzulässige Beschränkung der Verteidigung (Nr. 8). Die Vorschr. enthält **keinen unbedingten Revisionsgrund** (BGHSt 30, 131 (135); BGH NStZ 1982, 158; Löwe/Rosenberg/Franke Rn. 125; **aM** Gillmeister NStZ 1997, 44; Kuckein StraFo 2000, 399; Mehle FS Dahs, 2005, 392). Sie betr. nur die Verteidigung des Angeklagten, nicht die Interessenwahrung der Verfahrensbeteiligten, die nach § 433 Abs. 1 S. 1 die einem Angeklagten zustehenden Befugnisse haben. Auf Privat- u. Nebenkläger ist sie ebenfalls nicht anwendbar (RG JW 1931, 2821). 58

Unzulässig ist die Verteidigungsbeschränkung nach hM nur, wenn sie eine bes. Verfahrensvorschrift verletzt (BGHSt 21, 334 (360); 30, 131 (137); BGH NStZ 1981, 361; OLG Hamm GA 1977, 310; OLG Koblenz wistra 1983, 42; OLG Stuttgart NJW 1979, 559), wobei zwischen dem Verfahrensfehler u. dem Urt. eine konkret-kausale Beziehung bestehen muss (BGHSt 30, 131 (135); 44, 82 (90); BGH NStZ 2000, 212; 2010, 530: unterlassene Aktenbeiziehung; **aM** Berz FS Meyer-Goßner, 2001, 611; Weiler NStZ 1999, 106); dazu muss der Bf. vortragen, um den Voraus. des § 344 Abs. 2 S. 2 zu genügen, da es für § 338 Nr. 8 nicht genügt, wenn die Beschränkung der Verteidigung nur generell-abstrakt geeignet ist, die gerichtliche Entscheidung zu beeinflussen (BGH NStZ 2023, 178 mwN). 59

59a Sie kommt jedoch dann in Betracht, wenn das Gericht gegen den Grundsatz des fairen Verf. (→ Einl. Rn. 19) verstößt (OLG Hamm NZV 2016, 291; Kuckein StraFo 2000, 400; Meyer-Goßner NStZ 1982, 362) o. seine Fürsorgepflicht (→ Einl. Rn. 155) nicht beachtet hat (Schlüchter Strafverfahren Rn. 741); vgl. iE BGHSt 29, 149: Ablehnung v. Beweisanträgen ohne inhaltliche Prüfung; BGH JR 1980, 218: Nichtbescheidung eines Antrags; OLG Bamberg NStZ 2016, 375: Weigerung, Anträge des Verteidigers entgegenzunehmen; BGH NJW 1964, 1485: Weigerung, Pressevertreter auszuschließen; OLG Köln NJW 1961, 1127; 1980, 302: Weigerung, dem Verteidiger einen angemessenen Sitzplatz zuzuweisen; OLG Celle StV 1989, 8: Verhandeln entgegen Zusicherung in Abwesenheit des Verteidigers (vgl. aber BGH NStZ 2012, 462: nicht ein Verhandeln ohne den Wahlverteidiger bei ordnungsgemäßer Verteidigung durch den Pflichtverteidiger); OLG Hamm NStZ 1996, 454: Überraschung durch ein abw. mündliches Sachverständigengutachten in der Berufungshauptverhandlung; BGH NStZ 2004, 637: Erhebliche Einschränkung der Verteidigungsmöglichkeiten des neu gewählten Verteidigers ohne sachlichen Grund; BGH NJW 2017, 3797: Unzureichende Dolmetscherleistungen (§ 185 Abs. 1 S. 1 GVG; → GVG § 185 Rn. 10).

59b Entscheidungen des Gerichts zur **Sitzordnung** (→ GVG § 176 Rn. 4) können nur mit Erfolg gerügt werden, wenn sie auf sachfremden Erwägungen beruhen o. grdl. die Rechtspositionen der Verfahrensbeteiligten verkennen u. hierdurch tatsächlich, nicht nur abstrakt-theoretisch, die Mitwirkungsmöglichkeiten des Angeklagten o. seines Verteidigers entscheidungserheblich eingeschränkt wurden (BGH NStZ 2021, 761; NStZ-RR 2018, 357). Vgl. auch → § 147 Rn. 43. Aussetzungs- bzw. Unterbrechungsanträge sowie damit verbundene Anträge auf Festsetzung von Reisekosten, um der **Verteidigung eigene Ermittlungen** zu ermöglichen, beschränken die Verteidigung mit Blick auf die im Hauptverfahren geltende Aufklärungspflicht des Gerichts regelmäßig nicht (vgl. BGH NStZ-RR 2025, 182; → § 464a Rn. 16)

59c Auf die Vorschr. selbst, die wie der gesamte § 338 nur die Kausalitätsfrage betr. (→ Rn. 1), lässt sich der Verfahrensverstoß nicht stützen (SK-StPO/Frisch Rn. 157; Weiler NStZ 1999, 109; **aM** ANM 867; Baldus FS Heusinger, 1968, 373; vgl. auch Löwe/Rosenberg/Franke Rn. 127). Die Beschränkung muss „in einem **für die Entscheidung wesentlichen Punkt**" liegen; dies hat die Revisionsbegründung darzulegen (BGH StV 2000, 248; BGHSt 49, 317). Ebenso muss die Revision vortragen, welche konkreten Verteidigungsaktivitäten ihr durch die Entsch. verwehrt geblieben sind (BGH BeckRS 2017, 130156; vgl. auch BGH BeckRS 2021, 3721).

60 Ferner muss die Beschränkung in einem in der HV ergangenen **Gerichtsbeschluss** enthalten sein; auch das muss die Revisionsbegründung angeben (BGH 30.8.2022 – 5 StR 169/22; NJW 1996, 2383). Ein Beschl. vor o. außerhalb der HV genügt nicht (BGHSt 21, 334 (359)), ebenso wenig eine Anordnung des Vorsitzenden (BGH NStZ 2009, 51; OLG Stuttgart StV 1988, 145), ohne dass eine Entsch. nach § 238 Abs. 2 herbeigeführt wurde (BGH 7.12.2018 – 1 StR 320/17). Das Unterlassen des Gerichts, nicht des Vorsitzenden allein (RGSt 61, 376 (378)), einen Antrag zu bescheiden, steht dem gleich (BGH VRS 35, 132; OLG Bremen NJW 1981, 2827; OLG Düsseldorf StV 1983, 269; OLG Saarbrücken NJW 1975, 1615).

Rechtsnormen zugunsten des Angeklagten

339 Die Verletzung von Rechtsnormen, die lediglich zugunsten des Angeklagten gegeben sind, kann von der Staatsanwaltschaft nicht zu dem Zweck geltend gemacht werden, um eine Aufhebung des Urteils zum Nachteil des Angeklagten herbeizuführen.

1 **A. Einschränkung des § 337.** Eine Einschränkung des § 337 enthält die Vorschrift. Die StA kann eine Revision zuungunsten des Angeklagten nicht auf die

Rüge stützen, es seien zu dessen Nachteil Rechtsnormen verletzt, die nur zu seinen Gunsten gegeben sind. In der Regel wird das Urt. darauf ohnehin nicht zugunsten des Angeklagten beruhen. Die Prüfung der Beruhensfrage wird dem Revisionsgericht aber durch § 339 erspart. Die Vorschr. hat keine Bedeutung für Revisionen der StA zuungunsten des Angeklagten, mit der die fehlerhafte Anwendung v. Rechtsnormen zu dessen Vorteil gerügt wird (BGH LM StPO § 339 Nr. 1), u. für Revisionen der StA zugunsten des Angeklagten.

Für **Privat- und Nebenkläger** gilt sie entspr. (Dallinger MDR 1968, 18 – BGH RsprÜ; RGSt 59, 100; OLG Stuttgart NJW 1967, 1627; **aM** Momsen, Verfahrensfehler und Rügeberechtigung im Strafprozess, 1997, S. 428). 2

B. Rechtsnormen. Rechtsnormen iSd § 339 sind nur Verfahrensvorschriften (Löwe/Rosenberg/Franke Rn. 2 mwN; Peters StrafProzR Rn. 650). Ob eine Vorschrift als eine solche iSd § 339 anzusehen ist, bestimmt sich nach deren abstrakter Zweckbestimmung (BGH NJW 2024, 846). In Betracht kommen va Bestimmungen über Verfahrensbefugnisse des Angeklagten (vgl. hierzu im einzelnen Momsen, Verfahrensfehler und Rügeberechtigung im Strafprozess, 1997, S. 153 ff.; Graalmann-Scheerer FS Schlothauer, 2018, 485 (491)). 3

Nur zugunsten des Angeklagten sind zB gegeben §§ 140, 145 (KK-StPO/Gericke Rn. 2), § 217 (Hamm Revision Rn. 53), § 244 Abs. 3 S. 3 Nr. 6 über das Verbot der Wahrunterstellung zuungunsten des Angeklagten (Nehm DAR 1994, 189 – BGH RsprÜ; OLG Stuttgart NJW 1967, 1627; vgl. aber BGH NStZ 1984, 564: Rüge, dass Wahrunterstellung den Sinngehalt der Beweisbehauptung nicht erschöpft, ist zulässig), § 247 S. 4 (Amelunxen Staatsanwaltschaft S. 54), § 257 (RGSt 59, 100), § 258 Abs. 2, Abs. 3 (Schlüchter Strafverfahren Rn. 723.1), § 265 (Dallinger MDR 1968, 18 – BGH RsprÜ; Ernesti/Jürgensen SchlHA 1974, 183 – OLG Schleswig RsprÜ), § 266 sowie die Vorschr., die, wie §§ 136 Abs. 1 S. 2, 228 Abs. 3, 243 Abs. 5 S. 1, Belehrungen u. Hinweise bestimmen (KK-StPO/Gericke Rn. 2). 4

Nicht nur zugunsten des Angeklagten wirken Vorschr., auf deren Einhaltung er nicht verzichten kann, weil sie zugleich dem öffentl. Interesse, insbes. der Wahrheitsfindung, dienen, zB §§ 22, 23 (RGSt 59, 267), § 26a (BGH NJW 2025, 2333), § 136a (Löwe/Rosenberg/Geneuss § 136a Rn. 82; dahingestellt von BGH NStZ 2026, 59 (60)), §§ 230 Abs. 1, 231 Abs. 1 (BGHSt 37, 249 (250)), § 246a (BGHR StPO § 339 Sachverständiger 1), § 264 (Hamm Revision Rn. 52), § 275 (BGH NStZ 1985, 184), § 169 GVG (OLG Köln OLGSt GVG § 169 S. 15) u. die Vorschr. über die Gerichtsbesetzung. 5

Dies gilt **gleichermaßen** für die gesetzlichen Vorschriften, nach denen ein Richter wegen Besorgnis der Befangenheit abgelehnt werden kann (**§§ 24 Abs. 1 und Abs. 2, 31**); diese Rechtsnormen dienen nicht allein dem Verteidigungsvorbringen des Angeklagten und damit nicht allein seinem Schutz, sondern bezwecken, das Gebot eines unabhängigen und unparteilichen Richters zu garantieren (BGH NJW 2024, 846). Die StA kann in Ausübung ihrer Rolle als „Wächterin des Gesetzes“ Rechtsfehler im Zusammenhang mit der Entscheidung über von ihr gestellte Ablehnungsgesuche ungeachtet von ihrer Angriffsrichtung mit der Revision rügen (BGH NJW 2024, 846). 6

C. Allgemeiner Rechtsgrundsatz. Über seinen Wortlaut hinaus ist § 339 der allg. Grundsatz zu entnehmen, dass ein Rechtsmittel nicht auf die Verletzung v. Verfahrensvorschriften zuungunsten des Prozessgegners gestützt werden kann, wenn deren rechtsfehlerfreie Anwendung ihm nur einen Vorteil hätte bringen können (BGH NStZ 1995, 610; KK-StPO/Gericke Rn. 1; Löwe/Rosenberg/Franke Rn. 6; Hamm Revision Rn. 51; **abl.** Dencker StV 1995, 235). Das gilt auch für Rechtsmittel der StA zuungunsten des Angeklagten (BayObLGSt 1951, 136; OLG Bremen NJW 1947/48, 312; SK-StPO/Frisch Rn. 12). 7

Revision gegen Berufungsurteile bei Vertretung des Angeklagten

340 Ist nach § 329 Absatz 2 verfahren worden, kann der Angeklagte die Revision gegen das auf seine Berufung hin ergangene Urteil nicht darauf stützen, dass seine Anwesenheit in der Berufungshauptverhandlung erforderlich gewesen wäre.

1 Wer in einer auf seine Berufung hin anberaumten HV o. in einem Hauptverhandlungstermin nicht erscheint u. sich wirksam durch einen Verteidiger vertreten lässt, kann bei einer Revision gegen das Berufungsurteil nicht rügen, dass bes. Gründe seine Anwesenheit in der Berufungsverhandlung erfordert hätten; denn darin läge ein widersprüchliches Verhalten. Insbesondere ist damit eine Berufung auf § 338 Nr. 5 ausgeschlossen (krit. Pollähne GS Weßlau, 2016, 243).

Form und Frist

341 (1) **Die Revision muß bei dem Gericht, dessen Urteil angefochten wird, binnen einer Woche nach Verkündung des Urteils zu Protokoll der Geschäftsstelle oder schriftlich eingelegt werden.**

(2) **Hat die Verkündung des Urteils nicht in Anwesenheit des Angeklagten stattgefunden, so beginnt für diesen die Frist mit der Zustellung, sofern nicht in den Fällen der §§ 234, 329 Absatz 2, § 387 Absatz 1, § 411 Absatz 2 und § 434 Absatz 1 Satz 1 die Verkündung in Anwesenheit des Verteidigers mit nachgewiesener Vertretungsvollmacht stattgefunden hat.**

1 **A. Revisionseinlegung.** Revisionseinlegung ist jede Erklärung, die den **Anfechtungswillen des Beschwerdeführers erkennen** lässt (OLG Düsseldorf VRS 72, 290; OLG Hamburg NJW 1965, 1147; erg. → § 314 Rn. 1), insbes. nicht als bloße Unmutsäußerung aufzufassen ist (Blaese/Wielop Revision S. 89). Dass das Wort Revision nicht benutzt o. das Rechtsmittel falsch bezeichnet ist, spielt keine Rolle (vgl. § 300), ebenso wenig die fehlerhafte Bezeichnung des zuständigen Gerichts u. eines unzutr., jedoch dem (Ermittlungs-)Verf. zuzuordnenden Az. (BGH). Keine Revisionseinlegung enthalten aber die Bitte um Urteilsübersendung, der Wiedereinsetzungsantrag nach § 329 Abs. 7 (Rüth DAR 1979, 240 – BayObLG RsprÜ) u. die Erklärung, das Urt. werde nicht angenommen (RG Recht 1921 Nr. 2086).

2 **Die Rechtsmittel mehrerer Verfahrensbeteiligter** sind selbständige Revisionen, auch wenn sie dasselbe Ziel verfolgen; die Person des Rechtsmittelführers ist daher eindeutig zu bezeichnen (BGH BeckRS 2014, 23345). Eine Ausnahme gilt für Revisionen des Angeklagten u. des Verteidigers; bei ihnen handelt es sich um ein einziges Rechtsmittel (KK-StPO/Gericke Rn. 5; SK-StPO/Frisch Rn. 8).

3 Die **Vertretung** durch einen Bevollmächtigten ist sowohl bei der Erkl. als auch im Willen zulässig (RGSt 66, 211), auch durch eine jur. Person (OLG Hamm NJW 1952, 1150; Hamm Revision Rn. 121; **aM** OLG Stuttgart Justiz 1977, 245). Die Vollmacht muss bei der Erkl. vorhanden sein (→ Einl. Rn. 134), kann aber später nachgewiesen werden (OLG Düsseldorf StV 2014, 208 Ls.). Der Aufgabenkreis des Betreuers hinsichtlich der Vertretung gegenüber Behörden, Sozialleistungsträgern und Gerichten umfasst nicht die Befugnis zur Einlegung von Rechtsmitteln im Strafverfahren (BGH 4.8.2022 – 5 StR 272/22).

4 Unzulässig ist die **vorsorgliche Revisionseinlegung** vor Erlass des angefochtenen Urt.; ist das Urt. aber erlassen, so ist die Revision auch zulässig, wenn der Beschwerdeführer davon nichts weiß (→ § 296 Rn. 4).

5 Auch an **Bedingungen** darf die Revision nicht geknüpft werden (→ Einl. Rn. 118; → Vor § 296 Rn. 5).

6 **B. Adressat der Anfechtungserklärung (Abs. 1).** Adressat der Anfechtungserklärung (Abs. 1) ist das **Gericht, dessen Urt. angefochten** wird. Damit ist das Gericht in seiner Gesamtheit gemeint, nicht etwa die zuständige Abteilung des

Gerichts (BGH 31.8.2023 – 5 StR 447/22) Ausnahmsweise kann die Revision im Fall des § 45 Abs. 1 S. 2 beim Revisionsgericht eingelegt werden (→ § 45 Rn. 4). Die Revision gegen Urt. einer auswärtigen StrK kann bei dieser o. bei dem Stammgericht eingelegt werden (BGH NJW 1967, 107; OLG Hamm GA 1981, 90). Entsprechendes gilt für die aufgrund der VO v. 20.3.1935 (RGBl. I 403; FNA 300-5) gebildeten Zweigstellen (BayObLGSt 1975, 9; VRS 53, 433; OLG Zweibrücken VRS 68, 54) u. für auswärtige Gerichtstage (OLG Schleswig SchlHA 1953, 70.

C. Form (Abs. 1). Die Revision muss in deutscher Sprache (→ GVG § 184 Rn. 2) schriftlich (→ Einl. Rn. 128; OLG Hamburg StraFo 2021, 32), o. zu Prot. der Geschäftsstelle des Gerichts, dessen Urt. angefochten werden soll (KG StV 2015, 483 Ls.; erg. → Einl. Rn. 131 ff.), eingelegt werden (Abs. 1). **7**

Ein **RA oder Verteidiger** kann der **Schriftform** nur genügen, wenn er die Revision als **elektronisches Dokument** übermittelt (§ 32d S. 2 Nr. 2; → § 32d Rn. 1–3). Die Pflicht zur Einreichung als elektronisches Dokument ist in diesem Fall Wirksamkeitsvoraussetzung, deren Nichteinhaltung die Unwirksamkeit der Erklärung zur Folge hat (BGH 20.4.2022 – 3 StR 86/22; BGH 25.10.2022 – 4 StR 297/22: keine Einlegung durch Telefax; KG StraFo 2022, 463; OLG Oldenburg StraFo 2022, 147; s. auch BT-Drs. 18/9416 S. 51; zur Wiedereinsetzung → § 45 Rn. 11). Zu Prot. der Geschäftsstelle kann die Revision durch einen RA grds. weder eingelegt noch begründet werden (BayObLG NStZ 2023, 703). **7a**

Die **schriftliche** Revisionseinlegung muss gem. § 32a Abs. 3 mit einer **qualifizierten elektronischen Signatur des Verteidigers** versehen sein. Es genügt aber auch, wenn sie „einfach" signiert und auf einem sicheren Übermittlungsweg (BGH NStZ-RR 2025, 84) – zB durch Übersendung über ein **besonderes elektronisches Anwaltspostfach** – bei dem elektronischen Gerichts- oder Verwaltungspostfach eingereicht werden (BGH NJW 2022, 3588; → § 32a Rn. 4 ff.). Das Dokument muss in diesem Fall über das Postfach desjenigen Verteidigers oder RA übertragen werden, dessen Name als Signatur in der Schrift als verantwortende Person aufgeführt ist (BGH NStZ-RR 2024, 25; 2023, 115; 2023, 22; BeckRS 2023, 1500; BayObLG BeckRS 2023, 232; KG StraFo 2022, 463; erg. → § 345 Rn. 15). Rein formale Verstöße gegen die ERVV – zB die Einreichung nicht im Dateiformat pdf, sondern im Dateiformat docx – führen nicht zur Formunwirksamkeit des Eingangs, wenn das Gericht das elektronische Dokument gleichwohl bearbeiten kann (BGH NStZ-RR 2023, 22). Ist die elektronische Übermittlung aus technischen Gründen vorübergehend unmöglich, ist die Übermittlung in Papierform zulässig; die vorübergehende Unmöglichkeit ist glaubhaft zu machen (§ 32d S. 3, 4; BGH BeckRS 2023, 1500 → § 32d Rn. 3). **7b**

Der **Angekl.** kann die Revision auch durch Telefax o. durch elektronisches Dokument nach Maßgabe des § 32a einlegen (→ § 32a Rn. 1 ff., 4 ff.). Die telefonische Einlegung ist wirkungslos (→ Einl. Rn. 140). Für inhaftierte Angeklagte gilt § 299. **7c**

Legt der Angekl. Revision **zu Prot. der Geschäftsstelle** ein, ist zur Aufnahme des Prot. nur der Rechtspfleger (§ 24 Abs. 1 Nr. 1 Buchst. b **RPflG**) zuständig; die v. einem unzuständigen Beamten aufgenommene Revisionserklärung kann aber als schriftliche Revisionseinlegung wirksam sein, wenn der Beschwerdeführer das Prot. unterschrieben hat (→ Einl. Rn. 133). Revisionseinlegungen zu Prot. im Anschluss an die HV sind zulässig, sollten aber nicht entgegengenommen werden (→ Einl. Rn. 137). Revisionsschriften mit Beleidigungen des Gerichts o. der Prozessbeteiligten als unzulässig zu verwerfen (so OLG Karlsruhe NJW 1974, 915), erscheint nicht haltbar (vgl. → Vor § 33 Rn. 12a). **7d**

Die **StA** muss die Revision dem Gericht gem. § 32b Abs. 3 S. 2 als **elektronisches Dokument** übermitteln, wenn die Akten elektronisch geführt werden (→ § 32b Rn. 1 ff.; vgl. auch BGH NStZ-RR 2024, 219; 31.8.2023 – 5 StR 447/22; 15.11.2022 – 3 StR 318/22). **7e**

8 **D. Frist (Abs. 1, Abs. 2).** Die Wochenfrist **(Abs. 1),** die nicht verlängert werden kann (→ Vor § 42 Rn. 5), beginnt mit der Urteilsverkündung (§ 268 Abs. 2 S. 1) u. wird nach § 43 berechnet (dazu Blaese/Wielop Revision S. 82 ff.). Das Fehlen der Rechtsmittelbelehrung nach § 35a ist auf den Fristablauf ohne Einfluss (→ § 35a Rn. 12).

9 **In Abwesenheit des Angeklagten (Abs. 2)** ist das Urt. verkündet, wenn er bei der Verkündung auch nur zeitweise abwesend war, sich etwa vor dem Ende der Urteilsbegründung eigenmächtig entfernt hatte (BGHSt 15, 263 (265); BGH NStZ 2000, 498 mwN; OLG Stuttgart NStZ 1986, 520; Löwe/Rosenberg/Gössel § 314 Rn. 37; erg. → § 314 Rn. 7) o. infolge Trunkenheit verhandlungsunfähig war (BayObLGSt 1998, 87). In den in Abs. 2 Hs. 2 genannten Fällen genügt aber die Anwesenheit des Verteidigers bei der Verkündung, so dass die Rechtsmittelfrist auch dann bereits ab Verkündung des Urt. läuft (vgl. → § 314 Rn. 7; KK-StPO/Gericke Rn. 19a).

10 Für die StA **gilt Abs. 2 entspr.** (OLG Neustadt NJW 1963, 1074; SK-StPO/Frisch Rn. 25; **aM** KK-StPO/Gericke Rn. 20), für den Privatkläger nur, wenn ihm der Verkündungstermin nicht bekanntgemacht wurde (KMR-StPO/Momsen Rn. 79; Löwe/Rosenberg/Franke Rn. 24; **aM** Blaese/Wielop Revision S. 61: Abs. 2 gilt entspr., wenn weder der Privatkläger noch sein Vertreter anwesend ist). Für den ges. Vertreter gilt § 298 Abs. 1, für den Nebenkläger § 401 Abs. 2 S. 1, für den Einziehungsbeteiligten § 436 Abs. 4 S. 1.

11 Die Frist des Abs. 2 wird **in Lauf gesetzt** mit der Zustellung des vollständigen – bei einem der deutschen Sprache nicht mächtigen Ausländers: übersetzten (OLG München BeckRS 2014, 954) – Urt. mit Gründen (→ § 37 Rn. 1); die Zustellung der Urteilsformel allein genügt nicht (→ § 314 Rn. 8; anders aber im Bußgeldverfahren: BGHSt 43, 22; 49, 230; BayObLGSt 1996, 61). Anwendbar sind §§ 37 Abs. 2, 145a. Die Revision kann auch eingelegt werden, wenn das Urt. noch nicht zugestellt ist (BGHSt 25, 187 (189)).

12 Die Frist ist nur gewahrt, wenn die Revisionseinlegungsschrift rechtzeitig **bei Gericht eingeht.** Ist die Revision bei dem richtigen Gericht eingegangen, schadet es nichts, wenn ein unrichtiges Az. angegeben, das angefochtene Urt. aber eindeutig bezeichnet ist (BGH BeckRS 2008, 22666). Ergänzend → Vor § 42 Rn. 11 ff. Nicht behebbare Zweifel an der Einhaltung o. Versäumung der Einlegungsfrist, wirken sich zugunsten des Beschwerdeführers aus (BGH BeckRS 2021, 10604; erg. → § 261 Rn. 35). Ist ein Eingang der Rechtsmittelschrift überhaupt nicht zu verzeichnen, kommt Wiedereinsetzung in Betracht (BGH 21.3.2024 – 3 StR 463/23). Zur Wiedereinsetzung nach Entsch. des EGMR → § 44 Rn. 12b.

13 Im Fall des Verteidigerwechsels wegen **offenkundigen Mangels der Verteidigung,** weil der Verteidiger die Revision des Angeklagten nicht form- u. fristgerecht eingelegt bzw. begründet hat (→ § 143a Rn. 27, → **EMRK** Art. 6 Rn. 20), läuft die Frist ab der Bestellung eines neu beizuordnenden Verteidigers (vgl. BGH BeckRS 2020, 37722).

Revision und Wiedereinsetzungsantrag

342 (1) **Der Beginn der Frist zur Einlegung der Revision wird dadurch nicht ausgeschlossen, daß gegen ein auf Ausbleiben des Angeklagten ergangenes Urteil eine Wiedereinsetzung in den vorigen Stand nachgesucht werden kann.**

(2) [1] **Stellt der Angeklagte einen Antrag auf Wiedereinsetzung in den vorigen Stand, so wird die Revision dadurch gewahrt, daß sie sofort für den Fall der Verwerfung jenes Antrags rechtzeitig eingelegt und begründet wird.** [2] **Die weitere Verfügung in bezug auf die Revision bleibt dann bis zur Erledigung des Antrags auf Wiedereinsetzung in den vorigen Stand ausgesetzt.**

(3) **Die Einlegung der Revision ohne Verbindung mit dem Antrag auf Wiedereinsetzung in den vorigen Stand gilt als Verzicht auf die letztere.**

A. Zusammentreffen von Wiedereinsetzung und Revision. Vgl. auch § 315. Beantragt der Angeklagte gegen die Versäumung der HV die Wiedereinsetzung nach §§ 235 S. 1, 329 Abs. 3, 412 S. 1, so kann er daneben für den Fall der Verwerfung dieses Antrags vorsorglich (→ Einl. Rn. 119) Revision einlegen (Abs. 1; vgl. auch → § 329 Rn. 46). Er muss dabei so verfahren, als wäre der Wiedereinsetzungsantrag nicht gestellt (Abs. 2 S. 1), darf also die Entsch. über diesen Antrag nicht abwarten, sondern muss die Revision sofort, dh in der Frist des § 341, einlegen u. rechtzeitig (§§ 341 Abs. 2, 345 Abs. 1) begründen (OLG Celle NJW 1959, 2177; OLG Hamm NJW 1955, 564; OLG Koblenz OLGSt StPO § 345 Nr. 5), falls ihm nicht vorher Wiedereinsetzung gewährt wird. **1**

B. Weiteres Verfahren (Abs. 2 S. 2). Die gerichtliche Entsch. über die Revision (→ § 346 Rn. 11) muss bis zur Rechtskraft der Entsch. über den Wiedereinsetzungsantrag aufgeschoben werden (Rüth DAR 1984, 246 – BayObLG RsprÜ; OLG Düsseldorf VRS 96, 27 (28)). Durch die Gewährung der Wiedereinsetzung wird das Urt. beseitigt u. die Revision gegenstandslos (RGSt 65, 231 (233); BayObLG NJW 1972, 1724; OLG Oldenburg VRS 68, 282). Wird die Wiedereinsetzung abgelehnt, so entscheidet das Revisionsgericht ohne Bindung an die Gründe dieses Beschl. (OLG Düsseldorf NJW 1988, 1681 (1682)). **2**

C. Verzicht auf die Wiedereinsetzung (Abs. 3). Der Verzicht auf die Wiedereinsetzung (Abs. 3) wird **unwiderlegbar** (OLG Stuttgart NJW 1984, 2900) **ges. vermutet,** wenn die Revision ohne Verbindung mit dem Wiedereinsetzungsantrag (nicht im umgekehrten Fall) eingelegt wird (Widmaier FS Riess, 2002, 621 hält dies für verfassungswidrig; allerdings ist der Gesetzgeber verfassungsrechtlich nicht gehindert, bei zwei möglichen Rechtsbehelfen einen v. ihnen einzuschränken), auch wenn der Beschwerdeführer sich die Antragstellung ausdr. vorbehält (OLG Hamm JMBl. NRW. 1977, 214; KK-StPO/Gericke Rn. 7). Im selben Schriftsatz muss der Wiedereinsetzungsantrag nicht gestellt werden; er muss aber gleichzeitig mit der Revisionseinlegung bei Gericht eingehen (vgl. OLG Stuttgart NJW 1984, 2900: keine Gleichzeitigkeit bei Verspätung v. 1¾ Stunden). Von einer Rechtsbehelfsbelehrung nach §§ 35a, 235 S. 2 oder einer Belehrung über die Rechtsfolgen nach Abs. 3 hängt die Vermutung nicht ab (OLG Neustadt NJW 1964, 1868). **3**

Die Vermutung gilt **ausnahmslos,** auch wenn die Revision, etwa nach § 55 Abs. 2 **JGG,** unzulässig ist (OLG Stuttgart Justiz 1976, 265), wenn sie schon vor Beginn der Frist des § 341 eingelegt (OLG Düsseldorf VRS 89, 132 mwN) o. wenn sie zurückgenommen wird (OLG Zweibrücken NJW 1965, 1033; Löwe/Rosenberg/Franke Rn. 8), auch wenn sie dann erneut, diesmal zusammen mit einem Wiedereinsetzungsantrag, eingelegt wird (OLG Frankfurt a. M. NStZ-RR 2011, 21; OLG Neustadt NJW 1964, 1868). Die Vermutung schließt auch die Wiedereinsetzung vAw (§ 45 Abs. 2 S. 3) aus (KK-StPO/Gericke Rn. 7; Baukelmann NStZ 1984, 300; **aM** OLG Düsseldorf NJW 1980, 1704; SK-StPO/Frisch Rn. 9), anders nur im Fall unterbliebener Ladung, vgl. → § 329 Rn. 41 (OLG Hamburg StV 2001, 339). **4**

Der nachträglich gestellte **Wiedereinsetzungsantrag ist unzulässig.** Eine Wiedereinsetzung gegen seine „Verspätung" ist ausgeschlossen (SK-StPO/Frisch Rn. 10). **5**

Hemmung der Rechtskraft — Nr. 154 RiStBV

343 (1) **Durch rechtzeitige Einlegung der Revision wird die Rechtskraft des Urteils, soweit es angefochten ist, gehemmt.**

(2) **Dem Beschwerdeführer, dem das Urteil mit den Gründen noch nicht zugestellt war, ist es nach Einlegung der Revision zuzustellen.**

1 **A. Hemmung der Rechtskraft (Abs. 1).** Vgl. auch → § 316 Rn. 1. Sie tritt auch ein, wenn die Revision aus anderen Gründen als wegen verspäteter Einlegung unzulässig ist (BGHSt 25, 259 (260)), nicht aber, wenn sie (zB nach § 441 Abs. 3 S. 2 oder § 55 Abs. 2 **JGG**) v. vornherein unstatthaft ist (OLG Hamm NJW 1973, 1517; KK-StPO/Gericke Rn. 3; Löwe/Rosenberg/Franke Rn. 1; SK-StPO/Frisch Rn. 4; **aM** OLG Stuttgart MDR 1980, 518 und (für § 79 OWiG) BGHSt 25, 259 (260); BayObLGSt 1972, 169) o. allseits auf Rechtsmittel verzichtet worden war (OLG Karlsruhe NStZ 1997, 301; erg. → § 449 Rn. 7). Bei wirksam beschränkter Revision erstreckt sich die Hemmung der Rechtskraft nur auf die angefochtenen Urteilsteile. Die Hemmung dauert bis zur endg. Entsch. nach §§ 346, 349 Abs. 1, Abs. 5 oder bis zur Sachentscheidung des Revisionsgerichts. Danach ist das Urt. insges. rkr., auch wenn versehentlich über das Rechtsmittel nicht in vollem Umf. entschieden wurde (BayObLGSt 1968, 33).

2 **B. Zustellung (Abs. 2).** Zugestellt (Abs. 2) wird das Urt. an den Beschwerdeführer, falls das nicht bereits nach § 341 Abs. 2 geschehen ist, auch wenn die Revision schon begründet worden ist. Von der Zustellung ist abzusehen, wenn die Revision nicht statthaft (→ Rn. 1) o. verspätet eingelegt worden ist, nicht aber, wenn andere Vorschr. über die Einlegung nicht beachtet sind, zB die Vollmacht fehlt (RGSt 62, 250). Dem bisher nicht zugelassenen Nebenkläger wird das Urt. nur zugestellt, wenn die Anschlussberechtigung feststeht (RGSt 69, 244; OLG Bremen OLGSt StPO § 396 S. 41).

3 Die **nachträgliche Zustellung** ist erforderlich, wenn das Revisionsgericht einem Antrag nach § 346 Abs. 2 stattgibt o. dem Beschwerdeführer Wiedereinsetzung gegen die Versäumung der Einlegungsfrist gewährt (SK-StPO/Frisch Rn. 17). Die – ggf. nach § 267 Abs. 4 S. 3 ergänzten – Urteilsgründe werden zugestellt, auch wenn das Urt. schon vorher zugestellt war (OLG Düsseldorf JMBl. NRW. 1982, 139; erg. → § 345 Rn. 5).

4 **C. Verfahren.** Die Anordnung trifft der Vorsitzende; die Geschäftsstelle führt sie aus (§ 36 Abs. 1). Zuzustellen ist eine Urteilsausfertigung; die Zustellung einer beglaubigten Abschrift ist aber nicht unwirksam (BGHSt 26, 140 (141); Dallinger MDR 1973, 19 – BGH RsprÜ). Zugestellt wird das Urt. mit den Gründen; bei öffentl. Zustellung nach § 40 (→ § 40 Rn. 7) gilt aber § 37 Abs. 1 iVm § 186 Abs. 2 ZPO. Zum Verf. beim Verlust des Urt. vgl. → § 316 Rn. 6.

Revisionsbegründung **Nr. 150, 156 RiStBV**

344 (1) **Der Beschwerdeführer hat die Erklärung abzugeben, inwieweit er das Urteil anfechte und dessen Aufhebung beantrage (Revisionsanträge), und die Anträge zu begründen.**

(2) [1] **Aus der Begründung muß hervorgehen, ob das Urteil wegen Verletzung einer Rechtsnorm über das Verfahren oder wegen Verletzung einer anderen Rechtsnorm angefochten wird.** [2] **Ersterenfalls müssen die den Mangel enthaltenden Tatsachen angegeben werden.**

Übersicht

1 **A. Revisionsanträge (Abs. 1).** Das Urt. wird auf die Revision nur geprüft, **soweit es angefochten ist** (§ 352 Abs. 1). Der Umf. der Anfechtung muss daher durch die Revisionsanträge bezeichnet werden, die in der Begründungsschrift, nicht erst in der Revisionsverhandlung, zu stellen sind. Erst durch die Erkl. nach

Abs. 1 wird der Umf. der Revision rechtlich bindend festgelegt; die Erkl. bei der Einlegung nach § 341 Abs. 1, es werde Revision eingelegt, ist insoweit nicht maßgeblich (BGH NStZ-RR 2020, 222; erg. → § 302 Rn. 29). Die Anträge müssen den erstrebten Umf. der Urteilsaufhebung (§ 353 Abs. 1) klarstellen (Cierniak/Zimmermann NStZ-RR 2015, 201 – BGH RsprÜ); auf die weiteren Entsch. nach den §§ 354, 355 brauchen sie sich nicht zu beziehen. Sie sollten deckungsgleich mit den Ausführungen in der Revisionsbegründung sein (BGH NStZ-RR 2018, 58 Ls.). Widersprechen sich Revisionsantrag u. Revisionsbegründung, ist allerdings, soweit das möglich ist, unter Berücksichtigung v. Nr. 156 Abs. 2 RiStBV das Angriffsziel durch Auslegung zu ermitteln ((BGH NStZ-RR 2018, 86; NStZ 2018, 711; 16.8.2022 – 2 StR 142/22).

Eine **Revision der StA,** die nur mit der **allgemeinen Sachrüge** begründet wird, kann unzulässig sein, wenn sich daraus nicht zweifelsfrei der konkrete Umf. der Anfechtung ergibt; dies kommt etwa bei mehreren Angeklagten o. Taten in Betracht o. wenn ein teilw. freisprechendes, teilw. verurteilendes Erkenntnis sowohl zu Lasten als auch zugunsten des Angeklagten angefochten sein kann (BGH BeckRS 2018, 12997 mwN). **1a**

Das **Fehlen der Anträge** ist unschädlich, wenn das Ziel der Revision aus dem Inhalt der Revisionsschrift (BGH StV 1981, 393; JZ 1988, 367; StraFo 2014, 26; NStZ 2020, 291; BeckRS 2020, 25893; OLG Hamm StV 1982, 170; OLG Koblenz VRS 71, 209) o. aus dem Gang des bisherigen Verf. (OLG Karlsruhe Justiz 1979, 68; OLG Koblenz VRS 51, 96: wenn schon die Berufung auf die Straffrage beschränkt war; vgl. auch OLG Zweibrücken VRS 46, 367) eindeutig hervorgeht. Dies gilt auch für Revisionen der StA (vgl. BGH StraFo 2018, 29). **2**

In der **Erhebung der uneingeschränkten allgemeinen Sachrüge** durch den Angeklagten ist regelmäßig die Erkl. zu sehen, dass das Urt. insges. angefochten wird; eines bes. hervorgehobenen Revisionsantrags bedarf es dann nicht (BGH NJW 2013, 3191). Das ist zweifelsfrei, wenn Gegenstand des Urt. eine einzige Straftat ist (Holtz MDR 1978, 282 – BGH RsprÜ; Pfeiffer/Miebach NStZ 1983, 359 – BGH RsprÜ; BGH StV 1981, 393). Auch bei Verurteilung wegen mehreren selbständigen Handlungen wird aus der Erhebung der allg. Sachrüge aber auf eine umfassende Urteilsanfechtung zu schließen sein (BGH NStZ 1990, 96; Kusch NStZ-RR 2000, 38 – BGH RsprÜ). Der BGH verfährt hier großzügig (vgl. Gribbohm NStZ 1983, 98), während in der Rspr. der OLGs gelegentlich Unzulässigkeit der Revision angenommen wird (vgl. Bär DAR 1989, 370 – BayObLG RsprÜ; OLG Hamm NJW 1976, 68; OLG Oldenburg StraFo 2006, 245; OLG Zweibrücken NJW 1974, 659). Auch nach der BGH-Rspr. (BGH NJW 2003, 839; Becker NStZ-RR 2004, 228 – BGH RsprÜ) führt aber die Erhebung der nicht näher ausgeführten allg. Sachrüge ohne Antragstellung bei einer – strenger zu beurteilenden (vgl. → § 318 Rn. 2) – Revision der StA bei mehreren Angeklagten und/oder einer Vielzahl v. Straftaten zur Unzulässigkeit des Rechtsmittels (BGH NStZ-RR 2010, 288; wistra 2016, 164; vgl. aber BGH JR 2012, 474 (475): zulässig bei nur 2 Taten). Unzulässigkeit ist bei einer Revision auch gegeben, wenn die Revision beschränkt worden, aber unklar ist, auf welche Urteilsfälle (BayObLGSt 1954, 84). **3**

Unterliegt das Rechtsmittel einer **gesetzlichen Beschränkung,** ist die Revision unzulässig, wenn sich aus der Begründung der Revisionsanträge ein zulässiges Rechtsmittelziel nicht eindeutig entnehmen lässt (→ § 400 Rn. 6; BVerfG NStZ-RR 2007, 385 u. BGH StraFo 2013, 428 mablAnm Eisenberg sowie OLG Hamm NStZ 2020, 748 zu § 55 JGG). **3a**

B. Revisionsbeschränkung. Wie die Berufung (§ 318) kann auch die Revision bei der Einlegung o. bei der Begründung beschränkt werden. Eine nachträgliche Erweiterung der beschränkt eingelegten Revision ist nur in der Frist des § 341 Abs. 1, nicht mehr in der Frist des § 345 Abs. 1 möglich (BGHSt 38, 366; BGH BeckRS 2019, 5394; **aM** Löwe/Rosenberg/Franke Rn. 7; erg. → § 302 Rn. 31). **4**

5 Der **Verteidiger** braucht keine besondere Vollmacht für die beschränkte Einlegung, wohl aber nach § 302 Abs. 2 für die Teilrücknahme (→ § 302 Rn. 29). Hat der Angeklagte die Revision beschränkt eingelegt, so ist die weitergehende Revision des Verteidigers unbeachtlich (§ 297). Umgekehrt kann der Angeklagte in der Frist des § 341 unbeschränkt Revision einlegen, auch wenn der Verteidiger sie bereits beschränkt hatte (vgl. auch Blaese/Wielop Revision S. 167). Von den Revisionen mehrerer Verteidiger ist diejenige maßgebend, die am weitesten geht.

6 Auch **ohne ausdrückliche Erklärung** kann sich die Beschränkung aus der Begründungsschrift ergeben (BGH BeckRS 2020, 25893; OLG Stuttgart Justiz 1980, 154), zB wenn die Sachrüge nur Ausführungen zum Rechtsfolgenausspruch enthält (BGH NJW 1956, 757; BGHR StPO § 344 Beschränkung 13; OLG Schleswig VRS 54, 34) o. sich die StA-Revision nur mit einem Teilfreispruch befasst (BGH NStZ 2011, 108). Fehlt bei tatmehrheitlicher Verurteilung die Revisionsbegründung für einzelne Urteilsteile, so liegt darin aber keine Beschränkung; die Revision ist insoweit als unzulässig zu verwerfen (BGH LM StPO § 302 Nr. 1; OLG Karlsruhe Justiz 1974, 308). Steht die Begründung im Widerspruch zu der ausdr. erklärten Beschränkung, so kann sie dahin ausgelegt werden, dass die Revisionsbeschränkung nicht gewollt ist (vgl. BGH NJW 2014, 871 mwN; BayObLG VRS 64, 371; OLG Koblenz VRS 64, 213). Andererseits kann die Begründung ergeben, dass im Gegensatz zu dem unbeschränkten Antrag eine Revisionsbeschränkung gewollt ist (Becker NStZ-RR 2003, 6 – BGH RsprÜ; OLG Koblenz VRS 51, 122; OLG Köln VRS 73, 297; OLG Schleswig VRS 54, 33 (34)). Das gilt gerade auch für Revisionen der StA (BGH NStZ 1998, 210; NStZ-RR 2015, 88; NStZ-RR 2017, 201), die aber ohnehin um eine widerspruchsfreie Revisionsbegründung bemüht sein sollte (BGH NStZ-RR 2009, 22). Wird ein gegen mehrere Angeklagte ergangenes Urt. uneingeschränkt angefochten, so liegt idR keine Beschränkung darin, dass sich die Begründung nur mit einem v. ihnen befasst (BGH NStZ 2012, 152).

7 Wegen des **zulässigen Umfangs der Beschränkung** gelten dieselben Grundsätze wie bei der Berufung (OLG Koblenz VRS 75, 34 (35)); vgl. daher → § 318 Rn. 1 ff. Die Beschränkung ist auch möglich, wenn Rügen nach § 338 Nr. 1–7 erhoben werden, die das ganze Urt. zu Fall bringen können (BGH NJW 1995, 1910; 2025, 2333: § 338 Nr. 3). Die Revision kann jedoch nicht auf den Rechtsfolgenausspruch beschränkt werden, wenn das LG unzutr. v. der Beschränkung der Berufung auf diesen ausgegangen ist (BayObLGSt 1994, 253; offengelassen v. OLG Hamburg VRS 123, 88); über die Rechtsfolgen einer hierauf beschränkten Revision kann demgemäß nur entschieden werden, wenn ein rkr. Schuldspruch vorliegt (vgl. BGH NStZ 2020, 182).

7a Auf die erfolgte o. fehlende Feststellung der **besonderen Schwere der Schuld** iSd § 57a Abs. 1 S. 1 Nr. 2 StGB (vgl. → § 260 Rn. 33, → § 267 Rn. 20a, → § 337 Rn. 35a) kann die Revision idR beschränkt werden; denn, obwohl sich die Feststellungen zu Schuld, Strafe u. Schuldschwere berühren (Meurer JR 1992, 447), lässt die Bejahung o. Verneinung der besonderen Schuldschwere den Schuldspruch nach § 211 StGB u. die Verhängung der lebenslangen Freiheitsstrafe unberührt (BGHSt 39, 208; SK-StPO/Frisch Rn. 28). Die Beschränkung ist auch zulässig, wenn aufgrund der getroffenen Feststellungen die Bejahung eines weiteren Mordmerkmals in Betracht kommt (BGHSt 41, 57). Die Beschränkung ist allerdings nicht möglich, wenn sich im konkreten Fall die Prüfung des Mordmerkmals der Verdeckungsabsicht nicht von der Prüfung der niedrigen Beweggründe, die der Schuldspruch trage, trennen lässt (BGH NStZ-RR 2021, 384). Eine Beschränkung auf das Ausmaß der besonderen Schuldschwere ist nicht möglich.

7b Eine **wirksame Revisionsbeschränkung** führt zur Teilrechtskraft (→ Einl. Rn. 184 ff.), wenn sie tatmehrheitliche Verurteilungen betrifft. Bei Verurteilung wegen einer einzigen Tat tritt eine innerprozessuale Bindung an die Feststellungen zu den nicht angefochtenen Urteilsteilen ein (vgl. → § 353 Rn. 20).

7c Eine **unwirksame Revisionsbeschränkung** ist unbeachtlich (hM, vgl. SK-StPO/Frisch Rn. 32; **aM** Wolf JR 1992, 430); das Urt. wird in vollem Umf.

geprüft (→ § 318 Rn. 32). Es kann unter dem Gesichtspunkt der Fairness des Verf. (→ Einl. Rn. 19) geboten sein, den Beschwerdeführer auf die Unwirksamkeit der Beschränkung hinzuweisen, um ihm Gelegenheit zu geben, sein Rechtsmittel zurückzunehmen (BVerfG BeckRS 2009, 30699: unwirksame Beschränkung auf den Vorwegvollzug der Unterbringung).

C. Revisionsbegründung (Abs. 2). I. Allgemeines. Die **Sachrüge oder Verfahrensrügen** kann der Beschwerdeführer erheben. Prozesshindernisse (→ Einl. Rn. 143) werden vAw geprüft (→ Einl. Rn. 150). Zur „Abfassung der Revisionsbegründung" Nack FS E. Müller, 2008, 519. 8, 9

Ein **Irrtum** des Beschwerdeführers in der Bezeichnung der Rüge ist unerheblich (BGHSt 19, 273 (275); Spiegel DAR 1977, 179 – BGH RsprÜ; OLG Celle NJW 1987, 78), ebenso die unterbliebene Bezeichnung als Sach- o. Verfahrensrüge (OLG Hamm Rpfleger 1998, 367). Maßgebend ist die wirkliche rechtliche Bedeutung des Revisionsangriffs, wie er Sinn u. Zweck des Revisionsvorbringens entnommen werden kann (BGH NJW 2007, 92 (95, 96); Cierniak NStZ-RR 2009, 36 – BGH RsprÜ; OLG Hamm VRS 42, 140 (141); OLG Karlsruhe Justiz 1997, 482; OLG Koblenz NJW 1975, 322). Die Bezeichnung der angeblich verletzten Vorschr. ist nicht erforderlich (BGH JR 1956, 228; KG VRS 26, 287 (288)); daher ist nach § 352 Abs. 2 ihre unrichtige Bezeichnung unschädlich (BGHSt 1, 29 (31); 15, 161 (163); 19, 94; 19, 273 (276); 20, 95 (98)). 10

Die Revisionsbegründung ist **auslegungsfähig** (BGHSt 25, 272 (275); BGH JR 1956, 228), auch zum Nachteil des Beschwerdeführers (→ Rn. 19), aber nur aufgrund ihres eigenen Inhalts, nicht aufgrund der Revisionsbegründung anderer Beschwerdeführer (BGH 22.9.1959 – 5 StR 276/59), auch nicht aufgrund einer v. Angeklagten selbst verfassten Anl. zur Revisionsbegründung (BayObLG NStZ-RR 1996, 312). Nicht auf den Wortlaut, sondern auf den Sinn der Rüge kommt es an (BGHSt 19, 273 (275); BGH BeckRS 2015, 2135; KG NJW 2012, 1093 (1094)). Dabei ist die Begründung so auszulegen, dass der mit der Revision erstrebte Erfolg eintreten kann (BGH NJW 1956, 756; OLG Hamm VRS 42, 140 (141); OLG München NJW 2010, 1826; vgl. auch OLG Koblenz NJW 1975, 322 für Revisionsbegründungen zu Prot. der Geschäftsstelle; erg. → § 300 Rn. 3). Jedoch muss für die Auslegung eine hinreichende Grdl. bestehen. Die Ankündigung, dass die Revision demnächst begründet werden soll, genügt nicht (Pfeiffer/Miebach NStZ 1986, 209 – BGH RsprÜ), ebenso wenig die Beifügung einer „Skizze" einer beabsichtigten Revisionsbegründung (OLG Stuttgart Justiz 2003, 596). Auch die Tatsache, dass Revision eingelegt ist (OLG Karlsruhe VRS 64, 46; OLG Stuttgart OLGSt StPO § 344 S. 33), u. der bloße Antrag auf Aufhebung u. Zurückverweisung stellen keine auslegungsfähige Revisions"begründung" dar (BGH NJW 1991, 710; NStZ-RR 1998, 18; Becker NStZ-RR 2007, 292 – BGH RsprÜ; BGH BeckRS 2014, 8727), ebenso wenig die Beschränkung der Revision auf bestimmte Beschwerdepunkte (Pfeiffer NStZ 1981, 298 – BGH RsprÜ; OLG Neustadt GA 1957, 422; **aM** OLG Köln MDR 1979, 957 bei Strafmaßbeschränkung), etwa auf die Einziehungsfrage (Pfeiffer/Miebach NStZ 1985, 205 – BGH RsprÜ), die Rüge der Nichtanwendung des § 153a (OLG Hamm JMBl. NRW. 1980, 104) u. nichts sagende Erklärungen, wie die Einlegung der Revision „mit Begründung nach § 337" (OLG Hamburg GA 1984, 375) o. „nach allen Richtungen" (OLG Hamm NJW 1964, 1736), die Bitte um Überprüfung „in rechtlicher Hinsicht" (OLG Hamm OLGSt OWiG § 79 Nr. 1) o. die Rüge der Verletzung des Rechts ohne weitere Ausführungen. 11

Bedingte Revisionsrügen sind unzulässig (BGH BeckRS 2006, 10479). Insbesondere können Rügen nicht nur für den Fall erhoben werden, dass andere Rügen nicht durchgreifen (BGHSt 17, 253; Sarstedt FS H. Mayer, 1966, 530; Hamm Revision Rn. 220; **aM** Mayer FS E. Schmidt, 1961, 634; erg. → § 352 Rn. 11). 12

II. Sachrüge. 1. Die **Bezeichnung** der Rüge als Sachrüge ist nicht unbedingt erforderlich. Das Revisionsvorbringen muss aber eindeutig ergeben, dass die Nach- 13 prüfung in sachlich-rechtlicher Hinsicht begehrt wird (BGH NStZ 1991, 597; Kusch NStZ 1993, 31 – BGH RsprÜ; Kusch NStZ-RR 2000, 294 – BGH RsprÜ; OLG Hamm wistra 2000, 39).

14 Die Sachrüge ist zB zulässig erhoben mit der Rüge der Verletzung des Satzes *in dubio pro reo* o. widersprüchlicher o. unzureichender tatsächlicher Feststellungen (OLG Bamberg NZV 2011, 44) o. der Rüge, der Angeklagte sei zu Unrecht bestraft worden (OLG Hamm NJW 1964, 1736). Sie kann auch darin gesehen werden, dass die Tat bestr. (OLG Karlsruhe DAR 1958, 24) o. der Antrag auf Freisprechung vor dem Revisionsgericht gestellt (BGHR StPO § 338 Nr. 7 Entscheidungsgründe 2; OLG Hamm NJW 1964, 1736; 1972, 2056; **aM** Krause StV 1984, 485), nicht nur für den Fall einer erneuten HV vor dem Tatrichter angekündigt wird (OLG Köln JMBl. NRW. 1978, 238). Allein die erklärte Beschränkung der Revision auf das Strafmaß kann aber noch nicht als Erhebung der Sachrüge angesehen werden (Becker NStZ-RR 2007, 132 – BGH RsprÜ).

15 2. **Inhalt** der Sachrüge ist in 1. Hinsicht die Rüge, dass das Recht, auch Vorschr. des GG (BGHSt 19, 273; OLG Celle NJW 1969, 1075), auf den im Urt. festgestellten Sachverhalt unrichtig angewendet worden ist. Mit der Sachrüge kann aber auch beanstandet werden, dass die Feststellungen keine geeignete Grdl. für die Rechtsanwendung abgegeben, zB weil sie gegen Denkgesetze o. Erfahrungssätze verstoßen, lückenhaft o. widersprüchlich sind o. den Satz *in dubio pro reo* nicht beachten (vgl. → § 337 Rn. 27 ff.). Verstöße gegen § 51 Abs. 1 **BZRG** – Verwertung von tilgungsreifen Vorstrafen bei der Strafzumessung – sind auf die Sachrüge zu berücksichtigen (BGH NStZ-RR 2023, 87 mwN).

16 Mit **Bestimmtheit** braucht der Beschwerdeführer die Rechtsverletzung nicht zu behaupten. Es genügt das Verlangen nach Nachprüfung in sachlich-rechtlicher Hinsicht (RG JW 1931, 1760 mAnm Alsberg; KG JR 1976, 255; Löwe/Rosenberg/Franke Rn. 91; **aM** BGHSt 25, 272 (275); OLG Hamm OLGSt OWiG § 79 Nr. 1; Gribbohm NStZ 1983, 98).

17 3. Eine **Begründung** der Sachrüge ist nicht vorgeschrieben.

18 Der Beschwerdeführer kann sich daher auf die unausgeführte **allgemeine Sachrüge** beschränken. Sie besteht aus dem Satz: „Es wird Verletzung sachlichen Rechts gerügt" (vgl. BGHSt 25, 272; für die StA gilt aber Nr. 156 Abs. 2 RiStBV), u. führt zur Prüfung des Urt. in sachlich-rechtlicher Hinsicht in vollem Umf., auch wenn daneben nur unzulässige Einzelausführungen (→ Rn. 19) gemacht werden (OLG Oldenburg StV 2009, 69; **aM** OLG Hamm StV 2009, 67 mablAnm Ventzke).

19 **Einzelausführungen** zur Sachrüge dienen nur dem Zweck, zur Prüfung bestimmter Fragen anzuregen (Gribbohm NStZ 1983, 98) u. dem Revisionsgericht die Rechtsansicht des Beschwerdeführers mitzuteilen. Sie können bis zur Entsch. des Revisionsgerichts nachgeschoben werden (erg. → § 345 Rn. 10). Erhält die Revision nur Einzelausführungen zu einzelnen Urteilsteilen o. -grundlagen, so ist idR auch die allg. Sachrüge erhoben (BGHSt 1, 46). Einzelausführungen zur Sachrüge können andererseits die Revision insges. unzulässig machen, wenn sie ergeben, dass der Beschwerdeführer in Wahrheit nicht die Rechtsanwendung beanstanden, sondern ausschl. die Beweiswürdigung u. die Richtigkeit der Urteilsfeststellungen angreifen will (BGHSt 25, 272 (275); BGH NStE StPO § 344 Nr. 14; KG VRS 65, 212 (213); OLG Düsseldorf NStZ 1993, 99; OLG Hamm NStZ-RR 2001, 117; Gribbohm NStZ 1983, 99; **aM** OLG Koblenz MDR 1993, 166; Mommsen GA 1998, 488; einschr. auch SK-StPO/Frisch Rn. 78; vgl. auch → Rn. 18). Das ist der Fall, wenn der Beschwerdeführer die Fehlerhaftigkeit des Urt. ausschl. aus tatsächlichen Behauptungen herleitet, die in dem Urt. keine Stütze haben (BGH NJW 1956, 1767; BGHR StPO § 344 Abs. 2 S. 1 Revisionsbegründung 2; OLG Karlsruhe VRS 107, 376; Ernesti/Lorenzen SchlHA 1984, 110 – OLG Schleswig RsprÜ), o. wenn er nur eine eigene, gegensätzliche Beweiswürdigung vornimmt (BGH AnwBl 1994, 92). Unschädlich ist dagegen, dass sich einzelne Ausführungen auf Urteilsstellen beziehen, durch die der Beschwerdeführer nicht beschwert ist (BGH NJW 1970, 205).

III. Verfahrensrügen (Abs. 2 S. 2). Für sie bestehen **strengere Formvorschriften (Abs. 2 S. 2).** Verfassungsrechtliche Bedenken gegen diese ges. Regelung bestehen nicht (BVerfG NJW 1985, 125); die Anforderungen dürfen aber nicht überspannt werden (BVerfG StV 2006, 57; bes. deutlich BVerfG NJW 2025, 2232 (2236 f.)). Da das Revisionsgericht nicht v. sich aus die Ordnungsmäßigkeit des gesamten Verf. prüfen kann, muss der Beschwerdeführer die den konkret geltend gemachten Verfahrensmangel begründenden Tatsachen angeben (vgl. hierzu iE die Übersichten v. Miebach, Sander u. Cirener in NStZ-RR zur Zulässigkeit v. Verfahrensrügen in der Rspr. des BGH). **Allgemein gilt der Satz,** dass die Mitteilung der den Verfahrensverstoß begründenden Tatsachen so vollständig u. genau sein muss, dass das Revisionsgericht aufgrund der Rechtfertigungsschrift prüfen kann, ob ein Verfahrensfehler vorliegt, wenn die behaupteten Tatsachen bewiesen werden (BGHSt 3, 213; 21, 334 (340); 22, 169 (170); 29, 203; BGH StV 1984, 454). Dazu gehören nach der Rspr. grunds. auch die auf einen Antrag des Bf. ergangenen Stellungnahmen der StA (vgl. BGH NStZ 2025, 753 mablAnm Ventzke). Die tatsächliche Richtigkeit von Behauptungen, aus denen sich ein verfahrensrechtlicher Verstoß ergeben soll, muss aus Sicht des Revisionsgericht erwiesen sein; es gilt insoweit **nicht** der Grundsatz **„in dubio pro reo"** (BGH NStZ 2023, 762 mwN; NStZ 2008, 353; Sander Hdb des Strafrechts Bd. 9 § 59 Rn. 97); dies ist verfassungsrechtlich unbedenklich (BVerfG NJW 2012, 1136, 1137). Erg. → § 337 Rn. 9–12. 20

Beanstandungen im Rahmen einer **Sachbeschwerde** können im Wege der Auslegung (§ 300) als Verfahrensrüge behandelt werden, wenn sich aus der Revisionsbegründung die Beanstandung deutlich ergibt, sich ihr und ggf. den Urteilsgründen alle erforderlichen Tatsachen iSd Abs. 2 S. 2 entnehmen lassen und die Rüge rechtzeitig erhoben ist (BGH 18.2.2025 – 3 StR 587/24; 10.8.2023 – 3 StR 1/23; 14.4.2024 – 2 StR 424/23). 20a

Es kommt nicht darauf an, wie der Bf. die Rüge bezeichnet; **entscheidend** ist ihre **wirkliche rechtliche Bedeutung,** wie sie dem Sinn und Zweck des Vorbringens zu entnehmen ist (BGH 30.8.2022 – 5 StR 169/22 mwN). Kommen nach den vorgetragenen Tatsachen mehrere Verfahrensmängel in Betracht, muss innerhalb der Revisionsbegründungsfrist die **Angriffsrichtung der Rüge** deutlich gemacht u. dargetan werden, welcher v. ihnen geltend gemacht werden soll (BGH NStZ 2019, 227; 10.9.2025 – 5 StR 341/25; OLG München NStZ 2006, 353; → Rn. 24a); eine erhobene Rüge kann nicht in eine wesensverschiedene Rüge umgedeutet werden (BGH NJW 2013, 93). Das Revisionsgericht ist nicht gehindert, bei Prüfung einer bestimmten Verfahrensrüge den ihm aufgrund einer vAw vorzunehmenden Prüfung bekannten Akteninhalt (OLG Köln NStZ-RR 1997, 336) o. den Sachvortrag zu einer anderen zulässig erhobenen Verfahrensrüge o. bei zugleich erhobener Sachrüge den Urteilsinhalt, insbes. dort mitgeteilten Verfahrensstoff, erg. zu berücksichtigen (BGH NStZ 1996, 145; vgl. dazu eing. El-Ghazi GA 2020, 439). 20b

Dem Revisionsgericht ist eine **Prüfung von Beweisverboten** auf die allein erhobene Sachbeschwerde verwehrt, selbst wenn das Urt. Ausführungen zu den Verfahrensvorgängen enthält, da die Beweisverbote in systematischer Hinsicht dem Verfahrensrecht angehören (BGH NStZ-RR 2023, 284; NStZ 2019, 107; zust. Mosbacher JuS 2019, 129 (131); BayObLG NStZ 2023, 316; anders aber noch BGH NStZ 2018, 296; erg. → Rn. 21b, → § 261 Rn. 40 sowie → Rn. 21a zur erg. Heranziehung der Urteilsgründe bei erhobener Verfahrensrüge). 20c

Das **Verschweigen wesentlicher Umstände** ist rechtsmissbräuchlich (vgl. EGMR NJW 2007, 2097) u. daher unzulässig (BGH NStZ-RR 2008, 85). Die Unzulässigkeit der Verfahrensrüge führt bei Fehlen der Sachrüge zur Unzulässigkeit der Revision (BGH NJW 1995, 2047; Kusch NStZ-RR 2000, 294 – BGH RsprÜ; BGH StraFo 2008, 332; erg. aber → Rn. 11, 14). 20d

1. Ohne Bezugnahmen und Verweisungen müssen die Verfahrensrügen begründet werden (vgl. Blaese/Wielop Revision S. 173 ff.), dies gilt auch, wenn die Verfahrenstatsachen in einem anderen Verfahren bereits vorgetragen wurden 21

(BGH 30.7.2024 – 5 StR 202/24). Unzulässig ist nicht nur die Bezugnahme auf Anlagen zur Revisionsbegründungsschrift (BGH NStZ 2025, 179; OLG Hamm NStZ 2019, 109; → § 345 Rn. 14) o. auf Ausführungen eines anderen Verfahrensbeteiligten (BGH NJW 2006, 1220; NStZ-RR 2018, 153), sondern überhaupt auf die Akten, das Sitzungsprotokoll ua Schriftstücke (BGH 30.8.2022 – 5 StR 169/22; NJW 2006, 457; 2007, 3010 (3011); OLG Koblenz VRS 48, 120; OLG Köln StV 1981, 119). Vielmehr müssen die Fundstellen idR in ihrem Wortlaut wiedergegeben werden (BGH NStZ 2015, 98; BGHR StPO § 344 Beweiswürdigung 3; BGH BeckRS 2025, 2526; OLG Hamm Rpfleger 1998, 367); zusätzliche Hinweise auf Aktenstellen sind nicht erforderlich (BGH StraFo 2012, 467 mwN), eine fehlerhafte Bezeichnung der Aktenstelle ist daher auch unschädlich (BGH NStZ-RR 2011, 253). In Bezug genommene Urk. u. Zeugenaussagen müssen grds. vollständig u. nicht nur punktuell mitgeteilt werden (BGH BeckRS 2016, 20308).

21a Das Revisionsgericht muss **allein aufgrund der Begründungsschrift** prüfen können, ob ein Verfahrensfehler vorliegt, wenn das tatsächliche Vorbringen der Revision zutrifft („Schlüssigkeitsprüfung", vgl. BGH NStZ-RR 2019, 157; NStZ 2013, 672; BayObLG VRS 77, 449, dort auch zur Umdeutung unzulässiger Verfahrensrügen); Es behandelt Bezugnahmen daher als nicht geschrieben (Dallinger MDR 1970, 900 – BGH RsprÜ; Spiegel DAR 1977, 179 – BGH RsprÜ; OLG Düsseldorf VRS 64, 223 (224)). Eine lediglich auszugsweise Wiedergabe der relevanten Stellen des Prot. ist nicht ausreichend (BGH BeckRS 2019, 23773), ebenso wenig eine Nacherzählung sämtlicher Verfahrenstatsachen der HV ohne Bezug zu den konkreten Rügen (BGH NStZ 2020, 625; 19.6.2024 – 5 StR 455/23). Auch eine zusammenhanglos in die Revisionsbegründung eingefügte Ablichtung eines Teils der Sitzungsniederschrift ua Schriftstücke genügt dem Abs. 2 nicht (BGH BeckRS 2010, 11334; OLG Hamm NStZ 2019, 109); es ist nicht Aufgabe des Revisionsgerichts, den Revisionsvortrag aus anderen Unterlagen jew. an passender Stelle zu ergänzen (BGH NStZ 2023, 127; 2021, 178; 2005, 463; OLG Hamm NStZ 2019, 109; OLG Brandenburg wistra 2014, 287; OLG Düsseldorf VRS 85, 116). Die Einfügung der Ablichtung eines handgeschriebenen Textes in die Begründungsschrift ist unbeachtlich, wenn er in weiten Teilen unlesbar ist (BGHSt 33, 44; BGH NStZ 2022, 767; OLG Düsseldorf VRS 77, 366; OLG Hamm NZV 2002, 139); das gilt aber nicht für unleserliche Beschlüsse des Tatrichters (OLG Stuttgart StraFo 2010, 74). Für den Fall der Ablehnung eines Hilfsbeweises darf die Verfahrensrüge neben einer zulässigen Sachrüge jedoch auf die in den Urteilsgründen enthaltene Begründung für die Ablehnung des Beweisantrages verweisen (BayObLGSt 1987, 33 (35); vgl. ferner KG StV 1988, 518 zu angekündigten Beweisanträgen; krit. dazu Scheffler NStZ 1989, 159).

21b Diese Grundsätze gelten auch, wenn ein Verstoß gegen ein **Beweisverwertungsverbot** gerügt wird (BGH NStZ 2023, 443; 24.9.2025 – 4 StR 422/25; 4.10.2023 – 6 StR 114/23). Da über das Bestehen eines Beweisverwertungsverbotes regelmäßig nach den Umständen des Einzelfalls unter Abwägung der widerstreitenden Interessen zu entscheiden ist (BGH NStZ 2022, 64; → Einl. Rn. 55c, 55d), werden besonders hohe Anforderungen an den Vortrag des Revisionsführer gestellt. Wird die Rüge darauf gestützt, dass ein Beweismittel mangels Vorliegens der Anordnungsvoraussetzungen gewonnen wurde, sind nicht nur die in der Hauptverhandlung hierzu gestellten Anträge und Beschlüsse vollständig und zutreffend mitzuteilen, sondern in aller Regel zunächst der Beschluss, durch den die in Zweifel gezogene Beweiserhebung angeordnet worden ist (BGH 27.8.2025 – 6 StR 33/25). Fehlt es an einer ausreichenden Darstellung der Verdachts- und Beweislage im ermittlungsrichterlichen Beschluss oder wird die Rechtmäßigkeit der Maßnahme gerügt, ist zudem die Verdachts- und Beweislage, die im Zeitpunkt der Anordnung gegeben war, anhand der Aktenlage zu rekonstruieren und mitzuteilen (BGH 27.8.2025 – 6 StR 33/25; erg. BGH 28.10.2025 – 3 StR 583/24).

21c Bei einer **zulässig erhobenen Sachrüge** können Urteilsausführungen zur **Ergänzung der Verfahrensrüge** herangezogen werden (Kusch NStZ 1997, 378 – BGH RsprÜ mwN; BGH BeckRS 2018, 13995; vgl. auch Schmidt NStZ 2022,

595 (598)). Einer ausdr. Verweisung auf die Urteilsgründe bedarf es dazu zwar grds. nicht (BGHSt 36, 384 (385)); es empfiehlt sich aber, dass der Beschwerdeführer iRd Verfahrensrüge ausdr. erg. auf die einschlägigen Urteilspassagen Bezug nimmt (Ventzke NStZ 2019, 171 (172)). Dass ein Mitangeklagter dieselbe Verfahrensrüge zulässig erhoben hat, hilft der unzulässigen Verfahrensrüge nicht (BGH StraFo 2010, 387 (388)).

2. Die den Mangel begründenden Tatsachen muss der Beschwerdeführer – objektiv richtig (BGH StraFo 2011, 318) – angeben, aber selbstverständlich nur, soweit sie ihm zugänglich sind (vgl. BGHSt 28, 290 (291): präsidiumsinterne Vorgänge; BGHSt 29, 162 (164): kammerinterne Vorgänge; BGHSt 53, 268 (281): nicht protokollierte Beratung des LG-Präsidiums; vgl. ferner BGH StV 2019, 820) u. soweit ihnen für den Revisionsvortrag Bedeutung zukommt, wobei die Anforderungen jedoch nicht überspannt werden dürfen (BVerfGE 112, 185; BGH NStZ 2014, 347; erg. → Rn. 24). Wird für die Revisionsinstanz ein anderer Verteidiger als in der Tatsacheninstanz beauftragt bzw. bestellt („Verteidigerwechsel"), so besteht für den neuen Verteidiger – wenn auch nur in beschränktem Maße (dazu Dahs NStZ 2007, 244) – eine Erkundigungspflicht beim Vorverteidiger über zw. Verfahrensvorgänge (BVerfG StraFo 2005, 512; BGH NStZ 2005, 283; StV 2006, 459; vgl. auch BGH BeckRS 2006, 10479: Erkundigungspflicht beim LG-Präs). **22**

Die **schlichte Übernahme** eines ersichtlich auf einen anderen Angeklagten zugeschnittenen Textes durch den Verteidiger des Mitangeklagten ohne erforderliche Modifikationen in Bezug auf den eigenen Mandanten führt zur Unzulässigkeit der Verfahrensrüge (BGH NStZ-RR 2022, 384 (386)). **Schriftstücke, Aktenteile u. Tonbandaufnahmen,** auf die die Verfahrensrüge gestützt wird, müssen iE bezeichnet u. wörtlich o. wenigstens inhaltlich wiedergegeben werden (Pfeiffer/Miebach NStZ 1984, 213 – BGH RsprÜ; Kusch NStZ 1992, 29 – BGH RsprÜ; BGH StV 2015, 754); bei der Rüge, ein Lichtbild sei fehlerhaft nicht in Augenschein genommen worden, muss dieses in die Revisionsbegründung aufgenommen werden (BGH StV 2004, 304 Ls.; OLG Hamm NStZ-RR 2011, 323). Ein Hinweis auf eine Wahrunterstellung (§ 244 Abs. 3 S. 3 Nr. 6) vermag notwendigen Tatsachenvortrag nicht zu ersetzen (OLG Hamburg NJW 2008, 2597). Die Darlegungspflicht gilt auch für Rügen, mit denen die Verletzung v. GG-Normen behauptet wird (BGHSt 19, 273; 21, 334 (340); 26, 84 (90); BGH NStZ 1981, 357). Der Beschwerdeführer ist auch verpflichtet, ihm nachteilige Tatsachen vorzutragen (BGH BeckRS 2013, 16520). **22a**

Geht es um Beweismittel, die durch einen **ausländischen Staat erhoben** und im Wege der Rechtshilfe erlangt wurden, muss die Revision die Verfahrenstatsachen zur ausländischen Beweismittelgewinnung und zur Beweisübermittlung vortragen, soweit sie rügt, dabei seien Verfahrensvorschriften verletzt worden (BGH NStZ 2023, 443). **22b**

Dagegen ist ihre **Glaubhaftmachung,** etwa durch die Angabe v. Beweismitteln, **nicht erforderlich** (BGH NStZ 2007, 235; NStZ-RR 2007, 53); daher brauchen auch die Aktenstellen nicht bezeichnet zu werden, aus denen sich die behaupteten Tatsachen ergeben (BGH NStZ-RR 2003, 334; 2010, 210 Ls.), was allerdings hilfreich ist (BGH BeckRS 2013, 3150). **23**

3. Bestimmte Tatsachen müssen angegeben werden. Die bloße Wiedergabe vage erinnerter und nur möglicher Verfahrensabläufe genügt nicht (BGH NStZ 2023, 638). Es muss genau ersichtlich sein, gegen welche Handlungen o. Unterlassungen des Gerichts der Vorwurf der fehlerhaften Verfahrensweise erhoben wird (BGHSt 2, 168; OLG Brandenburg StraFo 1997, 205) u. inwiefern gegen das G verstoßen worden ist (BGH NStZ-RR 1997, 304. **24**

Die **Angriffsrichtung** des Rechtsmittels muss innerhalb der Revisionsbegründungsfrist klar bezeichnet werden (BGH 10.9.2025 – 5 StR 341/25; NStZ 1999, 94; BayObLGSt 2003, 98); an die Disposition des Revisionsführers ist der Sen. gebunden (BGHSt 64, 301; BGH BeckRS 2021, 24120 mwN). Das Vorbringen darf nicht in sich widersprüchlich sein (BGH NStZ-RR 2006, 181). Es genügen weder wahlweise (OLG Celle Nds. Rpfl. 1952, 18; OLG Koblenz VRS 47, 28) **24a** noch unbestimmte Tatsachenbehauptungen (vgl. Dallinger MDR 1951, 406 – BGH RsprÜ: Nichtvereidigung „verschiedener Zeugen"; BayObLGSt 1951, 112: Unfähigkeit „eines Teils" der Schöffen; OLG Koblenz MDR 1974, 421: „Erheblicher Druck" auf die Schöffen). Allerdings kann sich das Angriffsziel auch hinreichend aus Umständen außerhalb der Rechtsmittelerklärung ergeben (BGH BeckRS 2018, 17355), allerdings regelmäßig nicht ohne jeden Anhalt in der Revisionsbegründung (vgl. BGH BeckRS 2021, 24120).

24b Für einen erschöpfenden Vortrag kann uU auch die Angabe **rügevernichtender Umstände** erforderlich sein, insbes. dass bestimmte Tatsachen nicht geschehen sind (Negativtatsache), etwa eine Heilung des behaupteten Mangels auch später nicht erfolgt ist (BGH StV 2004, 30; BGHR StPO § 344 Abwesenheit 2; krit. dazu SK-StPO/Frisch Rn. 61 ff.; Weiler FS Meyer-Goßner, 2001, 585; Widmaier StraFo 2006, 437; vgl. auch BGH NStZ 2000, 49). Dies setzt aber nach zutr. Ansicht voraus, dass sich aus dem v. der Revision selbst vorgetragenen o. aus Prot. u. Akteninhalt ersichtlichen Verfahrensablauf konkrete Anhaltspunkt für einen Sachverhalt ergeben, welcher der erhobenen Rüge die Grdl. entziehen kann (BGH NStZ 2022, 126 mwN; 2023, 252; vgl. auch OLG Köln NStZ-RR 2001, 140: bei „klarem Normbefehl" wie in § 218 kein Hinweis auf fehlenden Verzicht erforderlich). Wird gerügt, dass eine wörtlich protokollierte Aussage in Widerspruch zu den Urteilsgründen steht, muss dargelegt werden, dass sich durch den weiteren Gang der HV die Beweiserheblichkeit des Beweismittels o. des entspr. Aussageteils nicht verändert hat (BGH StV 2002, 354). Der Revisionsführer muss mitteilen, ob er sich einem erforderlichen Verwertungswiderspruch (→ § 136 Rn. 25) durch einen Mitverteidiger angeschlossen hat (vgl. BGH 26.3.2024 – 5 StR 595/23).

25 **4. Bestimmt behaupten** muss der Beschwerdeführer die Tatsachen (BGHSt 7, 162; 25, 272 (274); BGH NJW 1962, 500). Die Rüge ist unzulässig, wenn der Verfahrensverstoß nur als möglich bezeichnet (BGHSt 19, 273 (276); BGH NJW 1953, 386) o. als Vermutung o. in Form eines Zweifels an der Ordnungsmäßigkeit des Verf. geäußert wird (BGHSt 19, 273 (276); BGH NStZ 2021, 512) o. wenn mehrere Möglichkeiten eines Verfahrensverstoßes behauptet werden, die sich aber gegenseitig ausschließen (widersprüchlicher Vortrag: BGH NStZ 2021, 512; NJW 2012, 1377). Daher genügt auch, anders als bei der Sachrüge (→ Rn. 16), nicht die bloße Bitte um Nachprüfung der Rechtmäßigkeit (BGHSt 12, 33; 19, 273 (276); KG JR 1976, 255), jedoch ist das Revisionsgericht an die rechtliche Einordnung des Verstoßes durch den Beschwerdeführer nicht gebunden (BGH NJW 1990, 585; Miebach NStZ 1990, 229 – BGH RsprÜ). Im Übrigen ist die Erhebung von Verfahrensrügen **bedingungsfeindlich;** ein Verstoß hiergegen macht die Rüge unzulässig (vgl. BGH NStZ 2025, 764).

25a **5. Widersprüchliches Prozessverhalten** kann nicht Grdl. einer erfolgreichen Rüge sein. Dies ist etwa anzunehmen, wenn zwar ein Verwertungsverbot für ein bestimmtes Beweismittel geltend gemacht, aber dennoch zur Entlastung des Angeklagten auf die Verwertung gerade dieses Beweismittels hingewirkt wird (BGH NStZ 2019, 301: Kameraaufzeichnungen). Dies gilt gleichermaßen bei widersprüchlichem Tatsachenvortrag, auch bei einem Widerspruch zwischen Verfahrens- u. Sachrüge, da die Revisionsbegründung als Einheit zu werten ist (BGH NStZ 2013, 58 (59)).

26 **6. Protokollrügen** sind unzulässig. Nicht die Fehlerhaftigkeit der Sitzungsniederschrift, sondern Mängel des Verf. begründen die Revision. Auf einem Mangel des Prot. kann das Urt. nicht beruhen (BGHSt 59, 130; 28.9.2022 – 5 StR 180/22 mwN; erg. → § 273 Rn. 36), auch nicht auf dem Fehlen des Prot. (BGH NStZ 1991, 502). Die Formulierung in einer Revisionsbegründung „ausweislich des Protokolls" kann aber auch nur als ein Hinweis auf das geeignete Beweismittel (§ 273 Abs. 1 S. 1) zu verstehen sein, ohne dass dadurch die Ernsthaftigkeit der Tatsachenbehauptung selbst in Frage gestellt wird (BGH StV 1982, 4; 1997, 515). Sofern die den Mangel begründenden Tatsachen vollständig vorgetragen sind (→ Rn. 22), ist nicht zusätzlich die Mitteilung der Sitzungsniederschrift erforderlich (BGH StraFo 2009, 23).

Diese Grundsätze zur Unzulässigkeit einer bloßen Protokollrüge **sollen** nach BGHSt 58, 310 (ebenso BGH StV 2014, 67; vgl. auch OLG Bremen StV 2016, 790; OLG Nürnberg StV 2015, 282), bei der Rüge eines Verstoßes gegen § 273 Abs. 1a **nicht gelten,** wenn ein Verfahrensfehler behauptet wird, der in seinem Kern darin besteht, dass das Hauptverhandlungsprotokoll den Inhalt v. außerhalb der Verh. geführten Verständigungsgesprächen unzutreffend oder ungenügend wiedergibt; insoweit habe der Gesetzgeber eine Sonderregelung getroffen. Dem hat BGHSt 59, 130 mkritAnm Kudlich NStZ 2014, 285 widersprochen (ebenso BGH NStZ 2023, 306 sowie BGH NStZ 2024, 311 (4. StS)). Der 2. StS (BGH NStZ-RR 2023, 324) hat mit Blick auf diese Entscheidungen erwogen, seine dem entgegenstehende Rspr. (BGHSt 58, 310) aufzugeben. 26a

7. Zur **Beruhensfrage** (→ § 337 Rn. 36 ff.) braucht der Beschwerdeführer grds. keine Ausführungen zu machen (BGH NStZ 2025, 118 zu § 189 GVG; 2013, 536; vgl. auch BGH NStZ-RR 2020, 87; 16.11.2021 – 6 StR 502/21; BayObLGSt 1977, 130). Ausreichend u. erforderlich ist die Darlegung der Tatsachen, aufgrund deren die Beruhensfrage geprüft werden kann (BGHSt 30, 131 (135); OLG Köln VRS 70, 370). Lediglich in Ausnahmefällen, in denen das Beruhen des Urteils auf dem Rechtsfehler nicht auf der Hand liegt, kann es für den Bf. geboten sein, Tatsachen vorzutragen, aufgrund derer die Möglichkeit des Beruhens geprüft werden kann (BGH 15.5.2025 – 1 StR 481/24 mwN; Löwe/Rosenberg/Franke Rn. 87; Dahs Strafprozessrevision Rn. 491; vgl. auch BGH NStZ 2025, 118), zB bei Fehlen des Hinweises nach § 265 Abs. 1, wenn eine andere Verteidigung ausgeschlossen erscheint (OLG Koblenz OLGSt StPO § 265 S. 30), o. wenn die Belehrung nach § 52 Abs. 3 S. 1 bei einem Zeugen unterlassen worden ist, der rechtskundig war. Eine erweiterte Darlegungspflicht hat der Beschwerdeführer bei der Rüge, die Belehrung nach §§ 136 Abs. 1 S. 2, 243 Abs. 5 S. 1 sei unterlassen worden (→ § 136 Rn. 21, → § 243 Rn. 39) o. wenn eine Heilung des Verfahrensfehlers in Betracht kommt (**aM** Herdegen NStZ 1990, 517 (519); zu weitgehend aber KG StV 2000, 189). 27

8. Wegen des **notwendigen Revisionsvorbringens** vgl. iÜ erg. bei den einzelnen Vorschriften. Zum notwendigen Vortrag bei einer fair-trial-Rüge im OWi-Verfahren OLG Karlstuhe NStZ 2025, 125. Das Nachschieben v. Vortrag zur Begründung bereits erhobener Verfahrensbeanstandungen ist nach Ablauf der Frist des § 345 Abs. 1 nicht möglich (BGH BeckRS 2008, 24047). 28

Revisionsbegründungsfrist **Nr. 149, 150 Abs. 2–6, 160 RiStBV**

345 (1) [1] **Die Revisionsanträge und ihre Begründung sind spätestens binnen eines Monats nach Ablauf der Frist zur Einlegung des Rechtsmittels bei dem Gericht, dessen Urteil angefochten wird, anzubringen.** [2] **Die Revisionsbegründungsfrist verlängert sich, wenn das Urteil später als einundzwanzig Wochen nach der Verkündung zu den Akten gebracht worden ist, um einen Monat und, wenn es später als fünfunddreißig Wochen nach der Verkündung zu den Akten gebracht worden ist, um einen weiteren Monat.** [3] **War bei Ablauf der Frist zur Einlegung des Rechtsmittels das Urteil noch nicht zugestellt, so beginnt die Frist mit der Zustellung des Urteils und in den Fällen des Satzes 2 der Mitteilung des Zeitpunktes, zu dem es zu den Akten gebracht ist.**

(2) **Seitens des Angeklagten kann dies nur in einer von dem Verteidiger oder einem Rechtsanwalt unterzeichneten Schrift oder zu Protokoll der Geschäftsstelle geschehen.**

Übersicht

1 **A. Revisionsbegründungsfrist (Abs. 1). I. Monatsfrist.** Die Monatsfrist des Abs. 1 S. 1 wird nach § 43 Abs. 1, Abs. 2 berechnet (Einzelheiten bei Blaese/Wielop Revision S. 82).

2 Ihre Verlängerung ist unzulässig (Pfeiffer/Miebach NStZ 1988, 20 – BGH RsprÜ; OLG Düsseldorf NStZ 1984, 91; **aM** Hillenkamp NStZ 2000, 669; Grabenwarter NJW 2002, 109 unter Hinweis auf Art. 6 Abs. 3 Buchst. b EMRK; erg. → Vor § 42 Rn. 5). Erfolgt sie trotzdem, ist sie unwirksam, begründet aber im Falle der Fristversäumung einen Antrag auf Wiedereinsetzung, es sei denn, das Gericht weist auf die Unwirksamkeit der gewährten Fristverlängerung u. ggf. auf die Möglichkeit eines Wiedereinsetzungsantrags hin (BGH NStZ-RR 2017, 148). Kritisch zur Diskrepanz zwischen Urteilsabsetzungsfrist nach § 275 u. Revisionsbegründungsfrist iSv Abs. 1 S. 1 Valerius NJW 2018, 3429.

2a Durch das G zur Fortentwicklung der StPO v. 25.6.2021 wurde die **Revisionsbegründungsfrist bei bes. lang andauernden Strafverfahren** auf bis zu drei Monate zu **verlängert;** insoweit ist die tatsächlich in Anspruch genommene Zeit zur Urteilsabsetzung maßgeblich (Abs. 1 S. 2: Verlängerung auf 2 Monate, wenn das Urt. später als 21 Wochen, auf 3 Monate, wenn es später als 35 Wochen nach der Verkündung zu den Akten gebracht wird; zur Fristberechnung s. → § 43).

3 Schon **vor Fristbeginn,** auch zugleich mit der Revisionseinlegung, kann die Revision begründet werden (OLG Köln VRS 70, 370); diese muss der Form des Abs. 2 entsprechen (vgl. BGH BeckRS 2019, 27315). Ein nach Fristablauf eingegangenes erg. Tatsachenvorbringen zu den Verfahrensrügen ist unbeachtlich (→ § 352 Rn. 5); Rechtsausführungen können nachgeschoben werden (→ § 352 Rn. 8).

4 **II. Fristbeginn.** War das Urt. schon vor der Revisionseinlegung zugestellt, so schließt sich die Frist des Abs. 1 S. 1 an die des § 341 Abs. 1 an (BGHSt 36, 241; **aM** OLG Bamberg NZV 2006, 322 mit zutr. abl. Anm. Kucklick); sie beginnt also erst nach Ablauf der Einlegungsfrist, auch wenn die Revision schon vorher eingelegt worden war.

5 Sonst ist gem. Abs. 1 S. 3 für den Fristbeginn die **Urteilszustellung** bzw. in den Fällen des Abs. 1 S. 2 die Mitteilung des Zeitpunktes maßgebend, zu dem das Urteil zu den Akten gebracht ist (→ § 275 Rn. 7). Dies gilt auch für die StA (BGH BeckRS 2018, 12997). Die Frist wird – für jeden v. mehreren Mitangeklagten gesondert (BGH NStZ 2011, 294) – nur durch eine **wirksame** Zustellung nach §§ 37, 40, 41 Abs. 1, bei Mehrfachverteidigung an einen der Verteidiger (BGHSt 34, 371; StraFo 2008, 509; eine nach Fristablauf bewirkte Doppelzustellung setzt die Frist nicht wieder in Lauf: BGH NStZ-RR 2017, 285; NStZ 2018, 153), in Lauf gesetzt (Miebach NStZ 1989, 16 – BGH RsprÜ: nicht an Sozius des Pflichtverteidigers; erg. → § 37 Rn. 19, 29; § 271 Rn. 19; § 273, Rn 34); das Fehlen der Rechtsmittelbelehrung ist dabei ohne Bedeutung (→ § 35a Rn. 12). Die Frist beginnt, abgesehen v. Fall des § 40 Abs. 1 S. 2, erst mit der Zustellung einer Ausfertigung o. beglaubigten Abschrift (→ § 37 Rn. 1) des – der Urschrift entspr. – vollständigen Urt., dh der vollständigen Urteilsformel (BGH NJW 1978, 60), den Urteilsgründen (OLG Koblenz VRS 64, 213) u. den durch § 275 Abs. 2 S. 1 vorgeschriebenen Unterschriften o. dem Verhinderungsvermerk nach § 275 Abs. 2 S. 2 (BGHSt 26, 247 (248); Holtz MDR 1979, 638 – BGH RsprÜ), in dem der Verhinderungsgrund angegeben sein muss (BGH MDR 1980, 842); bei der Zu-

stellung an einem Samstag kommt es nicht darauf an, wann üblicherweise mit einer Leerung zu rechnen ist o. ob diese tatsächlich vorgenommen wird (BGH NStZ-RR 2020, 257 mwN).

Das **Fehlen der Urteilsformel** hindert das Ingangsetzen der Revisionsbegründungsfrist nicht (BGH NStZ 2020, 739). Unvollständigkeit des Rubrums ist, soweit es sich um ein Urt. des LG 1. Instanz handelt, unschädlich (BGH NStZ 1989, 584). Im Fall der **Urteilsergänzung** nach § 267 Abs. 4 S. 3 ist die Zustellung des ergänzten Urt. maßgebend (OLG Celle Nds. Rpfl. 1990, 257; OLG Düsseldorf JMBl. NRW. 1982, 139; vgl. auch BayObLG NStZ-RR 1997, 247). Die Frist beginnt nicht, wenn das Urt. vor Fertigstellung des Sitzungsprotokolls zugestellt wird (→ § 273 Rn. 34). Im Hinblick auf § 338 Nr. 7 genügt die Zustellung der Urteilsformel, wenn Gründe nicht vorhanden sind (OLG Köln StraFo 2020, 334; OLG Celle Nds. Rpfl. 1990, 257; LG Zweibrücken MDR 1991, 894; vgl. auch BayObLGSt 1996, 155) o. wenn das Urt. verloren gegangen ist u. nicht wiederhergestellt werden kann (Schmid FS Lange, 1976, 791). 5a

Das zugestellte Urt. muss der Urschrift entsprechen; **ist die Urschrift unvollständig** – fehlt zB eine Unterschrift o. ein Verhinderungsvermerk –, so handelt es sich um einen Mangel des Urt., nicht um eine fehlerhafte Zustellung (BGHSt 46, 204; BGH NStZ-RR 2003, 85; OLG Jena VRS 105, 440; **aM** zu Unrecht LG Göttingen StraFo 2011, 273, falls das Urt. gar keine Unterschrift hat), ebenso bei unvollständiger o. gar fehlender Wiedergabe des verkündeten Tenors im Original u. in der Ausfertigung (BGH NJW 1999, 800; StraFo 2007, 502). Daher läuft die Frist zur Ingangsetzung der Revisionsbegründungsfrist u. wird nicht erst durch die Zustellung eines Berichtigungsbeschlusses in Gang gesetzt (BGH StraFo 2007, 502). 5b

Eine **weitere Zustellung** bei entspr. § 267 Abs. 4 S. 4 ausnahmsweise zulässiger **Ergänzung der Urteilsgründe** löst allein für den von der Ergänzung betroffenen Mitangeklagten den (erneuten) Beginn der Revisionsbegründungsfrist aus (BGH 29.4.2024 – 6 StR 18/23). 5c

An die Stelle der Urteilszustellung tritt aber die **Beschlusszustellung** bei Erlass eines die Urteilsgründe erg. Berichtigungsbeschlusses (BGHSt 12, 374), der aber zulässig sein muss (BGH NStZ 1991, 195; → § 267 Rn. 39) u. nicht nur einen unbedeutenden Nebenpunkt betreffen darf (OLG Hamm NJW 1956, 923 Ls.; vgl. BayObLGSt 1982, 12: Datum der Sitzung), eines Wiedereinsetzungsbeschlusses (BGHSt 30, 335; BGH NJW 1982, 532 (533); BayObLG wistra 1994, 159), eines Aufhebungsbeschlusses nach § 346 Abs. 2 (BayObLG JR 1988, 304; OLGSt StPO § 345 Nr. 10; OLG Karlsruhe Justiz 1988, 314) o. eines Beschl. über die Zulassung des Nebenklägers, der seinen Anschluss erst mit der Revisionseinlegung erklärt hat (RGSt 77, 281; KMR-StPO/Momsen Rn. 6b; str.). Eine nochmalige Urteilszustellung ist in diesen Fällen nicht erforderlich. Bei der Beschlusszustellung empfiehlt sich der Hinweis auf den dadurch beginnenden Fristablauf. 6

III. Revisionsbegründung zu Protokoll der Geschäftsstelle. Bei dem Gericht, dessen Urteil angefochten ist, muss die Revisionsbegründung angebracht werden (→ § 341 Rn. 6). Zur Fristwahrung vgl. → Vor § 42 Rn. 11 ff. Die Einreichung einer nicht unterzeichneten o. nur beglaubigten o. eingescannten (vgl. OLG Jena StraFo 2019, 423) Abschrift genügt nicht. Eine unterschriebene Abschrift steht aber der Urschrift gleich (Ernesti/Jürgensen SchlHA 1980, 177 – OLG Schleswig RsprÜ). Die Revisionsbegründung zu Prot. der Geschäftsstelle kann am letzten Tag der Frist erfolgen, auch im Fall des § 299 (BayObLGSt 2000, 26). Zum Verf. bei Zweifeln an der Fristwahrung vgl. → § 261 Rn. 35. Bei Verlust der Revisionsbegründung bei Gericht ist unter Fristsetzung nach Abs. 1 Gelegenheit zur Wiederholung zu geben u. dann vAw Wiedereinsetzung in den vorigen Stand zu gewähren. 7

B. Form der Revisionsbegründung (Abs. 2). I. Durch Verteidiger oder zu Protokoll der Geschäftsstelle. Für den Angeklagten bestehen die in Abs. 2 bezeichneten **beiden Möglichkeiten;** sie schließen einander nicht aus. Auch der 8

Angeklagte, der einen Verteidiger hat, kann die Revision zu Prot. der Geschäftsstelle begründen (OLG Hamburg NJW 1966, 2323) u. eine bereits v. dem Verteidiger eingereichte Begründungsschrift dort ergänzen. Entsprechendes gilt im umgekehrten Fall.

9 Der Verteidiger muss seine Revisionsbegründungsschrift aber selbst anfertigen; zu Prot. der Geschäftsstelle darf er sie nicht erklären (BayObLG NStZ 2023, 703; OLG Düsseldorf MDR 1975, 73 Ls. KK-StPO/Gericke Rn. 19; KMR-StPO/Momsen Rn. 9; **aM** Schmid Rpfleger 1962, 301). Das gilt auch für Rechtsanwälte, die sie als Angeklagte selbst unterzeichnen dürfen (→ Rn. 13). Zur Revisionsbegründung der StA → Rn. 23, des Privatklägers § 390 Abs. 2, des Nebenklägers → § 401 Rn. 2.

10 **II. Zweck der Vorschrift.** Zweck der Vorschrift ist es zu gewährleisten, dass der Inhalt der Begründung **v. sachkundiger Seite** stammt u. daher gesetzmäßig u. sachgerecht ist (BGHSt 25, 272 (273); Dallinger MDR 1970, 15 – BGH RsprÜ; BGH NStZ 1987, 336). Die Revisionsgerichte sollen dadurch vor einer Überlastung durch unsachgemäßes Vorbringen Rechtsunkundiger bewahrt werden (BVerfGE 64, 135 (152)); die Prüfung ganz grundloser u. unverständlicher Anträge soll ihnen erspart werden (BGHSt 32, 326; BGH NStZ 1987, 336; OLG Düsseldorf VRS 85, 116; OLG Karlsruhe NJW 1974, 915; OLG Köln NJW 1975, 890; OLG Stuttgart MDR 1979, 780). Auch für nachgeschobenes Vorbringen zur Sachrüge gilt Abs. 2; zwar bestehen für diese nicht die strengen Begründungserfordernisse wie für die Verfahrensrüge, das lässt aber Abs. 2 unberührt (vgl. BGH NStZ-RR 2024, 387; OLG Stuttgart JR 1982, 167; Löwe/Rosenberg/Franke Rn. 16).

11 **III. Verteidiger.** Verteidiger iS Abs. 2 ist der in dem unteren Rechtszug bereits tätig gewesene, auch der nach § 138 Abs. 2 zugelassene Verteidiger (BayObLGSt 1955, 256; OLG Düsseldorf JMBl. NRW. 1980, 215; OLG Koblenz OLGSt OWiG § 79 S. 30; vgl. aber → § 138 Rn. 20) u. der nach § 139 tätig gewordene Referendar. Eine besondere Vollmacht braucht er nicht (Hamm Revision Rn. 197). Wird der Verteidiger neu bestellt, so muss die Vollmacht innerhalb der Frist des Abs. 2 erteilt sein, wenn auch nur mündlich, kann aber später nachgewiesen werden (OLG Brandenburg NStZ 1995, 52; OLG Nürnberg NJW 2007, 1767; erg. → Vor § 137 Rn. 9). Die Zulassung nach § 138 Abs. 2 kann zugleich mit der Revisionseinlegung (RGSt 55, 213) o. mit der Einreichung der Begründungsschrift beantragt werden (OLG Hamm MDR 1951, 303); mit der Zulassung wird die Begründung der Revision rückwirkend wirksam (→ § 138 Rn. 15).

11a **Fehler des Verteidigers** sind dem Angeklagten zuzurechnen (vgl. BGH BeckRS 2019, 34417), es sei denn, es handele sich um einen Fall des „offensichtlichen Mangels" der Verteidigung, welcher den Anspruch des Angeklagten auf eine wirksame Verteidigung gem. Art. 6 Abs. 3 Buchst. c EMRK verletzt (BGH StV 2016, 770; erg. → § 338 Rn. 41; → EMRK Art. 6 Rn. 20).

12 **IV. RA.** Ein RA, dem die Verteidigung nicht übertragen ist, kann die Begründungsschrift ebenfalls unterzeichnen. Er muss bei einem Gericht im Geltungsbereich der StPO zugelassen (OLG Hamburg NJW 1962, 1689) u. vor Ablauf der Frist des Abs. 1 bevollmächtigt worden sein (BVerfG NJW 1996, 713; BGH NStZ 2001, 52; OLG Düsseldorf NJW 1993, 2002), kann die Vollmacht aber noch später nachweisen. Der Nachw. ist entbehrlich, wenn der Angeklagte die Revision selbst eingelegt hat u. nichts dafürspricht, dass der RA ohne Auftrag handelt (OLG Karlsruhe OLGSt StPO § 354 Abs. 2 S. 17; Kaiser NJW 1982, 1368). Der Pflichtverteidiger kann seine Befugnisse nicht wirksam auf einen anderen RA übertragen (BGH NStZ 2012, 276; BeckRS 2020, 2624; erg. → § 142 Rn. 60). Auch die v. einem Syndikusanwalt nur unter Hinweis auf seine Prokura unterschriebene Begründungsschrift ist unwirksam (OLG Stuttgart Justiz 1977, 245), ebenso die v. einem Rechtsbeistand (OLG Karlsruhe Justiz 1997, 378) o. einem Steuerberater (OLG Hamm wistra 2016, 463 mzustAnm Reichling).

13 Der **RA als Angeklagter** kann die Begründungsschrift selbst unterzeichnen (BayObLGSt 1975, 153; KG GA 1962, 311), sofern er noch zugelassen (OLG

Hamm NJW 1947/48, 704) u. kein Berufsverbot nach §§ 150, 155 BRAO gegen ihn verhängt ist (KG NJW 1969, 338; OLG Karlsruhe MDR 1971, 320; SK-StPO/Frisch Rn. 26; Feuerich NStZ 1989, 339; **aM** BayObLG MDR 1969, 153; OLG Oldenburg Nds. Rpfl. 1963, 117; SSW StPO/Momsen/Momsen-Pflanz Rn. 29).

V. Schriftform. Die schriftliche Revisionsbegründung muss **durch den Verteidiger oder RA in elektronischer Form** übermittelt werden (§ 32d S. 2 Nr. 2; s. BGH BeckRS 2022, 25316 mwN). Die Pflicht zur Einreichung als elektronisches Dokument ist Wirksamkeitsvoraussetzung für die Erklärung (BGH 30.8.2022 – 3 StR 86/22; NJW 2022, 3588; → § 32d Rn. 2). Zu den Einzelheiten erg. → § 341 Rn. 7a-c. 14

In den Fällen des § 32d S. 3 ist **ausnahmsweise** die **Übermittlung in Papierform** zulässig. Die Voraus. der technischen Unmöglichkeit sind glaubhaft zu machen (BGH BeckRS 2022, 25316; 2023, 1500); dazu gehört Vortrag zum Vorliegen einer einsatzbereiten technischen Infrastruktur sowie Ursache, Zeitpunkt und Dauer einer behaupteten technischen Störung (LG Arnsberg NStZ 2022, 639; → § 32d Rn. 3). 14a

Dem Dokument muss der **Inhalt der Erkl. so bestimmt** entnommen werden können, dass er dem Revisionsgericht eine zuverlässige Grdl. für die weitere Behandlung der einzelnen Rügen bietet. Die Schrift muss der RA o. Verteidiger grds. selbst verfassen. Eine gemeinsame Revisionsbegründung v. Verteidigern für mehrere Mitangeklagte ist aber nicht unzulässig (BGH NStZ 1998, 99). 14b

Ein RA o. Verteidiger muss an der Revisionsbegründung **zumindest gestaltend mitwirken** (BverfGE 64, 135 (152); BGH NStZ 1984, 563; 1987, 336; OLG Düsseldorf wistra 1992, 39; OLG München NStZ 1984, 281; erg. → Rn. 16); daher genügt ein v. Angeklagten selbst verfasstes Schriftstück, das v. Verteidiger lediglich mit einem Einführungssatz versehen ist (BGH NStZ 2006, 236; OLG Düsseldorf wistra 1992, 39) ebenso wenig wie eine Slg. V. 3.000 Blättern (BGH NStZ 1984, 563) o. eine o. ein Schriftstück des Angeklagten, auf das der Verteidiger nur Bezug nimmt (BayObLGSt 1955, 257). Auch muss der Verteidiger sich von dem rechtsunkundigen Angeklagten nicht offensichtlich aussichtslose Rügen vorschreiben lassen oder lediglich auf dessen Wunsch erheben (vgl. BGH 7.5.2025 – 5 StR 72/25). Bezugnahmen auf Schriftsätze anderer Verfahrensbeteiligter o. auf Aktenbestandteile o. Anlagen machen die Revisionsbegründung auch sonst unzulässig (BGH NStZ 2007, 166; einschr. Löwe/Rosenberg/Franke Rn. 22; Hamm Revision Rn. 216). Eine ergänzende privatschriftliche Revisionsbegründung des Angeklagten zur Begründungsschrift des Verteidigers genügt ebenfalls nicht dem Formerfordernis des Abs. 2 (BGH 20.3.2024 – 3 StR 183/23). 14c

VI. Unterzeichnung. Es genügt, wenn der Verteidiger oder RA das Dokument mit einer **qualifizierten elektronischen Signatur** versieht (§ 32a Abs. 3; → § 32a Rn. 5). Dieser bedarf es nicht, wenn die Übermittlung über das besondere elektronische Anwaltspostfach (beA) erfolgt; vielmehr reicht es in diesem Fall nach § 32a Abs. 3, Abs. 4 S. 1 Nr. 2 aus, dass der Schriftsatz von dem die Revisionsbegründung verantwortenden Verteidiger oder RA einfach signiert und über dessen Postfach übertragen wird (BGH NStZ-RR 2023, 115; 2023, 22; BeckRS 2023, 1500; 2022, 11872; → § 32a Rn. 5, → § 341 Rn. 7b); die Übertragung über das elektronische Postfach eines anderen RA reicht nicht aus (BGH BeckRS 2023, 1500), selbst wenn dieser das Dokument mit seiner qualifizierten elektronischen Signatur versieht (BGH NStZ-RR 2023, 22). Die **einfache Signatur** besteht in der maschinenschriftlichen Anbringung des Namens unterhalb des Textes oder in einer – lesbaren – eingescannten Unterschrift (vgl. BGH BeckRS 2022, 11872). 15

VII. Volle Verantwortung. Die volle Verantwortung für den Inhalt der Schrift muss der Verteidiger o. RA übernehmen (BGH NJW 2014, 2664). **Bestehen daran auch nur Zweifel,** so ist die Revisionsbegründung unzulässig (BGHSt 25, 272 (273); BGH NJW 1984, 2480; NStZ 1997, 45; Becker NStZ-RR 2007, 132 – 16

BGH RsprÜ; OLG Hamburg JR 1955, 233; OLG Hamm NStZ 1982, 526; vgl. auch BVerfGE 64, 135 (152); krit. SK-StPO/Frisch Rn. 31), jedenfalls, soweit der Verteidiger sich v. ihr distanziert (BGHSt 25, 272 (274 ff.); BGH NStZ-RR 2002, 309). Das wird aber idR nicht schon dann der Fall sein, wenn ein anderer RA die v. Verteidiger verfasste Revisionsbegründung mit dem Zusatz „für RA …" o. „für den nach Diktat verreisten (oder ortsabwesenden) RA" o. *pro absente* unterzeichnet (BVerfG NJW 2016, 1570; BGHSt 59, 284; OLG Köln NZV 2006, 321; KK-StPO/Gericke Rn. 16; **aM** OLG Frankfurt a. M. NStZ-RR 2013, 355; OLG Hamm NStZ-RR 2009, 381; NStZ 2014, 728; allerdings → Rn. 12 sowie BGH NStZ-RR 2017, 186; BeckRS 2020, 2624 zur Übertragung auf den Pflichtverteidiger; zum Ganzen Allgayer NStZ 2016, 196). Der amtl. bestellte Vertreter (§ 53 Abs. 2 S. 1 BRAO) ist zur Unterzeichnung befugt (BGH NStZ-RR 2002, 12; KK-StPO/Gericke Rn. 11). Die Heilung eines etwaigen Mangels nach Ablauf der Frist des Abs. 1 ist ausgeschlossen (BayObLG VRS 50, 298; OLG Frankfurt a. M. NStZ-RR 2013, 355). Die Nichtübernahme der Verantwortung kann sich aus dem unsinnigen o. grob laienhaften Vortrag des rechtsunkundigen Angeklagten ergeben, dessen Schrift der RA nur unterschrieben hat (BGH NStZ 1984, 563; wistra 2006, 112; Becker NStZ-RR 2007, 133 – BGH RsprÜ; vgl. auch OLG Düsseldorf wistra 1992, 39; OLG München NStZ 1984, 281), ebenso aus groben formalen u. inhaltlichen Mängeln hineinkopierter Ausführungen (BGH NStZ 2000, 211), insbes. aber auch daraus, dass er sie selbst erkennbar macht (Dallinger MDR 1970, 15 – BGH RsprÜ), etwa durch die Bem., „der Angeklagte begehre" die Überprüfung des Urt. (Miebach NStZ 1988, 214 – BGH RsprÜ) o. „der Angeklagte rügt" (BGH NJW 2012, 1748), die Revisionsbegründung erfolge „auftragsgemäß" (BGH NStZ 2004, 166) o. auf Wunsch des Angeklagten (OLG Rostock NStZ-RR 2009, 381), auf dessen ausdr. Verlangen (Spiegel DAR 1981, 203 – BGH RsprÜ; Becker NStZ-RR 2003, 292 – BGH RsprÜ) o. Anweisung (Dallinger MDR 1970, 15 – BGH RsprÜ; OLG Düsseldorf VRS 88, 297), o. dass er in der Begründung nur (nicht aber auch, vgl. OLG Düsseldorf NStZ-RR 2000, 50) v. den Einwendungen des Angeklagten spricht (BGHSt 25, 272 (273); BGH NJW 2012, 1748; NStZ-RR 2013, 289).

17 Auch bei der unausgeführten **allgemeinen Sachrüge** (→ § 344 Rn. 18) können derartige Zusätze zur Unzulässigkeit der Revisionsbegründung führen (BGHSt 25, 272; OLG Hamm JMBl. NRW. 1975, 117; Löwe/Rosenberg/Franke Rn. 30). Dass der Verteidiger die Revision selbst für aussichtslos hält, stellt ihre Zulässigkeit aber nicht in Frage (OLG Hamm NJW 2004, 1189).

18, 19 **VIII. Erklärung zu Protokoll der Geschäftsstelle. 1. Zuständig** ist der **Rechtspfleger** (→ Einl. Rn. 133), u. zwar des Gerichts, dessen Urt. angefochten wird (BayObLGSt 1995, 152 mwN; OLG Düsseldorf VRS 89, 463); eine bei einem unzuständigen Gericht angebrachte – o. lediglich bei der Geschäftsstelle des Gerichts abgegebene (KG NStZ 2016, 628) – Begründung ist unwirksam (OLG Brandenburg NStZ 2010, 413; OLG Oldenburg NStZ 2012, 51). Einem mittellosen Angeklagten ist ggf. ein Fahrgeldgutschein (KVGKG Nr. 9008b) seitens der Staatskasse zur Fahrt zum zuständigen Gericht zur Vfg. zu stellen (BayObLG JR 2003, 79). Für den nicht auf freiem Fuß befindlichen Angeklagten gilt § 299. Die Beurkundung durch einen unzuständigen Beamten macht die Revisionsbegründung unwirksam (Kusch NStZ 1994, 25 – BGH RsprÜ; BayObLG JR 2003, 79; OLG Düsseldorf VRS 86, 310; OLG Dresden NStZ 2016, 499; OLG Köln NZV 2006, 47; Döllel/Dreeßen SchlHA 2002, 172 – OLG Schleswig RsprÜ). Die Erkl. kann nur innerhalb der normalen Dienststunden abgegeben werden (BGH StV 1997, 230 mablAnm Harzer; SK-StPO/Frisch Rn. 54); es kann auch nicht erwartet werden, dass der Rechtspfleger während seiner gesamten Dienststunden für die Prüfung der v. Angeklagten gefertigten Revisionsbegründung zur Vfg. steht (BGH StraFo 2009, 23). Wegen des Verf. bei der Protokollierung vgl. iÜ → Einl. Rn. 131 ff. Zusammenfassend über „Die Revisionsbegründung zu Prot. der Geschäftsstelle u. effektiver Rechtsschutz" Krehl FS Hamm, 2008, 383. Mit Blick auf die hohen Zulässigkeitshürden für Verfahrensrügen tritt Sander Hdb des Strafrechts Bd. 9 § 59 Rn. 17 für eine Streichung dieser Möglichkeit der Revisionsbegründung ein.

2. Die **Verantwortung** für den Inhalt der Begründung braucht der Rechtspfleger nicht in gleicher Weise wie der Verteidiger zu übernehmen (s. aber Rn. 21 sowie Nr. 150 Abs. 2 S. 4 RiStBV). Zwar wird auch er eingeschaltet, weil dem Revisionsgericht die Prüfung grundloser u. unverständlicher Anträge erspart werden soll (BVerfGE 64, 135 (152); BGH NStZ-RR 2013, 254; OLG Hamm NStZ 1982, 526; OLG Köln OLGSt StPO § 345 Abs. 2 S. 33). Daher hat er eine Prüfungs- u. Belehrungspflicht (OLG Celle Nds. Rpfl. 1978, 16; Hamm Revision Rn. 192; Nr. 150 Abs. 2 S. 2, 4 RiStBV). Er ist aber nicht wie der Verteidiger dazu berufen, die Erfolgsaussichten der Revision zu beurteilen (dazu näher Peglau Rpfleger 2007, 633). Ein in sachlicher Form gehaltenes u. nicht völlig neben der Sache liegendes Revisionsvorbringen muss er stets aufnehmen (BVerfGE 10, 274 (282)); insbes. muss er auf Verlangen des Angeklagten die Sachrüge protokollieren (OLG Schleswig SchlHA 1980, 73; Sarstedt/Hamm Rn. 195), nicht aber offenkundig unzulässige Verfahrensrügen (BGH NStZ-RR 2008, 18). Einschränkende Zusätze, etwa des Inhalts, dass einzelne Ausführungen auf ausdr. Wunsch des Angeklagten aufgenommen werden, berühren die Wirksamkeit der Niederschrift daher nicht, wenn diese Ausführungen zulässig sind (OLG Bremen NJW 1967, 641; OLG Köln OLGSt StPO § 345 Abs. 2 S. 33, 35; Löwe/Rosenberg/Franke Rn. 40; SK-StPO/Frisch Rn. 53; **aM** RGSt 64, 63 (65); vgl. auch BVerfGE 10, 274 (282)). 20

Der Rechtspfleger ist aber **weder Schreibkraft noch Briefannahmestelle.** Er muss sich an der Anfertigung der Revisionsbegründung gestaltend beteiligen und die Verantwortung für deren Inhalt übernehmen (BGH NStZ-RR 1997, 9; 30.3.2022 – 2 StR 64/21). Das Prot. ist unwirksam, wenn er sich seinen Inhalt einfach v. dem Angeklagten diktieren lässt (BGH NStZ-RR 2016, 89; OLG Hamm VRS 109, 361; OLG Stuttgart Justiz 1997, 456) o. einen Schriftsatz des Angeklagten nur abschreibt; (OLG Karlsruhe NJW 1974, 915; Ernesti/Lorenzen SchlHA 1984, 109 (110) – OLG Schleswig RsprÜ); das gilt auch dann, wenn der Angeklagte Jurist ist (BGH NStZ-RR 2016, 89; OLG Celle NStZ-RR 2008, 127). Ein zulässiges Prot. liegt auch dann nicht vor, wenn der Rechtspfleger einen v. dem Angeklagten gefertigten Schriftsatz nur mitunterzeichnet (OLG Koblenz VRS 52, 364) o. ohne nähere Prüfung unv. übernimmt (BGHR StPO § 345 Begründungsschrift 5), nur mit den üblichen Eingangs- u. Schlussformeln eines Prot. umkleidet (Miebach NStZ 1988, 449 – BGH RsprÜ; OLG Düsseldorf JR 1992, 124; OLG Hamm JMBl. NRW. 1984, 95; OLG Karlsruhe NJW 1974, 915) o. nur verliest u. unterschreiben lässt (OLG Karlsruhe Justiz 1977, 471). Unzulässig ist ferner die bloße Entgegennahme einer Schrift des Angeklagten (BGH NStZ-RR 1999, 110) o. die bloße Bezugnahme auf sie als Anl. zum Prot. (Dallinger MDR 1970, 15 – BGH RsprÜ; BayObLG NStZ-RR 1996, 312; OLG Düsseldorf VRS 67, 53; 90, 135; OLG Koblenz VRS 75, 57; Nr. 150 Abs. 3 RiStBV), auch wenn der Rechtspfleger sich v. dessen Sachkunde überzeugt hat (Holtz MDR 1988, 456 – BGH RsprÜ). 21

3. Wiedereinsetzung in den vorigen Stand ist zu gewähren, wenn der Rechtspfleger die Aufnahme der Erkl. zu Unrecht abgelehnt (OLG Bremen NJW 1954, 46) o. wenn er die Unwirksamkeit der Revisionsbegründung verschuldet hat (BVerfG NJW 2013, 446; BGH NJW 1952, 1386; OLG Schleswig SchlHA 2007, 291), zB wenn er die gewollte Sachrüge als (unzulässige) Verfahrensrüge qualifiziert (BayObLG NStZ-RR 1996, 312), nicht aber in sonstigen Fällen unverschuldeter Mangelhaftigkeit der Protokollierung (BGHR StPO § 345 Begründungsschrift 5). Vgl. auch OLG Brandenburg NStZ 2010, 413: grds. keine Wiedereinsetzung vAw bei Aufnahme der Begründung durch ein unzuständiges Gericht; anders aber OLG Oldenburg NStZ 2012, 51 bei einer unzutr. Auskunft des Gerichts u. bei Aufnahme durch einen unzuständigen Beamten (KG NStZ 2016, 628; OLG Dresden NStZ 2016, 499). Wiedereinsetzung ist auch zu gewähren, wenn die Revision 22 verworfen wurde, bevor über den Antrag eines mittellosen Angeklagten entschieden wurde, ihm zur Begründung seiner Revision in Form der Niederschrift zu Prot. der Geschäftsstelle einen Fahrkostenvorschuss für die Fahrt zum entfernt gelegenen zuständigen Gericht zu bewilligen (OLG Celle StraFo 2017, 336).

23 **C. Revisionsbegründung der StA.** Die **StA** muss dem Gericht gem. § 32b Abs. 3 S. 2 die Revisionsbegründung als **elektronisches Dokument** übermitteln, wenn die Akten elektronisch geführt werden (→ § 32b Rn. 1 ff.; vgl. auch BGH 15.11.2022 – 3 StR 318/22; 31.8.2023 – 5 StR 447/22).

Verspätete oder formwidrige Einlegung **Nr. 163 Abs. 2 RiStBV**

346

(1) Ist die Revision verspätet eingelegt oder sind die Revisionsanträge nicht rechtzeitig oder nicht in der in § 345 Abs. 2 vorgeschriebenen Form angebracht worden, so hat das Gericht, dessen Urteil angefochten wird, das Rechtsmittel durch Beschluß als unzulässig zu verwerfen.

(2) [1]**Der Beschwerdeführer kann binnen einer Woche nach Zustellung des Beschlusses auf die Entscheidung des Revisionsgerichts antragen.** [2]**In diesem Falle sind die Akten an das Revisionsgericht einzusenden; die Vollstreckung des Urteils wird jedoch hierdurch nicht gehemmt.** [3]**Die Vorschrift des § 35a gilt entsprechend.**

1 **A. Verwerfungsbefugnis des Tatrichters.** Die Verwerfungsbefugnis des Tatrichters dient der Verfahrensvereinfachung (vgl. auch § 319). Sie ist auf die in Abs. 1 bezeichneten Fälle beschränkt, also auf die verspätete (§ 341) Revisionseinlegung, auf die Versäumung der Frist des § 345 Abs. 1, wobei der verspäteten Stellung der Revisionsanträge die verspätete Anbringung der Revisionsbegründung gleichsteht (RGSt 44, 263; KK-StPO/Gericke Rn. 7), sowie auf die Nichteinhaltung der Formvorschriften des § 345 Abs. 2 und des § 390 Abs. 2 für Nebenkläger (→ § 401 Rn. 2) u. Privatkläger. Abs. 1 findet auf die Rechtsbeschwerde nach §§ 116 ff. StVollzG keine Anwendung (OLG Celle StV 2017, 743).

2 Jede **andere Zulässigkeitsprüfung** ist dem Tatrichter untersagt (BGH NJW 2007, 165; 11.6.2024 – 3 StR 162/24). Das gilt insbes. für Zweifel an der Auslegung der Erkl. als Revisionseinlegung (OLG Hamburg NJW 1965, 1147) o. an der Einhaltung der Schriftform, auch an der Übernahme der Verantwortung durch den Verteidiger (BayObLGSt 1975, 152; KK-StPO/Gericke Rn. 8), für die Unzulässigkeit der Revision wegen ges. Ausschlusses, zB nach § 400 Abs. 1 (BGH 9.12.2008 – 2 StR 475/08), § 441 Abs. 3 S. 2 oder nach § 55 Abs. 2 **JGG** (BayObLGSt 1962, 207), Fehlens der ges. Ermächtigung zur Einlegung (BGH MDR 1959, 507), fehlender Bevollmächtigung (BGHR StPO § 346 Form 1) o. fehlender Beschwer, Verstoßes gegen § 137 Abs. 1 S. 2 (OLG Stuttgart Justiz 1984, 429) o. § 138 Abs. 1 (KG VRS 107, 126) o. § 146 nach Zurückweisung nach § 146a (Ernesti/Jürgensen SchlHA 1980, 177 – OLG Schleswig RsprÜ), wegen vorher erklärten Rechtsmittelverzichts (BGH NJW 1984, 1974 (1975); NStZ 1984, 181; 329) o. Rechtsmittelrücknahme, auch wenn die Frage der Wirksamkeit der Rücknahme aufgeworfen wird, bevor die Akten dem Revisionsgericht vorgelegt wurden (BGH 11.10.2023 – 4 StR 226/23 mwN), u. wegen Nichteinhaltung der Formvorschrift des § 344 Abs. 2 (BayObLGSt 1954, 3); das gilt auch dann, wenn ein solcher Grund mit Mängeln der Form- o. Fristeinhaltung zusammentrifft (BGH NStZ-RR 2015, 288 Ls.; 2016, 24), zB die Revision nach wirksamem Rechtsmittelverzicht verspätet eingelegt worden ist (BGH NStZ 2000, 217; Becker NStZ-RR 2001, 265 – BGH RsprÜ; BGH NStZ-RR 2004, 50; 2005, 150), was allerdings zu der Merkwürdigkeit führen kann, dass das Rechtsmittelgericht den nach Abs. 1 ergangenen Beschl. aufhebt, das Rechtsmittel dann aber ebenso wie das Erstgericht wegen Fristversäumung verwirft, wenn es den Rechtsmittelverzicht für unwirksam hält (BGH NJW 2007, 165). Ein trotzdem ergangener Verwerfungs-

beschluss erwächst aber in Rechtskraft, wenn er nicht angefochten wird (Kusch NStZ-RR 1999, 33 – BGH RsprÜ; BayObLGSt 1962, 207).

Verfahrenshindernisse (→ Einl. Rn. 141 ff.), die der Tatrichter bei der Urteilsfällung übersehen hat, berechtigen ihn, auch wenn die Rechtskraft nach § 343 Abs. 1 gehemmt ist, nicht zur Urteilsaufhebung o. -abänderung (BGHSt 22, 213 (216); Schmidt JZ 1962, 156; Schöneborn MDR 1975, 8; Stratenwerth JZ 1961, 392). Entstehen sie erst nach Urteilserlass, so ist das Verf., solange die Akten nicht nach § 347 Abs. 2 dem Revisionsgericht vorgelegt sind, nach § 206a einzustellen (BGH NJW 2012, 2822 mwN; BayObLGSt 1953, 98; 1974, 10). 3

B. Verwerfungsbeschluss. Der Verwerfungsbeschluss darf erst nach Ablauf der Frist zur Anbringung der Revisionsanträge u. der Revisionsbegründung ergehen, auch wenn vorher ein formfehlerhafter Schriftsatz eingegangen ist (OLG Bamberg StraFo 2018, 436; OLG Frankfurt a. M. NStZ-RR 2003, 204 (205)). Hat der Angeklagte mit fristgerechter Revisionseinlegung die Bestellung eines Pflichtverteidigers beantragt, muss zunächst hierüber entschieden werden (BayObLG NStZ 1995, 300; OLG Hamm StV 2011, 658; vgl. auch OLG Stuttgart Justiz 2003, 596; 2004, 249). Beruht die verspätete o. formwidrige Einlegung auf einem „offenkundigen Mangel der Verteidigung" (vgl. EGMR NJW 2003, 1229), zB auf Untätigkeit, so ist dem Angeklagten ein neuer Pflichtverteidiger zu bestellen (BGH BeckRS 2018, 12856; BeckRS 2019, 27180). Der Verwerfungsbeschluss wird zurückgestellt, wenn Wiedereinsetzung beantragt wird o. vAw in Betracht kommt; in beiden Fällen sind die Akten dem zuständigen Revisionsgericht vorzulegen (→ Rn. 16). Der Beschl. ergeht vAw ohne vorherige Anhörung des Beschwerdeführers; die StA wird nach § 33 Abs. 2 gehört. Der Beschl. ist mit Gründen (§ 34) u. der Kostenentscheidung nach § 473 Abs. 1 zu versehen. Er wird dem Beschwerdeführer, dem Angeklagten auch bei Revision des ges. Vertreters (OLG Hamm NJW 1973, 1850), mit der Belehrung nach Abs. 2 S. 3, die sich auf Form u. Frist des Antrags u. das Gericht erstreckt, bei dem er anzubringen ist (BayObLGSt 1976, 19; KG JR 1978, 85; erg. → § 35a Rn. 9 ff.), förmlich zugestellt (Miebach NStZ 1988, 214 – BGH RsprÜ), den übrigen Bet. formlos bekanntgegeben. 4

Die **Rechtskraft** des Urt. führt der Verwerfungsbeschluss nicht herbei. Bei verspätet eingelegter Revision war sie nicht gehemmt (§ 343 Abs. 1); der Beschl. hat daher nur feststellende Bedeutung (RGSt 53, 235 (236); KK-StPO/Gericke Rn. 25). In den anderen Fällen der Unzulässigkeit fallen der Eintritt der Rechtskraft des Urt. u. des Beschl. nach Abs. 1 zusammen. Rechtskraft tritt also erst nach ungenutztem Ablauf der Frist des Abs. 2 S. 1 oder mit dem Erlass des Verwerfungsbeschlusses des Revisionsgerichts ein (RGSt 53, 235 (236); BayObLGSt 1970, 235; OLG Schleswig NJW 1978, 1016; ganz hM, vgl. Löwe/Rosenberg/Graalmann-Scheerer § 449 Rn. 16 mwN). Wegen der Vollstreckbarkeit des Urt. vgl. → Rn. 15. 5

Die **Aufhebung des Beschlusses** durch den Tatrichter ist ausgeschlossen, auch bei Irrtum über die ihm zugrunde liegenden Tatsachen (RGSt 55, 235; OLG Celle Nds. Rpfl. 1960, 120; OLG Düsseldorf NStE StPO § 346 Nr. 6; VRS 66, 38; OLG Hamm OLGSt StPO § 346 S. 9). Ein trotzdem erlassener Aufhebungsbeschluss ist wirkungslos (BayObLGSt 1980, 36; OLG Celle Nds. Rpfl. 1960, 120; OLG Düsseldorf NStE StPO § 346 Nr. 5; OLG Hamm OLGSt StPO § 346 S. 9; OLG Schleswig SchlHA 1987, 59). Falls die Frist des § 45 noch nicht abgelaufen ist, kann aber entspr. § 44 Wiedereinsetzung in den vorigen Stand gewährt werden (BGH NStE StPO § 346 Nr. 6 zu § 44; unzutr. hingegen – wegen Fristablaufs – OLG Celle NStE StPO § 346 Nr. 6). 6

C. Antrag auf Entscheidung des Revisionsgerichts (Abs. 2). Der Antrag auf Entscheidung des Revisionsgerichts (Abs. 2) verpflichtet den Tatrichter, diesem Gericht die Akten vorzulegen, auch bei Versäumung der Frist des Abs. 2 S. 1. 7

I. Befristeter Rechtsbehelf eigener Art. Ein befristeter Rechtsbehelf eigener Art ist der Antrag (BGHSt 16, 111 (118)). Das G bezeichnet ihn zwar nicht als sofortige Beschwerde, weil das Revisionsgericht, das über ihn befindet, nicht 8 immer auch das Beschwerdegericht ist. Jedoch gelten die Vorschr. über die sofortige Beschwerde (§ 311) entspr. Der Antrag muss schriftlich (→ Einl. Rn. 128) gestellt werden, bedarf aber sonst keiner besonderen Form (BGHSt 11, 152 (154)). Er kann erst nach Erlass, aber schon vor Bekanntgabe des Beschl. nach Abs. 1 angebracht werden (BGH 12.3.2024 – 4 StR 456/23); → Vor § 296 Rn. 4), u. zwar entspr. § 306 Abs. 1 nur bei dem Tatrichter (BGHR StPO § 346 Antrag 1; BayObLG VRS 71, 373; OLG Köln StV 1981, 118; OLG Schleswig SchlHA 1988, 15; **aM** KG JR 1978, 84). Der Tatrichter kann dem Rechtsbehelf nicht abhelfen; ein entspr. Beschluss ist unwirksam (BGH 31.5.2023 – 1 StR 340/22).

9 **II. Antragsberechtigung.** Antragsberechtigt ist nur der Beschwerdeführer, dessen Revision verworfen worden ist. Nur der Angeklagte kann den Antrag auch bei Verwerfung der Revision des ges. Vertreters u. des Erziehungsberechtigten stellen (OLG Celle NJW 1964, 417; OLG Hamm NJW 1973, 1850). Dagegen sind bei einer Revision des Angeklagten die StA u. die Personen, die Revision zu seinen Gunsten einlegen können, nicht antragsberechtigt (Löwe/Rosenberg/Franke Rn. 28). Der Verteidiger kann den Antrag aufgrund seiner Vollmacht stellen, auch wenn der Angeklagte die Revision eingelegt hat.

10 **III. Entscheidung.** Das Revisionsgericht verwirft einen verspäteten Antrag als unzulässig, ohne Mängel bei der Urteilszustellung zu berücksichtigen (OLG Hamm JMBl. NRW. 1982, 138). Sonst prüft es die Zulässigkeit der Revision in umfassender Weise (BGHSt 11, 152 (155); 16, 115 (118)), u. zwar so, als hätte es nach § 349 Abs. 1 über die Zulässigkeit der Revision zu entscheiden. Es prüft auch, ob das Rechtsmittel überhaupt als Revision o. als Berufung anzusehen war (OLG Frankfurt a. M. BeckRS 2023, 30861; OLG Hamm NJW 2003, 1469). Es „bestätigt“ den angefochtenen Beschl. nicht (BGH 24.1.1979 – 4 StR 21/79; **aM** KK-StPO/Gericke Rn. 22), sondern verwirft den Antrag als unbegründet, wenn die Revision, sei es auch aus anderen als in dem angefochtenen Beschl. genannten Gründen, unzulässig ist (BGHR StPO § 345 Abs. 1 Fristbeginn 1; Ernesti/Jürgensen SchlHA 1980, 178 – OLG Schleswig RsprÜ). Durfte der Tatrichter diese Gründe nicht prüfen (→ Rn. 2), so wird der Beschl. aufgeh. u. durch einen Verwerfungsbeschluss nach § 349 Abs. 1 ersetzt (BGHSt 16, 115 (118); BGH NStZ 1997, 148; BayObLG NStZ 1995, 142; stRspr). Wenn der Beschl. wegen Rücknahme der Revision nicht mehr ergehen durfte, wird er aufgeh. u. festgestellt, dass die Revision wirksam zurückgenommen worden ist (BGH NStZ 2005, 583; erg. → § 302 Rn. 11a). Wird sie erst nach Erlass des Beschl. zurückgenommen, so verliert dieser seine Wirkung ohne weiteres (Rüth DAR 1977, 207 – BayObLG RsprÜ). Dass ein inhaltlich richtiger Beschl. vorzeitig (→ Rn. 4) ergangen ist, hindert die Verwerfung des Antrags nicht (Kusch NStZ 1995, 20 – BGH RsprÜ; OLG Frankfurt a. M. NStZ-RR 2003, 204 (205)); dies gilt allerdings nicht, wenn die Verwerfungsentscheidung dem Revisionsführer noch während lfd. Begründungsfrist zugestellt worden ist (OLG Bamberg StraFo 2018, 436).

11 **Verfahrenshindernisse** (→ Einl. Rn. 141 ff.), die vor Urteilserlass eingetreten sind, werden bei Unzulässigkeit der Revision nicht berücksichtigt; denn wenn die Nichtbeachtung eines Verfahrenshindernisses in das Urt. eingegangen ist, kann nur die zulässige Revision selbst das Urt. beseitigen (BGHSt 22, 213; 23, 365 (367); 25, 259 (261); BayObLGSt 1969, 144; OLG Hamm NStZ-RR 2008, 383; OLG Oldenburg StraFo 2008, 509; OLG Schleswig NJW 1978, 1016). Nach Urteilserlass eingetretene Verfahrenshindernisse sind zu berücksichtigen, auch wenn die Revision nicht o. verspätet o. nicht in rechter Form begründet worden u. daher unzulässig ist (BGHSt 22, 213), jedoch nicht mehr nach Zurücknahme der Revision u. dadurch eingetretener Rechtskraft (→ Rn. 3).

12 Eine **Kostenentscheidung** enthält der Verwerfungsbeschluss nicht, da das KVGKG dafür keine Gebühr vorsieht u. Auslagen nicht entstehen (OLG Koblenz VRS 68, 51; vgl. auch BGH 17.2.2022 – 4 StR 278/21). Der Staatskasse werden auch die notwendigen Auslagen des mit dem Antrag erfolgreichen Antragstellers

nicht auferlegt (Lorenzen/Görl SchlHA 1990, 126 – OLG Schleswig RsprÜ; **aM** OLG Zweibrücken OLGSt StPO § 346 S. 13).

Der Beschl. wird mit seinem Erlass **rechtskräftig,** auch wenn statt des zuständigen BGH ein OLG entschieden hat (RGSt 55, 100). Eine Aufhebung wegen Rechtsirrtums ist ausgeschlossen (BGH NJW 1951, 771). Beruht der Beschl. auf einem Irrtum über Tatsachen, so kann er abgeändert o. aufgeh. werden (BGH NJW 1951, 771; KG NZV 2009, 575; BayObLG VRS 86, 348; **aM** Schmitt JZ 1961, 15; nach Löwe/Rosenberg/Franke Rn. 35 ist § 356a anzuwenden), zB wenn der Angeklagte vor seinem Erlass verstorben ist (OLG Schleswig NJW 1978, 1016). 13

IV. Beschwerde nach § 304 Abs. 1. Die Beschwerde nach § 304 Abs. 1 wird durch Abs. 2 ausgeschlossen (BGHSt 10, 88 (91)), auch wenn der Tatrichter seine Prüfungsbefugnis überschritten hat o. das Rechtsmittel keine Revision nach § 335 Abs. 1, sondern eine Berufung ist (OLG Hamm NJW 1969, 1821; Kleinknecht JZ 1960, 674; **aM** OLG Stuttgart Justiz 1972, 208). 14

D. Vollstreckbarkeit des Urteils. Bei verspäteter Revision muss trotz eingetretener Rechtskraft (§ 343 Abs. 1) die Vollstreckung bis zum Erlass des Verwerfungsbeschlusses nach Abs. 1 ausgesetzt werden; das folgt aus Abs. 2 S. 2 Hs. 2. Mit dem Verwerfungsbeschluss nach Abs. 1 wird das Urt. in den anderen Fällen der Unzulässigkeit der Revision nrkr (→ Rn. 5). Seine Vollstreckung wird jedoch auch dann nicht gehemmt, wenn der Antrag nach Abs. 2 gestellt wird (Abs. 2 S. 2 Hs. 2); das Urt. wird schon mit Erlass des Beschl. nach Abs. 1 vorl. vollstreckbar (KK-StPO/Gericke Rn. 27; vgl. auch BGHSt 22, 213 (218)). Die Vollstreckung sollte aber, abgesehen v. Fall des Übergangs v. UHaft in Strafhaft, möglichst bis zur Erledigung des Antrags nach Abs. 2 aufgeschoben werden (Löwe/Rosenberg/Franke Rn. 37; für Nichtanwendung des Abs. 2 S. 2 überhaupt Bringewat Strafvollstreckung § 449 Rn. 15). 15

E. Zusammentreffen mit Wiedereinsetzungsantrag. Über den Antrag auf Wiedereinsetzung in den vorigen Stand gegen die Versäumung der Frist für Einlegung u. Begründung der Revision entscheidet das Revisionsgericht (§ 46 Abs. 1). Der Wiedereinsetzungsantrag kann mit dem Antrag nach Abs. 2 S. 1 verbunden, aber auch noch nach Erlass, sogar noch nach Rechtskraft des Verwerfungsbeschlusses nach Abs. 1 gestellt werden (BGHSt 25, 89 (91); RGSt 67, 197 (200)). Der Tatrichter darf die Revision bei Vorliegen eines Wiedereinsetzungsantrags nicht mehr nach Abs. 1 verwerfen (BGH NJW 2014, 1686; OLG Frankfurt a. M. NStZ-RR 2014, 254; → Rn. 4). Tut er es dennoch, so wird sein Beschl. bei Gewährung der Wiedereinsetzung gegenstandslos, was in dem Wiedereinsetzungsbeschluss ausgesprochen wird. Andererseits ist der Wiedereinsetzungsantrag gegenstandslos, wenn keine Frist versäumt war (BGHSt 11, 152 (154)). 16

Das **Revisionsgericht entscheidet** zunächst über den Wiedereinsetzungsantrag, weil sich bei dessen Begründetheit der Antrag nach § 346 Abs. 2 erledigt (BGHSt 11, 152 (154); BGH BeckRS 2013, 15380; BayObLG 20.10.2025 – BeckRS 2025, 31233). Ist noch kein Beschl. nach Abs. 1 ergangen u. ist der Wiedereinsetzungsantrag unbegründet, so entscheidet das Revisionsgericht über das Rechtsmittel nach § 349 Abs. 1 (BGH BeckRS 2013, 1328; BayObLGSt 1974, 98). Von einer Verwerfung nach § 346 Abs. 1 ist abzusehen bzw. ein nach Abs. 1 ergangener Beschl. aufzuheben, wenn nach der gebotenen Bestellung eines (neuen) Pflichtverteidigers die Gewährung v. Wiedereinsetzung in die versäumte Frist zur Begründung der Revision in Betracht kommt (OLG Hamm StV 2011, 658; OLG Karlsruhe StV 2005, 77 Ls.). 17

Für **Wiedereinsetzungsentscheidungen durch den unzuständigen Tatrichter** gilt folgendes: Hat der Tatrichter mit dem Beschl. nach Abs. 1 den vorher gestellten Wiedereinsetzungsantrag abgelehnt, so kann das Revisionsgericht diesen Beschl. trotz seiner Rechtskraft aufheben u. Wiedereinsetzung gewähren (→ § 46 Rn. 7). Dagegen ist es an die Gewährung der Wiedereinsetzung durch den Tatrichter gebunden (BayObLGSt 1980, 36; KK-StPO/Gericke Rn. 32; erg. → § 46 Rn. 7). 18

Zustellung; Gegenerklärung; Vorlage der Akten an das Revisionsgericht Nr. 156, 162–166, 168 RiStBV

347 (1) [1] **Ist die Revision rechtzeitig eingelegt und sind die Revisionsanträge rechtzeitig und in der vorgeschriebenen Form angebracht, so ist die Revisionsschrift dem Gegner des Beschwerdeführers zuzustellen.** [2] **Diesem steht frei, binnen einer Woche eine schriftliche Gegenerklärung einzureichen.** [3] **Wird das Urteil wegen eines Verfahrensmangels angefochten, so gibt der Staatsanwalt in dieser Frist eine Gegenerklärung ab, wenn anzunehmen ist, dass dadurch die Prüfung der Revisionsbeschwerde erleichtert wird.** [4] **Der Angeklagte kann die Gegenerklärung auch zu Protokoll der Geschäftsstelle abgeben.**

(2) **Nach Eingang der Gegenerklärung oder nach Ablauf der Frist sendet die Staatsanwaltschaft die Akten an das Revisionsgericht.**

1 **A. Zustellung der Revisionsschrift (Abs. 1).** Die Revisionsschrift (Abs. 1), dh die Revisionsanträge u. ihre Begründung, auch soweit sie schon in der Einlegungsschrift enthalten sind, nicht aber v. Angeklagten selbst verfasste Erklärungen, werden dem Gegner des Beschwerdeführers zugestellt, wenn Frist u. Form der Revision gewahrt sind. Gegner ist bei einer Revision der StA, des Privatklägers u. des Nebenklägers der Angeklagte, bei Revisionen des Angeklagten, seines ges. Vertreters u. Erziehungsberechtigten die StA u. der Privat- o. Nebenkläger. Dem Angeklagten wird auch die zu seinen Gunsten eingelegte Revision der StA zugestellt (KK-StPO/Gericke Rn. 4). Die Zustellung (§§ 37, 41) ist Sache des Gerichts, auch wenn die StA Revision eingelegt hat (Löwe/Rosenberg/Franke Rn. 4; vgl. aber Nr. 162 Abs. 3 RiStBV). Eine förmliche Zustellungsanordnung des Vorsitzenden ist üblich, aber entbehrlich; denn § 36 Abs. 1 S. 1 gilt nur für Entscheidungen.

2 **B. Gegenerklärung (Abs. 1 S. 2).** Die Gegenerklärung (Abs. 1 S. 2) kann, muss aber nicht abgegeben werden. Begründet der Angeklagte o. der Nebenkläger seine Revision nur mit der Verletzung sachlichen Rechts, so kann der StA regelmäßig v. einer Gegenerklärung absehen (Nr. 162 Abs. 1 RiStBV).

2a Wird das Urt. allerdings wegen eines **Verfahrensmangels** angefochten, so muss der StA eine Gegenerklärung abgeben, wenn anzunehmen ist, dass dadurch die Prüfung des Revisionsgerichts erleichtert wird (Abs. 1 S. 3). Die inhaltlich Nr. 162 Abs. 2 RiStBV entspr. Regelung unterstreicht die Bedeutung der staatsanwaltlichen Gegenerklärung für die revisionsgerichtliche Prüfung. Das Revisionsgericht wird grds. das Revisionsvorbringen in tatsächlicher Hinsicht seiner Rechtsprüfung zugrunde legen, wenn sich aus der Erkl. der StA nichts Gegenteiliges ergibt (vgl. BGH NStZ 2002, 275). Dem entspr. kann sich die Gegenerklärung ggf. auf den Hinweis beschränken, dass der Revisionsführer den Sachverhalt vollständig u. richtig dargestellt hat. Ist das nicht der Fall o. betr. das Revisionsvorbringen nicht protokollierungspflichtige Vorgänge, sollte sich die Gegenerklärung damit auseinandersetzen (ausf. dazu Drescher NStZ 2003, 296 u. Kalf NStZ 2005, 190, jew. mit Fallbeispielen). Zu den Einzelheiten s. Nr. 162 Abs. 2 S. 2–7 RiStBV.

2b Die Revisionsgegenerklärung **kann** allerdings **unterbleiben,** wenn sie nicht zu einer erleichterten Prüfung des Revisionsgerichts beiträgt. Dies soll etwa der Fall sein, wenn die Revision offensichtlich unbegründet ist (BT-Drs. 18/11277, 36). Allerdings sollte insoweit kein engherziger Maßstab angelegt werden.

2c Die StA holt auch die etwa erforderlichen **dienstlichen Erklärungen** ein u. nimmt sie in die Gegenerklärung auf, selbst wenn die Wochenfrist des Abs. 1 S. 2 nicht eingehalten werden kann. Diese Frist ist keine Ausschlussfrist. Die Gegenerklärung der StA muss gem. § 32b Abs. 3 S. 2 als **elektronisches Dokument** übermittelt werden, wenn die Akten elektronisch geführt werden (→ § 32b Rn. 2 ff.).

2d **Verteidiger und RA** müssen die Gegenerklärung als elektronisches Dokument nach Maßgabe der §§ 32d S. 2 Nr. 2, 32a Abs. 3 übermitteln (→ § 32d Rn. 1 ff.;

→ 32a Rn. 4f.; → Einl. Rn. 128a-d, 130a). Der **Angeklagte** kann sie auch zu Prot. der Geschäftsstelle abgeben (Abs. 1 S. 4).

Ihre **Mitteilung an den Beschwerdeführer** sieht § 347 nicht vor, kann aber nach Art. 103 Abs. 1 GG geboten sein (**aM** Schulte FS Rebmann, 1989, 465: zwingend). Das Unterlassen der Mitteilung verletzt den Anspruch auf rechtliches Gehör, wenn die Gegenerklärung der StA neue Tatsachen o. Beweisergebnisse, insbes. dienstliche Äußerungen zu Verfahrensrügen, enthält (BVerfGE 7, 725; Röhl NJW 1964, 276), nicht aber, wenn sie nur aus Rechtsausführungen besteht (VGH München NJW 1962, 1387; Röhl NJW 1964, 276; **aM** KMR-StPO/Momsen Rn. 7; Dahs Strafprozessrevision Rn. 575; Wimmer NJW 1963, 2247; vgl. auch EKMR NJW 1963, 2247). In der Praxis ist die Bekanntgabe der Gegenerklärung der StA an den Beschwerdeführer üblich. Wegen der förmlichen Zustellung der Gegenerklärung vgl. Nr. 162 Abs. 3 S. 3 RiStBV. 3

C. Aktenübersendung an das Revisionsgericht (Abs. 2). Die Aktenübersendung an das Revisionsgericht (Abs. 2) wird spätestens nach Ablauf der Wochenfrist v. Vorsitzenden angeordnet (vgl. Nr. 162 Abs. 4 RiStBV) u. durch die StA bewirkt. Dabei ist das Beschleunigungsgebot zu beachten (BGHSt 35, 137). Die Akten werden dem Revisionsgericht durch die StA bei diesem Gericht vorgelegt (Nr. 163 Abs. 1 S. 1 RiStBV). Dazu allg. Wielop NStZ 1986, 449. Zum Revisionsübersendungsbericht vgl. Nr. 164, 165 RiStBV, zur Übersendung v. Überführungsstücken u. Beiakten Nr. 166 RiStBV. 4

D. Anhängig beim Revisionsgericht. Anhängig beim Revisionsgericht wird die Sache erst, wenn die **Akten nach § 347 vorgelegt** werden (BGHSt 12, 217; BayObLGSt 1974, 121; OLG Karlsruhe NJW 1975, 1459), dann aber ohne Rücksicht auf die Zuständigkeit des Revisionsgerichts (Löwe/Rosenberg/Franke Rn. 9; Geppert GA 1972, 166; **aM** OLG Hamm NJW 1971, 1623 mablAnm Jauernig NJW 1971, 1819). War die Revisionsbegründungsfrist mangels wirksamer Zustellung des Urt. noch nicht in Lauf gesetzt, so werden die Akten dem Tatrichter zur Nachholung der Zustellung u. erneuten Vorlage nach § 347 zurückgegeben (BayObLGSt 1975, 107; OLG Düsseldorf MDR 1994, 87). 5

E. Zuständigkeit zur Entgegennahme von Erklärungen über die Revision. Zuständig zur Entgegennahme von Erklärungen über die Revision (Beschränkung, Zurücknahme) ist bis zum Anhängigwerden der Sache beim Revisionsgericht der **Tatrichter** (OLG Hamburg MDR 1983, 154; OLG Hamm GA 1972, 86), **danach das Revisionsgericht** (BGH 24.4.2024 – 4 StR 59/24; Rüth DAR 1977, 207 – BayObLG RsprÜ; OLG Hamburg MDR 1983, 154), auch wenn es sich in Wahrheit um eine Berufung o. Rechtsbeschwerde handelt (BayObLGSt 1975, 1). Erst nach Entsch. des Revisionsgerichts eing. Erklärungen sind unbeachtlich (BGH LM StPO § 302 Nr. 2; OLG Köln JR 1976, 514), auch wenn die Rücknahme nach § 299 zu Prot. erklärt wird (Holtz MDR 1978, 281 – BGH RsprÜ) o. bei dem nicht mehr zuständigen Tatrichter vor der Revisionsentscheidung eingeht (Löwe/Rosenberg/Franke Rn. 10). 6

F. Zuständigkeit für gerichtliche Entscheidungen. Mit Einlegung der Revision wird das Revisionsgericht zuständig für die Zurückweisung v. Verteidigern nach § 146a (OLG Stuttgart NStZ 1985, 39 Ls.) u. für die Zulassung des Nebenklägers (RGSt 76, 178; erg. → § 396 Rn. 8). Erst mit Eingang der Akten ist es aber zuständig für die Bestellung eines Beistands nach § 397a Abs. 1 auf Antrag des Nebenklägers, dem bisher noch kein RA beigeordnet worden ist (BGH NJW 1999, 2380), sowie für die Bewilligung v. Prozesskostenhilfe an Privat- u. Nebenkläger zum Zweck der Revisionsbegründung (BGH NJW 1999, 2380; erg. → § 397a Rn. 13). Dagegen bleibt der letzte Tatrichter zuständig für alle Entsch. über die UHaft (§ 126 Abs. 2 S. 2), über Beschlagnahmen (→ § 98 Rn. 4; → § 111e Rn. 2), über die vorl. Entziehung der Fahrerlaubnis (→ § 111a Rn. 7, 14) u. über das vorl. Berufsverbot (→ § 132a Rn. 6). Der Tatrichter muss nach § 46 Abs. 1 auch über Wiedereinsetzungsanträge gegen die Versäumung der HV ent- 7 scheiden; das Revisionsgericht ist auch dann nicht zuständig, wenn er das versehentlich unterlassen hat (BGHSt 22, 52; OLG Stuttgart NJW 1976, 1905; KK-StPO/Gericke Rn. 12; **aM** BayObLGSt 1963, 54; erg. → § 46 Rn. 2). Unzulässige Anträge auf Verlängerung der Revisionsbegründungsfrist darf der Tatrichter bescheiden, solange er die Akten nicht vorgelegt hat (OLG Düsseldorf NStZ 1984, 91).

8 **G. Übergang der gerichtlichen Zuständigkeit.** Der Übergang der gerichtlichen Zuständigkeit auf das Revisionsgericht findet mit dem Anhängigwerden der Sache (→ Rn. 5) statt für Entsch. über die Zulassung des Verteidigers nach § 138 Abs. 2 (BayObLGSt 1978, 27), auch wenn das AG bereits die Zulassung versagt u. das LG die Beschwerde verworfen hat (BayObLGSt 1978, 27), über die Zurückweisung v. Verteidigern nach § 146a (OLG Stuttgart NStZ 1985, 39 Ls.), über die Einstellung wegen eines Verfahrenshindernisses nach § 206a (BGHSt 22, 213 (218)) u. für Kostenentscheidungen nach Rücknahme der Revision (BGHSt 12, 217; KK-StPO/Gericke Rn. 11), selbst wenn es sich in Wahrheit um eine Berufung handelt (BayObLGSt 1975, 1; Löwe/Rosenberg/Franke Rn. 12).

Unzuständigkeit des Gerichts

348 (1) **Findet das Gericht, an das die Akten gesandt sind, daß die Verhandlung und Entscheidung über das Rechtsmittel zur Zuständigkeit eines anderen Gerichts gehört, so hat es durch Beschluß seine Unzuständigkeit auszusprechen.**

(2) **Dieser Beschluß, in dem das zuständige Revisionsgericht zu bezeichnen ist, unterliegt keiner Anfechtung und ist für das in ihm bezeichnete Gericht bindend.**

(3) **Die Abgabe der Akten erfolgt durch die Staatsanwaltschaft.**

1 **A. Sachliche Zuständigkeit.** Über die sachliche Zuständigkeit des Revisionsgerichts entscheidet das Gericht, dem die Akten nach § 347 Abs. 2 zuerst vorgelegt werden (OLG Hamm JMBl. NRW. 1990, 91). Es spricht ggf. seine (sachliche) Unzuständigkeit durch Beschl. aus (Abs. 1) u. bezeichnet gleichzeitig das zuständige Gericht (Abs. 2). Diese Befugnis hat auch das OLG, das den BGH für zuständig hält; der Grundsatz, dass stets das höhere Gericht die Zuständigkeit bestimmt, gilt hier nicht (Meyer JR 1983, 344).

2 Der **Verweisungsbeschluss,** der nicht zurückgenommen werden kann, ergeht ohne mündliche Verh. u. ohne vorherige Anhörung der Bet. (KK-StPO/Gericke Rn. 2); er kann noch in der HV erlassen werden). Die Aktenübersendung erledigt die StA (Abs. 3).

3 Das in dem Beschl. bezeichnete Revisionsgericht, auch der BGH, ist **an den Beschluss gebunden,** auch wenn er falsch ist (BGHR StPO § 348 Zuständigkeit 3; RGSt 35, 157; 67, 59), aber nur in der Zuständigkeitsfrage, indem eine Rück- u. Weiterverweisung ausgeschlossen ist (KK-StPO/Gericke Rn. 3). In der sonstigen rechtlichen Beurteilung ist das Revisionsgericht frei (RGSt 35, 157), insbes. auch hins. einer Entsch. nach § 355 (BGHR StPO § 348 Zuständigkeit 3).

4 **B. Entscheidung eines sachlich unzuständigen Revisionsgerichts.** Die Entscheidung eines sachlich unzuständigen Revisionsgerichts ist unanfechtbar u. endg. (KK-StPO/Gericke Rn. 5; Löwe/Rosenberg/Franke Rn. 4; **aM** OLG Hamm NJW 1971, 1623 mablAnm Jauernig NJW 1971, 1819). Der BGH kann Urt. o. Beschl. eines unzuständigen OLG nicht aufheben (RGSt 22, 113; 32, 89 (92)).

5 **C. Entsprechende Anwendung des § 348.** Die entsprechende Anwendung des § 348 ist geboten u. zulässig, wenn bei der unbenannten Urteilsanfechtung (→ § 335 Rn. 2) o. beim Übergang v. einem Rechtsmittel zum andern (→ § 335 Rn. 9 ff.) Streit darüber entsteht o. entstehen kann, ob eine Berufung o. Revision vorliegt (BGHSt 31, 183; BayObLG wistra 2001, 279; OLG München wistra 2009,

327; OLG Stuttgart VRS 77, 70). Die Vorschr. gilt ferner entspr. bei einem Streit darüber, ob gegen einen Beschl. des LG der BGH o. das OLG zuständig o. ob gegen eine Entsch. des AG die Rechtsbeschwerde o. die sofortige Beschwerde gegeben ist. Der BGH bzw. das OLG entscheidet dann mit bindender Wirkung (BGHSt 39, 162; BGH NStZ 2010, 50 (51); 2015, 705). Abs. 1 ist auch anwendbar, wenn das Vordergericht aufgrund vollständiger Einstellung des Verf. nicht mehr durch Urt. entscheiden konnte u. es deshalb an einem Prozessgegenstand fehlt (BGH BeckRS 2019, 25018).

D. Funktionell unzuständiges OLG. Ist die Sache vor ein funktionell unzuständiges OLG gelangt, also an ein anderes als dem AG o. LG übergeordnetes Gericht, was bei Zuständigkeitskonzentrationen für bestimmte Straftaten geschehen kann, so gilt nicht § 348 sondern § 16 entspr. (**aM** BGH NStE StPO § 348 Nr. 1; KK-StPO/Gericke Rn. 1; erg. → § 16 Rn. 6). Bei beiderseitiger Zuständigkeits- o. Unzuständigkeitserklärung finden daher §§ 14, 19 Anwendung; eine bindende Zuweisung nach § 348 Abs. 2 kann hier entgegen BGH (NStE StPO § 348 Nr. 1) nicht erfolgen. 6

Entscheidung ohne Hauptverhandlung durch Beschluss

349 (1) **Erachtet das Revisionsgericht die Vorschriften über die Einlegung der Revision oder die über die Anbringung der Revisionsanträge nicht für beobachtet, so kann es das Rechtsmittel durch Beschluß als unzulässig verwerfen.**

(2) **Das Revisionsgericht kann auf einen Antrag der Staatsanwaltschaft, der zu begründen ist, auch dann durch Beschluß entscheiden, wenn es die Revision einstimmig für offensichtlich unbegründet erachtet.**

(3) [1] **Die Staatsanwaltschaft teilt den Antrag nach Absatz 2 mit den Gründen dem Beschwerdeführer mit.** [2] **Der Beschwerdeführer kann binnen zwei Wochen eine schriftliche Gegenerklärung beim Revisionsgericht einreichen.**

(4) **Erachtet das Revisionsgericht die zugunsten des Angeklagten eingelegte Revision einstimmig für begründet, so kann es das angefochtene Urteil durch Beschluß aufheben.**

(5) **Wendet das Revisionsgericht Absatz 1, 2 oder 4 nicht an, so entscheidet es über das Rechtsmittel durch Urteil.**

Übersicht

1 **A. Unzulässige Revisionen (Abs. 1).** Unzulässige Revisionen (Abs. 1) darf das Revisionsgericht, bei dem die Sache anhängig geworden ist (→ § 347 Rn. 5), nicht an den Tatrichter zur Verwerfung nach § 346 Abs. 1 zurückgeben (BayObLGSt 1974, 99; OLG Düsseldorf VRS 64, 269); es muss sie vielmehr durch Beschl. nach Abs. 1 oder durch Urt. (Abs. 5) verwerfen (BGH BeckRS 2016, 2168). Auch eine Einstellung nach § 153 (→ § 353 Rn. 2) ist hier nicht zulässig. Nach Abs. 1 entscheidet das Revisionsgericht auch, wenn der Tatrichter die Revision rechtsirrig für zulässig gehalten (Cierniak NStZ-RR 2009, 37 – BGH RsprÜ) o. aus Gründen verworfen hat, die er nicht zu prüfen hatte (→ § 346 Rn. 10). Hält das Revisionsgericht die Revision entgegen dem Verwerfungsantrag der StA für zulässig, so weist es diesen zurück. Die StA muss dann einen Sachantrag stellen (BGH wistra 2011, 236); weigert sie sich, muss der Sen. in der Sache durch Urt. entscheiden (BGH BeckRS 2011, 10283).

2 Wegen der hier für die Verwerfung als unzulässig in Betracht kommenden **Gründe** vgl. → § 346 Rn. 2. Eine Vorschr. über die Anbringung der Revisionsanträge iSd Abs. 1 ist auch § 337, soweit er nur die Rüge v. Rechtsfehlern zulässt. Wird nur die Beweiswürdigung beanstandet o. werden Widersprüche o. Denkfehler in den Urteilsgründen daraus hergeleitet, dass diese unrichtig wiedergegeben werden, so ist die Revision als unzulässig zu verwerfen (→ § 344 Rn. 19). Eine nach Zurücknahme erneut eingelegte Revision ist nicht unzulässig, sondern für erledigt zu erklären (vgl. → § 302 Rn. 11).

3 Der **Verwerfungsbeschluss,** der mit einfacher Mehrheit ergeht (§ 196 Abs. 1 GVG), darf nur außerhalb der HV erlassen werden; in der HV wird durch Urt. entschieden (BayObLGSt 1961, 197).

4 Der Anspruch der Prozessbeteiligten auf **rechtliches Gehör** (§ 33 Abs. 3) verlangt, dass ihnen die Erg. einer Beweisaufnahme des Revisionsgerichts über Verfahrensfragen (Vernehmung v. Justizbediensteten, Einholung dienstlicher Erklärungen) vor der Entsch. zur Stellungnahme mitgeteilt werden (BVerfGE 9, 261; 10, 274; erg. → § 347 Rn. 3).

5 Wegen der Berücksichtigung v. **Verfahrenshindernissen** vgl. → § 346 Rn. 11.

6 **B. Beschlussverwerfung bei offensichtlich unbegründeten Revisionen (Abs. 2, Abs. 3). I. Entlastung der Revisionsgerichte.** Die Entlastung der Revisionsgerichte durch **schnelle Erledigung aussichtsloser Revisionen** bezweckt die Vorschr., die mit dem GG (BVerfG NJW 1982, 925; 1987, 2219) u. Art. 6 Abs. 1 S. 1 EMRK (EGMR JR 2015, 95; BVerfG NJW 2014, 2563; BGH NStZ-RR 2016, 383) vereinbar ist (Allgayer JR 2015, 64). Die im Schrifttum an der Vorschr. u. ihrer praktischen Handhabung geübte Kritik (vgl. Krehl GA 1987, 162; Peters StrafProzR Rn. 655 ff.; Wohlers HRRS 2015, 271) lässt außer Acht, dass die Revisionsgerichte, deren Spruchkörper nicht beliebig vermehrt werden können, ihren Arbeitsanfall nur bewältigen können, weil sie weitgehend Gebrauch von Abs. 2 machen; der BGH verwirft etwa 80 % der Revisionen durch Beschl. (vgl. Rieß FS Sarstedt, 1981, 286 (323); Schoreit FS G. Pfeiffer, 1988, 397). Allerdings können auch offensichtlich unbegründete Revisionen nach Abs. 5 durch Urt. beschieden werden, zB bei bes. Interesse an der Veröff. einer mit Gründen versehenen Entsch. (BGHSt 38, 177 (178)), nicht aber allein wegen der Höhe der Strafe o. des bes. Aufsehens des Falles in der Öffentlichkeit (H. W. Schmidt MDR 1979, 708; **aM** Hamm Revision Rn. 1386).

7 Ein **Anspruch auf mündliche Verh.** besteht jedoch **nicht** (EGMR JR 2015, 95; BVerfG NJW 2022, 3413; BGH NStZ-RR 2026, 16). Verhandlungsunfähigkeit des Angeklagten steht der Entsch. nach § 349 nicht entgegen (BayObLGSt 2002, 129; erg. → § 350 Rn. 3a). Eine Begründung des die Revision nach Abs. 2. verwerfenden Beschlusses ist auch dann nicht erf., wenn eine Gegenerklärung zur Antragsschrift der StA (Abs. 3 S. 2) abgegeben wird (BGH 17.5.2022 – 6 StR 103/22). Der Revisionsführer kann sie auch nicht dadurch erzwingen, dass er Einzelbeanstandungen zu einer zuvor erhobenen, aber nicht ausgeführten Sachrüge nach-

schiebt, nachdem die StA ihre Stellungnahme beim Revisionsgericht eingereicht hat (BGH NStZ-RR 2023, 26).

8 **II. Revisionen der StA, des Nebenklägers, des Privatklägers. Revisionen der StA** können ebenfalls nach Abs. 2 verworfen werden (BGH StV 2005, 596 mwN; Löwe/Rosenberg/Franke Rn. 14). Die StA beim Revisionsgericht wird die beschwerdeführende StA aber idR darauf hinweisen, dass die Revision aussichtslos erscheint, u. die Zurücknahme anheimstellen, sofern sie nicht selbst das Rücknahmerecht hat. Auch das Revisionsgericht kann der StA anheimgeben, die Zurücknahme in Erwägung zu ziehen.

9 Zulässig ist die Beschlussverwerfung auch bei der **Revision des Nebenklägers** u. des **Privatklägers** (OLG Stuttgart NJW 1967, 792), bei dessen Revision der Antrag nach Abs. 2 und die Anhörung nach Abs. 3 entfallen.

10 **III. Offensichtliche Unbegründetheit der Revision. Offensichtlich unbegründet** ist die Revision, wenn für jeden Sachkundigen ohne längere Prüfung erkennbar ist, welche Rechtsfragen vorliegen, wie sie zu beantworten sind u. dass die Revisionsrügen dem Rechtsmittel nicht zum Erfolg verhelfen können (BVerfG NStZ 2002, 487); die Entbehrlichkeit der HV ist kein taugliches Abgrenzungsmerkmal (vgl. Löwe/Rosenberg/Franke Rn. 8 ff.). Der Umf. der Revisionsbegründung, insbes. die Zahl der Verfahrensrügen, ist für die Erforderlichkeit der Urteilsverwerfung kein Beurteilungsmaßstab (Kusch NStZ-RR 2000, 295 – BGH RsprÜ), auch auf die Dauer des Revisionsverfahrens kann es – entgegen OLG Hamm StV 2001, 221 mzustAnm Neuhaus – nicht ankommen. Als offensichtlich unbegründet gilt die Revision nach Änd. des § 354 durch das 1. JuMoG auch, wenn die Rechtsfolgenzumessung zwar rechtsfehlerhaft ist, das Revisionsgericht die verhängte Rechtsfolge aber für angemessen erachtet (§ 354 Abs. 1a S. 1). Hat hingegen die StA gem. § 354 Abs. 1a S. 2 eine angemessene Herabsetzung der Rechtsfolgen beantragt u. will das Revisionsgericht dem nicht folgen, so ist eine Entsch. durch Verwerfungsbeschluss ausgeschlossen.

11 Die **Unterscheidung** zwischen „einfacher" u. „offensichtlicher" Unbegründetheit ist praktisch kaum durchführbar (das BVerfG NStZ 2002, 487 räumt dem Revisionsgericht bei der Beurteilung der Frage der Offensichtlichkeit einen Ermessensspielraum ein). Nach ständiger Spruchpraxis der Revisionsgerichte wird daher nach Abs. 2 entschieden, wenn die v. der Revision aufgeworfenen Rechtsfragen zweifelsfrei zu beantworten sind u. die Durchführung der HV keine neuen Erkenntnisse tatsächlicher o. rechtlicher Art erwarten lässt, die das gefundene Erg. in Zweifel ziehen könnten (BGH NJW 2001, 85). Diese Praxis ist schon deswegen nicht zu beanstanden, weil es sich bei der Revision um ein im Wesentlichen schriftliches Verf. handelt (Fezer StV 2007, 47; Meyer-Goßner FS Sarstedt, 1981, 226; Ventzke NStZ 2003, 104). Nicht die „Offensichtlichkeit", sondern das Antrags- u. Einstimmigkeitserfordernis (→ Rn. 12, 18) garantieren, dass nur unbegründete Revisionen ohne HV verworfen werden (Tolksdorf FS Salger, 1995, 407). Der Gesetzgeber sollte daher das Wort „offensichtlich" streichen, zumal es den Revisionsführer kränkt (Dahs NStZ 1981, 206; Dahs schlägt deshalb in NStZ 2001, 298 zutr. eine der Formulierung des BGH NJW 2001, 85 entspr. Neufassung vor); noch besser wäre es, wenn der Gesetzgeber die Entsch. durch Beschl. als Regel-, die durch Urt. zum Ausnahmefall erklären würde (Fezer StV 2007, 47; zust. Meyer-Goßner FS 25 Jahre AG StrafR DAV, 2009, 678; Norouzi StV 2015, 776; Wohlers JZ 2011, 80).

12 **IV. Antrag der StA (Abs. 2).** Der Antrag der StA bei dem Revisionsgericht **(Abs. 2)** ist eine zwingende Voraussetzung für die Beschlussverwerfung; ein ohne Antrag erlassener Beschl. verstößt gegen das Willkürverbot des Art. 3 Abs. 1 GG (BVerfGE 59, 98); Ausführungen in der Begründungsschrift eines Antrags auf Verwerfung als unzulässig nach Abs. 1 können aber als hilfsweise gestellter Verwerfungsantrag nach Abs. 2 verstanden werden (BGH BeckRS 2021, 10781). Nach Stellung des Antrags v. Revisionsführer nachgeschobene Ausführungen zur Sachrüge brauchen ihr aber nicht noch einmal zur Stellungnahme zugeleitet zu werden

(BGH NStZ-RR 2008, 385); eine erneute Antragstellung ist auch nach Gewährung der Wiedereinsetzung in den vorigen Stand zur Nachholung v. Verfahrensrügen (→ § 44 Rn. 7) nicht erforderlich (OLG Stuttgart Justiz 1997, 456). Das Revisionsgericht darf der StA nicht vor Antragstellung seine Rechtsansicht darlegen u. damit einen bestimmten Antrag „bestellen" (BVerfG StV 2001, 151 mzustAnm Neuhaus; Gieg/Widmaier NStZ 2001, 57; **aM** – entgegen BVerfG – OLG Zweibrücken NJW 2001, 2110 u. Friemel NStZ 2002, 72, die verkennen, dass die StA ihren Antrag gerade ohne Kenntnis der Ansicht des Revisionsgerichts stellen muss u. die Akten diesem nicht ohne Antrag zuleiten darf); allerdings kann das Revisionsgericht eine Änd. des gestellten Antrags anregen (KG StV 2001, 153; OLG Düsseldorf NStZ 2012, 470 mablAnm Norouzi StraFo 2013, 210; **aM** SK-StPO/Wohlers Rn. 17).

13 Die **Begründung** des Antrags kann sich auf eine kurze Auseinandersetzung mit dem Revisionsvorbringen beschränken (Kleinknecht JZ 1965, 160; vgl. auch BVerfG NJW 1982, 925; NStZ 2002, 487; OLG Stuttgart NJW 1968, 1152), muss aber auf alle nicht ganz abwegigen Verfahrensrügen eingehen (**aM** SK-StPO/Wohlers Rn. 19). Bei einer unausgeführten allg. Sachrüge (→ § 344 Rn. 18) genügt die Feststellung, dass das Urt. keine Rechtsfehler erkennen lässt. In anderen Fällen kann ein bloßer Hinweis auf eine ständige o. gefestigte Rspr. ausreichen. Ausführungen iE darüber, dass die Rügen offensichtlich unbegründet sind, sind nicht erforderlich (vgl. BVerfG NJW 1987, 2219; BGH wistra 2016, 452). Einen Anspruch auf erg. Stellungnahme der StA zu nachgeschobenen Ausführungen zur Sachrüge, die nach Fristablauf erfolgen, hat der Angeklagte nicht (BGHR StPO § 33a Revision 1; StPO § 45 Abs. 2 Tatsachenvortrag 10).

14 Eine **Bindung des Revisionsgerichts** an die Begründung besteht nicht. Das Revisionsgericht prüft die Begründetheit der Revision ohne Beschränkung auf die Ausführungen der StA. Auch wenn es sie nur iErg für zutr. hält, darf es die Revision verwerfen (vgl. BGH NStZ-RR 2020, 118); das ist verfassungsrechtlich unbedenklich (BVerfG NJW 1982, 925). In diesem Fall ist aber eine kurze Begründung angezeigt (BVerfG NJW 2002, 814; → Rn. 20), vorgeschrieben ist sie jedoch nicht (BGH NStZ-RR 2020, 118; 2020, 224; 2006, 244 Ls.; vgl. auch BVerfG NJW 2014, 2563), auch nicht mit Blick auf das Verfassungsrecht (BVerfG NJW 2022, 3413; siehe aber → Rn. 14a) oder die EMRK (vgl. EGMR NJW 2020, 1943; BGH 20.3.2024 – 3 StR 183/23). Dies gilt auch dann, wenn in einer Gegenerklärung zur Antragsschrift der StA zu Verfahrensrügen ausgeführt oder die Sachrüge näher begründet wird (BGH 7.5.2024 – 2 StR 375/23). Der Verwerfung nach Abs. 2 steht nicht entgegen, dass die StA eine Schuldspruchänderung beantragt hat, der das Revisionsgericht nicht folgen will (BGH 19.3.2024 – 1 StR 459/23).

14a Die Beschlussverwerfung nach Abs. 2 **ohne Begründung** soll allerdings nach Ansicht des BVerfG gegen das **Willkürverbot** des Art. 3 Abs. 1 GG verstoßen, wenn sie unter keinem denkbaren Aspekt mehr rechtlich vertretbar ist (BVerfG NJW 2024, 142). Im entschiedenen Fall hatte der Revisionsführer ausdr. die Einziehung des Erlöses aus BtM-Geschäften unter Hinweis darauf gerügt, dass das Tatgericht keine Feststellungen zu der konkreten Geldübergabe an den Täter enthielt; der BGH hatte die Revision ohne Begründung verworfen (BGH BeckRS 2023, 1903) und sich damit nach Ansicht des BVerfG (BVerfG NJW 2024, 142) unter Verstoß gegen das Willkürverbot nicht mit seiner eigenen Rspr. auseinandergesetzt, welche vom Tatgericht Feststellungen zur tatsächlichen Übergabe von Geldbeträgen an den Täter voraussetzt (BGH BeckRS 2022, 23051; vgl. auch BGH BeckRS 2023, 6361). Die Entscheidung des BVerfG ist sicher den Besonderheiten des Einzelfalls geschuldet. Ob sie darüber hinweist, bleibt abzuwarten. In Zweifelsfällen wird den Revisionsgerichten dennoch zu raten sein, Beschlussverwerfungen im Einzelfall nach § 349 Abs. 2 mit einer – kurzen – Begründung zu versehen, um das verfassungsrichterliche Verdikt eines Verstoßes gegen das Willkürverbot zu vermeiden. Allg. zum Willkürverbot bei der Auslegung und Anwendung des Verfahrensrechts → Einl. Rn. 240.

V. Mitteilung des Antrags (Abs. 3 S. 1). Die Mitteilung des Antrags (Abs. 3 S. 1) der StA mit den Gründen soll eine Überraschung des Beschwerdeführers, der mit einer HV rechnet, verhindern u. ihm das rechtliche Gehör sichern. Der Beschwerdeführer wird dadurch auch zu der Prüfung veranlasst, ob er das Rechtsmittel nicht besser zurücknimmt. Ein Hinweis auf das Recht zur Gegenerklärung (Abs. 3 S. 2) ist ges. nicht vorgeschrieben, kann aber ausnahmsweise durch die Fürsorgepflicht (→ Einl. Rn. 155 ff.) geboten sein. Die Mitteilung macht die StA, nicht das Gericht. Hat der Angeklagte einen Wahl- o. Pflichtverteidiger, so erhält nur dieser die Mitteilung (BGH BeckRS 2015, 14635 mwN; 2018, 36520), bei mehreren Verteidigern nur der, der sich am Revisionsverfahren bet. hat (BGH NStZ 2016, 179); der Angeklagte selbst wird dann nicht benachrichtigt (Pfeiffer NStZ 1981, 95 – BGH RsprÜ; BGH StraFo 2003, 172), auch dann nicht, wenn er das Rechtsmittel auch selbst zu Prot. der Geschäftsstelle begründet hatte (BGH NStZ 1999, 41 mwN; einschr. KK-StPO/Gericke Rn. 19). 15

Die Mitteilung wird – obwohl ges. nicht vorgeschrieben (BayObLG NStZ-RR 1999, 244) – förmlich **zugestellt,** dem Verteidiger gegen Empfangsbekenntnis. Eine öffentl. Zustellung nach § 40 Abs. 2 ist auch dann nicht erforderlich, wenn der Angeklagte keinen Verteidiger hat; seine Unauffindbarkeit hindert die Beschlussverwerfung nicht (OLG Hamburg MDR 1975, 335 Ls.). 16

VI. Gegenerklärung (Abs. 3 S. 2). Eine Gegenerklärung (Abs. 3 S. 2) kann der Beschwerdeführer binnen 2 Wochen nach Zustellung der Mitteilung ggü. dem Revisionsgericht abgeben. Dabei kann er die Revision zur Sachrüge näher begründen (→ § 352 Rn. 8), auch der Auff. der StA entgegentreten (eing. dazu Park StV 1997, 550), aber keine weiteren Verfahrensrügen erheben (BGH wistra 2010, 312). Die Frist kann nicht verlängert werden (BGH DRiZ 1990, 455; wistra 2007, 158; 231). Ihre Überschreitung ist aber, da sie keine Ausschlussfrist ist, unschädlich (Dallinger MDR 1966, 728 – BGH RsprÜ). Im Beschl. wird dann idR vermerkt, dass der Schriftsatz „dem Senat vorgelegen" habe, dh davon Kenntnis genommen wurde (BGH NStZ-RR 2008, 151; Cierniak NStZ-RR 2009, 38 – BGH RsprÜ). Für die Gegenerklärung genügt die Schriftform (→ Einl. Rn. 128); § 345 Abs. 2 gilt nicht. Die Erkl. ist dem Revisionsgericht ggü. abzugeben, das sie der StA abschriftlich zur Kenntnis geben kann, aber nicht zur Stellungnahme zuleiten muss (BGHR StPO § 349 Gegenerklärung 1; BGH wistra 2007, 319); denn einer Stellungnahme der StA bedarf es dazu nicht (BVerfG StraFo 2007, 463; BGH NStZ 2003, 103). Das gilt auch dann, wenn in der Gegenerklärung die Sachrüge weiter ausgeführt worden ist (BGH NStZ-RR 2005, 14); auch eine Mitteilung des Gerichts, warum es die nachgeschobene Beanstandung für unbegründet erachtet, ist nicht erforderlich (BGH NStZ 2009, 52; NJW 2014, 2802; StraFo 2016, 31). Liegt die Erkl. vor u. ist keine Erg. angekündigt, so kann nach Abs. 2 entschieden werden, auch wenn die Frist des Abs. 3 S. 2 noch nicht abgelaufen ist (Holtz MDR 1982, 283 – BGH RsprÜ). Ist allerdings die Frist hins. eines v. mehreren Verteidigern noch nicht abgelaufen, rechtfertigt die möglicherweise erfolgte Versagung rechtlichen Gehörs, die Anhörung des Beschwerdeführers auf seinen Antrag nachzuholen (BGH BeckRS 2018, 10872). Nach Fristablauf braucht eine Erg. auch dann nicht abgewartet zu werden, wenn sie in Aussicht gestellt worden ist (BGHSt 23, 102; BGH NStZ-RR 2008, 352; 14.2.2024 – 4 StR 239/23). Dies dürfte auch zu gelten haben, wenn ein weiterer Verteidiger erst nach Ablauf der Frist für den bisherigen Verteidiger beauftragt wird u. Akteneinsicht erhält (dahingestellt v. BGH BeckRS 2018, 10872). Nach Erlass (→ Vor § 33 Rn. 9) des Verwerfungsbeschlusses kann die Gegenerklärung nicht mehr berücksichtigt werden (Spiegel DAR 1979, 190 – BGH RsprÜ; Dallinger MDR 1966, 728 – BGH RsprÜ; erg. → Rn. 24). Eine Wiedereinsetzung gegen die Fristversäumung findet nicht statt (BGH NStZ-RR 2025, 379; NStZ 2016, 496); jedoch gilt bei Versagung des rechtlichen Gehörs § 356a. 17

VII. Verwerfungsbeschluss. Der Verwerfungsbeschluss erfordert **Einstimmigkeit,** die sich auf die Unbegründetheit u. auf ihre Offensichtlichkeit beziehen 18 muss (Dahs Strafprozessrevision Rn. 584; Jagusch NJW 1960, 75; Römer MDR 1984, 356). Ob alle Senatsmitglieder das angefochtene Urt. sowie die Revisionsbegründung *gelesen* haben müssen o. ob es ausreicht, dass Vorsitzender u. Berichterstatter dies getan haben u. die übrigen Senatsmitglieder durch einen mündlichen Vortrag des Beschwerdeführers unterrichtet werden, wie es nach Ansicht des BGH dem G entspr. u. daher bisher ständige Praxis des BGH ist (BGH NJW 2016, 343; BeckRS 2018, 29655: kein Anspruch auf das sog. Zehn-Augen-Prinzip), wird zT angezweifelt (Fischer NStZ 2013, 425; dagegen Basdorf ua NStZ 2013, 563 mit Replik Fischer/Eschelbach/Krehl NStZ 2013, 563; vgl. ferner BGH StraFo 2013, 387; Hamm/Krehl NJW 2014, 903; Meyer-Goßner FS Tolksdorf, 2014, 323; Mosbacher NJW 2014, 124; Rissing-van Saan FS Beulke, 2015, 963).

19 In der **Beschlussformel** braucht der Ausdruck „offensichtlich unbegründet" nicht verwendet zu werden (BGH NStZ 1994, 353; KK-StPO/Gericke Rn. 26; **aM** Löwe/Rosenberg/Franke Rn. 22; Peters JR 1977, 477; erg. → Rn. 11). Dass die Entsch. auf Antrag der StA ergeht, pflegt entweder vor o. in der Beschlussformel angeführt zu werden. Die Einstimmigkeit kann, muss aber nicht erwähnt werden (Löwe/Rosenberg/Franke Rn. 22). Zusätze, etwa der Art, dass der Angeklagte durch die ungewöhnlich niedrige Strafe nicht beschwert ist, sind zulässig (krit. Dahs NStZ 1981, 205).

20 Es ist auch nicht untersagt (**aM** Eschelbach GA 2004, 242, Rosenau ZIS 2012, 202: idR notwendig; v. Döllen/Meyer-Mews StV 2005, 5 u. Wohlers JZ 2011, 81: stets erforderlich), den Beschl. **mit Gründen zu versehen,** was in der Praxis nicht selten geschieht (vgl. etwa BGH 10.7.2025 – 3 StR 575/24 mwN), ohne dass es verfassungsrechtlich (BVerfG NStZ 2002, 487; StraFo 2007, 463) o. nach der EMRK (EGMR EuGRZ 2008, 274 (276)) geboten wäre (BGH NStZ-RR 2020, 118; 2016, 251; vgl. auch BGH BGH 10.7.2025 – 3 StR 575/24). So kann, etwa wegen des Inhalts der Gegenerklärung o. beim Abweichen v. der Antragsbegründung der StA (BGH StraFo 2004, 212; 2004, 236: allg. Übung der BGH-Sen.), ein kurzer Hinweis auf die Rechtslage geboten sein (Löwe/Rosenberg/Franke Rn. 17, 21). Dies ist uU ein nobile officium ggü. dem Verteidiger (vgl. Krehl GA 1987, 162 (177)); hatte der Revisionsführer aber dezidiert Argumente gegen die Rechtsansicht der StA vorgetragen, erscheint eine Begründung des Gerichts idR erforderlich (vgl. Wohlers JZ 2011, 78; Norouzi StV 2015, 776). Ein Schweigen des Sen. auf die Ausführungen der Revisionsbegründung o. auf die Gegenerklärung offenbart jedoch deren Ungeeignetheit zur Entkräftung des Antrags des GBA (BVerfG StV 2013, 674 (675); NJW 2014, 2563; BGH wistra 2009, 283; 2009, 483). Insoweit kann eine Verletzung des rechtlichen Gehörs nur dann vorliegen, wenn sich aus den bes. Umständen des Falles deutlich ergibt, dass das Gericht ein Vorbringen überhaupt nicht zur Kenntnis genommen o. doch bei seiner Entsch. ersichtlich nicht in Erwägung gezogen hat (BVerfG NJW 2014, 2563; BGH NStZ-RR 2013, 157). Allerdings kann der Revisionsführer durch Nachschieben von Einzelbeanstandungen nach Erhalt der Antragsschrift keine Begründung des Beschlusses nach Abs. 2 erzwingen (BGH 29.2.2024 – 1 StR 223/23).

21 Eine **Teilentscheidung** ist grds. (Ausnahme: → § 260 Rn. 8) unzulässig, wenn es sich um denselben Angeklagten handelt; über ein Rechtsmittel kann nur einheitlich nach Abs. 2, Abs. 4 oder Abs. 5 entschieden werden (HK-StPO/Temming Rn. 8; KMR-StPO/Momsen Rn. 10; **aM** OLG Hamburg JZ 1967, 31 mablAnm Sarstedt; KK-StPO/Gericke Rn. 32). Bei mehreren Revisionen, die mehrere Angeklagte betreffen, kann aber teils nach Abs. 1, Abs. 2, Abs. 4 oder Abs. 5 entschieden werden. Wegen der Verbindung eines Verwerfungsbeschlusses mit einer Entsch. nach Abs. 4 vgl. → Rn. 32.

22 In Verbindung mit dem Verwerfungsbeschluss ist eine **Abänderung des Urteils** zum Nachteil des Angeklagten nicht grds. unzulässig; so kann eine **Schuldspruchänderung** (→ § 354 Rn. 12 ff.) vorgenommen (Kusch NStZ 1994, 25 – BGH RsprÜ; OLG Düsseldorf MDR 1984, 253; Becker NStZ-RR 2004, 67 – BGH RsprÜ: auch auf Revision des Nebenklägers) o. auch eine Alt. der angewendeten Vorschr. durch eine andere ersetzt werden (BGH NJW 1982, 190; OLG Düsseldorf

NJW 1985, 2725). Dabei ist sogar eine über den Antrag des GBA hinausgehende Verschlechterung des Schuldspruchs möglich, soweit festgestellt werden kann, dass sich der Angekl. nicht anders als geschehen hätte verteidigen können (s. eingeh. dazu Krehl NStZ 2022, 700). Das Gericht ist umgekehrt nicht gehindert, auch dann nach Abs. 2 zu verfahren, wenn es einer v. der StA im Zusammenhang mit einem Verwerfungsantrag beantragten Schuldspruchänderung nicht entsprechen will (BGH BeckRS 2011, 15946; BGHR StPO § 349 Abs. 2 Antrag 1; StPO § 349 Verwerfung 4), eine beantragte nachträgliche Gesamtstrafenbildung nicht anordnet (Kusch NStZ-RR 1999, 39 – BGH RsprÜ; Becker NStZ-RR 2004, 228 – BGH RsprÜ) o. von der beantragten Einbeziehung einer rkr. erkannten Strafe (BGH NStZ-RR 1998, 60) o. der beantragten Aufhebung hins. der Nichtanordnung einer Unterbringung nach §§ 63, 64 StGB absieht (BGH NStZ-RR 1998, 142; 2010, 116; BeckRS 2014, 23128) o. bei einer Verfahrensverzögerung statt einer beantragten Kompensation die Feststellung des Konventionsverstoßes (→ EMRK Art. 6 Rn. 9 ff.) für ausreichend erachtet (BGH NStZ-RR 2008, 384). Auch Anträge der StA, lediglich die Adhäsionsentscheidung aufzuheben o. die Strafverfolgung bei Aufrechterhaltung der angeordneten Rechtsfolgen nach § 154a zu beschränken o. die Entsch. nach § 357 auf einen Nichtrevidenten zu erstrecken, denen das Gericht nicht stattgeben will, stehen der Verwerfung der Revision nach Abs. 2 nicht entgegen (BGH NStZ 1996, 328 (329); NStZ-RR 2014, 90; 350). Ob das Gericht selbst entscheiden o. die Sache zurückverweisen will, bleibt ihm überlassen (BGH DAR 2004, 355; BeckRS 2009, 13328). Über das Rechtsmittel gegen die Zubilligung einer Entschädigung (§ 406) kann es ohne Bindung an den Antrag der StA entscheiden (BGH NStZ 1999, 260; NStZ-RR 2009, 382 Ls.). Zu diesen Fällen teilw. **aM** Senge FS Riess, 2002, 547.

C. Rechtskraft der Verwerfungsbeschlüsse nach Abs. 1 und Abs. 2. 23
I. Verwerfungsbeschluss nach Abs. 1. Der Verwerfungsbeschluss nach Abs. 1 hat nur feststellende Bedeutung, wenn die Revision wegen verspäteter Einlegung verworfen wird (→ § 346 Rn. 5). Sonst tritt die Rechtskraft nach § 34a mit Ablauf des Tages der Beschlussfassung ein. Eine Aufhebung des Beschl. wegen eines Irrtums über Tatsachen ist wie bei § 346 Abs. 2 (→ § 346 Rn. 13) zulässig (KG NZV 2009, 575; OLG Jena NStZ-RR 1997, 10; OLG Naumburg OLGSt StPO 349 Nr. 1).

Die Zurücknahme u. Abänderung des **auf Abs. 2 gestützten** Verwerfungs- 24
beschlusses ist zulässig, solange er noch nicht erlassen ist (→ Vor § 33 Rn. 9). Dies ist der Fall, wenn er unterschrieben in den Geschäftsgang gegeben wird (BGH NStZ 1994, 96; 2011, 713; 2012, 710; erg. → GVG § 194 Rn. 4). Nach Erlass kann der Beschl. auch dann nicht zurückgenommen werden, wenn er auf Tatsachenirrtum beruht (BGHSt 17, 94 (96); vgl. auch BGH BeckRS 2021, 5800). Ausnahmen gelten nur, wenn überhaupt keine Revision eingelegt (OLG Köln NJW 1954, 692) o. die Revision vor Erlass des Verwerfungsbeschlusses wirksam zurückgenommen worden war (Kusch NStZ 1992, 225 – BGH RsprÜ; Kusch NStZ 1998, 27 – BGH RsprÜ; BeckRS 2016, 1508), wenn der Angeklagte nach Rechtsmitteleinlegung verstorben ist (OLG Schleswig NJW 1978, 1016) o. wenn über das Rechtsmittel nach § 335 Abs. 3 als Berufung hätte entschieden werden müssen (RG JW 1927, 395; vgl. auch BGHSt 17, 94 (97): Verwerfung ist unbeachtlich). Die Berichtigung offensichtlicher Schreibversehen (vgl. → § 268 Rn. 10) ist aber auch hier zulässig (BGH BeckRS 2009, 13789). Wurde eine konventionswidrige Verfahrensverzögerung im Revisionsverfahren übersehen (→ EMRK Art. 6 Rn. 9c), ist dies auf Gegenvorstellung des Angeklagten zu korrigieren (OLG Nürnberg StV 2009, 519).

II. Wiedereinsetzung in den vorigen Stand. Die **Wiedereinsetzung in** 25
den vorigen Stand ist im Fall Abs. 1 möglich (BGHSt 25, 89 (91); OLG Düsseldorf MDR 1983, 964; erg. aber → § 44 Rn. 7b aE), nicht aber nach Verwerfung der Revision im Fall Abs. 2 (BGHSt 17, 94; 23, 102; 25, 89 (91); BGH NStZ-RR 2025, 379; **aM** KMR-StPO/Momsen Rn. 32; Löwe/Rosenberg/Franke Rn. 29);

denn jede Sachentscheidung des Revisionsgerichts bringt das Verf. zum Abschluss. Das gilt auch für die Entsch., die die Berufung als unzulässig verwirft (**aM** OLG Frankfurt a. M. JR 1978, 522 mablAnm Rieß).

26 Bei **Verletzung des rechtlichen Gehörs** gilt jedoch § 356a (vgl. → § 365a Rn. 1 ff.).

27 **D. Urteilsaufhebung durch Beschluss (Abs. 4). I. Bei Revisionen zugunsten des Angeklagten. Bei Revisionen zugunsten des Angeklagten** kann die HV erspart werden, wenn das Revisionsgericht das Rechtsmittel einstimmig für begründet hält; offensichtlich begründet braucht es nicht zu sein.

28 Die Revision ist zugunsten des Angeklagten eingelegt, wenn nur er selbst o. für ihn sein Verteidiger, ges. Vertreter o. Erziehungsberechtigter o. wenn die StA nach § 296 Abs. 2 zu seinen Gunsten Revision eingelegt hat. Die Aufhebung nach Abs. 4 ist daher – schon nach dem Wortlaut der Vorschr. – nicht möglich, wenn die zu seinen Ungunsten eingelegte Revision der StA o. des Nebenklägers nach § 301 nur zu seinen Gunsten Erfolg hat (KMR-StPO/Momsen Rn. 26; Amelunxen Staatsanwaltschaft S. 77 ff.; **aM** Kusch NStZ 1997, 379 – BGH RsprÜ mwN; BGH NStZ 2012, 587; NStZ-RR 1996, 130, weil dies den Angeklagten nicht beschwere; aber dem Rechtsmittelführer wird dadurch die Gelegenheit zur Äußerung u. zur Rechtsmittelrücknahme abgeschnitten).

29 **II. Entscheidung zugunsten des Angeklagten.** Eine Entscheidung zugunsten des Angeklagten muss ergehen. Das Revisionsgericht kann nach § 354 Abs. 1 entscheiden, insbes. den Angeklagten freisprechen (OLG Hamburg NJW 1966, 1277; OLG Hamm NJW 1977, 207; OLG Köln NJW 1966, 512), den Schuldspruch berichtigen (→ § 354 Rn. 12 ff.), wenn nur dies das Ziel der Revision war, u. das Urt. aufheben u. die Sache nach §§ 354 Abs. 2, Abs. 3, 355 zurückverweisen. Nach Abs. 4 kann auch die Berufung als unzulässig verworfen werden, wenn das Berufungsgericht sie als unbegr. verworfen hatte (OLG Düsseldorf GA 1983, 220).

29a **Besteht ein Prozesshindernis** u. war es v. Tatrichter übersehen worden, so ist ebenfalls nach Abs. 4 zu verfahren (OLG Koblenz StraFo 2005, 129); ist es hingegen erst im Revisionsverfahren eingetreten (zB Rücknahme des Strafantrags), ist § 206a anzuwenden (erg. → § 206a Rn. 6, 6a). Die Gegenmeinung wendet demggü. auch bei übersehenen Verfahrenshindernissen § 206a an, kommt damit aber in Schwierigkeiten, ob sie dem Revisionsgericht ein Wahlrecht zwischen beiden Vorschr. zubilligen (so OLG Celle MDR 1969, 503; Bohnert GA 1982, 173; mit der Konsequenz, dass einmal – bei § 349 Abs. 4 – Einstimmigkeit nötig wäre, im andern Fall – § 206a – Stimmenmehrheit genügen würde!) o. einer Vorschr. den Vorzug geben soll (für Vorrang des § 206a: BayObLGSt 1985, 52 (55); für Vorrang des § 349 Abs. 4: Löwe/Rosenberg/Franke Rn. 35). Es ist aber ausgeschlossen, dass die StPO für dieselbe Entsch. zwei grds. anwendbare, unterschiedliche Vorschr. bereitstellt (eing. Meyer-Goßner NStZ 2004, 354); dies erkennt auch Bohnert GA 1982, 173 zunächst richtig als „systemwidrig", er meint aber dann, die Wahlmöglichkeit entspreche „genau dem Entscheidungsverhalten des Tatrichters" (zust. Löwe/Rosenberg/Stuckenberg § 206a Rn. 17). Das ist unzutreffend: Der Wahlmöglichkeit des Tatrichters zwischen § 206a und § 260 Abs. 3 entspr. beim Revisionsgericht die zwischen § 349 Abs. 4 und § 354 Abs. 1; das besagt aber nichts dazu, ob u. wann § 206a im Revisionsverfahren anwendbar ist. Auch der weitere Hinweis v. Löwe/Rosenberg/Stuckenberg § 206a Rn. 17 auf die „auch dem Revisionsgericht zustehenden Einstellungsmöglichkeiten nach §§ 153, 154" verfängt nicht: § 153 und § 154 betreffen nicht dieselbe, sondern verschiedene verfahrensrechtliche Situationen. Entsprechendes wie für § 206a gilt für die Einstellung nach § 206b.

30 **III. Aufhebungsbeschluss.** Der Aufhebungsbeschluss setzt keinen Antrag der StA voraus u. kann entgegen ihrer Auff. u. auch bei einem v. ihr – ohne Begründung – gestellten Terminsantrag ergehen (BGH NJW 2008, 1827). Hat sie Terminsanberaumung beantragt, so muss ihr aber Gelegenheit gegeben werden, zu der Revision sachlich Stellung zu nehmen (Löwe/Rosenberg/Franke Rn. 37).

Die **Begründung** des Beschl. unterscheidet sich grds. nicht v. der eines Revisionsurteils. Insbesondere bei Zurückverweisung der Sache muss die dem Urt. zugrunde liegende Rechtsauffassung wegen § 358 Abs. 1 klargestellt werden. 31

Eine **Verbindung mit der Entscheidung nach Abs. 2** ist zulässig (BGHSt 43, 31 mablAnm Wattenberg NStZ 1999, 95; die dagegen eingelegte Verfassungsbeschwerde wurde v. BVerfG (23.6.1997 – 2 BvR 1017/97) nicht angenommen) u. üblich (SK-StPO/Wohlers Rn. 57; Seibert NJW 1966, 1064). 32

Der Beschl. wird den Bet. formlos **bekanntgemacht** (§ 35 Abs. 2 S. 2). 33

Er kann ebenso wenig wie ein Revisionsurteil **zurückgenommen oder widerrufen** werden (Kusch NStZ 1997, 379 – BGH RsprÜ; BGH NStZ 2020, 309). Hat das Revisionsgericht allerdings irrtümlich über einen bloßen Urteilsentwurf des Tatrichters entschieden, hebt es den Beschl. auf (BGH NJW 2016, 1750 (4. StS) mablAnm Brinkmann ZIS 2016, 868; anders allerdings BGH NStZ-RR 2021, 255), ebenso, wenn es irrig zuungunsten des Angeklagten nach Abs. 4 entschieden hatte (Kusch NStZ 1995, 18 – BGH RsprÜ); auch Verkündungsversehen (→ § 268 Rn. 10) können berichtigt werden (Kusch NStZ-RR 2000, 39 – BGH RsprÜ). Gegen die Verletzung rechtlichen Gehörs bei der Entsch. gibt es die Anhörungsrüge nach § 356a (BGH StraFo 2005, 251; Becker NStZ-RR 2008, 68 – BGH RsprÜ). 34

E. Entscheidung durch Urteil (Abs. 5). Durch **Urteil (Abs. 5),** dh aufgrund einer HV (§ 350), entscheidet das Revisionsgericht, wenn es Abs. 1, Abs. 2 oder Abs. 4 nicht anwendet, gleichviel, ob es sich hieran rechtlich gehindert sieht oder v. der Möglichkeit keinen Gebrauch machen will (vgl. BVerfG StraFo 2007, 370). Auch bei gleichzeitiger Revision v. StA u. Angeklagtem muss über das Rechtsmittel des Angeklagten nicht aufgrund einer HV entschieden werden (BVerfGE 112, 185; Kusch NStZ 1992, 30 – BGH RsprÜ; BGH NJW 1999, 2199; **aM** Bauer wistra 2000, 252; Hamm StV 2000, 637; Meyer-Mews NJW 2005, 1822). Mit Begründung versehene Terminsanträge der StA sind dem Angeklagten mitzuteilen (Schulte FS Rebmann, 1989, 477). Auch in der HV wird in den Fällen der §§ 153 Abs. 2, 154 Abs. 2, 206a, 206b, 437 Abs. 4, 441 Abs. 4 durch Beschl. entschieden. 35

Revisionshauptverhandlung

350 (1) [1] **Dem Angeklagten, seinem gesetzlichen Vertreter und dem Verteidiger sowie dem Nebenkläger und den Personen, die nach § 214 Absatz 1 Satz 2 vom Termin zu benachrichtigen sind, sind Ort und Zeit der Hauptverhandlung mitzuteilen.** [2] **Das Revisionsgericht weist dabei auf die wesentlichen Gesichtspunkte hin, die Gegenstand der Hauptverhandlung werden sollen.** [3] **Ist die Mitwirkung eines Verteidigers notwendig, so ist dieser zu laden.**

(2) [1] **Der Angeklagte kann in der Hauptverhandlung erscheinen oder sich durch einen Verteidiger mit nachgewiesener Vertretungsvollmacht vertreten lassen.** [2] **Die Hauptverhandlung kann, soweit nicht die Mitwirkung eines Verteidigers notwendig ist, auch durchgeführt werden, wenn weder der Angeklagte noch ein Verteidiger anwesend ist.** [3] **Die Entscheidung darüber, ob der Angeklagte, der nicht auf freiem Fuß ist, zu der Hauptverhandlung vorgeführt wird, liegt im Ermessen des Gerichts.**

(3) [1] **Dem Angeklagten, seinem gesetzlichen Vertreter, dem Verteidiger und dem Vertreter der Staatsanwaltschaft sowie dem Nebenkläger, dem Nebenklageberechtigten und den Personen, die nach § 397 Absatz 2 Satz 3, § 404 Absatz 3, § 406h Absatz 2 Satz 2, § 429 Absatz 1 und § 444 Absatz 2 Satz 1 vom Termin zu benachrichtigen sind, kann der Vorsitzende auf ihren jeweiligen Antrag die Anwesenheit an einem anderen Ort gestatten, wenn die Hauptverhandlung zeitgleich in Bild und Ton an den anderen Ort und in das Sitzungszimmer übertragen wird.** [2] **Die Gestattung soll mit der Maßgabe erfolgen, dass sich die Verfahrensbeteiligten in einem**

Dienstraum oder in einem Geschäftsraum eines Verteidigers oder Rechtsanwalts aufhalten. [3] Sieht das Gericht in den Fällen des Absatzes 2 Satz 3 von einer Vorführung des Angeklagten ab, so ist diesem auf seinen Antrag die Teilnahme an der Hauptverhandlung im Wege der Bild- und Tonübertragung zu gestatten. [4] Liegen zwischen dem Eingang des Antrags nach Satz 3 bei Gericht und dem Hauptverhandlungstermin nicht mindestens drei Werktage, kann der Antrag vom Vorsitzenden abgelehnt werden. [5] Die Entscheidung des Vorsitzenden nach den Sätzen 1 bis 4 ist unanfechtbar.

(4) [1] **Eine Aufzeichnung der Übertragung ist nicht zulässig. [2] Hierauf sind die Verfahrensbeteiligten spätestens zu Beginn der Bild- und Tonübertragung hinzuweisen.**

Übersicht

1 **A. Anwesenheit der Verfahrensbeteiligten.** Die Anwesenheit der Verfahrensbeteiligten in der Revisionshauptverhandlung hat das G v. 17.12.2018 (BGBl. I 2571) grdl. neugestaltet u. erweitert, um die RL (EU) 2016/343 v. 9.3.2016 in nationales Recht umzusetzen (Abs. 1 und 2; → Rn. 2–8). Das G zur weiteren Digitalisierung der Justiz vom 12.7.2024 (BGBl. I 2024, Nr. 234) ermöglicht unter bestimmten Voraussetzungen eine Teilnahme qua Bild- und Tonübertragung (Abs. 3 und 4; → Rn. 9–17).

2 **B. Ladung und Benachrichtigung (Abs. 1).** Der Angeklagte, sein ges. Vertreter (vgl. hierzu auch §§ 50 Abs. 2, 67 Abs. 2 **JGG),** der Verteidiger sowie der Nebenkläger sind v. Termin zu benachrichtigen. Das gilt wegen des Verweises auf § 214 Abs. 1 S. 2 ferner für den RA des Nebenklägers (§ 397 Abs. 2 S. 3), den RA des Nebenklagebefugten (§ 406h Abs. 2 S. 2) sowie den Verletzten (§ 406d Abs. 1) bzw. dessen Beistand (§ 406d Abs. 4). Im Falle notwendiger Verteidigung muss der Verteidiger förmlich (§ 218) geladen werden (Abs. 1 S. 2). Unter den Voraussetzungen des § 145a Abs. 1 kann die für den Angeklagten bestimmte Mitteilung an den Verteidiger gesandt werden; § 145a Abs. 2 gilt nicht, da es sich nicht um eine Ladung handelt. Hat der nicht zu ermittelnde Angeklagte keinen Verteidiger, so muss ihm die Mitteilung nach § 40 Abs. 3 öffentl. zugestellt werden (BayObLGSt 1952, 16; Löwe/Rosenberg/Franke Rn. 4; → § 40 Rn. 5). Bei einer Revision der StA ist das aber nur zulässig, wenn dem Angeklagten die Revisionsschrift bereits persönlich zugestellt war (BayObLGSt 1962, 84; KK-StPO/Gericke Rn. 4).

2a Gemäß Abs. 1 S. 2 weist das Revisionsgericht auf die wesentlichen Gesichtspunkte hin, die Gegenstand der Hauptverhandlung werden sollen. Damit soll den Verfahrensbeteiligten eine zielgerichtete und konzentrierte Vorbereitung auf die relevanten Rechtsfragen ermöglicht werden.

3 **C. Anwesenheitsrecht.** Der Angeklagte hat ein Recht auf Anwesenheit (Abs. 2 S. 1); dies gilt aufgrund der Streichung des § 350 Abs. 2 S. 2 aF grds. **auch für den inhaftierten Angeklagten** (vgl. zum früheren Rechtszustand → 63. Aufl. 2020, § 350 Rn. 3). Der inhaftierte Angeklagte kann also beantragen, zu der Revisionsverhandlung vorgeführt zu werden. Die Entsch. darüber, ob der nicht auf freiem Fuß befindliche Angeklagte zu der Verh. vorgeführt wird, liegt allerdings im Ermessen des Gerichts (Abs. 2 S. 3); dieses sollte mit Blick auf Abs. 2 S. 1 und den Geist der EU-RL großzügig iSd Anwesenheit des Angeklagten ausgeübt werden.

Nach der Rspr. des BGH soll dies nur bei besonderen in der Person des Angeklagten liegenden Umständen der Fall sein; dass der Angeklagte persönliche Erklärungen zum Sachverhalt abgeben möchte, ist danach nicht ausreichend, da es dem Sen. aufgrund des auf rechtliche Nachprüfung des angefochtenen Urt. beschränkten Charakters der Revision verwehrt ist, solche entgegenzunehmen (vgl. BGH BeckRS 2019, 25034).

Das Erscheinen des Angeklagten u. sein Verbleiben im Sitzungssaal können aber **nicht erzwungen** werden; § 231 Abs. 1 gilt nicht entspr. (Löwe/Rosenberg/Franke Rn. 6; Rieß ZStW-Beiheft 90 (1978), 205). Seine Anwesenheit steht in seinem Belieben (BayObLGSt 1952, 16). Nach § 236 darf aber sein persönliches Erscheinen angeordnet werden, wenn er im Freibeweis zu Verfahrensfragen vernommen werden soll (OLG Koblenz NJW 1958, 2027; KMR-StPO/Momsen Rn. 7); dies kann auch bei der Ermessensentscheidung nach Abs. 2 S. 3 vom Revisionsgericht berücksichtigt werden. 3a

Die **Wahrung des Anwesenheitsrechts** setzt voraus, dass der Angeklagte iSd Abs. 1 S. 1 wirksam, ggf. gem. § 40 Abs. 3, v. dem Termin benachrichtigt wurde. Dass er unbekannten Aufenthaltes o. seine Auslieferung aus dem Ausland aus völkerrechtlichen Gründen nicht möglich ist, hindert die Durchführung der Revisionsverhandlung, erforderlichenfalls unter Mitwirkung seines Verteidigers, aber nicht (BVerfG NJW 1995, 651; vgl. aber OLG Brandenburg NStZ-RR 2005, 49: Einstellung nach § 205 bei Abschiebung des Angeklagten vor Begründung der Revision). 4

Vertretung: Der Angeklagte kann sich stets v. einem **Verteidiger** mit nachgewiesener (→ § 234 Rn. 5) Vollmacht **vertreten lassen** (Abs. 2 S. 1), der die Rechte des Angeklagten ausüben kann, wenn dieser nicht anwesend o. aus sonstigen Gründen zu einer Entsch. über eine Antragstellung selbst nicht in der Lage ist (BGHSt 41, 69). 5

Die **zeitweilige Verhandlungsunfähigkeit** des Angeklagten steht der Revisionsverhandlung nicht entgegen (Warda FS Bruns, 1978, 435; **aM** Löwe/Rosenberg/Franke § 351 Rn. 8; Dahs Strafprozessrevision Rn. 596). Erforderlich ist aber, dass der Angeklagte die Fähigkeit hatte, über die Einlegung des Rechtsmittels verantwortlich zu entscheiden u. dass er während der Dauer des Revisionsverfahrens wenigstens zeitweilig zu einer Grundübereinkunft mit seinem Verteidiger über Fortführung o. Rücknahme des Rechtsmittels in der Lage ist (vgl. EKMR EuGRZ 1997, 148; BVerfG NJW 1995, 1951; BGHSt 41, 16; BGH NStZ 1996, 242; Widmaier NStZ 1995, 361; krit. SK-StPO/Wohlers Rn. 13). 6

D. Verhandlung ohne Verteidiger und Angeklagten. Nach Abs. 2 S. 2 kann die Revisionsverhandlung grds. auch in Abwesenheit des Angeklagten u. des Verteidigers durchgeführt werden. Dies gilt allerdings in Fällen **notwendiger Verteidigung** nicht für den Verteidiger. Daraus folgt, dass § 140 in vollem Umf. anwendbar ist. Da das formalisierte Revisionsverfahren eine hohe rechtliche Komplexität aufweist, spricht viel dafür, für die Revisionshauptverhandlung stets die Schwierigkeit der Rechtslage iSv § 140 Abs. 2 anzunehmen (vgl. Stellungnahme des DAV zum GE bei Fn. 5 im Text). Das bedeutet, dass eine Revisionsverhandlung, an der nicht wenigstens ein Verteidiger anwesend ist, regelmäßig nicht durchgeführt werden darf. Ein dem Angeklagten nach § 140 Abs. 2 bestellter Pflichtverteidiger (→ Rn. 8 ff.), muss an der Verh. teilnehmen (Hanack FS Dünnebier, 1982, 314). Bleibt er aus, so muss die Verh. ausgesetzt u. notfalls ein anderer Verteidiger beigeordnet werden. Der Angeklagte kann den Pflichtverteidiger nicht etwa v. Erscheinen „entbinden". Dies gilt in den regelmäßig vorliegenden Fällen des § 140 Abs. 2 sinngem. auch bei Abwesenheit des Wahlverteidigers. 7

E. Inhaftierter Angeklagter. Der inhaftierte Angeklagte wird nach pflichtgemäßem Ermessen des Gerichts zu der HV **vorgeführt** (Abs. 2 S. 3); dies kann angezeigt sein, wenn eine Entsch. des Sen. nach § 354 Abs. 1 und Abs. 1a im Raum steht (BGH NStZ 2019, 486;) oder besondere in der Person des Angekl. liegende Umstände eine Vorführung angezeigt erscheinen lassen (vgl. BGH BGH 8

12.8.2025 – 4 StR 476/24; BeckRS 2022, 37560). Das Gebot der Waffengleichheit bzw. das Recht auf effektive Verteidigung gebieten wegen des Charakters der Revision als reine Rechtsprüfung regelmäßig nicht die Vorführung, wenn der Verteidiger in der HV anwesend sein wird (BGH 19.11.2024 – 5 StR 588/24; BeckRS 2020, 3735; s. aber → Rn. 11 zum Antrag des Angeklagten auf Teilnahme qua Bild- und Tonübertragung nach Abs. 3 S. 3).

9 **F. Teilnahme qua Bild- und Tonübertragung (Abs. 3, 4).** Gemäß Abs. 3 S. 1 kann der Vorsitzende dem Angeklagten, seinem gesetzlichen Vertreter, dem Verteidiger, dem Vertreter der StA sowie dem Nebenkläger und dem Nebenklageberechtigten **auf Antrag** die **Anwesenheit an einem anderen Ort** gestatten, wenn die Hauptverhandlung zeitgleich in Bild und Ton an einen anderen Ort und in das Sitzungszimmer übertragen wird (Videokonferenztechnik). Dies gilt gleichermaßen für die Personen, die nach § 397 Abs. 2 S. 3, § 404 Abs. 3, § 406 Abs. 2 S. 2, § 429 Abs. 1 und § 444 Abs. 2 S. 1 vom Termin zu benachrichtigen sind. Sofern es sich insoweit nicht um natürliche Personen handelt, bezieht sich die Möglichkeit zur audiovisuellen Teilnahme auf ihre rechtlichen Vertreter (BT-Drs. 20/10943, 50).

Verletzten, die **nicht zugleich nebenklagebefugt** sind, ist die Möglichkeit zur audiovisuellen Teilnahme an der Revisionshauptverhandlung nicht eröffnet (BT-Drs. 20/10943, 50). Sie sind allerdings vom Termin zu benachrichtigen (Abs. 1 S. 1 iVm §§ 214 Abs. 1 S. 2, 406d Abs. 1).

10 Die Gestattung soll mit der Maßgabe erfolgen, dass sich die Verfahrensbeteiligten in einem **Dienstraum** oder in einem **Geschäftsraum** eines Verteidigers oder Rechtsanwalts aufhalten (Abs. 3 S. 2). Damit soll ein äußerer Rahmen sichergestellt werden, der die rechtsstaatliche Durchführung der Hauptverhandlung gewährleistet. Außerdem soll verhindert werden, dass nach Abs. 4 verbotene Aufzeichnungen angefertigt werden, auf Verfahrensbeteiligte unerlaubt Einfluss genommen wird oder nicht autorisierte Personen unerlaubterweise der Verhandlung folgen. Diensträume sind etwa solche eines anderen Gerichts, einer StA, einer Polizeidienststelle, einer JVA, einer Entziehungsanstalt oder der Bewährungshilfe (vgl. BT-Drs. 20/10943, 52).

11 Für die Teilnahme blinder oder sehbehinderter Personen gilt § 191a Abs. 4 GVG.

12 Sieht das Revisionsgericht von der Vorführung des **Angeklagten** nach Abs. 2 S. 3 ab, so ist diesem **auf seinen Antrag** die Teilnahme an der Hauptverhandlung im Wege der Bild- und Tonübertragung zu gestatten (Abs. 3 S. 3). Der Antrag kann vom Vorsitzenden abgelehnt werden, wenn er nicht mindestens drei Werktage vor dem Hauptverhandlungstermin bei Gericht eingegangen ist (Abs. 3 S. 4). Außerdem kann die Revisionshauptverhandlung im **Sicherungsverfahren** nach § 415 Abs. 1 auch durchgeführt werden, wenn das audiovisuelle Erscheinen des Beschuldigten wegen seines Zustandes unmöglich oder aus Gründen der öffentlichen Sicherheit oder Ordnung unangebracht ist (→ § 415 Rn. 1–3; BT-Drs. 20/10943, 51). Befinden sich Angeklagter und Verteidiger nicht am selben Ort ist eine ungestörte Kommunikation sicherzustellen (BT-Drs. 20/10943, 51, wo auf einen sog. Breakout-Raum oder Telefonkommunikation hingewiesen wird).

13 Wo sich ein etwa notwendiger **Dolmetscher** aufzuhalten hat, obliegt der Verhandlungsleitung des Vorsitzenden; nach § 185 Abs. 1a **GVG** kann auch die Teilnahme des Dolmetschers per Videokonferenz gestattet werden (BT-Drs. 20/10943, 51: → GVG § 185 Rn. 8a).

14 Zuständig für die Entscheidung ist der **Vorsitzende.** Mit Ausnahme des Antrags des inhaftierten Angeklagten nach Abs. 3 S. 3 steht sie im **Ermessen** des Vorsitzenden. Bei der Ausübung des Ermessens können Praktikabilitätsaspekte berücksichtigt werden, etwa vorhandene oder nicht vorhandene technische Möglichkeiten und Übertragungskapazitäten, ferner die Vermeidung der unerlaubten Teilnahme von Personen oder der unerlaubten Aufzeichnung der Verhandlung (Abs. 4 → Rn. 13) sowie die Kurzfristigkeit des Antrags, welche eine ordnungsgemäße

organisatorische Durchführung der Videoübertragung verhindert. Mit Ausnahme von Abs. 3 S. 4 sieht das G allerdings keine feste Antragsfrist vor, um die Videokonferenz erforderlichenfalls gerade auch bei kurzfristiger Unmöglichkeit einer Teilnahme in Präsenz zu nutzen und Terminsverlegungen zu vermeiden (BT-Drs. 20/10943, 51 f. nennt als Bsp. Krankheit, Bahnstreik, Unwetter).

Die Entscheidung des Vorsitzenden nach den Sätzen 1–4 ist **unanfechtbar** (Abs. 3 S. 5). 15

Eine **Aufzeichnung** der Übertragung ist **unzulässig;** hierauf werden die Verfahrensbeteiligten spätestens zu Beginn der Bild- und Tonübertragung hingewiesen (Abs. 4). 16

Technische Probleme stehen dem Beginn oder der Fortführung der Revisionshauptverhandlung nur dann entgegen, wenn das Fehlen des Beteiligten auch bei Teilnahme in Präsenz ihre Durchführung hindern würde, etwa in den Fällen des Abs. 2 S. 2 soweit die Mitwirkung eines Verteidigers notwendig ist (→ Rn. 7; BT-Drs. 20/10943, 51). 17

G. Bestellung eines Pflichtverteidigers. I. Beiordnung nach § 140. Die Beiordnung nach § 140 wirkt gem. § 143 Abs. 1 **fort.** Die Bestellung eines neuen Pflichtverteidigers durch das Tatgericht kommt unter den Voraussetzungen des § 143a Abs. 3 in Betracht (→ § 143a Rn. 32–34). 18

II. Verteidigerbestellung. Bei einem **noch nicht verteidigten** Angeklagten ist die Verteidigerbestellung durch das Revisionsgericht am Maßstab des § 140 Abs. 2 zu überprüfen. Nach hier vertretener Ansicht ist sie stets notwendig (→ Rn. 7; Löwe/Rosenberg/Franke Rn. 11; SK-StPO/Wohlers Rn. 20; Meyer-Goßner FS 50 Jahre BGH, 2000, 617). Mit Rücksicht auf den hohen Formalisierungsgrad des Revisionsverfahrens ist anzunehmen, dass die Rechtslage so schwierig ist, dass es nicht angängig erscheint, den Angeklagten ohne rechtskundigen Beistand zu lassen. Dies entspr. auch dem Grundgedanken der RL (EU) 2016/343 v. 9.3.2016, welche eine Stärkung der Rechte des Angeklagten bezweckt u. zur Neugestaltung des § 350 geführt hat. Die zur früheren Rechtslage herrschende Gegenansicht, welche die Beiordnung eines Verteidigers nur dann, wenn ein „schwerwiegender" Fall vorliegt, bejaht, etwa wenn die Revision der StA die Verhängung einer lebenslangen Freiheitsstrafe erstrebt (vgl. BVerfGE 46, 202, das die Beiordnung aber v. der Mittellosigkeit des Angeklagten abhängig macht) o. sich gegen ein freisprechendes Urt. wegen eines Verbrechens richtet (OLG Düsseldorf NStZ 1984, 43), u. sie verneint, wenn es um Fragen rechtlicher o. tatsächlicher Art geht, deren Antwort auf der Hand liegt (BVerfGE 46, 202), o. wenn die v. dem Beschwerdeführer vertretene Rechtsansicht abwegig ist (Dahs NJW 1978, 140), wird dem nicht gerecht. 19

Zuständig für die Verteidigerbestellung ist der Vorsitzende des Revisionsgerichts (BGHSt 19, 258 (261); OLG Hamm MDR 1976, 1038). Seine Auswahl ist Sache des Vorsitzenden. Die Beiordnung des bisherigen Pflichtverteidigers wirkt fort (→ Rn. 8). Im Übrigen wird der Vorsitzende, wie sonst auch, dem Angeklagten Gelegenheit zur Stellungnahme zu geben u. auf seine Wünsche Rücksicht zu nehmen haben. Zur Erscheinenspflicht des Pflichtverteidigers → Rn. 7. Gelangt der Angeklagte vor der Revisionsverhandlung auf freien Fuß, so wird die Beiordnung regelmäßig nach § 140 Abs. 2 (→ Rn. 10) aufrechterhalten zu erhalten sein. 20

H. Rechtsbehelf des § 356a. Verletzungen seines Rechts auf Anwesenheit kann der Angeklagte mit dem Rechtsbehelf des § 356a geltend machen. § 350 muss insoweit konform mit RL (EU) 2016/343 v. 9.3.2016 ausgelegt werden. Danach kann der Angeklagte vortragen, dass eine wirksame Benachrichtigung an ihn o. seinen Verteidiger nach Abs. 1 S. 1 bzw. eine Ladung des Verteidigers nach Abs. 1 S. 2 unterblieben ist (anders zum früheren Rechtszustand → 63. Aufl. 2020, Rn. 11 mwN) o. dass die Revisionsverhandlung in Abwesenheit des Angeklagten u. eines Verteidigers durchgeführt wurde, obwohl die Mitwirkung eines Verteidigers notwendig iSv § 140 war. Darüber hinaus sind Hinderungsgründe nunmehr 21 beachtlich (RefE v. 4.4.2018 S. 21). Für Revisionen des Nebenklägers gilt das entsprechend. Ergänzend → § 356a Rn. 3.

22 **Belehrungspflicht:** Der Angeklagte ist bei der Bekanntmachung eines Urt., das ergangen ist, obwohl weder er selbst noch ein Verteidiger mit nachgewiesener Verteidigungsvollmacht anwesend war, zu belehren (§ 356a S. 5).

Gang der Revisionshauptverhandlung

351 (1) **Die Hauptverhandlung beginnt mit dem Vortrag eines Berichterstatters.**

(2) [1] **Hierauf werden die Staatsanwaltschaft sowie der Angeklagte und sein Verteidiger mit ihren Ausführungen und Anträgen, und zwar der Beschwerdeführer zuerst, gehört.** [2] **Dem Angeklagten gebührt das letzte Wort.**

1 **A. HV vor dem Revisionsgericht. I. Vortrag des Berichterstatters (Abs. 1).** Der Vortrag des Berichterstatters (Abs. 1) hat die Erg. des bisherigen Verf. (vgl. § 324 Abs. 1 S. 1), soweit sie für das Revisionsgericht v. Bedeutung sind, u. die Revisionsanträge sowie deren Begründung zum Gegenstand. Zunächst werden idR die Formalitäten der Anfechtung vorgetragen; danach wird das angefochtene Urt. auszugsweise verlesen o. inhaltlich wiedergegeben. Hiervon kann unter entspr. Hinweis abgesehen werden, wenn alle Mitglieder des Gerichts das Urt. kennen. Die Prozessrügen trägt der Berichterstatter mit allen Unterlagen vollständig vor; die sachlich-rechtliche Begründung der Revision überlässt er idR dem anwesenden Verteidiger o. Prozessbevollmächtigten.

2 Auf Anregung des Vorsitzenden kann die Verh. bei Verurteilung wegen mehrerer Taten o. bei Konkurrenz v. Revisionsrügen (→ § 352 Rn. 9 ff.) zunächst auf bestimmte Teile o. Punkte beschränkt werden (Dahs Strafverteidiger-HdB Rn. 984; Hamm Revision Rn. 1404).

3 **II. Beweisaufnahme.** Eine Beweisaufnahme über die Tat findet nicht statt. Zur Aufklärung tatsächlicher Umstände, v. denen die Prozessvoraussetzungen o. die Verfahrensrügen abhängen, können aber in der HV im Freibeweis (→ § 244 Rn. 7, 9) Beweise jeder Art erhoben werden (vgl. BGH NStZ 1993, 349; KG StV 2002, 123). Allerdings sind ihm Zeugen entzogen, die schon im Strengbeweisverfahren vernommen wurden (BayObLGSt 2000, 94); bedenklich (**aM** Basdorf NStZ 2013, 186) daher auch die Einholung eines Sachverständigengutachtens durch das Revisionsgericht im Verf. BGH NStZ 2012, 526 (dazu abl. Knauer NStZ 2012, 583, Trüg StV 2013, 66; erg. → § 337 Rn. 13). Das Erg. der erhobenen Beweise ist den Verfahrensbeteiligten bekanntzugeben (Schulte FS Rebmann, 1989, 472). Zur Sachrüge ist eine Beweisaufnahme zulässig, wenn ein Erfahrungssatz (→ § 337 Rn. 31) o. der Inhalt ausl. Rechts festgestellt werden muss, sonst nicht (→ § 337 Rn. 24).

3a Ob die **Verbindung** mehrerer beim Revisionsgericht anhängiger Verf. entspr. § 4 angeordnet werden kann (so BGH 9.4.1997 – 1 StR 134/97 und 135/97), ist zw. (SK-StPO/Wohlers Rn. 3; Meyer-Goßner/Cierniak StV 2000, 698); jedoch können bei demselben Sen. anhängige Verf. entspr. § 237 zur gemeinsamen Verh. verbunden werden (BGH 11.3.1997 – 4 StR 662/96, und 4/97; 28.2.2012 – 5 StR 16/12 und 5 StR 36/12).

4 **III. Worterteilung (Abs. 2 S. 1).** Die Vorschr. ist eine Ordnungsvorschrift; v. der in ihr bezeichneten Reihenfolge kann abgewichen werden (RGSt 64, 133; Rissing-van Saan StraFo 2010, 364). Der Beschwerdeführer wird aber idR zuerst gehört. Der Bitte des Verteidigers, zunächst den StA zu hören, sollte stets stattgegeben werden (Hamm Revision Rn. 1403).

5 Eine Rechtspflicht des Gerichts, mit den Prozessbeteiligten **Rechtsgespräche** zu führen, besteht nicht, auch nicht nach Art. 103 Abs. 1 GG (BVerfG NJW 1965, 147; BGHSt 22, 336 (339); Fezer 20/44; vgl. auch BVerfG MDR 1987, 290), nicht

einmal, wenn das Revisionsgericht v. seiner bisherigen Rspr. abweichen will (KK-StPO/Gericke Rn. 4; Jagusch NJW 1962, 1647; **aM** BVerwG NJW 1961, 891; 1549; SK-StPO/Wohlers Rn. 10; Dahs Strafprozessrevision Rn. 602; vgl. auch Löwe/Rosenberg/Franke Rn. 7; erg. → § 265 Rn. 7a).

IV. Letztes Wort. Das letzte Wort (→ § 258 Rn. 19) gebührt nach Abs. 2 S. 2 dem Angeklagten. Ist er nicht anwesend, steht es als höchstpersönliches Recht des Angeklagten dem Verteidiger aber nicht zu (SK-StPO/Wohlers Rn. 12; erg. → § 258 Rn. 20). 6

B. Beratung; Abstimmung. Die Beratung findet nach der Revisionsverhandlung statt, nicht vorher (Hamm Revision Rn. 1399). Eine Vorberatung über Rechtsfragen ist aber zulässig (KK-StPO/Gericke Rn. 6; Wimmer NJW 1950, 202; **aM** KMR-StPO/Momsen § 352 Rn. 24). Die Abstimmung erfolgt stufenweise, zunächst über die Zulässigkeit der Revision, sodann über die Prozessvoraussetzungen, dann über die Verfahrensrügen u. zum Schluss über die Sachrüge (vgl. Mellinghoff Strafverfahren S. 46 ff.; 131 ff.). Das Revisionsgericht entscheidet entspr. § 263 Abs. 1 mit Zweidrittelmehrheit, wenn es nach § 354 Abs. 1, Abs. 1a, Abs. 1b eine dem Angeklagten ungünstige Entsch. in der Schuld- o. Rechtsfolgenfrage trifft, sonst nach § 196 GVG mit einfacher Mehrheit (BGHSt 49, 371; KK-StPO/Gericke Rn. 7; Löwe/Rosenberg/Franke Rn. 11; Roxin/Schünemann StrafVerfR § 55 Rn. 77; **aM** SK-StPO/Wohlers Rn. 16; Spendel GS Schlüchter, 2002, 647: stets nach § 263 Abs. 1); denn nur im Fall des § 354 Abs. 1, Abs. 1a, Abs. 1b entscheidet das Revisionsgericht an Stelle des Tatrichters, iÜ besteht für § 263 im Revisionsverfahren kein Anwendungsbereich. 7

C. Unterbrechung und Aussetzung. §§ 229, 268 finden keine Anwendung. Gleichwohl ist auch hier zwischen einer durch den Vorsitzenden angeordneten kürzeren Unterbrechung (§ 228 Abs. 1 S. 2) u. einer v. Sen. beschlossenen Aussetzung der HV zu unterscheiden. Wird die HV – etwa zur Beantwortung einer Rechtsfrage durch den GrS (§ 132 GVG) – ausgesetzt, so hindert dies anders als bei der Unterbrechung der HV nicht, später nach Anhörung der Bet. im Beschlusswege nach § 349 zu entscheiden. 8

Umfang der Urteilsprüfung

352 (1) **Der Prüfung des Revisionsgerichts unterliegen nur die gestellten Revisionsanträge und, soweit die Revision auf Mängel des Verfahrens gestützt wird, nur die Tatsachen, die bei Anbringung der Revisionsanträge bezeichnet worden sind.**

(2) **Eine weitere Begründung der Revisionsanträge als die in § 344 Abs. 2 vorgeschriebene ist nicht erforderlich und, wenn sie unrichtig ist, unschädlich.**

A. Zulässigkeit der Revision. Die Zulässigkeit der Revision ist auch noch in der HV zu prüfen (→ § 349 Rn. 1). Dazu gehört insbes. die Anfechtungsberechtigung (→ § 333 Rn. 4), bei Revision des Nebenklägers dessen Anschlussbefugnis (→ § 396 Rn. 20 ff.) sowie die Einhaltung der ges. Fristen (§§ 341, 345 Abs. 1) u. Form (§§ 344, 345 Abs. 2), bei beschränkter Revision auch die Rechtswirksamkeit der Beschränkung (→ § 344 Rn. 7). Hat der Tatrichter über eine selbständige Tat der zugelassenen Anklage nicht entschieden, ist der Fall noch bei diesem anhängig; das Revisionsgericht hat nicht darüber zu befinden (BGH NStZ 2007, 476; StraFo 2010, 204; BeckRS 2011, 26267; erg. → § 327 Rn. 4). 1

B. Prozessvoraussetzungen. Die Prozessvoraussetzungen (→ Einl. Rn. 141 ff.) werden, soweit es sich um Befassungsverbote handelt, vAw geprüft (→ Einl. Rn. 150), auch wenn bereits Teilrechtskraft eingetreten ist (→ Einl. Rn. 151; → § 337 Rn. 6). 2

Bei Revision gegen ein Berufungsurteil wird auch die **Zulässigkeit der Berufung** vAw geprüft (OLG Frankfurt a. M. StV 1987, 289; OLG Stuttgart Justiz 3

1986, 27; einschr. SK-StPO/Wohlers Rn. 5). Hat das Berufungsgericht zB übersehen, dass die Berufung verspätet o. nicht in zulässiger Weise (zB telefonisch) eingelegt war, so wird das Urt. aufgeh. u. die Berufung als unzulässig verworfen (Rüth DAR 1985, 246 – BayObLG RsprÜ). Das gilt auch, wenn das Urt., weil es v. einem anderen Verfahrensbeteiligten zulässig u. rechtzeitig angefochten worden ist, noch keine Rechtskraft erlangt hat (RGSt 65, 250; KK-StPO/Gericke Rn. 22; Löwe/Rosenberg/Franke Rn. 3; **aM** BayObLG NStZ 1994, 48); denn das Revisionsgericht muss, um zu dieser Feststellung zu gelangen, die Zulässigkeit der Berufungen vAw prüfen, u. das Erg. dieser Prüfung wird nicht dadurch unbeachtlich, dass sich eine der beiden Berufungen als zulässig erweist.

4 Das Revisionsgericht hat **ferner vAw,** unabhängig v. einer sachlichen Beschwer des Beschwerdeführers u. ohne Bindung an die rechtliche Beurteilung durch den Tatrichter, zu prüfen, ob das Berufungsgericht über alle Bestandteile des 1. Urt. entschieden hat, die v. der Berufung erfasst wurden (BayObLG BeckRS 2025, 32964; OLG Frankfurt a. M. VRS 50, 416; NStZ-RR 2015, 150; OLG Koblenz VRS 43, 256; 70, 144; OLG Oldenburg VRS 38, 426), insbes., ob die Berufungsbeschränkung, v. der das Berufungsgericht ausgegangen ist, wirksam war (BGHSt 27, 70 (72); BGHSt 64, 209 = NJW 2020, 253; BayObLG BeckRS 2025, 32964; OLG Bamberg StraFo 2018, 479; OLG Braunschweig NStZ 2016, 563; OLG Hamm NJW 1973, 1141 (1143); → § 327 Rn. 9). War das nicht der Fall, so muss das Berufungsgericht die Sache nach Zurückverweisung auch zu dem Teil neu verhandeln, der zu Unrecht als rkr. beurteilt war (OLG Hamm NJW 1973, 1141 (1143)). Die Revision gegen ein Berufungsurteil kann namentlich nicht wirksam auf den Rechtsfolgenausspruch beschränkt werden, wenn das Berufungsgericht trotz unbeschränkt eingelegter Berufung keinen eigenen Schuldspruch mit den zugehörigen Feststellungen getroffen hat (BGHSt 64, 209 = NJW 2020, 253 mablAnm Leitmeier). Ist das Berufungsgericht in der Nachprüfung dagegen zu weit gegangen, so wird insoweit der richtige Zustand hergestellt. Bei wirksamer Berufungsbeschränkung darf das Revisionsgericht nur den noch angefochtenen Urteilsteil prüfen.

5 **C. Verfahrensmängel.** Verfahrensmängel werden nur auf zulässige Rüge (§ 344 Abs. 2) geprüft. Andere als die v. dem Beschwerdeführer bei Anbringung der Revisionsanträge o. in der Frist des § 345 Abs. 1 oder, bei Wiedereinsetzung gegen die Versäumung dieser Frist, innerhalb der Frist des § 45 Abs. 1 geltend gemachten Tatsachen darf das Revisionsgericht nicht berücksichtigen (BGHSt 17, 337 (339); 18, 214; OLG Karlsruhe Justiz 1986, 308), wenn Wiedereinsetzung bewilligt war, grds. auch keine Verfahrensrügen, die in der verspäteten Begründungsschrift nicht enthalten waren (BGH NStZ 1985, 181). Rechtsausführungen zu Verfahrensrügen können dagegen bis zum Urteilserlass nachgeschoben werden. Genügt das Tatsachenvorbringen nicht für die v. dem Beschwerdeführer erhobene Verfahrensrüge, aber für eine andere, die er nicht erhoben hat, so wird die Rüge umgedeutet (Holtz MDR 1978, 805 – BGH RsprÜ; KG StV 1999, 197; OLG Oldenburg VRS 46, 201; OLG Stuttgart VRS 61, 379 (380)).

6 Die **Richtigkeit der Tatsachen** prüft das Revisionsgericht, soweit nicht § 274 eingreift, im Freibeweis (→ § 244 Rn. 7, 9). Der Beschwerdeführer hat keine Beweislast; Zweifel gehen aber zu seinen Lasten (→ § 261 Rn. 35; → § 337 Rn. 12).

7 Die **Zurücknahme** der Verfahrensrügen ist bis zur Entsch. zulässig (BGHSt 14, 240 (243); BayObLGSt 1958, 299); der Verteidiger braucht dazu keine besondere Ermächtigung (Kaiser NJW 1982, 1368).

8 **D. Unbeschränkte Sachrüge.** Auf die unbeschränkte Sachrüge wird das Urt. in sachlich-rechtlicher Hinsicht in vollem Umf. geprüft (BGHSt 1, 44 (46)). Unrichtige Rechtsausführungen sind unschädlich (Abs. 2). Bis zur Entsch. können die Ausführungen ergänzt werden (16.5.2024 – 3 StR 112/23). Eine angekündigte weitere Revisionsbegründung braucht das Revisionsgericht aber nicht abzuwarten.

E. Zusammentreffen mehrerer Rügen. Wenn die Revision verworfen werden soll, müssen alle Rügen geprüft werden. Ist die Urteilsaufhebung geboten, so gilt dagegen der Grundsatz des Vorrangs des weitestreichenden Revisionsgrundes (Löwe/Rosenberg/Franke Rn. 12; Jagusch NJW 1962, 1417). Die Aufhebung wird auf denjenigen Mangel gestützt, mit dessen Erörterung die Sache am schnellsten erledigt werden kann (Sarstedt FS H. Mayer, 1966, 539). 9

Von **mehreren Verfahrensrügen** braucht nur diejenige geprüft zu werden, die zweifelsfrei zur Aufhebung zwingt; über die anderen, auch wenn sie zwingende Aufhebungsgründe (§ 338) betreffen, braucht nicht entschieden zu werden. Der Beschwerdeführer kann dem Revisionsgericht die Reihenfolge der Prüfung nicht vorschreiben. 10

Das Revisionsgericht kann auch **von der Entscheidung über die Sachrüge absehen,** wenn bereits eine Verfahrensrüge durchgreift. Dass dann die Rechtsfolge des § 357 (Haase GA 1956, 278) u. die Rechtswirkung des § 358 Abs. 1 nicht eintreten, spielt keine Rolle (**aM** Jagusch NJW 1962, 1419). Durch die nur hilfsweise Erhebung der Verfahrensrügen kann der Beschwerdeführer das Revisionsgericht nicht zur Entsch. über die Sachrüge zwingen; solche Rügen sind unzulässig (→ § 344 Rn. 12). 11

Umgekehrt können die **Verfahrensrügen unbeschieden bleiben,** auch die nach § 338, wenn die Sachrüge durchgreift (BGHSt 17, 253; 27, 124 (132); **aM** Fezer FS Frisch, 2013, 1317 ff.). Insbesondere kann das Revisionsgericht den Angeklagten ohne Rücksicht auf ihre Begründetheit freisprechen (BGHSt 17, 253), auch wenn Rügen nach § 338 erhoben worden sind (Hanack JZ 1973, 778). 12

Wenn danach die Sach- o. die Verfahrensrüge nicht verbeschieden werden, sollte sich das Gericht auch jeder sachlichen Äußerung hierzu enthalten. Es ist eine **Unsitte,** wenn das Revisionsgericht hierzu Ausführungen macht, wie „Der Senat neigt dazu …“, um die Frage aber dann letztlich offen zu lassen, weil es nicht darauf ankommt (Beulke/Witzigmann JR 2008, 432; **aM** SSW StPO/Momsen/Momsen-Pflanz Rn. 18). Fezer (FS Küper, 2007, 45 (50)) hält solche *obiter dicta* sogar für unzulässig, soweit sie nicht zB bei einer Zurückverweisung an den Tatrichter „der rechtlichen Bewältigung des konkreten Verfahrens“ dienen (Fezer FS Küper, 2007, 45 (57); dagegen Rissing-van Saan FS Widmaier, 2008, 513). 13

Aufhebung des Urteils und der Feststellungen

353 (1) **Soweit die Revision für begründet erachtet wird, ist das angefochtene Urteil aufzuheben.**

(2) **Gleichzeitig sind die dem Urteil zugrunde liegenden Feststellungen aufzuheben, sofern sie durch die Gesetzesverletzung betroffen werden, wegen deren das Urteil aufgehoben wird.**

Übersicht

1 **A. Verwerfung der Revision.** Die Verwerfung der Revision durch Urt. regelt das G nicht näher (zum Erlass einer Teilentscheidung vgl. → § 260 Rn. 8). Im Gegensatz zur Beschlussverwerfung (→ § 349 Rn. 24) ist die Entsch. endgültig. Die Zurücknahme des Verwerfungsurteils ist auch bei tatsächlichem Irrtum ausgeschlossen (**aM** Rieß JR 1978, 523); § 33a ist nicht anwendbar (→ § 33a Rn. 7). Gleichzeitig mit dem Verwerfungsurteil, in dem über die Kosten nach § 473 Abs. 1 zu entscheiden ist, berichtigt das Revisionsgericht, falls es das für erforderlich erachtet, die Liste der angewendeten Vorschr. (vgl. BGH NJW 1979, 1259 (1260)) u. entscheidet über Rechtsmittel nach §§ 305a, 464 Abs. 3 S. 1 Hs. 1 und § 8 Abs. 3 S. 1 **StrEG.** Zur Berichtigung offensichtlicher Fassungsversehen vgl. → § 354 Rn. 33.

2 **B. Einstellung des Verfahrens.** Zur Einstellung des Verfahrens nach § 153, auch nach § 153a (→ § 153a Rn. 47), ist das Revisionsgericht befugt; eine Urteilsaufhebung erfolgt dann nicht (erg. → § 354 Rn. 6). Die tatsächlichen Voraussetzungen des § 153 müssen sich aus dem angefochtenen Urt. ergeben; Beweiserhebungen durch das Revisionsgericht kommen nicht in Betracht (RGSt 77, 72 (75); BayObLGSt 1952, 12; OLG Bremen NJW 1951, 326). Das Gleiche gilt bei der Einstellung nach § 153e. Die Einstellung nach § 154 Abs. 2 setzt voraus, dass sich der Tatrichter in seinem Urt. mit der Tat befasst hat (BGHR StPO § 352 Abs. 1 Prüfungsumfang 4; BGH BeckRS 2019, 34388; OLG Celle NStZ 2008, 118; vgl. auch BGHSt 46, 130; BGH NStZ 1993, 551), unterliegt aber sonst keinen Beschränkungen außer dem Antragserfordernis (RGSt 73, 400; OLG Bremen NJW 1951, 326). Den Antrag muss die StA bei dem Revisionsgericht stellen; der Angeklagte braucht dazu nur dann angehört zu werden, wenn die Begehung der eingestellten Tat für die Zumessung der Strafen für die übrigen abgeurteilten Taten v. Bedeutung war (BGH NStZ-RR 2008, 183).

3 Mit deren Zustimmung kann auch die **Verfolgungsbeschränkung** nach § 154a Abs. 2 (BGHSt 21, 326 (328); Dallinger MDR 1966, 559 – BGH RsprÜ; erg. → § 154a Rn. 22) u. § 430 angeordnet werden. Zur Einstellung wegen eines Prozesshindernisses → Rn. 13.

4 **C. Aufhebung des angefochtenen Urteils (Abs. 1).** Die Aufhebung des angefochtenen Urteils (Abs. 1) ist erforderlich, **wenn und soweit die Revision begründet ist** (zu einem Ausnahmefall vgl. aber BGHSt 41, 72 (94)); die Aufhebung erstreckt sich auf die Adhäsionsentscheidung nach § 406 Abs. 1 S. 1, wenn auf das unbeschränkte Rechtsmittel des Revisionsführers die Verurteilung wegen der zugrunde liegenden Straftat mit den die zivilrechtliche Entsch. tragenden Feststellungen aufgeh. wird (BGH BeckRS 2018, 40288). Sie kommt allerdings nicht in Betracht, wenn der Tatrichter rechtsirrig o. versehentlich v. einer Entsch. über eine angeklagte Tat abgesehen hat, denn dann ist das Verf. in diesem Umf. weiterhin bei ihm anhängig (BGHSt 46, 130; Becker NStZ-RR 2002, 98 – BGH RsprÜ; erg. → § 328 Rn. 2 aE). Die Nebenentscheidungen nach §§ 465 ff. und nach §§ 2 ff. **StrEG** entfallen ohne besonderen Ausspruch (→ § 464 Rn. 20). Mit der Aufhebung sind die weiteren Entsch. nach §§ 354, 355 zu verbinden. Bei Zurückverweisung nach §§ 354 Abs. 2, Abs. 3, 355 wird die Entsch. über die Kosten der Revision dem neuen Tatrichter überlassen (→ § 464 Rn. 3). Für die Urteilsaufhebung gilt iE:

5 **I. Aufhebung von Berufungsurteil und 1. Urteil.** Neben dem Berufungsurteil muss auch das 1. Urt. aufgeh. werden, wenn das Berufungsgericht gegen § 328 Abs. 2 verstoßen (Gössel JR 1982, 272), trotz bereits eingetretener Rechtskraft des Strafbefehls entschieden (OLG Oldenburg MDR 1971, 680) o. ein Verwerfungsurteil nach § 412 zu Unrecht bestätigt hat (→ § 412 Rn. 11). Ist eine bereits zurückgenommene Berufung nach § 329 Abs. 1 verworfen worden, so wird das Urt. ersatzlos aufgeh. (OLG Zweibrücken VRS 63, 57).

6 **II. Teilaufhebung.** Teilaufhebung erfolgt, wenn v. den Revisionen mehrerer Beschwerdeführer nur einzelne begründet sind o., bei Revision eines einzigen

Beschwerdeführers, wenn die begründete Revision nur beschränkt eingelegt war (→ § 344 Rn. 4 ff.) o. wenn die Revision nur teilw. begründet ist; dann wird die weitergehende Revision verworfen (Löwe/Rosenberg/Franke Rn. 5), u. der bestehenbleibende Teil erwächst in Rechtskraft. Die Teilaufhebung ist nur in den Grenzen zulässig, die für die Wirksamkeit der Teilanfechtung des Urt. bestehen (BGH NStZ 1997, 593; BeckRS 2014, 23584; OLG München NZV 2010, 212; erg. → § 344 Rn. 7 ff.). Eine Aufrechterhaltung des Strafausspruchs ist bei Aufhebung des Schuldspruchs stets ausgeschlossen (BGH NJW 2007, 2706).

III. Vollaufhebung. Bei Aufhebung eines **Freispruchs** kann sich auch die Aufhebung einer nicht angefochtenen Verurteilung wegen einer anderen Tat als notwendig erweisen, wenn die Möglichkeit besteht, dass beide Taten zu einer Bewertungseinheit (→ Einl. Rn. 175b) zusammenzufassen sind (Becker NStZ-RR 2003, 292 – BGH RsprÜ). Das Gleiche gilt, wenn eine möglicherweise gebotene Verurteilung wegen einer Tat unterblieben ist, die ggf. mit einer abgeurteilten Tat in Tateinheit stehen kann (BGH NStZ-RR 2006, 10; vgl. auch KK-StPO/Gericke Rn. 23 ff.). Ergänzend → Rn. 15a. 6a

IV. Fehlerhafter Schuldspruch. Ein fehlerhafter Schuldspruch **kann bestehen bleiben,** wenn der Fehler schon durch die Aufhebung des Rechtsfolgenausspruchs beseitigt wird, zB wenn der Tatrichter bei einheitlicher Tat nur den Schuldumfang zu hoch angesetzt hat (Holtz MDR 1977, 461 – BGH RsprÜ; BGH wistra 1983, 257 (258); KK-StPO/Gericke Rn. 13; **aM** BayObLGSt 1972, 264 (267); vgl. auch RGSt 75, 243: teilw. Fehlen der Strafanträge; OLG Düsseldorf MDR 1984, 1046: teilw. Strafklageverbrauch). Der Schuldspruch wegen Mordes kann auch dann bestehen bleiben, wenn eines v. mehreren vorliegenden Mordmerkmalen fehlerhaft bejaht wurde u. insoweit weitere Feststellungen erforderlich sind (BGHSt 41, 222). Liegt zwar nicht der v. dem Tatrichter herangezogene Straferschwerungsgrund nach § 243 oder § 250 StGB vor, aber ein anderer, so kann der Schuldspruch ebenfalls aufrechterhalten werden, uU auch der Strafausspruch (Dallinger MDR 1968, 201 – BGH RsprÜ; KMR-StPO/Momsen Rn. 5; **aM** hins. des Strafausspruchs: Löwe/Rosenberg/Franke Rn. 10). Entsprechendes gilt bei Verurteilung nach § 323a StGB, wenn v. mehreren Rauschtaten eine entfällt (BGH VRS 36, 36; OLG Oldenburg VRS 40, 29), idR aber auch bei rechtsfehlerhafter Beurteilung der einzigen Rauschtat (RGSt 69, 189; **aM** BGHSt 14, 114). 7

Bei Tateinheit steht aber die Einheitlichkeit der Tat einer Aufrechterhaltung des v. Rechtsfehler nicht betroffenen Teils entgegen (BGH NJW 2012, 325 (328); **aM** BayObLG NStZ-RR 2000, 53, falls nur noch ein persönlicher Strafausschließungsgrund zu prüfen ist); anders ist es nur, wenn hins. eines (von mehreren in Tateinheit verbundenen) Straftatbestandes lediglich eine Verfahrensvoraussetzug rechtsfehlerhaft beurteilt wurde (Becker NStZ-RR 2007, 5 – BGH RsprÜ). 7a

V. Aufhebung im Strafausspruch. Die Aufhebung im Strafausspruch betr. die zur Ahndung der verfahrensgegenständlichen Tat zu verhängenden Strafen; **der Schuldspruch wird rkr.** (horizontale Teilrechtskraft, vgl. BGH NStZ-RR 2017, 187; s. aber BGH NStZ 2023, 310; → Rn. 9). Auch innerhalb des Rechtsfolgenausspruchs kann horizontale Teilrechtskraft bzgl. einzelner Rechtsfolgen eintreten, wenn lediglich der Strafausspruch aufgeh. wird (BGH NStZ-RR 2017, 187. Ob sich die Urteilsaufhebung im Strafausspruch auf die daneben angeordneten Sicherungsmaßregeln nach §§ 63 ff. StGB u. bei Teilaufhebung auf die Gesamtstrafe erstreckt, richtet sich nach den für die Rechtsmittelbeschränkung geltenden Grundsätzen (BGH NStZ-RR 2017, 187; NJW 1984, 622 (623)). Bei fehlerhafter Nichtanrechnung der UHaft nach § 51 Abs. 1 S. 2 StGB wird die Aufhebung unter Aufrechterhaltung des übrigen Strafausspruchs hierauf beschränkt (BGHSt 7, 124), ebenso bei fehlerhafter Anrechnung der Strafe nach § 51 Abs. 4 S. 2 StGB (BGH NJW 1982, 1236 (1237)). Der eigentliche Strafausspruch bleibt auch bestehen, wenn nur die Anwendung des § 42 StGB nicht o. fehlerhaft geprüft worden ist (RGSt 64, 207 (208); **aM** OLG Bremen NJW 1954, 522); gleiches gilt im Fall des § 55 StGB (BGHSt 35, 243 (246); BGHR StGB § 55 Abs. 1 S. 1 Zäsurwirkung 3; 8

OLG Koblenz OLGSt StGB § 55 S. 2). Die Aufhebung des Strafausspruchs auf eine allein v. Angeklagten eingelegte Revision erfasst den Ausspruch über den Ausgleich einer bis dahin eingetretenen (vermeintlichen) rechtsstaatswidrigen Verfahrensverzögerung nicht (BGH NStZ-RR 2012, 80). Hat der Tatrichter bei der Bemessung einer Geldstrafe die Festsetzung der Tagessatzhöhe unterlassen, so kann die Sache allein zur Nachholung dieser Entsch. zurückverwiesen werden (BGHSt 34, 90; BGH VRS 60, 192).

8a Die **Aufhebung des Rechtsfolgenausspruchs** erfasst alle Rechtsfolgen der Tat, unabhängig davon, ob diese v. erstinstanzlichen Gericht angeordnet worden sind (BGH NStZ-RR 2017, 187).

9 Die **Mitaufhebung des Schuldspruchs** kann erforderlich sein bei Fehlerhaftigkeit doppelrelevanter Tatsachen (→ Einl. Rn. 187; OLG Frankfurt a. M. NStZ-RR 1999, 336), zB bei Feststellungen über wesentliche Umstände des Tathergangs (BGH StV 1983, 140; 1984, 188) u. bei Nichtberücksichtigung des Mitverschuldens des Unfallgegners (vgl. BayObLGSt 1966, 155; **aM** BGH VRS 19, 108 (110)), sowie allg. zur Vermeidung widersprüchlicher Feststellungen im neuen Urt. (BGHR StPO § 353 Aufhebung 2).

9a Dies gilt gleichermaßen, wenn der Schuldspruch auf einem im Rahmen einer **Verständigung** nach § 257c abgelegten Geständnis des Angekl. beruht und eine zuungunsten des Angekl. eingelegte Revision der StA allein zum Strafausspruch Erfolg hat (BGHSt 67, 171 ff. = NStZ 2023, 310 mAnm Horter; erg. → Rn. 17), ebenso wenn eine Revision der Nebenklage zum Schuldspruch Erfolg hat, soweit die Feststellungen auf dem nach § 257c abgelegten Geständnis beruhen (BGH NJW 2025, 519; erg. → Rn. 17a).

10 Bei Tatmehrheit kann die Aufhebung eines Einzelstrafausspruchs zur **Aufhebung der weiteren Einzelstrafaussprüche** zwingen, wenn nicht auszuschließen ist, dass sie durch den Rechtsfehler beeinflusst sind (BGH NJW 1979, 378; 1981, 2204 (2206); StV 1984, 204; VRS 65, 428 (430); OLG Stuttgart VRS 73, 191 (194)). Fällt v. 44 Einzelstrafen aber nur eine weg, so braucht nicht einmal der Gesamtstrafausspruch aufgeh. zu werden (BGH 8.9.1981 – 5 StR 434/81).

11 Bei der **Aufhebung des Gesamtstrafausspruchs** entfallen nicht zugleich verhängte Maßnahmen iSd § 11 Abs. 1 Nr. 8 StGB; sollen sie aufgeh. werden, ist eine ausdr. Anordnung notwendig (vgl. BGHSt 33, 306 (310)).

11a Bei **erfolgreicher Anfechtung der Nichtanordnung der Unterbringung** nach §§ 63, 64, 66 StGB wird idR der Strafausspruch mit aufgeh., weil die Strafe bei Anordnung der Maßregel möglicherweise niedriger ausgefallen wäre; wenn das ausgeschlossen werden kann, kann die Strafe aber auch bestehen bleiben (vgl. BGH NStZ 1994, 281).

12 **D. Aufhebung der Urteilsfeststellungen (Abs. 2).** Die Aufhebung der Urteilsfeststellungen (Abs. 2) ist nicht die notwendige Folge der Urteilsaufhebung, sondern nur erforderlich, **soweit** sie **v. der Gesetzesverletzung betroffen** sind, die der Urteilsaufhebung zugrunde liegen. Sie kann in der Urteilsformel auch in der Weise ausgesprochen werden, dass bestimmte Feststellungen aufrechterhalten werden, wobei hier aber im Hinblick auf möglicherweise andersartige Erkenntnisse im neuen Verf. Vorsicht am Platze ist (vgl. dazu Widmaier StraFo 2004, 366). Fehlt der Ausspruch, so galten die Feststellungen nach bisheriger Übung als in vollem Umf. aufgeh. (Löwe/Rosenberg/Franke Rn. 18); demggü. vertritt BGH NJW 2007, 1540 (mit wenig überzeugendem Hinweis auf den Wortlaut des § 353) die Ansicht, dass die Feststellungen bestehen bleiben, wenn sie nicht ausdr. aufgeh. werden. Das dient nicht gerade der Klarheit (vgl. etwa BGH NStZ-RR 2008, 342, wo im Tenor das landgerichtliche Urt. aufgeh. wird u. sich erst aus den Gründen ergibt, dass die getroffenen Feststellungen bestehen bleiben sollen); besser scheint es, Feststellungen, die nicht aufgeh. werden, durch Ausspruch im Tenor der Entsch. aufrechtzuerhalten u. nicht nur in den Gründen hierauf hinzuweisen (so zB auch BGH NStZ 2008, 477). Die Sen. des BGH verfahren bisher uneinheitlich.

Bei Übersehen o. irriger Annahme eines **Prozesshindernisses** hängt die Entsch. über die Aufhebung der Feststellungen davon ab, ob ein Befassungs- o. ein Bestrafungsverbot vorliegt (dazu → Einl. Rn. 143 ff.): Bei letzteren können die Feststellungen ggf. bestehen bleiben (so BGHSt 4, 287 (289) bei Amnestie), bei ersteren hingegen nicht (OLG Stuttgart NJW 2021, 2596 (2599); vgl. auch die Hinweise in BGHSt 41, 305 (308) auf fehlende Anklage o. Fehlen der deutschen Gerichtsbarkeit). Dürfen u. sollen die Feststellungen aufrechterhalten werden, muss das aber hier jedenfalls ausdr. ausgesprochen werden (unrichtig daher BGHSt 41, 305 bei einer Einstellung wegen Verjährung; abl. auch Wollweber NJW 1996, 2635); das gilt – entgegen BGHSt 41, 305 – auch, wenn fehlerhaft lediglich eingestellt u. nicht zuvor, wie es bei übersehenen Verfahrenshindernissen erforderlich ist (vgl. → § 206a Rn. 6a), das fehlerhafte Urt. aufgeh. worden ist. **13**

Verfahrensfehler zwingen meist zur Aufhebung des Urt. mit allen Feststellungen (KK-StPO/Gericke Rn. 27), auch die Urteilsverkündung unter unzulässigem Ausschluss der Öffentlichkeit (Löwe/Rosenberg/Franke Rn. 21; Hamm Revision Rn. 459). Die Feststellungen zu der Tat, die Gegenstand des Freispruchs ist, können dagegen aufrechterhalten werden, wenn die Sache auf Revision der StA nur deshalb zurückverwiesen wird, weil der Tatrichter die Wiedereinbeziehung einer nach § 154a ausgeschiedenen Gesetzesverletzung unterlassen hat (BGHSt 32, 84). **14**

Bei Aufhebung wegen **sachlich-rechtlicher Mängel** gilt der Grundsatz tunlichster Aufrechterhaltung der v. der Gesetzesverletzung nicht berührten Feststellungen (BGHSt 14, 30 (35); siehe aber zu Ausnahmen in den Fällen des § 257c → Rn. 17, 17a). Daher werden die Feststellungen zur äußeren Tatseite aufrechterhalten bei unterlassener o. fehlerhafter Prüfung der Schuldfähigkeit nach § 20 StGB (BGHSt 14, 30 (34); BGH NJW 1964, 2213; Holtz MDR 1990, 95 – BGH RsprÜ) o. des Verbotsirrtums nach § 17 StGB (OLG Celle LRE 10, 288; OLG Hamburg NJW 1967, 213), bei fehlerhafter Beurteilung der Frage des bedingten Vorsatzes (BGH StV 1983, 360), der niedrigen Beweggründe iSd § 211 StGB (BGH GA 1980, 24), der Vorteilssicherungsabsicht nach § 257 StGB (Holtz MDR 1985, 447 – BGH RsprÜ), bei Fehlen v. Feststellungen zur inneren Tatseite bei § 142 StGB (OLG Hamburg OLGSt StGB § 142 S. 132) o. § 316 StGB (Bär DAR 1987, 316 – BayObLG RsprÜ) u. wenn eine Schuldspruchberichtigung (→ § 354 Rn. 12 ff.) nur an dem Fehlen des Hinweises nach § 265 Abs. 1 scheitert (BGHSt 14, 30 (37); OLG Bremen LRE 9, 204; OLG Stuttgart NJW 1973, 1385 (1387)). **15**

Bei **Aufhebung eines freisprechenden Urteils** können die den Angeklagten belastenden Feststellungen zum äußeren Tatgeschehen idR nicht aufrechterhalten werden, weil er das Urt. insoweit nicht hätte anfechten können (BGH NStZ 2013, 655; NStZ-RR 2000, 300; BeckRS 2010, 5101), anders allenfalls bei einem geständigen Angeklagten (BGH NJW 1992, 382 (384)) o. bzgl. der für die Zuständigkeit der allg. StrK bedeutsamen Feststellungen zum Lebensalter des Angeklagten (Holtz MDR 1984, 444 – BGH RsprÜ). Bei Tateinheit zwischen dem den Freispruch betr. u. einem anderen Straftatbestand muss idR auch eine – für sich rechtsfehlerfreie – Verurteilung wegen des anderen Delikts mit aufgeh. werden (dazu im einzelnen BGH StraFo 2012, 190). **15a**

Die ausdr. Aufhebung der **Feststellungen zum Strafausspruch** ist üblich (vgl. BGH NJW 1984, 622 (623)). Beruht die Aufhebung des Strafausspruchs allerdings nur auf einem Wertungsfehler, bedarf es der Aufhebung der Feststellungen nicht (BGH BeckRS 1993, 31090520). Teilw. können zB die Feststellungen aufrechterhalten werden, wenn § 59 StGB fehlerhaft angewendet worden ist (OLG Zweibrücken VRS 66, 198 (202)). **16**

Beruht der Schuldspruch auf einem im Rahmen einer **Verständigung nach § 257c** abgelegten Geständnis des Angeklagten, führt eine von der StA zuungunsten des Angeklagten eingelegte Revision, die allein zum Strafausspruch Erfolg hat, wegen des Grundsatzes des fairen Verfahrens (Art. 6 Abs. 1 S. 1 **EMRK**) in Abweichung vom Regelungskonzept der Abs. 1 und 2 auch zur Aufhebung des Schuldspruchs mitsamt den zugrundeliegenden Feststellungen (BGHSt 67, 171 ff. = **17**

NStZ 2023, 310 mAnm Horter). Würden der Schuldspruch und die den Schuldspruch tragenden Feststellungen demgegenüber aufrechterhalten, müsste sich der Angeklagte an sein im Vertrauen auf die Bindungswirkung der Verständigung (§ 257c Abs. 4) abgelegtes Geständnis festhalten lassen, obwohl er nicht durch das Verschlechterungsverbot des § 358 Abs. 2 S. 1 im neuen Rechtsgang vor einer Strafe geschützt wäre, welche die im ersten Rechtsgang zugesagte übersteigt (BGHSt 67, 171 ff. = NStZ 2023, 310 mAnm Horter; s. auch BGH NJW 2025, 519).

17a Dies gilt gleichermaßen, wenn eine **Revision der Nebenklage** zum Schuldspruch Erfolg hat, soweit die Feststellungen auf einem im Rahmen einer Verständigung nach § 257c abgelegten Geständnis beruhen (BGH 11.9.2024 – 2 StR 521/23). Liegt der Verständigung eine Vereinbarung über den Gesamtstrafenausspruch zugrunde, ist bei einem Erfolg der aufgrund von § 400 Abs. 1 beschränkten Nebenklagerevision regelmäßig eine Aufhebung der gesamten Verurteilung geboten, wenn der nicht angefochtene Teil des Urteils auf dem verständigungsbasierten Geständnis des Angeklagten beruht; die eingetretene vertikale Teilrechtskraft steht dem nicht entgegen (BGH NJW 2025, 519).

18 **E. Bindung des neuen Tatrichters. I. Aufhebung des ganzen Urteils.** Bei Aufhebung des ganzen Urteils ist der Tatrichter in der Beurteilung frei. Nur an die Aufhebungsansicht des Revisionsgerichts ist er nach § 358 Abs. 1 gebunden.

19 **II. Teilweise Urteilsaufhebung.** Bei teilweiser Urteilsaufhebung wegen einer v. mehreren in Tatmehrheit stehender Taten besteht keine Bindung des neuen Tatrichters an die Tatsachenfeststellungen, die dem in Rechtskraft erwachsenen Urteilsteil zugrunde liegen (BGH NJW 2007, 1540 (1541); BayObLGSt 1959, 126), wohl aber bei Tatidentität iSd § 264 (BGHSt 28, 119; erg. → § 318 Rn. 10).

20 **III. Teilaufhebung im Rechtsfolgenausspruch.** Die Teilaufhebung im Rechtsfolgenausspruch **umfasst alle Rechtsfolgen der Tat,** unabhängig davon, ob diese v. erstinstanzlichen Gericht angeordnet worden sind. Die **Teilaufhebung des Strafausspruchs** betr. lediglich die zur Ahndung der verfahrensgegenständlichen Tat zu verhängenden Strafe (BGH NStZ-RR 2017, 187). Insoweit ist begrifflich zwar keine Rechtskraft der Feststellungen zum Schuldspruch möglich (OLG Koblenz NJW 1983, 1921; Bruns NStZ 1984, 129 (131); erg. → Einl. Rn. 188). Sie sind aber für das weitere Verf. bindend (BGHSt 30, 340; BGH NStZ 1982, 483; OLG Hamm NJW 1968, 314; vgl. auch OLG Koblenz NJW 1983, 1921: bei Aufhebung auf Sprungrevision nach § 335 keine Bindung des Berufungsgerichts). Dies gilt auch für sog. doppelrelevante Tatsachen (erg. → Einl. Rn. 187), die für die Schuld- u. die Rechtsfolgenfrage gleichermaßen v. Bedeutung sind (BGHSt 24, 274; BGH NJW 2017, 2847; BGH NStZ 1988, 214; OLG Stuttgart NJW 1982, 897 (898); erg. → § 327 Rn. 5), selbst wenn das Erstgericht nur zugunsten des Angeklagten v. solchen Tatsachen ausgegangen ist (BGH NStZ 1988, 88). Für die Frage, wann Schuldspruch u. Strafzumessung so miteinander verknüpft sind, dass ein die Strafbarkeit erhöhender o. mindernder Umstand eine doppelrelevante Tatsache darstellt, kommt es neben der besonderen Lage des Einzelfalls auf die Trennbarkeit v. den bindenden Feststellungen sowie die Einheitlichkeit u. Widerspruchsfreiheit der Urteilsgründe an (BGH NJW 2017, 2847; erg. → Rn. 20c).

20a Über die **bindend gewordenen Feststellungen wird kein Beweis erhoben** (BGH StraFo 2003, 384); dies ist bereits unzulässig (BGH NStZ-RR 2020, 119). Beweisergebnisse, die im Widerspruch zu bindenden Feststellungen stehen, haben außer Betracht zu bleiben (BGHSt 30, 340; BGH NStZ 2015, 182 mwN). Die in der neuen Verh. getroffenen Feststellungen müssen mit den aufrecht erhaltenen **ein einheitliches und widerspruchsfreies Ganzes** bilden (BGHSt 7, 283 (287); 28, 119; BGH NJW 2017, 2847; NStZ 2015, 182). Sie dürfen denen zur Schuldfrage nicht widersprechen o., wenn sie ihnen widersprechen, dem Strafausspruch nicht zugrunde gelegt werden (BGH Spiegel DAR 1979, 191 – BGH RsprÜ; BGH NStZ 1982, 29; NStZ-RR 1996, 203). Ein Widerspruch besteht auch dann, wenn das Tatgericht des zweiten Verfahrensganges auf der Grdl. neuer Erkenntnisse o.

sonst durch abw. Würdigung in tatsächlicher Hinsicht bestehende, zu Gunsten des Angeklagten wirkende Zweifel des ersten Tatgerichts überwindet (BGH NStZ-RR 2020, 119 (121)).

Das gilt nicht nur für die Feststellungen zu den Tatbestandsmerkmalen, sondern für alle zum geschichtlichen Vorgang gehörenden Feststellungen (BGHSt 24, 274; Holtz MDR 1988, 102 – BGH RsprÜ; erg. → Rn. 20a). Zu den bindenden Feststellungen zählen regelmäßig die Sachverhaltsumstände, in denen die ges. Merkmale der Straftat gefunden worden sind, sowie solche Bestandteile der Sachverhaltsschilderung, aus denen das frühere Tatgericht iRd Beweiswürdigung seine Überzeugung v. der Schuld des Angeklagten abgeleitet hat, etwa die Umstände, die der Tatausführung das entscheidende Gepräge gegeben haben (BGH NJW 2017, 2847 mwN). Dies gilt für die Feststellungen zur Tatzeit (BGH StraFo 2004, 279), zum Tatentschluss, zum tatauslösenden Moment sowie die Beweggründe für die Tatbegehung (BGH NStZ 2015, 182), ferner Feststellungen zu den Tatfolgen (BGH StraFo 2004, 143; StV 2007, 23) u. zum Nachtatverhalten (Becker NStZ-RR 2005, 262 – BGH RsprÜ; BGH BeckRS 2015, 13120). 20b

Feststellungen zu den persönlichen Verhältnissen gehören dagegen nicht dazu (BGH NStZ 2017, 108; NStZ-RR 2017, 385), auch nicht solche zum bes. schweren Fall (BGH NJW 2017, 2847), u. zum gewerbsmäßigen Handeln (BGH wistra 2012, 356; NJW 2017, 2847; OLG Bamberg StraFo 2018, 159). Eine Aufhebung lediglich im Strafausspruch erfasst nicht die Nichtanordnung einer Maßregel nach § 64 StGB als weitere Rechtsfolge (BGH NStZ-RR 2017, 187). Feststellungen zur erheblichen Verminderung der Schuldfähigkeit des Angeklagten gehören nur zum Rechtsfolgenausspruch (BGH NStZ 2023, 377; NStZ-RR 2009, 148; **aM** Ernemann FS Meyer-Goßner, 2001, 624), weshalb sich die Aufhebung des Strafausspruchs mit den zugehörigen Feststellungen auch auf die Feststellung u. Entsch. des früheren Tatgerichts zu § 21 StGB bezieht (BGH NStZ 2023, 377; 2021, 186). Die Bewertung der Tat als Jugendverfehlung (§ 105 JGG, BGH NStZ 2005, 644) o. als bes. schwerer Fall gehört zur Rechtsfolgenfrage u. ist daher nicht bindend (BGH StV 1984, 497 Ls.; vgl. aber andererseits OLG Frankfurt a. M. NStZ-RR 1996, 309 zu doppelrelevanten Tatsachen). Keine Bindungswirkung haben auch die Feststellungen zu der Frage, ob ein Zeuge wegen Teilnahmeverdachts unvereidigt bleiben muss (BGH NJW 1985, 630). Nicht zum Strafausspruch gehört die Frage der Kompensation (→ EMRK Art. 6 Rn. 9a) einer bis zur revisionsgerichtlichen Entsch. eingetretenen rechtsstaatswidrigen Verfahrensverzögerung (BGHSt 54, 135). 20c

Die danach bestehen gebliebenen Feststellungen muss der **neue Tatrichter** weder wiederholen, noch muss er auf sie Bezug nehmen (BGH NJW 2017, 2847; NStZ 2015, 600). Umgekehrt darf er aufgeh. Feststellungen im neuen Urt. nicht mehr heranziehen, auch nicht im Wege der Bezugnahme (BGH NStZ-RR 2017, 385: Persönliche Verhältnisse bei Aufhebung im Strafausspruch). 20d

F. Aufrechterhaltung von Feststellungen. Bei ausdr. Aufrechterhaltung von Feststellungen tritt ebenfalls eine **innerprozessuale Bindungswirkung** ein. In dem Umf., in dem die Feststellungen aufrechterhalten worden sind, darf keine neue Beweisaufnahme stattfinden (BGHSt 14, 30 (38); 30, 340; OLG Koblenz NJW 1983, 1921), das festgestellte Tatgeschehen darf auch nicht anders bewertet werden (BGH NStZ-RR 2006, 317). Beweisergebnisse, die den aufrechterhaltenen Feststellungen widersprechen, dürfen nicht berücksichtigt werden (BGH NStZ 2021, 628), selbst wenn die neue Verh. ihre Unrichtigkeit ergeben hat (BGHSt 14, 30 (36); **aM** Bernsmann FS Beulke, 2015, 628). Eine Ausnahme gilt auch nicht für den Fall, dass sich in der HV die Schuldunfähigkeit des Angeklagten ergibt (BGHSt 7, 283; Pfister NStZ 2016, 691 mwN aus der BGH-Rspr.; **aM** Löwe/Rosenberg/Franke Rn. 31; offengelassen v. BGH StraFo 1998, 163) o. sich zweifelsfrei die Unschuld des Angeklagten herausstellt (KK-StPO/Gericke Rn. 32; offengelassen bei BGH NJW 1982, 1295). Zur Reichweite der innerprozessualen Bindungs- 21 wirkung bei Aufhebung einer Maßregelanordnung bei zugleich aufrechterhaltenen zugehörigen Feststellungen BGH NStZ-RR 2025, 84.

22 **G. Sachlich-rechtlicher Mangel.** Es ist ein sachlich-rechtlicher Mangel, wenn der neue **Tatrichter keine eigenen Feststellungen** getroffen, sondern sein Urt. fehlerhaft auf aufgeh. Feststellungen gestützt hat (BGH wistra 2012, 356). Dies gilt auch, wenn bei Aufhebung im Strafausspruch im neuen Urt. zur Person des Angeklagten nur Feststellungen getroffen werden, die über das aufgeh. Urt. hinausgehen (vgl. BGH BeckRS 2017, 126959). Es ist auch rechtsfehlerhaft, wenn das Tatgericht trotz innerprozessualer Bindungswirkung eigene Feststellungen getroffen hat; allerdings kann dies unschädlich sein, wenn es nach der erneuten Beweisaufnahme zu denselben Feststellungen gelangt ist (BGH BeckRS 2019, 31919).

Eigene Entscheidung in der Sache; Zurückverweisung

354 (1) **Erfolgt die Aufhebung des Urteils nur wegen Gesetzesverletzung bei Anwendung des Gesetzes auf die dem Urteil zugrunde liegenden Feststellungen, so hat das Revisionsgericht in der Sache selbst zu entscheiden, sofern ohne weitere tatsächliche Erörterungen nur auf Freisprechung oder auf Einstellung oder auf eine absolut bestimmte Strafe zu erkennen ist oder das Revisionsgericht in Übereinstimmung mit dem Antrag der Staatsanwaltschaft die gesetzlich niedrigste Strafe oder das Absehen von Strafe für angemessen erachtet.**

(1a) [1] **Wegen einer Gesetzesverletzung nur bei Zumessung der Rechtsfolgen kann das Revisionsgericht von der Aufhebung des angefochtenen Urteils absehen, sofern die verhängte Rechtsfolge angemessen ist.** [2] **Auf Antrag der Staatsanwaltschaft kann es die Rechtsfolgen angemessen herabsetzen.**

(1b) [1] **Hebt das Revisionsgericht das Urteil nur wegen Gesetzesverletzung bei Bildung einer Gesamtstrafe (§§ 53, 54, 55 des Strafgesetzbuches) auf, kann dies mit der Maßgabe geschehen, dass eine nachträgliche gerichtliche Entscheidung über die Gesamtstrafe nach den §§ 460, 462 zu treffen ist.** [2] **Entscheidet das Revisionsgericht nach Absatz 1 oder Absatz 1a hinsichtlich einer Einzelstrafe selbst, gilt Satz 1 entsprechend.** [3] **Die Absätze 1 und 1a bleiben im Übrigen unberührt.**

(2) [1] **In anderen Fällen ist die Sache an eine andere Abteilung oder Kammer des Gerichtes, dessen Urteil aufgehoben wird, oder an ein zu demselben Land gehörendes anderes Gericht gleicher Ordnung zurückzuverweisen.** [2] **In Verfahren, in denen ein Oberlandesgericht im ersten Rechtszug entschieden hat, ist die Sache an einen anderen Senat dieses Gerichts zurückzuverweisen.**

(3) **Die Zurückverweisung kann an ein Gericht niederer Ordnung erfolgen, wenn die noch in Frage kommende strafbare Handlung zu dessen Zuständigkeit gehört.**

Übersicht

A. Eigene Sachentscheidung des Revisionsgerichts (Abs. 1). Die **eigene Sachentscheidung des Revisionsgerichts (Abs. 1)** durch das 1. JuMoG um die Möglichkeiten des Abs. 1a und Abs. 1b erweitert) kann unter bestimmten Voraussetzungen mit der Urteilsaufhebung nach § 353 Abs. 1 verbunden werden. Die Entsch. nach Abs. 1 geht der nach Abs. 2 und Abs. 3, die nach Abs. 3 der nach Abs. 2, § 355 aber insges. § 354 vor (Feilcke/Schiller NStZ-RR 2016, 1 – LG Saarbrücken RsprÜ; Meyer-Goßner GS Schlüchter, 2002, 519 (531 ff.)). 1

I. Urteilsaufhebung wegen sachlicher Mängel. Nur bei **Urteilsaufhebung wegen sachlich-rechtlicher Mängel** ist eine Entsch. in der Sache selbst zulässig; das Vorliegen v. Prozesshindernissen steht dem gleich. Das gilt auch für die Anwendung des Abs. 1a (Ventzke NStZ 2005, 461; **aM** Senge StraFo 2006, 314). Die Feststellungen dürfen v. der Urteilsaufhebung nicht betroffen sein. Sind sie fehlerhaft, so muss stets nach Abs. 2 oder Abs. 3 verfahren werden (Jagusch NJW 1962, 1417; eing. Schuhr FS Stöckel, 2010, 327; Steinmetz, Sachentscheidungskompetenz des Revisionsgerichts in Strafsachen, 1997). 2

II. Freisprechung. Freisprechung kommt nur in Betracht, wenn die bisherigen Feststellungen vollständig u. fehlerfrei sind (BGHSt 13, 268 (274); OLG Hamburg VRS 59, 300; OLG Köln NJW 1984, 1979 (1980)). Es muss auszuschließen sein, dass eine neue HV noch Aufschlüsse zu erbringen vermag (BGH NStZ-RR 2004, 270; NJW 1999, 1562; 1993, 2451, wo aber auch Gesichtspunkte des Opferschutzes berücksichtigt werden; vgl. auch → Rn. 12). Die – ausschl. nach dem Urteilsinhalt zu beurteilende (OLG Köln VRS 86, 127; BGHR StPO § 354 Freisprechung 1 lässt offen, ob auch der Akteninhalt herangezogen werden darf; dafür KG StraFo 2006, 413; 2007, 245; vgl. auch BGH NJW 2016, 2965 (2968)) – Möglichkeit, dass in der neuen Verh. weitere Feststellungen getroffen werden können, zwingt zur Zurückverweisung (vgl. BGHSt 28, 162 (164); BGH NJW 1978, 2105 (2107); OLG Köln VRS 64, 434 (436)); allein wegen einer Vermutung, es könnten sich neue, eine Verurteilung ermöglichende Tatsachen ergeben, darf aber nicht zurückverwiesen werden (KG StraFo 2006, 413; 2007, 245; Meyer-Goßner GS Schlüchter, 2002, 519). Hat der Tatrichter die Verfolgung nach § 154a beschränkt, so muss das Revisionsgericht, wenn nunmehr im Hinblick auf die Freisprechung insoweit eine Verurteilung geboten u. wenn sie möglich ist, die ausgeschiedenen Teile wieder einbeziehen u. die Sache zurückverweisen (BGHSt 21, 326 (328); 32, 84; BGH NJW 1988, 2483 (2485); NStZ 1988, 322; OLG Stuttgart NJW 1973, 1386; vgl. aber → § 154a Rn. 24); es kann sich aber auch auf die Zurückverweisung beschränken u. dem Tatrichter die Wiedereinbeziehung überlassen (BGH NJW 1984, 1469 (1471) aE). 3

Abs. 1 lässt auch eine **Teilfreisprechung** zu (BGH NJW 1973, 474 (475)). Bei Tatmehrheit muss die Sache idR zur Bildung einer neuen Gesamtstrafe zurück- 4 verwiesen werden. Davon wird nach stRspr aber abgesehen, wenn die weggefallene Einzelstrafe die Gesamtstrafe nicht beeinflusst haben kann. Bleibt nur eine v. mehreren Verurteilungen bestehen, so kann die hierfür festgesetzte Einzelstrafe als alleinige Strafe aufrechterhalten werden, auch die Sicherungsmaßregel, wenn sie trotz der teilw. Freisprechung gerechtfertigt erscheint (OLG Hamm NJW 1979, 438). Der Teilfreisprechung steht die Beseitigung unzulässiger Nebenstrafen, Sicherungsmaßregeln u. Maßnahmen gleich (Löwe/Rosenberg/Franke Rn. 5).

5 Zugleich mit der Freisprechung muss das Revisionsgericht die erforderlichen **Nebenentscheidungen,** insbes. über die Kosten u. Auslagen (§ 464 Abs. 1, Abs. 2) u. über die Entschädigung für Strafverfolgungsmaßnahmen (§ 8 Abs. 1 S. 1 **StrEG**), treffen (→ StrEG § 8 Rn. 16).

5a Die Berufung kann bei Bestehen eines Verfahrenshindernisses entspr. I **als unzulässig verworfen** werden, wenn die fehlende Prozessvoraussetzung nicht mehr geschaffen werden kann (BayObLG BeckRS 2024, 21331: Verstoß gegen §§ 32d, 32a, kein Wiedereinsetzungsgesuch),

6 **III. Verfahrenseinstellung.** Gemeint ist die **Einstellung wegen Vorliegens v. Prozesshindernissen** (→ Einl. Rn. 141 ff.) zB wegen Rechtskraft (vgl. OLG Stuttgart NJW 2021, 2596 (2599)) o. Fehlens o. Unwirksamkeit des Eröffnungsbeschlusses (→ § 203 Rn. 4), nicht aber die nach §§ 153 ff. (dazu → § 353 Rn. 2). Wenn die fehlende Prozessvoraussetzung noch geschaffen werden kann, wird nicht eingestellt, sondern zurückverwiesen (BGHSt 8, 151 (154); OLG Hamburg JR 1969, 310; anders aber BGH NJW 1983, 2270 (2272); NStZ 2014, 415 (416): Einstellung bei fehlendem Strafantrag); bei nur vorübergehender Verhandlungsunfähigkeit kann das Revisionsgericht hingegen das Verf. selbst nach § 205 vorl. einstellen (BGH NStZ 1996, 242). Bei nicht behebbaren Verfahrenshindernissen wendet das Revisionsgericht, wenn es nicht nach § 349 Abs. 4 verfährt, Abs. 1 an, nicht § 206a (vgl. → § 206a Rn. 6a; → § 349 Rn. 29), auch bei fehlender Anklage, wobei das angefochtene Urt. aufzuheben ist (BGHSt 46, 130 (135); Becker NStZ-RR 2006, 4 – BGH RsprÜ). Freigesprochen wird, wenn nur ein Bestrafungsverbot (zB Verjährung) vorliegt u. der Sachverhalt ohne weiteres die Freisprechung rechtfertigt (BGHSt 13, 75 (80); 13, 268 (273); 20, 333 (335)); anders aber bei Befassungsverboten, vgl. dazu → Einl. Rn. 143a.

7 **Teileinstellung** ist zulässig, wenn das Prozesshindernis nur einen abtrennbaren Urteilsteil betr. (BGHSt 8, 269; BGH NJW 1970, 904).

8 Die zu Unrecht erfolgte nachträgliche Anordnung der vorbehaltenen o. die nachträgliche Anordnung der **Sicherungsverwahrung** (§ 275a mit §§ 66a, 66b StGB) kann das Revisionsgericht wegfallen lassen (BGH NStZ 2007, 267).

9 **IV. Strafen.** Eine **absolute Strafe** bestimmen nur noch § 211 StGB, §§ 6 Abs. 1 Nr. 1, 7 Abs. 1 Nr. 1, 8 Abs. 1 Nr. 1 VStGB. Die Ersetzung einer zeitigen Freiheitsstrafe durch die lebenslange Freiheitsstrafe auf Revision der StA ist verfassungsrechtlich zulässig (BVerfGE 54, 100 (115)) u. auch sonst unbedenklich (vgl. BGH NJW 1977, 1544; 1978, 1336; Dahs Strafprozessrevision Rn. 620; **aM** Peters JZ 1978, 230 im Hinblick auf BVerfGE 45, 187; krit. auch Geis NJW 1990, 2735). Einer absolut bestimmten Strafe steht die zwingend vorgeschriebene Einziehung (RGSt 53, 428; 57, 424 (429)) gleich.

10 Eine **absolut bestimmte Strafe liegt auch vor,** wenn bei deren Festsetzung nach Art u. Höhe für das Revisionsgericht bei theoretisch noch bestehendem Ermessensspielraum faktisch eine Ermessensreduzierung auf Null gegeben ist (vgl. BGH NStZ-RR 2017, 386; KK-StPO/Gericke Rn. 8). Deshalb darf ggf. auch auf die **gesetzliche Mindeststrafe** in Übereinstimmung mit dem Antrag der StA bei dem Revisionsgericht erkannt werden (vgl. zB BGHSt 39, 353 (371)), ebenso auf die zulässige Höchststrafe, wenn der Tatrichter das ges. Strafmaß überschritten hat, aber anzunehmen ist, dass er auf die innerhalb des zur Vfg. stehenden Strafrahmens höchste zulässige Strafe erkannt hätte (KK-StPO/Gericke Rn. 9). Dazu gehören auch die Festsetzung einer fehlenden Einzelstrafe, was sonst idR nicht zulässig ist (BGH NStZ-RR 2010, 384; BGHR StPO § 354 Strafausspruch 10), in dieser

Höhe o. der v. dem Tatrichter zu Unrecht unterlassene Ausspruch der lebenslangen Freiheitsstrafe als Gesamtstrafe (zu beidem BGH 25.6.1992 – 4 StR 251/91) u. die Anordnung der v. dem Tatrichter unterlassenen Bekanntmachungsbefugnis nach §§ 165, 200 StGB in der den Angeklagten am wenigsten beschwerenden Form (BGHSt 3, 73 (76); BGH NJW 1955, 1118 (1119); OLG Hamm NJW 1974, 446 (447)).

Absehen von Strafe: Vgl. → § 153b Rn. 1. Hierunter fällt auch die Straffreierklärung nach § 199 StGB. 11

B. Schuldspruchberichtigung. Die Schuldspruchberichtigung in entspr. Anwendung des Abs. 1 dient der **Verfahrensvereinfachung** u. wird in der Rspr. allg. (vgl. BGH 14.6.2023 – 1 StR 413/22 sowie 1.11.2023 – 6 StR 450/23), im Schrifttum überw. (s. aber Beulke FS Schöch, 2010, 963; Geerds JZ 1968, 393; Paster/Sättele NStZ 2007, 614) zugelassen (vgl. auch BVerfG wistra 2000, 216: verfassungsrechtlich unbedenklich); sie kann auch zwecks Vermeidung einer Urteilsaufhebung u. Zurückverweisung aus Gründen des Opferschutzes geboten sein (vgl. BGH NStZ 1995, 204). Die Umwandlung des Schuldspruchs in die Verurteilung wegen einer Ordnungswidrigkeit ist ebenfalls statthaft, aber nicht entspr. Abs. 1, sondern in sinngemäßer Anwendung des § 83 Abs. 3 OWiG (OLG Bremen VRS 65, 36; OLG Köln VRS 40, 110; Göhler/Bauer OWiG § 83 Rn. 14). Ein Überblick zu denkbaren Schuldspruchänderungen findet sich bei Patzak/Möllinger NStZ 2024, 321 (328). 12

I. Voraussetzungen. Voraussetzungen für die Schuldspruchberichtigung: 13

Zunächst muss eine **zulässige Sachrüge** erhoben sein; auf die Revision gegen ein Verwerfungsurteil nach § 329 Abs. 1 kann der Schuldspruch nicht geänd. werden (OLG Frankfurt a. M. NJW 1963, 460; OLG Hamm MDR 1973, 694). 14

Ferner müssen **vollständige und tragfähige Urteilsfeststellungen** vorliegen (vgl. BGHSt 32, 357 (361); BGH NJW 1973, 1511 (1512); BeckRS 2016, 112576); die Möglichkeit ihrer Erg. in einer neuen Verh. muss ausgeschlossen sein (BGHSt 3, 62 (64); 6, 251 (257); BGH StV 2010, 685). Auch der Einfluss der Feststellungen zum äußeren Tathergang auf die Strafbemessung kann die Schuldspruchberichtigung ausschließen (vgl. BGHSt 27, 322 (325): Verurteilung wegen Mordes, während das Revisionsgericht nur Totschlag annimmt, anders aber BGH NStE StPO § 354 Nr. 5; zum umgekehrten Fall BGHR StPO § 354 Abs. 1 Sachentscheidung 3 u. BGHSt 39, 353 (370)). 15

Die Schuldspruchberichtigung kommt ferner nicht in Betracht, wenn der **rechtliche Hinweis nach § 265 Abs. 1** nachgeholt werden muss, damit sich der Angeklagte in tatsächlicher Hinsicht anders verteidigen kann (BGH NJW 1967, 789; 1981, 1744 (1745); VRS 56, 189 (190)). Ob dem Angeklagten eine andere Verteidigung überhaupt möglich ist, kann das Revisionsgericht aber selbst beurteilen (BGHSt 10, 272 (276); 33, 163 (166); BGH NJW 1987, 2384; NStZ 1985, 454; dagegen Beulke FS Schöch, 2010, 970). 16

Schließlich setzt die Schuldspruchberichtigung eine **Beschwer** des Angeklagten voraus. Ein zu milder Schuldspruch bleibt, wenn nicht auch zuungunsten des Angeklagten Revision eingelegt ist, grds. bestehen (BGHSt 10, 358 (362); BGH MDR 1984, 65; Ernesti/Lorenzen SchlHA 1985, 137 – OLG Schleswig RsprÜ; Löwe/Rosenberg/Franke Rn. 23). Eine Ausnahme gilt, wenn das v. dem Tatrichter angewendete Strafgesetz völlig verschieden v. dem ist, das der Angeklagte in Wahrheit verletzt hat (BGHSt 8, 34 (37)), o. wenn das Urt. auch im Rechtsfolgenausspruch fehlerhaft ist u. die Sache in diesem Umf. zurückverwiesen werden muss (BGH StV 2008, 123; BayObLGSt 1980, 13 (15)). 17

II. Einzelheiten. Bei der Schuldspruchberichtigung kann die angewendete **Strafvorschrift ausgewechselt** werden. Ist die nunmehr angewendete Vorschr. milder, so muss das Urt. im Strafausspruch aufgeh. werden (OLG Zweibrücken NZV 1993, 240 (241)), nicht aber, wenn die Strafdrohungen übereinstimmen (BGHSt 8, 34 (37); BGH MDR 1955, 552) o. nur geringfügig voneinander abweichen (OLG Zweibrücken JR 1991, 214 mablAnm Otto) o. wenn die Strafe 18 so milde ist, dass eine weitere Herabsetzung ausgeschlossen erscheint (OLG Hamm VRS 28, 138). Auch die Notwendigkeit, das tatbestandliche Unrecht bei der Strafzumessung neu zu bewerten, zwingt nicht zur Zurückverweisung im Strafausspruch (Holtz MDR 1980, 107 – BGH RsprÜ).

19 Auch eine **Ergänzung der Urteilsformel** ist möglich, wenn der Schuldspruch offensichtlich unvollständig ist und dies angesichts der gesamten Umstände allein auf einem Versehen beruht und keine sachliche Änderung bewirkt (vgl. BGH 14.6.2023 – 1 StR 413/22).

20 Bei **Wegfall einer tateinheitlichen Verurteilung** kann der Strafausspruch ebenfalls bestehen bleiben, wenn die Berichtigung auf die Strafe keinen Einfluss hat (BGHSt 8, 191 (193); KG VRS 36, 226). Anders ist es, wenn die Verurteilung mit der strengeren Strafvorschrift weggefallen ist (vgl. BGHSt 28, 11 (17)). Fällt die weitere Verurteilung nur wegen Gesetzeskonkurrenz weg, so berührt das den Strafausspruch nicht, wenn die Tatumstände, die für sich genommen die Anwendung der weiteren Vorschr. gerechtfertigt hätten, bei der Strafzumessung berücksichtigt werden dürfen (BGHSt 1, 152 (155); 8, 191 (193); 21, 183 (185)).

21 Dagegen muss bei der **zusätzlichen Verurteilung wegen tateinheitlich begangener Straftat** auf Revision der StA die Sache idR im Strafausspruch zurückverwiesen werden (BGH NJW 1977, 1300 (1301)), sofern der Rechtsfehler nicht offensichtlich ohne Einfluss auf die Strafbemessung ist (RGSt 74, 21 (25)).

22 Bei der **Änderung des Konkurrenzverhältnisses** ist zu unterscheiden: Berichtigt das Revisionsgericht das Urt. dahin, dass Tatmehrheit statt Tateinheit, einheitlicher o. fortgesetzter Tat vorliegt, so ist eine Zurückverweisung im Strafausspruch erforderlich (BGH NJW 1952, 274; anders, wenn es sich nach den Umständen um ein offensichtliches Schreibversehen handelt (vgl. BGH 16.11.2022 – 3 StR 351/22)); der Tatrichter muss nunmehr unter Berücksichtigung des § 358 Abs. 2 Einzelstrafen u. Gesamtstrafe festsetzen (**aM** Kalf NStZ 1997, 68, der vorschlägt, die bisherige Einzelstrafe als Gesamtstrafe bestehen zu lassen; dazu auch Basdorf NStZ 1997, 423). Wird auf Tateinheit statt Tatmehrheit erkannt, so kann das Revisionsgericht die Gesamtstrafe als Einzelstrafe aufrechterhalten, wenn anzunehmen ist, dass der Tatrichter auf sie erkannt hätte (BGH BeckRS 2013, 104; JR 1983, 210; Holtz MDR 1978, 110 – BGH RsprÜ); sonst ist Zurückverweisung im Strafausspruch erforderlich (BGH NJW 1974, 959 (960); 1982, 2080;). Liegt nicht Tateinheit, sondern eine einheitliche Tat vor, so ist idR keine Zurückverweisung wegen der Strafe erforderlich (BayObLGSt 1987, 37 (38)).

23 **III. Verurteilung des vom Tatrichter freigesprochenen Angeklagten.** Eine Verurteilung des vom Tatrichter freigesprochenen Angeklagten durch das Revisionsgericht unter Zurückverweisung zur Festsetzung der Strafe ist **grds. nicht zulässig** (vgl. BayObLGSt 1960, 225; KG JR 1979, 162 (163); OLG Düsseldorf StV 1985, 361; OLG Oldenburg NJW 1983, 57 (58)). **Ausnahmen** sind nur möglich, wenn der Angeklagte v. AG verurteilt u. erst v. Berufungsgericht freigesprochen wurde (OLG Düsseldorf NJW 1991, 1123 (1124); JR 1994, 201; OLG Hamburg NJW 1985, 1654; OLG Koblenz NStZ-RR 2008, 120; OLG Oldenburg JR 1990, 127 (128)), der Angeklagte vor dem Tatrichter geständig war u. nur wegen eines Subsumtionsfehlers nicht verurteilt wurde (KG JR 1987, 257; OLG Celle NZV 2012, 345 (348); OLG Saarbrücken VRS 44, 446) o. irrtümlich auf Freispruch statt auf Schuldspruch mit Straffreierklärung erkannt wurde (OLG Celle MDR 1989, 840). Soweit die Revisionsgerichte darüber hinaus bei aufgeklärtem Sachverhalt v. Tatrichter freigesprochene Angeklagte schuldig sprechen (vgl. BGHSt 36, 277 (282); BGH VRS 54, 436 (438); OLG Düsseldorf NJW 1991, 186 (187); OLG Hamburg JR 1979, 206 (207) mablAnm Volk; JR 1983, 250 (252) mablAnm Rudolphi; OLG Oldenburg NJW 1985, 1352) ist dies bedenklich, weil der Angeklagte gegen das freisprechende Urt. kein Rechtsmittel einlegen u. daher die Richtigkeit der Feststellungen nicht bekämpfen kann (so auch BGH NStZ-RR 1998, 204 mwN; 1999, 48; BGHR StPO § 354 Schuldspruch 1; OLG Koblenz NStZ-RR 1998, 364 (365)). Keinesfalls darf das Revisionsgericht selbst die den

Schuldspruch tragenden Feststellungen treffen (BVerfG NJW 1991, 2893). Hat der Tatrichter das Verf. wegen eines Prozesshindernisses eingestellt, so ist die Verurteilung durch das Revisionsgericht zulässig, wenn das Urt. erkennbar vollständige Feststellungen enthält (BGHSt 3, 73; BGH NJW 1952, 1263; OLG Hamburg NJW 1962, 754).

C. Rechtsfolgenausspruch. Hinsichtlich des Rechtsfolgenausspruchs besteht seit Einfügung der Absätze 1a und 1b durch das 1. JuMoG nun eine sehr diff. Entscheidungsmöglichkeit für das Revisionsgericht, die über die früher möglichen Entscheidungsmodalitäten (vgl. dazu etwa BayObLG NStZ-RR 2004, 22) hinausgeht. Es ist zu unterscheiden: 24

I. Änderung des fehlerhaften Rechtsfolgenausspruchs. Eine Änderung des fehlerhaften Rechtsfolgenausspruchs ist dem Revisionsgericht in den Fällen gestattet, in denen der Tatrichter zwingende ges. Vorschr. nicht beachtet hat. 25

Hiernach kann das Revisionsgericht zB die **fehlerhaft bemessene Strafe,** die das ges. Höchstmaß überschreitet, auf dieses u. eine unter Verletzung der §§ 331, 358 Abs. 2 erhöhte Strafe auf das zulässige Maß herabsetzen (BGH NStZ-RR 2000, 39; BayObLG NStZ-RR 2004, 22; OLG Düsseldorf JR 2001, 477), den fehlenden Ausspruch der lebenslangen Freiheitsstrafe „als Gesamtstrafe" bei mehreren Einzelstrafen nachholen (BGH BeckRS 1990, 31089406) o. die Einbeziehung v. Urt. nach § 31 Abs. 2 S. 1 JGG nachholen (BGH BeckRS 2009, 15992). 25a

Die **Tagessatzzahl oder -höhe** kann es auf das ges. Mindestmaß erhöhen (BGHSt 27, 359 (366); BayObLGSt 1979, 130; OLG Oldenburg VRS 54, 111), die Tagessatzhöhe rein rechnerisch korrigieren (BayObLG StV 1988, 389), sie bei ausreichenden Feststellungen auch für eine Einzelstrafe festsetzen, wenn der Tatrichter das unterlassen hat (BGH NJW 2015, 1705; einschr. noch BGHSt 30, 93; erg. → § 328 Rn. 3). 25b

II. Anordnungen des Revisionsgerichts. Das Revisionsgericht darf auch **Anordnungen treffen oder aufheben,** die der Tatrichter fehlerhaft unterlassen o. vorgenommen hat. 26

So kann es die die rechtsirrig **unter Vorbehalt bestimmte Strafe** (§ 59 StGB) mit der Maßgabe aufrechterhalten, dass der Angeklagte vorbehaltlos verurteilt wird (BGH NJW 1978, 503 (504)) o. statt einer vorbehaltlosen Strafe eine Verwarnung unter Vorbehalt dieser Strafe aussprechen (BGH BeckRS 2016, 109920; OLG Celle StV 1988, 109). 26a

Es kann die unterlassene **Anordnung von Zahlungserleichterungen** nach § 42 StGB selbst treffen (BGH JR 1979, 73; Holtz MDR 1980, 453 – BGH RsprÜ; OLG Hamburg MDR 1982, 776). 26b

Zulässig ist die **Anrechnung der UHaft,** v. der der Tatrichter aus Rechtsirrtum abgesehen hat (BGH NJW 1978, 1636; StV 1994, 603; 1999, 312; OLG Düsseldorf NJW 1969, 439; OLG Köln NJW 1965, 2309), v. Haft im Ausland (Holtz MDR 1986, 271 – BGH RsprÜ; OLG Hamm JMBl. NRW. 1981, 107), die Bestimmung des Umrechnungsmaßstabs nach § 51 Abs. 4 S. 2 StGB (BGH NJW 1986, 1555 (1557); NStZ-RR 2009, 370) u. die Entsch., auf welche Strafe die UHaft anzurechnen ist (BGH NJW 1992, 123 (125)). 26c

Strafaussetzung zur Bewährung kann das Revisionsgericht bewilligen, wenn ihre Voraussetzungen eindeutig vorliegen (BGH wistra 1992, 22; Kusch NStZ 1997, 377 – BGH RsprÜ; BGH NStZ-RR 2012, 357), dabei kann es die Mindestdauer der Bewährungszeit festsetzen (BGH NJW 1953, 1838 (1839); MDR 1954, 309; OLG Bremen NJW 1962, 928; OLG Celle NJW 1968, 2255; OLG Hamm VRS 33, 341 (344)); den Beschl. über die Bewährungsauflagen nach § 268a Abs. 1 und die Belehrung nach § 268a Abs. 3 muss es dann dem Tatrichter überlassen (BGH VRS 77, 349; OLG Celle NStZ-RR 2011, 324 Ls.). Ebenso kann eine fehlerhaft bewilligte Strafaussetzung in Wegfall gebracht werden (BGHSt 24, 360 (365); Holtz MDR 1982, 623 – BGH RsprÜ; OLG Hamm NZV 1993, 317), insbes., wenn § 56 Abs. 3 StGB entgegensteht (vgl. BGH NJW 1972, 832 (834); VRS 38, 333; zum umgekehrten Fall BayObLGSt 2003, 90), o. eine unterbliebene 26d

Anrechnung v. Bußgeldzahlungen (vgl. BGHSt 36, 378) nachgeholt werden. Entsprechendes gilt für die Verwarnung mit Strafvorbehalt (BGHSt 46, 279).

26e Die **Einziehung** kann das Revisionsgericht anordnen, wenn sie zwingend vorgeschrieben ist (→ Rn. 9) o. ohne Ermessensfehler nicht abgelehnt werden durfte (BGHSt 14, 293 (299); 16, 49 (57); 26, 258 (266)); insbes. kann die unterlassene Anordnung der Einziehung des Führerscheins nach § 69 Abs. 3 S. 2 StGB nachgeholt werden (Spiegel DAR 1979, 185 – BGH RsprÜ). Eine offensichtlich fehlerhafte o. unverhältnismäßige Einziehung kann beseitigt (BGH NStZ 1992, 547; OLG Hamm NJW 1975, 67), eine unvollständige Einziehungsanordnung in der Urteilsformel ergänzt werden (Kusch NStZ 1992, 226 – BGH RsprÜ; BGH wistra 2007, 427).

26f Bei den **Sicherungsmaßregeln** kann das Revisionsgericht die Anordnung nach §§ 63, 64, 66 StGB (BGH BeckRS 1990, 31084430) sowie nach § 67 Abs. 2 StGB (BGH NJW 1983, 240; StV 1985, 12; BeckRS 2008, 9868) u. die fehlerhafte Entziehung der Fahrerlaubnis nach § 69 StGB in Wegfall bringen (OLG Celle VRS 64, 366 (367); OLG Hamm VRS 57, 184 (186)) o. anordnen, wenn der Tatrichter sie zu Unrecht nicht für zulässig gehalten hat (BGHSt 6, 398 (402); BGH BeckRS 2010, 30918), die zeitige Sperre nach § 69a StGB auf das Höchstmaß v. 5 Jahren (OLG Karlsruhe GA 1979, 347; OLG Köln MDR 1956, 696), auf das Mindestmaß v. 3 Monaten (OLG Köln VRS 52, 271 (272)) o. auf das nach § 331 zulässige Maß festsetzen o. aussprechen, dass eine früher angeordnete Maßregel aufrechterhalten bleibt, wenn eine diese „gegenstandslos" machende Entsch. aufgeh. wird (BGH NJW 2000, 3654). Die Sperre kann auch herab- o. heraufgesetzt werden, wenn das Urt. ergibt, wie der Tatrichter sie ohne den Fehler bemessen hätte (OLG Koblenz OLGSt StGB § 69a S. 7; OLG Oldenburg VRS 51, 281 (283); OLG Stuttgart NJW 1956, 1081; vgl. auch OLG Stuttgart VRS 71, 275 (277)). Auch eine mildernde Abänderung der Anordnung des Berufsverbots nach § 70 StGB o. dessen gänzlicher Wegfall ist zulässig (BGH wistra 2003, 423).

26g Das Revisionsgericht darf die **Bildung einer Einheitsjugendstrafe** nach § 31 Abs. 2 S. 1 JGG nachholen (BGH NStZ-RR 2018, 125 Ls.).

27 **III. Entsprechende Anwendung des Abs. 1.** Die Vorschr. des Abs. 1 wird **entsprechend angewendet,** wenn die Verfahrenslage jedes Ermessen über Art u. Höhe der Rechtsfolge ausschließt (vgl. etwa BGH 1.11.2023 – 6 StR 450/23 sowie die 3 Fälle Becker NStZ-RR 2002, 103 Nr. 48, 49, 50 – BGH RsprÜ); das ist wegen der Nähe zur Verhängung einer absolut bestimmten Strafe zutr. (vgl. dazu eing. Meyer-Goßner GS Schlüchter, 2002, 516 ff.; zust. Cierniak/Zimmermann NStZ-RR 2010, 194 – BGH RsprÜ; gegen entspr. Anwendung aber Foth NStZ 1992, 445 sowie Schuhr FS Stöckel, 2010, 338; stark einschr. auch BVerfG NStZ 2004, 273; abl. Senge FS Dahs, 2005, 479; dem BGH u. OLG Stuttgart wistra 2004, 359 aber wiederum zust. BVerfG BeckRS 2004, 21354). Das ist zB der Fall, wenn rein rechnerisch, aber auch wenn nach den gesamten Umständen nur noch eine bestimmte Strafe (BGH NStE StPO § 354 Nr. 4; NStZ 1992, 78; 1992, 297; Becker NStZ-RR 2003, 293 – BGH RsprÜ; OLG Düsseldorf VRS 82, 455; OLG Stuttgart NJW 2006, 1222 (1224); abl. zu dieser Rspr. Hanack StV 1993, 63, der aber irrig annimmt, der BGH wende hier die Alt. „gesetzlich niedrigste Strafe" entspr. an) o. eine bestimmte Gesamtstrafe (BGH NJW 1991, 1763; 1991, 2715; Kusch NStZ 1997, 380 – BGH RsprÜ; OLG Düsseldorf NStZ-RR 2001, 21; OLG Karlsruhe Justiz 1995, 113; vgl. auch BGH ZIS 2008, 583, ferner BGH 19.6.1997 – 4 StR 232/97: Vornahme eines unterbliebenen Härteausgleich bei nicht mehr möglicher Gesamtstrafenbildung) o. die Strafaussetzung zur Bewährung (BGH StV 1996, 265 (266)) o. die Anordnung der Unterbringung nach § 64 StGB (BGH 4.7.1997 – 2 StR 298/97) o. die Festsetzung des Vorwegvollzugs eines Teils der Strafe nach § 67 Abs. 2 StGB (BGH NJW 2008, 1173; NStZ-RR 2010, 171; 2012, 71), bzw. dessen Wegfall (BGH NStZ-RR 1998, 70) o. der Wegfall der Feststellung der bes. Schwere der Schuld (BGH NStZ 2008, 569) in Betracht kommen. Diese Möglichkeiten sind durch die Einfügung von Abs. 1a und Abs. 1b (dazu → Rn. 28 ff.) nicht berührt worden (BGH NJW 2005, 912; BeckRS 2007, 11861; Güntge NStZ 2005, 208; krit. Köberer FS Hamm, 2008, 310).

IV. Aufrechterhaltung der Rechtsfolgen. Die Aufrechterhaltung der Rechtsfolgen durch das Revisionsgericht ist auch bei fehlerhafter Begründung durch das Tatgericht dem Revisionsgericht gestattet, wenn die **angeordnete Rechtsfolge angemessen ist (Abs. 1a S. 1);** das hat das Revisionsgericht auf der Grdl. der Feststellungen des angefochtenen Urt. unter Berücksichtigung aller maßgebenden Gesichtspunkte, insbes. aller nach § 46 StGB für die Strafzumessung erheblichen Umstände selbst zu beurteilen (BGHSt 49, 371; BGH NStZ 2006, 587 (588)). Die Entsch. setzt keinen entspr. Antrag der StA voraus. Mit ihr wird jedoch in nicht unbedenklicher Weise (zutr. krit. Franke GA 2006, 265; OLG Hamm StV 2008, 207; ebenso Eisenberg/Haeseler StraFo 2005, 221, die zudem im Jugendstrafverfahren Abs. 1a S. 1 nur für bedingt anwendbar und Abs. 1a S. 2 und Abs. 1b für unanwendbar halten) die Entsch. des Tatrichters durch die des Revisionsgerichts ersetzt. Während sonst lediglich in den Fällen, in denen nach Ansicht des Revisionsgerichts aus Rechtsgründen nur eine bestimmte Rechtsfolge in Betracht kommt, die eigene Entsch. des Revisionsgerichts erlaubt ist (→ Rn. 25–27), wird hier eine Ermessensentscheidung des Revisionsgerichts gestattet, obwohl nicht auszuschließen ist, dass die rechtsfehlerhafte Erwägung des Tatrichters bei der Festsetzung der Rechtsfolge für diesen gerade bestimmend gewesen ist (zutr. krit. auch SK-StPO/Wohlers Rn. 55; Ventzke NStZ 2005, 461; einschr. Frisch StV 2006, 433). 28

Das BVerfG hat die Vorschr. deshalb **nur im Wege verfassungskonformer Auslegung** für verfassungsgemäß erklärt (BVerfGE 118, 212); es hat zu Recht gefordert, dass für eine Entsch. nach Abs. 1a S. 1 „ein zutreffend ermittelter, vollständiger und aktueller Strafzumessungssachverhalt zur Verfügung stehen muss", u. dass das Revisionsgericht den Angeklagten konkret auf die aus seiner Sicht für eine Sachentscheidung nach Abs. 1a S. 1 sprechenden Gründe (mündlich o. schriftlich) hinweisen muss, falls nicht der StA dies bereits beantragt o. angeregt hatte. Gegebenenfalls muss das Revisionsgericht dazu ein freibeweisliches Anhörungsverfahren durchführen (vgl. zB BGH BeckRS 2010, 12946), wovor dieses aber als systemfremd u. zu aufwändig zurückschrecken u. lieber zurückverweisen sollte (vgl. auch Franke FS Widmaier, 2008, 249 ff.; anders aber der aufwändig begründete u. gleichwohl wenig überzeugende Beschl. BGH StraFo 2010, 30 mablAnm Dehne-Niemann = StV 2011, 136 mablAnm Gaede = JR 2011, 177 mzustAnm Peglau; bedenklich auch BGH StV 2016, 542 Ls. mablAnm Dehne-Niemann StV 2016, 601). Somit wird die – ohnehin systemwidrige – Vorschr. nur noch geringe praktische Bedeutung haben (so auch Gaede StV 2011, 136; Maier NStZ 2008, 227; **aM** Altvater FS Widmaier, 2008, 47), zumal das BVerfG (BVerfGE 118, 212; vgl. auch OLG Hamm 14.10.2025 – BeckRS 2025, 30585) es auch entgegen BGH NJW 2005, 912; 2005, 913) beanstandet u. für unzulässig erklärt hat, Abs. 1a S. 1 auch bei einer Schuldspruchänderung anzuwenden (so auch BVerfG StV 2008, 169 Ls.; BGH StV 2008, 176). 28a

Der Anwendung des Abs. 1a S. 1 steht entgegen das Fehlen tragfähiger Feststellungen zu den den Angeklagten belastenden Strafzumessungserwägungen (BGH StV 2007, 408; 2014, 594; OLG Nürnberg StraFo 2007, 205; StV 2011, 226 Ls.); sie scheidet auch bei einer Vielzahl v. Strafzumessungsfehlern aus (BGH StV 2007, 408; OLG Nürnberg NJW 2008, 2518), ebenso, wenn die Rechtsfolge gegen zwingendes Recht verstößt (BGH StV 2008, 177: gegen § 54 Abs. 2 S. 1 StGB), wenn ein anderer Strafrahmen in Betracht kommt (BGH NStZ 2010, 714; NStZ-RR 2010, 184 Ls.) u. bei unzulässiger (vgl. → § 257c Rn. 11) Vereinbarung einer „Punktstrafe" (**aM** BGHSt 51, 84 mzustAnm Streng JZ 2007, 154; aber hier liegt kein Fehler bei der Zumessung der Rechtsfolgen, sondern ein Verstoß gegen § 261 vor; abl. daher auch KMR-StPO/Momsen Rn. 34b; Franke FS Widmaier, 2008, 244; Leipold StV 2007, 287). 28b

28c **Die Vorschrift ist hingegen auch anwendbar,** wenn die v. der StA (o. dem Nebenkläger) zu Ungunsten des Angeklagten erfolgte Anfechtung des Urt. einen diesen begünstigenden Rechtsfehler aufweist (BGHSt 51, 18; BGH BeckRS 2007, 1511); die Vorschr. gilt auch für die Frage der Strafaussetzung zur Bewährung (OLG Köln NStZ-RR 2016, 181; OLG Schleswig StV 2006, 403) u. – eingeschränkt – bei einer jugendrechtlichen Sanktion (BGH NStZ-RR 2010, 56; 2014, 92). Die Bestimmung des Abs. 1a S. 1 ist nicht so eng auszulegen, dass sie nur in den Fällen zur Anwendung kommt, in denen zwar nicht ausgeschlossen werden kann, dass der Tatrichter zu einer anderen Bewertung hätte kommen können, dies aber eher fernliegend ist (so BGH NJW 2005, 1813). Ob die Beurteilung allein aufgrund der festgestellten Urteilsgründe möglich erscheint, ist eine Frage des Einzelfalls (BGH StV 2008, 176; NStZ-RR 2010, 21; vgl. auch BGH 2014, 12112; 2014, 12285). Eine Begründung der Entsch. nach Abs. 1a S. 1 ist jedenfalls dann erforderlich, wenn die für die Strafzumessung relevanten Umstände u. deren konkretes Gewicht dem Angeklagten sonst nicht nachvollziehbar wären (BVerfGE 118, 212).

29 **V. Angemessene Herabsetzung der Rechtsfolgen.** Eine angemessene Herabsetzung der Rechtsfolgen bei deren fehlerhafter Zumessung ist dem Revisionsgericht ebenfalls gestattet **(Abs. 1a S. 2).** Auf die hypothetische Frage, wie der Tatrichter bei zutr. rechtlicher o. tatsächlicher Bewertung entschieden hätte, kommt es nicht mehr an (BT-Drs. 15/3482, 22). Abs. 1a S. 2 erlaubt nicht nur die Herabsetzung der Strafe (zB BGH BeckRS 2008, 8433), sondern auch die anderer Rechtsfolgen, etwa die Bestimmung der Dauer des Vorwegvollzugs nach § 67 Abs. 2 StGB (BGH BeckRS 2008, 9418) o. Kompensation (→ EMRK Art. 6 Rn. 9a) wegen konventionswidriger Verfahrensverzögerung (BGH NStZ-RR 2008, 208; 2017, 53 Ls.; wistra 2008, 304; 2015, 241). Die Entsch. setzt allerdings einen Antrag der StA voraus; im Maß der Herabsetzung ist das Revisionsgericht aber nicht an den Vorschlag der StA gebunden (OLG Karlsruhe NJW 2004, 3724; Senge FS Dahs, 2005, 489). Bei einer v. Tatrichter übersehenen möglichen Strafrahmenverschiebung wird Abs. 1a S. 2 nicht in Betracht kommen (OLG Bremen StV 2006, 206; **aM** KK-StPO/Gericke Rn. 26g, 26h; vgl. auch Schuster StV 2014, 113), anders, wenn nur v. einer eher geringfügig zu hohen Untergrenze ausgegangen wurde (BGH NStZ-RR 2008. 182). Die Entsch. kann durch Beschl. ergehen (BGH NJW 2006, 1605; Senge StraFo 2006, 314; **aM** noch BGH NStZ 2005, 705); das ist allerdings nur dann möglich, wenn das Revisionsgericht dem Antrag der StA genau folgt o. unter diesem bleibt u. der Angeklagte Gelegenheit hatte, zu dem Antrag Stellung zu nehmen. Die zu Abs. 1a S. 1 vom BVerfG entwickelten Maßstäbe (→ Rn. 28a) gelten auch hier (BVerfG NStZ 2007, 710; BGH StV 2008, 233). Im Übrigen steht es im pflichtgemäßen Ermessen des Revisionsgerichts, ob es nach Abs. 1a S. 2 verfährt o. die Sache nach Abs. 2 zurückverweist. Will das Revisionsgericht dem Antrag der StA auf Herabsetzung der Strafe deswegen nicht folgen, weil es die Revision für unbegründet hält oder Abs. 1a S. 1 anwenden will (vgl. BGH NStZ 2006, 36 (38)), bedarf es einer Entsch. durch Urteil.

30 **VI. Entscheidungen über die Gesamtstrafe.** Für die Entscheidung über die Gesamtstrafe bestehen weitere Sonderregelungen:

31 **1.** Dem **Beschlussverfahren** nach §§ 460, 462 kann das Revisionsgericht die Entsch. überlassen (Abs. 1b S. 1), statt die Sache zur neuen Verh. in einer HV zurückzuverweisen, wenn es lediglich um die Bildung einer – erstmalig festzusetzenden o. wegen Fehlerhaftigkeit der alten neu zu bestimmenden – Gesamtstrafe geht (OLG Frankfurt a. M. NStZ-RR 2005, 81; OLG Köln NStZ 2005, 164; OLG Nürnberg StV 2007, 415) o. wenn im Revisionsverfahren ein Teilfreispruch (BGH NStZ 2007, 287) o. eine Teileinstellung nach § 154 Abs. 2 oder nach § 206a erfolgt u. deshalb über die Gesamtstrafe neu zu befinden ist (BGH NJW 2005, 376; Cierniak NStZ-RR 2009, 37 – BGH RsprÜ). Bei Vorliegen „echter Zumessungsfehler“ wird eine Zurückverweisung in das Beschlussverfahren allerdings idR ungeeignet sein (BGH StV 2006, 402); sie kommt nicht in Betracht, wenn nicht

sicher feststeht, dass u. in welcher Weise die Gesamtstrafenbildung fehlerhaft war (Döllel/Dreeßen SchlHA 2012, 299 – OLG Schleswig RsprÜ). Auch die zu treffende Entsch. über einen Härteausgleich (→ § 331 Rn. 20a) fällt nicht in den Regelungsbereich der Vorschr. (BGH NStZ-RR 2016, 251 mwN). Sie findet iÜ nicht nur bei den Angeklagten beschwerenden, sondern – auf Revision der StA – auch bei ihn begünstigenden Rechtsfehlern Anwendung (BGH NStZ-RR 2007, 107; OLG Frankfurt a. M. NStZ-RR 2014, 220). Einer ausdr. Zurückverweisung an das nach § 462a zuständige Gericht bedarf es nicht (BGH NJW 2004, 3788; OLG Köln StraFo 2004, 424); bei seiner Entsch. kann das Revisionsgericht ggf. auch gleich selbst die Kostenentscheidung zum Revisionsverfahren treffen (BGH NJW 2004, 3788), sonst muss diese mit im Nachverfahren ergehen (BGH NJW 2005, 1205; 1.9.2005 – 4 StR 431/05; OLG Köln VRS 108, 112). Die Regelung ist eine zu begrüßende Vereinfachung (so auch Franke GA 2006, 266; Frisch StV 2006, 438; Knauer/Wolf NJW 2004, 2937); wird der Angeklagte dadurch doch nicht anders gestellt als in sonstigen Fällen, in denen die Bildung einer Gesamtstrafe unterblieben ist (**aM** Wasserburg GA 2006, 393 wegen hier fehlender Unvoreingenommenheit des Beschlussrichters). Die Entsch. kann nach Maßgabe des § 349 Abs. 4 durch Beschl. ergehen. Natürlich ist auch hier das Verschlechterungsverbot (§ 358 Abs. 2) zu beachten (BGH 1.9.2005 – 4 StR 431/05). Die Gesamtstrafenentscheidung ist dann wieder mit sofortiger Beschwerde anfechtbar (§ 462 Abs. 3).

2. Dem Revisionsgericht stehen für eine eigene Entscheidung über die 32
Gesamtstrafe die Möglichkeiten nach Abs. 1 und Abs. 1a offen (Abs. 1b S. 3), dh es kann unter den dort gegebenen Voraussetzungen (→ Rn. 25–29) die Gesamtstrafe bestehen lassen (BGH NJW 2007, 1475 (1476)) o. selbst festsetzen o. eine gebildete Gesamtstrafe auf Antrag der StA angemessen herabsetzen (dazu iE Frisch StV 2006, 439). Es kann aber auch, wenn es nach Abs. 1 oder Abs. 1a eine Einzelstrafe selbst festgesetzt hat, die Sache zur Bildung einer Gesamtstrafe in das Beschlussverfahren nach §§ 460, 462 zurückverweisen (Abs. 1b S. 2; → Rn. 31).

D. Berichtigung offensichtlicher Versehen. Die Berichtigung offensicht- 33
licher Versehen ist dem Revisionsgericht möglich, wenn eine sich aus den **Urteilsgründen eindeutig ergebende Verurteilung** in der Urteilsformel keinen vollständigen u. klaren Ausdruck gefunden hat (BGH BeckRS 2013, 12524; OLG Hamburg VRS 25, 384; Blaese/Wielop Revision S. 13). Der Schuldspruch kann ausgewechselt (BGH VRS 46, 106 (107)) o., wenn er im Urteilsausspruch ganz fehlt, nachgeholt (OLG Hamm NJW 1981, 697) o. um Schreibfehler u. ähnliche Mängel berichtigt werden, gleichgültig, ob die Unrichtigkeit auf Versehen o. auf Rechtsirrtum des Tatrichters beruht (Wimmer MDR 1948, 70). Der Urteilsspruch kann insbes. berichtigt werden, wenn die Gründe eine niedrigere Strafe anführen als die Urteilsformel (BGH JZ 1952, 282), wenn die Urteilsformel versehentlich auf Tateinheit lautet, in den Gründen aber Tatmehrheit angenommen wird (OLG Hamm VRS 44, 424 (426)) o. wenn die Teilfreisprechung durch den Tatrichter rechtlich unzulässig war (OLG Karlsruhe NJW 1973, 1989 (1990)). Umgekehrt kann ein Teilfreispruch, dessen Notwendigkeit sich aus den Gründen ergibt, im Urteilsausspruch nachgeholt werden (OLG Celle GA 1959, 22; OLG Hamm OLGSt StPO § 264 S. 41; OLG Karlsruhe VRS 43, 261 (266)). Die fehlende Schuldform kann aus den Urteilsgründen ergänzt werden (BGHSt 19, 217 (219); BGH NJW 1969, 1581 (1582)), auch wenn der Schuldspruch schon rkr. ist (OLG Saarbrücken MDR 1975, 334). Ferner kann das Revisionsgericht einen Irrtum bei der Anrechnung der UHaft berichtigen (BGHSt 27, 287), die Urteilsformel dahin richtigstellen, dass die ges. Überschrift (§ 260 Abs. 4 S. 2) benutzt wird, u. das Urt. um Entsch. über Nebenstrafen, Nebenfolgen u. Maßnahmen ergänzen, wenn der Tatrichter es unterlassen hat, sie nach § 55 Abs. 2 StGB aufrechtzuerhalten (BGH MDR 1979, 683). Auch die v. Tatrichter vergessene Festsetzung v. Einzelstrafen bei einer Gesamtstrafenbildung darf das Revisionsgericht nachholen (BGH NStZ-RR 2010, 184; 2014, 186; erg. → § 331 Rn. 7), jedoch dabei bei einer Angeklag-

tenrevision die Gesamtstrafe nicht erhöhen (Löwe/Rosenberg/Gössel § 331 Rn. 39).

34 **E. Zurückverweisung an den Tatrichter (Abs. 2, Abs. 3).** Die Zurückverweisung an den Tatrichter (Abs. 2, Abs. 3) ist erforderlich, wenn das Revisionsgericht nicht nach Abs. 1 entscheiden kann.

35 **I. An das Gericht des 1. Rechtszuges oder an das Berufungsgericht.** An das Gericht des 1. Rechtszugs oder an das Berufungsgericht wird zurückverwiesen. Die Sache wird jedoch an das AG zurückverwiesen, wenn es den Einspruch gegen einen Strafbefehl rechtsfehlerhaft nach § 412 Abs. 1 verworfen hatte u. wenn auch die Berufung gegen dieses Urt. verworfen worden ist (→ § 412 Rn. 11), o. wenn aus sonstigen Gründen der Fehler nur durch das AG behoben werden kann (OLG München wistra 2008, 319: Bestimmung der v. AG nach § 154 Abs. 2 eingestellten Taten).

36 **II. An eine andere Abteilung oder Kammer. An eine andere Abteilung oder Kammer oder an einen anderen Senat** des Gerichts, dessen Urt. aufgeh. wird, verweist das Revisionsgericht die Sache zurück, wenn es keinen Anlass zur Zurückverweisung nach Abs. 3 oder § 355 sieht.

37 **1.** Der **andere Spruchkörper,** an den zurückverwiesen wird, ist in dem Revisionsurteil nicht zu bezeichnen (OLG Karlsruhe Justiz 1980, 339; KK-StPO/Gericke Rn. 29; Löwe/Rosenberg/Franke Rn. 64; **aM** Zeihe DVBl 1999, 1322); er wird durch den Geschäftsverteilungsplan bestimmt (dazu OLG Köln StV 2016, 637 Ls.). Eine andere Abt. des AG ist eine ebenso wie früher besetzte Abt. (Strafrichter, SchG, erweitertes SchG); mit der büromäßigen Organisation des Gerichts hat die Abt. iS Abs. 2 nichts zu tun (OLG Hamm NJW 1968, 1438; OLG Koblenz NJW 1968, 2393). Wird das Urt. einer StrK aufgeh., so kommt die Sache, wenn nicht nach Abs. 3 verfahren wird, vor eine StrK der gleichen Art, die zuvor entschieden hatte (erg. → Rn. 42).

38 **2.** Auf das **Fehlen eines anderen Spruchkörpers der gleichen Art** braucht das Revisionsgericht keine Rücksicht zu nehmen (OLG Oldenburg NStZ 1985, 473; OLG Schleswig SchlHA 1975, 165; **aM** OLG München JR 1978, 301: Zurückverweisung an anderes Gericht); denn nach Abs. 2 sind die JVen verpflichtet, so viele Spruchkörper einzurichten, dass die Vorschr. eingehalten werden kann (Helle DRiZ 1974, 228 – BGH RsprÜ; OLG Karlsruhe MDR 1980, 690). Die Gerichtspräsidien müssen die Zuständigkeit im Geschäftsverteilungsplan iE u. eindeutig regeln (BGH NJW 1975, 743; NStZ 1982, 211; OLG Saarbrücken MDR 1970, 347); das Fehlen einer eindeutigen Regelung ist allerdings unschädlich, wenn sich die Regelung v. selbst versteht (BGHR StPO § 338 Nr. 1 SchwurG 1: 2 SchwurGe). Notfalls muss der Geschäftsverteilungsplan entspr. § 21e GVG ergänzt (BGH NStZ 1981, 489; Pfeiffer/Miebach NStZ 1985, 204 – BGH RsprÜ) u. für den Rest des Geschäftsjahrs ein Auffangspruchkörper eingerichtet werden (Helle DRiZ 1974, 228 – BGH RsprÜ; OLG Oldenburg NStZ 1985, 473; OLG Rostock NStZ-RR 2010, 243 (244)). Diese Notwendigkeit kann sich insbes. bei zweimaliger Zurückverweisung ergeben, wobei sichergestellt sein muss, dass sich der Auffangspruchkörper in seiner Bezeichnung v. sämtlichen bislang in der Sache tätigen Spruchkörpern unterscheidet (BGH NStZ 1981, 489; Becker NStZ-RR 2006, 65 – BGH RsprÜ; Lorenzen/Görl SchlHA 1988, 117 – OLG Schleswig RsprÜ). Ist die Bestimmung eines anderen Spruchkörpers nicht möglich, so muss das zuständige Gericht nach § 15 bestimmt werden (OLG Oldenburg NStZ 1985, 473; Lorenzen/Görl SchlHA 1988, 117 – OLG Schleswig RsprÜ), nicht aber deshalb, weil das Präsidium sich weigert, einen Auffangspruchkörper zu errichten (Pfeiffer/Miebach NStZ 1985, 204 – BGH RsprÜ; OLG München JR 1978, 301). Ergänzend → GVG § 21e Rn. 4, → GVG § 74 Rn. 8.

39 **3.** Die **Mitwirkung des früheren Richters** an der neuen Entsch. ist nicht ausgeschlossen. Abs. 2 verlangt die Entsch. eines anderen, nicht eines anders besetzten Spruchkörpers des Gerichts. Diese gesetzgeberische Lösung, die verfassungsrechtlich unbedenklich ist (BVerfG DRiZ 1968, 141), wird im Schrifttum zu

Recht als verfehlte Kompromisslösung bezeichnet (vgl. Hanack NJW 1967, 580; Peters GS Meyer, 1990, 339; Seibert NJW 1968, 1318). Der frühere Richter ist danach weder nach § 23 ausgeschlossen noch sonst an der Mitwirkung gehindert (BGHSt 20, 252; 21, 142 (144); 24, 336 (337); NStZ-RR 2023, 327; OLG Stuttgart StV 1985, 492; Fezer StrafProzR § 20 Rn. 47; **aM** Arzt Strafrichter S. 80 ff.; Peters StrafProzR Rn. 148;). Der neue Spruchkörper braucht nicht einmal überw. mit anderen Richtern besetzt zu sein (OLG Hamm GA 1971, 185; OLG Saarbrücken MDR 1970, 347; LG Potsdam StV 2015, 349). Nach der Rspr. soll derselbe Richter sogar erneut als Berichterstatter mitwirken können (Pfeiffer NStZ 1981, 298 – BGH RsprÜ; vgl. auch BGH NStZ-RR 2023, 327; **aM** Goydke FS Meyer-Goßner, 2001, 547). Auch eine „Befangenheit kraft Gesetzes" tritt nicht ein (BGHSt 21, 142 (145); 21, 334 (342); KK-StPO/Gericke Rn. 30; **aM** LG Münster NJW 1966, 1723; AG Münster StV 1986, 429; Rieß JR 1980, 388); dasselbe gilt, wenn der frühere Richter nun als StA an der neuen Verh. teilnimmt (BGH NStZ 1991, 595). Nur unter den Voraussetzungen des § 24, insbes. wegen des Urteilsinhalts, ist eine Ablehnung wegen Befangenheit möglich (BGHSt 24, 336; vgl. auch Pfeiffer/Miebach NStZ 1987, 19 – BGH RsprÜ; OLG Stuttgart StV 1985, 492 mAnm Hannover; LG Bremen StV 1986, 470; **aM** SK-StPO/Wohlers Rn. 83: stets möglich; erg. → § 24 Rn. 13, 13a). Unzulässig ist es allerdings, im Geschäftsverteilungsplan die erstentscheidende u. die für die zurückverwiesenen Sachen zuständige StrK mit demselben Richter zu besetzen (BGH NStZ 2013, 542; OLG Hamm NStZ-RR 2005, 212; vgl. auch LG Potsdam StV 2015, 349). Das Präsidium ist jedoch nicht gehalten, über das Geschäftsjahr hinaus sicherzustellen, dass kein vorbefasster Richter nochmals mit einer zurückverwiesenen Sache befasst werden kann (BGH 25.7.2023 – StB 42/23).

III. An ein anderes Gericht gleicher Ordnung. An ein anderes Gericht gleicher Ordnung (Abs. 2) kann das Revisionsgericht die Sache zurückverweisen, auch an ein – etwa nach § 74e GVG – Gericht höherer Ordnung (BGH wistra 2015, 18). Es bestimmt dann das zuständige Gericht. Das BVerfG hat dies für verfassungsrechtlich unbedenklich erklärt (BVerfGE 20, 336), dazu eing. u. zw. Sowada Gesetzliche Richter S. 760 ff., der letztlich ein Ermessen hins. des „Ob" einer Weiterverweisung für zulässig erachtet, nicht aber das Auswahlermessen an welches Gericht weiterverwiesen wird; zutr. scheint aber gerade die umgekehrte Lösung, wonach das Ermessen, ob weiterverwiesen werden darf, eingeschränkt werden müsste, während dem Revisionsgericht bei vorgenommener Weiterverweisung ein Auswahlermessen zugebilligt werden darf (Meyer-Goßner GS Schlüchter, 2002, 529). Ergänzend → GVG § 78 Rn. 2. 40

Benachbart braucht das Gericht nicht zu sein; es muss nur zu demselben Bundesland gehören (BGHSt 21, 191 (192)). Macht der BGH v. dem Wahlrecht Gebrauch, so muss das neue Gericht nicht demselben OLG-Bezirk angehören wie das frühere (Seibert NJW 1968, 1317). Das OLG kann aber nur an ein Gericht in seinem Bezirk zurückverweisen (OLG Braunschweig JZ 1951, 235 mAnm Schönke; Seibert MDR 1954, 721; erg. → § 210 Rn. 9). Dass v. der Konzentrationsermächtigung nach § 74c GVG Gebrauch gemacht worden ist, hindert das Revisionsgericht nicht, die örtliche Zuständigkeit anderweit zu bestimmen (BGH NJW 1995, 2933 (2937); NStZ 2018, 45). 41

IV. An ein Gericht niederer Ordnung. An ein Gericht niederer Ordnung (Abs. 3) kann zurückverwiesen werden, um zu vermeiden, dass ein Gericht mit einer Sache befasst wird, zu deren Erledigung die Zuständigkeit eines niederen Gerichts ausreicht (BGHSt 14, 64 (68); KG JR 1965, 393). Das Revisionsgericht hat hier einen Ermessensspielraum, der seiner Steuerungsaufgabe im Rahmen seiner Rechtsfindung entspr. (Holtz MDR 1977, 810 – BGH RsprÜ; vgl. auch NJW 1987, 1092 (1093) aE). Ein Zwang zu dieser Art Zurückverweisung besteht nicht (BGH StraFo 2009, 33; NStZ-RR 2012, 50). Der BGH kann eine Sache, über die das OLG im 1. Rechtszug entschieden hatte, bei Wegfall dessen Zuständigkeit begründenden Delikts an die Staatsschutzkammer beim LG zurückverweisen (BGH 42

BeckRS 1996, 5731) o. auch an eine allg. StrK des LG o. an das AG, wenn die Tat nicht in den Katalog des § 120 Abs. 2 GVG fällt; die Zuständigkeit nach § 24 Abs. 1 Nr. 3 GVG bestimmt dann das Revisionsgericht (Dallinger MDR 1954, 152 – BGH RsprÜ). Entsprechendes gilt bei Teilfreispruch (BGH NJW 1974, 154; VRS 35, 264 (266)) u. nach Wegfall bestimmter Rechtsverletzungen (BGH BeckRS 2011, 21185) o. deren Ausscheidung nach § 154a (BGHSt 29, 341 (350)), wenn nur noch Taten übrigbleiben, deren Aburteilung zur Zuständigkeit eines niederen Gerichts gehört. Die allg. StrK ist ggü. der StrK mit bes. Zuständigkeit (§§ 74 Abs. 2, 74a, 74c GVG), wie sich aus § 209a Nr. 1 ergibt, kein Gericht niederer Ordnung (BGHSt 26, 191 (194); 27, 99 (101)). Obwohl Abs. 3 daher seinem Wortlaut nach nicht zutrifft, hat das Revisionsgericht die Wahl, ob es die v. einer bes. StrK stammende Sache an eine andere StrK dieser Art o. an eine allg. StrK zurückverweist (BGH NJW 1994, 3304 (3305); BeckRS 2011, 6760). Das Revisionsgericht muss bei Zurückweisung an das AG festlegen, ob an das SchG o. den Strafrichter zuückverwiesen ist (offengelassen v. BGH BeckRS 2008, 3208); eine Sache des erweiterten SchG darf nicht an ein gewöhnliches SchG zurückverwiesen werden (RGSt 62, 265 (270)). Zulässig ist dagegen die Zurückverweisung einer SchG-Sache an den Strafrichter (RGSt 62, 265 (270)) o. einer JugSchG-Sache an den Jugendrichter (Löwe/Rosenberg/Franke Rn. 77). Zur Verweisung einer JGG-Sache an eine allg. StrK vgl. → § 355 Rn. 8. Bei der Auswahl des Gerichts, an das zurückverwiesen wird, ist das Revisionsgericht nicht an die Regelungen über die örtliche Zuständigkeit nach §§ 7 ff. gebunden (BGHR StPO § 354 Amtsgericht 1; StPO § 354 Zuständigkeit 1).

43 **F. Verfahren vor dem neuen Tatrichter. I. Feststellung der Bindungswirkung.** Zur Feststellung der Bindungswirkung nach § 358 Abs. 1 muss das Revisionsurteil erörtert, aber nicht förmlich verlesen werden (RGSt 21, 436; KK-StPO/Gericke Rn. 44).Die Verlesung des aufgeh. Urt. ist zulässig (Spiegel DAR 1977, 172 – BGH RsprÜ; BGH GA 1976, 368; Dallinger MDR 1958, 15 – BGH RsprÜ; → § 249 Rn. 9), aber ebenfalls nicht erforderlich (RG JW 1931, 1816).

44 Bei Teilaufhebung müssen die bestehen gebliebenen Teile des aufgeh. Urt. verlesen o. bekanntgemacht werden (BGH NJW 1962, 59 (60)), auch in der Berufungsverhandlung (BayObLGSt 1973, 130).

45 **II. Beweisaufnahme.** Die Beweisaufnahme wird ihrem Umf. nach durch § 244 Abs. 2, nicht durch die Beweiserhebung in der früheren HV bestimmt (Dallinger MDR 1974, 547 – BGH RsprÜ). Über die Erg. der früheren Beweisaufnahme darf Beweis erhoben werden (Dallinger MDR 1952, 18 – BGH RsprÜ: Inhalt der Zeugenaussagen). Das aufgeh. Urt. darf im Urkundenbeweis zum Beweis darüber verlesen werden, wie das Gericht die Aussagen verstanden hat (→ § 249 Rn. 9).

46 **III. Neue Urteilsfeststellungen.** Die neuen Urteilsfeststellungen dürfen – ohne dass dies allerdings nötig wäre (Becker NStZ-RR 2002, 260 – BGH RsprÜ; erg. → § 267 Rn. 2a) – auf die früheren Feststellungen Bezug nehmen, wenn sie durch die Entsch. des Revisionsgerichts *bindend* geworden sind (BGHSt 30, 225; 33, 59; BGH NJW 1985, 638), was auch der Fall ist, wenn das Revisionsgericht zwar Einzelstrafen mit den zugehörigen Feststellungen aufgeh., den Schuldspruch u. weitere Einzelstrafen aber bestätigt hat (BGH NStZ 2015, 600). Die bloße Bezugnahme o. Verweisung auf die *aufgehobenen* Feststellungen ist jedoch unzulässig (BGHSt 24, 274; BGH StV 1981, 115; 1981, 534; Pfeiffer/Miebach NStZ 1984, 18 – BGH RsprÜ); eine Bezugnahme wird auch nicht dadurch zulässig, dass sie mit dem Hinweis verbunden wird, die neue HV habe zu denselben Feststellungen geführt. Vielmehr muss der Tatrichter umfassend eigene Feststellungen treffen u. in den Urteilsgründen mitteilen (BGH StV 2015, 557). Nur wenn die HV die Richtigkeit der Feststellungen des aufgeh. Urt. ergeben hat, dürfen sich die neuen Feststellungen an diese anlehnen; dann ist es sogar zulässig, in dem Umf. den Text des aufgeh. Urt. wörtlich zu übernehmen (BGH StraFo 2009, 72; NStZ-RR 2009, 148). Das gilt auch für die Feststellungen zum Lebenslauf des Angeklagten (BGH NStZ 1985, 309; Kusch NStZ-RR 2000, 39 – BGH RsprÜ; Becker NStZ-RR

2002, 99 – BGH RsprÜ; BGH NStZ-RR 2016, 25 Ls.), zu den Vorstrafen (BGH StraFo 2004, 211) u. zur Straffrage (BGH StV 1982, 105; Pfeiffer/Miebach NStZ 1983, 213 – BGH RsprÜ; OLG Stuttgart NJW 1982, 897 (898); vgl. aber auch BGH StV 1982, 103; BGHR StPO § 353 Abs. 2 Teilrechtskraft 16).

IV. Zuständigkeit für Nachtragsentscheidungen. Wegen der Zuständigkeit für Nachtragsentscheidungen bei der Strafvollstreckung vgl. § 462a Abs. 6. Entscheidungen anderer Art trifft das ursprünglich zuständig gewesene Gericht (OLG Düsseldorf MDR 1983, 154 für das Nachverfahren nach § 439; erg. → § 464b Rn. 3). Im Fall der Zurückverweisung nach Abs. 3 ist stets das Gericht niederer Ordnung zuständig (KMR-StPO/Momsen Rn. 58; Löwe/Rosenberg/Franke Rn. 84). Wegen der Zuständigkeit im Wiederaufnahmeverfahren vgl. → GVG § 140a Rn. 10. 47

Entscheidung bei Gesetzesänderung

354a Das Revisionsgericht hat auch dann nach § 354 zu verfahren, wenn es das Urteil aufhebt, weil zur Zeit der Entscheidung des Revisionsgerichts ein anderes Gesetz gilt als zur Zeit des Erlasses der angefochtenen Entscheidung.

A. Rückwirkung des milderen Strafgesetzes. Die Rückwirkung des milderen Strafgesetzes muss nach § 2 Abs. 3 StGB („vor der Entscheidung") auch noch das Revisionsgericht berücksichtigen (BGHSt 20, 74 (75); 27, 181). Das gilt auch für Rechtsänderungen, die nur den Rechtsfolgenausspruch betreffen (BGHSt 5, 207 (208); 6, 186 (192); 20, 116 (118)), auch in Nebengesetzen (BGHSt 6, 258: § 105 **JGG;** BGHSt 24, 378 (382); 27, 108: § 49 (jetzt § 51) **BZRG**). Auch hins. der Sicherungsmaßregeln (vgl. § 2 Abs. 6 StGB) gilt § 354a (BGH NJW 2008, 1173). Die nach dem tatrichterlichen Urt. eingetretene Tilgungsreife einer Eintragung im BZR bleibt aber unberücksichtigt (Kusch NStZ 1994, 229 – BGH RsprÜ), es sei denn, das Revisionsgericht entscheidet in der Sache selbst (OLG Celle NZV 1994, 332). 1

B. Änderungen des sachlichen Rechts. Nur Änderungen des sachlichen Rechts werden berücksichtigt, vorausgesetzt, dass eine zulässige Sachrüge erhoben ist (BGHSt 26, 94; KK-StPO/Gericke Rn. 9; Schlüchter Strafverfahren Rn. 755; **aM** Löwe/Rosenberg/Franke Rn. 9; SK-StPO/Wohlers Rn. 12; SSW StPO/Momsen/Momsen-Pflanz Rn. 10, die es genügen lassen, dass die Sache irgendwie beim Revisionsgericht anhängig ist; vgl. auch → § 206b Rn. 6). Das gilt auch bei Umwandlung der Strafvorschrift in eine Bußgeldvorschrift (**aM** OLG Köln OLGSt § 184a StGB S. 1). 2

Werden **Prozessvoraussetzungen** im Laufe des Verf. neu geschaffen, so sind sie vAw ebenso zu berücksichtigen, wie wenn sie v. vornherein bestanden hätten (BGHSt 21, 367 (369); 45, 261 (267)). Werden sie abgeschafft, so ist die Verfolgung nunmehr zulässig (BGHSt 20, 22 (27); 21, 367 (369); vgl. auch Löwe/Rosenberg/Franke Rn. 5); das gilt auch bei Umwandlung eines absoluten in ein relatives Strafantragsdelikt (BGHSt 46, 310; krit. dazu Knauth StV 2003, 418). 3

C. Änderungen des Verfahrensrechts. Bei **Änderungen des Verfahrensrechts** werden anhängige Verf. grds. nach den neuen Vorschr. fortgeführt (BGHSt 22, 321 (325); 26, 288 (289); BGH NStZ-RR 2025, 55; 2.7.2025 – 4 StR 233/24; OLG Hamm NJW 1975, 701; 1977, 860; vgl. auch BVerfGE 45, 272; erg. → Einl. Rn. 203), es sei denn, es ist ausdr. etwas anderes bestimmt (BGH NStZ-RR 2025, 55). Laufende Verfahren sind nach den neuen Vorschriften fortzuführen (BGH 2.7.2025 – 4 StR 233/24). Verfahrensfehler führen daher nicht zur Urteilsaufhebung, wenn das Verf. dem neuen Recht entspr. (BayObLG NJW 2005, 1592; OLG Hamburg NJW 1975, 988). Sieht das neue Recht eine Rechtsmittelbefugnis nicht mehr vor, bleibt ein bereits eingelegtes Rechtsmittel zulässig, sofern das G nicht mit hinreichender Deutlichkeit etwas Abweichendes bestimmt (BVerfGE 87, 4

48). Schafft das neue Recht eine Rechtsmittelbefugnis, gilt diese nicht für ein zuvor bereits abgeschlossenes Verf. (OLG Frankfurt a. M. NStZ-RR 2007, 180 zu § 310 Abs. 1 Nr. 3). Auch ansonsten findet der allgemeine Grundsatz des intertemporalen Prozessrechts auf ein bereits beendetes prozessuales Geschehen keine Anwendung (BGH NStZ-RR 2025, 55: Fehlen eines formgerechten Strafantrags wegen eines Beleidigungsdelikts binnen der dreimonatigen Ausschlussfrist).

5 **D. Teilrechtskraft.** SAuch bei **Rechtskraft des Schuldspruchs** sind nachträgliche Milderungen der Rechtsfolgen zu berücksichtigen (BGHSt 20, 116; BayObLG NJW 1971, 392 (393); OLG Düsseldorf NJW 1991, 709 (710); vgl. auch Wagner NStZ 2025, 77 (84) zur geänderten Rechtslage des KCanG). Das Gleiche gilt, wenn nur noch über die Strafaussetzungsfrage (BGHSt 26, 1) o. über die Einziehung (OLG Frankfurt a. M. NJW 1973, 1514) zu entscheiden ist, nicht aber, wenn nach Zurückverweisung durch das Revisionsgericht nur noch die Gesamtstrafenbildung aussteht (OLG Stuttgart NJW 1970, 820; Wagner NStZ 2025, 77, (81) mwN; **aM** SK-StPO/Wohlers Rn. 14). Die Rechtskraft des Schuldspruchs hindert ferner nicht die Beachtung einer Gesetzesänderung, durch die die Strafbarkeit ganz entfällt (BGHSt 20, 116; BayObLGSt 1961, 23; Peters StrafProzR Rn. 663). Siehe ferner → Einl. Rn. 184 ff; speziell zu den Auswirkungen der Cannabisgesetzgebung bei Teilrechtskraft im Strafverfahren Wagner NStZ 2025, 77.

6 **E. Verfahren des Revisionsgerichts.** Das Verfahren des Revisionsgerichts richtet sich nach § 354. Es kann den Angeklagten freisprechen o. die Sache unter Aufhebung des Urt. zurückverweisen, wenn weitere Feststellungen erforderlich sind. Es kann den Schuldspruch berichtigen (BGHSt 20, 116 (121); vgl. etwa BGH BeckRS 2024, 15199; BayObLG BeckRS 2024, 18498: Umstellung des Schuldspruchs aufgrund des seit 1.4.2024 geltenden KcanG; vgl. Patzak/Möllinger NStZ 2024, 321, 328 f.). Dies gilt auch bei einem durch Rechtsmittelbeschränkung rechtskräftigen Schuldspruch, wenn eine gemäß § 2 Abs. 3 StGB iVm § 354a beachtliche Gesetzesänderung den Tatbestand der angewendeten Vorschrift nicht verändert, sondern nur die Strafdrohung mildert; das ist im Verhältnis des Konsumcannabisgesetz zum BtMG der Fall (BGH 17.9.2024 – 6 StR 165/24; 6.10.2025 – 2 StR 25/25). Bei Herabsetzung der Höchststrafe durch das neue Recht ist idR die Aufhebung des Strafausspruchs geboten (Löwe/Rosenberg/Franke Rn. 12). § 357 ist nicht anwendbar (→ § 357 Rn. 9).

Verweisung an das zuständige Gericht

355 **Wird ein Urteil aufgehoben, weil das Gericht des vorangehenden Rechtszuges sich mit Unrecht für zuständig erachtet hat, so verweist das Revisionsgericht gleichzeitig die Sache an das zuständige Gericht.**

1 **A. Urteilsaufhebung wegen Unzuständigkeit des Tatrichters.** Bei Urteilsaufhebung wegen Unzuständigkeit des Tatrichters gilt nicht § 354 Abs. 2, sondern **§ 355 als Sondervorschrift** (BGH NStZ 2009, 404 (405); vgl. auch § 328 Abs. 2). Die Bestimmung ist entspr. anwendbar, wenn ein anderer Aufhebungsgrund vorliegt, die Sache aber vor ein Gericht höherer Ordnung o. ein ihm nach § 209a gleichstehendes Gericht gehört (BGHSt 13, 378 (382); OLG Stuttgart Justiz 1995, 99 (100)), o. wenn sich ein zuständiges Gericht zu Unrecht für unzuständig erklärt hat (BGHSt 42, 39 (42)), o. wenn eine nach dem Geschäftsverteilungsplan unzuständige StrK entschieden hat (BGHSt 38, 376 (380)). Der BGH hat sie unrichtig auch auf den Fall angewendet, dass die Revision der StA unbegründet ist, weil der Tatrichter das Verf. zu Recht wegen sachlicher Unzuständigkeit eingestellt hat (BGHSt 26, 191 (201); hiergegen Löwe/Rosenberg/Franke Rn. 3; SK-StPO/Wohlers Rn. 5; anders auch BayObLGSt 1979, 16 für den Fall rechtsfehlerfreier Einstellung wegen örtlicher Unzuständigkeit).

B. Zuständigkeit. Zuständigkeit iSd § 355 bedeutet sowohl die örtliche (RGSt 40, 354 (359); vgl. auch BGH NStZ 2009, 221) als auch die sachliche (→ Vor § 1 Rn. 2) u. die Zuständigkeit besonderer StrKn (→ Vor § 1 Rn. 4) u. der JugGe. Die Unterschreitung der sachlichen Zuständigkeit ist wegen § 269 kein Revisionsgrund. 2

C. Zu Unrecht für zuständig erachtet. Zu Unrecht für zuständig erachtet hat sich der Tatrichter nur, wenn er bei objektiver Beurteilung nicht zuständig war (BGH NStZ 2012, 46; SK-StPO/Wohlers Rn. 7; Gössel GA 1968, 357). Das Revisionsgericht legt bei der Überprüfung der Zuständigkeit die objektive Sachlage zum Zeitpunkt des Eröffnungsbeschlusses zugrunde (BGHSt 47, 16 (21); Becker NStZ-RR 2007, 5 (6) – BGH RsprÜ; BGH NStZ-RR 2012, 76). Die eigene rechtliche Bewertung des Tatrichters ist nicht maßgebend. Hat er seine Strafgewalt überschritten, war er aber bei zutr. Beurteilung sachlich zuständig, so gilt daher nicht § 355, sondern § 354 (BayObLG StraFo 2000, 230). 3

D. Verweisung. Die Verweisung durch das Revisionsgericht ist, wenn sie nicht in einem Beschl. nach § 349 Abs. 4 erfolgt, Teil des Revisionsurteils (BGHSt 10, 74; 26, 106 (109)). Dabei ist aber die Form des § 270 einzuhalten (RGSt 61, 322 (326); 69, 155 (157)). Nur wenn der tatsächliche u. rechtliche Inhalt der Beschuldigung unv. bleibt, braucht er in dem Verweisungsurteil nicht erneut aufgeführt zu werden (BGHSt 7, 26 (28); BGH NJW 1957, 390 (391); OLG Karlsruhe NJW 1978, 840; Justiz 1979, 446). 4

Die Verweisung an das **sachlich zuständige** Gericht erfolgt bei auf der Zuständigkeit der JugGe beruhender Unzuständigkeit der allg. StrK idR an das JugSchG, nicht an den Jugendrichter (BGHSt 8, 349 (355); BGH StraFo 2003, 15). Hatte der unzuständige Strafrichter statt des zuständigen SchG entschieden u. hatte die kleine StrK dies nicht bemerkt, so ist auf Revision die Verweisung an das SchG nachzuholen (vgl. Rüth DAR 1984, 243 – BayObLG RsprÜ; Ernesti/Lorenzen SchlHA 1984, 97 – OLG Schleswig RsprÜ), ebenso – bei Nichtanwendung des § 269 wegen willkürlicher Bejahung der Zuständigkeit (vgl. → § 269 Rn. 8) – im umgekehrten Fall (OLG Hamm StraFo 1996, 87); dass auch zur Entsch. über die Berufung gegen das Urt. des AG stets (§ 76 Abs. 1 S. 1 GVG) die kleine StrK zuständig gewesen wäre, ändert daran nichts, da das Revisionsgericht den Fehler des Berufungsgerichts (unterlassene Verweisung nach § 328 Abs. 2) korrigieren muss (OLG Hamm StraFo 1996, 87; erg. → § 269 Rn. 8; → § 328 Rn. 7). 5

Sind bei **örtlicher Unzuständigkeit** mehrere Gerichte zuständig, so verweist das Revisionsgericht, sofern der Einwand nach § 16 rechtzeitig erhoben war, die Sache nach Anhörung der StA an eines v. ihnen (OLG Hamm wistra 2006, 37), an ein Gericht außerhalb seines Bezirks aber nur, wenn dort kein Gerichtsstand nach §§ 7 ff. begründet ist. 6

Die Verweisung an eine **StrK mit besonderer Zuständigkeit** setzt voraus, dass der Beschwerdeführer den Einwand nach § 6a rechtzeitig erhoben hatte. Wäre aber die JugK zuständig gewesen, verweist das Revisionsgericht die Sache an diese zurück (BGH BeckRS 1997, 31121143). Ebenso ist an das SchwG o. die WirtschaftsStrK zurückzuverweisen, wenn das Revisionsgericht – anders als der Tatrichter – eine Verurteilung nach einem in § 74 Abs. 2 bzw. § 74c GVG genannten Delikt für möglich hält (BGHSt 55, 121 (137)). 7

Bei der **Zuständigkeit des JugG** verbleibt es, wie sich aus § 47a **JGG** ergibt, auch dann, wenn der Tatrichter sie zu Unrecht angenommen hatte (Brunner/Dölling JGG § 47a Rn. 2; **aM** Holtz MDR 1984, 444 – BGH RsprÜ für den Fall, dass vor einem JugG nur wegen unzutr. Angabe des Geburtsdatums verhandelt worden war). In verbundenen Verf. gegen einen Erwachsenen u. einen Jugendlichen o. Heranwachsenden wird an die allg. StrK bzw. das SchwurG zurückverwiesen, wenn sich das weitere Verf. nur noch gegen den Erwachsenen richtet (BGHSt 35, 267; BGH NJW 2003, 836 (838); vgl. auch BayObLGSt 1980, 46). Die Zurückverweisung an ein JugG ist aber nicht unzulässig (BGH StV 1994, 415); sie ist sogar geboten, wenn eine große JugK als Berufungsgericht entschieden hatte, 8 da die Zurückverweisung an die Kleine StrK den Angeklagten schlechter stellen würde.

9 Hat aufgrund einer **unwirksamen Verbindung** (→ § 13 Rn. 4) ein unzuständiges Gericht entschieden, verweist das Revisionsgericht die Sache entspr. § 355 an das zuständige Gericht (BGH NStZ 1996, 47; 12.7.2022 – 3 StR 112/22).

Urteilsverkündung

356 **Die Verkündung des Urteils erfolgt nach Maßgabe des § 268.**

1 **A. Urteilsverkündung.** Für die Urteilsverkündung gelten § 268 Abs. 1, Abs. 2 und § 173 GVG. Wird ein besonderer Verkündungstermin angesetzt, so ist § 268 Abs. 3 S. 2 nicht anwendbar (KK-StPO/Gericke Rn. 2; **aM** KMR-StPO/Momsen Rn. 1). Das Urt. hat nur feststellende Wirkung, wenn die Rechtskraft nach § 343 Abs. 1 nicht gehemmt war.

2 Sonst tritt **Rechtskraft** mit der Beendigung der Verkündung ein, wenn die Revision (nicht nur wegen verspäteter Einlegung) als unzulässig o. unbegründet verworfen o. nach § 354 Abs. 1 entschieden wird (SK-StPO/Wohlers Rn. 4).

3 **B. Urteilsurkunde.** Die Urteilsurkunde ist **alsbald zu den Akten** zu bringen; die Fristen des § 275 Abs. 1 S. 2–5 gelten aber nicht (Löwe/Rosenberg/Franke Rn. 3). Die Unterzeichnung richtet sich nach § 275 Abs. 2 S. 1, 2. Das Revisionsurteil braucht nach dem Wegfall des § 35 Abs. 2 S. 2 Hs. 2 (→ § 35 Rn. 11) nicht mehr förmlich zugestellt zu werden. Eine solche Zustellung ist aber zu empfehlen, wenn der Zugang des Urt. nachgewiesen werden muss, weil sich an die Urteilsrechtskraft sanktionsbewehrte Pflichten knüpfen, zB nach §§ 145a, 145c StGB (Rieß/Hilger NStZ 1987, 153). § 145a Abs. 1, Abs. 2 ist anwendbar.

Verletzung des Anspruchs auf rechtliches Gehör bei einer Revisionsentscheidung

356a **[1]Hat das Gericht bei einer Revisionsentscheidung den Anspruch eines Beteiligten auf rechtliches Gehör in entscheidungserheblicher Weise verletzt, versetzt es insoweit auf Antrag das Verfahren durch Beschluss in die Lage zurück, die vor dem Erlass der Entscheidung bestand. [2]Der Antrag ist binnen einer Woche nach Kenntnis von der Verletzung des rechtlichen Gehörs schriftlich oder zu Protokoll der Geschäftsstelle beim Revisionsgericht zu stellen und zu begründen. [3]Der Zeitpunkt der Kenntniserlangung ist glaubhaft zu machen. [4]Hierüber ist der Angeklagte bei der Bekanntmachung eines Urteils, das ergangen ist, obwohl weder er selbst noch ein Verteidiger mit nachgewiesener Vertretungsvollmacht anwesend war, zu belehren. [5]§ 47 gilt entsprechend.**

1 **A. Verletzung des rechtlichen Gehörs.** Die Verletzung des rechtlichen Gehörs **im Revisionsverfahren** (nicht die Perpetuierung eines landgerichtlichen Verstoßes durch die Verwerfungsentscheidung des Revisionsgerichts – BGH NStZ-RR 2023, 118) – nach § 55 Abs. 4 JGG auch im Jugendstrafverfahren – regelt die Vorschr. Zuvor begangene Verletzungen werden spätestens im Revisionsverfahren selbst geheilt. Die Beanstandung einer Verletzung des Art. 101 S. 2 GG ist im Verf. nach § 356a nicht möglich (BGH BeckRS 2019, 31622 mwN). Auch eine nicht o. nicht formgerecht erhobene Verfahrensrüge wird im Verf. nach § 356a nicht nachgeprüft; Frist- u. Formerfordernisse der §§ 344 Abs. 2, 345 werden dadurch nicht berührt, so dass Verfahrensrügen nicht auf diesem Weg nachgeschoben werden können (BGH StV 2005, 655; BeckRS 2013, 2723), auch nicht, wenn sie sich auf erst neuerdings ergangene Rspr. stützen (BGH BeckRS 2007, 4156). Grundsätzlich können, wenn die Entsch. des Revisionsgerichts ergangen ist, auch keine Befangenheitsgesuche mehr angebracht werden (BGH JR 2007,

172; NStZ 2007, 416; 2008, 55 OLG Nürnberg NJW 2007, 1013), wohl aber ist – als alleiniger Rechtsbehelf – die Anhörungsrüge statthaft, wenn der Befangenheitsantrag vor Erlass der Revisionsentscheidung gestellt worden war (BGH NJW 2009, 1092). Die **StA** kann im Revisions- u. Rechtsbeschwerdeverfahren keine Anhörungsrüge erheben, da sie nicht Trägerin des grundrechtsgleichen Rechts aus Art. 103 Abs. 1 GG ist (OLG Frankfurt BeckRS 2020, 41394).

§ 356a enthält ggü. der nur subsidiär geltenden Vorschr. des § 33a eine **spezielle Regelung** (BGH NStZ 2007, 236; OLG Nürnberg NJW 2007, 1013); auch eine Gegenvorstellung scheidet neben § 356a aus (BGH wistra 2010, 109; BeckRS 2011, 1759). § 356a unterscheidet sich v. diesen Rechtsbehelfen durch das Antragserfordernis, die Form- u. Fristgebundenheit des Antrags u. eine teilw. notwendige Glaubhaftmachung. Die Vorschr. findet entspr. Anwendung nach § 55 Abs. 4 **JGG** (dazu krit. KMR-StPO/Eschelbach Einl. Rn. 149). Für das Berufungsverfahren gilt § 311a, der hier nicht anwendbar ist (BayObLG MDR 1983, 689). Ob eine Verletzung des verfassungsrechtlich gewährleisteten Rechts auf den ges. Richter entspr. § 356a durch die Anhörungsrüge geltend gemacht werden kann, hat BGH StraFo 2011, 218 offengelassen. **1a**

Der Angeklagte ist bei der Bekanntmachung eines Urt. gem. S. 5 über den Rechtsbehelf **zu belehren,** wenn es ergangen ist, obwohl weder der Angeklagte noch ein Verteidiger mit nachgewiesener Vertretungsvollmacht anwesend war (erg. → § 350 Rn. 3 ff.). **1b**

Der Ast. muss eine **Verletzung rechtl. Gehörs geltend machen;** der Rechtsbehelf dient nicht dazu, eine nochmalige Entscheidung über die Revision herbeizuführen (vgl. BGH NStZ-RR 2024, 154; 10.7.2025 – 3 StR 575/24; 19.8.2025 – 6 StR 701/24) bzw. die angegriffene Entsch. in der Sache in vollem Umf. nochmals zu überprüfen (BGH NStZ-RR 2024, 154). Dieser Rechtsgedanke dürfte auf die feststellende Klärung einer bereits vorher durch Rechtsmittelrücknahme oder -verzicht mit förmlicher Entscheidung des Rechtsmittelsgerichts übertragbar sein (s. BGH NStZ 2001, 104; dahingestellt v. BGH BeckRS 2021, 40386 mwN). Im Übrigen ist das Revisionsgericht nicht verpflichtet, vor der Entscheidung über das Rechtsmittel auf seine Rechtsauffassung hinzuweisen (BGH BeckRS 2024, 6714). **1c**

B. Bei einer Revisionsentscheidung. Bei einer Revisionsentscheidung muss das rechtliche Gehör verletzt worden sein (BGH BeckRS 2009, 20750). Die Vorschr. findet daher **keine Anwendung,** wenn ein erst nach Ablauf der Revisionsbegründungsfrist eingereichter Schriftsatz erst nach der Entsch. des Revisionsgerichts bei diesem eingeht (BGH NStZ 1993, 552; BeckRS 2008, 25827). Die Entsch. wird regelmäßig im Beschlussverfahren nach § 349 oder auch nach § 346 Abs. 2 (OLG Jena NJW 2008, 534) – auch iVm einem Antrag auf Wiedereinsetzung in den vorigen Stand (OLG Hamburg VRS 114, 371) – ergangen sein. Bei einer Entsch. durch Urt. (§ 354) wird in der HV (§ 350) idR das rechtliche Gehör gewährt worden sein (BGH NStZ-RR 2010, 117; BeckRS 2010, 7398; 2012, 21054). Allerdings kommt ein Verstoß in Betracht, wenn das Anwesenheitsrecht des Angeklagten bzw. seines Verteidigers gem. § 350 verletzt wurde (dazu iE die Komm. dort, insbes. → § 350 Rn. 12). Ein Antrag, mit dem eine erneute Anhörungsrüge gegen einen Beschl. erhoben wird, durch den eine vorangegangene Anhörungsrüge zurückgewiesen wurde, ist unstatthaft (BGH BeckRS 2013, 12714 mwN). **2**

C. In entscheidungserheblicher Weise. In entscheidungserheblicher Weise muss das rechtliche Gehör verletzt worden sein. Das ist grds. nur der Fall, wenn sich aus den bes. Umständen des einzelnen Falles deutlich ergibt, dass das Gericht ein tatsächliches Vorbringen entweder überhaupt nicht zur Kenntnis genommen o. doch bei seiner Entsch. nicht in Erwägung gezogen hat (Cierniak NStZ-RR 2009, 38 – BGH RsprÜ), u. wenn sich die unterbliebene Anhörung auf das Erg. der Revisionsentscheidung ausgewirkt hat. Es scheidet aus, wenn der Betroffene sich nicht anders als tatsächlich geschehen hätte verteidigen können o. sonst ausgeschlossen ist, dass das Revisionsgericht bei ordnungsgemäßer Anhörung anders entschie- **3**

den hätte (BGH StraFo 2011, 55; BeckRS 2008, 17049; BeckRS 2014, 15365). Auf das sich aus dem G (§ 337) ergebende Erfordernis des Beruhens muss nicht hingewiesen werden (BGH BeckRS 2020, 40102).

4 **D. Nur auf Antrag des Betroffenen.** Nur auf Antrag des Betroffenen wird das rechtliche Gehör nachgeholt.

5 **I. Nicht von Amts wegen.** Die Nachholung erfolgt also anders als in §§ 33a, 311a nicht auch von Amts wegen. Sie setzt stets den Antrag eines Verfahrensbeteiligten, dh des Angeklagten, des Verteidigers, des Nebenklägers, Privatklägers o. Nebenbeteiligten, nicht der StA (→ § 33a Rn. 3) voraus.

6 **II. Frist.** Wie bei der Wiedereinsetzung gegen die Versäumung einer Frist (§ 45) ist der Antrag befristet. Das ist im Interesse der Rechtssicherheit u. des Rechtsfriedens erforderlich; denn die Rechtskraft der Revisionsentscheidung darf nicht unbefristet durchbrochen werden (krit. Eschelbach/Geipel/Weiler StV 2010, 325). Die **Wochenfrist** läuft ab Kenntniserlangung v. der Verletzung rechtlichen Gehörs; dabei geht es nur um die Kenntnis der tatsächlichen Umstände, aus denen sich der Verstoß ergibt (BGH 4.4.2024 – 1 StR 450/23; NStZ-RR 2016, 318). Dieser Zeitpunkt muss im Antrag glaubhaft gemacht werden (§ 356a S. 3; BGH 26.3.2025 – 2 StR 415/24; vgl. auch BGH 12.11.2025 – 1 StR 363/25; erg. → § 26 Rn. 7); er ist – wie bei § 45 (→ § 45 Rn. 5) – binnen der Wochenfrist mitzuteilen (BGH NStZ 2005, 462; OLG Hamm VRS 109, 43). Eine Glaubhaftmachung der übrigen Umstände wird nicht verlangt, weil sich diese idR aus den Akten ergeben u. das Gericht aus eigener Kenntnis beurteilen muss, ob es das rechtliche Gehör gewährt hat. Wiedereinsetzung nach § 44 gegen die Versäumung der Frist ist möglich (SK-StPO/Wohlers Rn. 9; vgl. auch BGH wistra 2008, 223), wobei § 44 S. 2 aber keine Anwendung findet (BGH NStZ-RR 2016, 318). Dem Angeklagten ist aber nicht nur eigenes Verschulden (BGH NStZ-RR 2010, 116), sondern – anders als sonst im Strafverfahren (→ § 44 Rn. 18) –, weil es sich um eine „Vorstufe der Verfassungsbeschwerde" handele, wie dort auch ein Verschulden des Verteidigers zuzurechnen (BGH StV 2010, 297; StraFo 2011, 318), anders aber bei Verschulden einer sorgfältig ausgewählten u. überwachten Kanzleikraft des Verteidigers (BGH NStZ-RR 2014, 89). Becker NStZ-RR 2007, 292 – BGH RsprÜ erwägt eine Erstreckung der Fristenregelung auch auf die Geltendmachung anderer grundrechtsgleicher Verfahrensrechte einschl. des Willkürverbots, was aber Entscheidungen des BGH (NStZ-RR 2013, 214; 2013, 289) hins. des Rechts auf den ges. Richter abgelehnt haben.

7 **III. Form.** Die Form entspr. derjenigen für die Einlegung der Revision (§ 341 Abs. 1; vgl. BGH 26.11.2025 – 3 StR 256/25), das Erfordernis der Begründung durch den Verteidiger o. einen RA besteht hier – anders als für die Revisionsbegründung nach § 345 Abs. 2 – nicht. Allerdings muss der Antrag eine (kurze) Begründung enthalten, also darlegen, worin die Verletzung des rechtlichen Gehörs gesehen wird; insbes. muss sich daraus aber ergeben, dass der Verstoß der Sphäre der Justiz zuzuordnen ist.

8 **E. Entscheidung des Revisionsgerichts.** Die Entscheidung des Revisionsgerichts muss nicht zwingend durch dieselben Richter, die die beanstandete Entsch. erlassen haben, erfolgen (Becker NStZ-RR 2002, 100 – BGH RsprÜ; **aM** AnwK StPO/Lohse Rn. 7); vielmehr entscheidet der Sen. nach dem Geschäftsverteilungsplan des BGH iVm der in der internen Geschäftsverteilung des Sen. bestimmten Besetzung (BGH NStZ-RR 2009, 353; 2011, 253).

9 **F. Entscheidungsmöglichkeiten. I. Unzulässigkeit oder Unbegründetheit des Antrags.** Der Antrag ist unzulässig, wenn die Frist (→ Rn. 6) o. die Form (→ Rn. 7) nicht gewahrt sind o. es an der erforderlichen Glaubhaftmachung der Kenntniserlangung (→ Rn. 6) o. an der vorgeschriebenen Begründung (→ Rn. 7) fehlt. Unbegründet ist der Antrag, wenn der Anspruch auf rechtliches Gehör nicht in entscheidungserheblicher Weise (→ Rn. 3) verletzt worden ist; dabei kann sich ergeben, dass der Antrag nur teilw. begründet ist, wenn die Verletzung des recht-

lichen Gehörs nur einzelne abtrennbare Verfahrensteile betrifft. In beiden Fällen wird der Antrag kostenfällig verworfen (BGH BeckRS 2006, 4295; OLG Köln NStZ 2006, 181); hierfür wird eine Gerichtsgebühr v. 60 EUR erhoben (Nr. 3920 KVGKG; OLG Nürnberg NJW 2007, 1013 (1014)). § 74 JGG gilt entspr. (BGH BeckRS 2009, 88311). Der Beschl. ist unanfechtbar (§ 304 Abs. 4) u. auch einer verfassungsgerichtlichen Überprüfung nicht zugänglich (BVerfG NJW 2007, 3563 Ls.; NStZ-RR 2007, 381). Ein Antrag auf Aufschub der Vollstreckung (S. 4 mit § 47 Abs. 2) wird gegenstandslos (BGH BeckRS 2007, 11481). Eine erneute Anhörungsrüge ist unstatthaft (BGH BeckRS 2016, 455).

II. Antrag zulässig und begründet. Ist der Antrag zulässig und begründet, so versetzt das Revisionsgericht den Betroffenen – wie bei der Wiedereinsetzung in den vorigen Stand – in die Lage vor Erlass der beanstandeten Entsch. zurück; eine zuvor bestehende UHaft sowie sonstige Anordnungen leben nach § 47 Abs. 3 wieder auf. Mit der Versetzung in die alte Lage entfällt die Rechtskraft der Entsch.; damit ist die Entsch. auch nicht mehr vollstreckbar. Das Revisionsgericht kann aber schon zuvor nach S. 4 iVm § 47 Abs. 2 einen Aufschub der Vollstreckung anordnen. 10

Es ist dann je nach Verfahrenslage entweder zugleich mit dem die frühere Lage wiederherstellenden Beschl. o. später nach Anhörung der übrigen Bet. gem. § 33 Abs. 2 und Abs. 3 **neu über die Revision zu befinden.** Die frühere Entsch. kann inhaltlich ganz o. teilw. (wenn einzelne abtrennbare Teile v. der Verletzung nicht betroffen sind) aufrechterhalten o. abgeändert werden. § 357 gilt (zw. Treber NJW 2005, 100). Übersehene Verfahrenshindernisse können zur Einstellung des Verf. führen (OLG München StraFo 2009, 24); Verfahrensrügen können aber nicht nachgeschoben werden. Auch diese Entsch. sind unanfechtbar; ein erneuter Antrag nach § 356a bei einer neuerlichen Gehörsverletzung ist jedoch nicht ausgeschlossen. 11

Revisionserstreckung auf Mitverurteilte

357 **[1] Erfolgt zugunsten eines Angeklagten die Aufhebung des Urteils wegen Gesetzesverletzung bei Anwendung des Strafgesetzes und erstreckt sich das Urteil, soweit es aufgehoben wird, noch auf andere Angeklagte, die nicht Revision eingelegt haben, so ist zu erkennen, als ob sie gleichfalls Revision eingelegt hätten. [2] § 47 Abs. 3 gilt entsprechend.**

A. Durchbrechung der Rechtskraft. Die Durchbrechung der Rechtskraft sieht die Vorschr. zu dem Zweck vor, **Ungleichheiten bei der Aburteilung mehrerer Angeklagter zu vermeiden,** die nicht alle Revision eingelegt haben. Auf das Einverständnis dieser Nichtrevidenten kommt es nicht an (dagegen SK-StPO/Wohlers Rn. 7 ff.). Rechtskraft tritt ihnen ggü. nur unter der auflösenden Bedingung ein, dass das Urt. nicht nach § 357 aufgeh. wird. Die Urteilsaufhebung erfolgt dann „über den Kopf des Mittäters" hinweg (BGHSt 20, 77 (80)), was schon mit der heutigen Auff. der Stellung des Angeklagten als Subjekt u. nicht als Objekt des Verf. unvereinbar erscheint. Da vielfach die Sache auch nur zurückverwiesen u. die neue Verh. zu der gleichen Verurteilung führt, ist die aufgrund der Vorschr. eintretende Wohltat häufig v. recht zw. Art. Die Vorschr. ist deshalb einschr. auszulegen (BGH NJW 1955, 1934; JR 1964, 271). 1

Daher werden auch vielfach **Änderungsvorschläge** gemacht: So erwägt Basdorf (FS Meyer-Goßner, 2001, 665 f.) verschiedene Einschränkungsmöglichkeiten, ua eine vorherige Anhörung des Nichtrevidenten; R. Hamm (FS Hanack, 1999, 376) schlägt eine Beschränkung auf Subsumtionsfehler vor; Zopfs (GA 1999, 482 (493)) fordert Anwendung nur im Fall des § 354 Abs. 1; Wohlers/Gaede (NStZ 2004, 9) wollen die Anwendung an die Zustimmung des Nichtrevidenten binden, wenn das Revisionsgericht nicht nach § 354 Abs. 1 verfahren kann. Alle diese Vorschläge ändern nichts daran, dass die Revisionserstreckung dem Nichtrevidenten höchst ungelegen sein kann, dass eine Beschränkung auf die Fälle des 1a

§ 354 Abs. 1 zu neuen Ungerechtigkeiten führt – warum sollte der Angeklagte, bei dem das Revisionsgericht gegen den Mitangeklagten „durchentscheidet“ besser stehen als derjenige, dessen Mitangeklagter erst nach Zurückverweisung freigesprochen wird? –, va aber, dass die Ungerechtigkeit, wonach § 357 nur bei gleichzeitiger, aber nicht bei einer Aburteilung in verschiedenen Verf. zur Anwendung kommt, nicht beseitigt wird; die Regelung des § 357 sollte daher *de lege ferenda* durch eine Befugnis des Nichtrevidenten, bei Freispruch eines an der Tat Mitbeteiligten die Wiederaufnahme des Verf. zu beantragen, ersetzt werden (zum Ganzen eing. Meyer-Goßner FS Eisenberg, 2009, 410; zust. Hamm Revision Rn. 1435).

2 Die **entsprechende Anwendung** des § 357 kommt weder im Berufungsverfahren (KG JR 1956, 308; OLG Hamm NJW 1957, 392; OLG Stuttgart NJW 1970, 66) noch im Beschwerdeverfahren in Betracht (OLG Hamm MDR 1973, 1042; **aM** OLG Bremen NJW 1958, 432), auch nicht im ehrengerichtlichen Verf. (BGHSt 37, 361). Jedoch wird § 357 auch angewendet auf Einziehungsbeteiligte (Pfeiffer NStZ 1981, 298 – BGH RsprÜ) u. auf tatunbeteiligte Dritte, die nicht als Einziehungsbeteiligte zugelassen sind (BGHSt 21, 66 (69)). Zur Anwendung im Rechtsbeschwerdeverfahren nach §§ 79, 80 OWiG vgl. BayObLG NStZ 1999, 518. Die Entsch. über das v. Angeklagten eingelegte Rechtsmittel hat ggü. § 357 Vorrang (BGH NJW 1996, 2663 (2665); BeckRS 2015, 1255).

3 **B. Voraussetzungen der Aufhebungserstreckung. I. Urteilsaufhebung.** Die Urteilsaufhebung auf eine Revision nach §§ 333, 335, auch im Privatklageverfahren, im Sicherungsverfahren nach §§ 413 ff. und in dem selbständigen Verf. nach § 440 (Haase GA 1956, 279), muss Gegenstand des Revisionsurteils sein. Gleichgültig ist, ob das Revisionsgericht zugleich mit der Urteilsaufhebung nach § 354 Abs. 1 selbst entscheidet, insbes. den Schuldspruch berichtigt (BGH NJW 1952, 274; 1973, 474 (475); OLG Hamm NJW 1974, 466; erg. → § 354 Rn. 12 ff.), o. die Sache nach §§ 354 Abs. 2, Abs. 3, 355 zurückverweist.

4 Eine Urteilsaufhebung iS § 357 liegt auch vor bei nur teilw. Aufhebung, zB im Rechtsfolgenausspruch (BGHSt 21, 66 (69); OLG Düsseldorf JR 1983, 479), sofern diese nicht spezifisch in der Person des Revidenten oder dessen Tatbeitrag gründen (BGH BeckRS 2024, 41966), u. bei Zurückverweisung zur Nachholung der Entsch. über die Gesamtstrafe (Dallinger MDR 1973, 730 – BGH RsprÜ).

5 Der Urteilsaufhebung steht gleich die **Aufhebung durch Beschluss** nach § 349 Abs. 4 (BGHSt 24, 208 (213); OLG Celle NJW 1969, 1977; OLG Düsseldorf NJW 1986, 2266), nicht jedoch die Einstellung nach § 154 oder die Beschränkung nach § 154a (Becker NStZ-RR 2002, 103 – BGH RsprÜ). § 206a ist im Revisionsverfahren nach zutr. Ansicht nicht anwendbar, wenn das Verfahrenshindernis v. der Vorinstanz übersehen wurde (vgl. → § 206a Rn. 6a), dann gilt § 349 Abs. 4, so dass sich die Frage der Anwendung des § 357 auf einen Beschl. nach § 206a insoweit nicht stellt (Meyer-Goßner FS Roxin, 2001, 1349; **aM** BGHSt 24, 208; Löwe/Rosenberg/Franke Rn. 9); tritt das Verfahrenshindernis erst im Revisionsverfahren ein, ergeht allerdings Beschl. nach § 206a, bei dem dann aber, weil das angefochtene Urt. selbst keine Gesetzesverletzung enthielt, keine Erstreckung nach § 357 erfolgt (SK-StPO/Wohlers Rn. 14; SK-StPO/Paeffgen § 206a Rn. 11; **aM** KK-StPO/Gericke Rn. 7).

6 **Zugunsten des Beschwerdeführers** erfolgt die Aufhebung, wenn sie ganz o. teilw. zu seinem Vorteil ausschlägt. So steht es der Erstreckung nicht entgegen, wenn das Revisionsgericht bei Aufhebung des Strafausspruchs zugleich wegen einer Änd. der Konkurrenzverhältnisse den Schuldspruch verschlechtert (BGH 29.10.1996 – 4 StR 414/96). Von wem die Revision eingelegt war, spielt keine Rolle; auch die nur nach § 301 zugunsten des Angeklagten wirkende Revision der StA kann zur Aufhebungserstreckung führen (RGSt 33, 371 (379)). Sie scheidet dagegen aus, wenn das Urteil nicht erkennen lässt, ob der Mitangeklagte, der keine Revision eingelegt hat, bei der Tat des revisionsführenden Angeklagten beteiligt gewesen ist (BGH BeckRS 2024, 12076).

7 **II. Angeklagte, die keine Revision eingelegt haben.** Angeklagten, die keine Revision eingelegt haben, kommt die Aufhebungserstreckung zugute. Ihnen stehen Angeklagte gleich, die Revision eingelegt, aber verspätet o. nicht formgerecht begründet haben (BGHR StPO § 338 Nr. 7 Entscheidungsgründe 2; OLG Zweibrücken wistra 1987, 268 (269)), so dass sie nach § 346 (OLG Düsseldorf JR 1983, 479) o. § 349 Abs. 1 (RGSt 40, 219 (220)) verworfen worden ist, o. die nur erfolglos eine Verfahrensrüge erhoben haben (RG HRR 1940, 208), auch Angeklagte, die auf Revision verzichtet (OLG Hamburg JW 1937, 3152) o. sie zurückgenommen haben (BGH NJW 1958, 560; Krause GS Küchenhof, 1987, 427); das gilt auch bei einer Sprungrevision (OLG Stuttgart Justiz 1996, 186). Im Schuldspruch erfolgt die Aufhebungserstreckung auch, wenn die Revision auf bestimmte Beschwerdepunkte, zB den Rechtsfolgenausspruch, beschränkt war (BGH MDR 1954, 373; wistra 2012, 267); damit ist die den Rechtsfolgenausspruch betr. Revision erledigt (BGH 11.6.1991 – 5 StR 178/91). Für Mitangeklagte, die nach § 55 Abs. 2 **JGG** keine Revision einlegen konnten, gilt § 357 dagegen nicht (BGHSt 51, 34 mwN; KK-StPO/Gericke Rn. 12; Meyer-Goßner FS Eisenberg, 2009, 399; **aM** Altenhain NStZ 2007, 283; Mohr JR 2006, 500; Prittwitz StV 2007, 52; Swoboda HRRS 2006, 376), wohl aber für solche Jugendliche o. Heranwachsende, die keine Berufung eingelegt hatten, falls auf Revision des Mitangeklagten (auch) das Urt. des JugG o. JugSchG aufgeh. wird (OLG Koblenz StV 2009, 90 Ls.), nicht aber bei Aufhebung nur des Berufungsurteils der JugK.

8 **III. Gesetzesverletzung bei Anwendung des Strafgesetzes.** Wegen einer Gesetzesverletzung bei Anwendung des Strafgesetzes muss die Urteilsaufhebung erfolgen. In Betracht kommen in erster Hinsicht **sachlich-rechtliche Fehler,** gleichgültig, ob sie den Schuldspruch, auch wegen unzulänglicher Beweiswürdigung (Peters FS Schäfer, 1979, 152; **aM** Hamm FS Rissing-van Saan, 2011, 200), den Rechtsfolgenausspruch (BGHSt 21, 66 (69); OLG Düsseldorf JR 1983, 479) o. Nebenentscheidungen betreffen (OLG Neustadt GA 1954, 252), so auch die Feststellung gem. § 111i Abs. 2 (BGH BeckRS 2014, 19860).

9 **Gesetzesänderungen** nach Erlass des angefochtenen Urt. werden nicht berücksichtigt, § 354a gilt nicht (BGHSt 20, 77 (78); BGH NStZ 1999, 15; **aM** KMR-StPO/Momsen Rn. 23); ebenso findet eine Erstreckung nicht statt, wenn die Urteilsaufhebung darauf beruht, dass eine Gesetzesnorm zwischenzeitlich v. BVerfG für nichtig erklärt worden ist (BGHSt 41, 6; **aM** Hamm FS Hanack, 1999, 382), o. das Revisionsgericht nach § 154 Abs. 2 verfährt (BGH NStZ-RR 2009, 366) o. der Adhäsionsausspruch (§ 406) aufgeh. wurde (BGH BeckRS 2013, 7320).

10 Gesetzesverletzung iSd § 357 ist nach allgM auch die fehlerhafte Beurteilung der **Verfahrensvoraussetzungen** (BGHSt 10, 137 (141); 24, 208 (210); BGH NStZ 1987, 239; 2014, 347), wobei es nicht darauf ankommt, ob sie vAw zu prüfen sind (dazu → Einl. Rn. 150), sondern, ob sie auch für den Nichtrevidenten Bedeutung haben können (BayObLG wistra 1998, 275), wie die Voraussetzungen des Strafverfahrens als solches (BGH StV 2004, 61, zB Anklage, Eröffnungsbeschluss) o. das Antragserfordernis für das Adhäsionsverfahren nach §§ 403 ff. (BGH NStZ 1988, 470 (471); 1998, 477), aber zB nicht das nur hins. des Revidenten erforderliche Strafantragserfordernis o. die nur bei ihm fehlende Zuständigkeit. Erst nach Erlass des angefochtenen Urt. entstandene Verfahrenshindernisse sind jedoch nicht zu berücksichtigen (BGH NJW 1952, 274; KK-StPO/Gericke Rn. 7; **aM** Löwe/Rosenberg/Franke Rn. 15), insbes. nicht Straffreiheitsgesetze (BGH GA 1955, 247; erg. → Rn. 5 aE).

11 Sonstiges **Verfahrensrecht** ist – verfassungsrechtlich unbedenklich (BVerfG NJW 1985, 125) – für die Anwendung des § 357 ohne Bedeutung, auch wenn seine Verletzung einen zwingenden Aufhebungsgrund nach § 338 bildet (BGHSt 17, 176 (179); Löwe/Rosenberg/Franke Rn. 16; Schlüchter Strafverfahren Rn. 757.2; **aM** Peters FS Schäfer, 1979, 152 ff.: bei ungenügender Beweisaufnahme; Vogt/Kurth NJW 1985, 106: bei unrichtiger Gerichtsbesetzung). Dasselbe gilt für eine Kompensation wegen rechtsstaatswidriger Verfahrensverzögerung (BGH

NJW 2009, 307; erg. → Rn. 15) o. bei Aufhebung eines Adhäsionsausspruchs (BGH NStZ-RR 2010, 344) o. nach einer Verständigung (OLG Celle NStZ-RR 2011, 252 (253)).

12 **IV. Durch dasselbe Urteil.** Durch dasselbe Urteil müssen der Beschwerdeführer u. der Nichtrevident verurteilt worden sein (Krause GS Küchenhof, 1987, 427). Dass das Urt. gegen den Nichtrevidenten nach § 267 Abs. 4 abgekürzt abgefasst wurde, spielt keine Rolle (BGH StraFo 2014, 24 (25); **aM** BGH BeckRS 2013, 12244). Wenn Revision gegen ein Berufungsurteil eingelegt ist, erfolgt keine Aufhebungserstreckung zugunsten v. früheren Mitangeklagten, die keine Berufung eingelegt hatten (OLG Celle NJW 1954, 1498; OLG Stuttgart NJW 1970, 66), deren Berufung nach § 329 Abs. 1 verworfen worden ist (Lorenzen/Görl SchlHA 1988, 118 – OLG Schleswig RsprÜ) o. die die Berufung auf das Strafmaß beschränkt hatten, wenn nunmehr das Revisionsgericht den Rechtsfehler im Bereich des Schuldspruchs sieht (OLG Frankfurt a. M. NStZ-RR 2004, 13 mwN).

13 **V. Wegen derselben Tat.** Wegen derselben Tat wie der Beschwerdeführer muss der Nichtrevident verurteilt worden sein (BGHSt 12, 335 (341); BGH NJW 1955, 1566; 1983, 2097 (2099)). Der Tatbegriff entspr. dem des § 264 (→ § 264 Rn. 2 ff.; eing. SSW StPO/Momsen/Momsen-Pflanz Rn. 15 ff.). Daher ist § 357 auch anwendbar bei wechselseitigen Beleidigungen (Löwe/Rosenberg/Franke Rn. 19; **aM** OLG Hamm NJW 1957, 392), bei Nebentätern (Haase GA 1956, 282) u. bei anderen vorsätzlich handelnden Tätern, denen der gemeinsame Tatentschluss fehlt u. deren Tathandlungen sich gegen verschiedene Betroffene richten (Holtz MDR 1979, 108 – BGH RsprÜ; anders aber, wenn es sich dabei um prozessual selbständige Taten handelt: Kusch NStZ 1996, 327 – BGH RsprÜ; BGHR StPO § 357 Erstreckung 6), sowie bei fahrlässiger strafbarer Beteiligung an demselben Verkehrsunfall als Unfallgegner (BGHSt 12, 335 (342); OLG Köln VRS 21, 447 (449); Roxin/Schünemann StrafVerfR § 55 Rn. 79; **aM** BayObLGSt 1953, 86; Hanack JZ 1973, 779). Tatidentität besteht auch bei Verurteilungen nach den §§ 332 und 333 StGB (RG HRR 1938, 497), bei Mord u. Nichtanzeige des Verbrechens sowie bei Annahme v. Mittäterschaft statt Beihilfe, selbst wenn der Nichtrevident als Alleintäter in Betracht kommt (BGHSt 11, 18; **aM** Hanack JZ 1973, 780).

14 **VI. Gemeinsamer Revisionsgrund.** Ein gemeinsamer Revisionsgrund muss vorliegen. Dabei genügt aber eine gleichartige Rechtsverletzung. Es kommt nur darauf an, dass sachlich-rechtliche Erwägungen der Art, wie sie zur Aufhebung zugunsten des Beschwerdeführers zwingen, zur gleichen Entsch. zugunsten des Nichtrevidenten geführt hätten (BGH LM StPO § 357 Nr. 3; RGSt 71, 214; BayObLGSt 1963, 126; OLG Düsseldorf NJW 1986, 2266). Wird zB das Urt. aufgeh., weil der als Mittäter verurteilte Beschwerdeführer nur Gehilfe ist, so erstreckt sich die Aufhebung auf andere Angeklagte, die nunmehr als Alleintäter anzusehen sind (BGHSt 11, 18; KK-StPO/Gericke Rn. 15; **aM** Hanack JZ 1973, 780). Gleichartiger Revisionsgrund ist auch das Fehlen der Urteilsgründe (OLG Celle NJW 1959, 1647), jedoch nicht bei einem nach § 267 Abs. 4 S. 3 ergänzungsbedürftigen Urt. (KG NStZ 1998, 55), sowie die Unzulänglichkeit der Feststellungen, die dem Revisionsgericht die Prüfung verwehrt (BGH EzSt StPO § 267 Nr. 9; OLG Köln VRS 21, 447), idR aber nicht die Beurteilung der Schuldfähigkeit, da diese nur individuell bestimmbar ist (BGH BeckRS 1992, 31080931; anders aber BGH NJW 2015, 3525). Auf die Schuldfrage muss sich der Rechtsfehler nicht beziehen; zur Nichtanwendung bei Änd. des Konkurrenzverhältnisses bei Straftaten nach § 152a Abs. 1 Nr. 2 StGB vgl. BGH wistra 2004, 180).

15 **Fehler bei der Rechtsfolgenentscheidung** genügen, auch bei der Frage der Strafaussetzung zur Bewährung (BGH StV 1992, 417) o. bei der Einziehungsentscheidung (BGHSt 21, 66 (69); Pfeiffer NStZ 1981, 298 – BGH RsprÜ; BGH StraFo 2015, 22), sofern die Aufhebungsgründe nicht nur in der Person des Beschwerdeführers vorliegen (BGH NJW 1955, 997; BayObLGSt 1963, 126), wie etwa bei § 64 StGB (Becker NStZ-RR 2004, 229 – BGH RsprÜ), bei § 67 Abs. 2

StGB (BGH JR 1992, 475; str. zu § 67 Abs. 2 S. 3 StGB, vgl. BGH NStZ 2010, 32 u. BGH NStZ-RR 2010, 118), bei § 73 StGB (BGH NStZ 2008, 565; wistra 2013, 227; vgl. aber BGHSt 56, 39 (51) u. BGH NJW 2011, 467) u. bei der Entsch. nach § 111i Abs. 2 (BGH NStZ-RR 2015, 44; BeckRS 2011, 7180), bei § 52a S. 2 JGG (BGH 4.2.1997 – 5 StR 12/97), bei § 111i Abs. 2 (BGH NStZ-RR 2013, 254; NZWiSt 2012, 349) o. bei einer Kompensation (→ EMRK Art. 6 Rn. 9a) wegen rechtsstaatswidriger Verfahrensverzögerung (BGH NJW 2009, 307). Eine Erstreckung erfolgt auch dann nicht, wenn sich der festgestellte Rechtsfehler nicht zum Nachteil des Nichtrevidenten ausgewirkt hat (BGH NStZ 1989, 113 (114) aE).

C. Entscheidung des Revisionsgerichts. Die Entscheidung des Revisionsgerichts ergeht vAw ohne Rücksicht auf den Willen des Nichtrevidenten (→ Rn. 1). Einer Anhörung des Nichtrevidenten bedarf es nicht (KK-StPO/Gericke Rn. 17; Schlüchter Strafverfahren Rn. 757.2; **aM** BGH NJW 2005, 374 (376); Basdorf FS Meyer-Goßner, 2001, 679; vgl. auch Löwe/Rosenberg/Franke Rn. 25); sie wäre auch praktisch oft nicht durchführbar u. müsste manchmal – bei Ungelegenheit der Aufhebungserstreckung – auf die Stützung der Verurteilung hinauslaufen (Meyer-Goßner FS Roxin, 2001, 1356; zust. Wohlers/Gaede NStZ 2004, 13 mit Fn. 81). Die Entsch. ist zwingend vorgeschrieben (BGHSt 24, 208 (211); OLG Celle JZ 1959, 180); ein Widerspruch des Nichtrevidenten daher unbeachtlich (**aM** BGHR StPO § 357 Entscheidung 2). Dass eine Schuldspruchberichtigung keine Auswirkungen auf den Strafausspruch gehabt hat, steht der Erstreckung nicht entgegen (Kusch NStZ 1997, 379 – BGH RsprÜ). Die Erstreckung darf nicht unterbleiben, weil ungewiss ist, ob die neue Verh. zu einer milderen Strafe führen wird. Nur wenn das auszuschließen ist, kann v. der Anwendung des § 357 abzusehen sein (BGHR StPO § 357 Erstreckung 3; OLG Düsseldorf NJW 1986, 2266). Die Nachholung der im Urt. unterlassenen Entsch. ist unzulässig (BGH StV 2002, 12; vgl. → § 349 Rn. 34). Das Revisionsgericht ist aber nicht gehindert, unter Anwendung der §§ 154, 154a von einer Zurückverweisung abzusehen (BGHR StPO § 357 Entscheidung 1). 16

D. Weiteres Verfahren. In dem weiteren Verfahren wird der Nichtrevident so behandelt, als habe er erfolgreich Revision eingelegt. An der Verh. muss er teilnehmen; Haftbefehle u. sonstige Anordnungen leben wieder auf, die Haftfrage ist aber zu überprüfen (S. 2 mit § 47 Abs. 3). Das Verschlechterungsverbot des § 358 Abs. 2 gilt auch für ihn (RGSt 70, 229 (231); 72, 24 (26)). Wird er erneut verurteilt, so hat er auch insoweit nach § 465 Abs. 1 die Verfahrenskosten zu tragen (KK-StPO/Gericke Rn. 19; SK-StPO/Wohlers Rn. 40). Gegen das neue Urt. kann er wieder Revision einlegen (RGSt 70, 229 (231); 72, 24 (26)). 17

Bindung des Tatgerichts; Verbot der Schlechterstellung

358 (1) **Das Gericht, an das die Sache zur anderweiten Verhandlung und Entscheidung verwiesen ist, hat die rechtliche Beurteilung, die der Aufhebung des Urteils zugrunde gelegt ist, auch seiner Entscheidung zugrunde zu legen.**

(2) [1] **Das angefochtene Urteil darf in Art und Höhe der Rechtsfolgen der Tat nicht zum Nachteil des Angeklagten geändert werden, wenn lediglich der Angeklagte, zu seinen Gunsten die Staatsanwaltschaft oder sein gesetzlicher Vertreter Revision eingelegt hat.** [2] **Wird die Anordnung der Unterbringung in einem psychiatrischen Krankenhaus aufgehoben, hindert diese Vorschrift nicht, an Stelle der Unterbringung eine Strafe zu verhängen.** [3] **Satz 1 steht auch nicht der Anordnung der Unterbringung in einem psychiatrischen Krankenhaus oder einer Entziehungsanstalt entgegen.**

A. Bindung an die Aufhebungsansicht (Abs. 1). I. Grundsatz. Jeder Tatrichter, der mit der Sache neu befasst wird, ist bei Zurückverweisung an das AG, 1 auch das Berufungsgericht (OLG Koblenz NJW 1983, 1921), an die rechtliche **Aufhebungsansicht** des Revisionsgerichts gebunden. Dadurch wird ein Hin- u. Herschieben der Sache zwischen Revisionsgericht u. Tatrichter verhindert (vgl. GmS-OGB BGHZ 60, 392 (396) = NJW 1973, 1273; Eisenberg StraFo 1997, 129); ein Eingriff in die richterliche Unabhängigkeit (Art. 97 Abs. 1 GG) liegt darin nicht (BVerfGE 12, 67 (71)). Für Urt. des Berufungsgerichts nach § 328 Abs. 2 gilt Abs. 1 nicht entspr. (RG JW 1932, 70; Löwe/Rosenberg/Franke Rn. 3; **aM** SK-StPO/Wohlers Rn. 4).

2 Bei für die Aufhebungsansicht bestimmenden **sachlich-rechtlichen Erwägungen** kann es sich um Rechtsausführungen aller Art handeln, namentlich auch, dass das Urteil an lückenhaften Feststellungen oder anderen allgemeinen Begründungsmängeln leide (BGH 30.7.2025 – 5 StR 759/24 mwN).

3 **II. Umfang der Bindungswirkung.** Die Aufhebungsansicht bindet ohne Rücksicht darauf, ob sie sich auf das sachliche Recht o. auf das Verfahrensrecht bezieht u. ob das Revisionsgericht die Vorlagepflicht nach §§ 121 Abs. 2, 132 Abs. 2, Abs. 3 GVG verletzt hat (KG JR 1958, 269; KMR-StPO/Momsen Rn. 10). Sie muss aber der Urteilsaufhebung unmittelbar zugrunde liegen (BGHSt 18, 376 (378)). *Obiter dicta* binden nicht (krit. zu BGH NJW 2011, 2526 Rübenstahl/Zinser NJW 2011, 2481; erg. → Rn. 6, → § 352 Rn. 13, → GVG § 121 Rn. 10, → GVG § 132 Rn. 14).

4 Zur Aufhebungsansicht gehört nach hM auch die **Beurteilung von Vorfragen** (BGH NStZ-RR 2013, 157; **aM** Bernsmann FS Beulke, 2015, 625). Die Bindung erstreckt sich damit auch auf Feststellungen über die Tatentstehung u. über die Beweggründe zur Tat (Becker NStZ-RR 2003, 101 – BGH RsprÜ). Die sachlich-rechtliche Prüfung beweist, dass das Revisionsgericht das angewendete G für verfassungsgemäß gehalten u. das Vorliegen der Prozessvoraussetzungen bejaht hat. Der neue Tatrichter darf daher weder die Sache insoweit dem BVerfG nach Art. 100 Abs. 1 GG vorlegen (BVerfGE 2, 406 (412); 6, 222 (242)) noch das Verf. wegen eines Prozesshindernisses einstellen (vgl. BGH StraFo 2010, 203 mwN; → Einl. Rn. 151).

5 Hat das Revisionsgericht das Urt. wegen eines **Verfahrensmangels** aufgeh., so ist der Tatrichter in der sachlichen u. rechtlichen Beurteilung der Schuld- u. Rechtsfolgenfrage frei (BGH VRS 34, 356; Löwe/Rosenberg/Franke Rn. 6).

6 Bei der **Aufhebung aus sachlich-rechtlichen Gründen** (die auch zugleich mit der Aufhebung wegen eines Verfahrensmangels zulässig ist, BGHSt 37, 350 (352)) ergibt das Revisionsurteil, wie weit die Aufhebungsansicht reicht (vgl. BGH NStZ 1999, 154; 259). Bindend ist auch die Feststellung v. Erfahrungssätzen (BGH VRS 12, 208) u. die Auff. des Revisionsgerichts, dass die Feststellungen des Tatrichters unzulänglich sind (BGH NJW 1953, 1880; NStZ 1993, 552). Keine bindende Wirkung haben Rechtsausführungen, mit denen die Ansicht des Tatrichters gebilligt wird (BGHSt 3, 357 (367); BGH VRS 11, 193 (195)) o. die nur Ratschläge u. Empfehlungen für die neue Entsch. (BGHSt 3, 234; unrichtig daher OLG Zweibrücken NStZ 2010, 459 mablAnm Meyer-Goßner) o. Hinweise auf die Rspr. zu anderen Vorschr. enthalten (BGH NJW 1997, 1455; JR 1956, 430). Wird in der Revisionsbegründung anempfohlen, ergänzende Feststellungen zum Tathergang zu treffen, sofern sie den bisherigen nicht widersprechen, impliziert dies, dass das neue Tatgericht auf der Grundlage solcher Feststellungen ggf. auch zu einer anderen rechtlichen Beurteilung gelangen kann (BGH 30.7.2025 – 5 StR 759/24). Die Verwerfung der Revision eines Mitangeklagten hat keine Bindungswirkung (Holtz MDR 1985, 982 – BGH RsprÜ).

7 Zur **Feststellung der Aufhebungsansicht** durch den neuen Tatrichter vgl. → § 354 Rn. 44.

8 **III. Entfallen der Bindungswirkung.** Die Bindungswirkung entfällt, wenn der Gesetzgeber die v. dem Revisionsgericht entschiedene Rechtsfrage vor der neuen tatrichterlichen Entsch. abw. regelt (Löwe/Rosenberg/Franke Rn. 10), wenn das BVerfG die angewendete Vorschr. für verfassungswidrig erklärt (Schlüch-

ter Strafverfahren Rn. 756.2) u. wenn die Bindung dem Tatrichter einen offensichtlichen Verstoß gegen das GG zumuten würde (KK-StPO/Gericke Rn. 17; unrichtig aber LG Duisburg StV 1986, 99, das der Aufhebungsansicht seine eigene Auslegung des GG entgegenhält), nicht aber wegen der abw. Ansicht eines höheren Gerichts (OLG Düsseldorf StV 1985, 274), wegen einer Änd. der Rspr. auch nicht, wenn das Revisionsgericht inzwischen seine Rechtsansicht geänd. hat (BGHSt 33, 358 (362); Sommerlad NJW 1974, 123; **aM** GmS-OGB BGHZ 60, 392 (397); KK-StPO/Gericke Rn. 13).

Die Bindung setzt iÜ eine **gleichbleibende Verfahrens- und Sachlage** voraus (KG NStZ-RR 2010, 346). Neue tatrichterliche Feststellungen, für die die Aufhebungsansicht des Revisionsgerichts keine Bedeutung hat, schließt Abs. 1 nicht aus (BGHSt 9, 324 (329); OLG Düsseldorf StV 1985, 274; Eisenberg StraFo 1997, 130). 9

IV. Bei erneuter Revision. Bei erneuter Revision prüft das Revisionsgericht, wenn die Sachrüge erhoben ist, ob der Tatrichter in sachlich-rechtlicher Hinsicht die Bindungswirkung beachtet hat (BGH NStZ 2000, 551; KG JR 1958, 269; OLG Düsseldorf StV 1985, 274); die Nichtbeachtung der Bindung an die verfahrensrechtliche Aufhebungsansicht wird nur geprüft, wenn sie ausdr. in der Form des § 344 Abs. 2 gerügt ist. Auch jedes neue Revisionsgericht ist an die Aufhebungsansicht des 1. Revisionsurteils gebunden (BVerfGE 4, 1 (5); GmS-OGB BGHZ 60, 392 (396); BGHSt 33, 356 (360 ff.) (GSSt); BGHSt 51, 202 (204); KG NStZ-RR 2010, 347), der BGH auch, wenn zunächst ein OLG entschieden hatte (BGH NJW 1952, 35; 1953, 1880; KK-StPO/Gericke Rn. 13). Diese Selbstbindung besteht auch, wenn das Revisionsgericht inzwischen seine dem Urt. zugrunde liegende Rechtsansicht aufgegeben hat (BGHSt 33, 356 (360); Schlüchter Strafverfahren Rn. 756.3; Schmitt JZ 1959, 22; Schünemann StV 1985, 424; **aM** KK-StPO/Gericke Rn. 13; Dahs Strafprozessrevision Rn. 631; GmS-OGB BGHZ 60, 392 (396) lässt die Frage für Strafsachen offen); denn Revisionsgrund ist nach § 337 nur die Verletzung des Gesetzes, v. der keine Rede sein kann, wenn der Tatrichter den Abs. 1 beachtet hat. 10

B. Verbot der Schlechterstellung (Abs. 2 S. 1). Das Verbot der Schlechterstellung (Abs. 2 S. 1), **das dem § 331 entspr.** (zu Einzelheiten → § 331 Rn. 1 ff.), richtet sich an das Revisionsgericht, das nach § 354 Abs. 1, u. an den Tatrichter, der nach Zurückverweisung entscheidet (BGH NStZ-RR 2012, 106). Es gilt auch, wenn eine zuungunsten des Angeklagten eingelegte Revision der StA nach § 301 nur zu dessen Gunsten erfolgreich war (BGHSt 38, 66 (67); BayObLG NJW 2023, 3178). Hat das LG eine Revision als Berufung behandelt u. die Strafe herabgesetzt, so muss es hierbei verbleiben, wenn das Revisionsgericht über die Revision sachlich entscheidet; zu dem Fall, dass das Revisionsgericht die Berufung für unzulässig hält, vgl. → § 331 Rn. 4a und → § 411 Rn. 12. Eine fehlende Einzelstrafe kann das Revisionsgericht uU festsetzen (BGH NStZ-RR 2010, 384; 2012, 181), ebenso eine fehlerhafte Gesamtstrafe zur Vermeidung einer Doppelbestrafung aufheben (BGH NJW 1998, 1874). Ebenso verstößt die Abänderung der Dauer des Vorwegvollzuges von Strafe (Zweidrittel statt Halbstrafenzeitpunkt) vor der Unterbringung gem. § 64 StGB nicht gegen das Verschlechterungsverbot (BGH NStZ-RR 2025, 216). 11

Dagegen darf dem Angeklagten der durch eine fehlerhafte nachträgliche Gesamtstrafenbildung (§ 55 StGB) gewährte Vorteil nicht genommen werden (BGH NStZ-RR 2020, 378; BeckRS 2017, 103368 mwN). Ebenso steht der Nachholung der unterbliebenen Feststellung der besonderen Schuldschwere iSd § 57a Abs. 1 S. 1 Nr. 2 StGB (BVerfGE 86, 288) durch den BGH o. nach Zurückverweisung durch das LG das Verschlechterungsverbot entgegen (BGH NStZ 1993, 449; 1994, 34 (35); 2000, 194). Hat das LG die Sicherungsverwahrung nur vorbehalten (§ 66a StGB), darf der BGH o. das LG nach Zurückverweisung sie nicht nach § 66 StGB anordnen (BGH StV 2008, 635). Zur Beachtung des Verschlech- 11a terungsverbots bei Aufhebung u. Zurückverweisung wegen Verletzung des Beschleunigungsgebots vgl. → EMRK Art. 6 Rn. 9.

12 Das Verschlechterungsverbot nach **Abs. 2 S. 1** steht einer **Verböserung des Schuldspruchs** nicht entgegen (BGH BeckRS 2023, 15385 mN). Ebensowenig ist das Revisionsgericht gehindert, erstmals nach der auf die Revision des Angeklagten erfolgten Aufhebung und Zurückverweisung der Sache dem Verletzten im Adhäsionsverfahren **Schmerzensgeld** dem Grunde nach zuzusprechen, da es sich bei diesem zivilrechtlichen Anspruch um keine Rechtsfolge der Tat iSv Abs. 2 handelt (BGH NStZ-RR 2025, 322).

13 Das Verbot der Schlechterstellung nach **Abs. 2 S. 3** – wie nach § 331 Abs. 2 – steht der Anordnung der Unterbringung in einem psychiatrischen Krankenhaus (§ 63 StGB) o. in einer Entziehungsanstalt (§ 64 StGB) **nicht entgegen.** Dass der Angeklagte durch die fehlende Unterbringungsanordnung nicht beschwert ist, ändert daran nichts (BGH NStZ 2009, 261; vgl. auch BGH 10.10.2024 – 4 StR 304/24 mwN; erg. → Vor § 296 Rn. 10; → § 331 Rn. 22); es kommt dementspr. auch nicht darauf an, ob der Angeklagte durch die Nichtanwendung des § 67 Abs. 2 S. 2 StGB beschwert sein kann (BGH StraFo 2010, 117 mwN). Es ist auch gestattet (**Abs. 2 S. 2**), eine Strafe zu verhängen, wenn die Anordnung der Unterbringung in einem psychiatrischen Krankenhaus aufgeh. wird (vgl. dazu zB BGH wistra 2008, 102); daraus folgt, dass auf die Revision eines Angekl. ein mit der Maßregelanordnung ergangenes freisprechendes Erkenntnis ebenfalls aufgehoben werden kann (BGH 17.12.2025 – 5 StR 581/25). Damit wird verhindert, dass eine Tat völlig sanktionslos bleibt, wenn eine wegen angenommener Schuldunfähigkeit (§ 20 StGB) erfolgte Anordnung der Unterbringung in einem psychiatrischen Krankenhaus – u. ggf. auch ein deswegen ergangener Freispruch (vgl. BGH 17.12.2025 – 5 StR 581/25; NJW 2013, 246; NStZ 2014, 36) o. eine Entsch. nach § 5 Abs. 3 JGG (BGH StraFo 2013, 165) – auf Revision des Angeklagten aufgeh. wird u. sich in der neuen Verh. herausstellt, dass der Angeklagte bei Begehung der Tat schuldfähig war (vgl. BGH BeckRS 2019, 10875; Schneider NStZ 2008, 73).

14 Diese Regelung muss aber umgekehrt dahin führen, dass der Angeklagte gleichwohl auch dann untergebracht werden darf, wenn er bei seiner Verurteilung zu Strafe seine Nicht-Unterbringung v. Rechtsmittelangriff ausnehmen will (vgl. dazu → § 331 Rn. 22; zust. KMR-StPO/Momsen Rn. 23; Meyer-Goßner FS Frisch, 2013, 1308; **aM** Dencker FS Mehle, 2009, 154; Kretschmer StV 2010, 164); denn wenn die Strafe wegen erst jetzt erkannter Schuldunfähigkeit des Angeklagten aufgeh. wird, muss auch hier nach Abs. 2 S. 3 die Möglichkeit der Anordnung der Unterbringung gegeben sein (für den Fall des § 64 StGB s. allerdings BGH BeckRS 2017, 110718). Das Gericht bleibt jedoch gehindert, nach Aufhebung einer isoliert angeordneten Unterbringung erneut die Unterbringung anzuordnen u. zugleich erstmals Strafe zu verhängen (BGH NStZ-RR 2014, 89 Ls.; NStZ-RR 2014, 243).

15 Den Verstoß gegen Abs. 2 S. 1 **prüft das Revisionsgericht** auch ohne entspr. Verfahrensrüge (BGHSt 12, 94; 14, 5 (7); BayObLGSt 1973, 45; OLG Schleswig VRS 65, 386). Nach Ansicht des BGH begründet das Verbot des Abs. 2 S. 1 eine einseitige, nur zugunsten des Angeklagten wirksame Rechtskraft, die als Verfahrenshindernis vAw zu berücksichtigen ist (BGHSt 11, 319 (322); BGH NJW 1979, 936; wistra 2000, 475).

Viertes Buch. Wiederaufnahme eines durch rechtskräftiges Urteil abgeschlossenen Verfahrens

Vorbemerkung zu § 359

A. Beseitigung von Fehlentscheidungen. Im Rechtsinstitut der Wiedraufnahme nach §§ 359 ff. wird in engen Grenzen die Rechtskraft des Strafurteils und damit das Prinzip der Rechtssicherheit durchbrochen (BVerfGE 22, 322, 329; BGH NStZ 2024, 562). Die Vorschr. lösen den Konflikt zwischen den Grundsätzen der Gerechtigkeit u. der Rechtssicherheit, die sich beide gleichermaßen aus dem Rechtsstaatsprinzip ableiten (BVerfG MDR 1975, 468; NStZ-RR 2019, 123). Ein weiterer wesentlicher Zweck des Wiederaufnahmeverfahrens liegt in der Sicherung der Autorität eines rechtsstaatlichen Strafverfahrens (BGH NStZ 2024, 562). Die §§ 359 ff. werden ergänzt durch die Wiederaufnahmegründe des § 18 ZEG (Wehrmacht- u. Sondergerichte) u. des § 79 Abs. 1 BVerfGG (→ Rn. 7). Diese Regelungen sind abschl.; selbst der Gesetzgeber darf nicht nach Belieben weitere Wiederaufnahmegründe schaffen, insbes. nicht aufgrund neuer Tatsachen oder Beweismittel zuungunsten des Angeklagten (BVerfGE 2, 380 (403); BVerfG NJW 2023, 3698 zur Verfassungswidrigkeit des § 362 Nr. 5; → § 362 Rn. 9, 10). 1

B. Wesen. Dem Wesen nach ist die Wiederaufnahme ein Rechtsinstitut, das es auf Verlangen eines Antragsberechtigten, nicht vAw, ermöglicht, die mit rkr. Sachurteil abgeschlossene Strafsache wieder in das Hauptverfahren zurückzuversetzen. Obwohl die allg. Vorschr. über die Rechtsmittel gelten (§ 365), ist der Wiederaufnahmeantrag kein Rechtsmittel (→ Vor § 296 Rn. 1), sondern ein Rechtsbehelf eigener Art (→ Vor § 296 Rn. 20). 2

Das **Verfahren** gliedert sich in zwei Abschn.: die Prüfung der Zulässigkeit des Antrags nach § 368 (Aditionsverfahren) und, wenn er für zulässig erklärt ist, die Prüfung seiner Begründetheit nach §§ 369, 370 (Probationsverfahren). Wird die Wiederaufnahme angeordnet, so kommt es idR (Ausnahme: § 371) zur Erneuerung der HV. Die neue Verh. wird allg. als 3. Abschn. des Wiederaufnahmeverfahrens bezeichnet. In Wahrheit ist sie ebenso wenig Teil dieses Verf. wie die neue HV nach Zurückverweisung (§ 354 Abs. 2) Teil des Revisionsverfahrens ist. 3

C. Rechtskräftiges Sachurteil. Durch rechtskräftiges Sachurteil, **nicht durch Einstellungsurteil nach § 260 Abs. 3** (Kleinknecht FS Bruns, 1978, 480), abgeschlossene Verf. können auf Antrag, der nicht vor Rechtskraft zulässig ist (OLG Stuttgart NJW 1965, 1239; **aM** Peters Fehlerquellen III 111), wiederaufgenommen werden. Wegen der Strafbefehle vgl. § 373a. Bei tatmehrheitlicher Verurteilung ist die Wiederaufnahme zugunsten des Verurteilten schon zur Beseitigung der rkr. gewordenen Einzelstrafaussprüche zulässig (KK-StPO/Tiemann Rn. 11; SK-StPO/Frister Rn. 26; Schlüchter Strafverfahren Rn. 765; **aM** OLG Frankfurt a. M. NJW 1952, 119; Löwe/Rosenberg/Gössel Rn. 76 ff.). Nur im Schuldspruch rkr. Urt. können dagegen nicht Gegenstand eines Wiederaufnahmeverfahrens sein (OLG Düsseldorf NJW 1954, 1499 Ls.; Löwe/Rosenberg/Gössel Rn. 74 ff.; Peters StrafProzR Rn. 679; Schlüchter Strafverfahren Rn. 766). Die Gegenansicht (OLG Celle StV 1990, 537; OLG Frankfurt a. M. NJW 1983, 2399; OLG Hamm NStZ-RR 1997, 372; OLG Jena StraFo 1997, 116; OLG München NJW 1981, 593; SK-StPO/Frister Rn. 27; Meyer FS Peters, 1984, 375) öffnet wegen der Zuständigkeitsregelung des § 140a GVG der Verschleppung die Tür u. läuft daher dem Grundsatz der Prozesswirtschaftlichkeit, den sie zu wahren meint, zuwider. Sie übersieht auch, dass die verfrühte Zulassung der Wiederaufnahme zu widersprechenden Entsch. führen kann (Gössel NStZ 1983, 291). Im Übrigen ist ein Nebeneinander v. Rechtsmittel- u. Wiederaufnahmeverfahren in der StPO grds. nicht vorgesehen (Kusch NStZ 1994, 25 – BGH RsprÜ). 4

5 Für **Beschlüsse** enthalten die §§ 174 Abs. 2, 211 Sonderregelungen; auf andere Beschlüsse sind die §§ 359 ff. grds. nicht entspr. anwendbar (OLG Celle Nds. Rpfl. 1961, 17; OLG Hamm VRS 90, 136; **aM** Wasserburg Strafverfahren S. 226; vgl. auch Löwe/Rosenberg/Gössel Rn. 49 ff.), auch nicht, wenn sie wie ein Urt. wirken, wie Gesamtstrafenbeschlüsse nach § 460 (Löwe/Rosenberg/Gössel Rn. 69; **aM** BayObLGSt 1955, 47), o. wenn sie sachlich-rechtliche Rechtsfolgen festsetzen, wie Widerrufsbeschlüsse nach §§ 56f, 67g StGB (OLG Düsseldorf StraFo 2004, 146; OLG Hamburg StV 2000, 568; OLG Stuttgart Justiz 2001, 170; OLG Zweibrücken NStZ 1997, 55; Gössel JR 1992, 125; **aM** OLG Oldenburg NJW 1962, 1169; LG Bremen StV 1990, 311). Eine Ausnahme gilt für die anstelle eines Urt. ergehenden Beschlüsse nach § 206b (→ § 206b Rn. 12), § 349 Abs. 2 (Pfeiffer/Miebach NStZ 1985, 496 – BGH RsprÜ) u. (bei abschl. Entsch.) § 349 Abs. 4 (Löwe/Rosenberg/Gössel Rn. 65) u. § 371. Im Verf. nach §§ 109 ff. **StVollzG** ist ein Wiederaufnahmeverfahren nicht statthaft (OLG Hamburg NStZ 2001, 399 Ls.; OLG Rostock NStZ-RR 2012, 359 Ls.).

6 **D. Beschwer.** Eine Beschwer (→ Vor § 296 Rn. 8 ff.) setzt die Wiederaufnahme voraus, sofern sie nicht v. der StA beantragt ist (Wasserburg Rn. 234, 237), u. zwar durch den Urteilstenor. Der Freigesprochene kann daher die Wiederaufnahme nicht mit dem Ziel der Freisprechung wegen erwiesener Unschuld (OLG Braunschweig GA 1954, 248) o. der Ersetzung eines Einstellungsurteils nach § 260 Abs. 3 durch ein freisprechendes beantragen (Löwe/Rosenberg/Gössel Rn. 127). Beschwert ist der Verurteilte aber auch bei Absehen v. Strafe, Straffreierklärung nach § 199 StGB u. Anordnung v. Rechtsfolgen nach §§ 9 ff., 13 ff., 27 JGG.

7 **E. Wiederaufnahme nach § 79 Abs. 1 BVerfGG.** Die Wiederaufnahme nach § 79 Abs. 1 BVerfGG ist zulässig gegen rkr. Strafurteile (OLG Zweibrücken NJW 1996, 2246: aber nicht gegen einen Beschl. nach § 153 Abs. 2; str., ob auch gegen einen Bußgeldbescheid, vgl. Fornauf/Heger StraFo 2014, 285), die auf einer mit dem GG für unvereinbar o. nach § 78 BVerfGG für nichtig erklärten Norm o. auf der Auslegung einer Norm beruhen, die das BVerfG für unvereinbar mit dem GG erklärt hat; ob die Wiederaufnahme nur bei der Nichtigerklärung einer materiell-rechtlichen Strafnorm o. auch bei Normen des Gerichtsverfassungs- o. Verfahrensrechts zulässig ist, ist str. (vgl. eing. dazu BGHSt 42, 314 (318)). Für das Verf. gelten die §§ 359 ff., also die verfahrensrechtlichen Voraussetzungen nach §§ 360, 361, 365, 366, 373a (KG NJW 2012, 2985 mwN), aber auch das Verschlechterungsverbot nach § 373 Abs. 2 S. 1 (BGH StraFo 2011, 319 (322)). Wegen der Einzelheiten vgl. KK-StPO/Tiemann Rn. 16 ff.; Löwe/Rosenberg/Gössel Rn. 155 ff., zur Wiederaufnahme nach einer aufgrund der Rspr. des BVerfG unzulässigen Wohnraumüberwachung (→ § 100c Rn. 1) vgl. Weßlau GS Lisken, 2004, 48.

8 **F. Entscheidungen des EGMR.** Entscheidungen des EGMR, mit denen die Verletzung der **EMRK** durch das Strafurteil eines deutschen Gerichts festgestellt worden sind (→ EMRK Art. 19 Rn. 7), berechtigen zur Wiederaufnahme des Verf. nach § 359 Nr. 6, falls das Urt. auf der Verletzung beruht (→ § 359 Rn. 52); die entgegenstehende frühere Rspr. (zB BVerfG NJW 1986, 1425) ist durch die Gesetzesänderung überholt.

Wiederaufnahme zugunsten des Verurteilten

359 **Die Wiederaufnahme eines durch rechtskräftiges Urteil abgeschlossenen Verfahrens zugunsten des Verurteilten ist zulässig,**

1. wenn eine in der Hauptverhandlung zu seinen Ungunsten als echt vorgebrachte Urkunde unecht oder verfälscht war;

2. wenn der Zeuge oder Sachverständige sich bei einem zuungunsten des Verurteilten abgelegten Zeugnis oder abgegebenen Gutachten einer

vorsätzlichen oder fahrlässigen Verletzung der Eidespflicht oder einer vorsätzlichen falschen uneidlichen Aussage schuldig gemacht hat;

3. wenn bei dem Urteil ein Richter oder Schöffe mitgewirkt hat, der sich in Beziehung auf die Sache einer strafbaren Verletzung seiner Amtspflichten schuldig gemacht hat, sofern die Verletzung nicht vom Verurteilten selbst veranlaßt ist;

4. wenn ein zivilgerichtliches Urteil, auf welches das Strafurteil gegründet ist, durch ein anderes rechtskräftig gewordenes Urteil aufgehoben ist;

5. wenn neue Tatsachen oder Beweismittel beigebracht sind, die allein oder in Verbindung mit den früher erhobenen Beweisen die Freisprechung des Angeklagten oder in Anwendung eines milderen Strafgesetzes eine geringere Bestrafung oder eine wesentlich andere Entscheidung über eine Maßregel der Besserung und Sicherung zu begründen geeignet sind;

6. wenn der Europäische Gerichtshof für Menschenrechte eine Verletzung der Europäischen Konvention zum Schutze der Menschenrechte und Grundfreiheiten oder ihre Protokolle festgestellt hat und das Urteil auf dieser Verletzung beruht.

Übersicht

A. Wiederaufnahmegründe zugunsten des Verurteilten. Die Wiederaufnahmegründe zugunsten des Verurteilten **führt § 359 abschl. auf;** die Rspr. darf sie nicht erweitern (OLG Bamberg NJW 1955, 1121; LG Hannover NJW 1970, 289; erg. → Vor § 359 Rn. 1). Ein Wiederaufnahmeantrag kann auf mehrere Gründe des § 359 gestützt werden. Die Strafverfolgungsverjährung steht der Wiederaufnahme zugunsten des Verurteilten nicht entgegen (vgl. BGH NStZ 2024, 562 mwN). Zum Verhältnis zwischen § 359 Nr. 5 und § 364 vgl. → § 364 Rn. 2 ff. 1

Zulässige **Wiederaufnahmeziele** sind (vgl. → Rn. 37 ff.) die Freisprechung des Verurteilten, die Verfahrenseinstellung, die mildere Verurteilung aufgrund eines anderen Strafgesetzes u. eine wesentlich andere Entsch. über Sicherungsmaßregeln. Vgl. auch §§ 439 Abs. 6, 440 Abs. 3. Ein auf ein anderes Ziel gerichteter Antrag ist unzulässig, zB Anwendung der Vollstreckungslösung, vgl. → EMRK Art. 6 Rn. 9a (OLG Celle NStZ 2010, 251). 2

Die **Beschränkung des Antrags** auf eine o. mehrere selbständige Taten nach § 53 StGB ist möglich (BGHSt 14, 85 (88)), auch bei Tatidentität iS § 264 (vgl. → § 370 Rn. 8). Soweit § 363 nicht entgegensteht, ist auch die Beschränkung auf den Rechtsfolgenausspruch zulässig (BGHSt 11, 361; Hanack JZ 1974, 19). 3

B. Unechte oder verfälschte Urkunden (Nr. 1). Es gilt nach hM der sachlich-rechtliche **Urkundenbegriff** des § 267 StGB, nicht der des § 249 (Löwe/Rosenberg/Schuster Rn. 13 ff.; Krause Urkundenbeweis S. 103 ff.; **aM** Peters Fehlerquellen III 48). 4

5 Danach kommen auch Beweiszeichen (zum Begriff Fischer/Fischer/Lutz StGB § 267 Rn. 5) in Betracht (Löwe/Rosenberg/Schuster Rn. 17), ebenso technische Aufzeichnungen iSd § 268 StGB (**aM** Löwe/Rosenberg/Schuster Rn. 16).

6 Nach den Grundsätzen des sachlichen Rechts beurteilt sich auch, ob die Urk. **unecht oder verfälscht** ist; die schriftliche Lüge genügt nicht. Eine Straftat setzt Nr. 1 aber nicht voraus (OLG Nürnberg NJW 2013, 2692; KMR-StPO/Eschelbach Rn. 57 mwN).

7 Nr. 1 gilt daher auch, wenn die Urk. nicht zur Täuschung, sondern **versehentlich vorgebracht** worden ist (Löwe/Rosenberg/Schuster Rn. 19; **aM** Peters Fehlerquellen III 49). Sie muss aber nach §§ 249, 251, 256 zum Beweis für ihren Inhalt verwendet worden sein; der Vorhalt bei der Vernehmung u. die Feststellung der äußeren Beschaffenheit reichen nicht aus (Löwe/Rosenberg/Gössel Rn. 22). Nur die nicht verlesbaren Urk. sind iSd Nr. 1 durch Augenscheinseinnahme vorgebracht worden. Wer die Urk. beigebracht hat, ist gleichgültig.

8 **Zuungunsten** des Angeklagten vorgebracht war die Urk., wenn nicht auszuschließen ist, dass sie das Urt. zu seinem Nachteil beeinflusst hat.

9 Zur **Antragsbegründung** gehört die Bezeichnung der Urk. u. der Tatsachen, aus denen sich Unechtheit o. Verfälschung ergibt, sowie der Vortrag, in welcher Weise sie in der HV verwertet wurde, ferner, dass u. wodurch das Urt. zuungunsten des Angeklagten beeinflusst worden ist. Wenn keine Straftat behauptet wird, brauchen die Voraussetzungen des § 364 S. 1 nicht dargetan werden; andernfalls gilt → § 364 Rn. 4.

10 **C. Falsche Aussagen oder Gutachten (Nr. 2).** Der Zeugenvernehmung steht die Verlesung nach § 251 (KMR-StPO/Eschelbach Rn. 68; Wasserburg Strafverfahren S. 280), dem Sachverständigen steht der Dolmetscher (§ 191 GVG) gleich (Löwe/Rosenberg/Schuster Rn. 27; **aM** SK-StPO/Frister Rn. 23).

11 Wiederaufnahmegrund ist jeder **Verstoß gegen §§ 153–155, 161 StGB,** auch im Ausland, wenn er im Inland strafbar wäre (Löwe/Rosenberg/Schuster Rn. 28). Die Tat muss aber strafbar sein; daran fehlt es bei Strafunmündigkeit (OLG Hamburg NJW 1969, 2159) u. entschuldbarem Irrtum (Wasserburg Strafverfahren S. 279).

12 Die falsche Aussage o. das Gutachten muss **Grundlage der Beweiswürdigung** gewesen sein u. sich zuungunsten des Angeklagten ausgewirkt haben (BGHSt 31, 365 (371)). Auf dem Teil der Aussage o. des Gutachtens, dessen Unrichtigkeit in dem Meineidsverfahren gegen den Zeugen o. Sachverständigen festgestellt worden ist, braucht das Urt. aber nicht zu beruhen (BayObLG JW 1929, 2754; OLG Dresden HRR 1940, 134; OLG Düsseldorf NJW 1950, 616 Ls.; Löwe/Rosenberg/Schuster Rn. 30).

13 Zur **Antragsbegründung** gehört der Vortrag, dass die Falschaussage die Entsch. zum Nachteil des Angeklagten beeinflusst hat. Der ursächliche Zusammenhang wird ges. vermutet (→ § 370 Rn. 5). Vgl. iÜ → § 364 Rn. 4.

14 **D. Strafbare Amtspflichtverletzungen (Nr. 3).** Die Pflichtverletzung des Richters o. Schöffen (auf andere Personen ist Nr. 3 nicht entspr. anwendbar) muss mit Strafe bedroht u. in Beziehung auf die Strafsache gegen den Angeklagten, nicht (wie bei § 185 StGB) gegen diesen selbst, begangen worden sein. In Betracht kommen insbes. Straftaten nach §§ 239, 240, 257, 267, 331, 332, 339, 343, 344 StGB, wobei das damalige Rechtsverständnis zugrunde zu legen ist (Brauns JZ 1995, 495). Dass der Richter sein Amt durch Täuschung erlangt hat, ist kein Wiederaufnahmegrund (Löwe/Rosenberg/Schuster Rn. 37). Dass die Pflichtverletzung Einfluss auf die Entsch. gehabt hat, braucht nicht festgestellt zu werden (BGHSt 31, 365 (372)). Bei Fortsetzung der Sache auf Berufung o. nach Zurückverweisung (§ 354 Abs. 2) gilt Nr. 3 aber nicht, wenn der Sachverhalt völlig neu geprüft wurde (BGHSt 31, 365 (372); Scheffler Strafverfahren S. 97).

15 **Ausgeschlossen** ist die Wiederaufnahme, wenn der Angeklagte selbst o. ein Dritter in seinem Auftrag o. mit seinem Einverständnis (bloße Kenntnis genügt

nicht) die Pflichtverletzung veranlasst, etwa einen Richter bestochen hat, damit er günstig entscheidet (Löwe/Rosenberg/Schuster Rn. 41).

Zur **Antragsbegründung** gehört die namentliche Bezeichnung des Richters u. die Angabe der Pflichtverletzung. Der Ursachenzusammenhang u. das Nichtvorliegen des Ausschlussgrundes brauchen nicht dargetan zu werden. Vgl. iÜ → § 364 Rn. 4. **16**

E. Wegfall eines zivilgerichtlichen Urteils (Nr. 4). Dazu gehören alle aufgeh. Urt. der Zivil-, Arbeits-, Sozial-, Finanz- u. Verwaltungsgerichte, nicht aber aufgeh. Strafurteile, auch nicht aufgeh. Verwaltungsakte (BGHSt 23, 86 (94); OLG Karlsruhe NJW 1978, 116; Löwe/Rosenberg/Schuster Rn. 44; **aM** BVerfGE 22, 21 (27); LG Berlin NStZ-RR 2017, 121; Peters Fehlerquellen III 69). **17**

Weggefallen ist das Urt. nur, wenn es im zivilgerichtlichen Wiederaufnahmeverfahren (§§ 578 ff. ZPO) beseitigt worden ist o. das neue Urt. wenigstens inhaltlich v. dem früheren abweicht. **18**

Auf das Zivilurteil gegründet war das Urt. gegen den Angeklagten, wenn es sich um ein bindendes Gestaltungsurteil (→ § 262 Rn. 3) gehandelt hat o. als urkundliche Beweisgrundlage (§ 249 Abs. 1 S. 1) verwendet worden war. **19**

Zur **Antragsbegründung** gehört die Angabe des Zivilurteils u. des Aufhebungsurteils u. die Darlegung des ursächlichen Zusammenhangs zwischen Zivil- u. Strafurteil. **20**

F. Neue Tatsachen oder Beweismittel (Nr. 5). I. Tatsachen. Tatsachen jeder Art, mit denen Freisprechung, Einstellung o. Strafherabsetzung erreicht werden kann, kommen in Betracht. Es sind die im rkr. Urt. als existierend festgestellten Tatsachen o. die dem Urt. zugrundeliegenden tatsächlichen Vorgänge, Verhältnisse o. Zustände gemeint (BGHSt 39, 75 (80); vgl. auch BVerfG StV 2003, 225). Den Sachverhalt brauchen sie nicht zu betreffen. Tatsachen iSd Nr. 5 sind daher auch das Lebensalter des angeblich strafunmündigen (Peters Fehlerquellen III 61) o. zu Unrecht als Erwachsener behandelten Verurteilten (OLG Hamburg NJW 1952, 1150; LG Landau NStZ-RR 2003, 28) sowie (vgl. → Rn. 39) Tatsachen, die den Strafantrag, die Verjährung o. die Amnestievoraussetzungen betreffen o. sich nur auf Rechtfertigungs-, Strafausschließungs- u. Schuldausschließungsgründe, insbes. die Schuldunfähigkeit des Verurteilten, beziehen (Löwe/Rosenberg/Gössel Rn. 62). **21**

Die Tatsachen dürfen aber nicht nur Verfahrensfehler betreffen (KG GA 1974, 25; Wasserburg Strafverfahren S. 308; **aM** Peters Fehlerquellen III 54 für Verstöße gegen § 136a; Löwe/Rosenberg/Schuster Rn. 65 bei gegenseitigen Bezügen). Ausgeschlossen sind daher auf Nr. 5 gestützte Wiederaufnahmeanträge gegen Verwerfungsurteile nach § 329 Abs. 1 (KG GA 1974, 25) u. gegen Revisionsurteile (BGHSt 51, 202 (208); OLG Frankfurt a. M. JR 1978, 522). **22**

Auch auf **Beweisfragen** können sich die Tatsachen beziehen, insbes. auf das Vorliegen der im Urt. verwerteten Indizien o. auf die Zuverlässigkeit der benutzten Beweismittel, zB die Richtigkeit eines Gutachtens o. die Glaubwürdigkeit eines Zeugen (OLG Celle NJW 1967, 216; OLG Düsseldorf VRS 82, 198; OLG Frankfurt a. M. NJW 1966, 2423; zu „histrionischen" (iSv pseudologischen, geltungsbedürftigen o. hysterischen) Zeugen Eisenberg FS Amelung, 2009, 585). Eine neue Tatsache kann auch der Auffrischung des Erinnerungsbildes eines in der HV vernommenen Zeugen dienen (OLG Celle Nds. Rpfl. 1966, 19). Auch der Wegfall eines Beweismittels ist eine neue Tatsache (Löwe/Rosenberg/Schuster Rn. 64), zB der Widerruf des Geständnisses des Verurteilten (BVerfG NStE StPO § 359 Nr. 13; BGH NJW 1977, 59; KG JR 1975, 166; OLG München NJW 1981, 593; OLG Schleswig NJW 1974, 714) u. der Widerruf belastender Angaben eines Zeugen (BGH NJW 1977, 59; KG JR 1975, 166; OLG Köln NJW 1963, 698; OLG Neustadt NJW 1964, 678) o. Mitangeklagten (OLG Celle JR 1967, 150; OLG Hamburg JR 1951, 218; OLG Hamm JMBl. NRW. 1955, 20). Zur erweiterten Darlegungspflicht in solchen Fällen vgl. → Rn. 46 ff. **23**

24 Auf **Rechtstatsachen** kann der Wiederaufnahmeantrag nicht gestützt werden (OLG Zweibrücken wistra 2009, 488; Löwe/Rosenberg/Gössel Rn. 78; Wasserburg Strafverfahren S. 303; **aM** Peters StrafProzR Rn. 674; Klug FS Spendel, 1992, 684; dagegen zutr. Gössel NStZ 1993, 566), insbes. nicht auf den Wegfall o. die Änd. des angewendeten Gesetzes (BGHSt 39, 75 (79); 42, 314; OLG Bamberg NJW 1982, 1714), auf die nachträgliche Aufhebung eines Verwaltungsakts (→ Rn. 17) o. auf einen Wandel der Rspr. (BVerfGE 12, 338 (340); BGHSt 39, 75 (79); 42, 314; KG NJW 1977, 1162; OLG Bamberg NJW 1982, 1714; OLG Düsseldorf JR 1992, 124; OLG Stuttgart VRS 68, 367). Das gilt auch für ausl. Rechtsnormen (Löwe/Rosenberg/Schuster Rn. 76; Wasserburg Strafverfahren S. 303; **aM** Peters Fehlerquellen III 64) u. für v. EuGH festgestellte Verstöße gegen übergeordnetes eur. Gemeinschaftsrecht (vgl. LG Mannheim NZWiSt 2019, 440). Wohl aber ist bei einer Verurteilung nach § 170 StGB die erfolgreiche Anfechtung der Vaterschaft ein Wiederaufnahmegrund (OLG Hamm NJW 2004, 2461). Zur Wiederaufnahme in Steuerstrafsachen bei v. Strafurteil abw. späterer Steuerfestsetzung OLG Zweibrücken wistra 2009, 488.

25 **Sachlich-rechtliche Fehler** (für Verfahrensfehler vgl. → Rn. 22) können den Antrag ebenfalls nicht begründen, auch wenn sie offensichtlich sind (BGHSt 39, 75 (79); **aM** Peters Fehlerquellen III 65 für die „Rechtstatsache des eindeutigen Gesetzesverständnisses"), andernfalls würde das Wiederaufnahmeverfahren zu einer „zeitlich unbefristeten Revision umfunktioniert" (Brauns JZ 1995, 494; vgl. auch BVerfG NStZ-RR 2007, 29 (30); Meyer-Goßner FS Salger, 1995, 346). Auch die anderslautende rechtliche Beurteilung o. Beweiswürdigung in dem Urt. gegen einen Mittäter o. Nebenbeteiligten ist keine für das Wiederaufnahmeverfahren erhebliche Tatsache (BGH wistra 1991, 30), wohl aber die Verurteilung wegen Raubes nach zuvor erfolgter Verurteilung wegen Hehlerei an der geraubten Sache (LG Saarbrücken NStZ 1989, 546).

26 **II. Beweismittel.** Beweismittel sind nur die förmlichen Beweismittel der StPO, nicht der Verurteilte selbst (KG JR 1976, 76; OLG Karlsruhe NJW 1958, 1247). Zeugen u. Sachverständige sind selbst die Beweismittel, nicht ihre Erklärungen (Peters StrafProzR Rn. 675; Fehlerquellen III 66; vgl. auch Löwe/Rosenberg/Schuster Rn. 81 ff.: Einheit v. Beweisträger u. Beweisinhalt).

27 **III. Neuheit von Tatsachen und Beweismitteln. 1. Maßgebender Zeitpunkt** für die Beurteilung der Neuheit ist der Zeitpunkt des Urteilserlasses.

28 Bei **Teilrechtskraft** des Schuldspruchs sind Tatsachen u. Beweismittel zu diesem Urteilsteil neu, die dem Gericht erst später bekanntgeworden sind. Beim Strafbefehl bedeutet Neuheit Aktenkundigkeit (Löwe/Rosenberg/Schuster Rn. 90; Rieß/Hilger NStZ 1987, 206, Fn. 294; Peters Fehlerquellen III 76).

29 **2. Tatsachen oder Beweismittel** müssen neu sein, nicht beide. Nur für bereits bekannte Tatsachen müssen neue Beweismittel, für neue Tatsachen können auch die früher benutzten Beweismittel beigebracht werden (OLG Celle GA 1967, 284; Schmidt StPO/GVG StPO § 359 Rn. 19; Günther MDR 1974, 93). Die Beweismittel müssen aber stets iSd § 368 Abs. 1 geeignet sein (→ § 368 Rn. 7).

30 **3. Tatsachen sind neu,** wenn sie dem erkennenden Gericht bei der Urteilsberatung (**aM** Löwe/Rosenberg/Gössel Rn. 88; Wasserburg Strafverfahren S. 319: bei Abschluss der mündlichen Verh.) nicht bekannt waren u. von ihm daher bei der Entsch. nicht berücksichtigt werden konnten (OLG Düsseldorf NJW 1987, 2030; OLG Frankfurt a. M. NJW 1978, 841; OLG Karlsruhe NJW 1958, 1247). Ob der Verurteilte sie gekannt hat, ist unerheblich (OLG Frankfurt a. M. MDR 1984, 74); sie sind selbst dann neu, wenn er sie absichtlich zurückgehalten hat (Löwe/Rosenberg/Schuster Rn. 89; Meyer FS Peters, 1984, 387). Gleichgültig ist auch, ob die Tatsachen, zB weil sie sich aus den Akten ergaben, in der HV hätten zur Sprache gebracht werden können (Löwe/Rosenberg/Gössel Rn. 93; Peters StrafProzR Rn. 672; siehe aber auch → § 268 Rn. 5). Denn neu ist grds. alles, was der Überzeugungsbildung des Gerichts nicht zugrunde gelegt worden ist, auch wenn das möglich gewesen wäre (BVerfG NJW 2007, 207 (208); OLG Frankfurt a. M. NJW

1978, 841). Nur die in der HV erörterten Tatsachen sind niemals neu, auch wenn das Gericht sie bei der Entsch. nicht berücksichtigt hat (OLG Düsseldorf NStE StPO § 359 Nr. 16; KK-StPO/Tiemann Rn. 24; Schlüchter Strafverfahren Rn. 770.2; **aM** Löwe/Rosenberg/Gössel Rn. 97; Eisenberg JR 2007, 363; Fornauf StraFo 2013, 238), zB weil es den Inhalt einer Zeugenaussage (OLG Celle Nds. Rpfl. 1961, 231; Schmidt StPO/GVG Nachtrag StPO § 359 Rn. 5; **aM** OLG Düsseldorf NJW 1987, 2030; Löwe/Rosenberg/Gössel Rn. 97; Peters Fehlerquellen III 78 ff.) o. eines Sachverständigengutachtens (**aM** OLG Frankfurt a. M. NJW 1978, 841; LG Kiel StV 2003, 235; Roxin/Schünemann StrafVerfR § 57 Rn. 9) übersieht o. missverstanden hat. Neu sind aber Tatsachen, die dem Urt. unter Verstoß gegen § 261 ohne Erörterung in der Verh. zugrunde gelegt worden sind (KK-StPO/Tiemann Rn. 24; SK-StPO/Frister Rn. 45; Wasserburg Strafverfahren S. 308, 319; **aM** OLG Hamm GA 1957, 90; OLG Stuttgart StraFo 2012, 322; Schlüchter Strafverfahren Rn. 770.2).

Tatsachen sind nicht deshalb automatisch neu, weil sie in dem **schriftlichen Urteil nicht erwähnt** sind (→ § 268 Rn. 5). Von einer mangelnden Kenntnisnahme kann nicht schon dann die Rede sein, wenn das Gericht die Tatsache nur seinen Feststellungen in den Urteilsgründen nicht zugrunde gelegt hat, nicht die vom Angekl. gewünschten entlastenden Folgerungen aus ihr gezogen oder sie sonst anders gewürdigt hat, als der Verurteilte es möchte (KG StraFo 2022, 358 (359)). 30a

Einer Tatsache fehlt nicht schon deshalb die Neuheit, weil ihr **Gegenteil** im Urt. festgestellt ist (OLG Frankfurt a. M. NJW 1978, 841; Pfeiffer FS Graßhof, 1998, 274; **aM** OLG Karlsruhe NJW 1958, 1247; Löwe/Rosenberg/Schuster Rn. 99 ff.; Peters Fehlerquellen III 79; vgl. auch OLG Bremen OLGSt StPO § 359 Nr. 3). Aber die Bekanntheit einer Tatsache bedingt regelmäßig die Bekanntheit auch ihres Gegenteils, soweit sich das Gericht denknotwendig mit dem Gegenteil befasst hat (BGH NStZ 2000, 218; OLG Düsseldorf OLGSt StPO § 359 Nr. 7). Eine neue Tatsache ist auch das nachträgliche Offenkundigwerden v. Umständen, die die Tat rechtfertigen können (OLG Bamberg NJW 1962, 457). 31

4. Neue Beweismittel sind solche, deren sich das erkennende Gericht nicht bedient hat; den unbekannten stehen die unbenutzten Beweismittel gleich (OLG Hamm OLGSt StPO § 359 S. 67; Löwe/Rosenberg/Schuster Rn. 105; **aM** OLG Celle Nds. Rpfl. 1970, 47; unrichtig LG Karlsruhe NStZ 2003, 108 mablAnm Murmann NStZ 2003, 618: wegen „Verzichts"), ebenso der unter einer Fehlwahrnehmung erhobene Beweis (OLG Düsseldorf NStZ-RR 2014, 22). 32

Daher sind alle **Zeugen** neue Beweismittel, die in der HV nicht o. nur zu anderen Beweistatsachen gehört worden sind (einschr. OLG Oldenburg MDR 1985, 518 für nicht erschienene Zeugen, gegen deren Nichtvernehmung der Angeklagte nichts erinnert hat), insbes. Zeugen, die früher nicht erreichbar (OLG Hamm NJW 1956, 803 Ls.) bzw. entspr. § 96 gesperrt waren (vgl. BGH NStZ 2021, 63; erg. → § 96 Rn. 12 ff.), die die Aussage verweigert hatten (OLG Hamm JR 1981, 439; OLG Koblenz NStZ-RR 2005, 272), deren Vernehmung das Gericht abgelehnt (KMR-StPO/Eschelbach Rn. 171), die der Angeklagte nicht benannt (OLG Frankfurt a. M. MDR 1984, 74) o. auf deren Vernehmung er sogar verzichtet hatte (OLG Hamm OLGSt StPO § 359 S. 67; OLG Köln NJW 1963, 967) o. die ihre früheren belastenden Aussagen widerrufen haben (OLG Rostock NStZ 2007, 357; vgl. aber → Rn. 49a zur uU erweiterten Darlegungslast des Verurteilten). Keine neuen Beweismittel sind früher vernommene Zeugen, weil sie inzwischen eidesmündig geworden sind (Löwe/Rosenberg/Schuster Rn. 111; Peters Fehlerquellen III 78 sieht darin eine neue Tatsache), u. Mitangeklagte, weil sie nunmehr als Zeugen vernommen werden können (OLG Düsseldorf JZ 1985, 452; **aM** KMR-StPO/Eschelbach Rn. 170). 33

Sachverständige sind neue Beweismittel, wenn die bisherigen Urteilsfeststellungen keinen Anlass zu sachkundiger Beurteilung gegeben hatten o. wenn das erkennende Gericht aufgrund eigener Sachkunde entschieden hatte (vgl. KG StraFo 2024, 146; LG Stuttgart StraFo 2016, 74; Löwe/Rosenberg/Schuster Rn. 114). In 34 diesen Fällen werden aber idR neue Tatsachen geltend gemacht, so dass es auf die Neuheit des Beweismittels nicht ankommt (**aM** OLG Hamm MDR 1978, 248).

35 Ein **weiterer Sachverständiger** ist nicht deshalb ein neues Beweismittel, weil der Antragsteller behauptet, er werde zu anderen Schlussfolgerungen gelangen als der früher vernommene (BGHSt 31, 365 (370); KG StraFo 2024, 146; OLG Düsseldorf NStZ 1987, 245; **aM** Peters Fehlerquellen III 74; KK-StPO/Tiemann Rn. 26, 27; vgl. auch OLG Bremen OLGSt StPO § 359 Nr. 3), sondern nur, wenn er einem anderen Fachgebiet als der frühere Sachverständige angehört o. über Forschungsmittel verfügt, die diesem überlegen sind (OLG Saarbrücken NJW 2025, 177; KG StraFo 2024, 146; OLG Düsseldorf NStZ 1987, 245; OLG Koblenz OLGSt StPO § 359 Nr. 5; einschr. BGHSt 39, 75 (84)). Größere Sachkunde genügt allein nicht (OLG Hamburg JR 2000, 380; **aM** Wasserburg Strafverfahren S. 312), ebenso wenig, dass der weitere Sachverständige anders als der Erstgutachter die Möglichkeit hatte, den Verurteilten zu explorieren oder während des zweiten Durchgangs der Hauptverhandlung weitergehend zu beobachten (OLG Saarbrücken NJW 2025, 177). Auf die Neuheit des Beweismittels kommt es nicht an, wenn zugleich als neue Tatsache behauptet wird, der neue Sachverständige werde sein Gutachten aufgrund anderer Anknüpfungstatsachen (OLG Düsseldorf VRS 86, 134: OLG Frankfurt a. M. StV 2006, 114; LG Gießen NJW 1994, 467) o. mit einem anderen Erfahrungswissen erstatten, zB weil der frühere Sachverständige v. unzutr. (OLG Bremen OLGSt StPO § 359 Nr. 3; OLG Frankfurt a. M. NJW 1966, 2423 (2424)) o. unzureichenden tatsächlichen Voraussetzungen ausgegangen ist o. weil sich die wissenschaftlichen Erkenntnisse erweitert haben (vgl. Wasserburg Strafverfahren S. 309 ff.; OLG Saarbrücken NJW 2025, 177).

36 Der **Augenschein** ist nicht deshalb ein neues Beweismittel, weil das Gericht ihn in zulässiger Weise (→ § 244 Rn. 46) durch andere Beweismittel, insbes. durch Zeugen, ersetzt hatte (Löwe/Rosenberg/Schuster Rn. 117 lässt jedoch ausreichen, dass die Wahrnehmung des Augenscheinsgegenstandes unterblieben war). Wenn aber die Glaubwürdigkeit des Zeugen erschüttert werden soll, kann der Angeklagte sich auf einen Augenscheinsbeweis als neues Beweismittel beziehen (vgl. auch OLG Frankfurt a. M. NJW 1966, 2423).

37 **IV. Erheblichkeit der Tatsachen und Beweismittel.** Die Freisprechung des Verurteilten, seine geringere Bestrafung aufgrund eines anderen, milderen Gesetzes o. eine wesentlich andere Entsch. über Maßregeln muss das Ziel der Wiederaufnahme sein (→ Rn. 2). Die vorgebrachten Tatsachen u. Beweismittel müssen geeignet sein, dieses Ziel zu erreichen. Dass sie neu sind, genügt allein nicht. Neuheit u. Geeignetheit sind streng auseinanderzuhalten (**aM** Löwe/Rosenberg/Schuster Rn. 57; Peters Fehlerquellen III 73; Wasserburg Strafverfahren S. 302).

38 **1.** Zur **Freisprechung** geeignet sind Tatsachen, die die Täterschaft des Verurteilten ganz ausschließen o. jedenfalls Rechtfertigungs-, Schuldausschließungs- o. Strafausschließungsgründe enthalten. Die Straffreierklärung nach § 199 StGB steht der Freisprechung nicht gleich (KG HRR 1935, 560; Löwe/Rosenberg/Gössel Rn. 135). Wenn der Verurteilte vorträgt, er habe die Schuld für einen anderen auf sich genommen, steht die Möglichkeit der Verurteilung wegen §§ 145d, 164, 258 StGB der Wiederaufnahme nicht entgegen, weil es sich insoweit um eine andere Tat handelt (vgl. BGHSt 32, 146 (148 f.); **aM** Peters Fehlerquellen III 43). Bei wahlweiser Verurteilung genügt das gegen eine der angewendeten Vorschr. gerichtete Wiederaufnahmevorbringen (Löwe/Rosenberg/Gössel Rn. 137). Bei tatmehrheitlicher Verurteilung kann der Teilfreispruch Ziel des Antrags sein (→ Rn. 3). War wegen fortgesetzter Handlung verurteilt, so berührt der Wegfall v. Einzelakten nur den Rechtsfolgenausspruch (OLG Düsseldorf VRS 84, 298; OLG Kiel SchlHA 1950, 197; OLG München MDR 1982, 250; **aM** LG Bielefeld NStZ 1986, 282; Peters Fehlerquellen III 10, 93; Stern NStZ 1993, 411). Nur wenn der Verurteilte den Wegfall der ganzen Verurteilung o. wenigstens aller Teilakte mit einer Ausnahme erstrebt, kommt ein Freispruch in Betracht u. ist die Wiederaufnahme möglich (OLG Oldenburg NJW 1952, 1029; Ernesti/Jürgensen SchlHA 1978, 190

– OLG Schleswig RsprÜ; **aM** Marxen/Tiemann StV 1992, 536; Peters Fehlerquellen III 10, 93). Daran hat sich durch die Entsch. des BGH (GrS) BGHSt 40, 138 (vgl. dazu → § 260 Rn. 14) nichts geänd. (vgl. dazu Löwe/Rosenberg/Gössel Vor § 359 Rn. 83 ff.).

2. Die **Verfahrenseinstellung** steht dem Freispruch gleich, wenn sie wegen Fehlens bestimmter Prozessvoraussetzungen (nicht nach den §§ 153 ff., Ausnahme allerdings → § 153a Rn. 46) erforderlich wird, die unmittelbar tatbezogen sind (OLG Bamberg NJW 1955, 1121; Peters StrafProzR Rn. 676; vgl. auch Hassemer NJW 1983, 2356). Das ist der Fall bei Strafunmündigkeit, Fehlen o. Zurücknahme des Strafantrags (OLG Bamberg NJW 1955, 1121; Wasserburg Strafverfahren S. 308; str.), Vorliegen der tatsächlichen Voraussetzungen eines schon bei der Verurteilung in Kraft gewesenen Straffreiheitsgesetzes u. Eintritt der Verfolgungsverjährung vor Urteilserlass (OLG Bamberg NJW 1955, 1121; Schöneborn MDR 1975, 11). Nicht zur Wiederaufnahme geeignet sind die Verhandlungsunfähigkeit des Verurteilten in der HV u. die Prozessunfähigkeit des Privatklägers (Löwe/Rosenberg/Gössel Rn. 74). Der Verstoß des Urt. gegen das Verbot der Doppelbestrafung (Art. 103 Abs. 3 GG) kann zur Wiederaufnahme führen (vgl. LG Bochum MDR 1970, 259; LG Darmstadt NJW 1968, 1642; Löwe/Rosenberg/Gössel Rn. 70; Wasserburg Strafverfahren S. 306 ff.); es kann aber stattdessen auch die Unzulässigkeit seiner Vollstreckung nach § 458 festgestellt werden (OLG Koblenz JR 1981, 520; Peters StrafProzR Rn. 670; Fehlerquellen III 13; **aM** OLG Saarbrücken NStZ-RR 2003, 180; LG Frankfurt a. M. NStZ-RR 2003, 80; Müller JR 1997, 125). 39

3. Zur **minderschweren Bestrafung** ist das Antragsvorbringen nur geeignet, wenn die Herabsetzung der Hauptstrafe, nicht nur Wegfall o. Milderung einer Nebenstrafe, erstrebt wird (Löwe/Rosenberg/Schuster Rn. 126; **aM** für das Bußgeldverfahren Göhler/Bauer OWiG § 85 Rn. 11). Im Fall der Tateinheit muss sich der Antrag gegen die Verurteilung nach der schwereren Strafvorschrift richten, der nach § 52 StGB die Strafe entnommen worden ist (RG JW 1930, 3422; OLG Hamburg MDR 1953, 119; OLG Hamm NJW 1980, 717; **aM** AK-StPO/Loos § 363 Rn. 7; Peters Fehlerquellen III 94). Bei gleichen Strafdrohungen ist gleichgültig, gegen welche Verurteilung der Antragsteller vorgehen will (→ § 363 Rn. 3). 40

Strafherabsetzung aufgrund eines **milderen und anderen Gesetzes** muss erstrebt werden. Milder ist jedes Gesetz, dessen Strafandrohung (Mindest- o. Höchststrafe) geringer ist o. das die Strafbarkeit vermindernde Umstände vorsieht (OLG Hamm NJW 1955, 565). Die Annahme eines minder schweren Falles o. der Wegfall der Annahme eines bes. schweren Falles ist kein zulässiges Wiederaufnahmeziel (→ § 363 Rn. 4, 5), auch nicht die Anwendung des § 47 Abs. 1 StGB (OLG Nürnberg NStZ-RR 2015, 318) o. die Anordnung der Unterbringung nach § 63 StGB anstelle einer Freiheitsstrafe (OLG Köln NStZ-RR 2011, 382). Um ein anderes G handelt es sich, wenn nicht dasselbe Strafgesetz iS § 363 (→ § 363 Rn. 3) angewendet wird. Das ist zB der Fall bei Verurteilung wegen Tateinheit statt Tatmehrheit, wegen Beihilfe statt Täterschaft o. Anstiftung (Schlüchter Strafverfahren Rn. 764.5), wegen Versuchs statt Vollendung (OLG Hamm NJW 1964, 1040; OLG Oldenburg NJW 1953, 435), wegen weniger schwerwiegender Rauschtat im Fall des § 323a StGB (OLG Hamm NJW 1964, 1040), wegen Strafvereitelung statt wegen der Haupttat (Löwe/Rosenberg/Schuster Rn. 130), unter Annahme eines vermeidbaren Verbotsirrtums (Peters Fehlerquellen III 93) u. bei Verurteilung nach dem JGG statt nach allg. Strafrecht (OLG Hamburg NJW 1952, 1150; Peters Fehlerquellen III 14; **aM** Potrykus NJW 1953, 93). Wer nur die Strafaussetzung nach § 56 StGB erstrebt, stellt keinen zulässigen Wiederaufnahmeantrag (OLG Hamm NJW 1964, 1040; OLG Nürnberg NStZ-RR 2015, 318; OLG Stuttgart Justiz 1982, 166; **aM** Peters Fehlerquellen III 92). Wegen § 21 StGB vgl. § 363 Abs. 2. 41

4. Eine **wesentlich andere Entscheidung über Sicherungsmaßregeln** setzt die Anwendung eines anderen Strafgesetzes nicht voraus. Auf Nebenstrafen u. 42

Nebenfolgen (Einziehung usw) ist die Vorschr. nicht anzuwenden; § 85 Abs. 2 S. 2 OWiG gilt nicht entspr. (→ Rn. 40). Für die Wiederaufnahme ist gleichgültig, ob die Anordnung der Maßregel neben der Strafe o. im Sicherungsverfahren nach §§ 413 ff. ergangen ist. Wesentlich anders wird entschieden, wenn die Maßregel entfällt, erheblich verkürzt o. durch eine objektiv mildere ersetzt wird (Marxen/Tiemann StV 1992, 537). Dabei ist das Verbot der Schlechterstellung (§ 373 Abs. 2) zu beachten (vgl. dazu Radtke ZStW 110 (1998), 316 ff.).

43 **5.** Die **Prüfung der Erheblichkeit** erfolgt im Zulassungsverfahren. Vgl. iE → § 368 Rn. 3 ff.

44 **V. Antragsbegründung. 1. Tatsachen** muss der Antragsteller beibringen, dh ihr Vorliegen mit Bestimmtheit behaupten.

45 Der Antrag ist unzulässig, wenn nur Vermutungen geäußert (Günther MDR 1974, 93) o. nur Schlussfolgerungen mitgeteilt werden. ZB ist nicht die Behauptung, eine krankhafte Störung der Geistestätigkeit nach § 20 StGB habe vorgelegen, sondern nur die Angabe der Tatsachen, aus denen sich das ergibt, zur Antragsbegründung geeignet.

46 Eine **erweiterte Darlegungspflicht** besteht bei widersprüchlichem Prozessverhalten eines Verfahrensbeteiligten (vgl. dazu Tiemann, Die erweiterte Darlegungspflicht des Antragstellers im strafrechtlichen Wiederaufnahmeverfahren, 1993).

47 Sie trifft den Antragsteller, wenn der Verurteilte sein **Geständnis widerruft** (BGH NJW 1977, 59; BGHR neue Tatsache 5; KG JR 1975, 166; OLG Düsseldorf NStZ 2004, 454; OLG Köln NStZ 1991, 96; Meyer FS Peters, 1984, 390: Angabe der Gründe für die Abgabe des falschen Geständnisses u. den verspäteten Widerruf), auch wenn es iRe Verständigung nach § 257c abgelegt worden ist (vgl. dazu VerfGH Bayern NStZ 2004, 447; KG StraFo 2006, 169; OLG Nürnberg OLGSt StPO § 359 Nr. 6; LG Landau StV 2009, 237; AG Starnberg StV 2008, 516), wenn er jetzt Einzelheiten der Tat behauptet, obwohl er sich in der HV auf eine Erinnerungslücke berufen hatte (OLG Bremen NJW 1981, 2827 Ls.: Angabe der Gründe für dieses Prozessverhalten), wenn er sonst Tatsachen vorträgt, die mit seiner Einlassung in der HV nicht vereinbar sind (KG JR 1975, 166 mablAnm Peters; OLG Frankfurt a. M. StV 1984, 17; Meyer FS Peters, 1984, 395 ff.: Einleuchtende Erklärung, weshalb der Angeklagte in der HV die Unwahrheit gesagt hat; dagegen Kant JR 1989, 137), wenn er sich auf die Aussage eines polizeilich vernommenen Zeugen stützt, auf dessen Vernehmung in der HV verzichtet wurde (OLG Stuttgart Justiz 2003, 569); eing. zum Ganzen Hellebrand NStZ 2004, 416; vgl. auch Eisenberg JR 2007, 365. Einen Angeklagten, der in der HV geschwiegen hat, trifft aber keine Darlegungspflicht, warum er erst jetzt ihn entlastende Tatsachen vorbringt (KG NStZ 2014, 670).

48 Ähnlich ist es, wenn ein Zeuge nunmehr Tatsachen bekunden soll, die in unüberbrückbarem **Widerspruch zur früheren Zeugenaussage** stehen (BVerfG NJW 1994, 510; BGH NJW 1977, 59; OLG Hamm NStZ 1981, 155; OLG Karlsruhe NStZ-RR 2005, 179; OLG Rostock NStZ 2007, 357; OLG Schleswig StraFo 2003, 385: Darlegung, unter welchen Umständen u. mit welcher Begründung der Zeuge seine Aussage für unrichtig erklärt hat; vgl. auch KG NStZ 2014, 670).

49 Entsprechendes gilt für den **Widerruf belastender Erklärungen eines Mitangeklagten** (OLG Hamburg JR 1951, 218; OLG Hamm JMBl. NRW. 1955, 20) u. für den Fall, dass ein früherer Mitangeklagter als Zeuge benannt wird, der bisher die Einlassung verweigert hatte (OLG Hamm JR 1981, 439 mablAnm Peters: Darlegung, warum er nunmehr zur Aussage bereit ist). Keine erweiterte Darlegungslast besteht aber für den Verurteilten im Hinblick auf die Gründe für seine o. eines Zeugen Bereitschaft zur Aussage nach früherem Schweigen (OLG Jena StraFo 2010, 205), anders jedoch, wenn sich der Verurteilte im Erkenntnisverfahren gegen eine Vernehmung des Zeugen gewandt o. wenn sich der Zeuge auf ein Zeugnisverweigerungsrecht berufen hatte (Döllel/Dreeßen SchlHA 2010, 233 – OLG Schleswig RsprÜ).

Benennt der Antragsteller **Beweismittel,** die ihm **bereits in der HV bekannt** waren, muss er darlegen, warum er sie nicht bereits früher zu seiner Entlastung benutzt hat (OLG Oldenburg StraFo 2020, 423; OLG Stuttgart NStZ-RR 2003, 210). **49a**

2. Beweismittel müssen so genau bezeichnet werden, dass das Gericht sie beiziehen u. benutzen kann (→ § 366 Rn. 1). Das Antragsvorbringen muss auch ergeben, welche Tatsachen durch die neuen Beweismittel bewiesen werden sollen. Dass Zeugen die in ihr Wissen gestellten Tatsachen bestätigen können, muss mit Bestimmtheit behauptet werden; die Äußerung bloßer Vermutungen genügt nicht. Ein neues Sachverständigengutachten muss idR vorgelegt werden (BGHSt 31, 365 (370); OLG Koblenz OLGSt StPO § 359 Nr. 5); jedenfalls muss der Antragsteller die Beweistatsachen anführen u. den Grund dafür angeben, aus denen der Sachverständige ein neues Beweismittel iSd Nr. 5 ist. **50**

3. Die **Erheblichkeit** der Tatsachen u. Beweismittel muss nur bes. dargelegt werden, wenn sie sich aus dem sonstigen Antragsvorbringen nicht ergibt. Spricht alles für die Nutzlosigkeit der Beweiserhebung, so hat der Antragsteller eine erweiterte Darlegungspflicht. Er muss dann mitteilen, weshalb ein Beweisergebnis zu seinen Gunsten wenigstens als möglich erscheint (BGH NJW 1977, 59 = JR 1977, 217 mAnm Peters; OLG München NStZ 1984, 380 Ls.). Entsprechendes gilt, wenn er sich auf einen Zeugen beruft, v. dessen Benennung o. Vernehmung er in der HV bewusst abgesehen hat (OLG Düsseldorf NStZ 1993, 504; OLG Frankfurt a. M. MDR 1984, 74; OLG Hamm NStZ-RR 2000, 85) o. der ihn früher belastet hat, jetzt aber entlasten soll (OLG Köln NStZ 1991, 98). **51**

G. Verletzungen der EMRK (Nr. 6). Verletzungen der EMRK (Anh. A 4), die unmittelbar geltendes innerstaatliches Recht ist (→ EMRK Vor Art. 1 Rn. 3), müssen schon im Instanzenzug korrigiert werden. Ist dies unterblieben, eröffnet Nr. 6 die Wiederaufnahme des Verf. (vgl. BGH NStZ-RR 1999, 176), aber nur dann, **wenn der EGMR eine Verletzung festgestellt hat.** In diesem Fall scheidet nach einseitiger Erkl. des Vertragsstaats gem. Art. 37 EMRK die Streichung der Beschwerde aus dem Register ohne Zustimmung des Beschwerdeführers aus (EGMR StV 2019, 589). Das Wiederaufnahmerecht steht allerdings nur demjenigen zu, der das Urt. erstritten hat (BVerfG NStZ-RR 2019, 123; Löwe/Rosenberg/Schuster Rn. 173; **aM** Marxen/Tiemann Strafsachen Rn. 281); auch in einer gütlichen Einigung vor dem EGMR ist keine Feststellung der EMRK iSv Nr. 6 zu sehen, selbst wenn diese unter Verweis auf eine vorangegangene Verurteilung Deutschlands in einem vergleichbaren Fall durch den Gerichtshof angeregt wurde (BVerfG NStZ-RR 2019, 123). Weitere Voraussetzung ist, dass das Strafurteil auf dieser Verletzung **beruht;** das ist von dem Bf. vorzutragen (OLG Frankfurt NStZ-RR 2023, 118) und entspr. § 337 (→ § 337 Rn. 36 ff.) zu prüfen (s. OLG Frankfurt NStZ-RR 2023, 118 mablAnm Müller-Metz sowie Frister StV 2023, 84; eing. dazu KK-StPO/Tiemann Rn. 40 ff.; Feilcke/Schiller NStZ-RR 2016, 5). Dafür muss der Wiederaufnahmeantrag eine aus sich heraus verständliche, in sich geschlossene Sachverhaltsdarstellung enthalten (OLG Stuttgart NStZ-RR 2000, 243; vgl. auch OLG Frankfurt NStZ-RR 2023, 118). **52**

Die Anforderungen an den Vortrag zum Beruhen dürfen allerdings **nicht überspannt** werden. Im Falle des festgelegten Konventionsverstoßes wegen Vorbefassung eines Richters, der sich auf objektiv begründete Zweifel an der Unparteilichkeit aufgrund der Prüfung eines früheren Urteils gründet (→ § 24 Rn. 13c ff.), darf nicht verlangt werden, dass die Bt. darlegt, dass sich im späteren Urteil gegen sie Anhaltspunkte für eine Besorgnis der Befangenheit finden (BVerfG NJW 2024, 956 mAnm Sauer NJW 2024, 931). Der Konventionsverstoß liegt nämlich nicht darin, dass ein tatsächlich befangener Richter an dem Verfahren bzw. der Entscheidung mitgewirkt hat, sondern darin, dass bei objektiver Betrachtung aus Sicht des Bf. Zweifel an der Unvoreingenommenheit existieren (vgl. BVerfG NJW 2024, 956). **53**

54 **§ 363 gilt nicht** (SK-StPO/Frister Rn. 76; SSW StPO/Kaspar Rn. 41; zw. OLG Celle NStZ-RR 2010, 251).

55 Einer Entsch. des **EuGH nach dem EuGHG** (vgl. → Einl. Rn. 207) kommt keine entspr. Wirkung zu (OLG Karlsruhe Justiz 2005, 21); es wird aber die entspr. Anwendung des § 79 Abs. 1 BVerfGG diskutiert (Jokisch, Gemeinschaftsrecht und Strafverfahren, 2000, S. 225 ff.; mit Recht abl. OLG Karlsruhe Justiz 2005, 21). Auch eine Erg. der Nr. 6 um den Fall der Verletzung des Art. 36 Abs. 1 Buchst. b WÜK (vgl. → § 114b Rn. 9) wird erwogen (vgl. Kreß GA 2004, 709; Weigend StV 2008, 44).

Keine Hemmung der Vollstreckung

360 (1) **Durch den Antrag auf Wiederaufnahme des Verfahrens wird die Vollstreckung des Urteils nicht gehemmt.**

(2) **Das Gericht kann jedoch einen Aufschub sowie eine Unterbrechung der Vollstreckung anordnen.**

1 **A. Aufschiebende Wirkung.** Aufschiebende Wirkung hat im Wiederaufnahmeverfahren erst der Beschl. nach § 370 Abs. 2 (→ § 370 Rn. 11). Weder der Antrag (Abs. 1) noch der Zulassungsbeschluss nach § 368 hemmen die Vollstreckung des Urteils.

2 **B. Vollstreckung.** Die Vollstreckung kann nach Abs. 2 aufgeh. o. unterbrochen werden, auch einer Einzelstrafe, wodurch die Vollstreckung der Gesamtstrafe entfällt u. über die Vollstreckung der anderen Einzelstrafen nach §§ 449 ff. zu entscheiden ist (OLG Hamm JMBl. NRW. 1990, 140), auch die Vollstreckung v. freiheitsentziehenden Maßregeln nach §§ 63–66 StGB (dazu eing. Radtke ZStW 110 (1998), 297) u. der Sperre v. Befugnissen, zB des Berufsverbots nach § 70 StGB, nicht aber der Fahrerlaubnisentziehung nach § 69 StGB (offengelassen bei OLG Hamm VRS 38, 39; vgl. auch Hentschel Trunkenheit Rn. 678). Für Einziehungsanordnungen gilt § 68 Abs. 1 S. 1 StVollstrO iVm § 63 StVollstrO (Löwe/Rosenberg/Schuster Rn. 3).

3 **C. Aufschiebung oder Unterbrechung.** Aufgeschoben oder unterbrochen wird die Vollstreckung nur, **wenn der Wiederaufnahmeantrag Erfolgsaussichten hat** (OLG Hamm VRS 38, 49; JMBl. NRW. 1980, 276; LG Gießen NJW 1994, 467). Die behaupteten Tatsachen u. die benannten Beweise müssen einen solchen Grad innerer Wahrscheinlichkeit haben, dass die Vollstreckung bedenklich erscheint (OLG Hamm JMBl. NRW. 1990, 140; OLG Karlsruhe Justiz 1979, 237). Dass der Antrag nicht v. vornherein mutwillig erscheint, auch dass er schon für zulässig erklärt worden ist, genügt nicht (OLG Hamm MDR 1978, 691). Die Leistung einer Sicherheit entspr. § 116 Abs. 1 S. 2 Nr. 4 kann nicht verlangt werden (**aM** OLG Düsseldorf OLGSt StPO § 359 Nr. 4). Fallen die Voraussetzungen von Abs. 2 später weg, so kann die Anordnung wieder aufgeh. werden. Mit der Rechtskraft des Beschl. nach § 370 Abs. 1 oder Abs. 2 wird sie gegenstandslos.

4 **D. Zuständigkeit.** Zuständig für die auf Antrag o. vAw nach Anhörung der StA (§ 33 Abs. 2) ergehende Entsch. ist das nach § 140a GVG zuständige Gericht, bei sofortiger Beschwerde nach § 372 S. 1 gegen Beschlüsse nach §§ 368 Abs. 1, 370 Abs. 1 das Beschwerdegericht. Die gerichtliche Zuständigkeit schließt Vollstreckungsaufschub durch die VollstrB nicht aus (**aM** Löwe/Rosenberg/Schuster Rn. 2; SK-StPO/Frister Rn. 2).

5 **E. Sofortige Beschwerde.** Sofortige Beschwerde nach § 372 S. 1 kann die StA stets, nicht der Nebenkläger (OLG Oldenburg StraFo 2007, 336), der Verurteilte gegen den abl. Beschl. einlegen (BGH NJW 1976, 431; OLG Frankfurt a. M. NJW 1965, 314; OLG Koblenz NJW 1961, 1418). Entscheidungen des Beschwerdegerichts sind unanfechtbar (OLG Düsseldorf NJW 1958, 1248; OLG Hamm NJW 1961, 2363).

Wiederaufnahme nach Vollstreckung oder Tod des Verurteilten

361 (1) **Der Antrag auf Wiederaufnahme des Verfahrens wird weder durch die erfolgte Strafvollstreckung noch durch den Tod des Verurteilten ausgeschlossen.**

(2) **Im Falle des Todes sind der Ehegatte, der Lebenspartner, die Verwandten auf- und absteigender Linie sowie die Geschwister des Verstorbenen zu dem Antrag befugt.**

A. Strafvollstreckung. Der Strafvollstreckung stehen Vollstreckungsverjährung, Begnadigung u. Amnestie gleich. Auch die Tilgung der Verurteilung im BZR (§§ 45 ff. **BZRG**) u. das Verbot des § 51 **BZRG** hindern die Wiederaufnahme nach § 359 nicht). 1

B. Tod des Verurteilten (Abs. 2). Der Tod (Abs. 2) des Verurteilten u. die Todeserklärung stehen der Wiederaufnahme zum Zweck seiner Rehabilitierung nicht entgegen; nur die Wiederaufnahme nach § 362 ist unzulässig. Antragsberechtigt ist außer den in Abs. 2 bezeichneten Angehörigen die StA (allgM; vgl. Marxen/Tiemann Rn. 498), nicht jedoch ges. Vertreter u. Erziehungsberechtigte, die keine Angehörigen sind, u. der geschiedene frühere Ehegatte o. ehem. Lebenspartner. Der beim Tod des Verurteilten mit ihm verheiratete Ehegatte ist auch im Fall der Wiederheirat antragsberechtigt. Für das Verf. gilt § 371. 2

Abs. 2 gilt **nicht entsprechend,** wenn der Angeklagte schon vor Rechtskraft des Urt. verstorben ist (BGH NStZ 1983, 179; Laubenthal GA 1989, 20; **aM** Pflüger NJW 1983, 1894, der § 361 entspr. anwenden will). Ist jemand unter dem Namen eines Verstorbenen verurteilt worden, so können dessen Angehörige in entspr. Anwendung des Abs. 2 die Urteilsberichtigung verlangen (Peters Fehlerquellen III 117 ff.). 3

Wiederaufnahme zuungunsten des Verurteilten

362 **Die Wiederaufnahme eines durch rechtskräftiges Urteil abgeschlossenen Verfahrens zuungunsten des Angeklagten ist zulässig,**

1. **wenn eine in der Hauptverhandlung zu seinen Gunsten als echt vorgebrachte Urkunde unecht oder verfälscht war;**
2. **wenn der Zeuge oder Sachverständige sich bei einem zugunsten des Angeklagten abgelegten Zeugnis oder abgegebenen Gutachten einer vorsätzlichen oder fahrlässigen Verletzung der Eidespflicht oder einer vorsätzlichen falschen uneidlichen Aussage schuldig gemacht hat;**
3. **wenn bei dem Urteil ein Richter oder Schöffe mitgewirkt hat, der sich in Beziehung auf die Sache einer strafbaren Verletzung seiner Amtspflichten schuldig gemacht hat;**
4. **wenn von dem Freigesprochenen vor Gericht oder außergerichtlich ein glaubwürdiges Geständnis der Straftat abgelegt wird;**

5.[1] wenn neue Tatsachen oder Beweismittel beigebracht werden, die allein oder in Verbindung mit früher erhobenen Beweisen dringende Gründe dafür bilden, dass der freigesprochene Angeklagte wegen Mordes (§ 211 des Strafgesetzbuches), Völkermordes (§ 6 Absatz 1 des Völkerstrafgesetzbuches), des Verbrechens gegen die Menschlichkeit (§ 7 Absatz 1 Nummer 1 und 2 des Völkerstrafgesetzbuches) oder Kriegsverbrechens gegen eine Person (§ 8 Absatz 1 Nummer 1 des Völkerstrafgesetzbuches) verurteilt wird.

A. Wiederaufnahme zuungunsten des Angeklagten. Die Wiederaufnahme zuungunsten des Angeklagten ist in den engen Grenzen der Nr. 1–4 eine **zulässige** 1

[1] **Red. Anm.:** § 362 Nr. 5 der StPO idF des G zur Herstellung materieller Gerechtigkeit v. 21.12.2021 (BGBl. I 5252) ist gem. Urt. des BVerfG v. 31.10.2023 (BGBl. 2023 I Nr. 357) mit Art. 103 Abs. 3 GG, auch iVm mit dem verfassungsrechtlichen Grundsatz des Vertrauensschutzes (Art. 20 Abs. 3 GG), unvereinbar und nichtig.

Ausnahme v. Verbot der Doppelbestrafung (Art. 103 Abs. 3 GG; BVerfG NJW 2023, 3698, Rn. 115 ff. mAnm Kudlich/Göken NJW 2023, 3683; s. zu Nr. 5 → Rn. 19 ff.;). Die StA darf nicht ohne sachlichen Anlass neue Ermittlungen führen (Walder ZStW 95 (1983), 872), der Legalitätsgrundsatz (→ § 152 Rn. 2) gilt nicht (SK-StPO/Frister § 365 Rn. 5; KK-StPO/Tiemann Rn. 4; Kleinknecht FS Bruns, 1978, 477; diff. Löwe/Rosenberg/Schuster Rn. 7). Es gelten die §§ 153 ff. mit der Einschränkung, dass die Zustimmung des Gerichts zur Einstellung nicht erforderlich ist. Die Rechtskraft des Strafurteils beendet den Lauf der **Verfolgungsjährung,** und es beginnt im Falle einer Wiederaufnahme des Verfahrens zuungunsten des Angeklagten der Lauf der Verfolgungsverjährung von neuem (BGH NStZ 2024, 562 mablAnm Zimmermann/Bales sowie Mitsch JR 2025, 110; Fischer/Fischer/Lutz StGB § 78b Rn. 11b; **aM** → 67. Aufl. 2024, Rn. 1; OLG Nürnberg NStZ 1988, 555; Fischer, bis 71. Aufl. 2024, StGB § 78b Rn. 11; KK-StPO/Schmidt Rn. 7; KMR-StPO/Eschelbach Rn. 103; SK-StPO/Frister Rn. 20, 21; Roxin/Schünemann StrafVerfR § 57 Rn. 11). Denn der Sinn und Zweck der Wiederaufnahme, ausnahmsweise eine Durchbrechung der Rechtskraft einer mit schwerwiegenden Verfahrensmägeln behafteten und deshalb keine Bestandskraft verdienenden Entscheidung zugunsten der materiellen Gerechtigkeit zuzulassen, kann nach Ansicht des BGH nicht erreicht werden, wenn ein rkr. abgeschlossenes Verfahren nur innerhalb der ursprünglich in Lauf gesetzten Verjährungsfrist wiederaufgenommen werden könnte oder das wiederaufgenommene Verfahren wegen Eintritts der Verjährung sogleich nach § 206a wieder eingestellt werden müsste (BGH NStZ 2024, 562 mablAnm Mitsch JR 2025, 110; vgl. auch Löwe/Rosenberg/Schuster Rn. 7, § 370 Rn. 41; erg. → Vor § 359 Rn. 1).

2 **B. Wiederaufnahmegründe. I. Nr. 1–3.** Die Wiederaufnahmegründe entsprechen § 359 Nr. 1–3 (→ § 359 Rn. 4 ff.). Sie sind mit Art. 103 Abs. 3 GG vereinbar, da bei ihnen nicht die Korrektur des Ergebnisses im Vordergrund steht, sondern primär die Wiederholung des fehlerbehafteten Verfahrens; ein Urteil mit einem solch schwerwiegenden Mangel verfehlt die Anforderungen an ein justizförmiges, rechtsgeleitetes Verfahren als rechtsstaatliche Voraussetzung für einen gerechten Schuldspruch (BVerfG NJW 2023, 3698, Rn. 119, 121; BGH NStZ 2024, 562).

3 Zuungunsten eines Freigesprochenen o., mit der Einschränkung des § 363, eines Verurteilten ist die Wiederaufnahme zulässig, nicht aber im Fall des Einstellungsurteils nach § 260 Abs. 3, es sei denn, dies enthält auch eine Sachentscheidung (Löwe/Rosenberg/Schuster Rn. 8; erg. → § 260 Rn. 44 ff.). Nr. 2 ist unanwendbar, wenn für den Zeugen ein Schuldausschließungsgrund gegeben ist (KG JZ 1997, 629 mAnm Marxen; **aM** Loos FS Schreiber, 2003, 277). Im Fall der Nr. 3 ist unerheblich, ob der Angeklagte die Pflichtverletzung veranlasst hat. Die Wiederaufnahme setzt in allen Fällen die Möglichkeit eines für den Angeklagten günstigen Einflusses der Beweisverfälschung auf das Urt. voraus.

4 **II. Geständnis (Nr. 4).** Die Norm ist mit Art. 103 Abs. 3 GG vereinbar. Sie hat nicht eine Änderung des Freispruchs zum eigentlichen, vorrangigen Ziel, sondern den Zweck, ein Verhalten zu verhindern, das die Autorität des rechtssaatlichen Strafverfahrens infrage stellen würde (BVerfG NJW 2023, 3698, Rn. 122; BGH NStZ 2024, 562). Auf **Freispruch,** allein o. neben einer Maßregel nach §§ 63, 69, 70 StGB, muss erkannt worden sein. Es genügt nicht die Verurteilung aufgrund einer zu milden Vorschr. (Löwe/Rosenberg/Schuster Rn. 13; Schlüchter Strafverfahren Rn. 769.2; **aM** Peters StrafProzR Rn. 678 für den Fall der Unverhältnismäßigkeit zwischen Urt. u. verdienter Strafe) o. aufgrund einer Wahlfeststellung (Wolter GA 2013, 287), Bei Teilfreispruch ist die Wiederaufnahme in diesem Umf. zulässig, auch wenn er nur wegen unrichtiger Annahme der Tatmehrheit in der Anklage erforderlich war (OLG Celle Nds. Rpfl. 1959, 120). Dem Freispruch steht die Anordnung v. Maßregeln im Sicherungsverfahren nach §§ 413 ff. gleich (OLG Hamm JMBl. NRW. 1949, 202: nachträgliches Geständnis der Simulation, zw. Radtke ZStW 110 (1998), 319), nicht aber die Verurteilung zu

Zuchtmitteln nach §§ 13 ff. JGG (AG Hannover MDR 1949, 701; Peters Fehlerquellen III 108; Wasserburg Strafverfahren S. 286). Als Freispruch iS Nr. 4 gilt auch die Verfahrenseinstellung mit der Begründung, die angeklagte Tat sei nicht erwiesen u. wegen der erwiesenen Tat bestehe ein Prozesshindernis (vgl. KK-StPO/Tiemann Rn. 10); vgl. auch § 85 Abs. 3 OWiG.

Ein **Geständnis** des Freigesprochenen (nicht nur eines Mittäters) nach der Freisprechung durch das letzte tatrichterliche Urt., wenn auch vor dessen Rechtskraft (Löwe/Rosenberg/Gössel Rn. 12), muss vorliegen. Ein volles Schuldbekenntnis wird nicht verlangt. Das Geständnis muss aber den äußeren Tatbestand einer Straftat, u. zwar der früher angeklagten o. einer damit iSd § 264 zusammenhängenden, insges. umfassen; dass einzelne Tatbestandsmerkmale eingeräumt werden, genügt nicht (Löwe/Rosenberg/Gössel Rn. 15). Gleichzeitiges Bestreiten der Rechtswidrigkeit o. Schuld beseitigt das Geständnis nicht (Löwe/Rosenberg/Schuster Rn. 17; **aM** SK-StPO/Frister/Deiters Rn. 16). War der Angeklagte trotz Feststellung des äußeren Tatbestandes mangels Rechtswidrigkeit o. Schuld freigesprochen worden, so ist ein Geständnis erforderlich, das die Rechtswidrigkeit o. den inneren Tatbestand betr. (Löwe/Rosenberg/Gössel Rn. 15; **aM** KMR-StPO/Eschelbach Rn. 89). 5

Das Geständnis kann vor jedem **Straf- oder Zivilgericht oder außergerichtlich,** auch ggü. Privatpersonen, abgegeben worden sein, selbst wenn sie nach § 203 StGB zur Verschwiegenheit verpflichtet sind (Löwe/Rosenberg/Schuster Rn. 22 f.; **aM** SSW StPO/Kaspar Rn. 11; Wasserburg Strafverfahren S. 288). 6

Es muss **glaubhaft,** insbes. denkgesetzlich möglich sein u. der Lebenserfahrung entsprechen (Schlüchter Strafverfahren Rn. 769.2). Das Gericht beurteilt das nach pflichtgemäßem Ermessen. Der Widerruf beseitigt die Glaubhaftigkeit des Geständnisses nicht ohne weiteres (OLG Hamm GA 1957, 123). 7

Die **Antragsbegründung** erfordert den Vortrag, wann u. vor wem das Geständnis abgegeben worden ist u. welchen Inhalt es hat, ferner, dass u. aus welchen Gründen es glaubhaft ist. Ein schriftliches Geständnis wird dem Antrag im Original o. in Ablichtung beigefügt. 8

III. ***Neue Tatsachen oder Beweismittel (Nr. 5).*** *Die durch das heftig umstr. (eingehend zur Kritik → 66. Aufl. 2023, Rn. 16 ff.) „Gesetz zur Herstellung materieller Gerechtigkeit" vom 21.12.2021 (BGBl. I 5552) eingeführte Wiederaufnahmemöglichkeit zuungunsten des Verurteilten in Fällen, in denen neue Tatsachen oder Beweismittel beigebracht werden, wurde vom BVerfG für* ***verfassungswidrig*** *erklärt (BverfGE 166, 359 =NJW 2023, 3698 mAnm Jahn JuS 2024, 84, Kudlich/Göken NJW 2023, 3683, Güntge JR 2024, 434 und Gärditz JZ 2024, 96).* 9

§ 362 Nr. 5 verstößt *nach der Entscheidung des BVerfG sowohl gegen das Verbot der Mehrfachverfolgung des Art. 103 Abs. 3 GG als auch gegen das aus Art. 103 Abs. 3 GG iVm Art. 20 Abs. 3 GG folgende Rückwirkungsverbot (BVerfG NJW 2023, 3698, Rn. 54 ff., 142 ff.; in diesem Sinne auch → 66. Aufl. 2023, Rn. 16 ff., 21; erg. → Einl. Rn. 171, 203a).* 10

Art. 103 Abs. 3 GG verbietet dem Gesetzgeber unter dem Gesichtspunkt des ***Verbots der Mehrfachverfolgung*** *die Wiederaufnahme aufgrund neuer Tatsachen oder Beweismittel, die vorrangig auf eine inhaltliche „richtigere" Entscheidung zielt; § 362 Nr. 5 bezweckt aber gerade primär die inhaltliche Korrektur eines Freispruchs (BVerfG NJW 2023, 3698, Rn. 123, 140). Der Rechtsstaat nimmt vielmehr die Möglichkeit einer im Einzelfall vielleicht unrichtigen Entscheidung um der Rechtssicherheit willen in Kauf, namentlich auch dann, wenn diese Unrichtigkeit auf nachträglich hervortretenden Umständen beruht; diese ziehen – auch im Fall der Weiterentwicklung kriminaltechnischer Methoden und Aufklärungsmöglichkeiten – die Rechtsförmigkeit und Rechtsstaatlichkeit des vorausgegegangenen Strafverfahrens nicht in Zweifel und begründen daher keinen schwerwiegenden Mangel der ergangenen Entscheidung (BVerfG NJW 2023, 3698, Rn. 127, 130).* 11

Soweit § 362 Nr. 5 die Wiederaufnahme auch für Verfahren ermöglicht, die bereits zum Zeitpunkt seines Inkrafttretens rechtskräftig abgeschlossen waren, liegt darin nach Ansicht des BVerfG zudem ***eine „echte" Rückwirkung,*** *die auch nicht ausnahmsweise mit Blick auf* 12 *das Gemeinwohl zulässig ist (BVerfG 31.10.2023 – 2 BvR 900/22, Rn. 147). Freigesprochene dürfen darauf vertrauen, dass die Rechtskraft des Freispruchs nur aufgrund der bisherigen Rechtslage durchbrochen werden kann; unerheblich ist dabei, ob der Betroffene zum Zeitpunkt des Freispruchs wusste, dass das Urteil materiell-rechtlich falsch war, da der Freigesprochene durch den Grundsatz ne bis in idem und Art. 103 Abs. 3 GG gerade unabhängig von dessen materiell-rechtlicher Schuld geschützt wird (BVerfG 31.10.2023 – 2 BvR 900/22 Rn. 153, 156). Der Freispruch eines möglicherweise Schuldigen und der Fortbestand dieses Freispruchs trotz abnehmender Zweifel an der Schuld des Freigesprochenen sind auch unter dem Gesichtspunkt des Gemeinwohls nicht „unerträglich" (s. aber die Gesetzesbegründung zu § 362 Nr. 5, BT-Drs. 19/30399, 8–10), sondern vielmehr Folgen einer rechtsstaatlichen Strafrechtsordnung, in der der Zweifelsgrundsatz eine zentrale Rolle spielt (BVerfG 31.10.2023 – 2 BvR 900/22, Rn. 158).*

Unzulässigkeit

363 (1) **Eine Wiederaufnahme des Verfahrens zu dem Zweck, eine andere Strafbemessung auf Grund desselben Strafgesetzes herbeizuführen, ist nicht zulässig.**

(2) **Eine Wiederaufnahme des Verfahrens zu dem Zweck, eine Milderung der Strafe wegen verminderter Schuldfähigkeit (§ 21 des Strafgesetzbuches) herbeizuführen, ist gleichfalls ausgeschlossen.**

1 **A. Geltungsbereich.** Die Vorschrift gilt für die Wiederaufnahme **zugunsten u. zuungunsten des Verurteilten.** Für § 359 Nr. 5 hat sie keine Bedeutung (Gössel JR 2003, 518; **aM** BGHSt 48, 153 = NStZ 2003, 678), weil dort die Wiederaufnahme mit dem Ziel geringerer Bestrafung ohnehin nur bei Anwendung eines anderen Gesetzes iSd § 363 zulässig ist. In der erneuten HV (§ 373) gilt § 363 nicht.

2 **B. Unzulässigkeit. Eine andere Strafbemessung** aufgrund desselben Strafgesetzes kann nicht Ziel der Wiederaufnahme sein, schon gar nicht eine Schuldspruchänderung ohne Auswirkung auf den Rechtsfolgenausspruch (Gössel JR 2003, 518; Ziemann JR 2006, 409; **aM** BGHSt 48, 153 = NStZ 2003, 678 mzustAnm Loos; dort handelte es sich aber um das Zusammentreffen v. Völkermord u. Mord, wo der BGH prozessual selbständige Taten annimmt; krit. zur Rspr. auch SK-StPO/Frister Rn. 12). Eine wesentlich andere Entsch. über Maßregeln der Besserung u. Sicherung kann dagegen auch aufgrund desselben Strafgesetzes erstrebt werden (§ 359 Nr. 5). Im umgekehrten Fall (Wiederaufnahme zuungunsten des Verurteilten mit dem Ziel der Herbeiführung einer ihm nachteiligen Entsch. über Maßregeln) gilt das Gleiche. Für die Anordnung v. Nebenstrafen u. Nebenfolgen hat § 363 keine Bedeutung, weil deren Wegfall u. Abänderung kein zulässiges Wiederaufnahmeziel ist (KK-StPO/Tiemann Rn. 3; **aM** Löwe/Rosenberg/Schuster Rn. 5; erg. → § 359 Rn. 40).

3 **C. Dasselbe Strafgesetz.** Dasselbe Strafgesetz iSd Abs. 1 ist jede Vorschr., die bestimmte Tatumstände vorsieht, bei deren Vorliegen die Strafbarkeit erhöht o. vermindert wird (erg. → § 359 Rn. 41). Dass sie in demselben Paragrafen enthalten ist, ist weder erforderlich noch ausreichend. Bei tateinheitlicher Verurteilung muss sich der Antrag gegen die Vorschr. richten, der nach § 52 StGB die Strafe entnommen ist (→ § 359 Rn. 40; **aM** Marxen/Tiemann StV 1992, 536, die hier u. auch sonst allein darauf abstellen wollen, ob mit einer wesentlich milderen Strafzumessungsentscheidung zu rechnen ist); im Fall des § 362 muss die zusätzliche Verurteilung aus der Vorschr. erstrebt werden, der sie zu entnehmen ist. Haben alle angewendeten Bestimmungen die gleiche Strafdrohung, so steht § 363 der Wiederaufnahme entgegen (vgl. BGHSt 48, 153 = NStZ 2003, 678 mAnm Loos; **aM** Gössel JR 2003, 518).

4 Entgegen dem Urt. einen **minder schweren Fall** anzunehmen o. nicht anzunehmen, ist kein zulässiges Wiederaufnahmeziel (Löwe/Rosenberg/Schuster

Rn. 8; **aM** Peters StrafProzR Rn. 677; Fehlerquellen III 92). Anders ist es bei benannten Strafmilderungsgründen, zB § 49 Abs. 2 StGB (Löwe/Rosenberg/Gössel Rn. 10); dazu gehört auch der Fall, dass § 46a StGB (Rieß FS Gössel, 2002, 662) o. Jugendstrafrecht anzuwenden (OLG Hamburg NJW 1952, 1150) o. nach § 51 Abs. 3 StGB Auslandshaft anzurechnen ist (OLG Stuttgart NJW 1968, 2206). Enthält eine Vorschr. zugleich benannte u. unbenannte Milderungsgründe (wie etwa § 213 StGB), so kommt es darauf an, welcher v. ihnen angewendet worden ist.

Für **besonders schwere Fälle** gelten diese Regeln entspr. Grundsätzlich handelt es sich um dasselbe Strafgesetz (vgl. BGH NJW 1977, 1830). Auch Strafschärfungsgründe mit Regelbeispielen stehen einem anderen G iSd § 363 nicht gleich (OLG Düsseldorf NStZ 1984, 571; **aM** AK-StPO/Loos Rn. 9; Marxen FS Kargl, 2015, 329; Löwe/Rosenberg/Schuster Rn. 12; eing. zur Problematik KMR-StPO/Eschelbach Rn. 30 ff.; SK-StPO/Frister Rn. 9 ff.; Rieß FS Gössel, 2002, 657 ff.). 5

D. Verminderte Schuldfähigkeit (Abs. 2). Obwohl § 21 StGB ein benannter Strafmilderungsgrund ist, schließt die Vorschr., die mit dem GG vereinbar ist (BVerfGE 5, 22), die Wiederaufnahme mit dem Ziel seiner Anwendung aus. Das gilt auch, wenn über den Umweg des § 21 StGB Strafmilderung u. Bewährung erstrebt wird (OLG Stuttgart Justiz 1982, 166) o. wenn die Anwendung des § 21 StGB, wie bei § 211 StGB, zur Verhängung einer zeitigen Freiheitsstrafe führen kann (OLG Düsseldorf JMBl. NRW. 1990, 46; Peters FS Gallas, 1973, 446). Abs. 2 ist entspr. anzuwenden, wenn Wiederaufnahme mit dem Ziel der Anerkennung außergewöhnlicher Umstände beim heimtückischen Mord iSd Entsch. BGHSt 30, 105 erstrebt wird (OLG Bamberg NJW 1982, 1714; ebenso OLG Stuttgart Justiz 2004, 26 wegen Abs. 1). 6

Behauptung einer Straftat

364 [1]**Ein Antrag auf Wiederaufnahme des Verfahrens, der auf die Behauptung einer Straftat gegründet werden soll, ist nur dann zulässig, wenn wegen dieser Tat eine rechtskräftige Verurteilung ergangen ist oder wenn die Einleitung oder Durchführung eines Strafverfahrens aus anderen Gründen als wegen Mangels an Beweis nicht erfolgen kann.** [2]**Dies gilt nicht im Falle des § 359 Nr. 5.**

A. Rechtskräftige Verurteilung des Täters (S. 1). Die rechtskräftige Verurteilung des Täters (S. 1) wegen der Tat (Wahlfeststellung genügt nicht) ist Zulässigkeitsvoraussetzung für einen nach §§ 359 Nr. 1–3, 362 Nr. 1–3 (KG JZ 1997, 629 mAnm Marxen; **aM** für Nr. 1: Löwe/Rosenberg/Schuster Rn. 1) auf die Behauptung einer Straftat gestützten Wiederaufnahmeantrag. Das gilt nicht, wenn Verfolgungshindernisse (Tod, Verhandlungsunfähigkeit, Verjährung, Amnestie, Fehlen deutscher Gerichtsbarkeit usw) vorliegen o. der Täter unbekannten Aufenthalts ist (BGHSt 48, 153); die Einstellung nach § 154 Abs. 1 steht gleich (OLG Düsseldorf GA 1980, 393), auch die Einstellung aus sonstigen Opportunitätserwägungen nach §§ 153 ff. (Böse JR 2005, 12). Dann ist der Antrag zulässig, wenn das Antragsvorbringen einen konkreten Tatverdacht ergibt, der zur Einleitung eines Ermittlungsverfahrens ausreichen würde (OLG Düsseldorf VRS 88, 48; Brauns JZ 1995, 495; **aM** SK-StPO/Frister Rn. 7: Feilcke/Schiller NStZ-RR 2016, 1: Hinreichender Tatverdacht erforderlich; wieder anders Schmidt StPO/GVG StPO § 364 Rn. 4: Behauptung der Straftat genügt). 1

B. Neue Tatsachen oder Beweismittel (§ 359 Nr. 5). Auf neue Tatsachen oder Beweismittel (§ 359 Nr. 5) kann der Antrag nach S. 2 gestützt werden, auch wenn S. 1 die Wiederaufnahme nach § 359 Nr. 1–3 ausschließt. Daher haben diese Vorschr. nur noch geringe Bedeutung. Die neuen Tatsachen u. Beweismittel können sich insbes. gegen die Glaubwürdigkeit v. Belastungszeugen wenden (OLG 2

Celle NJW 1967, 216; OLG Hamburg NJW 1957, 601). Für § 362 Nr. 1–3 hat S. 2 keine Bedeutung (OLG Zweibrücken OLGSt StPO § 364 S. 65).

3 **C. Wahl des Wiederaufnahmegrundes.** Die Wahl des Wiederaufnahmegrundes ermöglicht S. 2 (allg. zur Konkurrenz v. Wiederaufnahmegründen: Schneidewin JZ 1957, 537). Der Antragsteller kann auf die Strafverfolgung des Zeugen, Sachverständigen usw hinwirken o., solange eine Verurteilung nicht erfolgt ist (Schneidewin JZ 1957, 537; **aM** KK-StPO/Tiemann Rn. 3), ohne Rücksicht auf eine etwaige Bestrafung den Wiederaufnahmeantrag mit neuen Tatsachen o. Beweisen begründen (OLG Celle NJW 1967, 216; OLG Hamburg NJW 1969, 2159; OLG Rostock NStZ 2007, 357).

4 **D. Antragsbegründung.** Die Antragsbegründung kann im Fall des S. 1 auf das gegen den Zeugen, Sachverständigen usw ergangene Urt. Bezug nehmen. Ist kein Urt. ergangen, so müssen die Art der Straftat u. die Verfolgungshindernisse bezeichnet u. der Tatverdacht deutlich gemacht werden. Für die gerichtliche Prüfung des Antrags ist nicht die Bezeichnung des Wiederaufnahmegrundes durch den Antragsteller, sondern dessen Tatsachenvorbringen maßgebend (Löwe/Rosenberg/Schuster Rn. 7). Anzuwenden ist die dem Antragsteller günstigere Vorschr. (OLG Düsseldorf GA 1980, 393). Der Antrag ist daher zulässig, wenn das auf § 359 Nr. 1 –3 gestützte Vorbringen wenigstens die Voraussetzungen des § 359 Nr. 5 ergibt (OLG Hamburg NJW 1969, 2159; vgl. aber auch OLG Hamburg JR 2001, 207 mablAnm Krehl: bei Beschränkung des Antrags auf einen bestimmten Wiederaufnahmegrund u. unterschiedlichen Zulässigkeitsvoraussetzungen Entsch. nur über diesen). Das Gericht kann sich auf die Prüfung nach dieser Vorschr. auch sonst beschränken, wenn der Antragsteller dadurch nicht in seinen Zielen beeinträchtigt wird (Löwe/Rosenberg/Schuster Rn. 7).

Bestellung eines Verteidigers für das Wiederaufnahmeverfahren

364a **Das für die Entscheidungen im Wiederaufnahmeverfahren zuständige Gericht bestellt dem Verurteilten, der keinen Verteidiger hat, auf Antrag einen Verteidiger für das Wiederaufnahmeverfahren, wenn wegen der Schwierigkeit der Sach- oder Rechtslage die Mitwirkung eines Verteidigers geboten erscheint.**

1 **A. Verteidigerbestellung für den Verurteilten.** Dem Verurteilten kann ein Verteidiger bestellt werden, aber nicht den nach § 361 Abs. 2 Antragsberechtigten (SK-StPO/Frister Rn. 11; **aM** OLG Stuttgart NStZ 1999, 587: entspr. Anwendung), dem Verurteilten auch nur für den eigenen Wiederaufnahmeantrag, nicht im Fall des § 362 (Marxen/Tiemann Strafsachen Rn. 459; **aM** SK-StPO/Frister Rn. 13), jedoch kommt dort eine Bestellung nach § 140 und Art. 6 Abs. 3 Buchst. c **EMRK** in Betracht (OLG Düsseldorf NJW 1989, 676). Sonst ist § 140 Abs. 2 aber durch §§ 364a, 364b ausgeschlossen (OLG Stuttgart NStZ-RR 2003, 114).

2 **B. Verurteilter, der keinen Verteidiger hat.** Bis zur Rechtskraft des Beschl. nach § 370 Abs. 2 dauern Vollmacht (OLG Braunschweig NStZ-RR 2014, 314 Ls.; OLG Düsseldorf NStZ 1983, 235; wistra 1990, 168; erg. → Vor § 137 Rn. 5) u. Pflichtverteidigerbestellung (Feilcke/Schiller NStZ-RR 2016, 71 – OLG Jena RsprÜ; OLG Oldenburg StraFo 2009, 242; **aM** bis zum Abschluss des Wiederaufnahmeverfahrens KG NJW 2013, 182; Feilcke/Schiller NStZ-RR 2016, 71 – OLG Braunschweig RsprÜ; Feilcke/Schiller NStZ-RR 2016, 71 – OLG Frankfurt a. M. RsprÜ; KMR-StPO/Eschelbach Rn. 40) fort. Der Fall des § 364a liegt daher nur vor, wenn **bisher kein Verteidiger mitgewirkt** hat, wenn die Vollmacht für den Wahlverteidiger erloschen o. der Pflichtverteidiger verhindert u. ein neuer Verteidiger nicht bevollmächtigt u. auch nicht nach § 364b bestellt worden ist. Auch bei Wegfall des bisherigen Pflichtverteidigers besteht kein unbedingter An-

spruch auf seine Ersetzung; § 364a gilt nicht nur, wenn erstmals ein Verteidiger zu bestellen ist (Löwe/Rosenberg/Gössel Rn. 1; **aM** Wasserburg GA 1982, 304).

C. Verteidiger für das Wiederaufnahmeverfahren. Ein Verteidiger für das Wiederaufnahmeverfahren kann bestellt werden, dh **schon für die Antragstellung** (Löwe/Rosenberg/Gössel Rn. 4; **aM** Peters StrafProzR Rn. 681; Wasserburg Strafverfahren S. 176; GA 1982, 322), aber auch während des Verf., zB zur Teilnahme an der Beweisaufnahme nach § 369 und zur Abgabe der Erkl. nach § 369 Abs. 4. Die Verteidigerbestellung endet ohne weiteres mit der Rechtskraft der Entsch. nach §§ 368 Abs. 1, 370 Abs. 1 und mit der Anordnung der Wiederaufnahme nach § 370 Abs. 2. In dem wiederaufgenommenen Verf. muss nach § 140 erneut über die Verteidigerbestellung entschieden werden (Wasserburg GA 1982, 309). Die Beiordnung eines Verteidigers nur für das Beschwerdeverfahren gegen die Ablehnung der Wiederaufnahme des Verf. ist unzulässig (OLG Stuttgart NStZ-RR 2003, 114; 334; OLG Rostock NStZ-RR 2004, 273; **aM** OLG Karlsruhe NStZ-RR 2003, 116). 3

D. Voraussetzungen der Verteidigerbestellung. I. Hinreichende Erfolgsaussicht. Für einen offensichtlich mutwilligen o. aussichtslosen Antrag wird kein Verteidiger bestellt, insbes. nicht, wenn der bisherige Verteidiger es mit Recht abgelehnt hat, einen aussichtslosen Antrag zu stellen (OLG Bremen AnwBl 1964, 288; Löwe/Rosenberg/Gössel Rn. 7; Marxen/Tiemann Strafsachen Rn. 464, 469). 4

Bloße Zweifel am Erfolg des Antrags berechtigen aber nicht zur Ablehnung. Hat das Gericht die Erfolgsaussicht bejaht, so hat der neu bestellte Verteidiger nicht mehr zu prüfen, ob er die Antragstellung verantworten kann (Löwe/Rosenberg/Gössel Rn. 6). 5

II. Schwierigkeit der Sach- oder Rechtslage. Ohne Bedeutung sind Rang des Wiederaufnahmegerichts, Schwere der Tat u. Art u. Höhe der Rechtsfolgen. Maßgebend ist, ob der Verurteilte bei seinen Fähigkeiten besondere tatsächliche o. rechtliche Schwierigkeiten hat, sachgerechte Anträge zu stellen, seine Interessen bei der Beweisaufnahme nach § 369 wahrzunehmen o. die Erkl. nach § 369 Abs. 4 abzugeben (Löwe/Rosenberg/Gössel Rn. 8). Die Anforderungen an die Schwierigkeit der Sach- o. Rechtslage dürfen nicht überspannt werden. 6

E. Antrag. Nur auf Antrag ergeht die Entscheidung. Antragsberechtigt sind der Verurteilte, die StA, der ges. Vertreter u. der Erziehungsberechtigte. Der Antrag muss das Ziel der beabsichtigten Wiederaufnahme o. die Wiederaufnahmegründe so bezeichnen, dass die Prüfung der Erfolgsaussicht u. der Schwierigkeit der Sach- u. Rechtslage möglich ist (OLG Karlsruhe GA 1976, 344). Gilt der Antrag nur für die Beweisaufnahme nach § 369 oder die Erkl. nach § 369 Abs. 4, muss dargetan werden, was den Antragsteller hindert, seine Rechte selbst wahrzunehmen. 7

F. Zuständigkeit. Zuständig für die Entsch. ist das Gericht, das nach § 140a GVG über den Wiederaufnahmeantrag entscheidet; der Antrag kann auch bei dem Gericht gestellt werden, dessen Urt. angegriffen wird (§ 367 Abs. 1 S. 2). Über Bestellung u. Auswahl des Verteidigers entscheidet nicht der Vorsitzende allein, sondern das Gericht (Löwe/Rosenberg/Gössel Rn. 13), u. zwar nach Anhörung der StA (§ 33 Abs. 2) u. ohne mündliche Verh. (§ 367 Abs. 2). Die nur v. dem Vorsitzenden verfügte Beiordnung kann daher nicht als wirksam angesehen werden (**aM** Löwe/Rosenberg/Gössel Rn. 13; Marxen/Tiemann Strafsachen Rn. 474). Auf die Beiordnung eines bestimmten Verteidigers besteht zwar kein Anspruch; idR sollte aber der Anwalt des Vertrauens bestellt werden. 8

G. Beschwerde. Beschwerde gegen den abl. Beschl. ist nach § 304 Abs. 1 zulässig; § 372 S. 1 gilt nicht (BGH NJW 1976, 431; OLG Karlsruhe GA 1976, 344; OLG Koblenz NJW 1961, 1418; OLGSt StPO § 364a S. 1). Entscheidungen des OLG sind unanfechtbar (BGH NJW 1976, 431). Beschwerdeberechtigt sind der Verurteilte u. die StA. Die Beschwerde kann auf die Auswahl des Verteidigers beschränkt werden (Löwe/Rosenberg/Gössel Rn. 15). Wenn die Bestellung eines 9

Verteidigers für die sofortige Beschwerde gegen die Verwerfung des Wiederaufnahmeantrags abgelehnt worden ist, ist dagegen dementspr. auch eine Beschwerde nicht zulässig (vgl. → Rn. 3 aE).

Bestellung eines Verteidigers für die Vorbereitung des Wiederaufnahmeverfahrens

364b (1) [1] **Das für die Entscheidungen im Wiederaufnahmeverfahren zuständige Gericht bestellt dem Verurteilten, der keinen Verteidiger hat, auf Antrag einen Verteidiger schon für die Vorbereitung eines Wiederaufnahmeverfahrens, wenn**

1. hinreichende tatsächliche Anhaltspunkte dafür vorliegen, daß bestimmte Nachforschungen zu Tatsachen oder Beweismitteln führen, welche die Zulässigkeit eines Antrags auf Wiederaufnahme des Verfahrens begründen können,
2. wegen der Schwierigkeit der Sach- oder Rechtslage die Mitwirkung eines Verteidigers geboten erscheint und
3. der Verurteilte außerstande ist, ohne Beeinträchtigung des für ihn und seine Familie notwendigen Unterhalts auf eigene Kosten einen Verteidiger zu beauftragen.

[2] **Ist dem Verurteilten bereits ein Verteidiger bestellt, so stellt das Gericht auf Antrag durch Beschluß fest, daß die Voraussetzungen der Nummern 1 bis 3 des Satzes 1 vorliegen.**

(2) **Für das Verfahren zur Feststellung der Voraussetzungen des Absatzes 1 Satz 1 Nr. 3 gelten § 117 Abs. 2 bis 4 und § 118 Abs. 2 Satz 1, 2 und 4 der Zivilprozeßordnung entsprechend.**

1 **A. Vorbereitung eines Wiederaufnahmeverfahrens.** Schon für die Vorbereitung eines Wiederaufnahmeverfahrens, nicht erst für die Antragstellung, kann ein Verteidiger bestellt werden. Dem Verurteilten, dessen Wiederaufnahmeverlangen aussichtsreich erscheint, der aber außerstande ist, das Material für einen auf § 359 Nr. 5 gestützten Antrag selbst zusammenzutragen u. die Erfolgsaussichten des Antrags abzuwägen, soll rechtskundige Hilfe zur Vfg. stehen (allg. Krägeloh NJW 1975, 137). Der bestellte Verteidiger hat Anspruch auf Ersatz der durch Nachforschungen entstandenen Auslagen (§ 46 Abs. 3 S. 1 RVG) u. erhält auch Gebühren, wenn er v. der Antragstellung abrät (§ 17 Nr. 12 RVG mit VV 4136 RVG).

2 **B. Verurteilter, der keinen Verteidiger hat.** Der Verurteilte, der keinen Verteidiger hat (→ § 364a Rn. 2), kann die Bestellung verlangen. Wie bei § 364a (→ § 364a Rn. 1) hat nur der Verurteilte selbst den Anspruch. Einen Rechtsanspruch auf Ersetzung des weggefallenen Pflichtverteidigers hat er nicht (OLG Düsseldorf StV 1988, 572; Löwe/Rosenberg/Gössel Rn. 4; **aM** Wasserburg Strafverfahren S. 174; erg. → § 364a Rn. 2).

3 **C. Nachforschungen zur Vorbereitung.** Nachforschungen zur Vorbereitung eines auf § 359 Nr. 5 gestützten Antrags soll der Verteidiger anstellen. Er darf dazu Zeugen ermitteln u. befragen, Sachverständigengutachten u. Auskünfte einholen (Löwe/Rosenberg/Gössel Rn. 6; Dahs Strafverteidiger-HdB Rn. 1004; Wasserburg Strafverfahren S. 81 ff.). Die StA ist nicht verpflichtet, ihn zu unterstützen (**aM** SK-StPO/Frister Rn. 9). Der Verteidiger kann sie aber bitten, die Wiederaufnahme selbst zu betreiben o. bestimmte Ermittlungen vorzunehmen (Löwe/Rosenberg/Gössel Rn. 8).

4 **D. Voraussetzungen der Verteidigerbestellung (Abs. 1 S. 1). I. Erfolgsaussicht (Nr. 1).** Bei den hinreichenden tatsächlichen Anhaltspunkten iSd Vorschr. handelt es sich um das Gegenstück zu dem Anfangsverdacht iSd § 152 Abs. 2 (→ § 152 Rn. 4).

Es müssen Tatsachen vorliegen, aus denen sich ergibt, dass bestimmte Nachforschungen zur Aufdeckung v. Tatsachen o. Beweismitteln führen werden, die einen Antrag nach § 359 Nr. 5 begründen können. Dabei reicht eine nicht nur entfernte Möglichkeit aus, neue Tatsachen o. Beweismittel ausfindig zu machen (OLG Koblenz OLGSt StPO § 364b S. 1), nicht aber eine bloße Vermutung (KMR-StPO/Eschelbach Rn. 27). 5

II. Schwierigkeit der Sach- oder Rechtslage (Nr. 2). Es kommt auf die Schwierigkeit der Nachforschungen an, nicht auf die des späteren Wiederaufnahmeverfahrens (LG Köln MDR 1991, 666), auch nicht auf die Schwere der Tat o. der Rechtsfolgen. Ein Verteidiger wird nicht bestellt, wenn es dem Verurteilten möglich u. zuzumuten ist, die Nachforschungen selbst anzustellen. Ist er nicht auf freiem Fuß, so wird er dazu idR nicht imstande sein. 6

III. Mittellosigkeit (Nr. 3). Wer ein rkr. Urt. mit einem Wiederaufnahmeantrag anfechten will, wird grds. auf den Einsatz eigener Geldmittel verwiesen. Reichen sie dazu aus, so mutet ihm das G zu, sich auf eigene Kosten des Beistands eines Verteidigers seiner Wahl zu bedienen. Für den Nachw., dass der Verurteilte ohne Beeinträchtigung des für ihn u. seine Familie notwendigen Unterhalts keinen Verteidiger beauftragen kann, gelten die §§ 117 Abs. 2–4 ZPO (Erkl. des Verurteilten über seine persönlichen u. wirtschaftlichen Verhältnisse auf dem amtl. Vordruck) u. § 118 Abs. 2 S. 1, 2, 4 (Verlangen nach Glaubhaftmachung, Erhebungen des Gerichts, insbes. Einholung behördlicher Auskünfte) entspr. (Abs. 2). 7

E. Antrag. Nur auf Antrag des Verurteilten wird der Verteidiger bestellt. Er muss Tatsachen vorbringen, die hinreichend begründen, dass sich bei bestimmten Nachforschungen eine konkrete Aussicht auf Gewinnung der Wiederaufnahmegrundlagen des § 359 Nr. 5 ergibt (OLG Karlsruhe GA 1976, 344; OLG Koblenz OLGSt StPO § 364b S. 1). In dem Antrag müssen Art u. Richtung der erforderlichen Nachforschungen bezeichnet u. Angaben darüber gemacht werden, welche neuen Tatsachen o. Beweismittel v. ihnen zu erhoffen sind (OLG Düsseldorf OLGSt StPO § 364b Nr. 1). Allzu strenge Anforderungen an das Antragsvorbringen sind nicht zu stellen (Marxen/Tiemann Strafsachen Rn. 485). 8

F. Erweiterung der Bestellung (Abs. 1 S. 2). Die Erweiterung der Bestellung (Abs. 1 S. 2) eines bereits früher bestellten Pflichtverteidigers ist auf Antrag des Verurteilten möglich; → Rn. 8 gilt entspr. (vgl. OLG Düsseldorf VRS 81, 118). Das Gericht stellt dann durch Beschl. fest, dass die Voraussetzungen des Abs. 1 S. 1 Nr. 1–3 vorliegen. Damit ist sicher, dass der Verteidiger für seine Nachforschungen Gebühren u. Auslagen erhält (→ Rn. 1). 9

G. Zuständiges Gericht. Vgl. → § 364a Rn. 8. 10

H. Beschwerde. Vgl. → § 364a Rn. 9. 11

Geltung der allgemeinen Vorschriften über Rechtsmittel für den Antrag

365 Die allgemeinen Vorschriften über Rechtsmittel gelten auch für den Antrag auf Wiederaufnahme des Verfahrens.

A. Anwendbarkeit. Anwendbar sind die §§ 296–303; die Vorschr. über Rechtsmittelbeschränkungen (§§ 318, 327, 344 Abs. 1, 352 Abs. 1) gelten entspr. (BGHSt 11, 361). Fristbestimmungen gibt es außer § 372 S. 1 nicht. Im Einzelnen gilt: 1

I. § 296. Abs. 1 ist uneingeschränkt anwendbar. Antragsberechtigt sind StAund jeder verhandlungsfähige (**aM** SK-StPO/Frister § 361 Rn. 5: auch der verhandlungsunfähige) Verurteilte, auch der Minderjährige u. der Schuldunfähige. Beim Tod des Verurteilten gilt § 361 Abs. 2. Nach Abs. 2 kann die StA auch Anträge zugunsten des Verurteilten stellen (Dünnebier FS Peters, 1984, 337), selbst gegen dessen Willen u. auch nach seinem Tod. Zuständig ist die StA bei dem Gericht, das nach § 140a GVG über den Antrag zu entscheiden hat (→ § 367 Rn. 2). Der früher 2 mit der Sache befasste StA ist nicht ausgeschlossen (Wasserburg Strafverfahren S. 234; **aM** Frisch FS Bruns, 1978, 400), soll aber nicht mitwirken (Nr. 170 Abs. 1 RiStBV).

3 **II. § 297.** Der Verteidiger, dessen Vollmacht o. Beiordnung fortgilt (→ § 364a Rn. 2) o. der neu bestellt o. bevollmächtigt worden ist, kann die Wiederaufnahme beantragen, aber nicht gegen den Willen des Verurteilten u. nicht nach dessen Tod. Der Verurteilte kann den Antrag zurücknehmen (Wasserburg Strafverfahren S. 236).

4 **III. § 298.** Der ges. Vertreter kann den Antrag auch gegen den Willen des Verurteilten stellen. Erziehungsberechtigte können nach § 67 Abs. 3 **JGG** die Wiederaufnahme beantragen, solange der Verurteilte noch nicht volljährig ist. Bei Beendigung der ges. Vertretung o. Eintritt der Volljährigkeit vor der Entsch. nach § 370 wird das Verf. eingestellt, wenn der Verurteilte nicht selbst eintritt (SK-StPO/Frister Rn. 7; **aM** Löwe/Rosenberg/Schuster Rn. 6: Verwerfung als unzulässig).

5 **IV. §§ 299–301.** §§ 299–301 sind anzuwenden, § 301 aber erst in der erneuerten HV (Dünnebier FS Peters, 1984, 341 ff.; **aM** SK-StPO/Frister Rn. 10).

6 **V. § 302.** § 302 ist teilw. anwendbar. Der Antrag kann bis zur Entsch. nach §§ 370 oder 371 zurückgenommen werden (KG JR 1984, 393); die Wiederholung ist dann zulässig, auch mit derselben Begründung (Peters Fehlerquellen III 127). Ein Verzicht auf das Wiederaufnahmerecht ist unwirksam (Löwe/Rosenberg/Gössel Rn. 10). Zugunsten des Verurteilten gestellte Anträge der StA können nur mit dessen Zustimmung zurückgenommen werden (Löwe/Rosenberg/Gössel Rn. 10). Der Verteidiger braucht für die Zurücknahme eine besondere Ermächtigung (dazu OLG Braunschweig NJW 1960, 1970). Eine Verwirkung des Antragsrechts findet nicht statt.

7 **B. Privatkläger.** Privatkläger sind zuungunsten des Verurteilten antragsberechtigt (vgl. § 390 Abs. 1 S. 2). Prozesskostenhilfe kann nach § 379 Abs. 3 bewilligt werden. Zur Rechtslage nach dem Tod des Privatklägers vgl. Löwe/Rosenberg/Schuster Vor § 359 Rn. 132 f.

8 **C. Nebenkläger.** Der Nebenkläger hat nicht das Recht, die Wiederaufnahme des Verf. zu beantragen (LG Münster NStZ 1989, 588; Rieß NStZ 1988, 15). Er kann sich aber dem Antrag eines anderen Prozessbeteiligten anschließen, falls er schon vor Urteilserlass als Nebenkläger zugelassen war (OLG Stuttgart NStZ 1988, 42; **aM** Marxen/Tiemann Strafsachen Rn. 46). Zu den Befugnissen des Nebenklageberechtigten in einem v. Verurteilten o. der StA eingeleiteten Wiederaufnahmeverfahren vgl. iE Rieß NStZ 1988, 16. In dem wiederaufgenommenen Verf. kann er nach den allg. Vorschr. der §§ 395 ff. als Nebenkläger mitwirken.

9 **D. Antragsteller im Adhäsionsverfahren.** Vgl. § 406a.

10 **E. Einziehungsbeteiligte.** Maßgebend sind §§ 433 Abs. 1 S. 1, 437, 439 Abs. 6 (vgl. dazu KMR-StPO/Eschelbach Rn. 8).

Inhalt und Form des Antrags

366 (1) **In dem Antrag müssen der gesetzliche Grund der Wiederaufnahme des Verfahrens sowie die Beweismittel angegeben werden.**

(2) **Von dem Angeklagten und den in § 361 Abs. 2 bezeichneten Personen kann der Antrag nur mittels einer von dem Verteidiger oder einem Rechtsanwalt unterzeichneten Schrift oder zu Protokoll der Geschäftsstelle angebracht werden.**

1 **A. Notwendiger Inhalt (Abs. 1).** Der Antrag muss sein Ziel erkennen lassen, dh das angegriffene Urt. u. den Umf. des Aufhebungsbegehrens bezeichnen (hM, vgl. Löwe/Rosenberg/Schuster Rn. 1; **aM** KMR-StPO/Eschelbach Rn. 6, 7). Bei Zweifeln ist zurückzufragen, nicht zu verwerfen. Der Antrag muss ferner den

ges. Grund der Wiederaufnahme (§ 368 Abs. 1) angeben (vgl. §§ 359, 362). Dazu ist wie bei § 172 Abs. 3 S. 1 (→ § 172 Rn. 27) eine geschlossene u. aus sich heraus verständliche Sachdarstellung erforderlich (OLG Hamburg StraFo 2003, 430), wobei aber eine zunächst unvollständige Darst. vor der Entsch. noch ergänzt werden darf (OLG Düsseldorf wistra 1993, 159). Bezugnahmen u. Verweisungen auf andere Schriftstücke, insbes. auf Urt. u. frühere Wiederaufnahmeanträge, sind unzulässig (OLG Hamm NJW 1980, 717; OLG Stuttgart NJW 1965, 1239; Löwe/Rosenberg/Schuster Rn. 2, 10; **aM** Peters Fehlerquellen III 123, der Bezugnahmen jeder Art, OLG Düsseldorf GA 1980, 393, das die Bezugnahme auf einen wegen § 364 S. 1 verworfenen Antrag für zulässig hält). Zu den Anforderung im Fall des § 359 Nr. 6 OLG Frankfurt NStZ-RR 2023, 118 sowie → § 359 Rn. 52.

Die **Beweismittel** müssen so genau bezeichnet werden, dass das Gericht sie **2**
beiziehen u. nach § 369 benutzen kann (OLG Nürnberg MDR 1964, 171). Bei Zeugen genügt die Angabe v. Tatsachen, die ihre Ermittlung ermöglichen.

Die **Fürsorgepflicht** kann gebieten, dass dem Antragsteller Gelegenheit gege- **3**
ben wird, den Antrag zu vervollständigen (OLG Hamm NJW 1980, 717; erg. → § 368 Rn. 1).

B. Form (Abs. 2). Die Vorschr. entspr. § 345 Abs. 2 und gilt für alle Antrag- **4**
steller außer StA (ihre Anträge bedürfen nur der einfachen Schriftform; dazu → Einl. Rn. 128) u. Privatkläger (für ihn gilt § 390 Abs. 2). Die Antragsschrift muss eigenhändig unterschrieben sein (→ Einl. Rn. 129) u. darf keine Bezugnahmen enthalten, auch nicht auf Anlagen (OLG Schleswig NJW 1953, 1445; **aM** Peters Fehlerquellen III 123; Wasserburg Strafverfahren S. 240), sofern sie nicht aus Originalurkunden bestehen (OLG Düsseldorf GA 1980, 393: Zeugenerklärung). Zusätze des RA o. Verteidigers, aus denen sich ergibt, dass er die Verantwortung nicht o. nicht vollständig übernehmen will, machen den Antrag unzulässig (→ § 172 Rn. 33, → § 345 Rn. 16); aber auch die Übernahme der Verantwortung ohne gestaltende Mitwirkung kann unzureichend sein (OLG Hamm NStZ 1988, 571). Wegen der Antragstellung zu Prot. der Geschäftsstelle vgl. → Einl. Rn. 131 ff.; die Ausführungen → § 345 Rn. 18 ff. gelten entspr. (vgl. auch KG VRS 99, 460; OLG Düsseldorf VRS 84, 298).

Zuständigkeit des Gerichts; Entscheidung ohne mündliche Verhandlung

367 (1) [1] **Die Zuständigkeit des Gerichts für die Entscheidungen im Wiederaufnahmeverfahren und über den Antrag zur Vorbereitung eines Wiederaufnahmeverfahrens richtet sich nach den besonderen Vorschriften des Gerichtsverfassungsgesetzes.** [2] **Der Verurteilte kann Anträge nach den §§ 364a und 364b oder einen Antrag auf Zulassung der Wiederaufnahme des Verfahrens auch bei dem Gericht einreichen, dessen Urteil angefochten wird; dieses leitet den Antrag dem zuständigen Gericht zu.**

(2) **Die Entscheidungen über Anträge nach den §§ 364a und 364b und den Antrag auf Zulassung der Wiederaufnahme des Verfahrens ergehen ohne mündliche Verhandlung.**

A. Zuständiges Wiederaufnahmegericht. Das zuständige Wiederaufnahme- **1**
gericht bestimmt § 140a GVG. Die Richterausschließung regelt § 23 Abs. 2.

B. Zuständigkeit der StA. Beteiligt am Wiederaufnahmeverfahren, auch für **2**
die Entsch. nach § 360 Abs. 2 und die Behandlung der Anträge nach §§ 364a, 364b, ist die StA bei dem Wiederaufnahmegericht (§ 143 Abs. 1 GVG). Die Zuständigkeit für die Vollstreckung des mit dem Wiederaufnahmeantrag angegriffenen Urt. bleibt unv. (Löwe/Rosenberg/Schuster Rn. 5).

C. Einreichung der Anträge. Die Einreichung der Anträge zugunsten des **3**
Verurteilten, nicht der Anträge der StA u. des Privatklägers, ist nach Abs. 1 S. 2 sowohl bei dem Wiederaufnahmegericht zulässig als auch bei dem früheren Ge-

richt, das die Anträge ggf. dem zuständigen Gericht durch Vfg. des Vorsitzenden (anders Kusch NStZ 1996, 327 – BGH RsprÜ u. BGHR StPO § 367 Zuständigkeit 1: Beschl. des Sen.) zuleitet. Dadurch soll verhindert werden, dass der in Unkenntnis des § 140a GVG eingereichte Antrag allein wegen der Einreichung bei dem unzuständigen Gericht verworfen wird (BGH GA 1985, 419; Krägeloh NJW 1975, 139). Das gilt auch für Anträge nach §§ 364a, 364b. Die Weiterleitung an das zuständige Gericht nach Abs. 1 S. 2 Hs. 2 unterbleibt, wenn ausdr. die Entsch. des unzuständigen Gerichts begehrt wird (BGH BeckRS 2015, 8331).

4 **D. Ohne mündliche Verhandlung (Abs. 2).** Ohne mündliche Verhandlung (Abs. 2) ergehen die Entsch. im Wiederaufnahmeverfahren. Das LG entscheidet in der Besetzung nach § 76 GVG. Wenn das Urt. einer kleinen StrK angefochten ist, entscheidet der Vorsitzende allein. Für die Besetzung des OLG gilt § 122 Abs. 1 GVG.

5 **E. Entscheidung durch unzuständiges Gericht.** Die Entsch. des LG anstelle des sachlich zuständigen AG ist wirksam (OLG Hamm JMBl. NRW. 1957, 155); das LG muss die Sache aber an das AG abgeben, sobald es seine Unzuständigkeit erkennt (OLG Frankfurt a. M. NStZ-RR 2006, 275; Löwe/Rosenberg/Gössel Rn. 36, 39). Erklärt das AG anstelle des zuständigen Berufungsgerichts die Wiederaufnahme für zulässig, so ist das LG hieran gebunden (OLG Düsseldorf JMBl. NRW. 1979, 259). Hat das LG anstelle des zuständigen AG den Antrag zu Recht verworfen, so verwirft das OLG auch die sofortige Beschwerde nach § 372 (Löwe/Rosenberg/Gössel Rn. 40). Das örtlich unzuständige Gericht, das die Wiederaufnahme für zulässig erklärt hat, muss auch die Beweise erheben u. über die Begründetheit entscheiden (**aM** SK-StPO/Frister Rn. 5: Abgabe an zuständiges Gericht). Ordnet es die Wiederaufnahme an, so muss es aber zugleich das Gericht bestimmen, vor dem die HV stattzufinden hat. Auf die sofortige Beschwerde gegen die Entsch. des örtlich unzuständigen Gerichts hebt das OLG den Beschl. auf u. verweist die Sache an das zuständige Gericht (OLG Saarbrücken OLGSt StPO § 367 S. 5; vgl. auch OLG Düsseldorf JMBl. NRW. 1979, 260).

Verwerfung wegen Unzulässigkeit

368 (1) **Ist der Antrag nicht in der vorgeschriebenen Form angebracht oder ist darin kein gesetzlicher Grund der Wiederaufnahme geltend gemacht oder kein geeignetes Beweismittel angeführt, so ist der Antrag als unzulässig zu verwerfen.**

(2) **Andernfalls ist er dem Gegner des Antragstellers unter Bestimmung einer Frist zur Erklärung zuzustellen.**

1 **A. Zulässigkeitsprüfung. Geprüft werden** allg. die Einhaltung der Form des § 366 Abs. 2, die Beschwer (→ Vor § 359 Rn. 6), das Vorliegen der vorgebrachten (nicht anderer) Wiederaufnahmegründe der §§ 359, 362 und der Ausschlussgründe der §§ 363, 364 sowie die Geeignetheit der Beweismittel, bei wiederholtem Antrag auch der Verbrauch des Wiederaufnahmevorbringens (→ § 372 Rn. 9). Von der Begründetheitsprüfung nach § 370 unterscheidet sich die Prüfung nach § 368 nur dadurch, dass die Richtigkeit des Wiederaufnahmevorbringens nicht untersucht, sondern unterstellt wird (Löwe/Rosenberg/Schuster Rn. 7). Bei unbedeutenden u. leicht behebbaren Mängeln wird dem Antragsteller unter Fristsetzung Gelegenheit zur Vervollständigung des Antrags gegeben (OLG Hamm NJW 1980, 717).

1a **Verfahrenshindernisse** spielen hier noch keine Rolle: Soweit die Wiederaufnahme *wegen* eines übersehenen Verfahrenshindernisses betrieben wird (→ § 359 Rn. 39), kommt die Aufhebung des angegriffenen Urt. u. die Einstellung des Verf. erst nach Zulassung der Wiederaufnahme u. dann nur nach §§ 371 Abs. 2, 373 Abs. 1 in Betracht (→ § 373 Rn. 4a). Tritt das Verfahrenshindernis im Additionsverfahren ein, kann es ebenfalls erst nach Zulassung der Wiederaufnahme berücksichtigt werden, da vorher in dem wiederaufzunehmenden Verf. noch keine

Entsch. möglich sind; dann führt das nicht behebbare Verfahrenshindernis allerdings nach § 206a zur Einstellung des Verf. (**aM** SK-StPO/Frister Rn. 2 ff., der zwischen Wiederaufnahme zuungunsten u. zugunsten unterscheiden will, was aber mit der – notwendig gleichmäßigen – Behandlung eines Verfahrenshindernisses nichts zu tun haben kann; zudem wird dort zwischen fehlerhaft übersehenen u. später entstandenen Verfahrenshindernissen nicht unterschieden).

I. §§ 359 Nr. 1–4, 362 Nr. 1–4. In den Fällen der §§ 359 Nr. 1–4, 362 Nr. 1– 2
4 wird zunächst die Vollständigkeit des Antragsvorbringens (→ § 359 Rn. 9, 13, 16, 20, → § 364 Rn. 4) geprüft. Ist kein Urt. ergangen, so wird geprüft, ob das Wiederaufnahmevorbringen einen konkreten Verdacht der behaupteten Straftat begründet. Der Antrag nach Nr. 1 und 2 ist unzulässig, wenn ein ursächlicher Zusammenhang zwischen Straftat u. Urt. ohne weiteres auszuschließen ist. Die Glaubhaftigkeit des Geständnisses im Fall des § 362 Nr. 4 wird erst im Verf. nach § 370 geprüft (Löwe/Rosenberg/Schuster Rn. 12). Die Prüfung erstreckt sich ferner darauf, ob geeignete Beweismittel (→ Rn. 7) beigebracht sind; das sind in den Fällen der §§ 359 Nr. 1–4, 362 Nr. 1–3 regelmäßig das Straf- o. Zivilurteil, auf das der Antrag gestützt ist, im Fall des § 362 Nr. 4 Zeugen o. Urk., die das Geständnis beweisen können.

II. § 359 Nr. 5. 1. Zunächst ist die **Neuheit** zu prüfen, u. zwar aufgrund des 3, 4
Urt. o. des sonstigen Akteninhalts.

Tatsachen sind nicht deshalb neu, weil sie in dem Urt. nicht erwähnt sind 5
(Löwe/Rosenberg/Gössel Rn. 16; Feilcke/Schiller NStZ-RR 2016, 3). Ergeben sie sich aus den Akten, so spricht das dafür, dass sie dem Gericht bekannt waren. Hat der Antragsteller sie in der HV gekannt, so ist zu vermuten, dass er sie geltend gemacht hat (OLG Hamm Rpfleger 1963, 82; **aM** Löwe/Rosenberg/Schuster Rn. 15). Notfalls müssen im Freibeweis Ermittlungen geführt werden (BVerfG NZV 2016, 45; OLG Frankfurt a. M. NJW 1978, 841). Erg. → § 359 Rn. 30, 30a, 31.

Die Neuheit v. **Beweismitteln** ergibt sich aus ihrer Nichterwähnung im Sit- 6
zungsprotokoll; § 274 gilt. Lässt sich die Neuheit v. Tatsachen o. Beweismitteln nicht feststellen, so ist der Antrag unzulässig (OLG Frankfurt a. M. NJW 1978, 841; LG Karlsruhe NStZ-RR 2013, 55: Aktenverlust). Es genügt aber, dass ernsthafte Zweifel auszuschließen sind. Der Grundsatz *in dubio pro reo* gilt nicht (OLG Frankfurt a. M. NJW 1978, 841; OLG Hamm Rpfleger 1963, 82).

2. Die **Geeignetheit der beigebrachten Beweismittel** fehlt, wenn ihnen der 7
Charakter eines Beweismittels nicht zukommt (→ § 359 Rn. 26), wenn ihre Benutzung iSd § 244 Abs. 3 S. 2 unzulässig ist u. wenn sie unerreichbar o. völlig ungeeignet sind (Wasserburg Strafverfahren S. 195; ZStW 94 (1982), 936 ff.; vgl. auch OLG Frankfurt a. M. MDR 1984, 74: Zeuge für 10 Jahre zurückliegende Vorgänge; OLG München NStZ 1984, 380 Ls.: großer zeitlicher Abstand u. relative Belanglosigkeit des Erlebten). Das Beweismittel muss aber auch iSd § 359 Nr. 5 geeignet sein (→ Rn. 8 ff.). Die beiden Eignungsbegriffe sind auseinanderzuhalten (Meyer FS Peters, 1984, 393; **aM** Peters Fehlerquellen III 135 ff.). Erg. → § 359 Rn. 32 ff.

3. Prüfung der Erheblichkeit: Die neuen Tatsachen u. Beweismittel müssen 8
geeignet sein, die in § 359 Nr. 5 bezeichneten Rechtsfolgen herbeizuführen. Das Gericht nimmt aber zunächst nur eine hypothetische Schlüssigkeitsprüfung vor (Feilcke/Schiller NStZ-RR 2016, 5). Es unterstellt, dass die in dem Antrag behaupteten Tatsachen richtig sind u. dass die beigebrachten Beweismittel den ihnen zugedachten Erfolg haben werden (BGHSt 17, 303 (304); OLG Zweibrücken GA 1993, 463). Eine Ausnahme gilt, wenn das Wiederaufnahmevorbringen aus sich selbst heraus ergibt, dass es offensichtlich unwahr (BGH NJW 1977, 59; OLG Hamm MDR 1974, 250; OLG Nürnberg MDR 1964, 171), insbes. denkgesetzlich unmöglich (Schmidt NJW 1958, 1332), nicht nur unwahrscheinlich ist (OLG Köln GA 1957, 92 Ls.). Steht bereits fest, dass der Verurteilte einen Zeugen veranlasst hat, in dem Wiederaufnahmeverfahren zu seinen Gunsten falsch auszusagen, so

besteht die Vermutung, dass auch die übrigen benannten Zeugen unzuverlässig sind (KG JR 1984, 393).

9 Eine **Vorwegnahme der Beweiswürdigung** ist in gewissen Grenzen zulässig. Die Grundsätze des § 244 Abs. 3 sind nicht maßgebend. Das Gericht darf vielmehr die Beweiskraft der beigebrachten Beweismittel werten, soweit das ohne förmliche Beweisaufnahme möglich ist (BGHSt 17, 303 (304); BGH NStZ 2000, 218; KG JR 1975, 166; Lorenzen SchlHA 1987, 121 – OLG Schleswig RsprÜ; **aM** SK-StPO/Frister § 359 Rn. 61; Eisenberg JR 2007, 365; Peters Fehlerquellen III 136; vgl. auch OLG Stuttgart Justiz 1984, 405 Ls.). Dabei ist nach hM v. Standpunkt des erkennenden Gerichts (BGHSt 17, 303; 18, 225 (226); 19, 365; **aM** Löwe/Rosenberg/Gössel § 359 Rn. 157 ff.; SSW StPO/Kaspar Rn. 6; Peters StrafProzR Rn. 675;: des Wiederaufnahmegerichts; offengelassen v. OLG Düsseldorf OLGSt StPO § 359 Nr. 4) im Freibeweis, aber ohne Anhörung der früheren Richter (BGHSt 19, 365), zu prüfen, ob das Urt. bei Berücksichtigung der neuen Beweise anders ausgefallen wäre. Zu diesem Zweck muss das Antragsvorbringen zu dem gesamten Inhalt der Akten (Lorenzen SchlHA 1987, 121 – OLG Schleswig RsprÜ; vgl. für den Fall des Aktenverlustes: OLG Frankfurt a. M. MDR 1984, 74) u. zu dem früheren Beweisergebnis in Beziehung gesetzt werden (KG NJW 1992, 450; OLG Nürnberg MDR 1964, 171; LG Gießen NJW 1994, 465). Das Wiederaufnahmegericht ist an die (denkgesetzlich mögliche) Beweiswürdigung u. an die (nicht offensichtlich unhaltbare) Rechtsauffassung des erkennenden Gerichts gebunden (BGHSt 18, 225 (226); Brauns JZ 1995, 493; **aM** Löwe/Rosenberg/Schuster § 359 Rn. 139 ff.: nur an die Rechtsauffassung); es ist ihm verwehrt, im Zulassungsverfahren eigene neue Feststellungen zur Straftat zu treffen (BVerfG NStZ 1995, 43: Unzulässige Feststellung einer anderen Tatzeit als im Urt.;vgl. auch BVerfG EuGRZ 2008, 586; OLG Jena NStZ-RR 2005, 379).

10 **Erheblich ist das Wiederaufnahmevorbringen,** wenn die neuen Tatsachen o. Beweise geeignet sind, die den Schuldspruch tragenden Feststellungen des Urt. zu erschüttern (OLG Celle JR 1967, 150; OLG Karlsruhe OLGSt StPO § 368 S. 2). Das muss nicht sicher, aber genügend wahrscheinlich sein. Es müssen ernste Gründe für die Beseitigung des Urt. sprechen (OLG Braunschweig NJW 1959, 1984; Döllel/Güntge SchlHA 2013, 320 – OLG Schleswig RsprÜ; Peters Fehlerquellen III 85). Der Grundsatz *in dubio pro reo* hat in diesem Zusammenhang keine Bedeutung (OLG Braunschweig NJW 1959, 1984; OLG Karlsruhe GA 1974, 250; OLG Koblenz Rpfleger 1986, 28; OLGSt StPO § 359 Nr. 5; Peters Fehlerquellen III 86; Zopfs In dubio pro reo S. 338 ff. **aM** Schünemann ZStW 84 (1972), 870; Wasserburg Strafverfahren S. 189 ff. will den Grundsatz mittelbar berücksichtigen). Bestehen ernsthafte Zweifel an der Erheblichkeit, so ist der Antrag ohne Anwendung v. „Zweifelssätzen" als unzulässig zu verwerfen (KG JR 1975, 166). Erg. → § 359 Rn. 37 ff.

11 **B. Verwerfungsbeschluss.** Der Verwerfungsbeschluss ergeht nach Anhörung der StA (§ 33 Abs. 2), ggf. auch des Privat- o. Nebenklägers, ohne mündliche Verh. (§ 367 Abs. 2). Er muss mit Gründen versehen werden (§ 34), die so ausf. sind, dass der Antragsteller die sofortige Beschwerde nach § 372 S. 1 begründen (OLG Hamm NJW 1951, 166) u. das Beschwerdegericht die Entsch. prüfen kann. Die Kostenentscheidung ergeht nach § 473 Abs. 6 Nr. 1. Zur Wiederholung des Antrags vgl. → § 372 Rn. 9.

12 **C. Zulassungsbeschluss.** Auch der Zulassungsbeschluss wird nach Anhörung der StA ohne mündliche Verh. erlassen. Er ist auch bei offensichtlicher Begründetheit des Antrags unerlässlich (→ § 370 Rn. 1). Im Fall des § 53 StGB kann er auf eine v. mehreren abgeurteilten Taten beschränkt werden, auch auf die Rechtsfolgenfrage (BGHSt 11, 361). Auch die beschränkte Zulassung der Wiederaufnahme wegen eines der in §§ 359, 362 bezeichneten Wiederaufnahmegründe ist möglich, wenn der Antragsteller mehrere geltend gemacht hatte (OLG Hamburg GA 1967, 317; Löwe/Rosenberg/Gössel Rn. 33; **aM** Peters Fehlerquellen III 138). Ein auf § 359 Nr. 5 gestützter Antrag kann aber nicht nur wegen bestimmter

Tatsachen (OLG Frankfurt a. M. NJW 1955, 73; Löwe/Rosenberg/Schuster Rn. 33) o. unter Beschränkung auf die Erhebung einzelner Beweise zugelassen werden (BGH NJW 1966, 2177; OLG Köln JMBl. NRW. 1963, 48); denn innerhalb eines einzelnen Wiederaufnahmegrundes ist nur eine einheitliche Entsch. möglich (BGH NJW 1966, 2177). Bindende Wirkung hat der Zulassungsbeschluss nicht (→ § 370 Rn. 1).

D. Anhörung des Gegners (Abs. 2). Die Anhörung des Gegners (Abs. 2) erfolgt durch Zustellung des Zulassungsbeschlusses unter Bestimmung einer Erklärungsfrist, die verlängert werden kann. Sie dient bei Anträgen der StA, vor deren Bescheidung der Angeklagte nicht gehört zu werden braucht, der Unterrichtung über den Antrag, der daher beizufügen ist, bei Anträgen des Verurteilten der Vorbereitung der Stellungnahme der StA zu dem weiteren Verfahren. Für die Erkl. nach Abs. 2 gilt die Formvorschrift des § 366 Abs. 2 nicht. Eine Erklärungspflicht besteht nicht (Löwe/Rosenberg/Schuster Rn. 37). 13

E. Sofortige Beschwerde. Sofortige Beschwerde nach § 372 S. 1 ist gegen den Verwerfungsbeschluss u. (für den Gegner) gegen den Zulassungsbeschluss zulässig. Dass in dem Zulassungsbeschluss nur die Erhebung bestimmter Beweise angekündigt ist, beschwert den Antragsteller nicht (OLG Frankfurt a. M. NJW 1955, 73). Abändern o. aufheben kann den Beschl. nur das Beschwerdegericht. 14

Beweisaufnahme

369 (1) **Wird der Antrag für zulässig befunden, so beauftragt das Gericht mit der Aufnahme der angetretenen Beweise, soweit dies erforderlich ist, einen Richter.**

(2) **Dem Ermessen des Gerichts bleibt es überlassen, ob die Zeugen und Sachverständigen eidlich vernommen werden sollen.**

(3) [1] **Bei der Vernehmung eines Zeugen oder Sachverständigen und bei der Einnahme eines richterlichen Augenscheins ist der Staatsanwaltschaft, dem Angeklagten und dem Verteidiger die Anwesenheit zu gestatten.** [2] **§ 168c Abs. 3, § 224 Abs. 1 und § 225 gelten entsprechend.** [3] **Befindet sich der Angeklagte nicht auf freiem Fuß, so hat er keinen Anspruch auf Anwesenheit, wenn der Termin nicht an der Gerichtsstelle des Ortes abgehalten wird, wo er sich in Haft befindet, und seine Mitwirkung der mit der Beweiserhebung bezweckten Klärung nicht dienlich ist.**

(4) **Nach Schluß der Beweisaufnahme sind die Staatsanwaltschaft und der Angeklagte unter Bestimmung einer Frist zu weiterer Erklärung aufzufordern.**

A. Normzweck. Der **Vorbereitung der Entscheidung nach § 370** dient die nach Erlass des Zulassungsbeschlusses vorzunehmende (OLG Düsseldorf NStE StPO § 369 Nr. 1) Beweisaufnahme; sie nimmt die Beweisaufnahme in der neuen HV nicht vorweg (BGHSt 17, 303). Auch andere Maßnahmen sind zulässig, zB Durchsuchung u. Beschlagnahme zur Herbeischaffung v. Beweismitteln, Unterbringung nach § 81 und, im Fall des § 362, der Erlass eines Haftbefehls (Löwe/Rosenberg/Schuster Rn. 4). 1

B. Angetretene Beweise (Abs. 1). Die angetretenen Beweise (Abs. 1) werden erhoben, soweit erforderlich. Andernfalls muss ihre Entbehrlichkeit in dem Beschl. nach § 370 Abs. 1 begründet werden (Löwe/Rosenberg/Schuster Rn. 6). Die Anordnung der Wiederaufnahme ohne gehörige Prüfung der erforderlichen Beweise o. gar unter Wahrunterstellung ist unzulässig. Wenn sich aber die Begründetheit des Antrags ohne weiteres aus einem rkr. Urt. (in den Fällen der §§ 359 Nr. 1–4, 362 Nr. 1–3) o. aus einer notariellen Urk. (im Fall des § 362 Nr. 4) ergibt o. wenn (im Fall des § 359 Nr. 5) neue Tatsachen schon durch die vorgelegten Urk. bewiesen werden, entfällt die Beweisaufnahme (erg. → § 370 Rn. 1). So braucht 2 eine Urk. auch nicht verlesen zu werden, wenn sie den Bet. bekannt ist u. das Gericht die beabsichtigte Verwertung zu erkennen gegeben hat (OLG Jena NStZ-RR 1997, 47). Auch über offenkundige Tatsachen (→ § 244 Rn. 50 ff.) braucht kein Beweis erhoben zu werden (KG JR 1984, 393).

3 **Vorermittlungen der StA oder Polizei** machen die Beweisaufnahme nicht entbehrlich; sie sind zwar zulässig, dürfen v. Gericht aber nicht berücksichtigt werden (OLG Düsseldorf JMBl. NRW. 1979, 261; Löwe/Rosenberg/Schuster Rn. 8; **aM** OLG Braunschweig NStZ 1987, 377 mablAnm Gössel). Eine Ausnahme gilt auch nicht für den Fall, dass die richterliche Vernehmung für längere Zeit unmöglich ist, denn § 251 ist in § 369 nicht für entspr. anwendbar erklärt u. mit der Bedeutung dieser Vorschr. nicht vereinbar (Pfeiffer FS Graßhof, 1998, 277; **aM** SK-StPO/Frister Rn. 6).

4 Auch **Zeugenerklärungen** zu Prot. der Geschäftsstelle (OLG Düsseldorf MDR 1976, 778), eidesstattliche Vers. (BGHSt 17, 303) u. die Vorlegung schriftlicher Gutachten außerhalb des § 256 Abs. 1 (OLG Hamm MDR 1977, 778; JMBl. NRW. 1978, 116) können die Beweisaufnahme nicht ersetzen. Auf die v. dem Antragsteller bezeichneten Beweismittel ist das Gericht nicht beschränkt.

5 Es erhebt **von Amts wegen** alle Beweise, die zur Klärung der Richtigkeit des Wiederaufnahmevorbringens erforderlich sind (OLG Hamburg StV 2003, 229; OLG Zweibrücken GA 1993, 463 mwN; **aM** KMR-StPO/Eschelbach Rn. 3; Marxen/Tiemann Strafsachen Rn. 365; vgl. auch BVerfG StV 2003, 223: Ermittlung des wahren Sachverhalts ist v. zentraler Bedeutung). Das kann zugunsten o. zuungunsten des Antragstellers geschehen, aber nicht zu dem Zweck, Wiederaufnahmegründe festzustellen, die nicht o. nicht formgerecht geltend gemacht worden sind (OLG Bremen OLGSt StPO § 359 S. 55). Der Antragsteller kann nicht bestimmen, dass Beweismittel v. dem Probationsverfahren nach § 369 ausgeschlossen werden (KG JR 1984, 393).

6 **C. Beauftragter Richter (Abs. 1).** Der beauftragte Richter (Abs. 1) erhebt die Beweise, beim AG u. der kleinen StrK der Vorsitzende. Das schließt nach hM nicht aus, dass das Kollegialgericht die Beweiserhebung in voller Besetzung vornimmt (Löwe/Rosenberg/Schuster Rn. 12) u. dass andere Richter nach §§ 156 ff. GVG (auch § 15 KonsG gilt) um die Beweiserhebung ersucht werden (OLG Düsseldorf JMBl. NRW. 1979, 261; **aM** Wasserburg/Rübenstahl GA 2002, 29). Der ersuchte o. beauftragte Richter hat die gleiche Stellung wie bei der kommissarischen Vernehmung nach § 223. Er darf Beweise nur in dem Umf. erheben, den das Gericht ihm vorschreibt (BGH NJW 1954, 891). An der späteren Mitwirkung im Wiederaufnahmeverfahren ist er nicht gehindert (BGH NJW 1954, 891).

7 **StA und Polizei** dürfen mit Beweiserhebungen nicht beauftragt werden; ihre Beweisergebnisse wären unverwertbar (OLG Celle MDR 1991, 1077; OLG Düsseldorf JMBl. NRW. 1979, 261; **aM** OLG Braunschweig NStZ 1987, 377), auch wenn der Antragsteller diese Beweiserhebungen nicht beantragt hatte (Löwe/Rosenberg/Schuster Rn. 11; **aM** Peters Fehlerquellen III 114). Die technische Hilfe der StA o. Polizei, zB Herbeischaffung v. Beweismitteln, Anfertigung v. Lichtbildern u. Skizzen, ist jedoch zulässig.

8 **D. Vereidigung von Zeugen (Abs. 2).** Die Vereidigung von Zeugen (Abs. 2) ist wegen der Tragweite der Anordnung der Wiederaufnahme eines rkr. abgeschlossenen Verf. zugelassen. Das Gericht entscheidet darüber nach pflichtgemäßem Ermessen in dem Beweisanordnungsbeschluss; § 62 gilt nicht (RGSt 29, 64). In den Fällen des § 371 Abs. 1 und Abs. 2 wird die Vereidigung regelmäßig anzuordnen sein (RGSt 29, 64). Dem vernehmenden Richter steht die Entsch. über die Vereidigung, sofern sie nicht ges. ausgeschlossen ist, nicht zu (BGH NJW 1954, 891); § 63 gilt. Die Eidesleistung richtet sich nach §§ 64, 65. Die Berufung auf einen in der früheren HV geleisteten Eid (§ 67) ist unzulässig (Löwe/Rosenberg/Schuster Rn. 15).

9 **E. Anwesenheitsrecht (Abs. 3).** Das Anwesenheitsrecht (Abs. 3) haben StA, Verurteilter, Verteidiger, nach §§ 385 Abs. 1 S. 1, 397 Abs. 1 auch Privat- u.

Nebenkläger (Löwe/Rosenberg/Schuster Rn. 18), die sich aber entspr. § 378 nur des Beistands eines RA bedienen o. sich v. einem RA vertreten lassen können, ges. Vertreter, Erziehungsberechtigte sowie der Antragsteller nach § 361 Abs. 2 u. sein Prozessbevollmächtigter. Der Angeklagte kann nach Abs. 3 S. 2 iVm § 168c Abs. 3 ausgeschlossen werden.

Anders als nach §§ 168c Abs. 4, 224 Abs. 2 ist der **nicht auf freiem Fuß befindliche Verurteilte** immer zur Anwesenheit berechtigt, wenn die Beweisaufnahme in einem Gerichtsgebäude des Haftortes vorgenommen wird, gleichgültig, bei welchem Gericht. Bei Beweiserhebungen außerhalb eines Gerichtsgebäudes o. außerhalb des Haftorts besteht kein Anwesenheitsrecht, wenn die Mitwirkung des Verurteilten der mit der Beweiserhebung bezweckten Klärung nicht dienlich ist (S. 3). Der Begriff Dienlichkeit ist weit auszulegen (dazu OLG Frankfurt a. M. StV 1990, 538). Die Teilnahme eines Verteidigers schließt die Dienlichkeit nicht aus, zB wenn er bei einem Augenschein o. einer Zeugenvernehmung die Interessen des Verurteilten nicht genügend wahrnehmen kann. Über die Dienlichkeit entscheidet formlos der mit der Beweiserhebung nach Abs. 1 beauftragte o. ersuchte Richter. Hat der Verurteilte ein Anwesenheitsrecht, so muss der Richter seine Vorführung sicherstellen (Löwe/Rosenberg/Schuster Rn. 21). 10

F. Benachrichtigung (Abs. 3 S. 2 iVm § 224 Abs. 1 S. 1). Die Benachrichtigung (Abs. 3 S. 2 iVm § 224 Abs. 1 S. 1) der zur Anwesenheit berechtigten Personen v. Beweistermin bedarf an sich keiner Form, sollte aber förmlich zugestellt werden (OLG Bremen MDR 1967, 61). Sie muss so rechtzeitig erfolgen, dass angemessene Zeit zur Vorbereitung bleibt. Die Benachrichtigung des Verurteilten ist neben der des Verteidigers erforderlich, kann aber nach § 145a Abs. 1 an den Verteidiger gerichtet werden. Der Verurteilte ist auch dann zu benachrichtigen, wenn er kein Anwesenheitsrecht hat o. ausgeschlossen ist. In diesem Fall wird er darüber unterrichtet, dass er nicht teilnehmen darf, u. erhält dadurch Gelegenheit, für die Teilnahme des Verteidigers zu sorgen. Die Benachrichtigung des Verurteilten u. des Verteidigers unterbleibt, wenn sie den Erfolg der Beweiserhebung gefährden würde (Abs. 3 S. 2 iVm § 224 Abs. 1 S. 2; vgl. → § 224 Rn. 2). Das Unterlassen der Benachrichtigung kann nicht mehr gerügt werden, wenn es nicht alsbald nach der Vorlegung der Prot. beanstandet worden ist (OLG Celle NJW 1963, 2041). Die rechtzeitig erhobene, begründete Rüge führt hingegen zur Aufhebung eines nach § 370 Abs. 1 ergangenen Beschl. (OLG Jena StraFo 1996, 89). 11

G. Vorlegung der Protokolle. Die Vorlegung der Protokolle über die Beweiserhebung an StA u. Verteidiger schreibt Abs. 3 S. 2 iVm § 224 Abs. 1 S. 3 vor, auch wenn sie bei der Vernehmung anwesend waren (BGHSt 25, 357). Bei der StA genügt Aktenübersendung, beim Verteidiger die Mitteilung, dass er die Akten einsehen darf (erg. → § 224 Rn. 11). Der Verurteilte selbst u. die anderen Bet. haben keinen Vorlegungsanspruch). 12

H. Schlussanhörung (Abs. 4). Die Schlussanhörung (Abs. 4) ist die zwingende Voraussetzung für die Entsch. nach § 370, auch wenn die Bet. bei der Beweiserhebung anwesend waren (OLG Hamm MDR 1974, 689) o. schon vorher Erklärungen abgegeben haben (OLG Düsseldorf NJW 1982, 839; OLG Hamburg MDR 1977, 865). Anzuhören sind alle Bet., die bei der Beweisaufnahme zugegen sein durften. Sofern ihnen nicht die Prot. vorgelegt worden sind, werden sie v. deren Erg. unterrichtet, der Verurteilte aber nur, wenn er keinen Verteidiger hat. Die Form der Unterrichtung bestimmt der Vorsitzende. Das Gericht fordert zu der Erkl. unter Bestimmung einer Frist auf; der Verurteilte kann nach § 145a Abs. 1 über den Verteidiger aufgefordert werden. Die Erkl. nach Abs. 4 soll sich auf die Erg. der bisherigen Beweisaufnahme beziehen. Es können auch neue Beweiserhebungen beantragt werden; werden sie vorgenommen, muss die Anhörung nach Abs. 4 wiederholt werden. 13

I. Beschwerde. Beschwerde gegen Art u. Umf. der Beweisaufnahme ist ausgeschlossen (→ § 372 Rn. 2). Der Verurteilte kann aber Beschwerde nach § 304 14

Abs. 1 gegen seine Ausschließung u. gegen die Ablehnung eines Vorführungsantrags einlegen (Löwe/Rosenberg/Schuster Rn. 28). Mit Abschluss der Beweiserhebung werden diese Rechtsmittel gegenstandslos (OLG Hamm JMBl. NRW. 1972, 239). Ergänzend → § 372 Rn. 8.

Entscheidung über die Begründetheit

370 (1) **Der Antrag auf Wiederaufnahme des Verfahrens wird ohne mündliche Verhandlung als unbegründet verworfen, wenn die darin aufgestellten Behauptungen keine genügende Bestätigung gefunden haben oder wenn in den Fällen des § 359 Nr. 1 und 2 oder des § 362 Nr. 1 und 2 nach Lage der Sache die Annahme ausgeschlossen ist, daß die in diesen Vorschriften bezeichnete Handlung auf die Entscheidung Einfluß gehabt hat.**

(2) **Andernfalls ordnet das Gericht die Wiederaufnahme des Verfahrens und die Erneuerung der Hauptverhandlung an.**

1 **A. Begründetheitsprüfung (Abs. 1). I. Voraussetzung.** Voraussetzung ist die Zulässigkeitserklärung nach § 368. Wenn eine Beweiserhebung (§ 369) entbehrlich ist, können aber die Beschlüsse nach §§ 368, 370 verbunden werden (OLG Brandenburg NStZ-RR 2010, 22). Der Wiederaufnahmeantrag darf nicht mehr auf Formmängel nach § 366 Abs. 2 geprüft werden.

2 Sonst ist das Gericht an den Zulassungsbeschluss aber nicht gebunden; ggf. muss der Antrag daher noch im Verf. nach § 370 als unzulässig verworfen werden (OLG Hamburg GA 1967, 317; OLG Koblenz NStZ-RR 2007, 317 Ls.; Löwe/Rosenberg/Schuster Rn. 8 ff.; **aM** Peters Fehlerquellen III 150: als unbegründet), allerdings nur, falls die zur Unzulässigkeit führenden Gründe v. Anfang an vorgelegen haben u. erst jetzt „entdeckt" wurden (OLG Hamburg StV 2003, 229).

3 **II. Umfang der Prüfung.** Der Umfang der Prüfung richtet sich nach dem geltend gemachten Wiederaufnahmegrund (OLG Hamburg JR 2001, 207). In den Fällen der §§ 359 Nr. 1–2, 362 Nr. 1–2 kommt es, wenn eine Verurteilung ergangen ist (§ 364 S. 1), nur auf den ursächlichen Zusammenhang an (→ Rn. 5). Andernfalls muss geprüft werden, ob die behauptete Straftat erwiesen ist (OLG Hamburg JR 2001, 207; OLG Oldenburg StV 2003, 234); bei Zweifeln ist der Antrag unbegründet. Im Fall der §§ 359 Nr. 3, 362 Nr. 3 begründet die rkr. Verurteilung ohne weiteres die Wiederaufnahme. Bei § 359 Nr. 4 wird nur der ursächliche Zusammenhang zwischen weggefallenem Zivilurteil u. Strafurteil geprüft. Bei § 362 Nr. 4 ist zu prüfen, ob genügend bestätigt ist, dass der Angeklagte ein Geständnis abgelegt hat, u. ob es glaubhaft ist. Im Fall des § 359 Nr. 5 wird geprüft, ob der Tatsachenvortrag des Antragstellers eine genügende Bestätigung (→ Rn. 4) gefunden hat; ferner ist erneut das Vorliegen der in der Vorschr. bezeichneten Voraussetzungen zu prüfen.

4 **III. Genügende Bestätigung.** Die Wiederaufnahmetatsachen sind genügend bestätigt, wenn aufgrund der Beweisaufnahme nach § 369 **ihre Richtigkeit hinreichend wahrscheinlich** ist; voller Beweis wird nicht gefordert (BVerfG NStZ 1990, 499; BGHSt 42, 314 (323); OLG Karlsruhe GA 1974, 250; OLG Schleswig NJW 1974, 714; OLG Stuttgart StV 1990, 539). Im Fall des § 359 Nr. 5 wird untersucht, ob die Urteilsfeststellungen durch die neuen Tatsachen o. Beweise so erschüttert werden, dass genügender Anlass zur Erneuerung der HV besteht (KG JR 1984, 393; OLG Bremen OLGSt StPO § 359 S. 55; OLG Hamm NJW 1962, 68; OLG Karlsruhe GA 1974, 250). Das Gericht muss sich – verfassungsrechtlich unbedenklich (BVerfG NStZ 1990, 499) – auf den Standpunkt des früher erkennenden Gerichts stellen (BGHSt 19, 365; OLG Bremen OLGSt StPO § 359 S. 55; **aM** AK-StPO/Loos Rn. 13; Löwe/Rosenberg/Schuster § 359 Rn. 139 ff.; Eisenberg JR 2007, 367: Gericht entscheidet v. seinem Standpunkt aus) u. die Erg. der neuen Beweisaufnahme mit den Urteilsfeststellungen vergleichen (OLG Bremen

NJW 1957, 1730). Dabei sind alle bisher erhobenen Beweise zu würdigen (OLG Karlsruhe GA 1974, 250; OLG Köln NJW 1968, 2119), auch die in einem früheren Wiederaufnahmeverfahren u. die v. einem unzuständigen Gericht erhobenen (OLG Düsseldorf NJW 1979, 1724). Die Entsch. nach § 370 hängt dann davon ab, ob es hinreichend wahrscheinlich ist, dass in der neuen HV eine für den Verurteilten günstige Entsch. ergeht, weil das Wiederaufnahmevorbringen dort nachgewiesen werden kann o. jedenfalls der Grundsatz *in dubio pro reo* anzuwenden ist (OLG Bremen NJW 1957, 1730; OLG Koblenz NStZ-RR 2007, 317 Ls.; OLG Stuttgart StV 1990, 539; Wasserburg Strafverfahren S. 196); eine „an Sicherheit grenzende Wahrscheinlichkeit" darf nicht verlangt werden (Hellebrand NStZ 2008, 378 zur Rspr. des BVerfG). Bei der Begründetheitsprüfung selbst ist der Zweifelsgrundsatz ebenso wenig anwendbar wie bei der Prüfung nach § 368 (OLG Bremen OLGSt StPO § 359 S. 55; OLG Karlsruhe Justiz 1984, 308; OLG Köln NJW 1968, 2119; Pfeiffer FS Graßhof, 1998, 283; **aM** Schünemann ZStW 84 (1972), 870; erg. → § 368 Rn. 10).

IV. Ursächlicher Zusammenhang. Der ursächliche Zusammenhang zwischen den in §§ 359 Nr. 1–2, 362 Nr. 1–2 bezeichneten Handlungen u. dem Urt. wird ges. (widerlegbar) vermutet (BGHSt 19, 365). Der Antragsteller braucht ihn nicht nachzuweisen (KMR-StPO/Eschelbach Rn. 25). Die Wiederaufnahme ist vielmehr anzuordnen, wenn das Gericht die Vermutung nicht mit Sicherheit widerlegen kann (BGHSt 19, 365). Beim Zeugenmeineid genügt es, dass die Glaubwürdigkeit der Beweisperson allg. erschüttert ist (Strate StV 1984, 44). 5

B. Verwerfungsbeschluss (Abs. 1). Der Verwerfungsbeschluss (Abs. 1), der nach § 34 zu begründen ist, wird ohne mündliche Verh. (§ 367 Abs. 2) erlassen, wenn die genügende Bestätigung o. der ursächliche Zusammenhang fehlt. Dieser Mangel kann auch aus Gründen bejaht werden, die im Gegensatz zu dem Zulassungsbeschluss stehen. Für die Kostenentscheidung gilt § 473 Abs. 6 Nr. 1. Zum Richterausschluss vgl. § 23 Abs. 2, zur Wiederholung des Antrags → § 372 Rn. 9. 6

C. Anordnung der Wiederaufnahme (Abs. 2). I. Beschlussfassung. Eine Beschlussfassung entfällt in den Fällen des § 371 (→ § 371 Rn. 1). Sonst ist sie unerlässlich; denn der Beschl. ist eine Prozessvoraussetzung für das weitere Verf. (BGHSt 18, 339 (341); LG Ravensburg NStZ-RR 1998, 112). Die Anordnung der beschränkten Wiederaufnahme ist zulässig, wenn sie nur wegen einer v. mehreren Straftaten beantragt o. begründet ist, auch wenn mit den übrigen Tatidentität iSd § 264 besteht (Löwe/Rosenberg/Schuster Rn. 30; **aM** BGHSt 14, 85 (88); Schlüchter Strafverfahren Rn. 765), o. wenn nur der Rechtsfolgenausspruch Grund zur Wiederaufnahme gibt (BGHSt 11, 361; OLG Hamm NJW 1953, 1765). 7

Der Wiederaufnahmebeschluss ergeht ohne mündliche Verh. (§ 367 Abs. 2), ist zu begründen (§ 34) u. wird in das BZR eingetragen (§ 16 Abs. 1 **BZRG**). 8

II. Wirkung der Wiederaufnahmeanordnung. Die Wirkung der Wiederaufnahmeanordnung: 9

Sie liegt va in der **Beseitigung der Urteilsrechtskraft** (BGHSt 14, 64 (66); 19, 280 (282); 21, 373 (375); Löwe/Rosenberg/Schuster Rn. 31 ff. mwN). Der Beschl. nach Abs. 2 versetzt das Verf. in den Zustand zurück, in dem es sich vor dem Urt. befunden hat (BayObLGSt 1981, 159; OLG Frankfurt a. M. GA 1980, 282; Gössel NStZ 1983, 393), dh in den Zustand nach Erlass des Eröffnungsbeschlusses o., bei Berufungsurteilen, nach Anberaumung der Berufungsverhandlung (RGSt 77, 282 (284); KMR-StPO/Eschelbach Rn. 38). 10

Mit der Rechtskraft des Beschl. nach Abs. 2 **endet die Vollstreckbarkeit des Urteils** ohne weiteres; die Vollstreckung muss sofort beendet werden (OLG Bremen NJW 1956, 316; OLG Saarbrücken NJW 2025, 177; Löwe/Rosenberg/Schuster Rn. 37). Das Eigentum an eingezogenen Sachen lebt wieder auf; entzogene Rechte gewinnt der Verurteilte zurück, zB die entzogene Fahrerlaubnis (BayObLGSt 1991, 95), wodurch bei rkr. Aufhebung der Verurteilung rückwirkend eine Strafbarkeit nach § 21 Abs. 1 Nr. 1 StVG entfällt (OLG Frankfurt a. M. 11

NStZ-RR 2000, 23; Asper NStZ 1994, 171, **aM** Groß NStZ 1994, 173; Mitsch NZV 2012, 515).

12 Bei Teilwiederaufnahme wird auch die **Gesamtstrafe** gegenstandslos (BGHSt 14, 85 (89); BGH BeckRS 2017, 124213), uU auch die Sicherungsmaßregeln (vgl. OLG Saarbrücken NJW 2025, 177; die weitere Vollstreckung der nicht berührten Einzelstrafen bleibt aber zulässig (Löwe/Rosenberg/Schuster Rn. 40). Es ist aber ggf. über die Frage der Strafaussetzung zur Bewährung neu zu befinden (OLG Koblenz NStZ 1991, 555).

13 Gegenstandslos werden ferner die zu dem Urt. ergangenen **Gnadenerweise** (BayObLGSt 1951, 403).

14 Mit der Rechtskraft des Beschl. beginnt die **Verjährungsfrist,** die bis dahin geruht hatte, wieder zu laufen (OLG Köln DAR 1979, 344), sie beginnt nicht etwa wieder neu (KK-StPO/Tiemann Rn. 19; **aM** Löwe/Rosenberg/Schuster Rn. 41 mwN); zu § 362 vgl. → § 362 Rn. 1.

15 Haftbefehle ua **einstweilige Anordnungen** leben nicht wieder auf, können aber erneut erlassen werden (Mosbacher NJW 2005, 3111). § 47 Abs. 3 gilt hier nicht (BR-Drs. 550/06, 93).

16 Wegen der **Verteidigervollmacht und -bestellung** vgl. → § 364a Rn. 2, 3.

17 **D. Erneuerung der HV.** Die Erneuerung der HV muss in dem Beschl. nach Abs. 2 angeordnet werden; das Fehlen der Anordnung ist aber unschädlich. Die neue HV findet vor dem Wiederaufnahmegericht (→ GVG § 140a Rn. 1) statt, kann aber entspr. § 354 Abs. 3 vor einem zuständigen niederen Gericht u. (im Fall des § 362) entspr. § 355 vor einem höheren Gericht angeordnet werden. Zur Verweisung v. JGG-Sachen an allg. Strafgerichte vgl. → GVG § 140a Rn. 11.

18 **E. Sofortige Beschwerde.** Sofortige Beschwerde ist gegen den Verwerfungsbeschluss zulässig (§ 372 S. 1). Zur Aufhebung zwingt die Verwendung polizeilicher o. staatsanwaltschaftlicher Prot. (→ § 369 Rn. 7), das Unterlassen der Benachrichtigung v. der Beweisaufnahme (OLG Celle NJW 1962, 1073; vgl. aber → § 369 Rn. 11: Verwirkung durch Unterlassen sofortiger Beanstandung) u. die Verletzung des § 369 Abs. 4 (OLG Celle NStE StPO § 370 Nr. 2 mwN; OLG Düsseldorf NStE StPO § 370 Nr. 3 zu § 369; erg. → § 372 Rn. 8). Ordnet das Beschwerdegericht die Wiederaufnahme des Verf. an, kann ihm in entspr. Anwendung des § 210 Abs. 3 die Befugnis zugesprochen werden, eine andere Kammer o. einen anderen Sen. für zuständig zu erklären (OLG Nürnberg NJW 2013, 2692; **aM** OLG Frankfurt a. M. NStZ-RR 2008, 378).

19 Der Beschl. nach Abs. 2 ist **unanfechtbar** (§ 372 S. 2) u. darf nicht zurückgenommen werden, auch wenn er erschlichen worden ist (OLG Köln NJW 1955, 314).

Freisprechung ohne erneute Hauptverhandlung **Nr. 171 RiStBV**

371 (1) **Ist der Verurteilte bereits verstorben, so hat ohne Erneuerung der Hauptverhandlung das Gericht nach Aufnahme des etwa noch erforderlichen Beweises entweder auf Freisprechung zu erkennen oder den Antrag auf Wiederaufnahme abzulehnen.**

(2) **Auch in anderen Fällen kann das Gericht, bei öffentlichen Klagen jedoch nur mit Zustimmung der Staatsanwaltschaft, den Verurteilten sofort freisprechen, wenn dazu genügende Beweise bereits vorliegen.**

(3) [1] **Mit der Freisprechung ist die Aufhebung des früheren Urteils zu verbinden.** [2] **War lediglich auf eine Maßregel der Besserung und Sicherung erkannt, so tritt an die Stelle der Freisprechung die Aufhebung des früheren Urteils.**

(4) **Die Aufhebung ist auf Verlangen des Antragstellers im Bundesanzeiger bekannt zu machen und kann nach dem Ermessen des Gerichts auch auf andere geeignete Weise veröffentlicht werden.**

A. Tod des Verurteilten (Abs. 1). Nach dem Tod des Verurteilten (Abs. 1) ist zwar ein Wiederaufnahmeverfahren zulässig (§ 361), nicht aber eine HV, auch nicht iVm der erneuten HV gegen Mitangeklagte (RGSt 10, 423; KMR-StPO/Eschelbach Rn. 1; Löwe/Rosenberg/Gössel Rn. 5; **aM** Peters Fehlerquellen III 158). Für den Fall, dass der Antrag nach § 368 für zulässig erklärt wird, muss daher nach Erhebung der etwa noch erforderlichen Beweise auf Freisprechung o. auf Ablehnung, dh Verwerfung, erkannt werden; ein Beschl. nach § 370 Abs. 2 ergeht nicht (RGSt 47, 166; Löwe/Rosenberg/Schuster Rn. 5; **aM** OLG Bremen JR 1956, 100). 1

I. Beweisaufnahme. Die Beweisaufnahme nimmt nach § 369 Abs. 1 der beauftragte o. ersuchte Richter vor (**aM** SK-StPO/Frister Rn. 7: das entscheidende Gericht). Für die Vereidigung v. Zeugen gilt § 369 Abs. 2 nicht (Löwe/Rosenberg/Gössel Rn. 7a). Der Anspruch auf Anwesenheit besteht ohne die Beschränkungen des § 369 Abs. 3 S. 2 iVm § 224 Abs. 1 S. 2 (Löwe/Rosenberg/Schuster Rn. 7). § 369 Abs. 4 gilt. 2

II. Freisprechung oder Antragsablehnung. Nur Freisprechung oder Antragsablehnung ist zulässig. Dem Freispruch (auch Teilfreispruch) steht aber auch hier (vgl. → § 359 Rn. 39) die Einstellung wegen eines Verfahrenshindernisses gleich. Ein auf ein anderes Ziel gerichteter Antrag ist v. vornherein unzulässig. Insbesondere kann die Strafherabsetzung in Anwendung eines milderen Gesetzes weder beantragt noch angeordnet werden. Mit der Freisprechung ist die Urteilsaufhebung zu verbinden; bei Teilfreispruch wird keine neue Gesamtstrafe gebildet (Löwe/Rosenberg/Schuster Rn. 10). Bei selbständig angeordneten Sicherungsmaßregeln wird nur das Urt. aufgeh. (Abs. 3 S. 2). 3

III. Nachweis der Unschuld. Den Nachweis der Unschuld setzt die Freisprechung ebenso wenig voraus wie in der HV. Der Grundsatz *in dubio pro reo* (→ § 261 Rn. 26 ff.) gilt (Löwe/Rosenberg/Schuster Rn. 9; Peters Fehlerquellen III 159; vgl. auch KMR-StPO/Eschelbach Rn. 4). Andernfalls würde die Rehabilitierung des toten Verurteilten v. strengeren Voraussetzungen abhängen als die des lebenden. 4

B. Tod des Verurteilten nach Antragstellung. Tritt der Tod des Verurteilten nach Antragstellung ein, so wird im Fall des § 362 das Wiederaufnahmeverfahren eingestellt. Im Fall des § 359 wird es nur dann nicht eingestellt, sondern fortgesetzt, wenn die StA den Antrag zugunsten des Verurteilten gestellt hat, bei anderen Antragstellern nur, wenn die StA o. einer der nach § 361 Abs. 2 Antragsberechtigten mit dem Ziel der Freisprechung, nicht nur der Auslagenerstattung, durch ausdr. Erkl. in das Verf. eintritt (BGHSt 43, 169). Das ist auch nach Erlass des Beschl. nach § 370 Abs. 2 zulässig (BGHSt 21, 373; Pflüger NJW 1983, 1894). 5

Wird der Verurteilte nach Erneuerung der HV dauernd **verhandlungsunfähig,** so ist das Verf. nach § 206a einzustellen (OLG Frankfurt a. M. NJW 1983, 2398; KK-StPO/Tiemann § 370 Rn. 15; SK-StPO/Frister Rn. 4; **aM** Hassemer NJW 1983, 2353; Löwe/Rosenberg/Schuster Rn. 3; Gössel GS Kaufmann, 1989, 996: entspr. Anwendung von Abs. 1; Baumann FS Peters, 1984, 7: Verf. nach Abs. 1 nur bei Wahrscheinlichkeit der Urteilsaufhebung, andernfalls Einstellung). 6

C. Sofortige Freisprechung in anderen Fällen (Abs. 2). I. Freisprechung. Nur die Freisprechung u. die Verfahrenseinstellung wegen eines Prozesshindernisses (vgl. → § 368 Rn. 1a; → § 373 Rn. 4a) sind ohne erneute HV möglich, nicht die Einstellung nach §§ 153 ff. (KMR-StPO/Eschelbach Rn. 19; Marxen/Tiemann Strafsachen Rn. 446; Peters Fehlerquellen III 159; **aM** OLG Hamm JMBl. NRW. 1981, 285; Löwe/Rosenberg/Gössel Rn. 18; Löwe/Rosenberg/Beulke § 153 Rn. 59; SK-StPO/Frister Rn. 13). 7

Die Teilfreisprechung ist zulässig, auch wenn der Antrag nicht v. vornherein auf eine der mehreren Taten beschränkt war (BGHSt 8, 383 (388); Löwe/Rosenberg/Gössel Rn. 19); erforderlichenfalls ist in dem Verf. nach Abs. 2 auch die neue Gesamtstrafe zu bilden (BGHSt 14, 85 (89)). Ebenso wenig wie bei Abs. 1 muss die 8

Unschuld des Verurteilten erwiesen sein; es genügt die Unmöglichkeit des Schuldnachweises (Löwe/Rosenberg/Gössel Rn. 9; Peters Fehlerquellen III 158 ff.).

8a Die Regelung des Abs. 2 ist **entspr. anzuwenden,** wenn ein Angeklagter unter Einbeziehung einer anderweitig rkr. verhängten Strafe verurteilt wird u. sich nach Rechtskraft des Urt. herausstellt, dass mit der einbezogenen Strafe zuvor schon eine Gesamtstrafe gebildet worden war (LG Duisburg NStZ 2004, 104; zust. Hellebrand NStZ 2004, 64). Auch eine teilw. Abänderung des Rechtsfolgenausspruchs ist zulässig (LG Fulda StV 2012, 401: Aufhebung der Anordnung der Sicherungsverwahrung).

9 **II. Zustimmung der StA.** Die Zustimmung der StA ist erforderlich, aber nicht im Privatklageverfahren. Sie soll nur ausnahmsweise erteilt werden, etwa wenn einwandfrei festgestellt ist, dass der Verurteilte zur Tatzeit schuldunfähig war, o. wenn seine Unschuld sonst klar zutage liegt u. eine Erneuerung der HV wegen der bes. Umstände des Falles unzweckmäßig wäre (Nr. 171 Abs. 1 S. 2, Abs. 2 RiStBV). Die Zustimmung kann widerrufen werden. Nicht erforderlich ist die Zustimmung des Verurteilten (OLG Frankfurt a. M. NJW 1965, 314) u. des Privatklägers (Löwe/Rosenberg/Schuster Rn. 21).

10 **III. Ermessen des Gerichts.** Im **Ermessen des Gerichts** steht die Entsch. nach Abs. 2. Sie kommt nur in Fällen mit unzw. Erg. in Betracht (Löwe/Rosenberg/Gössel Rn. 23). Dass bereits ein Hauptverhandlungstermin anberaumt war, steht nicht entgegen. Gegen den Willen des Verurteilten sollte nicht ohne erneute HV entschieden werden; jedenfalls ist er vorher zu hören (KMR-StPO/Eschelbach Rn. 16; Löwe/Rosenberg/Schuster Rn. 24; **aM** SK-StPO/Frister Rn. 11; Peters Fehlerquellen III 159).

11 **D. Beschluss.** Durch Beschluss (nicht durch Urt.) wird in den Fällen Abs. 1 und Abs. 2 entschieden (BGHSt 8, 383; BGHSt 14, 64 (66); allgM).

12 **E. Öffentliche Bekanntmachung (Abs. 4).** Die öffentliche Bekanntmachung (Abs. 4) ist ein Ersatz für die fehlende Rehabilitierung durch die Urteilsverkündung in einer HV. Sie ist nur in den Fällen des § 371 zulässig (RGSt 42, 115), sofern nicht schon das frühere Urt., zB nach § 200 StGB, bekannt gemacht worden war (→ § 373 Rn. 11). Die Anordnung ergeht nur auf Verlangen des Antragstellers (nicht der StA), das an keine Frist gebunden ist u. noch nach Rechtskraft des Beschl. gestellt werden kann (Löwe/Rosenberg/Schuster Rn. 27). Bekannt gemacht wird nur der Urteilsausspruch. Die Veröff. erfolgt im BAnz., nach Ermessen des Gerichts daneben auch in anderer geeigneter Weise (→ § 111e Rn. 16). Für die Vollstreckung gelten §§ 36 Abs. 2, 463c Abs. 3, Abs. 4.

13 **F. Sofortige Beschwerde.** Sofortige Beschwerde nach § 372 ist gegen den Beschl. zulässig (BGHSt 8, 383; BGH NJW 1976, 431; OLG Schleswig SchlHA 1963, 60). Die Beschränkung des S. 2 gilt nicht. Im Fall des Abs. 2 hat die StA kein Anfechtungsrecht, wenn sie zugestimmt hatte (Löwe/Rosenberg/Schuster Rn. 30). Der Verurteilte kann den wegen fehlender Zustimmung der StA ergangenen Ablehnungsbeschluss nicht anfechten (OLG Frankfurt a. M. NJW 1965, 314).

Sofortige Beschwerde

372 [1] **Alle Entscheidungen, die aus Anlaß eines Antrags auf Wiederaufnahme des Verfahrens von dem Gericht im ersten Rechtszug erlassen werden, können mit sofortiger Beschwerde angefochten werden.** [2] **Der Beschluß, durch den das Gericht die Wiederaufnahme des Verfahrens und die Erneuerung der Hauptverhandlung anordnet, kann von der Staatsanwaltschaft nicht angefochten werden.**

1 **A. Sofortige Beschwerde (§ 311).** Sofortige Beschwerde (§ 311) findet statt gegen Entsch. des Gerichts des 1. Rechtszugs, dh des Gerichts, das nach § 367 Abs. 1, § 140a GVG über die Zulässigkeit u. Begründetheit des Wiederaufnahmeantrags entschieden hat (BGHSt 37, 356 (357); OLG Düsseldorf NJW 1958, 1248),

auch des OLG (StPO § 304 Abs. 4 S. 2 Nr. 5). In Betracht kommen nur Entsch. nach §§ 368 Abs. 1, 370 Abs. 1 und Abs. 2 (vgl. aber → Rn. 4) u. nach § 360 Abs. 2 (→ § 360 Rn. 5) sowie Beschlüsse nach § 371 Abs. 1 und Abs. 2 (→ § 371 Rn. 13); **aM** Wasserburg/Rübenstahl GA 2002, 39: auch bei Zwischenentscheidungen im Probationsverfahren. Die einen Ablehnungsantrag zurückweisende Entsch. ist entspr. § 28 Abs. 2 S. 2 nur zusammen mit der Endentscheidung anfechtbar (OLG Frankfurt a. M. NStZ-RR 2007, 148 (1. StS); **aM** OLG Frankfurt a. M. NStZ-RR 2008, 378 (2. StS); OLG Hamm NStZ-RR 2014, 215; Feilcke/Schiller NStZ-RR 2016, 70 – OLG Hamm RsprÜ; erg. → Rn. 2 aE). Hat das AG in Verkennung seiner Zuständigkeit entschieden, so ist die den Mangel nicht erkennende Beschwerdeentscheidung des LG als eine mit der Beschwerde zum OLG anfechtbare erstinstanzliche Entsch. anzusehen (KG NStZ 2009, 592 Ls.).

B. Einfache Beschwerde (§ 304 Abs. 1). Einfache Beschwerde (§ 304 Abs. 1) ist zulässig gegen abl. Entsch. nach § 364a (→ § 364 Rn. 9), § 364b ua Beschlüsse, die nicht unmittelbar mit der Zulässigkeit, Begründetheit o. Strafvollstreckung zusammenhängen (OLG Koblenz NJW 1961, 1418; Löwe/Rosenberg/Schuster Rn. 6). Dabei gilt § 305 S. 1 entspr. (OLG Frankfurt a. M. NJW 1965, 314; Löwe/Rosenberg/Schuster Rn. 7 mwN). Unanfechtbar sind va Beschlüsse über den Umf. der Beweisaufnahme nach § 369 (OLG Frankfurt a. M. NJW 1955, 73), zB die Bestellung v. Sachverständigen (OLG Hamm MDR 1969, 950), die Vernehmung v. Zeugen (Löwe/Rosenberg/Schuster Rn. 8), aber auch über die Ablehnung eines Richters nach § 24 (OLG Koblenz OLGSt StPO § 28 Nr. 5; **aM** OLG Düsseldorf JMBl. NRW. 1995, 80; SK-StPO/Frister Rn. 3) o. eines Sachverständigen nach § 74 (OLG Düsseldorf MDR 1989, 762; OLG Frankfurt a. M. NJW 1965, 314). 2

C. Anfechtungsberechtigung. Anfechtungsberechtigt sind Antragsteller u. StA. 3

Das Beschwerderecht der StA ist durch **S. 2** eingeschränkt, auch für den Fall, dass die Wiederaufnahme auf Antrag des Privatklägers zuungunsten des Angeklagten angeordnet wird. Für sofortige Beschwerden dieses Prozessbeteiligten gilt S. 2 entspr. (OLG Stuttgart MDR 1970, 165). Den Beschl. nach § 368 kann die StA immer anfechten, auch wenn er mit dem nach § 370 Abs. 2 verbunden worden ist (Löwe/Rosenberg/Schuster Rn. 12; Fuchs MDR 1970, 165; **aM** Peters Fehlerquellen III 163). Der Nebenkläger kann sich dem Verf. durch Einlegung des Rechtsmittels anschließen (OLG Stuttgart Justiz 1987, 436). 4

D. Verfahren. Die sofortige Beschwerde muss nicht in der strengen Form des § 366 Abs. 2 eingelegt werden; die **Form** des § 306 Abs. 1 genügt (OLG Braunschweig NJW 1966, 993; OLG Hamm MDR 1968, 166). 5, 6

Das **Nachschieben neuer Tatsachen und Beweismittel** mit der Beschwerde ist unzulässig, auch wenn das Rechtsmittel in der Form des § 366 Abs. 2 eingelegt wird (BGHR StPO § 372 Neue Tatsache 6; KG JR 1967, 32; OLG Braunschweig NJW 1966, 993; OLG Düsseldorf NJW 1982, 839; OLG Hamm MDR 1968, 166; OLG München MDR 1982, 250; Löwe/Rosenberg/Schuster Rn. 18; **aM** OLG Hamm NJW 1976, 1417; Peters Fehlerquellen III 152 ff.). Zulässig ist ein lediglich erg. Tatsachenvortrag (OLG Celle NJW 1966, 943), ebenso die Konkretisierung eines schon im Wiederaufnahmeantrag angebotenen Beweismittels (Pfeiffer/Miebach NStZ 1985, 496 – BGH RsprÜ). Das Beschwerdegericht entscheidet nach § 309 Abs. 2 in der Sache selbst (OLG Nürnberg NJW 2013, 2692). 7

Jedoch muss **zurückverwiesen** werden, wenn ein nach § 23 Abs. 2 ausgeschlossener Richter mitgewirkt hat (OLG Bremen NJW 1966, 605; OLG Hamm OLGSt StPO § 23 S. 7; OLG Saarbrücken NJW 1966, 167), sofern der Antrag nicht wegen Formmangels unzulässig ist (KG JR 1967, 266), wenn der Antrag zu Unrecht nach § 368 Abs. 1 verworfen worden ist (OLG Frankfurt a. M. NJW 1983, 2399; OLG Hamm NJW 1980, 717), die Beweisaufnahme nach § 369 nicht ordnungsgemäß stattgefunden hat (OLG Hamm JMBl. NRW. 1978, 116), das 8 rechtliche Gehör nach § 369 Abs. 4 versagt worden ist (OLG Düsseldorf NJW 1982, 839; OLG Hamburg MDR 1977, 865; OLG Hamm NJW 1974, 689) o. bei der Entsch. nach § 370 Abs. 1 polizeiliche o. staatsanwaltschaftliche Prot. verwertet worden sind (Löwe/Rosenberg/Schuster § 370 Rn. 51).

9 **E. Rechtskraft.** Die Rechtskraft der Beschwerdeentscheidung steht der Wiederholung des wegen Formmangels als unzulässig verworfenen Antrags nicht entgegen. Ist aber eine Sachentscheidung ergangen, gleichgültig, ob der Antrag als unzulässig (§ 368 Abs. 1) o. unbegründet (§ 370 Abs. 1) verworfen worden ist, so ist das Wiederaufnahmevorbringen verbraucht u. die Wiederholung des Antrags ausgeschlossen (OLG Braunschweig NJW 1966, 994; OLG Düsseldorf JMBl. NRW. 1984, 263; OLG Hamburg JR 2000, 380 mAnm Gössel: Eine „Wiederaufnahme des Wiederaufnahmeverfahrens ist unstatthaft"). Eine Ausnahme gilt, wenn die Ausführungen nicht entscheidungserheblich waren, zB nur in einer Hilfserwägung bestanden. Wird der neue Antrag auf andere neue Tatsachen o. Beweismittel gestützt, so können der frühere Sachvortrag u. die früher benannten Beweismittel unterstützend herangezogen werden (OLG Hamburg OLGSt StPO § 359 S. 19).

10 In der **erneuten HV** ist die Rechtmäßigkeit des Beschl. nach § 370 Abs. 2 nicht zu prüfen (BGHSt 14, 85 (88)). An den Umf. der zugelassenen Wiederaufnahme ist das Gericht gebunden (BGHSt 14, 85 (88)). Diesen Einschränkungen unterliegt auch die Prüfung des Revisionsgerichts (BGHSt 14, 85 (88); Löwe/Rosenberg/Schuster Rn. 26 mwN).

Urteil nach erneuter Hauptverhandlung;
Verbot der Schlechterstellung **Nr. 171 RiStBV**

373 (1) **In der erneuten Hauptverhandlung ist entweder das frühere Urteil aufrechtzuerhalten oder unter seiner Aufhebung anderweit in der Sache zu erkennen.**

(2) [1] **Das frühere Urteil darf in Art und Höhe der Rechtsfolgen der Tat nicht zum Nachteil des Verurteilten geändert werden, wenn lediglich der Verurteilte, zu seinen Gunsten die Staatsanwaltschaft oder sein gesetzlicher Vertreter die Wiederaufnahme des Verfahrens beantragt hat.** [2] **Diese Vorschrift steht der Anordnung der Unterbringung in einem psychiatrischen Krankenhaus oder einer Entziehungsanstalt nicht entgegen.**

1 **A. HV vor dem zuständigen Gericht.** Vor dem zuständigen Gericht (vgl. §§ 140a GVG) in demselben Rechtszug, in dem das frühere Urt. ergangen war, findet die neue HV statt, bei Gerichten mit bes. Zuständigkeit erneut vor einem Gericht dieser Art (BGHSt 14, 64 (66)), bei Berufungsurteilen wieder vor einem Berufungsgericht (RGSt 77, 282; Löwe/Rosenberg/Schuster Rn. 1 mwN), bei Revisionsurteilen vor einem anderen Sen. desselben Revisionsgerichts (Kissel/Mayer GVG § 140a Rn. 5). Zum Richterausschluss vgl. § 23 Abs. 2; nicht ausgeschlossen sind die Richter, die bei der Beweisaufnahme nach § 369 oder bei dem Beschl. nach § 370 Abs. 2 mitgewirkt haben.

2 **B. Neue Verhandlung.** In der neuen Verhandlung, für die erforderlichenfalls nach §§ 140 ff. ein Verteidiger bestellt werden muss (→ § 364a Rn. 3), wird nicht das frühere Urt. überprüft, sondern die **Sache ohne Bindung an das frühere Urt. in jeder Hinsicht neu u. selbständig verhandelt** (BGHSt 14, 64 (66); OLG Frankfurt a. M. NJW 1983, 2398; Löwe/Rosenberg/Schuster Rn. 5 mwN); dabei gilt § 264 (BGHSt 19, 280 (282)). Die Entsch., die nach § 362 Nr. 2 Wiederaufnahmegrund war, wird aber nicht auf ihre Richtigkeit geprüft (Pfeiffer/Miebach NStZ 1985, 208 – BGH RsprÜ). Zwischenzeitliche Gesetzesänderungen sind zu beachten. Bei Verh. im 1. Rechtszug wird der Anklagesatz nach § 243 Abs. 3 S. 1 verlesen, im Berufungsverfahren nach § 324 Abs. 1 S. 2 das angefochtene Urteil. Die Verlesung des Beschl. nach § 370 Abs. 2 ist nicht erforderlich;

unzulässig ist sie nur, wenn der Beschl. eine eing. Beweiswürdigung enthält u. Schöffen mitwirken (BGH MDR 1961, 250; **aM** SK-StPO/Frister Rn. 6). Die Verlesung des früher ergangenen Urt. ist zulässig u. geboten, wenn die neue Verh. sonst unverständlich bliebe. Neues Vorbringen ist unbeschränkt zulässig; die Beweise sind neu zu würdigen (Peters StrafProzR Rn. 687), u. über die Rechtsfolgen ist unter Beachtung von Abs. 2 neu zu entscheiden. Hinweise an den Angeklagten, zB nach § 265, müssen wiederholt (RGSt 58, 52), Zeugen neu vereidigt werden (→ § 67 Rn. 5). Nebenkläger sind ohne erneute Anschlusserklärung wieder zuzulassen (OLG Köln JMBl. NRW. 1984, 21).

C. Neue Entscheidung. I. Beendigung des Verfahrens. Eine Beendigung des Verfahrens kann nicht durch Fallenlassen der Klage nach § 411 Abs. 3 S. 1 (Peters Fehlerquellen III 165; **aM** KK-StPO/Tiemann Rn. 6) o. Zurücknahme der Berufung der StA (**aM** Löwe/Rosenberg/Schuster Rn. 18; SK-StPO/Frister Rn. 10; Marxen/Tiemann Strafsachen Rn. 404) herbeigeführt werden. Auch eine Verwerfung der Berufung nach § 329 Abs. 1 ist unzulässig (SK-StPO/Frister Rn. 10; **aM** KK-StPO/Tiemann Rn. 11). Eine Sachentscheidung muss die neue Entsch. aber nicht sein; so ist zB auch die Anwendung der §§ 205, 270 möglich. 3

Die **Verfahrenseinstellung** nach §§ 206a, 260 Abs. 3 und nach §§ 153 ff. ist nicht ausgeschlossen. Es ist aber zu unterscheiden: Wurde in dem früheren Verf. ein Verfahrenshindernis übersehen, so muss das frühere Urt. nach § 371 Abs. 2 oder § 373 Abs. 1 aufgeh. u. das Verf. eingestellt werden. Ist das Verfahrenshindernis erst hier eingetreten, wird das Verf. nach § 206a eingestellt (SK-StPO/Paeffgen § 206a Rn. 11; Meyer-Goßner GA 1973, 374; erg. → § 206a Rn. 6). 4

II. Aufhebung des früheren Urteils. Die Aufhebung des früheren Urteils ist notwendig, wenn v. ihm abgewichen wird; dann ist anderweit in der Sache zu erkennen. Maßgebend ist aber allein das Beweisergebnis der neuen HV, das eigenständig gewürdigt werden muss; wenn dies für die Überzeugung des Gerichts ausreicht, ist es unerheblich, ob früher als wesentlich angesehene Beweise entkräftet o. in ihrem Gewicht gemindert sind (BGH StV 1999, 5). 5

Auf **Aufrechterhaltung der Entscheidung** wird erkannt, wenn das Gericht in keinem Punkt v. der früheren Entsch. abweicht (Löwe/Rosenberg/Schuster Rn. 27). Das Urt. wird dann nicht aufgeh. u. durch eine inhaltsgleiche Verurteilung ersetzt. Sachliche Bedeutung hat die im G vorgeschriebene Form aber nicht (RGSt 57, 317; OLG Bremen NJW 1956, 316; Stree JR 1982, 337). Die Neufassung des Urteilsausspruchs zur Anpassung an zwischenzeitliche Gesetzesänderungen ist nicht ausgeschlossen. Bei Verhängung einer milderen Strafe wird das ganze Urt. neu gefasst (KMR-StPO/Eschelbach Rn. 18; Löwe/Rosenberg/Schuster Rn. 28). 6

Für den **Urteilsinhalt** gilt § 267. Auf die Feststellungen des aufrechterhaltenen Urt. darf nicht Bezug genommen werden (Löwe/Rosenberg/Schuster Rn. 29 mwN). 7

III. Anrechnung früherer Rechtsfolgen. Bereits vollstreckte gleichartige **Strafen** werden nach § 51 Abs. 2 StGB ohne besonderen Ausspruch angerechnet, Geldstrafe, wenn nunmehr Freiheitsstrafe verhängt wird, nach dem Umrechnungsmaßstab des § 51 Abs. 4 S. 1 StGB (BayObLGSt 1976, 87 = NJW 1976, 2139). Bei Freispruch werden die Geldstrafe (D. Meyer MDR 1979, 459; vgl. auch Peters Fehlerquellen III 187 ff.) u. die Gerichtskosten zurückerstattet, eine vollstreckte Freiheitsstrafe aber nicht auf in anderen Sachen verhängte Strafen angerechnet (**aM** OLG Frankfurt a. M. GA 1980, 262; Löwe/Rosenberg/Schuster Rn. 30 für den Fall, dass die Verurteilung zu einer Gesamtstrafe geführt hätte). 8

Bei Sicherungsmaßregeln nach §§ 69, 70 StGB wird die Zeit des bisherigen Verbots auf die des neuen angerechnet (OLG Hamm VRS 21, 43). 9

Einziehungsgegenstände werden zurückgegeben, wenn die Einziehung nicht mehr angeordnet worden ist. 10

Die **Urteilsbekanntmachung** ist nur erforderlich, wenn sie früher erfolgt, der Verurteilte aber nunmehr freigesprochen worden ist (Löwe/Rosenberg/Schuster Rn. 33). 11

12 **Gnadenerweise** gewinnen ihre Bedeutung zurück, wenn der Verurteilte erneut bestraft wird. Daher muss das Urt. mit den Änd. aufrechterhalten werden, die es im Gnadenweg erfahren hat, u. der Gnadenerweis muss auf die neue Strafe angerechnet werden (Löwe/Rosenberg/Schuster Rn. 35 mwN). Für die Entschädigung für Strafverfolgungsmaßnahmen u. Strafen gelten §§ 1, 7 **StrEG.**

13 **D. Verbot der Schlechterstellung.** Das Verbot der Schlechterstellung entspr. dem Verbot der §§ 331, 358 Abs. 2; allerdings ist (versehentlich?) § 358 Abs. 2 S. 2 nicht für entspr. anwendbar erklärt.

14 Allerdings **beschwert** den Verurteilten die Wiederaufnahme zu seinen Gunsten nach § 359 Nr. 5, wenn aufgrund der neuen Tatsachen oder Beweismittel ein Freispruch wegen Schuldunfähigkeit in Betracht kommt und die erstmalige Unterbringung des Verurteilten nach **§ 63 StGB** nicht auszuschließen ist (OLG Saarbrücken NJW 2025, 177).

Verfahren bei Strafbefehl

373a (1) **Die Wiederaufnahme eines durch rechtskräftigen Strafbefehl abgeschlossenen Verfahrens zuungunsten des Verurteilten ist auch zulässig, wenn neue Tatsachen oder Beweismittel beigebracht sind, die allein oder in Verbindung mit den früheren Beweisen geeignet sind, die Verurteilung wegen eines Verbrechens zu begründen.**

(2) **Im übrigen gelten für die Wiederaufnahme eines durch rechtskräftigen Strafbefehl abgeschlossenen Verfahrens die §§ 359 bis 373 entsprechend.**

1 **A. Wiederaufnahmegründe gegen Strafbefehle (Abs. 1).** Die Wiederaufnahmegründe gegen Strafbefehle (Abs. 1) entsprechen mit einer Ausnahme denen, die auch bei einer Aburteilung durch Urt. gelten. Zugunsten des Verurteilten ist § 359 anzuwenden, zu seinen Ungunsten § 362, beide ergänzt durch §§ 363, 364.

2 Für die **Wiederaufnahme zuungunsten des Verurteilten** ist abw. von § 362 die Wiederaufnahme auch zulässig, wenn die StA neue Tatsachen o. Beweismittel (→ § 359 Rn. 27 ff.) beibringt, die allein o. iVm den früheren Tatsachen o. Beweisen geeignet sind, die Verurteilung wegen eines Verbrechens (§ 12 Abs. 1 StGB) zu begründen. Das ist nur der Fall, wenn sich die Tat nachträglich als Verbrechen herausstellt, sei es durch dem Gericht, das den Strafbefehl erlassen hat, bisher unbekannte (Mitsch NZV 2013, 66 mwN in Fn. 37) o. durch nachträglich eingetretene Umstände. Ist die Tat nur rechtlich fehlerhaft als Vergehen gewertet worden, scheidet die Wiederaufnahme aus (Neumann NJW 1984, 780).

3 Damit ist dem Umstand Rechnung getragen, dass zwar die **Rechtskraft des Strafbefehls** nach § 410 Abs. 3 der eines Urt. gleichsteht (→ § 410 Rn. 11 ff.), dass das Strafbefehlsverfahren aber ein summarisches Verf. ist, bei dem die den Schuldvorwurf begründenden Tatsachen nicht so sorgfältig geprüft werden wie in der HV, so dass der Strafbefehl möglicherweise auf weniger zuverlässigen Erkenntnisgrundlagen beruht (vgl. → Vor § 407 Rn. 1; krit. SK-StPO/Frister Rn. 5; Kerner/Karnowski FS Kühne, 2013, 579). Durch die Einschränkung, dass die Wiederaufnahme nur das Ziel der Verurteilung wegen eines Verbrechens haben kann, ist § 373a dem § 153a Abs. 1 S. 4 und dem § 85 Abs. 3 S. 2 OWiG angepasst worden.

4 **B. Entsprechende Geltung der §§ 359–373 (Abs. 2).** Die entsprechende Geltung der §§ 359–373 (Abs. 2) bedeutet, dass auch im Wiederaufnahmeverfahren gegen einen Strafbefehl zunächst nach § 368 über die Zulässigkeit des Antrags entschieden wird. Zur Beurteilung, ob neue Tatsachen o. Beweismittel vorliegen (→ § 359 Rn. 21), ist auf die Aktenlage abzustellen (BVerfG NJW 1993, 2735; 2007, 207; Feilcke/Schiller NStZ-RR 2016, 3 – BVerfG RsprU); allgemein- o. gerichtskundige Tatsachen (→ § 244 Rn. 50 ff.) sind nur dann nicht neu, wenn sie Eingang in die Verfahrensakten o. in den Text des Strafbefehls gefunden haben

(BVerfG NJW 2007, 207 (208)). Dabei ist es rechtsstaatlich geboten, sich aus den Akten aufdrängende, klar auf der Hand liegende Fehler bei der Tatsachenfeststellung zu beachten (BVerfG NZV 2016, 45 (47)). Wird der Antrag für zulässig befunden, folgt nach gem. § 369 durchgeführter Beweisaufnahme die Entsch. über die Begründetheit (§ 370). Wenn der Beschl. nach § 370 Abs. 2 rkr. wird, hat der Strafbefehl für das weitere Verf. die Bedeutung eines Eröffnungsbeschlusses. Sofern nicht nach § 371 verfahren wird, muss in dem wiederaufgenommenen Verf. aufgrund einer HV entschieden werden (Löwe/Rosenberg/Gössel Rn. 13); § 412 ist nicht anwendbar. In der neuen HV wird entweder der Strafbefehl aufrechterhalten o. unter seiner Aufhebung anderweitig in der Sache entschieden. Das gilt allerdings nur, wenn zulässigerweise im Strafbefehlsverfahren verhandelt worden ist; war das nicht der Fall, weil zB entgegen § 79 Abs. 1 **JGG** ein Strafbefehl gegen einen Jugendlichen erlassen worden war (vgl. → § 359 Rn. 22), ist das Verf. entspr. § 371 Abs. 2 einzustellen u. sodann ggf. eine neue Anklage im ordentlichen Verf. zu erheben (SSW StPO/Kaspar Rn. 4; **aM** LG Landau NStZ-RR 2003, 28 aE; Löwe/Rosenberg/Gössel Rn. 16).

C. Verurteilung wegen eines Verbrechens. Bei der Wiederaufnahme zwecks 5
Verurteilung wegen eines Verbrechens trifft der nach § 140a GVG zuständige Amtsrichter die Entsch. nach §§ 368 ff. Hatte – wie in aller Regel – der Strafrichter (§ 25 GVG) den Strafbefehl erlassen, so verweist der Amtsrichter nach Anordnung der Wiederaufnahme des Verf. u. der Erneuerung der HV gem. § 370 Abs. 2 die Sache nach § 225a Abs. 1 an das zur Aburteilung des Verbrechens zuständige Gericht; dasselbe gilt bei Strafbefehlserlass durch das SchG (vgl. → § 408 Rn. 5, 6), falls dessen Strafgewalt nicht ausreicht o. eine Spezialzuständigkeit des LG o. OLG besteht. Lehnt das höhere Gericht die Übernahme ab, muss das AG die HV durchführen, in der es entweder die Sache gem. § 270 Abs. 1 an das höhere Gericht verweist oder – wenn es die Meinung dieses Gerichts entgegen der im Beschl. nach § 370 Abs. 2 vertretenen Ansicht als zutr. erachtet – den Strafbefehl aufrechterhält; das SchG kann allerdings – iRd § 24 Abs. 2 GVG – auch unter Aufhebung des Strafbefehls wegen Verbrechens verurteilen.

Fünftes Buch. Beteiligung des Verletzten am Verfahren

Erster Abschnitt. Definition

Begriff des Verletzten

373b (1) **Im Sinne dieses Gesetzes sind Verletzte diejenigen, die durch die Tat, ihre Begehung unterstellt oder rechtskräftig festgestellt, in ihren Rechtsgütern unmittelbar beeinträchtigt worden sind oder unmittelbar einen Schaden erlitten haben.**

(2) **Verletzten im Sinne des Absatzes 1 gleichgestellt sind**
1. der Ehegatte oder der Lebenspartner,
2. der in einem gemeinsamen Haushalt lebende Lebensgefährte,
3. die Verwandten in gerader Linie,
4. die Geschwister und
5. die Unterhaltsberechtigten
einer Person, deren Tod eine direkte Folge der Tat, ihre Begehung unterstellt oder rechtskräftig festgestellt, gewesen ist.

1 **A. Gesetzeszweck, Überblick.** Die durch das G zur Fortentwicklung der StPO vom 25.6.2021 (BGBl. I 2099) eingeführte Vorschrift **definiert in Abs. 1 den Begriff des Verletzten erstmals gesetzlich:** sie setzt damit Art. 2 Nr. 1 der Opferschutzrichtlinie der EU um (Richtlinie 2012/29/EU des Europ. Parl. u. d. Rates vom 25.10.2012 über Mindeststandards für d. Rechte, d. Unterstützung u. d. Schutz v. Opfern v. Straftaten – ABl. 2012 L 315, 57). Ungeachtet seiner Platzierung zu Beginn des Fünften Buches handelt es sich bei Abs. 1 um eine allg., für alle Vorschriften der StPO, die Verletzten Rechte gewähren, geltende Begriffsbestimmung („dieses Gesetz"; s. etwa §§ 22 Nr. 1–4, 48a Abs. 1 und Abs. 2, 68a Abs. 2 S. 1, 69 Abs. 2 S. 2, 138 Abs. 3, 140 Abs. 1 Nr. 9, 153a Abs. 1 S. 2 Nr. 5, 155a S. 3, 158, 171, 172, 255a Abs. 2 S. 2, 268 Abs. 2 S. 3, 374, 388, 395, 397a, 406d, 406f Abs. 1, 406g, 406h, 406i, 406j, 406k, 406l). Sie entspricht der im Funktionszusammenhang der jew. Vorschriften ergangenen obergerichtlichen Rspr. (→ Rn. 4, 5). Eine inhaltliche Änderung ist insoweit nicht beabsichtigt; dies gilt auch, soweit der berechtigte Personenkreis bei bestimmten Normen weiter verstanden wird (BT-Drs. 19/27654, 40, 41, 104; → Rn. 6). **Abs. 2 enthält** dagegen **gewisse Erweiterungen** des Verletztenbegriffs **bei Tötungsdelikten** (→ Rn. 7 ff.).

2 **B. Begriff des Verletzten (Abs. 1).** Verletzter ist, wer durch die Tat **unmittelbar in seinen Rechtsgütern beeinträchtigt** worden ist o. unmittelbar einen Schaden erlitten hat. Der Begriff des Verletzten ist weiter als der in der Terminologie der europäischen Bestimmungen verwandte Begriff Opfer, der nur natürliche Personen umfasst. Er erstreckt sich entspr. d. bisherigen Rspr. unter bestimmten Voraussetzungen auf juristische Personen o. Gesellschaften bürgerlichen Rechts o. Personenhandelsgesellschaften; der insoweit im Verhältnis zur Opferschutzrichtlinie weitere Anwendungsbereich ist mit der Richtlinie vereinbar (BT-Drs. 19/27654, 98).

3 Der Einschub **„ihre Begehung unterstellt o. rechtskr. festgestellt"** stellt terminologisch mit Blick auf die Unschuldsvermutung klar, dass die meisten Verletztenrechte bereits zu einem Zeitpunkt bestehen, zu dem noch keine rkr. Verurteilung vorliegt (BT-Drs. 19/27654, 98; Löwe/Rosenberg/Wenske Rn. 14).

4 **I. Unmittelbare Rechtsgutsverletzung.** Eine **unmittelbare Rechtsgutsverletzung** liegt vor, wenn sie eine direkte Folge der verfahrensgegenständlichen Straftat ist (s. Art. 2 Nr. 1a i) d. Opferschutzrichtlinie). Dies entspricht inhaltlich der v. d. Rspr. entwickelten Formel, deren dazu entwickelte Grundsätze fortgelten;

das bedeutet jedoch auch, dass die Definition in Abs. 1 schon bisher bestehende Auslegungsprobleme nicht beseitigt (s. → § 172 Rn. 9 ff.).

Die Unmittelbarkeit der Verletzung bereitet bei Straftaten gegen **Individualrechtsgüter** wie Leben, Leib, Freiheit, sexuelle Selbstbestimmung, Eigentum oder Vermögen regelmäßig keine Probleme. Allerdings erfasst die weite Formulierung in der Opferschutzrichtlinie („körperliche, geistige oder seelische Schädigung oder einen wirtschaftlichen Verlust") ersichtlich auch Straftaten, welche keine Individualrechtsgüter betreffen. Insoweit und damit im Grundsatz vereinbar verwendet die Rspr. schon bisher die Formel, dass für den Verletztenstatus auch die **unmittelbare Beeinträchtigung in Rechten o. rechtl. anerkannten Interessen** genügt (vgl. BT-Drs. 19/27654, 99). Um Popularklagen zu vermeiden wird darauf abgestellt, dass die Strafnorm jedenfalls auch die betroffene Person schützen muss; es reicht nicht aus, dass sie davon wie jeder andere Staatsbürger betroffen ist; auch die dazu ergangene Judikatur kann weiterhin Geltung beanspruchen (→ § 172 Rn. 10, 11 mN aus d. Rspr.; → zu Straftaten nach dem VStGB s. → § 395 Rn. 5b, 5c). 5

II. Weitergehender Verletztenbegriff. Soweit nach der bisherigen Rspr. der **Verletztenbegriff** bei bestimmten Vorschriften **weiter zu verstehen** ist, ist an der betreffenden Stelle jew. gesetzlich klargestellt, dass der weitergehende Anwendungsbereich weiterhin gilt (vgl. dazu etwa BT-Drs. 19/27654, 104). Dies betr. die §§ 111i, 111l, 111n, 272 Nr. 4, 403 (→ § 403 Rn. 2a; Vor § 406d Rn. 2), 406e (→ § 406 Rn. 1–1b), 459b bis 459m sowie 472a (s. Komm. jew. dort). 6

C. Den Verletzten gleichgestellte Personen (Abs. 2). Den Verletzten iSd Abs. 1 werden bestimmte nahe Angehörige bzw. Lebensgefährten einer Person, deren Tod die **direkte Folge einer Straftat** ist (zu den erfassten Straftaten gegen das Leben → § 395 Rn. 7), gleichgestellt. Es genügt nicht, dass ein kausaler Zusammenhang mit dem Tod des Opfers nicht ausgeschlossen werden kann; vielmehr muss der Tod des unmittelbar Verletzten uneingeschränkt direkte Folge der behaupteten und fiktiv unterstellten Tat sein (OLG Oldenburg StraFo 2022, 204 (205)). Die Auflistung des Personenkreises in Abs. 2 entspr. Art. 2 Nr. 1b der Opferrichtlinie, der den Begriff „Familienangehörige" weit definiert. 7

I. Anwendungsbereich. Die Gleichstellung bedeutet, dass zahlreiche **Vorschriften,** die Rechte und Befugnisse des Verletzten enthalten, aber den in Abs. 2 genannten Personenkreis bislang nicht ausdr. nennen bzw. nicht vollständig erfassen, **auch für** diese **Angehörige u. nahestehenden Personen** der getöteten **Person** gelten. Es handelt sich dabei namentlich um§ § 48a Abs. 1 (iVm den dort bez. proz. Maßnahmen gem. §§ 168e, 247a, 68 StPO, 171b Abs. 1 GVG), 48a Abs. 2, 68a Abs. 2, 69 Abs. 2 S. 2, 138 Abs. 3, 155a S. 3 (vgl. BT-Drs. 19/27654, 101; s. insoweit aber einschr. → § 155a Rn. 3), 158, 171, 172 (OLG Oldenburg StraFo 2022, 204 (205) → § 172 Rn. 11a), 268 Abs. 2 S. 3, 406d, 406e, 406f, 406g, 406i, 406j und 406k StPO (s. auch dazu Komm. jew. dort). Der – erweiterte –. Verletztenbegriff des Abs. 2 gilt auch für §§ 24 Abs. 1 S. 3 Nr. 3, 171b Abs. 1, 175 Abs. 2 S. 2 **GVG** sowie – über § 2 Abs. 2 **JGG** – für §§ 10 Abs. 1 S. 3, 45 Abs. 2 S. 2, 47 Abs. 1 S. 1, 48 Abs. 2 **JGG** (vgl. BT-Drs. 19/27654, 103 f.). 8

II. Erfasster Personenkreis. 1. Ehegatten und Lebenspartner (Abs. 2 Nr. 1), welche gem. § 1353 BGB die Ehe (bzw. vor dem 1.10.2017 eine Lebenspartnerschaft, s. § 1 LPartG) geschlossen haben (→ § 52 Rn. 5–5b). 9, 10

2. Lebensgefährten (Abs. 2 Nr. 2): Insoweit handelt es sich um Personen, die mit dem Opfer in einem Haushalt zusammen gelebt haben, ohne verheiratet zu sein o. eine Lebenspartnerschaft eingetragen zu haben. Die Voraus. einer „intimen Lebensgemeinschaft" sowie dass der Lebensgefährte „durch den Tod dieser Person eine Schädigung erlitten hat", wie dies die Opferschutzrichtlinie vorsieht, hat der Gesetzgeber – zu Recht – nicht übernommen; die Frage nach dem Vorliegen einer dauerhaften intimen Lebensgemeinschaft ist in der Situation des soeben festgestellten Todes einer nahestehenden Person unangemessen und taktlos, auch liegt in 11 diesen Fällen regelmäßig eine seelische Beeinträchtigung vor (BT-Drs. 19/27654, 100).

12 Ob die Person mit dem Opfer **in einem Haushalt gelebt** hat bestimmt sich nach den **tatsächlichen Verhältnissen.** Dies setzt als Mindestanforderung gemeinsam dauerhaft bewohnte Räumlichkeiten sowie eine besondere Nähebeziehung zw. Verletztem und Getöteten voraus, die nicht notwendig „intim" sein muss. Insoweit ist darauf abzustellen, ob eine tatsächlich gelebte soziale Beziehung des Verletzten zum Opfer vorliegt, deren Intensität der Verbundenheit entspricht, wie sie etwa bei nahen Familienangehörigen typischerweise besteht (vgl. BT-Drs. 18/11397; BGH NStZ-RR 2022, 123 zu § 844 Abs. 3 S. 2 BGB). Die Lebensverhältnisse in sog. Patchworkfamilien dürften von der Vorschrift erfasst werden, also etwa zusammen lebende Stiefeltern, Stiefkinder und Stiefgeschwister; dies entspricht mit Rücksicht auf die enge Beziehung der Personen zum Opfer in diesen Fällen einem wertenden Vergleich mit den anderen von Abs. 2 erfassten Verletzten-Opfer-Beziehungen und ist mit dem Wortlaut vereinbar.

12a Die **Abgrenzung zu bloßen Wohngemeinschaften** mit weiteren Personen ohne bes. Nähebeziehung (sog. WG`s) kann allerdings schwierig sein. Insoweit sind im EV, um eine vom Gesetzgeber nicht intendierte Ausweitung zu vermeiden sowie bei wertender Betrachtung eine Vergleichbarkeit der im Übrigen von Abs. 2 erfassten Personen zu wahren, die näheren Lebensumstände des Verletzten zu ermitteln und aktenkundig zu machen. Sofern vorgeschlagen wird, in solchen Fällen doch auf das Kriterium der „intimen Lebensgemeinschaft" abzustellen (BeckOK StPO *Weiner* Rn. 34), erscheint dies allerdings mit Blick darauf, dass der Gesetzgeber bewusst auf dieses Kriterium verzichtet hat (BT-Drs. 19/27654, 100), nicht sinnvoll.

13 **3. Angehörige (Abs. 2 Nr. 3):** Abs. 2 erweitert den Verletztenbegriff auf **alle Verwandten in gerader Linie** (s. § 1307 BGB; → § 52 Rn. 6), dh es werden nunmehr auch Enkel, Urenkel, Großeltern und Urgroßeltern erfasst.

14 **4. Geschwister (Abs. 2 Nr. 4),** auch Halbgeschwister (§ 1589 S. 2 BGB).

15 **5. Unterhaltsberechtigte (Abs. 2 Nr. 5):** Zu diesen gehören nach Zivilrecht unterhaltsberechtigte Angehörige, dh Verwandte in gerader Linie (§ 1601 BGB) sowie zusammen o. getrennt lebende Ehegatten bzw. Lebenspartner (§§ 1360, 1360a, 1361 BGB, §§ 5, 12 LPartG), darüber hinaus unterhaltsberechtigte geschiedene Ehegatten oder Lebenspartner nach Aufhebung der Lebenspartnerschaft (§§ 1569, 1570 ff. BGB, 16 LPartG) sowie die nichteheliche Mutter bzw. der nichteheliche Vater eines mit dem Opfer gemeinsamen Kindes (§ 16151 BGB; s. BT-Drs. 19/27654, 99 f.).

16 **III. Von der Regelung unberührte Vorschriften.** Soweit der zum Anschluss als NKl. betr. Personenkreis in § 395 Abs. 2 Nr. 1 enger gefasst ist (→ § 395 Rn. 8), bleibt dies von der Neuregelung unberührt; begründet wird dies damit, dass die Möglichkeit der Nebenklage durch die Opferschutzrichtlinie nicht gefordert wird (BT-Drs. 19/27654, 99). Nicht nebenklageberechtigt sind daher bestimmte Verwandte in gerader Linie wie etwa Großeltern und Enkel (s. Abs. 2 Nr. 3; → Rn. 13) sowie bestimmte Unterhaltsberechtigte wie geschiedene Ehegatten o. Lebenspartner (Abs. 2 Nr. 5; → § 395 Rn. 8; → Rn. 15) und im gemeinsamen Haushalt lebende Lebensgefährten, auch Stiefeltern, Stiefkinder und Stiefgeschwister (Abs. 2 Nr. 2; Rn. 11, 12).

17 Es ist nachvollziehbar, dass der Gesetzgeber den Kreis der zum Anschluss als Nebenkl. Berechtigten, mit den entspr. Verfahrensrechten ausgestatteten (s. etwa §§ 397, 397a) Verfahrensbeteiligten, nicht ausweiten will. Dennoch erscheint es **nicht kohärent,** einerseits dem insoweit nicht erfassten Personenkreis alle Verletztenrechte im EV zu einzuräumen und dabei zu Recht auf das regelmäßig bestehende besondere Näheverhältnis zu der getöteten Person zu verweisen (s. BT-Drs. 19/27654, 99 ff.), andererseits aber die Rechtswahrnehmung als Nebenkläger in der HV auszuschließen; insoweit ist auch zu berücksichtigen, dass der Gesetzgeber von eher geringen praktischen Auswirkungen des erweiterten Anwendungs-

bereiches des Abs. 2 ausgeht (BT-Drs. 19/27654, 99, 100; zur Kritik s. auch BeckOK StPO/Weiner Rn. 52 ff.).

Soweit Vorschriften der StPO die **Rechte von Familienangehörigen** von Getöteten bereits ausdrücklich regeln oder den berechtigten Personenkreis bzw. seine Rechte **weiter fassen,** bleiben diese von der Neuregelung unberührt (BT-Drs. 19/27654, 100). Dabei handelt es sich um das Recht zur Nebenkl. und der Bestellung eines Beistandes sowie Prozesskostenhilfe (§§ 395, 397a), das Adhäsionsverfahren, das für Verletzte und Erben das Recht auf Geltendmachung einer Entschädigung im Strafverfahren regelt (§§ 403–406) oder auch für die §§ 459i bis 459m, die das Recht der Rückgabe von Vermögenswerten und die Auskehrung von Verwertungserlösen beinhalten (s. BT-Drs. 19/27654, 100). 18

Zweiter Abschnitt. Privatklage

Vorbemerkung zu § 374

A. Privatklageverfahren. Das Privatklageverfahren hat inzwischen praktisch **weithin an Bedeutung verloren** (Löwe/Rosenberg/Wenske Rn. 4; SK-StPO/Velten Vor § 374 Rn. 10); es würde sich empfehlen, es durch ein Verf. zu ersetzen, dass nicht auf Bestrafung des Beschuldigten, sondern auf eine Aussöhnung zwischen Privatkläger u. Privatbeklagtem ausgerichtet ist (Lütz-Binder, Rechtswirklichkeit der Privatklage und Umgestaltung zu einem Aussöhnungsverfahren, 2010). 1

Das Privatklageverfahren ist nach § 374 Abs. 1 **nur bei bestimmten leichten Vergehen** zulässig, die die Allgemeinheit idR wenig berühren (vgl. → Einl. Rn. 90). Es ist nach derzeitiger Regelung aber ein Strafverfahren mit dem Ziel, gegen den Beschuldigten eine Strafe zu verhängen, die wie eine auf öffentl. Klage erkannte Strafe vollstreckt u. in das BZR eingetragen wird. Daher gelten, soweit die §§ 374 ff. nichts anderes bestimmen, die allg. Vorschr. der StPO. Die StA verfolgt Privatklagedelikte nur, wenn daran ein öffentl. Interesse besteht (§ 376). Ist bereits Privatklage erhoben, so kann sie unter dieser Voraussetzung das Verf. übernehmen (§ 377 Abs. 2). Vorher wirkt sie an dem Privatklageverfahren nicht mit (→ § 377 Rn. 2). Dennoch handelt es sich um kein echtes Parteiverfahren. Zwar gibt es kein Ermittlungsverfahren iSd §§ 158 ff. Das Gericht hat aber wie in jedem Strafverfahren den Sachverhalt unabhängig v. dem Vortrag der Bet. nach § 244 Abs. 2 vAw aufzuklären (§ 384 Abs. 3). Vermögensrechtliche Ansprüche können nach §§ 403 ff. auch im Privatklageverfahren geltend gemacht werden (→ § 403 Rn. 12). 1a

B. Form und Frist. Die Privatklage kann zu Prot. der Geschäftsstelle o. durch Einreichung einer Anklageschrift erhoben werden (§ 381 Abs. 1). An eine Frist ist nicht gebunden; sie ist bis zum Eintritt der Verfolgungsverjährung möglich. 2

C. Unzulässigkeit. Unzulässig ist die Privatklage gegen (zur Tatzeit) Jugendliche (§ 80 Abs. 1 **JGG**); statthaft ist aber die Widerklage gegen einen jugendlichen Privatkläger (§ 80 Abs. 2 **JGG**). Für Heranwachsende gilt die allg. Regelung (§§ 2, 109 Abs. 1, Abs. 2 S. 1 **JGG**). Wer v. der Gerichtsbarkeit der BRD befreit ist, kann auch nicht mit einer Privatklage belangt werden (→ GVG § 18 Rn. 2). Über Privatklagen gegen Abg. vgl. Nr. 191 ff. RiStBV. 3

D. Zuständigkeit. Sachlich zuständig für das Privatklageverfahren ist ausschl. der Strafrichter (§ 25 Nr. 1 GVG), im Verf. gegen Heranwachsende der Jugendrichter (§ 108 Abs. 2 **JGG**). Die **örtliche Zuständigkeit** richtet sich nach den §§ 7 ff. Bei Beleidigung durch Druckschriften gilt die bes. Gerichtsstandsregelung des § 7 Abs. 2 S. 2. Die Verweisung an ein anderes Gericht wegen örtlicher Unzuständigkeit ist auch im Privatklageverfahren ausgeschlossen (LG Bonn JurBüro 1982, 1045; erg. → § 16 Rn. 5). 4

E. Stellung des Privatklägers. Der Privatkläger, der prozessfähig sein muss (§ 374 Abs. 3), verfolgt den staatlichen Strafanspruch, jedoch ohne Bindung an das 5

Legalitätsprinzip. Er kann auf sein Klagerecht förmlich verzichten, u. es steht ihm auch sonst frei, v. der Erhebung der Privatklage abzusehen, sie auf einen v. mehreren Beschuldigten o. auf eine v. mehreren Taten zu beschränken (KMR-StPO/Stöckel Rn. 6), sie zurückzunehmen (§ 391 Abs. 1) o. nicht weiterzuverfolgen (§ 391 Abs. 2, Abs. 3).

6 Der Privatkläger übt kein öffentl. Amt aus; gleichwohl verträgt es sich mit seiner Stellung nicht, dass er in dem Privatklageverfahren als **Zeuge** auftritt (BayObLGSt 1953, 26; 1961, 191; KK-StPO/Allgayer § 384 Rn. 2; **aM** Gössel StrafVerfR S. 205). Ihm darf nicht Gelegenheit gegeben werden, seine Vorwürfe als Zeuge vorzutragen u. mit dem Eid zu bekräftigen, während der Angeklagte darauf angewiesen ist, sich mit formlosen Erklärungen zu verteidigen. Jedoch können die Erklärungen des Privatklägers zur Sache wie die des Angeklagten entgegengenommen und, wenn das Gericht sie für glaubhaft hält, der Entsch. nach § 261 zugrunde gelegt werden (BayObLGSt 1953, 26 (29)).

7 Der Ausschluss als Zeuge gilt auch für den **gesetzlichen Vertreter,** der für den geschäftsunfähigen Verletzten die Privatklage erhebt (OLG Düsseldorf JMBl. NRW. 1962, 198).

8 **F. Vergleich im Privatklageverfahren. I. Gerichtlicher Vergleich.** Der gerichtliche Vergleich (dazu Löwe/Rosenberg/Wenske § 391 Rn. 14 ff.) hat im Privatklageverfahren den Sinn, die unwiderrufliche Beendigung des Verf. herbeizuführen, muss also die Zurücknahme der Privatklage (§ 391 Abs. 1) u. der etwaigen Widerklage (§ 388) ggf. auch des Strafantrags (§ 77d StGB; erg. → § 374 Rn. 6) enthalten.

9 Dafür gibt der Angeklagte gew. eine Ehrenerklärung ab, erklärt sich bereit, Schadensersatz zu leisten o. eine Geldbuße zugunsten einer gemeinnützigen Einrichtung zu zahlen u. die Kosten des Verf. ganz o. teilw. zu übernehmen (vgl. iE Dahs Strafverteidiger-HdB Rn. 1047).

10 Die **Vergleichserklärungen** müssen die Bet. in der HV bei gleichzeitiger Anwesenheit dem Gericht ggü. abgeben; der Vergleich muss in der Sitzungsniederschrift beurkundet werden.

11 Üblicherweise wird der Vergleich unter dem **Vorbehalt des Widerrufs** binnen einer bestimmten Frist geschlossen, gegen deren Versäumung Wiedereinsetzung nicht möglich ist (LG Würzburg NJW 1954, 768; KK-StPO/Allgayer § 391 Rn. 5). An der nur bedingten Wirkung seiner Erklärungen hat der Privatkläger insbes. dann ein dringendes Interesse, wenn der Angeklagte sich zu Gegenleistungen verpflichtet, die er nicht sofort bei Vergleichsabschluss erfüllen kann, wie Geldzahlungen u. öffentl. Ehrenerklärungen. Der Grundsatz, dass Prozesserklärungen nicht unter einer Bedingung abgegeben werden können (→ Einl. Rn. 118), muss daher, wenn nicht die wünschenswerte Erledigung v. Privatklageverfahren durch Vergleich über Gebühr eingeschränkt werden soll, eine Ausnahme erleiden (vgl. Löwe/Rosenberg/Wenske § 391 Rn. 16 ff.). Anfechtbar ist der Vergleich nicht, auch nicht hins. seiner kostenrechtlichen Nebenwirkungen (OLG Frankfurt a. M. OLGSt StPO § 390 S. 1).

12 Die **Verfahrensbeendigung** führt der Vergleich nicht unmittelbar herbei (KK-StPO/Allgayer § 391 Rn. 4; **aM** LG Wuppertal MDR 1957, 501). Die in ihm enthaltenen Rücknahmeerklärungen stellen aber ein Prozesshindernis dar, das einen Einstellungsbeschluss nach § 391 Abs. 1 erforderlich macht (→ § 391 Rn. 7). Erst dieser Beschl. beendet das Privatklageverfahren.

13 Soweit der Vergleich einen vollstreckbaren Inhalt hat, ist er **Vollstreckungstitel** iSd § 794 Abs. 1 Nr. 1 ZPO (LG Kassel NJW 1951, 373; LG Wuppertal MDR 1957, 501), nicht aber Grdl. für die Kostenfestsetzung nach § 464b; denn eine Kosten- u. Auslagenentscheidung nach § 464 Abs. 1, Abs. 2 ist er nicht (KK-StPO/Gieg § 464b Rn. 2 mwN). Eine solche Entsch. entsteht erst, wenn u. soweit die Kosten- u. Auslagenvereinbarung des Vergleichs in die Kosten- u. Auslagenentscheidung des Gerichts übernommen wird, zB nach § 470 oder § 471 Abs. 3.

Ist das nicht geschehen, so gelten die §§ 29 Nr. 2, 31 GKG. Die Staatskasse kann mit Kosten nur bei unmittelbarer Anwendung des § 470 S. 2 belastet werden.

Das **Verfolgungsrecht der StA** wird durch den Vergleich nicht berührt, sofern durch ihn nicht auch der Strafantrag zurückgenommen wird (§ 77d StGB) u. dadurch ein Prozesshindernis (→ Einl. Rn. 145) entsteht (OLG Stuttgart JR 1953, 349). 14

II. Außergerichtlicher Vergleich. Der außergerichtliche Vergleich enthält den Verzicht auf das Privatklagerecht o. auf den Strafantrag (→ Einl. Rn. 117). Der Verzicht ist unwiderruflich. 15

Der Vergleich kann **vor der Vergleichsbehörde** nach § 380 Abs. 1 wegen der in dieser Vorschr. bezeichneten Straftaten erklärt werden (→ § 380 Rn. 8); mit dem formgerechten Abschluss des Vergleichs geht das Privatklagerecht unter. Eine dennoch erhobene Privatklage muss nach § 383 Abs. 1 zurückgewiesen werden. 16

Wird der Vergleich nur **gegenüber dem Prozessgegner** erklärt, so hat er keine unmittelbare Wirkung. Jeder Bet. gilt aber als ermächtigt, den Vergleich dem Gericht vorzulegen. Weist der Beschuldigte dem Gericht nach erhobener Privatklage nach, dass der Privatkläger in einem außergerichtlichen Vergleich auf das Privatklagerecht o. den erforderlichen Strafantrag verzichtet hat, so ist die Privatklage nach § 383 Abs. 1 zurückzuweisen o. das Verf. einzustellen (KG NJW 1960, 2207; KK-StPO/Allgayer § 391 Rn. 6; **aM** Hartung NJW 1961, 523). 17

Zulässigkeit; Privatklageberechtigte

374 (1) **Im Wege der Privatklage können vom Verletzten verfolgt werden, ohne daß es einer vorgängigen Anrufung der Staatsanwaltschaft bedarf,**

1. **ein Hausfriedensbruch (§ 123 des Strafgesetzbuches),**
2. **eine Beleidigung (§§ 185 bis 189 des Strafgesetzbuches), wenn sie nicht gegen eine der in § 194 Abs. 4 des Strafgesetzbuches genannten politischen Körperschaften gerichtet ist,**

2a. **eine Verletzung des höchstpersönlichen Lebensbereichs und von Persönlichkeitsrechten durch Bildaufnahmen (§ 201a Absatz 1 und 2 des Strafgesetzbuches),**

3. **eine Verletzung des Briefgeheimnisses (§ 202 des Strafgesetzbuches),**
4. **eine Körperverletzung (§§ 223 und 229 des Strafgesetzbuches),**
5. **eine Nötigung (§ 240 Absatz 1 bis 3 des Strafgesetzbuches) oder eine Bedrohung (§ 241 Absatz 1 bis 3 des Strafgesetzbuches),**

5a. **eine Bestechlichkeit oder Bestechung im geschäftlichen Verkehr (§ 299 des Strafgesetzbuches),**

6. **eine Sachbeschädigung (§ 303 des Strafgesetzbuches),**

6a. **eine Straftat nach § 323a des Strafgesetzbuches, wenn die im Rausch begangene Tat ein in den Nummern 1 bis 6 genanntes Vergehen ist,**

7. **eine Straftat nach § 16 des Gesetzes gegen den unlauteren Wettbewerb und § 23 des Gesetzes zum Schutz von Geschäftsgeheimnissen,**
8. **eine Straftat nach § 142 Abs. 1 des Patentgesetzes, § 25 Abs. 1 des Gebrauchsmustergesetzes, § 10 Abs. 1 des Halbleiterschutzgesetzes, § 39 Abs. 1 des Sortenschutzgesetzes, § 143 Abs. 1 und § 144 Absatz 1 des Markengesetzes, § 51 Abs. 1 und § 65 Abs. 1 des Designgesetzes, den §§ 106 bis 108 sowie § 108b Abs. 1 und 2 des Urheberrechtsgesetzes und § 33 des Gesetzes betreffend das Urheberrecht an Werken der bildenden Künste und der Photographie.**

(2) [1] **Die Privatklage kann auch erheben, wer neben dem Verletzten oder an seiner Stelle berechtigt ist, Strafantrag zu stellen.** [2] **Die in § 77 Abs. 2 des Strafgesetzbuches genannten Personen können die Privatklage auch dann erheben, wenn der vor ihnen Berechtigte den Strafantrag gestellt hat.**

(3) **Hat der Verletzte einen gesetzlichen Vertreter, so wird die Befugnis zur Erhebung der Privatklage durch diesen und, wenn Körperschaften, Gesellschaften und andere Personenvereine, die als solche in bürgerlichen Rechtsstreitigkeiten klagen können, die Verletzten sind, durch dieselben Personen wahrgenommen, durch die sie in bürgerlichen Rechtsstreitigkeiten vertreten werden.**

1 **A. Privatklagerecht des Verletzten (Abs. 1). I. Privatklagedelikte.** Nur die Privatklagedelikte, die **Abs. 1 abschl. aufzählt,** können vom Verletzten (zum Begriff → § 373b Rn. 3–5) im Wege der Privatklage verfolgt werden. Kritisch zur Einordnung des § 238 Abs. 1 StGB in Abs. 1 Buettner ZRP 2008, 124.

2 Der Verstoß gegen die in den Landespressegesetzen bestimmte Verpflichtung des verantwortlichen Redakteurs, Verlegers usw, Druckwerke v. strafbarem Inhalt freizuhalten, ist nicht deshalb ein Privatklagedelikt, weil das Presseinhaltsdelikt unter den Katalog des Abs. 1 fällt (BayObLG AfP 1983, 275).

3 Bei **Zusammentreffen mit einem Offizialdelikt** (Tateinheit, Gesetzeskonkurrenz, Tatmehrheit iRe einheitlichen Tat iSd § 264) ist die Privatklage ausgeschlossen (erg. → § 376 Rn. 9). Schon der hinreichende Verdacht, den das Gericht ohne Bindung an vorausgegangene Entsch. der StA beurteilt (OLG Neustadt MDR 1961, 955), dass auch ein Offizialdelikt vorliegt, führt zur Zurückweisung der Privatklage (vgl. auch → § 383 Rn. 7, → § 389 Rn. 2). Stellt die StA ein solches Verf. aber nach § 170 Abs. 2 ein, so hat der Verletzte die Wahl zwischen der Privatklage u. einem Klageerzwingungsantrag nach § 172 Abs. 2, der das Privatklagedelikt mit umfasst (→ § 172 Rn. 2). Stellt die StA das Verf. dagegen nach §§ 153 ff. ein, so bleibt dem Verletzten lediglich die Dienstaufsichtsbeschwerde (→ § 376 Rn. 11; vgl. auch SK-StPO/Velten Rn. 41).

4 Handelt es sich um **zwei Taten im verfahrensrechtlichen Sinn** (§ 264), so kann neben der Anklage im Offizialverfahren wegen des Privatklagedelikts Privatklage erhoben werden. Die Verbindung beider Verf. nach § 4 ist mit der Einschränkung des § 384 Abs. 5 zulässig (KK-StPO/Allgayer Rn. 7).

5 **II. Verletzter.** Der Verletzte ist privatklageberechtigt, sofern er auf dieses Recht nicht wirksam verzichtet hat (→ Vor § 374 Rn. 15). Er muss wie bei § 172 (→ § 172 Rn. 9 ff.) durch die Tat unmittelbar in seinen Rechten beeinträchtigt sein (RGSt 69, 107 (108); KMR-StPO/Stöckel Rn. 1). Verletzt ist zB beim Hausfriedensbruch (§ 123 StGB) jeder Berechtigte, der über den Zugang zu den Räumen verfügen kann, also neben dem Eigentümer der Mieter, Pächter, auch der Untermieter, bei Verletzung des Briefgeheimnisses (§ 202 StGB) der Absender bis zum Zugang beim Empfänger, danach der Empfänger (KK-StPO/Allgayer Rn. 6d), bei Bedrohung (§ 241 Abs. 1–3 StGB) nur der unmittelbar Bedrohte, bei der Sachbeschädigung (§ 303 StGB) der Eigentümer u. der Besitzer, auch der Hauptmieter bei Untervermietung, nicht aber der Versicherer.

6 **III. Antragsdelikte.** Antragsdelikte sind die meisten Privatklagedelikte (Ausnahme: § 241 StGB). Handelt es sich um ein Antragsdelikt, so setzt die Befugnis des Verletzten zur Erhebung der Privatklage, ebenso wie seine Befugnis zum Anschluss als Nebenkläger (→ § 395 Rn. 5), voraus, dass er selbst o. ein für ihn befugt Handelnder (Abs. 3) rechtzeitig u. wirksam einen Strafantrag nach § 77 StGB gestellt hat. In der Erhebung der Privatklage innerhalb der Antragsfrist liegt die Antragstellung (KK-StPO/Walther Rn. 4; Roxin/Schünemann StrafVerfR § 63 Rn. 9; erg. → § 158 Rn. 3). Der Strafantrag eines anderen Berechtigten reicht nicht aus (BayObLGSt 1949/51, 579; 1964, 154; KK-StPO/Allgayer Rn. 5; Rieß NStZ 1989, 103; **aM** KMR-StPO/Stöckel § 375 Rn. 4, 5; Löwe/Rosenberg/Wenske § 375 Rn. 3 ff.; SK-StPO/Velten § 375 Rn. 18; erg. → § 375 Rn. 1). Auch der Beitritt nach § 375 Abs. 2 steht nur dem zu, der selbst wirksam Strafantrag gestellt hat (→ § 375 Rn. 1).

7 **B. Privatklagerecht anderer Personen (Abs. 2).** Neben dem Verletzten o. an seiner Stelle (S. 1) kann der Dienstvorgesetzte nach §§ 194 Abs. 3, 230 Abs. 2

StGB Privatklage erheben, sofern er rechtzeitig einen Strafantrag gestellt hat. Der Strafantrag des unmittelbar Verletzten o. eines anderen Berechtigten genügt nicht (KMR-StPO/Stöckel Rn. 28; **aM** AK-StPO/Rössner Rn. 10). Die in § 77 Abs. 2 StGB bezeichneten Angehörigen (S. 2) sind nach dem Tod des Verletzten zur Erhebung der Privatklage auch berechtigt, wenn nur der vor ihnen Berechtigte o. der Verletzte vor seinem Tod den Strafantrag gestellt hat).

C. Prozessfähigkeit des Privatklägers (Abs. 3). Die Prozessfähigkeit des Privatklägers (Abs. 3) ist eine Prozessvoraussetzung. Sie ist nach den Grundsätzen der §§ 51, 52 ZPO zu beurteilen (OLG Frankfurt a. M. OLGSt StPO § 374 S. 1; OLG Hamm NJW 1961, 2322; Schlüchter Strafverfahren Rn. 12). Solange die Prozessunfähigkeit nrkr festgestellt ist, kann der Privatkläger durch Einlegung v. Rechtsmitteln die Nachprüfung seiner Geschäftsfähigkeit erreichen (OLG Hamm NJW 1961, 2322). 8

Hat der Verletzte einen **gesetzlichen Vertreter,** so muss dieser die Privatklage für ihn erheben; Privatkläger ist dann aber nicht der Vertreter, sondern der Verletzte (KK-StPO/Walther Rn. 13). Der Vertreter erhält jedoch die Stellung eines Verfahrensbeteiligten, der vor der Entsch. zu hören ist, Anträge stellen u. sonstige verfahrensrechtlichen Erklärungen abgeben kann (OLG Düsseldorf JMBl. NRW. 1962, 198). Der Mangel der Prozessfähigkeit führt zur Zurückweisung der Klage nach § 383 Abs. 1 oder zur Einstellung des Verf. nach §§ 206a, 260 Abs. 3; er kann allerdings dadurch geheilt werden, dass der ges. Vertreter die Klage nachträglich genehmigt (OLG Frankfurt a. M. OLGSt StPO § 374 S. 1). Diese Genehmigung kann ohne Zustimmung des Angeklagten in jeder Lage des Verf. erteilt werden, aber nicht mehr nach Zurückweisung der Klage (OLG Frankfurt a. M. OLGSt StPO § 374 S. 1). Wird der Minderjährige im Laufe des Verf. volljährig u. setzt er die Klage fort, so steht der ursprüngliche Mangel einer Sachentscheidung ebenfalls nicht entgegen. 9

Juristische Personen und Vereine (rechtsfähige u. nichtrechtsfähige) können Privatklage erheben, wenn sie in ihrer Ehre (vgl. BGHSt 6, 186; LG Würzburg NJW 1959, 1934; vgl. auch OLG Nürnberg NStZ 1986, 286) o. in ihrem Vermögen verletzt sind. Klageberechtigt sind auch ihre gebietlichen Gliederungen u. sonstigen Unterorganisationen (OLG Düsseldorf NJW 1979, 2525). Die Privatklage wird in solchen Fällen durch die Personen wahrgenommen, die die JP o. den Verein in bürgerlichen Rechtsstreitigkeiten vertreten (KMR-StPO/Stöckel Rn. 31). Die Unterzeichnung durch den Geschäftsführer im Namen u. im Auftrag des Vorstands genügt (OLG Düsseldorf NJW 1979, 2525). 10

Mehrere Privatklageberechtigte

375 (1) **Sind wegen derselben Straftat mehrere Personen zur Privatklage berechtigt, so ist bei Ausübung dieses Rechts ein jeder von dem anderen unabhängig.**

(2) **Hat jedoch einer der Berechtigten die Privatklage erhoben, so steht den übrigen nur der Beitritt zu dem eingeleiteten Verfahren, und zwar in der Lage zu, in der es sich zur Zeit der Beitrittserklärung befindet.**

(3) **Jede in der Sache selbst ergangene Entscheidung äußert zugunsten des Beschuldigten ihre Wirkung auch gegenüber solchen Berechtigten, welche die Privatklage nicht erhoben haben.**

A. Mehrere Klageberechtigte (Abs. 1). Gemeint ist sowohl der Fall, dass mehrere Personen durch eine u. dieselbe Straftat nach § 374 Abs. 1 iSd § 264 verletzt sind, als auch der Fall der weiteren Klageberechtigung nach § 374 Abs. 2. Bei Antragsdelikten setzt das Klagerecht voraus, dass derjenige, der die Privatklage erhebt, wirksam Strafantrag gestellt hat (→ § 374 Rn. 6). 1

2 Die **gemeinsame Erhebung der Privatklage** durch mehrere Berechtigte sieht das G nicht ausdr. vor; nach allgM ist sie aber statthaft (Löwe/Rosenberg/Wenske Rn. 2).

3 **B. Beitritt (Abs. 2).** Eine selbständige Privatklage ist unzulässig, wenn ein anderer Berechtigter wegen derselben Tat bereits Privatklage erhoben hat. Dann ist nur der Beitritt zu dieser Privatklage möglich. Er setzt voraus, dass der Beitretende berechtigt ist, Privatklage zu erheben, insbes. wirksam Strafantrag gestellt hat, wenn ein Antragsdelikt vorliegt (erg. → § 374 Rn. 6). Der Beitritt ist bis zum rkr. Abschluss des Verf. zulässig, aber auch noch danach zum Zweck der Wiederaufnahme des Verf. (Löwe/Rosenberg/Wenske Rn. 11; SK-StPO/Velten Rn. 11).

4 Die **Förmlichkeiten,** die für die Privatklage vorgeschrieben sind, gelten für den Beitritt nicht. Weder ist ein Sühneversuch nach § 380 erforderlich, noch muss die Beitrittserklärung inhaltlich dem § 381 entsprechen. Der Beitritt kann schriftlich (→ Einl. Rn. 128) o. zu Prot. der Geschäftsstelle (→ Einl. Rn. 131 ff.), auch iVm der Einlegung eines Rechtsmittels, in der HV auch mündlich erklärt werden.

5 Die **Entscheidung über die Zulässigkeit des Beitritts** trifft das Gericht durch Beschluss. Den abl. Beschl. kann der Beigetretene mit der Beschwerde nach § 304 Abs. 1 anfechten; der Angeklagte hat gegen den zulassenden Beschl. kein Rechtsmittel (Löwe/Rosenberg/Wenske Rn. 12).

6 Als **Folge des zugelassenen Beitritts** erlangt der Beigetretene die Stellung eines selbständigen Privatklägers. Sie wird weder durch die Unzulässigkeit noch durch die Zurücknahme der Privatklage berührt, der beigetreten worden ist.

7 **Kein Fall des Abs. 2** liegt vor, wenn wegen derselben Tat mehrere Privatklagen am selben Tag v. verschiedenen Berechtigten erhoben werden. Die mehreren Privatklagen werden dann vAw zu einem Verf. verbunden (LG Krefeld AnwBl 1981, 27; KK-StPO/Allgayer Rn. 4). Wird eine Privatklage später als die andere erhoben, so wird sie nach § 300 als Beitrittserklärung behandelt (LG Krefeld AnwBl 1981, 27; KK-StPO/Allgayer Rn. 5).

8 **C. Wirkung der Sachentscheidung (Abs. 3).** Die rkr. Entsch. über das Privatklagedelikt in der Sache, auch im Offizialverfahren, **verbraucht die Strafklage** wegen derselben Tat iSd § 264 auch ggü. solchen Berechtigten, die keine Privatklage erhoben haben. Entsch. in der Sache iSv Abs. 3 sind auf Freispruch, Bestrafung o. Einstellung lautende Urt., der wegen Fehlens des hinreichenden Tatverdachts o. aus sachlich-rechtlichen Gründen ergangene Zurückweisungsbeschluss nach § 383 Abs. 1 (→ § 383 Rn. 8) u. die Verfahrenseinstellung nach § 383 Abs. 2. Wegen der Wirkung der Zurücknahme vgl. → § 391 Rn. 7. Auf den Vergleich (→ Vor § 374 Rn. 6 ff.) ist Abs. 3 nicht anzuwenden (RGSt 27, 216).

Anklageerhebung bei Privatklagedelikten Nr. 86, 87, 172, 229–235 RiStBV

376

Die öffentliche Klage wird wegen der in § 374 bezeichneten Straftaten von der Staatsanwaltschaft nur dann erhoben, wenn dies im öffentlichen Interesse liegt.

1 **A. Öffentliches Interesse an der Erhebung der öffentlichen Klage. Der Begriff stimmt mit dem in § 153 Abs. 1 S. 1** (→ § 153 Rn. 7) **überein** (krit. Rieß NStZ 1981, 8). Nr. 86 Abs. 2 RiStBV bezeichnet, für die StA bindend, die Verfolgung als im öffentl. Interesse liegend, wenn der Rechtsfrieden über den Lebenskreis des Verletzten hinaus gestört u. die Strafverfolgung ein gegenwärtiges Anliegen der Allgemeinheit ist, uU schon, wenn dem Verletzten wegen seiner persönlichen Beziehung zum Täter nicht zugemutet werden kann, Privatklage zu erheben. Bei Beleidigungen kommt es darauf an, ob die Ehrenkränkung erheblich ist. Wenn das der Fall o. der Tatbestand des § 188 StGB gegeben ist, wird das öffentl. Interesse meist zu bejahen sein (Nr. 229 Abs. 1 RiStBV; vgl. auch Nr. 232 Abs. 1 RiStBV). Bei einer Körperverletzung liegt es idR vor, wenn die Tat roh war o. erhebliche Misshandlungen vorgekommen sind (Nr. 233 RiStBV). Zur

Nachstellung (§ 238 StGB) vgl. Peters NStZ 2009, 242. Vgl. auch Nr. 260 Abs. 1, 260a Abs. 1, Abs. 2, 261 RiStBV für den unlauteren Wettbewerb, Heghmanns NStZ 1991, 112 für das Urheberrecht, Meier/Böhm wistra 1992, 167 zur Softwarepiraterie. Zu weiteren Einzelheiten vgl. SK-StPO/Velten Rn. 3 ff. Mit den Interessen des Beschuldigten kann das öffentl. Interesse nicht begründet werden (**aM** Rieß NStZ 1981, 8: Ermöglichung der Verfahrenseinstellung nach §§ 153, 153a).

Bei **jugendlichen Beschuldigten,** gegen die Privatklage nicht erhoben werden kann (§ 80 Abs. 1 S. 1 **JGG**), verfolgt die StA die Tat ohne Rücksicht auf ein öffentl. Interesse, wenn Gründe der Erziehung o. ein berechtigtes Interesse des Verletzten, das dem Erziehungszweck nicht entgegensteht, es erfordern (§ 80 Abs. 1 S. 2 **JGG**). 2

Der Begriff des besonderen öffentlichen Interesses in §§ 183 Abs. 2, 230 Abs. 1, 248a, 257 Abs. 4 S. 2, 263 Abs. 4, 265a Abs. 3, 266 Abs. 2 StGB **ist enger** (vgl. Nr. 234 Abs. 1, 243 Abs. 1, Abs. 3 RiStBV); dem des öffentl. Interesses in § 376 steht er nicht gleich (OLG Düsseldorf DAR 1971, 160; LK-StGB/Hirsch StGB § 230 Rn. 9). Sein Vorliegen ersetzt den sonst erforderlichen Strafantrag, betr. also eine Prozessvoraussetzung (→ Einl. Rn. 145). Hat der Verletzte einen Strafantrag nach § 230 Abs. 1 StGB gestellt, so betreibt die StA das Verf. wegen Körperverletzung, wenn das im öffentl. Interesse liegt. Fehlt der Strafantrag, so kann sie das Verf. nur einleiten u. fortführen, wenn sie das bes. öffentl. Interesse bejaht. Darin liegt zugleich die Bejahung des öffentl. Interesses nach § 376. 3

B. Entscheidung der StA. I. Vorermittlungen. Vorermittlungen nach §§ 160 ff. kann die StA anstellen, um die Entsch. darüber vorzubereiten, ob das öffentl. Interesse vorliegt. 4

II. Verneinung des öffentlichen Interesses. Verneint die StA das öffentliche Interesse, so stellt sie das Ermittlungsverfahren ein u. verweist den Anzeigenden auf den Privatklageweg. Die StA kann alsbald nach Eingang der Anzeige so verfahren, aber auch nach Durchführung v. Ermittlungen, wenn sie das öffentl. Interesse zunächst bejaht hatte. 5

Gegen die Verfahrenseinstellung kann der Anzeigende lediglich Gegenvorstellungen u. Dienstaufsichtsbeschwerde (→ Vor § 296 Rn. 21 ff.) erheben; das Klageerzwingungsverfahren schließt § 172 Abs. 2 S. 3 aus, weil die Interessen des Verletzten durch die Möglichkeit der Erhebung der Privatklage ausreichend gewahrt sind. Auch ein Antrag auf gerichtliche Entsch. nach §§ 23 ff. **EGGVG** ist nicht zulässig. 6

III. Bejahung des öffentlichen Interesses. Bejaht die StA das öffentliche Interesse, wobei sie einen gewissen Spielraum hat (vgl. Esser GA 2010, 69 zu Urheberrechtsverstößen nach § 106 UrhG; erg. → § 406e Rn. 15), muss sie eine Anklage erheben, der sich der Verletzte als Nebenkläger anschließen kann, wenn es sich um eine Katalogtat nach § 395 Abs. 1 Nr. 3 handelt. Ein Aktenvermerk der StA o. ein bes. Hinweis in der Anklageschrift, dass das öffentl. Interesse an der Strafverfolgung angenommen wird, ist nicht vorgeschrieben u. auch sonst nicht angezeigt (OLG Oldenburg GA 1959, 187; OLG Stuttgart JR 1953, 349). Eine gerichtliche Überprüfung der Entsch. der StA findet nicht statt (KMR-StPO/Stöckel Rn. 9 ff.), u. zwar weder in dem anhängigen Strafverfahren (OLG Oldenburg GA 1959, 187; **aM** Husmann MDR 1988, 727) noch außerhalb des Hauptverfahrens nach §§ 23 ff. **EGGVG** (Peters StrafProzR Rn. 574). 7

IV. Änderung der Einschätzung. Ändert die StA ihre Ansicht über das Vorliegen des öffentl. Interesses, so gilt folgendes: Bis zur Eröffnung des Hauptverfahrens kann sie die Klage aus diesem Grund nach § 156 zurücknehmen. Nach Eröffnung des Hauptverfahrens ist die Zurücknahme ausgeschlossen; die nachträgliche Verneinung des öffentl. Interesses kann bei Vorliegen eines Strafantrags nur als Zustimmung zur Verfahrenseinstellung nach § 153 Abs. 2 aufgefasst werden. 8

War kein Strafantrag gestellt, führt die Verneinung des öffentl. Interesses zur Einstellung des Verfahrens.

9 **C. Zusammentreffen von Privatklage- und Offizialdelikten.** Eine getrennte Verfolgung u. Aburteilung ist nur zulässig, wenn es sich um mehrere Taten in dem verfahrensrechtlichen Sinn des § 264 handelt. Sonst muss das Verf. einheitlich geführt werden. Das gilt sowohl bei Tateinheit u. Gesetzeskonkurrenz als auch bei Tatmehrheit iRe einheitlichen Tat iSd § 264.

10 Den **Vorrang** hat das Offizialverfahren. In ihm ist das Privatklagedelikt ohne Rücksicht auf das Vorliegen des öffentl. Interesses nach § 376 mitzuverfolgen (BGH StraFo 2016, 212). Es ist im Offizialverfahren selbst dann mit abzuurteilen, wenn die StA den Verletzten auf den Privatklageweg verwiesen hatte (RGSt 77, 226).

11 Wird bei sachlichem Zusammentreffen des Privatklagedelikts mit dem Offizialdelikt das **Verfahren nach § 153 Abs. 1 eingestellt,** so ist das Verf. insges. abgeschlossen. Der Verletzte ist daher nach zutr. hM nicht berechtigt, Privatklage zu erheben (Löwe/Rosenberg/Wenske Rn. 26 mwN; erg. → § 153 Rn. 5). Die Einstellung des Verf. nach § 153a verbraucht die Strafklage auch wegen des Privatklagedelikts.

12 **D. Zusammentreffen von Privatklagedelikt und OWi.** Verneint die StA das öffentl. Interesse, so stellt sie das Ermittlungsverfahren ein u. gibt die Sache nach § 43 Abs. 1 OWiG an die VerwB ab. Wenn der Betroffene Einspruch gegen den darauf erlassenen Bußgeldbescheid einlegt, der Verletzte aber keine Privatklage erhoben hat, muss das Gericht auf den Einspruch das Bußgeldverfahren nach § 81 OWiG in das Strafverfahren überleiten u. das Privatklagedelikt mit aburteilen (BayObLGSt 1976, 117; LG Oldenburg MDR 1981, 421; Kellner MDR 1977, 626; vgl. iE Göhler/Thoma OWiG § 43 Rn. 10 ff.).

Beteiligung der Staatsanwaltschaft; Übernahme der Verfolgung **Nr. 172 RiStBV**

377 (1) [1] **Im Privatklageverfahren ist der Staatsanwalt zu einer Mitwirkung nicht verpflichtet.** [2] **Das Gericht legt ihm die Akten vor, wenn es die Übernahme der Verfolgung durch ihn für geboten hält.**

(2) [1] **Auch kann die Staatsanwaltschaft in jeder Lage der Sache bis zum Eintritt der Rechtskraft des Urteils durch eine ausdrückliche Erklärung die Verfolgung übernehmen.** [2] **In der Einlegung eines Rechtsmittels ist die Übernahme der Verfolgung enthalten.**

1 **A. Mitwirkungspflicht (Abs. 1 S. 1).** Eine Mitwirkungspflicht (Abs. 1 S. 1) hat die StA im Privatklageverfahren grds. nicht. IdR erhält sie v. der Privatklage nicht einmal Kenntnis. Zur HV wird sie nicht geladen; Entsch. werden ihr nicht zugestellt. Nur im Rechtsmittelverfahren wirkt sie nach § 390 Abs. 3 S. 1 mit.

2 Bevor sie die Übernahme nach Abs. 2 erklärt, hat die StA auch kein **Mitwirkungsrecht.** Sie darf in die Prozessführung des Privatklägers weder durch Stellungnahmen noch durch Anträge ggü. dem Gericht eingreifen (KMR-StPO/Stöckel Rn. 2, 3; Hilger JR 1990, 258; **aM** KK-StPO/Allgayer Rn. 2; Peters StrafProzR Rn. 580; erg. → § 385 Rn. 10). An der HV kann sie aber beobachtend teilnehmen, um entscheiden zu können, ob eine Übernahme nach Abs. 2 geboten ist.

3 **B. Aktenvorlage an die StA (Abs. 1 S. 2).** Zur Aktenvorlage an die StA (Abs. 1 S. 2) ist das Gericht verpflichtet, wenn es die Übernahme der Verfolgung durch sie für geboten hält (vgl. → Rn. 10). Die StA braucht die Vorlage aber nicht abzuwarten, sondern kann v. sich aus zur Vorbereitung der Entsch., ob sie die Übernahme nach Abs. 2 erklären will, Akteneinsicht verlangen. Zuständig ist nur die StA bei dem dem AG übergeordneten LG, eine andere StA auch dann nicht, wenn in ihrem Bezirk ein Gerichtsstand nach §§ 7 ff. gegeben ist. Die Übernahme erfordert auch im Fall des Abs. 1 S. 2 eine ausdr. Erkl. (→ Rn. 6); eine schlüssige

Handlung genügt ebenso wenig wie nach Abs. 2 S. 1 (KMR-StPO/Stöckel Rn. 9; **aM** OLG Saarbrücken NJW 1964, 679).

C. Übernahmerecht der StA (Abs. 2). Die StA ist, auch gegen den Willen des Privatklägers, berechtigt, das Verf. **in jeder Lage** zu übernehmen, frühestens mit dem Eingang der Privatklage bei einem Gericht, das für die Entsch. zuständig sein kann (vgl. BGHSt 26, 214 (216)), aber nicht mehr nach Eintritt der Rechtskraft des Urt., also nicht zu dem Zweck, die Wiederaufnahme nach §§ 359 ff. zu betreiben (KK-StPO/Allgayer Rn. 5; Löwe/Rosenberg/Wenske Rn. 6; **aM** KMR-StPO/Stöckel Rn. 8; Pentz MDR 1965, 885). 4

Wenn sie nicht durch Rechtsmitteleinlegung erfolgt (→ Rn. 9), verlangt die Übernahme eine **ausdrückliche Erklärung** (Abs. 2 S. 1) ggü. dem mit der Sache befassten Gericht (OLG Saarbrücken NJW 1964, 679; KMR-StPO/Stöckel Rn. 9), die bedingungsfeindlich (→ Einl. Rn. 118, 119), unwiderruflich u. bindend ist (OLG Saarbrücken NJW 1959, 163; KK-StPO/Allgayer Rn. 7). 5

War das **Privatklageverfahren noch nicht eröffnet,** so ist die rechtlich an sich mögliche (§ 156) Zurücknahme der Klage unzulässig (BayObLGSt 1962, 75 (77); LG Göttingen NJW 1956, 882; KMR-StPO/Stöckel Rn. 17), dgl. die Verfahrenseinstellung nach § 170 Abs. 1; auf diese Weise darf die Privatklage v. der StA nicht erledigt werden (LG Göttingen NJW 1956, 882; SK-StPO/Velten Rn. 14; **aM** Löwe/Rosenberg/Wenske Rn. 19; vgl. auch Nr. 172 Abs. 2 S. 2 RiStBV). 6

Eine **neue Anklage** braucht die StA **nicht** zu erheben; sie kann einfach bei dem zuständigen Gericht die Eröffnung des Hauptverfahrens beantragen. Um dem Richter die Eröffnung in der für das Offizialverfahren vorgesehenen Form (§ 207) zu ermöglichen, empfiehlt sich aber, dass die StA eine Anklageschrift (die dann keine Prozessvoraussetzung ist) vorlegt, insbes., wenn die Tat zugleich als Offizialdelikt verfolgt wird (OLG Köln OLGSt StPO § 377 S. 9, 11; KMR-StPO/Stöckel Rn. 10). 7

Nach Eröffnung des Hauptverfahrens wird die Übernahme durch schriftliche Erkl. ggü. dem Gericht erklärt; der Erlass eines neuen Eröffnungsbeschlusses ist nicht erforderlich. Soweit sie die Tat als Offizialdelikt verfolgt, muss die StA dem Gericht aber eine entspr. Mitteilung machen, wobei sie sich zweckmäßigerweise an die Form des § 200 anlehnt. Diese Schrift kann v. Gericht zur Grdl. der (am besten noch vor der HV zu erteilenden) Hinweise nach § 265 gemacht werden (KK-StPO/Allgayer Rn. 6). In der HV erfolgt die Übernahme durch mündliche Erklärung, die in der Sitzungsniederschrift zu beurkunden ist. 8

Die **Einlegung von Rechtsmitteln** zugunsten o. zuungunsten des Angeklagten, auch v. Beschwerden, enthält stets die Übernahmeerklärung (Abs. 2 S. 2). Die StA kann nicht ein Rechtsmittel einlegen u. gleichzeitig wirksam erklären, sie wolle das Verf. nicht übernehmen. Bei der Rechtsmitteleinlegung läuft für die StA keine eigene Frist; sie muss die für den Privatkläger geltende Frist einhalten. 9

Den **Grund der Übernahme** braucht die StA nicht mitzuteilen. Er kann darin liegen, dass sie das öffentl. Interesse nach § 376 bejaht (dazu Nr. 86 RiStBV), aber auch darin, dass sie der Meinung ist, es liege kein Privatklagedelikt, sondern ein Offizialdelikt vor o. das Privatklagedelikt stehe mit einem Offizialdelikt nur in Tateinheit (OLG Celle NJW 1962, 1217; OLG Düsseldorf JMBl. NRW. 1964, 80). Die StA braucht in diesem Fall nicht etwa zu warten, bis das Gericht das Privatklageverfahren nach § 389 Abs. 1 eingestellt hat (Löwe/Rosenberg/Wenske Rn. 14 ff.; **aM** LG Göttingen NJW 1956, 882). 10

Die **Folge der Übernahme,** v. der die StA den Privatkläger unter Hinweis auf eine etwa bestehende Nebenklagebefugnis u. auf die Kostenfolge des § 472 Abs. 3 S. 2 zu benachrichtigen hat (Nr. 172 Abs. 2 S. 1 RiStBV), ist nicht die Beseitigung des Privatklageverfahrens. Das Verf. wird daher nicht eingestellt, sondern in der Lage, in der es sich befindet, als gewöhnliches Strafverfahren weitergeführt (BGHSt 11, 56 (61)). Auch eine erhobene Widerklage bleibt wirksam (erg. → § 388 Rn. 5) u. verwandelt sich, wenn die StA sie nicht ebenfalls übernimmt, in eine reine Privatklage, die v. dem Offizialverfahren abzutrennen ist. Ein Wechsel der Gerichts- 11 zuständigkeit tritt nicht ein, auch wenn für die Offizialklage ein anderes Gericht zuständig gewesen wäre (BGHSt 11, 56 (61)). Der Strafrichter bleibt daher auch zuständig, wenn die Offizialklage vor dem SchG zu erheben gewesen wäre (Löwe/Rosenberg/Wenske Rn. 21; erg. → GVG § 25 Rn. 2).

12 Der **Privatkläger scheidet aus dem Verfahren aus.** Will er weiterhin an dem Verf. teilnehmen, so muss er nach § 396 Abs. 1 S. 1 seinen Anschluss als Nebenkläger erklären, sofern er nach § 395 nebenklageberechtigt ist. Auch wenn er das unterlässt, muss ihm der verurteilte Angeklagte aber die notwendigen Auslagen ersetzen, die er als Privatkläger gehabt hat (§ 472 Abs. 3).

Beistand und Vertreter des Privatklägers

378 **[1] Der Privatkläger kann im Beistand eines Rechtsanwalts erscheinen oder sich durch einen Rechtsanwalt mit nachgewiesener Vertretungsvollmacht vertreten lassen. [2] Im letzteren Falle können die Zustellungen an den Privatkläger mit rechtlicher Wirkung an den Anwalt erfolgen.**

1 **A. Beistand und Vertretung durch einen RA (S. 1). In der HV** (S. 1), **auch bei Beweisaufnahmen** nach § 202 (→ § 383 Rn. 4) u. §§ 223, 225, kann der Privatkläger im Beistand eines RA erscheinen o. sich v. einem RA vertreten lassen. Die entspr. Vorschr. für den Angeklagten enthält § 387 Abs. 1.

2 Die **Einschaltung eines RA** ist für den Privatkläger, v. den Fällen der §§ 385 Abs. 3, 390 Abs. 2 abgesehen, nicht vorgeschrieben. Er kann die Privatklage selbst o. durch einen beliebigen Bevollmächtigten erheben u. auch sonst unmittelbar o. durch Bevollmächtigte mit dem Gericht verkehren, insbes. seine Sache in der HV selbst vertreten. Auch wenn er einen RA bevollmächtigt hat, ist er berechtigt, an der HV teilzunehmen (Woesner NJW 1959, 704) u. ihre Aussetzung zu verlangen, wenn er verhandlungsunfähig ist (KG JR 1961, 106; OLG Bremen GA 1959, 151). Hat er einen RA mit seiner Vertretung beauftragt, so braucht er nicht selbst zu erscheinen, sofern das Gericht nicht sein persönliches Erscheinen nach § 387 Abs. 3 angeordnet hat.

3 **Ein RA** kann Beistand o. Vertreter des Privatklägers in der HV sein. Untervollmacht (→ Vor § 337 Rn. 11) kann er nur einem anderen RA erteilen; er kann sich aber nach § 139 von einem Referendar vertreten lassen (§ 387 Abs. 2). Nach § 138 Abs. 3 können aber auch Hochschullehrer als Beistände auftreten sowie mit Genehmigung des Gerichts auch andere Personen.

4 Für die **Form der Prozessvollmacht** gelten die Grundsätze für die Verteidigervollmacht (→ Vor § 137 Rn. 9) entspr. Die Vertretungsvollmacht muss nach S. 1 nachgewiesen sein (→ § 234 Rn. 5).

5 Die **Ladung des RA** richtet sich nach §§ 217, 218 Abs. 1 (OLG Celle MDR 1966, 256; vgl. auch OLG Karlsruhe VRS 50, 119).

6 Zur Frage der **Wiedereinsetzung bei Verschulden des RA** vgl. → § 44 Rn. 19, 20.

7 **B. Zustellungen (S. 2).** Zustellungen (S. 2) können (müssen aber nicht) an den mit der Vertretung des Privatklägers beauftragten RA gerichtet werden, wenn sich eine schriftliche Vollmacht bei den Akten befindet (OLG Stuttgart OLGSt StPO § 45 S. 17; BGH NStZ 1995, 47 lässt offen, ob Besitz des RA genügt). Die Vollmacht, die sich nicht ausdr. auf Zustellungen zu erstrecken braucht (**aM** KMR-StPO/Stöckel Rn. 5), erlaubt es auch, andere Bekanntmachungen, die nicht förmlich zugestellt werden, an die Adresse des Bevollmächtigten zu richten (vgl. → § 145a Rn. 4). Auf Zustellungen v. Ladungen ist § 145a Abs. 2 entspr. anwendbar. Wird dem Bevollmächtigten zugestellt, so gilt § 145a Abs. 3 entspr., bei Doppelzustellungen § 37 Abs. 2.

Sicherheitsleistung; Prozesskostenhilfe

379 (1) **Der Privatkläger hat für die dem Beschuldigten voraussichtlich erwachsenden Kosten unter denselben Voraussetzungen Sicherheit zu leisten, unter denen in bürgerlichen Rechtsstreitigkeiten der Kläger auf Verlangen des Beklagten Sicherheit wegen der Prozeßkosten zu leisten hat.**

(2) [1]**Die Sicherheitsleistung ist durch Hinterlegung in barem Geld oder in Wertpapieren zu bewirken.** [2]**Davon abweichende Regelungen in einer auf Grund des Gesetzes über den Zahlungsverkehr mit Gerichten und Justizbehörden erlassenen Rechtsverordnung bleiben unberührt.**

(3) **Für die Höhe der Sicherheit und die Frist zu ihrer Leistung sowie für die Prozeßkostenhilfe gelten dieselben Vorschriften wie in bürgerlichen Rechtsstreitigkeiten.**

A. Sicherheitsleistung. Für die Sicherheitsleistung verweist Abs. 1 auf die §§ 108–113 ZPO. 1

Verpflichtet ist daher nur der Privatkläger, der **Ausländer oder Staatenloser** ohne Inlandswohnsitz ist (§ 110 Abs. 1 ZPO); Ausnahmen bestimmt § 110 Abs. 2 Nr. 1, 3 ZPO. Die Verpflichtung zur Sicherheitsleistung entfällt, wenn dem Privatkläger Prozesskostenhilfe (→ Rn. 7 ff.) bewilligt ist (§ 122 Abs. 1 Nr. 2 ZPO). 2

Nur auf Verlangen des Beschuldigten ist Sicherheit zu leisten (§ 110 Abs. 1 S. 1 ZPO). Im Rechtsmittelverfahren kann das Verlangen nur gestellt werden, wenn die Voraussetzungen des § 111 ZPO vorliegen (OLG Celle NJW 1955, 724; KMR-StPO/Stöckel Rn. 1). Eine Sicherheitsleistung für das Berufungsverfahren kann aber nach § 112 Abs. 3 ZPO verlangt werden, wenn die im 1. Rechtszug geleistete Sicherheit nicht ausreicht (OLG Frankfurt a. M. NJW 1980, 2032). 3

Bewirkt wird die Sicherheitsleistung durch Hinterlegung v. Bargeld o. Wertpapieren (entgegen § 108 Abs. 1 S. 2 ZPO nicht auch durch Bankbürgschaft) o. unbar nach dem ZahlVGJG (vgl. → § 116a Rn. 4a). 4

Die **Höhe** bestimmt das Gericht nach freiem Ermessen (Abs. 2, Abs. 3 iVm § 112 Abs. 1 ZPO). Nach § 112 Abs. 2 ZPO ist der Betrag zugrunde zu legen, den der Beschuldigte wahrscheinlich aufzuwenden haben wird. Dabei sind die Kosten aller Rechtszüge zu berücksichtigen, die dem Privatkläger zur Vfg. stehen (Löwe/Rosenberg/Wenske Rn. 11). 5

Für die Leistung der Sicherheit ist dem Privatkläger eine **Frist** zu setzen (Abs. 3 iVm § 113 S. 1 ZPO). Wird sie versäumt, so gilt § 113 S. 2 ZPO, nicht der strengere § 391 Abs. 2. Daher muss die Privatklage durch bes. Beschl. für zurückgenommen erklärt o. das Rechtsmittel des Privatklägers verworfen werden. Anders als nach § 392 kann die Privatklage unter Nachholung der Sicherheitsleistung erneut erhoben werden (Löwe/Rosenberg/Wenske Rn. 12). 6

B. Prozesskostenhilfe. Prozesskostenhilfe kann dem Privatkläger bewilligt werden, dem Beschuldigten nur, wenn er zugleich Widerkläger ist, u. nur in dieser Eigenschaft (OLG Düsseldorf NStZ 1989, 92; LG Essen NStZ 1986, 329). Das gilt auch für den Fall, dass der Privatkläger anwaltlich vertreten ist (OLG Düsseldorf JMBl. NRW. 1988, 178; LG Essen NStZ 1986, 329; vgl. auch BVerfGE 63, 380). 7

Anwendbar sind die **Bestimmungen der ZPO** (§§ 114 ff.), soweit sie Voraussetzungen u. Wirkung der Prozesskostenhilfe u. das Verf. regeln (KMR-StPO/Stöckel Rn. 4; Löwe/Rosenberg/Wenske Rn. 21; KK-StPO/Allgayer Rn. 4; **aM** OLG Düsseldorf MDR 1987, 79); nur die Anfechtbarkeit richtet sich nach der StPO (→ Rn. 17). Die Sonderregelung des § 397a Abs. 2, Abs. 3 für die Bewilligung der Prozesskostenhilfe für den Nebenkläger hat für das Privatklageverfahren keine Bedeutung. 8

Voraussetzung der Bewilligung ist das wirtschaftliche Unvermögen des Privatklägers (§§ 114, S. 1, 115 ZPO); er muss außerstande sein, die Kosten der Prozessführung aufzubringen, auch nicht teilw. o. in Raten (erg. → § 397a Rn. 8). Ferner muss die Privatklage hinreichende Aussicht auf Erfolg haben; daran fehlt es 9 zB, wenn eine Einstellung nach § 383 Abs. 2 S. 1 zu erwarten ist (Kaster MDR 1994, 1074). Die Privatklage darf auch nicht mutwillig sein; das ist der Fall, wenn ein Verletzter, der seine Kosten selbst aufbringen müsste, v. der Erhebung der Privatklage absehen würde.

10 Die **Beiordnung eines RA** kann der Privatkläger nach § 121 Abs. 1 ZPO verlangen, wenn dessen Mitwirkung vorgeschrieben ist, also im Fall des § 390 Abs. 2, sonst nur, wenn die Vertretung erforderlich erscheint (§ 121 Abs. 2 Alt. 1 ZPO), insbes. bei bes. Schwierigkeit der Sach- o. Rechtslage, aber auch, wenn Akteneinsicht erforderlich ist, die der Privatkläger nach § 385 Abs. 3 nur durch einen RA nehmen kann. § 121 Abs. 2 Alt. 2 ZPO, wonach die Beiordnung eines RA notwendig ist, wenn der Gegner durch einen RA vertreten ist, gilt nicht entspr. (vgl. BVerfGE 63, 380; OLG Düsseldorf MDR 1986, 166; LG Essen NStZ 1986, 329; vgl. auch KG JR 1982, 169; OLG Celle Nds. Rpfl. 1983, 148; OLG Frankfurt a. M. NStZ 1986, 42; OLG Hamburg MDR 1985, 605 für den Nebenkläger). Anwendbar ist aber § 121 Abs. 3 ZPO, wonach ein auswärtiger RA zu den Bedingungen eines ortsansässigen beigeordnet werden kann (OLG Hamm NJW 1983, 1507; **aM** OLG Köln OLGSt Nr. 1).

11 **Nur auf Antrag** wird die Prozesskostenhilfe bewilligt. Der Antrag ist bei dem Gericht zu stellen, bei dem die Privatklage erhoben ist o. erhoben werden soll, ggf. bei dem Rechtsmittelgericht. Wegen der Einzelheiten der Antragstellung vgl. → § 397a Rn. 10.

12 Durch **Beschluss des Gerichts,** der mit Gründen zu versehen ist, wenn die Bewilligung versagt wird (§ 34), wird die Prozesskostenhilfe bewilligt, nach § 119 Abs. 1 S. 1 ZPO immer nur für den jeweiligen Rechtszug (vgl. LG Flensburg JurBüro 1985, 1110). Berufungs- u. Revisionsgericht müssen bes. entscheiden (zur Zuständigkeit des Revisionsgerichts vgl. → § 347 Rn. 7). In dem Beschl. setzt das Gericht ggf. die v. dem Privatkläger zu zahlenden Monatsraten u. die aus dem Vermögen zu zahlenden Beträge fest (§ 120 Abs. 1 ZPO). Vor der Rechtskraft der Entsch. über die Prozesskostenhilfe darf über die Privatklage nicht entschieden werden (LG Frankfurt a. M. NJW 1953, 798; LG Köln MDR 1958, 662).

13 Wegen der **rückwirkenden Bewilligung** vgl. → § 397a Rn. 15.

14 Zu den **Rechtsfolgen der Bewilligung** vgl. → Rn. 2, → § 397a Rn. 17.

15 **C. Rechtsmittel:** Gegen die ihm nachteiligen Entsch. über die **Sicherheitsleistung** kann der Privatkläger Beschwerde nach § 304 Abs. 1 einlegen.

16 Im Verf. über die **Prozesskostenhilfe** findet nicht das Beschwerdeverfahren nach § 127 ZPO, sondern das nach § 304 Abs. 1 statt (RGSt 30, 143; BayObLGSt 1949/51, 242; OLG Düsseldorf MDR 1987, 79; OLG Hamburg NJW 1969, 944; KK-StPO/Allgayer Rn. 6; **aM** Löwe/Rosenberg/Wenske Rn. 31 ff.). Daher ist entgegen § 127 Abs. 2 S. 2, 567 Abs. 1 ZPO Beschwerde auch gegen Entsch. des Berufungsgerichts zulässig (OLG Düsseldorf MDR 1987, 79; OLG Hamburg NJW 1969, 944; KMR-StPO/Stöckel Rn. 12). § 305 S. 1 steht der Beschwerde nicht entgegen (BayObLGSt 1949/51, 242; OLG Hamburg NJW 1969, 944);

17 Entsch. der OLGe sind nach § 304 Abs. 4 S. 2 unanfechtbar. Weitere Beschwerde ist nach § 310 Abs. 1 ausgeschlossen. Die Wertgrenze des § 304 Abs. 3 gilt nicht (OLG Frankfurt a. M. Rpfleger 1955, 79).

18 **Beschwerdeberechtigt** ist nur der Privatkläger, dessen Antrag auf Prozesskostenhilfe ganz o. teilw. abgelehnt worden ist. Der Beschuldigte ist durch die Bewilligung nicht beschwert u. hat daher kein Anfechtungsrecht (KMR-StPO/Stöckel Rn. 13; vgl. auch OLG Stuttgart MDR 1986, 75; KK-StPO/Allgayer Rn. 6; Löwe/Rosenberg/Wenske Rn. 31, die die fehlende Beschwerdebefugnis aus § 127 Abs. 2 S. 1 ZPO herleiten). Der Bezirksrevisor als Vertreter der Landeskasse ist auch dann nicht beschwerdeberechtigt, wenn die Bewilligung der Prozesskostenhilfe grob gesetzwidrig ist (vgl. KMR-StPO/Stöckel Rn. 15; **aM** LG Essen NStZ 1986, 329 mablAnm Dehn).

Gebührenvorschuss

379a (1) **Zur Zahlung des Gebührenvorschusses nach § 16 Abs. 1 des Gerichtskostengesetzes soll, sofern nicht dem Privatkläger die Prozeßkostenhilfe bewilligt ist oder Gebührenfreiheit zusteht, vom Gericht eine Frist bestimmt werden; hierbei soll auf die nach Absatz 3 eintretenden Folgen hingewiesen werden.**

(2) **Vor Zahlung des Vorschusses soll keine gerichtliche Handlung vorgenommen werden, es sei denn, daß glaubhaft gemacht wird, daß die Verzögerung dem Privatkläger einen nicht oder nur schwer zu ersetzenden Nachteil bringen würde.**

(3) [1] **Nach fruchtlosem Ablauf der nach Absatz 1 gestellten Frist wird die Privatklage zurückgewiesen.** [2] **Der Beschluß kann mit sofortiger Beschwerde angefochten werden.** [3] **Er ist von dem Gericht, das ihn erlassen hat, von Amts wegen aufzuheben, wenn sich herausstellt, daß die Zahlung innerhalb der gesetzten Frist eingegangen ist.**

A. Fristsetzung zur Zahlung des Gebührenvorschusses (Abs. 1). Für die Privatklage, die Berufung u. Revision sowie den Wiederaufnahmeantrag u. das Verf. nach §§ 440, 441 hat der Privatkläger nach § 16 Abs. 1 S. 1 GKG einen Vorschuss iHd entspr. in den Nr. 3311, 3321, 3331, 3340, 3410, 3431, 3441 oder 3450 des KVGKG bestimmten Gebühren zu zahlen. Der Widerkläger ist zur Zahlung des Vorschusses nicht verpflichtet (§ 16 Abs. 1 S. 2 GKG). 1

Die **Fristbestimmung,** die trotz der Ausgestaltung des Abs. 1 als Sollvorschrift zwingend ist (Löwe/Rosenberg/Wenske Rn. 6), bezieht sich auf die Zahlung nicht auf ihren Nachweis. Sie erfolgt durch das Gericht, nicht durch den Vorsitzenden allein (BayObLGSt 1953, 214; OLG Schleswig GA 1957, 425; Löwe/Rosenberg/Wenske Rn. 4). Der Privatkläger muss durch Beschl., der nach § 35 zuzustellen ist, aufgefordert werden, innerhalb einer angemessenen Frist (→ Rn. 8), deren Ende eindeutig bezeichnet werden muss (OLG Hamm JMBl. NRW. 1958, 165: andernfalls ist Fristsetzung unwirksam), den Gebührenvorschuss zu zahlen. Ferner ist er auf die Rechtsfolgen des Abs. 3 S. 1 hinzuweisen. 2

Auf Antrag o. vAw ist eine **Verlängerung der Frist** möglich, solange sie nicht abgelaufen ist (OLG Celle NJW 1966, 1670; OLG Hamm NJW 1973, 1206). Die Fristverlängerung vAw kann insbes. geboten sein, wenn eine Rechtsschutzversicherung o. ein anderer Zahler vor Fristablauf mitteilt, dass der Vorschuss alsbald gezahlt wird (OLG Celle NJW 1966, 1670). 3

Stellt der Privatkläger vor Fristablauf einen **Antrag auf Prozesskostenhilfe** (→ § 379 Rn. 7 ff.), so wird die Fristsetzung gegenstandslos (OLG Schleswig SchlHA 1951, 65; KK-StPO/Allgayer Rn. 2; **aM** OLG Hamm NJW 1973, 1206: Fristverlängerung bis zur Entsch. über den Antrag). Wird die Prozesskostenhilfe versagt, so muss die Fristsetzung erneuert werden (OLG Schleswig SchlHA 1951, 65); wird sie bewilligt, so entfällt die Zahlung des Gebührenvorschusses. 4

Die **entsprechende Anwendung des § 379a** im Berufungs- u. Revisionsrechtszug bestimmt § 390 Abs. 4. 5

B. Gerichtliche Handlungen vor der Vorschusszahlung (Abs. 2). Gerichtliche Handlungen vor der Vorschusszahlung (Abs. 2) **sollen nicht stattfinden.** Gleichwohl vorgenommene Handlungen sind aber wirksam, auch wenn nicht der Ausnahmefall des Hs. 2 vorliegt (KK-StPO/Allgayer Rn. 2). Das gilt auch für den Eröffnungsbeschluss (KMR-StPO/Stöckel Rn. 5). Einen Nachteil durch Verzögerung der Handlung iSd Hs. kann der Privatkläger zB bei Gefahr der Wiederholung der gegen ihn gerichteten Straftat erleiden. Zur Glaubhaftmachung vgl. → § 26 Rn. 5 ff.; → § 45 Rn. 6. 6

C. Folge der Fristversäumnis (Abs. 3 S. 1). Die Folge der Fristversäumnis (Abs. 3 S. 1) ist die Zurückweisung der Privatklage durch nach § 34 mit Gründen versehenen Gerichtsbeschluss. 7

8 Die **Fristversäumnis** führt, ohne Rücksicht auf ein Verschulden des Privatklägers (OLG Bamberg NJW 1949, 835; Löwe/Rosenberg/Wenske Rn. 12; vgl. aber KMR-StPO/Stöckel Rn. 8, der Wiedereinsetzungsgründe berücksichtigen will), zur Zurückweisung, wenn der Vorschuss am letzten Tag der angemessen festgesetzten Frist (vgl. OLG Celle OLGSt StPO § 379a S. 1: 6 Tage sind zu kurz) nicht gezahlt ist. War ein zu hoher Vorschuss verlangt worden, so gilt Abs. 3 S. 1 selbst dann nicht, wenn nicht einmal der vorgeschriebene Vorschuss gezahlt worden ist (BayObLGSt 1954, 74).

9 Der **Tag des Eingangs** bei der Gerichtskasse ist bei Übersendung v. Zahlungsmitteln, auch v. Gerichtskostenmarken, maßgebend (OLG Hamm NJW 1960, 547); es genügt aber der innerhalb der Frist erfolgte Überweisungsauftrag an die Bank (OLG Saarbrücken NStE Nr. 2). Der Nachw. der Zahlung ist zur Fristwahrung nicht erforderlich.

10 Bei unverschuldeter Säumnis kann **Wiedereinsetzung** nach § 44 beantragt o. nach § 45 Abs. 2 S. 1 vAw bewilligt werden. Das Gericht hat aber nach Wiedereinsetzungsgründen nicht zu forschen (OLG Bamberg NJW 1949, 835). War die Privatklage bereits zurückgewiesen, so wird dieser Beschl. mit der Wiedereinsetzung in den vorigen Stand gegenstandslos; das wird in dem Wiedereinsetzungsbeschluss zweckmäßigerweise klargestellt.

11 Die **erneute Erhebung der Privatklage,** die nach Abs. 3 S. 1 zurückgewiesen worden war, ist entspr. § 391 Abs. 2 ausgeschlossen (BayObLG NJW 1956, 758; OLG Hamm NJW 1953, 717; LG Bonn NStZ 1991, 204; **aM** OLG Hamburg NStZ 1989, 244; KMR-StPO/Stöckel Rn. 6; Löwe/Rosenberg/Hilger Rn. 14 ff.; SK-StPO/Velten Rn. 11).

12 **D. Rechtsmittel (Abs. 3 S. 2, 3).** Der Beschl. über die Zahlungsaufforderung u. Fristsetzung nach Abs. 1 kann mit der einfachen Beschwerde nach § 304 Abs. 1 angefochten werden (BayObLG NJW 1955, 1199; KMR-StPO/Stöckel Rn. 9). Gegen den Zurückweisungsbeschluss kann der Privatkläger nach Abs. 3 S. 2 sofortige Beschwerde (§ 311) einlegen. Der Beschuldigte, der dadurch nicht beschwert ist, kann die Ablehnung seines Antrags auf Zurückweisung der Privatklage nicht anfechten. Abweichend v. § 311 Abs. 3 S. 1 muss das Gericht den Zurückweisungsbeschluss vAw aufheben, wenn sich herausstellt, dass die Zahlungsfrist nicht versäumt war (S. 3).

13 **E. Auslagenvorschuss.** Für den Auslagenvorschuss nach § 17 Abs. 1 GKG **gilt die Regelung des § 379a nicht.** Er ist nur auf gerichtliche Anordnung u. nur v. Privatkläger zu zahlen, v. Beschuldigten nur, wenn er die Vornahme einer Handlung als Widerkläger beantragt (§ 17 Abs. 4 S. 1 GKG). Die Vorschusspflicht besteht nicht, wenn das Gericht vAw tätig wird (§ 17 Abs. 3 GKG). Der Privatkläger muss den Auslagenvorschuss auch für die Vernehmung der v. Beschuldigten benannten Entlastungszeugen zahlen, wenn das Gericht ihre Ladung anordnet (Löwe/Rosenberg/Wenske § 379 Rn. 2, 3). Die Nichtzahlung des Vorschusses hat lediglich zur Folge, dass die beantragte Handlung unterbleibt (§ 17 Abs. 1 S. 2 GKG).

Erfolgloser Sühneversuch als Zulässigkeitsvoraussetzung

380 (1) [1] **Wegen Hausfriedensbruchs, Beleidigung, Verletzung des Briefgeheimnisses, Körperverletzung (§§ 223 und 229 des Strafgesetzbuches), Bedrohung und Sachbeschädigung ist die Erhebung der Klage erst zulässig, nachdem von einer durch die Landesjustizverwaltung zu bezeichnenden Vergleichsbehörde die Sühne erfolglos versucht worden ist.** [2] **Gleiches gilt wegen einer Straftat nach § 323a des Strafgesetzbuches, wenn die im Rausch begangene Tat ein in Satz 1 genanntes Vergehen ist.** [3] **Der Kläger hat die Bescheinigung hierüber mit der Klage einzureichen.**

(2) **Die Landesjustizverwaltung kann bestimmen, daß die Vergleichsbehörde ihre Tätigkeit von der Einzahlung eines angemessenen Kostenvorschusses abhängig machen darf.**

(3) **Die Vorschriften der Absätze 1 und 2 gelten nicht, wenn der amtliche Vorgesetzte nach § 194 Abs. 3 oder § 230 Abs. 2 des Strafgesetzbuches befugt ist, Strafantrag zu stellen.**

(4) **Wohnen die Parteien nicht in demselben Gemeindebezirk, so kann nach näherer Anordnung der Landesjustizverwaltung von einem Sühneversuch abgesehen werden.**

A. Sühneversuch vor Vergleichsbehörde als Klagevoraussetzung (Abs. 1, Abs. 2). I. Vergleichsbehörden. Vergleichsbehörden sind Organe der Rechtspflege, funktionell mit der JV verbunden (BGHZ 36, 193 = NJW 1962, 485; Löwe/Rosenberg/Wenske Rn. 4). Abs. 1 S. 1 sieht vor, dass sie v. der LJV einzurichten sind; das schließt jedoch bes. ges. Regelungen nicht aus. 1

Solche Regelungen haben alle Länder getroffen. 2

Im Einzelnen sind Vergleichsbehörden in **Baden-Württemberg** die Gemeinden (§ 37 S. 1 BWAGGVG sowie VO v. 23.10.1971 (GBl. 422)), ebenso in **Bayern** (Art. 49 Abs. 1 BayAGGVG u. VO v. 13.12.1956 (BayBS I 611)), in **Bremen** das AG (§ 2 AGStPO v. 18.12.1958 (GBl. 103), zul. geänd. durch Bek. v. 16.8.1988 (GBl. 223), u. VO v. 30.12.1958 (GBl. 105), zul. geänd. durch Art. 2 des G v. 4.12.2001 (GVBl. 407)), in **Hamburg** die öffentl. Rechtsauskunfts- u. Vergleichsstelle (§ 1 VO v. 4.2.1946 (VBl. 13) u. GeschäftsO v. 15.11.1946 (AmtlAnz 1947, 10)), zul. geänd. durch VO v. 8.12.1974 (GVBl. 381)). In **Berlin** ist nach § 35 SchiedsamtsG v. 7.4.1994 (GVBl. 109) das Schiedsamt zuständig, ebenso in **Hessen** nach § 30 SchiedsamtsG v. 23.3.1994 (GVBl. 148), zul. geänd. durch Art. 2 des G v. 17.12.2002 (GVBl. 809), in **Niedersachsen** nach § 37 SchiedsamtsG v. 1.2.1989 (GVBl. 389) u. in **Nordrhein-Westfalen** nach § 34 SchiedsamtsG v. 16.12.1992 (GVBl. 1993, 32), geänd. durch Art. 2 des G v. 9.5.2000 (GVBl. 476); in **Rheinland-Pfalz** ist nach §§ 9 ff. der SchiedsamtsO idF v. 12.4.1991 (GVBl. 209), zul. geänd. durch Art. 1 des G v. 25.5.2000 (GVBl. 215), die Schiedsperson, im **Saarland** sind nach §§ 30 ff. SchiedsO v. 6.9.1989 (ABl. 1509), geänd. durch G v. 15.7.1992 (ABl. 838), Schiedsleute, in **Schleswig-Holstein** ist nach § 35 SchiedsO v. 10.4.1991 (GVBl. 232), geänd. durch G v. 11.12.2001 (GVBl. 361), das Schiedsamt zuständig. In **Brandenburg, Mecklenburg-Vorpommern, Sachsen, Sachsen-Anhalt und Thüringen** nehmen die Schiedsstellen die Aufgaben der Vergleichsbehörde wahr (vgl. näher → § 153 Rn. 42). 3

Soweit nach den Landesgesetzen der **Ausschluss von Bevollmächtigten** o. Beiständen zugelassen ist, gilt das nicht für RAe (§ 225 Abs. 1 S. 2 BRAO). 4

II. Sühneverfahren. Das Sühneverfahren (vgl. die Darst. bei Martin, Das Sühneverfahren vor dem Schiedsmann in Strafsachen, 1988, u. bei Stöckel, Sühneversuch im Privatklageverfahren, 1982) ist **nur wegen der in Abs. 1 S. 1 und 2 bezeichneten Straftaten erforderlich.** 5

Trifft eine solche Straftat mit einer anderen Straftat nach § 374 Abs. 1 zusammen u. bilden beide eine einheitliche Tat iSd § 264, so entfällt die Notwendigkeit des Sühneversuchs (KMR-StPO/Stöckel Rn. 11). Sie entfällt auch für die Widerklage, für den Beitritt nach § 375 Abs. 2 und für die Nachtragsanklage (→ § 384 Rn. 3). 6

Das Sühneverfahren ist noch **kein Strafverfahren,** die Vergleichsbehörde ist kein Strafverfolgungsorgan. Daher trifft sie auch nicht die Belehrungspflicht nach § 136 Abs. 1 S. 2 (v. Weber SchiedsmZ 1966, 153; **aM** Hartung SchiedsmZ 1966, 164 (189); Rüping Strafverfahren Rn. 732 mit der Begründung, das Sühneverfahren sei ein Vorverfahren des Privatklageverfahrens). 7

Das Sühneverfahren führt, wenn es erfolgreich ist, zum **Sühnevergleich** (vgl. → Vor § 374 Rn. 15 ff.), der nach § 779 Abs. 1 BGB zu beurteilen ist. Er enthält einen Verzicht auf das Privatklagerecht, die Zurücknahme des Strafantrags nur, 8 wenn das ausdr. vereinbart worden ist (Holland Rpfleger 1968, 45; **aM** Rüping Strafverfahren Rn. 733; vgl. auch RGSt 76, 345, das eine Zurücknahme vor der Vergleichsbehörde für unwirksam hält). Die Rechte der StA ua Klageberechtigter lässt der Vergleich unberührt. Zur ZV aus dem Vergleich vgl. Drischler Rpfleger 1984, 308.

9 **III. Bescheinigung nach Abs. 1 S. 3.** Die Bescheinigung nach Abs. 1 S. 3 wird erteilt, wenn der Sühneversuch erfolglos geblieben ist, sie muss sich auf dieselbe Tat u. dieselben Parteien beziehen wie die Privatklage. Eine versehentlich mit der Privatklageschrift nicht vorgelegte Bescheinigung kann bis zur Entsch. des Gerichts über die Zulässigkeit der Privatklage nachgereicht werden (LG München I NJW 1956, 74; LG Stuttgart NJW 1963, 1792). Das Gericht kann aus Fürsorgegründen sogar gehalten sein, den Privatkläger unter Fristsetzung zur Vorlage der Bescheinigung aufzufordern (LG Bonn MDR 1973, 784; vgl. aber LG Stuttgart NJW 1963, 1792: nicht bei Mitwirkung eines RA). Bis zur Ausstellung der Bescheinigung ruht die Strafantragsfrist (§ 77 Abs. 5 StGB).

10 **IV. Klagevoraussetzung.** Klagevoraussetzung, nicht Prozessvoraussetzung, ist der Sühneversuch (OLG Hamburg NJW 1956, 522; LG Neubrandenburg NStZ 1995, 149). Nach Erhebung der Privatklage kann der Sühneversuch nicht mehr nachgeholt werden (LG Aachen NJW 1956, 1611; LG Hamburg NJW 1973, 382; Löwe/Rosenberg/Wenske Rn. 28 ff.; **aM** LG Bielefeld JR 1951, 695; LG Itzehoe SchlHA 1956, 273; Schlüchter Strafverfahren Rn. 813). Hat das Gericht aber das Fehlen der Bescheinigung nach Abs. 1 S. 3 übersehen u. das Hauptverfahren eröffnet, so ist der Mangel bedeutungslos (BayObLG NJW 1958, 1149 (1151); OLG Hamburg NJW 1956, 522; KK-StPO/Allgayer Rn. 8). Für den Fall, dass die Eröffnung des Hauptverfahrens abgelehnt worden ist, gilt das nicht, auch nicht bei Ablehnung aus tatsächlichen Gründen (LG Hamburg NJW 1973, 382; **aM** LG Trier MDR 1966, 607).

11 Die Einhaltung des Sühneversuchs ist **vAw zu prüfen;** fehlt er, so muss die Klage mit der Kostenfolge aus § 471 Abs. 2 als unzulässig zurückgewiesen werden (LG Aachen NJW 1961, 524; LG Ansbach MDR 1971, 416; LG Hamburg NJW 1973, 382). Durch Beschwerde gegen den Beschl. kann der Mangel nicht behoben werden (LG Stuttgart NJW 1963, 1792).

12 Jedoch ist die **erneute Erhebung der Privatklage** nach Behebung des Hindernisses o. nach gerichtlicher Befreiung v. Sühneversuch (→ Rn. 15) bis zum Eintritt der Verjährung zulässig (OLG Hamm NJW 1984, 249; LG Düsseldorf NJW 1965, 1446; LG Stuttgart NJW 1963, 1792; SK-StPO/Velten Rn. 14; **aM** LG Bonn NJW 1964, 417 mablAnm Heinrich NJW 1964, 1087; LG Lübeck MDR 1976, 511; LG Verden MDR 1975, 247). Dabei genügt aber nicht ein erfolgloser Sühneversuch zwischen Erhebung u. Zurückweisung der 1. Privatklage; der Sühneversuch muss neu unternommen werden (Hartung ZStW 71 (1959), 469).

13 **B. Ausnahmen (Abs. 3, Abs. 4).** Bei Beleidigung o. Körperverletzung eines **Amtsträgers (Abs. 3)** ist der Sühneversuch stets entbehrlich, selbst wenn der Strafantrag v. dem Privatkläger selbst gestellt worden ist. Es kommt nur darauf an, dass der amtl. Vorgesetzte nach §§ 194 Abs. 3, 230 Abs. 2 StGB antragsbefugt ist.

14 Bei **verschiedenen Wohnorten** der beiden Parteien befreit Art. 49 Abs. 2 BayAGGVG allg. v. Sühneversuch. Andere Gesetze über die Vergleichsbehörden (→ Rn. 3) sehen vor, dass das Gericht die Befreiung v. Sühneversuch auf Antrag bewilligen darf (Einzelheiten bei Martin, Das Sühneverfahren vor dem Schiedsmann in Strafsachen, 1988, S. 170 ff.; vgl. auch LG Hamburg NJW 1973, 382). Die Befreiung muss vor Erhebung der Privatklage beantragt (LG Bonn MDR 1973, 784; LG Verden MDR 1974, 862; **aM** LG Hannover Nds. Rpfl. 1966, 18), u. die Entsch. über den Antrag muss vor der Entsch. über die Zulässigkeit der Privatklage getroffen werden (LG Flensburg SchlHA 1966, 171).

15 Fehlende Mitteilung einer ladungsfähigen Anschrift des Beschuldigten führt zur Ablehnung der Terminsbestimmung, nicht der Durchführung des Sühneverfahrens (OLG Hamburg NStE StPO § 380 Nr. 1).

Besteht keine Vergleichsbehörde, weil in einem Bundesland teilw. keine Schiedsstellen eingerichtet worden sind, entfällt dort der Sühneversuch (BezG Meiningen NStZ 1992, 404 mzustAnm Rieß; SK-StPO/Velten Rn. 22; Rieß NJ 1992, 245; **aM** LG Neubrandenburg NStZ 1995, 149; AK-StPO/Rössner Rn. 11; Kurth NStZ 1997, 1). 16

Erhebung der Privatklage

381 [1]**Die Erhebung der Klage geschieht zu Protokoll der Geschäftsstelle oder durch Einreichung einer Anklageschrift.** [2]**Die Klage muß den in § 200 Abs. 1 bezeichneten Erfordernissen entsprechen.** [3]**Mit der Anklageschrift sind zwei Abschriften einzureichen.** [4]**Der Einreichung von Abschriften bedarf es nicht, wenn die Anklageschrift elektronisch übermittelt wird.**

A. Erhebung der Privatklage (S. 1). Die Erhebung der Privatklage (S. 1) kann **schriftlich** (→ Einl. Rn. 128), auch durch elektronisches Dokument nach Maßgabe des § 32a (→ § 32a Rn. 1 ff.), bei dem nach §§ 7 ff. örtlich zuständigen AG (§ 25 Nr. 1 GVG) o. **zu Prot. der Geschäftsstelle** (→ Einl. Rn. 131 ff.), auch eines unzuständigen AG (Löwe/Rosenberg/Wenske Rn. 2; **aM** KK-StPO/Allgayer Rn. 1), erhoben werden. Bezugnahmen auf andere Schriftstücke sind nicht unzulässig, dann müssen aber Abschriften dieser Schriftstücke beigefügt werden. Mit der Anklageschrift sind stets 2 Abschriften einzureichen (S. 3); bei Klageerhebung zu Prot. der Geschäftsstelle besorgt sie das Gericht. Der Einreichung v. Abschriften bedarf es nicht, wenn die Anklageschrift elektronisch übermittelt wird (S. 4). Wird die Privatklage schriftlich **durch bevollmächtigte RA** erhoben, ist sie als **elektronisches Dokument** nach Maßgabe der §§ 32d S. 2, 32a Abs. 3 zu übermitteln (→ § 32d Rn 1 ff.; → § 32a Rn. 4, 5; → Einl. Rn. 128-d, 130a). Zur Klageerhebung durch Bevollmächtigte vgl. → § 378 Rn. 2. 1

Unter einer **Bedingung,** zB der Bewilligung v. Prozesskostenhilfe (→ § 379 Rn. 7 ff.), darf die Klage nicht erhoben werden (Löwe/Rosenberg/Wenske Rn. 5; **aM** LG Köln MDR 1958, 622; diff. KMR-StPO/Stöckel Rn. 4). 2

B. Inhaltlich (S. 2). Inhaltlich (S. 2) muss die Privatklage den **Erfordernissen einer Anklageschrift** nach § 200 Abs. 1 entsprechen, also das Gericht, den Beschuldigten (LG Krefeld NJW 2005, 3438: Angabe seines Geburtsdatums nicht erforderlich), die ihm zur Last gelegte Tat, Zeit u. Ort ihrer Begehung, die ges. Merkmale der Straftat, das wesentliche Ermittlungsergebnis muss nicht mitgeteilt werden. Zur Zurückweisung der Klage wegen Mängel der Klageschrift vgl. → § 382 Rn. 3. 3

Mitteilung der Privatklage an den Beschuldigten

382 **Ist die Klage vorschriftsmäßig erhoben, so teilt das Gericht sie dem Beschuldigten unter Bestimmung einer Frist zur Erklärung mit.**

A. Prüfung des Gerichts. Die Prüfung des Gerichts beschränkt sich zunächst darauf, ob die Klage den §§ 379–381 entspricht. Die Prozessvoraussetzungen (Zulässigkeit der Privatklage, Zuständigkeit, Vorliegen des Strafantrags usw) werden grds. erst bei der Entsch. über die Privatklage nach § 383 Abs. 1 S. 1 geprüft. Nur die Exterritorialität des Beschuldigten u. seine Immunität als Abg. muss das Gericht bereits vor der Mitteilung der Klage an ihn beachten. Steht die Immunität der Ausübung der Gerichtsbarkeit entgegen, so prüft das Gericht, ob es einen Antrag auf Aufhebung der Immunität stellen will (vgl. OVG Berlin-Brandenburg NStZ-RR 2012, 55 (57); erg. → § 152a Rn. 9). Der Beschl., der die Privatklage wegen Immunität des Beschuldigten zurückweist, ist mit sofortiger Beschwerde anfechtbar (erg. → § 383 Rn. 9). 1

2 **B. Vorschriftmäßig erhobene Privatklage.** Eine vorschriftmäßig erhobene Privatklage wird dem Beschuldigten o. seinem Verteidiger (§ 145a Abs. 1) unter Bestimmung einer Erklärungsfrist mitgeteilt. Innerhalb der Frist kann der Beschuldigte entspr. § 201 Einwendungen gegen die Eröffnung des Hauptverfahrens vorbringen u. Beweiserhebungen beantragen.

3 **C. Unvorschriftsmäßig erhobene Privatklage.** Eine unvorschriftsmäßig erhobene Privatklage wird grds. ohne Mitteilung an den Beschuldigten zurückgewiesen (vgl. auch → § 379a Rn. 7, → § 380 Rn. 11). Nur wenn der Mangel noch behoben werden kann, wird dem Privatkläger unter Angabe des Mangels (vgl. dazu Bohlander NStZ 1994, 420) dafür eine Frist gesetzt, nach deren fruchtlosem Ablauf die Klage zurückgewiesen wird. Die Zurückweisung erfolgt durch Beschl., gegen den einfache Beschwerde nach § 304 Abs. 1 zulässig ist, sofern keine Sonderregelung besteht, wie in § 379a Abs. 3 S. 2 (LG Hannover Nds. Rpfl. 1966, 18; KK-StPO/Allgayer Rn. 2; KMR-StPO/Stöckel Rn. 8). Zur Erneuerung der Privatklage nach Beseitigung des Hindernisses vgl. → § 383 Rn. 8.

4 **D. Vorlage der Klage an die StA.** Zur Vorlage der Klage an die StA vgl. § 377 Abs. 1 S. 2. Zu den vAw zu beachtenden Mitteilungspflichten des Gerichts nach Erhebung der Privatklage vgl. etwa MiStra 4 Abs. 1 S. 1 Nr. 2, 16 Abs. 3, 23 Abs. 3, 26 Abs. 2, 28 Abs. 2, 39 Abs. 2 sowie § 14 Abs. 2 **EGGVG** (→ § EGGVG § 14 Rn. 14 ff.).

Eröffnungs- oder Zurückweisungsbeschluss; Einstellung bei geringer Schuld

383 (1) [1]**Nach Eingang der Erklärung des Beschuldigten oder Ablauf der Frist entscheidet das Gericht darüber, ob das Hauptverfahren zu eröffnen oder die Klage zurückzuweisen ist, nach Maßgabe der Vorschriften, die bei einer von der Staatsanwaltschaft unmittelbar erhobenen Anklage anzuwenden sind.** [2]**In dem Beschluß, durch den das Hauptverfahren eröffnet wird, bezeichnet das Gericht den Angeklagten und die Tat gemäß § 200 Abs. 1 Satz 1.**

(2) [1]**Ist die Schuld des Täters gering, so kann das Gericht das Verfahren einstellen.** [2]**Die Einstellung ist auch noch in der Hauptverhandlung zulässig.** [3]**Der Beschluß kann mit sofortiger Beschwerde angefochten werden.**

Übersicht

1 **A. Entscheidung über die Eröffnung des Hauptverfahrens (Abs. 1). I. Entscheidung des Gerichts.** Die Entscheidung des Gerichts über die Eröffnung des Hauptverfahrens entspr. §§ 199 ff. erfolgt nach Eingang der Erkl. des Beschuldigten, die dem Privatkläger nicht bekanntgegeben werden muss, o. nach Ablauf der ihm nach § 382 gesetzten Frist (S. 1).

Die **Prüfungspflicht** des Gerichts bezieht sich auf die allg. Prozessvoraussetzungen u. -hindernisse (→ Einl. Rn. 141 ff.) sowie auf die bes. Privatklagevoraussetzungen, wie die Klageberechtigung des Kl. (→ § 374 Rn. 5), die Privatklagefähigkeit (→ § 374 Rn. 8) u. das Nichtvorliegen eines Offizialdelikts (→ § 376 Rn. 9 ff.). 2

Auf Antrag o. vAw kann das Gericht einzelne **Beweiserhebungen** nach § 202 S. 1 anordnen u. selbst vornehmen o. im Wege der Rechtshilfe (§§ 157, 158 GVG) vornehmen lassen (OLG Zweibrücken NJW 1966, 685; KK-StPO/Allgayer Rn. 5; KMR-StPO/Stöckel Rn. 11). Es kann auch die Polizei o. seine eigene Geschäftsstelle mit der Beweiserhebung beauftragen (BayVerfGHE 15, II 5; OLG Zweibrücken NJW 1966, 685). Zur Anordnung v. Zwangsmaßnahmen nach §§ 94 ff. vgl. → § 384 Rn. 4 ff. 3

Bei richterlichen Beweiserhebungen sind Privatkläger u. Beschuldigter nach §§ 168c, 168d zur Anwesenheit berechtigt; der Privatkläger kann im Beistand eines RA erscheinen (→ § 378 Rn. 1). Finden Beweiserhebungen, die das Gericht zu ihrem Nachteil berücksichtigen will, in Abwesenheit der Parteien statt, so muss ihnen vor der Entsch. Gelegenheit zur Äußerung gegeben werden (BVerfGE 8, 184). 4

II. Eröffnungsbeschluss. Die Eröffnung des Hauptverfahrens **beschließt das Gericht entspr. § 203,** wenn keine Prozesshindernisse erkennbar sind, nach der Sachdarstellung in der Klageschrift (KK-StPO/Allgayer Rn. 4) ein Privatklagedelikt vorliegt u. der Beschuldigte nach dem Vorbringen in der Klageschrift dieser Straftat hinreichend verdächtig erscheint. Die Glaubhaftigkeit dieses Vorbringens wird erst in der HV beurteilt (Löwe/Rosenberg/Wenske Rn. 8; SK-StPO/Velten Rn. 11; vgl. aber LG Wuppertal JR 1967, 350 mablAnm Sarstedt, das die Beibringung eines schriftlichen Gutachtens des benannten Sachverständigen verlangt; **aM** auch Nierwetberg NStZ 1989, 212, der Vorlage der wesentlichen Beweisunterlagen durch den Privatkläger fordert). 5

Im **Eröffnungsbeschluss** formuliert das Gericht den Anklagesatz (§ 200 Abs. 1 S. 1), wie es der StA tun müsste, wenn er das Verf. betreiben würde. Dabei sollte bereits am Anfang zum Ausdruck kommen, dass es sich um die Zulassung der Privatklage zur HV handelt. Der Beschl., mit dessen Erlass die Privatklage rechtshängig wird, legt den Verhandlungsstoff für die HV fest. Zur Verlesung des Eröffnungsbeschlusses vgl. § 384 Abs. 2. 6

III. Zurückweisung der Privatklage. Die Zurückweisung der Privatklage durch einen nach § 34 (**aM** KMR-StPO/Stöckel Rn. 14: entspr. § 204) mit Gründen versehenen Beschl. u. der Kostenentscheidung nach § 471 Abs. 2 ist geboten, wenn eine Voraussetzung für die Eröffnung des Hauptverfahrens fehlt. Kommt das Gericht zu dieser Entsch. aufgrund allgemeinkundiger Tatsachen, so muss es dem Privatkläger zuvor das rechtliche Gehör gewähren (BVerfGE 12, 110). Auch bei hinreichendem Tatverdacht für ein Offizialdelikt weist das Gericht die Privatklage zurück (→ § 389 Rn. 2), wenn die StA das Verf. nicht übernimmt (→ § 377 Rn. 3). 7

Die **Erneuerung der Privatklage nach rechtskräftiger Zurückweisung** wegen Fehlens des hinreichenden Tatverdachts o. aus Gründen des sachlichen Rechts ist entspr. § 211 nur aufgrund neuer Tatsachen o. Beweismittel zulässig (KK-StPO/Allgayer Rn. 9). Bei Zurückweisung aus verfahrensrechtlichen Gründen ist die Erneuerung zulässig, sobald das Hindernis beseitigt ist. Bei Zurückweisung wegen Vorliegens eines Offizialdelikts gibt der Richter die Sache nach Rechtskraft des Beschl. an die StA ab. 8

IV. Rechtsmittel. Den Eröffnungsbeschluss kann weder der Angeklagte noch der Privatkläger anfechten (vgl. § 210 Abs. 1). Gegen den Zurückweisungsbeschluss hat der Privatkläger nach § 390 Abs. 1 S. 1 iVm § 210 Abs. 2 die sofortige Beschwerde nach § 311. 9

10 **B. Einstellung wegen Geringfügigkeit (Abs. 2). An die Stelle des § 153** tritt die Vorschrift. Die Funktion des § 153a übernimmt im Privatklageverfahren der gerichtliche Vergleich (→ Vor § 374 Rn. 9). Die Beschränkung der Strafverfolgung nach §§ 154a, 430 ist auch im Privatklageverfahren zulässig (vgl. § 385 Abs. 4).

11 Die Einstellung nach Abs. 2 setzt wie die Eröffnung des Hauptverfahrens voraus, dass der Sühneversuch (§ 380) erfolglos durchgeführt worden ist (vgl. LG Hamburg NJW 1973, 382 (383)). Von der Erfüllung v. Auflagen darf sie nicht abhängig gemacht werden (Peters StrafProzR Rn. 576).

12 **I. Geringe Schuld (S. 1).** Bei geringer Schuld (S. 1) ist die Einstellung zulässig, also nicht, wenn es am hinreichenden Tatverdacht iSd § 203 fehlt o. der in der Anklageschrift geschilderte Sachverhalt sogar ergibt, dass eine Straftat des Beschuldigten aus Rechtsgründen nicht vorliegt (erg. → § 153 Rn. 3) o. wenn aus anderen Gründen Einstellung o. Freisprechung geboten ist. Andererseits muss die (geringe Schuld nicht erwiesen sein; es genügt, dass sie nicht v. vornherein auszuschließen ist. Lässt sie sich auch in der HV nicht erweisen, so ist aber freizusprechen. In den Gründen des Einstellungsbeschlusses darf die Schuld des Angeklagten nur festgestellt werden, wenn eine HV bis zur Schuldspruchreife durchgeführt worden ist; andernfalls ist der Sachverhalt, wie er sich im jeweiligen Verfahrensstadium abzeichnet, nur darauf zu prüfen, ob die Schuld des Angeklagten gering wäre, wenn die Feststellungen in einer HV diesem Bild entsprächen (BVerfGE 74, 358 (372 ff.)).

13 **Gering** ist die Schuld, wenn sie im Vergleich zu Vergehen gleicher Art nicht unerheblich unter dem Durchschnitt liegt (vgl. → § 153 Rn. 2). Das Fehlen des öffentl. Interesses wird, anders als nach § 153 Abs. 1 S. 1, nicht verlangt; wenn ein solches Interesse bestünde, müsste die StA das Verf. nach § 376 übernehmen.

14 **II. In jeder Lage des Verfahrens.** In jeder Lage des Verfahrens, auch noch in der HV (S. 2), aber nicht vor Ablauf der Erklärungsfrist nach § 382 (KMR-StPO/Stöckel Rn. 23), ist die Einstellung zulässig. Für den Berufungsrechtszug gilt § 390 Abs. 5 S. 1. Die Vorschr. schließt die Einstellung durch das Revisionsgericht nicht aus (Löwe/Rosenberg/Wenske Rn. 28). Auch das Beschwerdegericht kann das Verf. einstellen, wenn es mit der sofortigen Beschwerde des Privatklägers gegen die Zurückweisung seiner Klage befasst ist (BayObLGSt 1952, 94; OLG Hamburg NJW 1953, 1933; OLG Neustadt JZ 1952, 310; OLG Schleswig SchlHA 1953, 103), nicht aber, wenn es nur über eine Beschwerde gegen die Versagung der Prozesskostenhilfe zu entscheiden hat (BayObLGSt 1957, 40; KMR-StPO/Stöckel Rn. 24).

15 **III. Anhörung des Privatklägers (§ 385 Abs. 1 S. 1 iVm § 33 Abs. 3).** Nach Anhörung des Privatklägers (§ 385 Abs. 1 S. 1 iVm § 33 Abs. 3) erfolgt die Einstellung. Rechtliches Gehör ist ihm insbes. zu gewähren, wenn das Gericht zu seinem Nachteil neue Beweisergebnisse berücksichtigen will (BVerfGE 8, 208).

16 Der **Beschuldigte** muss nur gehört werden, wenn ihm die Kosten u. die notwendigen Auslagen des Privatklägers auferlegt werden sollen (BVerfGE 25, 40; Endemann NJW 1969, 1200).

17 Die **Zustimmung** des Privatklägers o. des Beschuldigten ist in keinem Fall erforderlich.

18 **IV. Beschluss.** Durch Beschluss des Gerichts, der dem Privatkläger u. dem Beschuldigten nach § 35 bekanntzumachen ist, erfolgt die Einstellung, auch in der HV (KG JR 1956, 351). Durch bes. Beschl. muss auch entschieden werden, wenn in der HV ein Urt. erlassen wird, durch das der Beschuldigte v. anderen Tatvorwürfen freigesprochen wird (KG JR 1969, 472; Kempfler NJW 1962, 475). Vgl. für die Widerklage auch → § 388 Rn. 15. Über die Kosten wird nach § 471 Abs. 3 Nr. 2 entschieden.

Die **Ablehnung der Einstellung** bedarf keiner ausdr. Entscheidung. Wird dennoch ein Beschl. erlassen, so hat er keine Rechtskraftwirkung. Das Gericht ist rechtlich nicht gehindert, das Verf. später doch noch einzustellen. 19

V. Rechtsmittel (S. 3). Gegen den Einstellungsbeschluss kann der **Privatkläger** sofortige Beschwerde nach § 311 einlegen, auch wenn irrtümlich durch Urt. eingestellt worden ist (→ § 296 Rn. 12); die Kostenentscheidung kann er nach § 464 Abs. 3 S. 1 anfechten. Das LG kann den Beschl. des AG bestätigen o. (unter gleichzeitiger Eröffnung des Hauptverfahrens o. Zurückweisung der Privatklage) aufheben. Stellt es selbst wegen Geringfügigkeit ein (→ Rn. 14), so hat der Privatkläger hiergegen kein Beschwerderecht (BayObLGSt 1952, 94; OLG Düsseldorf JurBüro 1988, 515; OLG Schleswig SchlHA 1953, 103; Ernesti/Lorenzen SchlHA 1984, 110 – OLG Schleswig RsprÜ), auch nicht, wenn das LG unter Aufhebung des Einstellungsbeschlusses die Privatklage zurückweist (OLG Neustadt NJW 1952, 1349). 20

Die Anfechtung des im Berufungsrechtszug erlassenen Einstellungsbeschlusses schließt § 390 Abs. 5 aus. 21

Der **Beschuldigte** ist durch die Einstellung nicht beschwert u. kann den Beschl. daher in der Hauptsache nicht anfechten (OLG Düsseldorf JurBüro 1988, 515; LG Berlin JR 1972, 207 mablAnm Peters; LG Freiburg NStZ 1988, 146; LG Potsdam NStZ-RR 2003, 158; **aM** LG Trier MDR 1975, 951; Meynert MDR 1973, 7; **aM** auch LG Hannover Nds. Rpfl. 1966, 23; LG Mosbach MDR 1964, 616; Schmidt StPO/GVG StPO § 383 Rn. 15 für den Fall, dass die Schuld nicht erwiesen ist). Auch gegen die Ablehnung der Einstellung hat er kein Rechtsmittel. Gegen die Kosten- u. Auslagenentscheidung steht ihm die sofortige Beschwerde nach § 464 Abs. 3 S. 1 zu (LG Dortmund MDR 1974, 690; LG Freiburg NStZ 1988, 146; LG Potsdam NStZ-RR 2003, 158; Gössel JR 1981, 129; **aM** LG Berlin JR 1972, 207 mablAnm Peters; erg. → § 464 Rn. 19). 22

Legt die **StA** sofortige Beschwerde ein, so liegt darin nach § 377 Abs. 2 S. 2 die Übernahme des Verf. (SSW StPO/Jofer Rn. 12). 23

VI. Wiederaufnahme. Die Wiederaufnahme des nach Abs. 2 eingestellten Verf. ist unzulässig (OLG Bremen NJW 1959, 353; Löwe/Rosenberg/Wenske Rn. 43). 24

Weiteres Verfahren

384 (1) [1] **Das weitere Verfahren richtet sich nach den Vorschriften, die für das Verfahren auf erhobene öffentliche Klage gegeben sind.** [2] **Jedoch dürfen Maßregeln der Besserung und Sicherung nicht angeordnet werden.**

(2) **§ 243 ist mit der Maßgabe anzuwenden, daß der Vorsitzende den Beschluß über die Eröffnung des Hauptverfahrens verliest.**

(3) **Das Gericht bestimmt unbeschadet des § 244 Abs. 2 den Umfang der Beweisaufnahme.**

(4) **Die Vorschrift des § 265 Abs. 3 über das Recht, die Aussetzung der Hauptverhandlung zu verlangen, ist nicht anzuwenden.**

(5) **Vor dem Schwurgericht kann eine Privatklagesache nicht gleichzeitig mit einer auf öffentliche Klage anhängig gemachten Sache verhandelt werden.**

A. Vorschriften über das Offizialverfahren (Abs. 1 S. 1). Die Vorschriften über das Offizialverfahren (Abs. 1 S. 1) gelten für das weitere Privatklageverfahren, soweit nicht Abs. 2–5 und die §§ 385 ff. etwas anderes bestimmen o. die Mitwirkung des Privatklägers anstelle des StA Abänderungen erfordert. 1

I. Anwendbarkeit. Anwendbar sind insbes. die §§ 48 ff. und 72 ff., der § 206a, die §§ 213 ff., 226 ff. mit Ausnahme der §§ 225a, 270 (→ Rn. 11) u. die Vorschr. 2

über Rechtsmittel (§§ 296 ff.), die Wiederaufnahme (§§ 359 ff.), die Strafvollstreckung u. die Kosten des Verf. (§§ 449 ff.). Der Privatkläger kann nicht als Zeuge vernommen werden (→ Vor § 374 Rn. 6).

3 Die **Nachtragsanklage** ist unter den Voraussetzungen des § 266 mit Zustimmung des Beschuldigten zulässig; einen erfolglosen Sühneversuch (§ 380 Abs. 1) setzt sie nicht voraus.

4 **II. Zwangsmittel des Offizialverfahrens.** Die Zwangsmittel des Offizialverfahrens sind im Privatklageverfahren nur beschränkt zulässig:

5 Ein **Haftbefehl** darf nicht erlassen werden, solange die StA die Verfolgung nicht nach §§ 376, 377 übernommen hat; eine so einschneidende Maßnahme ist wegen des fehlenden öffentl. Interesses an der Strafverfolgung ausgeschlossen (OLG Karlsruhe MDR 1974, 332; allgM; erg. → Vor § 112 Rn. 4). Über die vorl. Festnahme vgl. → § 127 Rn. 22.

6 Unzulässig ist auch die **Unterbringung zur Beobachtung** nach § 81 (→ § 81 Rn. 7).

7 Unter bes. Beachtung des Verhältnismäßigkeitsgrundsatzes (→ Einl. Rn. 20 ff.) sind dagegen statthaft die **Beschlagnahme** v. Beweismitteln nach § 94 und von Einziehungsgegenständen nach §§ 111b ff. (KMR-StPO/Stöckel Rn. 2; → § 94 Rn. 9; → § 111b Rn. 1), auch eine allg. Beschlagnahme (erg. → § 111b Rn. 12) und, bei bes. vorsichtiger Abwägung, auch in den Fällen der §§ 111m und 111n (Löwe/Rosenberg/Wesnke Rn. 27), idR aber nicht die Postbeschlagnahme nach § 99 (→ § 99 Rn. 12).

8 Die **Durchsuchung** zum Zweck der Beschlagnahme (§§ 102 ff., 111b Abs. 4) ist ebenfalls zulässig (Löwe/Rosenberg/Hilger Rn. Wenske; Feiber NJW 1964, 709; **aM** Sangmeister NJW 1964, 16), aber nicht zur Ergreifung des Beschuldigten.

8a Für die Anordnung **heimlicher Zwangsmaßnahmen** (§§ 98a, 100a, 100f) sowie für die Fahndungsregelungen nach §§ 131 ff. werden idR die ges. Voraussetzungen nicht gegeben sein (vgl. dazu iE Hilger FS Fezer, 2008, 577).

9 **Maßnahmen gegen Zeugen und Sachverständige** nach §§ 51, 70, 77 können angeordnet werden.

10 **Sitzungspolizeiliche Maßnahmen** nach §§ 176 ff. GVG sind zulässig.

11 **B. Sicherungsmaßregeln (Abs. 1 S. 2).** Sicherungsmaßregeln (Abs. 1 S. 2) nach §§ 61 ff. StGB sind im Privatklageverfahren **nicht zulässig.** Erscheint eine solche Maßregel (zB die Entziehung der Fahrerlaubnis nach § 69 StGB o. das Berufsverbot nach § 70 StGB) erforderlich, so weist das Gericht die Privatklage nach § 383 Abs. 1 zurück; nach Eröffnung des Hauptverfahrens stellt es das Verf. nach § 206a ein, in der HV nach § 389 Abs. 1. Eine Verweisung nach § 270 ist ausgeschlossen, da die Vorschr. im Privatklageverfahren nicht anwendbar ist (Löwe/Rosenberg/Wenske Rn. 2).

12 **C. Verlesung des Eröffnungsbeschlusses (Abs. 2).** Die Verlesung des Eröffnungsbeschlusses (Abs. 2) übernimmt der Vorsitzende an der Stelle, an der der StA den Anklagesatz nach § 243 Abs. 3 S. 1 verlesen müsste.

13 **D. Beweisaufnahme (Abs. 3).** Die Beweisaufnahme (Abs. 3) findet auch im Privatklageverfahren zur Schuld- u. Rechtsfolgenfrage nach den Grundsätzen des Strengbeweises (→ § 244 Rn. 6) statt. Ihren Umf. bestimmt aber das Gericht; das gilt auch für das Berufungsverfahren (**aM** Schlothauer StV 1995, 47), denn auch dieses bleibt ein Privatklageverfahren.

14 Die Prozessbeteiligten sind zwar berechtigt, **Beweisanträge** nach § 244 Abs. 3–5 zu stellen (Woesner NJW 1959, 704); solche Anträge sind aber lediglich Anregungen, denen das Gericht nur entsprechen muss, wenn das zur weiteren Aufklärung des Sachverhalt nach § 244 Abs. 2 erforderlich erscheint (vgl. auch BGHSt 12, 333). An die Ablehnungsgründe des § 244 Abs. 3–4 ist das Gericht nicht gebunden (OLG Köln JMBl. NRW. 1955, 131; Woesner NJW 1959, 704). Das Verbot der Vorwegnahme der Beweiswürdigung (→ § 244 Rn. 86, 87) gilt nicht (zw. Löwe/Rosenberg/Wenske Rn. 7). Beweisanträge dürfen daher auch mit der

Begründung abgelehnt werden, das Gegenteil der Beweistatsache sei bereits erwiesen (**aM** SK-StPO/Velten Rn. 11) u. das neue Beweismittel nicht geeignet, die Überzeugung des Gerichts zu erschüttern (OLG Köln JMBl. NRW. 1955, 131; KK-StPO/Allgayer Rn. 3; Alsberg Beweisantrag/Tsambikakis Rn. 1560; einschr. Schlüchter Strafverfahren Rn. 823: allenfalls in Ausnahmefällen). Jedoch gilt § 246 Abs. 1 auch im Privatklageverfahren; mit der Begründung, der Beweisantrag sei verspätet gestellt, dürfen Beweisanträge nicht abgelehnt werden. Den Anträgen der Prozessbeteiligten, die v. ihnen herbeigeschafften Beweismittel zu benutzen, insbes. die nach § 386 Abs. 2 unmittelbar geladenen Zeugen u. Sachverständigen zu vernehmen, braucht selbst dann nicht stattgegeben zu werden, wenn keiner der Ablehnungsgründe des § 245 Abs. 2 S. 2, 3 vorliegt.

Auch im Privatklageverfahren bedarf es nach §§ 34, 244 Abs. 6 zur Ablehnung 15
eines nicht nur hilfsweise gestellten Beweisantrags, der im Urt. beschieden werden kann (→ § 244 Rn. 90a), eines mit Gründen versehenen **Gerichtsbeschlusses** (BayObLGSt 1951, 347; KMR-StPO/Stöckel Rn. 8; Schlüchter Strafverfahren Rn. 824; vgl. auch BayObLGSt 1970, 41). Bei Ablehnung aus einem der Gründe des § 244 Abs. 3, Abs. 4 oder des § 245 Abs. 2 S. 2, 3 muss die Begründung den dort bezeichneten Voraussetzungen entsprechen. Sonst genügt der Hinweis darauf, dass das Gericht den Sachverhalt für genügend geklärt o. das Gegenteil der Beweistatsache bereits für erwiesen hält (BayObLGSt 1970, 41; OLG Köln JMBl. NRW. 1955, 131; **aM** Alsberg Beweisantrag/Tsambikakis Rn. 1561; Woesner NJW 1959, 706 ff.: auf den Einzelfall abgestellte Begründung erforderlich).

E. Hinweispflichten nach § 265 (Abs. 4). Die Hinweispflichten nach § 265 16
(Abs. 4) bestehen auch im Privatklageverfahren (Löwe/Rosenberg/Wenske Rn. 21). Jedoch entfällt der Anspruch des Angeklagten auf Aussetzung der HV nach § 265 Abs. 3.

F. Verbindung mit Schwurgerichtssachen (Abs. 5). Eine Verbindung mit 17
Schwurgerichtssachen (Abs. 5) ist nicht zulässig, solange die StA das Verf. nicht nach §§ 376, 377 übernommen hat. Die praktische Bedeutung der Vorschr. ist entfallen, seitdem Pressevergehen keine Schwurgerichtssachen mehr sind (Löwe/Rosenberg/Wenske Rn. 24).

Stellung des Privatklägers; Ladung; Akteneinsicht

385 (1) [1] **Soweit in dem Verfahren auf erhobene öffentliche Klage die Staatsanwaltschaft zuzuziehen und zu hören ist, wird in dem Verfahren auf erhobene Privatklage der Privatkläger zugezogen und gehört.** [2] **Alle Entscheidungen, die dort der Staatsanwaltschaft bekanntgemacht werden, sind hier dem Privatkläger bekanntzugeben.**

(2) **Zwischen der Zustellung der Ladung des Privatklägers zur Hauptverhandlung und dem Tag der letzteren muß eine Frist von mindestens einer Woche liegen.**

(3) [1] **Für den Privatkläger kann ein Rechtsanwalt die Akten, die dem Gericht vorliegen oder von der Staatsanwaltschaft im Falle der Erhebung einer Anklage vorzulegen wären, einsehen sowie amtlich verwahrte Beweisstücke besichtigen, soweit der Untersuchungszweck in einem anderen Strafverfahren nicht gefährdet werden kann und überwiegende schutzwürdige Interessen des Beschuldigten oder Dritter nicht entgegenstehen.** [2] **Der Privatkläger, der nicht durch einen Rechtsanwalt vertreten wird, ist in entsprechender Anwendung des Satzes 1 befugt, die Akten einzusehen und amtlich verwahrte Beweisstücke unter Aufsicht zu besichtigen.** [3] **Werden die Akten nicht elektronisch geführt, können dem Privatkläger, der nicht durch einen Rechtsanwalt vertreten wird, an Stelle der Einsichtnahme in die Akten Kopien aus den Akten übermittelt werden.** [4] **§ 406e Absatz 5 gilt entsprechend.**

(4) **In den Fällen der §§ 154a und 421 ist deren Absatz 3 Satz 2 nicht anzuwenden.**

(5) [1] **Im Revisionsverfahren ist ein Antrag des Privatklägers nach § 349 Abs. 2 nicht erforderlich.** [2] **§ 349 Abs. 3 ist nicht anzuwenden.**

1 **A. Zuziehung und Anhörung des Privatklägers (Abs. 1 S. 1).** Die Zuziehung und Anhörung des Privatklägers (Abs. 1 S. 1) erfolgt im selben Umf. wie im Offizialverfahren die der StA. Der Privatkläger hat grds. die Rechte u. Pflichten des StA, soweit sie nicht Ausfluss der staatsanwaltschaftlichen Amtsgewalt sind (KMR-StPO/Stöckel Rn. 1; Woesner NJW 1959, 705) u. soweit das G nicht (wie in § 384 Abs. 2) etwas anderes bestimmt.

2 Der Privatkläger hat die **Pflicht,** wahrheitsgemäße Angaben zu machen; zur Objektivität ist er nicht verpflichtet (Rüping Strafverfahren Rn. 735). Er braucht keine Ermittlungen anzustellen, insbes. nicht, wie der StA (§ 160 Abs. 2), die den Beschuldigten entlastenden Umstände zu ermitteln u. dem Gericht mitzuteilen (Seibert MDR 1952, 278).

3 Zu seinen **Rechten** gehört das Anwesenheitsrecht bei vorverlegten Beweiserhebungen (→ § 303 Rn. 4) u. in der HV (→ § 378 Rn. 2). In der HV kann er Anträge, insbes. Beweisanträge, stellen (→ § 384 Rn. 14). Er hat das Fragerecht nach § 240 Abs. 2 S. 1, das Recht, Sachleitungsmaßnahmen zu beanstanden (§ 237 Abs. 2), u. das Recht, Schlussvorträge zu halten u. auf sie zu erwidern u. dabei Anträge zu stellen (§ 258); zur Stellung bestimmter Anträge ist er dabei nicht verpflichtet (KK-StPO/Allgayer Rn. 1).

4 Das **rechtliche Gehör** ist dem Privatkläger entspr. § 33 Abs. 1, Abs. 2 zu gewähren (vgl. auch BVerfGE 14, 8).

5 **B. Bekanntmachungen an den Privatkläger (Abs. 1 S. 2).** Bekanntmachungen an den Privatkläger (Abs. 1 S. 2) erfolgen, sofern nicht die Voraussetzungen des § 35 Abs. 1 vorliegen, nach § 35 Abs. 2, nicht nach § 41. Alle Entsch., die im Offizialverfahren der StA bekanntzumachen sind, müssen dem Privatkläger o. nach § 378 S. 2 seinem bevollmächtigten RA bekanntgegeben werden (→ § 378 Rn. 7). Das gilt jedoch nicht, soweit der Privatkläger Widerbeklagter ist u. den RA nicht ausdr. auch als Verteidiger bevollmächtigt hat (§ 145a Abs. 2).

6 Mit befristeten Rechtsmitteln anfechtbare Entsch. müssen nach § 35a mit einer **Rechtsmittelbelehrung** versehen werden.

7 **C. Ladung des Privatklägers (Abs. 2).** Die Vorschr. setzt voraus, dass der Privatkläger zur HV wie der Angeklagte zu laden ist. § 145a gilt entspr., auch wenn nach § 387 Abs. 3 das persönliche Erscheinen des Privatklägers angeordnet worden ist. Die in § 216 Abs. 1 S. 1 vorgeschriebene Warnung entfällt; stattdessen wird auf die nach § 391 Abs. 2, Abs. 3 drohenden Rechtsnachteile hingewiesen.

8 Die in Abs. 2 bestimmte **Ladungsfrist** entspr. der des § 217 Abs. 1; sie gilt auch im Berufungsrechtszug. Die Nichteinhaltung der Ladungsfrist berechtigt den Privatkläger entspr. § 217 Abs. 2, die Aussetzung der HV zu verlangen. Wie der Angeklagte (§ 217 Abs. 3) kann auch der Privatkläger auf die Einhaltung der Ladungsfrist verzichten.

9 **D. Akteneinsicht (Abs. 3).** Akteneinsicht (Abs. 3) kann der Privatkläger grds. im selben Umf. wie der Angeklagte (vgl. → § 147 Rn. 13 ff., 28) durch einen RA ausüben, auch wenn er selbst RA ist. Dies gilt jedoch nur, soweit durch die Akteneinsicht der Untersuchungszweck in einem anderen Strafverfahren nicht gefährdet werden kann u. überwiegende schutzwürdige Interessen des Beschuldigten o. Dritter nicht entgegenstehen (Abs. 3 S. 1); insoweit kann etwa das Recht auf informationelle Selbstbestimmung des Beschuldigten bzw. Dritter in Bagatellverfahren der Einsicht in sensible Unterlagen – zB medizinische o. psychiatrische – der Akteneinsicht entgegenstehen (BT-Drs. 18/9416, 65; erg. → § 406e Rn. 9–12). Der **nicht anwaltlich vertretene** Privatkläger kann unter denselben Voraussetzungen selbst die Akten einsehen u. Beweisstücke unter Aufsicht besichtigen

(Abs. 3 S. 2). Die Akteneinsicht kann nicht unter Hinweis auf die Gefährdung des Untersuchungszwecks in dem Verf. verweigert werden, in dem er selbst die Privatklage erhoben hat. Wird die Akte nicht elektronisch geführt, können ihm an Stelle der Einsichtnahme in die Akten Kopien aus den Akten übermittelt werden (Abs. 3 S. 3); um den Privatkläger insoweit nicht schlechter zu stellen, sind ihm vollständige Kopien der Akte zur Vfg. zu stellen. Entsch. u. Anfechtung richten sich nach § 406e Abs. 4 (Abs. 3 S. 4; → § 406e Rn. 18–22). Die datenschutzrechtlich begründete Zweckbindung ist zu beachten (Abs. 3 S. 2 iVm § 479 Abs. 5). Für die **Form der Gewährung** der Akteneinsicht gilt § 32f (BT-Drs. 18/9416, 65).

E. Beschränkung der Strafverfolgung (Abs. 4). Die Beschränkung der Strafverfolgung (Abs. 4) nach §§ 154a, 421 ist **nur mit Zustimmung des Privatklägers** zulässig (Löwe/Rosenberg/Beulke § 154a Rn. 5). Die StA ist zur Antragstellung nicht berechtigt, solange sie das Verf. nicht übernommen hat (erg. → § 377 Rn. 2). Das Gericht kann die ausgeschiedenen Teile auch gegen den Willen des Privatklägers wieder einbeziehen. Einem entspr. Antrag des Privatklägers braucht es, da Abs. 4 die Anwendung der §§ 154a Abs. 3 S. 2, 421 Abs. 2 S. 2 ausschließt (der Wortlaut mit Bezugnahme auf § 421 Abs. 3 S. 2 stellt einen redaktionellen Fehler dar, der darauf beruht, dass die Vorgängernorm des § 430 dies in IIII 2 geregelt hatte, erg. → § 421 Rn. 13), nicht zu entsprechen. Einem Antrag der StA muss erst stattgegeben werden, wenn sie das Verf. nach §§ 376, 377 übernommen hat. Die Prozessbeteiligten müssen vor der Beschränkung der Strafverfolgung u. der Wiedereinbeziehung der ausgeschiedenen Teile gehört werden, damit sie ihr Prozessverhalten danach einrichten können. § 154 Abs. 2 ist im Privatklageverfahren nicht anwendbar (str., vgl. LG Regensburg NJW 1990, 1742; erg. → § 154 Rn. 16). 10

F. Revision (Abs. 5). Für die Revision (Abs. 5) gelten die §§ 333 ff., soweit in § 390 nichts anderes bestimmt ist. Zulässig ist auch die Revisionsverwerfung durch Beschl. nach § 349 Abs. 2, jedoch mit der Besonderheit, dass ein Antrag des Privatklägers (o. des StA) nicht erforderlich u. dass § 349 Abs. 3 nicht anzuwenden ist. Das gilt sowohl für die Revision des Angeklagten als auch für die des Privatklägers (→ § 349 Rn. 9). 11

Ladung von Zeugen und Sachverständigen

386 (1) **Der Vorsitzende des Gerichts bestimmt, welche Personen als Zeugen oder Sachverständige zur Hauptverhandlung geladen werden sollen.**

(2) **Dem Privatkläger wie dem Angeklagten steht das Recht der unmittelbaren Ladung zu.**

A. Ladung von Beweispersonen (Abs. 1). Über die Ladung von Beweispersonen (Abs. 1) u. die Herbeischaffung sachlicher Beweismittel entscheidet der Vorsitzende unabhängig v. Beweisangeboten u. -anträgen der Prozessbeteiligten aufgrund der Privatklageschrift, der etwa v. dem Beschuldigten abgegebenen Erklärungen (→ § 382 Rn. 2) o. der vor Eröffnung des Hauptverfahrens angestellten Ermittlungen (→ § 383 Rn. 4). Maßgebend ist die Pflicht zur Sachaufklärung nach § 244 Abs. 2. Die vorgeladenen Beweispersonen muss der Vorsitzende den Prozessbeteiligten rechtzeitig namhaft machen (§ 222 Abs. 2). 1

Stellt der Privatkläger vor der HV **weitere Beweisanträge,** so gilt nicht § 219; es handelt sich lediglich um Beweisanregungen (KMR-StPO/Stöckel Rn. 2; Alsberg Beweisantrag/Tsambikakis Rn. 640; **aM** Löwe/Rosenberg/Wenske Rn. 2, der aber auch nur § 244 Abs. 2 anwenden will). 2

Im **Berufungsrechtszug** gilt § 325 sinngemäß. Soweit nach § 325 Hs. 2 die Zustimmung der StA erforderlich ist, bedarf es der Zustimmung des Privatklägers 3

(KMR-StPO/Stöckel Rn. 3). Ladungsanträge des Privatklägers hindern die Verlesung nach § 325 aber nicht (**aM** Königsberg JW 1928, 2293 mAnm Stern).

4 **B. Recht der unmittelbaren Ladung (Abs. 2).** Das Recht der unmittelbaren Ladung (Abs. 2) nach §§ 220, 38 haben der Angeklagte u. sein Verteidiger (§ 387 Abs. 1) sowie der Privatkläger u. sein Beistand (erg. → § 384 Rn. 2). Die Mitteilungspflichten nach § 222 Abs. 2 bestehen auch im Privatklageverfahren. Zur eingeschränkten Pflicht des Gerichts, die Beweispersonen zu vernehmen, vgl. → § 384 Rn. 14. Wegen der Entschädigung gilt § 220 Abs. 3.

Vertretung in der Hauptverhandlung

387 (1) **In der Hauptverhandlung kann auch der Angeklagte im Beistand eines Rechtsanwalts erscheinen oder sich auf Grund einer nachgewiesenen Vollmacht durch einen solchen vertreten lassen.**

(2) **Die Vorschrift des § 139 gilt für den Anwalt des Klägers und für den des Angeklagten.**

(3) **Das Gericht ist befugt, das persönliche Erscheinen des Klägers sowie des Angeklagten anzuordnen, auch den Angeklagten vorführen zu lassen.**

1 **A. Vertretung des Angeklagten in der HV (Abs. 1).** Der Angeklagte hat wie der Privatkläger (→ § 378 Rn. 1) die Wahl, in der HV selbst, auch im Beistand eines RA, zu erscheinen o., **sofern nicht sein persönliches Erscheinen angeordnet** worden ist (→ Rn. 6 ff.), sich durch einen RA vertreten zu lassen. Ist der Angeklagte weder erschienen noch wirksam vertreten, so darf gegen ihn nur verhandelt werden, wenn die Voraussetzungen des § 232 Abs. 1 S. 1 vorliegen o. wenn er nach § 233, der auch im Privatklageverfahren anwendbar ist, entbunden ist.

2 Beistand u. Vertreter kann **nur ein RA** sein. Wie beim Privatkläger (→ § 378 Rn. 3) können entspr. § 138 Abs. 3 aber auch Hochschullehrer als Beistände auftreten sowie mit Genehmigung des Gerichts auch andere Personen (Ladiges JR 2013, 296).

3 Die Beiordnung eines **Pflichtverteidigers** ist unter den Voraussetzungen des § 140 Abs. 2 auch im Privatklageverfahren möglich (BVerfGE 63, 380; Löwe/Rosenberg/Wenske Rn. 20).

4 Eine **Vertretung** durch einen RA ist nur aufgrund einer nachgewiesenen Vollmacht (dazu → § 234 Rn. 5) zulässig, die dem Gericht bei Beginn der HV vorliegen muss (→ § 411 Rn. 5). Zu den Befugnissen des Vertreters vgl. → § 234 Rn. 8 ff., → § 411 Rn. 6.

5 **B. Übertragung der Verteidigung auf einen Referendar (Abs. 2).** Die Übertragung der Verteidigung auf einen Referendar (Abs. 2) ist unter den Voraussetzungen des § 139 ebenso zulässig wie im Offizialverfahren. Das gilt auch für den Anwalt des Privatklägers.

6 **C. Anordnung des persönlichen Erscheinens (Abs. 3).** Die Anordnung des persönlichen Erscheinens (Abs. 3) sowohl des Angeklagten als auch des Privatklägers ist zulässig. Sie darf nicht willkürlich getroffen werden, sondern setzt voraus, dass die Anwesenheit der Prozessbeteiligten die Sachaufklärung fördern o. zu einem Vergleich führen kann. Abs. 3 gilt auch im Berufungsrechtszug, aber nicht für die Revisionsverhandlung (Löwe/Rosenberg/Wenske Rn. 15; Woesner NJW 1959, 707; **aM** AK-StPO/Rössner Rn. 2).

7 Ein **Beschwerderecht** hat weder der Angeklagte (→ § 236 Rn. 9) noch der Privatkläger (OLG Celle NJW 1953, 1933; Woesner NJW 1959, 707).

8 Die **Folgen des Ausbleibens,** v. dem erst nach einer gewissen Wartezeit ausgegangen werden darf (erg. → § 329 Rn. 13; → § 412 Rn. 3), ist bei dem Privatkläger die Rücknahmefiktion des § 391 Abs. 2, Abs. 3. Gegen den Angeklagten kann ein Vorführungsbefehl (vgl. → § 230 Rn. 20), aber kein Haftbefehl (→ § 384

Rn. 5) erlassen werden. Im Übrigen gelten die §§ 230–233, auch im Berufungsrechtszug (§ 332). Hat jedoch der Angeklagte Berufung eingelegt, so gilt § 329.

Widerklage

388 (1) **Hat der Verletzte die Privatklage erhoben, so kann der Beschuldigte bis zur Beendigung des letzten Wortes (§ 258 Abs. 2 Halbsatz 2) im ersten Rechtszug mittels einer Widerklage die Bestrafung des Klägers beantragen, wenn er von diesem gleichfalls durch eine Straftat verletzt worden ist, die im Wege der Privatklage verfolgt werden kann und mit der den Gegenstand der Klage bildenden Straftat in Zusammenhang steht.**

(2) [1] **Ist der Kläger nicht der Verletzte (§ 374 Abs. 2), so kann der Beschuldigte die Widerklage gegen den Verletzten erheben.** [2] **In diesem Falle bedarf es der Zustellung der Widerklage an den Verletzten und dessen Ladung zur Hauptverhandlung, sofern die Widerklage nicht in der Hauptverhandlung in Anwesenheit des Verletzten erhoben wird.**

(3) **Über Klage und Widerklage ist gleichzeitig zu erkennen.**

(4) **Die Zurücknahme der Klage ist auf das Verfahren über die Widerklage ohne Einfluß.**

A. Wesen. Ihrem Wesen nach ist die Widerklage eine **bes. Form der Privatklage;** sie ist, anders als die Privatklage, auch gegen Jugendliche zulässig (§ 80 Abs. 2 **JGG**). Wie die Privatklage (§ 374 Abs. 3) setzt auch die Widerklage Prozessfähigkeit des Kl. voraus; Minderjährige können sie nur durch ihre ges. Vertreter erheben. 1

Der Verletzte (zum Begriff s. → § 373b Rn. 3 ff.) hat die **Wahl,** ob er Widerklage o. eine selbständige Privatklage erheben will; die Umdeutung einer Privatklage in eine Widerklage ist daher unzulässig (OLG Düsseldorf NJW 1954, 123). Statthaft ist dagegen eine Verfahrensverbindung nach § 237 mit umgekehrten Parteirollen (KK-StPO/Allgayer Rn. 8). 2

Für die Widerklage gelten die **Vorschriften über die Privatklage** mit der Einschränkung, dass Sicherheitsleistung (§ 379), Gebührenvorschuss (§ 379a) u. Sühneversuch (§ 380) entfallen (OLG Hamburg NJW 1956, 1890). Prozesskostenhilfe kann bewilligt werden (→ § 379a Rn. 4). Zum Auslagenvorschuss vgl. → § 379 Rn. 13. 3

B. Voraussetzungen der Widerklage (Abs. 1). I. Zulässigkeit. Eine zulässige Privatklage muss erhoben sein. Fehlt für die Privatklage eine Prozessvoraussetzung, nicht nur der hinreichende Tatverdacht (BayObLGSt 1958, 84 = NJW 1958,), so ist auch die Widerklage unzulässig. Das gilt insbes. für den Fall, dass kein Privatklagedelikt (§ 374 Abs. 1) vorliegt. Wenn die Unzulässigkeit der Privatklage erst später entdeckt wird, so ändert das an der Unzulässigkeit der Widerklage nichts (BayObLGSt 1952, 114; KK-StPO/Allgayer Rn. 4). 4

Wird die Privatklage aber erst nach Erhebung der Widerklage unzulässig, so bleibt die Widerklage wirksam; sie wird als Privatklage fortgesetzt (KMR-StPO/Stöckel Rn. 4). Die Übernahme der Strafverfolgung durch die StA nach § 377 Abs. 2 lässt die Wirksamkeit der bereits erhobenen Widerklage unberührt (→ § 377 Rn. 11); die erst später erhobene Widerklage ist dagegen unzulässig. 5

II. Privatklagedelikt (§ 374 Abs. 1). Ein Privatklagedelikt (§ 374 Abs. 1) des Privatklägers gegen den Widerkläger muss vorliegen. Handelt es sich um ein Antragsdelikt, so ist ein wirksamer Strafantrag des Widerklägers erforderlich (vgl. → § 374 Rn. 6). Bei wechselseitig begangenen Taten kann der Strafantrag noch bis zur Beendigung des letzten Worts im 1. Rechtszug gestellt werden, auch wenn die Antragsfrist schon verstrichen war (§ 77c StGB). 6

7 **III. Zusammenhang.** Ein Zusammenhang zwischen der mit der Widerklage verfolgten Tat u. der Tat, die Gegenstand der Privatklage ist, muss bestehen. Dabei genügt ein **loser sachlicher Zusammenhang** (BGHSt 17, 194 (197); KK-StPO/Allgayer Rn. 7); so eng wie im Fall des § 199 StGB braucht er nicht zu sein. Es reicht aus, dass beide Taten Ausfluss feindlicher Gesinnung sind (SK-StPO/Velten Rn. 7). Maßgebend ist, ob im Hinblick auf Taten u. Täter eine gemeinsame Sachbehandlung zweckmäßig erscheint.

8 **C. Widerklage gegen den nicht als Privatkläger auftretenden Verletzten (Abs. 2).** Die Straftaten, die Gegenstand der Privatklage u. der Widerklage sind, müssen sich zwischen denselben Personen zugetragen haben. Da nach § 374 Abs. 2 aber außer dem Verletzten auch andere Personen die Privatklage erheben können, bestimmt Abs. 2 S. 1, dass dies die Erhebung der Widerklage zwar nicht ausschließt, dass sie aber nicht gegen den Privatkläger, sondern gegen den Verletzten zu erheben ist. Sie muss dem Verletzten, der auch zur HV zu laden ist, zugestellt werden, sofern sie nicht in dessen Gegenwart in der HV erhoben worden ist (Abs. 2 S. 2). Für den Fall, dass der Privatkläger durch seinen ges. Vertreter vertreten wird, gilt Abs. 2 nicht entspr.; Widerklage gegen den ges. Vertreter kann nicht erhoben werden (KMR-StPO/Stöckel Rn. 6).

9 **D. Verfahren.** Die Widerklage kann bei dem Privatklagegericht ohne Rücksicht auf dessen örtliche Zuständigkeit erhoben werden (KK-StPO/Allgayer Rn. 9). Die Erledigung der Privatklage lässt den einmal begründeten Gerichtsstand unberührt.

10 Von der Erhebung der Privatklage bis zu ihrer endg. Erledigung, längstens bis zu **Beendigung des letzten Worts im 1. Rechtszug,** kann die Widerklage erhoben werden (Abs. 1). Bei mehreren HVen im 1. Rechtszug, auch nach Zurückverweisung durch das Rechtsmittelgericht, ist die letzte HV maßgebend (Löwe/Rosenberg/Wenske Rn. 6).

11 Außerhalb der HV muss die Widerklage in der **Form** des § 381 erhoben werden, in der HV durch mündliche Erkl. (OLG Hamburg NJW 1956, 1890), die in der Sitzungsniederschrift zu beurkunden ist. Für die nachträgliche Erweiterung der Widerklage gelten keine Besonderheiten.

12 **Inhaltlich** muss die Widerklage den Voraussetzungen des § 381 S. 2 entsprechen. Ebenso wenig wie die Privatklage (→ § 381 Rn. 2) kann sie unter einer Bedingung erhoben werden.

13 Das **Gericht prüft die Widerklage** zunächst nach §§ 382, 383. Ist sie schriftlich erhoben, so wird sie dem Privatkläger nach § 382 mitgeteilt. Ist sie in der HV erhoben, so wird er dort mündlich gehört.

14 Auch bei der Widerklage kann nicht darauf verzichtet werden, dass das Gericht den Gegenstand der Klage nach § 383 Abs. 1 in einem **Eröffnungsbeschluss** festlegt (LG Duisburg MDR 1953, 633; KMR-StPO/Stöckel Rn. 12; Löwe/Rosenberg/Wenske Rn. 23, 24; **aM** OLG Hamburg NJW 1956, 1890; LG Göttingen Nds. Rpfl. 1963, 288; KK-StPO/Allgayer Rn. 2; vgl. auch BayObLGSt 1958, 84: nur, wenn Privatklage inzwischen nach § 383 Abs. 1 S. 1 zurückgewiesen worden ist).

15 **E. Gleichzeitige Entscheidung (Abs. 3).** Die Vorschr. will verhindern, dass die beiden Verf. ohne hinreichenden Grund nach § 4 getrennt werden. Eine getrennte Entsch. über die Privatklage u. die Widerklage schließt sie aber nicht grds. aus. Das gilt auch für die Sachentscheidung. Das Gericht kann zB die Verf. trennen, wenn nur die eine der beiden Klagen entscheidungsreif ist. Ist die eine Klage zurückzuweisen, so geschieht das durch bes. Beschl. neben der Sachentscheidung über die andere. Entsprechendes gilt, wenn das Verf. hins. einer der beiden Klagen nach § 383 Abs. 2 eingestellt u. nur über die andere sachlich entschieden wird (OLG Düsseldorf MDR 1962, 327; KMR-StPO/Stöckel Rn. 14; Löwe/Rosenberg/Wenske § 383 Rn. 38 ff.; **aM** BGHSt 17, 194; KK-StPO/Walther Rn. 11; Hanack JZ 1974, 54: Sachentscheidung u. Einstellung in einem Urt., das insges. mit Berufung o. Revision angefochten werden kann).

Die Verknüpfung nach Abs. 3 besteht iÜ nur so lange, wie Klage u. Widerklage **gemeinsam im selben Rechtszug** anhängig sind (OLG Hamburg OLGSt StPO § 388 S. 1). Eine Verfahrentrennung tritt ohne weiteres ein, wenn nur einer der Prozessbeteiligten ein Rechtsmittel einlegt (BayObLGSt 1958, 84; 1965, 144) o. wenn das Rechtsmittelgericht das Urt. nur wegen einer der beiden Klagen aufhebt (BayObLGSt 1965, 144; KMR-StPO/Stöckel Rn. 16; **aM** BayObLGSt 1952, 114). 16

F. Erledigung der Privatklage (Abs. 4). Die Erledigung der Privatklage (Abs. 4) lässt die Widerklage unberührt; es macht sie aber zu einer selbständigen Privatklage. Das gilt nicht nur bei Erledigung durch Klagerücknahme, sondern auch bei Einstellung nach § 383 Abs. 2 (Parsch NJW 1958, 1548) u. bei Übernahme der Verfolgung durch die StA (→ § 377 Rn. 11). 17

Einstellung durch Urteil bei Verdacht eines Offizialdelikts

389 (1) **Findet das Gericht nach verhandelter Sache, daß die für festgestellt zu erachtenden Tatsachen eine Straftat darstellen, auf die das in diesem Abschnitt vorgeschriebene Verfahren nicht anzuwenden ist, so hat es durch Urteil, das diese Tatsachen hervorheben muß, die Einstellung des Verfahrens auszusprechen.**

(2) **Die Verhandlungen sind in diesem Falle der Staatsanwaltschaft mitzuteilen.**

A. Verfahren bei Verdacht des Vorliegens eines Offizialdelikts. I. Vor der HV. Das Gericht **weist die Privatklage nach § 383 Abs. 1 S. 1 zurück,** wenn schon aufgrund des Klagevorbringens hinreichender Verdacht (→ § 203 Rn. 2) dafür besteht, dass ein Offizialdelikt vorliegt (→ § 383 Rn. 7). 1

Ist das übersehen worden o. entsteht der Verdacht erst nach Eröffnung des Hauptverfahrens, so wird das Verf. vor u. außerhalb der HV nach § 206a eingestellt. Kommt es zur HV, so darf kein Sachurteil erlassen werden, selbst wenn sich herausstellt, dass nur ein Privatklagedelikt vorliegt (Löwe/Rosenberg/Wenske Rn. 2); das Verf. ist einzustellen. 2

II. In der HV (Abs. 1). In der HV (Abs. 1) muss das Verf. **durch Urt. eingestellt** werden, wenn das Gericht „nach verhandelter Sache" findet, dass ein Offizialdelikt vorliegt. Dabei braucht der Sachverhalt aber nicht restlos aufgeklärt zu werden. Hinreichender Verdacht (→ § 203 Rn. 2) reicht aus, ist aber auch erforderlich (BayObLGSt 1953, 260; KMR-StPO/Stöckel Rn. 3; **aM** SK-StPO/Velten Rn. 5). 3

Das **Einstellungsurteil** setzt nicht voraus, dass das Gericht zuvor der StA unter Unterbrechung o. Aussetzung der HV die Akten nach § 377 Abs. 1 S. 2 mit der Anfrage vorgelegt hat, ob sie die Sache übernehmen will; eine solche Vorlage kann aber sachdienlich sein. Das Urt. können der Angeklagte, der Privatkläger und, zwecks Übernahme der Verfolgung nach § 377 Abs. 2 S. 2, die StA anfechten. 4

Nach **Rechtskraft des Urteils** ist eine neue Privatklage unzulässig. Die StA bindet das Urt. nicht; sie hat vielmehr iRd Legalitätsprinzips zu entscheiden, ob sie wegen des Offizialdelikts Anklage erhebt (Löwe/Rosenberg/Wenske Rn. 14 ff.; vgl. auch BayObLGSt 1959, 251). Sieht sie davon ab, so kann der Privatkläger nach § 172 Abs. 2 auf gerichtliche Entsch. antragen. 5

Kommt es zum Offizialverfahren, so besteht **kein Verbot der Schlechterstellung,** wenn der Angeklagte in dem Privatklageverfahren zunächst zu Strafe verurteilt worden war, dagegen allein ein Rechtsmittel eingelegt hatte u. das Einstellungsurteil nach Abs. 1 erst in dem höheren Rechtszug erlassen worden ist (Meyer-Goßner FS Kleinknecht, 1985, 296; **aM** KK-StPO/Walther Rn. 8 mwN; Löwe/Rosenberg/Wenske Rn. 11; erg. → § 331 Rn. 4). 6

Verbrauch der Strafklage tritt auch ein, wenn das Gericht unter Verletzung des Abs. 1 ein Sachurteil erlässt (LG Hamburg NJW 1947/48, 353). 7

8 **B. Mitteilung an die StA (Abs. 2).** Die Mitteilung an die StA (Abs. 2) soll es ihr ermöglichen, die Notwendigkeit der Einleitung eines Offizialverfahrens zu prüfen.

Rechtsmittel des Privatklägers

390 (1) [1]**Dem Privatkläger stehen die Rechtsmittel zu, die in dem Verfahren auf erhobene öffentliche Klage der Staatsanwaltschaft zustehen.** [2]**Dasselbe gilt von dem Antrag auf Wiederaufnahme des Verfahrens in den Fällen des § 362.** [3]**Die Vorschrift des § 301 ist auf das Rechtsmittel des Privatklägers anzuwenden.**

(2) **Revisionsanträge und Anträge auf Wiederaufnahme des durch ein rechtskräftiges Urteil abgeschlossenen Verfahrens kann der Privatkläger nur mittels einer von einem Rechtsanwalt unterzeichneten Schrift anbringen.**

(3) [1]**Die in den §§ 320, 321 und 347 angeordnete Vorlage und Einsendung der Akten erfolgt wie im Verfahren auf erhobene öffentliche Klage an und durch die Staatsanwaltschaft.** [2]**Die Zustellung der Berufungs- und Revisionsschriften an den Gegner des Beschwerdeführers wird durch die Geschäftsstelle bewirkt.**

(4) **Die Vorschrift des § 379a über die Zahlung des Gebührenvorschusses und die Folgen nicht rechtzeitiger Zahlung gilt entsprechend.**

(5) [1]**Die Vorschrift des § 383 Abs. 2 Satz 1 und 2 über die Einstellung wegen Geringfügigkeit gilt auch im Berufungsverfahren.** [2]**Der Beschluß ist nicht anfechtbar.**

1 **A. Rechtsmittelbefugnis des Privatklägers (Abs. 1). I. Rechtsmittel wie die StA (S. 1).** Die gleichen **Rechtsmittel wie die StA (S. 1)** im Offizialverfahren hat der Privatkläger (und der nach § 375 Abs. 2 dem Verf. Beigetretene); ist gegen ihn Widerklage (§ 388) erhoben, so stehen ihm die Rechtsmittel des Angeklagten zu. Umgekehrt hat der Angeklagte als Widerkläger nur die Rechtsmittel des Privatklägers.

2 Der ges. Vertreter kann Rechtsmittel nur für den Privatkläger einlegen, nicht aus eigenem Recht. Der Dienstvorgesetzte kann Rechtsmittel nur einlegen, soweit er nach § 374 Abs. 2 selbst die Privatklage erhoben hat.

3 Die Rechtsmittelbefugnis setzt eine **Beschwer** (→ Vor § 296 Rn. 8 ff.) des Privatklägers voraus (SK-StPO/Velten Rn. 5). Sie besteht auch, wenn nach seinen Anträgen erkannt ist, er aber eine Verschärfung des Urt. erstrebt (OLG Hamm NJW 1961, 2322; Löwe/Rosenberg/Wenske Rn. 5; **aM** AK-StPO/Rössner Rn. 4), nicht aber, wenn es ihm nur um die Klärung v. Rechtsfragen geht. Ist der Angeklagte v. Vorwurf der Straftat nach § 186 StGB ohne Eingehen auf den angebotenen Wahrheitsbeweis nach § 193 StGB freigesprochen, so kann der Privatkläger ein Rechtsmittel mit der Begründung einlegen, die Erweislichkeit der Tatsache sei nicht geprüft worden (BGHSt 11, 273).

4 Die **Rechtsmittelfrist** beginnt für den Privatkläger, auch wenn er bei der Urteilsverkündung weder anwesend noch vertreten war, nach §§ 314 Abs. 1, 341 Abs. 1 entspr. § 401 Abs. 2 S. 1 mit der Urteilsverkündung (OLG Frankfurt a. M. NStZ-RR 1996, 43), mit der Urteilszustellung nur, wenn ihm der Verkündungstermin nicht bekanntgegeben worden ist (→ § 341 Rn. 10; **aM** KMR-StPO/Stöckel Rn. 2).

5 **II. Wiederaufnahme (S. 2).** Die Wiederaufnahme (S. 2) kann der Privatkläger nur nach § 362 zuungunsten des Angeklagten beantragen. Stirbt er während des Verf., so gilt § 393.

6 **III. Wirkung zugunsten des Angeklagten (S. 3).** Rechtsmittel des Privatklägers wirken nach § 301 auch zugunsten des Angeklagten. Der Privatkläger kann

aber nicht wie die StA (§ 296 Abs. 2) Rechtsmittel zugunsten des Angeklagten einlegen (Löwe/Rosenberg/Wenske Rn. 6 mwN; vgl. auch BGHSt 37, 136 zur Nebenklage).

B. Anbringung der Revisions- und Wiederaufnahmeanträge (Abs. 2). 7 Die Vorschr. lässt im Gegensatz zu §§ 345 Abs. 2, 366 Abs. 2 Revisions- u. Wiederaufnahmeanträge nur mittels einer v. einem RA unterzeichneten Schrift (dazu → Einl. Rn. 129; → § 32d Rn. 1 ff.) zu. Dabei muss der RA die volle Verantwortung für den Inhalt der Schrift übernehmen (BGHSt 59, 284; erg. → § 345 Rn. 16, → § 366 Rn. 4). Ist der Privatkläger selbst RA, so genügt seine Unterschrift (KK-StPO/Allgayer Rn. 5). Wegen der Beiordnung eines RA für die Revisionsbegründung vgl. → § 379 Rn. 10.

C. Mitwirkung der StA im Rechtsmittelverfahren (S. 1). Die Mitwirkung 8 der StA im Rechtsmittelverfahren (S. 1) beschränkt sich auf den technischen Vorgang der Vorlage u. Einsendung der Akten an das Berufungsgericht nach §§ 320, 321 und, nach Zustellung der Revisionsbegründungsschrift durch die Geschäftsstelle des Gerichts (BayObLGSt 1961, 231), an das Revisionsgericht nach § 347 Abs. 2. Auf diese Weise soll die StA v. dem Privatklageverfahren unterrichtet werden u. Gelegenheit zur Prüfung der Übernahme der Verfolgung nach § 377 Abs. 2 erhalten.

Die **Zustellung der Rechtsmittelschriften (S. 2)** erfolgt auf Anordnung des 9 Vorsitzenden (§ 36 Abs. 1 S. 1) durch die Geschäftsstelle des Gerichts.

D. Gebührenvorschuss (Abs. 4). § 379a gilt entspr. Die Vorschusspflicht trifft 10 nur den Privatkläger, nicht den Angeklagten (o. den Privatkläger als Widerbeklagten), der gegen seine Verurteilung ein Rechtsmittel eingelegt hat (OLG Bamberg NJW 1949, 835). Die Frist zur Zahlung darf das Berufungsgericht erst setzen, wenn die Rechtfertigungsfrist nach § 317 abgelaufen ist (OLG Karlsruhe Justiz 1981, 58). Die Versäumung der v. Gericht gesetzten Zahlungsfrist hat die Verwerfung des Rechtsmittels o. des Wiederaufnahmeantrags als unzulässig zur Folge. Der Beschl. ist entspr. § 379a Abs. 3 S. 2 mit sofortiger Beschwerde anfechtbar.

E. Einstellung wegen Geringfügigkeit (Abs. 5). S. 1 bestimmt die **Anwendbarkeit des § 383 Abs. 2 S. 1, 2 im Berufungsverfahren.** Zur Einstel- 11 lungsbefugnis des Beschwerde- u. des Revisionsgerichts vgl. → § 383 Rn. 14. Der Einstellungsbeschluss, auch der des Beschwerdegerichts, ist nach S. 2 unanfechtbar. Das gilt auch, wenn er unter Verletzung des rechtlichen Gehörs ergangen (OLG Celle MDR 1956, 759; OLG Hamm MDR 1952, 248) o. wenn fehlerhaft durch Urt. eingestellt worden ist (BayObLGSt 1951, 302; Löwe/Rosenberg/Wenske Rn. 22). Zur Unanfechtbarkeit der Kostenentscheidung nach § 464 Abs. 3 S. 1 Hs. 2 vgl. → § 464 Rn. 15 ff.

Rücknahme der Privatklage; Verwerfung bei Versäumung; Wiedereinsetzung

391 (1) [1] **Die Privatklage kann in jeder Lage des Verfahrens zurückgenommen werden.** [2] **Nach Beginn der Vernehmung des Angeklagten zur Sache in der Hauptverhandlung des ersten Rechtszuges bedarf die Zurücknahme der Zustimmung des Angeklagten.**

(2) **Als Zurücknahme gilt es im Verfahren des ersten Rechtszuges und, soweit der Angeklagte die Berufung eingelegt hat, im Verfahren des zweiten Rechtszuges, wenn der Privatkläger in der Hauptverhandlung weder erscheint noch durch einen Rechtsanwalt vertreten wird oder in der Hauptverhandlung oder einem anderen Termin ausbleibt, obwohl das Gericht sein persönliches Erscheinen angeordnet hatte, oder eine Frist nicht einhält, die ihm unter Androhung der Einstellung des Verfahrens gesetzt war.**

(3) **Soweit der Privatkläger die Berufung eingelegt hat, ist sie im Falle der vorbezeichneten Versäumungen unbeschadet der Vorschrift des § 301 sofort zu verwerfen.**

(4) **Der Privatkläger kann binnen einer Woche nach der Versäumung die Wiedereinsetzung in den vorigen Stand unter den in den §§ 44 und 45 bezeichneten Voraussetzungen beanspruchen.**

1 **A. Zurücknahme der Privatklage (Abs. 1).** Wie der Strafantrag (§ 77d Abs. 1 S. 1, 2 StGB) kann auch die Privatklage in jeder Lage des Verf. zurückgenommen werden. Das geschieht meist in einem Vergleich (→ Vor § 374 Rn. 9 ff.).

2 Im Zweifel bedeutet die Zurücknahme der Privatklage **zugleich die Zurücknahme des Strafantrags.** Die Auslegung kann jedoch einen anderen Willen des Privatklägers ergeben; dann steht die Klagerücknahme der Erhebung der öffentl. Klage auch wegen eines Antragsdelikts nicht entgegen. Umgekehrt wird in der Zurücknahme des Strafantrags idR auch, muss aber nicht unbedingt zugleich die Zurücknahme der Privatklage liegen (Löwe/Rosenberg/Wenske Rn. 2).

3 Die **Rücknahmeerklärung** wird außerhalb der HV schriftlich o. zu Prot. der Geschäftsstelle abgegeben. In der HV kann die Zurücknahme mündlich erklärt werden; die Erkl. ist in der Sitzungsniederschrift zu beurkunden. Der bevollmächtigte RA des Privatklägers (§ 378) braucht keine bes. Rücknahmevollmacht. Wirksam wird die Erklärung, wenn sie dem mit der Sache befassten Gericht zugeht.

4 Auch eine **Teilrücknahme** ist zulässig, wenn der übrige Teil abtrennbar ist. Die Zurücknahme kann daher gegen einzelne v. mehreren Beschuldigten o. hins. einzelner v. mehreren in Tatmehrheit (§ 53 StGB) stehenden Straftaten erklärt werden, nicht aber bei Tateinheit nach § 52 StGB (Löwe/Rosenberg/Wenske Rn. 7). Sind mehrere Privatklagen verbunden, so kann jeder Privatkläger seine Klage unabhängig v. den anderen zurücknehmen.

5 **In jeder Lage des Verfahrens** ist die Zurücknahme möglich, dh v. der Erhebung der Privatklage an bis zum rkr. Abschluss des Verf., also auch noch im Revisionsrechtszug (KMR-StPO/Stöckel Rn. 1; Dallinger JZ 1953, 442). Nach Erlass eines Urt. kann die Privatklage innerhalb der Rechtsmittelfrist zurückgenommen werden, ohne dass der Privatkläger deshalb ein Rechtsmittel einlegen muss.

6 Die **Zustimmung des Angeklagten** ist nach S. 2 nur erforderlich, wenn die Zurücknahme erst nach Beginn seiner Vernehmung zur Sache (§ 243 Abs. 5 S. 2) im 1. Rechtszug erklärt wird. Finden mehrere HVen statt, so ist die letzte maßgebend. Der Angeklagte braucht sich bei so später Rücknahmeerklärung die Aufklärung der Vorwürfe nicht abschneiden zu lassen. Allerdings hat der Privatkläger bei Antragsdelikten die Möglichkeit, eine Sachentscheidung durch Zurücknahme des Strafantrags nach § 77d StGB zu verhindern.

7 Die **Folge der wirksamen Zurücknahme,** mit der eine Prozessvoraussetzung (→ Einl. Rn. 151) entfällt, ist die Einstellung des Verf. durch bes. Gerichtsbeschluss (KK-StPO/Allgayer Rn. 10; Löwe/Rosenberg/Hilger Rn. 10 ff.; **aM** LG Kassel NJW 1951, 373; vgl. auch KMR-StPO/Stöckel Rn. 7 u. LG Wuppertal MDR 1957, 502: nur feststellende Bedeutung), in der HV durch Einstellungsurteil nach § 260 Abs. 3 (KMR-StPO/Stöckel Rn. 7; Gössel StrafVerfR S. 332; Bloy GA 1980, 170). Bei Zurücknahme vor Eröffnung des Hauptverfahrens wird die Klage zurückgewiesen (§ 383 Abs. 1). In beiden Fällen wird über die Kosten u. notwendigen Auslagen des Beschuldigten nach § 471 Abs. 2 entschieden. Das Privatklagerecht eines anderen Berechtigten wird durch die Zurücknahme nicht berührt.

8 Auf die **Widerklage** ist die Zurücknahme der Privatklage ohne Einfluss (§ 388 Abs. 4).

9 **B. Rücknahmefiktion (Abs. 2). I. Nichterscheinen.** Als Zurücknahme gilt es, wenn der ordnungsgemäß geladene u. in der Ladung auf die Folgen seines Ausbleibens hingewiesene Privatkläger in der HV ohne dem Gericht bekannte Entschuldigungsgründe (BayObLGSt 1951, 471) weder erscheint noch durch einen

RA vertreten ist o. wenn er in der HV o. einem anderen Termin, zB einer kommissarischen Vernehmung nach § 223 oder einer Augenscheinseinnahme nach § 225, ausbleibt, obwohl das Gericht sein persönliches Erscheinen angeordnet hat; das Erscheinen eines Vertreters steht der Rücknahmefiktion dann nicht entgegen.

Die Unterstellung der Zurücknahme **gilt** im 1. Rechtszug immer, im Berufungsrechtszug nur, wenn der Angeklagte allein o. neben dem Privatkläger Berufung eingelegt hat; bei alleiniger Berufung des Privatklägers, tritt die Rechtsfolge des Abs. 3 ein (→ Rn. 17). Zu den Fällen des Ausbleibens des Privatklägers und/oder des Angeklagten vgl. iE Rieß NStZ 2000, 120 ff. 10

Das **eigenmächtige Sich-Entfernen** steht dem Nichterscheinen gleich (OLG Bremen NJW 1957, 474 Ls.). Denn der Sinn der Regelung des Abs. 2 ist, dass der Privatkläger sich während der Verh. für die Befragung durch das Gericht zur Verfügung zu halten o. sonst das Erforderliche zum Fortgang des Verf. beitragen muss. 11

Nach den Schlussvorträgen (§ 258) schadet seine Abwesenheit aber nicht mehr. Das Sich-Entfernen nach diesem Zeitpunkt, insbes. während der Urteilsverkündung, fällt daher nicht unter Abs. 2, Abs. 3 (BayObLGSt 1962, 37; KK-StPO/Allgayer Rn. 12; SSW StPO/Jofer Rn. 9; **aM** KMR-StPO/Stöckel Rn. 12; Löwe/Rosenberg/Wenske Rn. 32; Löwe/Rosenberg/Hilger § 387 Rn. 7 ff.). 12

Das **Einverständnis des Angeklagten** hindert den Eintritt der Folgen des Abs. 2 nicht (KMR-StPO/Stöckel Rn. 13). 13

II. Nichteinhalten einer Frist. Die Fristsetzung unter Androhung der Verfahrenseinstellung ist (in o. außerhalb der HV) nicht nur zulässig, wenn es um die Behebung eines zur Einstellung führenden Prozesshindernisses geht (so aber KK-StPO/Allgayer Rn. 13), sondern auch, wenn irgendein anderes Hindernis für den Fortgang des Verf. beseitigt werden soll (SK-StPO/Velten Rn. 24). Aus der Verwendung des Worts „Einstellung" ergibt sich, dass die Fristsetzung mit der Einstellungsandrohung erst nach Eröffnung des Hauptverfahrens (§ 383 Abs. 1) zulässig ist (OLG Düsseldorf NJW 1959, 2080; Löwe/Rosenberg/Wenske Rn. 34). Vorher ist nur die Fristsetzung ohne diese Androhung zulässig, zB zur Nachbringung der Sühnebescheinigung (→ § 380 Rn. 9). Zuständig für die Fristsetzung ist der Vorsitzende. 14

Der Privatkläger darf nicht durch **andere Auflagen mit Einstellungsandrohung** zu einem Prozessverhalten veranlasst werden, zu dem er rechtlich nicht verpflichtet ist (KK-StPO/Allgayer Rn. 13), zB zur Einreichung eines Schriftsatzes o. einer Berufungsrechtfertigungsschrift. Für die Einbringung des Gebührenvorschusses gilt ausschl. § 379a, für den Auslagenvorschuss § 68 GVG (OLG Hamm NJW 1965, 878; OLG Karlsruhe Justiz 1972, 19; LG Heidelberg NJW 1964, 680; LG Zweibrücken MDR 1974, 422; **aM** LG Karlsruhe NJW 1963, 66; erg. → § 379a Rn. 13). 15

III. Einstellung des Verfahrens. Die Einstellung des Verfahrens als Folge der unterstellten Zurücknahme erfordert im Fall des Abs. 1 S. 2 die Zustimmung des Angeklagten (Rieß NStZ 2000, 121). Sie erfolgt außerhalb der HV durch Beschl., in der HV durch Einstellungsurteil (Bloy GA 1980, 171). 16

C. Verwerfung der Berufung (Abs. 3). Über die Rechtsvermutung, die dieser Regelung zugrunde liegt, vgl. → § 329 Rn. 2. Die Verwerfung der Berufung ist nur zulässig, wenn der Privatkläger allein Berufung eingelegt hat. Ist der Angeklagte im 1. Rechtszug freigesprochen worden, so wird die Berufung dann durch Urt. sofort, dh ohne Verh. zur Sache (→ § 329 Rn. 31), verworfen. Ist er verurteilt worden, so ergibt sich aus dem Vorbehalt des § 301, dass die Berufungsverhandlung ohne den Privatkläger durchgeführt werden muss, wenn nach Aktenlage eine für den Angeklagten günstige Entsch. zu erwarten ist (Rieß NJW 1975, 90; NStZ 2000, 121; vgl. für den Nebenkläger → § 401 Rn. 6). Hat auch o. allein der Angeklagte Berufung eingelegt, so hat das Ausbleiben des Privatklägers zur Folge, dass das Verf. durch Urt. eingestellt wird; das gilt selbst dann, wenn auch der Angeklagte nicht erschienen ist (Rieß NStZ 2000, 121). Abs. 3 ist nicht anwend- 17 bar, wenn das Ausbleiben des Privatklägers, für das Gericht erkennbar, auf einem die Wiedereinsetzung rechtfertigenden unverschuldeten Grund beruht (BayObLGSt 1951, 471; vgl. auch OLG Schleswig SchlHA 1959, 56).

18 **D. Wiedereinsetzung (Abs. 4).** Wiedereinsetzung (Abs. 4) nach §§ 44, 45 ist sowohl gegen die Versäumung des Termins als auch der unter Einstellungsandrohung gesetzten Frist zulässig. Die Wochenfrist des § 45 Abs. 1 S. 1 beginnt mit dem Termin o. dem Ablauf der Frist, nicht erst mit der Zustellung des Einstellungsbeschlusses.

19 **E. Rechtsmittel.** Gegen den Einstellungsbeschluss in den Fällen des Abs. 1 und Abs. 2 steht dem Privatkläger, dem Angeklagten und, zur Übernahme der Verfolgung (§ 377 Abs. 2 S. 2), der StA entspr. § 206a die sofortige Beschwerde nach § 311 zu. Gegen das Einstellungsurteil ist Berufung u. Revision, im Fall Abs. 3 nur Revision zulässig. Wird der Antrag, das Verf. einzustellen, durch bes. Beschl. abgelehnt, so ist die einfache Beschwerde nach § 304 Abs. 1 gegeben (Löwe/Rosenberg/Wenske Rn. 46).

Wirkung der Rücknahme

392 Die zurückgenommene Privatklage kann nicht von neuem erhoben werden.

1 **A. Geltungsbereich.** Der Ausschluss der Erneuerung der Privatklage (o. Widerklage) gilt sowohl für den Fall der Zurücknahme nach § 391 Abs. 1 als auch für den der Rücknahmefiktion nach § 391 Abs. 2 (KMR-StPO/Stöckel Rn. 1). § 392 schließt auch aus, die zurückgenommene Privatklage v. neuem als Widerklage o. die zurückgenommene Widerklage als selbständige Privatklage zu erheben. War die Widerklage aber schon vor der Zurücknahme der Privatklage erhoben worden, so bleibt sie zulässig (BayObLGSt 1951, 295); das Gleiche gilt im umgekehrten Fall (OLG Düsseldorf NJW 1954, 123).

2 **B. Reichweite.** Der **Ausschluss erstreckt sich nicht** auf die Privatklage gegen einen anderen Beschuldigten. Eine neue Privatklage gegen denselben Beschuldigten kann erhoben werden, wenn die Klage unzulässig war u. daher zu keiner Sachentscheidung geführt hätte, möglicherweise gerade deshalb zurückgenommen worden ist (OLG Braunschweig NJW 1953, 957; Löwe/Rosenberg/Wenske Rn. 3), insbes. wegen Fehlens der Sühnebescheinigung nach § 380 (→ § 380 Rn. 12).

3 Auf andere **Klageberechtigte, die ihre Klage noch nicht erhoben hatten** (§ 375 Abs. 1), erstreckt sich der Ausschluss ebenfalls nicht (vgl. OLG Stuttgart JR 1953, 349; KK-StPO/Allgayer Rn. 1).

4 Auch die **Erhebung der öffentlichen Klage** durch die StA bleibt zulässig, bei Antragsdelikten aber nur, wenn noch ein wirksamer Strafantrag vorliegt (erg. → § 391 Rn. 2).

Tod des Privatklägers

393 (1) Der Tod des Privatklägers hat die Einstellung des Verfahrens zur Folge.

(2) **Die Privatklage kann jedoch nach dem Tode des Klägers von den nach § 374 Abs. 2 zur Erhebung der Privatklage Berechtigten fortgesetzt werden.**

(3) **Die Fortsetzung ist von dem Berechtigten bei Verlust des Rechts binnen zwei Monaten, vom Tode des Privatklägers an gerechnet, bei Gericht zu erklären.**

1 **A. Tod des Privatklägers (Abs. 1).** Beim Tod des Privatklägers (Abs. 1) ist das Verf. einzustellen. Dadurch wird das Verf. beendet (KK-StPO/Allgayer Rn. 1;

Löwe/Rosenberg/Wenske Rn. 1 ff.; Bloy GA 1980, 171; **aM** KMR-StPO/Stöckel Rn. 1; SK-StPO/Velten Rn. 2: nur feststellende Bedeutung). Die Teilrechtskraft steht der Einstellung nicht entgegen, selbst wenn die Sache nur noch zur Kostenfrage anhängig ist (OLG Hamm NJW 1978, 654). Kommt die Fortsetzung des Verf. (Abs. 2) in Betracht, so wird die Einstellung bis zum Ablauf der Frist des Abs. 2 aufgeschoben (KK-StPO/Allgayer Rn. 1); andernfalls wird sie bei wirksamer Fortsetzungserklärung wieder aufgehoben. Die Rechte anderer Privatklageberechtigter u. das Recht der StA zur Erhebung der öffentl. Klage o. zur Übernahme nach § 377 Abs. 2 bleiben unberührt (Löwe/Rosenberg/Wenske Rn. 2, 3).

Zugleich mit der Einstellung ist eine **Kostenentscheidung** nach § 471 Abs. 2 zu Lasten der Erben zu treffen (→ § 471 Rn. 3). Sie kann aber auch durch bes. Beschl. nachgeholt werden (BayObLGSt 1960, 142). Wenn nur einer v. mehreren Privatklägern stirbt, muss über die durch die Privatklage des Verstorbenen verursachten Kosten ein selbständiger Kostenbeschluss erlassen werden; die Kosten dürfen nicht in dem Urt. zwischen den übrigen Privatklägern u. dem Angeklagten verteilt werden (BayObLGSt 1960, 142; KK-StPO/Allgayer Rn. 1). 2

B. Fortsetzungsberechtigung (Abs. 2). Fortsetzungsberechtigt (Abs. 2) sind nur die nach § 374 Abs. 2 Berechtigten (→ § 374 Rn. 2). Sie können auch innerhalb der Frist des Abs. 3 dem schon fortgesetzten Verf. beitreten (KMR-StPO/Stöckel Rn. 8). 3

Nach wirksamer Fortsetzungserklärung wird das Verf. **in der Lage fortgesetzt,** in der es sich zzt. des Todes des Privatklägers befunden hat. Die nachträgliche Erg. u. Erweiterung der Privatklage ist ausgeschlossen. Ist ein Strafantrag erforderlich, so genügt es bei den nahen Angehörigen, nicht aber beim Dienstvorgesetzten, dass er v. dem verstorbenen Privatkläger wirksam gestellt worden war (§ 374 Abs. 2 S. 2). Bei Tatmehrheit zwischen fortsetzungsfähigen ua Vergehen wird das Verf. wegen der anderen Tat eingestellt; bei Tateinheit darf nur wegen des fortsetzungsfähigen Vergehens entschieden werden (**aM** SK-StPO/Velten Rn. 8). 4

Hat das Gericht das Verf. vor der Fortsetzungserklärung eingestellt, so können die Fortsetzungsberechtigten den Beschl. nach § 206a mit sofortiger Beschwerde **anfechten.** Das gleiche Rechtsmittel haben sie, wenn das Gericht die Fortsetzung ablehnt. 5

C. Frist zur Erklärung der Fortsetzung (Abs. 3). Die Frist zur Erklärung der Fortsetzung (Abs. 3) beginnt mit dem Tod des Privatklägers u. wird nach § 43 berechnet. Die Erkl. muss ggü. dem mit der Sache befassten Gericht schriftlich (→ Einl. Rn. 128) o. zu Prot. der Geschäftsstelle (→ Einl. Rn. 131 ff.) abgegeben werden. Wiedereinsetzung in den vorigen Stand ist ausgeschlossen; denn Abs. 3 lässt mit dem Fristablauf ausdr. den Verlust des Rechts eintreten (KK-StPO/Allgayer Rn. 3). 6

Bekanntmachung an den Beschuldigten

394 Die Zurücknahme der Privatklage und der Tod des Privatklägers sowie die Fortsetzung der Privatklage sind dem Beschuldigten bekanntzumachen.

A. Bekanntmachung. Die Bekanntmachung der **Zurücknahme** der Privatklage nach § 391 Abs. 1 und des Todes des Privatklägers setzt keine Frist in Lauf u. kann daher formlos (→ § 35 Rn. 12) erfolgen. 1

B. Förmliche Zustellung. Die förmliche Zustellung (→ § 35 Rn. 10) erscheint jedoch geboten, wenn eine abschl. Gerichtsentscheidung v. dem weiteren Verhalten des Beschuldigten abhängt, wie im Fall des § 391 Abs. 1 S. 2, und beim Vorliegen einer Fortsetzungserklärung nach § 393 Abs. 2. 2

Dritter Abschnitt. Nebenklage

Vorbemerkung zu § 395

1 **A. Umfassende Beteiligungsbefugnis.** Eine umfassende Beteiligungsbefugnis im gesamten Verf. v. der Erhebung der öffentl. Klage ab schafft die Nebenklage, die mit dem GG vereinbar ist (BVerfGE 26, 66), für diejenigen Verletzten, die bes. schutzwürdig erscheinen. Dem Nebenkläger wird Gelegenheit gegeben, im Verf. seine **persönlichen Interessen** auf Genugtuung zu verfolgen (BGHSt 28, 272; OLG Karlsruhe NJW 1974, 658), insbes. durch aktive Beteiligung (Erklärungen, Fragen, Anträge) das Verfahrensergebnis zu beeinflussen (vgl. auch Schneider StV 1998, 456 gegen Maeffert StV 1998, 461), sich gegen die Leugnung o. Verharmlosung seiner Verletzung zu wehren (Altenhain JZ 2001, 796). Das Aufklärungsinteresse des Nebenklägers ist grds. durch den Verfahrensgegenstand, die Frage nach der individuellen Schuld des Angeklagten für die ihm vorgeworfene Tat, begrenzt; sofern sich im Laufe des Verf. Anhaltspunkte für darüber hinausgehende strafrechtliche Verantwortlichkeiten ergeben, kann allerdings eine Überschneidung mit Verteidigungsinteressen u. ein legitimes erweitertes Sachaufklärungsinteresse des Nebenklägers bestehen (vgl. Feltes/Ruch FS Eisenberg, 2019, 425 (436)).

2 Bei Verfahren mit einer **Vielzahl von Opfern** kann das Gericht allerdings eine gemeinschaftliche Nebenklagevertretung anordnen, um eine effektive Durchführung der HV zu gewährleisten (→ § 397b). Das Gesetz zur Fortentwicklung des Völkerstrafrechts sieht vor, dass aus demselben Grund bei Verfahren nach dem VStGB die in § 397 Abs. 1 S. 3 und 4 genannten Verfahrensrechte nur durch den bestellten oder beigeordneten RA ausgeübt werden dürfen (BT-Drs. 20/9471: § 397b Abs. 4; → § 397b Rn. 11, 11a).

3 Seiner **Rechtsstellung** nach ist der Nebenkläger ein mit bes. Rechten ausgestatteter Verfahrensbeteiligter. Der Nebenkläger kann nicht als Gehilfe der StA bezeichnet werden. Er hat zwar bestimmte Rechte, die sonst nur der StA zustehen, übt sie aber völlig unabhängig v. ihr aus (Gollwitzer FS Schäfer, 1979, 66; Kauder FS 25 Jahre AG StrafR DAV, 2009, 580). Ein dem StA beigeordneter Mitkläger ist er nicht (Rieß NStZ 1989, 104); er sollte ein „bloßer Zusatzbeteiligter im Offizialverfahren" bleiben (Safferling ZStW 122 (2010), 100).

4 **B. Zulässigkeit.** Zulässig ist die Nebenklage nicht nur im gewöhnlichen Strafverfahren, sondern nach Änd. des § 395 durch das 1. OpferRRG entspr. der neueren Rspr. (BGHSt 47, 202) auch im **Sicherungsverfahren** nach §§ 413 ff. (abl. SK-StPO/Velten Rn. 25).

5 Im Verf. gegen einen **Jugendlichen** ist die Nebenklage bei schweren Verbrechen nach Maßgabe des § 80 Abs. 3 **JGG** zulässig. Der Anschluss ist danach auch für die nahen Angehörigen eines durch eine rechtswidrige Tat Getöteten nach § 395 Abs. 2 Nr. 1 möglich. Nach dem Wortlaut des § 80 Abs. 3 **JGG** besteht – anders als nach § 395 Abs. 1 – keine Anschlussmöglichkeit im Sicherungsverfahren gegen einen Jugendlichen; hier dürfte ein Redaktionsversehen vorliegen, da für eine sachlich begründete Differenzierung nichts erkennbar ist (Hinz JR 2007, 141; dort auch zu weiteren Einzelheiten; vgl. ferner Bühler StraFo 2016, 365; Noak ZRP 2009, 15). Steht nicht fest, ob der Beschuldigte zur Tatzeit Jugendlicher war, ist der Anschluss statthaft (BGH StraFo 2007, 502).

6 Gegen **Heranwachsende** ist die Nebenklage ohne die Beschränkungen des § 80 Abs. 3 **JGG** zulässig u. zwar auch in verbundenen Verf. gegen Heranwachsende bzw. Erwachsene u. Jugendliche (BGHSt 41, 288; BGH NJW 1995, 343; 2003, 150 (152); OLG Düsseldorf NStZ 1994, 299; Mitsch GA 1998, 161 ff.; Noak ZRP 2009, 15; **aM** OLG Köln NStZ 1994, 298; SK-StPO/Velten Rn. 27; Kurth NStZ 1997, 5; hingegen will Ostendorf StV 1994, 605 – zust. Mohr JR 2006, 504 – auf die Umstände des Einzelfalls abstellen; vgl. auch KG JR 1995, 259: jedenfalls dann zulässig, wenn gegen den Jugendlichen nur ein Sicherungsverfahren durchgeführt

wird). Daran hat sich durch die Neufassung des § 80 Abs. 3 **JGG** (→ Rn. 5) – entgegen der Ansicht des LG Zweibrücken StV 2009, 88 – nichts geändert; vielmehr ist BGHSt 41, 288 durch die nun teilw. gegebene Möglichkeit einer Nebenklage gegen Jugendliche bestätigt worden. In Fällen des prozessualen Zusammentreffens einer Jugend- mit einer Heranwachsendentat ist die Nebenklage (außer in den in § 80 Abs. 3 **JGG** bezeichneten Fällen) unzulässig, auch soweit sie gegen die im Heranwachsenden-Alter begangene Tat gerichtet ist (OLG Hamburg StraFo 2006, 117; KG NStZ 2007, 44; OLG Oldenburg NStZ 2006, 521; **aM** Brocke NStZ 2007, 8; Mitsch GA 1998, 169 ff.). Den Anschluss als Nebenkläger beschränkt § 80 Abs. 3 **JGG** für Jugendliche nicht (Eisenberg/Kölbel JGG § 80 Rn. 23).

C. Prozessfähigkeit. Prozessfähig muss der Nebenkläger sein (dazu allg. W. Schmid SchlHA 1981, 153). Andernfalls muss nach hM für ihn der ges. Vertreter den Anschluss erklären u. die Nebenklagerechte wahrnehmen (KG StraFo 2010, 294 mwN; BayObLG NJW 1956, 681; **aM** Eisenberg GA 1998, 32 mwN zur Gegenansicht in Fn. 1). Die Vertretung steht demjenigen zu, der das Personensorgerecht hat (vgl. BGH NStZ-RR 2022, 123; OLG Hamm VRS 13, 212); eine ohne dessen Zustimmung abgegebene Anschlusserklärung ist unwirksam (BGH 10.10.2016 – 4 StR 100/16; KG StV 2011, 402 Ls.). Die Zustimmung unterliegt keinem Formerfordernis (BGH NStZ-RR 2022, 123 mwN). Im Verf. gegen einen Elternteil muss das Kind durch einen Ergänzungspfleger vertreten werden (OLG Stuttgart Justiz 1999, 348). Der Abwesenheitspfleger kann den Anschluss nicht erklären (OLG Frankfurt a. M. NJW 1950, 882). Als Nebenkläger zugelassen wird nicht der ges. Vertreter, sondern nur der Verletzte selbst (BayObLGSt 1956, 254; OLG Oldenburg NJW 1956, 682). 7

D. Andere Prozessrollen. Mit anderen Prozessrollen ist die Stellung als Nebenkläger nicht grds. unvereinbar. 8

Der Zulassung steht insbes. nicht schlechthin entgegen, dass der Nebenkläger gleichzeitig **Mitangeklagter** ist (BGH NJW 1978, 330; OLG Stuttgart NJW 1957, 435; Dahs Strafverteidiger-HdB Rn. 1066). Er darf aber nicht zugelassen werden, wenn er den Anschluss wegen einer Tat erstrebt, derentwegen gegen ihn selbst als Mittäter o. Teilnehmer die öffentl. Klage erhoben u. noch nicht erledigt ist (BGH NJW 1978, 330; Spiegel DAR 1978, 154 – BGH RsprÜ; Gollwitzer FS Schäfer, 1979, 68). Auch dem selbst Tatverdächtigen ist die Nebenklage nicht v. vornherein versagt (sog. angreifende Nebenklage, vgl. Altenhain JZ 2001, 794). 9

Dass der Nebenkläger **Zeuge** sein kann, ergibt sich aus § 397 Abs. 1 S. 1. Für seine Vereidigung gelten §§ 59 ff. (vgl. BGH LM StPO § 396 Nr. 1). 10

Der Nebenkläger kann auch **Sachverständiger** sein (BGH bei Kirchhof GA 1954, 368), wird dann aber idR mit Erfolg nach § 74 abgelehnt werden. 11

E. Verzicht. Verzicht auf das Nebenklagerecht ist zulässig u. macht die spätere Anschlusserklärung unzulässig (BGHR StPO § 395 Anschluss 3). Der Verzicht setzt eine Erkl. voraus, die eindeutig erkennen lässt, dass der Verzichtende die prozessuale Bedeutung u. Tragweite seiner Erkl. kennt (Pfeiffer/Miebach NStZ 1986, 209 – BGH RsprÜ). 12

F. Vergleich. Durch Vergleich kann sich der Nebenklageberechtigte verpflichten, sich nicht als Nebenkläger anzuschließen, auf sein Strafantragsrecht zu verzichten u. seine Anschlusserklärung o. seinen Strafantrag zurückzunehmen (Dahs Strafverteidiger-HdB Rn. 1046; Haas NJW 1988, 1347; Schmidt-Hieber StrafVerfR Rn. 207 ff.). Die Mittel, mit denen solche Zugeständnisse zu erreichen sind, entsprechen denen im Privatklageverfahren (→ Vor § 374 Rn. 8 ff.). Dabei kann eine Vereinbarung zwischen allen Bet. angestrebt werden, in der sich das Gericht u. die StA unter bestimmten Voraussetzungen zur Einstellung des Verf. nach §§ 153, 153a bereit erklären, um die Verh. zwischen dem Angeschuldigten u. dem Nebenkläger zu fördern. 13

Befugnis zum Anschluss als Nebenkläger

395 (1) **Der erhobenen öffentlichen Klage oder dem Antrag im Sicherungsverfahren kann sich mit der Nebenklage anschließen, wer verletzt ist durch eine rechtswidrige Tat nach**

1. den §§ 174 bis 182, 184i bis 184k des Strafgesetzbuches,
2. den §§ 211 und 212 des Strafgesetzbuches, die versucht wurde,
2a. den §§ 6 bis 8, 11 und 12 des Völkerstrafgesetzbuches gegen das Leben, die versucht wurde, sofern auch hier ein unmittelbarer Zusammenhang zwischen der verfahrensgegenständlichen Tat und der Rechtsgutverletzung besteht,
3. den §§ 221, 223 bis 226a und 340 des Strafgesetzbuches,
4. den §§ 232 bis 238, 239 Absatz 3, §§ 239a, 239b und 240 Absatz 4 des Strafgesetzbuches,
4a. den §§ 6 bis 8 und 10 bis 12 des Völkerstrafgesetzbuches in seinen Rechten auf körperliche Unversehrtheit, Freiheit oder auf religiöse, sexuelle oder reproduktive Selbstbestimmung oder als Kind in seinem Recht auf ungestörte körperliche und seelische Entwicklung, sofern auch hier ein unmittelbarer Zusammenhang zwischen der verfahrensgegenständlichen Tat und der Rechtsgutverletzung besteht,
5. § 4 des Gewaltschutzgesetzes,
6. § 142 des Patentgesetzes, § 25 des Gebrauchsmustergesetzes, § 10 des Halbleiterschutzgesetzes, § 39 des Sortenschutzgesetzes, den §§ 143 und 144 des Markengesetzes, den §§ 51 und 65 des Designgesetzes, den §§ 106 bis 108b des Urheberrechtsgesetzes, § 33 des Gesetzes betreffend das Urheberrecht an Werken der bildenden Künste und der Photographie, § 16 des Gesetzes gegen den unlauteren Wettbewerb und § 23 des Gesetzes zum Schutz von Geschäftsgeheimnissen.

(2) **Die gleiche Befugnis steht Personen zu,**

1. deren Kinder, Eltern, Geschwister, Ehegatten oder Lebenspartner durch eine rechtswidrige Tat getötet wurden oder
2. die durch einen Antrag auf gerichtliche Entscheidung (§ 172) die Erhebung der öffentlichen Klage herbeigeführt haben.

(3) **Wer durch eine andere rechtswidrige Tat, insbesondere nach den §§ 185 bis 189, 229, 244 Absatz 1 Nummer 3, Absatz 4, §§ 249 bis 255 und 316a des Strafgesetzbuches, verletzt ist, kann sich der erhobenen öffentlichen Klage mit der Nebenklage anschließen, wenn dies aus besonderen Gründen, insbesondere wegen der schweren Folgen der Tat, zur Wahrnehmung seiner Interessen geboten erscheint.**

(4) [1]**Der Anschluss ist in jeder Lage des Verfahrens zulässig.** [2]**Er kann nach ergangenem Urteil auch zur Einlegung von Rechtsmitteln geschehen.**

(5) [1]**Wird die Verfolgung nach § 154a beschränkt, so berührt dies nicht das Recht, sich der erhobenen öffentlichen Klage als Nebenkläger anzuschließen.** [2]**Wird der Nebenkläger zum Verfahren zugelassen, entfällt eine Beschränkung nach § 154a Absatz 1 oder 2, soweit sie die Nebenklage betrifft.**

Übersicht

A. Recht zur Nebenklage. Das Recht zur Nebenklage steht nur den in § 395 bezeichneten – lebenden (vgl. § 402) – Personen zu; im Zweifelsfall muss sich das Gericht im Freibeweisverfahren positiv v. deren Existenz überzeugen (BGH NStZ 2009, 174). Die Nebenklage ist **nach neuerer Rspr. des BGH nicht nur dann zulässig,** wenn sie die Verurteilung des Beschuldigten erstrebt. Vielmehr soll der Nebenkläger in der HV die Schuldfähigkeit (§ 20 StGB) u. die strafrechtliche Verantwortlichkeit (§ 3 JGG) des Angeklagten in Zweifel ziehende Anträge stellen u. **letztlich dessen Freispruch erstreben** können (so BGHSt 65, 145 mAnm Kalf NStZ 2020, 745 sowie Kulhanek NJW 2020, 3400; Noak JZ 2021, 50; ebenso bereits SK-StPO/Velten Rn. 18, 19; Altenhain JZ 2001, 791 (797); **aM** OLG Rostock NStZ 2013, 126 = JR 2013, 426 mablAnm Bock; abl. auch Noack ZIS 2014, 189; OLG Schleswig NStZ-RR 2000, 270; KK-StPO/Allgayer Rn. 4; Löwe/Rosenberg/Wenske Vor § 395 Rn. 29 ff.; erg. → § 401 Rn. 1). Zur Begründung verweist der BGH va auf den Zweck der Nebenklage. Der Nebenkläger solle eine umfassende Beteiligungsbefugnis im gesamten Verf. erhalten u. so seine Interessen aktiv vertreten können; in welcher Weise der etwaige Verletzte seine Belange am besten geschützt sehe, unterliege aber in Folge seiner Stellung als ein mit selbständigen Rechten ausgestatteter Prozessbeteiligter regelmäßig seiner eigenen Einschätzung (BGHSt 65, 145). Der Gesetzeswortlaut stehe dem nicht entgegen, da sich aus ihm – anders als bei der Rechtsmittelbefugnis nach § 400 (→ § 400 Rn. 3, 3a) – nicht ergebe, dass der Nebenkläger ein bestimmtes Ziel erstreben müsse o. eine zunächst berechtigte Nebenklage je nach Verfahrensziel unzulässig werden könne (BGHSt 65, 145). 1

Soweit aus dieser Begründung allerdings geschlossen werden könnte, dass die Anschlussbefugnis auch dann besteht, wenn sich Nebenkläger bereits zum Zeitpunkt der Anschlusserklärung nicht durch den Angeklagten verletzt glauben, etwa weil sie den Freispruch des ihrer Ansicht nach unschuldigen Angeklagten erstreben, **ginge dies zu weit** (vgl. OLG Schleswig NStZ-RR 2000, 270; vgl. auch OLG Rostock NStZ 2013, 126; KK-StPO/Allgayer Rn. 4; Kulhanek NJW 2020, 3400; **aM** Altenhain JZ 2001, 791 (797), Bock JR 2013, 426 Noack ZIS 2014, 189; dahingestellt v. BGHSt 65, 145). Die Nebenklage ist kein selbständiges Verf., sondern hängt davon ab, dass die StA Anklage gegen einen bestimmten Angeklagten erhebt; sie knüpft damit an die Verletztenstellung im Verf. gegen diesen konkreten Beschuldigten an. Nebenkläger sind weder Organe der Rechtspflege, die unabhängig v. der StA u. von einer eigenen Verletztenstellung mit Bezug auf den Angeklagten öffentl. Interessen vertreten, noch ist es ihre Aufgabe, im Verf. die Rolle eines weiteren Verteidigers einzunehmen (vgl. OLG Schleswig NStZ-RR 2000, 270). 2

Auf sein Recht zum Anschluss als Nebenkläger ist der Verletzte nach → § 406i **hinzuweisen.** Eine Ergänzung des Nebenklagerechts enthält → § 406h. 2a

B. Nebenklageberechtigte (Abs. 1–3). I. Durch bestimmte rechtswidrige Taten verletzte Personen (Abs. 1 Nr. 1–6). Nebenklageberechtigt sind nur die **unmittelbar Verletzten** (→ § 373b Rn. 3 ff.; erg. → § 172 Rn. 9, 10; RGSt 62, 209; OLG Hamm MDR 1967, 148; LG Aachen MDR 1983, 689), auch der Dritte im Fall des § 239a Abs. 1 StGB (vgl. BGH NStZ-RR 2018, 256). Ob der Täter schuldhaft gehandelt hat, kann erst im Verf. festgestellt werden; die Anschlussbefugnis ist davon nicht abhängig. Der Tatvollendung steht auch – außer Nr. 3 – in den übrigen Fällen des Abs. 1 der Versuch gleich, der Täterschaft die Tatbeteiligung nach §§ 25 ff. StGB, nicht aber eine nach § 30 StGB strafbare Vorbereitungshandlung (BGH BeckRS 2010, 145290; OLG Stuttgart NStZ 1990, 298; **aM** Leibinger FS Triffterer, 1996, 483). Da § 395 nur auf die „rechtswidrige Tat" (vgl. § 11 Abs. 1 Nr. 5 StGB) abstellt, berechtigt auch eine Straftat nach 3

§ 323a StGB, bei der eine der in Abs. 1 bezeichneten Taten die Rauschtat ist, zur Nebenklage (BGH NStZ-RR 1998, 305; OLG Bamberg MDR 1992, 69; LG Stuttgart NJW 1990, 1126). Prozesshindernisse (→ Einl. Rn. 141 ff.) schließen die Anschlussberechtigung aus.

4 Die Nebenklagebefugnis besteht auch, wenn das Nebenklagedelikt in **Tateinheit oder Gesetzeskonkurrenz** mit einem anderen begangen ist, das zur Nebenklage nicht berechtigt (BGHSt 13, 143 (144); 29, 216 (218); 33, 114 (115)). Dass die StA die rechtliche Beurteilung nicht auf das Nebenklagedelikt stützt, ist daher ohne Bedeutung (BGHSt 29, 216 (218); BGH StV 1981, 535). Die rechtliche Möglichkeit, dass der Angeschuldigte eine der in Abs. 1, Abs. 3 bezeichneten Taten begangen hat, genügt (→ § 396 Rn. 10). Durch das 2. OpferRRG ist in Abs. 1 Nr. 5 die Nebenklagebefugnis auf alle Delikte nach §§ 232–238 StGB sowie auf § 240 Abs. 4 StGB ausgedehnt worden (zu letzteren vgl. Lehmann NStZ 2002, 353). Die Verletzung durch eine rechtswidrige Tat nach § 4 Gewaltschutzgesetz (Abs. 1 Nr. 5; BGBl. 2001 I 3513) wird häufig mit rechtswidrigen Taten nach Abs. 1 Nr. 4 in Tateinheit stehen; aber auch bei Verstößen gegen Schutzanordnungen wegen „Belästigungen" ist damit eine Nebenklagebefugnis eingeräumt. Die Nebenklagebefugnis nach Abs. 1 Nr. 3 geht bei Tod des Verletzten nicht auf seine nahen Angehörigen über (BGHSt 44, 97; Cierniak/Niehaus NStZ-RR 2015, 201 – BGH RsprÜ; Mitsch NStZ 2008, 422; Mitsch FS Paulus, 2009, 123; vgl. aber Abs. 2 Nr. 1). Zur Rechtslage beim Ausscheiden des Nebenklagedelikts nach § 154a vgl. → Rn. 13.

5 Wenn bei **Antragsdelikten** der Dienstvorgesetzte den Strafantrag gestellt (§§ 194 Abs. 3, 230 Abs. 2 StGB) o. wenn die StA das bes. öffentl. Interesse an der Strafverfolgung bejaht (§ 230 Abs. 1 StGB) hat, ist der Anschluss auch ohne Strafantrag des Verletzten zulässig (BGH NStZ 1992, 452; KG NStZ 1991, 148; KG StraFo 2025, 238; OLG Nürnberg NJW 1991, 712). Kann die Tat hingegen nur auf Antrag verfolgt werden (zB §§ 185, 194 Abs. 1 StGB), so ist – auch bei gleichartiger Tateinheit u. trotz Stellung eines Strafantrags durch einen anderen Verletzten – ein Strafantrag erforderlich (OLG Frankfurt a. M. NJW 1991, 2036; teilw. **aM** SK-StPO/Velten Rn. 16; zw. Altenhain JZ 2001, 800; Hilger JR 1991, 391); auch im Fall des Abs. 1 Nr. 6 bleibt es beim Erfordernis der Antragstellung durch den Verletzten (vgl. zum Ganzen mit weiteren Einzelheiten Rieß NStZ 1989, 102). In der Anschlusserklärung kann jedoch der Strafantrag liegen (BGHSt 33, 114 (116); Hilger JR 1991, 391 Fn. 4).

5a Das Gesetz zur Fortentwicklung des Völkerstrafrechts (BT-Drs. 20/9471) hat die Nebenklagebefugnis auf bestimmte **Straftaten nach dem VStGB** erweitert:

5b Gemäß **Nr. 2a** berechtigen die Straftaten des Völkermordes, des Verbrechens gegen die Menschlichkeit sowie Kriegsverbrechen **(§§ 6–8, 11 und 12 VStGB)** zur Nebenklage soweit die **Tötung eines Menschen versucht** wurde.

5c Voraussetzung ist weiterhin, dass ein **unmittelbarer Zusammenhang** zwischen der verfahrensgegenständlichen Tat und der Rechtsgutsverletzung besteht. Dadurch soll mit Blick auf die Weite des materiell-rechtlichen Tatbegriffs bei Straftaten gegen das VStGB (vgl. BGHSt 45, 64; BGH NJW 2023, 1138) herausgestellt werden, dass der unmittelbare Zusammenhang zwischen einer konkret dem Angeklagten vorgeworfenen Handlung und der zur Nebenklage berechtigenden Rechtsgutsverletzung bestehen muss (vgl. BT-Drs. 20/11661, 17; → § 373b Rn. 3 ff.; BT-Drs. 20/9471, 36). Es kommt also nicht auf die Betroffenheit als Teil einer Gruppe oder in einem bestimmten historischen Kontext an, sondern auf eine konkrete Verletzung durch die dem Angeklagten vorgeworfenen Taten. Dies erscheint zumindest als Klarstellung sinnvoll, um auszuschließen, dass etwa alle Opfer von Straftaten nach § 6 VStGB, die Teil eines Gesamtplans mit demselben Vernichtungsziel sind, ohne durch die dem Angeklagten vorgeworfene konkrete Tat unmittelbar verletzt worden zu sein, sich der Klage als Nebenkläger anschließen könnten (vgl. BT-Drs. 20/11661, 17; **aM** Raube KriPoZ 2024, 278: überflüssige Begrenzung, da § 373b Abs. 1 ausr.). Beim Tatbestand des Völkermords (§ 6 VStGB) ist zwar nach der Rspr. offen, ob er Individualrechtsgüter schützt (BGH

NJW 2023, 1138); der Gesetzgeber sieht aber die Aufnahme des § 6 VStGB in den Katalog der Nebenklagedelikte bereits aufgrund der Schwere des aus ihm sprechenden menschenverachtenden Charakters für gerechtfertigt (BT-Drs. 20/9471, 36; zust. Epik/Jessberger JZ 2024, 801 (805) mwN; erg. → § 373b Rn. 5).

Nr. 4a dehnt die Nebenklagebefugnis ferner auf die Tatbestände des Völkermordes, des Verbrechens gegen die Menschlichkeit und des Kriegsverbrechens **(§§ 6–8 und 10–12 VStGB)** aus, **soweit** das Opfer in seinen Rechten auf körperliche Unversehrtheit, Freiheit, religiöse, sexuelle oder reproduktive Selbstbestimmung oder ungestörte körperliche und seelische Entwicklung in der Kindheit verletzt ist. Kriegsverbrechen gegen das Eigentum (§ 9 VStGB) werden nicht erfasst. **5d**

Voraussetzung ist auch hier ein **unmittelbarer Zusammenhang** zwischen der verfahrensgegenständlichen Tat und der Rechtsgutsverletzung (→ Rn. 5b). Auch insoweit ist also nicht auf die Betroffenheit als Teil einer Gruppe bzw. Gemeinschaft oder in einem bestimmten historischen Kontext, sondern auf eine konkrete Verletzung durch die dem Angeklagten vorgeworfene spezifische Tat abzustellen. Verletzungen durch Eignungsdelikte, bei denen eine unmittelbare Rechtsgutsverletzung nicht eingetreten ist, reichen nicht aus (s. etwa §§ 6 Abs. 1 Nr. 3, 7 Abs. 1 Nr. 2 VStGB; BT-Drs. 20/9471, 37, 39); dies gilt unter dieser Voraussetzung gleichermaßen für Einzeltaten mit weit definierten Tathandlungen wie bspw. in §§ 6 Abs. 1 Nr. 4, 7 Abs. 1 Nr. 4 und 10 VStGB, sowie für Betroffene bei Kriegsverbrechen, die verbotene Kampfmethoden oder Kampfmittel erfassen (§§ 10 bis 12 VStGB; vgl. Epik/Jessberger JZ 2024, 801 (806)). **5e**

Die **körperliche Unversehrtheit** kann auch in Fällen erheblicher psychischer Folter verletzt sein, wenn dadurch ein pathologischer Befund hervorgerufen wird (vgl. BGH 18.7.2013 – 4 StR 168/13), etwa bei Dauerbeschallung mit lauter Musik oder bei Scheinhinrichtungen (BT-Drs. 20/11661, 18). **5f**

Im Übrigen sieht der Gesetzgeber mit Blick auf die Vielzahl der in Betracht kommenden Normen von einer enumerativen Aufzählung im Gesetzestext ab (vgl. BT-Drs. 20/9471, 37–39, wo beispielhaft 27 Delikte aus dem VStGB genannt sind; kritisch dazu Stellungnahme der BRAK zum Referentenentwurf S. 5 f. unter Hinweis auf den Grundsatz der Normenklarheit). **5g**

Für den **gewerblichen Rechtsschutz und Urheberrechtsverletzungen** ist in Abs. 1 Nr. 6 die Nebenklagebefugnis erhalten geblieben (nach dem Gesetzentwurf der BReg u. früheren Entwürfen sollte sie gestrichen werden, vgl. BR-Drs. 178/09, 48; Rieß NStZ 1989, 106 Fn. 70). Die Aufnahme dieser Vorschr. in Abs. 1 ist **systemfremd,** da es sich nicht um schwerwiegende Aggressionsdelikte gegen das Opfer handelt u. dieses nicht in seinen höchstpersönlichen Rechtsgütern verletzt ist (vgl. dazu Park FS Barton, 2023, 147 (149); Bung StV 2009, 434). **6**

II. Nahe Angehörige eines Getöteten (Abs. 2 Nr. 1). Rechtswidrige Taten iSd Vorschr. sind nicht nur Straftaten gegen das Leben (§§ 211–222 StGB), sondern auch die durch den Tötungserfolg qualifizierten Straftaten (BGHSt 44, 97 (99); 52, 153; BGH NStZ-RR 2008, 352), zB nach §§ 178, 221 Abs. 3, 227, 238 Abs. 3, 239a Abs. 3, 251, 306c StGB, sofern die Voraussetzungen des § 18 StGB vorliegen, aber nicht Straftaten nach § 224 StGB (BGH StraFo 2012, 67). Der Täterschaft steht die Teilnahme gleich, nicht aber der Versuch der Straftat (BGH NStZ-RR 2024, 227; StV 2006, 351; anders unrichtig BGH NStZ 2008, 93, dagegen zutr. Mitsch FS Paulus, 2009, 130; dort auch (Mitsch FS Paulus, 2009, 123) zum Fall der *aberratio ictus* u. zum Fehlen des subjektiven Rechtfertigungselements) u. nicht die Straftat nach § 138 StGB. Auch bei Abs. 2 Nr. 1 kommt es nicht darauf an, ob die Anklage auf das Tötungsdelikt gestützt ist, sofern nur die rechtliche Möglichkeit der Verurteilung wegen einer solchen Tat besteht (OLG Celle NJW 1969, 945; OLG Düsseldorf NStZ 1997, 204; OLG Frankfurt a. M. NJW 1979, 994; vgl. → Rn. 4). **7**

Nebenklageberechtigt ist jeder der in Abs. 2 Nr. 1 bezeichneten Personen unabhängig v. den anderen (LG Kleve AnwBl 1969, 31; LG Osnabrück AnwBl **8**

1968, 331); der erweiterte Verletztenbegriff des § 373b Abs. 2 gilt aber nicht (→ § 373b Rn. 8, 16; BT-Drs. 19/27654, 99). Die entfernten Verwandten werden durch die näheren nicht ausgeschlossen (OLG Neustadt NJW 1956, 1611). Auch Halbgeschwister sind anschlussberechtigt (OLG Düsseldorf NJW 1958, 394), aber nicht der geschiedene Ehegatte o. ehem. Lebenspartner u. die Großeltern (BGH NJW 1967, 454; LG Hamburg MDR 1979, 251) bzw. die Enkel des Getöteten (krit. dazu BeckOK StPO/Weiner § 52 ff.; erg. → § 373b Rn. 16), der Stiefvater (Cierniak/Zimmermann NStZ-RR 2014, 168 – BGH RsprÜ) bzw. Stiefkinder (erg. → § 373b Rn. 16), Onkel u. Tante (BGH NJW 1995, 1297 (1301)) u. auch nicht, wer nur nach „Sinti-Art" die Ehe geschlossen hat (BVerfG NStZ 1993, 349). Das Angehörigenverhältnis muss also im Zeitpunkt des Verf. bestehen; die Ehe darf zB nicht geschieden sein (BGH (ER) NJW 2012, 3524 zur Scheidung türkischer Staatsangehöriger in der BRD; Mitsch FS Paulus, 2009, 122).

9 **III. Antragsteller im Klageerzwingungsverfahren (Abs. 2 Nr. 2). Erfolgreiche Antragsteller** im Klageerzwingungsverfahren (Abs. 2 Nr. 2): Die Nebenklagebefugnis ist stets gegeben, wenn die Anklage auf Anordnung des OLG nach § 175 erhoben worden ist. Ob die Anordnung zu Recht getroffen worden ist, spielt keine Rolle (Mitsch FS Paulus, 2009, 122); denn durch Abs. 2 Nr. 1 soll allg. der Gefahr entgegengewirkt werden, dass die StA das gegen ihren Willen zustande gekommene Verf. nur nachlässig betreibt. Ist es zu einer Anordnung des OLG nicht gekommen, weil der GStA den Klageerzwingungsantrag zum Anlass genommen hat, selbst die Erhebung der Anklage anzuordnen, so gilt Abs. 2 Nr. 2 daher nicht (OLG Frankfurt a. M. NJW 1979, 994; SK-StPO/Velten Rn. 20; **aM** OLG München NStZ-RR 2011, 378; Löwe/Rosenberg/Wenske Rn. 49; Rieß NStZ 1990, 10). Auch auf Angehörige des Antragstellers findet die Vorschr. keine Anwendung (OLG Celle VRS 130, 13; OLG Düsseldorf NStZ 1997, 204; **aM** Löwe/Rosenberg/Graalmann-Scheerer § 172 Rn. 83; vgl. aber Abs. 2 Nr. 1).

10 **IV. Andere rechtswidrige Taten (Abs. 3).** Bei anderen als in Abs. 1, Abs. 2 Nr. 1 aufgezählten Straftaten kann der Verletzte Nebenklage erheben, wenn dies **aus bes. Gründen zur Wahrnehmung seiner Interessen geboten** erscheint. Dies gilt insbes. für Straftaten nach den §§ 185–189, 229, 244 Abs. 1 Nr. 3, Abs. 4, 249–255 und 316a StGB. Allein das wirtschaftliche Interesse eines möglichen Verletzten an der effektiven Durchsetzung zivilrechtlicher Ansprüche gegen den Angeklagten reicht insoweit nicht (BGH NJW 2012, 2601; Jahn/Bung StV 2012, 756; Schiemann JR 2012, 393). Das wird insbes. bei den in Abs. 3 ausdr. erwähnten Straftaten der Fall sein. Der Schweregrad der Folgen für das Opfer muss dabei nicht die in § 397a Abs. 1 Nr. 3 genannte Schwelle der „schweren körperlichen und seelischen Schäden" erreichen (dazu eing. Bock FS Wessing, 2015, 169); bei einzelfallbezogener, konkreter Betrachtung müssen allerdings beim Verletzten körperliche o. seelische Schäden mit einem gewissen Grad an Erheblichkeit bereits eingetreten o. zu erwarten sein (BGH BeckRS 2021, 2810; NJW 2012, 2601: Traumata und Schockzustände). Das besondere Interesse kann auch bei einer im Verf. notwendigen Abwehr v. Schuldzuweisungen gegeben sein (BGH NJW 2012, 2601;

10a Der **Katalog** ist aber **nicht abschl.**; die Anwendung kommt auch bei anderen höchstpersönlichen Verletzungstatbeständen in Betracht (OLG Koblenz NStZ 2012, 655 zu §§ 30, 211).Selbst beim Vorwurf der Untreue (§ 266 StGB) oder auch anderen Delikten des **Wirtschaftsstrafrechts** kann der Verletzte zugelassen werden, wenn eine im Einzelfall zu prüfende prozessuale Schutzbedürftigkeit gegeben ist (BGH NJW 2012, 2601). Dies ist allerdings nur ausnahmsweise zu bejahen, um die regelmäßig ohnehin besonders umfangreichen und komplexen Wirtschaftsstrafverfahren nicht zu überfrachten. Alleine das wirtschaftliche Interesse eines möglichen Verletzten reicht dazu nicht aus (vgl. BGH NJW 2012, 2601: „wirtschaftlicher Engpass" genügt nicht; Park FS Barton, 2023, 147, (151 f.)). In Betracht kommt nach der Rspr. eine „gravierende Beweisnot", die durch einen Auslandsbezug begründet sein kann und eine nur von den Strafgerichten herbeizuführende Rechtshilfe erforderlich macht (BGH NJW 2012, 2601; krit. dazu Park FS Barton, 2023, 147 (161)).

Namentlich bei einer rechtswidrigen **Tat nach § 229 StGB** ist die Nebenklagebefugnis des Verletzten nach Abs. 3 beschränkt. Durch dieses Erfordernis soll die Nebenklage va nach Straftaten im Straßenverkehr nur in diesem eingeschränktem Maße gestattet werden. Besondere Gründe iSv Abs. 3 können insbes. darin liegen, dass die Tat schwere Folgen, dh zu schweren Verletzungen geführt (BT-Drs. 10/5305 S. 12; vgl. BGH NJW 2012, 2601) hatte o. dass das Mitverschulden des Verletzten nicht nur bei der Schadensersatzfrage, sondern auch strafrechtlich v. erheblicher Bedeutung ist (Rieß/Hilger NStZ 1987, 154) o. wegen der Auswirkung des Strafverfahrens auf den noch nicht abschl. regulierten Verkehrsunfall (LG Passau NStZ-RR 2007, 382; AG Homburg-Saar VRS 74, 43; Bock FS Wessing, 2015, 171). Bei mittleren (**aM** Kurth NStZ 1997, 2: auch bei schweren) Verletzungen besteht keine Anschlussbefugnis, wenn der Schaden bereits reguliert ist (Beulke DAR 1988, 116). Das Gericht entscheidet über den unbestimmten Rechtsbegriff der bes. Gründe nach Anhörung der StA u. des Angeschuldigten (§ 396 Abs. 2) unter Berücksichtigung der Umstände des Einzelfalls u. hat dabei Funktion u. Aufgabe der Nebenklage (vgl. → Vor § 395 Rn. 1) zu beachten. Die Entsch. ist für das weitere Verf. bindend (OLG Oldenburg StraFo 2013, 212; OLG Stuttgart Justiz 2000, 149). 11

C. Anschlusszeitpunkt (Abs. 4). Der Anschluss ist **in jeder Lage des Verf.** zulässig, auch noch im Rechtsmittelverfahren (BGH BeckRS 2025, 33505; 17.12.2024 – 4 StR 324/24: Revision). Der vor Erhebung der öffentl. Klage erklärte Anschluss wird aber erst wirksam, wenn sie erhoben ist (§ 396 Abs. 1 S. 2, 3). Der Anschluss kann noch nach ergangenem Urt. – entspr. auch nach Erlass eines Nichteröffnungsbeschlusses (OLG München NStZ-RR 2011, 378) – zur Einlegung v. Rechtsmitteln erklärt werden (dazu → § 399 Rn. 2; → § 401 Rn. 3); bei anhängigem Rechtsmittelverfahren ist der Anschluss unabhängig davon zulässig, ob noch eine Rechtsmittelbefugnis des Nebenklägers besteht (Becker NStZ-RR 2002, 261 – BGH RsprÜ; BGH StraFo 2003, 198). Der Anschluss ist aber nicht mehr möglich, wenn das Verf. insges. rkr. abgeschlossen ist (BGH NStZ-RR 1997, 136; StraFo 2005, 513). Bestehen Zweifel, ob die Anschlusserklärung vor o. nach der Rechtskraft eingegangen ist, so ist die Nebenklage unzulässig (OLG Celle DAR 1958, 245; OLG München NStZ-RR 2011, 378; **aM** AG Mainz Rpfleger 1970, 95). 12

D. Verfolgungsbeschränkungen nach § 154a (Abs. 5). Die Vorschr. stellt das Interesse nach Verfahrensvereinfachung u. -beschleunigung hinter die Interessen des Nebenklägers zurück (Lenckner JZ 1973, 744). Ihm bleibt das Anschlussrecht selbst dann erhalten, wenn der Tatkomplex o. der rechtliche Gesichtspunkt, der das Nebenklagedelikt betr., nach § 154a Abs. 2 abgetrennt ist. Seine Zulassung als Nebenkläger bewirkt den Wegfall einer bereits eingetretenen Verfolgungsbeschränkung; eines Wiedereinbeziehungsantrages der StA nach § 154a Abs. 3 S. 2 bedarf es nicht (OLG Düsseldorf NStZ-RR 1999, 116), jedoch ist ein klarstellender Beschl. erforderlich. Solange die Anschlussbefugnis besteht, ist eine derartige Beschränkung nur mit **Zustimmung des Nebenklägers** zulässig, ohne sie ist sie unwirksam (BGH 20.3.2024 – 3 StR 454/22). Bei Einstellungen nach § 154 gilt Abs. 2 nicht (vgl. auch § 400 Abs. 2 S. 2). 13

Anschlusserklärung; Entscheidung über die Befugnis zum Anschluss

396 (1) [1] **Die Anschlußerklärung ist bei dem Gericht schriftlich einzureichen.** [2] **Eine vor Erhebung der öffentlichen Klage bei der Staatsanwaltschaft oder dem Gericht eingegangene Anschlußerklärung wird mit der Erhebung der öffentlichen Klage wirksam.** [3] **Im Verfahren bei Strafbefehlen wird der Anschluß wirksam, wenn Termin zur Hauptver-**

handlung anberaumt (§ 408 Abs. 3 Satz 2, § 411 Abs. 1) oder der Antrag auf Erlaß eines Strafbefehls abgelehnt worden ist.

(2) [1]**Das Gericht entscheidet über die Berechtigung zum Anschluß als Nebenkläger nach Anhörung der Staatsanwaltschaft.** [2]**In den Fällen des § 395 Abs. 3 entscheidet es nach Anhörung auch des Angeschuldigten darüber, ob der Anschluß aus den dort genannten Gründen geboten ist; diese Entscheidung ist unanfechtbar.**

(3) **Erwägt das Gericht, das Verfahren nach § 153 Abs. 2, § 153a Abs. 2, § 153b Abs. 2 oder § 154 Abs. 2 einzustellen, so entscheidet es zunächst über die Berechtigung zum Anschluß.**

Übersicht

1 **A. Anschlusserklärung (Abs. 1). I. Form (S. 1).** Die Erkl. muss **schriftlich** (→ Einl. Rn. 128), auch durch Telefax oder elektronisches Dokument nach Maßgabe des § 32a (→ § 32a Rn. 1 ff.), abgegeben werden.

2 Wirksam ist auch die Erkl. **zu Prot. der Geschäftsstelle** (KK-StPO Allgayer Rn. 1; → Einl. Rn. 131 ff.) u. die in die Sitzungsniederschrift aufgenommene Anschlusserklärung, selbst wenn die Unterschrift des Nebenklägers fehlt (BayObLGSt 1958, 118; OLG Hamm VRS 12, 368; OLG Stuttgart NJW 1955, 1369; KK-StPO/Allgayer Rn. 1; **aM** RGSt 36, 246 (247)).

3 Die **Vertretung** bei der Abgabe der Erkl. ist zulässig. Wird sie **schriftlich durch einen RA** abgegeben, ist sie als **elektronisches Dokument** nach Maßgabe der §§ 32d S. 2, 32a Abs. 3 zu übermitteln (BGH NStZ-RR 2023, 54; 2026, 53; → § 32d Rn. 1 ff.; → § 32a Rn. 4, 5; Einl. Rn. 128a-d, 130a). Die Anzeige eines RA, dass er den Nebenkläger vertritt, ist aber keine Anschlusserklärung (OLG Celle Nds. Rpfl. 1959, 165; KK-StPO/Allgayer Rn. 1; Amelunxen Nebenkläger S. 36).

3a Bei **unter Betreuung stehenden Personen** kommt es darauf an, ob sich der Aufgabenkreis, innerhalb dessen der Betreuer zur Vertretung berechtigt ist, sich auf die Wahrnehmung der höchstpersönlichen Rechte als Verletzter einer Straftat im Strafverfahren erstreckt, was – etwa bei Betreuung nach § 1902 BGB – regelmäßig nicht so sein wird; ist das nicht der Fall, bedarf es einer gesonderten Übertragung durch das Betreuungsgericht (BGH NStZ-RR 2020, 91 mwN).

4 **II. Dem Gericht gegenüber (S. 1).** Dem Gericht gegenüber (S. 1) muss die Erkl. abgegeben werden, u. zwar ggü. dem Gericht, das über die Anschlussberechtigung zu entscheiden hat o. das mit der Sache befasst ist, auch ggü. dem Rechtsmittelgericht. Im Vorverfahren kann die Anschlusserklärung, wie sich aus S. 2 ergibt, auch bei der StA eingereicht werden, hat dann aber zunächst keine Wirkung (vgl. Lorenzen/Thamm SchlHA 1995, 8 – OLG Schleswig RsprÜ).

5 **III. Wirksamwerden (S. 2, 3).** Wirksam (S. 2, 3) wird die vor Erhebung der öffentl. Klage angebrachte Anschlusserklärung, wenn die Akten mit der öffentl. Klage u. der Erkl. bei Gericht eingegangen sind (OLG Hamm JMBl. NRW. 1963,

165; Amelunxen Nebenkläger S. 35); nunmehr muss das Gericht über die Anschlussberechtigung entscheiden.

Beantragt die StA den Erlass eines **Strafbefehls,** so wird die Anschlusserklärung mit der Terminsanberaumung nach §§ 408 Abs. 3 S. 2, 411 Abs. 1 S. 2 oder mit dem Erlass (→ Vor § 33 Rn. 5 ff.) des Beschl. über die Ablehnung des Antrags (§ 408 Abs. 2 S. 1) wirksam, dem die Anregung des AG zur Einstellung des Verf. nicht gleichsteht (LG Flensburg VRS 64, 31; vgl. auch → Rn. 18). Zugleich mit der Ablehnung des Strafbefehlsantrags muss das AG über die Anschlussbefugnis entscheiden, damit der Nebenkläger die Möglichkeit hat, sich einem Rechtsmittel der StA gegen den Beschl. anzuschließen o. (vgl. → § 400 Rn. 8) selbst sofortige Beschwerde einzulegen (KK-StPO/Allgayer Rn. 3). Wird der Strafbefehl erlassen u. nicht angefochten, so ist die Anschlusserklärung gegenstandslos; einer Entsch. bedarf es nicht (LG Deggendorf NJW 1965, 1092; LG Heidelberg NJW 1967, 2420; Metz JR 2019, 67 (68)). Zu den notwendigen Auslagen des Nebenklageberechtigten vgl. → § 472 Rn. 10a. 6

B. Entscheidung über die Anschlussbefugnis (Abs. 2). I. Zuständigkeit. Über die Zulassung entscheidet das Gericht, bei dem das Verf. anhängig ist, bei Anschließung im Falle der Rechtsmitteleinlegung (§ 395 Abs. 4 S. 2; auch im Fall des § 395 Abs. 3) durch eindeutige und zweifelsfreie Erklärung nach Abs. 1 S. 1 (vgl. BGH NStZ-RR 2024, 286) das Rechtsmittelgericht (RGSt 76, 178; BayObLGSt 1970, 171; KG VRS 35, 353; erg. → § 347 Rn. 7). 7

Lässt stattdessen das Gericht, das die angefochtene Entsch. erlassen hat, den Nebenkläger zu, so ist sein Beschl. für das Rechtsmittelgericht unbeachtlich (RGSt 76, 178; BayObLGSt 1970, 171). Das Rechtsmittelgericht entscheidet auch, wenn der Anschluss erst erklärt wird, nachdem ein anderer Prozessbeteiligter ein Rechtsmittel eingelegt hat (vgl. BGHSt 6, 103). In den Fällen der §§ 319, 346 ist der Richter zuständig, der das Urt. erlassen hat. 8

Das Gericht, **nicht der Vorsitzende allein,** hat die Entsch. zu treffen. Die Entsch. des Vorsitzenden ist aber nicht nichtig, sondern nur anfechtbar (Dallinger MDR 1969, 360 – BGH RsprÜ; BayObLGSt 1952, 99; OLG Hamburg JR 1950, 568). 9

II. Prüfung. Die Prüfung umfasst zunächst die Frage, ob derjenige, der den Anschluss erklärt hat, zu dem Personenkreis des § 395 gehört u. ob er prozessfähig (→ Vor § 395 Rn. 7) ist. Sind diese Voraussetzungen gegeben, so prüft das Gericht, ob die Anschlusserklärung nach § 395 begründet ist. Das ist schon dann der Fall, wenn nach der Sachlage o. aufgrund des tatsächlichen Vorbringens des den Anschluss Erklärenden die Verurteilung des Angeschuldigten wegen einer Nebenklagestraftat wenigstens rechtlich möglich erscheint (BGH NStZ-RR 2002, 340; 2008, 352; OLG Celle StraFo 2017, 195), wenn auch in Tateinheit o. Gesetzeskonkurrenz (→ § 395 Rn. 4) o. bei einer prozessualen Tat iSd § 264 (OLG Brandenburg NStZ 2010, 654). Die Schlüssigkeit der Anklage wird nicht geprüft (OLG Köln JMBl. NRW. 1969, 209), auch nicht, ob für das Nebenklagedelikt hinreichender Tatverdacht besteht (OLG Düsseldorf NStZ 1997, 204; OLG Frankfurt a. M. NJW 1979, 994; OLG Celle StraFo 2017, 195; LG Koblenz NJW 2004, 305). Ob die Voraussetzungen des § 395 Abs. 3 vorliegen, wird unabhängig v. der Prüfung der formellen Anschlussbefugnis geprüft (**aM** AK-StPO/Rössner Rn. 9). Dabei muss der Geschädigte die der Entsch. zugrunde liegenden Tatsachen, soweit sie sich nicht auf den Tathergang beziehen, wie das Ausmaß der Verletzungen, glaubhaft machen; beide Prüfungen können aber in einer einheitlichen Entsch. zusammengefasst werden (Beulke DAR 1988, 117). 10

III. Anhörung der Prozessbeteiligten. Über die Anschlussbefugnis wird nach Anhörung der StA entschieden (Abs. 2 S. 1). In den Fällen des § 395 Abs. 3 muss auch der Angeschuldigte dazu gehört werden, ob der Anschluss geboten ist. Sonst bedarf es nach Abs. 2 seiner Anhörung nicht; gegen Art. 103 Abs. 1 verstößt das nicht (KK-StPO/Allagyer Rn. 8; **aM** Löwe/Rosenberg/Wenske Rn. 17; SK-StPO/Velten Rn. 6: verfassungskonforme Auslegung geboten). 11

12 **IV. Zulassungsbeschluss.** Der Zulassungsbeschluss muss ohne vermeidbare Verzögerung erlassen werden (Amelunxen Nebenkläger S. 39), insbes., bevor sich die Prozesslage verändert (RGSt 25, 186).

13 Er wirkt für das ganze weitere Verf. (BGH NStZ 2012, 466; BeckRS 2011, 26267), hat aber nur **feststellende Bedeutung.** Die Nebenklägerstellung wird bereits durch die Anschlusserklärung, die eine prozessrechtliche Bewirkungshandlung ist, begründet (BGHSt 41, 288 (289); Kusch NStZ-RR 1999, 39 – BGH RsprÜ; OLG Stuttgart NJW 1970, 822). Etwas anders gilt nur im Fall des § 395 Abs. 3; hier kommt der Zulassung wegen der Prüfungsbefugnis des Gerichts konstitutive Bedeutung zu (BGH NStZ-RR 2024, 286; OLG Düsseldorf NStZ-RR 1997, 11).

14 Im Übrigen kann ein nicht zur Nebenklage Berechtigter auch durch gerichtliche Zulassung kein Nebenkläger werden (Kusch NStZ-RR 2001, 135 – BGH RsprÜ). Der Zulassungsbeschluss kann aber noch **nach rechtskräftigem Abschluss des Verfahrens** ergehen, wenn die Anschlusserklärung schon vorher eingegangen war (RGSt 66, 393; LG Kaiserslautern NJW 1957, 1120 mablAnm Pohlmann NJW 1957, 1373; LG Kiel SchlHA 1962, 109; LG Krefeld Rpfleger 1972, 177 mkritAnm Reiß; LG München II NJW 1966, 465; LG Schweinfurt NJW 1968, 1840; **aM** LG München I DAR 1963, 246). Auch nach endg. Verfahrenseinstellung nach § 153a Abs. 2 kann eine versehentlich unterlassene Zulassung noch nachgeholt werden (LG Hanau JurBüro 1987, 393; D. Meyer JurBüro 1983, 165; **aM** LG Düsseldorf JurBüro 1983, 252).

15 Eine **stillschweigende Zulassung** kann darin liegen, dass der Nebenklageberechtigte nach der Anschlusserklärung in der HV wie ein zugelassener Nebenkläger behandelt wird (OLG Düsseldorf NStE StPO § 379a Nr.); sie kann auch konkludent im Berufungsurteil getroffen werden (OLG Hamm NStZ-RR 2012, 22 zum Fall des § 395 Abs. 3).

16 **V. Widerruf des Zulassungsbeschlusses.** Der Widerruf des Zulassungsbeschlusses ist in jeder Lage des Verf. auf Antrag o. vAw zulässig, wenn sich herausstellt, dass ihm v. vornherein die rechtlichen Grundlagen gefehlt haben (OLG Celle StraFo 2017, 195; BayObLGSt 1971, 56 (58); OLG Hamm JMBl. NRW. 1953, 45; OLG Köln JMBl. NRW. 1953, 45), nicht aber, weil sich in der HV seine tatsächlichen Voraussetzungen als unrichtig erweisen (BayObLGSt 1952, 270) o. weil das Rechtsmittelverfahren den Nebenkläger nicht mehr betr. (**aM** Riegner NZV 1991, 42). Ein Widerruf mit der Begründung, das Nebenklagedelikt sei nicht nachweisbar, ist daher unzulässig (OLG Düsseldorf NStZ 1997, 204; OLG Nürnberg OLGSt StPO § 395 S. 9; OLG Celle StraFo 2017, 195).

17 Die **Nichtzulassung des Nebenklägers** o. die Aufhebung eines zu Recht ergangenen Zulassungsbeschlusses hat ebenfalls keine Bestandskraft (BGHSt 41, 288 (289)). Der Nebenkläger kann jederzeit die Anschlusserklärung mit neuem Vorbringen wiederholen (Beulke DAR 1988, 117; Rieß/Hilger NStZ 1987, 154 Fn. 201). Er kann insbes. mit einem Rechtsmittel die Ablehnung seiner Zulassung rügen; darin liegt eine zulässige neue Anschlusserklärung, über die das Rechtsmittelgericht zu befinden hat (Holtz MDR 1970, 732 – BGH RsprÜ; Bringewat GA 1972, 301).

18 **C. Einstellung nach §§ 153 ff. (Abs. 3).** Eine Einstellung nach §§ 153 ff. (Abs. 3), zu der die Zustimmung des Nebenklägers nicht erforderlich ist (→ § 153 Rn. 26, → § 154 Rn. 16), ist erst zulässig, nachdem über die Anschlussberechtigung entschieden worden ist (KK-StPO/Allagyer Rn. 10). Dem Nebenkläger soll dadurch ermöglicht werden, seine Rechte wahrzunehmen, insbes. zu der Einstellungsfrage Stellung zu nehmen (vgl. BVerfGE 14, 320; BVerfG NJW 1995, 317). Das gilt jedoch nicht im Strafbefehlsverfahren, wenn das Gericht das Verf. ohne Terminsanberaumung einstellt (→ § 408 Rn. 16); denn nach Abs. 1 S. 3 ist dann die Anschlusserklärung noch nicht wirksam geworden (LG Flensburg VRS 64, 31; KK-StPO/Walther Rn. 3; **aM** LG Köln MDR 1984, 776).

D. Beschwerde. Beschwerde steht nach § 304 Abs. 1 gegen den **Nichtzulassungsbeschluss** dem Antragsteller u. der StA zu; das gilt auch für den Widerruf der Zulassung (OLG Düsseldorf NStZ 1997, 204). Gegen die **Zulassung** können die StA u. der Angeschuldigte Beschwerde einlegen (KG StV 2011, 402 Ls.), nach Urteilsrechtskraft aber nur, wenn erst danach über die Anschlussbefugnis entschieden worden ist (OLG Hamm VRS 31, 121; OLG Zweibrücken MDR 1982, 342). Da der Anschluss selbständige prozessuale Bedeutung hat, steht § 305 S. 1 der Beschwerde nicht entgegen (allgM, vgl. KG JR 1995, 259; Löwe/Rosenberg/Hilger Rn. 27). Hat aber der Nebenkläger inzwischen die Revision auf seine Nichtzulassung gestützt, so wird über die Beschwerde nicht entschieden (Dallinger MDR 1970, 732 – BGH RsprÜ). An die Entsch. des Beschwerdegerichts ist das Berufungs- o. Revisionsgericht nicht gebunden (Dallinger MDR 1970, 732 – BGH RsprÜ; vgl. → Rn. 21). Die Entsch. nach § 395 Abs. 3 ist unanfechtbar (Abs. 2 S. 2 Hs. 2); das gilt aber nicht hins. der Prüfung der formellen Anschlussbefugnis (→ Rn. 10; vgl. BGH 2.7.2025 – 2 StR 183/25). 19

E. Revision. Wenn der Nebenkläger selbst Beschwerdeführer ist, muss seine Anschlussbefugnis **von Amts wegen** geprüft werden; sie ist eine Voraussetzung für das Revisionsverfahren (BGHSt 29, 216 (217); 41, 288 (289); KK-StPO/Allgayer Rn. 12). 20

Legt der **Angeklagte** Revision ein, so wird die Anschlussbefugnis nur auf entspr. Rüge geprüft (Dallinger MDR 1969, 360 – BGH RsprÜ; Rüth DAR 1980, 270 – BayObLG RsprÜ; OLG Düsseldorf NJW 1983, 1337). Auf dem Fehlen der Anschlussbefugnis wird das Urt. idR nicht beruhen (Kusch NStZ 1994, 26 – BGH RsprÜ; Rüth DAR 1980, 270 – BayObLG RsprÜ; OLG Köln NJW 1949, 35; KK-StPO/Allgayer Rn. 14; **aM** OLG Frankfurt a. M. NJW 1966, 1669; SK-StPO/Velten Rn. 18). 21

Stützt der **Nebenkläger** die Revision darauf, dass der Tatrichter ihn nicht zugelassen hat, so prüft das Revisionsgericht die Anschlussbefugnis ebenfalls (vgl. aber → Rn. 23). Auf der fehlerhaften Nichtzulassung beruht das Urt. nur, wenn nicht auszuschließen ist, dass der Nebenkläger Tatsachen hätte vorbringen und/oder Beweismittel hätte benennen können, die für den Schuldspruch (vgl. § 400) wesentliche Bedeutung haben können (BGH NStZ 1997, 97; 1999, 259). Auf den Verfahrensverstoß der verspäteten Zulassung während der HV kann der Nebenkläger die Revision nicht stützen, wenn er auf die Wiederholung der vorangegangenen Vernehmungen verzichtet hat (Dallinger MDR 1952, 660 – BGH RsprÜ). 22

Die nach Abs. 2 S. 2 Hs. 2 unanfechtbare Entsch. über das Vorliegen der **sachlichen Anschlussvoraussetzungen des § 395 Abs. 3** ist nach § 336 S. 2 der Prüfung durch das Revisionsgericht entzogen (BGH NJW 2012, 2601); ein erneuter Antrag auf Zulassung der Nebenklage in der Rechtsmittelinstanz ist unzulässig (OLG Düsseldorf NStZ 1994, 49 mzustAnm Rössner NStZ 1994, 506; VRS 91, 294; **aM** SK-StPO/Velten Rn. 20; SSW StPO/Schöch/Werner Rn. 17). Ergänzend → § 395 Rn. 10, 11. 23

Verfahrensrechte des Nebenklägers

397 (1) [1] **Der Nebenkläger ist, auch wenn er als Zeuge vernommen werden soll, zur Anwesenheit in der Hauptverhandlung berechtigt.** [2] **Er ist zur Hauptverhandlung zu laden; § 145a Absatz 2 Satz 1 und § 217 Absatz 1 und 3 gelten entsprechend.** [3] **Die Befugnis zur Ablehnung eines Richters (§§ 24, 31) oder Sachverständigen (§ 74), das Fragerecht (§ 240 Absatz 2), das Recht zur Beanstandung von Anordnungen des Vorsitzenden (§ 238 Absatz 2) und von Fragen (§ 242), das Beweisantragsrecht (§ 244 Absatz 3 bis 6) sowie das Recht zur Abgabe von Erklärungen (§§ 257, 258) stehen auch dem Nebenkläger zu.** [4] **Dieser ist, soweit gesetzlich nichts anderes bestimmt ist, im selben Umfang zuzuziehen und zu hören wie die Staatsanwaltschaft.** [5] **Entscheidungen, die der Staatsanwalt-**

schaft bekannt gemacht werden, sind auch dem Nebenkläger bekannt zu geben; § 145a Absatz 1 und 3 gilt entsprechend.

(2) [1] **Der Nebenkläger kann sich des Beistands eines Rechtsanwalts bedienen oder sich durch einen solchen vertreten lassen.** [2] **Der Rechtsanwalt ist zur Anwesenheit in der Hauptverhandlung berechtigt.** [3] **Er ist vom Termin der Hauptverhandlung zu benachrichtigen, wenn seine Wahl dem Gericht angezeigt oder er als Beistand bestellt wurde.**

(3) **Ist der Nebenkläger der deutschen Sprache nicht mächtig, erhält er auf Antrag nach Maßgabe des § 187 Absatz 2 des Gerichtsverfassungsgesetzes eine Übersetzung schriftlicher Unterlagen, soweit dies zur Ausübung seiner strafprozessualen Rechte erforderlich ist.**

1 **A. Rechte des Nebenklägers im Verfahren (Abs. 1).** Die Rechte des Nebenklägers im Verfahren (Abs. 1) bestimmt das G seit der Änd. v. 1986 nicht wie früher durch Pauschalverweisung auf die Befugnisse des Privatklägers, sondern durch Einzelregelungen. Dadurch soll der Eindruck vermieden werden, dass der Nebenkläger, der ein bloßer Zusatzbeteiligter am Verf. ist (→ Vor § 395 Rn. 2), eine ähnliche Stellung einnimmt wie der in seinen Rechten dem StA gleichgestellte Privatkläger. Bei der Ausübung seiner Rechte ist der Nebenkläger unabhängig v. der StA (BGHSt 28, 272) u. von anderen Nebenklägern (Gollwitzer FS Schäfer, 1979, 66).

2 **I. Anwesenheit in der HV (S. 1).** Zur Anwesenheit in der HV (S. 1), auch bei vorweggenommenen Teilen (kommissarische Vernehmungen nach § 223 und Augenscheinseinnahmen nach § 225), ist der Nebenkläger berechtigt. Er darf nicht entspr. § 247 aus dem Gerichtssaal entfernt werden (Gollwitzer FS Schäfer, 1979, 78; erg. → § 247 Rn. 1) u. ist zur Anwesenheit auch berechtigt, wenn er als Zeuge (vgl. → Vor § 395 Rn. 10) vernommen werden soll. Die das Anwesenheitsrecht des Zeugen beschränkenden Vorschr. der §§ 58 Abs. 1, 243 Abs. 2 S. 1 gelten für ihn nicht (→ § 58 Rn. 3; → § 243 Rn. 8).

3 Eine **Anwesenheitspflicht** hat der Nebenkläger grds. nicht (Gollwitzer FS Schäfer, 1979, 79; → § 398 Rn. 2); sein persönliches Erscheinen kann nicht angeordnet u. nur erzwungen werden, wenn er zugleich als Zeuge geladen ist. Rechtliche Nachteile erleidet der ausgebliebene u. nicht vertretene Nebenkläger nur im Fall des § 401 Abs. 3. Ein in der HV nicht anwesender u. nicht vertretener Nebenkläger kann allerdings auf ihren Ablauf nicht einwirken. Er ist grds. ebenso wie die StA zu hören (Abs. 1 S. 4).

4 **II. Ladung des Nebenklägers (S. 2).** Die Ladungsfrist beträgt 1 Woche (§ 217 Abs. 1); zu beachten ist aber § 398 Abs. 2. Unter der Voraussetzung des § 145a Abs. 2 S. 1 kann die Ladung statt an den Nebenkläger an dessen Beistand (Abs. 2) erfolgen. Der Nebenkläger kann auf die Einhaltung der Ladungsfrist verzichten (§ 217 Abs. 3). Zu den Folgen einer unterbliebenen Ladung des Nebenklägers OLG Oldenburg NStZ-RR 2013, 385 Ls.).

5 **III. Rechte in der HV.** Die Rechte in der HV bestimmt S. 3 (dazu allg. Gollwitzer FS Schäfer, 1979, 65). Danach hat der Nebenkläger das Ablehnungsrecht ggü. Richtern (§§ 24, 31) u. Sachverständigen (§ 74). Er ist zur Befragung v. Angeklagten, Zeugen u. Sachverständigen berechtigt (§ 240 Abs. 2); wenn er Mitangeklagter ist (vgl. → Vor § 395 Rn. 9), gilt aber § 240 Abs. 2 S. 2 (Gollwitzer FS Schäfer, 1979, 69). Der Nebenkläger kann Anordnungen des Vorsitzenden u. Fragen beanstanden (§§ 238 Abs. 2, 242). Ihm steht auch im Rahmen seiner Anschlussberechtigung (→ § 244 Rn. 30), also bei Tatmehrheit nur hins. des Nebenklagedelikts, das Beweisantragsrecht nach § 244 Abs. 3–6 uneingeschränkt zu (BGH NStZ 2011, 713 gegen BGH NStZ 2010, 714; BeckRS 2015, 14540). Besteht zwischen dem Nebenklagedelikt ua Straftaten Tateinheit o. Gesetzeskonkurrenz, so bezieht sich das Beweisantragsrecht idR auf den ganzen Tatkomplex (vgl. Alsberg Beweisantrag/Güntge Rn. 694). Eine „weniger restriktive Anwendung" des § 244 Abs. 3–5 als beim Angeklagten hält BGH NStZ 2010, 794 für

vertretbar; dagegen zutr. Bock HRRS 2011, 119. Das Recht auf unmittelbare Ladung v. Beweispersonen (§ 220) steht auch dem Nebenkläger zu (**aM** SK-StPO/Velten Rn. 8; Beulke DAR 1988, 118); dann gelten §§ 222, 245 Abs. 2. Schließlich hat der Nebenkläger das Recht zur Abgabe v. Erklärungen (§§ 257, 258). Ihm muss das Wort zum Schlussvortrag erteilt werden, u. zwar vor dem Angeklagten u. nach dem StA (→ § 258 Rn. 8); auf den Schlussvortrag des Angeklagten darf er erwidern (BGH NJW 2001, 3137; → § 258 Rn. 18).

Bei **gemeinschaftlicher Nebenklagevertretung** in Verfahren nach dem VStGB dürfen nach dem Gesetz zur Fortentwicklung des Völkerstrafrechts die Rechte nach S. 3 und 4 gem. § 397b Abs. 4 grds. (s. aber → § 397b Rn 12 zum Recht aus §§ 258 Abs. 1, 397 Abs. 1 S. 3) nur durch den bestellten oder beigeordneten RA ausgeübt werden, wenn den Taten der gleiche Lebenssachverhalt zugrunde liegt (→ § 397b Rn. 11, 11a; BT-Drs. 20/9471, 41). 5a

Über die ihm durch S. 3 eingeräumten Befugnisse hinaus ist der Nebenkläger berechtigt, Anträge zu stellen u. dadurch auf einen sachgerechten Verfahrensablauf (Rieß/Hilger NStZ 1987, 154) u. auf sachgerechte Ausübung der dem Gericht nach § 244 Abs. 2 obliegenden Aufklärungspflicht hinzuwirken (Gollwitzer FS Schäfer, 1979, 80). Er darf daher trotz § 400 Abs. 1 auch Beweisanträge stellen, die sich nur auf die Rechtsfolgen beziehen (**aM** Senge FS Rissing-van Saan, 2011, 664). Da S. 3 als grds. abschl. Regelung gedacht ist (BT-Drs. 10/5305, 13), steht dem Nebenkläger aber nicht das Recht zu, Anträge auf Protokollierung der Urkundenverlesung u. ihres Grundes nach § 255, auf die bes. Beurkundung v. Verfahrensvorgängen u. vollständiges Niederschreiben v. Aussagen u. Äußerungen nach § 273 Abs. 3 und unter den Voraussetzungen der §§ 246 Abs. 2, 265 Abs. 4 auf Aussetzung der HV zu stellen o. dem Verf. nach § 249 Abs. 2 zu widersprechen (vgl. Beulke DAR 1988, 118). 6

Ist der **Nebenkläger der deutschen Sprache nicht mächtig,** erhält er auf seinen Antrag hin eine Übersetzung schriftlicher Unterlagen, soweit dies zur Ausübung seiner strafprozessualen Rechte erforderlich ist (Abs. 3). Diese schon über § 187 Abs. 4 iVm Abs. 1 und Abs. 2 GVG zugebilligte Befugnis ist in Aufnahme der Einräumung eines Übersetzungsanspruchs in der Opferschutzrichtlinie 2012/29/EU des Europäischen Parlaments u. des Rates v. 25.10.2012 hier nun noch einmal ausdr. klargestellt worden. 6a

Soweit das G bestimmte Prozesshandlungen o. ihr Unterlassen v. **Zustimmung oder Verzicht** des Angeklagten u. der StA abhängig macht, ist die Zustimmung o. der Verzicht des in der HV anwesenden o. vertretenen Nebenklägers nicht mehr einzuholen (KK-StPO/Allgayer Rn. 8; Beulke DAR 1988, 118); die Entsch. BGHSt 28, 272 ist insoweit durch die Änd. des § 397 überholt. Das gilt insbes. in den Fällen von § 245 Abs. 1 S. 2 (→ § 245 Rn. 9), § 251 Abs. 2 Nr. 3 (→ § 251 Rn. 26), § 324 Abs. 1 S. 2 (→ § 324 Rn. 6) u. § 325 S. 2 (→ § 325 Rn. 4). 7

IV. Anhörung. Zur Anhörung des Nebenklägers ist das Gericht verpflichtet (S. 4). Er muss hinzugezogen u. gehört werden, wenn die Hinzuziehung u. Anhörung der StA nach § 33 Abs. 1, Abs. 2 erforderlich ist, insbes. vor der Einstellung des Verf. nach §§ 153 ff., die aber v. seiner Zustimmung nicht abhängig ist (BGHSt 28, 272 (273); Gollwitzer FS Schäfer, 1979, 77; erg. → § 396 Rn. 18). 8

V. Bekanntmachung von Entscheidungen. Die Bekanntmachung von Entscheidungen muss ebenfalls im selben Umf. erfolgen wie die Bekanntmachung an die StA. Ist der Nebenkläger rechtsmittelberechtigt (§§ 400, 401), so muss ihm eine Rechtsmittelbelehrung nach § 35a erteilt werden. § 145a Abs. 1, Abs. 3 gilt entspr. 9

B. Beistand und Vertretung des Nebenklägers (Abs. 2). Der Nebenkläger kann **im Beistand eines RA** – o. gem. § 138 Abs. 1, Abs. 3 einer anderen Person – erscheinen o. sich durch einen bevollmächtigten RA vertreten lassen. Die Vertretung mehrerer Nebenkläger durch einen gemeinschaftlichen RA ist grds. zulässig u. sachentsprechend, wenn ein Rechtsschutzbedürfnis für eine Einzelvertretung nicht ersichtlich ist (OLG Hamburg NStZ-RR 2013, 153; OLG Köln StV 2014, 277). Zur Stellung des Nebenklägervertreters Barton FS Schwind, 2006, 211 u. 10, 11

Fabricius NStZ 1994, 257. Ein v. Nebenklägervertreter eingelegtes Rechtsmittel wirkt nur für u. gegen den Nebenkläger, nicht gegen den Vertreter (BayObLG NStZ-RR 1996, 366). Zu praktischen Problemen bei einer Vielzahl v. Nebenklägern u. Nebenklägervertretern s. Dauster FS Breidling, 2017, 43; erg. dazu → § 397b.

12 Der Beistand wird v. Termin **benachrichtigt;** eine förmliche Ladung ist nicht notwendig, weil der Nebenkläger förmlich geladen wird (→ Rn. 4). Akteneinsicht steht dem Nebenkläger nach § 406e zu; er kann sie aber nur durch einen RA ausüben.

13 Ist der Nebenkläger der deutschen Sprache nicht mächtig, gilt für **Übersetzungen schriftlicher Unterlagen** § 187 Abs. 2 **GVG**; danach hat der NKl. Anspruch auf Übersetzung schriftlicher Unterlagen nur, soweit dies zur Ausübung seiner prozessualen Rechte erforderlich ist (→ § GVG § 187 Rn. 3, 5 ff.). Dies ist bei nicht rk. Urteilen regelmäßig anzunehmen, nicht aber bei Entscheidungen, die mit ordentlichen Rechtsmitteln nicht mehr angefochten werden können (BGH 21.10.2024 – 5 StR 326/23 mwN; → § 187 **GVG** Rn. 9, 9a, 11, 12).

Bestellung eines Beistands; Prozesskostenhilfe

397a (1) **Dem Nebenkläger ist auf seinen Antrag ein Rechtsanwalt als Beistand zu bestellen, wenn er**

1. durch ein Verbrechen nach den §§ 177, 232 bis 232b und 233a des Strafgesetzbuches oder durch einen besonders schweren Fall eines Vergehens nach § 177 Absatz 6 des Strafgesetzbuches verletzt ist,

1a. durch eine Straftat nach § 184j des Strafgesetzbuches verletzt ist und der Begehung dieser Straftat ein Verbrechen nach § 177 des Strafgesetzbuches oder ein besonders schwerer Fall eines Vergehens nach § 177 Absatz 6 des Strafgesetzbuches zugrunde liegt,

2. durch eine versuchte rechtswidrige Tat nach den §§ 211 und 212 des Strafgesetzbuches oder, sofern auch hier ein unmittelbarer Zusammenhang zwischen der verfahrensgegenständlichen Tat und der Rechtsgutverletzung besteht, nach den §§ 6 bis 8, 11 sowie 12 des Völkerstrafgesetzbuches, die sich gegen das Leben richtet, verletzt ist oder wenn er Angehöriger eines durch eine rechtswidrige Tat Getöteten (§ 395 Absatz 2 Nummer 1) ist,

3. durch ein Verbrechen nach den §§ 226, 226a, 234 bis 235, 238 bis 239b, 249, 250, 252, 255 und 316a des Strafgesetzbuches verletzt ist, das bei ihm zu schweren körperlichen oder seelischen Schäden geführt hat oder voraussichtlich führen wird,

4. durch eine rechtswidrige Tat nach den §§ 174 bis 182, 184i bis 184k und 225 des Strafgesetzbuchs verletzt ist und er zur Zeit der Tat das 18. Lebensjahr noch nicht vollendet hatte oder seine Interessen selbst nicht ausreichend wahrnehmen kann,

5. durch eine rechtswidrige Tat nach den §§ 221, 226, 226a, 232 bis 235, 237, 238 Absatz 2 und 3, §§ 239a, 239b, 240 Absatz 4, §§ 249, 250, 252, 255 und 316a des Strafgesetzbuches verletzt ist und er bei Antragstellung das 18. Lebensjahr noch nicht vollendet hat oder seine Interessen selbst nicht ausreichend wahrnehmen kann oder

6. durch ein Verbrechen nach dem Völkerstrafgesetzbuch verletzt ist, das ihn nach § 395 Absatz 1 Nummer 4a zur Nebenklage berechtigt.

(2) [1] **Liegen die Voraussetzungen für eine Bestellung nach Absatz 1 nicht vor, so ist dem Nebenkläger für die Hinzuziehung eines Rechtsanwalts auf Antrag Prozesskostenhilfe nach denselben Vorschriften wie in bürgerlichen Rechtsstreitigkeiten zu bewilligen, wenn er seine Interessen selbst nicht ausreichend wahrnehmen kann oder ihm dies nicht zuzumuten ist.**

[2] **§ 114 Absatz 1 Satz 1 zweiter Halbsatz sowie Absatz 2 und § 121 Absatz 1 bis 3 der Zivilprozessordnung sind nicht anzuwenden.**

(3) [1] **Anträge nach den Absätzen 1 und 2 können schon vor der Erklärung des Anschlusses gestellt werden.** [2] **Über die Bestellung des Rechtsanwalts, für die § 142 Absatz 5 Satz 1 und 3 entsprechend gilt, und die Bewilligung der Prozesskostenhilfe entscheidet der Vorsitzende des mit der Sache befassten Gerichts.**

Übersicht

1 **A. Bestellung eines RA auf Antrag des Nebenklägers (Abs. 1). I. Beiordnung eines anwaltlichen Beistands.** Die Beiordnung eines anwaltlichen Beistands **unabhängig v. den wirtschaftlichen Voraussetzungen der Prozesskostenhilfe** sieht Abs. 1 bei bestimmten schweren Nebenklagedelikten vor. Sie wirkt für das gesamte Verfahren (BGH 14.2.2023 – 2 StR 403/22). In diesem Umf. entfällt das Risiko des nicht prozesskostenhilfeberechtigten Nebenklägers, der einen anwaltschaftlichen Beistand zuzieht, einen Kostenerstattungsanspruch gegen den Angeklagten (vgl. § 472 Abs. 1 S. 1) wirtschaftlich nicht realisieren zu können bzw. einen solchen wegen eines Freispruchs des Angeklagten o. einer Billigkeitsentscheidung des Gerichts (§ 472 Abs. 1 S. 2) gar nicht erst zu erlangen. Das Kostenrisiko trägt nun der Staat.

2 Die Regelung lässt allerdings Raum für Entsch. nach §§ 469, 470. Die Beiordnung eines RA nach Abs. 1 schließt die Bestellung eines Zeugenbeistands nach § 68b aus. Abs. 1 geht Abs. 2 vor (BGH StraFo 2005, 525). Für das Adhäsionsverfahren gilt § 404 Abs. 5 (BGH BeckRS 2013, 9512). Den praktischen Problemen bei einer Vielzahl v. Opfern u. einer entspr. hohen Anzahl v. Nebenklage- u. Beistandsberechtigten (s. Dauster FS Breidling, 2017, 43) versucht nunmehr § 397b zu begegnen.

3 **II. Sechs Gruppen von Nebenklägern.** Für bestimmte Gruppen von Nebenklägern sieht Abs. 1 die Bestellung eines RA als Beistand vor; dabei gilt der **Verletztenbegriff des § 373b Abs. 1** (→ § 373b Abs. 1 Rn. 1 ff.; BT-Drs. 19/27654, 40):

3a Nach Nr. 1 gilt dies zum einen für durch bestimmte **Straftaten gegen die sexuelle Selbstbestimmung** Verletzte, soweit es sich um Verbrechen handelt (dazu BGH NJW 1999, 1647; Becker NStZ-RR 2001, 266 – BGH RsprÜ), wobei maßgeblich dabei nicht eine frühere, sondern die materiell-rechtliche Gesetzeslage zzt. der Beschlussfassung (Becker NStZ-RR 2003, 101 – BGH RsprÜ) ist, sowie bes. schwere Fälle eines Vergehens nach § 177 Abs. 6 StGB, zum andern für die Opfer eines Menschenhandels nach §§ 232 Abs. 3, 233 Abs. 3 StGB. Die zweite Gruppe erfasst bestimmte Taten nach dem neu ins StGB eingefügten § 184j (Nr. 1a).

3b Zur dritten Gruppe gehören die Opfer der in § 395 Abs. 1 Nr. 2 genannten **versuchten Tötungsdelikte** nach §§ 211 und 212 StGB, wobei es genügt, wenn eine Verurteilung des Angeklagten deswegen möglich erscheint (BGH NJW 1999,

2380). Das Gesetz zur Fortentwicklung des Völkerstrafrechts erweitert die Möglichkeit der Beiordnung auf versuchte Taten nach den §§ 6–8, 11 VStGB unabhängig von den Voraussetzungen der PKH (BT-Drs. 20/9471, 39; → § 395 Rn. 5a, b). Ferner können hiernach die nach § 395 Abs. 2 Nr. 1 nebenklageberechtigten Hinterbliebenen eines rechtswidrig Getöteten die Bestellung eines Beistands beantragen; insoweit gilt der – erweiterte – Verletztenbegriff des § 373b Abs. 2 nicht (→ § 373b Rn. 8, 16; BT-Drs. 19/27654, 99; erg. → § 395 Rn. 7 ff.).

3c Als vierte Gruppe (Nr. 3) ist die Berechtigung, einen „kostenlosen Opferanwalt" zu beantragen, für solche Verletzte der dort bezeichneten Straftaten eröffnet, bei denen die Tat zu **schweren körperlichen o.** (OLG Düsseldorf NStZ-RR 2011, 186: alternativ, nicht kumulativ) **seelischen Schäden** geführt hat o. voraussichtlich führen wird. Hier muss also in körperlicher Hinsicht eine schwere bzw. erhebliche o. dauerhafte Gesundheitsschädigung eingetreten o. zu erwarten sein o. eine psychische Schädigung v. ebensolchem Gewicht (BGH NStZ-RR 2018, 256; vgl. auch BGH BeckRS 2020, 21217 (Vors.)); dies soll bei Vorliegen einer posttraumatischen Belastungsstörung jedenfalls dann nicht anzunehmen sein, wenn diese sich lediglich als mittelbare Folge eines gegen eine andere Person gerichteten Aggressionsdelikts darstellt (BGH NStZ-RR 2018, 256).

3d Weiterhin sind die Verletzten einer Vielzahl v. in Nr. 4 benannten Straftaten antragsberechtigt, die zzt. der Tat **noch nicht 18 Jahre alt** waren o. ihre Interessen selbst nicht ausreichend wahrnehmen können. Dies gilt gleichermaßen für Verletzte einer rechtswidrigen Tat, die im Zeitpunkt der – wirksamen (vgl. → Rn. 4) – Antragstellung noch nicht 18 Jahre alt sind o. die nicht in der Lage sind, ihre Interessen ausreichend wahrzunehmen (wie bei Abs. 2, vgl. → Rn. 9). Dies gilt in den Fällen in Nr. 4 und 5 – anders als in Nr. 1–3 – nicht nur bei Verbrechen, sondern ggf. auch bei Vergehen.

4 Nr. 6 sieht die Beiordnung eines RA bei **Verbrechen nach dem VStGB** vor, die nach **§ 395 Abs. 1 Nr. 4a** unter den dort genannten Voraussetzungen zur Nebenklage berechtigen (BT-Drs. 20/9471, 40; → § 395 Rn 5a, 5b, 5c). Auch insoweit bedarf es eines unmittelbaren Zusammenhangs zwischen der verfahrensgegenständlichen Tat und der Rechtsgutsverletzung (→ § 395 Rn. 5b, 5c).

5 Den Fall einer **Verfahrensbeschränkung** nach § 154a regelt § 395 Abs. 5 (→ § 395 Rn. 13). Kommt eine Einstellung gem. §§ 153 Abs. 2, 153a Abs. 2, 153b Abs. 2 oder 154 Abs. 2 in Betracht, ist nach § 396 Abs. 3 (→ § 396 Rn. 18) zu verfahren.

6 **B. Prozesskostenhilfe (Abs. 2). I. Für die Hinzuziehung eines RA.** Nur für die Hinzuziehung eines RA – o. gem. § 138 Abs. 3 iVm § 138 Abs. 1, Abs. 2 S. 1 einer sonstigen Person – kann dem Nebenkläger, der die **Voraussetzungen für die Bestellung eines Beistands nach Abs. 1 nicht erfüllt,** Prozesskostenhilfe bewilligt werden. Sonstige Kosten, die so erheblich sind, dass sie die Bewilligung v. Prozesskostenhilfe rechtfertigen könnten, entstehen dem Nebenkläger idR nicht. Maßgebend für die Bewilligung sind die §§ 114 ff. ZPO (vgl. dazu Friedrich NJW 1995, 617 ff.) mit den sich aus Abs. 2 S. 2, Abs. 3 ergebenden Abänderungen. Bedarf der Antragsteller der Beratung über die Erfolgsaussichten der Rechtsverfolgung, so findet das Beratungshilfegesetz Anwendung (BGHZ 91, 312 (313); BGH BeckRS 1997, 31120202).

7 **II. Voraussetzungen (Abs. 2 S. 1). 1. Wirtschaftliches Unvermögen** (§§ 114, 115 ZPO): Der Antragsteller muss außerstande sein, die Kosten eines RA aufzubringen, auch zT o. in Raten. Für die Gebührenansprüche des RA gelten nach VV Vorb. 4 Abs. 1 RVG die für den Verteidiger geltenden Gebühren entsprechend. Die Belastungsgrenze für Ratenzahlungen richtet sich nach der Tabelle in § 115 Abs. 1 S. 4 ZPO. Die zu zahlenden Monatsraten setzt das Gericht in dem Bewilligungsbeschluss fest (§ 120 Abs. 1 ZPO). Nach dem entspr. anwendbaren § 115 Abs. 3 ZPO wird Prozesskostenhilfe nicht bewilligt, wenn die Kosten 4 Monatsraten u. die aus dem Vermögen aufzubringenden Teilbeträge voraussichtlich nicht übersteigen (Kusch NStZ 1997, 379 – BGH RsprÜ; BGH NStZ 1993,

351; BGHR StPO § 397a Prozesskostenhilfe 9). Nach § 115 Abs. 2 S. 2 ZPO iVm § 88 BSHG kann eine Rückzahlungsanordnung getroffen werden (Kusch NStZ 1994, 229 – BGH RsprÜ).

8 Falls zumutbar, muss der Nebenkläger auch sein Vermögen zur Bestreitung der Anwaltskosten einsetzen (§ 115 Abs. 2 S. 1 ZPO; BGHR StPO § 397a Abs. 1 Prozesskostenhilfe 10). Zum Ganzen eing. Kurth NStZ 1997, 2 ff.

9 **2. Unfähigkeit zur Wahrnehmung der Interessen:** Es wäre nicht sinnvoll, für den Nebenkläger die Bewilligung v. Prozesskostenhilfe, wie für die Partei im Zivilprozess, den Privatkläger (→ § 379 Rn. 7 ff.) u. den Antragsteller im Adhäsionsverfahren (→ § 404 Rn. 15), v. der hinreichenden Erfolgsaussicht abhängig zu machen. Abs. 2 S. 3 schließt daher die Anwendung des § 114 S. 1 Hs. 2 ZPO aus. Die Bewilligung der Prozesskostenhilfe setzt nur voraus, dass der Nebenkläger nicht fähig ist, seine Interessen selbst ausreichend wahrzunehmen (dazu → § 140 Rn. 30 ff.) o. ihm das nicht zuzumuten ist. Die Unzumutbarkeit trotz der vorhandenen Fähigkeit, die eigenen Interessen auch ohne Mitwirkung eines RA wahrzunehmen, kann insbes. auf der psychischen Betroffenheit des Nebenklägers durch die Tat, aber auch auf der bes. Schwierigkeit der Sach- o. Rechtslage beruhen (Peter StraFo 2013, 201). Dass der Angeklagte einen Verteidiger hat, rechtfertigt die Bewilligung der Prozesskostenhilfe nicht ohne weiteres; die entspr. Anwendung des § 121 Abs. 2 Alt. 2 ZPO schließt Abs. 2 S. 2 aus (vgl. auch KG NStZ-RR 2014, 295; erg. → § 379 Rn. 10). Bei Unzulässigkeit des Rechtsmittels (§ 400 Abs. 1) wird keine Prozesskostenhilfe gewährt (BGH AnwBl 1989, 688), idR auch nicht, wenn sich das Rechtsmittel des Angeklagten nur gegen den Strafausspruch richtet (BGHR StPO § 397a Abs. 1 Prozesskostenhilfe 7; KG NStZ-RR 2014, 295), o. seine Revision offensichtlich unbegründet ist (BGH BeckRS 2021, 16219; 2020, 21217, jew. (Vors.)). Dies gilt gleichermaßen im Revisionsverfahren für die allein vom Angekl. eingelegte und nach § 349 Abs. 2 unbegründete Revision (BGH 27.2.2024 – 2 StR 37/24 mwN).

10 **III. Erklärung über die wirtschaftlichen Verhältnisse.** Dem – **für jeden Rechtszug gesondert** zu stellenden (BGH NStZ-RR 2015, 351) – u. deshalb ggf. zu aktualisierenden bzw. zu erg. (vgl. BGH BeckRS 2017, 127800) Antrag sind (auf dem amtl. Vordruck, vgl. BGBl. 1994 I 3003) eine Erkl. über die wirtschaftlichen Verhältnisse des Nebenklägers u. entspr. Belege beizufügen (§ 117 Abs. 2, Abs. 4 ZPO). Im höheren Rechtszug kann hierauf Bezug genommen werden, wenn sich die Verhältnisse seitdem nicht verändert haben (BGH NJW 1983, 2145; Miebach NStZ 1988, 214 – BGH RsprÜ; BGH VRS 72, 375), was der Antragsteller erklären muss (BGH BeckRS 1991, 6739). Ein erst nach Beendigung des Revisionsrechtszuges eingegangener Antrag kann nicht mehr sachlich beschieden werden (BGH VRS 71, 449). Das Gericht kann die Glaubhaftmachung der Angaben verlangen u. Erhebungen anstellen (§ 118 Abs. 2 ZPO); hat der Antragsteller innerhalb der ihm gesetzten Frist die Glaubhaftmachung nicht vorgenommen o. bestimmte Fragen nicht o. ungenügend beantwortet, so wird der Prozesskostenhilfeantrag abgelehnt (§ 118 Abs. 2 S. 4 ZPO).

11 **C. Antragstellung und Entscheidung über die Anträge nach Abs. 1 o. Abs. 2 (Abs. 3). I. Antrag.** Nur auf Antrag wird dem Nebenkläger ein RA als Beistand bestellt, aber auch dann, wenn für ihn bereits ein RA tätig geworden ist (KG StraFo 2008, 47). Dasselbe gilt für die Gewährung der Prozesskostenhilfe. Der Antrag muss bei dem Gericht gestellt werden, das für die Entsch. über die Anschlussbefugnis zuständig ist (→ § 396 Rn. 4, 8). Er kann schon vor der Anschlusserklärung gestellt werden, aber nicht, bevor sie nach § 396 Abs. 1 S. 2, 3 wirksam werden kann, also noch nicht im Vorverfahren (Notthoff DAR 1995, 461 zu Abs. 1 S. 2 aF; vgl. § 406h Abs. 1).

12 Ergibt sich das in Abs. 1 oder Abs. 2 vorausgesetzte Nebenklagedelikt nicht aus der öffentl. Klage, so muss der Antragsteller die Tatsachen angeben, die das Vorliegen einer solchen Straftat rechtlich möglich erscheinen lassen. Begehrt der Nebenkläger die Beiordnung erstmals im Zusammenhang mit einem Rechtsmittel

u. ist dieses unzulässig, scheidet eine Bestellung als Beistand aus (BGHR StPO § 397a Beistand 1); im Gegensatz zu Abs. 2 (→ Rn. 9) ist es aber unbeachtlich, ob das Rechtsmittel des Angeklagten nach § 349 Abs. 2 verworfen wurde (BGH NStZ 2005, 650).

13 Die **Entscheidung** trifft der Vorsitzende des mit der Sache befasste Gericht (Abs. 3 S. 2), also der Tatrichter, bei dem die öffentl. Klage erhoben worden ist, das Berufungs- o. Revisionsgericht nach Eingang der Akten dort (BGHSt 38, 307; BGH NJW 1999, 2380; erg. → § 347 Rn. 7). Sie ergeht nach Anhörung der StA (§ 33 Abs. 2); bei Zweifeln über die Richtigkeit der Angaben ist ggf. auch dem Antragsteller rechtliches Gehör zu gewähren (BVerfG NStZ 1999, 469). Eine Anhörung des Angeschuldigten, in Fällen des Abs. 2 etwa entspr. § 118 Abs. 1 S. 1 ZPO, findet nicht statt, da er nicht einmal zur Frage der Anschlussbefugnis gehört wird (→ § 396 Rn. 11; **aM** KMR-StPO/Stöckel Rn. 14; Löwe/Rosenberg/Wenske Rn. 27; SK-StPO/Velten Rn. 16).

14 Für die **Bestellung eines RA** gilt nach Abs. 3 S. 2 § 142 Abs. 5 S. 1 und 3 entsprechend. Dabei ist dem Nebenkläger Gelegenheit zu geben, innerhalb einer bestimmten Frist einen RA zu bezeichnen; der Vorsitzende ordnet den ausgewählten RA in dem Gerichtsbeschluss über dessen Bestellung als Beistand o. über die Bewilligung der Prozesskostenhilfe bei, wenn dem kein wichtiger Grund entgegensteht (→ § 142 Rn. 37 ff.). Die Beiordnung unter Beschränkung auf die Vergütung eines ortsansässigen RA ist unzulässig (OLG Brandenburg StraFo 2006, 214; erg. → § 142 Rn. 52).

15 **Rückwirkende Kraft** hat die Bestellung des RA u. die Bewilligung der Prozesskostenhilfe grds. nicht (BGH StraFo 2008, 332). Maßgebend ist vielmehr der Zugang des dem Antrag stattgebenden Beschl. (vgl. BGH NJW 1985, 921). Eine auf den Zeitpunkt der Antragstellung rückwirkende Entsch. ist aber zulässig, wenn der Antrag nicht rechtzeitig beschieden worden ist u. der Antragsteller mit seinem Antrag bereits alles für die Bestellung des Beistandes (Abs. 1) o. die Bewilligung der Prozesskostenhilfe (Abs. 2) Erforderliche getan hat (BVerfG NStZ-RR 1997, 69; vgl. auch BGH 24.2.2025 – 5 StR 531/24; NJW 1985, 921; OLG Celle NStZ-RR 2012, 291; OLG Hamm NStZ 2003, 335; OLG Köln NStZ-RR 2000, 285); das Risiko eines nicht klärbaren Verbleibs eines formlos versandten Antrags trägt aber der Absender (BGHR StPO § 397a Prozesskostenhilfe 13). Entsprechendes gilt, wenn der Antrag (zulässigerweise) erst kurz vor Ablauf der Revisionsbegründungsfrist gestellt worden u. eine rechtzeitige Bewilligung daher nicht möglich ist (KG JR 1988, 436) oder der Antrag aus von der Ast. nicht zu vertretenden Umständen zu spät an das Gericht übermittelt wurde. Unter diesen Voraussetzungen, sonst nicht (BGH VRS 71, 449), kann Prozesskostenhilfe (dasselbe muss für die Bestellung eines RA nach Abs. 1 gelten) sogar noch nach rkr. Abschluss des Verf. bewilligt werden (BGH (ER) BeckRS 2022, 21562; vgl. auch OLG Hamm NStZ-RR 2022, 289); nicht aber nach dem Tod des Nebenklägers (OLG Düsseldorf AnwBl 1988, 125). Schließt sich der Nebenklagebefugte, dem nach § 406h Abs. 3 ein RA als Beistand bestellt o. Prozesskostenhilfe bewilligt worden ist, dem Verf. als Nebenkläger an, ist eine neue Entsch. nach Abs. 3 S. 2 erforderlich.

16 Die **Aufhebung des Bewilligungsbeschlusses** ist nur unter den Voraussetzungen des § 124 ZPO zulässig (OLG Frankfurt a. M. NStZ 1986, 43). Die Bestellung nach Abs. 1 ist ggf. entspr. § 143a aufzuheben (BGH NStZ 2010, 714; BeckRS 2018, 26416; OLG Köln NStZ-RR 2010, 22).

17 **II. Rechtsfolgen. 1.** Das Gericht bestellt den **RA als Beistand nach Abs. 1** für das ganze weitere Verf. (BGH NStZ 2010, 714), für eine Beschränkung auf die jeweilige Instanz gibt es hier keine Rechtsgrundlage (BGH StraFo 2008, 131); unerheblich ist auch, ob der Angeklagte wegen eines in Abs. 1 bezeichneten Delikts in 1. Instanz verurteilt wird (Becker NStZ-RR 2003, 293 – BGH RsprÜ). Die Bestellung erstreckt sich auch auf die Revisionshauptverhandlung (BGH 20.3.2025 – 1 StR 83/25; NStZ 2000, 552; unberührt davon bleibt allerdings das Risiko, bei Erfolglosigkeit des Rechtsmittels die Gerichtskosten zu tragen: BGH

BeckRS 2019, 19937), aber nicht auf das Adhäsionsverfahren, insoweit kommt nur – für die jeweilige Instanz (BGH StraFo 2009, 349) – Gewährung v. Prozesskostenhilfe nach § 404 Abs. 5 in Betracht (BGH NJW 2001, 2486). Der beigeordnete RA kann – anders als ein nach § 142 bestellter Verteidiger – für die bestimmenden Revisionsschriftsätze Untervollmacht erteilen; § 390 Abs. 2 ist entspr. anzuwenden (BGHSt 59, 284).

Ist der bestellte Beistand aus einem wichtigen Grund an einem Verhandlungstag 18 verhindert, ist dem Nebenkläger auf seinen Antrag regelmäßig ein **Ersatzbeistand** für diesen Termin zu bestellen; dieser kann bei fehlerhafter oder unterbliebener Bescheidung des Beiordnungantrags rückwirkend im Beschwerderechtszug bestellt werden (OLG Celle BeckRS 2024, 10131). Die dem Beistand aus der Staatskasse zu erstattenden Gebühren richten sich gem. § 53 Abs. 2 RVG mit VV Vorb. 4 des RVG nach den Gebühren des beigeordneten Verteidigers (§ 52 RVG). Ein Vergütungsanspruch gegen das Opfer besteht nicht (§ 53 Abs. 2 S. 1 „nur von dem Verurteilten"; nach § 53 Abs. 2 S. 2 RVG entfällt der Anspruch aber, soweit die Staatskasse die Gebühren bezahlt hat). Die Rechtsstellung des anwaltlichen Beistands u. seine Befugnisse leiten sich v. derjenigen des Nebenklägers ab (vgl. BGH BeckRS 2017, 121839; KK-StPO/Allgayer Rn. 13; → § 397 Rn. 6–8).

2. Die **Bewilligung der Prozesskostenhilfe (Abs. 2)** lässt für den beigeord- 19 neten RA ebenfalls einen Anspruch auf Erstattung seiner sich nach den für den bestellten Verteidiger bemessenden Gebühren aus der Staatskasse entstehen (§ 48 RVG). Die Bewilligung der Prozesskostenhilfe wirkt nur für den jeweiligen Rechtszug (§ 119 Abs. 1 S. 1 ZPO), gilt aber nach Aufhebung des Urt. durch das Rechtsmittelgericht u. Zurückverweisung an die Vorinstanz fort (OLG Schleswig SchlHA 1997, 75 (76)). Hat der Angeklagte ein Rechtsmittel eingelegt, so sind das wirtschaftliche Unvermögen u. die Unfähigkeit des Nebenklägers zur Wahrnehmung seiner Interessen erneut zu prüfen; die entspr. Anwendung des § 119 Abs. 1 S. 2 ZPO kommt nicht in Betracht.

Ein **Wechsel in der Person des Beistands** durch Rücknahme der ursprüng- 20 lichen Beiordnung und Bestellung eines neuen Beistands kommt nur bei Vorliegen eines wichtigen Grundes in entspr. Anwendung des § 143a in Betracht (BGH NStZ-RR 2025, 290; 20.3.2025 – 1 StR 83/25). Dies setzt aber voraus, dass die für die Beiordnung in § 397a Abs. 1 vorgesehenen gesetzlichen Anforderungen noch erfüllt sind (BGH 20.3.2025 – 1 StR 83/25).

D. Rechtsmittel. I. Entscheidung über die Bestellung. Die Entscheidung 21 über die Bestellung eines RA als Beistand nach Abs. 1 kann **nach allg. Grundsätzen angefochten** werden (OLG Celle NStZ-RR 2012, 291; OLG Köln NStZ-RR 2000, 285). Gegen den abl. Beschl. können die StA u. der Antragsteller Beschwerde einlegen, gegen die Bestellung steht der StA die Beschwerde zu; der Angeschuldigte ist durch die Bestellung nicht unmittelbar beschwert (OLG Celle NStZ-RR 2020, 320; OLG Hamm NJW 2006, 2057; **aM** Löwe/Rosenberg/Wenske Rn. 50 mwN). Nach Urteilsrechtskraft ist nur noch Raum für eine Beschwerde, wenn erst danach über die Beiordnung entschieden worden ist (vgl. auch OLG Karlsruhe NStZ-RR 2015, 381). Gegen die Auswahl des Beistands kann der Antragsteller, nicht aber der nicht beigeordnete RA im eigenen Namen Beschwerde einlegen. Der Umstand, dass der Vorsitzende des erkennenden Gerichts die Auswahl trifft, steht dem nicht entgegen. § 305 S. 1 schließt die Beschwerde nicht aus, da die Entsch. selbständige prozessuale Bedeutung hat (OLG Köln NStZ-RR 2000, 285).

Mit der **Revision** kann der Nebenkläger die Ablehnung seines Antrags auf 22 Bestellung eines RA als Beistand rügen; auf dem Rechtsfehler kann das Urt. aber nur beruhen, wenn im Einzelfall nicht auszuschließen ist, dass der Nebenkläger, hätte er im Beistand seines RA an der HV teilgenommen, Tatsachen hätte vorbringen o. Beweismittel hätte benennen können, die für den Schuldspruch (vgl. § 400) wesentliche Bedeutung haben können (vgl. → § 396 Rn. 22 mN zur fehlerhaften Nichtzulassung). Bei verspäteter Bestellung während der HV wird ein

Beruhen nur unter bes. Umständen nicht auszuschließen sein, wenn der Nebenkläger vergeblich auf Wiederholung der vorangegangenen Abschn. angetragen hat. Auch auf der gesetzwidrigen Bestellung wird das Urt. kaum jemals beruhen; dies ist schon beim Fehlen der Anschlussbefugnis idR zu verneinen (vgl. → § 396 Rn. 21).

23 **II. Anfechtbarkeit.** Anfechtbar sind nun auch die **Entsch. über die Prozesskostenhilfe,** nachdem das G v. 14.3.2013 (StORMG) die bisher in Abs. 3 S. 3 enthaltene Regelung der Unanfechtbarkeit dieser Entsch. aufgeh. hat (KG NStZ-RR 2014, 295). Es bestehen somit dieselben Anfechtungsmöglichkeiten wie bei der Entsch. nach Abs. 1 (→ Rn. 19, 20). Einen Widerspruch zur Unanfechtbarkeitsregelung in § 404 Abs. 5 S. 3 hat der Gesetzgeber nicht gesehen, weil hier die zusätzliche Voraussetzung zu prüfen ist, dass der Antragsteller seine Interessen selbst nicht ausreichend wahrnehmen kann o. ihm dies nicht zuzumuten ist, so dass eine Überprüfbarkeit der gerichtlichen Entsch. geboten erscheint (BT-Drs. 17/6261, 26).

Gemeinschaftliche Nebenklagevertretung

397b (1) [1] **Verfolgen mehrere Nebenkläger gleichgelagerte Interessen, so kann ihnen das Gericht einen gemeinschaftlichen Rechtsanwalt als Beistand bestellen oder beiordnen.** [2] **Gleichgelagerte Interessen liegen in der Regel vor, wenn es sich**

1. **bei den Nebenklägern um mehrere Angehörige desselben durch eine rechtswidrige Tat Getöteten (§ 395 Absatz 2 Nummer 1) handelt oder**
2. **um mehrere Nebenkläger handelt, die Verletzte solcher Taten im Sinne des § 395 Absatz 1 Nummer 2a und 4a sind, denen der gleiche Lebenssachverhalt zugrunde liegt, wobei es dem Gericht unbenommen bleibt, zusätzliche sachnahe Kriterien im Einzelfall zu berücksichtigen.**

(2) [1] **Vor der Bestellung oder Beiordnung eines gemeinschaftlichen Rechtsanwalts soll den betroffenen Nebenklägern Gelegenheit gegeben werden, sich dazu zu äußern.** [2] **Wird ein gemeinschaftlicher Rechtsanwalt nach Absatz 1 bestellt oder hinzugezogen, sind bereits erfolgte Bestellungen oder Beiordnungen aufzuheben.**

(3) **Wird ein Rechtsanwalt nicht als Beistand bestellt oder nicht beigeordnet, weil nach Absatz 1 ein anderer Rechtsanwalt bestellt oder beigeordnet worden ist, so stellt das Gericht fest, ob die Voraussetzungen nach § 397a Absatz 3 Satz 2 in Bezug auf den nicht als Beistand bestellten oder nicht beigeordneten Rechtsanwalt vorgelegen hätten.**

(4) [1] **Die in § 397 Absatz 1 Satz 3 und 4 genannten Verfahrensrechte der Nebenkläger werden in den Fällen des Absatzes 1 Satz 2 Nummer 2 nur durch den bestellten oder beigeordneten Beistand ausgeübt, sofern es sich um Nebenkläger handelt, deren Befugnis zum Anschluss an die öffentliche Klage nur aufgrund des § 395 Absatz 1 Nummer 2a oder 4a begründet ist.** [2] **Das Gericht kann dem Nebenkläger gestatten, sein Recht auf Abgabe von Erklärungen nach § 258 Absatz 1 in Verbindung mit § 397 Absatz 1 Satz 3 selbst auszuüben.**

Übersicht

A. Normzweck. Der Anspruch, jew. durch eigene Rechtsanwälte vertreten zu werden, kann bei einer Vielzahl v. Nebenklägern die **effektive Durchführung der HV erheblich erschweren** (vgl. BT-Drs. 19/17474, 40; für Verfahren nach dem VStGB BT-Drs. 20/9471, 40 f.). Dies betr. einmal deren logistische Durchführung, wie Ladungen u. die Bereitstellung ausreichender Räumlichkeiten. Darüber hinaus kann sich aber auch die Dauer des Verf. erheblich verlängern, um die Verfahrensrechte der Nebenkläger (insbes. nach § 397 Abs. 1 S. 3) zu wahren, ohne dass dies in einem angemessenen Verhältnis zum dadurch erreichten Aufklärungsgewinn steht. Die Regelung führt deshalb unter bestimmten Voraussetzungen eine gemeinschaftliche Nebenklagevertretung ein, um das Verf. zu vereinfachen, ohne die wirksame Wahrnehmung der Nebenklageinteressen zu beeinträchtigen (BT-Drs. 19/17474, 40). 1

Darüber hinaus ist eine sinnvolle Bündelung der Nebenklagevertretung auch im **Interesse des Angeklagten** geboten. Nehmen an einer HV eine Vielzahl v. Nebenklagevertretern teil, die tendenziell ähnliche Interessen wie die StA, jedenfalls aber der Verteidigung gegenläufigen Interessen verfolgen, kann das Prinzip der Verfahrensfairness u. Waffengleichheit tangiert sein. 2

Zu berücksichtigen ist auch, dass die gemeinschaftliche Nebenklagevertretung die Verfahrensrechte des Nebenklägers nach § 397 sowie sein Recht, sich zusätzlich durch einen Wahlnebenklagevertreter auf eigene Kosten vertreten zu lassen, unberührt lässt (vgl. BT-Drs. 19/17474, 40 f.; zu Strafverfahren nach dem VStGB s. aber → Rn. 11). Es bleibt deshalb abzuwarten, ob sich mit der Gesetzesnovelle die Hoffnung des Gesetzgebers, die Zahl der Nebenklagevertreter bei einer Vielzahl v. Opfern merklich zu reduzieren, erreichen lässt; dies wird va auch davon abhängen, wie eng o. weit die Gerichte den Begriff der „gleichgelagerten Interessen" (dazu → Rn. 4 ff.) interpretieren werden. 3

B. Gleichgelagerte Interessen (Abs. 1). Voraussetzung für die Bestellung eines gemeinschaftlichen RA als Beistand ist, dass mehrere Nebenkläger **gleichgelagerte Interessen** verfolgen (Abs. 1 S. 1). Der Begriff der gleichgelagerten Interessen wird im G nicht abschließend definiert. Allerdings hat der Gesetzgeber insoweit zwei Regelbeispiele kodifiziert: 4

Abs. 1 S. 2 Nr. 1 bestimmt, dass gleichgelagerte Interessen idR bei **mehreren Angehörigen eines durch eine rechtswidrige Tat Getöteten** vorliegen (Abs. 1 S. 2). 4a

Abs. 1 S. 2 Nr. 2 stellt bei **Verletzten von Straftaten nach dem VStGB** (§ 395 Abs. 1 Nr. 2a und 4a) auf den gleichen Lebenssachverhalt ab. Die Formulierung ist an die Definition der Tat im prozessualen Sinne angelehnt, jedoch mit dieser nicht identisch, um die Gerichte bei der Prüfung, ob gleichgelagerte Interessen vorliegen, mit größtmöglicher Flexibilität auszustatten (vgl. BT-Drs. 20/11661, 18). Der Gesichtspunkt der Flexibiltät wird insoweit durch das weitere Merkmal unterstrichen, dass es dem Gericht unbenommen bleibt, zusätzliche sachnahe Kriterien im Einzelfall zu berücksichtigen (näher → Rn. 6b). 4b

Gleichgelagert meint nicht identisch. Interessengleichheit o. vollständige Einigkeit der Nebenkläger, etwa hinsichtlich des Motivs für die Verfahrensbeteiligung, ist nicht Voraussetzung; namentlich reichen unterschiedliche Auff. über die Art u. Weise der Verfahrensführung nicht aus (BT-Drs. 532/19, 41), ebenso wenig differierende Staatsangehörigkeiten o. Glaubensrichtungen (OLG Stuttgart NStZ-RR 2024, 290). 5

Maßgebend ist vielmehr, ob die Nebenkläger in ihrer **Opfererfahrung** in gleicher Weise betroffen sind. Dies bestimmt sich nach ihrem Interesse, in einem justizförmigen Strafverfahren die Wahrheit über die speziell ihnen widerfahrene Viktimisierung u. die ggf. dafür strafrechtlich Verantwortlichen zu erfahren. Die Opferwerdung geschieht durch eine konkrete Straftat im prozessualen Sinne; die Ermittlung des wahren Sachverhalts dieser Tat entspr. somit dem – bei mehreren Opfern gleichgelagerten – Interesse der jeweiligen Nebenkläger. Soweit der zur Viktimisierung führende Sachverhalt somit identisch ist, kann grds. ein gleichgela- 6 gertes Interesse im Rechtssinne angenommen werden (in diesem Sinne wohl auch KG StraFo 2022, 359, 361; vgl. auch BT-Drs. 20/9471, 40 zu Abs. 1 S. 2 Nr. 2). Dieser Rechtsgedanke liegt letztlich auch der Regelung des Abs. 1 S. 2 zugrunde. Für Abs. 1 S. 2 Nr. 2 geht der Gesetzgeber explizit davon aus, dass bei Taten nach dem VStGB der gleiche Lebenssachverhalt gemeint ist (→ Rn. 4b); dies ist der in der Anklageschrift beschriebene einheitliche geschichtliche Vorgang, der mit Blick auf die Strafbarkeit des Angeklagten rechtlich gewürdigt werden soll (vgl. BT-Drs. 20/9471, 40).

6a Ein **gleichgelagertes Interesse** liegt danach etwa vor, wenn eine dem Angekl. vorgeworfene strafbare Handlung zu einer Vielzahl v. Opfern geführt hat, zB bei fahrlässiger Begehungsweise wie im Verf. „Love Parade". Das dürfte ebenso bei Straftaten nach dem VStGB anzunehmen sein (erg. → Rn. 6b). Es erscheint zw., ob unterschiedliche Einschätzungen o. persönliche Differenzen zwischen den Nebenklägern o. das Erstreben unterschiedlicher Verfahrensziele die Regelvermutung entfallen lassen (so aber BeckOK StPO/Weiner Rn. 10, 11; dagegen zu Recht KG StraFo 2022, 359, 361); mit Rücksicht auf den Zweck der Vorschr. ist es grds. vorzugswürdig, die Mehrfachvertretung nicht v. subjektiven Befindlichkeiten o. Beurteilungen abhängig zu machen, sondern hins. der Gleichartigkeit der Interessen objektiv auf das gemeinsame Verfahrensziel der Nebenklage einer Aufklärung der angeklagten Straftat u. der Frage nach der individuellen Schuld des Angeklagten abzustellen. Dabei treten zwangsläufig individuelle psychologische und viktimologische Gesichtspunkte der Opfer, wie etwa ein unterschiedlicher Grad der Traumatisierung, in den Hintergrund; dies erscheint aber unvermeidbar, wenn Großverfahren mit einer Vielzahl von Verletzten praktisch durchführbar sein sollen (s. aber → Rn. 6b zu Straftaten nach Abs. 1 S. 2 Nr. 2). Ausserdem sind bei der Auslegung des Begriffes „gleichgelagerte Interessen" die Verfahrensrechte des Angeklagten zu berücksichtigen, der sich mit Blick auf den fair-trial-Grundsatz nur mit einer überschaubaren Zahl von Nebenklägervertretern konfrontiert sehen sollte (→ Rn. 2).

6b Bei **Straftaten nach dem VStGB** kann das Gericht zusätzliche **sachnahe Kriterien** im Einzelfall berücksichtigen (Abs. 1 S. 2 Nr. 2). Sofern es dies dem Gericht ermöglichen soll, bei der Prüfung der „gleichgelagerten Interessen" auch die subjektive Situation der Nebenkläger, etwa einen unterschiedlichen Grad der Traumatisierung, zu berücksichtigen (so BT-Drs. 20/11661), erscheint dies mit Blick auf die Praktikabilität der Durchführung von Strafverfahren mit einer Vielzahl von Opfern sowie den Anspruch des Angeklagten auf ein faires Verfahren, welches auch das Prinzip der Waffengleichheit umfasst (→ EMRK Art. 6 Rn. 2, 3, 22; s. auch → Rn. 1, 2), zweifelhaft. Es erscheint vorzugswürdig, den Begriff der „gleichgelagerten Interessen" nach objektiven Kriterien zu bestimmen, vor allem danach, ob die Befugnis zur Nebenklage auf eine zur Rechtsgutsverletzung führende Tathandlung des Angeklagten zurückzuführen ist (bereits → Rn. 6, 6a).

6c Das Gericht kann bereits im **Ermittlungsverfahren** einen **gemeinschaftlichen Beistand** nach Maßgabe des Abs. 1 S. 2 beiordnen kann (BT-Drs. 20/9471, 41: § 406h Abs. 3 S. 1 Nr. 1 iVm § 397b Abs. 1 S. 2). So soll es den Verletzten ermöglicht werden, bereits in diesem Stadium ihre rechtlichen Interessen durch einen RA vertreten zu lassen. Dieser kann im Anschluss auch ihre rechtliche Vertretung im Hauptverfahren wahrnehmen, ohne dass ein Wechsel erfolgen muss (BT-Drs. 20/9471, 41). Insoweit wird kritisiert, dass dies in der Praxis regelmäßig dazu führen werde, dass der sich im EV zuerst zur Akte meldende Rechtsbeistand für alle weiteren Verletzten für das Vor- und Hauptverfahren beigeordnet werde, nicht der mit dem jeweiligen Sachverhalt und den Verletzten am meisten vertraute (Kroker Stellungnahme zur Anhörung vor dem Rechtsausschuss des BT am 31.1.2024, 17). Das ist jedoch aus Gründen der Verfahrenskonzentration, insbes. des reibungslosen und beschleunigten Übergangs in das Hauptverfahren, grds. hinzunehmen; im Einzelfall kann das Gericht im Rahmen seines Ermessens berechtigten Interessen der Opfer an angemessener anwaltlicher Vertretung durch Bestellung eines anderen – oder zusätzlichen – Beistands für das Hauptverfahren Rechnung tragen.

Gleichgelagerte Interessen der Opfer **im EV** liegen vor, wenn den Ermittlungen der Strafverfolgungsbehörden der gleiche Lebenssachverhalt zugrunde liegt, der mit Blick auf ein dem Angeklagten vorgeworfenes strafbares Verhalten gewürdigt werden soll (vgl. BT-Drs. 20/9471, 40; erg. → Rn. 4-6a). **6d**

Gleichgelagerte Interessen liegen nicht vor, sofern deren gleichzeitige Wahrnehmung dem Mehrfachvertreter wegen widerstreitender Interessen gem. § 43a Abs. 4 BRAO berufsrechtlich untersagt wäre (KG StraFo 2022, 359 (361)). Auch wird es aufgrund des jew. unterschiedlichen Sachverhalts, welcher der Opferwerdung zugrunde liegt, regelmäßig nicht möglich sein, die Opfer verschiedener Taten im prozessualen Sinne in einer gemeinschaftlichen Nebenklagevertretung zusammenzufassen; diese wäre etwa bei einer Mehrzahl v. Tötungsdelikten anzunehmen. **6e**

C. Rechtliches Gehör und Bestellung. Den betroffenen Nebenklägern ist vor der Bestellung o. Beiordnung gem. Abs. 2 S. 1 Gelegenheit zur Stellungnahme zu geben; darin können sie zu ihrer individuellen Situation u. Interessenlage vortragen u. einen RA als Mehrfachvertreter benennen (BT-Drs. 19/17474, 42). Die StA wird nach § 33 Abs. 2 gehört. **7**

Die Entscheidung nach Abs. 1 S. 1 liegt im **pflichtgemäßen Ermessen** des Gerichts. Ein Anspruch, durch den selbst gewählten Beistand vertreten zu werden, besteht in Fällen mehrerer Nebenkläger mit gleichgelagerten Interessen nicht (OLG Stuttgart NStZ-RR 2024, 290; → Rn. 4-6b). Bei der Ausübung des Ermessens sind namentlich der Gesetzeszweck – die Beschleunigung und Vereinfachung des Verfahrens und die effektive Durchführung der Hauptverhandlung (→ Rn. 1–3) – sowie die Interessen des Angeklagten, die Beweissituation sowie der Inhalt der Angaben des Angeklagten zur Sache, etwa ob ein Geständnis vorliegt, zu berücksichtigen (vgl. OLG Stuttgart NStZ-RR 2024, 290). **7a**

Die **Auswahl des Mehrfachvertreters** durch das Gericht erfolgt ebenfalls nach pflichtgemäßem Ermessen. Kriterien für die Auswahl können etwa der Wille der Mehrheit der Nebenkläger, der Zeitpunkt des Bestellungsantrags, die räumliche Nähe zum Gerichtssitz o. die terminliche Verfügbarkeit sein (BT-Drs. 19/17474, 42; vgl. OLG Stuttgart NStZ-RR 2024, 290). Das Gericht kann, muss aber nicht, einem gemeinsamen Vorschlag der betroffenen Nebenkläger folgen, wenn es nach pflichtgemäßem Ermessen eigenen Erwägungen den Vorrang einräumt (Schork NJW 2020, 1 (5)). Dem Vertrauensverhältnis der Nebenkläger zu einem bestimmten RA muss es nicht zwingend ein bestimmendes Gewicht beimessen (vgl. zutr. BGH 9.12.2025 – 6 StR 331/25 gegen eine Entsch. des OLG in demselben Verfahren). **8**

D. Aufhebung bereits erfolgter Bestellungen (Abs. 2 S. 2). Wird nach Abs. 1 ein gemeinschaftlicher RA bestellt o. beigeordnet, müssen bereits erfolgte Bestellungen o. Beiordnungen aufgeh. werden. Das ist notwendig, um zu verhindern, dass v. der Staatskasse zu tragende Einzelbestellungen bestehen bleiben o. derselbe Nebenklagevertreter zugleich als Mehrfach- u. als Einzelvertreter bestellt ist (BT-Drs. 19/17474, 42). **9**

E. Rechtsfolgen bei Nichtbestellung (Abs. 3). Wird ein RA nicht als Beistand bestellt o. nicht beigeordnet, weil nach Abs. 1 ein anderer RA als gemeinschaftlicher Vertreter bestellt wurde, hat er nach Abs. 3 grds. Anspruch auf Vergütung seiner bis dahin erbrachten Tätigkeiten; Voraussetzung dafür ist, dass er nach § 397a Abs. 3 S. 2 als Beistand hätte bestellt o. beigeordnet werden können. Dies stellt das Gericht durch Beschl. fest. Die Regelung bezweckt, den Nebenkläger, dessen RA nicht bestellt wurde, kostenrechtlich nicht schlechter zu stellen (BT-Drs. 19/17474, 43). **10**

F. Ausübung der Verfahrensrechte (Abs. 4). Das Gesetz zur Fortentwicklung des **Völkerstrafrechts** sieht in Abs. 4 S. 1vor, dass die Verfahrensrechte der Nebenkläger nach § 397 Abs. 1 S. 3 und 4 in den Fällen des Abs. 1 S. 2 Nr. 2 nur durch den bestellten oder beigeordneten Beistand ausgeübt werden, sofern sich die Nebenklagebefugnis **ausschließlich** (→ Rn. 13) aus § 395 Abs. 1 Nr. 2a oder 4a ergibt (BT-Drs. 20/9471, 41; → § 395 Rn. 5a–5c). Dies bedeutet, dass die Nebenkläger in Verfahren nach dem VStGB die meisten Verfahrensrechte nicht mehr **11**

selbst, sondern nur qua Vertretung durch den gerichtlich bestellten Beistand ausüben können (s. zu den Rechten des Nebenklägers nach § 397 Abs. 1 S. 3 und 4 im Einzelnen → § 397 Rn. 5, 6). Auf diese Weise soll gewährleistet werden, dass Großverfahren wegen Straftaten des VStGB handhabbar bleiben (BT-Drs. 20/9471, 41). Das mag aus Sicht des einzelnen Opfers unbefriedigend erscheinen (s. Kroker Stellungnahme zur Anhörung vor dem Rechtsausschuss des BT am 31.1.2024, S. 18 f.). Die Regelung ist jedoch mit Blick auf die praktische Handhabbarkeit unvermeidbar, da die Ausübung individueller Verfahrensrechte durch eine Vielzahl von Nebenklägern zu einer nicht mehr kalkulierbaren, gerade auch mit Blick auf die Rechte des Angeklagten und ein faires Verfahren unvertretbaren Verzögerung des Verfahrens führen würde.

12 Das Gericht kann allerdings dem **Nebenkläger gestatten**, in diesen Fällen sein Recht auf Abgabe von Erklärungen nach § 258 Abs. 1 iVm § 397 Abs. 1 S. 3 selbst auszuüben (Abs. 4 S. 2); damit wird dem Umstand Rechnung getragen, dass für Opfer von Straftaten **Schlussvorträge** oftmals von besonderer Bedeutung sind (BT-Drs. 20/11661, 18; Epik/Jessberger JZ 2024, 801 (805)). Insoweit handelt es sich um eine Einzelfallentscheidung. Bei der Ausübung des eingeräumten Ermessens kann das Gericht ein etwa gesteigertes Interesse des Nebenklägers, aber auch Gesichtspunkte wie die Effektivität der Durchführung des Strafverfahrens, zB bei einer Vielzahl von Nebenklägern, sowie den Anspruch des Angeklagten auf ein faires Verfahren berücksichtigen.

13 Die **Beschränkung der Beteiligungsrechte gilt nicht,** sofern tateinheitlich verwirklichte Delikte nach dem StGB ebenfalls angeklagt werden, wie sich aus dem Wortlaut von Abs. 4 ergibt („… *nur* aufgrund des § 395 Abs. 1 Nr. 2a oder 4a begründet ist“).

14 **G. Rechtsmittel.** Gegen den Beschl. nach Abs. 1 können die StA u. die Nebenkläger **Beschwerde** einlegen, deren RA nicht bestellt wurde (KG StraFo 2022, 359). Der Beschl. nach Abs. 3 ist ebenfalls mit der Beschwerde anfechtbar. Ergänzend zur Beschwerde → § 397a Rn. 19. Mit der Revision wird ein Nebenkläger die Ablehnung des Antrags auf Bestellung seines RA nur ganz ausnahmsweise rügen können; insoweit wird es regelmäßig am Beruhen fehlen. Ergänzend zur Revision → § 397a Rn. 20.

Fortgang des Verfahrens bei Anschluss

398 (1) **Der Fortgang des Verfahrens wird durch den Anschluß nicht aufgehalten.**

(2) **Die bereits anberaumte Hauptverhandlung sowie andere Termine finden an den bestimmten Tagen statt, auch wenn der Nebenkläger wegen Kürze der Zeit nicht mehr geladen oder benachrichtigt werden konnte.**

1 **A. Keine Hemmung des Verfahrens (Abs. 1).** Durch den Anschluss des Nebenklägers wird der **Fortgang des Verf. nicht aufgehalten.** Der Nebenkläger tritt ihm in dem Stadium bei, in dem es sich bei seinem Anschluss befindet. Die Wiederholung prozessualer Maßnahmen (zB einer kommissarischen Vernehmung o. einer Augenscheinseinnahme) kann er nicht verlangen. Prozessgestaltende Maßnahmen der Prozessbeteiligten muss er gegen sich gelten lassen; neue kann er nicht verhindern, auch wenn sie sich gegen ihn auswirken (OLG Stuttgart NJW 1970, 822).

2 Seine **Mitwirkung an dem Verfahren** ist trotz der Zulassung nach § 396 nicht notwendig. Er ist zur Teilnahme an Gerichtsterminen nicht verpflichtet (→ § 397 Rn. 3). Die HV kann ohne ihn durchgeführt werden (Gollwitzer FS Schäfer, 1979, 79); daher kann auch sein persönliches Erscheinen nicht entspr. § 236 angeordnet werden.

3 **B. Gerichtliche Termine (Abs. 2).** Gerichtliche Termine (Abs. 2), insbes. HV, **werden auch durchgeführt,** wenn der Nebenkläger seinen Anschluss so spät

erklärt, dass er nicht mehr rechtzeitig geladen o. benachrichtigt werden kann. Auch wenn er geladen worden, aber er o. sein Verfahrensbevollmächtigter (OLG Stuttgart Justiz 2004, 127) aus triftigen Gründen verhindert ist, kann die HV ohne ihn durchgeführt werden (BGHSt 28, 272 (273)). Das rechtliche Gehör ist ihm dann durch die Ladung gewährt worden (Gollwitzer FS Schäfer, 1979, 69). Das Gericht ist aber nicht gehindert, auf die Unkenntnis des Nebenklägers v. Termin o. auf seine Verhinderung Rücksicht zu nehmen u. einen bereits anberaumten Termin zu verlegen, damit der Nebenkläger geladen werden u. teilnehmen kann.

C. Revision. Auf zulässige Revision des Nebenklägers wird das Urt. idR aufzuheben sein, wenn seine Ladung unterlassen worden ist, obwohl die Voraussetzungen des Abs. 2 nicht vorlagen (OLG Düsseldorf StraFo 2001, 102; OLG Karlsruhe OLGSt StPO § 218 S. 9). 4

Bekanntmachung und Anfechtbarkeit früherer Entscheidungen

399 (1) **Entscheidungen, die schon vor dem Anschluß ergangen und der Staatsanwaltschaft bekanntgemacht waren, bedürfen außer in den Fällen des § 401 Abs. 1 Satz 2 keiner Bekanntmachung an den Nebenkläger.**

(2) **Die Anfechtung solcher Entscheidungen steht auch dem Nebenkläger nicht mehr zu, wenn für die Staatsanwaltschaft die Frist zur Anfechtung abgelaufen ist.**

A. Entscheidungen vor der Anschlusserklärung (Abs. 1). Entscheidungen vor der Anschlusserklärung (Abs. 1) werden dem Nebenkläger, abgesehen v. dem Fall des § 401 Abs. 1 S. 2, nicht bekanntgegeben, wenn sie bereits der StA bekanntgemacht waren. Dagegen müssen ihm alle Entsch. bekanntgemacht werden, die nach der Anschlusserklärung erlassen werden, auch wenn der Zulassungsbeschluss nach § 396 noch aussteht (KK-StPO/Allgayer Rn. 1). 1

B. Anschlusserklärung zur Rechtsmitteleinlegung nach Urteilserlass (Abs. 2). Bei Anschlusserklärung zur Rechtsmitteleinlegung nach Urteilserlass (Abs. 2), die nach §§ 395 Abs. 4 S. 2, 401 Abs. 1 S. 2 zulässig ist, läuft für den Nebenkläger **keine eigene Rechtsmittelfrist** (Miebach NStZ 1988, 214 – BGH RsprÜ). Das Rechtsmittel kann nur innerhalb der für die StA lfd. Anfechtungsfrist eingelegt werden u. ist daher unzulässig, wenn die Frist abgelaufen ist o. die StA auf Rechtsmittel verzichtet (Pfeiffer/Miebach NStZ 1984, 18 – BGH RsprÜ; RGSt 66, 129; BayObLG OLGSt StPO § 395 S. 19) o. ihr Rechtsmittel zurückgenommen hat (KK-StPO/Allgayer Rn. 2). Das gilt auch dann – wie sich aus Abs. 2 iVm Abs. 1 ergibt –, wenn dem Nebenkläger die Entsch. zugestellt worden ist (**aM** OLG München NStZ-RR 2011, 478). Allerdings kann sich der Nebenkläger dem Verf. auch noch nach Fristablauf anschließen, wenn der Angeklagte, die StA o. ein anderer Nebenkläger ein Rechtsmittel eingelegt hat. Er kann dann aber nicht verhindern, dass dieses Rechtsmittel zurückgenommen u. dadurch die Rechtskraft der Entsch. herbeigeführt wird. 2

Die **Wiedereinsetzung in den vorigen Stand** kann der Nebenkläger bei verspäteter Anfechtung im Fall Abs. 2 nicht verlangen. Da gegen ihn keine eigene Frist lief, konnte er auch keine Frist iSd § 44 versäumen (Miebach NStZ 1988, 214 – BGH RsprÜ; RGSt 71, 173; OLG Celle VRS 27, 289; OLG Hamm NJW 1964, 265; KK-StPO/Allgayer Rn. 4). Wiedereinsetzung soll aber möglich sein, wenn der Anschluss innerhalb der Anfechtungsfrist für die StA erklärt u. nur die Anfechtung verspätet vorgenommen worden ist (RGSt 76, 178; OLG Hamm NJW 1964, 265; KK-StPO/Walther Rn. 4). 3

Für die **Rechtsmittelbegründungsfrist** nach §§ 317, 345 Abs. 1 hat Abs. 2 keine Bedeutung; insoweit gilt § 401 Abs. 1 S. 2 (→ § 401 Rn. 3). 4

Rechtsmittelbefugnis des Nebenklägers

400 (1) **Der Nebenkläger kann das Urteil nicht mit dem Ziel anfechten, daß eine andere Rechtsfolge der Tat verhängt wird oder daß der Angeklagte wegen einer Gesetzesverletzung verurteilt wird, die nicht zum Anschluß des Nebenklägers berechtigt.**

(2) [1]**Dem Nebenkläger steht die sofortige Beschwerde gegen den Beschluß zu, durch den die Eröffnung des Hauptverfahrens abgelehnt oder das Verfahren nach den §§ 206a und 206b eingestellt wird, soweit er die Tat betrifft, auf Grund deren der Nebenkläger zum Anschluß befugt ist.** [2]**Im übrigen ist der Beschluß, durch den das Verfahren eingestellt wird, für den Nebenkläger unanfechtbar.**

1 **A. Beschwer.** Der Nebenkläger ist, wie sich aus §§ 395 Abs. 4 S. 2, 401 Abs. 1 S. 1 ergibt, zur Rechtsmitteleinlegung berechtigt, aber nur, soweit er durch die Entsch. **in seiner Stellung als Nebenkläger beschwert** ist (BGHSt 33, 114 (115, 117); BGH NJW 1970, 205). Daher kann er zB Entsch. über die UHaft o. die vorl. Unterbringung des Beschuldigten nicht mit der Beschwerde anfechten; sie berühren seine Rechtsstellung nicht (OLG Düsseldorf NJW 1998, 395; OLG Hamm NStZ-RR 2008, 219; OLG Karlsruhe NJW 1974, 658; OLG München StV 2014, 28). Andererseits ist er in seinen Rechten als Nebenkläger beeinträchtigt u. daher beschwerdeberechtigt, wenn seine Anträge auf Anordnung strafprozessualer Eingriffe, durch die Beweismittel für das Nebenklagedelikt gewonnen werden können, abgelehnt worden sind. Für die Anfechtung v. Urt. u. Einstellungsentscheidungen bestimmt § 400 bes. Beschränkungen. Das Recht des Nebenklägers, sich am Verf. im Rechtsmittelzug zu beteiligen, wenn andere Prozessbeteiligte Rechtsmittel eingelegt haben, wird dadurch nicht berührt (OLG Düsseldorf JurBüro 1990, 1324). Ist über seine Befugnisse als Nebenkläger o. über Kostenfragen zu seinem Nachteil entschieden worden, so ist der Nebenkläger rechtsmittelberechtigt, sofern nicht allg. Rechtsmittelbeschränkungen bestehen, wie zB in §§ 304 Abs. 3, 464 Abs. 3 S. 1 Hs. 2 (erg. → § 464 Rn. 13). Zum Sicherungsverfahren siehe → Rn. 3b).

2 **B. Gesetzliche Beschränkungen der Urteilsanfechtung (Abs. 1). I. Rechtsfolgenausspruch.** Die Urteilsanfechtung mit dem Ziel, dass eine **andere Rechtsfolge verhängt** wird oder der Angeklagte wegen einer Gesetzesverletzung verurteilt wird, die nicht zum Anschluss als Nebenkläger berechtigt, ist dem Nebenkläger **verwehrt** (BGH NStZ 2025, 124; 2013, 538); auch die Verhängung einer weiteren, bisher nicht angeordneten Rechtsfolge kann nicht verlangt werden (BGH BeckRS 2013, 2101). Dies gilt ebenso für die Annahme eines weiteren Mordmerkmals, die Feststellung der bes. Schwere der Schuld o. die unterbliebene Anordnung der Sicherungsverwahrung (vgl. BGH 17.6.2020 – 2 StR 161/20; 28.6.2022 – 3 StR 123/22). Der Freispruch wegen Schuldunfähigkeit kann aber angegriffen werden, auch wenn eine Maßregel nach § 63 StGB angeordnet worden ist (BGH NJW 2025, 910). Auch die Nichtanordnung einer Maßregel (neben Freispruch) im ordentlichen o. im Sicherungsverfahren nach § 413 kann gerügt werden (BGH NStZ-RR 2007, 139; BeckRS 2014, 8727). Bei zulässigem Hauptantrag schadet ein unzulässiger Hilfsantrag nicht (BGH NStZ 1995, 181).

3 **Unzulässig** ist aber nicht nur die ausdr. auf die Rechtsfolgenfrage beschränkte Berufung o. Revision des Nebenklägers, sondern auch das in vollem Umf. eingelegte Rechtsmittel, **wenn seine Begründung ergibt,** dass es dem Nebenkläger ausschl. um die Änd. des Rechtsfolgenausspruchs geht (BGH NJW 1992, 516; Becker NStZ-RR 2004, 67 – BGH RsprÜ mwN) o. dass mit dem Rechtsmittel keine Änd. des Schuldspruchs, sondern nur eine andere Rechtsfolgenentscheidung erreicht werden kann o. soll (OLG Karlsruhe NStZ 1988, 427; Döllel/Dreeßen SchlHA 2007, 291 – OLG Schleswig RsprÜ). Unzulässig ist auch das Rechtsmittel, mit dem sich der Nebenkläger lediglich gegen den Schuldumfang wendet (BGHSt 41, 140 (144); BGHR StPO § 400 Zulässigkeit 4; BayObLGSt 1988, 50), nur das

Fehlen der Feststellung der bes. Schwere der Schuld iSd § 57a Abs. 1 S. 1 Nr. 2 StGB (vgl. → § 260 Rn. 33) beanstandet (StraFo 2007, 245), die Anwendung des § 105 Abs. 1 JGG (BGH StraFo 2007, 245), des § 199 StGB (vgl. BGH 3.12.1997 – 1 StR 608/97 zu § 233 StGB aF) o. des § 213 StGB (Kusch NStZ-RR 2000, 40 – BGH RsprÜ) rügt, mit dem er sich bei Verurteilung wegen § 177 Abs. 1 StGB gegen die Nichtanwendung des Abs. 2 (BGH NStZ-RR 2003, 306; zw. Rieß GA 2007, 387) o. des § 177 Abs. 6 StGB beschwert (BGH NStZ-RR 2022, 56), das Hinzutreten einer weiteren Tatbestandsalternative, zB bei § 211 StGB (BGH NJW 1999, 2449) o. § 224 StGB (BGH NStZ 2012, 152; 12.8.2025 – 2 StR 358/25; **aM** OLG Jena NStZ 2016, 63) erstrebt (BGH NStZ-RR 1997, 371) o. sich gegen die Nichtverhängung v. Sicherungsverwahrung wendet (BGH StraFo 2010, 295). Ebenso unzulässig ist es, wenn der Nebenkläger lediglich eine andere Würdigung der Rauschtat nach § 323a StGB erstrebt, um eine höhere Bestrafung zu erreichen (BGH NStZ-RR 2019, 353). Aus Abs. 1 folgt auch, dass der Nebenkläger den Beschl. nach § 268a nicht anfechten kann (erg. → § 305a Rn. 2).

Zulässig ist die Anfechtung bei erstrebter Verurteilung wegen Vollendung statt wegen Versuchs (AK-StPO/Rössner Rn. 7; **aM** Riegner NStZ 1990, 13), o. die erstrebte Anwendung einer Qualifikationsnorm, zB § 177 Abs. 3 statt Abs. 2 StGB (BGH NStZ 2001, 420 Ls.), o. des § 226 Abs. 2 statt Abs. 1 StGB (BGH StraFo 2001, 207), o. die Verurteilung wegen eines der in § 395 Abs. 1 bezeichneten Delikte statt einer Rauschtat nach § 323a StGB (BGH NStZ-RR 2019, 353), o. die erstrebte Änd. des Konkurrenzverhältnisses, wobei aber beide Gesetzesverletzungen zur Nebenklage berechtigen müssen (Tatmehrheit statt Tateinheit: BGH StraFo 2014, 79; BeckRS 2010, 21364). 3a

Im **Sicherungsverfahren** fehlt es an einer Beschwer des Nebenklägers, da ein Schuldspruch von vorneherein nicht möglich ist und der Beschuldigte auch nicht freigesprochen wird; dies gilt selbst dann, wenn der Beschuldigte im Sicherungsverfahren nach § 63 StGB untergebracht wird (BGH NJW 2025, 910). Ein Rechtsmittel des Nebenklägers ist im Sicherungsverfahren vielmehr nur dann zulässig, wenn damit eine unterbliebene Maßregelanordnung ermöglicht werden soll (BGH NJW 2025, 910). 3b

Die **Begründung der Revision** muss erkennen lassen, dass der NKl. mit dem Rechtsmittel ein zulässiges Ziel verfolgt, also einen bisher unterbliebenen Schuldspruch (auch) wegen einer Straftat, welche die Berechtigung zum Anschluss an das Verfahren begründet; wird eine derartige Präzisierung bis zium Ablauf der Revisionsbegründungsfrist nicht vorgenommen, ist das Rechtsmittel unzulässig (BGH 12.8.2025 – 5 StR 688/24). 3c

II. Verletzungen von Strafgesetzen, die nicht nach § 395 zum Anschluss berechtigen (Abs. 1). Entscheidungen über Verletzungen von Strafgesetzen, die nicht nach § 395 zum Anschluss berechtigen (Abs. 1), **beschweren den Nebenkläger nicht** u. können daher nicht Gegenstand der Urteilsanfechtung sein (BGH VRS 103, 210). Der Nebenkläger kann sein Rechtsmittel in zulässiger Weise nur darauf stützen, dass die Rechtsvorschrift über ein Nebenklagedelikt verletzt ist (BGH 2.11.2023 – 3 StR 249/23), dass der Angeklagte also insoweit zu Unrecht freigesprochen o. das Nebenklagedelikt jedenfalls, wenn auch ohne förmlichen Freispruch, nicht in den Schuldspruch aufgenommen worden ist (OLG Hamm VRS 59, 260 (261)), dass (bei Tateinheit) eine Verurteilung wegen des Nebenklagedelikts nicht erfolgt ist oder dass statt der erfolgten tateinheitlichen Verurteilung ein weiteres tatmehrheitlich begangenes Nebenklagedelikt vorliegt (BGH BeckRS 2025, 24804). Die Rechtsmittelbefugnis entfällt aber, wenn der Nebenkläger der Beschränkung der Strafverfolgung nach § 154a zugestimmt hatte (Kusch NStZ 1992, 30 – BGH RsprÜ). 4

Bei der **Berufung,** die keiner Begründung bedarf, ist zwar idR zu unterstellen, dass das Rechtsmittel sich auf das Nebenklagedelikt bezieht. Das Rechtsmittel ist aber unzulässig, wenn der Angeklagte wegen des Nebenklagedelikts verurteilt worden ist u. sich dabei kein Anhalt für die Behauptung unrichtiger Rechtsanwen- 5 dung ergibt (Riegner NStZ 1990, 14). In diesem Fall ist somit eine Berufungsbegründung erforderlich, um die Zulässigkeit des Rechtsmittels feststellen zu können (OLG Düsseldorf NStZ 1994, 507; OLG Jena NStZ-RR 2007, 209); unbegründet u. nicht unzulässig ist die Berufung aber, wenn das Berufungsgericht die vorliegende Berufungsbegründung als nicht durchschlagend erachtet (**aM** OLG Köln NStZ 2011, 477). Entscheidet das Berufungsgericht hingegen trotz Unzulässigkeit des Rechtsmittels in der Sache, ist das Urt. auf Revision aufzuheben u. die Berufung entspr. § 354 Abs. 1 als unzulässig zu verwerfen (Lorenzen/Thamm SchlHA 1996, 97 – OLG Schleswig RsprÜ).

6 Gleiches wie für die Berufung gilt für die **Revision.** Insbesondere genügt die Erhebung der unausgeführten allg. Sachrüge (→ § 344 Rn. 18) grds. nicht (BGHSt 13, 143 (145); BGH NStZ-RR 2024, 288; **aM** SK-StPO/Velten Rn. 17; Mitsch NStZ 2008, 422), auch nicht bei Freispruch v. Nebenklagedelikt, aber Verurteilung wegen eines nicht zum Anschluss berechtigenden Strafgesetzes (BGH NStZ-RR 2009, 182; BeckRS 2011, 13384) o. bei ggü. der Anklage abw. rechtlicher Würdigung im Urt. (Kusch NStZ-RR 1999, 39 – BGH RsprU). Eine Ausnahme besteht nur, wenn die Rechtsmittelbefugnis des NKl. zweifelsfrei feststeht, etwa wenn er Revision gegen den Freispruch eines Angeklagten vom Vorwurf eines zur Nebenklage berechtigenden Delikts einlegt (BGH NStZ-RR 2024, 288; 13.8.2025 – 1 StR 9/25).

6a Die **Sachrüge** kann der Nebenkläger nur auf die unterlassene o. fehlerhafte Anwendung gerade desjenigen Strafgesetzes stützen, auf das sich seine Anschlussbefugnis stützt (BGH StraFo 2008, 164; OLG Hamm NZV 2003, 150). Deswegen muss er idR das Ziel seines Rechtsmittels ausdr. angeben (BGH NStZ-RR 2009, 253), u. zwar eindeutig (BGH NStZ-RR 2024, 288 mwN) u. unter Angabe v. Tatsachen o. Beweismitteln, die für den Schuldspruch wegen eines Nebenklagedelikts wesentliche Bedeutung haben konnten (BGH NJW 2015, 96) u. innerhalb der Revisionsbegründungsfrist (BGH NStZ 2007, 700; Becker NStZ-RR 2001, 266 – BGH RsprÜ). Die Revision ist unzulässig, wenn nur die Nichtaburteilung eines völlig fern liegenden Nebenklagedelikts gerügt wird, für das nach Aktenlage nicht der geringste Anhalt besteht (OLG Köln NZV 2004, 656: § 212 StGB in einem Verf. wegen § 222 StGB), sie ist aber nicht deshalb unzulässig, weil sie erg. die Nichtanwendung der Vorschr. über Straftaten rügt, die nicht zum Anschluss berechtigen (BGH NJW 1970, 205; OLG Saarbrücken VRS 36, 435 (438); weitergehend OLG Stuttgart NJW 1973, 1385: auch nicht, wenn sie nur Einzelausführungen zu solchen Vorschr. enthält). Beanstandet der Nebenkläger das Verf., so kann er nur Rügen erheben, die die Verurteilung wegen der zum Anschluss berechtigenden Straftaten betreffen (BGH NStZ-RR 1998, 305).

7 **III. Prüfung des Revisionsgerichts.** Der NKl. hat in seiner Revisionsschrift darzulegen, inwieweit er in seiner Stellung als NKl. durch das Urteil beschwert und welches seine Anschlussbefugnis stützendes Strafgesetz verletzt ist; die **unausgeführte allgemeine Sachrüge** genügt hierfür grds. nicht (BGH NStZ-RR 2023, 64), es sei denn, der Freispruch eines Angekl. betrifft allein Delikte, für die die Nebenklagebefugnis gegeben ist (BGH NStZ-RR 2025, 85).

8 Die **Prüfung des Revisionsgerichts** (zur Berufung → Rn. 7a) erstreckt sich bei zulässiger Revision lediglich auf die richtige Anwendung der Vorschr. über das Nebenklagedelikt (BGHSt 41, 140 (144)). Das gilt nicht nur dann, wenn dieses einen abtrennbaren Teil der Tat betr., sondern – wie sich aus Abs. 1 Hs. 2 ergibt – auch bei Tat- o. Gesetzeseinheit mit einem Offizialdelikt (BGH NStZ-RR 2024, 286 mwN). Es ist also nur zu prüfen, ob Nebenklagedelikte nicht, nicht zutr. o. unvollständig gewürdigt worden sind (BGHSt 43, 15; BGH NStZ-RR 2011, 73). Die Kontrollbefugnis erstreckt sich weder auf den Strafausspruch, noch auf Taten, die den NKl. nicht zum Anschluss berechtigen (BGH NJW 2022, 1263, 1265; 9.10.2025 6 StR 409/25); daher kann auch eine zulässige Revision, die bei Verurteilung wegen Totschlags unzutr. die Nichtverurteilung wegen Mordes rügt, nicht dazu führen, Fehler bei der Strafzumessung (etwa hins. § 213 StGB) zu

korrigieren (Becker NStZ-RR 2003, 102 – BGH RsprÜ), ebenso kann die unbegründete Rüge fehlender Verurteilung nach § 227 StGB nicht die Aufhebung des Strafausspruchs nach § 224 StGB wegen tateinheitlich begangener Beteiligung an einer Schlägerei (§ 231 StGB) zur Folge haben (BGH NStZ 2012, 152 mwN). Führt allerdings die Prüfung zu dem Erg., dass der Angeklagte überhaupt keine Straftat begangen hat (zB Verurteilung wegenversuchten Totschlags erfolgt, wegen versuchten Mordes durch Nebenkläger erstrebt, aber strafbefreiender Rücktritt v. Versuch gegeben), so ist freizusprechen. Bei Verurteilung wegen einer OWi bleibt diese ungeprüft (Göhler NStZ 1986, 21).

Bei einer **unbegründeten Revision der Nebenklage** orientiert sich die aus § 301 analog folgende Kontrolle des Urteils auf Rechtsfehler zum Nachteil des Angekl. an dem durch § 400 Abs. 1 eröffneten Kontrollumfang; sie erstreckt sich daher **nicht auf den Rechtsfolgenausspruch** (BGH NJW 2022, 1263 unter Aufgabe von BGH 16.2.2001 – 2 StR 501/00 mzustAnm Lichtenthäler NStZ 2022, 518). 9

Bei einer zulässigen **Berufung** (dazu zutr. Schmid NStZ 2011, 611; vgl. auch SK-StPO/Velten Rn. 15; **aM** Löwe/Rosenberg/Wenske Rn. 43, 44; s. auch Lichtenthäler NStZ 2022, 518 (521)) u. ebenso bei Aufhebung des Urt. u. Zurückverweisung der Sache durch das Revisionsgericht sind hingegen alle in Tateinheit mit dem Nebenklagedelikt stehenden Delikte wiederum zu prüfen (BGHSt 39, 390 (391); OLG Frankfurt a. M. NStZ-RR 2001, 22). 10

C. Gegen die Nichteröffnung des Hauptverfahrens (Abs. 2). Gegen die Nichteröffnung des Hauptverfahrens (Abs. 2) nach § 204, der die Ablehnung des Erlasses eines Strafbefehls gleichsteht (vgl. § 408 Abs. 2 S. 2), nicht gegen die Eröffnung vor einem niedrigeren Gericht nach § 209 Abs. 1 (OLG Karlsruhe NStZ 1989, 442), steht dem Nebenkläger die **sofortige Beschwerde** zu, soweit der Beschl. die Tat betr., die ihn zum Anschluss berechtigt. 11

Mit derselben Einschränkung kann er **Einstellungsbeschlüsse** nach §§ 206a, 206b und Einstellungsurteile nach § 260 Abs. 3 anfechten. Gegen Einstellungsbeschlüsse nach §§ 153 ff. hat er kein Rechtsmittel, auch wenn sie verfahrensrechtlich fehlerhaft ergangen sind (BGH NJW 2002, 2401; StraFo 2015, 163); das gilt angesichts des eindeutigen Wortlauts des Abs. 2 S. 2 auch für Einstellungen nach § 205 (Löwe/Rosenberg/Wenske Rn. 25; **aM** Rieß NStZ 2001, 355). 12

Einlegung eines Rechtsmittels durch den Nebenkläger

401 (1) [1]**Der Rechtsmittel kann sich der Nebenkläger unabhängig von der Staatsanwaltschaft bedienen.** [2]**Geschieht der Anschluß nach ergangenem Urteil zur Einlegung eines Rechtsmittels, so ist dem Nebenkläger das angefochtene Urteil sofort zuzustellen.** [3]**Die Frist zur Begründung des Rechtsmittels beginnt mit Ablauf der für die Staatsanwaltschaft laufenden Frist zur Einlegung des Rechtsmittels oder, wenn das Urteil dem Nebenkläger noch nicht zugestellt war, mit der Zustellung des Urteils an ihn auch dann, wenn eine Entscheidung über die Berechtigung des Nebenklägers zum Anschluß noch nicht ergangen ist.**

(2) [1]**War der Nebenkläger in der Hauptverhandlung anwesend oder durch einen Anwalt vertreten, so beginnt für ihn die Frist zur Einlegung des Rechtsmittels auch dann mit der Verkündung des Urteils, wenn er bei dieser nicht mehr zugegen oder vertreten war; er kann die Wiedereinsetzung in den vorigen Stand gegen die Versäumung der Frist nicht wegen fehlender Rechtsmittelbelehrung beanspruchen.** [2]**Ist der Nebenkläger in der Hauptverhandlung überhaupt nicht anwesend oder vertreten gewesen, so beginnt die Frist mit der Zustellung der Urteilsformel an ihn.**

(3) [1]**Hat allein der Nebenkläger Berufung eingelegt, so ist diese, wenn bei Beginn einer Hauptverhandlung weder der Nebenkläger noch für ihn ein Rechtsanwalt erschienen ist, unbeschadet der Vorschrift des § 301**

sofort zu verwerfen. [2]Der Nebenkläger kann binnen einer Woche nach der Versäumung unter den Voraussetzungen der §§ 44 und 45 die Wiedereinsetzung in den vorigen Stand beanspruchen.

(4) **Wird auf ein nur von dem Nebenkläger eingelegtes Rechtsmittel die angefochtene Entscheidung aufgehoben, so liegt der Betrieb der Sache wiederum der Staatsanwaltschaft ob.**

1 **A. Rechtsmittelberechtigung des Nebenklägers (Abs. 1 S. 1).** Der Nebenkläger kann, wenn er prozessfähig (BayObLGSt 1955, 243; OLG Hamm JMBl. NRW. 1963, 112) u. zum Anschluss befugt o., was das Rechtsmittelgericht vAw zu prüfen hat (→ § 396 Rn. 20), bereits mit Recht zugelassen ist, die Rechtsmittel der **Beschwerde, sofortigen Beschwerde, Berufung u. Revision** in der ges. vorgeschriebenen Form einlegen (zur Wiederaufnahme vgl. → § 365 Rn. 8), soweit diese Rechtsmittel zulässig sind u. er in seiner Stellung als Nebenkläger beschwert ist (dazu iE § 400); zugunsten des Angeklagten sind die Rechtsmittel nach zutr. hM nicht zulässig (BGHSt 37, 136; **aM** Altenhain JZ 2001, 799; Fabricius NStZ 1994, 261), das zu dessen Lasten eingelegte Rechtsmittel wirkt aber auch zu dessen Gunsten (→ § 301 Rn. 2). Die Nichtzahlung des in § 16 Abs. 2 S. 1 GKG bestimmten Gebührenvorschusses macht das Rechtsmittel nicht unzulässig (OLG Frankfurt a. M. MDR 1980, 603; OLG Hamm MDR 1985, 251). Sicherheit (wie § 379) muss der Nebenkläger nicht leisten.

2 Der Nebenkläger kann die **Revisionsanträge** nur mittels einer v. einem RA unterzeichneten Schrift anbringen (BGH NJW 1992, 1398); denn die durch ein Versehen des Gesetzgebers bei der Neufassung des § 397 Abs. 1 durch das G v. 18.12.1986 entstandene Gesetzeslücke ist durch die entspr. Anwendung des § 390 Abs. 2 zu schließen (BGH NJW 1992, 1398; BGHSt 59, 284; zum RA, der selbst Nebenkläger ist, vgl. Hilger NStZ 1988, 441; erg. zu den Formvorschriften → Einl. Rn. 129 ff.; → § 32d Rn. 1 ff.; bei Einlegung zu Prot. der Geschäftsstelle ist aber uU Wiedereinsetzung in den vorigen Stand zu gewähren (OLG Hamm StraFo 2007, 467; erg. → § 345 Rn. 22).

3 Der Nebenkläger ist bei der Einlegung, Begründung u. Durchführung seines Rechtsmittels **von der StA unabhängig.** Sie kann über sein Rechtsmittel nicht verfügen, es also nicht zurücknehmen, beschränken o. zu ihrem eigenen machen. Der Zurücknahme des Rechtsmittels kann sie nicht widersprechen. Zum Verf. bei unterschiedlichen Rechtsmitteln der StA u. des Nebenklägers vgl. § 335 Abs. 3. Die StA wirkt in dem Verf. auch mit, wenn nur der Nebenkläger ein Rechtsmittel eingelegt hat. Sie muss das Verf. betreiben, an der HV teilnehmen u. zu dem Rechtsmittel Stellung nehmen, insbes. nach § 258 einen Schlussvortrag halten (RGSt 63, 53 (55); OLG Köln GA 1964, 156; OLG Zweibrücken StV 1986, 51; **aM** OLG Frankfurt a. M. NJW 1956, 1250).

4 **B. Fristwahrung bei Anschluss nach Urteilserlass (Abs. 1 S. 2, 3).** Der Nebenkläger kann sich dem Verf. **noch nach Urteilserlass** zum Zweck der Rechtsmitteleinlegung anschließen (§ 395 Abs. 4 S. 2). Das Rechtsmittel muss dann nach § 399 Abs. 2 innerhalb der für die StA lfd. Rechtsmittelfrist eingelegt werden. Bei rechtzeitiger Anfechtung wird dem Nebenkläger das Urt. sofort zugestellt (S. 2), dh ohne dass zuvor ein Zulassungsbeschluss nach § 396 erlassen werden muss. Wenn die Anschlussberechtigung nicht feststeht, verfügt der Vorsitzende die Urteilszustellung allerdings nicht, bevor über die Zulassung entschieden ist (→ § 343 Rn. 2). Wird die Befugnis zum Anschluss verneint, so ist das Rechtsmittel unzulässig, nicht gegenstandslos (OLG Schleswig SchlHA 1959, 27). Auch der Lauf der Begründungsfrist (§§ 317, 345 Abs. 1) ist v. dem Erlass des Zulassungsbeschlusses, der nur feststellende Bedeutung hat (→ § 396 Rn. 13), nicht abhängig (S. 3). Sie beginnt entweder mit Ablauf der für die StA lfd. Einlegungsfrist o. mit der Urteilszustellung an den Nebenkläger, je nachdem, welches der spätere Zeitpunkt ist.

C. Fristwahrung bei Urteilsanfechtung durch den zugelassenen Nebenkläger (Abs. 2). War der Nebenkläger zwar in einem Teil der HV anwesend o. durch einen RA vertreten, aber nicht mehr bei der Urteilsverkündung, so beginnt die Anfechtungsfrist mit der Urteilsverkündung (S. 1 Hs. 1; Kusch NStZ 1995, 21 – BGH RsprU). Da er durch sein Prozessverhalten die Rechtsmittelbelehrung verwirkt hat, schließt S. 1 Hs. 2 die Anwendung des § 44 S. 2 aus; auch iÜ kommt idR eine Wiedereinsetzung in den vorigen Stand nicht in Betracht (OLG Düsseldorf VRS 79, 206; 81, 114). Nur wenn der Nebenkläger in der HV überhaupt nicht anwesend o. vertreten war, beginnt die Anfechtungsfrist erst mit der Urteilszustellung an ihn o. seinen bevollmächtigten Vertreter (S. 2; BGH NStZ-RR 2008, 151). Die Zustellung des vollständigen Urt. ist nicht erforderlich; schon die Zustellung der Urteilsformel setzt die Frist in Lauf (S. 2). Die Regelung des S. 2 gilt entspr., wenn der Nebenkläger nur als Zeuge geladen u. nach seiner Vernehmung entlassen worden war (OLG Karlsruhe NStZ-RR 2000, 16; OLG Köln JMBl. NRW. 1984, 21). 5

D. Verwerfung der Berufung des nicht erschienenen Nebenklägers (Abs. 3). Ist weder der Nebenkläger selbst noch für ihn ein RA (OLG Köln NStE StPO § 401 Nr. 2) bei Beginn der Berufungsverhandlung erschienen, führt das zur sofortigen Verwerfung der Berufung (S. 1). Das bedeutet, anders als in § 329 Abs. 1 S. 1, jedoch nicht, dass eine Verh. zur Sache immer ausgeschlossen ist; denn das Gericht hat § 301 zu beachten u. muss die Verh. daher ohne den Nebenkläger durchführen, wenn nach Aktenlage eine günstige Entsch. für den Angeklagten zu erwarten ist (Rieß NJW 1975, 90; NStZ 2000, 122). Rechtfertigt das Erg. der Verh. eine solche Entsch. nicht, so wird die Berufung verworfen, auch wenn der Nebenkläger nachträglich erschienen ist (KMR-StPO/Stöckel Rn. 8). Die Wiedereinsetzungsregelung des S. 2 zugunsten des Nebenklägers entspr. der des § 329 Abs. 7 (→ § 329 Rn. 40 ff.). 6

Hat **auch der Angeklagte oder die StA Berufung eingelegt,** so gilt Abs. 3 grds. nicht; vielmehr wird dann auch über die Berufung des abwesenden Nebenklägers verhandelt u. entschieden (KK-StPO/Allgayer Rn. 11). Die Berufung des Nebenklägers wird jedoch nach S. 1 verworfen, wenn sachlich über sie allein zu entscheiden wäre, zB deshalb, weil die übrigen Beschwerdeführer ihre Berufung zurückgenommen haben o. weil die Berufung des Angeklagten nach § 329 Abs. 1 verworfen wird (OLG Köln NStE StPO § 401 Nr. 2; Rieß NJW 1975, 90). Zum Ausbleiben des Nebenklägers und/oder des Angeklagten vgl. iE Rieß NStZ 2000, 122. 7

E. Betrieb der Sache (Abs. 4). Der Betrieb der Sache (Abs. 4) obliegt der StA stets, wenn der Nebenkläger ein Rechtsmittel eingelegt hat. Er obliegt ihr auch, wenn die angefochtene Entsch. nur auf ein Rechtsmittel des Nebenklägers aufgeh. u. die Sache an den 1. Richter zurückverwiesen wird. Scheidet der Nebenkläger nunmehr aus, so berührt das den Fortgang des Verf. nicht. 8

Widerruf der Anschlusserklärung; Tod des Nebenklägers

402 **Die Anschlußerklärung verliert durch Widerruf sowie durch den Tod des Nebenklägers ihre Wirkung.**

A. Widerruf der Anschlusserklärung. Den Widerruf der Anschlusserklärung kann der Nebenkläger ohne Zustimmung der anderen Prozessbeteiligten **bis zum rkr. Abschluss des Verf.** erklären, auch noch im Revisionsrechtszug (RGSt 67, 322). Ausreichend ist eine formlose Erkl. ggü. dem Gericht (OLG Hamm NJW 1971, 394; KK-StPO/Allgayer Rn. 1; **aM** Löwe/Rosenberg/Wenske Rn. 1), auch in einem Vergleich (→ Vor § 395 Rn. 13). Der Widerruf kann nicht darin liegen, dass der Nebenkläger seine Rechte längere Zeit bewusst nicht ausübt, da es für dieses Verhalten verschiedene Deutungsmöglichkeiten gibt (SK-StPO/Velten Rn. 1; SSW StPO/Schöch Rn. 1; **aM** OLG Hamm NJW 1971, 394). 1

2 Die **Wirkung des Widerrufs** erstreckt sich nur auf die Zukunft (RGSt 64, 60 (62)). Bereits ergangene Urt. u. Beschlüsse bleiben bestandskräftig. Noch nicht beschiedene Anträge u. Rechtsmittel werden gegenstandslos (SK-StPO/Velten Rn. 3; vgl. → Rn. 5). Der Nebenkläger verliert den erst bei rkr. Verurteilung des Angeklagten entstehenden Anspruch auf Erstattung seiner notwendigen Auslagen nach § 472 Abs. 1 (BayObLGSt 1953, 156; Löwe/Rosenberg/Wenske Rn. 10; vgl. aber OLG Nürnberg NJW 1959, 1052 für den Fall, dass der Nebenkläger ausdr. einen Kostenerstattungsantrag stellt).

3 Einer **neuen Anschlusserklärung** steht der – eindeutig erklärte – Widerruf nicht entgegen (OLG Hamm NJW 1971, 394), sofern er, was idR nicht der Fall ist, nicht mit einem Verzicht auf das Nebenklagerecht (OLG Hamm JMBl. NRW. 1964, 192; erg. → Vor § 395 Rn. 12) verbunden ist. Das gilt allerdings nicht, wenn der Widerruf mit der Zurücknahme des Strafantrags als Grundlage des Nebenklagerechts verbunden ist (KK-StPO/Allgayer Rn. 2; → § 395 Rn. 5).

4 **B. Tod des Nebenklägers.** Der Tod des Nebenklägers **beendet die Nebenklage.** Die Angehörigen des verstorbenen Nebenklägers sind nicht entspr. § 393 Abs. 2 berechtigt, in das Verf. einzutreten (BGH NStZ 2009, 174; KG NStZ 2024, 383; OLG Düsseldorf MDR 1986, 76; KK-StPO/Allgayer Rn. 5), auch nicht, wenn die Tat ein Privatklagedelikt o. der Tod des Nebenklägers die Folge der zur Nebenklage berechtigenden Tat ist (OLG Stuttgart NJW 1970, 822 mablAnm Ellscheid NJW 1970, 1467; Fezer NStZ 1997, 300; **aM** OLG Nürnberg NJW 1978, 1017; OLG Zweibrücken NJW 1966, 2076; offengelassen v. BGH NStZ 1997, 200).

5 **Folgen** hat die Beendigung der Nebenklage nur für die Zukunft. Ein bereits ergangenes Urt. verliert nicht seinen Bestand, auch wenn es auf ein Rechtsmittel des Nebenklägers ergangen ist. Ein noch nicht beschiedenes Rechtsmittel des Nebenklägers wird mit dessen Tod hinfällig (BGH NStZ 1997, 49 mwN; OLG Düsseldorf AnwBl 1988, 125).

6 Die sodann nach §§ 302, 473 Abs. 1 S. 3 zu treffende **Kostenentscheidung** obliegt dem Tatgericht, wenn der Nebenkläger bereits vor der Aktenvorlage an das Revisionsgericht nach § 347 Abs. 2 verstorben ist (BGH NStZ 1997, 49), sonst dem Revisionsgericht. In der Kostenentscheidung wird der verstorbene Nebenkläger nach § 473 Abs. 1 S. 3 mit den dem Beschuldigten erwachsenen notwendigen Auslagen mit der Folge belastet, dass sie aus dem Nachlass zu erstatten sind (KG NStZ 2024, 383; OLG Celle NJW 1953, 1726; OLG Jena MDR 1995, 1071). Anders als der Widerruf (→ Rn. 2) lässt der Tod des Nebenklägers den in dem Urt. zuerkannten u. bei dessen Rechtskraft endg. entstehenden Anspruch auf Erstattung der notwendigen Auslagen des Nebenklägers nicht entfallen (OLG Karlsruhe MDR 1984, 250; OLG Stuttgart NJW 1960, 115).

Vierter Abschnitt. Adhäsionsverfahren

Vorbemerkung zu § 403

1 **A. Adhäsionsverfahren.** Durch die 1943 nach dem Vorbild des österreichischen Rechts in die StPO eingefügten §§ 403–406c, dem sog. Adhäsions- o. Anhangsverfahren (allg. dazu Amelunxen ZStW 86 (1974), 457), hat der Verletzte die Möglichkeit, seine bürgerlich-rechtlichen Ersatzansprüche gegen den Straftäter, die er an sich vor dem Zivilgericht verfolgen müsste (§ 13 GVG), – wahlweise (LG Itzehoe SchlHA 2001, 260) – schon im Strafverfahren geltend zu machen. Dadurch kann vermieden werden, dass mehrere Gerichte in derselben Sache tätig werden u. zu einander widersprechenden Entsch. gelangen.

2 Mit den **Gesetzesänderungen** v. 1986 (Erweiterung der Zuständigkeit im amtsgerichtlichen Verf., Möglichkeit der Prozesskostenhilfe u. Zulassung v. Grund- u. Teilurteilen) u. 2004 (erschwerte Ablehnung bei Schmerzensgeldansprüchen, Zu-

lässigkeit v. Anerkenntnis u. Vergleich) hat der Gesetzgeber Impulse gegeben, welche die Praxisrelevanz des Verf. erhöhen. Dies geschah in dem Bestreben, das Adhäsionsverfahren zum Regelfall der Durchsetzung zivilrechtlicher Ansprüche des Opfers zu machen, da die Anhaftung der Entschädigung an das Strafverfahren für den Geschädigten oftmals die einzige Möglichkeit darstellt, Kompensation zu erlangen (vgl. BVerfG NStZ-RR 2020, 357).

Gegen die verstärkte Anwendung der §§ 403 ff. wird allerdings die forensische Verschiedenheit der Aufgaben v. Straf- u. Zivilrichtern geltend gemacht (vgl. Hirsch GS Kaufmann, 1989, 716, der auch eine sachliche Notwendigkeit für die Geltendmachung zivilrechtlicher Entschädigungsansprüche im Strafverfahren bestreitet). Die Bedenken speisen sich va aus den unterschiedlichen Verfahrensgrundsätzen im Straf- u. Zivilverfahren sowie den Friktionen, welche sich durch die Zusammenlegung unterschiedlicher Positionen als Angeklagter u. Antragsgegner bzw. Zeuge u. Antragsteller (Loos GA 2006, 195) ergeben; hinzu kommt die damit verbundene – durch die Erfahrungen in der Praxis bestätigte – Gefahr, dass die zivilrechtlichen Fragen nicht mit derselben Gründlichkeit wie in einem Zivilprozess behandelt werden (ähnlich Krey/Wilhelmi FS Otto, 2007, 933 (953); Volckart JR 2005, 185; Feigen FS Otto, 2007, 898). Abl. zum Adhäsionsverfahren äußern sich auch Freund GA 2002, 84 sowie SK-StPO/Velten Rn. 5: Nachteile überwiegen; vgl. ferner Weigend Deliktsopfer S. 524 ff., der die Abschaffung des Adhäsionsverfahrens empfiehlt. Rieß FS Dahs, 2005, 433 weist darauf hin, dass durch das Verf. die zivilprozessuale „Waffengleichheit“ nicht in allen Punkten gewahrt ist u. die Verteidigungsposition u. die Verteidigungsmöglichkeiten des Angeklagten beträchtlich beeinträchtigt werden können. Dass sich das Adhäsionsverfahren für den Geschädigten im Regelfall als wesentlich günstiger darstellt als das Zivilverfahren, da hins. der angeklagten Straftat der Amtsermittlungsgrundsatz (§ 244 Abs. 2), nicht aber die Beibringungsmaxime des Zivilprozesses gilt, entspr. allerdings nach BVerfG NStZ-RR 2020, 357 gerade der Konzeption des Gesetzgebers. 3

Geltendmachung eines Anspruchs im Adhäsionsverfahren **Nr. 173, 174 RiStBV**

403 **[1]Der Verletzte oder sein Erbe kann gegen den Beschuldigten einen aus der Straftat erwachsenen vermögensrechtlichen Anspruch, der zur Zuständigkeit der ordentlichen Gerichte gehört und noch nicht anderweit gerichtlich anhängig gemacht ist, im Strafverfahren geltend machen, im Verfahren vor dem Amtsgericht ohne Rücksicht auf den Wert des Streitgegenstandes. [2]Das gleiche Recht steht auch anderen zu, die einen solchen Anspruch geltend machen.**

1 **A. Antragsberechtigte. I. Verletzte.** Der Verletzte (zum Begriff → § 373b Rn. 2 ff.), auch wenn er Mitangeklagter ist, ist stets antragsberechtigt, selbst wenn er wegen der Tat keinen Strafantrag gestellt hat (LG Koblenz DAR 1952, 159) u. am Verf. sonst nicht bet. ist.

2 Der **Begriff des Verletzten iSd § 403 ist allerdings weiter als der in § 373b.** Durch den durch das G zur Fortentwicklung der StPO vom 25.6.2021 (BGBl. I 2099) eingef. S. 2 ist nunmehr klargestellt, dass anders als z. B. bei § 172 (→ § 172 Rn. 10 ff.) auch mittelbar Verletzte antragsberechtigt sind (BT-Drs. 19/27654, 104), sofern ihre Ansprüche unmittelbar aus der Tat erwachsen sind; dies gilt etwa für Sachbeschädigung o. Brandstiftung der Nießbraucher, Mieter o. Pächter neben dem Eigentümer, auch den nach § 844 Abs. 2 BGB Unterhaltsberechtigten (BGH NStZ-RR 2019, 353) u. den nach § 845 BGB Dienstberechtigten. Die Strafnorm muss nicht dem Schutz des Betroffenen dienen; antragsberechtigt ist auch der Eigentümer eines bei einer Straftat nach § 315c StGB beschädigten Fahrzeugs (vgl. BGH NStZ-RR 2018, 24; BT-Drs. 19/27654, 105).

3 **II. Erbe.** Der Erbe des Verletzten ist antragsberechtigt, wenn er einen Erbschein vorlegen kann (BGH NStZ-RR 2026, 24; 2016, 183), über den Wortlaut der

Vorschr. hinaus auch der Erbe des Erben (KMR-StPO/Stöckel Rn. 2). Bei einer Mehrheit v. Erben kann jeder Miterbe den Antrag stellen, Leistung aber nur an alle verlangen (§ 2039 S. 1 BGB).

4 **III. Andere Rechtsnachfolger.** Antragsteller nach § S. 2 können auch als Rechtsnachfolger des Verletzten, namentlich im Wege des vertraglichen (vgl. § 398 BGB) oder gesetzlichen **Forderungsübergangs** (vgl. § 116 Abs. 1 SGB X) einen eigenen Anspruch oder – nach Ermächtigung durch den Verletzten – mittels sog. **gewillkürter Prozessstandschaft** einen fremden Anspruch im eigenen Namen geltend machen (BGH NStZ-RR 2024, 60). Der von der Legaldefinition des Verletztenbegriffs in § 373b bewusst entkoppelte Wortlaut des S. 2 begründet insoweit eine Antragsbefugnis auch für Personen, die nicht unmittelbare oder mittelbare Verletzte der Tat oder deren Erben sind (BGH NStZ-RR 2024, 60). So haben etwa auch Rechtsnachfolger wie Zessionare ein Antragsrecht, ebenso der Sozialversicherungsträger, auf den der Schadensersatzanspruch übergegangen ist.

5 Der **Insolvenzverwalter** kann den Antrag stellen, wenn der Gemeinschuldner erst nach der Insolvenzeröffnung geschädigt worden ist, sonst nicht (OLG Frankfurt a. M. NStZ 2007, 168; OLG Jena NJW 2012, 547; Hansen NStZ 2007, 588; **aM** OLG Celle NJW 2007, 3795 mzustAnm Schork wistra 2008, 198; Janca/Schroeder/Baron wistra 2015, 411; KK-StPO/Zabeck Rn. 9; offengel. um BGH 26.10.2021 – 4 StR 145/21).

6 **IV. Prozessfähigkeit.** Prozessfähig (§ 52 ZPO) muss der Antragsteller sein; andernfalls muss der ges. Vertreter den Antrag stellen (BGH NStZ 2009, 586). Nach Eröffnung des Insolvenzverfahrens ist nur der Insolvenzverwalter antragsberechtigt (→ Rn. 5).

6a **V. Nicht anderweitig rechtshängig.** Der geltend gemachte Anspruch darf nicht anderweitig rechtshängig o. bereits rkr. beschieden sein ((vgl. BGH NStZ-RR 2019, 320; → § 406 Rn. 10). Der Nebenkläger ist aber berechtigt, seinen Anspruch auf ein höheres als das rkr. zuerkannte Schmerzensgeld im zweiten Rechtsgang (erneut) geltend zu machen, da es insoweit an einer rkr. Entsch. fehlt (BGH StraFo 2019, 513).

7 **B. Gegen den Beschuldigten.** Gegen den Beschuldigten muss sich der Antrag richten. Wer nur neben o. mit ihm bürgerlich-rechtlich haftet, kann nicht in Anspruch genommen werden, insbes. nicht nach § 3 PflVersG der Haftpflichtversicherer (Granderath NStZ 1984, 400; Schirmer DAR 1988, 121).

8 Gegen **Jugendliche** findet das Adhäsionsverfahren nicht statt (§ 81 **JGG;** für Änd. *de lege ferenda* Siegismund FS Riess, 2002, 857), auch nicht im Verf. vor den allg. Strafgerichten (§ 104 Abs. 1 Nr. 14 **JGG**). Es ist aber – seit Inkrafttreten des 2. JuMoG – uneingeschränkt zulässig gegen Heranwachsende, wobei dann für die Entsch. nach § 472a über die Auslagen des Verletzten § 74 **JGG** nicht gilt (§ 109 Abs. 2 S. 4 **JGG**).

9 Der Beschuldigte muss **verhandlungsfähig** (→ Einl. Rn. 97), braucht aber nicht prozessfähig zu sein (KMR-StPO/Stöckel Rn. 7). Nur der Abschluss eines Vergleichs (§ 405 Abs. 1) erfordert die Geschäftsfähigkeit beider Parteien o. die Mitwirkung der ges. Vertreter.

10 **C. Nur vermögensrechtliche Ansprüche.** Nur vermögensrechtliche Ansprüche, die **aus der Straftat erwachsen** (dazu Schirmer DAR 1988, 122) u. noch nicht anderweit gerichtlich anhängig gemacht sind, können nach §§ 403 ff. geltend gemacht werden. Vermögensrechtlich sind alle Ansprüche, die aus Vermögensrechten abgeleitet o. auf vermögenswerte Leistungen gerichtet sind (Granderath NStZ 1984, 400). In Betracht kommen in 1. Hinsicht **Ansprüche auf Schadensersatz** – typischerweise auch solche nach § 97 Abs. 1 UrhG, § 14 Abs. 6 MarkenG, § 139 Abs. 2 PatG (Hansen/Wolff-Rojczyk GRUR 2009, 646) – **und auf Schmerzensgeld** nach § 253 Abs. 2 BGB (vgl. dazu Kusch NStZ 1994, 26 – BGH RsprÜ; BGHR StPO § 403 Anspruch 4; BGHR StPO § 404 Abs. 1 Entscheidung 3–5) bzw. Hinterbliebenengeld nach § 844 Abs. 3 S. 1 BGB (BGH

28.20.2021 – 4 StR 300/21); insoweit werden nach dem Grundsatz der Einheitlichkeit des Schmerzensgeldes alle Schadensfolgen erfasst, die entweder bereits eingetreten und objektiv erkennbar sind oder deren Eintritt jedenfalls vorhergesehen und bei der Entscheidung berücksichtigt werden kann (BGH NStZ-RR 2021, 347; 6.10.2021 – 6 StR 389/21 mwN). Zu beachten ist, dass sich die strafgerichtliche Verurteilung u. ggf. die Verbüßung einer verhängten Freiheitsstrafe auf die Bemessung des Schmerzensgeldes nicht auswirkt (Becker NStZ-RR 2004, 68 – BGH RsprÜ), wohl aber können bei der Entsch. die persönlichen u. wirtschaftlichen Verhältnisse des Angeklagten u. des Adhäsionsklägers berücksichtigt werden (BGH NZV 2017, 179; erg. → § 406 Rn. 2a). Ein Anspruch auf **Verzinsung** des Schmerzensgeldanspruchs seit der Tat steht der Adhäsionsklägerin allerdings nach der Rspr. des BGH weder aus § 849 BGB, noch aus § 288 Abs. 1, 286 Abs. 2 Nr. 4 BGB zu (BGH NStZ-RR 2025, 216).

Aber **auch Herausgabe- und Bereicherungsansprüche** *sowie Unterlassungsansprüche,* mit denen wirtschaftliche Interessen verfolgt werden (BGH NJW 1981, 2062), können geltend gemacht werden. Auch der Widerruf einer Behauptung kann verlangt werden (Jescheck JZ 1958, 592). **Sogar Feststellungsansprüche** sind bei noch nicht abgeschlossener Schadensentwicklung (vgl. BGH 24.5.2022 – 2 StR 466/21) nicht ausgeschlossen (BGH BeckRS 2012, 1453; Löwe/Rosenberg/Wenske Rn. 12; offengelassen v. BGHR StPO § 404 Abs. 1 Entscheidung 2; vgl. auch BGH NStZ 2014, 50); sie bedürfen einer auf den Einzelfall bezogenen Begründung (BGH NStZ-RR 2020, 53; zum Verhältnis v. Grund- u. Feststellungsurteil OLG Braunschweig NStZ-RR 2014, 186 Ls.). Im Verf. wegen Straftaten nach §§ 106, 107 Abs. 1 Nr. 2, 108–108b UrhG lässt **§ 110 Abs. 1 UrhG** die Möglichkeit zu, Ansprüche auf Vernichtung o. Überlassung v. Vervielfältigungsstücken o. der zu deren Herstellung benutzten o. bestimmten Vorrichtungen (§§ 98, 99 UrhG) nach den Vorschr. der §§ 403–406c geltend zu machen. Die entspr. Anwendung dieser Vorschr. für die Rückerstattung des Mehrerlöses bestimmt § 9 Abs. 3 WiStG. Ergänzend → § 406 Rn. 2. 10a

Der **Gegenstandswert** von Adhäsionsanträgen bestimmt sich nach den wirtschaftlichen Interessen des Ast., insbes. nach den in den Anträgen genannten Beträgen (BGH 5.11.2024 – 6 StR 413/23; 31.10.2024 – 1 StR 216/24). Im Rechtsmittelverfahren ist der Antrag des Rechtsmittelführers maßgeblich, der durch den Wert des Streitgegenstands im ersten Rechtszug beschränkt ist (BGH 31.10.2024 mwN; 5.11.2024 – 6 StR 413/23). Bei Festsetzungsanträgen des Vertreters des Adhäsionsklägers im Revisionsverfahren ist regelmäßig der Betrag der erstinstanzlichen Verurteilung maßgeblich (BGH 31.10.2024 – 1 StR 216/24 mwN). 11

D. Zuständigkeit der ordentlichen Gerichte. Zur Zuständigkeit der ordentlichen Gerichte muss der Anspruch gehören. Die Geltendmachung v. Ansprüchen, für die ausschl. die Arbeitsgerichte zuständig sind, ist daher ausgeschlossen (BGHSt 3, 210; vgl. auch Kuhn JR 2004, 399). Das ist vAw zu beachten, auch noch im Rechtsmittelverfahren (BGHSt 3, 210). Jedoch ist die Verurteilung nicht deshalb unwirksam, weil das Gericht die Zuständigkeitsfrage übersehen hat (BGHSt 3, 210). Beim AG kann der Anspruch ohne Rücksicht auf den Wert des Streitgegenstandes geltend gemacht werden. Von der Zustimmung des Angeklagten ist die Überschreitung der amtsgerichtlichen Zuständigkeit nach § 23 Nr. 1 GVG nicht abhängig. Wenn außergewöhnlich hohe Ansprüche vor dem AG geltend gemacht werden o. der Beschuldigte beachtliche Gründe gegen die Streitwertüberschreitung vorbringt, wird der Richter aber nach § 406 Abs. 1 S. 4 v. der Entsch. absehen (LG Mainz StV 1997, 627; **aM** Kuhn JR 2004, 399). 12

E. Strafverfahren. Im Strafverfahren kann der Anspruch geltend gemacht werden, auch im Privatklageverfahren (OLG Düsseldorf JMBl. NRW. 1988, 178), aber nicht im Strafbefehlsverfahren, solange es nicht zur HV kommt (Löwe/Rosenberg/Wenske Rn. 22; Loos GA 2006, 197; **aM** Kuhn JR 2004, 400; erg. → § 406 13

Rn. 1). Der Antragsteller wird dadurch nicht Nebenkläger; im Privatklageverfahren bewirkt der v. einem anderen als dem Privatkläger gestellte Antrag keinen Beitritt.

Antrag; Prozesskostenhilfe **Nr. 173, 174 RiStBV**

404 (1) [1]**Der Antrag, durch den der Anspruch geltend gemacht wird, kann schriftlich oder mündlich zu Protokoll des Urkundsbeamten, in der Hauptverhandlung auch mündlich bis zum Beginn der Schlußvorträge gestellt werden.** [2]**Er muß den Gegenstand und Grund des Anspruchs bestimmt bezeichnen und soll die Beweismittel enthalten.** [3]**Ist der Antrag außerhalb der Hauptverhandlung gestellt, so wird er dem Beschuldigten zugestellt.**

(2) [1]**Die Antragstellung hat dieselben Wirkungen wie die Erhebung der Klage im bürgerlichen Rechtsstreit.** [2]**Sie treten mit Eingang des Antrages bei Gericht ein.**

(3) [1]**Ist der Antrag vor Beginn der Hauptverhandlung gestellt, so wird der Antragsteller von Ort und Zeit der Hauptverhandlung benachrichtigt.** [2]**Der Antragsteller, sein gesetzlicher Vertreter und der Ehegatte oder Lebenspartner des Antragsberechtigten können an der Hauptverhandlung teilnehmen.**

(4) **Der Antrag kann bis zur Verkündung des Urteils zurückgenommen werden.**

(5) [1]**Dem Antragsteller und dem Angeschuldigten ist auf Antrag Prozeßkostenhilfe nach denselben Vorschriften wie in bürgerlichen Rechtsstreitigkeiten zu bewilligen, sobald die Klage erhoben ist.** [2]**§ 121 Abs. 2 der Zivilprozeßordnung gilt mit der Maßgabe, daß dem Angeschuldigten, der einen Verteidiger hat, dieser beigeordnet werden soll; dem Antragsteller, der sich im Hauptverfahren des Beistandes eines Rechtsanwalts bedient, soll dieser beigeordnet werden.** [3]**Zuständig für die Entscheidung ist das mit der Sache befaßte Gericht; die Entscheidung ist nicht anfechtbar.**

1 **A. Antrag (Abs. 1).** Der Antrag (Abs. 1) ist eine bes. v. dem Gericht **vAw zu prüfende Verfahrensvoraussetzung** für den Ausspruch über die Entschädigung (BGH NStZ-RR 2021, 347; 2017, 255). Die bloße Ankündigung eines Antrags reicht nicht aus (BGH StV 2017, 509), auch nicht ein Antrag unter der Bedingung der Bewilligung v. Prozesskostenhilfe (BGH StraFo 2018, 483; 2017, 285; 2022, 155: nach erfolgter Bewilligung Antragstellung notwendig; vgl. auch Cierniak/Zimmermann NStZ-RR 2014, 170 – BGH RsprÜ: zunächst bedingt, dann unbedingt gestellter Antrag genügt).

2 **I. Form (S. 1).** Der Antrag kann (entspr. § 496 ZPO) **schriftlich** (→ Einl. Rn. 128) o. zu Prot. des UrkB (→ Einl. Rn. 131 ff.) gestellt werden (vgl. BGH NStZ-RR 2026, 24). Bei schriftlicher Einreichung muss die Antragsschrift den Anforderungen der §§ 253 Abs. 5, 130, 131, 133 ZPO entsprechen (BGH NStZ-RR 2026, 24). In der HV ist die **mündliche** Antragstellung zulässig; sie ist im Sitzungsprotokoll zu beurkunden (§ 273 Abs. 1). Ein Antrag auf Bewilligung v. Prozesskostenhilfe reicht nicht aus (BGH 14.12.2011 – 5 StR 471/11), eine amtswegige Überprüfung der wirtschaftlichen Verhältnisse findet nicht statt (vgl. BGH 4.5.2022 – 3 StR 55/22).

3 **II. Inhalt (S. 2). Gegenstand u. Grund des Anspruchs** müssen (entspr. § 253 Abs. 2 Nr. 2 ZPO) **bestimmt bezeichnet** werden (BGH NStZ-RR 2025, 322; 2016, 351), bei einfach gelagertem Sachverhalt kann als Begründung aber die Bezugnahme auf die in der Anklageschrift enthaltenen Tatvorwürfe ausreichen (BGH NStZ-RR 2014, 90; vgl auch BGH BeckRS 2021, 14112), nicht aber, wenn es um zahlreiche Tatvorwürfe gegen mehrere Angeklagte geht (BGH NStZ-RR 2017, 142); außerdem ist ein **bestimmter Antrag** erforderlich (OLG Stuttgart

NJW 1978, 2209). Der geforderte Geldbetrag ist idR zu beziffern. Wenn der Umf. der Leistung im richterlichen Ermessen steht, muss zwar kein konkreter Betrag genannt werden, es bedarf aber – etwa bei **Schmerzensgeldforderungen** – zumindest Angaben zur Größenordnung des begehrten Betrages (BGH NStZ 2020, 310; NStZ-RR 2018, 223; StraFo 2018, 483, jew. mwN); der Mangel kann bis zum Ende der HV, etwa durch eine Streitwertangabe o. eine vor Urteilserlass unwidersprochen hingenommene Streitwertfestsetzung seitens des Gerichts, geheilt werden (BGH NStZ-RR 2019, 59). Auch **Zinsen** werden nur auf Antrag zugesprochen (BGHR StPO § 404 Entscheidung 2), denn § 308 Abs. 1 ZPO gilt auch hier (BGHR Entscheidung 2; BGH NStZ-RR 2022, 123, 124). Verzugszinsen werden ab Tatbegehung zugesprochen (BGH NStZ 2009, 109); Prozesszinsen (§ 291 BGB) stehen dem Adhäsionskläger entspr. § 187 Abs. 1 BGB erst ab dem auf die Anhängigkeit des Zahlungsanspruch (Abs. 2) folgenden Tag zu (BGH NStZ-RR 2019, 96; 19.11.2025 – 2 StR 628/25). Zum Grund des Anspruchs gehören alle Tatsachen, die den Antrag schlüssig machen. Fehlen solche Tatsachenangaben, so hat das Gericht entspr. § 139 ZPO auf Erg. hinzuwirken (KK-StPO/Zabeck Rn. 5b); erfolgt sie nicht, so ist der Antrag unzulässig (→ § 406 Rn. 10). Die Beweismittel sollen angegeben werden; ihr Fehlen ist aber unschädlich, weil § 244 Abs. 2 gilt (Scholz JZ 1972, 727; Schirmer DAR 1988, 123; → Rn. 11).

III. Zeitpunkt. Der Antrag kann bei der StA **schon** gestellt werden, **bevor die Sache gerichtlich anhängig** ist, auch gleichzeitig mit der Strafanzeige; er wird dann aber erst wirksam, wenn er beim Gericht eingeht (Löwe/Rosenberg/Wenske Rn. 7). Antrag auf Prozesskostenhilfe (→ Rn. 14) u. Ankündigung des Entschädigungsantrags genügen nicht (Miebach NStZ 1990, 230 – BGH RsprÜ; BGH BeckRS 2015, 14855 mwN). Nach Beginn der Schlussvorträge, die dem den Rechtszug abschl. Urt. vorausgehen, kann der Antrag nicht mehr gestellt werden (BGH StV 1988, 515), es sei denn, es wurde erneut in die Beweisaufnahme eingetreten (BGH NStZ 2009, 566; NStZ-RR 2014, 90). Der Antrag ist bis zu diesem Zeitpunkt auch noch in der Berufungsverhandlung zulässig (LG Gießen NJW 1949, 727; KMR-StPO/Stöckel Rn. 5; **aM** Arz JR 2019, 280 (282); Schmid NStZ 2011, 613 unter unzutr. Gleichstellung v. Antrags- u. Rechtsmittelbefugnis), jedoch nicht mehr vor dem Revisionsgericht. Die Rechtzeitigkeit des Antrags ist als Verfahrensvoraussetzung vAw zu prüfen (BGH NStZ 1988, 470; 1998, 477). Wird die Sache v. Revisionsgericht an den Tatrichter zurückverwiesen, so kann der Antrag erneut gestellt werden (Tolksdorf DAR 2001, 207 – BGH RsprÜ; BGH BeckRS 2011, 26267). 4

IV. Zustellung des Antrags (S. 3). Die Zustellung des Antrags (S. 3) an den Beschuldigten ist erforderlich, wenn er außerhalb der HV gestellt ist (BGH StV 2008, 127; 2015, 474; BeckRS 2012, 15073). **Förmliche Zustellung** (→ § 35 Rn. 10) ist geboten; ein Zustellungsmangel kann nach §§ 37 Abs. 1, 189 ZPO geheilt werden, z. B. dadurch, dass der mit Zustellungsvollmacht versehene Verteidiger des Angekl. genaue Kenntnis von dem Entschädigungsantrag erhielt (BGH NStZ-RR 2025, 322). Der Angeklagte muss Gelegenheit erhalten, sich zum Antrag zu äußern; dies ist im HV-Prot. festzustellen (BGH NStZ-RR 2018, 24 (25); NJW 1991, 1243). 5

B. Wirkungen der Antragstellung (Abs. 2). Die Wirkungen der Antragstellung (Abs. 2) sind die gleichen wie die der Erhebung der Klage vor dem Zivilgericht. Sie treten – wie S. 2 klarstellt – mit Eingang des Antrags bei Gericht, ggf. also mit der mündlichen Antragstellung in der HV (Cierniak/Zimmermann NStZ-RR 2010, 196 – BGH RsprÜ), nicht erst mit Zustellung des Antrags (so früher BGH StraFo 2004, 386) ein. **Prozesszinsen** aus einem zuerkannten Schmerzensgeld sind gem. Abs. 2 iVm §§ 291 S. 1, 187 Abs. 1 BGB analog ab dem auf den Eingang des Antrags bei Gericht folgenden Tag zu zahlen (BGH NStZ-RR 2019, 96; 5.8.2025 – 3 StR 266/25). 6

7 **C. Teilnahme des Antragstellers an der HV (Abs. 3).** Der Antragsteller wird v. Ort u. Zeit der HV benachrichtigt, wenn er den Antrag vorher gestellt hat (S. 1). Eine Form o. Frist ist dafür nicht vorgeschrieben. An der HV können der Antragsteller u. die in S. 2 bezeichneten Personen – auch schon vor der Entsch. über den Antrag (Grau/Blechschmidt/Frick NStZ 2010, 663) – teilnehmen; zum Lebenspartner vgl. § 1353 BGB (bzw. § 1 LPartG für vor dem 31.10.2017 eingetr. Lebenspartnerschaften). Ist der Antragsteller als Zeuge geladen (vgl. → Vor § 48 Rn. 23), so gilt § 58 Abs. 1 für ihn nicht (→ § 58 Rn. 3). Der Antragsteller kann sich in der HV v. einem RA o. einem anderen Bevollmächtigten vertreten lassen.

8 Er kann auch im **Beistand eines RA** erscheinen (vgl. §§ 406f, 406h). Anwaltszwang besteht aber nicht, auch nicht vor dem LG o. OLG (Jescheck JZ 1958, 592; Schirmer DAR 1988, 123). Zur Bestellung eines RA im Wege der Prozesskostenhilfe vgl. → Rn. 16.

9 Der Antragsteller hat das **Recht,** gehört zu werden; den Zeitpunkt bestimmt der Vorsitzende unter Beachtung der §§ 243, 258 Abs. 2 (BGH NJW 1956, 1767; **aM** hins. des Schlussvortrags nach § 258 Abs. 1 Stoffers/Möckel NJW 2013, 831; Arz JR 2019, 280 (284)). Ferner ist der Antragsteller berechtigt, nach § 238 Abs. 2 das Gericht anzurufen, Fragen u. Beweisanträge zu stellen (→ § 244 Rn. 30), denen über § 244 Abs. 3–5 hinaus nur dann nicht stattgegeben zu werden braucht, wenn es auf sie für die Entsch. nach Schätzungsgrundsätzen (→ Rn. 11) nicht ankommt (→ § 244 Rn. 16).

10 **D. Weiteres Verfahren.** Das weitere Verfahren richtet sich grds. nach der StPO (BGHSt 37, 260 (261)). Eine Widerklage ist ausgeschlossen. Teil- u. Grundurteile sind aber nach § 406 Abs. 1 S. 2 mit der Bindungswirkung des § 318 ZPO zulässig. Auch ist – nach Änd. der Vorschr. durch das OpferRR – die Abgabe eines Anerkenntnisses (mit der Folge eines Anerkenntnisurteils, § 406 Abs. 2) gestattet (mit Recht krit. dazu Hilger GA 2004, 485. Anwendbar ist ferner § 308 Abs. 1 ZPO; dem Antragsteller darf nichts zugesprochen werden, was er nicht beantragt hat (BGH NStZ-RR 2009, 319). Wegen der Beteiligung der StA vgl. Nr. 174 RiStBV. Der Angeklagte muss zum Antrag gehört werden (BGHSt 37, 260).

11 Für die **Sachaufklärung** gilt § 244 Abs. 2 (OGHSt 2, 46; Ernesti/Lorenzen SchlHA 1980, 178 – OLG Schleswig RsprÜ). Das Gericht muss vAw im Strengbeweis (erg. → § 244 Rn. 6) alle Umstände ermitteln, v. denen es abhängt, ob der Antragsteller überhaupt v. dem Schadensereignis betroffen u. ob der Tatbestand der Anspruchsnorm erfüllt ist; es muss sich mit beachtlichem Verteidigungsvorbringen auseinandersetzen (BGH wistra 2016, 34). Den ursächlichen Zusammenhang zwischen dem konkreten Haftungsgrund u. dem daraus entstandenen Schaden sowie die Höhe des Schadens darf das Gericht entspr. § 287 ZPO schätzen (hM, vgl. Sander FS Eisenberg, 2019, 497 (540) mwN; **aM** Arz JR 2019, 280; erg. → § 244 Rn. 16).

12 Ein gerichtlicher **Vergleich** ist nach § 405 möglich (→ § 405 Rn. 1 ff.).

13 **E. Zurücknahme des Antrags (Abs. 4).** Die Zurücknahme des Antrags (Abs. 4) ist bis zum Beginn der Urteilsverkündung (§ 268 Abs. 2) zulässig, auch noch beim Berufungsgericht. Der Zustimmung des Angeklagten bedarf es dazu nicht. Einen erneuten Antrag im selben Verf. u. die Klageerhebung vor dem Zivilgericht schließt die Zurücknahme nicht aus (SSW StPO/Schöch/Werner Rn. 16; Schirmer DAR 1988, 123; **aM** Köckerbauer NStZ 1994, 307).

14 **F. Prozesskostenhilfe (Abs. 5).** Prozesskostenhilfe (Abs. 5) kann auf Antrag sowohl dem Antragsteller als auch dem Angeschuldigten bewilligt werden, **sobald** die öffentl. **Klage o. die Privatklage erhoben,** also die Anklageschrift eingereicht ist (S. 1). Im Strafbefehlsverfahren ist die Anberaumung der HV der maßgebende Zeitpunkt. Die Bewilligung der Prozesskostenhilfe richtet sich nach den §§ 114 ff. ZPO.

15 **Voraussetzung** ist daher, dass der Antragsteller die Kosten der Prozessführung nicht, auch nicht zT o. in Raten, aufbringen kann u. dass die beabsichtigte Rechtsverfolgung hinreichende Aussicht auf Erfolg bietet (Ausnahme: § 119 Abs. 1 S. 2

ZPO) u. nicht mutwillig erscheint (§ 114 ZPO). Dem Antrag auf Prozesskostenhilfe sind (auf dem amtl. Vordruck) eine Erkl. über die wirtschaftlichen Verhältnisse des Antragstellers sowie entspr. Belege beizufügen (§ 117 Abs. 2, Abs. 4 ZPO; BGH 8.12.2021 – 5 StR 162/21). Die in § 117 Abs. 1 S. 2 geforderte Darst. des Streitverhältnisses unter Angabe der Beweismittel wird idR entbehrlich sein, weil sich der Grund des Anspruchs aus den Akten ergibt. Die Bewilligung der Prozesskostenhilfe erfolgt **für jeden Rechtszug gesondert** (§ 119 Abs. 1 S. 1 ZPO; BGH 14.2.2023 – 2 StR 403/22). Eine rückwirkende Bewilligung v. Prozesskostenhilfe ist grds. nicht zulässig, da Abs. 5 von einer „beabsichtigten" Rechtsverfolgung spricht (BGH 18.3.2021 – 5 StR 222/20). Nach rkr. Abschluss des Revisionsverfahrens kommt eine auf den Zeitpunkt der Antragstellung bezogene rückwirkende Entsch. ausnahmsweise in Betracht, wenn der Antrag nicht rechtzeitig beschieden worden ist u. der Antragsteller mit seinem Antrag bereits alles für die Bewilligung Erforderliche getan hat (BGH 18.11.2024 – 5 StR 309/24; 25.7.2017 – 3 StR 132/17; 1.11.2022 – 6 StR 198/22).

Die **Beiordnung eines RA** setzt voraus, dass ein entspr. Antrag gestellt ist u. die Vertretung durch einen RA erforderlich erscheint (also nicht bei einfacher Sach- u. Rechtslage) o. der Gegner im Adhäsionsverfahren durch einen RA vertreten ist (§ 121 Abs. 2 ZPO). Hat der Angeschuldigte einen Verteidiger, soll er ihm unter diesen Voraussetzungen auch zur Abwehr des Adhäsionsantrags beigeordnet werden, nicht nach § 121 Abs. 2 ZPO zusätzlich noch ein anderer RA seiner Wahl (S. 2 Hs. 1). Dem Antragsteller, der sich im Hauptverfahren des Beistands eines RA bedient, soll dieser beigeordnet werden (S. 2 Hs. 2; Hilger EzSt Anm. zu § 397a Nr. 1). Die Bestellung eines Pflichtverteidigers umfasst auch die Vertretung im Adhäsionsverfahren (→ § 143 Rn. 1). 16

Zuständig für die Bewilligung der Prozesskostenhilfe ist das jew. mit der Sache befasste Gericht **(S. 3 Hs. 1),** das Rechtsmittelgericht erst, nachdem ihm die Akten vorgelegt worden sind (§§ 321 S. 2, 347 Abs. 2; vgl. BGH BeckRS 2019, 10067). 17

Anfechtbar ist die Entsch. über die Prozesskostenhilfe nicht **(S. 3 Hs. 2).** § 127 ZPO ist unanwendbar (OLG Stuttgart StraFo 2007, 261); jedoch ist gegen die Entsch. des Rechtspflegers die Erinnerung nach § 11 Abs. 2 **RPflG** gegeben (OLG Stuttgart StraFo 2007, 261). 18

Vergleich

405 (1) [1] **Auf Antrag der nach § 403 zur Geltendmachung eines Anspruchs Berechtigten und des Angeklagten nimmt das Gericht einen Vergleich über die aus der Straftat erwachsenen Ansprüche in das Protokoll auf.** [2] **Es soll auf übereinstimmenden Antrag der in Satz 1 Genannten einen Vergleichsvorschlag unterbreiten.**

(2) **Für die Entscheidung über Einwendungen gegen die Rechtswirksamkeit des Vergleichs ist das Gericht der bürgerlichen Rechtspflege zuständig, in dessen Bezirk das Strafgericht des ersten Rechtszuges seinen Sitz hat.**

A. Vergleich (Abs. 1 S. 1). Abs. S. 1 sieht die **Aufnahme eines Vergleichs in das Hauptverhandlungsprotokoll** vor; den Vorschlag, einen gerichtlichen Vergleich auch schon vor Eröffnung des Hauptverfahrens abschließen zu können, hat der Gesetzgeber zu Recht nicht aufgegriffen (vgl. Ferber NJW 2004, 2564). 1

Die **Personen,** die einen Vergleich abschließen können (Antragsteller, dessen Erbe u. Angeklagter), sind mit den Parteien im Adhäsionsverfahren (§ 403) identisch (→ § 403 Rn. 2 ff.). 2

Vergleichsgegenstand ist die Straftat iSd § 264; Beschränkungen nach §§ 154, 154a hindern den Abschluss des Vergleichs nicht. Der Vergleich ist nicht auf vermögensrechtliche Ansprüche beschränkt; es kann zB auch der Anspruch auf Abgabe einer Ehrenerklärung ohne wirtschaftliche Bedeutung verglichen werden 3

(BT-Drs. 15/1976, 15). Der Vergleich kann auch die „Kosten" des Adhäsionsverfahrens regeln (KG NStZ-RR 2015, 328 Ls.).

4 Aus dem Vergleich kann nach § 794 Abs. 1 Nr. 1 ZPO **vollstreckt** werden (vgl. § 406b). Mit Abschluss des Vergleiches ist die nach § 404 Abs. 2 S. 1 eingetretene Rechtshängigkeit des Adhäsionsanspruchs beendet (Cierniak/Niehaus NStZ-RR 2015, 201 – BGH RsprÜ).

5 **B. Vergleichsvorschlag (Abs. 1 S. 2).** Auf **übereinstimmenden Antrag** der Antragsberechtigten (→ Rn. 2) soll das Gericht einen Vergleichsvorschlag unterbreiten. Der Bitte wird das Gericht idR nachkommen, es sei denn, es sieht sich zu einem begründeten Vorschlag im derzeitigen Verfahrensstadium noch nicht in der Lage. Ohne einen solchen übereinstimmenden Antrag sollte das Gericht v. einem Vergleichsvorschlag absehen; denn dies könnte – anders als regelmäßig bei übereinstimmendem Antrag – allzu leicht die Besorgnis der Befangenheit des Richters (§ 24) begründen (Meier/Dürre JZ 2006, 24). Im Übrigen muss der Richter jeden Anschein eines unsachlichen Drucks auf den Angeklagten zum Abschluss eines Vergleichs vermeiden (BGHSt 37, 263 (264) aE).

6 **C. Entscheidung über Einwendungen.** Entscheidung über Einwendungen gegen die Rechtswirksamkeit des Vergleichs: Abs. 2 regelt hierfür die **sachliche u. örtliche Zuständigkeit.** Solche Einwendungen können somit nicht mehr im Strafverfahren, sondern nur in einem selbständigen Zivilverfahren geltend gemacht werden. Für eine weitere Entsch. im Strafverfahren ist daher trotz „Widerrufs" des Vergleichs kein Raum (BGH BeckRS 2014, 17345). Die Regelung entspr. derjenigen in § 406b S. 2. Soweit sich Einwendungen nur gegen Mängel der Protokollierung richten, bleibt die Möglichkeit der Protokollberichtigung (→ § 271 Rn. 21 ff.) im Strafverfahren bestehen.

Entscheidung über den Antrag im Strafurteil; Absehen von einer Entscheidung

406 (1) [1]**Das Gericht gibt dem Antrag in dem Urteil statt, mit dem der Angeklagte wegen einer Straftat schuldig gesprochen oder gegen ihn eine Maßregel der Besserung und Sicherung angeordnet wird, soweit der Antrag wegen dieser Straftat begründet ist.** [2]**Die Entscheidung kann sich auf den Grund oder einen Teil des geltend gemachten Anspruchs beschränken; § 318 der Zivilprozessordnung gilt entsprechend.** [3]**Das Gericht sieht von einer Entscheidung ab, wenn der Antrag unzulässig ist oder soweit er unbegründet erscheint.** [4]**Im Übrigen kann das Gericht von einer Entscheidung nur absehen, wenn sich der Antrag auch unter Berücksichtigung der berechtigten Belange des Antragstellers zur Erledigung im Strafverfahren nicht eignet.** [5]**Der Antrag ist insbesondere dann zur Erledigung im Strafverfahren nicht geeignet, wenn seine weitere Prüfung, auch soweit eine Entscheidung nur über den Grund oder einen Teil des Anspruchs in Betracht kommt, das Verfahren erheblich verzögern würde.** [6]**Soweit der Antragsteller den Anspruch auf Zuerkennung eines Schmerzensgeldes (§ 253 Abs. 2 des Bürgerlichen Gesetzbuches) geltend macht, ist das Absehen von einer Entscheidung nur nach Satz 3 zulässig.**

(2) **Erkennt der Angeklagte den vom Antragsteller gegen ihn geltend gemachten Anspruch ganz oder teilweise an, ist er gemäß dem Anerkenntnis zu verurteilen.**

(3) [1]**Die Entscheidung über den Antrag steht einem im bürgerlichen Rechtsstreit ergangenen Urteil gleich.** [2]**Das Gericht erklärt die Entscheidung für vorläufig vollstreckbar; die §§ 708 bis 712 sowie die §§ 714 und 716 der Zivilprozessordnung gelten entsprechend.** [3]**Soweit der Anspruch nicht zuerkannt ist, kann er anderweit geltend gemacht werden.** [4]**Ist über den Grund des Anspruchs rechtskräftig entschieden, so findet die Ver-**

handlung über den Betrag nach § 304 Abs. 2 der Zivilprozeßordnung vor dem zuständigen Zivilgericht statt.

(4) **Der Antragsteller erhält eine Abschrift des Urteils mit Gründen oder einen Auszug daraus.**

(5) [1]**Erwägt das Gericht, von einer Entscheidung über den Antrag abzusehen, weist es die Verfahrensbeteiligten so früh wie möglich darauf hin.** [2]**Sobald das Gericht nach Anhörung des Antragstellers die Voraussetzungen für eine Entscheidung über den Antrag für nicht gegeben erachtet, sieht es durch Beschluss von einer Entscheidung über den Antrag ab.**

Übersicht

A. Entscheidung über einen begründeten Antrag. Die Entscheidung über einen begründeten Antrag erfolgt nach dem Erg. der HV (§ 261) **in dem Strafurteil,** in dem der Angeklagte wegen einer Straftat schuldig gesprochen o. eine Sicherungsmaßregel gegen ihn angeordnet wird (Abs. 1 S. 1 und 2). Für die Ermittlung des Sachverhalts u. die Überzeugung v. der Schuld des Angeklagten gelten die strafprozessualen Regeln, hingegen für die sich daraus ergebenden vermögensrechtlichen Ansprüche die Vorschr. des Zivilrechts (Cierniak DAR 2015, 684 – BGH RsprÜ). Die wechselseitige Zurechnung einzelner Tatbeiträge nach §§ 830, 840 BGB reicht bei der Bemessung des Schmerzensgeldes nur so weit wie der gemeinsame Vorsatz; sie scheidet bei Mittäterexzessen aus (BGH StV 2017, 653; NStZ-RR 2018, 121). Eine gegebene gesamtschuldnerische Haftung ist allerdings im Urteilstenor zu bezeichnen (BGH BeckRS 2019, 32557; vgl. auch BGH 16.12.2025 – 2 StR 671/25). Eine Trennung v. Straf- u. Zivilurteil ist nicht zulässig (KK-StPO/Zabeck Rn. 2; Jescheck JZ 1958, 591). Durch Strafbefehl kann über den Antrag nach ganz hM nicht entschieden werden (BGH NJW 1982, 1047 (1048). Dem Adhäsionskläger darf nichts zugesprochen werden, was nicht beantragt ist (§ 308 Abs. 1 ZPO); dies ist im Revisionsverfahren vAw zu beachten (BGH BeckRS 2021, 923). 1

Die Entsch. über den Antrag ist für das Revisionsgericht nachvollziehbar (BGH 26.10.2021 – 4 StR 145/21; 10.7.2025 – 6 StR 162/25: Schmerzensgeldanspruch) zu **begründen** (vgl. auch BGH 3.6.2025 – 2 StR 353/24; 15.7.2025 – 2 StR 322/25: Fehlen jeglicher Begründung). Die Angabe der bürgerlich-rechtlichen Vorschr., auf denen die Entsch. beruht, ist nicht unerlässlich; § 267 Abs. 3 S. 1 gilt nicht entspr. (OLG Hamburg JR 1951, 89; **aM** KMR-StPO/Stöckel Rn. 3). 2

Bei Verurteilung zu Schmerzensgeld verlangte der BGH (NJW 1995, 1438; NStZ-RR 2010, 344) nicht in jedem Fall, aber doch idR die ausdr. Erörterung der wirtschaftlichen Verhältnisse v. Schädiger u. Geschädigtem (BGH NStZ 2015, 49; stRspr). Der Vereinigte GrS des BGH hat entschieden, dass zwar grds. alle Umstände des Falles zu berücksichtigen seien, Feststellungen zu den wirtschaftlichen Verhältnissen v. Schädiger u. Geschädigtem sowie Ausführungen zu deren Einfluss auf die Bemessung der billigen Entschädigung jedoch nur geboten seien, wenn die wirtschaftlichen Verhältnisse dem Einzelfall ein bes. Gepräge geben u. deshalb bei der Entsch. ausnahmsweise berücksichtigt werden mussten (BGH NZV 2017, 179; vgl. auch BGH NStZ-RR 2017, 254). Allerdings soll es nicht regelmäßig einen Rechtsfehler darstellen, auf dem das Urt. beruhen kann, wenn das Tatgericht die wirtschaftlichen Verhältnisse v. Angeklagtem und/oder Tatopfer berücksichtigt hat, ohne dass diese dem Fall ihr bes. Gepräge gegeben hätten (BGH NStZ-RR 2018, 2a

55 (5 StS); 2018, 25 (2. StS) gegen BGH NStZ-RR 2017, 254; 2017, 289 (2. StS)). Ungeachtet dessen stehen bei der Bemessung der billigen Entschädigung in Geld regelmäßig die Höhe u. das Maß der Lebensbeeinträchtigung, iE Schadensfall auch der Grad des Verschuldens des Schädigers, im Vordergrund (BGH BeckRS 2017, 118215, auch zu den Anforderungen an die tatrichterliche Prüfung).

2b Der **Übergang des Anspruchs auf Sozialversicherungsträger** nach § 116 SGB X oder andere Versicherer nach § 86 VVG ist – auch bei einem Feststellungsantrag (BGH StV 2014, 269) – zu beachten; im Hinblick darauf ist der Ausspruch über Leistung v. Ersatz für materielle o. immaterielle Schäden aber – in der Urteilsformel – unter den Vorbehalt zu stellen, dass eine Ersatzpflicht nur insoweit besteht, als der Anspruch nicht auf Sozialversicherungsträger o. andere Versicherer übergegangen ist (BGH StraFo 2010, 117; BeckRS 2010, 20501).

3 Das **Urteil muss,** damit aus ihm vollstreckt werden kann, die in § 313 Abs. 1 Nr. 1 ZPO genannten Angaben (Bezeichnung der Parteien – BGH 24.6.2025 – 2 StR 228/25: Adhäsionskläger –, ihrer ges. Vertreter u. der Prozessbevollmächtigten) im Rubrum o. in der Urteilsformel enthalten. Außerdem muss es erkennen lassen, was dem Adhäsionskläger zugesprochen wurde, zB welche Schadenspositionen Grdl. eines Leistungsurteils sind (BGH BeckRS 2018, 16012).

3a **Grund- oder Teilurteil** (§§ 301, 304 ZPO) sind zulässig (Abs. 1 S. 2). Der Strafrichter kann sich also darauf beschränken, die Ersatzpflicht des Angeklagten festzustellen; die Schadensberechnung kann er dem Betragsverfahren vor dem Zivilgericht (→ Rn. 6) überlassen. Dabei gilt § 318 ZPO entspr. Der Erlass eines Grundurteils setzt allerdings nach § 304 ZPO die Geltendmachung eines bezifferten Anspruchs voraus (BGH NStZ-RR 2025, 322); fehlt er kommt ggf. eine Umdeutung in einen zulässigen Feststellungsantrag in Betracht (BGH BeckRS 2017, 127789). Das Zivilgericht ist an die Entsch. des Strafrichters gebunden, wenn später nach Abs. 3 S. 4 iVm § 304 ZPO über den Betrag verhandelt wird o. wenn über einen anderen Teil des Anspruchs, den das Strafgericht nicht zuerkannt hat, vor dem Zivilgericht geklagt wird (dazu eing. Foerster JZ 2013, 1143). Grund- o. Teilurteile können auch neben einem Absehen v. der Entsch. (→ Rn. 8 ff.) stehen, wenn u. soweit nur wegen des anderen Teils des Anspruchs v. einer Entsch. abgesehen wird.

3b Ein **Feststellungsurteil** ist v. G zwar nicht ausdr. vorgesehen, kann aber wegen der Ähnlichkeit mit einem Grundurteil als zulässig erachtet werden (BGHSt 47, 378; erg. → § 403 Rn. 10); ein Feststellungsinteresse kann etwa bei einer noch nicht abgeschlossenen Schadensentwicklung bestehen (vgl. BGH BeckRS 2018, 38371), setzt aber voraus, dass der Ast mit konkreten Anhaltspunkten darlegt, dass ihm zwar ein Schaden entstanden, er aber – noch – nicht in der Lage ist, ihn zu beziffern (BGH 14.12.2011 – 5 StR 471/1). Die abstrakt-theoretische Möglichkeit eines zukünftigen Schadens genügt nicht (11.6.2024 – 6 StR 209/24). Bei Mitverschulden des Antragstellers kann – anders als im Zivilverfahren – der Mitverschuldensanteil im Grundurteil festgelegt werden (BGHSt 378 (382)), zwingend erforderlich ist dies aber nicht (BGH BeckRS 2014, 7395).

4 Ein **Anerkenntnisurteil** ist nach dem durch das 1. OpferRRG eingefügten Abs. 2 – entgegen der früher hM (vgl. BGHSt 37, 263) – ausdr. zulässig. Abs. 2 ist ggü. Abs. 1 S. 1 die speziellere Regelung. Die Verurteilung gem. dem Anerkenntnis ist nicht davon abhängig, dass der Tatrichter – abw. v. zivilrechtlichen Prüfungsmaßstab (§ 307 ZPO) – den dem anerkannten Anspruch zugrundeliegenden Sachverhalt weiter aufklärt o. den Angeklagten entweder schuldig spricht o. einer Maßregel der Besserung u. Sicherung unterwirft (BGH 23.1.2025 – 6 StR 569/24). Dies dürfte aber mit Blick auf Abs. 3 nur solange zu gelten haben, als keine Gefahr widersprüchlicher zivil- u. strafrechtlicher Entsch. droht (offengelassen v. BGH BeckRS 2018, 33695). In jedem Fall hat das Gericht das Vorliegen der Sachurteilsvoraussetzungen, etwa des Feststellungsinteresses, zu prüfen (BGH NStZ-RR 2024, 319). Daran fehlt es etwa, wenn der Adhäsionskläger lediglich einen Antrag auf Bewilligung v. Prozesskostenhilfe, aber keinen genügenden Adhäsionsantrag gestellt hat (BGH BeckRS 2019, 25420).

Über die **Kosten** wird nach § 472a Abs. 1 entschieden (Meier/Dürre JZ 2006, 22). 5

B. Rechtswirkung der Entscheidung. Einem **Urteil im Zivilrechtsstreit** steht die Entsch. über den Antrag gleich (Abs. 3 S. 1). Die Entsch. wird wie im Zivilprozess für vorl. vollstreckbar erklärt (S. 2). Die Rechtskraft tritt nach den Regeln der StPO ein, aber nicht vor Rechtskraft des Schuldspruchs (OLG Neustadt NJW 1952, 718; AK-StPO/Schöch Rn. 14; vgl. etwa BGH NStZ-RR 2017, 255: Beschränkung der Revision auf den Strafausspruch). Wird der Anspruch nicht o. nur teilw. zuerkannt, so kann er insoweit vor einem Zivilgericht o. erneut nach §§ 403 ff. – auch im Berufungsverfahren (KG StraFo 2007, 336) – geltend gemacht werden (S. 3; BGH wistra 2007, 102 (108)). Da somit keine Rechtskraft zuungunsten des Antragstellers eintritt, hat er auch kein Rechtsmittel gegen das Urt. (§ 406a Abs. 1 S. 2), es sei denn, er habe sich dem Verf. als Nebenkläger (§§ 395, 396) angeschlossen (BGH BeckRS 2012, 4722). Hat das Gericht nur ein Grundurteil erlassen (→ Rn. 3), so entscheidet über den Betrag nach § 304 Abs. 2 ZPO das zuständige Zivilgericht (S. 4); Feststellungen über die Höhe des Anspruchs binden das mit dem Betragsverfahren befasste Zivilgericht nicht (BGH NStZ-RR 2019, 353). Vor ihm muss insoweit Klage nach den allg. Vorschr. erhoben werden. 6

C. Urteilsabschrift (Abs. 4). Eine Urteilsabschrift (Abs. 4) mit Gründen, mind. ein Auszug aus dem Urt., muss dem Antragsteller zugestellt werden. Es genügt, dass er erkennen kann, welcher Anspruch ihm zugesprochen worden ist. 7

D. Absehen von einer Entscheidung. I. Gründe. Drei Gründe kommen dafür in Betracht **(Abs. 1 S. 3–6):** 8

1. Zum einen ist v. einer Entsch. abzusehen, wenn der **Antrag unzulässig** ist. Das ist zB der Fall, wenn es an der Antragsberechtigung fehlt (§ 403), wenn der Anspruch bereits anderweitig rechtshängig ist o. über ihn rkr. entschieden wurde (BGH NStZ-RR 2019, 320), wenn der Antrag verspätet gestellt o. mangelhaft begründet ist (§ 404 Abs. 1 S. 1, 2), wenn er im Sicherungsverfahren gestellt wird (→ § 413 Rn. 1b) o. beim Fehlen zivilrechtlicher Verfahrensvoraussetzungen (BGH StV 2008, 127). Der Tod des Adhäsionsklägers führt nicht zur Unzulässigkeit des Antrags (BGH 17.9.2024 – 6 StR 438/24). 9

Ebenso entscheidet das Revisionsgericht bei Rechtsfehlern, die allein den zivilrechtlichen Teil der Entsch. betreffen, da insoweit eine Zurückverweisung nicht in Betracht kommt (BGH BeckRS 2018, 16012 mwN). 10

2. Zum andern ist auch abzusehen, wenn der **Antrag unbegründet** erscheint. Unbegründet ist er, wenn der Angeklagte wegen der Straftat nicht schuldig gesprochen wird (BGH NStZ 2003, 321; unzutr. LG Trier NStZ 2006, 720 Ls.) u. auch keine Sicherungsmaßregeln gegen ihn angeordnet werden (vgl. auch § 406a Abs. 3 S. 1). Im Übrigen muss das Gericht nicht zu einer endg. Klärung gelangen, ob der Antrag begründet o. unbegründet ist; es genügt, dass die Möglichkeit der Unbegründetheit nicht ohne größere Schwierigkeiten auszuschließen ist, das Bestehen des geltend gemachten Anspruchs also nicht o. jedenfalls nicht mit der erforderlichen Sicherheit festgestellt werden kann. Hier berührt sich das Absehen mit dem dritten Grund: 11

3. Es darf auch **bei Nichteignung** v. einer Entsch. abgesehen werden, dh wenn sich der Antrag auch unter Berücksichtigung der berechtigten Belange des Antragstellers zur Erledigung im Strafverfahren nicht eignet (OLG Hamburg wistra 2006, 37). Das G nennt hierfür als Beispiel, dass eine weitere Prüfung auch nur über den Grund o. einen Teil des Anspruchs das Verf. erheblich verzögern würde (S. 5); ggü. der früheren Rechtslage (§ 405 S. 2 aF) hat das 1. OpferRRG diesen Ablehnungsgrund durch Einfügung des Wortes „**erheblich**" verschärft. Damit ist klargestellt, dass kurzfristige Unterbrechungen ein Absehen v. der Entsch. nicht rechtfertigen können, anders aber die Notwendigkeit einer Aussetzung des Verfahrens. Stets zu prüfen ist, ob nicht die Möglichkeit des Erlass eines Grund- o. Teilurteils besteht u. damit nur ein teilw. Absehen v. der Entsch. veranlasst ist. Im Übrigen rechtfertigt sich das Absehen v. der Entsch., wenn über schwierige bürgerlich-rechtliche 12

Rechtsfragen entschieden werden müsste (Tepperwien DAR 2004, 256 – BGH RsprÜ; OLG Hamburg wistra 2006, 37; krit. Grau/Blechschmidt/Frick NStZ 2010, 666), nicht hingegen bei jeder geringfügigen tatsächlichen o. rechtlichen Schwierigkeit (vgl. etwa BVerfG NStZ-RR 2020, 357), wohl aber zB bei das int. Privatrecht betr. Problemkreisen (BGH StV 2004, 61; zw. BGH StraFo 2011, 308 (312)) o. idR in Wirtschaftsstrafverfahren (so Feigen FS Otto, 2007, 879 (894): insbes. wegen Fehlens einer Möglichkeit der Streitverkündung u. weil das Strafgericht damit zum Gericht der Hauptsache iSd § 927 Abs. 2 Hs. 2 ZPO wird) o. generell in solchen Verf. (so Feigen, Adhäsionsverfahren in Wirtschaftsstrafsachen, 2012, zugl. Diss. Passau 2011). Weitere Beispiele bei Hansen/Wolff-Rojczyk GRUR 2009, 647. Auch das gerade in Haftsachen zu beachtende Beschleunigungsgebot kann die Nichteignung begründen (BGH wistra 2010, 272; OLG Celle StV 2007, 293; OLG Oldenburg StraFo 2009, 75). Über die Geeignetheit entscheidet der Richter nach pflichtgemäßem Ermessen (BGH NStZ 2003, 46 (47); OLG Hamburg wistra 2006, 37; **aM** Stöckel GS Blomeyer, 2004, 838).

13 Eine **Besonderheit** besteht hins. des **Schmerzensgeldanspruchs** nach § 253 Abs. 2 BGB: Hier darf ein Absehen v. der Entsch. nur wegen Unzulässigkeit o. Unbegründetheit, nicht wegen Ungeeignetheit erfolgen (S. 6; vgl. BVerfG NStZ-RR 2020, 357; die Regelung scharf abl. Krey/Wilhelmi FS Otto, 2007, 950 (952)); auch hier kann sich das Gericht aber – was vielfach empfehlenswert sein wird, da zur Höhe des Schmerzensgeldes weitere Feststellungen notwendig sein können – auf ein Grundurteil beschränken (zust. Loos GA 2006, 208 (213); s. auch BVerfG NStZ-RR 2020, 357; BGH 30.11.2011 – 1 StR 426/21: Bezifferung des dem Grunde nach ausgeurteilten Schmerzensgeldanspruchs ist dem Betragsverfahren vorbehalten).

13a **4.** Eine Klageabweisung erfolgt nicht; vielmehr ist **zu tenorieren,** dass – auch teilw. (BGH BeckRS 2014, 15467) o. nur bei einem Grundurteil (BGH BeckRS 2015, 18250; NStZ 2016, 221) – v. einer Entsch. abgesehen wird (BGH NStZ-RR 2010, 23 Ls.; BeckRS 2010, 20501; 2016, 6312).

14 **II. Hinweis.** Nach Abs. 5 S. 1 soll das Gericht die Verfahrensbeteiligten **so früh wie möglich** darauf hinweisen, wenn es v. einer Entsch. über den Antrag absehen will. Wann das ist, hängt v. den Umständen des Einzelfalls ab; bei Unzulässigkeit des Antrags (→ Rn. 10) wird sich dies rasch sagen lassen, bei Unbegründetheit (→ Rn. 11) kann es längerer Prüfung bedürfen, die Ungeeignetheit (→ Rn. 12) wird sich oftmals erst nach längerer Verh. herausstellen (Rieß FS Dahs, 2005, 436; **aM** Feigen FS Otto, 2007, 890, der eine Entsch. über die Eignung unmittelbar nach Antragstellung verlangt). In jedem Fall muss der Antragsteller zuvor gehört werden (was auch in schriftlicher Form geschehen kann), bevor das Gericht das Absehen v. der Entsch. (durch Beschl., → Rn. 15) erklärt. Der Hinweis ist – was sich aus der ges. Regelung zwar nicht eindeutig ergibt, aus der ausdr. Erwähnung des Grund- u. Teilurteils in Abs. 1 S. 2 und 5 aber zu schließen ist – nur erforderlich, wenn der Antrag insges. abgelehnt wird, nicht hingegen bei einer Teilablehnung (Meier/Dürre JZ 2006, 24; **aM** Loos GA 2006, 207). Hierfür spricht auch die Differenzierung in § 472a Abs. 2 S. 1 sowie der Umstand, dass der Antragsteller bei Teilablehnung erst nach Kenntnis der abschl. Entsch. des Gerichts beurteilen kann, ob u. inwieweit er seine weiter gehenden Ansprüche im Zivilverfahren verfolgen soll.

15 **III. Beschluss.** Die Entsch. über das vollständige (→ Rn. 14 aE) Absehen v. einer Entsch. (so ist auch zu tenorieren, nicht etwa der Antrag als unzulässig o. unbegründet zurückzuweisen, Becker NStZ-RR 2006, 261 – BGH RsprÜ) ergeht – wie sich im Gegensatz zur früheren Rechtslage aus Abs. 5 S. 2 ergibt – nun grds. durch Beschl., **nicht im Urteil.** Nur wenn bis zum Urt. keine Entsch. über das Absehen getroffen wurde sowie bei teilw. Absehen, wird über den Antrag im Urt. befunden (vgl. BGH NStZ 2003, 565). Allerdings zieht die Entsch. durch Beschl., falls der Antrag vor Beginn der HV gestellt u. in dieser noch keine abschl. Entsch. ergangen ist, die Möglichkeit der sofortigen Beschwerde gegen den Beschl. nach

sich (§ 406a Abs. 1 S. 1), die jedoch unzulässig wird, wenn das Urt. o. eine sonstige den Rechtszug abschl. Entsch. ergeht (vgl. → § 406a Rn. 3; krit. Effer-Uhe StV 2015, 510). Es ist zu befürchten, dass die Richter sich in der Praxis daher mit der Beschlussentscheidung Zeit lassen werden, um Beschwerdeentscheidungen zu umgehen (so auch Hilger GA 2004, 485; zu den Bedenken gegen die durch das 1. OpferRRG geschaffene Beschwerdemöglichkeit iÜ vgl. → § 406a Rn. 4). Der Beschl. ist nach § 34 zu begründen u. mit einer Kostenentscheidung nach § 472a Abs. 2 zu versehen.

E. Revision. Eine **Zurückverweisung** allein zur Entsch. über einen Adhäsionsantrag kommt regelmäßig nicht in Betracht; vielmehr wird dann v. einer Entsch. über die Entschädigung des Verletzten ganz abgesehen (BGH NStZ-RR 2010, 337; 13.10.2021 – 4 StR 121/21). Anders verhält es sich bei behebbaren Fehlern, wenn das neue Tatgericht aufgrund v. Rechtsfehlern, die nichts mit dem Adhäsionsverfahren zu tun haben, ohnehin erneut mit der Sache befasst wird (BGH NStZ 2019, 607; NStZ-RR 2018, 223: fehlende Angabe der Größenordnung des Schmerzensgeldes). Gleiches gilt, wenn der Adhäsionsantrag nur zu einem geringen Teil entscheidungsreif unzulässig oder unbegründet ist (§ 406 Abs. 1 S. 3; BGH 15.7.2025 – 2 StR 322/25: mangelnde Begründung durch das Tatgericht in den Urteilsgründen). 16

Rechtsmittel

406a (1) [1] **Gegen den Beschluss, mit dem nach § 406 Abs. 5 Satz 2 von einer Entscheidung über den Antrag abgesehen wird, ist sofortige Beschwerde zulässig, wenn der Antrag vor Beginn der Hauptverhandlung gestellt worden und solange keine den Rechtszug abschließende Entscheidung ergangen ist.** [2] **Im Übrigen steht dem Antragsteller ein Rechtsmittel nicht zu.**

(2) [1] **Soweit das Gericht dem Antrag stattgibt, kann der Angeklagte die Entscheidung auch ohne den strafrechtlichen Teil des Urteils mit dem sonst zulässigen Rechtsmittel anfechten.** [2] **In diesem Falle kann über das Rechtsmittel durch Beschluss in nichtöffentlicher Sitzung entschieden werden.** [3] **Ist das zulässige Rechtsmittel die Berufung, findet auf Antrag des Angeklagten oder des Antragstellers eine mündliche Anhörung der Beteiligten statt.**

(3) [1] **Die dem Antrag stattgebende Entscheidung ist aufzuheben, wenn der Angeklagte unter Aufhebung der Verurteilung wegen der Straftat, auf welche die Entscheidung über den Antrag gestützt worden ist, weder schuldig gesprochen noch gegen ihn eine Maßregel der Besserung und Sicherung angeordnet wird.** [2] **Dies gilt auch, wenn das Urteil insoweit nicht angefochten ist.**

A. Rechtsmittel. I. Antragsteller (Abs. 1). Dem Antragsteller (Abs. 1) stand gegen die Abweisung des Antrags nach § 406a Abs. 1 aF ein Rechtsmittel nicht zu. Durch das 1. OpferRRG ist nun in Abs. 1 S. 1 eine Ausnahme v. diesem – sonst weiterhin nach Abs. 1 S. 2 gültigen – Grundsatz der Unanfechtbarkeit geschaffen worden, indem eine **sofortige Beschwerde** (§ 311) gegen den Antrag nach § 406 Abs. 5 S. 2 abweisenden Beschl. eröffnet worden. 1

Sie kommt allerdings nur in Betracht, wenn der Antrag insges. abgelehnt worden ist; eine teilw. Ablehnung erfolgt nicht durch Beschl., sondern im Urt. (vgl. → § 406 Rn. 14, 15). Das entspr. der früheren Rechtslage, wonach es nicht gerügt werden konnte, dass nur über den Grund u. nicht über die Höhe des Anspruchs entschieden worden war (Becker NStZ-RR 2005, 262 – BGH RsprÜ). 2

Die **Zulässigkeit der sofortigen Beschwerde** ist aber iÜ an 2 Voraussetzungen geknüpft: Zum einen muss der Antrag vor Beginn der HV (§ 243 Abs. 1 S. 1) gestellt sein; lässt sich der Betroffene mit der Antragstellung Zeit, soll ihm also nicht 3 noch ein Beschwerdeverfahren eröffnet werden, dessen Entsch. dann idR nicht mehr rechtzeitig ergehen würde. Zum anderen ist die Beschwerde nur so lange zulässig, wie noch keine den Rechtszug abschl. Entsch. (ein Urt. o. aber auch ein verfahrensabschl. Beschl. nach §§ 153 ff. oder 206a) ergangen ist. Eine Entsch. des Beschwerdegerichts ginge in diesem Fall nämlich ins Leere. Dieses Zulässigkeitserfordernis gilt daher auch, wenn die verfahrensabschl. Entsch. erst nach Erlass des den Antrag abl. Beschl. ergeht (BT-Drs. 15/2609, 29); dann wird die Beschwerde wegen prozessualer Überholung (→ Vor § 296 Rn. 17) unzulässig.

4 Diese **Regelung erscheint wenig geglückt:** Ein selbstständiges Beschwerdeverfahren neben dem eigentlichen Hauptverfahren soll nach der allg. Regelung der StPO (vgl. § 305) möglichst vermieden werden (abl. auch Krey/Wilhelmi FS Otto, 2007, 951 (953) sowie Rieß FS Dahs, 2005, 436; zust. hingegen Grau/Blechschmidt/Frick NStZ 2010, 668). Sie erscheint auch deswegen überflüssig, weil der Antragsteller, dessen Antrag abgewiesen wurde, sein Begehren im Zivilrechtsweg weiterverfolgen kann, er also letztlich durch die Ablehnung nicht beschwert ist. Zudem ist es für den Antragsteller ärgerlich, wenn ihm zunächst eine Beschwerdemöglichkeit eröffnet, diese aber wiederum – ohne dass er hierauf irgendeinen Einfluss hat – wieder genommen werden kann. Zur Kostenfolge vgl. § 473 Abs. 1 S. 4 (→ § 473 Rn. 13); dass für den den Antragsteller vertretenden RA nach VV 4145 RVG eine halbe Verfahrensgebühr anfällt, ist für den Antragsteller selbst uninteressant. Schließlich wird diese Regelung dazu führen, dass die Richter entgegen § 406 Abs. 5 S. 1 gerade nicht vor der verfahrensabschl. Entsch. vorab über den Antrag entscheiden werden (erg. → § 406 Rn. 15).

5 **II. Angeklagte (Abs. 2).** Der Angeklagte (Abs. 2) kann das Urt. **nur mit den Rechtsmitteln der StPO** anfechten (OLG Braunschweig NJW 1952, 1229), wobei die Anfechtung insges. o. unter Beschränkung auf den strafrechtlichen o. auf den (ihn beschwerenden) bürgerlich-rechtlichen Teil erfolgen kann (zutr. krit. Feigen FS Otto, 2007, 895, weil der Angeklagte bei erstinstanzlichen Urt. des LG dadurch eine Tatsacheninstanz verliert); bei einer Revision sind auch im letzteren Fall die Formvorschriften der StPO zu beachten (BGH NStZ 2000, 388). Der Angeklagte kann gegen diesen Teil auch ein noch weiter beschränktes Rechtsmittel einlegen, etwa soweit er zur Zahlung v. mehr als 800 EUR verurteilt worden ist. Das Revisionsgericht verweist die Sache allein wegen des bürgerlich-rechtlichen Teils der Entsch. niemals an den Tatrichter zurück (BGH NStE StPO § 406 Nr. 1; BeckRS 2019, 14497 mwN; anders bei – auch teilw. – Mitaufhebung des strafrechtlichen Teils, vgl. zB BGH BeckRS 1989, 31099354). Ist die Entsch. fehlerhaft, wird sie aufgeh. u. nach § 406 Abs. 3 S. 3, 4 von einer Entsch. über den geltend gemachten Anspruch abgesehen (BGH StV 1987, 428; 2008, 127; NStZ 1988, 237), ggf. kann die Entsch. dem Grunde nach aufrechterhalten werden (BGHSt 44, 202; BGH NJW 2014, 1544; NStZ-RR 2015, 320). Kommt es aber auf eine gleichzeitige Revision der StA zu einer Neuverhandlung, so ist auch hins. des Entschädigungsantrags zurückzuverweisen (BGH NStZ-RR 2018, 24).

6 Wenn das Rechtsmittel sich nur gegen den bürgerlich-rechtlichen Teil des Urt. richtet u. dessen strafrechtlicher Teil nicht, auch nicht v. anderen Prozessbeteiligten angefochten worden ist, kann durch **Beschluss ohne HV,** auch ohne Anhörung der StA, entschieden (S. 2), dh das Rechtsmittel kann als unbegründet verworfen werden (BGH BeckRS 2014, 13035); § 349 gilt nicht (vgl. → § 349 Rn. 22 aE). Auch hier hat das 1. OpferRRG eine überflüssige Neuerung gebracht (zust. KMR-StPO/Stöckel Rn. 6), indem es im Berufungsverfahren auf Antrag des Angeklagten o. des Antragstellers eine mündliche Anhörung der Bet. anordnet (Abs. 1 S. 3). Neben der Berufungsverhandlung nun doch noch eine weitere mündliche Verh. (ohne Schöffen) vorzusehen, macht das Beschlussverfahren wertlos u. umständlich; einfacher ist es, wenn das Berufungsgericht den Antragsteller, soweit er nicht ohnehin Nebenkläger ist, in der Berufungsverhandlung anhört, wozu es ohne weiteres berechtigt ist. Der – mit o. ohne Anhörung der Bet. ergehende – Beschl. ist unanfechtbar.

III. StA, Privat- und Nebenkläger. StA, Privat- und Nebenkläger können den bürgerlich-rechtlichen Teil des Urt. **nicht anfechten** (BGHSt 3, 210; BGH 20.12.2022 – 3 StR 417/22; KMR-StPO/Stöckel Rn. 9). Ein Rechtsmittel der StA beeinflusst den zivilrechtlichen Teil des Urt. daher – außer bei einem Freispruch (Abs. 3 S. 1) – nicht (BGH StraFo 2016, 435). 7

B. Aufhebung des Schuldspruchs (Abs. 3). Wird auf ein Rechtsmittel der strafrechtliche Teil des Urt. aufgeh. u. der Angeklagte nicht schuldig gesprochen u. auch keine Sicherungsmaßregel gegen ihn angeordnet, so muss zugleich die dem Antrag stattgebende Entsch. aufgeh. werden, auch wenn sie nicht angefochten worden ist. Hebt das Revisionsgericht die Verurteilung wegen der Straftat, auf die das Tatgericht die (mit-)angefochtene Adhäsionsentscheidung gestützt hat, auf u. verweist die Sache zur neuen HV zurück, kann es gem. § 353 Abs. 1 auch die Adhäsionsentscheidung aufheben (BGH BeckRS 2018, 40288). Die Änd. des Schuld- u. Strafausspruchs berührt den bürgerlich-rechtlichen Teil des Urt. dagegen nicht; auch wenn das Revisionsgericht die Sache an den Tatrichter zurückverweist, wird die Entsch. über den Antrag nicht aufgeh. (BGHSt 52, 96; BGH BeckRS 2009, 13795; NStZ 2016, 221; OLG Celle StraFo 2015, 327; dazu Herbst/Plüür HRRS 2008, 250 mit Formulierungsbeispielen für die v. Tatrichter nunmehr zu erlassende Entsch.), vgl. aber → Rn. 5 aE. 8

Vollstreckung

406b [1]**Die Vollstreckung richtet sich nach den Vorschriften, die für die Vollstreckung von Urteilen und Prozessvergleichen in bürgerlichen Rechtsstreitigkeiten gelten.** [2]**Für das Verfahren nach den §§ 323, 731, 767, 768, 887 bis 890 der Zivilprozeßordnung ist das Gericht der bürgerlichen Rechtspflege zuständig, in dessen Bezirk das Strafgericht des ersten Rechtszuges seinen Sitz hat.** [3]**Einwendungen, die den im Urteil festgestellten Anspruch selbst betreffen, sind nur insoweit zulässig, als die Gründe, auf denen sie beruhen, nach Schluß der Hauptverhandlung des ersten Rechtszuges und, wenn das Berufungsgericht entschieden hat, nach Schluß der Hauptverhandlung im Berufungsrechtszug entstanden sind.**

A. Zwangsvollstreckung (S. 1). Die Zwangsvollstreckung (S. 1) erfolgt aufgrund einer vollstreckbaren Ausfertigung des Urt. (§ 724 Abs. 1 ZPO) o. des nach § 405 Abs. 1 geschlossenen Vergleichs (§ 795 ZPO), die der UrkB der Geschäftsstelle des Strafgerichts nach §§ 724 Abs. 2, 725–730, 733, 734 ZPO erteilt. Wegen der vorl. Vollstreckbarkeit vgl. → § 406 Rn. 6. 1

B. Nachtragsentscheidungen (S. 2). Für Nachtragsentscheidungen (S. 2) ist das Zivilgericht zuständig. Dass dies auch für Abänderungsklagen nach § 323 ZPO gilt, ist durch das OperRRG ausdr. klargestellt worden. Das Strafgericht wird nur im Fall des § 732 ZPO tätig (Effer-Uhe StV 2015, 512). 2

C. Vollstreckungsgegenklage. Die Vollstreckungsgegenklage (dazu Effer-Uhe StV 2015, 513) kann nur auf Gründe gestützt werden, die erst nach der letzten Tatsachenverhandlung entstanden sind (§ 767 Abs. 2 ZPO). Ist ein Rechtsmittel gegen den bürgerlich-rechtlichen Teil des Urt. nach § 406a Abs. 2 S. 2 durch Beschl. verworfen worden, so können alle Einwendungen geltend gemacht werden, die auf seit der Verh. vor dem 1. Richter entstandene Gründe gestützt sind (KK-StPO/Zabeck Rn. 3; Löwe/Rosenberg/Wenske Rn. 4). 3

Wiederaufnahme des Verfahrens

406c (1) [1]**Den Antrag auf Wiederaufnahme des Verfahrens kann der Angeklagte darauf beschränken, eine wesentlich andere Entscheidung über den Anspruch herbeizuführen.** [2]**Das Gericht entscheidet dann ohne Erneuerung der Hauptverhandlung durch Beschluß.**

(2) **Richtet sich der Antrag auf Wiederaufnahme des Verfahrens nur gegen den strafrechtlichen Teil des Urteils, so gilt § 406a Abs. 3 entsprechend.**

1 **A. Wiederaufnahme des Verfahrens.** Die Wiederaufnahme des Verfahrens über den bürgerlich-rechtlichen Teil des Urt., für die §§ 359 ff. mit der Abänderung durch Abs. 1 S. 2 gelten, kann nur der Angeklagte beantragen. StA, Privat- u. Nebenkläger sind nicht antragsberechtigt. Der Antragsteller im Adhäsionsverfahren muss den Zivilrechtsweg beschreiten.

2 **B. Beschränkung des Wiederaufnahmeantrags (Abs. 1).** Beschränken (Abs. 1) kann der Angeklagte den Wiederaufnahmeantrag darauf, eine wesentlich andere Entsch. über den Anspruch herbeizuführen **(S. 1).** Eine solche Entsch. liegt vor, wenn die Verurteilung nach § 406 Abs. 1 S. 1 ganz entfällt o. wenn der zugesprochene Anspruch wesentlich herabgesetzt wird (Effer-Uhe StV 2015, 512). Auch die Änd. einer Ermessensentscheidung, zB über die Höhe des Schmerzensgeldes, kann eine wesentlich andere Entsch. sein (KMR-StPO/Stöckel Rn. 2). Zu einer entspr. Anwendung des § 580 ZPO Effer-Uhe StV 2015, 512.

3 **C. Wiederaufnahme gegen den strafrechtlichen Teil des Urteils (Abs. 2).** Bei Wiederaufnahme gegen den strafrechtlichen Teil des Urteils (Abs. 2) **gilt § 406a Abs. 3 entspr.** Das bedeutet, dass der bürgerlich-rechtliche Teil der Entsch. aufgeh. werden muss, wenn im Wiederaufnahmeverfahren der Schuldspruch entfällt u. auch keine Sicherungsmaßregel gegen den Angeklagten angeordnet wird.

Fünfter Abschnitt. Sonstige Befugnisse des Verletzten

Vorbemerkung zu § 406d

1 **A. Selbständiger Prozessbeteiligter.** Ein selbständiger Prozessbeteiligter ist der Verletzte seit der Einfügung der §§ 406d–406h durch G v. 18.12.1986. Von der Zulassung als Nebenkläger nach §§ 395 ff. hängt nicht mehr seine Beteiligung am Verf., sondern nur noch der Umf. seiner Befugnisse ab, die hier zusf. geregelt sind. Dem Verletzten, der bis dahin nur eine marginale Stellung im Strafverfahren hatte (Weigend Deliktsopfer S. 167), soll durch diese Bestimmungen, die durch das 1., 2. und 3. OpferRRG noch verstärkt worden sind, eine gesicherte Rechtsposition eingeräumt werden, die es ihm ermöglicht, seine Interessen wahrzunehmen u. Verantwortungszuweisungen abzuwehren. Ob u. in welchem Umf. er v. seinen Beteiligungsbefugnissen Gebrauch macht, ist seiner freien Entsch. überlassen. Zusammenfassend zur Stellung des Opfers im Strafverfahren SK-StPO/Velten Vor §§ 374–406h Rn. 34 ff.; krit. dazu mit Blick auf die Verteidigungsrechte des Beschuldigten Bung StV 2009, 430 u. Schünemann FS Hamm, 2008, 687, dagegen Böttcher FS Schöch, 2010, 939 u. Weigend FS Schöch, 2010, 947.

2 **B. Begriff des Verletzten.** Wie der Begriff des Verletzten im Kontext der §§ 406d ff. auszulegen ist, war umstritten. Nach einer Ansicht galt derselbe Verletztenbegriff wie bei der Anwendung des § 172 (OLG Koblenz StV 1988, 332; zw. aber OLG Koblenz NStZ 1988, 89), dh eine nur mittelbare Rechtsbeeinträchtigung genügte nicht. Voraussetzung für die Ausübung der Rechte nach §§ 406d ff. war danach vielmehr eine unmittelbare Rechtsverletzung durch die Straftat (dazu → § 373b Rn. 4, 5; → § 172 Rn. 9 ff.). Nach **aM** konnte der Begriff hingegen auch den (mittelbar) Verletzten iSd § 403 erfassen (BVerfG BeckRS 2009, 18693 mwN zum WpHG (dazu auch Krause FS Widmaier, 2008, 642 ff.); LG Stade StV 2001, 159; vgl. auch OLG Karlsruhe NStZ 1994, 50; KMR-StPO/Stöckel Rn. 10; → § 403 Rn. 2a). Dieser Ansicht ist der Gesetzgeber mit Einführung des § 406 Abs. 4 (iVm § 403 S. 2) durch das G zur Fortentwicklung der StPO v. 25.6.2021 für das Akteneinsichtsrecht des Adhäsionsklägers iSv § 406e gefolgt

(BT-Drs. 19/27654, 105 f.). **Auch der nur mittelbar Verletzte** muss zur effektiven Geltendmachung seiner vermögensrechtlichen Ansprüche im Adhäsionsverfahren Zugang zu den sich aus den Verfahrensakten ergebenden Informationen haben (→ § 406e Rn. 1a). Demgegenüber wurde eine entspr. Erweiterung des berechtigten Personenkreises in den Fällen des § 406d, 406i, 406j und 406k nicht vorgenommen (BT-Drs. 19/27654, 106), sodass es insoweit bei dem engeren Verletztenbegriff des § 373b bleibt (vgl. → § 373b Rn. 3 ff., → § 172 Rn. 9 ff.). Der Insolvenzverwalter ist nicht Verletzter (OLG Frankfurt a. M. NJW 1996, 1484; OLG Hamm NStZ-RR 1996, 11; Pelz StrafR Rn. 618; erg. → § 403 Rn. 5); sein Akteneinsichtsrecht richtet sich nicht nach § 406e, sondern nach § 475 (LG Mühlhausen wistra 2006, 76 mzustAnm Frye).

Im **Jugendstrafverfahren** gelten die §§ 406e Abs. 1 S. 2, 406h gegen Heranwachsende unbeschränkt, gegen Jugendliche nur unter den Voraussetzungen des § 80 Abs. 3 JGG). 3

Auskunft über den Stand des Verfahrens

406d (1) [1]**Dem Verletzten ist, soweit es ihn betrifft, auf Antrag mitzuteilen:**

1. die Einstellung des Verfahrens,
2. der Ort und Zeitpunkt der Hauptverhandlung sowie die gegen den Angeklagten erhobenen Beschuldigungen,
3. der Ausgang des gerichtlichen Verfahrens.

[2]**Ist der Verletzte der deutschen Sprache nicht mächtig, so werden ihm auf Antrag Ort und Zeitpunkt der Hauptverhandlung in einer ihm verständlichen Sprache mitgeteilt.**

(2) [1]**Dem Verletzten ist auf Antrag mitzuteilen, ob**

1. dem Verurteilten die Weisung erteilt worden ist, zu dem Verletzten keinen Kontakt aufzunehmen oder mit ihm nicht zu verkehren;
2. freiheitsentziehende Maßnahmen gegen den Beschuldigten oder den Verurteilten angeordnet oder beendet oder ob erstmalig Vollzugslockerungen oder Urlaub gewährt werden, wenn er ein berechtigtes Interesse darlegt und kein überwiegendes schutzwürdiges Interesse der betroffenen Person am Ausschluss der Mitteilung vorliegt; in den in § 395 Absatz 1 Nummer 1 bis 5 genannten Fällen sowie in den Fällen des § 395 Absatz 3, in denen der Verletzte zur Nebenklage zugelassen wurde, bedarf es der Darlegung eines berechtigten Interesses nicht;
3. der Beschuldigte oder Verurteilte sich einer freiheitsentziehenden Maßnahme durch Flucht entzogen hat und welche Maßnahmen zum Schutz des Verletzten deswegen gegebenenfalls getroffen worden sind;
4. dem Verurteilten erneut Vollzugslockerung oder Urlaub gewährt wird, wenn dafür ein berechtigtes Interesse dargelegt oder ersichtlich ist und kein überwiegendes schutzwürdiges Interesse des Verurteilten am Ausschluss der Mitteilung vorliegt.

[2]**Die Mitteilung erfolgt durch die Stelle, welche die Entscheidung gegenüber dem Beschuldigten oder Verurteilten getroffen hat; in den Fällen des Satzes 1 Nummer 3 erfolgt die Mitteilung durch die zuständige Staatsanwaltschaft.**

(3) [1]**Der Verletzte ist über die Informationsrechte aus Absatz 2 Satz 1 nach der Urteilsverkündung oder Einstellung des Verfahrens zu belehren.** [2]**Über die Informationsrechte aus Absatz 2 Satz 1 Nummer 2 und 3 ist der Verletzte zudem bei Anzeigeerstattung zu belehren, wenn die Anordnung von Untersuchungshaft gegen den Beschuldigten zu erwarten ist.**

(4) [1]**Mitteilungen können unterbleiben, sofern sie nicht unter einer Anschrift möglich sind, die der Verletzte angegeben hat.** [2]**Hat der Verletzte**

einen Rechtsanwalt als Beistand gewählt, ist ihm ein solcher beigeordnet worden oder wird er durch einen solchen vertreten, so gilt § 145a entsprechend.

1 **A. Unterrichtungspflicht.** Dem Verletzten (es gilt der **Verletztenbegriff des § 373b;** vgl. BT-Drs. 19/27654, 106; → § 373b Rn. 3, 4, → § 172 Rn. 9 ff., → Vor § 406d Rn. 2), der (bei der Anzeigeerstattung, bei einer Zeugenvernehmung o. bei anderer Gelegenheit) einen entspr. Antrag stellt, muss die Einstellung des – staatsanwaltschaftlichen o. gerichtlichen – Verf., sonst – ggf. auf Antrag in einer ihm verständlichen Sprache – Ort u. Zeitpunkt der HV u. die gegen den Angeklagten erhobenen Beschuldigungen sowie schließlich der Ausgang des gerichtlich anhängigen Verf. mitgeteilt werden, soweit es ihn betr. (Abs. 1). In diesem Umf. ist er v. der Einstellung des Verf. durch die StA nach § 170 Abs. 2 (falls er nicht Antragsteller war, sonst folgt die Mitteilungspflicht bereits aus § 171) o. §§ 153 ff. zu unterrichten sowie v. den gerichtlichen Entsch. der Nichteröffnung des Hauptverfahrens, der Einstellung des Verf. nach §§ 153 ff., 206a, 206b und von dem verfahrensabschl. Urteil. Zwischenentscheidungen, wie der Beschl. über die Eröffnung des Hauptverfahrens, u. nrkr gewordene Entsch. brauchen ihm nicht bekanntgegeben zu werden. Abs. 1 schließt solche weitergehenden Mitteilungen aber nicht aus (für regelmäßige Mitteilungen über den Verfahrensstand Weigend Deliktsopfer S. 505).

2 **B. Art der Unterrichtung.** Die Art der Unterrichtung nach Abs. 1 regelt das G nicht. Sie erfolgt nicht durch Übersendung einer Entscheidungsabschrift. Auch die Entscheidungsformel braucht dem Verletzten nicht im Wortlaut bekanntgegeben zu werden; oft würde er damit gar nichts anfangen können (**aM** Dähn FS Lenckner, 1998, 673). Ihm ist vielmehr in einer für ihn verständlichen Weise mitzuteilen, mit welchem Erg. das Verf. gegen den Beschuldigten beendet worden ist (KK-StPO/Zabeck Rn. 2). Das geschieht zweckmäßigerweise schriftlich. Die mündliche Unterrichtung ist nicht unzulässig: sie ist aber aktenkundig zu machen.

3 **C. Zuständigkeit.** Zuständig für die Unterrichtung ist die StA o. das Gericht, das die Entsch. erlassen hat, v. der der Verletzte unterrichtet werden muss; die Mitteilung veranlasst der Vorsitzende. Geht der Antrag nach Abs. 1 erst nach Abschluss des gerichtlichen Verf. ein, so ist die aktenführende Stelle zuständig (Gelber/Walter NStZ 2013, 79).

4 **D. Weitergehende Mitteilungspflichten.** Gem. Abs. 2 Nr. 1 besteht eine Mitteilungspflicht bei Anordnung eines Kontakt- o. Verkehrsverbotes. Solche Verbote können im Erkenntnisverfahren bei Strafaussetzung zur Bewährung nach § 56c Abs. 2 Nr. 3 StGB, im Vollstreckungsverfahren nach § 57 Abs. 3 S. 1 iVm § 57c Abs. 2 Nr. 3 StGB sowie iRd Führungsaufsicht nach § 68 Abs. 1 S. 1 Nr. 3 StGB (auch iVm §§ 68d, 68g Abs. 1 S. 1 StGB ausgesprochen werden. Die verletzte Person ist nach § 406i auf die Antragsbefugnis hinzuweisen. Den Antrag für eine solche Mitteilung kann die verletzte Person in jedem Stand des Verf. stellen. Die Einschränkung in Nr. 2 („berechtigtes Interesse“) gilt hier naturgemäß nicht (vgl. BT-Drs. 16/1993, 24: legitimes Interesse des Verletzten).

5 Ein gleiches Antragsrecht enthält **bei freiheitsentziehenden Maßnahmen** gegen den Beschuldigten o. Verurteilten Abs. 2 Nr. 2, mit dem einem RB der EU v. 15.3.2001 entsprochen wird (vgl. Ferber NJW 2004, 2563): Hier wird der Antragsteller unterrichtet, wenn diese Maßnahmen angeordnet (das ergibt sich zwar in gewisser Weise schon aus dem nach Abs. 1 mitzuteilenden Urt., daraus lässt sich aber nicht entnehmen, ob die verhängte Freiheitsstrafe sofort vollzogen wird bzw. ob sich der Verurteilte noch in UHaft befindet) o. beendet o. ob erstmalig (zur wiederholt angeordneten → Rn. 5a) Vollzugslockerungen o. Urlaub aus dem Strafvollzug gewährt werden (krit. Gelber/Walter NStZ 2013, 75).

6 **Voraussetzung für diese Mitteilungspflicht** nach Nr. 2 ist aber neben dem immer erforderlichen Antrag des Verletzten die Darlegung eines berechtigten Interesses sowie, dass – abgesehen v. den in § 395 Abs. 1 Nr. 1–5 und Abs. 3,

soweit der Verletzte zur Nebenklage zugelassen wurde – kein überwiegendes Interesse des Betroffenen am Ausschluss der Mitteilung besteht. Ein berechtigtes Interesse des Verletzten wird immer dann zu bejahen sein, wenn weitere rechtswidrige Angriffe des Beschuldigten o. Verurteilten nicht auszuschließen sind, umgekehrt besteht ein schutzwürdiges Interesse dieser Personen, wenn der Verletzte etwa mit Rache gedroht hat.

Eine weitere für den Verletzten sehr wesentliche Mitteilungspflicht besteht **für den Fall einer Flucht des Beschuldigten oder Verurteilten** u. für eventuelle zum Schutz des Verletzten deswegen angeordnete Maßnahmen. Zuständig hierfür ist stets die StA. 7

Schließlich ist in Nr. 4 (damals Nr. 3) eine **weitere Mitteilungspflicht** geregelt worden: Der Verletzte ist danach auch darüber zu informieren, wenn dem Verurteilten erneut Vollzugslockerung o. Urlaub gewährt wird, wobei wiederum die Interessen des Verletzten u. die des Verurteilten gegeneinander abzuwägen sind. 8

E. Belehrungspflicht. Die Belehrungspflicht über die Informationsrechte aus Abs. 2 regelt Abs. 3. Es wird dabei aus praktischen Gründen zwischen bereits bei der Anzeigeerstattung u. bei nach Einstellung des Verf. o. nach Urteilsverkündung zu erteilender Belehrung unterschieden. Abs. 3 S. 1 dürfte „im Lichte des § 406k Abs. 2 auszulegen sein, wonach Belehrungen entbehrlich sind, wenn die Voraussetzungen einer Befugnis im Einzelfall offensichtlich nicht vorliegen" (Ferber NJW 2016, 281). 9

F. Mitteilungspflicht entfällt (Abs. 4 S. 1). Die Mitteilungspflicht entfällt (Abs. 4 S. 1), wenn der Verletzte nicht unter einer der v. ihm angegebenen Anschriften erreichbar ist. Ermittlungen nach ihm werden nicht angestellt; denn v. dem Verletzten, der ein Interesse am Verfahrensfortgang hat, kann erwartet werden, dass er v. sich aus sicherstellt, dass ihn Mitteilungen der StA o. des Gerichts erreichen (Löwe/Rosenberg/Wenske Rn. 25). 10

G. Entsprechende Anwendung des § 145a. Die entsprechende Anwendung des § 145a bestimmt Abs. 4 S. 2 für den Fall, dass der Verletzte einen RA als Beistand gewählt hat, dass ihm ein RA beigeordnet worden ist o. dass er durch einen RA vertreten wird. Der RA gilt dann als bevollmächtigt, die Mitteilung nach Abs. 1 entgegenzunehmen. 11

H. Belehrung. Zur Belehrung über die Informationsrechte vgl. § 406i. 12

Akteneinsicht

406e (1) [1]**Für den Verletzten kann ein Rechtsanwalt die Akten, die dem Gericht vorliegen oder diesem im Falle der Erhebung der öffentlichen Klage vorzulegen wären, einsehen sowie amtlich verwahrte Beweisstücke besichtigen, soweit er hierfür ein berechtigtes Interesse darlegt.** [2]**In den in § 395 genannten Fällen bedarf es der Darlegung eines berechtigten Interesses nicht.**

(2) [1]**Die Einsicht in die Akten ist zu versagen, soweit überwiegende schutzwürdige Interessen des Beschuldigten oder anderer Personen entgegenstehen.** [2]**Sie kann versagt werden, soweit der Untersuchungszweck, auch in einem anderen Strafverfahren, gefährdet erscheint.** [3]**Sie kann auch versagt werden, wenn durch sie das Verfahren erheblich verzögert würde, es sei denn, dass die Staatsanwaltschaft in den in § 395 genannten Fällen den Abschluss der Ermittlungen in den Akten vermerkt hat.**

(3) [1]**Der Verletzte, der nicht durch einen Rechtsanwalt vertreten wird, ist in entsprechender Anwendung der Absätze 1 und 2 befugt, die Akten einzusehen und amtlich verwahrte Beweisstücke unter Aufsicht zu besichtigen.** [2]**Werden die Akten nicht elektronisch geführt, können ihm an Stelle der Einsichtnahme in die Akten Kopien aus den Akten übermittelt werden.** [3]**§ 480 Absatz 1 Satz 3 und 4 gilt entsprechend.**

(4) **Die Absätze 1 bis 3 gelten auch für die in § 403 Satz 2 Genannten.**

(5) [1]**Über die Gewährung der Akteneinsicht entscheidet im vorbereitenden Verfahren und nach rechtskräftigem Abschluß des Verfahrens die Staatsanwaltschaft, im übrigen der Vorsitzende des mit der Sache befaßten Gerichts.** [2]**Gegen die Entscheidung der Staatsanwaltschaft nach Satz 1 kann gerichtliche Entscheidung durch das nach § 162 zuständige Gericht beantragt werden.** [3]**Die §§ 297 bis 300, 302, 306 bis 309, 311a und 473a gelten entsprechend.** [4]**Die Entscheidung des Gerichts ist unanfechtbar, solange die Ermittlungen noch nicht abgeschlossen sind.** [5]**Diese Entscheidungen werden nicht mit Gründen versehen, soweit durch deren Offenlegung der Untersuchungszweck gefährdet werden könnte.**

Übersicht

1 **A. Grundsatz.** Akteneinsicht wird dem Verletzten (→ Rn. 1a), auch dem Nebenklageberechtigten (iSd § 406g) u. dem Nebenkläger – nicht im selben Umf. gewährt wie nach § 147 dem Beschuldigten, sondern **nur unter den in Abs. 1–3 genannten Voraussetzungen.** Denn für den Verletzten (dazu gehören auch Angehörige des Getöteten iSd § 373b Abs. 2 und des § 395 Abs. 2 Nr. 1) ist sie zwar ein wichtiges Informationsmittel, aber nicht v. der gleichen Bedeutung wie für den Beschuldigten, für dessen Verteidigung sie idR unerlässlich ist. Die Verwendungsbeschränkungen des § 479 Abs. 2 S. 1 u. 2 gelten nicht (→ § 479 Rn. 13).

1a **B. Anwendungsbereich.** Durch den durch das G zur Fortentwicklung der StPO (BGBl. I 2099) neu eingef. Abs. 4 und den Verweis auf § 403 S. 2 wurde klargestellt, dass sich das Akteneinsichtsrecht nach Maßgabe von Abs. 1–3 auf **alle im Adhäsionsverfahren Antragsberechtigten u. damit auch auf mittelbar Geschädigte** erstreckt; der Verletztenbegriff ist insoweit weiter als der in § 373b Abs. 1 (BT-Drs. 19/27654, 105 f.; → § 403 Rn. 2a; → Vor § 406d Rn. 2; → § 373b Rn. 6). Für **Verletzte von Tötungsdelikten** gilt der erweiterte Verletztenbegriff des § 373b Abs. 2 (vgl. BT-Drs. 19/27654 S. 105; → § 373b Rn. 9 ff.)

1b **Nicht verletzt** iSd Vorschr. sind dagegen nicht benachteiligte Kapitalanleger beim Vorwurf gem. § 20a WpHG (OLG Stuttgart StV 2014, 279; aus verfassungsrechtlicher Sicht nicht beanstandet v. BVerfG BeckRS 2016, 40532); möglicherweise durch die Straftat geschädigte Kapitalanleger können allerdings als Verletzte iSv Abs. 1 S. 1 verstanden werden (BVerfG BeckRS 2016, 1084).

2 **C. Akteneinsicht durch RA (Abs. 1).** Ein RA kann für den Verletzten die Akten einsehen, die dem Gericht bereits vorliegen o. im Fall der Klageerhebung nach § 199 Abs. 2 S. 2 vorzulegen wären. Akteneinsicht ist also schon im Vorverfahren möglich. Dem RA sind gem. § 138 Abs. 3 Hochschullehrer iSv § 138 Abs. 1 gleichgestellt, deren sich der Verletzte als Beistand bedient (Ladiges JR 2013, 295 (297); erg. → § 138 Rn. 4).

3 Grundsätzlich wird sie nur gewährt, wenn der RA ein **berechtigtes Interesse** des Verletzten darlegt (S. 1); dazu muss er die Umstände, aus denen sich Grund u. Umf. des Interesses ergibt, schlüssig vortragen (LG Frankfurt a. M. StV 2003, 495; eing. dazu SK-StPO/Velten/Greco iVm Werkmeister 7 ff.; Lauterwein Akteneinsicht S. 60 ff.). Eine Glaubhaftmachung verlangt das G allerdings nicht (KK-StPO/

Zabeck Rn. 4; Löwe/Rosenberg/Wenske Rn. 16; **aM** Riedel/Wallau NStZ 2003, 395 unter Hinweis auf § 16 Abs. 1 Nr. 2 BDSG). Nur wenn der Verletzte nach § 395 berechtigt ist, sich dem Verf. als Nebenkläger anzuschließen, bedarf es dieser Darlegung nicht (S. 2), auch nicht im Vorverfahren.

Ein **berechtigtes Interesse** an der Akteneinsicht **besteht insbesondere,** wenn sie der Prüfung der Frage dienen soll, ob eine Einstellungsbeschwerde nach § 172 Abs. 1 eingelegt o. ein Klageerzwingungsantrag nach § 172 Abs. 2 gestellt werden soll (einschr. Wallau FS Dahs, 2005, 516) o. ob u. in welchem Umf. der Verletzte (vgl. dazu OLG Koblenz NStZ 1990, 604) gegen den Beschuldigten bürgerlichrechtliche Ansprüche geltend machen kann (BVerfG NJW 2007, 1052 (1053); BeckRS 2009, 18693 (§ 826 BGB aus kapitalmarktbezogenen Delikten; dazu **aM** Krause FS Widmaier, 2008, 648 (655)); OLG Hamburg wistra 2012, 397 (400); LG Stralsund StraFo 2006, 76, abl. Steffens StraFo 2006, 60), hingegen nicht, wenn die Einsichtnahme nur zur „Ausforschung" des Beschuldigten o. einer nach materiellem Zivilrecht unzulässigen Beweisgewinnung dienen soll (so Otto GA 1989, 301 ff.; Ranft StrafProzR Rn. 2509; KMR-StPO/Stöckel Rn. 12; Stephan StRR 2012, 383 (385); ähnlich Pfordte FS E. Müller, 2008, 562; Riedel/Wallau NStZ 2003, 395; vgl. auch OLG Hamburg wistra 2012, 397 (400); **aM** LG Bielefeld wistra 1995, 118; LG Mühlhausen wistra 2006, 76 (77); Kiethe wistra 2006, 52; Lauterwein Akteneinsicht S. 70; Kuhn ZRP 2005, 127; Sieber FS Spendel, 1992, 772: § 406e diene auch der zivilrechtlichen Beweissicherung). Auch die Notwendigkeit, solche Ansprüche abzuwehren, begründet ein berechtigtes Interesse (OLG Hamm NJW 1985, 2040; OLG Koblenz StV 1988, 332).Zum Ganzen Lauterwein StV 2024, 337. 4

Dem **Umfang** nach erstreckt sich das Recht auf Akteneinsicht grds. auf den gesamten Akteninhalt (dazu → § 147 Rn. 13 ff.; KG StV 2019, 181), im Falle eines in amtl. Verwahrung befindlichen Mobiltelefons auf das im Zusammenhang mit dessen Auswertung sichergestellte Datenmaterial (OLG Stuttgart 31.8.2021 – 4 Ws 162/21; erg. → § 147 Rn. 19e). Das gilt auch für Geschäftsunterlagen (OLG Hamm NJW 1985, 2040; LG Mühlhausen wistra 2006, 76 (77)) u. Vorgänge über ähnliche Taten des Beschuldigten (BVerfG BeckRS 2009, 18693), wenn diese Teil der Akten geworden sind; vgl. aber → Rn. 12. 5

Zur **Besichtigung amtlich verwahrter Beweisstücke** vgl. → § 147 Rn. 19. 6

Das **Wie der Akteneinsicht** durch RAe ist nach der Streichung des alten Abs. 3 durch das G zur Einf. der elektronischen Akte nunmehr in § 32f Abs. 1 und Abs. 2 geregelt (→ § 32f Rn. 2 ff., → § 32f Rn. 6 ff.). 7

D. Versagung der Akteneinsicht (Abs. 2). Zwingend vorgeschrieben ist die Versagung der Akteneinsicht für den Verletzten, auch für den Nebenkläger u. Nebenklageberechtigten (LG Darmstadt JurPC Web-Dok. 145/2009; LG Köln BeckRS 2008, 23649 = NStZ-RR 2009, 319 Ls.), wenn **überwiegende schutzwürdige Interessen** des Beschuldigten o. anderer Personen **entgegenstehen (S. 1),** dh wenn deren Interesse an der Geheimhaltung ihrer in den Akten enthaltenen persönlichen Daten größer ist als das berechtigte Interesse des Verletzten, den Akteninhalt kennenzulernen (BVerfG NJW 2007, 1052; BeckRS 2009, 18693; OLG Braunschweig Nds. Rpfl. 1992, 269; KG NStZ 2016, 438 (439 f.); 2019, 110). 8

Dieser für das gesamte Verf. geltende **Versagungsgrund** kann zB zur Wahrung eines Geschäfts-, des Steuer- (LG Kleve wistra 1991, 160; LG München I wistra 2006, 240; Pfordte FS E. Müller, 2008, 562; Kümmel wistra 2014, 124) u. des Fernmeldegeheimnisses sowie des Rechts auf informationelle Selbstbestimmung (BT-Drs. 10/5305, 18; BVerfG NJW 2003, 501; LG Hildesheim NJW 2009, 3799 (3801) (höchstpersönliche Angelegenheiten der geschiedenen Ehefrau des Beschuldigten) anzunehmen sein. Auch Angaben über den Gesundheitszustand des Betroffenen stellen regelmäßig überwiegende schutzwürdige Interessen dar (LG Essen StV 2016, 15 Ls.; vgl. auch OLG Hamm NJW 1985, 2040). Militärische Geheimnisse kommen in Betracht, wenn sie dem Schutz v. Leben u. körperlicher Unver- 9 sehrtheit der Soldaten u. der mit ihnen zusammenarbeitenden Personen dienen (BGH (ER) StV 2012, 327). Beschränkungen kommen ebenfalls bei sichergestelltem Datenmaterial in Betracht mit Rücksicht auf höchst persönliche Informationen aus der privaten Sphäre des Angeklagten sowie private Kommunikationsinhalte mit dritten Personen, die in keinerlei Zusammenhang mit der dem Strafverfahren zugrundeliegenden Straftat stehen (OLG Stuttgart 31.8.2021 – 4 Ws 162/21). Ein Versagungsgrund liegt vor, wenn die Ermittlungen keinen hinreichenden Tatverdacht für die Verletzung des Anzeigeerstatters ergeben haben (LG Köln StraFo 2005, 78; einschr. LG Darmstadt K&R 2009, 211; vgl. auch Krause FS Widmaier, 2008, 653; Lauterwein Akteneinsicht S. 100 f.: Verdachtsgrad nur iRd Interessenabwägung zu berücksichtigen) bzw. für Beiakten, die einen Freispruch des Angeklagten zum Inhalt haben (vgl. OLG Hamm NJW 1985, 2040). Umgekehrt sprechen die Schwere des Tatvorwurfs u. ein hoher Verdachtsgrad, wie er etwa in der Anklageerhebung zum Ausdruck kommt, für die Gewährung v. Akteneinsicht (OLG Hamm NJW 1985, 2040). Ob schutzwürdige Interessen des Beschuldigten entgegenstehen, hat der über die Akteneinsicht entscheidende StA o. Richter vAw zu prüfen (Groß/Fünfsinn NStZ 1992, 110); vor einer Entsch. muss der Beschuldigte angehört werden (BVerfG NStZ-RR 2005, 242).

10 Bei der gebotenen Abwägung im Einzelfall kann auch die Stellung des **Beschuldigten als Kronzeuge** berücksichtigt werden (vgl. Fornasier/Sanner WuW 2011, 1067 (1075 f.) unter Hinweis auf EuGH WuW 2011, 769); in dieser Rolle können seine schutzwürdigen Interessen höher zu bewerten sein, weil er die Informationen, die ihn belasten, selbst u. nur im Vertrauen darauf preisgibt, dass seitens der Strafverfolgungsorgane die Vertraulichkeit gewahrt bleibt (vgl. OLG Düsseldorf EWS 2012, 543 Ls. mAnm Palzer sowie Hauger/Palzer EWS 2012, 124, speziell zur – teilw. – Verweigerung der Akteneinsicht in sog. Bonusanträge iRv Kartellordnungswidrigkeitenverfahren nach § 46 Abs. 3 letzter Hs. OWiG iVm § 406 Abs. 2). **„Andere Personen“** müssen nicht in engem, unmittelbarem Zusammenhang mit dem Ermittlungsverfahren stehen u. auch nicht konkret in den Akten benannt o. beschrieben sein (BGH (ER) StV 2012, 327 zum Schutz v. Informanten). Sie können auch andere Verletzte sein (Löwe/Rosenberg/Wenske Rn. 22; vgl. LG München I wistra 2006, 240: weitere Kapitalanleger), jedoch darf die Akteneinsicht nicht nur deswegen versagt werden, weil sie nur allen Verletzten zeitgleich gewährt werden soll (LG Düsseldorf wistra 2003, 239). Die BRD – deren Wohl u. Sicherheitsinteressen – dürfte nach dem Wortlaut v. Abs. 2 S. 1 nicht zu den „andere Personen“ gehören (offengelassen v. BGH StV 2012, 327).

11 Die Akteneinsicht **kann** ferner nach pflichtgemäßem Ermessen bei **Gefährdung des Untersuchungszwecks** versagt werden (S. 2; vgl. → § 147 Rn. 25, 25a). Dazu bedarf es einzelfallbezogener Gründe; nicht ausreichend sind allg. Erwägungen, die lediglich allg. auf die Effektivität der Strafverfolgung abstellen. Auch die bei Aktenkenntnis der Verletzten stets begründete Gefahr einer anhand des Akteninhalts präparierten Zeugenaussage genügt für sich nicht (vgl. OLG Hamm NStZ 2019, 110 (112); KG StV 2019, 181 (183); OLG Brandenburg BeckRS 2023, 25303). Dem Tatrichter steht jedoch ein weiter Entscheidungsspielraum zu (BGH NJW 2005, 1519 (1520); OLG Schleswig StraFo 2016, 157; OLG Hamburg BeckRS 2023, 23035). Die Gefährdung des Untersuchungszwecks bildet, wie sich aus dem Vergleich der Formulierung in S. 3 ergibt u. anders als nach § 147 Abs. 2 S. 1, auch noch nach Erhebung der öffentl. Klage einen Versagungsgrund, zB wenn die Kenntnis des Verletzten, Nebenklagebefugten o. Nebenklägers v. Akteninhalt die Zuverlässigkeit u. den Wahrheitsgehalt einer v. ihm noch zu erwartenden Zeugenaussage o. anstehende Durchsuchungen u. Festnahmen beeinträchtigen könnte (KG StraFo 2022, 362 (363); OLG Köln NStZ 2025, 440; OLG Naumburg NStZ 2011, 118; OLG Düsseldorf StV 1991, 202; OLG Koblenz StV 1988, 332; vgl. aber auch BGH NJW 2005, 1519 (1520)).

12 Ist durch die Aktenkenntnis des Verletzten – wie etwa bei **Aussage-gegen-Aussage-Konstellationen** – eine Beeinträchtigung der gerichtlichen Sachaufklärung (§ 244 Abs. 2) zu besorgen, kann nach einem Teil der Rspr. (OLG Hamburg

NStZ 2015, 105 mzustAnm Radtke u. mablAnm Breu StraFo 2015, 248; abl. auch Schöch FS Streng, 2017, 743; vgl. auch OLG Schleswig StraFo 2016, 157; BVerfG NJW 2017, 1164: Versagung der Akteneinsicht zu prüfen; Hilgert NJW 2016, 985 (988); Löwe/Rosenberg/Wenske Rn. 29 ff.; **aM** OLG Braunschweig NStZ 2016, 629), muss aber nicht (s. OLG Hamburg StraFo 2016, 210), das Ermessen des Gerichts sogar auf Null reduziert sein; damit wird dem Angeklagten die Möglichkeit eröffnet, mittels einer Beschwerde die Akteneinsicht des Verletzten bzw. seines anwaltlichen Vertreters zu verhindern (Radtke NStZ 2015, 109). Eine schematische Handhabung ist allerdings nicht angebracht, da andernfalls die freie Entsch. des Verletzten, Akteneinsicht zu beantragen, beeinträchtigt wird (s. BGH NStZ 2016, 367; OLG Köln NStZ 2025, 440 (441); OLG Schleswig StraFo 2025, 327; OLG Braunschweig NStZ 2016, 629; OLG Hamburg BeckRS 2023, 23035); darüber hinaus kann der Verletzte ohne umfassende Aktenkenntnis weder mögliche Ansprüche im Adhäsionsverfahren noch seine Verfahrensrechte aus §§ 395 ff. sinnvoll geltend machen. Jedenfalls kann eine etwa bestehende Gefährdung mit Fortgang einer HV sukzessiv entfallen (OLG Hamburg NStZ 2015, 105; KG NStZ 2016, 438 (440): Berufungsverfahren nach erstinstanzlicher Verurteilung) o. ihr kann dadurch begegnet werden, dass der Verfahrensbevollmächtigte des Verletzten zusichert, die Akten an den Verletzten nicht weiterzugeben (vgl. auch OLG Köln NStZ 2025, 440 (441) mablAnm Georg; OLG Schleswig StraFo 2025, 327; OLG Braunschweig NStZ 2016, 629). Auch eine beschränkte Akteneinsicht kann im Einzelfall sinnvoll sein (vgl. OLG Hamburg NStZ 2014, 105).

Nicht zutr. erscheint allerdings die Prämisse, dass die Aussage v. Nebenklägern **12a** auch durch Kenntnis ihrer früher gemachten Angaben bereits „kontaminiert" sei (OLG Hamburg NStZ 2015, 105). Vielmehr kann eine solche Kenntnis auch als sinnvolle Erinnerungsstütze fungieren u. eine wahrheitsgemäße u. va vollständige Aussage in der Verh. erleichtern; anders wird dies allerdings hinsichtlich der Einsichtnahme in das aussagepsychologische Gutachten zu beurteilen sein (zutr. KG StraFo 2022, 362 (363); vgl. auch OLG Brandenburg BeckRS 141/23). Die Gefährdung kann sich auch aus einem anderen Strafverfahren (einschl. Ermittlungsverfahren) ergeben (vgl. BT-Drs. 16/11644, 34, 35); dann ist aber die Möglichkeit teilw. Akteneinsicht („soweit") bes. sorgfältig zu prüfen.

Vor der Versagung der Akteneinsicht muss stets geprüft werden, ob eine **teilweise Akteneinsicht** gewährt werden (LG Hildesheim NJW 2008, 531 (534); vgl. **13** auch OLG Hamburg BeckRS 2023, 23035) o. ob bei mehreren Verletzten dem Versagungsgrund der drohenden Verfahrensverzögerung dadurch begegnet werden kann, dass sie einen gemeinsamen RA zur Akteneinsicht bevollmächtigen. Vielfach wird dem Interesse des Beschuldigten an der Geheimhaltung persönlicher Daten schon dadurch Rechnung getragen werden können, dass vor der Akteneinsicht einzelne Aktenteile entheftet werden, sofern das ohne bes. Aufwand möglich ist (vgl. auch Riedel/Wallau NStZ 2003, 396). Insbesondere kommt die Herausnahme der Auskunft aus dem BZR in Betracht (vgl. Nr. 16 Abs. 2 S. 2 RiStBV), aber auch etwa in Korruptionsverfahren dem Steuergeheimnis nach § 30 AO unterfallende Unterlagen (dazu iE Kümmel wistra 2014, 124), es sei denn, es handelt sich um steuerrechtliche Informationen, die in öffentl. HV erörtert wurden (OLG Karlsruhe wistra 1993, 353). Ggf. ist auch eine **Anonymisierung** zu prüfen (BVerfG NJW 2003, 501 (503)).

Bei sonst drohender **erheblicher Verfahrensverzögerung** kann die Akten- **14** einsicht ebenfalls versagt werden (S. 3), wobei eine Verzögerung v. wenigen Tagen idR nicht ausreicht. Gegenüber Nebenklagebefugten u. Nebenklägern gilt dies aber nicht mehr, wenn die StA den – der Anklageerhebung vorausgehenden – Abschlussvermerk nach § 169a zu den Akten gebracht hat.

Speziell bei der Ermittlung v. Anschlussinhabern bei **Filesharing-Netzwerken** **15** (illegale Verbreitung urheberrechtlich geschützter Werke über Internettauschbörsen; zum Begriff u. zur Zuverlässigkeit der verwendeten Ermittlungssoftware Morgenstern CR 2011, 203) kann dem Einsichtsbegehren des – nach Abs. 1 S. 2 iVm § 395 Abs. 1 Nr. 6 privilegierten (LG Karlsruhe MMR 2010, 68 (69); LG Stralsund MMR 2009, 63 (64); Sankol K&R 2008, 511) – verletzten Rechteinhabers das Recht des Nutzers auf informationelle Selbstbestimmung entgegenstehen (LG Darmstadt K&R 2009, 211; LG Köln NStZ-RR 2009, 319 Ls.); LG München I NStZ 2010, 110;Kondziela MMR 2009, 295 (297); vgl. auch Hoeren NJW 2008, 3100; → Rn. 6; krit. Schmidt GRUR 2010, 673: Lediglich geringfügiger Eingriff), grds. jedoch nicht, wenn es sich um eine Urheberrechtsverletzung „in gewerblichem Ausmaß" iSd § 101 UrhG handelt (LG Darmstadt MMR 2009, 52; LG Karlsruhe MMR 2010, 68; GStA Hamm bei Braun StRR 2009, 345; vgl. aber Sankol K&R 2008, 512; MMR 2008, 837 (zum in der Rspr. vorausgesetzten Ausmaß vgl. zB OLG Frankfurt a. M. MMR 2009, 542; OLG Karlsruhe ZUM 2009, 957 (960); OLG Köln MMR 2008, 820; 2009, 334; OLG Oldenburg MMR 2009, 188; OLG Zweibrücken CR 2009, 31; OLG Saarbrücken NStZ 2010, 656); weitergehend für Akteneinsicht oberhalb einer Bagatellgrenze LG Saarbrücken NStZ 2010, 111, die LG Darmstadt NStZ 2010, 111 Ls. bei 5 Filmwerken o. Musikalben bzw. 50 einzelnen Musikstücken angesetzt hat; wohl noch weiter Esser GA 2010, 65 (74, 81)). Allerdings ist hierbei die Stärke des Tatverdachts zu berücksichtigen (LG Saarbrücken MMR 2008, 562; zu Recht einschr. LG Darmstadt K&R 2009, 211 bei frühzeitiger Opportunitätseinstellung (krit. hierzu Kondziela MMR 2009, 295 (298)); ähnlich Esser GA 2010, 65 (81)), wobei aber mit Blick auf die mögliche verschuldensunabhängige Störerhaftung aus § 97 UrhG (vgl. zum Streitstand OLG Düsseldorf MMR 2008, 256; OLG Frankfurt a. M. MMR 2008, 169; 603; OLG Köln MMR 2008, 820; 2009, 334; Esser GA 2010, 65 (73); Kondziela MMR 2009, 295 (296)) die fehlende Konkretisierung auf die Person des Anschlussinhabers nicht schadet (vgl. LG Darmstadt NStZ 2010, 111 Ls.; Bär MMR 2009, 54; **aM** LG München I NStZ 2010, 110; Sankol MMR 2008, 837; zw. LG Köln MMR 2008, 820; 2009, 334).

16 **E. Akteneinsicht durch nicht anwaltlich vertretenen Verletzten (Abs. 3).** Der nicht durch einen RA vertretene Verletzte ist in entspr. Anwendung von Abs. 1 und Abs. 2 befugt, die Akten einzusehen u. amtl. verwahrte Beweisstücke unter Aufsicht zu besichtigen (Abs. 3 S. 1). Die durch das G v. 5.7.2017 (BGBl. I 2208 (2213)) eingeführte Regelung räumt dem Verletzten somit nunmehr ein eigenes Akteneinsichtsrecht ein. Dieses unterliegt denselben Beschränkungen wie die Akteneinsicht durch RAe. Außer in den Fällen des § 395 muss der Verletzte ein berechtigtes Interesse darlegen (→ Rn. 3, 4), die Versagung der Akteneinsicht folgt den 7–14 dargelegten Grundsätzen.

17 Werden die **Akten nicht elektronisch** geführt, können dem nicht anwaltlich vertretenen Verletzten zur Wahrung der Integrität v. Papierakten Abschriften aus den Akten erteilt werden (Abs. 3 S. 2); diese müssen allerdings alle Teile der Akte erfassen, die die dem Verletzten auch durch Einsichtnahme der Akte selbst zugänglich wären (BT-Drs. 18/9416, 65). Im Übrigen gilt für die Form der Akteneinsicht § 32f Abs. 1, Abs. 2 S. 1 und 2 (→ § 32f Rn. 2 ff., → § 32f Rn. 6 ff.).

18 **F. Zuständigkeit (Abs. 5 S. 1).** Zuständig (Abs. 5 S. 1) für die Entsch. über die Akteneinsicht ist im Vorverfahren u. nach rkr. Abschluss des Verf. **die StA** (BGH (ER) BeckRS 2011, 26971), niemals die Polizei (→ § 147 Rn. 34; vgl. auch OLG Stuttgart NStZ 1993, 353), **sonst der Vorsitzende** des mit der Sache befassten Gerichts, der des Rechtsmittelgerichts erst nach Vorlage der Sache nach §§ 321 S. 2, 347 Abs. 2. Vor der Entsch. ist dem Betroffenen – Beschuldigten o. Dritten, in dessen Grundrechte mit der Einsichtsgewährung eingegriffen würde – entspr. § 33 **rechtliches Gehör** zu gewähren (BVerfG NJW 2021, 3654; 2017, 1164; NStZ-RR 2005, 242; Löwe/Rosenberg/Wenske Rn. 50; **aM** AK-StPO/Schöch Rn. 22; Schäfer wistra 1988, 219 (nicht bei Dritten, die personenbezogene Daten in das Verf. gegeben haben); vgl. auch LG Krefeld NStZ 2009, 112 mAnm Sankol MMR 2008, 836: Anhörung des Inhabers bei Urheberrechtsverstoß über Firmenanschluss).

19 **In den Fällen des Abs. 3** – dh bei nicht anwaltlich vertretenen Verletzten (→ Rn. 16) – kann die StA die Behörden des Polizeidienstes, die die Ermitt-

lungen geleitet haben bzw. führen, ermächtigen, die Akteneinsicht zu erteilen (Abs. 3 S. 3 iVm § 480 Abs. 1 S. 3). Gegen deren Entsch. kann die Entsch. der StA eingeholt werden (Abs. 3 S. 3 iVm § 480 Abs. 1 S. 4). Ergänzend → § 480 Rn. 2, 4.

Wird die Akteneinsicht ganz o. teilw. versagt, so ist dem Antragsteller ein **Bescheid** zu erteilen, der kurz zu begründen ist, falls dadurch nicht der Untersuchungszweck gefährdet werden könnte (Abs. 4 S. 5; vgl. → § 147 Rn. 25, 25a). 20

G. Anfechtung (Abs. 5 S. 2–5). Gegen die **Versagung der Akteneinsicht** durch die StA kann bei dem nach § 162 Abs. 1, Abs. 3 S. 3 zuständigen Gericht auf gerichtliche Entsch. angetragen werden; vgl. wegen der Einzelheiten → § 147 Rn. 38 ff. Hat die StA die **Akteneinsicht bewilligt,** so kann der Betroffene (Beschuldigter oder Dritter; → Rn. 9) dies (dh die ihm vorab bekannt zu machende Vfg.) ebenfalls anfechten (vgl. OLG Schleswig StraFo 2025, 327; OLG Stuttgart 31.8.2021 – 4 Ws 162/21: Beschwerde; BayObLG BeckRS 2025, 414 Rn. 88; so früher schon BGHSt 39, 112; vgl. ferner BVerfG NStZ-RR 2005, 242), im Falle unterbliebener Gehörs- o. Rechtsschutzgewährung auch noch nach vollzogener Akteneinsicht zur Feststellung der Rechtswidrigkeit der Bewilligung (KG NStZ 2016, 438; vgl. auch BVerfG NJW 2021, 3654; zur Heilung → § 478 Rn. 4). 21

S. 4 schließt die Beschwerde gegen die Entsch. des Ermittlungsgerichts **im Ermittlungsverfahren aus** (BT-Drs. 16/12098, 35), damit gem. § 336 S. 2 – insoweit – auch die Revision (BGH NJW 2005, 1519; vgl. aber auch BGH JR 2006, 297). Hat die StA die **Ermittlungen abgeschlossen,** ist die **Beschwerde statthaft,** dh gegen die Entsch. des erkennenden Gerichts über die Akteneinsicht im Hauptverfahren (s. Abs. 4 S. 4; BT-Drs. 16/12098, 36; BGH NStZ-RR 2023, 26; KG StraFo 2022, 362; NStZ 2016, 438) sowie gegen die Entsch. des nach Abs. 4 S. 2 angerufenen Ermittlungsgerichts nach dessen rkr. Abschluss o. nach Einstellung des Ermittlungsverfahrens. Auch für die Entsch. des Ermittlungs- u. des Beschwerdegerichts gilt Abs. 4 S. 5. Die Beschwerde gegen **erstinstanzliche Entsch. des OLG** ist nicht statthaft (BGH NJW 2014, 1194). Ein bei der Gewährung o. Versagung v. Akteneinsicht unterlaufener Verfahrensverstoß führt nicht zu einem Beweisverwertungsverbot (BGH NJW 2005, 1519; vgl. auch KMR-StPO/Stöckel Rn. 18). 21a

Das Beschwerdegericht ist nicht darauf beschränkt, die angefochtene Entscheidung auf Ermessensfehler zu überprüfen, sondern trifft eine **eigene Ermessensentscheidung** (OLG Hamburg BeckRS 2023, 23035 mwN). 21b

Zum **Rechtsschutz in den Fällen des Abs. 3** (→ Rn. 19) – dh bei Entsch. der Polizei nach entspr. Ermächtigung durch die StA – → § 478 Rn. 2, 4. 22

H. Datenschutzrechtliche Zweckbindung. Die **datenschutzrechtlich begründete Zweckbindung** der Akteneinsicht ist nach Streichung von Abs. 6 durch das G v. 5.7.2017 nunmehr in § 32f Abs. 5 geregelt (→ § 32f Rn. 13–18). 23

I. Akteneinsicht durch Finanzbehörden. Die **Finanzbehörde** kann nach § 406e die Akten einsehen lassen o. um die Erteilung v. Auskünften u. Abschriften ersuchen, wenn der Steuerfiskus Verletzter ist. Dies ist bei Steuerstraftaten der Fall (BT-Drs. 16/6290, 82; vgl. aber Löwe/Rosenberg/Graalmann-Scheerer § 172 Rn. 60 mwN). Im Zusammenhang mit den für die Telekommunikationsüberwachung in § 100a Abs. 2 Nr. 2 neu aufgenommenen Anlassstraftaten nach der AO besteht damit nach Maßgabe des § 406e die Möglichkeit, der zuständigen FBeh für Zwecke des Besteuerungsverfahrens auch Erkenntnisse etwa aus Telekommunikationsüberwachungsmaßnahmen zu übermitteln (BT-Drs. 16/6290, 82; 16/5846, 67). Die Steuerbehörde darf diese Erkenntnisse nach § 393 Abs. 3 S. 2 **AO** im Besteuerungsverfahren verwenden (vgl. Buse/Bohnert NJW 2008, 620; Wulf wistra 2008, 326). 24

Verletztenbeistand

406f (1) [1] **Verletzte können sich des Beistands eines Rechtsanwalts bedienen oder sich durch einen solchen vertreten lassen.** [2] **Einem zur Vernehmung des Verletzten erschienenen anwaltlichen Beistand ist die Anwesenheit gestattet.**

(2) [1] **Bei einer Vernehmung von Verletzten ist auf deren Antrag einer zur Vernehmung erschienenen Person ihres Vertrauens die Anwesenheit zu gestatten, es sei denn, dass dies den Untersuchungszweck gefährden könnte.** [2] **Die Entscheidung trifft die die Vernehmung leitende Person; die Entscheidung ist nicht anfechtbar.** [3] **Die Gründe einer Ablehnung sind aktenkundig zu machen.**

1 **A. Verletztenbeistand (Abs. 1).** Jeder Verletzte ist berechtigt, sich zur Wahrnehmung seiner Befugnisse im Strafverfahren, auch schon im Ermittlungsverfahren (Löwe/Rosenberg/Wenske Rn. 6), eines RA als Beistand zu bedienen o. durch einen RA vertreten zu lassen (Abs. 1 S. 1). Auch andere Personen können nach Maßgabe des § 138 Abs. 3 als Beistand gewählt werden. Die **gerichtliche Beiordnung** sieht das G aber nur für Verletzte vor, die berechtigt sind, sich dem Verf. als Nebenkläger anzuschließen (§ 406h Abs. 3). Andere Verletzte müssen den Beistand aus eigenen Mitteln bezahlen u. auf ihn verzichten, wenn sie dazu nicht in der Lage sind (OLG Düsseldorf Rpfleger 1993, 37; LG Köln StraFo 1997, 308 mwN). Auch der verurteilte Angeklagte ist rechtlich nicht verpflichtet, die Kosten für den Beistand zu erstatten. Es gilt der – engere – Verletztenbegriff des § 373b, nicht der erweiterte des § 403 S. 2 (BT-Drs. 19/27654, 106; → § 373b Rn. 4, 5; → Vor § 406d Rn. 2; → § 172 Rn. 9 ff.).

2 Die **Befugnisse des Verletztenbeistandes** nach Abs. 1 (vgl. dazu Kaum Beistand S. 159 ff.) beschränken sich (anders als die des Beistands für den nebenklageberechtigten Verletzten nach § 406h) im Wesentlichen (vgl. aber Krey Private Ermittlungen S. 42, der dem Beistand eine „umfassende Befugnis zu eigenen Recherchen" zubilligt) auf das Recht auf Anwesenheit bei Vernehmungen des Verletzten durch die StA o. durch die Polizei (→ § 68b Rn. 3) im Vorverfahren, wodurch der Verletzte mehr Rechte hat als der Beschuldigte (vgl. → § 163 Rn. 16), o. durch das Gericht, auch in der HV.

3 Ein Anwesenheitsrecht vor u. nach der Vernehmung des Verletzten hat er nicht; er ist ein **bloßer Zeugenbeistand** (vgl. auch → Vor § 48 Rn. 11, → § 68b Rn. 5). Die ges. Regelung entspr. insoweit den für den Beschuldigten bei seiner Vernehmung geltenden §§ 168c Abs. 1, 163a Abs. 3 S. 2. Von der Vernehmung wird der Beistand nicht benachrichtigt. Er wird auch zur HV nicht geladen. Der Verletzte darf das Erscheinen u. die Aussage nicht verweigern, weil er erst einen Beistand bestellen will o. weil der bereits gewählte Beistand am Erscheinen verhindert ist (Löwe/Rosenberg/Wenske Rn. 9; **aM** LG Hildesheim StV 1985, 229). Der Beistand darf den Verletzten bei der Vernehmung beraten; das Recht, an seiner Stelle Angaben zu machen u. Auskünfte zu erteilen, hat er nicht (Löwe/Rosenberg/Wenske Rn. 11). Er hat aber, auch schon im Ermittlungsverfahren (Löwe/Rosenberg/Wenske Rn. 6), das Recht zur Beanstandung v. Fragen, die an den Verletzten gerichtet werden, nach §§ 238, 242. In der HV kann er zB Maßnahmen nach den §§ 58a, 168e, 247, 247a, 255a beantragen sowie den Antrag auf Ausschluss der Öffentlichkeit nach § 171b GVG stellen, sofern der Verletzte dem nicht widerspricht (§ 171b Abs. 4 GVG). Aus eigenem Recht kann der Beistand diese Anträge nicht stellen (vgl. dazu Hilger NStZ 1989, 441 (441 f.)). Zum Ausschluss des Beistands vgl. → § 68b Rn. 7.

4 **B. Hinzuziehung einer Vertrauensperson (Abs. 2).** Die Hinzuziehung einer – zur Vernehmung erschienenen – Vertrauensperson (Abs. 2) bei der Vernehmung des Verletzten als Zeugen soll im Wesentlichen dessen psychologische Betreuung ermöglichen. Der Gesetzgeber geht davon aus, dass die Anwesenheit einer Vertrauensperson (Ehegatte, Verwandte o. Bekannte) bes. bei der 1. Zeugen-

vernehmung der Opfer v. Aggressions- u. Gewaltdelikten hilfreich sein kann, weil das die Befangenheit u. Angst des Verletzten mindern, aber auch der Wahrheitsfindung dienen kann. Daher beschränkt Abs. 2 das Recht auf Hinzuziehung einer Vertrauensperson nicht auf staatsanwaltschaftliche u. richterliche Vernehmungen, sondern lässt sie schon bei polizeilichen Vernehmungen zu. Mit der Änd. der Vorschr. durch das 1. OpferRRG ist ein Rechtsanspruch des Verletzten auf die Anwesenheit einer Vertrauensperson begründet worden.

Ihre **Zulassung** durch den Beamten o. Richter, der die Vernehmung leitet, ist 5
insbes. bei Opfern v. Gewalt- u. Sexualdelikten sowie bei der Vernehmung eines Kindes sachgerecht (vgl. Meier JZ 1991, 644); sie darf aber nunmehr ohnehin nur noch abgelehnt werden, wenn durch die Anwesenheit der Vertrauensperson eine Gefährdung des Untersuchungszwecks zu befürchten ist, wenn also durch die Hinzuziehung die Wahrheitsfindung beeinträchtigt werden kann o. durch zeitliche Verzögerung ein Beweismittelverlust droht (Neuhaus StV 2004, 622; vgl. auch Nr. 19a Abs. 1 S. 2 RiStBV). Stört die Vertrauensperson die Verh., so kann sie – va aus den Gründen des § 68b Abs. 1 S. 3, 4 – nach § 164, bei gerichtlichen Vernehmungen nach § 177 GVG ausgeschlossen werden (str., vgl. Löwe/Rosenberg/Wenske Rn. 21). Die Rechte des RA als Beistand (→ Rn. 3) hat die Vertrauensperson, die der psychologischen Betreuung des Zeugen dient, nicht (HK-StPO/Kurth/Pollähne Rn. 7). Ist der Vertrauensperson die Anwesenheit gestattet, gilt dies auch dann, wenn die Öffentlichkeit ausgeschlossen wird.

Die Entsch. über die Zulassung ist **nicht anfechtbar** und damit gem. § 336 S. 2 6
auch nicht revisibel (SSW StPO/Schöch/Werner Rn. 10; **aM** Neuhaus StV 2004, 622 bei „objektiv willkürlicher Missachtung des Ausschlussgrundes"), gleichwohl sind die Ablehnungsgründe nach Abs. 2 S. 3 aktenkundig zu machen. Dies soll „ein Mehr an Rechtssicherheit schaffen" (BT-Drs. 15/1976, 18).

Psychosoziale Prozessbegleitung

406g (1) [1]**Verletzte können sich des Beistands eines psychosozialen Prozessbegleiters bedienen.** [2]**Dem psychosozialen Prozessbegleiter ist es gestattet, bei Vernehmungen des Verletzten und während der Hauptverhandlung gemeinsam mit dem Verletzten anwesend zu sein.**

(2) **Die Grundsätze der psychosozialen Prozessbegleitung sowie die Anforderungen an die Qualifikation und die Vergütung des psychosozialen Prozessbegleiters richten sich nach dem Gesetz über die psychosoziale Prozessbegleitung im Strafverfahren vom 21. Dezember 2015 (BGBl. I S. 2525, 2529) in der jeweils geltenden Fassung.**

(3) [1]**Unter den in § 397a Absatz 1 Nummer 4 bis 6 bezeichneten Voraussetzungen ist dem Verletzten auf seinen Antrag ein psychosozialer Prozessbegleiter beizuordnen.** [2]**Unter den in § 397a Absatz 1 Nummer 1 bis 3 bezeichneten Voraussetzungen kann dem Verletzten auf seinen Antrag ein psychosozialer Prozessbegleiter beigeordnet werden, wenn die besondere Schutzbedürftigkeit des Verletzten dies erfordert.** [3]**Die Beiordnung ist für den Verletzten kostenfrei.** [4]**Für die Beiordnung gilt § 142 Absatz 5 Satz 1 und 3 entsprechend.** [5]**Im Vorverfahren entscheidet das nach § 162 zuständige Gericht.**

(4) [1]**Einem nicht beigeordneten psychosozialen Prozessbegleiter kann die Anwesenheit bei einer Vernehmung des Verletzten untersagt werden, wenn dies den Untersuchungszweck gefährden könnte.** [2]**Die Entscheidung trifft die die Vernehmung leitende Person; die Entscheidung ist nicht anfechtbar.** [3]**Die Gründe einer Ablehnung sind aktenkundig zu machen.**

A. Psychosoziale Prozessbegleitung. Das **Ziel** der psychosozialen Prozess- 1
begleitung des Verletzten (→ § 373b Rn. 2 ff., Rn. 9 ff.) ist ist es, Sekundärviktimisierungen durch qualifizierte Betreuung, Informationsvermittlung u. Unterstützung

im Strafverfahren **zu vermeiden** u. dadurch die Aussagetüchtigkeit von Verletzten zu fördern (Lyndian StraFo 2018, 6 (7)). Ausserdem dient sie der Verbesserung der Qualität von Zeugenaussagen durch den Abbau von Ängsten und Stabilisierung des Zeugen, die die Aussagetüchtigkeit positiv beeinflussen können (vgl. OLG Hamm 18.9.2025 – BeckRS 2025, 29616). Das Leitbild der psychosozialen Prozessbegleitung ist dabei die klare Trennung v. strafverfahrensbezogener Beratung u. Begleitung, um jegliche bewusste u. unbewusste Beeinflussung o. Beeinträchtigung der Zeugenaussage durch die Begleitperson auszuschließen u. ihre Neutralität im Verf. zu wahren (BT-Drs. 18/4621, 30; Frey-Simon FS Graf-Schlicker, 2018, 453 (461); krit. zur Häufung v. Beiständen für Verletzte Kett-Straub ZIS 2017, 341 (342 f.)).

2 **Die psychosoziale Begleitperson** hat zwar ein Anwesenheitsrecht bei Vernehmungen des Verletzten u. während der HV (Abs. 1 S. 2), ihr steht aber kein Fragerecht o. Recht zur Beanstandung v. Fragen zu. Ebenso hat sie kein Zeugnisverweigerungsrecht; daher gehört die Belehrung über das fehlende Zeugnisverweigerungsrecht des Begleiters zur notwendigen Aufklärungsarbeit zu Beginn der Prozessbegleitung (BT-Drs. 18/4621, 30; Frey-Simon FS Graf-Schlicker, 2018, 453 (461)). Bei einem Beweisantrag der Verteidigung auf Einvernahme der psychosozialen Begleitperson bedarf es jedoch der Darlegung konkreter Anhaltspunkte, aus denen sich der Verdacht ergibt, sie könne Einfluss auf die Zeugenaussage genommen haben (vgl. Lyndian StraFo 2018, 6 (11)).

3 **B. PsychPbG.** Das gem. Abs. 2 zugleich mit dem 3. Opferrechtsreformgesetz am 21.12.2015 erlassene Gesetz über die psychosoziale Prozessbegleitung im Strafverfahren (PsychPbG – BGBl. I 2529; dazu Ferber NJW 2016, 281) **regelt in § 2 die Grundsätze der psychosozialen Prozessbegleitung.** Danach ist diese „eine besondere Form der nicht-rechtlichen Begleitung im Strafverfahren für bes. bedürftige Verletzte vor, während u. nach der HV. Sie umfasst die Informationsvermittlung sowie die qualifizierte Betreuung u. Unterstützung im gesamten Strafverfahren mit dem Ziel, die individuelle Belastung der Verletzten zu reduzieren u. ihre Sekundärviktimisierung zu vermeiden". In § 2 Abs. 2 finden sich sodann die Regelungen über die Neutralität ggü. dem Strafverfahren (→ Rn. 1) u. über das fehlende Zeugnisverweigerungsrecht des Begleiters u. die Belehrung darüber (→ Rn. 2). Weiterhin sind im PsychPbG die Anforderungen an die Qualifikation des psychosozialen Prozessbegleiters (§§ 3 und 4) u. seine Vergütung (§§ 5–10) geregelt. Zum Ganzen s. Frey-Simon FS Graf-Schlicker, 2018, 453 (463 ff.).

4 **C. Rechtsanspruch.** Abs. 3 statuiert einen Rechtsanspruch der Verletzten auf eine für sie kostenlose psychosoziale Prozessbegleitung. Sie hat insbes. das Wohl kindlicher u. jugendlicher Opfer v. Sexual- u. Gewaltdelikten im Auge; sie setzt eine Nebenklagebefugnis bzw. Berechtigung zum Anschluss als Nebenkläger nicht voraus. Die Regelung schließt an § 397a an, wonach unter den dort in Abs. 1 Nr. 1–3 bezeichneten Voraussetzungen auf Antrag bei bes. Schutzbedürftigkeit des Verletzten die Beiordnung nach dem Ermessen des Gerichts erfolgen *kann* (Abs. 3 S. 2), während unter den in Abs. 1 Nr. 4 bis 6 bezeichneten Voraussetzungen psychosoziale Prozessbegleitung anzuordnen *ist* (Abs. 3 S. 1).

5 Eine **besondere Schutzbedürftigkeit** iSv Abs. 3 S. 2 kommt namentlich auch bei Menschen mit einer Behinderung o. psychischen Beeinträchtigung, bei Betroffenen v. Sexualstraftaten, v. – insbes. auch vorurteilsmotivierten – Gewalttaten u. von Hasskriminalität sowie bei v. Menschenhandel Betroffenen in Betracht (BT-Drs. 18/4621, 32), ebenso bei Opfern von Verbrechen nach dem VStGB (vgl. BT-Drs. 20/9471). Der Prüfungsmaßstab ist unmittelbar § 48 Abs. 3 zu entnehmen, wonach sowohl bes. Merkmale in der Person des Verletzten als auch die konkreten Umstände der Tat zu berücksichtigen sind. Die in § 395 Abs. 2 Nr. 1 bezeichneten nahen Angehörigen fallen grds. ebenfalls unter die Vorschr. (Frey-Simon FS Graf-Schlicker, 2018, 453 (462); vgl. auch OLG Celle StraFo 2021, 165).

5a Die **psychosoziale Unterstützung** kann etwa bestehen in der Begleitung zu Vernehmungen u. HV u. den damit verbundenen praktischen Hilfestellungen wie etwa Besichtigung des Gerichtssaals und/oder Besuch einer anderen Gerichtsverhandlung, Aufklärung über den allg. Ablauf eines Strafverfahrens u. die Rollen der Prozessbeteiligten, Hilfe beim Umgang mit den Medien, Strategien zur Bewältigung v. Ängsten im Vorfeld sowie während u. nach der Zeugenaussage (eing. dazu Stahlmann-Liebelt/Gropp SchlHA 2016, 439 (442 f.)).

Für das **Verfahren** der Beiordnung gilt § 142 Abs. 5 S. 1 und 3 entspr. (Abs. 3 S. 4). Dem Verletzten ist Gelegenheit zu geben, einen Beistand innerhalb einer v. Gericht zu bestimmenden Frist zu bezeichnen, der ihm beizuordnen ist, wenn dem nicht wichtige Gründe entgegenstehen (→ § 142 Rn. 42 ff.). Im Vorverfahren entscheidet das nach § 162 zuständige Gericht (Abs. 3 S. 5), ansonsten der Vorsitzende des mit der Sache befassten Gerichts. 6

D. Nicht beigeordneter psychosozialer Prozessbegleiter. Während ein beigeordneter psychosozialer Prozessbegleiter ein Anwesenheitsrecht hat (→ Rn. 2), kann einem nicht beigeordneten psychosozialen Prozessbegleiter die Anwesenheit bei einer Vernehmung des Verletzten untersagt werden, allerdings nur dann, wenn seine Anwesenheit den Untersuchungszweck gefährden könnte (Abs. 4 S. 1; erg. → § 406e Rn. 11, 12). Zuständigkeit Abs. 4 S. 2 Hs. 1, Aktenkundigkeit der Untersagung Abs. 4 S. 3. Wichtig ist, dass diese Entsch. nicht anfechtbar ist (Abs. 4 S. 2 Hs. 2); sie ist somit einer Beschwerde nach § 304 und damit auch gem. § 336 S. 2 der Revision entzogen. 7

E. Rechtsmittel. Wenn der Antrag eines Zeugen auf Beiordnung einer psychosozialen Prozessbegleitung abgelehnt worden ist, können sowohl der Ast. als auch die StA **Beschwerde** einlegen (OLG Hamm 18.9.2025 – BeckRS 2025, 29616 mwN). 8

Beistand des nebenklageberechtigten Verletzten

406h (1) [1]**Nach § 395 zum Anschluss mit der Nebenklage Befugte können sich auch vor Erhebung der öffentlichen Klage und ohne Erklärung eines Anschlusses eines Rechtsanwalts als Beistand bedienen oder sich durch einen solchen vertreten lassen.** [2]**Sie sind zur Anwesenheit in der Hauptverhandlung berechtigt, auch wenn sie als Zeugen vernommen werden sollen.** [3]**Ist zweifelhaft, ob eine Person nebenklagebefugt ist, entscheidet über das Anwesenheitsrecht das Gericht nach Anhörung der Person und der Staatsanwaltschaft; die Entscheidung ist unanfechtbar.**

(2) [1]**Der Rechtsanwalt des Nebenklagebefugten ist zur Anwesenheit in der Hauptverhandlung berechtigt; Absatz 1 Satz 3 gilt entsprechend.** [2]**Er ist vom Termin der Hauptverhandlung zu benachrichtigen, wenn seine Wahl dem Gericht angezeigt oder er als Beistand bestellt wurde.** [3]**Die Sätze 1 und 2 gelten bei richterlichen Vernehmungen und der Einnahme richterlichen Augenscheins entsprechend, es sei denn, dass die Anwesenheit oder die Benachrichtigung des Rechtsanwalts den Untersuchungszweck gefährden könnte.** [4]**Nach richterlichen Vernehmungen ist dem Rechtsanwalt Gelegenheit zu geben, sich dazu zu erklären oder Fragen an die vernommene Person zu stellen.** [5]**Ungeeignete oder nicht zur Sache gehörende Fragen oder Erklärungen können zurückgewiesen werden.** [6]**§ 241a gilt entsprechend.**

(3) [1]**Die §§ 397a und 397b gelten entsprechend für**

1. die Bestellung eines Rechtsanwalts und
2. die Bewilligung von Prozesskostenhilfe für die Hinzuziehung eines Rechtsanwalts.

[2]**Im vorbereitenden Verfahren entscheidet das nach § 162 zuständige Gericht.**

(4) [1]**Auf Antrag dessen, der zum Anschluß als Nebenkläger berechtigt ist, kann in den Fällen des § 397a Abs. 2 einstweilen ein Rechtsanwalt als Beistand bestellt werden, wenn**

1. dies aus besonderen Gründen geboten ist,
2. die Mitwirkung eines Beistands eilbedürftig ist und
3. die Bewilligung von Prozeßkostenhilfe möglich erscheint, eine rechtzeitige Entscheidung hierüber aber nicht zu erwarten ist.

[2]Für die Bestellung gelten § 142 Absatz 5 Satz 1 und 3 und § 162 entsprechend. [3]Die Bestellung endet, wenn nicht innerhalb einer vom Richter zu bestimmenden Frist ein Antrag auf Bewilligung von Prozeßkostenhilfe gestellt oder wenn die Bewilligung von Prozeßkostenhilfe abgelehnt wird.

1 **A. Anwesenheitsrecht des nebenklageberechtigten Verletzten.** Auch ohne Zulassung als Nebenkläger kann dieser an der HV teilnehmen, wie Abs. 1 S. 1 klarstellt. Auch wenn sie als Zeugen vernommen werden sollen, haben sie entgegen §§ 58 Abs. 1, 243 Abs. 2 S. 1 ein Anwesenheitsrecht (Abs. 1 S. 2). Damit **muss der Verletzte sich nicht mehr pro forma als Nebenkläger** zulassen lassen, nur um an der Verh. bei Ausschluss der Öffentlichkeit teilnehmen zu können. Allerdings kann fraglich sein, ob eine Person nebenklageberechtigter Verletzter ist; daher schreibt Abs. 1 S. 3 eine – nach Gewährung rechtlichen Gehörs (für die Person u. die StA, nicht für den Angeklagten u. seinen Verteidiger) – unanfechtbare Entsch. des Gerichts hierüber vor. Verneint das Gericht das Anwesenheitsrecht zu Unrecht, kann dies wegen § 336 S. 2 gleichwohl in der Revision nicht gerügt werden.

2 **B. Beistand des nebenklageberechtigten Verletzten.** Auch das Recht, sich – auch schon vor Erhebung der öffentl. Klage – des Beistands eines RA zu bedienen o. sich durch einen RA vertreten lassen, ist v. der Anschlusserklärung als Nebenkläger nicht abhängig (Abs. 1 S. 1). Selbst nach Erhebung der öffentl. Klage kann sich der Verletzte auf die Hinzuziehung eines Beistands nach Abs. 1 beschränken, ohne den Anschluss als Nebenkläger zu erklären; denn das G geht davon aus, dass die nebenklageberechtigten Verletzten allg. bes. schutzbedürftig sind u. einer gesicherten Beteiligungsbefugnis selbst dann bedürfen, wenn sie v. der Nebenklagebefugnis keinen Gebrauch machen.

3 Ob die **Voraussetzungen** für den Anschluss als Nebenkläger nach § 395 vorliegen, entscheidet entspr. Abs. 1 S. 3 (→ Rn. 1) der Richter o. StA, der den Termin leitet, in der HV das Gericht. Im Vorverfahren ist maßgebend, ob der Anfangsverdacht (→ § 152 Rn. 4) eines Nebenklagedelikts gegeben ist; die Tat braucht noch nicht ermittelt zu sein (LG Baden-Baden NStZ-RR 2000, 52). Die Prüfung der bes. Voraussetzungen des § 395 Abs. 3 erfolgt aufgrund der im Zeitpunkt der jew. zu treffenden Entsch. erkennbaren Tatsachen. Eine Bindung für die spätere Zulassung des Verletzten als Nebenkläger tritt dadurch nicht ein.

4 Die **Befugnisse des Beistands** (Abs. 2) umfassen die des Beistands nach § 406f (→ § 406f Rn. 2), gehen über sie aber erheblich hinaus. Er ist nicht nur während der Vernehmung des Verletzten zur Anwesenheit in der HV berechtigt, sondern hat ein uneingeschränktes Anwesenheitsrecht während der ganzen Dauer der HV, auch wenn sie nicht öffentl. ist (S. 1). Die §§ 177, 178 GVG gelten für ihn nicht (SK-StPO/Velten/Greco iVm Werkmeister 5; zw. Löwe/Rosenberg/Wenske Rn. 19; vgl. auch Hilger NStZ 1988, 442). Von der HV ist er zu benachrichtigen, wenn seine Bevollmächtigung angezeigt wurde o. wenn er nach Abs. 3 Nr. 1 dem Verletzten v. Gericht beigeordnet worden ist (vgl. aber BGH NStZ 1997, 49: deutliche Willensbekundung der Beteiligung am Verf. erforderlich). Mitwirkungsrechte in der HV hat der Beistand nicht. Der Vorsitzende kann ihm jedoch gestatten, einzelne Fragen zu stellen (BGH NStZ 2005, 222 mAnm Ventzke NStZ 2005, 396). Anträge kann er für den Verletzten nur in dem seiner Beistandstellung entspr. Umf. stellen. Außerhalb der HV ist der Beistand grds. bei allen parteiöffentl. Vernehmungen des Beschuldigten, der Zeugen (auch nach § 168e) u. Sachverständigen u. bei der Einnahme des richterlichen Augenscheins zur Anwesenheit befugt (Abs. 2 S. 3). Er hat das Recht, sich nach der richterlichen Vernehmung zu erklären o. Fragen an die vernommene Person zu stellen; ungeeignete o. nicht zur Sache gehörende Fragen o. Erklärungen können zurückgewiesen werden (Abs. 2

S. 4 und 5, eingeführt durch G v. 27.8.2017 (BGBl. I 3295)); für die Vernehmung minderjähriger Zeugen gilt § 241a entsprechend. Diese Regelung lehnt sich an die der §§ 168c Abs. 1, Abs. 2, 168d Abs. 1 für den Verteidiger des Beschuldigten an (→ § 168c Rn. 2).

Die Anwesenheit o. die Benachrichtigung des Beistands ist **zu untersagen,** wenn andernfalls der Untersuchungszweck gefährdet werden könnte. Die Entsch. ist nicht anfechtbar. Der Verletzte kann als Zeuge die Auskunft über den Inhalt der Beratungsgespräche mit seinem Beistand verweigern (OLG Düsseldorf NStZ 1991, 503; Löwe/Rosenberg/Wenske Rn. 6;**aM** SK-StPO/Velten/Greco iVm Werkmeister 6; Sieg MDR 1992, 1027), für den Beistand gilt § 53 Abs. 1 Nr. 3. 4a

Die **Kosten** für die Heranziehung des Beistandes werden im gesamten weiteren Verf. wie Nebenklagekosten behandelt, sind also idR v. dem verurteilten Angeklagten zu erstatten (§§ 472 Abs. 3 S. 1, 473 Abs. 1 S. 2; BGH NJW 2009, 308). 5

Die Bestellung eines **RA als Beistand** o. die Bewilligung v. **Prozesskostenhilfe** richtet sich nach dem gem. Abs. 3 S. 1 entspr. anwendbaren § 397a. Hierüber entscheidet im Vorverfahren das nach § 162 zuständige Gericht (Abs. 3 S. 2), danach das mit der Sache befasste Gericht. Ein bloßer Anfangsverdacht der Begehung eines qualifizierten Nebenklagedelikts reicht für die Bestellung nicht aus (vgl. näher zu den Anforderungen OLG Hamburg StV 2007, 292 Ls.; OLG Oldenburg NStZ 2011, 117). 6

Das Gesetz zur Fortentwicklung des **Völkerstrafrechts** sieht auch die entspr. Anwendbarkeit der §§ 397 und 397b vor. Das bedeutet, dass die Bestellung eines Beistands nach § 397a Abs. 1 Nr. 2 und Nr. 6 sowie die Bestellung eines gemeinschaftlichen Beistandes nach § 397b Abs. 1 S. 1 Nr. 2 unter den dort genannten Voraussetzungen bereits im EV erfolgen kann (BT-Drs. 20/9471, 41; → § 397a Rn. 3b, 4; → § 397b Rn. 4–6c). 6a

In Strafverfahren gegen **Jugendliche** fand die Vorschr. – verfassungsrechtlich vertretbar (BVerfG NJW 2002, 1487) – nach hM keine Anwendung (BGH StraFo 2003, 58; KG NStZ-RR 2007, 28; OLG Zweibrücken NStZ 2002, 496). Nachdem das 2. JuMoG in § 80 Abs. 3 **JGG** die Nebenklage auch gegen Jugendliche in beschränktem Umf. zugelassen hat, ist insoweit auch § 406h anwendbar. 7

Nach § 395 gilt die Vorschr. auch im **Sicherungsverfahren** (so schon früher LG Ravensburg NStZ 1995, 303). 8

C. Einstweiliger Verletztenbeistand (Abs. 4). Auf Antrag des nach § 395 zum Anschluss als Nebenkläger berechtigten Verletzten, der kein Recht auf Beiordnung eines Beistands nach § 397a Abs. 1 iVm § 406h Abs. 3 S. 1 Nr. 1 hat, kann einstweilen ein RA als Beistand bestellt werden, **wenn ein bes. Bedürfnis dafür besteht,** alsbald rechtlichen Beistand zu erhalten, u. das verhältnismäßig schwerfällige Verf. der Entsch. nach § 397a Abs. 2, Abs. 3 und den §§ 114 ff. ZPO nicht rasch genug durchgeführt werden kann (S. 1). Das ist zB der Fall, wenn am Anfang des Ermittlungsverfahrens Vernehmungen o. Augenscheinseinnahmen zur Beweissicherung stattfinden, bei denen die Mitwirkung eines RA für den Verletzten sachdienlich erscheint. Die Bestellung eines einstweiligen Beistands ist aber auch noch im gerichtlichen Verf. zulässig. Ein Bedürfnis dafür kann zB bestehen, wenn für den Verletzten erst kurz vor der HV die Notwendigkeit erkennbar ist, sich der Hilfe eines RA zu bedienen. Das G geht davon aus, dass in den Fällen des § 397a Abs. 1 iVm § 406h Abs. 3 S. 1 Nr. 1 unverzüglich entschieden werden kann, ob ein Beistand bestellt wird, weil insbes. die wirtschaftlichen Voraussetzungen der Prozesskostenhilfe nicht geprüft werden müssen. 9

Voraussetzung für die Bestellung ist nach Abs. 4 S. 1, dass der Antragsteller nicht zu den nach § 397a Abs. 1 iVm § 406h Abs. 3 S. 1 Nr. 1 privilegierten Nebenklagebefugten gehört u. dass die Beiordnung aus bes. Gründen geboten ist, ferner, dass die Mitwirkung des Beistands eilbedürftig ist u. dass die Bewilligung v. Prozesskostenhilfe möglich erscheint, insbes. Anhaltspunkte dafür bestehen, dass der Verletzte die Kosten eines RA nicht, nur teilw. o. nur in Raten aufbringen kann, eine rechtzeitige Entsch. aber nicht zu erwarten ist. Dass der Antragsteller 10 bereits einen Antrag auf Bewilligung v. Prozesskostenhilfe gestellt hat, wird dagegen nicht vorausgesetzt, ebenso nicht – bei noch lfd. Frist (§ 77b StGB) – die Stellung eines Strafantrags (Rieß NStZ 1989, 105 (105 f.)).

11 **Zuständig** für die Bestellung ist nach Abs. 4 S. 2 im Vorverfahren der ER (§ 162). Nach Erhebung der öffentl. Klage entscheidet der Vorsitzende des mit der Sache befassten Gerichts (vgl. § 397a Abs. 3 S. 2). Dem Verletzten ist Gelegenheit zu geben, innerhalb einer zu bestimmenden Frist einen Beistand zu bezeichnen; der ausgewählte RA ist zu bestellen, wenn dem keine wichtigen Gründe entgegenstehen (Abs. 2 S. 2 iVm § 142 Abs. 5 S. 1 und 3; erg. → § 142 Rn. 42 ff.). Die Entsch. ist entspr. Abs. 1 S. 3 Hs. 2 unanfechtbar. Hat der Verletzte noch keinen Prozesskostenhilfeantrag (Abs. 3 S. 1 Nr. 2) gestellt, so wird ihm bei der Bestellung des einstweiligen Beistands eine Frist gesetzt, innerhalb deren er das nachzuholen hat.

12 Die **Bestellung endet** nach Abs. 4 S. 3, wenn der Verletzte innerhalb der ihm gesetzten Frist keinen Prozesskostenhilfeantrag stellt o. wenn die Bewilligung v. Prozesskostenhilfe abgelehnt wird. Das Ende der Bestellung spricht der Richter ausdr. aus. Zuständig ist der ER, wenn die Bestellung wegen Fristablaufs endet o. der Antrag auf Prozesskostenhilfe abgelehnt wird.

Unterrichtung des Verletzten über seine Befugnisse im Strafverfahren

406i (1) **Verletzte sind möglichst frühzeitig, regelmäßig schriftlich und soweit möglich in einer für sie verständlichen Sprache über ihre aus den §§ 406d bis 406h folgenden Befugnisse im Strafverfahren zu unterrichten und insbesondere auch auf Folgendes hinzuweisen:**

1. sie können nach Maßgabe des § 158 eine Straftat zur Anzeige bringen oder einen Strafantrag stellen;

2. sie können sich unter den Voraussetzungen der §§ 395 und 396 oder des § 80 Absatz 3 des Jugendgerichtsgesetzes der erhobenen öffentlichen Klage mit der Nebenklage anschließen und dabei

a) nach § 397a beantragen, dass ihnen ein anwaltlicher Beistand bestellt oder für dessen Hinzuziehung Prozesskostenhilfe bewilligt wird,

b) nach Maßgabe des § 397 Absatz 3 und der §§ 185 und 187 des Gerichtsverfassungsgesetzes einen Anspruch auf Dolmetschung und Übersetzung im Strafverfahren geltend machen;

3. sie können einen aus der Straftat erwachsenen vermögensrechtlichen Anspruch nach Maßgabe der §§ 403 bis 406c und des § 81 des Jugendgerichtsgesetzes im Strafverfahren geltend machen;

4. sie können, soweit sie als Zeugen von der Staatsanwaltschaft oder dem Gericht vernommen werden, einen Anspruch auf Entschädigung nach Maßgabe des Justizvergütungs- und -entschädigungsgesetzes geltend machen;

5. sie können nach Maßgabe des § 155a eine Wiedergutmachung im Wege eines Täter-Opfer-Ausgleichs erreichen.

(2) **Liegen Anhaltspunkte für eine besondere Schutzbedürftigkeit des Verletzten vor, soll der Verletzte im weiteren Verfahren an geeigneter Stelle auf die Vorschriften hingewiesen werden, die seinem Schutze dienen, insbesondere auf § 68a Absatz 1, die §§ 247 und 247a sowie die §§ 171b und 172 Nummer 1a des Gerichtsverfassungsgesetzes.**

(3) **Minderjährige Verletzte und ihre Vertreter sollten darüber hinaus im weiteren Verfahren an geeigneter Stelle auf die Vorschriften hingewiesen werden, die ihrem Schutze dienen, insbesondere auf die §§ 58a und 255a Absatz 2, wenn die Anwendung dieser Vorschriften in Betracht kommt, sowie auf § 241a.**

A. Unterrichtungspflicht. Eine **zwingende Pflicht** ist es nach § 406i (früher § 406h), den Verletzten über seine Befugnisse nach den §§ 406d–406h und weiter nach S. 1 Nr. 1–5 zu unterrichten. Denn der Verletzte muss seine vielfältigen Rechte im Strafverfahren kennen, um sie geltend machen zu können. Es gilt der **Verletztenbegriff des § 373b,** nicht der erweiterte des § 403 S. 2 (→ BT-Drs. 19/27654, 40, 106; → Vor § 406d Rn. 2; → § 373b Rn. 4, 5; → § 172 Rn. 9 ff.). 1

Zuständig ist die mit dem Verf. befasste Stelle, also im Ermittlungsverfahren die StA, nach Erhebung der öffentl. Klage das Gericht. 2

Der **Zeitpunkt** der Belehrung ist ges. nicht fest bestimmt; die Unterrichtung soll aber möglichst frühzeitig erfolgen (vgl. auch Böttcher FS Widmaier, 2008, 83). Stellt der Verletzte eine Strafanzeige nach § 158 Abs. 1, so sollte er schon bei dieser Gelegenheit, sonst bei der 1. Zeugenvernehmung im Vorverfahren über seine Rechte belehrt werden. Die StA prüft, ob die Polizei belehrt hat, notfalls holt sie die Belehrung nach (Nr. 174a RiStBV). Die Belehrung entfällt selbstverständlich insoweit, als der Verletzte seine Rechte bereits ausgeübt hat. 3

Als **Form** für die Belehrung wird regelmäßig Schriftlichkeit vorgeschrieben. Eine mündliche Belehrung reicht aber notfalls auch aus; sie ist aber aktenkundig zu machen. Die Aushändigung eines die Belehrung enthaltenden Vordrucks erscheint empfehlenswert. 4

Inhaltlich bedarf es nicht einer ins Einzelne gehenden Belehrung. Es genügt, dass der Verletzte auf seine Befugnisse hingewiesen, dass ihm also deutlich gemacht wird, dass sie ihm zustehen (Rieß/Hilger NStZ 1987, 156 Fn. 2). Es ist darauf zu achten, dass die Hinweise für Ausländer verständlich sind. Merkblätter sollten tunlichst in einer ihnen verständlichen Sprache abgefasst sein. 5

Nachforschungen nach **unbekannten Verletzten** werden nicht angestellt. Die Strafverfolgungsbehörden brauchen nur Belehrungen zu erteilen, wenn u. sobald im Verlauf der Ermittlungen bestimmte Personen als Verletzte bekannt werden. § 406h verpflichtet nicht etwa dazu, nach unbekannten o. nicht näher bestimmbaren Verletzten zu forschen, nur um ihnen ggü. der Hinweispflicht nachkommen zu können. 6

Wiedereinsetzung in den vorigen Stand nach § 44 kann nicht bewilligt werden, wenn die Unterrichtung unterblieben ist u. der Verletzte deshalb eine Frist o. einen Termin versäumt hat; denn das Verf. soll grds. nicht durch den Verletzten aufgehalten werden (SSW StPO/Schöch/Werner § 406i Rn. 6; Rieß/Hilger NStZ 1987, 156; Wenske NStZ 2008, 434; **aM** Böttcher FS Widmaier, 2008, 81). 7

Revisibel ist der Verstoß gegen § 406i nicht (Neuhaus StV 2004, 621). 8

B. Hinweispflichten im Einzelnen (Abs. 1 Nr. 1–5). Die Aufzählung in Abs. 1 Nr. 1–5 enthält die wichtigsten Hinweise, ist aber („insbesondere") **nicht abschließend.** So können ggf. auch Hinweise auf die Unterbringung in einem Frauenhaus o. auf die Beantragung einer Auskunftssperre beim Einwohnermeldeamt angebracht sein (BR-Drs. 178/09, 62). 9

I. Nr. 1. Auf § 158 soll hingewiesen werden, weil dort die Möglichkeit der Strafanzeige u. des Strafantrags sowie deren Modalitäten beschrieben werden. 10

II. Nr. 2. Besonders wichtig ist der Hinweis auf das **Nebenklageverfahren** nach §§ 395 und 396, da dieses dem Verletzten die am weitesten gehenden Befugnisse einräumt. Außerdem ist auf die Möglichkeit der Bestellung eines anwaltlichen Beistands nach § 397a Abs. 1 oder der Gewährung v. Prozesshilfe nach § 397a Abs. 2 sowie bei Personen, die der deutschen Sprache nicht mächtig sind, auf den Anspruch auf Dolmetschung u. Übersetzung nach § 397 Abs. 3 hinzuweisen. 11

III. Nr. 3. Hinweise **zum Adhäsionsverfahren** (§§ 403–406c): Da die Benachrichtigung v. dem Strafverfahren möglichst frühzeitig erfolgen soll, veranlasst sie idR die StA im Ermittlungsverfahren, das Gericht nur, wenn die StA sie unterlassen hat o. die Voraussetzungen des Abs. 1 erst später eingetreten sind. Der Hinweis hat zum Inhalt, dass ein Strafverfahren gegen den Beschuldigten anhängig ist u. dass die Möglichkeit besteht, den Entschädigungsanspruch in diesem Verf. 12

geltend zu machen. Weitere Hinweise schreibt Nr. 173 RiStBV der StA vor. Inhaltlich muss der Hinweis auch Angaben darüber enthalten, in welcher Weise der Anspruch geltend gemacht werden kann.

13 **IV. Nr. 4.** Ein Hinweis auf die Möglichkeit der Entschädigung nach dem **JVEG** wird nun ebenfalls vorgeschrieben. Das erscheint vernünftig, denn es ist nicht auszuschließen, dass Verletzte sonst bei Unkenntnis über die Entschädigungspflicht einer Zeugenladung möglicherweise nicht nachkommen würden.

14 **V. Nr. 5.** Schließlich ist in geeigneten Fällen der Hinweis auf die Möglichkeit eines **TOA** nach § 155a mit dem Beschuldigten erforderlich.

15 **C. Besondere Schutzbedürftigkeit des Verletzten (Abs. 2).** Bei besonderer Schutzbedürftigkeit des Verletzten soll dieser im weiteren Verf. an geeigneter Stelle auf die Vorschr. hingewiesen werden, die seinem Schutz dienen **(Abs. 2).** Der Gesetzgeber verweist hier insbes. auf die §§ 68a Abs. 1, 247, 247a StPO und §§ 171b, 172 Nr. 1a GVG. Solche Hinweise werden natürlich nicht jederzeit, sondern nur bei Feststellung eines entspr. Bedarfs erteilt.

16 **D. Minderjährige Verletzte.** Dem Abs. 2 entspr. sollen bei minderjährigen Verletzten diese u. ihre Vertreter an geeigneter Stelle im Verf. auf die Vorschr. hingewiesen werden, die ihrem Schutz dienen **(Abs. 3).** Dabei ist insbes. an §§ 68a, 241a, 255a Abs. 2 gedacht.

17 **E. Verweise auf weitere Vorschriften.** Zu **weiteren Informationen** vgl. § 406k Abs. 1, zum **Unterbleiben der Mitteilungs- und Hinweispflicht** vgl. § 406k Abs. 2. § 406i Abs. 1 gilt gem. § 406l auch für Angehörige u. Erben v. Verletzten (vgl. § 406l).

Unterrichtung des Verletzten über seine Befugnisse außerhalb des Strafverfahrens

406j **Verletzte sind möglichst frühzeitig, regelmäßig schriftlich und soweit möglich in einer für sie verständlichen Sprache über folgende Befugnisse zu unterrichten, die sie außerhalb des Strafverfahrens haben:**

1. sie können einen aus der Straftat erwachsenen vermögensrechtlichen Anspruch, soweit er nicht nach Maßgabe der §§ 403 bis 406c und des § 81 des Jugendgerichtsgesetzes im Strafverfahren geltend gemacht wird, auf dem Zivilrechtsweg geltend machen und dabei beantragen, dass ihnen für die Hinzuziehung eines anwaltlichen Beistands Prozesskostenhilfe bewilligt wird;

2. sie können nach Maßgabe des Gewaltschutzgesetzes den Erlass von Anordnungen gegen den Beschuldigten beantragen;

3. sie können nach Maßgabe des Vierzehnten Buches Sozialgesetzbuch einen Anspruch auf Soziale Entschädigung geltend machen;

4. sie können nach Maßgabe von Verwaltungsvorschriften des Bundes oder der Länder gegebenenfalls Entschädigungsansprüche geltend machen;

5. sie können Unterstützung und Hilfe durch Opferhilfeeinrichtungen erhalten, etwa

a) in Form einer Beratung,

b) durch Bereitstellung oder Vermittlung einer Unterkunft in einer Schutzeinrichtung oder

c) durch Vermittlung von therapeutischen Angeboten wie medizinischer oder psychologischer Hilfe oder weiteren verfügbaren Unterstützungsangeboten im psychosozialen Bereich.

1 **A. Außerhalb des Strafverfahrens.** Während § 406i die Unterrichtung des Verletzten innerhalb des Strafverfahrens regelt, wird in § 406j die Unterrichtung des Verletzten **außerhalb des Strafverfahrens** erörtert. Auch hier wie in § 406i

Abs. 1 gilt, dass die Unterrichtung möglichst frühzeitig, regelmäßig schriftlich u. – soweit möglich – in einer für den Verletzten verständlichen Sprache erfolgen soll. Es gilt der Verletztenbegriff des § 373b, nicht der erweiterte des § 403 S. 2 (BT-Drs. 19/27654, 40, 106; → Vor § 406d Rn. 2; → § 373b Rn. 4, 5; → § 172 Rn. 9 ff.).

B. Die einzelnen Befugnisse. Nr. 1: Auf die Möglichkeit der Geltendmachung v. Ansprüchen **auf dem Zivilrechtsweg** samt der dort vorgesehenen Möglichkeit der Beantragung v. Prozesskostenhilfe ist hinzuweisen. 2

Dies tritt neben die in § 406i Nr. 2a) geregelte Hinweispflicht auf die Zuziehung eines Beistandes u. auf die Gewährung v. Prozesskostenhilfe u. auf die in § 406i Nr. 3 vorgeschriebene Hinweispflicht auf das Adhäsionsverfahren nach §§ 403 ff. 3

Nr. 2: Der Hinweis auf das **Gewaltschutzgesetz** ist notwendig, um dem Verletzten klarzumachen, dass er zum Schutz vor weiteren Beeinträchtigungen den Erlass einstweiliger Anordnungen beantragen kann. 4

Nr. 3: Hinweise auf das **Opferentschädigungsgesetz** sind erforderlich, wenn der Verletzte wegen einer durch die Straftat erlittenen schweren gesundheitlichen Schädigung Versorgungsansprüche nach diesem G haben kann. 5

Nr. 4: Als **weitere Entschädigungsansprüche** kommen untergesetzliche Entschädigungsmöglichkeiten in Betracht, auf die ebenfalls hinzuweisen ist. So etwa eine Entschädigung für mittellose Nebenkläger für die Auslagen für eine Reise zur HV nach einer bundeseinheitlichen Verwaltungsvereinbarung v. 2006 o. eine Entschädigung für Opfer extremistischer Straftaten aus einem Härtefonds aufgrund eines dahingehenden Beschl. des Deutschen BT nach Maßgabe einer RL des Bundesamtes für Justiz (BT-Drs. 56/15, 36). 6

Nr. 5: Schließlich ist auf die Unterstützungs- u. Hilfsmöglichkeiten durch **Opferhilfeeinrichtungen** (etwa den „Weißen Ring") hinzuweisen (vgl. dazu Böttcher FS Widmaier, 2008, 84). Wie solche Unterstützung bzw. Hilfe aussehen kann, ist in Nr. 5a– Nr. 5c dargelegt. Das Gericht muss darauf achten, dass hierdurch eine (bewusste o. unbewusste) Beeinflussung des Inhalts der Aussage des Verletzten unterbleibt (BR-Drs. 178/09, 64). Die Möglichkeit einer psychosozialen Prozessbegleitung ist jetzt in § 406g geregelt. 7

C. Weitere Informationen. Weitere Informationen folgen aus § 406k Abs. 1, ein **Absehen von den Unterrichtungs- und Hinweispflichten** ist nach § 406k Abs. 2 zulässig. 8

D. Befugnisse für Angehörige und Erben des Verletzten. Befugnisse für Angehörige und Erben des Verletzten regelt § 406l. 9

Weitere Informationen

406k (1) **Die Informationen nach den §§ 406i und 406j sollen jeweils Angaben dazu enthalten,**

1. **an welche Stellen sich die Verletzten wenden können, um die beschriebenen Möglichkeiten wahrzunehmen, und**
2. **wer die beschriebenen Angebote gegebenenfalls erbringt.**

(2) [1] **Liegen die Voraussetzungen einer bestimmten Befugnis im Einzelfall offensichtlich nicht vor, kann die betreffende Unterrichtung unterbleiben.** [2] **Gegenüber Verletzten, die keine zustellungsfähige Anschrift angegeben haben, besteht keine schriftliche Hinweispflicht.**

Eine Unterrichtung darüber, an welche **Wiedergutmachungsdienste** sich die Verletzten wenden können, ist erforderlich, damit sie ihre Rechte auch effektiv wahrnehmen können. Daher schreibt Abs. 1 vor, dass die Unterrichtung in den Fällen der §§ 406i und 406j Angaben dazu enthalten muss, an welche Stellen sich die Verletzten wenden können, u. wer die beschriebenen Angebote ggf. erbringt. 1

Die **betr. Unterrichtung unterbleibt,** wenn die Voraussetzungen für eine bestimmte Befugnis im Einzelfall offensichtlich nicht gegeben sind (Abs. 2 S. 1), so, 2 wenn ein Antrag nach §§ 403 ff. offensichtlich nicht in Betracht kommt (vgl. auch Amelunxen ZStW 86 (1974), 461; Scholz JZ 1972, 726 ff.). Damit soll ein unnötiger formaler Aufwand vermieden werden.

3 Eine **schriftliche Hinweispflicht unterbleibt,** wenn sie nicht unter einer seitens des Verletzten angegebenen Anschrift o. an seinen RA möglich ist (Abs. 2 S. 2). Nachforschungen brauchen nicht angestellt zu werden. Von der Mitteilung kann allerdings auch in Masseverfahren mit Hunderten o. Tausenden v. Geschädigten abgesehen werden (BT-Drs. 15/1976, 18; BR-Drs. 178/09, 64). Die Verpflichtung zur Erteilung eines *mündlichen* Hinweises bleibt unberührt (BT-Drs. 56/15, 37).

Befugnisse von Angehörigen und Erben von Verletzten

406l **§ 406i Absatz 1 sowie die §§ 406j und 406k gelten auch für Angehörige und Erben von Verletzten, soweit ihnen die entsprechenden Befugnisse zustehen.**

1 Einige der in §§ 406i Abs. 1, 406j und 406k aufgeführten Befugnisse stehen auch **Angehörigen** (§ 395 Abs. 2 Nr. 1 sowie § 1 Abs. 8 Opferentschädigungsgesetz und § 373b Abs. 2) u. **Erben** (§ 403) v. Verletzten zu. Auch diesen ggü. bestehen die Hinweispflichten, weil sie als ebenso schutzbedürftig wie die Verletzten selbst anzusehen sind. Der erweiterte Verletztenbegriff des § 403 S. 2 gilt hier nicht (vgl. BT-Drs. 19/27654, 40; → Vor § 406d Rn. 2; § 403 S. 2; → § 373b Rn. 4, 5).

Sechstes Buch. Besondere Arten des Verfahrens

Erster Abschnitt. Verfahren bei Strafbefehlen

Nr. 175–179 RiStBV

Vorbemerkung zu § 407

1 **A. Strafbefehlsverfahren.** Ein **summarisches Strafverfahren** ist das Strafbefehlsverfahren (vgl. BVerfGE 3, 248 (253); BGHSt 29, 305 (307)). Es ermöglicht eine einseitige Straffestsetzung ohne HV u. Urt. (vgl. EGMR NJW 1993, 717). Dabei muss die Schuld des Täters nicht zur Überzeugung des Gerichts feststehen; es genügt hinreichender Tatverdacht (vgl. § 408 Abs. 2 S. 1; wie hier: Schaal GS Meyer, 1990, 427 ff.; Schlüchter Strafverfahren Rn. 788.5; Geis, Überzeugung beim Strafbefehlserlass? 2000; **aM** KK-StPO/Maur § 408 Rn. 15; KMR-StPO/Metzger Rn. 24; vgl. ferner SK-StPO/Weßlau/Degener Rn. 12 ff.). Die beschleunigte Verfahrenserledigung wird also durch eine Herabsetzung der Prüfungsvoraussetzungen erkauft. Auf die Erledigung v. Bagatellfällen ist das Strafbefehlsverfahren dennoch nicht beschränkt. Außer der Festsetzung einer Geldstrafe bis zu 360, bei Tatmehrheit sogar bis zu 720 Tagessätzen (→ § 407 Rn. 11), darf gem. § 407 Abs. 2 sogar Freiheitsstrafe bis zu einem Jahr verhängt werden, wenn deren Vollstreckung zur Bewährung ausgesetzt wird (erg. → § 408b Rn. 1). Das vereinfachte Verf., in dem inzwischen die Mehrzahl der Strafverfahren abgeschlossen wird (vgl. Böttcher FS Odersky, 1996, 313; Heinz FS Müller-Dietz, 2001, 271), ist praktisch unentbehrlich (Roxin § 66 A II). Es liegt nicht nur im Interesse der staatlichen Strafgerichtsbarkeit, die völlig überfordert wäre, wenn jedes Verf. durch HV u. Urt. erledigt werden müsste, sondern auch im Interesse des Beschuldigten, dem durchaus daran gelegen sein kann, dass ein einfacher Straffall kostensparend, ohne Zeitverlust u. ohne Aufsehen erledigt wird (BVerfGE 25, 158 (164)). Die – der gegenseitigen Kontrolle dienende (vgl. auch → § 153 Rn. 26) – erforderliche Übereinstimmung v. StA u. Gericht (→ § 408 Rn. 11) ist ein unverzichtbarer Bestandteil des Strafbefehlsverfahrens (**aM** Hausel ZRP 1994, 94). Zur Nebenklage im Strafbefehlsverfahren Metz JR 2019, 67.

2 **B. Vorläufige Entscheidung.** Eine **vorläufige Entscheidung** ist der Strafbefehl. Der Angeklagte kann sie durch Nichtanfechtung rkr. werden lassen, aber stets auch durch rechtzeitige Einsprucheinlegung (§ 410 Abs. 1 S. 1) die Durchführung der HV erzwingen (§ 411 Abs. 1 S. 2). Dadurch ist dem Art. 6 Abs. 1 **EMRK** genügt (SSW StPO/Momsen § 407 Rn. 2). Um ein bloßes Unterwerfungsangebot an den Beschuldigten handelt es sich bei dem Strafbefehl nicht (vgl. aber BVerfGE 3, 248 (253 ff.)). Vielmehr beruht auch der Strafbefehl auf einer eigenen richterlichen Tatsachen- u. Schuldfeststellung, die sich v. derjenigen des gerichtlichen Strafverfahrens nur dadurch unterscheidet, dass sie auf beschränkter schriftlicher Grdl. getroffen wird u. dass ihr nicht die volle richterliche Überzeugung nach § 261 zugrunde liegt. Zur Zulässigkeit einer Vereinbarung zwischen StA u. Verteidiger, die Sache durch Strafbefehl zu erledigen, vgl. KMR-StPO/Metzger Rn. 28 ff.; Schmidt-Hieber StrafVerfR Rn. 74 ff.

3 **C. Rechtshängigkeit.** Rechtshängigkeit tritt im Strafbefehlsverfahren nach allgM nicht mit der Stellung des Strafbefehlsantrags, sondern erst mit dem Erlass des Strafbefehls ein (vgl. OLG Zweibrücken MDR 1987, 164; zum Fall des § 408 Abs. 3 S. 2 vgl. → § 408 Rn. 14). Das ist auch der Standpunkt des Gesetzgebers; denn § 433 Abs. 1 S. 2 stellt den Erlass des Strafbefehls der Eröffnung des Hauptverfahrens gleich. Im Strafbefehlsverfahren hat die Rechtshängigkeit übrigens eine geringere Bedeutung als im gewöhnlichen Strafverfahren; denn Klage u. Einspruch

können bis zur Verkündung des Urt. im 1. Rechtszug zurückgenommen werden (§ 411 Abs. 3 S. 1).

4 **D. Rechtskraft.** Die Rechtskraft des Strafbefehls steht nach § 410 Abs. 3 der eines Urt. gleich (→ § 410 Rn. 12). Der Strafbefehl verbraucht auch die Strafklage wie ein rkr. Urteil. Ergeht nach Rechtskraft des Strafbefehls ein Urt., das dieselbe Tat betr., so ist daher der Strafbefehl wirksam, nicht das Urteil.

Zulässigkeit **Nr. 175–177 RiStBV**

407 (1) [1] **Im Verfahren vor dem Strafrichter und im Verfahren, das zur Zuständigkeit des Schöffengerichts gehört, können bei Vergehen auf schriftlichen Antrag der Staatsanwaltschaft die Rechtsfolgen der Tat durch schriftlichen Strafbefehl ohne Hauptverhandlung festgesetzt werden.** [2] **Die Staatsanwaltschaft stellt diesen Antrag, wenn sie nach dem Ergebnis der Ermittlungen eine Hauptverhandlung nicht für erforderlich erachtet.** [3] **Der Antrag ist auf bestimmte Rechtsfolgen zu richten.** [4] **Durch ihn wird die öffentliche Klage erhoben.**

(2) [1] **Durch Strafbefehl dürfen nur die folgenden Rechtsfolgen der Tat, allein oder nebeneinander, festgesetzt werden:**

1. Geldstrafe, Verwarnung mit Strafvorbehalt, Fahrverbot, Einziehung, Vernichtung, Unbrauchbarmachung, Bekanntgabe der Verurteilung und Geldbuße gegen eine juristische Person oder Personenvereinigung,
2. Entziehung der Fahrerlaubnis, bei der die Sperre nicht mehr als zwei Jahre beträgt,
2a. Verbot des Haltens oder Betreuens von sowie des Handels oder des sonstigen berufsmäßigen Umgangs mit Tieren jeder oder einer bestimmten Art für die Dauer von einem Jahr bis zu drei Jahren sowie
3. Absehen von Strafe.

[2] **Hat der Angeschuldigte einen Verteidiger, so kann auch Freiheitsstrafe bis zu einem Jahr festgesetzt werden, wenn deren Vollstreckung zur Bewährung ausgesetzt wird.**

(3) **Der vorherigen Anhörung des Angeschuldigten durch das Gericht (§ 33 Abs. 3) bedarf es nicht.**

Übersicht

1 **A. Anwendungsbereich.** Im **Verfahren wegen Vergehen vor dem AG** (Strafrichter u. SchG) ist das Strafbefehlsverfahren zulässig (Abs. 1 S. 1); die Zuständigkeit des SchG hat jetzt aber keine Bedeutung mehr (vgl. → § 408 Rn. 5).

Dass der **Beschuldigte in Haft** ist, steht dem Strafbefehlsverfahren nicht entgegen; zu prüfen ist dann aber, ob nicht das beschleunigte Verf. nach § 417 eine schnellere Erledigung ermöglicht (vgl. Nr. 175 Abs. 4 RiStBV). 2

Gegen **Jugendliche** darf kein Strafbefehl erlassen werden (§ 79 Abs. 1 **JGG**), gegen Heranwachsende nur, wenn allg. Strafrecht angewendet wird (§ 109 Abs. 2 S. 1 **JGG**); entspr. den Ausführungen → Rn. 1 ist nunmehr stets der Jugendrichter zuständig (§ 108 Abs. 2 **JGG**). Ein unter Verstoß gegen §§ 79 Abs. 1, 109 Abs. 2 S. 1 **JGG** erlassener Strafbefehl ist wirksam (Brunner/Dölling JGG § 79 Rn. 3; Eisenberg/Kölbel JGG § 79 Rn. 6; zur Wiederaufnahme des Verf. vgl. KrG Saalfeld NStE StPO § 359 Nr. 19). Wird Einspruch eingelegt, so wird der Mangel dadurch geheilt, dass das JugG, an das die Sache abzugeben ist, HV anberaumt (BayObLGSt 1957, 59; Brunner/Dölling JGG § 79 Rn. 3). 3

Gegen **Abwesende** (§ 276) wird grds. kein Strafbefehl erlassen (Nr. 175 Abs. 2 S. 1 RiStBV); denn die öffentl. Zustellung des Strafbefehls wäre unzulässig (→ § 409 Rn. 21). Hat der Beschuldigte einen Zustellungsbevollmächtigten bestellt (§§ 116a Abs. 3, 127a Abs. 2, 132 Abs. 1 Nr. 2), so steht jedoch seine Abwesenheit dem Strafbefehlserlass nicht entgegen. Der Strafbefehl kann auch beantragt u. erlassen werden, wenn sich der Beschuldigte zwar außerhalb des Geltungsbereichs der StPO aufhält, die Zustellung aber durchführbar erscheint (LG Verden NJW 1974, 2194; Löwe/Rosenberg/Gössel Vor § 407 Rn. 46). 4

B. Strafbefehlsantrag der StA (Abs. 1). Der Strafbefehlsantrag der StA (Abs. 1) ist eine **bes. Form der Erhebung der öffentl. Klage** (S. 4); daher müssen die gleichen Voraussetzungen wie für die Einreichung einer Anklageschrift vorliegen (BayObLG StV 2002, 356). 5

Der Strafbefehlsantrag, den im Steuerstrafverfahren (dazu Burkhard StraFo 2004, 342) auch die FBeh stellen kann (dazu Dißars wistra 1997, 331), die das Ermittlungsverfahren nach § 386 **AO** selbständig geführt hat (§ 400 **AO**), **muss schriftlich** gestellt (S. 1) und gem. § 32b Abs. 3 S. 2 als elektronisches Dokument eingereicht werden, wenn die Akten elektronisch geführt werden (→ § 32b Rn. 1 ff.). Da Strafbefehlsantrag u. Strafbefehl übereinstimmen müssen (→ § 408 Rn. 11), muss der Antrag den für den Strafbefehl in § 409 Abs. 1 Nr. 1–6 vorgeschriebenen Inhalt haben. In der Regel reicht die StA einen Strafbefehlsentwurf ein u. beantragt, einen Strafbefehl mit diesem Inhalt zu erlassen (Nr. 176 RiStBV). 6

Bei **mehreren Beschuldigten** genügt ein einheitlicher Antrag (Krüger NJW 1969, 1336); der Richter kann die Verf. trennen, wenn er das für geboten hält. Der Strafbefehlsantrag ist auf eine bestimmte Rechtsfolge (dazu → Rn. 10 ff.) zu richten (S. 3). 7

Er setzt, wie die Anklageerhebung (§ 170 Abs. 1), **genügenden Anlass zur Erhebung der öffentlichen Klage** voraus. Der Beschuldigte muss der Tat also hinreichend verdächtig sein (→ § 170 Rn. 1). Nach Ablehnung eines Antrags auf Durchführung des beschleunigten Verfahrens durch das AG ist die StA nicht gehindert, einen Strafbefehl zu beantragen (OLG Schleswig NStZ 2025, 255). 8

Ferner darf die StA den Strafbefehlsantrag nur stellen, wenn nach dem Erg. der Ermittlungen eine **HV nicht erforderlich** erscheint (S. 2). An dieser Voraussetzung fehlt es, wenn Gründe vorliegen, die den Richter veranlassen können, auf den Antrag keinen Strafbefehl zu erlassen, sondern HV anzuberaumen (→ § 408 Rn. 12). Sonst ist die StA nach S. 2 zur Antragstellung verpflichtet; sie soll davon nur absehen, wenn die vollständige Aufklärung aller für die Rechtsfolgenbestimmung wesentlichen Umstände o. Gründe der Spezial- o. Generalprävention die Durchführung einer HV geboten erscheinen lassen (Nr. 175 Abs. 3 S. 1 RiStBV). Auf einen Strafbefehlsantrag darf sie nicht schon deswegen verzichten, weil ein Einspruch des Angeschuldigten zu erwarten ist (Nr. 175 Abs. 3 S. 2 RiStBV; Franzheim JR 1991, 390; **aM** Burkhard StraFo 2004, 344). Der Beschuldigte hat keinen Rechtsanspruch darauf, dass die Sache im Strafbefehlsverfahren erledigt wird (**aM** Freund GA 1995, 18). Wegen der Mitteilungspflichten u. -ermächtigungen vgl. → § 200 Rn. 29. 9

10 **C. Zulässige Rechtsfolgen (Abs. 2).** Die zulässigen Rechtsfolgen (Abs. 2) **führt das G abschl. auf.** Die einzige Sicherungsmaßregel, die angeordnet werden darf, ist die Entziehung der Fahrerlaubnis (S. 1 Nr. 2). Außerdem sind auch Maßnahmen nach § 20 TierschG (S. 1 Nr. 2a) sowie das Absehen v. Strafe möglich (S. 1 Nr. 3). Ferner darf (S. 2) Freiheitsstrafe bis zu einem Jahr mit Strafaussetzung zur Bewährung festgesetzt werden (abl. SK-StPO/Degener Rn. 22 ff.; Loos FS Remmers, 1995, 575), falls der Angeschuldigte einen Verteidiger hat; gegen einen Heranwachsenden ist die Verhängung v. Freiheitsstrafe im Strafbefehlsverfahren aber nach § 109 Abs. 3 **JGG** nach wie vor ausgeschlossen (Rieß AnwBl 1993, 54). Zur Einbeziehung einer OWi vgl. § 64 OWiG u. Nr. 280 RiStBV sowie Mitsch ZIS 2011, 503. Die Festsetzung einer in Abs. 2 nicht vorgesehenen, sonst aber zulässigen Rechtsfolge führt nicht zur Nichtigkeit des Strafbefehls (→ § 409 Rn. 7).

11 **I. Geldstrafe (§ 40 StGB).** Geldstrafe (§ 40 StGB) kann nicht nur festgesetzt werden, wenn sie in der Strafvorschrift allein o. neben Freiheitsstrafe angedroht ist, sondern auch, wenn auf sie nur nach §§ 47 Abs. 2, 49 Abs. 2 StGB erkannt werden darf. Die Höchstzahl der Tagessätze (§§ 40 Abs. 1 S. 2, 54 Abs. 2 S. 2 StGB) darf auch im Strafbefehlsverfahren festgesetzt werden. Angegeben werden nur Zahl u. Höhe der Tagessätze, nicht der Gesamtbetrag, der sich für den Beschuldigten aber aus der in dem Strafbefehlsvordruck enthaltenen Berechnung der insges. zu zahlenden Summe ergibt.

12 Der Hinweis, dass nach § 43 StGB bei Uneinbringlichkeit der Geldstrafe an deren Stelle die **Ersatzfreiheitsstrafe** iHd Zahl der Tagessätze tritt, ist empfehlenswert (Löwe/Rosenberg/Gössel Rn. 19); sein Fehlen hat aber keine rechtlichen Folgen (vgl. OLG Bremen NJW 1975, 1524).

13 Ob **Zahlungserleichterungen (§ 42 StGB)** zu gewähren sind, muss schon die StA bei Antragstellung prüfen; der Richter darf im Strafbefehl keine Zahlungserleichterungen anordnen, die die StA nicht beantragt hat (Löwe/Rosenberg/Gössel Rn. 20).

14 Die erlittene **UHaft** ua Freiheitsentziehungen werden nach § 51 Abs. 1 S. 1 StGB angerechnet, ohne dass es bei der Festsetzung der Geldstrafe im Strafbefehl eines bes. Ausspruchs bedarf. Eine Anordnung nach § 51 Abs. 1 S. 2 StGB muss bereits im Strafbefehlsantrag beantragt sein; der Richter darf v. dem Antrag insoweit nicht abweichen.

15 **II. Verwarnung mit Strafvorbehalt (§§ 59–59c StGB).** Der Strafbefehlsausspruch kann zB lauten: „Nach den vorliegenden schriftlichen Unterlagen haben Sie … Es wird Ihnen eine Verwarnung erteilt. Die Festsetzung einer Geldstrafe v. 10 Tagessätzen v. je 30 EUR bleibt für den Fall vorbehalten, dass Sie sich nicht bewähren". Zugleich ergeht ein Beschl. über Bewährungszeit u. Aufl. nach § 268a Abs. 1 iVm § 59a StGB, bei dem der Richter an den Antrag der StA nicht gebunden ist. Zur Belehrung nach § 268a Abs. 3 S. 1 vgl. § 409 Abs. 1 S. 2.

16 **III. Fahrverbot (§ 44 StGB).** Das Fahrverbot (§ 44 StGB) ist eine Nebenstrafe, die neben einer Geldstrafe, aber nicht neben der Verwarnung mit Strafvorbehalt angeordnet werden kann (§ 59 Abs. 3 S. 2 StGB). Die Dauer des Verbots muss bereits im Strafbefehlsantrag bezeichnet werden; der Richter darf sie nicht abw. festsetzen. Wegen der Anrechnung der Dauer einer vorl. Entziehung der Fahrerlaubnis nach § 51 Abs. 5 S. 1 StGB gelten die Grundsätze zu § 51 Abs. 1 StGB (→ Rn. 14) entspr. Mit der Anordnung ist die Belehrung nach § 268c zu verbinden (§ 409 Abs. 1 S. 2).

17 **IV. Einziehung, Vernichtung, Unbrauchbarmachung (§§ 73 ff. StGB ua).** Auch die Einziehung des Tatertrages o. des Wertes des Tatertrages nach §§ 73 ff. StGB kann im Strafbefehl angeordnet werden. Bis zur Antragstellung erfolgte (vollständige o. teilw.) Schadenswiedergutmachung muss die StA wegen § 73e Abs. 1 StGB im Strafbefehlsantrag berücksichtigen. Im Falle einer lfd. ratenweise Schadenswiedergutmachung liegt daher eine Ausklammerung der Wertersatzeinziehung (§ 73c StGB) nach § 421 Abs. 3 iVm Abs. 1 Nr. 3 (→ § 421 Rn. 10,

15) vor der Beantragung des Strafbefehls nahe (§ 421 Abs. 1 Nr. 3, Abs. 3; insofern zu eng auslegend, Reh NZWiSt 2018, 20 f.); für Schadenswiedergutmachung nach Erlass des Strafbefehls, gegen den kein Einspruch erhoben wird, gilt § 459g Abs. 4 (→ § 459 Rn. 10; ausf. → § 408 Rn. 13a). Richtet sich die Anordnung der Einziehung gegen einen Dritten, so wird dessen Beteiligung nach § 424 Abs. 1 im Strafbefehlsantrag beantragt u. im Strafbefehl angeordnet (→ § 424 Rn. 15). Der Strafbefehl ergeht in diesem Fall auch gegen den Einziehungsbeteiligten u. muss ihm daher nach § 432 Abs. 1 zugestellt werden (→ § 409 Rn. 16).

V. Bekanntgabe der Verurteilung (§§ 103 Abs. 2, 165, 200 StGB). Die Art der Bekanntmachung muss bereits im Strafbefehlsantrag bezeichnet werden; der Strafbefehl muss damit übereinstimmen (KMR-StPO/Metzger Rn. 14). 18

VI. Geldbuße gegen eine JP oder PV (§ 30 OWiG). Ihre Höhe muss im Strafbefehlsantrag bezeichnet werden; der Richter darf sie im Strafbefehl nicht abw. festsetzen. Die Beteiligung wird im Strafbefehlsantrag beantragt u. im Strafbefehl angeordnet (§ 444 Abs. 1 S. 1). Der Strafbefehl wird auch gegen die Nebenbeteiligte erlassen u. muss ihr daher zugestellt werden (→ § 409 Rn. 16). 19

VII. Entziehung der Fahrerlaubnis (§§ 69–69b StGB). Die Entziehung der Fahrerlaubnis (§§ 69–69b StGB) ist mit der Einschränkung zulässig, dass die Sperre nach § 69a Abs. 1 S. 1 StGB nicht mehr als 2 Jahre betragen darf. Die Dauer der Sperre muss bereits im Strafbefehlsantrag bezeichnet werden; der Strafbefehl darf davon nicht abweichen. Für die Anwendung des § 69a Abs. 5 S. 2 StGB steht der Verkündung des Urt. der Erlass des Strafbefehls gleich, nicht erst seine Zustellung (Hentschel Trunkenheit Rn. 728). 20

VIII. Absehen von Strafe (§ 60 StGB). Das Absehen von Strafe (§ 60 StGB) ist ebenfalls gestattet. Der Angeschuldigte wird dabei einer bestimmten Tat für schuldig gesprochen, zugleich wird aber auf die Festsetzung einer Strafe verzichtet (vgl. BT-Drs. 12/3832, 42). Im Gegensatz zur Einstellung nach § 153b Abs. 2 trägt der Angeschuldigte hier die Kosten des Verf. (Siegismund/Wickern wistra 1993, 93). 21

IX. Freiheitsstrafe. Freiheitsstrafe bis zu einem Jahr ist nunmehr (→ Rn. 10; zu den Erfahrungen hiermit vgl. Böttcher FS Odersky, 1996, 307 ff.) unter der doppelten Voraussetzung zulässig, dass sie zur Bewährung ausgesetzt wird u. dass der Angeschuldigte einen Verteidiger hat (Rieß AnwBl 1993, 54; vgl. iE → § 408b Rn. 1 ff.). Zugleich mit dem Strafbefehl ergeht ein Beschl. über Bewährungszeit u. Aufl. nach § 268a Abs. 1 iVm §§ 56a ff. StGB, bei dem der Richter an den Antrag der StA (vgl. Nr. 176 Abs. 1 RiStBV) nicht gebunden ist. 22

X. Allein oder nebeneinander. Allein oder nebeneinander dürfen die Rechtsfolgen angeordnet werden, nebeneinander aber nur, wenn u. soweit das nach sachlichem Strafrecht zulässig ist. Die Feststellung v. Nebenfolgen ohne Verbindung mit einer Hauptstrafe, – etwa nach § 76a StGB iVm §§ 435, 436, 439 oder nach § 444 Abs. 3 S. 1 – ist im Strafbefehlsverfahren, das ein subjektives Verf. ist, nicht statthaft. Auch die Entziehung der Fahrerlaubnis bei Schuldunfähigkeit des Täters nach §§ 69a Abs. 1 S. 1, 71 Abs. 2 StGB kann nicht durch Strafbefehl, sondern nur im Sicherungsverfahren nach § 413 angeordnet werden. 23

D. Rechtliches Gehör (Abs. 3). Rechtliches Gehör (Abs. 3) wird dem Beschuldigten im Vorverfahren nach § 163a Abs. 1 gewährt, für den Abs. 3 keine Ausnahmevorschrift enthält (Löwe/Rosenberg/Gössel Rn. 65). Der Beschuldigte hat dabei ausreichend Gelegenheit, sich zu den Schuldvorwürfen zu äußern (vgl. VerfGH Bayern GA 1964, 50; Eser JZ 1966, 660; Koch GA 1964, 174). Ein Strafbefehl ist aber nicht deshalb unwirksam, weil die Vernehmung des Beschuldigten im Ermittlungsverfahren unterblieben ist (Oske MDR 1968, 884). Vor Stellung des Strafbefehlsantrags u. vor Erlass des Strafbefehls wird der Beschuldigte nicht nochmals gehört. Sein Anspruch auf rechtliches Gehör ist dadurch verbürgt, dass er gegen den Strafbefehl Einspruch einlegen u. dadurch eine HV erzwingen kann 24

(BVerfGE 3, 248 (253); 25, 158 (165 ff.); Meurer JuS 1987, 884; **aM** SK-StPO/Weßlau/Degener Vor § 407 Rn. 21).

Richterliche Entscheidung über einen Strafbefehlsantrag Nr. 178 RiStBV

408 (1) [1]**Hält der Vorsitzende des Schöffengerichts die Zuständigkeit des Strafrichters für begründet, so gibt er die Sache durch Vermittlung der Staatsanwaltschaft an diesen ab; der Beschluß ist für den Strafrichter bindend, der Staatsanwaltschaft steht sofortige Beschwerde zu.** [2]**Hält der Strafrichter die Zuständigkeit des Schöffengerichts für begründet, so legt er die Akten durch Vermittlung der Staatsanwaltschaft dessen Vorsitzenden zur Entscheidung vor.**

(2) [1]**Erachtet der Richter den Angeschuldigten nicht für hinreichend verdächtig, so lehnt er den Erlaß eines Strafbefehls ab.** [2]**Die Entscheidung steht dem Beschluß gleich, durch den die Eröffnung des Hauptverfahrens abgelehnt worden ist (§§ 204, 210 Abs. 2, § 211).**

(3) [1]**Der Richter hat dem Antrag der Staatsanwaltschaft zu entsprechen, wenn dem Erlaß des Strafbefehls keine Bedenken entgegenstehen.** [2]**Er beraumt Hauptverhandlung an, wenn er Bedenken hat, ohne eine solche zu entscheiden, oder wenn er von der rechtlichen Beurteilung im Strafbefehlsantrag abweichen oder eine andere als die beantragte Rechtsfolge festsetzen will und die Staatsanwaltschaft bei ihrem Antrag beharrt.** [3]**Mit der Ladung ist dem Angeklagten eine Abschrift des Strafbefehlsantrags ohne die beantragte Rechtsfolge mitzuteilen.**

1 **A. Zuständigkeitsprüfung (Abs. 1).** Das AG, bei dem der Strafbefehlsantrag gestellt worden ist, prüft zunächst seine Zuständigkeit. Der Beschuldigte wird dazu nicht gehört, da er noch nicht am Verf. bet. ist.

2 **I. Örtliche Unzuständigkeit.** Bei örtlicher Unzuständigkeit lehnt das AG nicht den Strafbefehlsantrag ab, sondern erklärt sich durch Beschl. für unzuständig (KMR-StPO/Metzger Rn. 4; Schaal GS Meyer, 1990, 429; erg. → § 16 Rn. 4). Eine Verweisung an das örtlich zuständige Gericht ist nicht zulässig (vgl. → § 16 Rn. 5). Gegen den Beschl. hat die StA die Beschwerde nach § 304 Abs. 1 (**aM** Löwe/Rosenberg/Gössel Rn. 8: sofortige Beschwerde nach § 210 Abs. 2).

3 **II. Sachliche Unzuständigkeit.** Bei sachlicher Unzuständigkeit gilt:

4 Hält das AG die **Zuständigkeit des LG oder OLG** für gegeben, so erklärt es sich durch Beschl. für sachlich unzuständig (KK-StPO/Maur Rn. 8; Schlüchter Strafverfahren Rn. 788.4; **aM** OLG Rostock NStZ-RR 2010, 382; Löwe/Rosenberg/Gössel Rn. 14: Ablehnung des Antrags); § 209 Abs. 2 – so KMR-StPO/Metzger Rn. 7, dagegen OLG Rostock NStZ-RR 2010, 382 – ist unanwendbar. Den Beschl. kann die StA mit der Beschwerde nach § 304 Abs. 1 anfechten. Wenn sie begründet ist, verweist das LG die Sache an das zuständige Gericht; ist sie unbegründet, muss die StA nach Verwerfung der Beschwerde Anklage beim zuständigen Gericht erheben (OLG Rostock NStZ-RR 2010, 382).

5 Eine **Zuständigkeit des SchG** kann es im Strafbefehlsverfahren nicht geben, da der Strafrichter bei Vergehen nunmehr immer zuständig ist, wenn eine höhere Freiheitsstrafe als 2 Jahre nicht zu erwarten ist; auf die Bedeutung der Sache kommt es nicht mehr an (erg. → GVG § 25 Rn. 3). Da aber durch Strafbefehl höchstens Freiheitsstrafe v. 1 Jahr verhängt werden darf (§ 407 Abs. 2 S. 2), ist das SchG hier stets unzuständig (LG Stuttgart wistra 1994, 40 mablAnm Hohendorf wistra 1994, 294; Siegismund/Wickern wistra 1993, 91).

6 Abs. 1, der schon früher ohne praktische Bedeutung war, hat daher auch **keine rechtliche Bedeutung mehr.** Lediglich im Fall des § 408a kann das SchG noch einen Strafbefehl erlassen.

7 **B. Ablehnung des Strafbefehlserlasses mangels hinreichenden Tatverdachts (Abs. 2).** Das AG hat nach Abs. 2 zu prüfen, ob der Beschuldigte der ihm

in dem Strafbefehlsantrag vorgeworfenen Tat hinreichend verdächtig (dazu → § 203 Rn. 2) ist. Die Überzeugung v. der Schuld des Täters braucht sich das Gericht nicht zu verschaffen (→ Vor § 407 Rn. 1; **aM** Rieß JR 1988, 133). Am hinreichenden Tatverdacht fehlt es nicht nur, wenn der Sachverhalt, der den Schuldvorwurf begründen soll, nicht beweisbar erscheint, sondern auch, wenn er ergibt, dass der Beschuldigte aus Rechtsgründen nicht strafbar ist, o. wenn ein Prozesshindernis (→ Einl. Rn. 141 ff.) besteht. Hält der Richter den hinreichenden Tatverdacht aus tatsächlichen Gründen nicht für gegeben, so kann er die Akten an die StA mit der Anregung einer weiteren Sachaufklärung zurückgeben (vgl. Nr. 178 Abs. 3 RiStBV). Zu eigenen Beweiserhebungen ist er entspr. § 202 befugt (Peters StrafProzR Rn. 563; Schlüchter Strafverfahren Rn. 790), aber nicht verpflichtet.

Das Fehlen des hinreichenden Tatverdachts führt zur Ablehnung des Strafbefehlserlasses durch **Beschluss** (S. 1). Das gilt auch für den Fall, dass der Mangel sich nur auf einen v. mehreren Schuldvorwürfen bezieht; die Entsch. kann nur einheitlich getroffen werden. Enthält der Strafbefehlsantrag allerdings mehrere prozessual selbständige Taten, ist eine Teilablehnung zulässig (LG München II NStZ 1990, 452; **aM** KMR-StPO/Metzger Rn. 15; erg. → § 207 Rn. 3). Der abl. Beschl. steht nach S. 2 dem Beschl. gleich, durch den die Eröffnung des Hauptverfahrens abgelehnt worden ist (§ 204). Er bedarf daher einer Begründung, aus der hervorgehen muss, ob die Ablehnung auf tatsächlichen o. rechtlichen Gründen beruht. Der Beschl. ist der StA, dem Beschuldigten (vgl. Nr. 178 Abs. 5 RiStBV) u. dem Nebenklageberechtigten, der bereits seinen Anschluss erklärt hat, zuzustellen. 8

Die StA kann ihn entspr. § 210 Abs. 2 mit der **sofortigen Beschwerde** anfechten, ebenso der Nebenkläger, dessen Anschluss nach § 396 Abs. 1 S. 2 mit dem Beschl. über die Ablehnung des Strafbefehlserlasses wirksam geworden ist (→ § 400 Rn. 8). Das Beschwerdegericht kann nicht nach § 309 Abs. 2 in der Sache selbst entscheiden; denn Strafbefehle kann das LG nicht erlassen. Hält es die angefochtene Entsch. für unrichtig, so verweist es die Sache daher an das AG zurück, das dann die Wahl hat, den Strafbefehl zu erlassen o. nach Abs. 3 S. 2 zu verfahren. Das Beschwerdegericht kann ihm insoweit keine Weisungen erteilen (KMR-StPO/Metzger Rn. 18; Schlüchter Strafverfahren Rn. 788.5). Solange der Ablehnungsbeschluss nicht aufgeh. worden ist, darf das AG das Verf. nicht fortsetzen (OLG Karlsruhe Justiz 1984, 190). 9

Bleibt es bei dem Ablehnungsbeschluss o. wird er nicht angefochten, so tritt die **beschränkte Rechtskraftwirkung** nach § 211 ein (vgl. BVerfG NJW 1995, 124). 10

C. Erlass des Strafbefehls (Abs. 3 S. 1). Das AG erlässt den Strafbefehl, wenn dem keine Bedenken entgegenstehen. Dabei darf es v. dem Strafbefehlsantrag inhaltlich nicht abweichen; denn die völlige Übereinstimmung zwischen StA u. Gericht ist die Voraussetzung dafür, dass eine Straftat durch Strafbefehl abgeurteilt werden kann (Meurer JuS 1987, 882). Die Formulierung des Strafbefehlsantrags darf aber geänd. werden. Mangelnde Übereinstimmung macht den Strafbefehl nicht unwirksam (BayObLGSt 1958, 130; Löwe/Rosenberg/Gössel Rn. 39; Rieß JR 1989, 438 f.). 11

D. Anberaumung der HV (Abs. 3 S. 2). Wenn er Bedenken hat, durch Strafbefehl zu entscheiden, beraumt der Richter eine HV an, ohne den Erlass des Strafbefehls förmlich abzulehnen. Damit ist der Fall gemeint, dass zwar hinreichender Tatverdacht besteht u. der Richter die beantragte Rechtsfolge auch für vertretbar hält, gleichwohl aber die Aburteilung im Beschlussverfahren bedenklich findet. Die Bedenken können sich insbes. daraus ergeben, dass eine HV wegen der Bedeutung der Sache geboten o. zur vollständigen Klärung auch der Nebenumstände zweckmäßig erscheint (vgl. Nr. 175 Abs. 3 RiStBV), dass die Schuldfähigkeit des Beschuldigten fraglich ist (vgl. VerfGH Berlin NStZ-RR 2000, 143) o. dass der Richter sich v. dem Angeklagten einen persönlichen Eindruck verschaffen will; 12

allein wegen möglicherweise später noch eintretender schwererer Folgen der Tat darf grds. der Abschluss des Verf. durch Anberaumung einer HV nicht hinausgezögert werden (Löwe/Rosenberg/Gössel Rn. 46; **aM** OLG Saarbrücken JR 1969, 430; Schaal GS Meyer, 1990, 429). Dass mit großer Wahrscheinlichkeit ein Einspruch gegen den Strafbefehl zu erwarten ist, steht seinem Erlass nicht entgegen (vgl. Nr. 175 Abs. 3 RiStBV).

13 Bei **beabsichtigter Abweichung von dem Strafbefehlsantrag** in rechtlicher Hinsicht o. im Rechtsfolgenausspruch versucht der Richter zunächst eine Einigung mit der StA (Meurer JuS 1987, 885; Nr. 178 Abs. 1 RiStBV). Hält sie seine Änderungsvorschläge für berechtigt, so stellt sie einen neuen, abgeänderten Strafbefehlsantrag. Lehnt es sie ab (vgl. Nr. 178 Abs. 2 S. 2 RiStBV), so beraumt der Richter HV an; der beantragte Strafbefehl kann dann auch später nicht mehr erlassen werden (erg. → § 408a Rn. 3).

13a Das gilt auch, wenn eine im Strafbefehl beantragte Anordnung der **Einziehung des Tatertrages** (§§ 73, 73a, 73b StGB) o. **des Wertes des Tatertrages** (§ 73c StGB) wegen einer nach dem Strafbefehlsantrag erfolgten o. bekanntgewordenen (Teil-)Schadenswiedergutmachung aufgrund der Ausschlussvorschrift des § 73e Abs. 1 StGB nicht o. nicht im beantragten Umf. begründet ist. Zum Absehen v. der Einziehung aufgrund einer lfd. Schadenswiedergutmachung, vgl. → § 421 Rn. 10 f.; erg. → Art. 407 Rn. 17. Ergeben sich Hinweise aus den Akten auf eine (Teil-)Schadenswiedergutmachung, die v. der StA übersehen worden sind, kann das Gericht bei der StA weitere Sachaufklärung anregen; es ist aber entspr. § 202 auch zu eigenen Beweiserhebungen befugt (erg. → Rn. 7). Wird der Strafbefehl mangels Kenntnis des Gerichts v. der Schadenswiedergutmachung mit einer unberechtigten – weil zB zu hohen – (Wertersatz-)Einziehung erlassen, kann der v. Strafbefehl betroffene Einziehungsadressat einen auf die Nebenfolge beschränkten Einspruch einlegen (erg. → § 410 Rn. 4, → § 318 Rn. 22). Wird der Strafbefehl mit der rechtsfehlerhaften (Wertersatz-)Einziehungsanordnung rkr., hat die Vollstreckung in diesem Umf. aus Verhältnismäßigkeitsgesichtspunkten nach § 459g Abs. 5 S. 1 Alt. 2 zu unterbleiben; § 459g Abs. 4 ist in dieser Fallkonstellation nicht einschlägig, da die Vorschr. aufgrund ihres systematischen Zusammenhangs nur Schadenwiedergutmachungsleistungen nach der letzten tatsächlichen Prüfung erfasst (erg. → § 407 Rn. 17, → § 459g Rn. 10). Kritisch zum Ganzen, Reh NZWiSt 2018, 20 f., die allerdings die aus dem Zusammenspiel der materiellen u. prozessualen Vorschr. der Vermögensabschöpfung folgende Flexibilität für die Strafjustiz unterschätzt.

14 Die **Vorbereitung der HV** richtet sich nach den §§ 213 ff. Da ein Eröffnungsbeschluss nicht erlassen wird, muss dem Angeklagten mit der Ladung nach § 214 eine Abschrift des Strafbefehlsantrags, aber ohne die beantragte Rechtsfolge, mitgeteilt werden (S. 3). Die Terminsverfügung hat die Wirkung eines Eröffnungsbeschlusses (KK-StPO/Maur Rn. 25; Degener in SK-StPO Rn. 19; **aM** AG Eggenfelden NStZ-RR 2009, 139). § 411 Abs. 2 ist anwendbar (BayObLG GA 1972, 367; **aM** KK-StPO/Maur Rn. 25), damit auch § 420 (**aM** AnwK StPO/Böttger Rn. 15); denn es bleibt ein auf einen Strafbefehlsantrag eingeleitetes Verf. (erg. → § 411 Rn. 4), zudem ist nicht einzusehen, warum hier strengere Regeln hins. Vertretung in der HV u. Umf. der Beweisaufnahme gelten sollten, als wenn der Richter den Strafbefehl sogar erlassen hatte. § 411 Abs. 3 S. 1 und 2 hins. der Klagerücknahme sind aber durch § 156 ersetzt (→ § 411 Rn. 8).

15 **Beschwerde** gegen die Anberaumung der HV ist ausgeschlossen.

16 **E. Einstellung des Verfahrens.** Die Einstellung des Verfahrens nach §§ 153, 153a ist mit Zustimmung der StA u. des Beschuldigten zulässig; falls die Ausnahmen des § 153 Abs. 2 S. 2 vorliegen, muss der Beschuldigte aber nicht zustimmen. Stellt sich nach Eingang des Strafbefehlsantrags heraus, dass der Beschuldigte nicht auffindbar ist, so muss das Verf. nach § 205 eingestellt werden (vgl. Nr. 175 Abs. 2 S. 2 RiStBV).

Strafbefehlsantrag nach Eröffnung des Hauptverfahrens Nr. 175a RiStBV

408a (1) [1] **Ist das Hauptverfahren bereits eröffnet, so kann im Verfahren vor dem Strafrichter und dem Schöffengericht die Staatsanwaltschaft einen Strafbefehlsantrag stellen, wenn die Voraussetzungen des § 407 Abs. 1 Satz 1 und 2 vorliegen und wenn der Durchführung einer Hauptverhandlung das Ausbleiben oder die Abwesenheit des Angeklagten oder ein anderer wichtiger Grund entgegensteht.** [2] **In der Hauptverhandlung kann der Staatsanwalt den Antrag mündlich stellen; der wesentliche Inhalt des Strafbefehlsantrages ist in das Sitzungsprotokoll aufzunehmen.** [3] **§ 407 Abs. 1 Satz 4, § 408 finden keine Anwendung.**

(2) [1] **Der Richter hat dem Antrag zu entsprechen, wenn die Voraussetzungen des § 408 Abs. 3 Satz 1 vorliegen.** [2] **Andernfalls lehnt er den Antrag durch unanfechtbaren Beschluß ab und setzt das Hauptverfahren fort.**

A. Normzweck und Anwendungsbereich. Auch **nach Eröffnung des Hauptverfahrens** lässt die Vorschr. den Erlass eines Strafbefehls zu, damit in geeigneten Fällen stecken gebliebene Verf. schnell u. ohne großen Aufwand erledigt werden können. Der Übergang in das Strafbefehlsverfahren kommt va in Betracht, wenn der Beschuldigte mit bekanntem Aufenthalt im Ausland wohnt, seine Einlieferung zur Durchführung der HV aber nicht möglich o. nicht angemessen wäre, wenn die Vorführung des möglicherweise weit entfernt wohnenden Angeklagten mit Rücksicht auf die geringe Straferwartung unverhältnismäßig wäre, ferner wenn der unmittelbaren Beweisaufnahme in der HV erhebliche, die Voraussetzungen des § 251 Abs. 1 Nr. 3 aber nicht erfüllende Hinderungsgründe entgegenstehen u. der Sachverhalt nach dem Akteninhalt hinreichend geklärt ist (vgl. auch Nr. 175a RiStBV; krit. zu § 408a Fezer FS Baumann, 1992, 397; Meurer JuS 1987, 886; Meyer-Goßner NJW 1987, 1166). Ist in solchen Fällen damit zu rechnen, dass der Beschuldigte gegen einen Strafbefehl Einspruch einlegen würde, so hätte das Verf. nach § 408a allerdings keinen Sinn. Daher wird es meist geboten sein, dass sich die StA vor der Stellung eines Strafbefehlsantrags bei dem Beschuldigten o. dem Verteidiger darüber vergewissert, dass sie mit der vereinfachten Verfahrenserledigung einverstanden sind (Meyer-Goßner NJW 1987, 1166). Von der Vorschrift wird vorwiegend Gebrauch gemacht, wenn der Angeklagte in der HV nicht erscheint, für ihn aber ein Verteidiger auftritt u. eine Verfahrenserledigung durch Strafbefehl möglich erscheint. 1

B. Strafbefehlsantrag der StA (Abs. 1). Durch einen Strafbefehlsantrag der StA (Abs. 1), den das Gericht u. der Angeklagte anregen können, wird das Verf. in das Strafbefehlsverfahren übergeleitet. Der Antrag muss grds. bei dem erkennenden Gericht schriftlich gestellt werden (OLG Hamburg NStZ 1988, 522); es besteht aber auch die Möglichkeit, in der HV den Antrag mündlich zu stellen, wobei dann aber – wie in § 418 Abs. 3 S. 2 – der wesentliche Inhalt des Antrages in das Sitzungsprotokoll aufgenommen werden muss (Abs. 1 S. 2). 2

Der Antrag ist nur unter den **Voraussetzungen** des § 407 Abs. 1 S. 1, 2 zulässig (S. 1). Das Verf. muss also vor dem Strafrichter o. dem SchG anhängig sein; denn nur das AG ist zum Erlass eines Strafbefehls zuständig. Ferner muss bereits das Hauptverfahren wegen eines Vergehens (**aM** KMR-StPO/Metzger Rn. 11; Rieß JR 1988, 135: auch wegen Verbrechens, wenn nur der Strafbefehlsantrag die Tat als Vergehen wertet) eröffnet worden sein; denn vorher kann die StA die Klage nach § 156 zurücknehmen u. durch einen Strafbefehlsantrag nach § 407 ersetzen. Auch im Fall der nach § 408 Abs. 3 S. 2 anberaumten HV ist die Vorschr. nicht anwendbar (ebenso BeckOK StPO/Temming Rn. 3; **aM** AG Landshut NStZ-RR 2022, 216). Die Vorschr. des § 407 Abs. 1 S. 4 gibt im Fall des § 408a keinen Sinn u. ist daher nicht anwendbar (Abs. 1 S. 3). Dass schon eine HV stattgefunden hat u. unterbrochen o. ausgesetzt werden musste, schließt die Anwendung des § 408a nicht aus. Der Strafbefehlsantrag darf ferner entspr. § 407 Abs. 1 S. 2 nur gestellt werden, wenn die StA nach dem Erg. der Ermittlungen eine HV o. eine weitere 3

HV nicht für erforderlich hält. Der Sachverhalt muss also durch die Ermittlungen im Vorverfahren o. durch die Beweisaufnahme in einer ausgesetzten HV genügend geklärt sein.

4 Schließlich setzt der Strafbefehlsantrag die **Unmöglichkeit der Durchführung einer HV** – sie braucht nicht gänzlich o. längerfristig unmöglich zu sein (Rieß JR 1988, 135) – wegen Ausbleibens o. Abwesenheit (§ 276) des Angeklagten o. aus anderen wichtigen Gründen, etwa wegen Nichterreichbarkeit eines wichtigen Zeugen, voraus. Der Antrag kann – wie sich aus Abs. 1 S. 2 ergibt – nicht nur außerhalb der HV, sondern auch in ihr gestellt werden. Von einer ordnungsgemäßen Ladung zur HV hängt die Wirksamkeit des Strafbefehls nicht ab (OLG Köln VRS 99, 431 (436)).

5 **C. Entscheidung des Gerichts (Abs. 2).** Der Angeklagte braucht vorher nicht gehört zu werden (vgl. aber → Rn. 1); ihm muss auch nicht „sein Recht auf Einspruch bekannt sein" (so aber Deckers/Kuschnik StraFo 2008, 420, die jedoch die für den Angeklagten gegebene Möglichkeit der Wiedereinsetzung in den vorigen Stand – vgl. → § 145a Rn. 14 aE – übersehen). Die Vorschr. des § 408 ist nicht allg. anwendbar (Abs. 1 S. 3). Der Richter muss dem Strafbefehlsantrag aber unter den gleichen Voraussetzungen entsprechen, unter denen er nach § 408 Abs. 3 S. 1 einen Strafbefehl erlassen muss, wenn bei ihm unmittelbar u. erstmals ein Strafbefehlsantrag gestellt wird (→ § 408 Rn. 11). Hat er Bedenken gegen den Strafbefehlserlass (insoweit gelten die Grundsätze → § 408 Rn. 12, 13 entspr.), so muss er den Antrag, anders als nach § 408 Abs. 3 S. 2, ausdr. durch Beschl. ablehnen u. das Hauptverfahren fortsetzen (Abs. 2 S. 2). Der Beschl. ist nicht anfechtbar. Er bindet aber nicht; verändert sich später die Sach- o. Rechtslage, so kann die StA den Strafbefehlsantrag wiederholen (Meurer JuS 1987, 887; Rieß/Hilger NStZ 1987, 205). Ein Antrag auf Zulassung der Nebenklage steht dem Erlass des Strafbefehls nicht entgegen (Metz JR 2019, 67 (71)).

6 **D. Weiteres Verfahren.** Das weitere Verfahren richtet sich nach den §§ 409–412. Der Strafbefehl wird dem Angeklagten, seinem Verteidiger o. Zustellungsbevollmächtigten förmlich zugestellt (→ § 409 Rn. 16); dem ges. Vertreter, der StA u. dem Nebenkläger wird er formlos mitgeteilt. Der Angeklagte kann durch Einspruchseinlegung nach § 410 Abs. 1 S. 1 die Anberaumung einer HV erzwingen. Für das Einspruchsverfahren gelten die §§ 411, 412 (OLG Düsseldorf NStZ-RR 1998, 180), denn Grdl. der HV ist der Strafbefehl, nicht die Anklage. Jedoch hat die StA, weil das Hauptverfahren bereits eröffnet war (§ 156), nicht mehr die Möglichkeit, die Klage zurückzunehmen (§ 411 Abs. 2 S. 3).

7 **E. Revision.** Bei einem nur mündlich gestellten (→ Rn. 2) o. inhaltlich mangelhaften Strafbefehlsantrag sowie bei fehlender Übereinstimmung zwischen Antrag u. Strafbefehl (→ § 408 Rn. 11) liegt kein Verfahrenshindernis vor (OLG Hamburg JR 1989, 169 mzustAnm Rieß, der auch die Rechtslage bei gänzlich fehlendem Antrag erörtert); das Urt. wird auf diesen Fehlern auch nicht nach § 337 beruhen können (AK-StPO/Loos Rn. 28; Rieß JR 1989, 173).

Bestellung eines Verteidigers bei beantragter Freiheitsstrafe

408b Erwägt der Richter, dem Antrag der Staatsanwaltschaft auf Erlaß eines Strafbefehls mit der in § 407 Abs. 2 Satz 2 genannten Rechtsfolge zu entsprechen, so bestellt er dem Angeschuldigten, der noch keinen Verteidiger hat, einen Pflichtverteidiger.

1 **A. Anwendungsbereich.** Nur im Fall des § 407 Abs. 2 S. 2, also bei Verhängung einer Freiheitsstrafe mit Strafaussetzung zur Bewährung, kommt eine **Verteidigerbestellung im Strafbefehlsverfahren** in Betracht. Einen nicht-verteidigten Beschuldigten durch Strafbefehl zu einer Freiheitsstrafe zu verurteilen, ist – auch wenn diese zur Bewährung ausgesetzt wird – nicht vertretbar; denn oftmals wird einem Beschuldigten die Gefahr des Widerrufs der Strafaussetzung zur Be-

währung nach § 56f StGB mit der Folge, dass er die Freiheitsstrafe verbüßen muss, nicht ohne weiteres bewusst sein (Scheffler GA 1995, 456). Auch über sonstige Folgen, zB den Verlust der Beamtenrechte bei Verurteilung zur Freiheitsstrafe v. 1 Jahr, muss er unterrichtet werden (Schlüchter RPflEntlG S. 59). Zu den rechtsstaatlichen Bedenken, die ohnehin gegen die Verhängung einer Freiheitsstrafe ohne vorherige Anhörung des Beschuldigten durch einen Richter bestehen vgl. Fezer FS Baumann, 1992, 406; eing. Tiemer, Die Verteidigerbestellung im Strafbefehls- und beschleunigten Verfahren gemäß §§ 408b, 418 Abs. 4 StPO, 1998.

Das G zur Neuregelung der notwendigen Verteidigung v. 10.12.2019 (BGBl. I 2128) hat klargestellt, dass es sich bei der Bestellung nach § 408b um eine **Pflichtverteidigerbestellung** handelt. Außerdem wurde S. 2 der Vorschr., der alleine auf die Pflicht der StA zur Antragstellung im Vorverfahren nach § 141 Abs. 3 S. 2 aF verwiesen hatte, aufgehoben. Das bewirkt nach dem Willen des Gesetzgebers, dass im Verf. nach § 408b grds. die §§ 141–144 insges. zur Anwendung kommen (BT-Drs. 19/13829, 51). Dies gilt insbes. für die Auswahl des Pflichtverteidigers (§ 142 Abs. 5, Abs. 6; → Rn. 6) u. die Dauer seiner Bestellung (§ 143; → Rn. 9–11). 2

B. Antragstellung. Will die **StA** im Strafbefehlsverfahren eine Freiheitsstrafe bis zu 1 Jahr mit Strafaussetzung zur Bewährung beantragen – wozu sie nach § 407 Abs. 1 S. 2 gehalten ist, wenn sie eine HV nicht für erforderlich hält –, u. hat der Beschuldigte noch keinen Verteidiger, so stellt sie idR mit Übersendung des Strafbefehlantrages zugleich den Antrag, dem Beschuldigten einen Verteidiger zu bestellen. Der Verteidiger kann theoretisch zwar auch schon früher beigeordnet werden; das ist bei umfangreichen o. schwierigen Verf. angezeigt, bei denen allerdings v. vornherein nicht mit der Verhängung einer über 1 Jahr liegenden Freiheitsstrafe u. mit deren Aussetzung zur Bewährung zu rechnen ist. 3

C. Bestellung. Der **Richter** hat dem Antrag zu entsprechen, falls er die Sache im Strafbefehlsverfahren erledigen will; in den Fällen des § 408 Abs. 2 und Abs. 3 S. 2 bedarf es der Verteidigerbestellung nicht (Rieß AnwBl 1993, 55). 4

Für einen **Verteidigerwechsel** gilt § 143a (BT-Drs. 19/13829, 51). Hat der Beschuldigte inzwischen selbst einen Verteidiger gewählt, ist die Bestellung nach Maßgabe des § 143a Abs. 1 aufzuheben. Die Bestellung eines neuen Pflichtverteidigers kommt in den Fällen des § 143a Abs. 2 S. 1 Nr. 1 und 3 in Betracht (→ § 143a Rn. 9 ff.). 5

D. Auswahl des Verteidigers. Aufgrund der Aufhebung v. § 408b S. 2 aF ist **§ 142 anwendbar** (s. BT-Drs. 19/13829, 51). Das bedeutet, dass dem Beschuldigten gem. § 142 Abs. 5 S. 1 Gelegenheit zu geben ist, innerhalb einer zu bestimmenden Frist einen Verteidiger zu bezeichnen; die Anhörung wird zweckmäßigerweise mit der Übersendung einer Abschrift des Strafbefehlsantrags verbunden (unter deutlicher Hervorhebung, dass es sich erst um einen Antrag der StA handelt). Der v. Beschuldigten bezeichnete RA ist ihm zu bestellen, wenn dem kein wichtiger Grund entgegensteht (§ 142 Abs. 5 S. 3; → § 142 Rn. 42 ff.); dem Beschuldigten soll damit auch im Verf. nach § 408b prinzipiell selbst die Auswahl eines Verteidigers seines Vertrauens ermöglicht werden (BT-Drs. 19/13829, 51). Die Auswahl eines Pflichtverteidigers, den der Beschuldigte nicht bezeichnet hat, erfolgt nach § 142 Abs. 6 (→ § 142 Rn. 55 ff.). Das Bestellungsverfahren gem. § 142 Abs. 5 und Abs. 6 dürfte allerdings das Strafbefehlsverfahren merklich verzögern u. verkomplizieren. 6

E. Weiteres Verfahren. Dem bestellten Verteidiger sollte eine **angemessene Frist** (mind. 2 Wochen) gesetzt werden, in der er sich – nach Rücksprache mit dem Angeschuldigten – zum Antrag der StA äußern kann (entspr. § 201 Abs. 1). Im Fall der Beiordnung vor Stellung eines Strafbefehlsantrags muss die Bestellung den Hinweis enthalten, dass sie wegen der beabsichtigten Erledigung der Sache durch eine zur Bewährung auszusetzende Freiheitsstrafe v. höchstens 1 Jahr erfolgt. 7

F. Erlass des Strafbefehls. Erheben Angeschuldigter u. Verteidiger gegen den Strafbefehl ausdr. o. stillschweigend keine Einwendungen u. ergeben sich auch nach 8 der nach § 408 vorzunehmenden Prüfung keine Bedenken gegen den Antrag, so wird der Strafbefehl nach § 409 erlassen u. zugestellt (→ § 409 Rn. 15 ff.). Ein vor Erlass des Strafbefehls geäußerter Verzicht auf einen Einspruch (§ 410) ist nicht wirksam (→ Vor § 296 Rn. 14). Werden Einwände gegen den Erlass des beantragten Strafbefehls erhoben, wird der Richter idR sogleich nach § 408 Abs. 3 S. 2 verfahren, falls er nicht selbst zuvor weitere Ermittlungen durchführt o. die StA um solche bittet (→ § 408 Rn. 7).

9 **G. Dauer der Bestellung.** Hinsichtlich der Dauer der Bestellung des Pflichtverteidigers gilt ebenfalls die allg. Regelung des § 143 Abs. 1 und Abs. 2 (BT-Drs. 19/13829, 51).

10 Der Verteidiger ist zwar **grundsätzlich nur für das Strafbefehlsverfahren** bestellt. Er kann auch insoweit für den Angeklagten wirksam Einspruch einlegen (§ 410 Abs. 1, Abs. 2). Seine Bestellung gem. § 408b wirkt allerdings nicht automatisch in der HV nach § 411 Abs. 2 fort. Ist eine Freiheitsstrafe unter 1 Jahr zu erwarten, kann die Bestellung nach pflichtgemäßem Ermessen des Gerichts aufgeh. werden, sofern kein anderer Fall der notwendigen Verteidigung gegeben ist; das ist sachgerecht, da die Entsch. nicht mehr im schriftlichen Strafbefehlsverfahren ergeht, welches den Grund für die Bestellung bildete (vgl. BT-Drs. 19/13829, 51). Allerdings liegt nahe, mit Blick auf den Vertrauensgrundsatz in einem solchen Fall § 140 Abs. 2 großzügiger als sonst anzuwenden, weil es einem Angeklagten nur schwer zu vermitteln sein wird, dass er im Strafbefehlsverfahren einen Verteidiger hat, danach aber nicht mehr.

11 Ist dagegen eine **Freiheitsstrafe von mindestens 1 Jahr zu erwarten,** wird sich die Fortgeltung der Beiordnung ohnehin bereits regelmäßig aus § 140 Abs. 2 ergeben (→ § 140 Rn. 21 ff.).

12 **H. Anfechtung. Sofortige Beschwerde** ist nach Maßgabe der §§ 142 Abs. 7, 143 Abs. 3 und 143a Abs. 4 zulässig (BT-Drs. 19/13829, 51).

13 Ist der Strafbefehl erlassen worden, **ohne dass ein Verteidiger bestellt** wurde o. bevor der bestellte Verteidiger mit dem Beschuldigten Kontakt aufnehmen konnte, bleibt nur die Möglichkeit des **Einspruchs** (§ 410); die Wirksamkeit des Strafbefehls wird dadurch nicht berührt (AK-StPO/Loos Rn. 5). Eine Wiedereinsetzung in den vorigen Stand gibt es insoweit nicht, da keine ges. Frist versäumt wurde (KK-StPO/Maur Rn. 9; **aM** Tiemer, Die Verteidigerbestellung im Strafbefehls- und beschleunigten Verfahren gemäß §§ 408b, 418 Abs. 4 StPO, 1998, S. 149).

Inhalt des Strafbefehls **Nr. 177, 179 RiStBV**

409

(1) [1] **Der Strafbefehl enthält**

1. **die Angaben zur Person des Angeklagten und etwaiger Nebenbeteiligter,**
2. **den Namen des Verteidigers,**
3. **die Bezeichnung der Tat, die dem Angeklagten zur Last gelegt wird, Zeit und Ort ihrer Begehung und die Bezeichnung der gesetzlichen Merkmale der Straftat,**
4. **die angewendeten Vorschriften nach Paragraph, Absatz, Nummer, Buchstabe und mit der Bezeichnung des Gesetzes,**
5. **die Beweismittel,**
6. **die Festsetzung der Rechtsfolgen,**
7. **die Belehrung über die Möglichkeit des Einspruchs und die dafür vorgeschriebene Frist und Form sowie den Hinweis, daß der Strafbefehl rechtskräftig und vollstreckbar wird, soweit gegen ihn kein Einspruch nach § 410 eingelegt wird.**

[2] **Wird gegen den Angeklagten eine Freiheitsstrafe verhängt, wird er mit Strafvorbehalt verwarnt oder wird gegen ihn ein Fahrverbot angeordnet, so ist er zugleich nach § 268a Abs. 3 oder § 268c Satz 1 zu belehren.** [3] **§ 267 Abs. 6 Satz 2 gilt entsprechend.**

(2) **Der Strafbefehl wird auch dem gesetzlichen Vertreter des Angeklagten mitgeteilt.**

Übersicht

A. Notwendiger Inhalt des Strafbefehls (Abs. 1). I. Angaben zur Person (S. 1 Nr. 1). Die Angaben zur Person (S. 1 Nr. 1) müssen den Beschuldigten genau bezeichnen (Nr. 110 Abs. 2 Buchst. a RiStBV). Es ist zulässig, die Angaben in die Anschrift des Strafbefehls einzufügen. Für Nebenbeteiligte gilt das entsprechend. 1

Mangelhafte Angaben zur Person berühren die Wirksamkeit des Strafbefehls idR nicht. Behauptet die bezeichnete Person nicht der Täter der im Strafbefehl bezeichneten Straftat zu sein, muss sie Einspruch (§ 410) einlegen (LG Berlin NStZ 2005, 119; erg. → § 230 Rn. 27). 2

II. Name des Verteidigers (S. 1 Nr. 2). Der Strafbefehlsantrag ist auch insoweit der Anklageschrift (§ 200 Abs. 1 S. 2), der Strafbefehl der Urteilsurkunde (§ 275 Abs. 3) angeglichen. 3

III. Tat und ihre gesetzlichen Merkmale (S. 1 Nr. 3). Die Tat und ihre gesetzlichen Merkmale (S. 1 Nr. 3) werden schon im Strafbefehlsantrag (→ § 407 Rn. 5 ff.) ebenso dargestellt wie im Anklagesatz (§ 200 Abs. 1 S. 1), den er ersetzt (OLG Düsseldorf VRS 74, 278). Denn nach Einspruch gegen den Strafbefehl muss sich aus ihm der verlesbare Anklagesatz ergeben (→ § 243 Rn. 14; → § 411 Rn. 3). An die Tatkonkretisierung sind grds. keine geringeren Anforderungen als sonst zu stellen; sie kann sich auch aus einer Gesamtschau v. Anklagesatz u. sonstigem Inhalt des Strafbefehlsantrags ergeben (BGH NStZ-RR 2019, 187; erg. → § 200 Rn. 7, 8). Unerlässlich ist die Angabe, was der Angeklagte zu einer bestimmten Zeit an einem bestimmten Ort getan hat (OLG Düsseldorf NJW 1989, 2145). Die ges. Merkmale der Tat müssen in verständlicher Weise beschrieben werden; sie dürfen nicht nur formelhaft mit den Worten des Gesetzes bezeichnet werden (Nr. 177 Abs. 1 S. 2 RiStBV). Ein Strafbefehl, der entgegen S. 1 Nr. 3 die Tat nicht ausreichend beschreibt, insbes. die Tatzeit mangelhaft o. fehlerhaft angibt, so dass Zweifel über die Identität der Tat bestehen, ist aber wirksam. Nur wenn Einspruch eingelegt ist, fehlt es an einer ausreichenden Verfahrensgrundlage; das Verf. muss dann wegen Fehlens einer Prozessvoraussetzung eingestellt werden (vgl. BGHSt 23, 336 (340); OLG Karlsruhe StV 2005, 599; vgl. auch OLG Düsseldorf NStZ 1991, 99 zum Steuerstrafverfahren; erg. → § 411 Rn. 3). Ein unwirksamer Strafbefehlsantrag begründet eine anderweitige Rechtshängigkeit der betr. Tat (BGH NStZ-RR 2019, 187). 4

IV. Angewendete Vorschriften (S. 1 Nr. 4). Die angewendeten Vorschriften (S. 1 Nr. 4) müssen entspr. § 260 Abs. 5 S. 1 angegeben werden. Dazu gehört auch 5 die (in S. 1 Nr. 4 nicht genannte) rechtliche Bezeichnung der Tat (→ § 200 Rn. 13); denn da der Strafbefehl einem Urt. gleichsteht (§ 410 Abs. 3), ist auch § 260 Abs. 4 S. 1 anzuwenden. Das Fehlen der durch S. 1 Nr. 4 vorgeschriebenen Angaben gefährdet den Bestand des Strafbefehls nicht.

6 **V. Beweismittel (S. 1 Nr. 5).** Die Beweismittel (S. 1 Nr. 5) müssen so genau bezeichnet werden, dass der Beschuldigte prüfen kann, ob die Tat beweisbar o. ein Einspruch aussichtsreich ist. Dazu gehört bei Zeugen Name u. Anschrift (→ § 200 Rn. 16). Die Bezugnahme auf die polizeiliche Anzeige reicht nicht aus. Das Fehlen der Angabe der Beweismittel ist für das weitere Verf. bedeutungslos.

7 **VI. Festsetzung der Rechtsfolgen (S. 1 Nr. 6).** Die Festsetzung der Rechtsfolgen (S. 1 Nr. 6) muss in der Urschrift des Strafbefehls erfolgen (LG Itzehoe SchlHA 1966, 69) u. so eindeutig sein, dass aus dem Strafbefehl vollstreckt werden kann. Eine Begründung des Rechtsfolgenausspruchs ist, außer im Fall des Abs. 1 S. 3 (→ Rn. 11), nicht erforderlich, aber auch nicht unzulässig. Fehlt in dem Strafbefehl die Festsetzung v. Rechtsfolgen, so ist er nicht unwirksam (**aM** KMR-StPO/Metzger Rn. 20); es ist dann nicht zulässig, zu demselben Tatvorwurf einen neuen Strafbefehl zu erlassen (**aM** OLG Düsseldorf wistra 1984, 200; KMR-StPO/Metzger Rn. 19). Wird gegen den Strafbefehl Einspruch eingelegt, so ist er aber als Verfahrensgrundlage geeignet (BayObLGSt 1965, 142). Entsprechendes gilt, wenn in dem Strafbefehl unzulässige Rechtsfolgen festgesetzt sind (OLG Koblenz NStZ-RR 2000, 41; vgl. auch Vent JR 1980, 400).

8 **VII. Kostenentscheidung.** Die Kostenentscheidung, die der Strafbefehl enthalten muss (§ 464 Abs. 1), lautet idR dahin, dass der Angeklagte die Verfahrenskosten zu tragen hat (§ 465 Abs. 1). Eine Belehrung über die sofortige Beschwerde nach § 464 Abs. 3 S. 1 ist nur bei Anwendung des § 465 Abs. 2 erforderlich (**aM** Löwe/Rosenberg/Gössel Rn. 34). Seine notwendigen Auslagen trägt der Angeklagte selbst; ein Ausspruch darüber ist nicht notwendig (→ § 464 Rn. 10). Zu den notwendigen Auslagen des Nebenklageberechtigten vgl. → § 472 Rn. 10a.

9 **VIII. Hinweis auf die Einspruchsmöglichkeit (S. 1 Nr. 7).** Der Hinweis auf die Einspruchsmöglichkeit (S. 1 Nr. 7), die dafür vorgeschriebene Form u. Frist sowie die Rechtsfolgen des § 410 Abs. 3 wird nur dem Angeklagten u. den Nebenbeteiligten erteilt. Der ges. Vertreter braucht nicht darauf hingewiesen zu werden, dass er selbst Einspruch einlegen kann. Wird der Hinweis nach S. 1 Nr. 7 unterlassen, so gilt § 44 S. 2 entspr. (Löwe/Rosenberg/Gössel Rn. 24). Über die Belehrung v. Ausländern vgl. → § 35a Rn. 9.

10 **IX. Belehrung nach §§ 268a Abs. 3, 268c S. 1 (S. 2).** Bei Verhängung einer Freiheitsstrafe mit Aussetzung der Vollstreckung zur Bewährung u. bei einer Verwarnung mit Strafvorbehalt muss der Bewährungsbeschluss nach § 268a Abs. 1 zugleich mit dem Strafbefehl erlassen (LG Mönchengladbach NStZ-RR 2014, 284) u. der Angeklagte zugleich nach § 268a Abs. 3 S. 1 belehrt werden. Unterbleibt die Belehrung, so wird sie nach § 453a nachgeholt. Bei Fahrverbot erfolgt die Belehrung nach § 268c S. 1.

11 **X. Entspr. Geltung von § 267 Abs. 6 S. 2 (S. 3).** Die Begründung des Absehens v. der Fahrerlaubnisentziehung (S. 3) nach § 69 StGB o. der Verhängung einer isolierten Sperre nach § 69a Abs. 1 S. 3 StGB ist nötig, weil die Verwaltungsbehörde nach § 4 Abs. 3 S. 2 StVG an die Entsch. im Strafverfahren gebunden ist. Daher bestimmt S. 3 die entspr. Anwendung des § 267 Abs. 6 S. 2. Eine formelhafte Begründung reicht aus (Nüse JR 1965, 44).

12, 13 **B. Erlass des Strafbefehls.** Erlassen ist grds. nur ein Strafbefehl, der die **Unterschrift** des Richters trägt. Ein Hand- o. Faksimilezeichen genügt, wenn daraus die Person des Richters zweifelsfrei festgestellt werden kann (KG VRS 26, 445; Löwe/Rosenberg/Gössel Rn. 36; vgl. auch OLG Saarbrücken NJW 1973, 2041 für den Bußgeldbescheid). Das Fehlen der Unterschrift ist ein wesentlicher Mangel, der zur Unwirksamkeit des Strafbefehls führt (OLG Karlsruhe Justiz 1993, 203); in der HV muss das Verf. wegen Fehlens einer Prozessvoraussetzung eingestellt werden (erg.

→ § 411 Rn. 3). Etwas anderes kann höchstens gelten, wenn aus den Akten sicher festgestellt werden kann, dass die Entsch. die Willensäußerung eines Richters ist (OLG Köln GA 1957, 223; OLG Stuttgart MDR 1970, 68; **aM** Maywald NJW 1962, 549; vgl. auch BayObLGSt 1961, 143; erg. → Vor § 33 Rn. 7). Ist der Strafbefehl nicht datiert, so berührt das seine Wirksamkeit nicht.

Der **Zeitpunkt des Erlasses** richtet sich nach den allg. für Beschlüsse geltenden Grundsätzen. Aktenmäßig erlassen u. damit einspruchsfähig (→ Vor § 296 Rn. 4) ist der Strafbefehl also, wenn er vollständig niedergelegt u. von dem zuständigen Richter unterschrieben ist (→ Vor § 33 Rn. 5). Mit Außenwirkung erlassen ist er erst an dem Tag, an dem die Geschäftsstelle ihn an eine Person außerhalb des Gerichts herausgibt (→ Vor § 33 Rn. 9). 14

C. Zustellung. Abs. 1 S. 1 Nr. 7 geht davon aus, dass der Strafbefehl nach § 35 Abs. 2 S. 1 **förmlich zugestellt** wird, u. zwar an den Angeklagten o. für ihn an den Verteidiger (§ 145a Abs. 1) o. den Zustellungsbevollmächtigten (§§ 116a Abs. 3, 127a Abs. 2, 132 Abs. 1 S. 1 Nr. 2), ferner an den Einziehungsbeteiligten (§ 424 Abs. 1) o. Nebenbetroffenen (§ 438 Abs. 1), gegen den eine Rechtsfolge ausgesprochen worden ist, o. an seinen bevollmächtigten Vertreter (§ 428 Abs. 1 S. 2). Zur Beifügung einer Übersetzung an einen der deutschen Sprache nicht mächtigen Ausländer vgl. § 187 GVG u. Nr. 181 Abs. 2 RiStBV (dazu Großmann NStZ 1991, 218; erg. → Rn. 22). 15

Die mündliche Bekanntmachung durch den Richter genügt (entgegen Nr. 179 Abs. 1 S. 1 RiStBV) nicht (SK-StPO/Degener Rn. 19); der Strafbefehl kann aber dem anwesenden Angeklagten ausgehändigt werden. 16

Dem **gesetzlichen Vertreter** braucht der Strafbefehl nur formlos bekanntgegeben zu werden **(Abs. 2).** 17

Der **StA** wird er nicht mitgeteilt, weil sie gegen den auf ihren Antrag erlassenen Strafbefehl kein Einspruchsrecht hat; sie wird mit der Sache erst wieder befasst, wenn nach Einspruch Termin zur HV anberaumt o. der Strafbefehl rkr. und vollstreckbar wird (§ 451). 18

Dem **Nebenklageberechtigten** wird der Strafbefehl ebenfalls nicht mitgeteilt; denn er kann keinen Einspruch einlegen u. sich dem Verf. erst anschließen, wenn auf Einspruch des Angeklagten die HV anberaumt worden ist (§ 396 Abs. 1 S. 3). Für die Zustellung, auf die nicht verzichtet werden kann (LG Kaiserslautern GA 1958, 123), gilt § 36 Abs. 1, nicht § 36 Abs. 2. 19

Ersatzzustellung (→ § 37 Rn. 6 ff.) ist, verfassungsrechtlich unbedenklich (BVerfGE 25, 158; 26, 315 (319)), zulässig (BGHSt 22, 52 (55)). 20

Unzulässig ist aber die **öffentliche Zustellung,** auch wenn der Beschuldigte schon zur Sache vernommen worden ist (OLG Düsseldorf NJW 1997, 2965; KMR-StPO/Metzger Rn. 39). 21

Unwirksam ist die Zustellung, wenn die zugestellte Ausfertigung v. der Urschrift wesentlich abweicht (OLG Düsseldorf VRS 58, 41; OLG Oldenburg VRS 32, 356; → § 37 Rn. 2); ob § 37 Abs. 3 entspr. anwendbar ist, ist str. (bejahend LG Stuttgart StraFo 2014, 290 mzustAnm Hinderer; LG Gießen NStZ-RR 2015, 283 Ls.; vern. LG Ravensburg NStZ-RR 2015, 219; LG Stuttgart NJW-Spezial 2016, 730; erg. → § 37 Rn. 30). Die Zustellung muss bei Unwirksamkeit der Zustellung wiederholt werden; erst dadurch wird die Einspruchsfrist nach § 410 Abs. 1 S. 1 in Lauf gesetzt. 22

Wird der zugleich mit dem Strafbefehl erlassene **Bewährungsbeschluss** (→ Rn. 10) nicht zugleich mit diesem zugestellt, bleibt er gleichwohl rechtmäßig, auch wenn die Zustellung erst nach Ablauf der Einspruchsfrist erfolgte (LG Mönchengladbach NStZ-RR 2014, 284 gegen LG Freiburg StV 1994, 534). Ist der Strafbefehl rkr., kann der versäumte Erlass eines Bewährungsbeschlusses nicht mehr nachgeholt werden (LG Aachen StraFo 2016, 302; erg. → § 410 Rn. 12). 23

Einspruch; Form und Frist des Einsprüchs; Rechtskraft

410 (1) [1]**Der Angeklagte kann gegen den Strafbefehl innerhalb von zwei Wochen nach Zustellung bei dem Gericht, das den Strafbefehl erlassen hat, schriftlich oder zu Protokoll der Geschäftsstelle Einspruch einlegen.** [2]**Die §§ 297 bis 300 und § 302 Abs. 1 Satz 1, Abs. 2 gelten entsprechend.**

(2) **Der Einspruch kann auf bestimmte Beschwerdepunkte beschränkt werden.**

(3) **Soweit gegen einen Strafbefehl nicht rechtzeitig Einspruch erhoben worden ist, steht er einem rechtskräftigen Urteil gleich.**

1 **A. Einspruch (Abs. 1 S. 1).** Einspruch (Abs. 1 S. 1) können der Angeklagte u. die Nebenbeteiligten (vgl. §§ 433 Abs. 1 S. 2, 438, 444 Abs. 2 S. 2), soweit sie durch den Strafbefehl beschwert sind, **innerhalb v. 2 Wochen nach der Zustellung** des Strafbefehls (dazu OLG München NStZ-RR 2016, 249; zur Fristberechnung vgl. § 43) schriftlich (→ Einl. Rn. 128) o. zu Prot. der Geschäftsstelle (→ Einl. Rn. 131 ff.) bei dem Gericht einlegen, das den Strafbefehl erlassen hat, der nicht auf freiem Fuß befindliche Angeklagte auch zu Prot. des AG des Verwahrungsorts (Abs. 1 S. 2 iVm § 299 Abs. 1). Ein telefonischer Einspruch ist nach hM unwirksam (OLG Zweibrücken StV 1982, 415; erg. → Einl. Rn. 140), ebenso eine Einlegung per einfacher E-Mail, die nicht iSd § 32a Abs. 3 qualifiziert elektronisch signiert oder signiert und auf einem sicheren Übermittlungsweg eingereicht wird (vgl. LG Heidelberg NStZ 2023, 767; LG Nürnberg-Fürth StraFo 2023, 15). Der Einspruch, der nicht begründet zu werden braucht, **kann schon vor der Zustellung des Strafbefehls** eingelegt werden. Der Strafbefehl muss dann aber wenigstens schon erlassen sein (vgl. → Vor § 296 Rn. 4; Löwe/Rosenberg/Gössel Rn. 7, 8); der verfrüht eingelegte Einspruch wird nicht mit dem nachträglichen Erlass des Strafbefehls wirksam. Für die Einspruchseinlegung durch den Verteidiger u. den ges. Vertreter gelten die §§ 297, 298 entspr. (Abs. 1 S. 2); auch § 300 ist anwendbar. Zum Erfordernis der Einlegung in deutscher Sprache vgl. → GVG § 184 Rn. 2, 2a, zum Fristenlauf bei Zustellungen im Ausland, → § 132 Rn. 9a. Das weitere Verf. regelt § 411 Abs. 1 S. 2, Abs. 2–4.

1a **Verteidiger und RAe** müssen den Einspruch gegen den Strafbefehl und seine Rücknahme als **elektronisches Dokument** übermitteln (§ 32d S. 2 Nr. 3; BT-Drs. 20/10943, 47; → § 32d Rn. 1 ff.). Dies gilt nicht für den Verzicht, auch die Möglichkeit der mündlichen Rücknahme bleibt erhalten (BT-Drs. 20/10943, 48).

2 Die **Zurücknahme** des Einspruchs **(Abs. 1 S. 2 iVm § 302 Abs. 1 S. 1)** ist in der gleichen Form zulässig wie seine Einlegung (→ § 302 Rn. 7), in der HV auch durch eine mündliche – in der Sitzungsniederschrift zu beurkundende – Erkl. ggü. dem Gericht (diese Möglichkeit bleibt für Verteidiger und RAe auch nach der ab ab 1.1.2026 geltenden Neufassung des § 32d S. 2 Nr. 3 erhalten; → Rn. 1a; BT-Drucks. 20/10943, 48). Zulässig ist auch die Teilrücknahme, dh die nachträgliche Beschränkung auf bestimmte Beschwerdepunkte (→ Rn. 4; → § 302 Rn. 2). Der Verteidiger braucht für die Zurücknahme nach Abs. 1 S. 2 iVm § 302 Abs. 2 eine ausdr. Ermächtigung (BayObLG 2.12.2025 – BeckRS 2025, 32964; OLG Düsseldorf NStZ 2010, 655; → § 302 Rn. 28 ff.). Für die Zurücknahme des Einspruchs in der HV gilt § 411 Abs. 3 (→ § 411 Rn. 9). Mit der wirksamen Zurücknahme des Einspruchs lebt der Strafbefehl als Straferkenntnis wieder auf u. erlangt Rechtskraft (→ Rn. 8).

3 Der nach Abs. 1 S. 2 iVm § 302 Abs. 1 S. 1 schon vor Ablauf der Einspruchsfrist zulässige **Verzicht** auf den Einspruch muss ausdr. u. in der Form des Abs. 1 erklärt werden. Er liegt nicht schon darin, dass der Angeklagte die in dem Strafbefehl festgesetzte Geldstrafe bezahlt (OLG Stuttgart DAR 1998, 29; OLG Rostock NZV 2002, 137) o. ein Ratenzahlungsgesuch stellt (OLG Hamm VRS 36, 217; **aM** OLG Karlsruhe Justiz 1965, 243).

B. Beschränkung des Einspruchs. Die Beschränkung des Einspruchs auf bestimmte Beschwerdepunkte ist bis zur Verkündung des Urt. im ersten Rechtszug (§ 411 Abs. 3 S. 1) **in gleichem Maße möglich** wie die Beschränkung der Rechtsmittel gegen Urt. nach §§ 318, 344 Abs. 1 (BayObLGSt 2003, 18). Wirksam ist also sowohl die Beschränkung des Einspruchs auf eine v. mehreren selbständigen Straftaten (→ § 318 Rn. 9 ff.) als auch auf die nachrangigen Teile des Strafbefehlsausspruchs für eine einheitliche Tat (→ § 318 Rn. 12 ff.), insbes. auf die Höhe der Freiheits- o. der Geldstrafe o. auf die Höhe des Tagessatzes (Bär DAR 1989, 371 – BayObLG RsprÜ). Im letzteren Fall kann zugleich o. später erklärt werden, dass Einverständnis mit einer Entsch. ohne HV durch Beschl. besteht (vgl. → § 411 Rn. 2). Die Beschränkung kann aber auch noch in der HV erklärt werden (→ § 411 Rn. 9). 4

Wie die Berufungsbeschränkung (→ § 318 Rn. 16 ff.) ist eine Beschränkung des Einspruchs auf den Rechtsfolgenausspruch **unwirksam,** wenn die Feststellungen zum Schuldspruch so knapp u. unzulänglich sind, dass sie keine ausreichende Grdl. für die Prüfung des Rechtsfolgenausspruchs bieten (BayObLG DAR 2004, 282; OLG Celle NStZ 2008, 711 (712); OLG Düsseldorf NStZ-RR 1997, 113; OLG Koblenz NStZ 2003, 617; OLG Schleswig SchlHA 1996, 108); das ist zB der Fall, wenn das AG trotz eines sehr hohen Blutalkoholgehalts nicht geprüft hat, ob der Angeklagte schuldunfähig iSd § 20 StGB war (BayObLGSt 2003, 18). Sonst darf sich das Gericht über die Beschränkung auch dann nicht hinwegsetzen, wenn die rechtliche Würdigung im Strafbefehl unzutr. ist (OLG München wistra 2006, 395). Wegen der Rechtsfolgen der Beschränkung vgl. ferner → § 318 Rn. 31. 5

Kosten bei Erfolg des Einspruchs: → § 473 Rn. 1. 6

C. Rechtskraftwirkung (Abs. 3). I. Zeitpunkt. Rechtskraft tritt bei unterlassener o. verspäteter Einlegung des Einspruchs **mit dem Ablauf der Einspruchsfrist** nach Abs. 1 S. 1 ein (erg. zu im Ausland wohnenden Angeklagten, → § 132 Rn. 9a). Sie entsteht schon vorher, wenn der Beschuldigte auf Einlegung des Einspruchs verzichtet (→ Rn. 3). Durch den Einspruch verliert der Strafbefehl seine Eigenschaft als aufschiebend bedingtes Straferkenntnis (→ Vor § 407 Rn. 2). Aber das Straferkenntnis lebt wieder auf bei Zurücknahme des Einspruchs (→ Rn. 2) u. bei Verwerfung des Einspruchs als unzulässig (§ 411 Abs. 1) o. nach § 412. Mit der Rechtskraft der Verwerfungsentscheidung wird dann auch der Strafbefehl rechtskräftig. 7

Wird die Wirksamkeit der Rücknahme bestritten, muss das AG hierüber entscheiden, indem es entweder die Wirksamkeit der Rücknahme feststellt (vgl. → § 302 Rn. 11a) o. das Verf. fortsetzt (OLG Jena NStZ 2007, 56). Durch nachf. weitere u. deshalb überflüssige Zustellungen wird keine neue Einspruchsfrist in Lauf gesetzt ((OLG Bamberg NStZ-RR 2019, 93). 8

II. Mehrere Einspruchsberechtigte. Legt v. mehreren Einspruchsberechtigten nur einer Einspruch ein, so erlangt der Strafbefehl gegen die übrigen Rechtskraft. Legt nur der Beschuldigte, nicht aber der Betroffene, gegen den nach § 64 OWiG eine Geldbuße wegen einer OWi festgesetzt worden ist, Einspruch ein, so wird die Bußgeldfestsetzung rkr. (Göhler/Bauer OWiG § 64 Rn. 3). Wenn nur der Betroffene Einspruch einlegt, wird das Verf. als Bußgeldverfahren weitergeführt (Göhler/Bauer OWiG § 64 Rn. 3). 9

Legt nur der **Einziehungsbeteiligte, der Nebenbetroffene** o. die **JP o. PV** Einspruch ein, so wird die angegriffene Nebenfolge nrkr Gegen den Einziehungsbeteiligten o. Nebenbetroffenen findet dann ein Beschlussverfahren entspr. §§ 434 Abs. 2 statt (§ 432 Abs. 2); gegen die bußgeldbeteiligte JP o. PV in sinngemäßer Anwendung der §§ 432 Abs. 2, 434 Abs. 2, Abs. 3 (§ 444 Abs. 2 S. 2). Der v. dem Verteidiger o. Vertreter des Verfahrensbeteiligten eingelegte Einspruch steht dabei einem v. dem Beschuldigten o. einem anderen Verfahrensbeteiligten selbst eingelegten Einspruch gleich. 10

III. Volle Rechtskraftwirkung. Die Rspr. hatte früher die Ansicht vertreten, dass die Rechtskraftwirkung des Strafbefehls wegen der nur summarischen Prüfung 11 des Sachverhalts bei seinem Erlass beschränkt werden müsse u. dass es zulässig sei, die Tat nochmals unter einem rechtlichen Gesichtspunkt zu verfolgen, der im Strafbefehl nicht berücksichtigt worden ist u. eine erhöhte Strafbarkeit begründet (so BGHSt 28, 69; BayObLGSt 1976, 84). Nachdem BVerfGE 65, 377 diese Rspr. schon eingeschränkt hatte, hat das StVÄG 1987 diese Beschränkungen der Rechtskraftwirkung beseitigt.

12 Der nicht mehr anfechtbare Strafbefehl äußert nunmehr die gleiche, nur im Wiederaufnahmeverfahren zu beseitigende **Rechtskraftwirkung wie ein rechtskräftiges Urteil.** Er ist unabänderbar (LG Mannheim NStE StPO § 410 Nr. 4; LG München II DAR 2000, 87; erg. → § 268 Rn. 9 ff.), vollstreckbar (§§ 409 Abs. 1 Nr. 7, 449) u. verbraucht die Strafklage (→ Einl. Rn. 168 ff.; → Vor § 407 Rn. 4). Bei beschränktem Einspruch (Abs. 2) tritt die Rechtskraftwirkung in gleichem Umf. ein, wie sie bei einer beschränkten Berufung o. Revision in Bezug auf die nicht angefochtenen Urteilsteile eintreten würde (→ Einl. Rn. 184 ff.). Allerdings unterfallen Strafbefehle nicht dem Schutz des Art. 103 Abs. 3 GG (BVerfG NJW 2023, 3698, Rn. 107). Wegen der Besonderheiten des Strafbefehlsverfahrens wird in § 373a die Wiederaufnahme zuungunsten des Angeklagten, abw. v. § 362, auch dann zugelassen, wenn neue Tatsachen o. Beweise vorliegen, die geeignet sind, die Verurteilung wegen eines Verbrechens zu begründen (vgl. dazu BVerfG NJW 2023, 3698, Rn. 108).

Verwerfung wegen Unzulässigkeit; Termin zur Hauptverhandlung

411 (1) [1] **Ist der Einspruch verspätet eingelegt oder sonst unzulässig, so wird er ohne Hauptverhandlung durch Beschluß verworfen; gegen den Beschluß ist sofortige Beschwerde zulässig.** [2] **Andernfalls wird Termin zur Hauptverhandlung anberaumt.** [3] **Hat der Angeklagte seinen Einspruch auf die Höhe der Tagessätze einer festgesetzten Geldstrafe beschränkt, kann das Gericht mit Zustimmung des Angeklagten, des Verteidigers und der Staatsanwaltschaft ohne Hauptverhandlung durch Beschluss entscheiden; von der Festsetzung im Strafbefehl darf nicht zum Nachteil des Angeklagten abgewichen werden; gegen den Beschluss ist sofortige Beschwerde zulässig.**

(2) [1] **Der Angeklagte kann sich in der Hauptverhandlung durch einen Verteidiger mit nachgewiesener Vertretungsvollmacht vertreten lassen.** [2] **§ 420 ist anzuwenden.**

(3) [1] **Die Klage und der Einspruch können bis zur Verkündung des Urteils im ersten Rechtszug zurückgenommen werden.** [2] **§ 303 gilt entsprechend.** [3] **Ist der Strafbefehl im Verfahren nach § 408a erlassen worden, so kann die Klage nicht zurückgenommen werden.**

(4) **Bei der Urteilsfällung ist das Gericht an den im Strafbefehl enthaltenen Ausspruch nicht gebunden, soweit Einspruch eingelegt ist.**

1 **A. Verwerfung des Einspruchs (Abs. 1 S. 1).** Einen **verspäteten oder sonst unzulässigen Einspruch** (Abs. 1 S. 1) verwirft das AG nach Anhörung der StA (§ 33 Abs. 2) ohne HV durch Beschluss. Hat es die Unzulässigkeit übersehen u. eine HV durchgeführt, so muss es durch Urt. entscheiden (→ Rn. 12). Bleiben Zweifel, ob der Einspruch rechtzeitig war, so wird er als zulässig behandelt (BayObLG NJW 1966, 947; → § 261 Rn. 35). Der Verwerfungsbeschluss enthält keine Kostenentscheidung; § 473 gilt für den Einspruch nicht (→ § 473 Rn. 1). Gegen den Beschl. ist sofortige Beschwerde nach § 311 zulässig (S. 1 Hs. 2). Bei unverschuldeter Säumnis kann Wiedereinsetzung nach § 44 auf Antrag o. vAw (§ 45 Abs. 2 S. 2) bewilligt werden. Wird der Wiedereinsetzungsantrag verworfen (§ 46 Abs. 3), ist gleichzeitig auch der Einspruch zu verwerfen (OLG Celle NStZ-RR 2004, 300: sonst keine Bindungswirkung hins. der Wirksamkeit der Zustellung).

B. Rechtzeitiger Einspruch (Abs. 1 S. 2). Nach rechtzeitigem Einspruch (Abs. 1 S. 2) u. nach Wiedereinsetzung in den vorigen Stand gegen die Versäumung der Einspruchsfrist wird idR Termin zur HV anberaumt. 2

Bei einem **auf die Höhe der Tagessätze** einer festgesetzten Geldstrafe **beschränkten Einspruch** (vgl. → § 410 Rn. 4) besteht die Möglichkeit, ohne HV durch Beschl. (Abs. 1 S. 3) zu entscheiden (zust. Engelbrecht DAR 2004, 497). Ob das Gericht dies tut o. gleichwohl HV anberaumt, liegt in seinem pflichtgemäßen Ermessen; eine HV wird sich jedenfalls dann als notwendig erweisen, wenn die mündliche Anhörung des Angeklagten zur Aufklärung erforderlich ist o. wenn die Beschränkung des Einspruchs auf die Tagessatzhöhe unwirksam ist (→ § 410 Rn. 5). Die Begründung für die Ausnahmeregelung des Abs. 1 S. 3 wird darin gesehen (vgl. BT-Drs. 15/3482, 22), dass bei Erlass des Strafbefehls die persönlichen u. wirtschaftlichen Verhältnisse des Angeklagten oftmals nicht genau bekannt sind, insbes., wenn er hierzu keine Angaben gemacht hat u. das Gericht auf eine Schätzung (§ 40 Abs. 3 StGB) angewiesen war; möglich ist aber auch, dass sich die Verhältnisse des Angeklagten im Laufe des Strafverfahrens verändert haben. Falls er seine wirtschaftlichen Verhältnisse durch schriftliche Belege nachweisen kann, kann eine mündliche Verh. entbehrlich werden. Voraussetzung dafür ist allerdings die Zustimmung des Angeklagten, des Verteidigers u. der StA (wobei letzterer die v. Angeklagten vorgelegten Urk. zur Kenntnis gebracht werden müssen, vgl. Neuhaus StV 2005, 53); die Mitwirkung eines Verteidigers ist aber – anders als zB in § 251 Abs. 1 Nr. 1 – nicht zwingend geboten (LG Mosbach NStZ 2009, 176). Das Verf. wird in der Praxis wohl hauptsächlich Anwendung finden, wenn sich das Gericht mit den Verfahrensbeteiligten zuvor auf die Herabsetzung der Tagessatzhöhe geeinigt hat. Die Vorschr. ist aber auch anwendbar, wenn der Einspruch auf die Gewährung v. Zahlungserleichterungen beschränkt ist (AG Kehl NJW-Spezial 2015, 442). Der Beschl. nach Abs. 1 S. 3 ist die für die mögliche Bildung einer nachträglichen Gesamtstrafe maßgebliche letzte tatgerichtliche Entsch. iSd § 55 Abs. 1 StGB (BGH NStZ 2020, 659). 2a

Anders als sonst im Strafbefehlsverfahren (vgl. → Rn. 11) gilt hier das **Verschlechterungsverbot.** Wegen der regelmäßig anzunehmenden vorherigen Einigung der Verfahrensbeteiligten mit dem Gericht wird dieses Verbot ebenso wie die Möglichkeit der sofortigen Beschwerde (§ 311) gegen den Beschl. ohne wesentliche praktische Bedeutung bleiben. Falls aber Beschwerde eingelegt wird u. das Beschwerdegericht sie für begründet erachtet, wird es idR gem. § 309 Abs. 2 die Tagessatzhöhe selbst festsetzen können. Dabei wird das Verschlechterungsverbot auch insofern Geltung beanspruchen, dass das Beschwerdegericht eine im Beschl. des Erstgerichts erfolgte Herabsetzung der Tagessatzhöhe ggü. der im Strafbefehl verhängten Strafe nicht seinerseits wieder heraufsetzen darf; denn die herabgesetzte Strafe ist auch als „Festsetzung im Strafbefehl" iSd Abs. 1 S. 3 anzusehen. 2b

C. HV. Für die HV gelten die allg. Vorschr. der §§ 213 ff. Die Zuziehung eines 2. Richters beim AG ist ausgeschlossen (→ GVG § 29 Rn. 6). Der Strafbefehlsantrag ersetzt die Anklage, der Strafbefehl übernimmt die Funktion des Eröffnungsbeschlusses (BGHSt 23, 280; OLG Düsseldorf VRS 74, 278; NStE StPO § 19 Nr. 1; OLG Zweibrücken MDR 1987, 164; einschr. Löwe/Rosenberg/Gössel § 408 Rn. 37: nur einzelne Wirkungen des Eröffnungsbeschlusses). Ist er mangelhaft, so kann er ebenso wenig wie ein mangelhafter Eröffnungsbeschluss (→ § 207 Rn. 11) Grdl. des weiteren Verf. sein (vgl. BGHSt 23, 336; BayObLGSt 1960, 122; Löwe/Rosenberg/Gössel Rn. 18; **aM** BayObLGSt 1961, 143: Verfahrensgrundlage ist Strafbefehlsantrag). In der HV verliest der StA nach § 243 Abs. 3 S. 1 als Anklagesatz die sich aus Strafbefehlsantrag u. Strafbefehl ergebende Beschuldigung (→ § 243 Rn. 14). Danach wird festgestellt, dass der Einspruch form- u. fristgerecht eingelegt ist. 3

D. Vertretung (Abs. 2 S. 1). Der Angeklagte kann sich in der HV durch einen Verteidiger vertreten lassen. Das Erscheinen des Vertreters ermöglicht aber nicht die Verh. in Abwesenheit des Angeklagten, der seinen Willen, an der HV teil- 4

zunehmen, deutlich zum Ausdruck gebracht hat (OLG Karlsruhe StV 1986, 289). Die Vertretungsmöglichkeit gilt nach allgM (vgl. Löwe/Rosenberg/Gössel Rn. 35) auch im Berufungsrechtszug u. im ganzen folgenden Verf., auch nach Urteilsaufhebung u. Zurückverweisung der Sache durch das Revisionsgericht. Die Anordnung des persönlichen Erscheinens des Angeklagten nach § 236 hebt sein Recht, sich vertreten zu lassen, nicht auf (OLG Dresden StraFo 2005, 299; OLG Düsseldorf NStZ-RR 1998, 180; OLG Frankfurt a. M. StV 1983, 268; OLG Karlsruhe NStZ 1983, 43; erg. → § 329 Rn. 14); der Erlass eines Vorführungs- o. Haftbefehls wird dadurch zwar nicht ausgeschlossen, wird aber idR unverhältnismäßig sein (KG NJW 2007, 2345; NStZ-RR 2014, 378; LG Berlin VRS 118, 364; LG Essen StraFo 2010, 27; **aM** Löwe/Rosenberg/Becker § 236 Rn. 4: stets unzulässig; erg. → § 230 Rn. 19) u. kann uU einen Befangenheitsantrag (§ 24) begründen (Schmuck/Leipner StraFo 2012, 95).

5 Die wirksame Vertretung setzt grds. eine **schriftliche Vertretungsvollmacht** voraus; spätere schriftliche Bestätigung einer mündlich erteilten Vollmacht genügt nicht (OLG Saarbrücken NStZ 1999, 265; vgl. iE → § 234 Rn. 5 ff.). Das gilt auch für den Pflichtverteidiger (OLG Hamm StV 1997, 404 Ls.). Eine v. dem vertretungsberechtigten Verteidiger einem anderen RA erteilte Untervollmacht (→ Vor § 137 Rn. 11) bedarf dagegen nicht der Schriftform (→ § 234 Rn. 7).

6 Zu den **Befugnissen des Vertreters** vgl. → § 234 Rn. 8 ff. Er darf den Angeklagten in der Erkl. und im Willen vertreten, insbes. dessen Einlassung vortragen (OLG Hamm JMBl. NRW. 1964, 214). Ebenso wenig wie der Angeklagte braucht er aber Erklärungen zur Sache abzugeben (KG VRS 33, 448; OLG Köln StV 1993, 292) o. Anträge zu stellen (OLG Celle NStZ-RR 2009, 352 Ls.). Der Angeklagte ist daher auch dann ordnungsgemäß vertreten, wenn der Vertreter in der Verh. schweigt (KG StraFo 2010, 427), o. wenn er zwar erklärt, dass er keine Informationen erhalten habe, gleichwohl aber zur Sache verhandelt (OLG Düsseldorf MDR 1958, 623; OLG Köln NJW 1962, 1735; LG Verden NJW 1974, 2195), nicht aber, wenn er keine Erklärungen abgibt u. nur die Aussetzung der HV beantragt (KG JR 1985, 343; OLG Zweibrücken JBlRP 2001, 141; erg. → § 329 Rn. 16).

7 **E. Anwendung des § 420 (Abs. 2 S. 2).** In der HV gilt das **vereinfachte Beweisaufnahmeverfahren** wie im beschleunigten Verfahren. Das bedeutet, dass nach § 420 Abs. 1, Abs. 2 mit Einverständnis des Angeklagten, des Verteidigers u. des StA entgegen § 250 die Vernehmung eines Zeugen, Sachverständigen o. Mitbeschuldigten durch Verlesung v. Niederschriften über eine frühere Vernehmung oder v. einer schriftlichen Äußerung der Beweisperson ersetzt u. über § 256 hinaus Erklärungen einer Behörde o. eines Behördenangehörigen verlesen werden dürfen (vgl. → § 420 Rn. 4 ff.). Soweit nicht ausnahmsweise das SchG nach § 408a den Strafbefehl erlassen hat (vgl. → § 408 Rn. 5), bestimmt das Gericht unbeschadet des § 244 Abs. 2 den Umf. der Beweisaufnahme (§ 420 Abs. 4; erg. → § 420 Rn. 9, 10). Auch im Berufungsverfahren gelten über Abs. 2 S. 2 die Vorschr. des § 420 Abs. 1–3, nicht jedoch § 420 Abs. 4 (Meyer-Goßner GS Meurer, 2002, 430; str., erg. → § 420 Rn. 12).

8 **F. Zurücknahme der Klage (Abs. 3).** Die Zurücknahme der Klage (Abs. 3) ist ohne Beschränkungen möglich, solange der Strafbefehl noch nicht erlassen ist. Danach kann die Klage nur zurückgenommen werden, wenn der Angeklagte einen zulässigen Einspruch eingelegt hat (KMR-StPO/Metzger Rn. 19; Degener in SK-StPO Rn. 18; **aM** OLG Karlsruhe NStZ 1991, 602 mwN u. abl. Anm. Mayer NStZ 1992, 605). Wenn der Einspruch nach § 410 Abs. 2 auf den Rechtsfolgenausspruch beschränkt ist, so dass der Schuldspruch Rechtskraft erlangt hat, ist die Zurücknahme der Klage nicht möglich (vgl. auch → § 302 Rn. 6). Für den Fall, dass auf unbeschränkten Einspruch des Angeklagten eine HV stattfindet, erweitert Abs. 3 die Möglichkeit, die Klage zurückzunehmen (§ 156), bis zum Beginn der Urteilsverkündung (§ 268 Abs. 2 S. 1) im 1. Rechtszug. Bei Zurückweisung der Sache durch das Revisionsgericht lebt die Rücknahmemöglichkeit wieder auf (→ Rn. 9). Nach Beginn der HV (vgl. → § 303 Rn. 2) ist die Zurücknahme nur

mit Zustimmung des Angeklagten möglich (Abs. 3 S. 2 iVm § 303 S. 1). Der Zustimmung des Nebenklägers bedarf es nicht, da er kein Gegner der StA ist (Abs. 3 S. 2 iVm § 303 S. 2). Die Zurücknahme der Klage versetzt das Verf. in den Stand des Ermittlungsverfahrens zurück (→ § 156 Rn. 2) mit der Folge, dass der Strafbefehl seine Wirkung verliert (BayObLG VRS 45, 384). Ein gerichtlicher Einstellungsbeschluss ist nicht erforderlich, auch nicht in der HV (Löwe/Rosenberg/Gössel Rn. 47). Die Kostenentscheidung ergeht nach § 467a. In den Fällen des § 408 Abs. 2 S. 1, Abs. 3 S. 2 gilt nicht Abs. 3, sondern § 156 (→ § 156 Rn. 3). War der Strafbefehl nach § 408a erlassen worden, so ist die Zurücknahme der Klage überhaupt ausgeschlossen (Abs. 3 S. 3).

G. Zurücknahme des Einspruchs (Abs. 3). Die Zurücknahme des Einspruchs (Abs. 3) u. die Teilrücknahme durch nachträgliche Beschränkung (→ § 410 Rn. 4) ist ebenfalls bis zur Verkündung des Urt. im 1. Rechtszug zulässig, nach Beginn der HV (vgl. → § 303 Rn. 2) aber nur mit Zustimmung der StA (Abs. 3 S. 2 iVm § 303 S. 1). Auch hier bedarf es der Zustimmung des Nebenklägers nicht (Abs. 3 S. 2 iVm § 303 S. 2). Die Verbindung mit einem erstinstanzlichen landgerichtlichen Verf. gem. § 4 Abs. 1 hat zur Folge, dass der Einspruch gegen den Strafbefehl nicht mehr zurückgenommen werden kann (BGH NJW 2021, 795; → § 4 Rn. 3, → § 5 Rn. 1). Kommt es nach Zurückverweisung der Sache durch das Revisionsgericht zu einer neuen HV im 1. Rechtszug, so ist die Einspruchsrücknahme (und die Beschränkung des Einspruchs) erneut bis zum Beginn der Urteilsverkündung zulässig (BayObLG GA 1982, 325; OLG Hamm MDR 1980, 161; Löwe/Rosenberg/Gössel Rn. 51; **aM** LG München II NJW 1981, 65; Peters StrafProzR Rn. 564; erg. → § 302 Rn. 6; → § 303 Rn. 2). Die wirksame Zurücknahme erledigt den Einspruch (erg. → § 303 Rn. 7). Der Strafbefehl lebt, ohne dass es einer weiteren Erkl. bedarf, als Straferkenntnis wieder auf u. erlangt Rechtskraft (→ § 410 Rn. 8). 9

H. Urteil (Abs. 4). Das Urteil (Abs. 4) ergeht unabhängig v. dem Strafbefehl, wenn gegen ihn in vollem Umf. Einspruch eingelegt o. der Einspruch auf eine v. mehreren Verurteilungen beschränkt worden ist. Es wird also nicht der Strafbefehl aufgeh. o. aufrechterhalten, sondern der Angeklagte verurteilt o. freigesprochen o. das Verf. eingestellt; der Strafbefehl wird nicht erwähnt. Anders ist es, wenn der Angeklagte den Einspruch auf den Rechtsfolgenausspruch beschränkt hat. Dann hat der Richter den Schuldausspruch des Strafbefehls, an den er gebunden ist, für sein Urt. vorauszusetzen u. nicht etwa durch Aufnahme in den Urteilsausspruch zu bestätigen. Der Schuldspruch wird also in dem Urt. nicht wiederholt, sondern in Bezug genommen (**aM** AG Braunschweig MDR 1987, 1049). Der Urteilsausspruch lautet etwa: „Der Angeklagte wird wegen des in dem Strafbefehl vom … bezeichneten Diebstahls zu einer Geldstrafe von … verurteilt." Die Kostenentscheidung des Urt. wird unabhängig v. Strafbefehl nach §§ 465, 467 getroffen; § 473 gilt nicht (erg. → § 473 Rn. 1). 10

Bei dem Erlass des Urt. auf zulässigen Einspruch des Angeklagten gilt das **Verbot der Schlechterstellung** nach §§ 331, 358 Abs. 2 **nicht** (KG VRS 17, 285 (289); OLG Hamm VRS 41, 302; SK-StPO/Degener Rn. 26 ff.), auch wenn die HV keinen schwerer wiegenden Sachverhalt ergeben (OLG Stuttgart StV 2007, 232 mwN; **aM** Esser StV 2007, 235; Ostler NJW 1968, 486) o. wenn der ges. Vertreter Einspruch eingelegt hat (KMR-StPO/Metzger Rn. 32; **aM** SK-StPO/Degener Rn. 29; SSW StPO/Momsen Rn. 17). Das Gericht kann nicht nur den Schuldspruch ändern, sondern auch ohne vorherigen Hinweis an den Angeklagten (OLG Hamm NJW 1980, 1587; VRS 63, 56) die Freiheitsstrafe o. die Geldstrafe (Anzahl o. Höhe der Tagessätze o. beides) erhöhen (ob dies auch im Bußgeldverfahren bei Verdoppelung des Regelsatzes des Bußgeldes gilt, ist str.; vern. OLG Hamm DAR 2010, 99 mablAnm Sandherr; vgl. auch KG NZV 2015, 355), u. Nebenfolgen festsetzen, die in dem Strafbefehl nicht enthalten waren. Auch der Wegfall der im Strafbefehl angeordneten Strafaussetzung zur Bewährung ist zulässig; hier erfordert aber der Grundsatz des fairen Verf. (→ Einl. Rn. 19) einen vorherigen Hinweis an 11 den Angeklagten, dass er hiermit rechnen müsse, weil ihn dies zu einer bes. Prüfung veranlassen wird, ob er den Einspruch lieber zurücknehmen soll. Die Gründe einer solchen Strafverschärfung sollten in dem Urt. dargelegt werden (OLG Zweibrücken MDR 1967, 236); rechtlich notwendig ist das nicht.

12 Hat das AG die HV durchgeführt, obwohl der **Einspruch unzulässig** ist, so wird die nach Abs. 1 gebotene Verwerfung in der HV durch Urt. mit der Kostenentscheidung nach § 465 nachgeholt (BayObLGSt 1961, 195; OLG Hamm VRS 41, 381). Das Urt. kann mit den üblichen Rechtsmitteln angefochten werden (BayObLGSt 1961, 195). Ein auf einen unzulässigen Einspruch erlassenes Sachurteil hebt das Rechtsmittelgericht auf Berufung o. Revision eines Prozessbeteiligten vAw auf; gleichzeitig verwirft es den Einspruch als unzulässig (BGHSt 13, 306; 18, 127; 26, 183; OLG Bamberg NStZ-RR 2019, 93; OLG Düsseldorf JR 1986, 121; OLG Hamm NStZ-RR 2010, 21). Dabei gilt das Verbot der Schlechterstellung nicht; entgegen der verfehlten Ansicht v. BGHSt 18, 127 (wo rkr. u. nrkr Entsch. unzutr. gleichgesetzt werden), der die ganz hM gefolgt ist (zB OLG Hamm NJW 1970, 1092 (1093); Löwe/Rosenberg/Franke § 358 Rn. 20), ist also, wenn das AG auf den unzulässigen Einspruch die Strafe herabgesetzt hatte, der Strafbefehl *nicht* „mit der Maßgabe aufrechtzuerhalten, dass die ermäßigte Strafe festgesetzt ist" (so aber BGHSt 18, 127; OLG München NJW 2008, 1331 mablAnm Meyer-Goßner); denn Rechtskraft geht vor Verschlechterungsverbot u. nicht umgekehrt (eing. dazu Meyer-Goßner Prozessvoraussetzungen S. 72 ff.; **aM** Löwe/Rosenberg/Gössel Rn. 8; MüKoStPO/Kudlich Einl. Rn. 402 wegen des Vertrauensschutzes, aber das Vertrauen in einen – noch dazu ungerechtfertigten – Vorteil kann nicht die Rechtskraft beseitigen; erg. → § 331 Rn. 4a). Auch bei Vorliegen eines Wiedereinsetzungsantrages gegen die Versäumung der Einspruchsfrist kommt eine Zurückverweisung an das AG durch das LG nicht in Betracht (BayObLGSt 1988, 134 = JR 1990, 35 mzustAnm Wendisch), auch nicht durch das Revisionsgericht (vgl. → § 46 Rn. 2). Erlangt das trotz der Rechtskraft des Strafbefehls ergangene Urt. Rechtskraft, so ist es wirksam (BGHSt 13, 306 (309); BayObLGSt 1953, 34).

13 Ein Sach- o. ein Verwerfungsurteil, das trotz **Zurücknahme des Einspruchs** ergangen ist, muss auf ein Rechtsmittel des Angeklagten aufgeh. werden (OLG Düsseldorf VRS 79, 120); dabei ist zur Klarstellung die Rechtskraft des Strafbefehls ab Einspruchsrücknahme festzustellen. Die Rechtsmittelkosten u. die notwendigen Auslagen des Angeklagten ab Einspruchsrücknahme müssen der Staatskasse auferlegt werden (OLG Hamm VRS 43, 112; Löwe/Rosenberg/Gössel Rn. 11, 12).

14 Wurde der Einspruch in der HV **fehlerhaft als unzulässig verworfen,** wird das Urt. (→ Rn. 1) aufgeh. u. die Sache an das AG zurückverwiesen (KK-StPO/Paul § 328 Rn. 7; Meyer-Goßner NJW 1987, 1163; erg. → § 412 Rn. 10).

15 Dasselbe gilt, wenn **keine wirksame Vertretungsvollmacht (Abs. 2 S. 1)** bestanden hat (OLG Saarbrücken NStZ 1999, 265).

16 Die **Zustellung des Urteils** kann auch im Fall des Abs. 2 nach § 145a Abs. 1 an den Verteidiger erfolgen (BayObLGSt 1966, 63; OLG Braunschweig NJW 1965, 1194); die Rechtsmittelfrist beginnt aber bereits mit der Verkündung des Urt. zu laufen (§§ 314 Abs. 2, 341 Abs. 2).

Ausbleiben des Angeklagten; Einspruchsverwerfung

412 **[1] § 329 Absatz 1, 3, 6 und 7 ist entsprechend anzuwenden. [2] Hat der gesetzliche Vertreter Einspruch eingelegt, so ist auch § 330 entsprechend anzuwenden.**

1 **A. Einspruchsverwerfung.** Bei **unentschuldigtem Ausbleiben des Angeklagten** in der auf seinen Einspruch anberaumten HV, also nicht im Fall des § 408 Abs. 3 S. 2, ist § 329 Abs. 1, Abs. 3, Abs. 6, Abs. 7 entspr. anzuwenden (S. 1), bei Einspruch des ges. Vertreters auch § 330 (S. 2). Liegen die Voraussetzungen dieser Vorschr. vor, so muss der Einspruch verworfen werden (zwingende Folge, vgl.

BayObLGSt 2003, 155 mwN), auch dann, wenn sie erst nach Beginn der Verh. zur Sache festgestellt werden (LG München I NStZ 1983, 427).

2 **I. Voraussetzungen der Einspruchsverwerfung.** Voraussetzung der Einspruchsverwerfung ist in 1. Hinsicht ein zulässiger Einspruch gegen den Strafbefehl; die Verwerfung des Einspruchs als unzulässig (§ 411 Abs. 1 S. 1) hat den Vorrang (vgl. → § 329 Rn. 7). Weitere Voraussetzungen sind das Vorliegen eines wirksamen Strafbefehls (OLG Hamm JMBl. NRW. 1952, 222) u. die ordnungsgemäße Ladung des Angeklagten (→ § 329 Rn. 9 ff.) mit einer Belehrung über die Rechtsfolge des § 412 (BayObLGSt 1962, 6; OLG Hamburg MDR 1976, 1041; OLG Köln NJW 1969, 246), die bei jeder neuen Ladung wiederholt werden muss (OLG Bremen MDR 1968, 1031), nicht aber die Einhaltung der Ladungsfrist (→ § 329 Rn. 11); ferner muss der Strafbefehl wirksam zugestellt u. nicht nur formlos mitgeteilt sein (BayObLG NStZ-RR 1999, 243; OLG Karlsruhe StV 1995, 8; LG Bonn MDR 1974, 863; **aM** OLG Zweibrücken NStZ 1994, 602, dessen Auff., dies sei zum Schutz des Angeklagten nicht erforderlich, nicht zu überzeugen vermag; ebenso aber für den Fall des § 408a OLG Köln VRS 99, 431). Ob im Strafbefehl das materielle Recht richtig angewendet wurde, wird ebenso wenig geprüft wie das Vorliegen der Prozessvoraussetzungen (vgl. → § 329 Rn. 8); wenn das Verfahrenshindernis allerdings erst *nach* Erlass des Strafbefehls eingetreten ist (zB Rücknahme des Strafantrags) ist nach § 260 Abs. 3, nicht nach § 412 zu verfahren (Loos in AK-StPO Rn. 7; Meyer-Goßner Prozessvoraussetzungen S. 45 ff.; **aM** OLG Celle NStZ-RR 2012, 75; KK-StPO/Maur Rn. 12 mwN: stets Einstellung des Verf.).

3 **II. Ausbleiben des Angeklagten. Bei Beginn der HV oder später** muss der Angeklagte ausgeblieben sein (vgl. § 329 Abs. 1 S. 1 und 2). Wie in der Berufungsverhandlung muss auch in der Verh. auf den Einspruch mit dem Verwerfungsurteil einige Zeit abgewartet werden (RGSt 61, 175 (177); BayObLGSt 1959, 250), üblicherweise 15 Minuten, wenn bes. Erschwernisse in den Verkehrsverhältnissen nicht bekannt sind (erg. → § 329 Rn. 13).

4 Die Verwerfung ist **auch zulässig,** wenn eine Verh. ausgesetzt u. dann eine neue Verh. auf den Einspruch anberaumt worden war o. wenn sie stattfindet, nachdem gegen das Verwerfungsurteil entspr. § 329 Abs. 7 Wiedereinsetzung bewilligt worden war (→ § 329 Rn. 3). § 412 ist unanwendbar, wenn nach Zurückverweisung der Sache durch das Revisionsgericht neu verhandelt wird (§ 329 Abs. 1 S. 4), sofern nicht bereits das aufgeh. Urt. den Einspruch nach § 412 verworfen hatte (OLG Zweibrücken VRS 51, 365; erg. → § 329 Rn. 4).

5 **III. Erscheinen eines Vertreters.** Das Erscheinen eines Vertreters hindert das Verwerfungsurteil, auch wenn das persönliche Erscheinen des Angeklagten angeordnet worden war (→ § 411 Rn. 4). Wie im Fall des § 329 Abs. 1 muss der Vertreter aber nicht nur körperlich anwesend, sondern auch bereit sein, den Angeklagten zu vertreten (→ § 329 Rn. 16; → § 411 Rn. 6). War der Vertreter nicht erschienen, so ist ein Verwerfungsurteil ausgeschlossen, wenn er vor der HV deren Aussetzung wegen Nichteinhaltung der Ladungsfrist (OLG Köln VRS 71, 449) o. wegen Verhinderung (BayObLG NStZ-RR 2002, 79) beantragt hat. War das persönliche Erscheinen des Angeklagten angeordnet worden, so hat das Gericht die Wahl, ohne ihn zu verhandeln o. sein Erscheinen entspr. § 329 Abs. 3 zu erzwingen (OLG Celle NJW 1970, 906; OLG Hamburg NJW 1968, 1687; Küper NJW 1969, 493; → § 236 Rn. 8).

6 **IV. Nicht genügend entschuldigt.** Nicht genügend entschuldigt muss das Ausbleiben des Angeklagten sein. Insoweit gelten die gleichen Grundsätze wie bei § 329 Abs. 1 (→ § 329 Rn. 21 ff.).

7 **B. Vorführung oder Verhaftung.** Die Vorführung oder Verhaftung des Angeklagten ist nur unter den gleichen eingeschränkten Voraussetzungen zulässig wie nach § 329 Abs. 3 (→ § 329 Rn. 45; LG Zweibrücken VRS 112, 40).

8 **C. Verwerfungsurteil.** Für das Verwerfungsurteil gelten die gleichen Grundsätze wie für das Urt. nach § 329 Abs. 1 (→ § 329 Rn. 30 ff.). Eine Kostenent-

scheidung unterbleibt, weil § 473 für den Einspruch nicht gilt (→ § 473 Rn. 1). Dem ausgebliebenen Angeklagten ist das Urt. durch Zustellung bekanntzumachen (§ 35 Abs. 2 S. 1). Ersatzzustellung ist zulässig (→ § 232 Rn. 25, 26); auch § 145a ist anwendbar (BayObLGSt 1966, 63).

9 **Wiedereinsetzung** gegen das Urt. kann entspr. § 329 Abs. 7 bewilligt werden (→ § 329 Rn. 40 ff.).

10 **D. Rechtsmittel.** Die **Berufung** gegen das Verwerfungsurteil ist stets zulässig. Sie bedarf auch dann nicht der Annahme nach § 313, wenn im Strafbefehl nur eine Geldstrafe v. nicht mehr als 15 Tagessätzen verhängt o. vorbehalten ist (Hettenbach, Die Annahmeberufung nach § 313 StPO, 1997, S. 64; denn § 313 setzt eine Verh. am AG zur Sache voraus. Auf die Berufung wird geprüft, ob die Voraussetzungen für die Verwerfung vorgelegen haben. Dabei muss neues Tatsachenvorbringen des Beschwerdeführers berücksichtigt werden (BayObLGSt 1953, 51; 2001, 14; OLG Hamm VRS 23, 299); dafür gilt das Strengbeweisverfahren (OLG Naumburg NStZ-RR 2001, 87). Bei erfolgreicher Berufung wird das Urt. des AG aufgeh. u. die Sache an das AG zurückverwiesen (BGHSt 36, 139). Hat das AG ein Sachurteil erlassen, anstatt nach § 412 zu verfahren, hebt das LG auf Berufung das Urt. auf u. verweist die Sache zur Einspruchsverwerfung an das AG zurück (LG München I NStZ 1983, 427; HK-StrafR/Andrejtschitsch Rn. 10; **aM** KK-StPO/Maur § 411 Rn. 17; KMR-StPO/Metzger Rn. 30; Gössel JR 1990, 303: Verwerfung durch das LG). Hat das AG die Unzulässigkeit des Einspruchs übersehen, verwirft ihn das LG unter Aufhebung des nach § 412 ergangenen Urt. (KMR-StPO/Metzger Rn. 31).

11 Für die **Revision,** die gegen das Urt. des AG (§ 335) o. gegen das die Verwerfung bestätigende Berufungsurteil (§ 333) eingelegt werden kann, gilt das Gleiche wie für die Revision gegen das Verwerfungsurteil nach § 329 Abs. 1 (→ § 329 Rn. 46 ff.). Hat das LG die Berufung gegen das Verwerfungsurteil verworfen, hält aber das Revisionsgericht die Voraussetzungen des § 412 nicht für gegeben, so verweist es die Sache unter Aufhebung beider Urt. an das AG zurück (OLG Karlsruhe StV 1995, 8; OLG Köln VRS 71, 449; 98, 138); sind aber weitere Feststellungen zur „nicht genügenden Entschuldigung“ möglich, wird nur das landgerichtliche Urt. aufgeh. (Döllel/Dreeßen SchlHA 2009, 245 – OLG Schleswig RsprÜ). Hat das LG auf die Berufung gegen das Verwerfungsurteil eine Sachentscheidung erlassen, hält das Revisionsgericht aber das 1. Urt. für richtig, so hebt es das Urt. des LG auf u. verwirft die Berufung als unbegründet (BayObLGSt 1975, 23); damit stellt es das 1. Urt. wieder her, u. der Strafbefehl wird rechtskräftig.

Zweiter Abschnitt. Sicherungsverfahren

Zulässigkeit

413 **Führt die Staatsanwaltschaft das Strafverfahren wegen Schuldunfähigkeit oder Verhandlungsunfähigkeit des Täters nicht durch, so kann sie den Antrag stellen, Maßregeln der Besserung und Sicherung sowie als Nebenfolge die Einziehung selbständig anzuordnen, wenn dies gesetzlich zulässig ist und die Anordnung nach dem Ergebnis der Ermittlungen zu erwarten ist (Sicherungsverfahren).**

1 **A. Normzweck.** Die **selbständige Anordnung von Sicherungsmaßregeln** nach §§ 61 ff. StGB, mit Ausnahme der Sicherungsverwahrung u. der Führungsaufsicht, sieht § 71 StGB für den Fall vor, dass das Strafverfahren gegen den Täter wegen **Schuld- o. Verhandlungsunfähigkeit** (s. BGH NStZ 2022, 252; → § 414 Rn. 1) nicht durchgeführt werden kann; die §§ 413–416 enthalten dazu die verfahrensrechtliche Erg. (BGHSt 31, 132 (134)). Das Sicherungsverfahren ist v. vornherein nicht auf zweispurige strafrechtliche Sanktion (Strafe u. Maßregel), sondern nur auf die Anordnung der Maßregel ausgerichtet. Es bezweckt die Sicherung der

Allgemeinheit vor gefährlichen Straftätern (BGHSt 22, 1 (3)). Das Verf. ist auch gegen Jugendliche u. Heranwachsende zulässig, wenn die Maßregel gegen sie nach sachlichem Recht (§§ 2, 7, 105 Abs. 1 **JGG**) angeordnet werden darf.

Anders als nach früherer Rechtslage (s. nur BGH NStZ 2018, 55) ist aufgr. d. zum 1.7.2021 in Kraft getretenen Änderung von § 413 (s. BT-Drs. 19/27654, 109) auch die **Einziehung im gleichen Umfang wie im Strafverfahren möglich;** nicht erforderlich sind insbes. ein darauf gerichteter ausdrücklicher Antrag d. StA in der Antragsschrift o. eine bes. Eröffnungsentscheidung d. Gerichts (BGH NStZ 2022, 250). Für bereits laufende Verfahren ist das Antragserf. des § 435 Abs. 1 S. 1 mit Wirkung v. 1.7.2021 entfallen (BGH NStZ 2022, 250). Die Einziehung von Tatprodukten, Tatmitteln und Tatobjekten wird allerdings ausgeschlossen sein, sofern die Einziehung eine schuldhaft verübte Straftat voraussetzt und dem Betroffenen kein Schuldvorwurf gemacht werden kann (vgl. BT-Drs. 19/27654, 107). **1a**

Ein **Adhäsionsantrag** ist im Sicherungsverfahren **unzulässig;** dies ergibt sich aus dem als abschließend zu verstehenden Wortlaut des § 413 sowie systematisch aus dem Umstand, dass der Gesetzgeber die Zulässigkeit der Nebenklage im Sicherungsverfahren ausdrücklich geregelt hat (§ 395 Abs. 1), während es an einer entsprechenden Regelung im Adhäsionsverfahren fehlt (BGH NStZ-RR 2023, 383 (384 f.)). **1b**

B. Voraussetzungen des Sicherungsverfahrens. I. Nichtdurchführung des Strafverfahrens durch die StA. Nichtdurchführung des Strafverfahrens durch die StA wegen Schuld- o. Verhandlungsunfähigkeit des Beschuldigten. Gleichgültig ist, ob die StA v. der Anklageerhebung v. vornherein absieht o., ob sie die erhobene Klage nach § 156 zurücknimmt. **2**

Über den Wortlaut des § 413 hinaus ist das Sicherungsverfahren auch zulässig, wenn das Gericht die Eröffnung des Hauptverfahrens wegen Schuldunfähigkeit abgelehnt hat (Löwe/Rosenberg/Gössel Rn. 3). **3**

Bei der **Schuldunfähigkeit** muss nicht feststehen, dass die Voraussetzungen des § 20 StGB vorliegen; es genügt, dass das nicht auszuschließen ist, aber jedenfalls erheblich verminderte Schuldfähigkeit nach § 21 StGB besteht (BGHSt 22, 1; Löwe/Rosenberg/Gössel Rn. 5; Schlüchter Strafverfahren Rn. 795; **aM** SK-StPO/Degener Rn. 7; Peters StrafProzR Rn. 570). Die fehlende strafrechtliche Verantwortlichkeit des Jugendlichen nach § 3 JGG ist keine Schuldunfähigkeit iS § 413 (BayObLGSt 1958, 263; Löwe/Rosenberg/Gössel Rn. 2). Das Sicherungsverfahren ist aber zulässig, wenn zugleich die Voraussetzungen des § 20 StGB vorliegen (vgl. BGHSt 26, 67). **4**

Die **Verhandlungsunfähigkeit** (→ Einl. Rn. 97) darf nicht nur vorübergehend bestehen; denn dann führt sie zur vorl. Einstellung des Verf. nach § 205, nicht zu dessen Undurchführbarkeit. Zulässig ist das Sicherungsverfahren schon, wenn nicht auszuschließen ist, dass der Beschuldigte dauernd, dh für immer o. jedenfalls auf unabsehbare Zeit, verhandlungsunfähig ist (Schlüchter Strafverfahren Rn. 796; **aM** SK-StPO/Degener Rn. 9). **5**

II. Erwartung der Anordnung der Maßregel. Der Erfolg des Antrags im Sicherungsverfahren muss **wahrscheinlich** sein (Lüttger GA 1957, 210; Schlüchter Strafverfahren Rn. 798.1). Bei Schuldunfähigkeit müssen die Ermittlungen hinreichende (vgl. → § 203 Rn. 2) Gründe für die Annahme ergeben, dass der Beschuldigte eine rechtswidrige Tat begangen hat u. dabei schuldunfähig nach § 20 StGB gewesen ist o. dass die Schuldunfähigkeit wenigstens nicht ausgeschlossen werden kann. Bei Verhandlungsunfähigkeit muss der gleiche hinreichende Tatverdacht bestehen wie bei der Anklageerhebung. In beiden Fällen müssen darüber hinaus hinreichende Gründe für die Erwartung bestehen, dass das Gericht die Sicherungsmaßregel für zulässig u. erforderlich halten u. daher anordnen werde. **6**

C. Andere Hinderungsgründe für das Strafverfahren. Andere Hinderungsgründe für das Strafverfahren dürfen nicht bestehen, zB nicht die strafbefreiende Wirkung des Rücktritts v. Versuch nach § 24 StGB (BGHSt 31, 132). **7**

8 Nach früher hM stand das **Fehlen des Strafantrags** bei einem Antragsdelikt dem Sicherungsverfahren nicht entgegen (BGHSt 5, 140). Dieser Auff. ist durch § 71 StGB der Boden entzogen; das Sicherungsverfahren darf ebenso wenig wie das Strafverfahren, in das es uU nach § 416 übergeleitet werden kann, durchgeführt werden, wenn der erforderliche Strafantrag fehlt (BGHSt 31, 132) u. das verletzte Strafgesetz nicht vorsieht, dass der Strafantrag durch die Annahme des bes. öffentl. Interesses an der Strafverfolgung durch die StA ersetzt werden kann.

9 Entsprechendes gilt für die **anderen Verfahrenshindernisse** mit Ausnahme der Verhandlungsunfähigkeit (Löwe/Rosenberg/Gössel Rn. 9). Kann das Sicherungsverfahren wegen eines Verfahrenshindernisses nicht durchgeführt werden, so muss die Sicherung der Allgemeinheit mit außerstrafrechtlichen Mitteln versucht werden.

10 **D. Pflichtgemäßes Ermessen der StA.** Im pflichtgemäßen Ermessen der StA steht die Antragstellung. Das **Legalitätsprinzip** (§ 152 Abs. 2) **gilt für das Sicherungsverfahren nicht** (BGH NStZ-RR 2007, 339 mwN). Für die Ermessensausübung ist maßgeblich, ob die Sicherungsmaßregel zum Schutz der Allgemeinheit erforderlich o., ob sie entbehrlich ist, insbes. weil der Schutz auf andere Weise erreicht werden kann (Löwe/Rosenberg/Gössel Rn. 21 ff.; weitergehend Peters StrafProzR Rn. 569 ff., der das Sicherungsverfahren wegen des Verhältnismäßigkeitsgrundsatzes nur für zulässig hält, wenn es sich um schwerwiegende Vorgänge handelt). Die mögliche o. bereits vollzogene Verwahrung nach den Unterbringungsgesetzen der Länder schließt das Sicherungsverfahren aber nicht aus (vgl. BGHSt 24, 98). Stellt die StA den Antrag, können Mitteilungspflichten vAw zu beachten sein, zB nach MiStra 15 Abs. 1 Nr. 2, 19 Abs. 1 S. 1 Nr. 2, 50 Abs. 1 Nr. 2a; vgl. ferner §§ 12 ff. **EGGVG.**

Verfahren; Antragsschrift

414 (1) **Für das Sicherungsverfahren gelten sinngemäß die Vorschriften über das Strafverfahren, soweit nichts anderes bestimmt ist.**

(2) [1] **Der Antrag steht der öffentlichen Klage gleich.** [2] **An die Stelle der Anklageschrift tritt eine Antragsschrift, die den Erfordernissen der Anklageschrift entsprechen muß.** [3] **In der Antragsschrift ist die Maßregel der Besserung und Sicherung zu bezeichnen, deren Anordnung die Staatsanwaltschaft beantragt.** [4] **Wird im Urteil eine Maßregel der Besserung und Sicherung nicht angeordnet, so ist auf Ablehnung des Antrages zu erkennen.**

(3) **Im Vorverfahren soll einem Sachverständigen Gelegenheit zur Vorbereitung des in der Hauptverhandlung zu erstattenden Gutachtens gegeben werden.**

1 **A. Sinngemäße Anwendung des allgemeinen Strafprozessrechts (Abs. 1).** Das Sicherungsverfahren ist kein echtes Strafverfahren; die Regeln der StPO gelten daher nur sinngemäß u. nur subsidiär. Besondere Vorschr. enthalten Abs. 2, Abs. 3 und §§ 415, 416. Nicht anwendbar ist grds. (vgl. aber → § 416 Rn. 1) § 206a im Fall der Verhandlungsunfähigkeit; das Sicherungsverfahren findet auch bei **dauerhafter Vernehmungsunfähigkeit** des Betroffenen statt (BGH NJW 2022, 1895 mkritAnm Graeber NStZ 2022, 574; OLG Frankfurt a. M. NStZ-RR 2018, 148). Wie § 415 Abs. 1 zeigt, gilt das auch, wenn das Sicherungsverfahren wegen Schuldunfähigkeit betrieben wird. Nebenklage ist gem. § 395 zulässig. Zur Wahrung der Rechte des Beschuldigten sieht § 140 Abs. 1 Nr. 7 zwingend die Mitwirkung eines notwendigen Verteidigers vor.

2 **B. Antragstellung (Abs. 2 S. 1–3).** Der Antrag nach § 413 steht der öffentl. Klage gleich (Abs. 2 S. 1); mit der Antragstellung wird die Sache rechtshängig.

3 Die **Antragsschrift** ist eine Prozessvoraussetzung, die durch eine Anklageschrift nicht ersetzt wird (BGH NStZ 2016, 693; NStZ-RR 2021, 221). Daher darf das

Gericht, dem im Strafverfahren eine Anklageschrift vorgelegt wird, die Sache nicht im Sicherungsverfahren eröffnen (BGH 47, 52 (53)). Zulässig ist jedoch die hilfsweise Verbindung einer Anklageschrift mit einem Antrag im Sicherungsverfahren für den Fall, dass das Gericht Schuldunfähigkeit für wahrscheinlich hält (RGSt 72, 143 (144); Löwe/Rosenberg/Gössel Rn. 18; erg. → § 416 Rn. 1).

Inhaltlich muss die Antragsschrift den Erfordernissen einer Anklageschrift nach § 200 entsprechen (Abs. 2 S. 2). Das ist schon deshalb notwendig, weil sie beim Übergang in das Strafverfahren (§ 416) als Anklageschrift dienen muss. Von der Mitteilung des wesentlichen Ermittlungsergebnisses darf nur unter den Voraussetzungen des § 200 Abs. 2 S. 2 abgesehen werden. Der Antragssatz bezeichnet die v. dem Beschuldigten begangene Tat u. enthält den Antrag, das Hauptverfahren im Sicherungsverfahren zu eröffnen. Die Sicherungsmaßregel, deren Anordnung die StA erstrebt, ist zu bezeichnen (Abs. 2 S. 3); dass das Gericht auch eine andere Maßregel anordnen kann, ergibt sich aus § 265 Abs. 2. 4

C. Entscheidung über die Eröffnung des Hauptverfahrens. Die Entscheidung über die Eröffnung des Hauptverfahrens ergeht wie nach Anklageerhebung. Das Gericht führt das Zwischenverfahren nach § 201 durch. Dem Beschuldigten wird ein Verteidiger bestellt, wenn er noch keinen Verteidiger hat (§§ 140 Abs. 1 Nr. 7, 141 Abs. 1 Nr. 4). Über die Eröffnung entscheidet das Gericht entspr. §§ 203, 204. Nach Eröffnung des Sicherungsverfahrens gelten die §§ 213 ff., ergänzt durch § 415 Abs. 2. Zum Übergang in das Strafverfahren vgl. § 416. 5

D. Urteil (Abs. 2 S. 4). Im Urteil (Abs. 2 S. 4) wird entweder die beantragte Maßregel angeordnet, wobei die Tat, die dazu Anlass gibt, im Urteilsausspruch nicht bezeichnet wird (Holtz MDR 1985, 449 – BGH RsprÜ) o. es wird der Antrag der StA abgelehnt. (Teil-)Freisprechung o. (Teil-)Verfahrenseinstellung kommen im Sicherungsverfahren nicht in Betracht (BGH NJW 1970, 1242; Becker NStZ-RR 2004, 68 – BGH RsprÜ); auch §§ 153 Abs. 2, 153a Abs. 2 sind nicht anwendbar (LG Krefeld NJW 1976, 815; Löwe/Rosenberg/Gössel Rn. 26; **aM** KMR-StPO/Metzger Rn. 25), wohl aber § 154 Abs. 2 (BGH BeckRS 2007, 5874) u. § 154a Abs. 2 (SK-StPO/Degener Rn. 14). Das Urt. ist nach den allg. Vorschr. mit Berufung o. Revision anfechtbar. Es gilt auch hier die vertikale Teilrechtskraft, dh diejenigen Vorfälle, die Gegenstand der Antragsschrift waren, jedoch im angefochtenen Urt. als nicht tatbestandsmäßig angesehen worden sind, können nicht mehr als Anlasstaten für die Unterbringung nach § 63 StGB herangezogen werden (BGHSt 58, 242; **aM** Allgayer NStZ 2013, 559, der aber verkennt, dass – unabhängig v. Teilrechtskraft u. Verschlechterungsverbot – der für nicht-tatbestandsmäßig erklärte Sachverhalt eben keiner neuen strafgerichtlichen Untersuchung u. Entsch. mehr zugänglich ist). Die Wiederaufnahme richtet sich nach §§ 359 ff. (dazu KK-StPO/Maur Rn. 24; Löwe/Rosenberg/Gössel Rn. 38 ff.). Zur Rechtskraftwirkung vgl. → § 416 Rn. 9. 6

E. Sachverständiger (Abs. 3). Ein Sachverständiger soll **schon im Ermittlungsverfahren** hinzugezogen werden, u. zwar nicht nur in den Fällen, in denen das schon § 80a vorsieht. **In der HV** ist die Mitwirkung eines Sachverständigen nach § 415 Abs. 5 notwendig. In der Regel ist ein Arzt zum Sachverständigen zu bestellen; im Fall des § 246a ist das unerlässlich. Ob neben dem Arzt noch ein anderer Sachverständiger benötigt wird, richtet sich nach den Umständen des Falles. Im Sicherungsverfahren besteht notwendige Verteidigung (§ 140 Abs. 1 Nr. 7). Beabsichtigt die StA die Antragstellung nach § 413, so beantragt sie die Verteidigerbestellung schon im Ermittlungsverfahren (§ 142 Abs. 2). Hat der Beschuldigte einen Betreuer (§ 1896 BGB), so ist dieser tunlichst zu hören; vorgeschrieben ist seine Beteiligung am Verf. nicht (BGH NStZ 1996, 610). 7

F. Gerichtliche Zuständigkeit. Ist die Unterbringung in einer Entziehungsanstalt, die Anordnung eines Berufsverbots o. die Entziehung der Fahrerlaubnis beantragt, so ist das AG zuständig (§ 24 Abs. 2 GVG), u. zwar idR der Strafrichter (§ 25 Nr. 2 GVG), nur noch in schwerwiegenden Fällen das SchG (vgl. auch 8

KMR-StPO/Metzger Rn. 7: nur bei Verbrechenstatbeständen). Die StrK ist zuständig, wenn die Unterbringung in einem psychiatrischen Krankenhaus beantragt ist o. die StA einen Fall v. bes. Bedeutung annimmt (§ 74 Abs. 1 S. 2 GVG). Fällt die Tat unter den Katalog des § 74 Abs. 2 GVG, so ist das SchwurG zuständig, nicht die allg. StrK (Becker NStZ-RR 2002, 104 – BGH RsprÜ; OLG Stuttgart NStZ 1987, 292; erg. → GVG § 74 Rn. 4). Auch die Zuständigkeitsregelungen der §§ 74a, 74c GVG gelten (BGHR StPO § 354 Abs. 2 WirtschaftsStrK 1); § 209a ist anzuwenden. In den Fällen des § 120 GVG ist das OLG zuständig (Löwe/Rosenberg/Gössel Rn. 13). Für Jugendliche u. Heranwachsende gelten die §§ 40, 41, 109 **JGG** (OLG Düsseldorf JMBl. NRW. 1992, 69; OLG Stuttgart NStZ 1988, 225).

Hauptverhandlung ohne Beschuldigten

415 (1) **Ist im Sicherungsverfahren das Erscheinen des Beschuldigten vor Gericht wegen seines Zustandes unmöglich oder aus Gründen der öffentlichen Sicherheit oder Ordnung unangebracht, so kann das Gericht die Hauptverhandlung durchführen, ohne daß der Beschuldigte zugegen ist.**

(2) [1] **In diesem Falle ist der Beschuldigte vor der Hauptverhandlung durch einen beauftragten Richter unter Zuziehung eines Sachverständigen zu vernehmen.** [2] **Von dem Vernehmungstermin sind die Staatsanwaltschaft, der Beschuldigte, der Verteidiger und der gesetzliche Vertreter zu benachrichtigen.** [3] **Der Anwesenheit des Staatsanwalts, des Verteidigers und des gesetzlichen Vertreters bei der Vernehmung bedarf es nicht.**

(3) **Fordert es die Rücksicht auf den Zustand des Beschuldigten oder ist eine ordnungsgemäße Durchführung der Hauptverhandlung sonst nicht möglich, so kann das Gericht im Sicherungsverfahren nach der Vernehmung des Beschuldigten zur Sache die Hauptverhandlung durchführen, auch wenn der Beschuldigte nicht oder nur zeitweise zugegen ist.**

(4) [1] **Soweit eine Hauptverhandlung ohne den Beschuldigten stattfindet, können seine früheren Erklärungen, die in einem richterlichen Protokoll enthalten sind, verlesen werden.** [2] **Das Protokoll über die Vorvernehmung nach Absatz 2 Satz 1 ist zu verlesen.**

(5) [1] **In der Hauptverhandlung ist ein Sachverständiger über den Zustand des Beschuldigten zu vernehmen.** [2] **Hat der Sachverständige den Beschuldigten nicht schon früher untersucht, so soll ihm dazu vor der Hauptverhandlung Gelegenheit gegeben werden.**

1 **A. HV ohne den Beschuldigten (Abs. 1).** Grundsätzlich findet auch im Sicherungsverfahren die HV entspr. § 230 Abs. 1 in Anwesenheit des Beschuldigten statt: er ist dann berechtigt, seine Prozessrechte wahrzunehmen. Abs. 1 lässt aber die Durchführung der HV ohne den Beschuldigten zu, wenn sein Erscheinen wegen seines Zustands (zB wegen Verhandlungsunfähigkeit; vgl. BGH 18.11.2021 – 3 StR 419/21) unmöglich o. aus Gründen der öffentl. Sicherheit o. Ordnung unangebracht ist; das gilt **auch bei dauerhafter Vernehmungsunfähigkeit** (vgl. BGH NJW 2022, 1895 mkritAnm Graeber NStZ 2022, 574; OLG Frankfurt a. M. NStZ-RR 2018, 148). Will das Gericht nach Abs. 1 verfahren, so erlässt es einen entspr. Beschl., der begründet werden muss, u. ordnet die Vorvernehmung nach Abs. 2 (→ Rn. 4 ff.) an. Der abwesende Beschuldigte kann sich durch einen Verteidiger vertreten lassen (§ 234); da die Verteidigung notwendig ist (§ 140 Abs. 1 Nr. 7), muss ein Verteidiger während der gesamten Verh. anwesend sein.

2 **Wegen seines Zustands unmöglich** ist das Erscheinen des Beschuldigten etwa im Fall der Transportunfähigkeit, der Suizidgefahr (Löwe/Rosenberg/Gössel Rn. 2) o. der drohenden Verschlimmerung seines Leidens. Die aus seinem geistigen

Zustand folgende Verhandlungsunfähigkeit allein macht das Erscheinen nicht unmöglich.

Aus Gründen der öffentlichen Sicherheit oder Ordnung unangebracht ist das Erscheinen des Beschuldigten zB, wenn Tobsuchtsanfälle, tätliche Angriffe, Ausbruchsversuche uÄ während des Transports o. in der HV zu erwarten sind u. dem durch Sicherungsmaßnahmen nicht begegnet werden kann (KMR-StPO/Metzger Rn. 10; Löwe/Rosenberg/Gössel Rn. 2). 3

B. Vorvernehmung (Abs. 2). Die Vorvernehmung (Abs. 2) ist **eine Art kommissarische Vernehmung,** vergleichbar mit der nach §§ 231a Abs. 1 S. 1, 233 Abs. 2. Sie soll dem Gericht wenigstens mittelbar einen Eindruck v. der Persönlichkeit des Beschuldigten und dessen Zustand vermitteln u. den Beschuldigten zu Worte kommen lassen. Inhalt und Umfang richten sich danach, inwieweit eine Verständigung zustandsbedingt möglich ist; hier wie auch sonst erfordert das Sicherungsverfahren keine Vernehmungsfähigkeit des Beschuldigten (BGH NJW 2022, 1895 mkritAnm Graeber NStZ 2022, 574; → § 414 Rn. 1). 4

I. Durch einen beauftragten Richter. Durch einen beauftragten Richter, dh durch ein **Mitglied des erkennenden Gerichts,** muss der Beschuldigte vernommen werden. Ist das Sicherungsverfahren beim AG anhängig, so muss der Vorsitzende des SchG o. der Strafrichter den Beschuldigten vernehmen. Die Vernehmung durch einen ersuchten Richter lässt Abs. 2 nicht genügen, weil nur die Vernehmung durch ein Mitglied des erkennenden Gerichts gewährleistet, dass an den Beschuldigten alle erforderlichen Fragen gestellt werden u. die Notwendigkeit zusätzlicher Beweiserhebungen erkannt wird. Der mit der Vernehmung beauftragte Richter braucht an der HV nicht teilzunehmen (BGHSt 2, 1). 5

II. Hinzuziehung eines Sachverständigen. Unter Hinzuziehung eines Sachverständigen muss der Beschuldigte vernommen werden. Zum Sachverständigen ist **idR ein Arzt** zu bestellen (→ § 414 Rn. 7), u. zwar zweckmäßigerweise derjenige, der nach Abs. 5 in der HV vernommen wird. Der Sachverständige muss während der ganzen Vernehmung anwesend sein; unschädlich ist seine Abwesenheit aber während unwesentlicher Teile der Vernehmung (RGSt 72, 182; Löwe/Rosenberg/Gössel Rn. 4; erg. → § 338 Rn. 37 ff.). Die Wahrnehmungen des Sachverständigen bei der Vernehmung werden durch seine eigene Vernehmung in die HV eingeführt. 6

III. Benachrichtigungspflicht. Die Bet. müssen v. Ort u. Zeit der Vernehmung unterrichtet werden. Beim Beschuldigten ist nicht v. Ladung die Rede, weil er häufig aufgrund eines Unterbringungsbefehls nach § 126a verwahrt wird. Ist er auf freiem Fuß, so muss er entspr. § 216 Abs. 1 S. 1 förmlich geladen werden (Löwe/Rosenberg/Gössel Rn. 4). Bei der Vernehmung müssen die übrigen Prozessbeteiligten nicht anwesend sein (Abs. 2 S. 3). 7

C. Abwesenheit des Beschuldigten nach der Vernehmung zur Sache (Abs. 3). Liegen die Voraussetzungen des Abs. 1 nicht vor, so kann die **HV ohne den Beschuldigten** aufgrund eines entspr. Gerichtsbeschlusses nur durchgeführt werden, wenn er in ihr **wenigstens zur Sache vernommen** worden ist (dazu → § 243 Rn. 24 ff.). Erscheint er überhaupt nicht, so gilt § 230 Abs. 3 betr. nur den Fall, dass die ordnungsgemäße Durchführung der HV nicht möglich ist, sei es mit Rücksicht auf den Zustand des Beschuldigten, insbes. weil eine Verschlechterung seiner Gesundheit durch die weitere Verh. in seiner Anwesenheit zu befürchten wäre, sei es aus einem sonstigen Grund, zB weil der in Erregung geratene Beschuldigte die Verh. ständig stört (Löwe/Rosenberg/Gössel Rn. 6). Die Ermächtigung, den Beschuldigten zwangsweise aus dem Sitzungssaal zu entfernen, enthält Abs. 3 nicht; dafür gelten § 247 und § 177 GVG. 8

Nimmt der Beschuldigte vor der Urteilsverkündung wieder an der HV teil, so ist seine **Unterrichtung** über den wesentlichen Inhalt dessen, was während seiner Abwesenheit ausgesagt o. sonst verhandelt worden ist, nicht unbedingt erforderlich; § 247 Abs. 1 S. 3 ist nicht entspr. anwendbar (BGH 15.12.1959 – 5 StR 544/59 zu 9

§ 429c aF; **aM** KMR-StPO/Metzger Rn. 24). Die Unterrichtung kann aber iRd Sachaufklärungspflicht geboten sein (weitergehend Löwe/Rosenberg/Gössel Rn. 7: nobile officium).

10 **D. Verlesung von richterlichen Vernehmungsprotokollen (Abs. 4).** Im Fall des Abs. 1 ist die Verlesung der Niederschrift über die Vorvernehmung nach Abs. 2 (→ Rn. 4 ff.) zwingend vorgeschrieben (Abs. 4 S. 2). Andere richterliche Vernehmungsprotokolle, auch aus einem gegen den Beschuldigten zunächst betriebenen Strafverfahren (Löwe/Rosenberg/Gössel Rn. 6), können verlesen werden (Abs. 4 S. 1). Auch im Fall des Abs. 3 kann bei Abwesenheit des Beschuldigten eine richterliche Vernehmungsniederschrift verlesen werden (Abs. 4 S. 1). Für die Verlesung, die keinen Gerichtsbeschluss erfordert, gelten die Einschränkungen des § 254 nicht.

11 **E. Mitwirkung eines Sachverständigen (Abs. 5).** Die Vorschr. ergänzt § 414 Abs. 3 und erweitert § 246a. Sie schreibt die Vernehmung eines Sachverständigen (nicht seine ständige Anwesenheit in der HV) zwingend vor, auch wenn es in dem Sicherungsverfahren nur um die Anordnung nicht freiheitsentziehender Sicherungsmaßregeln geht. In der Regel wird ein Arzt zum Sachverständigen bestellt (→ § 414 Rn. 7).

12 **F. Rechtsmittel.** Der Beschl. nach Abs. 1, die HV ohne den Beschuldigten durchzuführen, ist nicht mit der Beschwerde anfechtbar (§ 305 S. 1); § 231a Abs. 3 S. 3 gilt nicht entspr. (OLG Koblenz MDR 1976, 602). Entsprechendes gilt im Fall des Abs. 3. Wurde in Abwesenheit des Beschuldigten verhandelt, ohne dass die Voraussetzungen des Abs. 1 oder Abs. 3 vorlagen, so besteht der zwingende Revisionsgrund des § 338 Nr. 5.

Übergang in das Strafverfahren

416 (1) [1] **Ergibt sich im Sicherungsverfahren nach Eröffnung des Hauptverfahrens die Schuldfähigkeit des Beschuldigten und ist das Gericht für das Strafverfahren nicht zuständig, so spricht es durch Beschluß seine Unzuständigkeit aus und verweist die Sache an das zuständige Gericht.** [2] **§ 270 Abs. 2 und 3 gilt entsprechend.**

(2) [1] **Ergibt sich im Sicherungsverfahren nach Eröffnung des Hauptverfahrens die Schuldfähigkeit des Beschuldigten und ist das Gericht auch für das Strafverfahren zuständig, so ist der Beschuldigte auf die veränderte Rechtslage hinzuweisen und ihm Gelegenheit zur Verteidigung zu geben.** [2] **Behauptet er, auf die Verteidigung nicht genügend vorbereitet zu sein, so ist auf seinen Antrag die Hauptverhandlung auszusetzen.** [3] **Ist auf Grund des § 415 in Abwesenheit des Beschuldigten verhandelt worden, so sind diejenigen Teile der Hauptverhandlung zu wiederholen, bei denen der Beschuldigte nicht zugegen war.**

(3) **Die Absätze 1 und 2 gelten entsprechend, wenn sich im Sicherungsverfahren nach Eröffnung des Hauptverfahrens ergibt, daß der Beschuldigte verhandlungsfähig ist und das Sicherungsverfahren wegen seiner Verhandlungsunfähigkeit durchgeführt wird.**

1 **A. Normzweck.** Die **Überleitung des Sicherungsverfahrens in das Strafverfahren** lässt die Vorschr. zu, nicht (auch nicht mit Zustimmung der StA) die Überleitung des Strafverfahrens in das Sicherungsverfahren (BGHR StPO § 396 Anschlussbefugnis 1). Das gilt schon im Eröffnungsverfahren; das Gericht darf das Sicherungsverfahren auf eine Anklageschrift nur eröffnen, wenn die StA das hilfsweise beantragt hat (→ § 414 Rn. 3). Der Antrag kann v. der StA im Strafverfahren aber auch noch nach Ablehnung der Eröffnung gestellt werden (BGHSt 47, 52). Nach Eröffnung des Hauptverfahrens muss das Strafverfahren durchgeführt werden (BGH NStZ 2010, 228). Bei Schuldunfähigkeit ist der Angeklagte freizusprechen u. eine Sicherungsmaßregel anzuordnen, wenn das zulässig u. geboten ist. Stellt sich

seine dauernde Verhandlungsunfähigkeit heraus, so wird das Verf. nach § 206a oder § 260 Abs. 3 eingestellt (BGHSt 46, 345).

Nicht zulässig (auch nicht mit Zustimmung der StA) ist die Überleitung des Strafverfahrens in das Sicherungsverfahren (BGHR StPO § 396 Anschlussbefugnis 1; BGH NStZ-RR 2024, 82; → § 230 Rn. 8a). 2

B. Anwendungsbereich. I. Überleitung. Die Überleitung muss stattfinden, wenn **feststeht, dass der Beschuldigte schuld- o. verhandlungsfähig** ist (Löwe/Rosenberg/Gössel Rn. 9). Auf neue Tatsachen o. Beweismittel braucht diese andere Beurteilung nicht gestützt zu werden. Solange nur Zweifel daran bestehen, ob die Voraussetzungen für das Sicherungsverfahren u. die selbständige Anordnung der Maßregel vorliegen, ist die Überleitung nicht zulässig. Sie findet auch nicht statt, wenn nicht geklärt werden kann, ob der Beschuldigte bei der Tat schuldunfähig o. nur vermindert schuldfähig war u. für das Strafverfahren kein höheres Gericht zuständig wäre (BGHSt 16, 198). 3

II. Im Eröffnungsverfahren. Schon im Eröffnungsverfahren ist, über den Wortlaut des § 416 hinaus, die Überleitung in das Strafverfahren möglich (Löwe/Rosenberg/Gössel Rn. 1; **aM** SK-StPO/Degener Rn. 2); die Antragsschrift ist stets hilfsweise zugleich Anklageschrift (→ § 414 Rn. 4). Wenn das Gericht die Voraussetzungen für das Strafverfahren für gegeben hält, muss es daher so verfahren, als liege eine Anklageschrift vor (Peters StrafProzR Rn. 572). Eine Zuständigkeitsverschiebung im Eröffnungsverfahren richtet sich nach § 209. 4

III. Hauptverfahren. Im Hauptverfahren ist die Überleitung **nach Abs. 1–3 zulässig,** wenn sich die Schuld- o. Verhandlungsfähigkeit des Beschuldigten ergibt, u. zwar vor o. in der HV, auch nach deren Aussetzung. Stellt sich bei mehreren selbständigen Taten (iSd § 264) des Beschuldigten nur hins. einzelner v. ihnen seine Schuldfähigkeit heraus, erfolgt eine teilw. Überleitung. Die Möglichkeit der Überleitung entfällt mit der vollständigen Verkündung des Urt., entsteht aber erneut nach Zurückweisung der Sache durch das Revisionsgericht (BGHSt 11, 319). Wird die wegen Schuldunfähigkeit angeordnete Unterbringung (§ 63 StGB) des Beschuldigten v. Revisionsgericht aufgeh., steht § 358 Abs. 2 der Zurückverweisung nicht entgegen. Sollte sich in der neuen Verh. die Schuldfähigkeit des Beschuldigten ergeben, ist nach Abs. 2 der Übergang in das Strafverfahren zulässig mit der Möglichkeit (§ 358 Abs. 2 S. 2), anstelle der Unterbringung eine Strafe zu verhängen (BGH 5.12.2019 – 5 StR 109/19; erg. → § 358 Rn. 12). 5

1. Bei **Unzuständigkeit des Gerichts für das Strafverfahren (Abs. 1)** spricht es durch Beschl. seine Unzuständigkeit aus u. verweist die Sache an das zuständige Gericht. Das gilt auch für den Fall, dass ein niederes Gericht zuständig ist; § 269 gilt hier nicht (BGHSt 21, 334 (357); KK-StPO/Maur Rn. 3). Die Verweisung an ein Gericht mit bes. Zuständigkeit (§ 74e GVG) setzt voraus, dass rechtzeitig der Einwand nach § 6a S. 2, 3 erhoben worden ist. Der Inhalt des Verweisungsbeschlusses richtet sich nach § 270 Abs. 2 (→ § 270 Rn. 15 f.), seine Wirkung nach § 270 Abs. 3 (→ § 270 Rn. 18). 6

2. Bei **Zuständigkeit des Gerichts auch für das Strafverfahren (Abs. 2)** ist der Beschuldigte lediglich auf die veränderte Rechtslage hinzuweisen u. ihm Gelegenheit zur Verteidigung zu geben (Abs. 2 S. 1). Das Sicherungsverfahren geht dadurch ohne weiteres in ein Strafverfahren über. Nach Abs. 2 S. 2 kann der Beschuldigte mit der Behauptung, er sei auf die Verteidigung nicht genügend vorbereitet, die Aussetzung der Verh., also nicht nur ihre Unterbrechung nach § 229 Abs. 1, verlangen. Über den Zeitraum entscheidet das Gericht nach pflichtgemäßem Ermessen (BGHSt 13, 121). Nur wenn der Beschuldigte sich damit begnügt, eine Unterbrechung der Verh. zu beantragen, kann er auch deren Dauer bestimmen (BGHSt 13, 121). Das Unterbleiben des Hinweises nach S. 1 begründet einen Verfahrensverstoß, stellt aber kein Verfahrenshindernis dar (BGH NStZ-RR 2020, 379). 7

Hatte im Sicherungsverfahren eine Abwesenheitsverhandlung nach § 415 Abs. 1 oder Abs. 3 stattgefunden, so ist eine **Wiederholung der HV** in dem Umf. 8

erforderlich, in dem der Beschuldigte nicht zugegen war (Abs. 2 S. 3); im Fall des § 415 Abs. 1 ist also eine vollständige Wiederholung notwendig, im Fall des § 415 Abs. 3, soweit der Beschuldigte abwesend war. Die in dem zu wiederholenden Teil der Verh. gewonnenen Beweisergebnisse sind unverwertbar.

9 **C. Rechtskraftwirkung der Entscheidung im Sicherungsverfahren.** War das Sicherungsverfahren wegen Schuldunfähigkeit betrieben worden, so verbraucht ein rkr., auf Anordnung der Maßregel o. Ablehnung des Antrags der StA lautendes Urt. die Strafklage sowohl für den Strafanspruch als auch für den Sicherungsanspruch (BGHSt 11, 319 (322); 16, 198 (199); Hanack JZ 1974, 57). Die Durchführung eines Strafverfahrens über denselben Sachgegenstand ist daher auch dann unzulässig, wenn sich nach Urteilsrechtskraft die Schuldfähigkeit des Beschuldigten herausstellt (Löwe/Rosenberg/Gössel § 414 Rn. 35) o. wenn sich aufgrund neuer Tatsachen ergibt, dass die Gemeingefährlichkeit des Täters, die das Urt. verneint hat, doch gegeben ist (BVerfG BeckRS 2009, 37889; BGHSt 11, 319 (322)). Das rkr. Urt. im Sicherungsverfahren wegen Verhandlungsunfähigkeit verbraucht die Strafklage ebenfalls in vollem Umf. (Löwe/Rosenberg/Gössel § 414 Rn. 32). Umgekehrt hindert ein Strafverfahren wegen derselben Tat den Antrag nach § 413. Das gilt auch, wenn die StA v. vornherein nur eine begrenzte Sachentscheidung erstrebt hatte (KK-StPO/Maur § 414 Rn. 23).

Abschnitt 2a. Beschleunigtes Verfahren Nr. 146 RiStBV

Vorbemerkung zu § 417

1 **A. Beschleunigtes Verfahren.** Eine **besondere Verfahrensart** wie das Strafbefehlsverfahren (§§ 407 ff.) u. das Sicherungsverfahren (§§ 413 ff.) ist das beschleunigte Verf., das früher in §§ 212 ff. geregelt war, durch das Verbrechensbekämpfungsgesetz aber zutr. in das 6. Buch eingestellt worden ist. Durch einige Änd. (vgl. dazu bei den einzelnen Vorschr.) erhoffte sich der Gesetzgeber eine breitere Anwendung, nachdem zuvor nur etwa 4 % aller amtsgerichtlichen Verf. nach dieser Verfahrensart durchgeführt worden sind; diese Hoffnung hat sich bisher nicht erfüllt (vgl. Rengier FS Rogall, 2018, 631 (632 ff.) mit detaillierten Angaben zur Praxis in den einzelnen Bundesländern).

2 **B. Besonderheiten.** Die Besonderheiten ggü. dem Normalverfahren bestehen darin, dass die Anklage mündlich erhoben werden kann (§ 418 Abs. 3), eine Ladung des Beschuldigten nur erfolgt, wenn er sich nicht freiwillig zur HV stellt o. nicht dem Gericht vorgeführt wird (§ 418 Abs. 2 S. 1), dass im Falle einer Ladung die Ladungsfrist auf 24 Stunden verkürzt ist (§ 418 Abs. 2 S. 3), ein Eröffnungsbeschluss nicht erlassen wird (§ 418 Abs. 1) u. dass das Beweisantragsrecht eingeschränkt wird sowie bei der Beweisaufnahme die Vernehmung v. Zeugen, Sachverständigen u. Mitbeschuldigten in weit größerem Umf. als im gewöhnlichen Verf. durch Verlesung ihrer Äußerungen ersetzt werden darf (§ 420). Die Erleichterungen in der HV nach § 420 sind der wesentliche Punkt, in dem sich das jetzige beschleunigte Verf. v. dem früheren nach §§ 212 ff., in dem Normal- u. beschleunigtes Verf. in der HV nach denselben Regeln abliefen, unterscheidet. Eine Besonderheit ist auch die vorl. Festnahme u. die Anordnung der (befristeten) Haft zur Sicherstellung der Durchführung des beschleunigten Verf. nach § 127b.

3 **C. Kritik. Nicht bedenkenfrei** ist eine solche beschleunigte Verfahrensart; denn die Regeln des „Normalverfahrens“ sind wohlüberlegt u. die Gefahr, dass ein „kurzer Prozess“ zu ungerechten Erg. n führen kann, ist nicht zu leugnen (vgl. Gaede FS Barton, 2023, 3 ff.; Scheffler NJW 1994, 2191; NJ 1999, 113; gegen ihn Faupel NJ 1999, 182; für Abschaffung des Verf. aufgrund rechtsstaatlicher Bedenken u. nach Untersuchung seiner Anwendung in der Praxis auch Ernst, Das beschleunigte Verf. im Strafprozess u. seine Handhabung in Bochum, 2001). Zwar mag es pädagogisch richtig sein, dass „die Strafe der Tat auf dem Fuße folgen“ soll

(zw. Degener FS Dencker, 2012, 43; Neumann StV 1994, 276; Scheffler NJW 1994, 2195), aber ebenso richtig u. wichtig ist, dass Strafverfahren in einer „Atmosphäre ruhiger Gelassenheit“ ablaufen sollten (Schünemann NJW 1968, 975). Im Gegensatz zum Gesetzgeber des Verbrechensbekämpfungsgesetzes wird daher in der Lit. auch die gänzliche Abschaffung dieser Verfahrensart gefordert (Herzog ZRP 1991, 125; Scheffler NJW 1994, 2195; anders aber Fezer ZStW 106 (1994), 37), zumal mit einem zügig durchgeführten „Normalverfahren“ derselbe Effekt erzielt werden kann (Meyer-Goßner GS Meurer, 2002, 432; Scheffler NJW 1994, 2195).

Das beschleunigte Verf. ist jedenfalls **nur zulässig,** wenn dem Beschuldigten ausreichende Zeit u. Gelegenheit zur Vorbereitung seiner Verteidigung gegeben wird (Art. 6 Abs. 3 Buchst. b **EMRK;** Weigend ZStW 113 (2001), 295); es kommt nicht in Betracht, wenn es den Beschuldigten in seiner Verteidigung beeinträchtigen würde (Dähn FS Baumann, 1992, 356; Nr. 146 Abs. 1 S. 2 RiStBV; Ernst StV 2001, 371 fordert daher sogar notwendige Verteidigung, Gaede FS Barton, 2023, 3 (17) die Eignung an die Zustimmung des Verteidgers zu binden, außer, wenn hierdurch die Verfahrensdurchsetzung gefährdet wäre). Zu den Konsequenzen aus dem Zusammentreffen dieser Verfahrensart mit den Vorschr. des JGG vgl. Putzke, Beschleunigtes Verfahren bei Heranwachsenden, 2004. Beachtenswerte Vorschläge zu denkbaren Fallkonstellationen für die praktische Anwendung macht Rengier FS Rogall, 2018, 631 (646 ff.). 4

Besondere **Bedenken** ergeben sich durch die ggü. §§ 212 ff. aF vorgenommenen Änd.: Es werden damit zwei verschiedene Verfahrensarten für die HV vor dem AG eingeführt, was zumindest wenig glücklich erscheint (scharf abl. Wächtler StV 1994, 160); jedenfalls wird aber dem – möglicherweise unverteidigten (vgl. § 418 Abs. 4) – Angeklagten die schwierige Entsch. abverlangt, ob er sich auf die in § 420 Abs. 1, Abs. 2 vorgesehenen „Erleichterungen“ einlassen soll (§ 420 Abs. 3; vgl. Scheffler NJW 1994, 2195). Äußerst misslich ist auch, dass bei einer zu erwartenden Freiheitsstrafe v. mind. 6 Monaten im beschleunigten Verf. ein Verteidiger mitwirken muss (§ 418 Abs. 4), im Normalverfahren aber nicht zwingend (vgl. § 140 Abs. 2). Es ist zu befürchten, dass der Richter am AG sich die Frage stellen wird, ob er im beschleunigten Verf. mit Verteidiger o. lieber im Normalverfahren ohne Verteidiger verhandeln will (zust. Volk/Engländer GK StPO § 33 Rn. 13). Eine verfehlte Entwicklung, die schon mit § 408b durch das RpflEntlG eingeleitet worden war (vgl. → § 408b Rn. 6), ist damit fortgesetzt worden. 5

Auch die **Einschränkung im Beweisaufnahmerecht** erscheint bedenklich. Zwar ist die Nichtanwendung des § 244 Abs. 3–5 im amtsgerichtlichen Verf. durchaus hinnehmbar (vgl. auch Schlothauer StV 1995, 47 aE), wenn diesem ein Berufungsverfahren ohne jede Vorbedingung u. mit allen rechtsstaatlichen Garantien folgt (zust. Jostes, Veränderungen der Hauptverhandlung durch die Neuregelung des beschleunigten Verfahrens, 2003, S. 142; **aM** Scheffler NJW 1994, 2193). Da das RpflEntlG aber durch Einf. des Annahmeverfahrens (§ 313) die Berufung gerade im Bagatellverfahren-Bereich eingeschränkt hat, kann dies dahin führen, dass dem Angeklagten die Durchsetzung eines v. ihm für erheblich gehaltenen Entlastungsbeweises unmöglich gemacht wird. Das ist zwar noch nicht verfassungswidrig (OLG Frankfurt a. M. NStZ-RR 1997, 273); aber was im Privatklageverfahren (§ 384 Abs. 3) u. im Ordnungswidrigkeitenverfahren (§ 77 Abs. 2 OWiG) vertretbar ist, erscheint für das Offizial-Strafverfahren unzureichend. 6

Insgesamt sind damit „die mit dieser besonderen Verfahrensart verbundenen Gefahren für einen rechtsstaatlichen Prozess größer als die sich für eine Entlastung der Strafjustiz wie für eine Berücksichtigung berechtigter Belange des Beschuldigten ergebenden Chancen“ (Loos/Radtke NStZ 1996, 11; demggü. aber befürwortend Schlüchter/Fülber/Putzke, Herausforderung: Beschleunigtes Verfahren, 1999, S. 51; vgl. auch – mit Änderungsvorschlägen – Tiedemann, Das beschleunigte Strafverfahren – Eine Untersuchung in Bonn, 2008). Allerdings hat das beschleunigte Verf. eine nur geringe praktische Bedeutung (vgl. Gaede FS Barton, 2023, 3 ff. sowie bereits Wenske NStZ 2009, 64 Fn. 13a). Nach der Untersuchung von 7

v. Danitz (FS Eisenberg, 2009, 3) besteht eine überaus deutliche Divergenz zwischen der durch die Gesetzgebung vorgenommenen Zielgruppenbestimmung u. der erreichten Zielgruppe, so dass die Tauglichkeit der Normen des beschleunigten Verf. nicht gegeben ist, weswegen er die ersatzlose Streichung mitsamt der Hauptverhandlungshaft (§ 127b) fordert; ähnlich Lubitz, Das beschleunigte Verfahren der StPO und seine rechtstatsächliche Durchführung in Berlin und Brandenburg, 2010, S. 230.

Zulässigkeit

417 Im Verfahren vor dem Strafrichter und dem Schöffengericht stellt die Staatsanwaltschaft schriftlich oder mündlich den Antrag auf Entscheidung im beschleunigten Verfahren, wenn die Sache auf Grund des einfachen Sachverhalts oder der klaren Beweislage zur sofortigen Verhandlung geeignet ist.

1 **A. Anwendungsbereich.** In der Regel wird das beschleunigte Verf. nur **vor dem Strafrichter** (§ 25 GVG) in Betracht kommen, u. zwar va dann, wenn die StA beabsichtigt, die Verhängung einer Freiheitsstrafe unter 6 Monaten mit o. ohne Strafaussetzung zur Bewährung zu beantragen, da bei Versagung der Bewährung das sonst einfachere Strafbefehlsverfahren unzulässig ist (§ 407 Abs. 2 S. 2) u. bei deren Bewilligung das Strafbefehlsverfahren die Mitwirkung eines Verteidigers erfordert (§ 408b); bei einer – hier zulässigen (§ 419 Abs. 1) – zu erwartenden Freiheitsstrafe v. 6 Monaten bis zu 1 Jahr wird hingegen wegen der Notwendigkeit der Verteidigerbestellung (§ 418 Abs. 4) das beschleunigte Verf. wenig zur Anwendung kommen (Meurer GS Zipf, 1999, 491; erg. → Vor § 417 Rn. 5). Ein weiterer Anwendungsbereich für das beschleunigte Verf. ergibt sich aber für Fälle, in denen die StA eine HV für erforderlich erachtet (§ 407 Abs. 1 S. 2) sowie nach Anordnung der Hauptverhandlungshaft (§ 127b; vgl. dazu Hellmann NJW 1997, 2147, der aber der Ansicht ist, das beschleunigte Verf. komme va bei zu erwartenden Geldstrafen in Betracht).

2 Beim **SchG** ist für das beschleunigte Verf. nur noch Raum bei Verbrechen, falls die Verhängung der Mindeststrafe genügt o. wenn wegen eines eingreifenden Strafmilderungsgrundes (zB §§ 21, 23 Abs. 2, 27 Abs. 2 S. 2 StGB) nur eine Freiheitsstrafe bis zu einem Jahr zu erwarten ist (Loos/Radtke NStZ 1996, 8). Eine Verweisung an ein höheres Gericht nach § 270 findet nicht statt (RGSt 68, 332 (334)); vielmehr ist bei fehlender sachlicher Zuständigkeit nach § 419 Abs. 1 S. 1 die Verh. im beschleunigten Verf. abzulehnen (allgM).

3 Vor dem **erweiterten SchG** kann schon deshalb nicht nach §§ 417 ff. verfahren werden, weil ein Eröffnungsbeschluss, in dem allein nach § 29 Abs. 2 S. 1 GVG die Zuziehung des 2. Amtsrichters beschlossen werden kann, nicht erlassen wird (→ GVG § 29 Rn. 6).

4 Gegen **Jugendliche** schließt § 79 Abs. 2 **JGG** das beschleunigte Verf. aus; an seine Stelle tritt das vereinfachte Jugendverfahren nach §§ 76 ff. **JGG.** Für Heranwachsende gilt § 79 Abs. 2 **JGG** nicht; wird gegen sie im beschleunigten Verf. verhandelt, entfallen aber die Einschränkungen für das Rechtsmittelverfahren nach § 55 Abs. 1 und Abs. 2 **JGG** (§ 109 Abs. 1, Abs. 2 **JGG**).

5 Gegen **Mitglieder einer ausländischen Truppe,** eines zivilen Gefolges o. gegen Angehörige dürfen die §§ 417 ff. angewendet werden (KMR-StPO/Metzger Rn. 2).

6 Im **Privatklageverfahren** gelten die Vorschr. ebenfalls nicht.

7 Die Beteiligung als **Nebenkläger** ist auch im beschleunigten Verf. möglich; der Anschluss wird wirksam, wenn die StA den Antrag nach § 417 stellt.

8 **B. Antrag der StA. I. Besondere Prozessvoraussetzung.** Eine besondere Prozessvoraussetzung des beschleunigten Verf. ist der Antrag; sein Fehlen führt zur Einstellung nach §§ 206a, 260 Abs. 3.

9 Die StA, der nach § 212 aF ein Ermessen zustand, ob sie den Antrag stellen wollte, ist nun **verpflichtet** (ähnlich schon Nr. 146 Abs. 1 S. 1 RiStBV) den Antrag zu stellen, wenn die Voraussetzungen des § 417 gegeben sind u. § 419 Abs. 1 S. 2 nicht entgegensteht.

10 Lässt sich die Sache durch Strafbefehl erledigen (§ 407), ist die Stellung eines Strafbefehlsantrages als weniger aufwändige Erledigungsart aber vorzuziehen (vgl. BT-Drs. 12/6853, 107). Der Beschuldigte hat weder ein Antrags- noch ein Widerspruchsrecht (Scheffler Strafverfahren S. 121).

11 **Schriftlich oder mündlich** kann der Antrag bei dem zuständigen Gericht gestellt werden. Der schriftliche Antrag sollte, muss aber nicht mit einer Anklageschrift verbunden werden (§ 418 Abs. 3 S. 1). Wird eine Anklageschrift eingereicht, so muss sie den Erfordernissen des § 200 Abs. 1 S. 1 entsprechen; ein wesentliches Ermittlungsergebnis ist aber auch bei einer SchG-Anklage entbehrlich. Nur für den Fall, dass eine Anklageschrift nicht eingeht, schreibt § 418 Abs. 3 S. 2 die mündliche Erhebung der Anklage vor (dazu Nr. 146 Abs. 2 RiStBV). Auch sie muss den Anforderungen des § 200 Abs. 1 S. 1 entsprechen. Ist sie unterblieben, so soll der schriftliche Antrag als Anklageschrift angesehen werden können, wenn er den Erfordernissen des § 200 Abs. 1 genügt (OLG Hamburg NJW 1966, 2179 mit Recht krit. Jostes, Veränderungen der Hauptverhandlung durch die Neuregelung des beschleunigten Verfahrens, 2003, S. 38; vgl. auch OLG Hamburg NJW 2012, 631). Wird der Antrag mündlich gestellt, so muss sein wesentlicher Inhalt im Sitzungsprotokoll beurkundet werden (RGSt 68, 108 (110)); andernfalls ist die Anklage nicht wirksam erhoben u. das Verf. einzustellen (OLG Hamburg NJW 2012, 631; → Rn. 9).

12 **II. Zeitpunkt.** Der Antrag kann frühestens nach Abschluss der Ermittlungen gestellt werden, was nach § 169a in den Akten vermerkt werden muss. Dass bereits eine Anklage nach § 199 Abs. 2 S. 1 erhoben worden ist, steht nicht entgegen; in der Antragstellung nach § 417 liegt ihre Zurücknahme. Entsprechendes gilt für den Strafbefehlsantrag (OLG Frankfurt a. M. DAR 1960, 265). Nach Eröffnung des Hauptverfahrens ist der Antrag nicht mehr zulässig (BayObLGSt 1987, 55; HK-StPO/Zöller Rn. 7; KMR-StPO/Metzger Rn. 11; Löwe/Rosenberg/Gössel Rn. 14; Fahl Rechtsmißbrauch S. 224; **aM** KK-StPO/Graf Rn. 5; SK-StPO/Paeffgen Rn. 10). Ist der Erlass des Eröffnungsbeschlusses versehentlich unterblieben, so kann der Antrag noch bis zum Beginn der Vernehmung des Angeklagten zur Sache gestellt werden (OLG Oldenburg NJW 1960, 352; zw. Lubitz, Das beschleunigte Verfahren der StPO und seine rechtstatsächliche Durchführung in Berlin und Brandenburg, 2010, S. 83 Fn. 350).

13 **III. Zurücknahme.** Die Zurücknahme des Antrags ist **bis zum Beginn der Vernehmung des Beschuldigten zur Sache** in der HV zulässig (OLG Oldenburg NJW 1961, 1127; Jostes, Veränderungen der Hauptverhandlung durch die Neuregelung des beschleunigten Verfahrens, 2003, S. 28 ff.; Lubitz, Das beschleunigte Verfahren der StPO und seine rechtstatsächliche Durchführung in Berlin und Brandenburg, 2010, S. 85; **aM** BayObLG NJW 1998, 2152 mit zutr. abl. Anm. Schröer; OLG Celle JR 1984, 74; KMR-StPO/Metzger Rn. 32; KK-StPO/Graf Rn. 6; SK-StPO/Paeffgen Rn. 11: bis zur Urteilsverkündung; vgl. auch BGHSt 15, 313 (315)).

14 **C. Einfacher Sachverhalt oder klare Beweislage.** Einen einfachen Sachverhalt oder eine klare Beweislage setzt der Antrag der StA voraus.

15 Ein **einfacher Sachverhalt** liegt vor, wenn dieser für alle Verfahrensbeteiligten leicht überschaubar ist. Nicht einfach ist idR der Sachverhalt, wenn dem Beschuldigten eine Vielzahl v. Straftaten vorgeworfen wird o. wenn Anlass besteht, die Person des Beschuldigten u. sein Vorleben genau zu erforschen (Schünemann NJW 1968, 975; vgl. auch Nr. 146 Abs. 1 S. 2 RiStBV). Rechtliche Schwierigkeiten berühren die Einfachheit des Verf. aber im Allgemeinen nicht (Löwe/Rosenberg/Gössel Rn. 27; **aM** Loos/Radtke NStZ 1995, 572).

16 Eine **klare Beweislage** ist va gegeben, wenn der Beschuldigte geständig ist o. genügende u. sichere Beweismittel zur Vfg. stehen (erg. → Vor § 417 Rn. 4). Dass der Beschuldigte die Tat bestreitet, macht die Beweislage somit noch nicht ohne weiteres schwierig; die Notwendigkeit einer umfangreichen Beweisaufnahme steht dem Verf. nach §§ 417 ff. aber entgegen (Dähn FS Baumann, 1992, 355; Schultz DAR 1957, 93). Nach dem Gesetzestext sollen ein einfacher Sachverhalt *oder* die klare Beweislage genügen; idR wird aber beides vorliegen müssen, da sich weder ein einfacher Sachverhalt bei schwieriger Beweislage noch ein schwieriger Sachverhalt bei klarer Beweislage zur sofortigen Verh. eignen werden (OLG Stuttgart StV 1998, 585; Loos/Radtke NStZ 1995, 572; Meurer GS Zipf, 1999, 488; Sprenger NStZ 1997, 574; **aM** König/Seitz NStZ 1995, 4).

17 Die **Möglichkeit sofortiger Verhandlung** besteht nur, wenn die HV in erheblich kürzerer Zeit als im gewöhnlichen Verf. durchgeführt werden kann (OLG Düsseldorf NStZ 1997, 613); erg. → § 418 Rn. 5; → § 419 Rn. 3). Die Beweismittel müssen daher sofort verfügbar sein u. die Geschäftslage des Gerichts muss es ermöglichen, die HV sofort o. innerhalb kurzer Zeit stattfinden zu lassen. Ob die Sache zur sofortigen Verh. geeignet ist, hat nicht erst das Gericht nach § 419 Abs. 1, sondern bereits die StA vor der Antragstellung zu prüfen (vgl. dazu RV GStA SchlHA 1995, 184). Der Gesetzgeber geht davon aus, dass zur vermehrten Anwendung des beschleunigten Verf. „flankierende organisatorische Maßnahmen" (zB Bereitschaftsdienste bei StA u. Gericht, Schreibkräfte, Dolmetscher usw) getroffen werden (BT-Drs. 12/6853, 36).

Durchführung der Hauptverhandlung

418 (1) [1] **Stellt die Staatsanwaltschaft den Antrag, so wird die Hauptverhandlung sofort oder in kurzer Frist durchgeführt, ohne daß es einer Entscheidung über die Eröffnung des Hauptverfahrens bedarf.** [2] **Zwischen dem Eingang des Antrags bei Gericht und dem Beginn der Hauptverhandlung sollen nicht mehr als sechs Wochen liegen.**

(2) [1] **Der Beschuldigte wird nur dann geladen, wenn er sich nicht freiwillig zur Hauptverhandlung stellt oder nicht dem Gericht vorgeführt wird.** [2] **Mit der Ladung wird ihm mitgeteilt, was ihm zur Last gelegt wird.** [3] **Die Ladungsfrist beträgt vierundzwanzig Stunden.**

(3) [1] **Der Einreichung einer Anklageschrift bedarf es nicht.** [2] **Wird eine solche nicht eingereicht, so wird die Anklage bei Beginn der Hauptverhandlung mündlich erhoben und ihr wesentlicher Inhalt in das Sitzungsprotokoll aufgenommen.** [3] **§ 408a gilt entsprechend.**

(4) **Ist eine Freiheitsstrafe von mindestens sechs Monaten zu erwarten, so wird dem Beschuldigten, der noch keinen Verteidiger hat, für das beschleunigte Verfahren vor dem Amtsgericht ein Verteidiger bestellt.**

1 **A. Ohne Entscheidung über die Eröffnung des Hauptverfahrens (Abs. 1).** Ohne Entscheidung über die Eröffnung des Hauptverfahrens wird über den Antrag der StA entschieden (Abs. 1). Die §§ 201, 202 sind nicht anzuwenden, ebenso wenig § 205.

2 Jedoch muss das Gericht wie im gewöhnlichen Strafverfahren das Vorliegen der **Prozessvoraussetzungen** (→ Einl. Rn. 141 ff.) vAw prüfen. Die Prüfung der örtlichen Zuständigkeit endet mit dem Beginn der Vernehmung des Angeklagten zur Sache (erg. → § 16 Rn. 2). Die entspr. Anwendung der §§ 209 Abs. 2, 408 Abs. 1 S. 2, 3 bei Zuständigkeitskonflikten innerhalb des AG kommt nicht in Betracht (KK-StPO/Graf Rn. 3; **aM** Löwe/Rosenberg/Gössel Rn. 10). Fehlt es an einer Prozessvoraussetzung, so wird nicht das Verf. eingestellt, sondern die Entsch. im beschleunigten Verf. nach § 419 Abs. 1 S. 1 abgelehnt. Das gilt auch beim Fehlen der örtlichen Zuständigkeit.

Das Gericht ist berechtigt u. nach nunmehr ganz hM auch verpflichtet, anhand der Akten zu prüfen, ob **hinreichender Tatverdacht** besteht (KK-StPO/Graf Rn. 2; Löwe/Rosenberg/Gössel Rn. 12 ff.; Loos/Radtke NStZ 1995, 574; SK-StPO/Paeffgen Rn. 9). Das Fehlen des hinreichenden Tatverdachts führt zur Ablehnung der Entsch. im beschleunigten Verf. nach § 419 Abs. 1 S. 1 (Loos/Radtke NStZ 1996, 7). 3

B. Rechtshängigkeit. Rechtshängig wird die Sache mit dem Beginn der Vernehmung des Angeklagten zur Sache (BayObLGSt 1987, 55; OLG Oldenburg NJW 1961, 1127; JR 1983, 302; Meyer-Goßner JR 1984, 76; **aM** Fülber/Putzke DRiZ 1999, 199: mit Antragstellung nach § 417). Die Rechtshängigkeit ist aber auflösend bedingt; sie entfällt, wenn das Gericht nach § 419 Abs. 1 S. 1, Abs. 2 S. 1 die Entsch. im beschleunigten Verf. ablehnt (BayObLGSt 1987, 55), nicht aber bei verspäteter u. daher unzulässiger Ablehnung der Entsch. im beschleunigten Verf. (OLG Oldenburg JR 1983, 302). 4

C. HV. Die HV wird **sofort durchgeführt o. mit kurzer Frist anberaumt (Abs. 1 S. 1).** Gedacht ist an eine Zeitspanne v. 1 bis 2 Wochen (OLG Düsseldorf StV 1999, 268; OLG Stuttgart NJW 1998, 3134; 1999, 511; Loos/Radtke NStZ 1995, 573; Radtke JR 2001, 134); Abs. 1 S. 2 sieht allerdings eine Frist v. 6 Wochen vor. Diese Frist sollte aber nur ausnahmsweise ausgeschöpft werden, da dann v. einem „beschleunigten Verfahren" kaum noch die Rede sein kann; bei unvorhersehbaren verzögernden Ereignissen darf sie aber sogar noch überschritten werden („Sollvorschrift"). 5

Die **Ladung** des Beschuldigten ist nicht erforderlich, wenn er sich freiwillig stellt o. dem Gericht (zwangsweise o. jedenfalls ohne seinen Willen) nach § 128 oder aus der Hauptverhandlungshaft (§ 127b Abs. 2), UHaft, Strafhaft o. einer sonstigen Verwahrung vorgeführt wird **(Abs. 2 S. 1).** Eine freiwillige Gestellung liegt immer vor, wenn der Beschuldigte sich dem Gericht zur Verh. zur Vfg. stellt, zB wenn er an der Gerichtsstelle anwesend ist u. sein Einverständnis mit der Mitverhandlung einer anderen Sache in dem Verf. nach §§ 417 ff. erklärt (KG DAR 1956, 334) o. wenn er sich in Haft befindet u. seine Vorführung zur Verh. verlangt (RGSt 66, 108 (111)). Die Ladung kann auch entbehrlich sein, wenn mit freiwilliger Gestellung o. alsbaldiger Vorführung zu rechnen ist. 6

Liegen diese Voraussetzungen nicht vor, so muss der Beschuldigte unter **Beachtung der §§ 214, 216–218** geladen werden; dabei wird ihm mitgeteilt, was ihm zur Last gelegt wird (Abs. 2 S. 2), also entweder die Anklageschrift zugestellt o., wenn keine eingereicht ist, in der Ladung o. einem beigefügten Schriftstück den Erfordernissen des § 200 Abs. 1 S. 1 entspr. mitgeteilt, worin der Tatvorwurf besteht (Tatbeschreibung, Angabe der ges. Merkmale u. des Strafgesetzes). 7

Die **Ladungsfrist** beträgt 24 Stunden (Abs. 2 S. 3); der Fristbeginn ist die Stunde der Zustellung (allgM). Bei der Bemessung der Frist ist der Rechtsanspruch des Beschuldigten aus Art. 6 Abs. 3 Buchst. b **EMRK** zu beachten (→ Vor § 417 Rn. 4; Bandisch StV 1994, 158; Löwe/Rosenberg/Gössel Rn. 23 hält die 24 Stunden für idR nicht ausreichend). Wenn der Beschuldigte einer längeren Vorbereitungszeit bedarf, muss die Frist entweder verlängert o. die Verh. im beschleunigten Verf. abgelehnt werden. 8

Für die **Durchführung der HV** gelten grds. die allg. Vorschr.; Ausnahmen bestehen aber nach § 420 (vgl. → § 420 Rn. 1 ff.). Liegt eine schriftliche Anklage vor, so wird nach § 243 Abs. 3 S. 1 der Anklagesatz verlesen (OLG Hamburg VRS 39, 353). Andernfalls tritt an die Stelle der Verlesung die mündliche Erhebung der Anklage, die ebenso wie ihr wesentlicher Inhalt (Abs. 3 S. 2) in das Sitzungsprotokoll aufzunehmen ist (OLG Hamburg StraFo 2000, 58; LG Köln StV 2003, 156); § 274 findet Anwendung (OLG Frankfurt a. M. StV 2001, 341). Bei unentschuldigtem Ausbleiben des ordnungsgemäß geladenen Angeklagten kann nach § 230 Abs. 2 seine Vorführung angeordnet werden; ein Haftbefehl darf idR nicht erlassen werden (OLG Hamburg NStZ 1983, 40). Stellt sich in der HV heraus, dass die Sache zur Verh. im beschleunigten Verf. nicht geeignet ist, so wird nach § 419 9

Abs. 2 S. 1 verfahren. Wird nach § 419 Abs. 3 die Eröffnung des Hauptverfahrens beschlossen, ist *in diesem* der Erlass eines Haftbefehls zulässig.

9a Der **Übergang ins Strafbefehlsverfahren** nach § 408a ist auch im beschleunigten Verf. zulässig (Abs. 3 S. 2); er kommt insbes. in Betracht, wenn der Angeklagte zur HV nicht erscheint. Davon bleibt die Möglichkeit unberührt, den Antrag auf Entsch. im beschleunigten Verf. zurückzunehmen (→ § 417 Rn. 13) u. anschließend – außerhalb der HV – einen Strafbefehlsantrag zu stellen.

10 **D. Bestellung eines Verteidigers (Abs. 4). I. Antragstellung.** Wenn eine Freiheitsstrafe v. mind. 6 Monaten – mit o. ohne Strafaussetzung zur Bewährung, als Einzel- o. Gesamtstrafe (OLG Bremen StraFo 1998, 124) – zu erwarten ist u. das beschleunigte Verf. durchgeführt werden soll, muss dem Beschuldigten ein Verteidiger bestellt werden. In diesem Falle beantragt der StA zugleich mit dem Antrag nach § 417 die Verteidigerbestellung. Eine vorherige Antragstellung ist zulässig (vgl. SK-StPO/Paeffgen Rn. 19).

11 Der Richter hat dem Antrag zu entsprechen, wenn er die Sache im beschleunigten Verf. verhandeln will u. die Ansicht der StA, es komme eine Freiheitsstrafe v. mind. 6 Monaten in Betracht, teilt (**aM** Burgard NStZ 2000, 244: Antrag entspr. bindend). Ergibt sich erst im Laufe der Verh., dass eine Freiheitsstrafe v. mind. 6 Monaten erforderlich ist, muss der Richter entweder die Entsch. im beschleunigten Verf. ablehnen (§ 419) o. nachträglich einen Verteidiger bestellen u. in dessen Anwesenheit die wesentlichen Teile der Verh. wiederholen (BayObLG NStZ 1998, 372; OLG Braunschweig StV 2005, 493; OLG Karlsruhe NJW 1999, 3061).

12 Lehnt der Richter die Verh. im beschleunigten Verf. ab, ist damit auch der Antrag auf Verteidigerbestellung erledigt. Wird hingegen ein Verteidiger beigeordnet, so muss sich aus der Bestellung ergeben, dass sie nur für das beschleunigte Verf. vor dem AG gilt (erg. → Rn. 15). Erfolgt eine Ladung des Beschuldigten (Abs. 2), erhält er mit ihr die Mitteilung v. der Verteidigerbestellung; andernfalls wird ihm dies bei der Gestellung o. Vorführung bekanntgegeben. In jedem Fall muss dem Beschuldigten u. seinem Verteidiger dann aber ausreichende Zeit zu einer Bespr. gewährt werden, bevor mit der Verh. begonnen wird.

13 Die **Bestellung nach § 142 geht der nach Abs. 4 vor** (OLG Brandenburg NJW 2005, 521; Löwe/Rosenberg/Gössel Rn. 42; str.), so etwa, wenn unabhängig v. den einschr. Voraussetzungen des Abs. 4 bereits ein Fall der notwendigen Verteidigung nach § 140 Abs. 2 vorliegt.

14 **II. Auswahl des Verteidigers.** Da Abs. 4 systematisch lediglich einen § 140 erg. Spezialfall der notwendigen Verteidigung darstellt, liegt nahe, hins. des Bestellungsverfahrens **§ 142 zumindest entspr. anzuwenden** (s. dazu bereits zur früheren Rechtslage Loos/Radtke NStZ 1996, 10). Vor der Bestellung des Pflichtverteidigers gem. Abs. 4 ist dem Beschuldigten daher Gelegenheit zu geben, einen Verteidiger zu bezeichnen (Abs. 5 S. 1). Mit Rücksicht auf die Intention eines „sofort oder in kurzer Frist" (Abs. 1) durchzuführenden Verf. wird die Gehörsfrist allerdings regelmäßig sehr kurz zu bemessen sein u. erforderlichenfalls auf eine kurze Überlegensfrist reduziert werden können. Der v. dem Beschuldigten innerhalb der Frist bezeichnete RA ist zu bestellen, wenn dem kein wichtiger Grund entgegensteht; ein solcher wichtiger Grund wird oftmals in mangelnder Verfügbarkeit bestehen (§ 142 Abs. 5 S. 3). Auch der v. Gericht nach § 142 Abs. 6 ausgewählte Verteidiger muss zur Teilnahme an der sofortigen o. in kurzer Frist durchgeführten Verh. bereit u. in der Lage sein. Erfolgt die Bestellung wegen eines vorrangigen Falles der notwendigen Verteidigung nach § 140 (soeben → Rn. 13), ist für das Auswahlverfahren nach § 142 Abs. 5 S. 1 und 3 und Abs. 6 unmittelbar anwendbar (→ § 142 Rn. 37 ff.). Hat der Beschuldigte inzwischen selbst einen Verteidiger gewählt, ist die Bestellung ebenso nach § 143a Abs. 1 aufzuheben.

15 **III. Weitergeltung der Bestellung.** Der Verteidiger ist nach dem Wortlaut des Abs. 4 nur für die Verh. im beschleunigten Verf. vor dem AG beizuordnen. Da aber auch das Berufungsverfahren den Regeln über das beschleunigte Verf. unterliegt (vgl. → § 419 Rn. 12; → § 420 Rn. 12), gilt die Verteidigerbestellung für das

Berufungsverfahren fort (Meyer-Goßner GS Meurer, 2002, 431; **aM** König/Seitz NStZ 1995, 4; Loos/Radtke NStZ 1996, 11). Wird in der HV die Entsch. im beschleunigten Verf. abgelehnt, ist damit auch die Beiordnung des Verteidigers nach Abs. 4 beendet. Falls später im Normalverfahren weiterverhandelt wird (§ 419 Abs. 3), ergibt sich die unbefriedigende Situation, dass der bisher verteidigte Angeklagte nunmehr ohne Verteidiger ist. Ebenso wie im Strafbefehlsverfahren (→ § 408b Rn. 6) wird dies einem Beschuldigten nur schwer vermittelbar sein. Daher wird sich idR im „Normalverfahren" eine Verteidigerbestellung nach § 140 Abs. 2 (in erweiternder Auslegung dieser Bestimmung) anschließen, wobei der nach Abs. 4 bestellte Verteidiger in einen solchen nach § 140 Abs. 2 umgewandelt wird (ebenso KK-StPO/Graf Rn. 14; **aM** Herzler NJ 2000, 403).

IV. Sofortige Beschwerde. Sofortige Beschwerde gegen die Bestellung des 16 Verteidigers steht dem Beschuldigten mangels Beschwer grds. nicht zu (iErg ebenso KK-StPO/Graf Rn. 17; **aM** Ernst StV 2001, 370; aber erg. → § 142 Rn. 62, 63). Ist der Angeklagte zu einer Freiheitsstrafe v. 6 Monaten o. mehr mit o. ohne Strafaussetzung zur Bewährung verurteilt worden, ohne dass ein Verteidiger mitgewirkt hat, so ist das Urt. gleichwohl rkr. und vollstreckbar, wenn kein Rechtsmittel dagegen eingelegt wird.

Bei **Einlegung eines Rechtsmittels** ist zu unterscheiden: Auf Berufung bestellt 17 das LG dem Angeklagten einen Verteidiger u. verhandelt die Sache neu; eine Zurückverweisung der Sache an das AG ist wegen § 328 ausgeschlossen (vgl. → § 328 Rn. 4). Auf (Sprung-)Revision (§ 335 Abs. 1) muss das Urt. aufgeh. u. die Sache an das AG nach § 354 Abs. 2 zurückverwiesen werden; das AG muss dann entscheiden, ob es erneut im beschleunigten Verf. o. ob es gem. § 419 Abs. 3 nach Erlass eines Eröffnungsbeschlusses im gewöhnlichen Verf. verhandeln will (erg. → § 419 Rn. 18).

E. Revision. Bei Abwesenheit des nach Abs. 4 notwendigen Verteidigers wäh- 18 rend eines wesentlichen Teils der HV (→ Rn. 12) ist der absolute Revisionsgrund nach § 338 Nr. 5 gegeben (OLG Düsseldorf StV 2000, 588; OLG Oldenburg ZfS 1997, 313; erg. → § 338 Rn. 41). Auch eine fehlerhafte Anklageerhebung (→ Rn. 9) begründet die Revision.

Entscheidung des Gerichts; Strafmaß

419 (1) [1] **Der Strafrichter oder das Schöffengericht hat dem Antrag zu entsprechen, wenn sich die Sache zur Verhandlung in diesem Verfahren eignet.** [2] **Eine höhere Freiheitsstrafe als Freiheitsstrafe von einem Jahr oder eine Maßregel der Besserung und Sicherung darf in diesem Verfahren nicht verhängt werden.** [3] **Die Entziehung der Fahrerlaubnis ist zulässig.**

(2) [1] **Die Entscheidung im beschleunigten Verfahren kann auch in der Hauptverhandlung bis zur Verkündung des Urteils abgelehnt werden.** [2] **Der Beschluß ist nicht anfechtbar.**

(3) **Wird die Entscheidung im beschleunigten Verfahren abgelehnt, so beschließt das Gericht die Eröffnung des Hauptverfahrens, wenn der Angeschuldigte einer Straftat hinreichend verdächtig erscheint (§ 203); wird nicht eröffnet und die Entscheidung im beschleunigten Verfahren abgelehnt, so kann von der Einreichung einer neuen Anklageschrift abgesehen werden.**

A. Beschränkte Rechtsfolgenkompetenz (Abs. 1 S. 2, 3). Im beschleunig- 1 ten Verf. darf keine Freiheitsstrafe v. mehr als 1 Jahr verhängt werden, auch wenn nach § 55 StGB eine Gesamtfreiheitsstrafe gebildet wird, bei der die in dem Verf. nach §§ 417 ff. verhängte Einzelstrafe geringer ist als 1 Jahr (OLG Celle NStZ 1983, 233; OLG Schleswig SchlHA 1984, 103; Löwe/Rosenberg/Gössel Rn. 3; SK-StPO/Paeffgen Rn. 4; **aM** OLG Oldenburg Nds. Rpfl. 1989, 13; wohl auch

BGHSt 35, 251; aus BGHSt 35, 208 lässt sich entgegen Köckerbauer NJW 1990, 170 für die Gegenmeinung nichts herleiten). Die Verhängung der Nebenstrafe nach § 44 StGB ist zulässig; auch Nebenfolgen können angeordnet werden. Die Entziehung der Fahrerlaubnis nach § 69 StGB kann nach Abs. 1 S. 3 ohne zeitliche Begrenzung ausgesprochen werden; andere Sicherungsmaßregeln sind unzulässig. Zu den Rechtsfolgen eines Verstoßes gegen Abs. 1 S. 2 vgl. → Rn. 13 ff.

2 **B. Entscheidung über die Eignung (Abs. 1 S. 1, Abs. 2, Abs. 3). I. Ungeeignetheit.** Ungeeignet zur Verh. im beschleunigten Verf. ist die Sache stets, wenn ein Prozesshindernis vorliegt (→ § 417 Rn. 2; → § 418 Rn. 2), wenn der hinreichende Tatverdacht fehlt (→ § 418 Rn. 3) u. wenn die Rechtsfolgenkompetenz nach Abs. 1 S. 2, 3 nicht ausreicht (→ Rn. 1). Nicht geeignet ist die Sache ferner, wenn der Sachverhalt nicht einfach liegt o. die Beweislage unklar ist o. keine Möglichkeit zur sofortigen Verh. gegeben ist (§ 417) o. wenn nur im gewöhnlichen Strafverfahren die Verteidigung des Angeklagten u. die volle Sachaufklärung gewährleistet erscheinen (→ Vor § 417 Rn. 4; → § 418 Rn. 8).

3 Liegen die Voraussetzungen für die Verh. im beschleunigten Verf. vor, so hat das Gericht dem Antrag der StA zu entsprechen, sonst nach Abs. 2 und Abs. 3 zu verfahren (→ Rn. 5 ff., 9; OLG Düsseldorf NStZ 1997, 613).

4 Die Notwendigkeit der **Unterbrechung oder Aussetzung** der Verh. kann die Eignung der Sache zur Verh. nach §§ 417 ff. beseitigen, wenn die Hindernisse, die dem Abschluss der Verh. entgegenstehen, nur durch die Eigenart dieses Verf. verursacht sind (weitergehend KK-StPO/Graf Rn. 8; vgl. auch OLG Karlsruhe NJW 1999, 3061). Dass das Verf. ausgesetzt werden muss, weil die Einlassung des Angeklagten die Ladung weiterer Zeugen erforderlich macht, hindert aber nicht, in der neuen Verh. aufgrund eines neuen Antrags der StA abermals nach §§ 417 ff. zu verfahren (OLG Hamburg NJW 1966, 1278 mablAnm Jerusalem; OLG Hamburg NJW 1966, 2179; Herzler NJ 2000, 402; **aM** Schultz DAR 1957, 95; einschr. auch OLG Hamburg NStZ 1983, 40).

5 **II. Ablehnungsbeschluss.** Der Ablehnungsbeschluss kann sofort bei Eingang des Antrags nach § 417, also noch vor der HV, aber (beim SchG unter Mitwirkung der Schöffen) auch noch in der HV bis zum Beginn der Urteilsverkündung erlassen werden, wenn sich erst dann die Nichteignung herausstellt (Abs. 2 S. 1). Aus dem Umstand, dass das AG den termin nicht innerhalb der Frist des § 418 Abs. 1 S. 2 durchgeführt hat, ergibt sich keine stillschweigende Ablehnung (BayObLG NStZ 2026, 66).

6 **Unzulässig** ist die Ablehnung in der Berufungsverhandlung (KK-StPO/Graf Rn. 9; SK-StPO/Paeffgen Rn. 7); zur Entsch. nach Aufhebung u. Zurückverweisung → Rn. 14, 15.

7 Der Beschl. bedarf nach § 34 einer **Begründung** u. muss nach § 35 bekanntgemacht werden; ergeht er vor der HV, so braucht er nicht förmlich zugestellt zu werden.

8 Eine **Kosten- und Auslagenentscheidung** enthält der Beschl. nicht; er ist keine abschl. Entsch. iSd § 464 Abs. 1, Abs. 2.

9 **III. Folgen der Ablehnung.** Bei **Ablehnung der Entscheidung im beschleunigten Verf.** muss das Gericht entscheiden, ob es das Hauptverfahren eröffnen will; es darf jedoch nicht einfach im Regelverfahren weiterverhandeln (Radtke JR 2001, 135). Erlässt es einen Eröffnungsbeschluss (§ 207), wird das Verf. wie nach Anklage u. Zulassung der Anklage im gewöhnlichen Verf. fortgesetzt (Loos/Radtke NStZ 1995, 572); Sprenger (NStZ 1997, 576) weist jedoch zutr. darauf hin, dass diese Verfahrensweise nur dann praktikabel ist, wenn der Richter nach dem Geschäftsverteilungsplan auch für die Verh. im Normalverfahren zuständig ist. Vor Erlass des Eröffnungsbeschlusses muss dem Angeschuldigten aber rechtliches Gehör gewährt worden sein (vgl. → § 201 Rn. 1).

9a Erlässt das Gericht mit der Ablehnung der Entsch. im beschleunigten Verf. nicht zugleich einen Eröffnungsbeschluss, so werden die Akten an die StA zurückgegeben (OLG Celle NStZ-RR 2017, 20; Sowada Rn. 686). Diese kann dann die (schriftlich o. mündlich, vgl. § 418 Abs. 3) erhobene Anklage wieder zurücknehmen (§ 156; Sprenger NStZ 1997, 576) u. das Verf. nach § 170 Abs. 2 oder nach §§ 153 ff. einstellen. Will sie, dass das Verf. fortgesetzt wird, muss sie, falls die Anklage bisher nur mündlich erhoben war, jetzt eine schriftliche Anklage bei Gericht einreichen (Abs. 3 Hs. 2); lag bereits eine Anklageschrift vor, legt sie die Akten mit dem Antrag, das Hauptverfahren zu eröffnen, dem Gericht vor (§ 199 Abs. 2). Das Gericht muss dann über die Eröffnung beschließen (§ 203). Sie ist auch nicht gehindert, das Verfahren nach § 407 Abs. 1 zu beschreiten (OLG Schleswig BeckRS 2024, 33714). Die Wiederholung des Antrags nach § 417 ist ausgeschlossen (OLG Hamburg NJW 1964, 2123; Löwe/Rosenberg/Gössel Rn. 30).

C. Rechtsmittel. I. Beschwerde. Beschwerde gegen die Durchführung des beschleunigten Verf. ist nicht zulässig. Die Beschwerde gegen den Ablehnungsbeschluss schließt Abs. 2 S. 2 ausdr. aus. Das gilt auch, wenn er vor der HV ergangen (KK-StPO/Graf Rn. 12; **aM** LG Berlin DAR 1957, 190) o. damit begründet ist, es fehle an einer Prozessvoraussetzung o. am hinreichenden Tatverdacht (LG Hamburg MDR 1993, 789; Löwe/Rosenberg/Gössel Rn. 43). 10

II. Berufung und Revision. Berufung und Revision gegen das in dem Verf. nach §§ 417 ff. ergangene Urt. sind zulässig. Fehlt der Antrag nach § 417, stellt das Rechtsmittelgericht das Verf. ein (Lubitz, Das beschleunigte Verfahren der StPO und seine rechtstatsächliche Durchführung in Berlin und Brandenburg, 2010, S. 87). Es wird aber nicht geprüft, ob der 1. Richter die Eignungsfrage zutr. beurteilt hat (AK-StPO/Loos Rn. 16; Schröer NStZ 1999, 214; **aM** KK-StPO/Graf Rn. 18; Herzler NJ 2000, 404; Radtke JR 2001, 138). 11

Die Frage, wie sich sonstige Fehler im Verf. vor dem AG u. im Berufungsverfahren auswirken, hängt v. der Beantwortung der grds. Frage ab, ob das Berufungsverfahren ein „Normalverfahren" ist, also das beschleunigte Verf. mit Verkündung des Urt. 1. Instanz beendet ist (so KK-StPO/Graf Vor § 417 Rn. 4 mwN; SSW StPO/Rosenau Rn. 15) o. ab auch das Berufungsverfahren den Regeln des beschleunigten Verf. folgt (so Ranft NStZ 2004, 424). Die letztere Ansicht ist zutr.; denn das 6. Buch der StPO enthält eben „besondere Arten des Verfahrens" u. wandelt damit nicht nur das amtsgerichtliche Verf. ab (eing. dazu Meyer-Goßner GS Meurer, 2002, 430; **aM** BayObLG NStZ 2005, 403; KK-StPO/Graf Vor § 417 Rn. 4). Das beschleunigte Verf. läuft nach anderen Regeln als das Normalverfahren ab (vgl. § 420) u. deswegen kann eine in dieser Verfahrensart ergangene Entsch. nicht einfach derjenigen in einem gewöhnlichen Verf. ergangenen gleich geachtet werden (Meyer-Goßner GS Meurer, 2002, 424). Ein Verf., das ohne Anklageschrift u. ohne Eröffnungsbeschluss geführt wird, kann auch in der Berufungsinstanz kein „Normalverfahren" sein (Ranft NStZ 2004, 424). Somit gilt: 12

1. Ob die HV gem. § 418 Abs. 1 (→ § 418 Rn. 5) **in kurzer Frist durchgeführt** worden ist, wird in der **Berufungsinstanz** überprüft. Weil das Berufungsgericht nicht selbst gem. § 419 Abs. 3 entscheiden kann, hat es die Sache an das AG zurückzuverweisen (entspr. den auch sonst zu § 328 Abs. 2 gebilligten Ausnahmen, vgl. → § 328 Rn. 4), das diese Entsch. zu treffen hat (Ranft NStZ 2004, 427). In der **Revisionsinstanz** wird die Einhaltung der Frist des § 418 Abs. 1 nur auf Verfahrensrüge überprüft (BayObLG NStZ 2026, 66; OLG Düsseldorf NJW 2003, 1470; OLG Hamburg NStZ 1999, 266; OLG Stuttgart NJW 1998, 3134 mit zust. Anm. Scheffler NStZ 1999, 268; **aM** OLG Düsseldorf StV 1999, 202; Müller NStZ 2000, 108; Radtke JR 2001, 139; Ranft NStZ 2004, 428), wobei es aber nicht der Darlegung bedarf, dass das Urt. im Normalverfahren möglicherweise anders ausgefallen wäre, denn das ist die notwendig anzunehmende Folge des unzulässigen beschleunigten Verf. (**aM** OLG Stuttgart NStZ-RR 2002, 339). 13

2. Auch die Prüfung, ob ein **Ablehnungs- und Eröffnungsbeschluss** nach § 419 Abs. 3 Hs. 1 **unterblieben** ist, bedarf einer Verfahrensrüge (BayObLGSt 2003, 135 = NStZ 2005, 403 mzustAnm Metzger; OLG Hamburg StV 2000, 299). 14

Hat das AG ohne Erlass eines Eröffnungsbeschlusses fehlerhaft das beschleunigte Verf. als Regelverfahren fortgeführt (→ Rn. 9), ist im Berufungsverfahren vAw, im Revisionsverfahren auf zulässige Verfahrensrüge das Urt. aufzuheben u. die Sache zur Entsch. nach Abs. 3 zurückzuverweisen (OLG Düsseldorf StV 1999, 202; **aM** OLG Düsseldorf NStZ 1997, 613 Radtke JR 2001, 135: Einstellung des Verf.; wieder **aM** u. widersprüchlich BayObLG NStZ 2003, 51: Fehler im Berufungsverfahren unbeachtlich, auf Sprungrevision beachtlich). Ein Verfahrenshindernis, das zur Einstellung des Verf. führen muss, liegt aber vor, wenn das AG nach Ablehnung des beschleunigten Verf. die Sache an die StA zurückgegeben hatte u. nunmehr nach erneuter Anklageerhebung ohne Eröffnungsbeschluss verhandelt hat (OLG Köln NStZ 2004, 281).

15 **3.** Einer **Amtsprüfung** unterliegt, ob der nach § 417 erforderliche Antrag der StA vor dem AG gestellt worden ist; fehlt er, wurde er zurückgenommen (→ § 417 Rn. 13) o. ist er unzureichend, ist das Verf. sowohl im Berufungs- als auch im Revisionsverfahren einzustellen (RGSt 67, 59 (60); OLG Frankfurt a. M. StV 2000, 299).

16 **4.** Bei **Überschreitung der Rechtsfolgenkompetenz** nach Abs. 1 S. 2 hat das AG seine sachliche Zuständigkeit nicht verletzt, wenn es sich innerhalb der Rechtsfolgenkompetenz nach § 24 Abs. 2 GVG gehalten hat (OLG Oldenburg JR 1983, 302). Nach richtiger Ansicht begründet Abs. 1 S. 2 aber eine bes. Verfahrensvoraussetzung für das beschleunigte Verf. (OLG Hamm JR 1978, 120; OLG Hamm JMBl. NRW. 1979, 59). Demgegenüber will die Gegenmeinung hierin nur eine Rechtsfolgengrenze für eine bestimmte Verfahrensart sehen (BGHSt 35, 251; OLG Oldenburg JR 1983, 302; KK-StPO/Graf Rn. 5); daher soll das Berufungsgericht nicht gehindert sein, die Strafe auf das nach Abs. 1 S. 2 erlaubte Maß herabzusetzen (BGHSt 35, 251) o. sie gar zu bestätigen (KK-StPO/Graf Rn. 19).

17 Im **Berufungsverfahren** gilt auch die Rechtsfolgengrenze des Abs. 1 S. 2 (hM; **aM** BayObLGSt 2003, 135; KK-StPO/Graf Rn. 5). Eine Überleitung des beschleunigten in das gewöhnliche Verf. ist in der Berufungsverhandlung ausgeschlossen (Meyer-Goßner JR 1984, 77; Wagner JR 1983, 304; **aM** OLG Stuttgart StV 1998, 587). Daher muss das unter Überschreitung der Rechtsfolgenkompetenz ergangene Urt. des AG aufgeh. werden. Das Verf. wird aber – anders als früher – nicht eingestellt; denn aus der Neuregelung in Abs. 3 ergibt sich nun, dass das Verf. dann, wenn es zur Entsch. im beschleunigten Verf. nicht geeignet ist, ohne neue Anklage, aber mit dem dann erforderlichen Erlass eines Eröffnungsbeschlusses in ein normales Verf. übergehen soll (Meyer-Goßner GS Meurer, 2002, 425). Die Sache muss daher hier – abw. v. § 328 – an das AG zurückverwiesen werden (HK-StPO/Zöller Rn. 12; Lubitz, Das beschleunigte Verfahren der StPO und seine rechtstatsächliche Durchführung in Berlin und Brandenburg, 2010, S. 166; Ranft NStZ 2004, 430; **aM** Loos/Radtke NStZ 1996, 8 Fn. 79, da auch sie der Ansicht sind, das beschleunigte Verf. ende mit der Verkündung des Urt. 1. Instanz (vgl. → Rn. 12), ein Übergang in das Normalverfahren sei nicht erforderlich; das ist aber mit § 419 Abs. 3 unvereinbar, so dass die hier vertretene Meinung nicht als „ausschließlich formales Argument" – so Loos/Radtke NStZ 1996, 9 Fn. 90 – bezeichnet werden kann; erg. → § 420 Rn. 12); das AG muss dann nach Abs. 3 verfahren (→ Rn. 9), falls es nicht weiter im beschleunigten Verf. verhandeln will, weil es jetzt eine über 1 Jahr Freiheitsstrafe liegende Strafe für ausgeschlossen hält (SK-StPO/Paeffgen Rn. 16).

18 Im **Revisionsverfahren** wird der Verstoß gegen Abs. 1 S. 2 vAw geprüft (OLG Celle JR 1984, 74; OLG Hamm JR 1978, 120; Ernesti/Lorenzen SchlHA 1984, 103 – OLG Schleswig RsprÜ; Peters StrafProzR Rn. 567; offengelassen v. BGHSt 35, 251), nicht nur auf eine zulässige (§ 344 Abs. 2) Verfahrensrüge beachtet (so aber AK-StPO/Loos Rn. 10; KK-StPO/Graf Rn. 20; Treier NStZ 1983, 234; unrichtig Wagner JR 1983, 304: auf die Sachrüge). Der Fehler führt auch hier – anders als früher – nicht zur Einstellung des Verf., sondern wegen Abs. 3 zur Zurückverweisung nach § 354 Abs. 2 an das AG (OLG Stuttgart NJW 1998, 3134

(3135); vgl. auch OLG Düsseldorf StV 1999, 202). Es gilt dann dasselbe wie bei Zurückverweisung durch das Berufungsgericht (→ Rn. 17).

Beweisaufnahme

420 (1) **Die Vernehmung eines Zeugen, Sachverständigen oder Mitbeschuldigten darf durch Verlesung von Protokollen über eine frühere Vernehmung sowie von Urkunden, die eine von ihnen erstellte Äußerung enthalten, ersetzt werden.**

(2) **Erklärungen von Behörden und sonstigen Stellen über ihre dienstlichen Wahrnehmungen, Untersuchungen und Erkenntnisse sowie über diejenigen ihrer Angehörigen dürfen auch dann verlesen werden, wenn die Voraussetzungen des § 256 nicht vorliegen.**

(3) **Das Verfahren nach den Absätzen 1 und 2 bedarf der Zustimmung des Angeklagten, des Verteidigers und der Staatsanwaltschaft, soweit sie in der Hauptverhandlung anwesend sind.**

(4) **Im Verfahren vor dem Strafrichter bestimmt dieser unbeschadet des § 244 Abs. 2 den Umfang der Beweisaufnahme.**

A. Vereinfachte Beweisaufnahme. Abs. 1–3 bringen sowohl für das beschleunigte Verf. vor dem Strafrichter (§ 25 GVG) als auch vor dem SchG (§ 28 GVG) ggü. dem Normalverfahren Abweichungen; entgegen §§ 250, 256 dürfen Vernehmungsniederschriften, schriftliche Äußerungen u. Erklärungen v. Behörden u. Behördenangehörigen mit Zustimmung v. Angeklagtem, Verteidiger u. StA verlesen werden. Vor dem Strafrichter können nach Abs. 4 Beweisanträge ohne Bindung an die strengen Ablehnungsgründe des § 244 Abs. 3–5 abgelehnt werden. 1

Damit bestehen für die HV in Strafsachen im Offizialverfahren vor dem AG nun **drei Verfahrensarten:** Normalverfahren nach §§ 226 ff., davon abw. Verf. nach § 420 Abs. 1–3 vor Strafrichter u. SchG, wiederum anderes Verf. nach § 420 Abs. 4 nur vor dem Strafrichter. Dem letzteren entsprechen das Privatklageverfahren (§ 384 Abs. 3) u. das OWi-Verf. (§§ 77, 77a OWiG). Im Verf. nach Einspruch gegen einen Strafbefehl gelten gem. § 411 Abs. 2 S. 2 ebenfalls die Vorschr. des § 420 für die Beweisaufnahme. 2

Für den Richter am AG und die Verfahrensbeteiligten hat der Gesetzgeber damit das amtsgerichtliche Verf. **erheblich kompliziert:** Es muss jetzt stets genau darauf geachtet werden, ob das Verf. durch Anklageerhebung nach § 200 oder durch Strafbefehlsantrag (§ 407) o. durch Antrag nach § 417 eingeleitet worden ist. Wird nach § 408a v. Normal- ins Strafbefehlsverfahren übergegangen, wechseln auch die Vorschr. über die Beweisaufnahme. Das alles erscheint wenig glücklich u. im Hinblick auf die eingeschränkten Rechtsmittelmöglichkeiten bei Verurteilungen zu geringfügigen Strafen (§ 313) auch rechtsstaatlich bedenklich (Meurer GS Zipf, 1999, 492; erg. → Vor § 417 Rn. 5, 6). 3

B. Verlesung von Vernehmungsprotokollen und Äußerungen. Abs. 1 entspr. wörtlich § 77a Abs. 1 OWiG. Eine Einschränkung auf „schriftliche“ Äußerungen gibt es seit dem 1.1.2018 nicht mehr; sie ist nunmehr „medienneutral“ formuliert (BT-Drs. 18/9416, 65). Es können mithin **sowohl schriftliche auch elektronische** Äußerungen verlesen werden. Er erweitert die Verlesungsmöglichkeiten, die sonst nur nach § 251 bestehen, setzt allerdings nach Abs. 3 das Einverständnis v. Angeklagtem, Verteidiger u. StA voraus. Gegenüber § 251 Abs. 1 Nr. 1 kann die Verlesung auch erfolgen, wenn der unverteidigte Angeklagte zustimmt; unverteidigt kann der Angeklagte allerdings wegen § 418 Abs. 4 nur sein, wenn keine Freiheitsstrafe v. 6 Monaten o. mehr zu erwarten ist (vgl. → § 418 Rn. 11 ff.). Ob es sich um richterliche o. um nichtrichterliche Vernehmungsniederschriften handelt, ist bedeutungslos (erg. → § 251 Rn. 13 ff.). 4

Unberührt bleiben die Vorschr. der §§ 251 Abs. 1 Nr. 3, 4, Abs. 2 S. 1, 2, Abs. 3, Abs. 4, 252 und § 253; der Gesetzgeber hielt insofern eine ges. Klarstellung 5 (anders als in § 77a Abs. 4 OWiG) nicht für erforderlich (BT-Drs. 12/6853, 37). Steht dem Zeugen ein Zeugnisverweigerungsrecht zu, muss das Gericht vor der Verlesung seiner nichtrichterlichen Aussage somit klären, ob er mit der Verwertung einverstanden ist; richterliche Vernehmungsniederschriften dürfen dagegen ohne Befragung des Zeugen verlesen werden (vgl. → § 252 Rn. 7 ff.; KK-OWiG/Senge/Hadamitzky OWiG § 77a Rn. 6 ff.; KK-StPO/Graf Rn. 4; **aM** Löwe/Rosenberg/Gössel Rn. 33).

6 Die **Aufklärungspflicht** nach § 244 Abs. 2 wird durch Abs. 1 nicht eingeschränkt. Sie kann es erforderlich machen, trotz Zustimmung der Prozessbeteiligten zur Verlesung die Beweisperson zu hören, insbes. wenn diese das einzige Beweismittel ist (erg. → § 251 Rn. 8).

7 **C. Verlesung von behördlichen Erklärungen.** Die Verlesung von behördlichen Erklärungen ist nach Abs. 2 über § 256 hinaus im Einverständnis der Verfahrensbeteiligten gestattet. Die Vorschr. entspr. § 77a Abs. 2 OWiG (vgl. dazu Göhler/Bauer OWiG § 77a Rn. 3 ff.). Die Abweichung ggü. § 256 besteht darin, dass nicht nur Zeugnisse u. Gutachten (vgl. → § 256 Rn. 4 ff.), sondern – u. noch über § 256 Abs. 1 Nr. 5 (→ § 256 Rn. 26, 27) hinausgehend – sämtliche Erklärungen über dienstliche – nicht private – Wahrnehmungen, Untersuchungen u. Erkenntnisse verlesen werden dürfen, also zB auch Aktenvermerke der Polizei o. der StA. Grenze ist auch hier die Aufklärungspflicht des Gerichts (→ Rn. 6).

8 **D. Zustimmung zum Verfahren nach Abs. 1 und Abs. 2 (Abs. 3).** Zum erforderlichen Einverständnis der Verfahrensbeteiligten vgl. die Ausführungen unter → § 251 Rn. 7, die hier entspr. gelten. Ist der Angeklagte unverteidigt, muss er genau über die Folgen seines Einverständnisses aufgeklärt werden (**aM** Ranft NStZ 2004, 429: Einverständniserklärung grds. unwirksam). Das Gericht ordnet wie in § 251 Abs. 4 S. 1 die Verlesung durch Beschl. an; der Beschl. muss idR nicht begründet werden, ist aber in das Prot. aufzunehmen. Ist die Beweisperson richterlich vernommen worden, bedarf es nach § 251 Abs. 4 S. 3, 4 der Feststellung o. der Entsch. über die Nachholung der Vereidigung. Nach Durchführung der Verlesung ist eine Rücknahme der Zustimmung hierzu nicht mehr möglich (Jostes, Veränderungen der Hauptverhandlung durch die Neuregelung des beschleunigten Verfahrens, 2003, S. 101; **aM** KMR-StPO/Metzger Rn. 12).

9 **E. Verfahren vor dem Strafrichter (Abs. 4). I. Beweisanträge.** Beweisanträge, die auch hier uneingeschränkt gestellt werden können (Scheffler NJW 1994, 2194), dürfen beim Strafrichter, nicht beim SchG, **ohne die Einschränkungen des § 244 Abs. 3–5 abgelehnt** werden. Die Ablehnung ist damit ebenso wie im Privatklageverfahren nach § 384 Abs. 3 und wie im OWi-Verf. nach § 77 Abs. 1, Abs. 2 Nr. 1 OWiG auch möglich, wenn das Gericht die Erhebung des angebotenen Beweises zur Erforschung der Wahrheit nicht für erforderlich hält; hingegen kommt eine Ablehnung wegen verspäteter Antragstellung (anders als nach § 77 Abs. 2 Nr. 2 OWiG) nicht in Betracht.

10 **Nachzugehen ist dem Beweisantrag** aber, wenn sich die Erhebung des Beweises aufdrängt o. sie zumindest naheliegt (vgl. OLG Düsseldorf NStE OWiG § 77a Nr. 3, 7; OLG Karlsruhe NStE OWiG § 77 Nr. 2). Das ist zB der Fall, wenn ein Sachverständiger o. Gegenzeugen die Aussage des einzigen Belastungszeugen widerlegen sollen (vgl. Lempuhl DAR 2002, 437 – BayObLG RsprÜ). Hält der Strafrichter hingegen den Sachverhalt für genügend geklärt u. ist er der Auff., dass die angebotene Beweiserhebung daran nichts mehr ändern kann, so lehnt er den Beweisantrag ab; Beweisantizipation ist damit zulässig (Dahs NJW 1995, 556; König/Seitz NStZ 1995, 5; **aM** Ranft NStZ 2004, 430). Im Übrigen gelten die Ausführungen zu § 384 Abs. 3 (→ § 384 Rn. 13, 14) hier entspr.

11 **II. Ablehnung durch Beschluss.** Durch Beschluss erfolgt die Ablehnung (§ 244 Abs. 6 S. 1), der ebenso wie der Antrag in das Prot. aufzunehmen ist. Zur Begründung des Beschl. muss es wie in § 77 Abs. 3 OWiG als ausreichend erachtet werden, dass das Gericht erklärt, die Beweiserhebung sei zur Erforschung der

Wahrheit nicht erforderlich (KK-StPO/Graf Rn. 8; **aM** SK-StPO/Paeffgen Rn. 28). Die Urteilsgründe brauchen nicht iE darzulegen, warum dies der Fall ist; aus ihnen muss sich aber entnehmen lassen, dass der Sachverhalt tatsächlich so eindeutig geklärt ist, dass es der Beweiserhebung nicht mehr bedurfte (vgl. OLG Zweibrücken MDR 1991, 1192). Wird die Ablehnung des Beweisantrages nicht auf Abs. 4, sondern auf einen der Gründe des § 244 Abs. 3–5 oder bei präsenten Beweismitteln auf § 245 Abs. 2 S. 2, 3 gestützt, muss die Beschlussbegründung den dort bezeichneten Voraussetzungen genügen (erg. → § 384 Rn. 15).

F. Berufungsverfahren. Aus § 420 ergibt sich nicht eindeutig, ob die Vorschr. 12 nur vor dem AG o. auch im Berufungsverfahren vor dem LG gelten soll. Da Abs. 4 aber ausdr. auf das Verf. vor dem Strafrichter beschränkt ist, ist hieraus sowie entspr. der allgM bei einer anderen bes. Verfahrensart, nämlich dem Strafbefehlsverfahren (vgl. → § 411 Rn. 4, 7), zu schließen, dass Abs. 1–3 ebenso wie die sonstigen Vorschr. des beschleunigten Verf. auch im Verf. über die Berufung gegen ein im beschleunigten Verf. erlassenes amtsrichterliches Urt. gelten (KK-StPO/Maur § 411 Rn. 21; Ranft StrafProzR Rn. 2362; **aM** SK-StPO/Paeffgen Rn. 31; Lesch JA 1995, 691; Loos/Radtke NStZ 1996, 9; Schlothauer StV 1995, 46; erg. → § 419 Rn. 12). Abs. 4 findet dagegen keine Anwendung; wie beim SchG darf also auch beim LG ein Beweisantrag nur aus den in § 244 Abs. 3–5 genannten Gründen abgelehnt werden.

G. Revision. Ist unter Verletzung der Aufklärungspflicht v. Gericht nach 13 Abs. 1, Abs. 2 verfahren o. ein Beweisantrag nach Abs. 4 vom Strafrichter abgelehnt worden, begründet nur die ordnungsgemäß erhobene Aufklärungsrüge (→ § 244 Rn. 101 ff.) die Revision (OLG Köln StraFo 2003, 380; **aM** Bauer StraFo 2000, 345). Die Revision ist aber auch dann begründet, wenn die erforderliche Zustimmung des Verfahrensbeteiligten nach Abs. 3 zum vereinfachten Beweisverfahren gefehlt hat. Ergänzend iÜ → § 251 Rn. 45.

Dritter Abschnitt. Verfahren bei Einziehung und Vermögensbeschlagnahme

Vorbemerkung zu § 421

A. Allgemeines. Wo v. Einziehung die Rede ist, sei es in den einzelnen Be- 1 stimmungen, sei es in den Erläuterungen, bezieht sich dies auf alle Formen der Einziehung u. der Wertersatzeinziehung nach §§ 73–76a StGB. Für Vernichtung, Unbrauchbarmachung u. Beseitigung eines gesetzwidrigen Zustands gelten §§ 421 ff. entspr. (§ 439).

B. Einziehung (§§ 73–76a StGB). Die Einziehung v. **Tatmitteln, Tatpro-** 2 **dukten und Tatobjekten oder des Wertersatzes** hat strafähnlichen Charakter, soweit sie nur ggü. dem Täter o. Teilnehmer angeordnet (§ 74 StGB) o. darauf gestützt werden kann, dass ihr Gegenstand in einer missbilligenswerten Beziehung zur Tat gestanden o. der Dritte ihn in verwerflicher Weise erworben hat (§ 74a StGB). Dagegen hat die **Sicherungseinziehung** (§ 74b StGB), die wegen der Gefährlichkeit des Gegenstandes angeordnet wird, präventiven Charakter. Die Zugehörigkeit der Einziehung nach §§ 74–74c StGB zu der einen o. anderen Art ist nicht einheitlich; zuweilen hat die Maßnahme einen gemischten Charakter (Lackner/Kühl/Heger/Heger StGB § 74 Rn. 1 ff.). Die Einziehung v. **Taterträgen oder des Wertes des Tatertrages** (§§ 73–73c StGB) ist eine quasi-bereicherungsrechtliche Maßnahme zur Abschöpfung deliktisch erlangter Vermögenswerte zur Beseitigung strafrechtswidriger Vermögenslagen. Die Anordnung ist nicht am Schuldgrundsatz zu messen u. hat keinen Strafcharakter (BVerfG NJW 2021, 1222; BVerfGE 110, 1 = NJW 2004, 2073 (2075 f.), zu § 73d Abs. 1 StGB aF; BGH NStZ 2018, 400 mAnm Müller-Metz; NStZ-RR 2018, 241; 2019, 22: keine verfassungsrechtlichen Bedenken; wistra 2018, 427; NStZ-RR 2019, 175; OLG

Köln StraFo 2018, 204; erg. → EGStGB Art. 316h Rn. 2 – dort auch zu Art. 7 EMRK u. zur **aA**); sie darf deshalb nicht bei der Strafzumessung berücksichtigt werden (BGH NStZ 2018, 366; 31.7.2018 – 5 StR 280/18). Die Einziehung des Tatertrages o. des Wertes des Tatertrages ist nach der Entscheidung des GSSt des BGH (BGHSt 65, 242) auch gegen **Jugendliche und Heranwachsende** zwingend anzuordnen (erg. → Vor § 111b Rn. 1b.). Eine Unverhältnismäßigkeit wird im Vollstreckungsverfahren berücksichtigt (§ 459g Abs. 5; → § 459g Rn. 12 f.); zuständig: Jugendrichter (§ 82 Abs. 1 JGG).

3, 4 **C. Verfahren bei Einziehung. I. Strafverfahren.** Der Abschn. regelt in der Hauptsache, wie zu verfahren ist, wenn im subjektiven Strafverfahren eine **natürliche oder JP** festgestellt wird, die **nicht selbst Beschuldigter** ist, aber v. der drohenden Maßnahme betroffen würde. Am Verf. **beteiligt werden** der Einziehungsbeteiligte (§ 424) u. der Nebenbetroffene (§ 438) – Obergriff: Nebenbeteiligte. **Einziehungsbeteiligter** ist eine nicht an der Tat beteiligte Person, gegen die sich die Einziehung richtet (§ 424 Abs. 1); das kann ein Drittbegünstigter iSd § 73b StGB sein, aber auch der Adressat einer Einziehung nach §§ 74a, 74b StGB. **Nebenbetroffener** ist ein tatunbeteiligter Dritter, dessen Rechte an dem der Einziehung unterliegenden Gegenstand in anderer Weise v. der drohenden Maßnahme betroffen würde (§ 438 Abs. 1). Als Nebenbetroffener kommt insbes. der tatunbeteiligte Eigentümer des betr. Gegenstandes in Betracht (§ 438 Abs. 1 Nr. 1). Da bei der Wertersatzeinziehung (§§ 73c, 74c StGB) kein bestimmter Gegenstand, sondern lediglich ein Geldbetrag eingezogen wird, kommt die Beteiligung einer Person als Nebenbetroffener in diesen Fällen nicht in Betracht.

5 Die **Beteiligungsvorschriften** nach §§ 424–434 richten sich unmittelbar ausschl. an den Einziehungsbeteiligten; für den Nebenbetroffenen gelten die Vorschr. gem. § 438 Abs. 1 S. 2, Abs. 2 S. 2, Abs. 3 weitgehend entspr. (BT-Drs. 18/9525, 87). Wie derjenige, der als Einziehungsbeteiligter o. Nebenbetroffener in Betracht kommt, im vorbereitenden Verf. (→ Einl. Rn. 59, 60) zu behandeln ist, regelt § 426. Die Institution des Einziehungsbeteiligten o. Nebenbetroffenen ist nur für das gerichtliche Strafverfahren vorgesehen u. von der Anordnung der Beteiligung abhängig (vgl. § 424 Abs. 1 und § 438 Abs. 1). Der Zweck der Beteiligung besteht darin, dass der Einziehungsbeteiligte u. Nebenbetroffene vor Gericht das rechtliche Gehör erhalten (Art. 103 Abs. 1 GG), bevor eine ihnen nachteilige Entsch. erlassen wird (→ Einl. Rn. 23 ff., 91). Daher müssen sie vAw zum Prozesssubjekt mit prozessualen Befugnissen gemacht werden.

6 Richtet sich die Einziehung gegen den **Angeklagten selbst,** weil eine ihm gehörende Sache eingezogen werden soll, so wird im Urt. die Einziehung nach §§ 73, 74 oder § 74b StGB angeordnet. Die Praxis lässt es aber zu, dass der Angeklagte sich mit der formlosen Einziehung v. (sichergestellten) **Tatmitteln, Tatprodukten und Tatobjekten** durch **Verzicht** auf eine Rückgabe einverstanden erklärt, sodass es einer gerichtlichen Entsch. nicht bedarf (vgl. dazu Ströber/Guckenbiehl Rpfleger 1999, 115); die hiergegen v. Thode NStZ 2000, 62 erhobenen Bedenken erscheinen unbegründet. Eine Beschwerde gegen die aufgrund der Einverständniserklärung erfolgte Einziehung ist ausgeschlossen (BayObLGSt 1996, 99 = NStZ-RR 1997, 51; OLG Düsseldorf NStZ 1993, 452).

6a Auch in Fällen der Einziehung v. **Taterträgen** o. des **Wertes des Tatertrages** ist eine formlose Einziehung durch **Verzicht** grds. zulässig (BGH NStZ 2018, 333 (Tatertrag); BGHSt 63, 305 (Wert des Tatertrages)). Voraussetzung ist aber stets eine zumindest konkludente Annahme des Verzichts durch die StA. Wegen der weitreichenden Wirkungen eines wirksamen Verzichts (Erlöschen des staatlichen Einziehungsanspruchs) u. mit Blick auf die rechtlichen Wirkungen der förmlichen Einziehung (vgl. insbes. § 75 Abs. 1 Nr. 2 StGB) sollte die formlose Einziehung auf einfache, eindeutige Fälle beschränkt werden (BGHSt 63, 305; vgl. auch Köhler NStZ 2017, 497 (500); Bittmann/Köhler/Seeger/Tschakert Strafrechtl. Vermögensabschöpfung-HdB/Tschakert Rn. 1688 ff.; generell abl. Gerlach/Manze StraFo 2018, 101 (102)). Wird in den Fällen des §§ 73, 73a oder §§ 74–74b StGB die Einziehung des betr. Gegenstandes dennoch angeordnet, kommt ihr lediglich deklaratorische Wirkung zu (BGH NStZ 2018, 333; 16.4.2019 – 5 StR 86/19), weshalb sie auf ein Rechtsmittel des Betroffenen hin nicht aufgehoben werden muss (BGH NStZ 2019, 271; JR 2020, 187 mAnm Schäfer). Anders ist dies bei einer Wertersatzeinziehung nach § 73c oder § 74c StGB, da der Betroffene im Fall ihrer Anordnung mit einem Zahlungstitel belastet würde, obwohl der Zahlungsanspruch des Staates im Umfang des (wirksamen) Verzichts erloschen ist (BGHSt 63, 305; BeckRS 2019, 28145).

Sind **keine Beteiligten** vorhanden, kann der Gegenstand nach Nr. 180 Abs. 4 RiStBV idR formlos aus dem Verkehr entfernt werden. 7

II. Selbständiges Einziehungsverfahren (objektives Verfahren). Die §§ 435, 436 enthalten Verfahrensregelungen für die selbständige (Wertersatz-)Einziehung nach § 76a StGB im objektiven Verfahren. Ihre Bezeichnung als selbständige Einziehung trägt die Vorschr. des § 76a StGB, weil sie ohne gleichzeitige Verurteilung eines Tatbeteiligten angeordnet wird. Sie kann sich sowohl gegen den (zB verhandlungsunfähigen) Täter o. Teilnehmer als auch gegen eine tatunbeteiligte Person (zB den Drittbegünstigten iSd § 73b StGB) richten. 8

D. Bußgeldverfahren. Im Bußgeldverfahren gelten die §§ 421 ff. sinngemäß (§ 46 Abs. 1 OWiG, vgl. zur Einziehung v. Gegenständen §§ 22 ff. OWiG u. zur Einziehung des Wertes v. Taterträgen § 29a OWiG). Ergänzende, zT abw. Regelungen (namentlich für das Verf. der VerwB) enthält § 87 OWiG. 9

E. Wirkung der Einziehungsanordnung. I. Rechtskräftige Anordnung. Mit der Rechtskraft der Anordnung der **Einziehung** tritt der Rechtsübergang an dem eingezogenen Gegenstand nach Maßgabe des § 75 Abs. 1 StGB ein. Die **Einziehung von Wertersatz** (§§ 73c, 74c StGB) ist ein staatlicher Zahlungsanspruch, der in dem Zeitpunkt entsteht, in dem die Einziehung des betr. Gegenstandes nicht (mehr) möglich ist (BGH NJW 2019, 1692). Die rkr. Anordnung der Wertersatzeinziehung stellt den Titel dar, auf dessen Grdl. der staatliche Zahlungsanspruch vollstreckt werden kann (BT-Drs. 18/9525, 67; 18/11640, 86; Köhler NStZ 2017, 497 (500)). 10, 11

II. Nicht rechtskräftige Anordnung. Vor der Rechtskraft entsteht mit der Anordnung der **Einziehung** eines Gegenstandes kraft Gesetzes ein Veräußerungsverbot (§§ 75 Abs. 3 StGB). Ist der Gegenstand zuvor gem. §§ 111b, 111c StGB beschlagnahmt worden, wird der Eigentumsübergang nach § 75 Abs. 1 StGB durch § 75 Abs. 4 abgesichert. Ist die **Wertersatzeinziehung** angeordnet worden (§§ 73c, 74c StGB), so wird die Vollstreckung des staatlichen Zahlungsanspruchs bis zur Rechtskraft der Anordnung durch den Vermögensarrest (§§ 111e, 111f) gesichert. 12

III. Sicherung der Einziehungsanordnung. Schon vor der Anordnung kann die Vollstreckung der Maßnahme durch Beschlagnahme (§ 111b) o. durch Vermögensarrest (§ 111e) gesichert werden. 13

F. Entschädigung bei Einziehung (§§ 74b Abs. 2, 74d Abs. 5 StGB). Wie sich aus § 430 Abs. 3 ergibt, geht die StPO davon aus, dass über den Entschädigungsanspruch nicht im Strafverfahren entschieden wird (Ausnahmen: § 74b Abs. 3 S. 2, § 74 Abs. 5 S. 2 StGB), da es sich um Ansprüche aus Eingriffen handelt, die eine bürgerlich-rechtliche Wirkung haben u. daher vor den Zivilrichter gehören (KG NJW 1978, 2406). 14

G. Vermögensbeschlagnahme (§ 443). Die Vermögensbeschlagnahme (§ 443) ist keine Vorstufe zur Einziehung, sondern ein nur in bestimmten Strafsachen zulässiges Mittel, den Beschuldigten zur Teilnahme am Verf. zu zwingen sowie in der Vfg. über sein Vermögen u. mittelbar dadurch an dessen Verwendung für solche Delikte zu hindern. 15

H. RA-Gebühren. Vgl. zu der zusätzlichen **Verfahrensgebühr Nr. 4142 VV RVG** bei anwaltlicher Tätigkeit Burhoff ZWH 2022, 309. Für die anwaltliche 16

Tätigkeit entsteht die Verfahrensgebühr **nur** dann, wenn die Maßnahme noch **Gegenstand** des Ermittlungs- oder Strafverfahrens ist. Dies ist nicht der Fall, wenn die StA nach § 421 Abs. 3 oder § 435 Abs. 1 S. 2 von der Einziehung absieht (OLG Nürnberg, Rpfleger 2022, 654). Siehe zu den Gegenstandswerten Burhoff ZWH 2025, 54 (55 ff.)).

Absehen von der Einziehung

421 (1) **Das Gericht kann mit Zustimmung der Staatsanwaltschaft von der Einziehung absehen, wenn**
1. **das Erlangte nur einen geringen Wert hat,**
2. **die Einziehung nach den §§ 74 und 74c des Strafgesetzbuchs neben der zu erwartenden Strafe oder Maßregel der Besserung und Sicherung nicht ins Gewicht fällt oder**
3. **das Verfahren, soweit es die Einziehung betrifft, einen unangemessenen Aufwand erfordern oder die Herbeiführung der Entscheidung über die anderen Rechtsfolgen der Tat unangemessen erschweren würde.**

(2) [1]**Das Gericht kann die Wiedereinbeziehung in jeder Lage des Verfahrens anordnen.** [2]**Einem darauf gerichteten Antrag der Staatsanwaltschaft hat es zu entsprechen.** [3]**§ 265 gilt entsprechend.**

(3) [1]**Im vorbereitenden Verfahren kann die Staatsanwaltschaft das Verfahren auf die anderen Rechtsfolgen beschränken.** [2]**Die Beschränkung ist aktenkundig zu machen.**

1 **A. Verfahrensökonomie.** Die Vorschr. ermöglicht es **Gericht** (Abs. 1) u. **StA** (Abs. 3), die Einziehung aus Gründen der Verfahrensökonomie in jedem Verfahrensstadium als Gegenstand der Untersuchung u. Entsch. auszuklammern (bei einem Teilabsehen in der Revisionsinstanz kommt eine gesonderte Kostenentscheidung nicht in Betracht, vgl. BGH BeckRS 2025, 989). Sie gilt unabhängig davon, ob die Maßnahme sachlich-rechtlich als Kann- o. Mussvorschrift vorgesehen ist. In ihrer Zielsetzung ist die Norm vergleichbar mit § 154a. § 421 gilt für alle Fälle der **Einziehung oder Wertersatzeinziehung** (BT-Drs. 18/9525, 87); Abs. 1 Nr. 2 gilt (auch iVm Abs. 3) allerdings ausschl. für die Fälle der strafähnlichen (Wertersatz-)Einziehung nach §§ 74 ff. (→ Rn. 6). Von praktischer Bedeutung ist die Regelung va für die Vermögensabschöpfung (§§ 73 ff. StGB); insoweit stellt sie das notwendige Korrektiv für die materiell umfassende Pflicht zur Einziehung v. Taterträgen u. des Wertes des Tatertrages dar. Über die Fälle der (Wertersatz-)Einziehung hinaus gilt § 421 für Vernichtung, Unbrauchbarmachung u. Beseitigung eines gesetzwidrigen Zustandes (§ 439). Zur Anwendbarkeit im selbständigen Einziehungsverfahren, vgl. → § 435 Rn. 7.

2 Eine **Teilbeschränkung** innerhalb einer (Wertersatz-)Einziehungsentscheidung ist nach BGH aus verfahrensökonomischen Gründen zulässig (für ein teilw. Absehen der Einziehung v. Tatmitteln nach § 421 Abs. 1 Nr. 2, vgl. BGH NStZ 2018, 742, mzustAnm Schneider). Dies steht ohne weiteres mit dem Wortlaut der Vorschr. („wenn") im Einklang, falls die **Einziehung verschiedener Gegenstände** in Betracht kommt. Denn die rechtlichen Voraussetzungen der Einziehung (§§ 73–73b, 74–74b StGB) sind für jeden Gegenstand entspr. seiner Einordnung (zB als Tatertrag o. als Tatmittel) gesondert zu prüfen. Damit kann die jeweilige Einziehung aber auch hins. der in Abs. 1 Nr. 1–3 genannten Absehensgründe unterschiedlich zu beurteilen sein. Gleiches gilt für die Fälle, in denen eine **Wertersatzeinziehung neben einer Einziehung** angeordnet werden müsste o. könnte (vgl. §§ 73c S. 2, 74c Abs. 2 S. 1 StGB), da dann zwei rechtlich verschiedene Einziehungsanordnungen mit unterschiedlichen rechtlichen Wirkungen in Rede stehen (vgl. dazu → Vor § 421 Rn. 11). Ist der der Einziehung unterliegende Gegenstand aufgrund eines erheblichen Wertverlustes nur noch geringwertig, kann mithin gem. § 421 Abs. 1 Nr. 1 (auch iVm Abs. 3) v. der Einziehung des Gegen-

standes abgesehen u. das Verf. auf die Wertersatzeinziehung beschränkt werden (vgl. Köhler NStZ 2017, 497 (499) Fn. 36, für Fälle betrügerisch erlangter Bekleidungsgegenstände). Aber auch innerhalb einer **einheitlichen Wertersatzeinziehung** (§§ 73c, 74c StGB) ist eine Teilbeschränkung zulässig, weil die dadurch angeordnete Pflicht des Einziehungsadressaten, einen bestimmten Geldbetrag als Wertersatz an den Staat zu zahlen (vgl. dazu → Vor § 421 Rn. 11; → § 459h Rn. 9), etwa darauf beruhen kann, dass mehrere Gegenstände der – zzt. der gerichtlichen Anordnung nicht mehr möglichen – Einziehung unterlegen hätten. Werden zB bei einem Wohnungseinbruchdiebstahl mehrere später nicht mehr auffindbare Gegenstände (zB Bargeld, Tablets u. Schmuck) entwendet, kann die für eine Einziehung nach § 73c StGB notwendige Wertbestimmung (vgl. dazu BGH NJW 2018, 3325; Köhler NStZ 2017, 497 (505 f.)) teils ohne weiteres (Geld) o. vergleichsweise leicht (Smartphone) möglich sein, teils aber einen unangemessenen Aufwand (Schmuck) darstellen. In solchen u. damit vergleichbaren Fällen kann die Wertersatzeinziehung auf die wertmäßig einfach zu bestimmenden Gegenstände beschränkt werden (BGH BeckRS 2018, 28624). Darüber hinaus kann eine Teilbeschränkung aus verfahrensökonomischen Gründen iRe Verständigung nach § 257c in Betracht kommen (Schneider NStZ 2018, 743; erg. → Rn. 9, 13a).

B. Voraussetzungen. Nach Abs. 1 kann das **Gericht** unter den in Nr. 1–3 3 bezeichneten Voraussetzungen mit **Zustimmung der StA** v. der (Wertersatz-) Einziehung absehen, auch das Rechtsmittelgericht (zu den Folgen auf die Kostenentscheidung BGH (5. StS) NStZ-RR 2021, 229 (230); BeckRS 2025, 29243; entgegen BGH (1. StS) NJW 2021, 1829; erg. → § 473 Rn. 25; zum Gegenstandswert für die auf die Einziehung bezogene Tätigkeit des Pflichtverteidigers in Revisionsinstanz BGH NStZ-RR 2024, 328). Die Gebühr Nr. 4142 entsteht bereits, wenn der Verteidiger bezogen auf die Einziehung nur im Vorverfahren tätig wird, weil die StA die Einziehung nach Abs. 3 ausscheidet (LG Chemnitz StraFo 2024, 163 (164)).

I. Nr. 1. Nr. 1 betr. die Fälle der **Geringwertigkeit.** Sie ersetzt § 73c Abs. 1 4 S. 2 Var. 2 StGB aF. Die Wertgrenze dürfte entspr. § 248a StGB anzusetzen sein. Der BGH setzt insofern einen Betrag von 25 Euro an (BGHR StGB § 248a Geringwertig 1); die oberlandesgerichtliche Rspr. tendiert zu einem Wert von 50 Euro (OLG Frankfurt am Main NStZ-RR 2017, 12; s. auch Fischer/Fischer StGB § 248a Rn. 3a; SSW StGB/Kudlich, § 248a Rn. 7, jeweils mwN). In Verbindung mit Nr. 3 kann mit dieser Var. die Einziehung v. Taterträgen u. des Wertes v. Taterträgen (§§ 73–73c StGB) in Fällen der **Kleinkriminalität** in jedem Verfahrensstadium ausgeschieden werden (Köhler/Burkhard NStZ 2017, 665 (675).

II. Nr. 2. Nach Nr. 2 kann die (Wertersatz-)Einziehung ausgeklammert wer- 5 den, wenn die Maßnahme neben der Strafe o. Maßregel nicht beträchtlich ins Gewicht fällt. **Nicht beträchtlich ins Gewicht** fällt sie, wenn v. Standpunkt der Notwendigkeit des Schutzes der Rechtsordnung auf sie verzichtet werden kann, weil die anderen Rechtsfolgen genügen (BGH NStZ-RR 2018, 171).

Nr. 2 betrifft die Fälle der strafähnlichen (Wertersatz-)Einziehung v. **Tatpro-** 6 **dukten, Tatmitteln und Tatobjekten** (§§ 74 und 74c StGB), weil sie die Einziehung ins Verhältnis zu der zu erwartenden Strafe o. Maßregel setzt (BGH BeckRS 2017, 127369 für Mobilfunktelefone als Tatmittel). Mit der entspr. Ergänzung von Nr. 2 durch G v. 25.6.2021 (BGBl. I 2099) hat der Gesetzgeber klargestellt, dass deren Anwendung für die **Einziehung von Taterträgen und des Wertes des Tatertrages** (§§ 73 ff. StGB) ausgeschlossen ist (so schon bisher Korte wistra 2018, 1 (10); Rettke wistra 2018; 417, 418; Köhler/Burkhard NStZ 2017, 665 (675); KK-StPO/Schmidt/Scheuß Rn. 4; vgl. zur **aA** BeckOK StPO/Temming Rn. 6). Angesichts der Möglichkeit, zur Vermeidung eines unangemessenen Aufwands gem. § 421 Abs. 1 Nr. 3 auch teilw. v. der Einziehung des Tatertrages o. des Wertes des Tatertrages abzusehen (vgl. → Rn. 2), kann die Praxis auch ohne die Heranziehung v. Nr. 2 zu verfahrensökonomischen und sachgerechten Lösungen gelangen. § 74a StGB betrifft nichttatbeteiligte Personen (Fischer/Fischer/Lutz StGB § 74a Rn. 2) und scheidet daher von vornherein für eine Anwendung der Nr. 2 aus. Wegen des präventiven Charakters der **Sicherungseinziehung** nach § 74b StGB gilt Nr. 2 nicht für die Einziehung gefährlicher Gegenstände (KK-StPO/Schmidt/Scheuß Rn. 4).

7 **III. Nr. 3.** Nach Nr. 3 ist die **Unangemessenheit der Prozedur** ein weiterer (eigenständiger) Ausscheidungsgrund. Er geht über § 154a hinaus. Die (Wertersatz-)Einziehung kann daher auch dann ausgeklammert werden, wenn die Maßnahme neben der Strafe o. Maßregel durchaus ins Gewicht fiele (zB die Einziehung eines Luftgewehrs, wenn bloß eine geringe Geldstrafe zu erwarten ist). Nr. 3 ist va für die materiell zwingende vermögensabschöpfende (Wertersatz-)Einziehung (§§ 73 ff. StGB) v. erheblicher praktischer Bedeutung (ausf. Bittmann/Köhler/Seeger/Tschakert Strafrechtl. Vermögensabschöpfung-HdB/Tschakert Rn. 1380 ff.).

8 Der Ausscheidungsgrund des **unangemessenen Aufwands** u. der **unangemessenen Erschwerung** der Entsch. der Rechtsfolgen iÜ können sich überschneiden (SK-StPO/Paeffgen Rn. 14). Er kommt insbes. in Betracht, wenn allein die (Wertersatz-)Einziehung zusätzliche übermäßig zeitintensive o. unverhältnismäßig kostenträchtige Beweiserhebungen zur Folge hätte. Ein unangemessener Aufwand liegt vor, wenn übermäßige Verfahrenskosten durch Sachverständigengutachten, Augenscheinahme u. Zeugenvernehmungen entstehen würden. Gleiches gilt, wenn die für die Einziehungsentscheidung erforderliche Sachaufklärung ein Übermaß an Zeit in Anspruch nehmen würde, wie zB durch die Einholung komplexer Sachverständigengutachten o. die Vernehmung v. Zeugen im Ausland.

9 Aufgrund der Streichung der Härteklausel des § 73c StGB aF (vgl. dazu BGH 29.11.2017 – 5 StR 508/7) ist der dem Wortlaut v. Nr. 3 nach (vermeintlich) weitgehende Anwendungsbereich der Absehensmöglichkeit für die Fälle der **vermögensordnenden (Wertersatz-)Einziehung** (§§ 73–73c StGB) deutlich eingeschränkt. Denn durch die (fast) vollständige Verlagerung der Prüfung einer unbilligen Härte u. der Entreicherung aus dem Haupt- in das Vollstreckungsverfahren (vgl. §§ 73e Abs. 2 StGB, 459g Abs. 5) entspr. der strafrechtlich relevante Schaden o. Taterlös idR dem (Wert des) Erlangten, der wiederum identisch mit der (Wertersatz-)Einziehungsanordnung ist. In der Regel tragen daher die für den Schuld- u. Strafausspruch erforderlichen Feststellungen ohne weiteres auch die (Wertersatz-)Einziehung (zur Entlastung der HV v. zusätzlichen Beweiserhebungen durch die Streichung des § 73c StGB aF, Köhler NStZ 2017, 497 (500); Köhler/Burkhard NStZ 2017, 665 (674)). Für die verbleibenden denkbaren Fälle einer **Verfahrenserschwerung** (auch iSe Verfahrensverzögerung) hat der Gesetzgeber zudem die Möglichkeit der **Abtrennung** (§ 422) geschaffen (BT-Drs. 18/9525, 55); diese Möglichkeit ist daher vorrangig in Betracht zu ziehen (Korte wistra 2018, 1 (10); wegen der möglichen Fallkonstellationen, → § 422 Rn. 3). Der Anwendungsbereich des Absehens nach § 421 Abs. 1 Nr. 3 Alt. 2 ist daher im gerichtlichen Verf. erheblich eingeschränkt; vollständig ausgeschlossen ist das Absehen aber mit Blick auf das dem Gericht in § 422 S. 1 eingeräumte Ermessen allerdings nicht (Korte wistra 2018, 1 (10); insofern missverständlich BeckOK StPO/Temming Rn. 7). Es sind aber auch Fälle denkbar, in denen im Rahmen einer **Verständigung** nach § 257c aus verfahrensökonomischen Gründen ein (Teil)Absehen sachgerecht ist (Schneider NStZ 2018, 743, mit anschaulichem Beispiel; erg. → Rn. 2, 13a). Das Revisionsgericht kann aus prozessökonomischen Gründen gem. Nr. 3 v. einer Einziehung absehen, wenn das Tatgericht nicht erwogen hat, ob die Zahlung eines Einziehungsbeteiligten an einen Geschädigten zum teilweisen Erlöschen nach § 73e Abs. 1 StGB geführt hat (BGH BeckRS 2024, 36468), o. dadurch eine andernfalls erforderliche Zurückverweisung nur wegen der Einziehungsentscheidung vermieden werden kann (BGH BeckRS 2024, 29369).

10 Ein Absehen nach Nr. 3 kommt bei einer (Wertersatz-)Einziehung nach §§ 73 ff. StGB regelmäßig nur dann in Betracht, wenn eine vorl. Sicherstellung (§§ 111b ff.) unterblieben ist. Selbst dann aber kann ein unangemessener Aufwand o. eine

unangemessene Erschwernis nicht allein deshalb angenommen werden, weil der **Verletzte** der (Erwerbs-)Tat seine Ansprüche gegen den Einziehungsadressaten auf der Grdl. eines eigenen Titels mit eigenen Vollstreckungsmöglichkeiten (insbes. Steuerfiskus) selbst o. aufgrund entspr. organisatorischer Einrichtungen (gewerbliche Geschädigte, zB Versandhandel) ohne größeren Aufwand vollstrecken kann. Denn die StA verfügt seit der Reform der Vermögensabschöpfung über wesentlich bessere Vollstreckungsmöglichkeiten (vgl. § 459g Abs. 3) als der Verletzte der Erwerbstat (BT-Drs. 18/11640, 89). Zudem darf nicht aus dem Blick geraten, dass der Gesetzgeber nicht zul. durch die Streichung des § 73 Abs. 1 S. 2 und des § 73c StGB aF die Vermögensabschöpfung als „Säule der Kriminalitätsbekämpfung" stärken will (BT-Drs. 18/11640, 77). Die Anwendung v. Nr. 3 setzt deshalb voraus, dass der Verletzte (zB der Steuerfiskus bei Steuerstraftaten o. der Jobcenter bei Betrug durch einen Leistungsempfänger) die **Vollstreckung** auch tatsächlich **erfolgreich** betreibt (zB durch Ratenzahlung o. durch die schrittweise Aufrechnung gegen den Leistungsanspruch des Täters). Denn dann müsste Beweis erhoben werden, in welchem Umf. die staatliche (Wertersatz-)Einziehung aufgrund der Schadenswiedergutmachung ausgeschlossen ist (vgl. § 73e Abs. 1 StGB).

In Frage kommt ein Absehen zudem, wenn die **Schadenswiedergutmachung auf anderen Wegen** verwirklicht wird (Köhler/Burkhard NStZ 2017, 665 (675)) – etwa weil der Einziehungsadressat bereits mit der freiwilligen Schadenswiedergutmachung begonnen hat. Schadenswiedergutmachung als Auflage nach § 56 Abs. 2 Nr. 1 StGB o. § 15 JGG ist neben der Wertersatzeinziehung (§ 73c StGB) zulässig (deren Vollstreckung uU nach §§ 459g Abs. 2 iVm 459c Abs. 2 unterbleiben kann); zweckmäßig kann auch eine Abtrennung nach § 422 sein. Bei der Frage der Unangemessenheit sind auch mögliche Vollstreckungsschwierigkeiten (etwa die Notwendigkeit einer nachträglichen Anordnung einer Wertersatzeinziehung nach § 76 StGB, vgl. dazu Köhler NStZ 2017, 497 (501)) o. der mit der Opferentschädigung verbundene Aufwand bei Erwerbstaten mit individuellen Verletzten (§§ 459g Abs. 4, 459h ff.) einzubeziehen (Köhler/Burkhard NStZ 2017, 665 (675)). 11

Ein Vorgehen nach Nr. 3 ist auch bei **offensichtlich vermögenslosen Tätern** denkbar (BT-Drs. 18/9525, 87). Dies wird in allererster Linie bei Erwerbstaten mit individuellen Verletzten in Betracht kommen, da hier der Aufwand für die Opferentschädigung hinzukommt. Auch hier ist allerdings zu beachten, dass die StA über deutlich bessere Vollstreckungsmöglichkeiten verfügt (§ 459g Abs. 3) als der Verletzte der Erwerbstat. Dies wird insbes. bei den letztlich das Gemeinwesen schädigenden Straftaten der Steuerhinterziehung (§ 370 AO) u. des Vorenthaltens v. Arbeitsentgelt (§ 266a StGB) zu berücksichtigen sein. Im Übrigen gilt, dass nach der ges. Konzeption der reformierten Vermögensabschöpfung die finanzielle Lage des Täters, Teilnehmers o. bösgläubigen Drittbegünstigten erst in der Vollstreckung berücksichtigt werden darf (§ 73e Abs. 2 StGB, §§ 459g Abs. 2 iVm 459a, 459c, § 459g Abs. 5). Naheliegen dürfte eine Beschränkung nach Nr. 3 hingegen in den Fällen der Wertersatzeinziehung, wenn das **Insolvenzverfahren** über das Vermögen des Einziehungsadressaten eröffnet wird, bevor Sicherstellungsmaßnahmen vollzogen werden konnten. 12

IV. Zuständigkeit. Zuständig ist das mit der Sache befasste Gericht, auch das Revisionsgericht (→ § 353 Rn. 2); wie bei der Beschränkung gem. § 154a Abs. 2 (KK-StPO/Diemer Rn. 12) erfolgt die Beschränkung durch Beschluss; in der Revisionsinstanz ist im Rahmen der verfahrensabschließenden Entscheidung eine einheitliche Kostenentscheidung nach § 473 Abs. 4 zu treffen (BGH NStZ-RR 2021, 229). § 421 gilt auch im Privatklageverfahren, jedoch entscheidet hier der Richter allein über die Wiedereinbeziehung (→ § 385 Rn. 10 – § 385 Abs. 3 enthält einen redaktionellen Fehler, da die Nichtanwendung v. § 421 Abs. 3 S. 2 statt Abs. 2 S. 2 bestimmt wird). Der Nebenkläger partizipiert nicht an dem Gestaltungsrecht der StA; § 395 Abs. 5 ist nicht entspr. anwendbar (→ § 395 Rn. 14). 13

13a **V. Verständigung iSd § 257c.** Da die Einziehung des Tatertrages o. seines Wertes (§§ 73 ff. StGB) materiell-rechtlich zwingend vorgeschrieben ist, ist es nach der Streichung des § 73c StGB aF nicht zulässig ihre Nichtanordnung zum Gegenstand einer Verständigung iSd § 257c zu machen (vgl. BGH BeckRS 2025, 35326; wistra 2023, 389 (390); NStZ 2018, 366; → § 257c Rn. 10; Löwe/Rosenberg/Stuckenberg § 257c Rn. 32; SSW StPO/Ignor/Wegner § 257c Rn. 61). Ebenso wie eine Beschränkung nach §§ 154, 154a (dazu → § 257c Rn. 13) kann auch die (teilw.) Ausklammerung der Vermögensabschöpfung unter den Voraussetzungen des § 421 vereinbart werden kann (BGH NStZ 2018, 366; KK-StPO/Moldenhauer/Wenske § 257c Rn. 15c; SSW StPO/Ignor/Wegner § 257c Rn. 61; Schneider NStZ 2018, 743 mit bes. Augenmerk auf die Möglichkeit der Teilbeschränkung; erg. → Rn. 2).

14 **C. Wiedereinbeziehung (Abs. 2).** Das Gericht kann die Wiedereinbeziehung (Abs. 2) der Rechtsfolge in den Verfahrensstoff bei Wegfall der Voraussetzungen jederzeit anordnen (S. 1). Einem entspr. Antrag der StA hat es zu entsprechen (S. 2). Entsprechend § 265 hat das Gericht auf die Folgen der Wiedereinbeziehung hinzuweisen. Wird die Wiedereinbeziehung nicht angeordnet, steht einer Einziehungsanordnung ein Verfahrenshindernis entgegen (BGH BeckRS 2024, 39528).

15 **D. Ermittlungsverfahren.** Im Ermittlungsverfahren kann die **StA** die (Wertersatz-)Einziehung nach Abs. 3 S. 1 unter den gleichen Voraussetzungen wie das Gericht (Abs. 1 Nr. 1–3) ausscheiden (erg. → Rn. 4–12). Dass für die Beschränkung durch die StA im Ermittlungsverfahren die gleichen rechtlichen Voraussetzungen gelten wie für das Gericht nach Anklageerhebung, ergibt sich aus dem Normaufbau u. Normzweck; § 421 entspr. insofern der Normstruktur des § 154a (KK-StPO/Schmidt/Scheuß Rn. 7), wo die rechtlichen Voraussetzungen für die Beschränkung durch das Gericht u. die StA ebenfalls identisch sind (vgl. dazu → § 154a Rn. 21). Einer Zustimmung des Gerichts bedarf der Beschränkung durch die StA nicht. Die Beschränkung ist aktenkundig zu machen (Abs. 3 S. 2). Eine Wiedereinbeziehung ist im Ermittlungsverfahren ohne weiteres möglich. Die Beschränkung hat ein – durch die Wiedereinbeziehung behebbares – **Verfahrenshindernis** zur Folge (BGH BeckRS 2024, 39528); erg. → Rn. 14). In Steuerstrafsachen tritt im Vorverfahren weitgehend die FBeh an die Stelle der StA (→ Einl. Rn. 12). Wird ein Rechtsanwalt nach der Beschränkung gem. Abs. 3 als Pflichtverteidiger bestellt, löst eine von ihm beratende Tätigkeit im Laufe des Gerichtsverfahrens nicht die Gebühr Nr. 4142 RVG-VV aus (OLG Nürnberg ZWH 2022, 260). S. zum Gegenstandswerts der auf die Einziehung bezogene Tätigkeit im Revisionsverfahren BGH NStZ-RR 2024, 328.

16 **E. Rechtsmittel.** Eine Beschwerde (§ 304) des Beschuldigten, Privat- o. Nebenklägers o. eines Einziehungsbeteiligten (→ § 424 Rn. 2) gegen die Beschränkung o. Wiedereinbeziehung ist nicht zulässig. Die StA kann auch dann keine Beschwerde einlegen, wenn das Gericht eine Beschränkung ohne ihre Zustimmung anordnet o. trotz ihres Antrags nicht rückgängig macht (KK-StPO/Schmidt/Scheuß Rn. 10; SK-StPO/Paeffgen Rn. 25; erg. → § 154a Rn. 23).

Abtrennung der Einziehung

422 **[1] Würde die Herbeiführung einer Entscheidung über die Einziehung nach den §§ 73 bis 73c des Strafgesetzbuches die Entscheidung über die anderen Rechtsfolgen der Tat unangemessen erschweren oder verzögern, kann das Gericht das Verfahren über die Einziehung abtrennen. [2] Das Gericht kann die Verbindung in jeder Lage des Verfahrens wieder anordnen.**

1 Die Reform der Vermögensabschöpfung hat die rechtliche Möglichkeit eingeführt, die Entsch. über die (Wertersatz-)Einziehung in der HV abzutrennen (§ 422) u. nach Rechtskraft des Urt. in der Hauptsache nachzuholen (§ 423). § 422 regelt

die **Abtrennung.** Sie gilt nur für die **Einziehung des Tatertrages** o. des Wertes des Tatertrages nach §§ 73–73c StGB; die Entsch. über die Einziehung v. Tatmitteln, Tatprodukten u. Tatobjekten kann nicht abgetrennt werden. Die Abtrennungsmöglichkeit bringt den kriminalpolitischen Zweck der Vermögensabschöpfung mit dem insbes. in Haftsachen zu beachtenden **Beschleunigungsgebot** in Einklang (BT-Drs. 18/9525, 55).

Voraussetzung für die Abtrennung ist, dass die Entsch. über die (Wertersatz-) Einziehung die Herbeiführung der Entsch. über die anderen Rechtsfolgen der (Erwerbs-)Tat **unangemessen erschweren oder verzögern** würde (Abs. 1 S. 1). Insoweit überschneiden sich die Voraussetzungen der Abtrennung mit dem Absehen v. der (Wertersatz-)Einziehung nach § 421 Abs. 1 Nr. 3 Alt. 2. Nach der Intention des Gesetzgebers u. aus systematischen Gründen hat die Abtrennung in dieser Fallkonstellation grds. **Vorrang** vor dem Absehen v. der Vermögensabschöpfung (BT-Drs. 18/9525, 87; Korte wistra 2018, 1 (10); SSW StPO/Heine Rn. 3; erg. → § 421 Rn. 9). Im abgetrennten Verfahren ist ein Absehen nach § 421 Abs. 1 Nr. 3 möglich (KK-StPO/Schmidt/Scheuß Rn. 3; SSW StPO/Heine § 423 Rn. 1; **aA** BeckOK StPO/Temming § 423 Rn. 1). Im Strafbefehlsverfahren geht die Möglichkeit des § 408 Abs. 3 S. 2 der Abtrennung vor (LG Offenburg BeckRS 2018, 10560). Die Abtrennung ist auch in der **Revisionsinstanz** zulässig, etwa wenn nur über die Einziehung durch Urteil zu entscheiden ist, iÜ aber nach § 349 Abs. 2 verfahren werden soll (BGH BeckRS 2023, 1490; 2024, 32510; 20259). 2

Aufgrund der Streichung des § 73c StGB aF (vgl. dazu BGH NStZ-RR 2018, 241; wistra 2018, 427) wird die Herbeiführung der Entsch. nach §§ 73–73c StGB das Verf. iÜ regelmäßig nicht unangemessen erschweren o. verzögern (erg. → § 421 Rn. 9). Der **praktische Anwendungsbereich** der Vorschr. dürfte daher überschaubar sein. In Betracht kommt die Abtrennung, wenn umfangreiche Beweiserhebungen zu einer etwaigen Entreicherung des gutgläubigen Drittbegünstigten (vgl. § 73e Abs. 2 StGB) o. zu einem teilw. Ausschluss wegen freiwilliger Schadenswiedergutmachung (§ 73e Abs. 1 StGB) veranlasst sind. Die Abtrennung kommt zudem in Frage, wenn die Wirksamkeit der Anfechtung eines betrügerischen zustande gekommenen Kaufvertrags für die Bestimmung des Wertes des Erlangten (§ 73d Abs. 1 S. 2 letzter Hs. StGB) verfahrensverzögernder Beweiserhebungen bedarf (Köhler/Burkhard NStZ 2017, 665 (676)). 3

Die Abtrennung steht im alleinigen **Ermessen** des Gerichts. Anders als beim Absehen v. der (Wertersatz-)Einziehung nach § 421 Abs. 1 braucht das Gericht für die Abtrennung **keine Zustimmung** der StA. 4

Richtet sich die (Wertersatz-)Einziehung gegen einen **anderen** als den Angeklagten (§§ 73b, 74a StGB), wird dessen Beteiligung am Verf. (§ 424 Abs. 1) wegen der Bindungswirkung der Entsch. in der Hauptsache (§ 423 Abs. 1 S. 2) nicht v. der Abtrennung berührt (OLG Bamberg StraFo 2019, 210 (211); BeckOK StPO/Temming Rn. 1; Löwe/Rosenberg/Gaede Rn. 1; erg. → § 423 Rn. 5; → § 424 Rn. 1). Er soll den Abtrennungsbeschluss dennoch mit der einfachen Beschwerde (§ 304) anfechten können; § 305 S. 1 stehe dem nicht entgegen (OLG Bamberg StraFo 2019, 210 (211); **aA** zutr. SSW StPO/Heine Rn. 18; BeckOK StPO/Temming Rn. 5; krit. auch Löwe/Rosenberg/Gaede Rn. 9). 5

Die **Wiedereinbeziehung** kann das Gericht in jeder Lage des Verf. anordnen (Abs. 1 S. 2). Die Wiedereinbeziehung ist auch in der Berufungsinstanz möglich. In der Revisionsinstanz ist sie denkbar, wenn das Rechtsmittelgericht den Angeklagten v. der Erwerbstat selbst freisprechen will (§ 354 Abs. 1); das nachträgliche Verf. (§ 423) müsste in diesem Fall zwangsläufig mit einer Nichtanordnung enden u. wäre mithin eine bloße „Förmelei". 6

Einziehung nach Abtrennung

423 (1) [1] **Trennt das Gericht das Verfahren nach § 422 ab, trifft es die Entscheidung über die Einziehung nach der Rechtskraft des Urteils in der Hauptsache.** [2] **Das Gericht ist an die Entscheidung in der Haupt-**

sache und die tatsächlichen Feststellungen, auf denen diese beruht, gebunden.

(2) **Die Entscheidung über die Einziehung soll spätestens sechs Monate nach dem Eintritt der Rechtskraft des Urteils in der Hauptsache getroffen werden.**

(3) [1]**Das Gericht entscheidet durch Beschluss.** [2]**Die Entscheidung ist mit sofortiger Beschwerde anfechtbar.**

(4) [1]**Abweichend von Absatz 3 kann das Gericht anordnen, dass die Entscheidung auf Grund mündlicher Verhandlung durch Urteil ergeht.** [2]**Das Gericht muss die Anordnung nach Satz 1 treffen, wenn die Staatsanwaltschaft oder derjenige, gegen den sich die Einziehung richtet, dies beantragt.** [3]**Die §§ 324 und 427 bis 431 gelten entsprechend; ergänzend finden die Vorschriften über die Hauptverhandlung entsprechende Anwendung.**

1 **A. Abgetrennte (Wertersatz-)Einziehung.** § 423 regelt das **Verfahren,** in dem über die abgetrennte (Wertersatz-)Einziehung (§ 422) zu entscheiden ist. Die Entsch. ist **zwingend** zu treffen. Ein Absehen v. der Einziehung nach § 421 ist nicht ausgeschlossen; in der Rechtspraxis wird dies lediglich wegen eines unangemessenen Aufwands (§ 421 Abs. 1 Nr. 3) in Betracht kommen (erg. → § 422 Rn. 2).

2 Die Entsch. **soll** spätestens **sechs Monate nach Rechtskraft** des Urt. getroffen werden **(Abs. 2).** Es genügt die (Teil-)Rechtskraft des Schuldspruchs, da die vermögensabschöpfende Einziehung u. die wegen der (Erwerbs-)Tat zu verhängende Strafe in keiner Beziehung zueinander stehen (erg. → § 421 Rn. 6; → Vor § 421 Rn. 2). Über die Einhaltung der (Ordnungs-)Vorschr. hat die StA als „Wächter des Gesetzes" (BVerfGE 133, 168 ff.) zu achten (BT-Drs. 18/9525, 88). Eine spätere Entscheidung ist unschädlich (OLG Frankfurt a. M. NZWiSt 2025, 410). S. a. OLG Dresden StraFo 2025, 153 zum Entschädigungsanspruch nach § 198 Abs. 1 S. 1 **GVG** bei überlanger Verfahrensdauer.

3 **B. Im Beschlussverfahren (Abs. 3 S. 1).** Die Entscheidung ergeht **grundsätzlich** im Beschlussverfahren (Abs. 3 S. 1). Sie ist mit der **sofortigen Beschwerde** anfechtbar (Abs. 3 S. 2; §§ 311, 304 Abs. 4 S. 2 Hs. 2 Nr. 5; § 35a). Kosten: § 472b.

4 Aufgrund **mündlicher Verhandlung** wird nur **ausnahmsweise** entschieden. Die Ausnahme greift ein, wenn die StA o. ein anderer Verfahrensbeteiligter dies beantragt o. das Gericht v. sich aus die mündliche Verh. anberaumt (Abs. 4 S. 1, 2; Abs. 3 S. 1; Köhler/Burkhard NStZ 2017, 665 (676)). Das Tatgericht hat ein Auswahlermessen, das aber auf Null reduziert sein soll, wenn allein die Durchführung des Urteilsverfahrens die Rechtstellung des Einziehungsbetroffenen wahren könne, ein Wechsel zwischen den Verfahrensarten ist dann zulässig (OLG Köln StV 2020, 655 Ls.; zw.). Die Vorschr. über die Verfahrensbeteiligung (§§ 427–431) gelten entspr.; dies gewährleistet, dass ein etwaiger Einziehungsbeteiligter (etwa im Fall einer Einziehung nach § 73b StGB) die gleiche Rechtsstellung hat, die er bei einer gemeinsamen Verh. u. Entsch. über die Einziehung im Hauptsacheverfahren hätte (BT-Drs. 18/9525, 88). Ergänzend kommen die Vorschr. über die HV (Abs. 4 S. 3) zur Anwendung. Da die entspr. Anwendung des § 324 der des § 243 vorgeht (Abs. 4 S. 3), wird nicht erneut analog § 243 Abs. 3 S. 1 die Anklage verlesen, sondern das Urt. in der Hauptsache (Abs. 4 S. 3 iVm § 324 Abs. 1 S. 2). Für die **Anfechtung des Urteils** gelten die allg. Regeln (§§ 312, 333); der Prüfungsumfang ergibt sich aus § 431 (Abs. 2 S. 3).

5 **C. Bindungswirkung.** Für das **abgetrennte Verfahren** hat die (rkr.) Entsch. in der Hauptsache u. die ihr zugrundeliegenden tatsächlichen Feststellungen Bindungswirkung (Abs. 1 S. 2). Über die der Einziehungsentscheidung zugrundeliegende Tat wird daher im abgetrennten Verf. nicht mehr Beweis erhoben, da über sie bereits im Hauptsacheverfahren rkr. entschieden worden ist (OLG Hamm wistra

2019, 468). Bindend sind aber nur diejenigen Feststellungen, auf denen das Urteil in der Hauptsache beruht, die also für die Entscheidung tragend waren; insofern unmaßgebliche Feststelllungen entfalten keine Bindungswirkung (OLG Köln NZWiSt 2024, 246 (248)). Über im Hauptsacheverfahren geführte Verständigungsspräche muss nicht (erneut) unterrichtet werden, auch wenn diese Einziehungsfragen (hierzu → § 257c Rn. 10a; → § 421 Rn. 13a) betrafen (BGH NStZ 2023, 696).

Ist der Einziehungsadressat ein anderer als der Angeklagte der Tat, so bleibt seine Beteiligung als Einziehungsbeteiligter (§ 424 Abs. 1) am Hauptsacheverfahren v. der Abtrennung unberührt (OLG Bamberg StraFo 2019, 210 (211); BeckOK StPO/Temming § 422 Rn. 1; Löwe/Rosenberg/Gaede Rn. 4; **aA** Emmert NStZ 2020, 587; erg. → § 422 Rn. 5, → § 424 Rn. 1). Andernfalls könnte die Hauptsacheentscheidung keine bindende Wirkung gegen ihn entfalten (OLG Celle wistra 2022, 175 (176); KK-StPO/Schmidt/Scheuß Rn. 3). **5a**

Einziehungsbeteiligte am Strafverfahren

424 (1) **Richtet sich die Einziehung gegen eine Person, die nicht Beschuldigter ist, so wird sie auf Anordnung des Gerichts am Strafverfahren beteiligt, soweit dieses die Einziehung betrifft (Einziehungsbeteiligter).**

(2) [1]**Die Anordnung der Verfahrensbeteiligung unterbleibt, wenn derjenige, der von ihr betroffen wäre, erklärt, dass er gegen die Einziehung des Gegenstandes keine Einwendungen vorbringen wolle.** [2]**Die Erklärung ist schriftlich abzugeben oder von dem Gericht, der Staatsanwaltschaft oder ihren Ermittlungspersonen in Gegenwart des Betroffenen zu protokollieren oder auf sonstige Weise zu dokumentieren..** [3]**War die Anordnung zum Zeitpunkt der Erklärung bereits ergangen, wird sie aufgehoben.**

(3) **Die Verfahrensbeteiligung kann bis zum Ausspruch der Einziehung und, wenn eine zulässige Berufung eingelegt ist, bis zur Beendigung der Schlussvorträge im Berufungsverfahren angeordnet werden.**

(4) [1]**Der Beschluss, durch den die Verfahrensbeteiligung angeordnet wird, kann nicht angefochten werden.** [2]**Wird die Verfahrensbeteiligung abgelehnt, ist sofortige Beschwerde zulässig.**

(5) **Durch die Verfahrensbeteiligung wird der Fortgang des Verfahrens nicht aufgehalten.**

Übersicht

1 **A. Anordnung der Verfahrensbeteiligung.** Die Anordnung der Verfahrensbeteiligung (Abs. 1; → Vor § 421 Rn. 4) ergeht vAw, wenn im Strafverfahren über Einziehung o. die Wertersatzeinziehung zu entscheiden u. der **Adressat** der Anordnung **ein anderer** als der Beschuldigte im anhängigen Verfahren ist (SSW StPO/Heine Rn. 4). Die Beteiligung bezieht sich nur auf die Teile des Verf., die die Maßnahme betreffen (Abs. 1 letzter Hs.); da dazu auch die der Einziehung zugrundeliegende Tat gehört (vgl. zB § 73b StGB), berührt eine **Abtrennung** der Einziehungsentscheidung gem. § 422 die Frage der Verfahrensbeteiligung nicht (erg. → § 422 Rn. 5, → § 423 Rn. 5). Die Anordnung ergeht **vAw** durch Beschl.; sie ist nicht anfechtbar (vgl. Abs. 4 S. 1). Ist deren Erlass aber beantragt, zB v. der StA o. dem Angeschuldigten, so ergeht auch bei Ablehnung ein Beschl.; gegen die Ablehnung ist die sofortige Beschwerde zulässig (Abs. 4 S. 2). Ein abl. Beschl. kann auch erlassen werden, wenn eine im Ermittlungsverfahren als möglicher späterer Einziehungsbeteiligter angehörte Person (vgl. § 426) seine Beteiligung für ein etwaiges gerichtliches Verf. angeregt hat (vgl. → Rn. 19). Zur Notwendigkeit der Verfahrensbeteiligung mit Blick auf EU-Recht vgl. EuGH wistra 2022, 332 mAnm Tschakert wistra 2022, 309.

2 **B. Einziehungsbeteiligter (Abs. 1).** Nach Abs. 1 ist der Einziehungsbeteiligte eine nicht an der Tat beteiligte Person, gegen die sich die (Wertersatz-)Einziehung richtet. Hauptanwendungsfall ist mithin der Drittbegünstigte iSd § 73b StGB. Derjenige, dessen spätere Beteiligung im gerichtlichen Verfahren in Betracht kommt, ist bis zur entspr. Anordnung lediglich **Beteiligungsinteressent;** für ihn gilt § 426. Zur Abgrenzung v. **Nebenbetroffenen,** → § 438 Rn. 1. Solange der Insolvenzverwalter des Vermögens des Einziehungsadressaten nicht formell nach Abs. 3 beteiligt worden ist, ist er weder Einziehungsbeteiligter noch Nebenbetroffener (BGH NStZ-RR 2025, 293; wistra 2019, 187; Bittmann/Köhler/Seeger/Tschakert Strafrechtl. Vermögensabschöpfung-HdB/Tschakert Rn. 1582 ff.); es ist die JP, über deren Vermögen das **Insolvenzverfahren** eröffnet ist, zu beteiligen (LG Nürnberg-Fürth NZI 2024, 475). Eine Beteiligung am Verfahren kommt auch in Betracht, wenn ein Mitangeklagter aus dem Verfahren ausscheidet, sich aber die Einziehung nach § 74a StGB gegen ihn als Dritten richten könnte (BayObLG BeckRS 2024, 27625).

3 Bei **Tatmitteln, Tatprodukten und Tatobjekten** kommt Abs. 1 sowohl für natürliche als auch für juristische Personen (§ 74e StGB) in Betracht, wenn die Einziehung eines bestimmten Gegenstandes zu erwarten ist. Wenn es um Einziehung des **Wertersatzes** (§ 74c StGB) geht, kommt eine Verfahrensbeteiligung v. natürlichen Personen nicht in Frage, da § 74c StGB bei Einziehung ggü. einem Dritten nicht anwendbar ist; für juristische Personen kommt § 74c StGB hingegen über § 74e StGB zur Anwendung (BT-Drs. 18/9525, 88).

4 Die Einziehung des **Tatertrages** o. des **Wertes des Tatertrages** (§§ 73, 73a, 73c StGB) kann sich gegen den Täter o. Teilnehmer der Erwerbstat als auch gegen einen drittbegünstigten „anderen" iSd § 73b StGB richten; „anderer" kann sowohl eine natürliche als auch eine JP sein. Falls die Voraussetzungen der Anordnung ggü. diesen „anderen" wahrscheinlich vorliegen, ordnet das Gericht nach Abs. 1 an, dass er an dem Verf. bet. wird. Dabei besteht kein Unterschied, ob es um die Einziehung eines Gegenstandes (§§ 73, 73a StGB) o. des an seine Stelle tretenden Wertes (§ 73c StGB) geht.

5, 6 **C. Entscheidung über die Beteiligung. I. Anklage.** Die Anklage (vgl. auch → § 407 Rn. 17) bezeichnet den Dritten als **Einziehungsbeteiligten** – in den Fällen des § 438 als **Nebenbetroffenen.** In der Anklage werden die tatsächlichen u. rechtlichen Grundlagen für die angestrebte Maßnahme dargelegt (erg. → § 200 Rn. 15), sofern die StA die Einziehung nicht nach § 421 Abs. 3 ausgeschieden hat. Für die Antragstellung der StA gelten die gleichen Gesichtspunkte wie für die gerichtliche Anordnung, die nachf. näher dargelegt werden.

7 **II. Notwendigkeit der Beteiligung.** Wenn über die Maßnahme zu entscheiden ist, wird die Beteiligung angeordnet. Sie ist daher v. der Erhebung der öffentl.

Klage an möglich, also ab Eingang der Anklageschrift beim zuständigen Gericht (§ 170 Abs. 1). Die Beteiligung ist obligatorisch, wenn die Voraussetzungen nach Abs. 1 S. 1 hierfür vorliegen (KK-StPO/Schmodt/Scheuß Rn. 10). Sie ist daher nicht schon dann zu anzuordnen, wenn die Einziehung gegen den Dritten überhaupt im Bereich des Möglichen liegt; vielmehr muss aus Sicht des Gerichts eine **Wahrscheinlichkeit** dafür bestehen, dass es sich mit der Frage der Einziehung befassen wird. Das gilt grds. auch, falls sie nur in einer Kann-Vorschr. vorgesehen. Der Antrag der StA in der Anklageschrift ist für das Gericht nicht bindend; weist die Anklage aber auf die Einziehung hin, gebietet dies idR die Anordnung der Beteiligung (SSW StPO/Heine Rn. 6 enger BeckOK StPO/Temming Rn. 5: Wahrscheinlichkeit der Anordnung). Da die Entsch. vAw ergeht, muss das Gericht die Anordnung bei Vorliegen der Voraussetzungen auch treffen, wenn die StA sie nicht beantragt hat (OLG Düsseldorf wistra 1999, 477).

III. Absehen v. der Anordnung. Ein Absehen v. der Anordnung sieht § 424 nicht vor. Ausschließlich für die Einziehung nach §§ 74b und 74c StGB kommt sie nach § 425 in Betracht. Von der Anordnung der Verfahrensbeteiligung des Drittbegünstigten iSd § 73b StGB kann daher nicht abgesehen werden. Zum Unterbleiben aufgrund Verzichts (→ Rn. 11 f.). 8

D. Mittäter oder Gehilfen. Mittäter oder Gehilfen können ausnahmsweise Einziehungsbeteiligte sein, nämlich dann, wenn bei mehreren Tätern o. Teilnehmern das Verf. gegen sie abgetrennt wird (zB wegen Krankheit o. Verhandlungsunfähigkeit). Er kann sich dann v. einem v. ihm gewählten RA vertreten lassen o. wird v. einem gerichtlich bestellten RA vertreten (§ 428). 9

E. Verzicht auf Einwendungen (Abs. 2). I. Verzicht auf die Gewährung des rechtlichen Gehörs. Die Erklärung **bedeutet** Verzicht auf die Gewährung des rechtlichen Gehörs u. damit auf Beteiligung; die Anordnung unterbleibt dann (Abs. 2 S. 1). Die Regelung gilt nicht für die Wertersatzeinziehung, da der Verzicht gem. Abs. 2 S. 1 auf die Fälle der Einziehung eines „Gegenstandes" beschränkt ist. Die Erklärung bedeutet keinen Verzicht auf ein Recht o. einen Anspruch; sie schließt die Anordnung u. Erzwingung des persönlichen Erscheinens nach § 427 Abs. 2 aus. Eine bereits getroffene Beteiligungsanordnung wird nach dem Verzicht aufgehoben (Abs. 2 S. 2). Nach alledem muss Gericht also trotz der Verzichtserklärung die notwendige Feststellung für Einziehung treffen und die Maßnahme im Urteil anordnen. Der Verzicht hat aber zur Folge, dass der Einziehungsadressat keine Einwendungen mehr gegen die Anordnung geltend machen kann. Da er nicht „Einziehungsbeteiligter" iSd § 431 Abs. 1 wird, wäre sein Rechtsmittel nicht statthaft und damit unzulässig (SSW StPO/Heine § 431 Rn. 2; Löwe/Rosenberg/Gaede § 431 Rn. 1). Das Nachverfahren steht ihm nicht offen, weil er nicht „ohne sein Verschulden" iSd § 433 Abs. 1, sondern wegen seines Verzichts auf die Beteiligung daran gehindert war, seine Rechte in der Tatsacheninstanz wahrzunehmen (OLG Koblenz BeckRS 2024, 19116; SSW StPO/Heine Rn. 7; Löwe/Rosenberg/Gaede Rn. 26). 10, 11

II. Form. Die Erkl. des Verzichts muss nach dem durch **G zur weiteren Digitalisierung der Justiz v. 12.7.2024** (BGBl. I Nr. 234) eingeführten Abs. 2 S. 2 schriftlich abgegeben werden (→ Einl. Rn. 128; vgl. zur elektronischen Übermittlung → § 32a Rn. 4) oder bei einer mündlichen Erkl. von dem Gericht, der StA oder ihren Ermittlungspersonen (§ 152 GVG; in Steuerstrafsachen daher von der Finanzbehörde → Einl. Rn. 11 ff.) in Gegenwart des Betroffenen protokolliert (→ Einl. 131 ff.) oder auf sonstige Weise dokumentiert werden. Der Verzicht kann danach nunmehr auch ggü. den Ermittlungspersonen der StA wirksam mündlich erklärt werden (BT-Drs. 20/10943, 52 f.). Geht die Erkl. bei einer mit der Strafsache nicht befassten Behörde ein, ist der Verzicht nur wirksam, wenn sie eindeutig für das Strafverfahren bestimmt ist u. an die zuständige Stelle weitergegeben wird. 12

F. Zeitpunkt der Anordnung der Beteiligung (Abs. 3). I. Nach Erhebung der Anklage. Nach Erhebung der Anklage (→ Rn. 7) kann die Beteiligung bis 13, 14 zum Urt. angeordnet werden. Kommt es im Urt. zur Anordnung der Maßnahme, so lebt die Möglichkeit der Beteiligung neu auf, wenn eine zulässige Berufung eingelegt wird. Der Einziehungsbeteiligte (→ Rn. 2) kann selbst Berufung gegen den Ausspruch nur einlegen, wenn vorher seine Beteiligung angeordnet war (§ 427 Abs. 1 S. 1; BGH NStZ 1995, 248).

15 **II. Im Strafbefehlsverfahren.** Im Strafbefehlsverfahren beantragt die StA die Anordnung der Verfahrensbeteiligung u. der Maßnahme im Strafbefehlsantrag; der Richter trifft beide Anordnungen im Strafbefehl (→ § 407 Rn. 17). Durch die Einspruchsmöglichkeit wird dem Einziehungsbeteiligten wie dem Beschuldigten das rechtliche Gehör verbürgt (→ Vor § 407 Rn. 2). Die Möglichkeit der Anordnung endet mit dem Erlass des Strafbefehls, lebt aber bei Einspruch des Beschuldigten wieder auf; die Verfahrenslage entspr. dann der Lage nach Anklageerhebung (→ Rn. 14).

16 **III. Unterbleiben der Anordnung.** Unterbleibt die Anordnung der Beteiligung u. wird die gegen den „anderen" wirkende Anordnung der Einziehung rkr., so ist der Beteiligungsinteressent unter den Voraussetzungen des § 433 auf das Nachverfahren angewiesen (BGH BeckRS 2019, 21733).

17, 18 **G. Rechtsmittel (Abs. 4). I. Anordnung der Beteiligung.** Die Anordnung der Beteiligung ist **unanfechtbar** (Abs. 4 S. 1), auch nicht in der Form einer Revisionsrüge (KK-StPO/Schmidt/Scheuß Rn. 19; denn die Anordnung greift nicht in die Rechte anderer ein (Löwe/Rosenberg/Gaede Rn. 31).

19 **II. Ablehnung der Beteiligung.** Der ablehnende Beschluss ist mit der **sofortigen Beschwerde** anfechtbar (Abs. 4 S. 2), insb. vom Einziehungsinteressenten, obwohl er iÜ am Verf. noch nicht beteiligt ist, denn er ist v. der Entsch. betroffen (§ 304 Abs. 2), aber auch vom Angeklagten und uU von der StA (Löwe/Rosenberg/Gaede Rn. 36; KK-StPO/Schmidt/Scheuß Rn. 20). Der Beschl. wird ihm mit Beschwerdebelehrung zugestellt (§§ 35 Abs. 2 S. 1, 35a). Weil der abl. Beschl. selbständige prozessuale Bedeutung hat u. das Nachverfahren wegen der Gefahr widersprechender Entsch. auf die unumgänglich notwendigen Fälle beschränkt werden soll, schließt S. 2 die Geltung des § 305 aus u. lässt den Zwischenstreit über die Beteiligungsbefugnis in Form der Anfechtung mit der sofortigen Beschwerde zu. Ist der abl. Beschl. rkr. geworden, so gilt er für das ganze Verf. jedoch mit der Einschränkung, dass er widerrufen werden kann, wenn sich Tatsachen o. Beweismittel ergeben, die ihm die Grdl. entziehen (vgl. → Einl. Rn. 115). Gegen erstinstanzliche Entscheidungen des **OLG** ist die Beschwerde gem. § 304 Abs. 2 Hs. 1 StPO nicht statthaft (BGH NStZ-RR 2025, 289).

20 **H. Keine Hemmung des Verfahrens (Abs. 5).** Keine Hemmung des Verfahrens (Abs. 5) soll durch die Beteiligung entstehen. Dieser Grundsatz (entspr. § 398 Abs. 1) kann nur annäherungsweise verwirklicht werden. Das Gericht hat im Einzelfall zu prüfen, inwieweit er durch den Anspruch des Einziehungsbeteiligten auf rechtliches Gehör eingeschränkt werden muss. Dies gilt insbes. dann, wenn die Verfahrensbeteiligung erst während der HV erfolgt. Zur Wahrung der prozessualen Rechte des Einziehungsbeteiligten kann es erforderlich sein, in der HV bereits gehörte Zeugen erneut zu laden, wenn dieser nach der Verfahrensbeteiligung noch Einwendungen erhebt o. Anträge stellt (BGH BeckRS 2018, 19348 Rn. 8).

Absehen von der Verfahrensbeteiligung

425 (1) **In den Fällen der §§ 74a und 74b des Strafgesetzbuches kann das Gericht von der Anordnung der Verfahrensbeteiligung absehen, wenn wegen bestimmter Tatsachen anzunehmen ist, dass sie nicht ausgeführt werden kann.**

(2) [1] **Absatz 1 gilt entsprechend, wenn**

1. **eine Partei, Vereinigung oder Einrichtung außerhalb des räumlichen Geltungsbereichs dieses Gesetzes zu beteiligen wäre, die Bestrebungen**

gegen den Bestand oder die Sicherheit der Bundesrepublik Deutschland oder gegen einen der in § 92 Absatz 2 des Strafgesetzbuches bezeichneten Verfassungsgrundsätze verfolgt, und

2. den Umständen nach anzunehmen ist, dass diese Partei, Vereinigung oder Einrichtung oder einer ihrer Mittelsmänner den Gegenstand zur Förderung ihrer Bestrebungen zur Verfügung gestellt hat.

[2]**Vor der Entscheidung über die Einziehung des Gegenstandes ist der Besitzer der Sache oder der zur Verfügung über das Recht Befugte zu hören, wenn dies ausführbar ist.**

A. Absehen von der Verfahrensbeteiligung. Nach § 425 kann das Gericht in Fällen der Einziehung v. **Tatmitteln, Tatprodukten und Tatobjekten** (§ 74a StGB) u. der Sicherungseinziehung (§ 74b StGB) von der Anordnung absehen, selbst wenn die Beteiligungsvoraussetzungen nach § 424 vorliegen. Für Nebenbetroffene gilt § 425 entspr. (erg. → § 438 Rn. 3). 1

I. Nichtausführbarkeit der Beteiligung (Abs. 1). Die Nichtausführbarkeit der Beteiligung (Abs. 1) muss aufgrund bestimmter Tatsachen anzunehmen sein (vgl. → § 112 Rn. 7). Die Annahme der Nichtausführbarkeit setzt voraus, dass zunächst Ermittlungen über sie angestellt werden. Die Nichtausführbarkeit kann zB beruhen auf unbekanntem Aufenthalt, Verschleierung durch fingierte Angaben, Verwendung v. Strohleuten. Es genügen aber auch sonstige Gründe, aus denen die Beteiligung auf übermäßige faktische Schwierigkeiten stößt (SK-StPO/Paeffgen Rn. 5). Der bloße Aufenthalt unter einer bekannten Anschrift im Ausland genügt nicht (KK-StPO/Schmidt/Scheuß Rn. 3, SSW StPO/Heine Rn. 2). 2

II. Verfassungsfeindliche ausländische Organisationen (Abs. 2). Eine Organisation besteht auch dann außerhalb des Geltungsbereiches der StPO, wenn sie zwar einen Sitz im Inland hat, aber Teil einer **grenzüberschreitenden Gesamtorganisation** ist (KK-StPO/Schmidt/Scheuß Rn. 4). Vor der Entsch. muss kein Repräsentant der Organisation gehört werden (SSW StPO/Heine Rn 4). Es genügt, wenn dem Besitzer des der Einziehung unterliegenden Gegenstandes o. dem Verfügungsbefugten über das einzuziehende Recht rechtliches Gehör nach Abs. 2 S. 2 gewährt wird. Für verfassungsfeindliche Organisationen **ohne Auslandsbezug** gelten die Vorschriften über verbotene Parteien usw. (KK-StPO/Schmidt/Scheuß Rn. 4 aE; krit. Löwe/Rosenberg/Gaede Rn. 6). 3

B. Anfechtung. Die Ablehnung der Verfahrensbeteiligung unterliegt der Anfechtung nach § 424 Abs. 2 S. 2 (→ § 424 Rn. 19). 4

Anhörung von möglichen Einziehungsbeteiligten im vorbereitenden Verfahren

426 (1) [1]**Ergeben sich im vorbereitenden Verfahren Anhaltspunkte dafür, dass jemand als Einziehungsbeteiligter in Betracht kommt, ist er zu hören.** [2]**Dies gilt nur, wenn die Anhörung ausführbar erscheint.** [3]**§ 425 Absatz 2 gilt entsprechend.**

(2) **Erklärt derjenige, der als Einziehungsbeteiligter in Betracht kommt, dass er gegen die Einziehung Einwendungen vorbringen wolle, gelten im Fall seiner Vernehmung die Vorschriften über die Vernehmung des Beschuldigten insoweit entsprechend, als seine Verfahrensbeteiligung in Betracht kommt.**

A. Rechtliches Gehör (Abs. 1 S. 1). Im Ermittlungsverfahren sollen auch die Umstände geklärt werden, die für die Bestimmung der Rechtsfolgen v. Bedeutung sind (§ 160 Abs. 3 S. 1); dies gilt auch für die (Wertersatz-)Einziehung. Zeichnet sich durch **konkrete Anhaltspunkte ab,** dass jemand als Einziehungsbeteiligter in Betracht kommt, so erstrecken sich die Ermittlungen mithin auch hierauf, falls nicht eine Einstellung des Ermittlungsverfahrens zu erwarten u. ein objektives Verf. 1

(§ 435) auszuschließen ist. Bei der Vernehmung des **Beteiligungsinteressenten** (→ § 424 Rn. 2) steht nach der Eröffnung des Vernehmungsthemas im Vordergrund, ob er gegen die in Betracht kommende Maßnahme Einwendungen vorbringen will (§ 424 Abs. 2), weil hiervon der Vernehmungsmodus abhängt (→ Rn. 3).

2 **B. Ausnahmen von der Anhörungspflicht (Abs. 1 S. 2).** Die Ausnahmen von der Anhörungspflicht entsprechen den Fällen, in denen v. der Anordnung der Beteiligung abgesehen werden kann (Abs. 1 S. 2, 3; → § 425 Rn. 1 ff.). Eine weitere Ausnahme entsteht, wenn die StA die Einziehung schon vor der Anhörung nach § 421 Abs. 3 aus dem Verf. ausscheidet.

3 **C. Vernehmung (Abs. 2).** Erklärt der Beteiligungsinteressent, **Einwendungen** gegen die mögliche (Wertersatz-)Einziehung vorbringen zu wollen (Abs. 2), so müssen v. diesem Augenblick an die Vorschr. über die **Vernehmung eines Beschuldigten entspr.** angewendet werden (Löwe/Rosenberg/Gaede § Rn. 8; KK-StPO/Schmidt/Scheuß). Dies gilt allerdings nur soweit die Verfahrensbeteiligung in Betracht kommt (Abs. 2 letzter Hs.). Die Vorschr. über die Beschuldigtenvernehmung gelten mithin lediglich nur soweit sich die Vernehmung auf die Tatsachen bezieht, zu denen der Beteiligungsinteressent im Fall der Anordnung seiner Beteiligung gehört werden müsste. Denn nur insoweit äußert er sich in eigener Sache; nur insoweit ist seine Stellung vergleichbar mit der eines Beschuldigten. § 163a ist entspr. anzuwenden. Wegen aller **anderen Fragen** kann er jedoch als **Zeuge** vernommen werden (Löwe/Rosenberg/Gaede § Rn. 12; erg. → Vor § 48 Rn. 23). Abs. 2 gilt nicht, solange die **Anhörung** nach Abs. 1 lediglich dazu dient, den Strafverfolgungsbehörden eine Grundlage zur Beurteilung der Einziehungs- und Beteiligungsfrage zu schaffen; den Abs. 2 gilt nur „im Fall" einer Vernehmung (KK-StPO/Schmidt/Scheuß Rn. 6; BeckOK StPO/Temming Rn. 7; Löwe/Rosenberg/Gaede Rn. 10, der eine großzügige Handhabung empfiehlt).

3a Das **Schweigerecht** nach § 136 steht auch den in § 74e StGB bezeichneten Organen und Vertretern einer **JP o. PV** zu, sofern die Erhebung v. Einwendungen gegen eine zu deren Lasten mögliche Einziehungsanordnung beabsichtigt ist (SSW StPO/Heine Rn. 4 Löwe/Rosenberg/Gaede Rn. 16; Minoggio wistra 2003, 121); aus den Grundrechten ließe sich dies indes nicht ableiten (BVerfGE 95, 220).

4 **D. Anklage.** Die Anklage muss im Anklagesatz auch eine angestrebte Nebenfolge gegen einen Einziehungsbeteiligten (§ 424 Abs. 1), mit Angabe der sie stützenden Tatsachen u. Vorschr. enthalten (→ § 200 Rn. 15).

5 **E. Antrag auf Erlass eines Strafbefehls.** Der Antrag auf Erlass eines Strafbefehls muss die bezeichnete Nebenfolge ebenfalls als Inhalt des beantragten Straferkenntnisses enthalten (§ 432).

Befugnisse des Einziehungsbeteiligten im Hauptverfahren

427 (1) [1] **Von der Eröffnung des Hauptverfahrens an hat der Einziehungsbeteiligte, soweit dieses Gesetz nichts anderes bestimmt, die Befugnisse, die einem Angeklagten zustehen.** [2] **Im beschleunigten Verfahren gilt dies vom Beginn der Hauptverhandlung, im Strafbefehlsverfahren vom Erlass des Strafbefehls an.**

(2) [1] **Das Gericht kann zur Aufklärung des Sachverhalts das persönliche Erscheinen des Einziehungsbeteiligten anordnen.** [2] **Bleibt der Einziehungsbeteiligte, dessen persönliches Erscheinen angeordnet ist, ohne genügende Entschuldigung aus, so kann das Gericht seine Vorführung anordnen, wenn er unter Hinweis auf diese Möglichkeit durch Zustellung geladen worden ist.**

1 **A. Befugnisse eines Angeklagten (Abs. 1 S. 1).** Im Umf. der v. der Anordnung bestimmten Verfahrensbeteiligung (§ 424 Abs. 1) hat der Einziehungsbetei-

ligte die **Befugnisse eines Angeklagten** (Abs. 1 S. 1), soweit das G nichts anderes bestimmt (zB §§ 430 Abs. 2, 431 Abs. 1). Der Bet. hat aber nicht die Rechtsstellung des Angeklagten, ist diesem auch nicht gleichgestellt (KG NJW 1978, 2406; JR 1978, 127). Abs. 1 bezweckt lediglich, ihm in technisch einfacher Weise ein größtmögliches Maß an prozessualen Rechten im Hauptverfahren zu sichern. Er hat – wie der Angeklagte – Anspruch auf rechtliches Gehör, kann Anträge stellen (zur Behandlung v. Beweisanträgen, vgl. → § 430 Rn. 3), Zeugen laden (§ 220) u. Rechtsbehelfe einlegen (OLG Düsseldorf NStZ 1988, 289; vgl. auch OLG Oldenburg VRS 90, 285 zu § 55 JGG). Das Verbot, nachteilige Schlüsse aus dem Schweigen zu ziehen, soll mangels strafähnlicher Wirkung nicht im gleichen Umf. wie bei einem Angeklagten gelten, soweit sich der Einziehungsbeteiligte lediglich einer quasi-kondiktionellen Einziehung des Tatertrages o. des Wertes des Tatertrages (§§ 73b StGB) ausgesetzt sieht (BT-Drs. 18/9525, 89). Soweit er nicht bet. ist, kann er Zeuge sein (→ Rn. 4). § 427 gilt sinngemäß auch für die bußgeldbeteiligte JP o. PV (§ 444 Abs. 2). Die Regelungen des StrEG finden auf den Einziehungsbeteiligten keine Anwendung (BGH wistra 2024, 425 (431); → StrEG Vor § 1 Rn. 2). Ihm stehen die gleichen **Rechtsmittel** zu wie einem Angeklagten; es gelten aber auch dieselben Formvorschriften, insb. § 345 Abs. 1 und 2 (BGH BeckRS 2024, 40124; erg. → § 431 Rn. 4). Auch insoweit ist die **formelle Verfahrensbeteiligung** (§ 424 Abs. 3, § 438 Abs. 1 S. 2) Voraussetzung. Solange der Insolvenzverwalter des Vermögens des Einziehungsadressaten nicht formell nach Abs. 3 beteiligt worden ist, ist er daher weder Einziehungsbeteiligter noch Nebenbetroffener und damit nicht zur Rechtsmitteleinlegung befugt (BGH NStZ-RR 2025, 293).

B. Strafbefehlsverfahren (Abs. 1 S. 2). Im Strafbefehlsverfahren (Abs. 1 S. 2) 2
wird ein Eröffnungsbeschluss nicht erlassen. Daher wird der Beginn der Beteiligung anders bestimmt (→ § 418 Rn. 4; → Vor § 407 Rn. 3).

C. Persönliches Erscheinen (Abs. 2; § 236). Handelt es sich um eine JP o. 3
PV, so wird das Erscheinen der vertretungsberechtigten Person angeordnet.

I. Verfahrensbeteiligter. Im Umfang der Verfahrensbeteiligung kann der Bet. 4
nicht Zeuge sein; daher enthält Abs. 2 eine dem § 236 entspr. Bestimmung. Erscheint der Beteiligte o. wird er vorgeführt, so kann er auch als Zeuge vernommen werden, soweit es um Fragen geht, an denen er nicht bet. ist, zB zu einer anderen Tat o. im Fall einer nach § 438 Abs. 2 beschränkten Verfahrensbeteiligung als Nebenbetroffener zur Schuldfrage (→ § 438 Rn. 4 ff.).

II. Verfahrensbeteiligte als Zeuge. Soll der Verfahrensbeteiligte **auch als** 5
Zeuge vernommen werden, so sind auch die §§ 48, 51 anwendbar, weil die Folgen des unentschuldigten Ausbleibens umfassender sind. Gibt der Beteiligte die Erkl. nach § 424 Abs. 2 ab u. wird daraufhin die Beteiligungsanordnung aufgehoben, so bleibt nur noch die Anwendung der §§ 48, 51 (→ § 424 Rn. 11)

III. Ausbleiben (Abs. 2 S. 2). „Ohne genügende Entschuldigung": → § 51 6
Rn. 10 ff., → § 329 Rn. 17 ff. Der Einhaltung der Ladungsfrist (§ 217) bedarf es nicht (Löwe/Rosenberg/Gössel Rn. 38). Von der Erzwingung der Anordnung durch Vorführung kann abgesehen werden (→ § 236 Rn. 8).

D. Verhandlungsfähigkeit. Verhandlungsfähigkeit des Einziehungsbeteiligten 7
genügt für die Wahrnehmung der Befugnisse, die einem Angeklagten zustehen; geschäftsfähig muss er nicht sein (SK-StPO/Paeffgen Rn. 8; KK-StPO/Schmidt/Scheuß Rn. 5; SSW StPO/Heiner Rn. 3; Löwe/Rosenberg/Gaede Rn. 28, auch zur **aM** Rn. 24 ff.). Denn es handelt sich aber nicht um einen ins Strafverfahren eingebauten Zivilprozess, sondern um Maßnahmen, die dem modernen Strafrecht – ebenso wie die Maßregeln der Besserung u. Sicherung (§ 11 Abs. 1 Nr. 8 StGB) – als Unrechtsfolgen angehören. Daher bedarf der minderjährige Einziehungsbeteiligte nicht der Einwilligung des ges. Vertreters für Erklärungen zu seinem u. des Angeklagten Tatverhalten, für gestaltende Prozesserklärungen, wie zB Anträge u. Rechtsmittel; auch nicht für eine Erkl. nach § 424 Abs. 2, da sie keinen Verzicht

auf ein Recht darstellt (→ § 424 Rn. 11); anders nur bei einer vermögensrechtlichen Vfg. (§ 107 BGB).

8 **E. Tod oder Erlöschen des Einziehungsbeteiligten.** Verstirbt der Einziehungsbeteiligte **während des Verfahrens,** tritt sein Erbe nicht automatisch in die Verfahrensbeteiligung ein. Es kommt vielmehr darauf an, ob sich die Einziehung nun gegen ihn richtet (zB nach § 73b Abs. 1 S. 2 Nr. 3a StGB) o. nun eine Beeinträchtigung seiner Rechte glaubhaft erscheinen lässt (vgl. § 438 Abs. 1). Ist dies der Fall u. liegen die Voraussetzungen auch iÜ vor, ist seine Beteiligung – am nun selbständigen Verf. (vgl. zum Wechsel v. subjektiven zum objektiven Verf. → § 435 Rn. 19) – als Einziehungsbeteiligter nach § 424 Abs. 1 oder Nebenbetroffener nach § 438 Abs. 1 anzuordnen (wie hier SSW StPO/Heine § 427 Rn. 4; diff. Löwe/Rosenberg/Gade § Rn. 29 ff.; **aA** KK-StPO/Schmidt/Scheuß Rn. 6; BeckOK StPO/Temming Rn. 1.1). Erlischt die Einziehungsbeteiligte infolge **vereinsrechtlichen Verbots**, scheidet eine Fortführung des Verfahrens mit einem etwaigen Rechtsnachfolger aus (BGH NStZ-RR 2024, 180). Kommt es allerdings erst im Revisionsverfahren zu einer „erbgangsgleichen Gesamtrechtsnachfolge" durch Anwachsung bei einem persönlich haftenden Gesellschafter, tritt dieser an Stelle der beendeten Gesellschaft in das Verfahren ein (BGH NZWiSt 2025, 523 (526)).

Vertretung des Einziehungsbeteiligten

428 (1) [1]**Der Einziehungsbeteiligte kann sich in jeder Lage des Verfahrens durch einen Rechtsanwalt mit nachgewiesener Vertretungsvollmacht vertreten lassen.** [2]**Die für die Verteidigung geltenden Vorschriften der §§ 137 bis 139, 145a bis 149 und 218 sind entsprechend anzuwenden.**

(2) [1]**Der Vorsitzende bestellt dem Einziehungsbeteiligten auf Antrag oder von Amts wegen einen Rechtsanwalt, wenn wegen der Schwierigkeit der Sach- oder Rechtslage, soweit sie die Einziehung betrifft, die Mitwirkung eines Rechtsanwalts geboten erscheint oder wenn ersichtlich ist, dass der Einziehungsbeteiligte seine Rechte nicht selbst wahrnehmen kann.** [2]**Dem Antrag eines seh-, hör- oder sprachbehinderten Einziehungsbeteiligten ist zu entsprechen.**

(3) **Für das vorbereitende Verfahren gilt Absatz 1 entsprechend.**

1 **A. Gewählter Vertreter (Abs. 1).** Der Einziehungsbeteiligte kann sich in jeder Lage des Verf. eines **RA als Rechtsbeistandes** bedienen. Die Bevollmächtigung kann durch den ges. Vertreter erfolgen (S. 2 iVm § 137 Abs. 2). Schon im Vorverfahren kann für denjenigen, der als Bet. in Betracht kommt (§ 426 Abs. 1, → § 426 Rn. 1), ein gewählter Vertreter der in Abs. 1 bezeichneten Art tätig werden (Abs. 3). Die Vollmacht muss schon zzt. der für den Verfahrensbeteiligten vorzunehmenden Prozesshandlung vorliegen; zumindest wird die Prozesshandlung erst wirksam, wenn der Nachw. der Vertretungsvollmacht hinzukommt (BGH NStZ-RR 2025, 218; OLG Celle StraFo 1998, 31 (32)); jedoch kommt Wiedereinsetzung in den vorigen Stand nach §§ 44, 45 bei fehlender Vollmacht in Betracht (OLG Hamburg NJW 2013, 626 mzustAnm Meyer-Mews). Die Vertretungsvollmacht muss nicht schriftlich vorliegen. Sie kann auch auf andere (gesicherte) Weise nachgewiesen werden. § 428 Abs. 1 S. 1 ist damit „technikoffen" formuliert (BT-Drs. 18/11640, 88); die anwaltliche Versicherung allein ist nicht für den Nachweis geeignet (LG Stuttgart NZWiSt 2024, 336). Für das **Verschulden** seines Rechtsbeistands hat der Einziehungsbeteiligte oder Nebenbetroffene (vgl. zur entspr. Anwendung § 438 Abs. 3 → § 438 Rn. 3) einzustehen (BGH JR 2026, 101, 102 f. mAnm Kudlich/Göken; 2024, 205 mAnm Wohlers; BeckRS 2024, 36752). Vgl. zur Verfahrensgebühr Burhoff ZWH 2022, 309; zum Gegenstandswert BGH NStZ-RR 2024, 328.

Davon zu unterscheiden ist die **organschaftliche Vertretung.** Ist der Einziehungsbeteiligte eine **JP,** wird sie durch ihren Geschäftsführer vertreten, der die prozessualen Rechte nach § 427 Abs. 1 für ihn ausüben kann. Dem steht nicht entgegen, dass das Organ der JP **zugleich Beschuldigter** ist (BGH BeckRS 2023, 41773; erg. → § 430 Rn. 1, 5). Er kann auch einen RA als Rechtsbeistand für den Einziehungsbeteiligten beauftragen. 1a

B. Beigeordneter Vertreter (Abs. 2). Die Beiordnung eines RA ist im **Vorverfahren** nicht zulässig, da nach Abs. 3 insoweit nur Abs. 1 entspr. anwendbar ist (OLG Bremen BeckRS 2018, 16174 Rn. 19; KK-StPO/Schmidt/Scheuß Rn. 6; SSW StPO/Heine Rn. 5; BeckOK StPO/Temming Rn. 2; **aM** Löwe/Rosenberg/Gaede Rn. 7). Sie kann **auf Antrag** des Einziehungsbeteiligten o. der StA o. **vAw** beschlossen werden. 2

I. Entscheidung. Die Entscheidung über die Bestellung trifft der o. die **Vorsitzende** des mit der Sache befassten Gerichts (Abs. 2 S. 1). Die Bestellung gibt dem Vertreter die gleichen prozessualen Befugnisse u. Pflichten wie im Fall des Abs. 1 die Vollmacht. Referendare können – anders als nach früherer Rechtslage (§ 142 Abs. 2 aF) – nicht bestellt werden, da sie nicht (mehr) zu den Personen gehören, die als Verteidiger bestellt werden dürfen (s. § 142 Abs. 6, eingeführt durch das G zur Neuregelung der notwendigen Verteidigung v. 10.12.2019). 3

II. Voraussetzungen. Abs. 2 S. 1 enthält **zwei Varianten,** v. denen jede schon für sich zur Beiordnung führen kann. Die **Schwierigkeit** der Sach- o. Rechtslage ist nicht an der ganzen Strafsache zu messen, sondern nur an dem Verfahrensteil u. an den Sach- u. Rechtsfragen, die die Beteiligung betreffen. Sie besteht bei widerstreitenden Meinungen der Obergerichte zu einer entscheidungserheblichen Rechtsfrage (OLG Frankfurt a. M. NJW 1983, 1208). Bei der Entscheidung ist eine Orientierung an §§ 140 ff., insb. § 142 Abs. 5, geboten (OLG Jena StV 2023, 590 Ls.). Die **Unfähigkeit,** seine Rechte selbst wahrzunehmen, kann auch bei einfacherer Sach- o. Rechtslage gegeben sein (vgl. LG Kiel StraFo 2013, 121: Auslandsaufenthalt) Je geringer die Fähigkeit zur Rechtewahrnehmung beim Bet. ist, desto geringer kann der Grad der Schwierigkeit der Sache sein, der die Beiordnung eines Vertreters bereits rechtfertigen kann. Abs. 2 S. 2 verpflichtet entspr. § 140 Abs. 2 S. 2 zu einer Beiordnung, wenn dies ein hör- o. sprachbehinderter Einziehungsbeteiligter beantragt. Gemäß Abs. 2 S. 2 ist dem Antrag eines seh-, hör- o. sprachbehinderten Einziehungsbeteiligten zu entsprechen. Kein Fall des Abs. 2 liegt vor, wenn die einziehungsbeteiligte JP durch ihren Geschäftsführer vertreten wird und dieser einen RA mit der Vertretung der Einziehungsbeteiligten betraut hat (BGH BeckRS 2024, 5590). 4

C. Keine gemeinschaftliche Vertretung. Ein RA darf nicht gleichzeitig mehrere Einziehungsbeteiligte vertreten (S. 2 iVm § 146; OLG Hamburg NJW 2013, 626 mzustAnm Meyer-Mews). Er darf auch nicht zugleich Verteidiger des Beschuldigten sein (OLG Hamm StraFo 2018, 63; OLG Düsseldorf NStZ 1988, 289; KK-StPO/Schmidt/Scheuß Rn. 3). Trotz der Wesensverschiedenheit v. Einziehung des Tatertrages (§§ 73 ff. StGB) einerseits u. Einziehung v. Tatmitteln, Tatprodukten u. Tatobjekten (§§ 74 ff. StGB) andererseits ist es zur Vermeidung v. Interessenkonflikten auch nicht zulässig, dass ein RA zwei insofern verschiedene Einziehungsbeteiligte vertritt (Löwe/Rosenberg/Gaede Rn. 3; KK-StPO/Schmidt/Scheuß Rn. 3). 5

D. Recht der Akteneinsicht (Abs. 2 S. 2 iVm § 147). Das Recht der Akteneinsicht (Abs. 2 S. 2 iVm § 147) hat der Rechtsbeistand zwar nur insoweit, als die Aktenteile für die Verfahrensbeteiligung v. Bedeutung sind (erg. → § 429 Rn. 3). Die praktische Bedeutung der Beschränkung hängt jedoch davon ab, inwieweit die Vorgänge trennbar sind. 6

E. Beschwerde. Mit Beschwerde anfechtbar ist die Ablehnung der Beiordnung; die Beiordnung hingegen nur, wenn eine nicht bestellungsfähige Person beigeordnet worden ist (KK-StPO/Schmidt/Scheuß Rn. 9). 7

Terminsnachricht an den Einziehungsbeteiligten

429 (1) **Dem Einziehungsbeteiligten wird der Termin zur Hauptverhandlung durch Zustellung bekanntgemacht; § 40 gilt entsprechend.**

(2) **Mit der Terminsnachricht wird dem Einziehungsbeteiligten, soweit er an dem Verfahren beteiligt ist, die Anklageschrift und in den Fällen des § 207 Absatz 2 der Eröffnungsbeschluss mitgeteilt.**

(3) **Zugleich wird der Einziehungsbeteiligte darauf hingewiesen, dass**

1. auch ohne ihn verhandelt werden kann,
2. er sich durch einen Rechtsanwalt mit nachgewiesener Vertretungsvollmacht vertreten lassen kann und
3. über die Einziehung auch ihm gegenüber entschieden wird.

1 **A. Bekanntgabe des Termins (Abs. 1).** Nur die Bekanntgabe des Termins (Abs. 1) zur HV an den Einziehungsbeteiligten ist vorgeschrieben, nicht eine Ladung wie bei dem Angeklagten (§ 216); denn es soll dem Bet. grds. überlassen bleiben, zu erscheinen u. von seinen Befugnissen Gebrauch zu machen (Ausnahme: § 427 Abs. 2). Zum Nachw. der Bekanntgabe ist die förmliche Zustellung vorgeschrieben (§ 217 Abs. 1); im Fall des § 427 Abs. 2 handelt es sich um Ladung iSe Aufforderung zum Erscheinen mit dem vorgeschriebenen Hinweis. Einen Anspruch auf eine der Ladungsfrist (§ 217) entspr. Frist hat der Beteiligte nicht (Löwe/Rosenberg/Gaede Rn. 5). Dies entspr. auch § 424 Abs. 5.

2 **B. Anklageschrift (Abs. 2).** Die Anklageschrift (Abs. 2) wird der Terminsnachricht beigegeben. Sie ist zwar keine Anklage gegen den Einziehungsbeteiligten, aber sie betr. auch ihn. Der Anklagesatz macht ihm ersichtlich, iVm welcher Tat u. nach welchen Bestimmungen die Einziehung in Betracht kommt.

3 Nur **soweit er an dem Verfahren beteiligt** ist, erhält er die Anklageschrift (zum Umf. der Akteneinsicht, → § 428 Rn. 6). Gehören zu ihrem Inhalt auch Vorgänge, die für die Maßnahme ohne Bedeutung sind, so können u. sollen sie bei der Bekanntgabe weggelassen werden, zB wenn mehrere Taten (→ § 264 Rn. 1 ff.) Gegenstand der Anklage sind u. die Maßnahmen nur mit einer v. ihnen zusammenhängt. Da die Trennbarkeit u. Trennung der Tatsachen naturgemäß problematisch sind, handelt es sich nicht um eine zwingende Vorschr., was sich auch aus Analogie mit § 430 Abs. 4 S. 2 ergibt.

4 Wenn der **Eröffnungsbeschluss von der Anklage abweicht (§ 207 Abs. 2)** u. die Änd. auch die Frage der Einziehung betr., wird auch dieser Beschl. beigefügt. Wird die Änd. in einer neuen Anklageschrift berücksichtigt (§ 207 Abs. 3), so erübrigt sich die Mitteilung des Eröffnungsbeschlusses. Bei öffentl. Zustellung der Terminsnachricht (Abs. 1 S. 2) wird die Anklageschrift nicht nach § 40 Abs. 1 mitbekanntgemacht, sondern nur die eigentliche Terminsnachricht mit den Hinweisen nach Abs. 3.

5 **C. Vertreter (§ 428).** Der Vertreter (§ 428) erhält die Terminnachricht ebenfalls, wie sich aus § 428 Abs. 1 S. 2 iVm § 218 ergibt (vgl. auch → § 218 Rn. 2). § 145a Abs. 3 gilt entsprechend. Auch der Vertreter hat – ebenso wie der Einziehungsbeteiligte (→ Rn. 1) – keinen Anspruch auf eine dem § 217 entspr. Benachrichtigungsfrist.

6 **D. Hinweispflichten.** Abs. 3 regelt die Hinweispflichten. In Umsetzung v. Art. 8 Abs. 7 S. 2 RL 2014/EU/42 ist Bet. gem. Abs. 3 Nr. 2 auf sein Recht auf anwaltliche Vertretung hinzuweisen (BT-Drs. 18/11640, 88).

Stellung in der Hauptverhandlung

430 (1) [1]**Bleibt der Einziehungsbeteiligte in der Hauptverhandlung trotz ordnungsgemäßer Terminsnachricht aus, kann ohne ihn verhandelt werden; § 235 ist nicht anzuwenden.** [2]**Gleiches gilt, wenn sich**

der Einziehungsbeteiligte aus der Hauptverhandlung entfernt oder bei der Fortsetzung einer unterbrochenen Hauptverhandlung ausbleibt.

(2) **Auf Beweisanträge des Einziehungsbeteiligten zur Frage der Schuld des Angeklagten ist § 244 Absatz 3 Satz 2, Absatz 4 bis 6 nicht anzuwenden.**

(3) [1] **Ordnet das Gericht die Einziehung eines Gegenstandes nach § 74b Absatz 1 des Strafgesetzbuches an, ohne dass eine Entschädigung nach § 74b Absatz 2 des Strafgesetzbuches zu gewähren ist, spricht es zugleich aus, dass dem Einziehungsbeteiligten eine Entschädigung nicht zusteht.** [2] **Dies gilt nicht, wenn das Gericht eine Entschädigung des Einziehungsbeteiligten nach § 74b Absatz 3 Satz 2 des Strafgesetzbuches für geboten hält; in diesem Fall entscheidet es zugleich über die Höhe der Entschädigung.** [3] **Das Gericht weist den Einziehungsbeteiligten zuvor auf die Möglichkeit einer solchen Entscheidung hin und gibt ihm Gelegenheit, sich zu äußern.**

(4) [1] **War der Einziehungsbeteiligte bei der Verkündung des Urteils nicht zugegen und auch nicht vertreten, so beginnt die Frist zur Einlegung eines Rechtsmittels mit der Zustellung der Urteilsformel an ihn.** [2] **Bei der Zustellung des Urteils kann das Gericht anordnen, dass Teile des Urteils, welche die Einziehung nicht betreffen, ausgeschieden werden.**

A. Verhandlung ohne den Einziehungsbeteiligten. Ohne den Einziehungs- 1
beteiligten kann verhandelt werden, wenn er trotz ordnungsgemäßer Terminnachricht (§ 429) nicht zur HV erscheint (Abs. 1 S. 1); seine Teilnahme ist mithin nicht notwendig (BGH NZWiSt 2025, 455). Er kann u. soll selbst entscheiden, ob er persönlich teilnehmen o. sich durch einen RA vertreten lassen will (§ 428). Ist der Einziehungsbeteiligte eine **JP,** ist er auch dann wirksam vertreten, wenn der Angeklagte ihn als Geschäftsführer vertritt; die Stellung als Angeklagter steht dem nicht entgegen (BGH Beck RS 2023, 41773; erg. → Rn. 5; → § 428 Rn. 1a). Nach Abs. 1 S. 2 gilt dies auch, wenn der Beteiligte zunächst erschienen war, sich aber dann entfernt hat, auch wenn er nicht vertreten ist (§§ 428, 429 Abs. 3 Nr. 1; KK-StPO/Schmidt/Scheuß Rn. 1).

B. Keine Wiedereinsetzung (Abs. 1 S. 2 iVm § 235). Der Ausschluss ist 2
eine Folgerung aus § 424 Abs. 5 und gilt unabhängig davon, ob das Ausbleiben genügend entschuldigt ist o. nicht. Der Einziehungsbeteiligte kann das Urt. aber anfechten (§ 427 Abs. 1 S. 1) und, falls die Anfechtung nicht mehr zulässig ist, vom Nachverfahren nach § 433 Abs. 1 Gebrauch machen (SSW StPO/Heine Rn. 2; KK-StPO/Schmidt/Scheuß Rn. 2). Nach § 431 Abs. 1 Nr. 2 wird auf sein Rechtsmittel hin der Schuldspruch aber nur geprüft, wenn er ohne Verschulden nicht zum Schuldspruch gehört wurde; das Nachverfahren ist gem. § 433 Abs. 1 nur statthaft, wenn der Einziehungsbeteiligte glaubhaft macht, ohne Verschulden an der Geltendmachung seiner Rechte gehindert gewesen zu sein (Löwe/Rosenberg/Gaede Rn. 6).

C. Beweise zur Schuld des Angeklagten (Abs. 2). Der Beteiligte hat inso- 3
weit kein Beweisantragsrecht, wenn sich seine Beteiligung als Nebenbetroffener auf die Schuldfrage überhaupt nicht erstreckt (§ 438 Abs. 2). Im Übrigen ist das Gericht in der Ablehnung der Beweisanträge des Einziehungsbeteiligten o. Nebenbetroffenen zur Schuldfrage nach Abs. 2 nicht an die engen Voraussetzungen zur Ablehnung v. Beweisanträgen (vgl. dazu → § 244 Rn. 47 ff.) gebunden. Betrifft der Beweisantrag des Einziehungsbeteiligten hingegen die Frage, ob die Einziehungsvoraussetzungen des § 73b StGB vorliegen, o. der des Nebenbetroffenen die rechtliche Zuordnung des Einziehungsgegenstandes, so ist das Gericht bei der Ablehnung an die Ablehnungsgründe des § 244 Abs. 3 S. 2, Abs. 4–6 gebunden, was der Einziehungsbeteiligte o. der Nebenbetroffene (vgl. § 438 Abs. 3) mit der Revision rügen kann (BGH NStZ 2019, 232).

4 **D. Entschädigung bei Einziehung (Abs. 3; § 74b Abs. 3 StGB).** Über sie entscheidet das Strafgericht grds. nicht (→ Vor § 421 Rn. 14). Abs. 3 enthält Ausnahmen (ausf. SSW StPO/Heine Rn. 4). Der in S. 3 vorgeschriebene Hinweis des Gerichts beruht darauf, dass die Einziehungsbeteiligung sich nach § 424 Abs. 1 nur auf die Einziehungsfrage bezieht (Löwe/Rosenberg/Gaede Rn. 22). Er kann schon mit der Ladung zusammen mit dem Hinweis nach § 429 Abs. 3 gegeben werden. Er ist aber überflüssig, wenn er wegen Abwesenheit u. Nichtvertretensein des Adressaten nicht ausführbar ist (Löwe/Rosenberg/Gaede Rn. 22). Seine Unterlassung ist in keinem Fall eine Einschränkung des rechtlichen Gehörs (→ Vor § 421 Rn. 5), da die Entsch. stets nur aufgrund der die Anordnung der Einziehung tragenden Umstände ergeht, zu denen der Betroffene sich in der HV zu äußern Gelegenheit hatte (→ Einl. Rn. 28, 29). Kommt es nicht zur Einziehung, so kann der Einziehungsbeteiligte nicht nach § 2 **StrEG** entschädigt werden (→ StrEG Vor § 1 Rn. 2; Kunz StrEG Einl. Rn. 40).

5 **E. Mitteilung des Urteils (Abs. 4).** S. 1 bestimmt, dass die **Frist zur Rechtsmitteleinlegung** für den weder selbst anwesenden noch vertretenen Einziehungsbeteiligten mit der Zustellung der **Urteilsformel** beginnt. Dies ermöglicht dem Tatgericht auch in diesen Fällen ein abgekürztes Urt. nach § 267 Abs. 4 (BT-Drs. 19/27654, 109). War der Einziehungsbeteiligte o. sein Vertreter bei der Urteilsverkündung zugegen, so ist diese für den Beginn der Rechtsmittelfrist maßgebend (vgl. § 427 Abs. 1 S. 1 iVm §§ 314 Abs. 2, 341 Abs. 2). Ist der Einziehungsbeteiligte eine jur. Person ist die Urteilsverkündung mithin auch dann maßgeblich, wenn der Angeklagte zugleich als Vertreter (etwa als Geschäftsführer) des Einziehungsbeteiligten zugegen war (BGH BeckRS 2021, 31212; 2023, 41773; erg. → Rn. 1). § 145a ist anwendbar (§ 428 Abs. 1 S. 2). Trifft ihn kein Verschulden daran, dass er am Verfahren nicht beteiligt war und er deshalb weder bei der Urteilsverkündung anwesend war noch die Urteilsformel erhalten hat, steht ihm das Nachverfahren offen (§ 433). S. 2 betrifft die Zustellung des **schriftlichen Urteils.** Hat der Einziehungsbeteiligte frist- und formgerecht Rechtsmittel eingelegt, müssen ihm das Urteil danach nur insoweit zugestellt werden (vgl. §§ 329 Abs. 2, 343 Abs. 2), als es ihn betrifft.

Rechtsmittelverfahren

431 (1) [1]**Im Rechtsmittelverfahren erstreckt sich die Prüfung, ob die Einziehung dem Einziehungsbeteiligten gegenüber gerechtfertigt ist, auf den Schuldspruch des angefochtenen Urteils nur, wenn der Einziehungsbeteiligte**

1. insoweit Einwendungen vorbringt und
2. im vorausgegangenen Verfahren ohne sein Verschulden zum Schuldspruch nicht gehört worden ist.

[2]**Erstreckt sich hiernach die Prüfung auch auf den Schuldspruch, legt das Gericht die zur Schuld getroffenen Feststellungen zugrunde, soweit nicht das Vorbringen des Einziehungsbeteiligten eine erneute Prüfung erfordert.**

(2) **Im Berufungsverfahren gilt Absatz 1 nicht, wenn zugleich auf ein Rechtsmittel eines anderen Beteiligten über den Schuldspruch zu entscheiden ist.**

(3) **Im Revisionsverfahren sind die Einwendungen gegen den Schuldspruch innerhalb der Begründungsfrist vorzubringen.**

(4) [1]**Wird nur die Entscheidung über die Höhe der Entschädigung angefochten, kann über das Rechtsmittel durch Beschluss entschieden werden, wenn die Beteiligten nicht widersprechen.** [2]**Das Gericht weist sie zuvor auf die Möglichkeit eines solchen Verfahrens und des Widerspruchs hin und gibt ihnen Gelegenheit, sich zu äußern.**

A. Begrenzte Nachprüfung des Schuldspruchs (Abs. 1). Inwieweit der Bet. im Bereich des Schuldspruchs am Rechtsmittelverf. mitwirken darf, ergibt sich aus §§ 424 Abs. 1, 438 Abs. 2. Insoweit hat der Bet. aber nur einen Tatsachenrechtszug. Nach Abs. 1 S. 1 ist das Rechtsmittel des Einziehungsbeteiligten grundsätzlich auf die Einziehungsanordnung beschränkt (BGH wistra 2025, 511(512)). Nur, wenn er in dem dem Rechtsmittelverf. vorausgegangen Verf. ohne sein Verschulden nicht zum Schuldspruch gehört worden ist, kann er eigenständig die Überprüfung des Schuldspruches veranlassen (Abs. 1 Nr. 2, Abs. 2). Nimmt er trotz ordnungsgemäßer Terminsnachricht nicht an der HV teil, ist ein Verschulden gegeben (s. a. BGH NStZ 2025, NZWiSt 2025, 455). Bei fehlendem Verschulden kann er auch die Verfolgungsverjährung rügen (BGH BeckRS 2018, 19348); zur Zurückverweisung ins objektive Verf., vgl. → § 436 Rn. 19. Eine Beschwer (→ Vor § 296 Rn. 8) ist erforderlich (BGHR StGB § 74 Abs. 2 Nr. 2 Beteiligter 1). Wird die Einziehung gegen jemanden angeordnet, der sich unverschuldet nicht am Verf. beteiligen konnte (vgl. hierzu → § 433 Rn. 5), steht ihm das Nachverfahren (§ 433) zu (SSW StPO/Heine Rn. 2). Krit. zur gesetzlichen Konzeption Eberz NZWiSt 2024, 450. 1

B. Zur Schuldfrage im angefochtenen Urteil getroffenen Feststellungen (Abs. 1 S. 2). Die zur Schuldfrage im angefochtenen Urteil getroffenen Feststellungen (Abs. 1 S. 2) bleiben nicht nur bestehen, wenn der Schuldspruch überhaupt nicht überprüft wird, sondern auch dann, wenn die Einwendungen nach Abs. 1 S. 1 erfolglos bleiben. Das Gericht entscheidet über den Umf. dieser Beweisaufnahme nach eigenem pflichtgemäßem Ermessen (vgl. auch § 430 Abs. 2). 2

C. Berufung eines anderen (Abs. 2). Wenn sie zur Nachprüfung des Schuldspruchs führt, ist der Beteiligte zur Mitwirkung befugt, wenn er an der Schuldfrage überhaupt bet. ist (§ 438 Abs. 2). 3

D. Revisionsverfahren (Abs. 3). Die Einwendungen gegen den Schuldspruch können nur Rechtsrügen (§ 337) sein (SK-StPO/Paeffgen Rn. 9); sie müssen gem. Abs. 3 in der **Form** und innerhalb der **Frist** des § 345 vorgebracht werden (BGH, NStZ 2022, 354 (355); BeckRS 2024, 40124; KK-StPO/Schmidt/Scheuß Rn. 8). Eine vom Einziehungsbeteiligten selbst verfasste und unterzeichnete Revisionsbegründungsschrift führt daher zur Unzulässigkeit des Rechtsmittels (BGH NStZ-RR 2025, 124; erg. → § 346 Rn. 1). Für das Verschulden seines anwaltlichen Vertreters hat der Einziehungsbeteiligte einzustehen (BGH NJW 2023, 3304 (3305)). Die Einwendungsobliegenheit gilt auch für das Verfahrenshindernis der Verjährung der Erwerbstat; das Revisionsgericht nimmt mithin keine Prüfung vAw vor (BGH NZWiSt 2021, 478 (481 f.); s. auch wistra 2023, 389 (390)). Ob eine **analoge Anwendung** von Abs. 1 S. 1, Abs. 3 in Betracht kommt, wenn das Tatgericht den Täter oder Teilnehmer der Erwerbstat nur wegen Eintritt der Verfolgungsverjährung nicht verurteilt (erg. → § 435 Rn. 10), indes die Strafbarkeit im Rahmen des ihn betreffenden einstellenden Erkenntnisses dartut, ist zw. (BGH ZWH 2024, 309 (314)). Es ist daher ratsam, die für die rechtswidrige (Erwerbs-)Tat erforderlichen Feststellungen in dem Erkenntnis zu treffen und diese mit tragfähigen Beweiserwägungen zu unterlegen. **§ 357 StPO** gilt analog, wenn der Einziehungsbeteiligte wegen Fristversäumnis mit Einwendungen gegen den Schuldspruch ausgeschlossen ist, dieser aber auf die Revision eines revidierenden Angeklagten aufgehoben wird (BGH wistra 2019, 243; erg. → § 357 Rn. 2). Im Übrigen gelten für die Abgrenzung der Mitwirkung die gleichen Grundsätze wie bei der Berufung (Abs. 1, Abs. 2). 4

E. Rechtsmittel nur wegen des Entschädigungsbetrags (Abs. 4 iVm § 430 Abs. 3 S. 2 und § 74b Abs. 3 S. 2 StGB). I. Berufung und Revision. Für Berufung und Revision gilt Abs. 4. § 349 bleibt unberührt. Hat aber das Berufungsgericht schon durch Beschl. nach Abs. 4 entschieden, ist gegen diesen Revision nicht mehr zulässig (§ 333). Darauf sollte bei dem Hinweis nach Abs. 4 S. 2 aufmerksam gemacht werden (→ Einl. Rn. 157). 5, 6

7 **II. Widerspruch.** Bei Berufung prüft das Gericht, ob die Sache genügend geklärt ist u. das Beschlussverfahren ausreicht. Ermittlungen geringeren Umfang kann es entspr. § 308 Abs. 2 noch anordnen o. selbst vornehmen (Löwe/Rosenberg/Gaede Rn. 24). § 33 Abs. 3 ist zu beachten. Erst wenn das Rechtsmittelgericht durch Beschl. entscheiden möchte, bedarf es der Einholung der Äußerungen nach Abs. 4 S. 2. Für die Erkl. des Vertreters (§ 428) gilt § 297 entsprechend. Der Widerspruch bedarf keiner bes. Form u. kann auch durch schlüssige Handlung erklärt werden (KK-StPO/Schmidt/Scheuß Rn. 10; → Einl. Rn. 126); ein Widerruf ist wirkungslos (Löwe/Rosenberg/Gaede Rn. 24) Ein noch vor dem Erlass des Beschlusses nach Abs. 4 eingehender Widerspruch ist zu berücksichtigen, auch wenn die Erklärungsfrist überschritten worden ist (Löwe/Rosenberg/Gaede Rn. 24).

Einziehung durch Strafbefehl

432 (1) [1] **Wird die Einziehung durch Strafbefehl angeordnet, so wird der Strafbefehl auch dem Einziehungsbeteiligten zugestellt, soweit er an dem Verfahren beteiligt ist.** [2] **§ 429 Absatz 3 Nummer 2 gilt entsprechend.**

(2) **Ist nur über den Einspruch des Einziehungsbeteiligten zu entscheiden, so gilt § 434 Absatz 2 und 3 entsprechend.**

1 **A. Beteiligungsanordnung (§ 424 Abs. 1).** Die Beteiligungsanordnung (§ 424 Abs. 1) wird in den Strafbefehl aufgenommen, wenn in ihm die betr. Maßnahme angeordnet wird (→ § 424 Rn. 15). Ohne sie wäre der Einziehungsbeteiligte nicht zum Einspruch gegen den Strafbefehl hins. der Einziehung befugt (Löwe/Rosenberg/Gössel § 438 aF Rn. 4). Der Bet. wird auf sein Recht auf anwaltliche Vertretung hingewiesen (Abs. 2 S. 2). Die Entschädigungsentscheidung nach § 430 Abs. 3 kann in dem summarischen Verf. nicht getroffen werden (Löwe/Rosenberg/Gössel § 438 aF Rn. 2).

2 Genügen dem Richter die Anhaltspunkte nicht, so wird er vor dem Erlass des Strafbefehls bei der StA die **nähere Klärung** anregen o. (entspr. § 202) ausnahmsweise selbst herbeiführen (→ § 408 Rn. 7). Ist die Beteiligung nicht angeordnet worden, so lebt die Möglichkeit hierzu erst wieder auf, wenn der Beschuldigte Einspruch einlegt (→ § 424 Rn. 15). Wird der Strafbefehl rkr., so ist der Beteiligungsinteressent auf das Nachverfahren (§ 433) angewiesen.

3 **B. Zustellung.** Zugestellt wird der Strafbefehl nicht nur dem Beschuldigten, sondern auch dem Bet. (Abs. 1; → § 409 Rn. 16), ggf. an die Adresse des Vertreters (§ 428 Abs. 1 S. 2 iVm § 145a), u. zwar mit Einspruchsbelehrung (→ § 409 Rn. 9). Durch diese Zustellung wird die Einspruchsfrist für die Seite des Bet. in Lauf gesetzt (§ 409 Abs. 1). Hat die natürliche Person einen ges. Vertreter, so wird der Strafbefehl auch diesem zugestellt (§ 409 Abs. 2). Ist der Bet. eine JP o. PV, so geht die Zustellung an das zur Vertretung berufene Organ.

4 **C. Einspruch des Beschuldigten.** Hat **nur oder auch** der Beschuldigte Einspruch eingelegt, so erhält der Einziehungsbeteiligte Terminsnachricht nach § 429 Abs. 1, Abs. 3, da der Strafbefehl insgesamt nicht rechtskräftig wird (OLG Stuttgart StraFo 2012, 159 für einen Bußgeldbescheid); mit dem frist- und formgerechten Einspruch des Beschuldigten ist das Verfahren im gleichen Stadium wie bei Eröffnung des Hauptverfahrens nach Anklageerhebung (Löwe/Rosenberg/Gaede Rn. 11). Für die Hauptverhandlung gilt § 430; eine entspr. Anwendung des § 412 auf den Einziehungsbeteiligten ist (aufgrund des Vorbehalts in § 427 Abs. 1 S. 1) ausgeschlossen (KK-StPO/Schmidt/Scheuß Rn. 5). Anders ist dies zu beurteilen, wenn ausschließlich der Beschuldigte Einspruch einlegt und diesen wirksam auf den Rechtsfolgenausspruch **beschränkt.** Denn dann ist der der Einziehungsanordnung zugrunde liegende Schuldspruch rkr.

D. Einspruch des Einziehungsbeteiligten (Abs. 2). Ist **nur** über den Einspruch des Beteiligten zu entscheiden (Abs. 2), weil der Beschuldigte auf diesen Rechtsbehelf verzichtet o. ihn zurückgenommen hat o. weil sein Einspruch verworfen worden ist (BayObLG NStZ 1994, 442), u. wird v. § 421 Abs. 1 kein Gebrauch gemacht, so gilt ein vereinfachtes Verfahren. Gegen den Beschuldigten ist der Strafbefehl rechtskräftig, weil sich der Einspruch des Einziehungsbeteiligten nur gegen die ihn betreffende Einziehungsanordnung richtet. 5

I. Beschlussverfahren (Abs. 2 iVm § 434 Abs. 2). Der Beschl. kann mit der sofortigen Beschwerde angefochten werden (§ 311). 6

II. Mündliche Verhandlung (Abs. 2 iVm § 434 Abs. 3). Kommt es darauf an, ob der Bet. den Antrag stellt, so wird er entspr. belehrt, wenn das nicht schon mit der Einspruchsbelehrung geschehen ist. Der Verurteilte, der keinen Einspruch eingelegt hat, wird, falls er als Auskunftsperson benötigt wird, als Zeuge geladen u. vernommen. Der Bet. hat die Befugnisse, die ein Angeklagter in der HV hat (§ 427 Abs. 1 S. 1). Er erhält Terminsnachricht nach § 429 Abs. 1, Abs. 3 Nr. 1 und 3. Der Beifügung des Strafbefehls (vgl. § 429 Abs. 2), der ihm schon zugestellt ist, u. der Wiederholung des Hinweises nach § 429 Abs. 3 Nr. 2 (vgl. Abs. 1 S. 2) bedarf es nicht. Hat das Gericht die mündliche Verh. v. sich aus angeordnet, wird idR Anlass bestehen, das persönliche Erscheinen des Bet. anzuordnen (§ 427 Abs. 2). Hat der Einspruch Erfolg, weil der Tatvorwurf nicht nachgewiesen wird, kommt auch im Falle der Rechtskraft des Urteils eine Erstreckung auf den Beschuldigten entspr. § 357 nicht in Betracht (→ erg. § 357 Rn. 2; vgl. a. Löwe/Rosenberg/Gaede Rn. 18). 7

III. Ausbleiben des Einziehungsbeteiligten. Da ohne ihn verhandelt werden kann (→ Rn. 7; § 430), sein Ausbleiben also erlaubt ist, gilt § 412 nicht entspr. (→ Rn. 4; **aA** SK-StPO/Paeffgen Rn. 9). Bleibt der Bet. in der mündlichen Verh. aus, so wird mit seinem Vertreter (§ 428) o., wenn ein solcher fehlt o. ebenfalls nicht erschienen ist, ohne die Seite des Bet. verhandelt u. in der Sache entschieden. War das persönliche Erscheinen angeordnet, so gilt § 427 Abs. 2 S. 2. Das Gericht kann stattdessen auch zum Beschlussverfahren (Abs. 2 iVm § 434 Abs. 2) übergehen, wenn es die ohne Antrag getroffene Anordnung aufhebt o. der Antrag auf mündliche Verh. zurückgenommen wird. 8

Nachverfahren

433 (1) **Ist die Einziehung rechtskräftig angeordnet worden und macht jemand glaubhaft, dass er seine Rechte als Einziehungsbeteiligter ohne sein Verschulden weder im Verfahren des ersten Rechtszuges noch im Berufungsverfahren hat wahrnehmen können, so kann er in einem Nachverfahren geltend machen, dass die Einziehung ihm gegenüber nicht gerechtfertigt sei.**

(2) [1] **Das Nachverfahren ist binnen eines Monats nach Ablauf des Tages zu beantragen, an dem der Antragsteller von der rechtskräftigen Entscheidung Kenntnis erlangt hat.** [2] **Der Antrag ist unzulässig, wenn seit Eintritt der Rechtskraft zwei Jahre verstrichen sind und die Vollstreckung beendet ist.**

(3) [1] **Durch den Antrag auf Durchführung des Nachverfahrens wird die Vollstreckung der Anordnung der Einziehung nicht gehemmt; das Gericht kann jedoch einen Aufschub sowie eine Unterbrechung der Vollstreckung anordnen.** [2] **Wird in den Fällen des § 73b des Strafgesetzbuches, auch in Verbindung mit § 73c des Strafgesetzbuches, unter den Voraussetzungen des Absatzes 1 ein Nachverfahren beantragt, sollen bis zu dessen Abschluss Vollstreckungsmaßnahmen gegen den Antragsteller unterbleiben.**

(4) [1] **Für den Umfang der Prüfung gilt § 431 Absatz 1 entsprechend.** [2] **Wird das vom Antragsteller behauptete Recht nicht erwiesen, ist der Antrag unbegründet.**

(5) **Vor der Entscheidung kann das Gericht unter den Voraussetzungen des § 421 Absatz 1 mit Zustimmung der Staatsanwaltschaft die Anordnung der Einziehung aufheben.**

(6) **Eine Wiederaufnahme des Verfahrens nach § 359 Nummer 5 zu dem Zweck, die Einwendungen nach Absatz 1 geltend zu machen, ist ausgeschlossen.**

1 **A. Nachverfahren (Abs. 1).** Durch das Nachverfahren erhält der Antragsteller nachträglich das rechtliche Gehör; die rkr. Anordnung der (Wertersatz-)Einziehung kann beseitigt werden. Die Regelung gilt auch für den nicht am Verfahren beteiligten Einziehungsbeteiligten (SSW StPO/Heine Rn. 1; Löwe/Rosenberg/Gaede Rn. 1). § 433 wird durch die Verfahrensvorschriften in § 434 ergänzt.

2 **B. Voraussetzungen (Abs. 1).** Voraussetzungen (Abs. 1) für die Zulässigkeit des Antrags:

3 **I. Glaubhaftmachung.** Vgl. → § 26 Rn. 5 ff. zur Glaubhaftmachung. Sie ist auch erforderlich, wenn der Antragsteller schon im Strafverfahren Einziehungsbeteiligter war (Löwe/Rosenberg/Gaede Rn. 23); es kommt auf den Zeitpunkt der Rechtskraft der Entsch. an (BVerfG BeckRS 2024, 19115).

4 **II. Rechtsbeeinträchtigung.** Sie muss für den Betroffenen als Folge der rkr. Anordnung der Einziehung eingetreten sein (§ 75 StGB). Im Falle der Anordnung der Einziehung v. Wertersatz kommt das Nachverfahren nur für die Wertersatzeinziehung nach §§ 73b, 73c StGB in Betracht, da die Wertersatzeinziehung nach § 74c StGB auf Täter u. Teilnehmer beschränkt ist.

5 **III. Unmöglichkeit der Rechtswahrnehmung.** Hat der Betroffene seine Rechte nur im Revisionsverfahren geltend machen können, so kann er den Antrag nach § 433 dennoch stellen, weil die Möglichkeit v. Rechtsrügen idR keine umfassende Gewährung des rechtlichen Gehörs darstellt. Ein Fall der Unmöglichkeit liegt auch vor, wenn der Antragsteller ohne sein Verschulden nicht bet. worden ist (zB weil sein Recht nicht bekannt war) o. trotz Anordnung seiner Beteiligung schuldlos in den Tatsacheninstanzen nicht mitgewirkt hat. Wurde die Verfahrensbeteiligung des Betroffenen (§ 424 Abs. 1, § 438 Abs. 1) nach dessen Anhörung (§ 426 Abs. 1 S. 1, § 438 Abs. 3) rechtskräftig abgelehnt, ist das Nachverfahren unzulässig, weil der Betroffene dann Gelegenheit hatte, seine Rechte in der Tatsacheninstanz geltend zu machen (OLG Koblenz NZWiSt 2025, 260 mAnm Eberz; SSW StPO/Heine Rn. 5; KK-StPO/Schmidt/Scheuß Rn. 5)

6 **C. Wahrung der Antragsfrist (Abs. 2).** Die Wahrung der Antragsfrist (Abs. 2) gehört ebenfalls zu den Zulässigkeitsvoraussetzungen. Für sie ist die Glaubhaftmachung durch den Antragsteller nicht vorgeschrieben. Das Gericht prüft sie vAw im Freibeweisverfahren (→ § 244 Rn. 7, 9). Die Fristwahrung ist Prozessvoraussetzung für das Nachverfahren, ihre Versäumung ein Verfahrenshindernis.

7 **I. Einmonatsfrist.** Die Einmonatsfrist beginnt am Tag nach der Erlangung der Kenntnis v. der rkr. Anordnung der Maßnahme. Hat der Antragsteller v. der Entsch. schon vor deren Rechtskraft Kenntnis erlangt, so beginnt die Frist dennoch erst am Tag nach dem Eintritt der Rechtskraft. Das kann insbes. vorkommen, wenn die Beteiligung des Antragstellers schon im vorangegangenen Verf. angeordnet war. Für das Ende der Frist gilt § 43 Abs. 1, Abs. 2. Die Wiedereinsetzung in den vorigen Stand ist nach § 44 zulässig.

8 **II. Frist von zwei Jahren.** Die Frist von zwei Jahren beginnt mit dem Tag des Eintritts der Rechtskraft (also 1 Tag vor der Monatsfrist); wenn die Vollstreckung zu dieser Zeit noch nicht abgeschlossen war, mit deren Beendigung. Da es sich um eine absolute Ausschlussfrist handelt (→ Vor § 42 Rn. 6), gelten für sie die §§ 43 und 44 nicht (→ Vor § 42 Rn. 5; → § 44 Rn. 3).

III. Beendigung der Vollstreckung. Mit Beendigung der Vollstreckung der rkr. (Wertersatz-)Einziehungsanordnung ist das Nachverfahren ebenfalls ausgeschlossen. 8a

D. Vollstreckung der rechtskräftigen Entscheidung. Die Vollstreckung der rechtskräftigen Entscheidung wird durch den Antrag auf das Nachverfahren nicht gehemmt **(Abs. 3 S. 1).** Das gilt insbes. für die Herstellung des staatlichen Gewahrsams, die Verwertung der Sache o. des Rechts u. die Durchführung der in § 439 bezeichneten Maßnahmen. Das Gericht kann jedoch einen Aufschub o. die Unterbrechung der Vollstreckung anordnen (Abs. 3 S. 1 Hs. 2). Handelt es sich um eine (Wertersatz-)Einziehungsanordnung gegen einen Drittbegünstigten iSd § 73b StGB „soll" die Unterbrechung der Vollstreckung bis zum Abschluss des Nachverfahrens angeordnet werden (Abs. 3 S. 2). Diese Befugnis besteht schon vor der Entsch. über die Zulässigkeit des Antrags. 9

E. Zulässigkeit. Der Antrag wird als unzulässig verworfen, wenn er verspätet gestellt ist o. eine der angegebenen sonstigen Zulässigkeitsvoraussetzungen fehlt. Ein Zulassungsbeschluss ist nicht vorgeschrieben. Das Gericht kann dem Antragsteller in geeigneten Fällen bei nicht genügender Glaubhaftmachung noch eine Gelegenheit zur Erg. geben. Bleiben unüberwindliche tatsächliche Zweifel, ob die Monatsfrist gewahrt ist, so wird der Antrag nicht als unzulässig verworfen (SK-StPO/Paeffgen § 433 Rn. 11; ebenso iErg Löwe/Rosenberg/Gaede Rn. 26); denn es ist ein allg. Grundsatz, dass ein befristeter Antrag nur dann als verspätet verworfen wird, wenn die Verspätung nachgewiesen ist. Das ergibt sich zB aus §§ 26a Abs. 1 Nr. 1, 319, 346 (vgl. auch → § 261 Rn. 33 ff.). 10

F. Begründetheit (Abs. 4). Nach Abs. 4 S. 1 gilt § 431 Abs. 1 entspr. Die Überprüfung des Schuldspruchs ist mithin eingeschränkt. Sie erfolgt nur insoweit, als der Antragsteller Einwendungen dagegen vorbringt. Selbst dann bleiben die Feststellungen zum Schuldspruch bestehen, wenn die Einwendungen des Antragstellers dagegen erfolglos bleiben (erg. → § 431 Rn. 1 f.). Ein nicht behebbarer Zweifel geht nach Abs. 4 S. 2 **zu Lasten des Antragstellers** (OLG Köln 19.6.2019 – 1 RVs 97/19; KK-StPO/Schmidt/Scheuß Rn. 12; Löwe/Rosenberg/Gaede Rn. 32). Zur Anwendung dieser Beweislastregel, vgl. BGH StraFo 2012, 467. Auf die weitere Prüfung der Voraussetzungen der Anordnung kommt es dann nicht mehr an. 11

G. Aufhebung. Aufgehoben wird die Anordnung, wenn das Fehlen ihrer Grdl. nachgewiesen wird. Wird diese Entsch. rkr., so beseitigt sie den Übergang des Eigentums o. des Rechts auf den Staat (vgl. § 75 Abs. 1 StGB) rückwirkend. Im Falle einer Wertersatzeinziehung nach §§ 73b, 73c StGB entfällt mit der Aufhebung der Titel zur Vollstreckung des staatlichen Zahlungsanspruchs gegen den Drittbegünstigten. 12

Würde die Sachentscheidung einen **unangemessenen Aufwand** erfordern, so kann das Gericht die Anordnung der Einziehung wegen der Unangemessenheit der Prozedur gem. § 421 Abs. 1 Nr. 3 aufheben, falls die StA zustimmt **(Abs. 5).** Eine Entsch. über die Entschädigung (§ 74b Abs. 3 StGB) o. über die Herausgabe des Erlöses, falls der Gegenstand o. das Recht inzwischen verwertet worden ist, wegen ungerechtfertigter Bereicherung ergeht im Nachverfahren nicht. 13

H. Wiederaufnahme des Verfahrens (Abs. 6). Die Wiederaufnahme des Verfahrens (Abs. 6) nach § 359 Nr. 5 zum Zweck der Beseitigung der rkr. angeordneten Maßnahme ist ausgeschlossen, weil der v. der Anordnung Betroffene das Nachverfahren betreiben u. dadurch seine Rechte genügend wahren kann. Die übrigen Wiederaufnahmemöglichkeiten sind nicht ausgeschlossen. 14

I. Kosten. Die Kosten eines zurückgenommenen o. erfolglos eingelegten Antrags treffen den Antragsteller (§ 473 Abs. 1, Abs. 6 Nr. 2). Wird die Anordnung der Maßnahme aufgeh., so fallen die Kosten des Nachverfahrens u. die dem Antragsteller entstandenen notwendigen Auslagen der Staatskasse zur Last (§ 473 Abs. 6 Nr. 2 iVm § 473 Abs. 3 oder analog § 467). 15

Entscheidung im Nachverfahren

434 (1) **Die Entscheidung über die Einziehung im Nachverfahren trifft das Gericht des ersten Rechtszuges.**

(2) **Das Gericht entscheidet durch Beschluss, gegen den sofortige Beschwerde zulässig ist.**

(3) [1] **Über einen zulässigen Antrag wird auf Grund mündlicher Verhandlung durch Urteil entschieden, wenn die Staatsanwaltschaft oder sonst der Antragsteller es beantragt oder das Gericht dies anordnet; die Vorschriften über die Hauptverhandlung gelten entsprechend.** [2] **Wer gegen das Urteil eine zulässige Berufung eingelegt hat, kann gegen das Berufungsurteil nicht mehr Revision einlegen.**

(4) **Ist durch Urteil entschieden, so gilt § 431 Absatz 4 entsprechend.**

1 **A. Zuständigkeit (Abs. 1).** Abs. 1 bestimmt die Zuständigkeit des Gerichts des ersten Rechtszugs für das Nachverfahren. Bei Aufhebung u. Zurückverweisung nach § 354 Abs. 2 ist das Gericht zuständig, das zuerst entschieden hatte (→ § 354 Rn. 47); § 462a Abs. 4 gilt nicht. Die Zuständigkeit des OLG (§ 120 GVG) ist nicht ausgeschlossen.

2 **B. Beschlussverfahren (Abs. 2).** Stellt sich vor einer nach Abs. 3 angeordneten mündlichen Verh. die Unzulässigkeit des Antrags heraus, kann der Termin abgesetzt u. ebenfalls durch Beschl. entschieden werden (BGH NStZ 2012, 35). Sowohl die förmliche als auch die materielle Abschlussentscheidung ist mit der sofortigen Beschwerde anfechtbar (§§ 311, 304 Abs. 4 S. 2 Hs. 2 Nr. 5; § 35a). Kosten: § 472b.

3 **C. Mündliche Verhandlung (Abs. 3 S. 1).** Die Vorschr. über die HV gelten entsprechend. Im Nachverfahren ist derjenige, der im subjektiven Verf. Angeklagter war, falls er als Auskunftsperson in Betracht kommt, Zeuge. Über das Verhandeln ohne den Bet., vgl. → § 430 Rn. 1.

4 **D. Anfechtung des Urteils (Abs. 3 S. 2).** Wird durch Urt. einer StrK entschieden, so ist nur Revision zulässig (§ 333). Das gilt auch, wenn die StrK nach durchgeführter HV den Antrag als unzulässig verworfen hatte (BGH NStZ 2012, 35). Für die Anfechtung des Urt. eines AG, das an sich mit Berufung u. anschließend mit Revision anfechtbar wäre, gilt die Einschränkung des Abs. 3 S. 2, die dem § 55 Abs. 2 S. 1 JGG entspr. (→ § 335 Rn. 1). Sie bezweckt einerseits eine Vereinfachung u. Beschleunigung des Verf., andererseits eine Angleichung an das Beschlussverfahren, in dem es in jedem Fall nur ein Rechtsmittel gibt (Abs. 2).

5 **E. Rechtsmittel nur wegen der Höhe der Entschädigung (Abs. 4).** Vgl. → § 431 Rn. 5.

Selbständiges Einziehungsverfahren

435 (1) [1] **Die Staatsanwaltschaft und der Privatkläger können den Antrag stellen, die Einziehung selbständig anzuordnen, wenn dies gesetzlich zulässig und die Anordnung nach dem Ergebnis der Ermittlungen zu erwarten ist.** [2] **Die Staatsanwaltschaft kann insbesondere von dem Antrag absehen, wenn das Erlangte nur einen geringen Wert hat oder das Verfahren einen unangemessenen Aufwand erfordern würde.**

(2) [1] **In dem Antrag ist der Gegenstand oder der Geldbetrag, der dessen Wert entspricht, zu bezeichnen.** [2] **Ferner ist anzugeben, welche Tatsachen die Zulässigkeit der selbständigen Einziehung begründen.** [3] **Im Übrigen gilt § 200 entsprechend.**

(3) [1] **Für das weitere Verfahren gelten die §§ 201 bis 204, 207, 210 und 211 entsprechend, soweit dies ausführbar ist.** [2] **Im Übrigen finden die §§ 424 bis 430 und 433 entsprechende Anwendung.**

(4) [1] **Für Ermittlungen, die ausschließlich der Durchführung des selbständigen Einziehungsverfahrens dienen, gelten sinngemäß die Vorschriften über das Strafverfahren.** [2] **Ermittlungsmaßnahmen, die nur gegen einen Beschuldigten zulässig sind, und verdeckte Maßnahmen im Sinne des § 101 Absatz 1 sind nicht zulässig.**

Übersicht

A. Allgemeines. Die Vorschr. regelt die **Voraussetzungen (Abs. 1)** u. den Inhalt des **Antrags (Abs. 2)** auf Anordnung der selbständigen Einziehung u. das **Verfahren** bis zur Entsch. über den Antrag **(Abs. 3).** Die Regeln über die **Entscheidung** selbst enthält § 436. Für die **nachträgliche** Anordnung der Einziehung des Wertersatzes nach § 76 StGB gelten die §§ 462 Abs. 1 S. 2, 462a Abs. 1, Abs. 2. 1

Das selbständige Einziehungsverfahren weist Parallelen mit dem selbständigen Sicherungsverfahren (§§ 413 ff.) auf u. entspr. in seiner **Grundstruktur** weitgehend dem gerichtlichen **Verfahren nach Anklageerhebung** (§§ 199 ff.). Es handelt sich um ein **objektives Verfahren** außerhalb des subjektiven Strafverfahrens. Es befasst sich mit der Tat- u. Schuldfrage nur, soweit erforderlich u. in der Form einer Inzidententscheidung. Soll der Tatertrag (§ 73 Abs. 1 StGB) o. der Wert des Tatertrages (§ 73c StGB) selbständig eingezogen, muss mithin im objektiven Verf. (inzident) die rechtswidrige (Erwerbs-)Tat iSd § 73 Abs. 1 StGB festgestellt werden, obgleich aus tatsächlichen o. rechtlichen Gründen o. aufgrund einer Opportunitätsentscheidung (§§ 153 ff.) keine bestimmte Person wegen der Tat verurteilt werden kann (vgl. § 76a Abs. 1–3 StGB). 2

Für die selbständige **Unbrauchbarmachung** eines Gegenstandes gelten §§ 435, 436 über § 439. Eine **Nebenklage** ist im objektiven Verf. nicht zulässig, da das selbständige Einziehungsverfahren weder in § 395 Abs. 1 genannt noch dessen entspr. Geltung in § 435 Abs. 3 bestimmt ist (Löwe/Rosenberg/Gaede Rn. 28). Über § 46 Abs. 1 OWiG gelten die Vorschriften auch bei einer selbständigen Einziehung nach § 27 OWiG. 3

B. Antrag. Der Antrag ist **Verfahrensvoraussetzung** für eine selbständige Einziehung; dies gilt jedoch **nicht,** wenn sie im subjektiven (Haupt-)Verfahren angeordnet werden soll, anders wiederum, wenn ein Übergang ins objektive Verfahren notwendig ist (näher → Rn. 5). Er kommt nur in Betracht, wenn die selbständige Einziehung **gesetzlich zulässig** ist (Abs. 1 S. 1). Vor der Antragstellung sind mithin die materiellen Voraussetzungen des § 76a StGB zu prüfen. Der Antrag setzt voraus, dass die **Anordnung** nach dem Ermittlungsergebnis **zu erwarten,** dh als Erg. wahrscheinlich ist (vgl. → § 203 Rn. 2). Das gilt auch, wenn der Privatkläger den Antrag stellt; in diesem Fall gilt auch § 374 Abs. 3 (→ § 374 Rn. 3 ff.). Wird der Antrag auf Durchführung des objektiven Verf. auf ein Antragsdelikt gestützt, so ist ein wirksamer Strafantrag Prozessvoraussetzung (§ 76a Abs. 1 S. 2 StGB; → Einl. Rn. 145, 154). Gleiches gilt, wenn die die Verfolgung der Tat das Vorliegen eines Strafverlangens o. einer Ermächtigung voraussetzen würde (§ 76a Abs. 1 S. 2 StGB). **Antragsbefugt** sind die **StA** u. der **Privatkläger (Abs. 1 S. 1).** Die **Finanzbehörde** kann anstelle der StA den Antrag stellen (§ 401 AO), wenn es sich bei Durchführung eines subjektiven Verf. um eine Steuerstrafsache (→ Einl. Rn. 11 ff.) handeln würde. Sie nimmt die Rechte u. Pflichten der StA wahr, solange nicht mündliche Verh. beantragt o. vom Gericht angeordnet wird (§ 406 Abs. 2 AO). 4

5 Für den Antrag der StA auf Durchführung des objektiven Verf. gilt das **Opportunitätsprinzip** (→ § 152 Rn. 9 ff.), selbst wenn die Maßnahme materiell-rechtlich vorgeschrieben ist. Dabei ist v. Bedeutung, ob ein Bedürfnis für die Maßnahme besteht, zB ein sich aufdrängendes öffentl. Interesse an der Abschöpfung deliktisch erlangter Vermögenswerte o. an Gefahrenabwehr (bei Sicherungseinziehung; BGHSt 20, 257). Insbesondere kann die StA nach Abs. 1 S. 2 von dem Antrag absehen, wenn die Durchführung des objektiven Verf. sich auf einen geringwertigen Tatertrag beziehen würde o. mit einem unangemessenen Aufwand verbunden wäre. Hier wird va der Aufwand für den inzident zu führenden Tatnachweis zu berücksichtigen sein. Wird ein Rechtsanwalt nach der Beschränkung gem. Abs. 3 als Pflichtverteidiger bestellt, löst eine von ihm beratende Tätigkeit im Laufe des Gerichtsverfahrens nicht die Gebühr Nr. 4142 RVG-VV aus (OLG Nürnberg ZWH 2022, 260).

6 Der Privatkläger kann seinen Antrag in jeder Lage des Verf. **zurücknehmen;** der Antrag kann dann allerdings nicht erneut gestellt werden (analog §§ 391 f.). Die StA u. die FBeh können den Antrag analog § 156 nur **bis zur gerichtlichen Eröffnung** des Einziehungsverfahrens (Abs. 3 iVm § 203) zurücknehmen; eine rkr. Ablehnung der selbständigen Einziehung hindert gem. § 76a Abs. 1 S. 3 StGB eine erneute Sachentscheidung über die Einziehung (BT-Drs. 18/9525, 72). Allerdings kann das Gericht – mit Zustimmung der StA – bei geringem Wert des Erlangten (§ 421 Abs. 1 Nr. 1) o. wegen unangemessenen Aufwands (§ 421 Abs. 1 Nr. 3 Alt. 1) v. der Einziehung **absehen** (Löwe/Rosenberg/Gaede Rn. 39; KK-StPO/Schmidt/Scheuß Rn. 15). Zur eingeschränkten Möglichkeit, den Antrag nach rechtkräftiger Ablehnung der Eröffnung des gerichtlichen Einziehungsverfahrens wiederaufzunehmen, vgl. Abs. 3 iVm § 211.

7 Der **Antragsinhalt** wird v. Abs. 2 bestimmt. Danach ist der Antrag auf Durchführung des objektiven Verf. eine **Art Klageerhebung.** Im Antrag muss der **Einziehungsgegenstand** o. – im Falle einer selbständigen Wertersatzeinziehung – der als Wertersatz einzuziehende **Geldbetrag** angegeben werden (Abs. 2 S. 1). Der Gegenstand der Maßnahme wird in einer Weise bezeichnet, dass er genau identifiziert ist (→ § 260 Rn. 39). Anzugeben sind zudem die **Zulässigkeitsvoraussetzungen** für die beantragte selbständige Einziehung. Der Antrag muss daher die tatsächliche u. rechtliche Grdl. der erstrebten Maßnahme darlegen. Das wesentliche Erg. der Ermittlungen ist v. dem übrigen Inhalt des Antrags zu trennen, da es bei der Verlesung des Antrags zu Beginn einer mündlichen Verh. durch den StA weggelassen werden muss (→ § 436 Rn. 10). Können mehrere Straftaten als Grdl. der Maßnahme geltend gemacht werden, so genügt es, in dem Antrag eine beliebige v. ihnen herauszugreifen (→ § 436 Rn. 6).

8 Die **Antragsschrift** wird dem Einziehungsadressaten **mitgeteilt,** soweit dies ausführbar ist (Abs. 3 S. 1 iVm § 201 Abs. 1). Ist der Einziehungsbeteiligte unbekannten Aufenthalts u. ist die Mitteilung der Antragsschrift deshalb nicht ausführbar, wird sie ihm entspr. § 40 öffentl. zugestellt (Abs. 3 S. 2 iVm § 429 Abs. 1 Hs. 2, Abs. 2). Vgl. zum weiteren Verf. Köhler/Burkhard NStZ 2017, 665 (672).

9 Das **Strafbefehlsverfahren** ist für eine **gesonderte** selbständige Einziehung ausgeschlossen; Abs. 3 S. 2 verweist nicht auf § 432. Der Antrag auf selbständige Einziehung des Tatertrages (etwa nach einer Beschränkung gem. § 154) kann **zusammen** mit dem Antrag auf unselbständige Einziehung des Ertrages aus einer angeklagten Tat in einer Anklageschrift gestellt werden. Dies gilt auch, wenn sich die StA in dieser Fallkonstellation für das Strafbefehlsverfahren entscheidet.

10 Treten die Voraussetzungen für eine selbständige Einziehung nach § 76a StGB erst im **Hauptverfahren** ein (etwa durch Eintritt der Verfolgungsverjährung oder Einstellung nach § 154 Abs. 2), ist nach der Entscheidung des **GrS** (BGH NZWiSt 2024, 59) hinsichtlich des Antragserfordernisses zu differenzieren: Bei **Verjährung** der Straftat kann das Tatgericht das durch o. für die Tat Erlangte (Tatertrag o. -lohn) oder dessen Wert nach § 76a Abs. 2 S. 1 StGB im **subjektiven** Verfahren im Urteil anordnen, durch das es das Verfahren hinsichtlich dieser Tat nach § 260 Abs. 3 einstellt; in einem solchen Fall bedarf es mithin nicht des Übergangs in das

objektive Verfahren gem. §§ 435 f. und damit keines gesonderten Antrags nach Abs. 1 (BGH NStZ-RR 2024, 287 Ls.; BGH BeckRS 2024, 35456 Rn. 13, bei Einstellung durch das Revisionsgericht). Das Gleiche gilt, wenn die Einziehungsanordnung neben einem Freispruch getroffen wird (BayObLG BeckRS 2024, 7821). Konsequent wäre es dann, bei einem Rechtsmittel des Einziehungsbeteiligten § 431 Abs. 1 anzuwenden (offen gelassen v. BGH BeckRS 2023, 39261 Rn. 42 ff.). In allen **übrigen Fällen** (insb. auch bei einer Einstellung nach § 154 Abs. 2 oder Beschränkung nach § 154a Abs. 2) ist ein Übergang ins **objektive** Verfahren und damit ein Antrag der StA nach Abs. 1 notwendig (BGH BeckRS 2024, 38743). Der Hinweis auf die Einziehung in der Anklage- (§ 200) o. Antragsschrift (§ 414) reicht hierfür ebenso wenig aus wie ein Einziehungsantrag im Schlussvortrag der StA (BGH NStZ 2018, 559; 2019, 271). Einer **gesonderten schriftlichen Begründung** iSd Abs. 2 bedarf es dann allerdings nicht, wenn sich der notwendige Inhalt – abgesehen v. Antrag selbst – schon aus der zur HV zugelassenen Anklage o. Antragsschrift ergibt (BGH NStZ-RR 2022, 255). Gleiches gilt für das nach Abs. 3 iVm §§ 201 ff. vorgesehene **Zwischenverfahren,** da ein solches bereits durchgeführt worden ist, wenn die Tat wie in den Fällen des § 154 Abs. 2 oder § 154a Abs. 2 aufgrund der Anklageerhebung Gegenstand der Hauptverhandlung war (BGH NJW 2024, 3080 (3082); KK-StPO/Schmidt/Scheuß Rn. 18; Bittmann/Köhler/Seeger/Tschakert Strafrechtl. Vermögensabschöpfung-HdB/Tschakert Rn. 1663; **aA** SSW StPO/Heine Rn. 18). Die StA sollte den Antrag nach Abs. 1 mit Blick auf die Anhängigkeit unbedingt **zusammen** mit dem Antrag auf Einstellung nach §§ 154, 154a stellen (OLG Frankfurt a. M. NZWiSt 2025, 408). Die vom GrS aufgestellten Maßstäbe gelten auch, wenn das Verfahrenshindernis erst in der Berufungsinstanz eintritt; es bleibt dann das Rechtsmittelgericht zuständig (OLG Dresden NZWiSt 2020, 251 mAnm Lubini). Das Gleiche ist mit Blick auf die mögliche **Erstreckung des Strafklageverbrauchs** auf die Einziehung (→ Rn. 12) anzuraten.

Für die **strafrechtliche Praxis** hat der GrS mit der vorgenannten Entscheidung für Rechtssicherheit gesorgt: Entscheidet sich die StA bereits nach Abschluss der Ermittlungen für eine selbständige Einziehung nach § 76a StGB ist der Antrag nach Abs. 1 und das Verfahren nach Abs. 2, Abs. 3 zwingend. Treten die Voraussetzungen für die selbständige Einziehung erst in der Hauptverhandlung ein, so bedarf es nur im Falle der Verfolgungsverjährung keines Antrags nach Abs. 1; in allen anderen Fällen muss die StA die selbständige Einziehung ausdrücklich nach Abs. 1 beantragen, wobei sie ihn idR nicht gesondert schriftlich begründen muss und das Zwischenverfahren nach Abs. 2 nicht durchgeführt wird. 10a

C. Gesetzliche Zulässigkeit. Ob die Anordnung der selbständigen Einziehung gesetzlich zulässig ist, bestimmt allein das materielle Recht, also **§ 76a StGB.** Voraussetzung für die Antragstellung nach Abs. 1 S. 1 ist mithin, dass es nach dem Ergebnis der Ermittlungen zu erwarten, also die gerichtliche **Anordnung** der selbständigen Einziehung **wahrscheinlich** ist (→ Rn. 4). Nach Abs. 3 S. 1 iVm § 203 überprüft dies das Gericht im **Zwischenverfahren.** Lässt es den Antrag entspr. § 203 zu, entscheidet es im **Hauptverfahren** entweder im Fall des § 436 Abs. 2 iVm § 434 Abs. 2 im Beschlusswege nach Aktenlage oder nach § 436 Abs. 2 iVm § 434 Abs. 3 S. 1 durch Urteil aufgrund der mündlichen Verhandlung nach dem Grundsatz der freien richterlichen Beweiswürdigung gem. § 261 StPO (BGHSt 64, 186 (189)). **Rechtsmittel** sind die Beschwerde einerseits u. Berufung o. Revision andererseits (§ 436 Abs. 2 iVm § 434 Abs. 2–4). Insofern bestehen keine Besonderheiten. Dennoch soll die **Unmöglichkeit eines subjektiven Strafverfahrens** (§ 76a StGB) – entspr. der Rspr. zu § 430 aF (BGHSt 21, 55) – Prozessvoraussetzung sein (BGHSt 64, 186 (188); OLG Stuttgart wistra 2020, 477; dem folgend KG v. 27.1.2026 – 5 Ws 148/25, 5 Ws 149–160/25; KK-StPO/Schmidt/Scheuß Rn. 7; Löwe/Rosenberg/Gaede Rn. 6). Hiergegen spricht die **Neukonzeption** des selbständigen Einziehungsverfahrens, das in seiner Grundstruktur mit der Einführung eines Zwischenverfahrens dem Strafverfahren gleicht, 11 und es sich bei dem Umstand, dass eine bestimmte Person (§ 76a Abs. 1 S. 1 StGB) oder der von der Sicherstellung Betroffene (§ 76a Abs. 4 S. 1) nicht wegen der Tat verfolgt oder verurteilt werden kann, eine **Tatbestandsvoraussetzung** der selbständigen Einziehung ist. Im Falle einer Revision ist dies mithin auf die Sachrüge hin allein anhand der Urteilsgründe zu überprüfen, bei Berufung und der sofortigen Beschwerde nach den hierfür geltenden Grundsätzen, und zwar jeweils umfassend (**aA** KK-StPO/Schmidt/Scheuß Rn 7: „Evidenzkontrolle"). Nur bei einer Entscheidung im Beschlusswege ist dies somit nach Aktenlage zu überprüfen.

11a Die Unmöglichkeit kann schon durch eine Einstellung des Verf. durch die StA nach § 153 Abs. 1 oder § 154 Abs. 1 herbeigeführt werden, obwohl diese die Strafklage nicht verbraucht (§ 76a Abs. 3 StGB). Dies gilt auch für § 76a Abs. 4 StGB im Hinblick auf die Einstellung des Verf. nach § 170 Abs. 2 wegen der rechtswidrigen Tat, in dem der Einziehungsgegenstand sichergestellt worden ist; Voraussetzung ist aber, dass es **insges. eingestellt** wird, bei mehreren Beschuldigten also nicht nur betreffend den v. der Sicherstellung Betroffenen (OLG Stuttgart wistra 2020, 477; zust. Tschakert wistra 2020, 423).

12 Ob dem subjektiven Verf. **tatsächliche** (zB Flucht des Täters) o. **rechtliche** (zB Strafklageverbrauch) **Hinderungsgründe** entgegenstehen, ist nach der Neufassung des § 76a Abs. 1 S. 1 StGB nicht (mehr) v. Belang (BT-Drs. 18/9525, 72). Sie kommt auch bei dauernder **Verhandlungsunfähigkeit** des Täters o. Teilnehmers in Betracht; zur entspr. europarechtlichen Umsetzungspflicht, vgl. Art. 4 Abs. 2 RL 2014/42/EU (ABl. 2014 L 127, 39; BT-Drs. 18/9525, 72). Zulässig ist auch die Einziehung v. Erträgen aus Straftaten, deren (erneuter) Verfolgung der **Strafklageverbrauch** entgegensteht oder nach § 154a Abs. 2 ausgeschieden worden war (OLG Celle wistra 2019, 60; vgl. für Fälle des entgegenstehenden Verschlechterungsverbots BayObLG StraFo 2024, 190). Wurde allerdings bereits in einem früheren Verf. rkr. über die Einziehung entschieden, ist die (nachträgliche) Vermögensabschöpfung nach § 76a Abs. 1 S. 3 StGB ausgeschlossen (BT-Drs. 18/9525, 72; zur Frage, wann eine Entsch. iSd § 76a Abs. 1 S. 3 StGB vorliegt, vgl. OLG Hamburg wistra 2018, 438; krit. Ullenboom wistra 2018, 291). Versäumt das Tatgericht versehentlich eine in einem früheren Urteil angeordnete Einziehung von Wertersatz nach § 55 StGB aufrechtzuerhalten, ist iSd § 76a Abs. 1 S. 3 StGB über die Einziehung entschieden worden; ein selbständiges Einziehungsverfahren ist dann ausgeschlossen (KG NStZ-RR 2023, 64 Ls.; vgl. a. BGH NJW 2018, 1831; erg. → Art. 316h **EGStGB** Rn. 3). Die **Erstreckung des Strafklageverbrauchs** auf einen einziehungsbetroffenen Dritten kommt nur in Betracht, wenn er im subjektiven Verfahren formell Einziehungsbeteiligter iSv § 424 Abs. 1 StPO war (BGHSt 67, 295 (316); BeckRS 2025, 8673; für eine Erstreckung in diesen Fällen BGH NStZ-RR 2024, 121; El-Ghazi NStZ 2022, 255 (256); offen gelassen vom GrS in BGHSt 67, 295 (316)).

13 Auch die **Verjährung** der (Erwerbs-)Tat steht der selbständigen Einziehung des Tatertrages o. des Wertes des Tatertrages nicht (mehr) entgegen (§ 76a Abs. 2 S. 1 StGB). Mit dieser Erweiterung des Anwendungsbereichs soll die quasi-kondiktionelle, vermögensordnende Zwecksetzung der strafrechtlichen Vermögensabschöpfung gestärkt werden (BT-Drs. 18/11640, 82). Gleiches gilt wie schon im früheren Recht gem. § 76a Abs. 2 S. 2 StGB für die präventiven Maßnahmen der Sicherungseinziehung (§ 74b StGB) u. der Unbrauchbarmachung (§ 74d StGB); insoweit steht auch der Strafklageverbrauch der Maßnahme nicht entgegen (erg. → Rn. 12). Die selbständige Einziehung des Tatertrages auch dann zulässig ist, wenn die Erwerbstat iSd § 73 Abs. 1 StGB bereits vor dem **Inkrafttreten** des § 76a Abs. 2 S. 1 StGB am 1.7.2017 (BGBl. I 872) verjährt war (BVerfG NJW 2021, 1222).

13a Durch G v. 25.6.2021 (BGBl. I 2099) wurde mit der Anfügung des Abs. 4 eine **eigenständige Ermittlungsgrundlage** für die Fälle geschaffen, in denen die tatsächlichen Beweisgrundlagen zur späteren gerichtlichen Feststellung der der (selbständigen) Einziehung zugrundeliegenden Straftat im subjektiven Verfahren nicht möglich ist, etwa weil Verfolgungsverjährung eingetreten oder der Beschuldigte verstorben ist (BT-Drs. 19/27654, 109 f.). Durch die in S. 1 bestimmte sinngemäße Anwendung der Strafverfahrensvorschriften kann die Beweiserhebung insb. auf Ermittlungsgeneralklausel § 161 Abs. 1 iVm § 474 gestützt werden (s. a. Köhler/Burkhard NStZ 2017, 665 (672 f.)). Auch Vernehmung von Zeugen ist die danach zulässig (§§ 161a, 163 Abs. 3). Nach S. 2 sind jedoch verdeckte Ermittlungsmaßnahmen iSd § 101 sowie solche, die nur gegen den Beschuldigten zulässig sind (zB §§ 81a, 102), nicht gestattet. Eine Durchsuchung bei dem mutmaßlichen Einziehungsadressaten ist damit nur unter den Voraussetzungen zulässig, unter denen sonst ein Tatunbeteiligter durchsucht werden dürfte. Es kommt mithin hierfür § 103 sinngemäß zur Anwendung (BT-Drs. 19/27654, 110). Die Erkenntnisse aus dem vorangegangenen Strafverfahren sind ohne Weiteres verwertbar; die Verwertung von Beweisen aus anderen (Straf-)Verfahren ist an § 161 Abs. 1, Abs. 3 und §§ 477 Abs. 1, 479 Abs. 2 S. 1 zu messen (Zimmermann NZWiSt 2023, 161 (165 ff.)).

Beim **Tod** des Beschuldigten richtet sich die Einziehung des Tatertrages o. des Wertes des Tatertrages nach § 73b Abs. 1 S. 1 Nr. 3 StGB gegen dessen Rechtsnachfolger (Erbe, Vermächtnisnehmer o. Pflichtteilsberechtigter). Gegen diesen durch die rechtswidrige (Erwerbs-)Tat begünstigten Dritten kann die (Wertersatz-)Einziehung im selbständigen Verf. angeordnet werden (BT-Drs. 18/9525, 66). Zum Fall, dass sich die Einziehung v. Beginn an gegen einen nach § 424 Abs. 1 am Verf. beteiligten Dritten richtet (vgl. → Rn. 19). **14**

Dass die **Verfolgung o. Verurteilung** einer bestimmten Person nicht **möglich** ist (vgl. § 76a Abs. 1 S. 1 StGB), muss das Gericht vAw nachprüfen (Löwe/Rosenberg/Gaede Rn. 6; KK-StPO/Schmidt/Scheuß Rn. 7). Eine weitergehende Prüfung kann dem Gericht nicht zugemutet werden. Seine gegenteilige Auff. würde die StA nicht binden u. könnte dazu führen, dass sowohl das subjektive als auch das objektive Verf. ausgeschlossen wären (SK-StPO/Paeffgen Rn. 9). **15**

D. Verfahren und Beteiligung (Abs. 3). Das Verf. nach Eingang der Antragsschrift lehnt sich eng an das Verf. nach Anklageerhebung an. Insbesondere ist ein **Zwischenverfahren** entspr. §§ 201 ff. durchzuführen; dies gilt allerdings nur, soweit es ausführbar ist (Abs. 3 S. 1), nicht mithin, wenn der Einziehungsadressat flüchtig o. unbekannten Aufenthalts ist (BT-Drs. 18/9525, 91 f.). Ist das Zwischenverfahren durchführbar, hat der Einziehungsbeteiligte die Rechte eines Angeschuldigten (Abs. 3 S. 1 iVm §§ 201 ff.). Das Fehlen des Beschl. über die Eröffnung des (Haupt-)Verf. betr. die selbständige Einziehung entspr. § 203 stellt eine Verfahrenshindernis dar (KG wistra 2022, 131; OLG Bamberg StraFo 2019, 382). Hingegen ist das nach Abs. 3 iVm §§ 201 ff. vorgesehene Zwischenverfahren **entbehrlich,** wenn ein solches bereits durchgeführt und das Hauptverfahren auch hinsichtlich der (Erwerbs-)Tat eröffnet worden ist (OLG Köln BeckRS 2024, 17212); das betrifft insb. Einstellungen nach § 154 Abs. 2 oder § 154a Abs. 2 (BGH NJW 2024, 3080 (3082); erg. → Rn. 10). Die materiell-rechtlichen Voraussetzungen für die selbständige Einziehungsanordnung (→ Rn. 2) werden hierdurch nicht berührt (daher nur iE zutr. LG Hagen NZWiSt 2024, 510 (511) mzustAnm Bittmann). Das Tatgericht muss bei einem Antrag der StA nach Abs. 1 auf einen Übergang ins objektive Verfahren (vgl. zur Erforderlichkeit des Antrags → Rn. 10 f.) prüfen, ob die Anordnung der Einziehung nach dem Ergebnis der Ermittlungen und der bis dahin in der Hauptverhandlung erhobenen Beweise zu erwarten ist iSv Abs. 1 S. 1 (OLG Köln BeckRS 2024, 17212; erg. → Rn. 4). **16**

Das **Hauptverfahren** richtet sich nach §§ 427–430. Die **Befugnisse** des Einziehungsbeteiligten entstehen mit der Eröffnung des gerichtlichen Einziehungsverfahrens (Abs. 3 S. 2 iVm § 427). Gleiches gilt für den Nebenbetroffenen (§ 438 Abs. 3 iVm § 427). **17**

Für die **Verfahrensbeteiligung** gelten §§ 424 ff. entspr. (Abs. 3 S. 2). Zu beteiligen sind der **Einziehungsadressat** als Einziehungsbeteiligter, weil die (Wertersatz-)Einziehung sich gegen ihn richtet (Abs. 3 S. 2 iVm § 424 Abs. 1; → § 424 Rn. 2). Für **andere** Personen, die in ihren Rechten v. der Anordnung betroffen **18** sein können, gilt § 438 (vgl. → § 438 Rn. 1). Von der Zuziehung des Beteiligungsinteressenten ist abzusehen, wenn er auf sie verzichtet (§ 424 Abs. 2); es kann v. ihr abgesehen werden, wenn die Voraussetzungen des § 425 vorliegen. Die Schuldfrage wird v. der Beteiligung des Nebenbetroffenen in den Fällen des § 438 Abs. 2 (→ § 438 Rn. 4 ff.) ausgenommen. Die StA wendet in ihrem Vorverfahren § 426 an. Das Gericht ordnet die geboten erscheinende Beteiligung an, falls der Antrag nicht v. vornherein als unzulässig zu verwerfen ist. Das Recht des möglichen Nebenbetroffenen braucht nur glaubhaft zu erscheinen (→ § 438 Rn. 3). Zur Klärung der Voraussetzungen für die Entsch. über die Beteiligung kann das Gericht einzelne Beweiserhebungen anordnen (→ § 202 Rn. 1 ff.). Wird mit der Anordnung die Einschränkung nach § 438 Abs. 2 verbunden, so kann hiergegen der Nebenbetroffene nach § 438 Abs. 2 S. 2 iVm § 424 Abs. 4 S. 2 sofortige Beschwerde erheben (→ § 438 Rn. 8), worüber er belehrt wird (Abs. 5 S. 2; § 35a; vgl. → § 431 Rn. 27).

19 Im Revisionsverfahren ist eine Zurückverweisung ins objektive Verf. zulässig (BGH 17.7.2012 – 3 StR 204/12). Das gilt auch beim Tod des Angeklagten (→ § 206a Rn. 8), wenn sich die Einziehung gegen einen Dritten richtet, dessen Verfahrensbeteiligung nach § 424 Abs. 1 angeordnet worden ist (zum Fall, dass sich die Einziehung gegen den verstorbenen Angeklagten richtete, vgl. → Rn. 14). Der **umgekehrte Wechsel** vom objektiven in das subjektive Verfahren ist **unzulässig** (KK-StPO/Schmidt/Scheuß Rn. 19; Löwe/Rosenberg/Gaede Rn. 62).

20 Das **Nachverfahren (Abs. 3 iVm § 433)** steht dem v. der Maßnahme Betroffenen auch offen, wenn die Maßnahme im objektiven Verf. rkr. angeordnet worden ist. Daher gilt hins. der Wiederaufnahme insoweit auch die Einschränkung des § 439 Abs. 6 (→ § 439 Rn. 14).

21 **E. Vorläufige Sicherstellung.** Die vorläufige Sicherstellung zur Sicherung der (Wertersatz-)Einziehung im selbständigen Verf. richtet sich nach den §§ 111b ff. (Beschlagnahme o. Vermögensarrest). Insoweit bestehen keine Unterschiede zur unselbständigen Anordnung. Die Beschlagnahme zur Sicherung der Einziehung v. Schriften nach § 74d Abs. 1 StGB erstreckt sich zwangsläufig auf alle Kopien u. Negative, die sich gerade im Besitz der bei ihrer Verbreitung o. deren Vorbereitung mitwirkenden Personen o. auf dem Versandweg befinden (§ 74d Abs. 2 StGB; Seetzen NJW 1976, 497 (499)). Die Beschlagnahme zur Sicherung der Einziehung nach § 74d Abs. 3 StGB erstreckt sich nur auf die Stücke, die sich im (auch nur mittelbaren) Besitz des Täters, eines Teilnehmers o. eines anderen befinden, der für die Täter o. Teilnehmer gehandelt hat (Seetzen NJW 1976, 497 (499)).

21a Im Verfahren der selbständigen erweiterten Einziehung nach **§ 76a Abs. 4 StGB** darf das erkennende Gericht die in dem Verfahren wegen der Katalogtat iSd § 76a Abs. 4 S. 3 StGB erfolgte Sicherstellung nicht vor dem rechtskräftigen Abschluss des Einziehungsverfahrens aufheben, auch wenn es die Einziehung des sichergestellten Gegenstandes nicht anordnet (KG Berlin wistra 2024, 515 mablAnm Fleckenstein).

Entscheidung im selbständigen Einziehungsverfahren

436

(1) [1] Die Entscheidung über die selbständige Einziehung trifft das Gericht, das im Fall der Strafverfolgung einer bestimmten Person zuständig wäre. [2] Für die Entscheidung über die selbständige Einziehung ist örtlich zuständig auch das Gericht, in dessen Bezirk der Gegenstand sichergestellt worden ist.

(2) **§ 423 Absatz 1 Satz 2 und § 434 Absatz 2 bis 4 gelten entsprechend.**

1, 2 **A. Prüfung durch das Gericht. I. Zulässigkeit.** Fehlt eine Zulässigkeitsvoraussetzung, so wird der Antrag als unzulässig verworfen, auch falls der Mangel erst später erkannt wird.

II. Sachentscheidung. Die Sachentscheidung betr. die Anordnung der Maßnahme o. deren Ablehnung. § 421 Abs. 1 ist anwendbar bei Geringwertigkeit des Erlangten u. bei unangemessenem Aufwand (erg. → § 435 Rn. 7). § 74f StGB ist ebenfalls anwendbar. Über Entschädigung, vgl. → § 430 Rn. 4. Da es an einem Angeklagten fehlt u. die Rechtsposition des Einziehungsbeteiligten in § 427 Abs. 1 S. 1 nur so weit der des Angeklagten angeglichen wird, als es sich um seine eigenen Prozessbefugnisse handelt, gelten die in § 263 vorgesehenen Abweichungen v. § 196 GVG nicht, so dass stets **einfache Stimmenmehrheit** entscheidet (SK-StPO/Paeffgen Rn. 8). Wurde die der Einziehung o. Unbrauchbarmachung zugrundeliegende Tat bereits rkr. abgeurteilt, so tritt gem. Abs. 3 die Bindungswirkung des § 423 Abs. 1 S. 2 ein (BT-Drs. 18/9525, 92). Das gilt aber nur, wenn der Betroffene an dem der selbständigen Einziehungsentscheidung zugrunde liegenden Verfahren beteiligt war (OLG Celle ZWH 2022, 94 mAnmHüls; erg. → § 423 Rn. 5). 3

III. Kosten des Verfahrens. Zur Tragung der Kosten des Verfahrens kann der Einziehungsbeteiligte in keinem Fall verurteilt werden, da er nicht Angeklagter ist (§ 465). Im Übrigen gilt § 472b. 4

B. Zuständigkeit. I. Sachliche Zuständigkeit (Abs. 1 S. 1). Zuständig ist das Gericht, das für die Strafverfolgung der Tat zuständig wäre. Die Zuständigkeit des OLG (§ 120 GVG) ist nicht ausgeschlossen. Kommen mehrere Straftaten als Grdl. für die Maßnahme in Betracht, so ist für die sachliche Zuständigkeit maßgebend, auf welche v. ihnen die StA ihren Antrag stützt; dabei kann sie einen Gesichtspunkt wählen, für den ein Gericht niederer Ordnung zuständig ist (→ § 435 Rn. 8 aE). Bei Aufhebung u. Zurückverweisung nach § 354 Abs. 2 ist das Gericht zuständig, das zuerst entschieden hatte (→ § 354 Rn. 47); § 462a Abs. 4 gilt nicht. 5, 6

II. Örtliche Zuständigkeit (Abs. 1). Außer den §§ 7 ff. gilt die Sonderbestimmung des Abs. 1 S. 2 (BGH NZWiSt 2026, 80: Kontoguthaben), notfalls § 13a (KK-StPO/Schmidt/Scheuß Rn. 3). Wird in mündlicher Verh. entschieden, so darf sich das Gericht nicht mehr vAw, auf Einwand des Bet. nur noch bis zum Beginn der Verh. zur Sache für unzuständig erklären (Abs. 2 iVm § 434 Abs. 3 S. 1 Hs. 2, § 16 S. 3; Löwe/Rosenberg/Gaede Rn. 5). 7

C. Entscheidung. I. Beschlussverfahren (Abs. 3 iVm § 434 Abs. 2). Entschieden wird grundsätzlich durch Beschluss (Abs. 3 iVm § 434 Abs. 2). Stellt sich vor einer nach Abs. 3 S. 1 angeordneten mündlichen Verh. die Unzulässigkeit des Antrags heraus, kann der Termin abgesetzt u. durch Beschl. entschieden werden (BGH NStZ 2012, 35). Die Eröffnungsentscheidung (§ 435 Abs. 3 iVm § 203) kann **in einem Beschluss** mit der Sachentscheidung getroffen werden (OLG Frankfurt a. M. wistra 2024, 350 mkritAnm Lantermann; offengelassen v. KG BeckRS 2026, 546, es soll aber einen Verstoß gegen faires Verfahren darstellen, wenn das Gericht den „Rechtsschein" einer Entscheidung aufgrund mündlicher Verhandlung gesetzt habe). Sowohl die förmliche als auch die materielle Abschlussentscheidung, die unter den Voraussetzungen des § 430 Abs. 3 mit einer Entsch. über die Entschädigung verbunden sein kann, ist mit der **sofortigen Beschwerde** anfechtbar (Abs. 3 iVm § 434 Abs. 3 S. 1; §§ 311, 304 Abs. 4 S. 2 Hs. 2 Nr. 5; § 35a). Kosten: § 472b. Es handelt sich kostenrechtlich um zu einem ggf. vorhergehenden Strafverfahren selbständiges Verfahren und nicht um dieselbe Angelegenheit iSv § 15 RVG (LG Oldenburg BeckRS 2025, 33138). 8, 9

II. Mündliche Verhandlung. Die Ausnahme greift ein, wenn die StA o. ein anderer Verfahrensbeteiligter, insbes. der Einziehungsbeteiligte (OLG Dresden NZWiSt 2019, 436), dies beantragt o. das Gericht v. sich aus die mündliche Verh. bestimmt (Abs. 2 iVm § 434 Abs. 3 S. 1; Köhler/Burkhard NStZ 2017, 665 (672)). Auf einen Antrag des Einziehungsbeteiligten ist die mündliche Verhandlung obligatorisch (LG Amberg StraFo 2022, 110). Die Vorschr. über die HV gelten entspr. (Abs. 2 iVm § 434 Abs. 3 S. 1 Hs. 2). Die StA verliest analog § 243 Abs. 3 S. 1 die 10

Antragsschrift, ausgenommen das wesentliche Erg. der Ermittlungen (→ § 435 Rn. 8). Im Nachverfahren ist derjenige, der im subjektiven Verf. Angeklagter war, falls er als Auskunftsperson in Betracht kommt, Zeuge; ebenso im objektiven Verf. derjenige, der im Fall eines subjektiven Verf. Beschuldigter wäre, soweit er nicht selbst Bet. ist (→ § 435 Rn. 18). Über das Verhandeln ohne den Bet. vgl. → § 430 Rn. 1.

11 **D. Anfechtung des Urteils (Abs. 3 S. 2).** Wird durch Urt. einer StrK entschieden, so ist Revision zulässig (§ 333). Das gilt auch, wenn die StrK nach durchgeführter HV den Antrag als unzulässig verworfen hat (BGH NStZ 2012, 35). Für die Anfechtung des Urt. eines AG, gilt die Einschränkung des § 434 Abs. 3 S. 2 (iVm Abs. 2), die dem § 55 Abs. 2 S. 1 JGG entspr. (→ § 335 Rn. 1). Sie bezweckt einerseits eine Vereinfachung u. Beschleunigung des Verf., andererseits eine Angleichung an das Beschlussverfahren, in dem es in jedem Fall nur ein Rechtsmittel gibt (Abs. 2 iVm § 434 Abs. 2). Erg. auch zum Nachprüfungsumfang des Rechtsmittelgerichts → § 435 Rn. 11. Zur Folge für sichergestellte Gegenstände im Falle einer erstinstanzlichen Ablehnung einer selbständigen Einziehung nach § 76a Abs. 4 StGB → § 435 Rn. 21.

12 **E. Zweites objektives Verfahren.** In dem selbständigen Einziehungs- o. Unbrauchbarmachungsverfahren wird nur so weit entschieden, wie die Maßnahme beantragt ist. Wird nach Abschluss des objektiven Verf. ein neuer Antrag gestellt, der unter den Voraussetzungen des § 76a StGB auf Einziehung o. Unbrauchbarmachung anderer Gegenstände abzielt, so ist über ihn in einem neuen objektiven Verf. zu entscheiden. Ein Antrag gleichen Inhalts kann nur dann zu einem neuen objektiven Verf. führen, wenn in dem früheren objektiven Verf. keine Sachentscheidung ergangen ist. Hat ein Gericht bereits rkr. über die (Wertersatz-)Einziehung entschieden, so ist eine selbständige Einziehung nach § 76a Abs. 1 S. 3 Alt. 2 StGB ausgeschlossen (BT-Drs. 18/9525, 72).

13 **F. Rechtsmittel nur wegen der Höhe der Entschädigung (Abs. 2 iVm § 434 Abs. 4).** Vgl. → § 431 Rn. 5 ff.

Besondere Regelungen für das selbständige Einziehungsverfahren

437 **[1] Bei der Entscheidung über die selbständige Einziehung nach § 76a Absatz 4 des Strafgesetzbuches kann das Gericht seine Überzeugung davon, dass der Gegenstand aus einer rechtswidrigen Tat herrührt, insbesondere auf ein grobes Missverhältnis zwischen dem Wert des Gegenstandes und den rechtmäßigen Einkünften des Betroffenen stützen. [2] Darüber hinaus kann es bei seiner Entscheidung insbesondere auch berücksichtigen**

1. das Ergebnis der Ermittlungen zu der Tat, die Anlass für das Verfahren war,
2. die Umstände, unter denen der Gegenstand aufgefunden und sichergestellt worden ist, sowie
3. die sonstigen persönlichen und wirtschaftlichen Verhältnisse des Betroffenen.

1 **A. Allgemeines.** § 437 **flankiert verfahrensrechtlich** die durch die Reform der strafrechtlichen Vermögensabschöpfung eingeführte selbständige (erweiterte) Einziehung des **§ 76a Abs. 4 StGB** (BT-Drs. 18/9525, 58). Für andere Formen der selbständigen Einziehung (§ 76a Abs. 1–3 StGB) ist § 437 nicht anwendbar.

2 Die Einziehung nach § 76a Abs. 4 StGB setzt nicht voraus, dass eine rechtswidrige Tat nachgewiesen ist (sie wird deshalb häufig als „non-conviction-based confiscation" bezeichnet; Korte wistra 2018, 1 (8 f.); Schilling/Hübner StV 2018, 49). Es genügt, wenn das Gericht sich davon **überzeugt,** dass der in einem – nach § 170 Abs. 2 eingestellten – Ermittlungsverfahren wegen einer Katalogtat iSd § 76a Abs. 4 S. 3 StGB sichergestellte Gegenstand **aus irgendeiner rechtswidrigen**

Tat herrührt, die nicht länger als 30 Jahre (vgl. § 76b Abs. 1 StGB) zurückliegt (ausf. zu Zweck u. den materiellen Voraussetzungen des neuen Abschöpfungsinstrument u. der Verjährung, BT-Drs. 19/9525, 73 f.; 19/11640, 83; Meyer StV 2017, 343; NZWiSt 2018, 246; Korte wistra 2018, 1 (8 f.), unter Hinweis auf die Notwendigkeit; Köhler/Burkhard NStZ 2017, 665 (671 f.), mit Beispielen; ausf. SSW StPO/Heine Rn. 4 ff., mit Ausführungen zur Änderung der Regelung im Gesetzgebungsverfahren; Schilling/Hübner StV 2018, 49, die der Vermögenschöpfung allerdings – anders BVerfG 110, 1 – Strafcharakter beimessen; Hinderer/Bechschmitt NZWiSt 2018, 179; Rönnau/Begemeier JZ 2018, 443, krit. wegen „herrühren", vgl. hierzu aber auch Köhler NZWiSt 2018, 226 (229)). Ausführlich zur Rechtsnatur der Regelung Beckemper ZStW 2022, 456; äußerst krit. SK-StPO/Paeffgen Rn. 1 ff.

B. Grundlage der Überzeugungsbildung. Eine Einziehung nach § 76a Abs. 4 StGB setzt voraus, dass das Gericht v. der deliktischen Herkunft („herrühren") **überzeugt** ist. Sie folgt insofern der – v. BVerfG bestätigten (BVerfGE 110, 1) – verfassungskonformen Auslegung der Regelung zum früheren erweiterten Verfall (§ 73d StGB aF) des BGH (BT-Drs. 18/9525, 73, unter Hinweis auf BGHSt 40, 371; BGH NStZ-RR 2010, 385; BT-Drs. 18/11640, 83). Es gilt der Grundsatz der freien Beweiswürdigung nach § 261 (BT-Drs. 18/11640, 89; SSW StPO/Heine Rn. 4; kritisch Schilling/Hübner StV 2018, 55). Vgl. auch Korte wistra 2018, 1 (8), der darauf hinweist, dass bei der Sachverständigenanhörung im Ausschuss für Recht u. Verbraucherschutz verfassungsrechtliche Bedenken gegen die Norm lediglich v. Teilen der Sachverständigen – insbes. v. denen aus den Reihen der Strafverteidiger – geltend gemacht wurden; Meyer StV 2017, 354: keine Verletzung v. Grund- o. Menschenrechten. 3

Die in S. 1 und 2 genannten **Umstände** entsprechen den Indizien, die bei der Überzeugungsbildung für die erweiterte Einziehung v. Taterträgen (§ 73a StGB) heranzuziehen sind. Sie sind nicht abschl. („insbesondere"). Das Gericht „kann" sie für seine Überzeugungsbildung heranziehen; eine Pflicht dazu besteht nicht. Es gilt mithin der Grundsatz der **freien Beweiswürdigung** nach § 261 (BT-Drs. 18/9525, 92; BT-Drs. 18/11640, 89; Korte wistra 2018, 1 (8)). Im Erg. bietet § 437 den Gerichten eine Orientierung für die Frage, welche Umstände bei der Überzeugungsbildung insbes. eine Rolle spielen können (BGH NStZ 2021, 286; Korte wistra 2018, 1 (9)). Eine Beweislastumkehr enthält die Vorschr. nicht (OLG Hamburg StraFo 2024, 302 (303); BT-Drs. 18/11640, 89: Grundsatz der freien Beweiswürdigung). 4

Dem Vorliegen eines **groben Missverhältnisses** zwischen dem Wert des sichergestellten Gegenstandes u. den rechtmäßigen Einkünften des Betroffenen (S. 1) kommt ein bes. Beweiswert zu (BT-Drs. 18/9525, 92). Abzustellen ist auf den **von der Sicherstellung Betroffenen** (Köhler/Burkhard NStZ 2017, 665 (672 Fn. 69)). Außerdem können **weitere Umstände** herangezogen werden, insbes. die in S. 2 genannten. Macht eine andere Person Rechte an dem sichergestellten Gegenstand geltend (zB die Eigentümerstellung), wird er als Nebenbetroffener nach § 438 am Verf. beteiligt, wenn sein Recht glaubhaft erscheint (Köhler/Burkhard NStZ 2017, 665 (672)). 5

C. „Soll"-Vorschrift. § 76a Abs. 4 StGB ist kein zwingendes Recht. Das Gericht „soll" die Einziehung des Gegenstandes anordnen, wenn es sich v. dessen deliktischer Herkunft überzeugt hat (und die übrigen Tatbestandsvoraussetzungen vorliegen). Im Zusammenspiel mit § 437 S. 2 Nr. 1 wird dem Betroffenen dadurch die v. EGMR betonte Möglichkeit der „criminal owner defense" eröffnet (BT-Drs. 18/9525, 92; Korte wistra 2018, 1 (9)). Das Absehen v. der Einziehung wird sich in der Rechtspraxis auf **besonders gelagerte Ausnahmefälle** beschränken; etwa die Fälle des gutgläubigen, entgeltlichen Erwerbs o. bei „erwiesener Unschuld" des Betroffenen. Liegt allerdings das grobe Missverhältnis iSd S. 1 vor, ist ein Fall der „erwiesenen Unschuld" nur schwer vorstellbar; idR wird die Verfolgung o. Verurteilung wegen der Anlasstat trotz vorhandener Verdachtsmomente mangels aus- 6 reichender Beweise unterbleiben (vgl. BT-Drs. 18/9525, 92 f.; Köhler/Burkhard NStZ 2017, 665 (671)).

7 **D. Verfahren.** Für das Verfahren zur selbständigen erweiterten Einziehung nach § 76a Abs. 4 StGB gelten iÜ die gleichen Regelungen wie bei einer sonstigen selbständigen Einziehung (§ 76a Abs. 1–3 StGB), also §§ 435, 436.

Nebenbetroffene am Strafverfahren

438 (1) [1] **Ist über die Einziehung eines Gegenstandes zu entscheiden, ordnet das Gericht an, dass eine Person, die weder Angeschuldigte ist noch als Einziehungsbeteiligte in Betracht kommt, als Nebenbetroffene an dem Verfahren beteiligt wird, soweit es die Einziehung betrifft, wenn es glaubhaft erscheint, dass**

1. dieser Person der Gegenstand gehört oder zusteht oder

2. diese Person an dem Gegenstand ein sonstiges Recht hat, dessen Erlöschen nach § 75 Absatz 2 Satz 2 und 3 des Strafgesetzbuches im Falle der Einziehung angeordnet werden könnte.

[2] **Für die Anordnung der Verfahrensbeteiligung gelten § 424 Absatz 2 bis 5 und § 425 entsprechend.**

(2) [1] **Das Gericht kann anordnen, dass sich die Beteiligung nicht auf die Frage der Schuld des Angeschuldigten erstreckt, wenn**

1. die Einziehung im Fall des Absatzes 1 Nummer 1 nur unter der Voraussetzung in Betracht kommt, dass der Gegenstand demjenigen gehört oder zusteht, gegen den sich die Einziehung richtet, oder

2. der Gegenstand nach den Umständen, welche die Einziehung begründen können, auch auf Grund von Rechtsvorschriften außerhalb des Strafrechts ohne Entschädigung dauerhaft entzogen werden könnte.

[2] **§ 424 Absatz 4 Satz 2 gilt entsprechend.**

(3) **Im Übrigen gelten die §§ 426 bis 434 entsprechend mit der Maßgabe, dass in den Fällen des § 432 Absatz 2 und des § 433 das Gericht den Schuldspruch nicht nachprüft, wenn nach den Umständen, welche die Einziehung begründet haben, eine Anordnung nach Absatz 2 zulässig wäre.**

1 **A. Verfahrensbeteiligung (Abs. 1).** Personen, die – obgleich **nicht Adressat** der Einziehungsanordnung – v. der Maßnahme in ihren **dinglichen Rechten** an dem der Einziehung unterliegenden Gegenstand betroffen sein können, werden unter den Voraussetzungen von Abs. 1 am Verf. beteiligt. In Abgrenzung zum Einziehungsbeteiligten, gegen den sich die Anordnung richtet, wird er v. § 438 Abs. 1 S. 1 als **Nebenbetroffener** bezeichnet (BT-Drs. 18/9525, 93; erg. → Vor § 421 Rn. 4; → § 424 Rn. 1 ff.).

2 **I. Einziehung eines Gegenstandes.** Eine Beteiligung als Nebenbetroffener kommt nur bei der Einziehung eines Gegenstandes in Betracht (Abs. 1 S. 1), da nur mit der Einziehung eines bestimmten Gegenstandes (§§ 73, 73b, 74–74b StGB) dingliche Wirkungen verbunden sind (vgl. § 75 Abs. 1 und Abs. 2 StGB). Mit der Anordnung der Wertersatzeinziehung (§§ 73c, 74c StGB) wird hingegen ein staatlicher Zahlungsanspruch tituliert, der keine (unmittelbare) dingliche Wirkung hat (die anderslautende Aussage in BT-Drs. 18/9525, 93 beruht offensichtlich auf einem redaktionellen Versehen). Die Beteiligung erstreckt sich nur auf die Teile des Verf., die die Maßnahme betreffen (Abs. 1 S. 1).

3 **II. Anordnung.** Die **Anordnung** der Verfahrensbeteiligung setzt lediglich voraus, dass das Bestehen des (dinglichen) Rechts der betr. Person an dem Einziehungsgegenstand **glaubhaft erscheint** (Abs. 1 S. 1). Es genügt die ernsthafte Möglichkeit, dass durch die Einziehung des Gegenstandes in (dingliche) Rechte der in Betracht kommenden Person eingegriffen wird (KK-StPO/Schmidt/Scheuß

Rn. 4). Da die Entsch. über die Verfahrensbeteiligung **vAw** zu treffen ist (Abs. 1 S. 2 iVm § 424 Abs. 3; erg. → § 424 Rn. 1), muss der Beteiligungsinteressent sein Recht nicht durch aktive Tätigkeit glaubhaft machen (Löwe/Rosenberg/Gaede Rn. 18). Im Übrigen gelten für die Anordnung § 424 Abs. 2–5 und § 425 entspr. (vgl. insofern → § 424 Rn. 10 ff., → § 425 Rn. 1 ff.). Zur Beteiligung von JPen u. PVen, vgl. → § 424 Rn. 3 f. Zum **Absehen** vgl. → § 425 Rn. 1. Solange der Insolvenzverwalter des Vermögens des Einziehungsadressaten nicht formell nach Abs. 1 S. 2 iVm § 424 Abs. 3 beteiligt worden ist, ist er weder Einziehungsbeteiligter noch Nebenbetroffener (BGH NStZ-RR 2025, 293).

B. Beschränkung der Beteiligung (Abs. 2). Bei einer unbeschränkten Beteiligungsanordnung (Abs. 1) erstreckt sie sich – soweit das Verf. die Einziehung betr. – auch auf die Schuldfrage. Die Beschränkung der Beteiligung nach Abs. 2 hat zur Folge, dass der Nebenbetroffene zur Schuldfrage nicht die Befugnisse eines Angeklagten hat (§ 427 Abs. 1) u. daher insoweit ausschl. als Zeuge vernommen werden kann (→ § 427 Rn. 4 f.). 4

In den Fällen des **Abs. 2 S. 1 Nr. 1** fehlt dem Nebenbetroffenen die sachliche Legitimation, aus dem Eigentumsrecht zur Schuldfrage (iSv Schuldspruch; vgl. auch Abs. 3) Stellung zu nehmen. Seine schutzwürdigen Interessen werden hier nur insoweit berührt, als es um die Frage der Rechtsverhältnisse an dem Einziehungsgegenstand geht. Die Einziehung wird bereits verhindert, wenn sich sein Eigentum o. seine Rechtsinhaberschaft im Verf. bestätigt, da in den Betracht kommenden Fällen eine Einziehung des Gegenstandes nicht zulässig ist (§ 75 Abs. 1 S. 1 Nr. 1 StGB). 5

Wird ein **beschränkt dinglich Berechtigter** am Verf. beteiligt, weil eine Anordnung nach § 75 Abs. 2 S. 3 StGB in Betracht kommt, so kann seine Beteiligung zur Schuldfrage nicht schon nach Abs. 2 Nr. 1 ausgeschlossen werden. Denn es kann das Erlöschen seines Rechts angeordnet werden, wenn ihm in Bezug auf die Tat ein bes. Schuldvorwurf trifft. 6

In den Fällen des **Abs. 2 S. 1 Nr. 2** bildet die Tat nicht die materielle Grdl. für die Einziehung, sondern nur den Anlass dafür, dass der Entzug des Gegenstandes angeordnet wird. Daher bedarf es hier der Beteiligung nur hins. der bes. Voraussetzungen, der eigentlichen Grdl. für die Einziehung. 7

C. Sofortige Beschwerde. Gegen die Beschränkung der Beteiligungsanordnung ist nach Abs. 2 S. 2 entspr. § 424 Abs. 4 S. 2 die **sofortige Beschwerde** statthaft (→ § 424 Rn. 19). Gegen erstinstanzliche Entscheidungen des OLG ist die Beschwerde gem. § 304 Abs. 2 Hs. 1 StPO nicht statthaft (BGH NStZ-RR 2025, 289). 8

D. Verfahren (Abs. 3). Für das Verf. jenseits der Beteiligungsanordnung (insofern gelten Abs. 1 u. Abs. 2) finden die §§ 426–434 entspr. Anwendung. Wäre ein Ausschluss der Beteiligung zur Schuldfrage zulässig gewesen, wird im Verf. nach Einspruch gegen den Strafbefehl (vgl. dazu auch § 432 Abs. 2) u. im Nachverfahren (§ 433) der Schuldspruch nicht nachgeprüft (SSW StPO/Heine Rn. 8). 9

Der Einziehung gleichstehende Rechtsfolgen

439 Vernichtung, Unbrauchbarmachung und Beseitigung eines gesetzwidrigen Zustandes stehen im Sinne der §§ 421 bis 436 der Einziehung gleich.

Für die genannten Rechtsfolgen gelten die Bestimmungen über das Einziehungsverfahren entsprechend. Verfahrensrechtlich gilt für sie das Gleiche wie für die Einziehung nach §§ 73 ff. StGB (vgl. zum Überblick: → Vor § 421 Rn. 2–9). 1

440–442 *(aufgehoben)*

Vermögensbeschlagnahme

443 (1) [1]**Das im Geltungsbereich dieses Gesetzes befindliche Vermögen oder einzelne Vermögensgegenstände eines Beschuldigten, gegen den wegen einer Straftat nach**

1. **den §§ 81 bis 83 Abs. 1, § 89a oder § 89c Absatz 1 bis 4, den §§ 94 oder 96 Abs. 1, den §§ 97a oder 100, den §§ 129 oder 129a, auch in Verbindung mit § 129b Abs. 1, des Strafgesetzbuches,**
2. **einer in § 330 Abs. 1 Satz 1 des Strafgesetzbuches in Bezug genommenen Vorschrift unter der Voraussetzung, daß der Beschuldigte verdächtig ist, vorsätzlich Leib oder Leben eines anderen oder fremde Sachen von bedeutendem Wert gefährdet zu haben, oder unter einer der in § 330 Abs. 1 Satz 2 Nr. 1 bis 3 des Strafgesetzbuches genannten Voraussetzungen oder nach § 330 Abs. 2, § 330a Abs. 1, 2 des Strafgesetzbuches,**
3. **den §§ 51, 52 Abs. 1 Nr. 1, 2 Buchstabe c und d, Abs. 5, 6 des Waffengesetzes, den §§ 17 und 18 des Außenwirtschaftsgesetzes, wenn die Tat vorsätzlich begangen wird, oder nach § 19 Abs. 1 bis 3, § 20 Abs. 1 oder 2, jeweils auch in Verbindung mit § 21, oder § 22a Abs. 1 bis 3 des Gesetzes über die Kontrolle von Kriegswaffen,**
4. **einer in § 29 Abs. 3 Satz 2 Nr. 1 des Betäubungsmittelgesetzes in Bezug genommenen Vorschrift unter den dort genannten Voraussetzungen oder einer Straftat nach den §§ 29a, 30 Abs. 1 Nr. 1, 2, 4, § 30a oder § 30b des Betäubungsmittelgesetzes,**
5. **einer in § 34 Absatz 3 Satz 2 Nummer 1, 3 oder Nummer 4 des Konsumcannabisgesetzes in Bezug genommenen Vorschrift unter den dort genannten Voraussetzungen oder einer Straftat nach § 34 Absatz 4 des Konsumcannabisgesetzes oder**
6. **einer in § 25 Absatz 4 Satz 2 Nummer 1, 3 oder Nummer 4 des Medizinal-Cannabisgesetzes in Bezug genommenen Vorschrift unter den dort genannten Voraussetzungen oder einer Straftat nach § 25 Absatz 5 des Medizinal-Cannabisgesetzes**

die öffentliche Klage erhoben oder Haftbefehl erlassen worden ist, können mit Beschlag belegt werden. [2]**Die Beschlagnahme umfaßt auch das Vermögen, das dem Beschuldigten später zufällt.** [3]**Die Beschlagnahme ist spätestens nach Beendigung der Hauptverhandlung des ersten Rechtszuges aufzuheben.**

(2) [1]**Die Beschlagnahme wird durch den Richter angeordnet.** [2]**Bei Gefahr im Verzug kann die Staatsanwaltschaft die Beschlagnahme vorläufig anordnen; die vorläufige Anordnung tritt außer Kraft, wenn sie nicht binnen drei Tagen vom Richter bestätigt wird.**

(3) **Die Vorschriften der §§ 291 bis 293 gelten entsprechend.**

1 **A. Zulässigkeit.** Zulässig ist die Vermögensbeschlagnahme mit dem Erlass eines Haftbefehls (mithin uU schon im vorbereitenden Verf.) o. mit Erhebung der öffentl. Klage (§ 170 Abs. 1). Der **Katalog der Straftaten**, bei denen die Vermögensbeschlagnahme in Betracht kommt, ist durch das OrgKG beträchtlich erweitert worden (vgl. dazu J. Meyer ZRP 1990, 89); eine erneute Ausweitung ist durch das 2. G zur Bekämpfung der Umweltkriminalität v. 27.6.1994 (BGBl. I 1440 (1444)) in Abs. 1 Nr. 2 erfolgt, Nr. 5 und 6 betr. Straftaen nach dem KonsumcannabisG bzw. dem Medizinal-CanabisG wurden durch G vom 27.3.2024 (BGBl. I Nr. 109) eingefügt. Eine Teilvermögensbeschlagnahme ist zulässig.

Es bestehen allerdings **Bedenken gegen die Verfassungsmäßigkeit** der Vorschrift. Insoweit wird auf die Entsch. des BVerfG v. 20.3.2002 (BGBl. I 1340), durch die § 43a StGB für nichtig erklärt wurde, hingewiesen u. deshalb vor einer Anwendung der Vorschr. gewarnt (eing. SK-StPO/Paeffgen Rn. 3 ff.; **aM** KMR-StPO/Metzger Rn. 6). Die Praxis scheint v. der Vorschr. auch keinen Gebrauch zu machen (KMR-StPO/Metzger Rn. 3). **1a**

B. Zuständigkeit. Grundsätzlich ist der Richter, nur bei Gefahr im Verzug die StA zuständig. Die Frist für die richterliche Bestätigung beträgt nach Abs. 2 S. 2 nur 3 Tage, wobei entspr. § 100e Abs. 1 S. 3 auch hier v. 3 Werktagen auszugehen ist (erg. → § 100b Rn. 1). **2**

C. Wirkung (Abs. 3). Vorgeschrieben ist die Veröff. im BAnz. nach § 291, mit der die in § 292 bezeichnete Wirkung eintritt (absolutes Veräußerungsverbot iSd § 134 BGB). Da der Beschuldigte nicht abwesend zu sein braucht (anders als im Fall des § 290), wird ihm der Beschlagnahmebeschluss, falls ausführbar u. nicht zweckgefährdend (Löwe/Rosenberg/Gössel Rn. 5), mit Gründen mitgeteilt (§§ 34, 35); dadurch entsteht dann aber nur ein relatives Veräußerungsverbot nach § 135 BGB. **3**

D. Beschwerde. Die einfache Beschwerde ist gegen die richterliche Anordnung o. Ablehnung der Beschlagnahme zulässig (§ 304; §§ 120 Abs. 3, 135 Abs. 2 GVG). **4**

Vierter Abschnitt. Verfahren bei Festsetzung von Geldbußen gegen juristische Personen und Personenvereinigungen

Verfahren

444 (1) [1] **Ist im Strafverfahren über die Festsetzung einer Geldbuße gegen eine juristische Person oder eine Personenvereinigung zu entscheiden (§ 30 des Gesetzes über Ordnungswidrigkeiten), so ordnet das Gericht deren Beteiligung an dem Verfahren an, soweit es die Tat betrifft.** [2] **§ 424 Absatz 3 und 4 gilt entsprechend.**

(2) [1] **Die juristische Person oder die Personenvereinigung wird zur Hauptverhandlung geladen; bleibt ihr Vertreter ohne genügende Entschuldigung aus, so kann ohne sie verhandelt werden.** [2] **Für ihre Verfahrensbeteiligung gelten im übrigen die §§ 426 bis 428, 429 Absatz 2 und 3 Nummer 1, § 430 Absatz 2 und 4, § 431 Absatz 1 bis 3, § 432 Absatz 1 und, soweit nur über ihren Einspruch zu entscheiden ist, § 434 Absatz 2 und 3 sinngemäß.**

(3) [1] **Für das selbständige Verfahren gelten die §§ 435, 436 Absatz 1 und 2 in Verbindung mit § 434 Absatz 2 oder 3 sinngemäß.** [2] **Örtlich zuständig ist auch das Gericht, in dessen Bezirk die juristische Person oder die Personenvereinigung ihren Sitz oder eine Zweigniederlassung hat.**

Übersicht

1 **A. Rechtliches Gehör.** Die **JP** o. **PV** muss in dem Strafverfahren in der Funktion als Nebenbeteiligter das rechtliche Gehör erhalten. Das dabei anzuwendende Verf. regelt § 444, der insofern die verfahrensrechtliche Erg. zu § 30 OWiG ist.

2 **B. Vorverfahren. I. Vernehmung.** Im Vorverfahren wird auch geprüft, ob die Voraussetzungen des § 30 OWiG vorliegen (vgl. → § 152 Rn. 2; → § 264 Rn. 1 ff.; → § 432 Rn. 1). Ergeben sich Anhaltspunkte dafür, dass die Festsetzung einer Geldbuße in Betracht kommt, so wird die JP o. PV gehört (Abs. 2 S. 2 iVm § 426 Abs. 1 S. 1; der Fall der Nichtausführbarkeit scheidet praktisch aus); hins. des Zeitpunktes kann eine etwaige Gefährdung des Ermittlungserfolges berücksichtigt werden (Wimmer NZWiSt 2017, 252 (253)).

3 Die Vernehmung der zur Vertretung berufenen Person spielt sich nach den Regeln der Beschuldigtenvernehmung ab (Abs. 2 S. 2 iVm § 426 Abs. 2). Da die JP sich in einer einem Beschuldigten vergleichbaren Stellung befindet, sind ihr über Abs. 2 S. 2, 426 Abs. 2 auch die **prozessualen Rechte eines Beschuldigten** einzuräumen (Wimmer NZWiSt 2017, 252 (253); str., Nachw. zum Streitstand bei Rogall in KK-OWiG/Rogall OWiG § 30 Rn. 195, 209 ff.; erg. → § 97 Rn. 10c, → § 100a Rn. 19).

4 **II. Anklage.** Die Anklageschrift o. der Strafbefehlsantrag (vgl. § 407 Abs. 2 Nr. 1) richtet sich gegen die natürliche Person, die als Täter o. Teilnehmer an der Straftat hinreichend verdächtig ist; sie betr. aber auch die JP o. PV u. macht die Festsetzung einer Geldbuße gegen sie zum Gegenstand des Verfahrens. Daher muss die StA, falls sie die Festsetzung einer Geldbuße anstrebt (→ Rn. 5), die JP o. PV als Nebenbeteiligte anführen u. bezeichnen, die Anordnung ihrer Beteiligung beantragen (Abs. 1 S. 1) u. die tatsächliche u. rechtliche Grdl. für die angestrebte Maßnahme darlegen. Unterlässt sie das, so ist das Gericht nicht v. der Verpflichtung enthoben, selbst zu prüfen, ob u. von welchem Zeitpunkt an ein Fall vorliegt, in dem über die Frage der Geldbuße zu entscheiden u. daher die Beteiligung anzuordnen ist (→ Rn. 6 ff.; vgl. → § 424 Rn. 1, 7).

5 **III. Verfolgungszwang.** Die Frage der Geldbuße kann aus dem Verf. nicht nach § 154a ausgeschieden werden, auch nicht nach § 421 (SK-StPO/Paeffgen Rn. 8). Für die StA besteht genügender Anlass (vgl. → § 170 Rn. 1 ff.), die Bet. der JP o. PV zu beantragen, nur unter den Voraussetzungen, unter denen das Gericht die Anordnung zu treffen hat, dh wenn die Festsetzung einer Geldbuße zu erwarten ist (→ Rn. 7). Dabei berücksichtigt sie, dass § 30 Abs. 1 OWiG nur eine Kann-Vorschr. ist.

6 **C. Anordnung der Beteiligung (Abs. 1).** Die Anordnung der Beteiligung (Abs. 1) ist erst im Strafverfahren, dh nach Erhebung der öffentl. Klage, zulässig (vgl. → § 424 Rn. 7). Für die Zeitspanne, in der sie getroffen werden kann, gilt § 424 Abs. 3 entsprechend.

7 **I. Anordnung.** Die Anordnung ist **notwendig,** wenn über die Festsetzung der Geldbuße zu entscheiden ist, dh wenn die Voraussetzungen des § 30 Abs. 1 OWiG wahrscheinlich vorliegen (Göhler/Thoma OWiG § 88 Rn. 2) u. die Festsetzung einer Geldbuße zu erwarten ist (OLG Karlsruhe VRS 72, 203; Schmidt StPO/GVG Nachtrag StPO § 444 Rn. 7; **aM** OLG Celle NJW 2005, 1816 Ls. = NStZ-RR 2005, 82; Löwe/Rosenberg/Gössel Rn. 12: wenn die Festsetzung einer Geldbuße nicht unwahrscheinlich ist). Dieser Erwartungsgrad ist auch für die Betei-

ligung nach § 424 Abs. 1 (→ § 424 Rn. 7) u. nach § 435 Abs. 1, Abs. 3 (→ § 435 Rn. 4) vorausgesetzt.

II. Mehrere Taten. Sind mehrere Taten Gegenstand des Verf., so wird die Beteiligung auf diejenigen beschränkt, die dem Organ o. Vorstand usw, vorgeworfen werden u. die Grdl. für die Festsetzung der Geldbuße sein können. Die Schuldfrage kann v. der Beteiligung nicht ausgeschlossen werden (vgl. § 438 Abs. 2), da sie stets Grdl. für die Nebenfolge gegen die JP o. PV ist; denn § 30 OWiG setzt eine rechtswidrige u. schuldhafte Straftat des Organs, Vorstands usw voraus (vgl. Göhler/Thoma OWiG § 88 Rn. 2). 8

III. Wirkung. Die Wirkung der Beteiligungsanordnung bestimmt sich nach § 427. Da § 424 Abs. 2 nicht entspr. anzuwenden ist (Abs. 1 S. 2), kann die JP o. PV die Anordnung der Beteiligung nicht dadurch hindern o. überflüssig machen, dass sie erklärt, gegen eine etwaige Geldbuße keine Einwendungen vorbringen zu wollen. 9

IV. Anfechtung. Anfechtung der Entsch. über die Beteiligung: § 424 Abs. 4 gilt entsprechend. Die Anordnung ist daher nicht anfechtbar; gegen die Ablehnung ist sofortige Beschwerde zulässig, jedoch nur für die StA, da die JP o. PV durch sie nicht beschwert ist. 10

D. Vertretung. Die JP o. PV wird **durch ihr Vertretungsorgan** vertreten (zur Vertretung, wenn einer v. mehreren Geschäftsführern Angeklagter im Strafverfahren ist, BGH NStZ 2017, 354). Das ändert nichts daran, dass sie selbst in der Anklageschrift, im Urt. o. im Strafbefehl als Nebenbeteiligte bezeichnet wird. Der Vertreter wird nach § 426 gehört; er übt die Befugnisse nach § 427 Abs. 1 aus, gegen ihn richtet sich die Anordnung nach § 427. Er vertritt die JP o. PV auch in der HV. 11

Die JP o. PV kann aber auch einen **Vertreter für das Strafverfahren** nach § 428 Abs. 1 wählen; ein solcher kann ihr sogar nach § 428 Abs. 2 auf Antrag o. vAw bestellt werden. Ist ein solcher Prozessbevollmächtigter gewählt o. bestellt, so gilt § 145a entsprechend. § 146, der durch die Bezugnahme auf § 428 Abs. 1 S. 2 ebenfalls entspr. gilt, hat nur Bedeutung, wenn mehrere JPen o. PVen aufgrund der Tat des Angeschuldigten in Anspruch genommen werden. In diesem Fall darf der Verteidiger nicht zugleich Vertreter einer der beteiligten JPen o. PVen sein. Auch darf nicht ein RA zugleich die mehreren JPen o. PVen vertreten, außer wenn sie vermögensmäßig trotz organisatorischer Trennung eine Einheit bilden. Dagegen ist die gemeinschaftliche Verteidigung eines persönlich Betroffenen (zB Vorstandsmitglied) u. der dazugehörigen nebenbetroffenen JP o. PV zulässig (BVerfGE 45, 272 (288) für das Bußgeldverfahren). 12

E. Hauptverhandlung. Die JP o. PV erhält nicht nur eine Terminsnachricht, sondern wird geladen (Abs. 2 S. 1). Dabei ist § 217 entspr. anzuwenden (Abs. 2 S. 2 iVm § 427 Abs. 1 S. 1). Die Anklageschrift wird beigefügt; weicht der Eröffnungsbeschluss v. ihr ab u. wird dadurch die Tat betroffen, die Grdl. für die angestrebte Geldbuße ist, so wird insoweit auch der Eröffnungsbeschluss mitgeteilt (Abs. 2 S. 2 iVm § 429 Abs. 2). Etwaige Ladungsmängel sind revisionsrechtlich nur beachtlich, wenn sie sich zu Lasten der Nebenbeteiligten ausgewirkt haben (BGH NStZ 2017, 354; erg. → § 36 Rn. 7–8a, → § 216 Rn. 8). 13

Es kann aber auch **ohne einen Vertreter der JP oder PV** verhandelt werden, wenn dieser ohne genügende Entschuldigung ausbleibt (Abs. 2 S. 1 Hs. 2). Nur wenn die vorgebrachten o. sonst bekanntgewordenen Umstände nicht als Entschuldigung genügen, kann ohne die JP o. PV verhandelt werden. Da § 430 Abs. 1 nicht für entspr. anwendbar erklärt ist, gilt auch der Ausschluss des § 235 nicht. Da die JP o. PV die Befugnis eines Angeklagten hat (Abs. 2 S. 2 iVm § 427 Abs. 1 S. 1), kann sie auch die Wiedereinsetzung nach § 235 beantragen. 14

F. Urteilstenor. Im Urteilstenor wird bei Festsetzung einer Geldbuße die JP o. PV mit Namen u. Anschrift, möglichst auch mit Bezeichnung des vertretungsberechtigten Organs u. eines etwaigen Prozessbevollmächtigten (§ 428) als Neben- 15 beteiligte bezeichnet, damit der Urteilssatz zu einer geeigneten Grdl. für die Urteilsanfechtung u. bei Rechtskraft zur Vollstreckung (§ 449; §§ 89, 91 OWiG) wird. War die JP o. PV bei der Verkündung des Urt. weder durch das vertretungsberechtigte Organ noch durch seine Prozessbevollmächtigten (§§ 428, 234, 411 Abs. 2 S. 1) vertreten, so ist es nach § 430 Abs. 4 zuzustellen.

16 **G. Rechtsbehelfe. I. Gegen den Strafbefehl.** Gegen den Strafbefehl (vgl. → Rn. 1; Abs. 2 iVm § 432 Abs. 1) kann die JP o. PV hins. der Festsetzung der Geldbuße Einspruch einlegen. Ist nur über diesen Einspruch zu entscheiden, so wendet das AG das Beschlussverfahren an (Abs. 2 iVm § 434 Abs. 2).

17 Nur unter den Voraussetzungen des § 434 Abs. 3 entscheidet es aufgrund einer mündlichen Verh. durch Urt., dessen Anfechtung durch § 434 Abs. 3 S. 2 eingeschränkt ist.

18 **II. Gegen das Urteil.** Das Urteil, das die Geldbuße festsetzt, ist nach Maßgabe des entspr. anwendbaren § 431 Abs. 1–3 anfechtbar. Im Rechtsmittelverfahren erstreckt sich die Prüfung, ob die Geldbuße gegen die JP o. PV gerechtfertigt ist, auf den Schuldspruch des angefochtenen Urt. nur, wenn die Voraussetzungen des § 431 Abs. 1 S. 1 erfüllt sind (Löwe/Rosenberg/Gössel Rn. 33). Die Feststellungen zum Schuldspruch bleiben trotz der Einwendungen bestehen, wenn ihre erneute Prüfung nicht erforderlich erscheint (→ § 431 Rn. 2). Die weitergehende Prüfung des Schuldausspruchs auf Rechtsmittel eines anderen Bet. bleibt unberührt.

19 **H. Geldbuße im selbständigen Verfahren (Abs. 3).** Auch im selbständigen Verfahren (Abs. 3) kann die Geldbuße festgesetzt werden. Abs. 3 S. 2 stellt für diesen Fall einen weiteren Gerichtsstand zur Vfg. (wie § 436 Abs. 1 S. 2 für den Fall der Einziehung im objektiven Verf.). § 431 Abs. 4 ist bei Anfechtung der Höhe der Geldbuße nicht entspr. anzuwenden.

20 Über die Möglichkeit der **FBeh,** den Antrag auf Festsetzung einer Geldbuße im selbständigen Verf. zu stellen, sowie ihre Rechtsstellung in diesem Verf. vgl. §§ 401, 406 Abs. 2 **AO** (vgl. auch → § 435 Rn. 5).

21 **I. Vollstreckung.** Die Vollstreckung einer im Strafverfahren festgesetzten Geldbuße gegen eine JP o. PV richtet sich nach den Vorschr. des OWiG (§§ 89, 91 ff., 99), da es sich um eine Bußgeldentscheidung handelt.

22 **J. Kosten.** Kosten bei Beteiligung der JP o. PV: Vgl. § 472b (→ § 472b Rn. 1 ff.).

445–448 (weggefallen)

Siebentes Buch. Strafvollstreckung und Kosten des Verfahrens

Erster Abschnitt. Strafvollstreckung

Vorbemerkung zu § 449

A. Strafvollstreckung. Zur Strafvollstreckung gehören alle Maßnahmen u. Anordnungen, die auf Verwirklichung, aber auch auf Abänderung (vgl. § 459a) u. befristete (vgl. §§ 455, 455a, 456, 456c) o. endg. Aufhebung (vgl. §§ 456a, 459d, 459f) einer v. einem Strafgericht erlassenen Entsch. gerichtet sind (erg. → Einl. Rn. 65 ff.). Die Strafvollstreckung ist als Aufgabe der Gerichtsverwaltung iSd § 4 Abs. 2 Nr. 1 DRiG Teil der Rechtspflege. VollstrB ist die StA (§ 451 Abs. 1). 1

Rechtsgrundlagen der Strafvollstreckung sind außer den §§ 449 ff. die StVollstrO, eine Verwaltungsanordnung, die die Gerichte nicht bindet (BVerfGE 29, 312 (315); Löwe/Rosenberg/Graalmann-Scheerer Rn. 19), bei Geldstrafen auch das JBeitrG u. die EBAO (→ § 459 Rn. 1). Bei Freiheitsstrafen gehört iwS zur Strafvollstreckung der Strafvollzug, dessen Einzelheiten in den StVollzGn der Länder geregelt sind. 2

Für **Jugendliche** u. nach Jugendstrafrecht verurteilte Heranwachsende regeln die §§ 82 ff. **JGG** die Strafvollstreckung. Die Vorschr. der StVollstrO gelten aber insoweit, als das JGG, die RiJGG, die BwVollzO u. das OWiG nichts anderes bestimmten (§ 1 Abs. 3 StVollstrO). 3

Gegen **Soldaten** werden auf Ersuchen der VollstrB (§ 451 Abs. 1) Freiheitsstrafen v. nicht mehr als 6 Monaten sowie Jugendarrest v. den Behörden der Bundeswehr vollstreckt (Art. 5 Abs. 2 EGWStG). Für die Vollstreckung gelten die §§ 22, 24, 27, 28, 30, 33, 37, 39, 40, 45, 46, 47, 87 und 88 StVollstrO. 4

Nur Kriminalstrafen und strafrechtliche Maßnahmen der ordentlichen Gerichte werden nach den §§ 449 ff., ergänzt durch §§ 82 ff. JGG, vollstreckt. Für Disziplinarmaßnahmen gelten diese Vorschr. nur, soweit in den Disziplinargesetzen auf sie verwiesen wird. Für Ordnungs- u. Zwangsmittel gilt § 88 StVollstrO (vgl. Röttle/Wagner/Theurer HRP Strafvollstreckung Rn. 520 ff.); für Ordnungsmittel nach § 178 GVG gilt § 179 GVG. 5

B. Notwendigkeit derStrafvollstreckung. Notwendig ist die Strafvollstreckung ieS nur, wenn die Wirkung strafrechtlicher Sanktionen sich nicht schon unmittelbar aus der Rechtskraft der Entsch. ergibt. Das ist zB der Fall beim Fahrverbot (§ 44 Abs. 2 StGB), beim Verlust der Amtsfähigkeit, der Wählbarkeit u. des Stimmrechts (§ 45 iVm § 45a Abs. 1 StGB), der Entziehung der Fahrerlaubnis (§ 69 Abs. 3 S. 1 StGB), dem Berufsverbot (§ 70 Abs. 4 S. 1 StGB) u. der Einziehung (§ 75 Abs. 1 StGB). In diesen Fällen besteht die Strafvollstreckung nur in den zusätzlich erforderlichen Maßnahmen zur Verwirklichung (vgl. § 462b) o. zur erlaubten o. vorgeschriebenen Abänderung (vgl. § 456c), bei zeitlich begrenzter Wirkung auch zum Zweck ihrer Beendigung (vgl. § 55 Abs. 1 S. 1 StVollstrO: Berufsverbot). 6

C. Vollstreckung deutscher Urteile im Ausland. Um die Vollstreckung deutscher Urteile im Ausland wegen einer gegen einen Ausländer verhängten Strafe kann nach § 71 Abs. 1 IRG der ausl. Staat ersucht werden, wenn der Verurteilte in diesem seinen Wohnsitz o. gewöhnlichen Aufenthalt hat o. sich dort aufhält u. nicht ausgeliefert wird u. wenn die Vollstreckung in dem ersuchten Staat im Interesse des Verurteilten o. im öffentl. Interesse liegt. Nach § 71 Abs. 2 IRG kann ein ausl. Staat unter im Wesentlichen gleichen Voraussetzungen um die Vollstreckung eines deutschen Urt. gegen einen Deutschen ersucht werden, sofern der Verurteilte dadurch keine außerhalb des Strafzwecks liegenden Nachteile erleidet. Soweit es um eine nicht freiheitsentziehende Strafe o. Sanktion geht, muss ein Ersuchen nur im öffentl. Interesse liegen. In allen Fällen muss gewährleistet sein, dass der ersuchte Staat eine Rücknahme o. Beschränkung des Ersuchens beachten wird (§ 71 Abs. 3 7

IRG). Nach dem G zur Änd. des Überstellungsausführungsgesetzes u. des Gesetzes über die int. Rechtshilfe in Strafsachen v. 17.12.2006 (BGBl. I 3175), mit dem ein Zusatzprotokoll zum Übk. des Europarats über die Überstellung verurteilter Personen umgesetzt wurde, können verurteilte Straftäter aber auch ohne ihre Zustimmung zur Verbüßung der Strafe in ihr Heimatland überstellt werden, wenn sie sich der Vollstreckung durch Flucht dorthin entzogen haben o. gegen sie eine bestandskräftige Ausweisungsverfügung vorliegt.

8 Die **Vollstreckung ausländischer Urteile im Inland** regeln grds. die §§ 48 ff. IRG. Vorrangig (vgl. § 1 Abs. 3 IRG) ist jedoch in dem vertragl. geregelten Bereich der Vollstreckung freiheitsentziehender Sanktionen das ÜberstellungsÜbk mit dem Überstellungsausführungsgesetz (ÜAG, vgl. → Einl. Rn. 215c); letzteres verdrängt § 71 Abs. 2, Abs. 4 IRG (vgl. Schomburg/Lagodny/Gleß/Hackner Vor II C. Einführung in das Recht der Vollstreckungshilfe). Nach Anh. 3 EUAuslÜbk v. 23.10.1996 verpflichten sich die Mitgliedstaaten das ÜberstÜb auf die Staatsangehörigen der einzelnen Mitgliedstaaten iSd Art. 3 Abs. 4 ÜberstÜb anzuwenden. Ob über einen Überstellungswunsch des Verurteilten ermessensfehlerfrei entschieden wurde, wird durch das OLG nach § 23 EGGVG überprüft. Art. 67 ff. SDÜ (→ Einl. Rn. 216) ergänzen zwischen dessen Partnerstaaten das ÜberstÜb, indem sie für die Übertragung der Vollstreckung v. Strafurteilen v. dem Zustimmungserfordernis absehen, wenn der Betroffene sich durch Flucht in sein eigenes Land der Strafverbüßung entzogen hat. Dem Übk. v. 13.11.1991 zwischen den Mitgliedstaaten der EG über die Vollstreckung ausl. strafrechtlicher Verurteilungen hat die BRD mit G v. 7.7.1997 (BGBl. II 1350) zugestimmt; es ist noch nicht in Kraft getreten, wird aber v. der BRD u. den Niederlanden bereits vorzeitig angewendet (BGBl. 1998 II 896) Hiernach ist die Übertragung der Vollstreckung v. Freiheits- u. Geldstrafen u. Geldbußen ohne Zustimmung des Verurteilten schon dann möglich, wenn sich dieser im (zukünftigen) Vollstreckungsstaat befindet o. dort seinen gewöhnlichen Aufenthalt hat; auch eine ersatzweise Inhaftierung bei Uneinbringlichkeit der Geldstrafe o. Geldbuße ist möglich. Zur Umsetzung des RB 2005/214/JI über die Anwendung des Grundsatzes der gegenseitigen Anerkennung v. Geldstrafen u. Geldbußen ist mit G v. 18.10.2010 (BGBl. I 1408) in §§ 87 ff. im IRG ein eigener Teil geschaffen worden, der nach § 86 IRG dem 4. Teil des IRG über die Vollstreckung ausl. Erkenntnisse u. den in § 1 Abs. 3 IRG genannten völkerrechtlichen Vereinbarungen vorgeht (dazu Trautmann NZV 2011, 57).

9 **D. Rechtsbehelfe im Vollstreckungsverfahren.** Hat der Rechtspfleger für die VollstrB entschieden (→ § 451 Rn. 2), so entscheidet über Einwendungen das Gericht, wenn über die Rechtmäßigkeit v. Maßnahmen der VollstrB nach §§ 458, 459h und 461 Abs. 2 zu befinden ist (§ 31 Abs. 6 S. 1 **RPflG**). Soweit das Gericht nicht zuständig ist, entscheidet über Einwendungen gegen Entsch. o. andere Anordnungen der VollstrB die der StA übergeordnete Behörde (§ 21 Abs. 1 StVollstrO), idR der GStA beim OLG. Nach Durchführung dieses Beschwerdeverfahrens kann der Antrag auf gerichtliche Entsch. nach §§ 23 EGGVG gestellt werden (vgl. → EGGVG § 24 Rn. 5). Für eine Untätigkeitsbeschwerde ist nach Inkrafttreten der §§ 198 ff. GVG auch in Strafvollstreckungssachen kein Raum mehr (OLG Frankfurt a. M. NStZ-RR 2013, 264).

10 Zur Beiordnung eines **Pflichtverteidigers** für das Vollstreckungsverfahren vgl. → § 140 Rn. 33 ff. sowie § 463 Abs. 3 S. 5, Abs. 4 S. 5.

Vollstreckbarkeit

449 **Strafurteile sind nicht vollstreckbar, bevor sie rechtskräftig geworden sind.**

1 **A. Strafurteile.** Strafurteile iSd Vorschr. sind nicht nur Urt. ieS, sondern auch alle vollstreckungsfähigen gerichtlichen Entsch., die an die Stelle v. Urt. treten, wie Strafbefehle, Gesamtstrafenbeschlüsse nach § 460, urteilsvertretende Beschlüsse, die

Nebenfolgen zum Gegenstand haben (§§ 437 Abs. 4, 438 Abs. 2, 441 Abs. 2, 442, 444 Abs. 2, Abs. 3), sowie Entsch., die die Vollstreckbarkeit v. Urt. herstellen o. wiederherstellen, wie der Beschl. nach § 59b StGB u. die Widerrufsbeschlüsse nach §§ 56f, 56g Abs. 2, 57 Abs. 3, 67g Abs. 1–3 StGB u. nach § 459a (→ § 459a Rn. 5).

B. Vollstreckungspflicht. Weder in § 449 noch an anderer Stelle bestimmt das Gesetz, dass Strafurteile vollstreckt werden müssen, wenn sie rkr. sind u. einen der Vollstreckung zugänglichen u. bedürftigen Inhalt haben. Dem Gesetzgeber erschien die Vollstreckungspflicht so selbstverständlich, dass er einen bes. Ausspruch darüber für überflüssig hielt (vgl. Löwe/Rosenberg/Graalmann-Scheerer Rn. 6). Aus § 456 ergibt sich aber, dass die Vollstreckung unverzüglich nach Eintritt der Rechtskraft einzuleiten ist (Roxin § 56 B II; vgl. auch §§ 2, 3 StVollstrO). 2

Im **Ermessen der VollstrB** steht die Vollstreckung nur in den Fällen der §§ 455 Abs. 3, 456, 456a, 456c Abs. 2, 459a. 3

C. Vollstreckungshindernisse. Vollstreckungshindernisse (dazu KK-StPO/Appl Rn. 22; Röttle/Wagner/Theurer HRP Strafvollstreckung Rn. 658 ff.) machen die Vollstreckung unzulässig. Dazu gehören außer dem Mangel der Rechtskraft (→ Rn. 5 ff.) die Strafaussetzung nach den §§ 56, 57, 57a StGB bis zur Rechtskraft des Widerrufsbeschlusses (→ § 453 Rn. 16), die Vollstreckungsverjährung nach §§ 79 ff. StGB, die Einzelbegnadigung o. Amnestie, bei Freiheitsstrafe u. freiheitsentziehenden Sicherungsmaßregeln auch die Vollzugsuntauglichkeit des Verurteilten (§ 455). Die Immunität der Abg. schließt die Vollstreckung v. Freiheitsstrafen u. freiheitsentziehenden Sicherungsmaßregeln ohne Genehmigung des Parlaments aus (vgl. Art. 46 Abs. 3 GG; Nr. 191 Abs. 1 RiStBV). 4

D. Rechtskraft. Erst **nach Eintritt der formellen Rechtskraft** (dazu → Einl. Rn. 164 ff.) ist das Strafurteil vollstreckbar. Sie muss als absolute Rechtskraft (zur relativen Rechtskraft vgl. → § 450 Rn. 4 ff.) ggü. allen Prozessbeteiligten (StA, Privatkläger, Nebenkläger) eingetreten sein, nicht nur ggü. dem Angeklagten (Röttle/Wagner/Theurer HRP Strafvollstreckung Rn. 48). Wegen der Mitangeklagten vgl. → Rn. 10. 5

Die **vorläufige Vollstreckbarkeit** v. Strafurteilen sieht das G nicht vor (vgl. aber → § 346 Rn. 15). § 406 Abs. 3 bildet keine Ausnahme, weil es hier um bürgerlich-rechtliche Ersatzansprüche geht. Auch im Fall des § 56 **JGG** handelt es sich im Grundsatz um die endg. Vollstreckung aufgrund eines rkr. Urt. (Bringewat Strafvollstreckung Rn. 4; vgl. aber auch Löwe/Rosenberg/Graalmann-Scheerer Rn. 2 ff.). 6

Rechtskraft tritt ein, wenn ein Rechtsmittel gegen das Strafurteil (→ Rn. 1) nicht statthaft o. nicht rechtzeitig eingelegt ist, ferner bei allseitigem Verzicht auf Rechtsmittel (OLG Karlsruhe NStZ 1997, 301; OLG München NJW 1968, 1001) o. bei Zurücknahme eines bereits eingelegten Rechtsmittels (§§ 302, 303). Unanfechtbare Entsch., zB die Sachentscheidung des Revisionsgerichts nach § 354 Abs. 1, werden mit ihrem Erlass rkr. (Löwe/Rosenberg/Graalmann-Scheerer Rn. 11), andere spätestens mit fruchtlosem Ablauf der Rechtsmittelfrist. Das gilt auch für den Fall verspäteter Anfechtung (→ § 316 Rn. 1). Führt nach rechtzeitiger Anfechtung ein Beschl. die Rechtskraft des Urt. unmittelbar herbei, so gilt für den Eintritt der Rechtskraft § 34a. Zur Frage des Eintritts u. der Hemmung der Rechtskraft bei Verwerfung eines rechtzeitig eingelegten Rechtsmittels als unzulässig nach §§ 319 Abs. 1, 346 Abs. 1 vgl. → § 346 Rn. 5, 15. 7

E. Teilrechtskraft. I. Vertikale Teilrechtskraft. Ist das Urt. nur gegen einen v. **mehreren Angeklagten** rkr., so darf die Strafe gegen diesen Angeklagten vollstreckt werden. Die Möglichkeit der Urteilsaufhebung nach § 357 bleibt grds. außer Betracht. 8

Nur wenn die Aufhebung zu erwarten ist, kann die Vollstreckung aufgeschoben o. unterbrochen werden (vgl. § 19 S. 2 StVollstrO). 9

10 Ist nur **eine von mehreren Einzelfreiheitsstrafen** gegen einen Angeklagten rkr. (→ Einl. Rn. 185), so ist die Vollstreckung wegen dieser Einzelstrafen nach zutr. u. nunmehr ganz hM zulässig (OLG Hamm NStZ 2009, 655; NStZ-RR 2012, 221 Ls.; erg. → § 450 Rn. 8). Dem Angeklagten darf aber durch die Teilvollstreckung kein Nachteil entstehen. Die Vollstreckung darf daher nur bis zur Höhe der geringstzulässigen späteren Gesamtstrafe durchgeführt werden (OLG Hamm NStZ 2009, 655; NStZ-RR 2012, 221 Ls.); sie entfällt, wenn die Möglichkeit besteht, dass bei Wegfall der angefochtenen Einzelstrafen die Strafe nach § 56 StGB zur Bewährung ausgesetzt wird (KG StraFo 2025, 158 (159f.)). Die Teilvollstreckung, die im Ermessen der VollstrB steht, darf nur angeordnet werden, wenn dafür ein echtes u. unabweisbares Bedürfnis besteht (KG StraFo 2025, 158 (159)), insbes., wenn sich die Anfechtung nur auf eine im Verhältnis zu den anderen geringfügige Einzelstrafe bezieht (vgl. Löwe/Rosenberg/Graalmann-Scheerer Rn. 30; weitergehend Bringewat Strafvollstreckung Rn. 26: idR nur zulässig, wenn die rkr. Einzelstrafe mind. 2 Jahre beträgt).

11 Eine **Teilvollstreckung** rk. gewordener **Einzelgeldstrafen** ist dagegen bei noch nicht rk. Gesamtfreiheitsstrafe nicht möglich (KG StraFo 2025, 158 (160)).

12 **II. Horizontale Teilrechtskraft.** Ist bei horizontaler Teilrechtskraft (→ Einl. Rn. 185) das Urt. im Rechtsfolgenausspruch nur wegen einer der verhängten Strafen (Geldstrafe, Freiheitsstrafe) angefochten o. die Rechtsfolgenentscheidung im Wesentlichen rkr. und nur eine Nebenentscheidung (Einbeziehung uÄ) angefochten u. ist in diesen Fällen die selbständige Anfechtung nach §§ 318, 344 Abs. 1 zweifelsfrei zulässig, so kann die rkr. gewordene Strafe vollstreckt werden (KK-StPO/Appl Rn. 14ff.; Löwe/Rosenberg/Graalmann-Scheerer Rn. 23ff.; **aM** Schlüchter Strafverfahren Rn. 598; vgl. auch BayObLGSt 1964, 23).

13 **III. Vollstreckbarkeitsbescheinigung.** Zur Ausstellung der Vollstreckbarkeitsbescheinigung bei Teilvollstreckung vgl. → § 451 Rn. 14.

Anrechnung von Untersuchungshaft und Führerscheinentziehung

450 (1) **Auf die zu vollstreckende Freiheitsstrafe ist unverkürzt die Untersuchungshaft anzurechnen, die der Angeklagte erlitten hat, seit er auf Einlegung eines Rechtsmittels verzichtet oder das eingelegte Rechtsmittel zurückgenommen hat oder seitdem die Einlegungsfrist abgelaufen ist, ohne daß er eine Erklärung abgegeben hat.**

(2) **Hat nach dem Urteil eine Verwahrung, Sicherstellung oder Beschlagnahme des Führerscheins auf Grund des § 111a Abs. 5 Satz 2 fortgedauert, so ist diese Zeit unverkürzt auf das Fahrverbot (§ 44 des Strafgesetzbuches) anzurechnen.**

1 **A. Anrechnung von UHaft (Abs. 1). I. UHaft.** UHaft iSv Abs. 1 ist jede Freiheitsentziehung, die nach § 51 Abs. 1 S. 1 StGB auf die Strafe angerechnet wird (dazu Fischer/Fischer/Lutz StGB § 51 Rn. 5; vgl. auch § 39 Abs. 3 StVollstrO). Die UHaft endet mit der Rechtskraft des Urt. (→ § 120 Rn. 15).

2 **Keine UHaft** ist die Zeit unzulässiger Strafvollstreckung bei vorzeitiger Überführung des Angeklagten in die Strafanstalt wegen eines Irrtums über den Zeitpunkt der Rechtskraft (KG JR 1964, 310), auch nicht die Zeit der (nicht mehr rückgängig zu machenden) Strafverbüßung bei nachträglicher Wiedereinsetzung gegen die Versäumung der Rechtsmittelfrist (BGHSt 18, 34; OLG Celle Nds. Rpfl. 1965, 186; vgl. auch OLG Hamm NJW 1956, 274).

3 Die UHaft wird nach § 51 Abs. 1 S. 1 StGB **kraft Gesetzes,** ohne dass es eines bes. Urteilsausspruchs bedarf, auf die Strafe angerechnet (BGHSt 24, 29; 27, 287 (288)), sofern das Gericht nicht nach § 51 Abs. 1 S. 2 StGB anordnet, dass die Anrechnung ganz o. teilw. unterbleibt. Im Schrifttum wird die Ansicht vertreten, durch diese (seit 1969 bestehende) Regelung habe Abs. 1 seine Bedeutung verloren; denn die Anrechnung kraft Gesetzes erfasse die gesamte UHaft bis zur

Rechtskraft des Urt., u. die Versagung der Anrechnung reiche nicht über das sie anordnende Urt. hinaus (SK-StPO/Horn StGB § 51 Rn. 7; Baumgärtner MDR 1970, 190; Dencker MDR 1971, 627). Nach aA beschränkt nicht § 51 Abs. 1 StGB den Anwendungsbereich des Abs. 1, sondern verdrängt umgekehrt diese Vorschr. als Sondervorschrift den § 51 Abs. 1 StGB insoweit, als er nur bis zu dem Zeitpunkt gilt, v. dem ab die UHaft nach Abs. 1 zwingend anzurechnen ist (OLG Celle NJW 1970, 768; Dreher MDR 1970, 965; vgl. auch OLG Frankfurt a. M. NJW 1970, 1140). Beide Auff. erscheinen unrichtig. Nach zutr. Ansicht, der § 39 Abs. 2 S. 1 StVollstrO Rechnung getragen hat, erstreckt sich zwar die Anrechnung des § 51 StGB vorbehaltlich einer abw. gerichtlichen Entsch. auf die UHaft, die der Verurteilte bis zu dem Tag erlitten hat, an dem die Entsch. rkr. geworden ist. Insoweit hat Abs. 1 keine Bedeutung mehr (OLG Stuttgart MDR 1970, 522). Sein Anwendungsbereich beschränkt sich auf die Nichtanrechnungsanordnung nach § 51 Abs. 1 S. 2 StGB (LG Nürnberg-Fürth Rpfleger 1970, 67; Bringewat Strafvollstreckung Rn. 4; Wolf/Kempfer StVollstrO § 39 Rn. 2). Sie wirkt ebenfalls bis zum Eintritt der Urteilsrechtskraft. Für die Zeit nach Eintritt der relativen Rechtskraft (→ Rn. 4 ff.) wird ihr aber die Wirkung entzogen; zugleich verliert das Rechtsmittelgericht die Befugnis, die Nichtanrechnung der UHaft anzuordnen (TK-StGB/Kinzig StGB § 51 Rn. 2).

II. Relative Rechtskraft. Relative Rechtskraft tritt ein, wenn das Urt. zwar noch nrkr, aber jedenfalls für den Angeklagten unanfechtbar geworden ist. Dem Angeklagten, der sich mit seiner Verurteilung abfindet, soll kein Nachteil daraus erwachsen, dass ein anderer Prozessbeteiligter die Rechtsmittelfrist ohne Verzichtserklärung verstreichen lässt o. das Verf. allein weiterbetreibt (OLG Frankfurt a. M. NJW 1970, 1140). 4

Die relative Rechtskraft, v. deren Eintritt Abs. 1 den Ausschluss des § 51 Abs. 1 S. 2 StGB abhängig macht, wird **herbeigeführt** durch den Rechtsmittelverzicht des Angeklagten (dazu → § 302 Rn. 13 ff.), durch die Zurücknahme eines bereits eingelegten Rechtsmittels (dazu → § 302 Rn. 1 ff.) o. durch den Ablauf der Einlegungsfrist, ohne dass der Angeklagte eine Rechtsmittelerklärung abgegeben hat. Der Rechtsmittelverzicht zählt nur v. dem Zeitpunkt ab, in dem er erklärt wird; dass dem Angeklagten die Erkl. vorher nicht möglich war, spielt keine Rolle (OLG Düsseldorf Rpfleger 1966, 254: Nichterreichbarkeit des UrkB). Um ein Verstreichenlassen der Anfechtungsfrist handelt es sich auch, wenn das Rechtsmittel verspätet (§§ 316 Abs. 1, 343 Abs. 1) eingelegt worden ist. 5

Wie ein Rechtsmittel des Angeklagten zählt für die Anwendung von Abs. 1 das des Verteidigers (§ 297), nicht aber das v. der StA zu seinen Gunsten eingelegte Rechtsmittel (§ 296 Abs. 2). Hat nur der ges. Vertreter (§ 298) o. der Erziehungsberechtigte (§ 67 Abs. 3 **JGG**) das Urt. angefochten, so kommt Abs. 1 dem Angeklagten zugute (KMR-StPO/Paulus/Stöckel Rn. 9). Übernimmt er nach Eintritt der Volljährigkeit das Rechtsmittel (→ § 298 Rn. 6), so entfällt die Anwendung von Abs. 1 mit dem Tag der wirksamen Übernahme (LG Bamberg NJW 1967, 68 mzustAnm Kaiser). Der Einspruch gegen einen Strafbefehl (§ 410) steht iSv Abs. 1 einem Rechtsmittel gleich. 6

Die relative Rechtskraft **entfällt,** wenn das Urt. auf das Rechtsmittel eines anderen Prozessbeteiligten aufgeh. u. die Sache zurückverwiesen wird; der Angeklagte kann sie nach Erlass des neuen Urt. aber wiederherstellen. Wird das Urt. nur im Strafausspruch abgeändert, verbleibt es bei der Anrechnung nach Abs. 1. 7

III. Relative Teilrechtskraft. Verzichtet der Angeklagte nur hins. einer in einer Gesamtstrafe enthaltenen Einzelstrafe auf Rechtsmittel o. nimmt er das Rechtsmittel nur in diesem Umf. zurück, so gilt Abs. 1 bei der Vollstreckung der Einzelstrafe (→ § 449 Rn. 11) ebenfalls (BGH NJW 1955, 1488 Ls.; Dallinger MDR 1954, 115 – BGH RsprÜ). Entsprechendes gilt, wenn nur eine Einzelstrafe durch revisionsgerichtliche Entsch. rkr. wird (OLG Braunschweig NJW 1963, 2239). Angerechnet wird die UHaft bei solcher Teilvollstreckung bis zur vollen Höhe der zu vollstreckenden Einzelstrafe (Dallinger MDR 1956, 528 – BGH 8

RsprÜ; Bringewat Strafvollstreckung Rn. 14; Wolf/Kempfer StVollstrO § 39 Rn. 19; **aM** BayObLG Rpfleger 1952, 491; Löwe/Rosenberg/Graalmann-Scheerer Rn. 14: anteilige Anrechnung).

9 **IV. Strafzeitberechnung.** Die Strafzeitberechnung erfolgt in der Weise, dass die UHaft v. errechneten Ende der Strafzeit nach vollen Tagen rückwärts abgerechnet wird (§ 39 Abs. 4 S. 1 StVollstrO; vgl. dazu Gocke Rpfleger 1995, 489 gegen OLG Saarbrücken NStZ 1994, 408). Der Tag des Eintritts der relativen Rechtskraft wird nach § 39 Abs. 2 S. 2 StVollstrO nur angerechnet, wenn er nicht nach § 37 Abs. 2 StVollstrO bereits unverkürzt als Strafzeit zählt (vgl. iE Löwe/Rosenberg/Graalmann-Scheerer Rn. 7).

10 **B. Fahrverbot (Abs. 2).** Ist ein Fahrverbot (Abs. 2) noch nrkr, so gibt § 111a Abs. 5 S. 2 die Möglichkeit, die Rückgabe des bereits im amtl. Gewahrsam befindlichen Führerscheins aufzuschieben, wenn der Beschuldigte nicht widerspricht. Die Zeit nach der Verkündung des Urt. wird dann unverkürzt auf das Fahrverbot angerechnet.

Anrechnung einer im Ausland erlittenen Freiheitsentziehung

450a (1) [1] **Auf die zu vollstreckende Freiheitsstrafe ist auch die im Ausland erlittene Freiheitsentziehung anzurechnen, die der Verurteilte in einem Auslieferungsverfahren zum Zwecke der Strafvollstreckung erlitten hat.** [2] **Dies gilt auch dann, wenn der Verurteilte zugleich zum Zwecke der Strafverfolgung ausgeliefert worden ist.**

(2) **Bei Auslieferung zum Zwecke der Vollstreckung mehrerer Strafen ist die im Ausland erlittene Freiheitsentziehung auf die höchste Strafe, bei Strafen gleicher Höhe auf die Strafe anzurechnen, die nach der Einlieferung des Verurteilten zuerst vollstreckt wird.**

(3) [1] **Das Gericht kann auf Antrag der Staatsanwaltschaft anordnen, daß die Anrechnung ganz oder zum Teil unterbleibt, wenn sie im Hinblick auf das Verhalten des Verurteilten nach dem Erlaß des Urteils, in dem die dem Urteil zugrunde liegenden tatsächlichen Feststellungen letztmalig geprüft werden konnten, nicht gerechtfertigt ist.** [2] **Trifft das Gericht eine solche Anordnung, so wird die im Ausland erlittene Freiheitsentziehung, soweit ihre Dauer die Strafe nicht überschreitet, auch in einem anderen Verfahren auf die Strafe nicht angerechnet.**

1 **A. Anrechnung von Auslandshaft (Abs. 1).** Freiheitsentziehung im Ausland aufgrund eines deutschen Auslieferungsersuchens zum Zweck der Strafverfolgung wird nach § 51 Abs. 1, Abs. 3 S. 2 StGB auf die Strafe angerechnet. Diese Regelung ergänzt § 450a (vgl. BVerfGE 29, 312) für den Fall der Auslandshaft aufgrund eines deutschen Auslieferungsersuchens zum Zweck der Strafvollstreckung (Lorenzen/Görl SchlHA 1990, 127 – OLG Schleswig RsprÜ).

2 Angerechnet wird nur die **Haft in einem Auslieferungsverfahren.** Der Begriff ist aber weit auszulegen; darunter fällt jede Freiheitsentziehung zu dem Zweck, den Verurteilten der deutschen Strafvollstreckung zuzuführen (Löwe/Rosenberg/Graalmann-Scheerer Rn. 6). Dass es schließlich nicht zur Auslieferung kommt, sondern der Verurteilte freiwillig in die BRD zurückkehrt, spielt keine Rolle (KK-StPO/Appl Rn. 6). Auf die im Ausland nach Urteilsrechtskraft erlittene Abschiebungshaft bezieht sich § 450a nicht; sie wird daher nicht angerechnet (OLG Koblenz GA 1981, 575; Bringewat Strafvollstreckung Rn. 6; vgl. für inländische Abschiebungshaft OLG Frankfurt a. M. NJW 1980, 537).

3 Die Anrechnung nach Abs. 1 gehört zur **Strafzeitberechnung** (OLG Düsseldorf MDR 1989, 90) u. ist daher Sache der VollstrB (§ 451 Abs. 1). Sie hat nach dem entspr. anwendbaren § 51 Abs. 4 S. 2 StGB (OLG Frankfurt a. M. StV 1988, 20; OLG Karlsruhe Justiz 1983, 467; OLG Koblenz GA 1989, 310; OLG Stuttgart MDR 1986, 779; OLG Zweibrücken OLGSt StPO § 450a S. 1) auch den Um-

rechnungsmaßstab zu bestimmen (OLG Düsseldorf wistra 1991, 320; JMBl. NRW. 1994, 118; OLG Stuttgart Stuttgart MDR 1986, 779; **aM** OLG Karlsruhe Justiz 1983, 467; OLG Zweibrücken OLGSt StPO § 450a S. 1). Bei Zweifeln entscheidet das Gericht nach § 458 Abs. 1 (LG Bochum StV 1993, 33). Die Strafzeit wird v. Zeitpunkt der Übernahme des Verurteilten durch deutsche Beamte an berechnet (§ 38 Nr. 2 StVollstrO).

Ist im **Fall des S. 2** eine Trennung der ausl. Freiheitsentziehung zum Zweck der Vollstreckungsauslieferung v. der zum Zweck der Verfolgungsauslieferung nicht möglich, so hat die Anrechnung auf die zur Vollstreckung anstehende Strafe den Vorrang; nur der dadurch nicht verbrauchte Teil kann auf die Strafe wegen der Tat angerechnet werden, auf die sich die zum Zweck der Strafverfolgung angeordnete Auslieferungshaft bezogen hat (BGH NStZ 1985, 497). 4

B. Anrechnung bei mehreren Strafen (Abs. 2). Die Auslandshaft ist auf die höchste erkannte Strafe (nicht auf den höchsten Strafrest), bei gleich hohen Strafen auf die Strafe anzurechnen, die nach der Einlieferung des Verurteilten zuerst vollstreckt wird. Wenn die Auslandshaft durch die Anrechnung auf die höchste Strafe nicht verbraucht ist, muss der übersteigende Teil auf die nächsthöhere Strafe angerechnet werden (KK-StPO/Appl Rn. 8, 9). 5

C. Nichtanrechnung (Abs. 3). Die Ausnahme bedarf wie im Fall des § 51 Abs. 1 S. 2 StGB der ausdr. gerichtlichen Anordnung (zuständig ist nach § 462a Abs. 1 die StVollstrK), die nur auf einen v. der StA als Strafverfolgungsbehörde (Katholnigg NStZ 1982, 195) gestellten Antrag ergehen darf. Nur gewichtige Gründe, die nach Erlass des letzten tatrichterlichen Urt. eingetreten sind, rechtfertigen die Nichtanrechnung (OLG Zweibrücken GA 1983, 280). Die Flucht ins Ausland genügt allein nicht; sie ist der Regelfall der Anrechnung nach Abs. 1 (OLG Bremen StV 1997, 371; OLG Koblenz OLGSt StPO § 450a Nr. 2; OLG Stuttgart StV 2003, 629). Das gilt auch für die Flucht während eines Hafturlaubs (OLG Karlsruhe MDR 1984, 165; **aM** OLG Hamburg MDR 1979, 603) o. von einer Außenarbeitsstelle (OLG Zweibrücken GA 1983, 280). Es müssen immer erschwerende Umstände hinzutreten, zB der Ausbruch aus der Anstalt, die Absicht des Verurteilten, die Strafvollstreckung böswillig zu verschleppen (Bringewat Strafvollstreckung Rn. 14 mwN) o. die Verbringung der Verbrechensbeute bei der Flucht ins Ausland (vgl. auch BGHSt 23, 307 zu § 51 Abs. 1 S. 2 StGB). Dasselbe gilt für die Bestimmung des Anrechnungsmaßstabs nach § 51 Abs. 4 S. 2 StGB (OLG Zweibrücken Rpfleger 1996, 302). 6

Vollstreckungsbehörde

451 (1) **Die Strafvollstreckung erfolgt durch die Staatsanwaltschaft als Vollstreckungsbehörde auf Grund einer von dem Urkundsbeamten der Geschäftsstelle zu erteilenden, mit der Bescheinigung der Vollstreckbarkeit versehenen Abschrift der Urteilsformel.**

(2) **Den Amtsanwälten steht die Strafvollstreckung nur insoweit zu, als die Landesjustizverwaltung sie ihnen übertragen hat.**

(3) [1] **Die Staatsanwaltschaft, die Vollstreckungsbehörde ist, nimmt auch gegenüber der Strafvollstreckungskammer bei einem anderen Landgericht die staatsanwaltschaftlichen Aufgaben wahr.** [2] **Sie kann ihre Aufgaben der für dieses Gericht zuständigen Staatsanwaltschaft übertragen, wenn dies im Interesse des Verurteilten geboten erscheint und die Staatsanwaltschaft am Ort der Strafvollstreckungskammer zustimmt.**

Übersicht

1 **A. Vollstreckungsbehörde (Abs. 1). I. StA.** Die StA als VollstrB ist für die Strafvollstreckung zuständig. Die Geschäfte sind nach § 31 Abs. 2 S. 1 **RPflG** grds. dem Rechtspfleger übertragen. Ausnahmen – Vorlage an den StA – bestimmen § 31 Abs. 2a (zwingend) und § 31 Abs. 2b (fakultativ) **RPflG.** Stellungnahmen ggü. dem Gericht (zB nach §§ 453 Abs. 1 S. 2, 454 Abs. 1 S. 2, 460) gibt die StA als Strafverfolgungsbehörde ab (vgl. Katholnigg NStZ 1982, 195); der Rechtspfleger ist insoweit nicht zuständig (KK-StPO/Appl Rn. 8).

2 Die Vollstreckung v. **Geldstrafen u. Geldbußen** (aber nicht v. Ersatzfreiheitsstrafen) kann durch RechtsVO der Landesregierung ganz o. teilw. dem UrkB der Geschäftsstelle übertragen werden (§ 36b Abs. 1 Nr. 5 **RPflG**).

3 Im **Verfahren gegen Jugendliche und Heranwachsende,** die nach Jugendstrafrecht verurteilt sind, ist VollstrB der Jugendrichter als Vollstreckungsleiter (§§ 82 Abs. 1 S. 1, 110 Abs. 1 **JGG;** KK-StPO/Appl Rn. 9a).

4 **II. Sachliche Zuständigkeit.** Sachlich zuständig ist nach § 4 StVollstrO die StA beim LG, soweit nichts anderes bestimmt ist; die StA beim OLG ist zuständig, wenn dieses Gericht im 1. Rechtszug entschieden hat u. nicht der GBA zuständig ist. Der GBA ist in Sachen zuständig, in denen das OLG im 1. Rechtszug in Ausübung der Gerichtsbarkeit des Bundes entschieden hat (vgl. Art. 96 Abs. 5 GG, §§ 120, 142a GVG).

5 Eine **Notzuständigkeit** begründet § 6 StVollstrO. Wenn die sachlich zuständige StA nicht alsbald zu erreichen ist, kann anstelle der StA beim LG die StA beim OLG dringende Strafvollstreckungsanordnungen treffen. Nach § 143 Abs. 2 GVG haben auch andere Beamte der StA eine Notzuständigkeit (vgl. iE Löwe/Rosenberg/Graalmann-Scheerer Rn. 11).

6 **III. Örtliche Zuständigkeit.** Die örtliche Zuständigkeit bestimmt sich nach dem Gericht des 1. Rechtszugs (§ 143 Abs. 1 GVG, § 7 Abs. 1 StVollstrO). Bei Zurückverweisung nach §§ 354, 354a, 355 ist die StA bei dem Gericht zuständig, an das zurückverwiesen worden ist (§ 7 Abs. 2 S. 1 StVollstrO). Ist in einem Wiederaufnahmeverfahren eine Entsch. nach § 373 ergangen, so bestimmt sich die Zuständigkeit der VollstrB in den Fällen des § 140a Abs. 1, Abs. 3 S. 2 GVG nach dem Gericht, das die Entsch. getroffen hat (§ 7 Abs. 2 S. 2 StVollstrO). Bei nachträglicher Gesamtstrafenbildung nach § 460 ist VollstrB die StA bei dem Gericht, das sie gebildet hat (§ 7 Abs. 4 StVollstrO). Für eine einzelne, nicht in die Gesamtstrafe einbezogene Strafe verbleibt es jedoch bei der Zuständigkeit nach § 7 Abs. 1 StVollstrO (KK-StPO/Appl Rn. 11). Zum Fall des § 462a Abs. 4 vgl. → § 462 Rn. 35.

7 Bei **Unerreichbarkeit** der zuständigen VollstrK können Vollstreckungsanordnungen auch v. einer örtlich unzuständigen VollstrB vorgenommen werden (§ 143 Abs. 2 GVG; § 7 Abs. 3 StVollstrO); das gilt auch zugunsten der zuständigen VollstrB eines anderen Bundeslandes (Löwe/Rosenberg/Graalmann-Scheerer Rn. 14; Bringewat Strafvollstreckung Rn. 14).

8 **IV. Inanspruchnahme der VollstrB eines anderen Landes.** Die Inanspruchnahme der VollstrB eines anderen Landes ist nach § 9 Abs. 1 S. 1 StVollstrO im Wege der Vollstreckungshilfe zulässig, wenn die Vollstreckungsanordnung außerhalb des Landes, in dem die VollstrB ihren Sitz hat, durch eine Landesbehörde durchgeführt werden soll. Nach der Ländervereinbarung v. 13.1.1965 (abgedr. bei Piller/Herrmann Nr. 2b Anh. 1) kann die VollstrB den Verurteilten aber auch unmittelbar zum Strafantritt in die JVA eines anderen Landes laden. Der GBA kann

in den Fällen, in denen er VollstrB ist (→ Rn. 4), unmittelbar vollstrecken (§ 9 Abs. 2 StVollstrO). Vgl. auch §§ 162, 163 GVG.

9 **V. Höhere VollstrB.** Höhere VollstrB ist idR der **GStA als höhere Aufsichtsbehörde** (§ 147 Nr. 3 GVG, § 21 Abs. 1 Nr. 1 StVollstrO). Seiner Dienstaufsicht untersteht auch der Jugendrichter als Vollstreckungsleiter (→ Rn. 3), soweit er nicht nach § 83 Abs. 1 **JGG** entscheidet (Brunner/Dölling JGG § 83 Rn. 1, 2a; Wolf/Kempfer StVollstrO § 21 Rn. 6).

10 Die höhere VollstrB entscheidet bei **Kompetenzkonflikten,** auch soweit die Strafvollstreckung dem Rechtspfleger übertragen ist (KK-StPO/Appl Rn. 13). Mehrere GStAe müssen sich einigen; § 143 Abs. 3 gilt nicht (Löwe/Rosenberg/Graalmann-Scheerer Rn. 14). Notfalls entscheidet der ihnen übergeordnete JM (§ 147 Nr. 2 GVG); mehrere JM müssen sich untereinander einigen. Eine gerichtliche Entsch. ist nicht vorgesehen.

11 **B. Vollstreckbarkeitsbescheinigung (Abs. 1).** Die Vollstreckbarkeitsbescheinigung (Abs. 1), die **idR zugleich Rechtskraftbescheinigung** ist (KK-StPO/Appl Rn. 17), ist die urkundliche Grdl. der Vollstreckung. Sie wird auf der Urschrift o. einer Abschrift der Entsch. o. ihres erkennenden Teils erteilt (Abs. 1 enthält keine Einschränkung); auf ihr muss die Rechtskraft der Entsch. bescheinigt u. angegeben werden, wann sie eingetreten ist (§ 13 Abs. 2 StVollstrO). Die Erteilung ist Sache des UrkB als Organs der Rechtspflege (Löwe/Rosenberg/Graalmann-Scheerer Rn. 41).

12 **Zuständig** ist der UrkB der Geschäftsstelle beim Gericht des 1. Rechtszugs, der UrkB beim Berufungsgericht nur, wenn gegen ein Berufungsurteil keine Revision eingelegt wird (§ 13 Abs. 4 S. 2 StVollstrO). Ist Revision eingelegt, so gilt § 13 Abs. 5 StVollstrO. Der UrkB benötigt für die Vollstreckbarkeitsbescheinigung nur die schriftliche Urteilsformel nach § 268 Abs. 2; die Urteilsgründe brauchen noch nicht vorzuliegen (§ 13 Abs. 2 S. 2 VollstrO).

13 **Abs. 1 gilt auch** für den Strafbefehl, den Gesamtstrafenbeschluss nach § 460 (→ § 460 Rn. 27), für urteilsvertretende Beschlüsse, die Nebenfolgen betreffen (§§ 437 Abs. 4, 438 Abs. 2, 441 Abs. 2, 442, 444 Abs. 2, Abs. 3), u. für die in § 14 StVollstrO bezeichneten Nachtragsentscheidungen, die die Vollstreckbarkeit des Urt. herstellen o. wiederherstellen (erg. → § 449 Rn. 1). Für die mit der Urteilsrechtskraft ohne weiteres eintretenden Rechtsfolgen (→ Vor § 449 Rn. 5 ff.) ist keine Vollstreckbarkeitsbescheinigung notwendig. Bei freisprechenden Urt. u. bei Strafaussetzung zur Bewährung wird nicht die Vollstreckbarkeit, sondern nur die Rechtskraft bescheinigt (LG Köln Rpfleger 1972, 227; Löwe/Rosenberg/Graalmann-Scheerer Rn. 43).

14 Bei **Teilrechtskraft** (→ § 449 Rn. 8 ff.) kann die Bescheinigung etwa lauten: „Das Urteil ist hinsichtlich der Verurteilung wegen … in Höhe von … rechtskräftig". Die Einzelstrafe wird den Urteilsgründen entnommen. Sind mehrere Einzelstrafen rkr., so wird etwa bescheinigt: „Das Urteil ist rechtskräftig, soweit wegen … auf Einzelstrafen von … erkannt ist" (vgl. Wolf/Kempfer StVollstrO § 13 Rn. 68). Im Fall des § 56 **JGG** werden das Urt. (ohne Rechtskraftbescheinigung) u. der Beschl. (mit Rechtskraftbescheinigung) angeführt (Wolf/Kempfer StVollstrO § 13 Rn. 38).

15 **Vollstreckungshindernisse** hat der UrkB nicht zu prüfen. Wird er auf sie aufmerksam, so muss er die Vollstreckbarkeitsbescheinigung trotzdem erteilen (LG Hildesheim Rpfleger 1960, 215 mzustAnm Pohlmann); er wird die VollstrB aber auf die Hindernisse hinweisen (Löwe/Rosenberg/Graalmann-Scheerer Rn. 43).

16 Hat der UrkB **Zweifel an der Vollstreckbarkeit,** so kann er nicht das Gericht anrufen, damit es ihm die Entsch. abnimmt; er muss sie stets selbst treffen (Löwe/Rosenberg/Graalmann-Scheerer Rn. 42). Kommt er später zu der Überzeugung, dass die Bescheinigung falsch ist, so muss er sie widerrufen (KK-StPO/Appl Rn. 22).

17 Gegen die Erteilung der Vollstreckbarkeitsbescheinigung kann der Verurteilte die **Entscheidung des Gerichts** beantragen, dem der UrkB angehört, gegen die

Nichterteilung die VollstrB. Die gerichtliche Entsch. kann mit der Beschwerde nach § 304 Abs. 1 angefochten werden (LG Göttingen Rpfleger 1956, 337; LG Hildesheim Rpfleger 1960, 215; **aM** LG Marburg NStZ-RR 2014, 112: sofortige Beschwerde).

18 Eine **Nachprüfung der Vollstreckbarkeitsbescheinigung** durch die VollstrB findet nicht statt, es sei denn, es liegen gewichtige Anzeichen für den Nichteintritt der Rechtskraft vor (OLG Hamburg VRS 117, 201; Pohlmann/Jabel/Wolf StVollstrO § 13 Rn. 39).

19 **C. Übertragung der Strafvollstreckung auf die Amtsanwälte (Abs. 2).** Die Übertragung der Strafvollstreckung auf die Amtsanwälte (Abs. 2) ist wegen § 145 Abs. 2 GVG nur in den zur **Zuständigkeit des AG** gehörenden Sachen zulässig. Die Übertragung erfolgt durch Anordnung der LJV.

20 **D. StVollstrK bei einem anderen LG (Abs. 3).** Die StA als VollstrB nimmt ihre Aufgaben entspr. der Regelung des § 143 Abs. 1 GVG auch bei der StVollstrK (§ 462a) wahr, die ihren Sitz in einem anderen Bezirk hat, selbst wenn dieser in einem anderen Bundesland liegt (→ § 462a Rn. 34). Sie kann ihre Aufgaben aber der für dieses Gericht zuständigen StA übertragen (S. 2). Für die Entsch. über Beschwerden der StA, die VollstrB ist, gegen Entsch. der StVollstrK ist das dieser übergeordnete OLG zuständig; Abs. 3 S. 1 gilt entspr. für den Fall, dass das Gericht des 1. Rechtszugs die nach § 453 zu treffende Entsch. nach § 462a Abs. 2 S. 2 abgibt (→ § 462 Rn. 24).

21 Im **Beschwerdeverfahren bei dem OLG** ist nicht der der StA, die VollstrB ist, übergeordnete GStA verfahrensbeteiligt, sondern der GStA bei dem für die Entsch. zuständigen OLG (OLG Karlsruhe OLGSt StPO § 451 S. 1; Löwe/Rosenberg/Graalmann-Scheerer Rn. 75); es bleibt bei der Regel des § 143 Abs. 1 GVG (erg. → GVG § 142 Rn. 4).

22 **E. Vollstreckbarkeit EU-ausländischer Strafurteile. Ausnahmsweise** kann die Vollstreckungsbehörde es **ablehnen**, die von einem anderen EU-Mitgliedsstaat ausgesprochene Verurteilung anzuerkennen und zu vollstrecken, wenn sie über objektive und zuverlässige Anhaltspunkte dafür verfügt, dass in diesem Mitgliedsstaat systemische oder allgemeine Mängel in Bezug auf die Unabhängigkeit seiner Justiz bestehen, die eine echte Gefahr für die Verletzung des in Art. 47 GRCh verbürgten Rechts auf ein faires Verfahren begründen; diese Prüfung ist von der Vollstreckungsbehörde anhand der Situation zum Zeitpunkt der Verurteilung vorzunehmen (EuGH NJW 2024, 1024 (1026, 1027)).

23 Ausserdem müssen ernsthafte und durch Tatsachen bestätigte Gründe für die Annahme bestehen, dass sich diese Mängel konkret auf das Strafverfahren gegen den Betroffenen **auswirken** konnten (EuGH NJW 2024, 1024 (1027)).

Begnadigungsrecht

452 **[1]In Sachen, in denen im ersten Rechtszug in Ausübung von Gerichtsbarkeit des Bundes entschieden worden ist, steht das Begnadigungsrecht dem Bund zu. [2]In allen anderen Sachen steht es den Ländern zu.**

1 **A. Begnadigung.** Begnadigung bedeutet den **völligen o. teilw. Straferlass nach Rechtskraft des Strafurteils.** Sie dient als Mittel zur Verwirklichung individueller Gerechtigkeit durch Ausgleich der Härten des Gesetzes sowie durch Kompensation v. Unbilligkeiten bei nachträglich veränderten Verhältnissen im Wege einer Einzelentscheidung durch einen Akt der Exekutive (vgl. dazu Pflieger ZRP 2008, 84; Schall FS Herzberg, 2008, 906), der nicht der Zustimmung des Betroffenen bedarf. Eine Begnadigung ist nur im Einzelfall zulässig (KMR-StPO/Paulus/Stöckel Rn. 3).

2, 3 **B. Begnadigungsrecht.** Dem **BPräs** (Art. 60 Abs. 2 GG) o. der Behörde, der er seine Befugnisse nach Art. 60 Abs. 3 GG übertragen hat, steht das Begnadigungsrecht in den Staatsschutz-Strafsachen zu, in denen die OLGe nach § 120 Abs. 1, Abs. 2 GVG aufgrund der Organleihe nach Art. 96 Abs. 5 GG (vgl. § 120 Abs. 6 GVG Gerichtsbarkeit des Bundes (S. 1) ausgeübt u. auf Anklage des GBA (§ 142a GVG) im 1. Rechtszug entschieden haben. Die Übertragung nach Art. 60 Abs. 3 GG ist erfolgt über die AO des BPräs u. die Ausübung des Begnadigungsrechts des Bundes v. 5.10.1965 (BGBl. I 1573; FNA 313-3), geänd. durch AO v. 3.11.1970 (BGBl. I 1513).

Sonst haben die **Länder** (S. 2) das Begnadigungsrecht, deren Gerichte im 1. Rechtszug entschieden haben; der Inhaber des Gnadenrechts wird durch die Landesverfassungen bestimmt. Zu den Gnadenordnungen der einzelnen Bundesländer vgl. die Fundstellennachweise in Schönfelder Nr. 90 Anm. zu § 452. Einen Überbl. über das Gnadenverfahren am Bsp. der Gnadenordnung für das Land NW gibt Freuding StraFo 2009, 491 ff. Zur Gnadenpraxis Meier FS Schwind, 2006, 1059. 4

Bei **Gesamtstrafen** steht das Begnadigungsrecht nach der Vereinbarung der Gnadenrechtsinhaber v. 27.10.1971 (abgedr. bei Schätzler, Handbuch des Gnadenrechts, 2. Aufl. 1992, S. 26) dem Staat zu, dessen Gerichtsbarkeit das Gericht bei der Entsch. über die Gesamtstrafe ausgeübt hat. 5

C. Anfechtung und Widerruf. Vgl. → EGGVG § 23 Rn. 17. 6

D. Ehemalige DDR. Nach Anl. I Kap. III Sachgebiet A Abschn. III Nr. 14i EVertr stand das Begnadigungsrecht dem Bund auch dann zu, wenn ein Gericht der DDR in einer Sache entschieden hatte, die der Gerichtsbarkeit des Bundes unterfallen wäre. 7

Nachträgliche Entscheidung über Strafaussetzung zur Bewährung oder Verwarnung mit Strafvorbehalt

453 (1) [1] **Die nachträglichen Entscheidungen, die sich auf eine Strafaussetzung zur Bewährung oder eine Verwarnung mit Strafvorbehalt beziehen (§§ 56a bis 56g, 58, 59a, 59b des Strafgesetzbuches), trifft das Gericht ohne mündliche Verhandlung durch Beschluß.** [2] **Die Staatsanwaltschaft und der Angeklagte sind zu hören.** [3] **§ 246a Absatz 2 und § 454 Absatz 2 Satz 4 gelten entsprechend.** [4] **Hat das Gericht über einen Widerruf der Strafaussetzung wegen Verstoßes gegen Auflagen oder Weisungen zu entscheiden, so soll es dem Verurteilten Gelegenheit zur mündlichen Anhörung geben.** [5] **Ist ein Bewährungshelfer bestellt, so unterrichtet ihn das Gericht, wenn eine Entscheidung über den Widerruf der Strafaussetzung oder den Straferlaß in Betracht kommt; über Erkenntnisse, die dem Gericht aus anderen Strafverfahren bekannt geworden sind, soll es ihn unterrichten, wenn der Zweck der Bewährungsaufsicht dies angezeigt erscheinen läßt.**

(2) [1] **Gegen die Entscheidungen nach Absatz 1 ist Beschwerde zulässig.** [2] **Sie kann nur darauf gestützt werden, daß eine getroffene Anordnung gesetzwidrig ist oder daß die Bewährungszeit nachträglich verlängert worden ist.** [3] **Der Widerruf der Aussetzung, der Erlaß der Strafe, der Widerruf des Erlasses, die Verurteilung zu der vorbehaltenen Strafe und die Feststellung, daß es bei der Verwarnung sein Bewenden hat (§§ 56f, 56g, 59b des Strafgesetzbuches), können mit sofortiger Beschwerde angefochten werden.**

A. Anwendungsbereich. Bei **Strafaussetzung zur Bewährung** nach § 56 StGB ist nach Rechtskraft des Urt. über den Widerruf der Strafaussetzung (§ 56f StGB) o. über den Erlass der Strafe nach Ablauf der Bewährungszeit (§ 56g StGB) zu entscheiden. Schon vorher kann das Gericht Anlass haben, nach § 56a Abs. 2 S. 2 StGB nachträglich die Bewährungszeit zu ändern o. die Entsch. nach den §§ 56b–56d (Auflagen, Weisungen, Bewährungshilfe) nachträglich zu treffen, zu 1 ändern o. aufzuheben (§ 56e StGB). Bei **Verwarnung mit Strafvorbehalt** nach § 59 StGB kommt ebenfalls eine nachträgliche Anordnung, Änd. o. Aufhebung v. Auflagen in Betracht (§ 59a Abs. 2 iVm § 56e StGB), nach Ablauf der Bewährungszeit die Verurteilung zu der vorbehaltenen Strafe o. die Feststellung, dass es bei der Verwarnung sein Bewenden hat (§ 59b StGB). Das Verf. bei diesen Nachtragsentscheidungen regelt Abs. 1, die Rechtsmittel gegen die Gerichtsentscheidungen Abs. 2.

2 § 453 ist **entsprechend anzuwenden,** wenn die notwendige Entsch. nach § 268a unterblieben ist (→ § 268a Rn. 8), ferner bei der Vollstreckung v. Sicherungsmaßregeln (§ 463 Abs. 2), nicht aber, wenn versehentlich überhaupt keine Entsch. über die Frage der Strafaussetzung zur Bewährung getroffen worden ist (**aM** Gössel NStZ 1991, 556). Die Vorschr. wurde ferner entspr. angewendet für die Entsch., eine Strafe nach Nr. 6 des Amnestiebeschlusses der DDR v. 6.12.1989 (GBl. I 266) zu vollstrecken (OLG Koblenz MDR 1992, 1175; OLG Stuttgart NStZ 1993, 359; BezG Chemnitz DtZ 1991, 217); ebenso war die Vollstreckung der nach dem DDR-G v. 28.9.1990 (GBl. I 1987) um ein Drittel zu ermäßigenden Strafe zulässig (OLG Stuttgart NStZ 1993, 359; **aM** OLG Koblenz MDR 1992, 1175; BezG Chemnitz DtZ 1991, 217); nach **aM** war die StA u. nicht die StVollstrK für die Anordnung zuständig (OLG Dresden NStZ 1993, 557; OLG Rostock MDR 1993, 1231).

3 **B. Durch Beschluss (Abs. 1 S. 1).** Ohne mündliche Verhandlung durch Beschluss (Abs. 1 S. 1), der nach § 34 mit Gründen zu versehen ist (OLG Hamm NStZ-RR 2009, 260), werden die Nachtragsentscheidungen getroffen. Die mündliche Anhörung des Verurteilten, die Abs. 1 S. 3 nur bei Widerrufsentscheidungen vorsieht, ist auch sonst nicht unzulässig (OLG Hamm OLGSt StPO § 453 S. 5; erg. → § 462 Rn. 3). Eine mündliche Erörterung mit allen Bet. wird v. der hM als zulässig erachtet (SK-StPO/Paeffgen/Greco Rn. 7). Zuständig ist idR das Gericht des 1. Rechtszugs (§ 462a Abs. 2), die StVollstrK nur, wenn sich der Verurteilte in anderer Sache in Strafhaft befindet (§ 462a Abs. 4 S. 3).

4 **C. Anhörungspflichten (Abs. 1 S. 2–5). I. StA und Verurteilter (S. 2).** StA und Verurteilter (S. 2) sind zu hören, die StA als Verfolgungsbehörde, nicht als VollstrB (LG München I NStZ 1981, 453; Engel NStZ 1987, 110; Katholnigg NStZ 1982, 195). Da ihre Äußerung u. ihre Anträge keine Vollstreckungsangelegenheiten sind, ist nicht der Rechtspfleger nach § 31 Abs. 2 S. 1 **RPflG** zuständig (→ § 451 Rn. 2).

5 Das versehentliche Unterlassen der Anhörung der StA ist unschädlich (OLG Düsseldorf NStZ 1982, 349 Ls.).

6 Die **Anhörung des Verurteilten** muss ihm Gelegenheit geben, sich zu der v. der StA beantragten o. v. Gericht beabsichtigten nachteiligen Entsch. zu äußern; dazu gehört, dass ihm die Reichweite der in Aussicht genommenen Antragsentscheidung hinreichend deutlich gemacht wird (s. OLG Hamm NStZ-RR 2015, 182 Ls.). Der Verurteilte muss auch Gelegenheit zur Stellungnahme zu nachteiligen Tatsachen erhalten, die dem Gericht v. dritter Seite mitgeteilt worden sind (OLG Oldenburg NJW 1961, 1368; Löwe/Rosenberg/Graalmann-Scheerer Rn. 15). Erforderlichenfalls ist ein Dolmetscher hinzuzuziehen (vgl. KG StraFo 2020, 320). Die Anhörung der Verurteilten kann unterbleiben, wenn sie unmöglich ist, weil er untergetaucht ist (OLG Bremen MDR 1976, 865; OLG Köln NJW 1963, 875) o. jedenfalls die Auflage, jeden Wohnungswechsel mitzuteilen, nicht befolgt hat u. daher nicht erreichbar ist (OLG Düsseldorf NStE StPO § 453 Nr. 11; vgl. auch Hanack JZ 1966, 43). Der Widerrufsbeschluss kann dann ohne Anhörung erlassen u. dem Verurteilten nach § 40 öffentl. zugestellt werden (→ § 453c Rn. 11). Das rechtliche Gehör wird entspr. § 33a nachgeholt (BGHSt 26, 127 (129)). Hierüber ist der Verurteilte bei der Aufnahme in die JVA belehrt (§ 29 Abs. 3 StVollstrO). Der Erlass eines Sicherungshaftbefehls nach § 453c zur Erzwingung des rechtlichen Gehörs ist unzulässig (KK-StPO/Appl Rn. 11; erg. → § 453c Rn. 8).

II. Gutachten eines Sachverständigen. Das Gutachten eines Sachverständigen soll nach der durch G v. 14.3.2013 (StORMG) eingeführten Regelung eingeholt werden, wenn bei Personen, die wegen einer in § 181b StGB genannten Straftat verurteilt wurden, eine nachträgliche Therapieweisung iRe lfd. Bewährung (Abs. 1 S. 1) o. im Hinblick auf eine bestehende, insbes. kraft Gesetzes eintretende Führungsaufsicht (§ 463 Abs. 2 iVm Abs. 1) in Betracht kommt (Abs. 1 S. 3 iVm § 246a Abs. 2; BT-Drs. 17/12735, 22). Von der mündlichen Anhörung des Sachverständigen kann nur abgesehen werden, wenn der Verurteilte, sein Verteidiger u. die StA darauf verzichten (Abs. 1 S. 3 iVm § 454 Abs. 2 S. 4). 6a

III. Mündliche Anhörung des Verurteilten (S. 4). Die mündliche Anhörung des Verurteilten (S. 4), die auch im Wege der **Videokonferenztechnik** erfolgen kann (§ 463e), soll stattfinden, wenn über den Widerruf der Strafaussetzung aus den Gründen des § 56f Abs. 1 Nr. 2, 3 StGB zu entscheiden ist. Der Verurteilte soll dadurch insbes. Gelegenheit erhalten, den Vorwurf zu entkräften, dass er gegen Auflage o. Weisungen gröblich o. beharrlich verstoßen hat. Die **Sollvorschrift** ist dahin zu verstehen, dass die Anhörung zwingend ist, wenn sie eine weitere Aufklärung verspricht (KG JR 1988, 39; OLG Frankfurt a. M. NStZ-RR 2003, 200; OLG Jena NStZ 1998, 216; OLG Nürnberg StraFo 2021, 71) o. wenn ihr keine schwerwiegenden Gründe entgegenstehen (OLG Düsseldorf StV 1987, 257; OLG Hamm NStZ 1987, 247; OLG München StV 2009, 540; OLG Köln NStZ-RR 2011, 220), etwa wenn der Auflagen- o. Weisungsverstoß neben neuen Straftaten des Verurteilten nicht ins Gewicht fällt (OLG Stuttgart NStZ 1987, 43). Hat das Gericht im Anhörungstermin die Frist zur Erfüllung einer Zahlungsauflage verlängert, kann nach Fristablauf über den Widerruf nur nach erneuter mündlicher Anhörung entschieden werden (OLG Köln NStZ-RR 2011, 220; OLG München NStZ-RR 2012, 63 Ls.). 7

Die **Anhörung** ist allerdings **nicht erforderlich**, wenn der Verurteilte auf sie verzichtet; allein die v. ihm nicht wahrgenommene Möglichkeit einer Terminsvereinbarung genügt dafür aber nicht (OLG Karlsruhe StV 2003, 344; LG Arnsberg StraFo 2008, 521; LG Berlin NStZ 1989, 245; LG Saarbrücken NStZ-RR 2000, 245; **aM** OLG Hamburg NStE StPO § 453 Nr. 12; Kropp NStZ 1998, 536). Dass das Gericht sich der Möglichkeit bewusst war, eine mündliche Anhörung vorzunehmen, muss sich aus dem Beschl., mind. aus den Akten ergeben (OLG Düsseldorf NStE StPO § 453 Nr. 13; OLG Jena StraFo 1997, 345; OLG Stuttgart MDR 1987, 164). Die Anhörung kann nicht erzwungen werden; die Vorführung des Verurteilten ist unzulässig. Zur **Verwirkung** des Anhörungsrechts vgl. OLG Düsseldorf NStZ 1988, 243; OLG Hamm 21.8.2025 – BeckRS 2025, 27863. Zum Verf. bei der mündlichen Anhörung vgl. iÜ → § 454 Rn. 33 ff. Wie im Fall des § 454 Abs. 1 S. 3 (→ § 454 Rn. 22) kann die Anhörung je nach Sach- u. Verfahrenslage einem ersuchten Richter übertragen werden (OLG Stuttgart NStZ 1987, 43). Ist die mündliche Anhörung zu Unrecht unterblieben, kann bei rkr. Entsch. entspr. § 33a ein Nachverfahren durchgeführt werden (OLG Karlsruhe NStZ-RR 2003, 190 Ls.). 7a

IV. Unterrichtung des Bewährungshelfers (S. 5). Die Unterrichtung des Bewährungshelfers (S. 5) ist erforderlich, wenn während der Zeit seiner Bestellung über den Widerruf der Strafaussetzung nach § 56f StGB o. den Straferlass nach § 56g StGB zu entscheiden ist. Ein Recht auf Anhörung hat der Bewährungshelfer nicht (zutr. KK-StPO/Appl Rn. 10: idR sachdienlich; vgl. auch OLG Düsseldorf NStZ 1996, 616). Das Gericht ist nur verpflichtet, ihn zu unterrichten, damit er zur Frage des Widerrufs o. Straferlasses Stellung nehmen kann (OLG Bremen StV 2010, 311 Ls.). Im Übrigen besteht eine strenge Zweckbindung zur Weitergabe v. Erkenntnissen aus anderen Strafverfahren nach S. 4 letzter Hs. (Löwe/Rosenberg/Graalmann-Scheerer Nachtr. Rn. 3). 8

D. Rechtsmittel (Abs. 2). I. Einfache Beschwerde (S. 1, 2). Die einfache Beschwerde (S. 1, 2) nach § 304 ist gegen alle Nachtragsentscheidungen zulässig, die nicht unmittelbar zur Vollstreckbarkeit des Urt. o. sonst zur Beendigung des 9

Verf. führen o. den Umf. der Vollstreckbarkeit bestimmen (vgl. OLG Braunschweig NJW 1963, 2182); gegen Entsch. dieser Art sieht S. 3 die sofortige Beschwerde vor (erg. → Rn. 13).

10 Beschwerdeberechtigt sind der Verurteilte u. die StA, auch zu seinen Gunsten.

11 Die **Einschränkung des S. 2,** die im Wesentlichen der des § 305a entspr., gilt für die Abhilfe nach § 306 Abs. 2 nicht (erg. → § 305a Rn. 1). Sie bedeutet keinen Begründungszwang für den Beschwerdeführer, sondern nur eine Nachprüfungsgrenze für das Beschwerdegericht (→ § 305a Rn. 3; KK-StPO/Appl Rn. 14; **aM** OLG München NStZ 1988, 524). Liegen die Voraussetzungen des S. 2 nicht vor, so ist die Beschwerde unbegründet (OLG Nürnberg NJW 1959, 1451; Lorenzen/Thamm SchlHA 1993, 229 – OLG Schleswig RsprÜ). Die Einschränkung gilt nicht für die Beschwerde des Verurteilten gegen die nachträgliche Verlängerung, aber für die Beschwerde der StA bei nachträglicher Verkürzung der Bewährungszeit nach § 56a Abs. 2 S. 2 StGB. Die Anfechtung v. Entsch., mit der der Antrag abgelehnt worden ist, eine Entsch. zu treffen, gegen die nur die nach S. 2 eingeschränkte Beschwerde zulässig wäre, unterliegt ebenfalls der Beschränkung dieser Vorschr. (OLG Celle NStZ 1983, 430; OLG München NStZ 1988, 524; OLG Frankfurt a. M. NStZ-RR 2006, 327 mwN; KK-StPO/Appl Rn. 12; vgl. auch OLG Nürnberg NStZ-RR 2025, 323).

12 Zur **Prüfung der Gesetzmäßigkeit** gehört neben der Prüfung, ob die angefochtene Entsch. in der angewendeten Vorschr. eine ausreichende Rechtsgrundlage hat u. ob Ermessensmissbrauch vorliegt (OLG Hamburg NStZ 2012, 325; OLG Dresden NJW 2009, 3315; OLG Stuttgart NStZ-RR 2004, 89), in jedem Fall die Prüfung, ob der Verhältnismäßigkeitsgrundsatz (OLG Hamm JMBl. NRW. 1977, 256; Ernesti/Lorenzen SchlHA 1985, 120 – OLG Schleswig RsprÜ; OLG Celle NStZ-RR 2011, 122; OLG München NStZ-RR 2012, 221) u. der Bestimmtheitsgrundsatz eingehalten sind (OLG Jena NStZ 2006, 39; StV 2008, 88; OLG Karlsruhe StV 2010, 643; OLG Hamburg NStZ 2012, 325; OLG Schleswig OLGSt StGB § 56b Nr. 1).

13 **II. Sofortige Beschwerde (S. 3).** Sofortige Beschwerde (S. 3) nach § 311 ist in den bezeichneten Fällen **gegen die Entsch. des unteren Gerichts** zulässig, nicht gegen die des Beschwerdegerichts (OLG Bremen NStZ 1986, 524; vgl. auch KG StraFo 2025, 416; erg. → § 310 Rn. 1). Hat das Gericht aber nicht in der Sache selbst entschieden, ist die einfache Beschwerde gegeben (OLG Zweibrücken OLGSt StPO § 462a Nr. 16). Der Verurteilte kann den Erlass der Strafe mangels Beschwer nicht anfechten (OLG Oldenburg Nds. Rpfl. 1975, 249), die StA dagegen aus jedem rechtlichen Grund. Die Beschränkung des Rechtsmittels, zB bei Widerruf der Strafaussetzung auf die Anrechnungsentscheidung nach § 56f Abs. 3 S. 2 StGB, ist zulässig (vgl. OLG Stuttgart MDR 1980, 1037). Diese Entsch. ist, da sie den Umf. der Vollstreckbarkeit des Urt. bestimmt, nach zutr. hM nur mit der sofortigen Beschwerde anfechtbar (OLG Stuttgart StraFo 2012, 160; OLG Düsseldorf NStZ 2001, 278 Ls.; OLG Hamburg NStZ-RR 2005, 221; KK-StPO/Appl Rn. 16 mwN). Die sofortige Beschwerde ist auch gegeben, wenn das Gericht den Antrag, eine der in S. 3 bezeichneten Entsch. zu treffen, ablehnt; denn auch die Bestandskraft der abl. Entsch. über den Widerruf der Strafaussetzung, den Erlass der Strafe usw kann nicht längere Zeit in der Schwebe bleiben (OLG Celle BeckRS 2025, 1006; OLG Hamburg NStZ-RR 2005, 221; MDR 1990, 564; OLG Düsseldorf NStZ-RR 2002, 28; OLG Stuttgart NStZ 1995, 53; OLG Zweibrücken NStZ-RR 1998, 93; **aM** OLG Köln NStZ 1995, 151); das gilt auch für das Jugendstrafverfahren (LG Bückeburg NStZ 2005, 168). Somit ist sofortige Beschwerde (der StA) auch zulässig, wenn statt des beantragten Widerrufs der Strafaussetzung nur die Bewährungszeit verlängert wird (OLG Düsseldorf NStZ-RR 2002, 28 mwN; OLG Hamm NStZ 1988, 291; OLG Saarbrücken MDR 1992, 505; KK-StPO/Appl Rn. 16), u. auch, wenn nur die beantragte Verlängerung abgelehnt wird (OLG Hamm (3. StrS) NStZ 2010, 105; **aM** OLG Hamm (2. StrS) NStZ-RR 2011, 387 Ls.; OLG Stuttgart NStZ 2000, 500).

Das **Beschwerdegericht** prüft die Entsch. in vollem Umf., auch soweit sie im Ermessen des Gerichts steht (OLG Stuttgart NStZ 1995, 53 mwN; **aM** OLG Celle Nds. Rpfl. 1997, 51; OLG Köln NStZ 1995, 151). Es darf den Widerrufsgrund nach § 56f StGB austauschen, muss aber dem Verurteilten vorher rechtliches Gehör gewähren (OLG Düsseldorf MDR 1983, 68). 14

III. Entscheidung in der Sache. In der Sache selbst entscheidet das Beschwerdegericht (§ 309 Abs. 2). Das Fehlen einer Begründung der angefochtenen Entsch. steht dem nicht entgegen (Ernesti/Lorenzen SchlHA 1985, 120 – OLG Schleswig RsprÜ; erg. → § 309 Rn. 7). Ist jedoch die mündliche Anhörung nach Abs. 1 S. 3 ohne rechtfertigenden Grund unterblieben, so hebt das Beschwerdegericht den angefochtenen Beschl. auf u. verweist die Sache zurück (OLG Düsseldorf StV 1987, 257; OLG München StV 2009, 540; LG Saarbrücken NStZ-RR 2000, 245; erg. → § 309 Rn. 8). Das Gleiche gilt, wenn die notwendige Einholung eines Sachverständigengutachtens unterblieben (OLG Karlsruhe NStZ 2011, 92) o. nicht erkennbar ist, dass das Gericht eine Ermessensentscheidung über die unterbliebene mündliche Anhörung getroffen hat (OLG Stuttgart MDR 1987, 164). 15

IV. Rechtskraft des Widerrufsbeschlusses. Die Rechtskraft des Widerrufsbeschlusses ist Voraussetzung für die Strafvollstreckung (OLG Hamm NStZ 1983, 459; OLG Karlsruhe NJW 1964, 1085; erg. → § 449 Rn. 1). 16

E. Zurücknahme des rechtskräftigen Widerrufsbeschlusses. Die Zurücknahme des rechtskräftigen Widerrufsbeschlusses ist nach älterer Rspr. entspr. § 359 Nr. 5 zulässig, wenn ihm durch nachträglich, bekanntgewordene Tatsachen der Boden völlig entzogen worden ist u. der Mangel nicht anders geheilt werden kann (OLG Oldenburg NJW 1962, 1169; OLG Düsseldorf MDR 1993, 67; Groth MDR 1980, 595; Hanack JR 1974, 115). Nach zutr. Ansicht steht die besondere Bedeutung des Vertrauens in die Rechtskraft des Bewährungsbeschlusses der Aufhebung entgegen (OLG Zweibrücken NStZ 1997, 55; OLG Stuttgart wistra 2001, 239; dahingestellt von BGH NStZ-RR 2024, 226; erg. → Vor § 359 Rn. 5). 17

Belehrung bei Strafaussetzung oder Verwarnung mit Strafvorbehalt

453a (1) [1] **Ist der Angeklagte nicht nach § 268a Abs. 3 belehrt worden, so wird die Belehrung durch das für die Entscheidungen nach § 453 zuständige Gericht erteilt.** [2] **Der Vorsitzende kann mit der Belehrung einen beauftragten oder ersuchten Richter betrauen.**

(2) **Die Belehrung soll außer in Fällen von geringer Bedeutung mündlich erteilt werden.**

(3) [1] **Der Angeklagte soll auch über die nachträglichen Entscheidungen belehrt werden.** [2] **Absatz 1 gilt entsprechend.**

A. Nachholung der Belehrung nach § 268a Abs. 3 (Abs. 1). Die Nachholung der Belehrung nach § 268a Abs. 3 (Abs. 1), die versehentlich, aus Zweckmäßigkeitsgründen o. wegen Abwesenheit des Angeklagten bei der Urteilsverkündung unterblieben ist (→ § 268a Rn. 9), ist **Aufgabe des nach § 453 zuständigen Gerichts,** also des Gerichts des 1. Rechtszugs (§ 462a Abs. 2), der VollstrK nur, wenn sich der Angeklagte in anderer Sache in Strafhaft befindet (§ 462a Abs. 4 S. 3). Hat das Gericht des 1. Rechtszugs die Entsch. nach § 453 an das Wohnsitzgericht abgegeben (§ 462a Abs. 2 S. 2), so holt dieses Gericht die Belehrung nach. Die Belehrung erteilt grds. der Vorsitzende; er kann damit aber auch einen beauftragten o. ersuchten Richter (zu den Begriffen vgl. → § 63 Rn. 1) betrauen (S. 2). Über die Belehrung wird ein Aktenvermerk gefertigt. Wird die unterlassene Belehrung nicht o. nicht formgerecht nachgeholt, so ist das auf die Wirksamkeit des Urt. o. Strafbefehls ohne Einfluss (KMR-StPO/Stöckel Rn. 9). 1

Die Belehrung kann nicht die **versäumte Klarstellung** des Charakters einer Weisung als strafbewehrt im Führungsaufsichtsbeschluss ersetzen (OLG Saarbrücken NStZ-RR 2016, 243 (244) mwN). 2

3 **B. Mündliche Belehrung (Abs. 2).** Grundsätzlich mündlich (Abs. 2) wird die Belehrung erteilt. Der Verurteilte wird dazu vorgeladen. Sein Erscheinen kann aber nicht durch Vorführung erzwungen werden (OLG Celle MDR 1963, 523). Der nicht erschienene Verurteilte muss daher schriftlich belehrt werden. Eine solche Belehrung reicht auch in Fällen v. geringer Bedeutung aus, zB bei Verwarnung mit Strafvorbehalt im Strafbefehl.

4 **C. Belehrung über nachträgliche Entscheidungen (Abs. 3).** Die Belehrung über nachträgliche Entscheidungen (Abs. 3) nach §§ 56a Abs. 2, 56e, 59a Abs. 2 StGB ist nur erforderlich, wenn es aus bes. Gründen angezeigt erscheint, den Verurteilten über die Tragweite der neuen Anordnungen zu unterrichten (Löwe/Rosenberg/Graalmann-Scheerer Rn. 4). Das kann insbes. bei der Verlängerung der Bewährungszeit der Fall sein (KK-StPO/Appl Rn. 4). Die Belehrung erteilt auch hier das Gericht (S. 2). Da Abs. 2 nicht gilt, kann sie nach dem Ermessen des Vorsitzenden mündlich o. schriftlich erteilt werden.

Bewährungsüberwachung

453b (1) **Das Gericht überwacht während der Bewährungszeit die Lebensführung des Verurteilten, namentlich die Erfüllung von Auflagen und Weisungen sowie von Anerbieten und Zusagen.**

(2) **Die Überwachung obliegt dem für die Entscheidungen nach § 453 zuständigen Gericht.**

1 **A. Überwachungszuständigkeit.** Die Überwachungszuständigkeit bei Strafaussetzung zur Bewährung nach § 56 StGB u. bei Verwarnung mit Strafvorbehalt nach § 59 StGB regelt die Vorschr.; sie enthält keine Rechtsgrundlage für Eingriffe (BVerfG NJW 1995, 2279 (2280)). Sie gilt entspr. bei Aussetzung des Strafrests nach §§ 57, 57a StGB (§ 454 Abs. 4 S. 1) u. bei der Aussetzung v. Sicherungsmaßregeln nach §§ 67b, 67c Abs. 2 S. 4, 70a StGB (§ 463 Abs. 1). Auf die Strafaussetzung im Gnadenweg ist sie nicht anwendbar; Überwachungsbehörde ist die Gnadenbehörde (KK-StPO/Appl Rn. 4).

2 **B. Überwachungspflicht.** Die Überwachungspflicht besteht während der gesamten Bewährungszeit. Sie beginnt mit der Rechtskraft der Entsch. nach §§ 56, 59 StGB (vgl. § 56a Abs. 2 S. 1 StGB) u. endet mit Ablauf der Bewährungszeit.

3 Überwacht wird die **Lebensführung** des Verurteilten, dh sein gesamtes Verhalten, soweit es geeignet ist, den Widerruf der Bewährungszeit nach § 56f StGB, die Verurteilung zu der vorbehaltenen Strafe nach § 59b StGB o. nachträgliche Maßnahmen nach § 56e StGB zu rechtfertigen. In Betracht kommen (neben erneuter Straffälligkeit) insbes. Verstöße gegen Auflagen u. Weisungen nach §§ 56b, 56c StGB. Wegen Anerbieten u. Zusagen vgl. § 265a.

4 Die **Mitwirkung** des Bewährungshelfers bei der Überwachung regelt § 56d Abs. 3 StGB, die Inanspruchnahme der Gerichtshilfe § 463d. Die StA ist an der Überwachung nicht bet. (Engel NStZ 1987, 110; 499). Sie unterrichtet das zuständige Gericht aber, wenn sie Kenntnis v. Tatsachen erhält, die den Widerruf, die Verurteilung zu der vorbehaltenen Strafe o. nachträgliche Entsch. rechtfertigen können (vgl. auch MiStra 13).

5 **C. Zuständigkeit (Abs. 2).** Zuständig (Abs. 2) ist **das für die Entsch. nach § 453 zuständige Gericht.** Grundsätzlich ist das Gericht des 1. Rechtszugs zuständig (§ 462a Abs. 2, Abs. 4 S. 1, 2), die StVollstrK nach § 462a Abs. 4 S. 1 nur, wenn der Verurteilte sich in anderer Sache in Strafhaft befindet o. befunden hat (OLG Hamm NJW 1976, 258 Ls.; OLG Zweibrücken OLGSt StPO § 462a Nr. 2).

Vorläufige Maßnahmen vor Widerruf der Aussetzung

453c (1) **Sind hinreichende Gründe für die Annahme vorhanden, daß die Aussetzung widerrufen wird, so kann das Gericht bis zur Rechtskraft des Widerrufsbeschlusses, um sich der Person des Verurteilten zu versichern, vorläufige Maßnahmen treffen, notfalls, unter den Voraussetzungen des § 112 Abs. 2 Nr. 1 oder 2, oder, wenn bestimmte Tatsachen die Gefahr begründen, daß der Verurteilte erhebliche Straftaten begehen werde, einen Haftbefehl erlassen.**

(2) [1] **Die auf Grund eines Haftbefehls nach Absatz 1 erlittene Haft wird auf die zu vollstreckende Freiheitsstrafe angerechnet.** [2] **§ 33 Abs. 4 Satz 1 sowie die §§ 114 bis 115a, 119 und 119a gelten entsprechend.**

A. Maßnahmen bei drohendem Widerruf der Strafaussetzung (Abs. 1). 1
I. Aussetzung. Aussetzung iSd Vorschr. ist nur die Strafaussetzung zur Bewährung nach §§ 56, 183 Abs. 3, Abs. 4 StGB, § 14a WStG. § 453c gilt entspr. bei der Aussetzung des Strafrests nach §§ 57, 57a StGB u. bei der Aussetzung v. freiheitsentziehenden Sicherungsmaßregeln nach §§ 67b, 67c Abs. 2 S. 4 StGB (§ 463 Abs. 1), aber nicht zur Sicherung der Änd. der Reihenfolge der Vollstreckung nach § 67 Abs. 2, Abs. 3 StGB (OLG Stuttgart Justiz 1982, 166).

2 Die Anwendung des § 453c im Jugendstrafrecht folgt aus § 2 **JGG** (vgl. auch § 58 Abs. 2 **JGG**). Bei Strafaussetzung im Gnadenweg gilt § 453c nicht (KK-StPO/Appl Rn. 1).

3 **II. Hinreichende Gründe.** Hinreichende Gründe (vgl. → § 203 Rn. 2) für die Annahme, dass die Strafaussetzung widerrufen wird, müssen vorliegen. Der Widerruf muss nach den dem Gericht vorliegenden Erkenntnissen mit hoher Wahrscheinlichkeit drohen (OLG Koblenz JBlRP 2003, 204; Löwe/Rosenberg/Graalmann-Scheerer Rn. 5). Sind die Voraussetzungen des Widerrufs nach § 56f Abs. 1 StGB mit dieser Wahrscheinlichkeit gegeben, so ist Abs. 1 gleichwohl nicht anwendbar, wenn damit zu rechnen ist, dass mildere Maßnahmen nach § 56f Abs. 2 StGB ausreichen.

4 Hinsichtlich der neuen Tat, die nach § 56f Abs. 1 Nr. 1 StGB den Widerruf rechtfertigt, muss nach hM regelmäßig **ein rechtskräftiges Urteil** (o. ein rkr. Strafbefehl, zw. OLG Zweibrücken JR 1991, 477) vorliegen (EGMR NJW 2004, 43; vgl. auch Peglau NStZ 2004, 248 sowie eing. Klinger NStZ 2012, 70 (73 f.); Krumm NJW 2005, 1832). Ein – vor Gericht abgegebenes, glaubhaftes (und nicht widerrufenes, vgl. AG Bremen NStZ-RR 2008, 318) – Geständnis des Angeklagten wegen der neuen Tat genügt aber (BVerfG NJW 2005, 817; OLG Köln NStZ 2004, 685; OLG Düsseldorf NJW 2004, 790; OLG Nürnberg NJW 2004, 2032; Fischer/Fischer StGB § 56f Rn. 7a; vgl. auch EGMR NJW 2004, 43 (45); ausf. mN zum Streitstand Fischer/Fischer/Lutz StGB § 56f Rn. 7a, 7b). Eine erstinstanzliche, nicht rk Verurteilung dürfte idR auch ausreichen (Fischer/Fischer StGB § 56f Rn. 7a). Nicht zu beanstanden ist es ferner, wenn das Widerrufsgericht auch für die Aburteilung der neuen Tat zuständig ist u. der Widerruf nach durchgeführter Beweisaufnahme in der neuen HV erfolgt (BVerfG BeckRS 2011, 87020).

5 **III. Notwendigkeit, sich der Person des Verurteilten zu versichern.** Die Notwendigkeit, sich der Person des Verurteilten zu versichern, besteht, wenn er für die Anhörung nach § 453 Abs. 1 S. 2, 3 nicht erreichbar u. damit zu rechnen ist, dass er sich der Strafvollstreckung entziehen werde. Maßnahmen nach Abs. 1 sind insbes. zulässig, wenn der Verurteilte die Weisung, einen Wohnungswechsel anzuzeigen, nicht befolgt hat u. sein Aufenthalt daher nicht festgestellt werden kann (OLG Celle NStZ 2004, 627).

6 **IV. Vorläufige Maßnahmen.** Vorläufige Maßnahmen iSv Abs. 1 sind Maßnahmen, die weniger einschneidend sind als ein Haftbefehl. Dazu gehören zB die Auferlegung einer Meldepflicht nach § 56c Abs. 2 Nr. 2 StGB, Ermittlungen des

Aufenthalts durch Ausschreibung u. sonstige Fahndungsmaßnahmen (vgl. Nr. 39 ff. RiStBV).

7 **V. Sicherungshaftbefehl. 1. Zweck** der Sicherungshaft, ein der UHaft ähnelndes Rechtsinstitut (vgl. Burmann, Die Sicherungshaft gemäß § 453c StPO, 1984, S. 49, 56), ist die Sicherung der Strafvollstreckung u. die Verhinderung der Flucht des Verurteilten vor Rechtskraft des Widerrufsbeschlusses, nicht die Gewährleistung des rechtlichen Gehörs für den Verurteilten (KK-StPO/Appl § 453 Rn. 11 mwN: Nebenfolge; str.).

8 Länger als die bei Widerruf der Aussetzung zu verbüßende Strafe darf die Sicherungshaft nicht dauern.

9 **2.** Nur **notfalls** darf die Sicherungshaft angeordnet werden. Liegen die Voraussetzungen des Abs. 1 vor, so wird das Gericht zwar idR den Haftbefehl zu erlassen haben; der Verhältnismäßikeitsgrundsatz (→ Einl. Rn. 20 ff.) erfordert aber, dass vorl. Maßnahmen anderer Art (→ Rn. 6) angeordnet werden, wenn das ausreichend erscheint (OLG Celle NStZ 2004, 627). Ist der Widerruf der Strafaussetzung nach § 56f Abs. 1 Nr. 1 StGB wegen einer neuen Straftat der Verurteilten zu erwarten, so kann es genügen, wegen dieser Tat einen Haftbefehl nach §§ 112 ff. zu erlassen. Das Gericht ist aber rechtlich nicht gehindert, stattdessen die Sicherungshaft nach Abs. 1 anzuordnen (Burmann StV 1986, 80; **aM** Klinger NStZ 2012, 70 (75 f.), der für den Erlass eines Sicherungshaftbefehls die Rechtskraft der neuen Verurteilung für erforderlich hält).

10 **3. Voraussetzungen:** Nur wenn der Verurteilte flüchtig ist, Fluchtgefahr vorliegt o. die Gefahr besteht, dass er neue erhebliche Straftaten begehen werde, darf die Sicherungshaft angeordnet werden. Zum Beginn Flucht vgl. → § 112 Rn. 12 ff., zur Fluchtgefahr → § 112 Rn. 17 ff. Zu den Voraussetzungen des § 112 Abs. 2 Nr. 1, 2, auf die Abs. 1 verweist, gehört auch, dass bestimmte Tatsachen die Annahme der Flucht (dazu → § 112 Rn. 15) o. Fluchtgefahr (dazu → § 112 Rn. 22) begründen. Der Haftgrund der Wiederholungsgefahr, der insbes. v. praktischer Bedeutung ist, wenn die Aussetzung einer Unterbringung nach § 67g Abs. 2 StGB widerrufen werden soll (Rieß NJW 1978, 2272), setzt ebenfalls voraus, dass bestimmte Tatsachen die Gefahr neuer Straftaten begründen (dazu → § 112a Rn. 14). Dabei reicht, anders als bei § 112a, die Gefahr der Begehung irgendeiner Straftat aus, sofern sie nur erheblich ist (dazu → § 112a Rn. 12).

11 **4. Öffentliche Zustellung des Widerrufsbeschlusses statt Sicherungshaft:** Vor der Einfügung des § 453c in die StPO iJ 1974 war der Erlass des Widerrufsbeschlusses ohne Anhörung des Verurteilten (→ § 453 Rn. 6) und, nach Rechtskraft des Beschl., der Erlass eines Vollstreckungshaftbefehls nach § 457 Abs. 2 die einzige Möglichkeit, die Strafvollstreckung sicherzustellen, wenn der Verurteilte nicht auffindbar war. Das Gericht ist aber auch jetzt nicht gehindert, statt eines Sicherungshaftbefehls den Widerrufsbeschluss zu erlassen u. öffentl. zuzustellen, wenn es das im Einzelfall für zweckmäßig hält (BGH BeckRS 1989, 6560; KG JR 1976, 424; OLG Bremen MDR 1976, 865; OLG Celle MDR 1976, 948; OLG Düsseldorf JR 1989, 166; OLG Frankfurt a. M. MDR 1978, 71; OLG Hamburg (1. StS) NStZ 1988, 292; OLG Karlsruhe MDR 1981, 158; vgl. auch OLG Hamburg JR 1978, 300: wenn der Verurteilte erst nach seiner Anhörung untergetaucht ist; Bringewat Strafvollstreckung § 453 Rn. 31 hält den Erlass eines Sicherungshaftbefehls sogar nur ausnahmsweise für zulässig). Nach aA schließt § 453c diese Möglichkeit grds. aus (OLG Braunschweig NStE StPO § 453c Nr. 5 mwN; OLG Celle NStE StPO § 453c Nr. 6; OLG Schleswig OLGSt StPO § 40 Nr. 1; Burmann, Die Sicherungshaft gemäß § 453c StPO, 1984, S. 85 ff.); dem G ist ein solcher Vorrang des § 453c aber nicht zu entnehmen (OLG Zweibrücken NStE StPO § 453c Nr. 4; Katzenstein StV 2003, 359 Fn. 6).

12 **5. Zuständig** zum Erlass des Sicherungshaftbefehls ist das Gericht, das über den Widerruf nach § 56f StGB zu beschließen hat, grds. also das Gericht des 1. Rechtszugs (§ 462a Abs. 2), die StVollstrK nur, wenn der Verurteilte in anderer Sache in Strafhaft ist (§ 462a Abs. 4 S. 3). Im Jugendstrafrecht ist nach § 58 Abs. 1 S. 1 **JGG**

der Richter für den Erlass des Sicherungshaftbefehls zuständig, nur wenn nach § 462a Abs. 3 S. 3 die StVollstrK im Erwachsenenverfahren zuständig wäre, der Jugendrichter als Vollstreckungsleiter (§ 82 Abs. 1 **JGG**), der auch die Vollstreckung der vorl. Maßnahmen nach § 453c leitet (§ 58 Abs. 2 **JGG**).

6. Die **Vollstreckung** des Sicherungshaftbefehls gehört, da eine Vollstreckbarkeitsbescheinigung fehlt, noch nicht zur Vollstreckung iSd § 451 Abs. 1 (OLG Karlsruhe MDR 1977, 600). Der Rechtspfleger ist daher nicht nach § 31 Abs. 2 S. 1 **RPflG** zuständig (KK-StPO/Appl Rn. 7). Mangels bes. Regelung richtet sich die Vollstreckung nach § 36 Abs. 2. Jedoch setzt die Aufnahme in die JVA ein schriftliches Aufnahmeersuchen des Richters voraus. Der verhaftete Verurteilte wird bis zur Rechtskraft des Widerrufsbeschlusses wie ein UGefangener behandelt (Löwe/Rosenberg/Graalmann-Scheerer Rn. 9, 14). Zur Anwendung der Vorschr. über die UHaft vgl. → Rn. 16. **13**

VI. Bis zur Rechtskraft des Widerrufsbeschlusses. Bis zur Rechtskraft des Widerrufsbeschlusses sind die Maßnahmen nach Abs. 1 zulässig. Dass bereits ein Widerrufsbeschluss erlassen ist, wird nicht vorausgesetzt (LG München NJW 1975, 2307; Löwe/Rosenberg/Graalmann-Scheerer Rn. 8). Nach Rechtskraft des Widerrufsbeschlusses gilt § 457. Die Sicherungshaft endet mit der Rechtskraft des Widerrufsbeschlusses; sie geht dann ohne weiteres in die Vollstreckung des Urt. über (vgl. → § 120 Rn. 15). Andere vorl. Maßnahmen entfallen. **14**

B. Anrechnung der Sicherungshaft (Abs. 2 S. 1). Die Anrechnung der Sicherungshaft (Abs. 2 S. 1) ist zwingend vorgeschrieben. Dabei spielt es keine Rolle, ob der rkr. Widerruf der Strafaussetzung sofort o., nachdem der Widerruf zunächst abgelehnt war, erst zu einem späteren Zeitpunkt eintritt (OLG Karlsruhe MDR 1977, 600). Wird die Strafaussetzung nicht widerrufen, kommt eine Entschädigung nach § 2 Abs. 1 **StrEG** nicht in Betracht (→ StrEG § 2 Rn. 2). **15**

C. Anwendung der UHaft-Vorschriften auf die Sicherungshaft (Abs. 2 S. 2). Entsprechend anwendbar sind die §§ 114–115a, 119, 119a und § 33 Abs. 4 S. 1. Die Sicherungshaft wird demnach ohne vorherige Anhörung des Verurteilten durch einen schriftlichen Haftbefehl angeordnet, der inhaltlich einem UHaftbefehl entsprechen muss (§ 114) u. dem Verurteilten unter Aushändigung einer Abschrift bekanntzugeben ist (§ 114a). Die Angehörigen sind v. der Verhaftung zu benachrichtigen (§ 114c Abs. 2). Entsprechend anwendbar sind ferner die Vorschr. über die Vorführung des Verhafteten vor das zuständige Gericht o. das nächste AG (§§ 115, 115a). Die Anwendung der §§ 117, 118 hat der Gesetzgeber ausgeschlossen. Etwas anderes kann sich auch nicht aus der Verweisung auf diese Vorschr. in dem (hier anwendbaren) § 115 Abs. 4 ergeben (LG Freiburg NStZ 1989, 387 mablAnm Fuchs u. mzustAnm Fischer NStZ 1990, 52; KMR-StPO/Stöckel Rn. 24); für Anwendung des § 117 Abs. 2 iRd § 115a (→ § 115a Rn. 8) aber OLG Hamburg NStZ-RR 2002, 381. Auch die Haftprüfung nach §§ 121, 122 durch das OLG findet nicht statt. Die Aussetzung des Vollzugs nach §§ 116, 116a ist nicht möglich. Die Ausschreibung zur Festnahme (§ 131) ist zulässig. **16**

D. Rechtsmittel. Gegen den Sicherungshaftbefehl ist **Beschwerde** nach § 304 zulässig; die weitere Beschwerde nach § 310 Abs. 1 ist ausgeschlossen (OLG Bamberg NJW 1975, 1526; OLG Düsseldorf NStZ 1990, 251; OLG Frankfurt a. M. NStZ-RR 2002, 15; OLG Karlsruhe NStZ 1983, 92; Lorenzen/Thamm SchlHA 1996, 96 – OLG Schleswig RsprÜ; OLG Stuttgart MDR 1975, 951; KMR-StPO/Stöckel Rn. 27; **aM** OLG Braunschweig StV 1993, 596; Bringewat Strafvollstreckung Rn. 20; Burmann, Die Sicherungshaft gemäß § 453c StPO, 1984, S. 117 ff.; Fischer NStZ 1990, 54; erg. → § 310 Rn. 5). **17**

Aussetzung des Restes einer Freiheitsstrafe zur Bewährung

454 (1) [1]**Die Entscheidung, ob die Vollstreckung des Restes einer Freiheitsstrafe zur Bewährung ausgesetzt werden soll (§§ 57 bis 58 des Strafgesetzbuches) sowie die Entscheidung, daß vor Ablauf einer bestimmten Frist ein solcher Antrag des Verurteilten unzulässig ist, trifft das Gericht ohne mündliche Verhandlung durch Beschluß.** [2]**Die Staatsanwaltschaft, der Verurteilte und die Vollzugsanstalt sind zu hören.** [3]**Der Verurteilte ist mündlich zu hören.** [4]**Von der mündlichen Anhörung des Verurteilten kann abgesehen werden, wenn**

1. **die Staatsanwaltschaft und die Vollzugsanstalt die Aussetzung einer zeitigen Freiheitsstrafe befürworten und das Gericht die Aussetzung beabsichtigt,**
2. **der Verurteilte die Aussetzung beantragt hat, zur Zeit der Antragstellung**
   a) **bei zeitiger Freiheitsstrafe noch nicht die Hälfte oder weniger als zwei Monate,**
   b) **bei lebenslanger Freiheitsstrafe weniger als dreizehn Jahre**

   der Strafe verbüßt hat und das Gericht den Antrag wegen verfrühter Antragstellung ablehnt oder
3. **der Antrag des Verurteilten unzulässig ist (§ 57 Abs. 7, § 57a Abs. 4 des Strafgesetzbuches).**

[5]**Das Gericht entscheidet zugleich, ob eine Anrechnung nach § 43 Abs. 10 Nr. 3 des Strafvollzugsgesetzes ausgeschlossen wird.**

(2) [1]**Das Gericht holt das Gutachten eines Sachverständigen über den Verurteilten ein, wenn es erwägt, die Vollstreckung des Restes**

1. **der lebenslangen Freiheitsstrafe auszusetzen oder**
2. **einer zeitigen Freiheitsstrafe von mehr als zwei Jahren wegen einer Straftat der in § 66 Abs. 3 Satz 1 des Strafgesetzbuches bezeichneten Art auszusetzen und nicht auszuschließen ist, daß Gründe der öffentlichen Sicherheit einer vorzeitigen Entlassung des Verurteilten entgegenstehen.**

[2]**Das Gutachten hat sich namentlich zu der Frage zu äußern, ob bei dem Verurteilten keine Gefahr mehr besteht, daß dessen durch die Tat zutage getretene Gefährlichkeit fortbesteht.** [3]**Der Sachverständige ist mündlich zu hören, wobei der Staatsanwaltschaft, dem Verurteilten, seinem Verteidiger und der Vollzugsanstalt Gelegenheit zur Mitwirkung zu geben ist.** [4]**Das Gericht kann von der mündlichen Anhörung des Sachverständigen absehen, wenn der Verurteilte, sein Verteidiger und die Staatsanwaltschaft darauf verzichten.**

(3) [1]**Gegen die Entscheidungen nach Absatz 1 ist sofortige Beschwerde zulässig.** [2]**Die Beschwerde der Staatsanwaltschaft gegen den Beschluß, der die Aussetzung des Strafrestes anordnet, hat aufschiebende Wirkung.**

(4) [1]**Im Übrigen sind § 246a Absatz 2, § 268a Absatz 3, die §§ 268d, 453, 453a Absatz 1 und 3 sowie die §§ 453b und 453c entsprechend anzuwenden.** [2]**Die Belehrung über die Aussetzung des Strafrestes wird mündlich erteilt; die Belehrung kann auch der Vollzugsanstalt übertragen werden.** [3]**Die Belehrung soll unmittelbar vor der Entlassung erteilt werden.**

Übersicht

1 **A. Verfahren bei Aussetzung der Reststrafe (Abs. 1).** Das Verfahren bei der Aussetzung der Reststrafe (Abs. 1) nach §§ 57, 57a StGB regelt die Vorschrift. Sie ist nach § 463 Abs. 3 auf freiheitsentziehende Sicherungsmaßregeln u. auf die Führungsaufsicht singgemäß anzuwenden.

2 **I. Auf Antrag oder von Amts wegen. Auf Antrag oder von Amts wegen** wird die Entsch. getroffen. Zur Entsch. bei unmittelbar nacheinander zu vollstreckenden Freiheitsstrafen vgl. § 453b.

3 Über einen **Antrag** muss das Gericht stets u. in angemessener Frist (OLG Karlsruhe MDR 1977, 861) entscheiden, auch wenn er verfrüht o. offensichtlich unbegründet ist. Wird der Antrag mehrere Monate verfrüht o. vor Ablauf der nach § 57 Abs. 7 StGB oder § 57a Abs. 4 StGB gesetzten Frist gestellt, so ist er als unzulässig zu verwerfen (Löwe/Rosenberg/Graalmann-Scheerer Rn. 96 hält die förmliche Verwerfung für überflüssig).

4 **Antragsberechtigt** sind nur die StA, der Verurteilte, sein ges. Vertreter u. der Verteidiger. Anträge Nichtberechtigter sind nur Anregungen an StA u. Gericht. Sie brauchen nicht förmlich beschieden zu werden (OLG München MDR 1955, 248; OLG Schleswig SchlHA 1958, 288), sofern nicht ein Antragsrecht behauptet wird; dann werden sie als unzulässig verworfen.

5 **Von Amts wegen** muss entschieden werden, wenn der Verurteilte demnächst (vgl. → § 454a Rn. 1) ⅔ einer zeitigen o. 15 Jahre einer lebenslangen Freiheitsstrafe verbüßt haben wird (BVerfG NStZ 1993, 431; BGHSt 27, 302 (304); OLG Rostock NStZ 2001, 278 mwN). Von Amts wegen wird auch entschieden, wenn ein Erstverbüßer die Hälfte der 2 Jahre nicht übersteigenden Freiheitsstrafe verbüßt hat (§ 57 Abs. 2 Nr. 1 StGB). Denn für diesen Fall schreibt § 454b die Unterbrechung der Strafvollstreckung u. vAw die (einheitliche) Entsch. über die Aussetzung des Strafrests vor, wenn mehrere Freiheitsstrafen nacheinander zu verbüßen sind. Die Prüfung vAw ist daher nach Verbüßung der Hälfte der Strafe auch geboten, wenn der Verurteilte lediglich die Strafe nach § 57 Abs. 2 Nr. 1 StGB zu verbüßen hat (OLG Oldenburg StV 1987, 70; Maatz NStZ 1988, 114; **aM** OLG München MDR 1987, 84). Eine weitere Prüfung vAw nach Verbüßung v. ⅔ der Strafe findet dann aber nicht mehr statt (OLG Oldenburg StV 1987, 70; LG Braunschweig MDR 1994, 607; **aM** Maatz NStZ 1988, 114).

6 Die **Prüfung von Amts wegen unterbleibt** nur in den Fällen des § 57 Abs. 2 Nr. 2 StGB u. wenn der Verurteilte die nach §§ 57 Abs. 1 S. 1 Nr. 3, 57a Abs. 1 S. 1 Nr. 3 erforderliche Einwilligung in die Strafaussetzung nicht erteilt (KK-StPO/Appl Rn. 7). Die Einwilligung kann aber nachgeholt werden, auch noch mit der sofortigen Beschwerde (OLG Karlsruhe Justiz 1980, 91); bis zu diesem Zeitpunkt kann sie auch widerrufen werden (OLG Celle NJW 1956, 1608; KK-StPO/Appl Rn. 8).

7 **II. Vorbereitung der Entscheidung.** Die VollstrB (§ 451 Abs. 1) holt die Äußerung der JVA (→ Rn. 10 ff.) ein u. legt die Sache dann der StA vor (§ 36 Abs. 2 S. 2 StVollstrO), die noch vorbereitende Ermittlungen – nicht durch den Rechtspfleger (KK-StPO/Appl Rn. 12; Paeffgen/Greco in SK-StPO Rn. 22) –

veranlassen kann, zB nach § 463d o. durch Anhörung des früheren Bewährungshelfers (vgl. Krahforst DRiZ 1976, 132). Will die StA die Entlassung beantragen, holt sie, falls der Verurteilte keinen Entlassungsantrag gestellt hat, dessen Einwilligung (§§ 57 Abs. 1 S. 1 Nr. 3, 57a Abs. 1 S. 1 Nr. 3 StGB) ein. Zur Anhörung eines Sachverständigen bei der Prüfung der Aussetzung des Rests einer lebenslangen Freiheitsstrafe vgl. → Rn. 37.

8 **III. Anhörungspflichten (Abs. 1 S. 2). 1.** Die **StA,** deren Anhörung schon nach § 33 Abs. 2 erforderlich ist, gibt ihre Stellungnahme als Strafverfolgungsbehörde, nicht als VollstrB ab; die Geschäfte sind daher nicht nach § 31 Abs. 2 S. 1 **RPflG** auf den Rechtspfleger übertragen.

9 Die StA ist verpflichtet, eine bestimmte Entsch. zu beantragen (Löwe/Rosenberg/Graalmann-Scheerer Rn. 16).

10 **2.** Die **Anhörung der JVA** ist vorgeschrieben, weil ihre Angaben über den Erfolg des bisherigen Behandlungsvollzugs u. über die Sozialprognose für die Entsch. v. Bedeutung sind (OLG Karlsruhe MDR 1978, 1046). Als Grdl. für die – idR schriftliche (OLG Hamm NStZ-RR 2000, 316) – Äußerung der JVA, die sich klar darüber auszusprechen hat, ob die Aussetzung befürwortet wird o. nicht, dienen die Beobachtungen u. Feststellungen aller am Behandlungsvollzug mitwirkenden Dienstkräfte (Aufseher, Angehörige des Werkdienstes, Psychologen).

11 **Anzuhören ist die JVA,** in der sich der Verurteilte zzt. der Befassung des Gerichts mit der Sache in Strafhaft befindet o. (wenn er auf freiem Fuß ist) zul. befunden hat (OLG Hamm MDR 1978, 592). Bei einem Anstaltswechsel muss auch die frühere JVA gehört werden, wenn der Verurteilte in der anderen erst kurze Zeit einsitzt (OLG Hamburg MDR 1957, 311). Wenn die verbüßte Strafe nur in angerechneter UHaft besteht (§ 57 Abs. 4 StGB), ist die JVA zu hören, in der sie vollzogen worden ist (OLG Düsseldorf MDR 1977, 424; OLG Hamm MDR 1978, 592; **aM** OLG Karlsruhe MDR 1978, 1046; OLG Köln JMBl. NRW. 1960, 107: keine zwingende Anhörung). Davon kann abgesehen werden, wenn sich der Verurteilte schon längere Zeit auf freiem Fuß befindet (OLG Düsseldorf GA 1977, 151).

12 Die Äußerung muss **nicht der Anstaltsleiter selbst** abgeben; er kann einen Beamten bestimmen, der sich für die Anstalt (in Vertretung o. im Auftrag des Leiters) äußert. Diese Geschäftsverteilung wird gerichtlich nicht geprüft, sofern nicht bestimmte Bedenken gegen die Befugnis dessen bestehen, der die Äußerung abgegeben hat.

13 Von der Anhörung der JVA **kann abgesehen werden,** wenn es auf ihre Angaben nicht ankommt, weil die Aussetzung ohne Rücksicht auf die Sozialprognose abzulehnen ist. Das ist insbes. der Fall, wenn die Ablehnung nach § 57 Abs. 2 Nr. 2 StGB erfolgt, weil sich das Fehlen bes. Umstände in der Tat u. in der Persönlichkeit des Verurteilten aus dem Urt. ergibt (OLG Hamm NJW 1980, 2090 Ls.; **aM** OLG Stuttgart Justiz 1980, 448; Löwe/Rosenberg/Graalmann-Scheerer Rn. 17; einschr. auch OLG Hamm MDR 1974, 1038), o. wenn die bes. Schwere der Schuld des Verurteilten die weitere Vollstreckung der lebenslangen Freiheitsstrafe gebietet (§ 57a Abs. 1 S. 1 Nr. 2 StGB). Auch eine erst kürzlich abgegebene Stellungnahme macht eine erneute Anhörung entbehrlich (OLG Düsseldorf NStZ 1988, 95).

14 Die Stellungnahme der JVA ist **kein Verwaltungsakt;** sie kann daher nicht nach §§ 23 ff. **EGGVG** angefochten werden (OLG Karlsruhe NJW 1965, 1545; erg. → EGGVG § 23 Rn. 6).

15 **IV. Mündliche Anhörung des Verurteilten (Abs. 1 S. 3). 1. Zweck der Anhörung** ist nicht nur die Gewährung des rechtlichen Gehörs. Durch die zwingende mündliche Anhörung soll auch erreicht werden, dass das Gericht den unmittelbaren Kontakt mit dem Verurteilten in der Strafanstalt aufnimmt; es soll sich einen persönlichen Eindruck v. dem Verurteilten verschaffen (BGHSt 28, 138 (141); OLG Stuttgart NStZ-RR 2021, 126; OLG Celle StV 1988, 259; OLG Schleswig NJW 1975, 1131). Eine Anhörung per Videokonferenz ist nach pflicht-

gemäßem Ermessen des Gerichts möglich (§ 463e Abs. 1 S. 1). Erforderlichenfalls ist ein Dolmetscher hinzuziehen (KG StraFo 2020, 320). Zur mündlichen Anhörung eines Taubstummen vgl. § 186 GVG.

Die Entsch. der StVollstrK hat zeitnah zu erfolgen; das rechtliche Gehör ist regelmäßig entscheidungserheblich verletzt, wenn die StVollstrK die Reststrafenaussetzung mehr als 3 Monate nach der Anhörung unter Zugrundelegung neuer Tatsachen abgelehnt hat (KG StV 2013, 778 Ls.). Nach Durchführung eines ges. gebotenen Anhörungstermins muss die StVollstrK in der **Besetzung** entscheiden, die an der Anhörung teilgenommen hat (KG NStZ-RR 2015, 29). 16

Zwingend vorgeschrieben ist die Anhörung auch in den Fällen des § 57 Abs. 2 Nr. 2 StGB, sofern nicht nach Abs. 1 S. 4 von ihr abgesehen werden darf (OLG Düsseldorf NStZ 1981, 454; OLG Hamburg 1981, 599; OLG Koblenz NStE StPO § 454 Nr. 11; OLG Schleswig SchlHA 1990, 38; OLG Stuttgart Justiz 1976, 396; OLG Zweibrücken StV 1989, 542; **aM** OLG Karlsruhe NJW 1976, 302 mablAnm Kuckuk NJW 1976, 815: nicht, wenn das Urt. keine Anhaltspunkte für das Vorliegen bes. Umstände in der Tat ergibt). Die mündliche Anhörung darf ferner nicht deshalb unterbleiben, weil die verbüßte Strafe nur aus angerechneter UHaft besteht (§ 57 Abs. 4 StGB) u. der Verurteilte sich zzt. der Entsch. auf freiem Fuß befindet (OLG Hamm MDR 1978, 592; OLG München StV 2000, 213; OLG Stuttgart Justiz 1987, 233 (234); **aM** OLG Karlsruhe MDR 1978, 1046; OLG Köln JMBl. NRW. 1960, 107). 17

Das **rechtliche Gehör** ist dem Verurteilten bei der Anhörung auch insoweit zu gewähren, als ihm eine nachteilige Stellungnahme der JVA, die das Gericht verwerten will, zur Kenntnis gebracht werden muss (BVerfG NJW 1964, 293; OLG Hamburg NJW 1964, 2315; OLG Hamm MDR 1960, 424), sofern dadurch der Strafzweck nicht gefährdet wird (OLG Hamm JMBl. NRW. 1962, 294). Dabei genügt die Eröffnung ihres wesentlichen Inhalts nicht (OLG Karlsruhe OLGSt StPO § 454 S. 1). 18

Gelegenheit zur (schriftlichen) Stellungnahme muss auch dem **Verteidiger** gegeben werden (§ 33 Abs. 3). Der Verurteilte hat außerdem das Recht, zu seiner mündlichen Anhörung einen Rechtsbeistand seines Vertrauens hinzuziehen (BVerfG NJW 1993, 2301). Grundsätzlich hat er allerdings selbst dafür zu sorgen, dass dieser zu der Anhörung erscheint. Das Gericht ist nicht verpflichtet, den Verteidiger v. dem Termin zu benachrichtigen, es sei denn, die Anhörung erfolgt kurzfristig u. der Anspruch auf faire Gestaltung des vollstreckungsrechtlichen Verf. ist anderweitig nicht zu gewährleisten (BVerfG NJW 1993, 2301; OLG Saarbrücken NStZ 2011, 478; vgl. auch OLG Köln NStZ 2011, 715). 19

2. Vom **Gericht** – u. zwar v. erkennenden Richter (OLG Nürnberg NStZ 1998, 376; vgl. aber → Rn. 22, 23) – muss der Verurteilte angehört werden, nicht v. der JVA (OLG Düsseldorf MDR 1975, 597). 20

Ist ein Kollegialgericht zuständig, so braucht es den Verurteilten **nicht stets in voller Besetzung** anzuhören (BGHSt 28, 138; zur Gegenmeinung vgl. die Nachw. bei Löwe/Rosenberg/Graalmann-Scheerer Rn. 23 Fn. 53), jedoch wird dies idR so sein (OLG Düsseldorf NStZ-RR 2002, 191), insbes. im Fall des § 57a StGB (OLG Brandenburg NStZ 1996, 406; Kunert NStZ 1982, 95; **aM** OLG Frankfurt a. M. NStZ-RR 1997, 29), ebenso bei der Frage der Aussetzung der Vollstreckung der Sicherungsverwahrung (OLG Karlsruhe Justiz 1998, 603; OLG Nürnberg NStZ-RR 2004, 318). 21

Sonst ist es aber – verfassungsrechtlich unbedenklich (BVerfG NJW 1992, 2947 (2954)) – zulässig, die Anhörung einem Kammermitglied als **beauftragten Richter** zu übertragen (BGHSt 28, 138; OLG Rostock NStZ 2002, 109); ob der Verurteilte mit der Entsch. durch *einen* Richter einverstanden ist, ist unbeachtlich (OLG Düsseldorf NStZ-RR 2002, 191). Eine ausnahmslose Übertragung qua kammerinterner Geschäftsverteilung ohne Prüfung des Einzelfalls kommt allerdings nicht in Betracht (OLG München NStZ 2011, 716). Die Übertragung ist insbes. zulässig, wenn der Verurteilte bereits einmal v. dem gesamten Gericht gehört worden ist o. wenn dem persönlichen Eindruck des Gerichts nach Lage des Falls 22 nur geringe Bedeutung zukommt (BGHSt 28, 138). Unter diesen Voraussetzungen kommt nach OLG Frankfurt a. M. NStZ-RR 2010, 188 eine Anhörung durch den beauftragten Richter va bei der jährlichen Regelüberprüfung nach § 67e StGB ohne Einschaltung eines externen Sachverständigen in Betracht, sonst – wie OLG Frankfurt a. M. NStZ-RR 2010, 188 darlegt – kaum. Die Beauftragung kann mündlich erfolgen; ein mit Gründen versehener förmlicher Anordnungsbeschluss ist entbehrlich (OLG Hamburg NStZ 2003, 389; **aM** OLG Rostock NStZ 2002, 109). Der beauftragte Richter muss aber idR an der Entsch. mitwirken (OLG Rostock NStZ 2002, 109 mwN; KK-StPO/Appl Rn. 16).

23 Auch einem **ersuchten Richter** kann ausnahmsweise die Anhörung übertragen werden (BVerfG NJW 1992, 2947 (2954); OLG Düsseldorf NJW 1976, 256; OLG Hamm NJW 1980, 2090 Ls.; OLG Schleswig MDR 1979, 518 Ls.; Herzog NJW 1976, 1078; **aM** OLG Koblenz JR 1976, 117 mzustAnm Rieß; OLG Rostock NStZ 2002, 109; Bringewat Strafvollstreckung Rn. 42). Dabei kommt es wesentlich auf die Entfernung u. die Verkehrsverbindungen zwischen dem Gericht u. dem Ort an, wo sich der Verurteilte befindet. Auch die Schwierigkeit der Entsch. kann eine Rolle spielen, ebenso die Frage, ob sich die Entsch. durch die Einschaltung eines ersuchten Richters zum Nachteil des Verurteilten verzögert (vgl. BGHSt 28, 138 (143)).

24 **V. Absehen von der mündlichen Anhörung (Abs. 1 S. 4).** Das Absehen von der mündlichen Anhörung (Abs. 1 S. 4) ist **aus den ges. bestimmten Gründen,** aber **ausnahmsweise auch in anderen Fällen** zulässig. Dies gilt etwa für den Fall, dass der Verurteilte ausdr. u. eindeutig erklärt, er wolle an der mündlichen Anhörung nicht teilnehmen (BGH StV 2018, 345; NStZ 2000, 279; OLG Hamm NStZ-RR 2024, 359) o. er sich ernsthaft weigert, sich vorführen zu lassen (BGH StV 2018, 345 mablAnm Bung/Romund; OLG Hamm NStZ-RR 2009, 223 (224)); dass der Verurteilte für sein Verhalten möglicherweise nachvollziehbare Gründe vorbringt (s. etwa OLG Hamm NStZ-RR 2009, 223 (224); OLG Frankfurt a. M. NStZ-RR 2003, 59; OLG Karlsruhe NStZ 1996, 302), kann nur dann gelten, wenn das zuständige Gericht diese Gründe selbst zu verantworten hat und/oder diesen in eigener Zuständigkeit abhelfen kann (BGH StraFo 2015, 482). Ein Absehen ist auch in Betracht zu ziehen, wenn die Anhörung aus sonstigen Gründen unmöglich (OLG Düsseldorf NStZ-RR 2000, 315) o. dem Verurteilten unzumutbar ist; letzteres kann etwa der Fall sein, weil er infolge seiner Ausweisung nicht zu einer Anhörung nach Deutschland einreisen kann, ohne die Vollstreckung der Restfreiheitsstrafe gem. § 456a Abs. 2 S. 1 oder eine Strafverfolgung nach dem AuslG befürchten zu müssen (OLG Bamberg StV 2011, 421; OLG Hamm NStZ-RR 2010, 339). Insofern ist es ggf. Sache des Verurteilten, bei der VollstrB die Aussetzung des Vollstreckungshaftbefehls für die Dauer des Verf. nach §§ 454 Abs. 1, Abs. 2 zu erwirken (OLG Bamberg StV 2011, 421; **aA** OLG Hamm NStZ-RR 2010, 339: Aufklärungspflicht der StVK). Ein Absehen ist auch möglich, wenn die mündliche Anhörung eine reine Formsache wäre, da eine Beeinflussung der Entsch. v. ihr nicht zu erwarten ist (OLG Düsseldorf VRS 81, 293); das ist aber nicht schon der Fall, wenn das Gericht nach Aktenlage eine negative Prognose stellt (OLG Düsseldorf NStZ-RR 1997, 28). Die Auswirkungen der COVID-19-Pandemie lassen die Verpflichtung zu einer persönlichen Anhörung grds. nicht entfallen (OLG Stuttgart NStZ-RR 2021, 126).

1. Gesetzliche Gründe:

25 Die Anhörung entfällt, wenn das Gericht im Fall des § 57 StGB (nicht des § 57a StGB) entspr. der Stellungnahmen v. StA u. JVA ohnehin zugunsten des Verurteilten entscheiden will u. auch entscheidet **(Nr. 1).**

26 Die Vorschr. ist nicht anwendbar, wenn das Gericht dem Verurteilten die Zahlung einer Geldbuße auferlegen will (OLG Düsseldorf MDR 1985, 868).

27 Nach **Nr. 2** kann die Anhörung unterbleiben, wenn die Antragstellung verfrüht ist, was bei Antragstellung mehr als 3 Monate vor dem möglichen Entlassungszeitpunkt nicht unbedingt der Fall ist (OLG Düsseldorf MDR 1987, 1046; erg.

→ § 454a Rn. 1), u. das Gericht den Antrag daher ohne sachliche Prüfung verwirft. Das gilt entspr., wenn der Verurteilte die Aussetzung unzulässigerweise (§ 57 Abs. 2 Nr. 1 StGB) schon nach Verbüßung der Hälfte einer Strafe v. nicht mehr als 1 Jahr beantragt (OLG Düsseldorf NStZ 1981, 454; OLG Stuttgart MDR 1976, 1041 Ls.; Treptow NJW 1976, 222; **aM** OLG Düsseldorf GA 1982, 88 Ls.; OLG Frankfurt a. M. NStZ 1981, 454 Ls.).

Ferner darf die Anhörung nach **Nr. 3** unterbleiben, wenn das Gericht den Antrag nach § 57 Abs. 7 StGB oder § 57a Abs. 4 StGB als unzulässig ablehnt. **28**

2. Andere Gründe:

Die mündliche Anhörung wird dem Verurteilten, der **kein Interesse an der Aussetzung des Strafrests hat,** nicht aufgedrängt. Sie unterbleibt daher, wenn er bereits bei der Anhörung durch die JVA o. in einer schriftlichen Eingabe an das Gericht die Zustimmung zur Aussetzung des Strafrests verweigert hat (OLG Koblenz JBlRP 2002, 43; OLG Stuttgart MDR 1976, 1041 Ls.; KK-StPO/Appl Rn. 26; Löwe/Rosenberg/Graalmann-Scheerer Rn. 46; **aM** Bringewat Strafvollstreckung Rn. 45; W. Schmidt NJW 1976, 224). Das Gleiche gilt, wenn er auf die mündliche Anhörung ausdr. verzichtet (BGH NJW 2000, 1663 mwN; vgl. auch OLG Oldenburg Nds. Rpfl. 1976, 221: Verteidiger benötigt eine ausdr. Ermächtigung zum Verzicht), wobei aber ein bloßes Schweigen auf eine Mitteilung des Gerichts, es werde v. seinem Verzicht ausgegangen, wenn kein Antrag auf mündliche Anhörung gestellt werde, nicht genügt (OLG Hamm NStZ 2011, 119), wenn er die Vorführung zu der bereits anberaumten mündlichen Verh. ablehnt (OLG Celle Nds. Rpfl. 1994, 79; OLG Düsseldorf NStZ 1987, 524; OLG Hamm MDR 1978, 692; OLG Karlsruhe Justiz 1999, 24 Ls.), nicht aber, wenn er den Anhörungstermin nur versehentlich versäumt hat (OLG Celle StV 1988, 259) o. den Richter wegen Befangenheit ablehnt (OLG Jena NJW 2006, 3794) o. beachtliche Gründe gegen die Vorführung vorbringt (OLG Frankfurt a. M. NStZ-RR 2003, 59). Die Gründe für die Vorführungsverweigerung brauchen nicht aufgeklärt zu werden (**aM** OLG Düsseldorf StV 1983, 511). **29**

Die Anhörung unterbleibt auch, wenn der Verurteilte zwar nicht die Vorführung ablehnt, sich aber weigert, sich bei der Vorführung Fesseln anlegen zu lassen (OLG Hamm MDR 1978, 692; **aM** OLG Düsseldorf VRS 87, 364) o. Anstaltskleidung zu tragen (OLG Hamm MDR 1990, 653), obwohl diese Anordnungen berechtigt sind (dazu OLG Hamm NStZ-RR 2009, 223; OLG Karlsruhe NStZ 1996, 302). **30**

Bei Wiederholung des Aussetzungsantrags bedarf es keiner mündlichen Anhörung, wenn die **letzte Anhörung noch nicht lange zurückliegt,** der persönliche Eindruck noch fortwirkt u. nicht der Erg. bedarf (OLG Düsseldorf NStZ 1988, 95; VRS 80, 285; OLG Hamm StraFo 1998, 354; OLG Stuttgart Justiz 1975, 478; OLG Karlsruhe NStZ-RR 2013, 92). Das ist aber nicht der Fall, wenn die HV schon 7 oder 8 Monate zurückliegt (BGHR StPO § 454 Anhörung 1; OLG Koblenz JBlRP 2010, 12) o. wenn 4 oder 5 Monate danach neue Gesichtspunkte geltend gemacht werden (OLG Bremen NStZ 2010, 106; OLG Düsseldorf StV 1996, 44; vgl. auch OLG Koblenz OLGSt StGB § 67e Nr. 1; OLG Zweibrücken StV 1990, 412: nicht nach 7 Monaten; OLG Stuttgart Justiz 1986, 497: nicht schon nach 3 Monaten) o. die frühere Anhörung v. einer anderen StVollstrK vorgenommen o. der Verurteilte inzwischen in eine andere JVA verlegt worden war (OLG Düsseldorf NStZ-RR 1996, 153). **31**

Die Anhörung darf aber unterbleiben, wenn sie der Verurteilte mit großer Wahrscheinlichkeit zu Beschimpfungen o. Hetzreden **missbrauchen** würde (OLG Düsseldorf NStZ 1987, 524; 1988, 243; **aM** Bringewat Strafvollstreckung Rn. 46) o. wenn v. der Anhörung des in Geisteskrankheit verfallenen Verurteilten keine Beeinflussung der Entsch. zu erwarten ist (OLG Düsseldorf NStZ 1985, 94) o. wenn der Verurteilte die BRD nicht betreten darf (OLG Düsseldorf NStZ 2000, 333; OLG Karlsruhe StV 2005, 677; OLG Köln StV 2009, 261; **aM** OLG Bremen NStZ 2010, 718; Döllel/Dreeßen SchlHA 2004, 243 – OLG Schleswig RsprÜ). **32**

33 **VI. Durchführung der Anhörung.** Den **Ort der Anhörung** bestimmt das Gericht nach pflichtgemäßem Ermessen. Sie braucht nicht unbedingt in der JVA stattzufinden. Das Gericht kann sich dem Verurteilten auch in das Gerichtsgebäude vorführen lassen (Löwe/Rosenberg/Graalmann-Scheerer Rn. 35; Treptow NJW 1976, 233 hält die Anhörung im Gericht sogar für zweckmäßiger).

34 Die **Form der Anhörung** ist ges. nicht geregelt; sie steht im Ermessen des Gerichts (OLG Nürnberg MDR 1975, 684). Eine telefonische Anhörung genügt jedoch nicht (OLG Bamberg NStE StPO § 454 Nr. 9), während eine audiovisuelle Anhörung iSd § 463e zulässig ist. Eine förmliche Ladung des Verurteilten u. seines Verteidigers unter Einhaltung einer Ladungsfrist ist nicht erforderlich (KG NStZ-RR 2014, 191; **aM** OLG Karlsruhe NStE StPO § 454 Nr. 14; einschr. OLG Karlsruhe Justiz 1999, 24 Ls.); der Termin darf aber nicht zu kurzfristig angesetzt werden (OLG Brandenburg StraFo 2009, 250). Der Verurteilte wird nicht vernommen, aber es muss ihm Gelegenheit gegeben werden, sich zur Aussetzungsfrage zu äußern u. ggf. einen Verteidiger hinzuzuziehen (OLG Düsseldorf StV 2003, 684 Ls.; OLG Nürnberg StV 2003, 683); hat er keinen Verteidiger, wird ihm jedenfalls in den Fällen des Abs. 2 idR ein Verteidiger beizuordnen sein (OLG Bremen StV 2008, 530). Er kann Anträge stellen; ein förmliches Beweisantragsrecht nach § 244 Abs. 3–6 hat er aber nicht (Löwe/Rosenberg/Graalmann-Scheerer Rn. 21).

35 Ein **Protokoll** braucht nicht aufgenommen zu werden, die Mitwirkung eines UrkB ist nicht erforderlich, beides ist jedoch zu empfehlen (vgl. Bringewat NStZ 1996, 20). Wenn das Vorbringen des Verurteilten nicht vollständig in die Beschlussbegründung aufgenommen wird, muss mind. ein **Aktenvermerk** darüber angefertigt werden, welche Gesichtspunkte der Verurteilte vorgebracht hat (KG StraFo 2014, 306; NStZ 2007, 119; OLG Hamm StraFo 2004, 327; OLG Stuttgart StraFo 2005, 127).

36 Da es sich bei der Anhörung weder um eine Vernehmung noch um eine richterliche Untersuchungshandlung iSd §§ 168, 168a handelt, haben StA u. Verteidiger kein Anwesenheitsrecht nach § 168c Abs. 1; aus dem Gebot des fairen Verf. (→ Einl. Rn. 19) folgt aber ein **Teilnahmerecht** des Verteidigers (BVerfG NJW 1993, 2301; OLG Frankfurt a. M. NStZ-RR 2004, 155; OLG Zweibrücken StV 1993, 315) u. die Pflicht des Gerichts, ihn bei kurzfristig angesetzten Terminen zu benachrichtigen (BVerfG StV 1994, 552; VerfG Brandenburg NStZ 2001, 110; OLG Frankfurt a. M. NStZ-RR 2001, 348); sonst ist die Benachrichtigung des Verteidigers Sache des Verurteilten (Bringewat NStZ 1996, 19). Bei Verhinderung des Verteidigers ist der Termin zu verlegen bzw. ein anderer Verteidiger zu bestellen (OLG Köln StV 2006, 430; OLG Naumburg StraFo 2008, 522; OLG Oldenburg StraFo 2007, 68). Auch dem StA ist die verlangte Anwesenheit zu gestatten (vgl. auch OLG Düsseldorf NStZ 1989, 291).

37 **B. Gutachten eines Sachverständigen (Abs. 2).** Ein **Sachverständiger (Abs. 2)** muss – auch gegen den Widerspruch des Verurteilten u. auch wenn dieser bei Begehung der Tat psychisch gesund war u. im Strafvollzug keine bes. psychischen Auffälligkeiten gezeigt hat (BGH NStZ 1993, 357) – gehört werden, wenn das Gericht erwägt, die Vollstreckung einer lebenslangen Freiheitsstrafe nach § 57a StGB o. einer zeitigen Freiheitsstrafe (ggf. auch Jugendstrafe, OLG Dresden NStZ-RR 2010, 156 Ls.) v. mehr als 2 Jahren – wobei eine Gesamtstrafe nicht genügt (OLG Stuttgart NStZ-RR 2000, 86; OLG Zweibrücken StV 1999, 218) – wegen eines Verbrechens o. einer Straftat nach §§ 174–174c, 176, 179 Abs. 1–3, 180, 182, 224, 225 Abs. 1 oder Abs. 2 StGB o. einer entspr. Rauschtat (§ 323a StGB) zur Bewährung auszusetzen. Eine Sachverständigenanhörung ist somit **vor Gewährung der Aussetzung grds. notwendig** (OLG Karlsruhe NStZ-RR 2016, 189; OLG Celle StV 2018, 344; OLG Bremen StV 2015, 233; OLG Dresden NJW 2009, 3315).Sie ist in diesem Fall – verfassungsrechtlich unbedenklich (BVerfG NJW 2002, 2773; NStZ-RR 2003, 251) – dann nicht erforderlich, wenn das Gericht – etwa bei lebenslanger Freiheitsstrafe wegen der bes. Schwere der Schuld, aber auch in anderen eindeutigen Fällen (OLG Hamburg NJW 2000,

2758), wenn zB bereits eindeutige Sachverständigengutachten jüngeren Datums vorliegen (OLG Jena StV 2001, 26; OLG Rostock NJW 2003, 1334; vgl. aber BGH StV 2012, 548: 1 Jahr und 6 Monate zurückliegendes Gutachten nicht ausreichend) – die Aussetzung ablehnen will (vgl. BGH NStZ-RR 2023, 29; NJW 2000, 1663; VerfG Brandenburg NStZ-RR 2004, 30; OLG Celle NStZ-RR 1999, 179; einschr. Neubacher NStZ 2001, 449; zu § 463 Abs. 3 S. 3 erg. → § 463 Rn. 6a). Bei **Aussetzung einer zeitigen Freiheitsstrafe (Abs. 2 S. 1 Nr. 2)** ist die Anhörung nur erforderlich, wenn nicht auszuschließen ist, dass Gründe der öffentl. Sicherheit einer vorzeitigen Entlassung entgegenstehen. Das ist zu verneinen, wenn bei dem Verurteilten keine Gefahr mehr besteht, dass dessen durch die Tat zutage getretene Gefährlichkeit fortbesteht (Abs. 2 S. 2), wenn also alle für die Prognoseentscheidung heranzuziehenden Umstände zweifelsfrei die Beurteilung zulassen, dass v. Verurteilten praktisch keine Gefahr für die öffentl. Sicherheit mehr ausgeht (OLG Karlsruhe StV 2000, 156; OLG Köln StV 2000, 155; OLG Zweibrücken NJW 2005, 3439). Nach **aM** soll hingegen bei beabsichtigter Aussetzung grds. ein Sachverständigengutachten eingeholt werden müssen; die StVollstrK dürfe diese Frage nicht ohne Sachverständigen beantworten (OLG Frankfurt a. M. NStZ 1998, 639; OLG Hamm NJW 1999, 2453; OLG Koblenz StV 1999, 496; OLG Zweibrücken NJW 1999, 1124). Zieht das Gericht die Reststrafaussetzung **nicht** in Betracht, weil sie angesichts der Umstände offensichtlich nicht verantwortet werden kann, ist eine gutachterliche Beurteilung nicht erf. (BGH NStZ-RR 2023, 29).

Welcher Sachverständige am ehesten geeignet ist (zB Psychiater o. Psychologe), ist eine Frage des Einzelfalls (BVerfG StV 2006, 426; OLG Hamm StV 2006, 424; OLG Karlsruhe StV 2006, 426). Nach der Rspr. soll auch die Anhörung des Anstaltspsychologen als Sachverständigen genügen (KG NStZ 1999, 319; OLG Hamm NStZ-RR 2008, 189; OLG Karlsruhe StV 1999, 385; 495; **aM** Tondorf StV 2000, 171; zw. auch Neubacher NStZ 2001, 449 S. 454), allerdings tunlichst nicht bei schon lange vollzogener Unterbringung (OLG Koblenz StV 1999, 496). Es kommt aber auch ein psychiatrisches, kriminologisches o. soziologisches Gutachten in Betracht, nicht jedoch ein internistisch-rheumatologisches (OLG Hamm OLGSt StPO § 454 Nr. 13). Die materiellen Aussetzungskriterien sind abschl. in § 57 Abs. 1 StGB bzw. § 67d Abs. 2 StGB festgelegt (Hammerschlag/Schwarz NStZ 1998, 321; vgl. auch Schöch NJW 1998, 1259). Abs. 2 S. 1 Nr. 2 und § 57 StGB sind auch bei bindender Abgabe der Vollstreckung gem. § 85 Abs. 6 **JGG** an die StA anwendbar (OLG Celle StraFo 2008, 310 mablAnm Rose NStZ 2010, 95; **aM** OLG Frankfurt a. M. NStZ-RR 1999, 91: § 88 **JGG;** erg. → § 454b Rn. 2 aE). Zu den v. Psychiater für die Prognoseentscheidung anzustellenden Erwägungen vgl. Boetticher ua NStZ 2006, 537; Rasch NStZ 1993, 509, zur Begutachtung bei Sexualstraftätern Rose StV 2003, 101, zu den inhaltlichen Anforderungen an die Begutachtung vgl. OLG Karlsruhe NStZ-RR 2016, 189 (190); 2014, 22; OLG Koblenz StraFo 2003, 434; OLG Nürnberg NStZ-RR 2002, 154. Der Sachverständige ist – wie das Vollstreckungsgericht – an die Feststellungen des Erkenntnisses, das der Vollstreckung zugrunde liegt, gebunden, kann aber, wenn die Feststellungen unzureichend sind, seine weitergehenden Erkenntnisse im Gutachten verwerten (KG NStZ-RR 2009, 323 Ls.). Verweigert der Verurteilte die Mitwirkung bei der Begutachtung, so ist eine Anordnung nach § 81 ausgeschlossen (→ § 81 Rn. 1); die Strafe darf dann aber nicht ausgesetzt werden (OLG Düsseldorf StV 1985, 377; OLG Karlsruhe NStZ-RR 2004, 384 Ls.; OLG Koblenz MDR 1983, 1044; **aM** Immel JR 2007, 188), wobei es der Anhörung des Verurteilten nicht bedarf (OLG Karlsruhe NStZ 1991, 207). **37a**

Das iRd Begutachtung zu beachtende **Verfahren** regeln **Abs. 2 S. 3 und 4.** Danach ist der – nach Abs. 2 bestellte (OLG Jena StraFo 2007, 302; zu anderen Fällen vgl. Immel JR 2007, 189) – Sachverständige zu seinem schriftlich zu erstattenden Gutachten (BGHSt 54, 177; KG StV 2011, 42) v. der StVollstrK (→ Rn. 20 ff.) auch **mündlich zu hören** (OLG Bamberg NStZ-RR 1999, 122; OLG Hamm NStZ 2005, 55; OLG Koblenz StraFo 2009, 394; KG StV 2014, 359 **37b**

Ls.; vgl. auch OLG Frankfurt a. M. NStZ-RR 2003, 315: nach Einholung eines Zusatzgutachtens uU erneute Anhörung erforderlich; OLG Celle BeckRS 2024, 10155); dies kann qua Videokonferenztechnik erfolgen (→ § 463e Abs. 2 iVm Abs. 1 S. 1). Dies gilt entspr., wenn die StVollstrK zur Vorbereitung einer Aussetzungsentscheidung nach § 67g Abs. 2 StGB bereits vor Ablauf der 5-Jahresfrist nach § 463 Abs. 4 ein externes Gutachten in Auftrag gegeben hat (OLG Düsseldorf NStZ 2011, 716). Eine erneute Anhörung des Sachverständigen kann erforderlich sein, wenn nach Zeitablauf neue prognoserelevante Umstände zu berücksichtigen sind (im v. BGH StV 2012, 548 entschiedenen Fall lag deutlich mehr als 1 Jahr zwischen der Beschlussfassung sowie dem schriftlichen Gutachten u. der mündlichen Anhörung des Sachverständigen).

37c Mit der Formulierung **„Gelegenheit zur Mitwirkung"**, die im Anklang mit § 255a (vgl. → § 255a Rn. 8a) gewählt worden ist, soll zum Ausdruck gebracht werden, dass bei nachvollziehbaren u. gewichtigen Gründen auf den Wunsch nach einer Terminsverschiebung einzugehen ist (BT-Drs. 14/8586, 8). Einem v. Verurteilten selbst beauftragten **Privatsachverständigen** ist grds. ein angemessener Zeitraum zur Überprüfung des seitens des Gerichts eingeholten Gutachtens einzuräumen; außerdem ist dem Privatgutachter die Teilnahme am Anhörungstermin als sachverständiger Berater der Verteidigung zu gestatten (OLG Hamm NStZ-RR 2016, 319). Das schriftliche Gutachten ist dem Verurteilten spätestens bei der Anhörung – ggf. mit Hilfe eines Dolmetschers – mitzuteilen (OLG Koblenz StV 2001, 304 Ls.; OLG Stuttgart NStZ-RR 2003, 30; OLG Zweibrücken StV 2003, 683). Einen Anspruch auf Terminsverlegung wegen Verhinderung haben die Verfahrensbeteiligten auch hier nicht. Die Anhörung des Verurteilten nach Abs. 1 S. 3 kann mit der Anhörung des Sachverständigen nach Abs. 2 S. 3 verbunden werden (OLG Stuttgart NStZ-RR 2003, 30). Die Anordnung, ein Sachverständigengutachten einzuholen, ist nicht anfechtbar (OLG Düsseldorf StraFo 1998, 429; ebenso Döllel/Dreeßen SchlHA 2007, 289 – OLG Schleswig RsprÜ zur Beiziehung von Unterlagen des Sachverständigen). Für das Verf. gilt das verfassungsrechtliche Beschleunigungsgebot (BVerfG NStZ 2002, 333 mAnm Verrel; BVerfG StV 2011, 41). Zur Gelegenheit zur Mitwirkung im Falle der Anhörung im Wege der Videokonferenz → § 463e Rn. 8.

37d Von der **mündlichen Anhörung** des Sachverständigen kann nur **abgesehen** werden, wenn der Verurteilte selbst sowie sein Verteidiger u. die StA darauf verzichten (Abs. 2 S. 4; OLG Zweibrücken BeckRS 2024, 19254; KG StraFo 2019, 515; OLG Jena NStZ 2007, 421); dies gilt nicht, wenn die Behandler des Maßregelvollzugs u. der externe Gutachter zu unterschiedlichen Diagnosen gelangen (OLG Karlsruhe NStZ-RR 2016, 355). Von einem Verzicht kann noch nicht ausgegangen werden, wenn der Verurteilte lediglich auf eine Zuschrift der StVollstrK (OLG Hamm NStZ-RR 2008, 189) oder eine entspr. Nachfrage des Verteidigers (OLG Braunschweig BeckRS 2023, 29717) schweigt o. nur die Antwort auf bestimmte Fragen des Sachverständigen – noch dazu entspr. § 52 berechtigt – verweigern will (OLG Celle StV 2008, 315). Ein konkludenter Verzicht auf die Anhörung liegt auch nicht im Schweigen der StA auf eine Zuschrift des Gerichts (vgl. OLG Celle NStZ-RR 2024, 326) oder in der Teilnahme des Verteidigers an der mündlichen Anhörung (OLG Hamm NStZ-RR 2011, 190). Als bedingungsfeindliche Prozesshandlung ist der Verzicht unwirksam, wenn er unter der Maßgabe erfolgt, dass die StVollstrK das schriftliche Gutachten iSe positiven Legalprognose für den Verurteilten auslegen werde (OLG Hamm NStZ 2012, 408). Die mündliche Anhörung durch andere als für die Entsch. zuständige Richter genügt nicht (KG StraFo 2014, 36).

37e Selbst wenn der Sachverständige nicht gem. Abs. 2 S. 3 mündlich zu hören ist, kann die **Pflicht zur bestmöglichen Sachaufklärung,** etwa bei grundlegenden Prognosebeurteilungen der JVA einerseits und des Sachverständigen andererseits, seine mündliche Anhörung erfordern (OLG Celle NStZ-RR 2024, 326).

C. Entscheidung durch Beschluss ohne mündliche Verhandlung (Abs. 1 S. 1). Durch Beschluss ohne mündliche Verhandlung (Abs. 1 S. 1) ergeht die Entscheidung. Der Beschl. ist nach § 34 mit Gründen zu versehen. Er unterliegt zwar nicht den gleichen Begründungserfordernissen wie ein Strafurteil nach § 267 (BVerfG NJW 2002, 2773), eine **lediglich formelhafte Begründung reicht** aber **nicht aus** (OLG Karlsruhe NStZ-RR 2011, 325 f.). Dem persönlichen Eindruck v. dem Strafgefangenen bei der Anhörung kommt eine hohe Bedeutung zu (OLG Hamm NStZ-RR 2011, 325 mwN). Tatsachen, die das Gericht o. der Sachverständige in seinem Gutachten (→ Rn. 37) zuungunsten des Verurteilten verwerten, müssen zur Überzeugung des Gerichts bewiesen sein (OLG Brandenburg NStZ 1996, 405 mkritAnm Kröber NStZ 1996, 567 u. abl. Anm. Funck NStZ 1997, 150). Das Gericht kann v. Gutachten des Sachverständigen abweichen (OLG Köln StV 2000, 155), muss dies aber dann nachvollziehbar begründen (KG StraFo 2014, 306; OLG Zweibrücken NStZ 2000, 446). Im Beschl. wird zweckmäßigerweise der Entlassungszeitpunkt kalendermäßig bestimmt; allzu lange darf er nicht hinausgeschoben werden (Löwe/Rosenberg/Graalmann-Scheerer Rn. 104). Mit rückwirkender Kraft darf die Aussetzung nicht angeordnet werden (OLG Zweibrücken JR 1977, 292). 38

Durch einen **Aktenvermerk** darüber, dass die Entlassungsvoraussetzungen nicht vorliegen, darf der Beschl. auch dann nicht ersetzt werden, wenn die Prüfung vAw erfolgt ist (KG JR 1994, 372; OLG Hamm NJW 1973, 337; OLG Zweibrücken MDR 1974, 329; **aM** OLG Celle NJW 1972, 2054; Wolf NJW 1975, 1962; vgl. auch OLG Celle MDR 1973, 695: jedenfalls wenn StA eine abl. Entsch. beantragt hat). Ausreichend ist aber ein Aktenvermerk, wenn der Verurteilte erklärt hat, dass er mit seiner Entlassung nicht einverstanden ist (OLG Düsseldorf NStZ 1994, 454; OLG Zweibrücken NStZ-RR 2001, 311; Arnoldi NStZ 2001, 503; **aM** OLG Rostock NStZ 2001, 278 mwN; Bringewat Strafvollstreckung Rn. 12); einer Mitteilung des Aktenvermerks an den Verurteilten bedarf es nicht (**aM** OLG Zweibrücken MDR 1974, 329). 39

Das Gericht muss bei Aussetzung des Strafrests **gemäß Abs. 1 S. 5 iVm § 43 Abs. 10 Nr. 3 StVollzG zugleich entscheiden,** ob die nach § 43 Abs. 9 **StVollzG** (bzw. entspr. Vorschr. der StVollzGe der Länder, vgl. etwa Art. 46 Abs. 10 Nr. 3 BayStVollzG) erfolgende Anrechnung der Freistellung v. der Arbeit auf den Entlassungszeitpunkt (wodurch sich das Strafende zu Gunsten des Gefangenen verschiebt, vgl. KG NStZ 2004, 228) ausgeschlossen werden soll, weil die Lebensverhältnisse des Gefangenen o. die Wirkungen, die v. der Aussetzung für ihn zu erwarten sind, die Vollstreckung bis zu einem bestimmten Zeitpunkt erfordern (vgl. Calliess NJW 2001, 1692). 39a

Zustellung: Der Beschl. bedarf der Zustellung, auch an den Verurteilten (OLG Celle MDR 1978, 71). Im Anhörungstermin darf er nicht verkündet werden; § 35 Abs. 1 S. 1 gilt nicht (OLG Brandenburg NStE StPO § 454 Nr. 18; OLG München NJW 1976, 254). Die Zustellung des abl. o. die Aussetzung bewilligenden Beschl. ist Sache des Gerichts; § 36 Abs. 2 S. 1 ist nicht anzuwenden (→ § 36 Rn. 12). Da die sofortige Beschwerde der StA aufschiebende Wirkung hat (Abs. 3 S. 2), darf das Gericht aber nicht auch die Entlassung des Verurteilten anordnen; das ist stets der VollstrB (§ 451 Abs. 1) vorbehalten (OLG Frankfurt a. M. GA 1980, 475; OLG Hamm NJW 1978, 175). Wenn die Entlassung stattgefunden hat, hindert das Unterlassen der erforderlichen Beschlusszustellung o. ein sonstiger Mangel des Aussetzungsverfahrens nicht den Lauf der Bewährungszeit (Peters GA 1977, 108; **aM** OLG Celle MDR 1978, 71). 40

Die **Entscheidung nach §§ 57 Abs. 7, 57a Abs. 4 StGB,** dass der Verurteilte vor Ablauf einer bestimmten Frist keinen Antrag auf Aussetzung des Strafrests stellen darf, ergeht ebenfalls durch Beschl. ohne mündliche Verhandlung. Sie kann bereits in den Beschl. aufgenommen werden, in dem ein Aussetzungsantrag des Verurteilten abgelehnt wird, aber auch durch bes. Beschl. getroffen werden. Die Anhörungspflichten des Abs. 1 S. 2, 3 gelten für die Entsch. nach §§ 57 Abs. 7, 57a Abs. 4 StGB nicht. 41

41a Die für die Aussetzungsentscheidung bedeutsame Frage, ob eine **besondere Schwere der Schuld** (§ 57a Abs. 1 S. 1 Nr. 2 StGB) gegeben ist, ist nach der Rspr. des BVerfG (BVerfGE 86, 288) bereits im Erkenntnisverfahren im Zusammenhang mit dem Urt. zu beantworten (vgl. → § 260 Rn. 33; → § 267 Rn. 20a); daran ist die StVollstrK gebunden (OLG Jena NStZ-RR 2002, 167). In den vor der Entsch. des BVerfG (BVerfGE 86, 288) ergangenen Urt., in denen Ausführungen hierzu naturgemäß fehlen, darf die StVollstrK zu Lasten des Verurteilten nur das dem Urt. zugrunde liegende Tatgeschehen u. die dazu festgestellten Umstände der Ausführung u. der Auswirkung der Tat berücksichtigen (BVerfGE 86, 288; BVerfG NJW 1993, 1124; krit. dazu Stree NStZ 1992, 468; vgl. auch OLG Frankfurt a. M. NStZ 1994, 54; OLG Karlsruhe Justiz 1993, 226). In allen Fällen (Verurteilung vor u. nach dem 3.6.1992) verlangt das BVerfG „in verfassungskonformer Auslegung des § 454 Abs. 1" (krit. dazu Geis NJW 1992, 2938), dass im Falle der Ablehnung der Aussetzung die StVollstrK bestimmt, bis wann die Vollstreckung fortzusetzen ist; der Entlassungszeitpunkt muss so rechtzeitig festgelegt werden, dass die bedingte Entlassung durch die Vollzugsbehörde nicht verzögert wird. Eine gesonderte Feststellung der durch die bes. Schwere der Schuld gebotenen Vollstreckungsdauer, dh außerhalb des in § 454 Abs. 1 geregelten Verf. über die Entsch. zur Strafaussetzung zur Bewährung, ist nicht zulässig (OLG Celle NStZ 1998, 248; OLG Hamburg StV 1997, 261 gegen LG Hamburg StV 1997, 88; OLG Nürnberg NStZ 1997, 408; StraFo 1998, 173). Ob u. ggf. wann bereits vor Ablauf v. 13 Jahren (Abs. 1 S. 4 Nr. 2b) eine Entsch. über den Zeitpunkt der Aussetzung der Vollstreckung getroffen werden kann, ist fraglich; v. Verf. wegen drängt sich kein bestimmter Zeitpunkt auf (BVerfG NStE StPO § 454 Nr. 21). Die Frage ist unter den OLGs str.: Nach zutr. Ansicht kommt eine solche Entsch. vor Ablauf v. 13 Jahren idR nicht in Betracht (OLG Hamburg JR 1995, 299 mzustAnm Böhm; JR 1996, 247 mit insoweit zust. Anm. Kintzi = StV 1996, 477 mablAnm Ritter; vgl. auch OLG Brandenburg NStZ 1995, 547; OLG Hamm OLGSt StPO § 454 Nr. 7; OLG Karlsruhe StV 1994, 29); nach **aM** kommt es auf den Einzelfall an, so dass zB auch schon nach 9 Jahren Verbüßungsdauer eine solche Entsch. zulässig sein soll (OLG Frankfurt a. M. StV 1995, 539; LG Marburg NStZ 1994, 253). Einige Länder haben hierzu Verwaltungsvorschriften erlassen (JMBl. RhPf 1997, 22; JMBl. Thür 1994, 87).

41b Umstritten ist ferner, ob in „Altfällen" getrennt davon (also unabhängig v. der Entsch. über die gebotene Vollstreckungsdauer) eine **isolierte Entscheidung** über die Frage der bes. Schwere der Schuld zulässig ist (BVerfG NStZ 1997, 408: verfassungsrechtlich unbedenklich u. „wünschenswert"; weitergehend Widmaier NStZ 2010, 596: verfassungsrechtlich geboten); so will OLG Hamburg (JR 1996, 247 mit insoweit abl. Anm. Kintzi) eine solche Entsch. nach ca. 10 Jahren zulassen; dagegen halten OLG Frankfurt a. M. (StV 1995, 539) u. OLG Nürnberg (NStZ 1997, 408) eine isolierte Entsch. hierüber für unzulässig; jedenfalls setzt eine solche Entsch. die Einwilligung des Verurteilten nach § 57a Abs. 1 S. 1 Nr. 3 StGB iVm § 57 Abs. 1 S. 1 Nr. 3 StGB voraus (OLG Celle NStZ 1998, 248). Zum Zusammentreffen der Ablehnungsgründe des § 57a Abs. 1 S. 1 Nr. 2 und 3 StGB vgl. Stree NStZ 1992, 467.

42 **D. Zuständigkeit.** Für die Entsch. nach Abs. 1 ist idR die StVollstrK zuständig, in deren Bezirk der Verurteilte die Strafe verbüßt (§ 462a Abs. 1 S. 1). Das erkennende Gericht setzt den Strafrest nur aus, wenn der Verurteilte den nach § 57 Abs. 1, Abs. 2 maßgebenden Zeitpunkt durch Anrechnung der UHaft erreicht hat u. sich bei Urteilsrechtskraft auf freiem Fuß befindet (OLG Hamm NStZ 2002, 223 mwN; erg. → § 462a Rn. 6). Die StrVollstrK, die den Strafrest ausgesetzt hat, ist grds. auch für die Nachtragsentscheidungen, insbes. für die Überwachung des Verurteilten während der Bewährungszeit zuständig (§ 462a Abs. 1 S. 2). Die Zuständigkeit der StVollstrK entfällt jedoch, wenn die Strafe, deren Rest ausgesetzt ist, bei einer späteren Verurteilung o. nach § 460 in eine Gesamtstrafe einbezogen wird. Dann ist, wenn nicht die Voraussetzungen des § 462a Abs. 1 S. 1, Abs. 4 S. 3

vorliegen, für die Bewährungsüberwachung u. die Nachtragsentscheidungen das Gericht zuständig, das die Gesamtstrafe gebildet hat (OLG Hamm NJW 1976, 1648 Ls.; OLG Schleswig NStZ 1983, 480; OLG Zweibrücken NStZ 1985, 525). Im Jugendstrafverfahren ist der Jugendrichter als Vollstreckungsleiter zuständig (§ 89 Abs. 3 iVm § 88 Abs. 3 **JGG**).

E. Sofortige Beschwerde (Abs. 3). Sofortige Beschwerde (Abs. 3) ist gegen die Aussetzungsentscheidung, gegen den die Aussetzung abl. Beschl. u. gegen die Entsch. nach §§ 57 Abs. 7, 57a Abs. 4 StGB zulässig, entspr. auch bei isolierter Entsch. über die Schuldschwere (→ Rn. 41b; OLG Jena StraFo 2012, 242; OLG Brandenburg NStZ-RR 1999, 237). Vorbereitende Entsch. sind entspr. § 305 S. 1 unanfechtbar (KG NStZ 2001, 448; OLG Düsseldorf NStZ 1999, 590; OLG Hamm NStZ 1987, 93; OLG Koblenz JBl. RhPf 1999, 248; Döllel/Dreeßen SchlHA 2002, 144 – OLG Schleswig RsprÜ). Die Ablehnung, eine Entsch. nach Abs. 1 zu treffen, ist mit einfacher Beschwerde anfechtbar (KG JR 1994, 372; OLG Düsseldorf NStZ 1994, 454). Die Auswahl des Sachverständigen durch das Gericht ist der Beschwerde entzogen (OLG Nürnberg NStZ-RR 2013, 29). 43

I. Beschwerdeberechtigung. Beschwerdeberechtigt sind die StA u. der Verurteilte, der Verurteilte (unter Widerruf der Einwilligung nach §§ 57 Abs. 1 S. 1 Nr. 3, 57a Abs. 1 S. 1 Nr. 3 StGB) auch gegen den die Strafaussetzung bewilligenden Beschl. (OLG Celle JR 1978, 337; OLG Koblenz MDR 1981, 425). Wer am Verf. nicht bet. ist (Eltern, Ehegatte, Verlobte usw), hat kein Beschwerderecht (KG JR 1972, 430; OLG München MDR 1955, 248; OLG Schleswig SchlHA 1958, 288). 44

An der **Beschwer** (→ Vor § 296 Rn. 8 ff.) fehlt es, wenn der Verurteilte der (in dem Beschl. abgelehnten) Strafaussetzung ohnehin nicht zugestimmt hatte (LG Mainz MDR 1974, 857) o. wenn die Strafe während des Beschwerdeverfahrens voll verbüßt ist (OLG Koblenz OLGSt StGB § 57 S. 148; KK-StPO/Appl Rn. 36; **aM** OLG Koblenz MDR 1986, 423 für den Fall, dass das Gericht den verspäteten Erlass der Entsch. verschuldet hat), nicht aber bei Unterbrechung o. Absehen v. der Vollstreckung nach §§ 455a, 456a (OLG Karlsruhe MDR 1992, 885; OLG Köln MDR 1991, 276). 45

II. Keine mündliche Anhörung. Im Beschwerdeverfahren findet keine mündliche Anhörung statt; Abs. 1 S. 3 gilt – verfassungsrechtlich unbedenklich (BVerfG NJW 1988, 1715) – nur im 1. Rechtszug (VerfG Brandenburg NStZ-RR 2004, 30; OLG Hamm NJW 1975, 701; 1131). Die Anhörung ist aber nicht unzulässig (erg. → § 309 Rn. 1). Die Anhörung kann selbst dann unterbleiben, wenn der Verurteilte die zunächst verweigerte Einwilligung erst im Beschwerdeverfahren erklärt hat (OLG Karlsruhe MDR 1977, 333) o. wenn das Beschwerdegericht die Strafaussetzung entgegen dem angefochtenen Beschl. ablehnen will (OLG Hamm NJW 1975, 1131; 1976, 2030 Ls.; KK-StPO/Appl Rn. 37; Löwe/Rosenberg/Graalmann-Scheerer Rn. 93; **aM** Barton JR 1991, 345; Rieß JR 1976, 118). 46

III. Entscheidung des Beschwerdegerichts. Das Beschwerdegericht entscheidet **ohne die Beschränkungen des § 453 Abs. 2 S. 2** (OLG Braunschweig NJW 1954, 364; 1963, 2182; Funck NStZ 1994, 54). **In der Sache selbst** (§ 309 Abs. 2) entscheidet es auch bei Mängeln des Verf. des 1. Gerichts (→ § 309 Rn. 7 ff.). Die Tatsache, dass den Akten nicht zu entnehmen ist, was der Verurteilte vorgebracht hat, führt daher nicht zur Zurückverweisung (Ernesti/Lorenzen SchlHA 1985, 137 – OLG Schleswig RsprÜ). Die unterlassene Anhörung der StA o. der JVA wird durch ihre Anhörung im Beschwerdeverfahren geheilt (OLG Düsseldorf NStZ 1983, 190 Ls.; NStE StPO § 454 Nr. 19). Wenn der 1. Richter aber die zwingend gebotene mündliche Anhörung des Verurteilten unterlassen hat, muss die Sache zurückverwiesen werden (BGHR StPO § 454 Anhörung 1; OLG Düsseldorf NStZ 1993, 406; OLG Karlsruhe Justiz 1981, 365; OLG Koblenz GA 1985, 235; **aM** OLG Rostock NStZ-RR 2000, 14; vgl. auch OLG Brandenburg 47

NStZ 1996, 406 mkritAnm Funck NStZ 1997, 150 zu § 57a StGB; erg. → § 309 Rn. 8). Das gilt insbes. für den Fall, dass der Verurteilte die Zustimmung zur Aussetzung erst im Beschwerderechtszug erteilt hat (OLG Karlsruhe Justiz 1975, 477; 1980, 91). Zurückverweisung erfolgt auch, wenn die notwendige Einholung eines Sachverständigengutachtens (→ Rn. 37) unterblieben ist (OLG Köln NStZ-RR 2000, 317; OLG Stuttgart Justiz 2004, 123). Zur entspr. Anwendung des § 28 Abs. 2 S. 2 im Beschwerdeverfahren vgl. → § 28 Rn. 6.

48 Zur **Zuständigkeitskonzentration** der OLGe bei Entsch. nach Abs. 3, § 57a StGB vgl. → EGGVG § 9 Rn. 2.

49 **IV. Aufschiebende Wirkung (Abs. 2 S. 2).** Aufschiebende Wirkung (S. 2) hat die sofortige Beschwerde der StA. Der Verurteilte darf grds. nicht vor Rechtskraft des Beschl. entlassen werden (**aM** OLG Zweibrücken JR 1977, 292 mAnm Schätzler; Göke NJW 1958, 1670; sofortiger Vollzug wird nur durch sofortige Beschwerde der StA ausgesetzt). Vorher ist seine Entlassung nur zulässig, wenn die StA eindeutig erklärt, dass sie keine sofortige Beschwerde einlegen werde (OLG Karlsruhe NJW 1976, 814; Doller NJW 1977, 2153).

50 **F. Belehrung (Abs. 4 S. 1, 2).** Für die Belehrung über die Aussetzung des Strafrests gilt § 268a Abs. 3 entspr. Die Belehrung ist daher Sache des Vorsitzenden (§ 268a Abs. 3 S. 1). Nach Abs. 4 S. 2 gilt aber § 453a Abs. 1 S. 1 entsprechend. Der Vorsitzende kann daher mit der Belehrung einen beauftragten o. ersuchten Richter betrauen. Nach Abs. 4 S. 2 Hs. 2 kann sie auch der JVA, nicht nur ihrem Leiter o. dessen Vertreter, übertragen werden. Die Belehrung wird mündlich erteilt; sie soll unmittelbar vor der Entlassung stattfinden (Abs. 4 S. 3).

51 **G. Nachtragsentscheidungen (Abs. 4 S. 1).** §§ 246a Abs. 2, 268a Abs. 3, 268d, 453, 453a Abs. 1, Abs. 3, 453b, 453c gelten entsprechend. Die durch G v. 14.3.2013 (StORMG) eingeführte Verweisung auf § 246a Abs. 2 soll sicherstellen, dass bei Personen, die wegen einer der in § 181b StGB genannten Straftaten verurteilt wurden, auch im Verf. über die Aussetzung der Vollstreckung einer Restfreiheitsstrafe zur Bewährung (Abs. 4 S. 1 iVm § 453 Abs. 1) regelmäßig das Gutachten eines Sachverständigen eingeholt wird (BT-Drs. 17/12735, 22). Die Festsetzung der Bewährungszeit u. der Auflagen u. Weisungen erfolgt idR in dem Aussetzungsbeschluss. Die erforderlich werdenden Nachtragsentscheidungen, insbes. den Widerruf der Aussetzung, trifft das Gericht ohne mündliche Verh. durch Beschl. in dem in § 453 geregelten Verfahren; im Fall des Abs. 4 S. 1 iVm § 453 Abs. 1 S. 3 soll dem Verurteilten Gelegenheit zur mündlichen Anhörung gegeben werden. Das Gericht, das die Aussetzung beschlossen hat, überwacht während der Bewährungszeit den Verurteilten. Ist der Widerruf zu erwarten u. der Verurteilte nicht auffindbar, so gilt § 453c. Wegen der Rechtsmittel vgl. § 453 Abs. 3.

52 **H. Wiederholte Prüfung der Aussetzungsfrage.** Die Rechtskraft des abl. Beschl. steht einer nochmaligen Prüfung der Aussetzungsfrage nicht entgegen, zB wenn der Verurteilte nun die zunächst verweigerte Einwilligung zur Reststrafaussetzung nach § 57 Abs. 1 StGB erklärt (Groß FS Riess, 2002, 703). Zu einer neuen Prüfung kann es nach angemessener Zeit sogar vAw kommen, wenn sich die Voraussetzungen inzwischen geänd. haben. Der Verurteilte kann angemessene Zeit nach der rkr. Ablehnung seines Antrags einen neuen Antrag stellen (BayObLG NJW 1955, 1644; OLG Oldenburg JZ 1955, 23), wenn dem nicht eine befristete Ausschlussanordnung nach §§ 57 Abs. 7, 57a Abs. 4 StGB entgegensteht (OLG Karlsruhe NStZ 1982, 396). Dabei muss er allerdings neue Tatsachen o. Beweismittel geltend machen (vgl. OLG Braunschweig NJW 1957, 759; OLG Düsseldorf JMBl. NRW. 1956, 272). War die Aussetzung nach §§ 57, 57a StGB widerrufen worden, so steht das einer erneuten Aussetzung der dann noch zu verbüßenden Reststrafe nicht entgegen (OLG Frankfurt a. M. StV 1985, 25; KK-StPO/Appl Rn. 40).

Beginn der Bewährungszeit; Aufhebung der Aussetzung des Strafrestes

454a (1) **Beschließt das Gericht die Aussetzung der Vollstreckung des Restes einer Freiheitsstrafe mindestens drei Monate vor dem Zeitpunkt der Entlassung, so verlängert sich die Bewährungszeit um die Zeit von der Rechtskraft der Aussetzungsentscheidung bis zur Entlassung.**

(2) [1] **Das Gericht kann die Aussetzung der Vollstreckung des Restes einer Freiheitsstrafe bis zur Entlassung des Verurteilten wieder aufheben, wenn die Aussetzung aufgrund neu eingetretener oder bekanntgewordener Tatsachen unter Berücksichtigung des Sicherheitsinteresses der Allgemeinheit nicht mehr verantwortet werden kann; § 454 Abs. 1 Satz 1 und 2 sowie Abs. 3 Satz 1 gilt entsprechend.** [2] **§ 57 Abs. 5 des Strafgesetzbuches bleibt unberührt.**

A. Normzweck. Eine **frühzeitige Entscheidung über die Aussetzung des Strafrests** nach §§ 57, 57a StGB, § 454 ist nicht nur zulässig, sondern erwünscht, weil eine sachgerechte, die soziale Wiedereingliederung des Verurteilten fördernde Entlassungsvorbereitung die Kenntnis v. Entlassungszeitpunkt voraussetzt (OLG Düsseldorf MDR 1987, 1046; OLG Zweibrücken NStZ 1992, 148). Ergeht der Gerichtsbeschluss über die Reststrafaussetzung erst kurze Zeit vor dem Zeitpunkt der Entlassung, so werden die notwendigen Entlassungsvorbereitungen erschwert o. sogar unmöglich gemacht. § 454a schafft die Voraussetzungen dafür, dass das Gericht die Aussetzung des Strafrests schon längere Zeit vor dem in Aussicht genommenen Entlassungszeitpunkt bewilligen kann, ohne dass dem Verurteilten dadurch ungerechtfertigte Vorteile entstehen. Die Vorschr. will dem Gericht einen Anreiz bieten, die Entlassungsentscheidungen frühzeitig zu treffen; sie setzt aber voraus, dass bereits zu diesem Zeitpunkt eine günstige Sozialprognose des Verurteilten gesichert ist (OLG Frankfurt a. M. NStZ-RR 2001, 311). Die Vorschr. gilt nach § 463 Abs. 1 sinngemäß für freiheitsentziehende Sicherungsmaßregeln. Mit der Entsch. sind erforderlichenfalls Vollzugslockerungen zu verbinden (BVerfG NJW 2009, 1941). 1

B. Verlängerung der Bewährungszeit (Abs. 1). Eine Verlängerung der Bewährungszeit (Abs. 1) tritt ein, wenn das Gericht die Aussetzung des Strafrests nach §§ 57, 57a StGB mind. 3 Monate (die Frist berechnet sich nach § 43) vor dem Zeitpunkt der Entlassung bewilligt. Abs. 1 berücksichtigt dabei die Regelung des § 56a Abs. 2 StGB, wonach die Bewährungszeit mit der Rechtskraft der Entsch. über die Strafaussetzung beginnt. Von diesem Zeitpunkt rechnet die 3-Monatsfrist (OLG Frankfurt a. M. NStZ-RR 2013, 293; Bringewat Strafvollstreckung Rn. 6; **aM** KK-StPO/Appl Rn. 4: v. dem in dem Rubrum des Beschl. genannten Tag). Vom Zeitpunkt der Rechtskraft bis zur Entlassung aus der Strafhaft wird die in dem Beschl. festgesetzte Bewährungszeit verlängert. Die Verlängerung hat zur Folge, dass auch Straftaten, die der Verurteilte schon in dem ihm für Entlassungsvorbereitungen zur Vfg. gestellten Zeitraum in der Strafanstalt o. als Freigänger o. während eines Urlaubs begeht, zum Widerruf der Reststrafaussetzung nach § 57 Abs. 3 S. 1 StGB iVm § 56f Abs. 1 Nr. 1 StGB führen können. Außerdem kann dem Verurteilten, insbes. wenn er Freigänger ist, bereits vor der Entlassung aus dem Strafvollzug ein Bewährungshelfer bestellt werden. 2

C. Wiederaufhebung des Aussetzungsbeschlusses (Abs. 2). Die Wiederaufhebung des Aussetzungsbeschlusses (Abs. 2) ist bis zur Entlassung des Verurteilten aus der Strafhaft (OLG Hamm NStZ-RR 1996, 30: in dieser Sache; **aM** OLG Dresden JR 2001, 171 mablAnm Laubenthal – aufgeh. durch BVerfG NJW 2001, 2247 –: tatsächliche Freilassung) aufgrund neu eingetretener o. bekanntgewordener Tatsachen auch dann zulässig, wenn Widerrufsgründe nicht vorliegen. Das ist eine allg. Regelung. Sie gilt nicht nur in den Fällen des Abs. 1, sondern auch, wenn das Gericht die Aussetzung des Strafrests erst innerhalb der Letzten 3 Monate vor dem Entlassungszeitpunkt beschlossen hat. Die Aufhebung des Beschl. verlangt entgegen 3 der früheren Gesetzesfassung, die auf die „Erprobung" der straffreien Lebensführung abgestellt hatte, nunmehr die Berücksichtigung der „Sicherheitsinteressen der Allgemeinheit" (vgl. dazu → § 454 Rn. 37). Die Vorschr. ist **sinngemäß** auf die Aussetzung v. Maßregeln der Besserung u. Sicherung (§ 463 Abs. 1) zur Bewährung **anwendbar,** nicht aber auf deren Erledigung (OLG Braunschweig NStZ-RR 2015, 157).

4 Auch **neu bekanntgewordene Tatsachen,** also auch solche, die schon vor Erlass des Aussetzungsbeschlusses eingetreten, dem Gericht aber damals nicht bekannt waren, reichen aus (Laubenthal JR 2001, 172). In Betracht zu ziehen sind nicht nur das Verhalten des Verurteilten im Strafvollzug, auch während eines Urlaubs, sondern auch alle sonstigen Umstände, die einer günstigen Prognose entgegenstehen, zB die Vorbereitung neuer Straftaten, nicht aber ausschl. v. Verhalten Dritter abhängige Umstände (vgl. BVerfG BeckRS 2012, 46353: Verweigerung der Aufnahme in ein Männerwohnheim). Die Unschuldsvermutung verbietet nicht die Berücksichtigung einer neuen, noch nicht abgeurteilten Straftat (BVerfG NJW 1994, 377; OLG Jena NStZ-RR 2007, 283; OLG Schleswig SchlHA 1999, 186). Die Aufhebung des Beschl. aufgrund neuer Tatsachen ist iÜ nur zulässig, wenn (in den Fällen des Abs. 1) ein Widerruf der Strafaussetzung nicht möglich ist. § 57 Abs. 5 StGB bleibt unberührt (Abs. 2 S. 2) u. geht als die speziellere Regelung vor (OLG Frankfurt a. M. NStZ-RR 1997, 176; OLG Saarbrücken NStE StPO § 454a Nr. 4).

5 Für das **Verfahren** bei der Aufhebung der früheren Entsch. bestimmt Abs. 2 S. 1 Hs. 2 die entspr. Anwendung des § 454 Abs. 1 S. 1, 2, Abs. 3 S. 1. Das nach § 462a zuständige Gericht entscheidet ohne mündliche Verh. durch mit Gründen versehenen (§ 34) Beschl. nach Anhörung der StA, des Verurteilten u. der Vollzugsanstalt. Eine mündliche Anhörung des Verurteilten ist nicht vorgeschrieben, aber auch nicht unzulässig. Wenn die Aufhebung auf Gründe gestützt werden soll, die denen des § 453 Abs. 1 S. 3 entsprechen, ist sie sogar zweckmäßig. Der Beschl. lautet auf Wiederaufhebung des die Aussetzung der Reststrafe bewilligenden Beschluss. War die frühere Beschlussfassung durch einen Antrag des Verurteilten veranlasst worden o. aus sonstigen Gründen geboten, so muss gleichzeitig erneut (und diesmal abschlägig) über die Aussetzung der Vollstreckung des Strafrests entschieden werden (Hamann Rpfleger 1986, 358; KK-StPO/Appl Rn. 8).

6 Gegen den Beschl. ist **sofortige Beschwerde** zulässig. Auch wenn über sie in dem ursprünglich in Aussicht genommenen Entlassungszeitpunkt noch nicht entschieden worden ist, unterbleibt die Entlassung des Verurteilten aus der Strafhaft (§ 307 Abs. 1). Ferner wird ein Aufschub der Haftentlassung vor einer endg. Entsch. über den Widerruf der Strafaussetzung nach Abs. 2 als zulässig erachtet (OLG Hamburg NStZ 1999, 55).

Vollstreckungsreihenfolge bei Freiheits- und Ersatzfreiheitsstrafen; Unterbrechung

454b (1) **Freiheitsstrafen und Ersatzfreiheitsstrafen sollen unmittelbar nacheinander vollstreckt werden.**

(2) [1] **Sind mehrere Freiheitsstrafen oder Freiheitsstrafen und Ersatzfreiheitsstrafen nacheinander zu vollstrecken, so unterbricht die Vollstreckungsbehörde die Vollstreckung der zunächst zu vollstreckenden Freiheitsstrafe, wenn**

1. **unter den Voraussetzungen des § 57 Abs. 2 Nr. 1 des Strafgesetzbuches die Hälfte, mindestens jedoch sechs Monate,**
2. **im übrigen bei zeitiger Freiheitsstrafe zwei Drittel, mindestens jedoch zwei Monate, oder**
3. **bei lebenslanger Freiheitsstrafe fünfzehn Jahre**

der Strafe verbüßt sind. [2] **Dies gilt nicht für Strafreste, die auf Grund Widerrufs ihrer Aussetzung vollstreckt werden.** [3] **Treten die Voraussetzun-**

gen für eine Unterbrechung der zunächst zu vollstreckenden Freiheitsstrafe bereits vor Vollstreckbarkeit der später zu vollstreckenden Freiheitsstrafe ein, erfolgt die Unterbrechung rückwirkend auf den Zeitpunkt des Eintritts der Vollstreckbarkeit.

(3) **Auf Antrag des Verurteilten kann die Vollstreckungsbehörde von der Unterbrechung der Vollstreckung von Freiheitsstrafen in den Fällen des Absatzes 2 Satz 1 Nummer 1 oder Nummer 2 absehen, wenn zu erwarten ist, dass nach deren vollständiger Verbüßung die Voraussetzungen einer Zurückstellung der Strafvollstreckung nach § 35 des Betäubungsmittelgesetzes für eine weitere zu vollstreckende Freiheitsstrafe erfüllt sein werden.**

(4) **Hat die Vollstreckungsbehörde die Vollstreckung nach Absatz 2 unterbrochen, so trifft das Gericht die Entscheidungen nach den §§ 57 und 57a des Strafgesetzbuches erst, wenn über die Aussetzung der Vollstreckung der Reste aller Strafen gleichzeitig entschieden werden kann.**

Übersicht

A. Vollstreckung mehrerer Freiheitsstrafen. Die Vollstreckung mehrerer 1 Freiheitsstrafen ist in § 43 StVollstrO geregelt. Dort ist in Abs. 1 ebenso wie hier in Abs. 1 bestimmt, dass Freiheitsstrafen (aus denen keine Gesamtstrafe gebildet werden kann) u. Ersatzfreiheitsstrafen unmittelbar nacheinander vollstreckt werden sollen. Auch die Vollstreckungsreihenfolge für Freiheits- u. Ersatzfreiheitsstrafen regelt § 43 Abs. 2 StVollStrO. Eine sachlich gebotene Unterbrechung der Vollstreckung schließt Abs. 1 nicht aus. Für Jugendstrafen hat die Vorschr. keine Bedeutung (OLG Frankfurt a. M. NStZ-RR 2000, 95; OLG Stuttgart Justiz 1987, 436), auch nicht für Fälle des Zusammentreffens v. Freiheits- u. Jugendstrafe (OLG Düsseldorf MDR 1988, 79; vgl. aber OLG Jena NStZ 2005, 167).

B. Notwendige Unterbrechung der Vollstreckung (Abs. 2). Nach § 57 2 Abs. 1, Abs. 2 StGB kann die Vollstreckung des Restes einer zeitigen Freiheitsstrafe bei günstiger Sozialprognose nach Verbüßung v. ⅔, uU schon nach Verbüßung der Hälfte der Strafe zur Bewährung ausgesetzt werden. Die Aussetzung des Strafrests lebenslanger Freiheitsstrafen lässt § 57a Abs. 1 StGB zu, wenn mind. 15 Jahre der Strafe verbüßt sind. Beim Zusammentreffen des Vollzugs mehrerer zeitiger o. lebenslanger Freiheitsstrafen sind die Voraussetzungen der §§ 57, 57a StGB für jede v. ihnen gesondert zu prüfen. Um zu ermöglichen, dass das durch eine gleichzeitige u. einheitliche Entsch. gegen Ende der Anschlussvollstreckung geschehen kann (BGHSt 55, 243 (246 f.); BGH NStZ-RR 2010, 353; vgl. auch BGH NJW 2012, 1016), schreibt Abs. 2 S. 1 vor, dass die Vollstreckung der zunächst zu vollstreckenden Freiheitsstrafe (zur Ersatzfreiheitsstrafe vgl. Fischer/Fischer/Lutz StGB § 57 Rn. 3) zu unterbrechen ist, wenn die zeitlichen Voraussetzungen der §§ 57 Abs. 1, 57a Abs. 1 StGB erfüllt sind o. im Fall des § 57 Abs. 2 Nr. 1 StGB der Verurteilte, der erstmals eine Freiheitsstrafe verbüßt, die Hälfte, mind. 6 Monate der 2 Jahre nicht übersteigenden Strafe verbüßt hat. Das Unterbrechungsgebot ist strikt zu beachten; ein den VollstrBn unterlaufenes Verschulden darf einem Verurteilten nicht zum Nachteil gereichen (BVerfG NStZ 1988, 474). Die Vorschr. gilt auch, wenn aus einem der Verf. eine Freiheitsstrafe u. aus einem anderen Verf. sowohl eine freiheitsentziehende Maßnahme der Besserung u. Sicherung als auch eine Freiheitsstrafe zur Vollstreckung kommen (OLG Hamm NStZ-RR 1997, 124). Sie findet aber keine Anwendung im Fall des § 57 Abs. 2 Nr. 2 StGB (OLG Hamm NStZ 1993, 302; OLG Oldenburg MDR 1987, 75; LG Hamburg MDR

1991, 666; **aM** OLG Frankfurt a. M. NStZ-RR 1997, 95; OLG Stuttgart NStZ-RR 2003, 253; zw. auch OLG Zweibrücken NStZ 1989, 592 = JR 1990, 211 mablAnm Wendisch) u. bei der Vollstreckung v. Freiheits- u. Jugendstrafe (Eisenberg/Kölbel JGG § 89a Rn. 4f.), es sei denn, der Jugendrichter hat die Vollstreckung der Jugendstrafe nach §§ 89a Abs. 3, 85 Abs. 6 JGG an die StA abgegeben (OLG Zweibrücken NStE StPO § 454b Nr. 16). Abs. 2 schafft nicht die Grundlage, die Strafvollstreckung zur Ermöglichung einer Therapie nach Zurückstellung der Strafvollstreckung nach § 35 BtMG zu unterbrechen (BGHSt 55, 243; OLG Hamm StV 2010, 696).

3 Der **Erstverbüßung** iSd Vorschr. steht es nicht entgegen, wenn der Verurteilte zuvor teilw. Ersatzfreiheitsstrafe verbüßt hat (OLG Stuttgart StV 1994, 250), ebenso wenig UHaft, Auslieferungshaft uÄ (Baier FS Paulus, 2009, 9). Die Erstverbüßerregelung gilt nach der jetzt hM in der Rspr. der OLGe nicht nur für die an 1. Stelle vollstreckte Freiheitsstrafe, sondern auch für die folgenden zu vollstreckenden Freiheitsstrafen (OLG Celle Nds. Rpfl. 1990, 122; OLG Düsseldorf Rpfleger 1999, 147; OLG München MDR 1988, 601; OLG Oldenburg StV 1987, 70; OLG Stuttgart StV 1994, 250; OLG Zweibrücken StV 1986, 489; vgl. auch Fischer/Fischer/Lutz StGB § 57 Rn. 25 mwN); das gilt auch, wenn die Gesamtdauer dieser Strafen 2 Jahre übersteigt (OLG Köln StraFo 2007, 479; OLG Stuttgart StV 1994, 250; Wagner Rpfleger 1997, 424; **aM** OLG Karlsruhe NStZ 1989, 323).

4 Der Verurteilte muss v. der beabsichtigten Unterbrechung **nicht unterrichtet** werden; die Unterbrechung unterbleibt auch dann nicht, wenn er ihr widerspricht (OLG Hamburg StV 1994, 195).

5 Die Unterbrechung ist **jeweils rechtzeitig** vor dem nach Abs. 2 S. 1 bestimmten Zeitpunkt vorzunehmen. Für den Fall, dass dies nicht möglich war, bestimmt Abs. 2 S. 3, dass die Unterbrechung rückwirkend auf den Zeitpunkt des Eintritts der Vollstreckbarkeit erfolgt (so bereits OLG Celle NStZ 1990, 252). Abs. 2 S. 3 gilt entspr. bei sonstigem fehlerhaftem Unterlassen der Vollstreckungsunterbrechung (Baier FS Paulus, 2009, 7). Von der Unterbrechung sind der Verurteilte u. die Vollzugsbehörde zu benachrichtigen.

6 Der **Unterbrechungszwang gilt auch,** wenn das Gericht die Aussetzung nach §§ 57 oder 57a StGB bereits abgelehnt hatte, sich nun aber herausstellt, dass eine weitere Strafe zu vollstrecken ist (OLG Celle NStE StPO § 454b Nr. 6; OLG Düsseldorf StV 1990, 121; OLG Hamm NStZ 1985, 144; OLG Karlsruhe NStZ-RR 1996, 60; OLG Oldenburg StV 1985, 68; **aM** OLG München StV 1982, 30 mablAnm Volckart). Das erfordert die für die Prognoseentscheidung anzustellende Gesamtschau (→ Rn. 11).

7 **Von der Vollzugsunterbrechung** werden aber **solche Reststrafen nicht betroffen,** die deshalb vollstreckt werden, weil die für sie bewilligte Aussetzung zur Bewährung widerrufen worden ist (Abs. 2 S. 2); diese sind regelmäßig der Vorwegvollstreckung überantwortet (BGH NJW 2012, 1016). Das kommt praktisch nur für Strafreste in Betracht, die mehr als ein Drittel der erkannten Strafe betragen (Funck NStZ 1992, 511). Es macht keinen Unterschied, ob Aussetzung u. Widerruf durch das Gericht o. durch die Gnadenbehörde angeordnet worden sind (Baier FS Paulus, 2009, 10). Findet eine Unterbrechung vAw nach Abs. 2 S. 2 nicht statt, so wird idR auch eine Unterbrechung auf Antrag des Verurteilten nicht in Betracht kommen (dazu OLG Frankfurt a. M. NStZ 1983, 48). Die erneute Anwendung des § 57 StGB schließt Abs. 2 S. 2 nicht schlechthin aus (OLG Frankfurt a. M. NStZ-RR 2000, 282 (283) mwN; offengelassen v. BGH NJW 1991, 2030). Nach § 43 Abs. 2 Nr. 1 S. 2 StVollstrO sind aber solche Reststrafen vollständig vorweg zu vollstecken (OLG Karlsruhe StV 2003, 348; Blechinger NStZ 2000, 56; **aM** Ullenbruch NStZ 1999, 10). Hiervon kann mit Rücksicht auf eine möglicherweise in Betracht kommende erneute Strafaussetzung nur die StA nach § 43 Abs. 4 StVollstrO absehen (dazu iE OLG Frankfurt a. M. NStZ-RR 2000, 282 (283)) u. die Vollstreckungsreihenfolge ändern o. eine bereits begonnene Vollstreckung unterbrechen (OLG Bremen OLGSt StPO § 454b Nr. 2; OLG Hamburg StV 1993, 256; OLG Hamm NStZ 1993, 302; OLG Karlsruhe StV 2003, 348;

OLG Stuttgart Justiz 2002, 602). Gegen die Entsch. der StA ist der Rechtsweg nach §§ 23 EGGVG gegeben (BGH NJW 1991, 2030; OLG Köln NStZ-RR 2010, 157; OLG Hamm NStZ 1999, 56; StV 2010, 696; OLG Karlsruhe StV 2003, 348).

Zuständig für die Anordnung der Unterbrechung nach § 454b ist die VollstrB (§ 451; Müller-Dietz JR 1991, 79). Die Anordnung ist auf den Rechtspfleger übertragen (§ 31 Abs. 2 S. 1 **RPflG**). 8

Über **Einwendungen** gegen dessen Anordnungen entscheidet nach § 458 Abs. 2 in den in Abs. 2 ausdr. genannten Fällen das Gericht (§ 31 Abs. 6 S. 1 **RPflG;** vgl. OLG Stuttgart Justiz 1990, 472; StraFo 2008, 525). Gegen die Entsch. des Gerichts ist nach § 462 Abs. 3 sofortige Beschwerde (§ 311) zulässig. Die Versagung einer Unterbrechung zum Halbstrafenzeitpunkt in den – in Abs. 2 nicht in Bezug genommenen – Fällen des § 57 Abs. 2 Nr. 2 StGB kann dagegen nur gem. §§ 23 EGVGV gerichtlich überprüft werden (OLG Frankfurt a. M. NStZ-RR 2011, 221; erg. → § 458 Rn. 12). Dies gilt nach Abs. 2 S. 2 gleichermaßen für Strafreste, die aufgrund Widerrufs ihrer Aussetzung vollstreckt werden (BGH NJW 1991, 2030). 9

Zur **Strafzeitberechnung** bei unmittelbarer Anschlussvollstreckung mehrerer Freiheitsstrafen vgl. OLG Karlsruhe NStZ 1992, 302. 10

C. Absehen von der Unterbrechung der Vollstreckung (Abs. 3). Abs. 3 ermöglicht es, v. der Unterbrechung der Vollstreckung v. Freiheitsstrafen zum Halbstrafen- bzw. Zweidrittelzeitpunkt abzusehen, wenn zu erwarten ist, dass nach deren vollständiger Verbüßung für eine weitere Freiheitsstrafe die Voraussetzungen für eine Zurückstellung der Strafvollstreckung nach § 35 BtMG erfüllt sein werden. Über die Aussetzung aller Strafreste darf nur gemeinsam und gleichzeitig zum gemeinsamen frühestmöglichen Aussetzungszeitpunkt entschieden werden; eine isolierte Vorabentscheidung bzgl. der Vollstreckungsaussetzung einer einzelnen Strafe ist nicht gestattet (OLG Celle StraFo 2025, 162). 11

Die Maßnahme setzt einen entspr. **Antrag** des Verurteilten voraus. Die VollstrB muss sodann prüfen, ob nach vollständiger Verbüßung der Freiheitsstrafe für eine weitere zu vollstreckende Freiheitsstrafe die Voraussetzungen des § 35 BtMG gegeben sein werden. Dies wird nicht der Fall sein, wenn der Verurteilte das Verf. nach Abs. 3 bereits mehrfach in Anspruch genommen u. die jew. in Aussicht genommenen Therapien tatsächlich nicht angetreten o. zu Ende geführt hat (vgl. BT-Drs. 18/11272, 33). 12

Bei einer **positiven Prognose** über den Eintritt der Voraussetzungen des § 35 BtMG steht die Entsch. nach Abs. 3 im **Ermessen** der Strafvollstreckungsbehörde. 13

Wird dem Antrag stattgegeben, muss der Verurteilte die Freiheitstrafe ohne Unterbrechung vollständig verbüßen. Damit die voll zu verbüßende vor etwa zurückstellungsfähigen Freiheitsstrafen verbüßt werden kann, ist erforderlichenfalls die Vollstreckungsreihenfolge nach § 43 Abs. 4 StrafVollstrO abzuändern. 14

Über die **Aussetzung** der vorab zu verbüßenden Freiheitsstrafe zur Bewährung nach § 57 StGB muss – außer wenn der Verurteilte die nach § 57 Abs. 1 Nr. 3 StGB erforderliche Einwilligung nicht erteilt – ein gesonderter Beschl. getroffen werden, da im Fall des Abs. 3 eine gleichzeitige Entsch. nach § 57 StGB für sämtliche zu verbüßenden Freiheitstrafen nicht möglich ist; ein vorheriger Verzicht des Verurteilten auf die Entsch. nach § 57 StGB zum Zeitpunkt der Entsch. nach Abs. 3 ist nicht möglich (BT-Drs. 18/11272, 33). Allerdings wird eine Strafaussetzung nach § 57 StGB in der betr. Konstellationen – nicht therapierte Drogenabhängigkeit u. entspr. Rückfallgefahr – nur ganz ausnahmsweise in Betracht kommen, sie ist aber wegen der Möglichkeit des § 56c Abs. 3 Nr. 1 StGB auch nicht v. vorneherein ausgeschlossen (BT-Drs. 18/11272, 33). 15

Im Verf. nach Abs. 3 wird dem Verurteilten regelmäßig ein **Verteidiger** wegen der Schwierigkeit der Sach- u. Rechtslage in entspr. Anwendung v. § 140 Abs. 2 zu bestellen sein (erg. → § 140 Rn. 33 ff.). 16

Die **gerichtliche Überprüfung** erfolgt im Verf. nach § 458 Abs. 2 (→ § 458 Rn. 12, vgl. auch → Rn. 9). 17

18 **D. Entscheidung über die Reststrafaussetzung (Abs. 4).** Die Entscheidung über die Reststrafaussetzung (Abs. 4) muss beim Zusammentreffen des Vollzugs mehrerer (auch mehrerer lebenslanger; OLG Nürnberg NStZ 1999, 269) Freiheitsstrafen zunächst zurückgestellt werden. Vorweggenommene Einzelentscheidungen sieht das G nicht vor; ein darauf gerichteter Antrag des Verurteilten ist als unzulässig zu verwerfen (OLG Jena NStZ 2012, 389; OLG Düsseldorf VRS 81, 293). Die StVollstrK (§ 462a) darf die Entsch. erst treffen, wenn über die Aussetzung der Vollstreckung der Reste aller Strafen gleichzeitig entschieden werden kann, dh regelmäßig erst vor dem Ende der letzten Anschlussvollstreckung, bei Bestehen einer Sperre nach § 57 Abs. 7 StGB grds. erst nach deren Ablauf (OLG München MDR 1987, 782). Dann muss die Entsch. aber so rechtzeitig vorliegen, dass über die Aussetzung der Strafreste Klarheit herrscht. Das Gericht ist zur gleichzeitigen Entsch. hins. aller Strafen verpflichtet, deren Vollstreckung nach Abs. 2 unterbrochen worden ist; es darf die Entsch. über eine o. mehrere dieser Strafen nicht aussetzen (OLG Düsseldorf NStZ 1983, 286; StV 1990, 122; OLG Hamm MDR 1985, 248). Bei der Entsch. hat es die Voraussetzungen der §§ 57, 57a StGB für jede Freiheitsstrafe gesondert (OLG Hamm MDR 1987, 512; Maatz MDR 1985, 801; zu § 35 BtMG vgl. LG Osnabrück StV 1987, 210), aber aufgrund einer Gesamtschau zu prüfen, der die Umstände zzt. der Entsch. zugrunde zu legen sind. Das kann zu unterschiedlichen Entsch. führen (vgl. OLG Jena StraFo 2012, 242 (244)), etwa wenn eine günstige Sozialprognose die Reststrafaussetzung der zeitigen Freiheitsstrafe ermöglicht, die bes. Schuld aber nach § 57a Abs. 1 Nr. 2 die weitere Vollstreckung der lebenslangen Freiheitsstrafe gebietet; um dies Erg. zu vermeiden, will Widmaier NStZ 2010, 593 hier erst mit Ablauf der v. der StVollstrK festgesetzten Mindestverbüßungszeit unterbrechen. Eine entspr. Anwendung des Abs. 4 auf sonstige Fälle des Zusammentreffens des Vollzugs mehrerer Freiheitsstrafen (ohne Unterbrechung der Vollstreckung) kommt nicht in Betracht (Baier FS Paulus, 2009, 12 mwN; **aM** OLG Düsseldorf JR 1994, 347 mablAnm Bringewat; OLG Rostock StV 1994, 194). Dies gilt mit Rücksicht auf Wortlaut u. Systematik des Gesetzes auch für Abs. 2 nicht unterfallende Halbstrafengesuche nach § 57 Abs. 2 Nr. 2 StGB (OLG Hamm NStZ 1993, 302; OLG Oldenburg MDR 1987, 75; **aM** OLG Jena NStZ 2012, 389; OLG Stuttgart NStZ-RR 2003, 253; OLG Frankfurt a. M. NStZ-RR 1997, 95; OLG Zweibrücken NStZ 1989, 592 = JR 1990, 211 mablAnm Wendisch).

19 Eine **Zurückstellung der Strafvollstreckung nach § 35 BtMG** kann – abgesehen v. den Fällen des Abs. 3 – erst erfolgen, wenn sämtliche gegen den betäubungsmittelabhängigen Mehrfachtäter erkannten Freiheitsstrafen, also auch die grds. zurückstellungsfähigen, zu ⅔ verbüßt sind u. nach Abs. 2 S. 1 Nr. 2, Abs. 4 über die Reststrafenaussetzung aller Strafen (negativ) entschieden worden ist (KG NStZ-RR 2011, 260). Die Unterbrechung der Vollstreckung der zurückstellungsfähigen Freiheitsstrafe vor dem 2/3-Termin kommt nur bei Freiheitsstrafen bis einschl. 2 Monaten u. widerrufenen Strafresten (Abs. 2 S. 2) sowie bei Anschlussvollstreckung v. – grds. nicht zurückstellungsfähigen – Ersatzfreiheitsstrafen in Betracht (KG NStZ-RR 2011, 260).

20 **E. Beschwerde.** Ein die Aussetzung abl. Beschl. u. die dagegen eingelegte Beschwerde werden durch die Unterbrechung nach Abs. 2 gegenstandslos (OLG Zweibrücken MDR 1989, 843; OLG Saarbrücken NStZ-RR 2016, 31), anders aber bei Unzulässigkeit des Antrags (OLG Düsseldorf Rpfleger 1999, 147). Sind mehrere StAen als VollstrBen zuständig, kann jede StA die Entsch. nur hins. derjenigen Strafe anfechten, für die sie als VollstrB zuständig ist, das Beschwerdegericht auch nur insoweit entscheiden (OLG Düsseldorf NStE StPO § 454b Nr. 17). Die Beschwerde der StA kann nach § 301 auch zu einer für den Verurteilten günstigeren Entsch. führen (vgl. OLG Frankfurt a. M. NStZ-RR 1996, 221).

Strafausstand wegen Vollzugsuntauglichkeit

455 (1) **Die Vollstreckung einer Freiheitsstrafe ist aufzuschieben, wenn der Verurteilte in Geisteskrankheit verfällt.**

(2) **Dasselbe gilt bei anderen Krankheiten, wenn von der Vollstreckung eine nahe Lebensgefahr für den Verurteilten zu besorgen ist.**

(3) **Die Strafvollstreckung kann auch dann aufgeschoben werden, wenn sich der Verurteilte in einem körperlichen Zustand befindet, bei dem eine sofortige Vollstreckung mit der Einrichtung der Strafanstalt unverträglich ist.**

(4) [1]**Die Vollstreckungsbehörde kann die Vollstreckung einer Freiheitsstrafe unterbrechen, wenn**

1. **der Verurteilte in Geisteskrankheit verfällt,**
2. **wegen einer Krankheit von der Vollstreckung eine nahe Lebensgefahr für den Verurteilten zu besorgen ist oder**
3. **der Verurteilte sonst schwer erkrankt und die Krankheit in einer Vollzugsanstalt oder einem Anstaltskrankenhaus nicht erkannt oder behandelt werden kann**

und zu erwarten ist, daß die Krankheit voraussichtlich für eine erhebliche Zeit fortbestehen wird. [2]**Die Vollstreckung darf nicht unterbrochen werden, wenn überwiegende Gründe, namentlich der öffentlichen Sicherheit, entgegenstehen.**

A. Strafausstand wegen Vollzugsuntauglichkeit. Strafausstand wegen Vollzugsuntauglichkeit kann dem Verurteilten bewilligt werden, dh die Vollstreckung der Freiheitsstrafe, auch einer lebenslangen, ist aufzuschieben, wenn sie noch nicht begonnen hatte (Abs. 1–3), u. der bereits begonnene Vollzug einer solchen Strafe kann unterbrochen werden (Abs. 4). Die Vorschr. trägt dem Spannungsverhältnis zwischen der Pflicht des Staates zur Durchsetzung des Strafanspruches u. dem Interesse des Verurteilten an der Wahrung seiner Gesundheit Rechnung (BVerfG BeckRS 2011, 52466; OLG Celle 6.11.2025 – BeckRS 2025, 32408). Dabei gelten für die Strafunterbrechung strengere Anforderungen als für den Strafaufschub nach Abs. 1 und Abs. 2; beide sind scharf voneinander zu unterscheiden (OLG Koblenz StraFo 2003, 434). Die Unterbrechung ist im Gegensatz zum Strafaufschub sogar bei Vollzugsuntauglichkeit nicht zwingend vorgeschrieben; der Verurteilte hat kein Recht auf Unterbrechung, sondern nur auf fehlerfreie Ermessensausübung (→ Rn. 7). Ein Fall des Strafaufschubs, nicht der Unterbrechung, liegt auch vor, wenn bereits ein Teil der Strafe vollstreckt, der Vollzug dann unterbrochen worden war u. nunmehr die Fortsetzung der Vollstreckung aufgeschoben wird (OLG Hamm NJW 1973, 2075; Löwe/Rosenberg/Graalmann-Scheerer Rn. 4; **aM** OLG Oldenburg NStZ 1983, 139; KMR-StPO/Stöckel Rn. 2). Zu den notwendigen Maßnahmen der Vollzugsanstalt bei einer Strafunterbrechung vgl. § 46 StVollstO. Zur Anwendung des § 455 bei freiheitsentziehenden Sicherungsmaßregeln vgl. § 463 Abs. 1 und Abs. 4. Die Strafunterbrechung bei Vollzug der Strafe durch die Bundeswehr regelt Art. 6 EGWStG. 1

Die **Dauer des Strafausstands** lässt § 455, anders als § 456 Abs. 2, offen. Sie hängt, auch im Fall des Abs. 4, v. dem Wiedereintritt der Vollzugstauglichkeit ab. Der Strafausstand sollte gleichwohl nur für eine bestimmte Zeitdauer bewilligt u. ggf. verlängert werden. Zulässig ist auch ein neuer o. mehrmaliger Strafausstand. Vgl. zum Ganzen Heischel, § 455 StPO – Die Haftverschonung aus Gesundheitsgründen in ihren rechtlichen Grundlagen und in der Praxis, 1998. 2

B. Strafaufschub (Abs. 1–3). Strafaufschub (Abs. 1–3) ist beim Vorliegen der folgenden Voraussetzungen teils zwingend vorgeschrieben (Abs. 1, Abs. 2), teils in das Ermessen der VollstrB gestellt (Abs. 3): 3

I. Geisteskrankheit (Abs. 1). Zum Strafaufschub zwingt nur eine **geistige Erkrankung, die so schwer ist,** dass der Verurteilte für einen Behandlungsvoll- 4 zug nicht geeignet erscheint (OLG München NStZ 1981, 240; 2013, 127: fortgeschrittene Demenz; weitergehend Volckart Verteidigung S. 13 ff.). Bei in Schüben auftretender Geisteskrankheit wird Strafaufschub nur für die Dauer eines Schubes bewilligt (KK-StPO/Appl Rn. 6a).

5 **II. Besorgnis naher Lebensgefahr (Abs. 2).** Die Besorgnis naher Lebensgefahr (Abs. 2) durch die Vollstreckung (OLG Düsseldorf NJW 1991, 765; Lorenzen/Thamm SchlHA 1993, 230 – OLG Schleswig RsprÜ) zwingt auch gegen den Willen des Verurteilten zum Strafaufschub. Dabei genügt nicht die bloße Möglichkeit, dass sich die Krankheit lebensbedrohlich verschlechtern könnte (OLG Düsseldorf NJW 1991, 765; OLG Hamm MDR 1976, 778). Vielmehr ist ein **höherer Grad v. Wahrscheinlichkeit** erforderlich, der uU bei noch sehr lange zu vollstreckenden Strafen bis an eine an Sicherheit grenzende Wahrscheinlichkeit heranreichen muss (OLG München NStZ 1981, 240; vgl. auch BVerfGE 51, 324 = NJW 1979, 2349). Stehen ausr. Mittel zur medizinischen Betreuung und zur Abwehr vorhandener Gesundheitsgefahren zur Verfügung, bedarf es eines Zurücktretens des staatlichen Strafanspruches nicht (BVerfG NStZ-RR 2022, 326). Suizidgefahr löst bes. Sicherungsmaßnahmen nach zB Art. 99 BayStVollzG, § 83 SächsStVollzG aus, nicht den Strafaufschub nach Abs. 2 (KG NStZ 1994, 255; OLG Hamm NStZ-RR 2010, 191 Ls.; Döllel/Dreeßen SchlHA 2007, 292 – OLG Schleswig RsprÜ). Zu den Anforderungen an die Sachaufklärung OLG Celle BeckRS 2025, 32408).

6 **III. Unverträglichkeit der sofortigen Vollstreckung (Abs. 3).** Gemeint ist ein körperlicher Zustand des Verurteilten, der einen Strafaufschub sowohl im Interesse der Vollzugsanstalt, der Schwierigkeiten beim Vollzug erspart werden sollen, als auch in seinem eigenen geboten erscheinen lässt, etwa wenn die nötige ärztliche Behandlung in der Vollzugsanstalt (BGHSt 19, 148 (150); OLG Celle StraFo 2011, 524) nicht möglich wäre. Allerdings ist Strafaufschub nicht zwingend erforderlich, wenn der Strafantritt nur in einem Vollzugskrankenhaus durchgeführt werden kann, da es sich insoweit ebenfalls um eine Strafanstalt iSv Abs. 3 handelt (OLG Hamm NStZ-RR 2016, 60). Der Strafaufschub nach Abs. 3 setzt voraus, dass die sofortige Vollstreckung gegen den Verhältnismäßigkeitsgrundsatz verstoßen würde (Litwinski/Bublies Strafverteidigung S. 28); das öffentl. Interesse an der alsbaldigen Strafvollstreckung ist zu berücksichtigen (BGH NJW 1993, 2927). Für schwangere Frauen gilt Abs. 3 idR nicht (Löwe/Rosenberg/Graalmann-Scheerer Rn. 12). Die Entsch. steht im pflichtgemäßen Ermessen der VollstrB (KG NStZ 1994, 255). Eine entspr. Anwendung der Regelungen nach Abs. 4 kommt wegen des grds. Unterschieds zwischen Strafaufschub u. Strafunterbrechung nicht in Betracht (OLG Celle StraFo 2011, 524).

7 **C. Strafunterbrechung (Abs. 4).** Strafunterbrechung (Abs. 4) kann die VollstrB nach pflichtgemäßem Ermessen bewilligen. Der Gefangene hat auf sie keinen Rechtsanspruch; er kann nur die fehlerfreie Ausübung des Ermessens verlangen (OLG Hamm NStZ-RR 2009, 189 mwN). Die VollstrB muss im Einzelfall unter Abwägung aller Gesichtspunkte prüfen (vgl. BVerfG NStZ-RR 2003, 345; KG StV 2008, 87), ob die Unterbrechung geboten erscheint, weil folgende Voraussetzungen vorliegen:

8 **I. Geisteskrankheit (S. 1 Nr. 1).** Vgl. → Rn. 4.

9 **II. Besorgnis naher Lebensgefahr (S. 1 Nr. 2).** Vgl. → Rn. 5.

10 **III. Sonstige schwere Erkrankung (S. 1 Nr. 3).** Ein kranker Gefangener kann nach in ein Anstaltskrankenhaus o. in eine für seine Pflege besser geeignete Vollzugsanstalt verlegt werden (vgl. etwa Art. 67 BayStVollzG, § 46 NRWStVollzG). Die Erkrankung rechtfertigt die Strafunterbrechung nur, wenn sie dort nicht erkannt o. nicht behandelt werden kann (OLG Karlsruhe NStZ 1991, 53; OLG Stuttgart StV 1991, 478). Durch Abs. 4 werden daher nur schwerwiegende Fälle erfasst (vgl. LG Ellwangen NStZ 1988, 330: Nicht Erkrankung an Aids). Das Grundrecht aus Art. 2 Abs. 2 S. 1 iVm Art. 1 Abs. 2 GG kann darüber hinaus

eine Strafunterbrechung bei einem todkranken Gefangenen gebieten (BVerfG BeckRS 2010, 47959; OLG Celle StraFo 2010, 351; OLG Hamburg StraFo 2006, 300). Zu prüfen ist jedoch immer, ob es nicht ausreicht, den Gefangenen ohne Strafunterbrechung nach den entspr. Vorschr. der StVollzGe der Länder in Vollzugseinrichtungen o. in ein Krankenhaus außerhalb des Vollzugs zu verbringen (zB nach Art. 67 BayStVollzG, § 46 SächsStVollzG; vgl. ferner BVerfG BeckRS 2011, 52466; NStZ-RR 2003, 345; OLG München StV 1997, 262). Zur erforderlichen Abwägung – auch mit Abs. 4 S. 2 (→ Rn. 12) – vgl. OLG Jena StV 2004, 84. Eine Unterbrechung nach Abs. 4 liegt nur vor, wenn die VollstrB die Verfügungsgewalt über den Verurteilten vollständig aufgibt (OLG Hamburg NStZ 1999, 589 mwN); sonst gilt § 461 Abs. 1.

IV. Erhebliche Zeit. Für erhebliche Zeit muss die Erkrankung nach S. 1 Nr. 1 –3 voraussichtlich fortbestehen. Dass der Verurteilte überhaupt o. auf absehbare Zeit nicht wieder vollzugstauglich wird, wird nicht vorausgesetzt. Erheblich kann auch eine Zeit sein, deren Ende vorauszusehen ist; sie muss nur so lang sein, dass es, auch unter Berücksichtigung der Reststrafdauer (OLG München StraFo 2003, 323), angezeigt erscheint, den erkrankten Verurteilten aus dem Strafvollzug zu entlassen. Entsprechend der Regelung des § 45 Abs. 2 S. 1 StrVollstrO wird darüber das Gutachten des zuständigen Amtsarztes einzuholen sein. 11

V. Ausschluss der Strafunterbrechung (S. 2). Ausgeschlossen ist die Strafunterbrechung (S. 2), wenn überwiegende Gründe, insbes. der öffentl. Sicherheit, entgegenstehen (vgl. § 45 Abs. 1 Hs. 2 StVollstrO). Das ist der Fall, wenn der Verurteilte trotz o. gerade wegen seiner Erkrankung so gefährlich ist, dass es im Interesse der Allgemeinheit geboten erscheint, den Strafvollzug fortzusetzen u. ihn in einem Anstaltskrankenhaus zu behandeln o. unter Aufrechterhaltung des Strafvollzugs in ein anderes Krankenhaus zu verlegen. In Betracht kommen insbes. Fluchtgefahr u. die Gefahr der Begehung weiterer erheblicher Straftaten (krit. dazu Neuhaus FS 25 Jahre AG StrafR DAV, 2009, 1025). Vgl. auch → § 455a Rn. 3. 12

VI. Vollzug durch Bundeswehrbehörden. Bei Vollzug durch Bundeswehrbehörden ist die Unterbrechung der Vollstreckung eines Strafarrests u. einer Freiheitsstrafe unter den Voraussetzungen des Art. 6 EGWStG zulässig (§ 45 Abs. 3 StVollstrO). 13

VII. Verfahren bei der Strafunterbrechung. Während der Strafaufschub formlos durch Hinausschieben des Strafantritts erfolgen kann, bedarf die Strafunterbrechung einer **förmlichen Anordnung**, die der Vollzugsbehörde u. dem Verurteilten, sofern er zur Entgegennahme in der Lage ist, bekanntgegeben wird (§ 46 Abs. 1 StVollstrO). War der Verurteilte bereits vor der Unterbrechung in eine Krankenanstalt, in ein psychiatrisches Krankenhaus o. in eine entspr. Einrichtung verbracht worden, so wird die Vollstreckungsunterbrechung mit dem Zugang der Mitteilung bei der Anstalt wirksam (§ 46 Abs. 3 S. 2 Hs. 2 StVollstrO). Mit rückwirkender Kraft kann die Unterbrechung nicht angeordnet werden (OLG Schleswig SchlHA 1957, 81; Löwe/Rosenberg/Graalmann-Scheerer § 461 Rn. 13). Die Unterbrechung endet, wenn Maßnahmen getroffen werden, die dazu dienen, den Verurteilten erneut unter die Verfügungsgewalt der VollstrB zu bringen. Dazu genügt zB die Bewachung durch Polizeibeamte vor dem Aufenthaltsraum in der Krankenanstalt (OLG Celle MDR 1968, 782), aber nicht schon Anfragen an das Krankenhaus nach dem Entlassungszeitpunkt usw (OLG Stuttgart NStZ 1989, 552). Grundsätzlich wird das Ende der Unterbrechung aber v. der VollstrB ausdr. bestimmt. 14

D. Zuständigkeit. Zuständig für die Entsch. über den Strafausstand ist die VollstrB (§ 451 Abs. 1; → § 451 Rn. 2). Sie entscheidet auf Antrag des Verurteilten o. vAw. Mit Rücksicht auf die neuere Rspr. des BGH u. des BVerfG ist dem Gefangenen im Falle **menschenunwürdiger Haftbedingungen** entspr. § 455 ein Recht zuzugestehen, die Unterbrechung – bzw. die Aufschiebung – der Strafe zu beantragen; denn wenn der BGH eine Pflicht des Staates postuliert, in einem 15 solchen Fall auf die Durchsetzung des Strafanspruchs zu verzichten (BGH StraFo 2011, 157), dürfte dem ein entspr. Recht des Gefangenen auf Rechtsschutz korrespondieren (s. BVerfG StraFo 2011, 142). Insofern muss die Strafvollstreckung notfalls unterbrochen werden, wenn die Vollzugsanstalt selbst unter Berücksichtigung all ihrer Möglichkeiten – einschl. der Verlegung in eine andere Haftanstalt – menschenwürdige Bedingungen nicht herzustellen vermag (BGH StraFo 2011, 157).

16 **E. Rechtsbehelfe.** Der Verurteilte kann gegen die Entsch. der VollstrB Dienstaufsichtsbeschwerde einlegen o. bei Gericht Einwendungen erheben, über die nach § 458 Abs. 2 zu entscheiden ist (OLG Karlsruhe NStZ 1988, 525). Gegen die gerichtliche Entsch. ist sofortige Beschwerde zulässig (§ 462 Abs. 3 S. 1). Im Fall des Strafaufschubs werden weder die Einwendungen noch die sofortige Beschwerde deshalb gegenstandslos, weil die Strafvollstreckung gegen den Verurteilten inzwischen begonnen hat (OLG Schleswig MDR 1983, 865; KK-StPO/Appl Rn. 17; erg. → § 456 Rn. 9). Im Fall der Strafunterbrechung hat die sofortige Beschwerde der StA gegen den Gerichtsbeschluss, der die Unterbrechung nach § 458 Abs. 2 anordnet, aufschiebende Wirkung (§ 462 Abs. 3 S. 2).

Strafausstand aus Gründen der Vollzugsorganisation

455a (1) **Die Vollstreckungsbehörde kann die Vollstreckung einer Freiheitsstrafe oder einer freiheitsentziehenden Maßregel der Besserung und Sicherung aufschieben oder ohne Einwilligung des Gefangenen unterbrechen, wenn dies aus Gründen der Vollzugsorganisation erforderlich ist und überwiegende Gründe der öffentlichen Sicherheit nicht entgegenstehen.**

(2) **Kann die Entscheidung der Vollstreckungsbehörde nicht rechtzeitig eingeholt werden, so kann der Anstaltsleiter die Vollstreckung unter den Voraussetzungen des Absatzes 1 ohne Einwilligung des Gefangenen vorläufig unterbrechen.**

1 **A. Strafausstand aus Gründen der Vollzugsorganisation (Abs. 1).** Aus Gründen der Vollzugsorganisation (Abs. 1) lässt die Vorschr. (eing. dazu Fabricius StV 1998, 447) **Strafaufschub u. Strafunterbrechung** zu. Gründe, die in der Person des Verurteilten liegen, rechtfertigen den Strafausstand nicht (KG NStZ 1983, 334). Abs. 1 bezweckt in 1. Hinsicht, dem Verbot der Überbelegung der Vollzugsanstalten (zB Art. 172 BayStVollzG), dem für eine menschenwürdige Unterbringung bes. Bedeutung zukommt, schon im Bereich der Strafvollstreckung Geltung zu verschaffen; die Verlegungsermächtigung nach den StVollzGn der Länder (zB Art. 10 BayStVollzG, § 11 HStVollzG) wird durch Abs. 1 ergänzt. Die Unterbrechung kann auch notwendig werden, wenn Platz für Gefangene schwererer Kriminalität geschaffen werden muss (KG NStZ 1983, 334) o. wenn der plötzliche Ausfall einer JVA (zB infolge v. Brand o. Baufälligkeit) o. die unvorhersehbare Verminderung ihrer Belegungsfähigkeit als Folge v. Katastrophen o. Unglücksfällen, auch v. Seuchen, die Strafvollstreckung unmöglich macht. Die Unterbrechung des Vollzugs zur Vollstreckung v. UHaft regelt § 116b S. 2.

2 **Überwiegende Gründe der öffentlichen Sicherheit** stehen dem Strafausstand entgegen. Sie können allg. Art sein o. in der Person des Gefangenen liegen. Allgemein kann die Verteidigung der Rechtsordnung es verbieten, bei Überbelegung einer JVA einen allzu weitgehenden Vollzugsstopp anzuordnen. Ist die Räumung einer JVA unvermeidbar, so wird idR nicht die Freilassung sämtlicher Gefangener in Betracht kommen. Im Einzelfall kann bei einem Verurteilten die Besorgnis, dass er bei Aufschub o. Unterbrechung der Vollstreckung neue erhebliche Straftaten begehen o. sich nachhaltig dem Vollzug entziehen werde, dem Strafausstand entgegenstehen (KK-StPO/Appl Rn. 3).

Der **Einwilligung des Verurteilten** bedarf es nicht, wenn die Vollstreckung unterbrochen werden soll (Abs. 1). Im Fall des Strafaufschubs ist sie ebenfalls nicht erforderlich; denn der Verurteilte hat keinen Anspruch auf sofortige Vollstreckung der Strafe. 3

Zuständig für die Anordnung ist die VollstrB (§ 451 Abs. 1), die die Zustimmung der LJV einholen muss, sofern das zeitlich möglich ist (§ 46a Abs. 1 StVollstrO). Die Geschäfte sind nach § 31 Abs. 2 S. 1 **RPflG** dem Rechtspfleger übertragen, der aber nach § 46a Abs. 1 StVollstrO die Zustimmung der obersten Justizbehörde einzuholen hat. 4

B. Unterbrechung in Eilfällen (Abs. 2). Die Unterbrechung in Eilfällen (Abs. 2) darf der Anstaltsleiter unter den Voraussetzungen des Abs. 1 ohne Einwilligung des Gefangenen anordnen. Er nimmt dabei als eine Art Not-VollstrB (Löwe/Rosenberg/Graalmann-Scheerer Rn. 4) die Aufgaben der VollstrB wahr, die er unverzüglich v. seiner Anordnung zu unterrichten hat (§ 46a Abs. 2 S. 1 StVollstrO). Da die Anordnung nur vorl. Art ist, muss die VollstrB über die Fortdauer der Strafunterbrechung o. deren Befristung entscheiden, sobald ihr das möglich ist. 5

C. Rechtsbehelfe. Die Anordnung nach Abs. 1 ist unanfechtbar; sie beschwert den Verurteilten selbst dann nicht, wenn die Unterbrechung ohne seine Einwilligung angeordnet worden ist (KG NStZ 1983, 334; **aM** KK-StPO/Appl Rn. 6; KMR-StPO/Stöckel Rn. 10; Laubenthal/Nestler Strafvollstreckung Rn. 219: §§ 23 ff. EGGVG). Gegen die Anordnung nach Abs. 2 scheidet ein Rechtsbehelf schon deshalb aus, weil diese Entsch. alsbald durch eine Entsch. der VollstrB ersetzt wird (→ Rn. 5). 6

Vorübergehender Aufschub

456 (1) **Auf Antrag des Verurteilten kann die Vollstreckung aufgeschoben werden, sofern durch die sofortige Vollstreckung dem Verurteilten oder seiner Familie erhebliche, außerhalb des Strafzwecks liegende Nachteile erwachsen.**

(2) **Der Strafaufschub darf den Zeitraum von vier Monaten nicht übersteigen.**

(3) **Die Bewilligung kann an eine Sicherheitsleistung oder andere Bedingungen geknüpft werden.**

A. Vollstreckungsaufschub in Härtefällen (Abs. 1). Einen Vollstreckungsaufschub in Härtefällen (Abs. 1) lässt die Vorschr. zu, keine Vollstreckungsunterbrechung (BGHSt 19, 148 (150); **aM** Volckart NStZ 1982, 496). Der Aufschub muss sich nicht auf den 1. Strafantritt beziehen; auch der Aufschub der Vollstreckung des Strafrests fällt unter die Vorschr., gleichgültig, weshalb die Vollstreckung unterbrochen worden war (Löwe/Rosenberg/Graalmann-Scheerer Rn. 3). Nicht anwendbar ist § 456 allerdings, wenn unmittelbar nach Unterbrechung der Vollstreckung einer Strafe zu deren ⅔-Zeitpunkt eine Anschlussvollstreckung einsetzt (OLG Hamm NStZ-RR 2011, 221 f.). 1

Für alle **Strafarten** gilt die Vorschr., auch für die Geldstrafe (OLG Schleswig SchlHA 1976, 13), für die sie aber wegen der weitergehenden Aufschubmöglichkeit nach § 459a keine praktische Bedeutung hat, sowie für Nebenstrafen u. Nebenfolgen, die einer Vollstreckung bedürfen (vgl. § 459g 1 ff.). Auf Sicherungsmaßregeln, mit Ausnahme der Sicherungsverwahrung, ist § 456 entspr. anzuwenden (§ 463 Abs. 1, Abs. 4 S. 3). Für die Ersatzfreiheitsstrafe gilt die bes. Regelung des § 459f (→ § 459f Rn. 1). Auch auf Nebenstrafen o. Nebenfolgen, die mit der Rechtskraft ohne weiteres wirksam werden, ist § 456 nicht anwendbar (Röttle/Wagner/Theurer HRP Strafvollstreckung Rn. 677); das gilt für das Fahrverbot nach § 44 StGB (AG Mainz MDR 1967, 683; Pohlmann Rpfleger 1967, 380), den Verlust v. Fähigkeiten u. Rechten nach § 45 StGB u. den Rechtsübergang bei 2

Einziehung (§ 75 Abs. 1 StGB). Für das Berufsverbot nach § 70 StGB gilt die Sonderregelung des § 456c.

3 Der Aufschub setzt voraus, dass dem Verurteilten o. seiner Familie andernfalls **erhebliche, außerhalb des Strafzwecks liegende Nachteile** erwachsen. Es müssen Nebenwirkungen eintreten, die über das gewöhnliche Strafübel hinausgehen u. bei später einsetzender Strafvollstreckung vermeidbar wären (OLG Düsseldorf VRS 84, 463; LG Itzehoe StV 1993, 206; Heimann StV 2001, 56). Nachteile, die auch nach 4 Monaten noch bestehen, rechtfertigen den Aufschub nicht (OLG Schleswig NStZ 1992, 558), sondern können nur Anlass für einen Gnadenerweis geben (OLG Düsseldorf JR 1992, 435). Ein außerhalb des Strafzwecks liegender Nachteil iSd Abs. 1 liegt zB vor, wenn der Verurteilte einen Betrieb leitet u. keinen eingearbeiteten Vertreter hat (OLG Düsseldorf NJW 1966, 1767; OLG Frankfurt a. M. NStZ 1989, 93; vgl. aber OLG Schleswig NStZ 1992, 558), wenn er eine berufliche Tätigkeit an einen Nachfolger geordnet übergeben muss (OLG Stuttgart StV 2012, 736), wenn er kurz vor dem Abschluss der Berufsausbildung steht, wenn er als Student dadurch ein Semester nicht erfolgreich absolvieren kann (LG Bochum DtV 2008, 88), wenn er auf dem elterlichen Hof zur Ernteeinbringung benötigt wird (Volckart NStZ 1982, 496) o. wenn seine Ehefrau im Krankenhaus liegt u. niemand die Kinder warten kann (vgl. OLG Zweibrücken NJW 1974, 70).

4 Nur auf **Antrag** kann der Strafaufschub bewilligt werden. Bei Freiheitsstrafen muss der Antrag vor Beginn des Vollzugs gestellt werden (Döllel SchlHA 2000, 149 – OLG Schleswig RsprÜ). Wird vor der Entsch. über den Antrag mit dem Vollzug begonnen, so lautet die nachträgliche Entsch. gleichwohl nicht auf Unterbrechung, sondern auf Aufschub der Vollstreckung (vgl. OLG Hamm NJW 1973, 2075; OLG Zweibrücken NJW 1974, 70; OLG Stuttgart NStZ 1985, 331).

5 Einen **Rechtsanspruch** auf Vollstreckungsaufschub hat der Verurteilte nicht. Die Entsch. wird nach pflichtgemäßem Ermessen getroffen (Heimann StV 2001, 56). Auch wenn die Voraussetzungen des Abs. 1 vorliegen, kann der beantragte Strafaufschub zu versagen sein, wenn der Strafzweck die sofortige Vollstreckung erfordert (Lemberg DRiZ 1965, 265; **aM** Lorenz DRiZ 1964, 95).

6 **B. Maximale Dauer (Abs. 2). Nicht länger als 4 Monate (Abs. 2)** darf der Strafaufschub dauern. Die nach § 43 zu bestimmende Frist beginnt nach jetzt ganz hM an dem Tag, zu dem der Verurteilte zum Strafantritt geladen worden ist (OLG Düsseldorf JR 1992, 435 mwN; Heimann StV 2001, 55 mwN) o. an dem er nach einer Strafunterbrechung in die Anstalt zurückkehren soll (Volckart Verteidigung S. 18). Die Frist endet unter allen Umständen 4 Monate nach diesem Zeitpunkt, selbst wenn bis dahin über den Antrag nach Abs. 1 nicht entschieden worden ist (OLG Düsseldorf VRS 88, 52; OLG Stuttgart MDR 1982, 601). Wenn erst nach Beginn der Vollstreckung über den Antrag entschieden wird, bleibt aber die schon verbüßte Zeit außer Betracht (OLG Stuttgart NStZ 1985, 331; KK-StPO/Appl Rn. 7). Ein Strafaufschub über die Frist des Abs. 2 hinaus kann nur im Gnadenweg bewilligt werden (OLG Stuttgart NStZ 1985, 331); das Gleiche gilt für mehrfache Strafaufschübe über 4 Monate hinaus (OLG Hamburg NJW 1969, 671).

7 **C. Sicherheitsleistung oder andere Bedingungen (Abs. 3).** An Sicherheitsleistung oder andere Bedingungen (Abs. 3) kann die Bewilligung des Strafaufschubs geknüpft werden. Für die Sicherheitsleistung gelten die §§ 116 Abs. 1 Nr. 4; 116a Abs. 1, Abs. 2, 123, 124 entsprechend. Den Verfall der Sicherheit nach § 124 darf nur das Gericht anordnen. Eine andere Bedingung ist zB die Meldepflicht bei der Polizei. Unzulässig ist die Auferlegung einer Geldbuße (LG Frankfurt a. M. NJW 1954, 287 Ls.).

8 **D. Zuständigkeit.** Zuständig für die Anordnung ist die VollstrB (§ 451 Abs. 1). Die Geschäfte sind nach § 31 Abs. 2 S. 1 **RPflG** auf den Rechtspfleger übertragen (→ § 451 Rn. 2).

E. Rechtsbehelfe. Gegen die Entsch. des Rechtspflegers können bei Gericht (§ 31 Abs. 6 S. 1 **RPflG**) Einwendungen nach § 458 Abs. 2 erhoben werden, die nicht deshalb gegenstandslos werden, weil inzwischen mit der Vollstreckung begonnen worden ist (OLG Hamm NJW 1973, 2075; OLG Stuttgart NStZ 1985, 331; OLG Zweibrücken NJW 1974, 70; **aM** OLG München NStZ 1988, 294 mablAnm Preusker; erg. → § 455 Rn. 16). Die gerichtliche Entsch. ist nach § 462 Abs. 3 mit der sofortigen Beschwerde anfechtbar, bei deren Begründetheit das Beschwerdegericht den Aufschub selbst bewilligt (OLG Karlsruhe StV 2000, 213). 9

Absehen von Vollstreckung bei Auslieferung, Überstellung oder Ausweisung

456a (1) **Die Vollstreckungsbehörde kann von der Vollstreckung einer Freiheitsstrafe, einer Ersatzfreiheitsstrafe oder einer Maßregel der Besserung und Sicherung absehen, wenn der Verurteilte wegen einer anderen Tat einer ausländischen Regierung ausgeliefert, an einen internationalen Strafgerichtshof überstellt oder wenn er aus dem Geltungsbereich dieses Bundesgesetzes abgeschoben, zurückgeschoben oder zurückgewiesen wird.**

(2) [1]**Kehrt der Verurteilte zurück, so kann die Vollstreckung nachgeholt werden.** [2]**Für die Nachholung einer Maßregel der Besserung und Sicherung gilt § 67c Abs. 2 des Strafgesetzbuches entsprechend.** [3]**Die Vollstreckungsbehörde kann zugleich mit dem Absehen von der Vollstreckung die Nachholung für den Fall anordnen, dass der Verurteilte zurückkehrt, und hierzu einen Haftbefehl oder einen Unterbringungsbefehl erlassen sowie die erforderlichen Fahndungsmaßnahmen, insbesondere die Ausschreibung zur Festnahme, veranlassen; § 131 Abs. 4 sowie § 131a Abs. 3 gelten entsprechend.** [4]**Der Verurteilte ist zu belehren.**

A. Normzweck. Zweck der Vorschrift, dem vollstreckungsrechtlichen Gegenstück zu § 154b Abs. 2, Abs. 3, ist nicht ausschl., die JVAen v. der Last der Vollstreckung v. Strafen gegen Ausländer zu befreien (so aber OLG Hamm NStZ 1983, 524). Die Strafvollstreckung gegen Ausländer, die demnächst ausgeliefert o. ausgewiesen werden sollen, ist unter den Gesichtspunkten der Resozialisierung u. der Sicherung vor gefährlichen Straftätern ohnehin wenig sinnvoll (vgl. Groß StV 1987, 36). Besteht die Möglichkeit, die Strafe o. Maßregel nach § 71 IRG o. dem ÜberstÜb (→ Einl. Rn. 215c; → Vor § 449 Rn. 8) im Ausland vollstrecken zu lassen, so ist § 456a nicht anwendbar (Groß StV 1987, 39; **aM** Giehring FS 125 Jahre StA-Schleswig-Holstein, 1992, 500). Die Vorschr. kann nun auch auf Deutsche Anwendung finden, nachdem Art. 16 Abs. 2 S. 2 GG auch deren Auslieferung gestattet (BVerfG NJW 2004, 356). 1

B. Absehen von der Vollstreckung (Abs. 1). I. Auslieferung, Überstellung und Ausweisung. Die Auslieferung richtet sich nach §§ 2 ff. IRG, die Überstellung nach §§ 2 ff. IStGHG v. 21.6.2002 (BGBl. I 2144) an einen int. Strafgerichtshof (dazu → Einl. Rn. 207a, 207b), die Ausweisung nach §§ 53, 54 AufenthG. Ihr steht die Abschiebung nach § 58 AufenthG u. die Zurückschiebung nach § 57 AufenthG gleich, ebenso die Pflicht zur Ausreise nach § 50 AufenthG (OLG Hamm NStZ 1983, 524). 2

Anwendbar ist Abs. 1 nur, wenn diese Maßnahmen bereits bestandskräftig angeordnet worden u. demnächst auch durchgeführt werden sollen (Löwe/Rosenberg/Graalmann-Scheerer Rn. 10). 3

II. Ganz oder teilweises Absehen. Ganz oder teilweise kann v. der Vollstreckung einer Strafe, auch einer Ersatzfreiheitsstrafe, o. Sicherungsmaßregel abgesehen werden, dh schon vor Beginn o. in Unterbrechung der Vollstreckung. Im Fall des § 69 StGB gestattet Abs. 1, auf die Herausgabe des Führerscheins zu 4 verzichten (Groß StV 1987, 37, auch zur entspr. Anwendung auf das Fahrverbot nach § 44 StGB).

5 **III. Ermessen der VollstrB (§ 451 Abs. 1).** Im Ermessen der VollstrB (§ 451 Abs. 1) steht die Anwendung des Abs. 1. Entsch. des Gerichts nach §§ 57, 57a StGB sind nicht bindend; die Begründung des Gerichtsbeschlusses kann aber ins Gewicht fallen (Groß StV 1987, 37 ff.); einer Aussetzung nach § 57 Abs. 1 StGB steht andererseits eine nach § 456a getroffene Maßnahme nicht entgegen (OLG Düsseldorf NStZ 2000, 333; OLG Karlsruhe StV 2002, 322; OLG Stuttgart StV 1999, 276). Die Entsch., die vAw (vgl. § 17 Abs. 1 StVollstrO) o. auf Antrag des Verurteilten ergeht, muss die Interessen des Verurteilten gegen die Gründe abwägen, die gegen ein Absehen v. der Vollstreckung sprechen; das muss in dem schriftlichen Bescheid zum Ausdruck kommen, damit seine gerichtliche Prüfung möglich ist (BayObLG BeckRS 2023, 32202; OLG Bremen StV 1989, 27; OLG Celle NStZ 1981, 405; OLG Karlsruhe Justiz 2000, 147). Zu berücksichtigen sind insbes. die Umstände der Tat, die Schwere der Schuld, die Höhe des bisher verbüßten Teils der Strafe (KG StV 1992, 428; OLG Bamberg StraFo 2014, 259: 2/3) u. das öffentl. Interesse an einer nachhaltigen Vollstreckung (KG StraFo 2012, 337; OLG Hamm NStZ 1983, 524; OLG Karlsruhe StV 2002, 322), nicht aber, dass das Urt. „außerordentlich milde" war (OLG Karlsruhe StraFo 2009, 83). Auch die familiäre u. soziale Lage des Verurteilten ist zu berücksichtigen (OLG Celle NStZ 1981, 405; OLG Hamburg StV 1996, 328; OLG Hamm NStZ 1983, 524). Eine ungünstige Kriminalprognose ist nur insoweit v. Bedeutung, als sie konkrete Rückschlüsse darauf zulässt, der Verurteilte werde alsbald wieder nach Deutschland einreisen u. hier neue Straftaten begehen (OLG Karlsruhe NStZ-RR 2013, 227; OLG Bamberg StraFo 2014, 259). Die Länder haben RL erlassen (zB AV des JM BW Justiz 1996, 500; AV JM Nds. Rpfl. 2005, 274; RdSchr. JBlRP 2001, 212; GStA SchlH SchlHA 1994, 85; vollständiger Abdruck aller RL bei Schmidt, Verteidigung von Ausländern, 2. Aufl. 2005, Rn. 421 ff.), die das Absehen v. der Vollstreckung grds. v. der Verbüßung der Hälfte der Strafe abhängig machen (vgl. Groß StV 1987, 39). Bei Ablehnung des Absehens v. der weiteren Vollstreckung einer lebenslangen Freiheitsstrafe muss nicht festgelegt werden, bis wann die Vollstreckung fortzusetzen ist (OLG Frankfurt a. M. NStZ 1993, 303); eine Mindestverbüßungsdauer besteht auch hier nicht (OLG Frankfurt a. M. NStE StPO § 456a Nr. 2). Der v. der Nachholung (Abs. 2) zu trennende **Widerruf** der Absehensentscheidung nach Abs. 1 ist in entspr. Anwendung v. § 49 VwVfG möglich (OLG Hamm NStZ-RR 2013, 30 Ls.).

5a Auch in diesem Verf. ist die **Bestellung eines Pflichtverteidigers** entspr. § 140 Abs. 2 (→ § 140 Rn. 33) zulässig; zuständig ist entspr. §§ 142 Abs. 3 Nr. 3, 462a die StVollstrK (s. OLG Nürnberg StV 2009, 145 Ls. zu § 141 Abs. 4 aF.

6 **C. Nachholung der Vollstreckung (Abs. 2).** Die Nachholung der Vollstreckung (Abs. 2) ist zulässig, wenn der Verurteilte freiwillig (OLG Dresden StraFo 2015, 344; KG NStZ-RR 2004, 312: eigene bewusste Entsch. des Verurteilten; Abschiebung – dazu OLG Celle StV 2003, 90 – o. Auslieferung durch einen fremden Staat genügt nicht, LG Berlin StV 1987, 258; **aM** OLG Frankfurt a. M. NStZ-RR 1996, 93 bei vorheriger Durchreise) o. im Zustand der Unzurechnungsfähigkeit (KG JR 1995, 77) in die BRD zurückkehrt (S. 1; zum Begriff der Rückkehr iE OLG Düsseldorf StraFo 2004, 180: OLG Hamburg JR 1999, 385); zum Beleg der Freiwilligkeit bedarf es entspr. Feststellungen (OLG Dresden StraFo 2015, 344; vgl. auch LG Dresden StraFo 2015, 345). Vollstreckungsverjährung nach § 79 StGB darf noch nicht eingetreten sein. Im Regelfall u. ohne Vorliegen bes. Umstände wird die Vollstreckung anzuordnen (OLG Düsseldorf NStE StPO § 456a Nr. 4 mwN; OLG Hamburg JR 1999, 385; OLG Karlsruhe NStZ-RR 2015, 264; OLG Oldenburg NStZ 2009, 528) u. vollständig nachzuholen sein (OLG Frankfurt a. M. NStZ-RR 2001, 93 mablAnm Hammerstein StraFo 2002, 208); dies soll ausnahmsweise nicht gelten, wenn der Verurteilte allein deshalb nach Deutschland zurückkehrt, weil er sich einer durch die StrafVollstrK gem. § 454

Abs. 2 angeordneten Begutachtung durch einen Sachverständigen unterziehen will (OLG Oldenburg NStZ-RR 2015, 156; krit. dazu Pohlreich ZStW 127 (2015), 410 (420 ff.)). Für die Nachholung der Vollstreckung der Unterbringung gilt die Begrenzung des § 67c Abs. 2 StGB sinngemäß (S. 2). Die Nachholung der Vollstreckung kann nach S. 3 schon bei der Anordnung nach Abs. 1 verfügt werden. Gleichzeitig kann schon ein Haft- o. Unterbringungsbefehl, der bei der Rückkehr des Verurteilten ohne weiteres vollstreckt werden kann, erlassen werden. Ferner kann die VollstrB eine Ausschreibung zur Festnahme o. zur Aufenthaltsermittlung anordnen; dabei gelten die Vorschr. über die Bezeichnung der gesuchten Person (§ 131 Abs. 4) u. über die Voraussetzungen einer Öffentlichkeitsfahndung (§ 131a Abs. 3) entspr. (S. 3).

Ob sie v. der Ermächtigung des Abs. 2 S. 3 Gebrauch macht, steht im **Ermessen der VollstrB** (KG JR 1995, 78; OLG Karlsruhe NStZ 1994, 254). Maßgebend für die Entsch. sind die Höhe des Strafrests, die Schwere der Tat, die Gefährlichkeit des Verurteilten u. die Wahrscheinlichkeit seiner Rückkehr (OLG Hamm Rpfleger 1986, 358). Der Grundsatz der Verhältnismäßigkeit zu berücksichtigen (OLG Dresden StraFo 2015, 394). Die Anordnung der Nachholung wird ggü. einem Verurteilten, dessen Heimatland zwischenzeitlich der EU beigetreten ist, nicht unter dem Gesichtspunkt der Freizügigkeit v. EU-Bürgern rechtswidrig (OLG München NStZ-RR 2014, 158). 7

Über die Folgen, die er bei seiner Rückkehr zu gewärtigen hat, ist der Verurteilte vor der Entlassung eindeutig (OLG Karlsruhe Justiz 1999, 345) zu **belehren** (S. 4), u. zwar in einer ihm verständlichen Sprache (§ 17 Abs. 2 S. 2 StVollstrO); die Rechtsmittelbelehrung kann der Vollzugsanstalt übertragen werden (§ 17 Abs. 2 S. 4 StVollstrO). Die Nachholung der Vollstreckung ist grds. unzulässig, wenn die Belehrung unzureichend war (OLG Karlsruhe NStZ 1999, 222; LG Bayreuth StV 2011, 423) o. ganz unterblieben ist (OLG Stuttgart Rpfleger 1981, 120). Wird die Belehrung aber nachgeholt, ist die Vollstreckung zulässig, wenn der Verurteilte vor dem weiteren Vollzug der Strafe Gelegenheit hatte, sein Verhalten, insbes. sein Verbleiben in der BRD, darauf einzurichten (OLG Karlsruhe NStZ 1994, 254). Seinem Antrag auf Aussetzung des Vollstreckungshaftbefehls für die Dauer des Verf. nach § 454 ist grds. zu entsprechen (OLG Stuttgart StraFo 2011, 114; **aM** OLG Karlsruhe StV 2005, 677 mablAnm Heghmanns). 8

D. Rechtsbehelfe. Gegen den abl. Bescheid der VollstrB nach Abs. 1 ist nach durchgeführtem Beschwerdeverfahren nach § 21 StVollstrO (→ EGGVG § 24 Rn. 5) der **Antrag nach § 23 EGGVG** zulässig (OLG Karlsruhe NStZ 2012, 655; KG StraFo 2012, 337; OLG Celle StV 2000, 380; OLG Hamburg NJW 1975, 1132; OLG Stuttgart StV 1993, 258; **aM** OLG Stuttgart StraFo 2011, 114, das – mit dem Wortlaut jedoch nicht vereinbar – § 458 Abs. 2 anwenden will, falls zugleich beantragt wird, die Nachholung der Vollstreckung einstweilen auszusetzen). Dies gilt auch, wenn der Widerruf einer Entsch. der StA nach Abs. 1 angefochten wird (OLG Hamm NStZ-RR 2013, 30 Ls.). Allerdings hat das OLG nur zu prüfen, ob StA u. GStA, der aber seinerseits auf die Vorschaltbeschwerde eine eigene abschl. Sachentscheidung zu treffen hat (KG StraFo 2012, 337), v. einem zutr. Sachverhalt ausgegangen sind u. von ihrem Ermessen in rechtlich nicht zu beanstandender Weise Gebrauch gemacht haben (KG StraFo 2012, 337; NStZ 2009, 527; OLG Koblenz NStZ 1996, 255; OLG Stuttgart StraFo 2011, 114; erg. → EGGVG § 28 Rn. 10). Das Absehen v. der Vollstreckung ist v. Verurteilten nicht anfechtbar (OLG Frankfurt a. M. NStZ-RR 1999, 126). Gegen die Anordnung nach Abs. 2 kann er Einwendungen erheben, über die das nach § 462a zuständige Gericht nach §§ 458 Abs. 2, 462 entscheidet, wenn sein Antrag dahingehend auszulegen ist, dass damit auch die abl. Entsch., die Nachholung der Vollstreckung auszusetzen, überprüft werden soll (OLG Stuttgart StraFo 2011, 114; OLG Oldenburg NStZ-RR 2015, 156). 9

E. Abänderung. Die Abänderung eines Bescheides nach Abs. 1 kann zum Nachteil des Verurteilten entspr. § 49 VwVfG nur erfolgen, wenn neue Tatsachen 10 eingetreten sind, die solches Gewicht haben, dass sie der ursprünglichen Entsch. die Grdl. entziehen (OLG Karlsruhe NStZ 2008, 222).

456b (weggefallen)

Aufschub und Aussetzung des Berufsverbotes

456c (1) [1] **Das Gericht kann bei Erlaß des Urteils auf Antrag oder mit Einwilligung des Verurteilten das Wirksamwerden des Berufsverbots durch Beschluß aufschieben, wenn das sofortige Wirksamwerden des Verbots für den Verurteilten oder seine Angehörigen eine erhebliche, außerhalb seines Zweckes liegende, durch späteres Wirksamwerden vermeidbare Härte bedeuten würde.** [2] **Hat der Verurteilte einen gesetzlichen Vertreter, so ist dessen Einwilligung erforderlich.** [3] **§ 462 Abs. 3 gilt entsprechend.**

(2) **Die Vollstreckungsbehörde kann unter denselben Voraussetzungen das Berufsverbot aussetzen.**

(3) [1] **Der Aufschub und die Aussetzung können an die Leistung einer Sicherheit oder an andere Bedingungen geknüpft werden.** [2] **Aufschub und Aussetzung dürfen den Zeitraum von sechs Monaten nicht übersteigen.**

(4) **Die Zeit des Aufschubs und der Aussetzung wird auf die für das Berufsverbot festgesetzte Frist nicht angerechnet.**

1 **A. Aufschub des Berufsverbots (Abs. 1).** Das **erkennende Gericht** (Abs. 1) kann das (nach § 70 Abs. 4 S. 1 StGB erst mit der Urteilsrechtskraft eintretende) Wirksamwerden des Berufsverbots nach § 70 StGB durch bes. Beschl. aufschieben. Die Vorschr. ergänzt § 456; auf das Fahrverbot nach § 44 StGB ist sie nicht entspr. anwendbar (AG Mainz MDR 1967, 683; Bode NZV 1998, 442; Mürbe DAR 1983, 45; **aM** TK-StGB/Kinzig StGB § 44 Rn. 20).

2 Auf **Antrag** des Angeklagten o. vAw, auch auf Anregung der StA, wird die Entsch. getroffen. Hat der Angeklagte sie nicht selbst beantragt, so ist seine Einwilligung erforderlich; bei ges. Vertretung muss stets auch der ges. Vertreter zustimmen **(Abs. 1 S. 2).**

3 Nur **bei Erlass des Urteils** kann das Gericht den Aufschub beschließen, also in der HV in der dafür vorgeschriebenen Besetzung. Nach Verkündung des Urt. darf der Beschl. nicht mehr ergehen. Er braucht aber nicht zugleich mit dem Urt. verkündet zu werden, sondern kann schriftlich bekanntgemacht werden (KK-StPO/Appl Rn. 2). Das Berufungsgericht, das über die Berufung sachlich entscheidet, kann einen v. dem des 1. Gerichts abw. Beschl. erlassen, auch wenn der Beschl. nicht angefochten war. Wird ein Antrag auf Aufschub abgelehnt, so muss der Beschl. nach § 34 mit Gründen versehen werden.

4 **Sachliche Voraussetzung** für den Aufschub des Verbots ist, dass sein sofortiges Wirksamwerden für den Verurteilten o. seine Angehörigen (zum Begriff vgl. § 11 Abs. 1 Nr. 1 StGB) eine erhebliche, außerhalb seines Zwecks liegende Härte bedeuten würde, die durch das spätere Wirksamwerden vermeidbar wäre (vgl. → § 456 Rn. 3). Härten, die Dritte durch das sofortige Wirksamwerden des Berufsverbots erleiden würden, sind nicht zu berücksichtigen (Löwe/Rosenberg/Graalmann-Scheerer Rn. 4).

5 **B. Nach Urteilsrechtskraft (Abs. 2).** Nach Urteilsrechtskraft (Abs. 2) **kann die VollstrB** (§ 451 Abs. 1, → § 451 Rn. 2) die Anordnung unter denselben Voraussetzungen treffen wie das Gericht. Im Gegensatz zum Gericht hat die VollstrB, die nicht nur aufschieben, sondern „aussetzen" darf, auch die Möglichkeit, die bereits eingetretene Wirksamkeit des Berufsverbots zu unterbrechen (KK-StPO/Appl Rn. 5). Sie kann die Aussetzung auch gewähren, wenn das Gericht den

Aufschub abgelehnt hat; das setzt aber das Vorliegen neuer tatsächlicher Umstände voraus (Löwe/Rosenberg/Graalmann-Scheerer Rn. 11). Vor der Aussetzung, die nach § 55 Abs. 2 S. 1 StVollstrO auch angeordnet werden darf, wenn dadurch einem öffentl. Interesse an der vorübergehenden weiteren Berufsausübung Rechnung getragen werden kann, soll die VollstrB die zuständigen Behörden u. berufsständischen Organisationen hören (§ 55 Abs. 3 StVollstrO).

C. Sicherheitsleistung und andere Bedingungen (Abs. 3 S. 1). An Sicherheitsleistung und andere Bedingungen (Abs. 3 S. 1) können Aufschub u. Unterbrechung geknüpft werden. Wegen der Sicherheitsleistung vgl. → § 456 Rn. 7. Andere Bedingungen sind zB solche, die iErg dazu führen, dass das Berufsverbot nur teilw. aufgeh. wird, weil nur bestimmte Tätigkeiten erlaubt werden (KK-StPO/Appl Rn. 7). Die Auferlegung einer Geldbuße für den Fall der Zuwiderhandlung ist nicht statthaft. 6

D. Nicht länger als 6 Monate (Abs. 3 S. 2). Nicht länger als 6 Monate (Abs. 3 S. 2) dürfen Aufschub u. Aussetzung dauern. Die Frist beginnt an dem Tag, an dem das Berufsverbot wirksam wird, dh mit der Rechtskraft des Urt. (§ 70 Abs. 4 S. 1 StGB). Eine nachträgliche Verlängerung der Anordnung durch das Gericht ist ausgeschlossen, auch wenn die Frist noch nicht ausgeschöpft war (Löwe/Rosenberg/Graalmann-Scheerer Rn. 8). Die VollstrB dagegen kann den gerichtlich angeordneten Aufschub bis zu 6 Monaten verlängern. Sie kann auch wiederholt aussetzen; nur muss insges., einschl. des bereits v. Gericht bewilligten Aufschubs (vgl. § 55 Abs. 2 S. 2 StVollstrO), die Höchstdauer eingehalten werden. Ein Verstoß gegen Abs. 3 S. 2 lässt die Wirksamkeit der Aussetzung unberührt. 7

E. Anrechnung (Abs. 4). Eine Anrechnung (Abs. 4) der Zeit des Aufschubs o. der Aussetzung auf die im Urt. nach § 70 Abs. 1 S. 1 StGB für das Berufsverbot insges. festgesetzte Frist findet nicht statt. 8

F. Rechtsbehelfe. Gegen die gerichtliche Bewilligung des Verbotsaufschubs nach Abs. 1 kann die StA sofortige Beschwerde nach § 462 Abs. 3 einlegen (Abs. 1 S. 3). Hat das Gericht den Aufschub abgelehnt o. über einen Antrag bis zum Ende der HV nicht entschieden, so sind StA u. Verurteilter beschwerdeberechtigt. Von der Urteilsanfechtung ist die sofortige Beschwerde nicht abhängig. Gegen die Entsch. der VollstrB nach Abs. 2 sind Gegenvorstellungen u. Dienstaufsichtsbeschwerde (→ Vor § 296 Rn. 21 ff.) sowie Einwendungen nach § 458 Abs. 2 zulässig. Das Gericht kann eine einstweilige Anordnung treffen (§ 458 Abs. 3 S. 2). Die gerichtliche Entsch. ist nach § 462 Abs. 3 mit der sofortigen Beschwerde anfechtbar. 9

Ermittlungshandlungen; Vorführungsbefehl, Vollstreckungshaftbefehl

457 (1) **§ 161 gilt sinngemäß für die in diesem Abschnitt bezeichneten Zwecke.**

(2) [1] **Die Vollstreckungsbehörde ist befugt, zur Vollstreckung einer Freiheitsstrafe einen Vorführungs- oder Haftbefehl zu erlassen, wenn der Verurteilte auf die an ihn ergangene Ladung zum Antritt der Strafe sich nicht gestellt hat oder der Flucht verdächtig ist.** [2] **Sie kann einen Vorführungs- oder Haftbefehl auch erlassen, wenn ein Strafgefangener entweicht oder sich sonst dem Vollzug entzieht.**

(3) [1] **Im übrigen hat in den Fällen des Absatzes 2 die Vollstreckungsbehörde die gleichen Befugnisse wie die Strafverfolgungsbehörde, soweit die Maßnahmen bestimmt und geeignet sind, den Verurteilten festzunehmen.** [2] **Bei der Prüfung der Verhältnismäßigkeit ist auf die Dauer der noch zu vollstreckenden Freiheitsstrafe besonders Bedacht zu nehmen.** [3] **Die notwendig werdenden gerichtlichen Entscheidungen trifft das Gericht des ersten Rechtszuges.**

1 **A. Befugnisse des § 161 (Abs. 1).** Die der StA in § 161 eingeräumten Befugnisse **stehen auch der VollstrB zu,** zB Vernehmungen v. Zeugen zum Verbleib der Tatbeute (OLG Karlsruhe StraFo 2005, 479). Insbesondere dürfen die Maßnahmen, die im Erkenntnisverfahren zur Ergreifung des Beschuldigten zulässig sind, auch gegen den Verurteilten im Vollstreckungsverfahren benutzt werden, va gegen einen Verurteilten, der sich nicht zum Strafantritt stellt, der Flucht verdächtig o. aus dem Strafvollzug entwichen ist (Hilger NStZ 1992, 526; Rieß NJ 1992, 497); § 96 gilt entspr. (BT-Drs. 12/989, 45).

2 **B. Erlass eines Vorführungs- oder Haftbefehls (Abs. 2).** Zum Zweck der zwangsweisen Einleitung der Vollstreckung von Freiheitsstrafen (Abs. 2) ermächtigt die Vorschr. die VollstrB (§ 451 Abs. 1) zum Erlass eines Vorführungs- o. Haftbefehls. Die Geschäfte sind nach § 31 Abs. 2 S. 1 **RPflG** auf den Rechtspfleger übertragen. § 457 gilt auch für die Vollstreckung v. Ersatzfreiheitsstrafen (§ 50 Abs. 1 StVollstrO) u. sinngemäß für die Vollstreckung v. freiheitsentziehenden Sicherungsmaßregeln (§ 463 Abs. 1).

3, 4 **I. Voraussetzungen der Zwangsmaßnahmen. 1. Nichtbeachtung der Ladung zum Strafantritt (Abs. 2 S. 1):** Der Vorschr. ist zu entnehmen, dass der auf freiem Fuß befindliche Verurteilte zum Antritt der Strafe geladen werden muss (OLG Frankfurt a. M. StraFo 2005, 259; OLG Karlsruhe StraFo 2005, 261). In der Ladung wird ihm idR eine Frist gesetzt, innerhalb deren er sich in der JVA einzufinden hat (§ 27 Abs. 2 S. 1 StVollstrO). Er kann aber auch zum sofortigen Strafantritt geladen werden, wenn die sofortige Vollstreckung geboten ist (§ 27 Abs. 2 S. 2 StVollstrO). Die Ladung braucht nicht förmlich zugestellt zu werden (§ 27 Abs. 3 S. 3 StVollstrO lässt sogar die mündliche Ladung ggü. dem an Amtsstelle anwesenden Verurteilten zu). Zwangsmaßnahmen nach Abs. 2 S. 1 sind aber nach § 33 Abs. 1 S. 1 StVollstrO nur zulässig, wenn der Verurteilte sich trotz förmlicher Ladung ohne ausreichende Entschuldigung nicht an dem in der Ladung bestimmten Tag, bei der Aufforderung zum sofortigen Strafantritt nicht am Tag nach der Zustellung stellt (vgl. BVerfG NStZ-RR 2004, 253; KK-StPO/Appl Rn. 5).

5 **2.** Bei **Fluchtverdacht (Abs. 2 S. 1)** wird v. der Ladung zum Strafantritt abgesehen u. sofort ein Vorführungs- o. Haftbefehl erlassen. Fluchtverdacht besteht, wenn aufgrund bestimmter Taten (Geschäftsaufgabe, Passantrag, Veräußerung der Wohnungseinrichtung, Äußerung v. Fluchtplänen uÄ) zu befürchten ist, dass der Verurteilte sich der Strafvollstreckung auf irgendeine Weise (nicht durch Suizid) entziehen werde. Der Fall, dass der Verurteilte bereits flüchtig ist o. sich verborgen hält, steht dem Fluchtverdacht selbstverständlich gleich, nach § 33 Abs. 2 Nr. 2 StVollstrO auch der Fall, dass er sich nach mündlicher Eröffnung der Ladung weigert, die Strafe sofort anzutreten (dazu Löwe/Rosenberg/Graalmann-Scheerer Rn. 15).

6 **3.** Die **Notwendigkeit der Zurückführung in den Strafvollzug (Abs. 2 S. 2)** rechtfertigt ebenfalls den Erlass eines Vorführungs- o. Haftbefehls. Um Entweichen iS Abs. 2 S. 2 handelt es sich, wenn sich der Gefangene aus der JVA o. bei Außenarbeiten unerlaubt entfernt. Das sonstige Sich-Entziehen liegt in dem unerlaubten Überschreiten der Befugnis, sich zeitweilig außerhalb des Gewahrsams der JVA aufzuhalten (Freigang, Urlaub, Ausgang). In beiden Fällen besteht ein Festnahmerecht der Vollzugsbehörde (zB nach Art. 95 BayStVollzG, § 49 HStVollzG) u. der Polizeibehörden (vgl. § 13 Abs. 3 MEPolG). Eine Reihenfolge in der Ausübung der Befugnisse dieser Behörden u. der VollstrB ist ges. nicht vorgesehen. In der Regel wird die VollstrB abwarten, ob die Bemühungen der Vollzugsbehörde o. der Polizei erfolgreich sind. Verpflichtet ist sie dazu nicht.

7 **4. Vorsorgliche Anordnung von Zwangsmaßnahmen:** In Erweiterung des Abs. 2 lässt § 33 Abs. 3 StVollstrO zur Beschleunigung der Strafvollstreckung bereits bei der Ladung zum Strafantritt den Erlass eines Vorführungs- o. Haftbefehls für den Fall zu, dass sich der Verurteilte nicht fristgemäß o. nicht rechtzeitig stellt. Vollzogen werden dürfen diese Zwangsmaßnahmen aber erst, wenn der Verurteilte

sich nicht bis zu dem in der Ladung bezeichneten Zeitpunkt gestellt hat o. wenn die Ladung nicht ausführbar u. der Verdacht begründet ist, der Verurteilte werde sich der Vollstreckung zu entziehen versuchen.

II. Zulässige Zwangsmaßnahmen. Zulässige Zwangsmaßnahmen sind der **Vorführungs- u. der Haftbefehl.** Sie sind dem Verurteilten, wenn möglich bei der Ergreifung, bekanntzugeben (§ 33 Abs. 6 StVollstrO), idR durch Übergabe einer Ausfertigung des Vorführungs- o. Haftbefehls. Den notwendigen Inhalt bestimmt § 33 Abs. 4 StVollstrO. Der Verhältnismäßigkeitsgrundsatz (→ Einl. Rn. 20 ff.) zwingt zur Anwendung weniger einschneidender Maßnahmen (Wohnungsanfrage, Suchvermerk nach § 25 **BZRG,** Ausschreibung zur Aufenthaltsermittlung uÄ), wenn sie Erfolg versprechen. 8

1. Der **Vollstreckungsvorführungsbefehl** zur Einleitung der Strafvollstreckung kommt nur in Betracht, wenn der Verurteilte am Ort o. nahe bei der JVA wohnt u. voraussichtlich v. dem Vorführungsbeamten in seiner Wohnung angetroffen wird. Andernfalls ist der Haftbefehl das geeignetere Zwangsmittel. 9

2. Den **Vollstreckungshaftbefehl** darf die VollstrB ohne Verstoß gegen Art. 104 Abs. 2 S. 1 GG erlassen, weil die nach dieser Vorschr. notwendige richterliche Entsch. bereits in dem rkr. Urt. o. Strafbefehl enthalten ist; es handelt sich nur um die Durchführung einer v. Gericht angeordneten Freiheitsentziehung (BGHSt 13, 97 (100); 23, 380 (386)). Die Vorschr. der §§ 112 ff. sind auf den Vollstreckungshaftbefehl nicht anzuwenden (KK-StPO/Appl Rn. 2). § 457 betr. auch keinen Fall der Verhaftung iSd § 310 Abs. 1 (→ § 310 Rn. 5). Ein Vollstreckungshaftbefehl ist aufzuheben, wenn sich herausstellt, dass aus einer ex-ante-Sicht seinen Erlass rechtfertigende Umstände in Wahrheit nicht bestehen u. nicht bestanden haben (OLG Dresden Rpfleger 2008, 389). Mit der Überführung des Verurteilten in Strafhaft wird der Vollstreckungshaftbefehl gegenstandslos (OLG Hamm NStZ 1982, 524); er braucht dann nicht aufgeh. zu werden. 10

3. Die **Vollziehung** des Vorführungs- o. Haftbefehls erfolgt durch die Polizei, bei Soldaten auch durch Feldjägereinheiten (§ 33 Abs. 5 S. 1 StVollstrO). Die VollstrB kann die nach Art. 35 GG amtshilfepflichtigen Polizeibehörden des eigenen Landes, nach Abschn. I Abs. 2 der Ländervereinbarung v. 13.1.1965 (abgedr. bei Piller/Herrmann 2b Anh. 1) aber auch unmittelbar die Polizeidienststellen anderer Bundesländer um die Ausführung v. Vorführungs- u. Haftbefehlen zum Zweck der Vollstreckung ersuchen. Zum Zweck der Ergreifung des Verurteilten darf seine Wohnung, nicht die eines Dritten, ohne richterlichen Durchsuchungsbefehl durchsucht werden (OLG Düsseldorf NJW 1981, 2133; Bringewat Strafvollstreckung Rn. 8; zw. KK-StPO/Appl Rn. 11; erg. → § 105 Rn. 6). 11

4. Eine **Ausschreibung zur Festnahme** nach § 131 Abs. 1 ist zulässig, wie sich aus Abs. 1 (dazu → Rn. 1) u. Abs. 3 (dazu → Rn. 13) ergibt (Soiné Kriminalistik 2001, 177). 12

C. Sonstige Maßnahmen (Abs. 3). Auch sonstige Maßnahmen darf die VollstrB ergreifen, wenn sie zur Festnahme des Verurteilten bestimmt u. geeignet sind (Abs. 3). Hier kommt, falls die jeweiligen Voraussetzungen gegeben sind, die Rasterfahndung (§§ 98a ff.), die Überwachung der Telekommunikation (§ 100a), der Einsatz technischer Mittel (§ 100f) o. Verdeckter Ermittler (§§ 110a ff.) sowie die polizeiliche Beobachtung einer Kontaktperson (§ 163e Abs. 1 S. 3) in Betracht (Rieß NJ 1992, 497). Auch eine Vermögensbeschlagnahme nach § 290 kommt in Betracht (KG NStZ-RR 2014, 231; OLG Düsseldorf JMBl. NRW. 1997, 34). Die Maßnahmen dürfen aber nicht zur Vollstreckung eines Sicherungshaftbefehls (§ 453c) angeordnet werden (OLG Celle NStZ 2010, 107). 13

Neben den sonstigen Voraussetzungen ist bes. der **Grundsatz der Verhältnismäßigkeit** in Bezug auf die Dauer der noch zu vollstreckenden Freiheitsstrafe zu beachten, wie Abs. 3 S. 2 ausdr. betont. Somit muss bei einer Anordnung nach § 100a oder § 100g idR noch eine erhebliche Strafe zu vollstrecken sein (KG StraFo 2008, 239; OLG Zweibrücken StV 2001, 305) u. die bes. intensiven 14

Fahndungsmaßnahmen nach §§ 100f, 100h dürfen nur in Ausnahmefällen eingesetzt werden.

15 Soweit hierbei **gerichtliche Entscheidungen** notwendig sind (zB nach § 110b Abs. 2), ist dafür nicht etwa die StVollstrK, sondern das Gericht des 1. Rechtszuges zuständig (Abs. 3 S. 3); dies gilt auch bei der Vollstreckung v. Jugendstrafe (OLG Celle StraFo 2014, 172). Die Anfechtbarkeit der v. diesem getroffenen Entsch. richtet sich nach den jeweiligen Vorschr. (vgl. etwa → § 98b Rn. 10).

16 **D. Rechtsbehelfe.** Einen Antrag auf gerichtliche Entsch. gegen die Zwangsmaßnahmen des Abs. 2 (zu denen des Abs. 3 → Rn. 15) sieht die StPO nicht vor (vgl. §§ 458 Abs. 2, 459h, 462). Daher ist nur die Beschwerde nach § 21 StVollstrO u. danach der Rechtsweg nach §§ 23 ff. EGGVG gegeben (OLG Celle StraFo 2014, 482; OLG Karlsruhe NStZ 2012, 655; OLG Düsseldorf MDR 1989, 1016; OLG Hamm NStZ 1982, 524; JMBl. NRW. 1989, 244; OLG Saarbrücken NJW 1973, 1010 (1012); **aM** OLG Stuttgart StraFo 2011, 114). Nach der Überführung des Verurteilten in Strafhaft kann allenfalls ein Feststellungsantrag nach § 28 Abs. 1 S. 4 EGGVG gestellt werden (OLG Hamm NStZ 1982, 524; MDR 1987, 519; OLG Koblenz StraFo 2006, 86; → EGGVG § 28 Rn. 8).

Gerichtliche Entscheidungen bei Strafvollstreckung

458 (1) **Wenn über die Auslegung eines Strafurteils oder über die Berechnung der erkannten Strafe Zweifel entstehen oder wenn Einwendungen gegen die Zulässigkeit der Strafvollstreckung erhoben werden, so ist die Entscheidung des Gerichts herbeizuführen.**

(2) **Das Gericht entscheidet ferner, wenn in den Fällen des § 454b Absatz 1 bis 3 sowie der §§ 455, 456 und 456c Abs. 2 Einwendungen gegen die Entscheidung der Vollstreckungsbehörde erhoben werden oder wenn die Vollstreckungsbehörde anordnet, daß an einem Ausgelieferten, Abgeschobenen, Zurückgeschobenen oder Zurückgewiesenen die Vollstreckung einer Strafe oder einer Maßregel der Besserung und Sicherung nachgeholt werden soll, und Einwendungen gegen diese Anordnung erhoben werden.**

(3) [1] **Der Fortgang der Vollstreckung wird hierdurch nicht gehemmt; das Gericht kann jedoch einen Aufschub oder eine Unterbrechung der Vollstreckung anordnen.** [2] **In den Fällen des § 456c Abs. 2 kann das Gericht eine einstweilige Anordnung treffen.**

1 **A. Gerichtliche Entscheidung nach Abs. 1.** Die gerichtliche Entscheidung nach Abs. 1 ergeht **nicht vAw** (OLG Stuttgart Justiz 1984, 288; OLGSt StPO § 458 Nr. 1). Bei Zweifeln über die Auslegung eines Strafurteils o. über die Berechnung der Strafe muss die VollstrB die gerichtliche Entsch. herbeiführen, bei Einwendungen des Verurteilten gegen die Zulässigkeit der Strafvollstreckung legt sie die Sache dem Gericht vor, wenn sie ihnen nicht abhilft (→ Rn. 6). Abs. 1 gilt entspr. bei der Vollstreckung v. Sicherungsmaßregeln (§ 463 Abs. 1), bei der Vollstreckung v. Geldstrafen hingegen § 459h (→ § 459h Rn. 1).

2 **I. Zweifel über die Auslegung eines Strafurteils. Zweifel über die Auslegung eines Strafurteils** können sich auf den gesamten Strafausspruch, aber auch auf einen Teil v. ihm, insbes. auf Nebenstrafen u. Nebenfolgen (BGHSt 8, 66; BGH MDR 1964, 940), nach OLG Düsseldorf NStZ-RR 2000, 287 auch auf den Kostenausspruch beziehen. Nach Abs. 1 sind auch Widersprüche zwischen Urteilsausspruch u. Gründen zu klären.

3 **II. Zweifel über die Berechnung der erkannten Strafe.** Die Strafzeitberechnung ist nach §§ 37 ff. StVollstrO Aufgabe der VollstrB. Wenn sie Zweifel hat, legt sie ihre Berechnung dem Gericht vor, das dann an ihrer Stelle die Strafzeit berechnen muss (BVerfG NStZ-RR 2003, 379). Abs. 1 ist auch anwendbar, wenn das Urt. keine o. keine klare Bestimmung über Auswirkungen u. Umf. der Anrechnung v. UHaft nach § 51 StGB, § 52a **JGG** o. einer anderen Freiheitsentziehung

enthält o. wenn hierüber sonst Zweifel bestehen (BGHSt 24, 29; OLG Düsseldorf JMBl. NRW. 1995, 215; OLG Zweibrücken NJW 1975, 509; vgl. aber OLG Celle NStZ 2010, 108: nicht mehr nach Entlassung aus dem Justizvollzug), auch bei Zweifeln über das Vorliegen der Voraussetzungen des § 450a (BGHSt 8, 34 (36)). Sinngemäß ist Abs. 1 auf den Fall angewendet worden, dass zw. ist, ob bei der unterbrochenen Vollstreckung mehrerer zeitiger Freiheitsstrafen die Summe der Strafen 15 Jahre überschreiten darf (OLG Hamm NJW 1971, 1373; OLG Oldenburg GA 1971, 342). Im Schrifttum wird die entspr. Anwendung v. Abs. 1 mit Recht für den Fall befürwortet, dass Zweifel über den Umf. einer ausl. Auslieferungsbewilligung bestehen (KK-StPO/Appl Rn. 8 mwN; **aM** OLG Oldenburg NStZ 2004, 405 mwN: entspr. Anwendung des § 460; OLG Celle Nds. Rpfl. 1987, 110: Festsetzung des vollstreckbaren Strafteils durch StA; OLG Karlsruhe NStZ 1999, 639 will weder § 458 noch § 460 entspr. anwenden, aber doch eine „fiktive Bemessungsentscheidung“ treffen).

III. Einwendungen gegen die Zulässigkeit der Strafvollstreckung. 4
1. Einwendungsberechtigt sind der Verurteilte, sein Verteidiger u. Bevollmächtigter, auch der ges. Vertreter (KK-StPO/Appl Rn. 9).

Die Einwendungen können auch v. einem Einziehungsbeteiligten o. Nebenbetroffenen (§§ 424, 438) erhoben werden, wenn es sich um die Vollstreckung gegen ihn handelt, nicht aber v. Beteiligungsinteressenten, deren Verfahrensbeteiligung nicht angeordnet worden war; sie sind auf das Nachverfahren nach § 434 zu verweisen (Pohlmann Rpfleger 1968, 271). Ein Dritter kann Einwendungen erheben, wenn er durch die Vollstreckung betroffen ist, zB der Erbe bei Vollstreckung in den Nachlass u. der Eigentümer der Sache, der bestreitet, dass sie mit der im Urt. eingezogenen identisch ist. 5

Die Einwendungen sind **gegenüber der VollstrB** zu erheben (BGHSt 44, 19), die sie an das Gericht weiterleitet, wenn sie ihnen nicht abhilft. Eine sofortige Entsch. des Gerichts vor Entsch. der VollstrB ist unzulässig (KG StraFo 2007, 432 mwN). 6

Erhebt der Betroffene keine Einwendungen, so kann die **VollstrB** (§ 451 Abs. 1) ihre eigenen Zweifel an der Zulässigkeit der Strafvollstreckung nicht gerichtlich klären lassen (OLG Düsseldorf NStZ-RR 1997, 220; OLG Rostock NStZ 1994, 304). Sie muss stets selbst entscheiden (OLG Düsseldorf JMBl. NRW. 1995, 215: formlose Entsch. kann genügen) u. es dem Betroffenen überlassen, sich mit Einwendungen an das Gericht zu wenden (OLG Hamburg JR 1955, 69; OLG Hamm NStZ-RR 2002, 21). Allerdings kann es angebracht sein, dass sie ihn auf die Möglichkeit v. Einwendungen hinweist (OLG Düsseldorf JMBl. NRW. 1995, 215; OLG Karlsruhe Justiz 1976, 394; Wolf/Kempfer StVollstrO § 42 Rn. 8). Einwendungen zugunsten des Verurteilten sind der StA auch als Strafverfolgungsbehörde verwehrt (KK-StPO/Appl Rn. 4). 7

2. Gegen die **Zulässigkeit der Strafvollstreckung** überhaupt (allg. Voraussetzungen der Vollstreckung, Vollstreckungshindernisse) müssen sich die Einwendungen richten (OLG Düsseldorf NJW 1977, 117; OLG Hamburg NJW 1975, 1132; OLG Schleswig GA 1984, 96). 8

Bestand und Rechtmäßigkeit des Urt. o. Strafbefehls dürfen grds. nicht in Frage gestellt werden (VerfGH Bayern GA 1964, 50; OLG Hamm GA 1961, 155; OLG Koblenz OLGSt StPO § 458 S. 19), auch nicht im Widerrufsbeschluss nach § 56f StGB (OLG Düsseldorf JR 1992, 126). Ausnahmen gelten, wenn Doppelbestrafung behauptet wird (→ § 359 Rn. 39). Die Nichtigerklärung des Urt. durch das BVerfG begründet die Wiederaufnahme nach § 79 Abs. 1 BVerfGG (→ Vor § 359 Rn. 7), nicht die Anwendung des § 458 (BVerfG NJW 1963, 756; **aM** OLG Schleswig SchlHA 1963, 60; Bringewat Strafvollstreckung Rn. 23). 9

Zu den **Vollstreckungshindernissen,** die nach Abs. 1 geltend gemacht werden können, gehören die fehlende Identität des Betroffenen mit dem Verurteilten (KG NStZ-RR 2004, 240), das Fehlen der Rechtskraft der Entsch., Verjährung, Amnestie, Begnadigung, (ausnahmsweise) eine rechtsstaatswidrige Verfahrensverzöge- 10 rung (BVerfG NJW-Spezial 2013, 313: Ladung eines Jugendlichen zum Strafantritt knapp 2 Jahre nach Urt.), Strafaussetzung zur Bewährung, bereits erfolgte Vollstreckung, auch die Bezahlung der Geldstrafe, wenn die Vollstreckung der Ersatzfreiheitsstrafe betrieben wird. Der Verstoß gegen § 67 Abs. 1 StGB kann ebenfalls auf Einwendungen nach Abs. 1 geprüft werden (OLG Düsseldorf NStZ 1981, 366).

11 **3.** Gegen die **Art und Weise des Vollzugs** können keine Einwendungen nach Abs. 1 erhoben werden, zB nicht gegen den gemeinsamen Vollzug des zu Freiheitsstrafe Verurteilten mit Sicherungsverwahrten (BGHSt 19, 240), gegen den Vollzug der Sicherungsverwahrung in weitgehender Angleichung an den der Freiheitsstrafe (**aM** OLG Hamm NJW 1959, 1889) o. gegen die Vollstreckung einer Jugendstrafe in einer Erwachsenenstrafanstalt (KG NJW 1978, 284; Löwe/Rosenberg/Graalmann-Scheerer Rn. 10; **aM** KMR-StPO/Stöckel Rn. 3). Nicht unter Abs. 1 fallen auch alle Einwendungen, die aus Entsch. der VollstrB hergeleitet werden (OLG Zweibrücken JR 1983, 168; OLG Hamburg NJW 1975, 1132). Gegen Einzelmaßnahmen der Strafvollstreckung, die nicht nach Abs. 2 anfechtbar sind, zB die Weigerung der VollstrB, die Vollstreckung nach § 35 BtMG zurückzustellen (→ EGGVG § 23 Rn. 16), ist nur der Rechtsweg nach §§ 23 ff. **EGGVG** gegeben (gegen die Verweigerung der Zustimmung des Gerichts steht der VollstrB allerdings nach § 35 Abs. 2 S. 1 BtMG die Beschwerde nach § 304 zu), für die Beanstandung v. Einzelmaßnahmen im Vollzug der nach §§ 109 ff. **StVollzG.**

12 **B. Einwendungen nach Abs. 2.** Die Einwendungen nach Abs. 2 betreffen **einzelne Anordnungen der VollstrB,** nämlich nach § 454b Abs. 1 bis 3 (→ § 454b Rn. 9), nach § 455 (→ § 455 Rn. 16), nach § 456 (→ § 456 Rn. 9) u. nach § 456c Abs. 2 (→ § 456c Rn. 9). Die Anordnung, dass an einem Ausgelieferten o. Ausgewiesenen die Strafvollstreckung nachgeholt wird, ist nach § 456a zulässig (→ § 456a Rn. 9). Der Einwendungsberechtigte (→ Rn. 5 ff.) kann die Einwendungen unmittelbar bei Gericht geltend machen, auch wenn der Rechtspfleger entschieden hat (§ 31 Abs. 6 S. 1 **RPflG**). Die Zuständigkeit des Gerichts aus Abs. 2 bezieht sich allerdings nur auf die in § 454b Abs. 2 ausdr. genannten Unterbrechungsfälle (OLG Frankfurt a. M. NStZ-RR 2011, 221 mwN). Sie ist also nicht gegeben bei § 57 Abs. 2 Nr. 2 StGB unterfallenden, 2 Jahre übersteigenden Freiheitsstrafen, bei denen es für die Aussetzung nach Verbüßung der Hälfte auf das Vorliegen bes. Umstände ankommt, ebenso nicht bei Strafresten, die aufgrund Widerrufs ihrer Aussetzung vollstreckt werden (§ 454b Abs. 2 S. 2). In diesen Fällen ist nur der Rechtsweg nach §§ 23 ff. **EGGVG** eröffnet (vgl. BGH NJW 1991, 2030 zu § 454b Abs. 2 S. 2; OLG Frankfurt a. M. NStZ-RR 2011, 221 zu § 57 Abs. 2 Nr. 2 StGB).

13 **C. Vorläufige Anordnungen (Abs. 3).** Entsprechend § 307 Abs. 1 wird durch die Einwendungen nach Abs. 1 oder Abs. 2 der Fortgang der Vollstreckung nicht gehemmt. Das Gericht kann aber, wenn nicht bereits die VollstrB wegen der Zweifelhaftigkeit der Strafvollstreckung entspr. Maßnahmen getroffen hat, auf Antrag o. vAw den Aufschub o. die Unterbrechung der Vollstreckung anordnen. In den Fällen des § 456c Abs. 2 ist eine einstweilige Anordnung zulässig (Abs. 3 S. 2).

14 **D. Erneute Einwendungen.** Erneute Einwendungen nach rkr. Verwerfung früherer Einwendungen sind zulässig, wenn der Betroffene sie auf neue Tatsachen o. Beweismittel stützt (OLG Düsseldorf MDR 1993, 67 mwN; OLG Koblenz OLGSt StPO § 458 S. 19).

15 **E. Rechtsweg nach §§ 23 ff. EGGVG.** Der Rechtsweg nach §§ 23 ff. EGGVG ist ausgeschlossen, soweit § 458 die gerichtliche Entsch. zulässt (OLG Frankfurt a. M. NJW 1998, 1165; vgl. § 23 Abs. 3 EGGVG). Zulässig ist er insbes. gegen die Versagung einer Unterbrechung zum Halbstrafenzeitpunkt in den Fällen des § 57 Abs. 2 Nr. 2 StGB (OLG Frankfurt a. M. NJW 1998, 1165), Entsch. der VollstrB nach § 456 (→ § 456 Rn. 9), gegen Zwangsmittel nach § 457 (→ § 457 Rn. 16) u. gegen andere Einzelmaßnahmen (→ Rn. 11).

16 **F. Rechtsmittel.** Gegen die gerichtlichen Entsch. nach Abs. 1 und Abs. 2 stehen der StA als Strafverfolgungsbehörde (KK-StPO/Appl Rn. 22) u. dem Betroffenen die sofortige Beschwerde nach § 462 Abs. 3 zu. Weitere Beschwerde ist ausnahmslos ausgeschlossen. Gegen vorl. Maßnahmen des Gerichts nach Abs. 3 kann die StA sofortige Beschwerde einlegen; richtet sie sich gegen die Unterbrechung der Strafvollstreckung, so hat sie aufschiebende Wirkung (§ 462 Abs. 3 S. 2). Die Ablehnung einer vorl. Maßnahme ist nicht anfechtbar (OLG Nürnberg NStZ 2003, 390).

Vollstreckung der Geldstrafe; Anwendung des Justizbeitreibungsgesetzes

459 Für die Vollstreckung der Geldstrafe gelten die Vorschriften des Justizbeitreibungsgesetzes, soweit dieses Gesetz nichts anderes bestimmt.

1 **A. Vollstreckung der Geldstrafe.** Die Vollstreckung der Geldstrafe richtet sich grds. nach den Vorschr. der JBeitrG, die durch die Vorschr. der StVollstrO u. der EBAO ergänzt werden. Sie gelten aber nur subsidiär. Soweit daher § 8 JBeitrG Einwendungen regelt, die den beizutreibenden Anspruch betreffen, sind stattdessen die §§ 458, 459h anzuwenden (Röttle/Wagner/Theurer HRP Strafvollstreckung Rn. 262). § 459 gilt entspr. für die Vollstreckung vor Nebenfolgen, die zu einer Geldzahlung verpflichten (§ 459g Abs. 2).

2 **B. Eröffnung und Beitreibung.** Die Eröffnung und Beitreibung der Geldstrafe obliegt nach § 2 Abs. 1 S. 1, Abs. 2 JBeitrG, § 1 Abs. 4 S. 1 EBAO den nach den Verfahrensgesetzen für die Vollstreckung dieser Ansprüche zuständigen Stellen, im Strafverfahren also der StA als VollstrB (§ 451 Abs. 1, § 2 Buchst. a EBAO). Für die Geschäfte ist nach § 31 Abs. 2 S. 1 **RPflG** der Rechtspfleger zuständig, sie können aber nach § 36b Abs. 1 Nr. 5 **RPflG** dem UrkB der Geschäftsstelle übertragen werden.

3 Er ordnet die **Einforderung** der Geldstrafe an (§ 3 EBAO), die durch Übersendung einer Zahlungsaufforderung erfolgt (§ 5 Abs. 1 EBAO). Wird in der Zahlungsfrist grundlos keine Zahlung geleistet, so soll der Verurteilte vor der Anordnung der Beitreibung idR zunächst gemahnt werden (§ 5 Abs. 2 JBeitrG, § 7 Abs. 1 EBAO).

4 Geht nach angemessener Frist auch dann keine Zahlung ein, so leitet der Rechtspfleger die **Beitreibung** ein (§ 8 EBAO). Die dafür maßgebenden Vorschr. bezeichnen die §§ 6 ff. JBeitrG. Danach wird im Wesentlichen entspr. den Vorschr. der ZPO verfahren. Statt des Gerichtsvollziehers wird jedoch der Justizvollziehungsbeamte tätig (§ 6 Abs. 3 S. 1 BeitrG). Pfändungs- u. Überweisungsbeschlüsse erlässt der Rechtspfleger der StA (§ 6 Abs. 2 S. 2 JBeitrG). Die Abnahme der eidesstattlichen Vers. nach § 807 ZPO u. die Vollstreckung in das unbewegliche Vermögen beantragt er bei dem zuständigen AG (§ 7 S. 1 JBeitrG).

5 Eine **Wohnungsdurchsuchung** darf im Hinblick auf Art. 13 Abs. 2 GG nur der Richter anordnen (BVerfGE 51, 97); zuständig ist – entgegen der hM – nicht das Gericht des 1. Rechtszugs, sondern nach § 6 Abs. 1 JBeitrG iVm § 758a Abs. 1 S. 1 ZPO das AG, in dessen Bezirk die Durchsuchung erfolgen soll (Thewes Rpfleger 2006, 524). Bei Gefahr im Verzug genügt die Anordnung der StA als VollstrB (BVerfGE 51, 97; **aM** Thewes Rpfleger 2011, 301: Durchführung durch das zuständige Vollstreckungsorgan in eigener Zuständigkeit).

6 **C. Verfahrenskosten.** Die Verfahrenskosten werden grds. zusammen mit der Geldstrafe beigetrieben (§ 1 Abs. 2 EBAO). Zuständig für die Einforderung u. Beitreibung ist auch insoweit die VollstrB (§ 1 Abs. 4 JBeitrG, § 1 Abs. 4 S. 1 EBAO). Wenn die Verbindung v. Strafe u. Kosten v. selbst o. aufgrund einer Anordnung der VollstrB gelöst worden ist (vgl. § 15 EBAO), obliegt die Vollstreckung wegen der Kosten des Verf. aber der Gerichtskasse (§ 1 Abs. 5 EBAO).

7 **D. Rechtsbehelfe.** Einwendungen gegen die Zulässigkeit der Vollstreckung der Geldstrafe werden nach § 458 beschieden (→ § 458 Rn. 8). Betreffen die Einwendungen nur die Art u. Weise der Beitreibung, so sind die in § 6 Abs. 1 Nr. 1 JBeitrG bezeichneten vollstreckungsrechtlichen Rechtsbehelfe gegeben (KK-StPO/Appl Rn. 7).

Bewilligung von Zahlungserleichterungen

459a (1) **Nach Rechtskraft des Urteils entscheidet über die Bewilligung von Zahlungserleichterungen bei Geldstrafen (§ 42 des Strafgesetzbuches) die Vollstreckungsbehörde.**

(2) [1] **Die Vollstreckungsbehörde kann eine Entscheidung über Zahlungserleichterungen nach Absatz 1 oder nach § 42 des Strafgesetzbuches nachträglich ändern oder aufheben.** [2] **Dabei darf sie von einer vorausgegangenen Entscheidung zum Nachteil des Verurteilten nur auf Grund neuer Tatsachen oder Beweismittel abweichen.**

(3) [1] **Entfällt die Vergünstigung nach § 42 Satz 2 des Strafgesetzbuches, die Geldstrafe in bestimmten Teilbeträgen zu zahlen, so wird dies in den Akten vermerkt.** [2] **Die Vollstreckungsbehörde kann erneut eine Zahlungserleichterung bewilligen.**

(4) [1] **Die Entscheidung über Zahlungserleichterungen erstreckt sich auch auf die Kosten des Verfahrens.** [2] **Sie kann auch allein hinsichtlich der Kosten getroffen werden.**

1 **A. Bewilligung von Zahlungserleichterungen (Abs. 1).** Über die Bewilligung von Zahlungserleichterungen (Abs. 1) bei der Geldstrafe nach § 42 StGB (Stundung u. Ratenzahlungen) entscheidet nach Urteilsrechtskraft auf Antrag o. vAw (OLG Hamburg Rpfleger 1977, 65) die VollstrB. Für die Vollstreckung v. Nebenfolgen, die zu einer Geldzahlung verpflichten, gilt das entspr. (§ 459g Abs. 2). Die VollstrB kann ihre Bewilligung, die das Ruhen der Vollstreckungsverjährung zur Folge hat (§ 79a Nr. 2 Buchst. c StGB), entspr. § 42 S. 2 StGB mit einer Verfallklausel versehen. Die Entsch. ist nach § 31 Abs. 2 S. 1 **RPflG** dem Rechtspfleger übertragen.

2 Wenn dem Verurteilten nach seinen persönlichen o. wirtschaftlichen Verhältnissen die **sofortige Zahlung der Geldstrafe nicht zuzumuten** ist (dazu Fischer/Fischer/Lutz StGB § 42 Rn. 4a), ist die Bewilligung v. Zahlungserleichterungen nach § 42 S. 1 StGB zwingend geboten (OLG Stuttgart Rpfleger 1993, 417; LG Berlin StV 2002, 33).

3 Ein weiterer Bewilligungsgrund ist nach § 42 S. 3 StGB die **Rücksichtnahme auf die Ersatzansprüche des Verletzten** gegen den Verurteilten. Zahlungserleichterungen können auch gewährt werden, wenn dadurch die Möglichkeiten der Schadenswiedergutmachung verbessert werden. Dabei wird vorausgesetzt, dass durch die vorrangige Pflicht des Verurteilten zur Leistung v. Geldstrafe und/oder Kosten die Schadenswiedergutmachung erheblich gefährdet wäre, etwa weil der Verurteilte nach seinen wirtschaftlichen Verhältnissen nicht in der Lage ist, beide Ansprüche alsbald zu befriedigen. Eine Gefährdung der Wiedergutmachung kommt aber auch schon dann in Betracht, wenn infolge des Vorrangs der Geldstrafe die Verwirklichung des fälligen Ersatzanspruchs des Verletzten nicht unerheblich verzögert würde. Ein endg. Ausfall der Forderung des Verletzten braucht nicht zu drohen. Anders als im Fall des § 42 S. 1 StGB ist die Bewilligung v. Zahlungserleichterungen nach § 42 S. 3 StGB bei Vorliegen der ges. Voraussetzungen nicht zwingend vorgeschrieben, sondern in das Ermessen der VollstrB gestellt, die unter Abwägung aller Umstände des Einzelfalls entscheidet. Hat sie mit Rücksicht auf die Schadensersatzansprüche des Verletzten Zahlungserleichterungen bewilligt, so muss sie in regelmäßigen Abständen prüfen, ob der Verurteilte diese Vergünstigung auch

dazu benutzt, die Ansprüche des Verletzten zu befriedigen. Ist das nicht der Fall, so ist die Vergünstigung aufzuheben (→ Rn. 5).

B. Nachträgliche Änderung der Entscheidung (Abs. 2). Die VollstrB kann nicht nur ihre eigene, sondern auch die Entsch. des Tatrichters über Zahlungserleichterungen auf Antrag o. vAw ändern o. aufheben (S. 1). Sie kann insbes. Zahlungserleichterungen gewähren, die das Gericht versagt hat, die festgesetzten Zahlungsfristen verlängern (OLG Düsseldorf VRS 96, 435), die Höhe der Ratenzahlungen herabsetzen u. die Verfallklausel beseitigen. Mehrfache Änd. sind zulässig. Bei der Entsch. nach Abs. 2 darf die VollstrB aber den Zweck der Geldstrafe nicht aus den Augen verlieren. Ratenzahlungen in so geringer Höhe o. so weit hinaus gesteckte Zahlungsfristen, dass die Geldstrafe den Verurteilten nicht mehr fühlbar belastet, sind ermessensfehlerhaft. 4

Änderungen zuungunsten des Verurteilten (S. 2), zB die Aufhebung der Zahlungserleichterungen, der Heraufsetzung der Raten, die Verkürzung der Zahlungsfristen o. die Einf. einer Verfallklausel, sind zulässig, aber nur aufgrund neuer Tatsachen o. Beweismittel, die sich auf die Voraussetzungen der Zahlungserleichterungen (→ Rn. 2 ff.) beziehen. Neu sind Tatsachen u. Beweismittel, die das Gericht o. die VollstrB bei ihrer Entsch. nicht berücksichtigt hat, weil sie damals noch nicht bekannt waren, weil sie übersehen worden o. weil sie erst später entstanden sind (KMR-StPO/Stöckel Rn. 14; **aM** Volckart Verteidigung S. 78; erg. → § 211 Rn. 3; → § 359 Rn. 30 ff.). Die Tatsachen u. Beweismittel müssen allein o. iVm den früher bekannten Tatsachen u. Beweismitteln geeignet sein, die bisherigen Entscheidungsgrundlagen zu beseitigen. In Betracht kommen insbes. eine Besserung der wirtschaftlichen Verhältnisse des Verurteilten (im Fall des Abs. 1 S. 1) o. das Unterlassen der Schadenswiedergutmachung (im Fall Abs. 1 S. 2). Das Verschlechterungsverbot des S. 2 gilt jew. im Verhältnis zu der vorausgegangenen Entscheidung. Die Vollstreckung der Geldstrafe ist erst nach Rechtskraft des Widerrufsbeschlusses zulässig (OLG Hamburg MDR 1957, 330; LG Krefeld Rpfleger 1971, 225). 5

C. Wegfall der Vergünstigung (Abs. 3). Der Wegfall der Vergünstigung (Abs. 3) nach § 42 S. 2 StGB tritt ohne Rücksicht auf das Verschulden des Verurteilten v. selbst ein, wenn er einen Teilbetrag nicht rechtzeitig zahlt. Daher braucht die VollstrB die richterliche Bewilligung in diesem Fall nicht aufzuheben, sondern nur ihren Wegfall in den Akten zu vermerken (S. 1). Der Aktenvermerk dient lediglich der Klarstellung, dass die VollstrB das Vorliegen der Voraussetzungen des § 42 S. 2 StGB geprüft hat; er ist unanfechtbar. Hat das Gericht eine Anordnung nach § 42 S. 2 StGB nicht getroffen, so darf die VollstrB den gerichtlichen Beschl. dennoch (entspr. § 56f Abs. 1 StGB) aufheben, wenn der Verurteilte seine Zahlungspflicht gröblich o. beharrlich verletzt. Der erneuten Bewilligung v. Zahlungserleichterungen steht das nicht entgegen (S. 2). Die Regelung des Abs. 3 gilt auch, wenn die VollstrB ihre eigene Anordnung mit einer Verfallklausel versehen hat. 6

D. Verfahrenskosten (Abs. 4). Auf die Verfahrenskosten (Abs. 4) erstreckt sich die Bewilligung v. Zahlungserleichterungen nur, wenn sie nachträglich v. der VollstrB getroffen worden ist (S. 1). Das Gericht kann im Urt. insoweit keine Vergünstigungen gewähren. Durch die Regelung des Abs. 4 werden Geldstrafe u. Kosten zu einer Einheit zusammengefasst. Die VollstrB kann die Kosten aber v. der Vergünstigung ausnehmen (**aM** KMR-StPO/Stöckel Rn. 18). 7

Für die **Kosten allein (S. 2)** kann die VollstrB Zahlungserleichterungen bewilligen, wenn die Erg. der gerichtlichen Entsch. geboten erscheint o. wenn eine Geldstrafe nicht o. nicht mehr zu vollstrecken ist. Wenn in dem Urt. überhaupt nicht auf Geldstrafe erkannt worden ist, gilt Abs. 4 S. 2 aber nicht (OLG Frankfurt a. M. NStZ-RR 2006, 159). Die Regelung des Abs. 4 gilt auch im Fall des Abs. 1 S. 2. 8

9 **E. Rechtsbehelfe.** Über Einwendungen des Verurteilten gegen eine Anordnung des Rechtspflegers (Ablehnung v. Zahlungserleichterungen o. Zurückbleiben hinter den Antrag des Verurteilten; nicht gegen den Aktenvermerk nach Abs. 3 S. 1) entscheidet gem. § 31 Abs. 6 S. 1 **RPflG** nach § 459h das Gericht, u. zwar ohne mündliche Verh., durch Beschl. (§ 462 Abs. 1 S. 1). Zuständig ist idR das Gericht des 1. Rechtszugs (§ 462a Abs. 2 S. 1). Nur wenn gegen den Verurteilten eine Freiheitsstrafe vollstreckt wird, entscheidet die StVollstrK auch über die Zahlungserleichterungen (→ § 459h Rn. 4). Gegen den Gerichtsbeschluss ist sofortige Beschwerde zulässig (§ 462 Abs. 3).

Anrechnung von Teilbeträgen

459b **Teilbeträge werden, wenn der Verurteilte bei der Zahlung keine Bestimmung trifft, zunächst auf die Geldstrafe, dann auf die etwa angeordneten Nebenfolgen, die zu einer Geldzahlung verpflichten, und zuletzt auf die Kosten des Verfahrens angerechnet.**

1 **A. Anrechnung von Teilzahlungen.** Für die Anrechnung von Teilzahlungen ist die Bestimmung des Verurteilten maßgebend, die er vor o. bei der Zahlung getroffen hat. Eine solche Bestimmung kann für ihn insbes. dann nützlich sein, wenn er vorab eine zur Geldzahlung verpflichtende Nebenfolge (§ 459g Abs. 2) erledigen will, um dadurch die Aufhebung einer Sicherstellung nach §§ 111b ff. zu erreichen (Löwe/Rosenberg/Graalmann-Scheerer Rn. 5).

2 Beim Fehlen einer Bestimmung des Verurteilten gilt die **gesetzliche Reihenfolge** des § 459b. Dabei macht es keinen Unterschied, ob dem Verurteilten Zahlungserleichterungen in Form v. Teilzahlung bewilligt worden waren o. ob er nach §§ 4, 5 EBAO eine Zahlungsaufforderung über den gesamten Geldstrafenbetrag erhalten hat, aber nur einen Teilbetrag zahlt (§ 6 EBAO).

3 **B. Vollstreckung mehrerer strafrechtlicher Entscheidungen.** Bei der Vollstreckung mehrerer strafrechtlicher Entscheidungen gilt § 459b nach hM entspr. (**aM** Siggelkow Rpfleger 1999, 249 Fn. 27). Schuldet der Verurteilte aus mehreren Straferkenntnissen Geldstrafe, Nebenfolgen, die zu einer Geldzahlung verpflichten, o. Verfahrenskosten, so kommt es auf seine Bestimmung vor o. bei der Zahlung an, auf welche Urt. o. Strafbefehle die Teilbeträge angerechnet werden sollen; die Angabe des Az. kann dazu genügen. Trifft der Verurteilte keine Bestimmung, so wird die Zahlung auf die Geldstrafe angerechnet, deren Vollstreckung am ehesten verjährt (KK-StPO/Appl Rn. 4; vgl. auch Göhler/Bauer OWiG § 94 Rn. 3). Im Übrigen gilt auch hier die Reihenfolge des § 459b.

4 **C. Zwangsweise Beitreibung.** Bei der zwangsweisen Beitreibung v. Geldstrafen, Nebenfolgen, die zu einer Geldzahlung verpflichten, u. Verfahrenskosten gilt § 459b ebenfalls entspr. (KK-StPO/Appl Rn. 3). Andernfalls wäre der Verurteilte, v. dem nur ein Teilbetrag erlangt werden kann, schlechter gestellt als bei freiwilliger Zahlung (Göhler/Bauer OWiG § 94 Rn. 5).

5 **D. Rechtsbehelf.** Der zulässige Rechtsbehelf gegen Verstöße gegen § 459b ist, da § 459h insoweit Einwendungen nicht zulässt, der Antrag auf gerichtliche Entsch. nach § 23 EGGVG (KMR-StPO/Stöckel Rn. 6; Löwe/Rosenberg/Graalmann-Scheerer § 459h Rn. 7).

Beitreibung der Geldstrafe

459c (1) **Die Geldstrafe oder der Teilbetrag der Geldstrafe wird vor Ablauf von zwei Wochen nach Eintritt der Fälligkeit nur beigetrieben, wenn auf Grund bestimmter Tatsachen erkennbar ist, daß sich der Verurteilte der Zahlung entziehen will.**

(2) **Die Vollstreckung kann unterbleiben, wenn zu erwarten ist, daß sie in absehbarer Zeit zu keinem Erfolg führen wird.**

(3) **In den Nachlaß des Verurteilten darf die Geldstrafe nicht vollstreckt werden.**

A. Schonfrist bei der Beitreibung der Geldstrafe (Abs. 1). Eine **Schonfrist von 2 Wochen nach Eintritt der Fälligkeit** (Abs. 1) bestimmt die Vorschrift. Sie geht davon aus, dass mit der sofortigen Beitreibung für den Verurteilten erhebliche Nachteile verbunden sein können (zB Unmöglichkeit der Geldbeschaffung o. der Antragstellung nach § 459a), der Aufschub der Strafvollstreckung um kurze Zeit die Interessen der Strafverfolgung aber nicht wesentlich berührt. 1

Die **Fälligkeit** tritt mit der Rechtskraft des Urt. ein, wenn es keine Zahlungserleichterungen nach § 42 StGB bewilligt. Werden im Urt. o. nach Urteilsrechtskraft (§ 459a) Ratenzahlungen bewilligt, so tritt die Fälligkeit iSd des Abs. 1 für jede Rate mit deren Fälligkeit ein. Wenn eine Verfallklausel (→ § 459a Rn. 1) bestimmt worden u. wirksam geworden ist, wird der gesamte Geldstrafenbetrag fällig. Die Vollstreckung unter Verstoß gegen Abs. 1 (die wegen des vorangehenden Einforderungs- u. Mahnverfahrens praktisch ausgeschlossen ist) ist wirksam. 2

Die **sofortige Vollstreckung** ist zulässig, wenn erkennbar wird, dass sich der Verurteilte der Zahlung, dh der Beitreibung, entziehen will. Dazu gehört mehr als das bloße Nichtbefolgen einer Zahlungsaufforderung. Erforderlich ist vielmehr, dass der Verurteilte versucht, Pfändungen durch häufigen Wechsel der Wohnung o. Arbeitsstelle zu entgehen, o. dass er Vermögenswerte beiseiteschafft (Löwe/Rosenberg/Graalmann-Scheerer Rn. 7). Die Absicht des Verurteilten, sich der Zahlung zu entziehen, muss aufgrund bestimmter Tatsachen erkennbar werden; bloße Vermutungen o. ein Verdacht, der sich nicht auf konkrete Tatsachen stützen kann, genügen nicht. 3

B. Unterbleiben der Vollstreckung (Abs. 2). Uneinbringlich iSd § 43 StGB ist eine Geldstrafe grds. erst, wenn erfolglos versucht worden ist, sie beizutreiben. Damit ein überflüssiger u. nutzloser Verwaltungsaufwand vermieden werden kann, lässt Abs. 2 aber zu, dass aussichtslose Vollstreckungsmaßnahmen (nicht die Aufforderung zur Zahlung der Geldstrafe nach § 5 Abs. 1 EBAO) unterbleiben können. 4

Aussichtslos ist die Vollstreckung, wenn mit Wahrscheinlichkeit zu erwarten ist, dass sie keinen Erfolg haben wird. Das ist insbes. der Fall, wenn schon Beitreibungsversuche in anderen Sachen erfolglos waren, wenn der Verurteilte vor kurzem die Erkl. nach § 807 ZPO abgegeben hat o. sich im Insolvenzverfahren befindet (BVerfG NJW 2006, 3626 mwN), auch wenn sein Einkommen die Pfändungsgrenze nach § 850c ZPO nicht übersteigt. Die Aussichtslosigkeit v. Beitreibungsmaßnahmen muss auf unabsehbare Zeit bestehen. Diese Voraussetzungen werden zweckmäßigerweise in einem Aktenvermerk niedergelegt. 5

Die **Wirkung der Anordnung** nach Abs. 2 besteht darin, dass, aber nur aufgrund einer bes. Anordnung nach § 459e Abs. 1 (Löwe/Rosenberg/Graalmann-Scheerer Rn. 11), die Ersatzfreiheitsstrafe vollstreckt werden kann. Die Anordnung nach Abs. 2 hindert nicht, die Vollstreckung der Geldstrafe erneut zu betreiben, solange die Strafvollstreckung nicht durch Verbüßung der Ersatzfreiheitsstrafe o. Verjährung erledigt ist. 6

C. Vollstreckung in den Nachlass (Abs. 3). Die Vollstreckung in den Nachlass (Abs. 3) ist unzulässig. Die zu Lebzeiten des Verurteilten nicht vollstreckte Geldstrafe erlischt (KMR-StPO/Stöckel Rn. 9). Eine vor seinem Tod begonnene Vollstreckung muss abgebrochen werden. 7

D. Rechtsbehelfe. Über Einwendungen gegen die Entsch. des Rechtspflegers nach Abs. 1 (Beitreibung vor Ablauf der Schonfrist) kann nach § 459h die Entsch. des Gerichts herbeigeführt werden (§ 31 Abs. 6 S. 1 **RPflG**). Gegen die Entsch. nach Abs. 2 ist kein Rechtsbehelf gegeben; sie beschwert den Verurteilten auch dann nicht, wenn die Unterbleibensanordnung nicht betroffen wird. Im Fall des Abs. 3 stehen den Erben gegen die Entsch. des Rechtspflegers nach § 31 Abs. 6 S. 1 **RPflG** die Einwendungen nach § 459h zu. 8

Unterbleiben der Vollstreckung einer Geldstrafe

459d (1) **Das Gericht kann anordnen, daß die Vollstreckung der Geldstrafe ganz oder zum Teil unterbleibt, wenn**

1. in demselben Verfahren Freiheitsstrafe vollstreckt oder zur Bewährung ausgesetzt worden ist oder

2. in einem anderen Verfahren Freiheitsstrafe verhängt ist und die Voraussetzungen des § 55 des Strafgesetzbuches nicht vorliegen

und die Vollstreckung der Geldstrafe die Wiedereingliederung des Verurteilten erschweren kann.

(2) **Das Gericht kann eine Entscheidung nach Absatz 1 auch hinsichtlich der Kosten des Verfahrens treffen.**

1 **A. Absehen von der Vollstreckung der Geldstrafe (Abs. 1). I. Normzweck.** Zur **Erleichterung der Wiedereingliederung** des Verurteilten gestattet Abs. 1, dass die Vollstreckung der Geldstrafe ganz o., wenn bereits dadurch die Resozialisierungsschwierigkeiten beseitigt werden können, teilw. unterbleibt. Das Gericht ordnet das ohne mündliche Verh. nach Anhörung der StA u. des Verurteilten durch Beschl. an (§ 462 Abs. 1 S. 1). Die Anordnung enthält keinen Erlass o. Teilerlass u. keine Ermäßigung der Geldstrafe. Da sie aber zeitlich unbeschränkt getroffen wird u. unwiderruflich ist, fällt die Strafe praktisch weg (OLG Hamm JMBl. NRW. 1976, 107).

2 Die Entsch., die auch noch nach Anordnung der Vollstreckung der Ersatzfreiheitsstrafe nach § 459e Abs. 1 zulässig ist (OLG Koblenz MDR 1978, 248), ergeht auf Antrag, der nicht schon im Antrag auf Stundung der Geldstrafe liegt (OLG Koblenz Rpfleger 1978, 148), o. vAw (BGHSt 30, 263; Volckart NStZ 1982, 498). Bei der Ermessensentscheidung ist zu berücksichtigen, dass die Anordnung einen Eingriff in das rkr. Urt. darstellt u. deshalb Ausnahmecharakter trägt (vgl. OLG Düsseldorf NStZ-RR 2015, 150). Aus Abs. 1 kann nicht hergeleitet werden, dass die Vollstreckung der Geldstrafe allg. einen Beschl. des Gerichts darüber voraussetzt, dass die Voraussetzungen des Abs. 1 nicht gegeben sind (OLG Koblenz Rpfleger 1978, 27; OLG Zweibrücken NStZ 1985, 575; **aM** Volckart NStZ 1982, 498).

3 **II. Voraussetzungen. 1.** Bei **Geldstrafe neben Freiheitsstrafe im selben Verfahren (Abs. 1 Nr. 1):** Nach § 41 StGB darf neben der Freiheitsstrafe eine Geldstrafe nur verhängt werden, wenn das unter Berücksichtigung der persönlichen u. wirtschaftlichen Verhältnisse des Täters angebracht ist. Das Gericht muss daher prüfen, ob die zusätzliche Strafe die Wiedereingliederung des Täters erschwert. Abs. 1 Nr. 1 ergänzt diese Vorschr. für das Vollstreckungsverfahren, gilt aber auch sonst, wenn im selben Urt. Freiheits- u. Geldstrafe nebeneinander verhängt sind.

4 Die Anordnung nach Abs. 1 Nr. 1 setzt voraus, dass Wiedereingliederungsschwierigkeiten aufgrund nachträglich eingetretener o. bekanntgewordener Umstände zu erwarten sind (OLG Koblenz MDR 1981, 870). Dass das Gericht die Wiedereingliederungsfrage anders beurteilt als der Tatrichter, rechtfertigt die Anordnung nicht (KK-StPO/Appl Rn. 3), ebenso wenig eine lange Laufzeit der Vollstreckung, wenn dem Verurteilten erlaubt wurde, Verfahrenskosten in vergleichsweise niedrigen Teilbeträgen zu zahlen (KG NStZ-RR 2016, 151).

5 **Zeitlich** ist die Anordnung erst zulässig, wenn die Freiheitsstrafe vollstreckt (o. durch Erlass erledigt) o. zur Bewährung ausgesetzt ist (BGHSt 30, 263 (264); OLG Koblenz MDR 1981, 870). Diese Voraussetzung ist auch erfüllt, wenn die Freiheitsstrafe teilw. vollstreckt u. der Strafrest nach § 57 StGB o. im Gnadenweg zur Bewährung ausgesetzt worden ist.

6 Bei der **Ermessensentscheidung** ist der Ausnahmecharakter der Anordnung nach Abs. 1 im Auge zu behalten. Das Gericht darf das öffentl. Interesse an der Vollstreckung der Strafe nur vernachlässigen u. ihr Unterbleiben nur anordnen, wenn die Resozialisierung des Verurteilten andernfalls ernsthaft gefährdet wäre.

Die Vollstreckung wird nur in außergewöhnlichen Ausnahmefällen unterbleiben können (OLG Jena NStZ-RR 2006, 286; OLG Koblenz MDR 1981, 870; LG Mainz NStZ 1982, 47; KK-StPO/Appl Rn. 4; **aM** Litwinski/Bublies Strafverteidigung S. 39; Volckart NStZ 1982, 499). Die Anordnung ergeht nicht, wenn den persönlichen Verhältnissen des Verurteilten (Krankheit, finanzielle Lage usw) durch Zahlungsaufschub o. Ratenzahlungsbewilligungen nach § 459a Rechnung getragen werden kann (OLG Hamm JMBl. NRW. 1976, 107), auch nicht, wenn dem Verurteilten bereits Ratenzahlungen bewilligt waren, er aber über einen längeren Zeitraum nichts gezahlt hat, obwohl er dazu in der Lage war (OLG Koblenz MDR 1978, 248).

2. Bei Geldstrafe neben Freiheitsstrafe in verschiedenen Verfahren (Abs. 1 Nr. 2): Voraussetzung für die Anordnung ist in diesem Fall, dass die nachträgliche Bildung einer Gesamtstrafe nach § 55 Abs. 1 S. 1 StGB rechtlich nicht möglich ist. Da es dann nicht zu der bei der Gesamtstrafenbildung vorgeschriebenen zusf. Würdigung des Täters u. der einzelnen Straftaten (§ 54 Abs. 1 S. 3 StGB) kommen kann, soll die Unterbleibensanordnung es ermöglichen, etwaigen Resozialisierungsschwierigkeiten zu begegnen. Auch die Anordnung nach Abs. 1 Nr. 2 für die Geldstrafe o. einen Teilbetrag wird idR erst nach Beendigung der Vollstreckung der Freiheitsstrafe o. nach Aussetzung der Strafe o. des Strafrests zur Bewährung getroffen werden können (OLG Jena NStZ-RR 2004, 383 Ls.; Löwe/Rosenberg/Graalmann-Scheerer Rn. 8; zw. OLG Jena NStZ-RR 2006, 286). 7

B. Absehen von der Beitreibung der Kosten (Abs. 2). Die Anordnung nach Abs. 1 erfasst, anders als im Fall des § 459a Abs. 4 S. 1, nicht ohne weiteres die Verfahrenskosten (vgl. BGHSt 31, 244 (245)). Die bes. Anordnung nach Abs. 2 setzt voraus, dass der Angeklagte (auch) zur Geldstrafe verurteilt ist (BGHSt 31, 244 (246); OLG Karlsruhe Justiz 1982, 275; LG Mainz Rpfleger 1985, 162), u. ist nur zulässig, wenn zugleich die Voraussetzungen des Abs. 1 für das vollständige o. teilw. Unterbleiben der Geldstrafe erfüllt sind (BGHSt 31, 244). Beide Entsch. brauchen aber inhaltlich nicht übereinzustimmen. Auch wenn das Gericht das Unterbleiben der Vollstreckung der Geldstrafe in vollem Umf. anordnet, kann es daher wegen der Kosten das Unterbleiben der Vollstreckung auf einen Teilbetrag beschränken (Löwe/Rosenberg/Graalmann-Scheerer Rn. 11). 8

Auch die Entsch. nach Abs. 2 ist nur in **Ausnahmefällen** zulässig, wenn überwiegende Gründe der Resozialisierung für den Wegfall der Kostenschuld sprechen (LG Mainz NStZ 1982, 47). 9

C. Zuständiges Gericht. Vgl. §§ 462, 462a. Die StVollstrK bleibt auch nach Erledigung der Vollstreckung der Freiheitsstrafe zuständig (BGHSt 30, 263). 10

D. Beschwerde. Vgl. § 462 Abs. 3 S. 1. 11

Vollstreckung der Ersatzfreiheitsstrafe

459e (1) **Die Ersatzfreiheitsstrafe wird auf Anordnung der Vollstreckungsbehörde vollstreckt.**

(2) [1] **Die Anordnung setzt voraus, daß die Geldstrafe nicht eingebracht werden kann oder die Vollstreckung nach § 459c Abs. 2 unterbleibt.** [2] **Vor der Anordnung ist der Verurteilte darauf hinzuweisen, dass ihm gemäß § 459a Zahlungserleichterungen bewilligt werden können und ihm gemäß Rechtsverordnung nach Artikel 293 des Einführungsgesetzes zum Strafgesetzbuch oder sonst landesrechtlich gestattet werden kann, die Vollstreckung der Ersatzfreiheitsstrafe durch freie Arbeit abzuwenden; besteht Anlass zu der Annahme, dass der Verurteilte der deutschen Sprache nicht hinreichend mächtig ist, hat der Hinweis in einer ihm verständlichen Sprache zu erfolgen.**

(2a) [1] **Die Vollstreckungsbehörde und die gemäß § 463d Satz 2 Nummer 2 eingebundene Gerichtshilfe können zu dem Zweck, dem Verurteilten Möglichkeiten aufzuzeigen, die Geldstrafe mittels Zahlungserleichterungen zu tilgen oder die Vollstreckung einer Ersatzfreiheitsstrafe durch freie Arbeit abzuwenden, einer von der Vollstreckungsbehörde beauftragten nichtöffentlichen Stelle die hierfür erforderlichen personenbezogenen Daten übermitteln.** [2] **Die beauftragte Stelle ist darauf hinzuweisen, dass sie die übermittelten Daten nur für die in Satz 1 genannten Zwecke verwenden und verarbeiten darf.** [3] **Sie darf personenbezogene Daten nur erheben sowie die erhobenen Daten verarbeiten und nutzen, soweit der Verurteilte eingewilligt hat und dies für die in Satz 1 genannten Zwecke erforderlich ist.** [4] **Die Vorschriften der Verordnung (EU) 2016/679 und des Bundesdatenschutzgesetzes finden auch dann Anwendung, wenn die personenbezogenen Daten nicht automatisiert verarbeitet werden und nicht in einem Dateisystem gespeichert sind oder gespeichert werden.** [5] **Die personenbezogenen Daten sind von der beauftragten Stelle nach Ablauf eines Jahres nach Beendigung der beauftragten Tätigkeit zu vernichten.**

(3) **Wegen eines Teilbetrages, der keinem vollen Tage Freiheitsstrafe entspricht, darf die Vollstreckung der Ersatzfreiheitsstrafe nicht angeordnet werden.**

(4) [1] **Die Ersatzfreiheitsstrafe wird nicht vollstreckt, soweit die Geldstrafe entrichtet oder beigetrieben wird oder die Vollstreckung nach § 459d unterbleibt.** [2] **Absatz 3 gilt entsprechend.**

1 **A. Anordnung der VollstrB (Abs. 1).** Auf Anordnung der VollstrB (Abs. 1) wird die Ersatzfreiheitsstrafe, die nach § 43 S. 1 StGB an die Stelle einer uneinbringlichen Geldstrafe tritt, nach den Vorschr. der §§ 22 ff., 50 Abs. 1 StVollstrO vollstreckt. Die Geschäfte sind auf den Rechtspfleger übertragen (§ 31 Abs. 2 S. 1 **RPflG**). Das G schreibt eine bes., förmliche Anordnung vor, weil die VollstrB in jedem Fall zu prüfen hat, ob die ges. Voraussetzungen der Vollstreckung der Ersatzfreiheitsstrafe vorliegen (OLG Frankfurt a. M. NStZ-RR 2013, 292).

2 **Rechtliches Gehör** braucht dem Verurteilten vor der Anordnung nicht gewährt zu werden (OLG Nürnberg NStZ 2008, 224; KK-StPO/Appl Rn. 4; Löwe/Rosenberg/Graalmann-Scheerer Rn. 5 ff.;; **aM** OLG Celle Nds. Rpfl. 1977, 128; KMR-StPO/Stöckel Rn. 4); denn der Verurteilte wird v. der Anordnung durch die Ladung zum Strafantritt unterrichtet.

3 **B. Voraussetzungen der Anordnung (Abs. 2).** Die Anordnung darf idR nur getroffen werden, wenn angemessene Versuche, die Geldstrafe beizutreiben, erfolglos geblieben sind o. eine Anordnung nach § 459c Abs. 2 getroffen worden ist. Die Anordnung, die Geldstrafe zu vollstrecken, ist unzulässig, wenn die Schonfrist nach § 459b Abs. 1 noch nicht abgelaufen ist, wenn nach § 459a Zahlungserleichterungen gewährt sind o. wenn eine Anordnung nach § 459d o. § 459f getroffen ist.

4 **C. Mindestmaß der Ersatzfreiheitsstrafe (Abs. 3).** Das Mindestmaß der Ersatzfreiheitsstrafe (Abs. 3) ist nach § 43 S. 3 StGB ein voller Tag. Beträgt der Rest der ausstehenden Geldstrafe weniger als einen Tagessatz, so muss daher die Vollstreckung der Ersatzfreiheitsstrafe unterbleiben. Der Teilbetrag bleibt aber geschuldet. Die VollstrB kann die Restgeldstrafe bis zum Eintritt der Verjährung erneut vollstrecken. Zur Vollstreckung der Ersatzfreiheitsstrafe aus einer nachträglich nach § 55 StGB, § 460 gebildeten Gesamtfreiheitsstrafe vgl. Siggelkow Rpfleger 1994, 285.

5 **D. Absehen von der Vollstreckung (Abs. 4).** Geht der Geldstrafenbetrag durch Zahlung o. Beitreibung nach der Anordnung der Vollstreckung der Ersatzfreiheitsstrafe ein, so entsteht ein Vollstreckungshindernis (OLG Düsseldorf NJW 1980, 250; OLG Zweibrücken MDR 1987, 782). Befindet sich der Verurteilte zu diesem Zeitpunkt bereits im Vollzug der Ersatzfreiheitsstrafe, so muss er sofort entlassen werden, auch wenn noch kein voller Tag verbüßt ist (vgl. § 51 Abs. 4

StVollstrO). Geht ein Teilbetrag ein, so wird die Dauer der Ersatzfreiheitsstrafe entspr. gekürzt (Röttle/Wagner/Theurer HRP Strafvollstreckung Rn. 274).

E. Einwendungen. Über Einwendungen des Verurteilten nach § 459h gegen die Anordnung des Rechtspflegers nach Abs. 1 entscheidet das Gericht (§ 31 Abs. 6 S. 1 **RPflG**). 6

F. Abwendung der Vollstreckung einer Ersatzfreiheitsstrafe durch freie Arbeit. Die Abwendung der Vollstreckung einer Ersatzfreiheitsstrafe durch freie Arbeit kann durch RechtsVO der Landesregierung bzw. LJV geregelt werden (Art. 293 EGStGB idF des Art. 4 Nr. 1 des 23. StÄG v. 13.4.1986 (BGBl. I 393)). Soweit der Verurteilte die freie Arbeit geleistet hat, ist die Ersatzfreiheitsstrafe erledigt. Die Arbeit muss unentgeltlich sein; sie darf nicht erwerbswirtschaftlichen Zwecken dienen (Art. 293 Abs. 1 S. 2 EGStGB). Vgl. dazu Dölling NJW 1987, 1046; Schall NStZ 1985, 104. Aufgrund des Art. 293 nF haben die Bundesländer entspr. Vorschr. erlassen (vgl. die Zusammenstellung bei LK-StGB/Häger StGB § 43 Rn. 12). Die **Anfechtung** v. Entsch. über die Abwendung der Vollstreckung durch gemeinnützige Arbeit erfolgt nach § 459h; der subsidiäre Rechtsweg nach §§ 23 ff. EGGVG ist insoweit ausgeschlossen (OLG Jena NStZ-RR 2014, 231 Ls. unter Aufgabe v. OLG Jena NStZ-RR 2010, 61 Ls.; OLG Koblenz NStZ-RR 2010, 190 Ls.; OLG Karlsruhe NStZ-RR 2009, 220; vgl. idS auch BGHSt 54, 25; **aM** OLG Dresden NStZ 1999, 160; erg. → EGGVG § 23 Rn. 16). 7

Unterbleiben der Vollstreckung einer Ersatzfreiheitsstrafe

459f Das Gericht ordnet an, daß die Vollstreckung der Ersatzfreiheitsstrafe unterbleibt, wenn die Vollstreckung für den Verurteilten eine unbillige Härte wäre.

A. Unterbleiben der Vollstreckung der Ersatzfreiheitsstrafe. Die Vollstreckung der Ersatzfreiheitsstrafe unterbleibt ganz o. teilw., wenn sie für den Verurteilten unbillig hart wäre. Gegenüber § 456 ist § 459f die Sondervorschrift (OLG Schleswig SchlHA 1976, 13). Die Entsch. trifft nicht die VollstrB, sondern das Gericht auf Antrag o. vAw durch Beschl. nach § 462 Abs. 1 S. 1. Die VollstrB soll jedoch eine gerichtliche Entsch. nach § 459f anregen, wenn sie die Voraussetzungen dafür für gegeben hält (§ 49 Abs. 2 S. 1 StVollstrO). Die Anregung kann sie vor der Anordnung nach § 459e geben, aber auch später, wenn sie erst dann erkennt, dass die Vollstreckung eine unbillige Härte wäre. Die Anregung kann auch der Rechtspfleger geben (Pohlmann Rpfleger 1970, 265). Dass bereits mit der Vollstreckung der Ersatzfreiheitsstrafe begonnen worden ist, steht der Anordnung nach § 459f nicht entgegen. 1

B. Unbillige Härte. Eine unbillige Härte liegt nicht schon vor, weil die Geldstrafe nicht beigetrieben werden kann (OLG Düsseldorf MDR 1985, 76; Schädler ZRP 1983, 7). Es genügt auch nicht, dass der Verurteilte unverschuldet vermögenslos geworden u. unfähig ist, die Mittel für seinen Unterhalt u. den seiner Familie aufzubringen (BVerfG NJW 2006, 3626 mwN; **aM** v. Selle NStZ 1990, 118; weitergehend auch Bringewat Strafvollstreckung Rn. 5; Volckart Verteidigung S. 99 ff.). Vielmehr müssen bes. Umstände hinzukommen, aufgrund deren mit der Vollstreckung der Ersatzfreiheitsstrafe eine außerhalb des Strafzwecks liegende zusätzliche Härte verbunden wäre, die dem Verurteilten auch unter Berücksichtigung des Zwecks der Strafe nicht zugemutet werden kann (BGHSt 27, 90 (93); OLG Düsseldorf VRS 77, 454; OLG Jena NStZ-RR 2006, 286; LG Bremen StV 1998, 152; Tröndle ZStW 86 (1974), 570); OLG Schleswig StV 1998, 673 mzustAnm Pause/Bobinski bejaht dies, falls der Verurteilte deshalb einen Therapieantritt verschieben muss; vgl. auch OLG Karlsruhe StV 2006, 590; LG Osnabrück StV 1999, 444. Die Vollstreckung muss geradezu als ungerecht erscheinen (Löwe/Rosenberg/Graalmann-Scheerer Rn. 5). Ferner muss eine günstige Prognose die Annahme rechtfertigen, dass die Strafwirkung bereits durch die bloße Verhängung der 2

Geldstrafe eingetreten ist (OLG Düsseldorf MDR 1985, 76; LG Frankfurt a. M. StV 1983, 292); erfordert eine ungünstige Prognose eine nachhaltige Einwirkung auf den Verurteilten, so kommt eine Anordnung nach § 459f nicht in Betracht. Zur Anwendung der Vorschr. bei Insolvenz des Verurteilten Pfordte StV 2010, 595.

3 **C. Widerruf bei Wegfall der unbilligen Härte.** Die Anordnung nach § 459f bewirkt lediglich den Aufschub der Vollstreckung der Ersatzfreiheitsstrafe, nicht ihren Erlass (OLG Schleswig SchlHA 1976, 13). Das Gericht kann sie daher widerrufen, wenn ihre Voraussetzungen nachträglich entfallen sind (OLG Schleswig SchlHA 1976, 13), wenn sich zB die wirtschaftlichen Verhältnisse des Verurteilten so gebessert haben, dass die Vollstreckung keine unbillige Härte mehr darstellt, insbes. auch, wenn die Geldstrafe jetzt nur noch infolge Verschuldens des Verurteilten nicht beigetrieben werden kann. Die Beitreibung der Geldstrafe ist nach § 49 Abs. 2 S. 2 StVollstrO v. Widerruf der Anordnung nach § 459f nicht abhängig (vgl. KK-StPO/Appl Rn. 3).

4 **D. Zuständiges Gericht.** Vgl. §§ 462, 462a.

5 **E. Beschwerde.** Vgl. § 462 Abs. 3 S. 1.

Vollstreckung von Nebenfolgen

459g (1) [1]**Die Anordnung der Einziehung oder der Unbrauchbarmachung einer Sache wird dadurch vollstreckt, dass die Sache demjenigen, gegen den sich die Anordnung richtet, weggenommen wird.** [2]**Für die Vollstreckung gelten die Vorschriften des Justizbeitreibungsgesetzes.**

(2) **Für die Vollstreckung der Nebenfolgen, die zu einer Geldzahlung verpflichten, gelten die §§ 459, 459a sowie 459c Absatz 1 und 2 entsprechend.**

(3) [1]**Für die Vollstreckung nach den Absätzen 1 und 2 gelten außerdem die §§ 94 bis 98 entsprechend mit Ausnahme von § 98 Absatz 2 Satz 3, die §§ 102 bis 110, § 111c Absatz 1 und 2, § 111f Absatz 1, § 111k Absatz 1 und 2 sowie § 131 Absatz 1.** [2]**§ 457 Absatz 1 bleibt unberührt.** [3]**Vor gerichtlichen Entscheidungen unterbleibt die Anhörung des Betroffenen, wenn sie den Zweck der Anordnung gefährden würde.**

(4) [1]**Das Gericht ordnet den Ausschluss der Vollstreckung der Einziehung nach den §§ 73 bis 73c des Strafgesetzbuchs an, soweit der aus der Tat erwachsene Anspruch auf Rückgewähr des Erlangten oder auf Ersatz des Wertes des Erlangten erloschen ist.** [2]**Dies gilt nicht für Ansprüche, die durch Verjährung erloschen sind.**

(5) [1]**In den Fällen des Absatzes 2 unterbleibt auf Anordnung des Gerichts die Vollstreckung, soweit sie unverhältnismäßig wäre.** [2]**Die Vollstreckung wird auf Anordnung des Gerichts wieder aufgenommen, wenn nachträglich Umstände bekannt werden oder eintreten, die einer Anordnung nach Satz 1 entgegenstehen.** [3]**Vor der Anordnung nach Satz 2 unterbleibt die Anhörung des Betroffenen, wenn sie den Zweck der Anordnung gefährden würde.**[4]**Die Anordnung nach Satz 1 steht Ermittlungen dazu, ob die Voraussetzungen für eine Wiederaufnahme der Vollstreckung vorliegen, nicht entgegen.**

Übersicht

A. Vollstreckung von Einziehung und Unbrauchbarmachung (Abs. 1). 1, 2
I. Eigentumsübergang. Mit der Rechtskraft der Anordnung der **Einziehung** (§§ 73–73b, 74–74b StGB) der Sache geht das Eigentum an ihr auf den Landesfiskus über (§ 75 Abs. 1 StGB, § 60 Abs. 1 StVollstrO); das gilt auch für Grundstücke ua unbewegliche Sachen. Wird ein Kfz eingezogen, so geht auch der Kfz-Brief in das Eigentum des Fiskus über (vgl. BGHZ 34, 122 (134); BGH NJW 1964, 1413; Wolf/Kempfer StVollstrO § 61 Rn. 9). Der Landesfiskus wird auch Eigentümer, wenn im 1. Rechtszug in Ausübung der Gerichtsbarkeit des Bundes (§ 120 Abs. 6 GVG) entschieden worden ist (§ 60 S. 2 StVollstrO). Über die Verwertung der Sache vgl. §§ 63 ff. StVollstrO (dazu Röttle/Wagner/Theurer HRP Strafvollstreckung Rn. 430 ff.).

Die **Unbrauchbarmachung** kann eine Zusatzanordnung zur Einziehung sein 3
(zB nach § 74d Abs. 1 S. 2 StGB), aber auch eine Anordnung ohne Verbindung mit der Einziehung als eine weniger einschneidende Maßnahme (§ 74f Abs. 1 Nr. 1 StGB), die das Eigentum unberührt lässt. Daher hat der Berechtigte einen Anspruch auf Rückgabe der Sache nach Unbrauchbarmachung, sofern sie zur Unbrauchbarmachung nicht völlig vernichtet werden musste (§ 63 Abs. 3 StVollstrO). Über die Entschädigung eines Dritten vgl. §§ 74b, 74d Abs. 5 StGB.

II. Wegnahme (Abs. 1 S. 1). Durch Wegnahme (Abs. 1 S. 1) werden Einzie- 4
hung u. Unbrauchbarmachung vollstreckt, wenn die Sache sich im Besitz des Verurteilten o. des Einziehungsbeteiligten befindet u. nicht freiwillig hrsg. wird. Will die VollstrB die tatsächliche Gewalt nicht ausüben, so genügt die Herstellung des mittelbaren Besitzes (§ 868 BGB); das kann bei sperrigen o. behandlungsbedürftigen Sachen zweckmäßig sein. Wesentliche Bestandteile u. Zubehörstücke werden ohne bes. Vollstreckungstitel in Besitz genommen. Befindet sich die Sache im Besitz eines Dritten, so muss, wenn er die Herausgabe verweigert, Klage auf Herausgabe nach § 985 BGB erhoben werden (vgl. § 61 Abs. 4 StVollstrO). Hierüber entscheidet die oberste Justizbehörde (§ 61 Abs. 3 S. 2 StVollstrO).

III. JBeitrG. Nach den Vorschriften des JBeitrG richtet sich die Vollstreckung 5
(Abs. 1 S. 2), soweit nicht **Abs. 3** spezielle Regelungen enthält. § 6 Abs. 1 Nr. 1 JBeitrG verweist auf die Vorschr. der ZPO, auch auf § 130d ZPO (→ Rn. 8); § 6 Abs. 3 S. 1 JBeitrG regelt, wer die Vollstreckung ausführt. Eine eidesstattliche Vers. über den Verbleib der Sache hat die in Abs. 1 S. 1 genannte Person auf Antrag der VollstrB bei dem AG abzugeben (§ 6 Abs. 1 Nr. 1 JBeitrG iVm §§ 883 Abs. 2–4, 899, 900 Abs. 1, Abs. 3, Abs. 5, 901, 902–910, 913 ZPO). Wiederholte Durchsuchungen vor u. nach Abgabe der eidesstattlichen Vers. sind zulässig. Gemäß Abs. 3 iVm § 111f Abs. 1 S. 2 gilt für unvertretbare Handlungen §§ 928 iVm 888 ZPO entspr. (zB bei eingezogenen Bitcoins hins. des „Wallet"-Schlüssels) Wegen der Wohnungsdurchsuchung vgl. → § 459 Rn. 5. Zulässig ist nach Abs. 3 auch eine Durchsuchung entspr. §§ 102 ff. (erg. → Rn. 9).

IV. Tod des Eigentümers. Steht die eingezogene Sache im Eigentum des 6
Angeklagten, des Einziehungsbeteiligte (zB im Fall des § 73b StGB) o. eines Nebenbetroffenen (zB in den Fällen der §§ 74a Nr. 2, 74b Abs. 1 Nr. 2, 75 Abs. 1 Nr. 2 StGB), so gilt bei seinem Tod folgendes: Wenn er **vor Rechtskraft** der Entsch. stirbt, geht das Eigentum nicht mehr ohne weiteres auf den Fiskus über. In den Fällen der §§ 73, 73a StGB richtet sich die Einziehung dann nach § 73b Abs. 1 S. 1 Nr. 3 StGB (ggf. iVm § 76a Abs. 1 StGB), bei einer Sicherungseinziehung gem. § 74b Abs. 1 Nr. 2 StGB gegen den Rechtsnachfolger (zB den Erben); der Rechtsnachfolger wird am Verf. bet. (§ 424), wenn es (zB gegen einen Mitange-

klagten) fortgeführt wird, o. es wird ein selbständiges Verf. gegen ihn eingeleitet (§ 435). Stirbt er **danach,** so verbleibt es bei dem Eigentumsübergang. Ist nur die Unbrauchbarmachung der Sache angeordnet, so geht sie beim Tod des Eigentümers in den Nachlass u. damit auf einen Dritten über, v. dem ihre Herausgabe, notfalls im Klageweg, verlangt werden kann.

7 **B. Nebenfolgen, die zu einer Geldzahlung verpflichten (Abs. 2).** Nebenfolgen, die zu einer Geldzahlung verpflichten (Abs. 2), sind die **Einziehung des Wertersatzes** (§§ 73c, 74c StGB) sowie die Abführung des Mehrerlöses (§ 8 WiStGB). Die Festsetzung einer Ersatzfreiheitsstrafe ausgeschlossen. Abs. 2 bezeichnet die Vorschr., die bei der Vollstreckung entspr. anwendbar sind. Insbes. können entspr. § 459a Zahlungserleichterungen bewilligt (KG StraFo 2021, 87) u. § 459c Abs. 2 von der Vollstreckung abgesehen werden, falls zu erwarten ist, dass sie in absehbarer Zeit zu keinem Erfolg führen wird (Bittmann/Köhler/Seeger/Tschakert Strafrechtl. Vermögensabschöpfung-HdB/Seeger Rn. 1918; erg. → § 459c Rn. 4 f.). Da § 459c Abs. 3 nicht aufgeführt ist, kann in den Nachlass vollstreckt werden (KK-StPO/Appl Rn. 12). Zur Vollstreckungsreihenfolge bei Zusammentreffen mit einer Geldstrafe, vgl. Rettke NZWiSt 2019, 338 (339 f.); Savini Rpfleger 2019, 117 (119 f.)). Die Anrechnungsvorschr. des § 459b ist nicht anzuwenden (AG Trier DGVZ 2025, 238).

8 Die Vollstreckung richtet sich nach Abs. 2 iVm § 459 grds. nach den Vorschr. der **ZPO** (§ 459 iVm § 6 Abs. 1 Nr. 1 BeitrG). Damit findet auch § 850f Abs. 2 ZPO Anwendung; die Pfändungsgrenzen des § 850c ZPO gelten daher nicht zwingend (LG Marburg StB 2025, 149). Es gilt danach auch **§ 130d ZPO;** die StA muss schriftlich einzureichende Anträge und Erklärungen mithin als elektronisches Dokument übermitteln (BGH NJW 2023, 2643 mkritAnm Gaeber). Die VollstrB kann mit Anspruch aus §§ 73, 73c StGB gegen einen in einem anderen Verfahren zugesprochenen Entschädigungsanspruch nach dem StrEG **aufrechnen;** das gilt auch, wenn die Strafe, die wegen der der Wertersatzeinziehungsanordnung zugrundeliegenden Tat verhängt worden war, bereits erlassen wurde (BGH NJW 2023, 3230 mAnm Bittmann NZWiSt 2024, 51). Haftet der Verurteilte teils als Allein-, teils als Gesamtschuldner, stellt die ihn allein treffende Schuld die lästigere dar, was entspr. § 366 Abs. 2 BGB zu berücksichtigen ist (BGH BeckRS 2024, 36757). Abs. 3 enthält **Sonderbestimmungen** für die Vollstreckung (erg. → Rn. 5, → Rn. 9).

9 **C. Vollstreckungsmaßnahmen (Abs. 3).** Abs. 3 stellt der VollstrB Maßnahmen **zur effektiven Vollstreckung** gerichtlicher Einziehungsentscheidungen zur Verfügung. Die Vorschrift wurde durch G v. 25.6.2021 (BGBl. I 2099) neu gefasst. Zulässig sind Beschlagnahmen nach §§ 94 ff. und Durchsuchungen entspr. §§ 102 ff. zulässig (S. 1). Dazu bedarf es der begründeten Aussicht, dass die Durchsuchung zum Auffinden des eingezogenen Gegenstandes oder v. Vermögenswerten führt, die für die Vollstreckung der Wertersatzeinziehung verwertet werden können (erg. → Art. 102 Rn. 2). Eine vorherige Anhörung kann nach S. 3 unterbleiben. Nach S. 2 bleibt § 457 Abs. 1 unberührt. Damit ist klargestellt, dass die VollstrB nicht auf die in S. 1 aufgeführten Maßnahmen beschränkt ist. Weniger intensive Ermittlungshandlungen können daher auf § 161 Abs. 1 gestützt werden (BT-Drs. 19/27654, 111). Entsprechend § 131 Abs. 1 können rkr. (Wertersatz-)Einziehungsanordnungen im polizeilichen Fahndungssystem zur Vollstreckung ausgeschrieben werden (S. 1). Werden bei einer Durchsuchung bewegliche Vermögenswerte festgestellt, können die Gegenstände entspr. § 111c Abs. 1, Abs. 2 (bei der Vollstreckung einer Einziehung) u. § 111f (bei der Vollstreckung einer Wertersatzeinziehung) sichergestellt werden. Die Zuständigkeit hierfür richtet sich nach § 111k Abs. 1, Abs. 2; für die Beschlagnahme o. Pfändung einer bei beweglichen Sachen sind entspr. § 111k Abs. 1 S. 2, 3 auch die Ermittlungspersonen der StA (§ 152 GVG) zuständig. Die Zuständigkeit für erforderliche gerichtliche Entsch. (§ 105 Abs. 1 S. 1) richtet sich nach § 462a; dies gilt auch Beschlagnahmen, da die Anwendung des § 98 Abs. 2 S. 3 ausgenommen ist (BT-Drs. 19/27654, 111). Ob

die StVollstrK oder das Gericht des ersten Rechtszugs zuständig ist, hängt mithin davon ab, ob gegen den Betroffenen einer Freiheitsstrafe vollstreckt wird oder wurde (§ 462a Abs. 1 und 2; s. a. BT-Drs. 18/11640, 89; Köhler/Burkhard NStZ 2017, 665 (669 f.)).

D. Schutz vor doppelter Inanspruchnahme (Abs. 4). Abs. 4 bietet dem Einziehungsadressaten Schutz vor doppelter Inanspruchnahme, die ihm in den Fällen der Einziehung des Tatertrages o. des Wertes des Tatertrages (§§ 73 ff.) bei Eigentums- u. Vermögensdelikten aufgrund der neben der staatlichen Einziehung bestehenden **Schadensersatzansprüche der Geschädigten** droht. Soweit der zivilrechtliche Anspruch des Geschädigten der materiellen (Erwerbs-)Tat nach der Anordnung **erloschen** ist, muss das Unterbleiben der Vollstreckung der staatlichen (Wertersatz-)Einziehung angeordnet werden (BT-Drs. 18/9525, 94). Abs. 4 ergänzt § 73e Abs. 1 StGB, der für diese Konstellation im Erkenntnisverfahren den Ausschluss der Anordnung der (Wertersatz-)Einziehung bestimmt. Abs. 4 erfasst daher nur Schadenswiedergutmachungsleistungen nach Abschluss der Beweisaufnahme; im Strafbefehlsverfahren kommt es auf den Zeitpunkt des Erlass des Strafbefehls an (→ § 408 Rn. 13). Eine vor diesem Zeitpunkt erfolgte, rechtsfehlerhaft nicht berücksichtigte Schadenswiedergutmachung führt zum Unterbleiben der Vollstreckung der Wertersatzeinziehung wegen Unverhältnismäßigkeit nach Abs. 5 (BGH NStZ-RR 2024, 228); die Anordnung der Einziehung nach § 73 StGB ginge ins Leere, weil die Schadenswiedergutmachung in diesen Fällen in der Rückübertragung des eingezogenen Gegenstandes an den Geschädigten besteht. 10

Der Schadensersatzanspruch des Geschädigten erlischt durch **Erfüllung** (§ 362 Abs. 1 BGB), bei Leistungen durch Dritte aber nur, wenn sie mit Fremdtilgungswillen (§ 267 Abs. 1 S. 1 BGB) erbracht werden (BGH wistra 2023, 210). Das bloße Einverständnis mit der Verrechnung einer hinterlegten Kaution zur Schadenswiedergutmachung reicht nicht aus (BGH NZWiSt 2024, 459 (460) mAnm Bittmann). Ein **Erlass** nach § 397 Abs. 1 BGB führt zum Erlöschen (vgl. auch Fischer/Fischer/Lutz StGB § 73e Rn. 4), nicht hingegen die **Verjährung** zivilrechtlicher Ersatzansprüche (BGH BeckRS 2018, 9646) o. der Ablauf der Frist des § 45 Abs. 4 SGB X zur Rücknahme eines sozialrechtlichen Leistungsbescheides (BGH BeckRS 2018, 9646; iE ebenso OLG München wistra 2018, 418 (419); vgl. auch BT-Drs. 19/25160, 232). Da nach § 47 AO die Verjährung des Anspruchs aus dem **Steuerschuldverhältnis** zum Erlöschen des Anspruchs führt (BGH NStZ-RR 2020, 46), enthält S. 2 – entspr. der Ergänzung des § 73e Abs. 1 StGB – eine Ausnahmevorschrift, sodass keine Unterschiede zwischen zivil- u. steuerrechtlicher Verjährung bestehen (BT-Drs. 19/25160, 231 (234)). Die „vergleichsfreundliche" Ausgestaltung (vgl. BT-Drs. 19/9525, 69) bezweckt nicht, den Einziehungsadressaten durch die Schadenswiedergutmachung eines anderen wegen einer anderen Straftat, durch einen Erlass des Geschädigten **zulasten der Allgemeinheit** o. in sonstiger Weise trotz fortbestehender strafrechtswidriger Bereicherung v. der staatlichen (Wertersatz-)Einziehung zu befreien. Dem Regelungszweck des Abs. 4 entspricht in diesen Fällen – ebenso wie bei § 73e Abs. 1 StGB – eine **einschränkende Auslegung** der Norm (so KG NZWiSt 2023, 278 zu § 266a StGB, insoweit offen gelassen von BGH NZWiSt 2024, 452 (455); LG Stuttgart BeckRS 1814 (zu § 38 WpHG aF); Köhler/Burkhard NStZ 2017, 665 (673 f.)). Abs. 4 ist deshalb dahin auszulegen, dass der Ausschluss der Vollstreckung einer (Wertersatz-)Einziehung bei Normen mit doppeltem Schutzzweck oder bei tateinheitlicher Verwirklichung von Straftatbeständen, die einerseits Individual- und andererseits Universalrechtsgüter schützen, nur insoweit angeordnet werden darf, als der Verletzte das Erlangte oder dessen Wert tatsächlich erhalten hat (BGH NZWiSt 2024, 452 (455) mAnm Keßler zu § 73e Abs. 1 StGB). Eine **Amtspflicht** zur Ermittlung eines etwaigen Erlöschens besteht nicht (BGH NStZ-RR 2024, 228 (229); Rettke NZWiSt 2019, 338 (339)). Vgl. zu **Gesamtschuldnern** → § 111e Rn. 18; LG Marburg StB 2025, 149. 11

11a Vor der gerichtlichen Entscheidung sind der Betroffene grds. und die StA als Strafverfolgungsbehörde in jedem Fall nach § 462 Abs. 2 zu hören (OLG Köln NZWiSt 2024, 330 (331); erg. → § 462 Rn. 2 ff.).

12 **E. Verhältnismäßigkeitsgrundsatz (Abs. 5).** Der durch G v. 25.6.2021 (BGBl. I 2099; Inkrafttreten: 1.7.2021) **neugefasste Abs. 5** enthält den Verhältnismäßigkeitsgrundsatz. Die Regelung wurde in ihrer aF infolge der Streichung des § 73c StGB aF durch die Reform der strafrechtlichen Vermögensabschöpfung geschaffen (vgl. hierzu BGH NStZ-RR 2018, 241; wistra 2018, 427; erg. → § 111e Rn. 10). Abs. 5 gilt ausschl. in den Fällen des Abs. 2, also für die Wertersatzeinziehung nach §§ 73c, 74c StGB (BT-Drs. 18/9525, 57, 94). Die Prüfung kann sowohl vAw als auch auf Antrag des Betroffenen erfolgen. Sie dient dem **Schutz des Betroffenen;** einen dem § 421 Abs. 3 vergleichbaren Gehalt die Vorschr. nicht (**aA** AG Kehl NZWiSt 2023, 397 mablAnm Bittmann). **Zuständig** ist das in § 462a bezeichnete Gericht. Zu den **Folgen der Nichtvollstreckungsanordnung** für das Vermögensabschöpfungs- und Entschädigungsverfahren vgl. Savini RPfleger 2022, 165 ff.

13 Durch die Neufassung des Abs. 5 steht der Fall, dass der Wert des Erlangten nicht mehr im Vermögen des Betroffenen **(Entreicherung)** vorhanden ist, der Vollstreckung grds. nicht entgegen (KG ZWH 2024, 362 (364 ff.); **aA** Wolf RPfleger 2024, 437 (441), indes unter Berufung auf oberlandesgerichtliche Rspr. zu Abs. 5 aF; erg. → Rn. 13a). Sie kann aber im Rahmen der Gesamtschau ausnahmsweise einbezogen werden; dass der Straftäter (zB beim Btm-Handel) Aufwendungen hatte, ist hingegen ohne Belang (OLG Schleswig ZInsO 2022, 1815 (1816); s. a. BeckOK StPO/Coen Rn. 26 f.). Der Gesetzgeber hat damit auf die restriktive Rspr. zur aF (hierzu BGH NStZ-RR 2018, 241; ebenso OLG Jena StraFo 2020, 394; OLG Nürnberg StraFo 2020, 393; diff. OLG Schleswig NStZ-RR 2021, 63) reagiert und hierdurch der Einbeziehung wertender Gesichtspunkte den Weg geebnet, was der Rspr. des BGH zu § 73c StGB aF entspricht (vgl. hierzu BGHSt 38, 23; 38, 529; BGH NStZ-RR 2017, 14). Bei der **Prüfung der Verhältnismäßigkeit** kann berücksichtigt werden, dass sich die Vollstreckung von Wertersatzeinziehungen iSd § 73c StGB über Verweisungen in Abs. 2 und Abs. 3 nach der ZPO richtet und damit auch deren Pfändungsschutzvorschriften gelten (BeckOK StPO/Coen Rn. 25); nach den Gesetzesmaterialien soll Abs. 5 va für Fälle in Betracht kommen, in denen das vom Gesetz zugrundeliegende Bedürfnis der Vermögensanordnung stark herabgesetzt ist, etwa weil der Betroffene das Erlangte „auf schicksalshafte … Weise" (zB infolge schwerer Krankheit) verloren hat (BT-Drs. 19/27654, 112). Im Übrigen soll es der Rspr überlassen bleiben, Fallgruppen auszubilden. Dabei dürfte die Rspr. zu § 73c StGB aF eine Orientierungshilfe bieten (s. a. BGH NStZ 2021, 8 (11 f.); OLG Hamburg wistra 2023, 477 (479)). Dem Gericht steht ein Beurteilungsspielraum zu (KK-StPO/Appl Rn. 17). Es besteht für das Gericht **keine Amtsaufklärungspflicht** die Tatsachengrundlage muss vielmehr – soweit nicht entspr. Tatsachen dem Gericht o. der StA ohnehin bereits bekannt sind – vom Einziehungsadressaten dargelegt und nachgewiesen werden (OLG Brandenburg NZWiSt 2023, 274 (277); OLG Hamburg wistra 2023, 477 (479)).

13a An die **Unverhältnismäßigkeit** sind nicht zu geringe Anforderungen zu stellen (Wolf/Kempfer RPfleger 2022, 292 (298)). Sie kann nur angenommen werden, wenn andernfalls das Übermaßverbot verletzt wäre (vgl. BGHR StGB § 73c Härte 7). Es müssen besondere Umstände vorliegen, aufgrund derer mit der Vollstreckung eine außerhalb des Einziehungszwecks liegende **zusätzliche Härte** verbunden wäre, die dem Betroffenen auch unter Berücksichtigung des Zwecks der Einziehung nicht zugemutet werden kann (BGH NStZ 2016, 279 (280) zu § 73c StGB aF; OLG Stuttgart NStZ-RR 2023, 157 (159). Dass der Betroffene den Tatertrag an einen anderen verschoben hat, führt nicht zur Unverhältnismäßigkeit (KG ZWH 2024, 362 (364 ff.) mAnm Stankovic ZWH 2024, 336); ebenso wenig der Umstand, dass die StA gegen einen im Ausland wohnhaften Betroffenen nur sporadische und weitgehend erfolglose Vollstreckungsversuche unternommen hat

(LG Nürnberg-Fürth NZWiSt 2024, 509), oder der Betroffene nur eine vergleichsweise geringe Ratenzahlung leisten kann (OLG Köln NZWiSt 2025, 503). Denkbar ist eine Unverhältnismäßigkeit, wenn der Betroffene erwerbsunfähig wird o. erheblichen finanziellen Mehrbelastungen aufgrund v. Krankheit ausgesetzt wird; bloße Unsicherheiten hinsichtlich des Erfolgs von Vollstreckungsmaßnahmen genügen nicht (AG Kehl RPfleger 2024, 111). Die Berücksichtigung v. Aspekten der Resozialisierung ist im Rahmen des Abs. 5 möglich (dafür auch BeckOK StPO/Coen Rn. 32). Dies ist – neben dem Erziehungsgedanken – auch bei **Jugendlichen u. Heranwachsenden** Rechnung zu tragen (BGHSt 65, 242 (254); im Einzelfall kann eine Begrenzung auf den Gewinn geboten sein (LG Görlitz StraFo 2025, 329; AG Hamburg StV 2026, 127). Ob eine drohende Insolvenz eines drittbegünstigten Unternehmens einen Fall der Unverhältnismäßigkeit begründen kann, erscheint mit Blick auf § 111i Abs. 2 zw (vgl. Bittmann NZWiSt 2018, 209 (212)). Eine Zahlungserleichterung (Abs. 2 iVm § 459a) geht der Anordnung nach Abs. 5 vor. Zuständig hierfür ist die VollstrB (§ 459 Abs. 1), nicht das Gericht (AG Singen ZRI 2025, 272). Dass der durch die der Wertersatzeinziehung zugrundeliegende Straftat öffentlich-rechtliche Geschädigte (zB Jobcenter) etwa im Wege der Aufrechnung nach § 43 SGB II eigenständig die Vollstreckung vornimmt, stellt keine sonstige Unverhältnismäßigkeit für den Betroffenen dar (**aA** LG Stralsund Rpfleger 2019, 357; LG Hildesheim wistra 2024, 84: sobald die Vollstreckung betrieben wird); denn soweit der Anspruch der geschädigten Institution infolge ihrer Vollstreckungsbemühungen erloschen ist, hat die Vollstreckung des staatlichen Einziehungsanspruchs nach Abs. 4 zu unterbleiben. Im Übrigen stellt die weitere Vollstreckung keine unbillige Härte für den Betroffenen dar (da dieser nach Abs. 4 vor einer doppelten Inanspruchnahme geschützt wird, erg. → § 459m Rn. 1), sondern lediglich einen unangemessenen Aufwand für die StA als VollstrB. Dieser ist aber möglichst bereits im Ermittlungsverfahren durch eine vorausschauende Anwendung des § 421 Abs. 3 zu vermeiden (→ § 421 Rn. 10). Im Vollstreckungsverfahren erscheint es in diesen Fällen zweckmäßig, mit der Vollstreckung des staatlichen Einziehungsanspruches zuzuwarten, bis abzusehen ist, ob die Vollstreckungsbemühungen zur vollständigen Befriedigung der geschädigten Institution führen.

Ob auf den Tatertrag zu entrichtende **Steuern** zu berücksichtigen sind, ist **13b** entspr. der Rspr. zu § 73c StGB aF eine Frage der Entreicherung; Steuern sind mithin keine Aufwendungen iSd § 73d Abs. 1 S. 1 StGB (BGH NStZ 2020, 271). Eine Berücksichtigung unter dem Gesichtspunkt der Unverhältnismäßigkeit kommt daher grds. nicht in Betracht (BGHR § 73c Härte 7; vgl. für mögliche Ausn. BeckOK StPO/Coen Rn. 28). Daraus folgt nach der Neuregelung des Abs. 5: Sind die Steuern vor Beginn der Vollstreckung der Einziehungsentscheidung bereits bezahlt, ist die Vollstreckung bereits nach Abs. 4 ausgeschlossen, weil der Steueranspruch des Fiskus damit erloschen ist (erg. → Rn. 10 f.). Sind sie lediglich erst rkr. festgesetzt worden, ist zwar der Wert des Erlangten in diesem Umf. nicht mehr im Vermögen des Betroffenen vorhanden (BGH wistra 2013, 462; NStZ 2012, 92), unverhältnismäßig ist die weitere Vollstreckung deshalb aber nicht ohne Weiteres, wenn auch nicht zweckmäßig (→ Rn. 13a). Ist eine Besteuerung für das betr. Jahr noch nicht bestandskräftig erfolgt u. eine steuerliche Berücksichtigung der Wertersatzeinziehungsanordnung daher im entspr. Veranlagungszeitraum noch möglich, ist eine etwaige steuerliche Belastung nicht im Vollstreckungs-, sondern im Besteuerungsverfahren zu berücksichtigen (BGH NStZ-RR 2024, 79; BGHSt 47, 260; s. a. BT-Drs. 18/11640, 78 f.: „steuerrechtliche Lösung"). Andernfalls kann zur Vermeidung einer Doppelbelastung bereits die materiellrechtliche Anordnung im Erkenntnisverfahren geboten sein (BGH NZWiSt 2024, 325 (326) mAnm Meißner; BGH BeckRS 2024, 38595); ist dies nicht geschehen, kann dies im Vollstreckungsverfahren über die Unterbleibensanordnung nach Abs. 5 korrigiert werden (BGH NStZ 2025, 425 (427); BeckRS 2025, 37338). Zahlungen auf eine **ausländische Einziehungsanordnung** sind zu berücksichtigen, soweit die Anordnung auf derselben Erwerbstat beruht (Korte wistra 2018, 1

(10)). Zum Verhältnis zum gem. Abs. 2 entspr. anwendbaren § 459c Abs. 2 vgl. Lubini NZWiSt 2019, 419 (422).

13c **Str.** ist, ob für **vor dem 1.7.2021** begangene Taten die **Neuregelung** (OLG Hamburg wistra 2023, 474 (478 f.); StraFo 2023, 115; OLG Stuttgart NStZ-RR 2023, 157 (158); OLG Schleswig ZInsO 2022, 1815 mablAnm Bittmann; LG Nürnberg-Fürth NZWiSt 2024, 509; BeckOK StPO/Coen 25) oder insoweit **Abs. 5 aF** nach § 2 Abs. 3, Abs. 5 StGB als milderes Recht anzuwenden ist (OLG Brandenburg NZWiSt 2023, 274 (276 f.); NZI 2022, 954; OLG Karlsruhe ZInsO 2022, 1809; KK-StPO/Appl Rn. 17 aE). Es sprechen die überzeugenderen Argumente für eine Anwendung des **Abs. 5 in der geltenden Fassung**. Zwar steht der Standort der Regelung im Verfahrensrecht allein der Anwendbarkeit des § 2 Abs. 3, Abs. 5 StGB nicht entgegen; entscheidend ist, ob eine Vorschr. einen vorwiegend materiell-rechtlichen Gehalt hat (vgl. BGH NJW 2008, 1093 (1094) zum staatlichen Auffangrechtserwerb des § 111i aF). Dafür streitet wiederum, dass Abs. 5 infolge der Streichung der materiell-rechtlichen Billigkeitsklausel des § 73c StGB aF geschaffen und die Prüfung der Verhältnismäßigkeitsgrundsatz damit aus dem Erkenntnis- in das Vollstreckungsverfahren verschoben wurde (hierzu → Rn. 12). Dies allein kann indes nicht maßgeblich sein, weil der Verhältnismäßigkeitsgrundsatz nicht nur im materiellen Recht, sondern auch im Verfahrensrecht gilt (→ Einl. 20 ff.). Für einen vorwiegend vollstreckungsrechtlichen Gehalt spricht zudem, dass der Gesetzgeber anders als für § 111i aF keine dem § 14 EGStPO vergleichbare Übergangsvorschr. geschaffen hat (OLG Stuttgart NStZ-RR 2023, 157 (158)). Entscheidend ist, dass die Norm – anders als § 73c StGB aF und § 111i aF – keinen Einfluss auf Grund und Höhe der Anordnung in der das Strafverfahren abschließenden (materiellen) Entscheidung hat und ein etwaig angeordnetes Unterbleiben der Vollstreckung unter dem Vorbehalt der Wiederaufnahme (→ Rn. 14) steht (OLG Hamburg wistra 2023, 474 (478); KG ZWH 2024, 362 (364)).

14 Abs. 5 S. 2 ermöglicht die **Wiederaufnahme** der Vollstreckung, wenn nachträglich Umstände bekannt werden o. eintreten, die der Anordnung des Unterbleibens nach S. 1 entgegengestanden hätten. Alt. 1 regelt den Fall, dass schon bei der Anordnung ein ihr entgegenstehender Umstand zwar vorhanden, jedoch nicht bekannt war u. deshalb nicht berücksichtigt werden konnte. Alt. 2 ermöglicht die Wiederaufnahme, wenn nach der Anordnung ihr entgegenstehende neue Umstände eintreten (denkbar etwa bei einem erheblichen Losgewinn). Die Wiederaufnahme nach S. 2 bedarf eines Gerichtsbeschlusses; zuständig ist das gem § 462a Abs. 1 und Abs. 2 iVm § 462 Abs. 1 S. 1 (BT-Drs. 19/27654, 113). Einer vorherigen Anhörung des Betroffenen bedarf es nicht (S. 3). Zur Vorbereitung der Entscheid. über die Wiederaufnahme sind nach S. 4 Ermittlungen zulässig (BT-Drs. 19/27654, 113).

14a Vor der gerichtlichen Entscheidung sind der Betroffene grds. und die StA als Strafverfolgungsbehörde in jedem Fall nach § 462 Abs. 2 zu hören (OLG Köln NZWiSt 2024, 330 (331); erg. → § 462 Rn. 2 ff.).

15 **F. Einwendungen.** Über Einwendungen gegen Entsch. der VollstrB entscheidet das Gericht (§ 459o). Dazu gehört auch die Entsch., bestimmte Vermögensgegenstände in Vollziehung der Wertersatzeinziehung nach Abs. 2 zu pfänden. § 459o ist auch insofern eine **Sondervorschrift,** die § 771 ZPO vorgeht (erg. → § 111k Rn. 15 f. für Einwendungen gegen Vollziehung eines Vermögensarrestes).

Entschädigung

459h (1) [1]**Ein nach den §§ 73 bis 73b des Strafgesetzbuches eingezogener Gegenstand wird demjenigen, dem ein Anspruch auf Rückgewähr des Erlangten aus der Tat erwachsen ist, oder dessen Rechtsnachfolger zurückübertragen.** [2]**Gleiches gilt, wenn der Gegenstand nach § 76a Absatz 1 des Strafgesetzbuches, auch in Verbindung mit § 76a Ab-**

satz 3 des Strafgesetzbuches, eingezogen worden ist. [3]In den Fällen des § 75 Absatz 1 Satz 2 des Strafgesetzbuches wird der eingezogene Gegenstand demjenigen, dem der Gegenstand gehört oder zusteht, herausgegeben, wenn dieser sein Recht fristgerecht bei der Vollstreckungsbehörde angemeldet hat.

(2) [1]**Hat das Gericht die Einziehung des Wertersatzes nach den §§ 73c und 76a Absatz 1 Satz 1 des Strafgesetzbuches, auch in Verbindung mit § 76a Absatz 3 des Strafgesetzbuches, angeordnet, wird der Erlös aus der Verwertung der auf Grund des Vermögensarrestes oder der Einziehungsanordnung gepfändeten Gegenstände demjenigen, dem ein Anspruch auf Ersatz des Wertes des Erlangten aus der Tat erwachsen ist, oder an dessen Rechtsnachfolger ausgekehrt. [2]§ 111i gilt entsprechend.**

A. Allgemeines. Die Reform der strafrechtlichen Vermögensabschöpfung hat die **Entschädigung der Geschädigten** v. Eigentums- u. Vermögensdelikten **grundlegend umgestaltet** (vgl. dazu ausf. BT-Drs. 18/9525, 94 f.). Anders als nach dem früheren Konzept der „Rückgewinnungshilfe" muss nunmehr zwingend auch die Einziehung v. Erträgen aus Eigentums- u. Vermögensdelikten o. des Wertes solcher Erträge angeordnet werden (§§ 73–73c StGB; vgl. zum Ausschluss der Vermögensabschöpfung im früheren Recht, § 73 Abs. 1 S. 2 StGB aF). Die (Wertersatz-)Einziehung nach §§ 73–73c StGB ist ein staatlicher Anspruch gegen Verurteilten o. den Einziehungsbeteiligten; die Einziehung wird mithin zugunsten des Staates angeordnet; etwaige Geschädigte der Erwerbstat sind daher nicht in die gerichtliche Einziehungsanordnung im Tenor aufzunehmen (BGH BeckRS 2024, 35469). Ist die der (Wertersatz-)Einziehung zugrundliegende (Erwerbs-)Tat ein Eigentums- o. ein Vermögensdelikt, hat dies zur Folge, dass der Geschädigte der Tat seinen zivilrechtlichen Schadensersatz faktisch nicht durchsetzen kann. Mit **§§ 459h ff.** enthält das reformierte Recht daher ein eigenständiges Opferentschädigungskonzept. § 459h gibt dem Geschädigten einen **materiell-rechtlichen Anspruch** auf Rückgewähr des v. Täter, Teilnehmer o. Drittbegünstigten auf seine Kosten erlangten Vermögensgegenstandes o. auf Ersatz des Wertes des Erlangten. Darunter fallen auch bereicherungsrechtliche Ansprüche (OLG Braunschweig NStZ-RR 2021, 348 (349)); Das Verf. richtet sich nach §§ 459i ff. (ausf. zur Opferentschädigung, Köhler/Burkhard NStZ 2017, 665 (679 ff.); Rhode wistra 2018, 65; 2018, 102; Bielefeld/Handel wistra 2019, 9 aus Geschädigtenperspektive; Graalmann-Scherer FS Ignor, 2023, 273 mit Schwerpunkt auf Straftaten im Gesundheitswesen; zum Anspruchsberechtigten u. dem Inhalt des Entschädigungsanspruchs, vgl. erg. → § 111i Rn. 2 f.). Bei einer wirksamen „formlosen" Einziehung durch Verzicht (hierzu → Vor § 421 Rn. 6a), gelten §§ 459h ff. entspr. (Bittmann/Köhler/Seeger/Tschakert Strafrechtl. Vermögensabschöpfung-HdB/Tschakert Rn. 1683 ff.; **aA** AG München BeckRS 2017, 132027). Infolge der Definition des Verletzten in § 373b durch G v. 25.6.2021 (BGBl. I 2099) wurden die Wörter „Verletzter" u. „dessen Rechtsnachfolger" in §§ 459h ff. durch das Wort „demjenigen" ersetzt. Dadurch ist gewährleistet, dass die bisherige Auslegung und Rechtsanwendung im Opferentschädigungskonzept von der Einführung des § 373b inhaltlich nicht berührt wird (BT-Drs. 19/27654, 113). Zum Einfluss auf den Zivilprozess vgl. Mitsching JZ 2020, 937. **1**

Die §§ 459h ff. gelten ausschl. für die Einziehung u. die Wertersatzeinziehung nach **§§ 73 ff. StGB** (ggf. iVm § 76a StGB); bei Einziehungen nach §§ 74 ff. StGB finden die Vorschr. keine Anwendung. Zur Auflösung des Spannungsverhältnisses v. Opferentschädigung u. Einziehung des **Geldwäscheobjekts** (§ 74 Abs. 2 iVm § 261 Abs. 7 S. 1 StGB aF) durch eine sinngem. Anwendung des § 459m, vgl. → § 459 Rn. 1, → Vor § 111b Rn. 4; Köhler/Burkhard NStZ 2017, 665 (681 f.)). Im neuen Geldwäscherecht sind § 73 bis § 73e StGB (vorrangig) anzuwenden (§ 261 Abs. 10 S. 2 StGB nF); es gilt mithin Abs. 2. **2**

Der Anspruch muss **„aus der Tat"** erwachsen sein. Der Geschädigte kann daher nur den Schaden geltend machen, der kehrseitig dem strafrechtlich relevan- **2a** ten Schaden entspricht. Schmerzensgeld- und Zinsansprüche oder Kosten der Rechtsverfolgung sind danach ohne Belang, weil das erlangte Etwas nicht die Kehrseite dieser Ansprüche darstellt (OLG Köln NStZ 2025, 232 mAnm Bittmann; KK-StPO/Appl Rn. 2; BeckOK StPO/Coen Rn. 32 f.). Angesichts dessen spricht viel dafür, dass das als „für die Tat" iSd § 73 Abs. 1 StGB Erlangte (Tatlohn) eingezogene nicht für die Opferentschädigung zur Verfügung steht, da das Erlangte dem Schaden nicht spiegelbildlich gegenübersteht (Schürtrumpf NStZ 2022, 651 (654); Zivanic wistra 2023, 206 (208); offen gelassen OLG Köln NStZ 2025, 232 (235)).

3 **B. Einziehung des Tatertrages (Abs. 1).** Wird das erlangte Etwas (Tatertrag) nach §§ 73, 73a, 73b StGB eingezogen, geht Einziehungsgegenstand mit der Rechtskraft der Einziehungsanordnung auf den Staat über (§ 75 Abs. 1 S. 1 StGB); der Staat wird Eigentümer der eingezogenen Sache o. Inhaber des eingezogenen Rechts. Er kann damit zivilrechtlich wirksam über den Gegenstand verfügen.

4 Abs. 1 S. 1 gibt demjenigen, dem ein Anspruch auf Rückgewähr des Erlangten aus der Tat erwachsen ist, einen **Anspruch** gegen den verfügungsberechtigten Staat **auf Rückgewähr** des als erlangtes Etwas eingezogenen Gegenstandes. Anspruchsberechtigt ist danach der Geschädigte der Erwerbstat. Die Rückgewähr richtet sich nach den zivilrechtlichen Regeln. Eine eingezogene Sache wird übereignet (§ 929 BGB), eine eingezogene Forderung wird abgetreten (§ 398 BGB). Bei einem eingezogenen Grundstück bedarf es der Auflassung (§§ 873, 925 BGB); entspr. der Holschuld des Geschädigten bei der Rückgabe beweglicher Sachen (→ § 94 Rn. 22; → § 111n Rn. 4) muss der Staat seine Mitwirkung an der Übertragung lediglich anbieten, während alles Weitere (insbes. die Tragung der Notarkosten) dem Geschädigten obliegt.

5 Der Anspruch steht auch dem **Rechtsnachfolger** des Geschädigten zu. Ob die Rechtsnachfolge auf einem ges. o. auf einem rechtsgeschäftlichen Übergang des Entschädigungsanspruchs beruht, ist ohne Belang (BT-Drs. 18/11640, 90).

6 Der Entschädigungsanspruch besteht auch bei einer **selbständigen Einziehung** nach § 76a Abs. 1, Abs. 3 StGB (Abs. 1 S. 2), ausgenommen ist allerdings die selbständige Einziehung des Ertrages aus einer verjährten Tat nach § 76a Abs. 2 S. 1 StGB (aber zur Wertersatzeinziehung → Rn. 13).

7 Wird das **Surrogat** des Erlangten eingezogen (§ 73 Abs. 3 StGB), ist Abs. 1 nicht einschlägig, da dem Geschädigten kein Anspruch auf Rückgewähr des Surrogates aus der Tat erwachsen ist. Für die Entschädigung kann Abs. 2 sinngemäß angewendet werden; der Geschädigte wird bis zur Höhe des Wertes des ursprünglich erlangten Gegenstandes aus dem Erlös der Verwertung des Surrogats entschädigt.

8 Abs. 1 S. 3 ergänzt die Regelung über den **aufschiebend bedingten Rechtsübergang** des § 75 Abs. 1 S. 2 StGB (vgl. dazu BT-Drs. 19/9525, 71). Geht die erlangte Sache durch die (Erwerbs-)Tat nicht auf den Einziehungsadressaten über (vgl. § 935 BGB), wird auch der Staat nicht unmittelbar mit der Rechtskraft Eigentümer der Sache (vgl. § 75 Abs. 1 S. 1 Nr. 1 StGB). Macht der Geschädigte sein Eigentum fristgerecht bei der VollstrB geltend (und verhindert dadurch den Eigentumsübergang auf den Staat), genügt es, wenn der Staat dem Geschädigten o. dessen Rechtsnachfolger (erg. → Rn. 5) den Besitz an der eingezogenen Sache verschafft (BT-Drs. 18/9525, 95). Der Anspruch richtet sich daher in diesen Fällen **auf Herausgabe** des eingezogenen Gegenstandes.

9 **C. Einziehung des Wertes des Tatertrages (Abs. 2).** Wird die Wert des Erlangten (Wert des Tatertrages) nach § 73c StGB eingezogen, tituliert die Anordnung der Wertersatzeinziehung den **staatlichen Zahlungsanspruch** gegen den durch die Erwerbstat bereicherten Eiziehungsadressaten (Täter, Teilnehmer o. Drittbegünstigten). Auf der Grdl. dieses Titels kann nach § 459g Abs. 2 die ZV in das bewegliche u. unbewegliche Vermögen des Einziehungsadressaten betrieben werden (erg. → Vor § 421 Rn. 11). Die aufgrund der rkr. Wertersatzeinziehung o. vorher aufgrund eines Vermögensarrestes (§§ 111e, 111f) gepfändeten Gegenstände

werden verwertet; der Entschädigungsanspruch richtet sich nach Abs. 2 S. 1 auf die **Auskehrung des Verwertungserlös** an den Geschädigten der betr. Erwerbstat im materiellen Sinn (BT-Drs. 18/9525, 95). Vgl. zu den Folgen eines Unterbleibens der Vollstreckung nach § 459g Abs. 5 (Savini RPfleger 2022, 165 (169).

Die Entschädigung richtet sich in zwei Fallkonstellationen nach Abs. 2 S. 1: Bei nur **einem Geschädigten stets,** u. zwar unabhängig davon, ob der Verwertungserlös seinen Anspruch auf Ersatz des Wertes des auf seine Kosten v. betr. Einziehungsadressaten Erlangten vollständig abdeckt; bei mehreren Erwerbstaten mit **mehreren Geschädigten nur** dann, wenn der Verwertungserlös zur vollständigen Befriedigung der geltend gemachten (begründeten) Ersatzansprüche ausreicht **(„Deckungsfall").** Wird vor Abschluss der Entschädigung allerdings die **Eröffnung des Insolvenzverfahren** über das Vermögen des Einziehungsadressaten beschlossen (§ 27 InsO), gilt § 111i Abs. 1 entspr. (Abs. 2 S. 2); die gepfändeten Gegenstände o. der Erlös aus ihrer Verwertung werden für das Insolvenzverfahren frei. Die Geschädigten der Erwerbstaten können dann nur noch im Insolvenzverfahren Entschädigung erlangen (BT-Drs. 18/9525, 95; OLG Zweibrücken RPfleger 2023, 308 (309)); erg. → § 111i Rn. 4). 10

Reicht der Vollstreckungserlös bei mehreren Geschädigten nicht zur vollständigen Befriedigung der geltend gemachten (begründeten) Ersatzansprüche aus **(„Mangelfall"),** so stellt die VollstrB nach Abs. 2 S. 2 iVm § 111i Abs. 2 S. 1 den Insolvenzantrag nach § 14 InsO. Wird daraufhin das Insolvenzverfahren über das Vermögen des Einziehungsadressaten eröffnet, werden die Geschädigten – falls sie ihre Forderung anmelden (§ 174 InsO) – im Insolvenzverfahren entschädigt (Bittmann/Seeger/Tschakert Rpfleger 2023, 65 (66); erg. → § 111i Rn. 6ff.). Ob ein Mangelfall vorliegt, prüft die VollstrB nach **Ablauf der sechsmonatigen Anmeldefrist** des § 459k Abs. 1 S. 1; denn für die Feststellung des „Mangelfalls" kommt es auf den Vergleich zwischen dem Wert der aufgrund der Wertersatzeinziehungsanordnung (und/oder der zuvor aufgrund des Vermögensarrestes) gepfändeten Vermögenwerte u. den v. den Geschädigten – zu Recht – geltend gemachten (angemeldeten) Ansprüchen an (erg. → § 111i Rn. 11). Die Entsch. ist **abschließend** (erg. → § 459k Rn. 5; → § 459m Rn. 8); ein Zuwarten, ob evtl. weitere Gegenstände gepfändet werden können, ist systemfremd u. würde zu erheblichen Friktionen mit § 459m führen. 11

Nach Abs. 2 S. 2 gilt auch § 111i Abs. 2 S. 2 entspr. Aufgrund des systematischen Zusammenhangs des § 459h Abs. 2 mit § 459m Abs. 1 S. 4 richtet sich **Zeitpunkt** für die abschl. Entsch. über die **Stellung des Insolvenzantrags** gem. §§ 459h Abs. 2, 111i Abs. 2 StPO nach der sechsmonatigen Anmeldefrist des § 459k Abs. 1 (Bittmann/Tschakert ZInsO 2017, 2657 (2664f.); Bittmann/Köhler/Seeger/Tschakert Strafrechtl. Vermögensabschöpfung-HdB/Seeger Rn. 1976 „*Kassensturz*"). Das bedeutet: Kommt die VollstrB nach Ablauf der sechsmonatigen Anmeldefrist (§ 459k Abs. 1) zur Auff., dass ein Insolvenzantrag v. Insolvenzgericht (zB mangels Masse) abgelehnt würde, muss sie v. der Antragstellung absehen. Da dann nach § 459m Abs. 1 S. 4 für die Opferentschädigung der Prioritätsgrundsatz gilt (erg. → § 459m Rn. 5f.), stellt die VollstrB die Entsch., v. dem Insolvenzantrag abzusehen, in Form eines **Vermerks in den Akten** fest. Dies gilt auch, wenn dem Einziehungsschuldner gem. §§ 459g Abs. 2 iVm 459a eine **Ratenzahlung** gewährt wurde, weil ein Insolvenzantrag (§ 14 InsO) in diesem Fall unbegründet wäre (Bittmann/Tschakert ZInsO 2017, 2657 (2660 Fn. 16)); eine Ratenzahlung sollte mithin erst nach Ablauf der sechsmonatigen Anmeldfrist gewährt werden. 12

Abs. 2 gilt auch für die selbständige Wertersatzeinziehung (§§ 76 Abs. 1 S. 1, Abs. 3); allerdings nicht für die Einziehung des Wertes des Ertrages aus verjährten Erwerbstaten. Sollte der entspr. zivilrechtliche Schadensersatzanspruch hingegen noch nicht verjährt sein, kann der dann bestehenden Gefahr einer doppelten Inanspruchnahme des Einziehungsadressaten durch eine analoge Anwendung von Abs. 2 begegnet werden (erg. → Rn. 6). 13

14 **D. Zuständigkeit.** Funktionell sind die Rechtspfleger der StA als VollstrB (§ 451) zuständig (§§ 3 Nr. 4c, 31 Abs. 2 S. 1 RPflG). Für **Einwendungen** gegen eine Entsch. der VollstrB gilt § 459o. (s. a. OLG Zweibrücken RPfleger 2023, 308 (309)). Zur Einwendungsberechtigung → § 459o Rn. 4.

Mitteilungen

459i

(1) [1]**Der Eintritt der Rechtskraft der Einziehungsanordnung nach den §§ 73 bis 73c und 76a Absatz 1 Satz 1 des Strafgesetzbuches, auch in Verbindung mit § 76a Absatz 3 des Strafgesetzbuches, wird demjenigen, dem ein Anspruch auf Rückgewähr des Erlangten oder auf Ersatz des Wertes des Erlangten aus der Tat erwachsen ist, unverzüglich mitgeteilt.** [2]**Die Mitteilung ist zuzustellen; § 111l Absatz 4 gilt entsprechend.**

(2) [1]**Die Mitteilung ist im Fall der Einziehung des Gegenstandes mit dem Hinweis auf den Anspruch nach § 459h Absatz 1 und auf das Verfahren nach § 459j zu verbinden.** [2]**Im Fall der Einziehung des Wertersatzes ist sie mit dem Hinweis auf den Anspruch nach § 459h Absatz 2 und das Verfahren nach den §§ 459k bis 459m zu verbinden.**

1 **A. Unverzügliche Mitteilung.** Die unverzügliche Mitteilung der Rechtskraft der Anordnung nach §§ 73–73c StGB an denjenigen, dem ein Anspruch auf Rückgewähr des Erlangten oder auf Ersatz des Wertes des Erlangten aus der Tat erwachsen ist, schreibt Abs. 1 S. 1 vor. Adressat ist damit der Geschädigte der Erwerbstat, auf der die Anordnung beruht. Die Mitteilungspflicht gilt auch für die selbständige Einziehung des Tatertrages o. des Wertes des Tatertrages nach § 76a Abs. 1 S. 1, Abs. 3 StGB. Sie ist grds. **zuzustellen** (Abs. 1 S. 2 Hs. 1), da durch die Mitteilung die Anmeldefrist für die Geschädigten (§ 459h Abs. 1 S. 3, § 459j Abs. 1, § 459k Abs. 1) u. den (aufschiebend bedingten) Eigentumserwerbs des Staates (§ 75 Abs. 1 S. 2 StGB) in Gang gesetzt wird. Adressat der Mitteilung ist damit derjenige, der berechtigt ist, einen Entschädigungsanspruch geltend zu machen. Wegen § 92 InsO ist dies bei einem Bankrott (§ 283 StGB) des Geschäftsführers einer insolventen GmbH nur der Insolvenzverwalter (Uhlenbruck/Hirte InsO § 92 Rn. 2); nur er ist daher zu benachrichtigen (anders Reh NZWiSt 2018, 20 (22), die allerdings § 92 InsO übersieht; erg. → § 459g Rn. 3; → § 459k Rn. 3). Bei mehreren Verletzten o. bei unbekannten Verletzten o. (bekannten) Verletzten unbekannten Aufenthalts kann die individuelle Zustellung gem. § 111l Abs. 4 durch eine einmalige **Bekanntmachung im Bundesanzeiger** ersetzt werden (Abs. 1 S. 2 Hs. 2). „Unverzüglich" heißt nicht sofort. Enthält das Urt. keine für eine Mitteilung nach Abs. 1 hinreichenden Angaben zu den Verletzten, kann dies nicht über § 458 Abs. 1 nachgeholt werden (LG Lübeck NZWiSt 2019, 199 (200)). In Betracht kommt dann eine analoge Anwendung des § 459k Abs. 2 S. 2 (Rettke NZWiSt 2019, 200).

2 **B. Hinweispflichten.** Abs. 2 bestimmt die Hinweispflichten der VollstrB ggü. dem Verletzten, die mit der Mitteilung nach Abs. 1 zu verbinden sind. S. 1 gilt für die Einziehung eines Gegenstandes (§§ 73–73b StGB), S. 2 für die Wertersatzeinziehung (§ 73c StGB) – jew. auch iVm § 76a Abs. 1, Abs. 3 StGB. Damit soll der Verletzte va über seinen Entschädigungsanspruch (§ 459h) u. die Anmeldefrist (§§ 459j, 459k) informiert werden. Zudem erlangt er dadurch Kenntnis, dass sich sein Anspruch auf die Rückgewähr des Erlangten o. auf Ersatz des Wertes des Erlangten beschränkt u. daher weder Schmerzensgeld noch Zinsen o. Rechtsverfolgungskosten umfasst (BT-Drs. 18/9525, 95).

3 **C. Keine inhaltliche Änderung durch § 373b.** Infolge der Definition des Verletztenbegriffs in § 373b durch G vom 25.6.2021 (BGBl. I 2099) wurde der Begriff „Verletzter" durch das Wort „demjenigen" ersetzt. Eine inhaltliche Änderung ist damit nicht verbunden (BT-Drs. 19/27654, 113).

Verfahren bei Rückübertragung und Herausgabe

459j (1) **Der Anspruchsinhaber hat seinen Anspruch auf Rückübertragung oder Herausgabe nach § 459h Absatz 1 binnen sechs Monaten nach der Mitteilung der Rechtskraft der Einziehungsanordnung bei der Vollstreckungsbehörde anzumelden.**

(2) [1] **Ergibt sich die Anspruchsberechtigung des Antragstellers ohne weiteres aus der Einziehungsanordnung und den ihr zugrundeliegenden Feststellungen, so wird der eingezogene Gegenstand an den Antragsteller zurückübertragen oder herausgegeben.** [2] **Andernfalls bedarf es der Zulassung durch das Gericht.** [3] **Das Gericht lässt die Rückübertragung oder Herausgabe nach Maßgabe des § 459h Absatz 1 zu.** [4] **Die Zulassung ist zu versagen, wenn der Antragsteller seine Anspruchsberechtigung nicht glaubhaft macht; § 294 der Zivilprozessordnung ist anzuwenden.**

(3) [1] **Vor der Entscheidung über die Rückübertragung oder Herausgabe ist derjenige, gegen den sich die Anordnung der Einziehung richtet, zu hören.** [2] **Dies gilt nur, wenn die Anhörung ausführbar erscheint.**

(4) **Bei Versäumung der in Absatz 1 Satz 1 genannten Frist ist unter den in den §§ 44 und 45 bezeichneten Voraussetzungen die Wiedereinsetzung in den vorigen Stand zu gewähren.**

(5) **Unbeschadet des Verfahrens nach Absatz 1 kann der Anspruchsinhaber seinen Anspruch auf Rückübertragung oder Herausgabe nach § 459h Absatz 1 geltend machen, indem er ein vollstreckbares Endurteil im Sinne des § 704 der Zivilprozessordnung oder einen anderen Vollstreckungstitel im Sinne des § 794 der Zivilprozessordnung vorlegt, aus dem sich der geltend gemachte Anspruch ergibt.**

A. Anspruch auf Rückgewähr. Der Anspruch auf Rückgewähr (Rückübertragung o. Herausgabe) des Erlangten nach § 459h Abs. 1 wird durch **Anmeldung** bei der VollstrB geltend gemacht (Abs. 1). Erfolgt die Anmeldung **binnen 6 Monaten** nach der Mitteilung der Rechtskraft der Einziehungsanordnung (§ 459i Abs. 1), reicht die bloße Geltendmachung (Abs. 1). Danach ist zur Anmeldung des Anspruchs iSv Abs. 1 nach Abs. 5 die Vorlage eines zivil- o. öffentlich-rechtlichen Vollstreckungstitels notwendig (vgl. zum Prüfungsumfang in diesem Fall → § 459k Rn. 3). Der Anspruch kann mithin auf 2 Wegen geltend gemacht werden (BT-Drs. 18/11640, 90). Macht der Anspruchsinhaber seinen Anspruch nicht fristgerecht geltend, geht das Eigentum an der Sache oder das Recht nach § 75 Abs. 1 S. 2 StGB auf den Staat über (BGH NStZ 2021, 304 (307)). Er kann den Anspruch auf Rückübertragung dann aber nach Abs. 5 geltend machen (→ Rn. 5). 1

Hat der Anspruchsinhaber die Anmeldefrist ohne Verschulden versäumt, wird ihm unter den Voraussetzungen der §§ 44, 45 die **Wiedereinsetzung** in den vorigen Stand gewährt (Abs. 4). 2

B. Entscheidung. Die Entscheidung nach Abs. 2 S. 1 trifft die VollstrB (§ 451); sie ist den Rechtspflegern übertragen (§§ 3 Nr. 4c, 31 Abs. 2 S. 1 RPflG). Eine Rückübertragung o. Herausgabe durch die VollstrB (Rechtspfleger) kommt nur in Frage, wenn sich die Anspruchsberechtigung des Antragstellers **ohne weiteres** – also ohne die Hinzunahme weiterer Unterlagen – **aus der Einziehungsanordnung** u. der ihr zugrundeliegenden Feststellungen ergibt. Grundlage der Entsch. sind mithin ausschl. das Urt., der Strafbefehl o. – im Falle einer Entsch. im selbständigen o. abgetrennten Verf. (vgl. § 423 Abs. 2 S. 1, §§ 436 Abs. 2 iVm § 434 Abs. 2) – der Beschl., mit dem die Einziehung angeordnet worden ist. Der Antragsteller u. der beanspruchte Gegenstand müssen daher allein aus der Einziehungsanordnung u. den Entscheidungsgründen bestimmt werden können. Ein Urt., das den **Anforderungen des § 267** entspr., wird die notwendigen Feststellungen enthalten (vgl. insofern → § 267 Rn. 2 ff.; KK-StPO/Bartel § 267 Rn. 14 ff.). Insbesondere sind idR keine über den Namen hinausgehende Feststel- 3 lungen zur Person des Anspruchsinhabers notwendig; insoweit kann bei Zweifeln als auch bei offensichtlichen Unrichtigkeiten auf die Anklageschrift oÄ zurückgegriffen werden. Denn Abs. 2 S. 1 soll die Rechtspfleger v. der Prüfung materieller Fragen entlasten (BT-Drs. 18/11640, 90), nicht aber die problemlose Korrektur bloßer Schreibversehen oÄ verhindern. Bei Verurteilung des Geschäftsführers einer insolventen GmbH wegen Bankrotts (§ 283 StGB) ist es nicht erforderlich, alle Gläubiger der GmbH in den Urteilsgründen aufzuführen, da in diesem Fall ausschl. der Insolvenzverwalter Ansprüche gegen den Geschäftsführer geltend machen darf (Uhlenbruck/Hirte InsO § 92 Rn. 2, erg. → § 459i Rn. 1; anders Reh NZWiSt 2018, 20 (22), die allerdings § 92 InsO übersieht). Wird im abgetrennten Verf. über die Einziehung entschieden, ist das für die Anordnung bindende Urt. in der Hauptsache (§ 423 Abs. 1 S. 2) als Grdl. für die Entsch. heranzuziehen, da insoweit in den Gründen der Einziehungsanordnung auf die bindenden Feststellungen Bezug genommen werden darf (vgl. zur Zulässigkeit der **Bezugnahme** bei einem rkr. Schuldspruch KK-StPO/Bartel § 267 Rn. 9a; Löwe/Rosenberg/Stuckenberg § 267 Rn. 32).

4 Andernfalls bedarf es der **Zulassung des Gerichts (Abs. 2 S. 2).** In Betracht kommt dies etwa, wenn der Antragsteller behauptet, Rechtsnachfolger (zB Erbe) des Geschädigten zu sein (BT-Drs. 18/11640, 90 f.). Das Gericht entscheidet durch Beschl. (§ 462 Abs. 1). Zuständig ist nach § 462a Abs. 2 S. 1 grds. das **Gericht erster Instanz** (OLG Celle StraFo 2020, 497; OLG Braunschweig NStZ-RR 2021, 348 (349); **aA** SSW StPO/Hanft § 459o Rn. 4; erg. → § 459k Rn. 3). Die Zulassungsprüfung (also die Entsch. über die Rückübertragung o. Herausgabe) richtet sich nach § 459h Abs. 2 (Abs. 2 S. 3). Nach Abs. 2 S. 4 muss der Antragsteller seine Anspruchsberechtigung nach § 294 ZPO glaubhaft machen (zB durch Vorlage eines Erbscheins).

4a Die Rückübertragung oder Herausgabe der Sache obliegt der VollstrB; sie richtet sich nach den zivilrechtlichen Regelungen. Eine eingezogene und damit auf den Staat übergegangene Grundschuld wird nach § 1196 BGB auf den Geschädigten übertragen (BGHR StGB § 75 Gegenstand 1).

5 **C. Förmliche Anmeldung.** Nach Ablauf der sechsmonatigen Frist für eine formlose Anmeldung des Anspruchs iSd § 459h Abs. 1 (Abs. 1) bedarf es der förmlichen Anmeldung durch einen zivilrechtlichen (zB Endurteil nach § 704 ZPO) o. öffentlich-rechtlichen **Vollstreckungstitel** (zB bestandskräftiger Steuerbescheid).

6 **D. Anhörung (Abs. 3 S. 1).** Vor der Entsch. über die Herausgabe o. Rückübertragung des eingezogenen Gegenstandes ist der Einziehungsadressat anzuhören (Abs. 3 S. 1). Die Anhörungspflicht besteht allerdings nur, wenn sie **ausführbar** erscheint **(Abs. 3 S. 2);** die VollstrB muss daher keine Nachforschungen zum Aufenthalt des Einziehungsadressaten anstellen. Mit der Anhörung erhält der Einziehungsadressat Gelegenheit, Einwendungen gegen die Herausgabe o. Rückgabe des Einziehungsgegenstandes an den Anspruchsinhaber geltend zu machen, nicht aber gegen die staatliche Einziehung selbst (BT-Drs. 18/9525, 96). Denkbar ist die Einwendung, dass der Geschädigte den Anspruch aus § 459h Abs. 1 im Zuge eines Schadensausgleich in Geld an den Einziehungsadressaten abgetreten hat (§ 398 BGB).

7 **E. Rechtmittel.** Einwendungen gegen Entsch. der **VollstrB** können nach § 459o geltend gemacht werden. Für die gerichtlichen Entsch. gilt § 462 Abs. 3.

8 **F. Keine inhaltliche Änderung durch § 373b.** Infolge der Definition des Verletztenbegriffs in § 373b durch G vom 25.6.2021 (BGBl. I 2099) wurden die Begriffe „Verletzter" u. „Rechtsnachfolger" durch das Wort „Anspruchsinhaber" ersetzt. Eine inhaltliche Änderung ist damit nicht verbunden (BT-Drs. 19/27654, 113).

Verfahren bei Auskehrung des Verwertungserlöses

459k (1) [1]**Der Anspruchsinhaber hat seinen Anspruch auf Auskehrung des Verwertungserlöses nach § 459h Absatz 2 binnen sechs Monaten nach der Mitteilung der Rechtskraft der Einziehungsanordnung bei der Vollstreckungsbehörde anzumelden.** [2]**Bei der Anmeldung ist die Höhe des Anspruchs zu bezeichnen.**

(2) [1]**Ergeben sich die Anspruchsberechtigung des Antragstellers und die Anspruchshöhe ohne weiteres aus der Einziehungsanordnung und den ihr zugrunde liegenden Feststellungen, so wird der Verwertungserlös in diesem Umfang an den Antragsteller ausgekehrt.** [2]**Andernfalls bedarf es der Zulassung durch das Gericht.** [3]**Das Gericht lässt die Auskehrung des Verwertungserlöses nach Maßgabe des § 459h Absatz 2 zu.** [4]**Die Zulassung ist zu versagen, wenn der Antragsteller seine Anspruchsberechtigung nicht glaubhaft macht; § 294 der Zivilprozessordnung ist anzuwenden.**

(3) [1]**Vor der Entscheidung über die Auskehrung ist derjenige, gegen den sich die Anordnung der Einziehung richtet, zu hören.** [2]**Dies gilt nur, wenn die Anhörung ausführbar erscheint.**

(4) **Bei Versäumung der in Absatz 1 Satz 1 genannten Frist ist unter den in den §§ 44 und 45 bezeichneten Voraussetzungen die Wiedereinsetzung in den vorigen Stand zu gewähren.**

(5) [1]**Unbeschadet des Verfahrens nach Absatz 1 kann der Anspruchsinhaber seinen Anspruch auf Auskehrung des Verwertungserlöses nach § 459h Absatz 2 geltend machen, indem er ein vollstreckbares Endurteil im Sinne des § 704 der Zivilprozessordnung oder einen anderen Vollstreckungstitel im Sinne des § 794 der Zivilprozessordnung vorlegt, aus dem sich der geltend gemachte Anspruch ergibt.** [2]**Einem vollstreckbaren Endurteil im Sinne des § 704 der Zivilprozessordnung stehen bestandskräftige öffentlich-rechtliche Vollstreckungstitel über Geldforderungen gleich.**

A. Anspruch auf Auskehrung. Der Anspruch auf Auskehrung des Verwertungserlöses nach § 459h Abs. 2 wird durch **Anmeldung** bei der VollstrB geltend gemacht (Abs. 1). Erfolgt die Anmeldung **binnen 6 Monaten** nach der Mitteilung der Rechtskraft der Wertersatzeinziehungsanordnung (§ 459i Abs. 1), reicht die bloße Geltendmachung (Abs. 1). Danach ist zur Anmeldung des Anspruchs iSv Abs. 1 die Vorlage eines zivil- o. öffentlich-rechtlichen Vollstreckungstitels notwendig (Abs. 5). Der Anspruch kann mithin auf zwei Wegen geltend gemacht werden (BT-Drs. 18/11640, 90). Zur rangwahrenden Wirkung der Anmeldung in den Fällen der Entschädigung nach § 459m, vgl. → § 459 Rn. 7, 9. 1

B. Aufbau und Inhalt. Aufbau und Inhalt der Vorschr. entsprechen weitgehend § 459j; die dortigen Anm. (→ § 459j Rn. 2 ff.) gelten entspr. (vgl. auch BT-Drs. 18/9525, 96; 18/11640, 90 f.). **Rechtsbehelfe,** → § 459j Rn. 7) 2

Da der Auskehrungsanspruch aus § 459h Abs. 2 auf eine Geldzahlung gerichtet ist, muss bei der Anmeldung auch die **Höhe des Anspruchs** bezeichnet werden (Abs. 1 S. 2). Der Anspruchsinhaber kann nur den Schaden geltend machen, der kehrseitig dem strafrechtlich relevanten Schaden entspricht; Schmerzensgeld- o. Zinsansprüche sind ebenso unerheblich wie die Kosten der Rechtsverfolgung (OLG Köln StV 2025, 50). Eine Auskehrung durch die VollstrB setzt daher auch voraus, dass sich die Höhe des Anspruchs des betr. Geschädigten gem. § 459h Abs. 2 – also der als Wertersatz eingezogene Geldbetrag (vgl. § 73c StGB) – sich **ohne weiteres** (vgl. hierzu → § 459j Rn. 3, auch zu Bankrottstraftaten) aus den der Einziehungsanordnung zugrundeliegenden **Feststellungen** (Gründe des Urt., Strafbefehls o. Beschl.) ergibt (Abs. 2 S. 1; für eine Anwendung in den Fällen des § 459m Abs. 1 S. 4 → § 459m Rn. 5); bei mehreren Erwerbstaten mit mehreren Verletzten muss mithin (auch weiterhin) nur der Gesamtbetrag tenoriert werden (BGH BeckRS 2024, 35469). Eine gerichtliche Zulassungsentscheidung ist danach 3 nur geboten, wenn sich die Anspruchsberechtigung des Antragsstellers und die Anspruchshöhe nicht ohne weiteres aus der Einziehungsentscheidung und den ihr zugrundeliegenden Feststellungen ergeben; selbstverständlich kommt das Auskehrungsverfahren nur in Frage, wenn überhaupt ein Verwertungserlös vorhanden ist (LG Köln NZWiSt 2025, 82 mAnm Seeger). Die geltend gemachte Anspruchshöhe u. der in den Entscheidungsgründen als Wertersatz eingezogene Geldbetrag müssen nicht identisch sein. Es kommt darauf an, dass für die **VollstrB** ohne weiteres festzustellen ist, in welcher Höhe ein Geldbetrag als Wertersatz wegen der zum Nachteil des betr. Geschädigten begangenen Erwerbstat iSd §§ 73, 73c StGB einzogen worden ist. Dieser Geldbetrag begrenzt den Anspruch aus § 459h Abs. 2 nach oben; der vermögensrechtliche Anspruch nach Abs. 2 S. 1 ist die Kehrseite des Wertes des Taterlangten (OLG Köln StV 2025, 50); mehr kann u. darf nicht ausgekehrt werden – auch wenn der Antragsteller mehr beantragt. Meldet der Antragsteller weniger an, wird er nur in dieser Höhe entschädigt. Legt der Anspruchsteller einen zivilrechtlichen Titel iSd Abs. 5 vor, befreit ihn dies nicht nur von der Frist des Abs. 1, sondern begründet damit auch seine Anspruchsberechtigung; eine zivilrechtliche Überprüfung des Titels durch den Rechtspfleger oder – in den Fällen des Abs. 2 S. 2 – das Gericht erübrigt sich dann; zu prüfen ist dann lediglich, ob der Anspruchsteller Geschädigter oder dessen Rechtsnachfolger ist und der Anspruch aus der Tat erwachsen ist (OLG Braunschweig NStZ-RR 2021, 348 (350)). Diese Grundsätze gelten auch bei der **gerichtlichen Zulassungsentscheidung,** wenn die VollstrB eine Auskehrung lediglich deshalb zurückweisen muss, weil die Anspruchsberechtigung des Antragstellers sich nicht ohne weiteres aus den Entscheidungsgründen ergibt (etwa mangels hinreichender Feststellungen zur Person des Geschädigten o. im Falle einer behaupteten Rechtsnachfolge). Aufgrund v. Mängeln des Urt., die bei sorgfältiger u. verständiger Heranziehung der Urteilsgründe behoben werden können, darf die Zulassung nicht versagt werden. Für die Zulassungsentscheidung nach Abs. 2 S. 2 ist das **Gericht des ersten Rechtszugs** nach § 462a Abs. 2 S. 1 auch dann zuständig, wenn gegen den Verurteilten eine Freiheitsstrafe vollstreckt wird; denn § 462a Abs. 1 S. 1 bezieht sich (nur) auf Entscheidungen, die die Person betreffen und jedenfalls vorrangig im Zusammenhang mit der Vollstreckung der Freiheitsstrafe stehen (OLG Celle StraFo 2020, 497; OLG Braunschweig NStZ-RR 2021, 348 (349)).

4 **C. Insolvenzantrag.** Zur Bedeutung der Anmeldefrist des Abs. 1 für die Stellung eines Insolvenzantrags nach §§ 459h Abs. 2 S. 2, 111i Abs. 2, vgl. → § 459h Rn. 11 f.

5 **D. Auskehrungsverfahren.** Das Auskehrungsverfahren wird **nur einmal** durchgeführt; die Entsch. wird nach Ablauf der sechsmonatigen Anmeldefrist (Abs. 1) getroffen (erg. → § 459h Rn. 11 f.; → § 459m Rn. 8). Werden nach seinem Abschluss aufgrund der rkr. Wertersatzeinziehung weitere Gegenstände gepfändet, richtet sich die Entschädigung nach § 459m Abs. 2 (→ § 459m Rn. 7 ff.).

6 **E. Keine inhaltliche Änderung durch § 373b.** Infolge der Definition des Verletztenbegriffs in § 373b durch G v. 25.6.2021 (BGBl. I 2099) wurden die Begriffe „Verletzter" u. „dessen Rechtsnachfolger" durch das Wort „Anspruchsinhaber" ersetzt. Eine inhaltliche Änderung ist damit nicht verbunden (BT-Drs. 19/27654, 113).

Ansprüche des Betroffenen

459l (1) [1]**Legt derjenige, gegen den sich die Anordnung der Einziehung richtet, ein vollstreckbares Endurteil im Sinne des § 704 der Zivilprozessordnung oder einen anderen Vollstreckungstitel im Sinne des § 794 der Zivilprozessordnung vor, aus dem sich ergibt, dass der Anspruch auf Rückgewähr des Erlangten aus der Tat erwachsen ist, kann er verlangen, dass der eingezogene Gegenstand nach Maßgabe des § 459h**

Absatz 1 an den Anspruchsinhaber zurückübertragen oder herausgegeben wird. [2] § 459j Absatz 2 gilt entsprechend.

(2) [1] **Befriedigt derjenige, gegen den sich die Anordnung der Einziehung des Wertersatzes richtet, den Anspruch, der dem Anspruchsinhaber aus der Tat auf Rückgewähr des Erlangten oder auf Ersatz des Wertes des Erlangten erwachsen ist, kann er im Umfang der Befriedigung Ausgleich aus dem Verwertungserlös verlangen, soweit unter den Voraussetzungen des § 459k Absatz 2 Satz 1 der Verwertungserlös an den Anspruchsinhaber nach § 459h Absatz 2 auszukehren gewesen wäre. [2] § 459k Absatz 2 Satz 2 bis 4 gilt entsprechend. [3] Die Befriedigung des Anspruchs muss in allen Fällen durch eine Quittung des Anspruchsinhabers glaubhaft gemacht werden. [4] Der Anspruchsinhaber ist vor der Entscheidung über den Ausgleichsanspruch zu hören, wenn dies ausführbar erscheint.**

A. Ansprüche des Einziehungsadressaten. Die Vollstreckung einer (Wert- 1
ersatz-)Einziehungsanordnung zugunsten des Staates (§§ 73 ff. StGB) hindert weder den Einziehungsadressaten an einer freiwilligen Schadenswiedergutmachung noch den Geschädigten an einer zivilrechtlichen Durchsetzung seiner Schadensersatzansprüche. § 459l regelt deshalb Ansprüche des Einziehungsadressaten gegen den Staat, soweit er den Schadensersatzanspruch des Geschädigten oder dessen Rechtsnachfolger („Anspruchsinhaber") befriedigt (BT-Drs. 18/9525, 96 f.; 18/11640, 91). Dies gilt allerdings nur in dem Umf., in dem der Geschädigte (o. dessen Rechtsnachfolger) Entschädigung nach § 459h verlangen könnte; grds. nicht also bei einer (Wertersatz-)Einziehung aus verjährten Erwerbstaten (erg. → § 459h Rn. 6, 13).

B. Einziehung eines Gegenstandes. Abs. 1 betr. die Einziehung eines Gegen- 2
standes nach § 73 StGB (ggf. iVm §§ 73b oder 76a Abs. 1, Abs. 3 StGB). Sieht sich der Einziehungsadressat einem zivilrechtlichen Titel des Geschädigten auf Rückgewähr des eingezogenen Gegenstandes ausgesetzt, kann er **verlangen,** dass der Staat seine Verbindlichkeit ggü. dem Geschädigten (o. dessen Rechtsnachfolger) durch Rückübertragung o. Herausgabe des betr. Gegenstandes (§ 459h Abs. 1) erfüllt (§ 267 Abs. 1 BGB). Nach Abs. 2 S. 2 gilt § 459j Abs. 2 entspr. (→ § 459j Rn. 3 f.). Befindet sich die eingezogene Sache mangels Wegnahme (vgl. § 459g Abs. 1) noch beim Einziehungsadressaten, geht sein Anspruch darauf, dass der Staat dem Geschädigten (o. dessen Rechtsnachfolger) das – nach § 75 Abs. 1 StGB auf den Staat übergegangene – Eigentum verschafft.

C. Wertersatzeinziehung. Abs. 2 regelt die Wertersatzeinziehung nach § 73c 3
StGB (ggf. iVm §§ 73b oder 76a Abs. 1, Abs. 3 StGB). Soweit der Einziehungsadressat den Schadenersatzanspruch befriedigt, hat er einen Anspruch gegen den Staat auf **Ausgleich aus dem Erlös der Verwertung** der gepfändeten Gegenstände, wenn u. soweit der Verwertungserlös nach §§ 459 Abs. 2, 459k Abs. 2–4 an den Geschädigten auszukehren gewesen wäre (Abs. 2 S. 1, 2). Die Schadenswiedergutmachung muss der Einziehungsadressat durch eine **Quittung** glaubhaft machen (Abs. 2 S. 3). Damit soll einer unberechtigten Auszahlung vorgebeugt werden. Diesem Zweck dient auch Abs. 2 S. 4, wonach der Geschädigte o. dessen Rechtsnachfolger vor der Entsch. **anzuhören** ist, wenn dies ausführbar erscheint (BT-Drs. 18/9525, 97).

D. Rechtmittel. Einwendungen gegen Entsch. der **VollstrB** können nach 4
§ 459o geltend gemacht werden. Für die gerichtlichen Entsch. gilt § 462 Abs. 3.

E. Keine inhaltliche Änderung durch § 373b. Infolge der Definition des 5
Verletztenbegriffs in § 373b durch G v. 25.6.2021 (BGBl. I 2099) wurden die Begriffe „Verletzter" u. „dessen Rechtsnachfolger" durch das Wort „Anspruchsinhaber" ersetzt. Eine inhaltliche Änderung ist damit nicht verbunden (BT-Drs. 19/27654, 113).

Entschädigung in sonstigen Fällen

459m (1) [1] **In den Fällen des § 111i Absatz 3 wird der Überschuss an den Anspruchsinhaber ausgekehrt, der ein vollstreckbares Endurteil im Sinne des § 704 der Zivilprozessordnung oder einen anderen Vollstreckungstitel im Sinne des § 794 der Zivilprozessordnung vorlegt, aus dem sich der geltend gemachte Anspruch ergibt.** [2] **§ 459k Absatz 2 und 5 Satz 2 gilt entsprechend.** [3] **Die Auskehrung ist ausgeschlossen, wenn zwei Jahre seit der Aufhebung des Insolvenzverfahrens verstrichen sind.** [4] **In den Fällen des § 111i Absatz 2 gelten die Sätze 1 bis 3 entsprechend, wenn ein Insolvenzverfahren nicht durchgeführt wird.**

(2) **Absatz 1 Satz 1 und 2 gilt entsprechend, wenn nach Aufhebung des Insolvenzverfahrens oder nach Abschluss der Auskehrung des Verwertungserlöses bei der Vollstreckung der Wertersatzeinziehung nach den §§ 73c und 76a Absatz 1 Satz 1 des Strafgesetzbuches, auch in Verbindung mit § 76a Absatz 3 des Strafgesetzbuches, ein Gegenstand gepfändet wird.**

1 **A. Allgemeines.** § 459m regelt die **Opferentschädigung** in **Sonderkonstellationen** der Wertersatzeinziehung nach § 73c StGB, die v. § 459h Abs. 2 nicht erfasst werden. Für diese Ausnahmefälle ist abw. v. sonst geltenden Grundsatz der Gläubigergleichbehandlung die Entschädigung nach dem **Prioritätsprinzip** vorgeschrieben (BT-Drs. 18/9525, 97). Damit wird verhindert, dass in diesen Fällen ein unverhältnismäßig aufwändiges Verteilungsverfahren durch die VollstrB durchgeführt werden muss. Die Vorschr. gilt entspr. für eingezogene **Geldwäscheobjekte** (§§ 74, 261 Abs. 7 S. 1 StGB aF), wenn die Vortat des § 261 StGB aF eine Vermögensstraftat ist (Köhler/Burkhard NStZ 2017, 665 (681 f.); erg. → Vor § 111b Rn. 4; → § 459h Rn. 2); für § 261 StGB nF gilt § 459h Abs. 2, da nach § 261 Abs. 10 StGB nF die §§ 73 bis § 73e StGB anzuwenden sind. Infolge der Definition des Verletztenbegriffs in § 373b durch G v. 25.6.2021 (BGBl. I 2099) wurden die Begriffe „Verletzter“ u. „dessen Rechtsnachfolger“ durch das Wort „Anspruchsinhaber“ ersetzt. Eine inhaltliche Änderung ist damit nicht verbunden (BT-Drs. 19/27654, 113).

2 **B. Überschuss nach Schlussverteilung (Abs. 1 S. 1–3).** Nach § 111i Abs. 3 S. 1 entsteht ein ges. Pfandrecht des Staates an einem verbleibenden Überschuss bei der Schlussverteilung im Insolvenzverfahren bis zur Höhe des Vermögensarrestes o. der rkr. Wertersatzeinziehungsanordnung (§ 459h Abs. 2 S. 2 iVm § 111i Abs. 3 S. 2). Dadurch wird verhindert, dass der Einziehungsadressat den Überschuss erlangt (vgl. § 199 InsO). Der Fall tritt nur ein, wenn die StA den staatlichen Wertersatzeinziehungsanspruch nicht im Insolvenzverfahren geltend macht, da der Staat andernfalls als nachrangiger Gläubiger befriedigt würde (§ 39 Abs. 1 Nr. 3 InsO).

3 Abs. 1 S. 1 räumt dem Geschädigten (o. seinem Rechtsnachfolger) einen **Anspruch auf Auskehrung** des Überschusses ein, der als Erster einen zivilrechtlichen Vollstreckungstitel vorlegt, aus dem sich sein Anspruch, der ihm aus der Erwerbstat erwachsen ist, ergibt. Einem vollstreckbaren Endurteil nach § 704 ZPO steht ein bestandskräftiger öffentlich-rechtlicher Vollstreckungstitel über eine Geldforderung gleich (Abs. 1 S. 2 iVm § 459k Abs. 5 S. 2). Durch den Verweis in Abs. 1 S. 2 auf § 459k Abs. 2 ist klargestellt, dass es sich bei dem Anspruch um den Entschädigungsanspruch nach § 459h Abs. 2 handeln muss (erg. → § 459h Rn. 1; zum Anspruchsberechtigten u. dem Inhalt des Entschädigungsanspruchs vgl. → § 111i Rn. 2 f.). Nur ein Geschädigter, der nicht im Insolvenzverfahren o. anderweitig befriedigt worden ist, ist anspruchsberechtigt; andernfalls wäre – im Umf. der Befriedigung – der Anspruch auf Ersatz des Wertes des zu seinem Nachteil deliktisch Erlangten erloschen (BT-Drs. 18/9525, 97).

4 Das **Verfahren** richtet sich gem. Abs. 1 S. 2 nach § 459k Abs. 2 (→ § 459k Rn. 2 f.). Abs. 2 S. 3 enthält eine **Ausschlussfrist** v. zwei Jahren nach der – öffentl. bekanntgemachten – Aufhebung des Insolvenzverfahrens durch das Insolvenzge-

richt (§ 200 InsO). Dem Rechtsgedankens des § 121 Abs. 3 S. 1 entspr. hemmt ein innerhalb der Zweijahresfrist gestellter Antrag den Fristablauf, da der Antragsteller keinen Einfluss auf die Bearbeitungsdauer bei der VollstrB hat.

C. Nichtdurchführung eines Insolvenzverfahrens (Abs. 1 S. 4). Abs. 1 S. 1–3 sind entspr. anwendbar, wenn **trotz „Mangelfalls"** iSd § 111 Abs. 2 (→ § 111i Rn. 11; → § 459h Rn. 11) kein Insolvenzverfahren durchgeführt wird (zB mangels ausreichender Masse; vgl. § 26 InsO). Ob dies darauf beruht, dass das Insolvenzgericht die Eröffnung ablehnt o. die StA gem. §§ 459h Abs. 2 S. 2 iVm 111i Abs. 2 S. 2 schon v. der Antragstellung absieht (vgl. → § 459h Rn. 12), ist ohne Belang (BT-Drs. 18/9525, 97). Ein solches Vorgehen kommt auch in Betracht, wenn der Einziehungsadressat unbekannt ist oder im Ausland lebt oder die Kosten des Insolvenzverfahrens die Masse aufzehren würden (Röß NStZ 2025, 649, der in diesen Fällen eine Verteilung nach Quoten – in Anwendung v. § 459k Abs. 2 S. 1 – ohne die Pflicht einer Titelvorlage vorschlägt). 5

Über die Stellung des Insolvenzantrags entscheidet die VollstrB **abschließend** nach Ablauf der sechsmonatigen Anmeldefrist des § 459k Abs. 1 (erg. → § 459h Rn. 11 f.; → § 459k Rn. 5) Die Entsch. ist **aktenkundig** zu machen, da mit ihr die zweijährige **Ausschlussfrist** nach Abs. 1 S. 3 in Gang gesetzt wird (→ § 459h Rn. 12). Beruht die Nichtdurchführung des Insolvenzverfahrens auf einer Ablehnung der Eröffnung durch das Insolvenzgericht, beginnt die Ausschlussfrist mit der gerichtlichen Entscheidung. 6

Entsprechend § 459i sollten die Geschädigten auf die Nichtdurchführung des Insolvenzverfahrens u. die Folgen für die Entschädigung **hingewiesen** werden, um sie in die Lage zu versetzen, ihre Rechte gleichberechtigt wahrzunehmen. Hat ein Geschädigter seinen Entschädigungsanspruch aus § 459h Abs. 2 bereits vorher mit einem Vollstreckungstitel angemeldet (§ 459k Abs. 5), hat dies **rangwahrende Wirkung** für die Entschädigung nach dem Prioritätsgrundsatz (Savini Rpfleger 2019, 117 (122)); die bloße formlose Anmeldung (§ 459k Abs. 1) genügt hierfür nicht (erg. → § 459k Rn. 1). 7

D. Vollstreckung nach Abschluss des Insolvenzverfahrens oder der Auskehrung des Verwertungserlöses (Abs. 2). Werden nach der Aufhebung des Insolvenzverfahrens (§ 200 InsO) o. nach Abschluss der Auskehrung des Verwertungserlöses (§ 459h Abs. 2 S. 1) aufgrund der rkr. Wertersatzeinziehung weitere Gegenstände gepfändet, gelten Abs. 1 S. 1 und 2 entspr. (BT-Drs. 18/9525, 98). Daraus folgt, dass die VollstrB die Entschädigung im Insolvenzverfahren durch einen Antrag nach § 459 Abs. 2 S. 2 iVm § 111i Abs. 2 o. im Auskehrungsverfahren nach § 459k nur **ein einziges Mal** – nämlich nach Ablauf der sechsmonatigen Anmeldefrist (§ 459k Abs. 1) – veranlasst; iÜ richtet sich die Entschädigung gem. Abs. 1 S. 1 und 2 nach dem **Prioritätsgrundsatz.** Abs. 2 verweist nicht auf Abs. 1 S. 3; für die Entschädigung nach Abs. 2 gibt es mithin keine Ausschlussfrist. Ein bereits bei der Geltendmachung des Anspruches aus § 459h Abs. 2 im Verf. nach 459k oder in den Fällen des Abs. 1 vorgelegter Vollstreckungstitel hat rangwahrende Wirkung (→ Rn. 7). 8

Abs. 2 dürfte in Fällen des Abs. 1 S. 4 **(Nichtdurchführung des Insolvenzverfahrens)** entspr. gelten, wenn nach Ablauf der zweijährigen Ausschlussfrist aufgrund der rkr. Wertersatzeinziehung weitere Vermögenswerte gepfändet werden, da diese Fallkonstellation in der Sache keinen Unterschied zu den in Abs. 2 aufgeführten Fällen aufweist. 9

E. Einwendungen. Über Einwendungen gegen Entsch. der VollstrB entscheidet das Gericht (§ 459o). Für die gerichtlichen Entsch. gilt § 462 Abs. 3. 10

Zahlungen auf Wertersatzeinziehung

459n Leistet derjenige, gegen den sich die Anordnung richtet, Zahlungen auf die Anordnung der Einziehung des Wertersatzes nach den §§ 73c und 76a Absatz 1 Satz 1 des Strafgesetzbuches, auch in

Verbindung mit § 76a Absatz 3 des Strafgesetzbuches, so gelten § 459h Absatz 2 sowie die §§ 459k und 459m entsprechend.

1 Das Opferentschädigungskonzept der §§ 459h ff. gilt nicht nur, wenn die Anordnung der Wertersatzeinziehung (§ 73c StGB) mit Mitteln der ZV nach § 459g Abs. 2 durchgesetzt wird, sondern auch für **freiwillige Zahlungen des Einziehungsadressaten** auf die Wertersatzeinziehung. Für diesen Fall sind § 459h Abs. 2 sowie §§ 459k und 459m entspr. anzuwenden; die dortigen Anm. gelten auch hier. Zum Insolvenzantrag u. Ratenzahlungen vgl. → § 459h Rn. 11 f. Zu Teilzahlungen aus insolvenzfreiem Vermögen u. Entschädigung vgl. Bittmann et al. Rpfleger 2023, 65.

Einwendungen gegen vollstreckungsrechtliche Entscheidungen

459o **Über Einwendungen gegen die Entscheidung der Vollstreckungsbehörde nach den §§ 459a, 459c, 459e sowie 459g bis 459m entscheidet das Gericht.**

1 **A. Einwendungen.** Über Einwendungen gegen Maßnahmen der Rechtspfleger, denen die Geschäfte der VollstrB nach den §§ 459 ff. übertragen sind (§ 31 Abs. 2 S. 1 RPflG), entscheidet das Gericht (§ 31 Abs. 6 S. 1 RPflG). § 459o schließt in seinem Anwendungsbereich § 458 und die §§ 23 ff. EGGVG aus (OLG Hamburg StV 2020, 737; OLG Koblenz NStZ-RR 2010, 190; OLG Zweibrücken BeckRS 2011, 6402; vgl. auch OLG Frankfurt a. M. NStZ-RR 2013, 292 zu § 459e). Nur wenn Einwendungen gegen den Bestand des Vollstreckungsanspruchs erhoben werden, zB Zahlung o. Erlass der Geldstrafe geltend gemacht wird, gilt § 458 Abs. 1 (Löwe/Rosenberg/Graalmann-Scheerer Rn. 12).

2 **B. Entscheidungen der VollstrB.** Entscheidungen der VollstrB iSd § 459o sind alle tatsächlichen Maßnahmen u. Anordnungen, die im Vollzug der genannten Vorschr. ergehen (LG Marburg StB 2025, 149; Löwe/Rosenberg/Graalmann-Scheerer Rn. 5). Vgl. iE → § 459a Rn. 9, → § 459b Rn. 5, → § 459c Rn. 8, → § 459e Rn. 6, → § 459g Rn. 15, → § 459h Rn. 14, → § 459j Rn. 7, → § 459k Rn. 2, → § 459l Rn. 4, → § 459m Rn. 10.

3 Der Begriff „Entscheidung" ist weit auszulegen (KK-StPO/Appl Rn. 2). Auch die Weigerung der StA, den Verwertungserlös nach § 459h Abs. 2 S. 1 auszukehren, fällt hierunter (OLG Zweibrücken RPfleger 2023, 308 (309)). Eine Einwendung gegen eine Entsch. der VollstrB liegt nicht vor, wenn ausschl. die **Art und Weise** der Vollstreckung gerügt wird (str. KK-StPO/Appl Rn. 3). Für Einwendungen, die der Sache nach als Drittwiderspruchsklage zu werten sind, hat § 459o als eine andere ges. Bestimmung iSd § 459 (auch iVm § 459g Abs. 2) Vorrang vor § 459 iVm § 6 Abs. 1 Nr. 1 JBeitrG, 771 ZPO (so LG Berlin Rpfleger 2006, 337; KK-StPO/Appl § 459 Rn. 7; SSW StPO/Heine § 111k Rn. 14; **aA** OLG Nürnberg StV 2011, 148; OLG Düsseldorf StV 2009, 233; erg. zu → § 111k Rn. 16;). Kein Fall des § 459o ist es hingegen, wenn ein nicht am Erkenntnisverfahren beteiligter Dritter behauptet, zum Zeitpunkt der Rechtskraft der Einziehungsanordnung Eigentümer des eingezogenen Gegenstandes gewesen zu sein; hier ist das Nachverfahren nach § 433 statthaft (→ § 433 Rn. 1, 7).

4 **C. Einwendungsberechtigte. Einwendungsberechtigt** ist derjenige, der durch die Entscheidung unmittelbar betroffen ist und einen rechtlichen Nachteil erleiden kann (KK-StPO/Appl Rn. 4a; erg. → Vor § 296 Rn. 9 ff.), insb. der Verurteilte und der Einziehungsbeteiligte (siehe zB → § 459g Rn. 4); in den Fällen des § 459h daher nur derjenige, der einen Anspruch auf Entschädigung hat, oder dessen Rechtsnachfolger (OLG Köln NStZ 2025, 232 mAnm Bittmann). Die StA als Strafverfolgungsbehörde kann keine Einwendungen erheben. Sie wird in dieser Eigenschaft erst beteiligt, wenn es zum gerichtlichen Verf. kommt.

D. Zuständigkeit. In der Regel ist nach § 462a Abs. 2 das Gericht des 1. Rechtszugs zuständig. Die Zuständigkeit der StVollstrK besteht nur, wenn über Einwendungen zu entscheiden ist, die während des Vollzugs einer Freiheitsstrafe erhoben werden (§ 462a Abs. 1 S. 1 iVm § 462), auch wenn es sich dabei um eine Ersatzfreiheitsstrafe handelt (KK-StPO/Appl Rn. 5; erg. → § 462a Rn. 4). Dies gilt indes nur für Entsch., die den in Haft befindlichen Verurteilten betreffen, nicht aber andere Personen; für Entsch. über die Opferentschädigung (zB § 459g) ist daher das Gericht erster Instanz zuständig (OLG Celle StV 2021, 26). 5

E. Rechtsmittel. Vgl. § 462 Abs. 3 (erg. → § 462 Rn. 5 f.). 6

Nachträgliche Gesamtstrafenbildung

460 **Ist jemand durch verschiedene rechtskräftige Urteile zu Strafen verurteilt worden und sind dabei die Vorschriften über die Zuerkennung einer Gesamtstrafe (§ 55 des Strafgesetzbuches) außer Betracht geblieben, so sind die erkannten Strafen durch eine nachträgliche gerichtliche Entscheidung auf eine Gesamtstrafe zurückzuführen.**

Übersicht

A. Anwendungsbereich. Zur **Nachholung der unterlassenen Gesamtstrafenbildung nach § 55 StGB** steht das Nachtragsverfahren nach § 460 zur Vfg., in dem der Verurteilte so (dh weder besser noch schlechter) gestellt werden muss, als habe bereits der letzte Tatrichter die Gesamtstrafe gebildet (BGHSt 7, 180 (181); 15, 66 (69); 17, 173; 32, 190 (193); KG JR 1976, 202). Das Verf. nach § 460 hat regelmäßig Vorrang vor einem Widerrufsverfahren (KG StV 2018, 353). 1

§ 460 erfasst die Fälle, in denen die nach § 55 StGB grds. zwingend gebotene (BGHSt 12, 1 (GSSt); 25, 382 (384); 32, 190 (193); vgl. auch BGH NStZ 2012, 405) Gesamtstrafenbildung im Erkenntnisverfahren unterblieben ist, weil dem Richter die frühere Verurteilung nicht bekannt war (BayObLGSt 1979, 105), weil die Gesamtstrafenbildung wegen fehlender Rechtskraft der Vorverurteilung nicht zulässig war (BGHSt 20, 292 (294); OLG Stuttgart NJW 1957, 1813; Bringewat Gesamtstrafe Rn. 333) o. weil er v. ihr absehen durfte, zB weil der Verurteilte einen aussichtsreichen Wiedereinsetzungsantrag gegen die Versäumung der Rechtsmittelfrist gestellt hat (BGHSt 23, 98), weil die Vorstrafakten trotz gewissenhafter Terminsvorbereitung nicht rechtzeitig zu beschaffen o. sonst ohne Vertagung der HV keine sichere Grundlagen für die Gesamtstrafenbildung zu gewinnen waren (BGHSt 12, 1 (10) (GSSt); 23, 98; OLG Hamm NJW 1970, 1200; OLG Köln MDR 1983, 423) o. weil die Strafgewalt des Gerichts für die Gesamtstrafe nicht ausreichte (BGHSt 34, 204 (208 ff.) für das Berufungsgericht). Das Berufungsgericht darf aber nicht wegen fehlender Vorstrafenakten auf das Verf. nach § 460 verweisen, wenn das AG bereits eine Gesamtstrafe gebildet hatte (OLG Hamburg 2

MDR 1995, 84). Bei nur vertikaler Teilrechtskraft (→ Einl. Rn. 185) muss die Gesamtstrafenbildung im Erkenntnisverfahren erfolgen (OLG Oldenburg Nds. Rpfl. 1995, 135; erg. → § 302 Rn. 11).

3 Die **Vorschrift gilt auch,** wenn der letzte Tatrichter v. der Bildung der Gesamtstrafe abgesehen hat, weil er aus Rechtsirrtum nicht erkannt u. demnach auch nicht sachlich geprüft hat, ob eine Gesamtstrafenbildung möglich war (BGHSt 35, 208 (214); OLG Hamm NStZ-RR 2008, 235; OLG Karlsruhe NStZ 1987, 186; OLG Stuttgart NStZ 1989, 47); denn § 460 bezweckt die Verwirklichung des materiellen Rechts ohne Rücksicht auf die Rechtskraft der Urt. (BGHSt 35, 208 (214)) u. das materielle Recht lässt auch in einem solchen Fall die neue (fehlerfreie) Gesamtstrafenbildung zu (BGHSt 35, 243).

3a § 460 ist zur Gewährleistung effektiven Rechtsschutzes ebenfalls **anwendbar,** wenn der Tatrichter nach ausdr. Prüfung die Bildung einer Gesamtstrafe – wenn auch rechtsfehlerhaft – abgelehnt hat (BVerfG StV 2018, 350; vgl. auch Bohnert GA 1994, 106 (111); **aM** BGH NStZ 2022, 255 (256); OLG Hamburg NStZ 1992, 607; OLG Hamm NStZ-RR 2008, 235); das Unterlassen der Entsch. nach § 460 ist dabei grds. beschwerend (BVerfG StV 2018, 350).

4 Die **entsprechende Anwendung** des § 460 kommt in Betracht, wenn bei Wegfall einer Gesamtstrafe versehentlich nicht über die Frage der Strafaussetzung zur Bewährung hins. einer bestehen gebliebenen Strafe entschieden worden ist (OLG Koblenz NStZ 1991, 555; OLG Zweibrücken NStZ 1996, 303; erg. → § 453 Rn. 2; nach Sieg StV 1998, 631 auch bei unterbliebener Anrechnung erbrachter Leistungen, vgl. → Rn. 17; zw.), o. bei Nichtbeachtung eines Gesamtstrafübels mehrerer Gesamtstrafen (Becker NStZ-RR 2003, 293 – BGH RsprÜ). § 460 ist hingegen nicht auf den Fall entspr. anwendbar, dass gegen die Beschränkung der Auslieferungsbewilligung eines ausl. Staats verstoßen worden ist; insoweit gilt § 458 (→ § 458 Rn. 3).

5 Im **Jugendstrafverfahren** richtet sich die nachträgliche Zusammenfassung v. Strafen ua Sanktionen nach § 66 **JGG;** wie bei § 55 StGB darf eine rkr. Vorverurteilung nicht nach § 31 Abs. 2 JGG einbezogen werden, wenn sie bereits in ein anderes – noch nrkr – Urt. einbezogen worden war (BGH NJW 2003, 2036).

6 **B. Einzubeziehende Strafen. I. Einzelstrafen der früheren Urteile.** Nicht Urt., sondern die **Einzelstrafen** der früheren Urteile werden in die Gesamtstrafe einbezogen (Holtz MDR 1979, 280 – BGH RsprÜ; KG JR 1986, 119). Sie müssen im Zeitpunkt der Beschlussfassung nach § 460 rkr. sein (vgl. BGH 23.4.2025 – 5 StR 422/24; OLG Stuttgart NJW 1957, 1813; KK-StPO/Appl Rn. 3). Ob sie bei Erlass des letzten tatrichterlichen Urt. bereits rkr. waren, spielt keine Rolle (OLG Frankfurt a. M. NJW 1956, 1609; OLG Stuttgart NJW 1957, 1813;).

7 Im Verf. nach § 460 findet keine Urteilskorrektur statt (vgl. aber → Rn. 3); daher werden auch rechtsfehlerhaft verhängte Einzelstrafen in die Gesamtstrafe einbezogen (OLG Schleswig SchlHA 1976, 43; Bringewat Gesamtstrafe Rn. 355).

8 Einzubeziehen sind auch **Strafen aus Strafbefehlen** (BGH GA 1956, 50 (52)), wobei Zeitpunkt der früheren Verurteilung iS § 55 StGB der Erlass des Strafbefehls, nicht erst seine Zustellung ist (BGHSt 33, 230; BGH NJW 1991, 1763). Berücksichtigt werden ferner Beschlüsse nach § 453, § 59b StGB über die Verurteilung zu der vorbehaltenen Strafe (Löwe/Rosenberg/Graalmann-Scheerer Rn. 6), nicht aber früher ergangene Beschlüsse nach § 460, sondern nur die diesen zugrundeliegenden Strafen (OLG Karlsruhe GA 1974, 347; Bringewat Gesamtstrafe Rn. 201 mwN).

9 Für **Geldstrafen** gilt § 53 Abs. 2 S. 2 Hs. 1 StGB. Sieht das Gericht nach dieser Vorschr. v. der Einbeziehung der Geldstrafe in die Gesamtstrafe ab, so äußert es sich hierzu nur in der Beschlussgründung. Unzulässig ist der Ausspruch im Beschlusstenor, dass zwar das Urt. einbezogen wird, die Geldstrafe aber selbständig bestehen bleibt (KG JR 1986, 119; Gollmer NJW 1971, 1247; Meyer-Goßner NStZ 1988, 530; **aM** Bender NJW 1971, 791). § 59c Abs. 2 StGB findet Anwendung (OLG Frankfurt a. M. NStZ 2009, 268 Ls.; LG Flensburg SchlHA 1997, 285; Fischer/

Fischer/Lutz StGB § 59c Rn. 3; Deckenbrock/Dötsch NStZ 2003, 346; **aM** AG Dieburg NStZ 1996, 613; SK-StPO/Paeffgen/Greco Rn. 4).

II. Gesamtstrafen aus früheren Urteilen. Gesamtstrafen aus früheren Urteilen u. Strafbefehlen werden aufgelöst; dadurch werden sie gegenstandslos. § 460 erlaubt insoweit einen Eingriff in die Rechtskraft früherer gerichtlicher Entsch. (BGHSt 35, 208 (214)). Das gilt auch für den Fall, dass die frühere Gesamtstrafe rechtsfehlerhaft gebildet worden war (OLG Karlsruhe NStZ 1987, 186). Es gelten die Grundsätze zu § 55 StGB (vgl. Fischer/Fischer/Lutz StGB § 55 Rn. 8 ff.). 10

Ergibt sich das Erfordernis, zwei o. **mehrere Gesamtstrafengruppen zu bilden,** so ist das damit nach § 462a Abs. 3 S. 2 befasste Gericht für die Bildung aller Gesamtstrafen zuständig, auch für diejenigen Gruppen, in denen keine v. ihm selbst verhängte Einzelstrafe enthalten ist (KG NStZ-RR 2010, 252). 10a

III. Erledigung der früheren Verurteilung. Ist die frühere Verurteilung bereits erledigt, so ist zu unterscheiden: 11

1. War sie **bereits zur Zeit des Erlasses des letzten tatrichterlichen Urteils** verbüßt, verjährt o. erlassen, so lagen die Voraussetzungen für die Bildung einer Gesamtstrafe schon nach § 55 StGB nicht vor (wegen der Einzelheiten vgl. Fischer/Fischer/Lutz StGB § 55 Rn. 6); auch § 460 ist dann nicht anwendbar (KK-StPO/Appl Rn. 9; Löwe/Rosenberg/Graalmann-Scheerer Rn. 13). Bei Teilerledigung wird zwar die ganze Strafe in die Gesamtstrafe einbezogen, aber der verbüßte o. erlassene Teil v. ihr wieder abgezogen (RGSt 60, 206 (208); 77, 151 (152)). 12

2. Ist die **Erledigung erst nach Erlass des letzten tatrichterlichen Urteils** eingetreten, so steht sie, da der Verurteilte so gestellt werden muss, als sei zu diesem Zeitpunkt nach § 55 StGB verfahren worden (→ Rn. 1), der neuen Gesamtstrafenbildung grds. nicht entgegen (BGH NStZ-RR 2009, 382). Eine Ausnahme gilt, wenn sämtliche Einzelstrafen schon verbüßt, verjährt o. erlassen sind (BGH NStZ-RR 2015, 20; KG JR 1976, 202). Sonst hindert die Einbeziehung in die Gesamtstrafe nicht, dass die Einzelstrafe voll verbüßt (BGH NStZ-RR 2007, 369; BayObLGSt 1957, 185; KG JR 1976, 202) o. durch Zahlung der Geldstrafe voll erledigt ist (vgl. LG Kaiserslautern Rpfleger 1972, 373). Einbezogen werden auch Strafen, die durch Eintritt der Strafvollstreckungsverjährung erledigt (Löwe/Rosenberg/Graalmann-Scheerer Rn. 22; Bringewat Gesamtstrafe Rn. 344; **aM** Oppe NJW 1959, 1358) o. durch Gnadenerweis erlassen worden sind (LG Kiel Rpfleger 1960, 305; Löwe/Rosenberg/Graalmann-Scheerer Rn. 17 ff.; Bringewat Gesamtstrafe Rn. 345). Die Gesamtstrafe ist dann aber um die anteilsmäßige Höhe der verjährten o. erlassenen Strafe zu mindern (LG Kiel Rpfleger 1960, 305; KK-StPO/Appl Rn. 15; **aM** Bringewat Strafvollstreckung Rn. 25: Strafmaß der Gesamtstrafe „zumessungsgerecht" verringern). Nicht einbezogen werden Strafen, für die die Bewährungszeit abgelaufen ist (KG JR 1976, 202) o. die nach Ablauf der Frist bereits nach § 56g Abs. 1 S. 1 StGB erlassen worden sind (KG JR 1976, 202; KK-StPO/Appl Rn. 14; **aM** Löwe/Rosenberg/Graalmann-Scheerer Rn. 20; Bringewat Gesamtstrafe Rn. 344). 13

C. Gesamtstrafenbildung. I. Bemessung der Gesamtstrafe. Die Bemessung der Gesamtstrafe darf **nicht** zur **Urteilskorrektur** führen (Bringewat Gesamtstrafe Rn. 355; NStZ 1988, 72), auch nicht durch einen Härteausgleich (Bringewat NStZ 1990, 50 gegen AG Waldshut-Tiengen NStZ 1990, 48). War bereits eine Gesamtstrafe gebildet worden, so ist ihre Höhe die unterste Grenze der neuen Gesamtstrafe (BGHSt 7, 180 (183); LK-StGB/Rissing-van Saan StGB § 55 Rn. 31; **aM** TK-StGB/Sternberg-Lieben/Bosch StGB § 55 Rn. 40; Bringewat Gesamtstrafe Rn. 349). Die Angemessenheit der erkannten Strafen hat das Gericht nicht zu prüfen. Es darf daher bei der Gesamtstrafe nicht unter der höchsten Einzelstrafe bleiben, weil sie ihm zu hoch erscheint. An die tatsächlichen Feststellungen des früheren Urt. ist das Gericht gebunden (TK-StGB/Sternberg-Lieben/Bosch StGB § 55 Rn. 39). Eine fehlende Einzelstrafe darf es nicht durch eine fiktive ersetzen (BGHSt 41, 374; 43, 34; zw. KK-StPO/Appl Rn. 27). Dem Gericht ist es im Nachtragsverfahren verwehrt, anstelle v. Erwachsenenstrafrecht, das nach § 32 JGG 14 angewendet wurde, nunmehr Jugendstrafrecht anzuwenden (OLG Stuttgart StV 2016, 708).

15 Im Übrigen gelten für die **Bildung der Gesamtstrafe** die gleichen Grundsätze wie bei § 55 StGB u. den darin in Bezug genommenen §§ 53, 54 StGB (vgl. wegen der Einzelheiten Fischer/Fischer/Lutz StGB § 55 Rn. 14 ff.). Zur Gesamtstrafenbildung bei unterschiedlicher Tagessatzhöhe der Einzelgeldstrafen vgl. LG Freiburg NStZ 1991, 135; LG Hildesheim NStZ 1991, 136; Metz StraFo 2010, 403); es sind die wirtschaftlichen Verhältnisse zzt. der letzten tatrichterlichen Entsch., nicht diejenigen zzt. des Nachtragsbeschlusses zugrunde zu legen (LG Frankfurt a. M. NStZ-RR 2011, 40; LG Freiburg NStZ 1991, 135; KK-StPO/Appl Rn. 30; **aM** LG Berlin NStZ-RR 2006, 373; Metz Metz StraFo 2010, 406).

16 Bei der **Begründung** ist v. der Wiederholung der Strafzumessungsgründe für die Einzelstrafen abzusehen (OLG Braunschweig NJW 1954, 569; Löwe/Rosenberg/Graalmann-Scheerer Rn. 49; Bringewat Gesamtstrafe Rn. 354). Die Gesamtstrafe muss dagegen entspr. § 267 Abs. 3 S. 1 begründet werden (OLG Düsseldorf MDR 1993, 375; OLG Köln NJW 1953, 275; Bringewat Gesamtstrafe Rn. 354). Dabei muss das Gericht nach § 54 Abs. 2 S. 3 StGB die Person des Täters u. die einzelnen Taten zusf. würdigen (vgl. OLG Düsseldorf StV 1986, 376). Die Begründung der Gesamtstrafe muss umso eing. sein, je mehr sie sich der Summe der Einzelstrafen nähert (BGHSt 24, 268). Vgl. iÜ die Kommentare zu § 55 StGB.

17 **II. Bewilligte Strafaussetzung zur Bewährung.** Dass Strafaussetzung zur Bewährung in einem o. mehreren der früheren Urt. bewilligt worden war, **steht der Gesamtstrafenbildung nicht entgegen;** sie macht die Strafaussetzung gegenstandslos, ohne dass es eines Widerrufs bedarf (BGHSt 7, 180; 8, 203 (204); 8, 254 (260); BGH GA 1982, 177; OLG Düsseldorf JR 1984, 508; OLG Zweibrücken NJW 1968, 310). In dem Verf. nach § 460 ist über die Aussetzung der Gesamtstrafe unter Beachtung der zeitlichen Schranken der §§ 56, 58 Abs. 1 StGB neu u. grds. ohne Bindung an die Vorentscheidungen – nach der Sachlage zzt. der Beschlussfassung (BGH NJW 2003, 2841; BayObLG NStZ-RR 2002, 297) – zu entscheiden (BGHSt 30, 168 (170) mwN); ein hins. des Bewährungswiderrufs lfd. Beschwerdeverfahren muss aber zu Ende geführt werden (unrichtig KG NStZ 2007, 422: nur ausnahmsweise). Die Gesamtbeurteilung der Taten kann die Versagung der Strafaussetzung auch dann rechtfertigen, wenn alle einbezogenen Einzelstrafen zur Bewährung ausgesetzt waren (OLG Hamm NStZ-RR 2008, 235). War die Strafaussetzung für alle einbezogenen Strafen abgelehnt worden, so darf auch die Gesamtstrafe nicht zur Bewährung ausgesetzt werden (SK-StPO/Paeffgen/Greco Rn. 22; **aM** LG Berlin StV 2012, 614). Der Widerruf der Bewährung für eine der einbezogenen Strafen hindert die Aussetzung der Gesamtstrafe rechtlich nicht (Fischer/Fischer/Lutz StGB § 58 Rn. 3, 4); allerdings werden die Voraussetzungen des § 56 StGB dann idR nicht vorliegen. Wird die neue Gesamtstrafe nicht zur Bewährung ausgesetzt, so gilt nach § 58 Abs. 2 S. 2 der § 56f Abs. 3 StGB entspr. (zur Anrechnung vgl. BGHSt 36, 378; OLG Celle StV 1992, 526; Bringewat Strafvollstreckung Rn. 50), anders aber im Jugendstrafrecht (BGHSt 49, 90 = JR 2004, 392 mablAnm Müller; str.). Wird sie zur Bewährung ausgesetzt, so muss die Bewährungszeit nach § 56a StGB neu festgesetzt werden; dabei ist § 58 Abs. 2 S. 1 StGB zu beachten. Die neue Bewährungszeit beginnt mit der Rechtskraft des Beschl. (→ Rn. 26). Weisungen u. Aufl. nach §§ 56b ff. StGB können in dem neuen Gesamtstrafenbeschluss neu festgesetzt werden; waren sie in einem zugleich mit einem der früheren Urt. erlassenen Beschl. nach § 268a enthalten, so fallen sie fort, wenn sie in dem Gesamtstrafenbeschluss nicht ausdr. aufrechterhalten werden (LG Berlin JR 1987, 217). Der Widerruf der Bewährung einer in eine Gesamtstrafe einbezogenen Einzelstrafe geht ins Leere u. ist daher wirkungslos (OLG Düsseldorf JR 2000, 302 mablAnm Wohlers; gegen ihn zutr. BGH StraFo 2004, 430). Setzt der Tatrichter eine nach § 460 neu gebildete Gesamtfreiheitsstrafe zur Bewährung aus, obwohl ihm bekannt ist, dass der Verurteilte nach Verhängung der zusammenzuführenden Strafen erneut straffällig u. deswegen rkr. verurteilt

worden ist, wird damit für den Verurteilten ein Vertrauenstatbestand geschaffen, der einen Widerruf dieser Strafaussetzung nach § 56f Abs. 1 StGB jedenfalls aus den dem Gericht bei der Aussetzung bekannten Gründen verbietet (OLG Celle StraFo 2011, 416).

III. Nebenstrafen, Nebenfolgen und Maßnahmen. Nebenstrafen, Nebenfolgen und Maßnahmen iSd § 11 Abs. 1 Nr. 8 StGB dürfen in dem Beschl. nach § 460 nicht erstmals angeordnet werden (TK-StGB/Sternberg-Lieben/Bosch StGB § 55 Rn. 75; Bringewat Gesamtstrafe Rn. 351; Oske MDR 1965, 13). War auf sie in einem der Urt. erkannt worden, deren Strafen in die Gesamtstrafe einbezogen worden sind, so müssen sie in dem Beschl. nach § 460 ausdr. aufrechterhalten werden, soweit er sie nicht gegenstandslos macht (§ 55 Abs. 2 StGB). Wegen der Einzelheiten vgl. Fischer/Fischer/Lutz StGB § 55 Rn. 29 ff. 18

IV. Verbot der Schlechterstellung (§ 331 Abs. 1). Das Verbot der Schlechterstellung (§ 331 Abs. 1) gilt – entgegen früher vertretener Auff. (BGHSt 15, 164 (166); OLG Oldenburg Rpfleger 1979, 428) – hier nicht (BGHSt 35, 208; LG Berlin NJW 2000, 3796; LG Lüneburg NStZ 2009, 573; SK-StPO/Paeffgen/Greco Rn. 10; NStZ 2009, 545). Die neue Gesamtstrafe darf daher die Summe der bisherigen Gesamtstrafe u. der nunmehr einbezogenen Strafen auch überschreiten, wenn nur so die Gesamtstrafenbildung § 54 StGB gerecht wird (LG Halle NStZ 1996, 456; LG Lüneburg NStZ 2009, 573; Bringewat NStZ 2009, 542; erg. → § 331 Rn. 19). 19

Wenn der letzte Tatrichter beim **Zusammentreffen von Freiheits- und Geldstrafe** nach § 53 Abs. 2 S. 2 Hs. 1 StGB davon abgesehen hat, eine Gesamtfreiheitsstrafe zu bilden, darf dem Verurteilten dieser Vorteil in dem Verf. nach § 460 nicht genommen werden (BayObLGSt 1979, 105; OLG Düsseldorf StV 1993, 31; 1993, 34; krit. dazu Bringewat StV 1993, 50; OLG Hamm MDR 1972, 162), anders aber, wenn dem letzten Tatrichter die anderweit verhängte Strafe unbekannt geblieben war (BGHSt 35, 208; erg. → § 331 Rn. 20) o. er über die Bildung einer Gesamtstrafe nicht entscheiden konnte (→ Rn. 2; dazu OLG Frankfurt a. M. NStZ-RR 1996, 177; krit. Manthey FS Strauda, 2006, 217). 20

Beim **Zusammentreffen einer lebenslangen Freiheitsstrafe mit anderen Freiheitsstrafen** darf das SchwG nach § 57b StGB nachträglich die bes. Schuldschwere bejahen (OLG Hamm NStZ 1996, 301; Kintzi DRiZ 1993, 345). Ist aber bei einem nachträglichen Erkenntnis auf eine lebenslange Freiheitsstrafe als Gesamtstrafe die bes. Schwere der Schuld weder im Tenor noch in den Gründen erwähnt, darf der Gesamtstrafenbeschluss die in der einbezogenen Entsch. festgestellte bes. Schwere der Schuld nicht bejahen (OLG Frankfurt a. M. NStZ-RR 2009, 381 Ls.). 20a

D. Verfahren. I. Von Amts wegen oder auf Antrag. Von Amts wegen oder auf Antrag des Verurteilten o. der StA als Strafverfolgungsbehörde (nicht des Rechtspflegers) ergeht die Entscheidung. Hat der Verurteilte den Antrag nicht selbst gestellt, so muss er vor der Entsch. gehört werden (§ 462 Abs. 2), auch zur Höhe der Gesamtstrafe, die v. der StA beantragt o. vorgeschlagen wird. 21

Zur Entsch. des Revisionsgerichts vgl. § 354 Abs. 1b (→ § 354 Rn. 30 ff.). 22

II. Beschluss. Den Beschluss erlässt das nach § 462a Abs. 3 zuständige Gericht ohne mündliche Verh. (§ 462 Abs. 1 S. 1). Er muss nach § 34 begründet werden. Ein Abwarten mit der Entsch. bis zum rkr. Abschluss eines weiteren gegen den Verurteilten anhängigen Strafverfahrens ist nicht zulässig (OLG Karlsruhe Justiz 1998, 533). Wird die Gesamtstrafenbildung abgelehnt, so sind die Gründe dafür darzulegen. Wird sie vorgenommen, so müssen die rechtlichen Voraussetzungen (Angabe der Tatzeiten u. der Urteilsdaten) dargelegt werden. Zur Begründung der Bemessung der Gesamtstrafe vgl. → Rn. 16. 23

III. Rechtsmittel. Vgl. § 462 Abs. 3 S. 1. Die Anfechtung kann beschränkt werden, zB auf die Frage der Strafaussetzung. Für Rechtsmittel des Verurteilten o. der StA zu seinen Gunsten gilt das Verbot der Schlechterstellung (vgl. → Rn. 19, → Vor § 304 Rn. 5). Das Beschwerdegericht entscheidet nach § 309 Abs. 2 auch 24 dann in der Sache selbst, wenn der Beschl. mangelhaft begründet ist (OLG Düsseldorf MDR 1993, 375; KMR-StPO/Stöckel Rn. 52; **aM** OLG Düsseldorf StV 1986, 376; LG Halle NStZ 1996, 456; erg. → § 309 Rn. 7 ff.).

25 **IV. Rechtskraft des Beschlusses.** Die Rechtskraft des Beschlusses bewirkt, dass die Gesamtstrafe in gleicher Weise unabänderlich festgesetzt ist wie in einem Urt. nach § 55 StGB (OLG Düsseldorf JR 1984, 508 mzustAnm Beulke; OLG Karlsruhe MDR 1976, 862). Die nachträgliche Abänderung des Beschl. ist daher unzulässig (LG Stuttgart NStZ 1997, 455, das aber die entspr. Anwendung der §§ 359 ff. befürwortet; Bringewat Gesamtstrafe Rn. 356; **aM** LG Bochum Rpfleger 1962, 441: bei Tatsachenirrtum). Für die Wirksamkeit der Zustellung kommt es nicht auf die Sprachkundigkeit des Zustellungsempfängers an (OLG Saarbrücken NStZ-RR 2025, 177).

26 Erst mit der Rechtskraft wird die neue **Bewährungszeit** in Kraft gesetzt (→ Rn. 17). Ein Widerruf der in dem Beschl. bewilligten Strafaussetzung ist nach § 56f Abs. 1 S. 2 StGB zulässig, wenn eine neue Tat in der Zeit zwischen der Entsch. über die Aussetzung in einem einbezogenen Urt. u. der Rechtskraft des Beschl. nach § 460 begangen worden ist (näher Fischer/Fischer/Lutz StGB § 56f Rn. 3c).

27 **V. Vollstreckung.** Die Vollstreckung der rkr. festgesetzten Einzelstrafen ist bis zur (Voll-)Rechtskraft des Gesamtstrafenbeschlusses zulässig (KG NStZ-RR 2004, 286 mwN). Die Vollstreckung der neu gebildeten Gesamtstrafe erfolgt auf der Grdl. des Beschl. nach § 460 wie die eines Urt., verlangt also eine mit Rechtskraftbescheinigung versehene Urschrift o. beglaubigte Abschrift des Gesamtstrafenbeschlusses (LG Bochum NJW 1957, 194; Röttle/Wagner/Theurer HRP Strafvollstreckung Rn. 53). Zur Anrechnung der einbezogenen Strafe, soweit sie vollstreckt o. durch Anrechnung erledigt ist, auf die Gesamtstrafe vgl. § 51 Abs. 2 StGB. Zur Anrechnung bezahlter o. durch freie Arbeit o. durch Verbüßung der Ersatzfreiheitsstrafe erledigter Geldstrafe auf die Gesamtstrafe vgl. Siggelkow Rpfleger 1994, 93.

Anrechnung des Aufenthalts in einem Krankenhaus

461 (1) **Ist der Verurteilte nach Beginn der Strafvollstreckung wegen Krankheit in eine von der Strafanstalt getrennte Krankenanstalt gebracht worden, so ist die Dauer des Aufenthalts in der Krankenanstalt in die Strafzeit einzurechnen, wenn nicht der Verurteilte mit der Absicht, die Strafvollstreckung zu unterbrechen, die Krankheit herbeigeführt hat.**

(2) **Die Staatsanwaltschaft hat im letzteren Falle eine Entscheidung des Gerichts herbeizuführen.**

1 **A. Berechnung der Strafzeit.** Die Berechnung der Strafzeit regelt Abs. 1 **für den Fall,** dass der Verurteilte auf Anordnung der VollstrB wegen Krankheit in eine v. der JVA getrennte Krankenanstalt gebracht worden ist, ohne dass zuvor die Unterbrechung der Strafvollstreckung nach § 455 Abs. 4 (OLG Hamburg NStZ 1999, 589; OLG Stuttgart NStZ 1989, 552) o. im Gnadenweg (OLG Celle MDR 1968, 782) angeordnet wurde. § 461 gilt sinngemäß für freiheitsentziehende Sicherungsmaßregeln (§ 463 Abs. 1), findet aber iÜ keine entspr. Anwendung (OLG Hamburg NStZ 1999, 589).

2 **Krankheit** iSv Abs. 1 ist nicht nur jede körperliche Erkrankung, sondern auch eine geistige Erkrankung, die eine Verbringung des Verurteilten in ein psychiatrisches Krankenhaus erfordert (Löwe/Rosenberg/Graalmann-Scheerer Rn. 3).

3 **In eine von der JVA getrennte Krankenanstalt gebracht ist der Verurteilte,** wenn er in eine Krankenanstalt außerhalb des Vollzugs unabhängig v. seinem Willen in Ausübung öffentl. Gewalt überführt worden ist (zB nach Art. 67 BayStVollzG, § 46 NRWStVollzG). Dem steht der Fall gleich, dass sich der Verurteilte während eines Urlaubs aus dem Strafvollzug selbst in stationäre Krankenhausbehandlung begibt (OLG Hamm NStZ 1983, 287). § 461 gilt aber nicht, wenn er

während einer Strafunterbrechung ohne Mitwirkung der VollstrB ein Krankenhaus aufsucht (OLG Celle MDR 1968, 782).

Einzurechnen in die Strafzeit ist der Aufenthalt in der Krankenanstalt. 4

Eine **Ausnahme** gilt, wenn der Verurteilte mit der Absicht, die Strafvollstreckung zu unterbrechen, die Krankheit selbst herbeigeführt hat. Die bloße Vortäuschung der Krankheit, auch der Geisteskrankheit, steht dem gleich (Löwe/Rosenberg/Graalmann-Scheerer Rn. 6; **aM** KK-StPO/Appl Rn. 3). In jedem Fall muss der Gefangene die Verlegung aus der Anstalt erstreben (KK-StPO/Appl Rn. 11). Was er damit iErg bezweckt (Flucht, Vermeidung des Arbeitszwangs usw), ist gleichgültig. 5

B. Gerichtliche Entscheidung (Abs. 2). Die gerichtliche Entscheidung (Abs. 2) hat die StA als Strafverfolgungsbehörde (Katholnigg NStZ 1982, 195) herbeizuführen, wenn sie den Krankenhausaufenthalt wegen selbst herbeigeführter o. bloß vorgetäuschter Erkrankung bei der Strafzeitberechnung nicht berücksichtigen will. Zuständig ist nach § 462a Abs. 1 die StVollstrK. Für das Verf. gilt § 462 Abs. 1 S. 1, Abs. 2 S. 1. 6

C. Rechtsbehelfe. Gegen die Weigerung der StA, den Krankenhausaufenthalt in die Strafzeit einzurechnen, sind Einwendungen nach § 458 Abs. 1 zulässig, gegen die gerichtliche Entsch., auch nach Abs. 2, die sofortige Beschwerde nach § 462 Abs. 3 S. 1. 7

Verfahren bei gerichtlichen Entscheidungen; sofortige Beschwerde

462 (1) [1] **Die nach § 450a Abs. 3 Satz 1 und den §§ 458 bis 461 notwendig werdenden gerichtlichen Entscheidungen trifft das Gericht ohne mündliche Verhandlung durch Beschluß.** [2] **Dies gilt auch für die Wiederverleihung verlorener Fähigkeiten und Rechte (§ 45b des Strafgesetzbuches), die Aufhebung des Vorbehalts der Einziehung und die nachträgliche Anordnung der Einziehung eines Gegenstandes (§ 74f Absatz 1 Satz 4 des Strafgesetzbuches), die nachträgliche Anordnung der Einziehung des Wertersatzes (§ 76 des Strafgesetzbuches) sowie für die Verlängerung der Verjährungsfrist (§ 79b des Strafgesetzbuches).**

(2) [1] **Vor der Entscheidung sind die Staatsanwaltschaft und der Verurteilte zu hören.** [2] **Das Gericht kann von der Anhörung des Verurteilten in den Fällen einer Entscheidung nach § 79b des Strafgesetzbuches absehen, wenn infolge bestimmter Tatsachen anzunehmen ist, daß die Anhörung nicht ausführbar ist.**

(3) [1] **Der Beschluß ist mit sofortiger Beschwerde anfechtbar.** [2] **Die sofortige Beschwerde der Staatsanwaltschaft gegen den Beschluß, der die Unterbrechung der Vollstreckung anordnet, hat aufschiebende Wirkung.**

A. Im schriftlichen Verfahren (Abs. 1). Im schriftlichen Verfahren (Abs. 1) nach Aktenlage durch Beschl., der nach § 34 zu begründen ist, trifft das Gericht **die in S. 1 und 2 bezeichneten Entscheidungen.** Eine mündliche Verh. ist nicht zulässig; wie bei § 309 (→ § 309 Rn. 1) u. § 453 (→ § 453 Rn. 3) kann das Gericht aber aus bes. Gründen mündliche Erklärungen entgegennehmen o. sogar herbeiführen (→ Rn. 3). Es kann vor der Entsch. auch im Freibeweisverfahren (→ § 244 Rn. 7, 9) Beweiserhebungen selbst vornehmen o. durch einen beauftragten o. ersuchten Richter vornehmen lassen; auch die Hilfe der StA o. der Polizei, in geeigneten Fällen auch die der Gerichtshilfe (§ 463d), kann in Anspruch genommen werden. Die eidliche Vernehmung v. Zeugen ist nicht ausgeschlossen (KK-StPO/Appl Rn. 2). 1

B. Anhörungspflicht (Abs. 2). Die Anhörungspflicht (Abs. 2) besteht ggü. der StA, die als Strafverfolgungsbehörde, nicht als VollstrB zu hören ist, zugleich aber deren Interessen wahrnimmt (KK-StPO/Appl Rn. 3; Katholnigg NStZ 1982, 195), dem Verurteilten u. den v. der Entsch. sonst unmittelbar Betroffenen. Der 2

Verurteilte muss, auch wenn er selbst den Antrag auf gerichtliche Entsch. gestellt hat, zu allen Tatsachen o. Beweisergebnissen gehört werden, die o. deren Bedeutung ihm bei der Antragstellung nicht bekannt waren (§ 33 Abs. 3).

3 Die **mündliche Anhörung des Verurteilten** ist, anders als im Fall des § 454 Abs. 1 S. 3, nicht vorgeschrieben. Sie ist aber auch nicht unzulässig u. mitunter empfehlenswert, wenn es auf den persönlichen Eindruck v. dem Verurteilten ankommt, zB bei der nachträglichen Gesamtstrafenbildung nach § 460, bei der nach § 54 Abs. 1 S. 2 StGB auch die Person des Täters zu würdigen ist, o. im Verf. nach § 67d Abs. 5 StGB (OLG Frankfurt a. M. NStZ-RR 2012, 323). Das Gericht kann anordnen, dass die mündliche Anhörung im Wege der **Videokonferenztechnik** durchgeführt wird, um die Anreise o. die Vorführung Verurteilter zu vermeiden.

4 Die **Ausnahme nach S. 2** ist deshalb erforderlich, weil in den Fällen des § 79b StGB eine Anhörung des Verurteilten, der sich auf fremdes Staatsgebiet begeben hat, idR nicht durchführbar ist. Die Unausführbarkeit muss dann aber aufgrund bestimmter Tatsachen, nicht aufgrund bloßer Vermutungen (vgl. → § 459c Rn. 3) anzunehmen sein. Der Beschl. kann öffentl. zugestellt werden (§ 40). Der Verurteilte kann ggf. das Nachtragsverfahren nach § 33a oder die Wiedereinsetzung nach § 44 beantragen.

5 **C. Sofortige Beschwerde (Abs. 3).** Sofortige Beschwerde (Abs. 3) nach § 311 ist gegen den Beschl. zulässig (auch wenn sich die Entsch. irrtümlich als „Urteil" bezeichnet: BGH StraFo 2017, 240), es sei denn, das OLG habe entschieden (BGH NStE StPO § 462 Nr. 11 zu § 462a). Wenn aber das Gericht in der Sache selbst nicht entschieden hat, ist die einfache Beschwerde nach § 304 gegeben (OLG Düsseldorf NStZ 1981, 366). Beschwerdeberechtigt sind die StA als Strafverfolgungsbehörde, der Verurteilte u. die unmittelbar v. der Vollstreckung in ihren Rechten Betroffenen. Die VollstrB hat kein Beschwerderecht (KK-StPO/Appl Rn. 4; Löwe/Rosenberg/Graalmann-Scheerer Rn. 9; **aM** Krauß NJW 1958, 49 für den Fall des § 458). Das Beschwerdegericht entscheidet nach § 309 Abs. 2 in der Sache selbst, auch wenn die Anhörung nach Abs. 2 unterblieben ist (→ § 309 Rn. 7 ff.); der Mangel wird im Beschwerdeverfahren geheilt (**aM** OLG Hamburg GA 1963, 215). Hat anstelle der StVollstrK das Gericht des 1. Rechtszugs entschieden, so entscheidet das beiden übergeordnete Beschwerdegericht ebenfalls in der Sache selbst (→ § 309 Rn. 6; KG NStZ 1994, 255; **aM** OLG Hamburg NStZ 1991, 356); andernfalls stellt es die Zuständigkeit der StVollstrK fest (vgl. OLG Koblenz OLGSt StGB § 70a Nr. 1).

6 **Aufschiebende Wirkung** (S. 2) hat die sofortige Beschwerde der StA im Fall des § 455 Abs. 4 (→ § 455 Rn. 16).

Zuständigkeit der Strafvollstreckungskammer und des erstinstanzlichen Gerichts

462a (1) [1]**Wird gegen den Verurteilten eine Freiheitsstrafe vollstreckt, so ist für die nach den §§ 453, 454, 454a und 462 zu treffenden Entscheidungen die Strafvollstreckungskammer zuständig, in deren Bezirk die Strafanstalt liegt, in die der Verurteilte zu dem Zeitpunkt, in dem das Gericht mit der Sache befaßt wird, aufgenommen ist.** [2]**Diese Strafvollstreckungskammer bleibt auch zuständig für Entscheidungen, die zu treffen sind, nachdem die Vollstreckung einer Freiheitsstrafe unterbrochen oder die Vollstreckung des Restes der Freiheitsstrafe zur Bewährung ausgesetzt wurde.** [3]**Die Strafvollstreckungskammer kann einzelne Entscheidungen nach § 462 in Verbindung mit § 458 Abs. 1 an das Gericht des ersten Rechtszuges abgeben; die Abgabe ist bindend.**

(2) [1]**In anderen als den in Absatz 1 bezeichneten Fällen ist das Gericht des ersten Rechtszuges zuständig.** [2]**Das Gericht kann die nach § 453 zu treffenden Entscheidungen ganz oder zum Teil an das Amtsgericht abgeben, in dessen Bezirk der Verurteilte seinen Wohnsitz oder in Erman-**

gelung eines Wohnsitzes seinen gewöhnlichen Aufenthaltsort hat; die Abgabe ist bindend. [3] Abweichend von Absatz 1 ist in den dort bezeichneten Fällen das Gericht des ersten Rechtszuges zuständig, wenn es die Anordnung der Sicherungsverwahrung vorbehalten hat und eine Entscheidung darüber gemäß § 66a Absatz 3 Satz 1 des Strafgesetzbuches noch möglich ist.

(3) [1] **In den Fällen des § 460 entscheidet das Gericht des ersten Rechtszuges. [2] Waren die verschiedenen Urteile von verschiedenen Gerichten erlassen, so steht die Entscheidung dem Gericht zu, das auf die schwerste Strafart oder bei Strafen gleicher Art auf die höchste Strafe erkannt hat, und falls hiernach mehrere Gerichte zuständig sein würden, dem Gericht, dessen Urteil zuletzt ergangen ist. [3] War das hiernach maßgebende Urteil von einem Gericht eines höheren Rechtszuges erlassen, so setzt das Gericht des ersten Rechtszuges die Gesamtstrafe fest; war eines der Urteile von einem Oberlandesgericht im ersten Rechtszuge erlassen, so setzt das Oberlandesgericht die Gesamtstrafe fest. [4] Wäre ein Amtsgericht zur Bildung der Gesamtstrafe zuständig und reicht seine Strafgewalt nicht aus, so entscheidet die Strafkammer des ihm übergeordneten Landgerichts.**

(4) [1] **Haben verschiedene Gerichte den Verurteilten in anderen als den in § 460 bezeichneten Fällen rechtskräftig zu Strafe verurteilt oder unter Strafvorbehalt verwarnt, so ist nur eines von ihnen für die nach den §§ 453, 454, 454a und 462 zu treffenden Entscheidungen zuständig. [2] Absatz 3 Satz 2 und 3 gilt entsprechend. [3] In den Fällen des Absatzes 1 entscheidet die Strafvollstreckungskammer; Absatz 1 Satz 3 bleibt unberührt.**

(5) [1] **An Stelle der Strafvollstreckungskammer entscheidet das Gericht des ersten Rechtszuges, wenn das Urteil von einem Oberlandesgericht im ersten Rechtszuge erlassen ist. [2] Das Oberlandesgericht kann die nach den Absätzen 1 und 3 zu treffenden Entscheidungen ganz oder zum Teil an die Strafvollstreckungskammer abgeben. [3] Die Abgabe ist bindend; sie kann jedoch vom Oberlandesgericht widerrufen werden.**

(6) **Gericht des ersten Rechtszuges ist in den Fällen des § 354 Abs. 2 und des § 355 das Gericht, an das die Sache zurückverwiesen worden ist, und in den Fällen, in denen im Wiederaufnahmeverfahren eine Entscheidung nach § 373 ergangen ist, das Gericht, das diese Entscheidung getroffen hat.**

Übersicht

1 **A. Strafvollstreckungskammern.** Strafvollstreckungskammern bestehen nach § 78a Abs. 1 S. 1 GVG bei allen LGen, in deren Bezirk sich Anstalten für Erwachsene zum Vollzug v. Freiheitsstrafen o. freiheitsentziehenden Sicherungsmaßregeln befinden. Die Einrichtung dieser StrKn mit bes. funktioneller Zuständigkeit (→ Vor § 1 Rn. 8) dient der Zuständigkeitskonzentration v. Strafvollstreckungssachen bei bes. erfahrenen, entscheidungsnahen Gerichten, denen insbes. die mündliche Anhörung nach § 454 Abs. 1 S. 3 unschwer möglich ist. Die StVollstrKn sind nach § 78a Abs. 1 S. 2 Nr. 1 GVG zuständig für die Entsch. nach den §§ 462, 463, soweit sich aus der StPO nichts anderes ergibt. § 462a bestimmt die sachliche u. örtliche Zuständigkeit der StVollstrKn u. grenzt sie v. der des Gerichts des 1. Rechtszugs ab.

2 **B. Zuständigkeit der StVollstrK (Abs. 1). I. Sachliche Zuständigkeit.** Sachlich zuständig (Abs. 1 S. 1) ist, wenn nicht das Urt. v. einem OLG im 1. Rechtszug erlassen ist (Abs. 5 S. 1), die StVollstrK für Entsch. **in den Fällen der §§ 453, 454, 454a und 462** (also auch in den Fällen der §§ 450a Abs. 3 S. 1, 458–461 mit Ausnahme des § 460, sowie gem. § 462 Abs. 1 iVm § 459g Abs. 2 hinsichtlich der Vollstreckung von Nebenfolgen, die zu einer Geldzahlung verpflichten (BGH 1.2.2023 – 2 ARs 382/21)), wenn der Verurteilte in dem Zeitpunkt, in dem das Gericht mit der Sache befasst wird (dazu → Rn. 9 ff.) in eine JVA zur Vollstreckung einer Freiheitsstrafe (→ Rn. 4) aufgenommen worden ist (→ Rn. 5). Gemeint sind nur Entsch., die den Verurteilten betreffen, gegen den eine Freiheitsstrafe vollzogen wird, nicht Mitangeklagte o. Nebenbeteiligte (BGH NStZ 1987, 428). Die Zuständigkeit geht selbst dann auf die StVollstrK über, wenn das erkennende Gericht mit einer Frage befasst war, über die es noch nicht abschl. entschieden hat; eine Zuständigkeitsfixierung durch Befasstsein des Tatgerichts gibt es insoweit nicht (BGH BeckRS 2020, 8574; KG NStZ 2007, 422).

3 Die Zuständigkeit **endet erst** mit der vollständigen Erledigung der Strafvollstreckung, nicht schon bei Strafunterbrechungen u. Strafaussetzungen (Abs. 1 S. 2), fällt also nicht etwa an das Gericht des 1. Rechtszugs zurück (BGH BeckRS 2012, 11156; OLG Frankfurt a. M. NStZ-RR 2007, 157). Die Zuständigkeit der StVollstrK endet auch, wenn eine Geldstrafe, die im Wege der Ersatzfreiheitsstrafe vollstreckt wird, v. erkennenden Gericht in eine zur Bewährung ausgesetzte Gesamtfreiheitsstrafe einbezogen u. der Verurteilte mit Urteilsverkündung aus der Strafhaft entlassen wird (BGHSt 54, 13).

4 **1. Freiheitsstrafen** iSv Abs. 1 S. 1 sind Freiheitsstrafen nach § 38 StGB u. Ersatzfreiheitsstrafen nach § 43 StGB (BGHSt 30, 223; OLG Hamburg NJW 1976, 257; OLG München NStZ 1984, 238) sowie der Strafarrest nach § 9 WStGB, auch wenn er bei der Bundeswehr vollzogen wird (BGHSt 26, 391, OLG Stuttgart OLGSt StPO § 462a S. 31), nicht aber die Jugendstrafe (→ Rn. 40). Auf freiheitsentziehende Sicherungsmaßregeln ist § 462a entspr. anwendbar (§ 463 Abs. 1).

5 **2. Aufnahme zum Zweck der Vollstreckung:** Gemeint ist nicht nur die 1. Aufnahme, sondern auch die Aufnahme nach Strafunterbrechung o. widerrufener Strafaussetzung sowie nach Verlegung (BGH 26.10.2021 – 2 ARs 335/21 mwN), nicht die bloße Einleitung der Vollstreckung (OLG Düsseldorf StraFo 1998, 430). Bei Verurteilung zu einer Bewährungsstrafe tritt die Zuständigkeit der StVollstrK mit Rechtskraft ein, wenn sich der Verurteilte zu diesem Zeitpunkt in anderer Sache in Strafhaft befand, ohne dass es darauf ankommt, ob während der Inhaftierung eine konkrete Entsch. in der Strafvollstreckungssache zu treffen war; sie entfällt auch nicht durch die Entlassung aus der Strafhaft (OLG Hamm NStZ 2012, 711; vgl. auch BGH NStZ-RR 2008, 87). Erforderlich ist grds. die tatsächliche Aufnahme des Verurteilten als Strafgefangener in die JVA, an die das Aufnahmeersuchen, dessen Fehlen aber unschädlich sein kann (OLG Hamburg MDR 1982, 251), gerichtet war, also der Beginn des Strafvollzugs in dieser Anstalt (vgl. BGH NStZ 1984, 380; 2000, 111; Becker NStZ-RR 2003, 293 – BGH RsprU; OLG Frankfurt a. M. NStZ-RR 2007, 157; vgl. auch BGH NStZ-RR 2018, 190 mwN; OLG Hamm NStZ 1998, 479 zur sog. Organisationshaft, dazu → Vor § 112

Rn. 7); dabei ist es unerheblich, ob die Vollzugseinrichtung nach dem Vollstreckungsplan des jeweiligen Bundeslandes auch zuständig ist, selbst wenn eine spätere Verlegung in eine zuständige Einrichtung schon abzusehen ist (BGH NStZ-RR 2015, 58 mwN; StV 2018, 354). Dem entsprechend genügt die Aufnahme in eine JVA zur Beurteilung durch die Aufnahmekommission (OLG Düsseldorf NStE StPO § 462a Nr. 28; OLG Stuttgart NJW 1977, 1074 Ls.), auch wenn eine Verlegung in eine andere Anstalt vorgesehen ist.

Keine Aufnahme iSv Abs. 1 S. 1 liegt dagegen vor, wenn der Verurteilte sich in der betr. JVA nur vorübergehend wie etwa iRe Verschubung o. zum Zwecke einer medizinischen Untersuchung aufhält (BGH NStZ 2012, 652; StraFo 2015, 346: fünfwöchiger Aufenthalt im Justizvollzugskrankenhaus), ebenso, wenn er sich v. sich aus o. aufgrund einer Ladung nach § 27 Abs. 5 StVollstrO zur Zuführung an die zuständige JVA in eine näher gelegene JVA begibt (OLG Zweibrücken NStZ 2003, 54), es sei denn, die Haft wird in der Folge in der unzuständigen JVA vollzogen (BGH NStZ-RR 2015, 58). UHaft begründet keine Zuständigkeit (Miebach NStZ 1990, 230 – BGH RsprÜ), auch nicht Sicherungshaft nach § 453c (Becker NStZ-RR 2005, 69 – BGH RsprÜ). 5a

Bei **Übergang von UHaft in Strafhaft** ist der Tag der Rechtskraft des Urt. maßgebend (BGHSt 27, 302 (304); OLG Celle NStZ 1985, 188; OLG Düsseldorf NStZ 1981, 366), auch wenn eine Verlegung in die nach dem Vollstreckungsplan zuständige JVA o. eine Entziehungsanstalt zu erwarten ist (BGHSt 38, 63; BGH NStZ 2012, 652; 1999, 638; OLG Hamm NStZ 2010, 295). Befindet sich der Verurteilte in Haft, ist daher die StVollstrK für die infolge Anrechnung v. UHaft mögliche Entsch. nach § 57 StGB auch dann zuständig, wenn das Urt. durch allseitigen Rechtsmittelverzicht noch am Schluss der HV rkr. wird (OLG Celle NStZ 1985, 188; OLG Oldenburg StraFo 2009, 254). Dies gilt auch, wenn gegen den Verurteilten ab Rechtskraft der Verurteilung bis zu seiner Verlegung in den Maßregelvollzug Organisationshaft vollzogen wurde (BGH StV 2018, 357). Dagegen bleibt das erkennende Gericht unabhängig v. Zeitpunkt des Eintritts der Rechtskraft hierfür zuständig, wenn der Verurteilte zuvor aus der UHaft entlassen worden ist (OLG Dresden NStZ-RR 1998, 382; OLG Frankfurt a. M. NStZ-RR 1996, 155; OLG Hamm NStZ 2002, 223; OLG Stuttgart Justiz 1987, 233; **aM** OLG Düsseldorf JR 1976, 31). 6

Für die Neufestsetzung einer Strafe oder einer Gesamtstrafe nach **Art. 316p, Art. 313 Abs. 3 und Abs. 4 EGStGB (KCanG)** ist nicht die StrafvollstrK, sondern das erkennende Gericht zuständig (BGH NJW 2025, 676; OLG Stuttgart BeckRS 2024, 12407; OLG Schleswig BeckRS 2024, 19125; OLG Köln BeckRS 2024, 17222; → Art. 316p **EGStGB** Rn. 1). 6a

II. Örtliche Zuständigkeit der StrafVollstrK (Abs. 1 S. 1). 1. Grundsatz Vollzugsnähe: Der **öffentlich-rechtliche Sitz der JVA,** in die der Verurteilte zur Strafvollstreckung aufgenommen worden ist (→ Rn. 5 ff.) begründet die örtliche Zuständigkeit der StVollstrK (OLG Celle Nds. Rpfl. 1978, 92). Auf ihn kommt es auch an, wenn die Strafe in einer Außenstelle der JVA vollstreckt wird, die im Bezirk eines anderen LG liegt (BGHSt 28, 135; OLG Celle Nds. Rpfl. 1978, 92). 7

Die örtliche Zuständigkeit der Gerichte in **Strafvollzugssachen** richtet sich nach § 110 StVollzG; danach ist der Sitz der Vollzugsbehörde maßgeblich, die sich aus dem Vollstreckungsplan ergibt, nicht der tatsächliche Vollzugsort (BayObLG BeckRS 2025, 640). 8

2. Perpetuierung der Zuständigkeit durch *Befasstsein* mit der Sache: Wird die Strafe nacheinander in mehreren JVAen verschiedener LG-Bezirke vollstreckt, so kommt es für die örtliche Zuständigkeit auf den Zeitpunkt an, in dem das Gericht mit der Strafvollstreckungssache konkret befasst wird (BGH NStZ-RR 2013, 390; BeckRS 2009, 26983; OLG Frankfurt a. M. NStZ-RR 2007, 157). War eine StrafVollstrK mit einer bestimmten Frage der Strafvollstreckung befasst, bleibt sie dafür zuständig, bis sie abschl. entschieden hat (BGHSt 56, 252 mwN). Die 9

Zuständigkeitsperpetuierung gilt also nur für die konkret erforderlich gewordene Sachentscheidung, nicht für den Gesamtvorgang der Strafvollstreckung (KK-StPO/Appl Rn. 16; BGH 22.10.2025 – 2 ARs 327/25: Führungsaufsicht).

10 Für das **Befasstsein** idS kommt es einmal auf den **Zeitpunkt** an, in dem ein **Antrag** o. Unterlagen (s. BGH StV 2018, 354 mN) eingehen, die eine Entsch. erfordern (Kusch NStZ 1996, 23 – BGH RsprÜ; OLG Frankfurt a. M. NStZ-RR 1996, 154). Dies gilt auch für einen **verfrüht** – etwa 7 Monate vor dem frühestmöglichen Entlassungszeitpunkt – gestellten Antrag nach § 57 StGB; das Befasstsein endet in diesem Fall nicht bereits durch Nichtbehandeln des Antrags, sondern erst durch seine Ablehnung als verfrüht (BGH BeckRS 1999, 30047401; KK-StPO/Appl Rn. 18 mwN; OLG Hamm JMBl. NRW. 1981, 11; OLG Jena NStZ 1996, 455). Der frühere Eingang des Antrags bei der StA o. einer anderen Behörde bleibt außer Betracht (BGHSt 26, 214; OLG Düsseldorf OLGSt StPO § 462a Nr. 12). Der Eingang bei einem **unzuständigen Gericht** ist nur maßgebend, wenn dessen Zuständigkeit nicht v. vornherein ausgeschlossen erscheint (BGHSt 26, 214; BGH StraFo 2005, 171; BeckRS 2016, 14598). Lässt sich das Eingangsdatum des Antrags nicht feststellen, so kommt es darauf an, wann das Gericht nach dem Inhalt der Akten erstmals mit der Sache befasst war (BGHSt 26, 214 (217)). Befasst sich ein nicht mehr zuständiges Gericht mit einer Sache – zB das Gericht des 1. Rechtszuges mit einem Widerruf der v. ihm bewilligten Bewährung –, wird zwar keine Zuständigkeit begründet, jedoch wirkt die Befassung für die zu diesem Zeitpunkt tatsächlich örtlich zuständige StrafVollstrK, sodass eine spätere Verlegung des Verurteilten außer Betracht bleibt (BGH 19.11.1976 – 2 Ars 395/76).

11 Ein **Befasstsein** liegt auch **ohne** dass ein **Antrag** gestellt wurde ferner vor, wenn eine nachträgliche Entsch. des Gerichts **aus gesetzlich vorgeschriebenen Gründen** (zB nach §§ 56a, 57 Abs. 1, 67c, 67e StGB) erforderlich wird (KK-StPO/Appl Rn. 18). Hat das Gericht vAw zu entscheiden, ist der Zeitpunkt maßgebend, in dem es tätig werden musste, zB der Ablauf ges. o. richterlicher Fristen o. der Tag, an dem Tatsachen aktenkundig werden, die den Widerruf der Strafaussetzung rechtfertigen können (BGHSt 30, 189 (191); BGH NStZ-RR 2013, 389; 2012, 358; OLG Hamm NStZ-RR 2020, 327; NStZ 2010, 295; OLG Dresden StraFo 2005, 171; OLG Düsseldorf NStZ 1988, 46; OLG Frankfurt a. M. NStZ-RR 2008, 29; OLG Zweibrücken JBlRP 2010, 25).

11a Bei **Reststrafenaussetzungen** ist die StrafVollstrK bereits dann im Rechtssinne mit der Sache befasst, wenn der vAw zu beachtende Zeitpunkt nach § 57 Abs. 1 **herannaht.** Dies ist anzunehmen, wenn eine sachgerechte Entlassungsvorbereitung eine so frühzeitige Entscheidung erfordert, dass die Entlassung bei Eintritt der Aussetzungsreife möglich ist (BGH 13.10.2021 – 2 ARs 322/21; NStZ 2023, 572; OLG Hamm StraFo 2022, 444). Insofern ist auch ein möglicherweise durchzuführendes Beschwerdeverfahren (BGH NStZ 2023, 572; OLG Hamm StraFo 2022, 444) sowie zu berücksichtigen, ob Gutachten einzuholen sind (vgl. BGH BeckRS 2013, 19223; OLG Dresden StraFo 2005, 171; OLG Frankfurt a. M. NStZ-RR 2008, 29). Dies gilt selbst dann, wenn die StrafVollstrK bisher untätig geblieben ist (vgl. BGH 13.10.2021 – 2 ARs 322/21; OLG Hamm StraFo 2022, 444 (445); **aM** OLG Hamm NStZ-RR 2014, 388 Ls., wonach ein Befasstsein bei Entscheidungen nach § 57 StGB grds. erst dann vorliege, wenn ein entspr. Antrag bzw. eine entspr. Stellungnahme noch rechtzeitig vor dem nach § 57 StGB maßgeblichen Zeitpunkt bei Gericht eingeht).

11b Auch bei der Frage des **Bewährungswiderrufs** liegt Befasstsein der bislang zuständigen StrafVollstrK bereits vor, wenn Tatsachen **aktenkundig** werden, die den Widerruf rechtfertigen können (BGH 18.9.2025 – 2 ARs 231/25: Bewährungsheft). Dabei kann es sich um eine neue Verurteilung, eine Anklageschrift bzw. einen Haftbefehl in einer neuen Sache o. den Bericht eines Bewährungshelfers handeln, aus dem sich Widerrufsgründe ergeben (vgl. BGH NStZ-RR 2022, 389; 2005, 69; OLG Hamm NStZ 2010, 295; KK-StPO/Appl Rn. 17); nicht ausreichend ist eine bloße Aktenanforderung im Hinblick auf ein neues Verf., aus der sich keine konkreten Hinweise auf Widerrufsgründe ergeben (BGH BeckRS 2009,

24190; BeckRS 2000, 5722). Ob die StrafVollstrK tatsächlich tätig geworden ist, spielt dabei keine Rolle (BGHSt 26, 187; 27, 302; 30, 189 (191); BGH NStZ-RR 2013, 59 zu Entsch. nach § 68f Abs. 2, 68a–c StGB; OLG Düsseldorf NStZ 1984, 428; JR 2000, 302; OLG Hamburg NStZ 1982, 48).

Das **Befasstsein endet** erst, wenn in der Sache abschl. entschieden worden ist (BGHSt 26, 165; BGH NStZ 2013, 301; OLG Nürnberg BeckRS 2024, 18506; OLG Düsseldorf MDR 1983, 155; OLG Jena StV 1997, 450; OLG Stuttgart NStZ-RR 1996, 61; OLG Oldenburg Nds. Rpfl. 1985, 46); insoweit kommt es weder auf den Zeitpunkt der Bekanntgabe der Entsch., noch auf den Eintritt der Rechtskraft o. darauf an, ob noch ein Rechtsmittel möglich ist (BGH NStZ-RR 2017, 295; BeckRS 2016, 20128). Das Befasstsein endet auch durch Ablehnung des Antrags auf Aussetzung des Strafrestes nach §§ 57, 57a StGB, selbst wenn die erneute Prüfung zu einem späteren Zeitpunkt vorbehalten (OLG Stuttgart NJW 1976, 436; KK-StPO/Appl Rn. 23; Valentin NStZ 1981, 130; **aM** OLG Koblenz GA 1977, 246) o. eine Frist nach § 57 Abs. 7 StGB gesetzt worden ist, die die neue StVollstrK nicht bindet (BGHSt 26, 278). In den Fällen des Abs. 4 S. 1 bedeutet das, dass die Zuständigkeit der StVollstrK – v. Fall der Aufnahme des Verurteilten in eine JVA in einem anderen Gerichtsbezirk abgesehen – erst endet, wenn die Vollstreckung aller Strafen, hins. derer ihre Zuständigkeit nach Abs. 4 S. 1 entstanden ist, vollständig erledigt ist (BGH NStZ-RR 2022, 389; 2008, 124). Die für eine Krisenintervention nach § 67h StGB (befristete Wiederinvollzugsetzung der Unterbringung nach §§ 63, 64 StGB) zuständige StVollstrK bleibt mit der Sache befasst, bis die Maßnahme beendet ist (BGH NJW 2011, 2677). Das Befasstsein endet durch Antragsrücknahme (BGHSt 26, 278 (279); anders aber nach OLG Dresden NStZ 2010, 719 bei Entsch. über Führungsaufsicht), durch – eindeutig erklärte (BGH BeckRS 2020, 17312) – Rücknahme der Einwilligung nach § 57 Abs. 1 S. 1 Nr. 3 StGB (OLG Karlsruhe MDR 1992, 595), durch Zurückstellung eines verfrühten Antrags mit Zustimmung des Verurteilten (OLG Düsseldorf MDR 1982, 429; vgl. aber OLG Stuttgart NJW 1976, 436: nicht bei Aussetzung der endg. Entsch. zur weiteren Klärung der Entlassungsvoraussetzungen) u. bei Erledigung auf andere Weise (OLG Düsseldorf NStZ 1985, 333 (334)), **nicht,** wenn der Verurteilte aus der Haft entweicht u. nach erneuter Festnahme in eine Haftanstalt eingewiesen wird, die zum Bezirk einer anderen StVollstrK gehört (OLG Hamm NStZ-RR 2013, 354 Ls.). Um das Ende des Befasstseins klarzustellen, ist es zweckmäßig, wenn die StVollstrK ein Absehen v. Bewährungswiderruf durch einen Vermerk aktenkundig macht (Becker NStZ-RR 2003, 7 – BGH RsprÜ). 12

Vorher tritt ein **Wechsel der örtlichen Zuständigkeit** für die Entsch. über die anhängige Sache auch dann **nicht** ein, wenn der Verurteilte im Wege der Verlegung in eine zum Bezirk einer anderen StVollstrK gehörende JVA aufgenommen worden (BGHSt 26, 165 (166); 30, 189; NStZ-RR 2013, 59; OLG Hamburg MDR 1989, 341; OLG Hamm MDR 1995, 1058; vgl. auch OLG Nürnberg BeckRS 2024, 18506: StrVollstrK behält sich bei längerer Haft eine spätere Ausgestaltung der Führungsaufsicht vor) o. wenn dort der Vollzug nach der Flucht aus der bisherigen JVA fortgesetzt wird (OLG Düsseldorf MDR 1983, 155; vgl. auch BGH NStZ-RR 2013, 390). Das gilt erst recht bei nur vorübergehender Überstellung des Verurteilten in eine andere JVA (BGHSt 26, 278 (279); OLG Düsseldorf MDR 1975, 863; NStE StPO § 462a Nr. 22) o. in ein Krankenhaus eines anderen LG-Bezirks während des Vollzugs (BGH NJW 1976, 249; NStZ-RR 2009, 187). 13

Wird das Gericht nach der Aufnahme des Verurteilten in die neue JVA **erneut mit einer Strafvollstreckungssache befasst,** so ist die StVollstrK zuständig, in deren Bezirk die neue JVA liegt (BGHSt 26, 165 (166); 26, 278 (279)); denn entscheidend ist der tatsächliche Aufenthalt des Verurteilten in einer Vollzugsanstalt (BGHSt 36, 229). Auf diese StVollstrK gehen auch die Überwachung des Verurteilten in der Bewährungszeit nach § 463b und die nachträglichen Entsch. über die Strafaussetzung (OLG Oldenburg Nds. Rpfl. 1985, 46) o. die Führungsaufsicht 14

(BGH NStZ-RR 2004, 124; OLG Stuttgart NStZ-RR 2003, 380) über. Der Ort des Zwischenaufenthalts auf der Fahrt in die neue JVA zählt nicht; die Zuständigkeit ist so zu beurteilen, als sei das Transportziel bereits erreicht (Holtz MDR 1979, 990 – BGH RsprÜ; BGH NStZ-RR 2009, 187). Zur Zuständigkeit der StA als VollstrB vgl. § 451 Abs. 3.

15 **III. Fortwirkung der Zuständigkeit (Abs. 1 S. 2).** Die Vorschr. bestimmt eine Ausnahme v. dem Grundsatz (→ Rn. 3), dass die StVollstrK sachlich nur zuständig ist, wenn gegen den Verurteilten in einer JVA eine Freiheitsstrafe vollstreckt wird. Als **Ausnahmevorschrift** ist sie eng auszulegen (OLG Hamburg NStZ 1982, 48). Sie regelt nur den Fall, dass der Verurteilte infolge (auch langfristiger, vgl. OLG Stuttgart NStZ-RR 1996, 61) Unterbrechung der Strafvollstreckung, etwa nach § 360 Abs. 2 (OLG Frankfurt a. M. NStZ-RR 2005, 30) o. nach § 455 Abs. 4 oder im Gnadenweg, aber auch wegen Entweichens des Gefangenen aus der Anstalt (Löwe/Rosenberg/Graalmann-Scheerer Rn. 34; **aM** Bringewat Strafvollstreckung Rn. 32), o. durch Strafaussetzung nach §§ 57, 57a StGB (hier aber nicht im Gnadenweg, SK-StPO/Paeffgen/Greco Rn. 20) o. nach §§ 35, 36 BtMG (Becker NStZ-RR 2006, 262 – BGH RsprÜ; Cierniak NStZ-RR 2009, 39 – BGH RsprÜ) o. nach Wiedereinsetzung in den vorigen Stand (OLG Hamm NStZ-RR 2010, 29) auf freien Fuß gelangt (Kusch NStZ 1997, 379 – BGH RsprÜ). Der Unterbrechung steht das Absehen v. der Vollstreckung nach § 456a gleich (BGH NStZ 2000, 111; LG Hamburg StraFo 2007, 480; **aM** Laubenthal/Nestler Strafvollstreckung Rn. 68). Dass die StVollstrK bereits früher tätig geworden ist, ist nicht erforderlich (OLG Zweibrücken NStZ 2010, 109; Immel JR 2004, 84). Die StVollstrK trifft die während der Unterbrechung o. Strafaussetzung erforderlichen Entsch., jedoch nur, wenn sie örtlich zuständig ist (BGH NStZ 1985, 428; OLG Düsseldorf NStZ 1985, 333; OLG Köln NStZ 2011, 119). Sie bleibt uU auch zuständig, wenn sie über die Sache noch nicht abschl. entschieden hat, bevor gegen den Verurteilten im Bezirk einer anderen StVollstrK eine andere Freiheitsstrafe vollstreckt wird (→ Rn. 34). Ein Zuständigkeitswechsel tritt aber ein, wenn aus der v. der StVollstrK zur Bewährung ausgesetzten Strafe u. einer weiteren Strafe nach § 460 oder nach § 55 StGB o. nach §§ 31 Abs. 2, 66 **JGG** eine (auch nicht zur Bewährung ausgesetzte) Gesamtstrafe bzw. eine Einheitsjugendstrafe gebildet wird; zuständig ist dann das Gericht, das nach diesen Vorschr. entschieden hat (BGH NStZ 1997, 100; Becker NStZ-RR 2003, 103 – BGH RsprÜ; KG NStZ-RR 2016, 32 Ls.; OLG Frankfurt a. M. NStZ-RR 2007, 30; OLG Hamburg StraFo 2010, 348 mwN). Zur Zuständigkeitskonzentration vgl. → Rn. 32 ff.

15a Die **Fortwirkungszuständigkeit endet,** sobald gegen den Verurteilten eine Freiheitsstrafe im Bezirk einer anderen StrafVollstrK vollzogen wird (KK-StPO/Appl Rn. 25); bei dieser StrafVollstrK konzentrieren sich mit Aufnahme des Verurteilten in der Strafhaft dann die Nachtragsentscheidungen in allen Verf. einschl. einer Widerrufsentscheidung in dem Verf., das die fortwirkende Zuständigkeit der früheren StrafVollstrK begründet hat (BGH NStZ-RR 2007, 94; OLG Zweibrücken NStZ 2010, 109; KK-StPO/Appl Rn. 25). Sie bleibt auch zuständig, wenn der Verurteilte entlassen wird (BGHSt 28, 82).

16 **IV. Abgabe an das Gericht des 1. Rechtszugs (Abs. 1 S. 3).** Einzelne Entsch. nach § 462 iVm § 458 Abs. 1, also über die Auslegung des Urt., die Strafzeitberechnung u. die Zulässigkeit der Strafvollstreckung, kann die StVollstrK an das Gericht des 1. Rechtszugs abgeben. Das kann zweckmäßig sein, wenn die Auslegung des Urt. zw. o. wenn über Einwendungen gegen Vollstreckungshandlungen im Zusammenhang mit einer (Wertersatz-)Einziehung zu entscheiden ist. Im Rahmen der Opferentschädigung (§§ 459h ff.) ist sie bei Unklarheiten verpflichtend (vgl. §§ 459j Abs. 2 S. 2, 459k Abs. 2 S. 2). Die entspr. Anwendung des Abs. 1 S. 3 auf Entsch. nach §§ 453, 454 ist ausgeschlossen (BGHSt 26, 352). Die Abgabe wird auf Antrag o. vAw ohne vorherige Anhörung des Gerichts des 1. Rechtszugs beschlossen, sobald der StVollstrK die Einwendungen o. der Antrag vorgelegt worden sind. Sie ist für das Gericht bindend, an das abgegeben worden ist

(Abs. 1 S. 3 Hs. 2). Das abgebende Gericht kann die Abgabe widerrufen, wenn das geboten erscheint (erg. → Rn. 23, 35).

C. Zuständigkeit des Gerichts des 1. Rechtszugs (Abs. 2). I. Zuständigkeit. Die Zuständigkeit des Gerichts des 1. Rechtszugs besteht, von Abs. 5 S. 1 abgesehen, **nur, wenn nicht die der StVollstrK nach Abs. 1 gegeben** ist, wenn also die Strafvollstreckung noch nicht begonnen hat (OLG Düsseldorf VRS 76, 375; OLG Koblenz MDR 1975, 686; LG Bochum StV 1981, 239) o. – mit der Ausnahme des Abs. 1 S. 2 (→ Rn. 15; BGH StraFo 2008, 87) – wenn der Verurteilte wieder aus der Haft entlassen ist (BGHSt 26, 187 (189)). 17

Hat das Gericht des 1. Rechtszugs vor Vollstreckungsbeginn entschieden u. ist ein Rechtsmittel gegen die Entsch. noch nicht erledigt, so verbleibt es auch nach Beginn der Vollstreckung bei der Zuständigkeit des Gerichts, das nach den allg. Vorschr. über das Rechtsmittel zu entscheiden hat (BGHSt 26, 187 (190); 33, 111 (113)). 18

Gericht des 1. Rechtszugs ist das AG auch, wenn Gegenstand des Antrags das Urt. des Berufungsgerichts ist (OLG Düsseldorf VRS 96, 38), auch dann, wenn das AG auf Freispruch o. Verfahrenseinstellung erkannt u. erst das Berufungsgericht verurteilt hat (vgl. aber → Rn. 37 zum Fall der Zurückverweisung nach Abs. 6). Im Fall des § 460 ist das Gericht, das die Gesamtstrafe gebildet hat, für diese Strafe das Gericht des 1. Rechtszugs (OLG Hamm NJW 1976, 1648 Ls.). Zur Zuständigkeitskonzentration bei mehreren erstinstanzlichen Entsch. vgl. → Rn. 30. Zu früheren DDR-Altfällen vgl. BGH MDR 1994, 1030. 19

II. Abgabe an das Wohnsitzgericht (Abs. 2 S. 2). Die Abgabe der Entsch. nach § 453, nicht der Entsch. über die Strafaussetzung nach §§ 57, 57a StGB selbst (BGHSt 26, 352), darf das zuständige Gericht des 1. Rechtszugs durch unanfechtbaren Beschl. (OLG Hamm MDR 1972, 439) anordnen, nicht das Berufungs- o. Beschwerdegericht (BGH NJW 1966, 2022; OLG Hamm MDR 1972, 439). Die Abgabe ist nicht mehr zulässig, wenn das Beschwerdegericht einen Beschl. aufgeh. u. die Sache zur erneuten Entsch. zurückverwiesen hat (BGHSt 33, 111). 20

An das **AG des Wohnsitzes** (→ § 8 Rn. 1), ersatzweise des gewöhnlichen Aufenthalts (→ § 8 Rn. 3), nicht an das SchG (BGHSt 10, 288 (290); BGH NJW 1966, 2022), kann die Sache abgegeben werden (OLG Düsseldorf GA 1989, 171), auch dann noch, wenn die Bewährungszeit schon abgelaufen ist (BGH NStE StPO § 462a Nr. 24). Ob der Verurteilte seinen Wohnsitz o. Aufenthalt schon vorher im Bezirk dieses AG hatte o. ihn erst nach Erlass der Aussetzungsentscheidung dorthin verlegt hat, spielt keine Rolle. Das AG, an das die Sache abgegeben wird, muss in dem Abgabebeschluss genau bezeichnet werden (BGH NJW 1966, 2022; OLG München MDR 1958, 118). 21

Die Voraussetzungen der Abgabe sind **abschl. in Abs. 2 S. 2** genannt, die Regelung des § 8 Abs. 2 findet daneben keine Anwendung (BGH NStZ-RR 2026, 28); dem entspr. ist die Abgabe von Nachtragsentscheidungen an ein Gericht, in dessen Bezirk der der Verurteilte keinen Wohnsitz o. gewöhnlichen Aufenthalt hat nicht bindend iSv Abs. 2 S. 2 (BGH NStZ-RR 2026, 28). 21a

Ganz oder teilweise kann die Abgabe erfolgen. Das abgebende Gericht kann v. der Abgabe zB die Entsch. über den Widerruf o. den Straferlass ausnehmen. Die Zulässigkeit der Teilabgabe schließt die Möglichkeit ein, die Sache erst abzugeben, nachdem bestimmte Nachtragsentscheidungen schon getroffen worden sind. 22

Für das Gericht, an das abgegeben worden ist, ist die **Abgabe bindend (Abs. 2 S. 2 Hs. 2),** es sei denn, das abgebende Gericht ist unzuständig (BGHR StPO § 462a Abs. 2 S. 2 Abgabe 1) o. die Abgabe ist willkürlich erfolgt; allein das Fehlen bes. Gründe, die die Abgabe als zweckmäßig erscheinen lassen, rechtfertigt aber noch nicht die Annahme v. Willkür (BGH NStZ 1992, 399; 1993, 200; NStZ-RR 2003, 242; OLG Düsseldorf NStZ-RR 2003, 285). Das Gericht darf die Sache nicht weiter übertragen (Kusch NStZ 1997, 379 – BGH RsprÜ; BGH BeckRS 2018, 31406), auch dann nicht, wenn der Verurteilte am Ort des Wohnsitzgerichts unauffindbar wird (Cierniak NStZ-RR 2009, 39 – BGH RsprÜ); seine Zuständig- 23 keit bleibt wegen Abs. 4 S. 1 auch für die Bewährungsaufsicht wegen einer anderen Verurteilung bestehen (BGH NStZ 1994, 97; NStZ-RR 2000, 83; StraFo 2004, 144). Das abgebende Gericht, das für die anderen nachträglichen Entsch. im Vollstreckungsverfahren zuständig bleibt, ist an die Abgabe dagegen nicht gebunden (BGHSt 11, 80; 26, 204; Becker NStZ-RR 2002, 262 – BGH RsprÜ; erg. → Rn. 16; → Rn. 35); es kann sie rückgängig machen u. die Sache wieder an sich ziehen. Wenn sich der Wohnsitz o. gewöhnliche Aufenthalt erneut geänd. hat, kann es die Sache auch auf das AG des neuen Wohnsitzes o. Aufenthalts weiterübertragen (BGHSt 26, 204).

24 Auf die **Zuständigkeit der StA** als VollstrB ist die Abgabe ohne Einfluss. Zuständig bleibt die nach § 143 Abs. 1 GVG, § 7 StVollstrO zuständige StA bei dem Gericht des 1. Rechtszugs (Katholnigg NStZ 1982, 195; 1987, 112; **aM** LG München I NStZ 1981, 453; Engel NStZ 1987, 110).

24a **III. Vorbehalt der Anordnung der Sicherungsverwahrung.** Soweit die **Anordnung der Sicherungsverwahrung vorbehalten** ist, bleibt das Gericht des 1. Rechtszuges so lange zuständig, wie eine Entsch. nach § 66a Abs. 3 S. 1 StGB noch möglich ist (Abs. 2 S. 3). Damit werden widersprüchliche Entsch. zwischen dem Gericht des 1. Rechtszuges u. der StVollstrK vermieden.

25 **D. Zuständigkeit für Gesamtstrafentscheidungen nach § 460 (Abs. 3).** Die Vorschr. schränkt Abs. 1 S. 1 ein, der infolge seiner Bezugnahme auf § 462 an sich auch für § 460 gelten müsste.

26 Nach S. 1 ist die nachträgliche Gesamtstrafenbildung stets Sache des **Gerichts des 1. Rechtszugs,** auch wenn der Verurteilte sich in Strafhaft befindet (BGH MDR 1976, 680; KG JR 1975, 429).

27 Bei verschiedenen Urt. verschiedener Gerichte gilt die **Reihenfolge des S. 2** (Strafart, Strafhöhe, bei gleicher Strafhöhe der Tag der Urteilsfällung), wobei das Gericht des 1. Rechtszugs auch entscheidet, wenn das Urt. in einem höheren Rechtszug erlassen worden ist (S. 3 Hs. 1); die Zuständigkeit des OLG geht vor (S. 3 Hs. 2). Sofern es nach S. 2 auf die Strafhöhe ankommt, werden nur die Hauptstrafen berücksichtigt; Nebenstrafen, Nebenfolgen u. Sicherungsmaßregeln bleiben außer Betracht (BGHSt 11, 293). Von mehreren Geldstrafen ist diejenige am höchsten, bei der die Anzahl der Tagessätze am größten ist; sind sie gleich, so entscheidet das Gericht, dessen Urt. zul. ergangen ist (BGH NJW 1986, 1117). Die Höhe einer in einem o. mehreren der Urt. bereits gebildeten Gesamtstrafe bleibt immer außer Betracht; für die Strafhöhe iSv Abs. 3 S. 2 kommt es immer nur auf die höchste Einzelstrafe an, auch wenn sie bisher in einer Gesamtstrafe enthalten war (BGH NStZ 2022, 255, 256; NJW 1976, 1512; 1986, 1117). Ist nach S. 2 der Zeitpunkt des Urteilserlasses maßgebend, so gilt das auch für ein Berufungsurteil, selbst wenn es die Berufung verworfen hat; der Zeitpunkt des Erlass des Revisionsurteils ist nur v. Bedeutung, wenn es die Freiheitsstrafe nach § 354 Abs. 1 selbst festgesetzt hat. Können nicht alle Einzelstrafen einbezogen werden, so bildet das nach S. 2, 3 zuständige Gericht ggf. eine 2. Gesamtstrafe, auch wenn dafür die Zuständigkeit eines anderen Gerichts gegeben wäre (BayObLGSt 1955, 112; Löwe/Rosenberg/Graalmann-Scheerer Rn. 68). S. 2 und 3 gelten im Falle des § 66b StGB entsprechend (§ 74f Abs. 3 **GVG**).

28 Würde ein AG mit der neuen Gesamtstrafe seine **Strafgewalt nach § 24 Abs. 2 GVG** (→ GVG § 24 Rn. 9) überschreiten, so ist das ihm übergeordnete LG zuständig (S. 4). Steht das v. vornherein fest (zB weil die höchste Einzelstrafe bereits 4 Jahre beträgt), so gibt das AG die Sache formlos an das LG ab; andernfalls erlässt es, wenn die Sache ihm vorgelegt wird, einen (unanfechtbaren) Verweisungsbeschluss entspr. § 270 (Ernesti/Lorenzen SchlHA 1986, 109 – OLG Schleswig RsprÜ), der bindende Wirkung hat.

29 **E. Zuständigkeitskonzentration (Abs. 4). I. Zuständigkeit des Gerichts des 1. Rechtszugs (Abs. 4 S. 1, 2).** Die Vorschr. ergänzt die Regelung des Abs. 2 für den Fall, dass gegen den Verurteilten mehrere rkr. u. noch nicht erledigte Verurteilungen ergangen sind, die Voraussetzungen einer nachträglichen

Gesamtstrafe nach § 55 StGB aber nicht vorliegen. Würde jedes der Gerichte des 1. Rechtszugs mit Nachtragsentscheidungen nach §§ 453, 454, 454a oder 462 befasst, so bestünde die Gefahr einer Entscheidungszersplitterung (Kusch NStZ 1993, 230 – BGH RsprÜ). Insbesondere ließe sich eine unterschiedliche Beurteilung der für die Strafaussetzungsfrage maßgeblichen Sozialprognose nicht ausschließen.

S. 1 bestimmt daher, dass nur eines der erkennenden Gerichte für die Nachtragsentscheidungen zuständig ist, auch wenn die Zuständigkeit in dem Einzelverfahren, in dem die Entsch. zu treffen ist, an sich nicht gegeben wäre (BGHSt 26, 118; BGH NStZ 2001, 222; OLG Düsseldorf NStZ 1988, 46). Dabei ist gleichgültig, ob auch wegen der anderen Verurteilungen Nachtragsentscheidungen erforderlich sind o. werden (BGH NStZ 1997, 612; LG Hamburg MDR 1980, 781). Kommen jedoch Nachtragsentscheidungen rechtlich nur bei einer v. mehreren Verurteilungen in Betracht, so gilt Abs. 2 S. 1 (BGH NStZ 1999, 215; NStZ-RR 2006, 115). 30

Die **Verweisung des S. 2 auf Abs. 3 S. 2, 3** bedeutet, dass die Zuständigkeit bei dem Gericht liegt, das auf die höchste Strafart, bei gleicher Strafart auf die höchste Strafe, bei gleichen Strafen mit dem zeitlich letzten Urt. (BGH BeckRS 2016, 2244) erkannt hat. Nebenstrafen, Nebenfolgen u. Sicherungsmaßregeln bleiben außer Betracht (erg. → Rn. 27). Anders als im Fall des Abs. 3 S. 2 macht es bei dem Strafhöhenvergleich nach S. 2 keinen Unterschied, ob die höchste Strafe eine Einzelstrafe o. eine Gesamtstrafe ist (BGHSt 27, 68); Beschlüsse über eine nachträgliche Gesamtstrafenbildung bleiben außer Betracht (BGH NStZ 1996, 511). Die Zuständigkeit des OLG geht immer vor (S. 2 iVm Abs. 3 S. 2 Hs. 2). 31

II. Zuständigkeit der StVollstrK (Abs. 4 S. 3). Die **Zuständigkeit des Gerichts des 1. Rechtszugs** nach S. 1 und S. 2 **tritt zurück,** wenn der Verurteilte auch nur in einer der Sachen in Strafhaft genommen wird (Abs. 1 S. 1) o. genommen worden war (Abs. 1 S. 2; vgl. BGH NStZ 2000, 446). Die StVollstrK hat dann auch über den Widerruf der nach § 36 BtMG bewilligten Strafaussetzung zur Bewährung zu entscheiden (BGHSt 37, 338; BGH NStZ-RR 1996, 56; 2001, 343 Ls.; Becker NStZ-RR 2003, 102 – BGH RsprÜ), während bei der Bewilligung v. Strafaussetzung zur Bewährung nach § 36 Abs. 1 BtMG das Gericht des 1. Rechtszugs sowohl für die erstmaligen Anordnungen nach §§ 56a–56d StGB (BGHSt 48, 252) als auch dann zuständig ist, wenn die Therapiezeit nicht auf die Strafe angerechnet wird, weil der Verurteilte bereits vor der Therapie $^{2}/_{3}$ der Strafe verbüßt hatte (BGHSt 48, 275). Die Zuständigkeit geht sonst aber selbst dann auf die StVollstrK über, wenn das erkennende Gericht mit einer Frage befasst ist, über die es noch nicht abschl. entschieden hat (BGHSt 30, 189 (192); BGH BeckRS 2009, 9693). 32

S. 3 ist entsprechend anwendbar, wenn dasselbe Gericht gegen den Verurteilten in mehreren Urt. Strafen verhängt hat, die nicht nach § 55 StGB zu einer Gesamtstrafe zusammengefasst werden können. Die Zuständigkeit der StVollstrK erstreckt sich dann auf alle Nachtragsentscheidungen, die nach diesen Verurteilungen erforderlich werden (BGHSt 26, 276; BGH NStZ 2001, 222; BeckRS 2018, 31406). Sie endet mit Rechtskraft eines die verfahrensgegenständliche Strafe (mit-)einbeziehenden Gesamtstrafenbeschlusses (BGH NStZ-RR 2023, 229). 33

Örtlich zuständig ist diejenige StVollstrK, in die der Verurteilte nach Eintritt der Zuständigkeitskonzentration zur Strafvollstreckung aufgenommen worden ist. Die Befassung mit einer bestimmten Entsch. ist nicht erforderlich (BGH NStZ 1984, 380; Kusch NStZ 1996, 23 – BGH RsprÜ; OLG Hamburg NStZ 1987, 92). Die Fortwirkungszuständigkeit nach Abs. 1 S. 2 tritt zurück (OLG Hamburg NStZ 1987, 92). Da jedoch der Vorrang, den S. 3 bestimmt, nur im Verhältnis zwischen erkennendem Gericht u. StVollstrK gilt (BGHSt 30, 189 (192)), ist es nicht unzulässig, dass eine mit einer Strafvollstreckungssache befasste StVollstrK eine abschl. Entsch. noch trifft, nachdem der Verurteilte in die JVA eines anderen LG-Bezirks zur Vollstreckung einer neuen Strafe aufgenommen worden ist. War der Verurteilte 34 zB noch auf freiem Fuß o. in UHaft, als die StVollstrK mit der Frage des Widerrufs der Strafaussetzung befasst wurde, so entfällt ihre örtliche Zuständigkeit für diese Entsch. nicht deshalb, weil gegen den Verurteilten nunmehr im Bezirk einer anderen StVollstrK Freiheitsstrafe vollstreckt wird (BGHSt 30, 189; BGH NStZ 1981, 404 Ls.; BeckRS 2011, 1991; OLG Düsseldorf NStZ 1988, 46; OLG Zweibrücken NStZ 2010, 109). Die nach S. 3 zuständige StVollstrK bleibt auch nach Erledigung der in ihrem Bezirk vollstreckten Strafe für Nachtragsentscheidungen zuständig, die wegen der anderen Verurteilungen erforderlich werden (BGHSt 28, 82; BGH NStZ-RR 2007, 94; OLG Hamburg NStZ 1987, 92; OLG München NStZ 1984, 238). Dabei ist gleichgültig, ob sie in der Zeit, in der der Verurteilte in ihrem Bezirk eine Strafe verbüßte, eine Strafvollstreckungsentscheidung überhaupt zu treffen o. vorzubereiten hatte (BGHSt 30, 223 (224)). Allein die Möglichkeit, die nach § 453 zu treffenden Entsch. nach Abs. 2 bindend an das Wohnsitzgericht abzugeben, setzt die Zuständigkeitskonzentration des Abs. 4 nicht außer Kraft (BGH NStZ 1998, 586).

35 **III. Zuständigkeit der StA.** Die **Zuständigkeit der StA** als VollstrB wird durch den Zuständigkeitswechsel nach Abs. 4 nicht berührt. Zuständig bleibt die StA bei dem Gericht des 1. Rechtszugs (§ 143 Abs. 1 GVG, § 7 Abs. 1 StVollstrO) nach § 451 Abs. 3 auch, wenn die Sache auf die StVollstrK bei einem anderen LG übergeht (erg. → Rn. 24); sie kann aber ihre Aufgaben auf die andere StA übertragen (§ 451 Abs. 3 S. 2).

36 **F. Zuständigkeit des OLG (Abs. 5).** Hat ein OLG im 1. Rechtszug entschieden, so entfällt die Zuständigkeit der StVollstrK nach Abs. 1 und Abs. 4 S. 3 (erg. aber → Rn. 40). An ihrer Stelle trifft das OLG die Nachtragsentscheidungen. Es kann die Entsch. aber ganz u. teilw. an die StVollstrK abgeben (S. 2). Die Abgabe, die durch unanfechtbaren Beschl. erfolgt, ist für die StVollstrK bindend; das OLG kann sie jederzeit widerrufen (S. 3).

37 **G. Gericht des 1. Rechtszugs bei wiederholter erstinstanzlicher Entscheidung (Abs. 6).** Wenn das Revisionsgericht eine Sache nach §§ 354 Abs. 2, 355 an ein anderes Gericht o. (über den Wortlaut des Abs. 6 hinaus) nach § 354 Abs. 2 an einen anderen Spruchkörper desselben Gerichts zurückverweist, ist Gericht des 1. Rechtszugs das neu entscheidende Tatgericht, auch wenn es als Berufungsgericht zu entscheiden hatte (OLG Karlsruhe StraFo 2012, 33), nicht aber für Nachtragsentscheidungen nach § 433 (OLG Düsseldorf MDR 1983, 154; erg. → § 434 Rn. 1). Abs. 6 gilt auch bei Aufhebung u. Zurückverweisung nur im Strafausspruch, nicht aber, wenn nur eine Nebenstrafe o. Nebenfolge, insbes. eine Einziehung, Gegenstand des neuen Urt. ist. Wird das Urt. nur wegen eines v. mehreren Angeklagten o. wegen einer v. mehreren tatmehrheitlichen Handlungen aufgeh. u. zurückverwiesen, so bleibt das 1. Gericht zuständig, soweit die Revision verworfen worden ist (OLG Frankfurt a. M. NJW 1972, 1066).

38 Nach Anordnung der **Wiederaufnahme des Verfahrens** ist Gericht des 1. Rechtszugs iS § 462a das Gericht, das das neue Urt. nach § 373 erlassen hat. Das gilt auch, wenn es als Berufungsgericht tätig geworden ist. Führt die Wiederaufnahme gegen ein Revisionsurteil zu einer neuen Revisionsverhandlung, so gilt Abs. 6 nicht; zuständig bleibt das ursprüngliche Gericht des 1. Rechtszugs. Mit dem Wechsel der Zuständigkeit des Gerichts des 1. Rechtszugs tritt auch ein Wechsel in der **Zuständigkeit der StA** ein (→ § 451 Rn. 4).

39 **H. Zuständigkeit des Jugendrichters.** Die Aufgaben, die § 462a der StVollstrK zuweist, nimmt bei jugendlichen Verurteilten u. bei Heranwachsenden, die nach Jugendstrafrecht verurteilt worden sind, nach §§ 82 Abs. 1, 110 Abs. 1 **JGG** der Jugendrichter als Vollstreckungsleiter wahr, auch soweit es um den Vollzug einer Unterbringung nach § 7 JGG geht (BGHSt 26, 162; 27, 189). Das gilt auch, wenn das OLG im 1. Rechtszug entschieden hat – Abs. 5 findet insoweit keine Anwendung – (OLG Düsseldorf NStZ 2001, 616 Ls.), ferner, wenn gegen den Verurteilten nach § 92 Abs. 2 S. 3 **JGG** Jugendstrafe im Erwachsenenvollzug

vollstreckt wird (BGHSt 27, 25; 27, 329 (332); 28, 351; BGH NStZ 1985, 92). Über die sofortige Beschwerde gegen eine Entsch. des Jugendrichters hat die JugK zu befinden (OLG Karlsruhe NStZ 1993, 104). Die Zuständigkeitskonzentration nach Abs. 4 gilt nicht, wenn gegen denselben Verurteilten Jugendstrafe u. Freiheitsstrafe zu vollstrecken sind; der Jugendrichter bleibt für die Vollstreckung der Jugendstrafe bis zu deren Abschluss zuständig (BGH NStZ-RR 2007, 190, die StVollstrK ist nur für die Freiheitsstrafe zuständig (BGHSt 27, 207; 28, 351; BGH NStZ 1985, 92; 1997, 255). Mit der Vollstreckungsabgabe nach §§ 89a Abs. 3, 85 Abs. 6 **JGG** wird für die Entsch. über die Aussetzung eines Restes der Jugendstrafe aber die StVollstrK zuständig (BGH NStZ 1997, 255; OLG Düsseldorf NStZ 1992, 606; JR 1997, 212). Zur Zuständigkeit bei Vollstreckung einer Jugendstrafe neben einer Freiheitsstrafe vgl. Maaß NStZ 2008, 129.

Vollstreckung von Maßregeln der Besserung und Sicherung

463 (1) **Die Vorschriften über die Strafvollstreckung gelten für die Vollstreckung von Maßregeln der Besserung und Sicherung sinngemäß, soweit nichts anderes bestimmt ist.**

(2) **§ 453 gilt auch für die nach den §§ 68a bis 68d des Strafgesetzbuches zu treffenden Entscheidungen.**

(3) [1] **§ 454 Abs. 1, 3 und 4 gilt auch für die nach § 67c Abs. 1, § 67d Abs. 2 und 3, § 67e Abs. 3, den §§ 68e, 68f Abs. 2 und § 72 Abs. 3 des Strafgesetzbuches zu treffenden Entscheidungen.** [2] **In den Fällen des § 68e des Strafgesetzbuches bedarf es einer mündlichen Anhörung des Verurteilten nicht.** [3] **§ 454 Abs. 2 findet in den Fällen des § 67d Absatz 2 und 3 und des § 72 Absatz 3 des Strafgesetzbuches unabhängig von den dort genannten Straftaten sowie bei Prüfung der Voraussetzungen des § 67c Absatz 1 Satz 1 Nummer 1 des Strafgesetzbuches auch unabhängig davon, ob das Gericht eine Aussetzung erwägt, entsprechende Anwendung, soweit das Gericht über die Vollstreckung der Sicherungsverwahrung zu entscheiden hat; im Übrigen findet § 454 Abs. 2 bei den dort genannten Straftaten Anwendung.** [4] **Zur Vorbereitung der Entscheidung nach § 67d Abs. 3 des Strafgesetzbuches sowie der nachfolgenden Entscheidungen nach § 67d Abs. 2 des Strafgesetzbuches hat das Gericht das Gutachten eines Sachverständigen namentlich zu der Frage einzuholen, ob von dem Verurteilten weiterhin erhebliche rechtswidrige Taten zu erwarten sind.** [5] **Ist die Unterbringung in der Sicherungsverwahrung angeordnet worden, bestellt das Gericht dem Verurteilten, der keinen Verteidiger hat, rechtzeitig vor einer Entscheidung nach § 67c Absatz 1 des Strafgesetzbuches einen Verteidiger.**

(4) [1] **Im Rahmen der Überprüfung der Unterbringung in einem psychiatrischen Krankenhaus (§ 63 des Strafgesetzbuches) nach § 67e des Strafgesetzbuches ist eine gutachterliche Stellungnahme der Maßregelvollzugseinrichtung einzuholen, in der der Verurteilte untergebracht ist.** [2] **Das Gericht soll nach jeweils drei Jahren, ab einer Dauer der Unterbringung von sechs Jahren nach jeweils zwei Jahren vollzogener Unterbringung in einem psychiatrischen Krankenhaus das Gutachten eines Sachverständigen einholen.** [3] **Der Sachverständige darf weder im Rahmen des Vollzugs der Unterbringung mit der Behandlung der untergebrachten Person befasst gewesen sein noch in dem psychiatrischen Krankenhaus arbeiten, in dem sich die untergebrachte Person befindet, noch soll er das letzte Gutachten bei einer vorangegangenen Überprüfung erstellt haben.** [4] **Der Sachverständige, der für das erste Gutachten im Rahmen einer Überprüfung der Unterbringung herangezogen wird, soll auch nicht das Gutachten in dem Verfahren erstellt haben, in dem die Unterbringung oder deren späterer Vollzug angeordnet worden ist.** [5] **Mit der Begutachtung sollen nur ärzt-**

liche oder psychologische Sachverständige beauftragt werden, die über forensisch-psychiatrische Sachkunde und Erfahrung verfügen. [6]Dem Sachverständigen ist Einsicht in die Patientendaten des Krankenhauses über die untergebrachte Person zu gewähren. [7]§ 454 Abs. 2 gilt entsprechend. [8]Der untergebrachten Person, die keinen Verteidiger hat, bestellt das Gericht für die Überprüfung der Unterbringung, bei der nach Satz 2 das Gutachten eines Sachverständigen eingeholt werden soll, einen Verteidiger.

(5) [1]**§ 455 Abs. 1 ist nicht anzuwenden, wenn die Unterbringung in einem psychiatrischen Krankenhaus angeordnet ist. [2]Ist die Unterbringung in einer Entziehungsanstalt oder in der Sicherungsverwahrung angeordnet worden und verfällt der Verurteilte in Geisteskrankheit, so kann die Vollstreckung der Maßregel aufgeschoben werden. [3]§ 456 ist nicht anzuwenden, wenn die Unterbringung des Verurteilten in der Sicherungsverwahrung angeordnet ist.**

(6) [1]**§ 462 gilt auch für die nach § 67 Absatz 3, 5 Satz 2 und Absatz 6, den §§ 67a und 67c Abs. 2, § 67d Abs. 5 und 6, den §§ 67g, 67h und 69a Abs. 7 sowie den §§ 70a und 70b des Strafgesetzbuches zu treffenden Entscheidungen. [2]In den Fällen des § 67d Absatz 6 des Strafgesetzbuches ist der Verurteilte mündlich zu hören. [3]Das Gericht erklärt die Anordnung von Maßnahmen nach § 67h Abs. 1 Satz 1 und 2 des Strafgesetzbuchs für sofort vollziehbar, wenn erhebliche rechtswidrige Taten des Verurteilten drohen; für Entscheidungen nach § 67d Absatz 5 Satz 1 des Strafgesetzbuches bleibt es bei der sofortigen Vollziehbarkeit (§§ 307 und 462 Absatz 3 Satz 2).**

(7) **Für die Anwendung des § 462a Abs. 1 steht die Führungsaufsicht in den Fällen des § 67c Abs. 1, des § 67d Abs. 2 bis 6 und des § 68f des Strafgesetzbuches der Aussetzung eines Strafrestes gleich.**

(8) [1]**Wird die Unterbringung in der Sicherungsverwahrung vollstreckt, bestellt das Gericht dem Verurteilten, der keinen Verteidiger hat, für die Verfahren über die auf dem Gebiet der Vollstreckung zu treffenden gerichtlichen Entscheidungen einen Verteidiger. [2]Die Bestellung hat rechtzeitig vor der ersten gerichtlichen Entscheidung zu erfolgen und gilt auch für jedes weitere Verfahren, solange die Bestellung nicht aufgehoben wird.**

Übersicht

A. Sinngemäße Anwendung der Vorschriften über die Strafvollstreckung (Abs. 1). Die §§ 449–462 betreffen zT unmittelbar auch die Vollstreckung der in § 61 StGB bezeichneten Sicherungsmaßregeln (vgl. §§ 455a, 456a); § 456c (dazu § 458 Abs. 2, Abs. 3) hat ausschl. eine solche Maßregel (Berufsverbot) zum Gegenstand. Im Übrigen sind die Vorschr. über die Strafvollstreckung bei der Vollstreckung v. Sicherungsmaßregeln sinngemäß anwendbar, soweit Abs. 2–6 nichts anderes bestimmen. 1

Entsprechend anwendbar sind insbes. die §§ 449, 450, 450a, § 451 (OLG Hamm Rpfleger 1980, 325), § 453 (→ Rn. 5), § 453c (OLG Hamburg NJW 1976, 1327; 2310), § 454 (→ Rn. 6), §§ 454a, 455, 456 (→ Rn. 10), § 457, § 458 und § 463e. 2

Entspr. anwendbar sind auch, soweit Abs. 6 das nicht schon ausdr. bestimmt (→ Rn. 12) die **Zuständigkeitsvorschriften des § 462a** (OLG Zweibrücken BeckRS 2023, 18399; OLG Düsseldorf VRS 64, 432; OLG Koblenz OLGSt StGB § 70a Nr. 1; OLG Stuttgart VRS 57, 113). Dabei tritt bei der Anwendung des § 462a Abs. 1 an die Stelle der Strafanstalt die JVA, psychiatrische Krankenanstalt o. Entziehungsanstalt, in die der Verurteilte aufgenommen worden ist (BGH NStZ-RR 1998, 155; OLG Hamm NStE StPO § 462a Nr. 21). Die Zuständigkeit der StVollstrK gilt nach § 462a Abs. 1 S. 2 auch für Entsch. nach § 69a Abs. 7 StGB (OLG Frankfurt a. M. NStZ-RR 1996, 157; OLG Karlsruhe VRS 100, 118), auch bei Unterbrechung, bedingter Entlassung o. Zurückstellung nach § 35 BtMG (OLG Düsseldorf NStZ 2003, 53 bzgl. Unterbrechung u. bedingter Entlassung, abl. hins. Zurückstellung, dagegen Immel JR 2004, 83), nach vollständiger Verbüßung ist aber das Gericht 1. Instanz zuständig (OLG Celle VRS 71, 432; OLG Stuttgart VRS 57, 113; **aM** OLG Düsseldorf VRS 64, 432; Ernesti/Lorenzen SchlHA 1983, 114 – OLG Schleswig RsprÜ), es sei denn, die StVollstrK bleibt für die Führungsaufsicht (Abs. 6 iVm § 462 Abs. 1 S. 1) zuständig (Becker NStZ-RR 2005, 69 – BGH RsprÜ; OLG Hamburg NStZ 1988, 197). Die Krisenintervention nach § 67h StGB ist Vollstreckung einer Maßregel iSd Abs. 1 (BGH NJW 2011, 163). Zur örtlichen Zuständigkeit der StVollstrK im Fall des § 68f Abs. 2 StGB vgl. BGH NStZ 1984, 332 Ls. Die Abgabe v. Entsch. an das Wohnsitzgericht nach § 462a Abs. 2 S. 2 ist nur in Fällen möglich, die mit denen der Strafvollstreckung vergleichbar sind (BGHSt 30, 386: nicht im Fall des § 69a Abs. 7 StGB). 3

Ergänzende Bestimmungen über die Vollstreckung v. Sicherungsmaßregeln enthalten die §§ 44, 44a, 53 und 54 StVollstrO. 4

B. Anwendung des § 453 bei Nachtragsentscheidungen über die Führungsaufsicht (Abs. 2). Die Vorschr. verweist auf die Regelung des Verf. u. der Rechtsmittel in § 453, weil die Gründe, aus denen in § 453 das Rechtsmittelrecht eigenständig geregelt ist, auch für die §§ 68a–68d StGB gelten (s. etwa OLG Hamburg NStZ 2012, 325 zur „elektronischen Fußfessel"). Wegen § 453 Abs. 2 S. 2 hat das zur Folge, dass eine Beschwerde, die sich gegen die Ausgestaltung der Führungsaufsicht richtet, nur darauf gestützt werden kann, dass die v. Gericht getroffenen Regelungen gesetzwidrig sind (OLG Bamberg StV 2012, 737). 5

C. Anwendung des § 454 bei Aussetzungsentscheidungen (Abs. 3). Soweit nach der Anordnung v. Sicherungsmaßregeln o. dem Eintritt v. Führungsaufsicht kraft Gesetzes Entsch. zu treffen sind, die den Aussetzungsentscheidungen nach den §§ 57, 57a StGB entsprechen, wozu auch die abl. Entsch. nach § 68f Abs. 2 StGB gehört (OLG Hamm JMBl. NRW. 1980, 106), richtet sich das Verf. nach § 454. Die **mündliche Anhörung** (§ 454 Abs. 1 S. 3) des **Verurteilten** in dem Überprüfungsverfahren nach § 67e, die im Wege der Videokonferenztechnik erfolgen kann (→ § 463e), ist grds. durch alle zur Entsch. berufenen Richter durchzuführen (OLG Nürnberg OLGSt StPO § 463 Nr. 3; OLG Bremen StV 2015, 231 mwN). Die Anhörung durch einen **beauftragten Richter** kann ausnahmsweise ausreichen, wenn dem persönlichen Eindruck v. Untergebrachten nach Lage der Dinge nur eine untergeordnete Bedeutung zukommt (OLG Bremen StV 2015, 231) u. wenn im Einzelfall auch ohne Anhörung durch die gesamte StrafVollstrK 6 eine zuverlässige Tatsachengrundlage für die Entsch. getroffen werden kann (OLG Stuttgart NStZ-RR 2015, 230; OLG Braunschweig BeckRS 2014, 16482; **weitergehend** OLG Düsseldorf NStZ-RR 2015, 20: Übertragung regelmäßig zulässig; **enger** OLG München BeckRS 2014, 100007; OLG Nürnberg BeckRS 2013, 3696: Anhörung immer erforderlich, wenn Verurteilter noch nicht v. StrafVollstrK in voller u. unveränderter Besetzung angehört wurde). In den Fällen des § 67d Abs. 6 StGB gilt allerdings – mangels Verweisung des Abs. 3 auf § 454 Abs. 1 – die allg. Anhörungspflicht des § 462 Abs. 2 S. 1, bei der ein schriftliches Verf. genügt (OLG Düsseldorf NStZ-RR 2015, 20). Die StrafVollstrK darf sich nicht damit abfinden, dass die Maßregelvollzugseinrichtung unter Verweis auf die Nichtentbindung v. der Schweigepflicht durch den Untergebrachten keine Auskünfte zu dessen Unterbringungs- u. Behandlungsverlauf erteilt; derartige Informationen unterfallen nicht der ärztlichen Schweigepflicht (BVerfG StV 2018, 309).

6a Die **Einholung eines Sachverständigengutachtens** (Abs. 3 S. 3) ist in den Fällen des § 67d Abs. 2 und 3 – nicht aber des § 67d Abs. 6 (OLG Düsseldorf NStZ-RR 2015, 20) – sowie § 72 Abs. 3 StGB unabhängig v. den dort genannten Straftaten vorgeschrieben, soweit das Gericht über die **Vollstreckung der Sicherungsverwahrung** zu entscheiden hat (für die Entscheidung nach § 67d Abs. 2 StGB soll allerdings nach OLG Nürnberg (NStZ-RR 2026, 28) nur dann eine solche Verpflichtung bestehen, wenn das Gericht erwägt, die Vollstreckung der Maßregel zur Bewährung auszusetzen). Dies gilt gleichermaßen, wenn das Gericht nach § 67c Abs. 1 StGB prüft, ob der Zweck der Maßregel die Unterbringung in der Sicherungsverwahrung noch erfordert o. ob die weitere Unterbringung unverhältnismäßig wäre; anders als früher muss das Gericht auch dann ein Gutachten einholen, wenn es eine Aussetzung nicht in Betracht zieht, damit die gerichtliche Entsch. kein bloßer „Durchlaufposten" in Richtung Vollstreckung ist (BT-Drs. 17/9874, 39; MüKoStPO/Nestler Rn. 10; vgl. auch OLG Nürnberg NStZ-RR 2026, 28; erg. → § 454 Rn. 37). Nach OLG Karlsruhe (BeckRS 2015, 19589) kann der Grundsatz der bestmöglichen Sachaufklärung gebieten, bei demjenigen Sachverständigen ein – ggf. erg. – Gutachten einzuholen, bei dem der Untergebrachte zur Mitwirkung bereit ist; dies erscheint nicht unzw., da es dem Untergebrachten die Möglichkeit eröffnet, durch Verweigerung der Mitwirkung bei dem gerichtlich bestellten Sachverständigen die Einholung eines Gutachtens bei einem ihm genehmen Sachverständigen zu erzwingen. Aus dem Gebot der bestmöglichen Sachaufklärung leitet das BVerfG ab, dass es – trotz Fehlens einer Abs. 4 S. 3 entspr. Vorschr. wie bei der Unterbringung nach § 63 StGB – bei langjährigen Unterbringungen in der Sicherungsverwahrung geboten sein kann, den Untergebrachten v. einem externen Sachverständigen begutachten zu lassen, der im Laufe des Vollstreckungsverfahrens noch überhaupt nicht mit dem Untergebrachten befasst war, um der Gefahr repetitiver Routinebeurteilungen vorzubeugen u. um auszuschließen, dass Belange der Anstalt o. die Beziehung zwischen Untergebrachtem u. Therapeuten das Gutachten beeinflussen (BVerfG NStZ-RR 2020, 388; NStZ-RR 2022, 229; erg. → Rn. 10c, 10d).

6b In den Fällen der **Erledigterklärung einer Sicherungsverwahrung (§ 67d Abs. 3 StGB)** sowie der nachf. Entsch. (§ 67d Abs. 2 StGB) ist das Gutachten eines Sachverständigen namentlich zu der Frage einzuholen, ob v. dem Verurteilten weiterhin erhebliche rechtswidrige Taten zu erwarten sind **(Abs. 3 S. 4);** insofern lässt Abs. 3 S. 4 – anders als Abs. 3 S. 3 iVm § 454 Abs. 2 S. 2, wo ein Ausschluss der Gefahr verlangt wird – den Ausschluss der negativen Prognose genügen (OLG Hamm StV 2005, 680; OLG Karlsruhe StraFo 2006, 82 (83); Schöch NJW 1998, 1259).

6c Gemäß Abs. 3 S. 5 und Abs. 8 ist nunmehr in sämtlichen gerichtlichen Verf. ein **Verteidiger zu bestellen,** in denen nach Rechtskraft des anordnenden Urt. über die Vollstreckung der Unterbringung in der Sicherungsverwahrung entschieden wird (s. BT-Drs. 17/9874, 39 f.). Die Bestellung gilt gem. Abs. 8 S. 2 auch für jedes weitere Verf., solange sie nicht aufgeh. wird u. zwar auch dann, wenn sie ursprünglich in entspr. Anwendung v. § 140 Abs. 2 vorgenommen wurde (OLG

Dresden NStZ-RR 2014, 357). Zur Verteidigerbestellung bei der Vollstreckung sonstiger Maßregeln → § 140 Rn. 33, 33a.

Bei der Unterbringung nach §§ 63, 64 StGB ist die Einholung eines Sachverständigengutachtens nur erforderlich, wenn die Maßregel wegen einer rechtswidrigen Tat der in § 66 Abs. 3 S. 1 StGB genannten Art angeordnet worden ist. In den übrigen Fällen hat die StVollstrK die Möglichkeit ein Sachverständigengutachten einzuholen, wenn sie dies trotz der im Maßregelvollzug gewonnenen Erkenntnisse ausnahmsweise für notwendig hält (vgl. Schneider NStZ 2008, 68 (73)). 6d

Die **Anhörung des Sachverständigen** erfolgt nach Maßgabe des § 454 Abs. 2 S. 3–7 (→ § 454 Rn. 37a ff.). Zur Sachbehandlung, wenn der Untergebrachte die Exploration durch den Sachverständigen verweigert, vgl. OLG Karlsruhe NStZ-RR 2006, 90. 6e

Die **mündliche Anhörung des Verurteilten** nach § 454 Abs. 1 S. 3 (OLG Düsseldorf MDR 1986, 255; OLG Hamm StV 2005, 680; OLG Koblenz MDR 1984, 163; OLG Saarbrücken MDR 1983, 598; ggf. durch einen beauftragten Richter, vgl. aber OLG Frankfurt a. M. StraFo 2009, 303; Döllel/Dreeßen SchlHA 2003, 205 – OLG Schleswig RsprÜ) ist auch erforderlich, wenn das Gericht das Vorliegen der Voraussetzungen des § 68f Abs. 2 StGB vAw prüft (OLG Zweibrücken MDR 1992, 1166 mwN; str.). Das Recht auf mündliche Anhörung kann aber durch Nichterreichbarkeit verwirkt sein (OLG Hamm MDR 1988, 74; OLG Köln NJW 1963, 875). 7

Zu den **Beteiligten iSd § 454 Abs. 1 S. 2** gehört die StA als Strafverfolgungsbehörde, nicht aber die Aufsichtsstelle nach § 68a StGB, über deren Mitwirkung o. Anhörung das G keine Regelung enthält. Eine ungünstige Stellungnahme der Anstalt muss dem Verurteilten vor der Entsch. über die Fortdauer der Unterbringung zur Kenntnis gebracht werden (BVerfGE 18, 419; BVerfG NJW 1964, 293; OLG Hamm JMBl. NRW. 1962, 199), soweit sie entscheidungserheblich ist (OLG Hamburg NJW 1964, 2315; erg. → § 454 Rn. 18). 8

Eine **über § 454 Abs. 1 S. 4 hinausgehende Einschränkung** enthält Abs. 3 S. 2 für die Entsch. über die vorzeitige Aufhebung der Führungsaufsicht nach § 68e StGB. Die in § 454 Abs. 1 S. 3 vorgeschriebene mündliche Anhörung würde hier häufig einen übermäßig großen Aufwand erfordern u. unterbleibt daher. Dass eine Anhörung der JVA entbehrlich ist, versteht sich v. selbst. Die StA, die Aufsichtsstelle nach § 68a StGB u. der Bewährungshelfer sind aber zu hören (Fischer/Fischer/Lutz StGB § 68e Rn. 12). 9

§ 454a Abs. 2 ist hins. der Aussetzung der Maßregel zur Bewährung sinngemäß anwendbar; dies gilt aber nicht für deren Erledigung (OLG Braunschweig NStZ-RR 2015, 157 mwN). 9a

D. Überprüfung der Unterbringung in einem psychiatrischen Krankenhaus (Abs. 4). I. Gutachterliche Stellungnahme der Maßregelvollzugseinrichtung. Nach § 67e Abs. 2 StGB hat das Vollstreckungsgericht zumindest nach einem Jahr vollzogener Unterbringung zu überprüfen, ob die weitere Vollstreckung der Unterbringung zur Bewährung auszusetzen ist. **Abs. 4 S. 1** schreibt vor, dass zur Vorbereitung dieser Prüfung eine gutachterliche Stellungnahme der Maßregelvollzugseinrichtung einzuholen ist, in der der Verurteilte untergebracht ist. Mit dem Begriff „gutachterliche Stellungnahme“ wird zum Ausdruck gebracht, dass etwa ein bloßer „Arztbrief“ nicht ausreicht (Glauch StraFo 2016, 407 (409)), jedoch auch nicht den Anforderungen an ein Sachverständigengutachten genügt sein muss. Die Stellungnahme hat sich aber jedenfalls zu Art u. Ausmaß der Gefährdung, zu Behandlungsmaßnahmen u. aktuellem Behandlungsverlauf, zu weiteren Behandlungs- u. Therapiemöglichkeiten sowie zu denkbaren Vollzugslockerungen u. ggf. zur Entlassungsvorbereitung zu äußern (BT-Drs. 18/7244, 40; OLG Hamburg NStZ-RR 2021, 93). Das Schweigerecht der Ärzte ist insoweit mit Blick auf das staatliche Interesse an einer bestmöglichen Aufklärung des Sachverhaltes auch gegenüber der zur Entscheidung über die Fortdauer der Unterbringung nach § 67e 10

StGB berufenen StrafVollstrK eingeschränkt (BGH NStZ 2025, 497 (498) mwN; erg. → § 53 Rn. 20).

10a **II. Prüfungsintervalle für Gutachten (Abs. 4 S. 2).** Dagegen soll das Gericht nach jew. drei Jahren, ab einer Dauer der Unterbringung v. sechs Jahren nach jew. zwei Jahren vollzogener Unterbringung in einem psychiatrischen Krankenhaus ein **externes Gutachten eines Sachverständigen** einholen **(Abs. 4 S. 2).** Die Reduzierung des Prüfungsintervalls v. sechs auf zwei Jahre durch das G v. 8.7.2016 erhöht die Kontrolldichte der Entscheidung. Das Gutachten muss bei Ablauf der Frist bereits vorliegen (s. BT-Drs. 18/7244, 38). Die Frist beginnt mit der Aufnahme des Untergebrachten im Maßregelvollzug.

10b **III. Anforderungen an externe Gutachter (Abs. 4 S. 3–5).** Der Gutachter muss über **forensisch-psychiatrische Sachkunde u. Erfahrung** verfügen (Abs. 4 S. 5). Zum Sachverständigen dürfen keine Personen bestellt werden, die den Untergebrachten iRd Unterbringung behandelt haben o. in dem betr. psychiatrischen Krankenhaus arbeiten (S. 3); dies gilt auch für Sachverständige, deren Arbeitsbereich u. die die Unterbringung vollstreckende Abt. des psychiatrischen Krankenhauses zu einer betrieblichen Einheit mit gemeinsamer Leitungs- u. Verwaltungsebene gehören (BVerfG NStZ-RR 2021, 148 (150)). Damit soll eine objektivere bzw. ergebnisoffene (vgl. dazu OLG Naumburg NStZ 2013, 183) Beurteilung der Unterbringung gewährleistet werden (BT-Drs. 18/7244, 41). Darüber hinaus soll nicht der Sachverständige bestellt werden, der das letzte Gutachten bei einer vorangegangenen Überprüfung erstellt hat (S. 3). Mit dem Prinzip des wechselnden Gutachters (s. Glauch StraFo 2016, 407 (410)) wird Routinebeurteilungen vorgebeugt (vgl. dazu bereits BVerfGE 70, 297; NStZ 2013, 116; NStZ-RR 2014, 222). Ausnahmsweise kann hiervon abgewichen werden, wenn es bei der anstehenden Begutachtung gerade um die Entwicklung des Untergebrachten mit Rücksicht auf Entlassungsperspektiven geht, die bereits im vorangegangenen Gutachten angesprochen worden waren (vgl. BT-Drs. 18/7244, 39). Für das Erstgutachten iRd Unterbringung soll nicht der Sachverständige herangezogen werden, der das Gutachten in dem Verf. erstattet hat, in dem die Unterbringung o. deren späterer Vollzug angeordnet wurde (Abs. 4 S. 4). Dies soll nach der Gesetzesbegründung nicht für Sachverständige gelten, die an dem vorhergehenden Gutachten lediglich in untergeordneter Funktion o. vorbereitend mitgewirkt haben (BT-Drs. 18/7244, 39). Sachverständige, die Mitangeklagte begutachtet haben, können herangezogen werden (Glauch StraFo 2016, 407 (410)).

10c **IV. Verzicht auf Einholung eines externen Gutachtens.** Auf die Einholung eines externen Gutachtens nach drei Jahren kann, wie es in der Gesetzesbegründung heißt, **„nur in sehr eng begrenzten Ausnahmefällen verzichtet“** werden, so wenn ein externes Gutachten kurz zuvor erstellt wurde o. durch ein solches Therapieerfolge konterkariert werden könnten (BT-Drs. 18/7244, 42). Denkbar sind auch Konstellationen, bei denen bereits aufgrund landesgesetzlicher Regelungen externe Begutachtungen vorgenommen wurden o. bei denen sich der zu begutachtende Straftäter bereits in der Entlassungsvorbereitung befindet. Ein Verzicht ist aber nicht mit der Begründung möglich, dass andernfalls die (bedingte) Entlassung verzögert werden würde, es sei denn, die Entlassung steht unmittelbar bevor (OLG Frankfurt NStZ-RR 2025, 327).

10d **V. Gutachten bei speziellen Fragestellungen oder Zweifeln.** Bei speziellen Fragestellungen oder Zweifeln an der Notwendigkeit der weiteren Unterbringung kann es auch vor Ablauf der ges. Fristen geboten sein, ein externes Sachverständigengutachten einzuholen (OLG Karlsruhe NStZ-RR 2016, 357).

10e **VI. Verfahren.** Dem Gutachter ist Einsicht in die Patientenakten zu gewähren (Abs. 4 S. 6). Es besteht keine Verpflichtung, die behandelnden Ärzte, welche die gutachterliche Stellungnahme abgegeben haben, mündlich anzuhören (OLG Hamburg StraFo 2020, 467 im Umkehrschluss zu Abs. 4 S. 7 iVm § 454 Abs. 2 S. 3). Das bei der Einholung einer externen Sachverständigenbegutachtung einzuhaltende

Verf. richtet sich nach § 454 Abs. 2 (Abs. 4 S. 7; erg. → § 454 Rn. 37a; zu deren Umf. vgl. Schöch FS Volk, 2009, 712); insofern ist der Sachverständige grds. mündlich anzuhören (§ 454 Abs. 2 S. 3). Die Bestellung eines Verteidigers in den Fällen des Abs. 4 S. 2 (Abs. 4 S. 8) hat vor der Beauftragung eines Sachverständigen zu erfolgen, damit der Verteidiger ggf. auf die Auswahl des Sachverständigen Einfluss nehmen kann (OLG Braunschweig StV 2008, 590). Ob in anderen Fällen einer Überprüfungsentscheidung ein Verteidiger entspr. § 140 Abs. 2 (→ § 140 Rn. 33) zu bestellen ist, richtet sich nach den Umständen des Einzelfalls (BVerfG NJW 2009, 3153 Ls.; OLG Frankfurt a. M. NStZ-RR 2010, 126).

VII. Übergangsvorschrift. Für am 1.8.2016 bereits anhängig gewesene Vollstreckungsverfahren gilt die Übergangsvorschrift des § 13 **EGStPO.** 10f

E. Einschränkung der Anwendung der §§ 455, 456 (Abs. 5). Die Vorschr. gelten grds. auch beim Vollzug v. Sicherungsmaßregeln. Insbesondere ist die Unterbrechung in der Sicherungsverwahrung unter den Voraussetzungen des § 455 Abs. 2 zulässig (vgl. OLG Celle NJW 1967, 692). Ein Vollstreckungsaufschub nach § 455 Abs. 1 ist dagegen ausgeschlossen, wenn ein Verurteilter, dessen Unterbringung nach § 63 StGB wegen verminderter Schuldfähigkeit nach § 21 StGB angeordnet worden ist, in Geisteskrankheit verfällt (S. 1). Ist die Unterbringung nach § 64 StGB o. die Sicherungsverwahrung nach § 66 StGB angeordnet, so ist der Aufschub zulässig (S. 2). Er steht dann aber im Ermessen der VollstrB, die in außergewöhnlichen Einzelfällen v. dem Vollstreckungsaufschub absehen kann. Ein vorübergehender Vollstreckungsaufschub entspr. § 456 ist bei der Sicherungsverwahrung ausgeschlossen (S. 3). Für das Berufsverbot gilt die Sonderregelung des § 456c Abs. 2. 11

F. Anwendung des § 462 (Abs. 6). In den bezeichneten Fällen (vgl. zB zu § 67d Abs. 5 OLG Celle StV 1997, 541; mangels Beschwer nicht im Fall des § 67c Abs. 2 S. 5 StGB, wenn die Maßregel vor Vollzugsbeginn für erledigt erklärt wird (OLG Saarbrücken NStZ-RR 2025, 86)) richten sich das gerichtliche Verf. u. die Anfechtung gerichtlicher Entsch. nach § 462. Damit ist – wegen § 462 Abs. 2 – eine mündliche Anhörung nicht zwingend (vgl. KG NStZ-RR 2016, 30; OLG Frankfurt a. M. NStZ-RR 1996, 91). Eine Ausnahme besteht allerdings in den Fällen des § 67d Abs. 6 StGB, in denen der Verurteilte vor einer Erledigungserklärung der Unterbringung mündlich zu hören ist (S. 2). Die Anhörung kann mit Hilfe der Videokonferenztechnik erfolgen (→ § 463e). Die Anwendung der Zuständigkeitsvorschrift des § 462a, die sich aus Abs. 1 ergibt (→ Rn. 3), wird durch Abs. 6 nicht berührt (OLG Koblenz OLGSt StGB § 70a Nr. 1). 12

Durch Abs. 6 S. 3 erhält das Gericht die – v. Regelfall des § 462 Abs. 3 abw. (vgl. → § 307 Rn. 1) – Möglichkeit, die sofortige Vollziehbarkeit v. Kriseninterventionsmaßnahmen nach § 67h Abs. 1 StGB (befristete Wiederinvollzugsetzung der ausgesetzten Unterbringung nach §§ 63, 64 StGB zwecks Vermeidung des Widerrufs nach § 67g StGB; vgl. Peglau NJW 2007, 1561) anzuordnen. Das gilt aber nur, wenn erhebliche rechtswidrige Taten des Verurteilten drohen, also Verbrechen o. schwerwiegende Vergehen. Für Entscheidungen nach § 67d Abs. 5 S. 1 StGB bleibt es bei der sofortigen Vollziehbarkeit (Abs. 6 S. 3 Hs. 2 iVm §§ 307 und 462 Abs. 3 S. 2); durch die Verweisung auf § 307 insgesamt und damit auch auf dessen Abs. 2 wird klar gestellt, dass auch bei einer Erledigterklärung nach § 67d Abs. 5 S. 1 StGB vAw oder auf Antrag des Betroffenen die Vollziehung der angefochtenen Entscheidung ausgesetzt werden kann (BT-Drs. 20/5913 S. 75). 12a

G. Zuständigkeit der StVollstrK (Abs. 7). Bei freiheitsentziehenden Sicherungsmaßregeln sind nach Abs. 1 die Zuständigkeitsvorschriften des § 462a entspr. anzuwenden (→ Rn. 3). Abs. 7 erweitert die Zuständigkeit der StVollstrK auf die nicht freiheitsentziehende Sicherungsmaßregel der Führungsaufsicht (BGHR Führungsaufsicht 1; Becker NStZ-RR 2004, 323 – BGH RsprÜ). Dadurch, dass die Nachtragsentscheidungen über die Führungsaufsicht in den in Abs. 7 bezeichneten 13

Fällen der Aussetzung eines Strafrests nach den §§ 57, 57a StGB gleichgestellt wird, entsteht die Zuständigkeit der StVollstrK nach § 462a Abs. 1 S. 2 (BGH NStZ 2001, 165), jedoch nur für die iRd Führungsaufsicht zu treffenden Nachtragsentscheidungen (KMR-StPO/Stöckel Rn. 22; SK-StPO/Paeffgen/Greco Rn. 20; **aM** OLG Hamburg NStZ 1988, 197; Bringewat Strafvollstreckung Rn. 15: auch für die Entsch. nach § 69a Abs. 7 StGB), etwa nach § 68f Abs. 2 StGB (OLG Stuttgart NStZ-RR 2003, 380). Die StVollstrK ist aber auch für die Nachtragsentscheidungen zuständig, die sich auf Strafaussetzungen zur Bewährung aus anderen Verf. gegen den Verurteilten beziehen (BGHSt 54, 272). Im Fall der Krisenintervention nach § 67h StGB findet Abs. 7 entspr. Anwendung (BGH NJW 2011, 163).

13a **H. Bestellung eines Pflichtverteidigers (Abs. 8).** Wird die Sicherungsverwahrung vollstreckt, ist dem Verurteilten, der noch keinen Verteidiger hat, rechtzeitig vor der ersten gerichtlichen Entsch. ein Verteidiger zu bestellen (S. 1). „Rechtzeitig" ist eine Bestellung, wenn sie so frühzeitig erfolgt, dass der Verteidiger die Interessen des Verurteilten im Verf. angemessen wahrnehmen kann (OLG Nürnberg StV 2018, 139; NStZ 2017, 118: Bestellung vor der Beauftragung eines Sachverständigen). Die Bestellung wirkt grds. für alle folgenden Verf., in denen der weitere Vollzug der Unterbringung geprüft wird (S. 2); dies gilt auch, wenn sie in entspr. Anwendung des § 140 Abs. 2 erfolgt ist (OLG Dresden StV 2015, 50). Während eines bereits begonnenen u. noch lfd. Prüfungsverfahrens kommt eine **Aufhebung** der Bestellung nur unter den Voraussetzungen des § 143a in Betracht (→ § 143a Rn. 3, 19 ff.); einem vor Beginn eines neuen Prüfungsverfahrens gestellten Antrag des Untergebrachten auf Widerruf der Bestellung ist dagegen regelmäßig stattzugeben (KG StraFo 2020, 30; OLG Karlsruhe StV 2020, 44; OLG Nürnberg StV 2018, 139; NStZ 2017, 118).

14 **I. Reihenfolge der Vollstreckung.** Die **Reihenfolge der Vollstreckung** mehrerer freiheitsentziehender Sicherungsmaßregeln bestimmt nach § 72 Abs. 3 S. 1 StGB das Gericht, u. zwar die StVollstrK, wenn bereits mit dem Vollzug einer der Maßnahmen begonnen worden ist, sonst das erkennende Gericht. Das Gleiche gilt, wenn neben einer freiheitsentziehenden Sicherungsmaßregel nach §§ 63, 64 StGB im selben Verf. eine Freiheitsstrafe verhängt worden ist u. nach § 67 Abs. 2 StGB v. der ges. Reihenfolge der Vollstreckung (§ 67 Abs. 1 StGB) abgewichen werden soll. Über die Reihenfolge der Vollstreckung v. Freiheitsstrafen u. freiheitsentziehenden Sicherungsmaßregeln aus verschiedenen Strafurteilen entscheidet die StA als VollstrB nach § 451 Abs. 1 (OLG Celle NStZ 1983, 188; OLG Düsseldorf NStZ 1983, 383; OLG München NStZ 1988, 93; KK-StPO/Appl Rn. 6; vgl. § 44b Abs. 2 S. 1 StVollstrO). Zur Anfechtbarkeit der Entsch. vgl. → § 454b Rn. 7 ff.

15 **J. Nachtragsentscheidungen im Jugendstrafrecht. Nachtragsentscheidungen im Jugendstrafrecht** trifft der Jugendrichter als Vollstreckungsleiter (→ § 462a Rn. 40), auch wenn der Verurteilte inzwischen erwachsen ist (OLG Celle NJW 1975, 2253; OLG Karlsruhe Justiz 1978, 325). Das gilt auch, wenn Führungsaufsicht kraft Gesetzes eingetreten ist (OLG Koblenz GA 1975, 285; KK-StPO/Appl Rn. 8; Bringewat Strafvollstreckung Rn. 17).

Zuständigkeit und Befugnisse der Aufsichtsstellen

463a (1) [1] **Die Aufsichtsstellen (§ 68a des Strafgesetzbuches) können zur Überwachung des Verhaltens des Verurteilten und der Erfüllung von Weisungen von allen öffentlichen Behörden Auskunft verlangen und Ermittlungen jeder Art, mit Ausschluß eidlicher Vernehmungen, entweder selbst vornehmen oder durch andere Behörden im Rahmen ihrer Zuständigkeit vornehmen lassen.** [2] **Ist der Aufenthalt des Verurteilten nicht bekannt, kann der Leiter der Führungsaufsichtsstelle seine Ausschreibung zur Aufenthaltsermittlung (§ 131a Abs. 1) anordnen.**

(2) [1]**Die Aufsichtsstelle kann für die Dauer der Führungsaufsicht oder für eine kürzere Zeit anordnen, daß der Verurteilte zur Beobachtung anläßlich von polizeilichen Kontrollen, die die Feststellung der Personalien zulassen, ausgeschrieben wird.** [2]**§ 163e Abs. 2 gilt entsprechend.** [3]**Die Anordnung trifft der Leiter der Führungsaufsichtsstelle.** [4]**Die Erforderlichkeit der Fortdauer der Maßnahme ist mindestens jährlich zu überprüfen.**

(3) [1]**Auf Antrag der Aufsichtsstelle kann das Gericht einen Vorführungsbefehl erlassen, wenn der Verurteilte einer Weisung nach § 68b Abs. 1 Satz 1 Nr. 7 oder Nr. 11 des Strafgesetzbuchs ohne genügende Entschuldigung nicht nachgekommen ist und er in der Ladung darauf hingewiesen wurde, dass in diesem Fall seine Vorführung zulässig ist.** [2]**Soweit das Gericht des ersten Rechtszuges zuständig ist, entscheidet der Vorsitzende.**

(4) [1]**Die Aufsichtsstelle erhebt und speichert bei einer Weisung nach § 68b Absatz 1 Satz 1 Nummer 12 des Strafgesetzbuches mit Hilfe der von der verurteilten Person mitgeführten technischen Mittel automatisiert Daten über deren Aufenthaltsort sowie über etwaige Beeinträchtigungen der Datenerhebung; soweit es technisch möglich ist, ist sicherzustellen, dass innerhalb der Wohnung der verurteilten Person keine über den Umstand ihrer Anwesenheit hinausgehenden Aufenthaltsdaten erhoben werden.** [2]**Die Daten dürfen ohne Einwilligung der betroffenen Person nur verwendet werden, soweit dies erforderlich ist für die folgenden Zwecke:**

1. **zur Feststellung des Verstoßes gegen eine Weisung nach § 68b Absatz 1 Satz 1 Nummer 1, 2 oder 12 des Strafgesetzbuches,**
2. **zur Ergreifung von Maßnahmen der Führungsaufsicht, die sich an einen Verstoß gegen eine Weisung nach § 68b Absatz 1 Satz 1 Nummer 1, 2 oder 12 des Strafgesetzbuches anschließen können,**
3. **zur Ahndung eines Verstoßes gegen eine Weisung nach § 68b Absatz 1 Satz 1 Nummer 1, 2 oder 12 des Strafgesetzbuches,**
4. **zur Abwehr einer erheblichen gegenwärtigen Gefahr für das Leben, die körperliche Unversehrtheit, die persönliche Freiheit oder die sexuelle Selbstbestimmung Dritter oder**
5. **zur Verfolgung einer Straftat der in § 66 Absatz 3 Satz 1 des Strafgesetzbuches genannten Art oder einer Straftat nach § 129a Absatz 5 Satz 2, auch in Verbindung mit § 129b Absatz 1 des Strafgesetzbuches.**

[3]**Zur Einhaltung der Zweckbindung nach Satz 2 hat die Verarbeitung der Daten zur Feststellung von Verstößen nach Satz 2 Nummer 1 in Verbindung mit § 68b Absatz 1 Satz 1 Nummer 1 oder 2 des Strafgesetzbuches automatisiert zu erfolgen und sind die Daten gegen unbefugte Kenntnisnahme besonders zu sichern.** [4]**Die Aufsichtsstelle kann die Erhebung und Verarbeitung der Daten durch die Behörden und Beamten des Polizeidienstes vornehmen lassen; diese sind verpflichtet, dem Ersuchen der Aufsichtsstelle zu genügen.** [5]**Die in Satz 1 genannten Daten sind spätestens zwei Monate nach ihrer Erhebung zu löschen, soweit sie nicht für die in Satz 2 genannten Zwecke verwendet werden.** [6]**Bei jedem Abruf der Daten sind zumindest der Zeitpunkt, die abgerufenen Daten und der Bearbeiter zu protokollieren; § 488 Absatz 3 Satz 5 gilt entsprechend.** [7]**Werden innerhalb der Wohnung der verurteilten Person über den Umstand ihrer Anwesenheit hinausgehende Aufenthaltsdaten erhoben, dürfen diese nicht verwertet werden und sind unverzüglich nach Kenntnisnahme zu löschen.** [8]**Die Tatsache ihrer Kenntnisnahme und Löschung ist zu dokumentieren.**

(5) [1]**Örtlich zuständig ist die Aufsichtsstelle, in deren Bezirk der Verurteilte seinen Wohnsitz hat.** [2]**Hat der Verurteilte keinen Wohnsitz im Geltungsbereich dieses Gesetzes, so ist die Aufsichtsstelle örtlich zuständig, in deren Bezirk er seinen gewöhnlichen Aufenthaltsort hat und, wenn**

ein solcher nicht bekannt ist, seinen letzten Wohnsitz oder gewöhnlichen Aufenthaltsort hatte.

1 **A. Aufsichtsstellen nach § 68a StGB.** Tritt nach §§ 67b, 67c, 67d Abs. 2–6 oder 68f StGB kraft Gesetzes Führungsaufsicht ein o. ordnet das Gericht sie nach § 68 StGB an, so untersteht der Verurteilte nach §§ 68a, 68g Abs. 1 S. 1 StGB einer Aufsichtsstelle. Die Aufsichtsstellen gehören nach Art. 295 Abs. 1 EGStGB zum Geschäftsbereich der LJVen, die die Einzelheiten bestimmen. Ihre Leitung u. Besetzung regelt Art. 295 Abs. 2 EGStGB. Zu den Aufgaben der Aufsichtsstellen gehört es nach § 68a Abs. 3 StGB, im Einvernehmen mit dem Gericht (Gericht des 1. Rechtszugs o., wenn gegen den Verurteilten Freiheitsstrafen o. freiheitsentziehende Sicherungsmaßregeln vollzogen worden sind, die StVollstrK) u. mit Unterstützung des Bewährungshelfers das Verhalten des Verurteilten u. die Erfüllung der ihm nach § 68b StGB erteilten Weisungen zu überwachen. Vorbereitungshandlungen u. Mitteilungspflichten der VollstrB regelt § 54a StVollstrO.

2 **B. Befugnisse.** Die Befugnisse der Aufsichtsstellen bei der Überwachung nach § 68a Abs. 3 StGB regelt Abs. 1. Sie entsprechen denen der StA nach § 161 Abs. 1 mit der Erweiterung, dass die Aufsichtsstellen auch v. anderen als v. Polizeibehörden die Ausführung v. Ermittlungen verlangen können.

3 Die Aufsichtsstellen können v. allen Behörden unmittelbar **Auskunft** verlangen; der Dienstweg braucht nicht eingehalten zu werden (Löwe/Rosenberg/Graalmann-Scheerer Rn. 5). Die Behörden sind zur Auskunft verpflichtet, wenn sie zumutbar ist (→ § 161 Rn. 1 ff.). Das Auskunftsrecht schließt das Recht ein, um Akteneinsicht u. Überlassung v. Schriftstücken zu ersuchen (KK-StPO/Appl Rn. 3). Die Behörde kann aber stattdessen Auskunft durch entspr. Mitteilung geben.

4 **Ermittlungen** jeder Art kann die Aufsichtsstelle selbst formlos o. förmlich vornehmen. Sie kann Erkundigungen einziehen, den Verurteilten o. Zeugen (uneidlich) vernehmen u. schriftliche o. mündliche Gutachten v. Sachverständigen einholen. Sie kann aber auch v. anderen Behörden iRv deren Aufgabenbereich die Ausführung bestimmter Ermittlungen im Wege der Amtshilfe verlangen, insbes. v. JVAen, anderen Vollzugsbehörden u. VerwBen. Sie kann die JVA zB um (uneidliche) Vernehmung einer dort tätigen o. aufgenommenen Person ersuchen. Bei bedingt ausgesetzter Unterbringung nach § 63 StGB kommen Ermittlungsersuchen an die Gesundheitsbehörden in Betracht. Die Inanspruchnahme der Polizei schließt Abs. 1 nicht aus. Um den Eindruck zu vermeiden, es handele sich bei der Führungsaufsicht um eine Aufsicht mit in 1. Hinsicht polizeilichen Mitteln u. zu in 1. Hinsicht polizeilichen Zwecken, sollten die Polizeibehörden aber nur eingeschaltet werden, wenn das unumgänglich ist.

4a **Bei unbekanntem Aufenthalt des Verurteilten** kann gem. Abs. 1 S. 2 durch den Leiter der Aufsichtsstelle entspr. § 131a Abs. 1 die Ausschreibung zur Aufenthaltsermittlung (vgl. Nr. 41 Abs. 7 RiStBV; dies gilt nicht die Ausschreibung zur Festnahme nach § 131 Abs. 1; vgl. aber → Rn. 8) in allen Fahndungshilfsmitteln der Strafverfolgungsbehörden (§ 131a Abs. 5) veranlasst werden, wobei aber der Verhältnismäßigkeitsgrundsatz zu beachten ist (erg. → § 131a Rn. 1). Eine richterliche Bestätigung nach § 131c ist nicht erforderlich, weil die Anordnungsbefugnis allein dem Leiter der Aufsichtsstelle zusteht (BT-Drs. 16/1993, 25).

5 **Zwangsmittel** stehen der Aufsichtsstelle iÜ nicht zur Vfg. (vgl. aber Abs. 3, → Rn. 8). Gegen die Weigerung v. Behörden, Auskünfte zu erteilen o. Ermittlungen vorzunehmen, hat sie nur die Dienstaufsichtsbeschwerde (erg. → Vor § 296 Rn. 22). Unterlagen, die als Beweismittel in Betracht kommen, kann sie weder beschlagnahmen noch beschlagnahmen lassen. Wenn der Verurteilte o. ein Zeuge das Erscheinen o. die Aussage vor der Aufsichtsstelle verweigert, kann sie keine Ordnungs- o. Zwangsmittel gegen ihn verhängen, auch wenn ihr Leiter ein Richter o. StA ist. Die Aufsichtsstelle kann aber stets das Gericht einschalten, das zur Durchsetzung seiner eigenen Entsch. die üblichen Zwangsmittel anwenden kann (Löwe/Rosenberg/Graalmann-Scheerer Rn. 9).

C. Polizeiliche Beobachtung (Abs. 2). Entspr. § 163e Abs. 1, Abs. 2 kann eine Ausschreibung des Verurteilten o. seines Kfz durch die Aufsichtsstelle zur Beobachtung anlässlich polizeilicher Kontrollen (→ § 163e Rn. 4) erfolgen. Sie ist nur zulässig, wenn sie geeignet und erforderlich ist, um gefährliche Entwicklungen des Verurteilten rechtzeitig zu erkennen und die Einhaltung der Weisungen zu überwachen (OLG Saarbrücken NStZ-RR 2024, 327). Die Anordnung wird durch den Leiter der Führungsaufsichtsstelle (Abs. 2 S. 3) – idR im Einvernehmen mit dem Gericht unter Beteiligung des Bewährungshelfers (Bringewat Strafvollstreckung Rn. 12) – getroffen. Auch die Ausschreibung eines auf den Verurteilten zugelassenen oder v. ihm benutzten Kraftfahrzeugs ist zulässig (Abs. 2 S. 2), nicht jedoch die v. Kontaktpersonen (OLG Saarbrücken NStZ-RR 2024, 327; → § 163e Rn. 8, 10). 6

Damit wird eine **einschneidende Überwachungsmaßnahme** eröffnet. Deshalb ist – entspr. der Befristung in § 163e Abs. 4 S. 5 – nach Abs. 2 S. 4 die Erforderlichkeit der Fortdauer der Maßnahme mind. jährlich zu überprüfen; falls die Beobachtung nicht mehr erforderlich erscheint, ist sie unverzüglich aufzuheben. Eine vorweggenommene Unterrichtung des Verurteilten v. der Anordnung der Maßnahme ist vielfach mit ihrem Zweck vereinbar (Rieß NJ 1992, 497). 7

D. Vorführungsbefehl (Abs. 3). Einen Vorführungsbefehl (Abs. 3) kann das Gericht auf Antrag des Leiters der Aufsichtsstelle erlassen, falls der Verurteilte einer Melde- o. Vorstellungsweisung nach § 68b Abs. 1 Nr. 7 oder 11 StGB ohne genügende Entschuldigung nicht nachgekommen ist; wie bei § 230 (→ § 230 Rn. 18) ist eine ordnungsgemäße Ladung mit Vorführungsandrohung vorausgesetzt, der Verhältnismäßigkeitsgrundsatz ist zu beachten (→ § 230 Rn. 19). Zur Ergreifung des Verurteilten ist auch die polizeiliche Durchsuchung seiner Wohnung, nicht die eines Dritten, zulässig (vgl. → § 105 Rn. 6, → § 457 Rn. 11, → § 134 Rn. 5). 8

E. Datenerhebung und -speicherung nach § 68b Abs. 1 S. 1 Nr. 12 StGB (Abs. 4). Für die Erhebung u. Verwendung der bei einer elektronischen Aufenthaltsüberwachung nach § 68b Abs. 1 S. 1 Nr. 12, S. 3 StGB anfallenden Daten enthält Abs. 4 die notwendigen Bestimmungen. Besonders hervorzuheben ist die Aussparung des Wohnraums der verurteilten Person nach Abs. 4 S. 1 Hs. 2, S. 7 und 8. Besondere Verwendungsregelungen begründen S. 2 Nr. 4 und 5 (vgl. OLG Bamberg StV 2012, 737). Möglichkeiten der Erhebung u. Verarbeitung der Daten durch die Polizei eröffnet Abs. 4 S. 4. Die Dauer der Aufbewahrung der Daten richtet sich nach Abs. 4 S. 5 (grds. Löschungsfrist v. 2 Monaten). Abs. 4 S. 6 enthält schließlich die Protokollierungspflicht. 9

F. Örtliche Zuständigkeit. Örtlich zuständig ist die Aufsichtsstelle, in deren Bezirk der Verurteilte seinen Wohnsitz o. bei Fehlen eines Wohnsitzes seinen gewöhnlichen Aufenthalt hat, hilfsweise seinen letzten Wohnsitz o. gewöhnlichen Aufenthalt hatte (Abs. 5). Das Gericht kann den Verurteilten anweisen, sich nach der Entlassung bei der Aufsichtsstelle zu melden, die für den v. ihm angegebenen Wohnsitz zuständig ist. 10

G. Zuständigkeit für die Entscheidung über die Anfechtung. Zuständig für die Entscheidung über die Anfechtung der Anordnung nach Abs. 2 ist das nach § 68a StGB zur Durchführung der Führungsaufsicht berufene Gericht (OLG Saarbrücken NStZ-RR 2024, 327; OLG München NStZ-RR 2007, 287 Ls.), also die StVollstrK, wenn die Führungsaufsicht nach Vollzug einer freiheitsentziehenden Maßnahme in Kraft tritt, das Gericht des 1. Rechtszugs, wenn der Verurteilte vor Eintritt der Führungsaufsicht nicht in Haft war (KK-StPO/Appl Rn. 9). 11

Beschlagnahme von Führerscheinen

463b (1) **Ist ein Führerschein nach § 44 Abs. 2 Satz 2 und 3 des Strafgesetzbuches amtlich zu verwahren und wird er nicht freiwillig herausgegeben, so ist er zu beschlagnahmen.**

(2) **Ausländische Führerscheine können zur Eintragung eines Vermerks über das Fahrverbot oder über die Entziehung der Fahrerlaubnis und die Sperre (§ 44 Abs. 2 Satz 4, [bis 31.5.2026: § 69b Abs. 2]** ***[ab 1.6.2026: § 69b Absatz 2 Satz 2]*** **des Strafgesetzbuches) beschlagnahmt werden.**

(3) [1] **Der Verurteilte hat, wenn der Führerschein bei ihm nicht vorgefunden wird, auf Antrag der Vollstreckungsbehörde bei dem Amtsgericht eine eidesstattliche Versicherung über den Verbleib abzugeben.** [2] **§ 883 Abs. 2 und 3 der Zivilprozeßordnung gilt entsprechend.**

1 **A. Vollstreckung des Fahrverbots nach § 44 StGB (Abs. 1).** Die VollstrB (§ 451 Abs. 1) fordert den nach § 44 Abs. 2 S. 2 und 3 StGB amtl. zu verwahrenden (aber nicht der Einziehung unterliegenden) Führerschein v. dem Verurteilten ein, wenn er noch nicht in amtl. Gewahrsam ist. Die Geschäfte sind nach § 31 Abs. 2 S. 1 **RPflG** auf den Rechtspfleger übertragen. Wird der Führerschein trotz dieser Aufforderung (vgl. Wollentin/Breckerfeld NJW 1966, 632) nicht freiwillig herausgegeben, so ist er zu beschlagnahmen. Die Anordnung der Beschlagnahme enthält zugleich die Anordnung der Wohnungsdurchsuchung bei dem Führerscheininhaber, nicht bei einem Dritten, soweit sie zur Ausführung der Beschlagnahme erforderlich ist (erg. → § 105 Rn. 6); bei einem v. der Bußgeldbehörde nach § 25 StVG angeordneten Fahrverbot muss die Durchsuchung durch den Richter angeordnet werden (LG Berlin NZV 2006, 385; LG Lüneburg NZV 2011, 153 mwN; **aM** – Anordnung unzulässig – AG Berlin-Tiergarten NZV 1996, 506 mablAnm Hentschel u. Göhler; AG Leipzig NStZ 1999, 309). Zur Ausführung der Beschlagnahme kann die VollstrB die Polizei um Amtshilfe ersuchen. Die Verwahrung des Führerscheins regelt § 59a Abs. 1 StVollstrO, die Rücksendung an den Verurteilten § 59a Abs. 2 StVollstrO.

2 **B. Ausländische Führerscheine.** Ausländische Führerscheine unterliegen nach **Abs. 2** einem beschränkten Beschlagnahmeverbot (Röttle/Wagner/Theurer HRP Strafvollstreckung Rn. 391).

3 Bei rkr. **Fahrverbot** nach § 44 StGB dürfen nur diejenigen Führerscheine, die v. einer Behörde eines Mitgliedstaates der EU o. eines anderen Vertragsstaates des Abk. über den EWR ausgestellt sind, sofern der Inhaber seinen ordentlichen Wohnsitz im Inland hat, amtl. verwahrt werden; bei anderen ausl. Führerscheinen wird das Fahrverbot nach Rechtskraft lediglich im Führerschein vermerkt (§ 44 Abs. 2 S. 4 StGB). Nur zur Durchführung dieser Eintragung u. nur für die dafür erforderliche Dauer darf der Führerschein vorübergehend beschlagnahmt werden, wenn er nicht freiwillig hrsg. wird (dazu → Rn. 1). Mit dem Inkrafttreten von § 44 Abs. 2 S. 4 StGB nF zum 1.6.2026 (BGBl I Nr. 46) gilt dies nicht mehr für Führerscheine, die von EU- oder EWR-Staaten ausgestellt wurden.

4 Die **Entziehung der Fahrerlaubnis** hat nach Rechtskraft die Wirkung eines Verbots, während der Sperre im Inland Kraftfahrzeuge zu führen, soweit das nach deutschem Recht ohne Fahrerlaubnis nicht zulässig ist (§ 69b Abs. 1 S. 2 StGB). Die Entziehung u. die Sperre werden im Führerschein vermerkt (§ 69b Abs. 2 S. 2 StGB). Zu diesem Zweck darf er vorübergehend beschlagnahmt werden (dazu → Rn. 1). Mit dem Inkrafttreten von § 69b Abs. 2 S. 2 StGB nF zum 1.6.2026 (BGBl. I Nr. 46) gilt dies nicht mehr für Führerscheine, die von EU- oder EWR-Staaten ausgestellt wurden.

5 **C. Eidesstattlichen Vers. über den Verbleib des Führerscheins (Abs. 3).** Zu einer eidesstattlichen Vers. über den Verbleib des Führerscheins (Abs. 3) kann der Verurteilte gezwungen werden, wenn die Durchsuchung seiner Person u. seiner Wohnung erfolglos gewesen ist (S. 1; vgl. dazu AG Bremen NZV 2011, 151). Nach

S. 2 gilt § 883 Abs. 2 u. 3 ZPO entspr. Zuständig ist der Gerichtsvollzieher beim Wohnsitz-AG (§ 802e ZPO); das Verf. richtet sich nach § 802g ff. ZPO.

Öffentliche Bekanntmachung der Verurteilung

463c (1) **Ist die öffentliche Bekanntmachung der Verurteilung angeordnet worden, so wird die Entscheidung dem Berechtigten zugestellt.**

(2) **Die Anordnung nach Absatz 1 wird nur vollzogen, wenn der Antragsteller oder ein an seiner Stelle Antragsberechtigter es innerhalb eines Monats nach Zustellung der rechtskräftigen Entscheidung verlangt.**

(3) [1]**Kommt der Verleger oder der verantwortliche Redakteur einer periodischen Druckschrift seiner Verpflichtung nicht nach, eine solche Bekanntmachung in das Druckwerk aufzunehmen, so hält ihn das Gericht auf Antrag der Vollstreckungsbehörde durch Festsetzung eines Zwangsgeldes bis zu fünfundzwanzigtausend Euro oder von Zwangshaft bis zu sechs Wochen dazu an.** [2]**Zwangsgeld kann wiederholt festgesetzt werden.** [3]**§ 462 gilt entsprechend.**

(4) **Für die Bekanntmachung im Rundfunk gilt Absatz 3 entsprechend, wenn der für die Programmgestaltung Verantwortliche seiner Verpflichtung nicht nachkommt.**

A. Urteilszustellung. Ist die öffentl. Bekanntmachung der Entsch. auf Verlangen o. Antrag des Verletzten nach §§ 103 Abs. 2, 165 Abs. 1, 200 Abs. 1 StGB § 111 UrhG, § 142 Abs. 6 PatG angeordnet worden, so wird dem Berechtigten auf Kosten des Verurteilten eine Ausfertigung des erkennenden Teils des Urt. o. Strafbefehls (vgl. § 407 Abs. 2 Nr. 1) nach § 37 förmlich zugestellt, um die Monatsfrist des Abs. 2 in Lauf zu setzen (vgl. auch § 59 Abs. 1 S. 1 StVollstrO). In der Ausfertigung, die zugestellt wird, lässt die VollstrB die Straftaten weg, die nicht zu der Veröffentlichungsanordnung geführt haben. Auch die Namen v. Mitverurteilten, auf die sich die Veröffentlichungsbefugnis nicht bezieht, werden in der Ausfertigung ausgelassen (§ 59 Abs. 1 S. 2 StVollstrO). 1

Der **Berechtigte,** an den zugestellt wird, ist derjenige, auf dessen Verlangen o. Antrag die Veröff. angeordnet worden ist, auch ein an seiner Stelle Antragsberechtigter, zB der volljährig gewordene Verletzte (vgl. § 77 Abs. 3 StGB) o. der Angehörige des verstorbenen Verletzten, auf den das Antragsrecht nach §§ 77 Abs. 2, 165 Abs. 1 S. 2 StGB übergegangen ist (Löwe/Rosenberg/Graalmann-Scheerer Rn. 7). 2

B. Vollziehung der Anordnung (Abs. 2). Die Vollziehung der Anordnung (Abs. 2) ist Aufgabe der VollstrB (§ 451 Abs. 1); die Geschäfte sind nach § 31 Abs. 2 S. 1 **RPflG** auf den Rechtspfleger übertragen. Vollzogen wird die Anordnung nur, wenn der Antragsteller o. ein an seiner Stelle Antragsberechtigter (→ Rn. 2) das innerhalb eines Monats nach der Zustellung der Entsch. verlangt. Für die Fristberechnung gilt § 43; bei unverschuldeter Fristversäumnis ist Wiedereinsetzung (§ 44) möglich (hM; anders Deumeland, Medien und Recht International, 2006, S. 138). 3

Der **Umfang der Veröffentlichung** ergibt sich aus dem Entscheidungsausspruch. Sie soll den Namen des Verletzten enthalten (vgl. Nr. 231 S. 1 RiStBV) u. erkennbar machen, in welchen Teilen der Entscheidungsausspruch u. ggf. auch die Urteilsgründe zu veröffentlichen sind. 4

Die **Art der Bekanntmachung** ergibt sich ebenfalls aus dem Entscheidungsausspruch (vgl. §§ 165 Abs. 2, 200 Abs. 2 StGB); er muss auch die Zeitung o. Zeitschrift o. die Rundfunksendung bezeichnen, in der veröffentlicht werden soll (→ § 260 Rn. 40). 5

Die **Kosten der Bekanntmachung** trägt zunächst die Staatskasse; sie zieht sie v. demjenigen ein, dem in der Entsch. die Verfahrenskosten auferlegt worden sind (vgl. § 59 Abs. 2 S. 2 StVollstrO). 6

7 **C. Zwangsmittel (Abs. 3).** Zwangsmittel (Abs. 3) sind zulässig, wenn die Bekanntmachung in einer periodischen Druckschrift (zum Begriff vgl. → § 111n Rn. 2), insbes. in einer Zeitung o. Zeitschrift, angeordnet worden ist u. ein Ersuchen der VollstrB um Veröff. verweigert wird. Verpflichtet zur Veröff. ist nach Abs. 3 S. 1 der Verleger, dh derjenige, der das Erscheinen der Druckschrift veranlasst u. ihre Vervielfältigung u. Verbreitung bewirkt, sowie der verantwortliche Redakteur, dh derjenige, der bestimmt, was in die Druckschrift aufgenommen wird, u. im Verhältnis zu anderen über die Gestaltung der Zeitung o. Zeitschrift zu entscheiden hat. Die Zwangsmittel (dazu Art. 6 ff. **EGStGB**) setzt das Gericht des 1. Rechtszugs, nicht die StVollstrK (BGH NStZ 1987, 428; vgl. auch Löwe/Rosenberg/Graalmann-Scheerer Rn. 16) auf Antrag der VollstrB fest. Sie können auch gegen Verleger u. Redakteur zugleich angeordnet werden, wenn beide für das Unterlassen des Abdrucks verantwortlich sind. Zwangsgeld hat grds. den Vorrang (→ Einl. Rn. 18 ff.). Das in Abs. 3 S. 1 bestimmte Höchstmaß gilt auch bei der Wiederholung der Festsetzung nach Abs. 3 S. 1; für den Gesamtbetrag der Zwangsgelder bei wiederholten Festsetzungen besteht aber keine Begrenzung.

8 **D. Bekanntmachung im Rundfunk (Abs. 4).** Für die Bekanntmachung im Rundfunk (Abs. 4) gilt Abs. 3 entspr. Zum Begriff Rundfunk vgl. → § 53 Rn. 30. Die Zwangsmittel richten sich gegen den für die Programmgestaltung Verantwortlichen. Diese Stellung entspr. dem verantwortlichen Redakteur in Abs. 3. Der Begriff wird in Abs. 4 nur deshalb nicht verwendet, weil er im Rundfunkrecht noch nicht allg. eingeführt ist.

Gerichtshilfe

463d **[1] Zur Vorbereitung der nach den §§ 453 bis 461 zu treffenden Entscheidungen kann sich das Gericht oder die Vollstreckungsbehörde der Gerichtshilfe bedienen. [2] Die Gerichtshilfe soll einbezogen werden vor einer Entscheidung**

1. über den Widerruf der Strafaussetzung oder der Aussetzung eines Strafrestes, sofern nicht ein Bewährungshelfer bestellt ist,
2. über die Anordnung der Vollstreckung der Ersatzfreiheitsstrafe, um die Abwendung der Anordnung oder Vollstreckung durch Zahlungserleichterungen oder durch freie Arbeit zu fördern.

1 **A. Gerichtshilfe.** Die Gerichtshilfe (→ § 160 Rn. 23 ff.) **kann** nach **Satz 1** v. Gericht o. der VollstrB, für die der Rechtspfleger den Auftrag erteilt (§ 31 Abs. 2 S. 1 **RPflG**), aber auch v. der StA als Strafverfolgungsbehörde (KK-StPO/Appl Rn. 2) zur Vorbereitung der Nachtragsentscheidungen nach den §§ 453–461 herangezogen werden.

2 Gemäß **Satz 2soll** die Gerichtshilfe herangezogen werden, wenn über den Widerruf der Strafaussetzung o. der Aussetzung des Strafrests zu entscheiden ist (Nr. 1). Dies gilt gleichermaßen bei Entscheidungen über die Anordnung der Vollstreckung der Ersatzfreiheitsstrafe (Nr. 2). Die Heranziehung der Gerichtshilfe ist allerdings auch insoweit nicht zwingend vorgeschrieben (KG JR 1988, 39; **aM** LG Bonn NStZ 1986, 574); sie kann im Fall der Nr. 1 insbes. unterbleiben, wenn sie keine zusätzlichen Erkenntnisse verspricht, die es erlauben, v. dem Widerruf o. der Versagung der Strafaussetzung abzusehen (**aM** Bringewat Strafvollstreckung Rn. 6). Im Fall der Nr. 2 kann von ihr abgesehen werden, wenn bspw. die verurteilte Person das Angebot von Zahlungserleichterungen oder die Ableistung freier Arbeit bereits endgültig abgelehnt hat (BT-Drs. 20/5913 76).

3 Im Rahmen ihrer Zuständigkeit kann die Gerichtshilfe in Anspruch genommen werden. Zu ihrem **Aufgabenbereich** gehört die Beschaffung v. Erkenntnissen u. Unterlagen für die Beurteilung der Persönlichkeit des Verurteilten u. der für die Sozialprognose bedeutsamen Umstände (vgl. auch → § 160 Rn. 24). In Fällen des Nr. 2, in denen ein freier Träger die Beratung der verurteilten Person übernommen

hat, kann sich die Einschaltung der Gerichtshilfe darauf beschränken, dem freien Träger die dafür notwendigen personenbezogenen Daten zu übermitteln (BT-Drs. 20/5913, 76).

B. Schriftlicher Bericht. Der schriftliche Bericht der Gerichtshilfe wird Bestandteil der Akten, in die der Verteidiger Einsicht nehmen darf (§ 147). Da nach Aktenlage entschieden wird (vgl. → § 462 Rn. 1), ist er ohne weiteres verwertbar. Jedoch muss dem Verurteilten o. demjenigen, zu dessen Nachteil entschieden wird, zB dem Einziehungsbeteiligten (§ 459g Abs. 1), vorher das rechtliche Gehör nach § 33 Abs. 3 gewährt werden. 4

Mündliche Anhörung im Wege der Bild- und Tonübertragung

463e (1) [1] **Wird der Verurteilte vor einer nach diesem Abschnitt zu treffenden gerichtlichen Entscheidung mündlich gehört, kann das Gericht bestimmen, dass er sich bei der mündlichen Anhörung an einem anderen Ort als das Gericht aufhält und die Anhörung zeitgleich in Bild und Ton an den Ort, an dem sich der Verurteilte aufhält, und in das Sitzungszimmer übertragen wird.** [2] **Das Gericht soll die Bild- und Tonübertragung nur mit der Maßgabe anordnen, dass sich der Verurteilte bei der mündlichen Anhörung in einem Dienstraum oder in einem Geschäftsraum eines Verteidigers oder Rechtsanwalts aufhält.** [3] **Satz 1 gilt nicht, wenn der Verurteilte zu einer lebenslangen Freiheitsstrafe verurteilt oder die Unterbringung des Verurteilten in einem psychiatrischen Krankenhaus oder in der Sicherungsverwahrung angeordnet worden ist.**

(2) **Wird der vom Gericht ernannte Sachverständige vor einer nach diesem Abschnitt zu treffenden gerichtlichen Entscheidung mündlich gehört, gilt Absatz 1 Satz 1 und 3 entsprechend.**

A. Videokonferenztechnik. Die Vorschrift erweitert die Möglichkeiten des Gerichts, bei mündlichen Anhörungen im Vollstreckungsverfahren die Videokonferenztechnik zu nutzen. **Abs. 1 S. 1** bezieht sich namentlich auf **mündliche Anhörungen des Verurteilten** nach den §§ 453 Abs. 1 S. 4, 454 Abs. 1 S. 3, 454 Abs. 4 S. 1, 463 Abs. 3 S. 1 und 2 sowie § 463 Abs. 6 S. 2. Damit werden etwaige Sicherheitsrisiken für das Justizpersonal, Belastungen für die Verurteilten sowie in Zeiten einer Pandemie evtl. Ansteckungsgefahren reduziert; außerdem trägt die Videokonferenztechnik zu einem effizienteren Verfahren bei (s. BT-Drs. 19/27654, 112 f.). 1

Das Gericht entscheidet nach **pflichtgemäßem Ermessen** durch Verfügung des Vorsitzenden des Gerichts, welches für die Entscheidung zuständig ist (Frommeyer StraFo 2022, 96 (98)). Eine Anhörung bei gleichzeitiger persönlicher Anwesenheit des Verurteilten kann etwa geboten sein, wenn Umstände vorgetragen oder erkennbar sind, aus denen sich ergibt, dass Erklärungen des Verurteilten bei einem persönlichen Aufeinandertreffen mit dem Richter zu einer besseren Aufklärung der entscheidungsrelevanten Gesichtspunkte beitragen können. Wenn sich im Verlauf der Videokonferenz ergibt, dass sie ungeeignet ist, kann das Gericht sie zu einem anderen Termin wiederholen oder die persönliche Anhörung anordnen (Frommeyer StraFo 2022, 96 (97)). 2

Das Gericht kann erlauben, dass **andere Verfahrensbeteiligte** – wie etwa Verteidiger, Vertreter der StA oder der JVA – bei Vorliegen der technischen Voraussetzungen an der mündlichen Anhörung im Wege der Videokonferenztechnik teilnehmen. Gesetzlich hierzu verpflichtet ist es nicht (vgl. BT-Drs. 19/27654, 113). 3

I. Dienstraum, Geschäftsraum (Abs. 1 S. 2). Der Verurteilte soll sich während der Bild- und Tonübertragung in einem Dienstraum – etwa der JVA, der Bewährungshilfe, der Polizei, der StA oder des Gerichts – oder in einem Geschäftsraum eines Verteidigers oder Rechtsanwaltes aufhalten (Abs. 1 S. 2); damit soll angesichts der Bedeutung der mündlichen Anhörung ein **angemessener rechts-** 4

staatlicher Rahmen gewährleistet werden. Ausnahmsweise kommt die mündliche Anhörung in anderen als den gesetzlich bezeichneten Räumlichkeiten in Betracht, wenn sie sich andernfalls nicht durchführen ließe oder in Fällen, in denen sie gesetzlich nicht vorgesehen ist (s. BT-Drs. 19/27654, 113).

5 **II. Ausnahmen (Abs. 1 S. 3).** Die mündliche Anhörung im Wege der Videokonferenztechnik **kommt nicht in Betracht,** wenn der Verurteilte zu einer lebenslangen Freiheitsstrafe verurteilt oder seine Unterbringung in einem psychiatrischen Krankenhaus oder in der Sicherungsverwahrung angeordnet worden ist. Bei diesen Vollstreckungsentscheidungen von besonderem Gewicht verbleibt es bei der Anhörung bei gleichzeitiger persönlicher Anwesenheit der Richter (s. § 78b Abs. 1 Nr. 1 GVG) und des Verurteilten (vgl. BT-Drs. 19/27654, 113).

6 Auch die **Anhörung des Sachverständigen** kann im Wege der Videokonferenztechnik erfolgen **(Abs. 2 iVm Abs. 1 S. 1).** Insoweit geht es um die Fälle der §§ 454 Abs. 2 S. 3, 463 Abs. 3 S. 3 sowie § 463 Abs. 4 S. 7. In den Fällen des Abs. 1 S. 3 ist sie ausgeschlossen. Dem Sachverständigen bleibt es überlassen, in welchen Räumlichkeiten er sich während der Videokonferenz aufhält (Abs. 1 S. 2 ist in Abs. 2 nicht in Bezug genommen).

7 In Betracht kommen auch **Mischformen.** So kann der Verurteilte in Anwesenheit angehört werden, während der Sachverständige per Videokonferenz zugeschaltet ist; genauso zulässig ist die Anhörung des Verurteilten qua Videokonferenz während der Sachverständige persönlich anwesend ist (vgl. BT-Drs. 19/27654, 114). Die Anhörung des Sachverständigen wird regelmäßig zeitgleich mit der des Verurteilten erfolgen.

8 Die **Gelegenheit der Verfahrensbeteiligten** – Verteidiger, StA und JVA – **zur Mitwirkung** bei der Anhörung des Sachverständigen (§ 454 Abs. 2 S. 3) kann dadurch gewährleistet werden, dass ihnen die Möglichkeit gegeben wird, von ihrem jew. Aufenthaltsort aus an der Videokonferenz teilzunehmen o. sich in den gerichtlichen Anhörungsraum zu begeben (BT-Drs. 19/27654, 114; Frommeyer StraFo 2022, 96 (98)).

Zweiter Abschnitt. Kosten des Verfahrens

Vorbemerkung zu § 464

1 **A. Kosten des Verfahrens.** Kosten des Verfahrens sind die Gebühren u. Auslagen der Staatskasse (§ 464a Abs. 1), iwS auch die notwendigen Auslagen eines Bet. (§ 464a Abs. 2).

2 **B. Kostenvorschriften.** Die Kostenvorschriften der StPO enthalten einige verfahrensrechtliche (§§ 464–464b), überw. aber materiell-rechtliche Kostenbestimmungen (§§ 465 ff.); sie werden durch §§ 74, 109 II **JGG** ergänzt. Nach allgM bilden sie keine abgeschlossene Regelung; um im Einzelfall der Billigkeit entspr. Kostenentscheidungen zu ermöglichen, müssen sie auf rechtsähnliche Fälle entspr. angewendet werden (BGHSt 16, 168 (170); 17, 376 (381); KG NJW 1970, 2129; OLG Hamm NJW 1971, 1471; OLG Koblenz VRS 54, 443 (446); OLG Stuttgart Justiz 1987, 116).

3 **C. Grundlage des Kostenrechts.** Grundlage des geltenden Kostenrechts ist das **Veranlassungsprinzip** (OLG Hamm NStZ 1983, 571 Ls.; OLG München NJW 1983, 1688). Der Beschuldigte hat durch die, mind. objektiv rechtswidrige, Zuwiderhandlung gegen einen Straftatbestand die Strafverfolgung gegen sich verursacht u. dadurch die Verfahrenskosten veranlasst (BVerfGE 18, 302 (304); 31, 137; BGHSt 25, 109 (118); **aM** BGHSt 14, 391 (394). Allerdings kommt neben dem Veranlassungsprinzip in manchen Regelungen der Verschuldensgrundsatz (vgl. § 467 Abs. 2, Abs. 3), in anderen (vgl. § 467 Abs. 4) der Billigkeitsgrundsatz zur Geltung, so auch uU bei einem nur durch einen Fehler des Gerichts ausgelösten Beschwerdeverfahren (BGH NStZ 2003, 273).

D. Auslagenerstattung. Der Zahlungsanspruch eines Angeschuldigten gegen die Staatskasse (vgl. § 467 Abs. 1) ist ein öffentlich-rechtlicher Aufopferungsanspruch (OLG Celle NJW 1975, 400; OLG Stuttgart NJW 1969, 1446 (1447)); er dient dem Ausgleich für ein Sonderopfer, das der Angeschuldigte im öffentl. Interesse erbracht hat. Im Zivilrechtsweg kann der aus dem Strafprozess entstandene Anspruch auf Auslagenersatz nicht geltend gemacht werden (BGHZ 24, 263 = NJW 1957, 1593; 27, 137 = NJW 1958, 1041). Die Sonderregelung der StPO wird für andere Arten der Entschädigung durch das **StrEG** ergänzt. 4

E. Sicherung des Staates. Die Sicherung des Staates wegen der voraussichtlichen Kosten des Strafverfahrens ist im Wege des Vermögensarrests möglich (§ 111e Abs. 2), allerdings erst, wenn ein auf Strafe lautendes Urt. ergangen ist; ferner kann nach §§ 127a Abs. 1 Nr. 2, 132 Abs. 1 S. 1 Nr. 1, 176 Sicherheit verlangt werden. 5

Kosten- und Auslagenentscheidung; sofortige Beschwerde

464 (1) **Jedes Urteil, jeder Strafbefehl und jede eine Untersuchung einstellende Entscheidung muß darüber Bestimmung treffen, von wem die Kosten des Verfahrens zu tragen sind.**

(2) **Die Entscheidung darüber, wer die notwendigen Auslagen trägt, trifft das Gericht in dem Urteil oder in dem Beschluß, der das Verfahren abschließt.**

(3) [1] **Gegen die Entscheidung über die Kosten und die notwendigen Auslagen ist die sofortige Beschwerde zulässig; sie ist unzulässig, wenn eine Anfechtung der in Absatz 1 genannten Hauptentscheidung durch den Beschwerdeführer nicht statthaft ist.** [2] **Das Beschwerdegericht ist an die tatsächlichen Feststellungen, auf denen die Entscheidung beruht, gebunden.** [3] **Wird gegen das Urteil, soweit es die Entscheidung über die Kosten und die notwendigen Auslagen betrifft, sofortige Beschwerde und im übrigen Berufung oder Revision eingelegt, so ist das Berufungs- oder Revisionsgericht, solange es mit der Berufung oder Revision befaßt ist, auch für die Entscheidung über die sofortige Beschwerde zuständig.**

Übersicht

A. Geltungsbereich. Nach Anklageerhebung gilt die Vorschr.; rechtshängig braucht die Sache noch nicht zu sein (KMR-StPO/Stöckel Rn. 4). Sonderregelungen enthalten §§ 467a Abs. 2, 469 Abs. 2, 470. 1

2 **B. Kostenentscheidung (Abs. 1).** Entschieden wird über die Pflicht, die Kosten zu tragen, nicht über deren Höhe (vgl. § 464b). Fehlt ein Kostenpflichtiger, so sind die Kosten der Staatskasse aufzuerlegen (BGHSt 14, 391 (393)). Die Kostenentscheidung ist (Neben-)Gegenstand des Verfahrens. Das rechtliche Gehör wird dem Betroffenen mit der Anhörung zur Sache gewährt (Seier Beschwerde S. 19). Vor Kostenentscheidungen, die an bes. Voraussetzungen geknüpft sind (zB an die schuldhafte Säumnis bei § 467 Abs. 2), müssen die entscheidungserheblichen Tatsachen nach § 33 Abs. 1 ebenfalls zum Gegenstand des rechtlichen Gehörs gemacht werden (Löwe/Rosenberg/Hilger Rn. 3; Seier Beschwerde S. 20).

3 **I. Urteile, Strafbefehle.** Gemeint sind nur verfahrensabschl. Urt., auch solche nach § 260 Abs. 3 (LG Koblenz StV 1997, 35). Zurückverweisende Urt. nach §§ 328 Abs. 2, 354 Abs. 2, 355 müssen die Kostenentscheidung dem Gericht überlassen, an das zurückverwiesen wird (erg. aber → § 473 Rn. 7). Die Kostenentscheidung im Strafbefehl umfasst alle bis zur Zurücknahme des Einspruchs entstehenden Kosten (Löwe/Rosenberg/Hilger § 473 Rn. 3 mwN).

4, 5 **II. Jede eine Untersuchung einstellende Entscheidung. 1. Alle als Urteilsersatz zugelassenen Beschlüsse** (vgl. §§ 206a, 206b, 319 Abs. 1, 322 Abs. 1, 346 Abs. 1, 349 Abs. 1, Abs. 2, Abs. 4, 441 Abs. 2) fallen hierunter. Wird das Verf. nach § 206a wegen eines Prozesshindernisses eingestellt, so kommt es nicht darauf an, ob die StA (zB bei örtlicher Unzuständigkeit o. Fehlen der Anklage) eine neue Anklage erheben kann (OLG Hamm JMBl. NRW. 1962, 166).

6 **2. Andere Einstellungsbeschlüsse** kommen nur in Betracht, wenn sie das Verf. endg. abschließen. Das sind Beschlüsse nach §§ 153 Abs. 2, 153b Abs. 2, 383 Abs. 2, 390 Abs. 5 und endg. Einstellungsbeschlüsse nach § 153a (→ § 153a Rn. 53). Auch Beschlüsse nach § 154 Abs. 2 (→ § 154 Rn. 17 f.) u. § 154b Abs. 4 (→ § 154b Rn. 5) gehören trotz der missverständlichen ges. Fassung als „vorläufig" hierher (hM, vgl. nur BGH NStZ-RR 2012, 159; OLG Celle NStZ 1983, 328; OLG Düsseldorf VRS 73, 457 (458); 89, 202; OLG Stuttgart MDR 1973, 868; Löwe/Rosenberg/Hilger Rn. 13; KK-StPO/Gieg Rn. 2; **aM** keine Kostenentscheidung: BayObLG NJW 1969, 1448; OLG München NJW 1975, 68; NStZ 1981, 234 mablAnm Meyer-Goßner; Meyer JR 1976, 76). Die Nichteröffnung des Hauptverfahrens (§ 204) steht ihnen gleich (vgl. § 467 Abs. 1).

7 **Nicht anwendbar ist § 464** bei der vorl. Einstellung nach § 153a Abs. 2 und § 205 sowie bei Verfolgungsbeschränkungen nach § 154a Abs. 2 (BGH StV 1993, 135 Ls.; Löwe/Rosenberg/Hilger Rn. 14; **aM** Lemke NJW 1971, 1248), falls nicht einzelne materiell-rechtlich selbständige Teile einer Tat iSd § 264 ausgeschieden werden (erg. → § 154a Rn. 22; vgl. auch OLG Frankfurt a. M. MDR 1982, 1042 für den Fall, dass die „Beschränkung" in Wahrheit das ganze Verf. abschließt); dasselbe gilt für § 430 Abs. 1. Nicht anwendbar ist § 464 in Fällen des § 458 Abs. 1 (OLG Braunschweig BeckRS 2014, 20153) u. in in DNA-Identitätsfeststellungsverfahren (OLG Rostock BeckRS 2013, 04483).

7a 3. Verfahrensbeendigung iSv Abs. 1 ist auch der **Abschluss von selbständigen Zwischenverfahren** (Huber NStZ 1985, 18), zB des Ausschließungsverfahrens nach §§ 138a ff. (Seier NStZ 1982, 271; → § 138c Rn. 18; → § 138d Rn. 10) u. des Wiedereinsetzungsverfahrens (vgl. § 473 Abs. 7), u. von Beschwerdeverfahren (BVerfG NJW 2010, 360; BayObLG StV 2006, 6 (Pflichtverteidigerbestellung); KK-StPO/Gieg Rn. 3; **aM** OLG Frankfurt a. M. MDR 1982, 954; OLG Hamburg NStZ 1991, 100; Michaelowa ZStW 94 (1982), 969; vgl. auch § 473a). Auch Entsch. nach Urteilsrechtskraft gehören hierzu (**aM** OLG Hamm NStZ 1984, 332), zB die Verwerfung eines Wiederaufnahmeantrags (OLG Celle MDR 1963, 700); erg. → Rn. 11.

8 **III. Unterbleiben einer Kostenentscheidung.** Unterbleibt eine ausdrückliche Kostenentscheidung, so trägt die **Staatskasse** die Kosten (OLG Stuttgart MDR 1973, 869; Rpfleger 1970, 439). Die Nachholung ist unzulässig (BGH NStZ-RR 1996, 352; 2012, 159; OLG Frankfurt a. M. NJW 1970, 1432; OLG Hamm NJW 1973, 1515; OLG Karlsruhe MDR 1976, 513; Löwe/Rosenberg/Hilger Rn. 17),

auch wenn die Hauptentscheidung durch Beschl. ergangen ist (Meyer JR 1978, 256). Das gesetzwidrige Unterlassen kann aber mit der sofortigen Beschwerde nach Abs. 3 gerügt werden (→ Rn. 16). Unzulässig ist auch eine Berichtigung der Entsch. außerhalb des Beschwerdeverfahrens (Meyer JR 1978, 256), sofern es sich nicht um offensichtliche Unrichtigkeiten handelt (OLG Hamm JMBl. NRW. 1976, 105).

C. Auslagenentscheidung (Abs. 2). I. Notwendigkeit. Die Vorschr. bestimmt, wo (nicht wann) über die notwendigen Auslagen zu entscheiden ist (vgl. Huber NStZ 1985, 18). Sie spricht aus, dass das nicht in einem bes. Beschl., sondern in dem verfahrensabschl. Urt. o. Beschl. zu geschehen hat (KG JR 1976, 297; Meyer JR 1976, 76). Die Regelung des Abs. 1 ist insoweit ohne Bedeutung (Löwe/Rosenberg/Hilger Rn. 19). Eine Auslagenentscheidung ist daher überflüssig, wenn es nach dem G selbstverständlich ist, wer die Auslagen zu tragen hat. Ist nichts anderes bestimmt, so gilt die ges. Regelung (OLG Stuttgart Rpfleger 1970, 439). 9

Rechtliche Selbstverständlichkeiten, zB dass der Angeklagte, der voll verurteilt o. dessen Berufung voll verworfen worden ist, seine notwendigen Auslagen selbst zu tragen hat, gehören nicht in das Urt. (BGHSt 36, 27 (28)). Die Auslagenentscheidung ist ebenso wie die Entsch. nach § 8 **StrEG** nur eine Entsch. dem Grunde nach; ob überhaupt Auslagen entstanden sind, wird nicht geprüft. Das „Betragsverfahren" regelt § 464a, die Festsetzung § 464b. 10

II. Verfahrensabschließende Urteile und Beschlüsse. Nur in verfahrensabschließenden Urteilen und Beschlüssen ist eine Auslagenentscheidung zu treffen; für vorl. Verfahrenseinstellungen gilt das Gleiche wie für die Kostenentscheidung (→ Rn. 7). In Zwischenverfahren, zB bei Ablehnung des Antrags der StA auf Erlass eines Haftbefehls o. einer Anordnung nach § 111a ist eine Auslagenentscheidung grds. unzulässig (vgl. aber → Rn. 7a, 11a). Das Gleiche gilt für Beschlüsse, durch die im Vollstreckungsverfahren Anträge des Verurteilten o. der StA verbeschieden werden (KG NStZ-RR 2012, 359 Ls.; OLG Braunschweig NStZ-RR 2001, 185; OLG Karlsruhe NStZ 1998, 272; OLG Köln NStZ 1999, 534 mwN; **aM** Löwe/Rosenberg/Hilger § 473 Rn. 16; vgl. aber auch OLG Celle StV 2006, 30 mablAnm Meier: Zurücknahme des Antrags auf Widerruf der Bewährung; OLG Stuttgart NStE StPO § 464 Nr. 24: Ablehnung der Verlängerung der Bewährungszeit). 11

Mit einer Auslagenentscheidung zu versehen sind dagegen Entsch. in Beschwerdeverfahren (BGH NJW 2007, 3652 (3655); BayObLG StV 2006, 6; Löwe/Rosenberg/Hilger § 473 Rn. 14; Huber NStZ 1985, 18; **aM** OLG Düsseldorf NStZ 1988, 194 mablAnm Wasserburg; OLG Hamburg NStZ 1991, 100; vgl. auch § 473a). Ebenso müssen Entsch. nach Rechtskraft des Urt. stets eine die Staatskasse belastende Auslagenentscheidung enthalten, wenn sie der Beschwerde des Verurteilten stattgeben (OLG Hamm NJW 1975, 2112; Löwe/Rosenberg/Hilger § 473 Rn. 15; Meyer JR 1974, 343; **aM** Michaelowa ZStW 94 (1982), 997; vgl. auch KG NStZ 1989, 490; LG Freiburg JurBüro 1989, 1453). Das Gleiche gilt für Entsch. auf Beschwerde eines Dritten, zB im Fall des § 51 (LG Mainz Rpfleger 1974, 74) o. des § 111e Abs. 2 (OLG Stuttgart wistra 2003, 358). Zur Auslagenentscheidung im Verf. nach §§ 138a ff. vgl. → § 138c Rn. 18, → § 138d Rn. 10. 11a

III. Fehlen einer Auslagenentscheidung. Beim Fehlen einer ausdrücklichen Auslagenentscheidung **verbleiben die notwendigen Auslagen bei demjenigen, dem sie entstanden sind** (Seier Beschwerde S. 24). Insbesondere die Auferlegung der Kosten auf die Staatskasse im Fall des § 467 Abs. 1 kann nicht dahin ausgelegt werden, dass sie auch die notwendigen Auslagen des Angeschuldigten umfasst (→ § 467 Rn. 20). Eine nachträgliche Erg. der Entsch. ist unzulässig (KG NStZ-RR 2004, 190; OLG Düsseldorf MDR 1986, 76; OLG Hamm NJW 1974, 71; OLG Karlsruhe NStZ-RR 1997, 157; OLG Oldenburg NStZ-RR 2006, 191). Die Erg. ist nur durch die sofortige Beschwerde nach Abs. 3 (ggf. iVm einem Wiedereinsetzungsantrag, vgl. OLG Köln StraFo 1997, 285) zu erreichen; ein 12 rechtzeitig gestellter Kostenfestsetzungsantrag kann uU in eine sofortige Beschwerde umgedeutet werden (OLG Düsseldorf GA 1990, 268; OLG Stuttgart StV 1993, 651; Justiz 2001, 422; einschr. KG NStZ-RR 2004, 190 u. OLG Celle NStZ-RR 2012, 30 Ls.: nur wenn sich daraus eine Beanstandung der Kostengrundentscheidung ergibt; vgl. aber LG Zweibrücken NStZ-RR 2008, 359: auch bei einer offensichtlich versehentlich inhaltlich falsch gefassten Kostengrundentscheidung). Ist gegen die Kostenentscheidung bei dem Übergehen eines Nebenklägers allerdings wegen Unanfechtbarkeit der Hauptentscheidung keine sofortige Beschwerde möglich (→ Rn. 17), kann der unterbliebene Ausspruch gem. § 33a nachgeholt werden (BGH BeckRS 2019, 34821; KG JR 1989, 392; OLG Düsseldorf VRS 84, 446; MDR 1993, 786; OLG Hamburg MDR 1985, 604; **aM** OLG Oldenburg NStZ-RR 2006, 191). Dies gilt aber nicht, wenn das Gericht keinen Gehörsverstoß begangen, sondern allein die Existenz eines Nebenklägers übersehen hat, der sich an einem Revisionsverfahren nicht bet. hat (KG NStZ-RR 2015, 328).

13 **D. Selbständige Kosten- und Auslagenentscheidungen.** Selbständige Kosten- und Auslagenentscheidungen sehen §§ 467a, 469 vor. Sie sind auch sonst zulässig u. geboten, wenn das Verf. ohne gerichtliche Entsch. abgeschlossen wird u. eine Kosten- o. Auslagenentscheidung als Festsetzungsgrundlage erforderlich ist (Löwe/Rosenberg/Hilger Rn. 30; Meyer JR 1978, 256), zB bei Zurücknahme des Rechtsmittels nach § 473 Abs. 1 (OLG Bremen NJW 1956, 72; OLG Hamm NJW 1973, 772) u. bei Zurücknahme des Einspruchs gegen den Strafbefehl hins. der notwendigen Auslagen des Nebenklägers (LG Rottweil Justiz 1988, 172; erg. → § 472 Rn. 10a). Vor Vorlage der Akten an das Rechtsmittelgericht erlässt den Beschl. das Gericht, dessen Entsch. angefochten ist (BGHSt 12, 217; Löwe/Rosenberg/Hilger § 473 Rn. 7), danach das Rechtsmittelgericht, das Revisionsgericht auch, wenn das Rechtsmittel in Wahrheit eine Berufung ist (BayObLG VRS 48, 440; erg. → § 473 Rn. 5). Für die Anfechtung selbständiger Beschlüsse gilt Abs. 3 (OLG Köln NJW 1966, 120), daher aber auch die Beschränkung nach dessen S. 1 Hs. 2 (→ Rn. 17; OLG Stuttgart NStZ 1989, 548: Sofortige Beschwerde des Nebenklägers bei Entsch. über eine o. bei Rücknahme einer auf den Rechtsfolgenausspruch beschränkte Berufung des Angeklagten unzulässig; **aM** OLG Hamm JMBl. NRW. 1990, 95; vgl. auch Hilger JR 1990, 214).

14 **E. Tod des Angeklagten.** Bei Tod des Angeklagten vor Rechtskraft wird das Verf. nach § 206a eingestellt (→ § 206a Rn. 8). Der Beschl. ist mit einer Kosten- u. Auslagenentscheidung zu versehen; die Kosten des Verf. trägt gem. § 467 Abs. 1 die Staatskasse, für die Auslagenentscheidung gilt § 467 Abs. 3 S. 2 Nr. 2 (BGHSt 45, 108 (116); Becker NStZ-RR 2002, 262 – BGH RsprÜ; Becker NStZ-RR 2003, 102 – BGH RsprÜ; BGH NStZ-RR 2010, 32 Ls.; OLG Celle NJW 2002, 3720; **aM** unzutr. OLG München NStZ 2003, 501). In der Regel werden der Staatskasse die notwendigen Auslagen des Angeklagten aufzuerlegen sein (eing. dazu Heger GA 2009, 54 ff.; erg. → § 467 Rn. 18). Der Nachlass haftet nicht für die Kosten (§ 465 Abs. 3). Eine Erstattung der notwendigen Auslagen des Nebenklägers kommt nicht in Betracht (BGH NStZ-RR 2009, 21). Ergänzend → Rn. 22.

15 **F. Sofortige Beschwerde (Abs. 3). I. Zulässigkeit (S. 1).** Mit der sofortigen Beschwerde nach § 311 kann der Beschwerdeführer die selbständige Kosten- u. Auslagenentscheidung (→ Rn. 13) u. die Kosten- u. Auslagenentscheidungen neben der Hauptentscheidung anfechten (→ Rn. 20); er kann sich aber auch unter Verzicht auf eine weitergehende Anfechtung auf die Kosten- u. Auslagenbeschwerde beschränken u. innerhalb dieser auf die Entsch. über die notwendigen Auslagen (OLG Stuttgart Justiz 2008, 372 (373)). Dass die Hauptentscheidung nicht geprüft wird, steht dieser Beschwerde auch sonst nicht entgegen (OLG Koblenz Rpfleger 1973, 101 für den Fall der Verwerfung der Revision nach § 346 Abs. 1; LG Bielefeld NStE StPO § 464 Nr. 30 für die Annahmeberufung nach § 313).

16 Ist die sofortige Beschwerde zulässig, so ist sie es auch gegen das Unterlassen der Kosten- u. Auslagenentscheidung (OLG Düsseldorf VRS 96, 222; 116; OLG

Hamm MDR 1986, 1048; OLG Koblenz Rpfleger 1973, 101). Jedoch kann nicht jede Kosten- u. Auslagenentscheidung angefochten werden.

Neben der Wertgrenze des § 304 Abs. 3 und der Einschränkung des § 304 Abs. 4 S. 1, die auch die isolierte Anfechtung v. Kosten- u. Auslagenentscheidungen in OLG-Urt. ausschließt (BGHSt 26, 250; 27, 96), gilt va die – verfassungsrechtlich unbedenkliche (BVerfG NJW 2002, 1867) – **Beschränkung des S. 1 Hs. 2:** Die Anfechtung der Hauptentscheidung durch den Beschwerdeführer ist nicht statthaft, wenn das G die Hauptentscheidung ausdr. für unanfechtbar erklärt o. wenn sich die Unanfechtbarkeit aus dem systematischen Gesamtzusammenhang ergibt (Löwe/Rosenberg/Hilger Rn. 52), vor allem, wenn in der Hauptsache keine Revision mehr möglich ist (OLG Brandenburg 24.11.2025, BeckRS 2025, 33862). S. 1 Hs. 2 schließt die Kosten- u. Auslagenbeschwerde insbes. gegen Beschlüsse nach §§ 46 Abs. 2, 153 Abs. 2 S. 3, 153a Abs. 2 S. 5, 153b Abs. 2, 154 Abs. 2, 154a Abs. 2, 154b Abs. 4 (→ Rn. 6), 161a Abs. 3 S. 4, 163a Abs. 3 S. 3, 310 Abs. 2, 390 Abs. 5 und in den Fällen des § 47 **JGG** (LG Hamburg NStZ-RR 1996, 217) u. § 55 Abs. 2 **JGG** (OLG Brandenburg 24.11.2025 – BeckRS 2025, 33862; OLG Hamm NStZ-RR 2014, 96), bei Nichtzulassung der Rechtsbeschwerde nach § 79 Abs. 1 S. 2 OWiG (OLG Jena VRS 111, 199; OLG Köln NZV 2003, 437 mwN) sowie bei § 121 Abs. 2 S. 2 **StVollzG** (OLG Jena NStZ-RR 1996, 254; **aM** KG NStZ-RR 2002, 62) aus. 17

Bei **Unanfechtbarkeit** der Hauptsacheentscheidung **für den Nebenkläger** (OLG Frankfurt a. M. NStZ-RR 2001, 63) ist die Beschwerde unzulässig, somit auch dann, wenn nach § 400 Abs. 1 eine Urteilsanfechtung durch ihn ausgeschlossen ist, zB, weil der Angeklagte seine Berufung auf den Rechtsfolgenausspruch beschränkt hatte (OLG Frankfurt a. M. NStZ-RR 1996, 128; OLG Stuttgart NStZ 1989, 548; **aM** OLG Düsseldorf VRS 96, 222; OLG Hamm NStZ-RR 2006, 95; StraFo 2008, 348; OLG Karlsruhe NStZ-RR 2004, 120; OLG Köln NStZ-RR 2009, 126; OLG Stuttgart Justiz 2003, 170), bei unbeschränkter Berufung bleibt die Anfechtung für den Nebenkläger aber zulässig (KG JR 2000, 385; OLG Hamm VRS 101, 210). Unzulässig ist die Beschwerde hingegen wiederum bei einer nach § 406 Abs. 1 S. 3 getroffenen Hauptentscheidung (OLG Hamm BeckRS 2014, 20467) sowie einem Urt. nach § 329 Abs. 1 (OLG Hamm NStZ-RR 2001, 288; **aM** OLG Stuttgart NStZ-RR 2013, 95 Ls.). 17a

Dieser Ausschluss der Beschwerde gilt **ohne Rücksicht darauf,** ob die Nebenentscheidung gesetzwidrig (OLG Düsseldorf MDR 1993, 376; Meyer JR 1981, 260; vgl. aber LG Göttingen Nds. Rpfl. 1990, 99: Einfache Beschwerde bei „ausdrücklichem Verstoß gegen Unschuldsvermutung" zulässig), ob sie in dem Einstellungsbeschluss enthalten o. unterblieben (OLG Düsseldorf VRS 98, 148; LG Schweinfurt DAR 1990, 35) o. ob sie in unzulässiger Weise (→ Rn. 8, 12) durch einen selbständigen Beschl. nachgeholt worden ist (KG VRS 40, 122; OLG Düsseldorf MDR 1988, 164; OLG Hamm JMBl. NRW. 1977, 225; Löwe/Rosenberg/Hilger Rn. 54; **aM** OLG Hamburg JR 1978, 255 mablAnm Meyer). Unanfechtbar ist auch der Beschl., mit dem die Nachholung einer unanfechtbaren Kostenentscheidung abgelehnt (OLG Düsseldorf MDR 1988, 164; OLG Hamm VRS 69, 291) o. mit dem sie in unzulässiger Weise geänd. wird (**aM** Ernesti/Lorenzen SchlHA 1985, 131 – OLG Schleswig RsprÜ), u. die selbständige Kostenentscheidung des Berufungs- o. Revisionsgerichts (→ Rn. 13) nach Rücknahme der Revision (KG StraFo 2008, 91; OLG Dresden NStZ-RR 2000, 224; OLG Hamm VRS 101, 444; OLG Jena NStZ-RR 1997, 287) – **anders** aber des Berufungsgerichts nach Rücknahme der Berufung (KG StraFo 2008, 264; OLG Brandenburg NStZ-RR 2016, 192) – o. sonst bei Zurücknahme des Rechtsmittels gegen eine iSd S. 1 Hs. 2 nicht anfechtbare Entsch. (OLG Düsseldorf JurBüro 1984, 246). 18

Die **Beschränkung des S. 1 Hs. 2 gilt nicht,** wenn gegen die Hauptentscheidung zwar ein Rechtsmittel statthaft, ihre Anfechtbarkeit also weder ausdr. noch nach dem systematischen Gesamtzusammenhang ausgeschlossen ist, das Rechtsmittel einem bestimmten Prozessbeteiligten aber mangels Beschwer nicht zusteht, zB für den Angeklagten freisprechende Urt., Einstellungsurteile nach § 260 Abs. 3, 19

Nichteröffnungsbeschlüsse nach § 204 (KG StraFo 2008, 265; OLG München StraFo 1997, 191), Einstellungsbeschlüsse nach §§ 206a, 383 Abs. 2 oder bei prozessualer Überholung in der Hauptsache (vgl. BayObLGSt 1987, 151; KG JR 1977, 258; OLG Hamburg NStZ 1991, 100; OLG Jena NStZ-RR 2006, 311 Ls.; OLG Karlsruhe JR 1981, 38; OLG Zweibrücken NStZ 1987, 425; erg. → § 383 Rn. 22). Zur Anfechtung der Nebenentscheidung bei Verzicht auf die Anfechtung der Hauptentscheidung vgl. → Rn. 16.

20 **II. Sofortige Beschwerde und Kostenbeschwerde.** Das einzige Rechtsmittel gegen die Kosten- u. Auslagenentscheidung ist die **sofortige Beschwerde** auch für den Fall, dass ein Urt. mit Revision o. Berufung angefochten wird (BGHSt 25, 77; OLG Düsseldorf JurBüro 1983, 728). Sie ist dann aber nur sinnvoll, wenn eine Änd. der Nebenentscheidung auch bei Verwerfung des Hauptrechtsmittels erstrebt wird. Allerdings kann der Angeklagte auch auf die Anfechtung der Hauptentscheidung verzichten u. nur **Kostenbeschwerde** einlegen (→ Rn. 16, nicht aber im Fall des § 304 Abs. 4 S. 2: BGH BeckRS 2021, 5492); greift er mit Berufung o. Revision nur die Kostenentscheidung an, ist das Rechtsmittel in eine sofortige Beschwerde umzudeuten (OLG Düsseldorf NStZ-RR 1999, 252). Sie ist ausgeschlossen gegen eine Berufungsentscheidung, soweit in der Hauptsache keine Revision mehr zulässig ist (BGH BeckRS 2024, 5861 zu § 55 Abs. 2 JGG; vgl. ferner OLG Brandenburg BeckRS 2025, 33862).

Führt ein Rechtsmittel zum Freispruch, zur Verfahrenseinstellung o. zur Aufhebung u. Zurückverweisung nach §§ 328 Abs. 2, 354 Abs. 2, 355, so wird die Kostenbeschwerde gegenstandslos. Beschränkt sich der Beschwerdeführer auf die Einlegung v. Berufung o. Revision, so wird im Fall der Verwerfung dieses Rechtsmittels die Kosten- u. Auslagenentscheidung nicht geprüft (BayObLGSt 1987, 151; OLG Karlsruhe MDR 1990, 464). Die Nichtanfechtung schafft jedoch nur eine auflösend bedingte Teilrechtskraft (Meyer JR 1971, 99; Seier Beschwerde S. 55). Wird die Hauptentscheidung auf die Berufung o. Revision geänd., so verliert damit der Kosten- u. Auslagenausspruch idR, nicht jedoch bei bloßer Strafherabsetzung auf die Berufung (OLG Celle Nds. Rpfl. 1978, 91; OLG Düsseldorf JurBüro 1985, 898; 1990, 1324), seine Grdl. und wird, auch ohne Anfechtung, entspr. der neuen Entsch. geänd. (BGHSt 25, 77 (79); 26, 250 (253)). Hebt das Revisionsgericht die angefochtene Entsch. unter Zurückverweisung der Sache (§§ 354 Abs. 2, 355) auf, so bezieht sich das ohne bes. Ausspruch auch auf die Nebenentscheidung. Das Gericht, an das zurückverwiesen wird, trifft die neue Hauptentscheidung u. eine ihr entspr. Kosten- u. Auslagenentscheidung für das ganze Verfahren. Das gilt auch, wenn ein erstinstanzliches Urt. des Oberlandesgerichts in der Hauptsache aufgeh. wird; bleibt die Revision gegen ein solches Urt. ohne Erfolg, entfällt, wie sich aus § 304 Abs. 4 S. 2 ergibt, eine selbständige Anfechtung der Kosten- u. Auslagenentscheidung (Löwe/Rosenberg/Hilger Rn. 36).

21 **III. Einlegung.** Die **sofortige Beschwerde** muss neben Berufung o. Revision **stets ausdr. erklärt** werden; jedoch ist § 300 anwendbar (Spiegel DAR 1988, 233 – BGH RsprÜ vgl. Rüth DAR 1986, 249 – BayObLG RsprÜ: „Rechtsbeschwerde" gegen Einstellungsurteil nach § 260 Abs. 3; OLG Celle BeckRS 2013, 15473: nicht ausreichend ist ein schlichter Kostenfestsetzungsantrag bei Fehlen einer Entsch. über die notwendigen Auslagen). Wird gegen ein Urt. ein unbenanntes Rechtsmittel (OLG München JR 1981, 126), Berufung o. Revision eingelegt, so schließt das die sofortige Beschwerde nicht ein (BGHSt 26, 126; OLG Stuttgart Justiz 2003, 451). Der Beschwerdeführer muss innerhalb der Frist des § 311 Abs. 2 S. 1 erklären, dass sein Rechtsmittel zugleich sofortige Beschwerde gegen die Nebenentscheidung ist (BGHSt 25, 77 (81); BayObLGSt 1973, 146; OLG München JR 1981, 126). Hat er das getan, so liegt darin, dass er später nur das Hauptrechtsmittel begründet, keine Zurücknahme der sofortigen Beschwerde (OLG Oldenburg Nds. Rpfl. 1984, 15; VRS 67, 125). Ein Verschulden des Verteidigers an der Fristversäumung ist dem Angeklagten zuzurechnen (BGHSt 26, 126; erg. → § 44 Rn. 19). Ein uneingeschränkter Rechtsmittelverzicht in Kenntnis des An-

fechtungsrechts umfasst auch die sofortige Beschwerde nach Abs. 3 (KG NStZ-RR 2007, 55 Ls.; OLG Köln MDR 1973, 516; Löwe/Rosenberg/Hilger Rn. 37 mwN; erg. → § 302 Rn. 17).

IV. Beschwerdeberechtigung. Beschwerdeberechtigt ist jeder Verfahrensbeteiligte o. Dritte, der durch die Entsch. o. ihr Unterlassen beschwert ist, in den Fällen des § 67 Abs. 1, Abs. 3 **JGG** auch der ges. Vertreter u. der Erziehungsberechtigte. Nach dem Tod des Angeklagten sind anfechtungsberechtigt sein Verteidiger (OLG Celle NJW 2002, 3720; OLG Stuttgart BeckRS 2015, 00337; OLG Hamburg NJW 1971, 2183; OLG Hamm NJW 1978, 177; erg. → Vor § 137 Rn. 7; **aM** OLG Celle MDR 1972, 1050 mablAnm Kleinknecht; OLG München NStZ 2003, 501 mzustAnm Rau), auch der Pflichtverteidiger (OLG Brandenburg BeckRS 2023, 25310; OLG Karlsruhe NStZ-RR 2003, 286), u. seine Erben (zutr. OLG Bamberg StraFo 2010, 475 gegen OLG München NStZ 2003, 501; Löwe/Rosenberg/Hilger Rn. 41). Für die Staatskasse muss die StA das Rechtsmittel einlegen; der Bezirksrevisor ist dazu nicht befugt (OLG Düsseldorf JMBl. NRW. 1979, 67; OLG Köln NJW 1970, 874; LG Flensburg JurBüro 1986, 408). Legt v. mehreren Nebenklägern nur einer sofortige Beschwerde ein, so wirkt die stattgebende Entsch. nicht für die anderen (OLG Hamm MDR 1973, 1041; KK-StPO/Gieg Rn. 12; **aM** OLG Düsseldorf JMBl. NRW. 1972, 867). 22

V. Bindung des Beschwerdegerichts (Abs. 3 S. 2). Die Bindung des Beschwerdegerichts (Abs. 3 S. 2) bezieht sich auf die tatsächlichen Feststellungen, auf denen die Entsch. beruht, nicht auf bloße Vermutungen o. Wahrscheinlichkeitsurteile (OLG Düsseldorf JurBüro 1986, 249), auch nicht auf die Rechtsauffassung des 1. Richters (KG NStZ-RR 2016, 62 Ls.; OLG Stuttgart Justiz 1987, 160) o. auf dessen Beurteilung v. Ermessensfragen (Löwe/Rosenberg/Hilger Rn. 61, 63). Sie ist eine Abweichung v. dem Grundsatz, dass im Beschwerdeverfahren die Tatsachen neu geprüft werden (→ § 309 Rn. 4). Die tatsächlichen Grundlagen einer Entsch. sollen nicht allein wegen der Kosten o. Auslagen überprüft u. dadurch möglicherweise in Frage gestellt werden (OLG Karlsruhe MDR 1974, 690). Bindend sind in einem mit der Revision angefochtenen Urt. (sonst nicht) auch die nur für die Kosten- u. Auslagenentscheidung, zB nach §§ 465 Abs. 2, 467 Abs. 2, Abs. 3, maßgebenden Feststellungen (BGHSt 26, 29), niemals aber die einer Beschlussentscheidung, zB nach § 51, zugrunde liegenden Tatsachen. § 467 Abs. 3 S. 2 Nr. 2 ist analog anzuwenden, wenn das Erstgericht das Verf. zu Unrecht wegen eines Verfahrenshindernisses eingestellt hat (KG NStZ-RR 2016, 62 Ls.). Die fehlende örtliche Zuständigkeit ist bei der isolierten Kostenbeschwerde nicht zu beachten (LG Stuttgart NStZ 1987, 244). Auch bei isolierten Kostenentscheidungen (→ Rn. 13) ist Abs. 3 S. 2 anzuwenden (KG StraFo 2012, 289 Ls.). 23

Das **Fehlen der erforderlichen Feststellungen** ist unschädlich, wenn die Sache einfach liegt u. sich die maßgebenden Tatsachen aus dem sonstigen Akteninhalt zweifelsfrei ergeben (BGHSt 26, 29 (33); KG GA 1987, 405 (406); OLG Frankfurt a. M. NJW 1978, 1017; OLG Koblenz GA 1986, 461); sie können auch im Wege des Freibeweises getroffen werden (KG GA 1987, 405 (406)). Andernfalls muss die angefochtene Entsch. aufgeh. u. die Sache zur Herbeiführung einer genügend begründeten neuen Kosten- u. Auslagenentscheidung zurückverwiesen werden (BGHSt 26, 29 (33); OLG Celle MDR 1973, 604; OLG Karlsruhe MDR 1974, 773). Ist die Hauptentscheidung nicht angefochten, so wird auf die Kosten- u. Auslagenbeschwerde nicht geprüft, ob sie richtig ist (OLG Hamm VRS 50, 272; OLG Koblenz GA 1986, 461; OLG Stuttgart MDR 1984, 512). 24

VI. Zuständigkeit (Abs. 3 S. 3). Grundsätzlich ist das **übergeordnete Beschwerdegericht** zuständig. Nur bei gleichzeitig eingelegter Berufung o. Revision, nicht bei Anträgen nach §§ 319 Abs. 2, 346 Abs. 2 (BGH 12.12.1989 – 1 StR 694/89; BayObLG MDR 1976, 951; OLG Düsseldorf MDR 1985, 785), entscheidet das Rechtsmittelgericht durch bes. Beschl., solange es mit diesem Rechtsmittel befasst ist (vgl. BGH NStZ 2021, 122; 20.12.2022 – 3 StR 417/22). Hat v. mehreren Beschwerdeführern einer Revision, der andere Kostenbeschwerde einge- 25 legt, so entscheidet über die Beschwerde das Beschwerdegericht (BGH NStZ-RR 2020, 192; BeckRS 2020, 26480); dasselbe gilt bei Berufung u. Beschwerde (Lorenzen/Schiemann SchlHA 1997, 149 – OLG Schleswig RsprÜ).

25a Die **Befassung des Rechtsmittelgerichts entfällt,** wenn das Rechtsmittel zurückgenommen wird (BGH NStZ-RR 2009, 96; BayObLG VRS 51, 49 (50)) – auch wenn das Rechtsmittelgericht über die Wirksamkeit der Rücknahme entscheidet (Becker NStZ-RR 2001, 267 – BGH RsprÜ) – o. sich sonst, etwa beim Tod des Nebenklägers (§ 402), v. selbst erledigt. Die Zuständigkeit des Revisionsgerichts endet auch, wenn es die Revision als unzulässig verworfen hat (BGH NStZ-RR 2009, 253), o. wenn es über die Kostenbeschwerde nicht sofort entscheiden kann, weil noch weitere Tatsachen aufgeklärt werden müssen (BGHSt 29, 168 (173); BGHR StPO § 464 Abs. 3 Zuständigkeit 4), nicht aber bei bloßem Übersehen der sofortigen Beschwerde (KG JR 1973, 427; Löwe/Rosenberg/Hilger Rn. 67; **aM** Holtz MDR 1978, 282 – BGH RsprÜ). Ergänzend → § 305a Rn. 5. Nach Abschluss des Revisionsverfahrens entfällt auch die Zuständigkeit des Revisionsgerichts für die Entsch. über einen Wiedereinsetzungsantrag (OLG Koblenz NStZ 1987, 137).

26 **VII. Verbot der Schlechterstellung.** Das Verbot der Schlechterstellung (vgl. §§ 331, 358 Abs. 2, 373 Abs. 2) gilt nach zutr. hM für die Entsch. des Rechtsmittelgerichts nicht (BGHSt 5, 52 vgl. auch BGH 27.1.2022 – 6 StR 1/22; OLG Düsseldorf JurBüro 1983, 728; OLG Koblenz OLGSt StPO § 473 S. 111; OLG Köln StraFo 2012, 249; OLG Oldenburg VRS 67, 125 (127)).

Kosten des Verfahrens; notwendige Auslagen

464a

(1) [1] **Kosten des Verfahrens sind die Gebühren und Auslagen der Staatskasse.** [2] **Zu den Kosten gehören auch die durch die Vorbereitung der öffentlichen Klage entstandenen sowie die Kosten der Vollstreckung einer Rechtsfolge der Tat.** [3] **Zu den Kosten eines Antrags auf Wiederaufnahme des durch ein rechtskräftiges Urteil abgeschlossenen Verfahrens gehören auch die zur Vorbereitung eines Wiederaufnahmeverfahrens (§§ 364a und 364b) entstandenen Kosten, soweit sie durch einen Antrag des Verurteilten verursacht sind.**

(2) **Zu den notwendigen Auslagen eines Beteiligten gehören auch**

1. **die Entschädigung für eine notwendige Zeitversäumnis nach den Vorschriften, die für die Entschädigung von Zeugen gelten, und**
2. **die Gebühren und Auslagen eines Rechtsanwalts, soweit sie nach § 91 Abs. 2 der Zivilprozeßordnung zu erstatten sind.**

1 **A. Kosten des Verfahrens (Abs. 1).** Kosten des Verfahrens (Abs. 1) sind die im Strafverfahren, auch im Sicherungsverfahren (§§ 413 ff.) u. im selbständigen Einziehungsverfahren (§§ 435, 436) sowie in Verf. der EUStA (Art. 91 Abs. 5 S. 2 EUStA-VO; Ausnahmen sind möglich nach Art. 91 Abs. 6 EUStA-VO bei mit außerordentlich hohen Kosten verbundenen Ermittlungsmaßnahmen; vgl. BT-Drs. 19/17963, 41), entstandenen Gebühren u. Auslagen der Staatskasse (KV 3110 ff., 9000 ff. GKG), sie werden im Kostenansatzverfahren (→ § 464b Rn. 1) festgesetzt. Auslagen sind auch (vgl. KV 9007 GKG) die Pflichtverteidigervergütungen (BGH Rpfleger 1979, 412; OLG Düsseldorf StV 1985, 142; OLG Hamm NStZ-RR 2000, 160; erg. → **EMRK** Art. 6 Rn. 21), auch bei Mittellosigkeit zzt. ihrer Entstehung (dazu → **EMRK** Art. 6 Rn. 15); Dolmetscher- u. Übersetzerkosten werden idR (Ausnahme § 464c) nicht berechnet (KV 9005 GKG), Auslagen anderer Behörden nach KV 9013, 9014 GKG. Zu den Verfahrenskosten gehören:

2 **I. Kosten zur Vorbereitung der öffentlichen Klage (Abs. 1 S. 2).** Das sind alle Auslagen, die zur Aufklärung der Tatbeteiligung des Angeklagten (LG Bonn StraFo 2004, 255), auch durch Ermittlungen in einer sich nicht bestätigenden Verdachtsrichtung (LG Mannheim Rpfleger 1963, 196), u. zur Täterergreifung

aufgewendet worden sind, einschl. der Kosten, die der Polizei, der FBeh (OLG Koblenz NStZ 1995, 563) ua Verwaltungsbehörden entstanden sind (vgl. Nr. 9015, 9016 iVm KV 9013 GKG; § 5 Abs. 4, Abs. 5 KostVfg), nicht aber Belohnungen an Dritte (Löwe/Rosenberg/Hilger Rn. 15). Beispiele: Kosten der Blutalkoholbestimmung, der Untersuchung v. Lebensmittelproben, der Telefonüberwachung (OLG Koblenz NStZ-RR 2002, 160; vgl. auch Döllel/Dreeßen SchlHA 2003, 206 – OLG Schleswig RsprÜ: einschl. insoweit entstandener Dolmetscherkosten), der Sicherstellung v. Beweismitteln, Einziehungsgegenständen (LG Berlin NStZ 2006, 56), Reisekosten, Sachverständigenkosten (vgl. KG NStZ-RR 2009, 190; OLG Koblenz NStZ-RR 1998, 127), nicht aber Kosten für die bloße Vornahme organisatorischer o. technischer Dienstleistungen, selbst wenn für deren Erstellung Expertenwissen erforderlich ist (OLG Schleswig StV 2017, 660: software-gestützte Auflistung kinderpornographischer Dateien als technische Sichtbarmachung/Vorsortierung v. Datenmaterial). Für den Vollzug der UHaft gilt – verfassungsrechtlich unbedenklich (BVerfG NStZ-RR 1999, 255) – KV 9011 GKG iVm § 12 S. 2 KostVfg (dazu eing. OLG Nürnberg NStZ-RR 1999, 190); wegen der Kosten für eine Zwangsernährung vgl. LG Frankfurt a. M. NJW 1977, 1924.

II. Vollstreckungskosten (Abs. 1 S. 2). Gemeint sind nur die wegen der 3
Rechtsfolgen der Tat nach Urteilsrechtskraft entstandenen Kosten, zB Kosten eines nach § 454 Abs. 2 eingeholten Gutachtens (BVerfG JR 2006, 480; BGH NJW 2000, 1128; OLG Düsseldorf JR 2007, 129; OLG Frankfurt a. M. NStZ 2010, 719 (auch zur Verjährung des Anspruchs nach § 5 Abs. 1 GKG) mit aus Gründen der Resozialisierung des Verurteilten abl. Anm. Oelbermann NStZ 2011, 600; OLG Karlsruhe StraFo 2003, 290; OLG Koblenz StraFo 2005, 348) o. Auslagen eines im Verf. nach § 67e StGB bestellten Verteidigers (LG Koblenz NStZ-RR 1999, 128), aber nicht Kosten eines Sachverständigengutachtens zur Prüfung der Haftfähigkeit des Verurteilten (OLG Koblenz NStZ 1997, 256; SK-StPO/Degener Rn. 9; **aM** Peglau NJW 2003, 870, falls der Sachverständige v. Gericht – nicht v. der StA – bestellt wurde). Für die Kosten des Vollzugs einer Freiheitsentziehung bestehen Sondervorschriften (§§ 50, 199 Abs. 2 Nr. 3 StVollzG, vgl. OLG Karlsruhe Rpfleger 1991, 338). Ob v. dem Verurteilten grds. auch durch die Erfüllung führungsaufsichtlicher Weisungen entstandene Kosten zu tragen sind, ist str. (vern. OLG Dresden NStZ 2009, 268, bejahend OLG Jena NStZ-RR 2011, 296); Aufwendungen für Drogenscreenings sind aber keine Kosten der Vollstreckung (OLG München NStZ-RR 2013, 169; vgl. aber LG Bamberg NStZ-RR 2013, 125 Ls.).

**III. Kosten bei Vorbereitung eines Wiederaufnahmeantrags (Abs. 1 4
S. 3).** Die im Fall der §§ 364a, 364b entstandenen Auslagen werden v. der Entsch. nach § 473 Abs. 6 Nr. 1 erfasst (→ § 473 Rn. 33), um den Verurteilten v. der Stellung aussichtsloser Anträge abzuhalten (Krägeloh NJW 1975, 139). Der Satzteil: „soweit sie durch einen Antrag des Verurteilten verursacht worden sind", hat keine Bedeutung (Löwe/Rosenberg/Hilger Rn. 19).

B. Notwendige Auslagen eines Beteiligten (Abs. 2). Die notwendigen Aus- 5
lagen eines Beteiligten (Abs. 2) gehören nicht zu den Verfahrenskosten. Der Begriff ist in Abs. 2, der nur die am häufigsten vorkommenden Fälle aufführt, nicht abschl. geregelt. Allgemein gilt, dass nur solche Auslagen notwendig sind, die durch Verteidigungsmaßnahmen entstanden sind, also nicht Kosten Angehöriger für Besuche in der U-Haftanstalt (OLG Düsseldorf Rpfleger 1975, 256; Löwe/Rosenberg/Hilger Rn. 21) o. für eine Sicherheitsleistung nach § 116 Abs. 1 S. 2 Nr. 4 (OLG Karlsruhe Rpfleger 1971, 72; KK-StPO/Gieg Rn. 7). Es gibt keinen allg. Grundsatz, dass dem nicht verurteilten Angeklagten unter allen Umständen sämtliche Auslagen erstattet werden müssen (BVerfG NJW 1985, 726 (727)). Dem Nebenkläger sind die Auslagen für ein Privatgutachten, das zur Wahrung seiner Rechte erforderlich war, zu erstatten (BVerfG NJW 2006, 136; vgl. auch → Rn. 16). Vgl. zu Einzelfällen die Zusammenstellungen v. Kotz NStZ-RR 2010, 1; 2011, 37.

6 **I. Notwendige Zeitversäumnis.** Abs. 2 Nr. 1 enthält nur eine Rechtsfolgenverweisung, bezieht sich also nur auf Umf. u. Höhe der Entschädigung (OLG Hamm NStZ 1996, 356; OLG Zweibrücken wistra 1996, 199; Löwe/Rosenberg/Hilger Rn. 25 ff. mwN). Demnach ist nicht nur der Verdienstausfall zu erstatten, der infolge Heranziehung durch Gericht o. StA entstanden ist (so aber OLG Frankfurt a. M. JurBüro 1983, 886; OLG Stuttgart Justiz 1971, 271; LG Bonn MDR 1980, 601 mablAnm H. Schmidt), erstattungsfähig sind vielmehr auch der Verdienstausfall infolge polizeilicher Vorladungen (Göhler/Thoma OWiG Vor § 105 Rn. 36), Reisen zum Verteidiger (OLG Hamburg Rpfleger 1972, 414; OLG Zweibrücken MDR 1996, 318; LG Krefeld NJW 1972, 1098; LG Lüneburg NJW 1971, 1575) u. Bespr. mit ihm (OLG Karlsruhe Rpfleger 1971, 72; OLG Koblenz NJW 1965, 1289 (1291)) sowie Auslagen des Nebenklägers für die (im Einzelfall gebotene) Teilnahme an der HV (OLG Bamberg JurBüro 1985, 1047). Verdienstausfall infolge Teilnahme an der Revisionsverhandlung kann erstattungsfähig sein, wenn der Angeklagte an ihr nach den Umständen ein berechtigtes Interesse hat (OLG Hamm NJW 1973, 259; weitergehend OLG Koblenz NJW 1965, 1289 mAnm Dahs; SK-StPO/Degener Rn. 18). Die Terminswahrnehmung während eines bezahlten Urlaubs bewirkt keinen Verdienstausfall u. führt daher zu keiner Auslagenerstattung (**aM** OLG Karlsruhe Justiz 1987, 156). Die 3-Monatsfrist des § 2 Abs. 1 S. 1 JVEG gilt für Abs. 2 Nr. 1 nicht (vgl. LG Flensburg SchlHA 1972, 172; LG Lübeck Rpfleger 1978, 148).

7 **II. Gebühren und Auslagen eines RA (Abs. 2 Nr. 2).** Gebühren und Auslagen eines RA (Abs. 2 Nr. 2) sind notwendige Auslagen, soweit sie nach § 91 Abs. 2 ZPO zu erstatten sind. Das gilt für den RA als Verteidiger (§ 137), als Vertreter eines Nebenbeteiligten (§§ 434 Abs. 1, 442 Abs. 1, 444 Abs. 2 S. 2), als Beistand o. Vertreter eines Privatklägers (§ 378), Nebenklägers (§ 397 Abs. 1 S. 2 iVm § 378) o. eines Dritten, zB eines Zeugen, gegen den ein Ordnungsmittelbeschluss nach § 51 erlassen worden ist. Dem RA stehen der Hochschullehrer (§ 138 Abs. 1) u. der nach § 138 Abs. 2 zugelassene Rechtsbeistand gleich (OLG Düsseldorf NStZ 1996, 99; LG Göttingen Nds. Rpfl. 1991, 302; **aM** LG Gießen AnwBl 1987, 499: keine Anwendung auf Hochschullehrer – mablAnm Herrmann; für das Verwaltungsverfahren vgl. auch BVerwG NJW 1978, 1173). Im Steuerstrafverfahren gilt Abs. 2 Nr. 2 auch für Angehörige steuerberatender Berufe (§ 408 **AO**).

8 **1.** Das **Bestehen einer Rechtsschutzversicherung,** die den Verteidiger bestellt hat, beeinflusst nach zutr. hM weder die Erstattungsfähigkeit noch die Höhe der Vergütung (OLG Frankfurt a. M. NJW 1970, 1695; Löwe/Rosenberg/Hilger Rn. 24). Das Gleiche gilt bei Kostenübernahme durch einen Berufsverband (OLG Celle NJW 1968, 1735) o. eine Gewerkschaft (OLG Frankfurt a. M. MDR 1966, 258) o. den Arbeitgeber (OLG Zweibrücken Rpfleger 1992, 406). Die Beiträge zu der Vers. o. zu dem Berufsverband sind aber keine notwendigen Auslagen.

9 **2.** Auf die **Notwendigkeit der Mitwirkung** des RA kommt es nicht an (OLG Düsseldorf Rpfleger 1982, 390; Löwe/Rosenberg/Hilger Rn. 31). Die Erstattungsfähigkeit hängt (für alle Rechtszüge) nur davon ab, dass nach der StPO die Tätigkeit des RA in der Sache zulässig ist (OLG Bremen AnwBl 1977, 73; LG Hamburg AnwBl 1974, 89). Das gilt sowohl für den Verteidiger (notwendig iSd §§ 140, 350 Abs. 3 muss die Verteidigung nicht sein) als auch für den Beistand eines Privat- o. Nebenklägers, für den Vertreter eines Nebenbeteiligten u. für den RA, der den nach § 51 Abs. 1 zu Ordnungsgeld verurteilten Zeugen vertritt (LG Frankenthal JurBüro 1986, 1675; **aM** LG Hannover JurBüro 1986, 1675; LG Würzburg JurBüro 1980, 1540). Unzulässig ist die Verteidigertätigkeit im Fall des § 137 Abs. 1 S. 2 nach der Zurückweisung (nach § 146a), im Fall des § 138a Abs. 1 (LG Hamburg NStZ 2001, 277), im Fall des § 146 ohne Rücksicht auf den Zeitpunkt der Zurückweisung (LG Freiburg NStZ 1985, 330; LG Hof JurBüro 1979, 1174; LG Koblenz NStZ-RR 1998, 96; LG Krefeld MDR 1980, 248; LG Nürnberg-Fürth JurBüro 1983,; Löwe/Rosenberg/Hilger Rn. 33; **aM** LG Essen AnwBl 1981, 23;

LG Flensburg JurBüro 1988, 653; LG Frankenthal JurBüro 1982, 736 mablAnm Mümmler; LG Köln NStZ 1982, 347; offengelassen v. BGH NStZ 1991, 398). Unerheblich ist, ob der Angeklagte die Auslagen durch rechtzeitiges Vorbringen entlastender Umstände hätte vermeiden können (Mümmler JurBüro 1989, 844 mwN; anders § 109a Abs. 2 OWiG).

Eine **zulässige, aber zwecklose Tätigkeit** des Verteidigers löst keinen Erstat- 10
tungsanspruch wegen der dadurch entstandenen Gebühr aus. Das gilt etwa für den Fall, dass der Verteidiger in einer wegen schuldhafter Abwesenheit des Angeklagten ausgesetzten HV erscheint (LG Krefeld JurBüro 1986, 1539; LG Osnabrück Nds. Rpfl. 1997, 312; **aM** KMR-StPO/Stöckel Rn. 19). Heftig umstr. ist, ob dies auch anzunehmen ist, wenn der Verteidiger zwischen Einlegung u. Begründung o. Zurücknahme der Berufung o. Revision der StA beratend o. schriftsätzlich tätig wird. Das wird zB bejaht v. KG NStZ 2007, 119; OLG Bremen NStZ-RR 2011, 391; OLG Celle StV 1996, 164; OLG Düsseldorf AnwBl 1998, 611; OLG Frankfurt a. M. NStZ-RR 1999, 351; OLG Karlsruhe Rpfleger 1995, 517; OLG Koblenz NStZ 2007, 423 mwN; hingegen zB verneint v. OLG Stuttgart StV 1998, 615; LG Bamberg JurBüro 1989, 1297 mablAnm Mümmler; LG Heilbronn StV 1996, 613; LG Mannheim StV 1991, 310; Kotz NStZ-RR 1999, 163. Regelmäßig dürfte v. einer zweckentsprechenden Tätigkeit auszugehen sein (KK-StPO/Gieg Rn. 10; so auch OLG Düsseldorf NStZ 1990, 204 bei einer Beschwerde der StA gegen die bedingte Entlassung eines Verurteilten). Darüber darf im Verf. nach § 464b entschieden werden (krit. M. J. Schmid JZ 1982, 186). Nicht erstattungsfähig sind auch die Gebühren eines RA, v. dem sich der Verteidiger im Ausschlussverfahren nach §§ 138a ff. (KG JR 1981, 121 mablAnm H. Schmidt AnwBl 1981, 117; **aM** OLG Koblenz MDR 1980, 78; erg. → § 138d Rn. 10) o. im Verf. über die Beschwerde gegen die Kostenentscheidung nach § 145 Abs. 4 (**aM** OLG Stuttgart NStZ 1981, 130) vertreten lässt.

3. Die **gesetzlichen Gebühren** werden erstattet **(Abs. 2 Nr. 2 iVm § 91** 11
Abs. 2 S. 1 ZPO). Beim Fehlen einer Gebührenordnung gilt § 408 S. 2 **AO** entspr. Welche Gebühr innerhalb des Rahmens des Vergütungsverzeichnisses des RVG erstattungsfähig ist, hängt v. den in § 14 RVG aufgeführten Umständen ab. Die Angemessenheit der v. dem RA bestimmten Gebühr wird im Kostenfestsetzungsverfahren geprüft (→ § 464b Rn. 3). Soweit eine Gebührenvereinbarung (§ 4 RVG) die ges. Vergütung (nicht nur die ges. Höchstgebühr) übersteigt, besteht keine Erstattungspflicht (OLG Düsseldorf MDR 1986, 167; OLG Hamburg MDR 1976, 952; OLG Hamm MDR 1971, 321; OLG Koblenz Rpfleger 1984, 286); eine Ausnahme gilt auch nicht bei bes. Umf. o. bes. Schwierigkeit (Mümmler JurBüro 1984, 1284). Diese Auslegung des Abs. 2 S. 1 ist verfassungsrechtlich unbedenklich (BVerfGE 68, 237 = NJW 1985, 727). Erstattungsfähig ist auch nicht die zusätzliche Vergütung, die der Pflichtverteidiger mit dem Angeklagten vereinbart hat (LG Verden AnwBl 1984, 266 mablAnm H. Schmidt). Die Auslagen des Verteidigers werden erstattet, soweit sie im Einzelfall notwendig waren. In Betracht kommen insbes. Reisekosten zu auswärtigen Terminen (LG Coburg MDR 1976, 779), Schreibgebühren sowie Kosten für die zur sachgerechten Verteidigung v. ihm für erforderlich gehaltenen Fotokopien (OLG Karlsruhe NJW 1972, 1480; LG Aachen Rpfleger 1986, 150; LG Cottbus StraFo 2004, 254; LG Göttingen StraFo 2004, 182; idR auch für den Angeklagten selbst erstellte, vgl. LG Landshut NZV 2004, 160; Heimann StV 2004, 32), unter dem Gesichtspunkt der Unzumutbarkeit uU selbst dann, wenn dem Verteidiger die Akte in Form eines Datenträgers übersandt wurde (vgl. LG Duisburg StraFo 2014, 307: 76 Bände Aktenmaterial). Ausnahmsweise kann eine Auslandsreise zur Ermittlung v. Entlastungszeugen als notwendig angesehen werden (OLG Celle MDR 1969, 413 bei Anklage wegen mehrfachen Mordes). Wegen der Dolmetscherkosten vgl. → EMRK Art. 6 Rn. 25.

4. Auswärtiger Verteidiger: Mehrkosten (Reisekosten, Tage- u. Abwesen- 12
heitsgelder; vgl. KV 7003–7006 RVG) werden nach Abs. 2 Nr. 2 iVm § 91 Abs. 2 S. 2 ZPO grds. nur erstattet, wenn die Zuziehung des nicht am Prozessort wohnenden Verteidigers notwendig war. Dies ist jedenfalls gegeben, wenn der Ver-

teidiger besondere Fachkenntnisse auf einem Spezialgebiet (OLG Bamberg JurBüro 1987, 558; OLG Düsseldorf MDR 1985, 696; NStZ 1981, 451; OLG Oldenburg JurBüro 1984, 248; LG Bayreuth JurBüro 1985, 1207), weil es am Sitz des Gerichts keinen Fachanwalt für Strafrecht (AG Staufen NStZ 2001, 109) o. für Steuerrecht (OLG Jena StraFo 2001, 387) gibt, weil der Angeklagte selbst weit entfernt v. Gerichtsort wohnt (LG Flensburg JurBüro 1984, 1537) o. weil er bei Beauftragung des Verteidigers davon ausgehen konnte, dass das Verf. am Ort v. dessen Bürositz durchgeführt werden würde (OLG Celle StV 1986, 208). Das besondere Vertrauen des Angeklagten zu dem Verteidiger u. dessen bes. guter Ruf führen zwar nicht zwingend zur Notwendigkeit der Hinzuziehung; diese hängt vielmehr v. einer Beurteilung des Einzelfalls ab (MüKo StPO/Grommes Rn. 23). Jedenfalls bei gravierenderen Schuldvorwürfen o. wenn „der Tatvorwurf massiv in die berufliche u. wirtschaftliche Existenz des Angeklagten eingreifen kann" (OLG Naumburg StraFo 2009, 128) ist aber dem besonderen Vertrauensverhältnis Vorrang einzuräumen (MüKo StPO/Grommes Rn. 23; OLG Koblenz StV 1982, 481). Anders kann es sich bei einfacher bzw. durchschnittlicher Betäubungsmittelkriminalität verhalten (OLG Bamberg JurBüro 1989, 242). Im Übrigen hat sich die Beurteilung an der Wertentscheidung des Gesetzgebers in § 142 Abs. 5 S. 1 zu orientieren, wonach der Beschuldigte keinen ortsansässigen Verteidiger bezeichnen muss. Hätte der auswärtige Verteidiger nach § 142 Abs. 5 S. 3 als Pflichtverteidiger bestellt werden können, dürfen auch seine als Wahlverteidiger geltend gemachten Auslagen dahinter nicht zurückbleiben (KK-StPO/Gieg Rn. 12). Hat das Gericht die Bestellung eines auswärtigen Verteidigers beschlossen, sind grds. auch diejenigen Mehrkosten erstattungsfähig, die dadurch entstehen, dass er nicht am Gerichtsort wohnt (BVerfG NJW 2001, 1269 (1270); OLG Naumburg StraFo 2014, 174). Auch die iRe Sockelverteidigung (→ § 137 Rn. 11) entstandenen notwendigen Auslagen können uU erstattungsfähig sein (KG StraFo 2003, 147).

13 **5. Mehrere Verteidiger:** Grundsätzlich werden – verfassungsrechtlich unbedenklich (BVerfG NJW 2004, 3319) – die Kosten mehrerer Anwälte (o. eines Anwalts u. eines nach § 138 Abs. 2 zugelassenen Verteidigers) außer im Fall eines notwendigen, v. Angeklagten nicht zu vertretenden Anwaltswechsels (OLG Celle StraFo 2025, 163; OLG Düsseldorf Rpfleger 1975, 256; OLG Hamm StV 1989, 116; OLG Oldenburg JurBüro 1983, 733; einen Fall des notwendigen Anwaltswechsels behandelt OLG Hamm NStZ 1983, 284, einen Fall des nicht-notwendigen OLG Hamburg NJW 1991, 1191), nur insoweit erstattet, als sie die Kosten eines RA nicht übersteigen (Abs. 2 Nr. 2 iVm § 91 Abs. 2 S. 3 ZPO). Das gilt auch in umfangreichen u. schwierigen Verf. (KG JR 1975, 476; OLG Hamburg MDR 1983, 429; OLG Hamm JMBl. NRW. 1983, 100; Löwe/Rosenberg/Hilger Rn. 32; KK-StPO/Gieg Rn. 13; **aM** OLG Stuttgart Rpfleger 1974, 403; H. Schmidt FS Schäfer, 1979, 235), insbes. auch in SchwurG-Sachen (**aM** OLG Frankfurt a. M. OLGSt § 467 S. 45; OLG Zweibrücken Rpfleger 1972, 71; Heinbuch AnwBl 1983, 489). Bei Auslieferungshaft im Ausland kann die Mitwirkung eines dortigen Anwalts allein o. neben dem inländischen Verteidiger geboten sein (OLG Düsseldorf NStZ 2012, 55; OLG Hamburg NStZ 1988, 370). Waren nacheinander ein Pflicht- u. ein Wahlverteidiger tätig (o. umgekehrt), so wird v. den Wahlverteidigerkosten nur der Unterschiedsbetrag zu den Kosten des Pflichtverteidigers erstattet (OLG Düsseldorf Rpfleger 1986, 444; OLG Karlsruhe NStZ 1981, 404; vgl. aber OLG Zweibrücken StV 1983, 119 für den Fall, dass der Angeklagte das Vertrauen zum Pflichtverteidiger verloren u. deshalb einen Verteidiger gewählt hat). Ebenso ist es, wenn neben dem Wahlverteidiger auf Wunsch des Angeklagten (LG Flensburg JurBüro 1985, 560) o. sonst aus v. Angeklagten ode. v. Verteidiger zu vertretenden Gründen ein Pflichtverteidiger bestellt wird (OLG Hamm JMBl. NRW. 1983, 100; OLG Koblenz MDR 1975, 955: regelmäßig verspätetes Erscheinen des Wahlverteidigers). Die gesamten Wahlverteidigerkosten sind aber erstattungsfähig, wenn das Gericht die Bestellung des Pflichtverteidigers entgegen § 143a nicht aufgeh. (OLG Düsseldorf AnwBl 1983, 40; OLG Frankfurt a. M. AnwBl 1983, 41; LG Marburg StV 1984, 345) o. aus Fürsorgegründen o. zur

Sicherung des Verfahrensfortgangs gem. § 144 neben dem Wahlverteidiger einen – o. zwei (OLG Dresden StraFo 2007, 126) – Pflichtverteidiger beigeordnet hat (BVerfGE 66, 313; OLG Celle StraFo 2018, 525; OLG Düsseldorf NStZ 1985, 235; StraFo 2002, 370; OLG Jena StraFo 2012, 163; OLG München NStZ 1981, 194). Unter diesen Voraussetzungen kann nach KG NStZ 1994, 451 neben der Erstattung der Kosten für einen Wahlverteidiger auch für einen 2. Wahlverteidiger die hypothetisch festzusetzende Vergütung eines Pflichtverteidigers verlangt werden. Die Kosten des für die Anwesenheit bei einer kommissarischen Vernehmung beauftragten RA sind bis zur Höhe der Reisekosten des Verteidigers erstattungsfähig (LG Bayreuth JurBüro 1983, 1841; LG Coburg MDR 1976, 779). Im Steuerstrafverfahren können neben der RA-Vergütung die Kosten für die Mitwirkung eines Steuerberaters (§ 408 **AO**) erstattungsfähig sein (KG NStZ 1982, 207 mwN). Bei gem. § 146 unzulässiger Mehrfachverteidigung kann der Verteidiger auch die bis zur Zurückweisung durch das Gericht nach § 146a angefallenen Gebühren regelmäßig nicht verlangen (Wasmuth NStZ 1989, 348). Auch wenn dem Angeklagten 2 Pflichtverteidiger beigeordnet waren, sind ihm bei Freispruch notwendige Auslagen nur insoweit zu erstatten, als sie die Gebühren u. Auslagen eines RA nicht übersteigen (OLG Hamburg JurBüro 1994, 295 mzustAnm Mümmler; **aM** OLG Düsseldorf StraFo 2005, 350).

6. In eigener Sache erhält der RA als Angeklagter keine Gebühren erstattet. 14
Die Regelung des § 91 Abs. 2 S. 3 ZPO ist auf den Zivilprozess zugeschnitten u. im Strafverfahren nicht anwendbar (EGH Stuttgart AnwBl 1983, 331; LG Potsdam NStZ-RR 2014, 125; LG Berlin NJW 2007, 1477; LG Göttingen Nds. Rpfl. 1991, 59; LG Nürnberg-Fürth NJW 1973, 913; LG Mainz Rpfleger 1985, 323; LG Wuppertal JurBüro 1986, 410; LG Zweibrücken JurBüro 1983, 1847; **aM** OLG Frankfurt a. M. NJW 1973, 1991; EGH Koblenz AnwBl 1981, 415; SK-StPO/Degener Rn. 36). Das ist verfassungsrechtlich unbedenklich (BVerfGE 53, 207; sachlich einleuchtende Auslegung des Abs. 2 Nr. 2; BVerfG NStZ 1988, 282: nahe liegende Annahme) u. gilt auch für den sich selbst verteidigenden RA im Privatklageverfahren (BVerfG NJW 1994, 242). Als Privat- u. Nebenkläger kann der RA dagegen Gebühren u. Auslagen in dem in § 91 Abs. 2 S. 3 ZPO bestimmten Umf. erstattet verlangen (OLG Hamm Rpfleger 1999, 565).

III. Sonstige Auslagen des Beschuldigten. Sonstige Auslagen des Beschul- 15
digten sind erstattungsfähig, soweit sie durch Vorladung zur Vernehmung o. Verh. verursacht worden sind o. ihre Aufwendung einem berechtigten Schutzinteresse entspr. (OLG Köln NJW 1956, 603). In Betracht kommen etwa Zeugenentschädigungen nach § 220 Abs. 2 (Löwe/Rosenberg/Hilger Rn. 49; **aM** D. Meyer JurBüro 1984, 655), Kosten für die Fahrt zum Gericht o. zur StA, auch im eigenen Fahrzeug (OLG Celle Rpfleger 1969, 305; LG Flensburg JurBüro 1983, 1345; LG Mannheim NJW 1969, 1684), Kosten für Fahrten zum Verteidiger (OLG Hamburg Rpfleger 1972, 414). Wegen der Höhe gelten §§ 5, 6 JVEG entspr. (OLG Celle StraFo 2013, 41; OLG Karlsruhe MDR 1986, 694). Notwendig sind auch Übernachtungs- u. Verpflegungskosten am Gerichtsort während der Teilnahme an der HV. Kosten für die Reise eines anwaltlich vertretenen Angeklagten zum Revisionsgericht werden grds. nicht erstattet (LG Mannheim NJW 1965, 1822; **aM** OLG Koblenz NJW 1965, 1289 mzustAnm Dahs; vgl. aber auch OLG Celle Rpfleger 1996, 170; OLG Hamm NJW 1973, 259).

Eigene private Ermittlungen des Beschuldigten sind – ausgenommen im Pri- 16
vatklageverfahren (LG Hildesheim NJW 1965, 1446) – idR nicht notwendig (vgl. BGH NStZ-RR 2025, 182; NJW 2025, 3096; → Vorbem. § 137 Rn. 2a, 2b; → § 338 Rn. 59b). Er kann Beweisanträge im Ermittlungsverfahren (§ 136 Abs. 1 S. 3, § 163a Abs. 3 S. 2, Abs. 4 S. 2) u. im gerichtlichen Verf. (§ 201 Abs. 1, § 219, § 244 Abs. 3) stellen, diese prozessualen Möglichkeiten muss er ausschöpfen (OLG Hamburg NStZ 1983, 284 Ls.; Ernesti/Lorenzen SchlHA 1986, 114 – OLG Schleswig RsprÜ). Nicht erstattungsfähig sind daher Detektivkosten (OLG Hamm NJW 1968, 1537; LG Nürnberg-Fürth JurBüro 1983, 1346), Kosten für Inserate

(Ernesti/Lorenzen SchlHA 1986, 114 – OLG Schleswig RsprÜ), für Rechtsgutachten (OLG Celle Rpfleger 1994, 225) u. für Privatgutachten (OLG Stuttgart NStZ-RR 2003, 127; LG Dortmund Rpflger 1991, 33,; LG Mainz wistra 1995, 320; OLG Celle wistra 2015, 366: Gutachten zur Frage der Verjährung), es sei denn, dass sie für die Abwehr des Anklagevorwurfs unbedingt notwendig waren (OLG Celle StV 2006, 32; OLG Düsseldorf NStZ 1991, 353 mzustAnm Dahs, der sich aber weitergehend für grds. Erstattungsfähigkeit ausspricht; OLG Hamm NStZ 1989, 588; OLG Koblenz NStZ-RR 2000, 64 Ls.; LG Dresden NStZ-RR 2010, 61 (Betrachtung *ex ante*); LG Saarbrücken StraFo 2009, 174; LG Schwerin StraFo 2002, 304; LG Zweibrücken NStZ-RR 2011, 95) o. das Verf. gefördert haben (OLG Frankfurt a. M. VRS 42, 430; LG Göttingen Nds. Rpfl. 1997, 142; LG Marburg StV 1990, 362; LG München I StV 1988, 350; eing. u. diff. dazu Jakubetz JurBüro 1999, 564 ff.). Ausnahmsweise können Auslagen des Beschuldigten für eigene Ermittlungen als notwendig anerkannt werden, wenn er damit rechnen musste, dass sich seine Prozesslage sonst alsbald erheblich verschlechtern werde (OLG Düsseldorf NStZ 1997, 511; KG StraFo 2012, 380). Wegen der Dolmetscherkosten vgl. → EMRK Art. 6 Rn. 24, 25.

17 **IV. Auslagen eines Dritten.** Auslagen eines Dritten für den Beschuldigten o. einen Nebenbeteiligten, der dem Dritten nicht ersatzpflichtig ist, gehören idR nicht zu den notwendigen Auslagen (OLG Hamm NJW 1953, 1445; LG Flensburg SchlHA 1962, 203). Zu erstatten sind aber die Kosten eines Verteidigers, den der ges. Vertreter bestellt (§ 137 Abs. 2) u. bezahlt hat (LG Bückeburg NJW 1960, 1026), u. die notwendigen Auslagen eines Dritten, der kraft eigenen Rechts (§ 298, § 67 **JGG**) auf der Seite des Angeschuldigten steht. Zum Verdienstausfall des ges. Vertreters vgl. LG Weiden MDR 1971, 598.

Kostenfestsetzung **Nr. 145 RiStBV**

464b

[1] Die Höhe der Kosten und Auslagen, die ein Beteiligter einem anderen Beteiligten zu erstatten hat, wird auf Antrag eines Beteiligten durch das Gericht des ersten Rechtszuges festgesetzt. [2] Auf Antrag ist auszusprechen, dass die festgesetzten Kosten und Auslagen von der Anbringung des Festsetzungsantrags an zu verzinsen sind. [3] Auf die Höhe des Zinssatzes, das Verfahren und auf die Vollstreckung der Entscheidung sind die Vorschriften der Zivilprozessordnung entsprechend anzuwenden. [4] Abweichend von § 311 Absatz 2 beträgt die Frist zur Einlegung der sofortigen Beschwerde zwei Wochen. [5] Zur Bezeichnung des Nebenklägers kann im Kostenfestsetzungsbeschluss die Angabe der vollständigen Anschrift unterbleiben.

1 **A. Kostenfestsetzungsverfahren.** Im Kostenfestsetzungsverfahren wird die Höhe der Kosten u. Auslagen festgesetzt, die ein Bet. einem anderen zu erstatten hat. Dazu gehören nicht die Gerichtskosten (für sie gilt das Kostenansatzverfahren nach § 19 Abs. 2 GKG, §§ 4 ff. KostVfg) u. die Pflichtverteidigergebühren (für sie gilt § 55 RVG). Grundlage der Festsetzung ist die Auslagenentscheidung nach § 464 Abs. 2, ein selbständiger Auslagenbeschluss (→ § 464 Rn. 13) o. die einem Dritten Kosten auferlegende Entsch. (→ § 467 Rn. 2), nicht aber ein Privatklagevergleich (→ Vor § 374 Rn. 13). Die gerichtliche Entsch. ist bindend (OLG Celle NJW 1971, 1905; OLG Saarbrücken NJW 1973, 1943; erg. → § 467 Rn. 20), auch wenn sie fehlerhaft (OLG Bremen AnwBl 1977, 74; OLG Düsseldorf Rpfleger 1994, 80; LG Dortmund Rpfleger 1981, 319; LG Köln AnwBl 1983, 468) o. sogar grob gesetzwidrig ist (OLG Karlsruhe JurBüro 1988, 1073: Verstoß gegen § 467 Abs. 5; LG Essen JurBüro 1984, 1058; LG Hanau Rpfleger 2000, 183, LG Osnabrück Nds. Rpfl. 1995, 136 u. LG Saarbrücken NStZ-RR 2001, 383: Überbürdung der notwendigen Auslagen des Nebenklägers auf die Landeskasse; **aM** LG Aschaffenburg JurBüro 1985, 1046 mzustAnm Mümmler; LG Hannover Nds. Rpfl. 1994, 167; LG Mainz Rpfleger 1995, 311), allerdings nicht, wenn sie bewusst in

Abweichung v. der ges. Regelung getroffen wird (OLG Oldenburg Rpfleger 1991, 521; **aM** OLG Oldenburg StraFo 2013, 440). Unklare Kostenentscheidungen können aber ausgelegt werden (OLG Bremen AnwBl 1977, 74; Löwe/Rosenberg/Hilger Rn. 3). Einwendungen des Erstattungspflichtigen gegen seine Kostentragungspflicht sind unbeachtlich (OLG Hamm JMBl. NRW. 1966, 119). Die Zulässigkeit der Nebenklage darf nicht mehr geprüft werden (LG Bochum MDR 1956, 438; LG Traunstein MDR 1963, 73). Die Auslagenverteilung ist nach den Maßstäben vorzunehmen, die die Gerichtsentscheidung vorschreibt. Hat diese nicht selbst nach § 464d eine Bruchteilsentscheidung getroffen, können nicht o. nur schwer trennbare Auslagen (zB bei Teilfreispruch) bei der Einzelfestsetzung nach Bruchteilen verteilt werden, da § 464d auch im Kostenfestsetzungsverfahren gilt (OLG Köln NStZ-RR 2004, 384; LG Hamburg Rpfleger 2000, 296). Höhere als die entstandenen Auslagen dürfen keinesfalls festgesetzt werden (vgl. BVerfGE 62, 189 = NJW 1983, 809).

B. Antrag. Nur auf Antrag eines Bet. (LG Essen Rpfleger 1992, 363: § 308 Abs. 1 ZPO gilt) werden die Kosten festgesetzt (S. 1) u. die Verzinsung ab Eingang des Antrags (S. 2), frühestens ab Rechtskraft des Urt. (LG Frankenthal JurBüro 1984, 723; Löwe/Rosenberg/Hilger Rn. 7), angeordnet. Antragsberechtigt sind der nach der Gerichtsentscheidung Erstattungsberechtigte u. sein Rechtsnachfolger (OLG Koblenz Rpfleger 1974, 403: Zessionar; LG Duisburg NStZ-RR 2007, 287 Ls.: Verteidigerin, an die der Anspruch abgetreten wurde), aber auch der Erstattungspflichtige. Der Verteidiger stellt den Antrag im Zweifel namens des Angeklagten; eine Wiedereinziehung v. Pflichtverteidigergebühren ist dann im Kostenfestsetzungsverfahren nicht zulässig (KG NJW 1971, 2000). Da das Betragsverfahren nach § 464b, ebenso wie das nach § 10 **StrEG,** nicht mehr zum Strafverfahren gehört (LG Krefeld MDR 1980, 248), benötigt der Verteidiger für den Antrag eine bes. Vertretungsvollmacht (Löwe/Rosenberg/Hilger Rn. 5; **aM** OLG München Rpfleger 1968, 32; erg. → StrEG § 10 Rn. 3), die aber zusammen mit der Verteidigervollmacht erteilt werden kann u. durch die Bestellung zum Pflichtverteidiger nicht ohne weiteres erlischt (OLG Hamm NStZ-RR 2008, 96 Ls.; LG Kiel NStZ 2003, 52). Nach dem Tode des Angeklagten sind sein Verteidiger u. seine Erben antragsberechtigt (→ Vor § 137 Rn. 7; → § 464 Rn. 22). 2

C. Verfahren. Für das Verfahren gelten die Vorschr. der ZPO entspr. (S. 3), u. zwar für die Höhe des Zinssatzes § 104 Abs. 1 S. 2 (5 % über dem Basiszinssatz nach § 247 BGB), für die Festsetzung die §§ 103 ff., für die Vollstreckung die §§ 794 Abs. 1 Nr. 2, 795. Zuständig ist der Rechtspfleger (§ 21 Nr. 1 **RPflG**) des Gerichts des 1. Rechtszugs (§§ 103 Abs. 2, 104 Abs. 1 S. 1 ZPO), nicht das Gericht selbst (OLG Düsseldorf JurBüro 1985, 895), bei Zurückverweisung an ein anderes Gericht nach § 354 Abs. 2 S. 1 der Rechtspfleger des 1. Gerichts (BGH NStZ 1991, 145), anders aber nach einem Wiederaufnahmeverfahren (LG Karlsruhe StraFo 2008, 265; **aM** OLG Brandenburg NStZ-RR 2010, 263; OLG Hamm NStZ-RR 2008, 128 Ls.), bei Zurückverweisung an ein Gericht niederer Ordnung gem. § 354 Abs. 3 ist das zuerst mit dem Verf. befasst gewesene Gericht zuständig (KG NStZ-RR 2014, 160 Ls.). Der Rechtspfleger prüft die Notwendigkeit der Auslagen (§ 464a Abs. 2) u. ist berechtigt, die v. dem Verteidiger nach § 14 RVG bestimmte Rahmengebühr herabzusetzen, wenn sie unbillig hoch ist (Löwe/Rosenberg/Hilger § 464a Rn. 42 ff.). Der Beschl. ergeht nach Anhörung des Vertreters der Staatskasse (Nr. 145 Abs. 1 RiStBV) o. des sonstigen Antragsgegners (LG Bonn JurBüro 1992, 256; LG Krefeld NJW 1970, 2035). Er muss begründet werden (OLG Frankfurt a. M. JurBüro 1985, 1102; OLG München Rpfleger 1981, 157), auch wenn dem Antrag stattgegeben wird (LG Krefeld MDR 1981, 606; anders aber VVJMBW Justiz 2001, 399: aus Gründen der Verwaltungsvereinfachung nur Auszahlungsanordnung, wenn die Erstattungsbeträge v. Vertreter der Staatskasse anerkannt werden), bes. sorgfältig, wenn er ganz o. teilw. abgelehnt wird (OLG Düsseldorf JurBüro 1981, 1540). Entsprechend § 35a ist eine Rechtsbehelfsbelehrung zu erteilen (LG Bautzen Rpfleger 2000, 183; Jung NJW 1973, 985; 3

→ § 35a Rn. 1). Ausführlich zur Kostenfestsetzung bei Freispruch in Fällen notwendiger Verteidigung Fromm NJW 2014, 1708.

4 Die **Anschrift des Nebenklägers** muss im Kostenfestsetzungsbeschlusses nicht vollständig bezeichnet werden (S. 5), um zu seinem Schutz die – an sich wegen § 750 Abs. 1 ZPO – zur exakten Identifizierung des Gläubigers notwendige Angabe der Adresse zu vermeiden (BT-Drs. 18/4621, 37).

5 Ein Verfahren nach § 464b wird durch die Insolvenz eines Verfahrensbeteiligten entspr. § 240 ZPO unterbrochen; dies gilt auch, wenn das Insolvenzgericht die Eigenverwaltung durch den Schuldner anordnet (OLG Hamm 6.11.2025 – BeckRS 2025, 32232).

6 **D. Rechtsbehelfe. I. Sofortige Beschwerde (§ 104 Abs. 3 S. 1 ZPO, § 11 Abs. 3 RPflG).** Sofortige Beschwerde (§ 104 Abs. 3 S. 1 ZPO, § 11 Abs. 3 RPflG) ist gegen die Entsch. des Rechtspflegers zulässig. Das Beschwerdeverfahren richtet sich nach StPO-Grundsätzen (vgl. auch BGH NJW 2003, 763; OLG Celle StraFo 2018, 525). Das bedeutet:

7 **1.** Für die **Einlegung des Rechtsmittels** gilt nach S. 4 eine Zweiwochenfrist. Anwaltsverschulden bei der Fristversäumnis ist dem Antragsteller zuzurechnen (→ § 44 Rn. 18). Anwaltszwang besteht entgegen § 78 Abs. 1 ZPO wegen § 13 RPflG auch vor dem LG nicht (OLG Düsseldorf NStZ 2003, 324). § 304 Abs. 3 gilt. Eine unselbständige Anschlussbeschwerde ist unzulässig (OLG Düsseldorf JMBl. NRW. 1971, 59; OLG Hamm JurBüro 1983, 1216; **aM** OLG Koblenz MDR 1984, 777; Löwe/Rosenberg/Hilger Rn. 9). Die weitere Beschwerde gegen die Entsch. des LG ist ausgeschlossen (OLG Koblenz Rpfleger 1989, 78; OLG Stuttgart MDR 1975, 248); §§ 574 ff. ZPO (Rechtsbeschwerdeverfahren) gelten nicht (BGHSt 48, 106). Für das rechtliche Gehör gilt § 308 Abs. 1 S. 1. Eine Abhilfemöglichkeit durch den Rechtspfleger besteht – anders als jetzt im Zivilverfahren nach § 572 Abs. 1 S. 1 – nur im Fall des § 311 Abs. 3 S. 2, iÜ nicht (§ 311 Abs. 3 S. 1; OLG Düsseldorf Rpfleger 1999, 234; OLG Hamm NJW 1999, 3726; **aM** Döllel/Dreeßen SchlHA 2009, 244 – OLG Schleswig RsprÜ). Im Beschwerdeverfahren wird in der für Strafverfahren vorgesehenen Besetzung entschieden (OLG Düsseldorf NStZ-RR 2012, 160).

8 **2.** Ein **Verbot der Schlechterstellung** besteht nicht (KG JR 1981, 391; OLG Düsseldorf MDR 1991, 370; OLG Hamburg NStZ-RR 2010, 327; Lorenzen/Görl SchlHA 1989, 114 – OLG Schleswig RsprÜ; KMR-StPO/Stöckel Rn. 23 mwN; D. Meyer JurBüro 1982, 1451). Die Gegenmeinung (OLG Hamm Rpfleger 1972, 266; OLG München AnwBl 1979, 198; Löwe/Rosenberg/Hilger Rn. 11; H. Schmidt NJW 1980, 682) setzt sich mit §§ 331, 358 Abs. 2, 373 Abs. 2 in Widerspruch. Sie wäre nur berechtigt, wenn sich das Beschwerdeverfahren nach ZPO-Grundsätzen richtete u. insbes. § 308 Abs. 1 ZPO zu beachten wäre.

9 **II. Nachprüfung.** Nur Nachprüfung kann mit der Beschwerde verlangt werden. Eine weitere Erstattungsforderung, über die eine anfechtbare Entsch. des Rechtspflegers noch nicht vorliegt, kann nicht gestellt werden (OLG Hamm NJW 1966, 2074; LG Düsseldorf JurBüro 1983, 887; LG Göttingen Rpfleger 1991, 34; Löwe/Rosenberg/Hilger Rn. 11). Erst nach rkr. Abschluss des Kostenfestsetzungsverfahrens ist eine Nachforderung zulässig (OLG Hamburg NJW 1971, 2183 (2185); LG Dortmund NJW 1967, 897). Zur entspr. Anwendung des § 321 ZPO vgl. LG Bielefeld AnwBl 1965, 322; LG Zweibrücken NJW 1965, 165.

10 **III. Kostenentscheidung.** Es gelten § 467 Abs. 1 (entspr.) u. § 473. Die Gebühr für das Beschwerdeverfahren beträgt nach KV 3601 GKG 50 EUR. Hatte der Rechtspfleger die Kosten des Nebenklägers zu gering festgesetzt, so können Kosten u. notwendige Auslagen nicht der Staatskasse überbürdet werden (Löwe/Rosenberg/Hilger Rn. 11; **aM** LG Hanau JurBüro 1983, 735 mablAnm Mümmler).

Kosten bei Bestellung eines Dolmetschers oder Übersetzers für den Angeschuldigten

464c **Ist für einen Angeschuldigten, der der deutschen Sprache nicht mächtig, hör- oder sprachbehindert ist, ein Dolmetscher oder Übersetzer herangezogen worden, so werden die dadurch entstandenen Auslagen dem Angeschuldigten auferlegt, soweit er diese durch schuldhafte Säumnis oder in sonstiger Weise schuldhaft unnötig verursacht hat; dies ist außer im Falle des § 467 Abs. 2 ausdrücklich auszusprechen.**

A. Kosten bei Bestellung eines Dolmetschers. Die durch die Heranziehung eines Dolmetschers o. Übersetzers für einen der deutschen Sprache nicht mächtigen (§ 185 GVG; erg. → § 140 Rn. 30b), hör- o. sprachbehinderten (vgl. § 186 GVG) Angeschuldigten (§ 157) entstandenen Auslagen dürfen nach Art. 6 Abs. 3e **EMRK** v. diesem nicht erhoben werden (→ EMRK Art. 6 Rn. 24). Sie trägt daher grds. die Staatskasse (KV 9005 Abs. 4 GKG), ohne dass es dazu eines Ausspruchs in der Entsch. bedarf (OLG Köln NStZ-RR 2011, 327). Anderes gilt für auch durch die Hinzuziehung v. Zeugen entstandene ausscheidbare Dolmetscherkosten (LG Koblenz NStZ-RR 2000, 30). Für eine entspr. Anwendung der Vorschr. im Fall notwendiger Übersetzungen eines der ausl. Sprache nicht mächtigen Verurteilten LG Trier NStZ-RR 2009, 159. 1

B. Freispruch. Einem Angeschuldigten, der freigesprochen o. gegen den die Eröffnung des Hauptverfahrens abgelehnt o. das Verf. eingestellt worden ist, werden nach § 467 Abs. 2 die Kosten auferlegt, die er durch schuldhafte Säumnis o. durch andere schuldhafte Verzögerungen verursacht hat (→ § 467 Rn. 4); darunter fallen ohne bes. Ausspruch auch die Auslagen für einen Dolmetscher o. Übersetzer. 2

C. Auslagen. Einem **verurteilten** Angeklagten sind nach § 464c solche Auslagen, die er sonst nicht zu tragen hat (→ Rn. 1), aufzuerlegen; dazu bedarf es aber eines Ausspruchs des Gerichts. 3

Die **Auferlegung** kommt zB in Betracht, wenn der Angeschuldigte vorgespiegelt hat, einen Dolmetscher zu benötigen, o. wenn wegen seines Ausbleibens ein Hauptverhandlungstermin nicht durchgeführt werden kann, jedoch nicht im Fall des § 329 Abs. 1, da dann auch bei seiner Anwesenheit Auslagen entstanden wären (Schnigula JurBüro 1989, 899). 4

Verteilung der Auslagen nach Bruchteilen

464d **Die Auslagen der Staatskasse und die notwendigen Auslagen der Beteiligten können nach Bruchteilen verteilt werden.**

A. Aufteilung der Auslagen nach Quoten. Eine Aufteilung der Auslagen nach Quoten lässt das G (Art. 8 Abs. 6 Nr. 2 KostRÄndG 1994; vgl. dazu Otto JurBüro 1994, 397) im Gegensatz zur früheren Rspr. (BGHSt 25, 109) nun stets zu. Anstatt durch abstrakte Abgrenzungskriterien kann danach eine Verteilung der Auslagen der Bet. u. der Staatskasse nach Bruchteilen erfolgen. Dadurch soll in einfachen, leicht überschaubaren Fällen (OLG Köln NStZ-RR 2004, 384) – ggf. aufgrund einer sachgemäßen Schätzung – eine schnelle, angemessene Kostenentscheidung ermöglicht werden. Ob das Gericht eine Bruchteilsentscheidung trifft o. die Berechnung nach den im Urt. vorgegebenen Kriterien dem Kostenfestsetzungsverfahren (§ 464b) überlässt, liegt in seinem Ermessen (vgl. BGH NStZ-RR 2022, 391). 1

B. Anwendungsfälle. Anwendungsfälle sind Entsch. nach §§ 465 Abs. 2, 467a Abs. 2, 468, 469 Abs. 1, 470 S. 2, 471 Abs. 3, 472 Abs. 1 S. 2, Abs. 2, Abs. 3, 472a Abs. 2, 472b Abs. 1 S. 2, Abs. 3, 473 Abs. 4, nicht aber nach § 466 S. 1 (OLG Oldenburg StraFo 2013, 440). Auch bei Teilfreispruch kann gequotelt werden, jedoch ist ebenso die Differenztheorie (→ § 465 Rn. 9) weiterhin anwendbar (OLG Karlsruhe NStZ 1998, 317; OLG Saarbrücken Rpfleger 2000, 564; Kotz 2

NStZ-RR 1999, 165 mwN; SK-StPO/Degener Rn. 3; **aM** LG Frankfurt a. M. NStZ-RR 1997, 191; LG Leipzig StV 2000, 435).

3 **C. Kostenfestsetzungsverfahren.** Im Kostenfestsetzungsverfahren (§ 464b) kann durch den Rechtspfleger ebenfalls eine Bruchteilsentscheidung getroffen werden (KG StraFo 2009, 260; → § 464b Rn. 1).

Kostentragungspflicht des Verurteilten

465 (1) [1] **Die Kosten des Verfahrens hat der Angeklagte insoweit zu tragen, als sie durch das Verfahren wegen einer Tat entstanden sind, wegen derer er verurteilt oder eine Maßregel der Besserung und Sicherung gegen ihn angeordnet wird.** [2] **Eine Verurteilung im Sinne dieser Vorschrift liegt auch dann vor, wenn der Angeklagte mit Strafvorbehalt verwarnt wird oder das Gericht von Strafe absieht.**

(2) [1] **Sind durch Untersuchungen zur Aufklärung bestimmter belastender oder entlastender Umstände besondere Auslagen entstanden und sind diese Untersuchungen zugunsten des Angeklagten ausgegangen, so hat das Gericht die entstandenen Auslagen teilweise oder auch ganz der Staatskasse aufzuerlegen, wenn es unbillig wäre, den Angeklagten damit zu belasten.** [2] **Dies gilt namentlich dann, wenn der Angeklagte wegen einzelner abtrennbarer Teile einer Tat oder wegen einzelner von mehreren Gesetzesverletzungen nicht verurteilt wird.** [3] **Die Sätze 1 und 2 gelten entsprechend für die notwendigen Auslagen des Angeklagten.** [4] **Das Gericht kann anordnen, dass die Erhöhung der Gerichtsgebühren im Falle der Beiordnung eines psychosozialen Prozessbegleiters ganz oder teilweise unterbleibt, wenn es unbillig wäre, den Angeklagten damit zu belasten.**

(3) **Stirbt ein Verurteilter vor eingetretener Rechtskraft des Urteils, so haftet sein Nachlaß nicht für die Kosten.**

1 **A. Kostentragungspflicht des verurteilten Angeklagten (Abs. 1).** Die Vorschr. ist mit dem GG vereinbar (BVerfGE 18, 302;; 31, 137). Für Nebenbeteiligte gilt die Sonderregelung des § 472b. Im Verf. gegen einen Jugendlichen u. bei Anwendung v. Jugendstrafrecht gegen einen Heranwachsenden kann nach §§ 74, 109 Abs. 2 **JGG** ganz o. teilw. davon abgesehen werden, dem Angeklagten Kosten u. Auslagen anderer Bet. aufzuerlegen (BGH StV 2007, 12; eing. dazu KK-StPO/Gieg Rn. 5); v. seinen eigenen notwendigen Auslagen kann er nicht entlastet werden (BGHSt 36, 27; BGH StV 2007, 12; Diemer/Schatz/Sonnen JGG § 74 Rn. 28); denn einer möglicherweise aus erzieherischen Gründen wünschenswerten Entlastung des Angeklagten steht die eindeutige ges. Regelung entgegen (OLG Brandenburg NStZ-RR 2012, 192).

2 **I. Verurteilung und Anordnung einer Sicherungsmaßregel.** Eine Verurteilung iSd § 465 liegt vor, wenn das Urt. eine Schuldfeststellung trifft u. eine Rechtsfolge festsetzt (BGHSt 14, 391 (393)). Darunter fallen auch die Verurteilung zu Erziehungsmaßnahmen o. Zuchtmitteln nach §§ 9 ff., 13 ff. JGG (KG JR 1962, 271) u. die Entsch. nach § 27 JGG (Eisenberg/Kölbel JGG § 74 Rn. 5). Die Anordnung einer Sicherungsmaßregel nach §§ 61 ff. StGB neben einem Freispruch (OLG Oldenburg NJW 1964, 2439) o. im Sicherungsverfahren nach §§ 413 ff. führt ebenfalls zur Kostentragungspflicht, nicht aber die Anordnung der Einziehung o. einer anderen Nebenfolge neben dem Freispruch (BGHSt 14, 391) o. im selbständigen Verf. nach §§ 440, 442 (BGHSt 21, 367 (371)). Nach Abs. 1 S. 2 ist auch die Verwarnung mit Strafvorbehalt nach § 59 StGB u. das Absehen v. Strafe (vgl. → § 153b Rn. 1) eine Verurteilung. Dem steht die Nichtverurteilung infolge der Sperrwirkung der §§ 331, 358 Abs. 2, 373 Abs. 2 gleich (BGH KostRspr Nr. 11 mAnm Herget; Löwe/Rosenberg/Hilger Rn. 3). **Abs. 1** ist bei der Kostenentscheidung über einen Antrag nach **§ 33a S. 1** (BGH StraFo 2015, 144) bzw. nach

§ 356a entsprechend anwendbar (BGH BeckRS 2015, 3935). Für die Straffreierklärung gilt § 468.

3 **II. Wegen der Tat entstandene Kosten.** Der Tatbegriff ist der des § 264 (OLG Zweibrücken MDR 1966, 351; **aM** Sommermeyer MDR 1991, 932 Fn. 23; erg. → § 264 Rn. 1 ff.). Wegen der Kosten vgl. → § 464a Rn. 1 ff. Sind im 1. Rechtszug mehrere Hauptverhandlungen notwendig gewesen, zB infolge Verweisung nach § 270 (OLG Oldenburg NStZ 1996, 405) o. Aufhebung u. Zurückverweisung nach § 354 Abs. 2 oder § 357 (BGH StraFo 2008, 529), so trägt der Verurteilte alle Kosten; das Verf. bildet eine Einheit (BGHSt 18, 231; BGH NStZ 1987, 86; NStZ-RR 1999, 63; 2006, 32; BGHR StPO § 473 Abs. 4 Quotelung 5 mwN; OLG Düsseldorf StraFo 2014, 87, dort auch die aufgeh. Entsch. LG Düsseldorf). Das gilt auch für mehrere Rechtszüge; der zunächst freigesprochene u. erst auf die Berufung o. Revision der StA verurteilte Angeklagte hat daher auch die Kosten der 1. Instanz zu tragen (OLG Düsseldorf JurBüro 1992, 255; OLG Stuttgart Justiz 1987, 160; erg. → § 473 Rn. 6). Auch sonst muss der Angeklagte Mehrkosten tragen, die durch unrichtige Sachbehandlung o. durch eine unzutr. Beurteilung des Gerichts entstanden sind, zB bei der Fortsetzung des Verf. nach nicht erkannter Rechtskraft des Strafbefehls (BGHSt 13, 306 (311); OLG Düsseldorf MDR 1986, 428; OLG Hamm VRS 41, 381; erg. → Rn. 11).

4 **Eingeschränkt** ist die Kostentragungspflicht des Verurteilten, wenn ein Dritter nach § 51 oder einer anderen Vorschr. (vgl. → § 467 Rn. 2) mit Kosten belastet worden ist. Auch wenn das – zulässigerweise (BGHSt 43, 146) u. wie in der Praxis üblich – durch gesonderten Beschl. u. nicht in der Kostenentscheidung des Urt. geschieht, hat der Verurteilte die Kosten nur in dem eingeschränkten Umf. zu tragen (OLG Düsseldorf VRS 89, 202; LG Aachen NStE StPO § 465 Nr. 7 mwN). Eine dahin gehende Erg. der Kostenentscheidung des Urt. kann nicht verlangt werden (OLG Dresden NStZ-RR 2000, 30). Bei nachträglicher Aufhebung des den Dritten belastenden Beschl. lebt die volle Kostentragungspflicht des Verurteilten wieder auf (Löwe/Rosenberg/Hilger Rn. 12).

5 **B. Auslagenteilung zwischen Staatskasse und Verurteiltem (Abs. 2). I. Besondere Auslagen der Staatskasse (S. 1).** Besondere Auslagen der Staatskasse (S. 1) u. bes. notwendige Auslagen des Angeklagten (S. 3) können aus Billigkeitsgründen ganz o. teilw. der Staatskasse auferlegt werden. Allgemein gilt dies, wenn der Angeklagte wegen einzelner abtrennbarer Teile einer Tat o. wegen einzelner v. mehreren Gesetzesverletzungen nicht verurteilt wird u. die tatsächlich erfolgten Untersuchungen nicht notwendig gewesen wären, wenn Anklage u. Eröffnungsbeschluss v. vorneherein dem späteren Urt. entsprochen hätten (BGH NStZ-RR 2014, 390; NJW 2021, 1829: Verringerung der Einziehung durch das Revisionsgericht).

6 Der Begriff bes. Auslagen stimmt nicht mit dem der (genau feststellbaren) ausscheidbaren Auslagen überein; gemeint sind vielmehr alle Mehrkosten (BGHSt 25, 109 (116) = JR 1974, 30 mkritAnm Meyer; **aM** KG NJW 1970, 1806; OLG Braunschweig NJW 1970, 1809).

7 **II. Untersuchungen zur Aufklärung bestimmter Umstände (Abs. 2).** Durch Untersuchungen zur Aufklärung bestimmter Umstände, die **nach dem Gesamtergebnis der Untersuchungshandlungen zugunsten des Angeklagten** ausgegangen sind (BGH NJW 1992, 1245; Bode NJW 1969, 213), müssen die bes. Auslagen entstanden sein, zB durch Zeugenvernehmungen u. Sachverständigengutachten zu einzelnen rechtlichen Gesichtspunkten (vgl. BGH NStZ-RR 2022, 391; LG Freiburg StV 1998, 611; LG Krefeld NStZ-RR 2012, 32). Dass die Verurteilung weniger schwer wiegt als der ursprüngliche Tatvorwurf, genügt allein nicht (BGH NStZ-RR 2014, 390; NStZ 1982, 80; OLG Karlsruhe MDR 1981, 781), auch nicht, dass die Milderung des Schuldvorwurfs u. die Herabsetzung der Strafe erst auf eine Revisionsentscheidung hin erfolgt sind (Pfeiffer/Miebach NStZ 1986, 210 – BGH RsprÜ), uU aber eine Strafherabsetzung bei beschränktem Einspruch gegen einen Strafbefehl (D. Meyer JurBüro 1989, 1331). Es müssen stets

bes. Auslagen entstanden sein (BGHSt 25, 109 (118); 26, 29 (34)). Das kann der Fall sein bei Anklage wegen einer Verkehrsstraftat u. Verurteilung nur wegen einer OWi (OLG Celle MDR 1972, 439; OLG Düsseldorf JurBüro 1985, 898; OLGSt Nr. 5 zu § 473; OLG Stuttgart Justiz 1974, 136; LG Bonn VRS 119, 123) o. im Sicherungsverfahren bei Antrag nach § 63 StGB, Verurteilung aber nur nach § 69 StGB (OLG München NZV 2012, 251). Ist anzunehmen, dass der Verurteilte einen Bußgeldbescheid hingenommen hätte, so ist es billig, der Staatskasse seine gesamten notwendigen Auslagen aufzuerlegen (BGHSt 25, 109 (118); OLG Celle JurBüro 1983, 402; LG Augsburg JurBüro 1984, 1207; Schmidt DAR 1983, 318; vgl. auch Hausel JurBüro 1994, 580 zum Fall des § 408 Abs. 3; vgl. zum fiktiven Teilfreispruch im OWi-Verf. Lehmann-Richter NZV 2003, 366). Ähnlich ist es, wenn der bei dem LG wegen eines schweren Delikts Angeklagte nur wegen einer Tat verurteilt worden ist, für die das AG zuständig gewesen wäre, u. die sachgemäße Behandlung des Falls v. vornherein die Anklage vor diesem Gericht nahegelegt hätte (BGHSt 26, 29 (35)). Nach Abs. 2 S. 2 besteht die Möglichkeit der Billigkeitsentscheidung va in den Fällen des sog. fiktiven Teilfreispruchs, dh bei der Nichtverurteilung wegen einzelner abtrennbarer Teile einer Tat (LG München I NStZ-RR 1999, 384) o. wegen einzelner v. mehreren Gesetzesverletzungen bei Tateinheit (OLG Düsseldorf StV 1985, 142).

7a Nach Abs. 2 S. 4 wird der Angeklagte v. den **Kosten eines beigeordneten psychosozialen Prozessbegleiters** (s. § 406g sowie Kommentierung dort) freigestellt, wenn seine Kostentragungspflicht unbillig wäre; dies kann etwa anzunehmen sein, wenn die rechtliche Bewertung der Tat, wegen der der Angeklagte verurteilt wird, v. der abweicht, wegen der der Prozessbegleiter beigeordnet wurde (vgl. BT-Drs. 18/4621, 37).

7b Die Rspr. wendet bei zulässiger Kostenbeschwerde den **Rechtsgedanken des Abs. 2 S. 2** an, wenn die gerichtliche **Einziehungsentscheidung** aus Rechtsgründen niedriger als ursprünglich beantragt ausfällt, ohne dass von der Einziehung nach § 421 abgesehen wird (BGH NStZ-RR 2024, 392 mwN). Unbilligkeit ist insoweit vor allem anzunehmen, wenn die Entscheidung über die Einziehung in erheblichem Umfang zu Gunsten des Bf. ausgegangen ist und durch die ursprüngliche Beantragung höhere notwendige Auslagen nach § 464a Abs. 2 Nr. 2 entstanden sind (vgl. BGH 27.8.2024 – 5 StR 240/24). Der Grundsatz der Einheitlichkeit der Kostenentscheidung steht dem nicht entgegen, da sich für das Strafverfahren und das Einziehungsverfahren mit Fest- und Wertgebühren unterschiedliche Gebühren- und Vergütungssysteme gegenüberstehen (BGH 27.8.2024 – 5 StR 240/24; BayObLG StraFo 2024, 74, 79).

8 **III. Auslagenteilung.** Die Auslagenteilung kann schon im Urt. **nach Bruchteilen** erfolgen (§ 464d). Das Gericht kann sich aber auch darauf beschränken, die nach der Entstehungsursache abzugrenzenden bes. Auslagen, zB „die besonderen Auslagen des Verfahrens und die besonderen notwendigen Auslagen des Angeklagten, die wegen des Verdachts der Trunkenheitsfahrt entstanden sind" (BGHSt 25, 109 (112)), der Staatskasse aufzuerlegen u. deren genaue Feststellung dem Verf. nach § 464b zu überlassen. Das gilt insbes. für Verteidigerkosten (dazu eing. Sommermeyer MDR 1991, 931 u. Mümmler JurBüro 1992, 221). Sie werden erst im Kostenfestsetzungsverfahren nach der Differenztheorie festgestellt, dh es wird geprüft, welche Verteidigergebühren entstanden wären, wenn die Untersuchungen nicht stattgefunden hätten o. die Anklage v. vornherein so gelautet hätte wie das Urt. (vgl. BGH NStZ-RR 2022, 391; KG NJW 1970, 1806; OLG Düsseldorf OLGSt StPO § 473 Nr. 5; OLG Köln NStZ 1990, 423). Nur der rechnerische Teil der einheitlichen Verteidigergebühr, der das fiktive Honorar übersteigt, wird erstattet (OLG Braunschweig NJW 1970, 1809; OLG Düsseldorf NJW 1971, 394).

9 **C. Teilfreispruch und Teileinstellung.** In diesem Fall wird über Kosten u. Auslagen **nach § 467 Abs. 1** entschieden: „Der Angeklagte hat die Kosten zu tragen, soweit er verurteilt ist; soweit er freigesprochen (das Verf. eingestellt) worden ist, trägt die Staatskasse die Verfahrenskosten u. die notwendigen Auslagen

des Angeklagten". Eine Bruchteilsentscheidung über die Auslagen der Staatskasse o. des Angeklagten ist nunmehr durch § 464d (vgl. → § 464d Rn. 1 ff.) im Gegensatz zur bisherigen Rspr. (BGHSt 25, 109) zugelassen. In entspr. Anwendung des Abs. 2 kommt es auf die Ausscheidbarkeit der Mehrkosten nicht an (BGHSt 25, 109 (116); OLG Düsseldorf StV 1985, 142; JurBüro 1989, 1720). Die Verteidigerkosten werden auch hier im Verf. nach § 464b nach der Differenztheorie (→ Rn. 8) bestimmt (OLG Karlsruhe NStZ 1998, 317; OLG Koblenz StV 1998, 610 Ls.; LG Hamburg StV 1998, 610; **aM** LG Frankfurt a. M. StV 1998, 85). Wäre wegen der übrig gebliebenen Fälle Anklage vor dem SchG u. nicht dem LG erhoben worden, so muss der Angeklagte v. der höheren Verteidigungsgebühr vor dem LG entlastet werden (OLG Celle Rpfleger 1987, 518). Hat der Teilfreispruch neben der Verurteilung in zahlreichen anderen Fällen keine Bedeutung, so muss der Verurteilte idR seine Auslagen in vollem Umf. tragen (OLG Stuttgart MDR 1975, 598; vgl. auch LG Passau JurBüro 1987, 726). Bezieht sich der Teilfreispruch auf die Verkehrsstraftat u. hätte sich der Angeklagte wegen der OWi, derentwegen er nur verurteilt wurde, nicht verteidigt, so werden der Staatskasse idR seine gesamten notwendigen Auslagen auferlegt (OLG Stuttgart Justiz 1987, 160; LG Bremen MDR 1964, 422; AG Mannheim AnwBl 1985, 164; erg. → Rn. 7). Weitere Einzelfälle bei Löwe/Rosenberg/Hilger Rn. 42. Zur Festsetzung nach Bruchteilen in dem Verf. nach § 464b vgl. → § 464b Rn. 1.

Bei nur **teilweiser Eröffnung des Hauptverfahrens** u. bei Teileinstellung des Verf. gelten diese Grundsätze entspr. 10

D. Nichterhebung von Verfahrenskosten. Die Nichterhebung von Verfahrenskosten, die bei richtiger Behandlung der Sache (aus der damaligen Sicht) nicht entstanden wäre, kann nach § 21 Abs. 1 S. 1 GKG in der Kostenentscheidung o. im Kostenansatzverfahren (Tolksdorf DAR 1999, 208 – BGH RsprÜ; OLG Celle Nds. Rpfl. 1981, 239; OLG Düsseldorf VRS 80, 40; **aM** OLG Koblenz JurBüro 1992, 111: nur im Kostenansatzverfahren) angeordnet werden; überlässt das Gericht die Anordnung dem Kostenansatzverfahren, ist dagegen keine Beschwerde zulässig (BGH StraFo 2008, 48; OLG Düsseldorf VRS 80, 40). Die Anordnung setzt voraus, dass das Gericht gegen eindeutige ges. Vorschr. verstoßen hat u. das offen zutage tritt o. dass ein offensichtliches Versehen vorliegt (BGH GA 1960, 314; LG Osnabrück NStZ-RR 1996, 192), aber nicht schon bei jedem Verfahrensverstoß (OLG Zweibrücken wistra 2000, 400: offensichtlich unrichtige Rechtsmittelbelehrung), sondern nur bei schweren Verfahrensfehlern (OLG Düsseldorf JurBüro 1996, 655), insbes. wenn grobe Verfahrensfehler zur Aufhebung u. Zurückverweisung nach § 354 Abs. 2 geführt haben, zB bei Verweigerung des rechtlichen Gehörs (OLG Köln NJW 1979, 1834) o. bei unrichtiger Gerichtsbesetzung (BGH NStZ 1989, 191; NStZ 2005, 394; Kusch NStZ-RR 2001, 135 – BGH RsprÜ) o. Anklage beim unzuständigen Gericht (BGH BeckRS 2001, 30199363). Die notwendigen Auslagen des Angeklagten fallen nicht unter § 21 Abs. 1 S. 1 GKG; das Gericht darf sie nicht aus Billigkeitsgründen der Staatskasse auferlegen (BGH NStZ 2000, 499; OLG Koblenz NStZ 1989, 46). Gegen die Nichtfreistellung v. vermeidbaren Kosten in der Kostenentscheidung kann keine sofortige Beschwerde nach § 464 Abs. 3 erhoben werden (OLG Düsseldorf VRS 80, 40). Eine gleichwohl eingelegte Beschwerde ist idR in einen Antrag nach §§ 21, 66 GKG umzudeuten (D. Meyer JurBüro 1991, 175). 11

E. Tod des Verurteilten vor Rechtskraft (Abs. 3). Bei Tod des Verurteilten vor Rechtskraft (Abs. 3) ist das Verf. einzustellen (→ § 206a Rn. 8), auch wenn es nur noch in einem Nebenpunkt anhängig ist (BayObLG NJW 1957, 1448: Einziehungsanordnung; OLG Köln JMBl. NRW. 1960, 248: Strafaussetzungsentscheidung). Zur Kostenentscheidung vgl. → § 464 Rn. 14. Stirbt der Verurteilte erst nach Rechtskraft der Entsch., so haftet der Nachlass (KMR-StPO/Stöckel Rn. 18). 12

Haftung Mitverurteilter für Auslagen als Gesamtschuldner

466 [1]**Mitangeklagte, gegen die in bezug auf dieselbe Tat auf Strafe erkannt oder eine Maßregel der Besserung und Sicherung angeordnet wird, haften für die Auslagen als Gesamtschuldner.** [2]**Dies gilt nicht für die durch die Tätigkeit eines bestellten Verteidigers oder eines Dolmetschers und die durch die Vollstreckung, die einstweilige Unterbringung oder die Untersuchungshaft entstandenen Kosten sowie für Auslagen, die durch Untersuchungshandlungen, die ausschließlich gegen einen Mitangeklagten gerichtet waren, entstanden sind.**

1 **A. Gesamtschuldnerische Haftung.** Die gesamtschuldnerische Haftung mehrerer Angeklagter **(S. 1)** setzt eine Verurteilung iSd § 465 Abs. 1 wegen derselben Tat (→ § 264 Rn. 2 ff.; OLG Karlsruhe StV 2006, 34 Ls. = Justiz 2006, 13) in einem gemeinsamen Verf. (OLG Koblenz NStZ-RR 2002, 160) voraus, nicht aber im selben Urt. (Löwe/Rosenberg/Hilger Rn. 4) o. im selben Rechtszug (LG Amberg NJW 1952, 398). Erforderlich ist eine Mitwirkung, nicht unbedingt als Täter o. Teilnehmer, in der gleichen Richtung (KG JR 1967, 431; OLG Celle NJW 1960, 2305; erg. → § 60 Rn. 15), einschl. Begünstigung, Strafvereitelung (**aM** OLG Celle NJW 1960, 2305) u. Hehlerei (OLG Stuttgart Justiz 1972, 19). Dieselbe Tat liegt zB vor bei Beteiligung mehrerer an einer Schlägerei, bei Bestechlichkeit u. Bestechung (KMR-StPO/Stöckel Rn. 5) u. bei fahrlässiger Nebentäterschaft (BayObLGSt 1960, 9; Löwe/Rosenberg/Hilger Rn. 8; SK-StPO/Degener Rn. 3); nicht aber bei Körperverletzung u. unterlassener Hilfeleistung (OLG Hamm NJW 1961, 1833), Meineid u. Prozessbetrug (OLG Celle MDR 1970, 1030). Auf den Umf. der Beteiligung kommt es nicht an.

2 Nur **für die Auslagen der Staatskasse** (§ 464a Abs. 1) im 1. Rechtszug (Löwe/Rosenberg/Hilger Rn. 1), nicht für die Gerichtsgebühren, gilt die gesamtschuldnerische Haftung. Ein bes. Ausspruch darüber in der Kostenentscheidung ist überflüssig (BGH 23.10.1984 – 5 StR 663/84), aber nicht unzulässig (BayObLG Rpfleger 1960, 306). Ob u. in welchem Umf. der Kostenbeamte die Auslagen v. dem einen o. anderen Verurteilten einfordert, steht nach § 8 Abs. 3 KostVfg in seinem pflichtgemäßen Ermessen (dazu KG JR 1967, 431; KK-StPO/Gieg Rn. 3). Der Ausgleichsanspruch nach § 426 BGB kann nicht im Kostenfestsetzungsverfahren festgestellt, sondern muss im Zivilprozess ausgetragen werden (OLG Koblenz Rpfleger 1990, 36).

3 **B. Ausnahmen (S. 2).** Für die Pflichtverteidigervergütung besteht keine Mithaft. Dolmetscherkosten werden ohnehin nicht berechnet (→ § 464a Rn. 1; vgl. aber § 464c). Ausgenommen sind ferner Haft- u. Vollstreckungskosten. Ausschließlich gegen einen Mitangeklagten gerichtete Untersuchungshandlungen sind zB die allein wegen dessen Einlassung erforderlichen Beweiserhebungen (Bode NJW 1969, 214), die Unterbringung nach § 81 oder § 73 **JGG** (OLG Nürnberg OLGSt StPO § 466 S. 1) u. Untersuchungen nach § 81a. Im Urt. braucht die Befreiung v. der Mithaft nicht ausgesprochen zu werden; sie wird erst im Kostenansatzverfahren (→ § 464b Rn. 1) berücksichtigt (Pfeiffer/Miebach NStZ 1986, 210 – BGH RsprÜ; OLG Karlsruhe MDR 1990, 464). Wird bei nach § 103 **JGG** verbundenen Verf. gem. § 74 **JGG** v. der Auferlegung v. Kosten abgesehen, haftet der Erwachsene nur für den auf ihn entfallenden Anteil nach Kopfteilen (OLG Koblenz NStZ-RR 1999, 160).

Kosten und notwendige Auslagen bei Freispruch, Nichteröffnung und Einstellung

467 (1) **Soweit der Angeschuldigte freigesprochen, die Eröffnung des Hauptverfahrens gegen ihn abgelehnt oder das Verfahren gegen ihn eingestellt wird, fallen die Auslagen der Staatskasse und die notwendigen Auslagen des Angeschuldigten der Staatskasse zur Last.**

(2) [1]**Die Kosten des Verfahrens, die der Angeschuldigte durch eine schuldhafte Säumnis verursacht hat, werden ihm auferlegt.** [2]**Die ihm insoweit entstandenen Auslagen werden der Staatskasse nicht auferlegt.**

(3) [1]**Die notwendigen Auslagen des Angeschuldigten werden der Staatskasse nicht auferlegt, wenn der Angeschuldigte die Erhebung der öffentlichen Klage dadurch veranlaßt hat, daß er in einer Selbstanzeige vorgetäuscht hat, die ihm zur Last gelegte Tat begangen zu haben.** [2]**Das Gericht kann davon absehen, die notwendigen Auslagen des Angeschuldigten der Staatskasse aufzuerlegen, wenn er**

1. **die Erhebung der öffentlichen Klage dadurch veranlaßt hat, daß er sich selbst in wesentlichen Punkten wahrheitswidrig oder im Widerspruch zu seinen späteren Erklärungen belastet oder wesentliche entlastende Umstände verschwiegen hat, obwohl er sich zur Beschuldigung geäußert hat, oder**
2. **wegen einer Straftat nur deshalb nicht verurteilt wird, weil ein Verfahrenshindernis besteht.**

(4) **Stellt das Gericht das Verfahren nach einer Vorschrift ein, die dies nach seinem Ermessen zuläßt, so kann es davon absehen, die notwendigen Auslagen des Angeschuldigten der Staatskasse aufzuerlegen.**

(5) **Die notwendigen Auslagen des Angeschuldigten werden der Staatskasse nicht auferlegt, wenn das Verfahren nach vorangegangener vorläufiger Einstellung (§ 153a) endgültig eingestellt wird.**

Übersicht

A. Grundsatz (Abs. 1). Der Angeschuldigte, gegen den das Verf. ohne Verurteilung abgeschlossen wird, gilt ohne Rücksicht auf die Stärke des verbleibenden Tatverdachts als unschuldig (Art. 6 Abs. 2 **EMRK**). Hieraus zieht Abs. 1 die kostenrechtlichen Folgerungen. Die Auslagen der Staatskasse (→ § 464a Rn. 1 ff.) u. die notwendigen Auslagen des Angeschuldigten (→ § 464a Rn. 5 ff.), auch für erfolglose Beschwerden im Zwischenverfahren (OLG Hamm StraFo 2009, 261; **aM** Huber NStZ 1985, 18), fallen der Staatskasse zur Last, u. zwar der des Landes, dem das Gericht 1. Instanz zugehört, auch im Fall des § 120 Abs. 6 GVG. Diese Kosten- u. Auslagenregelung, die in der verfahrensabschl. Entsch. ausdr. ausgesprochen werden muss (→ Rn. 20), gilt beim Freispruch ohne gleichzeitige Anordnung einer Sicherungsmaßregel (vgl. § 465 Abs. 1 S. 1), bei der Ablehnung der Eröffnung des Hauptverfahrens (§ 204) u. bei der endg. Verfahrenseinstellung (→ § 464 Rn. 6, 11, auch im Fall des Todes des Angeklagten, s. BGH NStZ-RR 2014, 160), auch wenn die StA die Klage nach Behebung des Verfahrenshindernisses erneut o. bei einem anderen Gericht erheben kann (OLG Hamm JMBl. NRW. 1962, 166). Dem Freispruch steht die Ablehnung des Antrags im Sicherungsverfahren nach § 414 Abs. 2 S. 4 gleich (BGH NJW 1970, 1242; → § 414 Rn. 6). Der Auslagenerstattungsanspruch gegen die Staatskasse wird in dem Verf. nach § 464b durchgesetzt. 1

2 Die **Kostentragungspflicht eines Dritten** nach §§ 51, 70, 77 Abs. 1, 81c Abs. 6, 138c Abs. 6, 145 Abs. 4, 161a Abs. 2, 177, 469 Abs. 1, 470, 472a, 472b, § 56 GVG ist bei der Entsch. nach Abs. 1 nicht zu berücksichtigen (Foth NJW 1973, 887, erg. → § 469 Rn. 7; → § 470 Rn. 4). Der Erstattungsberechtigte braucht sich auch nicht darauf verweisen zu lassen, sich zunächst (über § 464b) an den Dritten zu halten (LG Aachen NJW 1971, 576; LG Dortmund JVBl 1972, 941; LG Münster NJW 1974, 1342; str.). Die Staatskasse kann dann aber im Verf. nach § 464b Regress nehmen (D. Meyer JurBüro 1989, 1633).

3 **B. Zwingende Ausnahmen (Abs. 2, Abs. 3 S. 1, Abs. 5).** Die ihnen zugrunde liegenden Tatsachen werden im **Freibeweis** (→ § 244 Rn. 7, 9) festgestellt.

4 **I. Schuldhafte Säumnis (Abs. 2).** Gemeint ist die schuldhafte (BVerfG NStE StPO § 467 Nr. 4) Versäumung eines Termins o. einer Frist (OLG Stuttgart NJW 1974, 512; Koch GA 1964, 174), nicht die verspätete Vorlegung v. Beweisen (OLG Karlsruhe NJW 1961, 1128) o. andere Fälle schuldhafter Verzögerung (OLG Stuttgart Justiz 1987, 116); bei Einstellung des Verf. wegen Verjährung gilt nur Abs. 3 S. 2 Nr. 2, nicht etwa Abs. 2 S. 2 analog (BVerfG NStZ 1993, 195). Die Säumnis kann auch vorwerfbar sein, wenn der Angeschuldigte einen Entschuldigungsgrund nicht rechtzeitig vorgebracht hat, obwohl das möglich u. zumutbar war (OLG Stuttgart NJW 1974, 512; Löwe/Rosenberg/Hilger Rn. 24). Die Kostenfolge des Abs. 2 ist zwingend, gilt aber nur bei ausdr. Anordnung in dem verfahrensabschl. Urt. o. Beschl. (→ Rn. 20).

5 **II. Unrichtige Selbstanzeige (Abs. 3 S. 1).** Eine förmliche Anzeige iSd § 158 oder eine Straftat nach § 145d StGB braucht nicht vorzuliegen (OLG Jena NStZ-RR 2011, 327). Es genügt, dass der Beschuldigte die öffentl. Klage gegen sich durch irgendeine Selbstbezichtigung ggü. einer Strafverfolgungsbehörde o. einer zur Anzeige verpflichteten Behörde, nicht ggü. anderen Behörden o. Privatpersonen (Löwe/Rosenberg/Hilger Rn. 29), veranlasst (→ Rn. 8) hat, zB einer Vernehmung als Beschuldigter o. Zeuge. Warum er seine Täterschaft vorgetäuscht hat, ist gleichgültig. Die Unwahrheit muss zur Überzeugung des Gerichts feststehen (OLG Jena NStZ-RR 2011, 327). In der verfahrensabschl. Entsch. ist auszusprechen, dass die Staatskasse die Verfahrenskosten, nicht aber die notwendigen Auslagen des Angeschuldigten trägt (→ Rn. 20).

6 **III. Endgültige Einstellung nach § 153a (Abs. 5).** Vgl. → § 153a Rn. 55.

7 **C. Ausnahmen nach gerichtlichem Ermessen (Abs. 3 S. 2, Abs. 4). I. Wahrheitswidrige Selbstbelastung und Verschweigen entlastender Umstände (Abs. 3 S. 2 Nr. 1).** Wahrheitswidrige Selbstbelastung und Verschweigen entlastender Umstände (Abs. 3 S. 2 Nr. 1) rechtfertigen die Abweichung v. der Regel des Abs. 1, auch wenn der Beschuldigte sich nicht bei einer förmlichen, sondern nur bei einer informatorischen Vernehmung (**aM** Löwe/Rosenberg/Hilger Rn. 42; offengelassen v. BGH NStZ-RR 2003, 103) o. in einer schriftlichen Erklärung, aber nicht nur bei einer Vernehmung als Zeuge (OLG Oldenburg NStZ 1992, 245; zust. D. Meyer JurBüro 1992, 518), so verhalten hat. Die Staatskasse darf v. den notwendigen Auslagen des Angeschuldigten aber nur entlastet werden, wenn er die Klageerhebung veranlasst, dh durch sein Verhalten mind. mitverursacht hat (OLG Braunschweig NJW 1973, 158; OLG Nürnberg MDR 1970, 69). Daran fehlt es, wenn der Strafverfolgungsbehörde, etwa durch die Aussage eines anderen Bet., die Wahrheit bekannt war (LG Duisburg AnwBl 1974, 228; Löwe/Rosenberg/Hilger Rn. 37). Zum Fall des Widerrufs vgl. → Rn. 12.

8 Der Angeschuldigte muss ferner **schuldhaft** gehandelt haben. Das bedeutet nicht, dass er sich der ursächlichen Wirkung seines Verhaltens bewusst gewesen sein u. sie mind. billigend in Kauf genommen haben muss (so aber OLG Braunschweig NJW 1973, 158). Vielmehr handelt auch schuldhaft, wer die Bedeutung u. Wirkung seines Verhaltens fahrlässig verkennt (Löwe/Rosenberg/Hilger Rn. 35; **aM** SK-StPO/Degener Rn. 17; vgl. auch § 6 Abs. 1 Nr. 1 **StrEG,** → StrEG § 6 Rn. 2).

Die **Ermessensentscheidung des Gerichts,** deren tatsächliche Grundlagen im Freibeweis (→ § 244 Rn. 7, 9) festgestellt werden (→ Rn. 3), hängt allg. davon ab, ob der Beschuldigte die Klageerhebung missbräuchlich o. sonst in unlauterer Weise, ohne vernünftigen o. billigenswerten Grund, veranlasst hat (OLG Düsseldorf VRS 64, 450; OLG Nürnberg MDR 1970, 69; Löwe/Rosenberg/Hilger Rn. 48). Davon kann mangels Vorliegens bes. entschuldigender Umstände ausgegangen werden (OLG Frankfurt a. M. NJW 1972, 784). 9

1. Die **wahrheitswidrige Selbstbelastung** unterscheidet sich v. der unwahren Selbstanzeige nach Abs. 3 S. 1 dadurch, dass bereits Verdachtsgründe vorlagen (OLG Oldenburg VRS 67, 125; KK-StPO/Gieg Rn. 7), die der Beschuldigte aber durch die Selbstbelastung in einem wesentlichen, dh für die Entschließung der StA entscheidenden, Punkt so verstärkt hat, dass dadurch die Anklageerhebung (mit-) verursacht worden ist. Eine Täuschungsabsicht ist nicht erforderlich (Löwe/Rosenberg/Hilger Rn. 39). Die Entlastung der Staatskasse v. den notwendigen Auslagen des Beschuldigten wird die Regel sein. 10

Die **entsprechende Anwendung** auf den Fall, dass sich der Angeschuldigte im 1. Rechtszug wahrheitswidrig belastet hat u. erst im 2. Rechtszug aufgrund seiner geänd. Einlassung freigesprochen wird, ist nach dem Grundsatz, dass Ausnahmebestimmungen nicht erweiternd ausgelegt werden dürfen (→ Einl. Rn. 199), nicht zulässig (OLG Brandenburg NStZ-RR 2010, 95; OLG Koblenz MDR 1982, 252; Löwe/Rosenberg/Hilger Rn. 37, 48; SK-StPO/Degener Rn. 15; **aM** OLG Düsseldorf NStZ 1992, 557; OLG München NStZ 1984, 185; Lorenzen/Görl SchlHA 1990, 129 – OLG Schleswig RsprÜ; OLG Stuttgart Justiz 1987, 116; vgl. auch VerfGH Bayern NStE StPO § 467 Nr. 12). Das gilt auch für den Fall, dass der Angeklagte sich im Ermittlungsverfahren nicht um Vorlage v. Entlastungsmaterial bemüht hat (OLG Düsseldorf StV 1984, 108), dass er den Entlastungszeugen, dessen Aussage zum Freispruch führt, erst im Berufungsrechtszug benannt hat (**aM** OLG Koblenz VRS 65, 49; vgl. auch OLG Hamm MDR 1981, 423; D. Meyer MDR 1973, 468) o. dass er nach Selbstbelastung im Ermittlungsverfahren aufgrund seiner geänd. Einlassung freigesprochen wird u. die StA gegen das freisprechende Urt. erfolglos ein Rechtsmittel einlegt (BayObLG MDR 1971, 322). Ergänzend → § 473 Rn. 2. 11

2. Selbstbelastung im Widerspruch zu späteren Erklärungen: Ob die Selbstbelastung o. die spätere Erkl. wahr u. wann der Widerruf erfolgt ist, spielt keine Rolle (Löwe/Rosenberg/Hilger Rn. 40; **aM** SK-StPO/Degener Rn. 20). Die Klageerhebung ist trotz des Widerrufs veranlasst, wenn er nicht geeignet war, den durch die frühere Erkl. entstandenen Tatverdacht auszuräumen (OLG Jena NStZ-RR 2011, 327), nicht aber, wenn das falsche Geständnis noch vor der Anklageerhebung unter Nennung des wahren Täters widerrufen wird (OLG Koblenz VRS 45, 374; vgl. auch OLG Nürnberg MDR 1970, 69). 12

3. Verschweigen wesentlicher Umstände: Die Bestimmung setzt voraus, dass der Beschuldigte sich zur Sache eingelassen hat (→ § 261 Rn. 15 ff.). Schweigt er bis zur Erhebung der öffentl. Klage, so hat er sie nicht iSd Abs. 3 S. 2 Nr. 1 veranlasst, u. es gilt Abs. 1. Eine entspr. Anwendung der Ausnahmevorschrift auf den Fall, dass der bis dahin schweigende Angeklagte erst im gerichtlichen Verf. entlastende Umstände vorbringt, ist ausgeschlossen (OLG Koblenz MDR 1982, 252; LG Braunschweig AnwBl 1979, 41; LG Flensburg JurBüro 1984, 1860; LG Krefeld Rpfleger 1984, 331; LG Würzburg MDR 1981, 958; Löwe/Rosenberg/Hilger Rn. 41, 47; **aM** OLG München NStZ 1984, 185; LG Flensburg JurBüro 1983, 1217; LG Heidelberg Justiz 1976, 267; vgl. auch BVerfG NJW 1982, 275 u. dazu D. Meyer DAR 1982, 277). Die Vorschr. erfasst auch nicht den Fall, dass der Angeklagte entlastendes Beweismaterial nicht vorlegt (OLG Düsseldorf VRS 64, 450). 13

Wesentliche Umstände sind zB das Alibi u. die notwehrbegründenden Tatsachen, bei den Straftaten nach §§ 315c, 316 StGB der Nachtrunk (KG VRS 44, 122; OLG Frankfurt a. M. NJW 1978, 1017), beim Betrug die Aufklärung des angeblichen Tatopfers über die schlechten Vermögensverhältnisse des Angeschuldigten 14

(OLG Saarbrücken NJW 1975, 292). Wesentlich ist insbes. die Tatsache, dass ein anderer die Tat begangen hat (Löwe/Rosenberg/Hilger Rn. 43); kein „Umstand" ist aber dessen Name (Götz MDR 1977, 1042; **aM** LG Aachen MDR 1992, 288 mwN; vgl. aber → Rn. 15). Das Verschweigen bloßer Vermutungen u. Möglichkeiten zählt nicht (LG Dortmund AnwBl 1972, 94). Abs. 3 S. 2 Nr. 1 ist nicht anwendbar, wenn sich der Beschuldigte bei seiner Vernehmung des entlastenden Umstandes überhaupt nicht bewusst war (OLG Stuttgart MDR 1984, 427 zu § 6 Abs. 1 Nr. 1 **StrEG**).

15 Die **Ermessensausübung** hängt davon ab, ob der Beschuldigte vernünftige u. billigenswerte Gründe für sein Verschweigen hatte (OLG Hamm MDR 1977, 1042). Das ist zB der Fall, wenn er seine der Umwelt bisher unbekannte Geisteskrankheit aus menschlich verständlichen Gründen o. wenn er einen entlastenden Umstand verschwiegen hat, um die Strafverfolgung eines nahen Angehörigen (LG Münster AnwBl 1974, 227; Löwe/Rosenberg/Hilger Rn. 48), nicht anderer Personen (LG Münster AnwBl 1974, 227; **aM** OLG Düsseldorf JurBüro 1983, 1849; OLG Hamm MDR 1977, 1042 mkritAnm Götz; Ernesti/Lorenzen SchlHA 1982, 105 – OLG Schleswig RsprÜ; OLG Stuttgart Justiz 1987, 116) zu verhindern.

16 **II. Einstellung wegen eines Verfahrenshindernisses (Abs. 3 S. 2 Nr. 2).** Im Gegensatz zu Abs. 2, Abs. 3 S. 1 und Abs. 3 S. 2 Nr. 1 knüpft die Vorschr. nicht an ein vorwerfbares Verhalten des Angeklagten an, sondern an die **Prognose,** dass der Angeklagte wegen einer Straftat nur deshalb nicht verurteilt wird, weil ein Verfahrenshindernis besteht (OLG Frankfurt a. M. NStZ-RR 2015, 294; OLG Celle NStZ-RR 2015, 30). Erfasst wird hiervon zunächst der Fall, dass wegen eines Verfahrenshindernisses nicht verurteilt werden kann, obwohl die Schuld gerichtlich festgestellt ist (vgl. BGHSt 29, 168 (171); OLG Hamm NJW 1986, 734; OLG Zweibrücken NStZ 1987, 425). Bleibt die Schuld zw., so gilt Abs. 1 (BayObLGSt 1969, 133). Grundsätzlich ist eine Schuldfeststellung nur in der HV möglich. Bei Verfahrenseinstellungen vor o. außerhalb der HV (zB nach § 206a) kann nach der Rspr. v. einer Auslagenerstattung (BVerfG NJW 1992, 1612 (1613)) – abgesehen werden, wenn ein erheblicher (BGH NStZ 2000, 330; KG StraFo 2012, 289; OLG Jena NStZ-RR 2007, 254) o. hinreichender Tatverdacht fortbesteht (OLG Celle StraFo 2013, 526; OLG Frankfurt a. M. NStR-RR 2002, 246; OLG Hamm NStZ-RR 2010, 224; OLG Karlsruhe NStZ-RR 2003, 286; OLG Köln NStZ-RR 2010, 392; vgl. auch OLG München NStZ 1989, 134; **aM** OLG Düsseldorf OLGSt Nr. 9; LG Düsseldorf StraFo 2009, 396: nur zu versagen, wenn bei Hinwegdenken des Verfahrenshindernisses Verurteilung mit Sicherheit wegen Schuldspruchreife zu erwarten gewesen wäre).

16a Dies darf aber **nicht schematisch,** sondern nur nach erkennbarer Ausübung des eingeräumten Ermessens geschehen (BVerfG NStZ-RR 2016, 159; erg. → Rn. 18). So kann etwa berücksichtigt werden, dass das Verfahrenshindernis bereits vor Anklageerhebung bestand u. auch erkennbar war (vgl. BGH NStZ-RR 2017, 211). Es dürfen iÜ keine Umstände vorliegen, die bei weiterer HV eine Konkretisierung des Tatverdachts bis zur Feststellung der Schuld in Frage stellen (OLG Celle StraFo 2014, 438 mN). Strafrechtliche Schuldzuweisung darf insoweit aber nicht erfolgen (BVerfG NStZ-RR 2016, 159; BGH NStZ-RR 2017, 211; erg. → Rn. 19). Diese Grundsätze gelten auch bei Ablehnung der Eröffnung des Hauptverfahrens wegen eines Verfahrenshindernisses (BVerfG NJW 1992, 1611; OLG Hamm wistra 2006, 359). Bei **Einstellung durch das Berufungs-** (OLG Stuttgart Justiz 2008, 372) o. **Revisionsgericht** kommt es darauf an, ob die Verurteilung beim Hinwegdenken des Verfahrenshindernisses sicher erscheint (BayObLGSt 1969, 133; OLG Hamburg MDR 1969, 945; 1972, 344; vgl. auch OLG Celle wistra 2011, 239: Tod des Angeklagten nach nrkr Freispruch sowie BGH BeckRS 2018, 4222); dies ist schon dann der Fall, wenn der Schuldspruch bei ungestörtem Fortgang des Revisionsverfahrens in Rechtskraft erwachsen wäre (BGH NStZ-RR 2018, 294; 3.5.2023 – 6 StR 42/23 mwN). Ein Verstoß gegen Art. 6 Abs. 2 **EMRK** ist bei dieser Auslegung ausgeschlossen (erg. → Rn. 19,

→ EMRK Art. 6 Rn. 12). Im Übrigen ist es beim Tod des zuvor verurteilten Angeklagten im Revisionsverfahren regelmäßig unbillig, der Staatskasse die notwendigen Auslagen aufzuerlegen (BGH NStZ-RR 2014, 160).

17 Auf die **Einstellung nach § 206b** oder sonst bei Freispruch wegen einer Gesetzesänderung ist die Vorschr. nicht anwendbar (LG Koblenz NStZ-RR 2008, 128 mwN), auch nicht im Sicherungsverfahren nach § 413 (BGH NStZ-RR 2021, 64) o. im Bußgeldverfahren. Sie gilt aber, wenn bei Tateinheit nur deshalb freigesprochen werden muss (vgl. → § 260 Rn. 46), weil der schwerere Vorwurf nicht erwiesen ist u. der Verurteilung wegen des leichteren ein Verfahrenshindernis entgegensteht (OLG Karlsruhe NStZ 1981, 228; OLG Köln MDR 1970, 610; Löwe/Rosenberg/Hilger Rn. 55). Die Belastung der Staatskasse mit den notwendigen Auslagen des Angeklagten ist gerechtfertigt, wenn anzunehmen ist, dass er einen Bußgeldbescheid wegen der (nun verjährten) OWi hingenommen hätte (OLG Celle VRS 48, 115; erg. → § 465 Rn. 7).

18 Die **Ermessensentscheidung** ist zu begründen; dabei muss sich das Gericht des Ausnahmecharakters der Norm bewusst sein (vgl. BVerfG NStZ-RR 2016, 159). Sie hängt in 1. Hinsicht davon ab, ob das Verfahrenshindernis vor o. nach Klageerhebung eingetreten ist. Im zuerst genannten Fall hat idR die Staatskasse die notwendigen Auslagen des Angeschuldigten zu tragen (KG StV 1991, 479; OLG Celle StraFo 2013, 526; OLG Karlsruhe NStZ 1981, 228), auch wenn das Hindernis erst nach einer Beweisaufnahme in der HV erkennbar wird (**aM** OLG Frankfurt a. M. NJW 1971, 818; Löwe/Rosenberg/Hilger Rn. 57); auf ein prozessual vorwerfbares Verhalten des Angeklagten kommt es nicht an (OLG Celle StraFo 2014, 438). Stellt sich erst nach langwieriger Aufklärung des Tatgeschehens heraus, dass die nachweisbare Tat verjährt ist, werden die notwendigen Auslagen des Angeschuldigten aber nicht der Staatskasse auferlegt (BGH NJW 1995, 1297 (1301)). Ist das Verfahrenshindernis erst im Lauf des Verf. eingetreten, so werden vielfach der Staatskasse die dem Angeschuldigten seit der Entstehung des Hindernisses entstandenen notwendigen Auslagen überbürdet (OLG Celle NJW 1973, 1987; OLG Hamburg MDR 1975, 165; OLG Saarbrücken MDR 1972, 442; vgl. auch OLG München MDR StV 1988, 71 für den Fall des Fehlens des Eröffnungsbeschlusses u. LG Hagen StraFo 2010, 307 für den Fall des Strafklageverbrauchs bei doppelter Rechtshängigkeit); auch eine Quotelung ist möglich (vgl. BGH BeckRS 2018, 29650). Es müssen jedoch immer Gründe hinzutreten, die eine andere Regelung unbillig erscheinen lassen (OLG Düsseldorf MDR 1990, 359; OLG Köln StraFo 1997, 18; OLG Celle NJW 1973, 1987), zB die Herbeiführung des Verfahrenshindernisses durch den Angeschuldigten (LG Frankfurt a. M. NJW 1971, 952; LG Koblenz NStZ 1983, 235; Liemersdorf/Miebach NJW 1980, 375) o. sonstiges strafprozessual vorwerfbares Verhalten (OLG Köln StraFo 2003, 105), zB das Unterlassen eines Hinweises auf ein wegen derselben Tat bereits ergangenes Urt. (OLG Düsseldorf JurBüro 1986, 1535; vgl. auch BVerfG NStZ-RR 1996, 45), nicht aber bei einem Beschuldigten, der wegen eines überdauernden Zustandes schuldunfähig ist (BGH NStZ-RR 2016, 263). Bei Beachtung dieser Grundsätze ist Abs. 3 S. 2 Nr. 2 nur in seltenen Ausnahmefällen anwendbar, das entspr. dem Willen des Gesetzgebers.

19 **III. Einstellung nach Ermessen.** Einstellung nach Ermessen (Abs. 4; → § 153 Rn. 29; → § 153b Rn. 3; → § 153e Rn. 8; → § 154 Rn. 18; → § 154b Rn. 5; → § 383 Rn. 11). Auch hier gilt als Grundsatz die Regelung in Abs. 1 (J. M. Schmid JR 1979, 223: für alle „durchschnittlichen" Fälle). Abs. 4 sieht aber eine andere Entscheidungsmöglichkeit vor. Nach übereinstimmender Auff. des EGMR (NJW 1988, 3257), des BVerfG (BVerfGE 82, 106 = NStZ 1990, 598; JMBl. NRW. 1992, 78; ähnlich OLG Frankfurt a. M. NJW 1980, 2031) u. des BGH (NStZ 2000, 330) darf hierbei auf die Stärke des Tatverdachts abgestellt werden (ebenso SaarlVerfGH NJW 2014, 1229; **aM** Eisenberg StV 2020, 656 (657); Liemersdorf/Miebach NJW 1980, 374); die Unschuldsvermutung (Art. 6 Abs. 2 **EMRK;** → EMRK Art. 6 Rn. 12) ist nach dieser Rspr. nur dann verletzt,

wenn das Gericht dem Angeschuldigten über Verdachtserwägungen hinaus strafrechtliche Schuld zuweist, ohne dass diese prozessordnungsgemäß festgestellt wurde (BVerfGE 82, 106; BVerfG NStZ 1992, 238; vgl. auch BVerfG StV 2008, 368, wo aber anscheinend die Sonderregelung in Abs. 5 übersehen wurde). Ist das nicht der Fall, hat somit jegliche Erwägung, der Angeschuldigte sei „wahrscheinlich schuldig" oÄ zu unterbleiben. Der Staatskasse sind die Auslagen aufzuerlegen, wenn der bei der Einstellung noch vorhandene Verdacht sich auf eine Straftat bezieht, die sehr viel leichter wiegt als der Vorwurf, zu dessen Entkräftung dem Angeschuldigten die Auslagen entstanden sind (vgl. OLG Frankfurt a. M. NJW 1980, 2031 (2032); AG Backnang NStZ-RR 2013, 127). Hat sich der Angeschuldigte zur Tragung seiner Auslagen bereit erklärt, so kommt eine Belastung der Staatskasse nicht in Betracht (OLG Frankfurt a. M. Rpfleger 1973, 143; Löwe/Rosenberg/Hilger Rn. 66; Göhler/Bauer OWiG § 47 Rn. 51). Eine Aufteilung nach Instanzen (zB bei Einstellung in der Revisionsinstanz) ist möglich (BGH NStZ 1991, 47 (48)).

20 **D. Ausdrücklicher Ausspruch.** Ausdrücklich ausgesprochen werden muss die Kosten- u. Auslagenfolge im Fall des Abs. 1 in der verfahrensabschl. Entsch. (§ 464 Abs. 1, Abs. 2; → § 464 Rn. 20). Werden der Staatskasse nur die Verfahrenskosten auferlegt, so darf das, auch wenn es sich zweifelsfrei um einen Fall des Abs. 1 handelt, nicht dahin ausgelegt werden, dass auch die notwendigen Auslagen des Angeschuldigten gemeint sind (KG NStZ-RR 2004, 190; OLG Düsseldorf MDR 1986, 76; OLG Hamm NJW 1974, 71; OLG Karlsruhe MDR 1976, 513; LG Koblenz NStZ-RR 2003, 191; Löwe/Rosenberg/Hilger § 464 Rn. 26; **aM** OLG Naumburg NStZ-RR 2001, 189; LG Krefeld NJW 1976, 1548). Das gilt insbes., wenn der Angeklagte „auf Kosten der Landeskasse" freigesprochen wird (**aM** OLG Düsseldorf Rpfleger 1994, 315; OLG Köln JurBüro 1985, 1206; OLG Oldenburg NStZ-RR 2011, 390; LG Limburg JurBüro 1985, 1511; LG Zweibrücken JurBüro 1993, 238 lässt Gegenvorstellungen entspr. § 33a zu). Hat das Gericht andererseits die notwendigen Auslagen der Staatskasse auferlegt, ohne eine einschr. Bestimmung zu treffen, so steht fest, dass kein Teil seiner Auslagen dem Angeschuldigten zur Last fällt (OLG Zweibrücken Rpfleger 1979, 344; LG Krefeld Rpfleger 1975, 320). Das gilt insbes. für Abs. 2 (OLG Zweibrücken Rpfleger 1979, 344; LG Wuppertal JurBüro 1984, 1059; KK-StPO/Gieg Rn. 4; **aM** LG Flensburg JurBüro 1985, 1050 mzustAnm D. Meyer; LG Trier Rpfleger 1977, 106; LG Wuppertal JurBüro 1979, 1184) u. für Abs. 3 S. 2 Nr. 1 (LG Hamburg AnwBl 1974, 89; LG Münster AnwBl 1974, 227; **aM** LG Frankenthal MDR 1979, 165; LG Siegen Rpfleger 1973, 177; LG Würzburg JurBüro 1974, 889, die eine Korrektur der Entsch. im Festsetzungsverfahren in der Weise für zulässig halten, dass die Notwendigkeit v. Auslagen verneint wird, die bei Nichtverschweigen wesentlicher Umstände nicht entstanden wären). Die Entsch. nach Abs. 2–4 ist zu begründen, wenn sie anfechtbar ist (§ 34); so muss dargelegt werden, warum nach Abs. 3 davon abgesehen wird, die Auslagen der Staatskasse aufzuerlegen (OLG Stuttgart NStZ-RR 2003, 60). Bei Abs. 5 genügt idR der Gesetzeswortlaut (vgl. aber → § 153a Rn. 55).

21 **E. Verteilung der Auslagen.** Die Ermächtigung, alle notwendigen Auslagen des Angeschuldigten ihm o. der Staatskasse aufzuerlegen, schließt grds. die Befugnis zur Aufteilung ein (OLG Hamburg NJW 1971, 292; OLG Hamm NJW 1970, 2128; OLG Nürnberg NJW 1972, 67). Das gilt insbes. im Fall des Abs. 4 (Naucke NJW 1970, 84; M. J. Schmid JR 1979, 224).

Auslagen der Staatskasse bei Einstellung nach Anklagerücknahme

467a

(1) [1] **Nimmt die Staatsanwaltschaft die öffentliche Klage zurück und stellt sie das Verfahren ein, so hat das Gericht, bei dem die öffentliche Klage erhoben war, auf Antrag der Staatsanwaltschaft oder des Angeschuldigten die diesem erwachsenen notwendigen Auslagen der Staatskasse aufzuerlegen.** [2] **§ 467 Abs. 2 bis 5 gilt sinngemäß.**

(2) **Die einem Nebenbeteiligten (§ 424 Absatz 1, § 438 Absatz 1, §§ 439, 444 Abs. 1 Satz 1) erwachsenen notwendigen Auslagen kann das Gericht in den Fällen des Absatzes 1 Satz 1 auf Antrag der Staatsanwaltschaft oder des Nebenbeteiligten der Staatskasse oder einem anderen Beteiligten auferlegen.**

(3) **Die Entscheidung nach den Absätzen 1 und 2 ist unanfechtbar.**

A. Notwendige Auslagen des Beschuldigten (Abs. 1). I. Abschließende 1 **Regelung.** Eine abschließende Regelung für den Fall der **Verfahrenseinstellung durch die StA nach Klagerücknahme** enthält die Vorschrift. Unzulässig ist die erweiternde Auslegung der Ausnahmeregelung auf zeitlich frühere Einstellungen (BGHSt 30, 152 (157); BGHZ 65, 170 (176) = NJW 1975, 2341 (2343); OLG München NJW 1969, 1449; OLG Saarbrücken NJW 1969, 1451; SK-StPO/Degener Rn. 2; erg. → Einl. Rn. 199) u. auf andere Fallgestaltungen (OLG Celle NStZ 1988, 196; Ernesti/Lorenzen SchlHA 1986, 114 – OLG Schleswig RsprÜ: Rücknahme des Antrages der StA auf Widerruf der Strafaussetzung). Nur wenn der Beschuldigte für eine Strafverfolgungsmaßnahme zu entschädigen ist (§§ 2, 9 **StrEG**), kann er auch für die zur Beseitigung einer solchen Maßnahme notwendigen Auslagen im Ermittlungsverfahren Entschädigung verlangen (→ StrEG § 7 Rn. 5). Für die Zurücknahme der Privatklage gilt § 471 Abs. 2.

De lege ferenda mit guten Gründen für eine Regelung zur Erstattung der 2 Anwaltskosten bei Verfahrenseinstellung im Ermittlungsverfahren ((§§ 170 Abs. 2, 153 Abs. 1) Hamed ZRP 2025, 20.

II. Zurücknahme der Klage. Vgl. §§ 156, 153c Abs. 4, 153d Abs. 2, 153f 3 Abs. 3, 411 Abs. 3. Der Zurücknahme der Klage stehen gleich die Zurücknahme des Antrags auf Entsch. im beschleunigten Verf. nach § 417 (AG Wetzlar AnwBl 1983, 464), die Ablehnung dieses Antrags (LG Aachen JMBl. NRW. 1970, 47; Geisler NJW 1972, 753) u. die Zurücknahme des Strafbefehlsantrags vor dessen Erlass o. vor Anberaumung einer HV nach § 408 Abs. 3 S. 2 und nach §§ 400, 406 Abs. 1 **AO.** Wird die Klage nur zurückgenommen, um sie vor dem zuständigen Gericht erneut zu erheben, so ist § 467a nicht anwendbar (OLG Düsseldorf JMBl. NRW. 1982, 185).

III. Einstellung des Ermittlungsverfahrens. Es muss sich um eine endg. 4 Einstellung handeln. Der Grund ist gleichgültig (Oske MDR 1969, 714). § 467a gilt daher nicht nur im Fall des § 170 Abs. 2 S. 1 (AG Bayreuth JurBüro 1992, 758), sondern auch, wenn die StA nach der Zurücknahme der früheren Anklage das Verf. nach §§ 153 Abs. 1, 153b Abs. 1, 153c Abs. 4, 153d Abs. 2 oder 153f Abs. 3 einstellt; das gilt auch bei Einstellung des Verf. nach § 154 Abs. 1, § 154b Abs. 1 (Löwe/Rosenberg/Hilger Rn. 9), jedoch nicht bei vorl. Einstellung nach § 154d und entspr. § 205 (vgl. Nr. 104 RiStBV). Wegen der Einstellung nach § 153a vgl. Abs. 1 S. 2 und § 467 Abs. 5. Die bloße Untätigkeit der StA steht der Einstellung nicht gleich (Löwe/Rosenberg/Hilger Rn. 11; **aM** Kohlhaas NJW 1966, 1112). Wird nach der Einstellung erneut Anklage erhoben u. das Verf. dann v. Gericht eingestellt, so gilt nicht § 467a, sondern § 467.

IV. Belastung der Staatskasse. Die Belastung der Staatskasse ist grds. zwin- 5 gend. Jedoch gilt nach Abs. 1 S. 2 der § 467 Abs. 2–5 sinngemäß. Daraus folgt, dass auch eine Aufteilung der notwendigen Auslagen zwischen Staatskasse u. Beschuldigten zulässig ist (→ § 467 Rn. 21). Die Anwendung des § 469 schließt die Auslagenüberbürdung nach § 467a nicht aus (AG Moers AnwBl 1970, 240). Über die Höhe wird nach § 464b entschieden.

B. Notwendige Auslagen eines Nebenbeteiligten (Abs. 2). I. Neben- 6 **beteiligte.** Nebenbeteiligte sind nur Einziehungsbeteiligte (§ 424 Abs. 1), Nebenbetroffene (§ 438 Abs. 1) u. die JP o. PV, gegen die die Festsetzung einer Geldbuße zulässig ist (§ 444). Für andere Nebenbeteiligte (→ Einl. Rn. 73) gilt Abs. 2 nicht. Die Vorschr. setzt aber nicht voraus, dass die Beteiligung der als Nebenbeteiligte in

Betracht kommenden Personen (vgl. § 426 Abs. 1 S. 1 ggf. iVm § 438 Abs. 3), JP o. PV schon angeordnet worden ist (Löwe/Rosenberg/Hilger Rn. 31).

7 Sie ist nicht anwendbar, wenn der Privatkläger den Antrag auf selbständige Einziehung stellt (SK-StPO/Degener Rn. 12; **aM** Löwe/Rosenberg/Hilger Rn. 30).

8 **II. Kannbestimmung.** Die Kannbestimmung gestattet die Belastung der Staatskasse o. eines anderen Bet., dh eines Beschuldigten, Nebenklägers o. eines Nebenbeteiligten, dem die notwendigen Auslagen nicht selbst entstanden sind. Ein anderer Bet. wird insbes. dann belastet, wenn er durch unrichtige Angaben die Zuziehung des Nebenbeteiligten verursacht hat. Auch eine Aufteilung zwischen Staatskasse u. Bet. ist zulässig (vgl. → § 467 Rn. 21).

9 **III. Umfang der notwendigen Auslagen.** Vgl. → § 464a Rn. 5 ff. Die im Ermittlungsverfahren entstandenen Gebühren u. Auslagen eines nach § 434 Abs. 1 gewählten Vertreters können bei berechtigtem Schutzinteresse des Nebenbeteiligten als notwendig anerkannt werden.

10 **C. Gerichtliche Entscheidung. I. Antrag.** Ein Antrag ist Voraussetzung für das Auslagenverfahren nach § 467a. Er ist an keine bestimmte Frist o. Form gebunden u. kann zurückgenommen werden. Antragsteller können der Beschuldigte, sein ges. Vertreter (Löwe/Rosenberg/Hilger Rn. 15; **aM** KMR-StPO/Stöckel Rn. 13: nur im Fall des § 67 Abs. 1 **JGG**), der Erziehungsberechtigte, der Verteidiger u. die StA sein.

11 Der Nebenbeteiligte, dessen Beteiligung noch nicht angeordnet war (→ Rn. 7), kann einen zulässigen Antrag nur stellen, wenn die Beteiligungsvoraussetzungen im Fall einer Neuerhebung der öffentl. Klage vorliegen würden (Löwe/Rosenberg/Hilger Rn. 31). Das Gleiche gilt, wenn die StA den Antrag nach Abs. 2 zugunsten des Nebenbeteiligten stellt.

12 **II. Zuständigkeit.** Zuständig ist grds. das Gericht, bei dem Anklage erhoben o. der Antrag nach §§ 407 Abs. 1, 417, § 400 **AO** gestellt war. Das gilt auch, wenn das Gericht unzuständig war (Löwe/Rosenberg/Hilger Rn. 16).

13 **III. Rechtliches Gehör.** Rechtliches Gehör muss der StA stets, dem Angeschuldigten o. sonstigen Bet. nur gewährt werden, wenn eine ihm nachteilige Entsch. getroffen wird (§§ 33 Abs. 2, Abs. 3; → Einl. Rn. 23 ff.).

14 **IV. Abwarten der Frist des § 172 Abs. 2 S. 1.** Vor der Entscheidung muss die Frist des § 172 Abs. 2 S. 1 abgewartet werden; § 9 Abs. 3 **StrEG** gilt entspr. (Löwe/Rosenberg/Hilger Rn. 13; KK-StPO/Gieg Rn. 2; **aM** KMR-StPO/Stöckel Rn. 16; SK-StPO/Degener Rn. 8). Kommt es nach rkr. Belastung der Staatskasse mit den notwendigen Auslagen des Angeschuldigten wegen derselben Tat zu einer gerichtlichen Verurteilung, so ist § 14 **StrEG** entspr. anwendbar (Löwe/Rosenberg/Hilger Rn. 20; zw. KMR-StPO/Stöckel Rn. 19).

15 **V. Bindung des Gerichts.** Die Auslagenentscheidung knüpft an die Einstellungsverfügung der StA an. Daher muss das Gericht v. ihr ausgehen. Es darf die Berechtigung der Einstellung nicht prüfen, insbes. keine Beweise über die Tatsachen erheben, die ihre Grdl. bilden. Nur über die bes. Voraussetzungen der Auslagenentscheidung, zB über die schuldhafte Säumnis iSd § 467 Abs. 2, können im Freibeweis (→ § 244 Rn. 7, 9) Ermittlungen angestellt werden. Ergeben sich dabei neue Tatsachen o. Beweismittel, die der Hauptentscheidung die Grdl. entziehen, so beantragt die StA Aussetzung des Verf., führt die erforderliche Klärung herbei u. macht das Auslagenverfahren ggf. durch Erhebung der öffentl. Klage gegenstandslos.

16 **D. Unanfechtbarkeit (Abs. 3).** Unanfechtbar (Abs. 3) sind die Entsch. nach Abs. 1 und Abs. 2, auch bei unzutr. Entsch. (KK-StPO/Gieg Rn. 4). Dies entspr. § 464 Abs. 3 S. 1 Hs. 2 (vgl. → § 464 Rn. 17).

Kosten bei Straffreierklärung

468 Bei wechselseitigen Beleidigungen wird die Verurteilung eines oder beider Teile in die Kosten dadurch nicht ausgeschlossen, daß einer oder beide für straffrei erklärt werden.

Die **Straffreierklärung** nach § 199 StGB ist **v. der starren Kostenregelung des § 465 Abs. 1 ausgenommen.** Nach § 468, der auch im Privatklageverfahren gilt (Löwe/Rosenberg/Hilger Rn. 5 mwN, erg. → § 471 Rn. 5), kann das Gericht nach pflichtgemäßem Ermessen einen o. beide Angeklagte in die Kosten verurteilen. Es kann die Kosten auch (nach Bruchteilen, ausscheidbaren Teilmassen o. bestimmten Beträgen) auf beide verteilen o. teilw. der Staatskasse auferlegen (KK-StPO/Gieg Rn. 1). Ist nur ein Bet. angeklagt, so kann er ganz o. teilw. v. den Kosten befreit werden; insoweit wird die Staatskasse o. der Privatkläger belastet (SK-StPO/Degener Rn. 5). 1

Eine Gerichtsgebühr entsteht nicht (Toussaint/Toussaint GKG KV 3110–3117 Rn. 5). Die Entsch. betr. daher nur die Auslagen des Gerichts. Seine notwendigen Auslagen trägt der Angeklagte selbst. 2

Einem **Zeugen** dürfen nach § 468 keine Kosten aufgebürdet werden (RGSt 13, 421). Geschieht dies doch, so kann er diesen Teil des Urt. wie ein Angeklagter, in dessen Rolle er gedrängt ist, mit der sofortigen Beschwerde nach § 464 Abs. 3 anfechten (KMR-StPO/Stöckel Rn. 7; Löwe/Rosenberg/Hilger Rn. 4; **aM** Schmidt StPO/GVG Nachtrag StPO § 468 Rn. 8: einfache Beschwerde nach § 304 Abs. 2). 3

Kostentragungspflicht des Anzeigenden bei leichtfertiger oder vorsätzlicher Erstattung einer unwahren Anzeige Nr. 92, 139 Abs. 2 RiStBV

469 (1) [1] **Ist ein, wenn auch nur außergerichtliches Verfahren durch eine vorsätzlich oder leichtfertig erstattete unwahre Anzeige veranlaßt worden, so hat das Gericht dem Anzeigenden, nachdem er gehört worden ist, die Kosten des Verfahrens und die dem Beschuldigten erwachsenen notwendigen Auslagen aufzuerlegen.** [2] **Die einem Nebenbeteiligten (§ 424 Absatz 1, § 438 Absatz 1, §§ 439, 444 Abs. 1 Satz 1) erwachsenen notwendigen Auslagen kann das Gericht dem Anzeigenden auferlegen.**

(2) **War noch kein Gericht mit der Sache befaßt, so ergeht die Entscheidung auf Antrag der Staatsanwaltschaft durch das Gericht, das für die Eröffnung des Hauptverfahrens zuständig gewesen wäre.**

(3) **Die Entscheidung nach den Absätzen 1 und 2 ist unanfechtbar.**

A. Unwahre Anzeige. Eine unwahre Anzeige löst die Kostentragungspflicht des Anzeigenden aus. Für amtl. zur Anzeige verpflichtete Personen (→ § 158 Rn. 6) gilt § 469 nur bei strafrechtlich (§ 344 StGB) o. disziplinarrechtlich zu ahndender Pflichtwidrigkeit (Löwe/Rosenberg/Hilger Rn. 9), für einen RA, der eine Anzeige für seinen Mandanten erstattet, ohne diese Einschränkung (KMR-StPO/Stöckel Rn. 9; Löwe/Rosenberg/Hilger Rn. 10). Im Privatklageverfahren gilt nur § 471 Abs. 2. 1

I. Anzeige. Anzeige ist wie in § 164 StGB in weitestem Sinne zu verstehen. Es genügen Angaben anlässlich einer Vernehmung u. öffentl. aufgestellte Behauptungen (Löwe/Rosenberg/Hilger Rn. 5; **aM** SK-StPO/Degener Rn. 3). Unter § 469 fällt auch die falsche Selbstbezichtigung in Form einer Anzeige; kommt es zum gerichtlichen Verf., so gilt aber § 467 Abs. 3 S. 1 (Löwe/Rosenberg/Hilger Rn. 8). 2

II. Unwahr. Unwahr muss die Anzeige in tatsächlicher Hinsicht sein. Falsche Schlussfolgerungen u. unrichtige Rechtsausführungen sind unschädlich. Die Unwahrheit muss feststehen. Ist der Tatverdacht gegen den Angezeigten nicht besei- 3 tigt, so ist § 469 nicht anwendbar (OLG Hamm NJW 1973, 1850; OLG Neustadt NJW 1952, 718).

4 **III. Vorsatz oder Leichtfertigkeit.** Vorsatz oder Leichtfertigkeit (dazu Fischer/Fischer/Anstötz StGB § 15 Rn. 35) muss dem Anzeigenden vorzuwerfen sein.

5 **IV. Ursächlich.** Ursächlich für die Einleitung o. Fortsetzung (OLG Hamm NJW 1973, 1850 unter Hinweis auf diese Gleichstellung in § 164 StGB) eines, wenn auch nur außergerichtlichen Verf. muss die Anzeige o. jedenfalls ihr unwahrer Teil gewesen sein.

6 **B. Kosten des Verfahrens.** Die Kosten des Verfahrens (§ 464a) u. die notwendigen Auslagen des Beschuldigten (§ 464a Abs. 2) müssen dem Anzeigenden auferlegt werden. Dagegen steht es im Ermessen des Gerichts, ob es die einem Nebenbeteiligten (→ § 467a Rn. 7) erwachsenen notwendigen Auslagen dem Anzeigenden ganz o. teilw. auferlegt. § 74 **JGG** gilt nicht entspr. (OLG Stuttgart MDR 1982, 519; **aM** SK-StPO/Degener Rn. 9).

7 **C. Verhältnis des Abs. 1 S. 1 zu § 467.** Die notwendigen Auslagen des Beschuldigten müssen der Staatskasse nach § 467 Abs. 1 überbürdet werden, auch wenn die Entsch. nach § 469 zugleich mit dem Urt. ergeht (OLG Düsseldorf OLGSt Nr. 1). Denn es steht weder fest, dass der Beschl. rkr. wird (Abs. 3), noch dass der Anzeigende zahlungsfähig ist (BayObLG NJW 1958, 1933; LG Mainz StraFo 1999, 135; erg. → § 467 Rn. 2). Erstattet die Staatskasse dem Angeschuldigten die notwendigen Auslagen, so gehört der Betrag zu den Kosten, die der Anzeigende aufgrund des Beschl. nach § 469 zu bezahlen hat (Löwe/Rosenberg/Hilger Rn. 16).

8 **D. Entscheidung des Gerichts. I. Von Amts wegen oder auf Antrag.** Von Amts wegen oder auf Antrag der StA, des Angeschuldigten o. eines Nebenbeteiligten entscheidet das Gericht im Fall des Abs. 1 S. 1.

9 Hat die StA das Verf. eingestellt, so ergeht die Entsch. nur auf deren Antrag (Abs. 2), also nicht auf Antrag des Beschuldigten (AG Lüdinghausen NStZ-RR 2003, 382); Abs. 1 gilt aber, wenn die Einstellung erst nach Zurücknahme der Anklage verfügt worden ist (KMR-StPO/Stöckel Rn. 14; SK-StPO/Degener Rn. 12; **aM** OLG Bremen JZ 1953, 471).

10 **II. Zuständigkeit.** Zuständig ist das Gericht, auch das Berufungsgericht, das den Angeschuldigten freigesprochen o. das Verf. eingestellt hat, vorher das Gericht, das für die Eröffnung des Hauptverfahrens zuständig gewesen wäre (Abs. 2). Im Klageerzwingungsverfahren ist das OLG nicht das mit der Sache befasste Gericht iSv Abs. 2 (OLG Frankfurt a. M. NJW 1972, 1724). Den Kostenfestsetzungsbeschluss erlässt auch im Fall des Abs. 2 der Rechtspfleger des Gerichts (→ § 464b Rn. 3), nicht der Rechtspfleger der StA (OLG Stuttgart Justiz 2003, 155).

11 **III. Beschluss.** Durch Beschluss neben der Entsch. nach § 467 Abs. 1 erfolgt die Auferlegung der Kosten, auch in der HV (BayObLG NJW 1958, 1933). Das Gericht kann aber, ohne dass dazu im Urt. ein bes. Vorbehalt erforderlich ist, auch in einem Nachverfahren durch selbständigen Beschl. entscheiden (BGH NStE StPO § 464 Nr. 14; Löwe/Rosenberg/Hilger Rn. 20). Wegen des rechtlichen Gehörs gilt § 33 Abs. 1–3; es muss auch dem Anzeigenden vor der Entsch. gewährt werden.

12 **E. Unanfechtbarkeit (Abs. 3).** Unanfechtbar (Abs. 3) sind die Entsch. nach Abs. 1 und Abs. 2. Vgl. → § 467a Rn. 16.

Kosten bei Zurücknahme des Strafantrags

470 [1] **Wird das Verfahren wegen Zurücknahme des Antrags, durch den es bedingt war, eingestellt, so hat der Antragsteller die Kosten sowie die dem Beschuldigten und einem Nebenbeteiligten (§ 424 Absatz 1,**

§ 438 Absatz 1, §§ 439, 444 Abs. 1 Satz 1) erwachsenen notwendigen Auslagen zu tragen. [2] Sie können dem Angeklagten oder einem Nebenbeteiligten auferlegt werden, soweit er sich zur Übernahme bereit erklärt, der Staatskasse, soweit es unbillig wäre, die Beteiligten damit zu belasten.

A. Kostentragungspflicht des Antragstellers (S. 1). I. Durch den Antrag bedingt. Durch den Antrag bedingt ist das Verf., wenn er zulässig u. wirksam war u. das Verf. ohne ihn nicht eingeleitet o. weiterbetrieben worden wäre. Das ist nicht der Fall, wenn die StA Tateinheit mit einem Offizialdelikt o. das bes. öffentl. Interesse an der Strafverfolgung (etwa nach §§ 183 Abs. 2, 230 Abs. 1, 248a StGB) angenommen hat. 1

Wird das wegen eines Offizialdelikts eingeleitete Verf. nur wegen des Antragsdelikts fortgesetzt, so ist es v. diesem Zeitpunkt ab, zB nach Anklageerhebung, durch den Antrag bedingt (OLG Oldenburg GA 1964, 250, **aM** LG Berlin VRS 122, 27). Auf die Ermächtigung zur Strafverfolgung u. das Strafverlangen (§§ 77e StGB) ist § 470 nicht anzuwenden. 2

II. In jedem Verfahrensabschnitt. In jedem Verfahrensabschnitt gilt S. 1. War das Gericht mit der Sache noch nicht befasst, muss die StA zur Durchsetzung der Kostenfolge den Antrag auf Erlass des Kostenbeschlusses entspr. § 469 Abs. 2 bei Gericht stellen (Löwe/Rosenberg/Hilger Rn. 3; → Rn. 7). 3

III. Kosten und notwendige Auslagen. Kosten und notwendige Auslagen (vgl. § 464a) sind, wirksame Antragsrücknahme vorausgesetzt, dem Anzeigenden aufzuerlegen. Haben mehrere den Antrag gestellt u. zurückgenommen, so werden sie gemeinsam belastet u. haften entspr. dem Grundsatz der §§ 466, 471 Abs. 4 als Gesamtschuldner (KK-StPO/Gieg Rn. 2). Gerichtsgebühren können nach KV 3200 GKG herabgesetzt werden o. ganz entfallen; sie fallen erst an, wenn das Hauptverfahren schon eröffnet war (vgl. Toussaint/Toussaint GKG KV 3200 Rn. 9). Hat der Dienstvorgesetzte die Anzeige erstattet (§§ 77a, 194 Abs. 3 StGB), so werden nicht ihm, sondern dem Bund o. dem Land, dessen Behörde er vertritt, die Kosten auferlegt (Löwe/Rosenberg/Hilger Rn. 5; **aM** Schmidt StPO/GVG Nachtrag StPO § 470 Rn. 11: die in §§ 465 ff. immer gemeinte Staatskasse). Für das Verhältnis zu § 467 gilt → § 469 Rn. 7 entspr. 4

B. Kostenverteilung nach Ermessen (S. 2). Die Abweichung v. der Regel des S. 1 ist, da S. 2 v. Angeklagten (vgl. § 157) spricht, nur nach Eröffnung des Hauptverfahrens zulässig (Löwe/Rosenberg/Hilger Rn. 8; KK-StPO/Gieg Rn. 3; **aM** AG Schwetzingen NJW 1975, 946,). S. 2 hat den Nebenzweck, die Beendigung des Verf. durch einen Kosten- u. Auslagenvergleich (zum Vergleich → Vor § 374 Rn. 8 ff., → Vor § 395 Rn. 13) zu erleichtern. Da ein Vergleich der Prozessbeteiligten das Gericht nicht bindet, darf die Zurücknahme des Strafantrags an die Bedingung geknüpft werden, dass der Antragsteller v. Kosten freigestellt wird (BGHSt 9, 149; 16, 105 (107)). Mit den Kosten u. notwendigen Auslagen, auch des antragstellenden Privat- o. Nebenklägers, kann der Angeklagte o. ein Nebenbeteiligter allein belastet werden, wenn er sich zur vollen Übernahme ausdr. o. stillschweigend (LG Potsdam NStZ 2006, 655: bei Entschuldigung) bereit erklärt hat; dies kann insbes. iRe TOA nach §§ 155a, 155b von Bedeutung sein (KK-StPO/Gieg Rn. 3). Handelt es sich um mehrere Übernahmebereite, so haften sie als Gesamtschuldner (→ Rn. 4). Es ist aber auch zulässig, Kosten u. Auslagen auf mehrere Antragsteller nach dem Maß ihrer Übernahmebereitschaft aufzuteilen u. erforderlichenfalls iÜ den Angeklagten zu belasten (vgl. iE KK-StPO/Gieg Rn. 3). 5

C. Staatskasse. Die Staatskasse darf **nur ausnahmsweise** belastet werden (OLG Oldenburg GA 1964, 250), wenn anerkennenswerte Gründe vorliegen, die es unbillig erscheinen lassen, die Regel des S. 1 anzuwenden o. von der Übernahmebereitschaft des Angeklagten o. eines Nebenbeteiligten Gebrauch zu machen. Wenn die Rücknahme des Strafantrags übersehen wurde, sind aber die danach entstandenen Kosten der Staatskasse aufzuerlegen (OLG Koblenz StraFo 2005, 129). 6

7 **D. Entscheidung des Gerichts.** Die Entscheidung des Gerichts ergeht in dem Einstellungsurteil nach § 260 Abs. 3 oder dem Beschl. nach § 206a vAw o. auf Antrag. Hat die StA das Verf. eingestellt, so wird nur auf deren Antrag (→ Rn. 3) u. durch selbständigen Kostenbeschluss entschieden. Die Zuständigkeitsregelung des § 469 Abs. 2 gilt dann entsprechend. Vor der Entsch., die nach § 34 zu begründen ist, muss der Antragsteller gehört werden (§ 33 Abs. 1–3).

8 **E. Anfechtung.** Gegen die Kostenauferlegung ist die sofortige Beschwerde nach § 464 Abs. 3 zulässig, auch wenn durch Urt. entschieden worden ist (**aM** OLG Hamburg wistra 2012, 324 Ls.; OLG Düsseldorf Rpfleger 2014, 225: Beschwerde unstatthaft bei Entsch. nach S. 1 in entspr. Anwendung v. § 469 Abs. 3). Hat die StA ein Ermittlungsverfahren wegen Rücknahme des Strafantrags eingestellt, ist die gerichtliche Kosten- u. Auslagenentscheidung in entspr. Anwendung v. § 469 Abs. 3 unanfechtbar (OLG Düsseldorf NStZ 2014, 424).

Kosten bei Privatklage

471 (1) **In einem Verfahren auf erhobene Privatklage hat der Verurteilte auch die dem Privatkläger erwachsenen notwendigen Auslagen zu erstatten.**

(2) **Wird die Klage gegen den Beschuldigten zurückgewiesen oder wird dieser freigesprochen oder wird das Verfahren eingestellt, so fallen dem Privatkläger die Kosten des Verfahrens sowie die dem Beschuldigten erwachsenen notwendigen Auslagen zur Last.**

(3) **Das Gericht kann die Kosten des Verfahrens und die notwendigen Auslagen der Beteiligten angemessen verteilen oder nach pflichtgemäßem Ermessen einem der Beteiligten auferlegen, wenn**

1. es den Anträgen des Privatklägers nur zum Teil entsprochen hat;
2. es das Verfahren nach § 383 Abs. 2 (§ 390 Abs. 5) wegen Geringfügigkeit eingestellt hat;
3. Widerklage erhoben worden ist.

(4) [1] **Mehrere Privatkläger haften als Gesamtschuldner.** [2] **Das gleiche gilt hinsichtlich der Haftung mehrerer Beschuldigter für die dem Privatkläger erwachsenen notwendigen Auslagen.**

1 **A. Geltung der §§ 464 ff.** Die allgemeinen Kostenbestimmungen der §§ 464 ff. gelten auch im Privatklageverfahren, soweit § 471 nichts anderes bestimmt (OLG Stuttgart NJW 1974, 512 (513)). Jedoch tritt an die Stelle der StA u. der Staatskasse der Privatkläger (BGHSt 17, 376 (380)). § 471 gilt für alle Rechtszüge (Löwe/Rosenberg/Hilger Rn. 4). Wegen der Rechtsmittelkosten vgl. → § 473 Rn. 32 ff. Anders als das Offizialverfahren kann das Privatklageverfahren durch Vergleich beendet werden (→ Vor § 374 Rn. 9 ff.). An die darin enthaltene Kostenregelung ist das Gericht nicht gebunden (Löwe/Rosenberg/Hilger Rn. 23).

2 **B. Verurteilte Angeklagte (Abs. 1).** Der verurteilte Angeklagte (Abs. 1) hat dem Privatkläger, was das Gericht ausdr. aussprechen muss (OLG Düsseldorf JurBüro 1989, 1000), die notwendigen Auslagen (§ 464a Abs. 2) zu erstatten, auch soweit sie vor Klageerhebung entstanden sind.

3 **C. Im Fall der Nichtverurteilung (Abs. 2).** Im Fall der Nichtverurteilung (Abs. 2) muss in dem freisprechenden Urt. o. in dem Einstellungsbeschluss ausgesprochen werden, dass der Privatkläger dem Beschuldigten dessen notwendige Auslagen zu erstatten hat. Das gilt auch, wenn die Privatklage nach § 383 Abs. 1 S. 1 zurückgewiesen (dort → § 383 Rn. 13) o. zurückgenommen wird o. nach § 391 Abs. 2 als zurückgenommen gilt (LG Hagen NJW 1955, 1646), wenn das Verf. nach § 389 eingestellt wird, weil ein Offizialdelikt vorliegt (BayObLGSt 1959, 257; zw. Löwe/Rosenberg/Hilger Rn. 12; **aM** Traub NJW 1960, 710, der Abs. 3 Nr. 2 entspr. anwenden will), u. wenn es nach § 393 Abs. 1 wegen des

Todes des Privatklägers eingestellt u. nicht nach § 393 Abs. 2 fortgesetzt wird (BayObLGSt 1960, 141; Löwe/Rosenberg/Hilger Rn. 10; erg. → § 393 Rn. 1), nicht aber im Fall des § 379a Abs. 3 S. 1 (D. Meyer JurBüro 1989, 1205). Über den Tod des Beschuldigten vgl. → § 464 Rn. 14; → § 465 Rn. 12. Bei schuldhafter Säumnis der Beschuldigten gilt § 467 Abs. 2 (OLG Stuttgart NJW 1974, 512 (513)), bei Teilfreispruch Abs. 3 Nr. 1 (→ Rn. 5). Bei Widerklage ist stets nach Abs. 3 Nr. 3 zu entscheiden (→ Rn. 7).

D. Verteilung; Belastung eines Beteiligten (Abs. 3). Die Vorschr. gilt für alle Rechtszüge (→ § 473 Rn. 33). Zulässig ist die Verteilung der Gebühren u. Auslagen der Staatskasse (§ 464a Abs. 1) u. der notwendigen Auslagen der Bet. (§ 464a Abs. 2), u. zwar nach Bruchteilen o. nach ausscheidbaren Teilen (Massen o. Einzelposten). Die Vollstreckungskosten werden nach dem Grundgedanken des § 466 S. 2 idR dem Verurteilten aufzuerlegen sein, ebenso die sich nach der Verurteilung richtenden Gerichtsgebühren. Die Verteilung muss so eindeutig sein, dass sie eine sichere Grdl. für die Festsetzung der Höhe der Ansprüche erlaubt (vgl. → § 464b Rn. 1). Werden die Ansprüche der Bet. auf Auslagenerstattung gegeneinander aufgeh., so hat keiner ggü. dem anderen einen Zahlungsanspruch. Abs. 3 gilt auch, wenn v. mehreren Mitangeklagten einer freigesprochen wird. Jedoch dürfen dann die Kosten, die nur im Verf. gegen den Freigesprochenen entstanden sind, nicht einem Verurteilten auferlegt werden (BayObLGSt 1957, 190). Zur Berücksichtigung eines Kosten- u. Auslagenvergleichs vgl. → Vor § 374 Rn. 8 ff. 4

I. Teilerfolg des Privatklägers (Abs. 3 Nr. 1). Maßgebend ist, ob der Verfahrensausgang hinter dem den Anträgen des Privatklägers entspr. Eröffnungsbeschluss zurückbleibt. Dabei kommt es nicht darauf an, ob der Angeklagte wegen aller in Tateinheit stehender Delikte (**aM** KK-StPO/Gieg Rn. 4), o. bei einer natürlichen Handlungseinheit wegen aller Teilvorgänge verurteilt wird (aM BayObLGSt 1962, 139). Dagegen kann Nr. 1 anwendbar sein, wenn das Urt. nicht wegen aller selbständigen Handlungen ergeht; dann beurteilt sich die Frage, ob der Privatkläger nur teilw. Erfolg hat, nach dem Gesamtgegenstand der Privatklage (Löwe/Rosenberg/Hilger Rn. 27). Für die Frage des Erfolgs ist gleichgültig, ob der Privatkläger die Tat rechtlich anders beurteilt u. ob auf die Strafe erkannt wird, die er im Schlussvortrag (§§ 385 Abs. 1, 258) beantragt hat (OLG Düsseldorf JurBüro 1985, 896). Bei Straffreierklärung nach § 199 StGB ist Abs. 3 Nr. 1 neben § 468 anwendbar (RGSt 44, 333; KMR-StPO/Stöckel § 468 Rn. 4); idR werden dem Privatkläger die Kosten aufzuerlegen sein (Löwe/Rosenberg/Hilger Rn. 6). 5

II. Einstellung wegen Geringfügigkeit (Abs. 3 Nr. 2). Die volle o. teilw. Belastung eines der Bet. ist Teil des Einstellungsbeschlusses nach §§ 383 Abs. 2, 390 Abs. 5. Die Ermessensentscheidung darf das Gericht dann nicht mit der Schuld des Beschuldigten begründen, wenn es die HV in der Schuldfrage nicht bis zur Entscheidungsreife geführt hat (BVerfGE 74, 358 = NJW 1987, 2427 (2428); BVerfG NJW 1990, 2741). Es darf aber berücksichtigen, inwieweit der Beschuldigte nachvollziehbaren Anlass zur Klageerhebung gegeben hat; dabei darf es aber nur die Umstände des Sachverhalts zugrunde legen, die keiner Aufklärung mehr bedürfen (BVerfG NJW 1991, 829; 1992, 1611). Die Staatskasse darf nicht belastet werden. 6

III. Widerklage (Abs. 3 Nr. 3). Bei Widerklage (Abs. 3 Nr. 3) bilden die Verfahrenskosten u. notwendigen Auslagen beider Bet. eine unteilbare Einheit. Ohne Rücksicht auf den Ausgang der Privatklage muss daher über Kosten u. Auslagen ausdr. entschieden werden (BayObLGSt 1955, 238), u. zwar im Urt. o. in der sonstigen verfahrensabschl. Entscheidung. Eine Verteilung ist auch bei Freisprechung des Privatklägers v. der Beschuldigung der Widerklage möglich (OLG Celle Nds. Rpfl. 1966, 227). 7

E. Gesamtschuldner (Abs. 4). Als Gesamtschuldner (Abs. 4) haften mehrere Privatkläger in den Fällen des Abs. 2, in denen des Abs. 3 nur insoweit, als sie in der gerichtlichen Kostenverteilung gemeinsam belastet werden. Ebenso haften 8 mehrere Beschuldigte als Gesamtschuldner im Fall des Abs. 1 für die dem Privatkläger o. den mehreren Privatklägern erwachsenen notwendigen Auslagen, soweit sie wegen derselben Tat (§ 264) verurteilt sind (Löwe/Rosenberg/Hilger Rn. 37). Das Gleiche gilt im Fall des Abs. 3, wenn u. soweit die notwendigen Auslagen den mehreren Beschuldigten ohne Aufteilung auf die Einzelnen auferlegt werden. Die gesamtschuldnerische Haftung der mehreren Mitbeschuldigten für die Auslagen der Staatskasse richtet sich nach § 466. Für die Gerichtsgebühren gibt es keine solche Haftung (vgl. § 466 S. 1).

Notwendige Auslagen des Nebenklägers

472 (1) [1]**Die dem Nebenkläger erwachsenen notwendigen Auslagen sind dem Angeklagten aufzuerlegen, wenn er wegen einer Tat verurteilt wird, die den Nebenkläger betrifft.** [2]**Die notwendigen Auslagen für einen psychosozialen Prozessbegleiter des Nebenklägers können dem Angeklagten nur bis zu der Höhe auferlegt werden, in der sich im Falle der Beiordnung des psychosozialen Prozessbegleiters die Gerichtsgebühren erhöhen würden.** [3]**Von der Auferlegung der notwendigen Auslagen kann ganz oder teilweise abgesehen werden, soweit es unbillig wäre, den Angeklagten damit zu belasten.**

(2) [1]**Stellt das Gericht das Verfahren nach einer Vorschrift, die dies nach seinem Ermessen zuläßt, ein, so kann es die in Absatz 1 genannten notwendigen Auslagen ganz oder teilweise dem Angeschuldigten auferlegen, soweit dies aus besonderen Gründen der Billigkeit entspricht.** [2]**Stellt das Gericht das Verfahren nach vorangegangener vorläufiger Einstellung (§ 153a) endgültig ein, gilt Absatz 1 entsprechend.**

(3) [1]**Die Absätze 1 und 2 gelten entsprechend für die notwendigen Auslagen, die einem zum Anschluß als Nebenkläger Berechtigten in Wahrnehmung seiner Befugnisse nach § 406h erwachsen sind.** [2]**Gleiches gilt für die notwendigen Auslagen eines Privatklägers, wenn die Staatsanwaltschaft nach § 377 Abs. 2 die Verfolgung übernommen hat.**

(4) **§ 471 Abs. 4 Satz 2 gilt entsprechend.**

1 **A. Kosten der Beteiligung des Nebenklägers.** Die Kosten der Beteiligung des Nebenklägers sind v. dem Angeklagten zu tragen, wenn er wegen der den Nebenkläger betr. Tat verurteilt wird (Abs. 1), u. verbleiben grds. bei dem Nebenkläger, wenn das Verf. nach einer Ermessensvorschrift eingestellt wird (Abs. 2). In beiden Fällen wird durch Billigkeitsklauseln die Möglichkeit einer abw. gerichtlichen Entsch. eröffnet. Bei der Überbürdung der notwendigen Auslagen des Nebenklägers auf den Untergebrachten verbleibt es bei der analogen Anwendung v. §§ 465, 467 (OLG Hamm NStZ 1988, 379). Die Entsch. setzt nur eine wirksame Anschlusserklärung (BGH BeckRS 2011, 11237), nicht den (deklaratorischen) Beschluss nach § 396 Abs. 2 voraus (LG Koblenz StraFo 2009, 440); widerruft der Nebenkläger aber seine Anschlusserklärung, so verliert er den Kostenerstattungsanspruch (→ § 402 Rn. 2); stirbt er vor Rechtskraft des Verf., so bleibt der Anspruch bestehen (→ § 402 Rn. 5).

2 Wenn der **Angeklagte freigesprochen,** das Hauptverfahren gegen ihn nicht eröffnet o. das Verf. nach §§ 206a, 206b, 260 Abs. 3 eingestellt wird, trägt die durch seine Beteiligung entstandenen Kosten stets der Nebenkläger selbst (BGH wistra 1999, 426 u. StraFo 2012, 472 bei Tod des Angeklagten). Er kann auch nicht die Erstattung seiner durch die Säumnis des Beschuldigten entstandenen Kosten verlangen, denn Abs. 1 S. 1 geht insoweit als abschl. Sonderregelung § 467 Abs. 2 vor (Löwe/Rosenberg/Hilger Rn. 2, 4; OLG Saarbrücken NStZ-RR 1997, 158: iÜ bleibt es bei § 467 Abs. 2). In dem das Verf. abschl. Urt. o. Beschl. ist ein bes. Ausspruch darüber, dass die Kosten bei dem Nebenkläger verbleiben, nicht erforderlich (OLG Düsseldorf OLGSt StPO § 469 Nr. 1; **aM** Löwe/Rosenberg/

Hilger Rn. 8). Nach hM kann der Nebenkläger Kostenerstattungsansprüche gegen den freigesprochenen Angeklagten auch nicht auf dem Zivilrechtsweg geltend machen (BGHZ 24, 263; Löwe/Rosenberg/Hilger Vor § 464 Rn. 29).

Der **Staatskasse** dürfen die Auslagen des Nebenklägers in keinem Fall überbürdet werden (vgl. BGH 11.6.2025 – 1 StR 166/25; OLG Celle Nds. Rpfl. 1970, 184; OLG Hamm VRS 42, 36; OLG München AnwBl 1978, 189; erg. → § 464b Rn. 1; → § 473 Rn. 12). Sie tritt auch im Fall des § 74 **JGG** nicht für den Angeklagten ein (OLG Celle MDR 1975, 338; Löwe/Rosenberg/Hilger Rn. 7; **aM** OLG Zweibrücken AnwBl 1973, 86; LG Darmstadt NStZ 1985, 235 Ls.; erg. → Rn. 8). 3

B. Kostenentscheidung bei Verurteilung des Angeklagten (Abs. 1). I. Verurteilung wegen einer den Nebenkläger betreffenden Tat (S. 1). Bei Verurteilung wegen einer den Nebenkläger betreffenden Tat (S. 1), auch bei rkr. Strafbefehl (erg. → Rn. 10a), hat der Angeklagte grds. die Kosten des Nebenklägers zu tragen. 4

Verurteilt iSd Vorschr. ist auch der Freigesprochene, gegen den eine Maßregel nach §§ 63, 64, 69 StGB angeordnet worden ist (BayObLGSt 1954, 43; LG Stuttgart AnwBl 1973, 176). 5

In den **Fällen des § 395 Abs. 1, Abs. 3** hängt die Kostentragungspflicht des Angeklagten nicht davon ab, dass es zur Verurteilung wegen des Nebenklagedelikts kommt (BGHSt 20, 284; BGH NStZ-RR 2023, 128: nicht im tenorierten Schuldspruch enthaltene gefährliche Körperverletzung; BayObLG JR 1986, 556). Eine den Nebenkläger betr. Tat liegt vielmehr immer vor, wenn sie denselben geschichtlichen Vorrang iSd § 264 betr., der der Nebenklage zugrunde liegt, u. wenn sie sich gegen den Nebenkläger als Träger eines strafrechtlich geschützten Rechtsguts richtet (BGHSt 38, 93; Kusch NStZ 1997, 74 – BGH RsprÜ; Kusch NStZ 1998, 28 – BGH RsprÜ; BeckRS 2016, 3737; **aM** Löwe/Rosenberg/Hilger Rn. 12: nur wenn grds. eine Verurteilung wegen eines Nebenklagedelikts möglich wäre; offengelassen v. OLG Celle NZV 1991, 42). Das gilt auch bei Verurteilung nach § 323a StGB, wenn sich die Rauschtat gegen den Nebenkläger gerichtet hatte (BGHSt 20, 284; BeckRS 2019, 21896; BayObLG JR 1986, 556; Kotz NStZ-RR 1999, 166), bei § 323c, wenn ihm ggü. Hilfe unterblieb (BGH NJW 2002, 1356), u. bei Verurteilung wegen fahrlässiger Veröff. nach § 11 Abs. 3 BayLPresseG, wenn der strafbare Inhalt des Druckwerks eine Tat darstellt, derentwegen die Nebenklage erhoben werden kann (BayObLGSt 1982, 146). Es genügt auch die Verurteilung wegen einer OWi, die Schutzcharakter ggü. dem Nebenkläger hat; dazu gehört § 1 StVO (BayObLGSt 1970, 227; OLG Hamm JMBl. NRW. 1958, 236; **aM** LG Limburg VRS 49, 118), aber nicht die nur im Interesse der allg. Verkehrssicherheit erlassenen Vorschr. der StVO (BGHSt 11, 195 (198); OLG Celle NJW 1956, 1611). Die Erstattungspflicht entfällt mangels Schutzcharakters dieser Vorschr. auch bei Verurteilung nach § 142 StGB (BGH VRS 17, 424; OLG Hamm DAR 1961, 344; **aM** OLG Düsseldorf MDR 1981, 958; Riegner NZV 1991, 43) u. nach § 316 StGB (BayObLGSt 1968, 36; KG VRS 44, 119), nicht aber bei Verurteilung nach § 315b StGB (BGH NStZ-RR 2006, 127). 6

Im **Fall des § 395 Abs. 2 Nr. 1** genügt es ebenfalls, dass der Angeklagte wegen einer Straftat verurteilt ist, die gegen den Getöteten als Träger eines strafrechtlich geschützten Rechtsguts erhoben werden kann (BGH NJW 1960, 1311; GA 1968, 184; OLG Hamm Anwbl 1982, 168; OLG Stuttgart NJW 1959, 1455). 7

II. Notwendige Auslagen (S. 1). Die notwendigen Auslagen (S. 1) des zu Recht u. wirksam zugelassenen (BayObLGSt 1971, 56; Löwe/Rosenberg/Hilger Rn. 13) Nebenklägers hat der Angeklagte zu tragen. Das gilt idR auch für einen verurteilten Jugendlichen o. Heranwachsenden (vgl. BGH StraFo 2019, 75 mablAnm Kölbel/Eisenberg), bei denen aber nach §§ 74, 109 Abs. 2 S. 1 **JGG** davon abgesehen werden kann (BGH NStZ 2013, 242; KG JR 1996, 216); letzteres erscheint nicht unproblematisch, da sie dann konsequenterweise der Staatskasse auferlegt werden (vgl. Kölbel/Eisenberg StraFo 2019, 75; → Rn. 3). Maßgebend ist 8

§ 464a Abs. 2. Notwendige Auslagen des Nebenklägers sind auch diejenigen, die zeitlich in das Vorverfahren fallen (OLG Hamm JMBl. NRW. 1979, 287; Schmidt NJW 1979, 1396; **aM** Schmid NJW 1979, 302) o. die nach teilw. Aufhebung des Urt. u. Zurückverweisung zur erneuten Straffestsetzung entstehen (OLG Brandenburg NStZ-RR 1998, 255), auch diejenigen des Wiederaufnahmeverfahrens, wenn der Angeklagte wiederum wegen eines Nebenklagedelikts verurteilt wird (OLG Celle NStZ-RR 2011, 293 Ls.). Die Erstattungspflicht besteht ggü. dem mitangeklagten Nebenkläger (BayObLGSt 1959, 168; OLG Stuttgart NJW 1957, 435; SK-StPO/Degener Rn. 16). Dann ist aber nur der Differenzbetrag zu erstatten, um den sich die Verteidigergebühr infolge der Hinzunahme der Nebenklägervertretung erhöht (BayObLGSt 1959, 168; LG Bonn MDR 1971, 776 mablAnm H. Schmidt; LG Regensburg NJW 1967, 898; Löwe/Rosenberg/Hilger Rn. 16; **aM** LG Arnsberg JurBüro 1985, 1511 mablAnm Mümmler: volle Kosten der Nebenklägervertretung).

8a Die Erstattung der notwendigen Auslagen für einen **psychosozialen Prozessbegleiter** (s. § 406g) ist nach S. 2 begrenzt, damit der Angeklagte nicht dadurch schlechter gestellt wird, dass bei dem Verletzten zwar die Voraussetzungen für die Zulassung zur Nebenklage, nicht aber die engeren Voraussetzungen für die Beiordnung eines psychosozialen Prozessbegleiters vorliegen (BT-Drs. 18/4621, 37).

9 **III. Billigkeitsentscheidung (S. 3).** Von der Kostenentscheidung nach S. 1 und 2 kann mit der Folge abgesehen werden, dass die Kosten – auch die eines psychosozialen Prozessbegleiters (→ Rn. 8a) – beim Nebenkläger verbleiben, wenn das der Billigkeit entspricht. Das Gericht kann dabei die Umstände des Einzelfalls berücksichtigen (BGH NStZ 1999, 261), insbes. den Umstand, dass der Beschuldigte durch sein Verhalten keinen vernünftigen Anlass für einen Anschluss als Nebenkläger gegeben hat (Löwe/Rosenberg/Hilger Rn. 15; **aM** Beulke DAR 1988, 119) o. dass den Verletzten ein Mitverschulden trifft (vgl. BGHSt 38, 93 (95)). S. 2 ermöglicht auch eine Teilung der dem Nebenkläger erwachsenen notwendigen Auslagen, wobei in die Billigkeitsentscheidung auch die finanzielle Lage des Bet. u. der Umstand einfließen, ob der Nebenkläger durch sein Prozessverhalten schuldhaft vermeidbare Auslagen verursacht hat (KG NStZ-RR 1999, 223). Hat der Angeklagte erfolglos Rechtsmittel eingelegt, gilt insoweit aber nicht S. 2 sondern § 473 Abs. 1 S. 2 (OLG Düsseldorf JurBüro 1991, 853); zum Teilerfolg vgl. → § 473 Rn. 29.

10 **IV. Ausdrückliche Entscheidung.** Eine ausdrückliche Entscheidung über die notwendigen Auslagen des Nebenklägers ist in jedem verurteilenden Erkenntnis zu treffen (KG JR 1989, 392; OLG Koblenz NStE StPO § 472 Nr. 5). Die Billigkeitsentscheidung nach S. 2 ist zu begründen. Enthält das Urt. keine Entsch., so trägt der Nebenkläger seine Kosten selbst, sofern er nicht erfolgreich sofortige Beschwerde nach § 464 Abs. 3 S. 1 Hs. 1 einlegt (LG Koblenz StraFo 2009, 440). Die Nachholung der unterbliebenen Entsch. ist unzulässig (LG Stuttgart NStE StPO § 472 Nr. 19 zu § 464; erg. → § 464 Rn. 12).

10a **Entsprechendes** – also Entsch. notwendig, Beschwerde zulässig, Nachholung unzulässig (nicht verstanden v. LG Nürnberg-Fürth NStZ-RR 2005, 159) – gilt für den Fall, dass der Angeklagte den Einspruch gegen den Strafbefehl nach Terminsanberaumung zurückgenommen hat (LG Gießen NStZ-RR 2013, 391; LG Hechingen DAR 1991, 197; LG Zweibrücken Rpfleger 1992, 128; erg. → § 464 Rn. 13) o. der Einspruch nach § 412 verworfen worden ist (**aM** LG Berlin NStE StPO § 464 Nr. 16, das zu Unrecht – vgl. → § 464 Rn. 19 – dem Nebenkläger die Anfechtungsmöglichkeit versagt). Falls gegen den Strafbefehl kein Einspruch eingelegt wird, trägt der Nebenkläger seine notwendigen Auslagen selbst, ausgenommen nach Abs. 3 solche für eine Tätigkeit iRd § 406g (OLG Frankfurt a. M. NStZ-RR 2001, 63 mwN; erg. → Rn. 14).

11 **C. Kostenentscheidung bei Verfahrenseinstellung (Abs. 2). I. Allgemeine Regelung (S. 1).** Die allgemeine Regelung (S. 1) dieser Kostenfrage geht dahin, dass der Nebenkläger bei einer Verfahrenseinstellung nach §§ 153, 154 ff.

seine notwendigen Auslagen grds. selbst zu tragen hat, dass das Gericht aber die notwendigen Auslagen des Nebenklägers ganz o. teilw. dem Angeschuldigten auferlegen kann, soweit das aus bes. Gründen der Billigkeit entspr. (OLG München NJW 2003, 3072).

Dabei darf berücksichtigt werden, dass der Beschuldigte durch die bereits feststehenden Tatsachen verständlichen Anlass zur Nebenklage gegeben hat (BVerfG StV 1988, 31). 12

II. Endgültige Verfahrenseinstellung nach § 153a (S. 2). Bei endgültiger Verfahrenseinstellung nach § 153a (S. 2) sind entspr. Abs. 1 S. 1 die notwendigen Auslagen des Nebenklägers grds. dem Beschuldigten aufzuerlegen; nur aus Billigkeitsgründen kann bestimmt werden, dass sie bei dem Nebenkläger verbleiben; dieser ist jedoch vorher anzuhören (OLG Düsseldorf MDR 1993, 786; OLG Stuttgart StraFo 2004, 291: sonst § 33a). Auch wegen der Notwendigkeit eines ausdr. Kostenausspruchs in dem Einstellungsbeschluss gelten die Grundsätze zu Abs. 1 S. 1 (→ Rn. 10). Da der Beschuldigte der Einstellung gegen Auflagen u. Weisungen nach § 153a Abs. 2 in jedem Fall zustimmen muss, kann er auch die Kostenlast nach Abs. 2 S. 2 in seine Überlegungen einbeziehen; auch das Gericht kann den Umstand, dass den Angeschuldigten auch die Auslagen des Nebenklägers treffen, bei der Bemessung der Auflagen nach § 153a Abs. 1 S. 1 Nr. 1–4 berücksichtigen. 13

D. Entsprechende Anwendung von Abs. 1 und Abs. 2 (Abs. 3). Die entsprechende Anwendung von Abs. 1 und Abs. 2 (Abs. 3) ist für zwei Fälle bestimmt. Einmal stellt S. 1 denjenigen Verletzten, der an sich zum Anschluss als Nebenkläger berechtigt wäre, sich aber darauf beschränkt hat, einen RA nach § 406g hinzuzuziehen, kostenmäßig im Hinblick auf die ihm insoweit entstandenen Kosten einem Nebenkläger gleich (vgl. BGH 2.7.2025 – 2 StR 183/25 mwN). Das gilt auch für die Hinzuziehung des Beistands schon im Vorverfahren, sofern es später zur Verurteilung des Beschuldigten (durch Strafbefehl genügt, vgl. LG Traunstein DAR 1991, 316) kommt. Zum anderen stellt S. 2 sicher, dass dem früheren Privatkläger durch die Übernahme des Verf. durch die StA nach § 377 keine kostenmäßigen Nachteile erwachsen. 14

E. Gesamtschuldnerische Haftung (Abs. 4). Mehrere Angeschuldigte, die für die notwendigen Auslagen des Nebenklägers einzustehen haben, haften entspr. § 471 Abs. 4 S. 2 als Gesamtschuldner. 15

Kosten und notwendige Auslagen bei Adhäsionsverfahren

472a (1) **Soweit dem Antrag auf Zuerkennung eines aus der Straftat erwachsenen Anspruchs stattgegeben wird, hat der Angeklagte auch die dadurch entstandenen besonderen Kosten und die notwendigen Auslagen des Antragstellers im Sinne der §§ 403 und 404 zu tragen.**

(2) [1]**Sieht das Gericht von der Entscheidung über den Adhäsionsantrag ab, wird ein Teil des Anspruchs dem Antragsteller nicht zuerkannt oder nimmt dieser den Antrag zurück, so entscheidet das Gericht nach pflichtgemäßem Ermessen, wer die insoweit entstandenen gerichtlichen Auslagen und die insoweit den Beteiligten erwachsenden notwendigen Auslagen trägt.** [2]**Die gerichtlichen Auslagen können der Staatskasse auferlegt werden, soweit es unbillig wäre, die Beteiligten damit zu belasten.**

A. Voller Erfolg des Antragstellers (Abs. 1). Bei vollem Erfolg des Antragstellers (Abs. 1) im Adhäsionsverfahren nach §§ 403 ff. hat der Angeklagte die dadurch entstandenen bes. Kosten (KV 3700 GKG; VV 4143 RVG; → § 472b Rn. 2) u. die notwendigen Auslagen des Antragstellers zu tragen. Das muss im Urt. o. Beschl. bes. ausgesprochen werden. 1

B. Ermessensentscheidung bei Erfolglosigkeit oder Zurücknahme (Abs. 2). Vgl. den Fall Holtz MDR 1966, 560 – BGH RsprÜ: Zuerkennung eines geringen Schmerzensgeldes, das durch die Auferlegung v. RA-Kosten nicht noch 2 geschmälert werden soll. Auch die Verteilung ist zulässig (OLG Nürnberg NJW 1972, 67 (69); vgl. auch Feigen FS Otto, 2007, 891: Bekämpfung eines Missbrauchs des Adhäsionsverfahrens durch Auferlegung der Kosten an denjenigen, der sie durch sein Prozessverhalten geradezu provoziert hat; krit. Grau/Blechschmidt/Frick NStZ 2010, 668). Die Belastung der Staatskasse mit den gerichtlichen Auslagen (nicht mit den notwendigen Auslagen der Bet.) sieht Abs. 2 S. 2 vor. Sie kommt va im Fall des § 406 Abs. 1 S. 3 in Betracht. Die Entsch. ergeht in dem Urt. o. Beschl., in dem über den Antrag entschieden wird.

3 **C. Grund- und Teilurteile (§ 406 Abs. 1 S. 2).** Für Grund- und Teilurteile (§ 406 Abs. 1 S. 2) gilt: Falls nur ein solches Urt. begehrt wurde, ist Abs. 1, sonst Abs. 2 anzuwenden (vgl. zur früheren Regelung auch Köckerbauer NStZ 1994, 310).

4 **D. Sofortige Beschwerde.** Sofortige Beschwerde nach § 464 Abs. 3 S. 1 steht dem Angeklagten zu, soweit ihm nach Abs. 1 oder Abs. 2 Kosten u. Auslagen auferlegt worden sind, dem Antragsteller hingegen wegen § 406a Abs. 1 S. 2 iVm § 464 Abs. 3 S. 1 Hs. 2 nicht (BGH StraFo 2008, 164; Löwe/Rosenberg/Hilger Rn. 4; Seier Beschwerde S. 104; **aM** Köckerbauer NStZ 1994, 311). Dasselbe gilt bei Rücknahme des Antrags nach § 404 Abs. 4 (OLG Düsseldorf JurBüro 1989, 240).

Kosten und notwendige Auslagen bei Nebenbeteiligung

472b (1) [1] **Wird die Einziehung, der Vorbehalt der Einziehung, die Vernichtung, Unbrauchbarmachung oder Beseitigung eines gesetzwidrigen Zustandes angeordnet, so können dem Nebenbeteiligten die durch seine Beteiligung erwachsenen besonderen Kosten auferlegt werden.** [2] **Die dem Nebenbeteiligten erwachsenen notwendigen Auslagen können, soweit es der Billigkeit entspricht, dem Angeklagten, im selbständigen Verfahren auch einem anderen Nebenbeteiligten auferlegt werden.**

(2) **Wird eine Geldbuße gegen eine juristische Person oder eine Personenvereinigung festgesetzt, so hat diese die Kosten des Verfahrens entsprechend den §§ 465, 466 zu tragen.**

(3) **Wird von der Anordnung einer der in Absatz 1 Satz 1 bezeichneten Nebenfolgen oder der Festsetzung einer Geldbuße gegen eine juristische Person oder eine Personenvereinigung abgesehen, so können die dem Nebenbeteiligten erwachsenen notwendigen Auslagen der Staatskasse oder einem anderen Beteiligten auferlegt werden.**

1 **A. Anordnung von Maßnahmen und Festsetzung von Geldbußen gegen Nebenbeteiligte (§§ 431, 442, 444) (Abs. 1). I. Besondere Kosten (Abs. 1 S. 1).** Besondere Kosten (Abs. 1 S. 1) sind, da eine Gebühr für die Anordnung nicht entsteht (vgl. KV 3410 ff. GKG), nur die ausscheidbaren Auslagen der Staatskasse, zB für eine Beweisaufnahme über Einwendungen des Nebenbeteiligten (Löwe/Rosenberg/Hilger Rn. 3).

2 Von der die grds. Kostentragungspflicht des Angeklagten (§ 465) abändernden Kannbestimmung ist insbes. Gebrauch zu machen, wenn die Auslagen durch unbegründete Einwendungen der Nebenbeteiligten entstanden sind.

3 **II. Notwendige Auslagen (Abs. 1 S. 2).** Die notwendigen Auslagen (Abs. 1 S. 2) trägt der Nebenbeteiligte selbst, wenn darüber keine bes. Entsch. ergeht (Löwe/Rosenberg/Hilger Rn. 4). Aus Billigkeitsgründen kommt im subjektiven Verf. die Belastung des Angeklagten in Betracht, zB wenn er einen gestohlenen Gegenstand an den gutgläubigen Einziehungsbeteiligten veräußert hat u. dieser die Einziehung aus seinem vermeintlichen Recht bekämpft o. wenn die JP o. PV aufgrund der später widerlegten Behauptung des Angeklagten, er habe die Tat zu ihrem Vorteil begangen, in das Verf. hineingezogen wird. Die Aufteilung der

Auslagen, auch nach Bruchteilen, ist zulässig (§ 464d; vgl. auch OLG Nürnberg NJW 1972, 67 (69)).

III. Selbständiges Verfahren. Im selbständigen Verfahren (§§ 440, 442, 444 Abs. 3) ist § 465 Abs. 1 nicht anwendbar; grds. muss daher die Staatkasse die Kosten tragen (RGSt 74, 326 (334); Löwe/Rosenberg/Hilger Rn. 3). Wenn ein Nebenbeteiligter belastet werden soll, kann das auch hier nur durch Überbürdung der durch seine Beteiligung entstandenen bes. Kosten geschehen (Abs. 1 S. 1). Seine notwendigen Auslagen trägt der Nebenbeteiligte grds. selbst; sie können aber aus Billigkeitsgründen einem anderen Nebenbeteiligten auferlegt werden (Abs. 1 S. 2), auch dem Privatkläger, der das Verf. beantragt hat. 4

B. Geldbuße gegen eine JP oder PV (Abs. 2). Wird gegen diese nach § 30 OWiG im Strafverfahren eine Geldbuße verhängt, so wird die JP o. PV kostenmäßig wie ein verurteilter Angeklagter nach § 465 Abs. 1 behandelt. Wird sie neben einer natürlichen Person als Organ usw der JP o. PV verurteilt, haftet sie neben dieser als Gesamtschuldner nach § 466. 5

C. Absehen von der Anordnung oder Festsetzung (Abs. 3). Kostenpflichtig ist der verurteilte Angeklagte (§ 465 Abs. 1) o. die verurteilte JP o. PV (Abs. 2), bei Nichtverurteilung die Staatskasse. Der Nebenbeteiligte trägt seine notwendigen Auslagen selbst. Das Gericht kann sie jedoch ganz o. teilw. der Staatskasse o. dem Angeklagten, dem Privat- o. Nebenkläger o. einem anderen Nebenbeteiligten (Löwe/Rosenberg/Hilger Rn. 10) auferlegen. Abs. 3 gilt auch im selbständigen Verfahren. 6

D. Rechtsmittelkosten. Vgl. → § 473 Rn. 28. 7

Kosten bei zurückgenommenem oder erfolglosem Rechtsmittel; Kosten der Wiedereinsetzung

473 (1) [1]**Die Kosten eines zurückgenommenen oder erfolglos eingelegten Rechtsmittels treffen den, der es eingelegt hat.** [2]**Hat der Beschuldigte das Rechtsmittel erfolglos eingelegt oder zurückgenommen, so sind ihm die dadurch dem Nebenkläger oder dem zum Anschluß als Nebenkläger Berechtigten in Wahrnehmung seiner Befugnisse nach § 406h erwachsenen notwendigen Auslagen aufzuerlegen.** [3]**Hat im Falle des Satzes 1 allein der Nebenkläger ein Rechtsmittel eingelegt oder durchgeführt, so sind ihm die dadurch erwachsenen notwendigen Auslagen des Beschuldigten aufzuerlegen.** [4]**Für die Kosten des Rechtsmittels und die notwendigen Auslagen der Beteiligten gilt § 472a Abs. 2 entsprechend, wenn eine zulässig erhobene sofortige Beschwerde nach § 406a Abs. 1 Satz 1 durch eine den Rechtszug abschließende Entscheidung unzulässig geworden ist.**

(2) [1]**Hat im Falle des Absatzes 1 die Staatsanwaltschaft das Rechtsmittel zuungunsten des Beschuldigten oder eines Nebenbeteiligten (§ 424 Absatz 1, §§ 439, 444 Abs. 1 Satz 1) eingelegt, so sind die ihm erwachsenen notwendigen Auslagen der Staatskasse aufzuerlegen.** [2]**Dasselbe gilt, wenn das von der Staatsanwaltschaft zugunsten des Beschuldigten oder eines Nebenbeteiligten eingelegte Rechtsmittel Erfolg hat.**

(3) **Hat der Beschuldigte oder ein anderer Beteiligter das Rechtsmittel auf bestimmte Beschwerdepunkte beschränkt und hat ein solches Rechtsmittel Erfolg, so sind die notwendigen Auslagen des Beteiligten der Staatskasse aufzuerlegen.**

(4) [1]**Hat das Rechtsmittel teilweise Erfolg, so hat das Gericht die Gebühr zu ermäßigen und die entstandenen Auslagen teilweise oder auch ganz der Staatskasse aufzuerlegen, soweit es unbillig wäre, die Beteiligten damit zu belasten.** [2]**Dies gilt entsprechend für die notwendigen Auslagen der Beteiligten.**

(5) **Ein Rechtsmittel gilt als erfolglos, soweit eine Anordnung nach § 69 Abs. 1 oder § 69b Abs. 1 des Strafgesetzbuches nur deshalb nicht aufrechterhalten wird, weil ihre Voraussetzungen wegen der Dauer einer vorläufigen Entziehung der Fahrerlaubnis (§ 111a Abs. 1) oder einer Verwahrung, Sicherstellung oder Beschlagnahme des Führerscheins (§ 69a Abs. 6 des Strafgesetzbuches) nicht mehr vorliegen.**

(6) **Die Absätze 1 bis 4 gelten entsprechend für die Kosten und die notwendigen Auslagen, die durch einen Antrag**

1. auf Wiederaufnahme des durch ein rechtskräftiges Urteil abgeschlossenen Verfahrens oder

2. auf ein Nachverfahren (§ 433)

verursacht worden sind.

(7) **Die Kosten der Wiedereinsetzung in den vorigen Stand fallen dem Antragsteller zur Last, soweit sie nicht durch einen unbegründeten Widerspruch des Gegners entstanden sind.**

Übersicht

1 **A. Rechtsmittel.** Rechtsmittel sind Beschwerde, Berufung u. Revision (→ Vor § 296 Rn. 1), nicht der Einspruch gegen den Strafbefehl, auch nicht bei erfolgreichem Teileinspruch nach § 410 Abs. 2 (OLG Stuttgart NStZ 1989, 589; LG Göttingen Nds. Rpfl. 1992, 8; LG Hamburg NZV 1993, 205; LG Hildesheim Nds. Rpfl. 1989, 41; LG Kempten DAR 1999, 141; **aM** OLG München NStZ 1988, 241 mablAnm Mertens NStZ 1988, 473); hier kann ggf. § 465 Abs. 2 helfen (LG

Bremen MDR 1991, 666; LG Mosbach StV 1997, 34). Mehrere nebeneinander eingelegte Rechtsmittel sind kostenrechtlich voneinander zu trennen (BGH BeckRS 2019, 19937 mwN). Die entspr. Anwendung des § 473 bestimmt § 161a Abs. 3 S. 3. Zur Frage, wann Rechtsmittelentscheidungen mit einer Kosten- u. Auslagenentscheidung versehen werden müssen, vgl. → § 464 Rn. 7a, 11a.

B. Kostentragungspflicht bei vollem Erfolg eines unbeschränkten Rechtsmittels. Die Kostentragungspflicht bei vollem Erfolg eines unbeschränkten Rechtsmittels ist in Abs. 2 S. 2 nur für einen Sonderfall geregelt. Besteht der Erfolg des Rechtsmittels im Freispruch des Angeklagten o. in der Verfahrenseinstellung, so gilt § 467 (OLG Karlsruhe NJW 1974, 469; OLG Koblenz VRS 65, 49). Zur entspr. Anwendung des § 467 Abs. 3 S. 1 Nr. 1 vgl. → § 467 Rn. 11. Bei erfolgreicher Beschwerde trägt mangels eines anderen Kostenschuldners die Staatskasse die Kosten (→ § 464 Rn. 2) und, sofern darüber eine Entsch. zu treffen ist (→ § 464 Rn. 11), die notwendigen Auslagen des Beschwerdeführers (OLG Hamm NJW 1975, 2112). § 467 Abs. 2–4 ist dann sinngemäß anzuwenden (**aM** OLG Hamm NJW 1975, 2112; SK-StPO/Degener Rn. 27). Entsprechend § 467 Abs. 3 S. 2 Nr. 1 trägt der Beschwerdeführer, der erst mit der Beschwerde die deren Erfolg begründenden Tatsachen vorträgt, idR seine notwendigen Auslagen selbst (OLG Frankfurt a. M. NJW 1972, 784 für § 453 Abs. 2 S. 1; OLG Hamburg NStZ-RR 1997, 31; OLG Hamm MDR 1981, 423; **aM** Löwe/Rosenberg/Hilger Rn. 15). Beruht die Beschwerdeentscheidung nur auf einer v. dem angefochtenen Beschl. abw. Beurteilung einer Ermessensfrage, so ändert das an der Belastung der Staatskasse mit den notwendigen Auslagen des Beschwerdeführers nichts (Löwe/Rosenberg/Hilger Rn. 15; **aM** OLG Hamburg NJW 1974, 325; OLG Hamm MDR 1974, 689; die § 467 Abs. 4 entspr. anwenden wollen). 2

Da bei vollem Erfolg seines Rechtsmittels Beschwerdegegner des Beschuldigten die StA ist, braucht er dem **Nebenkläger** keine Auslagen zu erstatten (BayObLG VRS 18, 451; OLG Frankfurt a. M. MDR 1957, 474; OLG Hamm NJW 1962, 2023). Bei vollem Erfolg des Rechtsmittels des Nebenklägers sind dem Angeklagten die Kosten u. die notwendigen Auslagen des Nebenklägers aufzuerlegen, auch wenn daneben die StA ein Rechtsmittel eingelegt hat. Zum Fall des Teilerfolgs vgl. → Rn. 29. 3

C. Kostentragungspflicht bei Zurücknahme und Erfolglosigkeit des Rechtsmittels (Abs. 1). I. Zurücknahme. Die wirksame Zurücknahme zwingt idR zu einer selbständigen Kostenentscheidung (→ § 464 Rn. 13). Wenn die Sache wegen eines anderen Rechtsmittels bei dem Rechtsmittelgericht anhängig bleibt, kann es aber in dem verfahrensabschl. Urt. auch über die Kosten nach Abs. 1 entscheiden (BayObLGSt 1955, 54). 4

Abweichend von Abs. 1 gilt § 467 Abs. 1 entspr., wenn der Grund der Zurücknahme eine Berichtigung der angefochtenen Entsch. ist (OLG Saarbrücken VRS 49, 436; Löwe/Rosenberg/Hilger Rn. 4; erg. → Rn. 37). Dies kann in Ausnahmefällen auch sonst aus Gründen der sachlichen Gerechtigkeit u. Billigkeit gelten, va in Fällen eingetretener Erledigung (BGH NJW 2016, 3192 mwN). 5

II. Erfolglosigkeit. Erfolglos ist ein Rechtsmittel, wenn es als unzulässig o. unbegründet verworfen wird o. nur einen ganz unwesentlichen Teilerfolg hat (vgl. → Rn. 21). Eine Revision, die nur zur Aufhebung des Berufungsurteils u. Verwerfung der verspätet eingelegten Berufung als unzulässig führt, ist erfolglos (OLG Düsseldorf GA 1983, 220), ebenso ein Rechtsmittel, auf das der Einspruch gegen den Strafbefehl unter Aufhebung des angefochtenen Urt. als unzulässig verworfen wird (OLG Düsseldorf MDR 1986, 428), sofern das nicht das Ziel des Rechtsmittels gewesen ist (OLG Hamm VRS 43, 112; OLG Karlsruhe DAR 1960, 237). Ein Rechtsmittelerfolg ist aber auch eingetreten, wenn er nur auf einer Gesetzesänderung beruht (OLG München MDR 1977, 249). Bei erfolgloser Berufung trägt der Verurteilte die Kosten aller Hauptverhandlungen, auch wenn sie aus Gründen wiederholt werden müssen, auf die das Gericht keinen Einfluss hat (OLG Hamm 6

MDR 1977, 865; Erkrankung eines Schöffen). Zum vollen Erfolg infolge Zeitablaufs vgl. → Rn. 30 ff., zum Teilerfolg → Rn. 24 ff.

7 Die **Zurückverweisung der Sache** nach §§ 328 Abs. 2, 354 Abs. 2, 355 ist nur ein vorl. Erfolg; eine Kostenentscheidung ergeht nicht (→ § 464 Rn. 3). Maßgebend für den Rechtsmittelerfolg ist erst die abschl. Sachentscheidung, es sei denn, die neue Verh. kann an dem Erfolg des Rechtsmittels nichts mehr ändern (OLG Jena NJW 2006, 1892 (1894): voller Erfolg der StA-Revision). Bleibt es bei einer im Wesentlichen gleichen Verurteilung, wenn auch aus einem anderen Rechtsgrund (BGH JR 1956, 69; BayObLGSt 1971, 201), so wird der Verurteilte, außer im Fall des § 357 (OLG Oldenburg Nds. Rpfl. 1949, 184), auch mit den Rechtsmittelkosten belastet (OLG Hamm JMBl. NRW. 1964, 153; Löwe/Rosenberg/Hilger Rn. 27 ff.; **aM** D. Meyer DAR 1973, 231; Warburg NJW 1973, 23). Er trägt das Kosten- u. Auslagenrisiko dafür, dass die endg. Entsch. nicht schon im 1. Rechtszug getroffen wird (BGHSt 17, 376 (381); BayObLG JR 1961, 224; erg. → Rn. 16). Wird er schließlich freigesprochen o. wird das Verf. eingestellt, so gilt § 467, bei Teilerfolg Abs. 4.

8 **III. Kostentragungspflicht (Abs. 1 S. 1).** Zur Tragung der Kosten verpflichtet (S. 1) ist der Beschwerdeführer, der Angeklagte auch bei einem Rechtsmittel des Verteidigers. Sind mehrere Beschwerdeführer vorhanden, so trägt jeder die Kosten seines Rechtsmittels (BGH NStZ-RR 2013, 191). Die Kostentragungspflicht besteht unabhängig v. Erfolg eines etwaigen staatsanwaltlichen Rechtsmittels (OLG Braunschweig BeckRS 2013, 19351). Gesetzliche Vertreter u. Erziehungsberechtigte (§ 298, § 67 **JGG**) haben die Kosten ihrer erfolglosen Rechtsmittel zu tragen, haften aber nur mit dem ihrer Verw. unterliegenden Vermögen des Angeklagten (BGHSt 19, 196 (199); NJW 1956, 520).

8a Kostentragungspflichtig ist auch der **vollmachtlose Vertreter** (KG Rpfleger 1971, 193; OLG Celle StraFo 1998, 31; **nicht** aber, wenn der Vertreter in bestehender und nicht überschrittener Vollmacht handelt, vgl. BVerfG NStZ-RR 2025, 391), zB der Verteidiger, der das Rechtsmittel ohne gültige Vollmacht o. gegen den Willen des Angeklagten einlegt (KG NJW 2012, 2293; OLG Hamm NJW 2008, 3799; OLG Stuttgart Justiz 1994, 453; anders aber beim RA als Beistand der zu Unrecht als Nebenkläger zugelassenen Person, BGH NStZ 2009, 174) o. nachdem er nach § 146a zurückgewiesen worden ist (**aM** KG NJW 1977, 913), u. der ges. Vertreter nach Volljährigkeit des Angeklagten (LG Lüneburg Nds. Rpfl. 1966, 274). Erfolgt die Rechtsmitteleinlegung durch den Verteidiger ohne Wissen und Zustimmung, aber nicht gegen den ausdr. erklärten Willen des Verurteilten, sind die Kosten im Falle der Erfolglosigkeit oder Rücknahme dem Verurteilten aufzuerlegen, da ihm das Rechtsmittel gem. § 297 zuzurechnen ist (OLG Hamm BeckRS 2025, 11563); anders verhält es sich nur dann, wenn der Verteidiger das Rechtsmittel gegen den erst nach der Einlegung geäußerten Gegenwillen des Verurteilten weiterverfolgt (OLG Hamm BeckRS 2025, 11563).

8b Bei Jugendlichen u. Heranwachsenden, auf die Jugendstrafrecht angewendet worden ist, gilt § 74 **JGG** (→ § 465 Rn. 1), nicht aber für die Kosten u. Auslagen bei erfolglosem Rechtsmittel des ges. Vertreters o. des Erziehungsberechtigten (Brunner/Dölling JGG § 74 Rn. 12; **aM** Eisenberg/Kölbel JGG § 74 Rn. 24 mwN). Der Nebenkläger haftet für die Kosten des erfolglosen Rechtsmittels auch dann, wenn eine Beistandsbestellung nach §§ 395 Abs. 2, 397a Abs. 1 erfolgt ist (BGH BeckRS 2021, 24308). Bei Tod des Beschuldigten o. Todeserklärung wird das Verf. eingestellt (→ § 206a Rn. 8). Für Rechtsmittelkosten haftet der Nachlass entspr. § 465 Abs. 3 nicht (vgl. OLG Hamm NJW 1978, 177 (178)). Zum Fall des Todes des Nebenklägers, durch o. für den das Rechtsmittel eingelegt worden ist, vgl. → Rn. 12, zum Tod des Privatklägers → § 471 Rn. 3.

9 **IV. Kostentragungspflicht bei Nebenklage (Abs. 1 S. 2, 3). Bei Zurücknahme oder Erfolglosigkeit des Rechtsmittels des Beschuldigten,** die im Hinblick auf das Nebenklagedelikt zu beurteilen ist (OLG Frankfurt a. M. AnwBl 1981, 512), sind dem Beschuldigten durch ausdr. Urteilsausspruch (vgl. → § 472

Rn. 10) die dem zu Recht zugelassenen (Kusch NStZ 1997, 74 – BGH RsprÜ; OLG Düsseldorf NJW 1983, 1337: Rechtsmittelgericht prüft das für die Kostenfrage vAw) Nebenkläger durch das Rechtsmittel entstandenen notwendigen Auslagen aufzuerlegen (S. 2); das gilt auch bei einer erfolglosen Strafmaßberufung (OLG Koblenz VRS 54, 201), falls der rkr. Schuldspruch das Nebenklagedelikt enthält (OLG Celle NZV 1991,) o. zumindest den Nebenkläger iSd § 472 Abs. 1 S. 1 betr. (Kusch NStZ 1997, 74 – BGH RsprÜ), u. für den Fall, dass nicht nur das Rechtsmittel des Angeklagten, sondern auch ein zu seinen Ungunsten eingelegtes Rechtsmittel der StA erfolglos (OLG Hamburg MDR 1970, 1029) o. zurückgenommen worden ist (OLG Schleswig JurBüro 1987, 556).

Bei erfolglosem Rechtsmittel des Angeklagten und des Nebenklägers trägt jeder seine notwendigen Auslagen selbst (Kusch NStZ 1993, 230 – BGH RsprÜ; Kusch NStZ 1994, 229 – BGH RsprÜ), anders nur, wenn der Anfechtungsumfang der beiden Rechtsmittel infolge einer Rechtsmittelbeschränkung nicht deckungsgleich war (BGH bei Kotz NStZ-RR 1999, 167). Die Regelung des Abs. 1 S. 2 gilt auch für den Fall, dass einem Berechtigten in Wahrnehmung seiner Befugnisse nach § 406h notwendige Auslagen erwachsen sind (→ § 406h Rn. 4). 10

Wenn der **Nebenkläger das Rechtsmittel allein eingelegt** o. wenn er es durchgeführt hat, nachdem das Rechtsmittel eines anderen Prozessbeteiligten zurückgenommen worden ist (vgl. OLG Hamm NJW 1959, 1984; OLG Karlsruhe Justiz 1974, 270), muss er dem Beschuldigten unter den Voraussetzungen des Abs. 1 S. 1 die notwendigen Auslagen erstatten (S. 3). Um einen Fall des Abs. 1 S. 1 handelt es sich auch, wenn sich das Rechtsmittel des Nebenklägers durch dessen Tod erledigt hat; es gilt dann als zurückgenommen (→ § 402 Rn. 6). Statt des Nebenklägers wird der Nachlass belastet (OLG Celle NJW 1953, 1726). Bei erfolgloser o. zurückgenommener Revision der StA hat der Nebenkläger seine notwendigen Auslagen selbst zu tragen (Becker NStZ-RR 2006, 67 – BGH RsprÜ). Bei Erfolglosigkeit des Rechtsmittels der StA u. des Nebenklägers tragen dieser u. die Staatskasse die gerichtlichen Auslagen je zur Hälfte (BGH BeckRS 2020, 9420); die notwendigen Auslagen des Angeklagten fallen nach Abs. 2 S. 1 allein der Staatskasse zur Last (BGH NStZ-RR 2006, 128 Ls.; 2008, 146; OLG Koblenz VRS 54, 131). 11

Sonst können der **Staatskasse** bei Erfolglosigkeit des Rechtsmittels des Nebenklägers Kosten u. notwendige Auslagen des Verf. grds. nicht auferlegt werden (BVerfG NStE StPO § 473 Nr. 20; BayObLG NStZ 1981, 312). Eine Ausnahme gilt, wenn das erfolglose Rechtsmittel nach § 301 zum Freispruch des Angeklagten geführt hat; die notwendigen Auslagen des Angeklagten für das Rechtsmittel tragen dann Staatskasse u. Nebenkläger als Gesamtschuldner (BayObLGSt 1968, 26; BayObLG NJW 1959, 1236; **aM** RGSt 41, 349 (351): nur die Staatskasse). Hat erst die Berufung des Nebenklägers zur Verurteilung des Angeklagten geführt u. wird er nach Aufhebung des Urt. durch das Revisionsgericht in der neuen Berufungsverhandlung freigesprochen, so trägt der Nebenkläger die Kosten u. notwendigen Auslagen des Angeklagten für beide Berufungsverhandlungen allein (BayObLG NStZ 1981, 312). Anders ist es aber, wenn der Nebenkläger nicht die Berufung, sondern nur erfolgreich Revision eingelegt hatte; dann trägt er bei Freispruch des Angeklagten in der neuen Berufungsverhandlung nur die Kosten der Revision u. die dadurch entstandenen notwendigen Auslagen des Angeklagten (OLG Stuttgart NStE StPO § 473 Nr. 21). 12

V. Kostentragungspflicht bei überholter Beschwerde (Abs. 1 S. 4). Es wäre unbillig, wenn der Beschwerdeführer nach Abs. 1 S. 1 die Kosten tragen müsste, weil seine zunächst nach § 406a Abs. 1 S. 1 zulässig eingelegte Beschwerde durch die den Rechtszug abschl. Entsch. unzulässig geworden ist (vgl. → § 406a Rn. 3). Daher gilt hier der auch sonst die Kostenentscheidung im Adhäsionsverfahren bei Absehen v. der Entsch. über den Antrag (§ 406 Abs. 1 S. 3, 4) regelnde 13

§ 472a Abs. 2 entspr. Somit können ggf. auch nach § 472a Abs. 2 S. 2 die gerichtlichen Gebühren der Staatskasse auferlegt werden.

14 **D. Rechtsmittel der StA (Abs. 2). I. Zuungunsten des Beschuldigten oder Nebenbeteiligten (Abs. 2 S. 1).** Bei Zurücknahme o. Erfolglosigkeit, der eine Entsch. nach § 301 gleichsteht (RGSt 60, 16; OLG Hamm NJW 1953, 118), wird die Staatskasse mit den Kosten des Rechtsmittels (Abs. 1) u. den dem Beschwerdegegner entstandenen notwendigen Auslagen belastet (Abs. 2 S. 1), auch soweit diese durch ein Rechtsmittel des Nebenklägers entstanden sind (BGH BeckRS 2020, 9420), nicht aber mit den notwendigen Auslagen des Nebenklägers (BGH NStZ-RR 2012, 156). Ob solche Auslagen entstanden sind, wird erst in dem Verf. nach § 464b geprüft (BayObLG MDR 1983, 156; OLG Hamburg NJW 1975, 103). Auf die Gründe des Misserfolgs kommt es nicht an (OLG Karlsruhe VRS 50, 272; OLG Oldenburg VRS 68, 215); § 467 Abs. 3 S. 2 gilt nicht entspr. (→ § 467 Rn. 11), auch nicht Abs. 4.

15 Bleibt es nach Zurückverweisung (§ 354 Abs. 2) bei der früheren Verurteilung, so trägt der Angeklagte die gesamten Verfahrenskosten (→ § 465 Rn. 3) mit Ausnahme der Kosten der Revision u. der ihm durch das Rechtsmittel entstandenen notwendigen Auslagen; sie werden der Staatskasse auferlegt (BGHSt 18, 231). Hatte das Rechtsmittel Erfolg, so gehören die Rechtsmittelkosten zu den Verfahrenskosten, die der Angeklagte nach § 465 zu tragen hat; v. seinen notwendigen Auslagen wird er nicht entlastet (BGHSt 19, 226 (229)). Das gilt auch beim Erfolg eines auf bestimmte Beschwerdepunkte beschränkten Rechtsmittels (OLG Düsseldorf MDR 1982, 518).

16 **II. Zugunsten des Beschuldigten oder Nebenbeteiligten (Abs. 2 S. 2).** Bei einem Erfolg wird der Beschuldigte so gestellt, als habe er das Rechtsmittel selbst eingelegt. Die Kosten fallen der Staatskasse zur Last (BGHSt 19, 226); für die notwendigen Auslagen gilt Abs. 2 S. 2 (BGH NStZ-RR 2012, 72). Bei Zurücknahme o. Erfolglosigkeit des Rechtsmittels trägt die Staatskasse ebenfalls die Kosten, nicht aber die dem Angeklagten im Rechtsmittelzug entstandenen notwendigen Auslagen (Rüth DAR 1986, 249 – BayObLG RsprÜ).

17 **III. Rechtsmittel der StA. Weder zugunsten noch zuungunsten** des Beschuldigten wird ein Rechtsmittel eingelegt, mit dem die StA nur ihre Aufgabe wahrnimmt, Gerichtsentscheidungen ohne Rücksicht darauf, welche Wirkung damit für den Verurteilten erzielt wird, mit dem G im Einklang zu bringen (→ Einl. Rn. 87, → Vor § 296 Rn. 16); idR trägt dann die Staatskasse die Kosten u. die notwendigen Auslagen des Angeklagten (BGHSt 18, 268; OLG Düsseldorf NStZ-RR 2000, 223).

18 **IV. Zusammentreffen mit einem Rechtsmittel des Angeklagten.** Rechtsmittel der StA u. des Angeklagten werden kostenrechtlich getrennt behandelt (BGHSt 19, 226). Bei Zurücknahme o. Erfolglosigkeit beider Rechtsmittel werden die ausscheidbaren (OLG Hamburg NJW 1975, 130; **aM** OLG Zweibrücken NJW 1974, 659: alle Mehrkosten ohne Rücksicht auf ihre Ausscheidbarkeit) notwendigen Auslagen des Angeklagten der Staatskasse auferlegt, soweit das Rechtsmittel der StA sie verursacht hat (BGH DAR 1969, 105 (106); OLG Bamberg JurBüro 1987, 1840). Ob solche Mehrkosten entstanden sind, wird erst im Verf. nach § 464b geprüft (KG VRS 38, 359; OLG Hamburg NJW 1975, 130). Sind Mehrkosten aber offensichtlich ausgeschlossen, so können die Rechtsmittelkosten auch uneingeschränkt dem Angeklagten auferlegt werden (BayObLGSt 1962, 298; OLG Düsseldorf NStE StPO § 473 Nr. 8; Döllel/Dreeßen SchlHA 2005, 264 – OLG Schleswig RsprÜ; **aM** Löwe/Rosenberg/Hilger Rn. 59).

19 **E. Beschränktes Rechtsmittel (Abs. 3). I. Begriff.** Die Vorschr. gilt unmittelbar nur für den Fall, dass die Beschränkung schon bei der Einlegung o. Begründung (§§ 318 S. 1, 344 Abs. 1) des Rechtsmittels erklärt wird (OLG Frankfurt a. M. NJW 1974, 1670; **aM** OLG Oldenburg NJW 1970, 2130).

Die nachträgliche Beschränkung ist idR (vgl. aber → § 302 Rn. 29) eine Teilrücknahme (→ § 302 Rn. 2, → § 318 Rn. 1); insoweit gilt Abs. 1. In diesem Fall werden daher die Kosten des erfolgreichen Rechtsmittels u. die dem Angeklagten erwachsenen notwendigen Auslagen der Staatskasse nur mit Ausnahme derjenigen auferlegt, die bei einer alsbald nach Urteilszustellung erklärten Rechtsmittelbeschränkung vermeidbar gewesen wären; diese trägt der Angeklagte (vgl. BGH 30.8.2022 – 4 StR 487/21; OLG Hamm NStZ-RR 1998, 221; OLG Stuttgart StraFo 2014, 351; OLG Koblenz NStZ-RR 2011, 64 Ls.; OLG München NStZ-RR 1997, 192). Ihre Höhe wird im Kostenansatzverfahren (vgl. → § 464b Rn. 1) festgestellt. 20

II. Voller Erfolg. Vollen Erfolg hat das beschränkte Rechtsmittel, wenn der Beschwerdeführer sein **erklärtes Ziel im Wesentlichen erreicht** (OLG Düsseldorf NStZ 1985, 380). Bei einer Strafmaßberufung kommt es nach heute hM nur auf einen Vergleich zwischen der in der Vorinstanz erkannten Strafe u. der in der Rechtsmittelinstanz erreichten Milderung, hingegen nicht entscheidend auf den SchlA des Beschwerdeführers an (OLG Stuttgart StraFo 2014, 351; KG StraFo 2013, 352; OLG Köln StV 1993, 649; OLG Zweibrücken OLGSt StPO § 473 Nr. 6). Wenn die Strafmilderung in das Ermessen des Gerichts gestellt wird, liegt ein voller Erfolg schon in der erheblichen Herabsetzung der Strafe, mind. um ein Viertel (OLG Frankfurt a. M. NJW 1979, 1515; OLG Hamm NStZ-RR 2013, 392 Ls.; OLG Nürnberg OLGSt StPO § 473 Nr. 1; Löwe/Rosenberg/Hilger Rn. 35; **aM** OLG Saarbrücken AnwBl 1993, 293). Einen vollen Erfolg hat das Rechtsmittel auch, wenn statt auf Freiheitsstrafe auf eine geringfügige Geldstrafe (OLG Nürnberg StraFo 2012, 117) o. statt auf Geldstrafe auf Verwarnung mit Strafvorbehalt erkannt (OLG Bremen StV 1994, 495) o. wenn der Geldstrafentagessatz nur wegen der Änd. der wirtschaftlichen Verhältnisse des Beschwerdeführers herabgesetzt wird (Kadel GA 1979, 465; D. Meyer JurBüro 1992, 145; **aM** OLG Hamburg MDR 1977, 72; OLG Zweibrücken NStZ 1991, 602 mablAnm Hilger; vgl. auch Rüth DAR 1982, 256 – BayObLG RsprÜ, das Abs. 4 anwendet). Ebenfalls Erfolg iSv Abs. 3 hat ein Beschwerdeführer, dessen Rechtsmittelbeschränkung aus v. ihm nicht zu vertretenden Rechtsgründen nicht möglich ist, der aber iErg das v. ihm allein erstrebte beschränkte Ziel erreicht (OLG Hamm NStZ-RR 2014, 96 Ls.: Beschränkung der Berufung auf Rechtsfolgenausspruch bei unzureichenden Tatsachenfeststellungen des AG). Als Erfolg gilt aber nicht eine Abänderung des Urt., die allein auf den Zeitablauf zurückzuführen ist (→ Rn. 30 ff.). 21

Ist eine **Rechtsmittelbeschränkung aus Rechtsgründen nicht möglich** (→ § 318 Rn. 13 ff.; → § 344 Rn. 17), so liegt iSd Abs. 3 voller Erfolg vor, zB wenn die Berufungsbeschränkung unwirksam gewesen wäre (OLG Hamm StraFo 2013, 528) o. wenn der Beschwerdeführer v. vornherein erklärt, dass er mit seinem Rechtsmittel nur das beschränkte Ziel verfolgt, das er iErg erreicht hat (BGHSt 19, 226 (229); OLG Celle StraFo 2019, 424; KG bei Kotz NStZ-RR 1999, 168; OLG Düsseldorf JR 1991, 120), zB den erstrebten Wegfall einer tateinheitlichen Verurteilung (BGHSt 19, 226 (229)) o. des Fahrverbots (OLG Köln VRS 109, 338 (340)) o. Verurteilung wegen einer milderen Strafvorschrift (OLG Düsseldorf JR 1991, 120: § 229 statt § 222 StGB). 22

III. Rechtsmittelkosten und notwendige Auslagen. Der Angeklagte wird bei vollem Erfolg für das Rechtsmittelverfahren wie ein Freigesprochener behandelt (OLG Saarbrücken StV 1990, 366); Auslagen des Nebenklägers dürfen ihm nicht auferlegt werden (Döllel/Dreeßen SchlHA 2010, 234 – OLG Schleswig RsprÜ; KK-StPO/Gieg Rn. 10; **aM** OLG Hamm NStZ-RR 1998, 221 mwN zum Streitstand: § 472 Abs. 1 entspr.), es sei denn, der Angeklagte habe sein Rechtsmittel erst in der HV beschränkt (OLG Köln NStZ-RR 2009, 126). Die Staatskasse trägt die (in Abs. 3 nicht erwähnten) Kosten des Rechtsmittels (OLG Düsseldorf JR 1991, 120) u. die notwendigen Auslagen des Beschwerdeführers. Beteiligter iSd Abs. 3 ist 23 nicht der Nebenkläger; die Erstattung seiner Auslagen aus der Staatskasse kommt nicht in Betracht (→ Rn. 13).

24 **F. Teilerfolg (Abs. 4). I. Begriff.** Bei Teilfreispruch in der Rechtsmittelinstanz gilt nicht Abs. 4, sondern § 467 (OLG Düsseldorf StV 1995, 308 mwN; Rpfleger 1996, 303). Abs. 4 ist nur bei Teilerfolg hins. einer u. derselben Tat anzuwenden (Löwe/Rosenberg/Hilger Rn. 52), gleichgültig, ob das Rechtsmittel in vollem Umf. eingelegt o. beschränkt ist. Umstritten ist, ob auf einen Vergleich zwischen der in der Vorinstanz erkannten Strafe u. der im Rechtsmittelzug erreichten Milderung abzustellen ist (so die hM) o. ob der Rechtsmittelführer das erklärte o. erkennbare Anfechtungsziel vollständig o. ohne wesentliche Abstriche erreicht hat (so KG NStZ 2011, 536).

25 Ein **Teilerfolg liegt zB** bei unbeschränktem Rechtsmittel des Angeklagten in der nicht unwesentlichen Strafmilderung (OLG Hamm MDR 1973, 1041: Ermäßigung um ein Viertel) u. in der Bewilligung v. Strafaussetzung, nicht aber in der Schuldspruchänderung (BGH JR 1956, 69; OLG Hamm MDR 1993, 376; SK-StPO/Degener Rn. 45; **aM** OLG München NJW 1973, 864; Lorenzen/Görl SchlHA 1988, 119 – OLG Schleswig RsprÜ; Löwe/Rosenberg/Hilger Rn. 50; ebenso OLG Celle MDR 1976, 1042; OLG Düsseldorf VRS 69, 225 für den Fall, dass statt wegen Vorsatzes nur wegen Fahrlässigkeit verurteilt wird) o. in der Klarstellung der v. 1. Gericht offengelassenen Schuldform (OLG Düsseldorf JMBl. NRW. 1982, 256), auch nicht, wenn nur eine Auflage im Bewährungsbeschluss gemildert wird (OLG Celle NStZ-RR 2008, 359). Die Berufung der StA gegen ein freisprechendes Urt. hat vollen Erfolg, wenn der beantragte Schuldspruch ergeht, auch wenn die Strafe hinter dem Antrag zurückbleibt; bei Strafmaßberufung liegt kein Teilerfolg vor, wenn die Straferhöhung wesentlich geringer ist, als die StA beantragt hat (BayObLG NJW 1960, 255). Die Verfolgungsbeschränkung nach §§ 154 Abs. 2, 154a Abs. 2 ist kein Teilerfolg (OLG Köln StraFo 2012, 249; Löwe/Rosenberg/Hilger Rn. 49). Beim vollständigen Absehen v. der Einziehungsentscheidung nach § 421 in der Revisionsinstanz ist – auch im Falle einer Teilbeschränkung innerhalb der Einziehungsentscheidung – eine einheitliche Kostenentscheidung nach Abs. 4 zu treffen (BGH NStZ-RR 2021, 229; NJW 2021, 1829).

26 **II. Billigkeitsentscheidung.** Der Teilerfolg allein führt nicht zur Anwendung des Abs. 4. Diese Ausnahme von Abs. 1 setzt voraus, dass nach den Umständen anzunehmen ist, der Beschwerdeführer hätte das Rechtsmittel nicht eingelegt, wenn schon das 1. Urt. so gelautet hätte wie das des Rechtsmittelgerichts (VerfGH Bayern NStE StPO § 473 Nr. 13; BGH NStZ-RR 2021, 229; OLG Düsseldorf VRS 98, 366; OLG Köln AnwBl 1983, 461). Im Übrigen kommt es auf den Umf. des Teilerfolgs an (Miebach NStZ 1989, 221 – BGH RsprÜ; BGH NStZ-RR 2021, 229: Einziehungsentscheidung; OLG Düsseldorf NStZ-RR 2011, 293). Dass der Angeklagte in der 1. Instanz die Einlassung zur Sache verweigert hat u. erst in der Berufungsinstanz die zum Teilerfolg führenden Umstände vorgetragen hat, darf nicht zu seinem Nachteil berücksichtigt werden (KG JR 1971, 299; OLG Schleswig OLGSt StPO § 473 Nr. 2), wohl aber, wenn er in beiden Instanzen voneinander abw. Angaben gemacht hat (OLG Frankfurt a. M. NStZ-RR 2007, 158).

27 **III. Gebührenermäßigung.** Die Gebührenermäßigung ist nicht zwingend (Rüth DAR 1982, 256 – BayObLG RsprÜ; OLG Karlsruhe Justiz 1984, 432; KK-StPO/Gieg Rn. 7; **aM** OLG Hamm MDR 1973, 1041), sondern kommt nur aus Billigkeitsgründen in Betracht. Sie entfällt, wenn nach Zurückverweisung u. Neuverhandlung nochmals – nunmehr aber erfolglos – Revision eingelegt wird (BGH NStE StPO § 473 Nr. 7). Die Ermäßigung kann in der Bestimmung eines Bruchteils o. eines bestimmten Betrages bestehen. Auch der Ausspruch, dass die Gebühr ganz entfällt, ist durch Abs. 4 gedeckt (KG GA 1973, 85; OLG Hamm MDR 1981, 427; **aM** Löwe/Rosenberg/Hilger Rn. 47 Fn. 139).

IV. Auslagenverteilung. In Betracht kommen die Auslagen der Staatskasse (Abs. 4 S. 1) u. die notwendigen Auslagen der Bet. (Abs. 4 S. 2) für die Rechtsmittelinstanz. Auch hier kann eine Aufteilung nach Bruchteilen, aber auch nach Massen o. Einzelposten erfolgen. Bei Vorliegen bes. Umstände kann die Staatskasse mit den vollen Auslagen des Beschwerdeführers belastet werden. 28

V. Nebenklage. Beim Teilerfolg eines Rechtsmittels des Angeklagten o. des Nebenklägers ist Abs. 4 S. 2 entspr. (= Verteilung zwischen Angeklagtem u. Nebenkläger) anzuwenden (OLG Celle Nds. Rpfl. 1999, 325; OLG Düsseldorf NStZ-RR 2011, 294; **aM** OLG Düsseldorf JurBüro 1991, 853: § 473 Abs. 1; Böttcher JR 1987, 137: entspr. Anwendung des § 471 Abs. 3 Nr. 1). 29

G. Kein Erfolg wegen Zeitablaufs (Abs. 5). Es ist kein Erfolg des Rechtsmittels des Angeklagten, wenn im Berufungsurteil die Fahrerlaubnisentziehung nach § 69 StGB nur deshalb wegfällt, weil wegen der inzwischen verstrichenen Zeit die Ungeeignetheit des Angeklagten zum Führen v. Kraftfahrzeugen nicht mehr festgestellt werden kann (vgl. OLG Düsseldorf StV 1995, 308 (309)). Denn in diesem Fall führt das Rechtsmittel nicht zur Korrektur einer fehlerhaften Entsch., sondern zu einer abw. Entsch., die allein auf der Veränderung der Umstände durch bloßen Zeitablauf beruht. Die Vorschr. ist nur anwendbar, wenn das Berufungsgericht die Anordnung der Maßregel nach § 69 StGB lediglich deshalb aufhebt, weil ihr Zweck bereits durch die vorl. Entziehung der Fahrerlaubnis nach § 111a erreicht worden ist (vgl. aber Löwe/Rosenberg/Hilger Rn. 55: charakterliche Nachreife). Entsprechendes gilt, wenn eine vergleichbare Maßnahme iSd § 69a Abs. 6 StGB angeordnet war. Abs. 5 erfasst auch die Fälle, in denen der Angeklagte das Urt. in mehreren Punkten anficht, seine Berufung aber nur dazu führt, dass das Berufungsgericht eine Maßregel nach § 69 Abs. 1 StGB wegfallen lässt. Die Vorschr. betr. aber nicht den Fall, dass das Berufungsgericht die Entziehung der Fahrerlaubnis deshalb aufhebt, weil der Angeklagte nach der Tät längere Zeit beanstandungsfrei ein Kfz geführt hat, etwa weil eine vorl. Anordnung nach § 111a nicht getroffen worden war u. sich die Durchführung des Berufungsverfahrens verzögert hat, o. wenn es die mit dem Ziel der Verhängung einer längeren Sperrfrist eingelegte Berufung der StA verwirft (OLG Düsseldorf VRS 86, 136). 30

Die Vorschr. regelt den Fall, dass der Berufungserfolg allein auf dem Zeitablauf beruht, **nicht abschließend** (AK-StPO/Meier Rn. 7). Als Erfolg des Rechtsmittels gilt daher auch die Milderung der Rechtsfolgen nicht, die allein darauf zurückzuführen ist, dass infolge Zeitablaufs für einen vom 1. Richter als strafschärfend berücksichtigte Vorstrafe Tilgungsreife u. demgemäß ein Verwertungsverbot nach § 51 **BZRG** eingetreten (OLG Düsseldorf NStZ 1985, 380; **aM** Löwe/Rosenberg/Hilger Rn. 23) o. wenn wegen zwischenzeitlicher Veränderung der wirtschaftlichen Lage des Angeklagten die Tagessatzhöhe herabgesetzt worden ist (OLG Jena NStZ-RR 1997, 384 Ls.; Döllel/Dreeßen SchlHA 2008, 240 – OLG Schleswig RsprÜ). 31

H. Rechtsmittel im Privatklageverfahren. I. Rechtsmittel des Privatklägers. Bei Zurücknahme o. Erfolglosigkeit des Rechtsmittels trägt der Privatkläger nach Abs. 1 die Gerichtskosten u. nach § 471 Abs. 2, der für alle Rechtszüge gilt (BayObLGSt 1953, 257; KG NJW 1953, 1405; OLG Celle MDR 1957, 375; OLG Karlsruhe JR 1975, 250), die notwendigen Auslagen des Angeklagten (BayObLGSt 1960, 283). 32

Der Erfolglosigkeit steht der Tod des Privatklägers vor der Entsch. über das Rechtsmittel gleich. Bei Erfolg eines beschränkten u. bei Teilerfolg eines unbeschränkten Rechtsmittels gilt § 471 Abs. 3 Nr. 1. 33

II. Rechtsmittel des Angeklagten. Unter den Voraussetzungen des Abs. 1 trägt der Angeklagte die Gerichtskosten u. die notwendigen Auslagen des Privatklägers (BayObLGSt 1960, 283; → § 471 Rn. 2). Bei vollem Erfolg, der zur Nichtverurteilung führt, gilt § 471 Abs. 2. Dagegen ist § 471 Abs. 3 Nr. 1 entspr. anzuwenden, wenn ein beschränktes Rechtsmittel des Angeklagten vollen Erfolg 34 hat (BGHSt 17, 376; OLG Hamm MDR 1981, 427; Löwe/Rosenberg/Hilger Rn. 64 ff.) o. wenn ein unbeschränktes teilw. erfolgreich ist (OLG Karlsruhe JR 1975, 250; vgl. auch OLG Düsseldorf JurBüro 1985, 896).

35 **III. Beiderseitige Rechtsmittel.** Sind beide Rechtsmittel erfolglos, so gilt § 471 Abs. 3 Nr. 1 (BayObLG Rpfleger 1961, 81; Löwe/Rosenberg/Hilger Rn. 70). Bei Widerklage ist § 471 Abs. 3 Nr. 3 anzuwenden (OLG Hamm MDR 1953, 441).

36 **I. Rechtsmittelkosten bei Nebenbeteiligung. Rechtsmittelkosten bei Nebenbeteiligung** nach §§ 431, 442, 444: Bei Zurücknahme o. Erfolglosigkeit des Rechtsmittels des Nebenbeteiligten gilt Abs. 1. Hat ein unbeschränktes Rechtsmittel vollen Erfolg, so trägt die Staatskasse die Kosten u. die notwendigen Auslagen des Nebenbeteiligten. Bei Erfolg eines beschränkten Rechtsmittels gilt hins. der notwendigen Auslagen Abs. 3; die Kosten trägt die Staatskasse (Hilger 12). Legt die StA zuungunsten des Nebenbeteiligten ein Rechtsmittel ein u. hat sie Erfolg, so trägt der Nebenbeteiligte die Kosten u. seine notwendigen Auslagen. Für Rechtsmittel zugunsten des Nebenbeteiligten gilt das Gleiche wie für die zugunsten des Angeklagten (→ Rn. 16).

37 **J. Wiederaufnahme und Nachverfahren (Abs. 6).** Für den zurückgenommenen o. erfolglosen Wiederaufnahmeantrag gilt Abs. 1. Wird der Antrag nur wegen einer Urteilsberichtigung zurückgenommen, die ihm die Grdl. entzieht, so gilt § 467 Abs. 1 entspr. (Perels NStZ 1985, 538; → Rn. 5). Wegen des Umf. der Kosten vgl. → § 464a Rn. 4. Die Anordnung der Wiederaufnahme nach § 370 Abs. 2 ist mit keiner Kostenentscheidung zu verbinden (KK-StPO/Gieg Rn. 14); erst in der neuen HV wird über die Kosten des gesamten früheren Verf. entschieden. Bei Freispruch u. Einstellung gilt dann § 467 Abs. 1, auch für die Kosten der früheren Revision (BGH JR 1956, 101; KK-StPO/Gieg Rn. 14). Bei neuer Verurteilung wird nach § 465 Abs. 1 entschieden, sofern das Urt. nicht hinter dem Ziel des Wiederaufnahmeantrags zurückbleibt; dann gilt Abs. 4 (Löwe/Rosenberg/Hilger Rn. 96). Entsprechendes gilt für den Fall des § 439.

38 **K. Kosten der Wiedereinsetzung (Abs. 7).** Eine Kostenentscheidung wird nur bei Gewährung der Wiedereinsetzung getroffen; bei Antragsverwerfung gehören die durch den Antrag entstandenen Kosten zu den Verfahrenskosten, mit denen der Antragsteller schon belastet ist (BGH BeckRS 2020, 37265; BayObLGSt 1970, 148; KG JR 1983, 214; OLG Düsseldorf JurBüro 1984, 251). Hat der Wiedereinsetzungsantrag Erfolg o. wird Wiedereinsetzung vAw gewährt, so muss der Betroffene die gerichtlichen Auslagen (Gebühren sind nicht vorgesehen) u. seine notwendigen Auslagen (LG Krefeld JurBüro 1979, 237) auch tragen, wenn er freigesprochen wird. In der Kostenentscheidung werden die durch unbegründeten Widerspruch des Gegners entstandenen Auslagen der Staatskasse (ohne Bezifferung) ausgenommen; nach dem Sinn der Bestimmung sind sie dem widersprechenden Gegner aufzuerlegen (Müller NJW 1962, 238).

Kosten und notwendige Auslagen bei gesonderter Entscheidung über die Rechtmäßigkeit einer Ermittlungsmaßnahme

473a **[1] Hat das Gericht auf Antrag des Betroffenen in einer gesonderten Entscheidung über die Rechtmäßigkeit einer Ermittlungsmaßnahme oder ihres Vollzuges zu befinden, bestimmt es zugleich, von wem die Kosten und die notwendigen Auslagen der Beteiligten zu tragen sind. [2] Diese sind, soweit die Maßnahme oder ihr Vollzug für rechtswidrig erklärt wird, der Staatskasse, im Übrigen dem Antragsteller aufzuerlegen. [3] § 304 Absatz 3 und § 464 Absatz 3 Satz 1 gelten entsprechend.**

1 **A. Kostenregelung bei Entscheidungen über die Rechtmäßigkeit einer Ermittlungsmaßnahme.** Die Kostenregelung bei Entsch. über die **Rechtmäßigkeit einer Ermittlungsmaßnahme** nach § 81g Abs. 5 S. 4, § 98 Abs. 2 S. 2 in

unmittelbarer o. entspr. (→ § 98 Rn. 23) Anwendung u. nach § 101 Abs. 7 S. 2 (→ § 101 Rn. 25 ff.) trifft die Vorschrift. Sie ist aber mangels einer „gesonderten Entscheidung" nicht anwendbar, wenn das Gericht über die Rechtmäßigkeit der Maßnahme in der das Verf. abschl. Entsch. befindet; dann gelten die §§ 464 ff. Schließlich gilt § 473a auch bei Entsch. nach § 161a Abs. 3 (→ § 161 Rn. 21), § 163a Abs. 3 S. 4, § 406e Abs. 4 und § 478 Abs. 3.

B. Kostentragungspflicht (S. 2). Nach S. 2 hat das **Gericht,** falls die Maßnahme o. ihr Vollzug für **rechtswidrig** angesehen wird, die Kosten u. notwendigen Auslagen (vgl. § 464 Abs. 2) der Staatskasse zu tragen; dies gilt auch im Falle der Verfahrenseinstellung gem. § 170 Abs. 2 (LG Potsdam NStZ-RR 2014, 126). Sonst sind sie dem **Antragsteller** aufzuerlegen. Auch eine angemessene Verteilung bei Feststellung teilw. Rechtswidrigkeit ist zulässig (BR-Drs. 178/09, 65). 2

C. Sofortige Beschwerde (S. 3). S. 3 stellt klar, dass die Entsch. der **sofortigen Beschwerde** unterliegt, falls auch gegen die Hauptentscheidung über die Rechtmäßigkeit der Maßnahme o. ihres Vollzugs die Anfechtung statthaft ist u. der Wert des Beschwerdegegenstands 200 EUR übersteigt. 3

Achtes Buch. Schutz und Verwendung von Daten

Erster Abschnitt. Erteilung von Auskünften und Akteneinsicht, sonstige Verwendung von Daten für verfahrensübergreifende Zwecke

Vorbemerkung zu § 474

1 **A. Allgemeines Persönlichkeitsrecht.** Das aus dem allgemeinen Persönlichkeitsrecht nach Art. 2 Abs. 1 iVm 1 Abs. 1 GG abgeleitete Recht auf informationelle Selbstbestimmung (vgl. BVerfGE 65, 1) schützt den einzelnen gegen unbegrenzte Erhebung u. Verwendung seiner persönlichen Daten. Die durch das – im Wesentlichen am 1.11.2000 in Kraft getretene – StVÄG 1999 geschaffenen ersten beiden Abschn. des 8. Buchs (dazu Matheis, Strafverfahrensänderungsgesetz 1999, 2007; zur Gesetzesgeschichte ferner Brodersen NJW 2000, 2536; auch → § 492 Rn. 1) wurden mit dem G zur Umsetzung der RL (EU) 2016/680 im Strafverfahren sowie zur Anpassung datenschutzrechtlicher Bestimmungen an die VO (EU) 2016/679 v. 20.11.2019 (BGBl. I 1724) grdl. überarbeitet. Sie enthalten in den §§ 474–480 dem Bestimmtheitsgrundsatz Rechnung tragende ges. Grundlagen für die Erteilung v. Auskünften u. die Gewährung v. Akteneinsicht an Gerichte, StAen, sonstige Behörden, Privatpersonen u. für Zwecke wissenschaftlicher Forschung; aus ihnen ergeben sich für den Bürger erkennbar die Voraussetzungen u. der Umf. der Beschränkungen des genannten Grundrechts. Mit diesen Vorschr. über die Erteilung v. Informationen für verfahrensübergreifende Zwecke werden bereits vorhandene Regelungen über Auskünfte u. Akteneinsicht ergänzt (vgl. – neben § 80 Abs. 2 – für die Akteneinsicht durch Verfahrensbeteiligte insbes. §§ 147, 406e, 428 Abs. 1 S. 2, 444 Abs. 2 S. 2). Verfahrensübergreifende Mitteilungen vAw sehen neben § 477 etwa die §§ 12 ff. **EGGVG** vor. Für das Bußgeldverfahren erklärt § 49b OWiG die §§ 474–476, 478–481 und § 498 Abs. 2 mit Abweichungen bei §§ 474, 477 und 480 für sinngemäß anwendbar (zu den hierbei auftretenden Zweifelsfragen vgl. LG Kassel NZV 2003, 437 mAnm Schellhase, dieser insbes. auch zur Zuständigkeit v. AG o. LG). Vgl. auch die erg. Bestimmungen in den Nr. 182 ff. RiStBV sowie SK-StPO/Weßlau/Puschke Vor § 474 Rn. 56 zur Entwicklung auf eur. Ebene.

2 **B. Weitere Regelung.** Als weitere Regelung im 1. Abschn. bestimmen die §§ 479 Abs. 2 S. 2 Nr. 1, 2, Abs. 3 S. 1, 481, unter welchen Voraussetzungen Polizeibehörden personenbezogene Daten (§ 3 Abs. 1 BDSG), die zunächst allein für Zwecke der Strafverfolgung erhoben worden sind, für Aufgaben nach den Polizeigesetzen verwenden dürfen. In § 482 wird insbes. die Unterrichtung der Polizei über den Ausgang des Verf. geregelt.

3 **C. Datenschutzrechtliche Vorschriften.** Die datenschutzrechtlichen Vorschriften der §§ 474 ff. gehen den Datenschutzgesetzen des Bundes u. der Länder als speziellere Regelungen vor (§ 1 Abs. 2 S. 1 BDSG; vgl. LG Hildesheim NJW 2008, 531 (533)). Da die bereichsspezifischen Regelungen der StPO jedoch nicht abschl. sind, ist im Einzelfall ein Rückgriff auf allg. Datenschutzrecht nicht ausgeschlossen (§ 1 Abs. 2 S. 2 BDSG; vgl. auch § 476 Abs. 8). Die EU-Datenschutz-Grundverordnung findet keine Anwendung (Art. 2 Abs. 2 Buchst. b DS-GVO). Die **Kontrollbefugnis** der **Datenschutzbeauftragten** erstreckt sich auf das Datenschutzrecht der StPO nach §§ 474 ff. (§ 9 Abs. 1 BDSG), auf richterliche Tätigkeit nur, soweit die Gerichte Verwaltungsangelegenheiten wahrnehmen (§§ 1, 9 Abs. 2 BDSG; vgl. auch Keders/Spielmann DRiZ 2012, 347 (349) sowie die bei Fn. 18 dokumentierten Vorschr. der Datenschutzgesetze der Länder; näher dazu ferner SK-StPO/Weßlau/Puschke Vor § 474 Rn. 32 ff.). Tätigkeiten, die der richterlichen Unabhängigkeit unterfallen, unterliegen der Kontrolle nicht; dies gilt wegen des nach den entspr. Eingriffsnormen der StPO einheitlichen Prüfungs-

gegenstandes u. -maßstabes v. Gericht u. StA auch nicht für Anträge der StA im Ermittlungsverfahren, welche in eine – anordnende o. ganz bzw. teilw. abl. – Entsch. des Gerichts münden (Keders/Spielmann DRiZ 2012, 347 (350 f.)).

Auskünfte und Akteneinsicht für Justizbehörden und andere öffentliche Stellen **Nr. 182 ff. RiStBV**

474 (1) **Gerichte, Staatsanwaltschaften und andere Justizbehörden erhalten Akteneinsicht, wenn dies für Zwecke der Rechtspflege erforderlich ist.**

(2) [1]**Im Übrigen sind Auskünfte aus Akten an öffentliche Stellen zulässig, soweit**

1. die Auskünfte zur Feststellung, Durchsetzung oder zur Abwehr von Rechtsansprüchen im Zusammenhang mit der Straftat erforderlich sind,

2. diesen Stellen in sonstigen Fällen auf Grund einer besonderen Vorschrift von Amts wegen personenbezogene Daten aus Strafverfahren übermittelt werden dürfen oder soweit nach einer Übermittlung von Amts wegen die Übermittlung weiterer personenbezogener Daten zur Aufgabenerfüllung erforderlich ist oder

3. die Auskünfte zur Vorbereitung von Maßnahmen erforderlich sind, nach deren Erlass auf Grund einer besonderen Vorschrift von Amts wegen personenbezogene Daten aus Strafverfahren an diese Stellen übermittelt werden dürfen.

[2]**Die Erteilung von Auskünften an die Nachrichtendienste richtet sich nach § 18 des Bundesverfassungsschutzgesetzes, § 12 des Sicherheitsüberprüfungsgesetzes, § 10 des MAD-Gesetzes und § 10 des BND-Gesetzes sowie den entsprechenden landesrechtlichen Vorschriften.**

(3) **Unter den Voraussetzungen des Absatzes 2 kann Akteneinsicht gewährt werden, wenn die Erteilung von Auskünften einen unverhältnismäßigen Aufwand erfordern würde oder die Akteneinsicht begehrende Stelle unter Angabe von Gründen erklärt, dass die Erteilung einer Auskunft zur Erfüllung ihrer Aufgabe nicht ausreichen würde.**

(4) **Unter den Voraussetzungen der Absätze 1 oder 3 können amtlich verwahrte Beweisstücke besichtigt werden.**

(5) **Akten, die noch in Papierform vorliegen, können in den Fällen der Absätze 1 und 3 zur Einsichtnahme übersandt werden.**

(6) **Landesgesetzliche Regelungen, die parlamentarischen Ausschüssen ein Recht auf Akteneinsicht einräumen, bleiben unberührt.**

A. Amtliche Stellen. Amtliche Stellen erhalten unter den Voraussetzungen der Vorschr. Einsicht in die Akten eines lfd. (BayObLG NStZ 2025, 444 (446)) o. abgeschlossenen Strafverfahrens einschl. der beigezogenen Akten (§ 480 Abs. 2; → § 480 Rn. 3) o. Auskünfte hieraus für verfahrensexterne Zwecke. Wer die **Verantwortung für die Zulässigkeit der Übermittlung** trägt, ist in **§ 479 Abs. 5** geregelt (→ § 479 Rn. 15). Für Forschungszwecke gilt § 476. Die Vorlage der Akten an im Verf. mitwirkende Stellen, insbes. über- o. untergeordnete Instanzgerichte ist gesondert geregelt etwa in §§ 27 Abs. 4, 41, 163 Abs. 2, 306 Abs. 2, 320, 321, 347 Abs. 2, 354 Abs. 2, Abs. 3, 355 oder § 152 Abs. 1 GVG (vgl. hierzu → § 161 Rn. 1b aE); nicht unter die Vorschr. fällt auch die Übersendung der Akten an übergeordnete Stellen zur Wahrnehmung der Aufsichts-, Kontroll- u. Weisungsbefugnisse. Besondere ges. Übermittlungsbestimmungen (zB § 117b BRAO, § 60a Abs. 3 KWG (auch iVm § 34 S. 2 ZAG), § 95 BHO, § 5 Abs. 4 PKGrG) bleiben unberührt. Die insoweit deklaratorische Regelung in § 480 aF wurde mit G v. 20.11.2019 (BGBl. I 1724) gestrichen (BT-Drs. 19/4671, 75 f.). 1

2 **B. Justizbehörden.** Justizbehörden **erhalten nach Abs. 1** im Regelfall (OLG Karlsruhe NStZ 2015, 606) Akteneinsicht für Zwecke der Rechtspflege; idR wird der Übersendung der Akten, die noch in Papierform vorliegen (Abs. 5), nichts entgegenstehen (s. aber BVerfG NJW 2014, 1581 sowie anschl. → Rn. 3), andererseits deckt die Vorschr. auch – allerdings nicht vorrangig – die Erteilung v. Auskünften aus Akten als Minus (vgl. Abs. 2, Abs. 3) ab. Abs. 1 gilt für Gerichte, StAen ua **Justizbehörden im funktionellen Sinn** einschl. der strafverfolgend tätigen Polizei (vgl. → EGGVG § 23 Rn. 2 und das vereinfachte Verf. in § 480 Abs. 1 S. 5) u. der Finanzbehörden in den Fällen der §§ 386 Abs. 2, 399 Abs. 1, 402 Abs. 1, 404 **AO.** Der Untersuchungsführer in einem beamtenrechtlichen Disziplinarverfahren gehört nicht dazu, auch nicht sein Dienstvorgesetzter o. -herr (BGH StraFo 503 (506); **aA** OLG Karlsruhe NStZ 2024, 511; erg. → Rn. 5); ebenso wenig das Bischöfliche Ordinariat eines Bistums (BGH BeckRS 2025, 37808). Für **Ersuchen** um Einsicht in Strafakten, die v. nicht am anhängigen Verf. beteiligten Strafverfolgungsorganen gestellt werden (→ Rn. 1), ergänzt Abs. 1 die Befugnisse v. StA (§ 161 Abs. 1 S. 1; erg. → § 161 Rn. 1e), Polizei (§§ 161 Abs. 1 S. 2, 163 Abs. 1 S. 2) u. Gericht (§§ 161 Abs. 1, 202, 244 Abs. 2; vgl. BGHSt 30, 34 (35); 36, 328 (337); OLG Stuttgart NStZ 2008, 359; anders Löwe/Rosenberg/Erb § 161 Rn. 19: § 161 Abs. 1 S. 1 als Sonderregelung), wenn eine danach zulässige Auskunft dem Ermittlungszweck nicht genügen würde (vgl. auch → Rn. 4).

3 Die Akteneinsicht erfolgt **zu Zwecken der Rechtspflege,** dh für ein bestimmtes anderes Verf. (nicht schon für Vorermittlungen, Krause FS Strauda, 2006, 360; Senge FS Hamm, 2008, 710 mwN) o. einen bestimmten anderen Vorgang u. damit für einen Zweck, der nicht der Grund für die Erhebung der Informationen im Ursprungsverfahren war. Eine nähere Zweckbestimmung ist idR nicht erforderlich (zur Zweckbindung → § 479 Rn. 16). Ein um Akteneinsicht ersuchendes Zivilgericht hat allerdings bei Eingriffen in Grundrechte abzuwägen, ob Informationen aus Ermittlungsakten im Zivilverfahren verwertet werden können (BGH NJW 2023, 1734 (1735)); dabei kann es sich auch an den iRv § 406e Abs. 2 und § 475 Abs. 1 S. 2 relevanten Aspekten orientieren (BVerfG NJW 2014, 1581 zur Einsicht in Akten, die v. Art. 12 Abs. 1 GG geschützte Betriebs- u. Geschäftsgeheimnisse enthalten; OLG Rostock wistra 2017, 412 mAnm Pflaum zum Steuergeheimnis nach § 30 **AO;** erg. → § 406e Rn. 9–11, → § 475 Rn. 3). Die ersuchte Behörde – etwa die Akten führende **StA** – führt demggü. **nur** eine **abstrakte Zuständigkeitsprüfung** durch; die Vorschr. der StPO bilden insoweit lediglich die Grdl. der Übermittlung, § 299 Abs. 1 ZPO bietet dagegen die Grdl. für das Ersuchen u. die weitere Verwendung im Zivilprozess (BVerG NJW 2014, 1581).

4 Die im Wortlaut als Ausprägung des allg. Verhältnismäßigkeitsprinzips (→ EGGVG § 14 Rn. 4) hervorgehobene **Erforderlichkeit** ist Voraussetzung einer jeden Akteneinsicht u. bestimmt daher – ungeachtet des unterschiedlichen Wortlauts in Abs. 1 und Abs. 2 – ggf. auch hier deren Umfang. Die Erforderlichkeit ist v. der die Akteneinsicht begehrenden Justizbehörde zu prüfen (OLG Stuttgart StraFo 2007, 70 (71)) u. ihre Annahme zu verantworten (§ 479 Abs. 5 S. 2); näher darlegen muss die ersuchende Stelle dies in ihrem Ersuchen jedoch nicht (BT-Drs. 14/1484, 26; BayObLG ZWH 2023, 136 (138): Finanzamt im Besteuerungsverfahren). Vom Vorliegen dieser Voraussetzung kann die ersuchte Stelle ohne weiteres ausgehen (vgl. § 479 Abs. 5), insbes. wenn ein Gericht in einem Verf. mit Amtsermittlungsgrundsatz v. seiner Befugnis zur Akteneinsicht ggü. der StA – etwa in §§ 99 Abs. 1 S. 1 VwGO, 86 Abs. 1 FGO – Gebrauch macht (→ § 480 Rn. 1). Eine zusätzliche eing. Prüfungspflicht der übermittelnden Stelle kann sich nur aus Abs. 4 S. 2 Hs. 2 ergeben, falls bes. Anlass zu einer weitergehenden Prüfung der Zulässigkeit der Übermittlung bestünde (OLG Karlsruhe NStZ 2015, 606 (607)). Es ist allerdings (allein) Sache der ersuchenden Stelle zu prüfen, ob nicht die in Vorschr. wie den Genannten alternativ vorgesehene Einholung einer Auskunft (§ 478) genügt (SK-StPO/Puschke/Weßlau Rn. 12). Begrenzungen können sich aus § 479 Abs. 1, Abs. 2, Abs. 3 ergeben. Enthalten die Akten die

Bild-Ton-Aufzeichnung einer Zeugenvernehmung, ist bereits bei dem Ersuchen um Akteneinsicht u. deren Gewährung (vgl. § 479 Abs. 5) die Vorschr. des § 58a Abs. 2 S. 1 mit der dort angeordneten Subsidiarität u. der Beschränkung (der Verwendung) auf Zwecke der Strafverfolgung zu berücksichtigen (erg. → § 58a Rn. 14; → § 479 Rn. 19); die eine Einsichtnahme abl. Auff. (Brodersen NJW 2000, 2540) ist überholt (vgl. § 58a Abs. 2 S. 6; SK-StPO/Puschke/Weßlau § 475 Rn. 15, § 479 Rn. 9).

5 **C. Andere öffentliche Stellen.** Andere öffentliche Stellen können unter den Voraussetzungen des Abs. 2 S. 1 um die Übermittlung v. Informationen aus Strafakten für bestimmte verfahrensexterne Zwecke nachsuchen. Erfasst sind alle nicht in Abs. 1 genannten, **hoheitlich tätigen Stellen,** zB Finanzämter, soweit sie die Unterlagen für eine Steuerprüfung benötigen (OLG Karlsruhe NStZ-RR 2013, 385 unter Hinweis auf §§ 111 Abs. 1, 105 Abs. 1 **AO;** BayObLG ZWH 2023, 136 (137) mAnm Puschke/Fett ZWH 2023, 113, auch allg. zur Datenübermittlung an öffentliche Stellen), die Zentralstelle für Sanktionsdurchsetzung (BayObLG NStZ 2025, 444 mAnm Wittig ZWH 2025, 51), der Untersuchungsführer in einem beamtenrechtlichen Disziplinarverfahren (BGH StraFo 503 (506); **aA** OLG Karlsruhe NStZ 2024, 511: andere Justizbehörde iSv Abs. 1), auch Körperschaften, Anstalten u. Stiftungen des **öffentl. Rechts** (BayObLG StraFo 2024, 227 mAnm Puschke/Fett ZWH 2025, 285: Kassenärztliche Vereinigung; OLG Braunschweig StraFo 2024, 425: Krankenkasse; OLG Karlsruhe StV 2025, 90 Ls.: Bezirksärztekammer). Das Bischöfliche Ordinariat eines Bistums ist keine öffentliche Stelle (BGH BeckRS 2025, 37808). Bei privatwirtschaftlicher Betätigung richten sich die Informationsrechte derartiger Stellen sowie **privatrechtlich organisierter Unternehmen** mit staatlicher bzw. kommunaler Beteiligung dagegen nach § 475 (Lauterwein Akteneinsicht Rn. 49; vgl. auch SK-StPO/Puschke/Weßlau Rn. 15, ferner KMR-StPO/Gemählich Rn. 8 zu Auskünften an ausl. Behörden sowie diplomatische u. konsularische Vertretungen). Besonderen Vorschriften iSd Nr. 2 finden sich in §§ 12 ff. **EGGVG,** wobei § 13 Abs. 1 Nr. 1 **EGGVG** eine Übermittlung durch Gerichte und StA erlaubt, wenn dies in bereichspezifischen Regelungen vorgesehen ist (dort → Rn. 2); unter Nr. 3 fallen Übermittlungen nach § 14 Abs. 1 Nr. 5 und 7 **EGGVG** (OLG Oldenburg StraFo 2021, 211; erg. dort → Rn. 6, 8). Die Übermittlung v. Informationen an **Polizeibehörden** richtet sich, soweit sie nach Maßgabe der Polizeigesetze tätig werden, nach §§ 479 Abs. 2 S. 2 Nr. 1 und 2, 481. Die Erteilung von Auskünften an Nachrichtendienste richtet sich nach den jeweiligen nachrichtdienstlichen Bestimmungen (S. 2). Durch eingriffsintensive strafprozessuale Ermittlungsmaßnahmen gewonnene Erkenntnisse dürfen gem. § 479 Abs. 2 S. 2 Nr. 3 nur durch das BfV unter den Voraussetzungen. des § 18 BVerfSchG verwendet werden.

6 **I. Auskünfte.** Grundsätzlich (aber → Rn. 7) **nur Auskünfte** (§ 478) können die öffentl. Stellen nach S. 1 für die dort bezeichneten Übermittlungszwecke erhalten. Die Auskünfte können erteilt werden, soweit sie für die in Nr. 1 genannten Zwecke erforderlich (dazu → Rn. 4) sind, etwa zur Verfolgung o. Abwehr v. Regressansprüchen. Nr. 2 regelt zwei Fälle: Informationen aus Strafakten dürfen einer um Auskunft ersuchenden Stelle zum einen insoweit gegeben werden, als bes. ges. Regelungen wie die §§ 12 ff. **EGGVG** es gestatten, ihr personenbezogene Informationen vAw zu übermitteln. Dabei ist auf den konkreten, v. der ersuchenden Stelle verfolgten Zweck abzustellen; ein abstraktes Verständnis der Formulierung „in sonstigen Fällen" scheidet im Blick auf den Bestimmtheitsgrundsatz (→ Vor § 474 Rn. 1) aus. Hieraus folgt zugleich die Zweckbindung iSd § 479 Abs. 6. Die v. BR befürchtete Gesetzeslücke in Fällen, in denen Gefahren für das Gemeinwohl verhindert werden müssen (BT-Drs. 14/2886, 4), besteht nicht (s. insbes. §§ 14 Abs. 1 Nr. 7, 17 Nr. 3 **EGGVG**). Zum anderen können nach einer Übermittlung vAw, soweit erforderlich (→ Rn. 4), der (nunmehr) ersuchenden Stelle weitere Auskünfte aus den Akten gegeben werden; dies gilt unabhängig v. der Nachberichts- u. Unterrichtungspflicht in § 20 **EGGVG.** Nr. 3 gestattet den

Strafverfolgungsbehörden in den Fällen, in denen sie nach dem Erlass einer Maßnahme durch eine öffentl. Stelle zur Mitteilung vAw berechtigt sind – etwa nach Erlass der in § 14 Abs. 1 Nr. 5 und 7 **EGGVG** genannten Erlaubnisse, Genehmigungen, Zulassungen u. Berechtigungen o. nach Verleihung v. Titeln, Orden u. Ehrenzeichen gem. § 4 Abs. 2, Abs. 3 des Gesetzes über Titel, Orden u. Ehrenzeichen (MiStra 30) –, einer solchen Stelle auf deren Ersuchen bereits vor dem Erlass die zur Vorbereitung der Maßnahme erforderlichen (→ Rn. 4) Auskünfte zu erteilen. Einschränkungen der nach Erlass bestehenden Übermittlungsbefugnisse vAw (Rechtskraft, Verbrechen, Strafhöhe usw) bleiben hierbei außer Betracht (Brodersen NJW 2000, 2540).

7 **II. Akteneinsicht.** Akteneinsicht kann der öffentl. Stelle unter den Voraussetzungen des Abs. 3 **ausnahmsweise** (BT-Drs. 14/1484, 26) gewährt werden, so wenn die (an sich vorrangige, → Rn. 6) Erteilung v. Auskünften einen unverhältnismäßigen Aufwand verursachen würde; Zweck dieser Alt. ist die Entlastung der Justiz (BayObLG NStZ 2025, 444 (446)). Das Gleiche gilt, wenn die ersuchende Stelle die Notwendigkeit der Akteneinsicht begründet. Diese hat hierbei das Regel-Ausnahme-Verhältnis zwischen Auskunft u. Akteneinsicht zu beachten (BayObLG ZWH 2023, 136 (139)); für die über das Ersuchen entscheidende Strafverfolgungsbehörde besteht aber keine über § 479 Abs. 5 hinausgehende Prüfungspflicht. Die Entscheidung der Behörde muss die tatsächliche Ausübung des ihr zustehenden Ermessens aber erkennen lassen (BayObLG ZWH 2023, 136 (139)). Die Übersendung der Akten zur Einsichtnahme ist nach Abs. 5 zulässig. Infolge der einschränkungslosen Bezugnahme auf Abs. 2, der in S. 1 Nr. 3 ebenfalls auf andere Vorschr. verweist, gilt Abs. 3 auch in den Fällen des Abs. 2 S. 2 (vgl. auch Nr. 205 Abs. 2 S. 1 RiStBV: „in geeigneter Weise").

8 **D. Amtlich verwahrte Beweisstücke.** Amtlich verwahrte Beweisstücke (→ § 147 Rn. 19) können nach Abs. 4 **besichtigt** werden v. Justizbehörden, soweit für Zwecke der Rechtspflege erforderlich (→ Rn. 2–4), v. öffentl. Stellen, wenn die Voraussetzungen des Abs. 2 (→ Rn. 6) u. des Abs. 3 (→ Rn. 7) kumulativ vorliegen. Damit wahrt das G ggü. öffentl. Stellen iSd Abs. 2 einschl. der Nachrichtendienste das Regel-Ausnahme-Verhältnis, sodass grds. auch über die verwahrten Beweisstücke nur Auskünfte erteilt werden dürfen (SK-StPO/Puschke/Weßlau Rn. 25). Eine Übersendung ist in Abs. 5 nicht vorgesehen, in geeigneten Einzelfällen indes nicht ausgeschlossen.

9 **E. Parlamentarische Untersuchungsausschüsse (Abs. 6).** Abs. 6 hat **klarstellende Bedeutung** (vgl. auch BVerwGE 109, 258 mAnm Jutzi NJ 2000, 103; Gielen JR 2000, 140). Die Akteneinsichts- u. Auskunftsberechtigung der parlamentarischen Untersuchungsausschüsse des BT folgt aus Art. 44 GG, § 18 PUAG (vgl. auch BVerfG NVwZ 2009, 1353 (1354); → EGGVG § 23 Rn. 6; Kissel/Mayer Einl. Rn. 175, 180). Ausf. Meyer-Lohkamp/Schwerdtfeger NStZ 2023, 336.

10 **F. Zuständigkeit (und Rechtsbehelfe).** → § 480 Rn. 2 ff.

Auskünfte und Akteneinsicht für Privatpersonen und sonstige Stellen

475 (1) [1]**Für eine Privatperson und für sonstige Stellen kann unbeschadet des § 57 des Bundesdatenschutzgesetzes ein Rechtsanwalt Auskünfte aus Akten erhalten, die dem Gericht vorliegen oder diesem im Falle der Erhebung der öffentlichen Klage vorzulegen wären, soweit er hierfür ein berechtigtes Interesse darlegt.** [2]**Auskünfte sind zu versagen, wenn der hiervon Betroffene ein schutzwürdiges Interesse an der Versagung hat.**

(2) **Unter den Voraussetzungen des Absatzes 1 kann Akteneinsicht gewährt werden, wenn die Erteilung von Auskünften einen unverhältnismäßigen Aufwand erfordern oder nach Darlegung dessen, der Aktenein-**

sicht begehrt, zur Wahrnehmung des berechtigten Interesses nicht ausreichen würde.

(3) **Unter den Voraussetzungen des Absatzes 2 können amtlich verwahrte Beweisstücke besichtigt werden.**

(4) **Unter den Voraussetzungen des Absatzes 1 können auch Privatpersonen und sonstigen Stellen Auskünfte aus den Akten erteilt werden.**

A. Auskünfte (Abs. 1). Privatpersonen o. sonstige (private) Stellen (zB private Vers., aber auch privatwirtschaftlich tätige bzw. organisierte öffentl. Stellen, → § 474 Rn. 5), können grds. (vgl. Abs. 4) Auskünfte aus Akten (→ § 199 Rn. 2; weitergehend Weßlau FS Hamm, 2008, 849 für nicht beigefügte Spurenakten) eines lfd. o. abgeschlossenen Strafverfahrens nur über einen RA, nicht über einen nicht der RA-Kammer angehörenden Rechtsbeistand (BVerfG NJW 2002, 2307) u. auch nicht – weil Privatpersonen u. sonstige Stellen in § 138 Abs. 3 nicht ausdr. erwähnt sind – über einen Hochschullehrer (**aM** Ladiges JR 2013, 295) erhalten; ein RA kann aber in eigener Sache auch selbst Akteneinsicht beantragen (LG Regensburg NZV 2004, 154). Die Vorschr. gilt nicht für Verfahrensbeteiligte (→ Vor § 474 Rn. 1), für den früheren Beschuldigten dann nicht, wenn sein Informationsgesuch der Vorbereitung weiterer Prozesshandlungen dient (Döllel/Dreeßen SchlHA 2007, 293 – OLG Schleswig RsprÜ; erg. → § 147 Rn. 11). Für Verletzte gilt § 406e. § 475 kann für (nicht verletzte) Zeugen u. deren anwaltlichen Beistand in Betracht kommen (OLG Hamburg NJW 2002, 1590; KG bei Hanschke StRR 2008, 104); es wird allerdings regelmäßig am berechtigten Interesse iSv Abs. 1 fehlen; zudem dürften die Zwecke des Strafverfahrens der Auskunftserteilung entgegenstehen (→ Rn. 2, 4 sowie → § 479 Rn. 2). Sie gilt weiterhin für nicht am Verf. beteiligte Antragsteller nach **§ 101 Abs. 7 S. 2** (BGH NStZ 2024, 244; StV 2010, 169; Lauterwein Akteneinsicht Rn. 52 mwN; erg. → § 101 Rn. 25f), auch für den Strafverteidiger in einem anderen Verf. (BGH StV 2008, 295 (296); StraFo 2008, 472), für den Insolvenzverwalter (→ Vor § 406d Rn. 2) u. uU für ein v. Ermittlungen betroffenes Unternehmen (vgl. Taschke StV 2007, 499) sie geht vergleichbaren Regelungen des Datenschutzrechts vor (vgl. OLG Hamm NStZ-RR 1996, 11; → Vor § 474 Rn. 3). S. 1 stellt klar, dass das Auskunftsrecht nach § 57 BDSG nicht ausgeschlossen ist. Soweit im Zusammenhang mit dem betr. Verf. auch Daten zu dem nach § 475 Berechtigten selbst verarbeitet werden, steht ihm erg. der Anspruch nach § 57 BDSG zu (BT-Drs. 19/4671, 65; Singelnstein NStZ 2020, 639 (642 f.)). 1

Auf die Auskunftserteilung gegenüber den **Medien** ist sie nicht anzuwenden; derartige Auskünfte richten sich vielmehr nach den Landespressegesetzen u. verlangen nicht die Geltendmachung eines berechtigten Interesses nach Abs. 1 S. 1, Abs. 4 (KG StV 2017, 168; vgl. auch BVerwG StV 2016, 542, das den Auskunftsanspruch an Art. 5 Abs. 1 S. 2 GG sowie der v. der Vorinstanz angewandten Regelung des LPressG misst; s. auch BGH NJW 2018, 3123 (3124); OVG Hamburg StraFo 2025, 315; VG München StraFo 2025 312; Rodenbeck StV 2018, 255 (257); Löwe/Rosenberg/Hilger Rn. 2; Radtke/Hohmann/Hohmann Rn. 1; Matheis, Strafverfahrensänderungsgesetz 1999, 2007, S. 162; OVG Münster NJW 2001, 3803; Lauterwein Akteneinsicht S. 54; KK-StPO/Gieg Rn. 10; Lindner StV 2008, 211 (216); Mitsch NJW 2010, 3482; dazu ferner eing. Trüg NJW 2011, 1040). Bei der praktischen Durchführung sind Pressefreiheit u. Persönlichkeitsrecht gegeneinander abzuwägen; dies kann Einschränkungen rechtfertigen soweit persönliche Lebensverhältnisse betroffen sind (vgl. BVerfG 52, 223; 108, 282; Pätzel DRiZ 2018, 392). Zum Anspruch auf Übersendung **anonymisierter Entscheidungsabschriften** → Rn. 7a. Zu den rechtlichen Anforderungen an die Pressearbeit der StA Rodenbeck StV 2018, 255 ff. 1a

Der private Antragsteller muss ein **berechtigtes Interesse** an der Informationserteilung darlegen (vgl. aber § 479 Abs. 4), dh Tatsachen schlüssig vortragen (nicht aber glaubhaft machen, vgl. Löwe/Rosenberg/Hilger § 406e Rn. 6), aus denen 2 sich Grund u. Umf. der benötigten Auskünfte ergeben (LG Kassel StraFo 2005, 428 mAnm Durth/Kempf). Ein **Zeuge o. sein Beistand** hat regelmäßig kein berechtigtes Interesse an der Kenntnis der Ermittlungsakten (BGH NStZ-RR 2010, 246; vgl. auch KG NStZ 2008, 587 Ls.; AG Rudolfstadt StV 2014, 282); dies gilt wegen §§ 58 Abs. 1, 243 Abs. 2 S. 1 insbes. für die Aussagen anderer Zeugen (BGH NStZ-RR 2010, 246; erg. → Rn. 4 sowie → § 479 Rn. 2). Ein berechtigtes Interesse kann unter Verweis auf ein anderes, anhängiges **Zivilverfahren** geltend gemacht werden, etwa wenn es sich um einen (zivilrechtlichen) Ausfluss aus dem strafrechtlichen Verf. handelt o. wenn es um einen Rechtsstreit zwischen ganz o. teilw. identischen Parteien geht (vgl. OLG München NStZ 2017, 311). Das berechtigte Interesse (vgl. OLG Stuttgart NStZ-RR 2000, 349; LG Frankfurt a. M. StV 2003, 495) muss aber nicht auf die Wahrnehmung formal eingeräumter Rechte – wie die Verfolgung bürgerlich-rechtlicher Ansprüche (vgl. LG Hildesheim NJW 2009, 3799 (3800)) – gerichtet sein; der Umstand, dass die Akte personenbezogene Daten des Antragstellers enthält, genügt allerdings für sich allein nicht (vgl. → § 406e Rn. 4; einschr. auch LG Görlitz StraFo 2001, 315). Dem Antrag eines v. einer Versicherungsgesellschaft bevollmächtigten RA wird vorbehaltlich der nachf. Beschränkungen im Allgemeinen zu entsprechen sein (OLG Düsseldorf NJW 1965, 1033), ebenso dem Antrag des **Insolvenzverwalters** zur Prüfung insolvenzrechtlicher Ansprüche (LG Hildesheim NJW 2008, 531; einschr. Koch FS Hamm, 2008, 292: erst bei hinreichendem Tatverdacht), nicht jedoch, wenn die Akteneinsicht keine Straftaten zum Nachteil des v. ihm vertretenen Unternehmens betr. (OLG Köln StraFo 2015, 72) o. des **Strafverteidigers** zu Verteidigungszwecken (BGH StV 2008, 295 (296); StraFo 2008, 472 u. NStZ 2010, 530: Begründung einer Verfahrensrüge mit Tatsachen aus anderen Verf.), uU auch des Arbeitgebers zur Klärung v. Vorwürfen gegen seinen Arbeitnehmer, die Auswirkungen auf das Arbeitsverhältnis haben können (BAG NJW 2009, 1897). Ein schützenswertes Interesse des Privaten kann sich auch daraus ergeben, dass dessen Kontostammdaten nach § 24c Abs. 3 S. 1 Nr. 2 KWG abgerufen wurden (BVerfGE 118, 168 = NJW 2007, 2464 (2473)) o. dass eine gegnerische amtl. Stelle nach § 474 Informationen erhalten hat (Lauterwein Akteneinsicht S. 71; weitergehend SK-StPO/Puschke/Weßlau Rn. 20: auch in Fällen der Informationsübermittlung an Private). Gegebenenfalls ist dem Auskunftsbegehren nur teilw. („soweit") stattzugeben; das kommt auch in Betracht, wenn hierdurch einem schutzwürdigen Interesse des v. der Auskunft Betroffenen (vgl. die Legaldefinition in § 3 Abs. 1 BDSG) ausreichend Rechnung getragen werden kann (vgl. BVerfG NJW 2009, 2876; OLG Hamburg NJW 1995, 1440), wie etwa durch die Weglassung der Feststellungen zur Person vor Übersendung einer anonymisierten Urteilsabschrift an einen wissenschaftlichen Autor (LG Bochum NJW 2005, 999; krit. hierzu Mensching AfP 2007, 538 (Fn. 52); vgl. aber auch LG Hildesheim NJW 2009, 3799 (3801): keine Anonymisierung bei entgegenstehendem berechtigtem Interesse). Die Übermittlung einer **(anonymisierten) Gerichtsentscheidung** ist von Abs. 1 erfasst. Einen unbedingten Anspruch eines verfahrensunbeteiligten privaten Dritten hierauf gewährt § 475 indes nicht (BGH NJW 2018, 3123; BayObLG StraFo 2022, 29). Es muss auch insoweit ein überwiegendes berechtigtes Interesse gegeben sein. Dazu genügt es nicht, wenn ein RA meint, die Entscheidung allg. zur ordnungsgemäßen Ausübung seiner Beratungstätigkeit zu benötigen (LG Tübingen 2025, StraFo 2025, 110). Vgl. zu Presseorganen → Rn. 7a.

3 Genügt dies nicht, ist nach Abs. 1 S. 2 die Auskunft zu **versagen,** wenn der Betroffene im Einzelfall ein **schutzwürdiges Interesse** an der Versagung hat; eine weitere Abwägung mit dem Interesse des Antragstellers erfolgt dann – wie ein Vergleich mit dem abw. Wortlaut in § 406e Abs. 2 zeigt – nicht (LG Dresden StV 2006, 11; LG Frankfurt a. M. StV 2003, 495; Koch FS Hamm, 2008, 297; Löwe/Rosenberg/Hilger Rn. 7; vgl. auch SK-StPO/Puschke/Weßlau Rn. 16; **aM** KK-StPO/Gieg Rn. 6; SSW StPO/Ritscher/Klinge Rn. 7 ff.; HK-StrafR/Hölscher Rn. 3; KMR-StPO/Gemählich Rn. 5; s. auch BT-Drs. 14/1484, 27). Versagungsgründe können zB sein der Schutz der Intimsphäre o. von Geschäfts- u. Betriebs-

geheimnissen (vgl. LG Hildesheim NJW 2009, 3799 (3800)) o. das Steuergeheimnis nach § 30 **AO** (OLG Rostock wistra 2017, 412 mAnm Pflaum). Weitere Ablehnungsgründe (zB Zwecke des Strafverfahrens, Steuergeheimnis) ergeben sich aus § 479 Abs. 1 (vgl. OLG Rostock wistra 2017, 412). Für beigezogene Akten gilt § 480 Abs. 2 (→ § 480 Rn. 3). Anders als für das „berechtigte" Interesse des Antragstellers gilt für das „schutzwürdige" Interesse des Betroffenen Amtsermittlungsgrundsatz; dem v. einer Auskunft bzw. Akteneinsicht Betroffenen ist vor einer Entsch. rechtliches Gehör zu gewähren, wenn – was mit Rücksicht auf das informationelle Selbstbestimmungsrecht regelmäßig der Fall sein wird – seine grundrechtlich geschützten Positionen berührt sind (vgl. BVerfG NJW 2009, 2876; 2007, 1052; Lauterwein Akteneinsicht S. 102). Die Persönlichkeitsrechte v. Verteidigern u. Staatsanwälten stehen einer Auskunftserteilung an Vertreter der Presse regelmäßig nicht entgegen (vgl. BVerwG StV 2016, 542, das den presserechtlichen Auskunftsanspruch allerdings im Lichte v. Art. 5 Abs. 1 S. 2 GG auslegt; erg. → Rn. 1a).

B. Akteneinsicht (Abs. 2). Sie ist nach Abs. 2 auch bei Privaten die Ausnahme, die Auskunftserteilung nach Abs. 1 die Regel (vgl. iE → § 474 Rn. 7). 4
Einer Akteneinsicht (nicht verletzter) **Zeugen** u. deren **anwaltlichen Beistands** stehen regelmäßig gem. § 479 Abs. 1 vorrangig zu berücksichtigende Zwecke des Strafverfahrens entgegen (BGH NStZ-RR 2010, 246; KG NStZ 2008, 587 Ls.; LG Hamburg StraFo 2019, 335 mablAnm Rieckhoff; AG Rudolfstadt StV 2014, 282; erg. → § 479 Rn. 2). Dies hat der Akteneinsicht begehrende RA zu beachten (vgl. § 479 Abs. 5, auch zur Prüfungspflicht der übermittelnden Stelle). Im Blick auf die Verweisung auf Abs. 1 („soweit"; → Rn. 2 aE) sind einfach zu entfernende Aktenteile, auf die sich das berechtigte Interesse des Antragstellers offensichtlich nicht bezieht, vor der Akteneinsicht zu entheften bzw. herauszunehmen (zu Auskunft aus dem BZR u. Lichtbildern v. Verletzten vgl. Nr. 16 Abs. 2 S. 2, 220 Abs. 2 S. 1 RiStBV; BVerfG NJW 2007, 1052: persönliche Briefe, intime Zeichnungen; LG Regensburg NStZ 1985, 233 (234): nervenärztliches Gutachten). Bild-Ton-Aufzeichnungen iSd §§ 58a Abs. 1, 168e S. 4 und 247a S. 4, 5 sind stets v. der Akteneinsicht Privater auszuschließen (§ 58a Abs. 2 S. 1; so auch KMR-StPO/Gemählich Rn. 7; Lauterwein Akteneinsicht S. 145; **aM** SK-StPO/Puschke/Weßlau § 475 Rn. 5). Für „überschießende" Informationen gilt iÜ § 479 Abs. 1. Für die **Form der Gewährung** der Akteneinsicht gilt § 32f.

C. Besichtigung amtlich verwahrter Beweisstücke. Die Besichtigung amtlich verwahrter Beweisstücke (→ § 147 Rn. 19) kann nach Abs. 3 S. 1 unter den Voraussetzungen des Abs. 2 gestattet werden, dh wenn eine (grds. vorrangige) Auskunftserteilung einen unverhältnismäßigen Aufwand erfordern würde o. wenn nach Darlegung desjenigen, der die Besichtigung begehrt, eine Auskunft über das amtl. verwahrte Beweisstück nicht zur Wahrnehmung des berechtigten Interesses ausreichen würde. 5

Zur **Mitgabe der Akten** nach Streichung der S. 2 und 3 durch das G zur Einf. der elektronischen Akte s. nunmehr § 32f Abs. 2 S. 3 (→ § 32f Rn. 9–13). 6

D. Auskünfte an Privatpersonen. Auskünfte an Privatpersonen o. private Einrichtungen ohne Einschaltung eines RA – nicht aber Akteneinsicht o. Besichtigung amtl. verwahrter Beweisstücke – ermöglicht Abs. 4 unter den Voraussetzungen des Abs. 1; daher können insoweit auch Abschriften aus den Akten überlassen werden (§ 478); die Übermittlung anonymisierter Entscheidungsabschriften an Private ist v. Wortlaut des § 475 grds. ebenfalls erfasst (BGHSt 63, 156 mAnm Kaerkes JR 2019, 374), nicht aber die Veröffentlichung der Entscheidung durch den Gerichtsvorstand (BayObLG StV 2023, 590 (591)) Versagungsgründe ergeben sich insbes. aus Abs. 1 S. 2 (→ Rn. 2 aE, 3), §§ 479 Abs. 1–3, 480 Abs. 2 S. 1; insoweit ist auch zu berücksichtigen, dass eine Anonymisierung ins Leere gehen kann, wenn angesichts des Sachverhaltes klar ist, um wen es geht (vgl. Pätzel DRiZ 2018, 392). Im Übrigen ergeht die Entsch. nach pflichtgemäßem Ermessen. Im Falle einer Auskunftserteilung ist auf die Zweckbindung hinzuweisen, § 32f Abs. 5 S. 4. Eine 7

Spezialregelung enthält § 11 Abs. 8 S. 3, 4 GwG für Verpflichtete (§ 2 GwG), die eine Verdachtsanzeige (§ 11 Abs. 1 GwG) erstattet haben (Helmrich NJW 2009, 3689).

7a Ein **Presseorgan** kann mit Rücksicht auf die unmittelbar aus der Verf. abgeleitete Justizgewährungspflicht sowie Demokratieprinzip, Gewaltenteilung u. Pressefreiheit (Art. 5 Abs. 1 S. 2 GG) – weitergehend u. unabhängig v. den Voraussetzungen des § 475 – grds. die **Übersendung anonymisierter Entscheidungsabschriften** verlangen (BVerwGE 104, 105; vgl. auch BVerfG NJW 2015, 3708 mAnm Brink/Vogel; BGH NJW 2018, 3123; Putzke/Zenthöfer NJW 2015, 1777; Mensching AfP 2007, 534, vgl. aber Löwe/Rosenberg/Hilger Rn. 2; erg. → Rn. 1a). Die Beachtung der Grundsätze der Verdachtsberichterstattung sowie der Resozialisierung v. Straftätern obliegt dabei grds. den Medien selbst (BVerfG NJW 2015, 3708). Wenn es sich um strafrechtliche Vorwürfe gegen eine Person des öffentl. Lebens handelt, die aufgrund der geschützten Rechtsgüter im öffentl. Interesse liegen (zB §§ 108e, 331 StGB), kann eine Entsch. allerdings ausnahmsweise unter Verschluss gehalten werden, wenn konkrete Anhaltspunkte die Gefahr einer Vereitelung, Erschwerung, Verzögerung o. Gefährdung der sachgemäßen Durchführung eines Strafverfahrens iSd Landespressegesetze unmittelbar u. dringend nahelegen (BVerfG NJW 2015, 3708; vgl. auch OVG Weimar NJW 2015, 1836). Geht es nicht um presserechtliche Auskunftsansprüche o. eine aus dem Rechtsstaatsprinzip folgende Verpflichtung der Justiz zur Publikation veröffentlichungswürdiger Gerichtsentscheidungen (vgl. BVerfG NJW 2015, 3708) bleibt § 475 anwendbar (OLG München NStZ 2017, 311).

8 **E. Zuständigkeit, Rechtsbehelfe.** → § 480 Rn. 2 ff. Das OLG Dresden (bei Burhoff/Lange-Bertalot StRR 2007, 229) hält einen Widerspruch gegen die Vernehmung eines Zeugen für erforderlich, dessen Beistand zuvor Akteneinsicht gewährt worden war (vgl. erg. → § 136 Rn. 25, aber auch → § 406e Rn. 11 aE).

Auskünfte und Akteneinsicht zu Forschungszwecken **Nr. 189 RiStBV**

476 (1) [1]**Die Übermittlung personenbezogener Daten in Akten an Hochschulen, andere Einrichtungen, die wissenschaftliche Forschung betreiben, und öffentliche Stellen ist zulässig, soweit**

1. dies für die Durchführung bestimmter wissenschaftlicher Forschungsarbeiten erforderlich ist,

2. eine Nutzung anonymisierter Daten zu diesem Zweck nicht möglich oder die Anonymisierung mit einem unverhältnismäßigen Aufwand verbunden ist und

3. das öffentliche Interesse an der Forschungsarbeit das schutzwürdige Interesse des Betroffenen an dem Ausschluss der Übermittlung erheblich überwiegt.

[2]**Bei der Abwägung nach Satz 1 Nr. 3 ist im Rahmen des öffentlichen Interesses das wissenschaftliche Interesse an dem Forschungsvorhaben besonders zu berücksichtigen.**

(2) [1]**Die Übermittlung der Daten erfolgt durch Erteilung von Auskünften, wenn hierdurch der Zweck der Forschungsarbeit erreicht werden kann und die Erteilung keinen unverhältnismäßigen Aufwand erfordert.** [2]**Andernfalls kann auch Akteneinsicht gewährt werden.** [3]**Die Akten, die in Papierform vorliegen, können zur Einsichtnahme übersandt werden.**

(3) [1]**Personenbezogene Daten werden nur an solche Personen übermittelt, die Amtsträger oder für den öffentlichen Dienst besonders Verpflichtete sind oder die zur Geheimhaltung verpflichtet worden sind.** [2]**§ 1 Abs. 2, 3 und 4 Nr. 2 des Verpflichtungsgesetzes findet auf die Verpflichtung zur Geheimhaltung entsprechende Anwendung.**

(4) [1] **Die personenbezogenen Daten dürfen nur für die Forschungsarbeit verwendet werden, für die sie übermittelt worden sind.** [2] **Die Verwendung für andere Forschungsarbeiten oder die Weitergabe richtet sich nach den Absätzen 1 bis 3 und bedarf der Zustimmung der Stelle, die die Übermittlung der Daten angeordnet hat.**

(5) [1] **Die Daten sind gegen unbefugte Kenntnisnahme durch Dritte zu schützen.** [2] **Die wissenschaftliche Forschung betreibende Stelle hat dafür zu sorgen, dass die Verwendung der personenbezogenen Daten räumlich und organisatorisch getrennt von der Erfüllung solcher Verwaltungsaufgaben oder Geschäftszwecke erfolgt, für die diese Daten gleichfalls von Bedeutung sein können.**

(6) [1] **Sobald der Forschungszweck es erlaubt, sind die personenbezogenen Daten zu anonymisieren.** [2] **Solange dies noch nicht möglich ist, sind die Merkmale gesondert aufzubewahren, mit denen Einzelangaben über persönliche oder sachliche Verhältnisse einer bestimmten oder bestimmbaren Person zugeordnet werden können.** [3] **Sie dürfen mit den Einzelangaben nur zusammengeführt werden, soweit der Forschungszweck dies erfordert.**

(7) [1] **Wer nach den Absätzen 1 bis 3 personenbezogene Daten erhalten hat, darf diese nur veröffentlichen, wenn dies für die Darstellung von Forschungsergebnissen über Ereignisse der Zeitgeschichte unerlässlich ist.** [2] **Die Veröffentlichung bedarf der Zustimmung der Stelle, die die Daten übermittelt hat.**

(8) **Ist der Empfänger eine nichtöffentliche Stelle, finden die Vorschriften der Verordnung (EU) 2016/679 und des Bundesdatenschutzgesetzes auch dann Anwendung, wenn die personenbezogenen Daten nicht automatisiert verarbeitet werden und nicht in einem Dateisystem gespeichert sind oder gespeichert werden.**

A. Wissenschaftliche Forschung. Für Zwecke wissenschaftlicher Forschung 1 (Eigen- o. Auftragsforschung) dürfen unter den Voraussetzungen des Abs. 1 personenbezogene Daten aus Strafakten – auch befugt übermittelte Sozialdaten (§ 78 Abs. 4 SGB X) o. Erkenntnisse aus bestimmten, bes. eingriffsintensiven Maßnahmen (§ 479 Abs. 2 S. 2 Nr. 4) – an Hochschulen (auch Fachhochschulen), andere Einrichtungen, die wissenschaftliche Forschung betreiben, u. öffentl. Stellen übermittelt werden (erg. § 487 Abs. 4); Doktoranden u. Habilitanden als Privatpersonen können aber nach § 475 Abs. 1, Abs. 4 Auskunft o. Akteneinsicht erhalten (Graalmann-Scheerer NStZ 2005, 435; Lauterwein Akteneinsicht Rn. 53; **aM** SK-StPO/Puschke/Weßlau Rn. 8). Die Übermittlungsbefugnis besteht, wenn keine Einwilligung der Betroffenen vorliegt (§§ 3 Abs. 1, 4 Abs. 1 BDSG; → Rn. 3), nur insoweit, als die Mitteilung für die Durchführung eines bestimmten wissenschaftlichen Forschungsvorhabens erforderlich ist (erg. → § 479 Rn. 10) u. die Herstellung o. Nutzung anonymisierter Informationen (vgl. § 3 Abs. 6 BDSG) aus den im G genannten Gründen ausscheidet (S. 1 Nr. 1, 2), wobei es genügt, dass anonymisierte Daten für den Forschungszweck nicht hinreichen (BT-Drs. 14/1484, 27). Ferner muss nach S. 1 Nr. 3, S. 2 das öffentl., insbes. wissenschaftliche Interesse an der Forschungsarbeit das unter Berücksichtigung der Einschränkungen in Abs. 2–Abs. 8 schutzwürdige Interesse des Betroffenen an dem Ausschluss der Übermittlung erheblich überwiegen; vor dieser ges. Abwägung zwischen dem Grundrecht auf informationelle Selbstbestimmung u. der Freiheit v. Wissenschaft u. Forschung (Art. 5 Abs. 3 GG) haben solche Forschungsvorhaben keinen Bestand, die methodisch unzulänglich sind, bei denen der Verdacht besteht, dass sie der Ausspionierung personenbezogener Daten dienen sollen, o. die offensichtlich als Instrument im wirtschaftlichen Konkurrenzkampf gedacht sind (BT-Drs. 14/1484, 27). Bei umfangreichen Forschungsvorhaben mit vielen Betroffenen wird nur deren mutmaßliches Interesse in die Abwägung eingestellt werden können (Löwe/Rosenberg/Hilger Rn. 6).

2 **B. Schutz des allgemeinen Persönlichkeitsrechts.** Regelungen zum Schutz des allgemeinen Persönlichkeitsrechts enthalten Abs. 2–8. Abs. 2 ordnet den grds. Vorrang v. Auskünften vor einer Akteneinsicht an (wegen des mit der Auskunftserteilung verbundenen großen Aufwandes ist es in der Praxis aber umgekehrt, vgl. Graalmann-Scheerer NStZ 2005, 437). Personenbezogene Daten dürfen nur an zur Geheimhaltung verpflichtete Personen übermittelt werden (Abs. 3; Strafbewehrung in § 203 Abs. 2 S. 1 Nr. 6 StGB). Die Zweckbindung in Abs. 4 gilt auch für die durch die Forschung neu gewonnenen personenbezogenen Informationen. Die Verwendung für einen anderen wissenschaftlichen Zweck o. die Weitergabe an andere Personen – jew. gemessen an der erteilten Genehmigung – setzen die vorherige Zustimmung der bewilligenden Stelle nach Maßgabe der Abs. 1–3 voraus. Abs. 5–7 enthalten weitere Pflichten des Empfängers; die Zustimmung der übermittelnden Stelle zur Veröff. personenbezogener Daten ist entbehrlich, wenn der Betroffene einwilligt o. sich Einzelangaben nur mit einem unverhältnismäßig großen Aufwand an Zeit, Kosten u. Arbeitskraft einer bestimmten Person zuordnen lassen (BT-Drs. 14/1484, 28). Für nichtöffentl. Stellen finden die Vorschr. der VO (EU) 2016/679 u. das BDSG auch Anwendung, soweit die personenbezogenen Daten nicht automatisiert verarbeitet werden u. nicht in einem Datensystem gespeichert sind o. gespeichert werden. Zu den datenschutzrechtlichen Anforderungen iE – insbes. auch zur Vorlage eines Datenschutzkonzepts durch den Antragsteller – vgl. Graalmann-Scheerer NStZ 2005, 437.

3 **C. Darlegungspflicht.** Im Einzelnen darlegen muss die **ersuchende Stelle,** dass die ges. Voraussetzungen für die Mitteilung nicht anonymisierter Informationen – abgesehen v. der Frage des unverhältnismäßigen Aufwands in Abs. 1 S. 1 Nr. 2, Abs. 2 S. 1 – gegeben sind. Dies wollte der Gesetzgeber durch die Fassung der Vorschr. klarstellen; der weitere Hinweis der Entwurfsbegründung (BT-Drs. 14/1484, 28) auf eine sachgerechte Prüfung durch die zuständige Stelle (§ 480 Abs. 1 S. 1) ändert nichts am Maßstab des § 479 Abs. 5 S. 2. Der Antragsteller muss darlegen, welche konkreten Informationen er aus den Akten für sein Forschungsvorhaben begehrt (Graalmann-Scheerer NStZ 2005, 435). Vorsitzender u. StA haben einen Ermessensspielraum u. können die Erlaubnis mit sachgerechten, den Datenschutz konkretisierenden Auflagen verbinden. § 479 Abs. 1, Abs. 2 S. 2 Nr. 4 ist zu beachten (vgl. Graalmann-Scheerer NStZ 2005, 436; erg. → § 479 Rn. 10). Auf eine Einholung der Einwilligung der Betroffenen darf die ersuchende Stelle nicht verwiesen werden (SK-StPO/Puschke/Weßlau Rn. 16).

4 **D. Zuständigkeit, Rechtsbehelfe.** → § 480 Rn. 2 ff.

5 **E. Kosten.** Zu den Kosten der Übermittlung vgl. Graalmann-Scheerer NStZ 2005, 440.

Datenübermittlung von Amts wegen

477 (1) **Von Amts wegen dürfen personenbezogene Daten aus Strafverfahren Strafverfolgungsbehörden und Strafgerichten für Zwecke der Strafverfolgung sowie den zuständigen Behörden und Gerichten für Zwecke der Verfolgung von Ordnungswidrigkeiten übermittelt werden, soweit diese Daten aus der Sicht der übermittelnden Stelle hierfür erforderlich sind.**

(2) **Eine von Amts wegen erfolgende Übermittlung personenbezogener Daten aus Strafverfahren ist auch zulässig, wenn die Kenntnis der Daten aus der Sicht der übermittelnden Stelle erforderlich ist für**

1. die Vollstreckung von Strafen oder von Maßnahmen im Sinne des § 11 Absatz 1 Nummer 8 des Strafgesetzbuches oder für die Vollstreckung

oder Durchführung von Erziehungsmaßregeln oder von Zuchtmitteln im Sinne des Jugendgerichtsgesetzes,
2. den Vollzug von freiheitsentziehenden Maßnahmen oder
3. Entscheidungen in Strafsachen, insbesondere über die Strafaussetzung zur Bewährung oder deren Widerruf, oder in Bußgeld- oder Gnadensachen.

A. Gesetz zur Umsetzung der RL (2016/680) im Strafverfahren sowie zur Anpassung datenschutzrechtlicher Bestimmungen an die VO (EU) 2016/679). Mit dem Gesetz zur Umsetzung der RL (2016/680) im Strafverfahren sowie zur Anpassung datenschutzrechtlicher Bestimmungen an die VO (EU) 2016/679) v. 20.11.2019 (BGBl. I 1724) wurden die §§ 474 ff. systematisch überarbeitet. §§ 474–477 regeln die rechtlichen Voraussetzungen der Datenübermittlung, § 478 deren Form, § 479 die Übermittlungsverbote u. Verwendungsbeschränkungen, § 480 die Verantwortlichkeit für die Beurteilung der Zulässigkeit der Übermittlung sowie das dazugehörende Verf. (BT-Drs. 19/4671, 65). Der neu gefasste § 477 entspr. § 479 Abs. 1 und Abs. 2 aF. 1

B. Von Amts wegen. Von Amts wegen, dh ohne Auskunftsersuchen, dürfen personenbezogene Daten, die für ein bei der übermittelnden Stelle anhängiges o. anhängig gewesenes Strafverfahren erhoben worden sind, für die in der Vorschr. bezeichneten Zwecke der Strafrechtspflege iwS übermittelt werden; hieraus ergibt sich zugleich die Zulässigkeit der Zweckänderung. Indem das G auf die Sicht der übermittelnden Stelle abhebt (krit. dazu Paeffgen FS Hilger, 2003, 159), verlangt es eine Art Schlüssigkeitsprüfung (vgl. → EGGVG § 14 Rn. 3); diese ist an der Erforderlichkeit u. damit an dem verfassungsrechtlichen Grundsatz der Verhältnismäßigkeit auszurichten (→ § 474 Rn. 4; weitere Fälle verfahrensübergreifender Mitteilungen vAw: §§ 12 ff. **EGGVG**). 1a

I. Zwecke der Strafverfolgung (Abs. 1). Für Zwecke der Strafverfolgung (Abs. 1) ist die Mitteilung zulässig, wenn die übermittelnde Stelle erkennt, dass die in einem v. ihr geführten Strafverfahren angefallenen Erkenntnisse – teilw. („soweit") – auch für die dem genannten Zweck verpflichtete Tätigkeit einer anderen Strafverfolgungsbehörde o. eines anderen Strafgerichts erforderlich sind; Bezugspunkt ist stets eine andere prozessuale Tat. Mitteilungen an eine Stelle zur Förderung des anhängigen Verf. (zB zur Durchführung des TOA) fallen nicht unter die Vorschrift. 2

II. Andere Zwecke der Strafrechtspflege iwS. Für bestimmte andere Zwecke der Strafrechtspflege iwS erlaubt Abs. 2 verfahrensübergreifende Mitteilungen vAw; die in § 14 Abs. 1 Nr. 1–3 **EGGVG** aF auf Daten des Beschuldigten, die den Gegenstand des Verf. betreffen, beschränkte Ermächtigung ist durch die Einbeziehung grds. aller personenbezogenen Informationen aus einem Strafverfahren in personeller u. sachlicher Hinsicht erweitert worden (vgl. aber BT-Drs. 14/1484, 31). Eine Übermittlung für die Zwecke eines Disziplinarverfahrens fällt nicht hierunter (BayObLG NJOZ 2024, 444). 3

Nr. 1 betr. Mitteilungen, die zur Vollstreckung o. Durchführung der im G aufgezählten, in einem anderen Verf. verhängten Sanktionen erforderlich sind, zB Hinweise auf festgestellte Vermögenswerte, um die Vollstreckung einer Geldstrafe zu ermöglichen. 4

Insbesondere an den Leiter einer JVA o. einer Anstalt iSd §§ 63, 64 StGB können nach **Nr. 2** solche Informationen übermittelt werden, deren Kenntnis für den Vollzug einer freiheitsentziehenden Maßnahme (U-Haft, Strafhaft, Unterbringungsmaßnahmen, Ordnungs- o. Erzwingungshaft) in einem anderen Verf. erforderlich ist, etwa eine weitere Verurteilung eines Gefangenen (MiStra 43). 5

Nr. 3 betr. Informationen, die für Entsch. in anderen Verf. einschl. Gnadensachen erheblich sind, zB über die nachträgliche Strafaussetzung zur Bewährung (§§ 57 ff. StGB, § 57 **JGG**) o. den Widerruf der Strafaussetzung (vgl. MiStra 13). Die Übermittlung v. Informationen, die für die Aussetzung der Verhängung einer 6

Jugendstrafe (§ 27 JGG) o. der Vollstreckung der ausgesprochenen Strafe zur Bewährung (§ 56 StGB, § 21 JGG) erheblich sind, richtet sich nach § 17 Nr. 1 EGGVG (→ EGGVG § 17 Rn. 1, 2; BT-Drs. 13/4709, 22; **aM** SK-StPO/Puschke/Weßlau Rn. 10).

7 **C. Grenzen der Übermittlungsbefugnis und die Zuständigkeit.** § 479 Abs. 1 und Abs. 2 S. 1 regelt die Übermittlungsverbote u. Verwendungsbeschränkungen (→ § 479 Rn. 2 ff.), § 480 die Zuständigkeit.

8 Die **Verantwortung** für die Zulässigkeit der Übermittlung richtet sich nach § 479 Abs. 5.

Form der Datenübermittlung **Nr. 183, 188, 189 RiStBV**

478 **Auskünfte nach den §§ 474 bis 476 und Datenübermittlungen von Amts wegen nach § 477 können auch durch Überlassung von Kopien aus den Akten erfolgen.**

1 § 478 entspr. dem bisherigen § 477 (BT-Drs. 19/4671, 74). Die Regelung lässt eine **vereinfachte Form** der Auskunftserteilung u. Datenübermittlung zu.

Übermittlungsverbote und Verwendungsbeschränkungen

479 (1) **Auskünfte nach den §§ 474 bis 476 und Datenübermittlungen von Amts wegen nach § 477 sind zu versagen, wenn ihnen Zwecke des Strafverfahrens, auch die Gefährdung des Untersuchungszwecks in einem anderen Strafverfahren, oder besondere bundesgesetzliche oder landesgesetzliche Verwendungsregelungen entgegenstehen.**

(2) [1] **Ist eine Maßnahme nach diesem Gesetz nur bei Verdacht bestimmter Straftaten zulässig, so gilt für die Verwendung der auf Grund einer solchen Maßnahme erlangten Daten in anderen Strafverfahren § 161 Absatz 3 entsprechend.** [2] **Darüber hinaus dürfen verwertbare personenbezogene Daten, die durch eine Maßnahme der nach Satz 1 bezeichneten Art erlangt worden sind, ohne Einwilligung der von der Maßnahme betroffenen Personen nur verwendet werden**

1. **zu Zwecken der Gefahrenabwehr, soweit sie dafür durch eine entsprechende Maßnahme nach den für die zuständige Stelle geltenden Gesetzen erhoben werden könnten,**
2. **zur Abwehr einer Gefahr für Leib, Leben oder Freiheit einer Person oder für die Sicherheit oder den Bestand des Bundes oder eines Landes oder für bedeutende Vermögenswerte, wenn sich aus den Daten im Einzelfall jeweils konkrete Ansätze zur Abwehr einer solchen Gefahr erkennen lassen,**
3. **für Zwecke, für die eine Übermittlung nach § 18 des Bundesverfassungsschutzgesetzes zulässig ist, sowie**
4. **nach Maßgabe des § 476.**

[3] **§ 100i Absatz 2 Satz 2 und § 108 Absatz 2 und 3 bleiben unberührt.**

(3) **Wenn** in den **Fällen der** §§ **474 bis 476**

1. **der Angeklagte freigesprochen, die Eröffnung des Hauptverfahrens abgelehnt oder das Verfahren eingestellt wurde oder**
2. **die Verurteilung nicht in ein Führungszeugnis für Behörden aufgenommen wird und seit der Rechtskraft der Entscheidung mehr als zwei Jahre verstrichen sind,**

dürfen Auskünfte aus den Akten und Akteneinsicht an nichtöffentliche Stellen nur gewährt werden, wenn ein rechtliches Interesse an der Kenntnis der Information glaubhaft gemacht ist und der frühere Beschuldigte kein schutzwürdiges Interesse an der Versagung hat.

(4) [1]Die Verantwortung für die Zulässigkeit der Übermittlung trägt die übermittelnde Stelle. [2]Abweichend hiervon trägt in den Fällen der §§ 474 bis 476 der Empfänger die Verantwortung für die Zulässigkeit der Übermittlung, sofern dieser eine öffentliche Stelle oder ein Rechtsanwalt ist. [3]Die übermittelnde Stelle prüft in diesem Falle nur, ob das Übermittlungsersuchen im Rahmen der Aufgaben des Empfängers liegt, es sei denn, dass ein besonderer Anlass zu einer weitergehenden Prüfung der Zulässigkeit der Übermittlung vorliegt.

(5) § 32f Absatz 5 Satz 2 und 3 gilt mit folgenden Maßgaben entsprechend:

1. **Eine Verwendung der nach den §§ 474 und 475 erlangten personenbezogenen Daten für andere Zwecke ist zulässig, wenn dafür Auskunft oder Akteneinsicht gewährt werden dürfte und im Falle des § 475 die Stelle, die Auskunft oder Akteneinsicht gewährt hat, zustimmt;**
2. **eine Verwendung der nach § 477 erlangten personenbezogenen Daten für andere Zwecke ist zulässig, wenn dafür eine Übermittlung nach § 477 erfolgen dürfte.**

1 **A. Überblick.** Seit der Überarbeitung der §§ 474 ff. durch G v. 20.11.2019 (BGBl. I 1724) und der Streichung des Abs. 3 durch G v. 25.6.2021 (BGBl. I 2099) enthalten Abs. 1–3 die in § 477 Abs. 2, Abs. 3 aF geregelten Übermittlungsverbote u. Verwendungsbeschränkungen für die Übermittlung v. Informationen aus Strafakten nach den §§ 474–477 und Beiakten iSd § 480 Abs. 2 (vgl. BVerfGE 120, 351 mwN zur Zweckänderung). Abs. 4 und Abs. 5 regeln die Verantwortung für die Zulässigkeit der Übermittlung u. die Zweckbindung der nach §§ 474, 475 erlangten personenbezogenen Daten. Im Ergebnis entsprechen die überarb. Regelungen – auch bzgl. der Übermittlungsverbote u. Verwendungsbeschränkungen – inhaltlich der bisherigen Rechtslage. Die mit Wirkung zum 24.6.2020 in Kraft getretene Änd. des Abs. 1 (BGBl. I 1247) hat lediglich redaktionellen Charakter (BT-Drs. 19/19201, 15). Zu den Konsequenzen für die Aktenführung, vgl. Nr. 186 RiStBV (vgl. zur Notwendigkeit Groß/Fünfsinn NStZ 1992, 106).

2 **B. Übermittlungsverbote und Verwendungsbeschränkungen (Abs. 1–3). I. Unzulässigkeit.** Die Datenübermittlung ist unzulässig, wenn ihr **Zwecke des Strafverf.** entgegenstehen (Abs. 1). Unter Strafverf. ist der gesamte Prozess von Einleitung der Ermittlungen bis zum Abschluss Strafvollstreckung zu verstehen. Dass noch keine Anklage erhoben wurde, steht der Übermittlung mithin nicht von vornherein entgegen (BayObLG NStZ 2025, 444 (446)). Nach Abs. 1 Alt. 1 sind Auskunft u. Akteneinsicht nicht gestattet, wenn der Untersuchungszweck – auch in einem anderen Strafverfahren (vgl. → § 406e Rn. 11) – gefährdet erscheint (vgl. BGH NStZ-RR 2010, 246: grds. kein Recht auf Aktenkenntnis u. keine Akteneinsicht für nicht verletzte Zeugen bzw. ihren Beistand; vgl. auch OLG Düsseldorf NJW 2002, 2806; KG StraFo 2015, 459 (460); NStZ 2008, 587 Ls.; **aM** für Fälle des § 55 Wessing/Ahlbrecht Zeugenbeistand Rn. 22 ff.; Klengel/Müller NJW 2011, 24 (24 f.); Koch FS Hamm, 2008, 295; erg. → § 475 Rn. 2, 4; → § 68b Rn. 5) o. die Informationsübermittlung zu unverhältnismäßigen Verzögerungen bzw. Belastungen führen würde (vgl. SK-StPO/Puschke/Weßlau Rn. 3: Beurteilungsspielraum). Zu den bes. Verwendungsregelungen iSd Abs. 1 Alt. 2 gehören innerhalb der StPO etwa §§ 58a Abs. 2 S. 1, 81g Abs. 5 S. 3 (diff. SK-StPO/Puschke/Weßlau Rn. 7 ff.), außerhalb der StPO §§ 51, 52, 61, 63 Abs. 4 **BZRG,** § 30 **AO,** §§ 35 SGB I, 67 ff. SGB X (erg. Lauterwein Akteneinsicht S. 130 f.; → **EGGVG** § 12 Rn. 6).

3 **II. Zweckänderung.** Die erneute Verwendung personenbezogener Daten zu anderen Zwecken als jenen, für die sie im Ausgangsverfahren erhoben wurden, bedarf einer ges. Grdl. (BVerfGE 109, 279 (375)). Dem trägt das G mit der Regelung des Abs. 2 S. 1 Rechnung; ihr liegt der Gedanke des hypothetischen

Ersatzeingriffs (s. hierzu BVerfG JR 2024, 661 (663 f.)) zugrunde (BT-Drs. 16/5846, 66; → Einl. Rn. 57c; vgl. auch BGHSt 58, 32 (49) mAnm Schuster StV 2014, 198; Singelnstein ZStW 120 (2008), 880) und entspricht den unionsrechtlichen Anforderungen (vgl. hierzu EuGH StV 2023, 657: zweckändernde Verwendung von Daten aus strafrechtlichen Ermittlungen nach deren Abschluss zur Verfolgung des vermeintlichen Opfers der Tat oder einen anderen, nicht an ihr beteiligten Person). Die Vorschr. betrifft nicht die Verwertung v. Erkenntnissen im Ausgangsverfahren zur Aufklärung der Anlasstat (einschließlich v. vornherein getrennt geführter o. später abgetrennter Verf. gegen Mitbeteiligte, SK-StPO/Weßlau/Puschke Vor § 474 Rn. 10; Bittmann DRiZ 2007, 120; → § 100a Rn. 30). Sie beschränkt die verfahrensübergreifende Verwertung personenbezogener Daten, wenn diese durch strafprozessuale Maßnahmen (andernfalls, insbes. bei präventivpolizeilichen Maßnahmen, gilt § 161 Abs. 3; → § 161 Rn. 18b ff.) erlangt worden sind, die nur bei **Verdacht bestimmter Straftaten** zulässig sind. Einen solchen spezifizierten Verdacht setzen – mit Ausnahme v. §§ 99, 100h Abs. 1 S. 1 Nr. 1 – insbes. die in § 101 Abs. 1 aufgezählten verdeckten Ermittlungsmaßnahmen voraus (BT-Drs. 16/5846, 58; erg. → § 100g Rn. 35), also auch § 163f (KG NStZ 2019, 429; LG Braunschweig StV 2019, 320), aber auch zB Maßnahmen nach §§ 131 Abs. 3, 131a Abs. 3, 131b (Singelnstein ZStW 120 (2008), 879; zu § 111 vgl. → Rn. 13). Die Grundsätze gelten auch für Erkenntnisse aus längerfristigen Observationen (OLG Düsseldorf 2023, 569); sie dürften auch für § 163g (automatische Kennzeichenerfassung) gelten. Aufgrund der vorgeschriebenen entspr. Anwendung des § 161 Abs. 3 ist die Verwendung der gewonnenen personenbezogenen Daten in anderen Strafverfahren (dh für andere prozessuale Taten als die Anlasstat) nur zulässig, wenn sie der Aufklärung einer Straftat dient, aufgrund derer eine solche Maßnahme ebenfalls hätte angeordnet werden dürfen. Bei der Prüfung der Verdachtslage sind auch diejenigen Daten einzustellen, um deren Verwertung es bei Abs. 2 S. 1 „nunmehr" geht (vgl. auch BGHSt 32, 10 (15); 54, 69 Rn. 25 zu polizeirechtlich erhobenen Daten; OLG Hamburg BeckRS 2021, 2226). Der Begriff „Strafverfahren" umfasst auch die Strafvollstreckung. Nach Abs. 2 S. 1 dürften auch die über das Vorliegen einer Katalogtat hinausgehenden Anordnungsvoraussetzungen der einschlägigen Ermittlungsmaßnahme hypothetisch für das anhängige Verf. u. bezogen auf den Erkenntnisstand bei Verwendung bzw. Verwertung der bereits vorhandenen personenbezogenen Daten zu prüfen sein (offengelassen v. BGHSt 32, 10 (15); vgl. auch BGHSt 53, 64; KK-StPO/Gieg Rn. 3; MüKoStPO/Singelnstein § 477 Rn. 37). Abs. 2 S. 1 gilt auch für **Rechtshilfeersuchen** begleitende gerichtliche Bestätigungen (vgl. BGHSt 32, 10 (15)) sowie für die Verwendung v. Zufallsfunden aus strafprozessualen Maßnahmen, die dem Brief-, Post- o. Fernmeldegeheimnis unterfallen, im **Besteuerungsverfahren** (vgl. BFH NZWiSt 2013, 434 zu § 100a mAnm Krug/Knierim/Huber); insoweit dürfte – anders als sonst (dazu anschl. → Rn. 4) – ein umfassendes Verwendungsverbot anzunehmen sein, da § 393 Abs. 3 AO allg. v. der Verwertung v. „Erkenntnissen" spricht. Für die Verwendung personenbezogener Daten aus **Maßnahmen nach §§ 100b** (Online-Durchsuchung), **§ 100c** (Wohnraumüberwachung) **und § 100g Abs. 2, auch iVm Abs. 1 S. 3 oder Abs. 3 S. 2** (Vorrats- u. retrograde Standortdaten), in anderen Strafverfahren enthalten die v. der Überarbeitung der §§ 474 ff. unberührt gebliebenen §§ 100e Abs. 6 Nr. 1 und 101a Abs. 4 S. 1 Nr. 1 (→ Rn. 1) striktere u. daher vorrangige Regelungen (vgl. hierzu → § 100e Rn. 21–23; → § 101a Rn. 27).

4 Diese **Einschränkung** galt schon vor der Überarbeitung der §§ 474 ff. allerdings **nur** soweit, als die Daten **zu Beweiszwecken** verwendet werden sollen. Dies folgt daraus, dass die Vorgängerregelung des Abs. 2 S. 1 (§ 477 Abs. 2 S. 2 aF) in Anlehnung an die entspr. Rspr. des BGH zu § 100a (BGH NStZ 1998, 426) geschaffen worden war (BT-Drs. 16/5846, 64, 66). Mit der Einfügung des Verweises auf § 161 Abs. 3 durch das G v. 20.11.2019 (BGBl. I 1724) hat der Gesetzgeber diese Auff. bestätigt, indem er die im GE der BReg vorgeschlagenen Restriktionen (BT-Drs. 19/4671, 10, 63 f.) gerade nicht übernommen hat (BT-Drs.

19/11190, 10). Zufallserkenntnisse dürfen daher, auch wenn sie keine bestimmte Straftaten iSd Abs. 2 S. 1 betreffen, als **Spurenansatz** o. zur Ermittlung des Aufenthaltsorts des Beschuldigten verwertet werden (so schon zum früheren Recht BVerfG NJW 2016, 1781 Rn. 315; 2005, 2766 (§ 100a); → § 161 Rn. 18d; SSW StPO/Ritscher/Klinge Rn. 5 f.; BeckOK StPO/Wittig Rn. 5a; KK-StPO/Weingarten § 161 Rn. 36; Löwe/Rosenberg/Erb § 161 Rn. 80; MüKoStPO/Kölbel § 161 Rn. 45). Die zum früheren Recht vertretene Gegenauffassung dürfte überholt sein (vgl. Singelnstein NStZ 2020, 639 (642); erg. → § 161 Rn. 18d). Für die Verwendung personenbezogener Daten aus **Maßnahmen nach §§ 100b 100c und 100g Abs. 2, auch iVm Abs. 1 oder Abs. 3 S. 2,** gelten indes die strikteren u. spezielleren Regelungen des § 100e Abs. 6 Nr. 1 und des § 101a Abs. 4 S. 1 Nr. 1 (→ Rn. 3 aE). Da diese Regelungen keine Einschränkung auf die Verwendung „zu Beweiszwecken" enthalten, dürfen die Daten aus diesen Maßnahmen nicht als Spurenansatz verwertet werden (erg. → § 100e Rn. 23; → § 101a Rn. 27). Mit **Einwilligung** der v. der Maßnahme jew. Betroffenen können die erlangten personenbezogenen Daten (→ § 161 Rn. 1a ff.) aber auch in einem solchen Fall zu Beweiszwecken weiterverwendet werden. Im Einzelnen gilt daher Folgendes:

1. Zur **Strafverfolgung gegen den Beschuldigten u. die Teilnehmer** an seiner Tat dürfen Zufallserkenntnisse über eine andere als die in der Anordnung bezeichnete Katalogtat uneingeschränkt verwertet werden (Peters StrafProzR Rn. 452); das gilt auch für Zufallsfunde v. Taten, die im Zusammenhang mit einer Katalogtat stehen (zB Taten, auf deren Begehung die kriminelle Vereinigung nach § 129 StGB abzielt, BGH NStZ 1998, 426; dazu eing. Kretschmer StV 1999, 223). Zufallserkenntnisse über Nichtkatalogtaten, etwa auch wenn es sich um Anschlussdelikte handelt (Begünstigung, Hehlerei, Strafvereitelung), können dann uneingeschränkt verwertet werden, wenn sie im Zusammenhang mit der Katalogtat stehen, die Anlass der Anordnung war (vgl. BGHR StPO § 100a Verwertungsverbot 20; OLG Hamm wistra 2014, 39; Mayer Kriminalistik 2021, 685 (689); erg. → § 100a Rn. 30) Im Übrigen dürfen sie nicht unmittelbar zum Beweis benutzt werden (BGHSt 27, 355; 28, 122 (127); BayObLGSt 1982, 40; vgl. auch BVerfG NJW 1988, 1075; Buse/Bohnert NJW 2008, 619 zu Steuerstraftaten), auch nicht zu Vorhalten (BGHSt 27, 355; vgl. aber auch BGHSt 30, 317, OLG Karlsruhe NStZ 1994, 201 mablAnm Schneider NStZ 1994, 504 = StV 1994, 529 mablAnm Klesczewski: Verwertung in späterem Meineidsverfahren). Zulässig ist aber eine mittelbare Verwertung in der Weise, dass aufgrund der erlangten Erkenntnisse Ermittlungen geführt u. dabei andere Beweismittel gewonnen werden (BVerfG NJW 2005, 2766; BGHSt 27, 355; Allgayer NStZ 2006, 603; Welp JZ 1973, 290; **aM** Böse FS Amelung, 2009, 567; Knauth NJW 1978, 741; Wulf wistra 2008, 325; einschr. auch Kaiser NJW 1974, 350; Maiwald JuS 1978, 385). 5

2. Zur **Strafverfolgung gegen dritte Personen** dürfen Zufallserkenntnisse uneingeschränkt verwertet werden, die sich auf irgendeine Katalogtat beziehen (BGHSt 28, 122 (129); 32, 10 (15); NJW 1979, 1370; wistra 1991, 146; vgl. auch BGHSt 26, 298 (302); BGHR Verwertbarkeit 1; BayObLGSt 1982, 40; Hieramente wistra 2015, 9 (10)). Für die Verfolgung v. Nichtkatalogtaten ist auch hier eine unmittelbare Verwertung als Beweismittel unzulässig (BGHSt 26, 298 (303); OLG Düsseldorf NStZ 2001, 657 (Anschlussdelikte); LG Münster StV 2008, 460), also auch nicht im Wege eines Vorhalts (OLG Karlsruhe NJW 2004, 2687), nicht aber die mittelbare Verwertung in der Weise, dass die Zufallserkenntnisse zur Grdl. weiterer Ermittlungen gegen den Dritten gemacht werden (OLG München wistra 2006, 472 (Durchsuchung); Allgayer NStZ 2006, 607; Lehmann ArchPF 1979, 126; **aM** Knauth NJW 1978, 742; Lohberger FS Hanack, 1999, 264 ff. mwN zum Streitstand; vgl. auch LG Landshut NStZ 1999, 635 im Anschluss an Kaiser NJW 1974, 350: zulässig bei einer Straftat nach § 112a). Dies alles muss auch für Zufallsfunde aus einer im Ausland angeordneten Telefonüberwachung gelten (Zietsch Kriminalistik 1996, 129). Verwertbar sind Äußerungen eines Angehörigen, die aufgrund eines in einer anderen Strafsache angeordneten „kleinen" Lauschangriffs (§ 100f) überwacht u. protokolliert wurden, in dem gegen den Angeklagten ge- 6 richteten Verf. wegen Bankraubs, ohne dass § 52 oder der fair trial-Grundsatz entgegenstehen (BVerfG NJW 2010, 287).

7 Bei **Änderung der Rechtslage** ist – mangels Übergangsbestimmungen – auf den Zeitpunkt der Verwendung des Zufallsfundes (bzw. der Revisionsentscheidung, → § 354a Rn. 4, o. eines Rechtshilfeersuchens (BGHSt 58, 32)) abzustellen; wegen der Ausweitung der Katalogtaten in § 100a durch das G v. 21.12.2007 kann dies zur Verwertbarkeit v. zuvor nach § 100b Abs. 5 aF unverwertbaren Erkenntnissen führen (BGHSt 53, 64 mkritAnm Sankol MMR 2009, 181; vgl. → Einl. Rn. 203).

8 **3. Überschneiden** sich Maßnahmen iSd Abs. 2 S. 1 mit anderen, ggf. auch unter Abs. 2 S. 1 fallenden Eingriffen, dürfte nach dem Grundsatz zu entscheiden sein, dass sich die Verwendung des Zufallsfundes nach der höchsten Verdachtsschwelle richtet (zust. AnwK StPO/Pannais Rn. 4; Singelnstein ZStW 120 (2008), 882 (Fn. 135); für den Fall der akustischen Wohnraumüberwachung durch einen Verdeckten Ermittler stellte dies der aufgeh. § 110e Hs. 2 klar. Beispiele für (formell u. materiell rechtmäßige) Maßnahmen außerhalb v. Wohnungen: Der Verdeckte Ermittler (§ 110a) fertigt Bildaufnahmen an o. setzt bes. Observationsmittel ein (§ 100h Abs. 1 S. 1 Nr. 1 und 2); die Verwertung eines Zufallsfundes richtet sich nach der Schwelle des § 110a Abs. 1. Der Verdeckte Ermittler führt einen „kleinen Lauschangriff" aus; es gilt die Schwelle des § 100f Abs. 1.

9 **4. Rechtswidrigkeit** der Ermittlungsmaßnahme: Der Gesetzgeber ist bei der Neuregelung des Abs. 2 S. 1 davon ausgegangen, dass die Zufallserkenntnisse im Ausgangsverfahren rechtmäßig gewonnen werden (BT-Drs. 16/5846, 66 iVm 64). Daraus allein folgt aber nicht, dass durch eine rechtswidrige Maßnahme erlangte personenbezogene Daten zur Aufklärung einer anderen prozessualen Tat unverwertbar wären (so aber Singelnstein ZStW 120 (2008), 889; SK-StPO/Puschke/Weßlau Rn. 16); bei einem rechtswidrig erlangten Zufallsfund ist hierüber vielmehr anhand der v. der Rspr. für sog. relative Verwertungsverbote vertretenen Abwägungslehre zu entscheiden (BGHSt 54, 69 (89 f.); BeckOK/Wittig Rn. 6); denn jedenfalls außerhalb v. Fällen bewusster Umgehung des G ist die Unverwertbarkeit die Ausnahme (krit. Gusy HRRS 2009, 491; → Einl. Rn. 55a, 57d).

10 **III. Präventive Zwecke.** Zu präventiven Zwecken sowie zu Zwecken der Forschung dürfen personenbezogene Daten, die durch strafprozessualen Maßnahmen iSd Abs. 2 S. 1 (→ Rn. 3) erlangt wurden, ohne Einwilligung der Betroffenen lediglich eingeschränkt verwendet werden (Abs. 2 S. 2; ausf. SK-StPO/Puschke/Weßlau Rn. 38 ff.; vgl. auch LSG Hessen MMR 2009, 718 mAnm Sankol zur fehlenden ges. Grdl. im Sozialrecht). Die damit verbundene Zweckänderung erlauben Nr. 1 und 2 zur Gefahrenabwehr, Nr. 3 für die Zwecke, für die eine Übermittlung nach § 18 BVerfSchG zulässig ist (→ § 474 Rn. 5), u. Nr. 4 für Forschungszwecke.

11 Für die Verwendung v. Daten aus den bes. **eingriffsintensiven Ermittlungsmaßnahmen** (§§ 100b, 100c und 100g Abs. 2, auch iVm Abs. 1 und Abs. 3 S. 2) zur Gefahrenabwehr nach der Streichung des Abs. 3 durch G v. 25.6.2021 (BGBl. I 2099) gelten §§ 100e Abs. 6 Nr. 2 und 101a Abs. 4 S. 1 Nr. 2. Die Löschungsvorschriften des Abs. 3 S. 2 entsprechen §§ 100e Abs. 6 S. 3–5 und 101a Abs. 4 S. 3–5. Die Pflicht, die Übermittlung aktenkundig zu machen, ist in § 480 Abs. 4 geregelt.

12 Die **Verantwortung** für die Zulässigkeit der Übermittlung richtet sich auch für die von Abs. 2 S. 1 und 2 erfassten Daten nach Abs. 4 (→ Rn. 15).

13 **IV. Speziellen Verwendungsregelungen.** Die speziellen Verwendungsregelungen in §§ 100i Abs. 2 S. 2 und 108 Abs. 2, Abs. 3 gehen den allg. Bestimmungen in Abs. 2 vor (Abs. 2 S. 3; BT-Drs. 16/6979, 46; 19/4671, 74); diese beschränken auch nicht das Recht des durch die Straftat Verletzten auf Akteneinsicht nach § 406e, wie im Gegenschluss aus § 32f Abs. 5 folgt (BT-Drs. 18/9416, 65). § 111 Abs. 3 (iVm § 108) wird in Abs. 2 S. 3 nicht erwähnt; gleichwohl dürfte auch insoweit v. einer *lex specialis* auszugehen sein (zu § 163d Abs. 1 S. 3 vgl. → § 163d

Rn. 13, 24). Zu den Verwendungsregelungen des § 100e Abs. 6 und des § 101a Abs. 4 vgl. → Rn. 1, 3, 4, 11. Zum Kernbereichsschutz sowie §§ 148, 160a vgl. Knierim StV 2008, 605.

C. Nichtöffentliche Stellen. In Fällen, in denen der Beschuldigte freigesprochen, die Eröffnung des Hauptverfahrens abgelehnt (§ 204) o. das Verf. (auch vorl.) eingestellt wurde o. seit der Rechtskraft der gem. § 32 **BZRG** nicht in ein Führungszeugnis für Behörden aufzunehmenden Verurteilung mehr als 2 Jahre verstrichen sind, schränkt Abs. 3 Auskünfte aus Akten u. Akteneinsicht an nichtöffentl. Stellen ggü. § 475 ein: Der Antragsteller muss glaubhaft machen (vgl. → § 26 Rn. 5 ff., → § 45 Rn. 6 ff.), dass sein mit dem Ersuchen verfolgtes Interesse die Wahrnehmung formal eingeräumter Rechte zum Gegenstand hat (vgl. zum rechtlichen Interesse BT-Drs. 14/2595, 29); gleichwohl ist der Antrag abzulehnen, wenn der frühere Beschuldigte ein schutzwürdiges Interesse an der Versagung hat (vgl. BVerfG NJW 2009, 2876). Zur vorherigen Anhörung o. nachträglichen Unterrichtung des Beschuldigten vgl. → § 480 Rn. 2a. In Fällen des § 11 Abs. 8 S. 3 GwG (→ § 475 Rn. 7 aE) gilt Abs. 3 nicht. 14

D. Verantwortung. Die Verantwortung für die Zulässigkeit der Übermittlung trägt nach Abs. 4 S. 1 grds. die übermittelnde Stelle. Sind Empfänger allerdings öffentl. Stellen o. RAe sind diese in den Fällen der §§ 474–476 dafür verantwortlich, dass die Voraussetzungen für ihr Ersuchen vorliegen (Abs. 5 S. 2); in diesen Fällen beschränkt sich der Prüfungsmaßstab der übermittelnden Stelle nach Maßgabe des Abs. 4 S. 3 (näher dazu OLG Koblenz BeckRS 2010, 14403). Abs. 4 S. 2, 3 befreit die übermittelnde Stelle nicht davon, die Übermittlungsverbote des § 479 Abs. 1 zu prüfen (BT-Drs. 19/4671, 86; BayObLG ZWH 2023, 136 (138)). Ist Empfänger der übermittelten personenbezogenen Daten die **EUStA** finden Abs. 4 S. 2 und 3 nach § 4 Abs. 2 EUStAG keine Anwendung (BT-Drs. 19/4671, 53). 15

E. Zweckbindung. Für die Zweckbindung der nach §§ 474, 475 und 477 erlangten personenbezogenen Daten (Abs. 5) gilt **§ 32f Abs. 5 S. 2 und 3 entsprechend** (→ § 32f Rn. 17); zur Verwendung v. nach §§ 474 oder 475 erlangten Daten für **andere Zwecke** enthält Abs. 5 Nr. 1 zwei Maßgaben: Sie ist zulässig, wenn die Auskunft o. Akteneinsicht für diese (anderen) Zwecke gewährt werden dürfte (vorbehaltlich einer spezialgesetzlichen Regelung, zB § 11 Abs. 8 S. 4 GwG); in Fällen des § 475 muss zudem die Zustimmung der auskunfts- o. akteneinsichtsgewährenden Stelle vorliegen. Bei einem RA ergibt sich die Zweckbindung zugleich für seinen Mandanten aus Abs. 5 (KK-StPO/Gieg Rn. 6; SSW StPO/Ritscher/Klinge Rn. 13). Für den Bereich der Forschung gilt § 476 Abs. 4. 16

Werden zu anderen Zwecken erhobene Daten zur Wahrnehmung v. Aufsichts- u. Kontrollbefugnissen, Rechnungsprüfung, Durchführung v. Organisationsuntersuchungen für die aktenführende Stelle o. zu Ausbildungs- u. Prüfungszwecken verarbeitet, stellt dies eine Zweckänderung dar; die Verarbeitung ist zulässig, soweit ihr keine schutzwürdigen Interessen der betroffenen Person entgegenstehen (vgl. § 23 Abs. 1 Nr. 6, § 25 S. 3 BDSG). Die Verwertung der für ein Eilverfahren übermittelten Daten im nachf. Hauptverfahren hält sich iRd ursprünglichen Zweckbindung. Die Voraussetzungen für die Gewährung v. Auskunft o. Akteneinsicht sind nicht gegeben, soweit Bild-Ton-Aufzeichnungen v. Zeugenvernehmungen Aktenbestandteil sind (§ 58a Abs. 2 S. 1, § 168e S. 4, § 247a Abs. 1 S. 5; → § 474 Rn. 4). 17

Es besteht **keine Hinweispflicht** auf die Zweckbindung, da der Gesetzgeber auf einen Verweis auf § 32f Abs. 5 S. 4 verzichtet hat (KK-StPO/Gieg § 6). 18

Abs. 5 ist wie § 477 Abs. 5 aF **Schutzgesetz** iSd §§ 1004, 823 Abs. 2 BGB (SSW StPO/Ritscher/Klinge Rn. 13; KK-StPO/Gieg Rn. 6; OLG Braunschweig NJW 2008, 3294; LG Mannheim BeckRS 2007, 1915). Der Betroffene kann bei zweckwidriger Verwendung der Daten Unterlassung (§ 1004 BGB) u. Schadensersatz verlangen (OLG Braunschweig NJW 2008, 3294). Für den RA besteht bei Verstoß gegen die Zweckbindung ein Strafbarkeitsrisiko nach §§ 203 Abs. 1 Nr. 3, 204 StGB, andere Empfänger können sich gem. § 353d Nr. 3 StGB strafbar 19 gemacht haben (Lauterwein Akteneinsicht S. 173 mwN). Ob die zweckwidrige Verwendung ein Verwertungsverbot in anderen Verf. nach sich zieht, hängt v. jeweiligen Verfahrensrecht ab (Löwe/Rosenberg/Hilger § 477 Rn. 22; SK-StPO/Puschke/Weßlau § 479 Rn. 71; **aA** Lauterwein Akteneinsicht S. 172 mwN: allg. Verwertungsverbot).

Entscheidung über die Datenübermittlung

480 (1) [1] **Über die Übermittlungen nach den §§ 474 bis 477 entscheidet im vorbereitenden Verfahren und nach rechtskräftigem Abschluss des Verfahrens die Staatsanwaltschaft, im Übrigen der Vorsitzende des mit der Sache befassten Gerichts.** [2] **Die Staatsanwaltschaft ist auch nach Erhebung der öffentlichen Klage befugt, personenbezogene Daten zu übermitteln.** [3] **Die Staatsanwaltschaft kann die Behörden des Polizeidienstes, die die Ermittlungen geführt haben oder führen, ermächtigen, in den Fällen des § 475 Akteneinsicht und Auskünfte zu erteilen.** [4] **Gegen deren Entscheidung kann die Entscheidung der Staatsanwaltschaft eingeholt werden.** [5] **Die Übermittlung personenbezogener Daten zwischen Behörden des Polizeidienstes oder eine entsprechende Akteneinsicht ist ohne Entscheidung nach Satz 1 zulässig, sofern keine Zweifel an der Zulässigkeit der Übermittlung oder der Akteneinsicht bestehen.**

(2) [1] **Aus beigezogenen Akten, die nicht Aktenbestandteil sind, dürfen Übermittlungen nur mit Zustimmung der Stelle erfolgen, um deren Akten es sich handelt; Gleiches gilt für die Akteneinsicht.** [2] **In den Fällen der §§ 474 bis 476 sind Auskünfte und Akteneinsicht nur zulässig, wenn der Antragsteller die Zustimmung nachweist.**

(3) [1] **In den Fällen des § 475 kann gegen die Entscheidung der Staatsanwaltschaft nach Absatz 1 gerichtliche Entscheidung durch das nach § 162 zuständige Gericht beantragt werden.** [2] **Die §§ 297 bis 300, 302, 306 bis 309, 311a und 473a gelten entsprechend.** [3] **Die Entscheidung des Gerichts ist unanfechtbar, solange die Ermittlungen noch nicht abgeschlossen sind.** [4] **Diese Entscheidungen werden nicht mit Gründen versehen, soweit durch deren Offenlegung der Untersuchungszweck gefährdet werden könnte.**

(4) **Die übermittelnde Stelle hat die Übermittlung und deren Zweck aktenkundig zu machen.**

1 **A. Überblick.** § 480 aF stellte klar, dass bes. ges. Bestimmungen des Bundes- o. auch des Landesrechts über die Übermittlung personenbezogener Informationen aus Strafverfahren (zB § 453 Abs. 1 S. 4, § 117b BRAO, § 60a Abs. 3 KWG (auch iVm § 34 S. 2 ZAG) neben den Vorschr. des 1. Abschn. bestehen bleiben. Die Klarstellung betraf die Auskunftspflichten ggü. den Rechnungshöfen (vgl. § 95 BHO) sowie dem Parlamentarischen Kontrollgremium (§ 5 Abs. 4 PKGrG). Für die Nachrichtendienste gelten §§ 474 Abs. 2 S. 2, 479 Abs. 2 S. 2 Nr. 3. Da es sich um eine rein deklaratorische Regelung handelte, wurde sie bei der Überarbeitung der §§ 474ff. durch G v. 20.11.2019 (BGBl. I 1724) nicht übernommen. Die Neufassung entspr. § 478 aF (BT-Drs. 19/4671, 75 f.).

1a **B. Zuständigkeit.** Zuständig für die – mit Gründen zu versehende (Graalmann-Scheerer NStZ 2005, 439) – Entsch. über die Erteilung v. Auskünften u. Akteneinsicht ist nach Abs. 1 S. 1 die StA im Vorverfahren (auch nach Einstellung), auch wenn ein Beschwerdeverfahren anhängig ist (BGH NStZ-RR 2010, 246), u. nach rkr. Abschluss des Verf. gegen alle Beschuldigten (KMR-StPO/Gemählich Rn. 3), sonst der Vorsitzende des mit der Sache befassten (dh erkennenden) Gerichts (BayOblG StraFo 2022, 29 (30)), der des Rechtsmittelgerichts erst nach Vorlage der Sache nach §§ 321 S. 2, 347 Abs. 2; der Vorsitzende entscheidet in richterlicher Unabhängigkeit. In Fällen des § 386 Abs. 1, Abs. 2 **AO** ist im Ermittlungsverfahren die Finanzbehörde zuständig. Bei Ersuchen um Einsicht in die Akten mehrerer StAen für wissenschaftliche Vorhaben wird eine gemeinschaftliche übergeordnete Behörde auf eine einheitliche Entsch. hinwirken. Die StA darf auch nach Anklageerhebung gem. § 170 Abs. 1 oder vergleichbaren Verfahrenshandlungen (zB §§ 407 Abs. 1 S. 4, 418 Abs. 3 S. 2) Auskunft erteilen (Abs. 1 S. 2). Darüber, ob Zwecke des Strafverfahrens iSd § 479 Abs. 1 S. 1 Alt. 1 der Erteilung v. Auskunft u. Akteneinsicht entgegenstehen, entscheidet sie auch in den Fällen, in denen andere Verfahrensordnungen ein Akteneinsichts- u. Auskunftsrecht ggü. Behörden vorsehen (vgl. § 99 VwGO, § 86 FGO, § 119 SGG; ferner BT-Drs. 14/1484, 26, 28); es ist ihr allerdings unbenommen, die in § 99 Abs. 1 S. 2 VwGO, § 86 Abs. 2 FGO, § 119 Abs. 1 SGG vorgesehene Erkl. ihrer obersten Aufsichtsbehörde herbeizuführen (vgl. aber BVerfG NJW 2000, 1175). § 479 Abs. 5 S. 2, 3 befreit sie nicht davon, die Übermittlungsverbote des § 479 Abs. 1 zu prüfen (BT-Drs. 19/4671, 66).

2 Sie kann – wohl nur im Ermittlungsverfahren (**aM** Löwe/Rosenberg/Hilger Rn. 5; diff. Lauterwein Akteneinsicht S. 156 f.) – die in Abs. 1 S. 3 bezeichneten **Behörden des Polizeidienstes** zur Erteilung v. Auskünften an u. zur Gewährung v. Akteneinsicht durch Privatpersonen u. nichtöffentl. Stellen (§ 475) ermächtigen; handelt es sich bei dem Antragsteller um einen Verletzten, gilt § 406e Abs. 3 S. 3, 4 (→ § 406e Rn. 19). Nicht gegen diese innerdienstliche Maßnahme, sondern erst gegen die Entsch. der Polizei ist ein Rechtsbehelf statthaft (Abs. 1 S. 4; weiter unter → Rn. 4). Für die Informationsübermittlung zwischen Behörden des Polizeidienstes einschl. der Akteneinsicht bedarf es gem. Abs. 1 S. 5 keiner Entsch. nach Abs. 1 S. 1; diese partielle Aufhebung der Sachleitungsbefugnis der StA dient einem vereinfachten u. beschleunigten Informationsaustausch u. soll nach dem Willen des Gesetzgebers (BT-Drs. 14/1484, 30) nur für Zwecke der Strafverfolgung gelten (vgl. § 474 Abs. 1, → § 474 Rn. 2). Bei Zweifeln der zuständigen Polizeibehörden an der Zulässigkeit der Übermittlung sieht Abs. 1 S. 5 (eingeführt durch G v. 21.7.2012 (BGBl. I 1567)) nunmehr vor, dass die Kompetenzverteilung nach Abs. 1 S. 1 und 2 eingreift. Damit soll – insbes. mit Rücksicht auf die durch den RB 2006/960/JI des Rates mögliche Datenübermittlung an Polizeibehörden der Mitgliedsstaaten der EU o. eines Schengen-assoziierten Staates – in jur. problematischen Fällen eine nachträgliche justizielle Kontrolle gewährleistet werden (BT-Drs. 17/5096, 17); ob dieses Ziel durch eine Regelung erreicht werden kann, die das Bestimmen v. Zweifelsfällen allein den Polizeibehörden überlässt, erscheint allerdings zumindest zweifelhaft. Abs. 1 S. 1 und 2 finden iÜ auch für die Eingabe dienstlich erlangter Informationen einschl. personenbezogener Daten in das Zollinformationssystem im automatisierten Verf. Anwendung (§ 3 Abs. 2 ZIS-Ausführungsgesetz).

2a **C. Rechtliches Gehör.** Rechtliches Gehör sollte den Betroffenen vor der Gewährung der Akteneinsicht nach der Vorstellung des Gesetzgebers (vgl. BT-Drs. 14/1484, 29; 14/2595, 29; 14/2886, 4; 14/3225, 2) nicht gewährt werden. Das BVerfG (NJW 2007, 1052; 2009, 2876) hält eine Anhörung jedoch idR für erforderlich, wenn dadurch in Grundrechte des Betroffenen (Recht auf informationelle Selbstbestimmung) eingegriffen wird (ebenso OLG Rostock wistra 2017, 412; Löwe/Rosenberg/Hilger Rn. 7; eing. SK-StPO/Puschke/Weßlau Rn. 9 f.; vgl. auch Lindner StV 2008, 216). Ist vorher keine Anhörung erfolgt, wird demnach wohl auch – entgegen der bisher hM – eine nachträgliche Unterrichtung des Betroffenen erfolgen müssen (vgl. auch § 491 sowie SK-StPO/Puschke/Weßlau Rn. 16 unter Hinweis auf § 21 Abs. 2 **EGGVG**).

3 **D. Beiakten.** Für Beiakten trifft Abs. 2 eine bes. Regelung: Auskunft u. Akteneinsicht sind nur zulässig, wenn die insoweit aktenführende Stelle zustimmt. Zur Entlastung der Justizbehörden bestimmt die Vorschr. weiter, dass der Antragsteller eine erforderliche Zustimmung nachweisen (S. 2), dh auch einholen muss. Soweit jedoch die zunächst verfahrensfremden Vorgänge durch Verbindung der Sachen o. durch Fertigung v. Kopien Bestandteil der Akten der nach Abs. 1 zuständigen Stelle geworden sind, trägt diese iRd § 479 Abs. 5 die Verantwortung. Kann sie nicht hinreichend beurteilen, ob der Übermittlung v. Informationen aus diesen Akten-

teilen rechtliche Hindernisse entgegenstehen, etwa bes. Verwendungsregelungen nach der AO o. dem SGB, darf sie ihre Entsch. v. der Zustimmung der die Informationen ursprünglich erhebenden Stelle abhängig machen; nach Sinn u. Zweck des Abs. 2 ist deren Einholung Sache des Antragstellers.

4 **E. Rechtsbehelf.** Einen Rechtsbehelf sieht Abs. 3 **in den Fällen des § 475** dann vor, wenn die StA nach Abs. 1 S. 1, 2 oder 4 – stattgebend o. abl. – entschieden hat (vgl. dazu BGH NJW 2018, 3123; Döllel/Dreeßen SchlHA 2007, 293 – OLG Schleswig RsprÜ; LG Dresden StV 2006, 11), in Fällen unterbliebener Anhörung des Betroffenen (→ Rn. 2a) auch zur Feststellung der Rechtswidrigkeit der durch Vollzug erledigten Anordnung (KK-StPO/Gieg Rn. 3). Die Zuständigkeit des Gerichts folgt aus § 162 Abs. 1, Abs. 3 S. 3 (ggf. auch iVm § 169 Abs. 1, BGH 22.9.2009 – StB 28/09; Putzke/Zenthöfer NJW 2015, 1777 (1783)). Die Regelung entspr. § 406e Abs. 4 S. 2–5 (→ § 406e Rn. 11). Abs. 3 S. 3 schließt die Beschwerde gegen seine Entsch. im Ermittlungsverfahren aus; Entsch. des Vorsitzenden des erkennenden Gerichts können dagegen mit der Beschwerde gem. § 304 Abs. 1 angegriffen werden, da es insoweit seit der Streichung von S. 2 aF durch das am 1.10.2009 in Kraft getretene 2. Opferrechtsreformgesetz an einem ausdr. Ausschluss der Anfechtung fehlt (KG StraFo 2015, 459 (3. StS); vgl. auch BVerfG StraFo 2015, 375; Lauterwein Akteneinsicht S. 161; BT-Drs. 16/12098, 36, 40: **aM** KG StraFo 2013, 340 (4. StS); dagegen zutr. Rübenstahl StraFo 2013, 341 unter Hinweis auf die neue Gesetzeslage u. die Mat.). Soweit **in den Fällen der §§ 474, 476** der Antragsteller im Einzelfall Träger eigener Rechte iSd § 24 Abs. 1 EGGVG ist u. jedenfalls eine Verletzung seines Anspruchs auf ermessensfehlerfreie Entsch. geltend machen kann, steht ihm gegen Entsch. der StA über Akteneinsicht o. Auskunft – auch nach rkr. Abschluss des Verf. – der Rechtsweg nach §§ 23 ff. **EGGVG** offen (BayObLG BeckRS 2024, 19248; ZWH 2023, 136 (137); OLG Oldenburg StraFo 2021, 211: Akteneinsicht durch Sozialbehörde; OLG Karlsruhe NStZ 2015, 606: Akteneinsicht durch Zivilgericht; NZWiSt 2014, 198: Akteneinsicht der Finanzbehörde in staatsanwaltliche Ermittlungsakten zu Besteuerungszwecken; BayObLG FamRZ 2021, 891: Fortsetzungsfeststellungsantrag nach § 28 Abs. 1 S. 4 EGGVG; OLG Koblenz 11.6.2010 – 2 VAs 1/10; vgl. auch SK-StPO/Puschke/Weßlau Rn. 24 ff.; Graalmann-Scheerer NStZ 2005, 440; Löwe/Rosenberg/Hilger Rn. 16), ebenso dem dadurch beschwerten Beschuldigten (vgl. OLG Karlsruhe NStZ-RR 2013, 385); gegen positive wie negative Entsch. des Vorsitzenden (nicht des OLG, → § 304 Rn. 16) nach §§ 474, 476 ist, wenn im Einzelfall eine Beschwerdeberechtigung gegeben ist (→ § 304 Rn. 6, 7), die Beschwerde zulässig (Graalmann-Scheerer NStZ 2005, 440), auch für nichtverfahrensbeteiligte Antragsteller (§ 304 Abs. 2), denen demggü. kein Antragsrecht nach §§ 23 ff. EGGVG zusteht. Unberührt bleiben in Fällen des § 474 Abs. 1 die speziellen Verfahrensvorschriften von § 99 Abs. 2 VwGO, § 86 Abs. 3 FGO (KMR-StPO/Gemählich Rn. 8; vgl. aber BVerfG NJW 2000, 1175). Für polizeiliche Datenübermittlungen außerhalb des Anwendungsbereichs der §§ 474 ff. (zB Übermittlung für Zwecke eines Disziplinarverfahrens) ist der Verwaltungsrechtsweg eröffnet (BayObLG NJOZ 2024, 444).

5 **F. Dokumentationspflichten.** Abs. 4 vereinheitlicht die Dokumentationspflichten für alle verfahrensübergreifenden Übermittlungen. Die Vorschr. greift die Regelung des § 101a Abs. 4 S. 2 auf, wonach die Übermittlung v. Verkehrsdaten aktenkundig zu machen ist. Abs. 4 hat keine Auswirkung auf die Prüfpflichten nach § 479 Abs. 5 (BT-Drs. 19/4671, 66).

Verwendung personenbezogener Daten für polizeiliche Zwecke

481 (1) [1] **Die Polizeibehörden dürfen nach Maßgabe der Polizeigesetze personenbezogene Daten aus Strafverfahren verwenden.** [2] **Zu den dort genannten Zwecken dürfen Strafverfolgungsbehörden und Gerichte an Polizeibehörden personenbezogene Daten aus Strafverfahren übermit-**

teln oder Akteneinsicht gewähren. [3] Mitteilungen nach Satz 2 können auch durch Bewährungshelfer und Führungsaufsichtsstellen erfolgen, wenn dies zur Abwehr einer Gefahr für ein bedeutendes Rechtsgut erforderlich und eine rechtzeitige Übermittlung durch die in Satz 2 genannten Stellen nicht gewährleistet ist. [4] Die Sätze 1 und 2 gelten nicht in den Fällen, in denen die Polizei ausschließlich zum Schutz privater Rechte tätig wird.

(2) **Die Verwendung ist unzulässig, soweit besondere bundesgesetzliche oder entsprechende landesgesetzliche Verwendungsregelungen entgegenstehen.**

(3) **Hat die Polizeibehörde Zweifel, ob eine Verwendung personenbezogener Daten nach dieser Bestimmung zulässig ist, gilt § 480 Absatz 1 Satz 1 und 2 entsprechend.**

A. Generalklausel. In Form einer Generalklausel erlaubt Abs. 1 eine weitgehende **Änd. der Zweckbestimmung** personenbezogener Daten, die ausschl. für Zwecke eines Strafverfahrens (Strafverfolgung, -vollstreckung) erhoben worden sind, durch die Polizeibehörden, dh alle Behörden, die polizeiliche Aufgaben wahrnehmen (Soiné Kriminalistik 2001, 249). Die Vorschr. enthält die Ermächtigungsgrundlage für die Verwendung der Daten zu den im G genannten Zwecken, wie sich aus der Entstehungsgeschichte (BT-Drs. 14/1484, 31), dem Wortlaut („dürfen“) sowie der Aufnahme des Vorbehalts in Abs. 2 ergibt (iErg ebenso Hilger NStZ 2001, 17; Brodersen NJW 2000, 2539; krit. SK-StPO/Puschke/Weßlau Rn. 2; Schenke JZ 2001, 998). 1

Im Einzelnen wird durch die **Bezugnahme auf die Polizeigesetze** (S. 1) eine Änd. des Zwecks zur Gefahrenabwehr ieS, zur vorbeugenden Bekämpfung v. Straftaten, zur Erfüllung v. durch andere Rechtsvorschriften übertragene Aufgaben o. zur Vollzugshilfe für zulässig erklärt (Baumanns Polizei 2008, 87; vgl. aber → Rn. 2); die in S. 4 geregelte Ausnahme gilt nicht, wenn die Polizei zugleich auch gefahrenabwehrend tätig wird. S. 1 betr. va Informationen, die bereits im Besitz der Polizei sind; Verwenden ist ein Unterfall des Verarbeitens der Informationen (vgl. § 46 Nr. 2 BDSG; Soiné Kriminalistik 2001, 249). S. 2 gestattet den Strafverfolgungsbehörden – auch vAw – die Übermittlung der Informationen an Polizeibehörden für die genannten Zwecke der Polizeigesetze (BGHSt 51, 191 (202): psychische Erkrankung; erg. → § 487 Rn. 2); danach richtet sich auch die Übermittlung an das BKA zur Abwehr v. Gefahren des int. Terrorismus (vgl. § 5 Abs. 1, § 9 Abs. 4 S. 1 BKAG). Nach einer Zweckänderung gem. § 481 gilt auch die Löschungsregelung in § 101 Abs. 8 nicht für die Unterlagen, die nunmehr zur Erfüllung der polizeilichen Aufgaben bestimmt sind (vgl. Brodersen NJW 2000, 2540). 2

Den **Gerichten** räumt S. 2 ebenfalls die Befugnis ein, zu Zwecken der Gefahrenabwehr personenbezogene Daten aus Strafverfahren, auch in Form der Gewährung v. Akteneinsicht, an Polizeibehörden zu übermitteln; damit sollen für die Gefahrenabwehr relevante Informationen erfasst werden, die sich allein aus der dem Gericht vorliegenden Strafakte ergeben (BT-Drs. 17/5096, 17). 3

Auch **Bewährungshelfer** und **Führungsaufsichtsstellen** dürfen nach S. 3 zur Abwehr einer Gefahr für ein bedeutendes Rechtsgut personenbezogene Daten nach S. 2 übermitteln; „dringend“ muss die Gefahr nach der Änderung durch das G zur Modernisierung des Strafverfahrens v. 19.12.2019 nicht mehr sein (BGBl. 2019 I 2121 (2123)). Ein bedeutendes Rechtsgut idS wird va betroffen sein, wenn v. dem Probanden eine Gefahr für Leib, Leben, persönliche Freiheit, sexuelle Selbstbestimmung o. fremde Sachen v. bedeutendem Wert ausgeht (BT-Drs. 18/11272, 34). Eine Mitteilung durch den Bewährungshelfer direkt an die Polizei kommt nur in Betracht, wenn eine rechtzeitige Übermittlung durch Gerichte u. StAen nicht gewährleistet ist. 4

B. Verwendungsregelungen. Die in **Abs. 2** erwähnten Verwendungsregelungen (→ EGGVG § 12 Rn. 6; vgl. auch § 160 Abs. 4) schließen die Zweckänderung 5 aus; dann ist nicht nur die Verwendung (Abs. 1 S. 1), sondern auch die Übermittlung (Abs. 1 S. 2) unzulässig. Das gilt auch dann, wenn die in § 479 Abs. 2 S. 2 Nr. 1 und 2 enthaltene Schwelle für die präventive Verwendung der dort genannten Daten nicht erreicht ist (für nach § 100a erhobene Daten vgl. bereits Schenke FS Hilger, 2003, 219). Ob andererseits rechtswidrig erlangte Daten nach §§ 481, 479 Abs. 2 S. 2 Nr. 1 und 2 verwertet werden dürfen, erscheint zw.; dies wird nur als Anlass für gezielte weitere polizeiliche Maßnahmen zum Schutz elementarer Rechtsgüter – wie Leben u. Gesundheit v. Menschen – als zulässig zu erachten sein (Schenke FS Hilger, 2003, 244; Würtenberger FS Hilger, 2003, 273; vgl. auch OVG Hamburg NJW 2008, 96). Bei Zweifeln der Polizeibehörde über die Zulässigkeit einer Verwendung personenbezogener Daten sieht Abs. 3 vor, dass die StA o. das Gericht entspr. § 480 Abs. 1 S. 1 und 2 entscheiden (BT-Drs. 17/5096, 5).

6 **C. Anwendung der Zuständigkeitsregelungen.** Abs. 3 regelt die entspr. Anwendung der Zuständigkeitsregelungen **in § 480 Abs. 1 S. 1 und 2** für den Fall, dass die Polizeibehörde Zweifel an der Zulässigkeit einer zweckumwidmenden Verwendung der Daten hat (BT-Drs. 17/5096, 17). Wie bei § 480 Abs. 1 S. 5 sollen rechtlich schwierige Fragen einer justiziellen Kontrolle durch den Vorsitzenden des mit der Sache befassten Gerichts bzw. durch die StA zugeführt werden (BT-Drs. 17/5096, 18; erg. → § 480 Rn. 2); dass dieses gesetzgeberische Ziel allerdings durch eine Regelung zu erreichen sein wird, welche die Definition eines Zweifelsfalls der Polizeibehörde selbst überlässt, erscheint zumindest zweifelhaft.

Mitteilung des Aktenzeichens und des Verfahrensausgangs an die Polizei

482 (1) **Die Staatsanwaltschaft teilt der Polizeibehörde, die mit der Angelegenheit befasst war, ihr Aktenzeichen mit.**

(2) [1] **Sie unterrichtet die Polizeibehörde in den Fällen des Absatzes 1 über den Ausgang des Verfahrens durch Mitteilung der Entscheidungsformel, der entscheidenden Stelle sowie des Datums und der Art der Entscheidung.** [2] **Die Übersendung der Mitteilung zum Bundeszentralregister ist zulässig, im Falle des Erforderns auch des Urteils oder einer mit Gründen versehenen Einstellungsentscheidung.**

(3) **In Verfahren gegen Unbekannt sowie bei Verkehrsstrafsachen, soweit sie nicht unter die §§ 142, 315 bis 315c des Strafgesetzbuches fallen, wird der Ausgang des Verfahrens nach Absatz 2 von Amts wegen nicht mitgeteilt.**

(4) **Wird ein Urteil übersandt, das angefochten worden ist, so ist anzugeben, wer Rechtsmittel eingelegt hat.**

1 Der **Polizeibehörde,** die mit der Angelegenheit befasst war, teilt die StA vAw ihr Az. (Abs. 1) u. den Ausgang des Verf. mit; hierzu trifft Abs. 2 (und MiStra 11) zugleich die näheren Bestimmungen über Inhalt u. Form der Mitteilung. Zu den Polizeibehörden iSd Vorschr. gehören auch die in §§ 402, 404 **AO** genannten zuständigen Finanzbehörden, die Zollfahndungsämter (auch das ZKA gem. § 16 ZFdG) u. die mit der Steuerfahndung betrauten Dienststellen der Landesfinanzbehörden. Die Mitteilungspflicht greift etwa ein, wenn ein Urt. gegen einen v. mehreren Angeklagten rkr. wird. Da nach dem Willen des Gesetzgebers die StA die Polizei „in allen Fällen" (abgesehen von Abs. 3) zu informieren hat, ergibt sich aus seiner Erläuterung des Begriffs „Ausgang des Verfahrens" mit „rechtskräftigem Abschluss des Verfahrens" keine Beschränkung auf an sich rechtskraftfähige Entscheidung (BT-Drs. 13/4709, 37; vgl. auch Abs. 2 S. 2 aE und Abs. 3 Alt. 1). Ein Urt. einschl. der gem. § 267 Abs. 1 S. 3, Abs. 4 S. 1 Hs. 2 in Bezug genommenen Schriftstücke o. eine mit Gründen versehene Einstellungsentscheidung kann der Polizeibehörde auf Anforderung übersandt werden; entgegenstehende (offensichtliche) datenschutzrechtliche Gesichtspunkte, etwa schwerwiegende Interessen sons-

tiger Personen, über die die Entsch. personenbezogene Informationen enthält, berücksichtigt die StA bei ihrer Ermessensentscheidung (SK-StPO/Puschke/Weßlau Rn. 5; **aM** HK-StPO/Temming/Schmidt Rn. 3). Im Verf. gegen Unbekannt u. in minder bedeutsamen Verkehrsstrafsachen (zB § 316 StGB, § 21 StVG) wird deren Ausgang nicht vAw mitgeteilt (Abs. 3); im Einzelfall kann die Polizei jedoch auf Ersuchen die ihr erforderlich erscheinenden Informationen durch Auskunft o. Akteneinsicht erhalten. Ist die Übersendung eines Urt. ausnahmsweise erforderlich, bevor es rkr. ist, muss nach Abs. 4 mitgeteilt werden, wer es angefochten hat.

In Verf. wegen **Geldwäsche** o. Handlungen iSd § 1 Abs. 2 GwG teilt die StA dem BKA – Zentralstelle für Verdachtsanzeigen – die Erhebung der öffentl. Klage u. den Ausgang des Verf. mit (§ 11 Abs. 8 S. 1, 2 GwG). Die Mitteilung erfolgt durch Übersendung einer Abschrift der Anklageschrift, der begründeten Einstellungsentscheidung o. des Urt. (vgl. auch MiStra 52). 2

Zweiter Abschnitt. Regelungen über die Datenverarbeitung

Datenverarbeitung für Zwecke des Strafverfahrens

483 (1) [1] **Gerichte, Strafverfolgungsbehörden einschließlich Vollstreckungsbehörden, Bewährungshelfer, Aufsichtsstellen bei Führungsaufsicht und die Gerichtshilfe dürfen personenbezogene Daten in Dateisystemen verarbeiten, soweit dies für Zwecke des Strafverfahrens erforderlich ist.** [2] **Die Polizei darf unter der Voraussetzung des Satzes 1 personenbezogene Daten auch in einem Informationssystem verarbeiten, welches nach Maßgabe eines anderen Gesetzes errichtet ist.** [3] **Für dieses Informationssystem wird mindestens festgelegt:**

1. die Kennzeichnung der personenbezogenen Daten durch die Bezeichnung
   a) des Verfahrens, in dem die Daten erhoben wurden,
   b) der Maßnahme, wegen der die Daten erhoben wurden, sowie der Rechtsgrundlage der Erhebung und
   c) der Straftat, zu deren Aufklärung die Daten erhoben wurden,

2. die Zugriffsberechtigungen,

3. die Fristen zur Prüfung, ob gespeicherte Daten zu löschen sind sowie die Speicherungsdauer der Daten.

(2) **Die Daten dürfen auch für andere Strafverfahren, die internationale Rechtshilfe in Strafsachen und Gnadensachen genutzt werden.**

(3) **Erfolgt in einem Dateisystem der Polizei die Speicherung zusammen mit Daten, deren Speicherung sich nach den Polizeigesetzen richtet, so ist für die Verarbeitung personenbezogener Daten und die Rechte der Betroffenen das für die speichernde Stelle geltende Recht maßgeblich.**

A. Generalklausel. Die Regelung wurde im Zuge der Neuordnung des BDSG durch G v. 20.11.2019 (BGBl. I 1724) im Wesentlichen lediglich redaktionell geänd. (BT-Drs. 18/4671, 76). Mit einer Generalklausel gestattet Abs. 1 S. 1 den im G bezeichneten, mit den jeweiligen Abschn. eines Strafverfahrens einschl. der Vollstreckung befassten **Justizstellen,** personenbezogene Daten (§ 46 Nr. 1 BDSG) in Dateisystemen (vgl. § 46 Nr. 6 BDSG) zu verarbeiten (§ 46 Nr. 2 BDSG), soweit dies für Zwecke des Strafverfahrens erforderlich ist. Erlaubt sind zB Dateien, die aufgrund der Auswertung beschlagnahmter Beweismittel erstellt wurden (BVerfG 2.4.2006 – 2 BvR 237/06: gespiegelte Datenbestände), ferner Falldateien u. Spurendokumentationsdateien, auch wenn sie zu Bearbeitungszwecken im privaten Rechner angelegt wurden. Die Vorschr. setzt voraus, dass die Daten zuvor aufgrund einer gesonderten Ermächtigungsgrundlage erhoben worden sind (zB erkennungsdienstliche Daten nach § 81b Alt. 1). Die jeweilige Art des Datei- 1 systems u. der zu verarbeitenden Daten wird in der Errichtungsanordnung (§ 490) des Verantwortlichen (vgl. § 46 Nr. 7 BDSG) festgelegt. Personenbezogene Daten, die v. einem sichergestellten Rechner u. Mobiltelefon ausgedruckt werden, werden allerdings Bestandteil der strafrechtlichen Ermittlungsakte u. unterliegen deshalb den für die Akteneinsicht u. Erteilung v. Auskünften geltenden Regelungen der §§ 474 ff. (OLG Koblenz BeckRS 2010, 14403). Die Speicherung personenbezogener Daten von zur Tatzeit **Strafunmündiger** ist nur ausnahmsweise zulässig (BayObLG 2024, 22054 Rn. 52 ff.; erg. → § 489 Rn. 5).

1a §§ 483–491 finden nach § 4 Abs. 1 EUStAG für die **EUStA** keine Anwendung. Sie werden v. Art. 47 ff. EUStA-VO verdrängt. Für andere deutsche Behörden, die an der v. der EUStA geführten Ermittlungen mitwirken, gilt der Vorrang der EUStA-VO nicht (BT-Drs. 19/17963, 53).

2 Die **Bindung der Befugnis an den Erhebungszweck** ordnet das G an, indem es die – → Rn. 1 – genannte Verwendung der personenbezogenen Daten auf Zwecke des Strafverfahrens, dh des konkreten Verf., in dem die Informationen ermittelt worden sind, beschränkt (Singelnstein ZStW 120 (2008), 858 Fn. 24, 874; vgl. aber → Rn. 4). Dies umfasst die Zulässigkeit der automatisierten Verarbeitung der Daten, etwa im Strafbefehlsverfahren.

3 Die Ermächtigung zur Verwendung der Daten ist, auch v. Umf. her („soweit"), auf das für Zwecke des Strafverfahrens **Erforderliche** (→ § 474 Rn. 4) beschränkt. Wegen der Löschungspflichten nach § 72 Abs. 2 BDSG und § 489 Abs. 1 Nr. 1 (→ § 489 Rn. 3, 4) wird die Aufrechterhaltung einer Speicherung nach rkr. Freispruch u. unanfechtbarer Ablehnung der Eröffnung des Hauptverfahrens als Verfahrenserledigung iSd § 489 Abs. 1 Nr. 1 (vgl. § 489 Abs. 2 S. 1) nur in engen Grenzen zulässig sein. Als Gründe, die eine weitere Speicherung im Einzelfall rechtfertigen, kommen etwa folgende Umstände in Betracht: Die StA erwägt eine Wiederaufnahme nach § 362; neue Tatsachen o. Beweismittel iSd § 211 Gründe nach § 154 Abs. 3, Abs. 4 die Durchführung eines Klageerzwingungsverfahrens ist noch möglich. Bei einer Einstellung nach § 170 Abs. 2 StPO kann eine in Betracht kommende Wiederaufnahme des Ermittlungsverfahrens gegen Unbekannt eine weitere Speicherung rechtfertigen, wenn es Hinweise auf die Täter gibt (vgl. insofern auch § 489 Abs. 2 S. 2).

3a S. 2 soll die Verarbeitung strafprozessual erhobener Daten für die Zwecke des Strafverfahrens innerhalb der neuen informationstechnischen Strukturen der **Polizeibehörden** (vgl. §§ 13 ff. BKAG) ermöglichen; S. 3 macht insofern nähere Vorgaben (BT-Drs. 19/11190, 10; Singelnstein NStZ 2020, 639 (642); s. zur Kennzeichnungspflicht der Daten in Polizeidateien Weichert NVwZ 2022, 844). Die Verarbeitung selbst richtet sich nach der StPO; insbes. gelten die Verwendungsbeschränkungen des § 479 Abs. 2 (BT-Drs. 19/4671, 67). Für die polizeilichen Dateisysteme herkömmlicher Art gilt Abs. 3.

4 **B. Nutzung.** Eine Nutzung der personenbezogenen Daten lässt Abs. 2 zur Vermeidung v. Doppelerhebungen u. -speicherungen für andere Strafverfahren, die int. Rechtshilfe in Strafsachen u. Gnadensachen zu. Durch die Zweckänderung dürfen grundrechtsbezogene Beschränkungen des Einsatzes bestimmter Erhebungsmethoden in dem anderen Strafverfahren nicht umgangen werden (BVerfGE 120, 351 mwN; vgl. auch Radtke FS Meyer-Goßner, 2001, 336); bes. Verwendungsbeschränkungen sind daher zu beachten (vgl. etwa die Regelung in § 479 Abs. 1 S. 2 über die Verwertung v. Zufallsfunden zu Beweiszwecken). Daneben bleiben die Verwendungs- u. Übermittlungsbefugnisse nach §§ 481, 487 unberührt (krit. SK-StPO/Weßlau/Deiters Rn. 15).

5 **C. Polizeiliche Dateisysteme.** Für polizeiliche Dateisysteme, deren Datenbestand meist zugleich repressiven u. präventiven Zwecken dient (sog. **Mischdateien,** vgl. BVerfG NJW 2008, 1505 (1513); Soiné Kriminalistik 2001, 250), ist nach Abs. 3 im Blick auf die Verarbeitung personenbezogener Daten sowie die Rechte der Betroffenen das für die speichernde Stelle geltende Recht, also idR das Polizeirecht, maßgeblich (vgl. OVG Lüneburg NdsVBl 2008, 323; Weisser GSZ

2023, 183 (184 f.); KMR-StPO/Gemählich Rn. 8). Das gilt auch für das polizeiliche Informationsverbundsystem (INPOL) nach §§ 2 Abs. 3, 13, 29 BKAG (krit. Ogorek ZRP 2023, 86). Das G v. 20.11.2019 hat daran nichts geänd. (BT-Drs. 19/4671, 67 f.). Allerdings ist § 18 Abs. 2 Nr. 1 BKAG verfassungswidrig, soweit dieser iVm § 13 Abs. 3, § 29 BKAG die Speicherung von Daten dem BKA in seiner Funktion als Zentralstelle erlaubt (BVerfG EuGRZ 2024, 493 mAnm Thiel JR 2025, 62).

Für das **Bußgeldverfahren** erklärt § 49c OWiG die §§ 483–491 mit Abweichungen für entspr. anwendbar. 6

§§ 483–491 und § 49c OWiG bleiben durch das **Schriftgutaufbewahrungsgesetz,** welches die Aufbewahrung v. Strafakten betr., unberührt (§ 1 Abs. 3 SchrAG; vergleichbare Klauseln sind auch in die entspr. Landesgesetze aufgenommen worden, zB § 77 Abs. 3 AGGVG NW; § 1 Abs. 3 rheinland-pfälzisches LandesG zur Aufbewahrung v. Schriftgut der Justiz v. 29.4.2008 (GVBl. 77); erg. → Einl. Rn. 64). 7

Datenverarbeitung für Zwecke künftiger Strafverfahren; Verordnungsermächtigung

484 (1) **Strafverfolgungsbehörden dürfen für Zwecke künftiger Strafverfahren**

1. die Personendaten des Beschuldigten und, soweit erforderlich, andere zur Identifizierung geeignete Merkmale,
2. die zuständige Stelle und das Aktenzeichen,
3. die nähere Bezeichnung der Straftaten, insbesondere die Tatzeiten, die Tatorte und die Höhe etwaiger Schäden,
4. die Tatvorwürfe durch Angabe der gesetzlichen Vorschriften,
5. die Einleitung des Verfahrens sowie die Verfahrenserledigungen bei der Staatsanwaltschaft und bei Gericht nebst Angabe der gesetzlichen Vorschriften

in Dateisystemen verarbeiten.

(2) [1] **Weitere personenbezogene Daten von Beschuldigten und Tatbeteiligten dürfen sie in Dateisystemen nur verarbeiten, soweit dies erforderlich ist, weil wegen der Art oder Ausführung der Tat, der Persönlichkeit des Beschuldigten oder Tatbeteiligten oder sonstiger Erkenntnisse Grund zu der Annahme besteht, dass weitere Strafverfahren gegen den Beschuldigten zu führen sind.** [2] **Wird der Beschuldigte rechtskräftig freigesprochen, die Eröffnung des Hauptverfahrens gegen ihn unanfechtbar abgelehnt oder das Verfahren nicht nur vorläufig eingestellt, so ist die Verarbeitung nach Satz 1 unzulässig, wenn sich aus den Gründen der Entscheidung ergibt, dass die betroffene Person die Tat nicht oder nicht rechtswidrig begangen hat.**

(3) [1] **Das Bundesministerium der Justiz und für Verbraucherschutz und die Landesregierungen bestimmen für ihren jeweiligen Geschäftsbereich durch Rechtsverordnung das Nähere über die Art der Daten, die nach Absatz 2 für Zwecke künftiger Strafverfahren gespeichert werden dürfen.** [2] **Dies gilt nicht für Daten in Dateisystemen, die nur vorübergehend vorgehalten und innerhalb von drei Monaten nach ihrer Erstellung gelöscht werden.** [3] **Die Landesregierungen können die Ermächtigung durch Rechtsverordnung auf die zuständigen Landesministerien übertragen.**

(4) **Die Verarbeitung personenbezogener Daten, die für Zwecke künftiger Strafverfahren von der Polizei gespeichert sind oder werden, richtet sich, ausgenommen die Verarbeitung für Zwecke eines Strafverfahrens, nach den Polizeigesetzen.**

1 **A. Für Zwecke künftiger Strafverfahren.** Für Zwecke künftiger Strafverfahren dürfen Strafverfolgungsbehörden die in Abs. 1 enumerativ aufgezählten Daten, die bereits in einem Strafverfahren für dessen Zwecke erhoben wurden, in Dateisystemen verarbeiten (zu den datenschutzrechtlichen Begriffen vgl. → § 483 Rn. 1; zur Zweckänderung → § 483 Rn. 4 sowie zur kompetenzrechtlichen Seite Rieß FS Otto, 2007, 964 (966) mwN). Der hiernach zulässige Umf. der aufzubewahrenden Daten begrenzt die Dateien weitgehend auf sog. Aktenhinweissysteme (vgl. OLG Hamburg BeckRS 2010, 1172 zur Wiederauffindbarkeit u. den Aufbewahrungsfristen (→ § 485 Rn. 1)). Der in Abs. 2 S. 1 vorausgesetzten konkreten Besorgnis bedarf es nicht (OLG Hamburg StraFo 2010, 85 (87): aber keine bloße „Kompilation"). Die Speicherung kann gleichzeitig Zwecken des § 483 und des § 484 dienen (vgl. § 489 Abs. 1; dort → § 489 Rn. 3). Datenerhebungen erlaubt die Vorschr. nicht; sie lässt die Verwendungs- u. Übermittlungsbefugnisse nach §§ 481, 487 unberührt. Zu Daten Strafunmündiger vgl. → § 489 Rn. 4. § 4a Abs. 2 EJG nimmt für den zulässigen Umf. der in den Index der Arbeitsdateien des nationalen Mitglieds bei Eurojust aufzunehmenden Daten auf Abs. 1 Bezug.

2 **B. Weitere personenbezogene Daten.** Weitere personenbezogene Daten (vgl. → Rn. 4) v. Beschuldigten u. Tatbeteiligten dürfen die Strafverfolgungsbehörden für Zwecke künftiger Strafverfahren unter den engeren Voraussetzungen des Abs. 2 S. 1 in Dateien speichern, verändern u. nutzen. Das vorsorgliche Aufbewahren dieser Daten ist iRd Erforderlichen (→ § 474 Rn. 4) zulässig, wenn Grund zur Annahme besteht, dass wegen bereits begangener o. künftig zu erwartender Straftaten weitere Strafverfahren gegen den Beschuldigten zu führen sein werden. Für diese Bewertung hebt das G als Anhaltspunkte Art o. Ausführung der Tat, Persönlichkeit des Beschuldigten o. Tatbeteiligten hervor u. lässt ferner die Berücksichtigung aller Umstände des Strafverfahrens zu, die Rückschlüsse auf die Notwendigkeit einer Speicherung erlauben; die Grdl. der Prognose muss positiv festgestellt werden (Stuckenberg FS Hilger, 2003, 37); auf das Gewicht der anderweitigen strafrechtlichen Verfehlungen kommt es nicht an.

3 Der § 18 Abs. 5 BKAG entspr. **Ausschluss der Datenverarbeitung** in den in Abs. 2 S. 2 genannten Fällen bezieht sich nach Wortlaut u. Systematik nur auf Abs. 2 S. 1, nicht auf Abs. 1. In welchen Fällen eine Verfahrenseinstellung endg. ist, ist in → § 494 Rn. 6 erläutert; auch hier sind Einstellungen nach § 170 Abs. 2 erfasst (Habenicht NStZ 2009, 709), was zusätzlich durch die ges. Voraussetzung für das (sofortige) Verwendungsverbot nahegelegt wird.

4 Da Abs. 2 S. 1 darauf verzichtet, die verschiedenen Arten der einzelnen Dateien festzulegen u. durch Aufzählung v. Datenfeldern die Daten ges. zu umschreiben, die gespeichert werden dürfen, haben nach Abs. 3 S. 1 das BMJV u. die Landesregierungen (Delegationsnorm in Abs. 3 S. 3) dies in **Rechtsverordnungen** – abgesehen v. „flüchtigen" Dateien (Abs. 3 S. 2) – zu konkretisieren; solche RechtsVOen sind aber bisher nicht erlassen worden (vgl. SK-StPO/Weßlau/Deiters Rn. 14, 20), weil für eine Datenspeicherung nach Abs. 2 offenbar kein Bedarf besteht (vgl. dazu Pollähne GA 2006, 813 ff.; dort auch zur Kritik an § 484 Abs. 1 und Abs. 2). Weitere Einzelheiten können nach § 490 festgelegt werden.

5 **C. Dateien der Polizei.** Die Verarbeitung in Dateien der Polizei für Zwecke künftiger Strafverfahren gespeicherter personenbezogener Daten richtet sich grds. nach den Polizeigesetzen der Länder; ausgenommen ist die Verarbeitung o. Nutzung für Zwecke eines konkreten Strafverfahrens (Abs. 4). Dies gilt unabhängig davon, ob diese in Dateien o. Dateisystemen mit Einrichtungsanordnung o. in einem Informationssystem iSd § 483 Abs. 1 S. 2 erfolgt (BT-Drs. 19/4671, 68).

Datenverarbeitung für Zwecke der Vorgangsverwaltung

485 [1] **Gerichte, Strafverfolgungsbehörden einschließlich Vollstreckungsbehörden, Bewährungshelfer, Aufsichtsstellen bei Führungsaufsicht und die Gerichtshilfe dürfen personenbezogene Daten in**

Dateisystemen verarbeiten, soweit dies für Zwecke der Vorgangsverwaltung erforderlich ist. [2] Eine Nutzung für die in § 483 bezeichneten Zwecke ist zulässig. [3] Eine Nutzung für die in § 484 bezeichneten Zwecke ist zulässig, soweit die Speicherung auch nach dieser Vorschrift zulässig wäre. [4] § 483 Absatz 1 Satz 2 und Absatz 3 ist entsprechend anwendbar.

Für **Zwecke der Vorgangsverwaltung** ermächtigt S. 1 die im G bezeichneten **Justizstellen,** in dem erforderlichen (OLG Hamm BeckRS 2010, 29014: Vor- u. Zunahme, Geburtsdatum u. Geburtsort sowie AA; erg. → § 474 Rn. 4) Umf. personenbezogene Daten in Dateisystemen zu verarbeiten (zu den datenschutzrechtlichen Begriffen vgl. → § 483 Rn. 1). Hinsichtlich der Speicherungsdauer kann v. dem durch die AufbewahrungsVOen zu den Schriftgutaufbewahrungsgesetzen (→ § 483 Rn. 7) aufgestellten Fristrahmen ausgegangen werden (OLG Hamburg StV 2009, 234 mAnm Habenicht NStZ 2009, 708; StraFo 2010, 85 (86) (zur Berücksichtigung der sich nach § 78b Abs. 1 Nr. 1 StGB ergebenden Verjährungsfrist); erg. → § 489 Rn. 3, 9). Die Speicherung der Daten in einer Datei auch für Zwecke der §§ 483 oder 484 ist zulässig (vgl. § 489 Abs. 1). 1

Die **Befugnis zur Nutzung** v. ausschl. zu Zwecken der Vorgangsverwaltung gespeicherten Daten erweitert S. 2 für Zwecke des (konkreten) Strafverfahrens iSd § 483 und S. 3 für Zwecke künftiger Strafverfahren, u. zwar soweit eine Speicherung der entspr. Daten durch eine Strafverfolgungsbehörde nach § 484 zulässig wäre. Dies ist für Stellen gedacht, die auf Speicherungen nach §§ 483, 484 verzichten. 2

Für Vorgangsverwaltungsdaten der **Polizei** verweist S. 4 auf § 483 Abs. 1 und Abs. 3 (→ § 483 Rn. 3a, 5). 3

Gemeinsame Dateisysteme

486 **[1] Die personenbezogenen Daten können für die in den §§ 483 bis 485 genannten Stellen in gemeinsamen Dateisystemen gespeichert werden. [2] Dies gilt für Fälle des § 483 Absatz 1 Satz 2, auch in Verbindung mit § 485 Satz 4, entsprechend.**

Auch in **gemeinsamen Dateisystemen** ist nach S. 1 die Speicherung personenbezogener Daten für die in §§ 483–485 genannten Stellen zulässig. Nach S. 2 gilt dies auch für polizeiliche Dateisysteme. Für gemeinsame Dateisysteme, die den Bereich eines Landes nicht überschreiten, gelten die jeweiligen Landesdatenschutzgesetze. 1

Für länderübergreifende Dateien ist eine Vereinbarung zwischen den beteiligten Ländern erforderlich. 2

Übermittlung gespeicherter Daten; Auskunft

487 (1) **[1] Die nach den §§ 483 bis 485 gespeicherten Daten dürfen den zuständigen Stellen übermittelt werden, soweit dies für die in diesen Vorschriften genannten Zwecke, für Zwecke eines Gnadenverfahrens, des Vollzugs von freiheitsentziehenden Maßnahmen oder der internationalen Rechtshilfe in Strafsachen erforderlich ist. [2] § 479 Absatz 1 und 2 und § 485 Satz 3 gelten entsprechend. [3] Bewährungshelfer und Führungsaufsichtsstellen dürfen personenbezogene Daten von Verurteilten, die unter Aufsicht gestellt sind, an die Einrichtungen des Justiz- und Maßregelvollzugs übermitteln, wenn diese Daten für den Vollzug der Freiheitsentziehung, insbesondere zur Förderung der Vollzugs- und Behandlungsplanung oder der Entlassungsvorbereitung, erforderlich sind; das Gleiche gilt für Mitteilungen an Vollstreckungsbehörden, soweit diese Daten für die in § 477 Absatz 2 Nummer 1 oder 3 genannten Zwecke erforderlich sind.**

(2) [1]**Außerdem kann, unbeschadet des § 57 des Bundesdatenschutzgesetzes, Auskunft erteilt werden, soweit nach den Vorschriften dieses Gesetzes Akteneinsicht oder Auskunft aus den Akten gewährt werden könnte.** [2]**Entsprechendes gilt für Mitteilungen nach den §§ 477 und 481 Absatz 1 Satz 2 sowie für andere besondere gesetzliche Bestimmungen, die die Übermittlung personenbezogener Daten aus Strafverfahren anordnen oder erlauben.**

(3) [1]**Die Verantwortung für die Zulässigkeit der Übermittlung trägt die übermittelnde Stelle.** [2]**Erfolgt die Übermittlung auf Ersuchen des Empfängers, trägt dieser die Verantwortung.** [3]**In diesem Falle prüft die übermittelnde Stelle nur, ob das Übermittlungsersuchen im Rahmen der Aufgaben des Empfängers liegt, es sei denn, dass besonderer Anlass zu einer weitergehenden Prüfung der Zulässigkeit der Übermittlung besteht.**

(4) [1]**Die nach den §§ 483 bis 485 gespeicherten Daten dürfen auch für wissenschaftliche Zwecke übermittelt werden.** [2]**§ 476 gilt entsprechend.**

(5) **Besondere gesetzliche Bestimmungen, die die Übermittlung von Daten aus einem Strafverfahren anordnen oder erlauben, bleiben unberührt.**

(6) [1]**Die Daten dürfen nur zu dem Zweck verwendet werden, für den sie übermittelt worden sind.** [2]**Eine Verwendung für andere Zwecke ist zulässig, soweit die Daten auch dafür hätten übermittelt werden dürfen.**

1 **A. Übermittlung.** Die Übermittlung der nach §§ 483–485 gespeicherten Daten an die Stellen, die für die Nutzung der Daten zu den in diesen Vorschr. bezeichneten Zwecken o. zu den Zwecken eines Gnadenverfahrens, des Vollzugs v. freiheitsentziehenden Maßnahmen bzw. der int. Rechtshilfe in Strafsachen zuständig sind, gestattet Abs. 1 S. 1 in dem hierfür jew. erforderlichen Umf. (→ § 474 Rn. 4). Als Empfänger kommen va die in § 483 Abs. 1 genannten Stellen, die Vornahme- u. Bewilligungsbehörden im int. Rechtshilfeverkehr, die Gnadenbehörden, aber auch die Jugendgerichtshilfe in Betracht. Zulässig ist daher die Übermittlung der nach §§ 483, 484 gespeicherten Daten für die bzw. in den Strafverfahren, in denen die Informationen ermittelt worden sind, u. für alle anderen Strafverfahren, zu denen auch die Vollstreckung gehört, sowie für die int. Rechtshilfe in Strafsachen u. für Gnadensachen. Die Übermittlung der nach § 485 gespeicherten Daten ist zulässig für die Vorgangsverwaltung, die in § 483 bezeichneten Zwecke u. – soweit eine Speicherbefugnis nach § 484 besteht – auch für Zwecke künftiger Strafverfahren (BT-Drs. 14/1484, 33). Abs. 1 S. 2 (eingeführt durch G v. 17.8.2017 (BGBl. I 3202 (3210)) stellt die Rechtsgrundlage für die Weitergabe personenbezogener Daten durch Bewährungshelfer direkt an die Einrichtungen des Vollzuges dar, welche diese nach § 483 speichern dürfen; dabei darf es sich nur um solche Daten handeln, die zu den eigenen Akten des Bewährungshelfers gehören (BT-Drs. 18/11272, 34). Abs. 1 S. 2 ordnet weitere Beschränkungen durch die Verweisung auf § 479 Abs. 1, Abs. 2 (→ § 479 Rn. 2 ff.) an.

2 **B. Auskunft aus der Datei (Abs. 2 S. 1).** Eine Auskunft aus der Datei (Abs. 2 S. 1) kann anstelle v. Akteneinsicht o. Auskunft aus den Akten gegeben werden, wenn u. soweit diese nach den Vorschr. der StPO gewährt werden könnten (etwa nach §§ 474 ff. oder an Verfahrensbeteiligte, vgl. → Vor § 474 Rn. 1). Das gilt entspr. für Übermittlungen nach den §§ 477 und 481 Abs. 1 S. 2 (Abs. 2 S. 2); daher kann die Polizei etwa ihr auf der Grdl. eines elektronischen Datenaustauschs v. der StA überspielte Daten auch zur polizeilichen Aufgabenerfüllung verwenden. Eine über den Umf. einer „gewöhnlichen" Akteneinsicht o. Aktenauskunft hinausgehende Auskunftserteilung gestattet Abs. 2 nicht. Aus der Vorschr., die der Entlastung der Justiz dient, kann daher auch kein Anspruch auf Auskunft aus einer Datei hergeleitet werden (SK-StPO/Weßlau/Deiters Rn. 8); dem Akteneinsichtsrecht können Dateien vielmehr nur unterliegen, wenn sie zu den Akten genommen worden sind (→ § 147 Rn. 18a).

C. Einzelheiten. Weitere Einzelheiten der Übermittlung gespeicherter Daten 3
regeln die Absätze 3–6: Abs. 3 stellt die Verantwortung für die Zulässigkeit der Übermittlung klar; gem. Abs. 4 dürfen die gespeicherten Daten (einschließlich befugt übermittelter Sozialdaten, § 78 Abs. 4 SGB X) entspr. § 476 auch für wissenschaftliche Zwecke übermittelt werden (vgl. auch § 42a **BZRG**). Spezialbestimmungen, die ausdr. die Datenübermittlung aus Strafverfahren zulassen, werden nach Abs. 5 von der iÜ abschl. Vorschr. nicht verdrängt. Abs. 6 regelt die Zweckbindung.

Automatisierte Verfahren für Datenübermittlungen

488 (1) [1]**Die Einrichtung eines automatisierten Abrufverfahrens oder eines automatisierten Anfrage- und Auskunftsverfahrens ist für Übermittlungen nach § 487 Abs. 1 zwischen den in § 483 Abs. 1 genannten Stellen zulässig, soweit diese Form der Datenübermittlung unter Berücksichtigung der schutzwürdigen Interessen der betroffenen Personen wegen der Vielzahl der Übermittlungen oder wegen ihrer besonderen Eilbedürftigkeit angemessen ist.** [2]**Die beteiligten Stellen haben zu gewährleisten, dass dem jeweiligen Stand der Technik entsprechende Maßnahmen zur Sicherstellung von Datenschutz und Datensicherheit getroffen werden, die insbesondere die Vertraulichkeit und Unversehrtheit der Daten gewährleisten; im Falle der Nutzung allgemein zugänglicher Netze sind dem jeweiligen Stand der Technik entsprechende Verschlüsselungsverfahren anzuwenden.**

(2) [1]**Bei der Festlegung zur Einrichtung eines automatisierten Abrufverfahrens haben die beteiligten Stellen zu gewährleisten, dass die Zulässigkeit des Abrufverfahrens kontrolliert werden kann.** [2]**Hierzu haben sie Folgendes schriftlich festzulegen:**

1. den Anlass und den Zweck des Abrufverfahrens,
2. die Dritten, an die übermittelt wird,
3. die Art der zu übermittelnden Daten und
4. die nach § 64 des Bundesdatenschutzgesetzes erforderlichen technischen und organisatorischen Maßnahmen.

[3]**Die Festlegung bedarf der Zustimmung der für die speichernde und die abrufende Stelle jeweils zuständigen Bundes- und Landesministerien.** [4]**Die speichernde Stelle übersendet die Festlegungen der Stelle, die für die Kontrolle der Einhaltung der Vorschriften über den Datenschutz bei öffentlichen Stellen zuständig ist.**

(3) [1]**Die Verantwortung für die Zulässigkeit des einzelnen Abrufs trägt der Empfänger.** [2]**Die speichernde Stelle prüft die Zulässigkeit der Abrufe nur, wenn dazu Anlass besteht.** [3]**Die speichernde Stelle hat zu gewährleisten, dass die Übermittlung personenbezogener Daten festgestellt und überprüft werden kann.** [4]**Im Rahmen der Protokollierung nach § 76 des Bundesdatenschutzgesetzes hat sie ergänzend zu den dort in Absatz 2 aufgeführten Daten die abgerufenen Daten, die Kennung der abrufenden Stelle und das Aktenzeichen des Empfängers zu protokollieren.** [5]**Die Protokolldaten sind nach zwölf Monaten zu löschen.**

(3) [Fassung bis 25.11.2019:] [1]***Die Verantwortung für die Zulässigkeit des einzelnen Abrufs trägt der Empfänger.*** [2]***Die speichernde Stelle prüft die Zulässigkeit der Abrufe nur, wenn dazu Anlass besteht.*** [3]***Die speichernde Stelle hat zu gewährleisten, dass die Übermittlung personenbezogener Daten zumindest durch geeignete Stichprobenverfahren festgestellt und überprüft werden kann.*** [4]***Sie soll bei jedem zehnten Abruf zumindest den Zeitpunkt, die abgerufenen Daten, die Kennung der abrufenden Stelle und das Aktenzeichen des Empfängers protokollieren.*** [5]***Die Protokolldaten***

dürfen nur für die Kontrolle der Zulässigkeit der Abrufe verwendet werden und sind nach zwölf Monaten zu löschen.

(4) **Die Absätze 2 und 3 gelten für das automatisierte Anfrage- und Auskunftsverfahren entsprechend.**

1 **A. Einrichtung eines automatisierten Abruf-, Anfrage- und Auskunftsverfahrens.** Die Einrichtung eines automatisierten Abruf-, Anfrage- und Auskunftsverfahrens (online-Verf.) ist für die Übermittlung v. Daten zwischen den in § 483 Abs. 1 genannten Stellen nach § 487 Abs. 1 (vgl. → § 487 Rn. 1) zulässig, wobei die Beschränkung in § 484 auf Strafverfolgungsbehörden zu beachten ist (SK-StPO/Weßlau/Deiters Rn. 5). Das Verf. muss nach näherer Maßgabe des Abs. 1 unter Berücksichtigung der schutzwürdigen Interessen der Betroffenen (§ 3 Abs. 1 BDSG) u. der Erfüllung der Aufgaben des Empfängers angemessen sein (näher Löwe/Rosenberg/Hilger Rn. 6 f.; vgl. auch AnwK StPO/Pannais Rn. 3). Abs. 1 S. 2 trägt – in Anknüpfung an § 493 – den Anforderungen an die Sicherheit v. Datenschutz u. Datensicherheit Rechnung.

2 **Abs. 2 S. 1** stellt die Kontrolle der Zulässigkeit des automatisierten Abrufverfahrens sicher. S. **2** schreibt vor, welche Einzelheiten über das automatisierte Abrufverfahren vor dessen Inbetriebnahme festzulegen sind; die schriftlichen Festlegungen bedürfen der Zustimmung der in S. 3 bezeichneten Stellen u. sind dem zuständigen Datenschutzbeauftragten zu übersenden (S. 4).

3 Mit der Änd. v. **Abs. 3** durch G v. 20.11.2019 (BGBl. I 1724) ist nunmehr eine **umfassende Protokollierungspflicht** für automatisierte Verarbeitungssysteme vorgesehen. Die Protokolldaten sind nach zwölf Monaten zu löschen (S. 5). Die Zweckbindung richtet sich nach § 76 Abs. 3 BDSG (BT-Drs. 19/4671, 69). Sie dürfen daher nur zur Überprüfung der Rechtmäßigkeit der Datenverarbeitung, für die Eigenüberwachung u. für Strafverfahren verwendet werden. **Abs. 3 aF** gilt gem. § 17 **EGStPO** für **vor dem 6.5.2016** eingerichtete automatisierte Verarbeitungssysteme u. IT-Anwendungen der StA u. der Gerichte in Fachverfahren bis zum 5.5.2023 bzw. 2026 fort. Damit wird den mit den neuen Protokollierungspflichten einhergehenden technischen Anpassungen u. Entwicklungen Rechnung getragen. Für bereits vor dem Stichtag bestehende Systeme u. IT-Anwendungen gilt für die Übergangszeit mithin weiterhin das **Stichprobenverfahren** (dazu näher Löwe/Rosenberg/Hilger Rn. 13 ff.; → 62. Aufl. 2019, Rn. 3). Die in S. 5 aF enthaltene Zweckbindung für die bei den Stichproben anfallenden Protokolldaten erlaubt die Verwendung zur Ahndung unbefugter Abrufe.

4 Nach **Abs. 4** gelten die von Abs. 1 erfassten automatisierten Anfrage- u. Auskunftsverfahren Abs. 2 und Abs. 3 entspr. Damit wird klargestellt, dass auch diese Verf. als Abrufverfahren iSd Datenschutzes zu werten sind (BT-Drs. 19/4671, 69).

5 **B. § 29 Abs. 6 S. 2 BKAG.** Die StA ist nach § 29 Abs. 6 S. 2 BKAG befugt, für Zwecke der Strafrechtspflege im automatisierten Verf. abzurufen: Fahndungsausschreibungen zur Festnahme u. Aufenthaltsermittlung und, nach Maßgabe der Regelungen des SDÜ, auch die Ausschreibungen, die im Schengener Informationssystem gespeichert sind (INPOL), ferner Daten über Freiheitsentziehungen (Haftdatei) sowie Daten aus der DNA-Analyse-Datei (→ § 81g Rn. 1). § 29 Abs. 7 BKAG ermächtigt darüber hinaus das BMI im Einvernehmen mit dem BMJ durch RechtsVO, die der Zustimmung des BR bedarf, weitere im polizeilichen Informationssystem gespeicherte Daten unter denselben Voraussetzungen wie in § 488 Abs. 1 S. 1 Hs. 2 zum automatisierten Abruf freizugeben.

Löschung und Einschränkung der Verarbeitung von Daten

489 (1) **Zu löschen sind, unbeschadet der anderen, in § 75 Absatz 2 des Bundesdatenschutzgesetzes genannten Gründe für die Pflicht zur Löschung,**

1. die nach § 483 gespeicherten Daten mit der Erledigung des Verfahrens, soweit ihre Speicherung nicht nach den §§ 484 und 485 zulässig ist,
2. die nach § 484 gespeicherten Daten, soweit die dortigen Voraussetzungen nicht mehr vorliegen und ihre Speicherung nicht nach § 485 zulässig ist, und
3. die nach § 485 gespeicherten Daten, sobald ihre Speicherung zur Vorgangsverwaltung nicht mehr erforderlich ist.

(2) [1]**Als Erledigung des Verfahrens gilt die Erledigung bei der Staatsanwaltschaft oder, sofern die öffentliche Klage erhoben wurde, bei Gericht.** [2]**Ist eine Strafe oder eine sonstige Sanktion angeordnet worden, so ist der Abschluss der Vollstreckung oder der Erlass maßgeblich.** [3]**Wird das Verfahren eingestellt und hindert die Einstellung die Wiederaufnahme der Verfolgung nicht, so ist das Verfahren mit Eintritt der Verjährung als erledigt anzusehen.**

(3) [1]**Der Verantwortliche prüft nach festgesetzten Fristen, ob gespeicherte Daten zu löschen sind.** [2]**Die Frist zur Überprüfung der Notwendigkeit der Speicherung nach § 75 Absatz 4 des Bundesdatenschutzgesetzes beträgt für die nach § 484 gespeicherten Daten**
1. bei Beschuldigten, die zur Tatzeit das achtzehnte Lebensjahr vollendet hatten, zehn Jahre,
2. bei Jugendlichen fünf Jahre,
3. in den Fällen des rechtskräftigen Freispruchs, der unanfechtbaren Ablehnung der Eröffnung des Hauptverfahrens und der nicht nur vorläufigen Verfahrenseinstellung drei Jahre,
4. bei nach § 484 Absatz 1 gespeicherten Daten zu Personen, die zur Tatzeit nicht strafmündig waren, zwei Jahre.

(4) **Der Verantwortliche kann in der Errichtungsanordnung nach § 490 kürzere Prüffristen festlegen.**

(5) **Die Fristen nach Absatz 3 beginnen mit dem Tag, an dem das letzte Ereignis eingetreten ist, das zur Speicherung der Daten geführt hat, jedoch nicht vor**
1. Entlassung der betroffenen Person aus einer Justizvollzugsanstalt oder
2. Beendigung einer mit Freiheitsentziehung verbundenen Maßregel der Besserung und Sicherung.

(6) [1]**§ 58 Absatz 3 Satz 1 Nummer 1 und 3 des Bundesdatenschutzgesetzes gilt für die Löschung nach Absatz 1 entsprechend.** [2]**Darüber hinaus ist an Stelle der Löschung personenbezogener Daten deren Verarbeitung einzuschränken, soweit die Daten für laufende Forschungsarbeiten benötigt werden.** [3]**Die Verarbeitung personenbezogener Daten ist ferner einzuschränken, soweit sie nur zu Zwecken der Datensicherung oder der Datenschutzkontrolle gespeichert sind.** [4]**Daten, deren Verarbeitung nach den Sätzen 1 oder 2 eingeschränkt ist, dürfen nur zu dem Zweck verwendet werden, für den ihre Löschung unterblieben ist.** [5]**Sie dürfen auch verwendet werden, soweit dies zur Behebung einer bestehenden Beweisnot unerlässlich ist.**

(7) **Anstelle der Löschung der Daten sind die Datenträger an ein Staatsarchiv abzugeben, soweit besondere archivrechtliche Regelungen dies vorsehen.**

A. Löschung und Einschränkung der Verarbeitung (§ 46 Nr. 2, 3 BDSG). Die Löschung und Einschränkung der Verarbeitung (§ 46 Nr. 2, 3 BDSG) personenbezogener Daten in Dateien (zu diesen Begriffen vgl. → § 483 Rn. 1) nach den §§ 483–485 regelt die Vorschr. zum Schutz der Persönlichkeit des Betroffenen; sie gilt nicht für Dateien der Polizei in den Fällen der §§ 483 Abs. 3, 1

484 Abs. 4, 485 S. 4 (OVG Lüneburg NdsVBl 2008, 323), geht aber den Bestimmungen in Schriftgutaufbewahrungsgesetzen vor (→ § 483 Rn. 7).

2 Die Pflicht der speichernden Stelle als Verantwortliche (§ 46 Nr. 7 BDSG) zur **Berichtigung** unrichtiger Daten folgt unmittelbar aus **§ 75 Abs. 1 BDSG** (BT-Drs. 19/4671, 69); sie ist nicht v. einem Antrag des Betroffenen abhängig. Die ursprüngliche Speicherung u. deren Änd. müssen aber nachvollziehbar bleiben (Aktenvollständigkeit, -wahrheit). § 58 Abs. 2 BDSG iVm § 500 Abs. 1 und 2 begründen einen **Löschungsanspruch** des Betroffenen (BayObLG BeckRS 2024, 22054 Rn. 49; zur Anfechtung einer abl. Entscheidung der StA → Rn. 9).

3 In **Abs. 1** regelt das G verschiedene Fälle, in denen die Daten zu **löschen** sind. Der danach unmittelbar geltende **§ 75 Abs. 2 BDSG** (der § 489 Abs. 2 S. 1 entbehrlich gemacht hat; vgl. BT-Drs. 19/4671, 69), verpflichtet die speichernde Stelle zur Löschung, wenn die Speicherung unzulässig ist – etwa weil die Angaben nach den §§ 483–485 nicht hätten gespeichert werden dürfen – o. sich aus Anlass einer Einzelfallbearbeitung ergibt, dass die Kenntnis der Daten für die jeweiligen ges. Speicherzwecke nicht mehr erforderlich iSd § 75 Abs. 2 BDSG (vgl. auch → § 483 Rn. 3) ist (den Zusammenhang mit dem Zweckbindungsgrundsatz betont auch BVerfGE 113, 29; ebenso BVerfGE 124, 43 für beschlagnahmte E-Mail-Dateien; OLG Hamburg NStZ-RR 2010, 57 Ls.). Letzteres kann iRd Vorgangsverwaltung auch teilw. in Bezug auf stigmatisierende Zusätze der Fall sein (OLG Frankfurt a. M. NStZ-RR 2008, 183 u. OLG Hamburg StraFo 2010, 85 (86), jew. zu §§ 174 ff. StGB). Eine weitere Speicherung ist unzulässig, wenn eine erneute Straffälligkeit ausgeschlossen erscheint (OLG Hamburg StV 2009, 234 mAnm Habenicht NStZ 2009, 708). Wird eine Verurteilung aus dem BZR getilgt, ist dies ein Indiz dafür, dass die weitere Speicherung identifizierender biometrischer Daten des Verurteilten nicht länger erforderlich ist (EuGH StV 2024, 676). Eine solche Einzelfallbearbeitung hat die StA jedenfalls vorzunehmen, wenn der Betroffene einen konkreten Löschungsantrag an sie richtet (OLG Dresden StV 2004, 68, berichtigt StV 2004, 368; OLG Hamburg StV 2009, 234; NStZ-RR 2010, 118 Ls.; v. Galen FS 25 Jahre AG StrafR DAV, 2009, 505). Abzuwägen sind dann das Recht des Antragstellers auf informationelle Selbstbestimmung u. das Interesse der Allgemeinheit an Strafverfolgung u. Vorgangsverwaltung unter Berücksichtigung des Grundsatzes der Verhältnismäßigkeit anhand der Umstände des Einzelfalls (KG StraFo 2009, 337). Bei der Prüfung kann grds. auf die – auf die Normen des StGB über die Verfolgungsverjährung abhebenden – Aufbewahrungsfristen nach der jeweiligen Aktenordnung abgestellt werden (OLG Hamburg NStZ-RR 2010, 57 Ls.). Von maßgeblicher Bedeutung sind auch der v. § 78b Abs. 1 Nr. 1 StGB intendierte Kinder- u. Minderjährigenschutz sowie die Möglichkeit der Durchführung eines Klageerzwingungsverfahrens (OLG Hamburg NStZ-RR 2010, 57 Ls.). Das „Erforderlichsein" ist ein unbestimmter Rechtsbegriff, der der gerichtlichen Überprüfung unterliegt (KG StraFo 2009, 338; OLG Hamburg StraFo 2010, 85 (86); erg. → Rn. 9).

4 Nach **Nr. 1** sind ferner zu löschen Daten in einer Strafverfahrensdatei (§ 483) mit Verfahrenserledigung (Abs. 2), es sei denn, ihre Speicherung ist in diesem Zeitpunkt nach den §§ 484, 485 zulässig (vgl. aber → § 483 Rn. 3), nach **Nr. 2** Daten für Zwecke künftiger Strafverfahren (§ 484) vorbehaltlich ihrer fortdauernden Speicherung nach § 485, soweit das Erg. der anlassunabhängigen Prüfung nach Abs. 3 ergibt, dass deren Kenntnis für den Speicherzweck nicht mehr erforderlich ist, u. nach **Nr. 3** Daten in einer Vorgangsverwaltungsdatei (§ 485) nach Wegfall der Erforderlichkeit ihrer Speicherung. Im Rahmen der reinen Vorgangsverwaltung ist aber idR eine Speicherung der Namen der (ehem.) Beschuldigten mit den entspr. Az. als geeignet u. erforderlich anzusehen (OLG Frankfurt a. M. NStZ-RR 2010, 350).

5 **Abs. 3** bestimmt **Aussonderungsprüffristen** für Speicherungen nach § 484. Die Fälle einer endg. Verfahrenseinstellung (Abs. 3 S. 2 Nr. 3) sind in → § 494 Rn. 6 erläutert. Die Regelung in Abs. 3 S. 2 Nr. 4 ändert nichts an der grds. Unzulässigkeit der Speicherung personenbezogener Informationen über zur Tatzeit

Strafunmündige, da Kinder nicht Beschuldigte sein können (§ 19 StGB). Gemeint sind die Ausnahmefälle, in denen Daten Strafunmündiger gleichwohl zunächst gespeichert werden, etwa weil ihr Alter im Zeitpunkt der Speicherung nicht bekannt war (BayObLG BeckRS 2024, 22054; erg. → § 483 Rn. 1). Der Fristbeginn ist in Abs. 5 geregelt, der § 77 Abs. 3 S. 1 BKAG entspr.; dadurch ergibt sich eine absolute Löschungsfrist (BT-Drs. 19/11190, 10). Nach Abs. 4 können die Aussonderungsprüffristen in einer Errichtungsanordnung (§ 490) abgekürzt werden (hierzu Brodersen NJW 2000, 2541; Wollweber NJW 2000, 3624).

B. Einschränkung der Verarbeitung. Eine Einschränkung der Verarbeitung statt der Löschung erfolgt ausnahmsweise nach **Abs. 6.** Einschränkung der Verarbeitung ist die Markierung gespeicherter personenbezogener Daten, um ihre weitere Verarbeitung einzuschränken (§ 46 Nr. 3 BDSG). Dies kommt gem. Abs. 6 S. 1 iVm § 58 Abs. 3 S. 1 Nr. 1 BDSG in Betracht, wenn durch die Löschung schutzwürdige Interessen des Betroffenen beeinträchtigt würden. Das ist etwa der Fall, wenn Informationen erhalten bleiben sollen, die für den Betroffenen möglicherweise günstig sind. Das richtet sich nach den Umständen des Einzelfalles u. kann dann zu bejahen sein, wenn eine ansonsten eintretende Beweisnot nur durch Aufrechterhaltung der Speicherung verhindert werden kann. Aus rein praktischen Gründen – unverhältnismäßiger Aufwand – kann gem. Abs. 6 S. 1 iVm § 58 Abs. 3 S. 1 Nr. 3 BDSG statt der Löschung die Verarbeitung eingeschränkt werden (näher OLG Hamm 15.6.2010 – 1 VAs 16/10). Weitere Fälle sind die Erhaltung v. Daten für bereits lfd. Forschungsarbeiten, insbes. für wissenschaftliche Auswertungen (Abs. 6 S. 2). Gemäß Abs. 6 S. 3 ist die Verarbeitung ferner ausschl. zur Datensicherung o. Datenschutzkontrolle gespeicherte personenbezogene Daten einzuschränken; das gilt auch, wenn Protokolldaten für das gesamte System in einer Datei gespeichert werden. Abs. 6 S. 4 und 5 ordnen eine dem Sinn der Einschränkung der Verarbeitung entspr. Zweckbindung an. Der Grund für die unterbliebene Löschung u. die sich hieraus ergebende Zweckbindung sind in einem Aktenvermerk kenntlich zu machen. 6

C. Nachberichtspflicht. Eine Nachberichtspflicht regelt **§ 75 Abs. 3 S. 1 iVm § 58 Abs. 5 BDSG** in Fällen der Übermittlung unrichtiger, zu löschender o. hins. der Verarbeitung einzuschränkender personenbezogener Daten. 7

D. Archivrechtliche Regelungen. Archivrechtliche Regelungen bleiben unberührt **(Abs. 7);** § 489 ist also keine diesen ggü. vorrangige Vorschr. über die Vernichtung v. Unterlagen. Die speichernde Stelle darf, wenn sie Daten nach Löschungsreife an ein Staatsarchiv abgibt, keine Kopien zurückbehalten (SK-StPO/Weßlau/Deiters Rn. 23). Ein Anspruch auf Vernichtung der in Papierform geführten Akten nach einer Einstellung des Verf. gem. § 170 Abs. 2 besteht bis zum Ablauf der Aufbewahrungsfristen nicht (KG StraFo 2009, 337). 8

E. Anfechtung. Kommt die StA einem auf Datenlöschung gerichteten Antrag nicht nach, ist der Rechtsweg nach **§ 23 EGGVG** eröffnet (BVerfG StV 2007, 226 Ls.; BayObLG BeckRS 2024, 22054; OLG Frankfurt am Main BeckRS 2024, 10548; OLG Dresden StV 2004, 68, berichtigt StV 2004, 368; OLG Frankfurt a. M. NStZ-RR 2010, 350; OLG Hamburg StV 2009, 234; Löwe/Rosenberg/Hilger Rn. 16, der auch eine entspr. Anwendung des § 161a erwägt). 9

Errichtungsanordnung für automatisierte Dateisysteme

490 [1]**Der Verantwortliche legt für jedes automatisierte Dateisystem in einer Errichtungsanordnung mindestens fest:**

1. **die Bezeichnung des Dateisystems,**
2. **die Rechtsgrundlage und den Zweck des Dateisystems,**
3. **den Personenkreis, über den Daten in dem Dateisystem verarbeitet werden,**
4. **die Art der zu verarbeitenden Daten,**

5. die Anlieferung oder Eingabe der zu verarbeitenden Daten,
6. die Voraussetzungen, unter denen in dem Dateisystem verarbeitete Daten an welche Empfänger und in welchem Verfahren übermittelt werden,
7. Prüffristen und Speicherungsdauer.

[2]**Dies gilt nicht für Dateisysteme, die nur vorübergehend vorgehalten und innerhalb von drei Monaten nach ihrer Erstellung gelöscht werden, und Informationssysteme gemäß § 483 Absatz 1 Satz 2.**

1 Eine **Errichtungsanordnung** für jedes automatisierte Dateisystem hat der Verantwortliche (vgl. § 46 Nr. 7 BDSG) zu erstellen (S. 1); die Vorschr. bestimmt auch den Mindestinhalt der Anordnung (vgl. auch OLG Dresden StV 2004, 68 (69)). Dies dient sowohl der Eigenkontrolle der Stelle, die ein Dateisystem errichtet, als auch der externen Kontrolle, zB durch den Datenschutzbeauftragten. Festgelegt werden können etwa auch über die Rechtsverordnungen nach § 484 Abs. 3 hinaus weitere Einzelheiten über die Art der Daten iSd § 484 Abs. 2 oder kürzere als die ges. Aussonderungsprüffristen (§ 489 Abs. 4, → § 489 Rn. 5). Die Vorschr. geht Landesdatenschutzrecht vor (KMR-StPO/Gemählich Rn. 2).

2 Nach S. 2 bedarf es keiner Errichtungsanordnung nach S. 1 bei „flüchtigen" Dateien u. für polizeiliche Informationssysteme gem. § 483 Abs. 1 S. 2, da diese nach anderen Gesetzen errichtet werden (erg. → § 483 Rn. 3a).

Auskunft an betroffene Personen

491 (1) [1]**Ist die betroffene Person bei einem gemeinsamen Dateisystem nicht in der Lage, den Verantwortlichen festzustellen, so kann sie sich zum Zweck der Auskunft nach § 57 des Bundesdatenschutzgesetzes an jede beteiligte speicherungsberechtigte Stelle wenden.** [2]**Über die Erteilung einer Auskunft entscheidet die ersuchte speicherungsberechtigte Stelle im Einvernehmen mit dem Verantwortlichen.**

(2) **Für den Auskunftsanspruch betroffener Personen gilt § 57 des Bundesdatenschutzgesetzes.**

1 **A. Vereinfachung.** Eine Vereinfachung für den Betroffenen enthält **Abs. 1** in den Fällen einer gemeinsamen Datei gem. § 486.

2 **B. Auskunft.** Auskunft über die zu seiner Person gespeicherten Daten u. den damit verfolgten Zweck kann der v. der Speicherung in einem Dateisystem Betroffene mit einem entspr. Antrag verlangen; hierfür verweist **Abs. 2** auf den bundesdatenschutzrechtlichen Anspruch nach § 57 BDSG. Anders als noch § 491 Abs. 1 aF enthält Abs. 2 keine ausdr. Vorrangregelung für die in der StPO geregelte Auskunftserteilung (vgl. hierzu → 62. Aufl. 2019, Rn. 1). Die diesbzgl. StPO-Vorschr. (§§ 147, 406e, 428 Abs. 1 S. 2, 444 Abs. 2 S. 2, 474 ff.) gehen Abs. 2 iE aber dennoch vor, da diese die Einsichts- in u. Auskunftsrechte aus (Verfahrens-) Akten in Papierform und elektronischer Form (vgl. 32f Abs. 1, Abs. 2 für die Form der Akteneinsichtsgewährung) regeln, der Auskunftsspruch nach Abs. 2 sich – auch aufgrund seiner systematischen Stellung – hingegen auf in **Dateisystemen iSd §§ 483, 486 gespeicherte Daten** bezieht (SSW StPO/Ritscher/Klinge Rn. 1; Singelnstein NStZ 2020, 639 (643); vgl. a. BT-Drs. 19/4671, 70; **aA** BeckOK StPO/Wittig Rn. 2.1). Elektronische Akten u. elektronische Aktenkopien sind keine Dateisysteme (§ 496 Abs. 3); für sie gilt § 491 ebenfalls nicht (→ § 491 Rn. 8, vgl. a. KK-StPO/Gieg § 483 Rn. 11).

3 Würden durch die Auskunftserteilung **Ermittlungen gefährdet,** kann nach § 57 Abs. 4 iVm § 56 Abs. 2 Nr. 1 BDSG v. ihr abgesehen werden (BT-Drs. 19/11190, 10; 19/4671, 80 f.; BVerfGE 113, 29 Rn. 131 zu § 19 BDSG aF). Würde bereits die Mitteilung v. Absehen der Auskunftserteilung darüber, „ob" den Antragsteller betr. Daten in Dateisystemen verarbeitet werden (vgl. § 57 Abs. 1 S. 1

BDSG), braucht der Antrag gem. § 57 Abs. 6 S. 2 überhaupt nicht beschieden werden, falls bereits die Erteilung dieser Information die Ermittlungen gefährden könnte (BeckOK Datenschutzrecht/Schild BDSG § 57 Rn. 25). Danach dürfte sich die Bescheidungspflicht in der Praxis auf Anträge zu offenen Ermittlungsverfahren beschränken. Denn insbes. im Bereich der organisierten Kriminalität o. des Terrorismus können auch aus dem Umstand, dass ein Antrag nicht beschieden, auf einen anderen Antrag hin dagegen das Absehen v. der Auskunftserteilung nach § 57 Abs. 6 S. 1 BDSG mitgeteilt wird, Rückschlüsse gezogen werden, welche die Verhütung, Ermittlung, Aufdeckung o. Ahndung v. Straftaten (vgl. § 45 S. 1 BDSG) iSd § 56 Abs. 2 Nr. 1 BDSG gefährden könnte (vgl. auch BVerfGE 120, 351 Rn. 116; SSW StPO/Ritscher Klinge Rn. 6).

Auskunftspflichtig ist nach § 57 Abs. 1 S. 1 BDSG der Verantwortliche; das ist die Stelle, die – allein o. gemeinsam mit anderen – über die Zwecke u. Mittel der Verarbeitung der Daten entscheidet (§ 46 Nr. 7 BDSG). Abs. 2 ist aber nur einschlägig, wenn der Antrag auf Auskunftserteilung bei einer Strafverfolgungsbehörde gestellt wird (VG Wiesbaden NVwZ-RR 2006, 693). Nach unbekannten Betroffenen muss u. soll nicht geforscht werden (BVerfGE 124, 43). 4

C. Ablehnende Entscheidung. Gegen die den Antrag ablehnende oder nur teilweise stattgebende Entscheidung kann sich der Betroffene nach § 57 Abs. 7 S. 1 BDSG an den **BfDI** wenden, der das Auskunftsrecht für ihn ausüben kann. Darüber ist der Betroffene nach § 57 Abs. 7 S. 2 zu informieren; dies gilt allerdings nicht in einem Fall des § 57 Abs. 6 S. 2 (SSW StPO/Ritscher/Klinge Rn. 7; BeckOK Datenschutzrecht/Schild BDSG § 57 Rn. 32; Gola/Heckmann, BDSG, § 57 Rn. 29; Paal/Pauly, BDSG, § 57 Rn. 12; **aA** Sydow/Marsch, BDSG, § 57 Rn. 27). Nach dem Wortlaut des § 57 Abs. 7 S. 1 setzt die Befassung des BFDI voraus, dass der Antragsteller über das Absehen von o. über die Einschränkung der beantragten Auskunft „unterrichtet" worden ist; sie gilt danach nicht, wenn der Antrag auf der Grdl. von § 57 Abs. 6 S. 2 BDSG überhaupt nicht beschieden wurde (anders noch § 19 Abs. 6 S. 1 BDSG aF). Dass der Betroffene insoweit den BfDI nach § 60 Abs. 1 S. 1 BDSG anrufen kann, entspricht indes dem gesetzgeberischen Willen (BT-Drs. 18/11325, 114; vgl. a. KK-StPO/Gieg Rn. 4; SSW StPO/Ritscher/Klinge Rn. 7). § 57 Abs. 7 S. 2 und § 60 Abs. 1 S. 1 BDSG gehen davon aus, dass daneben **gerichtlicher Rechtsschutz** gegeben ist (s. a. Art. 19 Abs. 4 GG). Gegen eine das Auskunftsverlangen ablehnende oder nur teilweise stattgebende Entscheidung ist mithin der Rechtsweg nach §§ 23 ff. EGGVG eröffnet (BayObLG StraFo 2023, 486 (487); KK-StPO/Gieg Rn. 5; SSW StPO/Ritscher/Klinge Rn. 7; MüKoStPO/Singelnstein Rn. 18; BeckOK StPO/Wittig Rn. 9; **aA** noch zu § 491 aF BGH NStZ-RR 2009, 145). 4a

Dritter Abschnitt. Länderübergreifendes staatsanwaltschaftliches Verfahrensregister

Zentrales staatsanwaltschaftliches Verfahrensregister

492 (1) **Das Bundesamt für Justiz (Registerbehörde) führt ein zentrales staatsanwaltschaftliches Verfahrensregister.**

(2) [1] **In das Register sind**

1. **die Personendaten des Beschuldigten und, soweit erforderlich, andere zur Identifizierung geeignete Merkmale,**
2. **die zuständige Stelle und das Aktenzeichen,**
3. **die nähere Bezeichnung der Straftaten, insbesondere die Tatzeiten, die Tatorte und die Höhe etwaiger Schäden,**
4. **die Tatvorwürfe durch Angabe der gesetzlichen Vorschriften,**

5. die Einleitung des Verfahrens sowie die Verfahrenserledigungen bei der Staatsanwaltschaft und bei Gericht nebst Angabe der gesetzlichen Vorschriften

einzutragen. [2]Die Daten dürfen nur für Strafverfahren gespeichert und verändert werden.

(3) [1]**Die Staatsanwaltschaften teilen die einzutragenden Daten der Registerbehörde zu dem in Absatz 2 Satz 2 genannten Zweck mit. [2]Auskünfte aus dem Verfahrensregister dürfen nur Strafverfolgungsbehörden für Zwecke eines Strafverfahrens erteilt werden. [3]Dem Bundeskriminalamt dürfen Auskünfte auch erteilt werden, soweit dies im Einzelfall zur Erfüllung seiner Aufgaben nach § 5 Absatz 1, § 6 Absatz 1 oder § 7 Absatz 1 und 2 des Bundeskriminalamtgesetzes erforderlich ist. [4]§ 5 Abs. 5 Satz 1 Nr. 2 des Waffengesetzes, § 8a Absatz 5 Satz 1 Nummer 2 des Sprengstoffgesetzes, § 7 Absatz 3 Satz 1 Nummer 3 des Luftsicherheitsgesetzes, § 12 Absatz 1 Nummer 2 des Sicherheitsüberprüfungsgesetzes oder eine entsprechende landesrechtliche Vorschrift und § 31 Absatz 4a Satz 1 des Geldwäschegesetzes bleiben unberührt; die Auskunft über die Eintragung wird insoweit im Einvernehmen mit der Staatsanwaltschaft, die die personenbezogenen Daten zur Eintragung in das Verfahrensregister mitgeteilt hat, erteilt, wenn hiervon eine Gefährdung des Untersuchungszwecks nicht zu besorgen ist.**

(4) [1]**Die in Absatz 2 Satz 1 Nummer 1 und 2 und, wenn dies erforderlich ist, Nummer 3 und 4 genannten Daten dürfen nach Maßgabe des § 18 Abs. 3 des Bundesverfassungsschutzgesetzes, auch in Verbindung mit § 10 Abs. 2 des Gesetzes über den Militärischen Abschirmdienst und § 10 Absatz 3 des BND-Gesetzes, auf Ersuchen auch an die Verfassungsschutzbehörden des Bundes und der Länder, den Militärischen Abschirmdienst und den Bundesnachrichtendienst übermittelt werden. [2]§ 18 Abs. 5 Satz 2 des Bundesverfassungsschutzgesetzes gilt entsprechend.**

(4a) [1]**Kann die Registerbehörde eine Mitteilung oder ein Ersuchen einem Datensatz nicht eindeutig zuordnen, übermittelt sie an die ersuchende Stelle zur Identitätsfeststellung Datensätze zu Personen mit ähnlichen Personalien. [2]Nach erfolgter Identifizierung hat die ersuchende Stelle alle Daten, die sich nicht auf die betroffene Person beziehen, unverzüglich zu löschen. [3]Ist eine Identifizierung nicht möglich, sind alle übermittelten Daten zu löschen. [4]In der Rechtsverordnung nach § 494 Abs. 4 ist die Anzahl der Datensätze, die auf Grund eines Abrufs übermittelt werden dürfen, auf das für eine Identifizierung notwendige Maß zu begrenzen.**

(5) [1]**Die Verantwortung für die Zulässigkeit der Übermittlung trägt der Empfänger. [2]Die Registerbehörde prüft die Zulässigkeit der Übermittlung nur, wenn besonderer Anlaß hierzu besteht.**

(6) **Die Daten dürfen unbeschadet des Absatzes 3 Satz 3 und 4 sowie des Absatzes 4 nur in Strafverfahren verwendet werden.**

1 **A. Zweck des Registers.** Die ges. Grdl. für dieses v. den Informationsregistern der Polizei unabhängige zentrale staatsanwaltschaftliche Informationssystem (im allg. Sprachgebrauch kurz SISY genannt) ist durch das Verbrechensbekämpfungsgesetz 1994 geschaffen worden (Einfügung der §§ 474–477, nun §§ 492–495). Der Registerbetrieb ist 1999 aufgenommen worden. Mit der Einrichtung dieses Registers wurde eine schon lange erhobene Forderung erfüllt (vgl. Hoffmann ZRP 1990, 56; Rebmann/Schoreit NStZ 1984, 7; Schoreit DRiZ 1987, 85). Das Register dient dazu, die Funktionstüchtigkeit der Strafrechtspflege zu verbessern (vgl. Rieß FS Otto, 2007, 966), indem es die Ermittlung überörtlicher Täter u. Mehrfachtäter erleichtert, das frühzeitige Erkennen v. Tat- u. Täterverbindungen fördert, insbes. es auch ermöglicht, reisende Gewalttäter festzustellen u. in Haft zu nehmen. Ferner

werden dadurch zuverlässige Grundlagen für Verfahrenseinstellungen nach §§ 153 ff. geschaffen, indem zB einerseits keine ungerechtfertigten wiederholten Einstellungen gegen Auflagen nach § 153a mehr erfolgen, andererseits unbedeutende Verf. mit Rücksicht auf schwerwiegendere Vorwürfe nach § 154 schnell beendet werden. Notwendige Verfahrenskonzentrationen durch Verbindung v. Ermittlungs- u. Strafverfahren sollen dadurch erzielt, übermäßige Grundrechtseingriffe iRv Doppelverfahren (BVerfGE 112, 304 (320) = NJW 2005, 1338 (1341)) sowie mehrere HVen gegen denselben Angeklagten u. damit nachträgliche Gesamtstrafenbildungen (§ 55 StGB, § 460) sollen vermieden werden.

Neben die bereits bestehenden Register, nämlich das Bundeszentralregister (§§ 1–58 **BZRG**) u. das Erziehungsregister (§§ 59–64 **BZRG**), ist dieses Register getreten; es hätte daher gesetzestechnisch näher gelegen, die Vorschr. der §§ 492 ff. in das BZRG statt in die StPO einzufügen (vgl. Schoreit DRiZ 1987, 85; Uhlig FS Rebmann, 1989, 523). Das Register erschien erforderlich, weil sich aus den übrigen Registern nicht entnehmen lässt, ob im Zuständigkeitsbereich einer anderen StA ebenfalls Ermittlungsverfahren gegen denselben Beschuldigten anhängig sind o. vor kurzem durch Einstellung des Verf. erledigt wurden (Richter NJW 1989, 1785; krit. jedoch – auch wegen der Doppelspeicherung der Daten bei Polizei u. StA – Krüger Kriminalistik 1995, 43). Insofern wären sonst umständliche Anfragen bei den StAen der anderen LG-Bezirke notwendig (zur Häufigkeit LG-Bezirke übergreifender Eintragungen im BZR vgl. Uhlig FS Rebmann, 1989, 522). 2

B. Bundesamt für Justiz. Das durch G v. 17.12.2006 (BGBl. I 3171) errichtete Bundesamt für Justiz führt das zentrale staatsanwaltschaftliche Register; es ist die Registerbehörde iSd §§ 492 ff. Das Bundesamt hat seinen Sitz in Bonn. Die näheren Einzelheiten regelte früher die Errichtungsanordnung, die nun durch eine RechtsVO ersetzt worden ist (§ 494 Abs. 4; vgl. → § 494 Rn. 12). 3

C. Umfang der Daten (Abs. 2). Alle staatsanwaltschaftlichen Ermittlungsverfahren, die sich gegen einen bestimmten, bekannten Täter richten (also nicht Anzeigen gegen unbekannte Täter, vgl. Lemke NStZ 1995, 485), werden mit den unter Abs. 2 S. 1 Nr. 1–5 vorgeschriebenen Angaben gespeichert (abschl. Aufzählung in § 4 ZStVBetrV (→ § 494 Rn. 12)). Dazu gehören auch Einstellungen wegen Schuldunfähigkeit v. Kindern (krit. dazu Ostendorf FS Heinz, 2012, 464 (467)). Die im Entwurf eines StVÄG 1988 vorgesehene Beschränkung auf Verf. mit erheblicher o. überörtlicher Bedeutung ist als unpraktikabel gestrichen worden (zutr. Hoffmann ZRP 1990, 59; König/Seitz NStZ 1995, 5). Die geforderten Angaben zur näheren Bezeichnung der Straftaten, also insbes. die Tatzeiten, die Tatorte u. die Höhe etwaiger Schäden, sowie zu den Tatvorwürfen durch Angabe der ges. Vorschr. werden sich aus dem polizeilichen Schlussbericht (→ § 163 Rn. 48) entnehmen lassen (vgl. auch Habenicht NStZ 2009, 708 zu „MESTA"). 4

Mindestens **2 Mitteilungen** muss die StA der Registerbehörde machen, falls es zur Einstellung des Verf. kommt: Zunächst die Mitteilung über die Einleitung des Verf., sodann die über seine Erledigung durch Einstellung mit Angabe der ges. Vorschr. (zB nach § 153 oder nach § 170 Abs. 2). Kommt es zur Anklageerhebung, so ist diese (ebenso wie ein Strafbefehlsantrag o. Antrag nach § 417) u. die Art der Erledigung des gerichtlichen Verf. mitzuteilen. Auch die vorl. Einstellung des Verf. nach § 205 ist mitzuteilen. 5

D. Mitteilungspflicht. Die **StA ist verpflichtet,** der Registerbehörde die Daten mitzuteilen (Abs. 3 S. 1); dieselbe Verpflichtung trifft die Finanzbehörde, soweit diese das Ermittlungsverfahren führt (→ Einl. Rn. 12). Die Daten dürfen nur zum Zwecke der Speicherung u. Veränderung für Strafverfahren mitgeteilt werden (Abs. 2 S. 2). Fälle bes. Geheimhaltungsbedürftigkeit o. zu besorgender Gefährdung des Untersuchungszwecks sind in § 3 Abs. 2 und Abs. 3 ZStVBetrV (→ § 494 Rn. 12) geregelt. 6

E. Auskünfte. Auskünfte aus dem Verfahrensregister dürfen grds. nach Abs. 3 S. 2 nur an Strafverfolgungsbehörden u. nur für Zwecke des Strafverfahrens erteilt 7 werden. Daher erhalten Verwaltungsbehörden für Bußgeldverfahren nach dem OWiG keine Auskünfte (§ 46 Abs. 3 S. 4 OWiG). Wenn ein Gericht eine Auskunft möchte, muss es sich an die zuständige StA wenden u. diese um Einholung der Auskunft bitten, was wenig sachdienlich erscheint; eine Erstreckung des Auskunftsrechts auf Gerichte, wie v. BR gewollt (vgl. BR-Drs. 390/03, 15, 18), ist allerdings im Gesetzgebungsverfahren gescheitert (vgl. BT-Drs. 15/1492, 13). Durch G v. 25.6.2021 (BGBl. I 2099) wurde mit der Einfügung von S. 3 die Zulässigkeit der Auskunftserteilung an das BKA geregelt (BT-Drs. 19/27654, 117). § 5 Abs. 5 S. 1 Nr. 2 WaffG u. § 8a Abs. 5 S. 1 Nr. 2 SprengstoffG (Auskunftseinholung aus dem zentralen staatsanwaltschaftlichen Verfahrensregister durch die für die Erteilung einer waffen- o. sprengstoffrechtlichen Erlaubnis zuständige Behörde) sowie § 12 Abs. 2 Nr. 2 SÜG und § 31 Abs. 4a S. 1 GwG bleiben nach Maßgabe des Abs. 3 S. 4 unberührt.

8 **Abs. 4 erweitert** aber den Kreis der Auskunftsberechtigten über StAen, Polizeien, Finanzbehörden, Steuer- u. Zollfahndungsdienststellen hinaus auf die Verfassungsschutzbehörden des Bundes u. der Länder, das Amt für den Militärischen Abschirmdienst u. den Bundesnachrichtendienst. Diesen steht zur Erfüllung ihrer Aufgaben ohnehin ggü. der StA ua Behörden ein Auskunftserteilungsrecht zu (vgl. § 18 Abs. 3 BVerfSchG, § 10 Abs. 3 BNDG). Sie erhalten aber nur Auskunft über die Person u. die zuständige Stelle nebst Az. des Verf. (Abs. 2 Nr. 1 und 2; Kalf StV 1997, 611); wenn sie nähere Auskünfte wollen, müssen sie sich an die zuständige StA usw wenden. Die Dienste sind entspr. § 18 Abs. 5 S. 2 BVerfSchG verpflichtet, einen gesonderten Nachw. über das Auskunftsersuchen zu führen, aus dem der Zweck u. die Veranlassung der Anfrage hervorgehen. Dass der Beschuldigte v. der Weitergabe der Daten nicht informiert wird, bemängelt Kestel StV 1997, 267; dagegen zutr. Kalf StV 1997, 611.

9 **F. Unmöglichkeit, eine Mitteilung oder ein Ersuchen einem Datensatz zuzuordnen.** Bei der Unmöglichkeit, eine Mitteilung oder ein Ersuchen einem Datensatz zuzuordnen, erlaubt Abs. 4a der Registerbehörde, an die ersuchende Stelle zur Identitätsfeststellung Datensätze zu Personen mit ähnlichen Personalien zu übermitteln. Damit ist eine ausdr. ges. Grdl. für das nunmehr in § 8 ZStVBetrV (→ § 494 Rn. 12) vorgesehene Verf. (sog. Ähnlichenservice u. sog. Sonderanfragen) geschaffen worden. Mit dem sog. Ähnlichenservice können Anfragen nach Datensätzen mit geringfügig abw. Personendaten, mit sog. Sonderanfragen können Anfragen anhand eines unvollständigen Ausgangdatensatzes gestellt werden. In der Gesetzesbegründung (BT-Drs. 15/3331, 11) wird betont, dass der Einsatz dieser Möglichkeiten erforderlich u. wichtig ist, wenn der Name eines Beschuldigten nicht vollständig bekannt ist o. – etwa bei Ausländern – Unsicherheiten über die Namensschreibweise bestehen, so dass eine Zuordnung zwar nicht eindeutig möglich ist, jedoch die hohe Wahrscheinlichkeit einer Übereinstimmung besteht.

10 Eine **Löschungsverpflichtung** enthalten Abs. 4a S. 2 und 3, damit die Daten Unbeteiligter nicht über das Erforderliche hinaus genutzt werden. Daraus ergibt sich zugleich für die ersuchende Stelle die Verpflichtung, die Identitätsprüfung unverzüglich durchzuführen (BT-Drs. 15/3331, 11).

11 **G. Verantwortlichkeit (Abs. 5).** Die Verantwortung für die Zulässigkeit der Übermittlung trägt grds. der Empfänger. Das entspr. der Regelung in § 15 Abs. 2 S. 2, 3 BDSG. Sieht die Registerbehörde bes. Anlass, die Zulässigkeit der Übermittlung zu überprüfen, muss die anfragende Stelle ihr die erforderliche Auskunft erteilen.

12 **H. Zweckbindung (Abs. 6).** Ebenso wie die Auskünfte nach Abs. 3 S. 2 nur für Zwecke des Strafverfahrens erteilt werden dürfen, dürfen die übermittelten Daten grds. (Ausnahmen nach Abs. 3 S. 3, 4 und Abs. 4) auch nur im Strafverfahren verwertet werden, wobei es keine Rolle spielt, ob dies in dem Verf., zu dem die Übermittlung erfolgte, o. in einem anderen Strafverfahren geschieht (Schneider NJW 1996, 304). Zum Strafverfahren idS gehört die Strafverfolgung selbst, die Strafvollstreckung einschl. der Bewährungsaufsicht, das Gnadenwesen, die Interna-

tionale Rechtshilfe u. die Dienstaufsicht (KK-StPO/Gieg Rn. 11; KMR-StPO/Gemählich Rn. 16; Lemke NStZ 1995, 485; **aM** Löwe/Rosenberg/Hilger Rn. 42, 44 (hins. Gnadenwesen, Internationale Rechtshilfe); SK-StPO/Weßlau/Deiters Rn. 17 (hins. Gnadenwesen, Internationale Rechtshilfe, Dienstaufsicht)). Benötigt der Empfänger der Auskunft nähere Einzelheiten, so wendet er sich an die zuständige Stelle (Abs. 2 Nr. 2), die diese, soweit es um Zwecke des Strafverfahrens geht, erteilt (Uhlig FS Rebmann, 1989, 524). Die den in Abs. 4 erwähnten Nachrichtendiensten übermittelten Daten dürfen allerdings für deren Zwecke verwertet werden, da sonst die Übermittlung nutzlos wäre.

Automatisiertes Verfahren für Datenübermittlungen

493 (1) [1] **Die Übermittlung der Daten erfolgt im Wege eines automatisierten Abrufverfahrens oder eines automatisierten Anfrage- und Auskunftsverfahrens, im Falle einer Störung der Datenfernübertragung oder bei außergewöhnlicher Dringlichkeit telefonisch oder durch Telefax.** [2] **Die beteiligten Stellen haben zu gewährleisten, dass dem jeweiligen Stand der Technik entsprechende Maßnahmen zur Sicherstellung von Datenschutz und Datensicherheit getroffen werden, die insbesondere die Vertraulichkeit und Unversehrtheit der Daten gewährleisten; im Falle der Nutzung allgemein zugänglicher Netze sind dem jeweiligen Stand der Technik entsprechende Verschlüsselungsverfahren anzuwenden.**

(2) [1] **Bei der Festlegung zur Einrichtung eines automatisierten Abrufverfahrens gilt § 488 Absatz 2 Satz 1 und 2 entsprechend.** [2] **Die Registerbehörde übersendet die Festlegungen dem Bundesbeauftragten für den Datenschutz.**

(3) [1] **Die Verantwortung für die Zulässigkeit des einzelnen automatisierten Abrufs trägt der Empfänger.** [2] **Die Registerbehörde prüft die Zulässigkeit der Abrufe nur, wenn dazu Anlaß besteht.** [3] **Im Rahmen der Protokollierung nach § 76 des Bundesdatenschutzgesetzes hat sie ergänzend zu den dort in Absatz 2 aufgeführten Daten die abgerufenen Daten, die Kennung der abrufenden Stelle und das Aktenzeichen des Empfängers zu protokollieren.** [4] **Die Protokolldaten sind nach sechs Monaten zu löschen.**

(4) **Die Absätze 2 und 3 gelten für das automatisierte Anfrage- und Auskunftsverfahren entsprechend.**

A. Automatisierter Abruf und automatisierte Anfrage und Auskunft. Der automatisierte Abruf und die automatisierte Anfrage und Auskunft v. Daten für Zwecke eines Strafverfahrens ist nur den Strafverfolgungsbehörden (→ § 492 Rn. 7, 8) gestattet, also nicht den Gerichten (vgl. → § 492 Rn. 7). Die Polizeibehörden haben damit einen Online-Lesezugriff auf das staatsanwaltschaftliche Verfahrensregister. 1

B. Besondere Voraussetzungen. Besondere Voraussetzungen für das automatisierte Verf. enthält die Vorschr. im Gegensatz zur früheren Regelung zu Recht nicht mehr, weil im Regelfall der Zugriff immer schon im Wege der Datenfernübertragung erfolgte (krit. SK-StPO/Weßlau/Deiters Rn. 3). Nur ausnahmsweise – nämlich bei technischer Störung der Datenfernübertragung o. bei außergewöhnlicher Dringlichkeit (die Abfragezeit beträgt derzeit idR noch etwa 2–3 Stunden) – wird die Datenübermittlung durch Telefon o. Telefax gestattet (I 2). Für diese Fälle werden aber in I 3 bes. Schutzmaßnahmen verlangt; die Vorschr. entspr. der verwandten Regelung in § 488 I (zur Verschlüsselung vgl. Lemke NStZ 1995, 485; 1995, 486)). Bei der telefonischen o. Telefaxauskunft wird daher zuvor eine Rückfrage bei der auskunftsbegehrenden Stelle erforderlich sein, um deren Abfrageberechtigung sicher festzustellen (BT-Drs. 15/3331, 11). Auch beim automatisierten Abruf-, Anfrage- u. Auskunftsverfahren dürfen nur diejenigen Daten zur Vfg. gestellt werden, hins. derer der ersuchenden Stelle nach Maßgabe des § 492 2 und der dort in Bezug genommenen Bestimmungen Auskunft erteilt werden darf (BT-Drs. 15/3331, 11). Die Verwendungsregelung des § 492 VI gilt daher auch hier unmittelbar.

3 **C. Festlegungen (II).** Nach § 488 II 1 und 2, der entspr. Anwendung findet, ist zu gewährleisten, dass die Zulässigkeit des Abrufverfahrens kontrolliert werden kann. Dazu sind schriftlich festzulegen: Anlass u. Zweck des Abrufverfahrens, Datenempfänger, Art der zu übermittelnden Daten u. die erforderlichen technischen u. organisatorischen Maßnahmen, deren Aufwand nach § 64 BDSG in einem angemessenen Verhältnis zu dem angestrebten Schutzzweck stehen müssen. Diese Festlegungen sind v. der Registerbehörde dem BfDI (zu dessen Rechtsstellung u. Aufgaben vgl. §§ 8 ff. BDSG) zu übersenden.

4 **D. Verantwortlichkeit (III).** Sie ist für das automatisierte Abrufverfahren genauso wie bei der sonstigen Datenübermittlung nach § 492 V geregelt. Die Registerbehörde hat allerdings nach III 3 eine umfassende Protokollierung zu gewährleisten; die Protokolldaten sind nach 6 Monaten zu löschen (III 4). Ihre Zweckbindung ergibt sich wie bei § 488 aus § 76 III BDSG (→ § 488 Rn. 3). Für **vor dem 6.5.2016 eingerichtete automatisierte Abrufverfahren** gilt nach § 17 **EGStPO** (→ EGStPO § 17 Rn. 1, 2) für eine Übergangszeit § 488 III aF, der inhaltlich in III aF entspr., u. dem darin bestimmten Stichprobenverfahren fort (erg. → § 488 Rn. 3).

5 **E. Automatisiertes Anfrage- u. Auskunfsverfahren. IV** stellt klar, dass II und III nicht nur für ein automatisiertes Abrufverfahren, sondern auch für das automatisierte Anfrage- u. Auskunftsverfahren Anwendung finden.

Berichtigung, Löschung und Einschränkung der Verarbeitung von Daten; Verordnungsermächtigung

494 (1) **In den Fällen des § 58 Absatz 1 und des § 75 Absatz 1 des Bundesdatenschutzgesetzes teilt der Verantwortliche insbesondere der Registerbehörde die Unrichtigkeit unverzüglich mit; der Verantwortliche trägt die Verantwortung für die Richtigkeit und Aktualität der Daten.**

(2) [1] **Die Daten sind zu löschen, sobald sich aus dem Bundeszentralregister ergibt, dass in dem Strafverfahren, aus dem die Daten übermittelt worden sind, eine nach § 20 des Bundeszentralregistergesetzes mitteilungspflichtige gerichtliche Entscheidung oder Verfügung der Strafverfolgungsbehörde ergangen ist.** [2] **Wird der Beschuldigte rechtskräftig freigesprochen, die Eröffnung des Hauptverfahrens gegen ihn unanfechtbar abgelehnt oder das Verfahren nicht nur vorläufig eingestellt, so sind die Daten zwei Jahre nach der Erledigung des Verfahrens zu löschen, es sei denn, vor Eintritt der Löschungsfrist wird ein weiteres Verfahren zur Eintragung in das Verfahrensregister mitgeteilt.** [3] **In diesem Fall bleiben die Daten gespeichert, bis für alle Eintragungen die Löschungsvoraussetzungen vorliegen.** [4] **Die Staatsanwaltschaft teilt der Registerbehörde unverzüglich den Eintritt der Löschungsvoraussetzungen oder den Beginn der Löschungsfrist nach Satz 2 mit.**

(3) **§ 489 Absatz 7 gilt entsprechend.**

(4) **Das Bundesministerium der Justiz und für Verbraucherschutz bestimmt durch Rechtsverordnung mit Zustimmung des Bundesrates die näheren Einzelheiten, insbesondere**

1. die Art der zu verarbeitenden Daten,
2. die Anlieferung der zu verarbeitenden Daten,
3. die Voraussetzungen, unter denen in dem Dateisystem verarbeitete Daten an welche Empfänger und in welchem Verfahren übermittelt werden,

4. die Einrichtung eines automatisierten Abrufverfahrens,
5. die nach den §§ 64, 71 und 72 des Bundesdatenschutzgesetzes erforderlichen technischen und organisatorischen Maßnahmen.

A. Berichtigung (Abs. 1). Die Berichtigung unrichtiger Daten **(Abs. 1)** erfolgt auf Mitteilung der zuständigen Stelle durch die Registerbehörde. Weil die Registerbehörde selbst keine Kenntnis über die Richtigkeit der Daten hat, trägt die mitteilende StA die Verantwortung für Richtigkeit u. Aktualität der Daten. 1

B. Löschung (Abs. 2). Die Löschung der gespeicherten Daten **(Abs. 2)** hat in folgenden Fällen zu geschehen: 2

I. Unzulässigkeit. War die Speicherung unzulässig, weil die Daten nach § 492 Abs. 2 S. 2 nicht hätten gespeichert werden dürfen o. weil über § 492 Abs. 2 S. 1 hinausgehende Angaben gespeichert wurden, muss – was selbstverständlich ist – die Löschung dieser Daten nach **§ 75 Abs. 2 BDSG** erfolgen (BT-Drs. 19/4671, 71). 3

II. BZR. Ist dem BZR durch ein Gericht o. eine Verwaltungsbehörde gem. § 20 **BZRG** Mitteilung v. einer eintragungspflichtigen Entsch., Feststellung o. Tatsache gemacht worden, wird die entspr. Eintragung im staatsanwaltschaftlichen zentralen Verfahrensregister gelöscht, um Doppelspeicherungen zu vermeiden. Sobald die Auskunft aus dem BZR gewonnen werden kann, bedarf es hier keiner zusätzlichen Speicherung mehr (Lemke NStZ 1995, 485). 4

III. Löschungsfrist. Bei **rkr. Freispruch,** unanfechtbarer **Ablehnung der Eröffnung** des Hauptverfahrens (§ 204) o. endg. **Verfahrenseinstellung** erfolgt keine sofortige Löschung, sondern erst nach einer Frist v. 2 Jahren nach Erledigung des Verf., falls nicht vor Eintritt der Löschungsfrist ein weiteres Verf. zur Eintragung mitgeteilt wird (krit. dazu Staechelin StV 1995, 354); letzteres entspr. § 47 Abs. 3 **BZRG.** 5

1. Endgültige Verfahrenseinstellung liegt bei unanfechtbarem Beschl. nach §§ 206a, 206b vor, ferner bei erfolgter Einstellung nach § 153a Abs. 1 S. 5 und Abs. 2 S. 2 iVm Abs. 1 S. 5, nicht aber bei Einstellung nach §§ 154f, 205. Auch in den übrigen Fällen der Einstellung nach §§ 153 ff. sowie bei Einstellung nach § 170 Abs. 2 sollte die Löschung nach 2 Jahren erfolgen. Zwar besteht in diesen Fällen die rechtliche Möglichkeit einer Fortsetzung des Verf. (vgl. zB → § 153 Rn. 37, → § 154 Rn. 21, → § 170 Rn. 9). Dies ist hier aber nicht einer vorl. Einstellung gleichzusetzen (so auch v. Galen FS 25 Jahre AG StrafR DAV, 2009, 505), sondern eher der Wiederaufnahme nach einem rkr. Freispruch (§ 362) o. nach unanfechtbarer Ablehnung der Eröffnung des Hauptverfahrens (§ 211); diese Möglichkeiten hindern jedoch eine Löschung nicht. Im Übrigen erscheint es nicht hinnehmbar, wenn diese Daten, insbes. bei Einstellung nach § 170 Abs. 2 wegen erwiesener Unschuld o. wegen eines endg. Verfahrenshindernisses, für immer gespeichert bleiben (auf § 489 Abs. 3 S. 3 wird nicht verwiesen), während sonst alle Daten spätestens nach 2 Jahren (bei Fehlen weiterer Eintragungen) gelöscht werden (zw. auch Lemke NStZ 1995, 486). Kestel StV 1997, 268 sieht in der Speicherung überhaupt einen Verstoß gegen die Unschuldsvermutung, dagegen SK-StPO/Weßlau/Deiters Rn. 10, 18; Kalf StV 1997, 612. 6

2. Die **Löschungsfrist beginnt** mit der Verfahrenserledigung, dh sobald Rechtskraft des Freispruchs eingetreten o. die Ablehnung der Eröffnung o. die Einstellung des Verf. unanfechtbar geworden sind (v. Galen FS 25 Jahre AG StrafR DAV, 2009, 507). Dieses Datum muss die StA der Registerbehörde unverzüglich mitteilen (Abs. 2 S. 4). 7

3. Unbedenklich ist die Einhaltung der Löschungsfrist bei Einstellungen nach § 153a Abs. 1 S. 4 sowie bei den sonstigen Fällen, in denen die Einstellung aus Opportunitätsgründen erfolgt (§§ 153 ff.); denn das Register soll gerade auch dazu dienen, ungerechtfertigte Einstellungen bei Mehrfachtätern zu verhindern (erg. → § 492 Rn. 1). Hinnehmbar ist dies auch noch bei Einstellungen nach § 170 Abs. 2, da hier oftmals die Möglichkeit der Fortsetzung des Verf. bei neuen Erkenntnissen besteht (anders SK-StPO/Weßlau/Deiters Rn. 14: Löschung nach 8

Ablauf der Frist des § 172 Abs. 2 S. 1; ähnlich v. Galen 508: Antrag auf vorzeitige Löschung, durchsetzbar nach § 23 **EGGVG**).

9 **Bedenklich** erscheint aber das Absehen v. der sofortigen Löschung bei Freispruch, Ablehnung der Eröffnung u. Verfahrenseinstellung nach §§ 206a, 206b. Allein die Möglichkeit einer Wiederaufnahme des Verf. (→ Rn. 6) rechtfertigt die langfristige Speicherung nicht. Dass ggü. der Unschuldsvermutung für den Betroffenen insofern ein „unverzichtbares Informationsbedürfnis der StA" bestehen soll (BT-Drs. 12/6853, 39), ist nicht überzeugend. Aus rechtsstaatlichen Gründen wäre eine gesetzliche Regelung vorzugswürdig, die in diesen Fällen ebenso wie für die Fälle des Abs. 2 S. 1 keine Löschungsfrist vorsähe (ebenso Hellmann in AK-StPO § 476 Rn. 7; Wolter ZStW 107 (1995), 802; eing. u. abl., weil die Regelung in Abs. 2 S. 2–4 gegen das Recht auf informationelle Selbstbestimmung ua Grundsätze verstoße, SK-StPO/Weßlau/Deiters Rn. 8 f.; im Wesentlichen der Regelung aber zust. Löwe/Rosenberg/Hilger Rn. 28 ff.; vgl. auch KMR-StPO/Gemählich Rn. 7); **unbedenklich** ist die Frist dann, wenn trotz Freispruchs die Verdachtsmomente nicht ausgeräumt worden sind (so BVerfG NJW 2002, 3231 zu § 39 Abs. 3 S. 1 NdsGefAG; dazu Hohnstädter NJW 2003, 490 u. eing. Stuckenberg FS Hilger, 2003, 42). Als geltendes Recht ist die Vorschr. aber anzuwenden (vgl. a. KK-StPO/Gieg Rn. 6; SSW StPO/Ritscher/Klinge Rn. 6 f.).

10 **C. Einschränkung der Verarbeitung.** Eine Einschränkung der Verarbeitung der Daten anstelle ihrer Löschung sowie, wie sie in Abs. 3 aF durch Verweisung auf § 489 Abs. 8 aF geregelt war, ist mangels Verweises auf § 489 Abs. 6 (→ § 489 Rn. 6) nicht möglich. Eine **Nachberichtspflicht** ergibt sich aus § 75 Abs. 3 S. 1 iVm 58 Abs. 5 BDSG (erg. → § 489 Rn. 7).

11 **D. Errichtungsanordnung.** Eine Errichtungsanordnung war entspr. der ursprünglichen ges. Regelung in Abs. 4 am 7.8.1995 durch das BMJ erlassen worden (BAnz. 1995, 9761); der Registerbetrieb ist 1999 aufgenommen worden (erg. → § 492 Rn. 1). Infolge des Urt. des BVerfG v. 2.3.1999 (BVerfGE 100, 249 = NJW 1999, 3621 Ls.) reichte die Errichtungsanordnung des BMJ jedoch nicht aus; deswegen ist nunmehr nach Abs. 4 am 23.9.2005 (BGBl. I 2885) die erforderliche RechtsVO erlassen worden; sie ist durch Art. 4 Abs. 7 G v. 17.12.2006 (BGBl. I 3171 (3173)) u. Art. 3 Abs. 3 G v. 17.7.2009 (BGBl. I 2062 (2088)) geänd. worden u. hat folgenden Wortlaut:

12 **Verordnung über den Betrieb des Zentralen Staatsanwaltschaftlichen Verfahrensregisters (ZStVBetrV)**

Vom 23. September 2005 (BGBl. I 2885; FNA 312-2-4)
Zuletzt geänd durch G v. 11.1.2026 (BGBl. 2026 I Nr. 6)

Auf Grund des § 494 Abs. 4 der Strafprozessordnung in der Fassung der Bekanntmachung vom 7. April 1987 (BGBl. I S. 1074, 1319), der zuletzt durch Artikel 2 Nr. 6 des Gesetzes vom 10. September 2004 (BGBl. I S. 2318) geändert worden ist, verordnet das Bundesministerium der Justiz:

§ 1 Register

(1) Das Register nach den §§ 492 bis 495 der Strafprozessordnung wird bei dem Bundesamt für Justiz (Registerbehörde) unter der Bezeichnung „Zentrales Staatsanwaltschaftliches Verfahrensregister" geführt.

(2) Eine Erhebung oder Verwendung personenbezogener Daten im Auftrag durch andere Stellen ist unzulässig.

§ 2 Inhalt und Zweck des Registers

In dem Register werden die in § 4 bezeichneten Daten zu in der Bundesrepublik Deutschland geführten Strafverfahren einschließlich steuerstrafrechtlicher Verfahren sowie Verfahren der Behörden der Zollverwaltung nach § 14a Absatz 1 und § 14b Absatz 1 des Schwarzarbeitsbekämpfungsgesetzes zu dem Zweck gespeichert, die Durchführung von Strafverfahren effektiver zu gestalten, insbesondere die Ermittlung überörtlich handelnder Täter und Mehrfachtäter zu erleichtern, das frühzeitige Erkennen von Tat- und Täterverbindungen zu ermöglichen und gebotene Verfahrenskonzentrationen zu fördern.

§ 3 Übermittlung von Daten an das Register

(1) [1] Die Staatsanwaltschaften, die diesen in steuerstrafrechtlichen Angelegenheiten nach § 386 Abs. 2 und § 399 der Abgabenordnung gleichgestellten Finanzbehörden und die Behörden der Zollverwaltung nach § 14a Absatz 1 und § 14b Absatz 1 des Schwarzarbeitsbekämpfungsgesetzes (mitteilende Stellen) übermitteln, sobald ein Strafverfahren bei ihnen anhängig wird, die in § 4 bezeichneten Daten in einer den Regelungen nach § 10 Abs. 1 entsprechenden standardisierten Form im Wege der Datenfernübertragung an die Registerbehörde. [2] Unrichtigkeiten und Änderungen der Daten sind der Registerbehörde unverzüglich mitzuteilen; dies gilt auch für Verfahrensabgaben, -übernahmen, -verbindungen und -abtrennungen.

(2) Die Übermittlung kann mit der Maßgabe erfolgen, dass wegen besonderer Geheimhaltungsbedürftigkeit des Strafverfahrens Auskünfte über die übermittelten Daten an eine andere als die mitteilende Stelle ganz oder teilweise zu unterbleiben haben.

(3) [1] Die Übermittlung kann vorübergehend zurückgestellt werden, wenn eine Gefährdung des Untersuchungszwecks zu besorgen ist und diese Gefährdung auf andere Weise, insbesondere durch eine Maßgabe nach Absatz 2, nicht abgewendet werden kann. [2] Die Gründe für eine Zurückstellung der Übermittlung sind zu dokumentieren.

§ 4 Zu speichernde Daten

(1) Es werden die folgenden Identifizierungsdaten der beschuldigten Person gespeichert:

1. der Geburtsname,
2. der Familienname,
3. die Vornamen,
4. das Geburtsdatum,
5. der Geburtsort und der Geburtsstaat,
6. das Geschlecht,
7. die Staatsangehörigkeiten,
8. die letzte bekannte Anschrift und, sofern sich die beschuldigte Person in Haft befindet oder eine sonstige freiheitsentziehende Maßnahme gegen sie vollzogen wird, die Anschrift der Justizvollzugsanstalt mit Gefangenenbuchnummer oder die Anschrift der Anstalt, in der die sonstige freiheitsentziehende Maßnahme vollzogen wird,
9. besondere körperliche Merkmale und Kennzeichen (zum Beispiel Muttermale, Narben, Tätowierungen), soweit zur Identifizierung erforderlich,
10. etwaige abweichende Angaben zu den Daten nach den Nummern 1 bis 7 (zum Beispiel frühere, Alias- oder sonst vom Familiennamen abweichende Namen).

(2) [1] Es werden die folgenden Daten zur Straftat gespeichert:

1. die Zeiten oder der Zeitraum der Tat,
2. die Orte der Tat,
3. die verletzten Gesetze,
4. die nähere Bezeichnung der Straftat (zum Beispiel Handtaschenraub, Straßenraub),
5. die Höhe etwaiger durch die Tat verursachter Schäden in Euro,
6. die Angabe, dass es Mitbeschuldigte gibt.

[2] Die Angaben nach Satz 1 Nr. 3 und 4 können unter Verwendung eines Straftatenschlüssels erfolgen.

(3) Es werden die folgenden Vorgangsdaten gespeichert:

1. die mitteilende Stelle,
2. die sachbearbeitende Stelle der Polizei, der Zoll- und der Steuerfahndung,
3. die Aktenzeichen und Tagebuchnummern der in den Nummern 1 und 2 bezeichneten Stellen.

(4) Es werden die folgenden Daten zum Verfahrensstand gespeichert:

1. das Datum der Einleitung des Ermittlungsverfahrens durch die mitteilende Stelle,
2. das Datum der Anklage und das Gericht, vor dem die Hauptverhandlung stattfinden soll,
3. das Datum des Antrags auf Durchführung eines besonderen Verfahrens nach dem Sechsten Buch der Strafprozessordnung und die Art des Verfahrens,
4. das Datum des Antrags auf Entscheidung im vereinfachten Jugendverfahren nach § 76 des Jugendgerichtsgesetzes,
5. das Datum der Aussetzung oder vorläufigen oder endgültigen Einstellung des Verfahrens und die angewandte Vorschrift,
6. das Datum des Freispruchs oder der Verurteilung,
7. das Datum und die Art einer sonstigen staatsanwaltschaftlichen oder gerichtlichen Verfahrenserledigung.

(5) Andere als die in den Absätzen 1 bis 4 genannten Daten werden in dem Register nicht gespeichert.

§ 5 Berichtigung, Löschung und Einschränkung der Verarbeitung

Die Berichtigung, Löschung und Einschränkung der Verarbeitung der gespeicherten Daten bestimmen sich nach § 494 Absatz 1 bis 3 der Strafprozessordnung.

§ 6 Auskunft an Behörden

(1) Auf Ersuchen erhalten Auskunft über die in § 4 genannten Daten

1. die mitteilenden Stellen im Sinne des § 3 Absatz 1 Satz 1; bei Mitteilung eines neuen Verfahrens erhalten sie auch ohne Ersuchen Auskunft über die zu der beschuldigten Person bereits gespeicherten Daten,
2. die Polizei- und Sonderpolizeibehörden, soweit sie im Einzelfall strafverfolgend tätig sind,

2a. das Bundeskriminalamt,
   a) nach Maßgabe des § 492 Absatz 3 Satz 3 der Strafprozessordnung und des § 39 des Bundeskriminalamtgesetzes, soweit dies im Einzelfall zur Erfüllung seiner Aufgaben nach § 5 Absatz 1 des Bundeskriminalamtgesetzes erforderlich ist, oder
   b) nach Maßgabe des § 492 Absatz 3 Satz 3 der Strafprozessordnung und des § 9 Absatz 2 und 5 des Bundeskriminalamtgesetzes, soweit dies im Einzelfall zur Erfüllung seiner Aufgaben nach § 6 Absatz 1 oder § 7 Absatz 1 oder Absatz 2 des Bundeskriminalamtgesetzes erforderlich ist,

3. die Finanzbehörden in steuerstrafrechtlichen Ermittlungsverfahren der Staatsanwaltschaft (§ 402 der Abgabenordnung),
4. die Steuer- und Zollfahndungsdienststellen, soweit sie im Einzelfall strafverfolgend tätig sind,
5. die Waffenbehörden nach Maßgabe des § 492 Absatz 3 Satz 4 der Strafprozessordnung und des § 5 Absatz 5 Satz 1 Nummer 2 und Satz 2 des Waffengesetzes,

5a. die Sprengstoffbehörden nach Maßgabe des § 492 Absatz 3 Satz 4 der Strafprozessordnung und des § 8a Absatz 5 Satz 1 Nummer 2 und Satz 3 des Sprengstoffgesetzes,

5b. die an Sicherheitsüberprüfungen mitwirkenden Behörden nach Maßgabe des § 492 Absatz 3 Satz 4 der Strafprozessordnung und des § 12 Absatz 1 Nummer 2 des Sicherheitsüberprüfungsgesetzes oder einer entsprechenden landesrechtlichen Vorschrift,

5c. die Zentralstelle für Finanztransaktionsuntersuchungen nach Maßgabe des § 492 Absatz 3 Satz 4 der Strafprozessordnung und des § 31 Absatz 4a des Geldwäschegesetzes,

5d. die Luftsicherheitsbehörden nach Maßgabe des § 492 Absatz 3 Satz 4 der Strafprozeßordnung und des § 7 Absatz 3 Satz 1 Nummer 3 des Luftsicherheitsgesetzes,

6. das nationale Mitglied von Eurojust nach Maßgabe des § 5 Absatz 1 Nummer 2 des Eurojust-Gesetzes.

(2) Nach Maßgabe des § 492 Absatz 4 der Strafprozessordnung erhalten auf Ersuchen Auskunft über die in § 4 Absatz 1 bis 3 genannten Daten auch

1. die Verfassungsschutzbehörden des Bundes und der Länder,
2. der Militärische Abschirmdienst,
3. der Bundesnachrichtendienst.

(3) [1] Auskunft wird erteilt über Eintragungen zu Personen mit gleichen und zu Personen mit ähnlichen Identifizierungsdaten. [2] Auf gesondertes Ersuchen wird Auskunft auch über Eintragungen zu Mitbeschuldigten erteilt.

(4) Auskunft wird nicht erteilt, soweit eine Maßgabe nach § 3 Abs. 2 entgegensteht.

§ 7 Automatisiertes Anfrage- und Auskunftsverfahren; automatisiertes Abrufverfahren

(1) [1] Auskunftsersuchen und Auskünfte werden im Wege eines automatisierten Anfrage- und Auskunftsverfahrens übermittelt. [2] Die Registerbehörde kann Maßnahmen zur Einführung eines automatisierten Abrufverfahrens treffen.

(2) [1] Bei Störung der technischen Einrichtungen für automatisierte Übermittlungen und bei außergewöhnlicher Dringlichkeit können Auskunftsersuchen und Auskünfte auch mittels Telefon oder Telefax übermittelt werden. [2] Hierbei hat die Registerbehörde sicherzustellen, dass die Mitteilung der Auskunft an die ersuchende Stelle erfolgt.

§ 8 Auskunft bei Anfragen mit ähnlichen oder unvollständigen Angaben

(1) [1] Auf Ersuchen mit nicht eindeutig zuordenbaren oder unvollständigen Identifizierungsdatensätzen übermittelt die Registerbehörde an die ersuchende Stelle für Zwecke der

Identitätsprüfung die in § 4 Abs. 1, 2 Satz 1 Nr. 1 und 2 sowie Abs. 3 bezeichneten Daten von bis zu 20 unter ähnlichen Identifizierungsdaten gespeicherten Personen. 2 Satz 1 gilt entsprechend, wenn Anfragedatensätze zwar eindeutig zugeordnet werden können, aber auch Eintragungen unter ähnlichen Identifizierungsdaten vorhanden sind. 3 Die Registerbehörde teilt ferner mit, wie viele weitere Datensätze zu Personen mit ähnlichen Identifizierungsdaten vorhanden sind.

(2) Die ersuchende Stelle hat die Identitätsprüfung unverzüglich vorzunehmen und Datensätze, die nicht zu einer Identifizierung führen, unverzüglich zu löschen.

(3) 1 Ist eine Identifizierung anhand der mitgeteilten Datensätze nicht möglich, kann die ersuchende Stelle der Registerbehörde ein Folgeersuchen übermitteln. 2 Für die aufgrund des Folgeersuchens von der Registerbehörde zu übermittelnden Daten gelten die Absätze 1 und 2 entsprechend mit der Maßgabe, dass die Daten von bis zu 50 unter ähnlichen Identifizierungsdaten gespeicherten Personen übermittelt werden.

(4) 1 Ist eine Identifizierung auch anhand der nach Absatz 3 mitgeteilten Datensätze nicht möglich, kann die ersuchende Stelle der Registerbehörde weitere Folgeersuchen übermitteln, wenn dies für Zwecke eines Strafverfahrens erforderlich ist, das eine Straftat von erheblicher Bedeutung zum Gegenstand hat. 2 Für die weiteren Folgeersuchen gelten die Absätze 1 und 2 entsprechend mit der Maßgabe, dass von der Registerbehörde jeweils die Daten von bis zu 50 weiteren unter ähnlichen Identifizierungsdaten gespeicherten Personen übermittelt werden.

§ 9 Auskunft an betroffene Personen

(1) Für den Auskunftsanspruch betroffener Personen gilt § 57 des Bundesdatenschutzgesetzes.

(2) Über die Erteilung der Auskunft entscheidet die Registerbehörde im Einvernehmen mit der Stelle, welche die in die Auskunft aufzunehmenden personenbezogenen Daten mitgeteilt hat.

(3) 1 Wird gemäß § 57 Absatz 4 des Bundesdatenschutzgesetzes von der Auskunft abgesehen, so wird dem Antragsteller mitgeteilt, dass keine Daten verarbeitet werden, über die Auskunft erteilt werden kann. 2 Der Antragsteller ist unabhängig davon, ob Verfahren gegen ihn geführt werden, auf diese Regelung und auf die Rechtsschutzmöglichkeit des § 57 Absatz 7 Satz 2 des Bundesdatenschutzgesetzes hinzuweisen.

§ 10 Organisatorische und technische Leitlinien und Maßnahmen

(1) 1 Die Registerbehörde regelt die organisatorischen und technischen Einzelheiten im Einvernehmen mit den obersten Justiz-, Innen- und Finanzbehörden des Bundes und der Länder sowie unter Beteiligung des Bundesbeauftragten für den Datenschutz und des Bundesamtes für Sicherheit in der Informationstechnik. 2 Insbesondere sind die Kommunikation zwischen den mitteilenden und auskunftsberechtigten Stellen und der Registerbehörde, der Aufbau der Datensätze und der Datenstruktur, die Kriterien zur Feststellung gleicher Identifizierungsdaten und die Beantwortung von Anfragen mit ähnlichen oder unvollständigen Angaben zu regeln.

(2) 1 Die Registerbehörde trifft die erforderlichen und angemessenen Maßnahmen, um die Verfügbarkeit, Integrität, Authentizität und Vertraulichkeit der im Register gespeicherten Daten entsprechend dem jeweiligen Stand der Technik sicherzustellen. 2 Dabei ist die besondere Schutzbedürftigkeit der im Register gespeicherten Daten zu berücksichtigen. 3 Die Organisation innerhalb der Registerbehörde ist so zu gestalten, dass sie den Grundsätzen der Aufgabentrennung und der Beschränkung des Zugangs zu personenbezogenen Daten auf das zur Aufgabenerfüllung Erforderliche entspricht.

§ 11 Inkrafttreten, Außerkrafttreten

1 Diese Verordnung tritt am ersten Tag des neunten auf die Verkündung folgenden Kalendermonats in Kraft. 2 Gleichzeitig tritt die Allgemeine Verwaltungsvorschrift über eine Errichtungsanordnung für das länderübergreifende staatsanwaltschaftliche Verfahrensregister vom 7. August 1995 (BAnz. S. 9761) außer Kraft.

Auskunft an betroffene Personen

495 **1 Der betroffenen Person ist entsprechend § 57 des Bundesdatenschutzgesetzes Auskunft aus dem Verfahrensregister zu erteilen; § 491 Absatz 2 gilt entsprechend. 2 Über die Erteilung einer Auskunft entscheidet die Registerbehörde im Einvernehmen mit der Staatsanwaltschaft, die die personenbezogenen Daten zur Eintragung in das Verfahrensregister mitgeteilt hat. 3 Soweit eine Auskunft aus dem Verfahrens-**

register an eine öffentliche Stelle erteilt wurde und die betroffene Person von dieser Stelle Auskunft über die so erhobenen Daten begehrt, entscheidet hierüber diese Stelle im Einvernehmen mit der Staatsanwaltschaft, die die personenbezogenen Daten zur Eintragung in das Verfahrensregister mitgeteilt hat.

1 **A. Für alle Betroffenen.** Für alle Betroffenen gilt die Auskunftsregelung. Weil auch gerade bei Auskunftsersuchen Betroffener an das Verfahrensregister die Gefahr einer Ausforschung v. Bedeutung ist, gelten die gleichen Beschränkungen wie in § 491 (vgl. → § 491 Rn. 2, 3).

2 Die **Registerbehörde** (→ § 492 Rn. 3) darf nach S. 2 nur im Einvernehmen mit der StA, die ihr die personenbezogenen Daten übermittelt hat, Auskunft erteilen; der Registerbehörde fehlt es idR an hinreichender Kenntnis v. Tatsachen für die insofern zu treffende Entsch. (Uhlig FS Rebmann, 1989, 527).

3 **§ 57 BDSG,** auf den hier verwiesen wird, enthält ins Einzelne gehende Regelungen über den Inhalt der auf Antrag des Betroffenen zu erteilenden Auskunft u. über die Möglichkeit der Ablehnung der Auskunftserteilung (hierzu → § 491 Rn. 3, 4).

4 **B. Auskunftserteilung durch andere Stellen (S. 3).** Hiermit ist eine zuvor in § 5 Abs. 5 S. 1 Nr. 2, S. 3 WaffG enthaltene Regelung in die StPO übernommen worden. Die öffentl. Stellen, denen eine Auskunft aus dem Verfahrensregister erteilt worden ist, dürfen die personenbezogenen Daten nur im Einvernehmen mit der StA, die die Daten dem Verfahrensregister mitgeteilt hatte, weitergeben. Damit gilt diese Regelung nicht mehr nur für die Waffenbehörden, sondern für alle Stellen, die Auskünfte aus dem Verfahrensregister über v. ihnen nicht selbst dort eingestellte Daten erhalten haben.

Vierter Abschnitt. Schutz personenbezogener Daten in einer elektronischen Akte; Verwendung personenbezogener Daten aus elektronischen Akten

Verwendung personenbezogener Daten in einer elektronischen Akte

496 (1) **Das Verarbeiten und Nutzen personenbezogener Daten in einer elektronischen Akte oder in elektronischen Aktenkopien ist zulässig, soweit dies für die Zwecke des Strafverfahrens erforderlich ist.**

(2) **Dabei sind**

1. **die organisatorischen und technischen Maßnahmen zu treffen, die erforderlich sind, um den besonderen Anforderungen des Datenschutzes und der Datensicherheit gerecht zu werden, und**
2. **die Grundsätze einer ordnungsgemäßen Datenverarbeitung einzuhalten, insbesondere die Daten ständig verfügbar zu halten und Vorkehrungen gegen einen Datenverlust zu treffen.**

(3) **Elektronische Akten und elektronische Aktenkopien sind keine Dateisysteme im Sinne des Zweiten Abschnitts.**

1 **A. Verarbeiten und Nutzen personenbezogener Daten (Abs. 1).** Die Vorschr. regelt die Zulässigkeit des Verarbeitens u. Nutzens personenbezogener Daten in einer elektronischen Akte o. in einer elektronischen Aktenkopie. Verarbeiten ist das Speichern, Verändern, Übermitteln, Sperren u. Löschen; Nutzen ist jede Verwendung personenbezogener Daten, die nicht Verarbeitung ist (BT-Drs. 18/9614, 66). Die **Erhebung** personenbezogener Daten fällt nicht darunter; insofern gibt es zahlreiche allg. u. bes. Ermächtigungsgrundlagen in der StPO, die v. § 496 nicht berührt werden (BT-Drs. 18/9416, 66). Verarbeiten iSv Abs. 1 ist damit nicht identisch mit Verarbeitung iSd § 46 Nr. 2 BDSG.

Für die **EUStA** finden §§ 496–499 gem. § 4 Abs. 3 EUStAG nur Anwendung, wenn die Delegierten EUStAe elektronische Akten in Datenverarbeitungsanlagen einer Bundes- o. Landesbehörde führen. Für die Aktenführung gilt nach Art. 45 Abs. 2 EUStA-VO gilt das Recht des betr. Mitgliedsstaats, für die deutschen Delegierten EUStAe mithin §§ 32 ff. Die EUStA-VO geht indes davon aus, dass die Verfahrensakten jedenfalls auch als Papierakten geführt werden. Nach Art. 45 Abs. 3 EUStA-VO sind die Delegierten EUStAe indes verpflichtet, die Verfahrensakten im EUStA-Fallbearbeitungssystem zu spiegeln (BT-Drs. 19/17963, 38 f.). Deutsche Delegierte StAe, die die Verfahrensakten nach den für ihren jeweiligen Sitz geltenden Regelungen bereits elektronisch führen, müssen mithin eine „elektronische Aktenkopie" im EUStA-Fallbearbeitungssystem speichern. Wegen des Vorrangs der EUStA-VO können §§ 496–499 in diesen Fällen keine Anwendung finden (BT-Drs. 19/17963, 53). 1a

Das Verarbeiten o. Nutzen der Daten muss für „die Zwecke des Strafverfahrens" **erforderlich** sein. Gemeint ist das **konkrete Strafverfahren,** für das die betr. Akte angelegt worden ist; für allg., verfahrensübergreifende Zwecke gilt die Verwendungs- u. Nutzungserlaubnis nicht (BT-Drs. 18/9416, 66). Für die **Zweckänderung** v. Daten aus elektronischen Akten gilt § 498. 2

Anders als die elektronische Originalakte ist eine elektronische Zweitakte unverzüglich zu **löschen,** sobald sie nicht mehr erforderlich ist (§ 499). Die Löschung der elektronischen Originalakte richtet sich nach dem Justizaktenaufbewahrungsgesetz (vgl. § 1 JaktAG). 3

B. Datenschutz und Datensicherheit (Abs. 2). Bei der Verarbeitung u. Nutzung personenbezogener Daten in elektronischen Akten sind die erforderlichen Maßnahmen zu treffen, um den bes. Anforderungen des Datenschutzes u. der Datensicherheit gerecht zu werden (Nr. 1) u. die Grundsätze einer ordnungsgemäßen Datenverwaltung einzuhalten (Nr. 2). 4

Erforderlich sind Maßnahmen dann, wenn ihr Aufwand in einem angemessenen Verhältnis zu dem angestrebten Schutzzweck steht. Bei den hier in Rede stehenden Akten in Strafsachen wird v. einem hohen Schutzbedarf auszugehen sein, da die Daten häufig ohne Einwilligung des Betroffenen erhoben werden u. regelmäßig „besondere Arten personenbezogener Daten" iSd § 3 Abs. 9 BDSG sind. 5

Die Maßnahmen müssen zudem den datenschutzrechtlichen Vorgaben in **anderen Vorschriften** (zB § 68 Abs. 5) entsprechen u. den Geheimschutz (Verschlusssachen, die höher als „VS-NfD" eingestuft sind) gewährleisten. Die zu treffenden Maßnahmen sind entspr. der auf der Grdl. von § 32 Abs. 2, Abs. 3, 32b Abs. 5 und § 32f Abs. 5 zu erlassenden RechtsVO zu konkretisieren u. dem Stand der Technik anzupassen. 6

Für die **Akteneinsicht** enthält § 32f Abs. 3 bes. datenschutzrechtliche Vorschr. (BT-Drs. 18/9416, 67). 7

C. Elektronische Akten (Abs. 3). Die Regelung stellt klar, dass elektronische Akten o. elektronische Aktenkopien **keine Dateien** iSd zweiten Abschn. des achten Buches sind (BT-Drs. 18/9416, 68). Die §§ 483–491 gelten daher für diese nicht. 8

Datenverarbeitung im Auftrag

497 (1) **Mit der dauerhaften rechtsverbindlichen Speicherung elektronischer Akten dürfen nichtöffentliche Stellen nur dann beauftragt werden, wenn eine öffentliche Stelle den Zutritt und den Zugang zu den Datenverarbeitungsanlagen, in denen die elektronischen Akten rechtsverbindlich gespeichert werden, tatsächlich und ausschließlich kontrolliert.**

(2) [1] **Eine Begründung von Unterauftragsverhältnissen durch nichtöffentliche Stellen im Rahmen des dauerhaften rechtsverbindlichen Speicherns der elektronischen Akte ist zulässig, wenn der Auftraggeber im Einzelfall zuvor eingewilligt hat.** [2] **Die Einwilligung darf nur erteilt werden,**

wenn der Zutritt und der Zugang zu den Datenverarbeitungsanlagen in dem Unterauftragsverhältnis entsprechend Absatz 1 vertraglich geregelt sind.

(3) [1]**Eine Pfändung von Einrichtungen, in denen eine nichtöffentliche Stelle im Auftrag einer öffentlichen Stelle Daten verarbeitet, ist unzulässig.** [2]**Eine Beschlagnahme solcher Einrichtungen setzt voraus, dass die öffentliche Stelle im Einzelfall eingewilligt hat.**

1 **A. Allgemeines.** Die Vorschr. trägt dem hohen Schutzbedarf für Daten aus Strafverfahren Rechnung. Sie macht deshalb Vorgaben für die aus Effizienz- u. Wirtschaftlichkeitsgründen notwendige **Datenverarbeitung durch Private** im Auftrag der öffentl. aktenführenden Stelle (Auftragsdatenverarbeitung). Die Datenherrschaft verbleibt dabei bei der aktenführenden öffentl. Stelle. Die Beauftragung anderer öffentl. Stellen durch die aktenführende StA o. das aktenführende Gericht bleiben v. der Vorschr. unberührt (BT-Drs. 18/9416, 68).

2 **B. Auftragsdatenverarbeitung (Abs. 1).** Die Regelung enthält über das allg. Datenschutzrecht hinausgehende Vorgaben für die Auftragsdatenverarbeitung **durch nichtöffentliche Stellen.** Sie greift nur ein, soweit der Auftrag die rechtsverbindliche u. dauerhafte Speicherung der Aktendaten umfasst, nicht eine aufgrund der technischen Infrastruktur notwendige Zwischenspeicherung (BT-Drs. 18/9416, 68).

3 Die Beauftragung ist nur zulässig, wenn die **tatsächliche und ausschließliche Kontrolle** des Zugangs u. des Zutritts zu den betr. Datenverarbeitungsanlagen durch eine öffentl. Stellen gewährleistet ist. Die fraglichen Server müssen damit im unmittelbaren Zugriffsbereich der öffentl. Stelle befinden; dies wird nur bei einer Speicherung im Inland sichergestellt werden können (BT-Drs. 18/9416, 68). Ob die aktenführende öffentl. Stelle u. die kontrollierende öffentl. Stelle identisch sein müssen, ergibt sich aus dem Wortlaut („eine") nicht. Insofern dürfte das aktenführende Gericht o. die aktenführende StA die Zugangs- u. Zutrittskontrolle auf eine andere öffentl. Stelle **übertragen** können.

4 **C. Unterauftragsverhältnis (Abs. 2).** Die Vorschr. schränkt die Zulässigkeit v. Unterauftragsverhältnissen bei der Auftragsdatenverarbeitung ein. Zum einen muss der öffentl. Auftraggeber in das Unterauftragsverhältnis einwilligen (S. 1); dies stellt sicher, dass die aktenführende öffentl. Stelle in jedem Einzelfall die Zuverlässigkeit des Unterauftragnehmers überprüfen kann (BT-Drs. 18/9416, 69). Zum anderen muss das Unterauftragsverhältnis die Zugangs- u. Zutrittskontrolle entspr. S. 1 vertragl. regeln (S. 2).

5 **D. Pfändungsmaßnahmen Dritter (Abs. 3).** Die Regelung schließt Pfändungen Dritter v. Einrichtungen, die bei der Auftragsdatenverarbeitung eingesetzt werden, aus (S. 1). Nicht ausgeschlossen sein soll hingegen die strafprozessual notwendige Beschlagnahme (zB v. kinderpornografischen Daten). Die öffentl. Stelle kann daher nach S. 2 in die Beschlagnahme einwilligen (BT-Drs. 18/9416, 69).

Verwendung personenbezogener Daten aus elektronischen Akten

498 (1) **Das Verarbeiten und Nutzen personenbezogener Daten aus elektronischen Akten oder elektronischen Aktenkopien ist zulässig, soweit eine Rechtsvorschrift die Verwendung personenbezogener Daten aus einem Strafverfahren erlaubt oder anordnet.**

(2) **Der maschinelle Abgleich personenbezogener Daten mit elektronischen Akten oder elektronischen Aktenkopien gemäß § 98c ist unzulässig, es sei denn, er erfolgt mit einzelnen, zuvor individualisierten Akten oder Aktenkopien.**

A. Zweckänderung (Abs. 1). Abs. 1 ermöglicht die **Zweckänderung** v. personenbezogenen Daten aus elektronischen Akten o. elektronischen Aktenkopien. Die Zweckänderung setzt voraus, dass eine Rechtsvorschrift eine entspr. Verwendung personenbezogener Daten aus einem Strafverfahren erlaubt o. anordnet. Es ist daher zulässig, aus einer elektronischen Akte bestimmte personenbezogene Daten zu entnehmen u. sie für Zwecke der Vorgangsverwaltung (§ 485 S. 1) o. für andere Dateien iSd §§ 483 ff. zu verwenden. Auch die Übermittlung v. Akten ist zulässig (zB iVm § 474). 1

B. Maschineller Datenabgleich (Abs. 2). Abs. 2 schließt den **maschinellen Abgleich** personenbezogener Daten (§ 98c) mit elektronischen Akten o. elektronischen Aktenkopien **grundsätzlich** aus. Damit soll den spezifischen tatsächlichen Gefahren entgegengewirkt werden, die mit einer elektronischen Aktenführung einhergehen (BT-Drs. 18/9416, 69). **Ausnahmsweise** ist der maschinelle Abgleich nach § 98c zulässig, wenn er mit einzelnen, zuvor individualisierten elektronischen Akten o. elektronischen Aktenkopien durchgeführt wird. Die notwendige Individualisierung kann mittels der Vorgangsverwaltung (§ 485) o. des länderübergreifenden StA-Verfahrensregisters (§ 492) sowie aufgrund v. Dateien, die nach §§ 483 ff. geführt werden, erfolgen. Im Einzelfall kann sie auch v. dem zuständigen StA o. Polizeibeamten aufgrund seiner Kenntnis über andere Sachverhalte vorgenommen werden. Ausgeschlossen ist mithin lediglich die unspezifische Suche über die Gesamtheit aller Akten, nicht hingegen ein zielgerichteter Abgleich mit „quasi elektronisch beigezogenen Akten". Für § 98a gilt die Vorschr. nicht (BT-Drs. 18/9416, 69 f.). 2

Löschung elektronischer Aktenkopien

499 **Elektronische Aktenkopien sind unverzüglich zu löschen, wenn sie nicht mehr erforderlich sind.**

Die Vorschr. schreibt die **unverzügliche Löschung** elektronischer Aktenkopien vor, wenn sie nicht (mehr) für die Zwecke des Strafverfahrens (vgl. → § 496 Rn. 2) erforderlich sind. Sie gilt nicht für die elektronischen Originalakten (vgl. → § 496 Rn. 3). 1

Die Regelung betr. auch die Fälle, in denen nach der Übermittlung der elektronischen Akte bei einer **Verfahrensabgabe** (zunächst) aus technischen Gründen eine elektronische Aktenkopie bei der abgebenden Stelle verbleibt; die Kopie muss nach erfolgreicher Übermittlung gelöscht werden. Auch Kopien, die zum Zwecke der **Akteneinsicht** gefertigt wurden, sind unverzüglich (dh ohne schuldhaftes Zögern) zu löschen, wenn sie nicht mehr für die Akteneinsicht benötigt werden (BT-Drs. 18/9416, 70). 2

Fünfter Abschnitt. Anwendbarkeit des Bundesdatenschutzgesetzes

Entsprechende Anwendung

500 (1) **Soweit öffentliche Stellen der Länder im Anwendungsbereich dieses Gesetzes personenbezogene Daten verarbeiten, ist Teil 3 des Bundesdatenschutzgesetzes entsprechend anzuwenden.**

(2) **Absatz 1 gilt**

1. **nur, soweit nicht in diesem Gesetz etwas anderes bestimmt ist, und**
2. **nur mit der Maßgabe, dass die Landesbeauftragte oder der Landesbeauftragte an die Stelle der oder des Bundesbeauftragten tritt.**

Die Regelung stellt sicher, dass für das Strafverfahren neben den **vorrangigen (Abs. 2 Nr. 1) datenschutzrechtlichen Vorschriften der StPO** ergänzend das 1

BDSG zur Anwendung kommt. Sie gewährleistet eine bundesweit einheitliche Rechtslage (BT-Drs. 19/4671, 81), da die Datenschutz-GrundVO (EU) auf dem Gebiet der Strafverfolgung u. -vollstreckung nicht gilt (Art. 2 Abs. 2 Buchst. b DSGVO).

2 Für die Datenschutzaufsicht verbleibt es bei der Zuständigkeit der landesrechtlichen Aufsicht (Abs. 2 Nr. 2). In Verfahren des GBA gilt die Vorschr. nicht, da er eine Bundesbehörde ist. Damit ist der Datenschutzbeauftragte des Bundes zuständig; dies gilt auch, soweit der GBA eine Landespolizei mit den polizeilichen Ermittlungen beauftragt, da die Polizei lediglich unterstellte Person iSd § 52 BDSG des GBA ist (Gola/Heckmann/Paschke BDSG § 52 Rn. 5 f.). Hinsichtlich der ergänzenden Anwendung der §§ 45 ff. BDSG ist danach Folgendes zu beachten: Der Gesetzgeber hat aufgrund verfassungs- und unionsrechtlicher Vorgaben zahlreiche datenschutzrechtliche Vorschriften (insb. §§ 474 ff., aber etwa auch §§ 100e Abs. 6, 101a Abs. 5, 161 Abs. 3) in der StPO verankert. Bezüglich der Datenverarbeitung in Form der Erhebung, Verwendung und Verwertung personenbezogener Daten zur Aufklärung und Ahndung von Straftaten enthält die seit über 140 Jahren geltende StPO ein fein austariertes, durch die Rspr. des BVerfG und des BGH ausgeformtes Regelwerk. Die Gesetzesmaterialien zur Einführung des § 500 durch G v. 20.11.2019 (BGBl. I 1724) bieten keinen Anhalt dafür, dass der Gesetzgeber dieses bewährte Regelwerk mit der Bestimmung der nachrangigen Anwendbarkeit der §§ 45 ff. BDSG insoweit in irgendeiner Weise verändern wollte. Jedenfalls für die **strafprozessuale Erhebung,** Verwendung und Verwertung personenbezogener Daten haben die §§ 45 ff. BDSG keinen Anwendungsbereich (BGH NStZ-RR 2023, 255; LG Nürnberg-Fürth StraFo 2025, 148 (150); BeckOK StPO/von Häfen Rn. 6b; KK-StPO/Henrichs/Weingast § 105 Rn. 1; KK-StPO/Weingarten § 161 Rn. 1b zur Einwilligung → § 161 Rn. 1a ff.; s. hierzu a. Mosbacher JuS 2022, 726 (729 f.); **aA** KK-StPO/Graf Rn. 5; Rataj NStZ 2025, 398; Lichtenthäler ZfIStw 2025, 351 (355 f.); s. a. Singelnstein, NStZ 2020, 639 (644)).

3 Für Schadensersatzansprüche gilt iVm § 83 BDSG (bisher: § 486 Abs. 2 aF). Vgl. zu den Kontrollbefugnissen der Landesdatenschutzbeauftragten (Abs. 2 Nr. 2) SK-StPO/Puschke Rn. 7 ff.

Gerichtsverfassungsgesetz (GVG)

In der Fassung der Bekanntmachung vom 9. Mai 1975 (BGBl. I S. 1077; FNA 300-2)
Zuletzt geändert durch G v. 9.1.2026 (BGBl. 2026 I Nr. 3)

– Auszug –

Inhaltsübersicht

Vierter Titel. Schöffengerichte

Fünfter Titel. Landgerichte

5a. Titel. Strafvollstreckungskammer

Sechster Titel. Schwurgerichte

Siebenter Titel. Kammern für Handelssachen

Achter Titel. Oberlandesgerichte

Neunter Titel. Bundesgerichtshof

9a. Titel. Zuständigkeit für Wiederaufnahmeverfahren in Strafsachen

Zehnter Titel. Staatsanwaltschaft

Elfter Titel. Geschäftsstelle

Zwölfter Titel. Zustellungs- und Vollstreckungsbeamte

Dreizehnter Titel. Rechtshilfe

Vierzehnter Titel. Öffentlichkeit und Sitzungspolizei

Vorbemerkung zu § 1

A. Gerichtsverfassungsrecht. Gerichtsverfassungsrecht ist einerseits Teil des Verfassungsrechts für den Bereich der ordentlichen Gerichtsbarkeit (vgl. Art. 92–104, ferner Art. 30, 31 GG), andererseits konkrete Grdl. für das Verfahrensrecht. 1

B. Ergänzung durch andere Gesetze. Das **GVG** wird durch andere Gesetze ergänzt, zB durch die Bestimmungen der StPO über die sachliche (§§ 1–6a) u. die örtliche Zuständigkeit (§§ 7–21) u. über die Ausschließung u. Ablehnung v. Richtern (§§ 22 ff.) sowie des **JGG** über die Jugendgerichtsverfassung (§§ 33–37), ferner durch das **RPflG** sowie durch AusführungsGe der Länder (zB §§ 7–21 BWAGGVG, BayAGGVG, HmbAGGVG). 2

C. Gerichte. Gerichte sind v. der Exekutive getrennte, unabhängige, nur dem G unterworfene Institutionen zur Ausübung der rechtsprechenden Gewalt (Art. 92 GG; § 1). Das Gericht als organisatorische Einheit besteht aus mehreren Abt. o. Spruchkörpern u. der Gerichtsverwaltung. Unter den Abt. o. Spruchkörpern wird die Gesamtkompetenz des Gerichts nach den Regeln der sachlichen Zuständigkeit u. der Zuständigkeit bes. StrKn aufgeteilt (→ StPO Vor § 1 Rn. 1 ff.). Die Unabhängigkeit ist den Gerichten nur für die richterliche Tätigkeit gewährleistet (§§ 25, 26 DRiG). 3

D. Status des Richters. Der Status des Richters, den das GG selbst (Art. 98 Abs. 1, Abs. 3) aus dem sonstigen öffentl. Dienst herausgelöst hat (VerfGH Bayern JZ 1961, 418), ist die Kernmaterie des Gerichtsverfassungsrechts, die iE hauptsächlich im DRiG rechtlich Gestalt gewonnen hat. 4

Mit der **Neutralitätspflicht** jedenfalls des Berufsrichters/der Berufsrichterin (zu Laienrichtern- u. richterinnen → § 51 Rn. 4, 5) erscheint es unvereinbar, in 4a

Ausübung des Richteramtes, etwa in Verh., sichtbar religiöse Symbole bzw. Kleidungsstücke zu tragen (zB Kopftuch, Kippa, Kreuz; vgl. § 2 Abs. 1 JNeutrG NW). Dies dürfte auch für Rechtsreferendarinnen u. Referendare zu gelten haben, die – zB in Verh. auf der Richterbank, bei der Durchführung v. Beweisaufnahmen u. als Sitzungsvertreterinnen bzw. Vertreter der StA – als Repräsentanten der Justiz wahrgenommen werden (s. VGH Kassel BeckRS 2017, 110950 zu einer dies untersagenden hessischen Rechtsvorschrift, sowie der die Verfassungsbeschwerde der betroffenen Referendarin zurückweisende Beschl. des BVerfG (NJW 2020, 1049); vgl. auch VGH München DRiZ 2019, 186). Die Ausübung richterlicher Tätigkeit gehört zum Kernbereich eines „institutionellen Neutralitätsversprechens" (VGH München DRiZ 2019, 186; vgl. auch BVerfG NJW 2020, 1049) des demokratischen Rechtsstaats. Das Vertrauen der Rechtssuchenden in die Unabhängigkeit u. Neutralität der Gerichte ist nur gewährleistet, wenn Richter u. Richterinnen zwischen ihrem Richteramt u. ihren religiösen, wie auch politischen, Bekenntnissen klar trennen (vgl. auch Kissel/Mayer § 1 Rn. 161). Dass die Person mit ihren Glaubens- u. Wertevorstellungen iSe auch sichtbar objektiven u. neutralen Justiz hinter die Funktion als Richter o. Richterin zurückzutreten hat, wird durch das Tragen der Robe symbolisiert (vgl. auch VGH München DRiZ 2019, 186).

5 **E. Ausübung der Strafgerichtsbarkeit.** Bei der Ausübung der Strafgerichtsbarkeit hat die BRD mit ihren Ländern als einheitliches Staatsganzes zu gelten. Darin sind die Länder als zur gemeinsamen Ausübung der Strafrechtspflege verbunden u. alle Gerichte, StAen u. Polizeibehörden als Organe derselben Strafgewalt anzusehen (BGHSt 3, 134 (137)).

Erster Titel. Gerichtsbarkeit

[Richterliche Unabhängigkeit]

1 Die richterliche Gewalt wird durch unabhängige, nur dem Gesetz unterworfene Gerichte ausgeübt.

1 **A. Richter.** Die Richter sind in Ausübung ihrer Rechtsprechungsfunktion persönlich u. sachlich unabhängig nach Art. 97 Abs. 1 GG (§§ 25, 45 Abs. 1 **DRiG**).

2 **B. Rechtspfleger.** Der Rechtspfleger trifft die ihm aus dem Richterbereich übertragenen Entsch., zB die ihm übertragenen gerichtlichen Geschäfte in Strafverfahren (§ 22 **RPflG**). Er ist sachlich unabhängig u. nur an Recht u. Gesetz gebunden (§ 9 **RPflG**).

2–9 (weggefallen)

[Referendare]

10 [1]**Unter Aufsicht des Richters können Referendare Rechtshilfeersuchen erledigen und außer in Strafsachen Verfahrensbeteiligte anhören, Beweise erheben und die mündliche Verhandlung leiten.** [2]**Referendare sind nicht befugt, eine Beeidigung anzuordnen oder einen Eid abzunehmen.**

1 **A. Aufsicht des Richters.** Das bezieht sich auf die beiden Fallgruppen in S. 1 und bedeutet: Der **funktionell zuständige Richter** überträgt (widerruflich) seine Kompetenz, nimmt aber durch vorangehende Bespr. der Sach- u. Rechtslage u. Beobachtung der Ausführung, falls erforderlich durch eigenes Eingreifen, so sehr

teil, dass die Prozesshandlung iSd GVG eine solche des Richters bleibt, unter seiner Verfahrensherrschaft steht (Kissel/Mayer Rn. 12). Der Richter muss daher idR ständig anwesend sein (KG NJW 1974, 2094; KK-StPO/Barthe Rn. 2; Thomas/Putzo/Hüßtege Rn. 2; **aM** Hahn NJW 1973, 1782; vgl. auch Löwe/Rosenberg/Berg Rn. 6: kurzzeitige Abwesenheit uU unschädlich). Ein Prot. wird v. dem Referendar aufgenommen u. unterzeichnet, jedoch mit einem den Auftrag u. die Aufsicht bestätigenden Vermerk des Richters versehen. Es genügt nicht, dass der Richter lediglich das Prot. nachträglich durchsieht (OLG Köln JMBl. NRW. 1973, 282). Zur Verhandlungsleitung durch Referendare vgl. allg. Franzki JuS 1972, 615.

B. Rechtshilfeersuchen. Der Begriff ist weit auszulegen (OLG Celle NJW 1967, 993 mablAnm Booss NJW 1967, 1869; KK-StPO/Barthe Rn. 4; **aM** SK-StPO/Frister Rn. 3). Darunter fallen nicht nur Ersuchen nach §§ 156, 157; auch die Ersuchen nach § 162 StPO, § 46 OWiG sind hierher zu rechnen (Kissel/Mayer Rn. 7). Nur im Einzelfall wird die Aufgabe übertragen (ebenso wie eine Aufgabe des StA nach § 142 Abs. 3). 2

C. Anordnung und Abnahme des Eides (S. 2). Soll eine Aussage beeidet werden, so muss der Richter ständig anwesend gewesen sein o. zumindest das v. dem Referendar aufgenommene Vernehmungsprotokoll dem Vernommenen nochmals vorlesen (lassen) u. sich persönlich v. der Richtigkeit der Protokollierung u. der Genehmigung des Aussagenden Gewissheit verschaffen (vgl. BGHSt 12, 92). 3

D. Staatsanwaltschaftliche Aufgaben. Staatsanwaltschaftliche Aufgaben können dem Referendar nach § 142 Abs. 3 übertragen werden. 4

E. Tragen religiöser Symbole. Zum Tragen religiöser Symbole bei der öffentl. Ausübung richterlicher o. staatsanwaltlicher Tätigkeiten, → GVG Vor § 1 Rn. 4a. 5

F. Rechtspflegeraufgaben. Rechtspflegeraufgaben können dem Referendar nach § 2 Abs. 5 **RPflG** zeitweilig übertragen werden, u. zwar in bestimmter Weise zusammengefasst o. (erst recht) im Einzelfall. 6

G. Kompetenzüberschreitung. Die Erledigung v. Aufgaben, die dem Referendar nach § 10 nicht übertragen werden dürfen, insbes. nach S. 1 (vgl. BGHSt 10, 142 (143); 12, 92 (94)), führt zur Unwirksamkeit (Kissel/Mayer Rn. 18; KK-StPO/Barthe Rn. 7). Das Fehlen der in S. 1 vorgeschriebenen Aufsicht macht die Handlung nur anfechtbar (Kissel/Mayer Rn. 18; **aM** Löwe/Rosenberg/Berg Rn. 11). 7

11 (weggefallen)

[Ordentliche Gerichte]

12 Die ordentliche Gerichtsbarkeit wird durch Amtsgerichte, Landgerichte, Oberlandesgerichte und durch den Bundesgerichtshof (den obersten Gerichtshof des Bundes für das Gebiet der ordentlichen Gerichtsbarkeit) ausgeübt.

In den Ländern Brandenburg, Mecklenburg-Vorpommern, Sachsen, Sachsen-Anhalt und Thüringen traten nach dem EVertr (Anl. I Kap. III Sachgebiet A Abschn. III Nr. 1a Abs. 1, Abs. 2, b Abs. 1), bis dort Amts-, Land- u. Oberlandesgerichte errichtet wurden, grds. an die Stelle der Amtsgerichte die Kreisgerichte, an die Stelle der LGe u. der OLGe die Bezirksgerichte. Bei den Bezirksgerichten, in deren Bezirk die Landesregierung ihren Sitz hat, wurden bes. Sen. gebildet; diese traten im Rahmen ihrer Zuständigkeit an die Stelle der Oberlandesgerichte (EV Anl. I Kap. III Sachgebiet A Abschn. III Nr. 1k Abs. 1). Nach- 1 dem in allen Ländern Amts-, Land- u. Oberlandesgerichte errichtet wurden, sind die Amtsgerichte an die Stelle der Kreisgerichte, die LGe an die Stelle der Bezirksgerichte getreten. Für Rehabilitationsverfahren (vgl. → StPO Vor § 359 Rn. 9) ist das LG an die Stelle des Bezirksgerichts, das Oberlandesgericht an die Stelle des bes. Sen. getreten (§§ 8, 13 Abs. 3 StrRehaG).

2 In **Berlin** sind in Strafsachen das Kammergericht (= OLG), das LG Berlin u. das AG Tiergarten für ganz Berlin zuständig (vgl. dazu Nöhre NJW-Festheft Tepperwien, 2010, 49).

[Zuständigkeit der ordentlichen Gerichte]

13 Vor die ordentlichen Gerichte gehören die bürgerlichen Rechtsstreitigkeiten, die Familiensachen und die Angelegenheiten der freiwilligen Gerichtsbarkeit (Zivilsachen) sowie die Strafsachen, für die nicht entweder die Zuständigkeit von Verwaltungsbehörden oder Verwaltungsgerichten begründet ist oder auf Grund von Vorschriften des Bundesrechts besondere Gerichte bestellt oder zugelassen sind.

1 **Strafsachen** gehören stets vor die ordentlichen Gerichte (BVerfGE 22, 49 = NJW 1967, 1219). Für Bußgeldsachen besteht primär die Kompetenz der VerwBen (→ Einl. Rn. 17); die Gerichte sind mit ihnen nur im Nachprüfungsverfahren (§§ 68ff. OWiG) und bei Zusammenhang mit Straftaten (§§ 42, 64, 82 OWiG) befasst.

[Zuweisung durch Landesrecht]

13a (1) [1] **Die Landesregierungen werden ermächtigt, durch Rechtsverordnung einem Gericht für die Bezirke mehrerer Gerichte Sachen aller Art ganz oder teilweise zuzuweisen sowie auswärtige Spruchkörper von Gerichten einzurichten, sofern dies für die sachdienliche Förderung oder schnellere Erledigung von Verfahren zweckmäßig ist.** [2] **Die Landesregierungen können die Ermächtigung auf die Landesjustizverwaltungen übertragen.** [3] **Besondere Ermächtigungen der Landesregierungen zum Erlass von Rechtsverordnungen gehen vor.**

(2) **Mehrere Länder können die Einrichtung eines gemeinsamen Gerichts oder gemeinsamer Spruchkörper eines Gerichts oder die Ausdehnung von Gerichtsbezirken über die Landesgrenzen hinaus, auch für einzelne Sachgebiete, vereinbaren.**

1 **Eine ursprünglich nur in den neuen Bundesländern** nach dem EVertr geltende Regelung, die sich dort bewährt hat, ist durch § 13a auf das gesamte Bundesgebiet erstreckt worden (dazu Rieß FS Böttcher, 2007, 147). Dem Landesgesetzgeber ist damit die erforderliche Regelungsbefugnis eingeräumt. Spezielle Konzentrationsermächtigungen, zB nach § 74d oder § 30a Abs. 3 EGGVG, bleiben unberührt.

[Besondere Gerichte]

14 Als besondere Gerichte werden Gerichte der Schiffahrt für die in den Staatsverträgen bezeichneten Angelegenheiten zugelassen.

1 Für Binnenschifffahrtssachen (§ 2 Abs. 3 BinSchVerfG; dazu BGH NStZ-RR 1998, 367) gibt es eine bes. Zuständigkeitsregelung, aber keine bes. Gerichte (vgl. dazu KG VRS 79, 433; OLG Karlsruhe Justiz 2000, 403; 2003, 457 Ls.; erg. → StPO Vor § 7 Rn. 5). Der Tatort ist ausschl. Gerichtsstand (§ 3 Abs. 3 S. 1 BinSchVerfG); die Revision ist nach § 10 BinSchVerfG in Strafsachen ausgeschlossen (Kusch NStZ 1994, 229 – BGH RsprÜ). § 313 StPO gilt aber auch hier (OLG

Köln VRS 90, 50). Sondergerichte sind nur die Zentralkommission in Rheinschifffahrts- u. die Moselkommission in Moselschifffahrtssachen (vgl. Löwe/Rosenberg/Berg Rn. 8, 9; SK-StPO/Frister Rn. 3 ff.).

15 (weggefallen)

[Ausnahmegerichte]

16 [1] **Ausnahmegerichte sind unstatthaft.** [2] **Niemand darf seinem gesetzlichen Richter entzogen werden.**

1 **A. Ausnahmegerichte.** Ausnahmegerichte (S. 1; Art. 101 Abs. 1 S. 1 GG) sind erst nach Tatbegehung zur Untersuchung u. Entsch. eines o. mehrerer konkreter o. individuell bestimmter Einzelfälle o. zur Aburteilung bestimmter Personen bes. eingesetzte Gerichte (BVerfGE 8, 174 (182); 10, 200 (212)). Auch ein einzelner Spruchkörper kann ein Ausnahmegericht sein, wenn ihm durch die Geschäftsverteilung ein Einzelfall o. eine Gruppe v. Einzelfällen zugewiesen wird (BVerfGE 40, 356 (361)). Spezialspruchkörper für bes. Sachgebiete sind aber zulässig (Kissel/Mayer Rn. 16).

2 **B. Sondergerichte.** Sondergerichte (Art. 101 Abs. 2 GG) können nur durch G und für einzelne bestimmte Sachgebiete errichtet werden, in denen sie abstrakt u. generell zu entscheiden berufen sind. Dass die Beschränkung auf das bestimmte Sachgebiet notwendigerweise auch eine Beschränkung auf einen bestimmten Personenkreis bedeutet (zB bei RA-Berufsgerichten auf RAe u. Bewerber um die Zulassung zur Anwaltschaft), begründet keinen Verstoß gegen Art. 101 Abs. 2 GG (KK-StPO/Barthe Rn. 2).

3 **C. Prinzip des gesetzlichen Richters.** Das Prinzip des gesetzlichen Richters hat Verfassungsrang (Art. 101 Abs. 1 S. 2 GG) u. sichert die Rechtsstaatlichkeit auf dem Gebiet der Gerichtsverfassung (BVerfGE 40, 356 (361); → Vor § 22 Rn. 1; → § 338 Rn. 6). Es gilt nicht nur für das Gericht als organisatorische Einheit, sondern auch für den im Einzelfall zur Entsch. berufenen Richter (BVerfGE 40, 356 (361); BGHSt 28, 290). Ihm kommt eine wesentliche Funktion bei der Stabilisierung der Rspr. ggü. den Gefahren einer zielgerichteten Einflussnahme zu (Sowada Gesetzliche Richter S. 104; iE zum Anwendungsbereich des Art. 101 Abs. 1 S. 2 GG Sowada Gesetzliche Richter S. 136 ff.).

4 **D. Gesetzlicher Richter (Abs. 1 S. 2).** Das G und der im GVG vorgesehene Geschäftsverteilungsplan des Präsidiums müssen zusammen, so eindeutig u. genau wie möglich, den zuständigen Richter bestimmen (BVerfGE 18, 345 (349); 19, 52 (59); → § 21e Rn. 2, → § 21g Rn. 4). Ein rollierendes System nach Eingang der Sache o. die Verteilung nach dem Anfangsbuchstaben des Namens des Beschuldigten sind gebräuchliche Methoden.

5 Bei **mehreren Beschuldigten** darf nicht einfach auf die in der Anklageschrift gewählte Reihenfolge abgestellt werden (so aber noch BGH NJW 1958, 1503), weil dadurch der StA die Möglichkeit eröffnet würde, selbst den im Einzelfall zuständigen Richter zu bestimmen; stattdessen ist etwa auf den lebensältesten o. den im Alphabet an erster Stelle stehenden Beschuldigten abzustellen (Sowada Gesetzliche Richter S. 321).

6 **E. Richterentziehung.** Richterentziehung liegt nicht vor bei einer auf einem Verfahrensirrtum beruhenden gesetzwidrigen Besetzung (BVerfGE 30, 165 (167) = NJW 1971, 1033); sie setzt eine (objektiv) willkürliche Maßnahme (BVerfGE 20, 336 (346); 42, 237 (241); BVerfG NJW 1984, 2147) voraus, dh eine Maßnahme, die auf unsachlichen, sich v. den ges. Maßstäben völlig entfernenden Erwägungen beruht u. unter keinem Gesichtspunkt mehr vertretbar erscheint (BVerfGE 6, 45 (53); 19, 38 (43); BVerfG NJW 1984, 1874; BGHSt 26, 206 (211);

OLG Karlsruhe NStZ 1981, 272; OLG Köln VRS 70, 437), zB bei Nichtbeachtung veröffentlichter obergerichtlicher Entsch. (BGHSt 31, 3 (5); krit. zur „Willkürformel" u. für deren Abschaffung Sowada Gesetzliche Richter S. 216 ff.). Ein Verfahrensirrtum ist begrifflich nicht möglich, wenn eine außerhalb der Gerichtsorganisation stehende Person auf die Besetzung einwirkt. Das Gleiche gilt iErg, wenn ein ausgeschlossener Richter in einer Sache keine richterliche Funktion wahrnehmen durfte (BVerfGE 30, 165 (167)). Art. 101 Abs. 1 S. 2 GG kann bei Willkür auch dadurch verletzt sein, dass die Verpflichtung zu einer Vorlage nach §§ 121 Abs. 2, 132 Abs. 2 oder nach Art. 100 GG (→ Einl. Rn. 218 ff.) nicht erfüllt wird (BVerfGE 18, 447).

7 Die **StA kann selbst nicht entziehen,** weil ihre Auff. v. der Zuständigkeit noch v. dem angegangenen Gericht nachgeprüft wird (BVerfGE 18, 428), soweit sie kein echtes Wahlrecht hat (→ StPO Vor § 7 Rn. 10).

8 **F. Absoluter Revisionsgrund.** Absoluter Revisionsgrund ist der Verstoß gegen § 16 (→ StPO § 338 Rn. 6). Gegenüber diesem tritt die Unanfechtbarkeit eines Beschl. nach § 336 S. 2 zurück (OLG Karlsruhe NStZ 1981, 272; Rieß NJW 1978, 2271; → § 269 Rn. 8).

[Rechtshängigkeit; Entscheidung des Rechtsstreits]

17 (1) [1]**Die Zulässigkeit des beschrittenen Rechtsweges wird durch eine nach Rechtshängigkeit eintretende Veränderung der sie begründenden Umstände nicht berührt.** [2]**Während der Rechtshängigkeit kann die Sache von keiner Partei anderweitig anhängig gemacht werden.**

(2) [1]**Das Gericht des zulässigen Rechtsweges entscheidet den Rechtsstreit unter allen in Betracht kommenden rechtlichen Gesichtspunkten.** [2]**Artikel 14 Abs. 3 Satz 4 und Artikel 34 Satz 3 des Grundgesetzes bleiben unberührt.**

[Rechtsweg]

17a (1) **Hat ein Gericht den zu ihm beschrittenen Rechtsweg rechtskräftig für zulässig erklärt, sind andere Gerichte an diese Entscheidung gebunden.**

(2) [1]**Ist der beschrittene Rechtsweg unzulässig, spricht das Gericht dies nach Anhörung der Parteien von Amts wegen aus und verweist den Rechtsstreit zugleich an das zuständige Gericht des zulässigen Rechtsweges.** [2]**Sind mehrere Gerichte zuständig, wird an das vom Kläger oder Antragsteller auszuwählende Gericht verwiesen oder, wenn die Wahl unterbleibt, an das vom Gericht bestimmte.** [3]**Der Beschluß ist für das Gericht, an das der Rechtsstreit verwiesen worden ist, hinsichtlich des Rechtsweges bindend.**

(3) [1]**Ist der beschrittene Rechtsweg zulässig, kann das Gericht dies vorab aussprechen.** [2]**Es hat vorab zu entscheiden, wenn eine Partei die Zulässigkeit des Rechtsweges rügt.**

(4) [1]**Der Beschluß nach den Absätzen 2 und 3 kann ohne mündliche Verhandlung ergehen.** [2]**Er ist zu begründen.** [3]**Gegen den Beschluß ist die sofortige Beschwerde nach den Vorschriften der jeweils anzuwendenden Verfahrensordnung gegeben.** [4]**Den Beteiligten steht die Beschwerde gegen einen Beschluß des oberen Landesgerichts an den obersten Gerichtshof des Bundes nur zu, wenn sie in dem Beschluß zugelassen worden ist.** [5]**Die Beschwerde ist zuzulassen, wenn die Rechtsfrage grundsätzliche Bedeutung hat oder wenn das Gericht von der Entscheidung eines obersten Gerichtshofes des Bundes oder des Gemeinsamen Senats der obersten**

Gerichtshöfe des Bundes abweicht. [6]Der oberste Gerichtshof des Bundes ist an die Zulassung der Beschwerde gebunden.

(5) **Das Gericht, das über ein Rechtsmittel gegen eine Entscheidung in der Hauptsache entscheidet, prüft nicht, ob der beschrittene Rechtsweg zulässig ist.**

(6) **Die Absätze 1 bis 5 gelten für die in bürgerlichen Rechtsstreitigkeiten, Familiensachen und Angelegenheiten der freiwilligen Gerichtsbarkeit zuständigen Spruchkörper in ihrem Verhältnis zueinander entsprechend.**

Die **Verweisung ist nach § 17a Abs. 2 S. 3** lediglich hins. des **Rechtswegs** 1
bindend (etwa Verweisung durch ein VG zur ordentlichen Gerichtsbarkeit). Innerhalb der ordentlichen Gerichtsbarkeit – auch der Strafgerichtsbarkeit – besteht hingegen keine Bindung, so dass das Gericht, an das verwiesen wurde, im Falle seiner Unzuständigkeit an das zuständige Gericht weiter verweisen darf; eine Analogie zu § 17a Abs. 2 S. 3 kommt insoweit nicht in Betracht (BGH NStZ-RR 2021, 52; 2023, 123 Ls.; vgl. auch BayObLG BeckRS 2025, 31235.).

[Anhängigkeit nach Verweisung; Kosten]

17b (1) [1]**Nach Eintritt der Rechtskraft des Verweisungsbeschlusses wird der Rechtsstreit mit Eingang der Akten bei dem im Beschluß bezeichneten Gericht anhängig.** [2]**Die Wirkungen der Rechtshängigkeit bleiben bestehen.**

(2) [1]**Wird ein Rechtsstreit an ein anderes Gericht verwiesen, so werden die Kosten im Verfahren vor dem angegangenen Gericht als Teil der Kosten behandelt, die bei dem Gericht erwachsen, an das der Rechtsstreit verwiesen wurde.** [2]**Dem Kläger sind die entstandenen Mehrkosten auch dann aufzuerlegen, wenn er in der Hauptsache obsiegt.**

(3) **Absatz 2 Satz 2 gilt nicht in Familiensachen und in Angelegenheiten der freiwilligen Gerichtsbarkeit.**

A. Rechtswegentscheidung und -verweisung. Die Rechtswegentscheidung 1
und -verweisung sind in §§ 17–17b geregelt. Danach ist die rkr. Zulässigkeitserklärung für alle Gerichte bindend (§ 17a Abs. 1); die Verweisung wegen Unzulässigkeit des Rechtswegs ist für das Gericht, an das verwiesen wird, insoweit, jedoch nicht hins. der örtlichen u. sachlichen Zuständigkeit bindend (§ 17a Abs. 2 S. 3; BGH NStZ-RR 2021, 52; OLG Hamburg NStZ-RR 2014, 255 (256)); eine Weiterverweisung innerhalb dieser Gerichtsbarkeit bleibt daher möglich (BGH NStZ-RR 2021, 52). Die Entsch. sind nur nach § 17a Abs. 4 S. 3–6 anfechtbar. § 17a Abs. 5 ist nicht anwendbar, wenn das Gericht 1. Instanz über die Zulässigkeit des Rechtswegs entgegen § 17a Abs. 3 S. 2 nicht vorab durch Beschl., sondern erst im Urt. – o. einer sonstigen abschl. Entsch. (OLG Jena NStZ-RR 2009, 155; 2010, 61 Ls.) – entschieden hat (BGH NJW 1993, 470; JZ 1993, 1009). Art. 34 S. 3 GG bleibt nach § 17 Abs. 2 S. 2 unberührt; für die Geltendmachung v. Ansprüchen aus Amtspflichtverletzung kann somit der ordentliche Rechtsweg v. Verf. wegen nicht ausgeschlossen werden (BGH BeckRS 2005, 4643).

B. Strafrechtliche Angelegenheiten. In strafrechtlichen Angelegenheiten 2
kommt die Anwendung der §§ 17 ff. im Verf. nach §§ 23 ff. EGGVG in Betracht (BGHSt 46, 261; OLG Celle NStZ-RR 2012, 254; OLG Frankfurt a. M. NStZ-RR 2001, 44; erg. → EGGVG § 25 Rn. 2 u. Kissel NJW 1991, 947 ff.). Eine entspr. Anwendung für Verweisungen zwischen Gerichten derselben Gerichtsbarkeit, insbes. auch innerhalb der ordentlichen Gerichtsbarkeit, kommt nicht in Betracht (BGH NStZ-RR 2021, 52; OLG Hamburg NStZ 1995, 252; NStZ-RR 2014, 255; OLG Nürnberg NStZ 2006, 654; OLG Stuttgart wistra 2002, 38; **aM** BGH BeckRS 2005, 4643 für das Verhältnis v. Bußgeldverfahren u. Zivilprozess;

OLG Frankfurt a. M. NStZ-RR 2010, 379). Vgl. zur Problematik ferner Krack JR 1996, 259 sowie OLG Karlsruhe NJW 2013, 3738.

[Zuständigkeitskonzentrationen, Änderungen der Gerichtsbezirksgrenzen]

17c (1) **Werden Zuständigkeitskonzentrationen oder Änderungen der Gerichtsbezirksgrenzen aufgrund dieses Gesetzes, aufgrund anderer bundesgesetzlicher Regelungen oder aufgrund Landesrechts vorgenommen, stehen in diesen Fällen bundesrechtliche Bestimmungen, die die gerichtliche Zuständigkeit in anhängigen und rechtshängigen Verfahren unberührt lassen, einer landesrechtlichen Zuweisung dieser Verfahren an das neu zuständige Gericht nicht entgegen.**

(2) [1] **Ist im Zeitpunkt der Zuweisung die Hauptverhandlung in einer Straf- oder Bußgeldsache begonnen, aber noch nicht beendet, so kann sie vor dem nach dem Inkrafttreten der Zuständigkeitsänderung zuständigen Gericht nur fortgesetzt werden, wenn die zur Urteilsfindung berufenen Personen personenidentisch mit denen zu Beginn der Hauptverhandlung sind.** [2] **Soweit keine Personenidentität gegeben ist, bleibt das Gericht zuständig, das die Hauptverhandlung begonnen hat.**

[Exterritorialität von Mitgliedern der diplomatischen Missionen] **Nr. 193–199 RiStBV**

18 [1] **Die Mitglieder der im Geltungsbereich dieses Gesetzes errichteten diplomatischen Missionen, ihre Familienmitglieder und ihre privaten Hausangestellten sind nach Maßgabe des Wiener Übereinkommens über diplomatische Beziehungen vom 18. April 1961 (Bundesgesetzbl. 1964 II S. 957 ff.) von der deutschen Gerichtsbarkeit befreit.** [2] **Dies gilt auch, wenn ihr Entsendestaat nicht Vertragspartei dieses Übereinkommens ist; in diesem Falle findet Artikel 2 des Gesetzes vom 6. August 1964 zu dem Wiener Übereinkommen vom 18. April 1961 über diplomatische Beziehungen (Bundesgesetzbl. 1964 II S. 957) entsprechende Anwendung.**

1 **A. WÜD.** Das WÜD mit seiner abgestuften Exterritorialität u. Immunität (S. 1; näher → Rn. 11) wird in das GVG einbezogen, jedoch nicht im Wortlaut. Das **WÜD** gilt aber nach S. 2 auch für diejenigen Angehörigen ausl. Missionen, deren Staaten dem Übk. noch nicht beigetreten sind. Dadurch wird eine einheitliche Rechtslage für die ausl. diplomatischen Missionen in Deutschland geschaffen.

1a Ergänzend u. in allen Einzelheiten zu §§ 18 ff. (mit WÜD u. WÜK) vgl. Kreicker, **Völkerrechtliche Exemtionen,** Grundlagen und Grenzen völkerrechtlicher Immunitäten und ihre Wirkungen im Strafrecht, 2 Bde., 2007.

2 **B. Kein Strafverfahren.** Kein Strafverfahren darf gegen einen Exterritorialen eingeleitet o. fortgeführt werden. Unzulässig sind schon polizeiliche, staatsanwaltschaftliche u. richterliche Untersuchungshandlungen, u. zwar auch dann, wenn die Maßnahmen für ein anderes Strafverfahren bestimmt sind, aber in die Rechtssphäre der bevorrechtigten Person eingreifen (Kissel/Mayer Rn. 18). Zu dieser Rechtssphäre gehören auch die Wohn- u. Diensträume u. das Eigentum der Person.

3 Auch die Einleitung u. Fortführung eines **Bußgeldverfahrens** gegen einen Exterritorialen ist unzulässig (§ 18 iVm § 46 Abs. 1 OWiG); daher darf auch keine Verwarnung mit Verwarnungsgeld (§ 56 OWiG) erteilt werden. Die Festsetzung v. Ordnungsmitteln, Vorführung u. Erzwingungshaft sind unzulässig.

4 **C. Verfahrenshindernis.** Ein Verfahrenshindernis v. bes. Verbotskraft liegt in der Exterritorialität (Kissel/Mayer Rn. 18 ff.). Eine unzulässige Entsch. gegen einen Exterritorialen ist als Verstoß gegen ein Befassungsverbot (→ Einl. Rn. 143) rechtsfehlerhaft (SK-StPO/Frister Vor §§ 18–21 Rn. 38) u. auf Rechtsmittel aufzuhe-

ben, aber nicht etwa nichtig (SK-StPO/Frister Vor §§ 18–21 Rn. 45, 46; **aM** KK-StPO/Barthe Rn. 7; Löwe/Rosenberg/Böttcher Rn. 6).

D. Verzicht. Ein Verzicht auf die Exterritorialität im Einzelfall ist zulässig, aber grds. nur mit Einwilligung des Entsendestaates. Bei Beweiserhebung kann auch die bevorrechtigte Person – ausdr. o. stillschweigend – verzichten. 5

E. Zustellungen. Für Zustellungen an Exterritoriale gelten die Grundsätze der Zustellung im Ausland (Nr. 196, 197 RiStBV). 6

F. Im Einzelfall. Im Einzelfall entscheidet die für das Verf. zuständige Behörde, ob ein Verfahrenshindernis nach § 18 vorliegt, nach Anklageerhebung das Gericht. 7

G. Äußerungen des AA. Äußerungen des AA sind nur nichtbindende Gutachten (vgl. Kissel/Mayer Rn. 5; vgl. auch BGHSt 32, 275 (281)), allerdings v. bes. Gewicht (BGH 21.8.2025 – StB 37/25; OLG Karlsruhe Justiz 1983, 133; s. auch Nr. 193 Abs. 2 RiStBV). Mit dem Erlöschen der Exterritorialität wird der inländische Strafzwang wirksam; dies selbst für die Verfehlungen der Vergangenheit. 7a

H. NATO-Truppenstatut. Das NATO-Truppenstatut u. die Zusatzvereinbarungen regeln die Gerichtsbarkeit für Angehörige der verbündeten Truppen, die in der BRD stationiert sind (OLG Nürnberg NJW 1975, 2151). ZT besteht nur die Gerichtsbarkeit des Entsendestaates, zT die deutsche, zT eine konkurrierende Zuständigkeit. Bei dieser (Art. VII Abs. 1 NTS) würde der BRD iRd Art. VII Abs. 3 Buchst. b NTS ein Vorrecht auf Ausübung der Gerichtsbarkeit zustehen. 8

Nach Art. 19 Abs. 1 NTS-ZA hat die BRD jedoch auf Ersuchen aller Entsendestaaten auf dieses **Vorrecht verzichtet,** soweit die Personen dem Militärrecht der Entsendestaaten unterstehen. Der Verzicht kann nach Art. 19 Abs. 3 NTS-ZA im Einzelfall zurückgenommen werden, wenn wesentliche Belange der deutschen Strafrechtspflege die Ausübung der deutschen Gerichtsbarkeit erfordern. Auch ohne Zurücknahme unterliegt der Täter der deutschen Gerichtsbarkeit, wenn gegen ihn kein militärgerichtliches Verf. durchgeführt worden ist u. er als Privatmann in die BRD zurückkehrt (BGHSt 28, 96). Art. 19 NTS-ZA-UProt führt Beispiele mit Richtliniencharakter auf. 9

Die **StA erklärt die Rücknahme des Verzichts** (Teil II Kap. 1 Art. 3 NTS-AG). Über Zustellungen u. Ladungen vgl. Art. 36, 37 NTS-ZA. Zu den prozessualen Bestimmungen vgl. Schwenk NJW 1963, 1425. 10

I. WÜD, WÜK. WÜD und WÜK (dazu § 19), auszugsweise wiedergegeben nach dem RdSchr. des AA v. 15.9.2015 **„Zur Behandlung von Diplomaten und anderen bevorrechtigten Personen in der Bundesrepublik Deutschland“** (GMBl. 2015, 1206 ff.): 11

Teil 1

A. Grundlagen der Privilegierung bevorrechtigter Personen und Institutionen

Mitglieder diplomatischer Missionen und konsularischer Vertretungen sowie Bedienstete, Vertreter der Mitgliedsstaaten und Sachverständige bei Internationalen Organisationen sowie Mitglieder weiterer bevorrechtigter Personengruppen genießen bei ihrem (dienstlichen) Aufenthalt in der Bundesrepublik Deutschland bestimmte Vorrechte und Befreiungen. Die Grundlagen für diese Privilegien finden sich in den allgemeinen Regeln des Völkerrechts, die nach dem Grundgesetz Bestandteil des Bundesrechtes sind, und in besonderen völkerrechtlichen Vereinbarungen, wie z. B. dem Wiener Übereinkommen über diplomatische Beziehungen,[1] dem Wiener Übereinkommen über konsularische Beziehungen[2] oder besonderen bilateralen Vereinbarungen. Alle Personen, die Vorrechte und Befreiungen genießen, sind unbeschadet dieser Privilegierungen verpflichtet, die in der Bundesrepublik Deutschland geltenden Gesetze und anderen Rechtsvorschriften zu beachten und sich nicht in innere Angelegenheiten der Bundesrepublik Deutschland einzumischen (so z. B. normiert in Art. 41 Abs. 1 WÜD und Art. 55 Abs. 1 WÜK).

---

[1] Wiener Übereinkommen vom 18.4.1961 über diplomatische Beziehungen, BGBl. 1964 II 957 – im Folgenden „WÜD“.

[2] Wiener Übereinkommen vom 24.4.1963 über konsularische Beziehungen, BGBl. 1969 II 1585 – im Folgenden „WÜK“.

Über die völkerrechtlichen Regeln hinaus ist als zwischenstaatliche Verhaltensregel beim Umgang mit bevorrechtigten Personen anerkannt, dass dieser Personenkreis mit besonderer Höflichkeit zu behandeln ist. Unter den Staaten besteht die gegenseitige Erwartung, dass diese Regel als Courtoisie (Völkersitte) eingehalten wird. Die unangemessene Behandlung bevorrechtigter Personen durch deutsche Behörden und Gerichte kann die bilateralen Beziehungen zum Herkunftsland der bevorrechtigten Person nachhaltig belasten. Hierdurch können sich auch negative Auswirkungen für staatlich entsandtes deutsches Personal im Ausland ergeben. Unhöflichkeit gegenüber bevorrechtigten Personen schadet zudem massiv dem internationalen Ansehen der Bundesrepublik Deutschland und beeinträchtigt das Interesse, als weltoffenes und einer Willkommenskultur verpflichtetes Land und nicht zuletzt auch als attraktiver Wirtschaftsstandort wahrgenommen zu werden.

B. Bevorrechtigung von Einzelpersonen

1. Staatsoberhäupter, Regierungschefs und Regierungsmitglieder

Staatsoberhäupter, Regierungschefs und Regierungsmitglieder anderer Staaten und deren Begleitung, die sich auf amtliche Einladung der Bundesrepublik Deutschland in Deutschland aufhalten, genießen Immunität von der deutschen Gerichtsbarkeit.

Dies folgt aus § 20 Absatz 1 GVG, wonach sich die deutsche Gerichtsbarkeit nicht auf Repräsentanten anderer Staaten erstreckt. § 20 Absatz 2 GVG stellt klar, dass sich die deutsche Gerichtsbarkeit auch nicht auf andere als die in § 20 Absatz 1 und in den §§ 18 und 19 (Mitglieder diplomatischer und konsularischer Missionen bzw. Vertretungen) genannten Personen erstreckt, soweit sie nach den allgemeinen Regeln des Völkerrechts, aufgrund völkerrechtlicher Vereinbarungen oder sonstigen Rechtsvorschriften von ihr befreit sind. Nach den allgemeinen Regeln des Völkerrechts sind ausländische Staatsoberhäupter selbst dann, wenn sie sich nicht auf amtliche Einladung in der Bundesrepublik aufhalten, von der deutschen Gerichtsbarkeit befreit (zur völkergewohnheitsrechtlichen Immunität von Mitgliedern ausländischer Streitkräfte, s. u. D.2). Ausnahmen von der Immunität vor der **nationalen** Strafgerichtsbarkeit werden – anders als bei der **internationalen** Strafgerichtsbarkeit (vgl. etwa Art. 27 Römisches Statut des Internationalen Strafgerichtshofs) – bei Strafverfahren, selbst wenn diese gravierende, durch das Völkerstrafrecht pönalisierte Verbrechen zum Gegenstand haben, vom Völkergewohnheitsrecht nicht anerkannt und bestehen vor deutschen Gerichten nicht.

Zur Begleitung von Repräsentanten anderer Staaten zählen bei Zugrundelegung der vom Entsendestaat übermittelten Delegationsliste bspw. mitreisende Familienangehörige, Berater, Dolmetscher, Pressemitglieder und sonstige persönliche Berater. Bei Familienangehörigen der Repräsentanten anderer Staaten ist die Befreiung von der Gerichtsbarkeit an den Aufenthalt aufgrund amtlicher Einladung und ihre Eigenschaft als Teil einer Besuchsdelegation geknüpft. Sie gilt nicht bei Aufenthalten zu anderen Zwecken (etwa bei Aufenthalten zu touristischen Zwecken oder zum Studium).

Nach allgemeinem Völkergewohnheitsrecht, das nach dem Grundgesetz als Teil des Bundesrechts zu beachten ist, sind Staatsoberhäupter, Regierungschefs und Regierungsmitglieder darüber hinaus „unverletzlich", so dass keine hoheitlichen Zwangsmaßnahmen gegen sie ergriffen werden dürfen. Hieraus ergibt sich u. a. die Verpflichtung zur Freistellung dieses Personenkreises von Luftsicherheitskontrollen, zu der die EU-Mitgliedstaaten nach den in diesem Bereich zu beachtenden EU-Regelungen[1] berechtigt sind.

Freistellungen von den Sicherheitskontrollen werden nach den „Grundsätzen des Bundesministeriums des Innern für die Befreiung von Fluggästen von der Luftsicherheitskontrolle" sowie Ausnahmen für das Personal von der Sicherheitskontrolle"[2] beantragt. Die völkerrechtliche Verpflichtung der Bundesrepublik Deutschland, die Unverletzlichkeit der o. g. bevorrechtigten Person zu respektieren, hängt jedoch nicht vom Vorliegen einer Freistellungsmitteilung ab, sondern ist auch zu beachten, sobald dessen Identität und seine bevorrechtigte Stellung zweifelsfrei festgestellt sind. Liegt eine Freistellungsmitteilung nicht vor, wird aber von der zu kontrollierenden Person unter Vorlage eines gültigen Diplomatenpasses geltend gemacht, dass er/sie als Staatsoberhaupt, Regierungschef oder Regierungsmitglied als Repräsentant eines ausländischen Staates von den Luftsicherheitskontrollen befreit sei, ist nach Identitätsfeststellung in Zweifelsfällen unverzüglich zur Klärung des Status' mit dem Auswärtigen Amt (Lagezentrum, Tel-Nr. 030–5000-2911) Kontakt aufzunehmen. Während dieser Sachverhaltsaufklärung ist von der Durchführung weiterer Kontrollmaßnahmen zunächst abzusehen; die zu kontrollierende Person ist mit ausgesuchter Höflichkeit zu behandeln.

Nach Völkergewohnheitsrecht können darüber hinaus auch Mitglieder sogenannter „Sondermissionen" (offiziell vom Entsendestaat angezeigte Delegationsreisen, denen der Emp-

[1] Verordnung (EG Nr. 300/2008.
[2] Anlage M zum Nationalen Luftsicherheitsprogramm.

fangsstaat zugestimmt hat[1]) Befreiung von der Gerichtsbarkeit und Unverletzlichkeit genießen. Bei Zweifelsfällen muss zur Klärung der Statusfragen mit dem Auswärtigen Amt (Lagezentrum, Tel-Nr. 030–5000-2911) Kontakt aufgenommen werden.

2. Diplomaten, Konsularbeamte und gleichgestellte Personen

2.1 Diplomaten und ihre Familienmitglieder

2.1.1 Anwendungsbereich der Privilegierung

2.1.1.1 Diplomaten

Nach dem WÜD zählen zu den Diplomaten zum einen die Missionschefs, d. h. die beim Bundespräsidenten oder beim Bundesaußenminister akkreditierten Leiter der ausländischen diplomatischen Missionen: die Botschafter, der Apostolische Nuntius und die notifizierten Geschäftsträger. Diplomaten sind nach WÜD zum anderen die Mitglieder des diplomatischen Personals: Gesandte, Räte, Sekretäre und Attachés der Botschaften und der Apostolischen Nuntiatur sowie die Sonderattachés, z. B. Wirtschafts-, Handels-, Finanz-, Landwirtschafts-, Kultur-, Presse-, Militärattachés und die Botschaftsseelsorger und -ärzte.

Grundsätzlich gilt, dass nur diejenigen Diplomaten Vorrechte und Immunitäten genießen, die in der Bundesrepublik Deutschland notifiziert, d. h. von einer ausländischen Vertretung in Deutschland zur Diplomatenliste angemeldet sind. Die Anmeldung erfolgt beim Auswärtigen Amt. Zum Nachweis der Zugehörigkeit zu einer ausländischen Mission stellt das Auswärtige Amt Diplomaten einen Protokollausweis aus. Auch in Drittstaaten angemeldete Diplomaten können auf einer dienstlichen Reise durch das Gebiet der Bundesrepublik Deutschland Immunität genießen (Art. 40 WÜD, s. a. die Ausführungen unter 2.6).

Der Besitz eines ausländischen Diplomatenpasses allein begründet noch keine Privilegien, sollte aber Veranlassung zur Klärung des Status‘ der Person geben. Wie in Deutschland[2] entspricht es auch internationaler Übung, dass die Erteilung von Diplomatenpässen nur an einen zahlenmäßig begrenzten Personenkreis und bei Vorliegen bestimmter Voraussetzungen erfolgt. Die Entscheidung eines anderen Staates, einer Person einen Diplomatenpass zu erteilen, ist zu respektieren. Es ist grundsätzlich davon auszugehen, dass der Diplomatenpassinhaber in dem Herkunfts-/Entsendestaat eine hervorgehobene Stellung einnimmt und sein Aufenthalt in der Bundesrepublik Deutschland von besonderem Interesse für diesen Staat ist. In Zweifelsfällen ist das Auswärtige Amt (unter der Rufnummer 030–5000-3411, 9.00–16.00 Uhr, ansonsten unter der Rufnummer 030–5000-2911) zu befassen.

Ins Ausland entsandte deutsche Diplomaten oder andere Inhaber eines deutschen Diplomatenpasses genießen in Deutschland keine Vorrechte und Immunitäten.[3]

Die Vorrechte und Immunitäten stehen einem zur Diplomatenliste angemeldeten Berechtigten von dem Zeitpunkt an zu, in dem er in das Gebiet der Bundesrepublik Deutschland einreist, um seinen Posten dort anzutreten. Wenn er sich bereits in der Bundesrepublik Deutschland befindet, ist für den Beginn der Privilegierung auf den Zeitpunkt abzustellen, zu dem der Entsendestaat den Beginn seiner Tätigkeit dem Auswärtigen Amt notifiziert hat.

2.1.1.2 Familienmitglieder des Diplomaten

Zu den Familienmitgliedern eines Diplomaten gehören die mit dem Diplomaten in häuslicher Gemeinschaft lebenden Ehepartner und Kinder, letztere jedoch nur bis zum 25. Lebensjahr und soweit sie unverheiratet und von dem Diplomaten wirtschaftlich abhängig sind.

Gleichgeschlechtliche Lebenspartner von Diplomaten genießen dann entsprechende Vorrechte und Befreiungen, wenn sie den Nachweis erbringen, dass sie in einer „eingetragenen Lebenspartnerschaft“ mit dem Diplomaten leben, die den Anforderungen entspricht, die das deutsche LPartG für diese Lebenspartnerschaften aufstellt. Darüber hinaus ist erforderlich, dass der Entsendestaat dem Lebenspartner einen Diplomaten-/Dienstpass ausgestellt hat und Gegenseitigkeit bei der Behandlung von gleichgeschlechtlichen Lebenspartnerschaften zugesichert wird. Sie erhalten dann wie andere bevorrechtigte Personen einen Protokollausweis. Andere Nachweismöglichkeiten zum Bestehen der Lebenspartnerschaft (etwa durch eidesstattliche Versicherung) können im Einzelfall anerkannt werden.

Andere Familienangehörige, wie z. B. Eltern oder Schwiegereltern, zählen grundsätzlich nicht zu den Familienmitgliedern. Wenn ihnen jedoch auf Grund besonderer Umstände im Einzelfall ein Protokollausweis erteilt worden sein sollte, müssen sie wie Diplomaten und mit besonderer Höflichkeit behandeln werden (s. auch Ausführungen unter 2.1.2.2.2).

---

[1] Zu den Voraussetzungen einer Sondermission s. auch die Entscheidung des BGH im sog. „Tabatabai-Fall“ (NJW 1984, 2049).

[2] S. Allgemeine Verwaltungsvorschrift über die Ausstellung amtlicher Pässe der Bundesrepublik Deutschland vom 27.6.2014 auf Grundlage des § 27 PassG.

[3] Zu Diplomaten an Auslandsvertretungen in Deutschland, die die deutsche Staatsangehörigkeit besitzen oder ständig in Deutschland ansässig sind s. u. 2.7.

Familienmitglieder von Diplomaten genießen grundsätzlich die gleichen Vorrechte und Befreiungen wie Diplomaten (s. Art. 37 Abs. 1 WÜD).[1] Auch für sie gilt das Erfordernis der Notifizierung ggü. dem Empfangsstaat.

2.1.1.3 Ende der Privilegierung

Die Vorrechte und Befreiungen erlöschen bei einer Person, deren dienstliche Tätigkeit beendet ist, normalerweise mit Zeitpunkt der Ausreise oder werden bei Ablauf einer hierfür gewährten angemessenen Frist hinfällig. Nach der deutschen Praxis haben ausländische Missionsmitglieder, deren Tätigkeitsbeendigung dem Auswärtigen Amt notifiziert wird, ab dem Datum der Abmeldung bis zu drei Monate Zeit, um die Bundesrepublik als Bevorrechtigte zu verlassen.

2.1.2 Umfang der Privilegierung

2.1.2.1 Befreiung von der Gerichtsbarkeit – Immunität – (Art. 31 WÜD)

2.1.2.1.1 Diplomatische Immunität

Aufgrund der diplomatischen Immunität sind Diplomaten in weitem Umfang von der Gerichtsbarkeit des Empfangsstaats befreit.

Für den Bereich des Strafrechts gilt, dass der ausländische Diplomat in der Bundesrepublik Deutschland uneingeschränkt Immunität **von der deutschen Strafgerichtsbarkeit** genießt.

Die Immunität ist als ein Verfahrenshindernis von Amts wegen zu beachten. Gegen den Diplomaten darf weder ein Straf- noch ein Ordnungswidrigkeitsverfahren durchgeführt werden. Er darf nicht geladen und es darf kein Termin zur mündlichen Verhandlung anberaumt werden. Unerheblich ist dabei, ob der Diplomat dienstlich oder als Privatperson gehandelt hat.

Grundsätzlich genießt der Diplomat auch Befreiung **von der Zivil- und Verwaltungsgerichtsbarkeit** sowie von Vollstreckungsmaßnahmen. Unerheblich ist dabei, ob er dienstlich oder als Privatperson gehandelt hat.

Unbeschadet der diplomatischen Immunität sind Diplomaten verpflichtet, die in der Bundesrepublik Deutschland geltenden Gesetze und anderen Rechtsvorschriften zu beachten (s. Art. 41 Abs. 1 WÜD).

2.1.2.1.2 Ausnahmen von der Immunität des Diplomaten

Es gelten folgende Ausnahmen (Art. 31 Abs. 1 WÜD):

Bei **dinglichen Klagen** in Bezug auf privates, im Hoheitsgebiet des Empfangsstaats gelegenes unbewegliches Vermögen; es sei denn, dass der Diplomat dieses im Auftrag des Entsendestaats für die Zwecke der Mission in Besitz hat.

Praxisrelevantes Beispiel: Bei Rechtsstreitigkeiten aus einem Mietrechtsverhältnis genießt der Diplomat Immunität. Nicht jedoch, wenn Streitgegenstand sein unbewegliches Eigentum (Grundstück) ist.

Bei Klagen im Zusammenhang mit einem **freien Beruf oder einer gewerblichen Tätigkeit,** die der Diplomat neben seiner amtlichen Tätigkeit ausübt. Darunter fallen Geschäfte, die nicht alltäglich und für den Aufenthalt in der Bundesrepublik nicht notwendig sind, so z. B. Spekulationsgeschäfte an der Börse oder die maßgebliche Beteiligung an einem Unternehmen.

Bei Klagen in **Nachlasssachen,** in denen der Diplomat als Testamentsvollstrecker, Verwalter, Erbe oder Vermächtnisnehmer in privater Eigenschaft und nicht als Vertreter des Entsendestaates beteiligt ist.

Strengt der Diplomat selbst einen Prozess an, ist zu beachten: Die Immunität hindert den Diplomaten unter völkerrechtlichen Gesichtspunkten nicht, die Gerichte des Empfangsstaates in Anspruch zu nehmen. Dies gilt zivilprozessual im Außenverhältnis auch ohne entsprechende Erklärung des Entsendestaates als stillschweigender Verzicht des Diplomaten auf die diplomatische Immunität mit der Rechtsfolge, dass er sich nach Klageerhebung auch in Bezug auf eine zulässige **Widerklage** nach § 33 der Zivilprozessordnung (ZPO) nicht mehr auf seine Immunität berufen kann. Zu beachten ist allerdings, dass grundsätzlich nur der Entsendestaat auf die Immunität verzichten kann. Ein ggfs. durch den Diplomaten gesetzter Rechtschein des Immunitätsverzichts kann daher nachträglich durch den Entsendestaat wieder beseitigt werden, indem der Entsendestaat gegenüber dem Empfangsstaat geltend macht, keinen Verzicht ausgesprochen zu haben.

---

[1] Eine Ausnahme bildet die Amtshandlungsimmunität (zum Begriff s. u. 2.7), die nicht für Familienmitglieder von ständig ansässigen Diplomaten gilt, da sie keine Amtshandlungen vornehmen können.

Werden in diesen Fällen Urteile gegen den Diplomaten gefällt, darf in die Vermögensgegenstände des Diplomaten vollstreckt werden, die sich außerhalb der – unverletzlichen – Privatwohnung befinden, z. B. in Bankkonten.

2.1.2.1.3 Rechtsfolge bei Nichtbeachtung der Immunität

Gerichtsentscheidungen, die unter Nichtbeachtung der Immunität ergangen sind, sind nichtig. Rechtsmittel sind möglich, insbesondere zur Klärung des Bestehens oder Nicht-Bestehens der Immunität.

2.1.2.1.4 Befreiung von der Verpflichtung zu Zeugenaussagen

Der Diplomat ist nicht verpflichtet, weder in privaten noch in dienstlichen Angelegenheiten, als Zeuge auszusagen (Art. 31 Abs. 2 WÜD).[1] Er selbst kann auf dieses Recht, die Aussage zu verweigern, nicht verzichten. Hierzu ist allein der Entsendestaat berechtigt (Art. 32 Abs. 1 WÜD). Der Entsendestaat kann es jedoch dem Diplomaten überlassen, selbst zu entscheiden, wann er aussagen will und wann nicht. Ein Richter sollte den Diplomaten über sein Recht, die Aussage zu verweigern, belehren und von Amts wegen ermitteln, ob ggf. ein Verzicht auf das Aussageverweigerungsrecht vorliegt.

2.1.2.2 Unverletzlichkeit des Diplomaten (Art. 29 WÜD)

2.1.2.2.1 Begriff und Anwendungsfälle der Unverletzlichkeit

Unverletzlichkeit bedeutet, dass die Androhung oder Durchführung von hoheitlichen Zwangsmaßnahmen unzulässig ist. Zu beachten ist, dass darüber hinaus die Zustellung (Zusendung) eines Hoheitsakts an die Mission oder an die Privatwohnung eines Diplomaten unzulässig ist, weil auch die Räumlichkeiten der Mission und die Privatwohnung unverletzlich sind (Art. 22 und Art. 30 Abs. 2 WÜD).

In besonderen, seltenen Ausnahmefällen kann es geboten sein, die Unverletzlichkeit insbesondere zur Abwehr von Gefahren für die Allgemeinheit oder die bevorrechtigte Person selbst einzuschränken. Der Verhältnismäßigkeitsgrundsatz ist dabei zu beachten. Wegen des Ausnahmecharakters derartiger Maßnahmen ist es unerlässlich, die bevorrechtigte Person und ggf. begleitende Personen (Angehörige), selbst wenn Letztere keine Vorrechte genießen sollten, mit besonderer Höflichkeit zu behandeln.

Unangemessene/nicht verhältnismäßige Einschränkungen der Unverletzlichkeit können erhebliche negative Auswirkungen auf das Ansehen Deutschlands im Ausland haben und die bilateralen Beziehungen zum Entsendestaat nachhaltig belasten.

Praxisrelevante Beispiele:

Maßnahmen der Strafverfolgung ggü. dem Diplomaten sind unzulässig (z. B. vorläufige Festnahme, Verhaftung, Durchsuchung, Beschlagnahme und Sicherstellung von Eigentum des Diplomaten, auch im Rahmen der Barmittelkontrolle, Vernehmung gegen den Willen des Betroffenen, Telefonüberwachung, Entnahme von Blutproben oder Durchführung eines Alkohol-Atem-Tests gegen den Willen des Betroffenen zur Feststellung des BAK-Wertes bei Verdacht des Führens eines Kfz in alkoholisiertem Zustand).

Unter Beachtung des Verhältnismäßigkeitsgrundsatzes kann ausnahmsweise ein kurzfristiges Festhalten zulässig sein, etwa um den Diplomaten an einem gravierenden Rechtsverstoß zu hindern oder um seine Identität festzustellen.

Belastende Verwaltungs- oder Realakte der Verwaltungsvollstreckung, z. B. die Androhung, Festsetzung und Durchführung von Zwangsmitteln gegen den Diplomaten, sind unzulässig (z. B. Bußgeldverfahren bei Verstößen gegen Anzeigepflicht bei Einfuhr von Zahlungsmitteln über der Barmittelgrenze).

Weitere belastende Real- oder Verwaltungsakte, wie z. B. Standardmaßnahmen aufgrund der Polizeigesetze der Länder, sind unzulässig, z. B. die Ingewahrsamnahme, Durchsuchung oder Beschlagnahme von Gegenständen, die im Besitz des Betroffenen stehen (z. B. das Umsetzen eines Kfz) oder der Einzug des Führerscheins (s. im Einzelnen zu staatlichen Zwangsmaßnahmen bei Verstößen gegen die Straßenverkehrsordnung – Teil 6).

Strengt der Diplomat jedoch selbst ein Verwaltungsverfahren an (z. B. Antrag auf Vergütung einer Steuer), dürfen die auf diesen Antrag ergangenen Bescheide (z. B. Vergütungssteuerbescheid) an die Mission oder an die Privatwohnung des Diplomaten ausnahmsweise versandt werden.

2.1.2.2.2 Unverletzlichkeit bei Sicherheitskontrollen an Flughäfen

Die Sicherheitskontrollen an deutschen Flughäfen werden nach der Verordnung (EG) Nr. 300/2008 über gemeinsame Vorschriften für die Sicherheit in der Zivilluftfahrt und auf Grundlage der nationalen Anordnungslage bzgl. der Grundsätze des Bundesministeriums

---

[1] Wegen des Grundsatzes der Unverletzlichkeit sind bereits Zeugenladungen, in denen eine Erscheinens- und Aussagepflicht begründet wird, gesandtschaftsrechtlich unzulässig.

des Innern für die Befreiung von Fluggästen von der Luftsicherheitskontrolle[1] durchgeführt. Sofern keine Freistellung nach den vorgenannten Grundsätzen vorliegt, unterliegen Diplomaten sowie ihr persönliches Gepäck grundsätzlich den allgemeinen Luftsicherheitskontrollen.

Für die Durchführung der Kontrollen ist in diesem Zusammenhang jedoch an die grundsätzliche Verpflichtung aus Art. 29 WÜD zu erinnern, wonach der Empfangsstaat die Unverletzlichkeit des Diplomaten garantiert, ihn mit der gebührenden Achtung behandelt und jeden Angriff auf seine Würde verhindert. (Dies gilt sowohl bei unmittelbar in Deutschland akkreditierten Diplomaten als auch bei durchreisenden Diplomaten, s. hierzu auch Ziff. 2.6.) **Wie oben ausgeführt (Teil 1.A und Ziff. 2.1.2.2.1), entspricht es zwischenstaatlichen Verhaltensregeln, Diplomaten mit besonderer Höflichkeit zu behandeln. Eine Missachtung dieser Verhaltensregeln durch deutsche Behörden schadet dem internationalen Ansehen der Bundesrepublik Deutschland und kann negative Auswirkungen auf die Behandlung deutscher Diplomaten, Konsularbeamten oder anderes staatlich entsandtes Personal im Ausland haben.**

Die o. g. Grundsätze des Bundesministeriums des Innern für die Befreiung von Fluggästen von der Luftsicherheitskontrolle sehen die Möglichkeit der Befreiung von Diplomaten von den Luftsicherheitskontrollen vor. In den Fällen, in denen eine Freistellung nicht erfolgt ist, können Diplomaten unter Berufung auf ihre Unverletzlichkeit eine Leibesvisitation und die Durchsuchung ihres persönlichen Gepäcks verweigern. In einem solchen Fall ist der Diplomat darauf hinzuweisen, dass er von der Beförderung ausgeschlossen wird, wenn er sich nicht freiwillig der Personenkontrollen und der Kontrolle seines persönlichen Gepäcks unterzieht. Hält der Diplomat seine Weigerung aufrecht, darf er den Kontrollpunkt nicht passieren. Eine freiwillige Unterwerfung des Diplomaten unter die Sicherheitskontrollen ist jederzeit möglich.

Vorfälle, in denen Meinungsverschiedenheiten über die Angemessenheit der durchgeführten Kontrollmaßnahmen bei Diplomaten und anderen bevorrechtigten Personen auftreten, sind beschwerdeträchtig und können zu einer erheblichen Belastung der bilateralen Beziehungen mit dem Herkunftsland der bevorrechtigten Person führen. Im Falle von Beschwerden muss das Auswärtige Amt zu dem Vorfall Stellung nehmen können, um weiteren außenpolitischen Schaden abzuwenden. **Daher müssen im Fall von Meinungsverschiedenheiten Anlass und Rechtfertigung der Maßnahmen sowie die angestellten Ermessenserwägungen umfassend schriftlich festgehalten werden.** Dabei sollte in diesen Fällen detailliert dargelegt werden, welche besonderen Umstände im Einzelfall dazu Veranlassung gegeben haben, die von den Diplomaten oder anderen bevorrechtigten Personen beanstandete Kontrollmaßnahme in der gewählten Art und Weise durchzuführen. Diese Dokumentationsanforderung dient nicht zuletzt dem Schutz des kontrollierenden Personals. Auf die Ausführungen unter Ziff. 2.1.1.1 oben zur Stellung von Diplomatenpassinhabern wird in diesem Zusammenhang verwiesen. Bei Zweifeln über den Status des Diplomatenpassinhabers ist das Auswärtige Amt (unter der Rufnummer 030–5000-3411, 9.00–16.00 Uhr, ansonsten unter der Rufnummer 030–5000-2911) zu befassen.

2.1.2.3 Maßnahmen zum Gesundheitsschutz der Bevorrechtigten und der Bevölkerung

Das Auswärtige Amt bittet die ausländischen Vertretungen in der Bundesrepublik Deutschland ausdrücklich, im Falle einer akuten Bedrohung den Maßnahmen zur Verhütung und Bekämpfung übertragbarer Krankheiten nach dem Infektionsschutzgesetz (IfSG) und zum Schutz von Leib und Leben ihrer Angehörigen sowie der gesamten Bevölkerung in vollem Umfang zu entsprechen.

Ferner bitten die deutschen Behörden, bei Tieren, die sich auf dem Grundstück der diplomatischen Mission oder der konsularischen Vertretung oder dem Privatgrundstück eines Diplomaten oder in den dort vorhandenen Räumlichkeiten befinden, tierseuchenrechtliche Maßnahmen nach den in der Bundesrepublik Deutschland geltenden Bestimmungen, besonders dem Tiergesundheitsgesetz, zuzulassen.

Hier ist zu beachten, dass die Räumlichkeiten der Mission, die Privatwohnungen von Diplomaten und von Mitgliedern des verwaltungs- und technischen Personals einer diplomatischen Mission ohne Zustimmung des Missionschefs oder der jeweils bevorrechtigten Personen nicht betreten werden dürfen (vgl. Teil 2.A).

Die Diplomaten unterliegen auch den Gesundheitsmaßnahmen in Übereinstimmung mit den Internationalen Gesundheitsvorschriften (IGV, 2005) vom 23. Mai 2005 in der Fassung der Bekanntmachung vom 1. Oktober 2007 (BGBl. II 930, 1528), geändert durch Verordnung vom 23. Mai 2008 (BGBl. 2009 II 275, 276) und spezifiziert durch das IGV-Durchführungsgesetz vom 21. März 2013. **Die Befolgung und Umsetzung dieser Maßnahmen**

[1] Anlage M zum Nationalen Luftsicherheitsprogramm.

können jedoch, soweit die genannten Räumlichkeiten betroffen sind, grundsätzlich wegen des Grundsatzes der Unverletzlichkeit nicht erzwungen werden.

2.1.2.4 Befreiung des Diplomaten von der Besteuerung (Art. 23 und 34 WÜD)

Der Diplomat genießt nach Artikel 34 WÜD Befreiung von der Besteuerung, für den Botschafter ergibt sich dies aus Artikel 23 WÜD.

Botschafter und sonstige Diplomaten sind von allen **staatlichen, regionalen und kommunalen Personal- und Realsteuern oder -abgaben** befreit. Indirekte Steuern (z. B. USt) sind zu entrichten, vgl. Artikel 34 lit. a WÜD. Gleichwohl hat sich eine Staatenpraxis auf Basis der Gegenseitigkeit herausgebildet, wonach die meisten Staaten auch **Entlastung von indirekten Steuern** gewähren.

In Deutschland besteht grundsätzlich – im Rahmen der Gegenseitigkeit – Entlastung von der

Umsatzsteuer (Umsatzsteuererstattungsverordnung (UStErstV) in der Fassung der Bekanntmachung vom 3. Oktober 1988; BGBl. I 1780, zuletzt geändert durch Artikel 8 des Gesetzes vom 8. April 2010; BGBl. I 386),

Energiesteuer (Energiesteuergesetz (EnergieStG) vom 15. Juli 2006; BGBl. I 1534; 2008 I 660; 1007, zuletzt geändert durch Artikel 11 des Gesetzes vom 18. Juli 2014; BGBl. I 1042),

Kraftfahrzeugsteuer (Kraftfahrzeugsteuergesetz (KraftStG) in der Fassung der Bekanntmachung vom 26. September 2002; BGBl. I 3818, zuletzt geändert durch Artikel 1 des Gesetzes vom 8. Juni 2015; BGBl. I 901),

Versicherungsteuer (Versicherungsteuergesetz (VersStG) in der Fassung der Bekanntmachung vom 10. Januar 1996; BGBl. I 22, zuletzt geändert durch Artikel 14 des Gesetzes vom 18. Dezember 2013; BGBl. I 4318).

Befreiung wird auch gewährt von den Rundfunkbeiträgen gem. § 5 Absatz 6 Nummer 2 Rundfunkbeitragsstaatsvertrag und den Gebühren für die Ausstellung und Umschreibung von Fahrerlaubnissen und der Zulassung von Kraftfahrzeugen (Gebührenordnung für Maßnahmen im Straßenverkehr). Ebenso besteht Gebührenfreiheit von den Gebühren nach Teil II Nummern 1 bis 27 der Anlage zur Kostenverordnung zum Waffengesetz in der Fassung der Neubekanntmachung vom 20. April 1990 (BGBl. I 780, zuletzt geändert durch Artikel 2 der Verordnung vom 10. Januar 2000, BGBl. I 38) für einige Gebühren nach Waffenrecht, sofern Gegenseitigkeit vorliegt.

Die Gegenseitigkeit als Voraussetzung des Steuerprivilegs wird durch das Auswärtige Amt per Abfrage bei den deutschen Auslandsvertretungen geklärt und per Verbalnotenaustausch zwischen dem Auswärtigen Amt und der jeweiligen Botschaft in Deutschland festgestellt.

Keine Befreiung erfolgt von

der Entrichtung von Abgaben, wenn diese als **Vergütung für bestimmte Dienstleistungen** erhoben werden, bspw. der Anliegerbeitrag für die Straßenreinigung,

der Entrichtung **von Steuern und sonstigen Abgaben von privatem, in Deutschland gelegenem unbeweglichen Vermögen** (es sei denn, der Diplomat hat es für die Zwecke der Mission in Besitz),

der Erbschaftsteuer, es sei denn, es handelt sich um bloße bewegliche Gegenstände, die sich aus Anlass des dienstlichen Aufenthalts des Verstorbenen im Gebiet der Bundesrepublik Deutschland befinden, z. B. Mobiliar, Schmuck oder Ersparnisse aus Gehaltszahlungen (Art. 34c WÜD i. V. m. Art. 39 Abs. 4 WÜD),

den Steuern und sonstigen Abgaben von privaten Einkünften, deren Quelle sich in der Bundesrepublik Deutschland befindet, sowie Vermögenssteuern von Kapitalanlagen in gewerblichen Unternehmen, die in der Bundesrepublik Deutschland gelegen sind,

Eintragungs-, Gerichts-, Beurkundungs-, Beglaubigungs-, Hypotheken- und Stempelgebühren in Bezug auf unbewegliches Vermögen, es sei denn, dass nationale Regelungen auf der Grundlage der Gegenseitigkeit eine Befreiung vorsehen.

2.1.2.5 Privilegierungen diplomatischen Vermögens

2.1.2.5.1 Befreiung von Zöllen und ähnlichen Abgaben bei der Einfuhr persönlicher Gegenstände (Art. 36 Abs. 1 WÜD)

In die Bundesrepublik eingeführte Gegenstände für den persönlichen Gebrauch von Diplomaten sind grundsätzlich von Zöllen, Steuern und ähnlichen Abgaben befreit, mit Ausnahme von Gebühren für Einlagerung, Beförderung und ähnliche Dienstleistungen.

2.1.2.5.2 Befreiung von Kontrollen des persönlichen Gepäcks (Art. 36 Abs. 2 WÜD)

Diplomaten genießen grundsätzlich Befreiung von der (Zoll-)Kontrolle ihres persönlichen Gepäcks, sofern nicht triftige Gründe für die Vermutung vorliegen, dass es Gegenstände enthält, die nicht für den amtlichen Gebrauch der Mission oder den persönlichen Gebrauch des Diplomaten bestimmt sind oder deren Ein- und Ausfuhr nach dem Recht der Bundesrepublik Deutschland verboten oder durch Quarantänevorschriften geregelt ist (etwa durch das Bundesseuchen- oder Tierseuchengesetz). Ein triftiger Grund erfordert objektiv vorhandene, gleichsam „ins Auge springende" Hinweise auf eine missbräuchliche Verwendung. Die Kontrolle muss daher ein Ausnahmefall bleiben. Selbst bei Vorliegen triftiger Gründe darf die Kontrolle nur in Anwesenheit des Diplomaten oder eines ermächtigten Vertreters stattfinden (Art. 36 Abs. 2 WÜD). Daher müssen Anlass und Rechtfertigung der Maßnahmen sowie die angestellten Ermessenserwägungen umfassend schriftlich festgehalten werden, s. zu diesem Dokumentationserfordernis im Einzelnen oben unter Ziff. 2.1.2.2.1.

Zu Flugsicherheitskontrollen s. o., Ziff. 2.1.2.2.2.

2.1.2.5.3 Unverletzlichkeit der Privatwohnung und des Vermögens (Art. 30 WÜD)

Die Privatwohnung eines Diplomaten ist unverletzlich und genießt denselben Schutz wie die Räumlichkeiten der Mission (vgl. Teil 2.A.2). In den Schutzbereich des Art. 30 WÜD fallen auch Zweitwohnungen und Ferienhäuser, wenn die Nutzung regelmäßig erfolgt und es der Bundesrepublik Deutschland möglich ist, ihrer Schutzverpflichtung dort wirksam nachzukommen. Die Papiere des Diplomaten, seine Korrespondenz und sein Vermögen sind ebenfalls unverletzlich. Unverletzlich ist nach Artikel 30 Absatz 2 WÜD grundsätzlich auch das Vermögen des Diplomaten. Eine Ausnahme besteht für die Vollstreckung aus Urteilen, die in nach dem WÜD zulässigen Verfahren gegen Diplomaten ergangen sind (s. o. Teil 2.1.2.1.2), soweit die Vollstreckung Gegenstände außerhalb der Privatwohnung des Diplomaten betrifft (zu Vollstreckungsmaßnahmen in private Kfz von Diplomaten, vgl. unten Teil 6).

2.1.2.6 Freizügigkeit (Art. 26 WÜD)

Der Diplomat darf sich im gesamten Hoheitsgebiet des Empfangsstaates frei bewegen. Zu beachten sind jedoch Gesetze oder Rechtsvorschriften über Zonen, deren Betreten aus Gründen der nationalen Sicherheit verboten oder reglementiert ist.

2.1.2.7 Weitere Privilegien

Der Diplomat unterliegt nicht den Vorschriften über soziale Sicherheit des Empfangsstaates (Art. 33 Abs. 1 und 3 WÜD). Ferner ist er von persönlichen und öffentlichen Dienstleistungen (Art. 35 WÜD) sowie der Ausländermelde-[1] und Aufenthaltstitelpflicht befreit (vgl. Teil 3.A).

2.2 Mitglieder des Verwaltungs- und technischen Personals der Mission (VtP) und ihre Familienmitglieder

2.2.1 Verwaltungs- und technisches Personal

Mitglieder des VtP sind die im Verwaltungs- und technischen Dienst der Mission beschäftigten Mitglieder ihres Personals, die weder als Mitglied des diplomatischen noch des dienstlichen Hauspersonals anzusehen sind. Beispiele hierfür sind Schreibkräfte, Kanzleibeamte und Übersetzer (soweit sie nicht als Ortskräfte angestellt sind).

Die Familienmitglieder (Definition s. o. Teil 2.1.1.2) der Mitglieder des VtP genießen die gleichen Privilegien wie das Mitglied des VtP selbst.

2.2.2 Umfang der Privilegierung

2.2.2.1 Befreiung von der Gerichtsbarkeit – Immunität – (Art. 31 i. V. m. Art. 37 Abs. 2 WÜD)

Mitglieder des VtP sind grundsätzlich im selben Umfang von der Gerichtsbarkeit befreit wie Diplomaten – mit folgender Ausnahme: Sie genießen Immunität von der Zivil- oder Verwaltungsgerichtsbarkeit nur für Handlungen, die in Ausübung ihrer dienstlichen Tätigkeit vorgenommen wurden. Das sind die Handlungen, die für den Dienst oder dienstlich angeordnete Veranstaltungen unumgänglich sind. Da bei Familienmitgliedern Handlungen in Ausübung dienstlicher Tätigkeit nicht möglich sind, genießen Familienmitglieder – anders als Familienmitglieder von Diplomaten i. S. d. Art. 1 lit. e) WÜD (Missionschef/Mitglieder des diplomatischen Personals) – in der Praxis keine Befreiung von der Zivil- und Verwaltungsgerichtsbarkeit.

2.2.2.2 Weitere Vorrechte des VtP

Darüber hinaus gelten folgende Vorrechte von Diplomaten im selben Umfang für Mitglieder des VtP, sofern sie weder deutsche Staatsangehörige noch in Deutschland ansässig sind (vgl. Art. 37 Abs. 2 WÜD):

- Schutz des VtP vor hoheitlichen Maßnahmen (Unverletzlichkeit),
- Maßnahmen zum Schutz der Gesundheit des VtP und der Bevölkerung,

[1] Der ausländerrechtlichen Meldepflicht wird durch die Notifizierungspflicht nach Art. 10 Abs. 1 WÜD Genüge getan.

- Befreiung von der Besteuerung,
- Befreiung von Kontrollen des persönlichen Gepäcks,
- Unverletzlichkeit der Privatwohnung,
- Freizügigkeit,
- Zeugnisverweigerungsrecht,

Befreiung von den Vorschriften über soziale Sicherheit, persönliche und öffentliche Dienstleistungen, Ausländermelde-, Aufenthaltstitelpflicht.

Von Zöllen, Steuern und ähnlichen Abgaben bei der Einfuhr persönlicher Gegenstände ist das VtP im Gegensatz zu Diplomaten nur in Bezug auf Gegenstände befreit, die anlässlich der Ersteinrichtung nach der Versetzung nach Deutschland eingeführt werden (Art. 37 Abs. 2 Satz 2 i. V. m. Art. 36 Abs. 1 WÜD).

2.3 Mitglieder des dienstlichen Hauspersonals (dHP) der Mission und ihre Familienmitglieder

2.3.1 Dienstliches Hauspersonal

Mitglieder des dHP sind nach dem WÜD die als Hausbedienstete bei der Mission beschäftigten Mitglieder ihres Personals, z. B. Fahrer, Pförtner, Boten, Gärtner, Köche und Nachtwächter der diplomatischen Mission.

Die **Familienmitglieder** (Definition s. o. Teil 2.1.1.2) des dHP genießen keine Privilegien. Wegen der verwandtschaftlichen Zugehörigkeit zu der als dHP bevorrechtigten Person entspricht es den zwischenstaatlich anerkannten Verhaltensregeln, auch diese Personengruppe mit der gebotenen Höflichkeit zu behandeln.

2.3.2 Umfang der Privilegierung

2.3.2.1 Befreiung von der Gerichtsbarkeit – Immunität – (Art. 31 i. V. m. Art. 37 Abs. 3 WÜD)

Mitglieder des dHP sind grundsätzlich im selben Umfang von der Gerichtsbarkeit befreit wie Diplomaten – mit folgender Ausnahme:

Das dHP genießt die Befreiung von der Straf-, Zivil- oder Verwaltungsgerichtsbarkeit nur für Handlungen, die in Ausübung der dienstlichen Tätigkeit vorgenommen wurden. Hierunter sind Handlungen zu verstehen, die für den Dienst oder dienstlich angeordnete Veranstaltungen unumgänglich sind (bspw. aber nicht Fahrten zum täglichen Dienst).

2.3.2.2 Weitere Vorrechte des dHP

Mitglieder des dHP, die weder deutsche Staatsangehörige noch in Deutschland ständig ansässig sind, zahlen keine Steuern oder sonstigen Abgaben auf ihre Dienstbezüge (Art. 37 Abs. 3 WÜD). Außerdem sind sie von den Vorschriften über die soziale Sicherheit (Art. 37 Abs. 3 WÜD i. V. m. Art. 33 WÜD) sowie der Ausländermelde- und Aufenthaltstitelpflicht (vgl. Teil 3.A) befreit. Nach Absatz 2 Buchstabe a) der Dienstvorschrift zum Diplomaten- und Konsulargut des Bundesministeriums der Finanzen (Kennung Z 0842 der vom Bundesministerium der Finanzen herausgegebenen Vorschriftensammlung VSF) in Verbindung mit § 17 Absatz 1 Nummer 1 der Zollverordnung kann den Mitgliedern des dHP und ihren Familienmitgliedern auf der Basis der Gegenseitigkeit auch das Privileg der zollfreien Einfuhr gewährt werden.

Die Gegenseitigkeit wird durch Abfrage des Auswärtigen Amtes bei den deutschen Auslandsvertretungen geklärt und per Verbalnotenaustausch zwischen dem Auswärtigen Amt und der jeweiligen Botschaft in Deutschland festgestellt. Meist besteht sie nur hinsichtlich des Umzugsguts innerhalb einer beschränkten Frist nach Dienstantritt des dHP. Darüber hinaus genießen Mitglieder des dHP keine weiteren Privilegien.

2.4 Private Hausangestellte von Mitgliedern diplomatischer Missionen

Private Hausangestellte sind im häuslichen Dienst eines Mitglieds der Mission beschäftigte Personen, die nicht Bedienstete des Entsendestaates sind, z. B. Fahrer, Erzieher, Reinigungskräfte, Kindermädchen und sonstiges Personal.

Private Hausangestellte, die weder deutsche Staatsangehörige noch in Deutschland ständig ansässig sind, zahlen keine Steuern oder sonstige Abgaben auf ihre Bezüge (Art. 37 Abs. 4 WÜD).

Private Hausangestellte sind von der Arbeitserlaubnispflicht sowie von den Vorschriften über soziale Sicherheit befreit, soweit sie den im Entsendestaat oder einem dritten Staat geltenden Vorschriften über soziale Sicherheit unterstehen (Art. 33 Abs. 2 WÜD). Soweit Gegenseitigkeit besteht, sind sie von der Aufenthaltstitelpflicht (vgl. Teil 3.A) befreit. Weitere Privilegien stehen privaten Hausangestellten nicht zu.

Der Nachzug von Familienmitgliedern privater Hausangestellter ist nicht gestattet. Soweit sich Familienmitglieder von privaten Hausangestellten in der Bundesrepublik Deutschland aufhalten, genießen diese keine Privilegien.

2.5 Ortskräfte der Mission

Ortskräfte sind die Mitarbeiter einer ausländischen Vertretung, die auf dem lokalen Arbeitsmarkt angeworben werden und die nicht der Stellenrotation in einem ausländischen Auswärtigen Dienst unterliegen. Sie besitzen entweder die deutsche Staatsangehörigkeit, genießen als EU/EWR-Bürger oder Schweizer Staatsangehörige Freizügigkeit oder haben einen deutschen Aufenthaltstitel, der die Beschäftigung erlaubt.

Ortskräften werden in der Bundesrepublik Deutschland grundsätzlich keine Vorrechte und Befreiungen gewährt. Wegen ihrer Einbindung in die Amtshandlungen der Mission (etwa bei Visumerteilungen) ist insoweit eine analoge Anwendung des Artikel 38 Absatz 1 WÜD und Amtshandlungsimmunität geboten. Jedenfalls darf der Empfangsstaat seine Befugnisse gegenüber den Ortskräften nicht in einer Weise ausüben, die die Mission bei der Wahrnehmung ihrer Aufgaben ungebührlich behindert (s. Art. 38 Abs. 2 S. 2 WÜD, der hier zumindest insoweit analog anzuwenden ist).

2.6 In Drittstaaten angemeldete Diplomaten auf (Dienst-)Reise durch/in das Gebiet der Bundesrepublik Deutschland (Art. 40 WÜD)

Reist ein nicht in Deutschland notifizierter Diplomat, ein Mitglied des Verwaltungs- und technischen Personals oder des dienstlichen Hauspersonals (nicht jedoch des privaten Hauspersonals) **durch das Gebiet der Bundesrepublik Deutschland,** um sein Amt in einem dritten Staat anzutreten oder um auf seinen Posten oder in seinen Heimatstaat zurückzukehren, so stehen ihm Unverletzlichkeit und alle sonstigen für seine sichere Durchreise oder Rückkehr erforderlichen Vorrechte und Befreiungen zu. Das gilt auch, wenn er in den Heimaturlaub fährt oder aus dem Urlaub an seine Dienststelle zurückkehrt. Es ist auch hier zu beachten, dass die betroffene Person mit Höflichkeit zu behandeln ist (s. a. die Ausführungen unter 2.1.2.2.2 zur höflichen Behandlung von Diplomaten, die hier entsprechend Gültigkeit haben).

Der Transit darf allerdings grundsätzlich nicht über das notwendige Maß hinaus verlängert und mit touristischen oder persönlichen Zwecken verbunden werden. Dies gilt auch für die Familienmitglieder, die ihn begleiten oder die getrennt von ihm reisen, um sich zu ihm zu begeben oder die in ihren Heimatstaat zurückkehren. Notwendig ist der Transit in der Regel dann, wenn aus den vorzuweisenden Flugtickets hervorgeht, dass ein Zwischenaufenthalt für einige Stunden, möglicherweise auch eine Übernachtung erforderlich ist, ehe der Anschlussflug beginnt. Ein mehrtägiger Aufenthalt, etwa zu touristischen Zwecken oder zu Durchführung nicht akut erforderlicher medizinischer Behandlungen, kann nicht als Transit im Sinne von Artikel 40 WÜD anerkannt werden.

Hält sich die betroffene Person **dienstlich in der Bundesrepublik Deutschland auf** (z. B. als Teilnehmer einer Konferenz), genießt sie Privilegien nur, wenn die entsprechende Reise offiziell angekündigt war, auf offizielle deutsche Einladung hin erfolgte oder wenn für die Durchführung der Konferenz mit der durchführenden Internationalen Organisation ein sog. „Konferenzabkommen" abgeschlossen wurde, welches Privilegien vorsieht. Möglich ist auch, dass mit der betreffenden Internationalen Organisation bereits entsprechende Privilegienabkommen existieren (so z. B. mit den Vereinten Nationen).

2.7 Diplomaten mit deutscher Staatsangehörigkeit oder in der Bundesrepublik Deutschland ständig ansässige Diplomaten (Art. 38 WÜD)

Diplomaten, die deutsche Staatsangehörige oder in der Bundesrepublik Deutschland ständig ansässig sind, genießen in der Bundesrepublik Deutschland Immunität von der Gerichtsbarkeit und Unverletzlichkeit lediglich in Bezug auf die in Ausübung ihrer dienstlichen Tätigkeit vorgenommenen Amtshandlungen. Die **Amtshandlungsimmunität** umfasst nur die Amtshandlung selbst, nicht jedoch Handlungen, die mit der Amtshandlung in sachlichem Zusammenhang stehen, wie z. B. die Fahrt mit dem Kfz zum Dienstort.

Ständig ansässig ist eine Person in der Regel, wenn sie zum Zeitpunkt ihrer Anstellung durch die Mission bereits längere Zeit im Empfangsstaat ihren Wohnsitz hat. Bei einem entsandten Mitglied einer Mission ist in der Regel von einer ständigen Ansässigkeit bei einem Aufenthalt von über zehn Jahren in Deutschland auszugehen.

Die Bundesrepublik Deutschland darf jedoch grundsätzlich Hoheitsrechte gegenüber diesen Personen nur in der Weise ausüben, dass sie die Mission bei ihrer Arbeit nicht ungebührlich behindert.

2.8 Berufskonsularbeamte

2.8.1 Berufskonsularbeamte

Nach dem WÜK zählen zu den Berufskonsularbeamten Generalkonsuln, Konsuln, Vizekonsuln, Konsularagenten und andere mit der Wahrnehmung von konsularischen Aufgaben beauftragte Personen.

2.8.2 Vorrechte und Befreiungen des Berufskonsularbeamten

2.8.2.1 Befreiung von der Gerichtsbarkeit – Immunität – (Art. 43 WÜK)

Für Konsularbeamte gilt hinsichtlich der Immunität dasselbe wie für Diplomaten, allerdings mit folgender Einschränkung: Konsularbeamte genießen die Befreiung von der Straf-, Zivil- oder Verwaltungsgerichtsbarkeit nur für Handlungen, die sie in Wahrnehmung konsularischer Aufgaben vorgenommen haben. Diese sog. **Amtsimmunität** betrifft alle Handlungen, die bei der Wahrnehmung der amtlichen bzw. dienstlichen Tätigkeit ausgeübt wurden. Der Begriff ist weit zu verstehen und umfasst nicht nur die eigentliche Amtshandlung, sondern ebenso Akte in engem sachlichen und zeitlichen Zusammenhang mit der Amtshandlung, z. B. auch die Fahrten zum täglichen Dienst.

Allerdings sind im Hinblick auf solche Amtshandlungen die Konsularbeamten nach Artikel 43 Absatz 2 WÜK bei Zivilklagen **nicht** von der Gerichtsbarkeit befreit,

wenn die Klage aufgrund eines Vertrages erhoben wurde, den der Konsularbeamte geschlossen hat, ohne dabei ausdrücklich oder erkennbar im Auftrag seines Entsendestaates zu handeln (Rechtsscheinhaftung),

wenn die Klage von einem Dritten wegen eines Schadens angestrengt wird, der aus einem in der Bundesrepublik durch ein Land-, Wasser- oder Luftfahrzeug verursachten Unfall entstanden ist, z. B. bei Verkehrsunfällen.

2.8.2.2 Unverletzlichkeit des Berufskonsularbeamten (Art. 41, 43 WÜK)

Für **Handlungen, die amtlich vorgenommen werden,** genießt der Konsularbeamte umfassenden Schutz vor staatlichen Eingriffen (Art. 43 Abs. 1 WÜK).

Im privaten Bereich ist der Schutz der Unverletzlichkeit grundsätzlich geringer (vgl. Art. 41 WÜK). Der Konsularbeamte darf zwar grundsätzlich nicht in seiner persönlichen Freiheit beschränkt werden, etwa durch Festnahme oder Untersuchungshaft. Hiervon gelten jedoch folgende Ausnahmen:

bei Vorliegen einer schweren strafbaren Handlung und einer Entscheidung der zuständigen Justizbehörde über die freiheitsentziehende Maßnahme (Art. 41 Abs. 1 WÜK). Die Entscheidung, wann eine schwere strafbare Handlung vorliegt, obliegt dem mit der Haftprüfung befassten Gericht.

bei der Vollstreckung einer rechtskräftigen gerichtlichen Entscheidung (Art. 41 Abs. 2 WÜK). Wird ein Mitglied des konsularischen Personals vorläufig festgenommen oder in Untersuchungshaft genommen oder wird ein Strafverfahren gegen das Mitglied eingeleitet, so hat die zuständige Behörde in der Bundesrepublik Deutschland sofort den Leiter der konsularischen Vertretung zu benachrichtigen. Ist dieser selbst von einer der genannten Maßnahmen betroffen, so ist sofort das Auswärtige Amt (unter der Rufnummer 030–5000-3411, 9.00–16.00 Uhr, ansonsten unter der Rufnummer 030–5000-2911) zu unterrichten (Art. 42 WÜK).

Zu beachten ist, dass in der Staatenpraxis eine Tendenz festzustellen ist, Konsularbeamte auch bei nicht-dienstlichem Handeln wie Diplomaten zu behandeln. Zwangsmaßnahmen (z. B. Blutentnahme, Alkoholtest) sind deshalb jedenfalls dann nicht erlaubt, wenn schon die freiheitsentziehende Maßnahme nicht erlaubt wäre, wenn also kein Verdacht auf eine schwere strafbare Handlung vorliegt. Eine Zwangsmaßnahme sollte auch bei nicht-dienstlichem Handeln nur eine Ausnahme darstellen (s. im Einzelnen zu staatlichen Zwangsmaßnahmen bei Verstößen gegen die Straßenverkehrsordnung, Teil 6).

Auch Konsularbeamte sind nach den etablierten zwischenstaatlichen Verhaltensregeln zum Umgang mit bevorrechtigten Personen mit **besonderer Höflichkeit** zu behandeln. Jeder Eingriff in die persönliche Unverletzlichkeit ist genau auf Zulässigkeit und Erforderlichkeit zu prüfen. Vorfälle, in denen Meinungsverschiedenheiten über die Angemessenheit der durchgeführten Kontrollmaßnahmen bei Diplomaten und anderen bevorrechtigten Personen auftreten, sind beschwerdeträchtig und können zu einer erheblichen Belastung der bilateralen Beziehungen mit dem Herkunftsland der bevorrechtigten Person führen. Im Falle von Beschwerden muss das Auswärtige Amt zu dem Vorfall Stellung nehmen können, um weiteren außenpolitischen Schaden abzuwenden. Daher müssen Anlass und Rechtfertigung der Maßnahmen sowie die angestellten Ermessenserwägungen umfassend schriftlich festgehalten werden, s. zu diesem Dokumentationserfordernis im Einzelnen oben unter Ziff. 2.1.2.2.1. Diese Dokumentationsanforderung dient nicht zuletzt dem Schutz des kontrollierenden Personals.

2.8.2.3 Sonstige Vorrechte des Berufskonsularbeamten

Bei folgenden Regelungsgegenständen gelten für Konsularbeamte dieselben Vorrechte wie für Diplomaten:

Befreiung von Besteuerung (Art. 49 Abs. 1 WÜK),

Befreiung von Zöllen und ähnlichen Abgaben hinsichtlich der Einfuhr persönlicher Gegenstände sowie Zollkontrollen (Art. 50 Abs. 1 WÜK),

Befreiung von Kontrollen persönlichen Gepäcks (Art. 50 Abs. 3 WÜK), Freizügigkeit (Art. 34 WÜK),

Befreiung von den Vorschriften über soziale Sicherheit, persönliche und öffentliche Dienstleistungen sowie über Ausländermelde- und Aufenthaltstitelpflicht (Art. 46, 47, 48, 52 WÜK).

Hinsichtlich der Maßnahmen zum Schutz der Gesundheit gelten die hierzu im Abschnitt 2.1.2.3 gemachten Ausführungen zu Diplomaten.

2.8.2.4 Die Privatwohnung des Berufskonsularbeamten

Die Privatwohnungen von Mitgliedern einer konsularischen Vertretung, einschließlich des Leiters, sind **nicht** unverletzlich.

2.8.2.5 Zeugnisverweigerungsrecht des Berufskonsularbeamten (Art. 44 Abs. 1 und Abs. 3 WÜK)

Der Konsularbeamte kann in einem Gerichts- oder Verwaltungsverfahren als Zeuge geladen werden. Er ist jedoch nicht verpflichtet, Zeugnis über die Angelegenheiten abzulegen, die mit der Wahrnehmung seiner Aufgaben zusammenhängen, oder die darauf bezogenen amtlichen Korrespondenzen und Schriftstücke vorzulegen. Gegen den Konsularbeamten dürfen keine Zwangsmaßnahmen ergriffen werden, auch wenn er das Zeugnis zu Angelegenheiten aus dem privaten Bereich verweigert.

2.8.3 Berufskonsularbeamte, die deutsche Staatsangehörige oder in Deutschland ständig ansässig sind (Art. 71 WÜK)

Konsularbeamte, die die deutsche Staatsangehörigkeit besitzen oder in Deutschland ständig ansässig sind,[1] genießen neben der Immunität von der Gerichtsbarkeit und der persönlichen Unverletzlichkeit wegen ihrer in Wahrnehmung ihrer Aufgaben vorgenommenen Amtshandlungen außerdem noch die Befreiung von der Zeugnispflicht über Angelegenheiten, die mit der Wahrnehmung ihrer Aufgaben zusammenhängen. Darüber hinausgehende Vorrechte und Befreiungen werden ihnen in Deutschland nicht gewährt. Außerdem muss der Leiter der konsularischen Vertretung im Falle ihrer Festnahme, bei der Anordnung von Untersuchungshaft oder der Einleitung eines Strafverfahrens gegen einen Konsularbeamten unverzüglich unterrichtet werden. Strafverfahren sind, außer wenn der Betroffene festgenommen oder inhaftiert ist, in einer Weise zu führen, welche die Wahrnehmung der konsularischen Aufgaben möglichst wenig beeinträchtigt.

2.8.4 Familienmitglieder des Berufskonsularbeamten

Familienmitglieder (Definition s. o. Teil 2.1.1.2) des Berufskonsularbeamten genießen im gleichen Umfang wie der Konsularbeamte selbst Befreiung von der Besteuerung (Art. 49 Abs. 1 WÜK), von Zöllen (Art. 50 Abs. 1 lit. b WÜK), von persönlichen Dienstleistungen und Auflagen sowie von der Ausländermeldepflicht, der Aufenthaltstitelpflicht (Art. 46, 47 WÜK) und von den Vorschriften über soziale Sicherheit. Sie dürfen einer privaten Erwerbstätigkeit nachgehen, sind in diesem Bereich dann jedoch nicht bevorrechtigt (Art. 57 Abs. 2 WÜK) und benötigen als Arbeitnehmer im Empfangsstaat eine Arbeits- und Aufenthaltserlaubnis.

Weitere Privilegien genießen sie nicht. Die Amtsimmunität gilt nicht für Familienmitglieder von Konsularbeamten, da davon ausgegangen wird, dass sie keine Amtshandlungen vornehmen können. Es besteht kein Anspruch auf die Wahrung der persönlichen Unverletzlichkeit. Gleichwohl sollte die familiäre Bindung zum Konsularbeamten und evtl. negative Auswirkungen auf das bilaterale Verhältnis zum Entsendestaat bei der Durchführung von Zwangsmaßnahmen angemessen berücksichtigt werden. Die Familienmitglieder eines Konsularbeamten, der deutscher Staatsangehöriger oder in der Bundesrepublik Deutschland ständig ansässig ist, genießen ebenso wenig Privilegien wie Familienmitglieder, die selbst die deutsche Staatsangehörigkeit besitzen oder ständig in Deutschland ansässig sind (Art. 71 Abs. 2 WÜK).

2.9 Mitglieder des Verwaltungs- oder technischen Personals (VtP) der berufskonsularischen Vertretung und ihre Familienmitglieder

2.9.1 Konsularisches VtP

Der Begriff der Mitglieder des VtP ist im WÜK nur dahingehend definiert, dass hierzu jede in dieser Eigenschaft in der konsularischen Vertretung beschäftigte Person zu zählen ist. Hierzu zählen in der Praxis bspw. Kanzleibeamte, Chiffrierer, Übersetzer oder Schreibkräfte.

2.9.2 Umfang der Privilegierung

2.9.2.1 Immunität

In Bezug auf die Immunität gilt für das VtP dasselbe wie für Diplomaten (Teil 2.1.2.1), jedoch mit folgender Einschränkung: Das VtP genießt die Befreiung von der Straf-, Zivil-

[1] Zum Begriff der ständigen Ansässigkeit s. o. 2.7.

und Verwaltungsgerichtsbarkeit nur für Handlungen, die in Wahrnehmung konsularischer Aufgaben vorgenommen wurden (Amtsimmunität, vgl. Art. 43 WÜK).

Allerdings ist das VtP selbst in solchen Fällen bei Zivilklagen **nicht** von der Gerichtsbarkeit befreit,

wenn das Konsulatsmitglied aufgrund eines Vertrages verklagt wird, den es geschlossen hat, ohne dabei ausdrücklich oder erkennbar im Auftrag des Entsendestaates zu handeln (Rechtsscheinhaftung),

wenn die Klage von einem Dritten wegen eines Schadens angestrengt wird, der aus einem in der Bundesrepublik durch ein Land-, Wasser- oder Luftfahrzeug verursachten Unfall entstanden ist, z. B. bei Verkehrsunfällen.

2.9.2.2 Unverletzlichkeit

Für **Handlungen, die in Wahrnehmung konsularischer Aufgaben vorgenommen wurden,** genießen Mitglieder des VtP umfassenden Schutz vor staatlichen Eingriffen (Art. 43 Abs. 1 WÜK). **Im privaten Bereich** genießen Mitglieder des VtP nicht das Privileg der Unverletzlichkeit, sodass grundsätzlich Zwangsmaßnahmen durchgeführt werden dürfen. Ein Anspruch auf Wahrung der persönlichen Unverletzlichkeit besteht nicht und es gelten wie schon beim Konsularbeamten die Ausnahmen bei schweren strafbaren Handlungen. Gleichwohl sollte bei Zwangsmaßnahmen wegen Handlungen, die im privaten Bereich vorgenommen worden sind, die Eigenschaft als Mitglied der konsularischen Mission angemessen berücksichtigt werden.

2.9.2.3 Sonstige Privilegierungen

Bei folgenden Regelungsgegenständen gelten für das VtP dieselben Vorrechte wie für den Konsularbeamten bzw. Diplomaten

Befreiung von Besteuerung (vgl. Art. 49 Abs. 1 WÜK),

Freizügigkeit (Art. 34 WÜK),

Befreiung von den Vorschriften über soziale Sicherheit, persönliche und öffentliche Dienstleistungen, Ausländermelde- sowie Aufenthaltstitelpflicht (Art. 46, 47, 48, 52 WÜK).

Es ist jedoch zu beachten, dass diese Privilegien nicht in Anspruch genommen werden können, wenn sie eine private Erwerbstätigkeit des Mitglieds des VtP betreffen (Art. 57 Abs. 2 WÜK, Art. 47 Abs. 2 WÜK).

2.9.2.4 Zeugnisverweigerungsrecht

Für das VtP gilt dasselbe wie für die Konsularbeamten (vgl. Teil 2.8.2.5) – mit folgender Ausnahme: Verweigert das Mitglied des VtP in Bezug auf private Tätigkeitsbereiche die Aussage, können Zwangsmaßnahmen durchgeführt werden (Art. 44 Abs. 1 und Abs. 3 WÜK).

2.9.2.5 Befreiung von Zöllen und ähnlichen Abgaben

Das VtP ist bezüglich der Ersteinfuhr von persönlichen Gegenständen anlässlich der Versetzung nach Deutschland von Zöllen, Steuern und ähnlichen Abgaben befreit (Art. 50 Abs. 2 WÜK).

2.9.3 Familienmitglieder des VtP einer berufskonsularischen Vertretung

Die Familienmitglieder (Definition s. o. 2.1.1.2) von Mitgliedern des VtP genießen die gleichen Privilegien wie die Familienmitglieder von Konsularbeamten. Die Familienmitglieder eines Konsularbeamten, der deutscher Staatsangehöriger oder in der Bundesrepublik Deutschland ständig ansässig ist, genießen ebenso wenig Privilegien wie Familienmitglieder, die selbst die deutsche Staatsangehörigkeit besitzen oder ständig in DEU ansässig sind (Art. 71 Abs. 2 WÜK).

2.10 Mitglieder des dienstlichen Hauspersonals der berufskonsularischen Vertretungen (dHP) und ihre Familienmitglieder

Das WÜK definiert als Mitglieder des dHP jede als Hausbediensteter bei einer konsularischen Vertretung beschäftigte Person. Hierzu zählen bspw. Kraftfahrer, Pförtner, Boten, Gärtner, Köche und Nachtwächter.

Mitglieder des dHP sind von der Verpflichtung hinsichtlich der Erlangung einer **Arbeitserlaubnis,** den **Vorschriften über soziale Sicherheit,** von **Steuern und sonstigen Abgaben auf ihre Dienstbezüge** (Art. 49 Abs. 2 WÜK) und von **persönlichen und öffentlichen Dienstleistungen** befreit. Es ist jedoch zu beachten, dass diese Privilegien in Bezug auf eine evtl. private (Neben-)Erwerbstätigkeit nicht in Anspruch genommen werden können (Art. 57 Abs. 2 WÜK). Hinsichtlich des Zeugnisverweigerungsrechts gilt dasselbe wie für Konsularbeamte mit folgender Ausnahme: Verweigert das Mitglied des dHP in Bezug auf private Tätigkeitsbereiche die Aussage, können Zwangsmaßnahmen durchgeführt werden (Art. 44 Abs. 1 und Abs. 3 WÜK).

Darüber hinausgehende Privilegien genießt das dHP konsularischer Vertretungen nicht. **Familienmitglieder** des dHP genießen keine Privilegien.

Besonders zu beachten ist, dass das dHP und seine Familienmitglieder zwar grundsätzlich einen **Aufenthaltstitel** benötigen, hiervon jedoch im Falle der Gegenseitigkeit abgesehen werden kann (§ 27 Abs. 1 Nr. 1 AufenthV).

2.11 Privates Hauspersonal von Mitgliedern der berufskonsularischen Vertretung

Zum privaten Hauspersonal gehören Personen, die ausschließlich im privaten Dienst eines Mitglieds der konsularischen Vertretung beschäftigt sind, z. B. Kindermädchen, persönliche Hausangestellte, Fahrer und sonstige Hausangestellte. Für die Tätigkeit als privates Hauspersonal benötigen sie keine **Arbeitserlaubnis.** Das private Hauspersonal ist ferner von den **Vorschriften über soziale Sicherheit** befreit, sofern es den im Entsendestaat oder einem dritten Staat geltenden Vorschriften über soziale Sicherheit untersteht (Art. 48 Abs. 2 WÜK).

2.12 Ortskräfte der berufskonsularischen Vertretung

Ortskräfte (siehe Definition oben 2.5) genießen in der Bundesrepublik Deutschland keine Vorrechte und Befreiungen, da sie grundsätzlich wie ständig Ansässige (im Sinne des Art. 71 WÜK) behandelt werden, denen aus gesandtschaftsrechtlicher Sicht kein Sonderstatus erteilt werden muss.

Wegen ihrer Einbindung in die Amtshandlungen der konsularischen Vertretung (etwa bei Visumerteilungen) ist fraglich, ob zumindest Raum für eine analoge Anwendung des Artikel 71 Absatz 1 WÜK besteht und Amtshandlungsimmunität gewährt werden sollte. Jedenfalls darf der Empfangsstaat seine Befugnisse ggü. den Ortskräften nicht in einer Weise ausüben, die die Mission bei der Wahrnehmung ihrer Aufgaben ungebührlich behindert (s. Art. 71 Abs. 2 WÜK, der hier zumindest insoweit analog anzuwenden ist).

2.13 Honorarkonsularbeamte, Mitarbeiter und Personal in Honorarkonsulaten und ihre Familienmitglieder

2.13.1 Honorarkonsularbeamte

Zu den Honorarkonsularbeamten zählen nach dem WÜK Honorargeneralkonsuln und Honorarkonsuln.

2.13.2 Vorrechte und Befreiungen des Honorarkonsularbeamten

Der Honorarkonsularbeamte besitzt in der Regel die deutsche Staatsangehörigkeit oder ist in der Bundesrepublik ständig ansässig. Er genießt in dem Fall lediglich Befreiung von der Gerichtsbarkeit (Immunität) und Schutz vor hoheitlichen Maßnahmen (persönliche Unverletzlichkeit) in Bezug auf seine bei der Wahrnehmung konsularischer Aufgaben vorgenommenen Amtshandlungen (Art. 71 Abs. 1 WÜK). Diese sogenannte **Amtshandlungsimmunität** ist enger als die den Berufskonsularbeamten zustehende **Amtsimmunität** (vgl. Art. 43 WÜK sowie oben 2.8.2.1). Sie umfasst nur die Amtshandlung selbst, nicht aber andere – von der Amtsimmunität noch erfasste – Handlungen, die mit der eigentlichen Amtshandlung lediglich in einem engen zeitlichen Zusammenhang stehen. Folglich besteht z. B. bei Kfz-Fahrten von Honorarkonsuln ein Schutz nur in solchen Fällen, in denen der Gebrauch des Fahrzeuges selbst als konsularische Amtshandlung anzusehen ist (z. B. beim Transport eines diplomatischen oder konsularischen Kuriers). Von der Amtshandlungsimmunität nicht erfasst sind deshalb z. B. tägliche Fahrten zum Dienst.

Ist der Honorarkonsularbeamte **nicht** deutscher Staatsangehöriger und bei Übernahme des Amtes nicht in Deutschland ständig ansässig, dann genießt er Amtsimmunität und unterliegt wie ein Berufskonsularbeamter wegen Handlungen, die er in Wahrnehmung konsularischer Aufgaben vorgenommen hat, weder der deutschen Gerichtsbarkeit noch Eingriffen deutscher Verwaltungsbehörden (persönliche Unverletzlichkeit im dienstlichen Bereich). Im Übrigen besteht gemäß Artikel 64 WÜK die Verpflichtung, dem entsandten Honorarkonsularbeamten den aufgrund seiner amtlichen Stellung erforderlichen Schutz zu gewähren. Dies kann etwa besondere Maßnahmen zum Schutz der körperlichen Unversehrtheit beinhalten oder auch darin bestehen, Angriffe auf die Freiheit und Würde des Honorarkonsularbeamten zu unterbinden.

Außerdem genießen diese Honorarkonsularbeamten Befreiung von

der Ausländermelde- und Aufenthaltstitelpflicht, soweit der Honorarkonsul nicht im Bundesgebiet einen freien Beruf oder eine gewerbliche Tätigkeit ausübt, welche auf persönlichen Gewinn gerichtet ist (Art. 65 WÜK, vgl. Teil 3.A.1),

der Besteuerung hinsichtlich seiner Bezüge, die er für seine amtliche Tätigkeit erhält (Art. 66 WÜK),

persönlichen Dienstleistungen und Auflagen (Art. 67 WÜK).

Honorarkonsularbeamten stehen in der Bundesrepublik Deutschland Vorrechte und Befreiungen in der Regel nur für die Dauer ihrer Zulassung durch die Bundesregierung zu.

Wird ein Honorarkonsulbeamter festgenommen, in Untersuchungshaft genommen oder wird gegen ihn ein Strafverfahren eingeleitet, muss die Bundesrepublik unverzüglich den Entsendestaat auf diplomatischem Wege benachrichtigen. Dies gilt auch, wenn er, was in der Regel der Fall sein dürfte, als deutscher Staatsangehöriger oder in Deutschland ständig Ansässiger in seinen Privilegien beschränkt sein sollte (Art. 71 Abs. 1 WÜK).

Für nichtamtliche Handlungen genießen Honorarkonsulbeamte weder Befreiung von der Gerichtsbarkeit noch Schutz vor hoheitlichen Maßnahmen (Art. 63 WÜK), allerdings sollte bei der Durchführung eines Strafverfahrens ihre amtliche Stellung gebührend berücksichtigt werden. Hinsichtlich eines Zeugnisverweigerungsrechts gilt dasselbe wie für Konsularbeamte (s. o. – 2.8.2.5).

2.13.3 Familienmitglieder des Honorarkonsularbeamten

Die Familienmitglieder (Definition s. o. Teil 2.1.1.2) von Honorarkonsulbeamten genießen keine Privilegien.

2.13.4 In der honorarkonsularischen Vertretung tätige Berufskonsularbeamte, VtP und dHP im Honorarkonsulat und ihre Familienmitglieder

Die zeitweise oder dauerhafte Unterstützung eines Honorarkonsularbeamten durch Berufskonsularbeamte ist gesandtschaftsrechtlich zulässig. In solchen Fällen genießen Berufskonsularbeamte, das VtP und das dHP weiterhin die Privilegien, die sie auch in anderen Konsulaten genießen würden (vgl. oben). Die Familienmitglieder der Berufskonsularbeamten sind ebenfalls gesandtschaftsrechtlich privilegiert, nicht jedoch die Familienmitglieder des VtP und dHP (Art. 58 Abs. 1 und Abs. 3 WÜK).

2.13.5 Bedienstete Internationaler Organisationen, Vertreter der Mitgliedstaaten und Kongressteilnehmer sowie Durchreisende

2.13.5.1 Vorrechte und Immunitäten für Vertreter der Mitgliedstaaten und Bedienstete Internationaler Organisationen, ihre Familienmitglieder sowie die im Auftrag der betreffenden Organisationen tätigen Sachverständigen

Der Umfang der gewährten Vorrechte und Immunitäten für Vertreter der Mitgliedstaaten und Bedienstete Internationaler Organisationen, ihre Familienmitglieder sowie die im Auftrag der betreffenden Organisationen tätigen Sachverständigen richtet sich nach den jeweiligen, auf die Internationale Organisation anwendbaren völkerrechtlichen Vereinbarungen und dazu erlassenen innerstaatlichen Vorschriften.[1] Diese sind je nach Aufgabe der Organisation unterschiedlich ausgestaltet. Eine abschließende Darstellung der für diesen Personenkreis in Betracht kommenden Vorrechte und Befreiungen kann an dieser Stelle nicht erfolgen.

Für die Vereinten Nationen (VN) sind von besonderer Bedeutung das Übereinkommen vom 13. Februar 1946 über die Vorrechte und Immunitäten der Vereinten Nationen[2] sowie das Abkommen vom 21. November 1947 über die Vorrechte und Befreiungen der Sonderorganisationen der Vereinten Nationen,[3] seit 1995 auch das mit den VN unterzeichnete Sitzstaatabkommen für das VN-Freiwilligenprogramm.[4] Es gilt als Rahmenabkommen auch für andere Organisationen aus dem Bereich der Vereinten Nationen und wird durch das Rechtsstatut der konkret betroffenen Organisation jeweils mit Einschränkungen oder Ergänzungen versehen.

Für die EU ist das Protokoll über die Vorrechte und Befreiungen der Europäischen Union[5] maßgebend.

Folgende Bedienstete Internationaler Organisationen genießen während der Wahrnehmung ihrer dienstlichen Aufgaben innerhalb der Bundesrepublik Deutschland **in der Regel** Vorrechte und Immunitäten aufgrund völkerrechtlicher Vereinbarungen und innerstaatlichen Rechts:

Vertreter der Mitgliedstaaten und deren Familienmitglieder (Definition s. o. 2.1.1.2),

Bedienstete Internationaler Organisationen und deren Familienmitglieder,

---

[1] Eine Zusammenstellung der völkerrechtlichen Übereinkünfte und der damit in Zusammenhang stehenden Rechtsvorschriften, aufgrund derer Personen, insbesondere Bedienstete von Internationalen Organisationen aus anderen Staaten, in der Bundesrepublik Deutschland besondere Vorrechte und Befreiungen genießen, ist in dem vom Bundesministerium der Justiz und für Verbraucherschutz jährlich als Beilage zum Bundesgesetzblatt Teil I herausgegebenen Fundstellennachweis A und als Beilage zum Bundesgesetzblatt Teil II herausgegebenen Fundstellennachweis B enthalten. Nähere Auskunft erteilt das Auswärtige Amt, Referat OR02, unter der Rufnummer 0228–9917-2633, 9.00–16.00 Uhr.

[2] BGBl. 1980 II 941.

[3] BGBl. 1954 II 639.

[4] BGBl. 1996 II 903.

[5] BGBl. 1965 II 1482.

die im Auftrag der betreffenden Organisationen tätigen Sachverständigen.

Eine aktuelle Liste der in Deutschland tätigen Internationalen Organisationen, die auch die Namen ihrer Bediensteten, der Organe und der Staatenvertreter mit diplomatenähnlichem Sonderstatus enthält, ist auf der Homepage des Auswärtigen Amts zu finden unter: http://www.auswaertiges-amt.de/cae/servlet/contentblob/332544/publicationFile/194407/VertretungenFremderStaatenListeIO.pdf

2.13.5.2 Vorrechte und Immunitäten für Teilnehmer an Kongressen, Seminaren oder ähnlichen Veranstaltungen der Vereinten Nationen, ihrer Sonderorganisationen oder der durch zwischenstaatliche Vereinbarungen geschaffenen Organisationen unter dem Schirm der Vereinten Nationen

Für die Vorrechte und Immunitäten von **Teilnehmern an Kongressen, Seminaren oder ähnlichen Veranstaltungen der Vereinten Nationen,** ihrer Sonderorganisationen oder der durch zwischenstaatliche Vereinbarungen geschaffenen Organisationen unter dem Schirm der Vereinten Nationen, die mit ausdrücklicher Zustimmung der Bundesregierung in der Bundesrepublik Deutschland stattfinden, gilt das Übereinkommen von 1946 über die Vorrechte und Immunitäten der Vereinten Nationen (VN-Privilegienabkommen, s. dazu Art. 3 Abs. 2 des Gesetzes vom 16. August 1980, BGBl. 1980 II 941) bzw. das jeweilige Sitzstaatabkommen. Außerdem werden bisweilen Konferenzabkommen geschlossen, aus denen sich die gewährten Vorrechte und Befreiungen ergeben. Diese orientieren sich i. d. R. weitestgehend an den Regelungen des o. g. VN-Privilegienabkommens von 1946.

Teilnehmer an derartigen Veranstaltungen, die weder Staatenvertreter noch Bedienstete oder Sachverständige der veranstaltenden Organisation sind, genießen nach Artikel 3 Absatz 2 und 3 des Gesetzes vom 16. August 1980 zum o. g. VN-Privilegienabkommen diejenigen Vorrechte und Immunitäten, die im Auftrag der Vereinten Nationen tätigen Sachverständigen i. S. dieses Abkommens zustehen.

2.13.5.3 Konferenzteilnehmer mit deutscher Staatsangehörigkeit oder Teilnehmer, die in Deutschland ständig ansässig sind

Für Konferenzteilnehmer, die Deutsche im Sinne des Grundgesetzes sind (und die einen gültigen Reisepass oder Personalausweis besitzen) oder die in der Bundesrepublik Deutschland ständig ansässig sind, gelten die durch Privilegienabkommen gewährten Vorrechte und Immunitäten i. d. R. nur in eingeschränktem Maße. Entscheidend ist hier auf das jeweilige Abkommen abzustellen. Oftmals werden folgende Vorrechte gewährt:

Befreiung von jeder Gerichtsbarkeit hinsichtlich der von ihnen in Wahrnehmung ihrer Aufgaben vorgenommenen Handlungen; die vorgesehene Befreiung von der Gerichtsbarkeit gilt jedoch nicht für Verstöße gegen das Straßenverkehrsrecht bei Schäden, die durch ein Motorfahrzeug verursacht wurden, das einem Teilnehmer gehört oder von einem solchen gesteuert wurde,

Unverletzlichkeit aller Papiere und Schriftstücke,

Recht zur Verwendung von Verschlüsselungen für ihren Verkehr mit der veranstaltenden Organisation sowie zum Empfang von Papieren und Korrespondenz durch Kurier oder in versiegelten Behältern.

2.13.5.4 Durchreisende

Der unter 2.13.5.1 und 2.13.5.2 genannte Personenkreis kann auf einer dienstlichen Reise durch das Gebiet der Bundesrepublik Deutschland Immunität genießen (Art. 40 WÜD-vergleichbare Regelungen, s. a. die Ausführungen unter 2.6).

Unabhängig hiervon sind durchreisende Diplomatenpassinhaber anderer Staaten stets mit besonderer Höflichkeit zu behandeln, da dem internationalen Ansehen der Bundesrepublik Deutschland anderenfalls geschadet werden kann, s. hierzu oben Ausführungen unter A und Ziff. 2.1.1.1. Anlass und Rechtfertigung von Kontrollmaßnahmen sowie die angestellten Ermessenserwägungen sind umfassend schriftlich festzuhalten, s. zu diesem Dokumentationserfordernis im Einzelnen oben unter Ziff. 2.1.2.2.1.

C. Vorgehen bei Zweifeln über den Status einer Person

1. Feststellung der Personalien

Allgemein zur Feststellung von Personalien ermächtigte Behörden und Beamte sind befugt, Namen und Anschrift von Personen festzustellen, sofern dies sachlich notwendig ist. Beruft sich eine Person auf Vorrechte und Befreiungen, so kann verlangt werden, dass der Nachweis durch Vorlage entsprechender Urkunden, insbesondere durch die in Teil 6 genannten Ausweise (Protokollausweise), den Diplomatenpass oder auf andere Weise geführt wird.

Es ist jedoch unerlässlich, die betroffene Person mit besonderer Höflichkeit zu behandeln, damit die Maßnahme keine negativen und evtl. politischen Reaktionen hervorruft.

2. Ansprechpartner

In eiligen Zweifelsfällen kann

unmittelbar beim Auswärtigen Amt (unter der Rufnummer 030–5000-3411 bzw. 0228–9917-2633 von 9.00–16.00 Uhr, ansonsten im Lagezentrum unter der Rufnummer 030–5000-2911) über Mitglieder diplomatischer Missionen, über Angehörige der konsularischen Vertretungen und über Bedienstete Internationaler Organisationen,

und hilfsweise auch bei den Staats-/Senatskanzleien der Länder über Angehörige der konsularischen Vertretungen

Auskunft eingeholt werden. Anhaltspunkte, die für oder gegen die Zugehörigkeit der Person zu einer in der Bundesrepublik Deutschland errichteten diplomatischen oder konsularischen Vertretung oder einer zwischenstaatlichen oder überstaatlichen Organisation sprechen, sind hierbei mitzuteilen.

3. Listen diplomatischer Missionen und konsularischer Vertretungen, Internationaler Organisationen sowie sonstiger Vertretungen

Aktuelle Listen der diplomatischen Missionen und konsularischen Vertretungen, Internationaler Organisationen sowie sonstiger Vertretungen, die auch die Namen der diplomatischen Mitglieder enthalten, werden bei Ref. 703 bzw. Ref. OR02 geführt (nicht alle Leiter Internationaler Organisationen haben einen Diplomatenstatus) und sind auf der Homepage des Auswärtigen Amts unter https://www.auswaertiges-amt.de/de/ReiseUndSicherheit/vertretungen-anderer-staaten zu finden. Darüber hinaus erscheint ein- bis zweimal jährlich eine Liste im Bundesanzeiger-Verlag, Postfach 100534, 50445 Köln unter dem Titel: „Diplomatische und konsularische Vertretungen in der Bundesrepublik Deutschland“. Das Verzeichnis ist im Buchhandel erhältlich. Eine Bestellung kann auch telefonisch unter 0221–97668-200 oder unter http://www.bundesanzeiger.de erfolgen.

D. Weitere bevorrechtigte Personen und Personengruppen

1. Rüstungskontrolleure

Teilnehmer an Inspektionen zur Rüstungskontrolle und an vertrauens- und sicherheitsbildenden Maßnahmen (VSBM) genießen Vorrechte und Befreiungen gemäß entsprechender völkerrechtlicher Verträge über Abrüstung, Rüstungskontrolle und VSBM.

Dazu zählen bei Maßnahmen anderer Staaten in der Bundesrepublik Deutschland insbesondere die Erteilung unentgeltlicher Visa für die Inspektoren und bei Vorliegen der gesetzlichen Voraussetzungen die Gewährleistung ihrer Einreise in die Bundesrepublik Deutschland innerhalb der in den internationalen Rüstungskontrollverträgen/Abkommen festgelegten Fristen.

Bei eigenen Maßnahmen in fremden Staaten haben deutsche Inspektoren das Recht, bei entsprechender Notwendigkeit die Hilfe der jeweiligen deutschen Botschaft oder anderen zuständigen deutschen diplomatischen Vertretung zur Sicherstellung des Auftrags in Anspruch zu nehmen.

2. Angehörige von Streitkräften anderer Staaten

2.1 Besatzungen von Staatsschiffen und Staatsluftfahrzeugen

Ausländische Kriegsschiffe und andere hoheitlichen Zwecken dienende Staatsschiffe und Staatsluftfahrzeuge genießen aufgrund Völkergewohnheitsrechts Vorrechte und Befreiungen.

Zwangsmaßnahmen an Bord von hoheitlichen Zwecken dienenden Staatsschiffen sind generell unzulässig. Besatzungsmitglieder und Passagiere partizipieren an dieser Befreiung, sofern sie sich an Bord des Staatsschiffs befinden. Befreiungen bei Staatsluftfahrzeugen entsprechen jenen bei Staatsschiffen. An Bord von fremden Staatsluftfahrzeugen und gegen solche dürfen daher keine hoheitlichen Maßnahmen eines fremden Staates unternommen werden. An der Exemtion partizipieren Besatzungsmitglieder und Passagiere, sofern sie sich an Bord des Staatsluftfahrzeugs befinden.

Diese völkerrechtlichen Regelungen gelten nur vorbehaltlich anderweitiger vertraglicher Bestimmungen. Solche existieren für Besatzungsmitglieder von Kriegsschiffen aus NATO-Staaten nach dem NATO-Truppenstatut und dem Zusatzabkommen zum NATO-Truppenstatut. Hinsichtlich des Inhalts der in diesen Abkommen enthaltenen Privilegien wird auf Teil 4.A verwiesen.

2.2 Verbände ausländischer Streitkräfte

Kraft Völkergewohnheitsrechts genießen Mitglieder der Streitkräfte funktionale Immunität vor der Gerichtsbarkeit des Empfangsstaats, sofern sie hoheitlich-dienstlich tätig werden. Wenn sich Truppen auf fremdem Staatsgebiet mit Einverständnis des Empfangsstaats aufhalten, wird ihr Status allerdings in der Regel vertraglich geregelt. Hinsichtlich der

NATO-Mitgliedstaaten und Teilnehmerstaaten der NATO-Partnerschaft für den Frieden (PfP) wird auf Teil 4 verwiesen.

3. Kuriere und Kurierverkehr

3.1 Schutz diplomatischer und konsularischer Kuriere

Diplomatische oder konsularische Kuriere sowie ihnen gleichgestellte Personen genießen, soweit sie ein amtliches Schriftstück mitführen, aus welchem ihre Stellung hervorgeht („Kurierausweis"), umfassenden Schutz vor hoheitlichen Zwangsmaßnahmen. Dies gilt insbesondere für den Schutz vor Festnahme und Untersuchungshaft. Dabei ist zu beachten, dass die Gewährung dieser Privilegierung zeitlich auf die Anreise in den Empfangsstaat, ggf. mit Zwischenstopp in einem Drittstaat (vgl. Art. 40 Abs. 3 WÜD, Art. 54 Abs. 3 WÜK), den Aufenthalt im Empfangsstaat und die Rückkehr in den Entsendestaat zu beschränken ist.

In der deutschen Praxis unterliegt der Kurier zwar den Sicherheitskontrollen an den Flughäfen. Er ist jedoch wegen des umfassenden Schutzes vor Zwangsmaßnahmen berechtigt, die Leibesvisitationen zu verweigern (Art. 27 Abs. 5 WÜD, Art. 35 Abs. 5 WÜK). In einem solchen Fall ist der Kurier darauf hinzuweisen, dass er von der Beförderung ausgeschlossen wird, wenn er sich nicht freiwillig der Personenkontrolle und der Kontrolle seines persönlichen Gepäcks (nicht aber der Kontrolle des amtlichen Kuriergepäcks) unterzieht. Hält der Kurier seine Weigerung aufrecht, darf er den Kontrollpunkt nicht passieren.

Fungieren Diplomaten oder Konsularbeamte als Kuriere, genießen sie die ihnen als Diplomaten/Konsularbeamten zustehenden Vorrechte, so bspw. die Befreiung von der Kontrolle ihres **persönlichen** Gepäcks. Dies schließt nicht die Befreiung des Gepäcks von den Luftsicherheitskontrollen ein (s. hierzu 2.1.2.5.2). Eine Befreiung von den Luftsicherheitskontrollen gilt nur für Kuriergepäck (siehe unten 4.1).

3.2 Schutz des Kurierverkehrs und der amtlichen Korrespondenz

Die Bundesrepublik Deutschland gestattet und schützt den freien Verkehr eines sich in der Bundesrepublik aufhaltenden Staatsoberhauptes, des Chefs oder Ministers einer anderen Regierung oder des Chefs einer diplomatischen Mission, einer konsularischen oder sonstigen Vertretung, der dieses Recht eingeräumt wurde, für alle amtlichen Zwecke. Daraus folgt, dass sich diese im Verkehr mit anderen amtlichen Vertretungen des Entsendestaates aller geeigneten Mittel einschließlich Kurieren und verschlüsselten Nachrichten bedienen können, des Funkverkehrs jedoch nur nach Antrag an das Auswärtige Amt und mit Zustimmung der Bundesnetzagentur, wenn Gegenseitigkeit besteht (s. a. Art. 27 Abs. 1 WÜD, Art. 35 Abs. 1 WÜK).

Gemäß Artikel 27 Absatz 2 WÜD sowie Artikel 35 Absatz 2 WÜK ist auch zu beachten, dass die gesamte amtliche Korrespondenz, welche die Mission oder konsularische Vertretung und ihre Aufgaben betrifft, unverletzlich ist, auch wenn sie nicht als diplomatisches oder konsularisches Kuriergepäck gekennzeichnet und befördert wird. Die amtliche Korrespondenz darf daher in keiner Weise beeinträchtigt, d. h. weder geöffnet oder durchsucht noch beschlagnahmt werden.

4. Schutz des Kuriergepäcks

4.1 Grundsatz

Diplomatisches und konsularisches Kuriergepäck darf weder geöffnet noch zurückgehalten werden. Auch die Durchleuchtung und die Identifizierung des Inhalts mit elektronischen Mitteln sind unzulässig (s. a. für Luftsicherheitskontrollen Anlage M zum Nationalen Luftsicherheitsprogramm, Teil A, Nr. 4).

4.2 Ausnahmen für diplomatisches Kuriergepäck

Eine Ausnahme von diesem Grundsatz für **diplomatisches Kuriergepäck** ist vom WÜD nicht vorgesehen. In der deutschen Praxis kann lediglich in dringenden Verdachtsfällen hinsichtlich eines besonders gravierenden Missbrauchs der Unverletzlichkeit von Kuriergepäck im äußersten Notfall im Beisein eines Botschaftsmitgliedes eine Überprüfung (Durchleuchtung) gefordert werden. Voraussetzungen dafür sind eine Weisung des Auswärtigen Amtes und die Vornahme einer umfassenden Güterabwägung mit dem Ergebnis, dass es sich um einen rechtfertigenden Notstand handelt (bspw. bei Gefahr für Leib und Leben bei Weiterbeförderung, etwa wenn eindeutige Hinweise darauf vorliegen, dass Sprengstoff im Kuriergepäck befördert wird). Verweigert der Entsendestaat die Überprüfung, kommt nur eine Rücksendung an den Ursprungsort in Betracht. Andere Maßnahmen (Öffnung ohne Einverständnis des Entsendestaates) dürften nur dann ergriffen werden, wenn andernfalls unmittelbar lebensgefährliche Bedrohungen für Rechtsgüter im Empfangsstaat (bspw. bei Beförderung radioaktiven Materials) zu befürchten sind.

4.3 Ausnahmen für konsularisches Kuriergepäck

Für konsularisches Kuriergepäck ist in Artikel 35 Absatz 3 WÜK eine ausdrückliche Ausnahme vom Verbot der Öffnung und Zurückbehaltung vorgesehen. Wenn die zuständigen deutschen Behörden triftige Gründe für die Annahme haben, dass das konsularische Kuriergepäck nicht nur amtliche Korrespondenz bzw. für den amtlichen Gebrauch bestimmte Schriftstücke oder Gegenstände enthält, können sie die Öffnung durch einen ermächtigten, d. h. entsprechend ausgewiesenen (amtlicher Kurierausweis, Diplomatenausweis, evtl. in Verbindung mit einer besonderen Vollmacht) Vertreter des Entsendestaates in Gegenwart eines Vertreters der deutschen Behörden verlangen. Lehnen die Behörden des Entsendestaates eine Öffnung ab, ist das Gepäck zurückzuschicken. Eine zwangsweise Öffnung ist nicht zulässig.

4.4 Verfahren bei Missbrauch des Schutzes von Kuriergepäck

Für die Abfertigung der Kuriere ergibt sich aus dem Vorgesagten, dass bei begründetem Verdacht auf eine missbräuchliche Nutzung des gesandtschaftsrechtlich geschützten Kuriergepäcks in jedem Fall sofort auf dem Dienstweg Weisung einzuholen ist, wie verfahren werden soll.

4.5 Vorschriften zur Beförderung des Kuriergepäcks

Kuriergepäck kann befördert werden

a) **durch einen diplomatischen oder konsularischen Kurier.** Dieser muss ein amtliches Schriftstück mit sich führen, aus dem seine Stellung und die Anzahl der Gepäckstücke ersichtlich sind, aus denen das diplomatische oder konsularische Kuriergepäck besteht. Der Kurier genießt persönliche Unverletzlichkeit und unterliegt keiner Festnahme oder Haft (Art. 27 Abs. 5 WÜD, Art. 35 Abs. 5 WÜK).

b) als diplomatisches oder konsularisches Kuriergepäck **durch den verantwortlichen Flugzeugführer (Kommandanten) eines im gewerblichen Luftverkehr eingesetzten Luftfahrzeuges,** dessen Bestimmungsort ein zugelassener Einreiseflugplatz ist. Der Kommandant muss ein amtliches Schriftstück mit sich führen, aus dem die Anzahl der Gepäckstücke ersichtlich ist, die das Kuriergepäck bilden. Er gilt jedoch nicht als diplomatischer oder konsularischer Kurier. Ein entsandtes Mitglied einer diplomatischen Mission oder konsularischen Vertretung darf nicht daran gehindert werden, das Kuriergepäck unmittelbar von dem Kommandanten entgegenzunehmen, wobei in Bezug auf konsularisches Kuriergepäck eine entsprechende Abmachung mit den zuständigen Ortsbehörden zur Voraussetzung gemacht werden darf (Art. 27 Abs. 7 WÜD, Art. 35 Abs. 7 WÜK).

c) als diplomatisches oder konsularisches Kuriergepäck **durch den Kapitän eines Seeschiffes,** dessen Bestimmungsort ein zugelassener Einreisehafen ist. Der Kapitän muss ein amtliches Schriftstück mit sich führen, aus dem die Anzahl der Gepäckstücke ersichtlich ist, die das Kuriergepäck bilden. Er gilt jedoch nicht als diplomatischer oder konsularischer Kurier. Ein entsandtes Mitglied der diplomatischen oder konsularischen Vertretung darf nicht daran gehindert werden, das Kuriergepäck unmittelbar von dem Kapitän entgegenzunehmen (Art. 35 Abs. 7 WÜK, der im Bereich des WÜD analog angewendet wird).

4.6 Kennzeichnung des Kuriergepäcks

Gepäckstücke, die das Kuriergepäck bilden, müssen äußerlich sichtbar als solche gekennzeichnet sein (Art. 27 Abs. 4 WÜD, Art. 35 Abs. 4 WÜK). Der Kurier, der Kuriergepäck befördert, muss ein amtliches Schriftstück mit sich führen, aus dem seine Stellung und die Anzahl der Gepäckstücke ersichtlich sind, die das Kuriergepäck bilden.

4.7 Zollabfertigung des Kuriergepäcks

Für die Zollabfertigung von diplomatischem und konsularischem Kuriergepäck gelten die Weisungen in der Kennung Z 2554 der vom Bundesministerium der Finanzen herausgegebenen Vorschriftensammlung Bundesfinanzverwaltung, VSF.

Teil 2 Bevorrechtigung und Schutz diplomatischer Missionen, konsularischer Vertretungen, Internationaler Organisationen und sonstiger Vertretungen

A. Diplomatische Missionen

1. Unterstützungspflicht des Empfangsstaates

Der diplomatischen Mission ist zur Wahrnehmung ihrer Aufgaben jede Erleichterung zu gewähren (Art. 25 WÜD). Diese allgemeine Beistandspflicht beinhaltet einerseits die Verpflichtung des Empfangsstaates, der ausländischen Mission jede ihm mögliche und zumutbare Hilfeleistung zur Sicherstellung der Funktionsfähigkeit der ausländischen Mission zu gewähren. Andererseits muss der Empfangsstaat Maßnahmen unterlassen, die die diplomatischen Vertretungen und ihre Mitglieder bei der wirksamen Wahrnehmung der ihnen nach dem WÜD übertragenen Aufgaben nachhaltig behindern könnte.

Die Vorschrift beinhaltet für den Empfangsstaat u. a. die Verpflichtung, freien Zugang zur ausländischen Mission zu gewähren. Diese Verpflichtung gilt v. a. für den Zugang von

Staatsangehörigen des Entsendestaates, aber grundsätzlich auch für Staatsangehörige des Empfangsstaates. Zugangsbehinderungen bedürfen der besonderen Begründung (bspw. Sicherheitserwägungen) und müssen verhältnismäßig sein.

2. Schutz der Räumlichkeiten und Sachmittel der Mission

2.1 Unverletzlichkeit (Art. 22 WÜD)

Die Räumlichkeiten der Mission, d. h. die Residenz des Missionschefs, die Botschaftskanzlei und die für amtliche Zwecke genutzten Räume und Gebäudeteile sowie das dazugehörige Gelände und die Beförderungsmittel der Mission sind **unverletzlich.** Das Gebäude, die Räume und das Grundstück sind dadurch jedoch nicht „exterritorial" – es handelt sich weiterhin um Hoheitsgebiet der Bundesrepublik Deutschland. Die Vornahme von Hoheitsakten durch deutsche Behörden ist dort jedoch ausgeschlossen (uneingeschränkte deutsche Gebietshoheit, aber eingeschränkte Rechtshoheit). Die Räumlichkeiten, ihre Einrichtung und die sonstigen darin befindlichen Gegenstände sowie die Beförderungsmittel genießen **Befreiung von jeder Durchsuchung, Beschlagnahme, Pfändung oder Vollstreckung** (Art. 22 Abs. 3 WÜD). Vertreter deutscher Behörden dürfen die Räumlichkeiten einer Mission nur mit **Zustimmung des Leiters** betreten (Art. 22 Abs. 1 Satz 2 WÜD).

Daraus ergibt sich für die zuständige Behörde die besondere Pflicht, durch geeignete Maßnahmen die Missionsräumlichkeiten vor jedem Eindringen und jeder Beschädigung zu schützen und zu verhindern, dass der Friede der Mission gestört oder ihre Würde beeinträchtigt wird (Art. 22 Abs. 1, 2 WÜD).

Praxisrelevante Beispiele:

- **Da der Empfangsstaat auf dem Missionsgelände und in anderen geschützten Räumlichkeiten keine Hoheitsakte vornehmen darf, sind Zustellungen** sowie jede andere Form der **Aushändigung von Hoheitsakten** – auch mit einfachem Brief per Post – unzulässig. Unter den Begriff „Hoheitsakt" fallen Verfügungen, Entscheidungen, Anordnungen und andere Maßnahmen, mit denen Behörden, Gerichte oder sonstige Träger von hoheitlicher Gewalt ein bestimmtes Handeln, Dulden oder Unterlassen fordern, oder die verbindlichen Feststellungs- bzw. Entscheidungscharakter haben. Es handelt sich hierbei vor allem um Verwaltungsakte (§ 35 VwVfG) sowie Gerichtsurteile und -beschlüsse, aber auch vorbereitende Maßnahmen wie Anhörungsbögen.
- Ausnahmsweise dürfen Verwaltungsakte (z. B. Steuerbescheide) per Post an die Mission gesandt werden, sofern die Mission die Erteilung des Verwaltungsaktes ausdrücklich beantragt hat.
- Verbotswidrig abgestellte **Dienstwagen** dürfen nicht **abgeschleppt, sondern höchstens aus der Gefahrenzone verbracht** werden, wenn Leib und Leben anderer Personen gefährdet sind.
- Die **Zwangsvollstreckung** in den Räumlichkeiten und in Gegenstände der Mission sowie in ihre Immobilien ist unzulässig.
- Öffnen des Kofferraums der Dienst-Kfz und Durchsuchen des mitgeführten Gepäcks sind unzulässig.
- **Abhörmaßnahmen** sind unzulässig.
- Bei Unglücksfällen auf dem Grundstück der Mission gilt Folgendes:
  Grundsätzlich ist auch in einem solchen Fall z. B. die Feuerwehr oder das Technische Hilfswerk gehalten, die Genehmigung des Missionschefs oder seines Vertreters zum Betreten des Grundstücks einzuholen. Ist dies nicht möglich, ist es zweckmäßig, unverzüglich das Auswärtige Amt – Protokoll – Berlin (030–5000-2424 von 9.00–16.00 Uhr, ansonsten: 030–5000-2911) zu unterrichten. Ist wegen der Dringlichkeit der Maßnahmen (z. B. wg. Gefährdung von Menschenleben) ein sofortiges Eingreifen geboten, so ist der verantwortliche Leiter der Rettungskräfteeinheit nach pflichtgemäßem Ermessen berechtigt, das Betreten anzuordnen. Die Hilfsmaßnahmen haben sich auf das zur Abwehr der Gefahr Erforderliche zu beschränken.

2.2 Befreiung der Mission von der Gerichtsbarkeit (Immunität)

Botschaften haben keine eigene Rechtspersönlichkeit. Sie handeln stets nur im Namen des Staates, den sie vertreten. Dieser ist nach dem völkergewohnheitsrechtlichen Grundsatz der Staatenimmunität im Bereich seiner hoheitlichen Tätigkeit von der Gerichtsbarkeit anderer Staaten befreit.

2.3 Schutz des Missionsvermögens

Die Archive und Schriftstücke der Mission sind jederzeit unverletzlich, wo immer sie sich befinden (Art. 24 WÜD).

Auf Grundlage des völkergewohnheitsrechtlich anerkannten Grundsatzes, wonach die Arbeit und Funktionsfähigkeit der ausländischen Mission nicht behindert werden soll („ne impediatur legatio") ist in Deutschland höchstrichterlich anerkannt, dass in Bankkonten ausländischer Missionen, soweit diese für den Zahlungsverkehr zur Erfüllung der Aufgaben der diplomatischen Mission dienen, nicht vollstreckt werden darf.

2.4 Berechtigung zum Führen von Hoheitszeichen

Diplomatische Missionen haben das Recht, die Hoheitszeichen ihres Staates (Flagge, Wappen usw.) zu führen (Art. 20 WÜD).

B. Konsularische Vertretungen

1. Unterstützungspflicht des Empfangsstaates

Den konsularischen Vertretungen ist bei der Wahrnehmung ihrer Aufgaben jede Erleichterung zu gewähren (Art. 28 WÜK). Der Empfangsstaat ist hierdurch einerseits verpflichtet, der konsularischen Vertretung jede ihm mögliche und zumutbare Hilfeleistung zur Sicherstellung der Funktionsfähigkeit der Vertretung zu gewähren. Andererseits muss der Empfangsstaat Maßnahmen unterlassen, die die konsularischen Vertretungen und ihre Mitglieder bei der wirksamen Wahrnehmung der ihnen nach dem WÜK übertragenen Aufgaben nachhaltig behindern könnte.

Die Vorschrift beinhaltet für den Empfangsstaat u. a. die Verpflichtung, freien Zugang zur ausländischen Mission zu gewähren. Diese Verpflichtung gilt v. a. für den Zugang von Staatsangehörigen des Entsendestaates, aber grundsätzlich auch für Staatsangehörige des Empfangsstaates. Zugangsbehinderungen bedürfen der besonderen Begründung (bspw. Sicherheitserwägungen) und müssen verhältnismäßig sein.

2. Schutz der Räumlichkeiten der konsularischen Vertretung

2.1 Schutz der Räumlichkeiten bei berufskonsularischen Vertretungen

Für die Räumlichkeiten der konsularischen Vertretung gilt grundsätzlich dasselbe wie für die Räumlichkeiten einer diplomatischen Mission (vgl. Teil 2.A). Artikel 31 Absatz 4 WÜK ist bzgl. staatlicher Zwangsmaßnahmen so wie die Parallelvorschrift im WÜD (Art. 22 Abs. 3) zu lesen und als umfassende Immunitätsregelung zu verstehen.

Nach dem Wortlaut von Artikel 31 Absatz 4 WÜK sind die konsularischen Räumlichkeiten, ihre Einrichtung sowie das Vermögen und die Beförderungsmittel einer konsularischen Vertretung zwar nur von der Beschlagnahme zum Zweck der Landesverteidigung und des öffentlichen Wohls befreit. Eine Pfändung oder eine Vollstreckung stellen allerdings ähnlich gravierende Eingriffe dar wie die Beschlagnahme und müssen demnach ebenso behandelt werden. Erst recht ist auch davon auszugehen, dass weniger gravierende Maßnahmen wie die Durchsuchung ausgeschlossen sein müssen.

Wenn eine Beschlagnahme nur in den o. g. Fällen überhaupt denkbar ist, dann spricht außerdem vieles für den Ausschluss von Pfändung und Vollstreckung in Fällen, in denen die Maßnahmen nicht zur Wahrung der genannten Belange der Landesverteidigung und des öffentlichen Wohls ergriffen werden sollen.

Es sind jedoch folgende Ausnahmen zu beachten:

- Die Räumlichkeiten genießen den Schutz nur, wenn sie ausschließlich bzw. auch für dienstliche Zwecke genutzt werden. Anders als die Residenz eines Botschafters gehört die Residenz eines Konsuls nicht zu den geschützten Räumlichkeiten (Art. 31 Abs. 1 WÜK).
- In einer Notlage kann das Einverständnis des Leiters der konsularischen Vertretung zum Betreten der geschützten Räumlichkeiten vermutet werden (Art. 31 Abs. 2 WÜK). In einem solchen Fall ist die zuständige Landesbehörde – Staats- oder Senatskanzlei – unverzüglich zu unterrichten.

2.2 Schutz der Räumlichkeiten bei honorarkonsularischen Vertretungen

Für die Räumlichkeiten einer honorarkonsularischen Vertretung gilt das Privileg der Unverletzlichkeit nicht. Die Bundesrepublik Deutschland trifft nach Artikel 59 WÜK jedoch die Pflicht, alle erforderlichen Maßnahmen zu treffen, um die Räumlichkeiten vor jedem Eindringen und jeder Beschädigung zu schützen und um zu verhindern, dass der Friede der honorarkonsularischen Vertretung gestört und ihre Würde beeinträchtigt wird.

2.3 Unverletzlichkeit konsularischer Archive und Schriftstücke

Konsularische Archive und Schriftstücke sind jederzeit unverletzlich, wo auch immer sie sich befinden (Art. 33 WÜK). Dasselbe gilt für die konsularischen Archive und Schriftstücke in einer von einem Honorarkonsularbeamten geleiteten konsularischen Vertretung, sofern sie von anderen Papieren und Schriftstücken getrennt gehalten werden, insbesondere von der privaten Korrespondenz sowie von den Gegenständen, Büchern oder Schriftstücken, die sich auf den Beruf oder das Gewerbe eines Konsulatsmitarbeiters beziehen (Art. 61 WÜK).

2.4 Berechtigung zum Führen von Hoheitszeichen

Konsularische Vertretungen können die Hoheitszeichen ihres Staates (Flagge, Wappen) an dem Gebäude, in dem sich die konsularische Vertretung befindet, an der Wohnung des Leiters der konsularischen Vertretung und an den Beförderungsmitteln führen, wenn diese dienstlich benutzt werden (Art. 29 Abs. 2 WÜK). Konsularische Vertretungen, die von einem Honorarkonsularbeamten geleitet werden, führen gemäß Artikel 29 Absatz 3 WÜK die Hoheitszeichen nur an dem Gebäude, in dem sich die dienstlichen Räumlichkeiten befinden.

C. Internationale Organisationen

Zu beachten ist, dass auch Internationale Organisationen Vorrechte und Befreiungen genießen (z. B. Unverletzlichkeit der Räumlichkeiten, Schutz der Archive und des Kuriers). Da diese Privilegien auf unterschiedlichen völkerrechtlichen Übereinkünften beruhen, können sie nicht zusammenfassend dargestellt werden. In Zweifelsfällen sollte das Auswärtige Amt, Referat OR02 (Tel. 0228–9917-2633, 9.00–16.00 Uhr) befragt werden.

Teil 3 Spezialgesetzliche Regelungen zur Behandlung gesandtschaftsrechtlich bevorrechtigter Personen im deutschen Recht

A. Aufenthaltsgesetz (AufenthG) und Aufenthaltsverordnung (AufenthV)

1. AufenthG vom 25. Februar 2008 (BGBl. I 162, zuletzt geändert durch Gesetz vom 6. September 2013; BGBl. I 3556)

– nicht abgedruckt –

2. Aufenthaltsverordnung (AufenthV) vom 25. November 2004 (BGBl. I 2945, zuletzt geändert durch Verordnung vom 6. Mai 2014; BGBl. I 451)

– nicht abgedruckt –

B. Melderechtsrahmengesetz (MRRG) vom 19. April 2002 und Bundesmeldegesetz (BMG) vom 3. Mai 2013

– nicht abgedruckt –

C. Waffengesetz (WaffG) vom 11. Oktober 2002

– nicht abgedruckt –

D. Personenstandsgesetz (PStG) vom 19. Februar 2007

– nicht abgedruckt –

Teil 4 Sonderbestimmungen für die Rechtsstellung der Stationierungsstreitkräfte, der Streitkräfte der NATO-Mitgliedsstaaten, der aufgrund des Nordatlantikvertrages errichteten internationalen militärischen Hauptquartiere, der Teilnehmerstaaten an der NATO-Partnerschaft für den Frieden (PfP) sowie der Streitkräfte aus Drittstaaten

– nicht abgedruckt –

Teil 5 Ausweise für Mitglieder ausländischer Vertretungen und Internationaler Organisationen

A. Protokollausweis des Auswärtigen Amtes

Das Auswärtige Amt – Protokollabteilung – stellt den Mitgliedern ausländischer Vertretungen und Internationaler Organisationen seit 1999 einen **roten Protokollausweis** (laminierte Plastikkarte im Format 110 mm × 80 mm) aus.

Auf der Vorderseite befindet sich neben dem Lichtbild und den persönlichen Informationen die Funktionsbezeichnung des Ausweisinhabers. Oben rechts wird der Typ des Protokollausweises mitgeteilt (vgl. sogleich folgende Liste) sowie die Nummer des Protokollausweises.

Auf der Rückseite befindet sich ein zweisprachiger Hinweis auf die Vorrechte und Befreiungen des Ausweisinhabers sowie auf die aufenthaltsrechtlichen Besonderheiten. Daneben wird auf die Nummer des dazugehörigen Reisedokuments verwiesen sowie in der unteren rechten Ecke der Typ des Protokollausweises gekennzeichnet. Derzeit gibt es elf Ausweistypen:

„D“ Ausweis für Diplomaten und deren Familienmitglieder

„VB“ Ausweis für Verwaltungs- und technisches Personal an Botschaften und deren Familienmitglieder

„DP“ Ausweis für dienstliches Hauspersonal an Botschaften und deren Familienmitglieder

„K“	Ausweis für Konsularbeamte
„VK“	Ausweis für Verwaltungs- und technisches Personal an Konsulaten
„DH“	Ausweis für dienstliches Hauspersonal an Konsulaten
„KF“	Ausweis für Familienmitglieder von Konsularbeamten, Verwaltungs- und technisches Personal und Hauspersonal an Konsulaten
„OK“	Ausweis für Ortskräfte und deren Familienmitglieder (nur noch sog. „Altfälle“; Ortskräfte, die nach dem 1. Januar 2013 eingestellt wurden, haben keinen Protokollausweis mehr erhalten, da sie bereits bei Einstellung über einen Aufenthaltstitel verfügen mussten, der ihnen die Erwerbstätigkeit gestattet)
„PP“	Ausweis für privates Hauspersonal
„IO“	Ausweis für Mitglieder von in Deutschland eingerichteten Vertretungen Internationaler und Supranationaler Organisationen sowie zwischenstaatlicher Einrichtungen und deren Familienmitglieder
„S“	Sonderausweise für Haushaltsangehörige i. S. v. § 27 Absatz 1 Nummer 5 AufenthV, sowie in bestimmten Sonderfällen bei Internationalen Organisationen.

Hinweis: Die jeweiligen Vorrechte, die auf den Karten mitgeteilt werden, können voneinander abweichen, auch wenn derselbe Ausweistyp vorliegt. Dies liegt daran, dass z. B. bei Diplomaten die Vorrechte u. a. davon abhängen, ob der Diplomat Ausländer oder Deutscher ist. Zu den Vermerken, die einen abweichenden Status anzeigen, zählen (Vermerk auf der Vorderseite des Ausweises oben rechts):

Zusatz „A“

(zum Beispiel: „Protokollausweis für Diplomaten A“)

= Arbeitsaufnahme durch den Ausweisinhaber, dadurch Privilegienbeschränkung gemäß Artikel 31 Absatz 1 lit. c WÜD, siehe hierzu Teil 2.1.2.1.2.

Zusatz „Art. 38 Abs. 1 WÜD“

(zum Beispiel: „Protokollausweis für Diplomaten Art. 38 Abs. 1 WÜD“) = Ausweisinhaber ist deutscher Staatsangehöriger oder ständig in Deutschland ansässig, dadurch Privilegienbeschränkung gemäß Artikel 38 Absatz 1 WÜD, siehe hierzu 2.7.

Zusatz „Art. 71 Abs. 1 WÜK“

(zum Beispiel: „Protokollausweis für Konsularbeamte Art. 71 Abs. 1 WÜK“) = Ausweisinhaber ist deutscher Staatsangehöriger oder ständig in Deutschland ansässig, dadurch Privilegienbeschränkung nach Artikel 71 Absatz 1 WÜK, siehe hierzu Teil 2.8.3.

Hinweis: Honorarkonsuln erhalten keine Ausweise vom Auswärtigen Amt. Ihnen werden vom Protokoll des jeweiligen Bundeslandes (Senats- oder Staatskanzlei) weiße Ausweise im Scheckkartenformat ausgestellt, die im Jahr 2008 für alle Bundesländer einheitlich neu gestaltet wurden (siehe nachstehendes Muster).

Lediglich Rheinland-Pfalz und Saarland verwenden noch ein älteres Ausweismodell (weiß mit grünem Querstreifen).

B. Diplomatenpass des Entsendestaates

Die Entsendestaaten pflegen ihrerseits die Angehörigen ihres Auswärtigen Dienstes mit amtlichen Pässen zu versehen (Diplomatenpass, Dienstpass). Diese Pässe haben für den Status des Inhabers in der Bundesrepublik Deutschland zwar keine unmittelbare Bedeutung, doch können sie als Hinweis auf die Sonderstellung wichtig sein. Wie in Deutschland[1] entspricht es auch internationaler Übung, dass die Erteilung von amtlichen Pässen nur an einen zahlenmäßig begrenzten Personenkreis und bei Vorliegen bestimmter Voraussetzungen erfolgt. Die Entscheidung eines anderen Staates, einer Person einen amtlichen Pass zu erteilen, ist zu respektieren. Es ist grundsätzlich davon auszugehen, dass der Passinhaber in dem Herkunfts-/Entsendestaat eine hervorgehobene Stellung einnimmt und sein Aufenthalt in der Bundesrepublik Deutschland von besonderem Interesse für diesen Staat ist. Bei Vorweisen amtlicher Pässe ist daher eine vorsichtige/sorgfältige Prüfung aller Maßnahmen, notfalls Rückfrage angezeigt (vgl. die besonderen Rechte durchreisender Diplomaten Art. 40 Abs. 2 WÜD, siehe auch 2.1 und 2.6, und für Konsularbeamte Art. 54 Abs. 2 WÜK). In Zweifelsfällen ist das Auswärtige Amt (unter der Rufnummer 030–5000-3411, 9.00 –16.00 Uhr, ansonsten unter der Rufnummer 030–5000-2911) zu befassen. Anlass und Rechtfertigung von evtl. Kontrollmaßnahmen sowie die angestellten Ermessenserwägungen sind umfassend schriftlich festzuhalten, s. zu diesem Dokumentationserfordernis im Einzelnen oben unter Ziff. 2.1.2.2.1.

[1] S. Allgemeine Verwaltungsvorschrift über die Ausstellung amtlicher Pässe der Bundesrepublik Deutschland vom 27. Juni 2014 auf Grundlage des § 27 PassG.

Teil 6 Behandlung von bevorrechtigten Personen bei Verstößen gegen die Straßenverkehrsordnung und die öffentliche Ordnung

A. Nach dem Wiener Übereinkommen über diplomatische Beziehungen (WÜD) bevorrechtigte Personen

1. Diplomaten und ihre im Haushalt lebenden Familienmitglieder: Grundsätze der Bevorrechtigung

Artikel 29 WÜD regelt den fundamentalen Grundsatz der Unverletzlichkeit des Diplomaten. Danach sind hoheitliche Zwangsmaßnahmen gegen Diplomaten unzulässig. Folgende Maßnahmen widersprechen diesem Grundsatz:

- Maßnahmen der Strafverfolgung (vorläufige Festnahme, Verhaftung, Durchsuchung, Beschlagnahme, Entnahme von Blutproben oder andere Alkoholtests bei Trunkenheitsverdacht im Straßenverkehr, Vernehmung gegen den Willen des Betroffenen)
- Maßnahmen zur Verfolgung und Ahndung von Ordnungswidrigkeiten einschließlich der Verwarnung mit Verwarnungsgeld
- Verwaltungsakte, welche die persönliche Freiheit der Diplomaten einschränken (z. B. polizeilicher Gewahrsam) oder mit denen Gegenstände beschlagnahmt oder sichergestellt werden, die im Eigentum oder in der tatsächlichen Gewalt dieser Person stehen (z. B. von der Polizei angeordnetes Umsetzen eines Kfz). Die Inverwahrungnahme solcher Gegenstände ist nur zulässig, soweit kein entgegenstehender Wille des Berechtigten erkennbar ist und die Verwahrung in seinem Interesse liegt.
- Sonstige Verwaltungsakte mit Sanktionscharakter (z. B. Beschlagnahme des Führerscheins, Sicherstellen eines Kraftfahrzeugs, Anbringen von Parkkrallen).

Die genannten Verbote beschränken sich nicht nur auf die Ausführung, sondern bereits auf eine entsprechende Androhung derartiger Maßnahmen.

Der Grundsatz der Unverletzlichkeit gemäß Artikel 29 WÜD gilt sowohl bei dienstlichen als auch bei rein privaten Handlungen des Diplomaten.

Zwangsmaßnahmen dürfen gegen einen Diplomaten grundsätzlich nicht vorgenommen werden. Gerichtliche und behördliche Maßnahmen mit Sanktionscharakter gegen einen Diplomaten sind nur möglich, wenn der Entsendestaat über seine Mission ausdrücklich nach Artikel 32 WÜD einen Immunitätsverzicht erklärt. Hierzu haben Gerichte und Behörden in jedem Einzelfall das Auswärtige Amt zu konsultieren. **Der Diplomat selbst kann nicht wirksam auf seine Immunität verzichten.** Unzulässiger Zwang liegt auch schon vor, wenn der Betroffene im Falle einer Weigerung mit tatsächlichen Behinderungen durch Behörden, wie z. B. der Polizei, zu rechnen hat. Zur ausnahmsweisen Zulässigkeit von Zwangsmaßnahmen gegen Diplomaten s. o. Teil 2.1.2.2.

Die Frage, ob die Voraussetzungen für das ausnahmsweise Einschreiten vorliegen, ist seitens der deutschen Behörden mit größter Sorgfalt zu prüfen. Die Unverletzlichkeit des Diplomaten gehört zu den überragenden Schutzgütern des Gesandtschaftsrechts und darf in keinem Fall unter Hinweis auf die Durchsetzung der Straßenverkehrsvorschriften durchbrochen werden.

Eine **Anzeige der Polizei** bei der Staatsanwaltschaft ist möglich, soweit die Einleitung eines Ermittlungsverfahrens dazu dient, evtl. Zweifel über die Immunität des Diplomaten zu klären. Die Eröffnung eines Hauptverfahrens gegen Diplomaten ist unzulässig. Insoweit besteht ein Verfahrenshindernis, das von Amts wegen zu beachten ist.

Die direkte Zustellung von Bescheiden (auch Verwarnungen für Parkverstöße) an Botschaften und Diplomaten im Zusammenhang mit Verkehrsordnungswidrigkeiten nach der Straßenverkehrsordnung (StVO) ist aufgrund der Unverletzlichkeit der Mission und des Diplomaten (Art. 22 und 29 WÜD) völkerrechtswidrig und daher unzulässig.

Dazu zählen insbesondere:

- das Anheften von Bescheiden an die Windschutzscheibe von Kraftfahrzeugen mit amtlichen diplomatischen Kennzeichen,
- die Übersendung von Bußgeldbescheiden an die Adresse fremder Missionen oder an die Privatadresse von Diplomaten und
- jede andere direkte Zustellung (z. B. durch persönliche Übergabe) an Diplomaten.

Gesandtschaftsrechtlich zulässig sind schlichte Hinweise – auch schriftlich – auf den begangenen Verkehrsverstoß, solange diese Hinweise nicht hoheitlich-autoritativen Charakter haben. Bund und Länder haben sich im Juni 2007 im Rahmen des Bund-Länder-Fachausschusses StVO/StVOWi mit Schwerpunkt Straßenverkehrsordnungswidrigkeiten (Sitzung I/07) auf entsprechende Mustertexte und Hinweise geeinigt (vgl. die Ergebnisniederschrift v. 27./28.6., Gz. des BMVI (ehemaliges BMVBS): S 02 (032)/7393.2/3–4/656550 (I/07)).

Wurde ein Diplomat z. B. bei einem Verkehrsunfall verletzt und ist nicht ansprechbar, können Behandlung und Transport in eine Klinik auch ohne seine Einwilligung erfolgen. Die zuständige Mission oder der Entsendestaat sind jedoch schnellstmöglich von diesen Maßnahmen zu unterrichten.

Über Artikel 37 Absatz 1 WÜD werden auch die **Familienmitglieder von Diplomaten, wenn sie nicht Angehörige des Empfangsstaates** sind, in den Schutz des Artikel 29 WÜD einbezogen.

2. Verfahren bei Trunkenheitsfahrten

Das Anhalten eines Diplomaten bei Anzeichen einer Trunkenheitsfahrt im Straßenverkehr ist zulässig. Erst durch die Identitätskontrolle (i. d. R. anhand des Protokollausweises und/oder des amtlichen Passes) ist eine abschließende Überprüfung möglich, ob der Fahrer tatsächlich Privilegien nach dem Gesandtschaftsrecht genießt. Der Betroffene hat in diesen Fällen mitzuwirken. Weigert er sich, so ist ein Festhalten bis zur Klärung der Identität zulässig.

Die Durchführung eines Alkoholtests ist nur im Einvernehmen mit dem Diplomaten möglich. Aus der Weigerung dürfen keine für ihn nachteiligen Schlüsse gezogen werden, d. h. es erfolgt keine Umkehr der Beweislast, da der Empfangsstaat keinen Anspruch auf Mitwirkung des Diplomaten hat. Will der Diplomat kooperieren und an dem Test teilnehmen, sollte darauf hingewirkt werden, dass der Diplomat eine rechtswahrende Erklärung zu Protokoll der kontrollierenden Polizeibeamten abgibt, da ein Immunitätsverzicht nur durch seinen Dienstherrn, den Entsendestaat, erklärt werden kann.
Hindert die Polizei einen offensichtlich fahruntüchtigen Diplomaten an der Weiterfahrt und behält gegebenenfalls die Fahrzeugschlüssel ein, ist diese Maßnahme nur zu seinem eigenen Schutz sowie dem anderer Verkehrsteilnehmer zulässig.
Die Polizei darf den Diplomaten nicht daran hindern, sich vom Ort der Verkehrskontrolle zu Fuß, mit dem Taxi oder mit einem öffentlichen Verkehrsmittel zu entfernen. Ausgeschlossen ist das Anlegen von Handschellen, um den Betroffenen am Weggehen zu hindern. Etwas anderes gilt z. B. dann, wenn eine akute Gefahr der Selbstgefährdung besteht. Dann ist es zulässig, den Diplomaten zu seiner Mission oder nach Hause zu bringen. Zu beachten ist in jedem Einzelfall der Grundsatz der Verhältnismäßigkeit.
Das Kfz eines offensichtlich fahruntüchtigen Diplomaten kann durch die Polizei an einer sicheren Stelle am Ort der Verkehrskontrolle oder in unmittelbarer Nähe dazu geparkt werden. Ein Umsetzen darüber hinaus ist dagegen nur möglich, wenn am Ort der Verkehrskontrolle keine Möglichkeit besteht, das Auto sicher zu parken.

3. Verfahren bei Falschparken und Umsetzen

Bußgelder nach Verstößen gegen die StVO müssen Diplomaten nicht bezahlen, sie können dies jedoch freiwillig tun.
Parkgebühren müssen auch von Diplomaten bezahlt werden. Sie sind Vergütungen für bestimmte Dienstleistungen und fallen damit nicht unter das gesandtschaftsrechtliche Steuerprivileg.

Staatlicher Zwang zur Durchsetzung der Bezahlung von **Bußgeldern und Parkgebühren verstößt gegen den Unverletzlichkeitsgrundsatz** aus Artikel 29 WÜD und ist deshalb nicht zulässig.

Nach Artikel 22 Absatz 3 WÜD genießen verbotswidrig abgestellte Kfz einer diplomatischen Mission Immunität von Beschlagnahme und Vollstreckungsmaßnahmen, nach Artikel 30 Absatz 2 WÜD ist das Privatfahrzeug eines Diplomaten als Teil seines Vermögens unverletzlich.

Das Umsetzen verbotswidrig geparkter Privatfahrzeuge von Diplomaten im Auftrag der Behörden des Empfangsstaates verstößt – ebenso wie bei Artikel 22 Absatz 3 WÜD (Dienstfahrzeuge der Mission) – gegen Artikel 30 Absatz 2 WÜD. Es wird jedoch von einer konkludenten Zustimmung des Diplomaten zum Umsetzvorgang dann ausgegangen, wenn das geparkte Fahrzeug eine konkrete Gefahr für Leib und Leben anderer Verkehrsteilnehmer oder Personen oder eine erhebliche Behinderung des Straßenverkehrs darstellt, z. B. durch Blockieren einer Krankenhauseinfahrt oder der Straßenbahnschienen.

Dem Empfangsstaat steht in diesen Fällen nach Ende der Gefahrenlage kein Zurückbehaltungsrecht an dem Fahrzeug bis zur Bezahlung der Umsetzkosten durch den Diplomaten oder die Mission zu. Die Mission bzw. der Entsendestaat als Halter von Dienstfahrzeugen und der Diplomat als Halter seines Privatfahrzeugs können zwar zur Zahlung der Umsetzkosten aufgefordert werden, Sanktionen zur Durchsetzung der Zahlungsaufforderung sind jedoch unzulässig.

Gleiches gilt entsprechend für andere Maßnahmen der Außerbetriebsetzung von Fahrzeugen der Mission oder des Diplomaten, wie z. B. das Anbringen einer **„Parkkralle"**.

Dabei macht es keinen Unterschied, ob die jeweilige Verkehrsfläche privat oder öffentlich ist. Entscheidend ist, ob der Empfangsstaat behördlich in den Umsetzvorgang eingeschaltet wurde oder nicht. Es spielt keine Rolle, ob das Umsetzen selbst durch eine Privatfirma vorgenommen wurde. Wenn diese als Verwaltungshelfer im Auftrag der Behörden handelt, muss sich der Empfangsstaat den Umsetzvorgang zurechnen lassen.

Etwas anderes gilt jedoch bei einer Beauftragung eines Unternehmens durch einen Anlieger oder privaten Grundstücksbesitzer zur Durchsetzung seiner zivilrechtlichen Ansprüche. Hier kann diese Handlung dem Empfangsstaat nicht zugerechnet werden. Es handelt sich dabei um einen rein zivilrechtlichen Vorgang, bei dem das Gesandtschaftsrecht nicht zur Anwendung kommt. In diesen Fällen ist auch der Diplomat zur Bezahlung der Umsetzkosten verpflichtet. Eine Durchsetzung im Wege der Zwangsvollstreckung ist jedoch nicht möglich.

4. Entzug der Fahrerlaubnis

Der Entzug der Fahrerlaubnis bzw. die Sicherstellung oder Beschlagnahme des Führerscheins verstößt bei Diplomaten gegen die durch Artikel 31 WÜD gewährte Immunität bzw. gegen die Immunität gegenüber Vollstreckungsmaßnahmen (Art. 31 Abs. 3 WÜD sowie den Unverletzlichkeitsgrundsatz aus Art. 29 WÜD) und ist deshalb unzulässig.

5. Missbräuchliche Nutzung von Missions- und Diplomatenfahrzeugen

Die Mission und der Diplomat haben dafür Sorge zu tragen, dass ihre Fahrzeuge nur von gesandtschaftsrechtlich privilegierten Personen genutzt werden. Tun sie dies nicht, ist grundsätzlich von einem Privilegienmissbrauch auszugehen. Diese unzulässige Nutzung führt aber nicht automatisch dazu, dass die Fahrzeuge ihren gesandtschaftsrechtlichen Schutz verlieren. Sie sind zunächst weiterhin als Beförderungsmittel der Botschaft (Art. 22 Abs. 3 WÜD) bzw. als Vermögen des Diplomaten, auf dessen Namen sie angemeldet sind (Art. 30 Abs. 2 WÜD), geschützt. Durchsuchungen, Beschlagnahmen etc. sind daher grundsätzlich nicht zulässig. Dies gilt auch in Fällen des Diebstahls und der Gebrauchsanmaßung.

Bei fortgesetzter zweckwidriger Nutzung kann aber der betreffenden Mission oder dem Diplomaten mit der Aufhebung des geschützten Status und mit der Einziehung der das Fahrzeug nach außen privilegierenden Kennzeichen gedroht werden. Dabei ist der Grundsatz der Verhältnismäßigkeit zu beachten. Die Bundesrepublik ist als Empfangsstaat nicht verpflichtet, die völkerrechtlich unzulässige Nutzung der Fahrzeuge dauerhaft hinzunehmen. Bis zu einer entsprechenden Aufhebung sind die Behörden allerdings grundsätzlich verpflichtet, den geschützten Status der Fahrzeuge zu respektieren.

6. Diplomaten, die Angehörige des Empfangsstaates oder dort ständig ansässig sind

Diplomaten, die die deutsche Staatsangehörigkeit besitzen oder in der Bundesrepublik Deutschland ständig ansässig sind, genießen gemäß Artikel 38 Absatz 1 WÜD Immunität von der Gerichtsbarkeit und Unverletzlichkeit lediglich in Bezug auf ihre in Ausübung ihrer dienstlichen Tätigkeit vorgenommenen Amtshandlungen (s. o. 2.7).

Ihre Familienmitglieder besitzen keine Privilegien. Es gilt jedoch der Grundsatz, dass der Empfangsstaat seine Hoheitsgewalt über diese Personen nur so ausüben darf, dass er die Mission bei der Wahrnehmung ihrer Aufgaben nicht ungebührlich behindert.

7. Mitglieder des Verwaltungs- und technischen Personals (VtP) sowie in ihrem Haushalt lebende Familienmitglieder

Über Artikel 37 Absatz 2 WÜD werden Mitglieder des Verwaltungs- und technischen Personals (VtP) der Mission und die zu ihrem Haushalt gehörenden Familienmitglieder, wenn sie weder Angehörige des Empfangsstaats noch in demselben ständig ansässig sind, bei Verstößen gegen die StVO in den Schutz des Artikels 29 WÜD einbezogen. Die oben dargestellten Regelungen gelten daher für sie entsprechend.

8. Mitglieder des dienstlichen Hauspersonals

Mitglieder des dienstlichen Hauspersonals der Mission, die weder Angehörige des Empfangsstaats noch in demselben ständig ansässig sind, genießen nur Amtshandlungsimmunität. Diese umfasst in der Regel keine Immunität bei Verstößen gegen die StVO, da Handlungen im Straßenverkehr kaum jemals als Amtshandlung im Sinne des WÜD vorstellbar sind. Eine Ausnahme könnte für Fahrer der Mission bestehen, soweit diese als dienstliches Hauspersonal angemeldet sind.

Ihre **Familienmitglieder** besitzen unabhängig davon, ob sie Deutsche bzw. im Bundesgebiet ständig ansässig sind oder nicht, keine Privilegien. Auch hier gilt jedoch der Grundsatz, dass der Empfangsstaat seine Hoheitsgewalt über diese Personen nur so ausüben sollte, dass er die Mission bei der Wahrnehmung ihrer Aufgaben nicht ungebührlich behindert.

9. Private Hausangestellte

Nach Artikel 1 lit. h) WÜD ist das private Hauspersonal im häuslichen Dienst eines Missionsmitglieds beschäftigt und nicht Bediensteter des Entsendestaates. Private Hausangestellte von Mitgliedern der Mission, die weder Angehörige des Empfangsstaats noch in demselben ständig ansässig sind, sind unter bestimmten Voraussetzungen von der Sozialversicherungspflicht und von Steuern auf ihre Arbeitsbezüge befreit, genießen aber weder Unverletzlichkeit noch Immunität. Sie können aus diesem Grund für Verstöße gegen die StVO zur Verantwortung gezogen werden. Es gilt wiederum der Grundsatz, dass der Empfangsstaat seine Hoheitsgewalt über diese Personen nur so ausüben darf, dass er die Mission bei der Wahrnehmung ihrer Aufgaben nicht ungebührlich behindert.

10. Mitglieder des Verwaltungs- und technischen Personals (VtP), und des dienstlichen Hauspersonals sowie private Hausangestellte, wenn die Genannten Angehörige des Empfangsstaates bzw. dort ständig ansässig sind; Ortskräfte

Diesen Bediensteten stehen gemäß Artikel 38 Absatz 2 WÜD lediglich Vorrechte und Immunitäten in dem vom Empfangsstaat zugelassenen Umfang zu. Demnach besteht keinerlei Privilegierung, wenn es die innerstaatliche Rechtsordnung, wie in Deutschland, nicht vorsieht.

Ortskräfte (Definition s. o. 2.5) genießen grundsätzlich keine Immunität. Es gilt jedoch auch hier der Grundsatz, dass der Empfangsstaat seine Hoheitsgewalt über diese Personen nur so ausüben darf, dass er die Mission bei der Wahrnehmung ihrer Aufgaben nicht ungebührlich behindert.

B. Nach dem Wiener Übereinkommen über konsularische Beziehungen (WÜK) bevorrechtigte Personen

1. Berufskonsularbeamte

Die Unverletzlichkeit von Konsularbeamten ist im WÜK differenziert ausgestaltet (im Einzelnen s. o. Teil 2.8.2.2). Mit Blick auf Verstöße gegen die Straßenverkehrsordnung und die öffentliche Ordnung gilt Folgendes:

1.1 Dienst- und Privatfahrten von Berufskonsularbeamten

Die in Artikel 43 WÜK geregelte sog. **Amtsimmunität** erfasst alle Handlungen, die in Ausübung der amtlichen bzw. dienstlichen Tätigkeit vorgenommen werden, d. h. nicht nur die eigentliche Amtshandlung selbst, sondern ebenso Akte, die in engem zeitlichen und sachlichen Zusammenhang mit der Amtshandlung stehen. Von dem Begriff „Handlungen in Wahrnehmung konsularischer Aufgaben" werden deshalb auch eng mit der Amtshandlung als solcher zusammenhängende Handlungen erfasst.

- So sind beispielsweise **Fahrten zum täglichen Dienst und nach Hause** (oder z. B. von der Wohnung zu einem offiziellen Empfang im Empfangsstaat und zurück) noch als in Wahrnehmung konsularischer Aufgaben erfolgt anzusehen. Denn sie sind für die Wahrnehmung konsularischer Aufgaben unumgänglich. Auch wenn die Rückfahrt nach Hause – anders als die Hinfahrt – bei enger Auslegung nicht mehr unmittelbar der Wahrnehmung konsularischer Aufgaben i. S. v. Artikel 5 WÜK dient, ist auch diese vom Schutzzweck des Artikel 43 WÜK erfasst. Hin- und Rückfahrt müssen – außer bei privaten Unterbrechungen – als einheitlicher Gesamtvorgang angesehen werden, der insgesamt zum Bereich der konsularischen Aufgabenwahrnehmung gehört.
- Dabei ist nicht entscheidend, ob der betreffende Berufskonsularbeamte hierfür einen Privatwagen benutzt oder ob er einen Dienstwagen fährt. Allein die Benutzung des Dienstwagens spricht zwar dem ersten Anschein nach für eine Fahrt in Wahrnehmung konsularischer Aufgaben. Aber auch das Benutzen eines Privatwagens kann in Wahrnehmung konsularischer Aufgaben erfolgen. Erfolgt während der Fahrt ein Verkehrsunfall, ist die betreffende Person nach deutscher Praxis vor gerichtlicher Verfolgung im Empfangsstaat geschützt.
- Auch die Fahrt eines Berufskonsularbeamten zum dienstlich angeordneten Sprachunterricht oder zum Flughafen, um dort das Kuriergepäck bzw. sonstige dienstliche Post abzuholen, geschieht in Ausübung dienstlicher Tätigkeit.
- Dasselbe gilt, wenn der Berufskonsularbeamte etwa mit seinem eigenen Privatwagen unterwegs ist, um hilfsbedürftige Angehörige seines Entsendestaates aufzusuchen und ihre Heimführung vorzubereiten, oder wenn er zu einer Unfallstelle fährt, bei der solche Personen zu Schaden gekommen sind.
- Wenn nach Beendigung des Dienstes z. B. eine Gaststätte besucht wird, besteht für die anschließende Heimfahrt allerdings kein enger sachlicher Zusammenhang mit der Wahrnehmung konsularischer Aufgaben mehr. Mit der Heimfahrt wird die dienstliche Tätigkeit nicht wieder aufgenommen, sondern dient allein privaten Interessen.
- Kein Bezug zum Dienst besteht außerdem bei Wochenend- (außer im Bereitschaftsdienst) bzw. Urlaubsreisen.

Bei eindeutig außerdienstlicher Benutzung eines Kfz unterliegen Berufskonsularbeamte bei Zuwiderhandlungen gegen das Straßenverkehrsrecht des Empfangsstaates der Strafverfolgung oder dem Bußgeldverfahren. Allerdings ist eine Festnahme oder Untersuchungshaft nur im Rahmen des Artikel 41 Absatz 1 WÜK zulässig.

1.2 Verfahren bei Trunkenheitsfahrten

Das **Anhalten** eines Konsularbeamten bei Anzeichen einer Trunkenheitsfahrt im Straßenverkehr ist zulässig. Erst durch die Identitätskontrolle (i. d. R. Protokollausweis) ist eine abschließende Überprüfung möglich, ob der Fahrer tatsächlich Privilegien nach dem Gesandtschaftsrecht genießt. Der Betroffene hat in diesen Fällen mitzuwirken. Weigert er sich, so ist ein Festhalten bis zur Klärung der Identität zulässig.

Die **zwangsweise Durchführung von Alkoholtests** bei Trunkenheitsverdacht im Straßenverkehr ist **unzulässig.** Die Unverletzlichkeit des Konsularbeamten, die ihn auch vor der zwangsweisen Durchführung eines Alkoholtestes schützt, kann nach Artikel 41 WÜK nur aufgrund einer „Entscheidung der zuständigen Justizbehörde" und bei Vorliegen einer „schweren Straftat" eingeschränkt werden. **Hindert** die Polizei einen eindeutig angetrunkenen Konsularbeamten **an der Weiterfahrt** und entzieht ihm gegebenenfalls die Fahrzeugschlüssel, ist diese Maßnahme nur zu seinem eigenen Schutz sowie dem anderer Verkehrsteilnehmer zulässig. Der Grundsatz der Verhältnismäßigkeit ist stets zu beachten. Die Polizei darf außerdem den Konsularbeamten nicht daran hindern, sich vom Ort der Verkehrskontrolle zu Fuß, mit dem Taxi oder mit einem öffentlichen Verkehrsmittel zu entfernen.

1.3 Verfahren bei Falschparken und Umsetzen

Das Umsetzen verbotswidrig geparkter Dienstwagen durch Polizei- oder Ordnungsbehörden des Empfangsstaats ist mit der Unverletzlichkeit der Beförderungsmittel der konsularischen Vertretung unvereinbar. Zwar sieht Artikel 31 Absatz 4 WÜK keine generelle Unverletzlichkeit von Beförderungsmitteln vor, doch sind die in Artikel 31 Absatz 4 WÜK genannten Gegenstände über die genannten Beschlagnahmegründe hinaus geschützt. Die Behörden des Empfangsstaats dürfen nur ausnahmsweise bei einer konkreten Gefahrenlage Dienstfahrzeuge umsetzen.

Im WÜK ist keine Vorschrift zum Schutz des Privatvermögens des Konsularbeamten enthalten. Privatfahrzeuge sind nur bei Dienstfahrten geschützt. Dem Funktionsprinzip folgend wird der dienstlich genutzte Privatwagen für die Dauer eines Dienstgeschäfts zum „Dienstfahrzeug" im Rechtssinne, welches den Schutz des Artikels 31 Absatz 4 WÜK genießt. Ein Umsetzen des falsch geparkten Fahrzeugs ist in solchen Fällen unzulässig, sofern nicht eine konkrete Gefahrenlage vorliegt. Für die Behandlung verbotswidrig geparkter Dienstwagen oder dienstlich genutzter Privatfahrzeuge gilt ansonsten Teil 6.A.3 entsprechend.

1.4 Entzug der Fahrerlaubnis

Der Entzug der Fahrerlaubnis bzw. die Sicherstellung oder Beschlagnahme des Führerscheins von Berufskonsularbeamten im Zusammenhang mit einer Dienstfahrt ist ein unzulässiger Verwaltungseingriff in die bestehende Amtsimmunität im Sinne des Artikel 43 Absatz 1 WÜK.

Der Entzug der Fahrerlaubnis bzw. die Sicherstellung oder Beschlagnahme des Führerscheins eines Berufskonsularbeamten im Zusammenhang mit einer Privatfahrt durch die Behörden des Empfangsstaats ist eine hoheitliche Maßnahme, die zwangsläufig auch seinen dienstlichen Bereich berührt, und ist deshalb auch hier nicht zulässig. Sie kann dazu führen, dass der Betroffene nicht mehr seinen Dienst versehen kann. Verletzt würde durch eine solche Maßnahme das Gebot des Artikel 28 WÜK, die Tätigkeit der konsularischen Vertretung nicht nur zu erleichtern, sondern alles zu unterlassen, was die Funktion der Vertretung erschwert.

1.5 Missbräuchliche Nutzung von Konsulatsfahrzeugen und Fahrzeugen des Konsularbeamten

Die konsularischen Vertretungen und der Konsularbeamte haben dafür Sorge zu tragen, dass ihre Dienstfahrzeuge nur von gesandtschaftsrechtlich privilegierten Personen genutzt werden. Tun sie dies nicht, ist grundsätzlich von einem Privilegienmissbrauch auszugehen. Diese unzulässige Nutzung führt aber nicht automatisch dazu, dass die Fahrzeuge ihren gesandtschaftsrechtlichen Schutz verlieren. Sie sind daher zunächst weiterhin als Beförderungsmittel des Konsulats (Art. 31 Abs. 4 WÜK) geschützt. Durchsuchungen, Beschlagnahmen etc. sind daher grundsätzlich nicht zulässig. Dies gilt auch in Fällen des Diebstahls und der Gebrauchsanmaßung.

Bei fortgesetzter zweckwidriger Nutzung kann aber dem betreffenden Konsulat mit der Aufhebung des geschützten Status und mit der Einziehung der das Fahrzeug nach außen privilegierenden Kennzeichen gedroht werden. Dabei ist der Grundsatz der Verhältnismäßigkeit zu beachten. Die Bundesrepublik ist als Empfangsstaat nicht verpflichtet, die völkerrechtlich unzulässige Nutzung der Fahrzeuge dauerhaft hinzunehmen. Bis zu einer entsprechenden Aufhebung sind die Behörden allerdings grundsätzlich verpflichtet, den geschützten Status der Fahrzeuge zu respektieren.

2. Berufskonsularbeamte, die Angehörige des Empfangsstaates oder dort ständig ansässig sind

Nach Artikel 71 Absatz 1 WÜK genießt ein Berufskonsularbeamter, der Angehöriger des Empfangsstaates oder dort ständig ansässig ist, Immunität von der Gerichtsbarkeit lediglich in Bezug auf seine in Ausübung seiner dienstlichen Tätigkeit vorgenommenen Amtshandlungen. Diese **Amtshandlungsimmunität** ist eingeschränkter als die Amtsimmunität, wie sie gemäß Artikel 43 Absatz 1 WÜK den entsandten Konsularbeamten zusteht. Erstere umfasst nur die Amtshandlung selbst, nicht jedoch Handlungen, die mit der Amtshandlung in engem sachlichen Zusammenhang stehen, wie z. B. die Fahrt mit dem Kfz zum Ort der Amtshandlung. Auch die Unverletzlichkeit ist auf Amtshandlungen begrenzt.

Des Weiteren muss der Empfangsstaat gem. Artikel 71 Absatz 1 Satz 2 WÜK die nach Artikel 42 WÜK vorgesehenen Benachrichtigungen an den Leiter der konsularischen Vertretung bzw. bei dessen Betroffenheit an den Entsendestaat vornehmen, wenn ein Konsularbeamter mit eingeschränktem Status festgenommen, in Untersuchungshaft genommen oder ein Strafverfahren gegen ihn eingeleitet wird.

Auch wenn dies in Artikel 71 Absatz 1 WÜK nicht ausdrücklich erwähnt ist, so muss der in Artikel 71 Absatz 2 Satz 3 WÜK verankerte Grundsatz, wonach der Empfangsstaat seine Hoheitsgewalt insbesondere über die dort erwähnten Konsulatsbediensteten nur so ausüben darf, dass dabei die Aufgabenwahrnehmung der konsularischen Vertretung nicht ungebührlich behindert wird, auch dann greifen, wenn es sich um nicht entsandte Konsularbeamte handelt. Was für das Verwaltungs- und technische Personal und das dienstliche Hauspersonal gilt, muss erst recht für Konsularbeamte gelten.

3. Mitglieder des Verwaltungs- und technischen Personals (VtP)

Die Mitglieder des Verwaltungs- und technischen Personals (VtP) einer konsularischen Vertretung können sich nur im Rahmen ihrer dienstlichen Tätigkeit auf die persönliche Unverletzlichkeit i. S. v. Artikel 43 Absatz 1 Alternative 2 WÜK berufen (Verbot des Eingriffs der Verwaltungsbehörden). Bei Fahrten im Straßenverkehr mit rein privater Natur besteht dagegen kein gesandtschaftsrechtlicher Schutz (Artikel 40 und 41 WÜK beziehen sich nur auf Konsularbeamte). Hier besteht daher grundsätzlich kein Schutz ggü. Vollstreckungsmaßnahmen bei Verstößen gegen die Straßenverkehrsordnung. Dennoch sollte die Zugehörigkeit zur konsularischen Vertretung bei der Durchführung der Maßnahmen angemessen berücksichtigt werden.

4. Mitglieder des dienstlichen Hauspersonals

Das dienstliche Hauspersonal genießt nach dem WÜK keine persönliche Unverletzlichkeit, auch nicht über Artikel 43 Absatz 1 Alternative 2 WÜK, der sich ausdrücklich nur auf die Konsularbeamten und das Verwaltungs- und technische Personal bezieht. Allerdings ist es herrschende Staatenpraxis, dass das entsandte und mit hoheitlichen Aufgaben betraute dienstliche Hauspersonal bei dienstlichen Handlungen weder der Gerichtsbarkeit noch administrativen Eingriffen des Empfangsstaats unterliegt. Diese Behandlung ist völkergewohnheitsrechtlich anerkannt. Deshalb kann zumindest bei amtlichen Handlungen ein Schutz des dienstlichen Hauspersonals angenommen werden. Für sie besteht grundsätzlich kein Schutz vor staatlichen Eingriffsmaßnahmen bei Verstößen gegen die Straßenverkehrsordnung.

5. Private Hausangestellte

Das private Hauspersonal von Mitgliedern konsularischer Vertretungen, das weder die Staatsangehörigkeit des Empfangsstaats hat, noch in demselben ständig ansässig ist, ist unter bestimmten Voraussetzungen von der Sozialversicherungspflicht und von Steuern auf seine Arbeitsbezüge befreit, genießt aber weder Unverletzlichkeit noch Immunität. Bei Verstößen gegen die StVO kann es grundsätzlich zur Verantwortung gezogen und staatliche Zwangsmaßnahmen gegen es verhängt werden. Es gilt jedoch zu beachten, dass der Empfangsstaat seine Hoheitsgewalt über diese Personen in jedem Fall nur so ausüben darf, dass er die konsularische Vertretung bei der Wahrnehmung ihrer Aufgaben nicht ungebührlich behindert.

6. Mitglieder des Verwaltungs- und technischen Personals (VtP), des dienstlichen Hauspersonals und private Hausangestellte, die Angehörige des Empfangsstaates bzw. dort ständig ansässig sind, sowie Ortskräfte

Diesen Bediensteten stehen gemäß Artikel 71 Absatz 2 WÜK lediglich Vorrechte und Immunitäten in dem vom Empfangsstaat zugelassenen Umfang zu. **Demnach besteht keinerlei Privilegierung, wenn es die innerstaatliche Rechtsordnung, wie in Deutschland, nicht vorsieht.**

Auch hier gilt jedoch der Grundsatz, dass der Empfangsstaat seine Hoheitsgewalt über diese Personen nur so ausüben darf, dass er die konsularische Vertretung bei der Wahrnehmung ihrer Aufgaben nicht ungebührlich behindert.

Ortskräfte genießen grundsätzlich keine Immunität (s. 2.5).

7. Familienmitglieder des konsularischen Personals berufskonsularischer Vertretungen

Familienmitglieder des konsularischen Personals genießen mangels entsprechender Regelung im WÜK keine persönliche Unverletzlichkeit und Immunität. Die enge persönliche Verbindung zum Personal der konsularischen Vertretung sollte jedoch bei der Durchführung staatlicher Zwangsmaßnahmen angemessen berücksichtigt werden.

8. Honorarkonsularbeamte

8.1 Allgemeines

Das WÜK gewährt Vorrechte und Befreiungen ausschließlich dem Honorarkonsularbeamten selbst, nicht jedoch seinen Hilfskräften oder Familienmitgliedern.

Für den Fall, dass **Berufskonsularbeamte des Entsendestaates einem Honorarkonsul zur Unterstützung zugeteilt werden,** gelten für sie weiterhin in vollem Umfang die Privilegien nach 2.8.2. Da sie auch im Rahmen einer solchen Beiordnung allein berufskonsularische Tätigkeiten ausüben, besteht kein Anlass dafür, ihren Status einzuschränken. Dementsprechend hat die Bundesregierung zu Kapitel II des WÜK (Artikel 28–57) beim Generalsekretär der Vereinten Nationen eine spezielle Interpretationserklärung abgegeben. Danach legt die Bundesrepublik Deutschland die Bestimmungen über die Vorrechte und Befreiungen i. S. v. Artikel 28 bis 57 WÜK so aus bzw. wendet sie so an, dass diese Regelungen ohne Unterschied für alle Berufsbediensteten einer konsularischen Vertretung einschließlich derjenigen gelten, die einer von einem Honorarkonsularbeamten geleiteten konsularischen Vertretung zugeteilt sind.

8.2 Honorarkonsularbeamte, die nicht Angehörige des Empfangsstaates oder dort ständig ansässig sind

Gemäß Artikel 58 Absatz 2 WÜK gilt Artikel 43 Absatz 1 WÜK auch für entsandte Honorarkonsularbeamte (die nicht Angehörige des Empfangsstaates oder dort ständig ansässig sind). Danach unterliegt der Honorarkonsularbeamte wegen Handlungen, die er in Wahrnehmung konsularischer Aufgaben vorgenommen hat, weder der Gerichtsbarkeit des Empfangsstaates noch Eingriffen seiner Verwaltungsbehörden **(Amtsimmunität wie bei Berufskonsularbeamten).**

Für alle Handlungen, die der entsandte Honorarkonsularbeamte nicht in Wahrnehmung konsularischer Aufgaben vorgenommen hat, genießt er keinerlei Unverletzlichkeit und Immunität. Mit Blick auf Verstöße gegen die Straßenverkehrsordnung besteht hier demnach kein Verfolgungshindernis und kein Schutz vor staatlichen Zwangsmaßnahmen.

8.3 Honorarkonsularbeamte, die Angehörige des Empfangsstaates oder dort ständig ansässig sind

In der Regel werden in Deutschland Honorarkonsuln zugelassen, die entweder die deutsche Staatsangehörigkeit besitzen oder im Bundesgebiet ständig ansässig sind.

Sie genießen nach Artikel 71 Absatz 1 WÜK lediglich Immunität von der Gerichtsbarkeit und persönliche Unverletzlichkeit wegen in Wahrnehmung ihrer Aufgaben vorgenommener Amtshandlungen **(Amtshandlungsimmunität).** Die Amtshandlungsimmunität erfasst dabei nur echte Amtshandlungen, nicht aber Tätigkeiten, die mit der Amtshandlung bloß im sachlichen Zusammenhang stehen. Eine Dienstfahrt zum Ort der Amtshandlung ist daher z. B. von der Amtshandlungsimmunität nicht erfasst.

8.4 Familienmitglieder von Honorarkonsularbeamten

Familienmitglieder von Honorarkonsularbeamten genießen mangels entsprechender Regelung im WÜK keine persönliche Unverletzlichkeit und Immunität (Art. 58 Abs. 3 WÜK). Für die Personengruppe besteht daher bei Straßenverkehrsverstößen kein Verfolgungshindernis und kein Schutz vor staatlichen Zwangsmaßnahmen. Es gilt jedoch auch hier die Mindestforderung von Artikel 71 Absatz 2 WÜK, wonach der Empfangsstaat seine Hoheitsgewalt über diese Personen nur so ausüben darf, dass er die konsularische Vertretung bei der Wahrnehmung ihrer Aufgaben nicht ungebührlich behindert.

C. Bedienstete und Vertreter Internationaler Organisationen

Für den Status dieses Personenkreises sind die jeweiligen Privilegienübereinkommen oder Sitzstaatabkommen maßgeblich. Die Bandbreite reicht von einer Gleichbehandlung mit Diplomaten bis hin zur bloßen Amtshandlungsimmunität. Im konkreten Fall sollte der Status mit dem Auswärtigen Amt (Referat OR02, Tel. 0228–9917-2633, 9.00–16.00 Uhr) abgeklärt werden.

D. Kraftfahrzeug-Haftpflichtversicherungsschutz/TÜV/AU
– nicht abgedruckt –

Teil 7 Kraftfahrzeugkennzeichen
– nicht abgedruckt –

A. Diplomatische Vertretungen
– nicht abgedruckt –

B. Berufskonsularische Vertretungen
– nicht abgedruckt –

Teil 8 Ehrung und Schutz von Besuchern
– nicht abgedruckt –

Teil 9 Schlussbestimmungen

Das Rundschreiben des Auswärtigen Amtes vom 19.9.2008 – Gz: 503-90-507.00 – (GMBl. 2008, 1154) wird aufgehoben.

[Exterritorialität von Mitgliedern der konsularischen Vertretungen] **Nr. 193–199 RiStBV**

19 (1) [1] **Die Mitglieder der im Geltungsbereich dieses Gesetzes errichteten konsularischen Vertretungen einschließlich der Wahlkonsularbeamten sind nach Maßgabe des Wiener Übereinkommens über konsularische Beziehungen vom 24. April 1963 (Bundesgesetzbl. 1969 II S. 1585 ff.) von der deutschen Gerichtsbarkeit befreit.** [2] **Dies gilt auch, wenn ihr Entsendestaat nicht Vertragspartei dieses Übereinkommens ist; in diesem Falle findet Artikel 2 des Gesetzes vom 26. August 1969 zu dem Wiener Übereinkommen vom 24. April 1963 über konsularische Beziehungen (Bundesgesetzbl. 1969 II S. 1585) entsprechende Anwendung.**

(2) **Besondere völkerrechtliche Vereinbarungen über die Befreiung der in Absatz 1 genannten Personen von der deutschen Gerichtsbarkeit bleiben unberührt.**

A. Anwendbarkeit des WÜK. Die Mitglieder der konsularischen Vertretungen einschl. der Wahlkonsulbeamten sind gem. Abs. 1 S. 1 nach Maßgabe des § 43 Abs. 1 WÜK **von der deutschen Gerichtsbarkeit befreit** (näher → § 18 Rn. 11). Insoweit unterscheidet Art. 1 Abs. 1 Buchst. e WÜK bei Eröffnung seines Anwendungsbereichs nicht zwischen solchen Bediensteten, die bereits bei ihrer Entsendung angestellt sind und einer Stellenrotation unterliegen und solchen, die erst am Ort der Vertretung unter Vertrag genommen werden und hier durchgängig beschäftigt sind (BGH 21.8.2025 – StB 37/25). Das WÜK wird in Abs. 1 S. 2 zur allg. Regelung gemacht, unabhängig davon, ob der Entsendestaat Vertragspartei des Übereinkommens ist (→ § 18 Rn. 1). Vgl. iÜ → § 18 Rn. 2 ff. Die in § 19 als Wahlkonsularbeamte Bezeichneten werden auch Honorarkonsularbeamte genannt (vgl. → § 18 Rn. 11 unter Teil 1 B 2.13.1 – 2.13.4). 1

Dagegen kommt Mitgliedern der konsularischen Vertretungen – zu denen auch die Bediensteten des Verwaltungs- und technischen Personals gehören (Art. 1 Abs. 1 Buchst. g WÜK) –, die **Angehörige des Empfangsstaats oder dort ständig ansässig** sind, eine Sonderstellung zu; auf sie findet gem. Art. 1 Abs. 3 WÜK die Regelung des Art. 71 WÜK Anwendung (BGH 21.8.2025 – StB 37/25). Nach Art. 71 Abs. 1 WÜK genießen insoweit **Konsularbeamte** Immunität wegen ihrer in Wahrnehmung ihrer Aufgaben vorgenommen Amtshandlungen (→ Rn. 3). Auf andere Mitglieder der konsularischen Vertretungen ist allerdings Art. 71 Abs. 2 WÜK anzuwenden, der Immunitäten nur in dem vom Empfangsstaat zugelassenen Umfang gewährt; die innerstaatliche Rechtsordnung in Deutschland sieht insoweit eine weitergehende Privilegierung nicht vor (BGH 21.8.2025 – StB 37/25; näher Kreicker, Völkerrechtliche Exemtionen, Bd. I, 2007, 469 f.). 2

3 **B. Bilaterale Abmachungen (Abs. 2).** Bilaterale Abmachungen (Abs. 2) gehen der allg. Regelung **(Abs. 1)** vor, auch wenn sie in Handels-, Schifffahrts-, Freundschafts- o. Niederlassungsverträgen uÄ enthalten sind. Diese Regelung steht im Einklang mit Art. 73 WÜK.

4 **C. Strafbare Handlungen.** Konsularbeamte u. Bedienstete des Verwaltungs- u. technischen Personals unterliegen wegen Zuwiderhandlungen, die sie **in Wahrnehmung konsularischer Aufgaben** begangen haben, nach Art. 43 Abs. 1 WÜK nicht der deutschen Gerichtsbarkeit (AA-RdSchr. → § 18 Rn. 11 unter Teil 1 B 2.8.2.1; s. aber zur Sonderstellung der Angehörigen des Empfangsstaats und dort ständig ansässigen nach Art. 71 WÜK → Rn. 2). Zur Abgrenzung v. konsularischer u. sonstiger Tätigkeit kommt es darauf an, ob das Handeln mit der dienstlichen Betätigung noch irgendwie in einem inneren Zusammenhang steht (BGHSt 36, 396 (401); BGH NStZ 2013, 600; OLG Zweibrücken NStZ 2013, 601). Daher sind Ermittlungs-, Straf- u. Bußgeldverfahren nur zulässig, wenn zB der Gebrauch eines Kfz nicht in engem sachlichem Zusammenhang mit der wirksamen Wahrnehmung konsularischer Aufgaben stand (BayObLG NJW 1974, 431; OLG Karlsruhe NJW 2004, 3273; OLG Schleswig VRS 62, 277; OLG Düsseldorf VRS 92, 18; OLG Hamburg NJW 1988, 2191).

5 Konsularische Beamte dürfen nach Art. 41 Abs. 1 WÜK nur wegen einer schweren strafbaren Handlung (eine solche, die mit Freiheitsstrafe mit einem Mindestmaß v. 3 Jahren u. mehr bedroht ist) u. aufgrund einer Entsch. der zuständigen Justizbehörde (gilt nicht für Wahlkonsularbeamte, Art. 58, 71 WÜK) festgenommen o. in UHaft genommen werden. In solchen Fällen bestehen keine Bedenken gegen die zwangsweise Entnahme einer Blutprobe; bei Wahlkonsuln o. Bediensteten des Verwaltungs- o. technischen Personals ist die zwangsweise Entnahme einer Blutprobe zulässig wegen Taten, die sie nicht in Wahrnehmung konsularischer Aufgaben begangen haben (AA-RdSchr. → § 18 Rn. 11 unter Teil 1 B 2.8.2.1; ferner → Rn. 4; s. aber auch insoweit zur Sonderstellung von Angehörigen des Empfangsstaates und ständig dort ansässigen → Rn. 2).

6 **D. Telefonüberwachung.** Die Telefonüberwachung eines Konsulats ist unzulässig, wenn die vermuteten strafbaren Handlungen mit der Wahrnehmung konsularischer Aufgaben zusammenhängen können; es besteht dann für daraus gewonnene Erkenntnisse ein Verwertungsverbot (BGHSt 36, 396; erg. → Einl. Rn. 55, 57).

7 **E. Beschlagnahme- und Verwertungsverbot.** Gem. Art. 33 WÜK sind die in Art. 1 Abs. 1 Buchst. k WÜK näher definierten konsularischen Archive und Schriftstücke jederzeit **unverletzlich,** wo auch immer sie sich befinden. Dazu gehören insbes. alle konsularischen Dokumente, die nicht als Außenkorrespondenz zu qualifizieren sind, sowie der gesamte interne Aktenbestand; erfasst werden auch solche konsularischen Archive, die sich außerhalb der konsularischen Vertretung befinden und nicht äußerlich als solche gekennzeichnet, aber objektiv erkennbar sind (BGH 3.9.2025 – StB 42/25).

[Weitere Exterritoriale] **Nr. 193–199 RiStBV**

20 (1) **Die deutsche Gerichtsbarkeit erstreckt sich auch nicht auf Repräsentanten anderer Staaten und deren Begleitung, die sich auf amtliche Einladung der Bundesrepublik Deutschland im Geltungsbereich dieses Gesetzes aufhalten.**

(2) [1]**Im übrigen erstreckt sich die deutsche Gerichtsbarkeit auch nicht auf andere als die in Absatz 1 und in den §§ 18 und 19 genannten Personen, soweit sie nach den allgemeinen Regeln des Völkerrechts, auf Grund völkerrechtlicher Vereinbarungen oder sonstiger Rechtsvorschriften von ihr befreit sind.** [2]**Funktionelle Immunität hindert nicht die Erstreckung deut-**

scher Gerichtsbarkeit auf die Verfolgung von Verbrechen nach dem Völkerstrafgesetzbuch.

A. Repräsentanten anderer Staaten (Abs. 1). Staatsoberhäupter u. Regierungsmitglieder ausl. Staaten sind schon nach Art. 25 GG v. der deutschen Gerichtsbarkeit befreit (näher → Rn. 4). Die Einfügung des Abs. 1 iJ 1984 diente dem Zweck, bei dem damals erwarteten Besuch des Staatsratsvorsitzenden der DDR Störungen durch Strafanzeigen zu verhindern (vgl. Blumenwitz JZ 1985, 614 gegen BGHSt 33, 97, der Abs. 2 anwendet). Zu diesem Zweck wurde die Exterritorialität auf die nicht schon nach Abs. 2 von der deutschen Gerichtsbarkeit ausgenommenen Repräsentanten anderer Staaten ausgedehnt. Dazu gehören außer dem Staatsoberhaupt die Regierungsmitglieder u. die Repräsentanten anderer Staatsorgane. Die Befreiung erstreckt sich auf die Begleitung; das sind die auf der v. Gastland akzeptierten Delegationsliste genannten Begleitpersonen (BT-Drs. 10/1447, 14). 1

Voraussetzung der Befreiung nach Abs. 1 ist aber stets ein Aufenthalt in der BRD auf **amtliche Einladung** der BReg o. einer anderen dazu befugten Stelle der BRD. Die Einladung eines Bundeslandes genügt nicht, selbst wenn sie auf Veranlassung der BRD ergeht o. mit ihr abgestimmt ist. 2

B. Weitere Befreiungen (Abs. 2). Solche gelten für alle Personen, die nach den allg. Regeln des Völkerrechts (zum Begriff vgl. BVerfGE 16, 27 (33); 46, 342 (367)) nicht der deutschen Gerichtsbarkeit unterliegen. Das ergibt sich bereits aus Art. 25 GG (Kissel/Mayer Rn. 2). Die Befreiung gilt in 1. Hinsicht für amtierende ausl. **Staatsoberhäupter, Regierungschefs und Außenminister,** auch wenn sie sich nicht in amtl. Eigenschaft in der BRD aufhalten (BGH NJW 2024, 3166; Oehler ZStW 91 (1979), 399); dies gilt jedoch **nicht** im Verfahren der internationalen Strafgerichtsbarkeit (KK-StPO/Barthe Rn. 3; s. etwa Art. 27 Abs. 1 IStGH-Statut, Art. 7 Abs. 2 JStGH-Statut, Art. 6 Abs. 2 RStGH-Statut). Abgeleitete Immunität kommt dem Gefolge u. den Familienmitgliedern zu, wenn sie das Staatsoberhaupt bei Besuchen begleiten (Oehler ZStW 91 (1979), 399), sonst nicht (Kissel/Mayer Rn. 11). Immunität genießen ferner die Chefs u. Mitglieder ausl. Regierungen, aber nur bei Besuchen in amtl. Eigenschaft (Kissel/Mayer Rn. 12). Auch hier genießen Gefolge u. Familienmitglieder abgeleitete Immunität. 3

Im Übrigen kommt Personen, die für einen Staat hoheitlich tätig werden, aus der Staatenimmunität abgeleitete und völkergewohnheitsrechtlich anerkannte **funktionelle Immunität** in Bezug auf ihr **hoheitlich-staatliches Handeln** zu; dies gilt unabhängig davon, ob die betr. Person in einem festen Dienstverhältnis – etwa als Beamter oder Soldat – zu dem ausländischen Staat steht oder nur einzelfallbezogen für diesen tätig wird (BGH NJW 2024, 3003: vaW zu beachtendes Strafverfolgungshindernis; Schäfer u. a. FS 75 Jahre BGH 239 (242); s. aber zu **Ausnahmen** bei Verbrechen nach dem VStGB → Rn. 5 sowie bei Ersuchen eines internationalen Strafgerichtshofs → § 21 GVG Rn. 1–3; Werle/Sayatz JZ 2024, 669). Zur Frage der Immunität v. ad hoc bestellten Sonderbotschaftern vgl. BGHSt 32, 275; BGH NJW 1986, 2204; OLG Düsseldorf NStZ 1987, 87. Nach allg. Völkerrecht sind auch die Besatzungen ausl. Kriegsschiffe (Kissel/Mayer Rn. 13) u. ausl. geschlossene Truppenverbände befreit, die befugt den Boden der BRD betreten (Oehler ZStW 91 (1979), 401), nicht aber einzelne Angehörige fremder Truppen (BGH NStZ 2004, 402; OLG Nürnberg NJW 1975, 2151). Für Angehörige der NATO-Truppen vgl. Art. VII **NTS.** 4

Funktionelle Immunität hindert jedoch nicht die Erstreckung deutscher Gerichtsbarkeit auf die **Verfolgung von Verbrechen nach dem VStGB (Abs. 2 S. 2).** Diese durch das G zur Fortentwicklung des Völkerstrafrechts eingefügte Klarstellung dient der Festschreibung der neueren Rspr. des BGH (BT-Drs. 20/11661, 19; vgl. auch BGH NJW 2024, 3166; NJW 2024, 1674; Schäfer u. a. FS 75 Jahre BGH 239 (246 f.)). Danach besteht eine Ausnahme von der allgemeinen Funktionsträgerimmunität für völkerrechtliche Verbrechen, deren Strafbarkeit unmittelbar im Völkergewohnheitsrecht verwurzelt ist (BGHSt 65, 285: Kriegsver- 5 brechen; BGH NJW 2024, 1674; 2024, 3003 jew. mwN). Dies gilt gleichermaßen für fremdstaatliche **Spionage** und geheimdienstlich gesteuerte Gewaltakte auf fremdem Staatsgebiet (BGH NJW 2024, 3003; 21.8.2025 – StB 37/25; 10.12.2025 – StB 60/25). Insofern unterscheidet sich die funktionelle Immunität von der uneingeschränkten personellen Immunität, die amtierenden höchsten staatlichen Amtsträgern – etwa Staatsoberhäuptern – von Völkerrechts wegen gegenüber fremdstaatlicher Strafverfolgung zukommt und die auch bei völkerrechtlichen Verbrechen keine Ausnahme erfährt (BT-Drs. 20/11661; → Rn. 3).

6 Zu den **völkerrechtlichen Vereinbarungen** gehört insbes. das Abk. über die Vorrechte u. Befreiungen der Sonderorganisationen der UN v. 21.11.1947 u. über die Gewährung v. Vorrechten u. Befreiungen an andere zwischenstaatliche Organisationen v. 22.6.1954 (BGBl. II 639). Dazu sind zahlreiche Einzelregelungen erlassen worden (vgl. den Fundstellennachweis A, BAnz-Beil., Stand 31.12.1989, 10 ff.). Im Übrigen ist auf Vereinbarungen mit den Vereinten Nationen u. ihren Organisationen sowie der EU hinzuweisen (Einzelheiten bei Kissel/Mayer Rn. 16, 17).

[Ersuchen eines internationalen Strafgerichtshofes]

21 Die §§ 18 bis 20 stehen der Erledigung eines Ersuchens um Überstellung und Rechtshilfe eines internationalen Strafgerichtshofes, der durch einen für die Bundesrepublik Deutschland verbindlichen Rechtsakt errichtet wurde, nicht entgegen.

1 Das G zur Ausführung des **Römischen Statuts des IStGH** (IStGHG; vgl. → Einl. Rn. 207b) hat die Vorschr. eingefügt. Neben dem IStGH betr. sie jedenfalls die Tribunale für das ehem. Jugoslawien u. Ruanda (BT-Drs. 14/8527, 99; zur Frage, ob auch hybride Tribunale erfasst sind, SK-StPO/Frister Rn. 5) bzw. deren gemeinsame Nachfolgeeinrichtung (MICT). Nach § 21 hindern Immunitäten nicht die Auslieferung, auch deutscher Staatsangehöriger (SK-StPO/Frister Rn. 8), wenn ein entspr. Ersuchen vorliegt.

2 Da der IStGH nicht an der Ausübung der Gerichtsbarkeit über solche Personen gehindert ist, für die ansonsten eine funktionale oder persönliche Immunität bestehen könnte, stehen diese Umstände gem. § 21 IRG, Art. 27 Abs. 1 und 2 Römisches Statut einer **Überstellung** an den IStGH nicht entgegen (OLG Brandenburg 21.8.2025 – BeckRS 2025, 25425; → § 20 GVG Rn. 5).

3 Entscheidungen der OLGe in Verfahren, in denen der IStGH um Überstellung von Verfolgten, die sich in der Bundesrepublik Deutschland aufhalten, zur Strafverfolgung/Strafvollstreckung nach dem Römischen Statut des IStGH ersucht, sind gem. § 7 Abs. 1 S. 2 IStGHG **unanfechtbar**; eine entspr. Anwendung von § 304 Abs. 4 S. 2 Nr. 1 StPO kommt nicht in Betracht (OLG Brandenburg 21.8.2025 – BeckRS 2025, 25425). Dies gilt gem. § 50 Abs. 1 S. 3 IStGH auch für Annexentscheidungen wie Durchsuchung und Beschlagnahme (vgl. OLG Brandenburg 21.8.2025 – BeckRS 2025, 25425).

Zweiter Titel. Allgemeine Vorschriften über das Präsidium und die Geschäftsverteilung

[Präsidium]

21a (1) **Bei jedem Gericht wird ein Präsidium gebildet.**

(2) **Das Präsidium besteht aus dem Präsidenten oder aufsichtführenden Richter als Vorsitzenden und**

1. bei Gerichten mit mindestens achtzig Richterplanstellen aus zehn gewählten Richtern,

2. bei Gerichten mit mindestens vierzig Richterplanstellen aus acht gewählten Richtern,
3. bei Gerichten mit mindestens zwanzig Richterplanstellen aus sechs gewählten Richtern,
4. bei Gerichten mit mindestens acht Richterplanstellen aus vier gewählten Richtern,
5. bei den anderen Gerichten aus den nach § 21b Abs. 1 wählbaren Richtern.

A. Präsidialverfassung. Die Präsidialverfassung ist für alle Rechtszweige im Wesentlichen gleich. Die Tätigkeit des Präsidiums ist Verw. im materiellen Sinn (Jahn DRiZ 1972, 32), also nicht richterliche Tätigkeit ieS (BVerwG 50, 11; KK-StPO/Diemer Rn. 3), jedoch ausgeübt in richterlicher Unabhängigkeit, als Teil der richterlichen Amtspflicht (Schäfer DRiZ 1972, 405), in einer Art „Allzuständigkeit". Auch der Vorsitzende ist unabhängig. Für die Dienstaufsicht in der Tätigkeit im Präsidium gelten die §§ 25, 26 **DRiG.** 1

B. Bei jedem Gericht (Abs. 1). Ausnahme bei dem Einrichtergericht nach § 22b (**aM** Kissel/Mayer Rn. 9). 2

C. Zusammensetzung (Abs. 2). I. Präsident und aufsichtführende Richter. Präsident und aufsichtführende Richter (→ § 22 Rn. 5) sind Mitglieder kraft Gesetzes. Sie werden nach § 21c Abs. 1 vertreten (→ § 21c Rn. 1). Bei der Berechnung der Stärke des zu wählenden Präsidiums (Abs. 2 S. 1 Nr. 1–4; Stichtag § 21d Abs. 1) wird die Stelle des Präs mitgerechnet, da auch er richterliche Aufgaben wahrnimmt (§ 21e Abs. 1 S. 2). Abs. 2 gilt auch, wenn eine Stelle seit Jahren nicht besetzt ist (OLG Koblenz DRiZ 1996, 329). 3, 4

II. Kleines AG (Abs. 2 Nr. 5). Die wählbaren Richter sind Mitglieder kraft Gesetzes. Tritt ein neuer Richter hinzu, ohne dass die Mindestzahl 8 (S. 1 Nr. 4) erreicht wird, so gehört auch er dem Präsidium kraft Gesetzes an; denn § 21d gilt nur für die gewählten Präsidien **(Abs. 2 Nr. 1–4).** Zum Einrichtergericht vgl. § 22b. 5

[Wahl zum Präsidium]

21b (1) [1] **Wahlberechtigt sind die Richter auf Lebenszeit und die Richter auf Zeit, denen bei dem Gericht ein Richteramt übertragen ist, sowie die bei dem Gericht tätigen Richter auf Probe, die Richter kraft Auftrags und die für eine Dauer von mindestens drei Monaten abgeordneten Richter, die Aufgaben der Rechtsprechung wahrnehmen.** [2] **Wählbar sind die Richter auf Lebenszeit und die Richter auf Zeit, denen bei dem Gericht ein Richteramt übertragen ist.** [3] **Nicht wahlberechtigt und nicht wählbar sind Richter, die für mehr als drei Monate an ein anderes Gericht abgeordnet, für mehr als drei Monate beurlaubt oder an eine Verwaltungsbehörde abgeordnet sind.**

(2) **Jeder Wahlberechtigte wählt höchstens die vorgeschriebene Zahl von Richtern.**

(3) [1] **Die Wahl ist unmittelbar und geheim.** [2] **Gewählt ist, wer die meisten Stimmen auf sich vereint.** [3] **Durch Landesgesetz können andere Wahlverfahren für die Wahl zum Präsidium bestimmt werden; in diesem Fall erlässt die Landesregierung durch Rechtsverordnung die erforderlichen Wahlordnungsvorschriften; sie kann die Ermächtigung hierzu auf die Landesjustizverwaltung übertragen.** [4] **Bei Stimmengleichheit entscheidet das Los.**

(4) [1] **Die Mitglieder werden für vier Jahre gewählt.** [2] **Alle zwei Jahre scheidet die Hälfte aus.** [3] **Die zum ersten Mal ausscheidenden Mitglieder werden durch das Los bestimmt.**

(5) **Das Wahlverfahren wird durch eine Rechtsverordnung geregelt, die von der Bundesregierung mit Zustimmung des Bundesrates erlassen wird.**

(6) [1]**Ist bei der Wahl ein Gesetz verletzt worden, so kann die Wahl von den in Absatz 1 Satz 1 bezeichneten Richtern angefochten werden.** [2]**Über die Wahlanfechtung entscheidet ein Senat des zuständigen Oberlandesgerichts, bei dem Bundesgerichtshof ein Senat dieses Gerichts.** [3]**Wird die Anfechtung für begründet erklärt, so kann ein Rechtsmittel gegen eine gerichtliche Entscheidung nicht darauf gestützt werden, das Präsidium sei deswegen nicht ordnungsgemäß zusammengesetzt gewesen.** [4]**Im Übrigen sind auf das Verfahren die Vorschriften des Gesetzes über das Verfahren in Familiensachen und in den Angelegenheiten der freiwilligen Gerichtsbarkeit entsprechend anzuwenden.**

1 **A. Wahlrecht und Wählbarkeit (Abs. 1).** Wahlberechtigt ist auch der Präs (§ 21e Abs. 1 S. 2); denn auch ihm ist ein Richteramt übertragen (§ 21e Abs. 1 S. 2). Die Übertragung eines Richteramtes ist zwar idR, aber nicht notwendig mit der Übertragung einer Planstelle verbunden. Wahlrecht u. Wählbarkeit fehlen dem Richter bei bestehender voller Abordnung über 3 Monate (Abs. 1 S. 3); ebenso bei Beurlaubung über 3 Monate. Sie fehlen also nicht dem Halbtagsrichter, dem Richter, der teilw. an ein anderes Gericht abgeordnet ist; auch nicht dem Richter, der in seinem Gericht nur mit JV Aufgaben befasst ist.

2 Im Fall der **Abordnung** ist der Richter bei dem Gericht der Abordnung wahlberechtigt, wenn er länger als 3 Monate dort RsprAufgaben wahrnimmt (Abs. 1 S. 1); wählbar ist er dagegen bei dem Gericht der Abordnung nicht (Abs. 1 S. 2, 3).

3 **B. Maßgebender Tag (Abs. 1).** Der für die Organisation in § 21d festgelegte Stichtag gilt hier nicht. Es kommt vielmehr auf den Wahltag an. Umstände, die nach der Erstellung des Wahlverzeichnisses, das nur formelle Bedeutung hat, eintreten o. erst erkannt werden, werden nachträglich berücksichtigt.

4 **C. Wahlverfahren (Abs. 2–5).** Wahlverfahren (Abs. 2–5; Wahlordnung für die Präsidien der Gerichte v. 19.9.1972 (BGBl. I 1821; FNA 300-2-2), zul. geänd. durch G v. 19.4.2006 (BGBl. I 866): Nach dem Wortlaut („wählt") besteht Wahlpflicht (Kissel/Mayer Rn. 16). Der Gewählte darf die Wahl nicht ausschlagen, braucht aber auch nicht zu erklären, dass er sie annehme. Die Mitgliedschaft wächst dem Gewählten in dem Zeitpunkt zu, v. dem an das Präsidium gebildet o. ergänzt wird, u. zwar mit seiner Benachrichtigung über das festgestellte Wahlergebnis (§§ 8, 10 GerPräsWahlO). Der Wahlberechtigte ist frei in der Zahl derer, die er wählt; Panaschieren u. additive Stimmabgabe sind aber nicht erlaubt (Kissel NJW 2000, 461).

5 **D. Wahlanfechtung (Abs. 6 S. 1, 2).** Ihr braucht nicht ein Einspruch gegen die Richtigkeit des Wahlverzeichnisses vorausgegangen zu sein. Mit der **konkretisierten Behauptung**, bei der Wahl sei ein zwingendes Gesetz, etwa eine der in Abs. 1–3 oder in der Wahlordnung (Abs. 5) enthaltene obligatorische Regelung, verletzt worden, kann ein Richter die Wahl anfechten, wenn er bei dieser das aktive Wahlrecht hatte (OVG Münster NJW 1988, 723; Katholnigg Rn. 5; KK-StPO/Diemer Rn. 5; **aM** Kissel/Mayer Rn. 18; Löwe/Rosenberg/Berg Rn. 16, die auf das Wahlrecht zzt. der Anfechtung abstellen). Auch die Feststellung, wer nach § 21c Abs. 2 an die Stelle eines ausgeschiedenen Mitglieds tritt, unterliegt der Anfechtung (BGHZ 112, 330; vgl. auch OLG Frankfurt a. M. DRiZ 2008, 184). Der nach § 78 Abs. 2 zum Mitglied der StVollstrK bestellte Richter kann die Wahl zum Präsidium des LG nicht anfechten (OLG Bamberg NStZ 1984, 471). Die Entsch. nach Abs. 6 S. 2 ist unanfechtbar (BGHZ 88, 143; KK-StPO/Diemer Rn. 5; **aM** OLG Celle Nds. Rpfl. 1975, 138). Wird die Anfechtung für begründet erklärt, so muss die Wahl wiederholt werden, soweit sich der Mangel ausgewirkt haben kann.

6 **E. Rechtsmittel gegen eine gerichtliche Entscheidung (Abs. 6 S. 3).** Der v. dem Präsidium aufgestellte Geschäftsverteilungsplan ist nicht ungültig, wenn festgestellt ist, dass bei der Wahl dieses Präsidiums eine Rechtsbestimmung verletzt

worden ist (vgl. BGHSt 12, 227; 402, 406). Zurückliegende gerichtliche Entsch. können nicht deshalb angefochten u. aufgeh. werden, weil das Präsidium nicht ordnungsgemäß besetzt war (BGHSt 26, 206 (208 ff.)). Dieser Grundsatz gilt allg. bei fehlerhafter Zusammensetzung der Gremien für die Richterbestimmung (zB → § 40 Rn. 6). Vgl. ferner → § 16 Rn. 6; → StPO § 338 Rn. 7.

F. Sinngemäße Anwendung des FamFG (Abs. 6 S. 4). Die Verweisung bezieht sich nur auf das Verf., nicht auf die Anfechtbarkeit (BGHZ 88, 143; KK-StPO/Diemer Rn. 5). Auch § 28 Abs. 2, Abs. 3 FGG (Vorlegung an den BGH) galt entspr. (BGHZ 112, 330). Ab 1.9.2009 ist an die Stelle des Vorlegungsverfahrens die Rechtsbeschwerde nach § 70 FamFG u. die Sprungrechtsbeschwerde nach § 75 FamFG getreten, für die gem. § 133 der BGH zuständig ist. 7

[Vertretung der Mitglieder des Präsidiums]

21c

(1) [1] **Bei einer Verhinderung des Präsidenten oder aufsichtführenden Richters tritt sein Vertreter (§ 21h) an seine Stelle.** [2] **Ist der Präsident oder aufsichtführende Richter anwesend, so kann sein Vertreter, wenn er nicht selbst gewählt ist, an den Sitzungen des Präsidiums mit beratender Stimme teilnehmen.** [3] **Die gewählten Mitglieder des Präsidiums werden nicht vertreten.**

(2) **Scheidet ein gewähltes Mitglied des Präsidiums aus dem Gericht aus, wird es für mehr als drei Monate an ein anderes Gericht abgeordnet oder für mehr als drei Monate beurlaubt, wird es an eine Verwaltungsbehörde abgeordnet oder wird es kraft Gesetzes Mitglied des Präsidiums, so tritt an seine Stelle der durch die letzte Wahl Nächstberufene.**

A. Vertreter (Abs. 1; § 21h). Er tritt an die Stelle des verhinderten Vorsitzenden kraft Gesetzes, u. zwar nur im Vorsitz, nicht in der Mitgliedschaft. Ist er gewähltes Mitglied, so stimmt er in dieser Eigenschaft während der Vertretung nicht ab u. wird auch nicht vertreten (Abs. 1 S. 3). Er wird aber auch nicht ersetzt (Abs. 2); denn vorübergehende Mitgliedschaft gibt es nicht. 1

B. Ausscheiden und Wechsel (Abs. 2). Versetzung, Entlassung, Ruhestand, Tod. Abordnung: Nur die volle Abordnung, nicht auch die teilw., führt zum Ausscheiden aus dem Präsidium (→ § 21b Rn. 1). Veränderung des Status im Präsidium: Wenn ein Mitglied Präs o. aufsichtführender Richter u. damit kraft Gesetzes Mitglied (als Vorsitzender) des Präsidiums wird, rückt der nächste Wahllegitimierte nach. Die Dauer der Amtszeit eines nach Abs. 2 nächstberufenen Präsidiumsmitglieds wird durch die restliche Amtszeit des Ausgeschiedenen bestimmt (OLG Frankfurt a. M. DRiZ 2008, 184). 2

C. Der durch die Wahl Nächstberufene (Abs. 2). Der durch die Wahl Nächstberufene (Abs. 2) ist immer der durch die jüngste Wahl Nächstberufene, wie das Gesetz jetzt ausdr. feststellt (so aber auch schon früher die hM, vgl. BGHZ 112, 330 mwN). Fehlt ein Nächstberufener, so findet Nachwahl statt (§ 14 Wahlordnung; → § 21b Rn. 4). Eine andere Regelung besteht auch nicht (entspr. § 21a Abs. 2 Nr. 5) für den Fall, dass nur noch ein wählbarer Richter vorhanden ist, der entweder zzt. der Wahl noch nicht zum Gericht gehörte o. keine Stimme erhalten hat. Die Feststellung des Nächstberufenen trifft das Präsidium, nicht der Wahlvorstand (BGHZ 112, 330), bei gleichzeitigem Ausscheiden mehrerer aus verschiedenen Wahlen hervorgegangener Mitglieder durch Auslosung (BGHZ 112, 330). Ist str., wer in das Präsidium nachrückt, so entscheidet entspr. § 21b Abs. 6 S. 2 das dort bezeichnete Gericht (OLG Frankfurt a. M. DRiZ 1984, 196; 2008, 184). Seine Entsch. ist nicht anfechtbar (BGH MDR 1984, 1008 Ls.). 3

[Größe des Präsidiums]

21d (1) **Für die Größe des Präsidiums ist die Zahl der Richterplanstellen am Ablauf des Tages maßgebend, der dem Tage, an dem das Geschäftsjahr beginnt, um sechs Monate vorhergeht.**

(2) [1]**Ist die Zahl der Richterplanstellen bei einem Gericht mit einem Präsidium nach § 21a Abs. 2 Nr. 1 bis 3 unter die jeweils genannte Mindestzahl gefallen, so ist bei der nächsten Wahl, die nach § 21b Abs. 4 stattfindet, die folgende Zahl von Richtern zu wählen:**

1. bei einem Gericht mit einem Präsidium nach § 21a Abs. 2 Nr. 1 vier Richter,
2. bei einem Gericht mit einem Präsidium nach § 21a Abs. 2 Nr. 2 drei Richter,
3. bei einem Gericht mit einem Präsidium nach § 21a Abs. 2 Nr. 3 zwei Richter.

[2]**Neben den nach § 21b Abs. 4 ausscheidenden Mitgliedern scheidet jeweils ein weiteres Mitglied, das durch das Los bestimmt wird, aus.**

(3) [1]**Ist die Zahl der Richterplanstellen bei einem Gericht mit einem Präsidium nach § 21a Abs. 2 Nr. 2 bis 4 über die für die bisherige Größe des Präsidiums maßgebende Höchstzahl gestiegen, so ist bei der nächsten Wahl, die nach § 21b Abs. 4 stattfindet, die folgende Zahl von Richtern zu wählen:**

1. bei einem Gericht mit einem Präsidium nach § 21a Abs. 2 Nr. 2 sechs Richter,
2. bei einem Gericht mit einem Präsidium nach § 21a Abs. 2 Nr. 3 fünf Richter,
3. bei einem Gericht mit einem Präsidium nach § 21a Abs. 2 Nr. 4 vier Richter.

[2]**Hiervon scheidet jeweils ein Mitglied, das durch das Los bestimmt wird, nach zwei Jahren aus.**

1 **Nur für das zu wählende Präsidium** gilt § 21d, nicht für das Präsidium nach § 21a Abs. 2 Nr. 5 (→ § 21a Rn. 4), auch nicht für die Wahlberechtigung (→ § 21b Rn. 4).

[Aufgaben und Befugnisse des Präsidiums; Geschäftsverteilung]

21e (1) [1]**Das Präsidium bestimmt die Besetzung der Spruchkörper, bestellt die Ermittlungsrichter, regelt die Vertretung und verteilt die Geschäfte.** [2]**Es trifft diese Anordnungen vor dem Beginn des Geschäftsjahres für dessen Dauer.** [3]**Der Präsident bestimmt, welche richterlichen Aufgaben er wahrnimmt.** [4]**Jeder Richter kann mehreren Spruchkörpern angehören.**

(2) **Vor der Geschäftsverteilung ist den Richtern, die nicht Mitglied des Präsidiums sind, Gelegenheit zur Äußerung zu geben.**

(3) [1]**Die Anordnungen nach Absatz 1 dürfen im Laufe des Geschäftsjahres nur geändert werden, wenn dies wegen Überlastung oder ungenügender Auslastung eines Richters oder Spruchkörpers oder infolge Wechsels oder dauernder Verhinderung einzelner Richter nötig wird.** [2]**Vor der Änderung ist den Vorsitzenden Richtern, deren Spruchkörper von der Änderung der Geschäftsverteilung berührt wird, Gelegenheit zu einer Äußerung zu geben.**

(4) **Das Präsidium kann anordnen, daß ein Richter oder Spruchkörper, der in einer Sache tätig geworden ist, für diese nach einer Änderung der Geschäftsverteilung zuständig bleibt.**

(5) **Soll ein Richter einem anderen Spruchkörper zugeteilt oder soll sein Zuständigkeitsbereich geändert werden, so ist ihm, außer in Eilfällen, vorher Gelegenheit zu einer Äußerung zu geben.**

(6) **Soll ein Richter für Aufgaben der Justizverwaltung ganz oder teilweise freigestellt werden, so ist das Präsidium vorher zu hören.**

(7) [1]**Das Präsidium entscheidet mit Stimmenmehrheit.** [2]**§ 21i Abs. 2 gilt entsprechend.**

(8) [1]**Das Präsidium kann beschließen, dass Richter des Gerichts bei den Beratungen und Abstimmungen des Präsidiums für die gesamte Dauer oder zeitweise zugegen sein können.** [2]**§ 171b gilt entsprechend.**

(9) **Der Geschäftsverteilungsplan des Gerichts ist in der von dem Präsidenten oder aufsichtführenden Richter bestimmten Geschäftsstelle des Gerichts zur Einsichtnahme aufzulegen; einer Veröffentlichung bedarf es nicht.**

Übersicht

A. Geschäftsverteilungsplan (Abs. 1). Die Geschäftsverteilung erfolgt **durch das Präsidium (§ 21a) nach pflichtgemäßem Ermessen** (BGH NStZ 2021, 762; lediglich der Präs bestimmt seine Aufgaben selbst (Abs. 1 S. 3; für eine entspr. Anwendung auf die AG-Direktoren Kroll DRiZ 2010, 319). Sie ist ein organisatorischer Akt der gerichtlichen Selbstverwaltung zur Bestimmung des ges. Richters (Art. 101 Abs. 1 S. 2 GG) u. muss deshalb im Voraus generell-abstrakt so eindeutig wie möglich die Zuständigkeit der Spruchkörper u. die Zuweisung der einzelnen Richter regeln (BVerfG NJW 2017, 1233; BGH BeckRS 2021, 9863). Die Vorausbestimmung muss sich bis auf die letzte Regelungsstufe erstrecken, auf der es um die Person des konkreten Richters geht (BGH BeckRS 2021, 34830 mwN). Die Geschäftsverteilung ist keine Rechtsvorschrift (BayVerfGE 38 II 90). Sie wirkt auch auf die Rechtsstellung des einzelnen Richters ein; denn sie regelt seine öffentlich-rechtlichen Berechtigungen u. Verpflichtungen im Hinblick auf die v. ihm wahrzunehmenden richterlichen Geschäfte (BVerwGE 50, 11 (13)). Alle v. G dem betr. Gericht zugewiesenen Geschäftsaufgaben müssen – möglichst gleichmäßig, um unterjährigen Änd. vorzubeugen (s. Abs. 3; BGH NStZ 2021, 762; 1

→ Rn. 16 ff) – verteilt werden (sog. Vollständigkeitsprinzip, vgl. Sowada Gesetzliche Richter S. 251). Lücken im Geschäftsverteilungsplan dürfen aber nach allgM durch „gewachsene Übung" ausgefüllt werden (BGH NJW 1993, 867; Katholnigg Rn. 2 mwN).

2 **I. Besetzung.** Jeder Spruchkörper muss einen Vorsitzenden haben (BGHSt 28, 290). Allen Richtern wird eine der bezeichneten richterlichen Aufgaben zugeteilt. Dabei wird § 29 DRiG berücksichtigt; der danach – vorübergehend – erlaubte Einsatz v. 2 abgeordneten Richtern ist aber nur dann zulässig, wenn hierfür eine sachliche Notwendigkeit besteht (vgl. Katholnigg JR 1996, 167; str.). Alle Aufgaben müssen verteilt werden (Dürig/Herzog/Scholz/Jachmann-Michel GG Art. 101 Rn. 53). Die Besetzung der Spruchkörper ist so zu regeln, dass im Voraus u. generell so eindeutig wie möglich festgelegt ist, welche Richter bei der Entsch. des einzelnen Falles berufen sind u. wer im Vertretungsfall an ihre Stelle tritt (BGHSt 27, 209 (210); BGH NJW 1988, 1921; → § 16 Rn. 4); das schließt aber nicht aus, einen im Laufe des Geschäftsjahres wegen Ausscheiden eines Richters sicher eintretenden Wechsel bereits bei Aufstellung des Planes zu berücksichtigen. Die Zuteilung der Richter muss sich auf die Dauer des Geschäftsjahrs erstrecken, nicht nur bis zur Erledigung bestimmter Sachen (BGHSt 8, 252; 33, 234 (236)). In gleicher Weise wird die Besetzung eines Spruchkörpers, der im Laufe des Geschäftsjahres neu eingerichtet wird, für den Rest des Jahres bestimmt (BGH GA 1979, 223). Auch der Überwachungsrichter (§ 148a StPO) muss bestimmt werden, wenn sich sein Tätigwerden als möglich abzeichnet. Ein Präsidialbeschluss, der bestimmte richterliche Geschäfte v. der Verteilung ausnimmt, ist insoweit, nicht wegen seines sonstigen Inhalts, unwirksam (Feiber NJW 1975, 2005). Auch wenn v. vornherein abzusehen ist, dass der Geschäftsverteilungsplan wegen Richtermangels nicht einzuhalten ist, muss das Präsidium ihn aufstellen; der Plan ist deswegen nicht insges. gesetzwidrig (KG JR 1982, 433). Eine beschränkte Dauerverhinderung eines Richters (→ Rn. 15, 20) wird berücksichtigt, zB im Fall des § 4 Abs. 2 DRiG, durch Zuweisung zu einem Bruchteil seiner Arbeitskraft o. für von vornherein nach allg. Gesichtspunkten bestimmte Sitzungstage (BGHSt 25, 239).

3 **II. Art der Verteilung.** Die Art der Verteilung (eing. Sowada Gesetzliche Richter S. 311 ff.) richtet sich entweder nach der Art der Aufgaben o. nach den Anfangsbuchstaben des Familiennamens des (ältesten o. alphabetisch an erster Stelle stehenden) Angeschuldigten (→ § 16 Rn. 5). Bei Verteilung nach Registernummern muss für die am selben Tag eing. Sachen eine Regelung getroffen werden (BGHZ 40, 91; OLG Saarbrücken StraFo 1996, 150). Ein Turnus- o. Rotationssystem, wonach die Zuständigkeit nach einigen aufeinander folgenden Eingangszahlen, die im Voraus festgelegt sind, wechselt, ist zulässig (BGH NStZ 1990, 138); dies gilt auch für einen gesonderten Turnus für Verf., für die Spezialzuständigkeiten bestehen (BGH NStZ 2021, 762). Die Bestimmung des Geschäftsverteilungsplans, dass eine bei Eröffnung des Hauptverfahrens versehentlich angenommene Zuständigkeit bestehen bleibt, verstößt nicht gegen Art. 101 Abs. 1 S. 2 GG (BGH NStZ 1984, 181; einschr. Sowada Gesetzliche Richter S. 330: Angeklagter muss Unzuständigkeit bis zum Beginn seiner Vernehmung zur Sache geltend machen können). Bei der Sachverteilung sind die rechtlich zwingend vorgeschriebenen Sonderzuständigkeiten (§§ 74 Abs. 2, 74a, 74c, 74d; §§ 39–41 JGG; § 391 **AO**) zu beachten. Die Bestimmung, dass die Zuständigkeit des Spezialspruchkörpers gegeben ist, wenn eine die Sonderzuständigkeit begründende Norm in der Anklageschrift als verletzt bezeichnet wird, ist (von willkürlicher Annahme dieser Norm abgesehen) zulässig (**aM** Sowada Gesetzliche Richter S. 324). Beim AG ist auch die Zuständigkeit für die Fälle der §§ 27 Abs. 3 S. 1, 30 StPO zu bestimmen.

4 Die **Zuständigkeit nach Zurückverweisung (§§ 210 Abs. 3, 354 Abs. 2 StPO)** ist bei den tatrichterlichen Spruchkörpern ebenfalls zu regeln. Wenn v. einem übergeordneten Gericht an eine andere Kammer o. Abt. der Vorinstanz zurückverwiesen wird, muss sich aus dem Geschäftsverteilungsplan eindeutig (BGH NStZ 1982, 211) ergeben, welcher andere Sen., welche andere Kammer o. Abt.

anstelle der ursprünglichen zuständig ist. Fehlt ein solcher Auffangspruchkörper, so muss er in sinngemäßer Anwendung des § 21e im Laufe des Geschäftsjahrs eingerichtet werden (→ § 210 Rn. 11; → StPO § 354 Rn. 38).

III. Statthafte Überbesetzung der Kollegialgerichte. Der Spruchkörper darf mehr Mitglieder haben als er für eine Entsch., die volle Besetzung erfordert, benötigt, vorausgesetzt, dass es für eine geordnete Rechtspflege unvermeidbar u. vom Vorsitzenden Richter zu bewältigen ist (BVerfGE 18, 344 (350) = NJW 1965, 1219; BVerfGE 22, 282 (286); BGHSt 33, 234; BGH NJW 1965, 1715). Nach der früheren Rspr. des BVerfG durfte ein Spruchkörper nur so viel Mitglieder mehr haben, dass er in den Sachen, bei deren Entsch. die größte Anzahl seiner Mitglieder mitwirken müssen, nicht in zwei personenverschiedenen Sitzgruppen gleichzeitig Sitzung halten o. drei Sitzgruppen zur Verh. zu verschiedenen Zeiten bilden kann (BVerfGE 17, 294; 18, 65; 18, 344 (350); BGHSt 33, 234). Da nun aber nach § 21g durch einen generell-abstrakten Mitwirkungsplan die Heranziehung der einzelnen Richter zu den Verf. festgelegt ist, hat diese Rspr. ihre Bedeutung verloren (nicht aber bei der StVollstrK, OLG Celle NStZ 2013, 184). Daher darf die große StrK beim LG auch neben dem Vorsitzenden – trotz der in der HV nach § 76 Abs. 2 möglichen Entsch. mit 2 Richtern (und 2 Schöffen) – mit 3 Beisitzern besetzt sein (BVerfG NJW 2004, 3482; BGH NJW 2004, 1118). Ob es darüber hinaus noch eine absolute Grenze der Überbesetzung eines Spruchkörpers gibt (zB Besetzung der Großen StrK mit einem Vorsitzenden u. 5 Beisitzern; dazu aber auch → § 21f Rn. 2), hat das BVerfG (NJW 2004, 3482) offengelassen. Bei einem Sen. des OLG, der erstinstanzlich tätig wird – ebenso beim BGH für Beschwerdeentscheidungen –, muss bestimmt werden, welche Richter bei den nach § 122 Abs. 2 S. 2 möglichen Dreierentscheidungen ausscheiden (vgl. Katholnigg JR 1998, 35). 5

Der **Sinn und die tatsächliche Handhabung** des Geschäftsverteilungsplanes, nicht sein Wortlaut entscheiden, ob ein Richter ständiges Mitglied o. nur Vertreter ist (BGH NJW 1965, 875). Ständiges Mitglied ist nur, wer zur ständigen Dienstleistung zugeteilt ist (BGHSt 20, 61 (63); BGH NStZ 1991, 143). 5a

IV. Zuteilung an mehrere Spruchkörper (Abs. 1 S. 4). Die **Zuteilung an mehrere Spruchkörper (Abs. 1 S. 4)** ist stets zulässig. Auch der Vorsitzende kann den Vorsitz in mehreren Spruchkörpern übernehmen (BGHSt 28, 290 (292)), sofern er seine Aufgaben als Vorsitzender ausreichend wahrnehmen kann (BGHSt 25, 54). Für den Fall des Zusammentreffens der verschiedenen Dienstgeschäfte wird deren Rangverhältnis geregelt (BGH NJW 1973, 1291; Kollisionsregel, vgl. dazu Kissel FS Rebmann, 1989, 66). Ist dies nicht geschehen, so muss im Kollisionsfall geklärt werden, in welcher Sache der Richter verhindert ist u. vertreten wird (→ Rn. 8). 6

V. Vertretungsregelung. Die **Vertretungsregelung** gilt ebenfalls für die Dauer des Geschäftsjahres (→ Rn. 2). Sie muss, auch für Hilfsstrafkammern (OLG Hamm JMBl. NRW. 1982, 45), die voraussehbaren Verhinderungsfälle (BGH StV 1987, 286; 1988, 194) berücksichtigen u. den Zeitpunkt festlegen, zu dem über den Vertretungseinsatz entschieden werden muss (BGH StraFo 2019, 372). Vertretung ist nur bei vorübergehender Verhinderung zulässig (vgl. § 21f Abs. 2; erg. → § 21f Rn. 4 ff.). Die Vertretungsregelung bezieht sich beim LG, OLG u. BGH nur auf den Fall der Vertretung durch einen Richter eines anderen Spruchkörpers. Spruchkörperintern gilt § 21g. 7

Feststellungsverfahren (→ § 21f Rn. 8): Nur bei offensichtlicher Verhinderung aus tatsächlichen Gründen (→ § 21f Rn. 5) tritt der geschäftsplanmäßige Vertreter ohne weiteres an die Stelle des verhinderten Richters, zB bei Krankheit, Urlaub, Dienstbefreiung, Eintritt der Kollisionssituation nach der Kollisionsregel (→ Rn. 6), kurzfristiger Abordnung o. Unerreichbarkeit (OLG Frankfurt a. M. DRiZ 1980, 430; KK-StPO/Diemer Rn. 10). In den übrigen Fällen, zB bei Überlastung o. wegen anderer richterlicher Aufgaben (BGH StV 1989, 338), greift die Vertretungsregelung nicht automatisch ein, sondern setzt voraus, dass die Verhin- 8 derung durch den Präs o. aufsichtführenden Richter (formlos, zweckmäßig aber mit Aktenvermerk) festgestellt wird (BGHSt 21, 174; BGH NStZ 2026, 62; erg. → § 21f Rn. 8), u. zwar in einer für das Revisionsgericht nachprüfbaren Weise (BGH NStZ 1988, 325; StV 1989, 338). Ohne diese Entsch. liegt in einem solchen Fall eine wirksame Verhinderung des Richters nicht vor (mit der Folge der Anwendbarkeit des § 338 Nr. 1 StPO: BGH NJW 1973, 1291). Wenn die vorübergehende Verhinderung eines Richters vor Beginn der HV wegfällt u. er an dieser teilnehmen kann, muss der Wegfall der Verhinderung (BGHSt 35, 55), wenn der vertretene Richter den Dienst zwar wieder antritt, infolge der Nachwirkungen seiner Krankheit an einer anstehenden HV aber noch nicht teilnehmen kann, muss auch die Verhinderung festgestellt werden.

9 **Dauerverhinderung** (→ § 21f Rn. 5 ff.): Ist o. wird die Verhinderung eine dauernde, so darf die Vertretungsregelung durch eine Änd. der Geschäftsverteilung (Abs. 3) abgelöst werden. Das ist kein Muss, weil durch die Änd. vielleicht keine bessere Lösung gefunden werden kann.

10 **VI. Ring-Vertretung.** Es reicht grds. nicht aus, nur einen Vertreter zu bestellen. Daher genügt bei einer mit 3 Mitgliedern besetzten Strafkammer die Bestellung v. nur 4 Vertretern idR nicht (BGHR StPO § 338 Nr. 1 Beisitzer 4 und 6). Für jedes Mitglied sollten somit mind. 2 Vertreter bestimmt werden, falls nicht eine Regelung gewählt wird, wonach bei Verhinderung der regelmäßigen Vertreter alle Richter des Gerichts in einer bestimmten Reihenfolge zur Vertretung berufen sind (BGH NStZ 1991, 195; StV 1993, 398). Werden mehrere Vertreter bestellt, so wird die Reihenfolge bestimmt, in der sie zur Vertretung berufen sind (Münn DRiZ 1973, 233). Wird dabei auf das Dienst- o. Lebensalter abgestellt, so wird auch der Fall der Altersgleichheit berücksichtigt, falls er in Betracht kommt. Ausnahmsweise kann ein zeitweiliger Vertreter bestellt werden, wenn trotz ausreichender Vertretungsregelung unvorhersehbar alle Vertreter verhindert sind (Rspr.-Nachw. bei Kissel StV 1993, 399, der selbst jedoch eine solche *ad hoc*-Vertreterbestellung für unzulässig hält; ebenso Sowada Gesetzliche Richter S. 338: Ringvertretung zwingend).

11 **VII. Zweigstellen des Gerichts. Zweigstellen des Gerichts** sind in ihrem Bezirk für sämtliche gerichtlichen Geschäfte zuständig, soweit nichts anderes bestimmt ist. Soweit ein Richter einem detachierten Spruchkörper o. einer Zweigstelle des Gerichts zugeteilt wird, bestimmt das Präsidium damit auch den Dienstsitz dieses Richters. Besteht sowohl im Bezirk des Hauptgerichts als auch im Bezirk der Zweigstelle ein Gerichtsstand, so hat die StA das Wahlrecht (→ StPO Vor § 7 Rn. 10).

12 **VIII. Ergänzungsrichter (§ 192 Abs. 2 GVG).** Ergänzungsrichter (§ 192 Abs. 2) sind v. Präsidium zu bestellen, ohne dass auf die Vertretungsregelung im Geschäftsverteilungsplan zurückgegriffen werden muss (BGHSt 26, 324; **aM** SK-StPO/Velten Rn. 63); denn die Teilnahme eines Ergänzungsrichters ist kein Fall der im Geschäftsverteilungsplan geregelten Vertretung. Sie wird vielmehr v. Vorsitzenden nach seinem Ermessen angeordnet, während der Vertretungsfall unabhängig davon eintritt (vgl. auch Foth DRiZ 1974, 87).

12a **IX. Ermittlungsrichter.** Vgl. → StPO § 162 Rn. 7 ff.

13 **B. Änderungen (Abs. 3).** Die Vorschr. muss **eng ausgelegt u. entspr. streng angewandt** werden (BGH NStZ-RR 2016, 218; zu den praktischen Umsetzungsproblemen speziell bei kleineren LGn, Drees FS Breidling, 2017, 65). Bei Änderungen ist das Recht des Angekl. auf den ges. Richter mit dem rechtsstaatlichen Gebot einer funktionstüchtigen Strafrechtspflege und dem verfassungsrechtlichen Beschleunigungsgrundsatz zu einem angemessenen Ausgleich zu bringen (BVerfG NJW 2009, 1734; BGH 21.4.2022 – StB 13/22). Eine nachträgliche Änd. des Geschäftsverteilungsplans kann geboten sein, wenn nur auf diese Weise dem Verfassungsgebot einer Gewährleistung v. Rechtsschutz innerhalb angemessener Zeit nachzukommen ist (BVerfG NJW 2017, 1233; zu den verfassungsrechtl.

Anf. an Änderungen des GVPl. im Einzelnen Dürig/Herzog/Scholz/Jachmann-Michel GG Art. 101 Rn. 52 f.). Es dürfen alle Umstände berücksichtigt werden, die der Gewährleistung einer geordneten Rechtspflege dienen (BGHR GVG § 21e Änderung 4; BGH NStZ-RR 2016, 341). Dazu gehören bes. Belastungen v. Spruchkörpern u. bes. Kenntnisse u. Fähigkeiten der in Betracht kommenden Richter (BGHSt 27, 397), aber auch das Beschleunigungsgebot in Bezug auf weitere v. der Änd. betroffene Straf- und Zivilkammern (BGH NStZ-RR 2016, 341). Die weitere Ausbildung des richterlichen Nachwuchses ist für sich allein genommen kein Änderungsgrund (BGHSt 26, 382). Jedoch kann das Präsidium bei einer aus anderen Gründen notwendigen Änd. auch die Ausbildung des richterlichen Nachwuchses berücksichtigen (BGHSt 27, 397). In der Regel handelt es sich um Daueränderungen (Münn DRiZ 1973, 233). Im Interesse einer sachgerechten u. raschen Durchführung eines Verf. ist aber auch eine **zeitweilige Vertreterbestellung** durch das Präsidium nach Abs. 3 zulässig, sofern nicht durch voraussehbare Häufigkeit solcher Bestellungen die ges. Spruchkörperbesetzung in Frage gestellt wird (BGHSt 27, 209 (210); BGH NStZ 2015, 716; dagegen BGH NStZ 1988, 37) u. die Anlass gebende Entwicklung bei Aufstellung des Geschäftsverteilungsplans nicht vorhersehbar gewesen ist (BGH NStZ 2015, 716). Das gilt zB, wenn die beschlossene Ringvertretung (→ Rn. 10) wider Erwarten nicht ausreicht (Becker NStZ-RR 2004, 229 – BGH RsprÜ; BGH NStZ-RR 2010, 184). Die vorübergehende Verhinderung eines Richters durch die Vorbereitung einer außergewöhnlich umfangreichen Strafsache ist kein Änderungsgrund (BGH NJW 1986, 1884).

Änderungen nach Abs. 3 können auch bereits **anhängige Verfahren** erfassen **13a** (BVerfG NJW 2009, 1734; BGHSt 30, 37; 44, 161; BGH NJW 2004, 865; BayObLG BeckRS 2024, 27464). Es muss allerdings gewährleistet sein, dass die Neuverteilung durch den Geschäftsverteilungsplan selbst erfolgt; dies ist nicht der Fall, wenn im Einzelfall sowohl die Neuverteilung als auch die Beibehaltung bestehender Zuständigkeiten möglich ist u. dabei die konkreten Zuständigkeiten v. Beschlüssen einzelner Spruchkörper abhängig sind (BVerfG NStZ 2023, 122; NJW 2017, 1233; BeckRS 2016, 111809: „Stichtagslösung", welche die Zuständigkeit einzelner Spruchkörper v. einem später eintretenden Umstand – zB Eröffnung eines Verf. – abhängig macht; vgl. auch BGH BeckRS 2020, 3642; OLG Köln StraFo 2020, 154). Auch muss die Neuregelung eine unbestimmte Vielzahl künftiger gleichartiger Fälle erfassen (BGH 21.4.2022 – StB 13/22); es dürfen nicht einzelne Sachen ausgesucht u. einem anderen Richter zugewiesen werden (BGH 27.9.2018 – 4 StR 267/18; vgl. auch BGH 20.4.2021 – StB 13–15/21); das ist auch dann unzulässig, wenn dies durch eine allg. gehaltene Klausel geschieht (BVerfG NJW 2005, 2689; BGH NStE GVG § 21e Nr. 10; StraFo 1998, 377; BayObLG NStZ-RR 2001, 49). Ein fehlerhafter Plan kann durch eine gesetzmäßige Anordnung ersetzt werden (LG Potsdam NStZ-RR 2015, 19 Ls.).

I. Überlastung; ungenügende Auslastung. Auch hier muss idR ein längerer **14** Zeitraum ins Auge gefasst werden. Die Veränderung des Belastungsausmaßes kann sich im Laufe des Geschäftsjahres zeigen, wenn die Folgen der änderungsbedürftigen Geschäftsverteilung zunehmend Gewicht erlangen u. zu größeren Unzuträglichkeiten führen (BGH NJW 2004, 865); sie kann sich auch zwangsläufig aus einer Gesetzesänderung ergeben (Münn DRiZ 1973, 233). **Überlastung liegt vor,** wenn über einen längeren Zeitraum ein erheblicher Überhang der Eingänge über die Erledigungen zu verzeichnen ist, so dass mit einer Bearb. der Sachen innerhalb eines angemessenen Zeitraumes nicht zu rechnen ist u. sich die Überlastung daher als so erheblich darstellt, dass der Ausgleich nicht bis zum Ende des Geschäftsjahres zurückgestellt werden kann (BGHSt 53, 268; BGH NStZ 2014, 287); die Überlastung kann sich aus einem einzelnen Umfangsverfahren ergeben (BGH BeckRS 2021, 13180). Insofern kann eine nachträgliche Änd. der Geschäftsverteilung sogar geboten sein, um dem Beschleunigungsgrundsatz Rechnung zu tragen (BGH NStZ 2015, 658; StV 2015, 747). Das Beschleunigungsgebot lässt indessen das Recht auf den ges. Richter nicht vollständig zurücktreten (BGH NStZ 2014, 226); vielmehr müssen die beiden zu einem angemessenen Ausgleich gebracht werden (BVerfG NJW 2009, 1734; BGH StV 2015, 747 mwN). Die Änd. muss nach allg. Merkmalen (→ Rn. 3) vorgenommen werden (BGH StV 2015, 747; KG StV 1981, 14).

14a **Ausnahmsweise** kommt auch eine Änd. in Betracht, die **ausschließlich bereits anhängige** Verf. überträgt, wenn nur so dem Beschleunigungsgebot Rechnung getragen werden kann u. die Maßnahme geeignet ist, die Effizienz des Geschäftsablaufs zu erhalten o. wiederherzustellen (BVerfG NJW 2009, 1734; BGH BeckRS 2021, 13180; OLG Brandenburg StraFo 2023, 402); die spezielle Zuweisung eines einzigen bestimmten Verf. wird allerdings in aller Regel nicht in Betracht kommen (offengelassen v. BGH BeckRS 2021, 13180). Eine (allg.) Regelung für den Fall des Eintritts einer Überlastung braucht der Geschäftsverteilungsplan nicht zu enthalten (BGHSt 44, 161). Auch wenn bereits anhängige Verfahren von einer Neuverteilung bestehender Zuständigkeiten erfasst werden, muss die Neuregelung grds. generell-abstrakt gelten (vgl. BGH StV 2016, 623); dies ist nicht der Fall, wenn im Einzelfall sowohl die Neuverteilung als auch die Beibehaltung bestehender Zuständigkeiten ermöglicht und dabei die konkreten Zuständigkeiten von Beschlüssen einzelner Spruchkörper abhängig gemacht werden (NStZ 2023, 122).

14b Endet die Überlastung einer StrK, die nach Abs. 3 entlastet worden ist, so ist nicht etwa die Rückübertragung der während der Zeit der Entlastung eingegangenen Sachen auf die entlastete StrK geboten (Becker NStZ-RR 2006, 67 – BGH RsprÜ).

15 **II. Wechsel; dauernde Verhinderung. Wechsel** bedeutet Ausscheiden eines Richters aus dem Gericht (Versetzung, Entlassung, Ruhestand, Tod) u. seine Ersetzung durch einen anderen. Die **dauernde Verhinderung** besteht bei dem planmäßig bei dem Gericht verbleibenden Richter, wenn er über geraume o. nicht absehbare Zeit (BGH NJW 2003, 150 (154): mehr als 3 Monate; NStZ-RR 2016, 341: Mutterschutz) – ganz o. teilw. – verhindert ist. Diese kann im Einzelfall auch angenommen werden, wenn die Verhinderung eines Richters in einer Mehrzahl v. Verf. wegen begründeter Ablehnungsanträge droht; Anzahl u. Art der in Betracht kommenden Verf. müssen dann jedoch iE nachvollziehbar dokumentiert werden (vgl. BGH NStZ-RR 2015, 288). Über Verhinderung vgl. erg. → § 21f Rn. 4 ff. Der neu hinzukommende Richter muss nicht in die Lücke eingeteilt werden (BGHSt 22, 232; BGH StV 2003, 8). Auch die Änd. der Besetzung eines Spruchkörpers, in dem sich der Änderungsanlass nicht ergeben hat, ist als Folgemaßnahme ges. abgedeckt (BGH StV 2003, 8), sofern sie nicht auf Willkür beruht (→ § 16 Rn. 6). Es ist aber dafür Sorge zu tragen, dass anstehende Haftsachen durch die Maßnahmen nicht unvermeidbar verzögert werden (BVerfG StraFo 2007, 18).

16 **III. Hilfsstrafkammern. Die HilfsStrK** ist keine Dauerinstitution (→ § 60 Rn. 2), sondern Erg. der Geschäftsverteilung nach Abs. 3 (BGHSt 15, 217; 21, 260). Ihre Bildung ist eine andere Lösung des Verhinderungsfalls, die vorzuziehen ist, wenn die Verhinderung nicht auf einzelne wenige Sitzungen beschränkt bleibt (BGHSt 25, 174; 31, 389; allg. zur Hilfsstrafkammer Frisch NStZ 1987, 265 (304)), o. sie ist eine Lösung des Überlastungsfalls.

16a Die **Überlastung** der ordentlichen StrK darf **nur vorübergehend** sein (BGH NJW 2000, 1581: „unbestimmter Rechtsbegriff"). Insbesondere infolge Anfalls umfangreicher u. schwieriger Strafsachen, zB Wirtschaftsstrafsachen (§ 74c), kann es notwendig werden, einen neuen Spruchkörper zu bilden, ihm einen wesentlichen Teil der Verf. zu übertragen u. ihn entspr. zu besetzen (BGHSt 31, 389; BGH MDR 1976, 63). Die Bildung der HilfsStrK darf nicht dadurch umgangen werden, dass der überlasteten StrK für ein Großverfahren zwei weitere Richter zugeteilt werden, damit sie gleichzeitig in zwei verschiedenen Besetzungen zwei HVen nebeneinander durchführen kann (BGHSt 33, 234 (236); BGH GA 1977, 366). Auch den HilfsStrKn müssen die Geschäfte nach allg. Gesichtspunkten zugewiesen werden (BGHSt 15, 116; 15, 217; BGH NStZ 2015, 658); die Übertragung

v. Einzelsachen ist regelmäßig unzulässig (BGHSt 7, 23 (25); 33, 234 (237); BGH StV 2010, 294; NStZ 2014, 287), es sei denn, dies ist der sachgerechte Weg, um eine nur durch das abgeleitete Verf. entstandene Überlastung auszugleichen (BGHSt 44, 161 (166)). Das Ende der Tätigkeit der HilfsStrK kann kalendermäßig o. mit einem sicher eintretenden, v. Willen Einzelner unabhängigen Ereignis begrenzt werden (BGHSt 21, 260 (263)), auch wenn das voraussichtlich nicht mehr im lfd. Geschäftsjahr der Fall sein wird (Kissel/Mayer § 60 Rn. 12; **aM** Frisch NStZ 1984, 86). Ist ihre Lebensdauer durch den Tag der Entsch. in einer Strafsache durch die ordentliche (überlastete) StrK begrenzt, so macht auch eine erhebliche Verzögerung des Abschlusses dieser Strafsache die HilfsStrK nicht nachträglich unzulässig (BGHSt 31, 389). Jedoch darf die HilfsStrK nicht über das ihrer Einrichtung folgende Geschäftsjahr aufrechterhalten werden (BGHSt 33, 303; vgl. zu anderen Lösungen Sowada Gesetzliche Richter S. 350); ggf. muss eine ordentliche StrK eingerichtet o. eine Neuverteilung der Sachen vorgenommen werden (BGHSt 33, 303). Die der HilfsStrK zugeteilten Richter können noch einer anderen Kammer des LG angehören (→ Rn. 6). Über die Bestellung eines Vorsitzenden vgl. → § 21f Rn. 10 ff.

IV. Dokumentation. Es besteht die **Pflicht zur umfassenden, nachvollziehbaren Dokumentation** der Gründe für die Änd. des GVPl. (vgl. BGH NJW 2010, 625 (626); NStZ-RR 2016, 341). Dies gilt namentlich für die Einrichtung einer Hilfsstrafkammer, wenn bereits anhängige o. auch zukünftig eing. Sachen auf sie übertragen werden, da ihre Errichtung erhebliche Gefahren für das verfassungsrechtliche Gebot des ges. Richters birgt (BGH NStZ 2023, 687, 690; 2016, 562; BayObLG BeckRS 2024, 27464). Diese Dokumentation muss grds. schon zzt. der Präsidiumsentscheidung vorliegen, spätestens jedoch, wenn über einen (zulässig erhobenen) Besetzungseinwand nach § 222b Abs. 2 StPO sachlich zu entscheiden ist. Der Präsidiumsbeschluss ist regelmäßig mit einer eigenständigen Begründung zu versehen, die so detailliert sein muss, dass sie eine Prüfung der Rechtmäßigkeit ermöglicht (vgl. BGH NStZ 2016, 562 sowie BGH StV 2016, 626 mAnm Deckers FS Breidling, 2017, 55: Übertragung eines einzelnen anhängigen Verf.); ihr Fehlen führt ausnahmsweise nicht zu einem durchgreifenden Rechtsfehler, wenn sich die Gründe hinreichend aus sonstigen Unterlagen – etwa Überlastungsanzeigen, Stellungnahmen v. Gerichtspräsidenten usw – ergeben (BGH NStZ 2016, 562). Etwaige Begründungsmängel können in einem erg. Beschl. bis zur Entsch. über einen nach § 222b Abs. 2 erhobenen Besetzungseinwand nachgeholt u. dadurch nachträglich geheilt werden (BGH NStZ 2016, 562; vgl. ferner BGH BeckRS 2021, 13180; NStZ-RR 2016, 341). Auf Verlangen ist den Verfahrensbeteiligten die Dokumentation bekanntzumachen (BGHSt 53, 268; BGH StV 2010, 294; 2010, 296)). 16b

V. Änderung aus anderen Gründen. Die Änd. des GVPl. **aus anderen Gründen** wird nicht in Betracht kommen, da der Gesetzgeber den Anwendungsbereich mit Rücksicht auf das Prinzip des ges. Richters bewusst eng gefasst hat (Ventzke NStZ 2016, 220 zu BGH NStZ 2016, 218: Allgemeine Feststellung durch Revisionsgericht, dass es ein Richter an der erforderlichen Unvoreingenommenheit fehlen lässt). 16c

VI. Pflichtgemäßes Ermessen des Präsidiums. Beim Vorliegen der Voraussetzungen des Abs. 3 S. 1 steht es im pflichtgemäßen Ermessen des Präsidiums, ob es überhaupt tätig werden will, u. wenn ja, auf welche Weise (BGH BeckRS 2021, 13180; zur Revision → Rn. 25). Dem entsprechend überprüft das Revisionsgericht die Entsch. nur auf Ermessensfehler (BGH 25.3.2021 – 3 StR 10/20; → Rn. 25, 26). 16d

C. Fortdauer der Zuständigkeit (Abs. 4). Dies gilt auch nach der Änd. durch den neuen Jahresgeschäftsverteilungsplan (Abs. 1 S. 1) u. auch dann, wenn der Richter nur vorbereitend tätig war. Die im abgelaufenen Geschäftsjahr eingegangenen u. noch nicht erledigten Sachen können nach Abs. 4 nur so weit v. der 17

Neueinteilung ausgenommen werden, als der nach der bisherigen Geschäftsverteilung zuständige Richter o. Spruchkörper in ihnen bereits tätig geworden ist (BGHSt 30, 371 (375)), dh eine Entsch. getroffen o. eine sonstige Prozesshandlung vorgenommen hat. Nicht nur in „einer", sondern auch für mehrere o. eine Gruppe v. Sachen, die jedoch eindeutig beschrieben sein müssen (BGHSt 33, 234 (236)), kann die Zuständigkeit erhalten werden.

18 Abs. 4 betr. aber nicht den Fall, dass eine begonnene **HV** in das neue Geschäftsjahr hinüberreicht (BGHSt 8, 250; 33, 234 (236)). Dieser Fall ist für die Schöffen in den §§ 50, 77 Abs. 1 geregelt. Für die Berufsrichter ist eine solche bes. Regelung entbehrlich (BGHSt 19, 382).

19 **D. Anhörung.** Die Zuteilung an einen anderen Spruchkörper **(Abs. 5)** besteht beim AG in der Herausnahme aus der bisherigen u. in der Einweisung in eine andere Geschäftsaufgabe. Wird die Geschäftsaufgabe eines Richters geänd. (dh vergrößert, verringert o. in Teilen ausgetauscht), so ändert sich damit idR zugleich der Zuständigkeitsbereich eines anderen Richters, der ebenso nach Abs. 5 zu hören ist. Abs. 2 gilt nur bei der Geschäftsverteilung vor dem Beginn des Geschäftsjahres für dessen Dauer. Bei Änd. gilt Abs. 3 S. 2.

20 **E. Freistellung für Justizverwaltung (Abs. 6).** Justizverwaltung deckt sich nicht mit Gerichtsverwaltung iSd § 4 Abs. 2 DRiG (Schmidt-Räntsch DRiG § 4 Rn. 16), ganz allg. nicht mit den in § 4 Abs. 2 DRiG bezeichneten Aufgaben. Ein Richter kann trotz § 4 Abs. 2 DRiG zB in ein Ministerium abgeordnet werden. Denn in diesem Fall nimmt er nicht zugleich richterliche Aufgaben wahr. Dass das Präsidium auch in solchen Fällen gehört werden muss, beruht darauf, dass ein Richter seiner Verteilungsbefugnis entzogen wird (vgl. auch BGHZ 112, 189 zur Freistellung zwecks Referendarausbildung). Ein Mitbestimmungsrecht des Präsidiums lässt sich aus Abs. 6 nicht ableiten.

21 **F. Entscheidung und Auflegung (Abs. 7, 9).** Zur Beschlussfähigkeit vgl. § 21i. Wie bei gerichtlichen Entsch. (§ 195) dürfen sich die Mitglieder des Präsidiums nicht der Stimme enthalten (Löwe/Rosenberg/Berg Rn. 66; SK-StPO/Velten Rn. 46). Die Unterzeichnung der gefassten Beschlüsse durch die Präsidiumsmitglieder ist nicht erforderlich; es genügt die Protokollierung u. Unterzeichnung des Prot. durch Vorsitzenden u. Protokollführer, auch durch den Vorsitzenden allein (BVerwG NJW 1984, 575 Ls.). Das Auflegen des Geschäftsverteilungsplans soll den Verfahrensbeteiligten die Nachprüfung der ordnungsgemäßen Besetzung des Gerichts erleichtern; deshalb gehören dazu die die Geschäftsverteilung betr. Beschlüsse u. Anordnungen, insbes. die Änderungsbeschlüsse. Zur Angabe der Richterverhältnisse im Geschäftsverteilungsplan u. in der Entsch. vgl. § 29 **DRiG.** Für die kammerinterne Geschäftsverteilung gilt Abs. 9 nach § 21g Abs. 7 entsprechend.

22 **G. Kompetenzkonflikte (§ 14 StPO).** Bei Abgabe einer Strafsache v. einem Spruchkörper an einen anderen im Eröffnungsverfahren außerhalb des Anwendungsbereichs der §§ 209, 209a StPO (→ StPO § 209 Rn. 4, → StPO § 269 Rn. 6) entscheidet bei Meinungsverschiedenheiten das Präsidium (BGHSt 18, 173 (175); 25, 242; OLG Frankfurt a. M. NStZ-RR 2015, 314 mwN); in Eilfällen gilt § 21i Abs. 2. Eine vertretbare Auslegung des Geschäftsverteilungsplans ist dabei bindend (BGHSt 26, 191 (199)). Voraussetzung dafür ist aber, dass der Kompetenzkonflikt auf die Geschäftsverteilung zurückzuführen u. nur durch deren authentische Auslegung o. durch ihre Erg. zu klären ist (→ StPO § 14 Rn. 1). Anders ist es, wenn es lediglich um Auslegung eines Gesetzes geht, durch das einem Spruchkörper ein bes. Geschäftskreis zugewiesen worden ist; dann obliegt die Auslegung des Geschäftsverteilungsplans ausschl. dem mit der Sache befassten Spruchkörper (BGH BeckRS 1993, 31088507).

23 **H. Richter-Öffentlichkeit (Abs. 8).** Nach früherem Recht waren die Sitzungen des Präsidiums nicht öffentl. u. die ihm angehörenden Richter nach hM zur Geheimhaltung der Beratung u. Abstimmung verpflichtet (vgl. NJW 1995, 2494; Kissel/Mayer Rn. 22). Nachdem demggü. zunächst v. BT eine generelle

Richteröffentlichkeit beschlossen worden war (vgl. Kissel NJW 2000, 462), hat das G v. 22.12.1999 (BGBl. I 2598) schließlich doch die Regelung der Nichtöffentlichkeit beibehalten, jedoch dem Präsidium die Befugnis eingeräumt, unter Beachtung des Schutzes der Privatsphäre entspr. § 171b einigen o. allen Richtern des Gerichts zeitweise o. ständig die Anwesenheit zu gestatten (vgl. dazu Sowada Gesetzliche Richter S. 425 ff.). Insoweit besteht dann auch keine Verschwiegenheitspflicht für die Präsidiumsmitglieder mehr (Kissel NJW 2000, 462).

I. Anfechtung des Geschäftsverteilungsplans. Die Anfechtung des Geschäftsverteilungsplans ist grds. ausgeschlossen (BGH DRiZ 1973, 280; MDR 1985, 319). Durch die Zuteilung o. Nichtzuteilung v. Dienstgeschäften kann das Recht eines Richters nach Meinung des BVerwG verletzt sein (→ Rn. 1). Zur Klärung der Frage, ob dies der Fall ist, steht ihm der Verwaltungsrechtsweg offen (BVerwGE 50, 11 = NJW 1976, 1224; OVG Hamburg NJW 1987, 1215). Die §§ 23 ff. **EGGVG** sind hier nicht anwendbar, weil die Geschäftsverteilung keine Maßnahme einer VerwB u. mithin auch nicht einer Justizbehörde (iSd § 23 Abs. 1 S. 1 **EGGVG**) ist (BVerwG BVerwGE 50, 11 = NJW 1976, 1224). Die Klage des Richterrates auf Zuweisung einer neuen Richterstelle ist unzulässig (VGH Kassel DRiZ 1978, 120). 24

J. Revision. Die abstrakte Möglichkeit eines Missbrauchs macht eine **Geschäftsverteilung** (Abs. 1) weder verfassungs- noch gesetzwidrig (BGH NStZ 1990, 138; 2021, 762). Durch die falsche Zusammensetzung des Präsidiums wird die Geschäftsverteilung nicht unwirksam (BVerfGE 31, 47 (53)) u. kann daher im Einzelfall nicht mit der Revision gerügt werden (BGHSt 26, 206 (208); → § 21b Rn. 6; → StPO § 338 Rn. 7). Wird die fehlerhafte Auslegung o. Anwendung des GVPl. durch das Gericht gerügt, beschränkt sich die Überprüfung durch das Revisionsgericht darauf, ob die Grenzen zur objektiven Willkür überschritten sind (vgl. BGH BeckRS 2021, 34830; NStZ 2021, 762). 25

Wird die Verfassungswidrigkeit einer Zuständigkeitsregelung im GVPl. selbst bzw. eine Änd. nach Abs. 3 geltend gemacht, ist dagegen nach herkömmlicher, auf eine Entsch. des BVerfG (NJW 2005, 2689) zurückgehende Rspr., das Revisionsgericht **nicht auf** eine reine **Willkürprüfung beschränkt,** sondern kann die Rechtsmäßigkeit in vollem Umf. nachprüfen (BGHSt 53, 268 (274); BGH NJW 2015, 2597 (2598 f.); BeckRS 2020, 3642; 2021, 34830; OLG Brandenburg StraFo 2023, 402; OLG Köln StraFo 2020, 154 (156); anders noch BGHSt 22, 237 (239); 44, 161 (165, 170): nur bei Willkür; zum Prüfungsumfang des BVerfG s. BVerG NJW 2017, 1233); allerdings tendiert der 3. StS. des BGH (BeckRS 2021, 13180) nunmehr dazu, eine umfassende revisionsgerichtliche Überprüfung bei Änd. nach Abs. 3 auf die Frage zu beschränken, ob eine Zuständigkeitsregel des GVPl. überhaupt als eine abstrakt-generelle Regelung anzusehen ist u. dem Präsidium iÜ bei der Frage, ob eine Überlastung gegeben ist, zumindest einen Prognosespielraum einzuräumen (→ Rn. 16d; → StPO § 338 Rn. 5 ff.). 26

Die Revision muss insoweit sämtliche Belastungsanzeigen, Präsidiumsbeschlüsse, dienstliche Stellungnahmen u. sonstige Auskünfte des Tatgerichts vorlegen (vgl. BGH NStZ 2023, 122). Auch der Mangel der (für das Revisionsgericht bindenden, BGHSt 21, 42) notwendigen Feststellung des Vertretungsfalles (→ Rn. 6 ff.) u. der Rechtsirrtum bei der Entsch. eines Kompetenzkonfliktes (→ Rn. 22; BGH MDR 1975, 770 (771)) können geltend gemacht werden. Dienstliche Äußerungen zur Frage der Geschäftsverteilung sind grds. v. Präs selbst abzugeben. Die Äußerung eines „Präsidialrichters" kann nur dann genügen, wenn sie auch v. Präs iSd Zustimmung abgezeichnet ist (BGH GA 1979, 222). 27

[Vorsitz in den Spruchkörpern]

21f (1) **Den Vorsitz in den Spruchkörpern bei den Landgerichten, bei den Oberlandesgerichten sowie bei dem Bundesgerichtshof führen der Präsident und die Vorsitzenden Richter.**

(2) [1]**Bei Verhinderung des Vorsitzenden führt den Vorsitz das vom Präsidium bestimmte Mitglied des Spruchkörpers.** [2]**Ist auch dieser Vertreter verhindert, führt das dienstälteste, bei gleichem Dienstalter das lebensälteste Mitglied des Spruchkörpers den Vorsitz.**

1 **A. Vorsitz.** § 21f betr. nicht das AG. Denn hier ist der Vorsitzende jew. zugleich der Einzige mitwirkende Berufsrichter (abgesehen v. dem erweiterten SchG, § 29 Abs. 2). Bei seiner Verhinderung gilt die Vertretung in der Richteraufgabe, die notwendigerweise zugleich Vertretung im Vorsitz ist. Für eine spezielle Vorsitzvertretung ist kein Raum. Daher betr. § 21f nur das LG, OLG u. den BGH.

2 **I. Vorsitz im Kollegialgericht.** Dass in einer StrK o. in einem Sen. der Vorsitzende einen richtungweisenden Einfluss auf den Geschäftsgang u. die Rspr. des Spruchkörpers ausüben muss, wie die Rspr. früher angenommen hatte (vgl. BGHSt 21, 133; 25, 55; BGHZ 88, 1 = NJW 1984, 129 (130)), ist zw. geworden, nachdem die in § 21g aF enthaltene Befugnis des Vorsitzenden zur internen Geschäftsverteilung aufgeh. worden ist. Das BVerfG (NJW 2004, 3482 (3483)) scheint aber hieran festzuhalten, da es nur offengelassen hat, „ob der Gedanke des richtunggebenden Einflusses des Vorsitzenden verfassungsrechtlich verankert oder lediglich dem einfachen Recht zuzuordnen ist“. Insbesondere aus der dem Vorsitzenden obliegenden Verhandlungsleitung in der Sitzung u. bei den Beratungen ergibt sich jedenfalls nach wie vor seine hervorgehobene Stellung (BGH NJW 2009, 931; vgl. auch SK-StPO/Velten Rn. 1). Ausführlich zur Rolle des Vorsitzenden im Spruchkörper – auch zur „faktischen Dominanz“ – Sowada Gesetzliche Richter S. 407 ff.

3 **II. Bestimmung des Vorsitzenden.** Die Vorsitzverteilung ist Besetzung der Spruchkörper u. wird daher v. Präsidium vorgenommen (§ 21e Abs. 1 S. 1; für den Präs: § 21e Abs. 1 S. 2). Das gilt auch für die kleine StrK u. die HilfsStrK (→ § 21e Rn. 16). Ein Vorsitzender kann für mehrere StrKn bestellt werden; eine zugewiesene Stelle kann im Geschäftsverteilungsplan bis zur Besetzung durch „NN“ berücksichtigt werden (vgl. hierzu BGHSt 34, 379 (381); OLG Hamm StV 1998, 6; Sowada Gesetzliche Richter S. 285). Es kann ihm auch – uU sogar darüber hinaus – der Vorsitz in einer großen StrK in Abwechslung mit seinem Vertreter übertragen werden. Nur darf sein Einfluss (→ Rn. 2) nicht unzulässig gemindert werden. Unter dieser Voraussetzung steht eine turnusmäßige Teildauerverhinderung einer vorübergehenden gleich (BayObLG 24.10.1980 – RReg 2 St 139/80; vgl. auch BGH NJW 1974, 1572). Unzulässig ist es, bei vorübergehender Verhinderung des (bisherigen) Vorsitzenden einer kleinen Strafkammer dessen Stelle im (neuen) Geschäftsverteilungsplan nicht zu besetzen u. stattdessen dort allein einen stellvertretenden Vorsitzenden zu bestimmen (OLG Hamm StV 2004, 366). Vorsitzender eines Spruchkörpers beim LG kann auch ein Vorsitzender Richter am OLG sein, der an das LG (rück-)abgeordnet wurde (BGHSt 53, 99). Ein Abweichen v. ges. Leitbild des Abs. 1 kommt – abgesehen v. den Vertretungsfällen des Abs. 2 (→ Rn. 4 ff.) ausnahmsweise bei einem unabwendbaren, rechtlich begründeten Bedürfnis – wie etwa der Eingangserprobung in Berlin – in Betracht (KG StraFo 2018, 72 mAnm Sowada).

4 **B. Verhinderung (Abs. 2).** Die Vertretung ist stets an die **vorübergehende** Verhinderung des zu Vertretenden geknüpft (→ § 21e Rn. 7; BGHSt 21, 131 (133); BGH NJW 1974, 1572; OLG Hamburg NStZ 1984, 570). Der Begriff ist eng auszulegen (KG StraFo 2018, 72). Verhinderung liegt vor, wenn der Richter aus tatsächlichen (→ Rn. 5) o. rechtlichen (→ Rn. 6) Gründen außerstande ist, die ihm nach dem Geschäftsverteilungsplan obliegende konkrete Aufgabe wahrzunehmen (KG NStZ 2018, 491; Kissel/Mayer § 21e Rn. 114). Liegen diese Voraussetzungen vor, ist der Vorsitzende grds. nicht gehalten, die Verhinderung durch Terminierung außerhalb des Verhinderungszeitraums „zu verhindern“ (vgl. BGH NStZ-RR 2017, 16). Bei **dauernder** Verhinderung, zB Versetzung in ein anderes Bundesland o. in den Ruhestand, muss ein neuer Vorsitzender bestellt werden (BVerwG NJW 1986, 1366; BGH NStZ 1989, 32; OLG Celle StV 1993, 66; OLG

Frankfurt a. M. MDR 1979, 162); das gilt auch bei länger andauernder (über ein Geschäftsjahr hinausgehender) Erkrankung (BGH DRiZ 2006, 352). Die Neubestellung muss nicht sofort, aber ohne ungebührliche Verzögerung geschehen (BVerfGE 18, 423 (426) = NJW 1965, 1223; OLG Oldenburg StV 2003, 12); haushaltsrechtliche Gründe rechtfertigen keine Verzögerung (BGHZ 95, 246; OLG Hamburg NStZ 1984, 570), nach früherer Rspr. jedenfalls nicht über 6 Monate (BSG NJW 2007, 2717; dazu Werner NJW 2007, 2671; s. auch Sowada Gesetzliche Richter S. 292: höchstens 3 Monate). Diese Frist v. 6 Monaten wird im Falle **ruhestandsbedingter Vakanz** in der Praxis jedoch nicht selten deutlich überschritten, da sich länger hinziehende Konkurrentenstreitverfahren, va bei den OLGen u. beim BGH, inzwischen eher die Regel, als die Ausnahme darstellen u. Lösungen über den sog. Doppelvorsitz (dazu → Rn. 10, 11) nicht immer als praktikabel angesehen werden (s. BGH NStZ-RR 2013, 259; BeckRS 2015, 19841). Insoweit beruft man sich auf die Rspr. des BFH, wonach Abs. 2 S. 1 solange anwendbar ist, wie durch die Vakanz im Vorsitz keine wesentlich gewichtigere Beeinträchtigung der bei ordnungsgemäßer Besetzung des Spruchkörpers zu erwartenden Arbeitsweise zu erwarten ist als bei einem längeren Urlaub o. einer längeren Erkrankung (BFHE 190, 47 (55); BGH NStZ-RR 2013, 259).

Ein Vertretungsfall liegt auch vor, wenn der **Vorsitzende** in dem betr. Verf. **als** 4a **Zeuge** vernommen werden soll. Die bloße, nicht näher konkretisierte Möglichkeit hierzu genügt noch nicht zur Annahme eines Verhinderungsfalles (BGH 10.9.1976 – 5 StR 215/76 im Anschluss an BGHSt 7, 44 (46); 7, 330 (331); 11, 206). Unzulässig ist es, einen Teil der anhängig werdenden Verf. generell auf den Vertreter ohne Rücksicht darauf zu übertragen, ob im konkreten Fall ein Verhinderungsgrund besteht (OLG Düsseldorf StV 1994, 533; zust. Katholnigg Anm. zu BGH LM GVG § 21f Nr. 5), o. den Vorsitzenden generell durch einen Vertreter zu entlasten (OLG Hamburg StV 2003, 11).

I. Tatsächliche Hinderungsgründe. Tatsächliche Hinderungsgründe sind zB 5 Urlaub, Dienstreise (zB Teilnahme an einer Fortbildungsveranstaltung: BGH NStZ-RR 2017, 16), Krankheit (dazu BGH NStZ 2019, 359; 1989, 33; erg. → GVG § 192 Rn. 7), auch eine nachgewiesene körperliche Unfähigkeit zur Teilnahme an einer Hauptverhandlung (BGH NStZ 2026, 62), Abordnung, Konkurrentenstreitverfahren (BGH NStZ-RR 2013, 259; 10.11.2015 – 5 StR 420/15), Unerreichbarkeit, Überlastung iSe Arbeitsanhäufung in RsprAufgaben ua übertragenen Obliegenheiten (§§ 4 Abs. 2, 40–42 **DRiG;** BGHSt 21, 175; BGH StV 1989, 338), zB für die Vorbereitung eines Großverfahrens, für die Fertigung des schriftlichen Urt. (§ 275 StPO), Unkenntnis der Akten in einer großen Sache, wenn der Richter kurzfristig den Vorsitzenden vertreten soll (BGHSt 21, 42). Eine Verhinderung kann grds. nicht in einem schweren Gewissenskonflikt (Art. 4 GG) bestehen, der den Einzelfall betr. (**aM** Peters StrafProzR Rn. 112 ff.).

Einer **Beteiligung als Beisitzer** steht die Verhinderung, den Vorsitz zu führen, 6 nicht entgegen, zB wenn diese nur darin besteht, dass sich der Richter nicht rechtzeitig u. genügend auf den Vorsitz vorbereiten kann (LG Frankfurt a. M., Dienstgericht für Richter, DRiZ 1980, 311).

Ein Lebenszeitrichter kann zur **Eignungserprobung** zeitlich befristet als Vor- 6a sitzender einer Kleinen Strafkammer eingesetzt werden (KG NStZ 2018, 491).

II. Rechtliche Hinderungsgründe. Rechtliche Hinderungsgründe können 7 sich ergeben aus der erfolgreichen Ablehnung nach §§ 22–24 StPO (vgl. OLG Düsseldorf OLGSt § 21e Nr. 1), einer Selbstanzeige des Richters (§ 30) o. aus der Teilnahme an einer langen HV o. dem Doppelvorsitz (→ Rn. 10).

III. Feststellung der Verhinderung. Die Feststellung der Verhinderung ist 8 Aufgabe des **Vorsitzenden der Kammer**, wenn sie ausschl. auf RsprAufgaben der Kammer beruht u. sich nicht auf andere Kammern auswirkt (BGH NJW 1968, 512). Das gilt auch bei Verhinderung des Vorsitzenden selbst, nicht aber, wenn er sich wegen starker Belastung in der eigenen Strafkammer gehindert sieht, als Vertreter in einer anderen Kammer tätig zu werden. Hier (BGH NStZ 1988, 325;

OLG Düsseldorf StV 1994, 533) u. sonst trifft die Feststellung der PräsLG (BGH NJW 1974, 870; Holtz MDR 1991, 486 – BGH RsprÜ; Kissel/Mayer § 21e Rn. 148), auch wenn es sich um seine eigene Verhinderung in seinen richterlichen Aufgaben handelt (BGHSt 21, 174 zu § 66 aF). Im Rahmen des Verf. nach §§ 222a, 222b StPO kann sie nachgeholt werden (→ StPO § 222b Rn. 12), sonst nicht (BGHSt 21, 174 (179)). Die Feststellung kann auch inzident (stillschweigend) getroffen werden (BGH LM GVG § 21f Nr. 5 mAnm Katholnigg); bei Offensichtlichkeit ist sie entbehrlich (BGHSt 18, 162; BGH NStZ-RR 2017, 16: genehmigte Dienstreise; → § 21e Rn. 8), auch hier kann sich aber eine deklaratorische Feststellung empfehlen (Kissel FS Rebmann, 1989, 68).

9 **IV. Vertreterbestimmung (Abs. 2).** Das **Präsidium** ist verpflichtet, den Vertreter zu bestimmen (BGH NJW 2009, 931). Ohne Rücksicht auf das Dienstalter kann das geeignetste Mitglied des Spruchkörpers zum regelmäßigen Vertreter des Vorsitzenden bestimmt werden. Ein Richter am AG kann nicht zum ständigen Vorsitzenden einer ordentlichen StrK bestellt werden (OLG Hamm StV 2004, 366). Ist in Verkennung der Verpflichtung, einen Vertreter zu bestellen, keiner bestimmt worden, so ist v. einer stillschweigenden Entsch. dahin auszugehen, dass dem dienstältesten Mitglied des Spruchkörpers (Abs. 1 S. 2) die regelmäßige Vertretung übertragen werden sollte. „Dienstältester": § 20 **DRiG.** Mehrere Richter können nicht nebeneinander als Vertreter bestellt werden (OLG Hamm StV 1998, 6), vielmehr muss bestimmt sein, in welcher Reihenfolge sie berufen sind (OLG Hamm StV 2004, 366). Die Vertretung des Vorsitzenden einer kleinen StrK erfolgt nicht gem. Abs. 2, sondern durch das Präsidium nach § 21e Abs. 1 S. 1, da sie mit keinem anderen ständigen Mitglied der Kammer als dem ordentlichen Vorsitzenden besetzt ist; insoweit darf auch ein Proberichter vertretungsweise als Vorsitzender fungieren (OLG Rostock NStZ 2020, 242 mAnm Loose/Scheuring unter Hinweis darauf, dass § 28 Abs. 2 S. 2 DRiG nur auf Kammern Anwendung findet, die mit mehreren Berufsrichtern besetzt sind).

10 **C. Vorsitz in mehreren Spruchkörpern.** Abs. 1 sieht nicht vor, dass dem Präs o. einem Vorsitzenden Richter der Vorsitz nur in einem Spruchkörper übertragen werden darf. Er darf daneben auch in einem anderen Spruchkörper als Beisitzer eingesetzt werden (BGHZ 88, 1 = NJW 1984, 129).

11 **I. In zwei ordentlichen Spruchkörpern (§ 60 GVG).** Ist ein Vorsitzender nicht nur vorübergehend verhindert (Abs. 2), so muss das Präsidium einen anderen Vorsitzenden bestellen, selbst wenn die Stelle des verhinderten Vorsitzenden nicht frei ist. Daraus ergibt sich die Notwendigkeit, dass ein Vorsitzender für längere Zeit den **Vorsitz in zwei Kammern** führen muss. Das ist zulässig (BGHSt 2, 71 (73); 25, 54; vgl. auch BVerfG NJW 2012, 2334 für den Doppelvorsitz beim BGH). Ist für den Fall der Kollision keine Regelung im Geschäftsverteilungsplan getroffen, so entscheidet der PräsLG (Rieß DRiZ 1977, 291). Nach der Rspr. der Zivilsenate des BGH muss der Vorsitzende in den mehreren Spruchkörpern (→ Rn. 3) mind. 75 % der Aufgaben des Vorsitzenden selbst wahrnehmen (BGHZ 37, 210 (GrS) = NJW 1962, 1570). Diese 75 %-Klausel ist v. den Strafsenaten des BGH nicht förmlich übernommen worden (BGHSt 21, 131; vgl. allerdings die ihr etwa gleichkommende „Mitunter-Klausel" in BGH JZ 1974, 586). Im Strafverfahren kann jedoch nichts anderes gelten als im Zivilverfahren (BayObLG 24.10.1980 – RReg 2 St 139/80). Erforderlichenfalls muss die Zuständigkeit der mehreren Spruchkörper so eingeengt werden, dass der Vorsitzende den erforderlichen Einfluss (→ Rn. 2) wahrnehmen kann (BGHSt 25, 54 (59)). Zu den Schwierigkeiten, wenn eine Vorsitzendenstelle beim BGH wegen einer Konkurrentenklage nicht besetzt werden kann, vgl. BGH StV 2012, 204, dagegen BGH StV 2012, 209, bestätigt v. BVerfG NJW 2012, 2334; dazu Fischer/Krehl StV 2012, 550; zur Problematik eing. Schünemann ZIS 2012, 1; Sowada NStZ 2012, 353; vgl. auch Groß-Bölting HRRS 2012, 89.

II. In einem ordentlichen Spruchkörper und einer HilfsStrK. In einem ordentlichen Spruchkörper und einer HilfsStrK (→ § 21e Rn. 16): Beide können in der Hand eines u. desselben Vorsitzenden bleiben. Für die HilfsStrK gilt das Vorsitzenden-Prinzip des Abs. 1 nicht (BGHSt 12, 104; 18, 176 (178); 31, 389; KK-StPO/Diemer Rn. 1). Die im Schrifttum (Kissel/Mayer Rn. 7; SK-StPO/Velten Rn. 3; vgl. auch Sowada Gesetzliche Richter S. 352 ff.) vertretene **aM** zwingt, da die LGe nicht über überzählige Vorsitzende verfügen, die auf Zeit einsetzbar sind, zur Doppelbesetzung u. dadurch zwangsläufig zur Vertretung nach Abs. 2. Der Grundsatz des Abs. 1 lässt sich auf nur vorübergehend bestehende Spruchkörper nicht anwenden. 12

III. Folgerungen aus der Rspr. (→ Rn. 12). Wird eine HilfsStrK neben der ordentlichen StrK, die eine HV in einem Großverfahren durchzuführen hat, gebildet u. bestimmt das Präsidium hins. der Aufgabe des Vorsitzenden (BGH NJW 1973, 1291), dass die Geschäfte in der ordentlichen StrK den Vorrang haben, so wird der Vorsitzende in der HilfsStrK nach Abs. 2 vertreten. 13

D. Vertretung (Abs. 2 S. 2). Die Regelung betr. die ständigen Mitglieder des Spruchkörpers, die Richter auf Lebenszeit sind u. daher den Vorsitz führen dürfen (§ 28 Abs. 2 S. 2 **DRiG**). Scheiden sie aus, so darf ein ständiges Mitglied des LG, das einem anderen Spruchkörper zugeteilt ist, den Vorsitzenden vertreten (BGHSt 21, 42), u. zwar nach Bestimmung des Präsidiums (§ 21e Abs. 1) o., falls dieses nicht mehr rechtzeitig entscheiden kann, auf Anordnung des Präs. (§ 21i Abs. 2). 14

E. Vertretung bei Verhinderung während der HV. Hier gilt Abs. 2 nicht. Wenn ein Ergänzungsrichter (§ 192) zugezogen ist, tritt an die Stelle des verhinderten Vorsitzenden der Dienst-, ersatzweise der Lebensälteste (vgl. → Rn. 9), der an der HV mitwirkenden, vorsitzfähigen Richter (Löwe/Rosenberg/Berg Rn. 35). Dieser wird wie ein anderer verhinderter mitwirkender Richter durch den Ergänzungsrichter ersetzt. Bei dauerhafter Verhinderung gilt auch für eine begonnene HV § 21e Abs. 3 S. 1, so dass auch ein bisheriger Ergänzungsrichter zum neuen Vorsitzenden bestimmt werden kann (BGH NJW 2009, 931). 15

F. Revision. Vom Gebot, dass ein Vorsitzender Richter den Vorsitz führt, kann im Falle eines unabweisbaren, rechtlich begründeten Bedürfnisses abgesehen werden (vgl. KG NStZ 2018, 491); ein solches ist z. B. gegeben, wenn vorübergehend ausfallende planmäßige Richter, deren Arbeit von den im Geschäftsverteilungsplan bestimmten Vertretern neben den eigenen Aufgaben nicht bewältigt werden müssen oder wenn ein zeitweiliger außergewöhnlicher Arbeitsanfall aufzuarbeiten ist (vgl. KG StraFo 2023, 364: Vorsitz einer Kleinen Strafkammer). Wird allerdings der Vorsitz einer StrK dauerhaft mit einem Richter statt einem Vorsitzenden Richter am LG besetzt, begründet dies die Revision (OLG Oldenburg StraFo 2000, 237). Erg. → StPO § 338 Rn. 5 ff. 16

[Geschäftsverteilung innerhalb der Spruchkörper]

21g (1) [1]**Innerhalb des mit mehreren Richtern besetzten Spruchkörpers werden die Geschäfte durch Beschluss aller dem Spruchkörper angehörenden Berufsrichter auf die Mitglieder verteilt.** [2]**Bei Stimmengleichheit entscheidet das Präsidium.**

(2) **Der Beschluss bestimmt vor Beginn des Geschäftsjahres für dessen Dauer, nach welchen Grundsätzen die Mitglieder an den Verfahren mitwirken; er kann nur geändert werden, wenn es wegen Überlastung, ungenügender Auslastung, Wechsels oder dauernder Verhinderung einzelner Mitglieder des Spruchkörpers nötig wird.**

(3) **Absatz 2 gilt entsprechend, soweit nach den Vorschriften der Prozessordnungen die Verfahren durch den Spruchkörper einem seiner Mitglieder zur Entscheidung als Einzelrichter übertragen werden können.**

(4) **Ist ein Berufsrichter an der Beschlussfassung verhindert, tritt der durch den Geschäftsverteilungsplan bestimmte Vertreter an seine Stelle.**

(5) **§ 21i Abs. 2 findet mit der Maßgabe entsprechende Anwendung, dass die Bestimmung durch den Vorsitzenden getroffen wird.**

(6) **Vor der Beschlussfassung ist den Berufsrichtern, die von dem Beschluss betroffen werden, Gelegenheit zur Äußerung zu geben.**

(7) **§ 21e Abs. 9 findet entsprechende Anwendung.**

1 **A. Beschluss.** Durch Beschluss **aller Berufsrichter des Spruchkörpers** statt wie früher durch den Vorsitzenden werden die Geschäfte für das lfd. Kj. (OLG Nürnberg StraFo 2014, 17) auf die Mitglieder verteilt. Damit soll eine möglichst einverständliche Aufteilung der Verf. erfolgen (BT-Drs. 14/597, 5). Durch den Beschl. dürfen aber grds. nicht Vorsitzendenaufgaben (zB Terminierung) auf andere übertragen werden, auch nicht ein Teil auf den Vertreter des Vorsitzenden (§ 21f Abs. 2 S. 1) zur ständigen Wahrnehmung.

2 Unklar ist nach der ges. Regelung, ob auch die **Bestellung des Berichterstatters** durch den Beschl. geregelt werden muss o. ob dies – wie bisher (vgl. BVerfGE 96, 27; BGHZ 126, 63 (VerGrSe) = NJW 1994, 1735 (1740)) – dem Vorsitzenden vorbehalten bleiben kann (Kissel/Mayer Rn. 41; sehr str., vgl. Sowada Gesetzliche Richter S. 448 mit zahlreichen Nachw. in Fn. 73, 74). Für letzteres u. gegen eine schematische Zuweisung spricht, dass dadurch eine gleichmäßigere Belastung der Mitglieder sichergestellt ist u. zudem die bes. Kenntnisse u. Fähigkeiten des jeweiligen Mitglieds angemessener berücksichtigt werden können (SSW StPO/Veit Rn. 2; **aM** Sowada Gesetzliche Richter S. 459, der „der Stärkung der Demokratie in den Gerichten" den Vorrang vor einer möglichst funktionstüchtigen Zusammenarbeit im Spruchkörper einräumen will).

3 § 21g gilt auch für die **StVollstrK,** die Kollegialgericht ist (§ 78b Abs. 1 Nr. 1).

4 **B. Überbesetzte Spruchkörper.** In jedem Jahr erneut („Jährlichkeitsprinzip", vgl. BGH NStZ 2017, 429; NJW 1999, 796) müssen die Mitwirkungsgrundsätze aufgestellt werden; eine nachträgliche Beschlussfassung heilt den Fehler nicht (vgl. BGH NStZ 2017, 429; krit. dazu Tully NStZ 2017, 430). Sie müssen mit **abstrakten Merkmalen** regeln, welche Richter an der Entsch. mitzuwirken haben; die Grundsätze müssen ein System in der Weise ergeben, dass die Besetzung des Spruchkörpers bei der einzelnen Entsch. im Regelfall aus ihnen ableitbar ist. Danach sind verschiedene Systeme möglich, je nachdem, ob bestimmte Spruchgruppen gebildet o. die Richter bestimmten Terminstagen zugeordnet werden o. durch die Auswahl des Berichterstatters zugleich die Spruchgruppe bestimmt wird. Auch die Verteilung nach Az. o. nach Rechtsgebieten ist grds. möglich (BVerfG NJW 2005, 2540; Sowada Gesetzliche Richter S. 440, 441). Für die nähere Ausgestaltung des Systems besteht Gestaltungsfreiheit; Merkmale wie der Sachzusammenhang, eine frühere Befassung mit der Sache o. bes. Eilbedürftigkeit dürfen berücksichtigt werden (vgl. BGH (VerGrSe) NStZ 1994, 443). Die einzelne Sache muss danach „blindlings" aufgrund allg., vorab festgelegter Merkmale an den entscheidenden Richter gelangen; Geschäftsverteilungs- u. Mitwirkungspläne eines Gerichts dürfen keinen vermeidbaren Spielraum bei der Heranziehung der einzelnen Richter zur Entsch. einer Sache lassen; das schließt aber die Verwendung unbestimmter Begriffe – wie in § 21e Abs. 3 S. 1 und § 21g Abs. 2 Hs. 2 – nicht aus. Diese Grundsätze gelten auch für die in der Besetzung mit 2 Richtern (und 2 Schöffen; § 76 Abs. 2 Alt. 1) entscheidende StrK (BGH NJW 2000, 371; BGH NJW 2004, 2992); auch hier sollte ausdr. eine Besetzungsregelung getroffen u. die Besetzung nicht nur *incidenter* durch die Bestimmung des Berichterstatters festgelegt werden (Becker NStZ-RR 2008, 69 – BGH RsprÜ).

5 Ist der **Vorsitzende verhindert,** u. gehört der v. Präsidium bestimmte Vertreter (§ 21f Abs. 2 S. 1) demselben Spruchkörper an, so ist dieser Richter durch die Vertretung im Vorsitz verhindert, als Beisitzer mitzuwirken, wenn er den Vorsitz zu führen hat. Er wird als Beisitzer nach der spruchkörperinternen Regelung

vertreten. Dauert die Vertretung im Vorsitz längere Zeit, so kann der Vertreter des Vorsitzenden für diese Zeit seine Beisitzeraufgaben innerhalb des Spruchkörpers gleichmäßig verteilen.

C. Form. Der Beschl. muss schriftlich abgefasst werden (vgl. BGH VerGrSe NStZ 1994, 443; BGHSt 49, 130; NStZ 2017, 429), ist v. den Mitwirkenden zu unterschreiben u. in der dazu bestimmten Geschäftsstelle des Gerichts zur Einsichtnahme aufzulegen (Abs. 7 iVm § 21e Abs. 9). 6

D. Beschlussfassung. Abs. 3 findet in Strafsachen keine Anwendung. Die Vertretungsregelung in Abs. 4 erscheint verfehlt, da hier kollegiumsfremde (uU mehrere!) Richter über die Aufteilung der Geschäfte in einem ihnen nicht vertrauten Spruchkörper befinden. Ebenso unglücklich u. dazu auch umständlich ist die Bestimmung in Abs. 1 S. 2, dass bei Stimmengleichheit – es gilt das Mehrheitsprinzip – das Präsidium entscheidet. Abs. 5 enthält eine Eilkompetenz für den Vorsitzenden entspr. derjenigen des Präs in § 21i Abs. 2; § 21i Abs. 2 S. 2–4 gelten entspr. Abs. 6 ist für die Richter v. Bedeutung, die dem Spruchkörper im Zeitpunkt der Beschlussfassung noch nicht angehören, später aber v. dem Mitwirkungsplan betroffen werden. 7

E. Vertretung. Die Vertretung im Vorsitz bestimmt der Geschäftsverteilungsplan (§ 21f Abs. 2 S. 1). Im Übrigen gelten die Mitwirkungsgrundsätze bei offensichtlicher Verhinderung aus tatsächlichen Gründen v. selbst (→ § 21e Rn. 8; → § 21f Rn. 8); sonst muss ebenso wie bei Abweichung v. den Mitwirkungsgrundsätzen das Kollegium entscheiden. Wenn Vertretung durch einen Richter eines anderen Spruchkörpers notwendig wird, handelt es sich um Geschäftsverteilung nach § 21e. 8

F. Änderungen (Abs. 2 Hs. 2). Die Änderungsanlässe sind die gleichen wie in § 21e Abs. 3 (→ § 21e Rn. 13 ff.). Die Änd. ist aktenkundig zu machen (BGHSt 21, 250); auch insoweit gilt Abs. 7. 9

G. Abweichung im Einzelfall. Eine Abweichung im Einzelfall ist nicht nur unter den Voraussetzungen des Abs. 2 Hs. 2 und nicht nur nach den Vertretungsgrundsätzen (→ § 21e Rn. 7; → § 21f Rn. 4 ff.) zulässig (BGH (VerGrSe) NJW 1994, 1735 (1739)). Es genügen auch sonstige Umstände, die im Geschäftsjahr auftreten u. bei strikter Einhaltung der Grundsätze zu Verzögerungen, teilw. Leerlauf, ungleichmäßiger Auslastung o. vermeidbarem doppelten Arbeitsaufwand führen würden (BGHSt 29, 162 (163)). Bei solcher Abweichung ist das Aktenkundigmachen des Grundes empfehlenswert, aber rechtlich nicht notwendig (BGHSt 29, 162 (164)). 10

H. Revision. Nach § 338 Nr. 1 StPO kann willkürliche o. sonst missbräuchliche Nichteinhaltung der kammerinternen Grundsätze der Geschäftsverteilung (Abs. 2; BGHSt 21, 250; 29, 162) o. unzulässige Abweichung (→ Rn. 10) gerügt werden. Das vollständige Fehlen einer abstrakt-generellen Regelung verletzt das Gebot des ges. Richters, ohne dass es einer willkürlichen Heranziehung im Einzelfall bedarf (BGH NStZ 2017, 429). In der Begründung sind die spruchkörperinternen Vorgänge anzugeben, die sich aus den nach Abs. 7 aufliegenden Mitwirkungsgrundsätzen ergeben (erg. → StPO § 344 Rn. 22). 11

[Vertretung des Präsidenten und des aufsichtführenden Richters]

21h **[1] Der Präsident oder aufsichtführende Richter wird in seinen durch dieses Gesetz bestimmten Geschäften, die nicht durch das Präsidium zu verteilen sind, durch seinen ständigen Vertreter, bei mehreren ständigen Vertretern durch den dienstältesten, bei gleichem Dienstalter durch den lebensältesten von ihnen vertreten. [2] Ist ein ständiger Vertreter nicht bestellt oder ist er verhindert, wird der Präsident oder aufsichtführende Richter durch den dienstältesten, bei gleichem Dienstalter durch den lebensältesten Richter vertreten.**

1 **A. Ständiger Vertreter (Abs. 1 S. 1).** Der ständige Vertreter (Abs. 1 S. 1) vertritt den Präs im Bereich der sog. justizförmigen Verwaltungstätigkeit, die in richterlicher Unabhängigkeit ausgeübt wird (BGHSt 25, 257; Löwe/Rosenberg/Berg Rn. 2), zB in den Fällen der §§ 21i Abs. 2, 22b Abs. 3. Für die „reine" JV gilt das Landesrecht (zB § 7 Abs. 2 BWAGGVG), auch „im Vorfeld" der Schöffenbestimmung, zB in den Fällen der §§ 43 Abs. 1, 45 Abs. 2, Abs. 3, 77 Abs. 2 S. 1, Abs. 3 S. 1 (BGHSt 25, 257). Für die Vertretung bei richterlichen Aufgaben ist § 21f Abs. 2 maßgebend.

2 **B. Subsidiäre Vertretung durch andere Richter (S. 2).** Die Regelung beruht auf einem allg. gültigen Grundsatz (→ § 21f Rn. 9).

3 **C. Feststellung des Vertretungsfalles.** Die Feststellung des Vertretungsfalles trifft der Vertretene, notfalls der Vertreter.

[Beschlussfähigkeit des Präsidiums]

21i (1) **Das Präsidium ist beschlußfähig, wenn mindestens die Hälfte seiner gewählten Mitglieder anwesend ist.**

(2) [1]**Sofern eine Entscheidung des Präsidiums nicht rechtzeitig ergehen kann, werden die in § 21e bezeichneten Anordnungen von dem Präsidenten oder aufsichtführenden Richter getroffen.** [2]**Die Gründe für die getroffene Anordnung sind schriftlich niederzulegen.** [3]**Die Anordnung ist dem Präsidium unverzüglich zur Genehmigung vorzulegen.** [4]**Sie bleibt in Kraft, solange das Präsidium nicht anderweit beschließt.**

1 **A. Beschlussfähigkeit (Abs. 1).** Abs. 1 ist – auch nach seiner Entstehungsgeschichte – nicht so aufzufassen, dass er das bewährte u. praktisch kaum entbehrliche Umlaufverfahren unzulässig macht (BVerwGE 88, 159 = NJW 1992, 254; KK-StPO/Diemer § 21a Rn. 7; Löwe/Rosenberg/Berg § 21e Rn. 75; BGHSt 44, 161: jedenfalls nicht im Bereich des § 21e Abs. 3; **aM** Thomas/Putzo/Hüßtege § 21e Rn. 6). Abs. 1 gilt aber nur für den Fall, dass das Präsidium zu einer Sitzung zusammentritt. Im Umlaufverfahren müssen alle nicht verhinderten Mitglieder unterschreiben. Über Stimmenthaltung vgl. → § 21e Rn. 21.

2 **B. Vorsitzende des Präsidiums (Abs. 2 S. 1; § 21a Abs. 2).** Der Vorsitzende des Präsidiums (Abs. 2 S. 1; § 21a Abs. 2) entscheidet ersatzweise. Diese Eilzuständigkeit ist Kompetenz kraft Gesetzes. Mit Art. 101 Abs. 1 S. 2 GG ist sie vereinbar (BVerfG NJW 1982, 29). Von sich aus darf das Präsidium keine seiner Aufgaben auf den Vorsitzenden des Präsidiums übertragen. Der Vorsitzende trifft die Eilanordnung nach pflichtgemäßem Ermessen in eigener Verantwortung (Holtz MDR 1977, 461 – BGH RsprÜ). Er kann auch eine vorübergehende Vertretungsregelung im Einzelfall treffen, wenn die Regelung im Geschäftsverteilungsplan nicht ausreicht.

3 **Vorlage an das Präsidium (Abs. 2 S. 2, 3):** Die Eilanordnung bleibt in Kraft, bis das Präsidium anderweit, dh sachlich anders, beschließt. Hält es die Eilanordnung für richtig, so braucht es nur festzustellen, dass zu einer abw. Entsch. kein Anlass besteht (**aM** Katholnigg Rn. 3: nichts zu veranlassen).

4 **C. Revision.** Die Rüge, dass die tatsächlichen Voraussetzungen für eine v. Präs angenommene Verhinderung eines Vertreters nicht vorgelegen hätten, ist nicht zulässig; denn das Revisionsgericht hat diese Voraussetzungen nicht zu prüfen (BGHSt 12, 33; Holtz MDR 1977, 461 – BGH RsprÜ).

[Anordnungen durch den Präsidenten; Frist zur Bildung des Präsidiums]

21j (1) [1]**Wird ein Gericht errichtet und ist das Präsidium nach § 21a Abs. 2 Nr. 1 bis 4 zu bilden, so werden die in § 21e bezeichneten Anordnungen bis zur Bildung des Präsidiums von dem Präsidenten oder**

aufsichtführenden Richter getroffen. [2]§ 21i Abs. 2 Satz 2 bis 4 gilt entsprechend.

(2) [1]**Ein Präsidium nach § 21a Abs. 2 Nr. 1 bis 4 ist innerhalb von drei Monaten nach der Errichtung des Gerichts zu bilden.** [2]**Die in § 21b Abs. 4 Satz 1 bestimmte Frist beginnt mit dem auf die Bildung des Präsidiums folgenden Geschäftsjahr, wenn das Präsidium nicht zu Beginn eines Geschäftsjahres gebildet wird.**

(3) **An die Stelle des in § 21d Abs. 1 bezeichneten Zeitpunkts tritt der Tag der Errichtung des Gerichts.**

(4) [1]**Die Aufgaben nach § 1 Abs. 2 Satz 2 und 3 und Abs. 3 der Wahlordnung für die Präsidien der Gerichte vom 19. September 1972 (BGBl. I S. 1821) nimmt bei der erstmaligen Bestellung des Wahlvorstandes der Präsident oder aufsichtführende Richter wahr.** [2]**Als Ablauf des Geschäftsjahres in § 1 Abs. 2 Satz 2 und § 3 Satz 1 der Wahlordnung für die Präsidien der Gerichte gilt der Ablauf der in Absatz 2 Satz 1 genannten Frist.**

Die Regelung über die **Bildung von Präsidien und die Geschäftsverteilung bei der Neuerrichtung von Gerichten** enthält die Vorschr., die an die Stelle des § 30 RpflAnpG (aufgeh. durch Art. 3 des G v. 19.4.2006, BGBl. I 866) getreten ist. Die Vorschr. nimmt hierfür Bestimmungen aus den §§ 21a, 21b, 21d, 21e und 21i in Bezug. 1

Dritter Titel. Amtsgerichte

[Richter beim Amtsgericht]

22 (1) **Den Amtsgerichten stehen Einzelrichter vor.**

(2) **Einem Richter beim Amtsgericht kann zugleich ein weiteres Richteramt bei einem anderen Amtsgericht oder bei einem Landgericht übertragen werden.**

(3) [1]**Die allgemeine Dienstaufsicht kann von der Landesjustizverwaltung dem Präsidenten des übergeordneten Landgerichts übertragen werden.** [2]**Geschieht dies nicht, so ist, wenn das Amtsgericht mit mehreren Richtern besetzt ist, einem von ihnen von der Landesjustizverwaltung die allgemeine Dienstaufsicht zu übertragen.**

(4) **Jeder Richter beim Amtsgericht erledigt die ihm obliegenden Geschäfte, soweit dieses Gesetz nichts anderes bestimmt, als Einzelrichter.**

(5) [1]**Es können Richter kraft Auftrags verwendet werden.** [2]**Richter auf Probe können verwendet werden, soweit sich aus Absatz 6, § 23b Absatz 3 Satz 2 bis 5, § 23c Abs. 2 oder § 29 Abs. 1 Satz 2 nichts anderes ergibt.**

(6) *[betrifft Insolvenzverfahren]*

A. Einzelrichter (Abs. 1). Der Einzelrichter repräsentiert das AG im Spruchkörper (Abs. 4), auch im SchG (§§ 28 ff.). Die Zahl der Richter bestimmt die LJV (→ § 60 Rn. 2). 1

B. Doppelernennung (Abs. 2). Das Präsidium kann den Richter zur Dienstleistung beim LG o. beim AG heranziehen, ohne dass es noch einer bes. Zuweisung des Richters an dieses Gericht durch die JV bedarf (BGHSt 24, 283; vgl. auch § 27 DRiG sowie → § 59 Abs. 2). 2

C. Errichtung und Aufhebung. Für die Errichtung und Aufhebung v. AGen gilt der Vorbehalt des Gesetzes (BVerfGE 2, 307), ebenso für die Verlegung des Gerichtssitzes. Über Zuständigkeitskonzentration vgl. → § 58 Rn. 2. 3

4 **Zweigstellen** kann die LJV errichten (vgl. zB § 2 Abs. 2 BWAGGVG). Diese sind keine selbständigen Gerichte, sondern nur Spruchabteilungen desselben Gerichts (OLG Zweibrücken VRS 68, 54; Kissel/Mayer Rn. 2; erg. → § 21e Rn. 11); Schriftsätze können fristwahrend daher sowohl beim Hauptgericht als auch bei der Zweigstelle eingereicht werden (Katholnigg Rn. 2). Im Gegensatz zu den §§ 78 und 116 Abs. 2 bestimmt hier die LJV nicht den örtlichen Zuständigkeitsbereich u. den Geschäftskreis. Daher bedarf die Anordnung nicht der Form einer RechtsVO (vgl. → § 58 Rn. 1).

5 **D. Allgemeine Dienstaufsicht (Abs. 3).** Zu ihr gehört nicht die Dienstaufsicht über Richter (§ 26 **DRiG;** § 16 BWAGGVG). Diese ist gemeint, wenn nur v. Dienstaufsicht die Rede ist (zB §§ 22a, 22b Abs. 4, 22c Abs. 1) oder v. aufsichtführenden Richter (zB §§ 21a Abs. 2, 21h).

[Präsident des LG oder AG als Vorsitzender des Präsidiums]

22a **Bei Amtsgerichten mit einem aus allen wählbaren Richtern bestehenden Präsidium (§ 21a Abs. 2 Nr. 5) gehört der Präsident des übergeordneten Landgerichts oder, wenn der Präsident eines anderen Amtsgerichts die Dienstaufsicht ausübt, dieser Präsident dem Präsidium als Vorsitzender an.**

1 **Mindestens zwei Mitglieder** – bei weniger als 8 Richterplanstellen (vgl. § 21a Abs. 2 Nr. 5) – müssen vorhanden sein; zu ihnen tritt der Präs, der die Dienstaufsicht ausübt (→ § 22 Rn. 5) als drittes Mitglied. Zum Einrichtergericht § 22b.

2 Für die **Vertretung des Präs** gelten §§ 21c, 21h (Kissel/Mayer Rn. 3). Der Präs hat auch die Notkompetenz nach § 21i Abs. 2 (Kissel/Mayer Rn. 5).

[Vertretung von Richtern]

22b (1) **Ist ein Amtsgericht nur mit einem Richter besetzt, so beauftragt das Präsidium des Landgerichts einen Richter seines Bezirks mit der ständigen Vertretung dieses Richters.**

(2) **Wird an einem Amtsgericht die vorübergehende Vertretung durch einen Richter eines anderen Gerichts nötig, so beauftragt das Präsidium des Landgerichts einen Richter seines Bezirks längstens für zwei Monate mit der Vertretung.**

(3) [1] **In Eilfällen kann der Präsident des Landgerichts einen zeitweiligen Vertreter bestellen.** [2] **Die Gründe für die getroffene Anordnung sind schriftlich niederzulegen.**

(4) **Bei Amtsgerichten, über die der Präsident eines anderen Amtsgerichts die Dienstaufsicht ausübt, ist in den Fällen der Absätze 1 und 2 das Präsidium des anderen Amtsgerichts und im Falle des Absatzes 3 dessen Präsident zuständig.**

1 **A. Nicht präsidiumsfähige Besetzung.** → § 21a Rn. 2.

2 **B. Vertretung (Abs. 2–4).** Die Aufteilung der Vertretung des (ganz o. teilw.) verhinderten Richter beim AG auf 2 Richter des Bezirks des Präsidiums ist zulässig. Abs. 2 geht v. der Vertretung einer vorübergehend nicht besetzten o. nicht wahrgenommenen Geschäftsaufgabe aus. Die zeitliche Beschränkung steht einer Verlängerung entgegen (Katholnigg Rn. 2; SK-StPO/Degener Rn. 6; **aM** Kissel/Mayer Rn. 5). Im Fall des Abs. 2 handelt es sich nicht um Abordnung (§ 37 DRiG). Eine Abordnung o. eine Verwendungsanordnung nach § 13 DRiG anstatt des Auftrags nach § 22b oder auch im Anschluss an einen solchen ist zulässig. Abs. 3 ist eine Sonderregelung ggü. § 21i Abs. 2.

[Bereitschaftsdienst]

22c (1) [1]**Die Landesregierungen werden ermächtigt, durch Rechtsverordnung zu bestimmen, dass für mehrere Amtsgerichte im Bezirk eines Landgerichts oder mehrerer Landgerichte im Bezirk eines Oberlandesgerichts ein gemeinsamer Bereitschaftsdienstplan aufgestellt wird oder ein Amtsgericht Geschäfte des Bereitschaftsdienstes ganz oder teilweise wahrnimmt, wenn dies zur Sicherstellung einer gleichmäßigeren Belastung der Richter mit Bereitschaftsdiensten angezeigt ist.** [2]**Zu dem Bereitschaftsdienst sind die Richter der in Satz 1 bezeichneten Amtsgerichte heranzuziehen.** [3]**In der Verordnung nach Satz 1 kann bestimmt werden, dass auch die Richter der Landgerichte heranzuziehen sind.** [4]**Über die Verteilung der Geschäfte des Bereitschaftsdienstes beschließen nach Maßgabe des § 21e im Einvernehmen die Präsidien der Landgerichte sowie im Einvernehmen mit den Präsidien der betroffenen Amtsgerichte.** [5]**Kommt eine Einigung nicht zustande, obliegt die Beschlussfassung dem Präsidium des Oberlandesgerichts, zu dessen Bezirk die Landgerichte gehören.**

(2) **Die Landesregierungen können die Ermächtigung nach Absatz 1 auf die Landesjustizverwaltungen übertragen.**

A. Normzweck. Eine **gleichmäßige Belastung der AGe mit Bereitschaftsdiensten** will die Vorschr. sicherstellen. Da sich in Befolgung der Rspr. des BVerfG zum Begriff der „Gefahr im Verzug“ (vgl. → StPO § 105 Rn. 2) eine vermehrte Inanspruchnahme des richterlichen Bereitschaftsdienstes außerhalb der üblichen Dienstzeiten ergeben hat, ist durch die Änd. des § 22c durch das G v. 23.7.2002 (BGBl. I 2850 (2855)) die Beschränkung der Vorschr. auf dienstfreie Tage gefallen (dazu → Rn. 2) u. zudem die Möglichkeit geschaffen worden, zum Bereitschaftsdienst auch Richter des LG heranzuziehen (dazu → Rn. 3). Um die regionalen Verhältnisse (Aufteilung der Gerichtsbezirke, personelle Ausstattung der einzelnen AGe) berücksichtigen zu können, delegiert die Vorschr. die Befugnis zur Einrichtung der gemeinsamen Bereitschaftsdienste auf die Landesregierungen bzw. (über Abs. 2) auf die Landesjustizverwaltungen. 1

B. Konzentrationskompetenz. Eine über die dienstfreien Tage hinausgehende Konzentrationskompetenz ermöglicht die ges. Regelung. Dadurch soll die beabsichtigte gleichmäßigere Belastung aller Richter mit Bereitschaftsdiensten auch an normalen Werktagen außerhalb der üblichen Dienstzeiten ermöglicht werden. Es können entweder einem AG Geschäfte des Bereitschaftsdienstes mehrerer AGe übertragen werden, wobei der für ein anderes AG tätig werdende Richter seine Entsch. dann nach außen für das AG, dessen Aufgaben er wahrnimmt, trifft, o. es kann für mehrere AGe in Form einer „Pool-Lösung“ ein gemeinsamer Bereitschaftsdienstplan aufgestellt werden. Der Bereitschaftsdienstplan „bestimmt dann nicht nur Namen u. Zeitpunkt der am Bereitschaftsdienst teilnehmenden Richter, sondern darüber hinaus auch das zuständige Bereitschaftsdienstgericht, das zweckmäßigerweise dasjenige AG sein wird, dem der jew. zum Bereitschaftsdienst eingeteilte Richter angehört“ (BT-Drs. 14/9266, 38). 2

C. Richter des LG. Auch Richter des LG können unter Berücksichtigung der örtlichen u. personellen Gegebenheiten, der generellen Belastung dieser Richter mit Bereitschaftsdiensten u. der Notwendigkeit einer Entlastung der Richter der AGe (BT-Drs. 14/9266, 39) zum Bereitschaftsdienst herangezogen werden. Geschieht dies, so ist die Heranziehung grds. auf alle Richter des LG (einschließlich der Vorsitzenden Richter) zu erstrecken. Einer Ernennung des Richters im Einzelfall o. einer Zustimmung des Richters bedarf es nicht (Zöller/Lückemann Rn. 3). Die Richter des LG werden dann der Sache nach u. formell als Amtsrichter tätig, so dass auch für sie § 22d gilt (BT-Drs. 14/9266, 39). 3

D. Zuständigkeit. Zuständig für die Verteilung der Geschäfte des Bereitschaftsdienstes u. für die Aufstellung des Bereitschaftsdienstplanes ist das **Präsidium des** 4

LG (§ 21a) im Einvernehmen mit den Präsidien der betroffenen AGe (§§ 21a Abs. 2 Nr. 5, 22a). Da es hier wegen zu vermutender Interessengegensätze möglicherweise nicht zu einer Einigung kommt, sieht Abs. 1 S. 5 eine Ersatzzuständigkeit des Präsidiums des OLG, zu dessen Bezirk das LG gehört, vor.

5 Das Präsidium nimmt **die konkrete Ausgestaltung des gemeinsamen Bereitschaftsdienstes** (auch hins. des Umf. der in der RechtsVO generell angeordneten Zuziehung v. Richtern des LG) vor. Es legt Beginn u. Ende des Bereitschaftsdienstzeitraums fest u. trifft die Zuständigkeitsabgrenzung ggü. dem nach dem regulären Geschäftsverteilungsplan zuständigen Richter, soweit der Bereitschaftsdienst sich auch auf nicht dienstfreie Tage erstreckt. Der Bereitschaftsrichter wird als Vertreter des örtlich zuständigen Richters tätig (LG Arnsberg StraFo 2015, 66): Eingehend zur Organisation des Bereitschaftsdienstes unter Beachtung des Art. 101 Abs. 1 S. 2 GG Falk DRiZ 2007, 151.

[Handlungen eines unzuständigen Richters]

22d

Die Gültigkeit der Handlung eines Richters beim Amtsgericht wird nicht dadurch berührt, daß die Handlung nach der Geschäftsverteilung von einem anderen Richter wahrzunehmen gewesen wäre.

1 Einen **allgemeinen Rechtsgrundsatz** enthält § 22d (SK-StPO/Degener Rn. 2, 3; → StPO § 20 Rn. 1, → Einl. Rn. 104 ff., auch → § 16 Rn. 2). Er gilt auch für Kollegialgerichte, aber nur bei Abweichung v. einem gesetzmäßigen Geschäftsverteilungsplan. Besteht ein solcher Plan nicht o. ist er gesetzwidrig, so gelten § 16 und Art. 101 Abs. 1 S. 2 GG. Über die Revision bei Verstoß gg die Geschäftsverteilung vgl. → StPO § 338 Rn. 7.

23-23d *[betreffen Zivilsachen]*

[Zuständigkeit in Strafsachen] **Nr. 113 RiStBV**

24

(1) [1] **In Strafsachen sind die Amtsgerichte zuständig, wenn nicht**

1. **die Zuständigkeit des Landgerichts nach § 74 Abs. 2 oder § 74a oder des Oberlandesgerichts nach den §§ 120 oder 120b begründet ist,**
2. **im Einzelfall eine höhere Strafe als vier Jahre Freiheitsstrafe oder die Unterbringung des Beschuldigten in einem psychiatrischen Krankenhaus, allein oder neben einer Strafe, oder in der Sicherungsverwahrung (§§ 66 bis 66b des Strafgesetzbuches) zu erwarten ist oder**
3. **die Staatsanwaltschaft wegen der besonderen Schutzbedürftigkeit von Verletzten der Straftat, die als Zeugen in Betracht kommen, des besonderen Umfangs oder der besonderen Bedeutung des Falles Anklage beim Landgericht erhebt.**

[2] **Eine besondere Schutzbedürftigkeit nach Satz 1 Nummer 3 liegt insbesondere vor, wenn zu erwarten ist, dass die Vernehmung für den Verletzten mit einer besonderen Belastung verbunden sein wird, und deshalb mehrfache Vernehmungen vermieden werden sollten.**

(2) **Das Amtsgericht darf nicht auf eine höhere Strafe als vier Jahre Freiheitsstrafe und nicht auf die Unterbringung in einem psychiatrischen Krankenhaus, allein oder neben einer Strafe, oder in der Sicherungsverwahrung erkennen.**

1 **A. Zuständigkeit des AG.** Die grundsätzliche Zuständigkeit des AG bestimmt die Vorschrift. Seine Zuständigkeit entfällt nur in den Ausnahmefällen des Abs. 1

Nr. 1–3 und bei nicht ausreichender Strafgewalt (Abs. 2); allein zum Zwecke der Verbindung mit einem beim LG anhängigen Berufungsverfahren darf weder ein nach § 24 zur Zuständigkeit des AG gehörendes Verf. beim LG angeklagt (BGHSt 38, 172; BGH NStZ 1992, 397) noch ein beim AG anhängiges Verf. dorthin abgegeben werden (BGHSt 37, 15 (19, 20)). Das AG bilden Strafrichter u. SchG; beides sind Gerichte verschiedener Ordnung (→ § 25 Rn. 1; → StPO § 1 Rn. 2). Das SchG ist zuständig, wenn nicht die Zuständigkeit des Strafrichters nach § 25 gegeben ist. Bei den JugGen des AG ergibt sich die Abgrenzung aus §§ 33 Abs. 2, 39, 40, 108 **JGG.** In Binnenschifffahrtssachen ist im 1. Rechtszug das AG zuständig (§§ 1, 2 Abs. 2 BinSchVfG).

B. Ausnahmen von der Zuständigkeit des AG (Abs. 1). I. SchwurG- und Staatsschutzsachen (Nr. 1). SchwurG- und Staatsschutzsachen (Nr. 1) sind v. der Zuständigkeit des AG immer ausgenommen. 2

Stellt sich erst nach Anklageerhebung heraus, dass es sich um eine solche Sache handelt, so gelten die §§ 209 Abs. 2, 225a, 270 StPO. § 74c ist in Nr. 1 nicht aufgeführt, weil Wirtschaftsstrafsachen nur dann zur Zuständigkeit der WirtschaftsStrK gehören, wenn sie v. bes. Bedeutung sind (Nr. 3) o. wenn die Strafgewalt des AG (Abs. 2) nicht ausreicht (vgl. → § 74c Rn. 2). 3

II. Strafgewalt übersteigende Rechtsfolgenerwartung (Nr. 2). Ob eine die Strafgewalt übersteigende Rechtsfolgenerwartung (Nr. 2) besteht, muss aufgrund einer überschlägigen **Prognoseentscheidung,** ähnlich der Entsch. über den hinreichenden Tatverdacht (§ 203 StPO), unter Berücksichtigung der nach § 160 Abs. 2 StPO ermittelten rechtsfolgenerheblichen Umstände festgestellt werden (OLG Dresden NStZ 2023, 445; Karlsruhe StV 1998, 252). Insoweit besteht ein weiter Beurteilungsspielraum (vgl. BGH BeckRS 2015, 14634; OLG Dresden NStZ 2023, 445); Geldstrafen, Nebenstrafen u. Nebenfolgen werden dabei nicht berücksichtigt. Dem entspr. kommt eine Verweisung durch das LG an das AG nur in Betracht, wenn die Prognoseentscheidung der StA unter Berücksichtigung des Spielraums zwischen der schon und der noch angemessenen Strafe derart fehl geht, dass die Strafgewalt des AG sicher ausreichen wird (OLG München BeckRS 2025, 5642). 4

Unterbringung nach § 63 StGB o. Sicherungsverwahrung nach § 66 StGB – auch nach Vorbehalt (§ 66a StGB) o. nachträglich (§ 66b StGB) – darf das AG nie anordnen. 5

III. Besondere Umstände des Falles (Nr. 3). Hierbei handelt es sich (wie in §§ 74 Abs. 1 S. 2, 74a Abs. 2, 74b, 120 Abs. 2, 142a Abs. 4) um eine sog. **bewegliche Zuständigkeitsregelung** (dazu allg. Achenbach FS Wassermann, 1985, 849; Rieß GA 1976, 8). Mit dem GG ist Nr. 3 nur bei verfassungskonformer Auslegung vereinbar (BVerfGE 9, 223 = NJW 1959, 871; ohne diese Einschränkung: BGHSt 9, 367; BGH NJW 1958, 918; **aM** SK-StPO/Degener Rn. 21 ff.; Sowada Gesetzliche Richter S. 585: verfassungswidrig). Die Auslegung gebietet, dass die StA, wenn sie die bes. Umstände bejaht, zur Anklageerhebung bei dem LG verpflichtet ist. Sie hat keinen Ermessensspielraum (Engelhardt DRiZ 1982, 419) u. kein echtes Wahlrecht, sondern muss den unbestimmten Rechtsbegriff der bes. Bedeutung auslegen u. den konkreten Fall darunter subsumieren (BT-Drs. 15/1976, 19). Sie muss daher in der Anklageschrift die Umstände darlegen, aus denen sich die bes. Schutzbedürftigkeit (→ Rn. 6), der bes. Umf. (→ Rn. 7) o. die bes. Bedeutung (→ Rn. 8) ergeben, soweit dies nicht offenkundig ist (vgl. BGHR GVG § 24 Bedeutung 3; Nr. 113 Abs. 2 RiStBV). In den Fällen des § 373b Abs. 2 StPO gilt der dort geregelte erweiterte Verletztenbegriff (BT-Drs. 19/27654, 104; → § 373b Rn. 9 ff.). 5a

1. Die **Schutzbedürftigkeit von Verletzten** der Straftat, die als Zeugen in Betracht kommen, denen man durch Anklage beim LG (vgl. auch § 41 Abs. 1 Nr. 4 **JGG**) eine 2. Tatsacheninstanz ersparen will (vgl. dazu BGHSt 47, 16; OLG Zweibrücken NStZ 1995, 357), ist zu bejahen, wenn durch eine weitere Vernehmung psychische Auswirkungen auf den Opfer-Zeugen zu befürchten sind. 6

Das kann bei allen Opfern v. Straftaten der Fall sein, die sich gegen höchstpersönliche Rechtsgüter richten, insbes. aber bei (kindlichen o. erwachsenen) Opfern v. Sexualdelikten (vgl. OLG Celle NStZ 2017, 495 zu kindlichen Opfern). Es kommt dabei auf die individuelle Schutzbedürftigkeit des Zeugen in dem konkreten Strafverfahren an (OLG Karlsruhe NStZ 2011, 479; OLG Celle NStZ 2017, 495), wobei die Beeinträchtigungen deutlich über das normale Maß der Belastungen v. Opferzeugen durch die Verhandlungssituation hinausgehen müssen (LG Ravensburg NStZ-RR 2014, 90). Einer bes. näheren Begründung in der Anklageschrift bedarf es nur, wenn die Umstände nicht offensichtlich sind (OLG Celle NStZ 2017, 495; vgl. auch OLG Hamburg NStZ 2005, 654: idR nicht). Zu verfassungsrechtlichen Bedenken gg diese Regelung Heghmanns DRiZ 2005, 291.

6a Ein **Regelbeispiel** bringt Abs. 1 S. 2 dafür, wann das bes. Schutzbedürfnis zu bejahen ist, nämlich wenn schon die einmalige Vernehmung eine bes. Belastung für den Verletzten bedeutet, so dass mehrfache Vernehmungen zu vermeiden sind (dazu OLG Karlsruhe NStZ-RR 2014, 154 Ls.). Nach Ansicht von v. Galen StV 2013, 173 werden die gegen Abs. 1 S. 1 Nr. 3 bestehenden verfassungsrechtlichen Bedenken (→ Rn. 6 aE) hierdurch noch verstärkt.

7 **2.** Der **besondere Umfang** des Verf. ist gegeben, wenn die Sache wegen einer Vielzahl v. Angeklagten und/oder Vielzahl v. Zeugen bes. umfangr. ist (OLG Karlsruhe StraFo 2011, 56), wenn bes. Schwierigkeiten bei der Beweiswürdigung erkennbar sind (zB eing. Sachverständigengutachten erforderlich) o. auch eine lange Verfahrensdauer voraussehbar ist (vgl. KG NStZ-RR 2005, 26; 2013, 56 Ls.; OLG Hamburg NStZ 1995, 252; OLG Karlsruhe StV 2003, 13). Mit dieser – der früheren ges. Regelung widersprechenden (vgl. OLG Düsseldorf StV 1997, 13; OLG Saarbrücken wistra 2002, 118), wie die vorhergehende (→ Rn. 6) durch das 1. OpferRRG eingefügten – Alt. ist eine weitgehende Verlagerung der Verf. v. AG an das LG ermöglicht worden; dabei ist aber zu beachten, dass sich die zum LG anzuklagenden Verf. stets deutlich aus der großen Masse der Verf., die den gleichen Tatbestand betreffen, herausheben müssen (BT-Drs. 15/1976, 19). Der bes. Umf. muss daher noch über den die Anwendung des § 29 Abs. 2 rechtfertigenden Umf. hinausgehen. Heghmanns (DRiZ 2005, 290) hält die Voraussetzungen bei zu erwartenden 6 oder mehr Verhandlungstagen für gegeben.

8 **3.** Von **besonderer Bedeutung** ist auch hier eine Sache, die sich aus tatsächlichen o. rechtlichen Gründen (OLG Bremen JZ 1953, 150) aus der Masse der durchschnittlichen Strafsachen nach o. heraushebt (OLG Jena NStZ 2016, 375; OLG Düsseldorf StV 1997, 13). Die bes. Bedeutung kann sich insbes. aus dem Ausmaß der Rechtsverletzung u. den Auswirkungen der Straftat ergeben (OLG Düsseldorf NStZ 1990, 292; Nr. 113 Abs. 1 RiStBV); dabei müssen die unverschuldeten Tatfolgen unberücksichtigt bleiben (Kissel/Mayer Rn. 15). Die hervorragende Stellung des Beschuldigten o. des Verletzten im öffentl. Leben kann die bes. Bedeutung ebenso begründen (BGH 20.8.2025 – 3 StR 484/24; OLG Jena NStZ 2016, 375; OLG Bremen JZ 1953, 150; OLG Koblenz wistra 1995, 282) wie das große Interesse der Medien u. der Öffentlichkeit an der Sache (BGHSt 44, 34 (37); einschr. OLG Karlsruhe NStZ-RR 2000, 60; OLG Saarbrücken wistra 2002, 118). Auch Persönlichkeitu. Stellung des Beschuldigten können insoweit v. Bedeutung sein, als sie den Unrechtsgehalt der Tat erhöhen (OLG Stuttgart MDR 1975, 1042; OLG Jena NStZ 2016, 375;). Besondere Bedeutung können daher Strafsachen gegen hohe Beamte u. gegen RAe haben (BGH NJW 1960, 542 (544); OLG Stuttgart MDR 1975, 1042; OLG Schleswig SchlHA 1967, 269). Entsprechendes gilt für Strafen, bei denen sonst schwerwiegende öffentl. Interessen auf dem Spiel stehen (OLG Köln NJW 1970, 261: Landfriedensbruch). Dass schwierige Rechtsfragen zu lösen sind, begründet die bes. Bedeutung idR nicht (OLG Bamberg MDR 1957, 117). Anders ist es, wenn ein bes. Bedürfnis für die rasche Klärung einer grds., für eine Vielzahl gleich gelagerter Fälle bedeutsamen Rechtsfrage durch den BGH besteht (BGHSt 43, 53; LG Nürnberg-Fürth NJW 1988, 2311 (2313)). Zur Frage der Zulässigkeit strafrechtlicher Muster- o. Pilotverfahren Knauer ZStW 120 (2008), 826.

4. Der **gerichtlichen Prüfung** unterliegt die Entsch. der StA in vollem Umf. (BVerfGE 9, 223; OLG Jena NStZ 2016, 375; OLG Hamburg NStZ 1995, 252; **aM** OLG Schleswig NStZ 1985, 74; Achenbach FS Wassermann, 1985, 851: nur eingeschränkte Prüfungskompetenz). Hält das AG die bes. Umstände nach Nr. 3 für gegeben, so legt es die Sache nach § 209 Abs. 2 StPO dem LG vor; das LG, bei dem Anklage erhoben ist, eröffnet die Sache nach § 209 Abs. 1 StPO vor dem AG, wenn es die bes. Umstände verneint. 9

Nach Eröffnung des Hauptverfahrens werden die Merkmale des Nr. 3 nicht mehr geprüft. Mit dem Eröffnungsbeschluss tritt eine Zuständigkeitsperpetuierung ein; eine spätere Änd. der Beurteilung rechtfertigt die Anwendung der §§ 225a, 270 StPO nicht (BGH NStZ 2018, 111; BayObLG NStZ 1985, 470; erg. → StPO § 225a Rn. 5; → StPO § 270 Rn. 5). Eine Verweisung an das LG kommt nicht etwa aufgrund einer nachträglich geänd. Einschätzung des Verhandlungsumfangs in Betracht, erst recht nicht wegen Ausbleibens einer erwarteten Verständigung (BGHSt 61, 277). Daher kann, sofern nicht Willkür u. demgemäß ein Verstoß gegen Art. 101 Abs. 1 S. 2 GG vorliegt, auch die Revision nicht darauf gestützt werden, dass die bes. Umstände zu Unrecht angenommen o. nicht angenommen worden seien (vgl. BGH GA 1980, 220; 1981, 231; NStZ 2018, 111; BayObLGSt 1985, 33; → StPO § 338 Rn. 32). 10

C. Rechtsfolgenkompetenz (Abs. 2). Durch das RpflEntlG wurde die **Strafgewalt des AG** v. 3 auf **4 Jahre** erhöht, um einer „Austrocknung" des SchG (wegen der gleichzeitigen Erhöhung der Strafgewalt des Strafrichters v. 1 auf 2 Jahre in § 25 Nr. 2) vorzubeugen; iÜ erhoffte sich der Gesetzgeber dadurch eine Entlastung des BGH (erg. → § 76 Rn. 1). Die Begrenzung der Strafgewalt gilt auch für den Fall, dass eine Gesamtstrafe zu bilden ist. Werden in einem Urt. 2 getrennte, nicht mehr als 4 Jahre Freiheitsstrafe betragende Gesamtstrafen verhängt, so liegt darin aber auch dann kein Verstoß gegen Abs. 2, wenn die Summe der Strafen 4 Jahre übersteigt (BGHSt 34, 159; vgl. auch Fezer JR 1988, 89). Auch die StrK als Berufungsgericht darf keine über Abs. 2 hinausgehende Rechtsfolge verhängen (→ StPO § 328 Rn. 9; OLG Celle StraFo 2018, 120). Die Überschreitung der Rechtsfolgengewalt berücksichtigt das Revisionsgericht vAw (BGHSt 18, 79 (81)); sie führt zur Urteilsaufhebung wegen Fehlens der sachlichen Zuständigkeit. 11

D. Revision. Die Revision ist begründet, wenn das SchG **willkürlich** (dazu ausf. OLG Bremen NStZ-RR 1998, 53; OLG Karlsruhe StV 1998, 252) seine Zuständigkeit bejaht hat, weil eine Freiheitsstrafe v. mehr als 2 Jahren offenkundig ausgeschlossen u. somit gem. § 25 Nr. 2 der Strafrichter zuständig war (OLG Hamm StV 1995, 182; OLG Oldenburg NStZ 1994, 449; erg. → StPO § 269 Rn. 8). Dies gilt gleichermaßen, wenn die Strafkammer ihre Strafgewalt bejaht hat, obwohl unter keinem denkbaren Aspekt eine höhere Strafe als vier Jahre Freiheitsstrafe in Betracht gekommen war, weshalb das AG zuständig gewesen wäre (vgl. BGH BeckRS 2015, 14634, dort auch näher zum Willkürmaßstab). Hatte eine Berufungsverhandlung stattgefunden, soll der Verstoß gegen § 328 Abs. 2 StPO nach BGHSt 42, 205 nur auf eine entspr. Verfahrensrüge geprüft werden; das ist abzulehnen (vgl. → StPO § 269 Rn. 8 aE). Bei der Prüfung durch das Revisionsgericht, ob das LG die bes. Bedeutung nach Abs. 1 Nr. 3 zu Recht bejaht hat, ist die objektive Sachlage zum Zeitpunkt der Eröffnungsentscheidung zugrunde zu legen (BGHSt 47, 16). 12

[Zuständigkeit des Strafrichters]

25 **Der Richter beim Amtsgericht entscheidet als Strafrichter bei Vergehen,**

1. wenn sie im Wege der Privatklage verfolgt werden oder
2. wenn eine höhere Strafe als Freiheitsstrafe von zwei Jahren nicht zu erwarten ist.

1 **A. Zuständigkeit des Strafrichters.** Die Zuständigkeit des Strafrichters ist ein aus der Gesamtzuständigkeit des AG ausgegliederter Teil (→ § 24 Rn. 1). Sie gehört zur **sachlichen Zuständigkeit** u. ist daher nach § 6 StPO in jeder Lage des Verf. vAw zu prüfen. Im Verhältnis zum SchG ist der Strafrichter ein Gericht niederer Ordnung (BGHSt 19, 177; Ernesti/Lorenzen SchlHA 1984, 97 – OLG Schleswig RsprÜ; → StPO § 1 Rn. 2).

2 **B. Privatklagedelikte (Nr. 1).** Wird das Privatklagedelikt (§ 374 StPO) im Offizialverfahren verfolgt (§ 376 StPO), so ist nur die Nr. 2 maßgebend. Die Übernahme der Verfolgung durch die StA nach § 377 StPO ändert an der Zuständigkeit des Strafrichters nichts (→ StPO § 377 Rn. 11).

3 **C. Rechtsfolgenerwartung von nicht mehr als 2 Jahren Freiheitsstrafe (Nr. 2).** Nach dieser Vorschr. ist die sachliche Zuständigkeit des Strafrichters dann gegeben, wenn eine **konkrete Rechtsfolgenerwartung** v. nicht mehr als 2 Jahren Freiheitsstrafe besteht, wobei bei einer Gesamtstrafenbildung die Höhe der Gesamtstrafe entscheidet; neben der Freiheitsstrafe angedrohte Rechtsfolgen bleiben außer Betracht. Im Gegensatz zur früheren Rechtslage, nach der die Zuständigkeit des Strafrichters ferner davon abhing, ob die StA die Sache als eine solche v. minderer Bedeutung ansah, kommt es hierauf nicht mehr an (Rieß AnwBl 1993, 54); alle Vergehen mit einer derartigen Straferwartung sind beim Strafrichter u. nicht beim SchG anzuklagen (OLG Naumburg StV 2015, 214; OLG Düsseldorf JMBl. NRW. 1996, 47; OLG Hamburg NStZ 1995, 252 (253); OLG Koblenz StV 1996, 588; OLG Köln StraFo 1996, 55; 85; SK-StPO/Degener Rn. 6, 7; Radtke/Bechtoldt GA 2002, 589; Sowada Gesetzliche Richter S. 592 ff.; **aM** AG Höxter MDR 1994, 1139; Fuhse NStZ 1995, 165; Hohendorf NJW 1995, 1454; Schäfer DRiZ 1997, 169; Siegismund/Wickern wistra 1993, 137, die v. der Weitergeltung eines ungeschriebenen Tatbestandsmerkmals „Sache von minderer Bedeutung" ausgehen; zust. OLG Naumburg StraFo 2014, 336; Kalf NJW 1997, 1489 entnimmt aus § 28, dass das SchG als höherrangiges Gericht die Zuständigkeit des Strafrichters einschließe). Nimmt der Strafrichter im Gegensatz zur StA an, dass eine Freiheitsstrafe v. mehr als 2 Jahren zu erwarten ist (zur Prognoseentscheidung vgl. OLG Karlsruhe Justiz 1997, 403), so legt er die Sache nach § 209 Abs. 2 StPO dem Vorsitzenden des SchG vor (→ StPO § 209 Rn. 3); umgekehrt eröffnet der Vorsitzende des SchG eine bei ihm angeklagte Sache nach § 209 Abs. 1 StPO vor dem Strafrichter, wenn er dessen Zuständigkeit für ausreichend erachtet (→ StPO § 209 Rn. 2). Der Strafrichter hat die volle Strafgewalt des § 24 Abs. 2 (→ Rn. 4); verhängt er eine höhere Strafe als 2 Jahre Freiheitsstrafe, so hat er nicht zugleich zu prüfen, ob schon bei der Eröffnung des Hauptverfahrens mit einer solchen Strafe zu rechnen war (BayObLGSt 1985, 33). Auch mit der Revision kann nicht geltend gemacht werden, dass schon bei Eröffnung des Hauptverfahrens eine höhere Straferwartung bestanden habe (BayObLGSt 1985, 33; **aM** Rüth DAR 1984, 243 – BayObLG RsprÜ; Achenbach NStZ 1985, 471).

4 **D. Rechtsfolgenkompetenz.** Die Rechtsfolgenkompetenz des Strafrichters geht **ebenso weit wie die des SchG nach § 24 Abs. 2** (BGHSt 16, 248; 42, 205 (213); BayObLGSt 1985, 33 = NStZ 1985, 470 mablAnm Achenbach; OLG Düsseldorf StV 2000, 631). Eine Verweisung v. Strafrichter – o. auch v. Jugendrichter – an das SchG kommt daher nicht in Betracht (BGH StraFo 2004, 103; NStZ 2009, 579; erg. → StPO § 270 Rn. 5).

[Zuständigkeit in Jugendschutzsachen]

26 (1) [1]**Für Straftaten Erwachsener, durch die ein Kind oder ein Jugendlicher verletzt oder unmittelbar gefährdet wird, sowie für Verstöße Erwachsener gegen Vorschriften, die dem Jugendschutz oder der Jugenderziehung dienen, sind neben den für allgemeine Strafsachen zuständigen Gerichten auch die Jugendgerichte zuständig.** [2]**Die §§ 24 und 25 gelten entsprechend.**

(2) [1]**In Jugendschutzsachen soll die Staatsanwaltschaft Anklage bei den Jugendgerichten erheben, wenn damit die schutzwürdigen Interessen von Kindern oder Jugendlichen, die in dem Verfahren als Zeugen benötigt werden, besser gewahrt werden können.** [2]**Im Übrigen soll die Staatsanwaltschaft Anklage bei den Jugendgerichten nur erheben, wenn aus sonstigen Gründen eine Verhandlung vor dem Jugendgericht zweckmäßig erscheint.**

(3) **Die Absätze 1 und 2 gelten entsprechend für die Beantragung gerichtlicher Untersuchungshandlungen im Ermittlungsverfahren.**

A. Doppelzuständigkeit. Eine Doppelzuständigkeit in Jugendschutzsachen schafft die Vorschr., die mit Art. 101 Abs. 1 S. 2 GG vereinbar ist (BGHSt 13, 297; **aM** Achenbach FS Wassermann, 1985, 853; Arnold ZIS 2008, 92). Sie gestattet, Strafsachen Erwachsener vor dem JugG anzuklagen, wenn das aus bes. Gründen (Abs. 2) zweckmäßig erscheint; für das weitere Verf., auch für das Rechtsmittelverfahren (OLG Saarbrücken NJW 1965, 2313), gilt dann das JGG. Für die Verteilung der Jugendschutzsachen unter den JugGen beim AG (§ 33 Abs. 2 **JGG**) sind jedoch die §§ 24, 25 entspr. anzuwenden (Abs. 1 S. 2); die §§ 39, 40 **JGG** gelten nicht. Nach § 24 richtet sich auch die Zuständigkeitsabgrenzung zwischen dem AG u. den Gerichten höherer Ordnung. Ist die StrK im 1. Rechtszug zuständig, so gilt § 74b. 1

B. Jugendschutzsachen (Abs. 1 S. 1). Jugendschutzsachen (Abs. 1 S. 1) sind Straftaten, durch die ein **Kind o. ein Jugendlicher** (§ 1 Abs. 2 **JGG**) unmittelbar o. mittelbar verletzt o. unmittelbar gefährdet wird; Straftaten gegen Heranwachsende (§ 1 Abs. 2 **JGG**) sind keine Jugendschutzsachen. Die Art der Straftat ist ohne Bedeutung; der Tatbestand braucht nicht nur o. in bes. Weise dem Schutz v. Kindern o. Jugendlichen zu dienen. § 26 ist aber nicht anwendbar, wenn die Tat zum Tod eines Kindes o. Jugendlichen geführt hat (OLG Düsseldorf JMBl. NRW. 1963, 166; OLG Hamm JMBl. NRW. 1963, 34). 2

Jugendschutzsachen sind **ferner** Straftaten gegen Vorschr., die dem Jugendschutz o. der Jugenderziehung dienen, auch wenn sie sich gegen Heranwachsende richten (BGHSt 13, 53 (59)). In Betracht kommen insbes. Verstöße gegen §§ 174 ff., 180, 180a Abs. 2 Nr. 1, 182, 235, 236 StGB, gegen die Vorschr. des Jugendarbeitsschutzgesetzes v. 12.4.1976 (BGBl. I 965), des Jugendschutzgesetzes v. 23.7.2002 (BGBl. I 2730) u. gegen die Vorschr. über die Schulpflicht, idR aber nicht Verstöße gegen § 29a Abs. 1 Nr. 1 BtMG (Abgabe v. Betäubungsmitteln an Jugendliche, vgl. BVerfG NStZ 2007, 40). 3

C. Wahlrecht der StA. Ein uneingeschränktes Wahlrecht hat die StA nicht. Anklage vor dem JugG darf sie nur erheben, wenn die Voraussetzungen des Abs. 2 vorliegen. Auch unter diesen Voraussetzungen kann sie die Sache in Ausnahmefällen (so BT-Drs. 17/6261, 14) aber noch vor das allg. Strafgericht bringen (BGHSt 13, 297 (300); **aM** LG Zweibrücken NStZ-RR 2013, 56 mwN). Nach Abs. 2 S. 1 soll die StA Anklage bei dem JugG erheben, wenn damit schutzwürdige Interessen v. Kindern o. Jugendlichen, die in dem Verf. als Zeugen benötigt werden, besser gewahrt werden, nach Abs. 2 S. 2, wenn eine Verh. vor dem JugG aus sonstigen Gründen zweckmäßig erscheint, insbes., wenn es auf die bes. Sachkunde u. Erfahrung dieses Gerichts, auch bei der Vernehmung jugendlicher Zeugen u. der Würdigung ihrer Aussagen (BGHSt 13, 53 (59)), ankommt. 4

Für das Gericht ist die Entsch. der StA **nicht bindend** (Engelhardt DRiZ 1982, 420); es muss sich aber ebenfalls an die RL des Abs. 2 halten. Das JugG, vor dem Anklage erhoben ist, kann die Sache vor dem allg. Strafgericht eröffnen (§§ 209 Abs. 1 iVm § 209a Nr. 2 Buchst. b StPO). Das Erwachsenengericht kann sie dem JugG vorlegen, wenn es die Voraussetzungen des Abs. 2 für gegeben hält (§ 209 Abs. 2 iVm § 209a Nr. 2 Buchst. b StPO). 5

Nach Eröffnung des Hauptverfahrens wird das Vorliegen dieser Voraussetzungen nicht mehr geprüft (vgl. → § 24 Rn. 8; → § 25 Rn. 3; → § 74b Rn. 3). 6

Daher kann die Revision auf eine Verletzung des § 26 nur gestützt werden, wenn das Gericht willkürlich verfahren u. daher gegen Art. 101 Abs. 1 S. 2 verstoßen hat (BGH bei Herlan GA 1971, 34; Kissel/Mayer Rn. 13; vgl. auch Dallinger MDR 1957, 529 – BGH RsprÜ).

7 **D. Beantragung gerichtlicher Untersuchungshandlungen.** Für die Beantragung gerichtlicher Untersuchungshandlungen im Ermittlungsverfahren gelten die Regelungen über die Zuständigkeit der Jugendschutzgerichte in Abs. 1 und über die Anklageerhebung in Abs. 2 entspr. (Abs. 3).

26a (weggefallen)

[Sonstige Zuständigkeit und Geschäftskreis]

27 Im übrigen wird die Zuständigkeit und der Geschäftskreis der Amtsgerichte durch die Vorschriften dieses Gesetzes und der Prozeßordnungen bestimmt.

1 **Sonstige Zuständigkeiten** des AG bestehen in Strafsachen ua für die Rechtshilfe (§ 157), die Tätigkeit im vorbereitenden Verf. (§§ 115a Abs. 1, 125 Abs. 1, 128 Abs. 1, 162, 163 Abs. 1 S. 2, 165, 166 StPO) u. im beschleunigten Verf. (§ 417 StPO) sowie für den Erlass des Strafbefehls (§ 407 StPO).

Vierter Titel. Schöffengerichte

[Zuständigkeit]

28 Für die Verhandlung und Entscheidung der zur Zuständigkeit der Amtsgerichte gehörenden Strafsachen werden, soweit nicht der Strafrichter entscheidet, bei den Amtsgerichten Schöffengerichte gebildet.

1 **A. Schöffen.** Schöffen sind die ehrenamtl. Laienrichter in der Strafrechtspflege (§§ 44–45a **DRiG**). Über Entwicklung u. Einschätzung vgl. Jescheck (Das Laienrichtertum in der Strafrechtspflege der Bundesrepublik Deutschland und der Schweiz, 1977) sowie Andoor (Laien in der Strafrechtsprechung, 2013); ferner SK-StPO/Degener Rn. 4 ff.; krit. Duttge JR 2006, 358; Kühne FS Amelung, 2009, 657; dagegen Börner ZStW 122 (2010), 190. Zu Für u. Wider einer Laienbeteiligung an der Strafrechtspflege Rönnau GS Weßlau, 2016, 293 (302 ff.).

2 **B. Zuständigkeit.** Die Zuständigkeit des SchG regelt § 24 Abs. 1, seine Strafgewalt § 24 Abs. 2.

[Zusammensetzung; erweitertes Schöffengericht] **Nr. 113 Abs. 4 RiStBV**

29 (1) [1]**Das Schöffengericht besteht aus dem Richter beim Amtsgericht als Vorsitzenden und zwei Schöffen.** [2]**Ein Richter auf Probe darf im ersten Jahr nach seiner Ernennung nicht Vorsitzender sein.**

(2) [1]**Bei Eröffnung des Hauptverfahrens kann auf Antrag der Staatsanwaltschaft die Zuziehung eines zweiten Richters beim Amtsgericht beschlossen werden, wenn dessen Mitwirkung nach dem Umfang der Sache notwendig erscheint.** [2]**Eines Antrages der Staatsanwaltschaft bedarf es nicht, wenn ein Gericht höherer Ordnung das Hauptverfahren vor dem Schöffengericht eröffnet.**

A. Zusammensetzung des SchG (Abs. 1). Außer dem Richter beim AG wirken 2 Schöffen mit (S. 1), aber nur in der HV (§ 30 Abs. 2). Den Vorsitz kann jeder Richter auf Lebenszeit bei dem AG führen, auch ein abgeordneter Richter (§ 37 DRiG) u. ein Vertretungsrichter nach § 22b. Richter kraft Auftrags (§ 14 DRiG) können ebenfalls Vorsitzende sein, Richter auf Probe (§ 12 DRiG) aber nicht im 1. Jahr nach ihrer Ernennung (Abs. 1 S. 2). Wegen der Schöffen vgl. §§ 30, 31. 1

B. Erweitertes SchG (Abs. 2). Das erweiterte SchG (Abs. 2), das es tatsächlich fast nur noch im Bezirk des OLG Hamm gibt (vgl. Heghmanns StV 2003, 15), hat die gleiche sachliche Zuständigkeit u. Strafgewalt wie das gewöhnliche SchG nach § 24 (eing. zu allen mit Abs. 2 zusammenhängenden Fragen Nassif, Das erweiterte Schöffengericht, 2009). Es ist ein SchG in erweiterter Besetzung, aber kein Gericht höherer Ordnung ggü. dem SchG (KG StV 2016, 448; OLG Bremen NJW 1958, 432; OLG Hamm MDR 1988, 696; OLG Karlsruhe StraFo 2011, 56). Den Vorsitz muss ein Richter auf Lebenszeit führen (§ 28 Abs. 2 S. 2 **DRiG**). Der 2. Richter kann ein Richter kraft Auftrags o. auf Probe sein, auch im 1. Jahr nach seiner Ernennung. 2

Grundsätzlich darf ein 2. Richter nur auf **Antrag der StA** hinzugezogen werden. Der Antrag, der im pflichtgemäßen Ermessen der StA steht, wird idR bei Anklageerhebung gestellt, kann aber (etwa auf Anregung des Vorsitzenden des SchG), nachgereicht werden, solange das Hauptverfahren noch nicht eröffnet ist (RGSt 62, 265 (269); Kissel/Mayer Rn. 13). Bis zu diesem Zeitpunkt kann er auch zurückgenommen werden (Löwe/Rosenberg/Gittermann Rn. 7). Eines Antrags der StA bedarf es nicht, wenn ein höheres Gericht das Hauptverfahren nach § 209 Abs. 1 StPO vor dem SchG eröffnet (Abs. 2 S. 2). 3

Die **Notwendigkeit** der Zuziehung des 2. Richters muss sich aus dem bes. Umf. der Sache (zahlreiche Mitangeklagte, Straftaten o. Beweismittel) ergeben (Nr. 113 Abs. 3 RiStBV). Auch die zu erwartenden Beweisschwierigkeiten dürfen berücksichtigt werden, nicht aber die Schwierigkeit der Rechtslage o. die bes. Bedeutung der Sache (KK-StPO/Barthe Rn. 11); liegt sie vor, so ist nach § 24 Abs. 1 Nr. 3 Anklage vor dem LG zu erheben. 4

Zuständig für die **Entscheidung** über die Zuziehung des 2. Richters ist im Fall des S. 1 der Vorsitzende des SchG, im Fall des S. 2 nur das höhere Gericht (KG JR 1976, 209; OLG Bremen NJW 1958, 432; Löwe/Rosenberg/Gittermann Rn. 9; Sowada Gesetzliche Richter S. 692 Fn. 215). Die Entsch., bei der das Gericht an den Antrag der StA nicht gebunden ist, kann nur gleichzeitig mit der Eröffnung des Hauptverfahrens getroffen werden (OLG Düsseldorf JMBl. NRW. 1964, 260; KG StV 2016, 448). Eine nachträgliche Entsch., zB bei Erhebung einer Nachtragsanklage nach § 266 StPO, Verweisung an das SchG nach § 270 StPO o. Zurückverweisung durch das Rechtsmittelgericht, ist unzulässig (KK-StPO/Barthe Rn. 13; **aM** für § 270 StPO: Deisberg/Hohendorf DRiZ 1984, 265). Die Entsch. kann auch nicht nachträglich aufgeh. werden. Wird die Zuziehung eines 2. Richters beschlossen, so muss in dieser Besetzung entschieden werden, wenn die Sache mit einer gewöhnlichen SchG-Sache verbunden wird; ein weiterer Zuziehungsbeschluss ist nicht erforderlich. Bei Zurückverweisung der Sache nach §§ 328 Abs. 2, 354 Abs. 2, Abs. 3 oder 355 StPO hat erneut ein erweitertes SchG zu entscheiden. Entsprechendes gilt für das Nachverfahren nach §§ 439, 441 StPO. 5

Im **beschleunigten Verfahren** nach §§ 417 ff. StPO ist die Zuziehung eines 2. Amtsrichters ausgeschlossen (Löwe/Rosenberg/Gössel StPO § 417 Rn. 4). 6

Die **Anfechtung** der Entsch. des Gerichts über den Antrag der StA ist unzulässig, gleichgültig, ob er abgelehnt o. ihm stattgegeben wird (KG JR 1976, 209); das gilt auch für die Revision. Dieses Rechtsmittel kann aber darauf gestützt werden, dass ein erweitertes SchG entschieden hat, obwohl ein entspr. Antrag der StA nicht gestellt worden war u. auch die Voraussetzungen des S. 2 nicht vorgelegen haben (OLG Düsseldorf JMBl. NRW. 1964, 260). 7

[Befugnisse der Schöffen]

30 (1) **Insoweit das Gesetz nicht Ausnahmen bestimmt, üben die Schöffen während der Hauptverhandlung das Richteramt in vollem Umfang und mit gleichem Stimmrecht wie die Richter beim Amtsgericht aus und nehmen auch an den im Laufe einer Hauptverhandlung zu erlassenden Entscheidungen teil, die in keiner Beziehung zu der Urteilsfällung stehen und die auch ohne mündliche Verhandlung erlassen werden können.**

(2) **Die außerhalb der Hauptverhandlung erforderlichen Entscheidungen werden von dem Richter beim Amtsgericht erlassen.**

1 **A. Während der HV (Abs. 1).** Während der HV (Abs. 1) wirken die Schöffen grds. in gleichem Maße mit wie die Berufsrichter; sie haben auch das Recht zur unmittelbaren Befragung (§ 240 Abs. 2 StPO). Die Mitwirkung der Schöffen erstreckt sich auf die in der HV o. zugleich mit dem Urt. zu erlassenden Beschlüsse (zB nach §§ 228 Abs. 2 S. 1, 230 Abs. 2, 231 Abs. 2, 231a Abs. 3 S. 1, 231b, 231c, 238 Abs. 2, 268a, 268b, 270, 456c StPO, §§ 171a, 171b, 172, 173 Abs. 2, 174), auch auf Vorlageschlüsse nach Art. 100 Abs. 1 GG, § 80 BVerfGG (→ Einl. Rn. 225) u. auf Beschlüsse, die in keinem Zusammenhang mit der Urteilsfällung stehen, wie die Beschlüsse nach §§ 51, 70, 77 StPO, §§ 177 S. 2, 178 Abs. 2. Dass bei der Beschlussfassung auf den Akteninhalt zurückgegriffen werden muss, spielt keine Rolle (→ StPO § 126 Rn. 8). Ausnahmen v. der Mitwirkung der Schöffen bestimmen zB §§ 27 Abs. 2, 31 Abs. 2 S. 1 StPO. Für die Beratung u. Abstimmung gelten §§ 192 ff.

2 Das **Recht auf Akteneinsicht** wurde den Schöffen v. der hM früher mit der Begründung abgesprochen, dadurch werde der Unmittelbarkeitsgrundsatz des § 261 StPO verletzt (BGHSt 13, 73; Dallinger MDR 1973, 19 – BGH RsprÜ; OLG Hamburg MDR 1973, 69; jedoch bereits offengelassen bei BGH NJW 1987, 1209; vgl. auch Nr. 126 Abs. 3 RiStBV). Nach richtiger Ansicht sind die Schöffen aber auch insoweit den Berufsrichtern gleichgestellt, mit denen sie die Verantwortung für die richtige Entsch. teilen (Kissel/Mayer Rn. 2 ff.; SSW StPO/Güntge Rn. 2; Hanack JZ 1972, 315; Linkenheil, Laienbeteiligung in der Strafjustiz, 2003, S. 228, 241; Lilie FS Riess, 2002, 309; Nowak JR 2006, 459; Terhorst MDR 1988, 809; Volk FS Dünnebier, 1982, 382; **aM** Rönnau GS Weßlau, 2016, 293 (301); SK-StPO/Degener Rn. 15 ff.; Börner ZStW 122 (2010), 157 (190); Krüger FS Schünemann, 2015, 915, die gerade entgegengesetzt den Schöffen als Garanten der Unmittelbarkeit u. Mündlichkeit der HV ansehen; dahingestellt von BGH NStZ-RR 2025, 146). BGHSt 43, 36 hat es – ua unter Hinweis auf § 249 Abs. 2 StPO – als rechtlich unbedenklich bezeichnet, wenn den Schöffen in der HV zum besseren Verständnis der Beweisaufnahme aus den Akten stammende Prot. über Beweismittel als Begleittext zur Vfg. gestellt werden; dem zuneigend auch BGHSt 43, 360. Auch nach BGHSt 56, 109 (118) (GrS) ist die Aushändigung des Anklagesatzes an die Schöffen nicht zu beanstanden (erg. → StPO § 261 Rn. 50; vgl. auch EGMR NJW 2009, 2871).

3 **B. Entscheidungen außerhalb der HV (Abs. 2).** An Entscheidungen außerhalb der HV (Abs. 2) wirken die Schöffen nicht mit (vgl. auch § 76 Abs. 1 S. 2). Das gilt für alle Entsch., die vor Beginn o. nach Beendigung der HV getroffen werden, aber auch für solche, die während der Unterbrechung der HV erforderlich werden, aber nur, falls sie auch ohne mündliche Verh. erlassen werden können, wie Beschlagnahme- u. Durchsuchungsanordnungen. Bei Entsch. über die UHaft wirken die Schöffen nach einer Entsch. des BGH (NStZ 2011, 356; **aM** KG StraFo 2016, 292 mwN) nicht mit (näher → StPO § 126 Rn. 8, 8a, dort auch zur zutr. Gegenauffassung), ebenso wenig notwendig bei der Entsch. über die Unterbrechung der HV nach § 229 Abs. 2 (BGHSt 34, 154 (155)). In den Fällen des Abs. 2 entscheidet – auch beim erweiterten SchG (§ 29 Abs. 2) – der Richter beim AG allein, u. zwar nicht als Vorsitzender des SchG, jedoch als dessen Vertreter (vgl. § 319 Abs. 1 StPO: „Gericht des ersten Rechtszuges“).

[Ehrenamt]

31 [1]**Das Amt eines Schöffen ist ein Ehrenamt.** [2]**Es kann nur von Deutschen versehen werden.**

A. Ehrenamt (S. 1). Ehrenamtlich (S. 1) werden die Schöffen tätig; ihre Entschädigung regelt § 55. Schöffen sind Teil der rechtsprechenden Gewalt (§ 1 DRiG). Strafrechtlich werden sie wie Amtsträger u. Richter behandelt (§ 11 Abs. 1 Nr. 2 Buchst. a, Nr. 3 StGB). Abberufen werden können sie vor Ablauf ihrer Amtszeit gegen ihren Willen nur durch Richterspruch (§ 44 Abs. 2 DRiG). Sie sind in gleichem Maße unabhängig wie Berufsrichter u. müssen das Beratungsgeheimnis wahren (§ 45 Abs. 1 DRiG). Sie dürfen in der Übernahme o. Ausübung des Amtes nicht beschränkt o. benachteiligt werden, sind v. ihrem Arbeitgeber freizustellen u. dürfen wegen der Übernahme o. der Ausübung des Amtes nicht gekündigt werden (§ 45 Abs. 1a DRiG). Sie sind vor ihrer 1. Dienstleistung zu vereidigen (§ 45 Abs. 2–7 DRiG). Fehlt es an einer rechtswirksamen Vereidigung, so ist das Gericht iSd § 338 Nr. 1 StPO nicht vorschriftsmäßig besetzt (RGSt 61, 274; OLG Köln JMBl. NRW. 1976, 118; KK-StPO/Barthe Rn. 4). 1

B. Deutsche (S. 2). Nur Deutsche (S. 2) iSd Art. 116 GG können Schöffen sein (für Berufsrichter gilt § 9 Nr. 1 DRiG). Unfähig zum Schöffenamt sind aber nur Ausländer u. Staatenlose, nicht Deutsche mit doppelter Staatsangehörigkeit (RGSt 25, 415; Kissel/Mayer Rn. 10). 2

C. Sonstige Eigenschaften. Sonstige Eigenschaften werden **nicht vorausgesetzt.** Der Schöffe braucht keine auch nur durchschnittlichen intellektuellen Fähigkeiten zu haben (RGSt 30, 399); er muss aber der deutschen Sprache mächtig sein (§ 33 Nr. 5; so auch zum früheren Recht BGH StraFo 2011, 152 mwN). Geisteskrankheit ua die Verhandlungsfähigkeit ausschließende Zustände schwerer geistiger o. körperlicher Behinderung stehen der Mitwirkung des Schöffen entgegen (→ § 33 Rn. 5). 3

[Unfähigkeit zum Schöffenamt]

32 **Unfähig zu dem Amt eines Schöffen sind:**

1. Personen, die infolge Richterspruchs die Fähigkeit zur Bekleidung öffentlicher Ämter nicht besitzen oder wegen einer vorsätzlichen Tat zu einer Freiheitsstrafe von mehr als sechs Monaten verurteilt sind;

2. Personen, gegen die ein Ermittlungsverfahren wegen einer Tat schwebt, die den Verlust der Fähigkeit zur Bekleidung öffentlicher Ämter zur Folge haben kann.

A. Unfähigkeit im Allgemeinen. Die Unfähigkeit im Allgemeinen ist hier gemeint, **nicht die Ausschließung o. Ablehnung** eines Schöffen wegen seiner Beziehungen zu einer bestimmten Strafsache (§ 31 StPO). Maßgebender Zeitpunkt für die Unfähigkeit ist die tatsächliche Amtsausübung, nicht die Listenaufstellung. Ist die ursprünglich vorhandene Unfähigkeit bis zur HV weggefallen, so ist das Gericht daher vorschriftsmäßig besetzt. Jedoch ist die Unfähigkeit bereits bei der Aufstellung der Listen nach § 36 und bei der Schöffenwahl nach § 42 zu berücksichtigen (KK-StPO/Barthe Rn. 2). Bei nachträglich eintretender o. bekannt gewordener Unfähigkeit ist nach § 52 Abs. 1 Nr. 1 zu verfahren. Die Unfähigkeit hat das Gericht, bei dem der Schöffe mitwirkt, vAw zu beachten (Katholnigg Rn. 1). Auskunft über das Vorliegen v. Gründen der Amtsunfähigkeit kann in der HV aber nicht verlangt werden (BGH NStZ 1994, 139). 1

In Anlehnung an die **Rspr. des BVerfG** (NJW 2008, 2568), wird v. Anger (NJW 2008, 3041) vorgeschlagen, die Vorschr. dahin zu ergänzen, dass Personen auch wegen Verstoßes gegen die Verfassungstreuepflicht zu dem Amt eines Schöffen unfähig sind. 2

3 **B. Die einzelnen Fälle: I. Gerichtliche Verurteilung (Nr. 1).** Die Aberkennung der Fähigkeit zur Bekleidung öffentl. Ämter regeln §§ 45–45b StGB; sie muss rkr. sein (Kissel/Mayer Rn. 3). Die Verurteilung zu einer Freiheitsstrafe v. mehr als 6 Monaten wegen vorsätzlicher Tat muss ebenfalls Rechtskraft erlangt haben (Kissel/Mayer Rn. 4). Das Urt. muss v. einem inländischen Gericht erlassen worden sein. Freiheitsstrafe iS Nr. 1 ist auch eine Jugendstrafe (KK-StPO/Barthe Rn. 3). Auch eine Gesamtfreiheitsstrafe v. mehr als 6 Monaten führt zur Unfähigkeit. Hat das Urt. teils vorsätzliche, teils fahrlässige Taten zum Gegenstand, so sind die Einzelstrafen wegen der vorsätzlichen Taten maßgebend (Kissel/Mayer Rn. 5).

4 Die Unfähigkeit nach Nr. 1 **endet** mit dem Wegfall der Amtsunfähigkeit durch Zeitablauf o. durch Wiederverleihung der verlorenen Rechte nach § 46b StGB o. im Gnadenwege, im Fall der Verurteilung zu Freiheitsstrafe mit der Tilgung o. Tilgungsreife der Eintragung im BZRG (§ 51 **BZRG**); der Erlass der Strafe nach Ablauf der Bewährungsfrist (§ 56g Abs. 1 S. 1 StGB) o. im Gnadenweg ist ohne Bedeutung.

5 **II. Schwebende Ermittlungsverfahren (Nr. 2).** Schwebende Ermittlungsverfahren (Nr. 2), dh v. der StA, nicht nur v. der Polizei nach § 163 StPO eingeleitete Verf., begründen die Unfähigkeit nur, wenn sie wegen einer Tat geführt werden, die zu der Nebenfolge des § 45 StGB führen kann (Moller MDR 1965, 534 hält das für verfassungswidrig; dagegen Katholnigg Rn. 3). Es reicht aus, dass diese Folge (abstrakt) möglich ist (BGHSt 35, 28; OLG Bremen MDR 1964, 244; Kissel/Mayer Rn. 7); wahrscheinlich braucht sie nicht zu sein. Das Vorliegen der Voraussetzungen der Nr. 2 ist unmittelbar zu beachten: einer vorherigen Streichung aus der Schöffenliste bedarf es nicht, ein späterer Freispruch hat keine Rückwirkung auf den Ausschluss (BGHSt 35, 28). Ob die Streichung bei Freispruch o. Einstellung des Verf. rückgängig zu machen ist, hat der BGH (BGHSt 35, 28) offengelassen; bejaht wurde es v. OLG Bremen MDR 1964, 244, dagegen wird aber zu Recht darauf hingewiesen, dass dies zu kaum behebbaren Schwierigkeiten führen könnte (SK-StPO/Degener Rn. 10). Dass der Schöffe wegen des Ermittlungsverfahrens nicht aufgestellt o. nicht gewählt worden ist, lässt sich nachträglich nicht ändern.

6 **C. Revision.** Die Mitwirkung eines nach § 32 unfähigen Schöffen führt auf entspr. Rüge zur Urteilsaufhebung nach § 338 Nr. 1 StPO (BGHSt 35, 28). Zum notwendigen Revisionsvorbringen gehört im Fall der 2. Alt. der Nr. 1 die Darlegung v. Schuldvorwurf u. Strafmaß (BGHSt 33, 261 (269)).

[Nicht zu berufende Personen]

33 Zu dem Amt eines Schöffen sollen nicht berufen werden:

1. Personen, die bei Beginn der Amtsperiode das fünfundzwanzigste Lebensjahr noch nicht vollendet haben würden;
2. Personen, die das siebzigste Lebensjahr vollendet haben oder es bis zum Beginn der Amtsperiode vollenden würden;
3. Personen, die zur Zeit der Aufstellung der Vorschlagsliste nicht in der Gemeinde wohnen;
4. Personen, die aus gesundheitlichen Gründen für das Amt nicht geeignet sind;
5. Personen, die mangels ausreichender Beherrschung der deutschen Sprache für das Amt nicht geeignet sind;
6. Personen, die in Vermögensverfall geraten sind.

1 **A. Ordnungsvorschrift.** Eine bloße Ordnungsvorschrift ist § 33. Ihre Einhaltung steht gleichwohl nicht im Ermessen der zuständigen Stellen. Die Vorschr. enthält vielmehr ein **vAw zu beachtendes allg. Verbot,** ungeeignete Personen zum Schöffendienst heranzuziehen (OLG Köln MDR 1970, 864). Die in § 33

bezeichneten Personen dürfen daher bereits in die Vorschlagslisten (§ 36; § 35 Abs. 1 S. 1 **JGG**) nicht aufgenommen worden. Sind sie gleichwohl gewählt (§ 42) u. ausgelost (§ 45) worden, so gilt § 52 Abs. 1 Nr. 2. Ein Weigerungsrecht für den Schöffen begründet § 33 nicht (Kissel/Mayer Rn. 10).

B. Einzelheiten. In den Fällen der Nr. 1 und 2 ist der Beginn der 4-jährigen Amtsperiode nach § 42 Abs. 1 der **maßgebende Zeitpunkt.** 2

Daher darf ein 24-Jähriger in die Vorschlagsliste aufgenommen werden, wenn er in diesem Zeitpunkt 25 Jahre, ein 69-Jähriger nicht, wenn er dann 70 Jahre alt sein wird. Im Fall der Nr. 3 ist § 57 maßgebend. 3

Wohnen iSd Nr. 3 verlangt nicht nur die rechtliche Wohnsitzbegründung, sondern den tatsächlichen Aufenthalt (BGHSt 28, 61 (64)). Beim nachträglichen Wegzug ist nach § 52 Abs. 1 S. 1 Nr. 2 zu verfahren. Der Wegzug in eine andere Gemeinde, die im selben LG-Bezirk liegt, ist jedoch kein Hinderungsgrund (§ 52 Abs. 1 S. 2; BGH StV 1982, 60; vgl. aber § 52 Abs. 2 S. 1 Nr. 1). 4

Gesundheitliche Gründe iSd Nr. 4 sind schwere Krankheit, Sucht o. Behinderungen, aber nur solche, die die Verhandlungsfähigkeit nicht ausschließen, zB starke Schwerhörigkeit (BGHSt 22, 289 (291)). Ist sie ausgeschlossen, so führt die Mitwirkung des Schöffen dazu, dass das Gericht iSd § 338 Nr. 1 StPO nicht vorschriftsmäßig besetzt ist (Dallinger MDR 1971, 723 – BGH RsprÜ). Das gilt insbes. – verfassungsrechtlich unbedenklich (BVerfG NJW 2004, 2150) – für die Mitwirkung blinder, stummer u. tauber Richter (vgl. → StPO § 338 Rn. 10 ff.; **aM** BGHR GVG § 33 Gebrechen 1; Kissel/Mayer § 31 Rn. 12). 5

Ausreichende deutsche Sprachkenntnisse sind Voraussetzung dafür, dass der Schöffe sein Amt sachgerecht ausüben kann (BGH StraFo 2011, 152). Der Schöffe muss bessere Sprachkenntnisse besitzen, als es das Führen einer alltäglichen Konversation o. die Lektüre eines Textes des täglichen Lebens erfordert; Fachvokabular braucht er nicht zu beherrschen. Erforderliche Feststellungen hierzu sind – in allen Fällen des § 33 – im Freibeweisverfahren zu treffen. 6

Für den **Vermögensverfall** iSd Nr. 6 kann die Aufnahme in das Schuldnerverzeichnis nach § 915 ZPO o. die Eröffnung des Insolvenzverfahrens (§§ 11 ff. InsO) sprechen. Bei völlig unverschuldetem Geraten in die wirtschaftliche Notlage o. bei dem Bemühen, nach den Vorschr. über die Restschuldbefreiung (§§ 286 ff. InsO) wieder zu geordneten Vermögensverhältnissen zu gelangen, wird v. der Anwendung der Nr. 6 abgesehen werden können. 7

C. Revision. Die Revision kann ein Verstoß gegen die Sollvorschrift des § 33 nicht begründen (BGHSt 30, 255 (257); 33, 261 (269); Kusch NStZ 1995, 20 – BGH RsprÜ). 8

[Weitere nicht zu berufende Personen]

34 (1) **Zu dem Amt eines Schöffen sollen ferner nicht berufen werden:**

1. **der Bundespräsident;**
2. **die Mitglieder der Bundesregierung oder einer Landesregierung;**
3. **Beamte, die jederzeit einstweilig in den Warte- oder Ruhestand versetzt werden können;**
4. **Richter und Beamte der Staatsanwaltschaft, Notare und Rechtsanwälte;**
5. **gerichtliche Vollstreckungsbeamte, Polizeivollzugsbeamte, Bedienstete des Strafvollzugs sowie hauptamtliche Bewährungs- und Gerichtshelfer;**
6. **Religionsdiener und Mitglieder solcher religiösen Vereinigungen, die satzungsgemäß zum gemeinsamen Leben verpflichtet sind.**

(2) **Die Landesgesetze können außer den vorbezeichneten Beamten höhere Verwaltungsbeamte bezeichnen, die zu dem Amt eines Schöffen nicht berufen werden sollen.**

1 **A. Abschließende Regelung.** Eine abschließende Regelung, welche Personen wegen ihrer amtl. Stellung o. beruflichen Betätigung nicht zum Schöffendienst herangezogen werden sollen, enthält die Bestimmung (SK-StPO/Degener Rn. 12), die wie § 33 nur eine Ordnungsvorschrift ist (→ § 33 Rn. 1). Der Grundsatz der Gewaltenteilung (Art. 20 Abs. 2 S. 2 GG) verbietet weder die Heranziehung v. Abg. (BGHSt 22, 85; vgl. aber § 35 Nr. 1) noch v. Mitgliedern kommunaler Selbstverwaltungskörperschaften (Kissel/Mayer § 31 Rn. 7; **aM** Meier NJW 1962, 1999).

2 **B. Die einzelnen Fälle. I. Bundespräsident (Abs. 1 Nr. 1).** Der Bundespräsident (Abs. 1 Nr. 1) soll seiner Amtstätigkeit auch nicht zeitweise entzogen werden.

3 Maßgebend ist der Zeitpunkt der Schöffenwahl (Kissel/Mayer Rn. 2).

4 **II. Regierungsmitglieder (Abs. 1 Nr. 2).** Der Personenkreis ergibt sich aus Art. 62 GG u. den entspr. Bestimmungen der Landesverfassungen (vgl. auch → StPO § 50 Rn. 5).

5 **III. Politische Beamte (Abs. 1 Nr. 3).** Vgl. § 54 BBG, § 30 Abs. 1 BeamtStG. Die bereits im Ruhestand o. einstweiligen Ruhestand befindlichen Beamten fallen nicht unter die Vorschrift.

6 **IV. Richter, StAe, Notare, RAe (Abs. 1 Nr. 4).** Gemeint sind die (noch im aktiven Dienst stehenden) **Berufsrichter** aller Gerichtszweige, gleichgültig, ob sie auf Lebenszeit ernannt o. Richter auf Probe (§ 12 DRiG) o. kraft Auftrags (§ 14 DRiG) sind u. ob sie gegenwärtig richterlich tätig o. an eine andere Stelle abgeordnet sind (§ 37 DRiG), nicht aber Gerichtsreferendare (**aM** AG Berlin-Tiergarten NStE GVG § 34 Nr. 1), selbst wenn sie vorübergehend nach § 142 Abs. 3 die Aufgaben eines Amtsanwalts o. StA wahrnehmen (vgl. aber § 22 Nr. 4 StPO).

7 Für ehrenamtl. Richter gilt § 35 Nr. 2.

8 **Beamte der StA** iS Nr. 4 sind nur StAe u. Amtsanwälte (KK-StPO/Barthe Rn. 5).

9 Zu den **Notaren** gehören alle Notare nach der BNotO, auch die Notarassessoren, Bezirksnotare u. Notarvertreter während der Zeit ihrer Bestellung.

10 Bei den **RAen** kommt es nur darauf an, dass sie nach der BRAO zugelassen sind (vgl. → StPO § 53 Rn. 15). Auch Personen, die keine RAe, aber nach § 53 BRAO zu allg. Vertretern bestellt sind, fallen unter Nr. 4.

11 **V. Vollstreckungs- und Vollzugsbeamte, Bewährungs- und Gerichtshelfer (Abs. 1 Nr. 5).** Darunter fallen die Gerichtsvollzieher (§ 154) u. Vollziehungsbeamten der Justiz (nicht die Justizwachtmeister), die Vollzugsbeamten der Schutz- u. Kriminalpolizei, die Beamten der Bundespolizei, die nach § 152 Abs. 2 zu Ermittlungspersonen der StA bestellten Beamten u. Angestellten u. alle mit vergleichbaren Aufgaben betrauten öffentl. Bediensteten (KK-StPO/Barthe Rn. 6), die Beamten u. Angestellten des Strafvollzugs (zB Art. 176 BayStVollzG, § 109 SächsStVollzG) ohne Rücksicht auf ihren Tätigkeitsbereich (Kissel/Mayer Rn. 13) sowie die hauptamtl. Bewährungs- u. Gerichtshelfer. Bundeswehrangehörige können als Schöffen herangezogen werden.

12 **VI. Religionsdiener (Abs. 1 Nr. 6).** Über den in → StPO § 53 Rn. 12 bezeichneten Personenkreis hinaus gehören dazu auch die Pfarrer nicht-öffentlicher Kirchengemeinden (OLG Köln MDR 1970, 864; KK-StPO/Barthe Rn. 7).

13 Satzungsgemäß **zum gemeinsamen Leben verpflichtet** sind va die Mitglieder der Orden der katholischen Kirche (Kissel/Mayer Rn. 16).

14 **VII. Keine Beschränkung der Amtsperioden.** Die frühere Abs. 1 Nr. 7, wonach bereits in 2 aufeinander folgenden Amtsperioden tätig gewesene ehrenamtl. Richter nicht berufen werden sollen, wurde durch G v. 27.8.2017 (BGBl. I 3295 (3297)) aufgeh., um es engagierten u. erfahrenen Schöffen zu ermöglichen, ihre Tätigkeit bis zur Altersgrenze fortzusetzen (BT-Drs. 18/9534, 28). Ergänzend s. § 35 Nr. 2a.

VIII. Landesrechtlich bestimmte höhere Verwaltungsbeamte (Abs. 2). Gemeint sind nur Beamte im höheren Dienst (vgl. § 17 Abs. 5 BBG). Auch Bundesbeamte können in die landesgesetzliche Regelung einbezogen werden (Kissel/Mayer Rn. 17). 15

C. Revision. Vgl. → § 33 Rn. 8. 16

[Ablehnung des Schöffenamts]

35 Die Berufung zum Amt eines Schöffen dürfen ablehnen:

1. Mitglieder des Bundestages, des Bundesrates, des Europäischen Parlaments, eines Landtages oder einer zweiten Kammer;
2. Personen, die
a) in zwei aufeinanderfolgenden Amtsperioden als ehrenamtlicher Richter in der Strafrechtspflege tätig gewesen sind, sofern die letzte Amtsperiode zum Zeitpunkt der Aufstellung der Vorschlagsliste noch andauert,
b) in der vorhergehenden Amtsperiode die Verpflichtung eines ehrenamtlichen Richters in der Strafrechtspflege an mindestens vierzig Tagen erfüllt haben oder
c) bereits als ehrenamtliche Richter tätig sind;
3. Ärzte, Zahnärzte, Krankenschwestern, Kinderkrankenschwestern, Krankenpfleger und Hebammen;
4. Apothekenleiter, die keinen weiteren Apotheker beschäftigen;
5. Personen, die glaubhaft machen, daß ihnen die unmittelbare persönliche Fürsorge für ihre Familie die Ausübung des Amtes in besonderem Maße erschwert;
6. Personen, die das fünfundsechzigste Lebensjahr vollendet haben oder es bis zum Ende der Amtsperiode vollendet haben würden;
7. Personen, die glaubhaft machen, daß die Ausübung des Amtes für sie oder einen Dritten wegen Gefährdung oder erheblicher Beeinträchtigung einer ausreichenden wirtschaftlichen Lebensgrundlage eine besondere Härte bedeutet.

A. Abschließende Regelung der Ablehnungsgründe. Eine abschließende Regelung der Gründe, aus denen Personen, die uneingeschränkt zum Schöffendienst herangezogen werden können, zur Ablehnung der Berufung berechtigt sind, enthält die Vorschr. (BGHSt 9, 203 (206)). Mit der Behauptung, sein Gewissen erlaube ihm die Tätigkeit als Laienrichter nicht, kann der Schöffe daher die Berufung nicht ablehnen (KG JR 1966, 188; Kissel/Mayer Rn. 11). Das Vorliegen v. Ablehnungsgründen können schon die Gemeinde bei der Aufstellung der Vorschlagslisten nach § 36 und der Ausschuss (§ 40) durch Nichtaufnahme in die Schöffenliste (§ 44) berücksichtigen, wenn vorauszusehen ist, dass der Betroffene die Berufung ablehnen wird. Ist der Ablehnungsberechtigte zum Schöffen gewählt worden, so gilt § 53. Die Ablehnungserklärung bezieht sich nur auf die einzelne Amtsperiode (§ 42), kann aber in jeder weiteren wiederholt werden. 1

B. Ablehnungsberechtigung. Ablehnungsberechtigt sind die in Nr. 1–7 erwähnten Personen. Nr. 7 soll verhindern, dass die wirtschaftliche Existenz des Betroffenen o. eines Dritten durch die Übernahme des Schöffenamtes gefährdet wird. Demgegenüber betr. Nr. 5 die persönliche Betreuung, nicht die Beschaffung der finanziellen Mittel (Kissel/Mayer Rn. 8). 2

[Vorschlagsliste]

36 (1) [1] **Die Gemeinde stellt in jedem fünften Jahr eine Vorschlagsliste für Schöffen auf.** [2] **Für die Aufnahme in die Liste ist die Zustimmung von zwei Dritteln der anwesenden Mitglieder der Gemeindevertretung, mindestens jedoch der Hälfte der gesetzlichen Zahl der Mitglieder der Gemeindevertretung erforderlich.** [3] **Die jeweiligen Regelungen zur Beschlussfassung der Gemeindevertretung bleiben unberührt.**

(2) [1] **Die Vorschlagsliste soll alle Gruppen der Bevölkerung nach Geschlecht, Alter, Beruf und sozialer Stellung angemessen berücksichtigen.** [2] **Sie muss Familienname, Vornamen, gegebenenfalls einen vom Familiennamen abweichenden Geburtsnamen, Geburtsjahr, Wohnort einschließlich Postleitzahl sowie Beruf der vorgeschlagenen Person enthalten; bei häufig vorkommenden Namen ist auch der Stadt- oder Ortsteil des Wohnortes aufzunehmen.**

(3) [1] **Die Vorschlagsliste ist in der Gemeinde eine Woche lang zu jedermanns Einsicht aufzulegen.** [2] **Der Zeitpunkt der Auflegung ist vorher öffentlich bekanntzumachen.**

(4) [1] **In die Vorschlagslisten des Bezirks des Amtsgerichts sind mindestens doppelt so viele Personen aufzunehmen, wie als erforderliche Zahl von Haupt- und Ersatzschöffen nach § 43 bestimmt sind.** [2] **Die Verteilung auf die Gemeinden des Bezirks erfolgt durch den Präsidenten des Landgerichts (Präsidenten des Amtsgerichts) in Anlehnung an die Einwohnerzahl der Gemeinden.**

1 **A. Aufstellung der Vorschlagslisten (Abs. 1).** Die Aufstellung der Vorschlagslisten (Abs. 1) ist Sache der Gemeinden (S. 1). Zuständig ist die Gemeindevertretung (S. 2). Das sind in Berlin die Bezirksverordnetenversammlungen (BGH StV 1986, 49), in Hamburg die Bezirksversammlungen (BGH NJW 1986, 1358; OLG Hamburg StV 1985, 227; LG Hamburg NStZ 1985, 185). Sie entscheiden nach Änd. der Vorschr. durch G v. 21.12.2004 (BGBl. I 3599) durch Wahl mit der Mehrheit v. ⅔ ihrer anwesenden Mitglieder, mind. aber der Hälfte. Die sich aus den jeweiligen kommunalrechtlichen Regelungen ergebenden Wirksamkeitsvoraussetzungen für den Beschl. müssen erfüllt sein (Abs. 1 S. 3). Den Schlusstermin für die in jedem 5. Jahr aufzustellenden Vorschlagslisten bestimmt die LJV (§ 57).

2 **B. Vorschlagslisten (Abs. 2, Abs. 3).** Jede Gemeinde stellt nur eine Liste auf (KK-StPO/Barthe Rn. 4). Dass eine Gesamtliste nicht in einer einzigen Liste zusammengefasst ist, schadet aber nicht (BGHSt 12, 197 (201)). Die Liste kann aufgrund v. Vorschlägen der im Gemeinderat vertretenen Parteigruppen zusammengestellt werden (BGHSt 12, 197) o. auf Vorschläge anderer Vereinigungen o. auch auf Selbstbewerbungen zurückgreifen (BGHSt 38, 47). Da sie aber immer die gesamte Bevölkerung repräsentieren muss, dürfen die Gemeindevertretungen die Auswahl nicht auf einen nach den Anfangsbuchstaben der Namen o. Straßen o. nach anderen Merkmalen bestimmten Teil der Bevölkerung beschränken (BGHSt 30, 255). Auch die Übernahme einer nach dem Zufallsprinzip erstellten Liste ist fehlerhaft (BGHSt 38, 47; abl. Katholnigg NStZ 1992, 73). Die Anforderungen an das Schöffenamt nach §§ 32 ff. sind in jedem Fall zu beachten. Aus der Vorschlagsliste werden auch die Schöffen für das LG (§ 77) entnommen. Die JugSchöffen schlägt der Jugendwohlfahrtsausschuss vor (§ 35 **JGG**). Die Offenlegung der vollständigen Wohnanschrift ist nicht mehr vorgesehen (Abs. 2 S. 2; s. BT-Drs. 19/27654, 116).

3 Die **Offenlegung der Listen** (Abs. 3) ist zur Ermöglichung eines evtl. Einspruchs gem. § 37 GVG erforderlich; die Frist muss nicht 7 Werktage umfassen (BayObLGSt 1996, 172), die Listen sollten aber an 5 Werktagen eingesehen werden können (BGH StV 2001, 156). Zur richterlichen Prüfung vgl. § 39 S. 2.

C. Erforderliche Anzahl der Personen (Abs. 4). Die Zahl der in die Vorschlagsliste aufzunehmenden Personen bemisst sich nach der erforderlichen Zahl der Schöffen. Die Verteilung ist in S. 2 nach dem Vorbild des § 43 Abs. 1 geregelt. Sie muss in Anlehnung an die Einwohnerzahl der Gemeinden erfolgen, also etwa deren Verhältnissen entsprechen; eine genaue prozentuale Entsprechung ist nicht erforderlich. Ob die Vorschlagslisten die in Abs. 4 bestimmte Anzahl v. Personen enthalten, hat der Vorsitzende des Schöffenwahlausschusses (§ 40 Abs. 2) nicht zu prüfen (BGHSt 33, 290 (291)). 4

D. Revision. Vgl. → StPO § 338 Rn. 9. Ein Mangel bei der Aufstellung der Vorschlagsliste stellt die vorschriftsmäßige Gerichtsbesetzung nicht in Frage, wenn die Schöffen v. einem ordnungsgemäß besetzten Ausschuss in rechtswirksamer Weise gewählt worden sind (BGH StV 2008, 566). Der Verstoß gegen die Sollvorschrift des Abs. 2 kann die Revision nicht begründen (BGHSt 30, 255 (257); 38, 47 (51); Pfeiffer/Miebach NStZ 1986, 210 – BGH RsprÜ; Katholnigg Rn. 7; Kissel/Mayer Rn. 9, 14). Zu Abs. 3 S. 1 vgl. Kusch NStZ 1997, 74 – BGH RsprÜ u. BayObLGSt 1996, 172: Auflegung nur v. Montag bis Freitag macht Wahl nicht unwirksam. 5

[Einspruch gegen die Vorschlagsliste]

37 **Gegen die Vorschlagsliste kann binnen einer Woche, gerechnet vom Ende der Auflegungsfrist, schriftlich oder zu Protokoll mit der Begründung Einspruch erhoben werden, daß in die Vorschlagsliste Personen aufgenommen sind, die nach § 32 nicht aufgenommen werden durften oder nach den §§ 33, 34 nicht aufgenommen werden sollten.**

A. Einspruchsberechtigung. Einspruchsberechtigt ist jedermann innerhalb 1 Woche nach dem Ende der Auslegungsfrist (§ 36 Abs. 3), also auch jeder in die Liste Aufgenommene. Für die Fristberechnung gilt § 187 Abs. 1 BGB. 1

B. Einspruch. Der Einspruch, der schriftlich (→ Einl. Rn. 128) o. zu Prot. des UrkB (→ Einl. Rn. 131 ff.) beim Schöffenwahlausschuss eingelegt werden muss (SSW StPO/Güntge Rn. 2; **aM** Löwe/Rosenberg/Gittermann Rn. 5: bei der Gemeindeverwaltung), kann nur auf die Hinderungsgründe der §§ 32–34 gestützt werden, nicht auf andere Bedenken gegen die Vorschlagsliste (KK-StPO/Barthe Rn. 1). Den Fällen des § 32 steht der Fall des § 31 S. 2 gleich (Katholnigg Rn. 1). Vgl. → § 52 Rn. 1. Die Entsch. trifft der Schöffenwahlausschuss (§§ 40, 41). 2

[Übersendung der Vorschlagsliste]

38 (1) **Der Gemeindevorsteher sendet die Vorschlagsliste nebst den Einsprüchen an den Richter beim Amtsgericht des Bezirks.**

(2) **Wird nach Absendung der Vorschlagsliste ihre Berichtigung erforderlich, so hat der Gemeindevorsteher hiervon dem Richter beim Amtsgericht Anzeige zu machen.**

A. Versendung (Abs. 1). Versandt (Abs. 1) wird die Liste unter Beachtung des nach § 57 bezeichneten Zeitpunkts an den Vorsitzenden des Schöffenwahlausschusses (§ 40 Abs. 2). Die Übersendung an das AG genügt (KK-StPO/Barthe Rn. 1). 1

B. Berichtigung (Abs. 2). Die Berichtigung (Abs. 2) der Liste ist erforderlich, wenn nachträglich Umstände der in §§ 31 S. 2, 32–34 bezeichneten Art bekannt werden, wenn der Vorgeschlagene verstorben ist o. von seinem Ablehnungsrecht nach § 35 Gebrauch gemacht hat. Zuständig für die Berichtigung ist der Schöffenwahlausschuss (§ 40). 2

[Vorbereitung der Ausschussberatung]

39 [1]**Der Richter beim Amtsgericht stellt die Vorschlagslisten der Gemeinden zur Liste des Bezirks zusammen und bereitet den Beschluß über die Einsprüche vor.** [2]**Er hat die Beachtung der Vorschriften des § 36 Abs. 3 zu prüfen und die Abstellung etwaiger Mängel zu veranlassen.**

1 Die Prüfung des Gerichts erstreckt sich auf die Dauer der Auflegung der Liste u. die Tatsache ihrer vorherigen Ankündigung, nicht auf den zeitlichen Abstand zwischen Ankündigung u. Auflegung (BGH NJW 1997, 3034 (3036)), auch nicht auf die Vollständigkeit der Liste nach § 36 Abs. 4 (→ § 36 Rn. 4) o. auf die Ordnungsmäßigkeit der Vorbereitungsarbeiten bei ihrer Aufstellung (Pfeiffer/Miebach NStZ 1986, 210 – BGH RsprÜ; BGH NStE GVG § 36 Nr. 3; anders jedoch BGHSt 38, 47 (51) mkritAnm Katholnigg NStZ 1992, 73). Sie erstreckt sich aber darauf, ob sämtliche Gemeinden Vorschlagslisten eingereicht haben (BGHSt 33, 290 (291); BGH NStZ 1986, 565), ferner auf Ausschluss u. Eignungsmängel nach §§ 31 S. 2, 32–34 (BGHSt 22, 122 (123)). Erg. → § 36 Rn. 5.

[Ausschuss]

40 (1) **Bei dem Amtsgericht tritt jedes fünfte Jahr ein Ausschuß zusammen.**

(2) [1]**Der Ausschuß besteht aus dem Richter beim Amtsgericht als Vorsitzenden und einem von der Landesregierung zu bestimmenden Verwaltungsbeamten sowie sieben Vertrauenspersonen als Beisitzern.** [2]**Die Landesregierungen werden ermächtigt, durch Rechtsverordnung die Zuständigkeit für die Bestimmung des Verwaltungsbeamten abweichend von Satz 1 zu regeln.** [3]**Sie können diese Ermächtigung durch Rechtsverordnung auf oberste Landesbehörden übertragen.**

(3) [1]**Die Vertrauenspersonen werden aus den Einwohnern des Amtsgerichtsbezirks von der Vertretung des ihm entsprechenden unteren Verwaltungsbezirks mit einer Mehrheit von zwei Dritteln der anwesenden Mitglieder, mindestens jedoch mit der Hälfte der gesetzlichen Mitgliederzahl gewählt.** [2]**Die jeweiligen Regelungen zur Beschlussfassung dieser Vertretung bleiben unberührt.** [3]**Umfaßt der Amtsgerichtsbezirk mehrere Verwaltungsbezirke oder Teile mehrerer Verwaltungsbezirke, so bestimmt die zuständige oberste Landesbehörde die Zahl der Vertrauenspersonen, die von den Vertretungen dieser Verwaltungsbezirke zu wählen sind.**

(4) **Der Ausschuß ist beschlußfähig, wenn wenigstens der Vorsitzende, der Verwaltungsbeamte und drei Vertrauenspersonen anwesend sind.**

1 **A. Bei jedem AG (Abs. 1).** Bei jedem AG (Abs. 1), selbst wenn es kein SchG hat (vgl. § 58), tritt der Schöffenwahlausschuss zusammen (SK-StPO/Degener Rn. 2). Der Richter prüft die Richtigkeit des Zustandekommens u. der Zusammensetzung des Ausschusses u. sorgt für die Behebung v. Mängeln.

2, 3 **B. Ausschuss (Abs. 2, Abs. 3).** Der Geschäftsverteilungsplan (§ 21e Abs. 1 S. 1) bestimmt, welcher v. mehreren **Richtern** den Vorsitz führt. Beim Fehlen einer ausdr. Bestimmung wirkt der Richter mit, der nach dem Geschäftsverteilungsplan für die Sachen zuständig ist, die keiner anderen Abt. zugewiesen sind (Pfeiffer/Miebach NStZ 1986, 210 – BGH RsprÜ). Die Mitwirkung eines unzuständigen Richters macht die Wahl nicht ungültig (BGHSt 29, 283 (287) mAnm Katholnigg NStZ 1981, 31).

4 Der **Verwaltungsbeamte** wird v. der Landesregierung, dh v. der nach der Landesverfassung zuständigen obersten Regierungsstelle (BGH NJW 1971, 1093; Hruschka FS Larenz, 1973, 181), bestimmt, falls nicht v. der Ermächtigung nach Abs. 2 S. 2, 3 Gebrauch gemacht worden ist. Er braucht namentlich nicht bezeichnet zu werden. Auch der Träger eines bestimmten Amtes u. für den Fall seiner

Verhinderung sein Stellvertreter können bestimmt werden (BGHSt 12, 197 (203)). Auch wenn der Bezirk des AG sich auf mehrere Verwaltungsbezirke erstreckt (zB Stadtkreis u. Landkreis), gehört dennoch nur ein Verwaltungsbeamter zum Ausschuss (BGHSt 26, 206 (207); KK-StPO/Barthe Rn. 2). Die Teilnahme v. 2 Beamten macht die Wahl aber nicht ungültig (BGH NJW 1971, 1093; NStZ 1986, 84; → Rn. 6).

Für die **Vertrauenspersonen,** v. denen 7 dem Ausschuss angehören, gelten die §§ 32–35 entspr., wenn das nach Landesrecht vorgesehen ist. Sie können auch der Vertretungskörperschaft angehören, die sie wählt (BGH NStZ 1981, 150). Vertretung der unteren Verwaltungsbezirke iS Abs. 3 S. 2 sind in Berlin die Bezirksverordnetenversammlungen, in Hamburg die Bezirksversammlungen (vgl. → § 36 Rn. 1). Eine fehlerhafte Bestellung der Vertrauenspersonen führt zur Unwirksamkeit der Schöffenwahl (BayObLGSt 1987, 131). 5

Auch für Vertrauenspersonen können Vertreter für den Verhinderungsfall bestellt werden (BGHSt 12, 197 (204)), obwohl der Ausschuss, seine **Beschlussfähigkeit** (Abs. 4) vorausgesetzt, ohne die verhinderten Vertrauenspersonen entscheiden kann u. § 56 die Disziplinierung der ausbleibenden Vertrauensleute vorsieht. 6

C. Revision. Die Revision kann (entspr. § 21b Abs. 6) nicht darauf gestützt werden, dass der Schöffenwahlausschuss nicht ordnungsgemäß zusammengesetzt gewesen sei (BGHSt 26, 206; 29, 283 (287); 37, 245; BGH NJW 1988, 3165; vgl. auch BVerfG NJW 1982, 2368; BGHSt 20, 37 ist überholt; erg. → § 21b Rn. 6, → § 42 Rn. 8, → StPO § 338 Rn. 9). Etwas anderes kann nur bei offenkundigen schweren Mängeln gelten, zB wenn der Schöffenwahlausschuss nur unvollständig besetzt o. ohne Stellvertreter bestellt war (Löwe/Rosenberg/Gittermann Rn. 15; SK-StPO/Degener Rn. 16, 17). Zusammenfassend zu den verschiedenen beim Zustandekommen des Ausschusses möglichen Fehlern Katholnigg JR 1990, 82; vgl. auch Löwe/Rosenberg/Gittermann Rn. 11 ff. 7

[Entscheidung über Einsprüche]

41 [1] **Der Ausschuß entscheidet mit einfacher Mehrheit über die gegen die Vorschlagsliste erhobenen Einsprüche.** [2] **Bei Stimmengleichheit entscheidet die Stimme des Vorsitzenden.** [3] **Die Entscheidungen sind zu Protokoll zu vermerken.** [4] **Sie sind nicht anfechtbar.**

A. Entscheidung in nichtöffentlicher Sitzung. In nichtöffentlicher Sitzung entscheidet der Ausschuss über die Einsprüche (§ 37) u. die Mitteilungen (§ 38 Abs. 2). Bei der Entsch. über Einsprüche gegen die vorgeschlagenen JugSchöffen führt den Vorsitz der Jugendrichter (§ 35 Abs. 4 **JGG**). Die Gründe der §§ 31 S. 2, 32–34 sind vAw zu berücksichtigen, gleichviel, wie sie bekannt werden (KK-StPO/Barthe Rn. 1). Erweist sich ein Einspruch als begründet, so ist der Betroffene v. der Vorschlagsliste zu streichen. 1

B. Nicht anfechtbar. Nicht anfechtbar ist die Entsch.; das gilt nach § 336 S. 2 auch für die Revision. Die Unanfechtbarkeit entbindet aber das erkennende Gericht nicht davon, falls Anlass dazu besteht, zu prüfen, ob ein Schöffe für sein Amt unfähig o. geeignet (§ 52) ist (KK-StPO/Barthe Rn. 2). 2

[Schöffenwahl]

42 (1) **Aus der berichtigten Vorschlagsliste wählt der Ausschuß mit einer Mehrheit von zwei Dritteln der Stimmen für die nächsten fünf Geschäftsjahre:**

1. die erforderliche Zahl von Schöffen;

2. die erforderliche Zahl der Personen, die an die Stelle wegfallender Schöffen treten oder in den Fällen der §§ 46, 47 als Schöffen benötigt

werden (Ersatzschöffen). Zu wählen sind Personen, die am Sitz des Amtsgerichts oder in dessen nächster Umgebung wohnen.

(2) **Bei der Wahl soll darauf geachtet werden, daß alle Gruppen der Bevölkerung nach Geschlecht, Alter, Beruf und sozialer Stellung angemessen berücksichtigt werden.**

1 **A. Schöffenwahl aus der berichtigten Vorschlagsliste (Abs. 1).** Die Schöffenwahl nimmt der Ausschuss (§ 40) aus der berichtigten Vorschlagsliste (§§ 36, 38 Abs. 2, 41) mit einer **Mehrheit v. ⅔ der Stimmen** vor (Abs. 1 S. 1). Der Wahlvorgang bedarf keiner Protokollierung, auch nicht das Stimmenverhältnis (BGHSt 26, 206 (211 ff.); Pfeiffer/Miebach NStZ 1986, 211 – BGH RsprÜ. Zur Wahl der Jugendschöffen vgl. § 35 **JGG.**

2 **B. Erforderliche Zahl der Haupt- und Ersatzschöffen. Zu wählen ist** die erforderliche Zahl der Haupt- u. Ersatzschöffen.

3 Die **Hauptschöffenliste (Abs. 1 S. 1 Nr. 1)** enthält die Namen der Personen, aus denen die erforderliche Zahl (§§ 43, 38 Abs. 2, 77 Abs. 2, 78 Abs. 3) der Schöffen für die einzelnen Spruchkörper ausgelost werden sollen (§ 45).

4 In die **Ersatzschöffenliste (Abs. 1 S. 1 Nr. 2)** ist die erforderliche Zahl (§ 43) der Personen aufzunehmen, die an die Stelle wegfallender Schöffen treten (§§ 52, 53) o. bei Bildung eines weiteren SchG (§ 46) o. bei Anberaumung v. außerordentlichen Sitzungen (§ 47) benötigt werden. Die Reihenfolge, in der auf sie zurückgegriffen werden soll, wird durch Auslosung nach §§ 45 Abs. 2 S. 4, Abs. 3, 77 Abs. 3 S. 1 bestimmt. Die leichte Erreichbarkeit der Ersatzschöffen soll dadurch gesichert werden, dass am Sitz des AG o. in dessen nächster Umgebung wohnhafte Personen gewählt werden (Abs. 1 S. 2). Das ist jedoch nur eine Ordnungsvorschrift, deren Verletzung die Gültigkeit der Wahl nicht beeinflusst (Kissel/Mayer Rn. 9).

5 **C. Wahlverfahren.** Das Wahlverfahren ist **nicht geregelt.** Auf jeden Fall muss eine echte Wahl stattfinden, die den Ausschussmitgliedern Gelegenheit gibt, Abs. 2 zu beachten. Es ist unzulässig, wenn der Ausschuss sich darauf beschränkt, eine v. anderen Gremien getroffene Auswahl zu übernehmen u. nur formal nachzuvollziehen (BGHSt 35, 190). Auch eine Auslosung v. Schöffen ist gesetzwidrig (BGHSt 33, 41; 33, 261 (263); Pfeiffer/Miebach NStZ 1985, 495 – BGH RsprÜ; Kissel NStZ 1985, 490). Die unter Mitwirkung ausgeloster Schöffen ergangenen Urt. sind aber nicht nichtig (BGHSt 33, 126; Kissel NStZ 1985, 490; **aM** Weis NJW 1984, 2804; vgl. auch BVerfG NJW 1985, 125). Keine verbotene Auslosung liegt vor, wenn der Ausschuss zunächst, als den Wahlakt vorbereitende Handlung, die Schöffen auslost u. sodann förmlich wählt (BGHSt 33, 261 (264)). Zulässig ist auch das Auszählverfahren; der Ausschussvorsitzende kann jeden 2. Schöffen (eine andere Möglichkeit besteht nach § 36 Abs. 4 nF idR nicht mehr) aus der den Ausschussmitgliedern vorliegenden Vorschlagsliste zur Wahl stellen (BGH NJW 1986, 1358 = JR 1986, 388 mkritAnm Katholnigg; Cierniak/Zimmermann NStZ-RR 2014, 171 – BGH RsprÜ; OLG Hamburg StV 1985, 227; **aM** LG Hamburg StV 1985, 10). Auch die Schöffenwahl aus einer beschränkten Vorschlagsliste (Teilliste) ist nicht ungültig (BGH StV 1987, 285). Der Wahlausschuss hat das Recht u. die Pflicht, einen Wahlfehler, der sich auf die Besetzung der gerichtlichen Spruchkörper auswirken kann, durch Wiederholung der Schöffenwahl zu beheben (BGH NStZ-RR 1999, 49).

6 **D. Angemessene Berücksichtigung aller Bevölkerungsgruppen (Abs. 2).** Die angemessene Berücksichtigung aller Bevölkerungsgruppen (Abs. 2) ist nicht zwingend vorgeschrieben („soll"). Die Verletzung der Vorschr. hat auf die Ordnungsmäßigkeit der Wahl kein Einfluss (BGH NJW 1986, 1358; Kissel/Mayer Rn. 15; einschr. SK-StPO/Degener Rn. 21).

7 **E. Anfechtung.** Die isolierte Anfechtung der Wahl ist nicht zulässig (Kissel/Mayer Rn. 21), auch nicht in dem Verf. nach §§ 23 ff. **EGGVG;** der Ausschuss ist keine Justizbehörde iSv § 23 Abs. 1 **EGGVG** (OLG Stuttgart NJW 1985, 2343).

Auch die **Revision** kann auf einen Fehler im Wahlverfahren grds. nicht gestützt werden (BGHSt 26, 206; 29, 283 (287); BGH NStZ 1991, 546; erg. → § 40 Rn. 7). Das gilt auch für den Fall, dass bei der Wahl die Vorschlagsliste einer Gemeinde gefehlt hat (BGHSt 33, 290 = JR 1986, 473 mablAnm Seebode; BGH NStZ 1986, 565). Die Besetzungsrüge (§ 338 Nr. 1) kann aber mit Erfolg erhoben werden, wenn die Wahl wegen eines bes. schwerwiegenden u. offensichtlichen Mangels nichtig ist (BGHSt 29, 283 (287); 33, 261 (268)), zB wenn ein Schöffenwahlausschuss entschieden hat, der als solcher gar nicht besteht (BVerfGE 31, 181 (184)), wenn Personen gewählt wurden, die nicht zur Wahl bereitstanden (BGHSt 26, 393: Wahl v. Jugendschöffen aus der Liste der Erwachsenenschöffen; BGHSt 29, 114: Wahl aus der Liste eines anderen AG; BGH NStZ 1991, 546: Wahl aus einer EDV-Liste) o. wenn die Schöffen nicht gewählt, sondern ausgelost worden sind (→ Rn. 5). Jedoch ist die Wahl eines Schöffen nicht deshalb unwirksam, weil zugleich Personen gewählt wurden, die nicht hätten gewählt werden dürfen (BGHSt 39, 353 (365); BGH NStZ 1991, 546; BGHR GVG § 42 Abs. 1 Schöffenwahl 3). 8

[Bestimmung der Schöffenzahl]

43 (1) **Die für jedes Amtsgericht erforderliche Zahl von Haupt- und Ersatzschöffen wird durch den Präsidenten des Landgerichts (Präsidenten des Amtsgerichts) bestimmt.**

(2) **Die Zahl der Hauptschöffen ist so zu bemessen, daß voraussichtlich jeder zu nicht mehr als zwölf ordentlichen Sitzungstagen im Jahr herangezogen wird.**

A. Bestimmung der Zahl der Schöffen (Abs. 1). Die Bestimmung der Zahl der Schöffen (Abs. 1) ist ein Akt der JV (vgl. BGHSt 25, 257; KK-StPO/Barthe Rn. 1). Für das gemeinsame SchG gilt § 58 Abs. 2. 1

B. 12 Sitzungstage (Abs. 2). Zu mehr als 12 Sitzungstagen (Abs. 2) soll der Schöffe nicht herangezogen werden. Ansprüche lassen sich aus dieser Sollvorschrift aber nicht herleiten (KK-StPO/Barthe Rn. 2); der zu mehr als 12 Sitzungstagen herangezogene Schöffe darf den Dienst nicht verweigern (Löwe/Rosenberg/Gittermann Rn. 2; vgl. aber § 35 Nr. 2). In Großverfahren muss er an weitaus mehr Sitzungstagen mitwirken. 2

C. Revision. Eine über die erforderliche Zahl v. Hauptschöffen getroffene Entsch. nach Abs. 1 kann mit der Besetzungsrüge (§ 338 Nr. 1) nur bei Ermessensmissbrauch gerügt werden, nicht aber, wenn sie sich iRe vertretbaren Anwendung des Grundsatzes des Abs. 2 (und des § 45 Abs. 2 S. 2) hält (BGH NJW 1974, 155; 1978, 1444 (1445); Kissel/Mayer Rn. 6). 3

[Schöffenliste]

44 **Die Namen der gewählten Hauptschöffen und Ersatzschöffen werden bei jedem Amtsgericht in gesonderte Verzeichnisse aufgenommen (Schöffenlisten).**

A. Schöffenlisten des AG. Die Schöffenlisten des AG enthalten getrennt die Namen der nach § 42 gewählten Haupt- u. Ersatzschöffen. Durch die Auslosung nach § 45 werden aus ihnen die Schöffenlisten für die einzelnen Sitzungen u. die Hilfsschöffenliste mit der maßgebenden Reihenfolge der Heranziehung gewonnen. 1

B. Schöffenlisten des LG. Die Schöffenlisten des LG entstehen aufgrund der Mitteilung des bei der Wahl tätigen Richters beim AG (§ 77 Abs. 2 S. 4) o. Jugendrichters (§ 35 **JGG**). 2

3 **C. Einsichtsrecht.** Dem **Verteidiger** muss Einsicht zur Prüfung der Besetzung gewährt werden (BVerwGE 12, 261 = NJW 1961, 1989; erg. → StPO § 222a Rn. 23; vgl. auch Katholnigg § 45 Rn. 8).

[Feststellung der Sitzungstage]

45 (1) **Die Tage der ordentlichen Sitzungen des Schöffengerichts werden für das ganze Jahr im voraus festgestellt.**

(2) [1] **Die Reihenfolge, in der die Hauptschöffen an den einzelnen ordentlichen Sitzungen des Jahres teilnehmen, wird durch Auslosung in öffentlicher Sitzung des Amtsgerichts bestimmt.** [2] **Sind bei einem Amtsgericht mehrere Schöffengerichte eingerichtet, so kann die Auslosung in einer Weise bewirkt werden, nach der jeder Hauptschöffe nur an den Sitzungen eines Schöffengerichts teilnimmt.** [3] **Die Auslosung ist so vorzunehmen, daß jeder ausgeloste Hauptschöffe möglichst zu zwölf Sitzungstagen herangezogen wird.** [4] **Satz 1 gilt entsprechend für die Reihenfolge, in der die Ersatzschöffen an die Stelle wegfallender Schöffen treten (Ersatzschöffenliste); Satz 2 ist auf sie nicht anzuwenden.**

(3) **Das Los zieht der Richter beim Amtsgericht.**

(4) [1] **Die Schöffenlisten werden bei einem Urkundsbeamten der Geschäftsstelle (Schöffengeschäftsstelle) geführt.** [2] **Er nimmt ein Protokoll über die Auslosung auf.** [3] **Der Richter beim Amtsgericht benachrichtigt die Schöffen von der Auslosung.** [4] **Zugleich sind die Hauptschöffen von den Sitzungstagen, an denen sie tätig werden müssen, unter Hinweis auf die gesetzlichen Folgen des Ausbleibens in Kenntnis zu setzen.** [5] **Ein Schöffe, der erst im Laufe des Geschäftsjahres zu einem Sitzungstag herangezogen wird, ist sodann in gleicher Weise zu benachrichtigen.**

1 **A. Feststellung der ordentlichen Sitzungstage (Abs. 1).** Die Vorschr. dient der **Konkretisierung des ges. (Schöffen-)Richters** (BGH NStZ 2019, 109). Die Feststellung der ordentlichen Sitzungstage (Abs. 1) erfolgt als Maßnahme der JV (RGSt 64, 50; BayObLGSt 1960, 277) vor Beginn des Geschäftsjahrs unter Berücksichtigung des erfahrungsgemäß zu erwartenden Anfalls (BGHSt 15, 107 (109)) nach Kalendertagen o. wiederkehrend nach Wochen u. Wochentagen (Kissel/Mayer Rn. 4). Feiertage können als ordentliche Sitzungstage des SchG bzw. der Strafkammern festgelegt werden (BGH NStZ 2019, 109). Welche Strafsachen in den einzelnen Sitzungen verhandelt werden, bestimmt der Vorsitzende im Laufe des Jahres (§ 213 StPO; Bedenken gegen diese Regelung unter dem Gesichtspunkt der Vorausbestimmtheit des ges. Richters äußert Katholnigg JR 1997, 284). Bei gleichbleibender Zahl der Spruchkörper ist eine Änd. der festgesetzten Sitzungstage unzulässig, nicht aber, wenn ein neuer Spruchkörper gebildet u. die Sitzungstage neu verteilt werden (BayObLGSt 1960, 277). Ist der Erwachsenenspruchkörper zugleich JugG, so müssen getrennte Sitzungstage bestimmt werden (BGHSt 15, 107 (109)). Ist ein allg. Spruchkörper zugleich für nach § 354 Abs. 2 StPO zurückverwiesene JGG-Sachen zuständig, so brauchen hierfür nicht v. vornherein feste Sitzungstage bestimmt zu werden, wenn ungewiss ist, ob solche Sachen überhaupt anfallen; die Entsch. können außerordentlichen Sitzungen vorbehalten werden (Kissel/Mayer Rn. 4).

2 **B. Auslosung der Schöffen (Abs. 2). I. Auslosung in öffentlicher Sitzung (S. 1).** Durch Auslosung in öffentlicher Sitzung (S. 1) wird die Reihenfolge bestimmt, in der die Schöffen an den einzelnen ordentlichen Sitzungstagen teilnehmen; die Geschäftsstelle darf sie nicht ändern (BGH GA 1982, 324).

3 Wegen der **Öffentlichkeit** gelten die Anforderungen der §§ 169 ff. (BGH NStZ 1984, 89); ein Aushang am Zimmer des Präs o. an seinem Vorzimmer genügt (BGH NStZ 1985, 514; 2006, 512).

Die **Auslosung** erfolgt bei jedem AG, bei dem ein SchG besteht (für das LG gilt § 77 Abs. 1), aus der Schöffenliste (§ 44) für jew. ein Geschäftsjahr. Für die weiteren Geschäftsjahre der Wahlperiode (§ 42 Abs. 1) ist jew. vor deren Beginn eine neue Auslosung erforderlich; jedoch ist die Auslosung für die gesamte Amtszeit im Voraus, getrennt nach Geschäftsjahren, zulässig (Löwe/Rosenberg/Gittermann Rn. 12; **aM** SK-StPO/Degener Rn. 6). 4

Das **Auslosungsverfahren** (vgl. dazu LG Braunschweig NJW 1990, 1191; LG Hannover StV 1991, 205) steht im pflichtgemäßen Ermessen des Richters, muss aber alle gewählten Schöffen erfassen (OLG Celle NStZ 1991, 350). Er kann die Schöffen für jeden Sitzungstag einzeln auslosen, aber auch so verfahren, dass immer für mehrere aufeinander folgende Sitzungstage 2 Hauptschöffen ausgelost werden (BGH NJW 1991, 435 (436); Kusch NStZ 1992, 226 – BGH RsprÜ). 5

Bei den Auslosungen dürfen Schöffen nicht berücksichtigt werden, die im Vorjahr zu Unrecht v. der Hilfs- in die Hauptschöffenliste übernommen worden waren (KG StV 1986, 49; **aM** BGH StV 1986, 49 mablAnm Danckert). „Reserveschöffen" dürfen keinem Spruchkörper zugewiesen werden (BGH GA 1978, 120). 6

Durch die Auslosung entstehen die **Schöffenlisten** für die einzelnen Spruchkörper, denen die Namen der an den einzelnen Sitzungstagen mitwirkenden Schöffen entnommen werden können. Fällt eine Sitzung aus, so werden die für sie bestimmten Schöffen nicht für die nächste Sitzung herangezogen, sondern übersprungen; das gilt auch dann, wenn die neue HV an einem Tag beginnt, der v. Anfang an als (Fortsetzungs-)Sitzungstag bestimmt war (BGH NJW 2002, 2963). 7

II. Bei mehreren Spruchkörpern (S. 2). Bei mehreren Spruchkörpern (S. 2) kann so verfahren werden, dass die Hauptschöffen für die einzelnen Sitzungstage in deren chronologischer Folge (Abs. 1) ausgelost werden. Für den Fall, dass mehrere Spruchkörper am selben Tag Sitzung haben, muss dann aber die Reihenfolge der Heranziehung der Schöffen iE festgesetzt werden (OLG Hamm NJW 1956, 1937). Die Auslosung ist auch in der Weise zulässig, dass jeder der mehreren Spruchkörper seine eigenen Schöffen erhält, die nur bei ihm tätig werden. 8

III. Mindestens 12 Sitzungstage (S. 3). Zu mindestens 12 Sitzungstagen (S. 3) soll jeder Schöffe herangezogen werden; das ist bei der Auslosung zu berücksichtigen. Ein Verstoß gegen diese Sollvorschrift führt aber nur bei Ermessensmissbrauch zur vorschriftswidrigen Besetzung des Gerichts (→ § 43 Rn. 3). 9

IV. Reihenfolge der Heranziehung der Ersatzschöffen (S. 4). Die Reihenfolge der Heranziehung der Ersatzschöffen (S. 4) wird durch das Los bestimmt. Die Ersatzschöffen werden aber nicht für jedes Geschäftsjahr, sondern nur einmal für die vierjährige Wahlperiode ausgelost (BGHSt 36, 138). Anders als die Hauptschöffen werden die Ersatzschöffen nicht auf die einzelnen Spruchkörper verteilt, sondern es wird für das ganze Gericht eine einheitliche Liste aufgestellt, aus der die Ersatzschöffen in der dort festgesetzten Reihenfolge herangezogen werden. 10

Sie treten **an die Stelle weggefallener Schöffen.** Wegfallende Schöffen (vgl. BGHSt 30, 149 (150)) sind solche, die gestrichen (§ 52) o. für eine Einzelsitzung entbunden worden o. ausgefallen sind (§ 54). Darüber hinaus werden auch die Schöffen für neu gebildete SchGe (§ 46) u. für außerordentlichen Sitzungen (§ 47) sowie die Ergänzungsschöffen (§ 48 Abs. 1) aus der Ersatzschöffenliste in der dort festgesetzten Reihenfolge zugewiesen (§ 49 Abs. 1; vgl. auch § 42 Abs. 1 Nr. 2 S. 1). 11

C. Zuständiger Richter (Abs. 3). Der Richter (Abs. 3), dem die Schöffenangelegenheiten im Geschäftsverteilungsplan übertragen sind (→ § 40 Rn. 4), muss die Auslosung vornehmen. Einem anderen Richter darf er sie nicht überlassen, auch nicht dem UrkB nach Abs. 4. Bei der Auslosung der JugSchöffen tritt der Jugendrichter an seine Stelle (§§ 33, 34 Abs. 1 **JGG**). Für das LG gilt § 77 Abs. 3 S. 1. Die Auslosung ist eine Maßnahme der JV (BGHSt 3, 68; 25, 257); die Ausschließungsgründe des § 22 StPO gelten nicht. 12

13 **D. Schöffengeschäftsstelle (Abs. 4 S. 1, 2).** Ein UrkB führt unter dieser Bezeichnung die Schöffenlisten nach § 44 und nach Abs. 2 S. 1 und 4. Er nimmt auch das Prot. über die Auslosung auf (S. 2), dem keine Beweiskraft nach § 274 StPO zukommt (SK-StPO/Degener Rn. 14), u. weist die Ersatzschöffen zu (§ 49 Abs. 3). Dem UrkB können daneben aber auch andere Aufgaben im Bereich der Rspr. o. JV übertragen werden (KK-StPO/Barthe Rn. 9). Das LG hat seine eigene Schöffengeschäftsstelle (§ 77 Abs. 1). Zum Recht auf Einsichtnahme in die Schöffenlisten vgl. → § 44 Rn. 3.

14 **E. Benachrichtigung der Schöffen (Abs. 4 S. 3–5).** Der Richter, der die Auslosung vorgenommen hat, benachrichtigt die Schöffen formlos (OLG Hamburg GA 1979, 146; Kissel/Mayer Rn. 22) v. deren Ergebnis. Den Hauptschöffen werden dabei zugleich ihre Sitzungstage unter Hinweis auf die Rechtsfolgen des § 56 Abs. 1 mitgeteilt. Eine weitere Ladung zu den einzelnen Sitzungen ist nicht erforderlich. Ein Schöffe, der erst später zu einer bestimmten Sitzung herangezogen wird, wird ebenfalls v. diesem Richter, nicht v. Vorsitzenden des erkennenden Gerichts, unterrichtet (S. 5). Für das LG gilt § 77 Abs. 3 S. 1.

15 **F. Revision.** Mit der Revision kann beanstandet werden, dass keine Auslosung stattgefunden hat (BGH NStZ 1984, 274), nicht aber, dass ein unzuständiger Richter die Lose gezogen habe (BGHSt 25, 257; Kissel/Mayer Rn. 14).

[Bildung eines weiteren Schöffengerichts]

46 **[1] Wird bei einem Amtsgericht während des Geschäftsjahres ein weiteres Schöffengericht gebildet, so werden für dessen ordentliche Sitzungen die benötigten Hauptschöffen gemäß § 45 Abs. 1, 2 Satz 1, Abs. 3, 4 aus der Ersatzschöffenliste ausgelost. [2] Die ausgelosten Schöffen werden in der Ersatzschöffenliste gestrichen.**

1 **Aus der Ersatzschöffenliste** werden die Hauptschöffen für die ordentlichen Sitzungen des nachträglich gebildeten Spruchkörpers ausgelost (§ 45); denn es handelt sich nicht um Heranziehung für einzelne Sitzungen, die sich nach der festgelegten Zuweisungsreihenfolge richtet (§ 49 Abs. 1). Für die HilfsStrK gilt § 46 nicht (→ § 77 Rn. 6).

2 Die vorangegangene Heranziehung als Ersatzschöffe muss noch **vorrangig erfüllt** werden (§ 52 Abs. 5).

[Außerordentliche Sitzungen]

47 **Wenn die Geschäfte die Anberaumung außerordentlicher Sitzungen erforderlich machen oder wenn zu einzelnen Sitzungen die Zuziehung anderer als der zunächst berufenen Schöffen oder Ergänzungsschöffen erforderlich wird, so werden Schöffen aus der Ersatzschöffenliste herangezogen.**

1 **A. Außerordentliche Sitzung.** Das ist eine solche, die wegen des **zusätzlich erforderlichen Verhandlungsbedarfs** neben den ordentlichen Sitzungen abgehalten wird (BGHSt 41, 175 (177) mwN). Ob u. wann sie anzusetzen ist, bestimmt der Vorsitzende nach pflichtgemäßem Ermessen (BGHSt 12, 159 (161)).

2 Es ist nicht zulässig, einen ordentlichen Sitzungstermin (§ 45 Abs. 1) allg. für künftige Terminierungen freizuhalten (BGHSt 37, 324), wohl aber für eine eilige Haftsache (→ Einl. Rn. 160), deren Eingang sicher zu erwarten ist.

3 Keine außerordentliche Sitzung ist die Verlegung der Sitzung v. einem ordentlichen Sitzungstag auf einen anderen (Döllel/Dreeßen SchlHA 2009, 245 – OLG Schleswig RsprU; OLG Stuttgart NStZ 1984, 231; LG Bremen StV 1982, 461), die Verlegung des Beginns des ordentlichen Sitzungstags „nach hinten" (BGH StraFo 2005, 206) sowie die Vorverlegung einer ordentlichen Sitzung, die sich voraussichtlich über einen o. mehrere ordentliche Sitzungstage erstreckt (BGH GA

1980, 68; vgl. auch BGH NStZ-RR 2012, 319); dies gilt auch für HilfsStrKn (BGHSt 41, 175).

Liegt der verlegte Sitzungstag genau zwischen 2 freien Sitzungstagen, so bestimmt der frühere ordentliche Sitzungstag die Schöffenbesetzung; es handelt sich somit um einen nach hinten verlegten Sitzungstag (BGHSt 43, 270; erg. → § 54 Rn. 9a). Wird eine Strafsache auf einen Tag zwischen 2 ordentlichen Sitzungstagen terminiert, die zu diesem Zeitpunkt bereits mit Fortsetzungsverhandlungen in anderen Sachen belegt war, handelt es sich um eine außerordentliche Sitzung (BGHSt 50, 132). 4

Bei der außerordentlichen Sitzung muss die Schöffenbesetzung im Einzelfall bestimmt werden. Zugezogen werden die beiden nächstbereiten Ersatzschöffen (§ 49 Abs. 1). Dabei kommt es darauf an, wann die Terminsbestimmung des Richters, mit der die außerordentliche Sitzung angeordnet wird, bei der Schöffengeschäftsstelle eingeht (§ 49 Abs. 3). 5

B. Ausfallende Schöffen. Ausfallende Schöffen, die zunächst bei der Schöffenbesetzung v. Anfang an (→ § 45 Rn. 2) o. im Einzelfall (§ 49 Abs. 1) herangezogen waren, werden aus der Ersatzschöffenliste ersetzt, u. auf Anordnung des Vorsitzenden (→ § 54 Rn. 1) nach § 49. 6

[Zuziehung von Ergänzungsschöffen]

48 (1) **Ergänzungsschöffen (§ 192 Abs. 2, 3) werden aus der Ersatzschöffenliste zugewiesen.**

(2) **Im Fall der Verhinderung eines Hauptschöffen tritt der zunächst zugewiesene Ergänzungsschöffe auch dann an seine Stelle, wenn die Verhinderung vor Beginn der Sitzung bekannt wird.**

A. Aus der Ersatzschöffenliste (Abs. 1). Aus der Ersatzschöffenliste (Abs. 1) werden die Ergänzungsschöffen nach dem einheitlichen Verf. des § 49 zugewiesen. 1

B. Verhinderung eines Hauptschöffen. Bei Verhinderung eines Hauptschöffen tritt in der HV der Ergänzungsschöffe an seine Stelle (→ § 192 Rn. 6, 7). Das gilt nach **Abs. 2** aber auch dann, wenn der Verhinderungsfall nach der Bestimmung u. Zuweisung eines Ergänzungsschöffen schon vor dem Beginn der HV bekannt wird (vgl. BGH NStZ-RR 2021, 81). Ist auch dieser verhindert, rückt der nächste aus der Ersatzschöffenliste zugewiesene Ergänzungsschöffe nach (BGHR GVG § 48 Verhinderung 1; Katholnigg Rn. 2). 2

[Heranziehung aus der Ersatzschöffenliste]

49 (1) **Wird die Heranziehung von Ersatzschöffen zu einzelnen Sitzungen erforderlich (§§ 47, 48 Abs. 1), so werden sie aus der Ersatzschöffenliste in deren Reihenfolge zugewiesen.**

(2) [1] **Wird ein Hauptschöffe von der Schöffenliste gestrichen, so tritt der Ersatzschöffe, der nach der Reihenfolge der Ersatzschöffenliste an nächster Stelle steht, unter seiner Streichung in der Ersatzschöffenliste an die Stelle des gestrichenen Hauptschöffen.** [2] **Die Schöffengeschäftsstelle benachrichtigt den neuen Hauptschöffen gemäß § 45 Abs. 4 Satz 3, 4.**

(3) [1] **Maßgebend für die Reihenfolge ist der Eingang der Anordnung oder Feststellung, aus der sich die Notwendigkeit der Heranziehung ergibt, bei der Schöffengeschäftsstelle.** [2] **Die Schöffengeschäftsstelle vermerkt Datum und Uhrzeit des Eingangs auf der Anordnung oder Feststellung.** [3] **In der Reihenfolge des Eingangs weist sie die Ersatzschöffen nach Absatz 1 den verschiedenen Sitzungen zu oder überträgt sie nach Absatz 2 in die Hauptschöffenliste.** [4] **Gehen mehrere Anordnungen oder Feststellungen gleichzeitig ein, so sind zunächst Übertragungen aus der Ersatzschöffenliste in**

die Hauptschöffenliste nach Absatz 2 in der alphabetischen Reihenfolge der Familiennamen der von der Schöffenliste gestrichenen Hauptschöffen vorzunehmen; im übrigen ist die alphabetische Reihenfolge der Familiennamen der an erster Stelle Angeklagten maßgebend.

(4) [1] **Ist ein Ersatzschöffe einem Sitzungstag zugewiesen, so ist er erst wieder heranzuziehen, nachdem alle anderen Ersatzschöffen ebenfalls zugewiesen oder von der Dienstleistung entbunden oder nicht erreichbar (§ 54) gewesen sind.** [2] **Dies gilt auch, wenn er selbst nach seiner Zuweisung von der Dienstleistung entbunden worden oder nicht erreichbar gewesen ist.**

1 **A. Heranziehung aus der Ersatzschöffenliste. Für alle Fälle,** in denen die Heranziehung der Ersatzschöffenliste erforderlich wird, regelt § 49 das Verfahren. § 46 ist nicht anwendbar (BGH NStZ 1985, 135).

2 **B. Übertragung in die Hauptschöffenliste (Abs. 2).** Bei Übertragung in die Hauptschöffenliste (Abs. 2) handelt es sich um eine nicht nur vorübergehende Änd. der Schöffenliste für die ordentlichen Sitzungstage; vielmehr tritt mit der Übertragung der bisherige Ersatzschöffe in die Termine des Ausgeschiedenen ein. Daher ist mit der Übertragung die Streichung in der Ersatzschöffenliste verbunden. Soweit eine Heranziehung als Ersatzschöffe noch nicht erledigt ist, wirkt sie weiter u. hat den Vorrang (§ 52 Abs. 5).

3 **C. An bereitester Stelle (Abs. 3).** Wer an bereitester Stelle (Abs. 3) steht, wird herangezogen. Das ist, wer nach Heranziehung („Verbrauch") seiner Vorgänger **als nächster zur Vfg. steht** (BGHSt 30, 244; NStZ 1985, 135). Maßgebend ist gem. S. 1 und S. 2 der Eingang der Heranziehungsanordnung (BGHSt 30, 255 (258), der zu dokumentieren ist (BGH StV 2016, 633: nicht die Bearbeitungszeit). Zunächst ist die Ersatzschöffenliste durch Vornahme der angeordneten Streichungen auf den neuesten Stand zu bringen (KG StV 1984, 504). Es braucht aber nicht ausdr. die Zuweisung verlangt zu werden. Vielmehr muss nur die Anordnung o. Feststellung, aus der sich die Notwendigkeit der Heranziehung ergibt, an die Schöffengeschäftsstelle gelangen, zB die Anordnung einer außerordentlichen Sitzung (§ 47), die Entbindung o. Feststellung der Unerreichbarkeit nach § 54 Abs. 1, Abs. 2, die Anordnung der Streichung aus der Hauptschöffenliste (Abs. 2 iVm § 52 Abs. 1, Abs. 2) o. die Anordnung nach § 192 Abs. 3. Im Fall des Abs. 3 S. 4 fehlt eine Regelung für den seltenen Fall, dass verschiedene Hauptschöffen o. Angeklagte denselben Namen haben. Hier ist notfalls v. der alphabetischen Reihenfolge der Vornamen auszugehen (Katholnigg Rn. 5); sollten auch die gleich sein, entscheidet das Los (Kissel/Mayer Rn. 6; SK-StPO/Degener Rn. 5; **aM** Löwe/Rosenberg/Gittermann Rn. 7; Katholnigg Rn. 5: Geburtsdatum).

4 **D. Nach Verbrauch aller anderen Ersatzschöffen (Abs. 4).** Erst nach Verbrauch aller anderen Ersatzschöffen (Abs. 4) ist der herangezogene wieder an der Reihe. Wird er v. der dann anfallenden Dienstleistung entbunden (§ 54 Abs. 1) o. ist er nicht erreichbar (→ § 54 Rn. 7), so wird auf ihn erst wieder nach dem nächsten Umlauf zurückgegriffen (KK-StPO/Barthe Rn. 6). Der Listenplatz des Ersatzschöffen ist auch dann verbraucht, wenn seine Heranziehung o. die maßgebliche Eintragung fehlerhaft war (BGH JR 1978, 210 (211); Kissel/Mayer Rn. 13; **aM** SK-StPO/Degener Rn. 10).

5 **E. Revision.** Nicht jeder Rechtsfehler bei der Heranziehung v. Ersatzschöffen kann mit der Besetzungsrüge (§ 338 Nr. 1 StPO) geltend gemacht werden. Es muss sich vielmehr um einen gravierenden, nicht mehr verständlichen u. die Grenzen des Hinnehmbaren überschreitenden Fehler handeln (BGH StV 2016, 633; Löwe/Rosenberg/Gittermann Rn. 21; erg. → StPO § 338 Rn. 9). Dies ist zB nicht automatisch bei einer fehlerhaften Praxis der Schöffengeschäftsstelle gegeben, kann aber bei Vorliegen eines Organisationsmangels anzunehmen sein (vgl. BGH StV 2016, 633).

[Mehrtägige Sitzung]

50 **Erstreckt sich die Dauer einer Sitzung über die Zeit hinaus, für die der Schöffe zunächst einberufen ist, so hat er bis zur Beendigung der Sitzung seine Amtstätigkeit fortzusetzen.**

A. Drei Anwendungsfälle. In den folgenden Fällen hat der Schöffe bis zur Beendigung der Sitzung seine Amtstätigkeit fortzusetzen: a) Die HV dauert lediglich länger als erwartet; b) sie wird unterbrochen u. später fortgesetzt (§ 229 StPO); c) sie greift (ohne o. nach Unterbrechung) über die Wahlperiode des Schöffen (§ 42) hinaus (BGHSt 8, 250; vgl. aber BGHSt 19, 382). 1

B. Berufsrichter. Für die Berufsrichter am AG u. LG ist eine solche bes. Regelung entbehrlich (BGHSt 8, 250; 19, 382; → § 21e Rn. 17, 18). 2

[Amtsenthebung von Schöffen]

51 (1) **Ein Schöffe ist seines Amtes zu entheben, wenn er seine Amtspflichten gröblich verletzt hat.**

(2) [1]**Die Entscheidung trifft ein Strafsenat des Oberlandesgerichts auf Antrag des Richters beim Amtsgericht durch Beschluss nach Anhörung der Staatsanwaltschaft und des beteiligten Schöffen.** [2]**Die Entscheidung ist nicht anfechtbar.**

(3) [1]**Der nach Absatz 2 Satz 1 zuständige Senat kann anordnen, dass der Schöffe bis zur Entscheidung über die Amtsenthebung nicht zu Sitzungen heranzuziehen ist.** [2]**Die Anordnung ist nicht anfechtbar.**

A. Amtsenthebung. Die Möglichkeit einer Amtsenthebung war in § 113 schon immer für ehrenamtl. Richter der Kammer für Handelssachen vorgesehen (vgl. auch die ähnlichen Regelungen in § 27 ArbGG, § 21 FGO, § 22 SGG, § 24 VwGO) u. ist auch für Schöffen ausdr. geregelt. Sie trägt dem Umstand Rechnung, dass auch Schöffen der Verfassungstreuepflicht aus Art. 33 Abs. 5 GG unterliegen (vgl. BVerfG NJW 2008, 2568). Insbesondere Schöffen, die die freiheitliche demokratische, rechts- u. sozialstaatliche Ordnung ablehnen o. bekämpfen, sind danach ihres Amtes zu entheben. 1

B. Gröbliche Verletzung der Amtspflichten (Abs. 1). Nur eine gröbliche Verletzung der Amtspflichten führt zur Amtsenthebung. Dies ist anzunehmen, wenn der Schöffe ein Verhalten zeigt, das ihn aus objektiver Sicht verständiger Verfahrensbeteiligter ungeeignet für die Ausübung des Schöffenamtes macht, weil er nicht mehr die Gewähr bietet, unparteiisch und nur nach Recht und Gesetz zu entscheiden; Fehlverhalten außerhalb des Amtes genügt, wenn es in die Amtsführung hineinwirkt (KG 6.10.2025 – BeckRS 2025, 29958). Mit Blick auf die Bedeutung des Rechts auf den gesetzlichen Richter und die Tragweite des Eingriffs für den Schöffen ist in besonderem Maße dem Grundsatz der Verhältnismäßigkeit Rechnung zu tragen (deshalb verneint im Fall OLG Hamburg NStZ 2025, 180). Wiederholte, allgemeine Kritik an justizförmigen Verfahrensabläufen und -ergebnissen sowie an der Rolle beteiligter amtlicher Stellen, auch in harscher Form, ist idR vom Recht auf freie Meinungsäußerung gedeckt (KG 6.10.2025 – BeckRS 2025, 29958). 2

Eine solche gröbliche Verletzung der Amtspflichten kann aber vorliegen, wenn der Schöffe in einem Schreiben an die Justizverwaltung zum Ausdruck bringt, dass er Polizeibeamte bereits wegen ihres Berufes für grunds. gefährlich, gewalttätig und minderwertig hält (KG 6.10.2025 – BeckRS 2025, 29958). Sie kann ferner vorliegen bei der Verbreitung v. Hassbotschaften im Internet (KG NStZ-RR 2016, 252) bzw. auf Facebook (OLG Dresden StV 2018, 403) oder der Verbreitung kinderpornographischer Inhalte (BGH StraFo 2022, 32). Sie kann auch bei Mitgliedschaft in einer – bisher aber nicht nach Art. 21 Abs. 2 GG verbotenen – Partei bzw. Organisation (OLG Hamm NStZ-RR 2017, 354; OLG Dresden NStZ-RR 3

2015, 121: „Reichsbürger"), die verfassungsfeindliche Ziele verfolgt, anzunehmen sein (BR-Drs. 539/10, 21; vgl. auch KG NStZ 2020, 104; OLG München StV 2016, 637 Ls.). Daneben kommen als Enthebungsgründe wiederholtes unentschuldigtes Fernbleiben v. Sitzungen, Unerreichbarkeit, Weigerung, unparteiisch zu entscheiden (OLG Celle NStZ-RR 2015, 54), o. Verweigerung der Eidesleistung in Betracht (vgl. dazu Löwe/Rosenberg/Gittermann Rn. 4a ff.). Abs. 1 ist grds. auch auf Fälle anwendbar, in denen dem Schöffen ein Verhalten zur Last gelegt wird, das einen Straftatbestand erfüllt (OLG Zweibrücken NStZ 2023, 766 mwN; **aM** Mayer in Kissel/Mayer Rn. 2; KK-StPO Barthe Rn. 2). Mit Bußgeldern geahndete Verstöße genügen allerdings nicht (vgl. OLG Zweibrücken NStZ 2023, 766).

4 Einzelne OLGe haben entschieden, dass die Haltung einer Schöffin, das Richteramt nur mit getragenem **Kopftuch** auszuüben, eine grobe Amtspflichtverletzung darstellen kann, die die Voraussetzungen des § 51 GVG erfüllt (OLG Braunschweig 14.10.2025 – BeckRS 2025, 27701; OLG Celle 10.7.2025 – BeckRS 2025, 27701). In den entschiedenen Fällen haben sich das OLG Braunschweig und das OLG Celle auf § 31a NJG gestützt, wonach diejenigen, die in einer Verhandlung ihnen obliegende richterliche Aufgaben wahrnehmen, keine sichtbaren Symbole oder Kleidungsstücke tragen dürfen, die eine religiöse, weltanschauliche o. politische Überzeugung zum Ausdruck bringen; damit sollten die verfassungsrechtlich garantierte Funktionsfähigkeit der Rechtspflege und das Vertrauen der Gesellschaft in die Neutralität und Unabhängigkeit der Justiz gewährleistet werden (OLG Braunschweig 14.10.2025 – BeckRS 2025, 27701; OLG Celle 10.7.2025 – BeckRS 2025, 27701; vgl. auch OLG Hamm 11.4.2024 – BeckRS 2024, 8731 (allerdings zu § 52 GVG) sowie OVG Münster NvWZ 2025, 1449, jew. zu § 2 Abs. 1 JNeutG NRW; erg. → Vor § 1 GVG Rn. 4a).

5 Die Entscheidungen verweisen insoweit auch auf die **Rspr. des BVerfG**, das zu § 27 Abs. 1 S. 2 HessJAG entschieden hat, dass die Entscheidung des Gesetzgebers für eine Pflicht, sich im Rechtsreferendariat in weltanschaulich-religiöser Hinsicht neutral zu verhalten, von Verfassung wegen zu respektieren sei (BVerfG NJW 2020, 1049). Insoweit sei, so das BverfG, zu berücksichtigen, dass der Staat dem Bürger in der Justiz klassisch-hoheitlich und daher mit größerer Beeinträchtigungswirkung gegenübertrete (BVerfG NJW 2010, 1049, (1052)). Für die Beurteilung der tatsächlichen Gegebenheiten und Entwicklungen, von der abhänge, ob Werte von Verfassungsrang eine Regelung rechtfertigten, die Justizangehörige aller Bekenntnisse zu äußerster Zurückhaltung in der Verwendung von Kennzeichen mit religiösem Bezug verpflichte, verfüge der Gesetzgeber über eine Einschätzungsprärogative, ob das Tragen religiöser Symbole im Gerichtssaal zu verbieten oder zu erlauben sei (BVerfG NJW 2010, 1049 (1053)).

6 Legt man dies zugrunde dürfte die Weigerung einer Schöffin, jedenfalls soweit der Landesgesetzgeber eine Regelung verabschiedet hat, welches ein Verbot des Tragens religiöser Symbole in Ausübung des Richteramtes postuliert, eine grobe Amtspflichtverletzung darstellen, welche eine Amtsenthebung rechtfertigen kann.

7 **C. Auf Antrag des Richters beim AG (Abs. 2).** Nur auf Antrag des Richters beim AG, der dem Schöffenausschuss vorsitzt (§ 40 Abs. 2), nicht eines anderen Amtsrichters (Löwe/Rosenberg/Gittermann Rn. 7), bzw. gem. § 77 Abs. 3 S. 3 des Vorsitzenden der StrK, der mit dieser Aufgabe nach dem Geschäftsverteilungsplan des LG betraut worden ist (OLG Celle NStZ-RR 2015, 54), kann die Amtsenthebung erfolgen. Die Amtsenthebung ist umfassend u. unabhängig v. Willen des Betroffenen.

8 Vor der Amtsenthebung ist aber eine **Anhörung** der StA u. des Betroffenen (Art. 103 Abs. 1 GG) erforderlich (Abs. 2 S. 1). Die in Abs. 2 S. 2 bestimmte **Unanfechtbarkeit** der Entsch. (sowohl die Amtsenthebung als auch die Ablehnung des Antrags) entspr. § 304 Abs. 4 S. 2 StPO.

9 **D. Zuständigkeit.** Die Entsch. trifft ein Strafsenat des OLG, in dessen Bezirk sich das AG bzw. LG befindet, an dem der Schöffe tätig ist, in der Besetzung mit 3 Richtern (§ 122 Abs. 1). Bestehen bei einem OLG mehrere Strafsenate, wird der

zuständige Sen. (anders als nach § 113 Abs. 3 S. 1) durch den Geschäftsverteilungsplan des OLG bestimmt.

E. Einstweilige Anordnung (Abs. 3). Eine einstweilige Anordnung (Abs. 3) 10
kann das OLG erlassen, wenn ein Schöffe derart schwerwiegend gegen Amtspflichten verstößt, dass das Zuwarten auf eine Entsch. in der Hauptsache nicht zumutbar ist. Das ist insbes. der Fall, wenn ein Strafverfahren unter Mitwirkung des beteiligten Schöffen durchgeführt werden müsste (BR-Drs. 539/10, 22). Eine gesonderte Anhörung des Schöffen ist hier nicht erforderlich. Die Unanfechtbarkeit der Eilentscheidung nach Abs. 3 S. 2 entspr. Abs. 2 S. 2.

[Streichung von der Schöffenliste]

52 (1) [1] **Ein Schöffe ist von der Schöffenliste zu streichen, wenn**
1. **seine Unfähigkeit zum Amt eines Schöffen eintritt oder bekannt wird, oder**
2. **Umstände eintreten oder bekannt werden, bei deren Vorhandensein eine Berufung zum Schöffenamt nicht erfolgen soll.**

[2] **Im Falle des § 33 Nr. 3 gilt dies jedoch nur, wenn der Schöffe seinen Wohnsitz im Landgerichtsbezirk aufgibt.**

(2) [1] **Auf seinen Antrag ist ein Schöffe aus der Schöffenliste zu streichen, wenn er**
1. **seinen Wohnsitz im Amtsgerichtsbezirk, in dem er tätig ist, aufgibt oder**
2. **während eines Geschäftsjahres an mehr als 24 Sitzungstagen an Sitzungen teilgenommen hat.**

[2] **Bei Hauptschöffen wird die Streichung nur für Sitzungen wirksam, die später als zwei Wochen nach dem Tag beginnen, an dem der Antrag bei der Schöffengeschäftsstelle eingeht.** [3] **Ist einem Ersatzschöffen eine Mitteilung über seine Heranziehung zu einem bestimmten Sitzungstag bereits zugegangen, so wird seine Streichung erst nach Abschluß der an diesem Sitzungstag begonnenen Hauptverhandlung wirksam.**

(3) [1] **Ist der Schöffe verstorben oder aus dem Landgerichtsbezirk verzogen, ordnet der Richter beim Amtsgericht seine Streichung an.** [2] **Im Übrigen entscheidet er nach Anhörung der Staatsanwaltschaft und des beteiligten Schöffen.**

(4) **Die Entscheidung ist nicht anfechtbar.**

(5) **Wird ein Ersatzschöffe in die Hauptschöffenliste übertragen, so gehen die Dienstleistungen vor, zu denen er zuvor als Ersatzschöffe herangezogen war.**

(6) [1] **Hat sich die ursprüngliche Zahl der Ersatzschöffen in der Ersatzschöffenliste auf die Hälfte verringert, so findet aus den vorhandenen Vorschlagslisten eine Ergänzungswahl durch den Ausschuß statt, der die Schöffenwahl vorgenommen hatte.** [2] **Der Richter beim Amtsgericht kann von der Ergänzungswahl absehen, wenn sie in den letzten sechs Monaten des Zeitraums stattfinden müßte, für den die Schöffen gewählt sind.** [3] **Für die Bestimmung der Reihenfolge der neuen Ersatzschöffen gilt § 45 entsprechend mit der Maßgabe, daß die Plätze im Anschluß an den im Zeitpunkt der Auslosung an letzter Stelle der Ersatzschöffenliste stehenden Schöffen ausgelost werden.**

A. Von Amts wegen (Abs. 1). Von Amts wegen (Abs. 1) durchzuführen u. 1
obligatorisch ist die Streichung nach Nr. 1 und 2. Die Unfähigkeit ergibt sich aus den §§ 31 S. 2, 32, durch den Tod (vgl. Abs. 3 S. 1; Kusch NStZ 1994, 26 – BGH

RsprÜ) o. aus sonstigen Gründen (Abs. 1 Nr. 1), zB der auf religiöser Überzeugung beruhenden Ablehnung, Männer u. Frauen hins. ihrer Glaubwürdigkeit rechtlich gleich zu behandeln (LG Dortmund NStZ 2007, 360).

2 Die Frage, wie mit der Weigerung einer Schöffin, ihr **Kopftuch** während der Hauptverhandlung abzulegen, rechtlich umzugehen ist, ist nach zutr. Ansicht bei § 51 Abs. 1 GVG zu verorten, da § 52 Abs. 1 Nr. 1 GVG im Zusammenhang mit den §§ 31–34 GVG zu sehen ist, die sich auf die Unfähigkeit zum Schöffenamt beziehen und in denen das Tragen des Kopftuchs nicht genannt wird (OLG Braunschweig 14.10.2025 – BeckRS 2025, 27701; OLG Celle 10.7.2025 – BeckRS 2025, 22354; OVG Münster NVwZ 2025, 1449; **aM** OLG Hamm 11.4.2024 – BeckRS 2024, 8731; → § 51 GVG Rn. 4, 5).

3 Die Gründe des Abs. 1 Nr. 2 ergeben sich aus den §§ 33–35 (vgl. BGHSt 28, 61 (63); Kusch NStZ 1994, 26 – BGH RsprÜ; hins. § 35 **aM** KK-StPO/Barthe Rn. 4; SK-StPO/Degener Rn. 4). Die Streichung ist auch geboten, wenn der Schöffe seinen Wohnsitz an einen anderen Ort außerhalb des Land- (nicht des Amts-)Gerichtsbezirks verlegt (→ § 33 Rn. 4) o. wenn seine Wohngemeinde aus dem Landgerichtsbezirk ausscheidet (BGHSt 28, 61 (63)).

4 **B. Antrag (Abs. 2).** Nur auf Antrag (Abs. 2) führt die Verlegung des Wohnsitzes o. die näher bezeichnete Heranziehung im Übermaß zur Streichung. Wenn die Voraussetzungen vorliegen, muss dem Antrag entsprochen werden. An mehr als 24 Sitzungstagen hat der Schöffe auch dann teilgenommen, wenn eine einzige HV so lange gedauert hat (KK-StPO/Barthe Rn. 5). Gezählt werden aber immer nur die Tage, an denen verhandelt worden ist, wenn auch nur für kurze Zeit (Katholnigg NJW 1978, 2377). Abs. 2 S. 1 Nr. 1 gilt nach § 77 Abs. 5 nicht für einen Schöffen am LG, der innerhalb des LG-Bezirks seinen Wohnsitz wechselt.

5 **C. Entscheidung (Abs. 3).** Die Entscheidung (Abs. 3) trifft bei einem Schöffen des AG der Richter beim AG (§ 45 Abs. 3), der Jugendrichter bei einem Jugendschöffen des AG (§ 34 Abs. 1 JGG), eine (nach § 21e Abs. 1 S. 1 bestimmte) StrK bei einem Schöffen des LG (§ 77 Abs. 3 S. 2). Erforderlich ist eine förmliche Entsch., außer in den Fällen des Abs. 3 S. 1 nach Anhörung der StA u. des Schöffen (BGHSt 28, 61 (64)). Die Anhörung des beteiligten Schöffen ist aber entbehrlich, wenn er selbst den Antrag (Abs. 2) gestellt hat, außer wenn Tatsachen zu seinem Nachteil verwendet werden, zu denen er nicht schon Stellung genommen hat (→ Einl. Rn. 29). Ist der Streichungsantrag erst eingegangen, nachdem bereits eine Sitzung unter Mitwirkung des Schöffen bestimmt war, so hat die Entsch. nach § 54 Abs. 1 den Vorrang (BGH GA 1979, 271; KK-StPO/Barthe Rn. 6).

6 **D. Unanfechtbarkeit (Abs. 4).** Beschwerde ist für den Schöffen u. die StA ausgeschlossen (§ 304 Abs. 1, Abs. 2 StPO; OLG Koblenz NStZ-RR 2015, 122). Die Streichung aus der Hauptschöffenliste führt zwar zu einer Änd. der Besetzung für noch bevorstehende HVen, aber die Besetzungsrüge (§ 338 Nr. 1 StPO) kann auf die Entsch. über die Streichung nicht gestützt werden (§ 336 S. 2 StPO), wenn es sich nicht um einen Fall der Entziehung des ges. Richters handelt (→ § 16 Rn. 6, 8).

7 Bei **Unterlassung einer Entscheidung** infolge Nichterkennens des Streichungsgrundes kann die Revision nur darauf gestützt werden, dass ein Schöffe bei dem Urt. mitgewirkt hat, der für das Schöffenamt unfähig war (→ § 32 Rn. 7). Der Verstoß gegen eine Sollvorschrift, die der Berufung entgegenstand, macht die Besetzung nicht vorschriftswidrig iSd § 338 Nr. 1 StPO (vgl. → § 36 Rn. 3; → StPO § 337 Rn. 4).

8 **E. Übertragung eines Ersatzschöffen (Abs. 5).** Die Übertragung eines Ersatzschöffen (Abs. 5) wird durch die Streichung des Hauptschöffen ausgelöst (§ 49 Abs. 2 S. 1) u. von der Schöffengeschäftsstelle durchgeführt (§ 49 Abs. 3 S. 3). Die Übertragung kann dazu führen, dass Pflichten, die noch aus der Zeit des Ersatzschöffenamtes herrühren, u. neue Hauptschöffenaufgaben nebeneinander bestehen. Dieser Fall kann insbes. deshalb eintreten, weil der Schöffe nach § 49 Abs. 2 S. 1 in

die Termine des ausgeschiedenen Hauptschöffen eintritt (Katholnigg NJW 1978, 2377). Bei Kollision haben die noch verbleibenden Ersatzschöffenpflichten den Vorrang.

F. Ergänzungswahl (Abs. 6 iVm § 42). Eine Ergänzungswahl (Abs. 6 iVm § 42) zur Auffüllung der Ersatzschöffenliste ist notwendig, wenn diese auf die Hälfte geschrumpft ist. Dabei wird derselbe Ausschuss tätig; ein verhindertes Mitglied kann aber vertreten werden. 9

Keine Ergänzungswahl, sondern eine **Wiederholungswahl** ist vorzunehmen, wenn die Schöffenwahl nach § 42 unwirksam war u. daher v. vornherein nicht genügend Schöffen vorhanden waren (BGHSt 33, 261 (265); LG Frankfurt a. M. NJW 1985, 157; **aM** LG Frankfurt a. M. NJW 1985, 928). 10

[Ablehnungsgründe]

53 (1) [1] **Ablehnungsgründe sind nur zu berücksichtigen, wenn sie innerhalb einer Woche, nachdem der beteiligte Schöffe von seiner Einberufung in Kenntnis gesetzt worden ist, von ihm geltend gemacht werden.** [2] **Sind sie später entstanden oder bekannt geworden, so ist die Frist erst von diesem Zeitpunkt zu berechnen.**

(2) [1] **Der Richter beim Amtsgericht entscheidet über das Gesuch nach Anhörung der Staatsanwaltschaft.** [2] **Die Entscheidung ist nicht anfechtbar.**

A. Abschließende Aufzählung. Die Ablehnungsgründe sind in § 35 abschl. aufgeführt (BGHSt 9, 203). Werden Ablehnungsgründe rechtzeitig geltend gemacht, so tritt eine völlige Befreiung v. Schöffendienst für die ganze Wahlperiode o. ihren Rest ein; der Schöffe ist v. der Liste zu streichen (KK-StPO/Barthe Rn. 1). Die Ablehnungserklärung kann schriftlich o. zu Prot. der Geschäftsstelle abgegeben werden. 1

B. Zuständigkeit (Abs. 2 S. 1). → § 52 Rn. 3. 2

C. Unanfechtbarkeit (Abs. 2 S. 2). → § 52 Rn. 4. 3

[Entbindung vom Schöffenamt an einzelnen Sitzungstagen]

54 (1) [1] **Der Richter beim Amtsgericht kann einen Schöffen auf dessen Antrag wegen eingetretener Hinderungsgründe von der Dienstleistung an bestimmten Sitzungstagen entbinden.** [2] **Ein Hinderungsgrund liegt vor, wenn der Schöffe an der Dienstleistung durch unabwendbare Umstände gehindert ist oder wenn ihm die Dienstleistung nicht zugemutet werden kann.**

(2) [1] **Für die Heranziehung von Ersatzschöffen steht es der Verhinderung eines Schöffen gleich, wenn der Schöffe nicht erreichbar ist.** [2] **Ein Schöffe, der sich zur Sitzung nicht einfindet und dessen Erscheinen ohne erhebliche Verzögerung ihres Beginns voraussichtlich nicht herbeigeführt werden kann, gilt als nicht erreichbar.** [3] **Ein Ersatzschöffe ist auch dann als nicht erreichbar anzusehen, wenn seine Heranziehung eine Vertagung der Verhandlung oder eine erhebliche Verzögerung ihres Beginns notwendig machen würde.** [4] **Die Entscheidung darüber, daß ein Schöffe nicht erreichbar ist, trifft der Richter beim Amtsgericht.** [5] **§ 56 bleibt unberührt.**

(3) [1] **Die Entscheidung ist nicht anfechtbar.** [2] **Der Antrag nach Absatz 1 und die Entscheidung sind aktenkundig zu machen.**

A. Entscheidung des Vorsitzenden. Der **Vorsitzende** des SchG, beim LG der Vorsitzende der StrK (§ 77 Abs. 3 S. 3), entscheidet nach **pflichtgemäßem Ermessen** unter Abwägung aller Umstände des Einzelfalls, insbes. unter Berücksichtigung der Belange des Schöffen, des Verfahrensstandes, der voraussichtlichen Dauer des Verf. u. der hohen Bedeutung des Rechts auf den ges. Richter (vgl. 1

BGH NStZ 2022, 313) über einen Entbindungsantrag (Abs. 1) u. über die Heranziehung eines Ersatzschöffen bei Unerreichbarkeit des zunächst berufenen Schöffen (Abs. 2; → § 47 Rn. 2; → Rn. 7, 8). Denn es handelt sich um die Führung seiner Sitzung. Der Anhörung der StA bedarf es bei den Entsch. nach § 54 nicht. Betreibt ein Schöffe zugleich seine Entbindung im Einzelfall u. seine Streichung aus der Schöffenliste (§ 52 Abs. 2), so ist über beide Anträge selbständig zu entscheiden (BGHSt 27, 105; Katholnigg NJW 1978, 2378). Ein Widerruf der Entbindung ist nach deren Eingang bei der Schöffengeschäftsstelle nicht mehr wirksam (BGHSt 30, 149 BGH StV 1983, 497), sofern die Entbindung nicht gegen Art. 101 Abs. 1 S. 2 GG verstoßen hatte (BGHSt 31, 3).

2 Eine bestimmte **Form** der Entsch. ist nicht vorgeschrieben; telefonische Entbindung genügt. Der Antrag u. die Entsch. müssen aber in einer Weise aktenkundig gemacht werden (Abs. 3 S. 2), die dem Rechtsmittelgericht erforderlichenfalls eine Überprüfung am Maßstab der Willkür ermöglicht (vgl. BGH NStZ 2022, 313). Mit Rücksicht auf Abs. 3 S. 1, § 336 S. 2 Alt. 1 StPO kommt eine Richtigkeitsprüfung über den Willkürmaßstab hinaus allerdings nicht in Betracht u. ist auch verfassungsrechtlich nicht geboten (BGH NStZ 2015, 714; vgl. ferner BGHSt 59, 75 (79 f.); BGH NStZ-RR 2016, 54; s. aber auch BGH – 2. StS – NStZ 2015, 350 sowie NStZ 2017, 491 und NStZ 2022, 313 mkritAnm Arnoldi/Neumann, wo der Prüfungsmaßstab offenbar weiter interpretiert wird; krit. dazu Arnoldi NStZ 2015, 714 sowie BGH NStZ 2017, 492; erg. → Rn. 6, 10).

3 **B. Hinderungsgründe (Abs. 1 S. 2).** Hinderungsgründe (Abs. 1 S. 2) brauchen entgegen dem Gesetzeswortlaut noch nicht eingetreten zu sein; ihr Bevorstehen zzt. der Dienstleistung genügt (Rieß JR 1982, 256). Sie können bei einem Hauptschöffen u. bei herangezogenen Ersatzschöffen auf unabwendbaren Umständen o. auf Unzumutbarkeit beruhen. Das ist im Hinblick auf die Bedeutung des Schöffenamts eng auszulegen (BGHSt 28, 61 (66); BGH NStZ 2022, 313 mkritAnm Arnoldi/Neumann). Der Vorsitzende braucht die geltend gemachten Hinderungsgründe nicht nachzuprüfen, wenn er sie für glaubhaft hält (BGH NStZ 1982, 476).

4 **I. Unabwendbare Umstände.** Dass der Schöffe diese Umstände selbst verursacht hat, spielt keine Rolle (Katholnigg NJW 1978, 2378). Der Hauptfall ist Erkrankung mit Bettlägerigkeit. Es genügt aber zB auch erhebliche Schwerhörigkeit (BGHSt 22, 290). Ärztliches Attest o. Arbeitsunfähigkeitsbescheinigung – auch ohne Diagnose – entschuldigt (BGH BeckRS 2021, 3538; OLG Düsseldorf NStZ-RR 2011, 215), sofern nicht konkrete Umstände darauf hindeuten, dass der Schöffe sich aus unerlaubten Gründen der Dienstleistung entziehen will (BGH BeckRS 2021, 3538; s. aber auch → Rn. 6 ff.).

5 **II. Unzumutbarkeit.** Mit Hilfe dieses Kriteriums kann der Richter die **Umstände des Einzelfalls u. die Situation des Schöffen** in stärkerem Maß berücksichtigen als bei dem Kriterium der unabwendbaren Umstände. Das eigene Verursachen der Umstände, mit denen der Schöffe die Unzumutbarkeit begründen, kann, insbes. bei Voraussehbarkeit der Schöffenpflicht, berücksichtigt werden. Unter dem Gesichtspunkt der Unzumutbarkeit kann zB ein herangezogener Ersatzschöffe entbunden werden, der während einer länger dauernden HV nach Durchlauf der Schöffenliste erneut an der Reihe ist, wenn er an einem noch freien Tag an einer anderen Sitzung teilnehmen soll (Katholnigg NJW 1978, 2378). Unzumutbarkeit liegt nicht schon vor, wenn ein Prüfungsverfahren nach § 52 Abs. 1 Nr. 2 oder Abs. 2 läuft (BGHSt 27, 105; 28, 61 (65)). Ob die Unzumutbarkeit besteht, wenn ein Streichungsverfahren nach § 52 Abs. 1 Nr. 1 läuft, kann nur im Einzelfall beurteilt werden. Eine Entbindung „aus Gewissensgründen" ist nicht möglich (OLG Karlsruhe NJW 1996, 606; krit. Lisken NJW 1997, 34). Die Drohung des Arbeitgebers, den Schöffen bei Teilnahme an einer außerordentlich langen o. für die beruflichen Aufgaben des Schöffen sonst exzeptionell ungünstig liegenden HV zu entlassen, ist ein Eingriff in die Entscheidungsfreiheit des Richters, der möglicherweise eine Nötigung darstellt u. zudem Anlass gibt, den Schöffen durch Belehrung des Arbeitgebers aus Gründen der Fürsorge (→ Einl. Rn. 155) zu schützen

(BGHSt 27, 344 (346)). Das schließt jedoch nicht völlig aus, dass die Drohung im Einzelfall als Hinderungsgrund anzuerkennen ist (vgl. Holtz MDR 1978, 626 – BGH RsprÜ; SK-StPO/Degener Rn. 7).

Berufliche Umstände begründen nur ausnahmsweise die Unzumutbarkeit. Zu berücksichtigen sind lediglich Berufsgeschäfte, die der Schöffe nicht o. nicht ohne erheblichen Schaden für sich o. den Betrieb aufschieben o. bei denen er sich nicht durch einen anderen vertreten lassen kann, weil die Geschäfte ihrer Art nach eine Vertretung nicht zulassen o. kein geeigneter Vertreter zur Vfg. steht (BGHSt 28, 61 (66); BGH NJW 1978, 1169; NStZ 2015, 350); OLG Brandenburg BeckRS 2025, 6627. 6

Ein nachweislich auf **Urlaub** gestützter Entbindungsantrag rechtfertigt regelmäßig die Befreiung. Ausnahmsweise können Rückfragen o. Nachforschungen zur Klärung der Zumutbarkeit geboten sein, so zB wenn der Schöffe bereits wegen eines längeren Urlaubs im Geschäftsjahr entbunden worden war o. konkrete Anhaltspunkte dafür bestehen, dass er sich der Teilnahme an der HV entziehen will (vgl. BGH NStZ 2018, 616); diejenigen Umstände, die die Annahme des Hinderungsgrundes tragen, sind dann zu dokumentieren (BGH NStZ 2015, 350; vgl. auch 2017, 491), wobei stichwortartige, den Hinderungsgrund aber zutr. beschriebene Informationen genügen (BGH StV 2015, 754: geringere Anforderungen an die Dokumentation als bei der Entbindung wegen Verhinderung aus beruflichen Gründen; ebenso Mosbacher JuS 2022, 126 (127 f.)). Regelmäßig darf der Vorsitzende sich jedoch mit der Erkl. des Schöffen begnügen, wenn er sie für glaubhaft u. weitere Nachforschungen für überflüssig hält (BGH NStZ 2018, 616; 1982, 476; NJW 1977, 443). Die Verschiebung eines länger geplanten Erholungsurlaubs ist für den Schöffen regelmäßig unzumutbar (BGH NStZ 2018, 616). 6a

C. Unerreichbarkeit (Abs. 2). Ein Hauptschöffe ist unerreichbar, wenn ihm die Benachrichtigung (§ 46) o. die Ladung nicht übermittelt werden kann (KK-StPO/Barthe Rn. 14). Das Gleiche gilt, wenn er bei dem Versuch, ihn an die Sitzung zu erinnern o. ihn herbeizuholen, nicht angetroffen wird. Der unerreichbare Schöffe wird nicht vAw v. der Teilnahme an der Sitzung entbunden; vielmehr zieht der Vorsitzende (→ Rn. 1) für ihn nach § 47 einen **Ersatzschöffen** heran (BayObLG MDR 1979, 1044). Diese Anordnung ist aktenkundig zu machen; einer bes. Begründung des Verhinderungsfalles bedarf es dabei nicht (vgl. Holtz MDR 1977, 639 – BGH RsprÜ). 7

Bei kleiner **Verspätung** kann die Heranziehung eines Ersatzschöffen überflüssig sein. Daher wird idR die ortsübliche Zeit auf den Schöffen zu warten u. zu versuchen sein, ihn telefonisch o. durch Gerichtswachtmeister, Polizei ua herbeizuholen (Katholnigg NJW 1978, 2378). Wenn v. vornherein anzunehmen ist, dass dadurch eine erhebliche Verzögerung nicht zu vermeiden ist, kann v. solchen Versuchen abgesehen werden (Katholnigg NJW 1978, 2378). 8

D. Mehrere Sachen an einem Sitzungstag. Sind mehrere Sachen an einem Sitzungstag angesetzt, so entfällt die Unerreichbarkeit des zunächst berufenen Schöffen u. endet die Heranziehung des Ersatzschöffen, wenn sich ersterer vor Beginn einer neuen Sache zur Teilnahme meldet. Hatte sich der Vorsitzende zur Prüfung iSd Abs. 2 S. 2 vor Beginn der Sitzung nach dem Verbleib des nichterschienenen Schöffen erkundigt u. erfahren, dieser sei zur Wahrnehmung der Sitzung aufgebrochen, so muss sich der Vorsitzende jew. vor Beginn einer neuen Sache erkundigen, ob der zunächst berufene Schöffe jetzt erreichbar ist (BayObLG MDR 1979, 1044; KK-StPO/Barthe Rn. 19). 9

E. Verlegung des ordentlichen Sitzungstags. Bei Verlegung des ordentlichen Sitzungstags ist für die Entbindung des Schöffen v. der Dienstleistung seine Verhinderung am tatsächlichen Sitzungstag, nicht die am ordentlichen Sitzungstag bestimmten Tag maßgeblich (BGHSt 59, 75). 9a

F. Unanfechtbarkeit (Abs. 3 S. 1). Unanfechtbar (Abs. 3 S. 1) ist die Entsch. über den Entbindungsantrag (Abs. 1), nicht aber der Widerruf der Entbindung 10

(BGHSt 30, 149; 31, 3 (4)). Unanfechtbar ist auch die Entsch. über die Unerreichbarkeit (Abs. 2 S. 4). Denn die Ersetzung des unerreichbaren Schöffen durch einen anderen kommt in der rechtlichen Wirkung einer Entbindung des ersteren gleich. Infolge des Ausschlusses der Beschwerde ist die **Besetzungsrüge (§ 338 Nr. 1 StPO) ausgeschlossen** (§ 336 S. 2 StPO), **wenn nicht** ein Fall der **willkürlichen Richterentziehung** vorliegt (BGHSt 59, 75; BGH NStZ 2018, 616; BGH 10.11.2021 – 2 StR 299/19; OLG Brandenburg BeckRS 2025, 6627; OLG Köln BeckRS 2024, 23919; OLG Hamm NStZ 2001, 611; OLG Karlsruhe NStZ 1981, 272; → § 16 Rn. 6, 8; → § 222b Rn. 19; vgl. auch BVerfG 16.12.2021 – 2 BvR 2076/21, 2 BvR 2113/21). Für die Annahme v. Willkür reicht eine grob fehlerhafte Entbindung aus (BGHSt 31, 3 (5); BGH 10.11.2021 – 2 StR 299/19), nicht aber bei reinen Rechtsfehlern infolge Tatsachenirrtum (s. BVerfG NStZ-RR 2022, 76). Bei Entbindung wegen Urlaubs des Schöffen scheidet Willkür im Regelfall aus (vgl. BGH NStZ 2018, 616; s. aber auch BGH NStZ 2022, 313 sowie → Rn. 2, 6a).

[Entschädigung]

55 Die Schöffen und Vertrauenspersonen des Ausschusses erhalten eine Entschädigung nach dem Justizvergütungs- und -entschädigungsgesetz.

1 **Nach § 15 Abs. 1 JVEG** erhalten die Schöffen u. Vertrauenspersonen Entschädigung für Fahrtkosten, Aufwand, Aufwendungen, Zeitversäumnis, für Nachteile bei der Haushaltsführung u. für Verdienstausfall.

[Unentschuldigtes Ausbleiben]

56 (1) [1] **Gegen Schöffen und Vertrauenspersonen des Ausschusses, die sich ohne genügende Entschuldigung zu den Sitzungen nicht rechtzeitig einfinden oder sich ihren Obliegenheiten in anderer Weise entziehen, wird ein Ordnungsgeld festgesetzt.** [2] **Zugleich werden ihnen auch die verursachten Kosten auferlegt.**

(2) [1] **Die Entscheidung trifft der Richter beim Amtsgericht nach Anhörung der Staatsanwaltschaft.** [2] **Bei nachträglicher genügender Entschuldigung kann die Entscheidung ganz oder zum Teil zurückgenommen werden.** [3] **Gegen die Entscheidung ist Beschwerde des Betroffenen nach den Vorschriften der Strafprozeßordnung zulässig.**

1 **A. Zwingend vorgeschrieben.** Zwingend vorgeschrieben sind die Maßnahmen, wenn ihre Voraussetzungen vorliegen. Einzelheiten der Festsetzung des Ordnungsgeldes regeln Art. 6 ff. **EGStGB.**

2 **I. Ohne genügende Entschuldigung.** Vgl. → StPO § 51 Rn. 10 ff. Die Benachrichtigung nach § 46 muss nachgewiesen sein. Eine mündliche Ladung reicht aber aus (OLG Koblenz OLGSt GVG § 56 Nr. 2). Ein nach § 54 von der Dienstleistung entbundener Schöffe ist stets entschuldigt; gegen ihn kann daher, auch wenn er die Entbindung durch unwahre Angaben erschlichen hat, kein Ordnungsgeld verhängt werden (OLG Frankfurt a. M. NJW 1996, 1687).

3 **II. Nicht rechtzeitig (Abs. 1).** Dazu gehört auch das Nichterscheinen (→ StPO § 51 Rn. 3). Kurzes Zuwarten mit der Maßregelung ist angebracht, soweit es den Bet. zugemutet werden kann (→ Rn. 6). Der Vorsitzende kann sich inzwischen um Ersatz nach § 49 bemühen. Die Berufung des Ersatzschöffen wird nicht dadurch wieder hinfällig, dass der zunächst berufene Schöffe nachher noch erscheint (zu einem ähnlichen Fall BGHSt 22, 289).

4 **III. Sonstige Obliegenheiten.** Sonstige Obliegenheiten sind solche prozessualen Mitwirkungspflichten, die gewährleisten, dass das Gericht in ordnungsgemäßer Besetzung tagen u. entscheiden kann (KG StraFo 2021, 35; KK-StPO/Barthe

Rn. 3). Hierzu gehört die Verpflichtung, eine Verhinderung möglichst frühzeitig anzuzeigen, damit die erforderlichen organisatorischen Maßnahmen, insbes. die Heranziehung v. Ersatzschöffen o. die Verlegung des Termins vorgenommen werden können (KG StraFo 2021, 35). Zu diesen Obliegenheiten gehören auch Eidesleistung u. Beteiligung an der Abstimmung (§ 195; § 45 **DRiG**). Der Schöffe verletzt seine Pflicht schon dann, wenn er v. vornherein bestimmt erklärt, er weigere sich, sachlich irgendwie richterlich mitzuwirken (OLG Frankfurt a. M. NJW 1992, 3183), u. werde bei den Beschlussabstimmungen u. in der Urteilsberatung sich der Stimme enthalten. Hier kann § 56 schon anwendbar sein, wenn die Sitzung beginnen soll (KG 4.7.1966 – 4 Ws 58/66). Die Verletzung des Beratungsgeheimnisses (§ 45 Abs. 1 S. 2 DRiG) kann nicht nach § 56 geahndet werden (KG JR 1987, 302; Löwe/Rosenberg/Gittermann Rn. 4a; **aM** Schmidt-Räntsch DRiG § 45 Rn. 4), ebenso wenig sonstige Pflichtverletzungen (OLG Frankfurt a. M. NStZ 1990, 503; SK-StPO/Degener Rn. 6), ein Verhalten, das zur Ablehnung des Schöffen wegen Besorgnis der Befangenheit führt (KG NStZ 1999, 427) o. das Verlangen nach einer Zwischenberatung (LG Münster NJW 1993, 1088). Bei wiederholten, erheblichen Pflichtverletzungen wird Streichung v. der Schöffenliste entspr. § 52 Abs. 1 Nr. 1 befürwortet (v. Danwitz ZRP 1995, 443; zw.).

B. Entscheidung. Die Entscheidung ergeht ohne Schöffenmitwirkung nach Anhörung des StA durch den Vorsitzenden des SchG o. der StrK (§ 77 Abs. 3 S. 3), nicht erst iVm der Entsch. über die Kosten u. Auslagen nach §§ 464 ff. StPO. Wenn den Schöffen kein Verschulden an der Unterbrechung o. Vertagung der HV trifft, wird der Angeklagte, falls er verurteilt wird o. sein Rechtsmittel keinen Erfolg hat, auch mit den durch das Ausbleiben des Schöffen entstandenen Mehrkosten belastet (OLG Hamm MDR 1977, 865). Die Höhe des Ordnungsgeldes richtet sich nach Art. 6 EGStGB; Ersatzordnungshaft scheidet aus (SK-StPO/Degener Rn. 10). 5

C. Anhörung des Betroffenen. Ist der Schöffe nicht anwesend, so braucht er vor dem Beschl. nicht gehört zu werden (KK-StPO/Barthe Rn. 5). Er ist auf die Folgen des Ausbleibens ohne genügende Entschuldigung nach § 46 schon hingewiesen worden. Ist der Schöffe vor dem Erlass des Beschl. erschienen, so wird er gehört; ebenso bei Verletzung sonstiger Obliegenheiten (→ Rn. 4). 6

D. Zurücknahme (Abs. 2 S. 2). Zurückzunehmen (Abs. 2 S. 2) ist der Beschl. bei nachträglicher genügender Entschuldigung, u. zwar ganz o. zT, sei es, dass die Entschuldigungsgründe durch den Betroffenen dargetan, sei es, dass sie sonst bekannt werden. Eine Ausschlussfrist ist hierfür nicht vorgesehen. Im Gegensatz zu § 51 Abs. 2 S. 3 StPO ist die Aufhebung bei nachträglicher Entschuldigung nicht zwingend vorgeschrieben. Dadurch soll aber nur ermöglicht werden, den Beschl. so abzuwandeln, dass er nur dem verbleibenden Verschulden Rechnung trägt, zB dem schuldhaften Verzögern der Entschuldigung (OLG Koblenz MDR 1993, 1229). 7

E. Wiederholung der Maßregeln. Die Belastung mit den Kosten **(Abs. 1 S. 2)** ist wiederholt zulässig, ebenso die Wiederholung des Ordnungsgeldes (KK-StPO/Barthe Rn. 7), u. zwar nicht nur einmal (wie nach § 51 Abs. 1 S. 4 StPO), sondern so oft, wie der Pflichtige seine Pflicht verletzt. 8

F. Beschwerde (Abs. 2 S. 2). Beschwerde gegen den Beschl. steht dem Betroffenen zu (§ 304 Abs. 2 StPO). Wenn die Beschwerde nachträgliches Entschuldigungsvorbringen enthält, gelten die Grundsätze zu § 51 StPO (→ StPO § 51 Rn. 28) entspr. (OLG Düsseldorf MDR 1983, 690). Die StA kann sich gegen die Festsetzung des Ordnungsgeldes u. die Kostenauferlegung o. gegen deren Ablehnung nicht beschweren, selbst wenn sie einen Antrag gestellt hatte; denn sie hat in dem Verf. nur ein Anhörungsrecht, aber kein weitergehendes Beteiligungsrecht. 9

[Bestimmung der Fristen]

57 **Bis zu welchem Tag die Vorschlagslisten aufzustellen und dem Richter beim Amtsgericht einzureichen sind, der Ausschuß zu berufen und die Auslosung der Schöffen zu bewirken ist, wird durch die Landesjustizverwaltung bestimmt.**

[Gemeinsames Amtsgericht]

58 (1) [1]**Die Landesregierungen werden ermächtigt, durch Rechtsverordnung einem Amtsgericht für die Bezirke mehrerer Amtsgerichte die Strafsachen ganz oder teilweise, Entscheidungen bestimmter Art in Strafsachen sowie Rechtshilfeersuchen in strafrechtlichen Angelegenheiten von Stellen außerhalb des räumlichen Geltungsbereichs dieses Gesetzes zuzuweisen, sofern die Zusammenfassung für eine sachdienliche Förderung oder schnellere Erledigung der Verfahren zweckmäßig ist.** [2]**Die Landesregierungen können die Ermächtigung durch Rechtsverordnung auf die Landesjustizverwaltungen übertragen.**

(2) [1]**Wird ein gemeinsames Schöffengericht für die Bezirke mehrerer Amtsgerichte eingerichtet, so bestimmt der Präsident des Landgerichts (Präsident des Amtsgerichts) die erforderliche Zahl von Haupt- und Ersatzschöffen und die Verteilung der Zahl der Hauptschöffen auf die einzelnen Amtsgerichtsbezirke.** [2]**Ist Sitz des Amtsgerichts, bei dem ein gemeinsames Schöffengericht eingerichtet ist, eine Stadt, die Bezirke der anderen Amtsgerichte oder Teile davon umfaßt, so verteilt der Präsident des Landgerichts (Präsident des Amtsgerichts) die Zahl der Ersatzschöffen auf diese Amtsgerichte; die Landesjustizverwaltung kann bestimmte Amtsgerichte davon ausnehmen.** [3]**Der Präsident des Amtsgerichts tritt nur dann an die Stelle des Präsidenten des Landgerichts, wenn alle beteiligten Amtsgerichte seiner Dienstaufsicht unterstehen.**

(3) **Die übrigen Vorschriften dieses Titels sind entsprechend anzuwenden.**

1 **A. Zusammenfassung durch RechtsVO (Abs. 1).** Nur durch RechtsVO (Abs. 1) kann durch Zusammenfassung mehrerer AG-Bezirke ein neuer AG-Bezirk gebildet werden (BVerfGE 24, 155 (166); 30, 103 (106)), da hierdurch in die Gerichtsbezirke eingegriffen u. der ges. Richter geänd. wird. Vgl. zB in Bayern § 30 GZVJu, in Hessen VO v. 8.6.1968 (GVBl. I 170), letzte ÄndVO v. 12.10.1992 (GVBl. I 473), in Mecklenburg-Vorpommern §§ 9, 10 VO v. 28.3.1994 (GVOBl. 514), in Nordrhein-Westfalen VO v. 30.12.1961 (GVNW 1962, 9), letzte ÄndVO v. 24.9.1991 (GVNW 373), in Sachsen VO v. 6.8.1996 (GVBl. 369).

2 **B. Konzentration der örtlichen Zuständigkeit.** Nur Konzentration der örtlichen Zuständigkeit auf der AG-Ebene ist nach § 58 zulässig, u. zwar über die LG-Bezirke hinweg, jedoch nur innerhalb des Landes (BVerfGE 24, 155 (168); 30, 103 (107)). Für Jugendsachen vgl. § 33 Abs. 3 **JGG.** Weitere Regelungen: § 78a Abs. 2 für StVollstrK, § 391 Abs. 1, Abs. 2 AO für Steuerstrafsachen, § 13 Abs. 1 WiStG 1954 für Wirtschaftsstrafsachen, § 38 Abs. 1 AWG für Außenwirtschaftssachen u. § 38 Abs. 1 MOG für EG-Marktordnungssachen sowie in Binnenschifffahrtssachen § 4 BinSchVerfG.

3 **I. Sachdienliche Förderung oder schnellere Erledigung.** Für eine sachdienliche Förderung oder schnellere Erledigung muss die Zusammenfassung zweckmäßig sein **(Abs. 1 S. 1).** Mit dieser Klausel wird Zweck u. Ausmaß der Ermächtigung zum Erlas. v. RechtsVOen näher bestimmt (Art. 80 Abs. 1 S. 2 GG). Abs. 1 S. 1 ist, ebenso wie § 33 Abs. 3 **JGG** u. § 391 Abs. 2 S. 1 **AO,** mit dem GG vereinbar (BVerfGE 24, 155; 30, 103).

II. Ganz oder teilweise Zuweisung von Strafsachen. Die Strafsachen ganz oder teilweise können dem einen AG genommen u. dem anderen zugewiesen werden. Die Hauptbedeutung des Abs. 1 liegt darin, dass die Haftsachen für mehrere Bezirke bei dem AG zusammengefasst werden können, bei dem sich eine UHaftvollzugsanstalt befindet (OLG Köln NStZ-RR 2000, 273; OLG Nürnberg NStZ 1987, 37; vgl. § 22 Abs. 3 Nr. 2 ZuVOJu u. dazu LG Offenburg NStZ-RR 2000, 246: keine Fortwirkung der dadurch begründeten Zuständigkeit nach Anklageerhebung), u. dass für mehrere AG-Bezirke ein gemeinsames SchG eingerichtet werden kann (vgl. Abs. 2). Die Zuständigkeitskonzentration nur für die Fälle, in denen das erweiterte SchG (§ 29 Abs. 2) entscheidet, ist nicht zulässig (Dallinger JZ 1953, 434). 4

III. Entscheidungen bestimmter Art. ZB kann die Entsch. über den Erlass eines Haftbefehls gegen einen v. der Polizei vorl. Festgenommenen (§ 127 Abs. 2 StPO) bei dem AG am Sitz der StA (o. einer Zweigstelle) konzentriert werden, um der StA die Freilassung (vgl. § 120 Abs. 3 StPO) vor der richterlichen Entsch. (§ 128 Abs. 2 StPO) u. andernfalls die Abgabe einer Erkl. (§ 33 Abs. 2 StPO) vor der richterlichen Entsch. praktisch zu erleichtern. 5

Die Konzentrationsmöglichkeit nach Abs. 1 gilt nur für strafrechtliche Angelegenheiten (vgl. erg. → Rn. 8 zu Rechtshilfeersuchen). 6

C. Einrichtung eines gemeinsamen SchG (Abs. 2; § 43). Die Verteilung der Ersatzschöffen regeln S. 2 und 3 für den dort bezeichneten Sonderfall. Darüber hinaus kommt eine Verteilung v. Ersatzschöffen nicht in Betracht. 7

D. BRD-interne Rechtshilfesachen (§§ 156, 157). Die BRD-internen Rechtshilfesachen in strafrechtlichen Angelegenheiten (Abs. 1 S. 1, §§ 156, 157) können für die Bezirke mehrerer AGe einem v. ihnen ganz o. teilw. zugewiesen werden (§ 157 Abs. 2). 8

E. In den neuen Bundesländern. In den neuen Bundesländern gilt die durch den EVertr (Anl. I Kap. III Sachgebiet A Abschn. III Nr. 1n) den Landesregierungen erteilte Ermächtigung, durch RechtsVO einem Gericht für die Bezirke mehrerer Gerichte Sachen aller Art ganz o. teilw. zuzuweisen, fort; danach können die Länder durch Vereinbarung Aufgaben auch dem Gericht eines anderen Landes übertragen. 9

Fünfter Titel. Landgerichte

[Besetzung]

59 (1) **Die Landgerichte werden mit einem Präsidenten sowie mit Vorsitzenden Richtern und weiteren Richtern besetzt.**

(2) **Den Richtern kann gleichzeitig ein weiteres Richteramt bei einem Amtsgericht übertragen werden.**

(3) **Es können Richter auf Probe und Richter kraft Auftrags verwendet werden.**

A. Besetzung. Der Präs hat eine Doppelfunktion: Er ist Richter (§§ 21e Abs. 1 S. 3, 21f Abs. 1) u. hat Verwaltungsaufgaben, u. zwar in der gerichtlichen Selbstverwaltung (§§ 21a ff.) u. der JV (→ § 21e Rn. 20; → § 21h Rn. 1). Vorsitzender Richter: § 21f Abs. 1. Weitere Richter iS Abs. 1 sind die Richter am LG (§ 19a Abs. 1 DRiG), Richter auf Probe (Abs. 3; § 12 DRiG), Richter kraft Auftrags (Abs. 3; § 14 DRiG) u. an das LG abgeordnete Richter (§ 37 DRiG). 1

B. Doppelernennung (Abs. 2). Vgl. → § 22 Rn. 2. Abs. 2 gilt für die Richter u. die Vorsitzenden Richter am LG. 2

C. Richter auf Probe (Abs. 3). Vgl. § 22 Abs. 5. Die Regelung gilt auch für die Besetzung der StVollstrK (KG StraFo 2019, 372). 3

4 Bei einer **gerichtlichen Entscheidung** darf grds. **nicht mehr als ein Richter auf Probe** o. ein Richter kraft Auftrags o. ein abgeordneter Richter mitwirken (§ 29 Abs. 1 DRiG). Die Rückabordnung während eines laufenden Verfahrens beförderter o. versetzter Lebenszeitrichter o. Lebenszeitrichterinnen ist hiervon ausgenommen (§ 29 Abs. 2 DRiG, eingef. durch das G zur Fortentwicklung der StPO v. 25.6.2021); damit soll verhindert werden, dass die Fortsetzung laufender Verfahren durch die Beförderung o. Versetzung daran beteiligter Richter o. Richterinnen gefährdet wird (BT-Drs. 19/27654, 119).

[Zivil- und Strafkammern]

60 (1) **Bei jedem Landgericht werden, soweit nichts anders bestimmt ist, sowohl Zivil- als auch Strafkammern gebildet.**

(2) [1]**Die Landesregierungen werden ermächtigt, durch Rechtsverordnung bei einem Landgericht mit mindestens 100 Richterstellen ausschließlich Zivil- oder Strafkammern zu bilden und diesem für die Bezirke mehrerer Landgerichte die Zivil- oder Strafsachen zuzuweisen.** [2]**Die Landesregierungen können die Ermächtigung nach Satz 1 auf die Landesjustizverwaltungen übertragen.**

1 **A. StrK.** Zuständigkeitsbereich §§ 73–74c, 78a. Auch die Kammer nach § 74a Abs. 4 ist eine StrK, ebenso die „kleine StrK", die lediglich in der HV in anderer Besetzung als die große StrK entscheidet (§ 76 Abs. 1). Über die „kleine" StVollstrK vgl. § 78b Abs. 1 Nr. 2.

2 **B. Zahl der „institutionellen" ordentlichen Kammern.** Die Zahl der „institutionellen" ordentlichen Kammern, die dauernde Einrichtungen sind (BGHSt 21, 260), bestimmt die JV (BGHSt 20, 132), in Bayern das JM (Art. 5 AGGVG), in den anderen Ländern der LGPräs (Löwe/Rosenberg/Siolek Rn. 7). Zur HilfsStrK vgl. → § 21e Rn. 16. Wenn 2 Vorsitzende Richter nicht nur vorübergehend ausfallen, kann eine StrK auch im Laufe des Geschäftsjahres aufgelöst werden (BGHSt 20, 132). Bei LGen mit mind. 100 Richterstellen können die Landesregierungen o. die Landesjustizverwaltungen durch RechtsVO ausschl. Zivil- o. Strafkammern bei einem LG bilden u. diesem für die Bezirke mehrerer LGe die Zivil- o. Strafsachen zuweisen (Abs. 2).

3 **C. JugK.** Die JugK beim LG ist ein JugG (§ 33 Abs. 2 **JGG**). Sie entscheidet nach § 33b Abs. 1, Abs. 3 **JGG** als kleine o. große JugK; sie kann auch als JugschutzK (§ 74b) tätig u. zusätzlich mit allg. Strafsachen betraut werden.

61–69 (weggefallen)

[Vertretung der Kammermitglieder]

70 (1) **Soweit die Vertretung eines Mitgliedes nicht durch ein Mitglied desselben Gerichts möglich ist, wird sie auf den Antrag des Präsidiums durch die Landesjustizverwaltung geordnet.**

(2) **Die Beiordnung eines Richters auf Probe oder eines Richters kraft Auftrags ist auf eine bestimmte Zeit auszusprechen und darf vor Ablauf dieser Zeit nicht widerrufen werden.**

(3) **Unberührt bleiben die landesgesetzlichen Vorschriften, nach denen richterliche Geschäfte nur von auf Lebenszeit ernannten Richtern wahrgenommen werden können, sowie die, welche die Vertretung durch auf Lebenszeit ernannte Richter regeln.**

A. Antrag des Präsidiums (Abs. 1). Dem Mangel der dem Präsidium nicht mehr möglichen gerichtsinternen Vertretungsregelung (→ § 21f Rn. 4 ff.) hilft die LJV durch Abordnung eines planmäßigen Richters eines anderen Gerichts an das LG (erg. § 37 DRiG) o. durch Zuteilung eines Hilfsrichters ab. Das Präsidium hat aber keinen Rechtsanspruch gegen die JV auf Zuweisung weiterer Richter (Holch DRiZ 1976, 137; **aM** Katholnigg Rn. 2). 1

B. Beiordnung (Abs. 2). Das Präsidium hat dem – auf eine bestimmte Zeit (dazu LG Bremen StV 1998, 13) – zugeteilten Richter Geschäftsaufgaben zuzuweisen (§ 21e Abs. 1 S. 1) unter Berücksichtigung der bes. Eignung für ein Rechtsgebiet o. der Erfordernisse der weiteren Ausbildung. Es besteht kein Zwang, ihn gerade dort einzusetzen, wo wegen des zeitweiligen Ausfalls o. des außergewöhnlichen Geschäftsanfalls der Anlass zur Beiordnung entstanden ist (BGHSt 12, 159 (161); 13, 53 (56); 22, 237 (239)). Durch die Ernennung zum Richter auf Lebenszeit wird die Beiordnung ebenso beendet wie durch das Ausscheiden aus dem Richterdienst (Cierniak NStZ-RR 2009, 41 – BGH RsprÜ; Kissel/Mayer Rn. 12). 2

C. Landesgesetzliche Vorschriften. Die Bestimmung hat zzt. keine praktische Bedeutung (Katholnigg Rn. 4). 3

71, 72 *[betreffen Zivilsachen]*

72a *[betrifft den Zivilprozess]*

[Allgemeine Zuständigkeit in Strafsachen]

73

(1) **Die Strafkammern entscheiden über Beschwerden gegen Verfügungen des Richters beim Amtsgericht sowie gegen Entscheidungen des Richters beim Amtsgericht und der Schöffengerichte.**

(2) **Die Strafkammern erledigen außerdem die in der Strafprozeßordnung den Landgerichten zugewiesenen Geschäfte.**

A. Staatsschutz-Strafsachen. In Staatsschutz-Strafsachen nach § 120 Abs. 1, Abs. 2 trifft die Entsch. nach Abs. 1 das OLG (§ 120 Abs. 3 S. 1), sonst die Staatsschutz-StrK (§ 74a Abs. 3). 1

B. Wirtschaftsstrafsachen. In Wirtschaftsstrafsachen trifft die Entsch. die große WirtschaftsStrK als Gericht des 1. Rechtszugs o. die kleine WirtschaftsStrK als Berufungsgericht (§ 74c; → § 74c Rn. 8). Das gilt nur, wenn sie nach dem Stand des Verf. zu dem Zeitpunkt, in dem die Entsch. nach Abs. 1 anfällt, voraussichtlich als Gericht des 1. Rechtszugs zuständig wäre (→ § 74c Rn. 2 ff.). 2

C. Allgemeine StrK. Die allgemeine StrK trifft die Entsch. auch dann, wenn sie entgegen der Ansicht des AG ein JugG als erstinstanzliches Gericht für zuständig erachtet (OLG Zweibrücken NStZ 1994, 48; erg. → StPO § 210 Rn. 2 aE); die JugK ist nur zuständig, wenn im 1. Rechtszug ein JugG entschieden hat. 3

D. Außerhalb des GVG und der StPO. Auch außerhalb des GVG und der StPO sind der StrK Aufgaben zugewiesen, so zB nach § 8 Abs. 3 **StrEG** sowie nach §§ 70 Abs. 2, 100 Abs. 2 S. 2, 104 Abs. 3 S. 1, 108 Abs. 1 S. 2 Hs. 2, 110 Abs. 2 S. 2 OWiG. 4

73a (weggefallen)

[Zuständigkeit in Strafsachen in 1. und 2. Instanz]

74 (1) [1] **Die Strafkammern sind als erkennende Gerichte des ersten Rechtszuges zuständig für alle Verbrechen, die nicht zur Zuständigkeit des Amtsgerichts oder des Oberlandesgerichts gehören.** [2] **Sie sind auch zuständig für alle Straftaten, bei denen eine höhere Strafe als vier Jahre Freiheitsstrafe oder die Unterbringung in einem psychiatrischen Krankenhaus, allein oder neben einer Strafe, oder in der Sicherungsverwahrung zu erwarten ist oder bei denen die Staatsanwaltschaft in den Fällen des § 24 Abs. 1 Nr. 3 Anklage beim Landgericht erhebt.**

(2) [1] **Für die Verbrechen**

1. des sexuellen Missbrauchs von Kindern mit Todesfolge (§ 176d des Strafgesetzbuches),
2. des sexuellen Übergriffs, der sexuellen Nötigung und Vergewaltigung mit Todesfolge (§ 178 des Strafgesetzbuches),
3. des Mordes (§ 211 des Strafgesetzbuches),
4. des Totschlags (§ 212 des Strafgesetzbuches),
5. ***(aufgehoben)***
6. der Aussetzung mit Todesfolge (§ 221 Abs. 3 des Strafgesetzbuches),
7. der Körperverletzung mit Todesfolge (§ 227 des Strafgesetzbuches),
8. der Entziehung Minderjähriger mit Todesfolge (§ 235 Abs. 5 des Strafgesetzbuches),
8a. der Nachstellung mit Todesfolge (§ 238 Absatz 3 des Strafgesetzbuches),
9. der Freiheitsberaubung mit Todesfolge (§ 239 Abs. 4 des Strafgesetzbuches),
10. des erpresserischen Menschenraubes mit Todesfolge (§ 239a Absatz 3 des Strafgesetzbuches),
11. der Geiselnahme mit Todesfolge (§ 239b Abs. 2 in Verbindung mit § 239a Absatz 3 des Strafgesetzbuches),
12. des Raubes mit Todesfolge (§ 251 des Strafgesetzbuches),
13. des räuberischen Diebstahls mit Todesfolge (§ 252 in Verbindung mit § 251 des Strafgesetzbuches),
14. der räuberischen Erpressung mit Todesfolge (§ 255 in Verbindung mit § 251 des Strafgesetzbuches),
15. der Brandstiftung mit Todesfolge (§ 306c des Strafgesetzbuches),
16. des Herbeiführens einer Explosion durch Kernenergie (§ 307 Abs. 1 bis 3 des Strafgesetzbuches),
17. des Herbeiführens einer Sprengstoffexplosion mit Todesfolge (§ 308 Abs. 4 des Strafgesetzbuches),
18. des Mißbrauchs ionisierender Strahlen gegenüber einer unübersehbaren Zahl von Menschen (§ 309 Abs. 2 und 4 des Strafgesetzbuches),
19. der fehlerhaften Herstellung einer kerntechnischen Anlage mit Todesfolge (§ 312 Abs. 4 des Strafgesetzbuches),
20. des Herbeiführens einer Überschwemmung mit Todesfolge (§ 313 in Verbindung mit § 308 Abs. 4 des Strafgesetzbuches),
21. der gemeingefährlichen Vergiftung mit Todesfolge (§ 314 in Verbindung mit § 308 Abs. 4 des Strafgesetzbuches),
22. des räuberischen Angriffs auf Kraftfahrer mit Todesfolge (§ 316a Abs. 3 des Strafgesetzbuches),
23. des Angriffs auf den Luft- und Seeverkehr mit Todesfolge (§ 316c Abs. 3 des Strafgesetzbuches),
24. der Beschädigung wichtiger Anlagen mit Todesfolge (§ 318 Abs. 4 des Strafgesetzbuches),
25. einer vorsätzlichen Umweltstraftat mit Todesfolge (§ 330 Abs. 2 Nr. 2 des Strafgesetzbuches),

26. der schweren Gefährdung durch Freisetzen von Giften mit Todesfolge (§ 330a Absatz 2 des Strafgesetzbuches),
27. der Körperverletzung im Amt mit Todesfolge (§ 340 Absatz 3 in Verbindung mit § 227 des Strafgesetzbuches),
28. des Abgebens, Verabreichens oder Überlassens von Betäubungsmitteln zum unmittelbaren Verbrauch mit Todesfolge (§ 30 Absatz 1 Nummer 3 des Betäubungsmittelgesetzes),
29. des Einschleusens mit Todesfolge (§ 97 Absatz 1 des Aufenthaltsgesetzes)

ist eine Strafkammer als Schwurgericht zuständig. ²§ 120 bleibt unberührt.

(3) **Die Strafkammern sind außerdem zuständig für die Verhandlung und Entscheidung über das Rechtsmittel der Berufung gegen die Urteile des Strafrichters und des Schöffengerichts.**

A. Negative Umschreibung der erstinstanzlichen Zuständigkeit (Abs. 1). Die StrK ist nicht zuständig, wenn das AG (§§ 24, 25) o. das OLG (§ 120) zuständig ist (→ § 24 Rn. 1 ff., → § 120 Rn. 1 ff.). Besondere StrKn mit ges. zugewiesenen Aufgabenbereichen sind das SchwurG (Abs. 2), die StaatsschutzStrK (§ 74a) u. die WirtschaftsStrK (§ 74c). Über ihre Rangfolge untereinander u. im Verhältnis zur allg. StrK vgl. § 74e. 1

Auch die **JugK** ist eine StrK mit bes. Zuständigkeit (§§ 33 Abs. 2, 41 Abs. 1 **JGG**). 2

B. Berufungsgericht (Abs. 3). Berufungsgericht (Abs. 3) ist die kleine StrK, u. zwar immer dann, wenn ein Urt. eines zu demselben LG-Bezirk gehörenden AG angefochten ist (BGHSt 22, 48 (50)). Hatte das mit der Berufung angefochtene Urt. eines SchG eine Wirtschaftsstrafsache zum Gegenstand, so ist die WirtschaftsStrK Berufungsgericht (§ 74c Abs. 1). Wenn das Urt. des Strafrichters eine Wirtschaftssache zum Gegenstand hatte, kann über die Berufung eine allg. kleine StrK entscheiden (vgl. aber → § 74c Rn. 6). War das angefochtene Urt. v. einem zum LG-Bezirk gehörenden Jugendrichter o. JugSchG erlassen, so tritt an die Stelle der sonst zuständigen BerufungsStrK die JugK (§ 41 Abs. 2 **JGG;** vgl. auch → § 74b Rn. 4), wobei nach § 33b Abs. 1 **JGG** die kleine JugK (Besetzung: Vorsitzender u. 2 Jugendschöffen) für Berufungen gegen Urt. des Jugendrichters u. die große JugK (Besetzung: Vorsitzender u. 1 o. 2 Beisitzer sowie 2 Jugendschöffen, vgl. → § 76 Rn. 13) für Berufungen gegen Urt. des JSchG zuständig sind. 3

C. Schwurgericht (Abs. 2). Es handelt sich um eine bes. StrK (zur geschichtlichen Entwicklung Rieß FS Widmaier, 2008, 473), die nicht mit bes. Schöffen ausgestattet ist, in der sachlichen Zuständigkeitsordnung den anderen StrKn gleichsteht, aber den Vorrang hat (§ 74e). Für die Prüfung ihrer Zuständigkeit im tatrichterlichen Verf. gelten die §§ 6a, 209a Nr. 1, 225a Abs. 4, 270 Abs. 1 S. 2 StPO. Im Sicherungsverfahren nach §§ 413 ff. StPO ist dann ebenfalls das SchwurG, nicht die allg. StrK zuständig (→ StPO § 414 Rn. 8). Das SchwurG ist – ebenso wie die in SchwurG-Sachen entscheidende große JugK – stets mit 3 Richtern u. 2 Schöffen besetzt (§ 76 Abs. 2, § 33b Abs. 2 **JGG**). 4

D. Zuständigkeitskatalog (Abs. 2 S. 1 Nr. 1–29). Durch einen Zuständigkeitskatalog (Abs. 2 S. 1 Nr. 1–29) ist die Zuständigkeit des SchwurG bestimmt. Wenn es für das Urt. zuständig ist, hat es die Tat unter jedem rechtlichen Gesichtspunkt zu würdigen, auch dann, wenn der Verdacht eines im Katalog aufgezählten Verbrechens entfällt (Holtz MDR 1977, 810 – BGH RsprÜ). Teilnahme u. Versuch stehen iSd Abs. 2 der Tatbegehung gleich (Kissel/Mayer Rn. 9). Zur Zuständigkeit des SchwurG gehören auch Verbrechen nach § 30 StGB iVm §§ 211, 212 StGB (Schnarr NStZ 1990, 260), nicht aber Vergehen nach § 323a StGB, auch wenn die Rauschtat unter Abs. 2 fällt (OLG Stuttgart MDR 1992, 290; für Gesetzesänderung insoweit OLG Celle NStZ-RR 2012, 181; zust. JR 2014, 377), 5 ebenso nicht § 315d Abs. 5 StGB (mit Recht krit. dazu Oehms/Gantschnig ZRP 2025, 255).

6 **E. § 120 bleibt unberührt (Abs. 2 S. 2).** Das Evokationsrecht des GBA nach §§ 74a, 120 Abs. 2 S. 1 gilt auch dann, wenn die Staatsschutzsache mit einem in dem Zuständigkeitskatalog des Abs. 2 S. 1 aufgezählten Verbrechen zusammentrifft. Übernimmt der GBA die Verfolgung, so wird anstatt des LG insges. das OLG zuständig (vgl. auch → § 74a Rn. 5).

7 **F. Konzentrationsgrundsatz.** „Eine" StrK als SchwurG hat die bezeichneten Strafsachen abzuurteilen. Bei jedem LG muss ein SchwurG bestehen, wenn nicht eine Ausnahme nach § 74d geschaffen wird. Wenn die SchwurGStrK mit diesen Sachen nicht voll ausgelastet ist, können ihr noch andere Aufgaben zugewiesen werden. Erst wenn die SchwurGStrK die zu erwartenden SchwurG-Sachen nicht mehr bewältigen kann, darf ein weiteres SchwurG eingerichtet werden (BGHSt 27, 349 (350)). Bleibt hierbei bei der Ersteren noch eine Restkapazität, so kann sie durch Zuweisung kleinerer anderer Aufgaben aufgefüllt werden (BGH NJW 1978, 1594 mAnm Katholnigg; → § 74a Rn. 3, → § 74c Rn. 7).

8 **G. Jugendstrafverfahren.** Im Verf. gegen einen Jugendlichen o. Heranwachsenden ist anstelle des SchwurG die JugK zuständig (§§ 41 Abs. 1 Nr. 1, 108 Abs. 1 **JGG**), die stets in der Besetzung v. 3 Richtern einschl. des Vorsitzenden u. 2 Jugendschöffen tätig wird (§ 33b Abs. 1, Abs. 2 S. 1 Nr. 1 **JGG**).

9 **H. Auffang-Schwurgericht.** Für den Fall, dass ein SchwurG-Urt. aufgeh. u. die Sache nach § 354 Abs. 2 an ein anderes SchwurG zurückverwiesen wird, muss bei jedem LG ein anderes SchwurG durch die Geschäftsverteilung bestimmt werden (→ § 21e Rn. 4; → StPO § 354 Rn. 38). Bestehen zwei SchwurGe bei dem LG, so kann jedes für die Zurückweisungsfälle der anderen als Auffang-SchwurG bestimmt werden.

10 **I. Revision.** Die Rüge nach § 338 Nr. 1 StPO kann nicht darauf gestützt werden, dass das Präsidium sich in der Erwartung des künftigen Geschäftsanfalls (vertretbar) geirrt hat (Holtz MDR 1978, 626 – BGH RsprÜ). Die unzutr. Beurteilung des Zuständigkeitsmerkmals der bes. Bedeutung (Abs. 1 S. 2) kann mit der Revision nur gerügt werden, wenn sie auf Willkür beruht (→ § 24 Rn. 8).

[Zuständigkeit der Staatsschutzkammer] **Nr. 202 ff. RiStBV**

74a

(1) **Bei den Landgerichten, in deren Bezirk ein Oberlandesgericht seinen Sitz hat, ist eine Strafkammer für den Bezirk dieses Oberlandesgerichts als erkennendes Gericht des ersten Rechtszuges zuständig für Straftaten**

1. **des Friedensverrats in den Fällen des § 80a des Strafgesetzbuches,**
2. **der Gefährdung des demokratischen Rechtsstaates in den Fällen der §§ 84 bis 86, 87 bis 90, 90a Abs. 3 und des § 90b des Strafgesetzbuches,**
3. **der Gefährdung der Landesverteidigung in den Fällen der §§ 109d bis 109g des Strafgesetzbuches,**
4. **der Zuwiderhandlung gegen ein Vereinigungsverbot in den Fällen des § 129, auch in Verbindung mit § 129b Abs. 1, des Strafgesetzbuches und des § 20 Abs. 1 Satz 1 Nr. 1 bis 4 des Vereinsgesetzes; dies gilt nicht, wenn dieselbe Handlung eine Straftat nach dem Betäubungsmittelgesetz, Konsumcannabisgesetz oder Medizinal-Cannabisgesetz darstellt,**
5. **der Verschleppung (§ 234a des Strafgesetzbuches),**
6. **des Verschwindenlassens von Personen (§ 234b des Strafgesetzbuches) und**
7. **der politischen Verdächtigung (§ 241a des Strafgesetzbuches).**

(2) **Die Zuständigkeit des Landgerichts entfällt, wenn der Generalbundesanwalt wegen der besonderen Bedeutung des Falles vor der Eröffnung**

des Hauptverfahrens die Verfolgung übernimmt, es sei denn, daß durch Abgabe nach § 142a Abs. 4 oder durch Verweisung nach § 120 Absatz 2 Satz 3 die Zuständigkeit des Landgerichts begründet wird.

(3) **In den Sachen, in denen die Strafkammer nach Absatz 1 zuständig ist, trifft sie auch die in § 73 Abs. 1 bezeichneten Entscheidungen.**

(4) **Für die Anordnung von Maßnahmen nach den §§ 100b und 100c der Strafprozessordnung ist eine nicht mit Hauptverfahren in Strafsachen befasste Kammer bei den Landgerichten, in deren Bezirk ein Oberlandesgericht seinen Sitz hat, für den Bezirk dieses Oberlandesgerichts zuständig.**

(5) **Im Rahmen der Absätze 1, 3 und 4 erstreckt sich der Bezirk des Landgerichts auf den Bezirk des Oberlandesgerichts.**

A. StaatsschutzStrK (Abs. 1). I. Besondere StrK. Eine besondere StrK wie das SchwurG u. die WirtschaftsStrK mit ges. bestimmter Geschäftsaufgabe ist die StaatsschutzStrK (→ § 74 Rn. 4, → § 74c Rn. 1). Für ihren **Rang ggü. anderen StrKn** gelten § 74e und § 103 Abs. 2 **JGG.** 1

Sie ist für ihren Zuständigkeitsbereich auch **Beschwerdekammer** (Abs. 3 iVm § 73 Abs. 1). 2

II. Doppelte Konzentration (Abs. 1). Wie beim SchwurG u. der WirtschaftsStrK müssen die durch einen Katalog bezeichneten Staatsschutzsachen zu einer StrK zusammengefasst werden. Eine Auffang-StaatsschutzStrK muss aber daneben gebildet werden (→ § 74 Rn. 9). Erst wenn die StaatsschutzStrK die zu erwartende Geschäftslast nicht bewältigen kann, darf das Präsidium eine weitere StaatsschutzStrK einrichten (→ § 74 Rn. 7, → § 74c Rn. 7). 3

Eine **Zuständigkeit** der StaatsschutzStrK **nach Abs. 1 Nr. 4** ist nicht gegeben, wenn die dort bezeichneten Straftaten tateinheitlich mit solchen nach dem BtMG zusammentreffen; das gilt auch, wenn zu den BtM-Straftaten noch andere Straftaten hinzutreten (BGHSt 57, 3 = JR 2012, 262). 4

III. Übernahme der Verfolgung durch den GBA (Abs. 2). Durch Übernahme der Verfolgung durch den GBA (Abs. 2) wird das OLG in den im Zuständigkeitskatalog des Abs. 1 bezeichneten Strafsachen als Gericht des 1. Rechtszugs zuständig (§ 120 Abs. 2 Nr. 1). Das gilt auch, wenn die Zuständigkeit der StaatsschutzStrK nach § 74e zurücktritt (vgl. BGH NJW 1988, 1474 zur Zuständigkeit des OLG für Verf. gegen eine kriminelle Ausländervereinigung; KK-StPO/Diemer Rn. 3; Katholnigg NJW 1978, 2376); auch dann geht die Strafsache infolge der Evokation durch den GBA auf das OLG über (vgl. auch → § 74 Rn. 6). Jedoch darf die StaatsschutzStrK im Eröffnungsverfahren u. im Hauptverfahren die Sache dem OLG v. sich aus nur unterbreiten, wenn der hinreichende Verdacht einer Straftat nach § 120 Abs. 1 besteht (§§ 209 Abs. 2, 225a Abs. 1, 270 Abs. 1 StPO). 5

IV. Straftaten gegen Truppen der NATO-Staaten. Bei Straftaten gegen Truppen der NATO-Staaten in der BRD nach § 1 Abs. 2 NTSG, die den in § 74a genannten entsprechen, ist § 74a ebenfalls anzuwenden (§ 3 NTSG). 6

B. Kammer für Maßnahmen nach § 100b und § 100c StPO (Abs. 4). Für die bei der Online-Durchsuchung nach § 100 StPO und der akustischen Wohnraumüberwachung nach § 100c StPO erforderlichen gerichtlichen Entsch. (§ 100e Abs. 2 StPO: Anordnung; § 100e Abs. 5 StPO: Überwachung; § 101 Abs. 4 S. 1 Nr. 4 und 5, Abs. 7 S. 1 StPO: Benachrichtigung; § 101 Abs. 6 StPO: Weitere Zurückstellung der Benachrichtigung; § 101 Abs. 7 S. 2 StPO: Nachträglicher Rechtsschutz) wird ebenfalls bei dem LG, in dessen Bezirk das OLG seinen Sitz hat, eine bes. Kammer eingerichtet. Eine einmalige Besonderheit ist dabei, dass diese Kammer – obwohl sie eine Strafkammer ist (vgl. → § 60 Rn. 1) – nicht mit Hauptverfahren in Strafsachen befasst sein darf. Damit wird den Vorgaben des BVerfG (BVerfGE 109, 279 = NJW 2004, 999) Rechnung getragen, dass, wenn der Angeklagte v. der Durchführung der Maßnahme nicht unterrichtet worden ist, das in der 7

Hauptsache erkennende Gericht nicht über die Zurückstellung der Benachrichtigung o. Anträge anderer Betroffener entscheiden darf (BT-Drs. 15/4533, 20). Deshalb besteht insoweit auch beim OLG ein bes. Sen. (§ 120 Abs. 4 S. 2).

8 **C. Für den ganzen OLG-Bezirk.** Für den ganzen OLG-Bezirk ist ein LG zuständig **(Abs. 5)** u. damit zugleich auch nur eine StA (§ 143 Abs. 1).

9 **D. Revision.** Vgl. → § 74 Rn. 10, → StPO § 100d Rn. 13.

[Zuständigkeit in Jugendschutzsachen]

74b **[1] In Jugendschutzsachen (§ 26 Abs. 1 Satz 1) ist neben der für allgemeine Strafsachen zuständigen Strafkammer auch die Jugendkammer als erkennendes Gericht des ersten Rechtszuges zuständig. [2] § 26 Abs. 2 und §§ 73 und 74 gelten entsprechend.**

1 **A. JugK (Abs. 1; § 41 JGG).** In ihrer HV wirken Jugendschöffen mit (§§ 33b Abs. 1, 35 **JGG**), auch wenn sie in einer Jugendschutzsache tätig wird.

2 **B. JugSchutzk.** Eine JugSchutzk kann bei dem LG durch Geschäftsverteilung eingerichtet werden; sie ist eine gewöhnliche StrK (SK-StPO/Degener Rn. 2), der die Jugendschutzsachen (allein o. zusammen mit anderen Sachen) zugewiesen sind u. die mit dafür bes. geeigneten Richtern besetzt wird.

3 **C. Zuständigkeitskriterien des § 26 Abs. 2.** Die Zuständigkeitskriterien des § 26 Abs. 2 sind nicht nur für die StA bindend, sondern auch für die Gerichte im Eröffnungsverfahren. Die JugK hat im Verhältnis zur allg. StrK, auch wenn sie Jugendschutzkammer ist, die Kompetenz-Kompetenz (→ StPO Vor § 1 Rn. 12). Sie eröffnet das Hauptverfahren, wenn die Voraussetzungen hierfür vorliegen, vor der anderen StrK, wenn es die Aburteilung durch diese für ausreichend hält (§ 209 Abs. 1 iVm § 209a Nr. 2 Buchst. b StPO). Ist die Klage zur anderen StrK erhoben, hält sie aber die JugK für zuständig, so legt sie dieser die Sache vor (§ 209 Abs. 1 iVm § 209a Nr. 2 Buchst. b StPO). Die JugK kann auch in diesem Fall das Verf. bei der anderen StrK eröffnen. Im Hauptverfahren ist diese Zuständigkeitsverschiebung nach §§ 225a Abs. 1 S. 1, 270 Abs. 1 S. 1 StPO nicht mehr zulässig (BGHSt 42, 39; erg. → StPO § 225a Rn. 2).

4 **D. Berufungsgericht.** Bei Berufung gegen Urt. des Jugendrichters entscheidet die kleine JugK, gegen Urt. des JugSchG die große JugK (§§ 33b Abs. 1, 41 Abs. 2 **JGG**; → § 74 Rn. 3); bei Berufung gegen ein Urt. des Strafrichters o. des SchG in einer Jugendschutzsache die durch die Geschäftsverteilung gebildete kleine Berufungskammer. Die JugK ist auch dann Berufungsgericht, wenn bei Verbindung nach §§ 103, 108 **JGG** nur der erwachsene Mitangeklagte Berufung einlegt (BGHSt 22, 40 (51, 52)).

[Zuständigkeit der Wirtschaftsstrafkammer] **Nr. 113 Abs. 2 RiStBV**

74c (1) **[1] Für Straftaten**

1. **nach dem Patentgesetz, dem Gebrauchsmustergesetz, dem Halbleiterschutzgesetz, dem Sortenschutzgesetz, dem Markengesetz, dem Designgesetz, dem Urheberrechtsgesetz, dem Gesetz gegen den unlauteren Wettbewerb, dem Gesetz zum Schutz von Geschäftsgeheimnissen, der Insolvenzordnung, dem Unternehmensstabilisierungs- und -restrukturierungsgesetz, dem Aktiengesetz, dem Gesetz über die Rechnungslegung von bestimmten Unternehmen und Konzernen, dem Gesetz betreffend die Gesellschaften mit beschränkter Haftung, dem Handelsgesetzbuch, dem SE-Ausführungsgesetz, dem Gesetz zur Ausführung der EWG-Verordnung über die Europäische wirtschaftliche Interessenvereinigung, dem Genossenschaftsgesetz, dem SCE-Ausführungsgesetz und dem Umwandlungsgesetz,**

2. nach den Gesetzen über das Bank-, Depot-, Börsen- und Kreditwesen sowie nach dem Versicherungsaufsichtsgesetz, dem Zahlungsdiensteaufsichtsgesetz, dem Kryptomärkteaufsichtsgesetz und dem Wertpapierhandelsgesetz,

3. nach dem Wirtschaftsstrafgesetz 1954, dem Außenwirtschaftsgesetz, dem Sanktionsdurchsetzungsgesetz, den Devisenbewirtschaftungsgesetzen sowie dem Finanzmonopol-, Steuer- und Zollrecht, auch soweit dessen Strafvorschriften nach anderen Gesetzen anwendbar sind; dies gilt nicht, wenn dieselbe Handlung eine Straftat nach dem Betäubungsmittelgesetz darstellt, und nicht für Steuerstraftaten, welche die Kraftfahrzeugsteuer betreffen,

4. nach dem Weingesetz und dem Lebensmittelrecht,

5. des Subventionsbetruges, des Kapitalanlagebetruges, des Kreditbetruges, des Bankrotts, der Verletzung der Buchführungspflicht, der Gläubigerbegünstigung und der Schuldnerbegünstigung,

5a. der wettbewerbsbeschränkenden Absprachen bei Ausschreibungen, der Bestechlichkeit und Bestechung im geschäftlichen Verkehr, der Bestechlichkeit im Gesundheitswesen, der Bestechung im Gesundheitswesen, der Bestechlichkeit und der Bestechung ausländischer und internationaler Bediensteter sowie nach dem Gesetz zur Bekämpfung internationaler Bestechung,

6. a) der Geldwäsche, des Betruges, des Computerbetruges, der Untreue, des Vorenthaltens und Veruntreuens von Arbeitsentgelt, des Wuchers, der Vorteilsannahme, der Bestechlichkeit, der Vorteilsgewährung und der Bestechung,

b) nach dem Arbeitnehmerüberlassungsgesetz, dem EU-Finanzschutzstärkungsgesetz und dem Schwarzarbeitsbekämpfungsgesetz,

soweit zur Beurteilung des Falles besondere Kenntnisse des Wirtschaftslebens erforderlich sind,

ist, soweit nach § 74 Abs. 1 als Gericht des ersten Rechtszuges und nach § 74 Abs. 3 für die Verhandlung und Entscheidung über das Rechtsmittel der Berufung gegen die Urteile des Schöffengerichts das Landgericht zuständig ist, eine Strafkammer als Wirtschaftsstrafkammer zuständig. [2]Die §§ 120 und 120b bleiben unberührt.

(2) **In den Sachen, in denen die Wirtschaftsstrafkammer nach Absatz 1 zuständig ist, trifft sie auch die in § 73 Abs. 1 bezeichneten Entscheidungen.**

(3) **[1]Die Landesregierungen werden ermächtigt, zur sachdienlichen Förderung oder schnelleren Erledigung der Verfahren durch Rechtsverordnung einem Landgericht für die Bezirke mehrerer Landgerichte ganz oder teilweise Strafsachen zuzuweisen, welche die in Absatz 1 bezeichneten Straftaten zum Gegenstand haben. [2]Die Landesregierungen können die Ermächtigung durch Rechtsverordnung auf die Landesjustizverwaltungen übertragen.**

(4) **Im Rahmen des Absatzes 3 erstreckt sich der Bezirk des danach bestimmten Landgerichts auf die Bezirke der anderen Landgerichte.**

A. Besondere StrK. Eine besondere StrK ist außer dem SchwurG u. der StaatsschutzStrK auch die WirtschaftsStrK (→ § 74 Rn. 4, → § 74a Rn. 1, → StPO Vor § 1 Rn. 4). Einer nicht ausgelasteten bes. StrK können auch allg. Strafsachen zugewiesen werden (BGHSt 27, 349; 34, 379). Es genügt, dass der Schwerpunkt der Zuständigkeit eindeutig bei den Wirtschaftsverfahren liegt (BGHSt 31, 323). Eine weitere WirtschaftsStrK darf – wie beim SchwurG (vgl. → § 74 Rn. 7) – eingerichtet werden, wenn die vorhandene WirtschaftsStrK voraussichtlich nicht in der Lage sein wird, den Geschäftsanteil zu bewältigen; es ist aber auch nicht zu beanstanden, wenn die Verteilung zwischen den beiden StrKn dann in der Weise 1 vorgenommen wird, dass eine v. beiden fast ausschl. mit Wirtschaftsstrafsachen ausgelastet wird u. der anderen lediglich die verbleibenden Wirtschaftsstrafsachen zugewiesen werden (BGH wistra 2014, 350).

2 **B. Katalog der Wirtschaftsstrafsachen (Abs. 1).** Während die in den §§ 74 Abs. 2, 74a Abs. 1 angeführten Straftaten ohne weiteres die LG-Zuständigkeit begründen, muss bei den Wirtschaftsstraftaten nach § 74c auf die §§ 74 Abs. 1, 24 Abs. 1 Nr. 3, Abs. 2 zurückgegriffen werden. Nur wenn die Katalogtat v. bes. Bedeutung ist o. die Rechtsfolgenkompetenz des AG (§ 24 Abs. 2) nicht ausreicht, gehört sie vor die WirtschaftsStrK (OLG Stuttgart wistra 1986, 191 (192)). Sind außer der Wirtschaftsstraftat noch andere Taten angeklagt, so ist die Rechtsfolgenerwartung insges. maßgeblich (OLG Karlsruhe NStZ 1985, 517; zum Zusammentreffen v. Wirtschafts- u. Nichtwirtschaftsstraftaten vgl. auch Firgau wistra 1988, 140).

3 **C. Besonderheiten.** Besonderheiten ergeben sich bei der Anwendung der Nr. 3, 5 und 6:

4 **I. Nr. 3.** Wenn die Katalogtat mit einer Straftat nach dem BtMG zusammentrifft (§ 52 StGB), ist die WirtschaftsStrK nicht zuständig. Das bedeutet keinen Ausschluss der Sache v. der Zuständigkeit des LG. Wenn diese für den Fall begründet ist (§ 24 Abs. 1 Nr. 3, Abs. 2), gehört sie vor eine allg. StrK. Das Gleiche gilt bei einer Steuerstraftat, die die Kfz-Steuer betr. (vgl. auch § 391 Abs. 4 **AO**). Die Zuständigkeit des OLG nach § 120 für Straftaten nach dem AWG geht vor (Abs. 1 S. 2).

4a **II. Nr. 5.** Es bleibt bei der Zuständigkeit der WirtschaftsStrK auch dann, wenn § 265b StGB aus sachlich-rechtlichen Gründen (vgl. BGHSt 36, 130) hinter § 263 StGB zurücktritt (OLG Celle wistra 1991, 359; vgl. auch BGH NStZ-RR 2016, 245; SK-StPO/Degener Rn. 8; **aM** OLG Stuttgart wistra 1991, 236).

4b Durch das **G zur Fortentwicklung der StPO** wurde die funktionelle Zuständigkeit der Wirtschaftsstrafkammer in Nr. 5a auf die Tatbestände der §§ 332 und 334 jew. iVm § 335a StGB ausgedehnt, da derartige Verfahren wegen der damit einhergehenden Verschleierung von grenzüberschreitenden Zahlungsflüssen typischerweise sehr umfangreich und komplex sind (BT-Drs. 19/27654, 117).

5 **III. Nr. 6.** Hier ist die Zuständigkeit der WirtschaftsStrK v. dem genannten zusätzlichen normativen Zuständigkeitsmerkmal abhängig (Rieß NJW 1978, 2267; Sowada Gesetzliche Richter, S. 654). Die bes. Kenntnisse beziehen sich über die allg. Erfahrung hinaus auf Verfahrensweisen, die nur bes. Wirtschaftskreisen eigen o. geläufig sind, insbes. auf die komplizierten, schwer zu durchschauenden Mechanismen des Wirtschaftslebens, deren raffinierten Missbrauch die Wirtschaftsstrafsachen kennzeichnet (OLG Koblenz NStZ 1986, 327; OLG München JR 1980, 77; OLG Stuttgart wistra 1991, 236). Sind zur Beurteilung einer noch so schwierigen o. umfangreichen Sache v. der in Nr. 6 beschriebenen Art solche Spezialkenntnisse nicht erforderlich, so ist die allg. StrK zuständig (OLG Düsseldorf NStE GVG § 74c Nr. 2; wistra 1993, 277: Scheckreiterei; OLG Koblenz NStZ 1986, 327; OLG Köln wistra 1991, 79; OLG Saarbrücken wistra 2007, 360: Abrechnungsbetrug v. Kassenärzten; erg. → StPO § 270 Rn. 12).

6 **D. Berufungsgericht (Abs. 1).** Als Berufungsgericht (Abs. 1) ist nicht die große, sondern die **kleine WirtschaftsStrK** (§ 76 Abs. 1) zuständig, wenn das Urt. in einer Wirtschaftsstrafsache im 1. Rechtszug v. SchG erlassen worden ist (→ § 74 Rn. 3). Das gilt nicht, wenn eine Ausnahme nach Nr. 3 oder 6 zutrifft. Für die Prüfung der Berufungszuständigkeit kommt es nur darauf an, ob der Eröffnungsbeschluss den Verfahrensgegenstand als Katalogtat nach § 74c würdigt (OLG Schleswig SchlHA 2005, 257; OLG Stuttgart MDR 1982, 252); hat das AG aber die Katalogtat nach § 154 Abs. 2 ausgeschieden, ist die allg. StrK zuständig (KG NJW 2010, 3464; erg. → StPO § 154 Rn. 26). Für die Zuständigkeitsverschiebung innerhalb des Berufungsgerichts gelten die gleichen Grundsätze wie im 1. Rechtszug (OLG Düsseldorf JR 1982, 514; Kissel/Mayer Rn. 10; Meyer-Goßner NStZ

1981, 169); bei der Anwendung des § 6a StPO tritt an die Stelle der Eröffnung des Hauptverfahrens der Vortrag des Berichterstatters nach § 324 Abs. 1 S. 1 StPO (→ StPO § 6a Rn. 14). Die Bestimmung des zuständigen Gerichts nach den §§ 14 und 19 StPO ist unzulässig (→ StPO § 14 Rn. 1). Die Anfechtbarkeit einer Zuständigkeitsverschiebung richtet sich nach § 210 StPO (OLG Jena StV 2013, 12 mAnm Waider; OLG Schleswig SchlHA 2005, 257). Hat der Strafrichter (§ 25 Nr. 2) in einer Wirtschaftsstrafsache in 1. Instanz entschieden, so ist eine allg. kleine StrK als Berufungsgericht zuständig. Ist beim LG jedoch eine kleine WirtschaftsStrK eingerichtet, so sollten ihr zweckmäßigerweise durch den Geschäftsverteilungsplan (vgl. § 21e) auch diese Berufungen zugewiesen werden.

E. Konzentrationsgrundsatz. Wie beim SchwurG u. der StaatsschutzStrK 7
darf das Präsidium die erstinstanzlichen Katalogstraftaten nur einer großen StrK u. die zweitinstanzlichen nur einer kleinen StrK zuteilen; nur wenn diese voraussichtlich nicht in der Lage sein werden, den Geschäftsanfall zu bewältigen, dürfen weitere WirtschaftsStrKn gebildet werden (BGH StV 2015, 339 (340) mwN; Kissel/Mayer Rn. 8; Katholnigg NJW 1978, 2376; → § 74 Rn. 7). Dabei muss der **Schwerpunkt** der Zuständigkeit grds. bei den Wirtschaftsstrafsachen bleiben (vgl. etwa BGHSt 34, 379 (380)). Dieser Grundsatz lässt sich jedoch nicht stets durchhalten. Macht die Überlastung einer Wirtschaftsstrafkammer die Einrichtung einer weiteren erforderlich, reicht der Geschäftsanfall jedoch nicht aus, um bei beiden einen eindeutigen Schwerpunkt bei den Wirtschaftsstrafverfahren zu setzen, kann die Verteilung so vorgenommen werden, dass eine der Strafkammern fast ausschl. mit Wirtschaftsstrafsachen ausgelastet u. der anderen Strafkammern lediglich die verbleibenden Wirtschaftsstrafsachen zugewiesen werden; dabei kann der überw. mit Wirtschaftsstrafsachen ausgelasteten Strafkammer auch ein geringer Anteil an allg. Strafsachen zugewiesen werden, um ihre Arbeitskraft abzuschöpfen, wenn zeitliche Lücken in den Wirtschaftsstrafverfahren entstehen (BGH StV 2015, 339 (341) mwN).

F. Beschwerdeentscheidungen und Entscheidungen nach § 161a Abs. 3 StPO (Abs. 2 iVm § 73 Abs. 1). Für Beschwerdeentscheidungen und Entscheidungen nach § 161a Abs. 3 StPO (Abs. 2 iVm § 73 Abs. 1) ist die WirtschaftsStrK in den Fällen des Abs. 1 ebenfalls zuständig (vgl. auch § 74a Abs. 3). Die Zuständigkeit der großen WirtschaftsStrK ist gegeben, wenn sie nach dem Sachstand zzt. des Anfalls der Entsch. nach § 73 Abs. 1 voraussichtlich als Gericht des 1. Rechtszugs zuständig sein o. die kleine WirtschaftsStrK als Berufungsgericht tätig sein wird (OLG Koblenz JBl. RP 1998, 67; trotz der missverständlichen Bezugnahme des Abs. 2 auf Abs. 1 entscheidet die kleine WirtschaftsStrK niemals als Beschwerdegericht, sondern nur in der Berufungsinstanz (erg. → § 76 Rn. 16). Ist das Verf. rkr. abgeschlossen, so entscheidet die WirtschaftsStrK auch über Beschwerden gegen Nachtragsentscheidungen, sofern eine Katalogtat nach Abs. 1 Gegenstand des Urt. ist (LG Hildesheim wistra 1985, 245). 8

G. Ermächtigung zu weiterer Konzentration (Abs. 3, Abs. 4; vgl. auch § 58). Sie betr. nur die örtliche Zuständigkeit (Rieß GA 1976, 6). Eine Änd. der Zuständigkeit für den Haftbefehlserlass nach § 125 Abs. 1 StPO tritt dadurch nicht ein (OLG Nürnberg wistra 1999, 280). Mit der Konzentration wird zugleich die StA zuständig, die für das Gericht, bei dem die Konzentration stattfindet, bestellt ist (§ 143 Abs. 1). Von der Ermächtigung nach Abs. 3 ist in den meisten Bundesländern – in unterschiedlichem Umf. – Gebrauch gemacht worden (vgl. die Zusammenstellung bei Waider StV 2013, 14). Soweit in den landesrechtlichen VOen eine Konzentration lediglich hins. des LG festgelegt ist, ist die Kleine WirtschaftsStrK nicht für die Berufung gegen Urt. der Strafrichter bei den AGen anderer LG-Bezirke zuständig (OLG Jena StV 2013, 12). 9

H. Revision. Die Entsch. über das Vorliegen eines normativen Zuständigkeitsmerkmals ist nicht revisibel (→ § 24 Rn. 8). Das gilt auch für das Erfordernis der bes. Kenntnisse des Wirtschaftslebens (→ Rn. 5, 6; BGH NStZ 1985, 464 (466); 10

KK-StPO/Diemer Rn. 4; → StPO § 338 Rn. 33). Nur bei der Zurückverweisung der Sache (§ 354 Abs. 3 StPO) kann es berücksichtigt werden (→ § 74 Rn. 7).

[Strafkammer als gemeinsames Schwurgericht]

74d (1) [1] **Die Landesregierungen werden ermächtigt, durch Rechtsverordnung einem Landgericht für die Bezirke mehrerer Landgerichte die in § 74 Abs. 2 bezeichneten Strafsachen zuzuweisen, sofern dies der sachlichen Förderung der Verfahren dient.** [2] **Die Landesregierungen können die Ermächtigung auf die Landesjustizverwaltungen übertragen.**

(2) *(aufgehoben)*

1 (→ § 58 Rn. 1 ff.). Die Konzentration kann über einen OLG-Bezirk hinausgreifen.

2 Die durch den EVertr erlaubte Möglichkeit der Konzentration auf ein Gericht besteht fort (vgl. → § 58 Rn. 9).

[Vorrang bei Zuständigkeitsüberschneidungen]

74e Unter verschiedenen nach den Vorschriften der §§ 74 bis 74d zuständigen Strafkammern kommt

1. in erster Linie dem Schwurgericht (§ 74 Abs. 2, § 74d),
2. in zweiter Linie der Wirtschaftsstrafkammer (§ 74c),
3. in dritter Linie der Strafkammer nach § 74a
der Vorrang zu.

1 **A. Vorrangprinzip.** Das Vorrangprinzip dient der Vermeidung u. Klärung v. Kompetenzkonflikten. Die Rangordnung richtet sich nach der generellen Beurteilung der Schwere der Delikte. Die allg. StrK ist im Reihenfolgekatalog nicht aufgeführt, weil ihr niemals der Vorrang zukommt. Sie ist aber in das System durch die Bezugnahme auf § 74 Abs. 1, Abs. 3 miteinbezogen. Die StaatsschutzStrK liegt an 3. Stelle, weil in den schwersten Staatsschutzsachen das OLG zuständig ist (Katholnigg NJW 1978, 2376), entweder nach § 120 Abs. 1 oder nach §§ 74a Abs. 2, 120 Abs. 2.

2 **B. Rangverhältnis zur JugK** (§ 41 **JGG**). Es gilt nicht § 74e (BGHSt 42, 39), sondern der Grundsatz, dass die JugGe den Vorrang vor den Erwachsenengerichten haben (§§ 102, 103 Abs. 2 S. 1, 112 **JGG**; → StPO Vor § 1 Rn. 11 ff.). Eine Ausnahme besteht nur bei Verbindung v. Strafsachen gegen Jugendliche o. Heranwachsende mit einer Erwachsenensache. Wenn für letztere die WirtschaftsStrK o. die StaatsschutzStrK zuständig ist, geht ihre Zuständigkeit vor (§§ 103 Abs. 2 S. 2, 3, 108 **JGG**), auch soweit es um Berufung geht o. um die Entsch. nach § 73 Abs. 1 (§ 74c Abs. 1, Abs. 2). Wird die Zuständigkeit der WirtschaftsStrK o. der StaatsschutzStrK durch die des SchwurG verdrängt, so lebt der Vorrang des JugG nach § 103 Abs. 2 S. 1 **JGG** wieder auf.

3 **C. Berücksichtigung des Vorrangs.** §§ 6a, 209a, 225a Abs. 4, 270 Abs. 1 S. 2.

[Zuständigkeit bei vorbehaltener oder nachträglicher Anordnung der Sicherungsverwahrung]

74f (1) **Hat im ersten Rechtszug eine Strafkammer die Anordnung der Sicherungsverwahrung vorbehalten oder im Fall des § 66b des Strafgesetzbuches als Tatgericht entschieden, ist diese Strafkammer im ersten Rechtszug für die Verhandlung und Entscheidung über die im**

Urteil vorbehaltene oder die nachträgliche Anordnung der Sicherungsverwahrung zuständig.

(2) **Hat im Fall des § 66b des Strafgesetzbuches im ersten Rechtszug ausschließlich das Amtsgericht als Tatgericht entschieden, ist im ersten Rechtszug eine Strafkammer des ihm übergeordneten Landgerichts für die Verhandlung und Entscheidung über die nachträgliche Anordnung der Sicherungsverwahrung zuständig.**

(3) **Im Fall des § 66b des Strafgesetzbuches gilt § 462a Absatz 3 Satz 2 und 3 der Strafprozessordnung entsprechend.**

(4) [1]**In Verfahren, in denen über die im Urteil vorbehaltene oder die nachträgliche Anordnung der Sicherungsverwahrung zu entscheiden ist, ist die große Strafkammer mit drei Richtern einschließlich des Vorsitzenden und zwei Schöffen besetzt.** [2]**Bei Entscheidungen außerhalb der Hauptverhandlung wirken die Schöffen nicht mit.**

A. Vorangegangene Entscheidung einer Großen StrK (Abs. 1). Die vorbehaltene Sicherungsverwahrung (§ 66a StGB, § 106 Abs. 3,Satz 2 JGG) kann wegen § 24 Abs. 1 Nr. 2 beim LG immer nur v. einer Großen StrK (auch einer nach §§ 74 Abs. 2, 74a, 74b, 74c) o. einer JugK angeordnet worden sein. Daher ist auch diese StrK für den 2. Teil des Verf. – Entsch. über den Vorbehalt (vgl. → StPO § 275a Rn. 3) – zuständig, wobei es unerheblich ist, ob die so bezeichnete StrK inzwischen mit anderen Richtern besetzt ist (andere Schöffen werden es ohnehin so gut wie immer sein). Auch bei beabsichtigter nachträglicher Anordnung der Sicherungsverwahrung (§ 66b StGB, §§ 7 Abs. 2–4, 106 Abs. 5 und Abs. 6 JGG) hat eine Große StrK bzw. JugK zuvor entschieden, weil die Unterbringung im psychiatrischen Krankenhaus nach § 24 Abs. 2 nicht durch das AG angeordnet werden kann; das gilt nach §§ 41 Abs. 1 Nr. 5, 108 Abs. 3 S. 2 JGG auch bei Jugendlichen u. Heranwachsenden (zu einem theoretischen Ausnahmefall aber SK-StPO/Frister Rn. 6). 1

B. Vorangegangene Entscheidung eines AG (Abs. 2). Weil ein AG keine Unterbringung nach § 63 StGB anordnen kann (→ Rn. 1), besteht für Abs. 2, der nur für die aufgeh. Fälle des § 66b Abs. 1 und Abs. 2 aF StGB v. Bedeutung war, kein Anwendungsbereich mehr. Dies wurde ersichtlich bei der Neufassung der Vorschr. durch das G v. 22.12.2010 (BGBl. I 2300 (2303)) übersehen. Sie kann somit nur noch bei „Altfällen" (→ StPO § 275a Rn. 1c) zur Anwendung kommen (hierzu weitergehend wiederum SK-StPO/Frister Rn. 6). 2

C. Vorentscheidungen verschiedener Gerichte (Abs. 3). Die hier gegebene Verweisung auf § 462a Abs. 3 S. 2 und 3 StPO ist nun ebenfalls ohne Bedeutung (vgl. → Rn. 2), weil sie nur die Fälle des aufgeh. § 66b Abs. 1 und Abs. 2 aF StGB betraf. War das Urt. im Fall des § 66b StGB v. einem OLG im 1. Rechtszug erlassen worden, ist das OLG zuständig (§ 120a). Im Fall der vorbehaltenen Sicherungsverwahrung (§ 66a StGB bzw. § 106 Abs. 3 JGG) muss jedes Gericht, das einen Vorbehalt angeordnet hat, selbst über diesen Vorbehalt in einem 2. Verf. (vgl. → StPO § 275a Rn. 3) entscheiden. Gesonderte Entsch. müssen auch in dem theoretisch denkbaren Fall ergehen, dass aufgrund verschiedener Urt. sowohl die Voraussetzungen des § 66a StGB bzw. § 106 Abs. 3 JGG als auch des § 66b StGB bzw. § 106 Abs. 5 oder Abs. 6 JGG vorliegen. 3

D. Besetzung der StrK. Die StrK muss sowohl bei der Entsch. nach vorbehaltener (§ 66a StGB) als auch bei der nachträglichen Anordnung der Sicherungsverwahrung (§ 66b StGB) stets mit 3 Berufsrichtern (und 2 Schöffen) besetzt sein (Abs. 4); die nach § 76 Abs. 2 und nach § 33b Abs. 2 JGG sonst mögliche Besetzungsreduzierung auf 2 Berufsrichter ist hier ausgeschlossen. 4

E. StVollstrK. Die StVollstrK kann entspr. § 462a Abs. 1 S. 3 StPO die Entsch. über Weisungen iRv Führungsaufsicht der nach § 74f zuständigen StrK für die Dauer des Verf. nach § 275a StPO übertragen (BGHSt 50, 373). 5

75 *[betrifft die Zivilkammern]*

[Besetzung der Strafkammern]

76 (1) [1]**Die Strafkammern sind mit drei Richtern einschließlich des Vorsitzenden und zwei Schöffen (große Strafkammer), in Verfahren über Berufungen gegen ein Urteil des Strafrichters oder des Schöffengerichts mit dem Vorsitzenden und zwei Schöffen (kleine Strafkammer) besetzt.** [2]**Bei Entscheidungen außerhalb der Hauptverhandlung wirken die Schöffen nicht mit.**

(2) [1]**Bei der Eröffnung des Hauptverfahrens beschließt die große Strafkammer über ihre Besetzung in der Hauptverhandlung.** [2]**Ist das Hauptverfahren bereits eröffnet, beschließt sie hierüber bei der Anberaumung des Termins zur Hauptverhandlung.** [3]**Sie beschließt eine Besetzung mit drei Richtern einschließlich des Vorsitzenden und zwei Schöffen, wenn**

1. **sie als Schwurgericht zuständig ist,**
2. **die Anordnung der Unterbringung in der Sicherungsverwahrung, deren Vorbehalt oder die Anordnung der Unterbringung in einem psychiatrischen Krankenhaus zu erwarten ist oder**
3. **nach dem Umfang oder der Schwierigkeit der Sache die Mitwirkung eines dritten Richters notwendig erscheint.**

[4]**Im Übrigen beschließt die große Strafkammer eine Besetzung mit zwei Richtern einschließlich des Vorsitzenden und zwei Schöffen.**

(3) **Die Mitwirkung eines dritten Richters nach Absatz 2 Satz 3 Nummer 3 ist in der Regel notwendig, wenn die Hauptverhandlung voraussichtlich länger als zehn Tage dauern wird oder die große Strafkammer als Wirtschaftsstrafkammer zuständig ist.**

(4) **Hat die Strafkammer eine Besetzung mit zwei Richtern einschließlich des Vorsitzenden und zwei Schöffen beschlossen und ergeben sich vor Beginn der Hauptverhandlung neue Umstände, die nach Maßgabe der Absätze 2 und 3 eine Besetzung mit drei Richtern einschließlich des Vorsitzenden und zwei Schöffen erforderlich machen, beschließt sie eine solche Besetzung.**

(5) **Ist eine Sache vom Revisionsgericht zurückverwiesen oder ist die Hauptverhandlung ausgesetzt worden, kann die jeweils zuständige Strafkammer erneut nach Maßgabe der Absätze 2 und 3 über ihre Besetzung beschließen.**

(6) [1]**In Verfahren über Berufungen gegen ein Urteil des erweiterten Schöffengerichts (§ 29 Abs. 2) ist ein zweiter Richter hinzuzuziehen.** [2]**Außerhalb der Hauptverhandlung entscheidet der Vorsitzende allein.**

Übersicht

1 **A. Unterschiedliche Besetzung.** In unterschiedlicher Besetzung werden die Strafkammern tätig, wobei die Besetzung jew. noch innerhalb u. außerhalb der HV differiert: In der HV entscheidet die große Strafkammer mit 2 o. 3 Richtern u. 2 Schöffen, die kleine Strafkammer mit 1 Richter u. 2 Schöffen, beim erweiterten SchG in 1. u. in der Berufungsinstanz mit 2 Richtern u. 2 Schöffen. Außerhalb der HV entscheidet die große Strafkammer stets mit 3 Richtern, die kleine Strafkammer mit 1 Richter; die Schöffen wirken hier nie mit. Damit sind in SchG-Sachen 1. Instanz u. Berufungsgericht gleich besetzt. Das ist ein Systembruch (Schulz FS Schwind, 2006, 441); der Sinn des Berufungsverfahrens in SchG-Sachen ist damit zw. geworden (Werle JZ 1991, 796; vgl. auch SSW StPO/Werner Rn. 23; zum Vorschlag einer Gesetzesänderung vgl. Meyer-Goßner ZRP 2011, 129).

2 **B. Besetzung in der HV 1. Instanz.** Nach Abs. 1 S. 1 ist die große StrK mit 3 Berufsrichtern (einschließlich des Vorsitzenden) u. 2 Schöffen besetzt. Von dieser Besetzung wurde seit 1993 im Wege einer immer wieder verlängerten Übergangsregelung eine Ausnahme dahin zugelassen, dass die große Strafkammer abgesehen v. den Fällen, in denen sie als SchwurG (§ 74 Abs. 2) entscheidet, ihre Besetzung selbst auf 2 Richter (und 2 Schöffen) reduzieren durfte. Nunmehr ist eine unbefristete Regelung getroffen worden, die diese – verfassungs- u. einfachges. bedenkliche (Meyer-Goßner ZRP 2011, 129) – Regelung der teilw. „Selbstreduktion" aufrechterhalten hat. Es gibt nun zwingende u. fakultative Möglichkeiten mit 3 Berufsrichtern zu entscheiden; in den übrigen Fällen werden nach Beschl. der großen Strafkammer nur 2 Berufsrichter in der HV tätig. Im Einzelnen:

3 **I. Zwingende 3er Besetzung.** Die 3er Besetzung ist zwingend, wenn das SchwurG (§ 74 Abs. 2) entscheidet o. wenn die Anordnung in der Sicherungsverwahrung (§ 66 StGB) o. die Anordnung des Vorbehalts der Sicherungsverwahrung (§ 66a StGB) o. die Anordnung der Unterbringung in einem psychiatrischen Krankenhaus (§ 63 StGB) zu erwarten ist (Abs. 2 S. 1 Nr. 1 und 2). Für die Anordnung der nachträglichen Sicherungsverwahrung (§ 66b StGB) schreibt § 74f Abs. 4 die 3er-Besetzung vor. Für die Fälle der Nr. 2 kommt es auf die Erwartung an; ob im Urt. dann eine Anordnung nach §§ 63, 66, 66a StGB ergeht o. nicht, spielt keine Rolle. Stellt sich allerdings umgekehrt heraus, dass eine solche Anordnung anders als erwartet doch ausgesprochen werden muss, so kann es sich empfehlen, die HV auszusetzen u. nach Abs. 5 neu über die Besetzung zu entscheiden; unabdingbar ist dies jedoch nicht. Stellt sich in der Verh. die Zuständigkeit des SchwG heraus, ohne dass dies wegen § 6a (→ § 6a Rn. 7) noch zu einer Verweisung dorthin führen kann, gilt dasselbe. Der Gesetzgeber geht aber – wie früher – davon aus (Abs. 2 S. 4), dass iÜ die Besetzung mit 3 Richtern die Ausnahme, die mit 2 Richtern die Regel sein soll (BGHSt 44, 328; 44, 361); in Zweifelsfällen verdient aber die 3 er-Besetzung den Vorzug (BGH JR 2004, 170).

4 **II. Fakultative 3er Besetzung.** Fakultativ ist die 3er Besetzung, wenn nach dem Umf. o. der Schwierigkeit der Sache die Mitwirkung eines 3. Richters notwendig erscheint (Abs. 2 S. 1 Nr. 3). Der Gesetzgeber hat an dieser eigenartigen – so schon in § 76 Abs. 2 aF enthaltenen – Konstruktion, dass nicht wie sonst immer das G die Besetzung vorschreibt, sondern diese den betroffenen Richtern überlassen wird, festgehalten, obwohl es hierdurch schon bisher in den einzelnen Gerichtsbezirken zu höchst unterschiedlicher Häufigkeit der Entsch. mit 3 Richtern gekommen ist u. weiterhin kommen wird (Meyer-Goßner ZRP 2011, 129). Allerdings hat der Gesetzgeber nun in Abs. 3 zwei Fälle aufgeführt, in denen idR die Voraussetzungen des Abs. 1 Nr. 3 gegeben sein sollen:

5 **1. Bei voraussichtlicher Dauer der HV** v. mehr als 10 Tagen soll der 3. Richter idR notwendig sein. Der Gesetzgeber hat damit einen Gedanken aufgenommen, den BGH NStZ 2011, 52 zur alten Regelung geäußert hatte. Ob die HV mehr als 10 Tage dauern wird, lässt sich aber vor ihrem Beginn nicht sicher sagen (vgl. BGH wistra 2013, 282 (287); s. aber auch BGH StV 2016, 631). Hier wird eine weitere Unbestimmtheit in die Besetzungsanordnung getragen, da es v. dem Vorsitzenden abhängt, ob er weit o. eng terminiert; oftmals wird die HV auch

kürzer als angenommen dauern, wenn es zB zu einer Verständigung nach § 257c StPO kommt. Von der Regel wird auch abgesehen werden können, wenn die HV nur wegen der Vielzahl der Fälle länger dauern wird, die einzelnen Fälle aber weder umfangr. noch schwierig sind.

6 **2.** Des Weiteren soll **in Wirtschaftsstrafsachen (§ 74c)** idR in der 3er Besetzung verhandelt werden. Es ist zutr., dass es auch einfach gelagerte Wirtschaftsstrafsachen gibt, bei denen die Mitwirkung eines 3. Richters entbehrlich erscheinen mag. Immerhin werden geringfügigere Wirtschaftsstraftaten aber ohnehin beim AG angeklagt, so dass es angebracht gewesen wäre, in Wirtschaftsstrafsachen stets die 3 er-Besetzung vorzuschreiben, um in diesen Fällen wieder unterschiedliche Handhabungen in den einzelnen Gerichtsbezirken auszuschließen (zust. SK-StPO/Degener Rn. 10).

7 **3.** Schließlich soll in 3er-Besetzung verhandelt werden, wenn **Umfang oder Schwierigkeit der Sache** dies notwendig erscheinen lassen (Abs. 2 S. 1 Nr. 3). Bedeutsam für die Frage, ob ein dritter Richter mitwirken soll (zutr. Weber JR 2004, 172: „was der Qualität des Verf. ebenso zugute kommt wie der Qualität des Urteils in der Beratung"; vgl. auch Rissing-van Saan FS Krey, 2010, 442), sind die Zahl der Angeklagten, Verteidiger u. erforderlichen Dolmetscher, die Zahl der den Angeklagten vorgeworfenen Straftaten, die Zahl der Zeugen ua Beweismittel, die Notwendigkeit v. Sachverständigengutachten, der Umf. der Akten sowie die zu erwartende Dauer der HV (BGH StraFo 2009, 338; Kissel/Mayer Rn. 6); die überdurchschnittliche Schwierigkeit der Sache kann sich aus der Erforderlichkeit umfangreicher Sachverständigengutachten, aus zu erwartenden Beweisschwierigkeiten o. aus der Komplexität der aufgeworfenen Sach- u. Rechtsfragen ergeben (BGH JR 2004, 170), sie liegt aber nicht schon bei jedem Indizienprozess vor (daher viel zu weitgehend Schlothauer StV 1993, 147). Nicht maßgeblich ist die zu erwartende Eingriffstiefe (BVerfG NJW 2012, 3357 (3365)); auch die „besondere Bedeutung des Falles" (vgl. § 24 Abs. 1 Nr. 3) spielt hier keine Rolle.

8 **III. Entscheidung über die Besetzung.** Die Entscheidung über die Besetzung wird bei der Eröffnung des Hauptverfahrens getroffen. Die Entsch. ergeht außerhalb der HV stets (Ausnahme → StPO § 266 Rn. 15) durch die 3 Richter der StrK ohne Mitwirkung der Schöffen (BGHSt 50, 267; 60, 248 (250) mwN; erg. → StPO § 203 Rn. 4). Beschließt die Strafkammer in der HV mit zwei Berufsrichtern u. 2 Schöffen, ein weiteres Verf. zu eröffnen u. unter Beibehaltung dieser Besetzung zu dem ursprünglichen Verf. hinzu zu verbinden, sind der Eröffnungsbeschluss u. die Besetzungsentscheidung unwirksam, u. es besteht ein Verfahrenshindernis hins. des neuen Verfahrensgegenstandes (BGH NJW 2015, 2515; NStZ-RR 2020, 376).

8a Die Verfahrensbeteiligten werden zur Besetzungsentscheidung **nicht gehört** (BGHSt 44, 328 (336); **aM** SK-StPO/Degener Rn. 17). Die Entsch. ist unanfechtbar (OLG Bremen StV 1993, 350). Sie ist in den Eröffnungsbeschluss (§ 207 Abs. 1 StPO) mit aufzunehmen (vgl. BGH NStZ-RR 1999, 274). Das gilt auch, wenn eine nach § 74e vorrangige StrK o. wenn das OLG nach sofortiger Beschwerde gem. § 210 Abs. 2 StPO das Hauptverfahren vor der StrK eröffnet (OLG Koblenz wistra 1995, 282). Falls versehentlich nicht über die Besetzung entschieden wurde, bleibt es bei der 3 er-Besetzung (BGH NStZ 2009, 53; LG Bremen StraFo 2004, 102; zw. Deutscher StRR 2012, 12), u. zwar auch dann, wenn wegen Änd. des Geschäftsverteilungsplans eine andere StrK zuständig geworden ist (BGH StV 2005, 654).

9 **Ist das Hauptverfahren bereits eröffnet,** so wird die Besetzungsentscheidung bei der Terminierung getroffen. Das ist insbes. der Fall, wenn ein bereits eröffnetes Verf. zu dem anderen Verf. hinzuverbunden wird; dasselbe gilt, wenn sich der Verfahrensumfang durch Verbindung mit weiteren Verf. ändert (BGHSt 53, 169; dazu eing. unter Erörterung v. Zweifelsfragen Freuding NStZ 2009, 611 (613)). Weil die Entsch. der StrK selbst zugewiesen ist, ist sie v. ihr auch dann zu treffen, wenn eine Verweisung nach §§ 225a, 270 StPO v. AG an das LG erfolgt (BGH StraFo 2000, 333) ebenso, wenn nachträglich eine weitere Anklage zugelassen u.

mit einem anhängigen Verf. verbunden wird (BGH StraFo 2010, 424). Den Fall, dass eine Sache nach Revision v. Revisionsgericht zurückverwiesen wird, regelt nun ausdr. Abs. 5. Zur Entsch. bei der Jugendkammer → Rn. 13.

IV. Änderung der Besetzungsentscheidung. *Vor* Beginn der HV kann die Besetzungsentscheidung, das nur mit 2 Richtern verhandelt werden soll, geänd. werden, wenn sich neue Umstände ergeben, die eine 3er-Besetzung notwendig machen **(Abs. 4).** Das kann der Fall sein, wenn etwa durch die Verteidigung viele Beweisanträge gestellt werden, denen nachzugehen ist u. die die Sache dadurch erheblich umfangreicher machen. Möglich ist auch, dass zunächst nicht erkannte rechtliche Schwierigkeiten aufgetreten sind, was insbes. in Wirtschaftsstrafsachen geschehen kann. Schließlich kann sich dies auch ergeben, wenn sich herausstellt, dass eine zunächst auf wenige Tage terminierte HV nun doch länger als 10 Tage dauern wird, zB, wenn der Angeklagte eine zuvor nach § 202a StPO angekündigte u. abgesprochene Verständigung widerruft. Nicht genügt es, dass das Gericht seine zuvor getroffene Entsch. – ohne Hervortreten neuer Umstände – für unrichtig hält u. lieber mit einem 3. Richter verhandeln möchte. Eine Änd. v. der beschlossenen 3er- zur 2er-Besetzung lässt das G nicht zu (Löwe/Rosenberg/Gittermann Rn. 12). 10

Grundsätzlich ausgeschlossen ist die Änd. der Besetzungsentscheidung *nach* Beginn der HV durch das Gericht (BGH NStZ 2013, 181). Etwas anderes gilt nur bei einer zulässigen Beanstandung nach § 222b (→ § 222b Rn. 3a); dann kann die Entsch. geänd. werden (BGH NJW 2003, 3644). Sonst kann sie aber nicht wieder aufgeh. werden (BGHSt 44, 328 (333); BGH StraFo 2005, 162), es sei denn, sie sei objektiv willkürlich erfolgt (BGH NStZ 2011, 54; StV 2012, 196). Hat eine Strafkammer in der HV in fehlerhafter Besetzung mit 2 Berufsrichtern u. 2 Schöffen über die Eröffnung u. Hinzuverbindung eines weiteren Verf. beschlossen, kann mit Blick auf Abs. 2 S. 1 Nr. 3 auch die ursprüngliche Besetzungsentscheidung beanstandet werden (BGHSt 60, 248). Im Übrigen ist bei nachträglich erkannter fehlerhafter Entsch. die HV auszusetzen. 11

Nach Aussetzung der HV kann allerdings die Besetzungsentscheidung nach Maßgabe von Abs. 2 und Abs. 3 durch Beschl. geänd. werden, ebenso, wenn eine **Sache vom Revisionsgericht zurückverwiesen** wurde (Abs. 5; vgl. BGH NStZ 2018, 110: Vfg. des Vorsitzenden nicht ausreichend), muss es aber nicht (BGH StraFo 2003, 134). Eine Besetzungsänderung kommt va in Betracht, wenn eine Zurückverweisung nur im Strafausspruch o. in einem Nebenpunkt (Anrechnung v. UHaft, Kompensation wegen unangemessener Verfahrensdauer usw) erfolgt. 12

V. Jugendsachen. In Jugendsachen treffen §§ 33b Abs. 2–6, 108 Abs. 3 **JGG** eine entspr. Regelung: Die große JugK entscheidet darüber, ob sie mit 3 o. mit 2 Richtern tätig wird; ist Gegenstand des Verf. eine SchwurG-Sache, so ist auch bei ihr die Zuziehung eines 3. Richters stets erforderlich; iÜ wird in der ges. Regelung auf Besonderheiten des JGG Rücksicht genommen. Ausdrücklich ist die früher umstr. Frage, ob die Besetzungsreduktion auch im Berufungsverfahren vor der großen JugK zulässig ist, nun in § 33b Abs. 4 geregelt; es treffen die 3 Richter der JugK (OLG Brandenburg NStZ 2009, 43: nicht nur der Vorsitzende) bei der Terminierung der Berufungssache eine Entsch. über die Besetzung der großen JugK in der Berufungshauptverhandlung. 13

C. Besetzung in der Berufungsverhandlung. Über Berufungen gegen Urt. des AG (Strafrichter u. SchG) entscheidet stets die kleine StrK mit dem Vorsitzenden u. 2 Schöffen (krit. hierzu Meyer-Goßner/Ströber ZRP 1996, 358). Im Jugendstrafverfahren ist abw. hiervon die kleine JugK mit dem Vorsitzenden u. 2 Jugendschöffen für Berufungen gegen Urt. des Jugendrichters, die große JugK mit der Besetzung von 2 o. 3 Richtern einschl. des Vorsitzenden für Berufungen gegen Urt. des JugSchG zuständig (§ 33b Abs. 1 **JGG;** erg. → Rn. 13). Außerhalb der HV gilt Abs. 2–6 nicht (OLG Zweibrücken StraFo 1997, 204; → Rn. 16). 14

Damit in Berufungsverfahren gegen Urt. des **erweiterten SchG** die 2. Instanz nicht schlechter besetzt ist als die 1. Instanz, ist nach Abs. 6 S. 1 die Zuziehung 15 eines 2. Richters zwingend vorgeschrieben. Das gilt ohne Rücksicht darauf, ob das SchG den 2. Richter zu Recht nach § 29 Abs. 2 hinzugezogen hatte (OLG Düsseldorf NStZ 1994, 97). Obwohl das Berufungsgericht die gleiche Besetzung aufweist wie die große StrK, falls diese nicht mit 3 Richtern verhandelt, bleibt es hier eine kleine StrK.

16 **D. Besetzung außerhalb der HV (Abs. 1 S. 2, Abs. 2 S. 1, Abs. 6 S. 2).** Hier **wirken die Schöffen nicht mit** (erg. → § 30 Rn. 3; speziell zu Haftentscheidungen → § 126 Rn. 8). Dies gilt namentlich für die Entsch. über die **Eröffnung des Hauptverfahrens** (BGH 14.9.2022 – 5 StR 215/22), auch wenn sie in bereits lfd. HV vorgenommen wird (vgl. BGH BeckRS 2018, 13610; 2019, 15979; OLG Hamburg StraFo 2021, 205). Bei der **großen StrK** entscheiden die 3 Berufsrichter, auch wenn für die HV nach Abs. 2 eine Besetzung mit nur 2 Richtern vorgesehen o. zu erwarten ist. Dies gilt auch für die grds. zulässige (BGHSt 29, 224; 50, 267) **Nachholung** einer zunächst unterbliebenen **Eröffnungsentscheidung** nach Beginn der HV, ebenso für die Zulassung weiterer Anklagen ua Az. während lfd. HV (BGH NStZ-RR 2017, 181; vgl. BGH 15.5.2024 – 6 StR 161/24). Wirken die Schöffen mit (Fälle des Abs. 2 S. 3) o. erfolgt sie in der reduzierten Hauptverhandlungsbesetzung nach Abs. 2 S. 4 ist sie unwirksam und stellt in dem betr. Verfahren ein nicht mehr behebbares Verfahrenshindernis dar (BGH StV 2015, 743; BGH 15.5.2024 – 6 StR 161/24; erg. → § 203 Rn. 4). Bei der kleinen StrK entscheidet der Vorsitzende allein. Einzelrichterentscheidungen gibt es bei der großen StrK nicht (LG Hildesheim StraFo 2005, 393 zu § 33 Abs. 8 RVG; vgl. auch → § 139 Rn. 1). Aus S. 1 iVm § 73 Abs. 1 ergibt sich, dass über Beschwerden gegen Vfg. u. Entsch. des AG, auch des Strafrichters, immer die große StrK entscheidet, auch wenn sie mit dem durch die Berufung angefochtenen Urt. im Zusammenhang stehen; das gilt auch in Wirtschaftsstrafsachen (OLG Köln StV 1993, 464).

17 **E. Revision.** Sie ist begründet, wenn das **SchwurG statt mit 3 mit nur 2 Richtern** entschieden hat; dasselbe gilt, wenn eine Anordnung nach §§ 63, 66, 66a StGB nach der zugelassenen Anklage zu erwarten war u. im Urt. erfolgte (Schlothauer StV 2012, 753) o. wenn es an einem wirksamen Beschl. über die Besetzungsreduzierung fehlt (BGH NStZ 2018, 110) o. wenn die Eröffnungsentscheidung nach Abs. 1 S. 2 (soeben → Rn. 16) nicht in der vorgeschriebenen 3er-Besetzung erfolgte (vgl. BGHSt 50, 267; 60, 248 (250); NStZ 2023, 253; erg. § 203 StPO Rn. 1a).

18 Dass der **Umf. o. die Schwierigkeit** der Sache die **Zuziehung eines 3. Richters** im Gegensatz zum Eröffnungsbeschluss (→ Rn. 4) erfordert o. nicht erfordert hätte, kann mit der Revision nicht beanstandet werden (vgl. → § 74 Rn. 10), es sei denn, die StrK habe den ihr insoweit zustehenden weiten Beurteilungsspielraum in unvertretbarer Weise überschritten u. damit objektiv willkürlich gehandelt (BGHSt 44, 328; BGH StraFo 2003, 134; 2009, 338; StV 2004, 250), so zB bei Hunderten v. angeklagten Straftaten u. nicht geständigem Angeklagten (BGH NJW 2003, 3644) o. in einem wegen komplexer Rechtsbeugungsvorwürfe umfangreichen u. schwierigen Strafverfahren (BGH NStZ 2011, 52). § 222b StPO gilt auch hier (vgl. → StPO § 222b Rn. 3a).

19 **F. Übergangsregelung.** Eine Übergangsregelung trifft § 41 EGGVG (→ EGGVG § 41 Rn. 1 ff.).

[Schöffen der Strafkammern]

77 (1) **Für die Schöffen der Strafkammern gelten entsprechend die Vorschriften über die Schöffen des Schöffengerichts mit folgender Maßgabe:**

(2) [1]**Der Präsident des Landgerichts verteilt die Zahl der erforderlichen Hauptschöffen für die Strafkammern auf die zum Bezirk des Landgerichts**

gehörenden Amtsgerichtsbezirke. [2]Die Ersatzschöffen wählt der Ausschuß bei dem Amtsgericht, in dessen Bezirk das Landgericht seinen Sitz hat. [3]Hat das Landgericht seinen Sitz außerhalb seines Bezirks, so bestimmt die Landesjustizverwaltung, welcher Ausschuß der zum Bezirk des Landgerichts gehörigen Amtsgerichte die Ersatzschöffen wählt. [4]Ist Sitz des Landgerichts eine Stadt, die Bezirke von zwei oder mehr zum Bezirk des Landgerichts gehörenden Amtsgerichten oder Teile davon umfaßt, so gilt für die Wahl der Ersatzschöffen durch die bei diesen Amtsgerichten gebildeten Ausschüsse Satz 1 entsprechend; die Landesjustizverwaltung kann bestimmte Amtsgerichte davon ausnehmen. [5]Die Namen der gewählten Hauptschöffen und der Ersatzschöffen werden von dem Richter beim Amtsgericht dem Präsidenten des Landgerichts mitgeteilt. [6]Der Präsident des Landgerichts stellt die Namen der Hauptschöffen zur Schöffenliste des Landgerichts zusammen.

(3) [1]**An die Stelle des Richters beim Amtsgericht tritt für die Auslosung der Reihenfolge, in der die Hauptschöffen an den einzelnen ordentlichen Sitzungen teilnehmen, und der Reihenfolge, in der die Ersatzschöffen an die Stelle wegfallender Schöffen treten, der Präsident des Landgerichts; § 45 Abs. 4 Satz 3, 4 gilt entsprechend. [2]Ist der Schöffe verstorben oder aus dem Landgerichtsbezirk verzogen, ordnet der Vorsitzende der Strafkammer die Streichung von der Schöffenliste an; in anderen Fällen wird die Entscheidung darüber, ob ein Schöffe von der Schöffenliste zu streichen ist, sowie über die von einem Schöffen vorgebrachten Ablehnungsgründe von einer Strafkammer getroffen. [3]Im übrigen tritt an die Stelle des Richters beim Amtsgericht der Vorsitzende der Strafkammer.**

(4) [1]**Ein ehrenamtlicher Richter darf für dasselbe Geschäftsjahr nur entweder als Schöffe für das Schöffengericht oder als Schöffe für die Strafkammern bestimmt werden. [2]Ist jemand für dasselbe Geschäftsjahr in einem Bezirk zu mehreren dieser Ämter oder in mehreren Bezirken zu diesen Ämtern bestimmt worden, so hat der Einberufene das Amt zu übernehmen, zu dem er zuerst einberufen wird.**

(5) **§ 52 Abs. 2 Satz 1 Nr. 1 findet keine Anwendung.**

A. Entsprechende Anwendbarkeit (Abs. 1). Entsprechend anwendbar 1
(Abs. 1) sind die Vorschr. über die Schöffen des SchG (§§ 30–57), soweit Abs. 2–5 nichts Abweichendes bestimmen.

B. Hauptschöffen (Abs. 2 S. 1, 5, 6). Die erforderliche Zahl der Schöffen 2
(§ 43) verteilt der PräsLG auf die zum Bezirk des LG gehörenden AGe (S. 1; BGH NStZ 1992, 502: Prinzip der flächendeckenden Repräsentation der Bevölkerung bei der Rspr.); dabei ist auch der Bezirk einer auswärtigen StrK zu berücksichtigen (BGHSt 34, 121). Die nach § 42 gewählten Schöffen teilt der Richter beim AG (§ 40 Abs. 2) dem PräsLG mit (S. 5), der sie in der Schöffenliste des LG zusammenfasst (S. 6). Dabei muss für alle StrKn, einschl. des SchwurG, eine einheitliche Schöffenliste aufgestellt werden (BGH NJW 1986, 1356; OLG Celle NJW 1991, 2848 (2849)). Aus ihr werden die Hauptschöffen für die Einzelnen ordentlichen Sitzungen entspr. § 45 Abs. 1, Abs. 2 ausgelost.

C. Ersatzschöffen (Abs. 2 S. 2–4). Ersatzschöffen (Abs. 2 S. 2–4) werden in 3
der erforderlichen Zahl (§ 43) v. den Schöffenwahlausschuss des AG (§ 40) am Sitz des LG gewählt (S. 2), u. zwar Personen, die am Sitz des AG o. in dessen nächster Umgebung wohnen (§ 42 Abs. 1 Nr. 2 S. 2). Im Fall des S. 3, der zB auf das LG München II zutrifft (→ § 166 Rn. 3), bestimmt die LJV den zuständigen Ausschuss. S. 4 ermöglicht jetzt, dass in den Stadtstaaten u. in Großstädten die Ersatzschöffen nach denselben Grundsätzen gewählt werden wie die Hauptschöffen; sie können (was BGHSt 29, 144 für unzulässig erklärt hatte) idR aus allen AG-Bezirken nach einer durch den PräsLG vorzunehmenden Aufteilung v. den bei den betr. AGen gebildeten Ausschüssen gewählt werden.

4 **D. An die Stelle des Richters beim AG (Abs. 3).** An die Stelle des Richters beim AG (Abs. 3) tritt der PräsLG bei der Auslosung nach § 45 Abs. 2, sonst der StrK-Vorsitzende. Der PräsLG kann sich vertreten lassen (BGHSt 25, 257). Über Streichungen v. den Schöffenlisten entscheidet bei Tod des Schöffen o. Wegzug aus dem LG-Bezirk (nicht bei Umzug innerhalb des LG-Bezirks, vgl. Abs. 5 und → § 52 Rn. 2) der Vorsitzende der Strafkammer, bei sonstigen Gründen eine v. Präsidium bestimmte StrK, die auch über die v. den Schöffen vorgebrachten Ablehnungsgründe zu befinden hat (S. 2).

5 **E. Mehrfacher Einsatz von Schöffen (Abs. 4).** Der mehrfache Einsatz von Schöffen (Abs. 4) ist unzulässig. Bei mehrfacher Einberufung übernimmt der Schöffe das Amt, zu dem er zuerst einberufen worden ist. Die Heranziehung für mehrere SchGe o. StrKn schließt Abs. 4 nicht aus (BGHSt 20, 296; LG Hamburg MDR 1968, 170).

6 **F. HilfsStrKn.** Auf HilfsStrKn (→ § 21e Rn. 16) ist § 46 nicht anzuwenden (BGHSt 31, 157; 41, 175 (178); BGH GA 1983, 180; StV 1986, 49; KG StV 1986, 49). Benötigt die HauptStrK die Schöffen eines ordentlichen Sitzungstages für den Beginn einer neuen HV nicht, muss die HilfStrK mit den für diesen Tag ausgelosten Schöffen verhandeln (BGH NStZ 2007, 537); nur wenn die ordentliche StrK an demselben Tag eine Verh. beginnt, liegt eine außerordentliche Sitzung iSd § 47 vor, für die die Schöffen aus der Ersatzschöffenliste nach deren Reihenfolge zuzuweisen sind (BGHSt 41, 175 (178)).

[Auswärtige Strafkammern bei Amtsgerichten]

78 (1) [1] **Die Landesregierungen werden ermächtigt, durch Rechtsverordnung wegen großer Entfernung zu dem Sitz eines Landgerichts bei einem Amtsgericht für den Bezirk eines oder mehrerer Amtsgerichte eine Strafkammer zu bilden und ihr für diesen Bezirk die gesamte Tätigkeit der Strafkammer des Landgerichts oder einen Teil dieser Tätigkeit zuzuweisen.** [2] **Die in § 74 Abs. 2 bezeichneten Verbrechen dürfen einer nach Satz 1 gebildeten Strafkammer nicht zugewiesen werden.** [3] **Die Landesregierungen können die Ermächtigung auf die Landesjustizverwaltungen übertragen.**

(2) [1] **Die Kammer wird aus Mitgliedern des Landgerichts oder Richtern beim Amtsgericht des Bezirks besetzt, für den sie gebildet wird.** [2] **Der Vorsitzende und die übrigen Mitglieder werden durch das Präsidium des Landgerichts bezeichnet.**

(3) [1] **Der Präsident des Landgerichts verteilt die Zahl der erforderlichen Hauptschöffen auf die zum Bezirk der Strafkammer gehörenden Amtsgerichtsbezirke.** [2] **Die Ersatzschöffen wählt der Ausschuß bei dem Amtsgericht, bei dem die auswärtige Strafkammer gebildet worden ist.** [3] **Die sonstigen in § 77 dem Präsidenten des Landgerichts zugewiesenen Geschäfte nimmt der Vorsitzende der Strafkammer wahr.**

1 **A. Ermächtigung.** Die Ermächtigung ergänzt die §§ 58, 74c, 74d, 78a Abs. 2, 116 Abs. 2, 130 Abs. 2; vgl. auch § 33 Abs. 3 **JGG** u. → § 58 Rn. 2 ff. Vgl. zB in Niedersachsen VO v. 14.8.1975 (GVBl. 291), letzte ÄndVO v. 25.7.1994 (GVBl. 409), in Nordrhein-Westfalen VO v. 15.7.1960 (GVNW 296), letzte ÄndVO v. 21.11.1978 (GVNW 604).

2 **B. Selbständiger Rechtsprechungskörper.** Ein selbständiger Rechtsprechungskörper ist die auswärtige StrK. Sie ist Teil des LG mit der in Abs. 1 bezeichneten u. in der RechtsVO abgegrenzten örtlichen Zuständigkeit (BGHSt 18, 176; 34, 121; Dallinger MDR 1958, 566 – BGH RsprÜ). Ihre Zugehörigkeit zum Stammgericht ist trotzdem so stark, dass Fristwahrung bei diesem genügt (→ StPO § 341 Rn. 6). Die Zuteilung eines Mitglieds des LG an sie ist keine Versetzung. Das Gleiche gilt für die Zuteilung eines RiAG aus dem Bezirk der

Kammer (Abs. 2 S. 1; dazu bedarf es keiner Doppelernennung nach § 22 Abs. 2). Die StrK bei dem LG ist im Verhältnis zu der detachierten eine andere Kammer iSd § 354 Abs. 2 StPO (Löwe/Rosenberg/Gittermann Rn. 11; **aM** KK-StPO/Diemer Rn. 2: anderes Gericht) u. umgekehrt.

C. Schwurgericht. Schwurgericht kann die auswärtige StrK **nicht** sein **(Abs. 1 S. 2),** auch nicht StaatsschutzStrK nach § 74a (allgM). Werden mehrere auswärtige StrKn für denselben AG-Bezirk eingerichtet, kann aber eine davon WirtschaftsStrK (§ 74c) sein (**aM** Katholnigg Rn. 2). 3

D. Geschäftsverteilung (Abs. 2; § 21e). Die Aufgabenzuteilung durch die RechtsVO ist für das Präsidium bindend. Über einen Zuständigkeitsstreit zwischen der auswärtigen StrK u. einer anderen StrK desselben LG entscheidet das Präsidium nur, soweit es sich um seine Geschäftsverteilung handelt (→ § 21e Rn. 22), sonst das OLG (→ StPO § 14 Rn. 2; OLG Hamm NJW 1956, 317). 4

E. Schöffen (Abs. 3). Die auswärtige StrK hat ihre eigene Haupt- u. Ersatzschöffenliste u. ebenso eine eigene Schöffengeschäftsstelle (§ 45 Abs. 4). Die Auslosung (§ 45 Abs. 3) erfolgt durch den StrK-Vorsitzenden (Katholnigg Rn. 4; Kissel/Mayer Rn. 14). 5

5a. Titel. Strafvollstreckungskammern

[Zuständigkeit]

78a (1) [1]**Bei den Landgerichten werden, soweit in ihrem Bezirk für Erwachsene Anstalten unterhalten werden, in denen Freiheitsstrafe oder freiheitsentziehende Maßregeln der Besserung und Sicherung vollzogen werden, oder soweit in ihrem Bezirk andere Vollzugsbehörden ihren Sitz haben, Strafvollstreckungskammern gebildet.** [2]**Diese sind zuständig für die Entscheidungen**

1. **nach den §§ 462a, 463 der Strafprozeßordnung, soweit sich nicht aus der Strafprozeßordnung etwas anderes ergibt,**
2. **nach den § 50 Abs. 5, §§ 109, 138 Abs. 3 des Strafvollzugsgesetzes,**
3. **nach den §§ 50, 58 Absatz 2, § 84g Absatz 1, den §§ 84j, 90h Absatz 1, § 90j Absatz 1 und 2 und § 90k Absatz 1 und 2 des Gesetzes über die internationale Rechtshilfe in Strafsachen.**

[3]**Ist nach § 454b Absatz 3 oder Absatz 4 der Strafprozeßordnung über die Aussetzung der Vollstreckung mehrerer Freiheitsstrafen gleichzeitig zu entscheiden, so entscheidet eine Strafvollstreckungskammer über die Aussetzung der Vollstreckung aller Strafen.**

(2) [1]**Die Landesregierungen weisen Strafsachen nach Absatz 1 Satz 2 Nr. 3 für die Bezirke der Landgerichte, bei denen keine Strafvollstreckungskammern zu bilden sind, in Absatz 1 Satz 1 bezeichneten Landgerichten durch Rechtsverordnung zu.** [2]**Die Landesregierungen werden ermächtigt, durch Rechtsverordnung einem der in Absatz 1 bezeichneten Landgerichte für die Bezirke mehrerer Landgerichte die in die Zuständigkeit der Strafvollstreckungskammern fallenden Strafsachen zuzuweisen und zu bestimmen, daß Strafvollstreckungskammern ihren Sitz innerhalb ihres Bezirkes auch oder ausschließlich an Orten haben, an denen das Landgericht seinen Sitz nicht hat, sofern diese Bestimmungen für eine sachdienliche Förderung oder schnellere Erledigung der Verfahren zweckmäßig sind.** [3]**Die Landesregierungen können die Ermächtigungen nach den Sätzen 1 und 2 durch Rechtsverordnung auf die Landesjustizverwaltungen übertragen.**

(3) **Unterhält ein Land eine Anstalt, in der Freiheitsstrafe oder freiheitsentziehende Maßregeln der Besserung und Sicherung vollzogen werden, auf dem Gebiete eines anderen Landes, so können die beteiligten Länder vereinbaren, daß die Strafvollstreckungskammer bei dem Landgericht zuständig ist, in dessen Bezirk die für die Anstalt zuständige Aufsichtsbehörde ihren Sitz hat.**

1 **A. Bildung von StVollstrKn (Abs. 1 S. 1).** Im Bezirk des LG muss eine JVA für Erwachsene ihren Sitz haben o. eine andere Anstalt, in der nach dem Vollstreckungsplan freiheitsentziehende Maßregeln der Besserung u. Sicherung an Erwachsenen vollzogen werden. Die in einem anderen LG-Bezirk liegende Zweigstelle, für die im Vollstreckungsplan keine eigene Zuständigkeit vorgesehen ist, wird der Hauptanstalt zugerechnet.

2 **B. Zuständigkeit (Abs. 1 S. 2).** Die sachliche Zuständigkeit der StVollstrK ist in § 78a abschl. geregelt (BGH BeckRS 2017, 112007). Zu der Zuständigkeit im Vollstreckungsverfahren nach Abs. 1 S. 2 Nr. 1 tritt die Zuständigkeit im Vollzugsverfahren nach Abs. 1 S. 2 Nr. 2, nämlich für den Antrag auf gerichtliche Entsch. gegen eine Maßnahme zur Regelung einzelner Angelegenheiten auf dem Gebiet des Strafvollzugs (§ 109 Abs. 1 sowie § 50 Abs. 5 S. 2 und § 138 Abs. 3, jew. iVm § 109 Abs. 1 **StVollzG**). Das gilt auch, wenn der Antrag nicht v. dem Strafgefangenen, sondern v. einem Außenstehenden gestellt wird (BGH NJW 1978, 282). Ferner ist die StVollstrK zuständig für die Entsch. über die Vollstreckbarkeit eines ausl. Erkenntnisses (§ 50 IRG) u. über die Haftanordnung zur Sicherung der Vollstreckung v. freiheitsentziehenden Sanktionen in ausl. Erkenntnissen (§ 58 Abs. 2 IRG). Durch G v. 17.7.2015 (BGBl. I 1349) wurden ihr die gerichtlichen Entsch. betr. die Vollstreckung ausl. Erkenntnisse in der BRD (§§ 84g, 84j IRG) sowie hins. der Überwachung v. ausl. Bewährungsmaßnahmen u. alternativen Sanktionen (§§ 90h, 90j, 90k IRG) übertragen.

3 Die **gleichzeitige Entscheidung nach § 454b Abs. 3 oder Abs. 4 StPO** trifft eine u. dieselbe StVollstrK **(S. 3).**

4 **Örtlich zuständig** ist die StVollstrK, in deren Bezirk die beteiligte Vollzugsbehörde ihren Sitz hat (§ 462a Abs. 1 S. 1 StPO, § 110 **StVollzG;** → StPO § 462a Rn. 8). Über die Besetzung der StVollstrK vgl. § 78b.

5 **C. Zuständigkeitskonzentration und auswärtige StVollstrK (Abs. 2).** Die Ermächtigung zur Bildung einer StVollstrK, die auch o. ausschl. ihren Sitz auswärts hat, ist eine Erweiterung des § 78 Abs. 1 (vgl. auch → § 78 Rn. 1); → § 58 Rn. 2 ff. VOen nach Abs. 2: in Baden-Württemberg VO v. 7.9.1998 (GBl. 561), in Bayern § 36 GZVJu, in Brandenburg VO v. 3.11.1993 (GVBl. II 689), in Bremen VO v. 3.12.1974 (GBl. 337) für die StrK beim AG Bremerhaven, in Hessen VO v. 4.7.1983 (GVBl. I 115), in Niedersachsen VO v. 22.1.1998 (GVBl. 66), in Nordrhein-Westfalen VO v. 19.7.1976 (GVNW 291), in Rheinland-Pfalz VO v. 15.12.1982 (GVBl. 460), in Sachsen VO v. 8.12.1992 (GVBl. 605); in Sachsen-Anhalt VO v. 25.8.1992 (GVBl. 660), in Schleswig-Holstein VO v. 4.12.1996 (GVOBl. 720), in Thüringen v. 12.8.1993 (GVBl. 563).

6 **D. Zuständigkeitsvereinbarungen.** Zuständigkeitsvereinbarungen bei Anstalten außerhalb des Landesgebiets (Abs. 3): Vgl. Abk. zwischen Schleswig-Holstein u. Hamburg v. 10.10.1974 nebst Hmb. G v. 18.11.1974 (GVBl. 331) sowie Bek. v. 6.1.1975 (GVBl. 6) u. SchlH G v. 18.12.1974 (GVOBl. 475) sowie Bek. v. 3.1.1975 (GVOBl. 5).

7 **E. Vollstreckung von Verurteilungen nach materiellem Jugendstrafrecht.** Die Aufgabe der StVollstrK nimmt der Jugendrichter als Vollstreckungsleiter wahr (§§ 82 Abs. 1, 83, 110 Abs. 1 **JGG;** erg. → StPO § 462a Rn. 40). Wenn der Jugendrichter selbst im 1. Rechtszug am Urt. mitgewirkt hat o. wenn über seine eigene Anordnung als Vollstreckungsleiter zu entscheiden ist, ist die JugK zuständig (§§ 83 Abs. 2, 110 Abs. 1 **JGG**).

F. Antrag auf gerichtliche Entscheidung gegen Maßnahmen des Vollzugs. Soweit der Jugendrichter Vollstreckungsleiter ist, entscheidet nicht er über den Antrag auf gerichtliche Entsch., der sich gegen Maßnahmen der Vollzugsbehörde richtet; insofern tritt er nicht an die Stelle der StVollstrK. Denn Abs. 1 S. 2 Nr. 2 gilt für diesen Fall nicht. Für den Antrag auf gerichtliche Entsch. gelten nach wie vor die §§ 23 ff. **EGGVG.** 8

[Besetzung]

78b

(1) **Die Strafvollstreckungskammern sind besetzt**

1. in Verfahren über die Aussetzung der Vollstreckung des Restes einer lebenslangen Freiheitsstrafe oder die Aussetzung der Vollstreckung der Unterbringung in einem psychiatrischen Krankenhaus oder in der Sicherungsverwahrung mit drei Richtern unter Einschluß des Vorsitzenden; ist nach § 454b Absatz 4 der Strafprozessordnung über mehrere Freiheitsstrafen gleichzeitig zu entscheiden, so entscheidet die Strafvollstreckungskammer über alle Freiheitsstrafen mit drei Richtern, wenn diese Besetzung für die Entscheidung über eine der Freiheitsstrafen vorgeschrieben ist,

2. in den sonstigen Fällen mit einem Richter.

(2) **Die Mitglieder der Strafvollstreckungskammern werden vom Präsidium des Landgerichts aus der Zahl der Mitglieder des Landgerichts und der in seinem Bezirk angestellten Richter beim Amtsgericht bestellt.**

A. Einheitlicher Spruchkörper (Abs. 1). Ein einheitlicher Spruchkörper (Abs. 1), der in unterschiedlicher Besetzung entscheidet, ist die StVollstrK (OLG Düsseldorf MDR 1984, 777; OLG Hamm NStZ 1981, 452; vgl. auch BVerfG NStZ 1983, 44: verfassungsrechtlich nicht zu beanstanden). Dem steht nicht entgegen, dass zwecks sprachlicher Vereinfachung je nach der Besetzung v. der „kleinen" u. „großen" StVollstrK gesprochen wird (vgl. etwa BGHSt 28, 138). Daran hat sich auch dadurch nichts geändert, dass nach der Neufassung der Vorschr. durch das RpflEntlG die „große" StVollstrK nur noch ausnahmsweise (Abs. 1 Nr. 1) entscheidet u. die „kleine" StVollstrK im Grunde keine „Kammer" ist, weil sie stets nur mit einem Richter besetzt ist (OLG Celle NStZ 2013, 184; Kissel/Mayer § 78a Rn. 3). Schöffen wirken bei der Entsch. nicht mit. 1

Bei jedem LG, in dessen Bezirk sich eine JVA befindet, ist eine StVollstrK einzurichten u. personell durch die Geschäftsverteilung (§ 21 Abs. 1 S. 1) zu besetzen. 2

B. Besetzung der StVollstrK (Abs. 1). Für den Vorsitz gilt § 21f Abs. 1, Abs. 2. Davon befreit Abs. 2 nicht. Die StVollstrK kann auch in der Weise gebildet werden, dass einer StrK die Aufgaben der StrVollstrK zugewiesen werden. In diesem Fall wird sie in den einzelnen Sachen in verschiedener Eigenschaft tätig. Das muss in ihrer Bezeichnung jew. zum Ausdruck gebracht werden. 3

Die StVollstrK entscheidet nach Abs. 1 in **unterschiedlicher Besetzung,** u. zwar idR als „kleine" StVollstrK durch ein Mitglied der Kammer (Vorsitzender o. Beisitzer), als „große" StVollstrK mit 3 Richtern mit Einschluss des Vorsitzenden. 4

C. „Große" StVollstrK (Abs. 1 Nr. 1). Die „große" StVollstrK (Abs. 1 Nr. 1) ist zuständig, wenn es um die Aussetzung der Vollstreckung des Restes einer lebenslangen (Einzel- o. Gesamt-)Freiheitsstrafe nach **§§ 57a, 57b StGB** o. die Aussetzung der Vollstreckung der Unterbringung nach **§§ 63, 66 StGB** geht (OLG Braunschweig StV 2014, 158). Hierzu gehören aber auch die diesbzgl. nachträglichen Entsch., zB der Widerruf der Aussetzung zur Bewährung (OLG Hamm NStZ 1994, 146), die Umkehr der Vollstreckungsreihenfolge nach § 67 Abs. 2 StGB (OLG Hamm NStZ 1994, 207) o. über Einwendungen gegen die Zulässigkeit der Vollstreckung der Sicherungsverwahrung (OLG Hamm NStZ-RR 1999, 5

126), grds. jedoch nicht ein Antrag nach § 109 StVollzG über die Gewährung v. Vollzugslockerungen (OLG Hamm NStZ 2014, 541). Die nach §§ 463 Abs. 2 S. 1, 454 Abs. 1 S. 3 StPO vorgeschriebene Anhörung des Betroffenen erfolgt grds. durch drei Richter (OLG Dresden StV 2018, 365 Ls.). Wird neben der lebenslangen Freiheitsstrafe o. der Unterbringung nach §§ 63, 66 StGB noch eine weitere zeitige Freiheitsstrafe o. eine sonstige freiheitsentziehende Maßregel vollstreckt, so ist insoweit die „kleine" StVollstrK zuständig; die frühere Regelung, wonach in solchen Fällen die „große" StVollstrK insges. zuständig war (§ 78b Abs. 1 Nr. 1 Hs. 3 aF), ist nicht beibehalten worden. Für die bedingte Aussetzung der Vollstreckung des Restes einer zeitigen Freiheitsstrafe u. der Unterbringung in einem psychiatrischen Krankenhaus ist jedoch die einheitliche Zuständigkeit der großen StVollstrK gegeben, wenn Strafe u. Maßregel in einem Urt. verhängt worden sind (OLG Zweibrücken JBl. RP 2007, 38).

5a **Im Fall des § 454b Abs. 3 StPO** (→ StPO § 454b Rn. 11–17) ist die mit 3 Richtern besetzte StrafVollstrK ebenfalls zuständig, sofern über mehrere Freiheitsstrafen gleichzeitig zu entscheiden ist, wenn die Dreierbesetzung für die Entsch. über eine der Freiheitsstrafen nach Abs. 1 Nr. 1 Hs. 1 vorgeschrieben ist.

6 **D. „Kleine" StVollstrK (Abs. 1 Nr. 2).** Die „kleine" StVollstrK (Abs. 1 Nr. 2) ist in allen übrigen Fällen im Strafvollstreckungsverfahren u. im Gegensatz zur früheren Regelung (§ 78b Abs. 1 Nr. 2, 3 aF) in allen Fällen bei Entsch. nach §§ 50 Abs. 5, 109, 138 Abs. 3 **StVollzG** u. nach §§ 50, 58 Abs. 2, 71 Abs. 4 IRG (vgl. § 78a Abs. 1 Nr. 2, 3; OLG München NStZ 1995, 207) zuständig. Die Aufteilung der Geschäfte erfolgt nach § 21g (OLG Celle NStZ 2013, 184 mablAnm Holtermann StV 2013, 392).

7 **E. Reichweite der Entscheidung.** Die zu treffende Entscheidung iSd Abs. 1 betr. jew. **nur eine bestimmte Verurteilung,** mögen auch andere Verurteilungen als Material zu berücksichtigen sein. Für das Verf. gilt der Freibeweis (dazu iE Voigtel, Zum Freibeweis bei Entscheidungen der StVollstrK, 1998). § 462a Abs. 4 StPO regelt nur das Verhältnis zwischen den Gerichten des 1. Rechtszugs u. den StVollstrKn, ändert aber nichts an Abs. 1.

7a **Nach Durchführung eines** ges. gebotenen **Anhörungstermins** durch die StVollstrK ist es erforderlich, dass die an der Anhörung teilnehmenden Richter die nachf. Entsch. auch selbst treffen u. dies dokumentieren (KG StraFo 2014, 437).

8 **F. Beschwerdegericht.** Beschwerdegericht, das über eine zulässige sofortige Beschwerde gegen die Entsch. der StVollstrK zu entscheiden hat, ist stets das OLG. Es entscheidet idR selbst, auch wenn statt der „kleinen" die „große" StVollstrK entschieden hat (OLG Celle NStZ-RR 2014, 63 Ls.; OLG Düsseldorf NStZ 1984, 477; Löwe/Rosenberg/Gittermann Rn. 17; **aM** OLG Düsseldorf NStZ 2000, 444; OLG Koblenz NStZ 1984, 284 Ls.). Im umgekehrten Fall kann das OLG zurückverweisen (OLG Düsseldorf StV 1991, 432; OLG Hamm NStZ 1994, 146), muss dies aber nicht unbedingt tun (OLG Frankfurt a. M. StV 1989, 491; OLG Hamm NStZ 1992, 407; OLG Karlsruhe Justiz 1998, 603; **aM** SK-StPO/Albrecht Rn. 9; erg. → StPO § 309 Rn. 6).

9 **G. Zurückgreifen auf Richter beim AG (Abs. 2).** Vorsitzender in der „großen" StVollstrK kann auch ein (ranggleicher) Richter beim AG sein, dem zugleich das Amt eines Vorsitzenden Richters beim LG zugewiesen ist (§ 22 Abs. 2). Im Übrigen können als Kammermitglieder Richter beim LG u. Richter bei einem AG des Bezirks bestellt werden. Bei Letzteren bedarf es für die Heranziehung nicht einer Doppelernennung nach § 22 Abs. 2 (OLG Hamm 17.7.1990 – 1 DGH 2/90). Die Auswahl trifft das Präsidium des LG. Bei der Geschäftsverteilung im AG muss dann hierauf Rücksicht genommen werden, ggf. nach § 21e Abs. 3. Die Regelung soll es ermöglichen, die Erfahrungen der Spruchrichter durch Erfahrungen in der Strafvollstreckung anzureichern u. umgekehrt.

Sechster Titel. Schwurgerichte

79-92 (weggefallen)

Siebenter Titel. Kammern für Handelssachen

93-114 *[für den Strafprozess bedeutungslos]*

Achter Titel. Oberlandesgerichte

[Besetzung]

115 Die Oberlandesgerichte werden mit einem Präsidenten sowie mit Vorsitzenden Richtern und weiteren Richtern besetzt.

A. Besetzung. Es muss mind. ein Vorsitzender Richter vorhanden sein. Über Zuteilung eines Hochschullehrers vgl. BGH NJW 1966, 1458. 1

B. Abgeordnete Richter. Grds. werden nur Richter auf Lebenszeit tätig (§ 28 Abs. 1 DRiG). Als Hilfsrichter können allerdings auch **abgeordnete Richter** verwendet werden (§§ 27, 29 DRiG). Die Zuziehung solcher Hilfsrichter ist in dem unumgänglichen Ausmaß zulässig, zB zur Vertretung, bei zeitweiligem außergewöhnlichen Arbeitsanfall, zur Erprobung (BVerfG DRiZ 1971, 27; BGH NJW 1966, 352; Kissel/Mayer Rn. 6 ff.). Die Mitwirkung eines Hilfsrichters, der erneut in dieser Eigenschaft tätig ist, weil eine allg. Beförderungssperre besteht, ist unzulässig (BGHZ 95, 22 = NJW 1985, 2336). Zur Überbesetzung vgl. → § 21e Rn. 5. 2

115a (weggefallen)

[Zivil- und Strafsenate, Ermittlungsrichter]

116 (1) [1]**Bei den Oberlandesgerichten werden Zivil- und Strafsenate gebildet.** [2]**Bei den nach § 120 zuständigen Oberlandesgerichten werden Ermittlungsrichter bestellt; zum Ermittlungsrichter kann auch jedes Mitglied eines anderen Oberlandesgerichts, das in dem in § 120 bezeichneten Gebiet seinen Sitz hat, bestellt werden.**

(2) [1]**Die Landesregierungen werden ermächtigt, durch Rechtsverordnung außerhalb des Sitzes des Oberlandesgerichts für den Bezirk eines oder mehrerer Landgerichte Zivil- oder Strafsenate zu bilden und ihnen für diesen Bezirk die gesamte Tätigkeit des Zivil- oder Strafsenats des Oberlandesgerichts oder einen Teil dieser Tätigkeit zuzuweisen.** [2]**Ein auswärtiger Senat für Familiensachen kann für die Bezirke mehrerer Familiengerichte gebildet werden.**

(3) **Die Landesregierungen können die Ermächtigung nach Absatz 2 auf die Landesjustizverwaltungen übertragen.**

1 **A. Zahl der ordentlichen Senate.** Sie bestimmt idR der PräsOLG (vgl. → § 60 Rn. 2; § 5 BWAGGVG), jedoch das JM in Bayern (Art. 5 BayAGGVG), Sachsen (Art. 2 Abs. 1 GerichtsordnungsG) u. Thüringen (§ 3 AGGVG).

2 **B. Auswärtiger Senat (Abs. 2).** Der auswärtige Senat (Abs. 2) ähnelt der auswärtigen StrK des LG (§ 78) u. wird wie diese durch RechtsVO gebildet (→ § 78 Rn. 1). Über einen Zuständigkeitsstreit, der nicht die Geschäftsverteilung betr., entscheidet nicht das Präsidium (→ § 21e Rn. 22), sondern in entspr. Anwendung der §§ 14, 19 StPO der BGH (KK-StPO/Feilcke Rn. 6; SK-StPO/Frister Rn. 6).

3 **C. Besetzung.** Für die Besetzung des auswärtigen Senats gelten die §§ 21e, 21 f.

4 **D. Ermittlungsrichter.** Vgl. § 169 StPO. Die Abordnung eines Richters v. einem anderen OLG ist eine Maßnahme nach § 21e (Kissel/Mayer Rn. 19).

[Vertretung der Senatsmitglieder]

117 **Die Vorschrift des § 70 Abs. 1 ist entsprechend anzuwenden.**

118-119b *[betreffen den Zivilprozess]*

[Zuständigkeit in Strafsachen in 1. Instanz] **Nr. 202 ff. RiStBV**

120

(1) **In Strafsachen sind die Oberlandesgerichte, in deren Bezirk die Landesregierungen ihren Sitz haben, für das Gebiet des Landes zuständig für die Verhandlung und Entscheidung im ersten Rechtszug**

1. (aufgehoben)
2. bei Hochverrat (§§ 81 bis 83 des Strafgesetzbuches),
3. bei Landesverrat und Gefährdung der äußeren Sicherheit (§§ 94 bis 100a des Strafgesetzbuches) sowie bei Straftaten nach § 52 Abs. 2 des Patentgesetzes, nach § 9 Abs. 2 des Gebrauchsmustergesetzes in Verbindung mit § 52 Abs. 2 des Patentgesetzes oder nach § 4 Abs. 4 des Halbleiterschutzgesetzes in Verbindung mit § 9 Abs. 2 des Gebrauchsmustergesetzes und § 52 Abs. 2 des Patentgesetzes,
4. bei einem Angriff gegen Organe und Vertreter ausländischer Staaten (§ 102 des Strafgesetzbuches),
5. bei einer Straftat gegen Verfassungsorgane in den Fällen der §§ 105, 106 des Strafgesetzbuches,
6. bei einer Zuwiderhandlung gegen das Vereinigungsverbot des § 129a, auch in Verbindung mit § 129b Abs. 1, des Strafgesetzbuches,
7. bei Nichtanzeige von Straftaten nach § 138 des Strafgesetzbuches, wenn die Nichtanzeige eine Straftat betrifft, die zur Zuständigkeit der Oberlandesgerichte gehört, und
8. bei Straftaten nach dem Völkerstrafgesetzbuch.

(2) [1] **Diese Oberlandesgerichte sind ferner für die Verhandlung und Entscheidung im ersten Rechtszug zuständig**

1. bei den in § 74a Abs. 1 bezeichneten Straftaten, wenn der Generalbundesanwalt wegen der besonderen Bedeutung des Falles nach § 74a Abs. 2 die Verfolgung übernimmt,
2. bei Mord (§ 211 des Strafgesetzbuches), Totschlag (§ 212 des Strafgesetzbuches) und den in § 129a Abs. 1 Nr. 2 und Abs. 2 des Strafgesetzbuches bezeichneten Straftaten, wenn ein Zusammenhang mit der Tätigkeit einer nicht oder nicht nur im Inland bestehenden Vereinigung

besteht, deren Zweck oder Tätigkeit die Begehung von Straftaten dieser Art zum Gegenstand hat, und der Generalbundesanwalt wegen der besonderen Bedeutung des Falles die Verfolgung übernimmt,

3. bei Mord (§ 211 des Strafgesetzbuchs), Totschlag (§ 212 des Strafgesetzbuchs), erpresserischem Menschenraub (§ 239a des Strafgesetzbuchs), Geiselnahme (§ 239b des Strafgesetzbuchs), schwerer und besonders schwerer Brandstiftung (§§ 306a und 306b des Strafgesetzbuchs), Brandstiftung mit Todesfolge (§ 306c des Strafgesetzbuchs), Herbeiführen einer Explosion durch Kernenergie in den Fällen des § 307 Abs. 1 und 3 Nr. 1 des Strafgesetzbuchs, Herbeiführen einer Sprengstoffexplosion in den Fällen des § 308 Absatz 1 bis 4 des Strafgesetzbuchs, Missbrauch ionisierender Strahlen in den Fällen des § 309 Abs. 1 bis 4 des Strafgesetzbuchs, Vorbereitung eines Explosions- oder Strahlungsverbrechens in den Fällen des § 310 Abs. 1 Nr. 1 bis 3 des Strafgesetzbuchs, Herbeiführen einer Überschwemmung in den Fällen des § 313 Abs. 2 in Verbindung mit § 308 Absatz 2 und 4 des Strafgesetzbuchs, gemeingefährlicher Vergiftung in den Fällen des § 314 Abs. 2 in Verbindung mit § 308 Absatz 2 und 4 des Strafgesetzbuchs und Angriff auf den Luft- und Seeverkehr in den Fällen des § 316c Abs. 1 und 3 des Strafgesetzbuchs, wenn die Tat nach den Umständen geeignet ist,
   a) den Bestand oder die Sicherheit eines Staates zu beeinträchtigen,
   b) Verfassungsgrundsätze der Bundesrepublik Deutschland zu beseitigen, außer Geltung zu setzen oder zu untergraben,
   c) die Sicherheit der in der Bundesrepublik Deutschland stationierten Truppen des Nordatlantik-Pakts oder seiner nichtdeutschen Vertragsstaaten zu beeinträchtigen oder
   d) den Bestand oder die Sicherheit einer internationalen Organisation zu beeinträchtigen,

   und der Generalbundesanwalt wegen der besonderen Bedeutung des Falles die Verfolgung übernimmt,

4. bei Straftaten nach dem Außenwirtschaftsgesetz, dem Sanktionsdurchsetzungsgesetz sowie bei Straftaten nach dem Gesetz über die Kontrolle von Kriegswaffen, wenn die Tat oder im Falle des strafbaren Versuchs auch ihre unterstellte Vollendung nach den Umständen
   a) geeignet ist, die äußere Sicherheit oder die auswärtigen Beziehungen der Bundesrepublik Deutschland erheblich zu gefährden, oder
   b) bestimmt und geeignet ist, das friedliche Zusammenleben der Völker zu stören,

   und der Generalbundesanwalt wegen der besonderen Bedeutung des Falles die Verfolgung übernimmt.

2 Eine besondere Bedeutung des Falles ist auch anzunehmen, wenn in den Fällen des Satzes 1 eine Ermittlungszuständigkeit des Generalbundesanwalts wegen des länderübergreifenden Charakters der Tat geboten erscheint. 3 Die Oberlandesgerichte verweisen bei der Eröffnung des Hauptverfahrens die Sache in den Fällen der Nummer 1 an das Landgericht, in den Fällen der Nummern 2 bis 4 an das Land- oder Amtsgericht, wenn eine besondere Bedeutung des Falles nicht vorliegt.

(3) **1 In den Sachen, in denen diese Oberlandesgerichte nach Absatz 1 oder 2 zuständig sind, treffen sie auch die in § 73 Abs. 1 bezeichneten Entscheidungen. 2 Sie entscheiden ferner über die Beschwerde gegen Verfügungen der Ermittlungsrichter der Oberlandesgerichte (§ 169 Abs. 1 Satz 1 der Strafprozeßordnung) in den in § 304 Abs. 5 der Strafprozeßordnung bezeichneten Fällen.**

(4) **1 Diese Oberlandesgerichte entscheiden auch über die Beschwerde gegen Verfügungen und Entscheidungen des nach § 74a zuständigen Gerichts. 2 Für Entscheidungen über die Beschwerde gegen Verfügungen und**

Entscheidungen des nach § 74a Abs. 4 zuständigen Gerichts sowie in den Fällen des § 100e Absatz 2 Satz 6 der Strafprozessordnung ist ein nicht mit Hauptverfahren in Strafsachen befasster Senat zuständig.

(5) [1] **Für den Gerichtsstand gelten die allgemeinen Vorschriften.** [2] **Die beteiligten Länder können durch Vereinbarung die den Oberlandesgerichten in den Absätzen 1 bis 4 zugewiesenen Aufgaben dem hiernach zuständigen Gericht eines Landes auch für das Gebiet eines anderen Landes übertragen.**

(6) **Soweit nach § 142a für die Verfolgung der Strafsachen die Zuständigkeit des Bundes begründet ist, üben diese Oberlandesgerichte Gerichtsbarkeit nach Artikel 96 Abs. 5 des Grundgesetzes aus.**

(7) **Soweit die Länder aufgrund von Strafverfahren, in denen die Oberlandesgerichte in Ausübung von Gerichtsbarkeit des Bundes entscheiden, Verfahrenskosten und Auslagen von Verfahrensbeteiligten zu tragen oder Entschädigungen zu leisten haben, können sie vom Bund Erstattung verlangen.**

1 **A. Landeshauptstadt-OLG.** Über die landesinterne Zuständigkeitskonzentration hinaus sieht Abs. 5 S. 2 noch die Möglichkeit einer Zuständigkeitszusammenfassung für mehrere Bundesländer durch Staatsvertrag vor (so das HansOLG für die Länder Hamburg, Bremen, Schleswig-Holstein und Mecklenburg-Vorpommern; das OLG Koblenz durch Abk. zwischen Rheinland-Pfalz u. Saarland; vgl. Rheinland-Pfalz: G v. 20.12.1971, GVBl. 304 u. G v. 21.7.1978, GVBl. 584, mit Bek. v. 31.1.1972, GVBl. 106, u. 31.8.1978, GVBl. 639; Saarland: G v. 15.12.1971, ABl. 848, u. G v. 12.7.1978, ABl. 696, mit Bek. v. 1.2.1972, ABl. 61). Mit der Konzentration soll erreicht werden, dass in den in Betracht kommenden Strafsachen, in denen schwierige tatsächliche u. rechtliche Fragen auftreten, Richter mit bes. Sachkunde u. mit genügend Erfahrung zur Vfg. stehen. Zur Verfolgungsbeschränkung nach § 154a StPO vgl. → StPO § 154a Rn. 17.

2 **B. Fälle des Abs. 1.** In den Fällen des Abs. 1 ist primär der GBA zuständige StA (OLG München NStZ 2005, 706); er muss das Verf. aber unter den Voraussetzungen des § 142a Abs. 2, Abs. 3 an die StA bei dem zuständigen Landeshauptstadt-OLG abgeben. Mit dem Eingang der Abgabeerklärung bei dieser wird die Gerichtsbarkeit des OLG Ausübung v. Landesgerichtsbarkeit (→ Rn. 9). Den negativen Kompetenzkonflikt entscheidet der GBA (§ 142a Abs. 1 S. 2). Auf andere als in § 120 aufgeführte Straftaten erstreckt sich die Zuständigkeit des OLG nur, wenn es sich iVm einer Katalogtat um dieselbe Straftat iSd § 264 StPO handelt (BGH NStZ 2007, 117) o. ausnahmsweise auch dann, wenn eine verfahrensrechtlich selbständige Tat mit einem Staatsschutzdelikt in einem derart engen persönlichen u. deliktsspezifisch-sachlichen Zusammenhang steht, dass eine getrennte Verfolgung in hohem Maße sachwidrig erschiene (BGHSt 53, 128 (144); BGH BeckRS 2013, 1320; vgl. auch BVerfG NJW 2015, 3500). Auf die Bezeichnung der in Rede stehenden Senate im GVPl. als „Staatsschutzsenat" kommt es nicht an, da insoweit gesetzlich kein Spezialspruchkörper vorgesehen ist (s. BGH NStZ-RR 2025, 255; anders bei § 74a GVG → § 74a GVG Rn. 1).

3 **C. Fälle des Abs. 2.** In den Fällen des Abs. 2 ist das OLG, **wenn der GBA wegen der bes. Bedeutung des Falles** die Verfolgung übernimmt, für die in § 74a Abs. 1 bezeichneten Straftaten (vgl. BGH NStZ 1988, 188), für terroristische Gewalttaten, deren Verfolgung nicht zugleich nach § 129a StGB möglich ist (vgl. Schnarr MDR 1988, 89), u. unter den Voraussetzungen der Buchst. a–c der Nr. 3 (vgl. BGHSt 46, 238 (248); krit. dazu Schaefer NJW 2001, 1621; Welp NStZ 2002, 5; BGH NJW 2000, 1580) sowie unter den Voraussetzungen der Buchst. a und b der Nr. 4 für die dort jew. bezeichneten Straftaten, auch für Vorbereitungshandlungen (vgl. Schnarr NStZ 1990, 260), zuständig (eing. zu den zu Abs. 2 S. 1 Nr. 3 auftretenden Zweifelsfragen Schnarr MDR 1993, 589 ff.; vgl. auch BGH NStZ 2010, 468). Nach Streichung der Wörter „bestimmt und" durch das G v. 12.6.2015

(BGBl. I 925) ist es für die Evokationszuständigkeit des GBA nicht mehr erforderlich, dass in den Fällen der Nr. 3 mit der Tat auch eine subjektiv staatsschutzfeindliche Vorstellung des Täters verbunden ist, vielmehr genügt ein objektiv staatsschutzfeindlicher Charakter (BT-Drs. 18/3007, 6). Die früher in **Abs. 2 S. 1 Nr. 4 enthaltene Beschränkung der Verfolgungszuständigkeit** des GBA auf – nur – bestimmte Straftaten nach dem Kriegswaffenkontrollgesetz wurde gestrichen, um auch den Bereich konventioneller Waffen zu erfassen; ferner kann der GBA auch versuchte Taten verfolgen, wenn diese bei unterstellter Vollendung die in Buchstaben a und b genannten Rechtsgüter gefährden würden (s. BT-Drs. 19/27654, 118).

Die besondere Bedeutung ist anzunehmen, wenn es sich unter Beachtung des Ausmaßes der Rechtsgutverletzung um ein staatsgefährdendes Delikt v. erheblichem Gewicht handelt, das die Schutzgüter des Gesamtstaates in einer derart spezifischen Weise angreift, dass ein Einschreiten des GBA u. eine Aburteilung durch ein Bundesgerichtsbarkeit ausübendes Gericht geboten ist (BGHSt 53, 128 (140); BGH 24.7.2025 – 3 StR 382/24; NStZ 2023, 58: Kapitalstrafsachen von „Reichsbürgern"). Die Beurteilung erfordert eine Gesamtwürdigung der Umstände und Auswirkungen der Tat unter bes. Berücksichtigung ihres Angriffs auf die betroffenen Rechtsgüter des Gesamtstaates (BGHSt 53, 128; 24.7.2025 – 3 StR 382/24). Neben dem individuellen Schuld- u. Unrechtsgehalt sind auch die konkreten Auswirkungen für die innere Sicherheit der BRD, insbes. die Auswirkungen auf das Sicherheitsgefühl der Bevölkerung (BGH 24.7.2025 – 3 StR 382/24), u. ihr Erscheinungsbild ggü. Staaten mit gleichen Wertvorstellungen sowie eine etwaige Signalwirkung v. der Tat für potenzielle Nachahmer in den Blick zu nehmen (BGH 24.7.2025 – 3 StR 382/24; vgl. auch BGH NStZ 2023, 58). Auch die konkrete Tat- und Schuldschwere kann den Grad der Gefährdung bundesstaatlicher Belange mitbestimmen (BGH NStZ 2023, 58 mwN). **Abs. 2 S. 2** erweitert als Folge der Erfahrungen mit dem sog. NSU-Strafverfahren die Zuständigkeit auf Fälle, in denen aufgrund des länderübergreifenden Charakters einer Tat o. einer Tatserie zentrale Ermittlungen des GBA geboten erscheinen; erklärtes Ziel des Gesetzgebers ist es, damit einer – zu – restriktiven Auslegung des Kriteriums der bes. Bedeutung entgegenzuwirken (BT-Drs. 18/3007, 6). 3a

Bei der „besonderen Bedeutung" handelt sich um eine **bewegliche Zuständigkeitsregelung** (vgl. → § 24 Rn. 5), bei der die Entsch. des GBA gerichtlich überprüft wird (BGHSt 46, 238 (254); BGH NStZ 2002, 447; 2008, 146). Bei der Eröffnung des Hauptverfahrens verweist das OLG die Sache an das LG o. an das AG, wenn es der Ansicht ist, dass der Fall keine bes. Bedeutung (zum Begriff → § 24 Rn. 6) hat (Abs. 2 S. 3; Sowada Gesetzliche Richter S. 674); im umgekehrten Fall wendet das LG § 209 Abs. 2 StPO entspr. an (Kissel/Mayer Rn. 10; Sowada FS Fezer, 2008, 170). Der Übernahme steht nicht entgegen, dass der GBA die Verfolgung nicht übernehmen konnte, weil seine Zuständigkeit infolge der Erg. des Abs. 2 S. 1 erst nach dem Eröffnungsbeschluss begründet worden ist (OLG Stuttgart NStZ 2009, 348; **aM** Sowada FS Fezer, 2008, 183). 3b

D. Nebenentscheidungen (Abs. 3). Nebenentscheidungen (Abs. 3) nach § 73 Abs. 1 trifft ebenfalls das Landeshauptstadt-OLG während seiner Zuständigkeit (→ § 135 Rn. 2). Eine Einschränkung besteht darin, dass es nur über die Beschwerden gegen Beschlüsse u. Vfg. des Richters beim AG als ER u. in den Fällen des § 304 Abs. 5 StPO des ERs des OLG (§ 169 Abs. 1 S. 1 StPO) zu entscheiden hat, während über Beschwerden gegen Vfg. des ERs des BGH (§ 169 Abs. 1 S. 2 StPO) in den Fällen des § 304 Abs. 5 StPO der BGH entscheidet (§ 135 Abs. 2). Ferner entscheidet das OLG über Beschwerden gegen Entsch. der StaatsschutzStrK, über die Fortdauer der UHaft nach § 121 Abs. 4 S. 1 StPO, nach Erhebung der öffentl. Klage auch über Entsch. der StA o. des GBA entspr. § 161a Abs. 3 S. 1 StPO iVm § 162 Abs. 3 S. 1 StPO sowie über Anträge im Klageerzwingungsverfahren nach § 172 Abs. 4 S. 2 StPO. 4

5 **Über die Beschwerde** gegen eine Vfg. des Überwachungsrichters nach § 148a Abs. 1 StPO entscheidet das LG (→ StPO § 148a Rn. 12).

6 **E. Konzentration der Beschwerdezuständigkeit in § 74a-Strafsachen (Abs. 4).** Über Beschwerden gegen Vfg. u. Beschlüsse der StaatsschutzStrK entscheidet ebenfalls das Landeshauptstadt-OLG, das nach Abs. 1, Abs. 2, Abs. 5 S. 2 zuständig ist; ein hier ansässiger bes. Sen., der nicht mit Hauptverfahren in Strafsachen befasst sein darf, gleichwohl aber ein Strafsenat (§ 116) ist (erg. → § 60 Rn. 1), entscheidet auch in den Fällen der Online-Durchsuchung u. der akustischen Wohnraumüberwachung nach § 100e Abs. 2 S. 6 StPO (erg. → § 74a Rn. 7). Über weitere Beschwerde zum BGH vgl. → § 135 Rn. 2.

7 **F. Gerichtsstand (Abs. 5).** Welches v. mehreren in Betracht kommenden Landeshauptstadt-OLGen örtlich zuständig ist, bestimmt sich nach den §§ 7 ff. StPO. In der Regel wird der Gerichtsstand des Tatorts gewählt; über Sammelverfahren vgl. Nr. 25 ff. RiStBV. Ist der GBA Strafverfolgungsbehörde, so wählt er unter mehreren örtlich zuständigen OLGen das aus, bei dem nach justizgemäßen Gesichtspunkten der Schwerpunkt liegt.

8 **G. Polizeiliche Ermittlungen.** Ist der GBA der zuständige StA, so kann er sich des BKA als Ermittlungsorgan bedienen, das jedoch nur auf Ersuchen o. Auftrag tätig wird, dann aber die Ermittlungskompetenz im ganzen Bundesgebiet hat (§ 4 Abs. 2, Abs. 3 BKAG). Die Notzuständigkeit jeglicher StA (§ 143 Abs. 2) u. Polizei (nach Landesrecht) für eilige Untersuchungshandlungen bleibt daneben bestehen.

9 **H. Bundesgerichtsbarkeit (Abs. 6).** Bundesgerichtsbarkeit (Abs. 6) übt das Landeshauptstadt-OLG in den Fällen des Abs. 1, Abs. 2 aus, wenn u. solange der GBA das Amt der StA ausübt (§ 142a). Abgesehen v. dem StA-Wechsel ändert sich bei einer Abgabe der Sache im StA-Bereich an der Gerichtstätigkeit nichts. Die Kosten u. Auslagen (§§ 464 ff. StPO) u. die Entschädigung für Strafverfolgungsmaßnahmen (§§ 8, 15 **StrEG**), die der Staatskasse zur Last fallen, trägt das Land, dem das mit der Sache befasste OLG angehört. Über Erstattung v. Kosten v. Bund an das Land vgl. Art. 3 des G v. 8.9.1969 (BGBl. I 1582) sowie die Vereinbarung der LJVen u. des BMJ über den Kostenausgleich in Staatsschutz-Strafsachen.

10 **I. Jugendliche oder Heranwachsende.** Die **sachlichen** Zuständigkeiten des OLG u. des BGH werden durch das JGG nicht berührt (§ 102 S. 1 **JGG;** krit. dazu Eisenberg NStZ 1996, 263, der eine Anklage zum OLG bei jugendlichen Angeklagten nur ausnahmsweise für zulässig hält; dagegen Schoreit NStZ 1997, 69). Der Vorrang des OLG ggü. dem JugG greift jedoch erst ein, wenn die Zuständigkeit des OLG feststeht (BGH NStZ 2002, 447 (448)). Die **örtliche** Zuständigkeit bestimmt sich allein nach den Gerichtsständen der StPO, nicht nach den in § 42 JGG genannten (Köhler/Gerards NStZ 2023, 455). Im Übrigen richtet sich das anzuwendende Verfahrensrecht nach den Vorgaben des § 104 JGG für Jugendliche bzw. des § 112 JGG für Heranwachsende (dazu iE Köhler/Gerards NStZ 2023, 455, 456 ff.).

11 **J. Verfahrenshindernis.** Ein Verfahrenshindernis, das **vAw zu beachten** ist, besteht, wenn das OLG entgegen Abs. 1 oder Abs. 2 nach Anklage durch den GBA seine Zuständigkeit angenommen hat; dies führt zur Verweisung an das zuständige Gericht (BGHSt 46, 238 (245, 246); **aM** Andoor RW 2015, 403 (408 ff.); Welp NStZ 2002, 4: Einstellung des Verf.). Das gilt nicht, wenn *nach* rechtmäßiger Eröffnung des Hauptverfahrens später eines der ges. Zuständigkeitsmerkmale nicht mehr bejaht werden kann (BGHSt 46, 238 (247); **aM** Andoor RW 2015, 403 (411 f.); Welp NStZ 2002, 4; dagegen Sowada FS Fezer, 2008, 178).

12 **K. Kosten.** Die Kosten muss nach Abs. 7 letztlich der Bund tragen, wenn die Länder für ihn Gerichtsbarkeit ausüben.

[Zuständigkeit bei vorbehaltener oder nachträglicher Anordnung der Sicherungsverwahrung]

120a (1) **Hat im ersten Rechtszug ein Strafsenat die Anordnung der Sicherungsverwahrung vorbehalten oder im Fall des § 66b des Strafgesetzbuches als Tatgericht entschieden, ist dieser Strafsenat im ersten Rechtszug für die Verhandlung und Entscheidung über die im Urteil vorbehaltene oder die nachträgliche Anordnung der Sicherungsverwahrung zuständig.**

(2) **Im Fall des § 66b des Strafgesetzbuches gilt § 462a Abs. 3 Satz 2 und 3 der Strafprozessordnung entsprechend.**

1 **A. Fortbestehen der Zuständigkeit.** Das Fortbestehen der Zuständigkeit ordnet Abs. 1 für das OLG – abw. v. § 74f – an, wenn dieses im 1. Rechtszug nach § 66a StGB die Anordnung der Sicherungsverwahrung vorbehalten hatte u. nunmehr über den Vorbehalt entscheiden muss; in gleicher Weise ist es zuständig, wenn es eine Entsch. als Tatgericht erlassen hat, die Grdl. für die Anordnung der nachträglichen Sicherungsverwahrung nach § 66b sein soll.

2 **B. Entscheidungen verschiedener OLGs (Abs. 2).** Hier wird für den Fall der nachträglichen Anordnung der Sicherungsverwahrung entspr. der Regelung in § 74f Abs. 3 auf § 462a Abs. 3 S. 2 und 3 StPO verwiesen; diese Regelung ist jedoch obsolet (vgl. → § 74f Rn. 2, 4; dort auch zum Fall der vorbehaltenen Sicherungsverwahrung).

[Zuständigkeit bei Bestechlichkeit/Bestechung von Mandatsträgern und unzulässiger Interessenwahrnehmung]

120b [1]**In Strafsachen sind die Oberlandesgerichte, in deren Bezirk die Landesregierungen ihren Sitz haben, zuständig für die Verhandlung und Entscheidung im ersten Rechtszug bei Bestechlichkeit und Bestechung von Mandatsträgern (§ 108e des Strafgesetzbuches) und unzulässiger Interessenwahrnehmung (§ 108f des Strafgesetzbuches).** [2]**§ 120 Absatz 3 und 5 gilt entsprechend.**

1 Durch die Vorschr. ist neben § 120 eine **weitere erstinstanzliche Zuständigkeit des OLG für Straftaten nach § 108e und § 108f StGB** geschaffen worden, damit einerseits die mit solchen Vorwürfen befassten Justizorgane (OLG, ER des OLG (§ 169 StPO) u. – über §§ 141, 142 – die GeneralStA) über die erforderliche Erfahrung verfügen und andererseits „den regelmäßig die Öffentlichkeit in besonderer Weise interessierenden Korruptionsvorwürfen gegen Mandatsträger mit dem erforderlichen Nachdruck nachgegangen wird" (BT-Drs. 18/607, 9).

2 **Zu S. 2** vgl. die Erlass → § 120 Rn. 4–7.

[Zuständigkeit in Strafsachen in der Rechtsmittelinstanz]

121 (1) **Die Oberlandesgerichte sind in Strafsachen ferner zuständig für die Verhandlung und Entscheidung über die Rechtsmittel:**

1. der Revision gegen
  - **a) die mit der Berufung nicht anfechtbaren Urteile des Strafrichters;**
  - **b) die Berufungsurteile der kleinen und großen Strafkammern;**
  - **c) die Urteile des Landgerichts im ersten Rechtszug, wenn die Revision ausschließlich auf die Verletzung einer in den Landesgesetzen enthaltenen Rechtsnorm gestützt wird;**

2. der Beschwerde gegen strafrichterliche Entscheidungen, soweit nicht die Zuständigkeit der Strafkammern oder des Bundesgerichtshofes begründet ist;

3. der Rechtsbeschwerde gegen Entscheidungen der Strafvollstreckungskammern nach den § 50 Abs. 5, §§ 116, 138 Abs. 3 des Strafvollzugsgesetzes und der Jugendkammern nach § 92 Abs. 2 des Jugendgerichtsgesetzes;
4. des Einwands gegen die Besetzung einer Strafkammer im Fall des § 222b Absatz 3 Satz 1 der Strafprozessordnung.

(2) **Will ein Oberlandesgericht bei seiner Entscheidung**

1. nach Absatz 1 Nummer 1 Buchstabe a oder Buchstabe b von einer nach dem 1. April 1950 ergangenen Entscheidung,
2. nach Absatz 1 Nummer 3 von einer nach dem 1. Januar 1977 ergangenen Entscheidung,
3. nach Absatz 1 Nummer 2 über die Erledigung einer Maßregel der Unterbringung in der Sicherungsverwahrung oder in einem psychiatrischen Krankenhaus oder über die Zulässigkeit ihrer weiteren Vollstreckung von einer nach dem 1. Januar 2010 ergangenen Entscheidung oder
4. nach Absatz 1 Nummer 4 von einer Entscheidung

eines anderen Oberlandesgerichtes oder von einer Entscheidung des Bundesgerichtshofes abweichen, so hat es die Sache dem Bundesgerichtshof vorzulegen.

(3) [1]**Ein Land, in dem mehrere Oberlandesgerichte errichtet sind, kann durch Rechtsverordnung der Landesregierung die Entscheidungen nach Absatz 1 Nr. 3 einem Oberlandesgericht für die Bezirke mehrerer Oberlandesgerichte oder dem Obersten Landesgericht zuweisen, sofern die Zuweisung für eine sachdienliche Förderung oder schnellere Erledigung der Verfahren zweckmäßig ist.** [2]**Die Landesregierungen können die Ermächtigung durch Rechtsverordnung auf die Landesjustizverwaltungen übertragen.**

Übersicht

1 **A. Revisionsgericht (Abs. 1 Nr. 1).** Revisionsgericht (Abs. 1 Nr. 1) ist das OLG – abgesehen von Abs. 1 Nr. 1 Buchst. c –, wenn im 1. Rechtszug das AG entschieden hat, u. zwar auch im Fall des § 335 StPO (BGHSt 2, 63); zum Fall der Nichtannahme der Berufung nach §§ 313, 322a StPO vgl. → StPO § 335 Rn. 21, 22. Berufungsurteile der großen StrK (Abs. 1 Nr. 1b) gibt es nur noch in Jugendsachen (vgl. → § 76 Rn. 1, 13). Abs. 1 Nr. 1 Buchst. c ist anwendbar, wenn die Sachrüge erhoben ist u. das Urt. nur Landesrecht zum Gegenstand hat o., falls es auch auf Bundesrecht beruht, nur die Verletzung einer landesrechtlichen Norm geltend gemacht wird, obgleich die Prüfungspflicht (§ 352 Abs. 1 StPO) weitergeht.

2 Die Vorschr. gilt aber nicht bei **tateinheitlicher Anwendung von Bundesrecht** (KG JR 1957, 230; Hamm Revision Rn. 85) u. bei gleichzeitig auf die

Verletzung v. Bundesrecht gestützter Revision v. Mitangeklagten (BGHSt 4, 207; Kissel/Mayer Rn. 4) o. Erziehungsberechtigten (BGH NStZ 1981, 483).

B. Beschwerdegericht (Abs. 1 Nr. 2). Beschwerdegericht (Abs. 1 Nr. 2) ist das OLG, wenn eine Entsch. des LG mit der einfachen (§ 304 StPO), sofortigen (§ 311 StPO) o. weiteren (§ 310 StPO; BGH 31.10.2025 – 2 ARs 287/25) Beschwerde angefochten wird. Das OLG entscheidet auch über Beschwerden gegen Beschlüsse des AG, wenn es selbst für die Erstentscheidung zuständig gewesen wäre; der Umweg über die Beschwerde beim LG ist dann überflüssig (KG JR 1983, 214). Zuständig ist das OLG – u. nicht etwa der BGH als Revisionsgericht – ebenso, wenn eine Anordnung gem. § 111i Abs. 3 S. 1 angefochten wird (BGH NJW 2017, 745). Soweit eine Konzentration der Beschwerdesachen bei einem Sen. sinnvoll o. geboten erscheint, kann sie das Präsidium des OLG anordnen (§ 21e Abs. 1 S. 1), zB für Beschwerden gegen Entsch. der StVollstrKn. 3

C. Rechtsbeschwerdegericht (Abs. 1 Nr. 3). Hier wird die Zuständigkeit der OLGe für die Rechtsbeschwerde gegen Entsch. der StVollstrK u. der JugK in Vollzugsangelegenheiten begründet (§§ 78a Abs. 1 Nr. 2, 78b Abs. 1 Nr. 2; § 92 Abs. 2 JGG). Dies gilt auch für die Entscheidung über Rechtsbeschwerden gegen die nach § 41 Abs. 1 S. 3 BDSG ergangenen Entscheidungen der LGe (BGH NJW 2025, 3646). Zuständigkeitskonzentration ist nach Abs. 3 möglich; vgl. → Rn. 17. 4

D. Entscheidung über Besetzungsrügen (Abs. 1 Nr. 4). Das OLG ist nunmehr auch iRd sog. Vorabentscheidungsverfahrens des § 222b Abs. 3 S. 1 StPO zuständig für die Prüfung des Einwands der vorschriftswidrigen Besetzung in erstinstanzlichen Verf. vor dem LG. Die Zuständigkeit des OLG soll – insbes. auch mit Blick auf die zulässige Höchstdauer einer Unterbrechung der HV für drei Wochen (§ 229 Abs. 1 StPO) – die zeitnahe Entsch. über den Besetzungseinwand gewährleisten (BT-Drs. 19/17474, 44); dies trifft ebenso auf den BGH in den Fällen des § 135 Abs. 2 Nr. 3 zu. 4a

E. Vorlegungspflicht (Abs. 2). Die Vorlegungspflicht (Abs. 2) dient einer **einheitlichen Rspr.** (BGHSt 4, 138), u. zwar auch bei Sprungrevision nach § 335 Abs. 1 StPO (BGHSt 2, 63; BGH wistra 1987, 349). Sie entsteht nur, wenn die Herbeiführung der Rechtseinheit unerlässlich ist (Holtz MDR 1979, 109 – BGH RsprÜ). Will ein Gericht v. einem anderen OLG – o. auch v. BGH (OLG Köln NZV 2005, 111) – abweichen, aber der Rspr. des EuGH folgen, so besteht keine Vorlegungspflicht (BGHSt 33, 76; dazu KK-StPO/Feilcke Rn. 13), ebenso wenig bei Differenzen über die Auslegung des Rechts der Europäischen Gemeinschaft, denn die verbindliche Auslegung steht dem EuGH zu (BGHSt 36, 92). Unzulässig ist die Vorlegung, wenn der Gesetzgeber den Inhalt einer zunächst unterschiedlich ausgelegten Vorschr. durch einen neuen Gesetzgebungsakt klargestellt hat (BGHSt 46, 17). Das G zur Modernisierung des Strafverfahrens v. 10.12.2019 hat die Divergenzvorlagepflicht auf die Fälle der Besetzungsrüge nach § 222b Abs. 3 S. 1 ausgedehnt (Abs. 1 Nr. 4, soeben → Rn. 4a). 5

Abs. 2 betr. **nur Abweichungen in Rechtsfragen** (BGH NStZ 2018, 367; BGHSt 27, 212 (214); 46, 358; 52, 84). Diese ist nicht gegeben, wenn die Anwendung eines Rechtsbegriffs von den tatsächlichen Umständen des Einzelfalls abhängt und die Auffassungen darüber auseinandergehen, welche Umstände zu berücksichtigen und wie diese zu bewerten sind (BayObLG BeckRS 2024, 11237: Bewertung eines Bildes als kinderpornographisch). Eine Rechtsfrage ist eine Frage, die sich auf die Auslegung einer Rechtsnorm (vgl. BGHSt 56, 289 (292)) o. auf die Formulierung v. allg. rechtlichen Grundsätzen u. Anforderungen bezieht, deren Geltung sich aus einer Rechtsnorm o. einem Normgefüge ableitet u. über die im Revisionsrechtzug bei der Nachprüfung des für die Entsch. maßgeblichen Rechts mit zu entscheiden wäre (BGH NStZ 2018, 367 mwN; BGHSt 52, 84 (86 ff.); zur Abgrenzung v. der Tatfrage u. zur Identität der Rechtsfrage vgl. ferner SSW StPO/Quentin Rn. 15 ff.). Dazu gehören auch Fragen, die Inhalt u. Tragweite allg. Erfahrungssätze betreffen (BGHSt 23, 156 (159); 31, 86 (89); 39, 291 (294)). 5a

Dieselbe Rechtsfrage liegt auch dann vor, wenn wegen der Gleichheit des Rechtsproblems die Entsch. ohne Rücksicht auf die Verschiedenheit der Fälle u. der anwendbaren Vorschr. nur einheitlich ergehen könnte (BGH NJW 2002, 1280; KK-StPO/Feilcke Rn. 34), nicht aber, wenn im Vorlagefall eine bes. Prozesslage besteht, die auf die rechtliche Beurteilung wesentlichen Einfluss hat (BGH NStZ-RR 2020, 322). Die Vorlegungspflicht wird nicht dadurch berührt, dass die sich widersprechenden Entsch. (unterschiedliche) rechtliche Bestimmungen verschiedener Länder zur Grdl. haben (BGHSt 21, 293).

5b **Es kommt nicht darauf an,** ob das OLG das angefochtene Urt. aufheben o. bestätigen will, ob die abw. Rechtsauffassung erst v. OLG o. schon im angefochtenen Urt. vertreten wird (BGHSt 17, 205) u. ob die Entsch. durch Urt. o. durch Beschl. ergehen soll. Daher entsteht die Vorlegungspflicht ggf. auch bei der Entsch. nach § 346 Abs. 2 StPO (BGHSt 11, 152) o. nach § 206a StPO. Jedoch muss sich das OLG eine abschl. Meinung über die Erheblichkeit der Vorlegungsfrage (→ Rn. 10) gebildet haben. Zu den Entsch. über die Revision gehört nicht die Entsch. über die Einstellung des Verf. nach § 153 StPO (BGHSt 12, 213), über die Wiedereinsetzung in den vorigen Stand (BayObLGSt 1970, 9) u. – ausgenommen die Fälle nach Abs. 2 Nr. 3 – über eine Beschwerde (BGHSt 13, 46). Die Nichtvorlage trotz zweifelsfrei gegebener Vorlegungsvoraussetzungen begründet die Verfassungsbeschwerde (Schroth JR 1990, 93). Der nach § 80a Abs. 1 OWiG allein entscheidende Richter darf nicht vorlegen; er hat vielmehr die Entsch. des Sen. nach § 80a Abs. 3 OWiG herbeizuführen (BGHSt 44, 144). Die Voraussetzungen für die Vorlegung entfallen, wenn die str. Rechtsfrage durch den BGH entschieden wurde (BGH NStZ-RR 2019, 110).

5c Bei den nach § 67d Abs. 3 und Abs. 6 S. 1 StGB zu treffenden **Entscheidungen über die Erledigung oder die Zulässigkeit weiterer Vollstreckung** einer Maßregel der Sicherungsverwahrung (§§ 66–66b StGB, §§ 7 Abs. 2–4, 106 Abs. 3 –7 JGG) u. der Unterbringung in einem psychiatrischen Krankenhaus (§ 63 StGB) endet der Instanzenzug beim OLG. Dadurch besteht die Gefahr der Ungleichbehandlung der Untergebrachten. Diese Gefahr ist durch die Entsch. des EGMR v. 17.12.2009 (dazu → StPO § 275a Rn. 2) bes. akut geworden, nachdem dort die nachträgliche Verlängerung der Sicherungsverwahrung für eine vor dem 30.1.1998 begangene Tat für menschenrechtswidrig erklärt worden ist (vgl. BT-Drs. 17/2350, 6); es haben sich Zweifel ergeben, inwieweit die Gerichte der BRD sich nach dieser Entsch. zu richten haben (vgl. OLG Koblenz JR 2010, 306 u. dazu BVerfG JR 2010, 307; näher Gaede HRRS 2010, 329). Um hier eine einheitliche Rspr. zu ermöglichen, ist durch G v. 24.7.2010 die Vorlagepflicht nach Abs. 2 Nr. 3 (hins. einer nach dem 1.1.2010 ergangenen Entsch.) geschaffen worden.

6 **F. Außendivergenz.** Nur die Außendivergenz betr. Abs. 2 (krit. Lilie, Obiter dictum und Divergenzausgleich in Strafsachen, 1993, S. 44 ff.), dh den Fall, dass ein OLG v. der – in einer Revisions- o. Rechtsbeschwerdesache, nicht in Zivilsachen (OLG Stuttgart DAR 1995, 32 mwN) ergangenen – Entsch. eines anderen OLG o. des BGH abweichen will. Es bleibt ein Fall der Divergenz, wenn der BGH-Sen., v. dem abzuweichen beabsichtigt ist, nicht mehr besteht (BGHSt 17, 360; BGH VRS 41, 437). Dasselbe gilt, wenn das andere OLG nicht mehr besteht (BGHSt 52, 364 (369)), es sei denn, das OLG, das abweichen will, ist das alleinige Nachfolgegericht des nicht mehr bestehenden OLG (Löwe/Rosenberg/Gittermann Rn. 44; Rieß NStZ 2009, 230; erg. → § 132 Rn. 14).

7 Dass **RsprVereinbarungen** zulässig sind, folgt jetzt aus § 132 Abs. 3 S. 1; die Vorlegungspflicht entfällt somit, wenn das OLG, v. dessen Entsch. abgewichen werden soll, auf Anfrage erklärt, an seiner früheren Rechtsauffassung nicht mehr festhalten zu wollen (vgl. BGHSt 14, 319; BGH NJW 1996, 3219).

8 **G. Abweichen.** Um ein Abweichen (dazu Schroth JR 1990, 96) handelt es sich nicht nur, wenn das OLG eine Gesetzesbestimmung anders auslegen will, sondern auch dann, wenn der gleiche Rechtsgrundsatz in mehreren Gesetzesbestimmungen enthalten ist u. das OLG ihn anders auffasst (BGHSt 6, 41 (42); 31, 195 (198)

mwN). Das Gleiche gilt bei Meinungsverschiedenheit im Landesrecht, u. zwar auch, wenn es sich um inhaltsgleiche Bestimmungen verschiedener Länder handelt (BGH bei Herlan GA 1959, 49). Ein Abweichen liegt aber nicht vor, wenn infolge einer Entsch. des BVerfG (BGHSt 44, 171 (173); vgl. auch BGH NJW 1977, 686) o. einer Gesetzesänderung die tragenden Grundlagen der früheren Entsch. weggefallen sind (BayObLGSt 1992, 127 (130)). Zwischen Entsch. der Straf- u. der Zivilsenate besteht hins. der Vorlegungspflicht kein Unterschied (BGHSt 13, 373; OLG Karlsruhe Justiz 1988, 73); Abweichen v. einer Entsch. des ERs des BGH zwingt aber nicht zur Vorlage (SK-StPO/Frister Rn. 14; offengelassen v. BGHSt 44, 171 (173)). Das OLG muss jedoch auch dann vorlegen, wenn es die Ansicht eines anderen OLG billigen will, v. der inzwischen ein drittes OLG abgewichen ist (vgl. BGHSt 13, 49). Ist dagegen ein OLG v. BGH abgewichen, so braucht das OLG, das sich dem BGH anschließen will, nicht vorzulegen (BGH bei Herlan GA 1959, 338). Auch wenn der BGH inzwischen so entschieden hat, wie das vorlegende Gericht entscheiden will, ist eine Vorlage nicht zulässig (BGH GA 1982, 126).

H. Innendivergenz. Die Innendivergenz, dh den Fall des Abweichens eines Sen. des OLG v. einem anderen Sen. desselben OLG, behandelt Abs. 2 nicht. Haben zwei Sen. desselben OLG divergierende Entsch. erlassen, so muss ein anderes OLG die Sache dem BGH vorlegen, wenn es v. einer der beiden divergierenden Entsch. des anderen OLG abweichen will. Eine ges. Regelung zur Vermeidung der Innendivergenz besteht nur in § 132 Abs. 2 für den BGH u. bestand nach § 10 Abs. 1 **EGGVG** für das BayObLG. Beim Zusammentreffen der Innendivergenz mit einer Außendivergenz gilt Abs. 2, ebenso bei mehrfacher Außendivergenz, dh wenn das OLG bei seiner Revisionsentscheidung v. mehreren OLGen abweichen will, die verschieden o. gleich entschieden haben. 9

I. Entscheidungserheblich. Entscheidungserheblich, u. zwar für die frühere u. die neue Entsch., muss die betr. Rechtsansicht sein (BGHSt 7, 314; 36, 389 (394); BGH NJW 1986, 1271 (1272) aE; OLG Düsseldorf VRS 83, 435); stillschweigende Stellungnahme in diesem Sinn genügt (BGHSt 11, 34). Es ist kein Vorlegungsgrund, wenn das OLG nur in der Begründung seiner Rechtsansicht, nicht aber iErg v. einer Entsch. eines anderen OLG o. des BGH abweichen will (BGH NStZ 2000, 222; VRS 59, 345). Ob die Rechtsansicht für die neue Entsch. als Grdl. (vgl. § 358 Abs. 1 StPO) erheblich ist, hängt v. der Auff. des vorlegenden OLG ab, es sei denn, dass diese offenbar unhaltbar ist o. Gegenstand einer Verfassungsbeschwerde werden kann (BGHSt 22, 94 (100); 25, 325 (328); BGH NStZ 1985, 217 (218); KK-StPO/Feilcke Rn. 43 ff.). Eine Tatfrage ist der Klärung im Vorlegungsverfahren auch dann nicht zugänglich, wenn das vorlegende OLG sie als Rechtsfrage behandelt hat (BGH NStZ 1995, 409 (410)). Dies gilt gleichermaßen, wenn die dem Revisionsverfahren zugrunde liegenden tatsächlichen Feststellungen völlig unzureichend sind u. der Sachverhalt ungeklärt ist (BGH NStZ-RR 2019, 60). 10

Eine die frühere Entscheidung nicht tragende Rechtsäußerung (**obiter dictum**) hat nur eine freie Autorität (vgl. BVerfGE 3, 261). Die Absicht, v. ihr abzuweichen, verpflichtet nicht zur Vorlegung (BGHSt 3, 234; SK-StPO/Frister Rn. 26; erg. aber → Rn. 13). 11

J. Vorlegungsbeschluss. Der Vorlegungsbeschluss, der nur in einer HV ergehen kann, wenn das OLG die beabsichtigte Entsch. durch Urt. treffen muss (BGHSt 29, 310), muss die dem BGH vorgelegte Frage genau formulieren u. die Entscheidungserheblichkeit darlegen (BGH VRS 59, 345). Eine eigene Stellungnahme ist entbehrlich, wenn das OLG mit jeder möglichen Entsch. v. der Ansicht der Strafsenate des BGH abweichen würde (BGHSt 30, 93 (95)). Der Beschl. ist dem Angeklagten mitzuteilen (§ 35 Abs. 2 StPO). Dieser erhält dadurch Gelegenheit, sich zu dem Zwischenverfahren bei dem BGH zu äußern. Der Beschl. ist nicht anfechtbar (§ 304 Abs. 4 StPO). Erachtet der BGH die Vorlegungsvoraussetzungen nicht für gegeben, so erlässt er einen Beschl., dass die Sache an das vorlegende Gericht zurückgegeben wird. 12

13 **K. Teilentscheidung.** Nur eine Teilentscheidung trifft der BGH nach der Vorlegung. Voraussetzung ist die Zulässigkeit der Vorlegung. Hieran fehlt es, wenn die Revision o. Rechtsbeschwerde unzulässig ist. In diesem Fall verwirft der BGH das Rechtsmittel (vgl. BGH JZ 1963, 596). Bei Zulässigkeit des Rechtsmittels entscheidet der BGH nur über die Rechtsfrage (BGHSt 3, 72). Er ist jedoch nicht gehindert, eine zu eng o. zu weit gefasste Vorlegungsfrage zu präzisieren; hat er sie weiter gefasst, um eine sinnvolle u. erschöpfende Antwort geben zu können, ist diese für die OLGe insges. bindend, eine erneute Vorlegung also nur zulässig, wenn ein OLG v. der Antwort auf diese weiter gefasste Frage abweichen will (BGHSt 43, 277).

14 Eine **volle Sachentscheidung** trifft der BGH nur, wenn es ihm aus bes. Gründen zweckmäßig erscheint (BGHSt 2, 63; 17, 14; 39, 291 (294); BGHR GVG § 121 Abs. 2 Sachentscheidung 1). In diesem Fall ist das Verf. nach den §§ 350, 351 StPO zu gestalten (Jagusch NJW 1962, 1647 → Einl. Rn. 23 ff.).

15 Die **Inzidententscheidung** bildet einen Bestandteil der Revisionsentscheidung. Darüber hinaus entsteht eine Bindung aus Rechtsgründen nicht (vgl. → § 132 Rn. 18, 19). Das OLG kann im nächsten Fall gleicher Art die Sache wieder vorlegen; denn die Gerichte sind nur an das G – dh an die Rechtsnormen (§ 7 **EGStPO**) – gebunden (§ 25 **DRiG**).

16 **L. Weitere Zuständigkeiten.** Weitere Zuständigkeiten des OLG: § 159; §§ 121, 138c, 172 StPO, vgl. auch §§ 4, 12, 14, 15, 19, 27 StPO; § 25 **EGGVG;** §§ 13 Abs. 1, 44 Abs. 1, 61 Abs. 1, 65 IRG; wegen der Zuständigkeit des OLG bei KartellOWien vgl. § 82 GWB.

17 **M. Zuständigkeitskonzentration (Abs. 3).** Hiernach sind Entsch. nach §§ 116, 117, 138 Abs. 3 **StVollzG** für Nordrhein-Westfalen durch VO v. 8.1.1985 (GVBl. NW 46) dem OLG Hamm, für Niedersachsen durch VO v. 28.12.2009 (Nds. GVBl. 506) dem OLG Celle übertragen; um Rechtswegaufteilungen zu vermeiden ist in diesem Fall das für Rechtsbeschwerdeverfahren nach §§ 116 ff. **StVollzG** zuständige OLG auch für Beschwerden über prozessuale Nebenentscheidungen in Straf- u. Maßregelvollzugssachen zuständig (OLG Celle StraFo 2015, 346; **aM** OLG Celle Nds. Rpfl. 1994, 22: Streitwertfestsetzung; vgl. auch BGH NStZ 1983, 44). Erg. → StPO § 4 Rn. 14.

[Besetzung der Senate]

122

(1) Die Senate der Oberlandesgerichte entscheiden, soweit nicht nach den Vorschriften der Prozeßgesetze an Stelle des Senats der Einzelrichter zu entscheiden hat, in der Besetzung von drei Mitgliedern mit Einschluß des Vorsitzenden.

(2) [1] Die Strafsenate entscheiden über die Eröffnung des Hauptverfahrens des ersten Rechtszuges mit einer Besetzung von fünf Richtern einschließlich des Vorsitzenden. [2] Bei der Eröffnung des Hauptverfahrens beschließt der Strafsenat, daß er in der Hauptverhandlung mit drei Richtern einschließlich des Vorsitzenden besetzt ist, wenn nicht nach dem Umfang oder der Schwierigkeit der Sache die Mitwirkung zweier weiterer Richter notwendig erscheint. [3] Über die Einstellung des Hauptverfahrens wegen eines Verfahrenshindernisses entscheidet der Strafsenat in der für die Hauptverhandlung bestimmten Besetzung. [4] Ist eine Sache vom Revisionsgericht zurückverwiesen worden, kann der nunmehr zuständige Strafsenat erneut nach Satz 2 über seine Besetzung beschließen.

1 **A. Besetzung. I. Rechtsmittelgerichte (§ 121).** Als Rechtsmittelgerichte (§ 121) entscheiden die Strafsenate immer in der Besetzung v. 3 Richtern einschl. des Vorsitzenden.

2 **II. Gericht des ersten Rechtszuges (§ 120).** Wird der Strafsenat als Gericht des ersten Rechtszuges (§ 120) tätig, ist **zu unterscheiden:** Vor der Eröffnung des

Hauptverfahrens entscheidet der Strafsenat stets in der Besetzung mit 3 Richtern (Abs. 1), über die Eröffnung – auch im Fall des § 225a StPO (dazu OLG Stuttgart NStZ 2009, 348; erg. → § 120 Rn. 3 aE) – hingegen immer mit 5 Richtern einschließl. des Vorsitzenden (Abs. 2 S. 1). In der HV ist der Strafsenat je nach der bei der Eröffnung zu treffenden Entsch. mit 3 o. mit 5 Richtern einschl. des Vorsitzenden besetzt. Damit ist eine § 76 Abs. 2 entspr. Regelung für das OLG übernommen worden. Wie dort soll auch hier idR in der reduzierten Besetzung verhandelt werden, wie sich aus der Fassung der Vorschr. ergibt.

Nach Zurückverweisung einer Sache durch den BGH kann das OLG eine 3
andere Besetzung beschließen (Abs. 2 S. 4; KK-StPO/Feilcke Rn. 9). Soweit im Hauptverfahren die Einstellung wegen eines Verfahrenshindernisses erfolgen soll (§§ 206a, 260 Abs. 3 StPO), richtet sich die Besetzung nach derjenigen in der HV (Abs. 2 S. 3); dasselbe gilt für während einer HV zu treffende Haftentscheidungen, auch wenn die Entsch. selbst außerhalb der HV ergeht (BGHSt 43, 91 = NStZ 1997, 606 mzustAnm Dehn = JR 1998, 33 mablAnm Katholnigg; dem BGH zust. auch Schlothauer StV 1998, 144, abl. hingegen SK-StPO/Frister Rn. 11; Foth NStZ 1998, 262).

Nicht geregelt ist, in welcher Besetzung sonstige Entsch. außerhalb der HV zu 4
treffen sind. Da sich aber der Grundsatz der 3 er-Besetzung aus Abs. 1 ergibt u. hiervon nur in Abs. 2 S. 1 und S. 3 Ausnahmen gemacht sind, verbietet sich nach ganz hM eine entspr. Anwendung des Abs. 2 S. 3 auf andere Beschlüsse, etwa nach §§ 206b, 370, 441, 442 StPO (SK-StPO/Frister Rn. 9 mwN; **aM** Katholnigg Rn. 5).

Abs. 2 S. 3 gilt auch dann, wenn sich die Entsch. nur auf einen prozessrechtlich 5
selbständigen Verfahrensteil bezieht (BGHSt 38, 312 (313)).

B. Umfang oder Schwierigkeit der Sache. Zu den Begriffen Umfang oder 6
Schwierigkeit der Sache in Abs. 2 S. 2 vgl. → § 76 Rn. 7 mit der Abwandlung, dass die Tatsache des Vorliegens einer Staatsschutzsache hier für sich natürlich noch nicht diese Voraussetzungen erfüllt.

C. Revision. Dass Umf. o. Schwierigkeit der Sache die Zuziehung v. 2 weiteren 7
Richtern erfordert hätten, kann auch hier mit der Revision nicht gerügt werden (erg. → § 76 Rn. 17).

Neunter Titel. Bundesgerichtshof

[Sitz]

123 **Sitz des Bundesgerichtshofes ist Karlsruhe.**

Der **5. StS des BGH,** der seit 1952 in Berlin ansässig war, sowie die dazu 1
gehörige Dienststelle des GBA haben seit 14.7.1997 ihren Sitz in Leipzig (erg. → § 130 Rn. 2). Mit Wirkung v. 15.2.2020 hat das BMJV in Leipzig den 6. StS des BGH errichtet, ein 7. StS soll 2026 ebenfalls in Leipzig ansässig werden. Rechtlich ist der Sitz dieser Sen. dennoch Karlsruhe, was angesichts unterschiedlicher Feiertage in den Bundesländern wegen § 43 Abs. 2 Bedeutung erlangen kann (vgl. Dietlein Berliner AnwBl 2018, 372).

[Besetzung]

124 **Der Bundesgerichtshof wird mit einem Präsidenten sowie mit Vorsitzenden Richtern und weiteren Richtern besetzt.**

[Ernennung der Mitglieder]

125 (1) **Die Mitglieder des Bundesgerichtshofes werden durch den Bundesminister der Justiz und für Verbraucherschutz gemeinsam mit dem Richterwahlausschuß gemäß dem Richterwahlgesetz berufen und vom Bundespräsidenten ernannt.**

(2) **Zum Mitglied des Bundesgerichtshofes kann nur berufen werden, wer das fünfunddreißigste Lebensjahr vollendet hat.**

1 **A. RichterwahlG.** Das RichterwahlG v. 25.8.1950 (BGBl. 368; FNA 301-2), ÄndG v. 30.7.1968 (BGBl. I 873), enthält die nähere Regelung.

2 **B. Ernennung.** Die Ernennung durch den BPräs (Art. 60 Abs. 1 GG) bedarf der Gegenzeichnung des BMJV (Art. 58 GG). Vgl. auch Anordnung des BPräs v. 14.7.1975 (BGBl. I 1915; FNA 2030-11–47) mit Änd. v. 10.10.1978 (BGBl. I 1685).

126–129 (weggefallen)

[Zivil- und Strafsenate; Ermittlungsrichter]

130 (1) [1]**Bei dem Bundesgerichtshof werden Zivil- und Strafsenate gebildet und Ermittlungsrichter bestellt.** [2]**Ihre Zahl bestimmt der Bundesminister der Justiz und für Verbraucherschutz.**

(2) **Der Bundesminister der Justiz und für Verbraucherschutz wird ermächtigt, Zivil- und Strafsenate auch außerhalb des Sitzes des Bundesgerichtshofes zu bilden und die Dienstsitze für Ermittlungsrichter des Bundesgerichtshofes zu bestimmen.**

1 **A. Anzahl.** Die Anzahl der institutionellen Sen. bestimmt der BMJV durch Verwaltungsanordnung, u. zwar nicht nur die Gesamtzahl, sondern auch die Zahl der Straf- u. Zivilsenate (zzt. 5 Straf- u. 12 Zivilsenate).

2 **B. Auswärtige Senat (Abs. 2).** Der auswärtige Senat (Abs. 2) ist lediglich Spruchkörper des BGH, also nicht ein v. diesem verschiedener Gerichtskörper. Die JV greift hier weder in sachlicher noch in persönlicher Beziehung in die Geschäftsverteilung ein. Daher bedarf es im Fall des Abs. 2 (anders als in den Fällen der §§ 78 Abs. 2, 116 Abs. 2) nicht einer RechtsVO. Aufgrund der AO des BMJV v. 2.7.1997 (BAnz. 1997 Nr. 125) befindet sich der 5. StS, ferner seit 15.2.2020 der 6. StS in Leipzig (erg. → § 123 Rn. 1). Es ist beabsichtigt, im Jahr 2026 einen weiteren, siebten StS in Leipzig einzurichten.

3 **C. Dienstsitz für Ermittlungsrichter des BGH.** Den Dienstsitz für Ermittlungsrichter des BGH (Abs. 2; § 169 StPO) kann der BMJ ebenfalls bestimmen, jedoch nur im Einvernehmen mit dem Präsidium, das die ER bestellt u. die Geschäfte auf sie verteilt.

131, 131a (weggefallen)

[Große Senate]

132 (1) [1]**Beim Bundesgerichtshof werden ein Großer Senat für Zivilsachen und ein Großer Senat für Strafsachen gebildet.** [2]**Die Großen Senate bilden die Vereinigten Großen Senate.**

(2) **Will ein Senat in einer Rechtsfrage von der Entscheidung eines anderen Senats abweichen, so entscheiden der Große Senat für Zivilsachen,**

wenn ein Zivilsenat von einem anderen Zivilsenat oder von dem Großen Zivilsenat, der Große Senat für Strafsachen, wenn ein Strafsenat von einem anderen Strafsenat oder von dem Großen Senat für Strafsachen, die Vereinigten Großen Senate, wenn ein Zivilsenat von einem Strafsenat oder von dem Großen Senat für Strafsachen oder ein Strafsenat von einem Zivilsenat oder von dem Großen Senat für Zivilsachen oder ein Senat von den Vereinigten Großen Senaten abweichen will.

(3) [1]**Eine Vorlage an den Großen Senat oder die Vereinigten Großen Senate ist nur zulässig, wenn der Senat, von dessen Entscheidung abgewichen werden soll, auf Anfrage des erkennenden Senats erklärt hat, daß er an seiner Rechtsauffassung festhält.** [2]**Kann der Senat, von dessen Entscheidung abgewichen werden soll, wegen einer Änderung des Geschäftsverteilungsplanes mit der Rechtsfrage nicht mehr befaßt werden, tritt der Senat an seine Stelle, der nach dem Geschäftsverteilungsplan für den Fall, in dem abweichend entschieden wurde, zuständig wäre.** [3]**Über die Anfrage und die Antwort entscheidet der jeweilige Senat durch Beschluß in der für Urteile erforderlichen Besetzung; § 97 Abs. 2 Satz 1 des Steuerberatungsgesetzes und § 74 Abs. 2 Satz 1 der Wirtschaftsprüferordnung bleiben unberührt.**

(4) **Der erkennende Senat kann eine Frage von grundsätzlicher Bedeutung dem Großen Senat zur Entscheidung vorlegen, wenn das nach seiner Auffassung zur Fortbildung des Rechts oder zur Sicherung einer einheitlichen Rechtsprechung erforderlich ist.**

(5) [1]**Der Große Senat für Zivilsachen besteht aus dem Präsidenten und je einem Mitglied der Zivilsenate, der Große Senat für Strafsachen aus dem Präsidenten und je zwei Mitgliedern der Strafsenate.** [2]**Legt ein anderer Senat vor oder soll von dessen Entscheidung abgewichen werden, ist auch ein Mitglied dieses Senats im Großen Senat vertreten.** [3]**Die Vereinigten Großen Senate bestehen aus dem Präsidenten und den Mitgliedern der Großen Senate.**

(6) [1]**Die Mitglieder und die Vertreter werden durch das Präsidium für ein Geschäftsjahr bestellt.** [2]**Dies gilt auch für das Mitglied eines anderen Senats nach Absatz 5 Satz 2 und für seinen Vertreter.** [3]**Den Vorsitz in den Großen Senaten und den Vereinigten Großen Senaten führt der Präsident, bei Verhinderung das dienstälteste Mitglied.** [4]**Bei Stimmengleichheit gibt die Stimme des Vorsitzenden den Ausschlag.**

Übersicht

1, 2 **A. Bildung Großer Senate. I. Für Zivil- und Strafsachen.** Für Zivil- und Strafsachen wird jew. ein **Großer Senat** errichtet. Die unterschiedliche Besetzung (Abs. 5 S. 1) rechtfertigt sich daraus, dass die Zahl der Zivilsenate die der Strafsenate erheblich übersteigt (zzt. 12 ZS, 5 StS), dh der GrZS hat 13, der GrStS 11 Mitglieder; damit soll in etwa ein Gleichgewicht zwischen den GrS hergestellt werden (BT-Drs. 11/3621, 55); dazu tritt ggf. noch 1 Mitglied nach Abs. 5 S. 2 aus einem anderen Sen. (Sen. für Anwaltssachen, § 106 BRAO, für Landwirtschaftssachen, § 2 LwVG, für Notarsachen, § 106 BNotO, für Patentanwaltssachen, § 90 PatAO, für Steuerberater- u. Steuerbevollmächtigtensachen, § 97 StBerG, u. für Wirtschaftsprüfersachen, § 74 WiPrO, sowie das Dienstgericht des Bundes, §§ 61, 79 DRiG, u. der Kartellsenat § 95 GWB).

3 Die **Vereinigten Großen Senate** bestehen daher idR aus 23 Mitgliedern, zu denen ggf. noch 1 Mitglied nach Abs. 5 S. 2 hinzutreten kann.

4 **II. Vertreter.** Für jedes Mitglied ist ein Vertreter zu bestellen. Die Bestellung erfolgt durch das Präsidium für 1 Jahr (Abs. 6). Auch das nach Abs. 5 S. 2 mitwirkende weitere Mitglied u. dessen Vertreter werden durch das Präsidium bestimmt (zur Auswahl der Mitglieder Fischer StraFo 2014, 312).

5 **III. Vorsitz.** Den Vorsitz führt stets der Präs des BGH. Im Gegensatz zur früheren Regelung wird er nicht durch den Vizepräsidenten, sondern durch das dienstälteste Mitglied vertreten, auch wenn dieses nur Richter am BGH ist u. Vorsitzende Richter am BGH mitwirken. Stimmengleichheit kann es zzt. nur bei Hinzutritt eines Mitglieds nach Abs. 5 S. 2 geben, da lediglich hier eine gerade Teilnehmerzahl erreicht wird. Stimmenthaltung ist nicht gestattet (vgl. § 195).

6 **B. Verfahren. I. Zuständigkeit.** Eine Zuständigkeit für den GrS o. die Vereinigten GrS kann sich nur in 2 Fällen ergeben: Entweder bei bestehender Innendivergenz (Abs. 2, dazu → Rn. 13 f.) o. bei einer Vorlage wegen grds.er Bedeutung (Abs. 4, dazu → Rn. 15 ff.).

7 Eine Vorlage sowohl nach Abs. 2 als auch nach Abs. 4 ist zulässig, allerdings müssen dabei die jeweiligen Zulässigkeitsvoraussetzungen erfüllt sein (Kissel/Mayer Rn. 30; vgl. aber auch BGH (GrS) NJW 2008, 860: Abs. 4 geht Abs. 2 vor; dagegen Ignor/Bertheau NJW 2008, 2211).

8 **II. Abweichung (Abs. 2).** Bei **beabsichtigter Abweichung** (Abs. 2) ist die Vorlage nur zulässig, wenn der andere Sen. erklärt hat, dass er an seiner Meinung festhalten will (Abs. 3 S. 1). Bei beabsichtigter Abweichung v. der Rspr. mehrerer Sen. ist bei jedem v. ihnen anzufragen. Besteht der andere Sen. nicht mehr, so tritt an die Stelle des weggefallenen Sen. der nunmehr zuständige (Abs. 3 S. 2). Ist der Sen., der abweichen will, jetzt allein zuständig, so entfällt die Vorlage (BGHSt 11, 15 (17); KK-StPO/Feilcke Rn. 6). Bei Zweifeln über die Zuständigkeit muss das Präsidium entscheiden. Wird ein anderer Sen. mit einer Rechtsfrage aus einem Spezialgebiet befasst (zB infolge Verbindung mehrerer Strafsachen o. in einem Zivilprozess) u. will er v. der Auff. des Spezialsenats abweichen, so ist vorzulegen.

8a Bei **unbeabsichtigter** Abweichung – etwa bei zeitlicher Überschneidung unterschiedlicher Entscheidungen zur selben Rechtsfrage – geht die zeitlich spätere Entscheidung als aktuelle Rspr. der früheren vor; der Senat, der von der späteren Entscheidung abweichen will, muss das Anlage- und Vorlageverfahren nach Abs. 2, Abs. 3 beschreiten (siehe BGHSt 13, 149; Mosbacher JuS 2024, 226 (229); **aM** Krehl NStZ 2023, 609(612): sieht der erstentscheidende Senat keinen Anlass zu einer Änderung seiner Rspr., kann er daran festhalten).

9 Die **Entscheidung über Anfrage und Antwort** ergeht in der Urteilsbesetzung, dh durch 5 Mitglieder einschl. des Vorsitzenden des Sen. (§ 139 Abs. 1); lediglich der StBerS u. der WiPrS entscheiden nur in der Besetzung v. 3 Berufsrichtern. Bei der Beratung sollten aber alle Senatsmitglieder mitwirken; welche Richter entscheiden, richtet sich aber nach den senatsinternen Mitwirkungsgrundsätzen (§ 21g Abs. 2; Rissing-van Saan FS Widmaier, 2008, 505 (516)).

10 Bei **Zustimmung des Senats,** v. dessen Auff. abgegangen werden soll, erübrigt sich die Vorlegung (BGHSt 4, 316 (319)). Die Zustimmung wird in der neuen Entsch. erwähnt. Damit wird diese richtungweisend (Kleinknecht JZ 1959, 182 ff.; vgl. → § 121 Rn. 8). Die Anfrage selbst erzeugt noch keine Bindungswirkung (BGH BeckRS 2004, 11739), hindert also nicht eine Entsch. auf der Grdl. der bisherigen Rspr. (BGHSt 61, 263: auch nicht des anfragenden Sen.), auch nicht die Vorlegung (BGH StV 2010, 60), wohl aber die zust. Antwort des angefragten Sen. (BGHSt 61, 263; BGHR GVG § 132 Anfrageverfahren 1; Löwe/Rosenberg/Mosbacher Rn. 51).

10a **Innerhalb eines Senates** gibt es keine Bindungswirkung einzelner Spruchgruppen an die Rspr. anderer Spruchgruppen (vgl. BGHSt 61, 263). Ein Verf. zur Auflösung einer solchen Binnendivergenz ist im G nicht vorgesehen (Dölp StraFo 2018, 379; **aM** Fischer FS Schlothauer, 2018, 471 (483), der den Begriff „Senat" in Abs. 2 iSd „entscheidenden Quorums" (§ 192 Abs. 1 GVG) mit der Folge einer Vorlagepflicht einzelner Spruchgruppen bei senatsinternen Abweichungen verstehen will); eine etwaige Plenumsentscheidung aller 7 o. 8 Richter eines Sen. hat für die im Einzelfall zuständige Sitzgruppe keine Bindungswirkung (BGHSt 61, 263; Fischer FS Schlothauer, 2018, 471 (482)). Dies erscheint mit Blick auf die durch den BGH zu gewährleistende Einheitlichkeit der Rechtsanwendung unbefriedigend u. mit dem „komplizierten Regelwerk" (Mosbacher JuS 2017, 127 (130)) zur Herstellung einer Rspr. bei Differenzen verschiedener StS unvereinbar. Für das Verf. nach Abs. 2 könnte die uneinheitliche Rspr. desselben Sen. allerdings bedeuten, dass das Anfrageverfahren obsolet bzw. bei Festhalten an der Anfrage unzulässig wird, wenn eine Spruchgruppe des vorlegenden Sen. die Vorlagefrage anders – etwa iSd bisherigen Rspr. (vgl. → Rn. 10) – entscheidet (BGH NStZ-RR 2017, 112; Mosbacher JuS 2017, 127 (130)). Ausf. zur Problematik der Binnendivergenz Löwe/Rosenberg/Mosbacher Rn. 24 ff.

11 **III. Vorlagebeschluss.** Durch Beschluss des Sen. wird die genau formulierte Rechtsfrage dem GrS vorgelegt (→ § 121 Rn. 12). Damit wird das Zwischenverfahren eingeleitet. Die Anhörung der Verfahrensbeteiligten ist nicht erforderlich (**aM** KK-StPO/Feilcke Rn. 14; SK-StPO/Frister Rn. 19), der Beschl. wird ihnen jedoch bekanntgegeben (Kissel/Mayer Rn. 26). Der Beschl. kann auch nach einer – dann auszusetzenden – HV (§ 351 StPO) ergehen (BGH NStZ 1992, 230). Das Zwischenverfahren wird durch einen Beschl. des GrS (mit Entscheidungsgründen) abgeschlossen, in dem entweder die Entsch. wegen Fehlens der Vorlegungsvoraussetzungen abgelehnt o. der beschlossene Rechtssatz festgestellt wird (§ 138 Abs. 1). Die Entsch. unterbleibt, wenn der vorlegende Sen. – etwa auf Anregung des GrS – den Vorlegungsbeschluss vorher zurücknimmt o. der andere Sen. nun doch nicht mehr an seiner abw. Meinung festhalten will (erg. → Rn. 14; **aM** Tolksdorf FS Krüger, 2017, 489 (505), der jedenfalls hins. der vorgelegten Rechtsfrage v. einer Selbstbindung des vorlegenden Sen. ausgeht; vgl. zum Verf. allg. auch May DRiZ 1983, 305).

12 **IV. Mitwirkung.** Für die Mitwirkung im Verf. gelten die §§ 22 ff. StPO (Kissel/Mayer Rn. 2); denn es wird eine Teilentscheidung zu dem anhängigen Verf. getroffen (vgl. → § 121 Rn. 13, 15). Der GrS ist aber keine Rechtsmittelinstanz; sonst wären gerade die Mitglieder des erkennenden Sen. ausgeschlossen (§ 23 Abs. 1 StPO), was nicht der Fall ist (Abs. 5 S. 1). Die Mitglieder des GrS sind in ihrer Entsch. frei; sie sind insbes. nicht an die Auff. gebunden, die „ihr" Sen. im Anfrageverfahren (→ Rn. 8) vertreten hat (Rissing-van Saan FS Widmaier, 2008, 505 (510)).

13 **C. Innendivergenz.** (Vgl. → § 121 Rn. 9). Ein Abweichen des einen Sen. v. der Rechtsauffassung eines anderen Sen. des BGH bei unveränderter Rechtslage wird durch die Institution der GrS vermieden. Diese ist notwendig, weil es eine Hauptaufgabe des BGH ist, für die Einheitlichkeit der Rspr. zu sorgen (vgl. §§ 121 Abs. 2, 120 Abs. 3, ferner § 29 Abs. 1 S. 2 **EGGVG**). Die Bestimmung will nicht eine Änd. der Rspr. des BGH verhindern, die nicht durch den GrS sanktioniert

worden ist; sie will nur vermeiden, dass mehrere widersprechende Entsch. verschiedener Sen. des BGH bestehen, v. denen keiner eindeutig die richtungsweisende Funktion zukommt. Kommt es durch Versehen oder aufgrund des Zeitpunkts der Veröffentlichung doch zu abweichenden Entscheidungen, „gilt" die zeitlich spätere als aktuelle Rspr. des BGH, während die zeitlich frühere den betr. StS zur Vorlage nach Abs. 2, Abs. 3 verpflichtet (Mosbacher JuS 2024, 229; **aM** Krehl NStZ 2023, 609 (612)). Die Nichtvorlage kann gegen Art. 101 Abs. 1 S. 2 GG verstoßen (BVerfG NStZ 1993, 90; 1995, 76; NJW 1995, 2914; erg. → § 16 Rn. 6). Art. 100 Abs. 1 S. 1 GG geht vor.

14 Es ist **kein Vorlegungsfall,** wenn ein Sen. seine eigene Rspr. ändert, ohne dabei mit der Auff. eines anderen Sen. in Kollision zu geraten (Katholnigg Rn. 4). Hat ein Sen. nach der Geschäftsverteilung die ausschl. Zuständigkeit für ein bestimmtes Rechtsgebiet, kann er bei einer nur dieses betr. Rechtsfrage ohne Vorlegung v. der Rechtsansicht eines anderen Sen. abweichen (KK-StPO/Feilcke Rn. 6). Vorlegungspflicht besteht nach hM wie in § 121 (→ § 121 Rn. 10) nur bei beabsichtigtem Abweichen v. tragenden Entscheidungsgründen (Rönnau StraFo 2014, 266). Auch v. der in einer nur vorl. Entsch. eines anderen Sen., zB iRe Haftprüfung, geäußerten Rechtsansicht kann ohne Anfrage abgewichen werden.

14a Eine **Vorlagepflicht an den EuGH** kann nach Art. 267 AEUV bestehen, wenn es um für das Urt. relevante Fragen geht, welche die Auslegung der Verträge betreffen (näher Leipold FS Fischer, 2018, 737 mkritAnm zur restriktiven Praxis des BGH). Die **Vorlagepflicht entfällt,** wenn Entsch. des BVerfG (§ 31 Abs. 1 BVerfGG) o. des EuGH (Art. 267 AEUV) rechtliche Bindungswirkung entfalten.

14b Dies trifft grds. nicht auf **Entsch. des EGMR** zu, da die Vertragsparteien nach Art. 46 EMRK lediglich im Hinblick auf einen bestimmten Streitgegenstand an das endg. Urt. des EGMR gebunden sind. Der BGH macht hiervon eine Ausnahme, wenn der EGMR eine Rechtsfigur des deutschen Richterrechts als nicht ausreichende Kompensation einer Konventionsverletzung iSv Art. 41 EMRK angesehen hat u. deshalb eine erneute Verurteilung der BRD durch den Gerichtshof zu besorgen ist (BGHSt 60, 276 = NJW 2016, 91 (97): Strafzumessungslösung bei unzulässiger Tatprovokation; → Einl. Rn. 148a sowie → EMRK Art. 6 Rn. 4b). Greift der EGMR allerdings aufgrund eines abweichenden dogmatischen Ansatzes grundlegend in die Verfahrensbalance des deutschen Strafprozessrechts ein, obliegt die Umsetzung solcher Entscheidungen nicht einem einzelnen StS, sondern nach Abs. 4 dem GSSt oder dem Gesetzgeber (Löwe/Rosenberg/Mosbacher Rn. 42).

15 **D. Grundsätzliche Rechtsfragen. I. Auch ohne RsprDivergenz.** Auch ohne RsprDivergenz kann der GrS angerufen werden, wenn es sich um eine Rechtsfrage (dazu näher → GVG § 121 Rn. 5) handelt, die nicht dem VerfG vorbehalten (→ Einl. Rn. 220) u. nicht nur für den Einzelfall v. sachentscheidender Bedeutung ist (über das Erfordernis der Entscheidungserheblichkeit vgl. auch → § 121 Rn. 10), sondern auch grds. Bedeutung hat (BGHSt 33, 356 (359) (GSSt)). Die Vorlage nach Abs. 4 und die nach Abs. 2 stehen gleichberechtigt nebeneinander (Tolksdorf FS Krüger, 2017, 489 (497); Löwe/Rosenberg/Mosbacher Rn. 54; so iErg auch BGHSt 52, 124; BGH NJW 2007, 3294 (3298); **aM** Rissing-van Saan FS Widmaier, 2008, 505 (517, 519)).

16 In den Fällen des Abs. 4 muss ein Anfrageverfahren selbst dann nicht durchgeführt werden, wenn auch eine Divergenzvorlage nach Abs. 2 in Betracht käme (BGH NJW 2017, 94 mwN). Eine Vorlage sowohl nach Abs. 2 als auch nach Abs. 4 ist zulässig (BGHSt 40, 360 (366)).

17 **II. Zur Sicherung einer einheitlichen Rspr.** Zur Sicherung einer einheitlichen Rspr. wird der GrS v. vornherein angerufen, wenn damit zu rechnen ist, dass er doch bald nach Abs. 2 mit der Frage befasst sein wird u. eine etwaige Korrektur der Auff. des zuerst entscheidenden Sen. bei der Bedeutung der Rechtsfrage schwer erträglich wäre.

18 **III. Fortbildung des Rechts.** Die Fortbildung des Rechts, die mit der Vorlage ebenfalls bezweckt werden kann, besteht in der Bildung v. Auslegungsgrundsätzen

(vgl. → Einl. Rn. 190 ff., 202). Die Entsch. eines GrS ist aber nicht unmittelbar Rechtsschöpfung. Sie ist auch nur in der vorliegenden Sache für den Sen. bindend (§ 138 Abs. 1 S. 3).

Die **Bildung von Gewohnheitsrecht** setzt außer konstantem, langjährigen Gerichtsgebrauch die Aufnahme durch die Bet. u. Billigung durch die (hM der) Rechtslehre als verbindliche Rechtsnorm voraus (BVerfGE 15, 226 (232); 122, 248). § 132 meint mit Fortbildung des Rechts die Aufstellung v. höchstrichterlichen Leitsätzen für die Auslegung, ferner die rechtsschöpferische Ausfüllung v. Gesetzeslücken, die v. Anfang an bestehen, u. von sekundären Anschauungs- u. Wertungslücken, die „Zusammenpassung der Gebote zu einem harmonischen Ganzen" (Heck, Gesetzesauslegung und Jurisprudenz, 1914, S. 169, 179), sowie die institutionelle Verfestigung der gewonnenen Leitsätze in der Rspr., die zu organischer u. kontinuierlicher Rechtsentwicklung führt. 19

Das v. der Rspr. entwickelte **sog. Richterrecht** hat keine gesetzesgleiche o. gesetzesähnliche Kraft (Fischer, Die Weiterbildung des Rechts durch die Rechtsprechung, 1971, S. 38). Über Gesetzesrecht u. Richterrecht auch Arndt NJW 1963, 1273, u. zur unzulässigen Gesetzesänderung durch angebliche richterliche Rechtsfortbildung Bruns JR 1981, 358. Zur Reform durch Richterrecht vgl. auch einerseits Hattenhauer ZRP 1978, 83, andererseits Haverkate ZRP 1978, 88. Vgl. ferner Schlüchter, Mittlerfunktion der Präjudizien, 1986, u. Orru ZRP 1989, 441. 20

E. Vorlegungsvoraussetzungen. Ob die Vorlegungsvoraussetzungen gegeben sind, **prüft der GrS grds. in vollem Umf. nach** (KK-StPO/Feilcke Rn. 19; Löwe/Rosenberg/Mosbacher Rn. 52). Eine Bindung an die Bewertung des festgestellten Sachverhalts im Vorlegungsbeschluss besteht nicht (offengelassen v. BGH NJW 2015, 3800). Allerdings legt der GrS regelmäßig die (Beweis)Würdigung des Sachverhalts sowie dessen rechtliche Wertung durch den vorliegenden Sen. zugrunde, wenn diese nicht unvertretbar sind (BGHSt 42, 139 (144); 38, 106 (108 f.)). Eine Entsch. über die Vorlegungsfrage kommt aber nicht in Betracht, wenn der Vorlagebeschluss eine Auseinandersetzung mit einem sich aufdrängenden anderen Sachverhaltsverständnis nicht erkennen lässt, dessen Berücksichtigung eine angenommene Divergenz beseitigt (BGHSt 61, 14). Verneint er dieses, so lehnt er eine Entsch. ab (BT-Drs. 11/3621, 55). Andernfalls trifft er eine Inzidententscheidung (→ § 138 Rn. 1). 21

Sowohl für die Zulässigkeit der Vorlage nach Abs. 2 wie für die nach Abs. 4 ist es erforderlich, dass die Beantwortung der Vorlagefrage durch den GrS für das konkrete Revisionsverfahren **entscheidungsrelevant** ist. Die Beantwortung der umstr. Rechtsfrage muss ein unerlässliches Glied in der Argumentationskette des jetzt entscheidenden Senats darstellen und dies auch in der Begr. des früher entscheidenden Senats gewesen sein (Löwe/Rosenberg/Mosbacher Rn. 31, Rissing-van Saan FS Widmaier 2008, 505; ausf. zu den Einzelheiten Löwe/Rosenberg/Mosbacher 32 ff.) Dies ist etwa im Falle einer das Verf. betr. Rechtsfrage nicht der Fall, wenn der vorlegende Sen. das tatrichterl Urt. ohnehin auf die Sachrüge aufheben u. zurückverweisen müsste (BGH NJW 2017, 94 (GSSt)). 21a

F. Überblick. Einen Überblick über die Tätigkeit des GrS in Strafsachen u. die seit 1952 v. ihm getroffenen Entsch. gibt Löwe/Rosenberg/Mosbacher Rn. 7 ff.; zu Reformvorschlägen Löwe/Rosenberg/Mosbacher Rn. 66 f. 22

G. Andere Gerichtszweige. Gleichartige Regelungen wie § 132 enthalten § 45 ArbGG, § 11 FGO, § 41 SGG und § 11 VwGO. Die Einheitlichkeit unter den Obersten Gerichtshöfen des Bundes (Art. 95 Abs. 1 GG) wird durch den „Gemeinsamen Senat" dieser Gerichte gewahrt (Art. 95 Abs. 3 GG; G v. 19.6.1968, BGBl. I 661; FNA 304-1). 23

133 *[betrifft den Zivilprozess]*

134, 134a (weggefallen)

[Zuständigkeit in Strafsachen]

135

(1) **In Strafsachen ist der Bundesgerichtshof zuständig zur Verhandlung und Entscheidung über das Rechtsmittel der Revision gegen die Urteile der Oberlandesgerichte im ersten Rechtszug sowie gegen die Urteile der Landgerichte im ersten Rechtszug, soweit nicht die Zuständigkeit der Oberlandesgerichte begründet ist.**

(2) **Der Bundesgerichtshof entscheidet ferner über**

1. **Beschwerden gegen Beschlüsse und Verfügungen der Oberlandesgerichte in den in § 138d Absatz 6 Satz 1, § 304 Absatz 4 Satz 2 und § 310 Absatz 1 der Strafprozessordnung bezeichneten Fällen,**
2. **Beschwerden gegen Verfügungen des Ermittlungsrichters des Bundesgerichtshofes (§ 169 Absatz 1 Satz 2 der Strafprozessordnung) in den in § 304 Absatz 5 der Strafprozessordnung bezeichneten Fällen sowie**
3. **Einwände gegen die Besetzung eines Oberlandesgerichts im Fall des § 222b Absatz 3 Satz 1 der Strafprozessordnung.**

1 **A. Zuständigkeit als Revisionsgericht (Abs. 1).** Die Zuständigkeit des BGH als Revisionsgericht (Abs. 1) hängt allein davon ab, ob das angefochtene Urt. v. einem der genannten Gerichte erlassen worden ist (BGHSt 22, 48). Hat das LG eine im 1. Rechtszug anhängige Sache nach § 4 StPO zur gemeinsamen Verh. u. Entsch. mit einer Berufungssache verbunden – was unzulässig ist, aber v. der Rspr. bisher toleriert wird (vgl. → StPO § 4 Rn. 7, 8d) –, so ist der BGH ebenfalls zuständig (BGHSt 36, 348), auch wenn die Revision sich nur gegen den das ursprüngliche Berufungsverfahren betr. Teil der Entsch. wendet (KG JR 1969, 349; vgl. auch BGHSt 26, 271). Bei Verfahrensverbindung nach § 237 StPO ist der BGH nur zuständig, soweit sich die Revision gegen die erstinstanzliche Entsch. richtet (BGHSt 36, 348 (351); erg. → StPO § 237 Rn. 8). Zur Überleitung eines Berufungsverfahrens in ein Verfahren 1. Instanz bei der großen JugK vgl. → StPO § 328 Rn. 9.

2 **B. Beschwerdezuständigkeit des BGH (Abs. 2).** Aus der Bezugnahme auf § 304 Abs. 4 S. 2 StPO ergibt sich, dass es sich insoweit um Beschlüsse u. Vfg. handeln muss, die das OLG als Gericht des 1. Rechtzugs in Staatsschutz-Strafsachen nach § 120 Abs. 1, Abs. 2 erlassen hat. In den Fällen, in denen die weitere Beschwerde nach § 310 Abs. 1 StPO zulässig ist, kann auch die v. OLG nach § 120 Abs. 3 erlassene Beschwerdeentscheidung mit weiterer Beschwerde zum BGH angefochten werden; gegen die nach § 120 Abs. 4 erlassenen Beschwerdeentscheidungen ist aber keine weitere Beschwerde zulässig (Löwe/Rosenberg/Franke Rn. 4). Die Beschwerde gegen einen Beschl. o. eine Vfg. des ERs des BGH (§ 169 Abs. 1 S. 2 StPO) geht unmittelbar an den BGH. Mit dem Entfallen der Zuständigkeit des ERs des BGH, also mit der Abgabe der Sache nach § 142a Abs. 2 oder mit der Erhebung der öffentl. Klage durch den GBA, entfällt auch die Zuständigkeit des BGH für die Entsch. über eine noch anhängige Beschwerde gegen eine Entsch. dieses ERs (BGHSt 27, 253; BGH BeckRS 2015, 19985 mwN; vgl. auch → StPO § 162 Rn. 19). Die Zuständigkeit des BGH entfällt auch, wenn das OLG die Eröffnung des Hauptverfahrens wegen der Straftat, die seine Zuständigkeit begründen würde, ablehnt u. das Hauptverfahren wegen anderer Anklagepunkte bei einem Gericht niederer Ordnung eröffnet. Die v. OLG erlassene Haftanordnung gilt v. diesem Beschl. an als eine v. nunmehr zuständigen Haftrichter getroffene Entsch. (BGHSt 29, 200 (202)). Die Entsch. gegen Anordnungen des GBA nach §§ 161a Abs. 3 S. 1, 163a Abs. 3 S. 3 StPO trifft nunmehr auch der ER des BGH (→ StPO § 169 Rn. 3) bzw. das OLG (→ § 120 Rn. 4).

C. Prüfung des Einwands der vorschriftswidrigen Besetzung. Der BGH ist nunmehr außerdem für die Prüfung des Einwands der vorschriftswidrigen Besetzung in erstinstanzlichen Verf. vor dem OLG nach § 222b Abs. 3 S. 1 StPO zuständig (Nr. 3). In diesen Fällen, die nach alter Rechtslage iRd Revision zu prüfen waren, muss der BGH nunmehr unter deutlich erhöhtem Zeitdruck entscheiden (→ StPO § 222b Rn. 18 ff.). 3

D. Weitere Zuständigkeiten. Weitere Zuständigkeiten des BGH außerhalb des GVG: vgl. zB §§ 13a, 138c Abs. 1 S. 2 StPO; §§ 29 Abs. 1 S. 2, 35 S. 2 Hs. 1 **EGGVG;** § 42 IRG; § 83 GWB. 4

136, 137 *(aufgehoben)*

[Verfahren vor den Großen Senaten]

138

(1) [1]**Die Großen Senate und die Vereinigten Großen Senate entscheiden nur über die Rechtsfrage.** [2]**Sie können ohne mündliche Verhandlung entscheiden.** [3]**Die Entscheidung ist in der vorliegenden Sache für den erkennenden Senat bindend.**

(2) [1]**Vor der Entscheidung des Großen Senats für Strafsachen oder der Vereinigten Großen Senate und in Rechtsstreitigkeiten, welche die Anfechtung einer Todeserklärung zum Gegenstand haben, ist der Generalbundesanwalt zu hören.** [2]**Der Generalbundesanwalt kann auch in der Sitzung seine Auffassung darlegen.**

(3) **Erfordert die Entscheidung der Sache eine erneute mündliche Verhandlung vor dem erkennenden Senat, so sind die Beteiligten unter Mitteilung der ergangenen Entscheidung der Rechtsfrage zu der Verhandlung zu laden.**

A. Rechtsnatur der Entscheidung des GrS. Nur eine Teilentscheidung in einem Zwischenverfahren treffen die GrSe, nämlich eine Entsch. nur über die vorgelegte Rechtsfrage (vgl. → § 121 Rn. 13, 15). Die Entsch. ergeht in Form eines Beschl., der den Verfahrensbeteiligten mitzuteilen ist (KK-StPO/Feilcke Rn. 7). Der GrS ist befugt, über mit der vorgelegten Rechtsfrage in unmittelbarem Zusammenhang stehende Rechtsfragen mitzuentscheiden (KK-StPO/Feilcke Rn. 9 mit Beispielen; **aM** Lilie, Obiter dictum und Divergenzausgleich in Strafsachen, 1993, S. 218 ff.). 1

B. Mündliche Verhandlung. Die Möglichkeit einer mündlichen Verhandlung vor dem GrS ist erst durch das G v. 17.12.1990 (BGBl. I 2847) geschaffen worden. Ob mündlich verhandelt werden soll, steht grds. im **pflichtgemäßen Ermessen des GrS** (Kissel NJW 1991, 951); vgl. aber → Rn. 3. Findet eine mündliche Verh. statt, so sind die Verfahrensbeteiligten zu laden. 2

C. Anhörung des GBA. Nachdem die Möglichkeit einer mündlichen Verh. eingeführt worden ist (→ Rn. 2), in der der GBA selbstverständlich zu hören ist, kann der Sinn des Abs. 2 S. 2 nur darin gesehen werden, dass auf Antrag des GBA mündlich verhandelt werden muss; denn eine Anhörung des GBA ohne die anderen Verfahrensbeteiligten ist ausgeschlossen (vgl. KK-StPO/Feilcke Rn. 5; weitergehend Katholnigg Anm. zu BGH LM ZPO § 579 Nr. 11: stets mündliche Verh.). 3

D. Bindungswirkung. Eine Bindungswirkung besteht nur in der vorliegenden Sache (Abs. 1 S. 3); iÜ ergibt sich nur bei beabsichtigter Abweichung die allg. Vorlegungspflicht nach § 132 Abs. 2 (vgl. Kissel/Mayer Rn. 14). 4

[Besetzung der Senate]

139 (1) **Die Senate des Bundesgerichtshofes entscheiden in der Besetzung von fünf Mitgliedern einschließlich des Vorsitzenden.**

(2) [1] **Die Strafsenate entscheiden über Beschwerden in der Besetzung von drei Mitgliedern einschließlich des Vorsitzenden.** [2] **Dies gilt nicht für die Entscheidung über Beschwerden gegen Beschlüsse, durch welche die Eröffnung des Hauptverfahrens abgelehnt oder das Verfahren wegen eines Verfahrenshindernisses eingestellt wird.**

1 Vgl. → § 122 Rn. 1. Eine Entsch. durch den Einzelrichter (wie nach § 122 Abs. 1) gibt es beim BGH nicht (BGH NStZ 2006, 239; 3.11.2021 – 3 StR 86/16 zu § 51 Abs. 2 S. 4 iVm § 42 Abs. 3 RVG). Auch über die Erinnerung nach § 66 GKG wird daher mit 5 Richtern entschieden (BGH NStZ 2007, 663 Ls.; Becker NStZ-RR 2008, 69 – BGH RsprÜ; BGH BeckRS 2011, 10282).

[Geschäftsordnung]

140 **Der Geschäftsgang wird durch eine Geschäftsordnung geregelt, die das Plenum beschließt.**

1 **A. Plenum.** Einziger Fall der ges. Zuständigkeit des Plenums.

2 **B. Geschäftsordnung.** Die Geschäftsordnung erging am 3.3.1952 (BAnz. 1952 Nr. 83, 9), zul. geänd. durch Bek. v. 21.6.1971 (BAnz. 1971 Nr. 114, 1). Sie erscheint in vielen Punkten überholt und reformbedürftig (zutr. Mosbacher NJW 2022, 1660).

9a. Titel. Zuständigkeit für Wiederaufnahmeverfahren in Strafsachen

[Zuständigkeit für Wiederaufnahmeverfahren in Strafsachen]

140a (1) [1] **Im Wiederaufnahmeverfahren entscheidet ein anderes Gericht mit gleicher sachlicher Zuständigkeit als das Gericht, gegen dessen Entscheidung sich der Antrag auf Wiederaufnahme des Verfahrens richtet.** [2] **Über einen Antrag gegen ein im Revisionsverfahren erlassenes Urteil entscheidet ein anderes Gericht der Ordnung des Gerichts, gegen dessen Urteil die Revision eingelegt war.**

(2) **Das Präsidium des Oberlandesgerichts bestimmt vor Beginn des Geschäftsjahres die Gerichte, die innerhalb seines Bezirks für die Entscheidungen in Wiederaufnahmeverfahren örtlich zuständig sind.**

(3) [1] **Ist im Bezirk eines Oberlandesgerichts nur ein Landgericht eingerichtet, so entscheidet über den Antrag, für den nach Absatz 1 das Landgericht zuständig ist, eine andere Strafkammer des Landgerichts, die vom Präsidium des Oberlandesgerichts vor Beginn des Geschäftsjahres bestimmt wird.** [2] **Die Landesregierungen werden ermächtigt, durch Rechtsverordnung die nach Absatz 2 zu treffende Entscheidung des Präsidiums eines Oberlandesgerichts, in dessen Bezirk nur ein Landgericht eingerichtet ist, dem Präsidium eines benachbarten Oberlandesgerichts für solche Anträge zuzuweisen, für die nach Absatz 1 das Landgericht zuständig ist.** [3] **Die Landesregierungen können die Ermächtigung durch Rechtsverordnung auf die Landesjustizverwaltungen übertragen.**

(4) [1] **In den Ländern, in denen nur ein Oberlandesgericht und nur ein Landgericht eingerichtet sind, gilt Absatz 3 Satz 1 entsprechend.** [2] **Die Landesregierungen dieser Länder werden ermächtigt, mit einem benach-**

barten Land zu vereinbaren, daß die Aufgaben des Präsidiums des Oberlandesgerichts nach Absatz 2 einem benachbarten, zu einem anderen Land gehörenden Oberlandesgericht für Anträge übertragen werden, für die nach Absatz 1 das Landgericht zuständig ist.

(5) **In den Ländern, in denen nur ein Landgericht eingerichtet ist und einem Amtsgericht die Strafsachen für die Bezirke der anderen Amtsgerichte zugewiesen sind, gelten Absatz 3 Satz 1 und Absatz 4 Satz 2 entsprechend.**

(6) [1] **Wird die Wiederaufnahme des Verfahrens beantragt, das von einem Oberlandesgericht im ersten Rechtszug entschieden worden war, so ist ein anderer Senat dieses Oberlandesgerichts zuständig.** [2] **§ 120 Abs. 5 Satz 2 gilt entsprechend.**

(7) **Für Entscheidungen über Anträge zur Vorbereitung eines Wiederaufnahmeverfahrens gelten die Absätze 1 bis 6 entsprechend.**

A. Wiederaufnahmegericht (§ 367 Abs. 1 S. 1 StPO). Wiederaufnahmegericht (§ 367 Abs. 1 S. 1 StPO) ist das Gericht, das über Wiederaufnahmeanträge u. (Abs. 7) über Anträge zur Vorbereitung des Wiederaufnahmeverfahrens nach §§ 364a, 364b StPO, auch nach § 360 StPO (BGHSt 29, 47 (49)), zu entscheiden hat. Zur Zuständigkeit der StA vgl. → StPO § 367 Rn. 2. 1

B. Örtliche Zuständigkeit (Abs. 1 S. 1, Abs. 2). Die örtliche Zuständigkeit (Abs. 1 S. 1, Abs. 2) des Wiederaufnahmegerichts bestimmt das Präsidium des OLG – verfassungsmäßig unbedenklich (Löwe/Rosenberg/Simon Rn. 10 unter Hinweis auf den Beschl. des BVerfG BeckRS 1987, 06412; **aM** Feiber NJW 1986, 699) – jew. vor Beginn des Geschäftsjahrs. Das ist kein Akt der Geschäftsverteilung nach § 21e Abs. 1, kann aber mit dem Geschäftsverteilungsplan verbunden werden (Löwe/Rosenberg/Simon Rn. 7). Eine Veröff. der Anordnung ist nicht geboten (**aM** Kissel/Mayer Rn. 10; Feiber NJW 1986, 699); § 21e Abs. 8 gilt entspr. 2

Ein **anderes Gericht** innerhalb des OLG-Bezirks muss bestimmt werden, nicht nur ein anderer Spruchkörper (OLG Karlsruhe MDR 1980, 252; Kissel/Mayer Rn. 3), auch kein auswärtiger (Löwe/Rosenberg/Simon Rn. 11). Für den Fall, dass ein AG-Urt. mit dem Wiederaufnahmeantrag angefochten ist, kann ein anderes AG innerhalb desselben LG-Bezirks bestimmt werden; denn über eine Berufung gegen das neue Urt. kann dasselbe LG wie zuvor entscheiden (OLG Nürnberg MDR 1977, 688; Kissel/Mayer Rn. 3). Wenn im Fall der Zuständigkeitskonzentration nach §§ 74c Abs. 3, 74d in dem OLG-Bezirk nur ein LG bestimmt ist, wird nicht irgendein anderes LG (**aM** Kissel/Mayer Rn. 13), sondern entspr. Abs. 3 S. 1 eine andere StrK desselben LG bestimmt (OLG Karlsruhe JR 1980, 305 mzustAnm Rieß; Löwe/Rosenberg/Schuster StPO § 367 Rn. 18). Das gilt auch im Fall des § 74a (Kissel/Mayer Rn. 14). Die Ansicht des BGH, der Fall biete unlösbare Schwierigkeiten, sofern nicht durch RechtsVO ein weiteres LG zuständig gemacht o. entspr. Abs. 3 S. 2 die Entsch. nach Abs. 2 einem benachbarten OLG zugewiesen wird (BGHSt 29, 47 = NJW 1980, 131 mablAnm Katholnigg), erscheint unrichtig. 3

C. Sachliche Zuständigkeit (Abs. 1 S. 1). I. Grundsätze. Grundsätzlich ist ein gleichrangiger Spruchkörper des v. dem OLG-Präsidium bestimmten Gerichts zuständig, beim LG erneut eine allg. StrK o. eine StrK mit bes. Zuständigkeit (OLG München MDR 1980, 601). Die Zuständigkeit im Einzelfall richtet sich nach dem Geschäftsverteilungsplan für das neue Gericht. Für die Zuständigkeit der Rechtsmittelgerichte gelten die allg. Bestimmungen. 4

Zur Wirksamkeit v. Entsch. unzuständiger Gerichte vgl. → StPO § 367 Rn. 5. 5

II. Berufungsurteile. War über eine in vollem Umf. eingelegte Berufung sachlich entschieden worden, so richtet sich ein unbeschränkter Wiederaufnahmeantrag gegen das Berufungsurteil (RGSt 77, 281 (284); OLG Düsseldorf JMBl. NRW. 1979, 261; Löwe/Rosenberg/Schuster StPO § 367 Rn. 8). Zuständig ist 6 dann das nach Abs. 2 bestimmte LG, das grds. in der gleichen Besetzung (§ 76) wie in der früheren HV entscheidet; hatte jedoch nach früherer Rechtslage eine große StrK über die Berufung gegen ein Urt. des SchG entschieden (§ 76 S. 1 aF GVG), so ist eine kleine StrK zuständig (§ 76 Abs. 1 S. 1). Hatte das LG über die Schuldfrage nicht zu entscheiden (Strafmaßberufung, Verwerfung nach § 329 Abs. 1 StPO), so ist ein AG Wiederaufnahmegericht (OLG Frankfurt a. M. NStZ-RR 2006, 275 mwN; OLG Koblenz NStZ-RR 1998, 19), auch wenn das Berufungsgericht versehentlich Feststellungen zur Frage der Schuldfähigkeit nach § 20 StGB getroffen (OLG Düsseldorf MDR 1986, 1050) o. die Schuldfrage sonst erneut geprüft hat (OLG Bremen JZ 1958, 546; **aM** Peters Fehlerquellen III 129). Das Berufungsgericht entscheidet in diesem Fall nur dann über die Wiederaufnahme, wenn der Antrag auf einen innerhalb des Berufungsverfahrens liegenden Wiederaufnahmegrund gestützt wird (OLG Köln JMBl. NRW. 1957, 131). War bei der großen StrK ein erstinstanzliches mit einem Berufungsverfahren nach § 237 StPO verbunden worden (was jetzt nur noch bei der großen JugK vorkommen kann, vgl. → StPO § 237 Rn. 4), kommt es darauf an, gegen welchen Urteilsteil sich der Wiederaufnahmeantrag richtet. Im Wiederaufnahmeverfahren selbst sind Verbindungen zur Verschiebung der sachlichen Zuständigkeit unzulässig (OLG Koblenz NStZ-RR 1998, 19).

7 **III. Revisionsurteile.** Es entscheidet immer ein Gericht gleicher Ordnung wie das Gericht, dessen Urt. mit der Revision angefochten war (Abs. 1 S. 2; BGH StraFo 2025, 152), auch wenn das ein Verwerfungsurteil nach § 329 Abs. 1 StPO gewesen ist (Löwe/Rosenberg/Schuster StPO § 367 Rn. 13) u. auch, wenn nur ein Mangel des revisionsgerichtlichen Verf. geltend gemacht wird (BGH StraFo 2025, 152; vgl. auch BGH BeckRS 2015, 8331); gleichgültig ist, ob über die Revision durch Urt. o. Beschl. entschieden worden war (Pfeiffer/Miebach NStZ 1985, 496 – BGH RsprÜ). Ergänzend → StPO § 373 Rn. 1.

8 **IV. Besondere Fälle. 1.** Bei **Gesamtstrafen** unter Einbeziehung früherer Urt. (§ 55 StGB) bleibt es bei der Zuständigkeit der einzelnen Gerichte, die die Urt. erlassen haben (OLG Köln JMBl. NRW. 1959, 283; vgl. auch BGH BeckRS 1992, 31095944 mwN).

9 Das kann zur Aufteilung des Verf. u. Entsch. verschiedener nach Abs. 2 bestimmter Ersatzgerichte zwingen (Löwe/Rosenberg/Schuster StPO § 367 Rn. 19).

10 **2.** Bei **Zurückverweisung durch das Revisionsgericht** nach § 354 Abs. 2, Abs. 3 StPO entscheidet grds. das nach Abs. 2 bestimmte Ersatzgericht für das Gericht, das das letzte Urt. erlassen hatte, auch wenn die Feststellungen zum äußeren Tatbestand aufrechterhalten worden sind (OLG Hamm NJW 1968, 313). Ist bei Zurückverweisung an ein anderes LG das LG, das zuerst entschieden hatte, nach Abs. 2 zum Ersatzgericht für das andere LG bestimmt worden, so ist es für die Entsch. zuständig (OLG Koblenz NJW 1996, 1072 Ls.; **aM** LG Bad Kreuznach NJW 1996, 1070; SK-StPO/Frister Rn. 8; Weiler NJW 1996, 1043). Das 1. Gericht ist zuständig, wenn bei Aufhebung nur im Rechtsfolgenausspruch mit dem Wiederaufnahmeantrag der Schuldspruch angegriffen wird (OLG Braunschweig NJW 1961, 1082; OLG Köln MDR 1973, 603; OLG Saarbrücken OLGSt § 367 StPO S. 5). Das gilt auch, wenn die Sache nach §§ 354 Abs. 2 S. 1, 355 StPO an ein anderes Gericht zurückverwiesen worden war (OLG Celle MDR 1960, 947) o. wenn das Revisionsgericht nach vorangegangenem Freispruch selbst die Schuldfeststellung getroffen hatte (OLG Koblenz NStZ-RR 1997, 111).

11 **3. Jugendgerichte** bleiben zuständig, auch wenn der Verurteilte bei der Aburteilung erwachsen war o. es inzwischen geworden ist (Löwe/Rosenberg/Schuster StPO § 367 Rn. 20). In dem Beschl. nach § 370 Abs. 2 StPO kann die Sache aber an ein allg. Strafgericht verwiesen werden (→ StPO § 370 Rn. 17).

12 **4. Weggefallene Gerichte:** Für Gerichte, an deren Sitz deutsche Gerichtsbarkeit nicht mehr ausgeübt wird, gelten die §§ 1, 17, 19 ZEG, für Wehrmacht- u. Sondergerichte die §§ 18, 19 ZEG. Wegen der Urt. des RG im 1. Rechtszug vgl. BGHSt 31, 365; BGH NStZ 1982, 214; KG NStZ 1981, 273 mAnm Rieß.

D. Sonderregelungen aus gerichtsorganisatorischen Gründen (Abs. 3–5). Abs. 3 betraf Braunschweig, zu dem bis Ende 1997 nur das LG Braunschweig (seit 1.1.1998 auch das LG Göttingen) gehörte; Abs. 4 betr. Bremen, Hamburg u. das Saarland, Abs. 5 Berlin. Zur entspr. Anwendung des Abs. 3 S. 1 und 2 bei Zuständigkeitskonzentrationen vgl. → Rn. 3. 13

E. OLG als Wiederaufnahmegericht (Abs. 6). Für Wiederaufnahmeverfahren gegen OLG-Urt. im 1. Rechtszug (§ 120 Abs. 1, Abs. 2) gilt § 140a nicht. Zuständig ist vielmehr ein v. OLG-Präsidium im Geschäftsverteilungsplan nach § 21e Abs. 1 zu bestimmender anderer Sen. desselben OLG, sofern keine länderübergreifende Regelung nach Abs. 4 S. 2 iVm § 120 Abs. 5 S. 2 besteht. 14

Zehnter Titel. Staatsanwaltschaft

Vorbemerkung zu § 141

Übersicht

A. Stellung der StA. Die StA ist ein **dem Gericht gleichgeordnetes Organ der Strafrechtspflege** (BGHSt 24, 170 (171); **aM** Peters StrafProzR Rn. 161), dem die Strafverfolgung u. Mitwirkung im Strafverfahren obliegt. Sie trägt die Verantwortung für die Rechtmäßigkeit u. Ordnungsmäßigkeit, aber auch für die Gründlichkeit des Ermittlungsverfahrens (→ StPO § 163 Rn. 3) sowie dessen schnelle Durchführung (→ Einl. Rn. 160; → EMRK Art. 6 Rn. 7). 1

Straftaten zu verhüten, ist ihr, soweit das G nicht anderes bestimmt, nicht als unmittelbare Pflicht übertragen (Peters StrafProzR Rn. 181); in dieser Richtung wirkt sie nur insoweit, als mit der Verfolgung v. Straftaten auch die Verhütung weiterer Straftaten bezweckt wird (BGH LM BGB § 839 Nr. 5). Über das Zusammentreffen v. Strafverfolgung u. präventivpolizeilichen Maßnahmen vgl. → StPO § 163 Rn. 17. 2

Im **Verhältnis zu den Strafgerichten** schafft die StA die Voraussetzungen für die Ausübung der rechtsprechenden Gewalt (Ermittlungsverfahren, Anklageerhebung), fördert die rechtsprechende Tätigkeit der Gerichte (vgl. zB §§ 226, 296 StPO) u. vollstreckt die gerichtlichen Entsch. (vgl. §§ 36 Abs. 2, 451 StPO). Vgl. auch → Einl. Rn. 11 ff., 87. Sie ist „Wächter des Gesetzes" (vgl. Savigny bei der Einf. der StA in Preußen 1840, zit. bei Otto, Die Preußische Staatsanwaltschaft, 1899, S. 17 ff.) insofern, als sie dem Legalitätsprinzip unterworfen (§ 152 Abs. 2 StPO) u. ihr das Anklagemonopol übertragen ist (§ 151 Abs. 1 StPO; erg. → Rn. 8). 3

Zur **Stellung der StA** vgl. Löwe/Rosenberg/Krauß Rn. 13 ff.; Wohlers Staatsanwaltschaft Rn. 278. Über Haftung für Amtspflichtverletzungen des StA vgl. einerseits (verneinend) BGH NJW 1996, 2373 (in aller Regel) u. OLG Düsseldorf NJW 1996, 530, andererseits (bejahend) Hörstel NJW 1996, 497 sowie Vogel NJW 1996, 3401 (nur bei gegenwärtig Verletzten). Verhältnis zur Polizei vgl. → StPO § 163 Rn. 3 ff. 4

5 **B. Weisungsgebundenheit; Verhältnis zur dritten Gewalt; parlamentarische Verantwortlichkeit.** Der StA ist weisungsgebunden (Näheres zu §§ 146, 147); er übt schon deshalb keine rechtsprechende Gewalt aus (→ § 151 Rn. 1), auch soweit er judizielle Entsch. als Rechtspflegeorgan der Justiz trifft. Zu diesen Entsch. gehören insbes. die Einstellungsverfügungen, mit denen der StA mehr als die Hälfte der Strafverfahren durch eigene Sachentscheidung beendet (→ StPO § 170 Rn. 5 ff.). Diese Entsch. gehören noch aus einem anderen Grund nicht zur Rspr.: Sie sind – im Gegensatz zu den richterlichen – nicht der materiellen Rechtskraft fähig (→ Einl. Rn. 168 ff.; vgl. auch BVerfGE 9, 89 (96, 97); Einschränkung: § 153a Abs. 1 S. 4 StPO).

6 Daher gehört die **StA zur Exekutive** (BVerfGE 103, 142; SK-StPO/Wohlers Rn. 13). Über sie u. den JM ist im Bereich der Strafrechtspflege das Grundprinzip der parlamentarischen Verantwortlichkeit realisiert. Jedoch ist die StA **eine Institution *sui generis*.** Sie „verwaltet" nicht (vgl. auch Peters StrafProzR Rn. 161 ff.), sondern arbeitet auf Rspr. hin, gehört zum Funktionsbereich der Rspr., erfüllt gemeinsam mit dem Richter auf dem strafrechtlichen Gebiet die Aufgabe der Justizgewährung (BVerfGE 9, 223 (228)).

7 In diesem Sinn ist sie **„ein der dritten Gewalt zugeordnetes Organ der Rechtspflege"** (Paeffgen GS Schlüchter, 2002, 569; Schaefer FS Stöckel, 2010, 321). Ihr „Grundgesetz" ist das Legalitätsprinzip in seiner positiven u. negativen Seite (→ StPO § 152 Rn. 2 ff.). Dieses Prinzip bindet auch den JM (→ § 146 Rn. 1 ff.), ebenso die Regierung u. das Parlament, wenn sie über den JM auf die Strafjustiz Einfluss nehmen wollen. Die StA hat die Funktion einer Brücke zwischen beiden zu erfüllen; sie ist „Mittlerin zwischen der Exekutive und der Gerichtsbarkeit" (Arndt im BT bei der Beratung des DRiG am 14.6.1961, Bericht S. 9373). Die StA hat nach § 152 StPO die Initiativbefugnis, die dem Richter fehlt; StA u. Gericht stellen damit gemeinsam die Justizgewährung sicher (Lilie FS Mehle, 2009, 364 (367)).

8 **C. StA ist nicht Partei.** Die StA ist nicht Partei im Strafprozess (OLG Stuttgart MDR 1974, 1394 (1395); Kissel/Mayer § 141 Rn. 5; Wendisch FS Schäfer, 1979, 247). Das gilt auch für die HV, in der ein Verteidiger mitwirkt. Denn der StA ist verpflichtet, den Richter in seinem Ringen um die Erforschung des wirklichen Sachverhalts u. um die richtige Rechtsanwendung zu unterstützen (RGSt 60, 190). Die StA hat während des ganzen Verf. Belastung u. Entlastung des Beschuldigten gleichermaßen zu berücksichtigen. Sie hat iRd Zulässigen dazu beizutragen, dass der Bürger zu seinem Recht kommt (vgl. BVerwGE 9, 90 (91); → Einl. Rn. 161). Fehlerhafte Sachbehandlung kann einen Schadensersatzanspruch gegen den Staat nach § 839 BGB iVm Art. 34 GG begründen (BGH (ZS) StV 2004, 330: Haftbefehlsantrag unter Verschweigen erheblicher Beweisergebnisse).

9 Der **Grundsatz der verfahrensrechtlichen Waffengleichheit** zwischen Angeklagtem u. StA (→ Einl. Rn. 88) besteht nur iSe Ausbalancierung der Rechte (E. Müller NJW 1976, 1063). Der Grundsatz hat vorwiegend im Hauptverfahren Bedeutung; im Vorverfahren ist er nur beschränkt realisierbar (vgl. Schaefer MDR 1977, 982), nämlich nur iRd Verfahrensstruktur u. der Prozessrollen.

10 **D. Funktionen in anderen Verfahren.** Auch in anderen Verfahren sind der StA Funktionen zugewiesen. Nach §§ 16 Abs. 2, 30 Abs. 1 VerschG idF v. 15.1.1951 (BGBl. I 63; FNA 401-6) wirkt die StA mit im Todeserklärungsverfahren u. zur Feststellung der Todeszeit sowie bei der Aufhebung einer Todeserklärung. Bund u. Länder lassen sich zT auch in Zivilprozessen gegen den Justizfiskus durch die StA vertreten. Bei OWien nach § 115 OWiG ist die StA zuständige VerwB iSd § 36 OWiG; vgl. zB in Baden-Württemberg § 8 Nr. 2 OWiZuV idF v. 2.2.1990 (GBl. 75), letzte ÄndVO v. 15.3.2011 (GBl. 125), in Bayern § 7 Nr. 1 ZuVOWiG v. 21.10.1997 (GVBl. 727), letzte ÄndVO v. 20.7.2011 (GVBl. 307); vgl. zu den übrigen Bundesländern Göhler Anh. B.

11 **E. Rechtliche Bindung der StA.** Ob eine rechtliche Bindung der StA an gerichtliche Präjudizien besteht, ist sehr str. (vern. Löwe/Rosenberg/Krauß Rn. 18,

19 mwN; Fezer 2/33; Roxin DRiZ 1997, 115; bejahend BGHSt 15, 155; Krey/Pföhler NStZ 1985, 150; Peters StrafProzR Rn. 167; eing. Breneselovic, Die Bindung der Staatsanwaltschaft an die höchstrichterliche Rechtsprechung, 2013). Es wird zu unterscheiden sein: Hält die StA entgegen der höchstrichterlichen Rspr. ein Verhalten für strafbar, ist sie an der Anklage nicht gehindert; hält sie es im Gegensatz dazu für straflos, muss sie zwar nicht aufgrund einer Bindungswirkung, aber wegen der ihr obliegenden Pflicht, auf eine einheitliche Rechtsanwendung zu achten, durch Anklageerhebung eine Änd. der Rspr. herbeizuführen versuchen (OLG Zweibrücken NStZ 2007, 420; SK-StPO/Wohlers Rn. 17). Innerhalb der StA geht bei zw. Rechtsfragen die Auff. des Dienstvorgesetzten vor. Vgl. aber → § 146 Rn. 6, 7.

F. Europäische StA (EUStA). Die Europäische StA (EUStA) ist eine unabhängige eur. Behörde mit eigenständiger Rechtspersönlichkeit, die ihren Sitz in Luxemburg hat. Sie wurde durch die VO (EU) 2017/1939 des Rates v. 12.10.2017 (EUStA-VO) errichtet (Art. 1 EUStA-VO), die in der BRD als unmittelbares Recht anzuwenden ist (BT-Drs. 19/17963, 1). Zur Ausführung der EUStA-VO wurde mit Geltung ab 17.7.2020 das EUStAG erlassen (BGBl. 2020 I 1648). 12

I. Organisation. Die EUStA gliedert sich organisatorisch in eine zentrale u. eine dezentrale Ebene. Dies soll schnelle u. effiziente Ermittlungen ermöglichen (vgl. BT-Drs. 19/17963, 16). Die zentrale Ebene besteht aus der zentralen Dienststelle in Luxemburg; sie wird va v. Kollegium gebildet, das aus dem Europäischen Generalstaatsanwalt u. einem Europäischen StA pro Mitgliedsstaat besteht (Art. 8 Abs. 2, Abs. 3 iVm Art. 9 Abs. 1 EUStA-VO). Die dezentrale Ebene setzt sich aus den Delegierten Europäischen Staatsanwälten zusammen, die in den jeweiligen Mitgliedsstaaten ansässig (Art. 8 Abs. 4 EUStA-VO) u. dort für die Durchführung der Ermittlungsmaßnahmen u. die Anklage vor Gericht zuständig sind (BT-Drs. 19/17963, 16; erg. § 142b, → GVG § 143 Rn. 12). 13

II. Zuständigkeit. Die EUStA ist sachlich zuständig für die strafrechtliche Untersuchung u. Verfolgung v. Straftaten zum Nachteil der finanziellen Interessen der Union (Art. 4 EUStA-VO sowie iE Art. 22 EUStA-VO iVm RL (EU) 2017/1371). Die territoriale Zuständigkeit ist gegeben, wenn die Straftaten ganz o. teilw. im Hoheitsgebiet eines o. mehrerer Mitgliedsstaaten begangen wurden (Art. 23a) EUStA-VO); zudem ergibt sich eine personelle Zuständigkeit der EUStA unter den in Art. 23b und 23c EUStA-VO genannten Voraussetzungen. 14

III. Ausübung der Zuständigkeit. Die EUStA übt ihre Zuständigkeit entweder durch Einleitung eines Ermittlungsverfahrens gem. Art. 26 EUStA-VO o. durch Ausübung ihres Evokationsrechts gem. Art. 27 EUStA-VO aus (Art. 25 Abs. 1 S. 1 EUStA-VO); die Zuständigkeit der EUStA hat Vorrang vor den Zuständigkeiten der nationalen Behörden der Mitgliedsstaaten (Art. 25 Abs. 1 S. 2 EUStA-VO). Sofern die nationalen Ermittlungsbehörden bereits ein Verf. eingeleitet haben, das die Zuständigkeit der EUStA begründen könnte, haben sie die EUStA unverzüglich davon zu unterrichten, damit diese ggf. ihr Evokationsrecht ausüben kann (Art. 24 Abs. 2 EUStA-VO). 15

Die EUStA ist unmittelbar aus Art. 26 Abs. 1 EUStA-VO zur **Entgegennahme von Anzeigen** verpflichtet; für die Anwendung v. § 158 StPO ist daher kein Raum (BT-Drs. 19/17963, 22). Darüber hinaus sind EU-Behörden sowie die nationalen Behörden verpflichtet, unverzüglich jegliche Straftaten zu melden, für die die Zuständigkeit der EUStA bestehen könnte (Art. 24 Abs. 1 EUStA-VO). Diese Anzeigepflicht wird – wie die Formulierung der Vorschr. deutlich macht – nicht erst bei Vorliegen eines Anfangsverdachts iSv § 152 Abs. 2 StPO ausgelöst; vielmehr reicht für die Meldung analog § 116 AO eine gewisse Wahrscheinlichkeit für das Vorliegen einer entspr. Straftat aus, die über bloße Mutmaßungen hinausgeht (vgl. BT-Drs. 19/17963, 21 f.). 16

IV. Verfahren. 1. Grundsatz: Ist die EUStA gem. Art. 22, 23 EUStA-VO für ein Verf. zuständig u. hat sie gem. Art. 25 EUStA-VO die Verfolgung übernommen, sind die Vorschr. der StPO u. des GVG grds. anzuwenden, sofern die 17, 18

EUStA-VO sowie das EUStAG nichts anderes bestimmen (§ 2 EUStAG). Anwendbar sind damit etwa alle einschlägigen Vorschr. des nationalen Rechts, welche v. Ermittlungsmaßnahmen der EUStA (Art. 30 EUStA-VO) betroffenen Personen Rechtsschutz gewähren; dies gilt insbes. für die Rechtsbehelfe der Beschwerde (§ 304 StPO) o. der sofortigen Beschwerde (§ 311 StPO) gegen gerichtliche Anordnungen o. nachträgliche gerichtliche Bestätigungen (BT-Drs. 19/17963, 36).

19 **2.** Hinsichtlich der Anwendbarkeit der Vorschr. der **StPO über das Ermittlungsverfahren** gibt es einzelne Einschränkungen, welche in § 3 EUStAG definiert sind; sie betreffen va Fragen des Richtervorbehalts, der gerichtlichen Zuständigkeit (§ 16 StPO), der Einstellung nach Opportunitätsgesichtspunkten (§ 153c StPO, → StPO § 153c Rn. 22), der Einstellung u. Beschwerde des Verletzten bzw. des Klageerzwingungsverfahren (→ StPO § 171 Rn. 5a, → StPO § 172 Rn. 4a) sowie datenschutzrechtliche Bestimmungen (§§ 479, 483–491, 496–499 StPO, §§ 12–14, 16–20, 21, 22 EGGVG). Siehe iE jeweils Komm. dort.

20 **3. Grenzüberschreitende Ermittlungen:** Im Fall der Anordnung grenzüberschreitender Ermittlungen durch einen deutschen Delegierten Europäischen StA, dh wenn die Maßnahme im Ausland durchgeführt werden soll, ist eine gerichtliche Anordnung o. Bestätigung (etwa §§ 98 Abs. 1 und Abs. 2, 100 Abs. 1 und Abs. 2, 100e Abs. 1 und Abs. 2, 105, 111j, 112, 163e Abs. 4, 163f Abs. 3 StPO) bei dem zuständigen *deutschen* Gericht einzuholen, wenn ein solcher Richtervorbehalt nach dem Recht des anderen Mitgliedsstaates *nicht* erforderlich ist (§ 3 Abs. 2 EUStAG iVm Art. 31 Abs. 3 UAbs. 3 EUStA-VO); zuständig ist ggf. der ER, in dessen Bezirk der betraute Delegierte Europäische StA seinen Dienstort hat (§ 162 Abs. 1 StPO iVm § 3 Abs. 3 EUStAG; zu den Rechtsbehelfen gegen die richterliche Entsch. → Rn. 18). Verlangt dagegen auch der andere Mitgliedsstaat eine gerichtliche Anordnung o. Genehmigung so ist sie nach dem Recht *dieses Mitgliedsstaates* einzuholen (Art. 31 Abs. 3 UAbs. 1 EUStA-VO). Auch in diesem Fall muss der deutsche Delegierte Europäische StA allerdings bei der Anordnung u. Durchführung derartiger grenzüberschreitender Maßnahmen die materiellen Voraussetzungen des deutschen Rechts beachten (Art. 31 Abs. 2 S. 2 EUStA-VO; vgl. auch BT-Drs. 19/17963, 28 ff., 50).

21 **4. Gerichtliche Kontrolle:** Ist nach dem Recht des Mitgliedsstaats, in dem die Ermittlungsmaßnahme vorgenommen werden soll, eine richterliche Genehmigung erforderlich, so erstreckt sich die Kontrolle nur auf Gesichtspunkte der Vollstreckung dieser Maßnahme, nicht aber auf Gesichtspunkte der Begründung und Anordnung der Maßnahme (EuGH NJW 2024, 487 mAnm Duesberg). Der EuGH begründet dies mit den Grundsätzen des gegenseitigen Vertrauens und der gegenseitigen Anerkennung, auf denen die justizielle Zusammenarbeit der Mitgliedsstaaten in Strafsachen beruht, sowie mit der erforderlichen Effizienz grenzüberschreitender Ermittlungen der EuStA (EuGH NJW 2024, 487, Rn. 64 ff.). Soweit es um Ermittlungsmaßnahmen geht, mit denen schwerwiegende Eingriffe in Grundrechte verbunden sind, obliegt es dem Mitgliedsstaat, zu dem der betraute Delegierte Europäische Staatsanwalt gehört, im nationalen Recht ausreichende rechtsstaatliche Garantien, wie etwa eine vorherige gerichtliche Kontrolle, vorzusehen (EuGH NJW 2024, 487, Rn. 75).

22 **5.** Hinsichtlich der **Anwendbarkeit des GVG** gibt es Einschränkungen bei den §§ 144–147 und 198–201 GVG (s. jew. Komm. dort).

[Sitz]

141 Bei jedem Gericht soll eine Staatsanwaltschaft bestehen.

1 **A. Begriff des Gerichts.** Der Begriff des Gerichts ist hier **im administrativen Sinn** zu verstehen; eine StA kann auch Aufgaben bei mehreren Gerichten wahrnehmen (Kissel/Mayer Rn. 24). Bei der auswärtigen StrK (§ 78) o. bei dem auswärtigen Strafsenat (§ 116) besteht keine eigene StA.

B. Beim AG. Beim AG nimmt die staatsanwaltschaftlichen Aufgaben die StA des übergeordneten LG wahr (zB Art. 12 Abs. 2 S. 1 BayAGGVG; § 8 Abs. 2 S. 1 BWAGGVG). Das ist zulässig, weil § 141 dem Sinn nach nur verlangt, dass für jedes Gericht eine StA als Anklagebehörde zuständig ist. 2

C. Zweigstelle der StA. Eine Zweigstelle der StA kann für den Bezirk eines o. mehrerer AGe bei einem AG nach Maßgabe des Landesrechts (zB Art. 12 Abs. 2 S. 2 BayAGGVG; § 8 Abs. 2 S. 2 BWAGGVG) eingerichtet werden. Eine „Außenstelle" kann durch JVerwA errichtet u. wieder aufgelöst werden. 3

[Sachliche Zuständigkeit]

142 (1) **Das Amt der Staatsanwaltschaft wird ausgeübt:**

1. **bei dem Bundesgerichtshof durch einen Generalbundesanwalt und durch einen oder mehrere Bundesanwälte;**
2. **bei den Oberlandesgerichten und den Landgerichten durch einen oder mehrere Staatsanwälte;**
3. **bei den Amtsgerichten durch einen oder mehrere Staatsanwälte oder Amtsanwälte.**

(2) **Die Zuständigkeit der Amtsanwälte erstreckt sich nicht auf das amtsrichterliche Verfahren zur Vorbereitung der öffentlichen Klage in den Strafsachen, die zur Zuständigkeit anderer Gerichte als der Amtsgerichte gehören.**

(3) **Referendaren kann die Wahrnehmung der Aufgaben eines Amtsanwalts und im Einzelfall die Wahrnehmung der Aufgaben eines Staatsanwalts unter dessen Aufsicht übertragen werden.**

A. Sequenzzuständigkeit der StA. Die **Zuständigkeit der StA bei dem LG** richtet sich grds. nach der örtlichen (§ 143) Zuständigkeit des Gerichts (für das Hauptverfahren). Ändert sich diese Zuständigkeit irgendwann im Verf., zB durch Übertragung (→ StPO § 12 Rn. 5 ff.), Abgabe (→ StPO § 13 Rn. 5 ff.), Zurückverweisung (§ 354 Abs. 2 StPO), Wiederaufnahmeantrag (§ 140a), so ist die StA zuständig, die zu dem nunmehr mit der Sache befassten Gericht gehört, solange dessen Zuständigkeit besteht. 1

Keine Verfahrensvoraussetzung ist die Zuständigkeit der StA. Hat die StA Anklage bei einem nach ihrer Meinung zuständigen Gericht erhoben, ist dieses Gericht aber sachlich nicht zuständig, so kommt es zur Anwendung des § 209 StPO o. der §§ 225a, 270 StPO, aber grds. nicht zur Einstellung des Verfahrens. Daher ist auch keine neue Anklageschrift erforderlich (BayObLGSt 1973, 8). 2

Anträge an Gerichte außerhalb ihres Bezirks kann die das Ermittlungsverfahren führende StA stellen, wenn einzelne Untersuchungshandlungen v. diesem auswärtigen Gericht vorzunehmen sind, zB nach § 162 StPO. 3

Im **Strafvollstreckungsverfahren** ist die StA, die VollstrB ist, am Verf. der StVollstrK beteiligt, auch wenn diese in einem anderen Bezirk liegt (§§ 451 Abs. 3, 462a Abs. 1 StPO); im Beschwerdeverfahren ist dagegen der GStA bei dem beschließenden OLG verfahrensbeteiligt (erg. → § 451 Rn. 21). 4

B. Beim BGH (Abs. 1 Nr. 1). Der Begriff Bundesanwälte in Nr. 1 ist – ebenso wie der Begriff Staatsanwälte in Nr. 2, 3 – nicht iSe Rangbezeichnung, sondern iSe Funktion zu verstehen. Er umfasst also auch die OStAe beim BGH sowie die Richter u. StAe, die zur Wahrnehmung staatsanwaltschaftlicher Aufgaben an die Bundesanwaltschaft beim BGH abgeordnet sind (vgl. → § 149 Rn. 1). 5

C. Beim OLG (Abs. 1 Nr. 2). Beim OLG (Abs. 1 Nr. 2) besteht eine eigene StA, an deren Spitze der GStA steht (gesetzliche Bezeichnung, Besoldungsordnung R, Anl. III zum BBesG). Ergänzend § 147 Nr. 3. 6

7 **D. Beim LG (Abs. 1 Nr. 2).** Diese StA – mit einem leitenden OStA an der Spitze – übt mit ihren StAen u. Amtsanwälten auch die Funktion der StA bei den AGen ihres Bezirks aus (→ § 141 Rn. 2). Der StA kann ein Wirtschaftsreferent zugeteilt werden (zu seiner Stellung BGHSt 28, 381; OLG Zweibrücken MDR 1979, 425; Bittmann wistra 2011, 47). Diese Kooperation darf jedoch nicht dazu führen, dass der zugeteilte Gehilfe das Verf. leitet. Dieser ist auch nicht befugt, dem LG ggü. Prozesserklärungen abzugeben o. Anträge zu stellen. Er kann aber mit der Durchführung v. Vernehmungen betraut werden. Die v. dem Vernommenen unterschriebene Niederschrift steht dann einer v. ihm bei schriftlicher Vernehmung abgegebenen Äußerung gleich (→ StPO § 163a Rn. 11 ff., 26). Auch mit anderen Untersuchungshandlungen, für die keine bes. Zuständigkeit besteht, darf der zugeteilte Gehilfe beauftragt werden. Ein v. JM an die StA abgeordneter Beamter mit der Befähigung nach §§ 5 ff. DRiG kann ebenfalls das Amt eines StA ausüben (KG NStZ 1995, 148).

8 **E. Beim AG (Abs. 1 Nr. 3).** Beim AG (Abs. 1 Nr. 3) können die Aufgaben der StA auch durch eine Zweigstelle o. Außenstelle der StA beim LG wahrgenommen werden (→ § 141 Rn. 3). Nach der v. den LJVen bundeseinheitlich erlassenen Anordnung über Organisation u. Dienstbetrieb der StA – OrgStA (abgedr. zB in Justiz 2003, 627) – werden den Amtsanwälten (Abs. 2; über Befähigung zB § 9 Abs. 1 BWAGGVG) nur Strafsachen übertragen, in denen der Strafrichter (§ 25 GVG) entscheidet, u. zwar nur die in einem Katalog bezeichneten Strafsachen. Mit der Wahrnehmung der Aufgaben des Amtsanwalts können auch sonstige Beamte des gehobenen Dienstes (vgl. Art. 14 Abs. 1 BayAGGVG; § 20 Abs. 2 HmbAGGVG) beauftragt werden.

9 **F. Örtliche Sitzungsvertreter.** Örtliche Sitzungsvertreter können nach Landesrecht bei dem AG, bei dem weder ein StA noch ein Amtsanwalt seinen Dienstsitz hat, für die Strafrichtersitzungen bestellt werden; zB nach § 10 Abs. 2 BWAGGVG, Art. 14 Abs. 2 BayAGGVG nebst VO v. 16.5.1957 (GVBl. 119), ÄndVO v. 18.6.1970 (GBVl. 296), RhPf.-G v. 18.12.1967 (GVBl. 321), ÄndG v. 26.5.1972 (BGBl. I 841), SchlH G v. 20.11.1967 (GVOBl. 265). Das ist mit §§ 142, 150 vereinbar (BVerfGE 56, 110). Über Inhalt u. Schranken der Tätigkeit des örtlichen Sitzungsvertreters vgl. Landau/Globuschütz NStZ 1992, 68, über die Rechtsmittelbefugnis vgl. → StPO § 296 Rn. 3.

10 **G. JugStA** (§ 36 **JGG**). Er bearb. die Verf., für die das JugG zuständig ist (§§ 33–33b, 107 **JGG**), sowie die Jugendschutzsachen (§§ 26, 74b), soweit Anklage zum JugG in Betracht kommt (Eisenberg/Kölbel JGG § 36 Rn. 9). § 36 **JGG** ist eine Ordnungsvorschrift (BGH bei Herlan GA 1961, 358). Daher findet § 338 Nr. 5 StPO keine Anwendung, wenn die StA anstatt durch einen JugStA durch einen anderen StA (Brunner/Dölling JGG § 36 Rn. 1) o. einen Amtsanwalt (OLG Karlsruhe NStZ 1988, 241) vertreten war (**aM** Eisenberg NStZ 1994, 69: § 337 StPO anwendbar).

11 **H. Übertragung auf Referendare (Abs. 3; vgl. auch § 10). I. Aufgabenbereiche.** Die beiden Aufgabenbereiche sind nur dadurch voneinander unterschieden, dass dem Amtsanwalt lediglich die in Abs. 1 Nr. 3, Abs. 2 bezeichneten Funktionen übertragen werden dürfen. In Abs. 3 sind daher unter den Aufgaben eines Amtsanwalts diejenigen Funktionen gemeint, die ihm übertragen werden können. Die LJVen können die Übertragung auf einen Referendar zur unbeaufsichtigten Erledigung in der gleichen Weise beschränken wie die Übertragung auf Amtsanwälte durch die OrgStA (→ Rn. 8).

12 Bei der Anwendung des Abs. 3 ist sowohl ein konkret abgegrenzter allg. Auftrag als auch ein Spezialauftrag für einen Einzelfall möglich. In diesem Rahmen handelt der Referendar, soweit erforderlich, zwar nach vorangegangenen Bespr. u. Instruktionen durch den Ausbildungs-StA, aber nicht unter dessen Aufsicht. Eine Aufsicht des Amtsanwalts ist nicht vorgesehen (ebenso wenig wie bei der Ausführung v. Aufgaben des Rechtspflegers, → § 10 Rn. 5).

II. Aufgaben eines StA. Aufgaben eines StA sind alle übrigen Aufgaben der StA (2. Fallgruppe). Ein spezieller Auftrag aus diesem Bereich wird unter der Aufsicht des (behördenintern) zuständigen StA ausgeführt. Die Aufsicht muss nicht in ständiger Anwesenheit bei der Ausführung vorgenommen werden. Der StA muss aber so viel an Aufsichtstätigkeit entfalten, dass das Erg. der Arbeit des Referendars als vollwertige staatsanwaltschaftliche Untersuchungshandlung anerkannt werden kann. Ein Referendarprotokoll versieht der StA mit einem Aufsichtsvermerk (→ § 10 Rn. 1). Anklageschriften u. Einstellungsverfügungen sollten stets v. StA unterzeichnet sein. 13

III. Sitzungsvertretung. Im Rahmen der 1. Fallgruppe (→ Rn. 12) kann der Referendar als Sitzungsvertreter in den Sitzungen des AG – aber nach § 36 Abs. 2 JGG nicht des JugG – nach Entsch. des Leiters der StA (vgl. zB Art. 14 Abs. 3 BayAGGVG) allein auftreten. Den Auftrag erteilt der Leiter der StA o. ein v. ihm beauftragter StA, was auch durch schlüssige Handlung geschehen kann (→ Einl. Rn. 126). Nicht aus Rechtsgründen, aber aus Gründen der Ausbildung kann die JV anordnen, dass der Ausbildungs-StA anwesend ist. 14

Bei den anderen erkennenden Gerichten (und beim JugG) gestaltet sich die Mitwirkung des Referendars in der HV in der Weise, dass er als 2. Sitzungsvertreter neben dem StA fungiert o. der StA – überw. (OLG Zweibrücken VRS 47, 352) o. jedenfalls v. Zeit zu Zeit (Landau/Globuschütz NStZ 1992, 68) – anwesend ist u. die Aufsicht ausübt, um ggf. selbst tätig werden zu können. Bei der Urteilsverkündung ist die zusätzliche Anwesenheit des StA nicht erforderlich. 15

Die **Disposition des Referendars über den staatlichen Strafanspruch** (zB durch Zustimmung nach §§ 153 Abs. 2, 153a Abs. 2 StPO) wird zweckmäßigerweise v. der Zustimmung des sachbearbeitenden o. ausbildenden StA abhängig gemacht, die in geeigneten Fällen für den Fall bestimmter Entwicklung der Sache schon vor der HV erteilt werden kann. Das Gleiche gilt für Rechtsmittelverzicht. 16

I. Tragen religiöser Symbole. Zum Tragen religiöser Symbole bei der Ausübung des Amtes → Vor § 1 Rn. 4a. 17

J. Rechtspfleger. Dem Rechtspfleger bei der StA sind bestimmte Geschäfte der StA übertragen (§ 31 **RPflG**), insbes. die Geschäfte der VollstrB (→ StPO § 451 Rn. 2). 18

K. Unwirksamkeit. Führt ein Amtsanwalt ein Ermittlungsverfahren in einer Sache, für die er zu Unrecht die künftige Zuständigkeit des AG als erkennendes Gericht annimmt o. in der sich die Zuständigkeit des LG erst in einem späteren Stadium des Ermittlungsverfahrens ergibt, so sind seine Prozesshandlungen wirksam. Das Gleiche gilt, wenn er die Beschränkung seiner Kompetenz auf Strafrichtersachen (→ Rn. 8) nicht beachtet. Gibt der Amtsanwalt aber eine Prozesserklärung namens der StA entgegen dem Verbot in Abs. 1 Nr. 3 ggü. dem LG ab, so ist diese unwirksam (BayObLG NJW 1974, 761 für die Beschränkung der Berufung); auch ein umfassendes Fragerecht darf ihm beim LG nicht eingeräumt werden (BGH NStZ 2012, 344). Wenn die Erkl. aber nicht rechtsgestaltender Art ist, gilt das in → § 22d Rn. 1 Ausgeführte (vgl. auch → Rn. 1 ff.). 19

[Zuständigkeit des Generalbundesanwalts] **Nr. 202–214 RiStBV**

142a (1) [1]**Der Generalbundesanwalt übt in den zur Zuständigkeit von Oberlandesgerichten im ersten Rechtszug gehörenden Strafsachen gemäß § 120 Absatz 1 und 2 das Amt der Staatsanwaltschaft auch bei diesen Gerichten aus.** [2]**Für die Übernahme der Strafverfolgung durch den Generalbundesanwalt genügt es, dass zureichende tatsächliche Anhaltspunkte für die seine Zuständigkeit begründenden Voraussetzungen gegeben sind.** [3]**Vorgänge, die Anlass zu der Prüfung einer Übernahme der Strafverfolgung durch den Generalbundesanwalt geben, übersendet die Staatsanwaltschaft diesem unverzüglich.** [4]**Können in den Fällen des § 120**

Abs. 1 die Beamten der Staatsanwaltschaft eines Landes und der Generalbundesanwalt sich nicht darüber einigen, wer von ihnen die Verfolgung zu übernehmen hat, so entscheidet der Generalbundesanwalt.

(2) **Der Generalbundesanwalt gibt das Verfahren vor Einreichung einer Anklageschrift oder einer Antragsschrift (§ 435 der Strafprozessordnung) an die Landesstaatsanwaltschaft ab,**

1. wenn es folgende Straftaten zum Gegenstand hat:
 a) Straftaten nach den §§ 82, 83 Abs. 2, §§ 98, 99 oder 102 des Strafgesetzbuches,
 b) Straftaten nach den §§ 105 oder 106 des Strafgesetzbuches, wenn die Tat sich gegen ein Organ eines Landes oder gegen ein Mitglied eines solchen Organs richtet,
 c) Straftaten nach § 138 des Strafgesetzbuches in Verbindung mit einer der in Buchstabe a bezeichneten Strafvorschriften oder
 d) Straftaten nach § 52 Abs. 2 des Patentgesetzes, nach § 9 Abs. 2 des Gebrauchsmustergesetzes in Verbindung mit § 52 Abs. 2 des Patentgesetzes oder nach § 4 Abs. 4 des Halbleiterschutzgesetzes in Verbindung mit § 9 Abs. 2 des Gebrauchsmustergesetzes und § 52 Abs. 2 des Patentgesetzes;

2. in Sachen von minderer Bedeutung.

(3) **Eine Abgabe an die Landesstaatsanwaltschaft unterbleibt,**

1. wenn die Tat die Interessen des Bundes in besonderem Maße berührt oder

2. wenn es im Interesse der Rechtseinheit geboten ist, daß der Generalbundesanwalt die Tat verfolgt.

(4) **Der Generalbundesanwalt gibt eine Sache, die er nach § 120 Abs. 2 Satz 1 Nr. 2 bis 4 oder § 74a Abs. 2 übernommen hat, wieder an die Landesstaatsanwaltschaft ab, wenn eine besondere Bedeutung des Falles nicht mehr vorliegt.**

1 **A. Primärzuständigkeit des GBA.** Soweit der GBA als Strafverfolgungsbehörde (außerhalb seiner Mitwirkung beim BGH als Revisions- o. Beschwerdegericht, § 135) tätig wird, übt er seine StA-Funktion bei den OLGen aus (§ 120 Abs. 1, Abs. 2), die insoweit im Wege der sog. Organleihe Bundesgerichtsbarkeit ausüben (Art. 96 Abs. 5 GG; § 120 Abs. 6). Gegenüber der Landes-StA hat der GBA zwar das Kompetenzbestimmungsrecht in Staatsschutzsachen nach Abs. 1 S. 3, Abs. 2–4, aber kein Weisungsrecht (§ 147 Nr. 2, 3).

1a Für die Übernahme kommt es Anlehnung an § 152 Abs. 2 faktisch darauf an, ob **zureichende tatsächliche Anhaltspunkte** für die seine Zuständigkeit begründenden Voraussetzungen gegeben sind (Abs. 1 S. 2; BT-Drs. 18/3007, 6). Vorgänge, aus denen sich der Verdacht einer Zuständigkeit des GBA ergibt, sind v. den Landesstaatsanwaltschaften dem GBA unverzüglich zu übermitteln (Abs. 1 S. 3). Der GBA ist befugt, Erhebungen darüber anzustellen, ob ein Anfangsverdacht (§ 152 Abs. 2 StPO) für eine in seine Zuständigkeit fallende Straftat besteht (Diemer NStZ 2005, 666).

2 **B. Abgeleitete Zuständigkeit der Landes-StA (Abs. 2, Abs. 3). I. Abgabepflicht.** Die Abgabepflicht nach Abs. 2 entsteht erst, wenn nach Auff. des GBA die Sache abschl. so weit geklärt ist, dass über die Anklageerhebung entschieden werden kann. Er darf die Sache aber auch früher abgeben, wenn die Voraussetzungen abschl. geklärt sind.

3 Betrifft das Verf. nicht (o. nicht nur) eine Straftat aus dem Katalog des Abs. 2 Nr. 1, sondern (auch) eine andere der in § 120 Abs. 1 aufgezählten Sachen, so hat sie der GBA abzugeben, wenn die Sache v. minderer Bedeutung ist (Abs. 2 Nr. 2). Rückübernahme durch den GBA ist zulässig (vgl. Nr. 203 Abs. 2 RiStBV).

II. Rückausnahmen. Die Rückausnahmen nach Abs. 3 verpflichten den GBA, die Anklage- o. Antragsschrift selbst bei dem OLG einzureichen u. die Sache im weiteren Verf. zu vertreten. 4

C. Abgabe an die Landes-StA (Abs. 4). Zwar wird der GBA die übernommene Sache idR erst abgeben, wenn das Vorverfahren die Voraussetzungen für die Einreichung einer Anklageschrift o. Antragsschrift ergeben hat, um das Vorverfahren nicht in zwei Teile zu trennen. Das Abgaberecht entsteht aber bereits, wenn erkennbar ist, dass die bes. Bedeutung des Falls, die zur Übernahme geführt hat (§§ 74a Abs. 2, 120 Abs. 2 Nr. 2–4), eindeutig nicht mehr besteht. Der in Abs. 2 bezeichnete Endzeitpunkt (dazu Sowada FS Fezer, 2008, 165) gilt praktisch auch für Abs. 4. Eine erneute Übernahme durch den GBA ist ausgeschlossen (KK-StPO/Mayer Rn. 10; Kissel/Mayer Rn. 11; **aM** Katholnigg Rn. 5). 5

D. Gerichtliche Nachprüfung. Eine **gerichtliche Nachprüfung** der Übernahme o. Abgabe, die in der Gesamtinstitution der StA Interna sind, findet nicht statt. Mit der Abgabe nach Abs. 2, Abs. 4 entfällt auch die Zuständigkeit des BGH für eine Beschwerde gegen eine Entsch. des ERs des BGH (BGH NJW 1973, 477; erg. → StPO § 169 Rn. 2). 6

Europäische Staatsanwaltschaft

142b (1) [1]**In Verfahren, in denen die Europäische Staatsanwaltschaft nach den Artikeln 22 und 23 der Verordnung (EU) 2017/1939 des Rates vom 12. Oktober 2017 zur Durchführung einer Verstärkten Zusammenarbeit zur Errichtung der Europäischen Staatsanwaltschaft (EUStA) (ABl. L 283 vom 31.10.2017, S 1) zuständig ist und gemäß Artikel 25 dieser Verordnung die Verfolgung übernommen hat, wird das Amt der Staatsanwaltschaft durch Staatsanwälte ausgeübt, die zugleich als Delegierte Europäische Staatsanwälte für die Bundesrepublik Deutschland gemäß dieser Verordnung ernannt sind.** [2]**Bei Verfahren vor dem Bundesgerichtshof wird das Amt der Staatsanwaltschaft durch einen Bundesanwalt ausgeübt, der zugleich als Delegierter Europäischer Staatsanwalt gemäß der Verordnung (EU) 2017/1939 ernannt ist.** [3]**Wird der gemäß der Verordnung (EU) 2017/1939 für die Bundesrepublik Deutschland ernannte Europäische Staatsanwalt gemäß Artikel 28 Absatz 4 dieser Verordnung tätig, wird das Amt der Staatsanwaltschaft durch diesen ausgeübt.**

(2) [1]**Im Falle des Artikels 25 Absatz 6 der Verordnung (EU) 2017/1939 entscheidet der Generalbundesanwalt auf Antrag der betroffenen Staatsanwaltschaft oder der Europäischen Staatsanwaltschaft.** [2]**Gegen die Entscheidung des Generalbundesanwalts kann die betroffene Staatsanwaltschaft oder die Europäische Staatsanwaltschaft Beschwerde beim Bundesgerichtshof erheben.**

A. Delegierte Europäische Staatsanwälte. Die Delegierten Europäischen Staatsanwälte (→ Vor § 141 Rn. 13) üben – abw. v. § 142 Abs. 1 – das Amt der StA in Verf. aus, in denen die EUStA zuständig ist u. die Verfolgung übernommen hat (Abs. 1 S. 1). Dabei handelt es sich um Verf., welche Straftaten zum Nachteil der finanziellen Interessen der EU betreffen (diese sind iE in Art. 22 EUStA-VO definiert) u. die territoriale sowie personelle Zuständigkeit der EUStA besteht (Art. 23 EUStA-VO). Außerdem muss die EUStA ihre Zuständigkeit gem. Art. 25 Abs. 1 S. 1 EUStA-VO ausgeübt haben. Dies kann durch Einleitung eines Ermittlungsverfahrens (Art. 26 EUStA-VO) o. aber durch Ausübung ihres Evokationsrechts in Fällen geschehen, in denen bereits Ermittlungsverfahren nach nationalem Recht eingeleitet wurden (Art. 27 EUStA-VO). Zuständig für die Prüfung, ob das Evokationsrecht ausgeübt wird, ist der Delegierte Europäische StA des Mitgliedsstaates, dessen Behörden ein Ermittlungsverfahren nach nationalem Recht einge- 1 leitet hatten (Art. 27 Abs. 6 EUStA-VO; BT-Drs. 19/17963, 25). Erg. → Vor § 141 Rn. 14 ff.

2 **B. Revisionsverfahren vor dem BGH.** Bei Revisionsverfahren vor dem BGH wird das Amt der StA durch einen Bundesanwalt ausgeübt, der zugleich als Delegierter Europäischer StA ernannt ist (Abs. 1 S. 2). Sofern der für die BRD ernannte Aufsicht führende Europäische StA in den in Art. 28 Abs. 4 EUStA-VO bezeichneten Ausnahmefällen das Verf. selbst führt, wird auch das Amt der StA durch diesen ausgeübt (Abs. 1 S. 3); dabei handelt es sich ua um bes. schwere Straftaten gegen die finanziellen Interessen der Union o. solche, bei denen die Ermittlungen Beamte o. Bedienstete o. Mitglieder der Organe der EU betreffen.

3 **C. Kompetenzkonflikte.** Bei Kompetenzkonflikten zwischen der EUStA u. der nach §§ 142 und 143 sonst zuständigen nationalen StA entscheidet der GBA auf Antrag der betroffenen StA bzw. der EUStA (Abs. 2 S. 1). Dabei geht es um Fälle der Uneinigkeit der beteiligten StAen darüber, ob die strafbare Handlung in die Zuständigkeit der EUStA fällt (Art. 25 Abs. 6 iVm Art. 22 Abs. 2, Abs. 3, 25 Abs. 2, Abs. 3 EUStA-VO). Gegen die Entsch. des GBA kann die betroffene nationale StA o. die EUStA Beschwerde beim BGH erheben (Abs. 2 S. 2 iVm § 304 StPO); der BGH kann erforderlichenfalls den EuGH mit der Streitfrage befassen (Art. 42 Abs. 2c), 22, 25 EUStA-VO iVm Art. 267 AEUV; BT-Drs. 19/17963, 62).

[Örtliche Zuständigkeit]

143 (1) [1]**Die örtliche Zuständigkeit der Staatsanwaltschaft bestimmt sich nach der örtlichen Zuständigkeit des Gerichts, bei dem die Staatsanwaltschaft besteht.** [2]**Fehlt es im Geltungsbereich dieses Gesetzes an einem zuständigen Gericht oder ist dieses nicht ermittelt, ist die zuerst mit der Sache befasste Staatsanwaltschaft zuständig.** [3]**Ergibt sich in den Fällen des Satzes 2 die Zuständigkeit eines Gerichts, ist das Verfahren an die nach Satz 1 zuständige Staatsanwaltschaft abzugeben, sobald alle notwendigen verfahrenssichernden Maßnahmen ergriffen worden sind und der Verfahrensstand eine geordnete Abgabe zulässt.** [4]**Satz 3 gilt entsprechend, wenn die Zuständigkeit einer Staatsanwaltschaft entfallen ist und eine andere Staatsanwaltschaft zuständig geworden ist.**

(2) **Ein unzuständiger Beamter der Staatsanwaltschaft hat sich den innerhalb seines Bezirks vorzunehmenden Amtshandlungen zu unterziehen, bei denen Gefahr im Verzug ist.**

(3) [1]**Können die Staatsanwaltschaften verschiedener Länder sich nicht darüber einigen, welche von ihnen die Verfolgung zu übernehmen hat, so entscheidet der Generalbundesanwalt.** [2]**Er entscheidet auf Antrag einer Staatsanwaltschaft auch, wenn die Staatsanwaltschaften verschiedener Länder sich nicht über die Verbindung zusammenhängender Strafsachen einigen.**

(4) **Den Beamten einer Staatsanwaltschaft kann für die Bezirke mehrerer Land- oder Oberlandesgerichte die Zuständigkeit für die Verfolgung bestimmter Arten von Strafsachen, die Strafvollstreckung in diesen Sachen sowie die Bearbeitung von Rechtshilfeersuchen von Stellen außerhalb des räumlichen Geltungsbereichs dieses Gesetzes zugewiesen werden, sofern dies für eine sachdienliche Förderung oder schnellere Erledigung der Verfahren zweckmäßig ist; in diesen Fällen erstreckt sich die örtliche Zuständigkeit der Beamten der Staatsanwaltschaft in den ihnen zugewiesenen Sachen auf alle Gerichte der Bezirke, für die ihnen diese Sachen zugewiesen sind.**

(5) [1]**Die Landesregierungen werden ermächtigt, durch Rechtsverordnung einer Staatsanwaltschaft für die Bezirke mehrerer Land- oder Ober-**

landesgerichte die Zuständigkeit für die Strafvollstreckung und die Vollstreckung von Maßregeln der Besserung und Sicherung ganz oder teilweise zuzuweisen, sofern dies für eine sachdienliche Förderung oder schnellere Erledigung der Vollstreckungsverfahren zweckmäßig ist. 2 Die Landesregierungen können die Ermächtigung durch Rechtsverordnung den Landesjustizverwaltungen übertragen.

(6) 1 **Abweichend von Absatz 1 Satz 1 sind die in der Bundesrepublik Deutschland als Delegierte Europäische Staatsanwälte gemäß der Verordnung (EU) 2017/1939 ernannten Staatsanwälte unabhängig von ihrem Dienstsitz für alle Strafsachen im Geltungsbereich dieses Gesetzes zuständig, mit denen sie nach Maßgabe der Verordnung (EU) 2017/1939 befasst sind. 2 Satz 1 gilt entsprechend für den deutschen Europäischen Staatsanwalt, der gemäß Artikel 28 Absatz 4 der Verordnung (EU) 2017/1939 tätig wird.**

A. Örtliche Zuständigkeit der StA. Die örtliche Zuständigkeit der StA richtet sich nach der des Gerichts (Abs. 1; → § 142 Rn. 1 ff.), auch in den Fällen, wo bestimmte Strafsachen bei einem Gericht örtlich konzentriert sind (§§ 58, 74a, 74c Abs. 3, Abs. 4, 74d). Die StA kann eine Sache formlos an die StA eines anderen örtlich zuständigen Gerichts abgeben. Eine gerichtliche Kontrolle besteht im Ermittlungsverfahren hins. der örtlichen Zuständigkeit insoweit nicht; die StA erklärt sich – wie Strate FS Widmaier, 2008, 572 bekl. – faktisch selbst für zuständig. Erst nach der Eröffnung der gerichtlichen Untersuchung gilt § 12 Abs. 2 StPO (BGHSt 14, 179 (184)). Der Bereich der Zuständigkeit des einzelnen StA fällt mit dem seiner Behörde zusammen. Wenn aber eine Sache zur Zuständigkeit einer StA gehört, ist diese u. damit auch der Sachbearbeiter weder an den Bezirk der Behörde noch an die Grenzen des Landes gebunden. Der StA kann im ganzen Bundesgebiet Amtshandlungen vornehmen, die ihm zur Verfolgung notwendig erscheinen (Kissel/Mayer Rn. 4). Der Sachbearbeiter kann auch bei jedem ER Anträge stellen (→ StPO § 162 Rn. 1) u. bei dem jew. zuständigen LG Beschwerde einlegen. 1

B. Fehlen einer gerichtlichen Zuständigkeit. Fehlt es an einer gerichtlichen Zuständigkeit o. ist diese nicht ermittelt, so ist die StA zuständig, die – etwa aufgrund einer Strafanzeige – zuerst mit der Sache befasst wird (Abs. 1 S. 2). Von der Regelung werden auch die Fälle erfasst, in denen eine – vorrangige (BGH NStZ-RR 2020, 320) – Zuständigkeitsbestimmung durch den BGH nach § 13a StPO ausscheidet, weil die Tat nicht hinreichend konkretisiert ist o. nicht der deutschen Gerichtsbarkeit unterfällt (vgl. BGHSt 33, 97; → § 13a Rn. 5) o. wenn für eine im Ausland begangene Tat das deutsche Strafrecht nicht gilt (vgl. BGH NStZ 2007, 534); im letzteren Fall kann insoweit für eine erstattete Strafanzeige nach § 158 Abs. 3 StPO (vgl. → StPO § 158 Rn. 27 ff.) auch eine Weiterleitungsverpflichtung bestehen. Die Regelung in Abs. 1 S. 2 erfasst aber auch Fälle, für die das deutsche Strafrecht zwar anwendbar ist, für die aber nach §§ 7–13 StPO kein Gerichtstand besteht. 1a

Ergibt sich im Nachhinein die Zuständigkeit eines Gerichts, hat die zuerst zuständig gewordene StA das Verf. an die nach Abs. 1 S. 1 zuständige StA abzugeben, muss aber zuvor das Erforderliche veranlassen (Abs. 1 S. 3). Das gilt nach Abs. 1 S. 4 auch, wenn die Zuständigkeit einer StA wechselt, zB bei Wohnsitzwechsel des Beschuldigten während des Ermittlungsverfahrens bei einer nur auf § 8 Abs. 1 StPO beruhenden Zuständigkeit (BT-Drs. 17/9694, 9). 1b

C. Notzuständigkeit (Abs. 2). Entsprechend gilt Abs. 2 bei sachlicher Unzuständigkeit, zB wenn nicht die StA beim LG, sondern der GBA zuständig ist (§ 120 Abs. 1, Abs. 2); rascheste Aufnahme der Verbindung zum GBA ist dann notwendig. Vgl. auch § 4 Abs. 1–3 BKAG. 2

Die **örtliche Unzuständigkeit** hat die Unwirksamkeit einer Prozesshandlung der StA u. das Entstehen eines Verfahrenshindernisses höchstens dann zur Folge, 2a wenn die Annahme der örtlichen Zuständigkeit objektiv willkürlich war (OLG Düsseldorf JMBl. NRW. 1996, 260; Löwe/Rosenberg/Krauß Rn. 13).

3 **D. Kompetenzkonflikte (Abs. 3).** Hier sind die über ein Land hinausgreifenden Konfliktfälle geregelt. Eine den beteiligten StAen gemeinsam vorgesetzte Instanz gibt es in diesen Fällen nicht. Deshalb ist der GBA im Konfliktfall zuständig (S. 1) u. zwar auch auf Antrag einer übernahme- o. abgabewilligen StA bei Sammelverfahren (S. 2; BT-Drs. 18/3007, 6). Der landesinterne Kompetenzkonflikt wird mit den Mitteln der Dienstaufsicht des § 147 geregelt. Im Übrigen gilt Abs. 3 nur als letztes Mittel (Nr. 27 Abs. 3 RiStBV).

4 **E. Partielle Konzentration bei der StA (Abs. 4).** Partielle Konzentration bei der StA (Abs. 4) u. damit eine Ausnahme der ges. Regelung des Abs. 1 ist Gegenstand der Ermächtigung. Der für die Änd. der Gerichtsorganisation bestehende Gesetzesvorbehalt (BVerfGE 24, 155) gilt nicht für die Organisationsänderung der StA (KK-StPO/Mayer Rn. 7). Eine RechtsVO ist daher für die Ausführung der Ermächtigung – anders als zB nach den §§ 58, 74c Abs. 3, 74d und 78a Abs. 2 – nicht erforderlich. Es genügt ein Organisationsakt des JM (§ 147). Dieser kann die Ermächtigung auch auf den GStA delegieren, ihm jedenfalls die Details für seinen Bezirk überlassen.

5 **I. Den Beamten einer StA.** Das sind alle Beamten, va der Behördenleiter u. alle anderen, die bei der Ausführung u. Beaufsichtigung bet. sind.

6 **II. Erweiterte Kompetenzen.** Die erweiterten Kompetenzen verleihen der StA die Befugnis, bei jedem Gericht des Zuständigkeitsbereichs Anträge zu stellen, die Anklage zu erheben u. Rechtsmittel einzulegen. Die Zuständigkeit der StA nach Abs. 1 wird dadurch nicht ausgeschlossen (OLG Zweibrücken NStZ 1984, 233; SK-StPO/Wohlers Rn. 11; **aM** Katholnigg Rn. 4). Die Erweiterung gilt auch ggü. den Behörden u. Beamten des Polizeidienstes. Schon wegen dieser Wirkungen macht das JM die Kompetenzerweiterung in der landesüblichen Weise bekannt.

7 **III. Aufrechterhaltung zentraler Zuständigkeit.** Die Anwendung des Abs. 4 kommt bes. für den Fall in Betracht, dass die Zuständigkeit der zentralen StaatsschutzStA (Abs. 1 iVm § 74a Abs. 4) dadurch entfällt, dass ein anderes LG zuständig wird (§ 74e). Hier kann es sachdienlich sein u. einer unnötigen Verzögerung der Verf. entgegenwirken, wenn die StaatsschutzStA trotz des Übergangs der Zuständigkeit auf ein anderes LG zuständig bleibt (Katholnigg NJW 1978, 2379).

8 **Bei ähnlichen Zuständigkeitskonzentrationen** (§§ 74d, 74c Abs. 3, Abs. 4; vgl. → § 74c Rn. 9) kann das gleiche Bedürfnis für die Anwendung des Abs. 4 bestehen (vgl. SchlHA 1979, 120 für Wirtschaftsstrafsachen).

9 **IV. Konzentration der Rechtshilfeersuchen.** Bei Konzentration der Rechtshilfeersuchen, die v. Stellen außerhalb des Geltungsbereiches des GVG kommen, sind weniger Fachkräfte nötig u. werden die Kenntnisse der vorhandenen Fachkräfte besser ausgenutzt. Für die Rechtshilfeersuchen in umgekehrter Richtung gilt Abs. 4 nicht.

10 **SchwerpunktStAen** können auch zur Verfolgung anderer Straftaten eingerichtet werden, zB für Straftaten nach § 129a StGB u. die in dieser Vorschr. bezeichneten anderen Straftaten (vgl. § 103 Abs. 1 S. 3 StPO).

11 **F. Umfassende Konzentration.** Abs. 5 ermöglicht es, über Abs. 4 und § 451 Abs. 3 S. 2 hinaus, den StAen jew. für den Zuständigkeitsbereich der StVollstrKen die Aufgaben der VollstrB zuzuweisen.

12 **G. Delegierte Europäische Staatsanwälte (Abs. 6).** Deren **örtliche Zuständigkeit** bestimmt sich abw. v. Abs. 1 nicht nach der örtlichen Zuständigkeit des Gerichts, bei dem sich ihr Dienstsitz befindet, sondern erstreckt sich auf das gesamte Bundesgebiet; sie sind daher befugt, in der gesamten Bundesrepublik Ermittlungsverfahren zu führen u. ggf. Anklage zu erheben (BT-Drs. 19/17963, 62). Aus Abs. 6 ergibt sich, dass Abs. 3–5 auf die Delegierten Europäischen Staatsanwälte keine Anwendung finden. Dagegen gilt die Notzuständigkeit des Abs. 2 in

den Fällen des Art. 28 Abs. 2 S. 1 EUStA-VO, sofern dieser vorsieht, dass die zuständigen nationalen Behörden auch ohne ausdr. Weisung des Delegierten Europäischen StA zu jedem Zeitpunkt während des v. der EUStA geführten Verf. die dringend erforderlichen Maßnahmen treffen dürfen; der Delegierte Europäische StA ist v. den nationalen Behörden unverzüglich über die getroffenen Eilmaßnahmen zu informieren (Art. 28 Abs. 2 S. 2 EUStA-VO; BT-Drs. 19/17963, 62).

[Organisation]

144 Besteht die Staatsanwaltschaft eines Gerichts aus mehreren Beamten, so handeln die dem ersten Beamten beigeordneten Personen als dessen Vertreter; sie sind, wenn sie für ihn auftreten, zu allen Amtsverrichtungen desselben ohne den Nachweis eines besonderen Auftrags berechtigt.

1 **Bürokratisch** ist die StA organisiert. Vgl. OrgStA; → § 142 Rn. 8.

2 **Unbeschränkbar** nach außen (also ggü. dem Gericht) ist die sich aus § 144 ergebende Vertretungsbefugnis des amtierenden StA.

3 Auf die **EUStA** ist die Vorschr. wegen deren eigenständiger Strukturen nicht anwendbar (§ 5 Abs. 1 S. 2 EUStAG; → Vor § 141 Rn. 12 ff.).

[Befugnisse der ersten Beamten]

145 (1) **Die ersten Beamten der Staatsanwaltschaft bei den Oberlandesgerichten und den Landgerichten sind befugt, bei allen Gerichten ihres Bezirks die Amtsverrichtungen der Staatsanwaltschaft selbst zu übernehmen oder mit ihrer Wahrnehmung einen anderen als den zunächst zuständigen Beamten zu beauftragen.**

(2) **Amtsanwälte können das Amt der Staatsanwaltschaft nur bei den Amtsgerichten versehen.**

1 **A. Recht der Devolution und der Substitution.** Das Recht der Devolution (**Übernahme**) und der Substitution **(Beauftragung eines anderen StA)** haben die ersten Beamten u. bei deren Verhinderung ihre Vertreter, nicht aber die sonstigen „beigeordneten" StAe (§ 144; Löwe/Rosenberg/Krauß Rn. 7). Die Substitution kann sich auf einen bestimmten StA o. auf die gesamte StA als Behörde beziehen (BGH NStZ 1998, 309; SSW StPO/Schnabl Rn. 1; **aM** OLG Stuttgart Justiz 1997, 222: nur ein StA). Die Schranke des Abs. 2 gilt auch, falls der Amtsanwalt die Befähigung zum Richteramt besitzt (Kissel/Mayer Rn. 3; KK-StPO/Mayer Rn. 6; Katholnigg Rn. 5; Löwe/Rosenberg/Krauß Rn. 18; **aM** RGSt 51, 222). Es gibt nur einen ges. Richter (§ 16 S. 2), aber keinen ges. StA (vgl. → StPO Vor § 22 Rn. 3 ff.).

2 Die Substitutionsbefugnis hat **auch der JM** (→ § 147 Rn. 1). Der Auftrag kann auch eine Gruppe v. Strafsachen betreffen. Wird er dem Leiter einer StA o. einer Zweigstelle (→ § 141 Rn. 3) erteilt, so kann damit der Auftrag verbunden werden, die Sachbearbeiter im Einzelfall o. durch Geschäftsverteilung zu bestimmen.

3 **B. Zuständigkeit bei Beauftragung.** Beauftragt der GStA einen StA seines Bezirks, der nicht zu der nach § 143 Abs. 1 zuständigen Behörde gehört, so wird dieser als Beamter der an sich zuständigen StA tätig. Bei Unterzeichnung braucht er nicht auf den Auftrag nach Abs. 1 hinzuweisen (BGH NStZ 1995, 204).

4 **C. Übernahme durch GBA.** Auch der GBA beim BGH kann jegliche Amtsverrichtung der Bundesanwaltschaft selbst übernehmen o. sie einem anderen als dem nach der Geschäftsverteilung zuständigen StA übertragen.

5 **D. Auftrag.** Der Auftrag nach § 145 muss in irgendeiner Form **aktenkundig** gemacht werden, damit das Gericht die Berechtigung erkennen kann (KK-StPO/Mayer Rn. 4).

6 **E. Rechtsanspruch.** Einen Rechtsanspruch auf Substitution o. Devolution hat der Beschuldigte nicht (OLG Hamm NJW 1969, 808; OLG Karlsruhe MDR 1974, 423; Ernesti/Lorenzen SchlHA 1983, 106 – OLG Schleswig RsprÜ; Arloth NJW 1983, 207; → StPO Vor § 22 Rn. 7), daher auch nicht die Befugnis zum Antrag nach § 23 **EGGVG** (→ EGGVG § 23 Rn. 15). Ein Revisionsgrund kann sich aus § 145 nicht ergeben (→ StPO Vor § 22 Rn. 7). Ergänzend → StPO § 296 Rn. 2, → StPO § 338 Rn. 39.

7 **F. Delegierte Europäische Staatsanwälte.** Auf die Delegierten Europäischen Staatsanwälte ist die Vorschr. nicht anwendbar (§ 5 Abs. 1 S. 2 EUStAG; erg. → Vor § 141 Rn. 12 ff., insbes. 13).

145a (weggefallen)

[Weisungsgebundenheit]

146 Die Beamten der Staatsanwaltschaft haben den dienstlichen Anweisungen ihres Vorgesetzten nachzukommen.

1 **A. Weisungsbefugnis.** Weisungsbefugt (§ 147) sind die **vorgesetzten StAe u. der JM** (mit den v. ihm bevollmächtigten Beamten). Da der JM nicht StA ist, wird seine Weisungsbefugnis als extern bezeichnet (zur Kritik, Bedeutung u. Reform des externen Weisungsrechts Frank ZRP 2010, 147; Paeffgen GS Schlüchter, 2002, 563; Schaefer FS Hamm, 2008, 643; Wohlers FS Schroeder, 2006, 735). Die externe Weisung des JM wird v. GStA (→ § 147 Rn. 1) in eine StA-interne umgewandelt, falls sie akzeptiert wird (→ Rn. 6, 7). Die Weisungen können allg. Art sein o. einen Einzelfall betreffen. Die einen wie die anderen können die rechtliche o. tatsächliche Sachbehandlung zum Gegenstand haben.

2 **Allgemeine Weisungen** sind zB enthalten in den RiStBV, in den RiJGG, in den RiVASt, in der MiStra (vgl. → **EGGVG** § 12 Rn. 8, 9 und in den Anordnungen über Berichtspflichten in Strafsachen. Sie können aber auch die Behandlung einzelner Sachen betreffen.

2a Zur Problematik von Weisungsbefugnis und Dienstaufsicht aus **europarechtlicher Sicht** → § 147 GVG Rn. 4, 5.

3 **B. Grenzen des Weisungsrechts.** Die Grenzen des Weisungsrechts (vgl. allg. Geerds FS 125 Jahre StA-Schleswig-Holstein, 1992, 297; Krey/Pföhler NStZ 1985, 145; Roxin DRiZ 1997, 118; Schairer FS Lenckner, 1998, 739) ergeben sich aus dem Legalitätsprinzip (§ 152 Abs. 2 StPO) u. den dieses Prinzip nach der positiven u. negativen Seite strafrechtlich schützenden §§ 344, 345, 258a StGB. Diese Grenzen gelten auch für den JM (eing. dazu Paeffgen GS Schlüchter, 2002, 574 ff.); denn Dienstaufsicht ist Kontrolle der Richtigkeit der Dienstausübung. Außer im Bereich des Ermessens (→ StPO § 152 Rn. 9 ff.) ist für Weisungen nur Raum, soweit die Beurteilung zw. ist; dies wird bei der Frage, ob ein Anfangsverdacht zu bejahen ist, mit Rücksicht auf die geringen hierfür notwendigen tatsächlichen Voraussetzungen (→ § 152 Rn. 4, 4a) nur ausnahmsweise anzunehmen sein (vgl. Trentmann JR 2015, 571 (579)).

4 Für die Würdigung der Beweise **in der HV** können dem Sitzungsvertreter v. einem nicht teilnehmenden Vorgesetzten grds. keine speziellen Weisungen für die Beweiswürdigung o. Rechtsfolgenbemessung gegeben werden, soweit die Anträge hierzu v. dem Erg. der Beweisaufnahme u. dem Inbegriff der Verh. (§ 261 StPO) abhängen (KK-StPO/Mayer Rn. 9; Löwe/Rosenberg/Krauß Rn. 20; Geerds FS 125 Jahre StA-Schleswig-Holstein, 1992, 304; Markwardt FS Böttcher, 2007, 97; **aM** Kissel/Mayer Rn. 6; Fezer StrafProzR § 2 Rn. 23; Wohlers Staatsanwaltschaft Rn. 275). Das betr. zB die Beurteilung der Größe der Schuld in §§ 153 Abs. 2 und 153a Abs. 2 StPO, grds. aber nicht die Wertung des öffentl. Interesses an der

Strafverfolgung aus grds. Erwägungen. Dadurch wird aber nicht ausgeschlossen, dass der Vorgesetzte die Anweisung zur Anfechtung des Urt. gibt.

In keinem Fall darf sich der Weisungsberechtigte v. **justizfremden Zwecken** (Lüttger GA 1957, 216 ff.), v. rechts- o. sachwidrigen Erwägungen leiten lassen (BVerfGE 9, 223 (229)). Dabei ist Richtschnur, dass die StA nur den Rechtswillen, nicht den politischen Machtwillen des Staates zu vertreten hat. 5

C. Grenzen der Befolgungspflicht. Die Grenzen der Befolgungspflicht des StA ergeben sich aus den Grenzen des Weisungsrechts. Hat der StA unüberwindliche Bedenken gegen die Rechtmäßigkeit einer dienstlichen Anordnung, so trifft ihn eine zweifache Remonstrationspflicht, wie sie das für ihn geltende Beamtenrecht vorsieht (vgl. § 63 Abs. 2 BBG; § 36 Abs. 2 BeamtStG). Die Remonstration dient einerseits der Klärung u. Vermeidung falscher Sachbehandlung, andererseits der Entlastung des Angewiesenen v. der Verantwortung. 6

Eine rechtswidrige Weisung darf der StA auch nach vergeblicher Remonstration nicht befolgen, wenn das ihm aufgetragene Verhalten **strafbar** o. ordnungswidrig u. die Strafbarkeit o. Ordnungswidrigkeit für ihn erkennbar ist (SK-StPO/Wohlers Rn. 19). Das gilt auch, wenn sich die Weisung auf den Schlussvortrag des StA (§ 258 Abs. 1 StPO; Less JR 1951, 193) o. auf Rechtsmitteleinlegung bezieht (vgl. BGHSt 15, 210; Dünnebier JZ 1958, 417). Die Weisungsgebundenheit der StA darf der sachgerechten Erfüllung ihrer Aufgaben nicht entgegenstehen (BVerfGE 9, 223). Das Risiko des Ungehorsams bleibt dem Angewiesenen; er hat nicht das Recht der gerichtlichen Anfechtung (BGHZ 42, 163 (170); Löwe/Rosenberg/Krauß Rn. 23). Anders § 26 Abs. 3 DRiG. 7

D. Bindung im Innenverhältnis. Nur im Innenverhältnis ist die zulässige Weisung bindend; auftragswidriges Prozessverhalten des StA ist nicht unwirksam (→ § 144 Rn. 2). 8

E. Delegierte Europäische Staatsanwälte. Auf die Delegierten Europäischen Staatsanwälte ist die Vorschr. nicht anwendbar (§ 5 Abs. 1 S. 2 EUStAG; erg. → GVG Vor § 141 Rn. 12 ff., insbes. 13); diese sind ausschl. den Weisungen nach Maßgabe der EUStA-VO unterstellt (§ 5 Abs. 1 S. 1 EUStAG; BT-Drs. 19/17963, 54). 9

[Dienstaufsicht]

147 Das Recht der Aufsicht und Leitung steht zu:

1. dem Bundesminister der Justiz und für Verbraucherschutz hinsichtlich des Generalbundesanwalts und der Bundesanwälte;

2. der Landesjustizverwaltung hinsichtlich aller staatsanwaltschaftlichen Beamten des betreffenden Landes;

3. dem ersten Beamten der Staatsanwaltschaft bei den Oberlandesgerichten und den Landgerichten hinsichtlich aller Beamten der Staatsanwaltschaft ihres Bezirks.

A. Dienstaufsicht. Die Dienstaufsicht – für Richter vgl. § 26 DRiG – umfasst außer dem Beaufsichtigen der formellen u. sachlichen Erledigung der Dienstgeschäfte die Befugnis, zu rügen u. zu mahnen. Das Recht der Leitung gibt die Befugnis zur Anweisung (§ 146), auch in Einzelfällen (Markwardt FS Böttcher, 2007, 99; str.). Der JM hat nicht das Recht, selbst die Funktionen der StA wahrzunehmen (zB ein Rechtsmittel einzulegen); sein Gesprächspartner ist der GStA (Leverenz SchlHA 1961, 39). Die Substitutionsbefugnis nach § 145 steht auch dem JM zu, auch für bestimmte Gruppen v. Sachen, wobei die OLG-Grenzen nicht im Wege stehen (BGH 6.8.1970 – 4 StR 519/69; RGSt 58, 105; Hellebrand Staatsanwaltschaft Rn. 105). 1

2 **B. Hierarchischer Aufbau.** Der hierarchische Aufbau der StA ergibt sich aus § 147, insbes. aus Nr. 3 (vgl. auch → § 146 Rn. 1, 2). Nr. 3 gilt auch – obwohl nicht ausdr. erwähnt – für die Bundesanwaltschaft; der GBA übt die Aufsicht über die Bundesanwälte iSd § 148 aus (Kissel/Mayer Rn. 2).

3 **C. Berichtspflicht.** Auch die Berichtspflicht ergibt sich aus § 147; denn ohne Berichte können die Vorgesetzten v. ihrem Recht der Leitung kaum Gebrauch machen. Zur Weitergabe personenbezogener Daten im Hinblick auf das informationelle Selbstbestimmungsrecht vgl. Landau/Dames DRiZ 1992, 130.

4 **D. StA keine „ausstellende Justizbehörde". Nach Ansicht des EuGH** (NJW 2019, 2145) stellt die StA mit Rücksicht auf das in § 147 geregelte externe Weisungsrecht keine „ausstellende Justizbehörde" iSv Art. 6 Abs. 1 Rb-EuHB dar; dieselben Grundsätze hins. der Unabhängigkeit der StA gelten für den Begriff der „vollstreckenden Justizbehörde" in Art. 6 Abs. 2 Rb-EUHb (EuGH BeckRS 2020, 31838). Darüber hinaus hat der EuGH beanstandet, dass im GVG nicht näher geregelt sei, unter welchen Voraussetzungen u. in welcher Form das Weisungsrecht ausgeübt werden könne (EuGH BeckRS 2020, 31838); allerdings hält der EuGH allg. Weisungen der Exekutive zur Strafrechtspolitik sowie eine Leitung u. Kontrolle durch vorgesetzte Beamte der StA, welche auch das Recht auf Weisungen umfasst, für unproblematisch (EuGH BeckRS 2019, 31241 zur französischen, EUGH BeckRS 2019, 31230 zur schwedischen u. EUGH BeckRS 2019, 31226 zur belgischen StA). Für die BRD Deutschland hat das allerdings nicht zur Konsequenz, dass der Gesetzgeber der StA rechtlich vollständige Unabhängigkeit zugestehen müsste, sondern lediglich, dass EuHB derzeit nicht mehr v. der StA ausgestellt werden dürfen (s. Andoor ZRP 2019, 154; erg. → Vor § 112 Rn. 9–9g).

4a Für die Zwecke des Erlass einer **Europäischen Ermittlungsanordnung** ist die deutsche StA allerdings als „Justizbehörde" u. „Anordnungsbehörde" iSv Art. 1 Abs. 1 RL 2014/41/EU u. Art. 2 Buchst. c RL 2014/41/EU anzusehen, da es insoweit nicht darauf ankommt, dass kein rechtliches Unterordnungsverhältnis zur Exekutive des Mitgliedsstaats besteht (EuGH NJW 2021, 1373).

5 **E. RefE.** Ausgelöst durch die Rspr. des EuGH sieht ein RefE zum „Entwurf eines Gesetzes zur Stärkung der Unabhängigkeit der Staatsanwaltschaften" vor, die bereits bestehenden engen Grenzen des Weisungsrechts ausdr. zu normieren u. das entspr. Verf. transparenter zu gestalten sowie den Sektor der justiziellen Zusammenarbeit in Strafsachen zwischen den Mitgliedsstaaten der EU v. ministeriellen Einzelweisungsrecht freizustellen (vgl. Ref-E S. 10). Weisungen durch Vorgesetzte haben danach den Legalitätsgrundsatz zu beachten u. sind nur zulässig, soweit in tatsächlicher o. rechtlicher Hinsicht ein Entscheidungs- o. Beurteilungsspielraum besteht, sowie im Bereich der Ermessensausübung (§ 147 Abs. 2 Ref-E); Weisungen durch Vorgesetzte sind schriftlich zu erteilen u. zu begründen, eine aus bes. Gründen erfolgte mündlich erteilte Weisung ist spätestens am folgenden Tage schriftlich zu bestätigen u. zu begründen (§ 147 Abs. 3 Ref-E). Im Bereich der int. Rechtshilfe sind auf Einzelfälle bezogene Weisungen unzulässig (§ 147 Abs. 4 Ref-E). Ausf. dazu Wallenta 36 ff., 66 f.

6 **F. Delegierte Europäische Staatsanwälte.** Auf Delegierte Europäische Staatsanwälte (→ GVG Vor § 141 Rn. 13) ist die Vorschr. nicht anwendbar (§ 5 Abs. 1 S. 2 EUStAG); diese sind ausschl. der Aufsicht nach Maßgabe der EUStA-VO unterstellt (§ 5 Abs. 1 S. 1 EUStAG; BT-Drs. 19/17963, 54).

[Bundesanwälte]

148 Der Generalbundesanwalt und die Bundesanwälte sind Beamte.

[Ernennung der Bundesanwälte]

149 **Der Generalbundesanwalt und die Bundesanwälte werden auf Vorschlag des Bundesministers der Justiz und für Verbraucherschutz, der der Zustimmung des Bundesrates bedarf, vom Bundespräsidenten ernannt.**

Der **Begriff „Bundesanwälte"** ist hier – anders als in § 142 Abs. 1 Nr. 1 – iSd Ranges zu verstehen. Die Vorschrift gilt also nicht für die OStAe beim GBA. 1

[Unabhängigkeit von den Gerichten]

150 **Die Staatsanwaltschaft ist in ihren amtlichen Verrichtungen von den Gerichten unabhängig.**

Dem Gericht gleichgeordnet (vgl. → Vor § 141 Rn. 1 ff.) ist die StA, obwohl sie ihre Maßnahmen manchmal gem. der richterlichen Entsch. treffen muss, vgl. §§ 175, 458 StPO. Zum Verhältnis zwischen dem Vorsitzenden und dem Sitzungsvertreter der StA in der HV vgl. → § 176 Rn. 10. Das Ersuchen des Gerichts, einen offensichtlich befangenen StA in der HV abzulösen, schließt § 150 nicht aus (**aM** LG Köln NStZ 1985, 230 mablAnm Wendisch; erg. → StPO Vor § 22 Rn. 4). 1

[Ausschluss von richterlichen Geschäften]

151 **[1] Die Staatsanwälte dürfen richterliche Geschäfte nicht wahrnehmen. [2] Auch darf ihnen eine Dienstaufsicht über die Richter nicht übertragen werden.**

A. StA. Der StA als solcher darf richterliche Geschäfte nicht wahrnehmen (Art. 92 GG; → Vor § 141 Rn. 5 ff.). Er darf auch nicht durch Doppelernennung (vgl. § 59 Abs. 2) zugleich zum Richter ernannt werden. 1

B. Richter. Richter können aufgrund Gesetzes (vgl. § 165 StPO) staatsanwaltschaftliche Geschäfte ausüben. Sie können auch aufgrund einer Abordnung (mit Einverständnis des Richters, § 37 Abs. 1 DRiG) oder nach §§ 13, 16 Abs. 2 DRiG Aufgaben der StA wahrnehmen; dann gilt S. 2 nicht (Kissel/Mayer Rn. 2). 2

[Ermittlungspersonen der Staatsanwaltschaft]

152 (1) **Die Ermittlungspersonen der Staatsanwaltschaft sind in dieser Eigenschaft verpflichtet, den Anordnungen der Staatsanwaltschaft ihres Bezirks und der dieser vorgesetzten Beamten Folge zu leisten.**

(2) **[1] Die Landesregierungen werden ermächtigt, durch Rechtsverordnung diejenigen Beamten- und Angestelltengruppen zu bezeichnen, auf die diese Vorschrift anzuwenden ist. [2] Die Angestellten müssen im öffentlichen Dienst stehen, das 21. Lebensjahr vollendet haben und mindestens zwei Jahre in den bezeichneten Beamten- oder Angestelltengruppen tätig gewesen sein. [3] Die Landesregierungen können die Ermächtigung durch Rechtsverordnung auf die Landesjustizverwaltungen übertragen.**

A. Bedeutung. Die Beamten u. Behörden des Polizeidienstes sind nach § 161 S. 2 StPO verpflichtet, dem Ersuchen o. Auftrag der StA Folge zu leisten. Diese Pflicht gilt nicht nur im Ermittlungsverfahren, sondern im gesamten Strafverfahren (→ Einl. Rn. 43), was gerade § 152, der ohne Rücksicht auf den Stand des Verf. gilt, bestätigt. Die Ermittlungspersonen (frühere Bezeichnung: Hilfsbeamten) der StA haben mehr Anordnungsbefugnisse als die (sonstigen) Beamten des Polizeidienstes, die diese Eigenschaft nicht haben, va das Recht, unter bestimmten Voraussetzungen die körperliche Untersuchung des Beschuldigten (§ 81a StPO) o. Unverdächtiger (§ 81c StPO), die Beschlagnahme (§§ 98 Abs. 1, 111e Abs. 1 S. 2, 1

132 Abs. 3 S. 2 StPO), die Durchsuchung (§§ 105 Abs. 1 S. 1, 111b Abs. 4 StPO, soweit die Beschlagnahmezuständigkeit nach § 111e Abs. 1 S. 2 StPO besteht), die Einrichtung einer Kontrollstelle (§ 111 Abs. 2 StPO) u. die Notveräußerung (§ 111l Abs. 2 S. 2, Abs. 3 S. 2 Hs. 2 StPO) anzuordnen sowie eine Maßnahme nach §§ 132 Abs. 2 oder 163d StPO zu treffen (zur Problematik vgl. Nelles, Kompetenzen und Ausnahmekompetenzen in der Strafprozessordnung, 1980, S. 81 ff.). Hatte der bestellte Beamte noch keine kriminalpolizeilichen Befugnisse, so erhält er sie mit der Bestellung. Die Vollstreckung der Anordnung ist Sache der Ermittlungsperson selbst; es können auch andere Polizeibeamte dazu herangezogen o. damit beauftragt werden.

2 **B. Anordnung der StA (Abs. 1).** Der StA richtet, solange nicht eine bestimmte Ermittlungsperson mit der Bearb. des konkreten Falls befasst ist, seinen Auftrag grds. an die Polizeidienststelle (**aM** Füllkrug ZRP 1984, 193: an den einzelnen Hilfsbeamten). Jedoch darf die StA nach § 152 auch die persönliche Ausführung v. einer Ermittlungsperson ihres Bezirks fordern (→ StPO § 161 Rn. 11), auch die Landes-StA v. einem Bundesbeamten, u. zwar nicht nur hins. einer Prozesshandlung, die der Ermittlungsperson vorbehalten ist (→ Rn. 1). Die gleiche Befugnis haben die der örtl. StA vorgesetzten Beamten (vgl. § 147). Der Bezirk des GBA ist die ganze BRD (KK-StPO/Mayer Rn. 14); er kann daher allen Ermittlungspersonen verbindliche Anweisungen geben (Holland MDR 1973, 376; Katholnigg Rn. 2).

3 Der **spezielle Auftrag** an einen bestimmten Beamten spielt insbes. bei Eile sowie am Tat- o. Augenscheinsort (vgl. → StPO § 161 Rn. 11) u. sonst bei wichtigem Grund eine Rolle. Denn nach dem Sinn des § 152 stehen die Ermittlungspersonen in noch stärkerer Bindung zur StA als andere Polizeibeamte. Auf polizeiliche Präventivmaßnahmen erstreckt sich die Weisungsbefugnis des StA nicht (Hirsch ZRP 1971, 206; → § 161 Rn. 13; → StPO § 163 Rn. 17).

4 **Besondere Verfahrensarten:** Im Ermittlungsverfahren wegen einer Steuerstraftat, das v. der FBeh geführt wird (→ Einl. Rn. 12), gilt § 399 **AO.** Im Bußgeldverfahren haben die Ermittlungspersonen den Anordnungen der VerwB nachzukommen (§ 53 Abs. 1 S. 2 OWiG) u. die gleichen Anordnungsbefugnisse wie im Strafverfahren (§ 53 Abs. 2 OWiG).

4a Im **Zuständigkeitsbereich der EUStA** haben die Ermittlungspersonen der StA den Weisungen u. Aufträgen des Delegierten Europäischen StA Folge zu leisten; dies ergibt sich aus der allg. Verweisungsnorm in § 2 EUStAG (vgl. BT-Drs. 19/17963, 25).

5 **C. Zuständigkeitsbereich.** Der Zuständigkeitsbereich der Ermittlungsperson wird mit der Bestellung allein nicht erweitert; er richtet sich vielmehr nach ihrem allgemein- o. spezialpolizeilichen Hauptamt (RGSt 66, 339; BayObLG NJW 1954, 362; Krause/Nehring StrafVerfR Rn. 57), gleichviel, ob sie auf Anordnung o. aus eigener Entschließung tätig wird (Katholnigg Rn. 5; KK-StPO/Mayer Rn. 7; **aM** SK-StPO/Wohlers Rn. 20; Kramer wistra 1990, 176). Für die zuständigen Ermittlungsperson kann auch, wie beim StA, ein anderer Beamter tätig werden, wenn der Erstere nicht rechtzeitig eingreifen kann (§ 143 Abs. 2).

6 **D. Bestellung (Abs. 2).** Bestellt (Abs. 2) werden die Ermittlungspersonen nach Gruppen, nicht einzeln. Dies geschieht durch **RechtsVOen der Länder (S. 1).** Beamte der Betriebssicherung der Deutschen Post AG können nicht bestellt werden (OLG Hamburg NStZ-RR 1996, 13). In den neuen Bundesländern können auch Angestellte zu Ermittlungspersonen der StA bestellt werden (EV Anl. I Kap. III Sachgebiet A Abschn. III Nr. 1o Abs. 2). Die Ermächtigung haben nach S. 3 auf den JM übertragen: Mecklenburg-Vorpommern durch VO v. 6.6.1991 (GVBl. 170), Rheinland-Pfalz durch VO v. 30.5.1975 (GVBl. 214), Sachsen durch VO v. 9.4.1991 (GVBl. 57) u. Schleswig-Holstein durch VO v. 17.12.1976 (GVOBl. 1977, 1). Die Ermittlungspersonen sind bestellt für Baden-Württemberg durch VO v. 12.2.1996 (GBl. 184), für Bayern durch VO v. 21.12.1995 (GVBl. 1996, 4), für Berlin durch VO v. 6.1.1997 (GVBl. 5), für Brandenburg

durch VO v. 28.12.1995 (GVBl. 1996 II 62), für Bremen durch VO v. 5.2.1991 (GBl. 61), für Hamburg durch VO v. 2.4.1996 (GVBl. 44, 167), für Hessen durch VO v. 15.3.1996 (GVBl. I 114), für Mecklenburg-Vorpommern durch VO v. 2.7.1996 (GVBl. 311), für Niedersachsen durch VO v. 2.10.1997 (GVBl. 423; 1998, 485), für Nordrhein-Westfalen durch VO v. 30.4.1996 (GVBl. 180), für Rheinland-Pfalz durch VO v. 3.9.1975 (GVBl. 375; ÄndVO v. 27.9.1985, GVBl. 222), für das Saarland durch VO v. 11.7.1996 (ABl. 784), für Sachsen durch VO v. 8.6.1991 (GVBl. 209), für Sachsen-Anhalt durch VO v. 9.8.2001 (GVBl. 334), für Schleswig-Holstein durch VO v. 23.11.1995 (GVBl. 391) u. für Thüringen durch VO v. 12.6.1996 (GVBl. 110).

E. Kraft Gesetzes. In den Fällen des § 37 BKAG sind die Vollzugsbeamten des Bundes – also des BKA – u. der Länder Ermittlungspersonen der zuständigen StA, in den Fällen des § 12 Abs. 5 BPolG die der Bundespolizei. Der Zusatz „zuständig" hat praktisch keine Bedeutung. Ermittlungspersonen kraft Gesetzes gibt es ferner zB bei der Finanzverwaltung (§ 404 **AO,** § 37 Abs. 3 AWG, § 37 Abs. 3 S. 2 MOG) u. bei der Forst- u. Jagdverwaltung (§ 25 Abs. 2 BJagdG); vgl. ferner die Regelungen in § 148 Abs. 2 BBergG sowie § 18 Abs. 3 TiefseebergbauG. Dazu kommen noch einige landesrechtliche Regelungen u. § 63 Abs. 1 S. 2 OWiG, auch iVm § 13 Abs. 2 WiStG 1954. 7

F. Rechtsbehelf. Als Rechtsbehelf gegen eine Maßnahme der Ermittlungsperson der StA gibt es die Sachaufsichtsbeschwerde an die StA, für die der Beamte tätig geworden ist (OLG Hamburg NJW 1970, 1700). Über die Dienstaufsichtsbeschwerde, die das Verhalten des Beamten, nicht die eigentliche Sachbearbeitung betr., entscheidet der Dienstvorgesetzte des Beamten (SK-StPO/Wohlers Rn. 25). Zum Antrag auf gerichtliche Entsch. gegen Untersuchungshandlungen der Ermittlungsperson der StA vgl. → **EGGVG** § 23 Rn. 10. 8

Elfter Titel. Geschäftsstelle

[Geschäftsstelle]

153 (1) **Bei jedem Gericht und jeder Staatsanwaltschaft wird eine Geschäftsstelle eingerichtet, die mit der erforderlichen Zahl von Urkundsbeamten besetzt wird.**

(2) [1]**Mit den Aufgaben eines Urkundsbeamten der Geschäftsstelle kann betraut werden, wer einen Vorbereitungsdienst von zwei Jahren abgeleistet und die Prüfung für den mittleren Justizdienst oder für den mittleren Dienst bei der Arbeitsgerichtsbarkeit bestanden hat.** [2]**Sechs Monate des Vorbereitungsdienstes sollen auf einen Fachlehrgang entfallen.**

(3) **Mit den Aufgaben eines Urkundsbeamten der Geschäftsstelle kann auch betraut werden,**

1. **wer die Rechtspflegerprüfung oder die Prüfung für den gehobenen Dienst bei der Arbeitsgerichtsbarkeit bestanden hat,**
2. **wer nach den Vorschriften über den Laufbahnwechsel die Befähigung für die Laufbahn des mittleren Justizdienstes erhalten hat,**
3. **wer als anderer Bewerber nach den landesrechtlichen Vorschriften in die Laufbahn des mittleren Justizdienstes übernommen worden ist.**

(4) [1]**Die näheren Vorschriften zur Ausführung der Absätze 1 bis 3 erlassen der Bund und die Länder für ihren Bereich.** [2]**Sie können auch bestimmen, ob und inwieweit Zeiten einer dem Ausbildungsziel förderlichen sonstigen Ausbildung oder Tätigkeit auf den Vorbereitungsdienst angerechnet werden können.**

(5) [1]**Der Bund und die Länder können ferner bestimmen, daß mit Aufgaben eines Urkundsbeamten der Geschäftsstelle auch betraut werden kann, wer auf dem Sachgebiet, das ihm übertragen werden soll, einen Wissens- und Leistungsstand aufweist, der dem durch die Ausbildung nach Absatz 2 vermittelten Stand gleichwertig ist.** [2]**In den Ländern Brandenburg, Mecklenburg-Vorpommern, Sachsen, Sachsen-Anhalt und Thüringen dürfen solche Personen weiterhin mit den Aufgaben eines Urkundsbeamten der Geschäftsstelle betraut werden, die bis zum 25. April 2006 gemäß Anlage I Kapitel III Sachgebiet A Abschnitt III Nr. 1 Buchstabe q Abs. 1 zum Einigungsvertrag vom 31. August 1990 (BGBl. 1990 II S. 889, 922) mit diesen Aufgaben betraut worden sind.**

1 **A. Geschäftsstelle (Abs. 1).** Die Geschäftsstelle (Abs. 1) ist eine einheitliche Einrichtung des Gerichts bzw. der StA u. untersteht dem Behördenleiter (SK-StPO/Degener Rn. 6). Der Personenkreis, der mit den Aufgaben des UrkB betraut werden kann, ist zu Abs. 2, Abs. 3, Abs. 5 näher umschrieben. Ob die Vorschr. zur Ausführung von Abs. 1–5 als Rechtsnorm o. als Verwaltungsanordnung erlassen werden, bestimmt das Landesrecht (vgl. zB Art. 15 Abs. 1 BayAGGVG iVm VO v. 6.5.1982, GVBl. 271, zul. geänd. durch VO v. 27.10.1999, GVBl. 454; für Bremen vgl. OLG Bremen StV 1984, 109).

2 **B. Aufgaben.** Der Geschäftsstelle obliegen der Geschäftsgang u. die Erledigung der Aufgaben, die weder der Verwaltungsspitze zugeordnet sind noch zum Funktionsbereich des Richters o. des StA gehören. Die Geschäftsstelle bewirkt zB die Zustellungen (§§ 36, 214 StPO).

3 **I. UrkBen.** Die UrkBen sind bes. genannt. Ihre Aufgaben bestehen in der Aufnahme v. Niederschriften (zB §§ 168, 168a, 168b StPO), im Protokolldienst in der HV (§ 271 Abs. 1 StPO), in der Entgegennahme v. Prozesserklärungen einfacher Art zur Niederschrift der Geschäftsstelle (zB nach § 158 StPO) u. in der Führung der Schöffenlisten (§ 49 Abs. 4). Ferner bescheinigt der UrkB die Vollstreckbarkeit des rkr. Urt. (§ 451 Abs. 1 StPO; § 13 Abs. 2–5 StVollstrO). Der UrkB muss nicht dem Gericht angehören, für das er tätig wird (Pfeiffer/Miebach NStZ 1983, 213 – BGH RsprÜ). Auch der Stationsreferendar kann die Aufgaben des UrkB wahrnehmen, wenn das Landesrecht das vorsieht (vgl. BGH NStZ 1984, 327: in Niedersachsen nur auf Anordnung des Behördenleiters; BGH MDR 1985, 862: in Baden-Württemberg im Auftrag des für die Ausbildung Verantwortlichen; OLG Koblenz Rpfleger 1985, 77: in Rheinland-Pfalz im Auftrag des jeweiligen Ausbilders; vgl. auch AV des JM Schleswig-Holstein v. 4.12.1984 (SchlHA 1985, 6): Behördenleiter). Seine – zulässig auch nur mündliche – Betrauung mit der Aufgabe des UrkB muss aber vor Aufnahme der entspr. Tätigkeit ausgesprochen werden (BGH NStZ 2015, 473; NStZ-RR 2014, 278 Cierniak/Zimmermann NStZ-RR 2014, 171 – BGH RsprÜ; OLG Hamburg MDR 1984, 337).

4 **II. Rechtspfleger.** Ein Teil der Erklärungen muss, ein anderer soll v. Rechtspfleger aufgenommen werden (§ 24 **RPflG;** → Einl. Rn. 133). Zu den Aufgaben des UrkB, die v. Rechtspfleger wahrgenommen werden (§ 21 **RPflG**), gehört auch die Festsetzung v. Kosten u. Auslagen im Kostenfestsetzungsverfahren (§ 464b StPO). Nach § 36b **RPflG** ist eine Übertragung v. Rechtspflegeraufgaben auf den UrkB der Geschäftsstelle möglich (dazu Wiedemann NJW 2002, 3448).

5 **C. Übertragung von Aufgaben des UrkB (Abs. 5 S. 1).** Nach Abs. 5 S. 1 können der Bund u. die Länder auch Personen mit den Aufgaben des UrkB betrauen, deren Wissens- u. Leistungsstand dem durch die Ausbildung nach Abs. 2 bzw. Abs. 3 vermittelten gleichwertig ist; die Betrauung kann auch insoweit formlos geschehen, insbes. mündlich ausgesprochen werden (BGH NStZ 2015, 473, dort auch zum notwendigen Revisionsvorbringen). Die Einzelheiten der Betrauung der betroffenen Personen ist grds. nach dem jeweiligen Landesrecht zu beurteilen (BGH NJW 2017, 1126 zu § 20 BremAGGVG: Rechtsreferendare). In den **neuen Bundesländern** können nach **Abs. 5 S. 2** (wie zuvor schon nach dem

EVertr) auch andere als die in § 153 genannten Personen mit den Aufgaben eines UrkB betraut werden (vgl. BGH NStZ-RR 2014, 378), zB in Sachsen Rechtsreferendare (vgl. OLG Dresden StV 2004, 368 Ls.).

Zwölfter Titel. Zustellungs- und Vollstreckungsbeamte

154 *[betrifft Gerichtsvollzieher]*

[Ausschließung des Gerichtsvollziehers]

155 Der Gerichtsvollzieher ist von der Ausübung seines Amts kraft Gesetzes ausgeschlossen:

I. in bürgerlichen Rechtsstreitigkeiten:
1. *[nicht abgedruckt]*
2. *[nicht abgedruckt]*
3. wenn eine Person Partei ist, mit der er in gerader Linie verwandt oder verschwägert, in der Seitenlinie bis zum dritten Grad verwandt oder bis zum zweiten Grad verschwägert ist oder war;

II. in Strafsachen:
1. wenn er selbst durch die Straftat verletzt ist;
2. wenn er der Ehegatte oder Lebenspartner des Beschuldigten oder Verletzten ist oder gewesen ist;
3. wenn er mit dem Beschuldigten oder Verletzten in dem unter Nummer I 3 bezeichneten Verwandtschafts- oder Schwägerschaftsverhältnis steht oder stand.

Zu **II Nr. 1** s. entspr. → **§ 22 Rn. 6–8, zu II Nr. 2** → **§ 22 Rn. 9, § 52 Rn. 5 –5b,** zu **II Nr. 3** iVm I Nr. 3 → § 22 Rn. 10, § 52 Rn. 6. 1

Dreizehnter Titel. Rechtshilfe

Vorbemerkung zu § 156

A. Rechts- und Amtshilfe. Rechts- und Amtshilfe haben sich die Behörden des Bundes u. der Länder gegenseitig zu leisten (Art. 35 GG), zB eine StA der anderen bei der Vernehmung des Beschuldigten o. von Beweispersonen (§ 161a Abs. 4 StPO hat insoweit keine konstitutive Wirkung). Soweit bes. Bestimmungen bestehen, ist die Rechtshilfe in dem darin vorgesehenen Rahmen zu leisten. Um einen solchen Fall handelt es sich bei den §§ 156 ff. Die Rechtshilfe wird auf Ersuchen eines Gerichts v. einem anderen Gericht im Aufgabenbereich des Richters, des Rechtspflegers o. des UrkB (RGSt 46, 175) geleistet. Das ersuchende Gericht muss für die Handlung sachlich zuständig sein (RGSt 52, 21). Die örtliche u. sachliche Zuständigkeit des ersuchten Gerichts ergibt sich aus § 157. 1

In dem Titel über Rechtshilfe sind auch Bestimmungen enthalten, die zT die Amtshilfe betreffen, zB § 162. 2

B. Amtshilfeverlangen einer Behörde. Eine andere Behörde als ein Gericht des Bundes o. eines Landes kann v. einem Gericht Amtshilfe verlangen, soweit es ein G vorsieht. Die Pflicht zur Amtshilfe findet aber ihre Grenze in der Rücksicht auf den betroffenen Bürger, nämlich dort, wo unangemessen in die persönliche Sphäre des einzelnen eingegriffen (Art. 1, 2 GG; → Einl. Rn. 20, 21; Becker NJW 1970, 1075) u. wo sie dem Bund o. einem Land unangemessenen Nachteil bereiten würde (vgl. § 96 StPO). 3

4 **C. Zwischenstaatliche oder supranationale Rechts- und Amtshilfe.** Die zwischenstaatliche oder supranationale Rechts- und Amtshilfe in Strafsachen wird durch den 13. Titel nicht geregelt; vgl. dazu → Einl. Rn. 207 ff.

[Rechtshilfepflicht]

156 Die Gerichte haben sich in Zivilsachen und in Strafsachen Rechtshilfe zu leisten.

1 **A. Rechtshilfepflicht.** Die Rechtshilfepflicht besteht ohne Rücksicht auf das Stadium des Verfahrens. Ihr unterliegen alle Prozesshandlungen, die der Durchführung eines anhängigen Verf. zu dienen bestimmt sind (OLG Frankfurt a. M. NStZ 1981, 191: Akteneinsicht). Der ausführende Richter ist der „ersuchte Richter" (vgl. zB § 223 Abs. 1 StPO).

2 **B. Zulässigkeit.** Die Zulässigkeit des Rechtshilfeersuchens setzt voraus, dass es rechtlich gestattet ist (zB § 223 Abs. 1 StPO); hieran fehlt es zB bei einem Ersuchen um Durchführung der mündlichen Verh. im Haftprüfungsverfahren (OLG München MDR 1958, 181). Vgl. → § 158 Rn. 2.

[Rechtshilfegericht]

157 (1) **Das Ersuchen um Rechtshilfe ist an das Amtsgericht zu richten, in dessen Bezirk die Amtshandlung vorgenommen werden soll.**

(2) [1]**Die Landesregierungen werden ermächtigt, durch Rechtsverordnung die Erledigung von Rechtshilfeersuchen für die Bezirke mehrerer Amtsgerichte einem von ihnen ganz oder teilweise zuzuweisen, sofern dadurch der Rechtshilfeverkehr erleichtert oder beschleunigt wird.** [2]**Die Landesregierungen können diese Ermächtigung durch Rechtsverordnung auf die Landesjustizverwaltungen übertragen.**

1 **A. Funktionelle Zuständigkeit.** Als Rechtshilferichter ist der **Richter beim AG** funktionell zuständig (→ StPO Vor § 1 Rn. 10), der durch die Geschäftsverteilung bestimmt ist (§ 21e Abs. 1 S. 1), auch wenn die Strafsache zur Zuständigkeit eines Gerichts höherer Ordnung gehört. Die Aufgabe des Rechtshilferichters u. des ERs können nach der Geschäftsverteilung einem u. demselben Richter o. gemeinsam mehreren Richtern unter Abgrenzung ihrer Zuständigkeiten übertragen werden.

2 **B. Örtliche Zuständigkeit.** Örtlich zuständig ist das AG, in dessen Bezirk die Handlung vorgenommen werden soll, sei es, dass sie anderswo gar nicht möglich ist, sei es, dass es nach der Natur der Sache zweckmäßig ist, sie in diesem Bezirk vorzunehmen. Bei Vernehmung einer Person ist idR der Gedanke des § 8 StPO zu berücksichtigen. Es kann aber auch auf günstige Verkehrsverbindung zum Gericht, auf den Dienst- o. Geschäftssitz o. auf eine Reisetätigkeit der Person Rücksicht genommen werden (vgl. KK-StPO/Mayer Rn. 3; OLG Hamm MDR 1957, 437); auch die Grenznähe kann zwecks Vernehmung eines im Ausland wohnhaften Zeugen ausreichend sein (OLG Schleswig NStZ 1989, 240; Rose wistra 1998, 13).

3 Sind **mehrere Zeugen** in einer Strafsache zu vernehmen, so kann das Ersuchen um ihre Vernehmung an jedes AG gerichtet werden, das für die Vernehmung eines der Zeugen zuständig ist, falls die Zusammenfassung aus sachgemäßen Zweckmäßigkeitserwägungen angebracht ist, zB zur Ermöglichung einer erforderlichen Gegenüberstellung (§ 58 Abs. 2 StPO; BGH 9.9.1971 – 1 StR 317/71).

4 **Ordnungs- und Zwangsmittel:** Ergibt sich mit Bezug auf das Ersuchen die Notwendigkeit eines Beschl. nach §§ 51, 70, 77, 133, 134 StPO, § 178, so trifft die Entsch. der ersuchte Richter. Ob das ersuchende Gericht für den Eventualfall des

Nichterscheinens der zu vernehmenden Person bei dem ersuchten Richter v. vornherein die Vorführung zu diesem anordnen darf, ist zw. (Frössler NJW 1972, 517).

C. Örtliche Konzentration (Abs. 2). Vgl. zu § 58 sowie in Hamburg VO v. 1.9.1987 (GVBl. 172). 5

[Ablehnung der Rechtshilfe]

158 (1) **Das Ersuchen darf nicht abgelehnt werden.**

(2) [1]**Das Ersuchen eines nicht im Rechtszuge vorgesetzten Gerichts ist jedoch abzulehnen, wenn die vorzunehmende Handlung nach dem Recht des ersuchten Gerichts verboten ist.** [2]**Ist das ersuchte Gericht örtlich nicht zuständig, so gibt es das Ersuchen an das zuständige Gericht ab.**

A. Ersuchen des Gerichts höherer Instanz. Das Ersuchen des Gerichts höherer Instanz, in dessen Bezirk das AG liegt, darf nicht abgelehnt werden, auch wenn das ersuchende Gericht dabei als Gericht des ersten Rechtszugs tätig ist. Das gilt sogar für den Fall, dass das ersuchende Gericht am gleichen Ort seinen Sitz hat (OLG Koblenz OLGSt S. 3). 1

B. In anderen Fällen. In anderen Fällen **ist das Ersuchen abzulehnen,** wenn die gewünschte Handlung ausdr. o. nach dem Sinn der ges. Vorschr. (OLG Frankfurt a. M. NStZ 1981, 191; Löwe/Rosenberg/Franke Rn. 3) verboten ist. Hierfür ist nach hM erforderlich, dass sie schlechthin – *in abstracto* – rechtlich unzulässig ist (BGH NJW 1991, 2936; OLG Düsseldorf NZV 1998, 516; OLG Frankfurt a. M. NJW 1974, 430; OLG Stuttgart NStZ 1987, 43; → StPO § 162 Rn. 14); denn der ersuchte Richter ist nur der „verlängerte Arm" des ersuchenden Richters (BGH JZ 1953, 230). Das Vernehmungsersuchen nach § 233 Abs. 2 StPO darf zB nicht mit der Begründung abgelehnt werden, der Angeklagte habe noch keinen Entbindungsantrag gestellt (OLG Hamm Nds. Rpfl. 1984, 47; vgl. auch BGHSt 25, 42) o. die vorzunehmende Handlung sei nicht zweckmäßig (OLG Düsseldorf MDR 1996, 843; OLG Frankfurt a. M. NStZ-RR 2004, 50; OLG Köln StraFo 2012, 364; **aM** zu § 223 StPO AG Höxter MDR 1992, 893; AG Solingen MDR 1996, 629); auch die Eröffnung eines erweiterten Haftbefehls (→ StPO § 115 Rn. 12) darf nicht abgelehnt werden (OLG Stuttgart Justiz 1997, 140; **aM** OLG Frankfurt a. M. NStZ 1988, 471). Dem Ersuchen, dem Verteidiger Akten in die Kanzlei mitzugeben, muss stattgegeben werden (OLG Karlsruhe Justiz 1986, 50). Jedoch darf der ersuchte Richter, wenn sich ihm irgendwie aufdrängt, dass die tatsächliche Grdl. des Ersuchens mangelhaft ist o. sich inzwischen wesentlich geänd. hat, vor der Ausführung eine Entsch. des ersuchenden Gerichts darüber herbeiführen, ob das Ersuchen zurückgenommen o. geänd. wird (Seetzen NJW 1972, 1190). Ein Verfahrenshindernis, das nicht für das ersuchende Gericht gilt, hindert die Rechtshilfehandlung nicht (→ Einl. Rn. 205). 2

Unzulässig u. daher abzulehnen ist nach der Neufassung des OWiG durch das G v. 26.1.1998 (BGBl. I 156, 340) aber das Ersuchen um kommissarische Vernehmung des Betroffenen im gerichtlichen Bußgeldverfahren (BGHSt 44, 345; OLG Düsseldorf NZV 1998, 516; **aM** OLG Celle VRS 96, 110). 3

C. Amtshilfeersuchen. Bei Amtshilfeersuchen prüft das Gericht nicht nur die rechtlichen, sondern auch – soweit es geboten erscheint – die tatsächlichen Voraussetzungen nach. 4

D. Abgabe wegen örtlicher Unzuständigkeit (Abs. 2 S. 2). Die Abgabe wegen örtlicher Unzuständigkeit (Abs. 2 S. 2) ist nicht bindend; das betroffene Gericht kann sich auch für örtlich unzuständig erklären u. das Gesuch an das v. ihm für zuständig gehaltene Gericht weiterleiten (SK-StPO/Degener Rn. 19; erg. → § 159 Rn. 1). 5

[Entscheidung des Oberlandesgerichts]

159 (1) [1] **Wird das Ersuchen abgelehnt oder wird der Vorschrift des § 158 Abs. 2 zuwider dem Ersuchen stattgegeben, so entscheidet das Oberlandesgericht, zu dessen Bezirk das ersuchte Gericht gehört.** [2] **Die Entscheidung ist nur anfechtbar, wenn sie die Rechtshilfe für unzulässig erklärt und das ersuchende und das ersuchte Gericht den Bezirken verschiedener Oberlandesgerichte angehören.** [3] **Über die Beschwerde entscheidet der Bundesgerichtshof.**

(2) **Die Entscheidungen ergehen auf Antrag der Beteiligten oder des ersuchenden Gerichts ohne mündliche Verhandlung.**

1 **A. Nachprüfung nach Abs. 1 S. 1.** Die Nachprüfung nach Abs. 1 S. 1 setzt einen Antrag eines Bet. o. des ersuchenden Gerichts voraus, wie sich aus Abs. 2 ergibt. Sie bezieht sich nur darauf, ob die abl. o. stattgebende Entsch. dem § 158 entspr. (OLG Nürnberg MDR 1968, 946; **aM** Katholnigg Rn. 2). Eine teilw. Ablehnung kann in dem Streit über die Art der Ausführung des Ersuchens enthalten sein (BGH NJW 1958, 1310; OLG Düsseldorf NStZ 1989, 39), zB bei Meinungsverschiedenheiten über die Verpflichtung zur Festsetzung der Entschädigung für Zeugen o. Sachverständige. Eine Ablehnung ist auch gegeben, wenn das ersuchte Gericht die Sache an das nach seiner Auff. örtlich zuständige Gericht gem. § 158 Abs. 2 S. 2 abgibt, dies das Ersuchen aber wieder zurückgibt u. das ersuchte Gericht sich weiterhin weigert, das Ersuchen auszuführen (OLG Frankfurt a. M. NStZ-RR 2004, 50). § 159 geht §§ 14, 19 StPO vor (OLG Frankfurt a. M. NStZ-RR 2004, 50).

2 **B. Rechtshilfefall.** Einen Rechtshilfefall setzt § 159 voraus. Daran fehlt es bei Versagung der Zustimmung nach § 166 (→ § 166 Rn. 2). Gegen die Verweigerung der Amtshilfe durch den Richter ist, soweit das Landesrecht nichts anderes bestimmt, die Beschwerde nach § 304 StPO zulässig, wie zB gegen die Ablehnung eines Ersuchens nach § 162 StPO. Auf dem Gebiet der Strafvollstreckung ist nur die Dienstaufsichtsbeschwerde an die Aufsichtsbehörde zulässig.

3 **C. Verfahren.** Den Bet. ist rechtliches Gehör zu gewähren (Kissel/Mayer Rn. 14; einschr. Katholnigg Rn. 4). Das AG kann abhelfen. Die Entsch. des OLG ist den Bet. mitzuteilen. Sie ist stets unanfechtbar, wenn sie die Rechtshilfe für zulässig erklärt; sonst entscheidet der BGH (Becker NStZ-RR 2003, 97 – BGH RsprÜ).

[Vollstreckungen, Ladungen, Zustellungen]

160 **Vollstreckungen, Ladungen und Zustellungen werden nach Vorschrift der Prozeßordnungen bewirkt ohne Rücksicht darauf, ob sie in dem Land, dem das Prozeßgericht angehört, oder in einem anderen deutschen Land vorzunehmen sind.**

1 **A. Vollstreckung.** Vollstreckt werden Anordnungen des Richters u. der StA auch in einem anderen Land der BRD (OLG Karlsruhe NJW 1969, 1546), auch schon im Ermittlungsverfahren, zB Beschlagnahme u. Durchsuchung (→ Einl. Rn. 43), Haft- u. Vorführungsbefehle (KG JR 1976, 253); ebenso die allg. Beschlagnahme v. Schriften (§§ 111m, 111n StPO; → StPO § 111n Rn. 5). Das gilt auch, wenn die Anordnung auf Landesrecht beruht. Für Freiheitsstrafen gelten die §§ 162, 163.

2 **B. Ladungen und Zustellungen.** Auch für Ladungen und Zustellungen erstreckt sich der Wirkungsbereich des Gerichts u. der StA auf den ganzen Geltungsbereich des Gesetzes.

3 **C. Unmittelbare Bewirkung.** Die unmittelbare Bewirkung der bezeichneten Maßnahme im ganzen Geltungsbereich des Gesetzes gestattet § 160, ohne dass es

eines Ersuchens um Amtshilfe nach § 157 Abs. 1 bedarf (Löwe/Rosenberg/Franke Rn. 1; Zender NJW 1991, 2947).

[Vermittlung bei Beauftragung eines Gerichtsvollziehers]

161 **[1] Gerichte, Staatsanwaltschaften und Geschäftsstellen der Gerichte können wegen Erteilung eines Auftrags an einen Gerichtsvollzieher die Mitwirkung der Geschäftsstelle des Amtsgerichts in Anspruch nehmen, in dessen Bezirk der Auftrag ausgeführt werden soll. [2] Der von der Geschäftsstelle beauftragte Gerichtsvollzieher gilt als unmittelbar beauftragt.**

[Vollstreckung von Freiheitsstrafen]

162 **Hält sich ein zu einer Freiheitsstrafe Verurteilter außerhalb des Bezirks der Strafvollstreckungsbehörde auf, so kann diese Behörde die Staatsanwaltschaft des Landgerichts, in dessen Bezirk sich der Verurteilte befindet, um die Vollstreckung der Strafe ersuchen.**

A. Freiheitsstrafen. § 162 gilt auch für freiheitsentziehende Maßregeln der Besserung u. Sicherung (§ 463 Abs. 1 StPO). Das Ersuchen u. seine Ausführung sind dem Rechtspfleger übertragen (§ 31 Abs. 2 S. 1 **RPflG**). 1

B. Vollstreckung von Ordnungs- und Zwangsmitteln. Die Vollstreckung von Ordnungs- und Zwangsmitteln, also auch v. Ordnungshaft (Art. 6, 7 **EGStGB**), ist nach § 31 Abs. 3 **RPflG** auf den Rechtspfleger des Gerichts übertragen, soweit sich nicht der Richter im Einzelfall die Vollstreckung ganz o. teilw. vorbehält. Für ein Vollstreckungsersuchen an eine StA ist daher kein Raum; jedoch kann hier nach den §§ 156, 157 verfahren werden, wobei bei fehlendem Zuständigkeitsvorbehalt des Richters auf beiden Seiten der Rechtspfleger tätig wird. 2

C. Ländervereinbarung. Nach Ländervereinbarung v. 13.1.1965 zur Vereinfachung u. Beschleunigung der Strafvollstreckung (abgedr. bei Piller/Herrmann Nr. 2b Anh. 1) können die VollstrBen Freiheitsstrafen unmittelbar durch Einweisung in die Vollzugsanstalten eines anderen Landes vollstrecken. 3

[Vollstreckung, Ergreifung, Ablieferung außerhalb des Gerichtsbezirks]

163 **Soll eine Freiheitsstrafe in dem Bezirk eines anderen Gerichts vollstreckt oder ein in dem Bezirk eines anderen Gerichts befindlicher Verurteilter zum Zwecke der Strafverbüßung ergriffen und abgeliefert werden, so ist die Staatsanwaltschaft bei dem Landgericht des Bezirks um die Ausführung zu ersuchen.**

Vgl. → § 162 Rn. 1. 1

[Kostenersatz]

164 (1) **Kosten und Auslagen der Rechtshilfe werden von der ersuchenden Behörde nicht erstattet.**

(2) **Gebühren oder andere öffentliche Abgaben, denen die von der ersuchenden Behörde übersendeten Schriftstücke (Urkunden, Protokolle) nach dem Recht der ersuchten Behörde unterliegen, bleiben außer Ansatz.**

Vgl. dazu BVerwG Rpfleger 1991, 473. 1

165 (weggefallen)

[Amtshandlungen außerhalb des Gerichtsbezirks]

166 **Ein Gericht darf Amtshandlungen im Geltungsbereich dieses Gesetzes auch außerhalb seines Bezirks vornehmen.**

1 **A. Amtshandlungen.** Es kommen sowohl Amtshandlungen, die an sich auch im Wege der Rechtshilfe vorgenommen werden könnten (vgl. §§ 223, 225 StPO) als auch andere Tätigkeiten in Betracht. So darf das Gericht auch die ganze HV außerhalb seines Bezirks durchführen (BGHSt 22, 250; SK-StPO/Degener Rn. 5).

2 **B. Zustimmung.** Zustimmung des Gerichts des anderen Bezirkes o. Gefahr im Verzug ist nach der Neufassung der Vorschr. durch das Rechtspflege-Vereinfachungsgesetz (BGBl. 1990 I 2847 (2855)) nicht mehr erforderlich.

3 **C. Sitz des Gerichts.** Über den Sitz des Gerichts sagt § 166 nichts aus. Das Gericht kann seinen Sitz außerhalb seines Bezirks haben (zB LG München II, das in der Stadt München, dem Bezirk des LG München I liegt), bei entspr. Staatsvertrag auch in einem anderen Bundesland.

4 **D. StA.** Auch die StA darf ohne weiteres in anderen Bezirken tätig werden, auch über die Grenzen der Bundesländer hinweg (Loh MDR 1970, 812).

[Verfolgung von Flüchtigen über Landesgrenzen]

167 (1) **Die Polizeibeamten eines deutschen Landes sind ermächtigt, die Verfolgung eines Flüchtigen auf das Gebiet eines anderen deutschen Landes fortzusetzen und den Flüchtigen dort zu ergreifen.**

(2) **Der Ergriffene ist unverzüglich an das nächste Gericht oder die nächste Polizeibehörde des Landes, in dem er ergriffen wurde, abzuführen.**

1 **A. Flüchtiger.** Auch ein schon Verurteilter o. ein auf frischer Tat Verfolgter (dazu iE Heinrich NStZ 1996, 362). Ohne die Voraussetzungen des Abs. 1 dürfen Polizeibeamte in dem Gebiet eines anderen Landes aufgrund einer Vereinbarung zwischen den Ländern tätig werden (→ StPO § 163 Rn. 8); zur Verfolgung über das Gebiet der BRD hinaus vgl. → StPO § 163 Rn. 8a.

2 **B. Polizeibeamte. Ermittlungspersonen der StA** (§ 152) sind wegen § 143 nicht an § 167 gebunden (SK-StPO/Degener Rn. 6; Heinrich NStZ 1996, 362). Dasselbe gilt für Polizeibeamte des Bundes, vgl. § 37 Abs. 1 BKAG, § 12 Abs. 5 BPolG. Für Strafvollzugsbeamte treffen die StVollzGe der Länder entspr. Regelungen (zB § 82 SächsStVollzG, Art. 95 BayStVollzG).

3 **C. Art und Dauer.** Art und Dauer der Verfolgung sind gleichgültig; die Verfolgung darf auch über mehrere Landesgrenzen gehen (Heinrich NStZ 1996, 363).

[Mitteilung von Akten]

168 **Die in einem deutschen Land bestehenden Vorschriften über die Mitteilung von Akten einer öffentlichen Behörde an ein Gericht dieses Landes sind auch dann anzuwenden, wenn das ersuchende Gericht einem anderen deutschen Land angehört.**

Vierzehnter Titel. Öffentlichkeit und Sitzungspolizei

[Öffentlichkeit]

169 (1) [1]**Die Verhandlung vor dem erkennenden Gericht einschließlich der Verkündung der Urteile und Beschlüsse ist öffentlich.** [2]**Ton- und Fernseh-Rundfunkaufnahmen sowie Ton- und Filmaufnahmen**

zum Zwecke der öffentlichen Vorführung oder Veröffentlichung ihres Inhalts sind unzulässig. [3]Die Tonübertragung in einen Arbeitsraum für Personen, die für Presse, Hörfunk, Fernsehen oder für andere Medien berichten, kann von dem Gericht zugelassen werden. [4]Die Tonübertragung kann zur Wahrung schutzwürdiger Interessen der Beteiligten oder Dritter oder zur Wahrung eines ordnungsgemäßen Ablaufs des Verfahrens teilweise untersagt werden. [5]Im Übrigen gilt für den in den Arbeitsraum übertragenen Ton Satz 2 entsprechend.

(2) [1]**Tonaufnahmen oder Ton- und Filmaufnahmen der Verhandlung einschließlich der Verkündung der Urteile und Beschlüsse können zu wissenschaftlichen und historischen Zwecken von dem Gericht zugelassen werden, wenn es sich um ein Verfahren von herausragender zeitgeschichtlicher Bedeutung handelt. [2]Zur Wahrung schutzwürdiger Interessen der Beteiligten oder Dritter oder zur Wahrung eines ordnungsgemäßen Ablaufs des Verfahrens können die Aufnahmen teilweise untersagt werden. [3]Die Aufnahmen sind nicht zu den Akten zu nehmen und dürfen weder herausgegeben noch für Zwecke des aufgenommenen oder eines anderen Verfahrens genutzt oder verwertet werden. [4]Sie sind vom Gericht nach Abschluss des Verfahrens demjenigen zuständigen Bundes- oder Landesarchiv zur Übernahme anzubieten, das nach dem Bundesarchivgesetz oder einem Landesarchivgesetz festzustellen hat, ob den Aufnahmen ein bleibender Wert zukommt. [5]Nimmt das Bundesarchiv oder das jeweilige Landesarchiv die Aufnahmen nicht an, sind die Aufnahmen durch das Gericht zu löschen.**

(3) [1]**Abweichend von Absatz 1 Satz 2 kann das Gericht für die Verkündung von Entscheidungen des Bundesgerichtshofs in besonderen Fällen Ton- und Fernseh-Rundfunkaufnahmen sowie Ton- und Filmaufnahmen zum Zwecke der öffentlichen Vorführung oder der Veröffentlichung ihres Inhalts zulassen. [2]Zur Wahrung schutzwürdiger Interessen der Beteiligten oder Dritter sowie eines ordnungsgemäßen Ablaufs des Verfahrens können die Aufnahmen oder deren Übertragung teilweise untersagt oder von der Einhaltung von Auflagen abhängig gemacht werden.**

(4) **Die Beschlüsse des Gerichts nach den Absätzen 1 bis 3 sind unanfechtbar.**

Übersicht

1 **A. Öffentlichkeitsmaxime.** Ganz überw. dem **Informationsinteresse der Allgemeinheit** dient die Öffentlichkeitsmaxime (vgl. Kleinknecht FS Schmidt-Leichner, 1977, 112). Dabei steht heute die Massenmedienöffentlichkeit im Vordergrund, was zul. im „Gesetz zur Erweiterung der Medienöffentlichkeit in Gerichtsverfahren" v. 8.10.2017 mit der Einf. von Abs. 1 S. 3–5 sowie Abs. 2–4 seinen Ausdruck gefunden hat. Die staatstheoretische Begründung (öffentl. Kontrolle u. Schutz vor Willkür) hat heute ihre Bedeutung im Wesentlichen verloren (vgl. Franke StraFo 2014, 362). Das Informationsinteresse schließt mittelbar den Zweck ein, dass die Rspr. in die Rechtsgemeinschaft hineinwirkt (SSW StPO/Quentin Rn. 2) u. das Recht lebendig erhält (zum Ganzen Gierhake JZ 2013, 1030) Die Öffentlichkeitsmaxime ist nicht im GG (anders zB Art. 90 BayVerf) verankert, aber in den durch S. 2 aufgezeigten Grenzen eine grdl. Einrichtung des Rechtsstaates u. Prozessmaxime für die HV (BGHSt 22, 297 (301); Holtz MDR 1980, 273 – BGH RsprÜ; → StPO § 338 Rn. 46). Jedoch muss sie sich heute Abstriche zum verfassungsrechtlich gewährleisteten Schutz der Persönlichkeitssphäre des Angeklagten o. anderer Personen gefallen lassen (§§ 171b, 172 Nr. 2, 3).

1a Ein **Bedeutungswandel** der Öffentlichkeitsmaxime kommt in diesen Vorschr. zum Ausdruck (vgl. etwa Trüg NJW 2011, 1040: Schutz des Beschuldigten statt *durch* nun *vor* Öffentlichkeit). Für alle HVen gilt die Öffentlichkeitsmaxime, auch für die HV vor dem Revisionsgericht (§ 351 StPO) nicht auch für andere gerichtliche Verh. (OLG Koblenz VRS 61, 270: kommissarische Vernehmung), auch nicht für solche, die außerhalb der HV vorgenommen werden dürfen (BGH NStZ 2002, 106), wie zB Verh. über Ablehnungsanträge (BGH NStZ 1996, 398) u. über den Ausschluss des Verteidigers (erg. → StPO § 138d Rn. 1). Die §§ 175 Abs. 1, 176, 177 bedeuten keine Einschränkung, sondern eine Konkretisierung der Öffentlichkeitsmaxime. Das Vertrauen in eine Terminsankündigung umfasst der Öffentlichkeitsgrundsatz nicht (BGH NStZ 1984, 134; Cierniak NStZ-RR 2009, 35 – BGH RsprÜ).

2 **B. Jugendstrafverfahren.** Gegen Jugendliche, dh gegen Angeklagte, die zzt. der Tat Jugendliche waren (§ 1 Abs. 2 **JGG**), ist die HV beim JugG (einschließlich der Verkündung der Entsch.) nicht öffentl. (§ 48 Abs. 1, Abs. 2 **JGG**). Das gilt auch für das Berufungsgericht (RGSt 59, 375), nicht aber für die Revisionsgerichte (**aM** BGH BeckRS 2004, 2479; Löwe/Rosenberg/Krauß Rn. 17 mwN), da diese keine JugGe sind. Hat der Angeklagte die Tat o. die Taten teils vor u. teils nach Vollendung des 18. Lebensjahres begangen, so gilt § 48 **JGG** ebenfalls u. zwar auch dann noch, wenn in der HV das Verf. wegen der Jugendtaten nach § 154 Abs. 2 StPO eingestellt worden ist (BGHSt 44, 43). Nur wenn er die Taten ausschl. in der Altersstufe des Heranwachsenden begangen hat, gilt § 109 Abs. 1 S. 4 **JGG** (BGHSt 22, 21). Durch bes. Beschl. kann die Öffentlichkeit ausgeschlossen werden, wenn neben dem Jugendlichen zugleich Heranwachsende o. Erwachsene angeklagt sind, u. zwar nach § 48 Abs. 3 S. 2 **JGG** o. nach § 109 Abs. 1 S. 4 **JGG** o. nach § 172. Die allg. Regeln über Öffentlichkeit gelten für Verf. gegen Jugendliche vor den für die allg. Strafsachen zuständigen Gerichten (§ 104 Abs. 1 **JGG**) u. für die HV vor einem JugG ausschl. gegen Erwachsene (§§ 26, 74b; BGH MDR 1955, 246).

2a **C. Vollstreckungsverfahren.** Der Grundsatz gilt **nicht im Vollstreckungsverfahren,** jedoch kann einzelnen Personen gem. § 175 Abs. 2 S. 1 der Zutritt gestattet werden (KG StraFo 2019, 372).

3 **D. Unmittelbare und beschränkte mittelbare Öffentlichkeit.** Die Öffentlichkeit iSd § 169 besteht darin, dass jedermann aus dem Publikum ohne Rücksicht auf seine Gesinnung o. seine Zugehörigkeit zu einer bestimmten Bevölkerungsgruppe sich **ohne bes. Schwierigkeit Kenntnis v. Ort u. Zeit der Verh.** verschaffen kann (Dallinger DAR 1981, 195 – BGH RsprÜ; BayObLG GA 1970, 242; OLG Schleswig StraFo 2022, 192; OLG Köln VRS 66, 209) u. dass ihm iRd tatsächlichen Gegebenheiten (BGHSt 24, 72) der Zutritt eröffnet wird (BVerfG NJW 2002, 814; BGHSt 21, 72 (73); 28, 341 (343); BayObLG NJW 1982, 395;

OLG Hamm VRS 64, 451; erg. → Rn. 6, → StPO § 338 Rn. 46 ff.), nicht aber, dass er auch alle Vorgänge im Sitzungssaal erkennen kann (zB Inaugenscheinnahme einer Urk.: Miebach/Kusch NStZ 1991, 122 – BGH RsprÜ; krit. SK-StPO/Velten Rn. 14). Geringfügige Erschwerungen des Zutritts sind unschädlich (BGHSt 24, 72 (74); OLG Hamm VRS 64, 451). Ausnahmsweise ist der Öffentlichkeitsgrundsatz aber auch dann verletzt, wenn die physische Möglichkeit des Zutritts zwar besteht, aber im unmittelbaren Bereich des Zugangs zum Verhandlungsraum starke psychische Hemmungsschwellen errichtet sind (vgl. BGH NJW 1980, 249; OLG Hamm VRS 64, 451; Kissel/Mayer Rn. 40; → Rn. 7). Die „mittelbare" Öffentlichkeit, die durch Massenmedien vermittelt wird (→ Rn. 1), findet nur insoweit Berücksichtigung, als das räumliche – bzw. akustische (s. nunmehr Abs. 1 S. 3 bei der Übertragung in einen Arbeitsraum) – Dabeisein den einzelnen Personen ermöglicht, über das Gehörte u. Gesehene Berichte an andere o. das Publikum gelangen zu lassen.

I. Wahrung der Öffentlichkeit. Für die Wahrung der Öffentlichkeit ist es erforderlich, dass im Sitzungssaal Zuhörer in einer Anzahl, in der sie noch als Repräsentanten einer keiner bes. Auswahl unterliegenden Öffentlichkeit angesehen werden können, Platz finden (BGHSt 5, 75 (83); BayObLG NJW 1982, 395; OLG Hamburg VRS 24, 437). Bei Verh. im Richterzimmer ist die Öffentlichkeit daher nicht gewahrt, wenn nur ein Zuhörer Platz findet (OLG Köln NStZ 1984, 282). Ferner müssen die Zuhörer in der Reihenfolge ihrer Ankunft eingelassen werden, selbst wenn zB eine Schulklasse erscheint, die den ganzen Zuhörerraum ausfüllt; dieses Reihenfolgeprinzip darf nicht durch Platzreservierung beeinträchtigt werden. Im Hinblick auf die Bedeutung der Presse (Art. 5 GG; → Rn. 1) ist es aber zulässig, ihr eine bestimmte Anzahl v. Plätzen vorzubehalten (Foth DRiZ 1980, 103). 4

Vor dem Verhandlungsraum muss nicht notwendig **ein Sitzungszettel** angebracht sein (KG StraFo 2023, 197; OLG Zweibrücken VRS 30, 205); auch der Zeitpunkt der Fortsetzung einer unterbrochenen HV in demselben Saal des Gerichtsgebäudes, aber zu späterer Uhrzeit desselben Tages muss auf dem ausgehängten Terminsverzeichnis nicht vermerkt werden (OLG Hamm NStZ 2013, 64). In großen oder unübersichtlichen Gerichtsgebäuden genügt ein Aushang im Eingangsbereich (KG NStZ 2023, 704). Andererseits genügt es grds. nicht, dass Zeit u. Ort der (Weiter-)Verh. auf der Geschäftsstelle erfragt werden können (OLG Hamburg VRS 24, 437), es sei denn, es handele sich um ein kleines, leicht überschaubares Gerichtsgebäude (OLG Koblenz NZV 2011, 266 mwN; vgl. auch BGH NStZ-RR 2016, 245). Für den Fall, dass die Verh. in einem anderen als dem ursprünglichen Sitzungssaal stattfindet, ist nicht nur an dem neuen, sondern auch an dem ursprünglich vorgesehenen Raum ein Aushang anzubringen (OLG Koblenz NZV 2011, 266; BayObLG BeckRS 2023, 219). Besondere Hinweise sind notwendig, wenn die HV nicht in den gewohnten Räumen stattfindet (OLG Dresden DAR 2009, 212; OLG Hamburg GA 1964, 24; OLG Hamm NJW 1960, 785; OLG Oldenburg MDR 1979, 518; erg. → Rn. 6). 4a

II. Grenzen der Öffentlichkeitsmaxime. Eine Schranke findet die Öffentlichkeitsmaxime dort, wo eine **geordnete Verh. nicht mehr durchführbar wäre,** zB wegen Raummangels (BGHSt 24, 72; BGH NJW 1959, 899; BayObLG NJW 1982, 395; OLG Köln VRS 50, 370) o. wegen gesundheits- o. gewerbepolizeilicher Sicherheitsvorschriften bei der Einnahme des Augenscheins (BGHSt 21, 72 (73)), bei der die Öffentlichkeit ohnehin in den gegebenen Verhältnissen eine natürliche Schranke findet (BGHSt 5, 83; RGSt 52, 137) o. bei Sicherungsmaßnahmen zur Abwehr v. Ansteckungsgefahren, solange der Öffentlichkeitsgrundsatz in seinem Kern erhalten bleibt (Covid-19: zB Verknappungen der Sitzkapazitäten zur Einhaltung des Abstandsgebotes; s. Poseck DRiZ 2020, 288 (289); vgl. auch OVG Schleswig NJW 2020, 3127). Das Verlassen der häuslichen Unterkunft zur Teilnahme an öffentl. Gerichtsverhandlungen stellt nach einer Entsch. des BGH angesichts der Bedeutung des Öffentlichkeitsgrundsatzes einen unbenannten „triftigen Grund" iSv Ausnahmeregelungen in Allgemeinverfügungen auf der Grdl. 5

des Infektionsschutzgesetzes zur Eindämmung der COVID-19 Pandemie dar (BGH NStZ-RR 2021, 83; krit. dazu Jahn JuS 2021, 274 (276)); jedenfalls dürfte es in den einschlägigen Fällen regelmäßig an einem Verschulden des Gerichts fehlen (→ § 338 Rn. 49; BGH BeckRS 2021, 3211; dahingestellt v. BGH NStZ-RR 2021, 83).

5a Der Zutritt muss nur nach **Maßgabe der räumlichen Möglichkeiten** u. örtlichen Verhältnisse gewährt werden (BGHSt 21, 72; 27, 13; BGHSt NJW 2006, 1220; → Rn. 3). Der ungestörte Ablauf der Verh. ist ebenso wichtig wie die Kontrolle des Verfahrensgangs durch die Allgemeinheit (BVerfG NJW 2012, 1863; BGHSt 24, 72 (74); 27, 13 (15); 29, 258 (259 ff.); BGH NStZ 1984, 134). Wenn die zur Vfg. stehenden Gerichtssäle die Zahl derer nicht fassen, die an dem Prozess als Zuhörer teilnehmen wollen, darf die HV nicht in eine Stadthalle, ein Auditorium Maximum, einen Ballsaal o. in ein Freilichttheater verlegt werden (Roxin FS Peters, 1974, 400). Schon die Ausdehnung der Öffentlichkeit auf Flure um den Gerichtssaal herum iVm Lautsprecherübertragung ist unzulässig (Roxin FS Peters, 1974, 400; Lesch StraFo 2014, 358). Solche Öffentlichkeitserweiterungen über den Gerichtssaal hinaus würden den Angeklagten zum Schauobjekt degradieren, was seiner Menschenwürde u. auch dem Sinn des S. 2 zuwiderliefe. Erforderlichenfalls kommt für die Vertreter der Medien nach Abs. 1 S. 3 die Tonübertragung in einen Arbeitsraum in Betracht (→ Rn. 17 ff.). Gegen die Ausgabe v. Einlasskarten in der auf den Gerichtssaal zugeschnittenen Zahl bestehen keine Bedenken; die Karten müssen aber nach dem Prioritätsprinzip vergeben werden (Roxin FS Peters, 1974, 400).

6 Zuweilen muss die HV ganz oder teilweise **außerhalb des Gerichtsgebäudes** (o. in einem anderen Sitzungssaal, dazu OLG Dresden StV 2009, 682) stattfinden, zB in einem Privat- o. Krankenhaus (etwa weil der Zeuge bettlägerig ist), zur Einnahme eines Augenscheins auf öffentl. Straße (zB am Rande einer Autobahn, OLG Köln NJW 1976, 637) o. auch in einer JVA. Wird dadurch in ein Hausrecht eingegriffen, so muss der Vorsitzende die erforderliche Erlaubnis einholen; wird sie versagt, muss der Öffentlichkeitsgrundsatz zurücktreten (BGHSt 40, 191; Tolksdorf DAR 2000, 207 – BGH RsprÜ; **aM** Lilie NStZ 1993, 121), bei Erteilung der Erlaubnis muss der Vorsitzende sicherstellen, dass die Öffentlichkeit gewahrt wird (Foth JR 1979, 262). So muss zB bei Verh. in der Wohnung des Angeklagten dort ein „Terminszettel" angebracht werden (OLG Köln NStZ-RR 1999, 335); im Gerichtsgebäude selbst ist für jedermann erkennbar darauf hinzuweisen, wann u. wo verhandelt wird (BGH NStZ 1981, 311; OLG Düsseldorf NJW 1983, 2514; OLG Hamm StV 2000, 659; 2002, 474; OLG Köln StV 1992, 222).

6a Bei Fortsetzung der Verh. **außerhalb des Gerichtsgebäudes** kann es aber auch genügen, dass Ort u. Zeit der Fortsetzung in der Verh. bekanntgegeben u. dort nicht anwesenden Interessenten Auskunft gegeben wird (Becker NStZ-RR 2006, 261 – BGH RsprÜ). Das gilt insbes. für Augenscheinseinnahmen außerhalb des Gerichts (BGHR StPO § 338 Nr. 6 Ortstermin 1, 2, 3; BayObLG NStZ-RR 2001, 49; OLG Karlsruhe MDR 1981, 692; OLG Köln StV 1984, 275; weitergehend OLG Celle StV 1987, 287). Im Anschluss an eine solche Augenscheinseinnahme kann die Verh. im dortigen AG-Gebäude o. an anderer Stelle fortgesetzt werden, auch wenn das ursprünglich nicht angekündigt war (BGH NStZ 1984, 470; 2002, 46). Bei Verh. in einer JVA (zB zur Zeugenvernehmung) genügt es nicht, dem Aufsichtspersonal den Zutritt zu ermöglichen (BGH NJW 1979, 770). Die Wahrung der Sicherheit u. Ordnung kann jedoch die Beschränkung der Zahl der Zuhörer durch den Vorsitzenden (BGHSt 5, 75 (83)), eine Ausweiskontrolle o. gar die Durchsuchung der Zuhörer notwendig machen (BGH JR 1979, 261; → Rn. 7; → § 176 Rn. 7). Dass auch bei beschränkten räumlichen Verhältnissen einige (nicht alle) Plätze für Pressevertreter freigehalten werden, ist nicht zu beanstanden (BGH NJW 2006, 1220 = JR 2006, 389 mzustAnm Humberg). Zum Ausschluss der Öffentlichkeit wegen Gefährdung der öffentl. Ordnung vgl. → § 172 Rn. 3.

III. Kontrollmaßnahmen. Kontrollmaßnahmen sind zulässig, weil die ungestörte Verh. ebenso wesentlich ist wie ihre Kontrolle durch die Öffentlichkeit (→ Rn. 5). Nicht jede mögliche psychologische Hemmungsschwelle kommt einer Verwehrung des Zutritts gleich (BGH NJW 1980, 249); dies gilt gerade auch für Eingangskontrollen u. sitzungspolizeilichen Maßnahmen iRd COVID-19 Pandemie. Hat der Vorsitzende eine Maßnahme zur Kontrolle der Zuhörer angeordnet (zB Ausweiskontrolle, Durchsuchung auf Waffen, gefährliche Gegenstände u. Wurfgegenstände; → § 176 Rn. 5), darf die HV erst beginnen, sobald die rechtzeitig zum angesetzten Termin erschienenen Zuhörer den Sitzungssaal betreten haben; die Verzögerung des Eintritts später erschienener Personen schadet nicht (BGHSt 28, 341). Die Fortsetzung der Verh. ist bereits zulässig, wenn ein Zutritt zum Sitzungssaal überhaupt eröffnet ist, auch bei durch die Kontrollmaßnahmen verzögerter Eintrittsmöglichkeit (BGHSt 29, 258 (261)); das gilt auch für den Fall, dass Kontrollmaßnahmen während der Sitzung erforderlich werden (Pfeiffer/Miebach NStZ 1984, 18 – BGH RsprÜ). Wird dem Vorsitzenden bekannt, dass der freie Zugang (→ Rn. 4) durch nicht v. ihm angeordnete Maßnahmen verhindert wird, so muss er auf Abhilfe hinwirken, notfalls die HV aufschieben (BGH NJW 1980, 249). 7

E. Ton- und Fernseh-Rundfunkaufnahmen (Abs. 1 S. 2). Ton- und Fernseh-Rundfunkaufnahmen (Abs. 1 S. 2) dürfen in der HV – anders als etwa bei int. Strafgerichten, zB dem IStGH (vgl. Regulation 21 of the Regulations of the Court) – grds. nicht gemacht werden (zu Abs. 1 S. 3 aber → Rn. 17 ff.). Die Vorschr. ist verfassungsgemäß (BVerfGE 103, 44; vgl. auch BVerfG NJW 1996, 581); für die Verh. vor dem BVerfG ist S. 2 durch § 17a BVerfGG eingeschränkt. Von diesem Verbot darf weder der Vorsitzende noch das Gericht eine Ausnahme zulassen, auch nicht für die Urteilsverkündung (BGHSt 22, 83). Denn mit dem Erfordernis der Öffentlichkeit ist nicht die Verbreitung des gesprochenen Wortes o. des Gebarens der Bet. durch den Rundfunk an eine unbestimmte Vielzahl v. Menschen gemeint (vgl. BGHSt 16, 111; Dahs NJW 1961, 1755; Eb. Schmidt JZ 1962, 221). S. 2 gilt nur für die Verh. selbst, auch für Ortsbesichtigungen (BGHSt 36, 119). 8

Abs. 1 S. 2 gilt dagegen nicht während einer Verhandlungspause (BGHSt 23, 123) u. vor u. nach der Verhandlung. Insoweit genießen Ton- u. Bildaufnahmen den Schutz der Presse- u. Rundfunkfreiheit; Aufnahmen ausschließende bzw. begrenzende sitzungspolizeiliche Maßnahmen des Vorsitzenden bedürfen daher konkreter, auf die Gesichtspunkte der Sitzungsleitung bezogener Gründe, welche in der Entsch. darzulegen sind (vgl. BVerfG 91, 125 (138 f.); 119, 309 (321); StV 2015, 201). Regelmäßig muss die Übertragung der Abb. der **Mitglieder des Gerichts, der StA und der Verteidigung** gestattet werden (BVerfG StV 2015, 201; NJW 2000, 2890; 2008, 977; StraFo 2007, 284 mablAnm J. Eisenberg; abl. auch Ernst NJW 2001, 1624), notfalls aber in anonymisierter Form der Gesichter, wenn die Veröff. v. Abb. eine erhebliche Belästigung o. eine Gefährdung ihrer Sicherheit durch Übergriffe Dritter bewirken kann (BVerfG JR 2002, 409). Bei der Ablichtung v. **Angeklagten, Zeugen und Sachverständigen** ist eine Abwägung vorzunehmen, in die die Pressefreiheit einerseits und andererseits der Schutz des allg. Persönlichkeitsrechts der Bet. sowie die Funktionstüchtigkeit der Rechtspflege, insbes. die ungestörte Wahrheits- u. Rechtsfindung, einzustellen sind; dabei ist auch zu berücksichtigen, ob sich Bet. im Vorfeld mit ihren Äußerungen freiwillig in die Öffentlichkeit begeben haben (BVerfG StV 2015, 201 (202) mwN). Der Angeklagte – u. sein Verteidiger – haben ggf. eine Duldungspflicht, sie sind aber nicht verpflichtet, sich für die Presseberichterstattung zur Vfg. zu stellen (VerfGH Berlin StraFo 2018, 109 zu einer entspr. Anordnung des Vors nach § 176 GVG). Beim Angeklagten kann – auch bei schweren Straftaten – angeordnet werden, dass sein Gesicht unkenntlich gemacht (etwa „verpixelt“) wird, wenn sonst die Gefahr seiner Stigmatisierung begründet wird (BVerfGE 119, 309). Bei engen räumlichen Verhältnissen ist eine Beschränkung iRe Pool-Lösung (= Aufnehmen durch nur *ein* Fernsehteam für alle interessierten Anstalten; dazu aber BVerfG NJW 2014, 3013), 8a

o. durch eine Verteilung der zur Vfg. stehenden Plätze im Losverfahren möglich (EGMR NJW 2013, 521).

9 **F. Ton- und Filmaufnahmen zu anderen Zwecken.** Auch **Ton- und Filmaufnahmen,** die nicht für den Rundfunk bestimmt sind, dürfen aus den gleichen Gründen in der HV zum Zweck der Veröff. o. der Veröff. ihres Inhalts nicht gemacht werden. Ebenso unzulässig ist eine Erweiterung der Öffentlichkeit, bei der die HV wegen des starken Zuschauerinteresses aus dem Sitzungssaal in einen – v. Sitzungssaal per Video einsehbaren – weiteren Raum übertragen werden soll.

10 **I. Einfache Bildaufnahmen.** Einfache Bildaufnahmen betr. Abs. 1 S. 2 nicht (Dallinger MDR 1971, 188 – BGH RsprÜ; Maul MDR 1970, 286; → Rn. 14). Für diese gilt iRd § 23 Abs. 1, Abs. 2 KUG: Aufnahme u. Verbreitung v. Bildnissen v. Personen der Zeitgeschichte sind zulässig, sofern nicht berechtigte Interessen entgegenstehen. Personen der Zeitgeschichte sind Repräsentanten ihrer Zeit (OLG Stuttgart JZ 1960, 126); darüber hinaus aber auch „relative" Personen der Zeitgeschichte, dh solche, die erst durch das Strafverfahren o. die in diesem untersuchte Tat zu solchen geworden sind. Daher sind Abb. rechtmäßig, wenn der Gegenstand des Verf. über das Alltägliche u. häufig Wiederkehrende hinausgeht u. deshalb für die Öffentlichkeit etwas Besonderes bedeutet o. wenn es sich zwar um den Vorwurf einer alltäglichen Straftat handelt, die Sache aber durch die Person des Angeklagten dem Bereich des Alltäglichen weit entrückt wird u. aus diesem Grund Bedeutung für die Öffentlichkeit gewinnt u. ihr Aufsehen erregt (OLG München NJW 1963, 658; enger OLG Stuttgart JZ 1960, 126). Erg. → § 176 Rn. 15.

11 **II. Gerichtliche Ton- und Filmaufnahmen.** Gerichtliche Ton- und Filmaufnahmen für justizinterne Zwecke u. für Zwecke der Verteidigung sind nicht ausgeschlossen, sofern sie vor Missbrauch jeglicher Art u. Fälschung gesichert werden (vgl. Dahs Strafverteidiger-HdB Rn. 711). Dass das Gericht diese Aufnahmen selbst (mit eigenem Gerät u. Personal) anfertigt, ist nicht erforderlich, wohl aber die Beaufsichtigung durch den Vorsitzenden. In Betracht kommen insbes. Tonbandaufnahmen v. Aussagen der Angeklagten, Zeugen u. Sachverständigen sowie Filmaufnahmen v. der Einnahme eines Augenscheins, u. zwar zur Verwendung als Gedächtnisstütze für den Vorsitzenden bei der Verhandlungsleitung, für das Gericht in der Beratung, für den StA o. Verteidiger zur Vorbereitung v. Beweisanträgen o. der Plädoyers, für Vorhalte (mit o. ohne Wiedergabe der Aufnahme), für die Herstellung des Prot. (§ 273 Abs. 2, Abs. 3 StPO), der mündlichen Urteilsbegründung durch einen Beisitzer als Gedächtnisstütze für die Urteilsabsetzung (OLG Koblenz NStZ 1988, 42) o. auch zur Verwendung in einem Parallelverfahren, um dort einen Ausschluss des Richters nach § 22 Nr. 5 StPO zu vermeiden (OLG Bremen NStZ 2007, 481). Für weitergehende Zwecke dürfen Aussagen v. Zeugen aber ohne deren Einverständnis nicht auf Tonband aufgenommen werden (OLG Schleswig NStZ 1992, 399: Untersuchung durch einen Sachverständigen). Zum Einsatz der Videotechnik vgl. §§ 58a, 168e, 247a und 255a StPO.

12 **III. Tonbandaufnahmen des Verteidigers oder des StA.** Sie dürfen Vorgänge in der HV nicht heimlich aufnehmen o. aufnehmen lassen (Marxen NJW 1977, 2188). Wenn einer v. ihnen wünscht, sein Plädoyer für persönliche Zwecke auf Tonband aufzunehmen u. Missbrauch nicht zu besorgen ist, kann u. wird ihm der Vorsitzende dies gestatten u. ihm auch die Aufnahme überlassen. Bei bes. Interesse, insbes. in Großverfahren, gilt das auch für andere Aufnahmen (Marxen NJW 1977, 2188), aber auch hier nicht, wenn die Gefahr des Missbrauchs besteht (OLG Düsseldorf NJW 1996, 1360), u. nicht für die gesamte HV (OLG Düsseldorf NStZ 1990, 554). Dabei handelt es sich um Sachleitung (§ 238 Abs. 2 StPO; → StPO § 238 Rn. 5), in außergewöhnlich gelagerten Fällen auch um Sitzungspolizei (§ 176). Einen Rechtsanspruch darauf, dass das Gericht bestimmte Ausführungen auf Tonband aufnimmt u. dann schreiben lässt, hat kein Verfahrensbeteiligter (vgl. auch OLG Hamburg MDR 1977, 688 zum Schlussvortrag des StA).

IV. Kein Zustimmungserfordernis. Ohne Zustimmung der Beteiligten kann das gerichtliche Tonband aufgenommen werden (Kleinknecht NJW 1966, 1541; Meyer-Mews NJW 2002, 105; Rottländer NStZ 2014, 138; erg. → § 147 Rn. 13, → StPO § 261 Rn. 10; **aM** R. Schmitt JuS 1967, 20). Ein Verbot ergibt sich auch nicht aus § 201 StGB (→ StPO § 163 Rn. 42; nicht überzeugend die Bedenken in Dallinger MDR 1968, 729 – BGH RsprÜ in Anknüpfung an BGHSt 19, 193). Anders verhält es sich wegen des ungleich intensiveren Eingriffs in das Persönlichkeitsrecht bei einer Videoaufnahme zu justizinternen Zwecken (so auch KK-StPO/Diemer StPO § 247a Rn. 19; erg. → StPO § 247a Rn. 11). Dass die Bet. gezielt in ein Mikrofon sprechen, kann nicht erzwungen u. daher nicht verlangt werden (vgl. BGHSt 10, 202 (207)). 13

G. Aufnahmen im Gerichtssaal. Presse und Rundfunk kann der Vorsitzende Aufnahmen auch im Gerichtssaal gestatten, jedoch nur iRd § 176 und nicht während des eigentlichen Ganges der HV (BGHSt 23, 123). Dabei sind die schutzwürdigen Interessen der Bet. u. das Interesse der Allgemeinheit an Unterrichtung über das Zeitgeschehen gegeneinander abzuwägen; die Rundfunkfreiheit ist angemessen zu berücksichtigen (BVerfGE 87, 334; eing. dazu Lehr NStZ 2001, 63). Bis zu einem erstinstanzlichen Schuldspruch wird oftmals das Gewicht des Persönlichkeitsrechts ggü. der Freiheit der Berichterstattung überwiegen; der Betr. wird sich aber idR nicht mehr auf sein allg. Persönlichkeitsrecht berufen können, wenn er sich in eigenverantwortlicher Weise den ihm ggü. erhobenen Vorwürfen in der medialen Öffentlichkeit auch im Wege der Bildberichterstattung gestellt hat (BVerfG NJW 2009, 350 (352); 2117, 2119). Erg. → Rn. 8. 14

H. Notizen und Zeichnungen. Die Anfertigung von Notizen und Zeichnungen über Vorgänge in der HV ist iRd § 176 nicht nur den an der Verh. Bet. gestattet, sondern auch den Zuhörern, zB einem Angestellten des Verteidigers (BGHSt 18, 179) o. den Presse- u. Rundfunkreportern zum Zweck der Berichterstattung. Ausnahmsweise kann das Gericht einem Zuschauer die Mitschrift untersagen, wenn andernfalls die Erforschung der Wahrheit gefährdet ist, zB wenn konkrete Anhaltspunkte dafür bestehen, dass einem noch zu vernehmenden Zeugen Aussageinhalte unzulässigerweise mitgeteilt werden sollen o. ein gesondert verfolgter Tatbeteiligter unterrichtet werden soll (vgl. BGH NStZ 1982, 389). Dies gilt auch für sog. **polizeiliche Prozessbeobachter,** die noch zu vernehmende polizeiliche Zeugen über den bisherigen Verhandlungsverlauf unterrichten sollen (vgl. Rühlmann StV 2005, 692; **aM** Hollinger NZWiSt 2018, 81 (83); erg. → StPO § 58 Rn. 5); bei polizeilichen Zeugen sind Unbefangenheit u. Selbständigkeit der Darst. mit Rücksicht auf die Vorgänge in der HV ebenso zu gewährleisten wie bei anderen Zeugen (vgl. → StPO § 58 Rn. 2); davon unberührt bleibt ihr Recht, sich anhand der Ermittlungsakte auf ihre Vernehmung vorzubereiten (vgl. BGH NStZ 2014, 604). Pauschale Mitschreibverbote dürften nicht zulässig sein (vgl. Wick StV 2023, 496, 500). Mitschrift eines nicht zum erkennenden Spruchkörper gehörenden Richters „zur Entlastung des Berichterstatters" ist ebenfalls unzulässig (BGH NStZ 2012, 404). Fotografische Lichtbilder in der HV anzufertigen, kann der Vorsitzende nach § 176 verbieten (→ § 176 Rn. 15). Die Benutzung v. **Mobiltelefonen, Laptops, Notebooks** u. dgl. kann aber untersagt werden, da sich bei einer Gestattung kaum kontrollieren lässt, ob entgegen S. 2 Aufnahmen angefertigt werden (BVerfG NJW 2009, 352; StV 2015, 201 (203)). 15

I. Audiovisuelle Vernehmungen. Zeugen, Sachverständigen o. Angeklagte, die audiovisuell an einem anderen Ort als dem Gerichtssaal vernommen werden (§§ 247a Abs. 1, Abs. 2, 233 Abs. 2), müssen der Verh. folgen u. die Verfahrensbeteiligten hören u. sehen können (vgl. Kissel/Mayer Rn. 96). Hinsichtlich der Zuhörer im Sitzungssaal genügt es dagegen zur Wahrung der Öffentlichkeit, dass sie die zugeschaltete Person akustisch wahrnehmen können (Kissel/Mayer Rn. 98). Zum Einsatz v. Multimedia im Gerichtssaal Beukelmann/Sacher FS Volk, 2009, 33; Witting StraFo 2010, 133. 16

17 **J. Erweiterung der Medienöffentlichkeit (Abs. 1 S. 3–5).** Der durch G v. 8.10.2017 (BGBl. I 3546) eingeführte Abs. 1 S. 3 ermöglicht nunmehr die Tonübertragung in einen Arbeitsraum für Medienvertreter. Damit soll in Fällen, in denen ein bes. Informationsbedürfnis der Allgemeinheit besteht, Kapazitätsengpässen innerhalb des Verhandlungssaals Rechnung getragen werden (vgl. BT-Drs. 18/10144, 12, 24). Da der Arbeitsraum nur Medienvertretern zugänglich ist, wird der Zweck v. § 243 Abs. 2 **StPO,** wonach die Zeugen bei der Vernehmung des Angeklagten nicht anwesend sein dürfen, nicht beeinträchtigt (vgl. BT-Drs. BT-Drs. 18/10144, 25). Die Neuregelung erscheint jedoch aus praktischen Gründen als missglückt; sie wird offenbar v. den Medienvertretern, für die sie gedacht ist, nicht angenommen, da diese – verständlicherweise – einen optischen Eindruck v. dem Geschehen im Gerichtssaal erhalten wollen (vgl. Poseck DRiZ 2020, 288 (289)).

18 Die Maßnahme steht **im Ermessen des Gerichts** u. bedarf eines Gerichtsbeschlusses, an dem die Schöffen nicht mitwirken (§§ 30 Abs. 2, 76 Abs. 1 S. 2 GVG); ein Anspruch darauf besteht nicht. Zu berücksichtigen sind va das Informationsinteresse der Öffentlichkeit, die Persönlichkeitsrechte der Verfahrensbeteiligten u. die Funktionstüchtigkeit der Strafrechtspflege. Die Zulassung der Tonübertragung in einen Medienarbeitsraum ist nicht als zusätzliches Serviceangebot der Justiz gedacht, sondern eher als Notmaßnahme, falls unter Abwägung der relevanten Ermessenskriterien einem bes. Öffentlichkeits- u. Medieninteresse nicht anders Rechnung getragen werden kann. Sie wird jedenfalls, aber nicht nur, in den Fällen des Abs. 2 in Betracht zu ziehen sein. Für die Zulassung können va tatsächlich bestehende Kapazitätsengpässe in bes. öffentlichkeitswirksamen Strafprozessen sprechen, dagegen – fehlende – räumliche Kapazitäten sowie durch die Maßnahme zu erwartende Verfahrensverzögerungen, etwa bei Eilentscheidungen (BT-Drs. 18/10144, 24).

19 **Teilweise Untersagung (Abs. 1 S. 4):** Das Gericht kann die Tonübertragung nach Abs. 1 S. 4 zur Wahrung schutzwürdiger Interessen der Verfahrensbeteiligten o. Dritter o. zur Wahrung eines ordnungsgemäßen Ablaufs der HV teilw. untersagen. Dies gibt dem Gericht zum einen die Möglichkeit, schon bei der Zulassung gebotene Einschränkungen vorzunehmen, u. zum anderen Entwicklungen Rechnung zu tragen, die sich während des Verf. ergeben.

20 Für den in den Arbeitsraum übertragenen Ton gilt **Abs. 1 S. 2 entsprechend** (Abs. 1 S. 5). Das Mitschneiden o. Aufnehmen der Tonübertragung ist damit unzulässig.

21 **Keine Erweiterung der Öffentlichkeit:** Bei der Maßnahme nach Abs. 1 S. 3 handelt sich um eine gerichtsinterne Übertragung, die nicht zu einer Erweiterung des Sitzungssaals führt, sondern lediglich die Arbeitsbedingungen der Medienvertreter erleichtert. Ein v. Gesetzes wegen bestehender oder v. Gericht etwa für Teile der HV angeordneter Ausschluss der Öffentlichkeit erstreckt sich daher auch auf den Medienarbeitsraum (BT-Drs. 18/10144, 18, 25). Da der Sitzungssaal nicht erweitert wird, entscheidet der Gerichtspräsident im Rahmen seines Hausrechts über die Ausstattung des Arbeitsraums, die Einzelheiten des Zugangs u. die Aufrechterhaltung der Ordnung (ebenso MüKoStPO/Kulhanek Rn. 63; **aM** Kissel/Mayer Rn. 86b: Sitzungsgewalt des Vorsitzenden). Dies kann Maßnahmen wie ein Akkreditierungsverfahren für Medienvertreter sowie Zugangskontrollen umfassen, um Missbrauch – wie etwa den Zugang für Personen, die nicht Medienvertreter sind – u. unerlaubte Mitschnitte zu verhindern (vgl. BT-Drs. 18/10144, 25; krit. zu praktischen Problemen der Umsetzung, Hoeren NJW 2017, 3339 (3340 f.)). Es können Nachw. – wie etwa die Vorlage eines Presseausweises, Redaktionsbestätigungen o. sogar Arbeitsproben – dafür verlangt werden, dass ein Antragsteller tatsächlich journalistisch tätig ist (MüKoStPO/Kulhanek Rn. 58).

21a Beschlüsse nach Abs. 1 S. 3 und 4 sind **unanfechtbar** (Abs. 4), die Revision kann auf behauptete Verstöße nicht gestützt werden (§ 336 S. 2).

K. Tonaufnahmen zu wissenschaftlichen und historischen Zwecken (Abs. 2). Nach Abs. 2 können nunmehr Tonaufnahmen oder Ton- und Filmaufnahmen der Verh. einschl. der Verkündung des Urt. u. Beschlüsse zu wissenschaftlichen u. historischen Zwecken v. Gericht zugelassen werden (vgl. etwa BGH 24.7.2024 – 5 StR 326/23). Die Vorschr. findet keine Anwendung auf Verf., die am 18.4.2018 bereits anhängig waren (§ 43 EGGVG). 22

Voraussetzung ist, dass es sich um ein Verf. v. herausragender zeitgeschichtlicher Bedeutung handelt (Abs. 2 S. 1). Durch Streichung der Wörter „für die Bundesrepublik Deutschland" durch das Gesetz zur Fortentwicklung des Völkerstrafrechts wird klargestellt, dass dies nicht nur der Fall ist, wenn der Verfahrensgegenstand einen räumlichen oder sachlichen Bezug zur BRD aufweist, sondern auch dann, wenn deutsche Gerichte Straftaten nach dem VStGB verhandeln, in denen potentiell Wertentscheidungen von globaler Bedeutung getroffen werden (vgl. BT-Drs. 20/9471, 42). 23

Eine **herausragende zeitgeschichtliche Bedeutung** wird anzunehmen sein, wenn sich im Zeitpunkt der Entsch. absehen lässt, dass das Verf. eine über den tagesaktuellen Bezug hinausreichende Wirkung hat u. ein Interesse auch für die Nachwelt entfalten wird. Historische Beispiele wären etwa die Prozesse gegen die RAF-Terroristen o. der Auschwitz-Prozess vor dem LG Frankfurt a. M., aus jüngerer Zeit das sog. „NSU-Verfahren" vor dem OLG München, besonders aber auch Verfahren nach dem VStGB (Epik/Jessberger JZ 2024, 801 (807) wie das vor dem OLG Frankfurt gegen einen syrischen Arzt wegen systematischer Folter. Eine rein regionale Bedeutung reicht regelmäßig nicht aus, ebenso wenig wegen des Verweises auf die zeitgeschichtliche Bedeutung des Verf. als Ganzem allein der Umstand, dass eine absolute o. relative Person der Zeitgeschichte betroffen ist (vgl. BT-Drs. 18/10144, 26). 23a

Die Entsch. steht im **Ermessen des Gerichts,** das ohne die Schöffen entscheidet (§§ 30 Abs. 2, 76 Abs. 1 S. 2 GVG); ein Anspruch auf Zulassung der Ton- oder Filmaufnahme besteht nicht. Hat das Verfahren eine herausragende zeitgeschichtliche Bedeutung sollte sie grds. zugelassen werden, wenn die erforderlichen technischen und organisatorischen Kapazitäten vorhanden sind (vgl. BT-Drs. 20/11661, 19). Aspekte des Zeugenschutzes oder der ordnungsgemäßen Durchführung der Hauptverhandlung können berücksichtigt werden (BT-Drs. 20/11661, 19); als milderes Mittel kommt, etwa wenn es um Belange des Zeugenschutzes geht, eine teilweise Untersagung in Betracht (Abs. 2 S. 2; → Rn. 25). Allerdings finden allg. Bedenken, dass Zeugen sich bei ihrer Aussage durch das Wissen um ihre Aufzeichnung beeinflussen lassen, in Verfahren vor internationalen Strafgerichten (wie etwa dem Tribunal für das frühere Jugoslawien oder dem IStGH), wo dies seit Jahrzehnten praktiziert wird, keine Stütze (vgl. Epik/Jessberger JZ 2024, 801 (807 f.)); dies gilt gleichermaßen für die Befürchtung, dass sich die Aufzeichnung negativ auf die Aussagebereitschaft von Zeugen auswirken könnte (→ Rn. 27a). 24

Die Beurteilung der **Bedeutung** kann sich im Laufe des Verf. **ändern** u. ist deshalb durch das zuständige Gericht entspr. der jeweiligen Sachlage zu beantworten. 24a

Teilweise untersagt werden können die Aufnahmen zur Wahrung der schutzwürdigen Interessen der Verfahrensbeteiligten o. Dritter o. zur Wahrung eines ordnungsgemäßen Ablaufs des Verf. (Abs. 2 S. 2). Bestimmte Teile der HV werden so bereits nicht aufgenommen oder vor Übergabe an das Archiv gelöscht (Abs. 2 S. 4 → Rn. 27; KK-StPO/Diemer Rn. 16). 25

Verwertungsverbot zu Verfahrenszwecken (Abs. 2 S. 3): Die Aufnahmen dürfen nicht zu den Akten genommen u. weder hrsg. noch für Zwecke des aufgenommenen o. eines anderen Verf. genutzt o. verwertet werden. Damit wird die Zweckbindung der Tonaufnahmen alleine für wissenschaftliche u. historische Zwecke klargestellt. Während des laufenden Verfahrens dürfen weder die Verfahrensbeteiligten auf Grundlage ihres Akteneinsichtsrechts (§ 147 StPO oder § 406e StPO) noch andere öffentliche Stellen (§ 474 StPO) oder Privatpersonen oder 26 sonstige Stellen (§ 475 StPO) auf die Aufnahmen zugreifen (vgl. BT-Drs. 20/11661, 20).

26a Die Aufnahmen dürfen auch **nicht zur Dokumentation des betr. Strafverfahrens** genutzt o. verwertet werden. Dies schließt es va aus, sich auf die Aufzeichnungen in der Revisionsinstanz des aufgenommenen Verf. zu berufen, etwa um eine – möglicherweise unter dem Gesichtspunkt des § 261 StPO relevante – Diskrepanz zwischen den Urteilsgründen u. dem Erg. der Beweisaufnahme zu dokumentieren. Ebenso wenig ist es zulässig, sich auf die Aufnahmen im aufgenommenen o. in anderen Verf. zu berufen, etwa um Beweisanträge o. Vorhalte an Beweispersonen zu begründen. Abgesichert wird das Verwertungsverbot durch das Herausgabeverbot sowie durch den Umstand, dass die Tonaufnahmen nicht Aktenbestandteil werden; sie sind deshalb auch dem Revisionsgericht nicht vorzulegen.

27 **Zugänglichmachen der Aufzeichnungen (Abs. 2 S. 4):** Die Aufnahmen sind vielmehr unmittelbar nach Abschluss des Verf. vor dem erkennenden Gericht dem jeweiligen Bundes- o. Landesarchiv anzubieten, das sodann entspr. dem geltenden Bundes- o. Landesarchivgesetz zu entscheiden hat, ob ihnen ein bleibender Wert zukommt. Trifft das Bundes- o. Landesarchiv keine entspr. Feststellung, sind die Aufnahmen durch das Gericht zu löschen (Abs. 2 S. 5).

27a **Befürchtungen,** Aufzeichnungen nach Abs. 2 würden sich negativ auf die Aussagebereitschaft von Zeugen auswirken, die im Rahmen des Gesetzgebungsverfahrens zur Fortentwicklung des Völkerstrafrechts vor allem aus der Praxis geäußert wurden (Klinge Stellungnahme zur SV-Anhörung vor dem Rechtsausschuss des BT am 28.1.2024, 1 ff.; Stellungnahme DRiB zum Referentenentwurf, 4 f.), sind unbegründet. Vielmehr werden durch die strikte Zweckbindung und das Verwertungsverbot des Abs. 2 S. 3 (→ Rn. 26, 26a) S. 3 sowie die Möglichkeit der teilweisen Untersagung aus Gründen des Zeugenschutzes in Abs. 2 S. 2 (→ Rn. 25) die schutzwürdigen Interessen der Verfahrensbeteiligten in ausreichendem Maße gewährleistet und eine unkontrollierte Verbreitung der Aufnahmen verhindert. Im Übrigen kann auch bei der Ermessensentscheidung nach Abs. 2 S. 1 im Einzelfall den Persönlichkeitsrechten von Zeugen und etwaigen Sicherheitsbedenken Rechnung getragen werden (→ Rn. 24).

28 **L. Verkündung von Entscheidungen des BGH (Abs. 3).** Das G zur Erweiterung der Medienöffentlichkeit in Gerichtsverfahren v. 8.10.2017 (BGBl. I 3546) hat die Möglichkeit geschaffen, abw. von Abs. 1 S. 2 für die Verkündung v. Entsch. – beschränkt auf den BGH u. nur in bes. Fällen – Ton- u. Filmaufnahmen zum Zwecke der öffentl. Vorführung o. Veröff. ihres Inhalts zuzulassen. Damit soll der gewandelten Medienlandschaft u. Wahrnehmung der Justiz durch die Öffentlichkeit Rechnung getragen werden (BT-Drs. 18/10144, 15).

29 Die Entsch. steht im **Ermessen des Senates (Abs. 3 S. 1);** ein Anspruch auf Zulassung der Medienübertragung besteht nicht. Es verbleibt beim ges. Regelfall des Abs. 1 S. 2; es bedarf also keiner ausdr. Negativentscheidung, wenn das Gericht die Medienübertragung nicht ausdr. zulässt. Ermessenskriterien sind va das Informationsinteresse der Öffentlichkeit, der Schutz der allg. Persönlichkeitsrechte der Verfahrensbeteiligten (vgl. BGH BeckRS 2021, 18208) sowie die Funktionstüchtigkeit der Rechtspflege, insbes. etwaige Verfahrensverzögerungen durch die Art der Verkündung; hins. der Auswirkungen auf den Angeklagten sind außerdem seine Sicherheit sowie sein Resozialisierungsinteresse zu berücksichtigen (BT-Drs. 18/10144, 27), aber auch, ob die Verteidigung Einwände erhebt o. nicht (vgl. BGH BeckRS 2019, 24413; 2019, 29002). Im Übrigen kann der Sen. für die Art u. Weise der Filmaufnahmen Auflagen vorsehen (s. etwa BGH BeckRS 2019, 28700; 2020, 8433; 2021, 692; 2021, 18208).

30 Die Beschränkung auf **„besondere Fälle"** macht deutlich, dass die Medienübertragung der Urteilsverkündung die Ausnahme sein soll. Die Regelung sollte allerdings auch nicht zu engherzig angewandt werden (**aM** MüKoStPO/Kulhanek Rn. 71). Sie bietet die Möglichkeit, die Wirkkraft v. Entsch. des BGH zu ver-

bessern, da – wie die positiven Erfahrungen beim BVerfG zeigen – Urteilsbegründungen durch die erkennenden Richter u. Richterinnen in der Wahrnehmung der Öffentlichkeit ein bes. Gewicht entfalten. Sie sollte daher als Chance gesehen werden, in geeigneten Fällen die Breitenwirkung der Entsch. des BGH u. dessen Ansehen in der Bevölkerung weiter zu verbessern. In Betracht kommen für eine Übertragung der Urteilsverkündung praktisch va die Fälle, in denen der BGH wegen ihrer rechtlichen (o. auch faktischen) Bedeutung Anlass sieht, eine Pressemitteilung herauszugeben (**aM** Trentmann MMR 2018, 441 (443)). Da die vollständige Begründung des Urt. regelmäßig bei der Verkündung nicht vorliegt, wird der Vorsitzende des Sen. eine kurze Zusammenfassung der Entscheidungsgründe vortragen (dazu allerdings krit. Hoeren NJW 2017, 3339 (3340)).

Teilweise Untersagung, Auflagen (Abs. 3 S. 2): Die Aufnahmen können 31 teilw. untersagt o. von Auflagen abhängig gemacht werden, um die schutzwürdigen Belange der Verfahrensbeteiligten o. Dritter zu wahren o. den ordnungsgemäßen Ablauf des Verf. zu gewährleisten. Praktisch in Betracht kommen werden va Auflagen, welche dem Persönlichkeitsschutz des Angeklagten dienen (zB BGH NStZ 2019, 45 mAnm Wick: Übertragung erst nach Verkündung der Urteilsformel bei mehreren Angeklagten) und/oder die praktische Durchführung der Übertragung regeln. Diese können etwa die Zahl der zugelassenen Kameras u. Kameraausrichtungen u. -einstellungen regeln, welche ebenfalls va die Persönlichkeitsrechte der Bet. so weit wie möglich wahren (vgl. etwa BGH NStZ 2019, 45: Ausrichtung der Kameras ausschl. auf die Richterbank; BGH NZWiSt 2019, 261; BeckRS 2021, 692).

M. Unanfechtbarkeit (Abs. 4). Die Beschlüsse des Gerichts nach den Absät- 32 zen 1–3 sind unanfechtbar, behauptete Verstöße nicht revisibel (§ 336 S. 2). Damit sollen der ungehinderte Fortgang des Verf. gewährleistet u. nachträgliche Rügen ausgeschlossen werden (BT-Drs. 18/10144, 28; krit. dazu SK-StPO/Velten Rn. 39h).

N. Revision. Siehe dazu im Einzelnen → StPO § 338 Rn. 45 ff. 33

170 *[betrifft Zivilsachen]*

171 *(aufgehoben)*

[Ausschluss der Öffentlichkeit in Unterbringungssachen]

171a

Die Öffentlichkeit kann für die Hauptverhandlung oder für einen Teil davon ausgeschlossen werden, wenn das Verfahren die Unterbringung des Beschuldigten in einem psychiatrischen Krankenhaus oder einer Entziehungsanstalt, allein oder neben einer Strafe, zum Gegenstand hat.

A. Ausschließungsgründe. Die Ausschließungsgründe sind in den §§ 171a, 1 171b, 172 aufgezählt. Sie werden ergänzt durch die Regelungen im **JGG** (→ § 169 Rn. 2) u. Art. 38 NTS-ZA. Da in nach § 103 **JGG** verbundenen Strafverfahren u. in Verf. gegen Heranwachsende nicht § 48 **JGG** anzuwenden ist (§§ 104 Abs. 1, 109 **JGG**), sind hier die §§ 171a, 171b, 172 von Bedeutung.

Unerheblich ist es, **ob die Unterbringung beantragt** ist. Wenn das Sach- 2 verständigengutachten nur die Persönlichkeitsstruktur des Angeklagten erkennen lassen soll, ohne dass die Unterbringung in Betracht kommt, gilt § 171a nicht, sondern § 171b.

B. Urteil. Das Urteil muss öffentl. verkündet werden (§ 173 Abs. 1). Für die 3 Dauer der Urteilsbegründung (o. eines Teils davon) kann die Öffentlichkeit nur ausgeschlossen werden, wenn die Voraussetzungen der §§ 171b, 172 gegeben sind (§ 173 Abs. 2).

4 **C. Revision.** Die Revision kann den Ausschluss bei Vorliegen der Voraussetzungen des § 171a nicht rügen, weil der Ausschluss im Ermessen des Gerichts liegt (Katholnigg Rn. 2; erg. → § 174 Rn. 21, → StPO § 338 Rn. 48). Der Nichtausschluss kann nur als Verstoß gegen die Aufklärungspflicht (§ 244 Abs. 2 StPO) geltend gemacht werden (BGH NStZ 1998, 586).

[Ausschluss der Öffentlichkeit zum Schutz der Privatsphäre] **Nr. 131a RiStBV**

171b (1) [1]**Die Öffentlichkeit kann ausgeschlossen werden, soweit Umstände aus dem persönlichen Lebensbereich eines Prozessbeteiligten, eines Zeugen oder eines durch eine rechtswidrige Tat (§ 11 Absatz 1 Nummer 5 des Strafgesetzbuchs) Verletzten zur Sprache kommen, deren öffentliche Erörterung schutzwürdige Interessen verletzen würde.** [2]**Das gilt nicht, soweit das Interesse an der öffentlichen Erörterung dieser Umstände überwiegt.** [3]**Die besonderen Belastungen, die für Kinder und Jugendliche mit einer öffentlichen Hauptverhandlung verbunden sein können, sind dabei zu berücksichtigen.** [4]**Entsprechendes gilt bei volljährigen Personen, die als Kinder oder Jugendliche durch die Straftat verletzt worden sind.**

(2) [1]**Die Öffentlichkeit soll ausgeschlossen werden, soweit in Verfahren wegen Straftaten gegen die sexuelle Selbstbestimmung (§§ 174 bis 184k des Strafgesetzbuchs) oder gegen das Leben (§§ 211 bis 222 des Strafgesetzbuchs), wegen Misshandlung von Schutzbefohlenen (§ 225 des Strafgesetzbuchs) oder wegen Straftaten gegen die persönliche Freiheit nach den §§ 232 bis 233a des Strafgesetzbuchs ein Zeuge unter 18 Jahren vernommen wird.** [2]**Absatz 1 Satz 4 gilt entsprechend.**

(3) [1]**Die Öffentlichkeit ist auszuschließen, wenn die Voraussetzungen der Absätze 1 oder 2 vorliegen und der Ausschluss von der Person, deren Lebensbereich betroffen ist, beantragt wird.** [2]**Für die Schlussanträge in Verfahren wegen der in Absatz 2 genannten Straftaten ist die Öffentlichkeit auszuschließen, ohne dass es eines hierauf gerichteten Antrags bedarf, wenn die Verhandlung unter den Voraussetzungen der Absätze 1 oder 2 oder des § 172 Nummer 4 ganz oder zum Teil unter Ausschluss der Öffentlichkeit stattgefunden hat.**

(4) **Abweichend von den Absätzen 1 und 2 darf die Öffentlichkeit nicht ausgeschlossen werden, soweit die Personen, deren Lebensbereiche betroffen sind, dem Ausschluss der Öffentlichkeit widersprechen.**

(5) **Die Entscheidungen nach den Absätzen 1 bis 4 sind unanfechtbar.**

1 **A. Schutz der Persönlichkeitsrechte.** Den Ausschluss der Öffentlichkeit zum Schutz der Persönlichkeitsrechte der Verfahrensbeteiligten, Zeugen u. Verletzten ermöglicht die Vorschrift. Sie trägt dem Umstand Rechnung, dass ein Straf- u. Strafprozessrecht, das sich immer mehr die Persönlichkeitserforschung zur Aufgabe macht, es erfordert, in der HV mehr als früher Umstände aus dem persönlichen Lebensbereich, teilw. auch aus dem Intimbereich, sowohl des Angeklagten als auch v. Zeugen u. insbes. v. Tatopfern zu erörtern. Wie sich aus § 68a StPO (→ StPO § 68a Rn. 4) ergibt, müssen sie es hinnehmen, dass solche Umstände in der HV zur Sprache kommen, wenn das zur Wahrheitserforschung unerlässlich ist. Das muss aber nicht vor den Ohren der Öffentlichkeit geschehen. § 171b erlaubt es daher in Übereinstimmung mit Art. 6 Abs. 1 S. 2 **EMRK** (→ EMRK Art. 6 Rn. 6), das Öffentlichkeitsprinzip (→ § 169 Rn. 1) hinter dem verfassungsrechtlich geschützten Anspruch auf Achtung der Privatsphäre zurücktreten zu lassen. Ist der Zeuge zugleich Verletzter gilt erg. § 48a Abs. 1 StPO (→ StPO § 48 Rn. 1 ff.).

B. Voraussetzungen des Ausschlusses (Abs. 1–3). Die Öffentlichkeit kann ausgeschlossen werden, wenn u. soweit **Umstände aus dem persönlichen Lebensbereich** eines Prozessbeteiligten (Angeklagten, Privatkläger, Nebenkläger, Nebenbeteiligten, Antragsteller im Adhäsionsverfahren), Zeugen o. durch eine rechtswidrige Tat Verletzten zur Sprache kommen (vgl. → Rn. 7). Verletzter ist bei Tötungsdelikten iSd § 373b Abs. 2 auch der dort genannte erweiterte Personenkreis (→ § 373b Rn. 9 ff.; vgl. BT-Drs. 19/27654, 104). Zeuge iSd Vorschrift ist auch, wer noch nicht o. nicht mehr geladen ist, aber als Zeuge in Betracht kommt (Mertens NJW 1980, 2687; **aM** SK-StPO/Velten Rn. 5). 2

Zum persönlichen Lebensbereich gehören nur Umstände, die nicht das Berufs- o. Erwerbsleben betreffen (KK-StPO/Diemer Rn. 3). Gemeint ist der private Bereich, der jedermann zur Entfaltung seiner Persönlichkeit gewährleistet werden muss (Kissel/Mayer Rn. 3). Dazu gehören insbes. private Eigenschaften u. Neigungen des Betroffenen, sein Gesundheitszustand, seine Sexualsphäre, seine politische u. religiöse Einstellung, aber auch Tatsachen aus dem Familienleben, die unbefugten Dritten nicht ohne weiteres zugänglich sind u. Schutz vor dem Einblick Außenstehender verdienen (BGHSt 30, 212). Insgesamt handelt es sich um Tatsachen, nach denen üblicherweise im Sozialleben nicht gefragt zu werden pflegt u. die idR nicht spontan u. unbefangen mitgeteilt werden (Rieß/Hilger NStZ 1987, 150). 3

Beschränkt sich der Ausschluss auf einen bestimmten Verfahrensabschnitt, etwa die Vernehmung einer Beweisperson, so umfasst er alle Verfahrensvorgänge, die mit der Vernehmung in enger Verbindung stehen o. sich aus ihr entwickeln u. die daher zu diesem Verfahrensabschnitt gehören (BGH NStZ 2016, 118). Beispielsfälle aus der Rspr. sind Erörterungen gem. § 257b (BGH NStZ 2016, 118), Erklärungen des Angeklagten nach § 257 (BGH NStZ 2006, 117), nicht aber solche zur Sache (BGH BeckRS 2017, 116658), seine Entfernung nach § 247 (BGH NStZ 1994, 354), Augenscheinseinnahmen (BGH NStZ 1988, 190), aber nur soweit sie einen Bezug zu dem v. dem Verfahrensabschnitt betroffenen Beweismittel aufweisen (BGH BeckRS 2017, 116658), die Verlesung v. bzw. Vorhalte aus v. der Zeugin erstellten Schriftstücken (BGH NStZ-RR 2018, 343; BeckRS 2020, 6430), die Verlesung eines Teils der polizeilichen Vernehmung nach § 253 Abs. 1 (BGH BeckRS 2020, 6430), Entsch. über die Vereidigung (BGH NJW 1996, 2663) u. die Entlassung v. Zeugen (BGH NJW 2003, 2761) sowie Hinweise nach § 265 und das Stellen v. Beweisanträgen (BGH NStZ 1999, 371). Ist die Vernehmung einer Beweisperson abgeschlossen u. diese entlassen, bedarf es für ihre weitere Vernehmung eines erneuten Ausschlusses der Öffentlichkeit durch Beschl. des Gerichts (vgl. BGH NStZ 2018, 679; BeckRS 2018, 12847; erg. → § 174 Rn. 8). 3a

Die öffentl. Erörterung solcher Tatsachen muss **schutzwürdige Interessen** des Betroffenen verletzen. Das ist der Fall, wenn sie sich für ihn in irgendeiner Hinsicht nachteilig auswirken kann, was nach objektiven Maßstäben, nicht nach den Wertvorstellungen des Betroffenen zu beurteilen ist (Odersky FS G. Pfeiffer, 1988, 332). Das bloße Interesse des Betroffenen an der Geheimhaltung der Tatsachen genügt daher nicht. Die Geheimhaltung muss vielmehr erforderlich sein, um den Betroffenen davor zu schützen, dass sein Ansehen in der Öffentlichkeit gemindert o. dass ihr ein Einblick in sein Wesen u. seine Lebensgewohnheiten verschafft wird, den zu versagen er ein verständliches Interesse hat. Die Erörterung v. Tatsachen aus der Intimsphäre des Betroffenen wird seine schutzwürdigen Interessen idR berühren. Das gilt insbes. für die Vernehmung der Opfer v. Vergewaltigungen. An der Schutzwürdigkeit fehlt es allerdings, wenn der Betroffene die Tatsachen freiwillig u. außerhalb des Verf. vor der Öffentlichkeit ausgebreitet hat, etwa indem er einer Illustrierten das Recht übertragen hat, sie bekanntzumachen. Schutzwürdig ist die Interessenverletzung auch dann nicht, wenn der Betroffene die Privatsphäre eines anderen selbst zum Gegenstand öffentl. Auseinandersetzung gemacht hat u. nun bei der strafrechtlichen Prüfung dieses Verhaltens seine eigene Privatsphäre in der HV erörtert werden muss (Kissel/Mayer Rn. 8; Kleinknecht FS Schmidt-Leichner, 1977, 113). 4

5 Der Ausschluss der Öffentlichkeit scheidet bei **überwiegendem Interesse an der öffentlichen Erörterung** der Umstände aus dem Lebensbereich des Betroffenen aus. Dabei gilt der Grundsatz, dass das Öffentlichkeitsprinzip umso mehr zurücktreten muss, je stärker es um den Schutz des inneren Kerns der Persönlichkeitssphäre geht u. je größer die Gefahr einer unzumutbaren öffentl. Anprangerung durch die Berichterstattung der Massenmedien ist (Kleinknecht FS Schmidt-Leichner, 1977, 114). In der Regel ist das Interesse der Öffentlichkeit bei tatbezogenen Umständen höher zu bewerten als bei solchen, die nur für die Rechtsfolgenentscheidung v. Bedeutung sind (Kleinknecht FS Schmidt-Leichner, 1977, 114). Vorstrafen werden daher grds. in öffentl. Sitzung erörtert (KK-StPO/Diemer Rn. 3). Lässt sich nicht sicher feststellen, ob die Interessen des Betroffenen o. die der öffentl. Erörterung überwiegen, so ist der Ausschluss der Öffentlichkeit zulässig.

6 Die **besonderen Belastungen,** die für Kinder u. Jugendliche mit einer öffentl. HV verbunden sind, sind zu berücksichtigen (S. 3); diesen stellt das G aus Opferschutzgründen die Personen gleich, die als Minderjährige durch die den Gegenstand des Verf. bildende Straftat verletzt worden sind (S. 4).

7 In den den Verletzten bes. belastenden **schweren Straftaten,** in denen nach § 255a Abs. 2 StPO die Vernehmung in der HV durch die Vorführung einer Bild-Ton-Aufzeichnung seiner früheren Vernehmung ersetzt werden darf, soll, wenn hiervon kein Gebrauch gemacht wird (vgl. BGH 28.11.2023 – 1 StR 292/23), wenigstens die Öffentlichkeit ausgeschlossen werden (Abs. 2). Das gilt sowohl für Zeugen, die zzt. der Vernehmung in der HV unter 18 Jahre alt sind als auch für solche, die zzt. der Tat minderjährig waren (Abs. 2 S. 2 iVm Abs. 1 S. 4).

8 **C. Rechtmäßigkeit des Ausschlusses.** Für die Rechtmäßigkeit des Ausschlusses der Öffentlichkeit kommt es nur darauf an, dass im Zeitpunkt der gerichtlichen Beschlussfassung mit der Erörterung der in Abs. 1 S. 1 bezeichneten Umstände zu rechnen ist. Bestätigt sich diese Erwartung nicht, so wird das Verf. dadurch nicht fehlerhaft; die Vernehmung braucht daher nicht in öffentl. Sitzung wiederholt zu werden (BGHSt 30, 212 (215)).

9 **D. Auf Antrag oder von Amts wegen.** Auf Antrag oder von Amts wegen kann die Öffentlichkeit nach Abs. 1 ausgeschlossen werden:

10 Wird der **Antrag** v. der Person gestellt, deren Lebensbereich betroffen ist, so muss ihm beim Vorliegen der Voraussetzungen des Abs. 1 oder Abs. 2 stattgegeben werden (Abs. 3 S. 1; zu diesen → Rn. 2–7); verneint das Gericht das Vorliegen dieser Voraussetzungen, so lehnt es den Antrag durch Beschl. ab (BGH NStZ 2021, 760). Antragsberechtigt sind die betroffenen Prozessbeteiligten, Zeugen u. Verletzten (→ Rn. 3), der Verletzte auch, wenn er sich sonst nicht am Verf. bet. und auch nicht als Zeuge vernommen wird, Umstände aus seinem persönlichen Lebensbereich aber bei der Vernehmung des Angeklagten zur Sache o. bei der Beweisaufnahme erörtert werden; den Antrag kann dann für ihn sein Beistand stellen (→ StPO § 406f Rn. 4). Betreffen die zu erörternden Umstände den persönlichen Lebensbereich mehrerer Personen, so ist jeder v. ihnen unabhängig v. dem anderen antragsberechtigt. Ein entspr. Antrag kann wirksam auch außerhalb der HV angebracht werden (BGH BeckRS 2013, 20950; NStZ-RR 2018, 343). Allerdings kann der Ausschluss der Öffentlichkeit bei der Inaugenscheinnahme kinderpornographischer Inhalte nicht der Disposition der Betroffenen unterliegen, weshalb in solchen Fällen in aller Regel § 172 Nr. 1 GVG anzuwenden ist (BGH NStZ-RR 2024, 30).

11 Anträge können dem Gericht nur Anlass zur Prüfung der Frage geben, ob die Öffentlichkeit **von Amts wegen** ausgeschlossen werden soll. Auch Prozessbeteiligte, deren persönlicher Lebensbereich nicht betroffen ist, können bei Gericht anregen, die Öffentlichkeit auszuschließen. Zu einer solchen Anregung ist insbes. die StA, auch im Interesse des Verletzten verpflichtet, wenn erkennbar ist, dass der Betroffene aus Unbeholfenheit keine eigenen Anträge stellt, o. wenn er nicht anwesend u. auch nicht vertreten ist (Nr. 131a RiStBV).

Für die **Schlussanträge** ist die Öffentlichkeit in Verf. wegen der in Abs. 2 genannten Straftaten auch ohne entspr. Antrag auszuschließen, wenn die Verh. unter den Voraussetzungen des Abs. 1 oder Abs. 2 oder des § 172 Nr. 4 ganz o. teilw. unter Ausschluss der Öffentlichkeit stattgefunden hat (**Abs. 3 S. 2**). Dies gilt für die Schlussvorträge aller Verfahrensbeteiligten, auch solcher, deren Anschlussberechtigung sich aus anderen als den in Abs. 2 genannten Straftaten ergibt (BGH NStZ 2018, 620). Eine Differenzierung nach dem Inhalt u. dem prozessualen Bezug der Schlussvorträge sowie nach der prozessualen Stellung des jeweiligen Verfahrensbeteiligten findet nicht statt (BGHSt 63, 20; BGH NStZ 2020, 438). Damit wird verhindert, dass Umstände, für deren Erörterung die Öffentlichkeit ausgeschlossen war, nun doch bei den Schlussplädoyers öffentl. zur Sprache kommen. Zu den Schlussanträgen iSv Abs. 3 S. 2 zählt auch das **letzte Wort des Angeklagten** (BGH NStZ-RR 2025, 292; 2024, 30). 12

Die Entsch. des Gerichts bedarf der **Begründung,** u. zwar der den Ausschluss der Öffentlichkeit anordnende Beschl. nach § 174 Abs. 1 S. 3, der einen Antrag nach Abs. 2 abl. Beschl. nach § 34 StPO. 13

E. Widerspruch des Betroffenen. Gegen den Widerspruch des Betroffenen darf der Ausschluss nicht angeordnet werden **(Abs. 4).** Bei mehreren Betroffenen ist der Ausschluss zwar zulässig, wenn nur Einzelne widersprechen (Rieß/Hilger NStZ 1987, 208 Fn. 335; **aM** KK-StPO/Diemer Rn. 6). Diese unterschiedliche Interessenlage muss das Gericht aber in die Abwägung einbeziehen, ob das öffentl. Interesse an der öffentl. Erörterung der Umstände überwiegt. 14

F. Unanfechtbarkeit (Abs. 5). Unanfechtbar (Abs. 5) sind **Entsch. nach Abs. 1–4** (vgl. BGH 4.7.2024 – 4 StR 130/24 mwN). Der revisionsger. Kontrolle ist entzogen, ob die tatbestandlichen Voraussetzungen für einen Ausschluss der Öffentlichkeit erfüllt sind (BGH NStZ-RR 2021, 84; 4.12.2025 – 2 StR 267/25). Von der Unanfechtbarkeit erfasst werden va die Ermessensentscheidungen nach Abs. 1 und Abs. 2 (vgl. BGH 28.11.2023 – 1 StR 292/23), aber auch solche nach Abs. 2 und Abs. 4, wenn die Ausschlussvoraussetzungen gegeben sind (KK-StPO/Diemer Rn. 8), ferner, soweit der Ausschluss der Öffentlichkeit abgelehnt o. nur in geringerem Umf. als beantragt beschlossen worden ist (BGH NStZ 1996, 243; StV 2008, 10 Ls.). BGH StV 2015, 79 (1. StS) neigt aber dazu, eine Ausnahme v. der Unanfechtbarkeit zu machen, wenn das Gericht überhaupt keine Entsch. getroffen hatte (vgl. auch BGH BeckRS 2016, 1509; Kissel/Mayer Rn. 17). Nach § 336 S. 2 StPO kann in den genannten Fällen auch die Revision nicht darauf gestützt werden, dass die Voraussetzungen der Vorschr. nicht vorgelegen hätten (BGH NJW 2007, 709). 15

Die Unanfechtbarkeit umfasst allerdings nicht die Prüfung, ob eine generelle Befugnis – o. Verpflichtung – zum Ausschluss der Öffentlichkeit während eines bestimmten Verfahrensabschnitts bestand (BGH NStZ-RR 2021, 84; NStZ 2020, 438: Schlussanträge; 4.12.2025 – 2 StR 267/25; OLG Hamm StV 2019, 526; KK-StPO/Diemer Rn. 7). Zulässig ist ebenso die Rüge, das gerichtliche Verf. habe gegen § 174 verstoßen (BGH StV 1990, 10; 2012, 140; → StPO § 338 Rn. 48), auch die Beanstandung, die Öffentlichkeit sei aus einem anderen als dem in Abs. 1 bezeichneten Grunde ausgeschlossen worden o. über den zulässigen o. festgelegten Umf. hinausgehend (BGHSt 57, 273; BGH StV 1998, 364). 16

Dies gilt für eine **Verletzung von Abs. 3 S. 2** – unter den Voraussetzungen v. § 337 (vgl. BGH BeckRS 2016, 19652; 2016, 19824; NStZ-RR 2017, 54) – auch, wenn nur der Vorsitzende vor Anbringung der Schlussanträge die Wiederherstellung der Öffentlichkeit angeordnet u. das Gericht weiterverhandelt hat, ohne eine Entsch. über die Öffentlichkeit des Verf. zu treffen (BGH NStZ 2016, 180; vgl. auch BGH NStZ 2015, 181). In den Fällen des Abs. 3 S. 2 muss sich die Revision zudem dazu verhalten, welche zusätzlichen Ausführungen bei Schlussvorträgen in nichtöffentl. Sitzung gemacht worden wären (vgl. BGH 15.12.2015 – 4 StR 401/15; ferner BGH 27.9.2022 – 5 StR 235/22 zum fehlenden Beruhen in derartigen Konstellationen). Der Angeklagte kann die Rüge erheben, auch wenn er nicht den 17

Ausschluss der Öffentlichkeit beantragt hatte (BGH NStZ 2016, 180; OLG Hamm StV 2019, 526 (528)); er ist mit der Rüge auch nicht präkludiert, wenn er v. Zwischenrechtsbehelf des § 238 Abs. 2 keinen Gebrauch gemacht hat (OLG Hamm StV 2019, 526 (527)). Dagegen ist sein Verhalten widersprüchlich u. verdient keinen Rechtsschutz, wenn er beanstandet, dass seinem Antrag gem. die Öffentlichkeit für einen Teil der HV – auch für sein letztes Wort – wiederhergestellt wurde, nachdem sie zuvor zu seinem Schutz ausgeschlossen worden war (BGH NStZ-RR 2020, 287 f.; vgl. auch BGH BeckRS 2020, 12220 zum Ausschluss des Beruhens, falls der Ausschluss allein auf Antrag der Nebenklägerin u. ausschl. zu deren Schutz angeordnet wurde). Das Fehlen eines die Öffentlichkeit ausschließenden Beschl. stellt keinen Fall des § 338 Nr. 6 dar (BGHSt 64, 64 = NStZ 2019, 549 mAnm Ventzke u. ablAnm Fahl NStZ-RR 2019, 321; erg. → StPO § 338 Rn. 48); für § 337 wird es insoweit außerdem regelmäßig am Beruhen fehlen (Ventzke NStZ 2019, 550). Wegen der **Dauer** des Ausschlusses vgl. iÜ → § 172 Rn. 15 ff.

[Gründe für Ausschluss der Öffentlichkeit] **Nr. 130a–133, 219 Abs. 3, 222 Abs. 3 RiStBV**

172 Das Gericht kann für die Verhandlung oder für einen Teil davon die Öffentlichkeit ausschließen, wenn

1. eine Gefährdung der Staatssicherheit, der öffentlichen Ordnung oder der Sittlichkeit zu besorgen ist,

1a. eine Gefährdung des Lebens, des Leibes oder der Freiheit eines Zeugen oder einer anderen Person zu besorgen ist,

2. ein wichtiges Geschäfts-, Betriebs-, Erfindungs- oder Steuergeheimnis zur Sprache kommt, durch dessen öffentliche Erörterung überwiegende schutzwürdige Interessen verletzt würden,

3. ein privates Geheimnis erörtert wird, dessen unbefugte Offenbarung mit Strafe bedroht ist,

4. eine Person unter 18 Jahren vernommen wird.

1 **A. Zwei Gruppen.** In zwei Gruppen sind die Ausschließungsgründe einzuteilen. Bei der einen besteht ein **vorrangiges Interesse der Allgemeinheit** (Nr. 1); bei der anderen steht der **Schutz des Einzelinteresses,** der freilich auch im öffentl. Interesse liegt, im Vordergrund (Nr. 1a–4). Die Ermessensentscheidung (BGH NStZ-RR 2004, 116 (118)) nach § 172 trifft das Gericht unter Würdigung des Rechtsgutes, das mit dem Ausschließungsgrund geschützt werden soll. Wenn eine Maßnahme des Vorsitzenden nach § 175 Abs. 1 genügt, hat sie den Vorrang. Bei Wegfall des Grundes wird der Ausschluss aufgeh. (Loesdau MDR 1962, 778).

2 **B. Gefährdung der Staatssicherheit (Nr. 1).** In Betracht kommt die äußere u. die innere Sicherheit der BRD (vgl. § 92 Abs. 3 Nr. 2 StGB). „Staatswohl" ist nicht gleichbedeutend (Löwe/Rosenberg/Krauß Rn. 3). Der Ruf eines hohen Amtsträgers o. führenden Politikers kann also nicht durch Ausschluss der Öffentlichkeit nach Nr. 1 geschützt werden (KK-StPO/Diemer Rn. 4). Die Ausschließungsgründe gelten auch zugunsten der NATO-Verbündeten nach näherer Bestimmung des Art. 38 NTS-ZA.

3 **C. Gefährdung der öffentlichen Ordnung (Nr. 1).** Sie setzt voraus, dass gerade aus der Öffentlichkeit der Verh. sich eine Wahrscheinlichkeit dafür ergibt, dass die öffentl. Ruhe, Sicherheit o. Ordnung gestört wird, mag sich diese Störung in der Verh. selbst (also im Gerichtssaal) o. außerhalb auswirken (BGHSt 30, 193 (194)). Dieser Ausschließungsgrund kann zB vorliegen, wenn geheimhaltungsbedürftige Maßnahmen o. Einrichtungen zur Verhütung o. Aufklärung v. Straftaten, neuartige Deliktsformen o. Gegebenheiten aus dem Bereich des Vollzugs in der HV erörtert werden müssen (Nr. 133 RiStBV; Löwe/Rosenberg/Krauß Rn. 6), nicht aber bei der Teilnahme v. Personen, die krankheits- o. ansteckungs-

verdächtig sind (auf der Heiden NJW 2020, 1023 (1024) zu COVID-19; vgl. auch Kulhanek NJW 2020, 1183 (1185)).

Auch eine wiederholte o. fortgesetzte **Störung** der Verh. **durch die Zuhörerschaft** o. einen Teil der Zuhörer, zB durch Applaudieren, Zwischenrufe, Sprechchöre, wenn das Gericht mit weiteren Störungen durch im Voraus nicht bestimmbare Personen rechnen kann u. muss, rechtfertigt den Ausschluss (BGH 13.1.1970 – 5 StR 294/69); vgl. ferner → Rn. 7 aE. 4

D. Gefährdung der Sittlichkeit. Gefährdung der Sittlichkeit (Nr. 1; Art. 6 Abs. 1 S. 2 EMRK; Art. 14 des Int. Paktes über die staatsbürgerlichen u. politischen Rechte v. 19.12.1966 nebst G v. 15.11.1973 (BGBl. II 1533) u. Bek. v. 14.6.1976 (BGBl. II 1068)): Vor Anwendung dieser Vorschr. ist § 171b Abs. 1, Abs. 2 zu prüfen u. eine Entschließung des betroffenen Prozessbeteiligten herbeizuführen, ob er selbst einen Ausschluss der Öffentlichkeit zur Wahrung seiner Intimsphäre wünscht (BGHSt 38, 248). Erst wenn dieser dem Ausschluss nach § 171b Abs. 4 widerspricht o. er den Ausschluss nach § 171b Abs. 3 S. 1 nicht beantragt, stellt sich die Frage des Ausschlusses nach § 172 Nr. 1. Ein Ausschluss kommt dann noch in Betracht, wenn durch die Erörterung des Falles das Scham- u. Sittlichkeitsgefühl des Durchschnittsmenschen verletzt würde (OLG Düsseldorf MDR 1981, 427; **aM** offenbar Rüping Strafverfahren Rn. 434: nur Unterfall der öffentl. Ordnung). Das ist – auch im Hinblick auf § 171b – nur in seltenen Ausnahmefällen denkbar (Kissel/Mayer Rn. 32; vgl. auch Schweling DRiZ 1970, 354), zB wenn in der HV Einzelheiten des sexuellen Missbrauchs eines Kindes durch einen möglicherweise triebgestörten Täter zu erörtern sind (BGH NJW 1986, 200). 5

E. Gefährdung eines Zeugen oder einer anderen Person (Nr. 1a). Bei Gefahr für Leib o. Leben des Angeklagten o. eines Zeugen durch andere Personen bei wahrheitsgemäßer Aussage in öffentl. Verh. (BGHSt 3, 344 (345); 16, 111 (113); 30, 193 (194); Holtz MDR 1980, 273 – BGH RsprÜ) gilt Nr. 1a, auch bei Gefahr für den Informanten, über dessen Person u. Tätigkeit der Zeuge aussagen soll (BGH BeckRS 1974, 51). Geht eine solche Drohung v. einem beschränkten Personenkreis aus (zB v. den Angehörigen des Angeklagten), so genügt es, ihn auszuschließen (Holtz MDR 1980, 273 – BGH RsprÜ). Nr. 1a ist auch anzuwenden, wenn die Behörde die „Freigabe" eines Zeugen an die Bedingung knüpft, dass er unter Ausschluss der Öffentlichkeit vernommen wird (BGHSt 32, 115 (125) (GSSt); BGH NStZ 1984, 522; KK-StPO/Diemer Rn. 5, 6). Eine Gesundheitsgefährdung, die in keinem Zusammenhang mit der Öffentlichkeit der Verh. steht, genügt nicht (BGH NStZ 1987, 86). Der Ausschluss der Öffentlichkeit bei Krankheits- u. Ansteckungsverdacht wird v. der Vorschr. nicht erfasst (auf der Heiden NJW 2020, 1023 (1024); Kulhanek NJW 2020, 1183 (1185): COVID-19). 6

Eine **Erschwerung der Wahrheitsermittlung** ohne Gefahr für Leib o. Leben des Angeklagten o. eines Zeugen rechtfertigt den Ausschluss nicht. Es genügt daher nicht die bloße Erwartung, dass der Angeklagte in nichtöffentl. Verh. ein Geständnis ablegen (BGHSt 9, 280; KK-StPO/Diemer Rn. 5), o. die Möglichkeit, dass die Berichterstattung über das Verf. die Wahrheitsfindung erschweren werde (Dallinger MDR 1973, 730 – BGH RsprÜ), insbes., weil ein Zeuge aus Furcht vor falschen Berichten nicht aussagen will (BGHSt 30, 193 (195); vgl. auch BVerfGE 50, 234). Die Weigerung des Zeugen, in öffentl. Sitzung auszusagen, rechtfertigt den Ausschluss auch dann nicht, wenn ihm ein Aussageverweigerungsrecht zusteht (BGHSt 30, 193). Bei Gefährdung anderer Rechtsgüter als Leib, Leben o. Freiheit (zB erhebliche Sachbeschädigungen) kann ein Ausschluss nach Nr. 1 wegen Gefährdung der öffentl. Ordnung erfolgen; aus Nr. 1a ist nicht ein Umkehrschluss zu ziehen, dass nur bei Gefährdung der hier erwähnten Rechtsgüter der Ausschluss zulässig ist (Rieß NJ 1992, 495). 7

F. Überwiegende schutzbedürftige persönliche Interessen (Nr. 2). I. Geschäfts- oder Betriebsgeheimnis (§§ 203, 355 Abs. 1 Nr. 2 StGB; § 17 UWG). 8
Geheimnis ist eine Tatsache, die nur einem einzelnen o. einem beschränkten

Personenkreis bekannt o. zugänglich ist u. an deren Geheimhaltung der Berechtigte ein schutzwürdiges Interesse hat. Das Geschäftsgeheimnis betr. die unternehmerische Tätigkeit, das Betriebsgeheimnis die technische Ausgestaltung u. Führung des Betriebs.

9 Der Ausschlusstatbestand ist gegeben, wenn für den Geheimnisgeschützten durch die öffentl. Verh. Nachteile entstehen würden, die durch den Zweck des Verf. nicht gerechtfertigt sind.

10 **II. Erfindungsgeheimnis.** Zu ihm gehören alle auf eine Erfindung bzgl. Umstände, an deren Geheimhaltung eine Person o. Institution ein berechtigtes Interesse hat (Kissel/Mayer Rn. 42). Die Erfindung besteht in einer anwendbaren, niederlegungsfähigen u. ausführbaren technischen Idee o. Regel. Sie muss einen technischen Fortschritt u. eine persönliche Leistung des Erfinders darstellen, die über das hinausgeht, was für einen Durchschnittsfachmann erreichbar ist. Die Erfindung ist nicht mehr geheim (vgl. → Rn. 9), wenn ein Patent o. Gebrauchsmuster gewährt worden ist (**aM** Katholnigg Rn. 6: bereits ab Patentanmeldung).

11 **III. Steuergeheimnis (§ 30 AO; § 355 StGB).** → StPO § 161 Rn. 3. Zum Schutz des Steuergeheimnisses wird im Allgemeinen die Öffentlichkeit nicht ausgeschlossen, soweit die Erörterung in einem Steuerstrafverfahren der Tatfeststellung dient. Unzulässig ist das aber nicht (Rüping/Arloth DB 1984, 1795; Weyand wistra 1993, 135; **aM** Schomberg NJW 1979, 526). Jedoch liegt der Ausschluss näher, wenn es sich um die Gewinnung der tatsächlichen Grdl. für die Bemessung des Tagessatzes (§ 40 StGB) handelt (Weyand wistra 1993, 135).

12 **IV. Geschützter Personenkreis nach Nr. 2.** Geschützter Personenkreis nach Nr. 2 sind alle Verfahrensbeteiligten, Zeugen u. Unbeteiligten.

13 **G. Privates Geheimnis (Nr. 3; § 203 StGB).** Die Ausschließungsbefugnis besteht, wenn das Offenbaren des Geheimnisses ggü. Dritten o. der Öffentlichkeit außerhalb des Strafverfahrens dem **Geheimhaltungsgebot des § 203 StGB widersprechen** würde. Sie ist nicht davon abhängig, dass sich der Geheimnisträger, der sich als Zeuge o. Sachverständiger (seit 1.8.2022 ist dieses Erfordernis entfallen, sodass jedes unbefugte Offenbaren unabhängig von der Prozessrolle als Zeuge oder Sachverständiger ausreicht) äußern soll, durch die Äußerung strafbar machen würde. Bei der Ermessensentscheidung über die Ausschließung der Öffentlichkeit wird hier – trotz Fehlens einer Abwägungsklausel – abgewogen auf der einen Seite: Das Interesse der Allgemeinheit an der uneingeschränkten Öffentlichkeit der HV (→ § 169 Rn. 1), das Interesse an möglichst umfassender u. gründlicher Aufklärung aller für die Strafsache bedeutender Umstände. Auf der anderen Seite: Das öffentl. Interesse an der Schonung des geschützten Geheimnisses vor vermeidbarer Offenlegung u. die Rücksicht auf die Auskunftsperson, die als Berufsträger das Geheimnis iRd möglichen wahren u. gewahrt sehen will; diese Interessen wiegen umso mehr, je mehr das Geheimnis dem inneren Bereich der Persönlichkeitsphäre angehört. Werden private Geheimnisse in der HV erörtert, so wird durch die Ausschließung der Öffentlichkeit der durch das Vertrauensverhältnis geschaffene Schutz des Geheimnisses so weit gewahrt, wie es geschehen kann, ohne dass das Anvertraute dem gerichtlichen Verf. entzogen wird. Besteht ein Zeugnisverweigerungsrecht, so kann es bei zu erwartendem Ausschluss der Öffentlichkeit leichter zu einer Entbindung v. der Schweigepflicht nach § 53 Abs. 2 S. 1 StPO o. zur Aussage aufgrund einer Güter- u. Pflichtenabwägung (→ StPO § 53 Rn. 5, 6) kommen.

14 **H. Personen unter 18 Jahren (Nr. 4).** Eine Person unter 18 Jahren (Nr. 4; vgl. auch §§ 241a, 247 StPO): Der innere Grund für die Anwendung der Nr. 4 können der Schutz der Person des Zeugen u. die bessere Sachaufklärung sein. Durch den Ausschlussgrund kann insbes. auf die bes. psychische Situation des jungen Zeugen Rücksicht genommen werden, für den bereits das Auftreten vor Gericht, vollends vor zahlreichen Zuhörern, eine schwere Belastung darstellen kann, die auch durch das Informationsinteresse der Öffentlichkeit nicht zu rechtfertigen ist. Nr. 4 ist ferner anzuwenden, wenn der junge Zeuge wegen großen

Aufsehens der HV übermäßig in seinem Fortkommen gehemmt werden o. wenn bei ihm im Fall öffentl. Verh. der Eindruck entstehen könnte, er sei Mittelpunkt des allg. Interesses. In diesem Fall o. wenn „Freunde“ o. „Feinde“ im Zuhörerraum anwesend sind, kann es zu wesentlichen Entstellungen der Sachschilderung kommen, die durch Ausschließung der Öffentlichkeit vermieden werden können. Der Ausschluss erstreckt sich auch auf den ges. Vertreter des Zeugen, selbst wenn er als Begleitperson erschienen ist. Ihm kann aber die Anwesenheit gestattet werden (§ 175 Abs. 2; → § 175 Rn. 4). Ob v. dieser Möglichkeit Gebrauch gemacht wird, hängt davon ab, ob seine Anwesenheit der Vernehmung voraussichtlich nützen o. schaden wird.

I. Dauer der Ausschließung. Die Dauer der Ausschließung richtet sich danach, für welche Teile der HV der Ausschließungsgrund nach pflichtgemäßem Ermessen anzuerkennen ist (vgl. BGHSt 7, 218; OLG Düsseldorf MDR 1981, 427). Die Ausschließung für die gesamte weitere Dauer der Verh. kann zulässig sein (BGH NJW 1986, 200; erg. → § 174 Rn. 8). Auch während der Verlesung des Anklagesatzes (§ 243 Abs. 3 S. 1 StPO) darf die Öffentlichkeit ausgeschlossen werden; das gilt auch für § 171b (BGHSt 57, 273). 15

I. Für die Verhandlung. Der Ausschluss „für die ganze Verhandlung“ o. „für die Verhandlung“ o. „bis zur Urteilsverkündung“ endet v. selbst (vgl. § 173 iVm § 172) vor der Urteilsverkündung, ohne dass es eines ausdr. Beschl. über die Wiederherstellung der Öffentlichkeit bedarf (RGSt 53, 271; RG JW 1926, 2762). Daher genügt es, dass der Gerichtswachtmeister die Öffentlichkeit wiederherstellt u. der Protokollführer dies im Prot. vermerkt. 16

II. Für einen Teil der Verhandlung. Zulässig ist auch der Ausschluss „**bis auf weiteres**“, dh so lange, bis dem Gericht die Wiederherstellung der Öffentlichkeit geboten erscheint (RG JW 1928, 1940). Für die Wiederherstellung der Öffentlichkeit ist dann ein bes. Beschl. notwendig. Beschränkt sich der Ausschluss auf einen bestimmten Verfahrensabschnitt, so ist nach dessen Ablauf kein Beschl. zur Wiederherstellung der Öffentlichkeit erforderlich (BGH GA 1981, 473; vgl. aber OLG Frankfurt a. M. StV 1985, 8); die Öffentlichkeit muss aber tatsächlich wiederhergestellt werden (BGHSt 7, 218; BGHR GVG § 171b Abs. 1 Dauer 7). Der Ausschluss für die Dauer der Vernehmung eines Zeugen bedeutet, dass er bis zur Beendigung der Vernehmung (auch bei mehrmaliger Unterbrechung der Vernehmung, nicht aber, wenn er entlassen wurde (BGH BeckRS 2018, 12847) gilt (BGHSt 41, 145 (148)) u. dass er alle Verfahrensvorgänge umfasst, die mit der Vernehmung in enger Verbindung stehen o. sich aus ihr entwickeln u. daher zu diesem Verfahrensabschnitt gehören (BGH StV 2018, 205; Dallinger MDR 1975, 544 – BGH RsprÜ; Pfeiffer/Miebach NStZ 1983, 213 – BGH RsprÜ), zB die Beschlussfassung nach § 247 Abs. 1 StPO (Pfeiffer/Miebach NStZ 1985, 206 – BGH RsprÜ; BGH NStZ 1994, 354), die Verlesung v. im Zusammenhang mit der Zeugenvernehmung stehenden Urk. (BGH StV 1985, 402), die Befragung des ges. Vertreters nach § 52 Abs. 2 StPO, die Information des Zeugen über eine vorliegende Entbindung der Schweigepflicht (BGH BeckRS 2020, 34567), die Abgabe v. Erklärungen nach § 257 StPO (BGH NStZ 2006, 117), eine Augenscheinseinnahme, die im Zusammenhang mit der Zeugenaussage steht (BGH NStZ 1988, 190), kurze Äußerungen anderer Zeugen o. eine Beweisanregung u. die Verh. hierüber, die durch die Vernehmung veranlasst werden (BGHR GVG § 171b Abs. 1 Dauer 8). Auch die Verh. u. Entsch. über die Vereidigung sowie die Vereidigung selbst können noch während des Ausschlusses der Öffentlichkeit vorgenommen werden (BGH NJW 1996, 2663), ebenso über die Entlassung des Zeugen (BGH NJW 2003, 2761). Im Übrigen gilt der Ausschluss für alle Erklärungen eines Zeugen, die mit dem Ausschließungsgrund in Zusammenhang stehen u. zu dem Verfahrensabschnitt gehören, der Anlass zu dem Ausschluss gegeben hat (BGH GA 1981, 473; NStZ 1999, 371). 17

18 **J. Revision.** Es kommt darauf an, ob der Ausschluss der Öffentlichkeit wegen des zu erwartenden Inhalts des betr. Verhandlungsabschnitts gerechtfertigt war; dass sich diese Erwartung nicht bestätigt hat, macht den Ausschluss nicht unrechtmäßig (BGHSt 38, 248). Hinsichtlich der Dauer des Ausschlusses ist zu beachten, dass für die Wiederherstellung der Öffentlichkeit die bes. Beweiskraft des Prot. gilt (§ 274 StPO, s. BGH StV 2018, 205). Vgl. iÜ → StPO § 338 Rn. 48.

[Öffentliche Urteilsverkündung]

173 (1) **Die Verkündung des Urteils sowie der Endentscheidung in Ehesachen und Familienstreitsachen erfolgt in jedem Falle öffentlich.**

(2) **Durch einen besonderen Beschluß des Gerichts kann unter den Voraussetzungen der §§ 171b und 172 auch für die Verkündung der Entscheidungsgründe oder eines Teiles davon die Öffentlichkeit ausgeschlossen werden.**

1 **A. Verkündung des Urteils (Abs. 1).** Die Verkündung des Urteils erfolgt in jedem Fall **öffentlich** (BGH NStZ 2024, 448; zu den Ausnahmen nach dem **JGG** → Rn. 2). Dazu gehört – vorbehaltlich Abs. 2 (vgl. BGH 24.8.2022 – 1 StR 186/22) – auch die Eröffnung der Urteilsgründe (§ 268 Abs. 1 S. 2 StPO). Wenn die Öffentlichkeit in der Verh. o. in einem Teil davon ausgeschlossen war, muss bei der Urteilsverkündung das während des Ausschlusses erzielte Erg. schonend wiedergegeben werden, dh ohne Verletzung des materiellen Gehalts des Ausschlussgrundes. Die Gerichtsbeschlüsse, die nicht zu dem Verfahrensteil gehören, in dem die Öffentlichkeit ausgeschlossen worden ist, werden ebenfalls öffentl. verkündet. Wenn sie dagegen zu dem nichtöffentl. Teil der Verh. gehören (zB bei Ausschluss der Öffentlichkeit für die Dauer der Vernehmung eines Zeugen der Beschl. über die Vereidigung; → § 172 Rn. 21), so können sie auch noch während des Ausschlusses verkündet werden. Das ergibt sich schon daraus, dass die Öffentlichkeit auch für die ganze Verh. ausgeschlossen werden kann (→ § 172 Rn. 20).

2 **B. Verfahren nach dem JGG.** §§ 48 Abs. 1, Abs. 3 S. 2, 104 Abs. 1 Nr. 4a, 109 Abs. 1 S. 5 **JGG.** Diese Vorschr. können auch angewendet werden, wenn das Erwachsenengericht gegen einen Jugendlichen (§§ 103 Abs. 1, 104 Abs. 1 Nr. 4a **JGG**) o. gegen einen Heranwachsenden (§ 112 S. 1 **JGG**) verhandelt (Brunner/Dölling JGG § 48 Rn. 3 ff.). Die Ausschließung der Öffentlichkeit nach § 109 Abs. 1 S. 5 **JGG** umfasst, soweit das Gericht nichts anderes bestimmt, wie in § 48 Abs. 1 **JGG** auch die Urteilsverkündung (BGHSt 42, 294).

3 **C. Heilung des Mangels.** → § 174 Rn. 10.

4 **D. Revision.** Der Verstoß gegen Abs. 1 begründet die Revision nach § 338 Nr. 6. Dies gilt auch dann, wenn der Angekl. den Ausschluss selbst beantragt hatte; eine Verwirkung der Revisionsrüge kommt nicht in Betracht (BGH NStZ 2024, 448). Erg. → StPO § 338 Rn. 48.

[Verhandlung über Ausschluss der Öffentlichkeit; Schweigepflicht] **Nr. 131–134, 219 Abs. 3, 222 RiStBV**

174 (1) [1]**Über die Ausschließung der Öffentlichkeit ist in nicht öffentlicher Sitzung zu verhandeln, wenn ein Beteiligter es beantragt oder das Gericht es für angemessen erachtet.** [2]**Der Beschluß, der die Öffentlichkeit ausschließt, muß öffentlich verkündet werden; er kann in nicht öffentlicher Sitzung verkündet werden, wenn zu befürchten ist, daß seine öffentliche Verkündung eine erhebliche Störung der Ordnung in der Sitzung zur Folge haben würde.** [3]**Bei der Verkündung ist in den Fällen der §§ 171b, 172 und 173 anzugeben, aus welchem Grund die Öffentlichkeit ausgeschlossen worden ist.**

(2) **Soweit die Öffentlichkeit wegen Gefährdung der Staatssicherheit ausgeschlossen wird, dürfen Presse, Rundfunk und Fernsehen keine Berichte über die Verhandlung und den Inhalt eines die Sache betreffenden amtlichen Schriftstücks veröffentlichen.**

(3) [1] **Ist die Öffentlichkeit wegen Gefährdung der Staatssicherheit oder aus den in §§ 171b und 172 Nr. 2 und 3 bezeichneten Gründen ausgeschlossen, so kann das Gericht den anwesenden Personen die Geheimhaltung von Tatsachen, die durch die Verhandlung oder durch ein die Sache betreffendes amtliches Schriftstück zu ihrer Kenntnis gelangen, zur Pflicht machen.** [2] **Der Beschluß ist in das Sitzungsprotokoll aufzunehmen.** [3] **Er ist anfechtbar.** [4] **Die Beschwerde hat keine aufschiebende Wirkung.**

Übersicht

A. Ausschließungsverfahren. Das Ausschließungsverfahren ist ein Inzidentverfahren des erkennenden Gerichts in der Besetzung, in der die HV stattfindet, unter Mitwirkung der Schöffen. Der Angeklagte nimmt teil; zum Fall seiner Ausschließung nach § 247 StPO vgl. → StPO § 247 Rn. 6. 1

I. Antrag auf Ausschließung. Aus Abs. 1 S. 1 ergibt sich, dass ein „Beteiligter" den Antrag stellen kann. Bet. ist jedenfalls der am Hauptverfahren Beteiligte. Diejenigen, deren Persönlichkeitssphäre im konkreten Fall bei öffentl. Verh. beeinträchtigt würde (§ 172 Nr. 2, 3), haben ebenfalls die Befugnis, den Ausschluss der Öffentlichkeit für die Verh. o. einen Teil davon zu beantragen (vgl. BGHSt 60, 58 mwN: Zeugen). 2

Da der Kreis der am Hauptverfahren Bet. nicht notwendig deckungsgleich sein muss mit den am Inzidentverfahren Bet., kann demjenigen, dessen Persönlichkeitsrechte mit dem Ausschließungstatbestand des § 172 Nr. 2 oder 3 geschützt werden soll, ein förmliches Antragsrecht zugestanden werden, soweit er ein **anzuerkennendes Interesse** an dem Ausschluss haben kann (BGHSt 60, 58 mAnm Heine NStZ 2015, 480 u. abl. Anm. Rosenstock StV 2015, 477: **Zeugen**). Der Antrag eines Berechtigten führt zwingend zur Ausschließungsverhandlung. Für § 171b vgl. → § 171b Rn. 10. 3

II. Ohne Antrag. Auch ohne Antrag auf Ausschließung kann das Gericht die Ausschließungsverhandlung durchführen. Die Bet. erhalten auch in diesem Fall Gelegenheit zur Äußerung. Der in Betracht kommende Ausschließungstatbestand wird im Freibeweisverfahren (→ StPO § 244 Rn. 7, 9) geklärt, wobei freieste Ermittlung (RGSt 66, 113) zur Gewinnung einer genügenden Prognosegrundlage statthaft ist. 4

III. Verhandlung in nichtöffentlicher Sitzung. In nichtöffentlicher Sitzung muss verhandelt werden, wenn ein Bet. es beantragt (Abs. 1 S. 1 Alt. 1) o. das 5

Gericht es v. sich aus für angemessen hält (Abs. 1 S. 1 Alt. 2). Das sollte im Sitzungssaal, nicht im Beratungszimmer, geschehen, da der Wortlaut des Abs. 1 S. 1 für ein v. der HV vollständig gelöstes in camera-Verf. nichts hergibt (Heine NStZ 2015, 480). Die Tatsache des Zwischenverfahrens u. sein Erg. müssen im Prot. vermerkt werden.

6 **IV. Unterbleiben der Ausschließungsverhandlung.** Unterbleibt die Ausschließungsverhandlung trotz gültigen Antrags, so kann der Mangel durch Nachholung geheilt werden. Dabei kann auch der Beschl. geänd. werden. Wenn es § 244 Abs. 2 StPO gebietet, kann es zu einer Teilwiederholung der HV unter Ausschluss der Öffentlichkeit kommen.

7 **V. Jugendstrafsachen.** Wenn das JugG gegen einen Jugendlichen verhandelt, gilt § 174 nicht (§ 48 Abs. 1 **JGG**). Er gilt aber bei Verh. gegen einen Heranwachsenden (§ 109 Abs. 1 S. 4 **JGG**); ebenso bei Verh. des Erwachsenengerichts gegen einen Jugendlichen o. Heranwachsenden (§§ 104 Abs. 2, 112 S. 1 **JGG;** → § 173 Rn. 2).

8 **B. Ausschließungsbeschluss (Abs. 1 S. 2).** Ein Ausschließungsbeschluss (Abs. 1 S. 2) des Gerichts ist erforderlich, wenn es iSd 2. Alt. nach seinem Ermessen entscheidet; eine Anordnung des Vorsitzenden genügt, wenn der Ausschluss aufgrund Antrages eines Bet. nach der 1. Alt. zwingend ist (BGH NStZ 1999, 372; NJW 2015, 1464; **aM** BGH NStZ 1999, 371). Soll die Öffentlichkeit nur für bestimmte Verfahrensabschnitte ausgeschlossen werden (→ § 172 Rn. 17), ist dies im Beschl. anzugeben (BGH NStZ 1989, 483; StV 1990, 10); der Ausschließungsbeschluss deckt dann aber auch nur diese Abschn. (BGH StV 1990, 252). Ist etwa die Vernehmung, für die die Öffentlichkeit ausgeschlossen war, abgeschlossen u. der Zeuge entlassen worden, bedarf es für eine nochmalige Vernehmung grds. eines neuen Ausschließungsbeschlusses des Gerichts (BGH NStZ 2024, 762 mAnm Georg; NStZ 2018, 679: Anordnung des Vorsitzenden nicht ausreichend; erg. → § 171b Rn. 3a), es sei denn, die Entlassung des Zeugen wurde sofort wieder zurücgenommen und die erneute Vernehmung stellt sich zusammen mit der vorausgegangenen als einheitliche Vernehmung dar (BGH NStZ 2024, 762 mAnm Georg). Ist der Zeitraum des Ausschlusses im Beschl. versehentlich nicht eingegrenzt worden, so ist idR davon auszugehen, dass die Öffentlichkeit für die gesamte Dauer der HV ausgeschlossen werden sollte (Holtz MDR 1992, 634 – BGH RsprÜ). Der Beschl. mit seiner Begründung (→ Rn. 9) muss grds. öffentl. verkündet werden (BGH NStZ 1996, 202). Das gilt auch, wenn die Öffentlichkeit nach vorübergehendem Ausschluss weiterhin ausgeschlossen wird (BGH NJW 1980, 2088; NStZ 1985, 37; Kusch NStZ-RR 2000, 40 – BGH RsprÜ). Die Verkündung gehört zu den Förmlichkeiten iSd §§ 273, 274 StPO (BGHSt 27, 187 (189)). Der Verkündung bedarf es nicht bei dem Beschl., mit dem der Ausschluss abgelehnt o. wieder aufgeh. wird. Jedoch dürfen auch diese Beschlüsse verkündet werden; jedenfalls aber muss für das Publikum erkennbar sein, ob die Öffentlichkeit ausgeschlossen ist o. nicht. Die Ausnahme des Hs. 2 des Abs. 1 S. 2 setzt nur voraus, dass gewisse Tatsachen die Befürchtung als subjektives Empfinden begründen. Sie setzt aber keinen Beschl. voraus, sondern ist Teil der Verhandlungsleitung gem. § 238 Abs. 1 StPO (**aM** Kissel/Mayer Rn. 8; offengelassen v. BGH NStZ 1996, 202).

9 Die **Mitteilung des Ausschlussgrundes (Abs. 1 S. 3)** in der Begründung des Ausschließungsbeschlusses ist in den Fällen der §§ 171b, 172, 173 Abs. 2 vorgeschrieben (Pfeiffer/Miebach NStZ 1988, 20 – BGH RsprÜ. Der Beschl. muss aus sich heraus verständlich sein (BGH NJW 1988, 429 (431)). Der Begründungszwang entfällt nicht deshalb, weil sich der Ausschlussgrund für alle Bet. aus dem Gang der Verh. ergibt (BGH BeckRS 2021, 23959; StV 1984, 146; zw. BGH NStZ 1994, 591; 1999, 372; einschr. BGHSt 45, 117 „unter besonderen Umständen“ (erg. → § 338 Rn. 48); abl. dazu Fahl Rechtsmißbrauch S. 720; Gössel NStZ 2000, 181; s. aber → Rn. 21 zur Revision). Wenn die Verständlichkeit dadurch gewährleistet ist, genügt aber die Angabe mit dem abstrakten Gesetzeswortlaut

(BGHSt 30, 212 für § 172 Nr. 2; BGHSt 27, 117 für § 172 Nr. 4; BGH NJW 1986, 200; NStZ 1989, 442; jedoch verneint bei § 172 Nr. 3 durch BGH StV 1996, 134). Die tatsächlichen Umstände, aus denen sich der Ausschließungsgrund ergibt, brauchen nicht angegeben zu werden (BGHSt 30, 212; BGH NJW 1986, 200; Gössel NStZ 1982, 140; **aM** Park NJW 1996, 2214). Wenn eine Bestimmung nur einen einzigen Ausschließungsgrund enthält – wie zB § 172 Nr. 1a oder Nr. 4 – reicht auch die bloße Angabe der Gesetzesbestimmung aus (BGHSt 41, 145 mablAnm Park StV 1996, 136); sind aber mehrere Gründe vorgesehen, muss der angewendete Grund bezeichnet werden, zB im Fall des § 172 Nr. 1 (Miebach/Kusch NStZ 1991, 122 – BGH RsprÜ) o. Nr. 2 (BGHSt 27, 187; BGH NStZ 1982, 169; Pfeiffer/Miebach NStZ 1985, 496 – BGH RsprÜ; Pfeiffer/Miebach NStZ 1988, 20 – BGH RsprÜ). Es genügt nicht, dass er aus dem Zusammenhang (BGH StV 1986, 376) o. aus früheren Beschlüssen o. Anträgen (Pfeiffer/Miebach NStZ 1985, 496 – BGH RsprÜ; zw. BGH NStZ 1994, 591) erkennbar ist o. für die Bet. u. die Zuhörerschaft offen zutage liegt (BGHSt 27, 117; 187; BGH StV 1984, 146), auch nicht, wenn zugleich eine Anordnung nach § 247 StPO begründet ist (BGH NStZ 1983, 324). Die Bezugnahme auf die Gründe eines vorangehenden Ausschließungsbeschlusses ist ausnahmsweise zulässig, wenn der nochmalige Ausschluss auf denselben Grund gestützt wird (BGHSt 30, 298; BGH NJW 2007, 709), insbes., wenn beide Beschlüsse insofern eine Einheit bilden (BGH NJW 1979, 276). Sonst ist aber stets, zB bei wiederholter Zeugenvernehmung, ein neuer Beschl. erforderlich (BGH NJW 1982, 275; NStZ 2009, 286; 2013, 479; NStZ-RR 2009, 213), es sei denn, die bereits verfügte Entlassung des Zeugen wird sogleich zurückgenommen u. die Vernehmung des Zeugen fortgesetzt (BGH NStZ 1992, 447; 2004, 220). Die Zurückweisung des Antrags auf Wiederherstellung der Öffentlichkeit bedarf der Form des Abs. 1 S. 3 nicht (BGH GA 1983, 361).

C. Wiederholung eines fehlerhaften Verhandlungsteils. Ein rechtzeitig bemerkter **Verstoß iSd § 338 Nr. 6 StPO** kann durch Wiederholung des fehlerhaften Verhandlungsteils **geheilt** werden (RGSt 35, 354; → Einl. Rn. 159). Ein nachträglicher Beschl. heilt den Mangel nicht, auch nicht, wenn dieser nur in einer Überschreitung der Ausschlussdauer besteht. 10

D. Verbot öffentlicher Berichte (Abs. 2; § 353d Nr. 1 StGB). Es tritt mit dem Ausschluss der Öffentlichkeit wg Gefährdung der Staatssicherheit (§ 172 Nr. 1) v. selbst ein. Die sonstigen Strafbestimmungen, insbes. die §§ 94 ff. StGB, bleiben unberührt. 11

E. Gerichtliches Schweigegebot (Abs. 3; § 353d Nr. 2 StGB). I. Persönlicher Umfang. Zu den **anwesenden Personen** gehören auch die Richter, der StA, der Angeklagte u. sein Verteidiger, der Zeuge u. ggf. sein Beistand, der Sachverständige, der Gerichtswachtmeister u. zugelassene Personen (§ 175 Abs. 2 S. 1), zB Presseberichterstatter. 12

Nicht erfasst sind nicht anwesende Verfahrensbeteiligte, zB die durch einen RA in der Verh. vertretene Nebenklägerin; eine – iErg wünschenswerte – analoge Anwendung kommt angesichts des eindeutigen Wortlauts nicht in Betracht (**aM** Lütke MMR 2019, 157 (162)). 13

II. Sachlicher Umfang. Die geheim zu haltenden Tatsachen müssen in dem Gerichtsbeschluss bezeichnet werden. Dies kann auch durch komplexartige Bezeichnung geschehen. Im Übrigen wird das Schweigegebot – zweckmäßigerweise unter Hinweis auf § 353d Nr. 2 StGB (Nr. 131 Abs. 2 RiStBV) – als absolutes angeordnet, obwohl nur das unbefugte Offenbaren strafbar ist, dh nur das Offenbaren ohne Rechtfertigungsgrund. Ein solcher kann zB darin bestehen, dass der StA seinen Vorgesetzten berichten muss (vgl. → § 147 Rn. 3). Im Übrigen bindet der Beschl. nicht denjenigen, der befugt ist, die Tatsache zu offenbaren u. in dessen ausschl. Interesse die Schweigepflicht ausgesprochen worden ist. 14

15 **Gegenstandslos wird das Schweigegebot,** wenn u. soweit die Tatsachen bei der öffentl. Urteilsverkündung (§ 173 Abs. 1) bekanntgegeben werden; nicht schon dadurch, dass sie in den schriftlichen Urteilsgründen dargelegt werden.

16 **III. Beschluss.** Der Beschluss ergeht **vAw o. auf Antrag eines Bet.,** entweder mit dem Beschl., durch den die Öffentlichkeit ausgeschlossen wird, o. in einem späteren Zeitpunkt, in dem sich das Bedürfnis für die Anordnung ergibt. Dabei muss aber bedacht werden, dass der Beschl. keine rückwirkende Kraft hat. Das Schweigegebot kann auch noch in der HV u. auch nach dieser aufgeh. werden, zB im Fall der Beschwerde durch die Abhilfeentscheidung (§ 306 Abs. 2 StPO).

17 **IV. Verfahren vor den Jugendgerichten.** → § 169 Rn. 2. Das Schweigegebot ist nur iVm dem Beschl. zulässig, durch den die Öffentlichkeit ausgeschlossen wird. Für einen solchen ist kein Raum, wenn die HV ohnehin nicht öffentl. ist. Daher gibt es in diesen Fällen auch keinen Beschl., der zum Schweigen verpflichtet (Löwe/Rosenberg/Krauß Rn. 37; **aM** Katholnigg Rn. 7). Insoweit bleibt nur das persönliche Hinwirken auf die freiwillige Geheimhaltung (Nr. 131 Abs. 2 RiStBV).

18 **F. Nach Wiederherstellung der Öffentlichkeit.** Nach Wiederherstellung der Öffentlichkeit behalten das Gericht u. der StA, aber auch der RA als Rechtspflegeorgan, den durch die Ausschließung der Öffentlichkeit bezweckten Schutz, soweit es mit Rücksicht auf die Wahrnehmung ihrer Funktion möglich ist, im Auge, zB bei den Schlussvorträgen u. bei der Urteilsverkündung (Kleinknecht FS Schmidt-Leichner, 1977, 116).

19 **G. Beschwerde (Abs. 3 S. 3, 4).** Beschwerde (Abs. 3 S. 3, 4) gegen den Ausschließungsbeschluss o. gegen den Beschl., durch den die Ausschließung der Öffentlichkeit abgelehnt wird, scheidet für die Prozessbeteiligten nach § 305 StPO aus. Sie ist auch für andere Personen (§ 304 Abs. 2 StPO) unzulässig. Von einem Ausschließungsbeschluss sind sie nicht betroffen (OLG Nürnberg MDR 1961, 508). Aber auch den abl. Beschl. können sie nicht anfechten, weil die Entsch. über die Ausschließung der Öffentlichkeit der Anfechtung durch einen Dritten nach dem Sinn der Bestimmungen entzogen ist (→ StPO § 304 Rn. 6).

20 Die **Schweigeanordnung** ist dagegen mit der Beschwerde (§ 304 StPO) anfechtbar (Abs. 3 S. 3), nicht der diese Anordnung abl. Beschluss. Diese Anfechtbarkeit des Schweigegebots ist für die Verfahrensbeteiligten eine Ausnahme v. § 305 StPO. Die Beschwerde ist unbefristet wie das Schweigegebot selbst, das mit der Beschwerde angefochten wird.

21 **H. Revision.** Vgl. → StPO § 338 Rn. 48, 50a, 50b. Die tatsächlichen Umstände, auf denen der Ausschluss beruht, prüft das Revisionsgericht nicht nach (Gössel NStZ 1982, 140). Aus Abs. 2, Abs. 3 ergeben sich keine Revisionsgründe; sie betreffen nur zusätzlichen Geheimnisschutz nach außen, der auf das Urt. keinen Einfluss hat. Eine Auswechslung des Ausschließungsgrundes durch das Revisionsgericht ist wegen Abs. 1 S. 3 nicht zulässig (Park NJW 1996, 2215; erg. → Rn. 9). Sofern für die Verfahrensbeteiligten und die Zuhörer im Gerichtssaal eindeutig erkennbar war, auf welche Prozesshandlung sich der Ausschluss beziehen sollte, u. das Revisionsgericht sicher ausschließen kann, dass eine andere Entsch. in Betracht kam, kann allerdings im Einzelfall ein Verstoß gegen die Begründungspflicht nicht so schwer wiegen, dass ein absoluter Revisionsgrund iSd § 338 Nr. 6 StPO zu bejahen wäre; dann wird es auch regelmäßig am Beruhen fehlen (s. BGH BeckRS 2021, 23959; 28.2.2024 – 5 StR 413/23; erg → StPO § 338 Rn. 48). Dass an Stelle des Gerichts der Vorsitzende entschieden hat, schadet im Fall des Abs. 1 S. 1 Alt. 1 (Antrag), anders als bei der 2. Alt. nicht (BGH NStZ 1999, 372). Der begründungslose Beschl. über den Ausschluss der Öffentlichkeit stellt einen absoluten Revisionsgrund dar, wenn mehrere Ausschlussmöglichkeiten in Betracht kamen, die im Ermessen des Gerichts standen (OLG Nürnberg StV 2015, 282).

[Versagung des Zutritts]

175 (1) **Der Zutritt zu öffentlichen Verhandlungen kann unerwachsenen und solchen Personen versagt werden, die in einer der Würde des Gerichts nicht entsprechenden Weise erscheinen.**

(2) [1] **Zu nicht öffentlichen Verhandlungen kann der Zutritt einzelnen Personen vom Gericht gestattet werden.** [2] **In Strafsachen soll dem Verletzten der Zutritt gestattet werden.** [3] **Einer Anhörung der Beteiligten bedarf es nicht.**

(3) **Die Ausschließung der Öffentlichkeit steht der Anwesenheit der die Dienstaufsicht führenden Beamten der Justizverwaltung bei den Verhandlungen vor dem erkennenden Gericht nicht entgegen.**

A. Ausschließung einzelner Personen (Abs. 1). Die Ausschließung einzelner Personen (Abs. 1) aus der HV sehen auch die §§ 177, 178 vor. Jedoch ist der in diesen Bestimmungen enthaltene Katalog der Ausschließungsgründe **nicht abschließend.** Die Ausschließung ist vielmehr auch aufgrund allg. übergeordneter Verfahrensgesichtspunkte zulässig (BGHSt 3, 338; 17, 203; Strassburg MDR 1977, 712; erg. → § 176 Rn. 8). Die Versagung nach Abs. 1 obliegt dem Vorsitzenden (§ 176). Er wird dabei v. dem Justizwachtmeister unterstützt (Nr. 128 Abs. 3 RiStBV; → § 176 Rn. 12 ff.), der in eindeutigen Fällen für den Vorsitzenden handeln darf. Für die Eigenschaft „unerwachsen" ist zunächst die äußere Erscheinung maßgebend, also nicht eine bestimmte Altersgrenze (RGSt 47, 376; **aM** Schilken GerichtsVerfR Rn. 193); jedoch ist es zulässig, ggf. alle Personen unter 16 Jahren auszuschließen (BGH NStZ 2006, 652; Cierniak NStZ-RR 2009, 40 – BGH RsprÜ). Entscheidend ist die zur ernsthaften Teilnahme erforderliche Reife, die aber bei über 18-Jährigen immer besteht (KK-StPO/Diemer Rn. 1). 1

Würde des Gerichts: § 175 betr. (ebenso wie die §§ 176, 177) Abwehr konkreter Verstöße gegen das Schutzgut, § 178 die Ahndung. Bei der Auslegung des Begriffs „Ungebühr" in § 178 wird ebenfalls auf den Begriff der „Würde des Gerichts" zurückgegriffen. 2

Schutzgut ist das Ansehen des Gerichts als Institution in der sozialen Gemeinschaft (OLG Düsseldorf JZ 1985, 1012; OLG Nürnberg JZ 1969, 150; Wolf GerichtsVerfassungsR S. 247 ff.). Auch die Störung des Ablaufs der HV kann dieses Ansehen beeinträchtigen. Daher ist die akute Gefahr solcher Störung o. anderer Kundgabe der Missachtung (§ 185 StGB) Zurückweisungsgrund nach Abs. 1 (vgl. auch BGHSt 17, 201; Kern JZ 1962, 564; → § 176 Rn. 4). Der Würde des Gerichts widerspricht insbes. das Erscheinen in provozierendem Aufzug (Roxin JR 1976, 387; Baufeld GA 2004, 163) o. in betrunkenem o. verwahrlostem Zustand (Rehbinder MDR 1963, 642; erg. → § 178 Rn. 2, 3). 3

B. Zulassung nach Abs. 2. Die Zulassung nach Abs. 2 ist eine Abweichung v. einem Gerichtsbeschluss; sie setzt daher einen **Gerichtsbeschluss** voraus. Die vorherige Anhörung der Bet. ist nicht notwendig (Abs. 2 S. 3); für den Beschl. muss die ausgeschlossene Öffentlichkeit nicht wiederhergestellt werden (BGH 14.3.1995 – 4 StR 100/95). Der Beschl. kann auch in dem stillschweigenden Gestatten der Anwesenheit liegen (→ Einl. Rn. 123). Ein Bet. kann aber Einwendungen erheben u. so einen ausdr. förmlichen Beschl. herbeiführen (§ 238 Abs. 2 StPO). Die Methode der stillschweigenden Zulassung wird am häufigsten bei Referendaren angewendet, die dem Gericht zur Ausbildung zugewiesen sind. Niemand hat Anspruch auf Zulassung; den Vertretern der Presse wird der Zutritt jedoch idR gestattet werden (vgl. Schweizerisches Bundesgericht Lausanne EuGRZ 1992, 202 zu Art. 6 Abs. 1 S. 2 **EMRK;** zur zulässigen Beschränkung der Zulassung v. Pressekorrespondenten EGMR NJW 2013, 521; BVerfG NJW 2010, 1739). Ein Anspruch kann auch nicht aus § 149 StPO oder Art. 6 Abs. 1 GG abgeleitet werden (BGH BeckRS 1965, 66). Daher haben auch die Eltern keinen Anspruch auf Anwesenheit während der Zeugenvernehmung ihres Kindes, selbst wenn sie als Begleitpersonen auf Aufforderung des Gerichts erschienen sind. Anders ist es bei 4 dem förmlich zugelassenen Beistand (→ StPO § 149 Rn. 1, 2), falls dieser nicht als Zeuge außerhalb des Sitzungssaales warten muss (→ StPO § 243 Rn. 7).

5 Dem **Verletzten** soll nach S. 2 der Zutritt gestattet werden; hierzu gehört bei Tötungsdelikten auch der in § 373b StPO bezeichnete Personenkreis (→ § 373b Rn. 9 ff.; BT-Drs. 19/27654, 104). Nur in Ausnahmefällen darf ihm die Zulassung verwehrt werden (vgl. auch § 48 Abs. 2 **JGG**), zB wenn er noch als Zeuge vernommen werden soll o. ein bes. Interesse an der Vertraulichkeit der in §§ 171b, 172 Nr. 2 bezeichneten Umstände auch ggü. dem Verletzten besteht (Rieß/Hilger NStZ 1987, 208).

6 Die Zulassung kann aus sitzungspolizeilichen Gründen **zurückgenommen** werden. Ist ein Reporter zugelassen worden u. veröffentlicht er unsachliche u. aufreizende Berichte (zB über die Tätigkeit des Verteidigers), so kann die Zulassung aus diesem Grunde nicht zurückgenommen werden (**aM** BGH NJW 1964, 1485). Denn damit würde letztlich auf Erscheinen u. Inhalt v. Presseveröff. Einfluss genommen, was mit Art. 5 Abs. 1 S. 2 GG nicht vereinbar wäre (BVerfGE 50, 234 (243); → § 172 Rn. 3).

7 Im **Verfahren nach dem JGG** entscheidet, soweit die Öffentlichkeit nach § 48 Abs. 1 **JGG** kraft Gesetzes ausgeschlossen ist, über die Zulassung v. Personen, denen die Anwesenheit nicht kraft Gesetzes gestattet ist, der Vorsitzende allein (§ 48 Abs. 2 S. 3 **JGG**); § 238 Abs. 2 StPO gilt insoweit nicht (Eisenberg JGG § 48 Rn. 18). Wenn in einem Verf. gegen einen Heranwachsenden die Öffentlichkeit nach § 109 Abs. 1 S. 4 **JGG** ausgeschlossen wird, kann den Eltern der Zutritt nach Abs. 2 gestattet werden, auch bei Widerspruch des Angeklagten; jedoch wird der Zutritt nur erlaubt, wenn er nach Auff. des Gerichts dem Ausschließungsgrund („Interesse des Heranwachsenden") nicht zuwiderläuft.

8 **C. Anwesenheitsrecht nach Abs. 3.** Das Anwesenheitsrecht nach Abs. 3 ist nicht v. einer Anordnung des Vorsitzenden o. des Gerichts abhängig. Die Beobachtung der Vorgänge im Gerichtssaal ist eine Frage der **Dienstaufsicht.** Daher kann sich der Präs dabei auch einer Hilfsperson bedienen, zB des Pressereferenten. Abs. 3 gilt auch für die nichtöffentl. Ausschließungsverhandlung (§ 174 Abs. 1 S. 1).

[Sitzungspolizei] **Nr. 125, 128 RiStBV**

176

(1) Die Aufrechterhaltung der Ordnung in der Sitzung obliegt dem Vorsitzenden.

(2) [1] An der Verhandlung beteiligte Personen dürfen ihr Gesicht während der Sitzung weder ganz noch teilweise verhüllen. [2] Der Vorsitzende kann Ausnahmen gestatten, wenn und soweit die Kenntlichmachung des Gesichts weder zur Identitätsfeststellung noch zur Beweiswürdigung notwendig ist.

Übersicht

A. Sitzungspolizeigewalt (Abs. 1). Die Sitzungspolizeigewalt (Abs. 1) obliegt dem **Vorsitzenden.** Die Sitzung (→ § 178 Rn. 6) erstreckt sich in örtlicher Hinsicht auch auf die dem Sitzungssaal vorgelagerten u. unmittelbar angrenzenden Räume (BGHSt 44, 23; OLG Stuttgart Justiz 1993, 147), etwa Flure, Korridore u. Wartezonen (näher Küspert FS Breidling, 2017, 177 (186 f.)). In persönlicher Hinsicht erstreckt sie sich auf alle Anwesenden (→ Rn. 10). 1

In zeitlicher Hinsicht erfasst der Begriff auch die kurzen Sitzungspausen (BGHSt 44, 23), ferner die Zeit für Verrichtungen vor (OLG Karlsruhe JR 1976, 383) u. nach der Sitzung, die mit der verhandelten Sache zusammenhängen (Schorn, Der Strafrichter, 1960, S. 209), schließlich die Zeitspanne vor u. nach der Sitzung, in der der Sitzungsaal geöffnet wird, sich die Bet. einfinden o. entfernen (OLG Hamm NJW 1956, 1452), insbes. die Zeit, die das Gericht benötigt, um ohne Hast die mit der endg. Abwicklung der verhandelten Sache zusammenhängenden Verrichtungen vorzunehmen u. in Ruhe den Sitzungssaal zu verlassen (OLG Düsseldorf MDR 1986, 428). Längere Unterbrechungen (zB mehrstündige Mittagspausen) gehören nicht zur Sitzungszeit. 2

B. Hausrecht. Das Hausrecht außerhalb des Sitzungsbereichs steht dem **Gerichtspräsidenten** zu (BVerfG NJW 2012, 1863), der es nach pflichtgemäßem Ermessen ausübt; es kann aber auch dem Vorsitzenden übertragen werden. Es erstreckt sich auf den gesamten Gebäudekomplex sowie auf das Gebäudeumfeld, soweit es v. der Justiz berechtigt genutzt wird; wird ein Gebäude v. mehreren Gerichten genutzt, umfasst es die dem betr. Gericht zugewiesenen Räume u. Flächen sowie die Gemeinschafts- u. Verkehrsflächen (Küspert FS Breidling, 2017, 177 (188)). Inhaltlich berechtigt es zu allen Maßnahmen, die der Sicherung u. Ordnung des Hausfriedens, insbes. der Gewährleistung eines geordneten Geschäftsablaufs dienen. Das Hausrecht wird durch das Recht u. die Pflicht, die Sitzungspolizei auszuüben, verdrängt (BGHSt 30, 350; Küspert FS Breidling, 2017, 177 (189)). Mit ihm kann eingegriffen werden, wo weder die sitzungspolizeiliche Zuständigkeit noch der Öffentlichkeitsgrundsatz berührt sind, zB nach Entfernung aus der Sitzung (BGHSt 24, 329; vgl. → Rn. 4; → § 177 Rn. 1 ff.). Bei der Ausübung des Hausrechts ist darauf zu achten, dass andere, zB die Polizei, unzulässige Verwehrung des Zutritts unterlassen (BGH NJW 1980, 249; → § 169 Rn. 7). Eingehend zur Ausübung des Hausrechts in Gerichtsgebäuden Küspert FS Breidling, 2017, 177 ff.; Angermaier/Kujath DRiZ 2012, 338. 3

C. Ordnung in der Sitzung. Ordnung in der Sitzung ist der Zustand, der dem Gericht u. den Verfahrensbeteiligten eine störungsfreie Ausübung ihrer Funktionen ermöglicht (Marxen NJW 1977, 2192; OLG Bremen StV 2016, 549 (551)), die Aufmerksamkeit der übrigen Anwesenden in der öffentl. Verh. nicht beeinträchtigt u. allg. deren gebührlichen Ablauf sichert (Wolf § 26 Abs. 2 S. 1; Baufeld GA 2004, 168). Diesen störungsfreien äußeren Sitzungsablauf – letzten Endes im Interesse der Wahrheitsfindung – zu sichern, gehört zur Sitzungspolizei (BVerfGE 50, 234 (242); BGHSt 44, 23), die dem Vorsitzenden als eigene Aufgabe obliegt, u. zwar als Teil der Verhandlungsleitung (§ 238 Abs. 1 StPO), also als Ausfluss der richterlichen Gewalt (BGHSt 17, 201 (204)), nicht v. polizeilicher Gewalt (Schmidt/Walter NStZ 2016, 505). Die **Sitzordnung** muss sich an den baulichen Gegebenheiten des Hauptverhandlungssaals orientieren, der Angeklagte muss aber der Verh. folgen u. grds. mit seinem Verteidiger kommunizieren können; er kann jedoch aus Sicherheitsgründen o. zur Störungsabwehr auf eine umfriedete o. bes. gesicherte Anklagebank verwiesen werden (BGH NStZ-RR 2018, 357; vgl. auch Nr. 125 Abs. 2 RistBV; zur Revision → StPO § 338 Rn. 59). 4

I. Vorbereitung auf die Sitzung. Dazu gehören zB Auswahl des Sitzungssaales nach dem zu erwartenden Interesse der Öffentlichkeit (Weidemann DRiZ 1970, 114). Hinsichtlich der aus räumlichen Gründen gebotenen Beschränkung der Zulassung v. Medienvertretern muss der grds. Anspruch der Presse auf Zugang für eine freie Berichterstattung sachlich ausgestaltet sein u. dem subjektiven Recht der Medienvertreter auf gleiche Teilhabe an den Berichterstattungsmöglichkeiten 5

Rechnung tragen; Rückgriff auf das Prioritätsprinzip (o. das Losverfahren) ist grds. möglich (BVerfG NJW 2013, 1294; krit. Kühne StV 2013, 417). Zur Vorbereitung gehören ferner Absprachen mit JV u. Polizei über Sicherungsmaßnahmen, zB zur Personenkontrolle beim Eingang in den Sitzungssaal o. beim Zutritt zu den diesem vorgelagerten Räumlichkeiten, etwa durch Ausgabe v. Einlasskarten (OLG Karlsruhe JR 1976, 383), Ausweiskontrollen (BGHSt 27, 13) o. Durchsuchung der Personen u. der v. ihnen mitgeführten Gegenstände (BVerfGE 48, 118 (123); BGH MDR 1979, 247; → § 169 Rn. 6, 7) sowie Verbot der Mitnahme bestimmter Gegenstände (OLG Celle NStZ-RR 2016, 26: spitze Schreibgeräte). Das gilt auch ggü. Verteidigern (BVerfG NJW 1998, 296; 2006, 1500). Dass durch die Vorkehrungen auch Personen betroffen werden, die keinen Anlass für die Annahme gegeben haben, sie würden die Ordnung in der Sitzung gefährden, muss im Interesse der Sicherheit in Kauf genommen werden (BVerfGE 46, 1 (13)). In Betracht kommt ferner eine Absprache mit den Beisitzern u. Schöffen, um Gerichtsbeschlüsse nach kurzer Verständigung im Gerichtssaal zu ermöglichen (Willms JR 1972, 653; → § 193 Rn. 3).

6 **II. Maßnahmen in der Sitzung.** Ob hinreichender Anlass für eine sitzungspolizeiliche Maßnahme besteht, entscheidet der **Vorsitzende nach pflichtgemäßem Ermessen,** soweit nicht die Mitwirkung des Gerichts nach §§ 177, 178 erforderlich ist (OVG Berlin NJW 1973, 1246; → StPO § 238 Rn. 3, 5). Die Maßnahmen müssen aus wichtigen konkreten Gründen, welche mitzuteilen sind (vgl. BVerfG BeckRS 2016, 49952), erforderlich sein u. dürfen sich nicht auf ein allg. Misstrauen gegen eine Person o. auf einen nicht weiter belegten Verdacht stützen (Marxen NJW 1977, 2192). Unter dieser Voraussetzung darf der Vorsitzende zB anordnen, dass sich uniformierte Polizeibeamte mit Funksprechgerät in seiner Nähe u. weitere Polizeibeamte in Reichweite im Sitzungssaal aufhalten sollen (OLG Schleswig SchlHA 1978, 186).

6a Zur **Abwehr der Gesundheitsgefahren durch die COVID-19 Pandemie** kam die Anordnung – u. Vorbereitung – einer Sitzordnung, welche dem Abstandsgebot Rechnung trug, selbst wenn dies eine gewisse Einschränkung der Saalöffentlichkeit nach sich zog (erg. → § 169 Rn. 5), sowie des Tragens v. Atemschutzmasken mit bes. Schutzniveau (vgl. BVerfG NStZ-RR 2021, 19; OLG Celle BeckRS 2021, 8318; allerdings konnten vollständig Geimpfte hiervon befreit werden, vgl. AG Hamburg-Barmbek StraFo 2021, 289) in Betracht, ebenso der Nachweis einer negativen Testung (OLG Celle NStZ-RR 2022, 57) sowie das Anbringen v. Schutzschilden, welche die Ausbreitung v. Krankheitserregern verhindern sollten (vgl. Poseck DRiZ 2020, 288 (289)). Erg. → StPO § 213 Rn. 7a.

7 **III. Störungsabwehr.** Der Vorsitzende kann Ermahnungen u. Rügen erteilen, ungebührliches Verhalten untersagen, wie zB das Fotografieren aus dem Zuhörerraum während der Verh., wobei er erforderlichenfalls den Fotoapparat bis zum Schluss der Sitzung wegnehmen lassen kann (OLG Koblenz HESt 3, 59). Er kann ferner die Zuhörer ermahnen, Beifalls- o. Missfallenskundgebungen zu unterlassen o. die Ruhe zu bewahren. Eine solche Aufforderung kann durch die Drohung verstärkt werden, bei Nichtbefolgung werde der Sitzungssaal geräumt (§ 177). Über Festnahme wegen Straftaten in der Sitzung vgl. § 183. Wird die äußere Ordnung der Sitzung durch Erregung einzelner Bet. gestört, so kann eine kurze Unterbrechung (§ 228 Abs. 1 S. 2 StPO) helfen (Seibert NJW 1973, 128). Der Vorsitzende darf auch anordnen, die Tür zum Sitzungssaal solle während der Bekanntgabe der Urteilsgründe o. während eines anderen eng begrenzten Abschn. der HV möglichst geschlossen bleiben, wenn es geboten erscheint, Störungen in dem beengten Verhandlungsraum zu vermeiden (BGHSt 24, 73).

8 **IV. Abwehr v. Einflussnahmen.** Es gehört auch zur Wahrung der äußeren Ordnung, einer durch **konkrete Tatsachen begründeten** Gefahr entgegenzuwirken, dass Zuhörer Aussagen wartenden Zeugen unzulässigerweise mitteilen (RGSt 64, 385) o. auf den Angeklagten o. einen Zeugen durch Zeichen einwirken (Kern JZ 1962, 564). Zu solchem Zweck kann – ausnahmsweise – das Mitschreiben

untersagt (BGH NStZ 1982, 389: nicht aus anderen Gründen; vgl. auch OLG Hamm JMBl. NRW. 1990, 42) o. ein Zuhörer aus dem Sitzungssaal entfernt werden. Diese Maßnahmen sind aber nicht erforderlich, wenn die HV voraussichtlich ohne Unterbrechung durchgeführt wird, die Zeugen alle vorgeladen u. erschienen sind u. auch in den Pausen v. den Zuhörern getrennt bleiben. Die Anordnung, den Sitzungssaal zu verlassen, ist auch zulässig, wenn ein Zuhörer als Zeuge in Betracht kommt (§§ 58 Abs. 1, 243 Abs. 2 S. 1 StPO; BGHSt 3, 388; Miebach/Kusch NStZ 1991, 122 – BGH RsprÜ; **aM** mit beachtlichen Erwägungen Schneiders StV 1990, 91), o. wenn gegen ihn wegen derselben Vorgänge, über die verhandelt wird, ein Ermittlungsverfahren schwebt (BGHSt 17, 201). Es kann auch den Verteidigern untersagt werden, ihre Mobiltelefone in den Sitzungssaal mitzunehmen, wenn dadurch sichergestellt werden soll, die materielle Wahrheit zu finden (OLG Stuttgart NJW 2011, 2899 mit insoweit abl. Anm. Michalke = StV 2011, 718 mkritAnm Kühne).

Ein **Prozessbeobachter,** der sich für den Geschädigten im Zuhörerraum aufhält, kann grds. nicht zum Verlassen des Sitzungssaales aufgefordert werden; anders nur bei konkreter Gefahr störender Einflussnahme (zB der Zeugenbeeinflussung), falls es nicht ausreicht, ihm das Mitschreiben zu untersagen (Straßburg MDR 1977, 712). 9

D. Persönlicher Anwendungsbereich. In persönlicher Hinsicht erstreckt sich die Sitzungspolizei auf **alle Anwesenden.** Die Pressevertreter genießen grds. keinen weitergehenden Schutz als andere Bürger; aber es darf kein Einfluss auf die Berichterstattung genommen werden (BVerfGE 50, 234 (242 ff.); → § 172 Rn. 3; → § 175 Rn. 5). Der Sitzungspolizei unterstehen auch der Verteidiger (BVerfGE 48, 118 (123; vgl. auch OLG Celle NStZ-RR 2022 zu Coronaschutzmaßnahmen); SK-StPO/Wohlers StPO Vor § 137 Rn. 78; Malmendier NJW 1997, 232 ff.), der RA als Vertreter des Privat- o. Nebenklägers (§§ 378, 387 StPO) u. der StA sowie der UrkB, die mitwirkenden Richter einschl. Schöffen. Für diese Personen gilt jedoch nur § 176; die §§ 177, 178 sind gegen sie nicht anwendbar (→ § 177 Rn. 3; eing. Kramer, Die Zurückweisung von Rechtsanwälten und deren zwangsweise Entfernung aus dem Sitzungssaal, 2000; Kirch-Heim NStZ 2014, 431). Sie dürfen auch durch Anwendung des § 176 nicht in ihrer Rechtspflegefunktion beeinträchtigt werden (anders im Fall des sich selbst verteidigenden Rechtsanwalts: BVerfGE 53, 207). Jedoch hat der Vorsitzende bei unangebrachten Ausführungen auch diesen Personen ggü. durch Ordnungs- o. Rügerufe einzugreifen, wenn auch mit Zurückhaltung u. unter möglichster Vermeidung einer Bloßstellung. Die sitzungspolizeilichen Aufgaben müssen aber auch wahrgenommen werden, um die Verfahrensbeteiligten, Zeugen o. Sachverständigen vor grob verfahrenswidrigen Angriffen zu schützen (BGHSt 44, 23; → Einl. Rn. 157). Zum religiös motivierten Tragen eines Kopftuchs bei **Schöffinnen** siehe → § 51 Rn. 4, 5). 10

Der Verstoß des RAs gegen die in § 20 BORA vorgeschriebene Pflicht, **in Robe aufzutreten,** kann bei grds. Weigerung in Anwendung des § 176 zur Zurückweisung für die betr. Sitzung führen (vgl. auch BVerfGE 28, 21; 34, 138; BGHSt 27, 34 (38); BayVerfGE 25 II 51; OLG Karlsruhe NJW 1977, 309; Wolf NJW 1977, 1064; **aM** Kissel/Mayer Rn. 20; Kirch-Heim BStZ 14, 434 (mit Vorschlag *de lege ferenda*); Weihrauch FS E. Müller, 2008, 761). Ein bes. Verf. ist hierfür nicht vorgesehen. Wenn der Verteidiger in der HV keine weiße Krawatte trägt, rechtfertigt dieser Umstand nicht die Zurückweisung o. die Bestellung eines (weiteren) Pflichtverteidigers (OLG Zweibrücken NStZ 1988, 144); vgl. auch BVerfG NJW 2012, 2570: Zurückweisung „im Hinblick auf die möglicherweise erschöpfende Regelung des § 59b Abs. 2 Nr 6 BRAO rechtlich bedenklich u. als Reaktion … überzogen". Nach OLG München NJW 2006, 3079 ist die Zurückweisung des Verteidigers aber zulässig, wenn er nur ein weißes T-Shirt unter der offenen Robe trägt; dagegen zutr. Beulke FS Hamm, 2008, 21, Pielke NJW 2007, 3261 sowie Weihrauch StV 2007, 28; diff. LG Mannheim NJW 2009, 1094. Das 11

Tragen eines Kopftuchs durch eine RAin aus religiösen Gründen rechtfertigt keine sitzungspolizeilichen Maßnahmen (Kissel/Mayer Rn. 20; vgl. aber EGMR NJW 2016, 2243, wonach eine als „besondere Ordnungsmaßnahme" nach spanischem Recht ergangene Untersagung, auf der Verteidigerbank mit Kopftuch Platz zu nehmen, als nicht v. vorneherein „unvernünftig oder willkürlich" qualifiziert wurde; erg. → Rn. 7a, 10).

12 **E. Entscheidungskompetenz des Vorsitzenden.** Zuständig ist der Vorsitzende. Ihm steht ein **weiter Ermessensspielraum** zu (vgl. EGMR NJW 2018, 2461; BGHSt 17, 201; erg. → § 177 Rn. 11); dieser bezieht sich sowohl auf die Frage, ob überhaupt eingeschritten wird, als auch darauf, in welcher Weise die drohende Störung unter Wahrung des Verhältnismäßigkeitsgrundsatzes abgewendet wird (OLG Celle NStZ-RR 2022, 57). Der Vorsitzende kann die Verweisung v. Störern aus dem Saal zugleich in Vollmacht des Hausherrn aussprechen, wenn diese für die betr. Sitzung o. allg. erteilt ist, u. darauf hinweisen, dass die Nichtbefolgung die Strafbarkeit wegen Hausfriedensbruchs begründet.

13 Die **Kompetenz des Vorsitzenden endet** in jedem Fall, wenn eine Maßnahme zur Zuständigkeit des Gerichts gehört. Das ist der Fall, wenn die Maßnahme die Verteidigung des Angeklagten beschränken, die wahrheitsgemäße Ermittlung des Sachverhalts gefährden o. die Grundsätze über die Öffentlichkeit verletzen würde (BGHSt 17, 201 (203)), ebenso wenn die Maßnahme die „Sitzung" überhaupt aufheben würde.

14 Zur **Ausführung der Anordnungen** bedient sich der Vorsitzende des Justizwachtmeisters (Nr. 128 Abs. 3 RiStBV), erforderlichenfalls im Wege der Amtshilfe der Polizei (BGH NJW 1980, 249; → Einl. Rn. 44), der er jedoch keine bindenden Einzelweisungen (zB für das Waffentragen im Gerichtssaal) erteilen kann (Leimius NJW 1973, 448). Die Justizwachtmeister sind Beamte, die mit Vollzugs- u. Sicherungsaufgaben betraut sind, daher in rechtmäßiger Ausübung dieses Dienstes zur Anwendung v. Zwang unmittelbar befugt (vgl. §§ 1, 6 Nr. 7 UZwG; → Einl. Rn. 46).

15 **F. Presse und Rundfunk.** Über Presse- und Rundfunkberichterstatter vgl. → § 169 Rn. 8 ff. Für die Erlaubnis v. Bild- u. Funkaufnahmen in der Sitzung ist der Vorsitzende zuständig, ebenso für die Reservierung v. Medienplätzen, Akkreditierungen u. Platzvergaben (dazu iE Küspert FS Breidling, 2017, 177 (191)), für die Tonübertragung in einen Medienarbeitsraum nach § 169 Abs. 1 S. 3 (→ § 169 Rn. 17–21) dagegen das Gericht. Sonst ist der Behördenleiter als Hausherr zuständig. Dieser muss auch zustimmen, wenn im Gebäude Leitungen gelegt o. im Sitzungssaal Veränderungen vorgenommen werden sollen (Rasehorn DRiZ 1961, 256). Ob u. in welchem Umf. **fotografische Aufnahmen** in dem Bereich gemacht werden dürfen, für den die sitzungspolizeilichen Rechte u. Pflichten gelten, entscheidet ebenfalls der Vorsitzende. Ob er sie erlauben o. unterbinden soll, richtet sich nach den Erfordernissen der öffentl. Ordnung, va eines ungestörten Verlaufs der Sitzung (vgl. dazu BVerfG NJW 1996, 310), u. unter Abwägung der betroffenen Interessen (EGMR NJW 2018, 2461). Es ist aber auch der Schutz des Angeklagten u. der sonstigen Verfahrensbeteiligten in den Grenzen des § 23 KUG (→ § 169 Rn. 10) zu berücksichtigen (EGMR NJW 2018, 2461; OLG Stuttgart NStZ-RR 2016, 383 (385); LG Ravensburg NStZ-RR 2007, 348; vgl. auch OLG Düsseldorf StraFo 2013, 30 zur Anonymisierung der Gesichter v. Angeklagten). Sofern die Person nicht erkennbar einverstanden ist, darf der Vorsitzende die zur Veröff. bestimmten Aufnahmen nicht erlauben o. dulden, wenn die Gefahr einer unzumutbaren Anprangerung, einer erheblichen Belästigung o. Gefährdung ihrer Sicherheit durch Übergriffe Dritter o. einer Beeinträchtigung der Wahrheitsfindung besteht (BVerfG NJW 2020, 38 mwN; OLG Bremen StV 2016, 549 (552); vgl. auch OLG Stuttgart NStZ-RR 2016, 383 (385)). Die Persönlichkeitsrechte des Angeklagten können es gebieten, die Verpixelung v. Film- u. Fotoaufnahmen (OLG Bremen StV 2016, 549 (553); vgl. auch BVerfG NJW 2017, 798) o. das

Verbot der Veröff. nicht anonymisierter Fotos anzuordnen (vgl. EGMR NJW 2018, 2461).

Jede Beschränkung der Berichterstattung muss aber der **Bedeutung des Art. 5 Abs. 1 S. 2 GG** Rechnung tragen u. dem Grundsatz der Verhältnismäßigkeit genügen (BVerfGE 91, 125; BVerfG NJW 2012, 2178; vgl. auch BVerfG NJW 2003, 500 zur Platzverteilung für Journalisten; BVerfG wistra 2012, 145 zur Veröff. nichtanonymisierter Bilder).Deshalb darf die Entsch. über eine Bildberichterstattung nicht alleine in die Hand der Bet. gelegt werden (BVerfG NJW 2017, 798 mAnm Bernzen). Ebenso kann das aus Art. 5 Abs. 1 S. 2 GG abzuleitende Recht auf Gleichbehandlung im publizistischen Wettbewerb u. auf gleichberechtigte reelle Teilnahme an den Berichterstattungsmöglichkeiten verletzt sein, wenn einem der deutschen Sprache nicht mächtigen Journalisten eine selbst gestellte Übersetzung durch sog. Flüsterdolmetscher untersagt wird; dies gilt insbes. für auf dem Universalitätsprinzip beruhende Völkerstrafrechtsprozesse (vgl. BVerfG NJW 2020, 3166 mAnm Bock/Wagner NJW 2020, 3146 auf einen Eilantrag des betroffenen Journalisten gegen eine gerichtliche Entsch. zur Umsetzung v. Abstandsregeln zur Verhinderung der Ausbreitung des Coronavirus). Der Vorsitzende hat die für seine Entsch. maßgebenden Gründe offenzulegen (BVerfG NJW 2014, 3013); formalhafte Begründungen genügen nicht (BVerfG NJW 2020, 38: „Schutz der Rechte der Angeklagten und Zeugen"). 15a

G. Gesichtsverhüllung (Abs. 2). Die Gesichtsverhüllung wurde durch das G zur Modernisierung des Strafverfahrens v. 10.12.2019 für am Verf. beteiligte Personen untersagt (Abs. 2 S. 1). Schutzzweck der Vorschr. ist die Sicherung der Funktionsfähigkeit der gerichtlichen Verh. sowie ihrer Kontrolle durch Sicherstellung der Identitätsfeststellung der beteiligten Personen sowie der Beweiswürdigung (BT-Drs. 19/17474, 46). Die Identitätsfeststellung erfordert regelmäßig den visuellen Abgleich zwischen der betr. Person, etwa einem Zeugen, u. der Vorlage eines Personaldokumentes (BT-Drs. 19/17474 46). Die Beweiswürdigung wird dem Gericht erschwert bzw. nahezu unmöglich gemacht, wenn es sich aufgrund einer teilw. o. vollständigen Gesichtsverhüllung keinen unmittelbaren Eindruck v. dem Zeugen zu verschaffen vermag. Darüber hinaus kann durch die Gesichtsverhüllung auch das Recht des Angeklagten aus Art. 6 Abs. 3 Buchst. d **EMRK** verletzt sein, da es kaum möglich erscheint, die Glaubwürdigkeit v. Zeugen u. den Wahrheitsgehalt ihrer Aussagen zu erschüttern, die nicht zu sehen sind (vgl. Nestler HRRS 2016, 126; vgl. auch BR-Drs. 408/18). Ob allerdings die forensische Relevanz der Gesichtsverhüllung eine solche war, dass sie einer detaillierten ges. Regelung bedurfte, u. das Problem nicht ebenso qua Sitzungsgewalt bzw. Verhandlungsleitung des Vorsitzenden iVm der Entwicklung entspr. Grundsätze durch die Rspr. hätte gelöst werden können, mag bezweifelt werden. 16

I. Begriff. Gesichtsverhüllung meint die Verwendung jedes Gegenstandes, der dazu dient, die Gesichtspartie zwischen Stirn u. Kinn teilw. o. vollständig zu verdecken. Sie kann, muss aber nicht religiös motiviert sein; sie kann durch Textilien erfolgen – zB Burka o. Maske o. Atemschutzmaske –, aber auch durch Helme, Sonnenbrillen u. dgl. mehr (BT-Drs. 19/17474, 46). Nicht erfasst sind die natürliche Gesichtsbehaarung, kleinere Pflaster, Brillen mit durchsichtigem Glas sowie Bedeckungen des Halses o. des Haarbereiches, welche den Blick auf das Gesicht frei lassen (vgl. BT-Drs. 19/17474, 46). Das Tragen eines **Kopftuchs** aus religiösen Gründen darf einer Angeklagten, Zeugin o. sonstigen Verfahrensbeteiligten – auch nicht einer Zuhörerin – nicht untersagt werden (BVerfG NJW 2007, 56; Buggert StRR 2008, 45; zur Kopftuch tragenden Schöffin → § 51 Rn. 4, 5). Zu d. Ausnahmen → Rn. 23, 23a. 17

II. Anwendungsbereich. In **persönlicher** Hinsicht betr. die Verbotsregelung alle an der Verh. beteiligten Personen, dh Angeklagte u. Verteidiger, sonstige Verfahrensbeteiligte wie Nebenkläger u. ihre rechtlichen Vertreter, Sachverständige u. Zeugen. Nicht erfasst sind Zuschauer u. Sicherheitspersonal. 18, 19

20 **Zeitlich** umfasst das Verbot die Sitzung (dazu → Rn. 2 sowie BT-Drs. 19/17474, 45).

21 Der Vorsitzende wird die an der Verh. beteiligte Person zunächst **auffordern,** die Verhüllung zu entfernen. Im **Weigerungsfall** stehen ihm die Maßnahmen nach §§ 177, 178 zu. Wie sinnvoll sie sind entscheidet der Vorsitzende im Einzelfall nach pflichtgemäßem Ermessen.

22 **Über § 180** ist die Regelung auf alle richterlichen Amtshandlungen außerhalb der Sitzung anwendbar, dh etwa auf Vernehmungen im Ermittlungsverfahren o. im Wege der Rechtshilfe, aber auch im Vollstreckungsverfahren.

23 **III. Ausnahmen.** Der Vorsitzende kann nach Abs. 2 S. 2 Ausnahmen zulassen, wenn die Schutzzwecke des Verbots nicht berührt sind. Ausnahmen kommen also in Betracht, wenn im konkreten Fall die Sicherstellung der Identität der Person u. der Beweiswürdigung durch die Verhüllung nicht beeinträchtigt ist. Dies wird praktisch va bei nur teilw. Verhüllungen zu erwägen sein. In die Abwägung kann auch die Verfahrensrolle der beteiligten Person einfließen; so besitzt der Aspekt der umfassenden Beweiswürdigung bei Zeugen u. Zeuginnen naturgemäß ein größeres Gewicht als bei anderen Verfahrensbeteiligten wie zB Nebenklägern. Bei der Entsch. kann berücksichtigt werden, dass sich am Verf. beteiligte Personen auf religiöse o. medizinische Gründe für die – teilw. – Verdeckung berufen (BT-Drs. 19/17474, 47).

23a Dies gilt auch, wenn ein Verfahrensbeteiligter zur Abwehr von Gesundheitsgefahren – z. B. durch die **COVID-19-Pandemie** – eine Atemschutzmaske tragen möchte, weil er nachweislich einer v. Robert-Koch-Institut anerkannten Risikogruppe angehört. Die Gestattung kommt jedoch mit Rücksicht auf den Gesetzeszweck von Abs. 2 S. 1 bei Zeugen nur ausnahmsweise in Betracht u. sollte auch bei Angeklagten, v. denen sich das Gericht einen persönlichen Eindruck verschaffen muss, die Ausnahme darstellen (vgl. Heuser/Bockemühl KriPoZ 2020, 342 (347)). Die Anordnung des Tragens v. Atemschutzmasken durch den Vorsitzenden wird ebenfalls nur ausnahmsweise nach pflichtgemäßem Ermessen zulässig sein, wenn dies zur Abwehr der Gesundheitsgefahren unter Berücksichtigung der Vorgaben bzw. Empfehlungen der zuständigen Behörden u. Ministerien sowie der Abwägung mit Sinn u. Zweck des Verbots der Gesichtsverhüllung geboten erscheint (Heuser/Bockemühl 2020, 342 (347) gehen v. einer generellen Unzulässigkeit einer Anordnung durch den Vorsitzenden aus). Nach der gesetzgeberischen Intention besteht eine weitere Ausnahme v. Verbot der Gesichtsverhüllung bei der Vernehmung v. verdeckt arbeitenden Ermittlungspersonen, da diesen andernfalls regelmäßig keine Aussagegenehmigungen erteilt werden (BT-Drs. 19/17474, 47). Insoweit dürfte allerdings regelmäßig bereits § 68 Abs. 3 S. 3 StPO zur Anwendung kommen (→ StPO § 68 Rn. 17a).

24 **H. Rechtsbehelfe.** Die Anrufung des Gerichts zur Nachprüfung einer sitzungspolizeilichen Maßnahme ist nach § 238 Abs. 2 StPO zulässig (→ StPO § 238 Rn. 13). Sitzungspolizeiliche Maßnahmen können zwar grds. nicht mit der **Beschwerde** (KG NStZ 2011, 120; OLG Hamburg NJW 1976, 1987; OLG Hamm NStZ-RR 2012, 118; OLG Zweibrücken StV 1988, 519; zw. BVerfGE 87, 334), mit der Revision (BGHSt 17, 201 (202)) o. mit dem Antrag nach § 23 **EGGVG** (OLG Hamburg NStZ 1992, 509) angegriffen werden. Die Beschwerde soll aber ausnahmsweise zulässig sein, wenn durch die Anordnung Rechtspositionen des Betroffenen, insbes. Grundrechte wie etwa die Pressefreiheit in Art. 5 Abs. 1 S. 2 GG, über die HV hinaus dauerhaft berührt u. beeinträchtigt werden (BVerfG StV 2015, 601; OLG Celle NStZ-RR 2016, 26; OLG Stuttgart NStZ-RR 2016, 383; NJW 2011, 2899; OLG Bremen StV 2016, 549; Schmidt/Walter NStZ 2016, 505; für weitgehende Angreifbarkeit mit Beschwerde u. Revision SK-StPO/Velten Rn. 17, 18; zweifelnd BGH BeckRS 2016, 10556; vgl. auch BGH NJW 2015, 3671, wo erwogen, letztlich aber offengelassen wird, ob abgesehen v. den Fällen des § 181 die Beschwerde nach § 304 Abs. 1 eröffnet ist; Habetha NJW 2015, 3627 (3629) will lediglich nicht am Verf. Bet. ein Beschwerderecht einräumen). Denkbar

ist auch im Einzelfall ein Eingriff in die Religionsfreiheit des Art. 4 GG durch eine Maßnahme nach Abs. 2 S. 1. Allerdings kann die Maßnahme nur darauf überprüft werden, ob sie einen zulässigen Zweck verfolgt, verhältnismäßig ist u. der Vorsitzende sein – im angefochtenen Beschl. o. einer Nichtabhilfeentscheidung dokumentiertes – Ermessen fehlerfrei ausgeübt hat (OLG Stuttgart NStZ-RR 2016, 383; NJW 2011, 2899; OLG Bremen StV 2016, 549). Nicht zulässig ist sie jedoch gegen die v. Vorsitzenden eines OLG-Sen. im ersten Rechtszug nach § 176 getroffenen Maßnahmen, da diese nicht v. § 304 Abs. 4 S. 2 Hs. 2 erfasst sind (BGH NJW 2015, 3671; vgl. auch BGH BeckRS 2016, 5677: Trennscheibenanordnung). Mit Rücksicht auf diese Rspr. des BGH bedarf es für die Zulässigkeit einer **Verfassungsbeschwerde** nicht der vorrangigen Inanspruchnahme des Rechtsbehelfs der Beschwerde (BVerfG BeckRS 2016, 49952).

Greift eine Maßnahme über die Sitzungspolizei hinaus (vgl. → Rn. 13) in die 25
Sachleitung ein, so kann das Gericht angerufen u. dann auch mit der **Revision** eine etwaige Beschränkung der Verteidigung in einem wesentlichen Punkt nach § 338 Nr. 8 StPO geltend gemacht werden (→ StPO § 238 Rn. 5, 23; krit. Krekeler NJW 1979, 185). Hat der Vorsitzende jemanden unter Ermessensüberschreitung aus dem Saal verwiesen, so gilt § 338 Nr. 6 StPO (BGHSt 17, 201; BGH 2.12.2025; → § 338 Rn. 48). Es ist hier unschädlich, wenn das Gericht an Stelle des Vorsitzenden entschieden hat (BGH NStZ 2004, 220).

Soweit der Gerichtspräsident im Rahmen seines **Hausrechts** entschieden hat, ist 26
die Beschwerde nach § 304 nicht eröffnet (OLG Bremen StV 2016, 549: Untersagung v. Bild- u. Filmaufnahmen im gesamten Gerichtsgebäude; erg. → Rn. 3).

[Maßnahmen zur Aufrechterhaltung der Ordnung]

177 [1] **Parteien, Beschuldigte, Zeugen, Sachverständige oder bei der Verhandlung nicht beteiligte Personen, die den zur Aufrechterhaltung der Ordnung getroffenen Anordnungen nicht Folge leisten, können aus dem Sitzungszimmer entfernt sowie zur Ordnungshaft abgeführt und während einer zu bestimmenden Zeit, die vierundzwanzig Stunden nicht übersteigen darf, festgehalten werden.** [2] **Über Maßnahmen nach Satz 1 entscheidet gegenüber Personen, die bei der Verhandlung nicht beteiligt sind, der Vorsitzende, in den übrigen Fällen das Gericht.**

A. Maßnahmen bei manifesten Störungen. I. Bei der Verhandlung nicht 1
beteiligte Personen. Das sind die Zuhörer, auch Vertreter der Medien (Löwe/Rosenberg/Krauß Rn. 7). Die Zeugen u. Sachverständigen gehören zwar nicht zu den Verfahrensbeteiligten, sind aber bei der Verh. beteiligt; ebenso der UrkB (Protokollführer).

Der Vorsitzende kann die Maßnahmen in geeigneten Fällen zunächst androhen. 2

II. Bei der Verhandlung beteiligte Personen. Soweit sie aufgezählt sind, 3
kann nach § 177 gegen sie vorgegangen werden (OLG Köln NJW 2008, 2865: auch gegen eine am Verf. nicht beteiligte Rechtspflegerin). Gegen die anderen an der Verh. beteiligten Personen ist dies nicht zulässig, zB nicht gegen Beisitzer, Schöffen, den StA, den Verteidiger (OLG Düsseldorf MDR 1994, 297: auch wenn er erst Rechtsreferendar ist) u. gegen den RA als Beistand o. Vertreter des Privatklägers (§ 378 StPO), des Nebenklägers (§§ 397 Abs. 1 S. 1 iVm 378 StPO) o. eines sonstigen Nebenbeteiligten (→ Einl. Rn. 73). Ist ein RA Beschuldigter, so wird er nur als solcher behandelt (BVerfGE 53, 207; → StPO § 138 Rn. 4). Nach § 51 Abs. 3 **JGG** gilt § 177 aber entspr. für Erziehungsberechtigte u. ges. Vertreter jugendlicher Angeklagter.

Gegen Verteidiger sind Zwangsmaßnahmen stets unzulässig. Die Ansicht, in 3a
Extremfällen sei die zwangsweise Entfernung des Störers in Anwaltsrobe (aber nicht die Verhängung v. Ordnungshaft gegen ihn) unter Beachtung des Verhältnismäßigkeitsgrundsatzes nicht ausgeschlossen (BGH NJW 1977, 437 (438); Katholnigg Rn. 3; Malmendier NJW 1997, 235), steht im Widerspruch zu dem eindeutigen

Wortlaut des Gesetzes (OLG Celle StraFo 2002, 355; OLG Hamm JZ 2004, 205 mzustAnm Jahn; SK-StPO/Velten Rn. 2; SSW StPO/Quentin Rn. 2; Kissel/Mayer § 176 Rn. 42). Es ist allein Sache des Gesetzgebers, Vorsorge dagegen zu treffen, dass die Durchführung einer HV an dem ungehörigen Verhalten eines RAs scheitert (Löwe/Rosenberg/Krauß Rn. 9; vgl. auch Fahl Rechtsmißbrauch S. 329 ff.), der iÜ der Anwaltsgerichtsbarkeit unterliegt.

4 Für den **RA als Beistand des Zeugen** müssen nach der in § 68b Abs. 1 StPO durch das 2. OpferRRG getroffenen Neuregelung die rechtlichen Möglichkeiten der §§ 176 ff., also auch die des § 177 ausscheiden (Löwe/Rosenberg/Krauß Rn. 9).

5 **Parteien:** Dazu zählen der Privat- u. der Nebenkläger, der Einziehungsbeteiligte (§§ 424 Abs. 1 StPO), der Nebenbetroffene (§ 438 Abs. 1 StPO) u. der Vertreter der bußgeldbeteiligten JP o. PV (§ 444 StPO).

6 **Beschuldigte** (→ StPO § 157 Rn. 4): Gegen den Beschuldigten kommen die Maßnahmen auch bei einer Sitzung in Betracht, die nicht HV ist, zB im Fall des § 118 Abs. 1 StPO o. des § 138d StPO. Dies gilt auch für den sich selbst verteidigenden Rechtsanwalt (vgl. BVerfGE 53, 207; OLG Oldenburg 3.1.2022 – 2 Ss (OWi) 240/21).

7 **B. Nicht Folge leisten.** Es muss eine verständliche u. verstandene Anordnung vorangegangen sein.

8 **C. Entfernung aus dem Sitzungszimmer.** Hier handelt es sich um eine Maßnahme der Sitzungspolizei (§ 176; § 238 Abs. 1 StPO), die zwar klaren Ungehorsam in der Sitzung (→ § 176 Rn. 4), aber nicht nachgewiesenes Verschulden voraussetzt. Die Entfernung ist nicht Ausschluss v. Öffentlichkeit. Daher müssen auch neue Zuhörer zugelassen werden (RGSt 30, 105). Ist Polizei im Sitzungssaal anwesend, so kann die Anordnung des Vorsitzenden auch darin bestehen, dass der Sitzungssaal v. den offensichtlich am Krawall beteiligten Zuhörern zu räumen sei (BGH 7.5.1974 – 1 StR 72/74).

9 Ist eine Differenzierung nicht möglich, so kann die **Entfernung aller anwesenden Zuhörer** angeordnet werden. Präventive Abweisung bei vermutlich zu erwartenden Störungen, zB Abweisung Verdächtiger o. gezielte Verkleinerung des Zuhörerraums, sind nicht zulässig (Roxin FS Peters, 1984, 397), auch nicht aufgrund des Hausrechts (Stürner JZ 1972, 665; → § 176 Rn. 3). Wenn die Maßnahmen nach § 177 nicht ausreichen, kommt die Ausschließung der Öffentlichkeit wegen Gefährdung der öffentl. Ordnung in Betracht (→ § 172 Rn. 3).

10 **D. Ordnungshaft.** Ihre Anordnung setzt Verschulden voraus (→ StPO § 51 Rn. 15; **aM** Katholnigg Rn. 2). Sie darf die Dauer der Sitzung nicht überschreiten (Kissel/Mayer Rn. 5; Löwe/Rosenberg/Krauß Rn. 18); die 24-Stundengrenze ist absolut. Die Ordnungshaft kann aber erforderlichenfalls wiederholt angeordnet werden (vgl. → § 178 Rn. 7). Gegen den Beschuldigten vollzogene Ordnungshaft ist nicht nach § 51 StGB anrechnungsfähig. Dagegen wird Ordnungshaft auf die Strafe angerechnet, wenn später wegen derselben Tat auf Strafe erkannt wird (§ 178 Abs. 3). Einzelheiten der Ordnungshaft regeln die Art. 6 ff. **EGStGB.**

11 **E. Zuständigkeit (Abs. 1 S. 2).** Der **Vorsitzende** allein entscheidet nur ggü. den Personen, die bei der Verh. nicht bet. sind. Entscheidungen des Gerichts sind nicht unwirksam, auch wenn der Vorsitzende zuständig ist (OLG Karlsruhe NJW 1977, 309; **aM** OLG Koblenz MDR 1978, 693). Bei den anderen genannten Personen, v. denen die Durchführung der HV abhängen kann, entscheidet das **Gericht.** In Fällen äußerster Dringlichkeit kann zunächst der Vorsitzende entscheiden; er muss die Maßnahme dann aber alsbald durch Gerichtsbeschluss bestätigen lassen (vgl. BGH NStZ 1988, 85) o. rückgängig machen (Greiser JA 1983, 431).

12 Ist zu befürchten, dass aus der Sitzung entfernte Personen ihre Störaktionen wiederholen werden, so können gegen sie alsbald **Hausverbote** (in Ausübung des Hausrechts; → § 176 Rn. 3) angeordnet werden (vgl. BGHSt 24, 329), die für

sofort vollziehbar erklärt werden müssen (§ 80 Abs. 2 S. 1 Nr. 4 VwGO) u. auch bei Widerspruch wirksam sind.

F. Nach Entfernung des Angeklagten. Nach Entfernung des Angeklagten aus dem Sitzungszimmer kann **in seiner Abwesenheit verhandelt** werden. Eines gesonderten Beschl. nach § 231b StPO bedarf es dann nicht mehr (vgl. → StPO § 231b Rn. 9). Allerdings dürfen während seiner Abwesenheit keine v. Entfernungsbeschluss nicht gedeckten Beweise erhoben werden (BGH NStZ 2015, 181: Augenschein). 13

G. Rechtliches Gehör. Rechtliches Gehör muss dem v. einer Einzelmaßnahme Betroffenen gewährt werden (vgl. OLG Nürnberg NStZ 2025, 447). Einschränkung: → § 178 Rn. 13 ff. 14

H. Anfechtung. Beschwerde ist nicht zulässig. Dies ergibt sich auch aus dem Umkehrschluss aus § 181 (→ § 181 Rn. 5; Katholnigg Rn. 9; einschr. Schilken GerichtsVerfR Rn. 240; vgl. auch → § 176 Rn. 16). Auch mit der Revision können die sitzungspolizeilichen Maßnahmen u. Ordnungsmittel nicht angegriffen werden. Die Entfernung des Angeklagten aus dem Sitzungssaal auf Anordnung des Vorsitzenden ohne Gerichtsbeschluss (S. 2) ist absoluter Revisionsgrund nach § 338 Nr. 5 StPO, allerdings nur, wenn kein Grund für die Maßnahme bestand (RGSt 70, 65 (70)). 15

[Ordnungsmittel wegen Ungebühr]

178 (1) [1]**Gegen Parteien, Beschuldigte, Zeugen, Sachverständige oder bei der Verhandlung nicht beteiligte Personen, die sich in der Sitzung einer Ungebühr schuldig machen, kann vorbehaltlich der strafgerichtlichen Verfolgung ein Ordnungsgeld bis zu eintausend Euro oder Ordnungshaft bis zu einer Woche festgesetzt und sofort vollstreckt werden.** [2]**Bei der Festsetzung von Ordnungsgeld ist zugleich für den Fall, daß dieses nicht beigetrieben werden kann, zu bestimmen, in welchem Maße Ordnungshaft an seine Stelle tritt.**

(2) **Über die Festsetzung von Ordnungsmitteln entscheidet gegenüber Personen, die bei der Verhandlung nicht beteiligt sind, der Vorsitzende, in den übrigen Fällen das Gericht.**

(3) **Wird wegen derselben Tat später auf Strafe erkannt, so sind das Ordnungsgeld oder die Ordnungshaft auf die Strafe anzurechnen.**

A. Personenkreis (Abs. 1). Der in Betracht kommende Personenkreis (Abs. 1) ist **der Gleiche wie in § 177** (→ § 177 Rn. 2 ff.; bzgl. ges. Vertreter jugendlicher Angeklagter zw. OLG Dresden NStZ 2010, 472). 1

B. Ungebühr (Abs. 1). Ungebühr (Abs. 1) ist ein **erheblicher** (Schwind JR 1973, 134) **Angriff** auf die Ordnung in der Sitzung (§ 176), auf deren justizgemäßen Ablauf (OLG Stuttgart NJW 1969, 627), auf den „Gerichtsfrieden" u. damit auf die Ehre u. Würde des Gerichts (OLG Koblenz VRS 68, 48; OLG Nürnberg JZ 1969, 150 mkritAnm Sarstedt; Döllel/Dreeßen SchlHA 2002, 148 – OLG Schleswig RsprÜ; OLG Stuttgart Justiz 1986, 228; vgl. auch VerfGH Berlin JR 2001, 363; erg. → § 175 Rn. 2, 3), aber nicht ein Verhalten, das lediglich prozessualen Vorschr. zuwiderläuft (OLG Stuttgart NStZ 1991, 297). Ein Verfahrensbeteiligter darf auch „starke, eindringliche Ausdrücke und sinnfällige Schlagworte benutzen, um seine Rechtsposition zu unterstreichen", nicht gestattet sind jedoch „ehrverletzende Äußerungen, die in keinem inneren Zusammenhang zur Ausführung o. Verteidigung der geltend gemachten Rechte stehen" (BVerfG NJW 2007, 2839). 2

Beispiele: Das Erscheinen in unangemessener Kleidung (BVerfG DRiZ 1966, 356; OLG Düsseldorf NJW 1986, 1505; OLG Koblenz OLGSt GVG § 178 S. 19; OLG Stuttgart Justiz 2007, 281: provokantes Aufbehalten einer Mütze), nicht aber 3 in Freizeitkleidung (OLG Düsseldorf JMBl. NRW. 1981, 215; OLG Koblenz NJW 1995, 976: kurze Hose), das Erscheinen im Zustand der Trunkenheit (OLG Düsseldorf NJW 1989, 241; Döllel/Dreeßen SchlHA 2007, 280 – OLG Schleswig RsprÜ; **aM** OLG Stuttgart MDR 1989, 763), das Zuschlagen der Tür des Sitzungssaales (OLG Zweibrücken NJW 2005, 611); ordnungsstörendes Fotografieren in der HV trotz Verbots (→ § 176 Rn. 15); das Nichtaufstehen beim ersten Betreten des Sitzungssaals durch das Gericht (OLG Celle NStZ-RR 2012, 119; OLG Koblenz NStZ 1984, 234; anders aber idR nach einer Sitzungspause, OLG Karlsruhe StraFo 2015, 74; OLG Saarbrücken StraFo 2007, 208; OLG Köln StV 2016, 549 Ls.), insbes. trotz mehrfacher Aufforderung des Vorsitzenden in der Absicht, das Gericht herauszufordern u. zu verletzen (vgl. OLG Hamm NStZ 2025, 181; OLG Bamberg NStE GVG § 178 Nr. 7) o. das Nichtaufstehen in solcher Absicht bei der Zeugenvereidigung (OLG Koblenz GA 1985, 328) o. bei der Urteilsverkündung (OLG Brandenburg wistra 2014, 79; OLG Hamm NJW 1975, 942), auch das Aufstehen nach mehrmaliger Aufforderung unter Zuwendung der Rückseite (OLG Köln NJW 1985, 446); das wiederholte Verlassen des Sitzungssaals trotz Belehrung (OLG Koblenz OLGSt GVG § 178 Nr. 7); das wiederholte Unterbrechen des Gerichts o. anderer Verfahrensbeteiligter (vgl. OLG Hamm NStZ 2025, 181); das allg. sichtbare Lesen einer Zeitung o. Zeitschrift während der HV (OLG Karlsruhe JR 1977, 392); die Beleidigung eines Richters, der dann trotz § 22 Nr. 1 StPO u. trotz etwaiger Ablehnung ein Ordnungsmittel mitverhängen darf; uU auch ein ehrverletzender Angriff gegen einen anderen an der Verh. Bet. (OLG Hamm NJW 1963, 1791; OLG Koblenz NStE GVG § 178 Nr. 10; OLG Stuttgart OLGSt GVG § 178 Nr. 12), zB seitens eines Zeugen auf den Angeklagten (OLG Hamm StraFo 2005, 251) o. den Verteidiger; die Äußerung eines Zeugen, der Richter wolle ihn mit einer Frage nur „fangen" (BGH JZ 1951, 791); die Äußerung des Angeklagten ggü. dem Richter: „Dann erhalten Sie ein Disziplinarverfahren" (OLG Hamm NJW 1969, 256); der Vorwurf eines Zeugen, das Gericht habe nicht unvoreingenommen entschieden u. die Richter hätten ihre Pflichten verletzt (OLG Koblenz OLGSt GVG § 178 Nr. 9); die Äußerung „Man meint ja, man wäre beim Volksgerichtshof" (OLG Koblenz VRS 72, 189).

3a Es **genügt nicht** eine – möglicherweise sogar heftige – Reaktion des Angeklagten auf eine Zeugenaussage, wenn sie sich als nichts anderes als Betonung der eigenen Selbstdarstellung erweist (OLG Koblenz MDR 1980, 76; OLG Zweibrücken VRS 77, 447). Fortgehen des Angeklagten in einer Pause vor der Urteilsverkündung ist noch keine Ungebühr (OLG München MDR 1956, 503), auch nicht das Klatschen (OLG Saarbrücken NJW 1961, 890 mkritAnm Händel NJW 1961, 1176), geschmacklose Haartracht (OLG München NJW 1966, 1935) o. bei Erkältung das Lutschen eines Hustenbonbons (OLG Schleswig NStE GVG § 178 Nr. 12). Das Klingeln eines Mobiltelefons kann trotz eines Hinweises am Sitzungssaal, dass Handys auszuschalten seien, nicht schon als Ungebühr angesehen werden (OLG Brandenburg NZV 2004, 213). Bei einer aus einer gereizten Verhandlungssituation entstandenen, einmaligen Entgleisung ist eine Ahndung idR nicht geboten (KG StraFo 2008, 33; OLG Düsseldorf NStE GVG § 178 Nr. 11; OLG Hamm DAR 2001, 134; OLG Koblenz NStE GVG § 178 Nr. 10; eing. Milger NStZ 2006, 123), auch nicht bei einer Spontanreaktion auf ein aus Sicht des Betroffenen beanstandungswürdiges Verhalten (BVerfG NJW 2007, 2839).

4 **C. Schuldhaft.** Schuldhaft muss die Ungebühr sein. Nach dem Sinn u. Zweck ist **Vorsatz** gemeint (OLG Schleswig SchlHA 1962, 84; Ernesti/Lorenzen SchlHA 1983, 106 – OLG Schleswig RsprÜ; OLG Stuttgart Justiz 1986, 228, Rosenberg/Schwab/Gottwald ZivilProzR § 23 V 2b; **aM** Katholnigg Rn. 2; Kissel/Mayer Rn. 32; Schilken GerichtsVerfR Rn. 236). Wenn der Ungebührwille nicht außer Zweifel steht, ist idR zunächst eine Ermahnung durch den Vorsitzenden angebracht (BVerfG NJW 2007, 2839; OLG Karlsruhe JR 1977, 392). Die Maßnahmen sind auch gegen Jugendliche zulässig.

Es gilt auch § 20 StGB. Ein Affektsturm kann in Extremfällen zu einer tiefgreifenden Bewusstseinsstörung führen (OLG Bremen NJW 1959, 952; OLG Koblenz VRS 72, 189 (191)). Es müssen aber verschiedene äußere u. innere Faktoren zusammenwirken, die das seelische Gefüge des Täters zerstören o. tiefgreifend erschüttern (TK-StGB/Weißer/Steinberg StGB § 20 Rn. 13, 14; Geilen FS Maurach, 1972, 173; v. Winterfeld NJW 1975, 2229). Es genügt nicht, dass sich der Betroffene in eine völlig unangemessene Erregung hineingesteigert u. sich dann so wie ein jähzorniger Choleriker ohne Selbstdisziplin verhalten hat (OLG Frankfurt a. M. 12.3.1976 – 2 Ws 75/76). 5

D. Sitzung. Sitzung (→ § 176 Rn. 1, 2) ist die Gerichtsverhandlung, die öffentl. o. nicht öffentl., im Gerichtsgebäude, am Augenscheinsort o. in einer Privatwohnung. Ordnungsgemäße Ladung (→ StPO § 51 Rn. 2) ist nicht Voraussetzung für das Ordnungsmittel (**aM** OLG Hamburg MDR 1979, 160). § 178 gilt nicht bei Ungebühr auf der Geschäftsstelle (OLG Schleswig SchlHA 1967, 152), wohl aber bei Störungen außerhalb des Sitzungssaals, die jedoch unmittelbar in diesen hineinwirken (OLG Celle NStZ 2012, 592: Schlagen v. außen gegen das Fenster). Vgl. auch § 180; ferner § 164 StPO. 6

E. Festsetzung der Ordnungsmittel. Es gilt das Opportunitäts-, nicht das Legalitätsprinzip (OLG Köln NJW 2008, 2865). „Kann" bedeutet nach **pflichtgemäßem Ermessen** (OLG Koblenz OLGSt GVG § 178 Nr. 7; OLG Köln NJW 2008, 2865; OLG Stuttgart OLGSt GVG § 178 Nr. 12; hM). Jedoch ist zu berücksichtigen, dass die geschützte Ordnung der Sitzung für den einzelnen Richter kein disponibles Gut ist (Willms JZ 1974, 138). Mehrfaches Fehlverhalten in der Sitzung gehört bis zur Anordnung des Ordnungsmittels zur selben Ungebühr. Neue Ungebühr nach der Festsetzung kann zur wiederholten Anordnung eines Ordnungsmittels führen (vgl. OLG Bremen NJW 1956, 113). Bei geringem Verschulden kann v. der Festsetzung entspr. § 153 StPO abgesehen werden (OLG Neustadt NJW 1962, 602; erg. → StPO § 51 Rn. 17). 7

I. Ordnungsgeld. Die Festsetzung kann mit der Entfernung nach § 177 verbunden werden. Das Höchstmaß beträgt 1.000 Euro. Einzelheiten regeln die Art. 6 ff. **EGStGB.** Immunität steht der Festsetzung v. Ordnungsgeld nicht entgegen (→ StPO § 51 Rn. 32; dort auch zur Exterritorialität). 8

II. Ordnungshaft. Das Höchstmaß beträgt 1 Woche. Wegen der Einzelheiten vgl. Art. 6 ff. **EGStGB.** Die Ordnungshaft darf die Sitzungsdauer übersteigen; das Höchstmaß v. 1 Woche darf aber nicht überschritten werden. 9

F. Vorbehaltlich der strafgerichtlichen Verfolgung. Ob eine Ahndung nach § 178 eine **disziplinare Maßnahme** unzulässig macht, erscheint zw. (→ Einl. Rn. 178), dürfte aber für den Regelfall zutreffen. Die Unterlassung eines Ordnungsmittels steht jedenfalls einer disziplinaren Maßnahme nicht entgegen. Gegen einen UGefangenen darf nach hM auch nach Festsetzung eines Ordnungsmittels wegen der Ungebühr in der Sitzung noch eine Hausstrafe angeordnet werden; das Gleiche gilt bei einem Strafgefangenen. 10

Bei einer **Widersetzlichkeit, die Straftat ist,** kann der Störer festgehalten u. nach Ermittlung seiner Person vorgeführt werden, damit der Vorfall in das Prot. aufgenommen (§ 183) u. dem Störer das rechtliche Gehör gewährt werden kann. Über die vorl. Festnahme zum Zweck der Strafverfolgung vgl. → § 183 Rn. 2. 11

G. Festsetzungszuständigkeit (Abs. 2; wie § 177 S. 2). Entscheidet der Vorsitzende anstatt des Gerichts o. umgekehrt, so ist die Anordnung nicht unwirksam (→ § 22d Rn. 1; → § 177 Rn. 11; → Einl. Rn. 104 ff.), jedoch anfechtbar (OLG Dresden NStZ 2010, 472). Dass der Vorsitzende hier „in eigener Sache" tätig wird, macht ihn nicht befangen u. steht seiner Entscheidungsbefugnis nicht entgegen (Kissel NJW 2007, 1109 in krit. Auseinandersetzung mit EGMR NJW 2006, 2901). 12

H. Festsetzungsverfahren. Weder die StA noch andere Verfahrensbeteiligte haben ein förmliches Recht, die Festsetzung einer Maßnahme nach § 178 zu 13 beantragen. Über die Verpflichtung der StA vgl. aber Nr. 128 Abs. 1 RiStBV. Das rechtliche Gehör muss der betroffenen Person – wenn auch nicht durch ausdr. Aufforderung zur Äußerung (→ Einl. Rn. 28, 29, 31) – vor der Anordnung der Maßnahme gewährt werden (OLG Bamberg StraFo 2013, 292; OLG Hamm NStZ-RR 2009, 93; OLG Köln NJW 2008, 2865; Röhl NJW 1964, 275). Richtet sich das Festsetzungsverfahren gegen den Beschuldigten, so wird mit diesem der Verteidiger gehört; richtet es sich gegen eine sonst am Verf. beteiligte Person, die im Beistand eines RA erschienen ist, so wird dieser mit angehört.

14 Das **Absehen von der vorherigen Anhörung** der betroffenen Person ist gerechtfertigt, wenn die Ungebühr u. der Ungebührwille völlig außer Frage stehen u. die Anhörung nur zu weiteren Ausfällen Gelegenheit gäbe (OLG Brandenburg wistra 2014, 79; OLG Celle NStZ 2012, 592; OLG Düsseldorf NStZ 1988, 238; VRS 80, 29), etwa bei Rohheitsausschreitungen o. groben unflätigen Beleidigungen (OLG Hamm MDR 1978, 780); uU kann nachträgliche Anhörung genügen (OLG Stuttgart NStE GVG § 178 Nr. 9). Ein im Sitzungssaal angebrachter Hinweis auf die Verhängung v. Ordnungsgeld bei einem bestimmten Verhalten (Nichtausschalten des Handys) entbindet aber nicht v. der Anhörungspflicht (OLG Brandenburg NZV 2004, 189).

15 Die **Anhörung des Sitzungsvertreters der StA** ist zu empfehlen, ihre Unterlassung aber keine Verletzung des § 33 Abs. 1, weil es sich um den sitzungspolizeilichen Bereich handelt. Der Beschl. des Gerichts kann bei genügender Vorbesprechung nach Verständigung im Sitzungssaal ergehen (→ § 176 Rn. 5; → § 193 Rn. 3).

16 **I. Erlass des Beschlusses.** Der Anordnungsbeschluss des Vorsitzenden o. des Gerichts muss noch während der Sitzung erlassen (OLG Hamburg NJW 1999, 2607 mwN; OLG Nürnberg NStZ-RR 2006, 308), bei mehrtägiger Verh. uU erst am folgenden Verhandlungstag (OLG Schleswig MDR 1980, 76), begründet (OLG Hamm NStZ-RR 2009, 183) u. nach § 35 StPO bekanntgemacht werden (OLG Koblenz GA 1989, 175). Damit wird die Rechtsmittelbelehrung verbunden (§ 181 iVm § 35a StPO). Zur Protokollierung vgl. § 182.

17 **J. Vollstreckung.** § 179; § 36 Abs. 2 S. 2 StPO. Vgl. auch → **EGStGB** Art. 6 Rn. 5, 6. Jedenfalls bei an der Verh. nicht beteiligten Personen veranlasst der Vorsitzende idR alsbald die sofortige Vollstreckung (§ 179); die sofortige Beschwerde hat keine aufschiebende Wirkung (§ 181 Abs. 2). Zulässig sind auch erkennungsdienstliche Maßnahmen (§ 81b StPO), wenn die Personalien eines in Ordnungshaft genommenen Zeugen anders nicht festgestellt werden können (OLG Koblenz OLGSt GVG § 181 Nr. 1). Das in allen Haftsachen zu beachtende Beschleunigungsgebot (→ StPO § 121 Rn. 1) gilt auch für die Ordnungshaft; so kann es geboten sein, eine Beschwerde sofort dem Beschwerdegericht vorzulegen (BGHSt 47, 105 = JR 2002, 254 mAnm Foth; Schiemann NJW 2002, 114; vgl. auch Böttcher NStZ 2002, 146; Kühl/Heger JZ 2002, 203).

18 **K. Rechtsbehelfe.** § 181 (→ § 181 Rn. 1 ff.).

[Vollstreckung der Ordnungsmittel]

179 **Die Vollstreckung der vorstehend bezeichneten Ordnungsmittel hat der Vorsitzende unmittelbar zu veranlassen.**

1 **A. Vorsitzender.** Die StA wirkt bei der Vollstreckung nicht mit (§ 36 Abs. 2 S. 2 StPO; § 88 Abs. 2 StVollstrO). Die gerichtliche Vollstreckung ist nach § 31 Abs. 3 **RPflG** dem Rechtspfleger übertragen, soweit sie sich der Richter nicht im Einzelfall ganz o. teilw. vorbehält. Zur Vollstreckung sitzungspolizeilicher Anordnungen des Vorsitzenden durch die Justizwachtmeister eingeh. Kees NJW 2013, 1929.

2 **B. Vollstreckungsverjährung.** Art. 9 Abs. 2 EGStGB (→ EGStGB Art. 9 Rn. 1 ff.).

[Befugnisse außerhalb der Sitzung]

180 **Die in den §§ 176 bis 179 bezeichneten Befugnisse stehen auch einem einzelnen Richter bei der Vornahme von Amtshandlungen außerhalb der Sitzung zu.**

Der ER (§§ 162, 169 StPO), der Rechtshilferichter (§ 157), der ersuchte u. der beauftragte Richter. § 180 setzt eine einer Sitzung vergleichbare Verh. voraus (Löwe/Rosenberg/Krauß Rn. 1), gilt also bei richterlichen Vernehmungen u. richterlichem Augenschein, bei denen ein Prot. aufgenommen wird (§§ 168, 168a StPO, wo in Abs. 1, Abs. 3 der Ausdruck Verh. verwendet wird). § 164 StPO betr. Maßnahmen gegen Störungen an Ort u. Stelle; die eine Bestimmung schließt die Anwendbarkeit der anderen nicht aus (OLG Celle MDR 1955, 692; → StPO § 164 Rn. 1). 1

[Beschwerde gegen Ordnungsmittel]

181 (1) **Ist in den Fällen der §§ 178, 180 ein Ordnungsmittel festgesetzt, so kann gegen die Entscheidung binnen der Frist von einer Woche nach ihrer Bekanntmachung Beschwerde eingelegt werden, sofern sie nicht von dem Bundesgerichtshof oder einem Oberlandesgericht getroffen ist.**

(2) **Die Beschwerde hat in dem Falle des § 178 keine aufschiebende Wirkung, in dem Falle des § 180 aufschiebende Wirkung.**

(3) **Über die Beschwerde entscheidet das Oberlandesgericht.**

A. Wochenfrist. Es handelt sich nach ganz hM (vgl. Schiemann NJW 2002, 112) um eine **sofortige Beschwerde** (§ 311 StPO), die nur deshalb nicht als solche bezeichnet ist, weil diese Beschwerde in StPO u. ZPO an verschiedene Fristen gebunden ist. Daher ist eine Abänderung des Beschl. durch die untere Instanz ausgeschlossen (Löwe/Rosenberg/Krauß Rn. 11); jedoch gilt § 311 Abs. 3 S. 2 StPO. Erklärt der Betroffene alsbald nach der Verkündung des Beschl., dass er Beschwerde einlege, so wird diese Erkl. nicht protokolliert, da § 306 StPO gilt. Wenn sie aber mit Wissen u. Willen des Beschwerdeführers protokolliert wird, ist sie wirksam eingelegt (OLG Koblenz VRS 61, 356; 72, 189; → Einl. Rn. 137). Die Einlegung der Beschwerde beim OLG wahrt die Beschwerdefrist nicht (OLG Hamburg NJW 1999, 2607). Die Beschwerde hat nur im Fall des § 180 aufschiebende Wirkung (Abs. 2); das Beschwerdegericht kann aber eine Anordnung nach § 307 Abs. 2 StPO treffen, sofern ihm eine wenigstens summarische Prüfung möglich ist (BGHSt 47, 105; OLG Karlsruhe NJW 1976, 2274; Kissel/Mayer Rn. 11). 1

I. Fristbeginn. Die Frist beginnt mit der Verkündung, wenn der Betroffene anwesend ist; sonst mit der Zustellung (§ 35 StPO). 2

II. Vollstreckung. Die Vollstreckung macht die **Beschwerde nicht gegenstandslos** (OLG Celle NStZ-RR 2012, 119; OLG Düsseldorf NJW 1992, 1712; vgl. → StPO Vor § 296 Rn. 18). Ist gegen den Beschuldigten Ordnungshaft angeordnet u. vollstreckt worden, so gilt bei nachträglicher Aufhebung des Beschl. weder § 51 StGB noch § 2 **StrEG** (OLG Frankfurt a. M. NJW 1976, 303). 3

III. Fristversäumung. Gegen Fristversäumung gibt es auch hier die **Wiedereinsetzung** in den vorigen Stand, zB bei Nichtbelehrung nach § 35a StPO (OLG Düsseldorf Rpfleger 1994, 429; OLG Hamburg NJW 1999, 2607; OLG Hamm NJW 1963, 1791; JZ 1954, 171). 4

B. Beschwerdeberechtigung. Beschwerdeberechtigt ist allein der, gegen den das Ordnungsmittel festgesetzt worden ist, nicht die StA (Kissel/Mayer Rn. 10; **aM** OLG Stuttgart NStZ 1991, 297; Kaehne, Die Anfechtung sitzungspolizeilicher Maßnahmen, 2000, S. 51: auch StA); daher ist der das Ordnungsmittel abl. Beschl. 5

unanfechtbar. Beschwerdegericht ist stets das OLG, auch bei einem Anordnungsbeschluss seines beauftragten Richters. Ausnahmen: § 120 Abs. 3, Abs. 4. Gegen andere als die in § 181 genannten sitzungspolizeilichen Maßnahmen ist Beschwerde nicht zulässig (OLG Karlsruhe NJW 1977, 309; OLG Koblenz OLGSt GVG § 181 Nr. 1; OLG Nürnberg MDR 1969, 600; Kissel/Mayer Rn. 1; **aM** Krekeler NJW 1979, 185; → § 177 Rn. 15), außer gegen solche, die Rechtsfolgen enthalten, die allein auf § 178 gestützt werden könnten (vgl. Kaehne, Die Anfechtung sitzungspolizeilicher Maßnahmen, 2000, S. 49). Jedoch gilt § 304 Abs. 1, Abs. 2 StPO, wenn die Maßnahme in der Wirkung über die reine Sitzungspolizei hinausgeht (OLG Karlsruhe NJW 1977, 309; vgl. dazu auch Kaehne, Die Anfechtung sitzungspolizeilicher Maßnahmen, 2000, S. 77, 184). Alle sitzungspolizeilichen Anordnungen des OLG sind nach Abs. 1 der Beschwerde entzogen (BGHSt 44, 23 zu einer Sicherstellung); gegen die v. ER des OLG o. des BGH (§ 169 StPO) verhängte Ordnungshaft ist aber gem. § 304 Abs. 5 StPO Beschwerde zulässig (**aM** Kaehne, Die Anfechtung sitzungspolizeilicher Maßnahmen, 2000, S. 50).

6 **C. Aufhebung des Beschlusses.** Die Aufhebung des Beschlusses führt nicht zur Zurückverweisung zwecks erneuter Beschlussfassung; denn die sitzungspolizeiliche Gewalt des Gerichts endete nach Abschluss der Sitzung (OLG Stuttgart NJW 1969, 227; Justiz 1960, 252). Das Beschwerdegericht kann auch v. der Festsetzung in entspr. Anwendung des § 153 StPO absehen (→ § 178 Rn. 7). Im Übrigen wird der Beschl. aufgeh., wenn der protokollierte Sachverhalt die Annahme der Ungebühr nicht rechtfertigt o. sie widerlegt wird (→ § 182 Rn. 1, 2); idR nicht wegen Fehlens der Begründung (→ § 178 Rn. 16; → § 182 Rn. 4) o. des rechtlichen Gehörs (→ Einl. Rn. 34; → § 178 Rn. 13 ff.). Das Beschwerdegericht kann aufheben o. mildern, aber nicht verschärfen (vgl. → StPO § 51 Rn. 28; → StPO Vor § 304 Rn. 3; **aM** OLG Hamburg StV 2015, 680 mAnm Rinio).

7 **D. Kostenentscheidung.** Bei erfolgloser Beschwerde werden (im Gegensatz zur früheren Regelung, vgl. OLG Brandenburg NZV 2004, 213) dem Beschwerdeführer gem. § 1 Abs. 4 iVm Abs. 1 Nr. 5 GKG die Gerichtskosten des Beschwerdeverfahrens (KV 3602 GKG: 50 EUR) auferlegt (OLG Hamburg 9.1.2009 – 3 Ws 1/09). Bei erfolgreicher Beschwerde können die dem Beschwerdeführer entstandenen notwendigen Auslagen entspr. § 467 Abs. 1 StPO der Landeskasse auferlegt werden.

8 **E. OLG.** Das OLG entscheidet über die Beschwerde in der Besetzung v. 3 Richtern (§ 122 Abs. 1); das gilt aber nach § 80a Abs. 1 OWiG nicht für Beschwerden gegen im Bußgeldverfahren festgesetzte Ordnungsmittel (OLG Köln NStZ 2007, 181: 1 Richter). Dem OLG obliegt eine eigene Prüfung auch im Hinblick auf Art u. Maß des Ordnungsmittels (OLG Celle NStZ-RR 2012, 119). Nach Verwerfung der Beschwerde durch das OLG ist eine Änd. o. Aufhebung des Ordnungsmittels ausgeschlossen (Döllel/Dreeßen SchlHA 2007, 281 – OLG Schleswig RsprÜ).

[Protokollierung]

182

Ist ein Ordnungsmittel wegen Ungebühr festgesetzt oder eine Person zur Ordnungshaft abgeführt oder eine bei der Verhandlung beteiligte Person entfernt worden, so ist der Beschluß des Gerichts und dessen Veranlassung in das Protokoll aufzunehmen.

1 **A. Protokollierung.** Der **Protokollierungszwang** gilt für die **Vorgänge nach den §§ 177–180** (mit Ausnahme der bloßen Entfernung einer nicht beteiligten Person). Der Sachverhalt muss so deutlich dargestellt werden, dass, falls die Beschwerde nach § 181 zulässig ist, das Beschwerdegericht nachprüfen kann, ob eine Ungebühr vorlag. Die Niederschrift muss ein so deutliches Bild v. dem Vorgang geben, dass der Grund u. die Höhe der Sanktion idR ohne weiteres nachzuprüfen sind (OLG Nürnberg NStZ 2025, 447; OLG Düsseldorf NStZ 1988, 238;

OLG Stuttgart Justiz 1993, 147). Wesentliche Lücken können nicht durch dienstliche Erklärungen o. sonstige Beweiserhebungen ausgefüllt werden (BVerfG NJW 2007, 2839 (2840)).

§ 182 ersetzt § 273 StPO für das Festsetzungsverfahren. Der Inhalt dieses Teils der Niederschrift ist widerlegbar, zB durch (formlose) Zeugenvernehmungen o. dienstliche Erklärungen, u. der freien Auslegung zugänglich. Die Nichtaufnahme der Veranlassung in das Prot. führt auf sofortige Beschwerde (§ 181) regelmäßig zur Aufhebung des Ordnungsmittelbeschlusses, wenn das veranlassende Geschehen in Frage gestellt wird (KG MDR 1982, 329; OLG Hamm NJW 1963, 1791; OLG Koblenz NJW 1955, 348; OLG Köln JR 1952, 484). Die Beschlussbegründung kann die fehlende Protokollierung nicht ersetzen (OLG Stuttgart Justiz 1979, 347; **aM** Foth JR 2002, 257), es sei denn, eine Aufnahme ins Prot. war aus tatsächlichen Gründen unmöglich (OLG Stuttgart OLGSt GVG § 182 Nr. 2). 2

B. Ordnungsmittelbeschluss. Der Ordnungsmittelbeschluss muss grds. eine **Begründung** enthalten (§ 34 StPO; → § 178 Rn. 16). Für die Fassung des Beschl. u. seine Begründung sind das Gericht bzw. der Vorsitzende (§ 178 Abs. 2), für die Protokollierung der Veranlassung des Beschl. die Urkundspersonen (§ 271 StPO) verantwortlich. Daher ist es keine Protokollierung der Veranlassung, wenn diese in der Beschlussbegründung geschildert wird (OLG Düsseldorf StraFo 2000, 412; OLG Koblenz NJW 1955, 348). 3

Fehlt dem Beschluss die Begründung, so führt dieser Mangel nicht notwendig zur Aufhebung, wenn aufgrund des Protokollvermerks über seine Veranlassung davon auszugehen ist, dass die Gründe für den Betroffenen außer Zweifel standen, u. wenn der Protokollvermerk dem Beschwerdegericht die volle Nachprüfung des Beschl. ermöglicht (OLG Hamburg StraFo 2020, 113; OLG Celle NStZ 2012, 592; OLG Düsseldorf NStZ 1988, 238; OLG Koblenz VRS 72, 189; OLG Stuttgart Justiz 1991, 27). 4

[Straftaten in der Sitzung] **Nr. 136 RiStBV**

183 [1]**Wird eine Straftat in der Sitzung begangen, so hat das Gericht den Tatbestand festzustellen und der zuständigen Behörde das darüber aufgenommene Protokoll mitzuteilen.** [2]**In geeigneten Fällen ist die vorläufige Festnahme des Täters zu verfügen.**

A. Straftaten. Auch solche, die nicht gegen die Sitzungspolizei verstoßen (vgl. Nr. 136 RiStBV: Falschaussagen; dazu Nierwetberg NJW 1996, 433). Zum Begriff Sitzung vgl. → § 178 Rn. 6. Die Feststellung des Sachverhalts ist Aufgabe des Gerichts, nicht nur der Urkundspersonen (§ 271 Abs. 1 StPO), denen die Beurkundung u. Weiterleitung des (Teiles des) Prot. obliegt. Ein Antrag der StA ist nicht Voraussetzung für das Verf. nach § 183. Zum Fall, dass der Vorsitzende selbst einer Straftat bezichtigt wird, LG Regensburg NJW 2008, 1094. Bei Amtshandlungen außerhalb der Sitzung (§ 180) ist § 183 nach dessen Sinn ebenfalls anwendbar. 1

B. Vorläufige Festnahme. Die vorläufige Festnahme richtet sich nach den §§ 127, 128 StPO. In einer Verh., an der der StA teilnimmt, kann sie dieser veranlassen, in jedem Fall auch das Gericht (auch ein Zivilgericht, RGSt 73, 337). Einen Haftbefehl kann das Gericht jedoch nicht erlassen (OLG Hamm NJW 1949, 191), weil es dafür in diesem Stadium der Strafverfolgung nicht zuständig ist. 2

C. Ordnungswidrigkeiten. Wird in der gerichtlichen Sitzung eine OWi begangen, so gilt § 183 nicht; § 46 Abs. 1 OWiG greift hier nicht durch. Jedoch kann sich aus dem Gesichtspunkt der Amtshilfe (Art. 35 GG) eine Feststellungs- u. Mitteilungspflicht des Vorsitzenden ergeben (Löwe/Rosenberg/Krauß Rn. 4), insbes., wenn in der Sitzung kein StA anwesend ist, zB bei einem Verstoß gegen § 111 OWiG. 3

Fünfzehnter Titel. Gerichtssprache

[Deutsche Sprache]

184 [1]**Die Gerichtssprache ist deutsch.** [2]**Das Recht der Sorben, in den Heimatkreisen der sorbischen Bevölkerung vor Gericht sorbisch zu sprechen, ist gewährleistet.**

1 **A. Verhandlung in deutscher Sprache.** Die Verhandlung darf nur in deutscher Sprache geführt werden. Beherrscht ein Bet. sie nicht, so ist ein Dolmetscher zuzuziehen (§ 185 Abs. 1). Die Ausnahme des § 185 Abs. 2 gilt nur für Verh. im Vorverfahren u. für Vernehmungen außerhalb der HV (→ § 185 Rn. 9). Deutsche Mundarten, die alle Bet. verstehen, dürfen benutzt werden (Schneider MDR 1979, 534).

2 **B. Schriftliche Eingaben.** Schriftliche Eingaben in fremder Sprache sind grds. unbeachtlich (BGH NStZ 2017, 601 mwN; KG JurBüro 1986, 1107;). Das gilt ohne Rücksicht darauf, ob dem Verf. die Einreichung einer deutschsprachigen Schrift möglich o. zuzumuten ist (vgl. KG NStZ 2025, 576: fremdsprachliche Rechtsmitteleinlegung des verteidigten Beschuldigten; s. aber → Rn. 2a). Gleichgültig ist auch, ob sie in einer gängigen Sprache abgefasst sind, die der Richter versteht. Bei allen fremdsprachigen Eingaben kann aber die Fürsorgepflicht gebieten, den Absender auf § 184 hinzuweisen (BVerfG StV 1995, 394 Ls.; Basdorf GS Meyer, 1990, 23; SSW StPO/Rosenau Rn. 7).

2a Allerdings wird dieser Grundsatz **für nicht verteidigte Beschuldigte** durch **EU-Recht erheblich eingeschränkt.** Nach dem Urt. des EuGH v. 15.10.2015 (EuGH NJW 2016, 303) kommt es für die Frage, ob ein in fremder Sprache abgefasstes Schriftstück vAw zu übersetzen ist, gem. Art. 3 Abs. 3 RL 2010/64/EU über das Recht auf Dolmetschleistungen darauf an, ob es sich um ein für das Verf. wesentliches Dokument handelt. Dies wird man bei fristgebundenen Eingaben u. Rechtsmittelschriften, aber auch bei Rechtsmittelrücknahmen (dazu schon BGHR StPO § 302 Abs. 1 Rücknahme 1; OLG Hamburg MDR 1989, 90; ferner BGH NStZ 2000, 553), die in fremder Sprache abgefasst sind, zu bejahen haben (Böhm NJW 2016, 306; BGHSt 30, 182; SSW StPO/Rosenau Rn. 8; **aM** offenbar Brodowski StV 2016, 210; Zündorf NStZ 2017, 41 (42)). Gleiches dürfte auch für schriftliche Stellungnahmen eines Beschuldigten zum Tatvorwurf gelten, der keinen Verteidiger hat. Hat der Beschuldigte allerdings einen Verteidiger verbleibt es bei dem Grundsatz, dass fremdsprachige Rechtsmittelschreiben unbeachtlich sind (BGH NStZ 2017, 601; NStZ-RR 2018, 57).

3 **C. Beweismittel.** Beweismittel können in ausländischer Sprache vorgelegt werden. Das Gericht kann eine **Übersetzung** in die deutsche Sprache anfordern oder nach Maßgabe der Aufklärungspflicht vAw veranlassen (SSW StPO/Rosenau Rn. 9).

4 **D. Internationale Verträge.** Internationale Verträge und Rechtsakte fallen nicht unter § 184 GVG; das Gericht kann allerdings die Beibringung einer **autorisierten Übersetzung** verlangen (SSW StPO/Rosenau Rn. 10).

5 **E. Gerichtliche Entscheidungen.** Gerichtliche Entscheidungen werden stets in deutscher Sprache abgefasst (vgl. auch OLG Hamm NStZ-RR 2010, 348 zur Verwendung lateinischer Fachausdrücke). Dasselbe gilt für Anklageschriften u. Strafbefehle, wobei es aber unschädlich ist, wenn die Anklageschrift inhaltlich auf in einer fremden Sprache errichteten, nicht in deutscher Übersetzung vorgelegten Urk. fußt (eing. dazu BGH NStZ 2012, 523); zu Verstößen gegen die Übersetzungspflicht vgl. Eschelbach HRRS 2007, 466. Zu übersetzen sind auch Ladungen (BGHSt 32, 342 (344); erg. → StPO § 37 Rn. 25; → § 216 Rn. 8; § 329 Rn. 9a) u. Rechtsmittelbelehrungen (→ StPO § 35a Rn. 9). Zur Wahrung der Verteidigungsinteressen des Beschuldigten, dessen mangelnde Kenntnis der deutschen Spra-

che nicht zur Verkürzung seines Anspruchs auf rechtliches Gehör führen darf (BVerfGE 40, 95; BayObLG NJW 1976, 2084; OLG Düsseldorf JZ 1985, 200), ist entweder die Mitwirkung eines Dolmetschers (§ 185) o. die Beifügung einer Übersetzung (vgl. dazu § 187; → EMRK Art. 6 Rn. 26) erforderlich. Die Wirksamkeit v. Ladungen, denen keine Übersetzung beigefügt ist, wird dadurch nicht berührt (OLG Karlsruhe 16.12.2021 – 2 Rv 35 Ss 670/21; BayObLG NStZ 1996, 248; OLG Hamm JMBl. NRW. 1984, 78; erg. → § 329 Rn. 9a) – die anderslautenden Nr. 181 Abs. 2 RiStBV enthalten für das Gericht nur eine Empf. (BVerfGE 64, 135 (150); OLG Düsseldorf JZ 1985, 200; vgl. auch Basdorf GS Meyer, 1990, 24); Zwangsmittel nach § 230 Abs. 2 StPO werden dann aber idR nicht angeordnet werden dürfen (OLG Bremen NStZ 2005, 527; OLG Dresden StV 2009, 348; erg. → StPO § 216 Rn. 4).

F. Sonstiger Schriftverkehr. Auch sonstiger Schriftverkehr des Gerichts ist in deutscher Sprache abzufassen. Der Richter ist auch im Rechtshilfeverkehr mit dem Ausland nicht gehalten, einen Text in einer ihm nicht verständlichen Sprache zu unterschreiben (BGHSt 32, 342; **aM** Vogler NJW 1985, 1764). 6

G. Sorben. Den Sorben wurde schon durch den EVertr das Recht, in den Heimatkreisen der sorbischen Bevölkerung vor Gericht sorbisch zu sprechen, garantiert; das bestätigt S. 2 (vgl. BT-Drs. 16/47, 50). 7

184a, 184b *[betreffen den Zivilprozess]*

[Dolmetscher]

185

(1) [1]**Wird unter Beteiligung von Personen verhandelt, die der deutschen Sprache nicht mächtig sind, so ist ein Dolmetscher zuzuziehen.** [2]**Ein Nebenprotokoll in der fremden Sprache wird nicht geführt; jedoch sollen Aussagen und Erklärungen in fremder Sprache, wenn und soweit der Richter dies mit Rücksicht auf die Wichtigkeit der Sache für erforderlich erachtet, auch in der fremden Sprache in das Protokoll oder in eine Anlage niedergeschrieben werden.** [3]**In den dazu geeigneten Fällen soll dem Protokoll eine durch den Dolmetscher zu beglaubigende Übersetzung beigefügt werden.**

(1a) [1]**Der Vorsitzende kann gestatten oder anordnen, dass der Dolmetscher per Bild- und Tonübertragung an der Verhandlung, Anhörung oder Vernehmung teilnimmt.** [2]**Der Vorsitzende kann zusätzlich anordnen, dass sich der Dolmetscher an demselben Ort aufhält wie die Person, die der deutschen Sprache nicht mächtig ist.**

(2) **Die Zuziehung eines Dolmetschers kann unterbleiben, wenn die beteiligten Personen sämtlich der fremden Sprache mächtig sind.**

(3) **In Familiensachen und in Angelegenheiten der freiwilligen Gerichtsbarkeit bedarf es der Zuziehung eines Dolmetschers nicht, wenn der Richter der Sprache, in der sich die beteiligten Personen erklären, mächtig ist.**

(4) [1]**Personen, die für Presse, Hörfunk, Fernsehen oder für andere Medien berichten und der deutschen Sprache nicht mächtig sind, dürfen sich in Gerichtsverhandlungen Verdolmetschungen bedienen.** [2]**Das Gericht kann die Nutzung gerichtlich bereitgestellter Verdolmetschungen zulassen.** [3]**§ 176 Absatz 1 bleibt unberührt.**

A. Aufgabe. Die Aufgabe des Dolmetschers besteht darin, den Prozessverkehr zwischen dem Gericht u. den der deutschen Sprache nicht mächtigen Bet. zu vermitteln (BGHSt 1, 4 (7); vgl. auch Kabbani StV 1987, 410 zu Auswahl des 1

Dolmetschers, Art u. Umf. der Übersetzung). § 185 gilt bei jeder Art der Verh., zB auch bei der Vernehmung eines Beschuldigten, Zeugen o. Sachverständigen im Inland o. im Ausland.

2 Ein **Übersetzer,** dh ein Sprachmittler, der schriftlich v. einer Sprache in die andere überträgt (Jessnitzer Rpfleger 1982, 366), kann, muss aber nicht mit dem Dolmetscher identisch sein (BGH NJW 1965, 643; NStZ 1985, 466; eing. dazu Cebulla, Sprachmittlerstrafrecht, 2007, S. 34 ff.). Ein Übersetzer kann auch notwendig sein, wenn es eines Dolmetschers nicht bedarf. Im Regelfall wird der Übersetzer als Sachverständiger vernommen (BGHSt 1, 4 (7); BGH EzSt § 241 StPO Nr. 1; NStZ 1998, 158). Hierauf kann das Gericht verzichten, wenn es die Richtigkeit aufgrund eigener Sachkunde beurteilen kann.

3 **B. Übersetzung.** Übersetzt wird in die Muttersprache des Bet. o. in eine andere ihm geläufige Sprache (BGH 25.1.1966 – 1 StR 491/65; NStZ 2021, 576; vgl. Art. 6 Abs. 3 **EMRK**). Dass ein Sprachkundiger zur Überwindung etwaiger Sprachschwierigkeiten der Verh. beiwohnt, ersetzt die Zuziehung des Dolmetschers nicht (BGH 17.4.1962 – 5 StR 105/62).

4 **Anspruch auf einen Dolmetscher** – jedenfalls für die mündliche Verh. (BVerfG NJW 1988, 1462 (1464)), aber auch auf deren Vorbereitung (dazu → **EMRK** Art. 6 Rn. 25) – haben der Angeklagte u. (entgegen der früheren Regelung, vgl. BGH NStZ 2003, 218) gem. § 187 Abs. 4 auch der Nebenkläger, soweit sie der deutschen Sprache nicht mächtig, dh nicht in der Lage sind, der Verh. zu folgen u. selbst das vorzubringen, was sie vortragen wollen (OLG Braunschweig StV 2016, 104; OLG Frankfurt a. M. NJW 1952, 1310; OLG Zweibrücken VRS 53, 39; vgl. auch BVerfGE 64, 135 (146) = NJW 1983, 2762 (2763)). Einem Ausländer, der die deutsche Sprache nicht versteht, muss ohne Rücksicht auf seine finanzielle Lage unentgeltlich ein Dolmetscher beigeordnet werden (Art. 6 Abs. 3 Buchst. e **EMRK;** → EMRK Art. 6 Rn. 23 ff.; vgl. auch § 464c StPO). Ein Auswahlrecht (wie nach § 142 Abs. 5 S. 1 StPO für den Verteidiger) hat der Beschuldigte nicht (**aM** LG Duisburg StraFo 2008, 328), ein Verzicht ist unwirksam (OLG Celle NStZ 2015, 720; OLG Braunschweig StV 2016, 104). Einen absoluten Anspruch auf Beiordnung eines Dolmetschers gibt Art. Abs. 7 Abs. 9 Buchst. f NTS dem Beschuldigten, wenn er als Mitglied der ausl. NATO-Truppe o. eines zivilen Gefolges o. als Angehöriger einer solchen Person in der BRD verfolgt wird. Der Verzicht des Bet., der der deutschen Sprache nicht mächtig ist, hat keine Bedeutung. Für die Schlussvorträge gilt § 259 Abs. 1 StPO.

5 Auf die **Verhandlung** (vgl. → StPO Vor § 226 Rn. 3) bezieht sich § 185; für Ermittlungshandlungen gilt § 187. Die notwendige Übersetzungstätigkeit erstreckt sich auf alle wesentlichen Vorgänge u. Äußerungen (vgl. iE BVerfGE 64, 135 (148)), auch auf die Übersetzung v. Urk. (Armbrüster NJW 2011, 814). Eingehend dazu, *was* u. *wie* zu dolmetschen ist, Kranjcic NStZ 2011, 657. Anders als in Zivilsachen (vgl. Abs. 3) bedarf es der Zuziehung des Dolmetschers auch dann, wenn der Richter die Fremdsprache beherrscht.

6 Ist der Angeklagte der deutschen Sprache nur teilw. mächtig, so bleibt es dem pflichtgemäßen Ermessen des Gerichts überlassen, in welchem **Umfang** unter Mitwirkung des Dolmetschers verhandelt wird (BGHSt 3, 285; NStZ 2002, 275; Miebach NStZ 1990, 229 – BGH RsprÜ; OLG Stuttgart NJW 2006, 3797; **aM** SK-StPO/Frister Rn. 5). Dabei ist die Zuziehung aber in allen wesentlichen Teilen erforderlich, soweit nicht feststeht, dass der Bet. die Verh. versteht (BayObLG NStZ-RR 2005, 178). Wie der Richter sich die Überzeugung v. Umf. der Sprachkenntnisse des Angeklagten verschafft, gehört zur Ausübung seines Ermessens (BGH NStZ 1984, 328); an Erklärungen des Bet. über seine Sprachkenntnisse ist das Gericht nicht gebunden (OLG Celle NStZ 2015, 720). Die Zuziehung des Dolmetschers kann zeitlich beschränkt werden, wenn die Person, derentwegen seine Mitwirkung beschlossen wird – zB der Zeuge –, nur vorübergehend anwesend zu sein braucht.

C. Rechtsstellung. Gehilfe des Gerichts und der Prozessbeteiligten ist der Dolmetscher, ein **Bet. eigener Art.** Er ist nicht Sachverständiger (vgl. § 191; BGHSt 4, 154), wird aber in mancher Beziehung wie ein solcher behandelt. Er wird v. Gericht ausgewählt (zu den zu stellenden Anforderungen Christl NStZ 2014, 381). Seine Zuziehung u. ihr Anlass werden im Prot. vermerkt; ist die Zuziehung für die ganze HV angeordnet, so braucht die Mitwirkung nicht bei jedem Verhandlungsakt erwähnt zu werden (BGH NStE GVG § 185 Nr. 2; RGSt 43, 441 (442)). Bei unentschuldigtem Ausbleiben des Dolmetschers gilt § 77 StPO nicht entspr. hins. der Verhängung eines Ordnungsgeldes (OLG Stuttgart Justiz 2003, 449; LG Hamburg StV 1985, 500; LG Nürnberg-Fürth StraFo 2022, 462; Wittschier NJW 1985, 2873; **aM** OLG Koblenz VRS 47, 353), wohl aber bzgl. der Auferlegung der entstandenen Kosten (LG Hildesheim Nds. Rpfl. 1990, 232; **aM** KG StraFo 2008, 89; SK-StPO/Frister Rn. 11; offengelassen v. OLG Stuttgart Justiz 2003, 449). 7

D. Teilweise fremdsprachige Protokollierung. Die teilweise fremdsprachige Protokollierung, deren Anordnung in dem in Abs. 1 S. 2 (Hs. 2) bezeichneten Umf. im Ermessen des Vorsitzenden steht, obliegt dem Dolmetscher im Zusammenwirken mit den Urkundspersonen (§ 271 StPO). 8

E. Videokonferenztechnik (Abs. 1a). Durch Einsatz der Videokonferenztechnik kann nach Abs. 1a die persönliche Anwesenheit des Dolmetschers bei Anhörungen u. Vernehmungen, aber auch in der HV, ersetzt werden. Dies soll dazu beitragen, Verfahren zu beschleunigen, insbes., wenn Dolmetscher für seltene Sprachen nicht extra anreisen müssen (BT-Drs. 20/8095, 39). Der Vorsitzende kann dies gestatten oder von Amts wegen anordnen (Abs. 1a S. 1). Zusätzlich kann er bestimmen, dass sich der Dolmetscher an demselben Ort aufhält wie die Person, die der deutschen Sprache nicht mächtig ist (Abs. 1a S. 2). Damit soll dem Umstand Rechnung getragen werden, dass die gemeinsame räumliche Anwesenheit des Dolmetschers und der Person, für die gedolmetscht wird, zu einer besseren Kommunikation beitragen kann (BT-Drs. 20/8095, 40). Gerade **in der HV** wird von der Möglichkeit des Abs. 1a aber nur zurückhaltend Gebrauch zu machen sein, da dort vielfach eine direkte Kommunikation zwischen Gericht u. Dolmetscher notwendig sein wird. 8a

Für **polizeiliche u. staatsanwaltliche** Vernehmungen gilt § 185, der nur das gerichtliche Verf. betr., nicht; derartige Vernehmungen sind ohnehin mit Einschaltung des Dolmetschers per Videokonferenz zulässig (BT-Drs. 17/1224, 10). 8b

F. Unterbleiben der Zuziehung (Abs. 2). Die Zuziehung kann unterbleiben, wenn sämtliche beteil. Personen der fremden Sprache mächtig sind Abs. 2). Die Vorschrift hat hauptsächlich für das Vorverfahren u. für Vernehmungen außerhalb der HV Bedeutung (Hoffmann/Mildeberger StraFo 2004, 412; vgl. aber auch Sommer StraFo 2010, 109). 9

G. Ausländische Medienvertreter (Abs. 4). Ausländische Medienvertreter, die der deutschen Sprache nicht mächtig sind, dürfen sich in der HV Verdolmetschungen bedienen (Abs. 4 S. 1). Damit soll diesem Personenkreis insbes. in Verfahren nach dem VStGB, nach dem Wortlaut des Gesetzes allerdings nicht darauf beschränkt, eine reelle Teilhabe an den Berichterstattungsmöglichkeiten gewährleistet werden (vgl. GE BT-Drs. 20/9471, 43), da die Bevölkerung in den betroffenen Konfliktregionen regelmäßig nur über die Medienberichterstattung ihr Informationsbedürfnis befriedigen kann (vgl. BT-Drs. 20/11661, 21). 10

Ein **subjektiver Anspruch,** dass das Gericht ihnen eine Verdolmetschung zur Verfügung stellen muss, wird nach dem Wortlaut des Gesetzes („dürfen sich … bedienen") **nicht** begründet; ebenso wenig besteht insoweit ein Anspruch auf Erstattung der Kosten (BT-Drs. 20/9471, 43). In der Praxis wird die Verdolmetschung für ausländische Medienvertreter vor allem durch auf ihre Kosten zu bestellende sog. Flüsterdolmetscher erfolgen. Allerdings kann das Gericht durch unanfechtbaren Beschluss die Nutzung gerichtlich bereitgestellter Verdolmetschun- 11 gen zulassen (Abs. 4 S. 2), die den Verfahrensbeteiligten zur Verfügung gestellt werden, also etwa den Zugang zu einer Simultanverdolmetschung gewähren. Dies ist, falls technisch und praktisch durchführbar, grds. vorzugswürdig, um ausländischen Medienvertretern die Möglichkeit zu geben, das Prozessgeschehen auf dieselbe Weise wahrzunehmen wie das Gericht und die Verfahrensbeteiligten (vgl. BT-Drs. 20/11661, 21).

12 Die **sitzungspolizeilichen Befugnisse** des Vorsitzenden gem. § 176 Abs. 1 GVG bleiben nach dem neu eingefügten Abs. 4 S. 3 unberührt. Der Vorsitzende kann daher wie auch sonst alle Maßnahmen ergreifen, um einen sachgemäßen Ablauf der HV zu gewährleisten (→ § 176 Rn. 4 ff.). So kommen im Einzelfall Beschränkungen des Rechts auf Zuziehung einer Verdolmetschungshilfe nach Abs. 4 S. 1 in Betracht, wenn die daraus resultierende Geräuschkulisse eine ungestörte Durchführung der HV nicht mehr zulässt.

13 **H. Revision.** Vgl. § 338 Nr. 5 StPO (→ StPO § 338 Rn. 44). Falls die Zuziehung des Dolmetschers nicht dauernd notwendig o. nicht zwingend war, gilt § 337 StPO (Katholnigg Rn. 6). Das Ermessen des Tatrichters (→ Rn. 6) kann v. Revisionsgericht nur darauf geprüft werden, ob seine Grenzen eingehalten worden sind (BGH NStZ 1984, 328; OLG Stuttgart NJW 2006, 3797); das gilt auch, wenn es um die Wirksamkeit eines v. Tatrichter zu Prot. genommenen mündlichen Rechtsmittelverzicht geht (BGH BeckRS 2004, 4012). Die Ermessensentscheidung der Auswahl ist grds. nicht anfechtbar (RGSt 76, 177; KK-StPO/Diemer Rn. 7), jedenfalls nicht mit der allg. Behauptung, der Dolmetscher sei zu einer richtigen Übersetzung teilw. nicht in der Lage gewesen (BGH NStZ 1985, 376) o. der Angeklagte habe der Verh. teilw. nicht folgen können (Holtz MDR 1991, 1025 – BGH RsprÜ). Für die Rüge unzureichender Dolmetscherleistungen bedarf es Vortrags zu den konkreten Mängeln der Übersetzung, va der Verfahrensteile, die unzureichend bzw. gar nicht übersetzt worden sein sollen (BGH BeckRS 2019, 21888), u. deren Auswirkungen auf die Möglichkeiten des Angeklagten, dem Gang des Verf. zu folgen u. die wesentlichen Verfahrensvorgänge zu erfassen (BGH NJW 2017, 3797, der zu einer Rüge nach § 338 Nr. 8 neigt; erg. → § 338 Rn. 58 ff.). Auf der fehlenden Vereidigung als Sachverständiger (→ Rn. 2) kann das Urt. nicht beruhen, wenn der Dolmetschereid geleistet wurde (BGH NStZ 1998, 158).

[Verständigung mit hör- oder sprachbehinderter Person]

186 (1) [1]**Die Verständigung mit einer hör- oder sprachbehinderten Person erfolgt nach ihrer Wahl mündlich, schriftlich oder mit Hilfe einer die Verständigung ermöglichenden Person, die vom Gericht hinzuzuziehen ist.** [2]**Für die mündliche und schriftliche Verständigung hat das Gericht die geeigneten technischen Hilfsmittel bereitzustellen.** [3]**Die hör- oder sprachbehinderte Person ist auf ihr Wahlrecht hinzuweisen.**

(2) **Das Gericht kann eine schriftliche Verständigung verlangen oder die Hinzuziehung einer Person als Dolmetscher anordnen, wenn die hör- oder sprachbehinderte Person von ihrem Wahlrecht nach Absatz 1 keinen Gebrauch gemacht hat oder eine ausreichende Verständigung in der nach Absatz 1 gewählten Form nicht oder nur mit unverhältnismäßigem Aufwand möglich ist.**

(3) **Das Bundesministerium der Justiz und für Verbraucherschutz bestimmt durch Rechtsverordnung, die der Zustimmung des Bundesrates bedarf,**

1. **den Umfang des Anspruchs auf Bereitstellung von geeigneten Kommunikationshilfen gemäß den Absätzen 1 und 2,**
2. **die Grundsätze einer angemessenen Vergütung für den Einsatz von Kommunikationshilfen gemäß den Absätzen 1 und 2,**

3. die geeigneten Kommunikationshilfen, mit Hilfe derer die in den Absätzen 1 und 2 genannte Verständigung zu gewährleisten ist, und
4. ob und wie die Person mit Hör- oder Sprachbehinderung mitzuwirken hat.

1 **A. Verständigung mit hör- oder sprachbehinderten Personen.** Für die Verständigung mit hör- oder sprachbehinderten Personen (natürlich auch für hör- *und* sprachbehinderte) ist durch G v. 23.7.2002 (BGBl. I 2850 (2855)) hier eine Regelung geschaffen worden, während früher nur taube u. stumme, also nur gänzlich hör- o. sprachbehinderte erfasst wurden (für die Eidesleistung v. Zeugen im Strafverfahren trifft § 66 StPO jetzt eine entspr. Bestimmung, vgl. → § 66 Rn. 1 ff.). Durch G v. 8.10.2017 (BGBl. I 3546) wurde die Beschränkung „in der Verhandlung" in Abs. 1 gestrichen u. der Anwendungsbereich auf das gesamte gerichtliche Verf. erstreckt. Die Kostenerstattung für Übersetzungsleistungen erfolgt somit nunmehr auch über die mündliche Verh. hinaus (BT-Drs. 18/10144, 19). Die in § 186 aufgestellten Grundsätze gelten nicht nur für das Gericht, sondern auch für das der Verfahrensherrschaft der StA unterliegende Ermittlungs- u. das Vollstreckungsverfahren.

2 **B. Wahlrecht.** Ein Wahlrecht zwischen mündlicher o. schriftlicher Verständigung o. der Hinzuziehung einer die Verständigung ermöglichenden Person wird der behinderten Person eingeräumt, auf das sie hinzuweisen ist (Abs. 1 S. 1, 3), wobei der Hinweis seinerseits in mündlicher o. schriftlicher Form o. durch Hinzuziehung einer zur Übersetzung geeigneten Person erfolgen kann. Die behinderte Person hat Anspruch auf die Bereitstellung der für die Verständigung zweckdienlichen technischen Hilfsmittel durch das Gericht (Abs. 1 S. 2); als geeignete Kommunikationshilfen kommen zB Tonübertragungseinrichtungen (Höranlagen) in Betracht. Bei Taubblinden kann eine Übertragung der gesprochenen Rede simultan in Punktschrift auf einen Papierstreifen zur Abtastung durch diesen geboten sein. Ggf. sind Hilfspersonen (technische Kommunikationsassistenten) hinzuzuziehen (BT-Drs. 14/9266, 40).

3 Macht die behinderte Person v. ihrem **Wahlrecht keinen Gebrauch** o. erfordert die gewünschte Verständigungsart einen unverhältnismäßigen Aufwand o. ist sie gar unmöglich, kann das Gericht eine schriftliche Verständigung verlangen, wenn zB auch durch den Einsatz technischer Hilfsmittel keine ausreichende Verständigung möglich ist, o. umgekehrt die Hinzuziehung eines Dolmetschers anordnen, wenn etwa eine gewünschte schriftliche Verständigung zu aufwändig wäre (Abs. 2). Aber auch hierbei ist Abs. 1 S. 2 zu beachten.

4 **C. Sprachmittler.** Als Sprachmittler kommen Gebärden-, Schrift- u. Oraldolmetscher in Betracht. Daneben kann die Verständigung aber auch mit Hilfe anderer dem behinderten Menschen vertrauter Personen, die zB lautsprachbegleitende Gebärden, das Lormen o. die Methode der „gestützten Kommunikation" beherrschen, ohne formelle Dolmetscherfunktion erfolgen (BT-Drs. 14/9266, 40). Ob diese wie ein Dolmetscher durch einen Eid nach § 189 zu verpflichten sind, steht im Ermessen des Gerichts (BGHSt 43, 62).

5 **D. Zusätzliche Verständigungsmöglichkeiten.** Zusätzliche Verständigungsmöglichkeiten – neben den in Abs. 1 genannten – sind nicht ausgeschlossen, zB die Beantwortung v. Fragen des Vorsitzenden durch den sprachbehinderten Angeklagten mittels Kopfnicken o. Kopfschütteln (SK-StPO/Frister Rn. 4). Dabei muss der Sinn der Antworten jew. durch Erläuterung des Vorsitzenden klargestellt werden.

6 **E. Dolmetscherkosten.** Dolmetscherkosten (vgl. § 9 Abs. 3 JVEG) werden v. den in § 186 genannten Personen auch im Falle der Verurteilung nicht erhoben (KV 9005 Abs. 4 GKG; → EMRK Art. 6 Rn. 24; vgl. aber §§ 464c, 467 Abs. 2 S. 1 StPO).

7 **F. Verordungsermächtigung (Abs. 3).** Das G v. 8.10.2017 (BGBl. I 3546) hat in Abs. 3 eine Ermächtigungsgrundlage für eine v. BMJV mit Zustimmung des

BR zu erlassende VO geschaffen, in der die Einzelheiten der Übersetzungsmodalitäten, die Kriterien für die Notwendigkeit iE sowie der Anspruchsumfang festgelegt werden können (vgl. BT-Drs. 19/19144, 29).

[Dolmetscher oder Übersetzer für Beschuldigten oder Verurteilten]

187 (1) [1]**Das Gericht zieht für den Beschuldigten oder Verurteilten, der der deutschen Sprache nicht mächtig ist, einen Dolmetscher oder Übersetzer heran, soweit dies zur Ausübung seiner strafprozessualen Rechte erforderlich ist.** [2]**Das Gericht weist den Beschuldigten in einer ihm verständlichen Sprache darauf hin, dass er insoweit für das gesamte Strafverfahren die unentgeltliche Hinzuziehung eines Dolmetschers oder Übersetzers beanspruchen kann.**

(2) [1]**Erforderlich zur Ausübung der strafprozessualen Rechte des Beschuldigten, der der deutschen Sprache nicht mächtig ist, ist in der Regel die schriftliche Übersetzung von freiheitsentziehenden Anordnungen sowie von Anklageschriften, Strafbefehlen und nicht rechtskräftigen Urteilen.** [2]**Eine auszugsweise schriftliche Übersetzung ist ausreichend, wenn hierdurch die strafprozessualen Rechte des Beschuldigten gewahrt werden.** [3]**Die schriftliche Übersetzung ist dem Beschuldigten unverzüglich zur Verfügung zu stellen.** [4]**An die Stelle der schriftlichen Übersetzung kann eine mündliche Übersetzung der Unterlagen oder eine mündliche Zusammenfassung des Inhalts der Unterlagen treten, wenn hierdurch die strafprozessualen Rechte des Beschuldigten gewahrt werden.** [5]**Dies ist in der Regel dann anzunehmen, wenn der Beschuldigte einen Verteidiger hat.**

(3) [1]**Der Beschuldigte kann auf eine schriftliche Übersetzung nur wirksam verzichten, wenn er zuvor über sein Recht auf eine schriftliche Übersetzung nach den Absätzen 1 und 2 und über die Folgen eines Verzichts auf eine schriftliche Übersetzung belehrt worden ist.** [2]**Die Belehrung nach Satz 1 und der Verzicht des Beschuldigten sind zu dokumentieren.**

(4) **Absatz 1 gilt entsprechend für Personen, die nach § 395 der Strafprozessordnung berechtigt sind, sich der öffentlichen Klage mit der Nebenklage anzuschließen.**

1 **A. Grundsatz (Abs. 1).** Die Vorschr. begründet keinen generellen Übersetzungsanspruch (BGHSt 64, 283 mwN). Vielmehr hat der Beschuldigte, der der deutschen Sprache nicht mächtig ist (BGH NJW 2005, 3434: aber nicht der Ausländer, der sie ausreichend versteht, aber nicht in ihr verhandeln will), einen Anspruch auf unentgeltliche Beiordnung eines Dolmetschers o. Übersetzers **nur soweit dies zur Ausübung seiner prozessualen Rechte erforderlich** ist (Abs. 1 S. 1; BGH 24.7.2025 – 4 StR 306/25; NJW 2005, 3434; OLG Celle NStZ 2011, 718; vgl. auch Art. 6 Abs. 3 Buchst. e **EMRK**). § 187 enthält ggü. §§ 185, 186 eine Sonderregelung für das Strafverfahren. Die Vorschr. gilt für das gesamte Strafverfahren einschl. der Strafvollstreckung. Zugleich ist sie grds. auch im Bußgeldverfahren anwendbar. Die Vorschr. erfasst allein die Hinzuziehung eines Dolmetschers bzw. schriftliche Übersetzungen *außerhalb von gerichtlichen Verhandlungen;* für gerichtliche Verh. gilt § 185 Abs. 1 S. 1 (BGH NStZ 2018, 161; KK-StPO/Diemer Rn. 1).

2 **B. Zuständigkeit.** Maßnahmen nach § 187 sind solche der Verfahrensleitung u. werden zunächst nach pflichtgemäßem Ermessen – auch ohne Antrag – allein v. Vorsitzenden des mit der Sache befassten Gerichts getroffen (BGH 5.3.2025 – 1 StR 332/24); es ist allerdings unschädlich, wenn die StrK anstelle des Vorsitzenden entschieden hat (OLG Hamburg StV 2014, 534). Im Ermittlungsverfahren ist der ER zuständig (BGH (ER) BeckRS 2018, 3261 unter Hinweis auf den in der Neufassung des § 141 Abs. 4 S. 2 aF StPO (nunmehr § 142 Abs. 3 Nr. 1) zum Ausdruck kommenden Rechtsgedanken), im Revisionsverfahren der Vorsitzende

des Sen. (BGHSt 63, 192). Nach Aufhebung und Zurückverweisung ist der Vorsitzende des neuen Tatgerichts zuständig (vgl. BGH 5.3.2025 – 1 StR 332/24). Beantragt der Verteidiger die „unentgeltliche Beiordnung" ist der Dolmetscher unmittelbar zu bestellen (BGH BeckRS 2024, 16872).

C. Erforderlichkeit zur Ausübung der prozessualen Rechte. Die Erforderlichkeit zur Ausübung der prozessualen Rechte bestimmt sich nach den **Umständen des Einzelfalls;** sie wird durch Abs. 2 konkretisiert (→ Rn. 5 ff.). Eine effektive Verteidigung des Beschuldigten ist zu gewährleisten. Ein Dolmetscher ist deshalb etwa hinzuziehen für Gespräche mit dem Verteidiger (BGH BeckRS 2024, 16872; vgl. → **EMRK** Art. 6 Rn. 25); notwendige Übersetzungsleistungen können auch die schriftliche Kommunikation mit dem Verteidiger (LG Freiburg NStZ-RR 2012, 292) o. die Kenntnis des Inhalts v. Schriftstücken umfassen (vgl. Kissel/Mayer Rn. 14). 3

D. Belehrungspflicht. Eine Belehrungspflicht für das Gericht hins. des Rechts auf – unentgeltliche – Dolmetscherleistung sieht Abs. 1 S. 2 vor. Eines förmlichen Antrags des Beschuldigten bedarf es nicht. Die Belehrung ist, falls der Beschuldigte noch keine Dolmetscherdienste beansprucht hat, vor jeder neuen Vernehmung zu wiederholen. Die erfolgte Belehrung ist nach §§ 168 S. 1, 168a, 168b StPO zu dokumentieren. 4

E. (Schriftliche) Übersetzungen (Abs. 2). Alle Unterlagen v. der förmlichen Mitteilung der Beschuldigung bis zum rkr. Abschluss des Ermittlungsverfahrens, die mit Blick auf die Wahrnehmung der Verteidigung u. die Wahrung des Rechts auf ein faires Verf. notwendig sind, müssen grds. schriftlich übersetzt werden (eing. dazu Christl NStZ 2014, 376). Abs. 2 S. 1 nennt beispielhaft die wichtigsten Anordnungen u. Entsch.; dies gilt aber auch in anderen Fällen, zB für Haftentscheidungen (vgl. §§ 114a, 114b StPO), auch gem. § 77 Abs. 1 IRG für Europäische Haftbefehle, nicht aber für Zeugenaussagen u. Urt., die gegen gesondert verfolgte Beschuldigte ergangen sind (OLG Hamburg StV 2014, 534), ebenso wenig für einen nachträglichen Gesamtstrafenbeschluss (vgl. OLG Saarbrücken NStZ-RR 2025, 177). Mit dem Wort **„Urteil"** ist das schriftliche Urt. iSd § 275 StPO gemeint, nicht die mündliche Begründung nach § 268 Abs. 2 StPO. Insbesondere nrkr Urt. (mit Rechtsmittelbelehrung) müssen übersetzt werden (OLG München wistra 2014, 532); dies gilt gem. S. 1 nicht für rkr. Urt., auch nicht für rkr. Entscheidungen des BGH (BGH NStZ-RR 2023, 64), ebenso wenig für sonstige vollstreckungsrechtliche Entsch. (OLG Köln StV 2014, 552). 5

Abs. 2 S. 2–5 sieht allerdings ein **abgestuftes System** vor, nach dem die nach S. 1 bestehende generelle Pflicht zur vollständigen Übersetzung **eingeschränkt** werden kann: 6

So genügt nach S. **2** eine ***auszugsweise*** Übersetzung, sofern hierdurch die strafprozessualen Rechte des Beschuldigten gewahrt werden; das wird allerdings bei den in S. 1 genannten freiheitsentziehenden Maßnahmen (Haftbefehle, Unterbringungsbefehle), Anklageschriften (vgl. dazu BGH NStZ-RR 2024, 218; 21.2.2024 – 3 StR 373/23:: vor der Entscheidung über die Eröffnung des Hauptverfahrens), Strafbefehlen (erg. dazu → § 37 Rn. 31; vgl. auch EuGH NJW 2018, 142; BVerfG StV 2017, 775) u. nrkr Urt. in aller Regel (Ausnahmen kommen nur bei tatsächlich und rechtlich einfachem Verfahrensgegenstand in Betracht, vgl. BGH 21.2.2024 – 3 StR 373/23) nur durch eine **vollständige** Übersetzung zu gewährleisten sein (zu den Rechtsfolgen im Falle des Verstoßes erg. → Rn. 7a; → § 37 Rn. 30 f.; → § 44 Rn. 10 ff.). 7

Im Fall der **unterbliebenen schriftlichen Übersetzung der Anklageschrift** kann das Tatgericht im Stadium der Hauptverhandlung im Einzelfall nach pflichtgemäßem Ermessen entscheiden, wie dem Informationsdefizit Rechnung zu tragen ist. Bei einfachen Fällen können kürzere Unterbrechungen innerhalb der Unterbrechungsfrist (§ 229 Abs. 1) ausreichen, bei komplexeren, auch wenn bereits in Unkenntnis der Anklageschrift eine Einlassung erfolgt ist, kann eine Aussetzung der 7a

Hauptverhandlung angezeigt sein (BGH 21.2.2024 – 3 StR 373/23; erg. → Rn. 14; → § 265 Rn. 42, 45; vgl. auch → § 201 Rn. 10).

8 Nach S. **3** ist die – vollständige o. auszugsweise – Übersetzung dem Beschuldigten ***schriftlich unverzüglich*** zur Vfg. zu stellen.

9 **S. 4** sieht die Möglichkeit der ***mündlichen*** statt der schriftlichen Übersetzung vor. Dies **genügt** nach **S. 5 idR**, wenn der Beschuldigte einen *Verteidiger* hat (dazu BGH 24.7.2025 – 4 StR 306/25; BeckRS 2024, 41969; OLG Hamburg StV 2014, 534; OLG Nürnberg NStZ-RR 2014, 183; siehe aber einschr. BGH NStZ-RR 2024, 218; erg. → Art. 6 **EMRK** Rn. 18); das gilt insbes. für *nicht-rechtskräftige* Urt., wenn die HV einschl. der mündlichen Urteilsbegründung für den anwesenden Angeklagten lfd. durch einen Dolmetscher übersetzt wurde (BGHSt 64, 283 = NJW 2020, 2041; BeckRS 2018, 478; OLG Hamm StV 2014, 534; OLG Stuttgart StV 2014, 536; OLG Braunschweig NStZ-RR 2016, 253 Ls.; erg. aber → EMRK Art. 6 Rn. 27). Es gilt auch für die Verwerfungsantragsschrift des GBA gem. § 349 Abs. 3 S. 1 (BGH NStZ-RR 2025, 292) sowie, wenn die Angeklagte nach Maßgabe des § 231b Abs. 1 StPO nach der Verkündung der Urteilsformel aus der HV aufgrund eigenen Verschuldens entfernt werden muss (BGH NStZ 2025, 384). Ausnahmsweise besteht in diesen Fällen ein *berechtigtes Interesse* an einer schriftlichen Übersetzung bei eigener Sachkunde des Angeklagten, dh wenn der Verteidiger seiner Aufgabe, die Rechte des Verurteilten wahrzunehmen, nicht gewachsen ist, sofern nicht der Verurteilte in den Stand gesetzt wird, v. sich aus aufgrund eigener Kenntnis der Urteilsgründe Hilfe anzubieten (BGHSt 64, 283 = NJW 2020, 2041 mwN; BGHSt 63, 192). Der Begriff der eigenen Sachkunde ist eng auszulegen u. umfasst nur eine Expertise des Angeklagten in für das Verständnis der Urteilsgründe relevanten Bereichen, die der Verteidiger regelmäßig nicht besitzt. Bloße Bedeutung der Sache o. Umf. u. Komplexität der Urteilsgründe reichen hierfür nicht aus, ebenso wenig, dass nach der Urteilsverkündung zwischen dem Verteidiger u. dem Angeklagten kein Kontakt bestand (BGHSt 64, 283 = NJW 2020, 2041).

9a Ein Anspruch auf Übersetzung eines ***rechtskräftigen*** **Urteils** besteht nicht (BGH StV 2019, 595). Auch iÜ besteht nach dem rkr. Abschluss des Verf. grds. kein Anspruch auf Übersetzung (BGH NStZ-RR 2021, 55).

10 **F. Verzicht (Abs. 3).** Die Möglichkeit eines Verzichts auf die schriftliche Übersetzung sieht Abs. 3 vor. Voraussetzung ist allerdings, dass der Beschuldigte zuvor über sein Recht auf schriftliche Übersetzung nach Abs. 1 und Abs. 2 und auch über die Folgen seiner Erkl. (keine schriftliche Übersetzung mehr) durch das Gericht belehrt wird u. dass Belehrung u. Verzicht (ggf. im Hauptverhandlungsprotokoll nach § 273 Abs. 1 StPO) dokumentiert werden. Wenn Verständigungsprobleme die ordnungsgemäße Durchführung des Verf. unter Wahrung der Rechte des Betroffenen in Frage stellen könnten, ist trotz des Verzichts des Beschuldigten nach Abs. 1 S. 1 ein Dolmetscher heranzuziehen (Eisenberg JR 2013, 444). Der Verzicht lässt iÜ den Anspruch des Beschuldigten auf mündliche Übersetzung unberührt.

11 **G. Nebenkläger (Abs. 4).** Auch **nebenklageberechtigte Verletzte** haben – ohne Rücksicht darauf, ob sie sich dem Verf. als Nebenkläger angeschlossen haben –gemäß Abs. 4 iVm Abs. 1 Anspruch auf unentgeltliche Beiordnung eines Dolmetschers o. Übersetzers; hierauf sind sie – ebenso wie der Beschuldigte – hinzuweisen. Das OLG Hamburg (NJW 2005, 1135) hat die Vorschr. zutr. dahingehend ausgelegt, dass der Anspruch auf unentgeltliche Dolmetscherleistung auf das zur Wahrnehmung strafprozessualer Rechte erforderliche Maß beschränkt ist. Die Dolmetscherhilfe umfasst eine Übersetzungshilfe bei der HV sowie eigene Verfahrenshandlungen vorbereitende Gespräche mit dem Vertreter. Die wörtliche Übersetzung der gesamten Akte o. einzelner Aktenbestandteile kann idR nicht verlangt werden, zusf. Berichte genügen. Erforderlich ist die vorherige Bestellung des Dolmetschers durch das Gericht; selbst aufgewandte Dolmetscherkosten können nur ausnahmsweise bei nicht rechtzeitiger Entsch. über einen Antrag auf Bestellung erstattet werden.

Abs. 2 gilt für **Nebenkläger** über § 397 Abs. 3 StPO. Ist ein Verf. eingestellt u. ein Rechtsmittel nicht mehr zulässig, besteht kein Anspruch auf Übersetzung zur Ausübung prozessualer Rechte; allein die aus Sicht eines Verfahrensbeteiligten gegebene inhaltliche Bedeutung eines Schriftstücks begründet keinen Übersetzungsanspruch (BGH 21.10.2024 – 5 StR 326/23; → StPO § 397 Rn. 13). 12

H. Rechtsbehelf. Gegen die Ablehnung des Antrags ist **Beschwerde** nach § 304 StPO gegeben (OLG Hamburg StV 2014, 134; LG Freiburg NStZ-RR 2012, 292); im Falle der Entsch. eines Vorsitzenden am BGH ist der betr. Strafsenat zuständig, um dem Betroffenen einen Rechtsbehelf zur Vfg. zu stellen (BGH StV 2019, 595 mAnm Kühne). 13

Die **Revision** kann im Falle des bestreitenden Angeklagten nach einer neueren Entscheidung des BGH bei unterbliebener – und nicht durch Unterbrechung oder Aussetzung geheilter (→ Rn. 7a) – schriftlicher Übersetzung auf dem Verstoß beruhen, da nicht auszuschließen sei, dass dieser anders als erfolgt Einfluss auf das Verfahren genommen hätte, wenn er frühzeitig in allen Einzelheiten informiert gewesen wäre (BGH NStZ-RR 2024, 218 mit insoweit ablAnm Schäuble NStZ 2025, 74 (76); das Beruhen verneint hat BGH NStZ 2014, 725 bei verspäteter Aushändigung der Anklageschrift nach einer Unterbrechung und in der Folge geständigem Angeklagten). Der Bf. kann grds. auch rügen, er habe der Hauptverhandlung wegen mangelnder Sprachkenntnisse nicht folgen können (vgl. KG BeckRS 2025, 31532 zu den Rügevoraussetzungen). 14

[Eide Fremdsprachiger]

188 **Personen, die der deutschen Sprache nicht mächtig sind, leisten Eide in der ihnen geläufigen Sprache.**

Die **Form der Eidesleistung** für Zeugen u. Sachverständige enthalten die §§ 64, 65, 79 Abs. 2 StPO. Der Dolmetscher spricht den Wortlaut in der Fremdsprache vor. Die (Rück-)Übertragung des v. dem Zeugen gesprochenen Eideswortlauts ins Deutsche ist nicht erforderlich (RGSt 45, 304; Kissel/Mayer Rn. 1). Ist der Richter der fremden Sprache mächtig, so kann er dem Zeugen Eidesnorm u. -formel selbst in dessen Sprache vorsprechen (KMR-StPO/Neubeck StPO § 64 Rn. 2; **aM** OLG Köln MDR 1969, 501). 1

[Dolmetschereid]

189 (1) [1] **Der Dolmetscher hat einen Eid dahin zu leisten:
daß er treu und gewissenhaft übertragen werde.**
[2] **Gibt der Dolmetscher an, daß er aus Glaubens- oder Gewissensgründen keinen Eid leisten wolle, so hat er eine Bekräftigung abzugeben.** [3] **Diese Bekräftigung steht dem Eid gleich; hierauf ist der Dolmetscher hinzuweisen.**

(2) **Ist der Dolmetscher für Übertragungen der betreffenden Art nach dem Gerichtsdolmetschergesetz oder in einem Land nach den landesrechtlichen Vorschriften allgemein beeidigt, so genügt vor allen Gerichten des Bundes und der Länder die Berufung auf diesen Eid.**
[neue Fassung ab 1.1.2028: Ist der Dolmetscher für Übertragungen der betreffenden Art nach dem Gerichtsdolmetschergesetz allgemein beeidigt, so genügt vor allen Gerichten des Bundes und der Länder die Berufung auf diesen Eid.]

(3) **In Familiensachen und in Angelegenheiten der freiwilligen Gerichtsbarkeit ist die Beeidigung des Dolmetschers nicht erforderlich, wenn die beteiligten Personen darauf verzichten.**

(4) [1] **Der Dolmetscher oder Übersetzer soll über Umstände, die ihm bei seiner Tätigkeit zur Kenntnis gelangen, Verschwiegenheit wahren.** [2] **Hierauf weist ihn das Gericht hin.**

1 **A. Vereidigung.** Die Vereidigung ist – anders als in Zivilsachen (vgl. Abs. 3) – **stets notwendig** (mit **Ausnahme** des § 190), u. zwar nach dem Aufruf der Sache der Übertragung (Abs. 1: „das er … übertragen werde“; OLG Hamburg OLGSt StPO § 247 S. 1), auch im Ermittlungsverfahren (BGH StV 1992, 551; vgl. auch OLG Düsseldorf NJW 1993, 3084); die dort vorgenommene Vereidigung kann aber die in der HV erforderliche Vereidigung nicht ersetzen (Kusch NStZ 1992, 30 – BGH RsprÜ). Ein Verzicht ist nicht statthaft (BGH NStZ-RR 2025, 176 mwN). Die Vereidigung ist in jeder neuen Strafsache zu wiederholen. Das Gleiche gilt für eine neue HV in derselben Sache (BayObLG MDR 1979, 696), hier aber mit der Erleichterung der §§ 67, 72 StPO, falls die neue Zuziehung in der gleichen Verfahrensstufe erfolgt. Bei einer lediglich unterbrochenen HV ist hingegen keine neue Vereidigung erforderlich, auch wenn sich die Verh. über mehrere Sitzungstage erstreckt (BGH GA 1979, 272). Die bloße Feststellung des VorsRi, der Dolmetscher sei in dem früheren Hauptverhandlungstermin vereidigt worden, genügt nicht (BayObLG MDR 1979, 696). Für die Eidesleistung gelten §§ 64, 65, 72 StPO. Die bewusst unrichtige Übertragung fällt unter § 154 StGB (BGHSt 4, 154).

2 **B. Allgemeine Vereidigung (Abs. 2).** Die allgemeine Vereidigung (Abs. 2) ist zulässig für Dolmetscher nach § 185 in einer bestimmten Fremdsprache o. für das Dolmetschen nach § 186. Sie erfolgt nach dem durch das G zur Modernisierung des Strafverfahrens v. 10.12.2019 eingeführten **Gerichtsdolmetschergesetz** (BGBl. I 2124); ***ab dem 1.1.2028*** *können sich Dolmetscher nur noch auf die allg. Beeidigung nach diesem G berufen, die Berufung auf landesrechtliche Vorschr. genügt nicht mehr (BGBl. 2019 I 2121, geänd. durch G v. 7.11.2022, BGBl. I 1982; vgl. dazu BVerfG NJW 2025, 641).*

2a Der Dolmetscher selbst muss sich weiterhin **auf den Eid berufen** (OLG Celle Nds. Rpfl. 1987, 259); der Protokollvermerk: „Allgemein vereidigt“, reicht daher nicht aus (BGH NStZ 1981, 69; 1981, 190; 1987, 568; OLG Düsseldorf StraFo 1998, 123; vgl. auch BGHSt 31, 39; Holtz MDR 1978, 280 – BGH RsprÜ: Auslegung zulässig; erg. → StPO § 79 Rn. 5), auch nicht der Protokollvermerk: „Personalien und allgemeine Vereidigung gerichtsbekannt“ (BGH StV 1984, 146). Es genügt aber, dass er anlässlich der Vernehmung zur Person erklärt, „allgemein vereidigter Dolmetscher“ zu sein (Holtz MDR 1978, 280 – BGH RsprÜ); denn diese Erkl. lässt erkennen, dass er sich seiner Bindung an den Eid bewusst war. Ob der Dolmetscher allg. vereidigt ist, unterliegt dem Freibeweis (OLG Frankfurt a. M. StV 2006, 519).

3 **C. Revision.** Auf der **fehlenden Vereidigung,** die durch das Fehlen des Dolmetschers in den Datenbanken der Justizverwaltung o. einer länderübergreifenden Dolmetscher- u. Übersetzerdatenbank erwiesen ist (BGH StV 2019, 823) bzw. durch das Schweigen des Sitzungsprotokolls unwiderlegbar bewiesen wird (§ 274 StPO; vgl. BGH NStZ-RR 2025, 176; NStZ 2025, 118; OLG Köln NStZ-RR 2002, 247), wird das Urt. idR beruhen (BGH NStZ 2025, 118 mAnm Ventzke; 4.11.2025 – 2 StR 531/25; NStZ-RR 2022, 124; OLG Celle StraFo 2016, 255; OLG Hamburg StV 1983, 410; OLG Hamm StV 1996, 532; OLG Koblenz VRS 71, 438; OLG Köln NStZ-RR 2002, 247; OLG Stuttgart NStZ-RR 2003, 88); das kann aber ausnahmsweise ausgeschlossen sein, wenn die Richtigkeit der Übersetzung leicht kontrollierbar war (BGH NStZ 1998, 204; vgl. auch OLG Celle StraFo 2016, 255) o. anderweitig bestätigt worden ist (vgl. BGH NStZ-RR 2022, 124; BGH NStZ 1996, 608; vgl. auch BGH 29.7.2021 – 1 StR 29/21) o. sich der Dolmetscher jahrelang auf seinen allg. geleisteten Eid berufen hat u. dies nur einmal offenbar versehentlich unterblieben war (BGH NStZ 2025, 118; NJW 2012, 1015; **aM** SK-StPO/Frister Rn. 9) o. sonst aufgrund der Umstände davon ausgegangen werden kann, dass die Dolmetscherin sich im konkreten Fall ihrer bes. Verantwortung bewusst war (s. BGH BeckRS 2021, 23136). Auf der Leistung des Nacheides statt des Voreides beruht das Urt. nicht (BGH NStZ 1987, 568; OLG Saarbrücken NJW 1975, 65).

Die Revision muss, falls dies zw. ist, darlegen, dass der Dolmetscher ohne Vereidigung tatsächlich tätig geworden ist (BGH NStZ 2025, 118 mAnm Ventzke; 4.11.2025 – 2 StR 531/25). Hat sich der Dolmetscher auf eine nicht ordnungsgemäße allg. Vereidigung berufen, so beruht das Urt. darauf nicht, wenn er u. das Gericht sie für rechtsfehlerfrei gehalten haben (BGH NStZ 1984, 328; 1986, 469; vgl. aber auch BGH 9.9.2024 – 2 StR 431/23; erg. → StPO § 67 Rn. 9; → StPO § 79 Rn. 13). Die Berufung auf eine allg. Vereidigung schließt idR aus, dass das Urt. darauf beruht, dass der Dolmetscher eine Übertragung in eine Sprache vorgenommen hat, auf die sich die Vereidigung nicht erstreckt (BGH NJW 1987, 1033; vgl. aber OLG Frankfurt a. M. StV 2006, 519). 4

D. Verschwiegenheitspflicht. Der Dolmetscher ist nach Abs. 4 durch das Gericht darauf hinzuweisen, dass er hins. der Umstände, die ihm bei seiner Tätigkeit zur Kenntnis gelangen, Verschwiegenheit zu wahren hat (dazu Christl NStZ 2014, 382). Abs. 4 ist iÜ eine reine Ordnungsvorschrift; mit ihr ist weder die Einräumung einer Rechtsstellung als Berufsgeheimnisträger noch eines Zeugnisverweigerungsrechts verbunden (BT-Drs. 17/12578, 14). 5

[Urkundsbeamter als Dolmetscher]

190 [1] **Der Dienst des Dolmetschers kann von dem Urkundsbeamten der Geschäftsstelle wahrgenommen werden.** [2] **Einer besonderen Beeidigung bedarf es nicht.**

Nur der UrkB, nicht ein mitwirkender Richter (OLG Karlsruhe Justiz 1962, 93), der StA o. Verteidiger (OLG Celle NStZ 2015, 720; OLG Braunschweig StV 2016, 104); auch der UrkB nur, falls er in der Verhandlung als solcher tätig ist (das Protokoll führt). 1

[Ausschließung und Ablehnung des Dolmetschers]

191 [1] **Auf den Dolmetscher sind die Vorschriften über Ausschließung und Ablehnung der Sachverständigen entsprechend anzuwenden.** [2] **Es entscheidet das Gericht oder der Richter, von dem der Dolmetscher zugezogen ist.**

A. Doppelrolle. Der Dolmetscher kann **zugleich Zeuge o. Sachverständiger** sein, also seine Aussage selbst übertragen (RGSt 45, 304). Das Prot. hat hins. seiner Tätigkeit nur freien, nicht den ausschl. Beweiswert des § 274 StPO (RGSt 43, 442). 1

B. Ablehnung. Die Ausschließung v. Sachverständigen sieht das G nicht vor; S. 1 beruht insoweit auf einem redaktionellen Versehen (Wittschier NJW 1985, 2874). Auch Verwandte des Beschuldigten sind nicht ausgeschlossen, können aber entspr. § 74 StPO abgelehnt werden (BVerwG StV 1984, 681). Dass der Dolmetscher schon im Vorverfahren v. der Polizei o. der StA herangezogen war, begründet nicht seine Befangenheit (BGH BeckRS 1967, 77; → StPO § 74 Rn. 6). Diese Besorgnis kann aber bestehen, wenn er die Übersetzung mit Wertungen versieht (LG Darmstadt StV 1995, 239; vgl. auch LG Berlin StV 1994, 180) o. wenn es sich um die Pflichtverteidigerin eines Mitangeklagten handelt (vgl. BGH NJW 2025, 1428; → § 338 Rn. 44) oder wenn er etwa in Beratungspausen für Angeklagten u. Verteidiger übersetzt (Hilgendorf FS Heinz, 2012, 866). Im Übrigen ist bei der Anwendung der allg. Ablehnungsgrundsätze allerdings zu berücksichtigen, dass die Tätigkeit des Dolmetschers v. den Verfahrensbeteiligten regelmäßig nur schwer kontrolliert werden kann, mit der Folge, dass deren berechtigtes Vertrauen in die Integrität u. Unparteilichkeit des Dolmetschers besonderen Schutzes bedarf (BGH BeckRS 2018, 22950). Die Vernehmung des mit Erfolg abgelehnten Dolmetschers als Zeuge über v. ihm übersetzte Aussagen ist unzulässig (LG Köln StV 1992, 460; **aM** BayObLGSt 1997, 157; erg. → StPO § 74 Rn. 19). 2

3 **C. Revision.** Das Revisionsgericht ist im Rahmenseiner Prüfung nach § 337 an die v. Tatrichter festgestellten Tatsachen gebunden (BGH BeckRS 2018, 22950 mwN).

[Zugänglichmachung von Schriftstücken und Videokonferenztechnik für blinde oder sehbehinderte Personen]

191a (1) [1]**Eine blinde oder sehbehinderte Person kann Schriftsätze und andere Dokumente in einer für sie wahrnehmbaren Form bei Gericht einreichen.** [2]**Sie kann nach Maßgabe der Rechtsverordnung nach Absatz 2 verlangen, dass ihr Schriftsätze und andere Dokumente eines gerichtlichen Verfahrens barrierefrei zugänglich gemacht werden.** [3]**Ist der blinden oder sehbehinderten Person Akteneinsicht zu gewähren, kann sie verlangen, dass ihr die Akteneinsicht nach Maßgabe der Rechtsverordnung nach Absatz 2 barrierefrei gewährt wird.** [4]**Ein Anspruch im Sinne der Sätze 1 bis 3 steht auch einer blinden oder sehbehinderten Person zu, die von einer anderen Person mit der Wahrnehmung ihrer Rechte beauftragt oder hierfür bestellt worden ist.** [5]**Auslagen für die barrierefreie Zugänglichmachung nach diesen Vorschriften werden nicht erhoben.**

(2) **Das Bundesministerium der Justiz und für Verbraucherschutz bestimmt durch Rechtsverordnung, die der Zustimmung des Bundesrates bedarf, unter welchen Voraussetzungen und in welcher Weise die in Absatz 1 genannten Dokumente und Dokumente, die von den Parteien zur Akte gereicht werden, einer blinden oder sehbehinderten Person zugänglich gemacht werden, sowie ob und wie diese Person bei der Wahrnehmung ihrer Rechte mitzuwirken hat.**

(3) [1]**Elektronische Dokumente sind für blinde oder sehbehinderte Personen barrierefrei zu gestalten, soweit sie in Schriftzeichen wiedergegeben werden.** [2]**Erfolgt die Übermittlung eines elektronischen Dokuments auf einem sicheren Übermittlungsweg, ist dieser barrierefrei auszugestalten.** [3]**Sind elektronische Formulare eingeführt (§ 130c der Zivilprozessordnung, § 32c der Strafprozessordnung, § 14a des Gesetzes über das Verfahren in Familiensachen und in den Angelegenheiten der freiwilligen Gerichtsbarkeit, § 46f des Arbeitsgerichtsgesetzes, § 65c des Sozialgerichtsgesetzes, § 55c der Verwaltungsgerichtsordnung, § 52c der Finanzgerichtsordnung, § 110b des Gesetzes über Ordnungswidrigkeiten), sind diese blinden oder sehbehinderten Personen barrierefrei zugänglich zu machen.** [4]**Dabei sind die Standards von § 3 der Barrierefreie-Informationstechnik-Verordnung vom 12. September 2011 (BGBl. I S. 1843) in der jeweils geltenden Fassung maßgebend.**

(4) [1]**In gerichtlichen Verfahren eingesetzte Videokonferenztechnik ist für die Verständigung mit einer blinden oder sehbehinderten Person auf deren Verlangen barrierefrei zugänglich zu machen.** [2]**Absatz 3 Satz 4 gilt entsprechend.**

1 **A. Blinde und sehbehinderte Menschen.** Blinden und sehbehinderten Menschen sind auf ihren Antrag hin eingesetzte Videokonferenztechnik sowie die v. den Gerichten erstellten Dokumente (insbes. Vfg., Beschlüsse u. Urt.) zusätzlich zur üblichen Schriftform in einer für sie wahrnehmbaren Form zu übermitteln, soweit dies zur Wahrnehmung ihrer Rechte im Verf. erforderlich ist. Letzteres wird im Strafverfahren idR nur dann zu verneinen sein, wenn die sehbehinderte Person als Beschuldigte einen Verteidiger hat, o. wenn sie in einer anderen Rechtsstellung (zB als Nebenkläger) durch einen Prozessbevollmächtigten vertreten ist (BVerfG NJW 2014, 3567). Die Vorschr. gilt nicht nur für die Gerichte, sondern auch für die StA im Ermittlungs- u. im Vollstreckungsverfahren.

B. Umfang des Anspruchs. Der Umfang des Anspruchs auf Übermittlung richtet sich nach den individuellen Fähigkeiten des Betroffenen. In Betracht kommt die Übersendung eines Dokuments in elektronischer Form, wenn die sehbehinderte Person über einen Internetzugang sowie über einen Computer mit Braille-Zeile o. Sprachausgabe verfügt (BT-Drs. 14/9266, 41). Für die bes. Übermittlung werden bes. Auslagen nicht erhoben (Abs. 1 S. 5). 2

C. Unberührt. Unberührt bleiben durch § 191a die Vorschr. über Formen, Fristen u. Zustellungen. Bei unverschuldeter Fristversäumnis im Zusammenhang mit der Übersendung eines Dokuments in einer für den Sehbehinderten wahrnehmbaren Form kann eine Wiedereinsetzung in den vorigen Stand (§§ 44 ff. StPO) in Betracht kommen. 3

D. RechtsVO (Abs. 2). Die RechtsVO (Abs. 2) hat das BMJ am 26.2.2007 erlassen (BGBl. 2007 I 215). Sie trägt den Titel „Verordnung zur barrierefreien Zugänglichmachung von Dokumenten für blinde und sehbehinderte Personen im gerichtlichen Verfahren (Zugänglichmachungsverordnung – ZMV)" u. enthält nähere Bestimmungen zur Art u. Weise sowie zur Mitwirkungspflicht der Betroffenen bei der Geltendmachung ihres Anspruchs auf zusätzliche Übermittlung v. Dokumenten in behindertengerechter Form. Danach können der berechtigten Person auf Verlangen, worauf diese hinzuweisen ist, nach ihrer Wahl die Dokumente schriftlich, elektronisch, akustisch, mündlich, fernmündlich o. in anderer Weise zugänglich gemacht werden; die schriftliche Zugänglichmachung erfolgt in Blindenschrift o. Großbuchstaben, die elektronische durch Übermittlung eines elektronischen Dokuments. Dabei sind die Standards von § 3 Barrierefreie-Informationstechnik-Verordnung (BJTV v. 17.7.2002, BGBl. I 2654) maßgebend. 4

E. Elektronische Dokumente(Abs. 3). Abs. 3 regelt, wie bei elektronischen Dokumenten zu verfahren ist. Soweit sie in Schriftzeichen wiedergegeben werden, sind sie für blinde o. sehbehinderte Personen barrierefrei zu gestalten (S. 1); dies gilt gleichermaßen für die Übermittlung auf einem sicheren Übermittlungsweg (S. 2). 5

F. Videokonferenztechnik (Abs. 4). Auch in gerichtlichen Verfahren eingesetzte Videokonferenztechnik ist auf Verlangen barrierefrei zugänglich zu machen (Abs. 4). 6

Sechzehnter Titel. Beratung und Abstimmung

[Mitwirkende Richter und Schöffen]

192 (1) **Bei Entscheidungen dürfen Richter nur in der gesetzlich bestimmten Anzahl mitwirken.**

(2) **Bei Verhandlungen von längerer Dauer kann der Vorsitzende die Zuziehung von Ergänzungsrichtern anordnen, die der Verhandlung beizuwohnen und im Falle der Verhinderung eines Richters für ihn einzutreten haben.**

(3) **Diese Vorschriften sind auch auf Schöffen anzuwenden.**

A. Quorum. Das Quorum darf **nicht unter- u. nicht überschritten** werden; die Anordnung nach Abs. 2, Abs. 3 ändert daran nichts. Sie wird v. dem Vorsitzenden nach pflichtgemäßem Ermessen getroffen u. kann noch vor der HV u. auch noch in dieser widerrufen werden (BGH NStZ 2011, 294). Bei lang dauernden HVen kann iRd Ermessensentscheidung ein etwaiger pandemischer Verlauf berücksichtigt werden (s. auf der Heiden NJW 2020, 1023 (1025): COVID-19). 1

B. Berufs-Ergänzungsrichter. Ein Berufs-Ergänzungsrichter kann erst in das Quorum eintreten, wenn die Verh. bereits begonnen hat u. sich erst in dieser die Verhinderung eines bereits mitwirkenden Berufsrichters ergibt (Abs. 2). Wird die Verhinderung eines zum erkennenden Gericht gehörenden Berufsrichters vor der 2

HV bekannt, so wird dieser durch den nach der Geschäftsverteilung zuständigen Vertreter ersetzt (§ 21e Abs. 1 S. 1). § 48 Abs. 2 (→ Rn. 6) gilt nicht entsprechend.

3 **C. Vertretungsfall des Abs. 2.** Der Vertretungsfall des Abs. 2 entsteht erst mit dem Ausscheiden eines mitwirkenden Richters. Bis dahin gehören die Ergänzungsrichter zwar zum erkennenden Gericht, haben also alle Rechte dieser Richter (RGSt 67, 277); sie wirken aber bei den Beratungen, bei denen sie nicht einmal zugegen sein dürfen (SK-StPO/Frister Rn. 9), u. bei den Entsch. nicht mit, solange sie nicht in das Quorum eingetreten sind (BGHSt 18, 331). Die frühere Mitwirkung (§§ 23 Abs. 1, 31 Abs. 1 StPO) schließt daher den Ergänzungsrichter nicht aus, wenn er an der damaligen Entsch. nicht mitgewirkt hat (vgl. RGSt 65, 40; **aM** Arzt NJW 1971, 1112 (1114)). Beim AG kann der Vorsitzende keinen Richter als Ergänzungsrichter zuziehen (**aM** Katholnigg Rn. 3); es gibt nur einen Ergänzungsschöffen.

4 **Mehrere Berufsrichter oder mehrere Schöffen** können nach § 192 herangezogen werden; jedoch muss dann die Reihenfolge ihres Eintretens bestimmt sein.

5 **D. Bestimmung des Ergänzungsrichters.** Bei den Berufsrichtern ist sie, falls ein spruchkörperfremder Richter beigezogen werden soll, eine Angelegenheit des Präsidiums (BGH StV 2003, 8), sonst gilt § 21g (SK-StPO/Frister Rn. 8). Die Regelung für Vertretung (§ 21e Abs. 1 S. 1) betr. den Fall des Ergänzungsrichters nicht. Daher wird im Geschäftsverteilungsplan (außer beim AG) allg. geregelt, welche Richter als Ergänzungsrichter v. den Vorsitzenden der einzelnen Spruchkörper herangezogen werden können (→ § 21e Rn. 12) u. in welcher Reihenfolge dies zu geschehen hat (LG Halle StV 2005, 208; LG Köln StV 2013, 557).

6 Für **Ergänzungsschöffen** gelten die §§ 48, 49, 77 Abs. 1. Wenn ein zugeteilter Ergänzungsschöffe während der HV wegfällt, kann er nicht mehr ersetzt werden. Wird seine Verhinderung schon vor Beginn der HV bekannt, so wird er, falls der Vorsitzende die Zuziehungsanordnung nicht widerruft (→ Rn. 1), v. der Schöffengeschäftsstelle durch den nächstberufenen Ersatzschöffen ersetzt (§ 49 Abs. 3). Dabei rückt ein vorher zugewiesener Ergänzungsschöffe in der Zuziehungsreihenfolge nach vorn. Entsprechend wird verfahren, wenn ein Hauptschöffe vor der Sitzung ausfällt. In diesem Fall tritt der zunächst zugewiesene Ergänzungsschöffe in das Quorum ein; die weiteren Ergänzungsschöffen rücken nach. Der letzte Platz wird aus der Ersatzschöffenliste aufgefüllt.

7 **E. Eintritt des Ergänzungsrichters (Abs. 2, Abs. 3).** Der Eintritt des Ergänzungsrichters (Abs. 2, Abs. 3) hängt davon ab, dass ein **Fall der Verhinderung** vorliegt (→ § 21f Rn. 4 ff.; LG Bremen StV 1998, 13). Die Feststellung darüber obliegt dem Vorsitzenden, nicht dem Gericht (BGHSt 61, 160 (162); BGH NJW 2016, 2197; zw. wegen § 21g Abs. 1 Sowada Gesetzliche Richter S. 369 mit Fn. 170; **aM** Börner JR 2017, 16 (19); Schlothauer FS E. Müller, 2008, 647 für den Fall des § 229 Abs. 3 StPO); sie ist formfrei u. kann auch durch schlüssiges Verhalten getroffen (BGHSt 35, 366; BGH NJW 1991, 51), sollte aber besser aktenkundig gemacht (protokolliert) werden (Katholnigg JR 1989, 349). Dem Vorsitzenden steht ein Ermessensspielraum zu, der auch den Zeitpunkt seiner Entsch. umfasst (BGHSt 61, 160 (162); BGH BeckRS 2021, 3538; NStZ 2023, 509). Eine zeitweise, sich prognostisch innerhalb der Frist des § 229 Abs. 1 bewegende Verhinderung begründet nicht notwendig den Verhinderungsfall, schließt ihn aber auch nicht aus; bei der gebotenen substantiierten Abwägung im Einzelfall können neben dem grundrechtsgleichen Recht des Angeklagten auf den ges. Richter auch das Beschleunigungs- u. Konzentrationsgebot, Gesichtspunkte einer ressourcenschonenden Durchführung der HV, die Zahl der noch geplanten Hauptverhandlungstermine sowie ein etwa drohender Beweismittelverlust berücksichtigt werden (vgl. BGH NStZ 2019, 359 mAnm Schäfer JR 2019, 169; 7.3.2023 – 3 StR 397/22).

7a Liegt ein **Fall der Hemmung nach § 229 Abs. 3 S. 1 StPO** vor, ist es mit Blick auf das Prinzip des ges. Richters allerdings grds. geboten, die Feststellung des

Verhinderungsfalls zurückzustellen und abzuwarten, ob die HV noch unter Mitwirkung des erkrankten Richters fortgesetzt werden kann; der Eintritt des Ergänzungsrichters kommt insoweit erst in Betracht, wenn der erkrankte Richter nach Ablauf der maximalen Fristenhemmung zum ersten notwendigen Fortsetzungstermin weiterhin nicht erscheinen kann (BGHSt 61, 160; NStZ 2023, 509). Dies gilt wiederum ausnahmsweise nicht, wenn schon vor vorneherein feststeht, dass eine Fortsetzung mit dem erkrankten Richter auch nach Ablauf der maximalen Fristenhemmung nicht möglich sein wird (BGHSt 61, 160; allerdings äußert BGH NStZ 2023, 509 Zweifel, ob an dieser Rspr. auch nach der Neufassung des § 229 Abs. 3 S. 1 StPO festgehalten werden kann).

Der Beschl. kann außerhalb der HV ergehen. Die **Verkennung des Rechtsbegriffs der Verhinderung** begründet nicht die Revision, sondern nur Willkür (BGH NStZ 2019, 359; 5.10.2021 – 3 StR 485/20; s. auch BGHSt 47, 220; BGH NJW 2016, 2197; → erg. StPO § 338 Rn. 8a, § 213 Rn. 13). Die Revision kann daran scheitern, dass der Feststellung der Verhinderung nicht widersprochen o. kein Besetzungseinwand erhoben worden ist (BGH NStZ 2013, 479). Der Ergänzungsrichter muss eintreten, wenn einem zeitweise verhinderten Richter die weitere Mitwirkung nur unter Verstoß gegen § 229 StPO möglich ist (BGH NStZ 1986, 518); dass der Richter nur an einzelnen – sitzungsfreien – Tagen nicht zur Vfg. steht, ist unschädlich (BGHSt 53, 99). Im Fall der Erkrankung eines Richters muss regelmäßig abgewartet werden, ob der Richter innerhalb der Frist des § 229 Abs. 3 S. 1 StPO genesen wird (BGH NJW 2016, 2197 mAnm Ventzke NStZ 2016, 558; abl. Schäfer JR 2017, 41; **aM** Kissel/Mayer Rn. 17; Schlothauer FS E. Müller, 2008, 646: sofortige Fortsetzung mit Ergänzungsrichter, da § 192 Abs. 2 § 229 Abs. 3 StPO vorgehe; erg. → § 54 Rn. 4); dies gilt nicht, wenn v. vornherein feststeht, dass die Fortsetzung der HV mit dem erkrankten Richter o. Schöffen nicht möglich sein wird (BGH BeckRS 2021, 3538). 7b

F. Ausfall des Vorsitzenden. Ausfall des Vorsitzenden während der HV: Es gelten die allg. Grundsätze über die Verhinderung (→ § 21f Rn. 4 ff.; vgl. auch BGH NStZ 2013, 479). Den weiteren Vorsitz übernimmt der regelmäßige Vertreter (§ 21f Abs. 2), wenn er in der HV mitwirkt, sonst der nach Dienstalter, ersatzweise nach Geburt älteste Beisitzer. Kennt dieser die Akten nicht genügend, so tritt an seine Stelle der Berichterstatter (BGHSt 21, 108 (111)), falls er nicht nach § 28 Abs. 2 DRiG daran gehindert ist. Die Lücke füllt der Ergänzungsrichter aus (BGHSt 21, 108). 8

[Bild- und Tonübertragung; Anwesenheit von auszubildenden Personen und ausländischen Juristen; Verpflichtung zur Geheimhaltung]

193 (1) [1] **Die Beratung und die Abstimmung können mit Einverständnis aller zur Entscheidung berufenen Richter ganz oder teilweise per Bild- und Tonübertragung durchgeführt werden.** [2] **In diesem Fall ist durch organisatorische und technische Maßnahmen die Wahrung des Beratungsgeheimnisses sicherzustellen.**

(2) **Bei der Beratung und Abstimmung dürfen außer den zur Entscheidung berufenen Richtern nur die bei demselben Gericht zu ihrer juristischen Ausbildung beschäftigten Personen und die dort beschäftigten wissenschaftlichen Hilfskräfte zugegen sein, soweit der Vorsitzende deren Anwesenheit gestattet.**

(3) [1] **Ausländische Berufsrichter, Staatsanwälte und Anwälte, die einem Gericht zur Ableistung eines Studienaufenthaltes zugewiesen worden sind, können bei demselben Gericht bei der Beratung und Abstimmung zugegen sein, soweit der Vorsitzende deren Anwesenheit gestattet und sie gemäß den Absätzen 4 und 5 verpflichtet sind.** [2] **Satz 1 gilt entsprechend für ausländische Juristen, die im Entsendestaat in einem Ausbildungsverhältnis stehen.**

(4) [1]**Die in Absatz 3 genannten Personen sind auf ihren Antrag zur Geheimhaltung besonders zu verpflichten.** [2]**§ 1 Absatz 2 und 3 des Verpflichtungsgesetzes vom 2. März 1974 (BGBl. I S. 469, 547), das durch § 1 Nummer 4 des Gesetzes vom 15. August 1974 (BGBl. I S. 1942) geändert worden ist, gilt entsprechend.** [3]**Personen, die nach Satz 1 besonders verpflichtet worden sind, stehen für die Anwendung der Vorschriften des Strafgesetzbuches über die Verletzung von Privatgeheimnissen (§ 203 Absatz 2 Satz 1 Nummer 2, Satz 2, Absatz 5 und 6, § 205), Verwertung fremder Geheimnisse (§§ 204, 205), Verletzung des Dienstgeheimnisses (§ 353b Abs. 1 Satz 1 Nr. 2, Satz 2, Abs. 3 und 4) sowie Verletzung des Steuergeheimnisses (§ 355) den für den öffentlichen Dienst besonders Verpflichteten gleich.**

(5) [1]**Die Verpflichtung wird vom Präsidenten oder vom aufsichtsführenden Richter des Gerichts vorgenommen.** [2]**Er kann diese Befugnis auf den Vorsitzenden des Spruchkörpers oder auf den Richter übertragen, dem die in Absatz 3 genannten Personen zugewiesen sind.** [3]**Einer erneuten Verpflichtung bedarf es während der Dauer des Studienaufenthaltes nicht.** [4]**In den Fällen des § 355 des Strafgesetzbuches ist der Richter, der die Verpflichtung vorgenommen hat, neben dem Verletzten antragsberechtigt.**

1 **A. Beratung.** Die Beratung dient der gründlichen Prüfung u. Abwägung aller für die Entscheidungsbildung wichtigen Umstände, die Gegenstand der Verh. waren (§ 261 StPO), mit dem Ziel einer Einigung der Richter (einschl. der Schöffen, ohne die Ergänzungsschöffen, vgl. BGHR StPO § 344 Abs. 2 S. 2 Ergänzungsrichter 1). Die Richter müssen sich gewissermaßen „zusammenraufen" (Kleinknecht GA 1961, 49). Deshalb müssen grds. alle Richter ununterbrochen anwesend sein. Vorheriges Sichten u. Ordnen des Verhandlungsstoffes u. vorbereitende Überlegungen u. Gespräche der Richter außerhalb der Beratung sind nicht unzulässig (vgl. dazu Michel DRiZ 1992, 262). Es ist nicht erforderlich, dass in einem Kollegialgericht alle Mitglieder die Akten lesen; grds. genügt der Vortrag eines Berichterstatters (BVerfG NJW 1987, 2219 (2220); BGH NStZ 1994, 353). Geleitet wird die Beratung v. Vorsitzenden (§ 194 Abs. 1).

2 **B. Geheim.** Die Beratung ist geheim (vgl. §§ 43, 45 Abs. 1 S. 2 **DRiG;** erg. dazu → StPO § 260 Rn. 2; → StPO § 263 Rn. 9) u. findet daher regelmäßig im Beratungszimmer statt (zum Beratungsgeheimnis vgl. Michel DRiZ 1992, 266). Sie ist kein Teil der HV. Im Prot. kann nur die Unterbrechung der HV zum Zweck der Beratung, nicht aber diese selbst bestätigt werden (BGHSt 5, 294).

3 Es gibt auch **Beratung im Sitzungssaal.** Sie kann in einfachen Fällen zum Zweck der Beschlussfassung o. auch als Nachberatung eines Urt. nach kurzem Wiedereintritt in die Verh. im Saal selbst stattfinden, wenn dabei die nicht beteiligten Personen nichts vernehmen können, zB wenn die Beratung sachgemäß durch Zeichen u. Flüstern geführt werden kann, falls dabei keine Zweifel über das Beratungsergebnis entstehen können (BGHSt 19, 156; 24, 170: „größte Zurückhaltung"; BGH NJW 1987, 3210: „in Ausnahmefällen"; StV 1991, 547: nicht zulässig, wenn der Angeklagte, der sich bisher nicht geäußert hatte, nun eine Erkl. abgegeben hat; **aM** Mellinghoff Strafverfahren S. 16: stets unzulässig; erg. → StPO § 260 Rn. 4).

4 **C. Videokonferenztechnik (Abs. 1).** Die zur Entscheidung berufenen Richter können übereinkommen, die Beratung und Abstimmung per Videokonferenztechnik durchzuführen (Abs. 1 S. 1). Möglich ist ein vollvirtuelle Beratung, bei der alle Mitglieder des Gerichts sich über Bild- und Tonübertragung zusammenschalten, als auch eine Beratung im Hybridformat, an der nur einzelne Richter per Videokonferenz teilnehmen; in beiden Fällen müssen **alle Mitglieder des Gerichts** mit dem jeweiligen Format **einverstanden** sein (BT-Drs. 20/8095, 41).

5 Das **Beratungs- und Abstimmungsgeheimnis** muss gewahrt bleiben (Abs. 1 S. 2); dies bezieht sich insbes. auf das verwendete Videokonferenzsystem, dass qua

Verschlüsselung die Vertraulichkeit zu gewährleisten hat (vgl. BT-Drs. 20/8095, 41).

D. Abstimmung. Zur Abstimmung vgl. §§ 194 Abs. 2, 195, 196, 197, 263 StPO. 6

E. Auszubildende Personen, wissenschaftliche Hilfskräfte (Abs. 2). Bei dem Gericht zu ihrer juristischen Ausbildung beschäftigte Personen (**Referendare**) sowie dort beschäftigte **wissenschaftliche Hilfskräfte** (etwa beim BGH) dürfen bei der Beratung und Abstimmung zugegen sein. Über den Umf. derTeilnahme befindet der Vorsitzende. 7

Ein Referendar darf nicht zugegen sein, wenn er mit der Sache über die Ausbildung hinaus befasst war o. ist (BGHSt 18, 165; BVerwG NJW 1982, 1716), zB als Zeuge o. nach § 142 Abs. 3 oder auf der Seite der Verteidigung. Dies hat ebenso für wissenschaftliche Mitarbeiter zu gelten. Frühere Befassung nach § 10 hindert nicht (vgl. § 23 StPO), ebenso nicht seine Einteilung als Protokollführer in der HV. 8

Studenten, die sich informatorisch bei dem Gericht beschäftigen, dürfen nicht zugelassen werden (BGHSt 41, 119 mwN; SK-StPO/Frister Rn. 20; **aM** Seifert MDR 1996, 125; Speiermann NStZ 1996, 397; zu letzterem Meyer-Goßner NStZ 1996, 607), schon gar nicht Abiturienten in einem freiwilligen Berufsorientierungspraktikum (OLG Koblenz StraFo 2005, 79). Von der Beratung, bei der das Urt. gewonnen wird (→ Rn. 1), sind Ausbildungsgespräche zu unterscheiden. 9

F. Ausländische Richter, StAe und Rae (Abs. 3–5). Ausländische Richter, StAe und RAe o. im Ausland in einem Ausbildungsverhältnis hierzu stehende Juristen, die dem Gericht zur Ableistung eines Studienaufenthaltes zugewiesen sind, können v. Vorsitzenden bei der Beratung u. Abstimmung zugelassen werden, falls sie zuvor nach Abs. 3, Abs. 4 zur Verschwiegenheit verpflichtet worden sind. Die Zuständigekit für die Verpflichtung ergibt sich aus Abs. 5. 10

Sie werden nicht vAw, sondern nur auf ihren **Antrag** verpflichtet; stellen sie den Antrag nicht, können sie auch nicht teilnehmen. Zur Wahrung des Steuergeheimnisses durch die Hospitanten vgl. § 30 Abs. 3 Nr. 1a **AO.** Ausländische Rechtsstudenten, auch wenn sie sich zur Ausbildung bei dem Gericht befinden, dürfen nicht teilnehmen. 11

G. Revision. Ein Verstoß gegen § 193 ist kein absoluter Revisionsgrund (BGHR StPO § 344 Abs. 2 S. 2 StPO Ergänzungsrichter 1); es kann aber nach § 337 die Revision begründen, wenn jemand bei der Beratung u. Abstimmung unbefugt zugegen war (BGHSt 18, 165 (166); 18, 331 (332); OLG Koblenz VRS 46, 449). Dass jemand außerhalb des Beratungszimmers o. in diesem versteckt zugehört hat, genügt nicht (BGH GA 1964, 134; SK-StPO/Frister Rn. 28). Dies dürfte entspr. zu gelten haben, wenn bei Anwendung der Videokonferenztechnik (Abs. 1; → Rn. 4, 5) die Vertraulichkeit von Beratung und Abstimmung aufgrund technischer Probleme nicht gewährleistet wurde. 12

[Gang der Beratung]

194

(1) **Der Vorsitzende leitet die Beratung, stellt die Fragen und sammelt die Stimmen.**

(2) **Meinungsverschiedenheiten über den Gegenstand, die Fassung und die Reihenfolge der Fragen oder über das Ergebnis der Abstimmung entscheidet das Gericht.**

A. Abstimmungsweise. Die Abstimmungsweise ist v. G nicht vorgeschrieben. 1
Bei einem mit mehreren Richtern besetzten Spruchkörper sollten alle bedeutsamen Fragen im Spruchkörper erörtert werden (BVerfG NJW 1987, 2219). Grundsätze der Logik sind maßgebend (vgl. iE Michel DRiZ 1992, 264). Reihenfolge etwa: a) Verfahrenshindernisse (→ Einl. Rn. 141 ff.), bei mehreren gesondert (Mellinghoff Strafverfahren S. 112 ff., 137 f.); b) Tatfrage, Schuldfrage (§ 263 Abs. 1, Abs. 2

StPO); ggf. zunächst über den Ausgangstatbestand, dann über einen normierten Rechtsfolgenmilderungstatbestand u. über einen Rechtsfolgenverschärfungstatbestand (→ StPO § 267 Rn. 15); Konkurrenzen (Mellinghoff Strafverfahren S. 126). Nach Verneinung der Vorsatztat Frage eines in Betracht kommenden Fahrlässigkeitstatbestandes (RGSt 59, 83; → StPO § 261 Rn. 36); c) Nach der Vorwegnahme der im Einzelfall in Betracht kommenden Teilfragen ist über das Ob u. Wie des Schuldspruchs insges. abzustimmen (Löwe/Rosenberg/Simon StPO § 263 Rn. 5).

2 **Reihenfolge bei der Rechtsfolgenentscheidung:** Strafe, Nebenstrafe, andere Rechtsfolgen.

3 **Am Ende** stehen Kosten u. Auslagenentscheidungen; ggf. die Entschädigungsfrage nach dem **StrEG** u. gleichzeitige Beschlüsse (§§ 268a, 268b StPO).

4 **B. Nachträgliche Änderung der Stimmabgabe.** Nachträgliche Änderung der Stimmabgabe ist **unzulässig,** auch vor Verkündung der Entsch. (Kissel/Mayer Rn. 5; **aM** Löwe/Rosenberg/Simon Rn. 19). Eine Nachberatung (mit neuer Abstimmung) kann nur verlangt werden, wenn sich neue Gesichtspunkte ergeben haben o. Abstimmungsfehler unterlaufen sind (Mellinghoff Strafverfahren S. 19 f.; **aM** SK-StPO/Frister Rn. 13).

5 **C. Umlaufverfahren.** Umlaufverfahren bei Entsch. außerhalb der HV ist in einfachen Sachen zulässig, wenn es offensichtlich einer Beratung nicht bedarf (**aM** Mellinghoff Strafverfahren S. 15). Diese kann aber v. jedem der an der Entsch. beteiligten Richter verlangt werden.

[Keine Verweigerung der Abstimmung]

195

Kein Richter oder Schöffe darf die Abstimmung über eine Frage verweigern, weil er bei der Abstimmung über eine vorhergegangene Frage in der Minderheit geblieben ist.

1 **A. Standpunkt der Mehrheit.** Der Standpunkt der Mehrheit ist für die Überstimmten für die Folge maßgebend (krit. dazu Peters GS Meyer, 1990, 336). Wer etwa bei seiner Bejahung der vorsätzlichen Tötung in der Minderheit geblieben ist, darf nicht die Abstimmung über die fahrlässige Tötung verweigern (RGSt 59, 84).

2 **B. Überstimmter Vorsitzender.** Der überstimmte Vorsitzende darf die Gründe der Mehrheit u. das Urt. bei der Verkündung nicht desavouieren (Seibert MDR 1957, 597), auch nicht der überstimmte Berichterstatter bei der Urteilsabfassung. Bei Entsch. eines Kollegialgerichts bedeutet die Unterschrift (→ Vor § 33 Rn. 6, → StPO § 275 Rn. 19 ff.) nicht Billigung, sondern nur Bescheinigung richtigen Zustandekommens.

[Absolute Mehrheit; Meinungsmehrheit]

196

(1) **Das Gericht entscheidet, soweit das Gesetz nicht ein anderes bestimmt, mit der absoluten Mehrheit der Stimmen.**

(2) **Bilden sich in Beziehung auf Summen, über die zu entscheiden ist, mehr als zwei Meinungen, deren keine die Mehrheit für sich hat, so werden die für die größte Summe abgegebenen Stimmen den für die zunächst geringere abgegebenen so lange hinzugerechnet, bis sich eine Mehrheit ergibt.**

(3) [1] **Bilden sich in einer Strafsache, von der Schuldfrage abgesehen, mehr als zwei Meinungen, deren keine die erforderliche Mehrheit für sich hat, so werden die dem Beschuldigten nachteiligsten Stimmen den zunächst minder nachteiligen so lange hinzugerechnet, bis sich die erforderliche Mehrheit ergibt.** [2] **Bilden sich in der Straffrage zwei Meinungen, ohne**

daß eine die erforderliche Mehrheit für sich hat, so gilt die mildere Meinung.

(4) **Ergibt sich in dem mit zwei Richtern und zwei Schöffen besetzten Gericht in einer Frage, über die mit einfacher Mehrheit zu entscheiden ist, Stimmengleichheit, so gibt die Stimme des Vorsitzenden den Ausschlag.**

A. Absolute Mehrheit (Abs. 1–3). Grds. entscheidet das Gericht mit absoluter 1
Mehrheit der Stimmen, sofern ges. nichts anderes betsimmt ist.

Ein **qualifiziertes Stimmenverhältnis** bestimmt das G für die **Schuld- u.** 2
Straffrage in § 263 StPO (→ § 263 StPO Rn. 1 ff.). Für das **Revisionsgericht** gilt, abgesehen v. Fall des § 354 Abs. 1 StPO, stets die Regel des Abs. 1.

B. 2 Richter und 2 Schöffen (Abs. 4). Mit 2 Richtern und 2 Schöffen 3
(Abs. 4) ist die große StrK besetzt, falls sie nicht als SchwurG tätig wird o. falls nicht die Zuziehung eines 3. Richters beschlossen worden ist (§ 76 Abs. 1 S. 1, Abs. 2); ferner entscheidet das erweiterte SchG (§ 29 Abs. 2) u. bei Berufungen gegen dessen Urt. die kleine StrK (→ § 76 Rn. 14) in dieser Besetzung (§ 76 Abs. 3). Hier gibt bei Stimmengleichheit die **Stimme des Vorsitzenden** den Ausschlag. Das gilt auch bei Streit über den Inhalt der Urteilsgründe (Katholnigg § 29 Rn. 7; Kissel/Mayer Rn. 7: **aM** Börner ZStW 122 (2010), 176: neue HV erforderlich).

[Reihenfolge der Stimmabgabe]

197 [1]**Die Richter stimmen nach dem Dienstalter, bei gleichem Dienstalter nach dem Lebensalter, ehrenamtliche Richter und Schöffen nach dem Lebensalter; der jüngere stimmt vor dem älteren.** [2]**Die Schöffen stimmen vor den Richtern.** [3]**Wenn ein Berichterstatter ernannt ist, so stimmt er zuerst.** [4]**Zuletzt stimmt der Vorsitzende.**

Die **Vorschrift regelt** nur die Abstimmung. Bei der vorhergehenden Beratung 1
entscheidet auch über die Reihenfolge der Vorsitzende (§ 194 Abs. 1), so dass er nicht als letzter sprechen muss, sondern sogleich nach dem Berichterstatter das Wort ergreifen kann.

Siebzehnter Titel. Rechtsschutz bei überlangen Gerichtsverfahren und strafrechtlichen Ermittlungsverfahren

Vorbemerkung zu § 198

A. Rspr. des EGMR. Der EGMR hatte in seinem Urt. v. 8.6.2006 (EGMR 1
NJW 2006, 2389) erklärt, dass die im deutschen Recht zur Vfg. stehenden Rechtsbehelfe gegen überlange Verf. nicht ausreichen. Er hat in der Folgezeit Deutschland in weit über 100 Fällen wegen überlanger Verfahrensdauer zu Entschädigungszahlungen verurteilt. In seiner Entsch. v. 2.9.2010 (EGMR NJW 2010, 3355) hatte er das Fehlen eines wirksamen Rechtsschutzes als strukturelles Problem eingestuft u. der BRD zur Behebung dieses Mangels eine Frist v. einem Jahr gesetzt. In Erfüllung dieses Auftrags hat der Gesetzgeber durch G v. 24.11.2011 (BGBl. I 2302) die §§ 198–201 geschaffen, die am Tag nach der Verkündung (3.12.2011) in Kraft getreten sind.

B. Verschuldensunabhängiger Anspruch auf Entschädigung. Im Gegen- 2
satz zu einem früheren GE v. 22.8.2005, der (lediglich) eine Untätigkeitsbeschwerde vorsah, ist nun ein verschuldensunabhängiger Anspruch auf Entschädigung für einen infolge unangemessener Dauer des Verf. erlittenen Nachteil geschaffen worden. Dabei läuft das Verf. in 2 Stufen ab: Auf der 1. Stufe muss eine sog. Verzögerungsrüge geltend gemacht u. damit dem Gericht o. der StA Gelegenheit zur Abhilfe gegeben werden. Mit der Verzögerungsrüge soll eine Missbrauchsabwehr

gegen die Möglichkeit „Dulde und Liquidiere" (vgl. Steinbeiß-Winkelmann ZRP 2010, 206) gegeben sein. Nur wenn die Verzögerungsrüge erhoben wurde u. sich das Verf. trotzdem weiter verzögert, kann auf der 2. Stufe eine Entschädigungsklage erhoben werden.

3 **C. Untätigkeitsbeschwerde.** Die Untätigkeitsbeschwerde ist nach Einf. der §§ 198 ff. GVG grds. unzulässig (vgl. BGH NJW 2013, 385). Sie kann ausnahmsweise noch in Betracht zu ziehen sein, wenn eine gebotene richterliche Entsch. über die Fortdauer einer Freiheitsentziehung gravierend verzögert wird u. alle (geschriebenen) Rechtsschutzmöglichkeiten ausgeschöpft sind, da insoweit später zu gewährende finanzielle Mittel den tiefgreifenden Eingriff in Grundrechte nicht hinreichend zu kompensieren vermögen (vgl. KG NStZ-RR 2015, 291 mwN).

4 **D. EUStA.** In Verfahren der EUStA sind die §§ 198–201 GVG mit der Maßgabe anzuwenden, dass ein Anspruch auf Entschädigung ausgeschlossen ist, *soweit* der erlittene Nachteil durch eine überlange Verfahrensdauer *von der EUStA oder ihrem Personal* in Ausübung ihres Amtes verursacht worden o. diesen zuzurechnen ist (§ 5 Abs. 2 EUStAG). Dies liegt darin begründet, dass gem. § 200 GVG entweder das Land o. der Bund haftet, Rechtsträger der EUStA jedoch die EU ist, deren Haftung sich aus Art. 113 Abs. 3, Abs. 4 EUStA-VO ergibt; iÜ, dh soweit Verzögerungen den deutschen Behörden zuzurechnen sind, bleiben aber die §§ 198 ff. GVG auch in Verf. anwendbar, in denen die EUStA die Anklage vertritt (vgl. BT-Drs. 19/17963, 55).

[Entschädigung; Verzögerungsrüge]

198 (1) [1]**Wer infolge unangemessener Dauer eines Gerichtsverfahrens als Verfahrensbeteiligter einen Nachteil erleidet, wird angemessen entschädigt.** [2]**Die Angemessenheit der Verfahrensdauer richtet sich nach den Umständen des Einzelfalles, insbesondere nach der Schwierigkeit und Bedeutung des Verfahrens und nach dem Verhalten der Verfahrensbeteiligten und Dritter.**

(2) [1]**Ein Nachteil, der nicht Vermögensnachteil ist, wird vermutet, wenn ein Gerichtsverfahren unangemessen lange gedauert hat.** [2]**Hierfür kann Entschädigung nur beansprucht werden, soweit nicht nach den Umständen des Einzelfalles Wiedergutmachung auf andere Weise gemäß Absatz 4 ausreichend ist.** [3]**Die Entschädigung gemäß Satz 2 beträgt 1 200 Euro für jedes Jahr der Verzögerung.** [4]**Ist der Betrag gemäß Satz 3 nach den Umständen des Einzelfalles unbillig, kann das Gericht einen höheren oder niedrigeren Betrag festsetzen.**

(3) [1]**Entschädigung erhält ein Verfahrensbeteiligter nur, wenn er bei dem mit der Sache befassten Gericht die Dauer des Verfahrens gerügt hat (Verzögerungsrüge).** [2]**Die Verzögerungsrüge kann erst erhoben werden, wenn Anlass zur Besorgnis besteht, dass das Verfahren nicht in einer angemessenen Zeit abgeschlossen wird; eine Wiederholung der Verzögerungsrüge ist frühestens nach sechs Monaten möglich, außer wenn ausnahmsweise eine kürzere Frist geboten ist.** [3]**Kommt es für die Verfahrensförderung auf Umstände an, die noch nicht in das Verfahren eingeführt worden sind, muss die Rüge hierauf hinweisen.** [4]**Anderenfalls werden sie von dem Gericht, das über die Entschädigung zu entscheiden hat (Entschädigungsgericht), bei der Bestimmung der angemessenen Verfahrensdauer nicht berücksichtigt.** [5]**Verzögert sich das Verfahren bei einem anderen Gericht weiter, bedarf es einer erneuten Verzögerungsrüge.**

(4) [1]**Wiedergutmachung auf andere Weise ist insbesondere möglich durch die Feststellung des Entschädigungsgerichts, dass die Verfahrensdauer unangemessen war.** [2]**Die Feststellung setzt keinen Antrag voraus.** [3]**Sie kann in schwerwiegenden Fällen neben der Entschädigung ausgespro-**

chen werden; ebenso kann sie ausgesprochen werden, wenn eine oder mehrere Voraussetzungen des Absatzes 3 nicht erfüllt sind.

(5) [1]**Eine Klage zur Durchsetzung eines Anspruchs nach Absatz 1 kann frühestens sechs Monate nach Erhebung der Verzögerungsrüge erhoben werden.** [2]**Die Klage muss spätestens sechs Monate nach Eintritt der Rechtskraft der Entscheidung, die das Verfahren beendet, oder einer anderen Erledigung des Verfahrens erhoben werden.** [3]**Bis zur rechtskräftigen Entscheidung über die Klage ist der Anspruch nicht übertragbar.**

(6) **Im Sinne dieser Vorschrift ist**

1. **ein Gerichtsverfahren jedes Verfahren von der Einleitung bis zum rechtskräftigen Abschluss einschließlich eines Verfahrens auf Gewährung vorläufigen Rechtsschutzes und zur Bewilligung von Prozess- oder Verfahrenskostenhilfe; ausgenommen ist das Insolvenzverfahren nach dessen Eröffnung; im eröffneten Insolvenzverfahren gilt die Herbeiführung einer Entscheidung als Gerichtsverfahren;**
2. **ein Verfahrensbeteiligter jede Partei und jeder Beteiligte eines Gerichtsverfahrens mit Ausnahme der Verfassungsorgane, der Träger öffentlicher Verwaltung und sonstiger öffentlicher Stellen, soweit diese nicht in Wahrnehmung eines Selbstverwaltungsrechts an einem Verfahren beteiligt sind.**

A. Regelungsgehalt. Abs. 1 begründet einen **Entschädigungsanspruch gegen den Staat** wegen überlanger Dauer eines gerichtlichen Verf. (nicht des Vollstreckungsverfahrens: OLG Koblenz NStZ-RR 2017, 323). Der für den Entschädigungsanspruch maßgebliche Tatbestand ist die Verletzung des Anspruchs eines Verfahrensbeteiligten aus Art. 19 Abs. 4, 20 Abs. 3 GG u. aus Art. 6 Abs. 1 EMRK auf Entsch. seines gerichtlichen Verf. in angemessener Zeit. Der Anspruchsgegner ergibt sich aus § 200. Für das Strafverfahren (einschließlich des Ermittlungsverfahrens) ist § 198 nach Maßgabe des § 199 Abs. 2, Abs. 3 anzuwenden. Die Regelung gilt für das Straf- u. für das Bußgeldverfahren v. der Einleitung bis zum rkr. Abschluss des Verf. (Abs. 6 Nr. 1). Verfahrensbeteiligter ist im Strafverfahren in erster Linie der Beschuldigte, im Bußgeldverfahren der Betroffene, darüber hinaus aber auch jeder sonstige Bet. des Verf., zB der Adhäsionskläger (§ 403 StPO), der Einziehungsbeteiligte (§ 431 StPO) o. der Nebenkläger (§ 395 StPO), nicht aber der Privatkläger (Abs. 6 Nr. 2 mit § 199 Abs. 4) u. auch nicht Zeugen u. Sachverständige; nach Abs. 6 Nr. 2 sind auch staatliche Stellen wie etwa die StA o. die Jugendgerichtshilfe ausgeschlossen (BT-Drs. 17/3802, 23). Erg. zur Anwendbarkeit des sog. Vollstreckungsmodells bei immateriellen Schäden des Beschuldigten → § 199 GVG Rn. 3ff. sowie → Art. 6 EMRK Rn. 7ff. 1

B. Überlanges Verfahren. Für die Frage der Angemessenheit der Verfahrensdauer kommt es auf die **Umstände des Einzelfalls** an (BGH NJW 2014, 220; OLG Dresden StraFo 2025, 153). Abs. 1 S. 2 erwähnt insoweit – beispielhaft – die Schwierigkeit u. Bedeutung des Verf. sowie das Verhalten der Verfahrensbeteiligten u. Dritter; auch der Umf. u. die Komplexität des Falles sind zu berücksichtigen (erg. → StPO § 121 Rn. 16ff.). Entscheidend ist, ob das Verf. ohne zwingenden Grund für eine nicht unerhebliche Dauer zum Stillstand gekommen ist (Gercke/Heinisch NStZ 2012, 301), wobei es unbeachtlich ist, ob sich das Gericht o. die StA (dazu Sommer StV 2012, 111) pflichtwidrig verhalten haben. Die durch die lange Verfahrensdauer verursachte Belastung muss einen gewissen Schweregrad erreicht haben; nicht jede Abweichung v. einer optimalen Verhandlungsführung reicht aus (OLG Köln NStZ-RR 2021, 185). Bei der Beurteilung des Verhaltens des Gerichts darf der verfassungsrechtliche Grundsatz richterlicher Unabhängigkeit nicht unberücksichtigt bleiben; dem Gericht muss in jedem Fall eine angemessene Vorbereitungs- u. Bearbeitungszeit zur Vfg. stehen (BGH NJW 2014, 220; OLG Dresden StraFo 2025, 153 (154)). Der Staat kann sich nicht auf Umstände innerhalb des staatlichen Verantwortungsbereichs, etwa chronische Überlastung eines Ge- 2 richts, berufen (BVerfG JZ 2013, 145). Ob insbes. die häufig durch die Einholung v. Sachverständigengutachten entstehenden Verzögerungen dem Gericht zuzurechnen sind, ist bei einer ex-post Betrachtung durch das Entschädigungsgericht anhand der Einzelfallumstände zu beurteilen; dabei kommt es ua darauf an, ob das Gericht nachhaltig auf die Beibringung des Gutachtens gedrängt hat (OLG Köln NStZ-RR 2021, 185). Eingehend zur Angemessenheit der Verfahrensdauer → EMRK Art. 6 Rn. 7 ff.

3 **C. Angemessene Entschädigung.** Das G normiert in Abs. 2 S. 1 die **widerlegbare Vermutung**, dass im Fall eines überlangen Verf. v. einem Nachteil, der nicht Vermögensnachteil ist, ausgegangen werden muss. Durch die Entschädigung sollen die durch das überlange Verf. bedingten seelischen u. körperlichen Belastungen ausgeglichen werden. Für materielle Nachteile wird nicht voller Ersatz, sondern nur eine angemessene Entschädigung gewährt. Darüber hinaus kann bei pflichtwidriger (schuldhafter) Verzögerung ein Amtshaftungsanspruch nach § 839 BGB iVm Art. 34 GG geltend gemacht u. insofern Schadensersatz geleistet werden; ein solcher Amtshaftungsanspruch steht mit der nach § 198 gewährten Entschädigung in Anspruchskonkurrenz (vgl. dazu Remus NJW 2012, 1408).

4 Eine **Entschädigung kommt für immaterielle Nachteile nur in Betracht,** wenn eine Wiedergutmachung auf andere Weise nicht ausreichend ist **(Abs. 2 S. 2, Abs. 6).** Neben der Feststellung, dass die Verzögerung unangemessen war (Abs. 4 S. 1; dazu BGH 26.7.2023 – 3 StR 506/22; → § 199 GVG Rn. 3), kommt hier gerade im Strafverfahren die Wiedergutmachung in Form der Vollstreckungslösung in Betracht (→ EMRK Art. 6 Rn. 9a ff.; KK-StPO/Barthe § 199 Rn. 4; **aM** Kissel/Mayer Rn. 50); insoweit enthält § 199 Abs. 3 eine Sonderregelung (vgl. → § 199 Rn. 1 ff.). Der Anspruch auf Ersatz eines Vermögensnachteils wird v. der Ausschlussregelung des Abs. 2 S. 2 nicht berührt.

5 Die **Bemessung der Entschädigung** ist nach Abs. 2 S. 3 pauschaliert; v. dieser Pauschale kann aber gem. Abs. 2 S. 4 nach oben o. unten abgewichen werden.

6 **D. Verzögerungsrüge.** Voraussetzung für eine Entschädigung ist grds., dass der Betroffene eine Verzögerungsrüge erhoben hat **(Abs. 3 S. 1).** Die Verzögerungsrüge ist bei dem mit der Sache befassten Gericht bzw. im Ermittlungsverfahren bei der StA zu erheben; sie dient als eine Art „Vorwarnung". *Frühestens* kann die Verzögerungsrüge erhoben werden, wenn Anlass zur Besorgnis besteht, dass das Verf. nicht in angemessener Zeit abgeschlossen wird (Abs. 3 S. 2). Eine verfrühte Rüge geht ins Leere u. kann keinen Entschädigungsanspruch begründen (Kissel/Mayer Rn. 19; Steinbeiß-Winkelmann ZRP 2010, 207). Einer Entsch. über die Verzögerungsrüge bedarf es nicht (krit. dazu Sommer StV 2012, 109); die Rüge erledigt sich, wenn das Verf. in angemessener Weise beschleunigt u. abgeschlossen wird (OLG Celle StV 2014, 492). Ist das nicht der Fall kann die Verzögerungsrüge grds. frühestens nach 6 Monaten wiederholt werden **(Abs. 3 S. 2).** Es besteht keine Verpflichtung zu einer wiederholten Verzögerungsrüge (OLG Düsseldorf StV 2017, 654).

6a Für die bloße **Feststellung** einer unangemessenen Verfahrensdauer hat der BGH allerdings entschieden, dass es einer Verzögerungsrüge **nicht** bedarf (BGH NStZ-RR 2015, 23); ob dies auch für einen begehrten Vollstreckungsabschlag nach der Vollstreckungslösung (→ **EMRK** Art. 6 Rn. 7 ff.) zu gelten hat, ist noch offen, dürfte aber zu bejahen sein (vgl. Liebhart NStZ 2017, 249 (262); erg. → § 199 Rn. 3).

7 **Gesetzliche Anforderungen** an die Substantiierung der Verzögerungsrüge enthält **Abs. 3 S. 3.** Der Betroffene muss zum Ausdruck bringen, dass er mit der Dauer des Verf. nicht einverstanden ist; er muss aber nicht begründen, aus welchen Umständen sich die Unangemessenheit der Verfahrensdauer ergibt u. welche Alt. zur Verfahrensgestaltung in Betracht kommen. Verlangt wird lediglich, dass der Betroffene auf solche Umstände hinweist, die für das Maß der gebotenen Zügigkeit wichtig, aber noch nicht in das Verf. eingeführt sind. Werden solche – im Straf-

verfahren allerdings wohl kaum akut werdenden – Hinweise nicht gegeben, werden sie v. Entschädigungsgericht nicht berücksichtigt (Abs. 3 S. 4).

Verzögert sich das an ein **anderes Gericht** gelangte Verf. weiter, so muss dort erneut eine Verzögerungsrüge erhoben werden (Abs. 3 S. 5); das ist allerdings nicht innerhalb einer Instanz anzunehmen (**aM** wohl Kissel/Mayer Rn. 25). Dasselbe gilt jedoch, wenn eine Verzögerungsrüge bei der StA erhoben wurde u. das Verf. nunmehr beim Gericht anhängig ist (§ 199 Abs. 2 aE). 8

E. Entschädigungsklage (Abs. 5). *Frühestens* kann die Klage 6 Monate nach – schriftlicher o. mündlicher – Erhebung der Verzögerungsrüge erhoben werden. Ist das Strafverfahren allerdings noch nrkr abgeschlossen, hat das Entschädigungsgericht gem. § 201 Abs. 3 S. 2 das Verf. bis zum Abschluss des Strafverfahrens auszusetzen. *Spätestens* ist die Entschädigungsklage 6 Monate nach Eintritt der Rechtskraft der Entsch. o. einer anderen Erledigung im Strafverfahren zu erheben; nach Ablauf dieser Frist ist die Geltendmachung des Anspruchs auf Entschädigung ausgeschlossen (absolute Ausschlussfrist). Eine Übertragbarkeit – u. damit gem. § 851 Abs. 1 ZPO auch eine Pfändbarkeit – vor rkr. Entsch. über die Entschädigungsklage schließt Abs. 5 S. 3 (entspr. § 13 Abs. 2 StrEG) ausdr. aus. 9

F. Gerichtsverfahren, Verfahrensbeteiligte (Abs. 6). Der Begriff des **Gerichtsverfahrens** (Abs. 6 Nr. 1) erfasst alle Verfahrensstadien von der Einleitung bis zur rk Entscheidung; das Ges geht insoweit von einem an der Hauptsache orientierten Begriff des Gerichtsverfahrens aus, sodass nicht jeder einzelne Antrag o. jedes einzelne Gesuch als gesondertes Gerichtsverfahren anzusehen ist (OLG Dresden StraFo 2025, 153). Nach einer etwaigen Abtrennung stellt sich insoweit das Einziehungsverfahren nicht als eigenständiges Verfahren, sondern als ausgelagerter Teil des Hauptverfahrens dar (OLG Dresden StraFo 2025, 153). 10

Verfahrensbeteiligt (Abs. 6 Nr. 2) ist jede Person, die nach Maßgabe der jeweiligen Verfahrensordnung kraft eigenen Rechts gestaltend auf den Prozessgegenstand einwirken und deren Position deshalb durch die Untätigkeit des Gerichts beeinträchtigt werden kann; in Strafsachen zählen dazu neben dem Angekl., der Nebenkl., der Verletzte, der Adhäsionskl. und der Einziehungsbeteiligte (OLG Dresden StraFo 2025, 153). 11

[Strafverfahren]

199

(1) **Für das Strafverfahren einschließlich des Verfahrens auf Vorbereitung der öffentlichen Klage ist § 198 nach Maßgabe der Absätze 2 bis 4 anzuwenden.**

(2) **Während des Verfahrens auf Vorbereitung der öffentlichen Klage tritt die Staatsanwaltschaft und in Fällen des § 386 Absatz 2 der Abgabenordnung die Finanzbehörde an die Stelle des Gerichts; für das Verfahren nach Erhebung der öffentlichen Klage gilt § 198 Absatz 3 Satz 5 entsprechend.**

(3) [1] **Hat ein Strafgericht oder die Staatsanwaltschaft die unangemessene Dauer des Verfahrens zugunsten des Beschuldigten berücksichtigt, ist dies eine ausreichende Wiedergutmachung auf andere Weise gemäß § 198 Absatz 2 Satz 2; insoweit findet § 198 Absatz 4 keine Anwendung.** [2] **Begehrt der Beschuldigte eines Strafverfahrens Entschädigung wegen überlanger Verfahrensdauer, ist das Entschädigungsgericht hinsichtlich der Beurteilung der Angemessenheit der Verfahrensdauer an eine Entscheidung des Strafgerichts gebunden.**

(4) **Ein Privatkläger ist nicht Verfahrensbeteiligter im Sinne von § 198 Absatz 6 Nummer 2.**

A. Geltungsbereich. Für das Strafverfahren u. über § 46 OWiG auch für das gerichtliche Bußgeldverfahren (nicht für das Verf. vor der Verwaltungsbehörde u. das Strafvollstreckungsverfahren, vgl. OLG Koblenz NStZ-RR 2017, 323) gilt § 198 mit den in Abs. 2 und Abs. 3 bestimmten Maßgaben. Ausgenommen ist 1 nach Abs. 4 der Privatkläger (§ 374 StPO), was wenig einleuchtend ist, da in diesem bei den Gerichten wenig geschätzten Verf. gerade auch er vor unangemessener Verzögerung geschützt werden muss (zust. SK-StPO/Degener Rn. 7). Dem weiter gehenden Vorschlag des BRats-Rechtsausschusses, den Entschädigungsanspruch überhaupt auf den Beschuldigten u. den Adhäsionskläger (§ 403 StPO) zu beschränken (BR-Drs. 587/1/11, 3), ist der Gesetzgeber nicht gefolgt. Das Entschädigungsverfahren wird im Strafverfahren allerdings keine sehr große Rolle spielen, weil hier eine Kompensation der Verfahrensverzögerung regelmäßig schon nach der Vollstreckungslösung (→ EMRK Art. 6 Rn. 9a ff.) erfolgt (erg. → § 198 Rn. 4).

2 **B. Zu berücksichtigender Zeitraum.** Der für die Verfahrensdauer zu berücksichtigende Zeitraum beginnt, sobald an eine Person eine offizielle Mitteilung erfolgt, dass ihr die Begehung einer Zuwiderhandlung vorgeworfen wird o. ihre Rechtsposition durch Ermittlungsmaßnahmen ernsthaft beeinträchtigt ist (BGH NJW 2014, 220 (221) mwN). Abs. 2 S. 2 stellt klar, dass nach einer bei der StA erhobenen Verzögerungsrüge bei weiterer Verzögerung im gerichtlichen Verf. dort eine erneute Verzögerungsrüge zu erheben ist (erg. → § 198 Rn. 8).

3 **C. Ausreichende Wiedergutmachung.** Eine ausreichende Wiedergutmachung der Verzögerung liegt vor, wenn ein Strafgericht o. die StA im Strafverfahren die unangemessene Dauer iSe rechtsstaatswidrigen Verzögerung zugunsten des Beschuldigten festgestellt o. im Wege der sog. Vollstreckungslösung berücksichtigt hat (BGH 30.11.2023 – 3 StR 192/18; NStZ 2012, 653; iE dazu → **EMRK** Art. 6 Rn. 7 ff.); das hat zur Folge, dass § 198 Abs. 4 dann keine Anwendung findet (Abs. 3 S. 1; Liebhart NStZ 2017, 249 (262); Steinbeiß-Winkelmann/Sporrer NJW 2014, 179). Ein Anspruch nach § 198 wegen immaterieller Nachteile kommt somit nur dann in Betracht, wenn er durch das Strafgericht o. die StA – wie etwa im Falle eines Freispruchs – nicht kompensiert werden kann (Sommer StV 2012, 108). Ob für den Fall einer Kompensation iSd Vollstreckungslösung (→ EMRK Art. 6 Rn. 9a ff.) eine Verzögerungsrüge erforderlich ist, ist str. (offengelassen v. BGH NStZ-RR 2015, 23 mwN). Der Anspruch eines Beschuldigten auf Entschädigung wegen Vermögensnachteilen wird durch § 199 nicht eingeschränkt; insofern gilt das Verf. nach § 198.

4 Die Kompensation im Wege des Vollstreckungsmodells gilt ausschließlich für **immaterielle Schäden** des Beschuldigten. Die Strafgerichte haben dagegen nicht über Wiedergutmachungsansprüche anderer Verfahrensbeteiligter zu befinden; insoweit gelten uneingeschränkt die allgemeinen Regelungen des § 198 GVG (BGH 30.11.2023 – 3 StR 192/18: Einziehungsbeteiligter; vgl. auch BGH 7.1.2025 – 1 StR 393/23).

5 **Widersprüchliche Entscheidungen** v. Straf- u. Entschädigungsgericht hins. der Entschädigungsansprüche eines Beschuldigten werden dadurch vermieden, dass das Entschädigungsgericht bzgl. der Beurteilung der Angemessenheit der Verfahrensdauer an die Entsch. des Strafgerichts gebunden ist (Abs. 3 S. 2). Hat das Strafgericht die Verfahrensdauer iErg als angemessen eingestuft u. demnach keine Kompensation vorgenommen, darf also auch das Entschädigungsgericht dies nicht anders werten.

6 **D. Revision.** Mit Rücksicht auf die Verweisung in Abs. 1 auf § 198 Abs. 3 S. 1 liegt nahe, dass die Rüge rechtsstaatswidriger Verzögerung des Strafverfahrens zu ihrer Zulässigkeit Vortrags zur Erhebung einer Verzögerungsrüge bedarf (offengelassen v. BGH BeckRS 2016, 9871; erg. → EMRK Art. 6 Rn. 9g).

[Haftende Körperschaft]

200 **[1]Für Nachteile, die auf Grund von Verzögerungen bei Gerichten eines Landes eingetreten sind, haftet das Land. [2]Für Nachteile, die auf Grund von Verzögerungen bei Gerichten des Bundes eingetreten sind, haftet der Bund. [3]Für Staatsanwaltschaften und Finanzbehörden in**

Fällen des § 386 Absatz 2 der Abgabenordnung gelten die Sätze 1 und 2 entsprechend.

Gegen wen der Entschädigungsanspruch wegen einer unangemessenen Verfahrensverzögerung geltend zu machen ist, regelt die Vorschrift. Welches Gericht über den Anspruch entscheidet, bestimmt § 201. 1

[Zuständigkeit für die Entschädigungsklage; Verfahren]

201 (1) [1] **Zuständig für die Klage auf Entschädigung gegen ein Land ist das Oberlandesgericht, in dessen Bezirk das streitgegenständliche Verfahren durchgeführt wurde.** [2] **Zuständig für die Klage auf Entschädigung gegen den Bund ist der Bundesgerichtshof.** [3] **Diese Zuständigkeiten sind ausschließliche.**

(2) [1] **Die Vorschriften der Zivilprozessordnung über das Verfahren vor den Landgerichten im ersten Rechtszug sind entsprechend anzuwenden.** [2] **Eine Entscheidung durch den Einzelrichter ist ausgeschlossen.** [3] **Gegen die Entscheidung des Oberlandesgerichts findet die Revision nach Maßgabe des § 543 der Zivilprozessordnung statt; § 544 der Zivilprozessordnung ist entsprechend anzuwenden.**

(3) [1] **Das Entschädigungsgericht kann das Verfahren aussetzen, wenn das Gerichtsverfahren, von dessen Dauer ein Anspruch nach § 198 abhängt, noch andauert.** [2] **In Strafverfahren, einschließlich des Verfahrens auf Vorbereitung der öffentlichen Klage, hat das Entschädigungsgericht das Verfahren auszusetzen, solange das Strafverfahren noch nicht abgeschlossen ist.**

(4) **Besteht ein Entschädigungsanspruch nicht oder nicht in der geltend gemachten Höhe, wird aber eine unangemessene Verfahrensdauer festgestellt, entscheidet das Gericht über die Kosten nach billigem Ermessen.**

A. Zuständigkeit. Zuständig für die Entschädigungsklage ist im Bereich der ordentlichen Gerichtsbarkeit das OLG bzw. der BGH, für die anderen Gerichtsbarkeiten ist die Regelung in deren Verfahrensordnungen auf die entspr. Gerichte übertragen. Auf Landesebene ist örtlich ausschl. das OLG zuständig, in dessen Bezirk das streitgegenständliche Verf. geführt wurde. 1

B. Entschädigungsprozess. Der Entschädigungsprozess wird nach den Regeln der ZPO durchgeführt (vgl. dazu iE Althammer/Schäuble NJW 2012, 6). Eine Entsch. durch den Einzelrichter ist generell ausgeschlossen. Auch die Revision gegen die Entsch. des OLG richtet sich allein nach den ZPO-Vorschriften. 2

C. Strafverfahren. Im Strafverfahren – einschl. des Ermittlungsverfahrens – besteht eine Pflicht für das Entschädigungsgericht, das Verf. bis zum Abschluss des Strafverfahrens auszusetzen (Abs. 3 S. 2); denn das Entschädigungsgericht kann die notwendigerweise im Strafverfahren zu treffenden Entsch. nicht vorwegnehmen (vgl. auch § 199 Abs. 3 S. 2). 3

D. Kostenentscheidung. Eine angemessene Kostenentscheidung im Entschädigungsverfahren ermöglicht Abs. 4, der eine v. den grds. Kostentragungsprinzipien abw. Billigkeitsregelung aufstellt (SK-StPO/Degener Rn. 5). 4

Einführungsgesetz zur Strafprozeßordnung (EGStPO)

Vom 1. Februar 1877 (RGBl. S. 346; FNA 312-1)
Zuletzt geändert durch G v. 8.12.2025 (BGBl. 2025 I Nr. 319)

– Auszug –

1 *(aufgehoben)*

2 *(gegenstandslose Überleitungsvorschrift)*

Anwendungsbereich der Strafprozessordnung

3 (1) **Die Strafprozeßordnung findet auf alle Strafsachen Anwendung, welche vor die ordentlichen Gerichte gehören.**

(2) **Insoweit die Gerichtsbarkeit in Strafsachen, für welche besondere Gerichte zugelassen sind, durch die Landesgesetzgebung den ordentlichen Gerichten übertragen wird, kann diese ein abweichendes Verfahren gestatten.**

(3) **Die Landesgesetze können anordnen, daß Forst- und Feldrügesachen durch die Amtsgerichte in einem besonderen Verfahren, sowie ohne Zuziehung von Schöffen verhandelt und entschieden werden.**

A. Strafsache. Ein Verf., in dem geprüft wird, ob Anklage bei einem ordentlichen Gericht erhoben werden soll, u. in dem, wenn es hierzu kommt, die ordentlichen Gerichte entscheiden. Zum Übergang v. Bußgeld- zum Strafverfahren vgl. § 81 OWiG. 1

B. Sinngemäße Anwendung. Sinngemäße Anwendung der StPO sehen die meisten Disziplinargesetze u. die Gesetze über die Ehren- u. Berufsgerichtsbarkeit vor, soweit nicht bes. Regelungen getroffen sind u. die Eigenart des Verf. entgegensteht (vgl. zB § 116 S. 2 BRAO; anders aber § 3 BDG: VwVfG u. VwGO). Auch im Bußgeldverfahren ist die StPO sinngemäß anzuwenden, soweit das OWiG nichts anderes bestimmt (§ 46 Abs. 1 OWiG). 2

C. Ordentliche Gerichte. Über ordentliche Gerichte, bes. Gerichte u. Ausnahmegerichte vgl. §§ 12–14, 16 GVG. 3

D. Ermächtigung des Landesgesetzgebers. Im Rahmen des Abs. 2 und Abs. 3 ist der Landesgesetzgeber zB ermächtigt, die Rechtsmittel einzuschränken (BGHSt 4, 138). Das Urt. hat die gleiche strafklageverbrauchende Wirkung wie andere Urt. der ordentlichen Gerichte. Abweichende Regelungen in Feld- u. Forstschutzsachen (vgl. Art. 4 Abs. 5 EGStGB) enthält das Landesrecht nicht mehr; Verstöße gegen die Feld- u. Forststrafengesetze werden nur noch als Ordnungswidrigkeiten geahndet. 4

4 *(gegenstandslos)*

5 *(aufgehoben)*

Verhältnis zu landesgesetzlichen Vorschriften

6 (1) [1] **Die prozeßrechtlichen Vorschriften der Landesgesetze treten für alle Strafsachen, über die gemäß § 3 nach den Vorschriften der Strafprozeßordnung zu entscheiden ist, außer Kraft, soweit nicht in der Strafprozeßordnung auf sie verwiesen ist.** [2] **Außer Kraft treten insbesondere die Vorschriften über die Befugnis zum Erlaß polizeilicher Strafverfügungen.**

(2) **Unberührt bleiben landesgesetzliche Vorschriften:**

1. **über die Voraussetzungen, unter denen gegen Mitglieder eines Organs der Gesetzgebung eine Strafverfolgung eingeleitet oder fortgesetzt werden kann;**
2. **über das Verfahren bei Zuwiderhandlungen gegen die Vorschriften über die Erhebung öffentlicher Abgaben und Gefälle, soweit sie auf die Abgabenordnung verweisen.**

1 **A. Ergänzung der StPO durch Polizeigesetze.** Das Strafverfolgungsrecht gehört zur konkurrierenden Gesetzgebung (Art. 74 Nr. 1 GG). Ergänzende landesrechtliche Bestimmungen sind nur zulässig, soweit die StPO keine abschl. Regelung enthält (Art. 72 Abs. 1 GG). § 6 enthält hierfür kein Verbot (Sigrist JR 1976, 397 (399); Krause/Nehring StrafVerfR Rn. 173). Eine subsidiäre Anwendung des Landespolizeirechts auf dem Gebiet der repressiven Strafverfolgung ist jedoch mit Rücksicht auf die inzwischen erfolgten Änd. der StPO nicht mehr möglich (Götz NVwZ 1984, 212; Rogall GA 1985, 7).

2 **B. Strafverfolgung von Abgeordneten (Abs. 2 Nr. 1).** Zu § 152a StPO.

3 **C. Abgaben-Verfahren (Abs. 22 Nr. 2).** Die Vorschr. betr. nur die Abgaben, die nicht der **AO** unterliegen, u. nur die Verfahrensvorschriften, die auf die **AO** (§§ 385 ff. AO) verweisen (Löwe/Rosenberg/Hilger Rn. 5).

Begriff des Gesetzes

7 **Gesetz im Sinne der Strafprozeßordnung und dieses Gesetzes ist jede Rechtsnorm.**

1 **Gesetz:** Art. 20 Abs. 3 GG; § 337 Abs. 2 StPO; § 25 **DRiG.**

Mitteilungen in Strafsachen gegen Mandatsträger

8 (1) [1] **In Strafsachen gegen Mitglieder der gesetzgebenden Körperschaften des Bundes oder eines Landes oder gegen Mitglieder des Europäischen Parlaments ist dem Präsidenten der Körperschaft, dem das Mitglied angehört, nach nicht nur vorläufiger Einstellung oder nach rechtskräftigem Abschluß des Verfahrens zur Sicherstellung der Funktionsfähigkeit oder zur Wahrung des Ansehens der jeweiligen Körperschaft die das Verfahren abschließende Entscheidung mit Begründung zu übermitteln; ist mit dieser Entscheidung ein Rechtsmittel verworfen worden, so ist auch die angefochtene Entscheidung zu übermitteln.** [2] **Bei Mitgliedern des Deutschen Bundestages oder des Europäischen Parlaments erfolgt die Übermittlung über das Bundesministerium der Justiz und für Verbraucherschutz.** [3] **Die Übermittlung veranlaßt die Strafverfolgungs- oder Strafvollstreckungsbehörde.**

(2) **Die Übermittlung unterbleibt, wenn die jeweilige Körperschaft darauf verzichtet hat.**

A. Bereichsspezifische Übermittlungsvorschrift. Eine bereichsspezifische Übermittlungsvorschrift (vgl. → EGGVG Vor § 12 Rn. 1) für Strafsachen gegen Mitglieder der gesetzgebenden Körperschaften des Bundes o. eines Landes o. gegen Mitglieder des Europäischen Parlaments, die ggü. den §§ 12–22 **EGGVG** vorrangig ist, enthält die durch das JuMiG eingefügte Bestimmung; sie tritt an die Stelle der Nr. 192 Abs. 5 RiStBV aF, deren Neufassung die Mitteilung auf dem Dienstweg vorschreibt. 1

B. Mitteilung. Mitzuteilen ist entweder die endg. Einstellung o. – nach Rechtskraft – die abschl. Entsch. mit Begründung; mit einer ein Rechtsmittel verwerfenden Entsch. ist auch das angefochtene Erkenntnis zu übermitteln. 2

Zuständig ist nach Abs. 1 S. 4 die Strafverfolgungs- o. Strafvollstreckungsbehörde; Einzelheiten – auch zur funktionellen Zuständigkeit – ergeben sich aus MiStra 4. 3

Empfänger der Mitteilung ist der Präs der jeweiligen Körperschaft. Abs. 1 S. 2 schreibt – ergänzt durch Nr. 192 Abs. 5, 192a Abs. 4 S. 3, 192b Abs. 5 S. 2 RiStBV – die Übermittlung über das BMJV vor, wenn es sich um eine Strafsache gegen Abg. des BT o. des EP handelt. Da es den im G bezeichneten Körperschaften obliegt, die in Abs. 1 S. 1 genannten Zwecke zu wahren, unterbleibt die Mitteilung bei Verzicht (Abs. 2). 4

Vorwarnmechanismus

9 (1) [1] **Das Gericht unterrichtet die zuständigen Behörden der anderen Mitgliedstaaten der Europäischen Union, der anderen Vertragsstaaten des Abkommens über den Europäischen Wirtschaftsraum und der Schweiz mittels des durch die Verordnung (EU) Nr. 1024/2012 des Europäischen Parlaments und des Rates vom 25. Oktober 2012 über die Verwaltungszusammenarbeit mit Hilfe des Binnenmarkt-Informationssystems und zur Aufhebung der Entscheidung 2008/49/EG der Kommission („IMI-Verordnung“) (ABl. L 316 vom 14.11.2012, S. 1), die zuletzt durch die Richtlinie 2014/67/EU (ABl. L 159 vom 28.5.2014, S. 11) geändert worden ist, in der jeweils geltenden Fassung eingerichteten Binnenmarkt-Informationssystems über Entscheidungen in Strafsachen, durch die ein vorläufiges Berufsverbot nach § 132a der Strafprozessordnung oder ein Berufsverbot nach § 70 des Strafgesetzbuches gegen Angehörige folgender Berufe angeordnet wurde:**

1. Heilberufe:
- **a) Ärztinnen und Ärzte,**
- **b) Altenpflegerinnen und -pfleger,**
- **c) Apothekerinnen und Apotheker,**
- **d) Diätassistentinnen und -assistenten,**
- **e) Ergotherapeutinnen und -therapeuten,**
- **f) Hebammen und Entbindungspfleger,**
- **g) Heilpraktikerinnen und -praktiker,**
- **h) Kinder- und Jugendlichenpsychotherapeutinnen und -therapeuten,**
- **i) Krankenschwestern und -pfleger,**
- **j) Logopädinnen und Logopäden,**
- **k) Masseurinnen und Masseure sowie medizinische Bademeisterinnen und -meister,**
- **l) Medizinisch-technische Assistentinnen und Assistenten,**
- **m) Notfallsanitäterinnen und -sanitäter,**
- **n) Orthoptistinnen und Orthoptisten,**
- **o) Pharmazeutisch-technische Assistentinnen und Assistenten,**
- **p) Physiotherapeutinnen und -therapeuten,**
- **q) Podologinnen und Podologen,**
- **r) Psychotherapeutinnen und Psychotherapeuten,**

s) Psychologische Psychotherapeutinnen und -therapeuten,
t) Rettungsassistentinnen und -assistenten,
u) Tierärztinnen und Tierärzte,
v) Zahnärztinnen und Zahnärzte und
w) sonstige Angehörige reglementierter Berufe, die Tätigkeiten ausüben, die Auswirkungen auf die Patientensicherheit haben;

2. Erziehungsberufe:
a) Erzieherinnen und Erzieher,
b) Lehrerinnen und Lehrer und
c) sonstige Angehörige reglementierter Berufe, die Tätigkeiten im Bereich der Erziehung Minderjähriger ausüben.

[2] Die Unterrichtung erfolgt im Fall eines vorläufigen Berufsverbots spätestens drei Tage nach dessen Anordnung durch das entscheidende Gericht, im Fall eines Berufsverbots spätestens drei Tage nach dessen Rechtskraft durch das Gericht, bei dem das Verfahren im Zeitpunkt der Rechtskraft anhängig ist. [3] Dabei sind folgende Daten mitzuteilen:

1. Angaben zur Identität der betroffenen Person,
2. betroffener Beruf,
3. Angabe des Gerichts, das die Anordnung getroffen hat,
4. Umfang des Berufsverbots und
5. Zeitraum, für den das Berufsverbot gilt.

(2) **[1] Wird eine Person verurteilt, weil sie bei einem Antrag auf Anerkennung ihrer Berufsqualifikation nach der Richtlinie 2005/36/EG des Europäischen Parlaments und des Rates vom 7. September 2005 über die Anerkennung von Berufsqualifikationen (ABl. L 255 vom 30.9.2005, S. 22; L 271 vom 16.10.2007, S. 18; L 93 vom 4.4.2008, S. 28; L 33 vom 3.2.2009, S. 49; L 305 vom 24.10.2014, S. 115), die zuletzt durch die Richtlinie 2013/55/EU (ABl. L 354 vom 28.12.2013, S. 132; L 268 vom 15.10.2015, S. 35; L 95 vom 9.4.2016, S. 20) geändert worden ist, in der jeweils geltenden Fassung einen gefälschten Berufsqualifikationsnachweis verwendet hat, unterrichtet das Gericht, bei dem das Verfahren im Zeitpunkt der Rechtskraft der Verurteilung anhängig ist, die zuständigen Behörden der anderen in Absatz 1 Satz 1 genannten Staaten mittels des Binnenmarkt-Informationssystems spätestens drei Tage nach Rechtskraft hierüber. [2] Dabei sind folgende Daten mitzuteilen:**

1. Angaben zur Identität der betroffenen Person,
2. betroffener Beruf und
3. Angabe des verurteilenden Gerichts.

(3) **[1] Unverzüglich nach der Mitteilung nach Absatz 1 oder 2 unterrichtet das Gericht die betroffene Person schriftlich über die Mitteilung und belehrt sie über die Rechtsbehelfe, die ihr gegen die Entscheidung, die Mitteilung zu veranlassen, zustehen. [2] Legt die betroffene Person gegen die Entscheidung einen Rechtsbehelf ein, ist die Mitteilung unverzüglich um einen entsprechenden Hinweis zu ergänzen.**

(4) **[1] Spätestens drei Tage nach der Aufhebung eines vorläufigen Berufsverbots unterrichtet das Gericht die zuständigen Behörden der anderen in Absatz 1 Satz 1 genannten Staaten mittels des Binnenmarkt-Informationssystems hierüber und veranlasst die Löschung der ursprünglichen Mitteilung. [2] Wird ein rechtskräftig angeordnetes Berufsverbot aufgehoben, ändert sich der Zeitraum, für den es gilt, oder wird die Vollstreckung unterbrochen, so unterrichtet das Gericht die zuständigen Behörden hierüber und veranlasst gegebenenfalls die Löschung der ursprünglichen Mitteilung. [3] Bei einer Aufhebung oder Veränderung des Geltungszeitraums des Berufsverbots auf Grund einer Gnadenentscheidung, auf Grund einer Entscheidung nach § 456c Absatz 2 der Strafprozessordnung oder auf Grund**

des § 70 Absatz 4 Satz 3 des Strafgesetzbuches nimmt die Staatsanwaltschaft die Unterrichtung vor und veranlasst gegebenenfalls die Löschung der ursprünglichen Mitteilung.

Hemmung der Unterbrechungsfristen wegen Infektionsschutzmaßnahmen

10 **[Fassung ab 8.4.2023:]**
(aufgehoben)

[Fassung bis 7.4.2023:]

*(1) [1] **Unabhängig von der Dauer der Hauptverhandlung ist der Lauf der in § 229 Absatz 1 und 2 der Strafprozessordnung genannten Unterbrechungsfristen gehemmt, solange die Hauptverhandlung auf Grund von Schutzmaßnahmen zur Verhinderung der Verbreitung von Infektionen mit dem SARS-CoV-2-Virus (COVID-19-Pandemie) nicht durchgeführt werden kann, längstens jedoch für einen Monat; diese Fristen enden frühestens zehn Tage nach Ablauf der Hemmung. [2] Beginn und Ende der Hemmung stellt das Gericht durch unanfechtbaren Beschluss fest.***

*(2) **Absatz 1 gilt entsprechend für die in § 268 Absatz 3 Satz 2 der Strafprozessordnung genannte Frist zur Urteilsverkündung.***

Abs. 1: Die Vorschr. wurde durch G v. 27.3.2020 eingeführt, um Aussetzungen der HV durch die Folgen der COVID-19-Pandemie möglichst zu vermeiden (dazu iE → StPO § 229 Rn. 3a, 3b). Abs. 1 S. 1 trat als weiterer Hemmungstatbestand neben § 229 Abs. 3 S. 1 **StPO**, so dass beide Vorschriften kumulativ zur Anwendung kommen konnten; innerhalb eines Unterbrechungszeitraums konnte Abs. 1 S. 1 mehrfach greifen, ohne dass zwischen den Hemmungszeiträumen zur Sache verhandelt worden sein musste (BGH NJW 2025, 767). 1

Durch G v. 16.9.2022 (BGBl. I 1454) wurde die Hemmungsfrist von maximal zwei auf einen Monat verkürzt. 2

Abs. 2: Abs. 1 galt entspr. für die Frist zur Urteilsverkündung (→ StPO § 268 Rn. 16a). 3

§ 10 EGStPO wurde **zum 8.4.2023 aufgehoben** (BGBl. I 1454). 4

Übergangsregelung zum Gesetz zur Novellierung der forensischen DNA-Analyse

11 **Für die nach dem DNA-Identitätsfeststellungsgesetz vom 7. September 1998 (BGBl. I S. 2646), das zuletzt durch Artikel 4 des Gesetzes vom 27. Dezember 2003 (BGBl. I S. 3007) geändert worden ist, erhobenen und verwendeten Daten finden ab dem 1. November 2005 die Regelungen der Strafprozessordnung Anwendung.**

Übergangsregelung zum Gesetz zur Einführung einer Speicherpflicht und einer Höchstspeicherfrist für Verkehrsdaten

12 (1) **Nach § 96 Absatz 1 Satz 1 Nummer 1 des Telekommunikationsgesetzes gespeicherte Standortdaten dürfen erhoben werden bis zum 29. Juli 2017 auf der Grundlage des § 100g Absatz 1 der Strafprozessordnung in der bis zum Inkrafttreten des Gesetzes zur Einführung einer Speicherpflicht und einer Höchstspeicherfrist für Verkehrsdaten vom 10. Dezember 2015 (BGBl. I S. 2218) geltenden Fassung.**

(2) [1] **Die Übersicht nach § 101b der Strafprozessordnung in der Fassung des Artikels 1 des Gesetzes vom 10. Dezember 2015 (BGBl. I S. 2218) ist erstmalig für das Berichtsjahr 2018 zu erstellen.** [2] **Für die vorangehenden Berichtsjahre ist § 100g Absatz 4 der Strafprozessordnung in der bis zum**

Inkrafttreten des Gesetzes zur Einführung einer Speicherpflicht und einer Höchstspeicherfrist für Verkehrsdaten geltenden Fassung anzuwenden.

1 **A. Zwei Übergangsregelungen.** § 12 trifft zwei Übergangsregelungen, die darauf beruhen, dass die Speicherpflicht nach den §§ 113b ff. TKG gem. § 150 Abs. 13 S. 1 TKG nicht mit Inkrafttreten des G zur Einf. einer Speicherpflicht u. einer Höchstspeicherfrist für Verkehrsdaten v. 10.12.2015 am Tag nach der Verkündung (BGBl. I 2218, Art. 8) umgesetzt werden kann, sondern erst spätestens 18 Monate danach zu erfüllen ist (vgl. BT-Drs. 18/5088, 48).

2 **B. Gespeicherte Standortdaten.** Gespeicherte Standortdaten durften nach Abs. 1 noch bis zum 29.7.2017 auf der Grdl. von § 100g StPO aF, erhoben werden, um bis dahin überhaupt ihre Erhebung zu ermöglichen (→ StPO § 100g Rn. 23a).

3 **C. Übersicht nach § 101b StPO.** Darüber hinaus war die Übersicht nach § 101b StPO gem. Abs. 2 S. 1 erstmals für das Berichtsjahr 2018 zu erstellen, da die Speicherpflicht grds. erst ab dem 1.7.2017 zu erfüllen war; in der Zwischenzeit gilt § 100g Abs. 4 StPO aF (Abs. 2 S. 2).

Übergangsvorschrift zum Gesetz zur Novellierung des Rechts der Unterbringung in einem psychiatrischen Krankenhaus gemäß § 63 des Strafgesetzbuches und zur Änderung anderer Vorschriften

13 [1] **Auf am 1. August 2016 bereits anhängige Vollstreckungsverfahren ist § 463 Absatz 4 Satz 2 und 8 der Strafprozessordnung in der seit dem 1. August 2016 geltenden Fassung erst ab dem 1. August 2018 anwendbar; die Pflicht des Gerichts zur Sachaufklärung, namentlich für die nach § 67d Absatz 6 Satz 2 und 3 des Strafgesetzbuches in der seit dem 1. August 2016 geltenden Fassung gebotenen Überprüfungen, bleibt unberührt.** [2] **§ 463 Absatz 4 Satz 3 und 4 der Strafprozessordnung in der seit dem 1. August 2016 geltenden Fassung ist auf am 1. August 2016 bereits anhängige Vollstreckungsverfahren erst ab dem 1. Februar 2017 anwendbar.** [3] **Bis zur Anwendbarkeit des neuen Rechts nach Satz 1 ist § 463 Absatz 4 Satz 1 und 5 der Strafprozessordnung und bis zur Anwendbarkeit des neuen Rechts nach Satz 2 ist § 463 Absatz 4 Satz 2 der Strafprozessordnung für die genannten Vollstreckungsverfahren in der jeweils am 31. Juli 2016 geltenden Fassung weiter anzuwenden.**

Übergangsregelung zum Gesetz zur Reform der strafrechtlichen Vermögensabschöpfung

14 **Das Gesetz zur Reform der strafrechtlichen Vermögensabschöpfung vom 13. April 2017 (BGBl. I S. 872) gilt nicht für Verfahren, in denen bis zum Inkrafttreten dieses Gesetzes im Urteil oder Strafbefehl festgestellt wurde, dass deshalb nicht auf Verfall erkannt wird, weil Ansprüche eines Verletzten im Sinne des § 73 Absatz 1 Satz 2 des Strafgesetzbuches entgegenstehen.**

1 Die Übergangsregelung betr. **ausschließlich** Verf., in denen das Gericht bis zum Inkrafttreten des Gesetzes zur Reform der strafrechtlichen Vermögensabschöpfung am 1.7.2017 (BGBl. I 872 (894)) nach **§ 111i Abs. 2 S. 1 StPO aF** den Ausschluss des Verfalls aufgrund § 73 Abs. 1 S. 2 StGB aF festgestellt hat (vgl. → 63. Aufl. 2020, StPO § 111i Rn. 1 ff.). Da die Feststellung die **materiell-rechtlichen Grundentscheidung** für eine aufschiebend bedingte Verfallanordnung zugunsten des Staates („Auffangrechtserwerb") darstellt (BGH NJW 2008, 1093 (1094)), ordnet die Übergangsvorschrift die Fortgeltung des alten Rechts an, weil ansonsten eine Regelungslücke entstünde. Die Regelung betr. nicht nur rkr. Entsch., sondern jedes Verf., in dem bis zum Inkrafttreten des neuen Rechts der strafrechtlichen Vermögensabschöpfung die Feststellung nach § 111i Abs. 2 S. 1

StPO aF getroffen worden war – unabhängig davon, ob das Verf. bis zum 1.7.2017 rechtkräftig abgeschlossen wurde o. nicht (BT-Drs. 18/9525, 98; BGH NStZ-RR 2017, 342).

In allen **anderen Verfahren** gilt – mangels einer anderen ges. Bestimmung – der **allgemeine Grundsatz** des Strafverfahrensrecht, wonach **neues Verfahrensrecht** auch für bereits anhängige Verf. gilt (BGHSt 22, 321 (325); → StPO § 354a Rn. 4; KK-StPO/Gericke StPO § 354a Rn. 5). Art. 316h S. 2 **EGStGB** gilt nicht für das Prozessrecht (OLG Hamm StraFo 2018, 63; so auch implizit BGH BeckRS 2017, 127369; 2017, 131923 – Anwendung des mit der Reform neu eingeführten § 421 StPO auf „Altfälle"; erg. → **EGStGB** Art. 316h Rn. 4), auch nicht für Verf., in denen die Feststellung nach § 111i Abs. 2 S. 1 StPO unterblieben ist (BGH NStZ-RR 2019, 175). 2

Übergangsregelung zum Gesetz zur Einführung der elektronischen Akte in der Justiz und zur weiteren Förderung des elektronischen Rechtsverkehrs; Verordnungsermächtigung

15 *[§ 15 bis 31.12.2026:]*

(1) [1] Dokumente und Aktenteile, die nach den Verschlusssachenanweisungen des Bundes oder der Länder als Verschlusssache höher als VS-NUR FÜR DEN DIENSTGEBRAUCH eingestuft sind, dürfen bis zum 31. Dezember 2035 abweichend von den §§ 32 bis 32f der Strafprozessordnung in Papierform erstellt, geführt und übermittelt werden. [2] Dokumente und Aktenteile, die nach den Verschlusssachenanweisungen des Bundes oder der Länder als Verschlusssache VS-NUR FÜR DEN DIENSTGEBRAUCH eingestuft sind, dürfen bis zum 31. Dezember 2035 abweichend von den §§ 32 bis 32f der Strafprozessordnung in Papierform übermittelt werden. [3] Die für die Handhabung von Verschlusssachen geltenden Geheimschutzvorschriften bleiben unberührt.

(2) [1] Die Bundesregierung und die Landesregierungen können jeweils für ihren Bereich durch Rechtsverordnung bestimmen, dass Akten abweichend von § 32 Absatz 1 Satz 1 und 2 der Strafprozessordnung bis einschließlich 31. Dezember 2026 in Papierform angelegt sowie von anderer Stelle bis einschließlich 31. Dezember 2026 übermittelte elektronische Akten in Papierform geführt oder weitergeführt werden. [2] Die Bestimmung kann auf einzelne Gerichte oder Strafverfolgungsbehörden oder allgemein bestimmte gerichtliche Verfahren beschränkt werden; wird von dieser Möglichkeit Gebrauch gemacht, so kann in der Rechtsverordnung bestimmt werden, dass durch Verwaltungsvorschrift, die öffentlich bekanntzumachen ist, geregelt wird, in welchen Verfahren Akten in Papierform angelegt oder elektronisch übermittelte Akten in Papierform geführt oder weitergeführt werden. [3] Die Rechtsverordnung der Bundesregierung bedarf nicht der Zustimmung des Bundesrates. [4] Die Bundesregierung und die Landesregierungen können die in Satz 1 genannte Ermächtigung durch Rechtsverordnung auf die zuständigen Bundes- oder Landesministerien übertragen.

(3) Abweichend von § 32 Absatz 1 Satz 1 der Strafprozessordnung können die Akten ohne gesonderte Bestimmung nach Absatz 2 in Papierform angelegt oder elektronisch angelegte Akten in Papierform geführt oder weitergeführt werden, wenn Behörden des Polizeidienstes oder sonstige Behörden ihre Ermittlungsvorgänge im Sinne des § 163 Absatz 2 Satz 1 der Strafprozessordnung

1. in Papierform übermitteln und die elektronische Aktenführung mit unverhältnismäßigem Aufwand verbunden wäre oder

2. in elektronischer Form übermitteln und eine Verarbeitung im Empfängersystem aus technischen Gründen nicht oder nur mit unverhältnismäßigem Aufwand möglich wäre.

(4) **Abweichend von § 32 Absatz 1 Satz 1 der Strafprozessordnung können elektronisch angelegte Akten ohne gesonderte Bestimmung nach Absatz 2 in Papierform geführt oder weitergeführt werden, wenn Gerichte oder Strafverfolgungsbehörden die Akten zur Abgabe der Aktenführung oder der Bearbeitung übermitteln und eine Verarbeitung im Empfängersystem aus technischen Gründen nicht oder nur mit unverhältnismäßigem Aufwand möglich wäre.**

[§ 15 ab 1.1.2027: [1] Dokumente und Aktenteile, die nach den Verschlusssachenanweisungen des Bundes oder der Länder als Verschlusssache höher als VS-NUR FÜR DEN DIENSTGEBRAUCH eingestuft sind, dürfen bis zum 31. Dezember 2035 abweichend von den §§ 32 bis 32f der Strafprozessordnung in Papierform erstellt, geführt und übermittelt werden. [2] Dokumente und Aktenteile, die nach den Verschlusssachenanweisungen des Bundes oder der Länder als Verschlusssache VS-NUR FÜR DEN DIENSTGEBRAUCH eingestuft sind, dürfen bis zum 31. Dezember 2035 abweichend von den §§ 32 bis 32f der Strafprozessordnung in Papierform übermittelt werden. [3] Die für die Handhabung von Verschlusssachen geltenden Geheimschutzvorschriften bleiben unberührt.]

[§ 15 ab 1.1.2036:** (aufgehoben)**]

Übergangsregelung zum Gesetz zur effektiveren und praxistauglicheren Ausgestaltung des Strafverfahrens

16 **[1] Die Übersichten nach § 101b der Strafprozessordnung sind erstmalig für das Berichtsjahr 2019 zu erstellen. [2] Für die vorangehenden Berichtsjahre sind § 100b Absatz 6, § 100e Absatz 2 und § 101b Nummer 2 der Strafprozessordnung in der bis zum 23. August 2017 geltenden Fassung weiter anzuwenden.**

Übergangsregelung zum Gesetz zur Umsetzung der Richtlinie (EU) 2016/680 im Strafverfahren sowie zur Anpassung datenschutzrechtlicher Bestimmungen an die Verordnung (EU) 2016/679 und zu § 76 des Bundesdatenschutzgesetzes vom 30. Juni 2017

17 (1) **[1] Für vor dem 6. Mai 2016 eingerichtete automatisierte Verarbeitungssysteme sind die durch das Gesetz zur Umsetzung der Richtlinie (EU) 2016/680 im Strafverfahren sowie zur Anpassung datenschutzrechtlicher Bestimmungen an die Verordnung (EU) 2016/679 vom 20. November 2019 (BGBl. I S. 1724) neu gefassten Vorgaben zur Protokollierung in den §§ 488 und 493 der Strafprozessordnung sowie in § 76 des Bundesdatenschutzgesetzes vom 30. Juni 2017 (BGBl. I S. 2097) erst ab dem 6. Mai 2023 anzuwenden. [2] Bis zum 5. Mai 2023 sind für vor dem 6. Mai 2016 eingerichtete automatisierte Abrufverfahren die Vorschriften zur Protokollierung des § 488 Absatz 3 der Strafprozessordnung in der bis zum Inkrafttreten des Gesetzes zur Umsetzung der Richtlinie (EU) 2016/680 im Strafverfahren sowie zur Anpassung datenschutzrechtlicher Bestimmungen an die Verordnung (EU) 2016/679 geltenden Fassung anzuwenden.**

(2) **Für die IT-Anwendungen der Staatsanwaltschaften und Gerichte zur Verarbeitung und Verwaltung von Verfahrensdaten (Fachverfahren) tritt an die Stelle des 6. Mai 2023 in Absatz 1 Satz 1 der 6. Mai 2026 und an die Stelle des 5. Mai 2023 in Absatz 1 Satz 2 der 5. Mai 2026.**

Die Übergangsregelung stellt den mit den neu geregelten Protokollierungspflichten einhergehenden technischen Anpassungsbedarf in Rechnung. Zu berücksichtigen waren insbes. die zeitgleich stattfindenden Arbeiten zur Einf. der elektronischen Akte in Straf- u. Bußgeldsachen (BT-Drs. 19/4671, 81 f.). Sie betr. lediglich automatisierte Verarbeitungssysteme (Abs. 1) u. IT-Anwendungen der StA u. Gerichte im Fachverfahren (Abs. 2), die vor 6.5.2016 eingerichtet worden sind. 1

Abs. 1 betr. automatisierte Verarbeitungssysteme; hier ist § 488 Abs. 3 StPO aF längstens bis zum bis 5.5.2023 anzuwenden. Abs. 2 regelt die Fortgeltung der früheren Protokollierungsvorschrift bis 5.5.2026 für IT-Anwendungen der StA u. Gerichte im Fachverfahren. Grund für die im Vergleich zu Abs. 1 längere Frist ist, dass die Länder sich entschieden haben, ein vollständig neues, fachbereichsübergreifendes Fachverfahren zu entwickeln (BT-Drs. 19/4671, 81 f.). 2

Übergangsregelung zum Gesetz zur Bekämpfung des Rechtsextremismus und der Hasskriminalität

18 **[1] Die Übersichten nach § 101b Absatz 5 und 6 der Strafprozessordnung in der vom 2. April 2021 an geltenden Fassung sind erstmalig für das auf den 2. April 2021 folgende Berichtsjahr zu erstellen. [2] Für die vorangehenden Berichtsjahre ist § 101b Absatz 5 der Strafprozessordnung in der bis zum 1. April 2021 geltenden Fassung anzuwenden.**

Übergangsvorschrift zum Gesetz zur Änderung des Zuständigkeitsstreitwerts der Amtsgerichte, zum Ausbau der Spezialisierung der Justiz in Zivilsachen sowie zur Änderung weiterer prozessualer Regelungen

19 **§ 304 Absatz 3 der Strafprozessordnung ist in seiner bis einschließlich 31. Dezember 2025 geltenden Fassung weiter anzuwenden, wenn die anzufechtende Entscheidung bis einschließlich 31. Dezember 2025 bekannt gemacht (§ 35 der Strafprozessordnung) worden ist.**

Einführungsgesetz zum Gerichtsverfassungsgesetz

Vom 27. Januar 1877 (RGBl. S. 77; FNA 300-1)
Zuletzt geändert durch G v. 8.12.2025 (BGBl. 2025 I Nr. 318)

Erster Abschnitt. Allgemeine Vorschriften

1 *(aufgehoben)*

[Anwendungsbereich]

2 **Die Vorschriften des Gerichtsverfassungsgesetzes finden auf die ordentliche Gerichtsbarkeit und deren Ausübung Anwendung.**

Zur **ordentlichen Gerichtsbarkeit** gehört auch die Strafrechtspflege (→ EGStPO § 3 Rn. 1); der Strafprozess ist freilich kein Parteiverfahren (→ Einl. Rn. 9, 10). In Jugendsachen gilt das GVG nur, soweit das JGG nichts anderes bestimmt (§ 2 Abs. 2 **JGG**). 1

[Übertragung der Gerichtsbarkeit]

3 (1) [1] **Die Gerichtsbarkeit in bürgerlichen Rechtsstreitigkeiten und Strafsachen, für welche besondere Gerichte zugelassen sind, kann den ordentlichen Landesgerichten durch die Landesgesetzgebung übertragen werden.** [2] **Die Übertragung darf nach anderen als den durch das Gerichtsverfassungsgesetz vorgeschriebenen Zuständigkeitsnormen erfolgen.**

(2) *(aufgehoben)*

(3) *[betrifft bürgerliche Rechtsstreitigkeiten]*

4 *(aufgehoben)*

[Ermächtigung der Länder Berlin und Hamburg]

4a (1) [1] **Die Länder Berlin und Hamburg bestimmen, welche Stellen die Aufgaben erfüllen, die im Gerichtsverfassungsgesetz den Landesbehörden, den Gemeinden oder den unteren Verwaltungsbezirken sowie deren Vertretungen zugewiesen sind.** [2] **Das Land Berlin kann bestimmen, dass die Wahl der Schöffen und Jugendschöffen bei einem gemeinsamen Amtsgericht stattfindet, bei diesem mehrere Schöffenwahlausschüsse gebildet werden und deren Zuständigkeit sich nach den Grenzen der Verwaltungsbezirke bestimmt.**

(2) *(aufgehoben)*

Berlin hat von der Ermächtigung des Abs. 1 S. 2 Gebrauch gemacht und nach § 6a seines AGGVG die Schöffenwahl beim AG Tiergarten konzentriert und dort entspr. Schöffenwahlausschüsse gebildet. 1

5 *(gegenstandslos)*

[Wahl, Ernennung und Amtsperiode ehrenamtlicher Richter]

6 (1) **Vorschriften über die Wahl oder Ernennung ehrenamtlicher Richter in der ordentlichen Gerichtsbarkeit einschließlich ihrer Vorbereitung, über die Voraussetzung hierfür, die Zuständigkeit und das dabei einzuschlagende Verfahren sowie über die allgemeinen Regeln über Auswahl und Zuziehung dieser ehrenamtlichen Richter zu den einzelnen Sitzungen sind erstmals auf die erste Amtsperiode der ehrenamtlichen Richter anzuwenden, die nicht früher als am ersten Tag des auf ihr Inkrafttreten folgenden zwölften Kalendermonats beginnt.**

(2) **Vorschriften über die Dauer der Amtsperiode ehrenamtlicher Richter in der ordentlichen Gerichtsbarkeit sind erstmals auf die erste nach ihrem Inkrafttreten beginnende Amtsperiode anzuwenden.**

1 **A. Allgemeine Übergangsvorschriften.** Allgemeine Übergangsvorschriften für alle Gesetze, mit denen künftig das Recht der ehrenamtl. Richter in der ordentlichen Gerichtsbarkeit geänd. wird, enthält die Vorschrist. Dadurch soll vermieden werden, dass jew. neue Übergangsvorschriften für jedes einzelne Änderungsgesetz geschaffen werden müssen.

2 **B. Vorschriften über die Wahl oder Ernennung.** Für Vorschriften über die Wahl oder Ernennung der ehrenamtl. Richter enthält Abs. 1 eine Anwendungsregelung. Die Schutzfrist v. 12 Monaten soll sicherstellen, dass ausreichend Zeit für die Vorbereitung u. Durchführung der Wahl o. Ernennung bleibt.

3 **C. Neue Vorschriften über die Dauer der Amtsperioden.** Neue Vorschriften über die Dauer der Amtsperioden sind nach Abs. 2 nicht für die lfd. Amtsperioden anzuwenden.

7 *(gegenstandslos)*

8 *[betrifft bürgerliche Rechtsstreitigkeiten]*

[Ausschließliche Zuständigkeit in Strafsachen]

9 [1] **Durch die Gesetzgebung eines Landes, in dem mehrere Oberlandesgerichte errichtet werden, können die zur Zuständigkeit der Oberlandesgerichte gehörenden Entscheidungen in Strafsachen oder in Verfahren nach dem Gesetz über die internationale Rechtshilfe in Strafsachen ganz oder teilweise ausschließlich einem der mehreren Oberlandesgerichte oder an Stelle eines solchen Oberlandesgerichts dem Obersten Landesgericht zugewiesen werden.** [2] **Dem Obersten Landesgericht können auch die zur Zuständigkeit eines Oberlandesgerichts nach den §§ 120 und 120b des Gerichtsverfassungsgesetzes gehörenden Entscheidungen zugewiesen werden.**

1 **A. BayObLG.** Ein ObLG ist nur in Bayern errichtet; ihm sind vor allem die OLG-Revisionssachen für Bayern u. die Rechtsbeschwerdesachen im Bußgeldverfahren übertragen (s. Art. 12 Nr. 1 AGGVG. Das traditionsreiche, fast 400 Jahre alte BayObLG war zunächst zum 30.6.2006 aufgelöst worden (GVBl. 2004, 400), wurde aber mit G v. 12.7 2018 dann wieder neu errichtet (GVBl. 545).

B. Zuständigkeitskonzentration bei einem OLG. Für Entsch. über Beschwerden nach § 57a StGB, § 454 Abs. 2 StPO sind zuständig: OLG Celle in Niedersachsen (G v. 27.6.1982, GVBl. 195), OLG Hamm in NW (G v. 6.4.1982, GVNW 170), OLG Karlsruhe in BW (§ 44 BWAGGVG), OLG Koblenz in RhPf (§ 4 Abs. 3 Nr. 1 RPGerOrgG). 2

C. Ergänzende Vorschriften. §§ 83, 92 GWB für KartellOWien, § 25 Abs. 2 für die gerichtliche Nachprüfung v. VerwAen, § 37 Abs. 4 iVm § 25 Abs. 2 für das Anfechtungsverfahren bei Kontaktsperre u. § 4 Abs. 3 BinSchVerfG. 3

[Besetzung und Verfassung des obersten Landesgerichts]

10 (1) **Die allgemeinen sowie die in § 116 Abs. 1 Satz 2, §§ 117, 124, 130 Abs. 1 und § 181 Abs. 1 enthaltenen besonderen Vorschriften des Gerichtsverfassungsgesetzes finden auf die obersten Landesgerichte der ordentlichen Gerichtsbarkeit entsprechende Anwendung; ferner sind die Vorschriften der §§ 132, 138 des Gerichtsverfassungsgesetzes mit der Maßgabe entsprechend anzuwenden, daß durch Landesgesetz die Zahl der Mitglieder der Großen Senate anderweitig geregelt oder die Bildung eines einzigen Großen Senats angeordnet werden kann, der aus dem Präsidenten und mindestens acht Mitgliedern zu bestehen hat und an die Stelle der Großen Senate für Zivilsachen und für Strafsachen sowie der Vereinigten Großen Senate tritt.**

(2) **Die Besetzung der Senate bestimmt sich in Strafsachen, in Grundbuchsachen und in Angelegenheiten der freiwilligen Gerichtsbarkeit nach den Vorschriften über die Oberlandesgerichte, im übrigen nach den Vorschriften über den Bundesgerichtshof.**

Die **Verfassung des ObLG** wird der Verfassung des BGH angeglichen. In der Besetzung u. auch sonst, soweit sich aus § 10 nichts anderes ergibt, bleibt das ObLG ein OLG. Keine erweiternde Auslegung von Abs. 2 auf uU vergleichbare Fälle, wie zB einen Beschl. nach § 441 StPO; Besetzung mit drei Richtern (BayObLG AfP 1987, 690). Beim BayObLG (→ § 9 Rn. 1) waren entspr. § 132 GVG Große Senate für Zivil- und Strafsachen errichtet. 1

11 *(aufgehoben)*

Zweiter Abschnitt. Verfahrensübergreifende Mitteilungen von Amts wegen

Vorbemerkung zu § 12

A. Justizmitteilungsgesetz. Das Justizmitteilungsgesetz u. G zur Änd. kostenrechtlicher Vorschr. ua Gesetze (JuMiG) v. 18.6.1997 (BGBl. I 1430) hat in Art. 1 das EGGVG in Abschn. eingeteilt u. die Bestimmungen des 2. Abschn. neu eingefügt. Die Änderungsvorschr. in den Art. 2–31 JuMiG implementierten – grds. vorrangige – bereichsspezifische Übermittlungsvorschriften in eine Vielzahl v. Gesetzen (Wollweber NJW 1997, 2488). Dort o. in anderen Spezialvorschriften (vgl. zB → § 13 Rn. 2) nicht erfasste verfahrensübergreifende Mitteilungen (Übermittlung personenbezogener Daten) durch Gerichte der ordentlichen Gerichtsbarkeit u. StAen an öffentl. Stellen des Bundes o. eines Landes vAw (nicht auf Ersuchen, vgl. §§ 474 ff. StPO) sind – begrenzt auf das unbedingt Erforderliche (das betont auch BGH ZIP 2008, 466) – im 2. Abschn. des EGGVG geregelt worden. Den verfahrensrechtlichen Vorkehrungen (→ Rn. 4) kann aber auch in den bereichs- 1 spezifisch – auch landesrechtlich – vorgesehenen Mitteilungen Bedeutung zukommen, soweit die Vorschr. über das Verf. der übermittelnden Stelle keine datenschutzrechtlichen Regelungen enthalten (Wollweber NJW 1997, 2488 (2489)).

2 **B. Verfassungsrechtliche Grundlage.** Auf eine verfassungsrechtlich einwandfreie gesetzliche Grundlage soll durch das JuMiG die Übermittlung personenbezogener Daten durch die Gerichte der ordentlichen Gerichtsbarkeit u. die StAen gestellt werden (vgl. BVerfG NJW 2015, 610). Das v. BVerfG in seiner Entsch. v. 15.12.1983 zum Volkszählungsgesetz 1983 (BVerfGE 65, 1) aus dem allg. Persönlichkeitsrecht entwickelte Recht auf „informationelle Selbstbestimmung", das den einzelnen gegen unbegrenzte Erhebung, Speicherung, Verwendung u. Weitergabe seiner persönlichen Daten schützt, umfasst die Übermittlung staatlicher Entsch., die eine Person betreffen (BVerfGE 78, 77 (84)). Wegen der Gemeinschaftsbezogenheit u. Gemeinschaftsgebundenheit der Person muss der Einzelne Einschränkungen im überwiegenden Allgemeininteresse hinnehmen (BVerfGE 65, 1 (43); 80, 367 (373)); strafrechtlich relevante Verhaltensweisen berühren Belange der Allgemeinheit (BVerwG NJW 1990, 2765 (2766)). Eingriffe in das Recht auf „informationelle Selbstbestimmung" bedürfen jedoch einer ges. Grundlage, die dem Gebot der Normenklarheit u. dem Grundsatz der Verhältnismäßigkeit genügt sowie die organisatorischen u. verfahrensrechtlichen Vorkehrungen enthält, die der Gefahr einer Verletzung des Persönlichkeitsrechts entgegenwirken (BVerfGE 65, 1 (44)).

3 **C. Mitteilungsermächtigungen.** Bewusst auf Mitteilungsermächtigungen beschränkt sich das Gesetz; die Begründung v. Mitteilungspflichten bleibt, soweit diese nicht spezialgesetzlich bestehen (vgl. auch §§ 20, 21), Verwaltungsvorschriften im Wege der Normenkonkretisierung u. Ermessensbindung vorbehalten (→ § 12 Rn. 8, 9). Nach Auff. des Gesetzgebers (BT-Drs. 13/4709, 18) entspr. die Anknüpfung an das „bewährte System" der einschlägigen Regelungen (insbes. der MiStra) dem verfassungsrechtlichen Erfordernis, dass „für jeden klar und erkennbar bestimmt (ist), in welchen Fällen eine Mitteilung rechtmäßig erfolgen kann" (krit. unter Hinweis auf die eingeschränkte Pflicht zur Unterrichtung Betroffener vAw in § 21 Wollweber NJW 1997, 2489).

4 **D. Verfahrensrechtliche Vorkehrungen.** Die wesentlichen verfahrensrechtlichen Vorkehrungen, die der Gefahr einer Verletzung des Persönlichkeitsrechts entgegenwirken (→ Rn. 2), sind die Zweckbindung (§§ 19 Abs. 1, 18 Abs. 1 S. 2), die Prüfungs- u. Rücksendepflicht (§ 19 Abs. 2), die Nachberichts- u. Korrekturpflicht (§ 20), die Auskunfts- u. Unterrichtungspflicht (§ 21) u. die Gewährung effektiven Rechtsschutzes (§ 22).

5 **E. EUStA.** Nach § 4 Abs. 4 S. 1 EUStAG gelten §§ 12–20 für die EUStA nach der Maßgabe der EUStA-VO; sie finden subsidiär Anwendung. §§ 21 und 22 sind wegen des Vorrangs der Art. 47 ff. EUStA-VO nach § 4 Abs. 4 S. 2 EUStAG nicht anzuwenden (BT-Drs. 19/17963, 54).

[Geltungsbereich, Verantwortung; Erlass von Verwaltungsvorschriften]

12 (1) [1]**Die Vorschriften dieses Abschnitts gelten für die Übermittlung personenbezogener Daten von Amts wegen durch Gerichte der ordentlichen Gerichtsbarkeit und Staatsanwaltschaften an öffentliche Stellen des Bundes oder eines Landes für andere Zwecke als die des Verfahrens, für die die Daten erhoben worden sind.** [2]**Besondere Rechtsvorschriften des Bundes oder, wenn die Daten aus einem landesrechtlich geregelten Verfahren übermittelt werden, eines Landes, die von den §§ 18 bis 22 abweichen, gehen diesen Vorschriften vor.**

(2) **Absatz 1 gilt entsprechend für die Übermittlung personenbezogener Daten an Stellen der öffentlich-rechtlichen Religionsgesellschaften, sofern sichergestellt ist, daß bei dem Empfänger ausreichende Datenschutzmaßnahmen getroffen werden.**

(3) **Eine Übermittlung unterbleibt, wenn ihr eine besondere bundes- oder entsprechende landesgesetzliche Verwendungsregelung entgegensteht.**

(4) **Die Verantwortung für die Zulässigkeit der Übermittlung trägt die übermittelnde Stelle.**

(5) [1]**Das Bundesministerium der Justiz und für Verbraucherschutz kann mit Zustimmung des Bundesrates allgemeine Verwaltungsvorschriften zu den nach diesem Abschnitt zulässigen Mitteilungen erlassen.** [2]**Ermächtigungen zum Erlaß von Verwaltungsvorschriften über Mitteilungen in besonderen Rechtsvorschriften bleiben unberührt.**

A. Anwendungsbereich (Abs. 1). Den Anwendungsbereich der Vorschr. des 2. Abschn. regelt Abs. 1. 1

I. Übermittlungen von Amts wegen. Für Übermittlungen von Amts wegen durch die Gerichte der ordentlichen Gerichtsbarkeit (einschl. der Arbeitsgerichte, Art. 14 JuMiG) u. der StAen gelten die Vorschr. des 2. Abschn. (Abs. 1 S. 1). Nach der Begründung des Gesetzentwurfs der BReg (BT-Drs. 13/4709, 19) zählen Gerichtsvollzieher wegen ihrer eigenständigen Stellung nicht zu den Gerichten. Wer im jeweiligen Verfahrensstadium mitteilungspflichtige Stelle u. dort funktionell zuständig ist, ergibt sich für den Anwendungsbereich der MiStra aus deren Nr. 4 (vgl. → Rn. 8, 9). 2

II. Empfänger der Daten. Die für die Empfänger der Daten verwendete Bezeichnung „öffentliche Stellen des Bundes oder eines Landes" übernimmt die Begriffsbestimmung in § 2 BDSG: Gerichte, Behörden, andere öffentlich-rechtlich organisierte Einrichtungen des Bundes, der Länder, der Gemeinden u. der Gemeindeverbände, ferner bundesunmittelbare Körperschaften, Anstalten u. Stiftungen des öffentl. Rechts sowie sonstige der Aufsicht eines Landes unterstehende JPen des öffentl. Rechts, jew. einschl. deren Vereinigungen ungeachtet ihrer Rechtsform. Hinzu kommen nicht-öffentl. Stellen, soweit sie hoheitliche Aufgaben der öffentl. Verw. wahrnehmen (zB die Post-Aktiengesellschaften nach Art. 143b Abs. 3 GG iVm § 1 Abs. 1 des Postpersonalrechtsgesetzes). Adressat der Mitteilung können nach Abs. 2 ferner Stellen der öffentlich-rechtlichen Religionsgesellschaften sein. Bei den in Betracht kommenden kirchlichen Körperschaften des öffentl. Rechts ist die Datensicherheit gewährleistet (KK-StPO/Mayer Rn. 8). Die Empfänger haben weitere Schritte in eigener Zuständigkeit zu prüfen (BGH ZIP 2008, 466: Insolvenzvergehen eines Insolvenzverwalters). Transnationale Datenübermittlungen vAw sehen zB §§ 61a, 92 IRG vor. 3

III. Personenbezogene Daten. Personenbezogene Daten unmittelbar am Verf. beteiligter, aber auch am Verf. unbeteiligter Personen sind Gegenstand der Übermittlung. Der Begriff wird v. JuMiG vorausgesetzt. Nach § 3 Abs. 1 BDSG sind dies Einzelangaben über persönliche o. sachliche Verhältnisse einer bestimmten o. bestimmbaren natürlichen Person (Betroffener); sie müssen für Zwecke des Verf., aus dem die Mitteilung erfolgen soll, erhoben worden sein (vgl. → § 14 Rn. 2). 4

IV. Nicht erfasst. Nicht erfasst sind Übermittlungen auf Ersuchen an nicht-öffentl. Stellen (vgl. aber → Rn. 3) u. Privatpersonen; insoweit ergeben sich die Rechtsgrundlagen aus den einzelnen Verfahrensgesetzen, etwa den §§ 474 ff. StPO, u. aus bereichsspezifischen Regelungen. Mitteilungen „für andere Zwecke" (als die des Verf. vor der übermittelnden Stelle) liegen nicht vor bei Übermittlungen an im Verf. mitwirkende Stellen einschl. der über- u. untergeordneten Instanzgerichte sowie zur Wahrnehmung v. Aufsichtsbefugnissen o. zu Ausbildungs- u. Prüfungszwecken (vgl. § 23 Abs. 1 Nr. 6 BDSG). Soweit bereichsspezifisch geregelte Übermittlungen bes., v. den §§ 18–22 abw. – auch landesrechtliche – Bestimmungen enthalten, verdrängen sie gem. Abs. 1 S. 2 die subsidiär geltenden (→ Vor § 12 Rn. 1) Vorschr. des 2. Abschn., zB § 30 **AO.** 5

6 **B. Verwendungsregelungen (Abs. 3).** Besondere Verwendungsregelungen (Abs. 3) einschl. der Übermittlungsverbote schließen eine Mitteilung der geschützten Daten aus. Erfasst sind zB bes. Amts- u. Berufsgeheimnisse sowie das Steuer- (§ 30 Abs. 1, 4 **AO**) u. das in § 35 SGB I, §§ 67 ff. SGB X geregelte Sozialgeheimnis (vgl. Lührs MDR 1996, 21; → StPO § 98b Rn. 3), ferner §§ 311, 338 FamFG (vgl. BT-Drs. 13/4709, 20, 31 zu den Vorgängervorschriften in §§ 69n, 70n FGG), aber auch landesrechtliche Geheimhaltungspflichten, etwa in den Landesstatistik- u. Kommunalabgabengesetzen. Das an den Ablauf der Tilgungsfristen des § 46 **BZRG** anknüpfende Verwertungsverbot der §§ 51, 52, 63 Abs. 4 **BZRG** wird im Allgemeinen erst v. Empfänger zu beachten sein (SK-StPO/Weßlau § 477 Rn. 7).

7 **C. Verantwortung der übermittelnden Stelle.** Die Verantwortung der übermittelnden Stelle für die Zulässigkeit v. Mitteilungen vAw (Abs. 4) entspr. datenschutzrechtlichen Grundsätzen (vgl. § 15 Abs. 2 S. 1 BDSG).

8 **D. Zu Abs. 5:** Durch allg. Justizverwaltungsvorschriften soll im Interesse der Praxis u. einer in den wesentlichen Punkten bundeseinheitlichen Regelung eine Aufsplitterung in bundes- u. landesrechtliche Bestimmungen vermieden werden. Die Begründung v. Mitteilungspflichten durch den Erlass einheitlicher Verwaltungsvorschriften des Bundes u. der Länder entspr. der auf Mitteilungsermächtigungen (→ Vor § 12 Rn. 3) beschränkten Regelungssystematik des 2. Abschnitts.

9 Die zwischen den Landesjustizverwaltungen u. dem BMJV vereinbarte Neufassung der **Anordnung über Mitteilungen in Strafsachen (MiStra)** ist am 1.6.2008 in Kraft getreten (Anh. **A 13**). Mitteilungspflichten können sich auch aus anderen Verwaltungsvorschriften ergeben (zB RiStBV, RiVASt, StVollstrO; vgl. die Zusammenstellung im Anh. der MiStra). Nicht geregelten Einzelfällen kann durch Entsch. auf der Grdl. ges. Befugnisse (zB § 17) Rechnung getragen werden.

[Übermittlung personenbezogener Daten durch Gerichte und Staatsanwaltschaften]

13 (1) **Gerichte und Staatsanwaltschaften dürfen personenbezogene Daten zur Erfüllung der in der Zuständigkeit des Empfängers liegenden Aufgaben übermitteln, wenn**

1. eine besondere Rechtsvorschrift dies vorsieht oder zwingend voraussetzt,
2. die betroffene Person eingewilligt hat,
3. offensichtlich ist, daß die Übermittlung im Interesse der betroffenen Person liegt, und kein Grund zu der Annahme besteht, daß sie in Kenntnis dieses Zwecks ihre Einwilligung verweigern würde,
4. die Daten auf Grund einer Rechtsvorschrift von Amts wegen öffentlich bekanntzumachen sind oder in ein von einem Gericht geführtes, für jedermann unbeschränkt einsehbares öffentliches Register einzutragen sind oder es sich um die Abweisung des Antrags auf Eröffnung des Insolvenzverfahrens mangels Masse handelt oder
5. auf Grund einer Entscheidung
a) bestimmte Rechtsfolgen eingetreten sind, insbesondere der Verlust der Rechtsstellung aus einem öffentlich-rechtlichen Amts- oder Dienstverhältnis, der Ausschluß vom Wehr- oder Zivildienst, der Verlust des Wahlrechts oder der Wählbarkeit oder der Wegfall von Leistungen aus öffentlichen Kassen, und
b) die Kenntnis der Daten aus der Sicht der übermittelnden Stelle für die Verwirklichung der Rechtsfolgen erforderlich ist;
dies gilt auch, wenn auf Grund der Entscheidung der Erlaß eines Verwaltungsaktes vorgeschrieben ist, ein Verwaltungsakt nicht erlassen werden darf oder wenn die betroffene Person ihr durch Verwaltungsakt gewährte Rechte auch nur vorläufig nicht wahrnehmen darf.

(2) [1]**In anderen als in den in Absatz 1 genannten Fällen dürfen Gerichte und Staatsanwaltschaften personenbezogene Daten zur Erfüllung der in der Zuständigkeit des Empfängers liegenden Aufgaben einschließlich der Wahrnehmung personalrechtlicher Befugnisse übermitteln, wenn eine Übermittlung nach den §§ 14 bis 17 zulässig ist und soweit nicht für die übermittelnde Stelle offensichtlich ist, daß schutzwürdige Interessen der betroffenen Person an dem Ausschluß der Übermittlung überwiegen.** [2]**Übermittelte Daten dürfen auch für die Wahrnehmung der Aufgaben nach dem Sicherheitsüberprüfungsgesetz oder einem entsprechenden Landesgesetz verarbeitet werden.**

A. Übermittlungsermächtigung (Abs. 1). Abs. 1 ermächtigt Gerichte und StAen in den dort genannten 5 Fallgruppen personenbezogene Daten zur Erfüllung v. Aufgaben zu übermitteln, die in der – durch Rechtsnorm begründet – Zuständigkeit des Empfängers (→ § 12 Rn. 3) liegen. 1

Nr. 1 stellt klar, dass bereichsspezifisch – auch landesrechtlich – geregelte o. zwingend vorausgesetzte Übermittlungen nicht eingeschränkt werden. Das gilt etwa für § 8 Abs. 2 AsylG, §§ 87, 88 AufenthG, § 27 Abs. 3, 4 BtMG, § 18 Abs. 1, Abs. 2 BVerfSchG, § 8 Abs. 1, Abs. 2 BNDG, § 64a Abs. 2 BNotO, § 36 Abs. 2 BRAO (vgl. BGH ZIP 2008, 466 zu MiStra 23 aF), §§ 9, 34a EuRAG, § 4 Abs. 5 S. 1 Nr. 10 S. 2, 4 EStG, § 311 FamFG, § 15 Abs. 2 GwG, § 84a Abs. 2 WiPrO u. § 34 Zahlungsdiensteaufsichtsgesetz. **Nr. 2** entspr. allg. datenschutzrechtlichen Grundsätzen; die Einwilligung bedarf keiner Form. **Nr. 3** enthält insbes. die Rechtsgrundlage für die Mitteilung der Einstellung des Verf. o. des Freispruchs des Angeklagten an die öffentl. Stelle, die das Strafverfahren veranlasst hat (zum Maßstab der Offensichtlichkeit vgl. → Rn. 7). Der Wortlaut („dieses Zwecks") soll klarstellen, dass mit dem Zweck der Übermittlung die in der Zuständigkeit des Empfängers liegenden Aufgaben gemeint sind (BT-Drs. 13/7489, 54). 2

Nr. 4 greift einen auf Art. 5 Abs. 1 S. 1 GG beruhenden Rechtsgedanken auf. Auch die Übermittlung zuvor bereits öffentl. bekanntgemachter Daten bedarf einer ges. Grdl. (vgl. BVerfGE 78, 77 (85)). Gesetzlich vorgeschrieben ist eine Bekanntmachung etwa bei Vermögensbeschlagnahmen in Strafsachen nach § 291 StPO (→ StPO § 291 Rn. 1, 2), sonst zB in §§ 50 Abs. 1, 66 Abs. 1, 1562, 1983 BGB, § 435 FamFG, §§ 39, 40 ZVG, §§ 23 Abs. 1, 30 Abs. 1 InsO. Insoweit reicht aus, dass die Übermittlung zur Erfüllung der in der Zuständigkeit des Empfängers liegenden Aufgaben erfolgt. Allgemein zugängliche Register sind zB das Vereinsregister (§ 79 Abs. 1 S. 1 BGB), das Güterrechtsregister (§ 1563 BGB), das Handelsregister (§ 9 Abs. 1 HGB) u. das Register nach § 20 AGBG; es genügt nicht, dass der Empfänger – wie beim Grundbuch nach § 12 GBO – ein Recht auf Einsicht hat (BT-Drs. 13/4709, 25, 40, 54; 13/7489, 54). Die Abweisung des Antrags auf Eröffnung des Insolvenzverfahrens mangels Masse darf mitgeteilt werden, obwohl die Entsch. nicht öffentl. bekanntgemacht wird u. das Schuldnerverzeichnis nicht unbeschränkt einsehbar ist (§ 26 Abs. 2 InsO iVm §§ 915b ff. ZPO). 3

Nr. 5 betr. die Fälle, in denen Rechtsfolgen an eine Entsch. – sei es nach ihrem Inhalt, sei es aufgrund v. Rechtsvorschriften – geknüpft sind u. die Mitteilung – aus der Sicht der übermittelnden Stelle – erforderlich ist, um deren Beachtung u. Umsetzung zu gewährleisten. Die Rechtsfolgen können bundesrechtlich (zB § 45 StGB; § 41 BBG; § 24 BeamtStG; § 61 Abs. 1 S. 1 Nr. 4 des Beamtenversorgungsgesetzes), landesrechtlich o. in Satzungen v. Selbstverwaltungskörperschaften angeordnet sein (vgl. BT-Drs. 13/4709, 23: Erlöschen der Zusatzversorgung durch die Versorgungsanstalt des Bundes u. der Länder nach § 42 Abs. 3 S. 1 ihrer Satzung, wenn der Betroffene wegen einer vorsätzlichen Tat zu einer Freiheitsstrafe v. mind. 2 Jahren – wegen bestimmter Staatsschutzdelikte mind. 6 Monaten – verurteilt worden ist). Die Übermittlungsermächtigung besteht nach dem 2. Hs. auch, wenn die Rechtsfolge zusätzlich v. einem Verwaltungsakt abhängt o. dessen Erlass ausschließt, ferner zB, wenn ein Führerschein, den der Beschuldigte freiwillig 4 ohne vorl. Entziehung nach § 111a StPO hrsg. hat, in amtl. Verwahrung genommen wird (vgl. § 21 Abs. 2 Nr. 2 StVG). Eine ges. Mitteilungspflicht bei Verlust des Wahlrechts o. der Wählbarkeit – wie in § 309 Abs. 1 FamFG – sieht das G nicht vor.

5 **B. Auffangvorschrift (Abs. 2).** Als Auffangvorschrift ggü. Abs. 1 und bereichsspezifischen Regelungen kennzeichnet Abs. 2 die §§ 14–17. Diese Ermächtigungen gestatten Übermittlungen nur zur Erfüllung der in der Zuständigkeit des Empfängers liegenden Aufgaben (→ Rn. 1). Personalrechtliche Befugnisse werden mit Blick auf § 14 Abs. 1 Nr. 5 ausdr. genannt. Der Empfänger darf übermittelte Daten auch für Aufgaben nach dem Sicherheitsüberprüfungsgesetz v. 20.4.1994 (BGBl. I 867) bzw. entspr. Landesgesetzen verwenden (Abs. 2 S. 2).

6 Eine Mitteilung unterbleibt, wenn ihr **überwiegende schutzwürdige Interessen des Betroffenen** entgegenstehen (krit. zu dieser Formel Wollweber NJW 1997, 2488). Das Abwägungserfordernis ist eine Ausprägung des Grundsatzes der Verhältnismäßigkeit, der einen Eingriff nur in dem unbedingt erforderlichen Umf. u. nur zu dem Zeitpunkt zulässt, der den Betroffenen am wenigsten belastet. Schon daraus folgt, dass in Strafsachen Mitteilungen erst nach rkr. Abschluss des Verf. gemacht werden dürfen, wenn dies zur Erfüllung der Aufgaben des Empfängers ausreichend erscheint (BT-Drs. 13/4709, 21; zu Übermittlungen vor Verfahrensabschluss vgl. auch → § 14 Rn. 4).

7 Sowohl die für eine Abweichung sprechenden Umstände als auch deren Überwiegen müssen für die übermittelnde Stelle **offensichtlich** sein, dh sich aufgrund bes. Umstände aufdrängen. Mit dem Maßstab der Offensichtlichkeit wollte der Gesetzgeber klarstellen, dass im Einzelfall keine Ermittlungen erforderlich sind (BT-Drs. 13/7489, 54). Auch soweit in der MiStra auf Erkennbarkeit abgestellt wird (zB Nr. 29 Abs. 2, 48 Abs. 1 S. 2), entscheidet die übermittelnde Stelle aufgrund ihres Kenntnisstandes ohne weitere Ermittlungen (vgl. BT-Drs. 13/4709, 21; krit. Wollweber NJW 1997, 2488; SchlHA 1999, 71 mit dem Hinweis, dass die Betroffenen mangels Kenntnis ihre Bedenken nicht geltend machen können). In den durch Verwaltungsvorschriften vorbewerteten Fällen (vgl. → § 12 Rn. 8, 9) räumt Abs. 2 der übermittelnden Stelle die Möglichkeit ein, v. der Mitteilung abzusehen, wenn sich dies aufgrund bes. Umstände aufdrängt. Für „Bagatellfälle" enthält § 14 Abs. 2 eine Sonderregelung (vgl. → § 14 Rn. 11).

8 Bei **nicht allgemein angeordneten Mitteilungen,** wie dies etwa nach § 17 der Fall sein kann (→ § 12 Rn. 9), ist eine Interessenabwägung im Einzelfall erforderlich, allerdings beschränkt auf die vorhandenen Unterlagen u. sonstigen offensichtlichen Umstände.

[Zulässigkeit der Datenübermittlung in Strafsachen; Annahmen]

14 (1) **In Strafsachen ist die Übermittlung personenbezogener Daten des Beschuldigten, die den Gegenstand des Verfahrens betreffen, zulässig, wenn die Kenntnis der Daten aus der Sicht der übermittelnden Stelle erforderlich ist für**

1.–3. ***(aufgehoben)***

4. dienstrechtliche Maßnahmen oder Maßnahmen der Aufsicht, falls

a) die betroffene Person wegen ihres Berufs oder Amtsverhältnisses einer Dienst-, Staats- oder Standesaufsicht unterliegt, Geistlicher einer Kirche ist oder ein entsprechendes Amt bei einer anderen öffentlich-rechtlichen Religionsgesellschaft bekleidet oder Beamter einer Kirche oder einer Religionsgesellschaft ist und

b) die Daten auf eine Verletzung von Pflichten schließen lassen, die bei der Ausübung des Berufs oder der Wahrnehmung der Aufgaben aus dem Amtsverhältnis zu beachten sind oder in anderer Weise geeignet sind, Zweifel an der Eignung, Zuverlässigkeit oder Befähigung hervorzurufen,

5. **die Entscheidung über eine Kündigung oder für andere arbeitsrechtliche Maßnahmen, für die Entscheidung über eine Amtsenthebung, für den Widerruf, die Rücknahme, die Einschränkung einer behördlichen Erlaubnis, Genehmigung oder Zulassung zur Ausübung eines Gewerbes, einer sonstigen wirtschaftlichen Unternehmung oder eines Berufs oder zum Führen einer Berufsbezeichnung, für die Untersagung der beruflichen, gewerblichen oder ehrenamtlichen Tätigkeit oder der sonstigen wirtschaftlichen Unternehmung oder für die Untersagung der Einstellung, Beschäftigung, Beaufsichtigung von Kindern und Jugendlichen, für die Untersagung der Durchführung der Berufsausbildung oder für die Anordnung einer Auflage, falls**
   a) **die betroffene Person ein nicht unter Nummer 4 fallender Angehöriger des öffentlichen Dienstes oder des Dienstes einer öffentlich-rechtlichen Religionsgesellschaft, ein Gewerbetreibender oder ein Vertretungsberechtigter eines Gewerbetreibenden oder eine mit der Leitung eines Gewerbebetriebes oder einer sonstigen wirtschaftlichen Unternehmung beauftragte Person, ein sonstiger Berufstätiger oder Inhaber eines Ehrenamtes ist und**
   b) **die Daten auf eine Verletzung von Pflichten schließen lassen, die bei der Ausübung des Dienstes, des Gewerbes, der sonstigen wirtschaftlichen Unternehmung, des Berufs oder des Ehrenamtes zu beachten sind oder in anderer Weise geeignet sind, Zweifel an der Eignung, Zuverlässigkeit oder Befähigung hervorzurufen,**
6. **Dienstordnungsmaßnahmen mit versorgungsrechtlichen Folgen oder für den Entzug von Hinterbliebenenversorgung, falls die betroffene Person aus einem öffentlich-rechtlichen Amts- oder Dienstverhältnis oder aus einem Amts- oder Dienstverhältnis mit einer Kirche oder anderen öffentlich-rechtlichen Religionsgesellschaft Versorgungsbezüge erhält oder zu beanspruchen hat,**
7. **den Widerruf, die Rücknahme, die Versagung oder Einschränkung der Berechtigung, der Erlaubnis oder der Genehmigung oder für die Anordnung einer Auflage, falls die betroffene Person**
   a) **in einem besonderen gesetzlichen Sicherheitsanforderungen unterliegenden genehmigungs- oder erlaubnispflichtigen Betrieb verantwortlich tätig oder**
   b) **Inhaber einer atom-, waffen-, sprengstoff-, gefahrstoff-, immissionsschutz-, abfall-, wasser-, seuchen-, tierseuchen-, betäubungsmittel- oder arzneimittelrechtlichen Berechtigung, Erlaubnis oder Genehmigung, einer Genehmigung nach dem Gentechnikgesetz, dem Gesetz über die Kontrolle von Kriegswaffen oder dem Außenwirtschaftsgesetz, einer Erlaubnis zur Arbeitsvermittlung nach dem Dritten Buch Sozialgesetzbuch, einer Verleiherlaubnis nach dem Arbeitnehmerüberlassungsgesetz, einer Erlaubnis nach tierschutzrechtlichen Vorschriften, eines Jagdscheins, eines Fischereischeins, einer verkehrsrechtlichen oder im übrigen einer sicherheitsrechtlichen Erlaubnis oder Befähigung ist oder einen entsprechenden Antrag gestellt hat,**
8. **Maßnahmen der Aufsicht, falls es sich**
   a) **um Strafsachen im Zusammenhang mit Betriebsunfällen, in denen Zuwiderhandlungen gegen Unfallverhütungsvorschriften bekannt werden, oder**
   b) **um Straftaten gegen Vorschriften zum Schutz der Arbeitskraft oder zum Schutz der Gesundheit von Arbeitnehmern handelt,**
9. **die Abwehr erheblicher Nachteile für Tiere und Pflanzen, Boden, Wasser, Luft, Klima und Landschaft sowie das kulturelle Erbe oder**

10. die Untersagung des Besitzes von Waffen oder Munition, deren Erwerb nicht der Erlaubnis bedarf, sowie des Erwerbs solcher Waffen und Munition.

(2) [1] **In Privatklageverfahren, in Verfahren wegen fahrlässig begangener Straftaten, in sonstigen Verfahren bei Verurteilung zu einer anderen Maßnahme als einer Strafe oder einer Maßnahme im Sinne des § 11 Abs. 1 Nr. 8 des Strafgesetzbuches, oder wenn das Verfahren eingestellt worden ist, unterbleibt die Übermittlung in den Fällen des Absatzes 1 Nr. 4 bis 9, wenn nicht besondere Umstände des Einzelfalles die Übermittlung erfordern.** [2] **Die Übermittlung ist insbesondere erforderlich, wenn die Tat bereits ihrer Art nach geeignet ist, Zweifel an der Zuverlässigkeit oder Eignung der betroffenen Person für die gerade von ihr ausgeübte berufliche, gewerbliche oder ehrenamtliche Tätigkeit oder für die Wahrnehmung von Rechten aus einer ihr erteilten Berechtigung, Genehmigung oder Erlaubnis hervorzurufen.** [3] **Die Sätze 1 und 2 gelten nicht bei Straftaten, durch die der Tod eines Menschen verursacht worden ist, und bei gefährlicher Körperverletzung.** [4] **Im Falle der Einstellung des Verfahrens ist zu berücksichtigen, wie gesichert die zu übermittelnden Erkenntnisse sind.**

1 **A. Aufzählung der Zwecke.** Eine Aufzählung der Zwecke, für die in Strafsachen eine Übermittlung personenbezogener Daten (→ § 12 Rn. 4) des Beschuldigten zulässig ist, enthält Abs. 1, der durch §§ 16–18 – etwa für Daten anderer Verfahrensbeteiligter – ergänzt wird. Die Frage einer Harmonisierung der Übermittlungen vAw mit den Verwendungsbeschränkungen in §§ 41, 61 **BZRG** hat der Gesetzgeber offengelassen (krit. Wollweber NJW 1997, 2490).

2 **I. Gegenstand des Verfahrens.** Den Gegenstand des Verfahrens müssen die übermittelten Daten betreffen. Dies umfasst die prozessuale Tat, alle dazugehörenden Tatsachen u. alle sonstigen Umstände, die damit zusammenhängen u. für die Entsch. – einschl. der Bestimmung der Rechtsfolgen u. der Nebenentscheidungen – v. Bedeutung sein können.

3 Das mitteilungspflichtige Strafverfolgungsorgan (→ § 12 Rn. 2) hat keine Ermittlungen, sondern lediglich eine Art **Schlüssigkeitsprüfung** durchzuführen; dies stellt die Formulierung, dass die Kenntnis der Daten aus der Sicht der übermittelnden Stelle für die in Nr. 4–9 genannten Zwecke erforderlich ist, klar. Es genügt, wenn die Daten nach den für den Empfänger geltenden Rechtsvorschriften zur Erfüllung seiner Aufgaben grds. beachtlich sind, also Anlass bieten zu prüfen, ob Maßnahmen zu ergreifen sind (Kissel/Mayer Rn. 3; so auch BFH wistra 2008, 224 zu § 125c BRRG (§ 115 BBG; § 49 BeamtStG; erg. → Rn. 5); zur Prüfung durch den Empfänger vgl. → § 19 Rn. 3).

4 Die Ausrichtung dieser Prüfung an der **Erforderlichkeit** trägt dem verfassungsrechtlichen Grundsatz der Verhältnismäßigkeit Rechnung; dies ist insbes. bei Übermittlungen vor rkr. Abschluss o. vor nicht nur vorl. Einstellung des Verf. zu prüfen (KK-StPO/Mayer Rn. 16). Risiken einer vorzeitigen Übermittlung können schon nach § 13 Abs. 2 zu berücksichtigen sein (wohl **aM** Wollweber NJW 1997, 2491); insoweit können überwiegende schutzwürdige Interessen des Betroffenen einer Übermittlung offensichtlich entgegenstehen (vgl. → § 13 Rn. 6, 7), zB bei Jugendlichen in den Fällen des Abs. 1 Nr. 4 und 5 (vgl. ferner MiStra 12 Abs. 1; 17; 30 Abs. 1; 33; 38 Abs. 1, Abs. 2; 39 Abs. 1; 50 Abs. 1 Nr. 1, Abs. 2); zu „Bagatellfällen" vgl. Abs. 2 und → Rn. 11.

5 **II. Fälle der Nr. 4–10.** Der Nr. 4 gehen die bereichsspezifischen Regelungen in § 49 BeamtStG, § 115 BBG (vgl., auch zum Verhältnis zu § 30 **AO,** BFH wistra 2008, 224: keine antizipierte disziplinarrechtliche Prüfung erforderlich (dies offenlassend BVerfG NJW 2008, 3489); BMF BStBl. I 2000, 494; Schmidt-Keßeler DStZ 2009, 52), § 89 SG u. § 45a Zivildienstgesetz vor; die beamtenrechtlichen Bestimmungen gelten für Richter entspr. (vgl. §§ 46, 71 DRiG). Nr. 4 betr. neben Personen, die in einem sonstigen öffentlich-rechtlichen Amtsverhältnis o. in einem

im G bezeichneten Dienstverhältnis zu einer Religionsgemeinschaft stehen, Angehörige v. Berufen, die einer Staats- o. Standesaufsicht unterliegen, wenn eine bereichsspezifische Norm fehlt (zB Heilhilfsberufe). Die Zulässigkeit v. Mitteilungen aus Strafverfahren ist nach dem Grundsatz der Verhältnismäßigkeit (→ § 13 Rn. 6, 7; → Rn. 4) aufgrund des Inhalts des jeweiligen (bundes- o. landesrechtlichen) Berufsgesetzes zu bestimmen. Zweck ist, wie sich aus Buchst. b ergibt, die Unterstützung der jew. zuständigen Stelle (Behörde, öffentlich-rechtlich verfasste Berufsorganisation, Disziplinar- o. Berufsgerichtsbarkeit) bei der Überwachung der Anforderungen an die persönliche u. fachliche Eignung u. das berufliche Verhalten; in der MiStra (vgl. MiStra 22, 23, 24, 26) ist der Adressat näher bezeichnet.

Nach **Nr. 5** können die Daten der dem Tarifrecht unterstehenden Angehörigen 6
des öffentl. Dienstes mitgeteilt werden, wenn sie die Fähigkeit zur Berufsausübung in diesem Bereich betreffen. Die Bestimmung erfasst ferner Inhaber v. Ehrenämtern, Gewerbetreibende einschl. ihrer Vertretungsberechtigten, eine mit der Leitung eines Gewerbebetriebes o. einer sonstigen wirtschaftlichen Unternehmung beauftragte Person u. sonstige Berufstätige, die zur Ausübung ihres Berufs o. zur Führung ihrer Berufsbezeichnung einer bes. Erlaubnis bedürfen (zB Privatschullehrer, Betreiber v. Altenpflegeheimen, Makler, Bauträger, Baubetreuer). Bei erlaubnisfreien Berufen o. Gewerben ist die Übermittlung zulässig, wenn die Daten Anlass geben können, die Ausübung des Berufs o. Gewerbes zu untersagen o. Auflagen anzuordnen. Zulässig ist schließlich die Mitteilung v. Daten, die nach dem Jugendarbeitsschutzgesetz o. dem Berufsbildungsgesetz zur Untersagung der Einstellung, Beschäftigung o. Beaufsichtigung v. Kindern u. Jugendlichen o. der Durchführung der Berufsausbildung führen können.

Nr. 6 lässt die Übermittlung personenbezogener Daten v. Betroffenen, die im G 7
näher bezeichnete Versorgungsbezüge erhalten o. zu beanspruchen haben, nur zu, wenn dies für Dienstordnungsmaßnahmen mit versorgungsrechtlichen Folgen (zB aufgrund des § 77 Abs. 2 BBG) o. für den Entzug der Hinterbliebenenversorgung nach § 64 des Beamtenversorgungsgesetzes erforderlich ist. Jedoch greift § 13 Abs. 1 Nr. 5 (vgl. → § 13 Rn. 4) ein, wenn aufgrund einer Entsch. in einer Rechtsvorschrift bestimmte Rechtsfolgen eintreten. Übermittlungen hins. Disziplinarmaßnahmen mit anderen als versorgungsrechtlichen Folgen sieht § 89 Abs. 2 SG vor (MiStra 20).

Mitteilungen nach **Nr. 7** sollen der zuständigen Behörde ermöglichen, die zum 8
Schutz der Allgemeinheit erforderlichen Maßnahmen gegen Beschuldigte zu treffen, die in einem bes. ges. Sicherheitsanforderungen unterliegenden genehmigungs- o. erlaubnispflichtigen Betrieb verantwortlich tätig o. Inhaber der in Buchst. b aufgezählten Berechtigungen, Genehmigungen o. Erlaubnisse sind (zum Widerruf einer Waffenbesitzkarte vgl. BVerwGE 97, 245; zur Erteilung einer Fahrerlaubnis VGH Mannheim NJW 2005, 234).

Nr. 8 gestattet Mitteilungen an die zuständige Aufsichtsstelle, wenn in Strafsa- 9
chen, die Betriebsunfälle zum Gegenstand haben, Verstöße gegen Unfallverhütungsvorschriften bekanntgeworden sind (MiStra 44) o. wenn Straftaten gegen Vorschr. zum Schutz der Arbeitskraft o. der Gesundheit v. Arbeitnehmern verfolgt werden (Arbeitsschutzgesetz, Arbeitszeitgesetz usw, vgl. MiStra 46).

Die Formulierung der **Nr. 9** ist § 2 Abs. 1 S. 2 Nr. 1 des Gesetzes über die 10
Umweltverträglichkeitsprüfung v. 12.2.1990 (BGBl. I 205) entlehnt u. betr. die Mitteilung v. Daten, deren Kenntnis zur Abwehr erheblicher Gefahren für die Umwelt erforderlich ist (vgl. die nicht abschl. Aufzählung der in Betracht kommenden Straftaten in MiStra 51).

B. Leichte Straftaten (Abs. 2). Bei leichten Straftaten o. geringer Schuld, bei 11
Anordnung v. Erziehungsmaßregeln o. Zuchtmitteln sowie im Falle der Einstellung des Verf. schließt Abs. 2, der den Grundsatz der Verhältnismäßigkeit weiter (→ § 13 Rn. 6, 7; → Rn. 4) konkretisiert, in den Fällen des Abs. 1 die Übermittlung aus, wenn diese nicht aufgrund der bes. Umstände des Einzelfalles erforderlich ist (zB MiStra 40 Abs. 2, 51 Abs. 2). Insoweit stellt das Regelbeispiel in S. 2 auf die konkrete, v. Betroffenen ausgeübte Tätigkeit ab; ist die Tat geeignet, Zweifel an

seiner Zuverlässigkeit u. Eignung hervorzurufen, ist die Mitteilung zulässig. Bedenken gegen seine Befähigung etwa zu einer Tätigkeit im öffentl. Dienst schlechthin sind nicht erforderlich. S. 2 erfasst aber zB auch den Fall, dass das Verf. wegen eines Trunkenheitsdelikts gegen den Inhaber eines Waffenscheines nach § 153a StPO eingestellt wird. Die Entsch. ist auf der Grdl. vorhandener Erkenntnisse ohne weitere Sachaufklärung zu treffen (→ Rn. 13).

12 Wegen der **Schwere des Delikts** gilt der Ausschluss der Übermittlung nicht für Straftaten, durch die der Tod eines Menschen verursacht worden ist, u. für die gefährliche Körperverletzung (Abs. 2 S. 3). Nicht ausgeschlossen sind Mitteilungen ferner in den Fällen des § 477 Abs. 2 StPO, da angesichts des engen Zusammenhangs zwischen dem Zweck des Verf., aus dem übermittelt werden soll, u. den v. Empfänger verfolgten Zwecken auch den in „Bagatellsachen" übermittelten Daten häufig erhebliche Bedeutung für Entsch. des Empfängers – zB über die Aussetzung eines Strafrests zur Bewährung – zukommen wird (vgl. auch das Bsp. in → StPO § 477 Rn. 4).

13 Im Falle der **Einstellung** (Abs. 2 S. 4) ist – ohne weitere Sachaufklärung – zu berücksichtigen, wie gesichert die Erkenntnisse sind, so dass eine Übermittlung idR zu unterbleiben hat, wenn nach § 170 Abs. 2 StPO verfahren wird. In den Fällen des § 153a StPO wird vornehmlich der prozessuale Kontext zu beachten sein (vgl. Dahs NJW 1996, 1192).

15 *[betrifft Zivilsachen]*

[Datenübermittlung an ausländische öffentliche Stellen]

16 Werden personenbezogene Daten an ausländische öffentliche Stellen oder an über- oder zwischenstaatliche Stellen nach den hierfür geltenden Rechtsvorschriften übermittelt, so ist eine Übermittlung dieser Daten auch zulässig

1. an das Bundesministerium der Justiz und für Verbraucherschutz und das Auswärtige Amt,

2. in Strafsachen gegen Mitglieder einer ausländischen konsularischen Vertretung zusätzlich an die Staats- oder Senatskanzlei des Landes, in dem die konsularische Vertretung ihren Sitz hat.

1 Werden an **ausländische öffentliche Stellen** o. an über- o. zwischenstaatliche Einrichtungen personenbezogene Daten übermittelt (vgl. auch die Dokumentation in DuD 1998, 97), gestattet die Bestimmung, sie auch dem BMJV u. dem AA mitzuteilen. Diese Ermächtigung hat insbes. Bedeutung, wenn der diplomatische Weg eingehalten wird. Die zugrundeliegenden Rechtsvorschriften ergeben sich aus völkerrechtlichen Vereinbarungen (vgl. etwa die Hinweise im Anh. II der RiVASt (Länderteil); vgl. auch Art. 36 Abs. 1b und 42 WÜK sowie → § 114b Rn. 9).

2 In Strafsachen gegen Mitglieder einer ausl. **konsularischen Vertretung** lässt die Vorschr. zusätzlich die Unterrichtung der Staats- o. Senatskanzlei des Landes zu, in dem die Vertretung ihren Sitz hat. Der hiervon betroffene Personenkreis wird in der eine Mitteilungspflicht regelnden MiStra 41 – in Übereinstimmung mit Art. 1 Ig WÜK – näher bezeichnet. Das AA wird nur unterrichtet, wenn der Leiter der konsularischen Vertretung v. der Maßnahme betroffen ist (in diesem Fall ist der Entsendestaat zu benachrichtigen, Art. 42 S. 2 WÜK).

[Kontaktstellen]

16a (1) **Das Bundesamt für Justiz nach Maßgabe des Absatzes 2 und die von den Landesregierungen durch Rechtsverordnung bestimmten weiteren Stellen nehmen die Aufgaben der Kontaktstellen im**

Sinne des Artikels 2 der Entscheidung 2001/470/EG des Rates vom 28. Mai 2001 über die Einrichtung eines Europäischen Justiziellen Netzes für Zivil- und Handelssachen (ABl. EG Nr. L 174 S. 25), die durch die Entscheidung 568/2009/EG (ABl. L 168 vom 30.6.2009, S. 35) geändert worden ist, wahr.

(2) **Das Bundesamt für Justiz stellt die Koordinierung zwischen den Kontaktstellen sicher.**

(3) [1]**Die Landesregierungen werden ermächtigt, durch Rechtsverordnung die Aufgaben der Kontaktstelle einer Landesbehörde zuzuweisen.** [2]**Sie können die Befugnis zum Erlass einer Rechtsverordnung nach Absatz 1 einer obersten Landesbehörde übertragen.**

A. Zuständigkeit. Die Zuständigkeit des durch G v. 17.12.2006 (BGBl. I 3171) errichteten **Bundesamtes für Justiz** (statt früher des GBA) als Kontaktstelle auf Bundesebene ist hier bestimmt. Es stellt die Koordinierung zwischen den v. den Ländern zu benennenden Kontaktstellen sicher. Im Wesentlichen handelt es sich darum, Anfragen aus anderen Mitgliedstaaten an die jew. auf Landesebene zu errichtende örtlich zuständige Kontaktstelle weiterzuleiten u. der Kom. als Ansprechpartner zur Vfg. zu stehen (BT-Drs. 14/9266, 41). 1

B. Koordinierung. Der Begriff Koordinierung in Abs. 2 schließt auch eigene Sacharbeit wie zB Sitzungswahrnehmung u. Mitarbeit beim Aufbau des Informationssystems für die Öffentlichkeit mit ein (BT-Drs. 14/9266, 41). 2

[Datenübermittlung in anderen Fällen]

17 Die Übermittlung personenbezogener Daten ist ferner zulässig, wenn die Kenntnis der Daten aus der Sicht der übermittelnden Stelle

1. **zur Verfolgung von Straftaten oder Ordnungswidrigkeiten,**
2. **für ein Verfahren der internationalen Rechtshilfe,**
3. **zur Abwehr erheblicher Nachteile für das Gemeinwohl oder einer Gefahr für die öffentliche Sicherheit,**
4. **zur Abwehr einer schwerwiegenden Beeinträchtigung der Rechte einer anderen Person oder**
5. **zur Prüfung gewichtiger Anhaltspunkte für die Gefährdung des Wohls eines Kindes oder Jugendlichen**

erforderlich ist.

A. Zulässigkeit der Datenübermittlung. Aus allen Verfahren ist die Übermittlung personenbezogener Daten in den genannten **5 Fällen** zulässig, u. zwar unabhängig davon, gegen wen sich das Verf. richtet u. wer Partei o. Beschuldigter ist (vgl. zB MiStra 29 Abs. 1, 35 Abs. 1, 36 Abs. 4, 38 Abs. 3, 45 Abs. 2). Das gilt auch für zufällig bekanntgewordene Daten Dritter. Ein Betroffener, der nicht zugleich Beschuldigter (Partei o. Bet.) ist, wird gem. § 21 Abs. 2 vAw über die Weitergabe seiner Daten unterrichtet (→ § 21 Rn. 3). Die übermittelnde Stelle ist nach der Fassung der Bestimmung auf eine „Schlüssigkeitsprüfung" beschränkt (vgl. → § 14 Rn. 3) u. hat § 13 Abs. 2 (→ § 13 Rn. 6–8) sowie bes. Verwendungsregelungen iSd § 12 Abs. 3 (→ § 12 Rn. 6) zu beachten. 1

B. Zulässige Übermittlungszwecke. Die Voraussetzungen in Nr. 1, 3 und 4 entsprechen im Wesentlichen denen in § 25 Abs. 1 Nr. 3–5 BDSG (zu Nr. 3 vgl. KK-StPO/Mayer Rn. 2, 4, 5). Nr. 2 gestattet, Daten – vornehmlich aus Strafverfahren – zur Durchführung v. Verf. der int. Rechtshilfe (zB Auslieferungsverfahren) zu übermitteln; nach Nr. 5 dürfen den zuständigen Stellen (vgl. MiStra 35) etwa Erkenntnisse über Straftaten gegen die sexuelle Selbstbestimmung Minderjähriger o. nach den §§ 171, 225 StGB sowie über die Notwendigkeit einer Vormundschaft o. Pflegschaft mitgeteilt werden. 2

[Verbindung mit weiteren Daten des Betroffenen oder Dritter, Ermessen]

18 (1) [1] **Sind mit personenbezogenen Daten, die nach diesem Abschnitt übermittelt werden dürfen, weitere personenbezogene Daten der betroffenen Person oder eines Dritten so verbunden, daß eine Trennung nicht oder nur mit unvertretbarem Aufwand möglich ist, so ist die Übermittlung auch dieser Daten zulässig, soweit nicht berechtigte Interessen der betroffenen Person oder eines Dritten an deren Geheimhaltung offensichtlich überwiegen.** [2] **Eine Verwendung der Daten durch den Empfänger ist unzulässig; für Daten der betroffenen Person gilt § 19 Abs. 1 Satz 2 entsprechend.**

(2) [1] **Die übermittelnde Stelle bestimmt die Form der Übermittlung nach pflichtgemäßem Ermessen.** [2] **Soweit dies nach der Art der zu übermittelnden Daten und der Organisation des Empfängers geboten ist, trifft sie angemessene Vorkehrungen, um sicherzustellen, daß die Daten unmittelbar den beim Empfänger funktionell zuständigen Bediensteten erreichen.**

1 **A. Übermittlung „überschießender Daten" (Abs. 1).** „Überschießende Daten" des Betroffenen o. eines Dritten, für die die Voraussetzungen der §§ 13–17 nicht vorliegen, dürfen nach Abs. 1 zusammen mit Daten, deren Übermittlung zulässig ist, mitgeteilt werden, wenn eine Trennung nicht möglich o. unvertretbar ist. Das ist der Fall bei „Angaben, die untrennbar mit weiteren Daten dieser oder einer anderen Person verbunden sind, so dass die an sich gebotene isolierte Übermittlung oft daran scheitert, dass der innere und äußere Zusammenhang der zu übermittelnden Daten zerstört würde oder dass die Trennung dieser Daten mit unvertretbarem Aufwand verbunden wäre" (BT-Drs. 13/4709, 25). Die Informanten können nicht nur in Akten, sondern auch in Dateien verbunden sein. Offensichtlich (vgl. → § 13 Rn. 7) überwiegende berechtigte Geheimhaltungsinteressen des Betroffenen o. eines Dritten schließen jedoch die Übermittlung – ganz o. teilw. („soweit") – aus (ebenso § 15 Abs. 5 BDSG).

2 „Überschießende Daten" des Betroffenen darf der Empfänger nach Abs. 1 S. 2 unter den Voraussetzungen des § 19 Abs. 1 S. 2 **verwenden** (→ § 19 Rn. 1), solche eines Dritten hingegen nicht (absolutes Verwendungsverbot).

3 **B. Form der Übermittlung (Abs. 2).** Die übermittelnde Stelle befindet gem. Abs. 2 S. 1 nach pflichtgemäßem Ermessen etwa darüber, ob sie eine Abschrift der Entsch. o. nur bestimmte Daten übersendet u. ob sie den Zweck der Übermittlung nennt o. stattdessen die Bestimmung der Verwaltungsvorschrift (→ § 12 Rn. 8, 9) bezeichnet (vgl. zur Zweckbestimmung u. zur Aktenkundigkeit → § 19 Rn. 2). Abs. 2 S. 2 meint allerdings nur solche Vorkehrungen, die mit zumutbarem Aufwand durchgeführt werden können. Dies kann zB die Adressierung an den Leiter der Behörde persönlich sein; werden insbes. Daten mit dienst- o. arbeitsrechtlicher Relevanz einem öffentlich-rechtlichen Arbeitgeber mitgeteilt, ist darauf Bedacht zu nehmen, dass die Informationen nur denjenigen Bediensteten zur Kenntnis gelangen, die für die Personalangelegenheiten zuständig sind. Nach der MiStra sind außerhalb automatisierter Verf. verschlossene Umschläge zu verwenden (vgl. näher MiStra 9, 10).

[Zweckgebundenheit, Erforderlichkeit]

19 (1) [1] **Die übermittelten Daten dürfen nur zu dem Zweck verarbeitet werden, zu dessen Erfüllung sie übermittelt worden sind.** [2] **Eine Verarbeitung für andere Zwecke ist zulässig, soweit die Daten auch dafür hätten übermittelt werden dürfen.**

(2) [1] **Der Empfänger prüft, ob die übermittelten Daten für die in Absatz 1 genannten Zwecke erforderlich sind.** [2] **Sind die Daten hierfür nicht erforderlich, so schickt er die Unterlagen an die übermittelnde Stelle zu-**

rück. [3]Ist der Empfänger nicht zuständig und ist ihm die für die Verarbeitung der Daten zuständige Stelle bekannt, so leitet er die übermittelten Unterlagen dorthin weiter und benachrichtigt hiervon die übermittelnde Stelle.

A. Zweckbindung (Abs. 1). Die Zweckbindung für den Empfänger (Abs. 1) – ein wesentlicher Grundsatz des Datenschutzrechts (vgl. § 25 Abs. 1 BDSG) – gestattet die Verwendung der Daten für einen anderen als den v. der übermittelnden Stelle bestimmten Zweck nur unter der Voraussetzung, dass die Mitteilung an diesen Empfänger auch zu diesem Zweck hätte erfolgen dürfen. Die Prüfung obliegt dem Empfänger (krit. KK-StPO/Mayer Rn. 2), der das Erg. aktenkundig zu machen hat. Zulässig ist die Verwendung der übermittelten Daten für einen anderen Zweck, wenn eine bes. Rechtsvorschrift solches erlaubt. Nach einem allg. datenschutzrechtlichen Grundsatz verstößt der Adressat ferner dann nicht gegen die Zweckbindung, wenn er die Daten zur Wahrnehmung v. Aufsichts- u. Kontrollbefugnissen, zur Rechnungsprüfung, zur Durchführung v. Organisationsuntersuchungen o. – grundsätzlich – zu Ausbildungs- u. Prüfungszwecken (vgl. § 23 Abs. 1 Nr. 6 BDSG) verwendet. 1

Aus der Zweckbindung folgt, dass die übermittelnde Stelle bei jeder Mitteilung **den Zweck bestimmen** u. dem Empfänger bekannt geben muss (vgl. zur Form → § 18 Rn. 3). Das hat sie – nicht zul. mit Blick auf die gerichtliche Nachprüfbarkeit – aktenkundig zu machen, ohne dass dies einer ausdr. Regelung bedürfte. 2

B. Prüfung durch Empfänger (Abs. 2 S. 1). Der **Empfänger hat nach Abs. 2 S. 1 zu prüfen,** ob die Daten für den Zweck, für den sie übermittelt worden sind (Abs. 1 S. 1) o. hätten übermittelt werden dürfen (Abs. 1 S. 2), erforderlich sind. Die Prüfungspflicht zählt nicht nur zu den v. BVerfG geforderten verfahrensrechtlichen Vorkehrungen (→ Vor § 12 Rn. 4), sie ist auch notwendige Folge der Beschränkung der übermittelnden Stelle auf eine „Art Schlüssigkeitsprüfung" (→ § 14 Rn. 3). Die mitgeteilten Daten sind schon dann erforderlich, wenn sie Anlass geben zu prüfen, ob eine Maßnahme ergriffen werden soll; ob dies letztlich geschieht, ist unerheblich. 3

Verneint der Empfänger die Erforderlichkeit (auch wegen fehlender Zuständigkeit), schickt er die Unterlagen zurück (Abs. 2 S. 2). Hierauf prüft die übermittelnde Stelle, ob sie die Mitteilung an einen anderen Empfänger zu richten hat, etwa an die örtlich o. sachlich zuständige Stelle. Ist diese jedoch dem unzuständigen Empfänger bekannt, verpflichtet Abs. 2 S. 3 bereits ihn zur unmittelbaren Weiterleitung der Daten. Die erforderliche Abgabenachricht sichert die Nachberichts- (§ 20) sowie die Auskunfts- u. Unterrichtungspflicht (§ 21). Auf die Zweckbindung nach Abs. 1 und § 18 Abs. 1 S. 2 sowie über das Verf. in Abs. 2 wird der Empfänger nach näherer Maßgabe der MiStra 9 Abs. 5 hingewiesen; die Pflicht zur Weiterleitung nach Abs. 2 S. 3 wird jedoch im vorformulierten Text der MiStra nicht erwähnt. 4

C. Vorbeugende Bekämpfung. Daten „auch zur vorbeugenden Bekämpfung v. Straftaten" zu verwenden (BT-Drs. 13/4709, 44, 56), lässt § 481 StPO zu. 5

D. Verstoß. Ein Verstoß gegen den Zweckbindungsgrundsatz schließt eine Verarbeitung der übermittelten Daten aus. Die Empfangsbehörde darf aber die Erg. eigener weiterer Ermittlungen verwerten. Dem steht auch der auf die Übermittlung beschränkte Rechtsschutz nach § 22 nicht entgegen (vgl. → § 22 Rn. 2). Die Verletzung der Zweckbindung kann aber Schadensersatzansprüche begründen (vgl. § 83 BDSG). 6

[Unterrichtung des Empfängers]

20 (1) [1]**Betreffen Daten, die vor Beendigung eines Verfahrens übermittelt worden sind, den Gegenstand dieses Verfahrens, so ist der Empfänger vom Ausgang des Verfahrens zu unterrichten; das gleiche gilt, wenn**

eine übermittelte Entscheidung abgeändert oder aufgehoben wird, das Verfahren, außer in den Fällen des § 153a der Strafprozeßordnung, auch nur vorläufig eingestellt worden ist oder nach den Umständen angenommen werden kann, daß das Verfahren auch nur vorläufig nicht weiter betrieben wird. [2]Der Empfänger ist über neue Erkenntnisse unverzüglich zu unterrichten, wenn dies erforderlich erscheint, um bis zu einer Unterrichtung nach Satz 1 drohende Nachteile für die betroffene Person zu vermeiden.

(2) [1]**Erweist sich, daß unrichtige Daten übermittelt worden sind, so ist der Empfänger unverzüglich zu unterrichten. [2]Der Empfänger berichtigt die Daten oder vermerkt ihre Unrichtigkeit in den Akten.**

(3) **Die Unterrichtung nach Absatz 1 oder 2 Satz 1 kann unterbleiben, wenn sie erkennbar weder zur Wahrung der schutzwürdigen Interessen der betroffenen Person noch zur Erfüllung der Aufgaben des Empfängers erforderlich ist.**

1 **A. Nachberichts- und Unterrichtungspflicht (Abs. 1).** Zweck der Nachberichts- und Unterrichtungspflicht, die im Allgemeinen (vgl. aber Abs. 1 S. 2, Abs. 2) erst mit Beendigung des Verf. entsteht, ist es, der Nutzung überholter o. unrichtiger Daten durch den Empfänger entgegenzuwirken (vgl. ferner § 22 Abs. 2 sowie das Auskunftsrecht des Empfängers nach § 474 Abs. 2 S. 1 Nr. 2 StPO, → StPO § 474 Rn. 6). Sind Daten vor Beendigung des Verf. mitgeteilt worden (→ § 14 Rn. 4), verpflichtet Abs. 1 S. 1 – vorbehaltlich Abs. 3 (→ Rn. 3) – die übermittelnde Stelle, den Empfänger – im Falle des § 19 Abs. 2 S. 3 den Adressaten der Weiterleitung – über den Ausgang des Verf. (jede die Instanz abschl. Erledigung) zu informieren. Erwächst die abschl. Entsch. in Rechtskraft, ist dieser Zeitpunkt, iÜ aber der Erlass für die Mitteilung maßgebend. Zuvor, u. zwar unverzüglich, ist der Empfänger nach Abs. 1 S. 2 nur bei dem Betroffenen sonst drohenden Nachteilen zu unterrichten. Das gilt nicht, wenn der Empfänger die Unterlagen nach § 19 Abs. 2 S. 2 zurückgeschickt hat o. wenn die Daten nicht den Gegenstand des Verf. betreffen, sondern nur bei Gelegenheit desselben bekanntgeworden sind. Unter die Nachberichtspflicht fällt weiter die Abänderung o. Aufhebung der übermittelten Entsch. – zB auf Beschwerde o. nach Wiederaufnahme – u. die vorl. – wegen des idR kurzen Schwebezustands jedoch nicht in den Fällen des § 153a StPO – o. endg. Einstellung des Verfahrens. Auch nur vorl. nicht weiter betrieben wird das Strafverfahren etwa in den Fällen des § 153b Abs. 1 StPO.

2 **B. Pflicht zur unverzüglichen Unterrichtung (Abs. 2).** Eine Pflicht zur unverzüglichen Unterrichtung des Empfängers besteht nach Abs. 2 (vgl. aber → Rn. 3), wenn sich die übermittelten, im Strafverfahren häufig bes. sensiblen Daten als unrichtig erweisen. Die im G angeordnete Korrektur verhindert ihre weitere – unzulässige – Verwendung.

3 **C. Ausnahmen von der Unterrichtungspflicht (Abs. 3).** Die Ausnahmen von der Unterrichtungspflicht in Abs. 3 sind im Interesse des Betroffenen u. des Empfängers eng auszulegen (KK-StPO/Mayer Rn. 5); darüber entscheidet nach MiStra 7 Abs. 1 S. 4 der Richter o. StA.

[Auskunftserteilung und Unterrichtung; Antrag; Ablehnung]

21 (1) [1]**Der betroffenen Person ist auf Antrag Auskunft über die übermittelten Daten und deren Empfänger zu erteilen. [2]Der Antrag ist schriftlich zu stellen. [3]Die Auskunft wird nur erteilt, soweit die betroffene Person Angaben macht, die das Auffinden der Daten ermöglichen, und der für die Erteilung der Auskunft erforderliche Aufwand nicht außer Verhältnis zu dem geltend gemachten Informationsinteresse steht. [4]Die übermittelnde Stelle bestimmt das Verfahren, insbesondere die Form der Auskunftserteilung, nach pflichtgemäßem Ermessen.**

(2) [1]**Die betroffene Person ist gleichzeitig mit der Übermittlung personenbezogener Daten über den Inhalt und den Empfänger zu unterrichten.** [2]**Die Unterrichtung des gesetzlichen Vertreters eines Minderjährigen, des Bevollmächtigten oder Verteidigers reicht aus.** [3]**Die übermittelnde Stelle bestimmt die Form der Unterrichtung nach pflichtgemäßem Ermessen.** [4]**Eine Pflicht zur Unterrichtung besteht nicht, wenn die Anschrift des zu Unterrichtenden nur mit unvertretbarem Aufwand festgestellt werden kann.**

(3) **Bezieht sich die Auskunftserteilung oder die Unterrichtung auf die Übermittlung personenbezogener Daten an Verfassungsschutzbehörden, den Bundesnachrichtendienst, den Militärischen Abschirmdienst oder, soweit die Sicherheit des Bundes berührt wird, andere Behörden des Bundesministers der Verteidigung, ist sie nur mit Zustimmung dieser Stellen zulässig.**

(4) [1]**Die Auskunftserteilung und die Unterrichtung unterbleiben, soweit**
1. **sie die ordnungsgemäße Erfüllung der Aufgaben der übermittelnden Stelle oder des Empfängers gefährden würden,**
2. **sie die öffentliche Sicherheit oder Ordnung gefährden oder sonst dem Wohle des Bundes oder eines Landes Nachteile bereiten würden oder**
3. **die Daten oder die Tatsache ihrer Übermittlung nach einer Rechtsvorschrift oder ihrem Wesen nach, insbesondere wegen der überwiegenden berechtigten Interessen eines Dritten, geheimgehalten werden müssen**

und deswegen das Interesse der betroffenen Person an der Auskunftserteilung oder Unterrichtung zurücktreten muß. [2]**Die Unterrichtung der betroffenen Person unterbleibt ferner, wenn erhebliche Nachteile für seine Gesundheit zu befürchten sind.**

(5) **Die Ablehnung der Auskunftserteilung bedarf keiner Begründung, soweit durch die Mitteilung der tatsächlichen und rechtlichen Gründe, auf die die Entscheidung gestützt wird, der mit der Auskunftsverweigerung verfolgte Zweck gefährdet würde.**

(6) **Die Absätze 1 bis 5 gelten nicht im Anwendungsbereich der Verordnung (EU) 2016/679 des Europäischen Parlaments und des Rates vom 27. April 2016 zum Schutz natürlicher Personen bei der Verarbeitung personenbezogener Daten, zum freien Datenverkehr und zur Aufhebung der Richtlinie 95/46/EG (Datenschutz-Grundverordnung) (ABl. L 119 vom 4.5.2016, S. 1; L 314 vom 22.11.2016, S. 72; L 127 vom 23.5.2018, S. 2).**

A. Auskunftsrecht (Abs. 1). Mit dem Auskunftsrecht in Abs. 1 wird die datenschutzrechtliche Forderung erfüllt (vgl. Art. 15 DS-GVO), dass es den Bürgern möglich sein muss zu erfahren, wer was wann u. bei welcher Gelegenheit über sie weiß (BVerfGE 65, 1 (43)). Es umfasst nicht den Zweck der Datenübermittlung (§ 19). 1

Nach Abs. 1 S. 1 und 2 ist ein **schriftlicher Antrag** erforderlich. Abs. 1 S. 3 setzt voraus, dass der Antragsteller das Auffinden der Daten – in Akten o. in Dateien – durch geeignete Angaben ermöglicht; ferner darf der für die Auskunftserteilung erforderliche Aufwand nicht außer Verhältnis zum Informationsinteresse stehen. Andernfalls hat die übermittelnde Stelle den Antrag – ggf. teilw. – abzulehnen. Häufig wird es sich empfehlen, dem Betroffenen einen Abdruck der Mitteilung zu übersenden (Abs. 1 S. 4; vgl. MiStra 3 Abs. 3). 2

B. Unterrichtung vAw (Abs. 2). Eine Unterrichtung vAw sieht Abs. 2 in Strafsachen für die v. der Übermittlung betroffene Person vor; eine Beschränkung, etwa für Beschuldigte (vgl. Abs. 2 S. 1 aF), enthält Abs. 2 S. 1 nicht mehr (BT-Drs. 19/4671, 73). Wer am Verf. nicht (mehr) bet. ist, wird häufig nicht mit einer Weitergabe seiner Daten rechnen; er kann daher aus verfassungsrechtlichen Grün- 3 den nicht auf sein Auskunftsrecht in Abs. 1 verwiesen werden. So liegt es etwa, wenn Daten aus einem bis zur Abtrennung auch gegen den Betroffenen geführten Prozess mitgeteilt werden o. sich das Verf. noch nicht gegen ihn als Beschuldigten gerichtet hat (vgl. → Einl. Rn. 76); ebenso kann es sich bei Übermittlungen nach § 17 (→ § 17 Rn. 1) verhalten. In diesen Fällen ist der Betroffene gleichzeitig mit der Übermittlung seiner Daten über Inhalt u. Empfänger zu unterrichten; wegen der Form vgl. Abs. 2 S. 3 und → Rn. 2. Nach Abs. 2 S. 2 reicht die Unterrichtung eines Bevollmächtigten o. Verteidigers bzw. des ges. Vertreters eines Kindes o. Jugendlichen aus. Unvertretbarem Aufwand bei der Ermittlung der Anschrift beugt Abs. 2 S. 4 vor.

4 **C. Abs. 3–5. Abs. 3–5 entsprechen im Wesentlichen § 32 ff. BDSG.** Sie sehen in den im G näher bezeichneten Fällen die Zustimmung anderer Stellen bzw. das Unterbleiben einer Auskunft o. Unterrichtung vor. Die abl. Entsch., die idR schriftlich ergehen wird, bedarf ausnahmsweise keiner Begründung, soweit dies den mit der Auskunftsverweigerung verfolgten Zweck gefährden würde. Die Unterrichtung nach Abs. 2 ist nachzuholen, sobald die Beschränkungen in Abs. 4 entfallen sind (vgl. MiStra 3 Abs. 4). Die Entsch. über die Auskunftserteilung ist kostenfrei (vgl. auch Art. 12 Abs. 5 S. 1 DS-GVO).

5 **D. Vorrang der DS-GVO.** Abs. 6 regelt den **Vorrang der DS-GVO.**

[Rechte und Pflichten bei verfahrensübergreifenden Mitteilungen von Amts wegen]

21a **[1] Bei verfahrensübergreifenden Mitteilungen von Amts wegen im Sinne dieses Abschnitts gelten für Rechte und Pflichten nach den Artikeln 12 bis 15 und 19 Satz 2 der Verordnung (EU) 2016/679 die Bestimmungen des § 21 Absatz 3 bis 5 entsprechend. [2] Rechte nach den Artikeln 18 und 21 der Verordnung (EU) 2016/679 bestehen bei verfahrensübergreifenden Mitteilungen von Amts wegen im Sinne dieses Abschnitts nicht. [3] Die Sätze 1 und 2 gelten entsprechend für Bestimmungen des Artikels 5 der Verordnung (EU) 2016/679, soweit sie den Rechten und Pflichten nach den in den Sätzen 1 und 2 genannten Artikeln der Verordnung (EU) 2016/679 entsprechen.**

1 Die Vorschr. beschränkt die Rechte u. Pflichten der DS-GVO, um va Gerichtsverfahren zu schützen. Sie soll eine Gefährdung öffentl. Belange o. Rechter Dritte verhindern, die durch eine unbeschränkte Auskunft bewirkt werden könnte (BT-Drs. 19/4671, 73).

2 Entsprechende Beschränkungen gelten nach S. 2 bei verfahrensübergreifenden Mitteilungen (BT-Drs. 19/4671, 74).

[Überprüfung der Rechtmäßigkeit der Datenübermittlung]

22 (1) **[1] Ist die Rechtsgrundlage für die Übermittlung personenbezogener Daten nicht in den Vorschriften enthalten, die das Verfahren der übermittelnden Stelle regeln, sind für die Überprüfung der Rechtmäßigkeit der Übermittlung die §§ 23 bis 30 nach Maßgabe der Absätze 2 und 3 anzuwenden. [2] Hat der Empfänger auf Grund der übermittelten Daten eine Entscheidung oder andere Maßnahmen getroffen und dies der betroffenen Person bekanntgegeben, bevor ein Antrag auf gerichtliche Entscheidung gestellt worden ist, so wird die Rechtmäßigkeit der Übermittlung ausschließlich von dem Gericht, das gegen die Entscheidung oder Maßnahme des Empfängers angerufen werden kann, in der dafür vorgesehenen Verfahrensart überprüft.**

(2) [1] **Wird ein Antrag auf gerichtliche Entscheidung gestellt, ist der Empfänger zu unterrichten.** [2] **Dieser teilt dem nach § 25 zuständigen Gericht mit, ob die Voraussetzungen des Absatzes 1 oder 2 vorliegen.**

(3) [1] **War die Übermittlung rechtswidrig, so spricht das Gericht dies aus.** [2] **Die Entscheidung ist auch für den Empfänger bindend und ist ihm bekanntzumachen.** [3] **Die Verarbeitung der übermittelten Daten ist unzulässig, wenn die Rechtswidrigkeit der Übermittlung festgestellt worden ist.**

A. Rechtsschutz. Einen **lückenlosen Rechtsschutz**, aber auch ein möglichst 1
prozessökonomisches Verf. zu gewährleisten, ist Zweck der Bestimmung. Die gerichtliche Überprüfung der Übermittlung personenbezogener Daten richtet sich nur dann nach den §§ 23–30, wenn die Mitteilung ihre Rechtsgrundlage nicht im Verfahrensrecht der übermittelnden Stelle hat, wie zB bei Mitteilungen der Justizbehörden nach §§ 28 Abs. 4 StVG, 13 Abs. 1 Nr. 1 an das Kraftfahrt-Bundesamt zwecks Eintragung im Verkehrszentralregister (KG StraFo 2015, 518; OLG Jena NStZ-RR 2006, 321; VRS 115, 439; Döllel/Dreeßen SchlHA 2009, 217 – OLG Schleswig RsprÜ; OLG Stuttgart NStZ 2006, 535; StraFo 2008, 128; vgl. auch BVerfG NJW 2015, 610; OLG Hamm NZV 2008, 365); sie beschränkt sich nicht auf die Einhaltung datenschutzrechtlicher Bestimmungen, sondern erstreckt sich auch darauf, ob die Mitteilung überhaupt erfolgen durfte (KG StraFo 2015, 518 (520) mwN). Ferner darf der Empfänger dem Betroffenen aufgrund der übermittelten Daten nicht schon vor Antragstellung eine Entsch. o. andere Maßnahme bekanntgegeben haben (Abs. 1 S. 2); in diesem Fall wird der Rechtsschutz, auch soweit er die Rechtmäßigkeit der Übermittlung betr., ausschl. bei dem Gericht konzentriert, das gegen die Entsch. o. Maßnahme des Empfängers angerufen werden kann (vgl. OLG Jena, OLG Schleswig u. OLG Stuttgart NStZ 2006, 535; StraFo 2008, 128 zu Maßnahmen der v. Kraftfahrt-Bundesamt nach § 30 Abs. 1 StVG informierten Führerscheinstelle), u. zwar in der hierfür vorgesehenen Verfahrensart (zu den Konsequenzen vgl. Wollweber NJW 1997, 2490). Das gilt auch für die Ablehnung einer Maßnahme durch den Datenempfänger (KK-StPO/Mayer Rn. 5). Ein der Bekanntgabe nachf. Antrag gem. §§ 23 ff. wäre unzulässig; mit der Unterrichtungs- u. Auskunftspflicht in Abs. 2 stellt das G sicher, dass das nach § 25 zuständige Gericht v. Vorliegen eines gem. Abs. 1 S. 2 zur Unzulässigkeit führenden Sachverhalts erfährt. Auf seine Mitteilungspflicht nach Abs. 2 S. 2 soll der Empfänger bei Unterrichtung über die Antragstellung hingewiesen werden (MiStra 7 Abs. 3 S. 2). § 22 erfasst nicht die Auskunftserteilung nach § 21.

B. Verfahren. Das Verfahren **richtet sich nach den §§ 23–30**. Der Empfänger 2
der Daten kann nicht beigeladen werden (→ § 28 Rn. 1; krit. zu dessen verfahrensrechtlicher Stellung Wollweber NJW 1997, 2490). Gemäß der erg. Regelung in Abs. 3 stellt das OLG ggf. die Rechtswidrigkeit der Übermittlung fest; die dies ggü. der übermittelnden Stelle – der Antragsgegnerin (→ § 28 Rn. 1) – aussprechende Entsch. bindet auch den Empfänger. Er darf daher die ihm rechtswidrig übermittelten Daten nicht (weiter-)verwenden (Löwe/Rosenberg/Gerson Rn. 8); deshalb ist ihm die Entsch. bekanntzumachen. Die Unzulässigkeit der Verwendung tritt grds. rückwirkend ab Mitteilung der Daten ein (KK-StPO/Mayer Rn. 4). Die Erg. eigener Ermittlungen sind aber verwertbar (→ § 19 Rn. 6). Auch die Gerichte, die über Maßnahmen des Empfängers zu befinden haben, sind an die Feststellung gebunden; diese Folge kann sich ergeben, wenn der Betroffene den Antrag auf gerichtliche Entsch. nach §§ 23 ff. vor Bekanntgabe einer Maßnahme des Empfängers an ihn gestellt hat. In einem solchen Fall hat das gegen die Maßnahme angerufene Gericht die Vorgreiflichkeit der Entsch. des OLG zu berücksichtigen, zB nach § 148 ZPO, § 46 Abs. 2 S. 1 ArbGG.

Abs. 3 betr. nur die Entsch. in der Hauptsache; liegen die Voraussetzungen einer 3
einstweiligen Anordnung vor (OLG Karlsruhe NStZ 1994, 142; → § 28

Rn. 13), wird das OLG ggf. die Verwertung der übermittelten Daten durch den Empfänger vorl. aussetzen.

Dritter Abschnitt. Anfechtung von Justizverwaltungsakten

Vorbemerkung zu § 23

1 **A. Ausführungsbestimmungen zu Art. 19 Abs. 4 GG.** Ausführungsbestimmungen zu Art. 19 Abs. 4 GG sind die §§ 23–30. Sie bestimmen abw. v. der Generalklausel des § 40 VwGO die Zuständigkeit der sachnäheren ordentlichen Gerichte für die Überprüfung der in § 23 Abs. 1 bezeichneten Maßnahmen (BVerwGE 47, 255 = NJW 1975, 893; KG DVBl 1960, 812 (814)). Die StPO enthält Einzelregelungen in §§ 147 Abs. 5, 161a Abs. 3, 163 Abs. 3 S. 3, 406e Abs. 4 und 478 Abs. 3. Für den Bereich des Strafvollzugs gegen Erwachsene u. deren Unterbringung nach §§ 63, 64 StGB gelten §§ 109 ff. **StVollzG.**

2 **B. „Klage"arten.** Die §§ 23 ff. kennen nur die Anfechtung einer belastenden Maßnahme (§ 23 Abs. 1), den Verpflichtungsantrag, mit dem der Erlass eines abgelehnten o. unterlassenen VerwA begehrt wird (§ 23 Abs. 2), u. den Antrag auf Feststellung der Rechtswidrigkeit einer vor o. nach der Antragstellung durch Vollzug o. auf andere Weise erledigten Maßnahme (§ 28 Abs. 1 S. 4). Unzulässig sind der (entspr. § 113 Abs. 4 VwGO) auf eine Leistung gerichtete Antrag (Kissel/Mayer § 28 Rn. 13), der allg. Feststellungsantrag (OLG Karlsruhe NStZ 1985, 525; OLG München NJW 1975, 509 (511); Lorenzen/Görl SchlHA 1988, 108 – OLG Schleswig RsprÜ; OLG Zweibrücken StV 1997, 313) u. grds. auch der vorbeugende Unterlassungsantrag (OLG Hamm JR 1996, 257; OLG Koblenz NJW 1985, 2038 (2040)), insbes. der Antrag, der Behörde für künftige Fälle Anweisungen zu erteilen (OLG Frankfurt a. M. NStZ 1982, 134; OLG Karlsruhe NStZ 1997, 407 mwN). **Ausnahmsweise** kommt aber ein **vorbeugender Unterlassungsantrag** in Betracht, wenn der Ast nicht in zumutbarer Weise auf den nachträglichen Rechtsschutz verwiesen werden kann (BVerfG NJW 2000, 3126; OLG Karlsruhe NStZ 2015, 606 (607) mwN: Akteneinsicht durch ein Zivilgericht nach § 474 **StPO**). Für die Zulässigkeit der Leistungs- (Unterlassungs-) u. allg. Feststellungsklage aber Neuling StV 2008, 388.

3 **C. Notwendiges Antragsvorbringen.** Zur Zulässigkeit des Antrags gehört eine aus sich heraus verständliche Sachdarstellung, aus der Art u. Datum der angefochtenen Maßnahme hervorgehen u. der Grund ersichtlich ist, aus dem sich der Antragsteller gegen sie wendet. Wegen der Darlegung der Rechtsverletzung vgl. → § 24 Rn. 1. Der Antragsgegner muss bezeichnet werden (KG GA 1978, 244; OLG Stuttgart NJW 1985, 2343). Erschöpft sich das Antragsvorbringen in der Beschimpfung der Behörde, so ist der Antrag unzulässig (KG NJW 1969, 151; OLG Koblenz OLGSt EGGVG § 23 S. 65).

[Rechtsweg bei Justizverwaltungsakten]

23 (1) [1]**Über die Rechtmäßigkeit der Anordnungen, Verfügungen oder sonstigen Maßnahmen, die von den Justizbehörden zur Regelung einzelner Angelegenheiten auf den Gebieten des bürgerlichen Rechts einschließlich des Handelsrechts, des Zivilprozesses, der freiwilligen Gerichtsbarkeit und der Strafrechtspflege getroffen werden, entscheiden auf Antrag die ordentlichen Gerichte.** [2]**Das gleiche gilt für Anordnungen, Verfügungen oder sonstige Maßnahmen der Vollzugsbehörden im Vollzug der Untersuchungshaft sowie derjenigen Freiheitsstrafen und Maßregeln der Besserung und Sicherung, die außerhalb des Justizvollzuges vollzogen werden.**

(2) **Mit dem Antrag auf gerichtliche Entscheidung kann auch die Verpflichtung der Justiz- oder Vollzugsbehörde zum Erlaß eines abgelehnten oder unterlassenen Verwaltungsaktes begehrt werden.**

(3) **Soweit die ordentlichen Gerichte bereits auf Grund anderer Vorschriften angerufen werden können, behält es hierbei sein Bewenden.**

Übersicht

A. Maßnahmen von Justiz- und Vollzugsbehörden. Maßnahmen von Justiz- und Vollzugsbehörden können vor dem OLG angefochten werden (Abs. 1). Die Vorschr. regelt die Zuständigkeitsfrage, will aber nicht abschl. klarstellen, welche Maßnahmen überprüfbar sind (BGHSt 16, 225 (230)). Es handelt sich um eine eng auszulegende Ausnahmevorschrift (BGH 30.7.2025 – 5 ARs 10/24). 1

I. Justizbehörden (Abs. 1 S. 1). Maßgebend ist nicht die organisationsrechtliche, sondern die **funktionale Betrachtungsweise** (BGHSt 28, 206 (209); BGH 30.7.2025 – 5 ARs 10/24; BVerwGE 47, 255 (262); OLG Frankfurt a. M. NStZ-RR 2001, 44). Nimmt eine Behörde kraft Gesetzes Aufgaben wahr, die als spezifisch justizmäßige Aufgabe auf einem der in Abs. 1 genannten Rechtsgebiete, also etwa der Strafrechtspflege, anzusehen ist, so ist sie Justizbehörde iS Abs. 1 S. 1 (BGH 30.7.2025 – 5 ARs 10/24; Kissel/Mayer Rn. 14, 15). das gilt etwa auch für den Antrag auf förmliche Beglaubigung eines Strafurteils in Form einer Apostille (BayObLG NStZ-RR 2023, 388). 2

Daher fallen unter den Begriff **nicht nur die Gerichte**, soweit sie nicht in richterlicher Unabhängigkeit tätig werden (OLG Hamm NStZ 1983, 232; OLG Karlsruhe NStZ 1993, 104; OLG Stuttgart NJW 1985, 2343), der JM (OLG Hamburg MDR 1982, 602; OLG Hamm NStZ 1982, 215; OVG Münster NJW 1977, 1790) u. die StA als Strafverfolgungs-, Strafvollstreckungs- u. Strafregisterbehörde, **sondern auch** Exekutivbehörden, die strafprozessuale Funktionen wahrnehmen, wie etwa die **Polizei**, soweit ihre Beamten im Einzelfall überw. zur Strafverfolgung tätig werden (BVerwGE 47, 255; BGH NStZ-RR 2021, 52; OLG Hamm NJW 1973, 1089; OLG Nürnberg GA 1987, 270; OLG Stuttgart NStZ 2008, 359 (360); OVG Münster NJW 1980, 855), gleichgültig, ob sie Ermittlungspersonen der StA sind (hM, vgl. Kissel/Mayer Rn. 18 mwN) u. auf deren Weisung o. aus eigener Initiative handeln (BVerwGE 47, 255; OLG Karlsruhe NJW 1976, 1417), die **Finanzbehörde**, soweit sie nach §§ 386 Abs. 2, 399 I **AO** die Rechte u. Pflichten der StA (OLG Celle NJW 1990, 1802; OLG Karlsruhe NStZ 1995, 48; OLG Stuttgart wistra 1993, 120; OLG Karlsruhe NJW 1978, 1338: nicht nach Einstellung des Verf.) o. nach §§ 402 Abs. 1, 404 Abs. 1 **AO** der Polizei hat 2a

(BFHE 138, 164 = BStBl. II 1983, 482; OLG Karlsruhe NStZ 1986, 567) sowie **Zollbehörden** (BGH 30.7.2025 – 5 ARs 10/24).

2b **Keine Justizbehörden** iS Abs. 1 S. 1 sind das nach § 21e GVG tätige Präsidium (→ GVG § 21e Rn. 24), der Bundesbeauftragte für die Unterlagen des Staatssicherheitsdienstes der ehem. DDR (KG NStZ 1993, 45), die Polizeibehörde, die die Auskunft über den Namen eines V-Manns verweigert (OLG Hamm NJW 1973, 1089; VGH München NJW 1980, 198), u. der Innenminister o. -senator, der die Genehmigung zur Aussage nach beamtenrechtlichen Vorschr. verweigert, eine Sperrerklärung nach § 96 StPO abgibt o. in entspr. Anwendung der Vorschr. (→ StPO § 96 Rn. 12) eine Auskunft verweigert (BGHSt 44, 107; BVerwGE 69, 192; VGH Mannheim NJW 1991, 2097; erg. → StPO § 96 Rn. 14); nur für Sperrerklärungen des JM, die Akten der StA betreffen, gilt § 23 (OVG Münster NJW 1977, 1790). Der ein beamtenrechtliches Disziplinarverfahren durchführende Dienstherr o. Dienstvorgesetzte ist keine Justizbehörde iSd § 474 Abs. 1; dies gilt gleichermaßen für den Ermittlungsführer der Hochschule der Polizei (BGH 30.7.2025 – 5 ARs 10/24).

3 **II. Vollzugsbehörden (Abs. 1 S. 2).** Im Verf. nach §§ 23 ff. anfechtbar sind nur Maßnahmen der Behörden im Vollzug v. UHaft u. von Strafen u. Maßregeln, die außerhalb des Justizvollzugs vollzogen werden, wie kurzfristige Freiheitsstrafen in Anstalten der Bundeswehr (→ StPO Vor § 449 Rn. 4). Sonst gelten für den Strafvollzug gegen Erwachsene die §§ 109 ff. **StVollzG** (KG NStZ 2008, 226: auch nach Entlassung), auch wenn eine Jugendstrafe vollzogen wird (§ 92 Abs. 6 JGG; früher schon BGHSt 29, 33). Nach § 138 Abs. 3 StVollzG sind die §§ 109 ff. StVollzG auch auf die Unterbringung nach §§ 63, 64 StGB anzuwenden. Über Maßnahmen im Vollzug des Jugendarrestes, der Jugendstrafe u. der Maßregeln der Unterbringung in einem psychiatrischen Krankenhaus o. in der Entziehungsanstalt entscheidet nach § 92 Abs. 2 JGG eine JugK (vgl. Eisenberg NStZ 2008, 260; bei Untergebrachten ist aber die Altersgrenze in § 92 Abs. 6 JGG zu beachten). Gegen Maßnahmen eines Beamten, der nicht zur Vertretung des Anstaltsleiters befugt ist, muss zunächst dessen Entsch. herbeigeführt werden; erst hiergegen ist der Antrag nach Abs. 1 zulässig (OLG Hamm NStZ-RR 2012, 62; OLG Stuttgart JVBl. 1971, 114). Anordnungen des Anstaltsarztes gelten als Maßnahmen der Behörde, wenn sie wie diese auf Art u. Weise des Vollzugs einwirken (OLG Bremen NJW 1964, 1194).

4 **B. Auf dem Gebiet der Strafrechtspflege.** Auf dem Gebiet der Strafrechtspflege müssen die Maßnahmen getroffen worden sein, u. zwar auf dem der **innerstaatlichen** (Vogler NJW 1982, 470). Die Bewilligung der Auslieferung ua ausl. Rechtshilfeersuchen durch die BReg o. die StA kann daher nicht nach Abs. 1 angefochten werden (dazu OLG Hamburg GA 1985, 325; OLG Hamm GA 1975, 150; 178; OLG Stuttgart StV 1990, 123; OVG Münster DVBl 1963, 731; Ahlbrecht/Börgers ZIS 2008, 221), ebenso wenig Rechtshilfeersuchen der BRD an ausl. Staaten (OLG München NJW 1975, 509; vgl. auch BVerfG NJW 1981, 1154: Auslieferungsersuchen; OLG Celle Nds. Rpfl. 2009, 431: Europäischer Haftbefehl; erg. → § 131 Rn. 1, 7) u. die Weigerung, ein solches Ersuchen zu stellen (OLG Bamberg NStZ 1985, 224; ebenso KG StV 1993, 543 zur Ablehnung der Stellung eines Vollstreckungshilfeersuchens).

4a **Zur Strafrechtspflege** gehört die Führung des BZR (BGH NStZ-RR 2024, 58), des Erziehungs- u. des Gewerbezentralregisters (KG GA 1973, 180; OLG Hamm NStZ 1988, 136; OLG Karlsruhe Justiz 2000, 24; erg. → Rn. 19), die Verweigerung einer Auskunft nach § 491 Abs. 2 StPO (so zutr. BayObLG StraFo 2023, 486; anders noch BGH 22.1.2009 – StB 29/08 zu § 491 aF), Anträge der StA gem. § 111i Abs. 2 StPO (BGH NStZ-RR 2020, 254; OLG Hamm NStZ 2020, 49), aber nicht die Beförderung v. Strafrichtern in ein höheres Amt, die disziplinarische Ahndung v. Dienstvergehen (BGH 30.7.2025 – 5 ARs 10/24; OLG Koblenz GA 1976, 151), die Erteilung der Aussagegenehmigung (BVerwG NJW 1964, 1088; OLG Hamm NJW 1968, 1440; **aM** OLG Hamburg NJW 1982,

297) ua beamtenrechtliche Maßnahmen sowie der Bau v. Gerichtsgebäuden mit Sitzungssälen (**aM** KK-StPO/Mayer Rn. 45; VG Stuttgart NJW 1975, 1294: Auswirkung auf ein konkretes Verf.).

C. Maßnahmen zur Regelung einzelner Angelegenheiten. I. Maßnahme. 5
Maßnahme ist jedes behördliche Vorgehen in Form einer **Anordnung, Vfg. o. in sonstiger Weise**, das der Regelung einer Einzelangelegenheit dient u. geeignet ist, den Betroffenen in seinen Rechten zu verletzen (BayObLG BeckRS 2025, 414 Rn. 57 mwN; KK-StPO/Mayer Rn. 21). Der Begriff VerwA, den Abs. 2 verwendet (der sonst gleich lautende § 109 Abs. 1 S. 2 **StVollzG** spricht auch hier v. „Maßnahmen") u. den § 35 S. 1 VwVfG definiert, muss nicht erfüllt sein (VGH Kassel VerwRspr 28, 1009; VGH Mannheim NJW 1969, 1319; 1973, 214). Anfechtbar ist daher (nach § 28 Abs. 1 S. 4) auch schlichtes Verwaltungshandeln mit Außenwirkung (BayObLG BeckRS 2025, 414 Rn. 57; KG NJW 1987, 197; OLG Hamburg NJW 1979, 279; OLG Hamm NStZ 1984, 136; OVG Hamburg NJW 1970, 1699; OVG München BayVBl. 1985, 121). Die Ansprache „sehr geehrter Herr…" bzw. „ sehr geehrte Frau" stellt mangels Regelungsgehalt keine Maßnahme dar (OLG Frankfurt a. M. NJW 2025, 3801).

Für Streitigkeiten über die v. einem UA des BT im Wege der Amtshilfe begehrte 6
Einsicht in staatsanwaltliche Ermittlungsakten ist nicht mehr der Rechtsweg nach § 23 (so noch BGHSt 46, 261), sondern der nach §§ 18, 36 PUAG gegeben (vgl. BVerfG BeckRS 2009, 37695 Rn. 77). Keine „Maßnahmen" sind Auskünfte (OLG Koblenz MDR 1984, 1036), Ermahnungen (OLG Stuttgart JVBl. 1971, 114), Stellungnahmen (OLG Hamm NJW 1985, 2040), Belehrungen u. Feststellungen (OLG Bamberg JVBl. 1963, 175). Unter Abs. 1 fallen auch nicht – v. § 22 nicht erfasste – Maßnahmen ggü. anderen Behörden u. Ersuchen an andere Behörden, in bestimmter Weise zu verfahren (OLG Koblenz MDR 1972, 169; OLG München NJW 1975, 509), o. die Ablehnung des Antrags, ein solches Ersuchen zu stellen (Ernesti/Lorenzen SchlHA 1984, 97 – OLG Schleswig RsprÜ), Wissenserklärungen (OLG Karlsruhe NJW 1965, 1545; OLG Stuttgart NStZ 2008, 359; KK-StPO/Mayer Rn. 27) u. Weisungen des JM an die StA (OVG Münster JMBl. NRW. 1968, 23; VGH Mannheim NJW 1973, 214).

II. Unmittelbar zur Regelung einer einzelnen Angelegenheit. Unmittel- 7
bar der Regelung einer einzelnen Angelegenheit muss die Maßnahme dienen. In seinem Anwendungsbereich unterstellt § 22 jedoch die Übermittlung personenbezogener Daten, die nur eine andere Maßnahme vorbereitet, ebenfalls der Anfechtung. Allgemeine behördeninterne Verwaltungsanordnungen regeln keinen Einzelfall u. sind daher nur anfechtbar, wenn sie schon durch ihre Existenz unmittelbar in die Rechte des Einzelnen eingreifen (KG NJW 1971, 476; OLG Frankfurt a. M. NJW 1977, 2177; OLG Hamm NStZ 1988, 93; vgl. auch OLG Saarbrücken NJW 1978, 1446). Eine Allgemeinverfügung, die einen konkreten Sachverhalt für einen größeren Personenkreis regelt, kann aber jeder davon Betroffene anfechten. Die Beschränkung auf Einzelregelungen bedeutet auch, dass es unzulässig ist, der Behörde für die Zukunft bestimmte Maßnahmen zu untersagen (→ Vor § 23 Rn. 2).

III. Zweitbescheide. Zweitbescheide, insbes. auf Gegenvorstellungen, sind nur 8
anfechtbar, wenn sie neue Gesichtspunkte tatsächlicher o. rechtlicher Art berücksichtigen. Ablehnende Bescheide auf Dienstaufsichtsbeschwerde sind ebenfalls keine selbständigen Maßnahmen, sondern verneinen nur einen Grund zum Einschreiten (KG GA 1976, 342; OLG Koblenz wistra 1987, 359; OLG Stuttgart NStZ 1986, 480; Kissel/Mayer Rn. 49). Auch sie sind nur anfechtbar, wenn eine neue selbständige Rechtsverletzung geltend gemacht wird (OLG Hamburg MDR 1975, 248; OLG Koblenz GA 1976, 151; OLG Stuttgart NJW 1964, 1382).

IV. Maßnahmen der StA im Ermittlungsverfahren. Maßnahmen der StA 9
im Ermittlungsverfahren u. im Strafverfahren sind Prozesshandlungen u. als solche dem **Rechtsweg nach §§ 23 ff. EGGVG entzogen** (BGH NStZ-RR 2021, 52;

BayObLG BeckRS 2025, 414 Rn. 58). Der Beschuldigte kann seine auf den Beginn u. Betrieb des Ermittlungsverfahrens gerichteten Anträge nicht nach §§ 23 ff. durchsetzen (OLG Hamburg NStZ 1984, 566; OLG Hamm NStZ 1995, 412; OLG Karlsruhe NStZ 1994, 142; OLG Jena NStZ 2005, 343; OLG Nürnberg NStZ 1986, 575; OLG Stuttgart NStZ 2008, 359; vgl. auch BayObLG BeckRS 2025, 31236; **aM** Löwe/Rosenberg/Erb StPO § 160 Rn. 67a ff.; hins. der Einleitung eines Ermittlungsverfahrens nach § 152 Abs. 2 StPO s. Eisenberg/Conen NJW 1998, 2247; hins. verfahrenseinleitender u. -fortführender Maßnahmen Nagel StV 2001, 185); denn durch solche Maßnahmen (Anhörung v. Zeugen, Zuziehung v. Sachverständigen uÄ) wird keine Regelung iS Abs. 1 S. 1 getroffen (vgl. OLG Dresden NJW 1998, 3368; OLG Frankfurt a. M. NStZ-RR 2005, 13; Döllel/Dreeßen SchlHA 2008, 268 – OLG Schleswig RsprÜ). Gegen die Einleitung o. Fortführung eines Ermittlungsverfahrens gibt es – abgesehen davon, wenn dies aus schlechthin unhaltbaren Erwägungen, also objektiv willkürlich geschieht (dazu eing. Jahn FS Strauda, 2006, 335) – keinen Rechtsschutz (BVerfG NStZ 2004, 447); daher sind auch nicht anfechtbar die verzögerliche Behandlung (OLG Stuttgart OLGSt Nr. 11), die verzögerte Einstellung des Ermittlungsverfahrens (OLG Frankfurt a. M. NStZ-RR 2008, 78; OLG Hamm NStZ 1983, 38; JMBl. NRW. 1994, 23; **aM** Böttcher FS Dahs, 2005, 243; Brete/Thomsen wistra 2008, 370; Mansdörfer GA 2010, 166 (Verfassungsbeschwerde in Extremfällen) u. die richtige Sachbehandlung einer Strafanzeige (BayObLG BeckRS 2025, 31236). Dies gilt ebenso für die Abtrennung oder Verbindung bestimmter Verfahrensteile und die Aktenführung (BayObLG BeckRS 2025, 414 Rn. 59); wegen der Gewährung u. Versagung der Akteneinsicht vgl. BGH 17.12.2025 – 5 ARs 13/24; → Rn. 15 sowie → StPO § 147 Rn. 24 ff., 39 ff., → StPO § 480 Rn. 4.

9a Für **Medienauftritte, Pressemitteilungen oder -auskünfte** durch die Ermittlungsbehörden ist der Verwaltungsrechtsweg nach § 40 Abs. 1 VwGO gegeben; dies betr. sowohl die Feststellung der Rechtswidrigkeit als auch für vorbeugende Unterlassungsansprüche (BGH StV 2018, 208).

10 Für **Eingriffe in Grundrechte,** zu denen StA u. ihre Ermittlungspersonen allg. (§§ 81b, 163b, 164 StPO) o. bei Gefahr im Verzug (§§ 81a Abs. 2, 81c Abs. 3 S. 3, Abs. 5, 98 Abs. 1, 100 Abs. 1, 100b Abs. 1, 105 Abs. 1, 111 Abs. 2, 127 Abs. 2, 132 Abs. 2, 163d Abs. 2, 163e Abs. 4, 163f Abs. 3 StPO) berechtigt sind, gilt das nicht. Zwar sind alle Maßnahmen der StA, die der Einleitung, Durchführung u. Gestaltung des Strafverfahrens dienen, der Anfechtung entzogen, weil sie keine JVerwA, sondern Prozesshandlungen sind (OLG Hamm NJW 1973, 1089; OLG Karlsruhe NJW 1976, 1417; OLG Stuttgart NJW 1977, 2276; weit Nachw. bei Kissel/Mayer Rn. 31); eine Ausnahme ist aber im Hinblick auf Art. 19 Abs. 4 GG zu machen, soweit es sich um in Grundrechte eingreifende Maßnahmen handelt (vgl. BGHSt 28, 57 (58); Bottke StV 1986, 120). Eine Anfechtung nach Abs. 1 scheidet allerdings aus, solange die Maßnahme nicht durchgeführt ist; dann gilt § 98 Abs. 2 S. 2 StPO entspr. (→ StPO § 98 Rn. 23). Auch nach Erledigung der Maßnahme durch Vollzug ist nach der Rspr. des BGH aber diese Vorschr. – u. nicht § 23 – anzuwenden (vgl. → StPO § 98 Rn. 23; → StPO § 127 Rn. 23; → StPO Vor § 296 Rn. 18a). Dasselbe gilt nach neuerer Rspr., wenn die Art u. Weise des Vollzugs einer in Grundrechte eingreifenden Maßnahme der StA u. der Polizei angefochten wird (BGHSt 44, 265; erg. → StPO § 105 Rn. 17). Die „Ausforschung und Beschlagnahme" einer PowerPoint-Datei pornographischen Inhalts ist einer Entsch. nach § 98 Abs. 2 S. 2 StPO aber nicht zugänglich (BVerfG NJW 2007, 3343).

11 **D. Verpflichtungsantrag (Abs. 2).** Der Antrag ist nur zulässig, wenn der Antragsteller geltend macht, durch die Ablehnung o. Unterlassung in seinen Rechten verletzt zu sein (→ § 24 Rn. 1), zB durch die Ablehnung der Löschung der Eintragung in die Zentrale Namenskartei der StA (OLG Frankfurt a. M. NJW 1989, 48; dazu Scholderer NStZ 1989, 585; Simitis NJW 1989, 21). Für den Antrag auf Verpflichtung zum Erlass einer abgelehnten Maßnahme gilt § 26 Abs. 1

(OLG Frankfurt a. M. ZInsO 2009, 388). Der Antrag, die Behörden zum Erlass eines unterlassenen VerwA zu verpflichten, kann nur unter den Voraussetzungen des § 27 als Vornahmeantrag gestellt werden (KG NJW 1968, 609).

12 **E. Subsidiarität (Abs. 3).** Die §§ 23 ff. treten zurück, wenn das G **andere Rechtsbehelfe** vorsieht (vgl. BGHSt 63, 156; BGH 17.12.2025 – 5 ARs 13/24 zu § 475 **StPO** unter Hinweis auf § 480 Abs. 3 **StPO**; KG NStZ 2008, 226 u. NStZ-RR 2009, 324 zu § 109 Abs. 1 **StVollzG;** OLG Naumburg 17.8.2010 – 2 ARs 7/10 zu §§ 65 Abs. 1, 100 UVollzG LSA aF; OLG Hamm NStZ-RR 2012, 126 zu § 458 **StPO;** OLG Koblenz NStZ-RR 2010, 190 zu § 459h **StPO**), auch wenn der Betroffene v. ihnen, zB wegen Fristversäumung, nicht mehr Gebrauch machen kann (OLG Frankfurt a. M. NStZ-RR 2004, 184), u. auch bei Verletzung des Willkürverbots (OLG Frankfurt a. M. NStZ-RR 2005, 282). Über den Wortlaut der Vorschr. hinaus gelten die §§ 23 ff. auch dann nicht, wenn Verwaltungs-, Arbeits-, Sozial- o. Finanzgerichte zuständig sind (OLG Hamm NJW 1966, 607 (609); Katholnigg Rn. 13). Sieht das G die Anfechtung einer Maßnahme vor, so ist der Antrag nach § 23 auch dann ausgeschlossen, wenn diese Regelung bewusst nicht alle Fälle erfasst (vgl. OLG Frankfurt a. M. ZInsO 2009, 242 (244)), zB § 172 Abs. 2 StPO (OLG Bamberg JVBl 1965, 262; vgl. auch OLG Karlsruhe NStZ 2016, 126; OLG Frankfurt a. M. ZInsO 2009, 242; **aM** KG JVBl 1962, 20) o. § 4 Abs. 3 JVEG. Wenn der Antrag im Zeitpunkt der Antragstellung beim OLG nicht zulässig ist, weil das Gericht nach § 98 Abs. 2 S. 2 StPO angerufen werden kann, wird er nicht nachträglich zulässig, weil die Maßnahme nunmehr abgeschlossen ist (OLG Karlsruhe NJW 1979, 2527; OLG Zweibrücken StV 1997, 313). Für Einwendungen des Verurteilten gegen die Vollstreckungsreihenfolge ist der Antrag nur zulässig, wenn diese in keinem Zusammenhang mit der Unterbrechung der ges. vorgesehenen Strafvollstreckung nach der Hälfte bzw. zwei Dritteln der Strafe stehen (OLG Stuttgart StV 2009, 259 mwN; → StPO § 454b Rn. 9).

13 **F. Beispiele aus der Rspr. I. Maßnahmen der Gerichte. Nicht nach §§ 23 ff. anfechtbar** sind **alle Akte der Rspr.** (BGH NStZ-RR 2021, 52; OLG Karlsruhe NJW 1988, 983).

14 **Dies gilt zB** für den Erlass eines Europäischen Haftbefehls einschl. des darin enthaltenen Auslieferungsersuchens u. des Ersuchens um Festnahme (OLG Celle NStZ 2010, 534), den Eröffnungsbeschluss (BayObLG BeckRS 2024, 12842), für den Verurteilten die Verweigerung der Zustimmung nach § 35 BtMG (so ausdr. § 35 Abs. 2 S. 2 BtMG: nur zusammen mit der Ablehnung der Zurückstellung durch die VollstrB nach §§ 23 ff. anfechtbar), anders aber, wenn der Jugendrichter als VollstrB entscheidet (OLG Stuttgart NStZ 1986, 141), die Verweigerung der Akteneinsicht (vgl. → StPO § 147 Rn. 40, → StPO § 478 Rn. 1, 4), auch für Dritte (OLG Hamburg NStZ 1982, 482; OLG Hamm NJW 1968, 169; **aM** Altenhain JZ 1965, 757), die Weigerung, den Hauptverhandlungstermin abzusetzen (OLG Koblenz MDR 1973, 521), Schriftstücke aus den Akten zu entfernen (OLG Köln NJW 1966, 1761), Reisekostenvorschüsse an Angeklagte zu zahlen (OLG Bremen NJW 1965, 1617; OLG Düsseldorf MDR 1983, 689; OLG Stuttgart NJW 1956, 473: Beschwerde nach § 304 StPO) o. über einen Kostenfestsetzungsantrag zu befinden (OLG Jena NStZ-RR 2004, 319; vgl. aber auch OLG Frankfurt a. M. NStZ-RR 1996, 183 u. OLG Koblenz JBlRP 2009, 71 zur Erstattung der Kosten des Aufenthalts in einem Heim der Jugendhilfe in Erfüllung einer jugendrichterlichen Weisung: Justizverwaltungsakt). Auch die Verweigerung der Dienstreisegenehmigung für Angehörige der Führungsaufsichtsstelle zur Betreuung eines Verurteilten ist nur nach § 304 StPO anfechtbar (OLG Hamm NStZ 1984, 285). Dies gilt wegen § 478 Abs. 3 StPO auch für Auskünfte nach § 475 StPO. **Anfechtbar nach §§ 23 ff.** sind dagegen Maßnahmen nach § 474, da insoweit eine Anfechtungsmöglichkeit gem. § 478 Abs. 3 nicht vorgesehen ist (OLG Karlsruhe NStZ 2015, 606), ebenso die Übermittlung von Zivilakten auf Ersuchen der StA (BayObLG 10.11.2025 BeckRS 2025, 30490).

15 **II. Maßnahmen der StA im Strafverfahren.** Die Abgabe o. Nichtabgabe einer **Presseverlautbarung** ist nach der Rspr. des BVerwG (NStZ 1988, 513; NJW 1992, 62) im Verwaltungsrechtsweg anfechtbar (ebenso BGH StraFo 2017, 462; VG Berlin NJW 2001, 3799; VG Saarlouis DRiZ 2008, 356 Ls.; Lehr NStZ 2009, 413; nach **aM** ist hingegen der Rechtsweg nach § 23 eröffnet: OLG Hamm NStZ 1995, 412; OLG Karlsruhe NJW 1995, 899; Justiz 2008, 363; OLG Stuttgart NStZ 2008, 359 (360); Neuling StV 2008, 387; Wasmuth NJW 1988, 1705). **Nicht anfechtbar** ist die Weigerung, der Verfahrenseinstellung nach den §§ 153 ff. StPO zuzustimmen (OLG Hamm NStZ 1985, 472; **aM** Terbach NStZ 1998, 172), eine Entsch. nach § 154 Abs. 1 (KG StraFo 2010, 428), die Ablehnung der Ersetzung des ermittelnden StA durch einen anderen (OLG Frankfurt a. M. NStZ-RR 1999, 81; OLG Hamm NJW 1969, 808; OLG Karlsruhe MDR 1974, 423; Ernesti/Lorenzen SchlHA 1983, 106 – OLG Schleswig RsprÜ; Pawlik NStZ 1995, 314; Pfeiffer FS Rebmann, 1989, 367; **aM** Hilgendorf StV 1996, 53; Roxin/Schünemann StrafVerfR § 9 Rn. 15; einschr. Böttcher FS Roxin, 2001, 1343: nur bei Willkür; erg. → StPO Vor § 22 Rn. 5; → GVG § 145 Rn. 6), die Erkl. nach § 230 StGB (BGHSt 16, 225; Kauffmann FS Kleinknecht, 1985, 210), die Verweigerung der Akteneinsicht an den Beschuldigten (→ StPO § 147 Rn. 40; vgl. BayObLG BeckRS 2025, 414 Rn. 67) oder v. Auskünften an ihn über die verdachtsbegründenden Tatsachen (BVerfG NJW 1984, 1451), die unterbliebene Mitteilung nach § 171 S. 1 StPO (BGH BeckRS 2014, 5301), die Weigerung der Herausgabe sichergestellter Sachen (OLG Nürnberg NStZ 2006, 654; OLG Stuttgart wistra 2002, 38; LG Mannheim NStZ-RR 1998, 113: Zivilrechtsweg; **aM** Hoffmann/Knierim NStZ 2000, 463: § 98 Abs. 2 S. 2 entspr.), die Verneinung o. Bejahung des öffentl. Interesses nach § 376 StPO (→ StPO § 376 Rn. 6, 7), die Nichteinhaltung einer Zusage, kein Rechtsmittel einzulegen (OLG Hamm NJW 1965, 1241; ebenso Krumdiek StRR 2010, 88 zu sog. Sperrberufungen), sowie v. Maßnahmen im Ermittlungsverfahren (→ Rn. 9). Dagegen kann die Entsch. darüber, ob einem Dritten (iSd § 475 StPO) eine anonymisierte Urteilsabschrift, sonstige Abschriften aus den Ermittlungsakten sowie die Akten zur Einsichtnahme überlassen o. Auskünfte aus Akten erteilt werden sollen, mit einem **Antrag nach § 478 Abs. 3 StPO** (→ StPO § 478 Rn. 4) angefochten werden (OVG Münster NJW 2001, 3803; Lindner StV 2008, 216). Einen Antrag nach § 23 kann aber die Öffentlichkeitsfahndung (vgl. BGH StraFo 2017, 462) o. die Ablehnung des Antrags auf Aktenvernichtung (OLG Frankfurt a. M. NJW 1999, 73) bzw. Datenlöschung (BVerfG StV 2007, 226 Ls.; OLG Hamburg StV 2009, 234 (235); vgl. → § 489 Rn. 9) begründen.

16 **III. Maßnahmen der StA bei der Vollstreckung. Anfechtbar nach §§ 23 ff.** sind Entsch. über die Unterbrechung der Vollstreckung eines Strafrests aufgrund einer widerrufenen Strafaussetzung zur Bewährung (BGH NStZ 1991, 205), die Versagung einer Unterbrechung zum Halbstrafenzeitpunkt in Fällen des § 57 Abs. 2 Nr. 2 StGB (OLG Frankfurt a. M. NStZ-RR 2011, 221), Entsch. nach § 456a StPO (→ StPO § 456a Rn. 9; OLG Karlsruhe NStZ 2012, 655; **aM** OLG Stuttgart StraFo 2011, 114, das unter Missachtung des Wortlauts § 458 Abs. 2 anwenden will, falls zugleich beantragt wird, die Nachholung der Strafvollstreckung einstweilen auszusetzen), Zwangsmaßnahmen nach § 457 StPO (→ StPO § 457 Rn. 16), Entsch. der VollstrB über die Art u. Weise der Vollstreckung der Unterbringungsanordnung (OLG Hamburg NStZ 1988, 242), die Ablehnung, die Vollstreckung für die Strafaussetzung nach § 57 Abs. 2 Nr. 2 StGB zum Zwecke der Anschlussvollstreckung in anderer Sache zu unterbrechen (OLG Celle Nds. Rpfl. 1989, 299; vgl. auch BVerfG NJW 1995, 1885) o. nach § 35 BtMG die Vollstreckung zurückzustellen (vgl. § 35 Abs. 2 S. 2 BtMG, zum hierbei einzuhaltenden Verf. → § 24 Rn. 5), ferner die bei der Zurückstellung angeordneten Weisungen u. Auflagen (OLG Hamm NStZ 1986, 187; StV 1988, 24), die Ablehnung der Vorabvollstreckung einer nicht zurückstellungsfähigen Strafe (OLG Köln NStZ-RR 2010, 157), die Entsch. bei der Vollstreckung der Geldstrafe nach § 459b StPO

(→ StPO § 159b Rn. 5), u. die Abgabe der Vollstreckung nach § 85 Abs. 6 **JGG** (LG Koblenz NStZ-RR 1997, 53) sowie die Ablehnung der Aufnahme zur Strafvollstreckung in einem anderen Bundesland (KG NStZ-RR 2007, 124; OLG Bamberg BeckRS 2010, 20246; OLG Hamm BeckRS 2008, 22327; OLG Schleswig NStZ-RR 2007, 324; vgl. auch BGH StraFo 2001, 432), nicht aber die Ablehnung eines Antrages auf Verlegung in ein anderes Bundesland (KG NStZ-RR 2007, 124; OLG Jena StV 2006, 147 Ls.; **aM** OLG Schleswig NStZ-RR 2008, 126) o. des Antrags auf Verlegung in eine andere JVA desselben Bundeslandes (OLG Frankfurt a. M. NStZ-RR 2006, 253); dann gelten §§ 109, 110 **StVollzG.** Keine Verlegung, sondern nach § 23 anfechtbar ist die Entsch. der VollstrB über die Überführung u. Einweisung des Verurteilten, der sich im Zeitpunkt der Einleitung der Vollstreckung in einer für ihn nicht zuständigen Vollzugsanstalt befindet, in die zuständige JVA gem. §§ 28 Abs. 1 S. 1, 29 Abs. 1 StVollstrO (Döllel/Dreeßen SchlHA 2008, 268 – OLG Schleswig RsprÜ) o. über die Abweichung v. Vollstreckungsplan durch unmittelbare Ladung in den offenen Vollzug (OLG Frankfurt a. M. NStZ 2007, 173; OLG Naumburg OLGSt Nr. 3 zu § 10 StVollzG; OLG Zweibrücken StraFo 2010, 129 (130); vgl. auch OLG Hamm StV 2009, 204). Der Überprüfung unterliegt auch, ob die VollstrB bei der Ablehnung eines Überstellungswunsches nach dem ÜberstÜbk (→ Einl. Rn. 215c) ihr Ermessen fehlerfrei ausgeübt hat (BVerfG NStZ 1998, 140; OLG Frankfurt a. M. NStZ-RR 2002, 310). Wegen der Mitteilungen in Strafsachen vgl. → Rn. 7 u. § 22. Entscheidungen der VollstrB über die Abwendung der Vollstreckung der Ersatzfreiheitsstrafe durch freie Arbeit werden nach § 459h angefochten (→ § 459e Rn. 7).

Bei **Änderungen der Vollstreckungsreihenfolge** ist der Rechtsweg nach **16a** §§ 23 ff. eröffnet, wenn über eine in § 454b **StPO** nicht geregelte Abweichung zu entscheiden ist; werden dagegen im Fall des § 454b Abs. 2 **StPO** Einwendungen gegen die Entscheidung der Vollstreckungsbehörde erhoben, ist vorrangig die StrafVollstrK gem. § 458 Abs. 2 **StPO** zuständig (BayObLG BeckRS 2024, 26395).

IV. Gnadenentscheidungen. Gnadenentscheidungen sind unanfechtbar **17** (BVerfGE 66, 337 (363); BVerfG NJW 2001, 3771; BVerwG NJW 1983, 187; VerfGH Bayern NStZ-RR 1997, 39; OLG Celle Nds. Rpfl. 1996, 310; OLG Hamburg JR 1997, 255 mwN auch zur im verfassungs- u. verwaltungsrechtlichen Schrifttum teilw. vertretenen Gegenmeinung; OLG Stuttgart NStZ 1985, 331). Abs. 1 gilt aber für ihren Widerruf (KG NStZ 1993, 54; OLG Celle NJW 1989, 114; OLG Hamburg NStZ-RR 2004, 223; OLG Saarbrücken MDR 1979, 338; Döllel/Dreeßen SchlHA 2008, 268 – OLG Schleswig RsprÜ; BVerfGE 30, 108 hatte die Frage des Rechtswegs offengelassen); vgl. zum Widerruf v. Gnadenentscheidungen Lemke FS Strauda, 2006, 375 u. die RsprÜ v. Rinio NStZ 2006, 438.

V. Maßnahmen im UHaft-Vollzug. Siehe → § 119a StPO Rn. 1 ff. **18**

VI. Entscheidungen der Registerbehörde. Die Entsch. über eine den Ver- **19** urteilten begünstigende Maßnahme der Registerbehörde (§ 1 Abs. 1 **BZRG:** Bundesamt für Justiz; → StPO § 492 Rn. 3) enthält einen JVerwA auf dem Gebiet der Strafrechtspflege (vgl. OLG Karlsruhe Justiz 2000, 24; Löwe/Rosenberg/Gerson Rn. 32). Anfechtbar ist daher zB die Ablehnung der Entfernung einer Eintragung (§§ 25, 55 Abs. 2, 63 Abs. 3 **BZRG**), der **Nichtaufnahme** v. Verurteilungen in das Führungszeugnis (§ 39 **BZRG;** KG GA 1973, 180, NStZ-RR 2009, 27), der Tilgung in bes. Fällen (§ 49 **BZRG;** KG NStZ-RR 2010, 27 Ls.; OLG Hamm MDR 1992, 283) u. der Entfernung einer ausl. Verurteilung (§ 56 Abs. 1 S. 1 **BZRG;** OLG Karlsruhe NStZ 1992, 40); das Gleiche gilt für die Übermittlung v. Strafnachrichten an einen ausl. Staat (§ 57 Abs. 3 S. 1 **BZRG;** OLG Karlsruhe wistra 2003, 478) o. einen Streit über die Berechnung der ges. Fristen (Löwe/Rosenberg/Böttcher Rn. 34). Zum Vorverfahren vgl. → § 24 Rn. 5, zur Zuständigkeit → § 25 Rn. 1.

20 **VII. Auskünfte und Akteneinsicht.** Auskünfte und Akteneinsicht nach §§ 474, 476 **StPO** eröffnen den Rechtsweg nach §§ 23 ff. EGGVG, nicht aber – wegen § 480 Abs. 3 **StPO** iVm § 23 Abs. 3 EGGVG – solche nach § 475 **StPO** (vgl. BGH 17.12.2025 – 5 ARs 13/24; → § 480 **StPO** Rn. 4).

[Zulässigkeit des Antrags]

24 (1) **Der Antrag auf gerichtliche Entscheidung ist nur zulässig, wenn der Antragsteller geltend macht, durch die Maßnahme oder ihre Ablehnung oder Unterlassung in seinen Rechten verletzt zu sein.**

(2) **Soweit Maßnahmen der Justiz- oder Vollzugsbehörden der Beschwerde oder einem anderen förmlichen Rechtsbehelf im Verwaltungsverfahren unterliegen, kann der Antrag auf gerichtliche Entscheidung erst nach vorausgegangenem Beschwerdeverfahren gestellt werden.**

1 **A. Rechtsverletzung (Abs. 1).** Die **Rechtsverletzung (Abs. 1)** muss der Antragsteller als mögliche Beeinträchtigung behaupten (OLG Frankfurt a. M. NJW 1979, 1613); dafür muss er Tatsachen anführen, die, wenn sie zuträfen, die Rechtsverletzung ergäben (OLG Bremen NJW 1960, 2261; OLG Hamm MDR 1983, 602; Kissel/Mayer Rn. 1). Ein Antrag, der weder ausdr. noch durch seine Begründung (OLG Saarbrücken JBl Saar 1961, 129) eine Rechtsverletzung substanziiert geltend macht, wird als unzulässig verworfen (OLG Frankfurt a. M. NStZ-RR 2005, 282; ZInsO 2009, 388). Auf die Wahrheit des Antragsvorbringens kommt es bei der Zulässigkeitsprüfung aber nicht an (KG DVBl 1960, 812; Kissel/Mayer Rn. 1).

2 Die **eigenen Rechte des Antragstellers** müssen verletzt sein (OLG Frankfurt a. M. ZInsO 2009, 242 (246)); hierzu zählen auch das Recht auf Löschung v. Verfahrensdaten (OLG Dresden StV 2004, 68, berichtigt StV 2004, 368; OLG Hamburg StV 2009, 234 (235)) u. der Anspruch auf ermessensfehlerfreie Entsch. (OLG Frankfurt a. M. NStZ-RR 2008, 174). Die Verletzung der Rechte Dritter genügt ebenso wenig wie der Eingriff in die bloße Interessensphäre des Antragstellers (OLG Hamm MDR 1967, 137). Die Ablehnung einer gerichtlichen Aktenanforderung wirkt dann unmittelbar auf die Rechtsposition des Angeklagten ein, wenn die Aktenauswertung allein seiner Entlastung dienen soll (vgl. OLG Hamm Rpfleger 2009, 150).

3 **B. Vorschaltverfahren (Abs. 2). I. Amtswegige Prüfung.** Eine **von Amts wegen zu prüfende Sachentscheidungsvoraussetzung** ist die Einhaltung des Vorschaltverfahrens. Im Fall des § 28 Abs. 1 S. 4 gilt Abs. 2 nicht, weil hier eine Beschwerde rechtlich nicht mehr möglich ist (→ § 28 Rn. 7; zw. Katholnigg Rn. 10), wohl aber bei Eröffnung des falschen Rechtswegs nach o. entspr. § 17a Abs. 5 GVG (OLG Jena NStZ-RR 2010, 61 Ls.). Die Beschwerdeentscheidung muss nicht schon bei Stellung des Antrags nach § 23 ergangen sein; es genügt, dass sie im Zeitpunkt der Entsch. des OLG vorliegt (KG Rpfleger 2009, 412; OLG Hamm NStZ 1982, 134; Lorenzen/Görl SchlHA 1988, 108 – OLG Schleswig RsprÜ).

4 Hatte der Antragsteller die Frist für den Rechtsbehelf nach Abs. 2 versäumt, so kommt es darauf an, ob v. der VerwB, die über ihn zu befinden hat, entspr. § 70 Abs. 2 iVm § 60 Abs. 1, 4 VwGO Wiedereinsetzung gewährt worden ist. Hat sie ohne Wiedereinsetzung sachlich entschieden, so verwirft das OLG, das die rechtzeitige Einlegung des Rechtsbehelfs selbständig prüfen muss, den Antrag als unzulässig (OLG Oldenburg Nds. Rpfl. 1968, 234; OLG Stuttgart NJW 1970, 718; Schmid NStZ 1990, 451; **aM** OLG Celle NJW 1969, 522; Katholnigg Rn. 9; Kissel/Mayer Rn. 5).

5 **II. Förmlicher Rechtsbehelf.** Ein förmlicher Rechtsbehelf muss gegeben sein, nicht nur die Dienstaufsichtsbeschwerde (Kissel/Mayer Rn. 8). Ob der Rechtsbehelf durch G (zB §§ 25 Abs. 2, 39 Abs. 3, 49 Abs. 3, 55 Abs. 2 S. 3, 63 Abs. 3

S. 2 **BZRG**), durch RechtsVO o. durch eine allg. Verwaltungsvorschrift eingeführt ist, macht keinen Unterschied (BVerfGE 40, 237; Katholnigg Rn. 7; Kissel/Mayer Rn. 6). Danach kann das Vorschaltverfahren auch durch Verwaltungsvorschriften angeordnet werden, die jedem, den es angeht, bekannt werden können u. für jeden gleich gehandhabt werden, für die Verw. verbindlich sind u. wie eine Norm als objektives Recht angewendet werden. **Diese Voraussetzungen erfüllen** va die Einwendungen nach § 21 StVollstrO (BayObLG BeckRS 2024, 26395; KG StV 1989, 27; OLG Oldenburg NStZ 1991, 512), so auch bei Ablehnung der Zurückstellung der Vollstreckung nach § 35 BtMG (OLG München JR 1994, 296; OLG Oldenburg StraFo 2000, 67; OLG Stuttgart MDR 1994, 297; OLG Zweibrücken JBlRP 1998, 244; vgl. dazu auch Katholnigg NJW 1995, 1330; Weichert NJW 1999, 830); das OLG kann über den Antrag bei Ablehnung durch die StA wegen Verweigerung der erforderlichen gerichtlichen Zustimmung nach § 35 Abs. 1 S. 1 BtMG aber erst entscheiden, wenn die StA dagegen nach § 35 Abs. 2 S. 1 BtMG erfolglos Beschwerde eingelegt hatte (OLG Celle NStZ 1996, 304; **aM** Katholnigg NStZ 1996, 615; Weichert NJW 1999, 830). Mitteilungen der StA an das Kraftfahrt-Bundesamt unterfallen nicht § 21 StVollstrO (OLG Jena NStZ-RR 2006, 321; OLG Stuttgart StraFo 2008, 128; vgl. aber OLG Hamm NZV 2008, 365).

III. Eigene Ermessensentscheidung. Soweit der VerwB in der anzuwendenden Norm Ermessen eingeräumt ist, darf sich die Beschwerdeinstanz nicht auf eine bloße Überprüfung der angegriffenen Entsch. auf Rechtsfehler beschränken (KG NStZ 2009, 527 zu § 456a StPO). 6

IV. Anfechtungsgegenstand. Anfechtungsgegenstand in dem Verf. nach §§ 23 ff. ist der ursprüngliche VerwA in der Gestalt, die er im Vorschaltverfahren gefunden hat (OLG Hamburg StV 1999, 105; OLG Karlsruhe Justiz 2000, 147), der Beschwerdebescheid nur, wenn er eine zusätzliche Beschwer enthält (Katholnigg Rn. 8; Bettermann NJW 1958, 81; erg. → § 23 Rn. 8). 7

[Zuständigkeit des OLG oder des Obersten Landesgerichts]

25 (1) [1]**Über den Antrag entscheidet ein Zivilsenat oder, wenn der Antrag eine Angelegenheit der Strafrechtspflege oder des Vollzugs betrifft, ein Strafsenat des Oberlandesgerichts, in dessen Bezirk die Justiz- oder Vollzugsbehörde ihren Sitz hat.** [2]**Ist ein Beschwerdeverfahren (§ 24 Abs. 2) vorausgegangen, so ist das Oberlandesgericht zuständig, in dessen Bezirk die Beschwerdebehörde ihren Sitz hat.**

(2) **Ein Land, in dem mehrere Oberlandesgerichte errichtet sind, kann durch Gesetz die nach Absatz 1 zur Zuständigkeit des Zivilsenats oder des Strafsenats gehörenden Entscheidungen ausschließlich einem der Oberlandesgerichte oder dem Obersten Landesgericht zuweisen.**

A. Zuständigkeit (Abs. 1). Sachlich zuständig ist in Angelegenheiten der Strafrechtspflege u. des Vollzugs (§ 23 Abs. 1) der geschäftsplanmäßig bestimmte Strafsenat des OLG; es können auch mehrere bestimmt werden. Örtlich zuständig ist das OLG, in dessen Bezirk die Justiz- o. Vollzugsbehörde, deren Maßnahme angefochten ist o. herbeigeführt werden soll ihren Sitz hat. Ist ein Beschwerdeverfahren iSd § 24 Abs. 2 vorausgegangen, ist das OLG zuständig, in dessen Bezirk die Beschwerdebehörde ihren Sitz hat (Abs. 1 S. 2); der Wechsel der örtlichen Zuständigkeit wird insoweit erst nach Durchführung eines Beschwerdeverfahrens, nicht bereits durch die bloße Möglichkeit einer Beschwerde, herbeigeführt (BGH NStZ-RR 2024, 58 mwN). Ist der Behördensitz nicht durch Rechtsnorm bestimmt, so kommt es darauf an, wo die Verw. geführt wird. In Angelegenheiten nach dem BZRG ist das OLG Hamm zuständig (§ 1 **BZRG;** OLG Hamm 3.7.2008 – 1 VAs 32/08; → Rn. 3, → StPO § 492 Rn. 3), im Falle einer Beschwerdeentscheidung des BMJV das KG. 1

2 **B. Verweisung.** Bei der gebotenen verfassungskonformen Auslegung des § 25 ist das OLG befugt, die Sache an das zuständige Gericht zu verweisen (vgl. BVerfGE 57, 9 (22); KG StV 1996, 326; OLG Braunschweig NStZ 1991, 551; Nds. Rpfl. 1992, 56; OLG Celle Nds. Rpfl. 2009, 431; OLG Hamm NStZ-RR 1996, 210; OLG Karlsruhe NJW 1988, 84; **aM** OLG Oldenburg NStZ 1990, 504 mablAnm Katholnigg), auch an die StVollstrK (KG GA 1985, 271; NStZ 2008, 226). Die Verweisung setzt aber voraus, dass überhaupt eine Rechtsbeeinträchtigung des Antragstellers vorliegt (OLG Hamburg GA 1985, 325). Hat ein anderes Gericht die Sache nach § 17a Abs. 2 S. 1 GVG an das OLG verwiesen, so ist nicht nur eine Zurückverweisung (OLG Frankfurt a. M. NStZ 1983, 231), sondern nach § 17a Abs. 2 S. 3 GVG auch eine Weiterverweisung in einen dritten Rechtszug unzulässig; das schließt aber eine interne Weiterverweisung aus Gründen der örtlichen, sachlichen o. funktionellen Zuständigkeit, zB v. OLG an das AG, nicht aus (vgl. BGH NStZ-RR 2021, 52 (54); OLG Karlsruhe MDR 1995, 88). Vor der Verweisung ist ein Antrag bei dem OLG wegen der anderweitigen Rechtshängigkeit unzulässig (§ 17 Abs. 1 S. 2 GVG; OLG Stuttgart Justiz 1980, 359). Die Verweisung ist auch dann bindend, wenn die Zulässigkeitsvoraussetzungen nach § 23 nicht vorliegen; damit wird aber noch nicht die Zulässigkeit des Antrages nach §§ 23 ff. begründet (OLG Hamm JR 1996, 257; vgl. auch OLG Dresden NStZ 1999, 160).

3 **C. Zuständigkeitskonzentration (Abs. 2).** In NW sind die nach Abs. 1 den Strafsenaten zugewiesenen Entsch. durch G v. 8.11.1960 (GVNW 352) dem OLG Hamm übertragen.

[Antragsfrist]

26 (1) **Der Antrag auf gerichtliche Entscheidung muß innerhalb eines Monats nach Zustellung oder schriftlicher Bekanntgabe des Bescheides oder, soweit ein Beschwerdeverfahren (§ 24 Abs. 2) vorausgegangen ist, nach Zustellung des Beschwerdebescheides schriftlich oder zur Niederschrift der Geschäftsstelle des Oberlandesgerichts oder eines Amtsgerichts gestellt werden.**

(2) [1] **War der Antragsteller ohne Verschulden verhindert, die Frist einzuhalten, so ist ihm auf Antrag Wiedereinsetzung in den vorigen Stand zu gewähren.** [2] **Ein Fehlen des Verschuldens wird vermutet, wenn in dem Bescheid oder, soweit ein Beschwerdeverfahren (§ 24 Absatz 2) vorausgegangen ist, in dem Beschwerdebescheid eine Belehrung über die Zulässigkeit des Antrags auf gerichtliche Entscheidung sowie über das Gericht, bei dem er zu stellen ist, dessen Sitz und die einzuhaltende Form und Frist unterblieben oder unrichtig erteilt ist.**

(3) [1] **Der Antrag auf Wiedereinsetzung ist binnen zwei Wochen nach Wegfall des Hindernisses zu stellen.** [2] **Die Tatsachen zur Begründung des Antrags sind bei der Antragstellung oder im Verfahren über den Antrag glaubhaft zu machen.** [3] **Innerhalb der Antragsfrist ist die versäumte Rechtshandlung nachzuholen.** [4] **Ist dies geschehen, so kann die Wiedereinsetzung auch ohne Antrag gewährt werden.**

(4) **Nach einem Jahr seit dem Ende der versäumten Frist ist der Antrag auf Wiedereinsetzung unzulässig, außer wenn der Antrag vor Ablauf der Jahresfrist infolge höherer Gewalt unmöglich war.**

1 **A. Form des Antrags (Abs. 1).** Schriftlich o. zu Prot. (→ Einl. Rn. 128 ff., 131 ff.) des nach § 25 zuständigen OLG o. eines beliebigen AG kann der Antrag gestellt werden. Wegen der notwendigen Begründung vgl. → Vor § 23 Rn. 3, → § 24 Rn. 1. Antragsberechtigt ist in eigener Sache auch ein verhandlungsfähiger Minderjähriger (OLG Frankfurt a. M. JR 1964, 393) u. ein nach § 63 StGB Untergebrachter. Über Rücknahme u. Verzicht vgl. → § 28 Rn. 2.

B. Antragsfrist (Abs. 1). I. Innerhalb eines Monats. Innerhalb eines Monats nach Zustellung o. schriftlicher Bekanntgabe des Bescheides o. (im Fall des § 24 Abs. 2) nach Zustellung des Beschwerdebescheides muss der Antrag nicht nur gestellt, sondern auch begründet werden (BGH NStZ-RR 2025, 290; OLG Celle Nds. Rpfl. 1980, 156; OLG Hamm MDR 1983, 602). Letzeres setzt voraus, dass der Ast. eigene Ausführungen zum Sachverhalt macht, welche eine Rechtsverletzung zumindest als möglich erscheinen lassen (vgl. BGH 10.10.2018 – IV AR (VZ) 1/18; dahingestellt von BGH NStZ-RR 2025, 290, ob darüber hinausgehend eine schlüssige Darlegung der geltend gemachten Rechtsverletzung erforderlich ist). Die Antragsfrist **berechnet sich** nach §§ 222 ZPO, 16 Abs. 2 FamFG iVm §§ 186 ff. BGB, wobei der Tag des den Fristbeginn auslösenden Ereignisses nicht mitzählt (§ 187 Abs. 1 BGB; BayObLG BeckRS 2025, 414 Rn. 26). 2

Bei Realakten erfolgt keine Zustellung o. schriftliche Bekanntgabe an den Betroffenen; in diesen Fällen gibt es keine Ausschlussfrist (OLG Koblenz StV 1987, 430). Ein inhaltlich den Antragserfordernissen entspr. Antrag auf Prozesskostenhilfe (§ 29 Abs. 4) wahrt die Frist (Katholnigg Rn. 3), nicht aber das bloße Gesuch des Gefangenen bei der Anstalt, den Antrag anbringen zu dürfen (OLG Schleswig SchlHA 1961, 146). Die Nichtigkeit der Maßnahme (vgl. §§ 43 Abs. 3, 44 VwVfG) kann noch nach Fristablauf geltend gemacht werden (Kissel/Mayer Rn. 7). 3

Die **mündliche Bekanntgabe** der Maßnahme setzt die Frist nicht in Lauf (BGH NJW 1963, 1789), auch nicht, wenn ein schriftlicher Bescheid ergangen ist o. sein Inhalt sich aus einem schriftlich bekanntgegebenen Bescheid über die Dienstaufsichtsbeschwerde ergibt (KG GA 1976, 342). Dass die Antragsfrist nicht begonnen hat, hindert aber die Antragstellung nicht. Wird damit ungewöhnlich lange gewartet, so kann das Antragsrecht verwirkt sein (vgl. OLG Bremen MDR 1966, 867; OLG Jena VRS 115, 439 (441); Kissel/Mayer Rn. 4 mwN). Entsprechendes gilt bei der Anfechtung eines Realakts (Kissel/Mayer Rn. 3). 4

II. Belehrung über das Antragsrecht. Eine Belehrung über das Antragsrecht setzt der Fristbeginn nicht voraus, da sie bei Bekanntmachung der nach § 23 Abs. 1 anfechtbaren Maßnahmen ges. nicht vorgeschrieben ist (BGH NJW 1974, 1335; Katholnigg Rn. 4; **aM** KK-StPO/Mayer Rn. 8: § 35a StPO entspr.). Ihr Fehlen hindert den Fristablauf auch dann nicht, wenn sie durch Verwaltungsvorschriften angeordnet ist. 5

C. Wiedereinsetzung (Abs. 2–4). Anders als nach § 45 Abs. 1 S. 1 StPO beträgt die **Antragsfrist 2 Wochen;** auch sonst stimmen Abs. 2–4 weniger mit den §§ 44, 45 StPO als mit § 60 VwGO überein, an dem daher ihre Auslegung auszurichten ist (OLG Hamm GA 1968, 310; Katholnigg Rn. 5; Kissel/Mayer Rn. 10). Die Frist, innerhalb deren der Antrag zu stellen ist u. die Wiedereinsetzungsgründe geltend zu machen sind (BVerwG NJW 1976, 74), beginnt mit dem Wegfall des Hindernisses. Dessen Zeitpunkt muss der Antrag dartun, wenn er nicht offensichtlich ist. Zur Glaubhaftmachung der Wiedereinsetzungsgründe vgl. → StPO § 26 Rn. 5; die Glaubhaftmachung kann nach Fristablauf nachgeholt werden (OVG Koblenz NJW 1972, 2326). 6

Unverschuldet iS Abs. 2 ist eine Fristversäumnis, wenn der Antragsteller die gebotene u. ihm nach den gesamten Umständen zumutbare Sorgfalt beachtet hat (vgl. BVerwG NJW 1976, 1332 (1333); OLG Hamm GA 1968, 310; erg. → StPO § 44 Rn. 10 ff.). Das Verschulden eines gewählten o. nach § 29 Abs. 3 bestellten RA ist dem Antragsteller zuzurechnen (BayObLG BeckRS 2025, 414 Rn. 44; KG StraFo 2008, 221; OLG Hamburg NStZ-RR 2004, 185 mwN; zu fehlender oder fehlerhafter Rechtsmittelbelehrung → Rn. 7a; erg. → StPO § 44 Rn. 19). Ausnahmen sollen gelten, wenn der Antrag einen Justizverwaltungsakt in einer Strafvollstreckungssache betr. (so OLG Hamm NStZ 1982, 483: abl. Entsch. nach § 35 BtMG; OLG Stuttgart NStZ 1988, 430: Widerruf eines Gnadenerweises); dagegen zutr. OLG Hamburg NStZ-RR 2004, 185; vgl. auch BayObLG BeckRS 2025, 414 Rn. 44. 7

7a Das **Fehlen des Verschuldens** wird gem. Abs. 2 S. 2 (BGBl. 2012 I 2418 (2424)) **vermutet,** wenn eine erforderliche Rechtsbehelfsbelehrung unterblieben o. fehlerhaft ist (vgl. BT-Drs. 17/10490, 15). Bei bestelltem oder gewähltem RA ist allerdings zu differenzieren: Beruht die Fristversäumnis auf einem Fehlen der Rechtsbehelfsbelehrung, wird dies dem Ast. als Verschulden seines Rechtsanwaltes zugerechnet, bei einer inhaltlich fehlerhaften, aber nicht offensichtlich unrichtigen Belehrung soll dies dagegen nicht gelten (BayObLG BeckRS 2025, 414 Rn. 34, 35)..

8 Über den Wiedereinsetzungsantrag muss **ausdrücklich entschieden** werden; eine stillschweigende Wiedereinsetzung ist ausgeschlossen (vgl. BVerwGE 59, 302 = NJW 1981, 698).

9 Die **Jahresfrist des Abs. 4** ist eine Ausschlussfrist. Wiedereinsetzung ist nicht zulässig; der Antrag kann aber nachträglich (binnen 2 Wochen) gestellt werden, wenn die Antragstellung vor Ablauf der Jahresfrist infolge höherer Gewalt unmöglich war. Das ist ein Ereignis, das durch äußerste Sorgfalt weder abgewehrt noch verhindert werden kann (Kissel/Mayer Rn. 18), wobei das Geringste eigene Verschulden die höhere Gewalt ausschließt (OVG Berlin NJW 1965, 1151).

[Antragstellung bei Untätigkeit der Behörde]

27 (1) [1]**Ein Antrag auf gerichtliche Entscheidung kann auch gestellt werden, wenn über einen Antrag, eine Maßnahme zu treffen, oder über eine Beschwerde oder einen anderen förmlichen Rechtsbehelf ohne zureichenden Grund nicht innerhalb von drei Monaten entschieden ist.** [2]**Das Gericht kann vor Ablauf dieser Frist angerufen werden, wenn dies wegen besonderer Umstände des Falles geboten ist.**

(2) [1]**Liegt ein zureichender Grund dafür vor, daß über die Beschwerde oder den förmlichen Rechtsbehelf noch nicht entschieden oder die beantragte Maßnahme noch nicht erlassen ist, so setzt das Gericht das Verfahren bis zum Ablauf einer von ihm bestimmten Frist, die verlängert werden kann, aus.** [2]**Wird der Beschwerde innerhalb der vom Gericht gesetzten Frist stattgegeben oder der Verwaltungsakt innerhalb dieser Frist erlassen, so ist die Hauptsache für erledigt zu erklären.**

(3) **Der Antrag nach Absatz 1 ist nur bis zum Ablauf eines Jahres seit der Einlegung der Beschwerde oder seit der Stellung des Antrags auf Vornahme der Maßnahme zulässig, außer wenn die Antragstellung vor Ablauf der Jahresfrist infolge höherer Gewalt unmöglich war oder unter den besonderen Verhältnissen des Einzelfalles unterblieben ist.**

1 **A. Untätigkeitsantrag.** Der Untätigkeitsantrag (vgl. § 23 Abs. 2) **entspr. der Untätigkeitsklage nach § 75 VwGO.** Er muss auf Vornahme einer bestimmten Maßnahme, die der Antragsteller bei der Behörde erfolglos beantragt hatte (KG NJW 1968, 609), nicht bloß auf „Bearbeitung" gerichtet sein (VGH Mannheim NJW 1975, 707; OVG Münster DÖV 1974, 97; KK-StPO/Mayer Rn. 7) u. kann grds. erst 3 Monate nach Stellung des Antrags, eine Maßnahme nach § 23 Abs. 1 zu treffen o. über einen förmlichen Rechtsbehelf (nicht über eine Dienstaufsichtsbeschwerde) zu entscheiden, angebracht werden. Nur bei Vorliegen bes. Umstände ist eine frühere Antragstellung zulässig (Abs. 1 S. 2). Der Behörde, gegen die sich der Antrag richtet, muss eine angemessene Handlungs- u. Entscheidungsfrist gewahrt bleiben; dem trägt Abs. 2 Rechnung. Erfolg kann der Vornahmeantrag nur haben, wenn der Antragsteller einen Rechtsanspruch auf die beantragte Maßnahme hat (vgl. BVerwGE 29, 239 = NJW 1968, 1643). Erteilt die Behörde nach Stellung des Vornahmeantrags einen abl. Bescheid, so kann der Antrag als Verpflichtungsantrag (→ Vor § 23 Rn. 2) weiterverfolgt werden (OLG Hamburg GA 1963, 316; OLG Hamm MDR 1990, 465).

B. Jahresfrist des Abs. 3. Die Jahresfrist des Abs. 3 ist wie die des § 26 Abs. 4 eine **Ausschlussfrist.** Wiedereinsetzung wird nicht gewährt. Zulässig ist aber die nachträgliche Antragstellung, u. zwar innerhalb der Frist des § 26 Abs. 3 S. 1 (Kissel/Mayer Rn. 7; vgl. auch BVerwG MDR 1973, 523), bei Verhinderung durch höhere Gewalt (→ § 26 Rn. 9) o. wegen der bes. Verhältnisse des Einzelfalls. Das sind erwiesene (bleiben Zweifel, so ist der Antrag unzulässig) Umstände, die die Fristüberschreitung als geboten, das Unterbleiben der Antragstellung als gerechtfertigt erscheinen lassen (BVerwGE 26, 54). 2

[Entscheidung über den Antrag]

28 (1) [1] **Soweit die Maßnahme rechtswidrig und der Antragsteller dadurch in seinen Rechten verletzt ist, hebt das Gericht die Maßnahme und, soweit ein Beschwerdeverfahren (§ 24 Abs. 2) vorausgegangen ist, den Beschwerdebescheid auf.** [2] **Ist die Maßnahme schon vollzogen, so kann das Gericht auf Antrag auch aussprechen, daß und wie die Justiz- oder Vollzugsbehörde die Vollziehung rückgängig zu machen hat.** [3] **Dieser Ausspruch ist nur zulässig, wenn die Behörde dazu in der Lage und diese Frage spruchreif ist.** [4] **Hat sich die Maßnahme vorher durch Zurücknahme oder anders erledigt, so spricht das Gericht auf Antrag aus, daß die Maßnahme rechtswidrig gewesen ist, wenn der Antragsteller ein berechtigtes Interesse an dieser Feststellung hat.**

(2) [1] **Soweit die Ablehnung oder Unterlassung der Maßnahme rechtswidrig und der Antragsteller dadurch in seinen Rechten verletzt ist, spricht das Gericht die Verpflichtung der Justiz- oder Vollzugsbehörde aus, die beantragte Amtshandlung vorzunehmen, wenn die Sache spruchreif ist.** [2] **Andernfalls spricht es die Verpflichtung aus, den Antragsteller unter Beachtung der Rechtsauffassung des Gerichts zu bescheiden.**

(3) **Soweit die Justiz- oder Vollzugsbehörde ermächtigt ist, nach ihrem Ermessen zu handeln, prüft das Gericht auch, ob die Maßnahme oder ihre Ablehnung oder Unterlassung rechtswidrig ist, weil die gesetzlichen Grenzen des Ermessens überschritten sind oder von dem Ermessen in einer dem Zweck der Ermächtigung nicht entsprechenden Weise Gebrauch gemacht ist.**

(4) **Hat das Gericht die Rechtsbeschwerde gegen seine Entscheidung zugelassen (§ 29), ist dem Beschluss eine Belehrung über das Rechtsmittel sowie über das Gericht, bei dem es einzulegen ist, dessen Sitz und über die einzuhaltende Form und Frist beizufügen.**

A. Verfahren des OLG. Mit Wirkung v. 1.9.2009 entfiel zwar der in § 29 1
Abs. 2 aF enthaltene Verweis auf die Vorschr. der StPO über das Beschwerdeverfahren. Die Gesetzesmaterialien ergeben jedoch keinen Anhalt für die Annahme, dass der Gesetzgeber die sinngemäße Anwendung der Beschwerdegrundsätze, die sich bereits aus der Sachnähe ergibt, abschaffen wollte (vgl. BT-Drs. 16/6308, 318); daher gelten weiterhin die **§§ 307–309 StPO sinngemäß.** Eine mündliche Verh. findet daher nicht statt (vgl. KG NJW 1968, 608). Antragsgegner iS § 308 Abs. 1 StPO ist die Behörde, deren Maßnahme angefochten o. verlangt wird, o. ihre Aufsichtsbehörde. Der GStA muss nur in „geeigneten Fällen" gehört werden (§ 309 Abs. 1 StPO), eine „Beiladung" entspr. § 65 VwGO gibt es nicht (OLG Celle Nds. Rpfl. 1990, 254; OLG Frankfurt a. M. NStZ-RR 2001, 46).

Auch **allgemeine Grundsätze der StPO,** die für das Beschwerdeverfahren 2
Bedeutung haben, sind anzuwenden (OLG Bremen JVBl 1963, 12), zB §§ 22–30 StPO (KG NJW 1961, 2363), §§ 299, 302, 304 StPO (BGH 4.2.2020 – 5 AR 44/19) u. der Grundsatz, dass der Rechtsbehelf nicht wiederholt werden kann, wenn wirksam auf ihn verzichtet worden ist. Nicht anwendbar sind die §§ 464 ff. StPO (→ § 30 Rn. 1).

2a Die anderweitige Rechtshängigkeit und die entgegenstehende Rechtskraft stellen auch im Verfahren nach §§ 23 ff. EGVG **Verfahrenshindernisse** dar, die zur Unzulässigkeit des Antrags führen (BayObLG BeckRS 2024, 18473). Dies dürfte wegen § 17a Abs. 1 **GVG** auch zugelten haben, wenn ein Wiederaufnahmegericht seine Zuständigkeit vorher rechtskräftig bejaht hat (offen gelassen von BayObLG BeckRS 2024, 18473).

3 Das Beschwerdegericht **entscheidet ohne Bindung an die Feststellungen** der VerwB (Altenhain JZ 1966, 18). Es überprüft die Rechtmäßigkeit des angefochtenen Justizverwaltungsaktes im Ganzen (vgl. BGH 17.12.2025 – 5 ARs 13/24); die Prüfung erstreckt sich auch auf den Sachverhalt in tatsächlicher Hinsicht (BGHSt 24, 290). Für die Art der Beweiserhebung gilt § 308 Abs. 2 StPO; in Vollzugssachen nach § 23 Abs. 1 S. 2 kann auch der Anstaltsvorstand mit Beweiserhebungen beauftragt werden (KG NJW 1968, 608). Zur Prüfung v. Ermessensentscheidungen vgl. → Rn. 10. Maßgebender Zeitpunkt für die Prüfung der Rechtswidrigkeit ist bei Anfechtungsanträgen die Sach- u. Rechtslage zzt. des Erlasses des VerwA bzw. des Beschwerdebescheids in den Fällen des § 24 Abs. 2 (Kissel/Mayer Rn. 7), die Sach- u. Rechtslage zzt. der Entsch. des Beschwerdegerichts bei Verpflichtungsanträgen nach § 23 Abs. 2 (BGH 17.12.2025 – 5 ARs 13/24; KG GA 1977, 115; vgl. auch OLG Frankfurt a. M. NStZ 1986, 240) u. bei Anfechtung v. Maßnahmen mit Dauerwirkung (KG GA 1973, 49; OLG Karlsruhe VRS 67, 433; Kissel/Mayer Rn. 7). Ist der VerwA rechtmäßig o. der Antragsteller nicht in seinen Rechten verletzt, so wird der Antrag als unbegründet verworfen.

4 **B. Entscheidung bei Rechtswidrigkeit der Maßnahme (Abs. 1). I. Maßnahme noch nicht vollzogen.** Ist die Maßnahme noch nicht vollzogen u. hat sie sich auch nicht auf andere Weise erledigt (Abs. 1 S. 4), so hebt das OLG sie u. den etwa ergangenen Beschwerdebescheid (§ 24 Abs. 2) auf (Abs. 1 S. 1; BayObLG BeckRS 2025, 30490).

5 **II. Schon vollzogene Maßnahmen.** Bei einer schon vollzogenen Maßnahme wird auf Antrag neben der Aufhebung (OLG Hamburg MDR 1970, 865) ausgesprochen, dass u. wie ihre Vollziehung rückgängig zu machen ist (Abs. 1 S. 2; vgl. Neuling StV 2008, 390: Widerruf o. Erg. nach rechtswidriger Medienauskunft), aber nur, wenn die Behörde dazu in der Lage u. die Folgenbeseitigungsfrage spruchreif (→ Rn. 9; vgl. BayObLG 10.11.2025 – BeckRS 2025, 30490) ist (Abs. 1 S. 3). Wenn die Folgen der vollständig vollzogenen Maßnahme nicht mehr rückgängig gemacht werden können, wäre die Aufhebung des VerwA sinnlos; dann kommt nur (auf Antrag) der Ausspruch nach Abs. 1 S. 4 in Betracht (BGHSt 29, 33 (34); KG NJW 1972, 169; GA 1976, 79; Katholnigg Rn. 5).

6 **III. Erledigte Maßnahme.** Eine erledigte Maßnahme kann nicht mehr aufgeh. werden. Abs. 1 S. 4 sieht aber ein Feststellungsverfahren vor, wobei Art u. Zeitpunkt der Erledigung gleichgültig sind. Ist die Erledigung schon vor Antragstellung eingetreten, so entfällt das Verf. nach § 24 Abs. 2 (KG NJW 1972, 169; OLG Frankfurt a. M. NJW 1965, 2315; OLG Koblenz NJW 1986, 3093 (3094); OLG Stuttgart NStZ 1998, 212). Abs. 1 S. 4 gilt entspr., wenn ein Verpflichtungsantrag gegenstandslos geworden ist (vgl. BVerwG DVBl 1970, 277; KG StV 1985, 70).

7 Voraussetzung für die Feststellung der Rechtswidrigkeit ist – verfassungsrechtlich unbedenklich (BVerfG wistra 1984, 221) – ein **berechtigtes Interesse** des Antragstellers (vgl. BGH StraFo 2013, 476), das va bei Wiederholungsgefahr bestehen kann (KG NJW 1972, 169; GA 1977, 115; OLG Frankfurt a. M. StV 2005, 226; OLG Hamm NJW 1985, 2040; OLG Koblenz NJW 1986, 3093 (3094); OLG Nürnberg StV 1988, 372; OLG Stuttgart NStZ 1998, 212), aber entspr. der Rspr. des BVerfG (→ StPO Vor § 296 Rn. 18a) auch bei schlüssiger Behauptung einer Grundrechtsverletzung anzunehmen ist (OLG Hamburg StV 2000, 518), zB hins. Erlass u. Vollzug eines Vollstreckungsvorführungs- o. Haftbefehls nach § 457 Abs. 2 (KG NStZ-RR 2012, 357 Ls.; OLG Dresden Rpfleger 2008, 389; OLG Frankfurt a. M. StraFo 2005, 259; OLG Karlsruhe StraFo 2005, 261). Die Möglichkeit der Wiederholung muss substantiiert dargetan werden (BGH StraFo 2013, 476;

KG GA 1976, 79; OLG Karlsruhe NStZ 1986, 567; StraFo 1997, 13; OLG Nürnberg NStZ 1986, 575). Allgemeine Befürchtungen des Betroffenen genügen nicht (KG NStZ 1986, 135; 1997, 563; OLG Koblenz StV 1994, 284). Rechtsirrtum (bei einer polizeilichen Beschlagnahme) begründet idR keine Wiederholungsgefahr (KG JR 1983, 304). Bei Nichtbeschuldigten kommt auch das Bedürfnis nach Rehabilitierung wegen des diskriminierenden Charakters der Maßnahme in Betracht; der Beschuldigte kann seine Rehabilitierung idR in dem gegen ihn eingeleiteten Strafverfahren durchsetzen (BGHSt 37, 79 (83); KG NStZ 1986, 135; OLG Brandenburg OLG-NL 1995, 191; OLG Nürnberg NStZ 1986, 575; vgl. auch BVerfG NStZ 1984, 228; BGHSt 33, 196 (207); vgl. auch → § 23 Rn. 10). Dass der Antragsteller eine Amtshaftungsklage erheben will, begründet kein Feststellungsinteresse, da, anders als im Verwaltungsrechtsstreit, hierfür keine prozessökonomischen Gründe sprechen (KG NStZ 1986, 135; 1997, 563; OLG Frankfurt a. M. NJW 1965, 2315; OLG Karlsruhe NStZ 1986, 567; OLG Stuttgart NStZ 1986, 431; Meyer FS Schäfer, 1979, 123; **aM** Katholnigg Rn. 5; Kissel/Mayer Rn. 19; Dörr NJW 1984, 2261; vgl. auch OLG Hamm NStZ 1987, 183 u. Löwe/Rosenberg/Gerson Rn. 19: ausnahmsweise bei Entscheidungsreife nach Erledigung des Anfechtungsantrags; ferner OLG Stuttgart NStE EGGVG § 23 Nr. 7); an eine im Verf. nach § 28 ergangene Feststellung o. Verneinung der Rechtswidrigkeit ist das Zivilgericht im Amtshaftungsprozess aber gebunden (BGH NJW 1994, 1950 mN auch zur Gegenauffassung). Zum berechtigten Interesse bei gewährter Behördeneinsicht in Akten des JugG vgl. OLG Karlsruhe MDR 1993, 1229.

C. Verpflichtung zur Vornahme einer Maßnahme (Abs. 2). Die Verpflichtung zur Vornahme einer Maßnahme (Abs. 2) kann ausgesprochen werden, wenn die Sache spruchreif ist, dh weitere Erhebungen nicht mehr erforderlich sind. Insoweit ist auf die Sach- und Rechtslage im Zeitpunkt der gerichtlichen Entscheidung abzustellen (BGH 17.12.2025 – 5 ARs 13/24). 8

Die Spruchreife fehlt insbes., wenn eine Ermessensentscheidung zu treffen ist; dem Beschwerdegericht ist sie verwehrt (Abs. 3). Anders liegt es, wenn der Ermessensspielraum der VerwB auf Null reduziert ist (OLG Naumburg OLGSt StVollzG aF § 10 Nr. 3). 9

D. Ermessensprüfung (Abs. 3). Das OLG setzt nicht sein Ermessen an die Stelle des Ermessens der VerwB, sondern prüft nur, ob **Willkür o. Missbrauch des Ermessens** vorliegt (KG NStZ-RR 2009, 27; OLG Hamm StV 2009, 204; OLG Karlsruhe StraFo 2009, 83 u. OLG Naumburg OLGSt StVollzG aF § 10 Nr. 3: wesentlicher Gesichtspunkt übergangen; OLG Jena NStZ-RR 2009, 156: unvollständige tatsächliche Grundlage; vgl. auch OLG Frankfurt a. M. NStZ-RR 2009, 214, OLG Hamm StV 2010, 147, OLG Karlsruhe StV 2010, 148, OLG München StV 2009, 370 u. Döllel/Dreeßen SchlHA 2009, 256 – OLG Schleswig RsprÜ zu § 35 BtMG; KG StraFo 2013, 38 zu § 71 Abs. 1 IRG). Die Prüfung erstreckt sich darauf, ob Gesichtspunkte zum Nachteil des Antragstellers berücksichtigt wurden, die nach Sinn u. Zweck des Gesetzes keine Rolle spielen dürfen, o. ob relevante Gesichtspunkte falsch bewertet o. außer Acht gelassen wurden (KG StraFo 2012, 337 zu § 456a StPO). Enthält der VerwA keine diese Prüfung ermöglichende Begründung, so muss er aufgeh. werden (KG NStZ 2009, 527 (Ermessensausfall); StV 2009, 594; OLG Frankfurt a. M. NJW 1966, 465; OLG Karlsruhe JR 1983, 386; Löwe/Rosenberg/Gerson Rn. 28); die Gründe können aber im gerichtlichen Verf. nachgeschoben werden (OLG Karlsruhe Justiz 1980, 450; Kissel/Mayer Rn. 8; **aM** OLG Hamm NJW 1967, 1976; Katholnigg Rn. 7; vgl. auch BVerwG DÖV 1967, 63), erst recht im Vorschaltverfahren (OLG Karlsruhe Justiz 2000, 147). Zur eingeschränkten Prüfungsmöglichkeit bei Sperrerklärungen nach o. entspr. § 96 StPO (→ StPO § 96 Rn. 12) u. den dagegesprechenden verfassungsrechtlichen Bedenken vgl. Fezer FS Kleinknecht, 1985, 113. 10

E. Bekanntmachung der Entscheidung. Ist die OLG-Entsch. endg., genügt formlose Mitteilung; lässt das OLG die Rechtsbeschwerde zu, ist der Beschl. dem 11 hierdurch Beschwerten zuzustellen (vgl. § 29 Abs. 1, Abs. 3 iVm §§ 41, 71 FamFG; → § 29 Rn. 1, 6).

12 **F. Vollstreckung.** § 36 Abs. 2 StPO gilt nicht; für die Ausführung der Entsch. zu sorgen, ist Sache des Gerichts. Entscheidungen der Strafsenate können ggü. der Justizverwaltungsbehörde nicht entspr. § 35 FamFG, §§ 170 ff. VwGO vollstreckt werden (OLG Celle Nds. Rpfl. 1990, 254; **aM** Katholnigg Rn. 9).

13 **G. Einstweiliger Rechtsschutz.** Die Aussetzung des Vollzugs des angefochtenen VerwA ist **entspr. § 307 Abs. 2 StPO** möglich (vgl. auch § 114 Abs. 2 S. 1 **StVollzG**); Art. 19 Abs. 4 GG gebietet die Auslegung, dass sie schon vor der Entsch. nach § 24 Abs. 2 beantragt werden kann (BVerfGE 37, 150 = NJW 1974, 1079; vgl. auch BGH NStZ-RR 2024, 58). Einstweilige Anordnungen (in §§ 307 ff. StPO nicht vorgesehen) sind in sinngemäßer Anwendung der § 114 Abs. 2 S. 2 **StVollzG,** § 123 Abs. 1 VwGO zulässig (OLG Karlsruhe NStZ 1994, 142 u. OLG Karlsruhe Justiz 2008, 363, jew. mwN; Neuling StV 2008, 389; **aM** OLG Celle JR 1984, 297; OLG Hamm GA 1975, 150), auch schon vor der Entsch. nach § 24 Abs. 2, dürfen aber dem Antragsteller nicht endg. das gewähren, was ihm erst in der Endentscheidung zugesprochen werden könnte (OLG Bamberg StraFo 2014, 261; OLG Hamburg NJW 1979, 279; OLG Karlsruhe Justiz 2008, 363). Im nach diesen Maßgaben durchzuführenden vorläufigen Rechtsschutzverfahren ist kein Beschwerdeverfahren eröffnet (BGH NStZ-RR 2024, 58).

14 Für die **Prozesskostenhilfe** verweist § 29 Abs. 4 auf die §§ 114 ff. ZPO; das gilt auch für die 1. Instanz (vgl. iE → § 29 Rn. 11).

15 **H. Rechtsbehelfsbelehrung.** Wenn das Gericht die Rechtsbeschwerde zulässt (§ 29; → § 29 Rn. 1 ff.), ist dem Beschl. nach Abs. 4 eine Rechtsbehelfsbelehrung beizufügen. Dies entspr. dem allg. Grundsatz, wonach jede anfechtbare gerichtliche Entsch. eine Belehrung über den statthaften Rechtsbehelf zu enthalten hat (BT-Drs. 17/10490, 15).

[Rechtsbeschwerde; Prozesskostenhilfe]

29

(1) **Gegen einen Beschluss des Oberlandesgerichts ist die Rechtsbeschwerde statthaft, wenn sie das Oberlandesgericht im ersten Rechtszug in dem Beschluss zugelassen hat.**

(2) [1] **Die Rechtsbeschwerde ist zuzulassen, wenn**

1. die Rechtssache grundsätzliche Bedeutung hat oder

2. die Fortbildung des Rechts oder die Sicherung einer einheitlichen Rechtsprechung eine Entscheidung des Rechtsbeschwerdegerichts erfordert.

[2] **Das Rechtsbeschwerdegericht ist an die Zulassung gebunden.**

(3) **Auf das weitere Verfahren sind § 17 sowie die §§ 71 bis 74a des Gesetzes über das Verfahren in Familiensachen und in den Angelegenheiten der freiwilligen Gerichtsbarkeit entsprechend anzuwenden.**

(4) **Auf die Bewilligung der Prozesskostenhilfe sind die Vorschriften der Zivilprozessordnung entsprechend anzuwenden.**

1 **A. Rechtsbeschwerde.** Zur **Vereinheitlichung des Rechtsmittelrechts** hat das FGG-RG nach dem Vorbild der §§ 574 ff. ZPO das Rechtsbeschwerderecht – ebenso wie in §§ 70 ff. FamFG – auch für die Entsch. v. (Zivil- und) Strafsenaten in Justizverwaltungssachen eingeführt. Die durch Art. 21 Nr. 2 FGG-RG neu gefasste Vorschr. trat gem. Art. 112 Abs. 1 FGG-RG am 1.9.2009 in Kraft u. löste die bis dahin vorgesehene Divergenzvorlage durch eine Zulassungsrechtsbeschwerde ab (vgl. auch die Übergangsvorschrift in Art. 111 FGG-RG u. dazu BT-Drs. 16/6308, 358; 16/11903, 61; OLG Schleswig NJW 2010, 242). Macht das OLG v. der neuen Zulassungsmöglichkeit keinen Gebrauch (BGH BeckRS 2016, 14777: **Schweigen bedeutet Nichtzulassung**), verbleibt es bei der Endgültigkeit seiner Entsch.; diese

kann durch Antragsrücknahme nicht mehr beseitigt werden (OLG Hamburg Rpfleger 1965, 45). Das OLG kann sie bei offensichtlichem Versehen berichtigen, aber nicht auf Gegenvorstellungen ändern, es sei denn, das Gericht hat das rechtliche Gehör verletzt (§ 33a StPO entspr., vgl. BVerfG EuGRZ 2007, 738 (742); erg. → Rn. 2). Nur die Änd. der Sach- u. Rechtslage berechtigt den Antragsteller, seinen Antrag bei der VerwB zu wiederholen u. ggf. erneut den Antrag nach § 23 zu stellen. Der OLG-Beschl., mit dem der Antrag aus formellen Gründen als unzulässig verworfen worden ist, kann bei tatsächlichem Irrtum wieder aufgeh. werden (Altenhain JZ 1966, 19 – OLG Hamm RsprÜ).

B. Statthaftigkeit (Abs. 1). Statthaft ist die Rechtsbeschwerde gem. Abs. 1 nur gegen Beschlüsse der OLGe, die diese im Verf. nach §§ 23 ff. erlassen haben; hinzukommen muss, dass das OLG dieses Rechtsmittel in dem angefochtenen Beschl. zugelassen hat. Hierüber entscheidet es vAw; Schweigen bedeutet Nichtzulassung (BGH 21.10.2025 – 5 ARs 14/25). Diese ist unanfechtbar. Dementsprechend müssen dennoch eingelegte Rechtsbeschwerden v. Beschwerdegericht nicht verbeschieden werden (BGH NStZ-RR 2017, 122). Nachholung der Zulassung kommt nur bei Berichtigung wegen offenbarer Unrichtigkeit o. analog § 33a StPO dann in Betracht, wenn ihre Unterlassung gegen das Verfassungsgebot des ges. Richters verstößt (vgl. BGH NJW 2004, 2529; WM 2007, 2035; BeckRS 2019, 27801; erg. → Rn. 1). Der sonst (vgl. § 574 Abs. 1 S. 2 ZPO, § 70 Abs. 4 FamFG) angeordnete Ausschluss der Rechtsbeschwerde im einstweiligen Rechtsschutzverfahren (vgl. → § 28 Rn. 13) ist nicht in das G aufgenommen worden. Die Zulassung kann auf einen abtrennbaren Teil des Beschl. (einen v. mehreren Bet.) beschränkt werden; das kann sich auch aus den Entscheidungsgründen ergeben (vgl. BVerfG 9.11.2009 – 1 BvR 2298/09; BGH NJW 2008, 2351). 2

C. Zulassungsgründe (Abs. 2). Liegen die in Abs. 2 S. 1 abschl. aufgezählten **Zulassungsgründe** vor, ist die Zulassung auszusprechen (kein Ermessen): Grundsätzliche Bedeutung einer Rs. gem. Nr. 1 ist regelmäßig dann gegeben, wenn eine klärungsbedürftige Rechtsfrage zu entscheiden ist, deren Auftreten in einer unbestimmten Vielzahl v. Fällen denkbar ist. Die Zulassung erfolgt nach Nr. 2 des Weiteren, wenn die Fortbildung des Rechts o. die Sicherung einer einheitlichen Rspr. dies erfordert. Zur Fortbildung des Rechts ist die Zulassung erforderlich, wenn der Einzelfall Veranlassung gibt, Leitsätze für die Auslegung v. Gesetzesbestimmungen des materiellen o. des Verfahrensrechts aufzustellen o. Gesetzeslücken auszufüllen. Zur Sicherung einer einheitlichen Rspr. ist die Rechtsbeschwerde zuzulassen, wenn vermieden werden soll, dass schwer erträgliche Unterschiede in der Rspr. entstehen o. fortbestehen, wobei darauf abzustellen ist, welche Bedeutung die angefochtene Entsch. für die Rspr. als Ganzes hat. Diese Gründe (dazu auch OLG Zweibrücken wistra 2010, 118 (120)) entsprechen dem Rechtsbeschwerderecht der ZPO (vgl. BGH NJW 2004, 367; 1960; 2005, 153; 2710; 2007, 2702; Thomas/Putzo/Seiler ZPO § 574 Rn. 4 ff., § 543 Rn. 2 ff.) u. des FamFG. 3

An die Zulassung ist das Rechtsbeschwerdegericht (der BGH) **gebunden** (Abs. 2 S. 2; vgl. BGH 17.12.2025 – 5 ARs 13/24). 4

D. Weiteres Verfahren (Abs. 3). Für das **weitere Verfahren** vor dem Rechtsbeschwerdegericht verweist Abs. 3 auf §§ 71–74a FamFG u. damit über § 74 Abs. 4 FamFG subsidiär auf die entspr. Anwendung der §§ 23 ff. Das G setzt eine Beschwer voraus (vgl. BGH StraFo 2013, 476); eine Abhilfebefugnis des OLG besteht nicht (BT-Drs. 16/6308, 209). 5

Frist und Form: Nach § 71 FamFG ist die Rechtsbeschwerde beim Rechtsbeschwerdegericht (BGH) binnen eines Monats nach schriftlicher Bekanntgabe des Beschl. einzulegen (→ § 28 Rn. 11) *und* – insoweit allerdings mit Verlängerungsmöglichkeit – zu begründen. Die Anforderungen, die § 71 Abs. 3 FamFG an die Begründung stellt, ähneln denen des § 344 StPO; abtrennbare Teile des Verfahrensgegenstandes können isoliert angefochten werden. Der Beschwerdeführer muss sich nicht durch einen beim BGH zugelassenen Rechtsanwalt vertreten lassen 6

(BGH 17.12.2025 – 5 ARs 13/24 mwN auch zu abweichenden Meinungen im Schrifttum).

7 **Revisionsähnlich** ist das Rechtsbeschwerdeverfahren ausgestaltet; § 72 Abs. 1 FamFG entspr. im Wesentlichen § 337 StPO, wobei mit dem Begriff der Rechtsnorm Bundesrecht, Landesrecht ua regional begrenzte Vorschr. gemeint sind (BT-Drs. 16/9733, 301; Bumiller/Harders/Schwamb FamFG § 72 Rn. 3). Str. ist, ob u. inwieweit die Verletzung ausl. Rechts gerügt werden kann (vgl. Roth JZ 2009, 590). Die fehlerhafte Annahme der Zuständigkeit durch das OLG kann nicht gerügt werden (§ 72 Abs. 2 FamFG). § 72 Abs. 3 FamFG verweist insbes. auf die absoluten Revisionsgründe nach § 547 ZPO; ferner verweist § 74 Abs. 3 S. 4 FamFG ua auf § 559 ZPO.

8 Dem Hauptrechtsmittel **anschließen** kann sich der Rechtsbeschwerdegegner nach näherer Maßgabe des § 73 FamFG binnen 1 Monats nach Bekanntgabe der Rechtsbeschwerdebegründung (§ 71 Abs. 4 FamFG); die Anschließung wird wirkungslos, wenn die Rechtsbeschwerde zurückgenommen, als unzulässig verworfen o. nach § 74a Abs. 1 FamFG zurückgewiesen wird (unselbständiges Anschlussrechtsmittel). Vgl. zur Statthaftigkeit bei einseitiger Zulassung BGH MDR 2005, 823, zum unmittelbaren Zusammenhang der Gegenstände v. Haupt- u. Anschlussrechtsmittel BGH NJW 2008, 920.

9 Detaillierte Bestimmungen für die **Entscheidung** über die Rechtsbeschwerde treffen §§ 74, 74a FamFG: Von der in § 74 Abs. 1 FamFG vorgesehenen Verwerfung als unzulässig ist die Zurückweisung nach § 74a FamFG durch einstimmigen Beschl. des Rechtsbeschwerdegerichts zu unterscheiden; hiernach ist (nach Gewährung rechtlichen Gehörs) zu verfahren, wenn ein Zulassungsgrund nicht vorliegt u. die Sache keine Aussicht auf Erfolg hat (vgl. zum nachträglichen Wegfall des Zulassungsgrundes BVerfG WM 2005, 2014; NJW 2008, 2493). Neben der Ergebnisrichtigkeit aus anderen Gründen (§ 74 Abs. 2 FamFG) ist die Geltung des Grundsatzes *ne ultra petita* hervorzuheben; innerhalb der gestellten Anträge (→ Rn. 6) ist das Rechtsbeschwerdegericht an die geltend gemachten Rechtsbeschwerdegründe allerdings nicht gebunden, wobei nicht vAw zu berücksichtigende Verfahrensmängel formgerecht (§§ 71 Abs. 3, 73 S. 2 FamFG) gerügt sein müssen (§ 74 Abs. 3 FamFG). Der BGH hebt den angefochtenen Beschl. auf, soweit die Rechtsbeschwerde begründet ist. Bei Entscheidungsreife trifft er die abschl. Entsch.; ansonsten wird die Sache zurückverwiesen, ggf. auch an einen anderen Sen. des OLG. Der neue Tatrichter ist an die Aufhebungsansicht gebunden (§ 74 Abs. 5, Abs. 6 FamFG).

10 Von einer **Begründung** kann der BGH (nach dem Vorbild des § 544 Abs. 4 S. 2 ZPO) gem. § 74 Abs. 7 FamFG absehen, wenn diese nicht geeignet wäre, zur Klärung v. Rechtsfragen grds. Bedeutung, zur Fortbildung des Rechts o. zur Sicherung einer einheitlichen Rspr. beizutragen; das gilt – vorbehaltlich der Spezialregelung in § 74a Abs. 3 FamFG – sowohl für Verwerfungs- als auch für Sachentscheidungen (→ Rn. 9). Von einer Begründung kann weiter nach § 74 Abs. 3 S. 4 FamFG, § 564 ZPO abgesehen werden, soweit Verfahrensrügen nicht durchgreifen; das gilt allerdings nicht für die absoluten Rechtsbeschwerdegründe (→ Rn. 7).

10a Durch die Verweisung auf § 17 FamFG (BGBl. 2012 I 2418 (2424)) wird klargestellt, dass die Regeln über die **Wiedereinsetzung in den vorigen Stand** auch im Verf. über die Rechtsbeschwerde Anwendung finden; dies gilt einschl. des Grundsatzes, dass eine unterbliebene o. fehlerhafte Rechtsbehelfsbelehrung der Annahme eines Verschuldens hins. der Fristversäumung entgegensteht (BT-Drs. 17/10490, 15; vgl. auch § 26 Abs. 2 S. 2).

11 **E. Prozesskostenhilfe (Abs. 4).** Für die Prozesskostenhilfe **verweist Abs. 4 auf die §§ 114 ff. ZPO;** der Verweis gilt auch für die 1. Instanz. Gegebenenfalls ist Prozesskostenhilfe für jede Instanz gesondert zu beantragen (§ 119 ZPO). Der Antrag muss eine zusammenhängende, aus sich heraus verständliche Sachdarstellung sowie die gem. Abs. 4 iVm § 114 Abs. 1 S. 1, § 117 Abs. 1 ZPO erf. Erklärung

über die persönlichen und wirtschaftlichen Verhältnisse enthalten (vgl. BGH 9.11.2022 – 5 ARs 42/22). Wird ein Antrag nach § 23 von der gleichzeitig beantragten Bewilligung der Prozesskostenhilfe nicht abhängig gemacht, so ist über beide Anträge zu entscheiden. § 140 Abs. 2 StPO ist nicht entspr. anwendbar (Litwinski/Bublies Strafverteidigung S. 161; Röttle/Wagner/Theurer HRP Strafvollstreckung Rn. 45).

Sofortige Beschwerde gegen die Zurückweisung eines PKH-Gesuches ist 12
gem. §§ 127 Abs. 2 S. 2, 567 Abs. 1 ZPO nur statthaft, wenn es sich hierbei um eine im ersten Rechtszug ergangene Entsch. der AGe o. LGe handelt; erstinstanzliche Entsch. der OLGe können dagegen gem. § 574 Abs. 1 S. 1 Nr. 2 ZPO nur mit der Rechtsbeschwerde angefochten werden, wenn sie v. OLG zugelassen worden ist (BGH BeckRS 2020, 26708). Die Beiordnung eines Pflichtverteidigers kommt im Verfahren nach § 23 ff. nicht Betracht (BGH 26.9.2024 – 5 ARs 15/24; 26.8.2025 – 5 ARs 9/25).

[Kosten]

30 **[1]Das Oberlandesgericht kann nach billigem Ermessen bestimmen, daß die außergerichtlichen Kosten des Antragstellers, die zur zweckentsprechenden Rechtsverfolgung notwendig waren, ganz oder teilweise aus der Staatskasse zu erstatten sind. [2]Die Vorschriften des § 91 Abs. 1 Satz 2 und der §§ 103 bis 107 der Zivilprozeßordnung gelten entsprechend. [3]Die Entscheidung des Oberlandesgerichts kann nicht angefochten werden.**

A. Sonderregelung. Die Sonderregelung, die durch das G über Kosten der 1
freiwilligen Gerichtsbarkeit für Gerichte u. Notare – GNotKG v. 23.7.2013 (BGBl. I 2586) neu gefasst wurde, schließt die Anwendung der §§ 464 ff. StPO aus. Insbesondere gilt § 464 Abs. 2 StPO nicht. Die Regelung findet allerdings auch dann Anwendung, wenn in der Hauptsache keine Entscheidung ergeht, weil sie sich nach Antragstellung erledigt hat (BayObLG StraFo 2023, 486, 487 mwN).

B. Gerichtsgebühren. Gerichtsgebühren entstehen nach Teil 1 Haupt- 2
abschnitt 5 Abschnitt 3 KV GNotKG nur bei (teilw.) Zurücknahme (0,5 Verfahrensgebühr) u. Zurückweisung (1,0 Verfahrensgebühr) des Antrags (vgl. dazu OLG Zweibrücken wistra 2010, 118 (120): Ausspruch nach § 28 Abs. 2 S. 2 auf Verpflichtungsantrag keine Teilabweisung). Soweit es sich um ein Antragsverfahren handelt, wird ein Kostenvorschuss erhoben (§ 13 iVm § 22 Abs. 1 GNotKG). Die Entsch. nach § 27 Abs. 2 S. 2 und die sonstige Erledigung ohne Antragstellung nach § 28 Abs. 1 S. 4 lösen keine Gebühren u. keine Vorschusspflicht aus.

C. Außergerichtliche Kosten. Außergerichtliche Kosten des (ganz o. teilw.) 3
erfolgreichen Antragstellers werden nur erstattet, wenn das OLG es ausdr. bestimmt (S. 1). Die Entsch., die auch nachträglich, auch nach dem Tod des Antragstellers (OLG Hamm NJW 1971, 209), getroffen werden kann, ergeht vAw nach billigem Ermessen. Die Belastung der Staatskasse bedarf einer bes. Rechtfertigung im Einzelfall, etwa wenn der Behörde ein offensichtliches oder grob fehlerhaftes oder gar willkürliches Verhalten zur Last gelegt wird (BayObLG StraFo 2023, 486, 488 mwN; vgl. auch OLG Naumburg OLGSt Nr. 3 zu dem früheren § 10 StVollzG; OLG Zweibrücken wistra 2010, 118 (120); Löwe/Rosenberg/Gerson Rn. 4). Die Erstattung der Auslagen eines Dritten kann nicht angeordnet werden (OLG Frankfurt a. M. ZInsO 2009, 242 (247); OLG Hamm Rpfleger 1974, 228). Für das Verf. gelten die §§ 103–107 ZPO. § 162 Abs. 2 S. 1 VwGO gilt nicht entspr.; wird die Hauptsache für erledigt erklärt, kann daher nicht die Erstattung v. Auslagen im Vorverfahren angeordnet werden (vgl. OLG Hamm NStZ 1984, 332). Die Entsch. ist unanfechtbar (S. 3).

D. Geschäftswert. Der Geschäftswert der gem. § 79 Abs. 1 GNotKG vAw 4
festzusetzen ist, bestimmt sich nach § 36 GNotKG. Er beträgt regelmäßig

5.000 EUR, kann nach Lage des Falles niedriger o. höher, jedoch nicht über 1.000.000 EUR angenommen werden. Die Unanfechtbarkeit der Wertfestsetzung ergibt sich aus § 83 Abs. 1 S. 5 iVm § 81 Abs. 3 S. 3 GNotKG (vgl. BR-Drs. 517/12, 445).

[Verwaltungsakt im Bereich von Kostenvorschriften]

30a (1) [1] **Verwaltungsakte, die im Bereich der Justizverwaltung beim Vollzug des Gerichtskostengesetzes, des Gesetzes über Kosten in Familiensachen, des Gerichts- und Notarkostengesetzes, des Gerichtsvollzieherkostengesetzes, des Justizvergütungs- und -entschädigungsgesetzes oder sonstiger für gerichtliche Verfahren oder Verfahren der Justizverwaltung geltender Kostenvorschriften, insbesondere hinsichtlich der Einforderung oder Zurückzahlung ergehen, können durch einen Antrag auf gerichtliche Entscheidung auch dann angefochten werden, wenn es nicht ausdrücklich bestimmt ist.** [2] **Der Antrag kann nur darauf gestützt werden, dass der Verwaltungsakt den Antragsteller in seinen Rechten beeinträchtige, weil er rechtswidrig sei.** [3] **Soweit die Verwaltungsbehörde ermächtigt ist, nach ihrem Ermessen zu befinden, kann der Antrag nur darauf gestützt werden, dass die gesetzlichen Grenzen des Ermessens überschritten seien, oder dass von dem Ermessen in einer dem Zweck der Ermächtigung nicht entsprechenden Weise Gebrauch gemacht worden sei.**

(2) [1] **Über den Antrag entscheidet das Amtsgericht, in dessen Bezirk die für die Einziehung oder Befriedigung des Anspruchs zuständige Kasse ihren Sitz hat.** [2] **In dem Verfahren ist die Staatskasse zu hören.** [3] **Die §§ 7a, 81 Absatz 2 bis 8 und § 84 des Gerichts- und Notarkostengesetzes gelten entsprechend.**

(3) [1] **Durch die Gesetzgebung eines Landes, in dem mehrere Oberlandesgerichte errichtet sind, kann die Entscheidung über das Rechtsmittel der weiteren Beschwerde nach Absatz 1 und 2 sowie nach § 81 des Gerichts- und Notarkostengesetzes, über den Antrag nach § 127 des Gerichts- und Notarkostengesetzes, über das Rechtsmittel der Beschwerde nach § 66 des Gerichtskostengesetzes, nach § 57 des Gesetzes über Kosten in Familiensachen, nach § 81 des Gerichts- und Notarkostengesetzes und nach § 4 des Justizvergütungs- und -entschädigungsgesetzes einem der mehreren Oberlandesgerichte oder anstelle eines solchen Oberlandesgerichts einem obersten Landesgericht zugewiesen werden.** [2] **Dies gilt auch für die Entscheidung über das Rechtsmittel der weiteren Beschwerde nach § 33 des Rechtsanwaltsvergütungsgesetzes, soweit nach dieser Vorschrift das Oberlandesgericht zuständig ist.**

(4) **Für die Beschwerde finden die vor dem Inkrafttreten des Kostenrechtsmodernisierungsgesetzes vom 5. Mai 2004 (BGBl. I S. 718) am 1. Juli 2004 geltenden Vorschriften weiter Anwendung, wenn die anzufechtende Entscheidung vor dem 1. Juli 2004 der Geschäftsstelle übermittelt worden ist.**

1 **A. Anfechtbarkeit von Kosten-JustizVerwAen.** Für die Anfechtbarkeit von Kosten-JustizVerwAen hat § 30a Regelungen übernommen, die in durch Art. 115 des G v. 19.4.2006 (BGBl. I 866 (881)) aufgeh. Kostengesetzen enthalten waren. Es wird durch die Vorschr. klargestellt, dass hierfür die ordentlichen Gerichte zuständig sind. Im Unterschied zu §§ 23 ff. ist aber nicht die Zuständigkeit des OLG, sondern die des AG gegeben. Aus § 7a GNotKG ergibt sich, dass jede anfechtbare Entsch. eine Belehrung über den statthaften Rechtsbehelf sowie über die Stelle, bei der dieser Rechtsbehelf einzulegen ist, über deren Sitz u. über die einzuhaltende Form u. Frist zu enthalten hat. Der Antragsteller hat gegen den Kostenansatz das Rechtsmittel der Beschwerde (Abs. 2 S. 3 iVm § 81 Abs. 2–8 GNotKG); außer-

dem steht den Bet. die Gehörsrüge zu, wenn das Gericht ihren Anspruch auf rechtliches Gehör in entscheidungserheblicher Weise verletzt hat (Abs. 2 S. 3 iVm § 84 GNotKG). Die gerichtliche Kontrolle der Erhebung von **Haftkosten- oder Kostenbeiträgen** richtet sich nach §§ 109 ff. StVollzG, nicht nach § 30a (OLG Schleswig BeckRS 2024, 8849: Kostenbeiträge Maßregelvollzug).

B. Konzentrationsermächtigung. Die Konzentrationsermächtigung des Abs. 3 ist eine Spezialregelung ggü. der allg. Vorschr. des § 13a GVG. 2

C. Übergangsvorschriften. Neben Abs. 4 findet sich für die Änd. durch Art. 21 Nr. 3 FGG-RG eine Übergangsvorschrift in Art. 111 FGG-RG (vgl. dazu die Nachw. in → § 29 Rn. 1). 3

Vierter Abschnitt. Kontaktsperre

Vorbemerkung zu § 31

A. Kontaktsperregesetz. Durch das sog. Kontaktsperregesetz (G zur Änd. des EGGVG v. 30.9.1977 (BGBl. I 1877)) sind die §§ 31–38 eingefügt worden, § 34a durch das ÄndG v. 4.12.1985 (BGBl. I 2141), zu § 38a vgl. → § 38a Rn. 1. Die Einordnung dieser Vorschr. in das EGGVG im Anschluss an die §§ 23 ff. rechtfertigt sich dadurch, dass sie Vorgänge betreffen, die nicht zum Strafprozessrecht gehören, aber dem Justizbereich zuzurechnen sind u. im Überprüfungs- u. Anfechtungsverfahren zur Entsch. obergerichtlicher Strafsenate führen (§§ 35, 37). 1

B. Abwehr schwerer terroristischer Gefahren. Die Abwehr schwerer terroristischer Gefahren ist das Ziel der Kontaktsperre. Die Notwendigkeit einer solchen Sperre ergab sich nach der Entführung des (wenig später ermordeten) Industriellen Schleyer am 5.9.1977. Es bestanden Anhaltspunkte dafür, dass Mitglieder terroristischer Vereinigungen, die ua für die Ermordung des GBA Buback u. des Bankiers Ponto im Jahr 1977 verantwortlich waren, aus der UHaft o. Strafhaft heraus die Schleyer-Entführung unterstützten o. sogar leiteten u. dass Verteidiger dabei Hilfe leisteten. Daher ordneten die JM der Bundesländer am 9.9.1977 eine auf § 34 StGB gestützte Kontaktsperre an. Der BGH billigte am 23.9.1977 entspr. richterliche Anordnungen, auch soweit sie gegen § 148 Abs. 1 StPO verstießen (BGHSt 27, 260). Den Erlass einer einstweiligen Anordnung gegen diese Maßnahmen lehnte das BVerfG ab (BVerfGE 46, 1 = NJW 1977, 2157). Um die Kontaktsperre ges. abzusichern, wurde dann innerhalb v. 2 Tagen das ÄndG v. 30.9.1977 im BT eingebracht, beraten u. verabschiedet. Das G ist mit dem GG vereinbar (BVerfGE 49, 24 = NJW 1978, 2235); es schafft keine neuen Eingriffsbefugnisse, enthält eine abschl. Regelung u. lässt daher keinen weitergehenden Rückgriff auf das allg. Notstandsprinzip zu (Vogel NJW 1978, 1223; Kissel/Mayer § 31 Rn. 11). Die §§ 31 ff. brauchten seit 1977 nicht mehr angewendet zu werden. 2

C. Gesetz v. 27.8.2017. Durch das Gesetz v. 27.8.2017 (BGBl. I 3295) wurden die Regelungen der Kontaktsperre zwar grds. beibehalten, da ihm zugrunde liegende terroristische Gefahrenlagen auch für die Zukunft nicht ausgeschlossen werden können, der Kontakt zum Verteidiger wurde jedoch in Umsetzung der RL 2013/48/EU teilw. aus dem Anwendungsbereich herausgenommen (BT-Drs. 18/9534, 23). 3

[Feststellung der Voraussetzungen für Kontaktsperre]

31 (1) [1] **Besteht eine gegenwärtige Gefahr für Leben, Leib oder Freiheit einer Person, begründen bestimmte Tatsachen den Verdacht, daß die Gefahr von einer terroristischen Vereinigung ausgeht, und ist es zur Abwehr dieser Gefahr geboten, jedwede Verbindung von Gefangenen untereinander und mit der Außenwelt zu unterbrechen, so kann eine ent-**

sprechende Feststellung getroffen werden. [2]Die Feststellung darf sich nur auf Gefangene beziehen, die wegen einer Straftat nach § 129a, auch in Verbindung mit § 129b Abs. 1, des Strafgesetzbuches oder wegen einer der in dieser Vorschrift bezeichneten Straftaten rechtskräftig verurteilt sind oder gegen die ein Haftbefehl wegen des Verdachts einer solchen Straftat besteht; das gleiche gilt für solche Gefangene, die wegen einer anderen Straftat verurteilt oder die wegen des Verdachts einer anderen Straftat in Haft sind und gegen die der dringende Verdacht besteht, daß sie diese Tat im Zusammenhang mit einer Tat nach § 129a, auch in Verbindung mit § 129b Abs. 1, des Strafgesetzbuches begangen haben. [3]Die Feststellung ist auf bestimmte Gefangene oder Gruppen von Gefangenen zu beschränken, wenn dies zur Abwehr der Gefahr ausreicht. [4]Die Feststellung ist nach pflichtgemäßem Ermessen zu treffen. [5]§ 148 der Strafprozessordnung bleibt unberührt.

(2) **Für Gefangene, gegen die die öffentliche Klage noch nicht erhoben wurde oder die rechtskräftig verurteilt sind, kann die Feststellung nach Absatz 1 auf die Unterbrechung des mündlichen und schriftlichen Verkehrs mit dem Verteidiger erstreckt werden.**

1 **A. Voraussetzungen der Kontaktsperre (Abs. 1 S. 1).** Es muss eine gegenwärtige Gefahr für Leben, Leib o. Freiheit einer Person (vgl. § 34 StGB) vorliegen; bestimmte Tatsachen (vgl. → StPO § 112 Rn. 5) müssen den Verdacht begründen, dass die Gefahr v. einer terroristischen Vereinigung (§ 129a StGB) oder v. mehreren ausgeht, u. die Kontaktsperre muss zur Abwehr der Gefahr geboten, dh geeignet u. erforderlich sein (dazu BVerfGE 49, 24 (61); Kissel/Mayer Rn. 16). Welchen Personen die Gefahr droht, braucht noch nicht festzustehen.

2 **B. Personenkreis (Abs. 1 S. 2).** Der v. der Kontaktsperre erfassbare Personenkreis ist in Abs. 1 S. 2 bezeichnet (wegen der Einzelheiten vgl. Kissel/Mayer Rn. 20 ff.). Die Vorschr. wird durch §§ 38 und 38a ergänzt. Eine Beschränkung auf bestimmte Gefangene o. Gruppen v. Gefangenen ist erforderlich, wenn das zur Abwehr der Gefahr ausreicht (Abs. 1 S. 3).

3 **C. Anordnung.** Die Anordnung der Kontaktsperre erfolgt durch Feststellung der zuständigen Behörde (§ 32), die dabei nach **pflichtgemäßem Ermessen** handelt (Abs. 1 S. 4).

4 **Inhaltlich** muss die Feststellung die Eingriffsvoraussetzung des S. 1 darlegen u. die Gefangenen, auf die sich die Feststellung bezieht, namentlich bezeichnen (BGHSt 27, 276; Kissel/Mayer Rn. 27). In den Gründen der Feststellung werden, entspr. § 34 StPO, die Tatsachen u. Erwägungen angeführt, die die Grdl. für die Feststellung bilden u. für die gerichtliche Nachprüfung (§§ 35, 37) benötigt werden.

5 **Bekanntzumachen** ist die Feststellung mit Begründung auch den betroffenen Gefangenen (vgl. § 34a Abs. 6) u. ihren Verteidigern. Sie müssen v. ihr Kenntnis erhalten, weil sie nur dann mit Aussicht auf Erfolg einen Antrag nach § 37 Abs. 1 stellen können (BVerfGE 49, 24 (67) = NJW 1978, 2235 (2239)). Dabei gelten aber die Grenzen des § 37 Abs. 3 (BVerfGE 49, 24 (67) = NJW 1978, 2235 (2239)). Mit der Bekanntmachung der Feststellung ist die Belehrung der Gefangenen nach § 34a Abs. 6 zu verbinden.

6 Die Feststellung **tritt außer Kraft,** wenn sie nicht nach § 35 bestätigt o. wenn sie nach § 36 S. 1 zurückgenommen wird, sonst nach Ablauf der in §§ 35 S. 1, 36 S. 2 bezeichneten Fristen.

7 **D. Wirkung der Kontaktsperre.** Jede Verbindung v. Gefangenen untereinander u. mit Dritten wird unterbrochen. Durch G v. 27.8.2017 (BGBl. I 3295) wurde allerdings der schriftliche u. mündliche Verkehr mit dem Verteidiger aus dem Anwendungsbereich von Abs. 1 herausgenommen (→ Vor § 31 Rn. 3). Ein Verkehr findet abgesehen davon lediglich mit den Vollzugsbediensteten, soweit nicht nach § 33 auch insoweit Beschränkungen angeordnet worden sind, u. mit der nach

§ 34a bestellten Kontaktperson statt. Für den Verkehr mit StA u. Gericht trifft § 34 Abs. 3 eine bes. Regelung. Das Petitionsrecht (Art. 17 GG) bleibt erhalten (BVerfGE 49, 24 (65)); jedoch gilt § 37 Abs. 2 sinngemäß (Kissel/Mayer Rn. 32).

E. Unterbrechung der Kommunikation mit dem Verteidiger (Abs. 2). 8
Im Ermittlungsverfahren und nach Rechtskraft kann die Kontaktsperre allerdings unter den Voraussetzungen des Abs. 1 nach pflichtgemäßem Ermessen auch auf den mündlichen u. schriftlichen Verkehr mit dem Verteidiger erstreckt werden (Abs. 2). Abs. 2 findet somit im vorgerichtlichen wie im Strafvollstreckungsverfahren Anwendung.

F. Missbrauchsgefahr. In den Fällen, in denen **Abs. 1 und Abs. 2 keine** 9
Kontaktsperre zwischen Verteidiger u. Beschuldigtem erlauben, kommen bei Missbrauchsgefahr **Maßnahmen nach §§ 138 Abs. 2, Abs. 3 und 148 Abs. 2 StPO** (vgl. Abs. 1 S. 5) in Betracht.

G. Anfechtung. Eine Anfechtung der Feststellung nach § 31 lässt das G nicht zu; 10
auch eine Verfassungsbeschwerde (→ Einl. Rn. 230 ff.) ist nicht statthaft (BVerfGE 49, 24). Vorgesehen ist nur das Bestätigungsverfahren nach § 35 und die Anfechtung einzelner Maßnahmen durch die Betroffenen nach § 37, bei der allerdings die Rechtmäßigkeit der Feststellung als Vorfrage geprüft wird (→ § 37 Rn. 4).

[Zuständigkeit für die Feststellung]

32 [1]**Die Feststellung nach § 31 trifft die Landesregierung oder die von ihr bestimmte oberste Landesbehörde.** [2]**Ist es zur Abwendung der Gefahr geboten, die Verbindung in mehreren Ländern zu unterbrechen, so kann die Feststellung der Bundesminister der Justiz und für Verbraucherschutz treffen.**

A. Zuständigkeit. Zuständig für die Feststellung nach § 31 sind in 1. Hinsicht 1
die **Landesregierungen o. die v. ihnen bestimmten obersten Landesbehörden** (S. 1). Der JM ist als zuständige Behörde bestimmt in Baden-Württemberg durch VO v. 15.11.1977 (GVBl. 672), in Bayern durch VO v. 4.10.1977 (GVBl. 505), in Hessen durch AO v. 20.1.1978 (GVBl. I 91), in Nordrhein-Westfalen durch VO v. 25.10.1977 (GVNW 368) u. in Rheinland-Pfalz durch AO v. 13.10.1977 (GVBl. 341).

Der **BMJV** ist zuständig, wenn es erforderlich ist, die Kontaktsperre in mehreren 2
(mind. 2) Ländern anzuordnen (S. 2), aber nicht alle betroffenen Länder die Anordnung treffen o. bes. Eile geboten ist (Kissel/Mayer Rn. 2). Macht der BMJV v. seiner Befugnis nicht o. nicht rechtzeitig Gebrauch, so bleibt die Zuständigkeit der Länder nach S. 1 unberührt (Kissel/Mayer Rn. 2). Hat das Land die Feststellung vor dem BMJV getroffen, so bleibt sie bestehen; die Feststellung des BMJV hat dann nur Bedeutung, soweit sie weitergeht als die des Landes.

B. Form. In Form einer **Verwaltungsanordnung** ergeht die Feststellung (Kis- 3
sel/Mayer Rn. 4 f.). Der BMJV erlässt sie als Verwaltungsanordnung iSd Art. 84 Abs. 5 GG (Kissel/Mayer Rn. 5) mit bindender Wirkung für die Ausführungsbehörden der Länder (§ 33). Die Anordnung bedarf der Schriftform u. hat nur eine behördeninterne Wirkung. Für den Gefangenen entsteht eine Beschwer erst durch die Maßnahmen nach § 33 (Kissel/Mayer Rn. 4).

[Maßnahmen zur Kontaktsperre]

33 [1]**Ist eine Feststellung nach § 31 erfolgt, so treffen die zuständigen Behörden der Länder die Maßnahmen, die zur Unterbrechung der Verbindung erforderlich sind.** [2]**Die Maßnahmen sind zu begründen und dem Gefangenen schriftlich bekannt zu machen.** [3]**§ 37 Absatz 3 gilt entsprechend.**

1 **A. Durchführung.** Die Durchführung der Kontaktsperre obliegt den zuständigen Landesbehörden, va den Strafvollzugsbehörden (S. 1). Sie sind an die Feststellung nach § 31 gebunden. Ihre Maßnahmen gehen (auch richterlichen) Anordnungen nach § 119 StPO u. den Vorschr. der UVollzGe o. StVollzGe vor (Kissel/Mayer Rn. 2).

2 **B. Bekanntgabe an die Gefangenen.** Die Bekanntgabe an die Gefangenen, welche Maßnahmen gegen sie getroffen worden sind, ist erforderlich (BVerfGE 49, 24 (66)). Die Maßnahmen sind zu begründen u. dem Gefangenen schriftlich bekannt zu machen (S. 2). Tatsachen u. Umstände dürfen soweit u. solange nicht mitgeteilt werden, als die Mitteilung den Zweck der Kontaktsperre gefährden würde (S. 3 iVm § 37 Abs. 3). Dieses noch im Anfechtungsverfahren geltende Verbot (§ 37 Abs. 3 S. 1) besteht also auch vor der Anfechtung. Die Begründung ist dann aber nachzuholen, sobald die Voraussetzungen dieser Vorschr. nicht mehr vorliegen (BVerfGE 49, 24 (66)).

[Rechtswirkungen der Kontaktsperre]

34 (1) **Sind Gefangene von Maßnahmen nach § 33 betroffen, so gelten für sie, von der ersten sie betreffenden Maßnahme an, solange sie von einer Feststellung erfaßt sind, die in den Absätzen 2 bis 4 nachfolgenden besonderen Vorschriften.**

(2) **Gegen die Gefangenen laufende Fristen werden gehemmt, wenn sie nicht nach anderen Vorschriften unterbrochen werden.**

(3) **In Strafverfahren und anderen gerichtlichen Verfahren, für die die Vorschriften der Strafprozeßordnung als anwendbar erklärt sind, gilt ergänzend folgendes:**

1. **Gefangenen, die keinen Verteidiger haben, wird ein Verteidiger bestellt.**
2. **[1] Gefangene dürfen bei Vernehmungen und anderen Ermittlungshandlungen auch dann nicht anwesend sein, wenn sie nach allgemeinen Vorschriften ein Recht auf Anwesenheit haben; Gleiches gilt für ihre Verteidiger, soweit ein von der Feststellung nach § 31 erfaßter Mitgefangener anwesend ist und soweit die gemäß § 31 Absatz 1 getroffene Feststellung nach § 31 Absatz 2 auf den schriftlichen und mündlichen Verkehr mit dem Verteidiger erstreckt wurde. [2] Solche Maßnahmen dürfen nur stattfinden, wenn der Gefangene oder der Verteidiger ihre Durchführung verlangt und derjenige, der nach Satz 1 nicht anwesend sein darf, auf seine Anwesenheit verzichtet. [3] Wurde die gemäß § 31 Absatz 1 getroffene Feststellung nach § 31 Absatz 2 auf den schriftlichen und mündlichen Verkehr mit dem Verteidiger erstreckt, ist § 147 Absatz 3 der Strafprozessordnung nicht anzuwenden, soweit der Zweck der Untersuchung gefährdet würde.**
3. **Wurde die gemäß § 31 Absatz 1 getroffene Feststellung nach § 31 Absatz 2 auf den schriftlichen und mündlichen Verkehr mit dem Verteidiger erstreckt, findet eine Vernehmung des Gefangenen als Beschuldigter, bei der der Verteidiger nach allgemeinen Vorschriften ein Anwesenheitsrecht hat, nur statt, wenn der Gefangene und der Verteidiger auf die Anwesenheit des Verteidigers verzichten.**
4. **[1] Wurde die gemäß § 31 Absatz 1 getroffene Feststellung nach § 31 Absatz 2 auf den schriftlichen und mündlichen Verkehr mit dem Verteidiger erstreckt, hat der Verteidiger bei der Verkündung eines Haftbefehls kein Recht auf Anwesenheit; er ist von der Verkündung des Haftbefehls zu unterrichten. [2] Der Richter hat dem Verteidiger das wesentliche Ergebnis der Vernehmung des Gefangenen bei der Verkündung, soweit der Zweck der Unterbrechung nicht gefährdet wird, und die Entscheidung mitzuteilen.**

5. [1]Wurde die gemäß § 31 Absatz 1 getroffene Feststellung nach § 31 Absatz 2 auf den schriftlichen und mündlichen Verkehr mit dem Verteidiger erstreckt, finden mündliche Haftprüfungen sowie andere mündliche Verhandlungen, deren Durchführung innerhalb bestimmter Fristen vorgesehen ist, soweit der Gefangene anwesend ist, ohne den Verteidiger statt; Nummer 4 Satz 2 gilt entsprechend. [2]Eine mündliche Verhandlung bei der Haftprüfung ist auf Antrag des Gefangenen oder seines Verteidigers nach Ende der Maßnahmen nach § 33 zu wiederholen, auch wenn die Voraussetzungen des § 118 Abs. 3 der Strafprozeßordnung nicht vorliegen.

6. [1]Eine Hauptverhandlung findet nicht statt und wird, wenn sie bereits begonnen hat, nicht fortgesetzt. [2]Die Hauptverhandlung darf bis zur Dauer von dreißig Tagen unterbrochen werden; § 229 Abs. 2 der Strafprozeßordnung bleibt unberührt.

7. Eine Unterbringung zur Beobachtung des psychischen Zustandes nach § 81 der Strafprozeßordnung darf nicht vollzogen werden.

8. [1]Der Gefangene darf sich in einem gegen ihn gerichteten Strafverfahren schriftlich an das Gericht oder die Staatsanwaltschaft wenden. [2]Wurde die gemäß § 31 Absatz 1 getroffene Feststellung nach § 31 Absatz 2 auf den schriftlichen und mündlichen Verkehr mit dem Verteidiger erstreckt, darf dem Verteidiger für die Dauer der Feststellung keine Einsicht in diese Schriftstücke gewährt werden.

(4) **Ein anderer Rechtsstreit oder ein anderes gerichtliches Verfahren, in dem der Gefangene Partei oder Beteiligter ist, wird unterbrochen; das Gericht kann einstweilige Maßnahmen treffen.**

A. Nachteilsmilderung. Zur Nachteilsmilderung werden die gegen den Gefangenen lfd. Fristen gehemmt (Abs. 2). Für Straf-, Bußgeld- u. Disziplinarverfahren lockert Abs. 3 die Auswirkungen der Sperre; die übrigen Verf. werden kraft Gesetzes unterbrochen (Abs. 4). 1

Diese Rechtswirkungen **enden** in dem Zeitpunkt, in dem die Feststellung ihre Wirkung durch Nichtbestätigung (§ 35), Zurücknahme o. Fristablauf (§§ 35 S. 1, 36 S. 1, 2) verliert, für den einzelnen Gefangenen auch mit der Haftentlassung o. nach Feststellung seines Nichtbetroffenseins im Anfechtungsverfahren nach § 37. 2

B. Fristenhemmung (Abs. 2). Hemmung bedeutet, dass der Zeitraum, während dessen die Maßnahmen bestehen, nicht in die Fristen eingerechnet wird (vgl. § 209 BGB). Gehemmt werden nur Fristen, die gegen den Gefangenen laufen. Das sind alle ges., richterlichen (→ StPO Vor § 42 Rn. 7) u. vereinbarten Fristen, nach deren ungenutztem Ablauf sich die Rechtsposition des Gefangenen verschlechtert. Dazu gehören auch die für ihn lfd. Anfechtungsfristen. 3

C. Strafverfahren und ähnliche Verfahren (Abs. 3). Für das Strafverfahren und ähnliche Verfahren (Abs. 3), zu denen insbes. das Bußgeld-, das Disziplinarverfahren u. das Verf. nach §§ 23 ff. gehören, gelten folgende bes. Regelungen: 4

I. Verteidigerbestellung (Nr. 1). Die Befugnis, einen Verteidiger zu wählen (§ 137 StPO), kann der Gefangene infolge der Kontaktsperre nicht ausüben (Kissel/Mayer Rn. 5 Löwe/Rosenberg/Gerson Rn. 6). Ihm muss daher ein Verteidiger beigeordnet werden, wenn er noch keinen Verteidiger hat. Die Beiordnung, die der nach § 142 Abs. 3 Nr. 1 StPO zuständige Richter vorzunehmen hat, endet mit der Aufhebung der Kontaktsperre (Kissel/Mayer Rn. 6). Eine Bestellung nach anderen Bestimmungen, insbes. nach § 141 Abs. 2 Nr. 4 StPO, die in ihrer Dauer weiterreicht als die nach Nr. 1, hat den Vorrang. Für Strafgefangene, gegen die keine weiteren Strafverfahren anhängig sind, gilt Nr. 1 nicht; ihnen wird kein Verteidiger beigeordnet. 5

II. Ermittlungshandlungen (Nr. 2). Das Strafverfahren wird durch die Kontaktsperre nicht unterbrochen (vgl. Abs. 4). Daher können richterliche, staatsanwaltschaftliche u. polizeiliche Vernehmungen sowie andere Ermittlungshandlun- 6 gen unter den Beschränkungen der Nr. 2 S. 1, 2 durchgeführt werden. Für die Beschuldigtenvernehmung gilt die Sonderregelung der Nr. 3, für die HV Nr. 6. Gleiches gilt für ihre Verteidiger soweit die gem. § 31 Abs. 1 getroffene Feststellung nach § 31 Abs. 2 auf den schriftlichen u. mündlichen Verkehr mit ihnen erstreckt wurde. In diesem Fall ist § 147 Abs. 3 StPO nicht anzuwenden, soweit der Zweck der Untersuchung gefährdet würde.

7 Als **Zeuge** kann der Gefangene während der Kontaktsperre nicht vernommen werden. Da die Vernehmung in der JVA unzulässig ist u. der Gefangene nicht zur Vernehmung vorgeführt werden darf, ist er während der Sperre aus rechtlichen Gründen unerreichbar iSd § 244 Abs. 3 S. 3 Nr. 5 StPO (Kissel/Mayer Rn. 11; diff. Löwe/Rosenberg/Gerson Rn. 12; → StPO § 244 Rn. 66).

8 Das **Akteneinsichtsrecht** nach § 147 Abs. 3 StPO ist, soweit der Zweck der Kontaktsperre gefährdet würde (S. 3), allg. ausgeschlossen, also nicht nur für Prot. u. Niederschriften, die während der Sperre entstehen u. zu den Akten gelangen (Kissel/Mayer Rn. 9).

9 **III. Beschuldigtenvernehmung (Nr. 3).** An der **Beschuldigtenvernehmung (Nr. 3)** darf der Verteidiger, abw. v. §§ 163a Abs. 3 S. 2, 168c Abs. 1 StPO, nicht teilnehmen, wenn die gem. § 31 Abs. 1 getroffene Feststellung gem. § 31 Abs. 2 auf den schriftlichen u. mündlichen Verkehr mit dem Verteidiger erstreckt wurde. Eine solche Vernehmung findet aber nur statt, wenn der Gefangene u. der Verteidiger auf die Anwesenheit des Verteidigers verzichten. Für die Vernehmung nach §§ 115 Abs. 2, 115a Abs. 2 S. 1 StPO ist Nr. 4 die Sondervorschrift.

10 **IV. Verkündung des Haftbefehls (Nr. 4).** Bei der Verkündung des Haftbefehls (Nr. 4) nach § 114a StPO ggü. einem Beschuldigten, der erst nach Erlass der Feststellung nach § 31 ergriffen worden ist, darf der Verteidiger nicht anwesend sein, sofern die Kontaktsperre gem. § 31 Abs. 1, Abs. 2 auf ihn erstreckt wurde; er wird v. der Verkündung lediglich unterrichtet. Auch die Vernehmung nach §§ 115 Abs. 2, 115a Abs. 2 S. 1 StPO ist in Abwesenheit des Verteidigers durchzuführen (Nr. 4 S. 2); über ihren Inhalt u. die Entsch. wird er nur unterrichtet, wenn dadurch der Zweck der Kontaktsperre nicht gefährdet wird.

11 Bei **vorläufiger Festnahme** u. der darauffolgenden richterlichen Vernehmung (§§ 127 Abs. 2, 128 StPO) gelten die Einschränkungen der Nr. 4 nicht; denn solange noch kein Haftbefehl besteht, kann sich die Feststellung nach § 31 nicht auf den Beschuldigten beziehen.

12 **V. Mündliche Haftprüfungen (Nr. 5).** Mündliche Haftprüfungen (Nr. 5) finden auch während der Kontaktsperre statt, aber in den Fällen des § 31 Abs. 2 in Abwesenheit des Verteidigers, wenn der Beschuldigte anwesend ist. Für die Unterrichtung des Verteidigers gilt Nr. 4 S. 2 entspr. Auf Antrag des Gefangenen o. des Verteidigers wird die mündliche Haftprüfung nach Ende der Kontaktsperre wiederholt (Nr. 5 S. 2). Die mündliche Anhörung nach § 454 Abs. 1 S. 3 StPO ist keine Haftprüfung iSd Nr. 5 (Kissel/Mayer Rn. 14; Löwe/Rosenberg/Gerson Rn. 14).

13 **VI. Hauptverhandlungen (Nr. 6).** Hauptverhandlungen (Nr. 6) gegen den v. der Kontaktsperre betroffenen Gefangenen finden nicht statt o. werden, ohne dass es einer bes. Unterbrechungsanordnung bedarf, nicht fortgesetzt. Eine Unterbrechung bis zu 30 Tagen ist ohne Rücksicht auf die bisherige Dauer der Verh. u. unabhängig v. bereits eingetretenen Unterbrechungen nach § 229 Abs. 2 StPO zulässig. Sie darf jedoch nicht länger dauern als die Kontaktsperre; nach deren Beendigung muss die HV unverzüglich fortgesetzt werden. Nach Verlängerung der Kontaktsperre gilt Nr. 6 nicht mehr (§ 36 S. 5), auch wenn die 30-Tage-Frist noch nicht ausgenutzt worden ist (→ § 36 Rn. 5).

14 **VII. Unterbringung (Nr. 7).** Die Unterbringung zur Beobachtung (Nr. 7) nach § 81 StPO, § 73 **JGG** darf nicht eingeleitet und, falls sie bereits begonnen hat, nicht weiter vollzogen werden. Ihre Anordnung ist aber zulässig (Kissel/Mayer Rn. 21).

VIII. Schriftliche Eingaben (Nr. 8). Schriftliche Eingaben an Gerichte oder StA (Nr. 8) werden im Gegensatz zu Eingaben an andere Behörden v. der JVA weitergeleitet. Dem Verteidiger darf aber in den Fällen des § 31 Abs. 2 für die Dauer der Feststellung keine Einsicht in diese Schriftstücke gewährt werden. 15

D. Unterbrechung anderer Verfahren (Abs. 4). Eine Unterbrechung anderer Verfahren (Abs. 4), dh solcher, die nicht unter Abs. 3 fallen, tritt kraft Gesetzes u. ausnahmslos ein (Kissel/Mayer Rn. 23). Einstweilige Maßnahmen kann das Gericht vAw o. auf Antrag treffen (wegen der Einzelheiten vgl. Kissel/Mayer Rn. 28 ff.). 16

[Beiordnung eines Rechtsanwalts als Kontaktperson]

34a (1) [1] **Wurde die gemäß § 31 Absatz 1 getroffene Feststellung nach § 31 Absatz 2 auf den schriftlichen und mündlichen Verkehr mit dem Verteidiger erstreckt, ist dem Gefangenen auf seinen Antrag ein Rechtsanwalt als Kontaktperson beizuordnen.** [2] **Der Kontaktperson obliegt, unter Wahrung der Ziele der nach § 31 getroffenen Feststellung, die rechtliche Betreuung des Gefangenen, soweit dafür infolge der nach § 33 getroffenen Maßnahmen ein Bedürfnis besteht; die Kontaktperson kann insbesondere durch Anträge und Anregungen auf die Ermittlung entlastender Tatsachen und Umstände hinwirken, die im Interesse des Gefangenen unverzüglicher Aufklärung bedürfen.**

(2) [1] **Soweit der Gefangene damit einverstanden ist, teilt die Kontaktperson dem Gericht und der Staatsanwaltschaft die bei dem Gespräch mit dem Gefangenen und im weiteren Verlauf ihrer Tätigkeit gewonnenen Erkenntnisse mit; sie kann im Namen des Gefangenen Anträge stellen.** [2] **Die Kontaktperson ist im Einverständnis mit dem Gefangenen befugt, an Vernehmungen und Ermittlungshandlungen teilzunehmen, bei denen der Verteidiger nach § 34 Abs. 3 Nr. 3, Nr. 4 Satz 1 und Nr. 5 Satz 1 nicht anwesend sein darf.** [3] **Die Kontaktperson darf Verbindung mit Dritten aufnehmen, soweit dies zur Erfüllung ihrer Aufgaben nach Absatz 1 unabweisbar ist.**

(3) [1] **Über die Beiordnung einer Kontaktperson und deren Auswahl aus dem Kreis der im Geltungsbereich dieses Gesetzes zugelassenen Rechtsanwälte entscheidet der Präsident des Landgerichts, in dessen Bezirk die Justizvollzugsanstalt liegt, innerhalb von 48 Stunden nach Eingang des Antrags.** [2] **Der Verteidiger des Gefangenen darf nicht beigeordnet werden.** [3] **Der Präsident ist hinsichtlich der Beiordnung und der Auswahl Weisungen nicht unterworfen; seine Vertretung richtet sich nach § 21h des Gerichtsverfassungsgesetzes.** [4] **Dritte dürfen über die Person des beigeordneten Rechtsanwalts, außer durch ihn selbst im Rahmen seiner Aufgabenerfüllung nach Absatz 1 und 2, nicht unterrichtet werden.** [5] **Der beigeordnete Rechtsanwalt muß die Aufgaben einer Kontaktperson übernehmen.** [6] **Der Rechtsanwalt kann beantragen, die Beiordnung aufzuheben, wenn hierfür wichtige Gründe vorliegen.**

(4) **Der Gefangene hat nicht das Recht, einen bestimmten Rechtsanwalt als Kontaktperson vorzuschlagen.**

(5) [1] **Dem Gefangenen ist mündlicher Verkehr mit der Kontaktperson gestattet.** [2] **Für das Gespräch sind Vorrichtungen vorzusehen, die die Übergabe von Schriftstücken und anderen Gegenständen ausschließen.**

(6) **Der Gefangene ist bei Bekanntgabe der Feststellung nach § 31, die nach dessen Absatz 2 auf den schriftlichen und mündlichen Verkehr mit dem Verteidiger erstreckt wird, über sein Recht, die Beiordnung einer Kontaktperson zu beantragen, und über die übrigen Regelungen der Absätze 1 bis 5 zu belehren.**

1 **A. Beiordnung einer Kontaktperson.** Durch die Beiordnung einer Kontaktperson sollen in den Fällen, in denen die Kontaktsperre gem. § 31 Abs. 2 auf den schriftlichen u. mündlichen Verkehr mit dem Verteidiger erstreckt wurde, die strafprozessualen Garantien des v. einer Kontaktsperre betroffenen Gefangenen verbessert werden. Die Beiordnung setzt einen Antrag des Gefangenen voraus; über sein Antragsrecht muss er belehrt werden (Abs. 6). Widerruft er den Antrag, so ist die Beiordnung zurückzunehmen (vgl. Krekeler NJW 1986, 418).

2 **B. RA.** Nur ein RA kann Kontaktperson sein (Abs. 1 S. 1); der Verteidiger des Gefangenen ist ausgeschlossen (Abs. 3 S. 2). Die Beiordnung eines RA als Kontaktperson für mehrere Gefangene ist unzulässig (vgl. BT-Drs. 10/902, 8). Der beigeordnete RA ist (entspr. §§ 48, 49 BRAO) verpflichtet, die Aufgaben einer Kontaktperson zu übernehmen (Abs. 3 S. 5); er kann aber die Aufhebung der Beiordnung beantragen, wenn hierfür wichtige Gründe (vgl. → StPO § 143a Rn. 19 ff.) vorliegen (Abs. 3 S. 6). Zum Schutz der Kontaktperson dürfen Dritte über die Beiordnung nicht unterrichtet werden (Abs. 3 S. 4). Die Vergütung der Tätigkeit des RA regelt § 55 Abs. 3 RVG mit VV 4304 RVG.

3 **C. Zuständigkeit.** Zuständig für die Beiordnung ist der Präs des LG, in dessen Bezirk die JVA liegt, in der der Gefangene verwahrt wird (Abs. 3 S. 1). Die Entsch. ist innerhalb v. 48 Stunden nach Eingang des Antrags zu treffen (Abs. 3 S. 1). Der LGPräs wählt die Kontaktperson aus dem Kreis der in der BRD zugelassenen RAe aus; der Gefangene hat kein Vorschlagsrecht (Abs. 4). Die Beiordnung kann zurückgenommen werden, wenn der RA seine Aufgabe nicht o. nur unzulänglich erfüllt. Der LGPräs ist bei der ihm durch § 34a übertragenen Tätigkeit keinen Weisungen unterworfen; seine Vertretung richtet sich nach § 21h GVG (Abs. 3 S. 3).

4 **D. Aufgabe der Kontaktperson.** Aufgabe der Kontaktperson ist die rechtliche Betreuung des Gefangenen, soweit dafür im Hinblick auf die nach § 33 getroffenen Maßnahmen ein Bedürfnis besteht (Abs. 1 S. 2 Hs. 1). Der Gefangene soll Gelegenheit haben, sich in allen Rechtsangelegenheiten mit der Kontaktperson zu besprechen. Der RA hat zwar nicht die umfassenden Aufgaben eines Verteidigers, kann aber Aufgaben wahrnehmen, die der Verteidiger infolge der Kontaktsperre nicht ausüben kann.

5 Insbesondere ist es seine Aufgabe, durch **Anträge und Anregungen** bei StA u. Gericht darauf hinzuwirken, dass entlastende Tatsachen in einem gegen den Gefangenen anhängigen Strafverfahren ermittelt werden, sofern eine unverzügliche Aufklärung geboten ist (Abs. 1 S. 2 Hs. 2). Dabei wird allerdings eine vorherige Abstimmung mit dem Verteidiger notwendig sein. Von den während seiner Tätigkeit, insbes. durch Gespräche mit dem Gefangenen, gewonnenen Erkenntnissen darf der RA das Gericht u. die StA nur mit dessen Einverständnis unterrichten (Abs. 2 S. 1 Hs. 1); auch Anträge im Namen des Gefangenen darf er nur stellen, wenn dieser damit einverstanden ist. An Vernehmungen u. Ermittlungshandlungen, v. denen der Verteidiger nach § 34 Abs. 2 Nr. 3, 4 S. 1, 5 S. 1 ausgeschlossen ist, darf die Kontaktperson im Einverständnis mit dem Gefangenen teilnehmen (Abs. 2 S. 2). Die bes. Schutzvorschriften des § 34 Abs. 3 Nr. 4 S. 2, 5 S. 2 bleiben bestehen.

6 **Verbindung mit Dritten** darf die Kontaktperson nur aufnehmen, wenn das zur Erfüllung ihrer Aufgaben unabweisbar ist (Abs. 2 S. 3). Um die Gefahr einer auch nur unbewussten Nachrichtenübermittlung auf ein Mindestmaß zu beschränken, dürfen solche Kontaktaufnahmen nur in bes. Ausnahmefällen stattfinden (vgl. BT-Drs. 10/902, 4/5; 10/3958, 7). Überhaupt hat die Kontaktperson vor jeder Maßnahme zu prüfen, ob ihre Tätigkeit den Zweck der Kontaktsperre unterlaufen könnte.

7 **E. Verkehr des Gefangenen mit der Kontaktsperre.** Der Verkehr des Gefangenen mit der Kontaktsperre darf nur mündlich stattfinden (Abs. 5 S. 1). Ein Schriftwechsel u. die Aushändigung v. Schriftstücken ist nicht erlaubt. Gespräche

dürfen nur geführt werden, wenn Vorrichtungen vorhanden sind, die die Übergabe v. Schriftstücken ua Gegenständen ausschließen (dazu → StPO § 148 Rn. 21).

F. Belehrung. Der Gefangene ist in den Fällen des § 31 Abs. 2 über seine Rechte nach Abs. 1–5 zu belehren (Abs. 6). 8

G. Anfechtung. Der Gefangene kann nach § 23 auf gerichtliche Entsch. antragen, wenn der LGPräs dem Antrag auf Beiordnung einer Kontaktperson nicht stattgibt. Die Auswahl der Kontaktperson kann er nur anfechten, wenn er geltend macht, dass sie ermessensfehlerhaft ist (§ 28 Abs. 3), etwa weil der beigeordnete RA ungeeignet erscheint. Der beigeordnete RA kann den Antrag nach § 23 nur darauf stützen, dass ihm die Tätigkeit als Kontaktperson nicht zuzumuten u. seine Beordnung daher ermessensmissbräuchlich ist. 9

[Gerichtliche Bestätigung der Kontaktsperre]

35 **[1]Die Feststellung nach § 31 verliert ihre Wirkung, wenn sie nicht innerhalb von zwei Wochen nach ihrem Erlaß bestätigt worden ist. [2]Für die Bestätigung einer Feststellung, die eine Landesbehörde getroffen hat, ist ein Strafsenat des Oberlandesgerichts zuständig, in dessen Bezirk die Landesregierung ihren Sitz hat, für die Bestätigung einer Feststellung des Bundesministers der Justiz und für Verbraucherschutz ein Strafsenat des Bundesgerichtshofes; § 25 Abs. 2 gilt entsprechend.**

A. Richterliche Bestätigung. Ohne richterliche Bestätigung verliert die nach § 31 ergangene Feststellung 2 Wochen nach ihrem Erlass ihre Wirkung; wenn sie bestätigt wird, spätestens nach 30 Tagen (§ 36 S. 2 Hs. 1). Die Frist beginnt „nach" dem Erlass der Feststellung, dh mit Ablauf des Tages, unter dem sie ergangen ist (vgl. § 36 S. 2 Hs. 2). Wird die Bestätigung abgelehnt, so wird die Feststellung sofort wirkungslos. 1

B. Zuständigkeit. Zuständig (S. 2) für die Bestätigung der Feststellung einer Landesregierung o. -behörde ist ein StS des OLG, in dessen Bezirk die Landesregierung ihren Sitz hat, für die Bestätigung einer Feststellung des BJM ein StS des BGH. 2

C. Bestätigungsverfahren. Das Bestätigungsverfahren, das nur eingeleitet werden muss, wenn die Kontaktsperre länger als 2 Wochen dauern soll, richtet sich nach den §§ 29, 30 (Kissel/Mayer Rn. 3). Verfahrensbeteiligt ist nur die Feststellungsbehörde, die zugleich verpflichtet ist, das Verfahren in Gang zu bringen; für ihre Vertretung gelten die allg. Vorschriften. Die Gefangenen sind an dem Verfahren nicht bet. (BGHSt 27, 276 (280); vgl. auch BVerfGE 49, 24 (67) = NJW 1978, 2235 (2239)); sie erhalten daher auch kein rechtliches Gehör (Kissel/Mayer Rn. 4). 3

Die **Entscheidung** bestätigt die Feststellung o. hebt sie auf; auch eine teilw. Bestätigung unter Herausnahme einzelner Gefangener aus der Feststellung ist zulässig (vgl. BGHSt 27, 276). Für die Rechtmäßigkeit der Feststellung ist der Zeitpunkt der Entsch. maßgebend (Kissel/Mayer Rn. 5). Eine Kosten- u. Auslagenentscheidung ergeht nicht (Kissel/Mayer Rn. 5). Die Entsch., die nicht anfechtbar ist, wird der Feststellungsbehörde u. den betroffenen Gefangenen mitgeteilt (BVerfGE 49, 24 (67) = NJW 1978, 2235 (2239), Kissel/Mayer Rn. 6). 4

[Beendigung der Kontaktsperre; Wiederholung]

36 **[1]Die Feststellung nach § 31 ist zurückzunehmen, sobald ihre Voraussetzungen nicht mehr vorliegen. [2]Sie verliert spätestens nach Ablauf von dreißig Tagen ihre Wirkung; die Frist beginnt mit Ablauf des Tages, unter dem die Feststellung ergeht. [3]Eine Feststellung, die bestätigt worden ist, kann mit ihrem Ablauf erneut getroffen werden, wenn die Voraussetzungen noch vorliegen; für die erneute Feststellung gilt § 35.**

[4] **War eine Feststellung nicht bestätigt, so kann eine erneute Feststellung nur getroffen werden, wenn neue Tatsachen es erfordern.** [5] **§ 34 Abs. 3 Nr. 6 Satz 2 ist bei erneuten Feststellungen nicht mehr anwendbar.**

1 **A. Zurücknahme der Feststellung (S. 1).** Zur Zurücknahme der Feststellung (S. 1) ist die Feststellungsbehörde verpflichtet, wenn die Voraussetzungen des § 31 nicht mehr vorliegen. Die Behörde hat insoweit eine ständige Prüfungspflicht.

2 **B. Wirkungslosigkeit der Feststellung (S. 2).** Wirkungslos (S. 2) wird die nach § 35 bestätigte Feststellung spätestens 30 Tage nach Ablauf des Tages, unter dem sie ergangen ist. War sie nicht bestätigt worden, so tritt sie spätestens nach 2 Wochen außer Kraft (§ 35 S. 1).

3 **C. Wiederholung der Feststellung (S. 3, 4).** Die Wiederholung der Feststellung (S. 3, 4) ist zulässig. Eine nach § 35 gerichtlich bestätigte Feststellung kann mit ihrem Ablauf (auch mehrmals) erneut erlassen werden, wenn die Voraussetzungen des § 31 noch vorliegen; auch die neue Feststellung muss dann nach § 35 bestätigt werden. Eine nicht bestätigte Feststellung kann nur aufgrund veränderter tatsächlicher Umstände erneut erlassen werden. Das Gleiche gilt, wenn die Feststellung vor der Entsch. über die Bestätigung o. vor ihrem Wirkungsverlust zurückgenommen o. die Bestätigung nicht beantragt worden ist (Katholnigg Rn. 4). Neue Beweismittel rechtfertigen die Wiederholung der Feststellung jedenfalls dann, wenn sich aus ihnen neue Tatsachen ergeben; neue Beweisanzeichen reichen aus.

4 **Zuständig** für die erneute Feststellung ist die Behörde, die die frühere Feststellung erlassen hat; jedoch kann auch ein Land die Feststellung des BJM für seinen Bereich wiederholen, der BJM die Feststellungen mehrerer Länder.

5 **D. HV bei erneuter Kontaktsperre (S. 5).** Für die HV bei erneuter Kontaktsperre (S. 5) gilt § 34 Abs. 3 Nr. 6 S. 2 nicht mehr (vgl. → § 34 Rn. 13). Eine Unterbrechung ist nur nach § 229 Abs. 1, Abs. 2 StPO zulässig. Reicht diese Unterbrechung nicht aus, so muss die HV ausgesetzt werden (§§ 228, 229 Abs. 4 S. 1 StPO).

[Anfechtung von Einzelmaßnahmen]

37 (1) **Über die Rechtmäßigkeit einzelner Maßnahmen nach § 33 entscheidet auf Antrag ein Strafsenat des Oberlandesgerichts, in dessen Bezirk die Landesregierung ihren Sitz hat.**

(2) **Stellt ein Gefangener einen Antrag nach Absatz 1, so ist der Antrag von einem Richter bei dem Amtsgericht aufzunehmen, in dessen Bezirk der Gefangene verwahrt wird.**

(3) [1] **Bei der Anhörung werden Tatsachen und Umstände soweit und solange nicht mitgeteilt, als die Mitteilung den Zweck der Unterbrechung gefährden würde.** [2] **§ 33a der Strafprozeßordnung gilt entsprechend.**

(4) **Die Vorschriften des § 23 Abs. 2, des § 24 Abs. 1, des § 25 Abs. 2 und der §§ 26 bis 30 gelten entsprechend.**

1 **A. Anfechtung einzelner Maßnahmen.** Zur Anfechtung einzelner Maßnahmen nach § 33 stellt das G den **Antrag auf gerichtliche Entsch.** zur Verfügung. Dieser Rechtsbehelf entspr. dem nach §§ 23 ff.; jedoch enthält § 37 eine Sonderregelung. Der Antrag richtet sich idR gegen die Anordnung einer Maßnahme; angefochten werden kann aber auch die Ablehnung o. das Unterlassen einer konkreten, die Kontaktsperre betr. Maßnahme (Abs. 4 iVm § 23 Abs. 2).

2 **Antragsberechtigt** ist in 1. Hinsicht der v. der Maßnahme betroffene Gefangene. Der Verteidiger kann Anträge im Namen des Gefangenen, aber auch im eigenen Namen stellen, wenn er durch die Maßnahme in seinen Rechten verletzt ist (Kissel/Mayer Rn. 4).

3 Der **Antrag des Gefangenen** kann nicht schriftlich gestellt, sondern muss v. einem Richter bei dem AG aufgenommen werden, in dessen Bezirk der Gefangene

verwahrt wird (Abs. 2). Der Richter muss den Gefangenen auf dessen Verlangen über seine Rechte aufklären; über diese Möglichkeit ist der Gefangene zu belehren (BVerfGE 49, 24 (69) = NJW 1978, 2235 (2239)).

B. Verfahren. Das Verfahren entspr. im Wesentlichen dem nach §§ 23 ff. Beteiligt ist außer dem Antragsteller die Behörde, die die angefochtenen Maßnahmen getroffen hat o. die erstrebte Maßnahme hätte treffen sollen. Wenn der Antragsteller zu dem Vorbringen der Behörde in der JVA mündlich, sonst schriftlich (vgl. → § 28 Rn. 1), angehört werden muss, dürfen ihm Tatsachen soweit u. solange nicht mitgeteilt werden, als die Mitteilung den Zweck der Kontaktsperre gefährden würde (Abs. 3 S. 1). Jedoch kann dann vAw o. auf Antrag des Gefangenen entspr. § 33a StPO ein Nachtragsverfahren durchgeführt werden (Abs. 3 S. 2). 4

C. Entscheidung. Die Entscheidung trifft ein StS des OLG, in dessen Bezirk die Landesregierung ihren Sitz hat (Abs. 1), o. des nach § 25 Abs. 2 bestimmten OLG (Abs. 4) ohne mündliche Verh. durch Beschluss. Die Prüfung der Rechtmäßigkeit der Einzelmaßnahme nach § 33 hat sich, auch wenn die Feststellung bereits nach § 35 bestätigt worden ist, darauf zu erstrecken, ob die Feststellung allg. u. insbes. gegen den Antragsteller zu Recht besteht (BGHSt 27, 276 (280); Kissel/Mayer Rn. 7). Das OLG ist allerdings nicht berechtigt, einen Gefangenen aus der durch den BGH bestätigten Feststellung des BJM (§ 35 S. 2) zu entlassen. Meint es, dass die Feststellung gegen den Antragsteller nicht aufrechterhalten werden kann, so muss es die Sache dem BGH vorlegen (Abs. 4 iVm § 29 Abs. 1 S. 2), u. zwar nach dem Sinn der Regelung auch dann, wenn die Auff. des OLG auf veränderten tatsächlichen Umständen o. auf inzwischen gewonnenen neuen Erkenntnissen beruht, die sich auf solche Umstände beziehen (BGHSt 27, 276 (280)). Ist die angefochtene Maßnahme o. die Kontaktsperre insges. erledigt, so kann auf Antrag des Betroffenen nachträglich über die Rechtmäßigkeit der Maßnahme entschieden werden, wenn er ein berechtigtes Interesse an dieser Feststellung hat (Abs. 4 iVm § 28 Abs. 1 S. 4). 5

[Kontaktsperre bei Maßregel der Besserung und Sicherung oder einstweiliger Unterbringung]

38 Die Vorschriften der §§ 31 bis 37 gelten entsprechend, wenn eine Maßregel der Besserung und Sicherung vollzogen wird oder wenn ein Unterbringungsbefehl nach § 126a der Strafprozeßordnung besteht.

A. Erweiterung des Personenkreises des § 31 Abs. 1. Die Erweiterung des Personenkreises des § 31 Abs. 1 ermöglicht die Vorschrift. Die Kontaktsperre ist auch gegen Personen zulässig, gegen die freiheitsentziehende Maßregeln der Besserung u. Sicherung nach §§ 61 ff. StGB vollzogen werden. In Betracht kommen die in einem psychiatrischen Krankenhaus (§ 63 StGB), einer Entziehungsanstalt (§ 64 StGB) o. in Sicherungsverwahrung (§ 66 StGB) untergebrachten Verurteilten. Ferner kann die Kontaktsperre gegen Personen angeordnet werden, gegen die ein Unterbringungsbefehl nach § 126a StPO vollzogen wird. 1

B. Unanwendbarkeit. Nicht anwendbar ist § 38 auf Personen, die sich in anderer öffentlich-rechtlicher Verwahrung befinden, auch nicht auf die nach § 81 StPO zur Beobachtung untergebrachten Beschuldigten. Besteht gegen solche Personen ein Haftbefehl, so kann die Kontaktsperre angeordnet werden; dann muss die Unterbringung nach § 81 StPO abgebrochen u. der Beschuldigte in die JVA zurückverlegt werden (Kissel/Mayer Rn. 4). 2

[Kontaktsperre bei Verdacht der Bildung einer kriminellen Vereinigung]

38a (1) [1] Die §§ 31 bis 38 finden entsprechende Anwendung, wenn gegen einen Gefangenen ein Strafverfahren wegen des Verdachts der Bildung einer kriminellen Vereinigung (§ 129 des Strafgesetzbuches)

eingeleitet worden ist oder eingeleitet wird, deren Zweck oder deren Tätigkeit darauf gerichtet ist,

1. **Mord oder Totschlag (§§ 211, 212) oder Völkermord (§ 6 des Völkerstrafgesetzbuches),**
2. **Straftaten gegen die persönliche Freiheit in den Fällen des § 239a oder des § 239b oder**
3. **gemeingefährliche Straftaten in den Fällen der §§ 306 bis 308, des § 310b Abs. 1, des § 311 Abs. 1, des § 311a Abs. 1, der §§ 312, 316c Abs. 1 oder des § 319**

zu begehen. [2] **Sie finden entsprechende Anwendung auch für den Fall, dass der nach § 31 Satz 2 zweiter Halbsatz erforderliche dringende Tatverdacht sich auf eine Straftat nach § 129 des Strafgesetzbuches bezieht, die die Voraussetzungen des Satzes 1 Nr. 1 bis 3 erfüllt.**

(2) **Das Gleiche gilt, wenn der Gefangene wegen einer solchen Straftat rechtskräftig verurteilt worden ist.**

1 Eine **gleichlautende Regelung** war zuvor in Art. 2 des G zur Änd. des EGGVG (vgl. → Vor § 31 Rn. 1) enthalten; durch Art. 16 des G v. 19.4.2006 (BGBl. I 866 (868)) wurde die Vorschr. aufgeh. u. durch Art. 14 dieses Gesetzes wegen des Sachzusammenhangs hier eingestellt.

2 Die **Vorschrift erfasst diejenigen Gefangenen,** gegen die ein Verf. eingeleitet o. rkr. abgeschlossen worden ist, das eine vor dem Inkrafttreten des § 129a StGB (eingefügt durch G v. 18.8.1976, BGBl. I 2181) begangene Straftat nach § 129 StGB iVm Abs. 1 Nr. 1–3 zum Gegenstand hat.

Fünfter Abschnitt. Insolvenzstatistik

39 *(aufgehoben)*

Sechster Abschnitt. Übergangsvorschriften

40, 40a *[betreffen den Zivilprozess]*

[Anwendung der §§ 74, 74c, 74f und 76 GVG]

41 (1) **Für Verfahren, die vor dem 1. Januar 2012 beim Landgericht anhängig geworden sind, sind die §§ 74, 74c und 76 des Gerichtsverfassungsgesetzes in der bis zum 31. Dezember 2011 geltenden Fassung anzuwenden.**

(2) **Hat die Staatsanwaltschaft in Verfahren, in denen über die im Urteil vorbehaltene oder die nachträgliche Anordnung der Sicherungsverwahrung zu entscheiden ist, die Akten dem Vorsitzenden des zuständigen Gerichts vor dem 1. Januar 2012 übergeben, ist § 74f des Gerichtsverfassungsgesetzes in der bis zum 31. Dezember 2011 geltenden Fassung entsprechend anzuwenden.**

1 Die **Überleitungsvorschrift,** die durch das G über die Besetzung der Großen Straf- u. Jugendkammern in der HV v. 6.12.2011 (BGBl. I 2554) eingefügt wurde, geht in ihrem Anwendungsbereich der Übergangsregelung des Art. 316e Abs. 1 S. 2 EGStGB vor (BT-Drs. 17/6905, 12; erg. → EGStGB Art. 316e Rn. 1 ff.).

Abs. 1 regelt die Besetzung der allg. Großen Strafkammern u. der Wirtschaftsstrafkammern in der HV u. bestimmt, dass die §§ 74, 74c, 76 GVG auf vor dem 1.1.2012 anhängig gewordene Verf. noch in ihrer bis zum 31.12.2011 geltenden Fassung anzuwenden sind (zur Neuregelung → GVG § 76 Rn. 1 ff.). 2

Abs. 2 bezieht sich auf Verf., in denen gem. § 275a StPO über die vorbehaltene o. nachträgliche Anordnung der Sicherungsverwahrung zu entscheiden ist; sind die Akten dem Vorsitzenden v. der StA vor dem 1.1.2012 übergeben worden, ist § 74f GVG in seiner bis zum 31.12.2011 geltenden Fassung, danach in der neuen Fassung (vgl. dazu insbes. → GVG § 74f Rn. 4) anzuwenden. Für die Übergabe ist auf den Eingang der Akten bei Gericht abzustellen. 3

[Weitergeltung von § 30a]

42 **§ 30a ist auf Verwaltungsakte im Bereich der Kostenordnung auch nach dem Inkrafttreten des 2. Kostenrechtsmodernisierungsgesetzes vom 23. Juli 2013 (BGBl. I S. 2586) weiter anzuwenden.**

Insoweit handelt es sich um eine Folgeänderung des mit G v. 23.7.2013 (BGBl. I 2586) eingeführten GNotKG, die der Anpassung der Verweisung auf das neue GNotKG dient (BR-Drs. 517/12, 445). 1

[Anwendung von § 169 Abs. 2 GVG]

43 **§ 169 Absatz 2 des Gerichtsverfassungsgesetzes findet keine Anwendung auf Verfahren, die am 18. April 2018 bereits anhängig sind.**

[Anwendung von §§ 23, 71, 72a und 119a GVG]

44 **[1]§ 23 Nummer 1 des Gerichtsverfassungsgesetzes ist auf Verfahren, die vor dem 1. Januar 2026 anhängig geworden sind, in der bis einschließlich 31. Dezember 2025 geltenden Fassung anzuwenden. [2]§ 23 Nummer 2 Buchstabe e, § 71 Absatz 2 Nummer 7 bis 9, § 72a Absatz 1 Nummer 8 sowie § 119a Absatz 1 Nummer 8 des Gerichtsverfassungsgesetzes finden keine Anwendung auf Verfahren, die vor dem 1. Januar 2026 anhängig geworden sind.**

Einführungsgesetz zum Strafgesetzbuch (EGStGB)

Vom 2. März 1974 (BGBl. I S. 469, ber. 1975 I S. 1916; 1976 I S. 507; FNA 450-16)
Zuletzt geändert durch G v. 27.3.2024 (BGBl. 2024 I Nr. 109)

– Auszug –

A. Gemeinsame Vorschriften

Gemeinsame Vorschriften für Ordnungs- u. Zwangsmittel enthalten die Art. 6–9. Im Strafprozess haben sie nur für die Ordnungsmittel Bedeutung. Frühere Bestimmungen sind durch Art. 287 Nr. 26 aufgeh. worden. 1

B. Ordnungsmittel

Ordnungsmittel sind Ordnungsgeld u. Ordnungshaft. Sie sind für das Strafverfahren in § 51 Abs. 1 S. 1, § 70 Abs. 1 S. 2, §§ 77, 81c Abs. 6 S. 1, § 95 Abs. 2, § 161a Abs. 1 S. 2 StPO u. § 56 Abs. 1 S. 1, § 177 S. 1, § 178 GVG vorgesehen. Ordnungshaft darf, abgesehen v. den Fällen der §§ 177, 178 GVG, nur als Ersatzhaft festgesetzt werden. 2

C. Übergangsvorschrift

Eine Übergangsvorschrift zum Recht der Sicherungsverwahrung enthält der durch G v. 22.12.2010 (BGBl. I 2300 (2304)) eingefügte Art. 316a. 3

Mindest- und Höchstmaß von Ordnungs- und Zwangsmitteln

6 (1) [1] **Droht das Bundesgesetz Ordnungsgeld oder Zwangsgeld an, ohne dessen Mindest- oder Höchstmaß zu bestimmen, so beträgt das Mindestmaß fünf, das Höchstmaß tausend Euro.** [2] **Droht das Landesgesetz Ordnungsgeld an, so gilt Satz 1 entsprechend.**

(2) [1] **Droht das Gesetz Ordnungshaft an, ohne das Mindest- oder Höchstmaß zu bestimmen, so beträgt das Mindestmaß einen Tag, das Höchstmaß sechs Wochen.** [2] **Die Ordnungshaft wird in diesem Fall nach Tagen bemessen.**

A. Ordnungsgeld (Abs. 1). Wenn nichts anderes bestimmt ist, beträgt das Mindestmaß 5 Euro, das Höchstmaß 1.000 Euro. Die Festsetzung eines durch 5 oder 10 teilbaren Betrags ist üblich u. empfehlenswert. Die Beitreibung regeln § 1 Abs. 1 Nr. 3 JBeitrG, §§ 1 ff. EBAO. 1

B. Ordnungshaft (Abs. 2). I. Haftrahmen. Der Haftrahmen bewegt sich, sofern nichts anderes bestimmt ist, zwischen 1 Tag u. 6 Wochen. Maß u. Folgen des Ungehorsams bestimmen die Höhe im Einzelfall. Die Bemessung erfolgt nach Tagen (Abs. 2 S. 2). 2, 3

II. Ersatzhaft. Als Ersatzhaft muss die Ordnungshaft schon im Ordnungsgeldbeschluss festgesetzt werden; die nachträgliche Festsetzung ermöglicht Art. 8 Abs. 1. Die Ersatzhaft kann in ihrer gesamten Höhe bezeichnet (zB Ordnungsgeld v. 100 EUR, ersatzweise 4 Tage Ordnungshaft) o. nach einem Umrechnungsschlüssel (zB je 1 Tag Ordnungshaft für 50 EUR Ordnungsgeld) festgesetzt werden. Die Teilung des Ordnungsgeldes muss dann eine ohne Rest errechenbare Zahl ergeben (BayObLG NJW 1960, 878). 4

III. Vollstreckung der Ersatzhaft. Die Vollstreckung der Ersatzhaft setzt die Uneinbringlichkeit des Ordnungsgeldes voraus (vgl. § 459e StPO für die Geld- 5 strafe). Zur quotenmäßigen Berechnung bei nur teilw. Uneinbringlichkeit vgl. OLG Hamburg HESt 1, 30. Die Vollstreckung regelt § 88 StVollstrO, den Vollzug §§ 171 ff. StVollzG.

6 **C. Vollstreckungsbehörde.** Vollstreckungsbehörde ist grds. die StA (§ 36 Abs. 2 S. 1, § 161a Abs. 2 S. 1 StPO); zur Übertragung auf den Rechtspfleger, vgl. § 31 Abs. 6 RPflG iVm § 31 Abs. 2 RPflG. Für die Vollstreckung der nach §§ 177, 178 GVG verhängten Ordnungsmittel gilt die Sondervorschrift des § 179 GVG iVm § 31 Abs. 3 **RPflG.**

Zahlungserleichterungen bei Ordnungsgeld

7 (1) [1] **Ist dem Betroffenen nach seinen wirtschaftlichen Verhältnissen nicht zuzumuten, das Ordnungsgeld sofort zu zahlen, so wird ihm eine Zahlungsfrist bewilligt oder gestattet, das Ordnungsgeld in bestimmten Teilbeträgen zu zahlen.** [2] **Dabei kann angeordnet werden, daß die Vergünstigung, das Ordnungsgeld in bestimmten Teilbeträgen zu zahlen, entfällt, wenn der Betroffene einen Teilbetrag nicht rechtzeitig zahlt.**

(2) [1] **Nach Festsetzung des Ordnungsgeldes entscheidet über die Bewilligung von Zahlungserleichterungen nach Absatz 1 die Stelle, der die Vollstreckung des Ordnungsgeldes obliegt.** [2] **Sie kann eine Entscheidung über Zahlungserleichterungen nachträglich ändern oder aufheben.** [3] **Dabei darf sie von einer vorausgegangenen Entscheidung zum Nachteil des Betroffenen nur auf Grund neuer Tatsachen oder Beweismittel abweichen.**

(3) [1] **Entfällt die Vergünstigung nach Absatz 1 Satz 2, das Ordnungsgeld in bestimmten Teilbeträgen zu zahlen, so wird dies in den Akten vermerkt.** [2] **Dem Betroffenen kann erneut eine Zahlungserleichterung bewilligt werden.**

(4) **Über Einwendungen gegen Anordnungen nach den Absätzen 2 und 3 entscheidet die Stelle, die das Ordnungsgeld festgesetzt hat, wenn einer anderen Stelle die Vollstreckung obliegt.**

1 **A. Zahlungserleichterungen (Abs. 1).** Bei Unzumutbarkeit der sofortigen Zahlung sind die Stundung (Bewilligung einer Zahlungsfrist) u. die Teilzahlungsbewilligung mit o. ohne Verfallklausel zulässig. Die Verfallklausel führt zum Wegfall der Teilzahlungsbewilligung bei Verzug mit nur einer Rate; ein Widerrufsbeschluss ist nicht erforderlich (→ StPO § 459a Rn. 6). Die zu § 42 StGB, § 18 OWiG entwickelten Grundsätze gelten entspr. Ist mit der Zahlung des Ordnungsgeldes v. vornherein nicht zu rechnen, so braucht auch keine Zahlungserleichterung gewährt zu werden (vgl. BGHSt 13, 356). Die nachträgliche Änd. u. Aufhebung ist zulässig (Abs. 2 S. 2), zum Nachteil des Betroffenen aber nur aufgrund neuer Tatsachen o. Beweismittel (Abs. 2 S. 3; vgl. dazu → StPO § 459a Rn. 5). Bei Bewilligung einer Zahlungserleichterung ruht die Vollstreckungsverjährung (Art. 9 Abs. 2 S. 4 Nr. 3).

2 **B. Bewilligung (Abs. 2).** Die Bewilligung (Abs. 2) ist schon im Ordnungsgeldbeschluss möglich, kommt aber va im Vollstreckungsverfahren in Betracht. Zuständig ist die VollstrB (→ Art. 6 Rn. 6). Es gelten die gleichen Grundsätze wie bei § 459a StPO (→ StPO § 459a Rn. 1, 2, 4) u. § 93 OWiG.

3 **C. Entfallen der Ratenzahlungsbewilligung (Abs. 3).** Das Entfallen der Ratenzahlungsbewilligung (Abs. 3) wegen Eintritts der Verfallklausel nach Abs. 1 S. 2 muss in den Akten vermerkt werden, schließt aber eine erneute Bewilligung v. Zahlungserleichterungen nicht aus. Die Vorschr. entspr. § 459a Abs. 3 StPO (→ StPO § 459a Rn. 6).

4 **D. Einwendungen gegen nachträgliche Anordnungen (Abs. 4).** Einwendungen gegen nachträgliche Anordnungen (Abs. 4) werden v. der Stelle beschieden, die den Ordnungsgeldbeschluss erlassen hat, auch wenn sie nicht zugleich

VollstrB ist. Gegen Anordnungen des Rechtspflegers ist der Rechtsbehelf gegeben, der nach den allg. verfahrensrechtlichen Vorschr. zulässig ist (§ 31 Abs. 6 S. 1 **RPflG**). Gegen die Entsch. des Gerichts ist nach § 304 Abs. 1, Abs. 2 StPO Beschwerde zulässig. Im Fall des § 161a Abs. 2 S. 1 StPO kann auf gerichtliche Entsch. nach § 161 Abs. 3 StPO angetragen werden.

Nachträgliche Entscheidungen über die Ordnungshaft

8 (1) [1]**Kann das Ordnungsgeld nicht beigetrieben werden und ist die Festsetzung der für diesen Fall vorgesehenen Ordnungshaft unterblieben, so wandelt das Gericht das Ordnungsgeld nachträglich in Ordnungshaft um.** [2]**Das Gericht entscheidet nach Anhörung der Beteiligten durch Beschluß.**

(2) **Das Gericht ordnet an, daß die Vollstreckung der Ordnungshaft, die an Stelle eines uneinbringlichen Ordnungsgeldes festgesetzt worden ist, unterbleibt, wenn die Vollstreckung für den Betroffenen eine unbillige Härte wäre.**

A. Nachträgliche Festsetzung der Ersatzhaft (Abs. 1). Nachträgliche Festsetzung der Ersatzhaft (Abs. 1) ist zulässig, wenn die Festsetzung in dem Ordnungsgeldbeschluss versehentlich o. absichtlich unterlassen worden war. Zuständig ist das Gericht, das den Beschl. erlassen hat, auch wenn die Strafsache bei ihm nicht mehr anhängig ist, bei Ordnungsgeldfestsetzungen der StA das nach § 161a Abs. 2 S. 2 StPO zuständige Gericht. Die Bet. (StA u. Betroffener) müssen gehört werden. Der Beschl. ist nach § 304 Abs. 1, Abs. 2 StPO mit der Beschwerde anfechtbar (OLG Celle NStZ-RR 1998, 210). 1

B. Absehen von der Vollstreckung (Abs. 2). Die Vorschr. entspr. dem § 459f StPO. Zuständig für die Anordnung ist das Gericht, das den Ordnungsgeldbeschluss erlassen o. die Ersatzhaft nach § 161a Abs. 2 S. 2 StPO festgesetzt hat. 2

Verjährung von Ordnungsmitteln

9 (1) [1]**Die Verjährung schließt die Festsetzung von Ordnungsgeld und Ordnungshaft aus.** [2]**Die Verjährungsfrist beträgt, soweit das Gesetz nichts anderes bestimmt, zwei Jahre.** [3]**Die Verjährung beginnt, sobald die Handlung beendet ist.** [4]**Die Verjährung ruht, solange nach dem Gesetz das Verfahren zur Festsetzung des Ordnungsgeldes nicht begonnen oder nicht fortgesetzt werden kann.**

(2) [1]**Die Verjährung schließt auch die Vollstreckung des Ordnungsgeldes und der Ordnungshaft aus.** [2]**Die Verjährungsfrist beträgt zwei Jahre.** [3]**Die Verjährung beginnt, sobald das Ordnungsmittel vollstreckbar ist.** [4]**Die Verjährung ruht, solange**

1. **nach dem Gesetz die Vollstreckung nicht begonnen oder nicht fortgesetzt werden kann,**
2. **die Vollstreckung ausgesetzt ist oder**
3. **eine Zahlungserleichterung bewilligt ist.**

A. Festsetzungsverjährung (Abs. 1). **I. Verjährungsfrist (Abs. 1 S. 2).** Die Verjährungsfrist (Abs. 1 S. 2) beträgt, wenn nichts anderes bestimmt ist, 2 Jahre. 1

Die Fristberechnung regeln §§ 187 Abs. 1, 188 Abs. 2 BGB. 2

II. Beginn der Verjährung (Abs. 1 S. 3). Die Verjährung beginnt (Abs. 1 S. 3), sobald die Handlung beendet ist, bei der Ungebühr nach § 178 GVG also an dem Tag, an dem sie begangen wurde. Bei Nichterfüllung ges. bestimmter Pflichten gelten die Grundsätze des echten Unterlassungsdelikts. Die Verjährung beginnt, sobald die Pflicht zum Handeln entfällt (Fischer/Fischer/Lutz StGB § 78a Rn. 14 3 mwN). In den Fällen der §§ 51, 70 StPO, § 56 GVG beginnt die Verjährung an dem Verhandlungstag, an dem der Betroffene säumig o. sonst ungehorsam war.

4 **III. Ruhen der Verjährung (Abs. 1 S. 4).** Die Vorschr. entspr. § 78b Abs. 1 S. 1 Nr. 2 Hs. 1 StGB, § 32 Abs. 1 S. 1 OWiG.

5 **B. Vollstreckungsverjährung (Abs. 2).** Die Verjährungsfrist beträgt auch hier 2 Jahre (erg. → Rn. 2). Sie beginnt, sobald das Ordnungsmittel vollstreckbar ist, setzt also (vgl. § 307 Abs. 1 StPO, § 181 Abs. 2 GVG) die Rechtskraft des Beschl. nicht voraus. Eine Ausnahme gilt für den Fall des § 180 GVG (vgl. § 181 Abs. 2 GVG). Das Ruhen der Verjährung regelt Abs. 2 S. 4.

Übergangsvorschrift zum Gesetz zur Neuordnung des Rechts der Sicherungsverwahrung und zu begleitenden Regelungen

316e (1) [1]**Die Vorschriften über die Sicherungsverwahrung in der Fassung des Gesetzes zur Neuordnung des Rechts der Sicherungsverwahrung und zu begleitenden Regelungen vom 22. Dezember 2010 (BGBl. I S. 2300) sind nur anzuwenden, wenn die Tat oder mindestens eine der Taten, wegen deren Begehung die Sicherungsverwahrung angeordnet oder vorbehalten werden soll, nach dem 31. Dezember 2010 begangen worden ist.** [2]**In allen anderen Fällen ist das bisherige Recht anzuwenden, soweit in den Absätzen 2 und 3 sowie in Artikel 316f Absatz 2 und 3 nichts anderes bestimmt ist.**

(2) **Sind die Taten, wegen deren Begehung die Sicherungsverwahrung nach § 66 des Strafgesetzbuches angeordnet werden soll, vor dem 1. Januar 2011 begangen worden und ist der Täter deswegen noch nicht rechtskräftig verurteilt worden, so ist § 66 des Strafgesetzbuches in der seit dem 1. Januar 2011 geltenden Fassung anzuwenden, wenn diese gegenüber dem bisherigen Recht das mildere Gesetz ist.**

(3) [1]**Eine nach § 66 des Strafgesetzbuches vor dem 1. Januar 2011 rechtskräftig angeordnete Sicherungsverwahrung erklärt das Gericht für erledigt, wenn die Anordnung ausschließlich auf Taten beruht, die nach § 66 des Strafgesetzbuches in der seit dem 1. Januar 2011 geltenden Fassung nicht mehr Grundlage für eine solche Anordnung sein können.** [2]**Das Gericht kann, soweit dies zur Durchführung von Entlassungsvorbereitungen geboten ist, als Zeitpunkt der Erledigung spätestens den 1. Juli 2011 festlegen.** [3]**Zuständig für die Entscheidungen nach den Sätzen 1 und 2 ist das nach den §§ 454, 462a Absatz 1 der Strafprozessordnung zuständige Gericht.** [4]**Für das Verfahren ist § 454 Absatz 1, 3 und 4 der Strafprozessordnung entsprechend anzuwenden; die Vollstreckungsbehörde übersendet die Akten unverzüglich an die Staatsanwaltschaft des zuständigen Gerichtes, die diese umgehend dem Gericht zur Entscheidung übergibt.** [5]**Mit der Entlassung aus dem Vollzug tritt Führungsaufsicht ein.**

(4) **§ 1 des Therapieunterbringungsgesetzes vom 22. Dezember 2010 (BGBl. I S. 2300, 2305) ist unter den dortigen sonstigen Voraussetzungen auch dann anzuwenden, wenn der Betroffene noch nicht in Sicherungsverwahrung untergebracht, gegen ihn aber bereits Sicherungsverwahrung im ersten Rechtszug angeordnet war und aufgrund einer vor dem 4. Mai 2011 ergangenen Revisionsentscheidung festgestellt wurde, dass die Sicherungsverwahrung ausschließlich deshalb nicht rechtskräftig angeordnet werden konnte, weil ein zu berücksichtigendes Verbot rückwirkender Verschärfungen im Recht der Sicherungsverwahrung dem entgegenstand, ohne dass es dabei auf den Grad der Gefährlichkeit des Betroffenen für die Allgemeinheit angekommen wäre.**

1 **A. Neuregelung des Rechts der Sicherungsverwahrung.** Die Neuregelung des Rechts der Sicherungsverwahrung gilt nur, wenn mind. eine der Taten, für die

Sicherungsverwahrung nach § 66 StGB angeordnet o. nach § 66a StGB vorbehalten werden soll, nach dem 31.12.2010 begangen worden ist. Für „Altfälle" verbleibt es sowohl hins. der materiellen als auch der Verfahrensvorschriften bei der bisherigen Regelung mit den Ausnahmen nach Abs. 2 und Abs. 3 und des § 316f Abs. 2 und Abs. 3 (erg. → StPO § 275a Rn. 1 ff.). Danach ist für Altfälle auch die Anordnung der nachträglichen Sicherungsverwahrung nach § 66 StGB aF uneingeschränkt erlaubt. Ob dies einer Prüfung durch den EGMR standhalten wird, wird sich zeigen (vgl. → StPO § 275a Rn. 2, 2a); die insoweit – auch im Gesetzgebungsverfahren (BR-Drs. 794/6/10) – geäußerten Bedenken haben den Gesetzgeber nicht überzeugt.

B. Milderes Gesetz. Das mildere Gesetz ist nach Abs. 2 ist allerdings bei vor dem 1.1.2011 begangenen Taten anzuwenden, wenn erst nach diesem Zeitpunkt die Anordnung der Sicherungsverwahrung erfolgt; das gilt insbes., wenn die Taten nach § 66 Abs. 1 StGB nF nicht zur Anordnung der Sicherungsverwahrung führen könnten (vgl. BGH BeckRS 2011, 2202: Verurteilung nach § 263 StGB). 2

C. Bereits angeordnete Sicherungsverwahrung. Auch für nach altem Recht bereits angeordnete Sicherungsverwahrung ist nach Abs. 3 S. 1 die in Abs. 2 getroffene Regelung anzuwenden; diese Anordnung einer nach neuem Recht unzulässigen Sicherungsverwahrung ist daher für erledigt zu erklären (OLG Nürnberg StV 2011, 486), wobei Abs. 3 S. 2 im Interesse der Allgemeinheit u. des Untergebrachten eine (knappe) Erledigungsfrist festlegt. Das Verf. regelt Abs. 3 S. 3 und 4. Zuständig ist nach Abs. 3 S. 3 iVm §§ 454, 462a StPO die StVollstrK. Kraft Gesetzes tritt mit der Entlassung aus dem Vollzug Führungsaufsicht (§ 68 StGB) ein (Abs. 3 S. 5). In Fällen, in denen eine o. mehrere Taten unter § 66 Abs. 1 StGB nF fallen, andere aber nicht (sog. „Mischfälle"), muss das Gericht prüfen, ob es die weitere Vollstreckung der Sicherungsverwahrung nach § 67d Abs. 2 StGB zur Bewährung aussetzen kann (BT-Drs. 17/3403, 51). 3

D. Abs. 4. Zum ThUG vgl. → StPO § 275a Rn. 1b, 22 sowie BGH NJW 2013, 2828. 4

Übergangsvorschrift zum Gesetz zur bundesrechtlichen Umsetzung des Abstandsgebotes im Recht der Sicherungsverwahrung

316f (1) **Die bisherigen Vorschriften über die Sicherungsverwahrung sind in der ab dem 1. Juni 2013 geltenden Fassung anzuwenden, wenn die Tat oder mindestens eine der Taten, wegen deren Begehung die Sicherungsverwahrung angeordnet oder vorbehalten werden soll (Anlasstat), nach dem 31. Mai 2013 begangen worden ist.**

(2) [1] **In allen anderen Fällen sind, soweit Absatz 3 nichts anderes bestimmt, die bis zum 31. Mai 2013 geltenden Vorschriften über die Sicherungsverwahrung nach Maßgabe der Sätze 2 bis 4 anzuwenden.** [2] **Die Anordnung oder Fortdauer der Sicherungsverwahrung auf Grund einer gesetzlichen Regelung, die zur Zeit der letzten Anlasstat noch nicht in Kraft getreten war, oder eine nachträgliche Anordnung der Sicherungsverwahrung, die nicht die Erledigung einer Unterbringung in einem psychiatrischen Krankenhaus voraussetzt, oder die Fortdauer einer solchen nachträglich angeordneten Sicherungsverwahrung ist nur zulässig, wenn beim Betroffenen eine psychische Störung vorliegt und aus konkreten Umständen in seiner Person oder seinem Verhalten eine hochgradige Gefahr abzuleiten ist, dass er infolge dieser Störung schwerste Gewalt- oder Sexualstraftaten begehen wird.** [3] **Auf Grund einer gesetzlichen Regelung, die zur Zeit der letzten Anlasstat noch nicht in Kraft getreten war, kann die Anordnung der Sicherungsverwahrung nur vorbehalten werden, wenn beim Betroffenen eine psychische Störung vorliegt und die in Satz 2 genannte Gefahr wahrscheinlich ist oder, wenn es sich bei dem Betroffenen**

um einen Heranwachsenden handelt, feststeht. [4]Liegen die Voraussetzungen für eine Fortdauer der Sicherungsverwahrung in den in Satz 2 genannten Fällen nicht mehr vor, erklärt das Gericht die Maßregel für erledigt; mit der Entlassung aus dem Vollzug der Unterbringung tritt Führungsaufsicht ein.

(3) [1]**Die durch die Artikel 1, 2 Nummer 1 Buchstabe c Doppelbuchstabe cc und Nummer 4 sowie die Artikel 3 bis 6 des Gesetzes zur bundesrechtlichen Umsetzung des Abstandsgebotes im Recht der Sicherungsverwahrung vom 5. Dezember 2012 (BGBl. I S. 2425) geänderten Vorschriften sind auch auf die in Absatz 2 Satz 1 genannten Fälle anzuwenden, § 67c Absatz 1 Satz 1 Nummer 2 des Strafgesetzbuches jedoch nur dann, wenn nach dem 31. Mai 2013 keine ausreichende Betreuung im Sinne des § 66c des Strafgesetzbuches angeboten worden ist. [2]Die Frist des § 119a Absatz 3 des Strafvollzugsgesetzes für die erste Entscheidung von Amts wegen beginnt am 1. Juni 2013 zu laufen, wenn die Freiheitsstrafe zu diesem Zeitpunkt bereits vollzogen wird.**

1 **A. Nur für Neufälle.** Nur für Neufälle (= letzte Anlasstat nach dem 31.5.2013) ist das neue Recht – also die ab 1.6.2013 geltenden Vorschr. über die Sicherungsverwahrung – anzuwenden (Abs. 1); § 2 Abs. 6 StGB gilt damit nicht. Eine nachträgliche Sicherungsverwahrung nach Strafhaft gibt es nach der ges. Neuregelung für Neufälle nicht mehr.

2 **B. Altfälle.** Auf Altfälle (= letzte Anlasstat vor dem 1.6.2013) ist grds. das bisherige Recht anzuwenden, also im allg. Strafrecht das seit dem Inkrafttreten des G zur Neuordnung des Rechts der Sicherungsverwahrung am 1.11.2011 geltende Recht (vgl. → StPO § 275a Rn. 1a). Davon macht Abs. 2 S. 2–4 allerdings – entspr. den Vorgaben des BVerfG in seinem Urt. v. 4.5.2011 (BVerfG NJW 2011, 1931; vgl. → StPO § 275a Rn. 2b) – hins. der rückwirkenden Anwendung v. Verschärfungen bei der Sicherungsverwahrung u. der nachträglichen Sicherungsverwahrung nach Strafhaft Ausnahmen (dazu BGH StV 2013, 767 mAnm Brettel). Liegen danach die Voraussetzungen für die Fortdauer der Sicherungsverwahrung nicht mehr vor, ist diese für erledigt zu erklären, wonach mit der Entlassung des Untergebrachten aus der Sicherungsverwahrung automatisch Führungsaufsicht eintritt (Abs. 2 S. 4). Vgl. auch BGHSt 58, 292.

3 **C. Abs. 3 S. 1.** Abs. 3 S. 1 stellt sicher, dass die Vorschr. zur Umsetzung des verfassungsrechtlichen Abstandsgebots ab dem 1.6.2013 auch in den Altfällen zur Anwendung kommen, mit einer Einschränkung in Bezug auf § 67c Abs. 1 S. 1 Nr. 2 StGB. Abs. 3 S. 2 ist nur für die StVollzGe v. Bedeutung.

Übergangsvorschrift zum Gesetz zur Verbesserung des Schutzes der sexuellen Selbstbestimmung

316g **Als Straftat im Sinne von § 66 Absatz 3 Satz 1 des Strafgesetzbuches in der Fassung des Gesetzes zur Verbesserung des Schutzes der sexuellen Selbstbestimmung vom 4. November 2016 (BGBl. I S. 2460) gilt auch eine Straftat nach § 179 Absatz 1 bis 4 des Strafgesetzbuches in der bis zum 9. November 2016 geltenden Fassung.**

Übergangsvorschrift zum Gesetz zur Reform der strafrechtlichen Vermögensabschöpfung

316h [1]**Wird über die Anordnung der Einziehung des Tatertrages oder des Wertes des Tatertrages wegen einer Tat, die vor dem 1. Juli 2017 begangen worden ist, nach diesem Zeitpunkt entschieden, sind abweichend von § 2 Absatz 5 des Strafgesetzbuches die §§ 73 bis 73c, 75 Absatz 1 und 3 sowie die §§ 73d, 73e, 76, 76a, 76b und 78 Absatz 1 Satz 2**

des Strafgesetzbuches in der Fassung des Gesetzes zur Reform der strafrechtlichen Vermögensabschöpfung vom 13. April 2017 (BGBl. I S. 872) anzuwenden. [2]Die Vorschriften des Gesetzes zur Reform der strafrechtlichen Vermögensabschöpfung vom 13. April 2017 (BGBl. I S. 872) sind nicht in Verfahren anzuwenden, in denen bis zum 1. Juli 2017 bereits eine Entscheidung über die Anordnung des Verfalls oder des Verfalls von Wertersatz ergangen ist.

A. Grundsatz. S. 1 schließt **§ 2 Abs. 5 StGB** u. damit die entspr. Anwendung 1
v. § 2 Abs. 1–4 StGB für die mit dem G zur Reform der strafrechtlichen Vermögensabschöpfung neu geregelten **materiellen Vorschriften** über die Einziehung des Tatertrages o. des Wertes des Tatertrages aus. Die Meistbegünstigungsklausel (§ 2 Abs. 5 iVm Abs. 3 StGB) findet daher insoweit **keine Anwendung.** Dadurch wird ein uU jahrelanges Nebeneinander v. neuem u. altem Recht vermieden. (BT-Drs. 18/11640, 84). Seit dem **Inkrafttreten** der Reform am 1.7.2017 (BGBl. I 872 (894)) ist damit – vorbehaltlich einer Ausnahme nach S. 2 – nur noch das **neue materielle Recht** der strafrechtlichen Vermögensabschöpfung anzuwenden. Für die Einziehung v. Tatprodukten, Tatmitteln u. Tatobjekten (§§ 74 ff. StGB) gilt die Regelung nicht.

Mit dem **Rückwirkungsverbot** kollidiert die Übergangsvorschrift nicht, weil 2
die strafrechtliche Vermögensabschöpfung **keinen Strafcharakter** hat (BVerfG NJW 2021, 1222; BVerfGE 110, 1, auch unter Hinweis auf EGMR EuGRZ 1988, 513; BGH NStZ 2018, 400 mAnm Müller-Metz; NStZ-RR 2018, 241; erg. → StPO Vor § 421 Rn. 2). Ein rechtlich schutzwürdiges **Vertrauen** in den Fortbestand strafrechtswidrig geschaffener Vermögenslagen gibt es nicht (BT-Drs. 18/11640, 84; BGH wistra 2018, 427; NStZ-RR 2019, 22: keine verfassungsrechtlichen Bedenken; NStZ 2003, 37); dies gilt auch hins. v. Taterträgen aus einer vor dem 1.7.2017 verjährten Erwerbstat, vgl. BVerfG NJW 2021, 1222; erg. → **StPO** § 435 Rn. 13. Mangels Strafcharakter der Vermögensabschöpfung steht auch Art. 7 Abs. 1 **EMRK** der Übergangsregelung nicht entgegen (BGH NStZ 2018, 400; NStZ-RR 2019, 175; OLG Köln StraFo 2018, 204; **aA** LG Kaiserslautern StV 2018, 333 mkritAnm Saliger/Schörner StV 2018, 388; instruktiv zur Einordnung v. Maßnahmen unter Art. 7 Abs. 1 **EMRK,** Meyer StV 2017, 343 (350 f.)). Zur **aA** in der Lit., vgl. Fischer/Fischer/Lutz StGB § 73 Rn. 5).

B. Ausnahme. S. 2 enthält eine **Ausnahme** zu dem in S. 1 normierten Grund- 3
satz. Danach ist in Verf., in denen **bis zum 1.7.2017** bereits eine **Entscheidung** über die Anordnung des Verfalls o. Verfalls v. Wertersatz nach §§ 73 ff. StGB aF ergangen war, weiterhin (ausschl.) das bis dahin geltende materielle Recht der strafrechtlichen Vermögensabschöpfung anzuwenden (BT-Drs. 18/11640, 84). Eine Entsch. iSd S. 2 ist nach der ratio legis der Regelung auch das begründungslose (stillschweigende) Unterbleiben der Anordnung einer dieser Maßnahmen in einem tatrichterlichen Urt. (BGH NJW 2018, 1831; OLG Hamburg wistra 2018, 396). Die Verf. sind dann nach dem alten materiellen Recht zu Ende zu führen.

C. Prozessrecht. Wie sich aus ihrem Standort im EGStGB u. aus den in S. 1 4
genannten Vorschr. ergibt, gilt die Übergangsvorschrift **ausschließlich** für das **materielle Recht** der Vermögensabschöpfung. Trotz des insoweit missverständlichen Wortlauts gilt dies aus den genannten systematischen Gründen u. dem Zweck der Norm **auch** für **S. 2** (Köhler/Burkhard NStZ 2017, 665 (682)). Für das Prozessrecht gilt mithin der **allgemeine Grundsatz** des Strafverfahrensrecht, wonach neues Verfahrensrecht auch für bereits anhängige Verf. gilt, soweit ges. nicht ausdr. etwas anderes geregelt ist (BGHSt 22, 321 (325); → StPO § 354a Rn. 4; KK-StPO/Gericke StPO § 354a Rn. 5). Für die Reform der Vermögensabschöpfung hat der Gesetzgeber in § 14 **EGStPO** lediglich für die Fälle des § 111i Abs. 2 S. 2 StPO aF eine – Art. 316h ausschließende – Übergangsregelung geschaffen (vgl. hierzu BGH NStZ-RR 2019, 175); iÜ gilt ausschl. das neue Prozessrecht (OLG Hamm StraFo 2018, 63; so auch implizit BGH BeckRS 2017, 127369; 2017,

131923 – Anwendung des mit der Reform neu eingeführten § 421 StPO auf „Altfälle“; anders OLG Rostock BeckRS 2017, 137702, allerdings aufgrund einer Fehlinterpretation v. BGH NStZ-RR 2017, 342, da dort auch § 14 EGStPO einschlägig war; erg. → **EGStPO** § 14 Rn. 2).

Übergangsvorschrift zum Dreiundfünfzigsten Gesetz zur Änderung des Strafgesetzbuches – Ausweitung des Maßregelrechts bei extremistischen Straftätern

316i [1]**§ 66 Absatz 3 Satz 1 des Strafgesetzbuches in der Fassung des Dreiundfünfzigsten Gesetzes zur Änderung des Strafgesetzbuches vom 11. Juni 2017 (BGBl. I S. 1612), auch in Verbindung mit § 66 Absatz 3 Satz 2, § 66a Absatz 1 Nummer 1 und § 66b Satz 1 Nummer 1 des Strafgesetzbuches, ist nur anzuwenden, wenn die letzte Anlasstat nach dem 30. Juni 2017 begangen worden ist; in allen anderen Fällen ist das bisherige Recht anzuwenden.** [2]**Soweit in anderen als den in Satz 1 genannten Vorschriften auf § 66 Absatz 3 Satz 1 des Strafgesetzbuches verwiesen wird, ist § 66 Absatz 3 Satz 1 des Strafgesetzbuches in der Fassung des Dreiundfünfzigsten Gesetzes zur Änderung des Strafgesetzbuches vom 11. Juni 2017 (BGBl. I S. 1612) anwendbar.** [3]**Artikel 316g bleibt unberührt.**

Übergangsvorschrift zum Jahressteuergesetz 2020

316j Wird über die Anordnung der Einziehung des Tatertrages oder des Wertes des Tatertrages wegen einer Tat, die vor dem 29. Dezember 2020 begangen worden ist, nach diesem Zeitpunkt entschieden, so ist abweichend von § 2 Absatz 5 des Strafgesetzbuches § 73e Absatz 1 Satz 2 des Strafgesetzbuches in der am 29. Dezember 2020 geltenden Fassung anzuwenden, wenn

1. es sich um eine unter den in § 370 Absatz 3 Satz 2 Nummer 1 der Abgabenordnung genannten Voraussetzungen begangene Tat handelt oder
2. das Erlöschen im Sinne von § 73e Absatz 1 Satz 2 des Strafgesetzbuches durch Verjährung nach § 47 der Abgabenordnung nach dem 1. Juli 2020 eingetreten ist oder
3. das Erlöschen im Sinne von § 73e Absatz 1 Satz 2 des Strafgesetzbuches nach dem 29. Dezember 2020 eingetreten ist.

1 **A. Allgemeines.** Die Vorschr. schließt § 2 Abs. 5 StGB u. damit die Meistbegünstigungsklausel (§ 2 Abs. 5 iVm Abs. 3 StGB) für die Anwendung des mit dem Jahressteuergesetz 2020 (JStG 2020) v. 21.12.2020 (BGBl. I 3096) eingeführten § 73e Abs. 1 S. 2 StGB aus (vgl. zum Regelungszweck → StPO § 459g Rn. 11, der entspr. geänd. wurde). In den Nr. 1–3 genannten Fällen gilt daher nicht das Tatzeitrecht; vielmehr ist § 73e Abs. 1 S. 2 StGB dann auch dann anzuwenden, wenn der Einziehungsentscheidung eine Tat zugrunde liegt, die vor dessen Einf. begangen wurde (BR-Drs. 19/25160, 232). Da eine dem Art. 316h S. 2 entspr. Ausnahmevorschrift (vgl. → Art. 316h Rn. 3) fehlt, gilt die Übergangsregelung auch in der Rechtsmittelinstanz.

2 **B. Fallgruppen.** Nr. 1–3 differenzieren danach, wann das Erlöschen iSd § 73e Abs. 1 S. 2 StGB eingetreten ist, bei steuerrechtlichen Ansprüchen auf das Erlöschen durch Verjährung (§ 47 AO).

3 **Nr. 1** erweitert die Einziehung v. Taterträgen o. des Wertes v. Taterträgen (§§ 73 ff. StGB), wenn der Täter in großem Ausmaß Steuern verkürzt o. nicht gerechtfertigte Steuervorteile erlangt hat (§ 370 Abs. 3 S. 2 Nr. 1 AO). Die Einziehung ist danach unabhängig davon möglich, ob das Erlöschen des steuerrechtlichen Anspruchs des Fiskus gegen den Täter vor o. nach dem Inkrafttreten des

§ 73e Abs. 1 S. 2 StGB eingetreten ist (BR-Drs. 19/25160, 232). Die Regelung stellt keinen Verstoß gegen das Rückwirkungsverbot (Art. 103 Abs. 2 GG) dar, weil die Vorschr. der Vermögensabschöpfung keinen Strafcharakter besitzen. Die Prinzipien der Rechtssicherheit u. des Vertrauensschutzes werden ebenfalls nicht verletzt, weil die Erwartung, durch Straftaten erlangte Vermögenswerte behalten zu dürfen, nicht schutzwürdig ist (BR-Drs. 19/25160, 232 (233) unter Hinweis auf Rspr. des BVerfG u. des BGH). Der BGH hat die Regelung in einem Strafverfahren wegen sog. Cum Ex-Geschäfte angewendet (BGH NJW 2022, 90 Rn. 126 ff. mkritAnm Lindemann/Bauerkamp wistra 487).

Nr. 2 stellt auf den 1.7.2020 als Verjährungszeitpunkt des steuerrechtlichen Anspruchs ab. Nr. 2 gilt für alle Steueransprüche. Die **Regelung** schließt an den mit G v. 1.7.2020 (BGBl. I 1512) eingeführten u. mit dem JStG 2020 aufgeh. § 375a AO an, der iVm der Übergangsvorschrift des Art. 97 § 34 EGAO die Einziehung durch Steuerhinterziehung erlangter Taterträge für alle am 1.7.2020 noch nicht verjährten Steueransprüche ermöglichte, auch wenn die der Einziehung zugrunde liegende Steuerstraftat vorher begangen worden ist (BR-Drs. 19/25160, 232 (234)). Abgesehen v. den bes. schweren Fällen der Steuerhinterziehung nach § 370 Abs. 3 S. 2 Nr. 1 AO, für die Nr. 1 gilt (→ Rn. 3), ist die Einziehung nach §§ 73 ff. StGB mithin nach § 73e Abs. 1 StGB aF ausgeschlossen, wenn der Steueranspruch am 1.7.2020 bereits durch Verjährung nach § 47 AO erloschen war. 4

Nr. 3 regelt die Fälle, in denen die Verjährung u. das daran geknüpfte Erlöschen des Anspruchs nach anderen Vorschr. als § 47 AO eintritt, etwa nach Art. 124 Abs. 1a des EU-Zollkodex. Erlischt der Anspruch in diesen Fällen infolge der Verjährung nach Inkrafttreten der Neuregelung des § 73e Abs. 1 S. 2 StGB am 29.12.2020, ist die Einziehung der Erträge aus der entspr. Tat dennoch möglich (BR-Drs. 19/25160, 232). 5

Übergangsvorschrift zum Gesetz zur Verbesserung der strafrechtlichen Bekämpfung der Geldwäsche

316k **Für die Einziehung von Gegenständen, die nach dem 17. März 2021 sichergestellt worden sind, gilt abweichend von § 2 Absatz 5 des Strafgesetzbuches § 76a Absatz 4 des Strafgesetzbuches in der ab dem 18. März 2021 geltenden Fassung; in allen anderen Fällen gilt das bisherige Recht.**

Übergangsvorschrift zum Gesetz zur Bekämpfung sexualisierter Gewalt gegen Kinder

316l **[1] § 66 Absatz 3 Satz 1 des Strafgesetzbuches in der am 1. Juli 2021 geltenden Fassung, auch in Verbindung mit § 66 Absatz 3 Satz 2, § 66a Absatz 1 Nummer 1 und § 66b Satz 1 Nummer 1 des Strafgesetzbuches, ist im Hinblick auf Taten nach den §§ 176 bis 176d und 184b des Strafgesetzbuches in der am 1. Juli 2021 geltenden Fassung nur anzuwenden, wenn die letzte Anlasstat nach dem 30. Juni 2021 begangen worden ist; in allen anderen Fällen ist das bisherige Recht anzuwenden. [2] Soweit in anderen als den in Satz 1 genannten Vorschriften auf § 66 Absatz 3 Satz 1 des Strafgesetzbuches verwiesen wird, sind die Vorschriften in der am 1. Juli 2021 geltenden Fassung anwendbar. [3] Die Artikel 316g und 316i bleiben unberührt.**

Übergangsvorschrift zum Gesetz zur Änderung des Anti-Doping-Gesetzes

316m **§ 4a des Anti-Doping-Gesetzes in der Fassung des Artikels 1 des Gesetzes zur Änderung des Anti-Doping-Gesetzes vom 12. August 2021 (BGBl. I S. 3542) ist nicht auf Verfahren anzuwenden, in**

denen vor dem 1. Oktober 2021 die Eröffnung des Hauptverfahrens beschlossen worden ist.

Übergangsvorschrift zum Gesetz zur Änderung des Strafgesetzbuches – Aufhebung des Verbots der Werbung für den Schwangerschaftsabbruch (§ 219a StGB), zur Änderung des Heilmittelwerbegesetzes, zur Änderung des Schwangerschaftskonfliktgesetzes, zur Änderung des Einführungsgesetzes zum Strafgesetzbuch und zur Änderung des Gesetzes zur strafrechtlichen Rehabilitierung der nach dem 8. Mai 1945 wegen einvernehmlicher homosexueller Handlungen verurteilten Personen

316n (1) **Strafgerichtliche Urteile, die aufgrund der folgenden Vorschriften nach dem 3. Oktober 1990 ergangen sind, werden aufgehoben:**

1. aufgrund des § 219a des Strafgesetzbuches
   a) in der vom 16. Juni 1993 bis einschließlich 31. Dezember 1998 geltenden Fassung,
   b) in der vom 1. Januar 1999 bis einschließlich 28. März 2019 geltenden Fassung,
   c) in der vom 29. März 2019 bis einschließlich 31. Dezember 2020 geltenden Fassung oder
   d) in der seit dem 1. Januar 2021 geltenden Fassung sowie

2. aufgrund des § 219b des Strafgesetzbuches in der vom 1. Oktober 1987 bis einschließlich 15. Juni 1993 geltenden Fassung.

(2) **Die Verfahren, die den in Absatz 1 genannten Urteilen zugrunde liegen, werden eingestellt.**

Übergangsvorschrift zum Gesetz zur Überarbeitung des Sanktionenrechts – Ersatzfreiheitsstrafe, Strafzumessung, Auflagen und Weisungen sowie Unterbringung in einer Entziehungsanstalt

316o (1) **[1] Für die Vollstreckung von vor dem 1. Oktober 2023 rechtskräftig angeordneten Unterbringungen nach § 63 oder § 64 des Strafgesetzbuches gilt § 67 des Strafgesetzbuches in der bis zu diesem Tag geltenden Fassung. [2] Artikel 313 Absatz 2 gilt entsprechend.**

(2) **[1] Für die Vollstreckung von vor dem 1. Februar 2024 rechtskräftig verhängten Geldstrafen gelten § 43 des Strafgesetzbuches und § 11 des Wehrstrafgesetzes jeweils in der bis zu diesem Tag geltenden Fassung. [2] Artikel 313 Absatz 2 gilt entsprechend.**

Noch nicht vollstreckte Strafen im Zusammenhang mit Cannabis nach dem Betäubungsmittelgesetz

316p **Im Hinblick auf vor dem 1. April 2024 verhängte Strafen nach dem Betäubungsmittelgesetz, die nach dem Konsumcannabisgesetz oder dem Medizinal-Cannabisgesetz nicht mehr strafbar und auch nicht mit Geldbuße bedroht sind, ist Artikel 313 entsprechend anzuwenden.**

1 **Zuständig** für die Entscheidungen nach Art. 316p iVm Art. 313 EGStGB ist nicht die Strafvollstreckungskammer, sondern stets das Gericht des ersten Rechtszugs (BGH NJW 2025, 676 mwN; OLG Oldenburg BeckRS 2025, 22225; → § 462a **StPO** Rn. 6a). Art. 313 Abs. 4 S. 1 EGStGB ist in den Fällen des Art. 313 Abs. 3 EGStGB entsprechend anzuwenden, d. h. die Vorschrift gilt auch im Fall der Neufestsetzung einer in einer Gesamtstrafe enthaltenen Einzelstrafe nach Art. 313 Abs. 3 S. 2 EGStGB (BGH NJW 2025, 676). Nach Art. 313 Abs. 4

Satz 2 EGStGB gilt dies in den Fällen der §§ 31 und 66 JGG sinngemäß, weshalb auch eine Einheitsjugendstrafe unter den näher bestimmten Voraussetzungen durch den Jugendrichter als Vollstreckungsleiter (§ 66 Abs. 2 Satz 4 JGG) neu festzusetzen ist (BGH 23.9.2025 – 2 ARs 470/24).

Für eine **analoge Anwendung** des Art. 316p iVm Art. 313 Abs. 3 S. 2 EGStGB auf Sachverhalte, die weiterhin auch nach dem KCanG unter Strafe stehen, ist kein Raum (BGH NStZ-RR 2025, 218: nachträgliche Gesamtstrafenbildung). 2

Die nachträgliche Herabsetzung einer rechtskräftig verhängten Gesamtfreiheitsstrafe infolge des kraft Gesetzes erfolgten Erlasses einer zuvor einbezogenen Einzelstrafe nach Art. 316p, 313 Abs. 4 EGStGB stellt keine Strafmilderung dar, die in einem Strafverfahren iSd § 1 Abs. 1 StrEG vorgenommen wurde (OLG Oldenburg BeckRS 2025, 22225). 3

Konvention zum Schutz der Menschenrechte und Grundfreiheiten

In der Fassung vom 22. Oktober 2010 (BGBl. II S. 1198)
Zuletzt geändert durch 15. EMRK-Protokoll v. 24.6.2013 (BGBl. 2014 II 1034, 1035)

– Auszug –

Vorbemerkung zu Art. 1

A. Völkerrechtlicher Vertrag. Ein völkerrechtlicher Vertrag, dem alle 47 Mitgliedstaaten des Europarats beigetreten sind u. den alle gezeichnet u. ratifiziert haben, ist die am 4.11.1950 in Rom v. zunächst 15 Staaten unterzeichnete EMRK. Die BRD hat sie durch G v. 7.8.1952 (BGBl. II 685, 953) ratifiziert. Nach der Bek. v. 15.12.1953 (BGBl. 1954 II 14) ist die EMRK für die BRD am 3.9.1953 in Kraft getreten; seit dem 1.6.2010 gilt sie idF des 11. u. 14. Prot. (BGBl. 2010 II 1198; → Rn. 2; Sartorius, Verfassungs- und Verwaltungsgesetzt, Bd. II Rn. 130). Der Beitritt der Europäischen Union ist in Art. 6 Abs. 2 EUV (idF des am 1.12.2009 in Kraft getretenen Lissabonner Vertr. v. 13.12.2007, ABl. 2007 C 306; BGBl. 2009 II 1223) vorgesehen (dazu Heger ZIS 2009, 408; vgl. auch Esser StRR 2010, 138); die korrespondierende „Öffnungsklausel" findet sich in Art. 59 Abs. 2 EMRK. 1

B. Zusatzprotokolle. Abschn. I EMRK wird durch das ZP v. 20.3.1952 ergänzt, das das Recht auf Eigentum (Art. 1), Bildung (Art. 2) sowie freie u. geheime Wahlen (Art. 3) sichert. Zu der EMRK sind ferner das 2. ZP (Zuständigkeit des EGMR zur Erstattung v. Gutachten), das 3. ZP (Änd. der Art. 29, 30, 34), das 4. ZP (Verbot des Freiheitsentzuges wegen Nichterfüllung vertraglicher Verpflichtungen (Art. 1), Gewährleistung der Freizügigkeit (Art. 2), Verbot der Ausweisung der eigenen Staatsangehörigen (Art. 3) u. der Kollektivausweisung v. Ausländern (Art. 4)), das 5. ZP (Änd. der Art. 22, 40) u. das 6. ZP (Abschaffung der Todesstrafe) vereinbart worden. Von der BRD noch nicht ratifiziert ist das 7. ZP v. 22.11.1984, das den Grundrechtskatalog der EMRK um solche Rechte erweitert, die der Internationale Pakt der Vereinten Nationen über bürgerliche u. politische Rechte (IPBPR), nicht aber die EMRK gewährleistet (vgl. Bartsch NJW 1985, 1758). Zum IBPR vgl. → Rn. 7; dem am 23.3.1976 in Kraft getretenen Fakultativprotokoll v. 19.12.1966 zum IPBPR, welches das Verf. des Ausschusses zur Entgegennahme u. Prüfung einer behaupteten Verletzung eines im Pakt niedergelegten Rechts regelt, hat der BT am 21.12.1992 zugestimmt (BGBl. II 1246). Das am 1.1.1990 in Kraft getretene 8. ZP v. 19.3.1985 hat das Verf. der Individualbeschwerde nach Art. 34 verbessert u. beschleunigt (vgl. Bartsch NJW 1986, 1385; NJW 1991, 1396). Das 9. ZP ist am 1.10.1994 in Kraft getreten u. durch Art. 2 Abs. 8 des 11. ZP aufgeh. worden (durch dessen Vorschr. abgelöst); das 10. ZP ist durch die Neufassung des Art. 32 gegenstandslos geworden. Das in der BRD am 1.11.1998 in Kraft getretene 11. ZP (vgl. Meyer-Ladewig NJW 1998, 512) hat mit der Neufassung der Art. 19 ff. den EMRK, den EGMR u. das Ministerkomitee für Individualbeschwerden durch einen ständigen Gerichtshof ersetzt; es ist nach Ablauf der Übergangsregeln gegenstandslos geworden. Das 12. ZP v. 4.11.2000, das auf zusätzliche Absicherung gegen jede Form v. Diskriminierung zielt, ist am 1.4.2005 in Kraft getreten, v. der BRD allerdings noch nicht ratifiziert. Hingegen ist das 13. ZP, das die Todesstrafe „unter allen Umständen" abschafft, v. Deutschland am 5.7.2004 ratifiziert worden (BGBl. II 982) u. am 1.2.2005 in Kraft getreten (BGBl. 2004 II 1722). Dem 14. ZP v. 13.5.2004 über die Änd. des Kontrollsystems der EMRK hat die BRD mit G v. 21.2.2006 (BGBl. II 138) zugestimmt. Es ist am 2

1.6.2010 in Kraft getreten (Übergangsvorschriften in Art. 20, 21 14. ZP), nachdem seine Art. 4, 6, 7 und 8 schon seit dem 1.6.2009 in Verf. ggü. Deutschland vorl. anwendbar waren (BGBl. 2009 II 823: Bek. der Erkl. v. 29.5.2009 aufgrund des Madrider Abk. v. 12.5.2009; vgl. auch Meyer-Ladewig/Petzold NJW 2009, 3752 zu der nunmehr entfallenen „Zwischenlösung" des Prot.).

3 **C. Innerstaatliche Geltung.** Die EMRK ist **unmittelbar geltendes innerstaatliches Recht** der BRD. Sie steht formell nur im Rang eines einfachen Bundesgesetzes (Art. 59 Abs. 2 GG; vgl. BVerfGE 111, 307). Allgemeine, den Gesetzen vorgehende Regeln des Völkerrechts iSd Art. 25 GG sind auch die Bestimmungen des Abschn. I nicht (Cammareri JuS 2016, 791; Herzog DÖV 1959, 44; Klein FS Laun, 1962, 152 ff.; **aM** Guradze EMRK Einl. S. 17; Schorn S. 38, 44; diff. Grabenwarter/Pabel EMRK § 3 Rn. 8). Die EMRK ist kein Gesetz, sondern ein völkerrechtlicher Vertr., der als solcher nicht unmittelbar in die staatliche Rechtsordnung eingreifen kann (BVerfG 111, 307). Ihre materielle Bedeutung geht jedoch über ihren formellen Rang weit hinaus (Volkmann JZ 2011, 835 f.). Sie hat insofern verfassungsrechtliche Bedeutung, als sie als Auslegungshilfe für die Bestimmung von Inhalt und Reichweite der Grundrechte heranzuziehen ist (BVerfGE 128, 326; BVerfG NJW 2023, 3487; erg. → Rn. 4, 4a), wobei die neuere Rspr. des BVerfG betont, dass eine schematische Parallelisierung der Aussagen des GG und der EMRK nicht geboten ist (BVerfG NJW 2023, 3487). Die EMRK kann funktionell als ein eur. Verfassungsnormsystem betrachtet werden, das neben Verf. der Konventionsstaaten tritt (vgl. Volkmann JZ 2011, 835 (836)).

4 **D. Wirkung der EMRK auf bestehendes Recht.** Durch die Aufnahme der EMRK in das deutsche Recht ist das mit ihr übereinstimmende bestehende Recht nicht auf- o. abgelöst, sondern nur gefestigt u. mit übernationalem Rechtsschutz versehen worden (Jescheck NJW 1954, 784). Der durch die EMRK gewährte Schutz ist **subsidiär,** greift also lediglich **nachrangig zum nationalen Grundrechtsschutz** ein (Peters/Altwicker EMRK § 2 Rn. 1 ff. mN; erg. → Art. 1 Rn. 1). Bei der Auslegung der bestehenden Gesetze sind jedoch wegen des Grundsatzes der Völkerrechtsfreundlichkeit des GG die Wertentscheidungen der EMRK stets zu berücksichtigen (BVerfG EuGRZ 2010, 145 (147); BVerfGE 74, 358 (370); BGHSt 8, 59 (64); BVerwGE 6, 271; Voßkuhle NVwZ 2010, 1 (3 f.); zum Einfluss der EMRK auf den deutschen Strafprozess Schmitt (→ Rn. 4a) 47 ff.; Eisele JR 2004, 12 sowie Kruis StraFo 2003, 34). Auch bei der Auslegung des GG selbst – insbes. bei der Bestimmung des Inhalts u. der Reichweite der Grundrechte sowie des Rechtsstaatsprinzips – stellen der jeweilige Inhalt u. der Entwicklungsstand der EMRK sowie die Rspr. des EGMR eine wichtige Auslegungshilfe dar (Voßkuhle NVwZ 2010, 1 (4 f.); erg. anschl. → Rn. 4a, sofern dies nicht zu einer Einschränkung o. Minderung des Grundrechtsschutzes nach dem GG führt, BVerfGE 128, 326). Wegen des Verhältnisses zum EU-Recht vgl. Grabenwarter/Pabel EMRK § 4; Peters/Altwicker EMRK § 4; Polakiewicz EuGRZ 2010, 11.

4a **E. Entscheidungen des EGMR.** Entscheidungen des EGMR haben zwar im Wesentlichen deklaratorischen Charakter (so ausdr. EGMR NJW 2010, 3704). Sie legen jedoch den Inhalt einer Garantie der EMRK für einen bestimmten Beschwerdegegenstand verbindlich fest (Grabenwarter JZ 2010, 857 (862); HK-EMRK/Meyer-Ladewig Art. 46 Rn. 15). Darin erschöpft sich ihre innerstaatliche Wirkung jedoch nicht. Vielmehr sind sie bei der Gesetzesauslegung zu berücksichtigen. Sie spiegeln den aktuellen Entwicklungsstand der Konvention wider u. nehmen an ihrer völkerrechtlichen Verbindlichkeit teil. Insoweit entfalten sie eine **„Orientierungs- und Leitfunktion"** u. damit eine faktische Präzedenzwirkung für die staatlichen Organe (BVerfGE 128, 326; BVerfG NJW 2023, 3487). Bei der Berücksichtigung v. Entsch. des EGMR haben die staatlichen Organe deshalb die Auswirkungen auf die nationale Rechtsordnung in ihre Rechtsanwendung einzubeziehen (so auch schon BVerfGE 111, 307; allg. dazu Cammareri JuS 2016, 791 (793 ff.)). Das gilt insbes. dann, wenn es sich bei dem einschlägigen nationalen

Recht um ein ausbalanciertes Teilsystem des innerstaatlichen Rechts handelt, das verschiedene Grundrechtspositionen miteinander zum Ausgleich bringen will. Entsch. des EGMR, die neue Aspekte für die Auslegung des GG enthalten, können sogar zu einer Überwindung der Rechtskraft einer Entsch. des BVerfG führen (BVerfGE 128, 326 mAnm Peglau NJW 2011, 1924; Kirchhof NJW 2011, 3681; Hörnle NStZ 2011, 488; Kreuzer/Bartsch StV 2011, 472; Eisenberg StV 2011, 480). Im Erg. folgt daraus, dass dem EGMR bei wesentlichen die Menschenrechte u. Grundfreiheiten berührenden str. Fragen das Primat über die innerstaatlichen Gerichte – einschl. des BVerfG – zukommt. Da der Gerichtshof dazu tendiert, seine Kompetenzen weit iS eines europäischen VerfGs zu verstehen u. so seinen Einfluss zu vermehren, kommt seiner Rspr. eine stetig **wachsende praktische Bedeutung** zu (krit. zur sachlichen Legitimation des EGMR für seine „expansive Rspr." Volkmann JZ 2011, 835 (841); vgl. auch Landau NStZ 2011, 537 (540) zum „ausgreifenden Charakter" der Rspr. des Gerichtshofs; Schmitt, Der Einfluss der strafrechtlichen Rechtsprechung des EGMR auf den BGH und das BVerfG, in Gegenwartsfragen des europäischen und deutschen Strafrechts, 2012, S. 47 ff.; erg. → Art. 1 Rn. 1, 1a). Dies gilt mit Rücksicht auf die autonome u. weite Interpretation unbestimmter Begriffe wie „Faires Verfahren" (Art. 6 Abs. 1) bzw. „Recht auf Privatleben" (Art. 8) auch für das Strafverfahrensrecht. Es ist zu erwarten, dass das Gewicht des EGMR mit dem geplanten Beitritt der EU zur Konvention noch weiterwachsen würde, da ihm dann auch die Kontrolle der Rspr. des EuGH zukommt, soweit Menschenrechte u. Grundfreiheiten betroffen sind.

Einschränkungen: Inzwischen hat das BVerfG seine Rspr. allerdings präzisiert u. nuanciert. Die Heranziehung der EMRK als Auslegungshilfe ziele nicht auf eine schematische Parallelisierung verfassungsrechtlicher Begriffe. Die Anerkennung einer Orientierungs- u. Leitfunktion setze ein Moment der Vergleichbarkeit voraus; bei der Berücksichtigung der Rspr. des EGMR seien daher der konkrete Sachverhalt des entschiedenen Falls u. sein rechtskultureller Hintergrund ebenso miteinzustellen wie mögliche spezifische Besonderheiten der deutschen Rechtsordnung, die einer undifferenzierten Übertragung iSe bloßen Begriffsparallelisierung entgegenstünden (BVerfG NJW 2018, 2695 mAnm Haug NJW 2018, 2674). Deshalb könne in der gleichen Weise wie eine fehlende Auseinandersetzung mit einer Entsch. des Gerichtshofs auch deren gegen vorrangiges Recht verstoßende schematische „Vollstreckung" einen Verfassungsverstoß gegen Grundrechte iVm dem Rechtsstaatsprinzip begründen (BVerfG NJW 2018, 2695). **4b**

Solange das deutsche Recht **Auslegungs- und Abwägungsspielräume** eröffnet, trifft die Gerichte zwar iÜ die Pflicht, der konventionsgemäßen Auslegung den Vorrang zu geben (BVerfG NJW 2004, 3411; Grabenwarter JZ 2010, 857 (862)). Die Zulässigkeit einer konventionskonformen Auslegung endet aber wegen der Gesetzesbindung der Gerichte dort, wo der gegenteilige Wille des Gesetzgebers hinreichend deutlich erkennbar wird (BGH NStZ 2010, 565 (566); BVerfGE 128, 326 = NJW 2011, 1931). Die EMRK eröffnet den Gerichten keine Verwerfungskompetenz für eindeutig entgegenstehende Gesetze (BGH NJW 2011, 240). Anders als bei der Unvereinbarkeit mit dem Grundgesetz (Art. 100 Abs. 1 GG) besteht hier auch keine Vorlegungsmöglichkeit. In einem solchen Fall kann nur der Gesetzgeber einen mit der Konvention übereinstimmenden Zustand herstellen (BGH NJW 2011, 240). Aus diesen Gründen scheidet etwa die Auslegung v. § 2 Abs. 6 StGB aus, nach der Art. 5 und 7 EMRK eine „andere gesetzliche Bestimmung" iSd Vorschr. darstellen (BVerfGE 128, 326 = NJW 2011, 1931). **4c**

F. Auslegung. Bei der Auslegung der EMRK ist, wie allg. bei der Anwendung int. Abk., auf den Wortlaut weniger Gewicht zu legen als bei ausschl. innerstaatlichen Gesetzen. Art. 31 Abs. 1 der Wiener Vertragsrechtskonvention verlangt, einen völkerrechtlichen Vertr. „nach Treu und Glauben in Übereinstimmung mit den gewöhnlichen, seinen Bestimmungen in ihrem Zusammenhang zukommenden Bedeutungen und im Lichte seines Ziels und Zwecks auszulegen". Demnach kann die Orientierung an nationalen Vorschr. in die Irre führen. Vielmehr ist die **5**

Auslegung der EMRK **autonom,** dh unabhängig v. den in den einzelnen nationalen Rechtsordnungen verwendeten Begriffen vorzunehmen, was angesichts der unterschiedlichen Rechtssysteme auch nicht anders sein kann (vgl. Grabenwarter/Pabel EMRK § 5 Rn. 9; Kühne StrafProzR Rn. 33; Uerpmann, Die Europäische Menschenrechtskonvention, 1993, S. 217; Wildhaber EuGRZ 2009, 545). Nur auf diese Weise kann die Einhaltung der Garantien der EMRK effektiv kontrolliert werden. In Zweifelsfällen ist für die Gerichte u. Behörden der BRD nicht der deutsche, sondern der französische und englische Text maßgebend (Guradze EMRK Einl. S. 33; Herzog JZ 1966, 657; Lenckner GA 1968, 6; **aM** BGHZ 45, 58 (68) = NJW 1966, 1021 (1024); Krüger NJW 1970, 1485; Woesner NJW 1961, 1383). Hier wiedergegeben ist die zwischen der BRD, Liechtenstein, Österreich u. der Schweiz abgestimmte Fassung der deutschen Übersetzung (Sartorius, Verfassungs- und Verwaltungsgesetzt, Bd. II Rn. 130). Im Übrigen dürfen Einzelgewährleistungen nicht isoliert, sondern nur unter Berücksichtigung der Konvention u. ihrer Zusatzprotokolle als Ganzem ausgelegt werden (EGMR NJW 2011, 373 (374); 2010, 3699; BeckRS 2013, 11297); dabei ist auf die **heutigen Verhältnisse und Anschauungen** abzustellen, wenn sich insoweit unter den Mitgliedsstaaten des Europarates ein – weitgehender – Konsens feststellen lässt (EGMR NJW 2011, 373 (374); 2010, 3699; BeckRS 2013, 11297).

6 **G. Verletzung von Rechten.** Die Verletzung der in der EMRK gewährleisteten Rechte u. Freiheiten durch die Gerichte o. Behörden der BRD kann mit den allg. Rechtsmitteln (Beschwerde, Revision, Rechtsbeschwerde, Klage im Verwaltungsrechtsweg usw) u. im Wege der Individualbeschwerde nach Art. 34 gerügt werden. Eine Verfassungsbeschwerde ist ausgeschlossen (→ Art. 13 Rn. 2). Die Unzulässigkeit der Strafverfolgung hat der Verstoß grds. nicht zur Folge (vgl. aber → Art. 6 Rn. 9; § 359 Nr. 6 StPO).

7 **H. IPBPR.** Der Internationale Pakt über bürgerliche und politische Rechte (IPBPR) (vgl. → Rn. 2) gewährt im Wesentlichen denselben Menschenrechtsschutz wie die EMRK; Art. 53 EMRK u. Art. 5 Abs. 2 IPBPR lassen jew. weitergehende Gewährleistungen unberührt. Das am 25.11.1993 für die BRD (mit den v. dieser erklärten Vorbehalten) in Kraft getretene Fakultativprotokoll v. 19.12.1966 zum IPBPR (BGBl. 1992 II 1246) eröffnet jedermann, der sich in seinen im Zivilpakt (BGBl. 1973 II 1533) geschützten Menschenrechten verletzt fühlt, die Möglichkeit, eine Beschwerde bei dem Ausschuss für Menschenrechte der Vereinten Nationen in Genf in Gang zu bringen. Die gleichzeitige Behandlung einer Beschwerde vor diesem Ausschuss u. vor dem EGMR ist ausgeschlossen; der UN-Ausschuss darf aber dieselbe Sache prüfen, nachdem das Verf. vor dem EGMR abgeschlossen ist (Bartsch NJW 1994, 1323).

8 **I. Verhältnis zur Charta der Grundrechte der EU (ABl. 2007 C 364).** Diese hat mit Anpassungen die am 7.12.2000 proklamierte Charta der Grundrechte (ABl. 2000 C 364, 1) übernommen u. sie ab dem Zeitpunkt des Inkrafttretens des Vertr. v. Lissabon v. 13.12.2007 (BGBl. 2008 II 1038) am 1.12.2009 ersetzt (BGBl. 2009 II 1223, veröffentlicht am 8.10.2008 in BGBl. II 1165; vgl. dazu Safferling/Rückert NJW 2021, 287; Jarass NStZ 2012, 611; Heger ZIS 2009, 408; Mansdörfer HRRS 2010, 14). Das Unionsrecht verdrängt die EMRK nicht; vielmehr sind die Grundrechte u. Grundfreiheiten der EMRK rechtlich gleichrangiger Bestandteil des Unionsrechts (Art. 6 Abs. 1, Abs. 3 AEUV), weshalb die Mitgliedsstaaten der EU bei der Umsetzung v. EU-Recht auch die Konvention beachten müssen. Darüber hinaus haben nach Art. 52 Abs. 3 GRCh die aus der EMRK übernommenen Rechte im Unionsrecht die gleiche Bedeutung u. Tragweite, wie sie ihnen in der Konvention verliehen wird; das Recht der Union darf allerdings einen weiter gehenden Schutz gewähren. Wenn der EuGH eine Rechtsfrage bereits entschieden hat, legt der EGMR bislang einen sehr eingeschränkten Prüfungsmaßstab an, der einer Vermutung der Konventionskonformität entspr. Unionsakte gleich kommt (EGMR NJW 2006, 197: Konventionswidrigkeit nur bei „offensichtlicher Unzulänglichkeit"). Ob der EGMR dieser aus der Zeit vor

Inkrafttreten v. Art. 52 Abs. 3 GRCh stammenden Judikatur allerdings auch künftig uneingeschränkt folgen wird, bleibt abzuwarten. Es erscheint zw., ob sich die an den Interessen des Individuums orientierte, einzelfallbezogene Prüfung des EGMR u. der eher übergeordneten Interessen v. Integration u. Rechtsvereinheitlichung in der EU verpflichtete Ansatz des EuGH stets spannungsfrei miteinander vereinbaren lassen werden (etwa → StPO Vor § 112 Rn. 9 ff. zum Europäischen Haftbefehl; diese Zweifel werden durch den Beitrag v. Callewaert (Vizekanzler der Großen Kammer des EGMR) StV 2014, 504 genährt).

Insoweit wird va zu beobachten sein, wie sich das **Verhältnis von EGMR und EuGH** nach dem vorgesehenen Beitritt der EU zur EMRK (Art. 6 Abs. 2 S. 1 AEUV; zu dem entspr. Abkommensentwurf Polakiewicz EuGRZ 2013, 472; Callewaert StV 2014, 504 bezeichnet den Beitritt der EU zur EMRK als „Schicksalsfrage für den europäischen Grundrechtsschutz") entwickeln wird. Dabei wird auch in den Blick zu nehmen sein, dass alleine die Verantwortung für die Wahrung der GRCh ein neues Rollenverständnis des EuGH als – auch – eur. VerfG befördern wird (vgl. dazu Spiecker gen. Döhmann JZ 2014, 1109), was mit dem durchaus vergleichbaren Anspruch des EGMR im Zuständigkeitsbereich der Konvention (dazu bereits → Rn. 4a) in Konflikt geraten könnte; vor diesem – sicher auch Macht- u. Deutungsansprüche reflektierenden – Hintergrund verwundert nicht, dass der EuGH in seiner Entsch. zur Mitwirkung der EU in int. Organisationen hohe unionsrechtliche Hürden für einen Beitritt der EU zur EMRK aufgestellt hat, welche die Autonomie des Unionsrechts sowie die Zuständigkeiten des EuGH wahren sollen (EuGH EuGRZ 2015, 56 mAnm Wendel NJW 2015, 921). Eine sehr weit gehende u. auch verfassungsrechtlich nicht unbedenkliche Ausdehnung v. Geltung u. Anwendung der GRCh auf nationale Sachverhalte der Mitgliedsstaaten offenbart zudem EuGH NJW 2013, 1415 (mit Recht krit. Eckstein ZIS 2013, 220; vgl. auch BVerfG JZ 2013, 621, wonach der Entsch. „im Sinne eines kooperativen Miteinanders zwischen dem BVerfG und dem EuGH keine Lesart unterlegt werden" dürfe, „nach der diese offensichtlich als ultra-vires-Akt zu beurteilen wäre … oder die Identität der durch das GG errichteten Verfassungsordnung in Frage stellte."). Zum Verhältnis der EMRK zum Recht der EU s. SK-StPO/Meyer Einleitung Rn. 142 ff. 9

Verpflichtung zur Achtung der Menschenrechte

1 Die Hohen Vertragsparteien sichern allen ihrer Hoheitsgewalt unterstehenden Personen die in Abschnitt I bestimmten Rechte und Freiheiten zu.

A. Mindeststandard an Rechten und Freiheiten. Einen Mindeststandard an Rechten und Freiheiten, die der gemeinsamen Überlieferung aller Vertragstaaten entsprechen, soll die EMRK gewährleisten. Dabei ging jeder Vertragstaat davon aus, dass seine Rechtsordnung der EMRK entspricht (Bockelmann FS Engisch, 1969, 464; Heubel, Der „fair trial" – ein Grundsatz des Strafverfahrens? 1981, S. 38; v. Weber ZStW 65 (1953), 346). Mit der EMRK sollten daher in 1. Hinsicht staatliche Eingriffe verhindert werden, durch die der **Wesensgehalt** der in Abschn. I bezeichneten Grundrechte **angetastet** würde (Jescheck NJW 1954, 784; v. Weber ZStW 65 (1953), 335). Der Sicherung v. Mindeststandards u. dem Respekt vor der nationalen Souveränität der Vertragsstaaten entspr. das Verständnis v. **subsidiären Charakter** des durch den Gerichtshof gewährleisteten Menschenrechtsschutzes (s. nur EGMR EuGRZ 1938, 38), der sich va in einem (weiten) Einschätzungsspielraum (sog. margin of appreciation) für die nationalen Behörden sowie dem Erfordernis richterlicher Zurückhaltung manifestiert (vgl. Peters/Altwicker EMRK § 2 Rn. 2 ff., § 3 Rn. 18). 1

Jedoch **ist zu bezweifeln** ob dieser streng subsidiäre Ansatz heute noch in vollem Umf. Geltung besitzt. In der neueren Rspr. des Gerichtshofs ist vielmehr eine Tendenz zu einer engmaschigeren, auch die Rechtspraxis des BVerfG erfas- 1a senden (zB EGMR NJW 2010, 2495 zur nachträglich verlängerten Sicherungsverwahrung, die v. BVerfG für verfassungsgemäß erklärt wurde; EGMR StV 2009, 561 zum Beschleunigungsgrundsatz) Überprüfung mitgliedsstaatlicher Akte u. auch Gesetze zu erkennen. Dies spiegelt das gewandelte (Selbst)Verständnis hin zu einem Europäischen VerfG wider, das in Fragen der Menschen- bzw. Grundrechte u. Grundfreiheiten sowie des Rechtsstaatsprinzips den Vorrang ggü. den obersten Gerichten wie auch – in Einzelfällen – der gesetzgebenden Gewalt der Mitgliedsstaaten beansprucht (erg. dazu insbes. → Vor § 1 Rn. 4a, Rn. 8, → Art. 5 Rn. 2 sowie → Art. 6 Rn. 7a, 20, 22–22f, ferner → Art. 7 Rn. 1). Das zT bei den Vertragsstaaten vorhandene Unbehagen über diese Entwicklung hat zu der Forderung geführt, die v. Gerichtshof entwickelten Grundsätze der Subsidiarität des Konventionssystems u. des Beurteilungsspielraums der nationalen Organe ausdr. in der Präambel der Konvention zu kodifizieren (Nr. 12b der Brighton Declaration v. 19.4./20.4.2012 des Ministerkomitees des Europarates); auch wird der Gerichtshof in der Erkl. daran erinnert, den Beurteilungsspielraum der Vertragsstaaten in konkreten Fällen zu respektieren u. seine Rechtsprechungskompetenzen nicht zu überdehnen (s. EuGRZ 2012, 265).

2 **B. Geschützte Personen. Allen Personen, die der Hoheitsgewalt der Vertragspartei unterstehen,** werden die in Abschn. I bezeichneten Rechte u. Freiheiten (die Begriffe meinen dasselbe) zugesichert. Ausländer u. Staatenlose stehen insoweit den eigenen Staatsangehörigen gleich. Geschützt werden auch im Ausland wohnende Inländer u. Ausländer, die vor einem inländischen Gericht prozessieren o. mit inländischen Behörden zu tun haben (Echterhölter JZ 1956, 143). Auch (inländische u. ausl.) JPen werden geschützt u. sind nach Art. 25 beschwerdeberechtigt, sofern sie nicht – etwa durch Ausüben hoheitlicher Gewalt – staatlichen Organen gleichzustellen sind (Einzelheiten bei Grabenwarter/Pabel EMRK § 17 Rn. 5; Guradze EMRK Rn. 4). Handlungen außerhalb des Hoheitsgebietes können ausnahmsweise unter den Anwendungsbereich der EMRK fallen, wenn diplomatische o. konsularische Vertreter des Vertragsstaates im Ausland Herrschaftsgewalt u. Kontrolle über andere ausüben, wenn der Konventionsstaat mit Zustimmung der Regierung des anderen Gebietes Zuständigkeiten der öffentl. Gewalt übernimmt, wenn seine Vertreter durch Gewaltanwendung Personen unter die Kontrolle seiner Behörden bringen o. wenn der Konventionsstaat infolge einer rechtmäßigen o. unrechtmäßigen Militäraktion die tatsächliche Kontrolle über ein außerhalb seines Territoriums liegendes Gebiet ausübt (EGMR NJW 2012, 283 (286 ff.); NVwZ 2012, 809).

3 **C. Anspruch gegen den Staat.** Als Anspruch gegen den Staat fasst die EMRK die Menschenrechte u. Grundfreiheiten auf, u. zwar ggü. positivem Eingriff u. Unterlassen gleichermaßen (Löwe/Rosenberg/Esser Rn. 45 ff., 48 ff.). Sie betreffen nur das Verhältnis zwischen Staat u. Bürger. Daher kann der einzelne Bürger im konkreten Fall auf die Ausübung eines dieser Rechte verzichten (Echterhölter JZ 1956, 145); er muss aber die Konsequenzen seines Tuns vorhersehen können (EGMR 2010, 179 Ls.).

4 **Privatpersonen** werden durch die EMRK nicht zu bestimmten Handlungen verpflichtet (Herzog JZ 1966, 658; Morvay ZaöRV 2021, 319; **aM** Guradze EMRK Einl. S. 22; Frister GA 1985, 553; Krüger NJW 1970, 1483; v. Weber ZStW 65 (1953), 340 ff.). Ob den Menschenrechten u. Grundfreiheiten der EMRK eine mittelbare Drittwirkung, die den Staat verpflichtet, den Einzelnen vor Angriffen v. Privatpersonen zu schützen, zukommt, ist str. (vgl. dazu Löwe/Rosenberg/Gollnitzer Rn. 21). Die EMRK kann aber jedenfalls als Prüfungsmaßstab für Handlungen Privater verwendet werden (vgl. BVerwG DÖV 1960, 65 (66)), zB bei der Anwendung der §§ 234a, 241a StGB.

Abschnitt I. Rechte und Freiheiten

Recht auf Leben

2 (1) [1]**Das Recht jedes Menschen auf Leben wird gesetzlich geschützt.** [2]**Niemand darf absichtlich getötet werden, außer durch Vollstreckung eines Todesurteils, das ein Gericht wegen eines Verbrechens verhängt hat, für das die Todesstrafe gesetzlich vorgesehen ist.**

(2) **Eine Tötung wird nicht als Verletzung dieses Artikels betrachtet, wenn sie durch eine Gewaltanwendung verursacht wird, die unbedingt erforderlich ist, um**

a) jemanden gegen rechtswidrige Gewalt zu verteidigen;
b) jemanden rechtmäßig festzunehmen oder jemanden, dem die Freiheit rechtmäßig entzogen ist, an der Flucht zu hindern;
c) einen Aufruhr oder Aufstand rechtmäßig niederzuschlagen.

A. Menschliches Leben. Das menschliche Leben wird durch die Vorschr. geschützt. Abs. 1 S. 1 entspr. etwa dem Grundrecht auf Leben nach Art. 2 Abs. 2 S. 1 GG, hat aber keine weitergehende Bedeutung iSe Gewährleistung der Entfaltung der Persönlichkeit (BVerfGE 6, 389 (441)). Hinsichtlich der Frage, inwieweit das vorgeburtliche Leben geschützt ist, haben die Vertragsstaaten mangels eines eur. Konsenses einen weiten Regelungsspielraum (EGMR NJW 2005, 727; 2011, 2107; eing. HK-EMRK/Meyer-Ladewig Rn. 3; Grabenwarter/Pabel EMRK § 20 Rn. 3; SK-StPO/Paeffgen Rn. 5 ff.). Die Infizierung mit einer tödlichen Krankheit kann eine Verletzung v. Art. 2 sein (EGMR NJW 2010, 1865). In Abschiebefällen liegt ein Eingriff in Art. 2 vor, wenn im Empfängerland die reale Gefahr der Hinrichtung droht (EGMR BeckRS 2005, 157042; Grabenwarter/Pabel EMRK § 20 Rn. 5; erg. → Art. 3 Rn. 4). Abs. 1 S. 1 verpflichtet den Staat auch dazu, notwendige Maßnahmen zum Schutz des Lebens v. Personen zu treffen, die seiner Hoheitsgewalt unterstehen (EGMR BeckRS 2005, 157042). Dazu gehören auch effektive Ermittlungen bei Todesfällen, auch unter schwierigen Sicherheitsverhältnissen nach einem bewaffneten Konflikt (EGMR NJW 2012, 283 (288); vgl. auch EGMR BeckRS 2014, 128092), ein Anspruch auf Strafverfolgung gegen Dritte (EGMR NJW 2001, 1989; 2003, 3259; 2005, 3405; HK-EMRK/Meyer-Ladewig Rn. 9 ff. mwN) sowie das Verhindern einer Selbsttötung, wenn die Person die Entsch. dazu nicht frei u. in Kenntnis aller Umstände getroffen hat (EGMR NJW 2011, 3773; erg. → Art. 8 Rn. 1). Dem Staat ist es allerdings nicht erlaubt, Einzelpersonen vor Straftaten einer Person durch Maßnahmen zu schützen, die gegen deren Konventionsrechte, insbes. gegen Art. 5 Abs. 1 verstießen (EGMR BeckRS 2013, 80202). Die Todesstrafe (Abs. 1 S. 2) ist in Deutschland schon allg. abgeschafft (Art. 102 GG; zur Auslieferung bei drohender Todesstrafe vgl. → Art. 3 Rn. 4); ihre Wiedereinführung ist im Hinblick auf Art. 2 Abs. 2 S. 1 iVm Art. 19 Abs. 2 GG ausgeschlossen (BGH NJW 1996, 857 (858)). Nach dem 13. ZP (vgl. → Vor § 1 Rn. 2 aE) ist sie darüber hinaus auch in den Fällen von Art. 15 Abs. 1, Abs. 2, dh in Kriegszeiten o. bei drohender Kriegsgefahr verboten. 1

B. Ausnahmen (Abs. 2). I. Notwehr (Buchst. a). Nach hM schließt die Vorschr. die Anerkennung v. Notwehr zur Rettung v. immateriellen Gütern u. Sachwerten, auch gegen Angriffe ohne Gewaltanwendung, nicht aus, da sie das Notwehr- u. Nothilferecht des einzelnen Staatsbürgers gegen seine Rechtsgenossen nicht betr. (Fischer/Fischer/Anstötz StGB § 32 Rn. 40; TK-StGB/Perron/Eisele StGB § 32 Rn. 62; Bockelmann FS Engisch, 1969, 456; Krey JZ 1979, 709; **aM** OLG Köln OLGSt StGB § 32 S. 1; Schorn S. 87; Echterhölter JZ 1956, 143; Frister GA 1985, 553; Woesner NJW 1961, 1384). Aber auch für die staatliche Notwehr oder -hilfe hat Art. 2 praktisch keine Bedeutung, da die absichtliche Tötung, die er verbietet, zur Abwehr v. Angriffen auf Sachen ohnehin nicht zulässig 2 ist (TK-StGB/Perron/Eisele StGB § 32 Rn. 62). Die Notwehr nach § 32 StGB, § 15 OWiG wird durch Art. 2 daher nicht berührt (TK-StGB/Perron/Eisele StGB § 32 Rn. 62; Bockelmann FS Engisch, 1969, 456; Roxin ZStW 93 (1981), 99; **aM** Frister GA 1985, 553; Krüger NJW 1970, 1483; vgl. auch SK-StPO/Paeffgen Rn. 61 ff.).

3 Der Einsatz lebensbedrohlicher Gewalt durch Polizeiorgane – zB der Gebrauch v. Schusswaffen – kann gerechtfertigt sein, wenn das innerstaatliche Recht einen ausreichenden rechtlichen u. administrativen Rahmen zur Vfg. stellt (EGMR 22.2.2011 – 24329/02; NVwZ 2011, 1441).

4 **II. Festnahme (Buchst. b).** Die Vorschr. betr. nur die Festnahme durch staatliche Organe, nicht durch Privatpersonen nach § 127 Abs. 1 StPO (Guradze EMRK Rn. 11; **aM** Schorn S. 88). Der Schusswaffengebrauch bei Festnahmen ist in § 10 Nr. 2–4 UZwG geregelt. Die vorsätzliche Tötung zum Zweck der Festnahme o. der Verhinderung einer Flucht ist nach deutschem Recht unzulässig (vgl. KK-StPO/Lohse/Jakobs Rn. 7; Echterhölter JZ 1956, 144).

5 **III. Unterdrückung von Aufruhr und Aufstand (Buchst. c).** Die Vorschr. ist eine Blankettnorm, die für Vollzugsbeamte durch § 10 Abs. 2 UZwG ausgefüllt wird (Guradze EMRK Rn. 12). Aufruhr ist die ungesetzliche Zusammenrottung einer gewalttätigen Menschenmenge, Aufstand deren bewaffneter Widerstand gegen die Staatsgewalt (Löwe/Rosenberg/Esser Rn. 59; SK-StPO/Paeffgen Rn. 70).

Verbot der Folter

3 Niemand darf der Folter oder unmenschlicher oder erniedrigender Behandlung oder Strafe unterworfen werden.

1 **A. Begriff.** Folter ist die vorbedachte u. gewollte Auferlegung schwerer körperlicher Qualen, die „ernste und grausame" Leiden hervorruft (EGMR BeckRS 2014, 82235; EuGRZ 1979, 153; BGHSt 46, 292 (303)), vornehmlich zur Erlangung v. Informationen o. Geständnissen, aber auch als Quälerei zu anderen Zwecken (Löwe/Rosenberg/Esser Rn. 62). Sie ist eine erschwerte Form der unmenschlichen Behandlung u. in der BRD schon durch Art. 1 Abs. 1, 104 Abs. 1 S. 2 GG u. § 136a Abs. 1 S. 1 StPO verboten (BVerfG NJW 2005, 656).

1a Dem **Europäischen Übereinkommen** v. 26.11.1987 zur Verhütung v. Folter u. unmenschlicher o. erniedrigender Behandlung o. Strafe (Sartorius, Verfassungs- und Verwaltungsgesetze, Bd. II Nr. 140) hat die BRD mit G v. 29.11.1989 (BGBl. II 946) zugestimmt; es ist für die BRD am 1.6.1990 in Kraft getreten (BGBl. II 491). Den Prot. Nr. 1 u. Nr. 2 v. 4.11.1993 zum Übk. hat die BRD mit G v. 17.7.1996 (BGBl. II 1114) zugestimmt.

1b Neben das Eur. Übk. tritt das „Übereinkommen gegen Folter und andere grausame, unmenschliche oder erniedrigende Behandlung oder Strafe" **(UN-Antifolterkonvention)** v. 10.12.1984. In Ausführung des Prot. ist eine „Bundesstelle zur Verhütung von Folter" für den Zuständigkeitsbereich des Bundes eingerichtet (BAnz. Nr. 182, 4277); durch Staatsvertrag der Länder erfolgt die Gründung einer „Kommission zur Verhütung von Folter" für den Zuständigkeitsbereich der Länder (vgl. zB GVBl. NW 2009, 555). Das Sekretariat beider Einrichtungen befindet sich bei der Kriminologischen Zentralstelle in Wiesbaden. Diese Einrichtungen sollen als unabhängige Kontrollstellen fungieren, die Gewahrsamseinrichtungen überprüfen, Mängel beanstanden u. Verbesserungen anregen können.

2 **B. Unmenschliche oder erniedrigende Behandlung.** Unmenschlich ist eine Behandlung, die vorsätzlich schwere geistige o. körperliche Leiden verursacht u. in der bes. Situation nicht zu rechtfertigen ist (EKMR NJW 1978, 475). Unmenschlichkeit greift den Kern des Menschseins des Betroffenen an u. missachtet seine Menschenwürde (OLG Celle Nds. Rpfl. 1964, 255). In der BRD gelten hierfür dieselben Verbotsbestimmungen wie für die Folter (→ Rn. 1). Eine erniedrigende Behandlung liegt vor, wenn sie den Betroffenen vor anderen in hohem Maße demütigt o. ihn dazu

bringt, gegen Willen u. Gewissen zu handeln (EKMR NJW 1978, 475), wenn demnach seine Stellung als freie, auf Entfaltung der geistigen u. seelischen Kräfte in der Gemeinschaft angelegte Persönlichkeit nicht unerheblich in Frage steht (OLG Köln NJW 1963, 1748; vgl. auch OLG Koblenz NJW 1962, 1881). Dabei ist auf die Umstände des Einzelfalls abzustellen (näher dazu sowie zum erforderlichen Schweregrad EGMR NVwZ 2008, 1330). Als unmenschlich u. erniedrigend ist zB das gewaltsame Verabreichen einer Beruhigungsspritze nach der Festnahme angesehen worden (ÖstVerfGH EuGRZ 1984, 530), die Wegnahme der Kleider eines Häftlings (EGMR NJW 2012, 2173; s. auch EGMR NJW 2012, 3422 sowie EGMR NJW 2015, 2095 zu Haftbedingungen) sowie das zwangsweise Einflößen eines Brechmittels durch eine Nasen-Magen-Sonde (EGMR NJW 2006, 3117; dazu eing. Renzikowski FS Amelung, 2009, 669; erg. → Art. 6 Rn. 4 sowie → StPO § 81a Rn. 22). Überhöhte Sicherheitsvorkehrungen während einer mündlichen Verh., die sich als öffentl. Vorführung darstellen, können erniedrigend sein (EGMR NJW 2012, 3422), zB die Unterbringung v. Angeklagten in einem Metallkäfig während einer Gerichtsverhandlung (EGMR NJW 2015, 3423), ebenso ausnahmsweise eine über das nach den Umständen notwendige hinausgehende Maß einer Fesselung des Beschuldigten bzw. Angeklagten (vgl. EGMR BeckRS 2002, 165851; näher Esser GS Weßlau, 2016, 97 (120 ff.)). Die Androhung v. Misshandlungen durch Polizeibeamte, um den Aufenthaltsort eines mutmaßlich noch lebenden, tatsächlich aber bereits ermordeten 11jährigen Entführungsopfers zu erfahren, hat die Große Kammer des EGMR als unmenschliche Behandlung eingestuft (EGMR NJW 2010, 3145; vgl. ferner die Kammerentscheidung des EGMR NStZ 2008, 699 (700).

Materiellrechtlich gilt das **Verbot der Folter oder unmenschlicher Behandlung absolut** wie aus dem Wortlaut v. Art. 3 sowie daraus abgeleitet werden kann, dass es nach Art. 15 Abs. 2 selbst im Notstandsfall nicht außer Kraft gesetzt werden darf. Es gilt auch im Kampf gegen den Terrorismus uneingeschränkt (EGMR NJW 2010, 3359). Die Große Kammer des EGMR hat dies auch für den o. (→ Rn. 2 aE) genannten Fall (Entführung u. Ermordung eines 11jährigen) u. selbst für den Fall eines öffentl. Notstandes, der das Überleben der Nation bedroht, bekräftigt (EGMR NJW 2010, 3148 f.; vgl. auch EGMR NStZ 2008, 699). Darüber hinaus hat der EGMR Überlegungen ausdr. verworfen, die Pflicht der Vertragsstaaten, das Recht auf Leben zu schützen, könne gegen das absolute Verbot des Art. 3 abgewogen werden (EGMR NJW 2010, 3149; NVwZ 2008, 1330). Darin kommt das – nachvollziehbare – Bestreben des Gerichtshofs zum Ausdruck, jede Diskussion über eine Zulässigkeit der Folter in bestimmten (Ausnahme-) Situationen u. eine dadurch befürchtete Aushöhlung des Art. 3 bereits im Ansatz zu unterbinden. Die Konvention lässt in ihrer Auslegung durch den Gerichtshof eine sog. Rettungsfolter, dh eine Ausnahme v. Folterverbot aus Nothilfegesichtspunkten bei anders nicht zu beseitigender akuter Lebensgefahr bestimmter anderer Personen, in keinem Fall zu (s. EGMR NJW 2010, 3149; iSd EGMR auch Grabenwarter/Pabel EMRK § 20 Rn. 32; Jahn KritV 2004, 24; Kinzig ZStW 115 (2003), 791; Roxin FS Nehm, 2006, 205; ferner Scheller NJW 2009, 705; Fischer/Fischer/Anstötz StGB § 32 Rn. 13 ff. mwN zum Streitstand; **aM** Lackner/Kühl/Heger/Heger StGB § 32 Rn. 17a; Erb NStZ 2005, 593; Gössel FS Otto, 2007, 41; Götz NJW 2005, 953 gegen LG Frankfurt a. M. NJW 2005, 692; vgl. ferner Hilgendorf JZ 2004, 331; Miehe NJW 2003, 1219; Schünemann GA 2007, 644). Dabei spielt es nach der Rspr. des EGMR auch keine Rolle, dass es bei der „Rettungsfolter“ nicht repressiv um allg. Einschränkungen des strafprozessualen Verwertungsverbots nach § 136a StPO geht, sondern nur präventiv um die Frage der materiell-rechtlichen Entschuldbarkeit einer Gewaltmaßnahme zur Rettung des Lebens v. Privatpersonen in einem Extremfall (EGMR NJW 2010, 3149). Die **Verantwortlichkeit des Vertragsstaates** kann sich auch daraus ergeben, dass – wie im Falle der sog. Inhaftierung v. Terrorverdächtigen durch die CIA – Verantwortliche Kenntnis davon haben, dass auf ihrem Hoheitsgebiet Personen dem ernsthaften Risiko einer konventionswidrigen Behandlung durch Angehörige anderer Staaten ausgesetzt sind (EGMR BeckRS 2014, 82235). 2a

2b **Prozessual** verpflichtet das Folterverbot den Vertragsstaat zur Durchführung unabhängiger, zügiger u. gründlicher Ermittlungen sowie zur möglichst weitgehenden Offenlegung der Ermittlungsergebnisse (EGMR BeckRS 2014, 82235). Diese Verpflichtung zur Durchführung eines wirksamen Strafverfahrens soll sich auch auf Misshandlungen zwischen Privaten erstrecken, so zB dem Schlag ins Gesicht mit der Folge eines Kieferbruchs iRe Prügelei (EGMR NJW 2015, 3771). Allerdings wird das Folterverbot damit in einer Weise ausgedehnt u. beliebig, dass es einer Entwertung seiner Substanz gleichkommt.

3 **C. Unmenschliche oder erniedrigende Strafe.** Das Verbot bindet nicht nur den Gesetzgeber, sondern auch den Richter bei der Festsetzung der angemessenen Strafe innerhalb des ges. Strafrahmens (Woesner NJW 1961, 1384). Die Verhängung einer Strafe, die in keinem gerechten Verhältnis zur Schuld steht, verstößt aber schon gegen das aus Art. 2 Abs. 2 S. 1 iVm Art. 1 Abs. 1 GG herzuleitende Übermaßverbot (BVerfGE 6, 389 (439) = NJW 1957, 865; BVerfGE 45, 187 (228); vgl. auch → Einl. Rn. 20). Das Verbot gilt entspr. für die Unterbringung im Strafvollzug (BVerfG NStZ 2017, 111: Haftraum; OLG Frankfurt a. M. NStZ 1985, 572) u. für die im UHaft- u. Strafvollzug in den UVollzGen bzw. StVollzGn der Länder vorgesehenen Disziplinarmaßnahmen (vgl. VGH Bremen DÖV 1956, 703; Morvay ZaöRV 2021, 323). Die Anordnung einer Mindesthaftzeit v. 25 Jahren bei einer lebenslangen Freiheitsstrafe verstößt nicht gegen Art. 3 (EGMR EuGRZ 2010, 283). Bejahende u. verneinende Beispiele für unmenschliche u. erniedrigende Strafen bei SK-StPO/Paeffgen Rn. 15 ff.

4 **D. Ausweisung und Abschiebung von Ausländern.** Die Ausweisung und Abschiebung von Ausländern schließt die EMRK nicht aus (EGMR NVwZ 1992, 869 Nr. 102; BVerwG NVwZ 2000, 1302; eing. dazu Lorz/Sauer EuGRZ 2010, 389 ff.; SK-StPO/Paeffgen Rn. 20 ff.). Die Überantwortung eines Menschen an einen anderen Staat ist allerdings unzulässig, wenn die konkrete Gefahr besteht, dass er dort schlechthin menschenunwürdig behandelt würde o. aber mit einer eklatanten Verweigerung eines fairen Verf. zu rechnen ist (EGMR NVwZ 2012, 809; EuGRZ 1991, 203; NJW 1990, 2183: „Todeszellensyndrom"; BVerfG StV 2016, 220; NJW 2001, 3110; BGH BeckRS 2025, 1288; OLG Zweibrücken NStZ-RR 2023, 124; OLG München StraFo 2018, 422; OLG Dresden StV 2016, 237; OLG Bremen StV 2015, 365: Haftbedingungen; OLG Düsseldorf NStZ 2006, 692; vgl. auch OLG Braunschweig NStZ-RR 2015, 28; zur analogen Problematik bei Art. 4 GRCh BVerfG NJW 2021, 3176). Eine **drohende lebenslange Freiheitsstrafe** steht einer Abschiebung o. Auslieferung nicht per se entgegen; das bewilligende Gericht muss aber in jedem Einzelfall prüfen, ob eine solche Strafe entweder als grob unverhältnismäßig erscheint o. ob eine vorzeitige Freilassung faktisch u. rechtlich ausgeschlossen ist (EGMR BeckRS 2012, 214475; NVwZ 2013, 925; vgl. auch BVerfGE 113, 154 (163 ff.)); dabei kann auch berücksichtigt werden, ob der aufnehmende Staat zusichert, dass eine Gefahr lebenslanger Vollstreckung nicht besteht (HK-EMRK/Meyer-Ladewig Rn. 20 mN). Das Verbot der Auslieferung bei drohender Verhängung o. Vollstreckung der Todesstrafe folgt für den vertraglosen Auslieferungsverkehr aus § 8 IRG; bei bestehender vertraglicher Verpflichtung kann eine Erkl. nach Art. 11 EuAuslÜbk, dass die Todesstrafe nicht verhängt o. vollstreckt werde, verlangt u. bei nicht ausreichender Erkl. wieder nach § 8 IRG die Auslieferung verweigert werden (OLG Düsseldorf NJW 1994, 1485, wonach die sichere Erwartung der Nichtvollstreckung aufgrund einer völkerrechtlich verbindlichen Zusicherung des ersuchenden Staates erforderlich ist). Diese Grundsätze gelten nicht für den umgekehrten Fall deutscher Auslieferungsersuchen bei Beschuldigten, die sich dem inländischen Strafverfahren durch Flucht entzogen haben (BGH BeckRS 2019, 31921).

4a Kein Auslieferungshindernis besteht, wenn nicht gewährleistet ist, dass ein Kriegsdienstverweigerer nach seiner Auslieferung nicht zum Kriegsdienst im ersuchendem Staat herangezogen wird und im Fall seiner Verweigerung keine Strafe zu erwarten hat, sofern sein um Auslieferung ersuchendes Heimatland völkerrechtswidrig mit Waffengewalt angegriffen wird und ein Recht zur Kriegsdienstverweigerung deshalb nicht gewährleistet ist (BGH BeckRS 2025, 1288).

E. Beweiswürdigung und Beweisverwertungsverbot. Bei der **Beweiswürdigung** einer behaupteten Verletzung v. Art. 3 stellt der Gerichtshof grds. darauf ab, dass „kein vernünftiger Mensch mehr zweifelt" (vgl. EGMR NJW 2018, 3763); dieses Beweismaß kann sich aus einer Mehrzahl v. Indizien o. nicht widerlegten Tatsachenvermutungen ergeben, die ausreichend beweiskräftig, genau u. überzeugend sind (EGMR NJW 2012, 2173 (2175) mwN). Erleiden Personen in staatlichem Gewahrsam Verletzungen o. kommen sie gar zu Tode, spricht eine starke Vermutung für die Verantwortung des betr. Staates, wenn dieser die genannten Folgen nicht plausibel erklären kann (EGMR NVwZ 2013, 631). Bei **Vernehmungen im Ausland** – auch in Nichtkonventionsstaaten – reicht es aus, wenn ein **„reales Risiko"** dargelegt wird, dass das Beweismittel unter Verstoß gegen Art. 3 gewonnen wurde (EGMR NLMR 2012, 314; BeckRS 2014, 82235; erg. → StPO § 136a Rn. 32). Vorwürfe über Folter o. unmenschliche bzw. erniedrigende Behandlung müssen also nicht mit an Sicherheit grenzender Wahrscheinlichkeit (beyond reasonable doubt) bewiesen sein. Ein reales Risiko der Folter iSd EGMR ist bereits dann anzunehmen, wenn das Justizsystem eines anderen Staates keine echten Garantien einer unabhängigen, unparteiischen u. ernsthaften Untersuchung v. Foltervorwürfen bietet, was durch Berichte der Vereinten Nationen u. von Nichtregierungsorganisationen belegt werden kann (vgl. EGMR NJW 2012, 2173). Das Beweismaß für behauptete Foltervorwürfe hängt also davon ab, ob u. inwieweit das Rechtssystem des ausl. Staates die Gewähr für eine rechtsstaatliche Untersuchung u. Verfolgung v. etwaigen Verstößen gegen das Folterverbot bietet. 5

Ein **nach diesen Maßstäben** unter Anwendung v. Folter o. unmenschlicher Behandlung erhobener Beweis sowie die Verwertung körperlicher Beweise, die als deren direkte Folge erlangt wurden, ist stets **unverwertbar** (EGMR NJW 2012, 2173; NJW 2010, 3148; vgl. auch schon EGMR NJW 2006, 3117). Dies gilt auch dann, wenn das Urt. nicht darauf beruht (EGMR HRRS 2007, 655 Nr. 60). Die wirksame Absicherung des Folterverbotes kann es iÜ erfordern, iSe Fernwirkung (→ Einl. Rn. 57) auch körperliche Beweise im Verf. auszuschließen, die mittelbar durch den Verstoß gegen Art. 3 gewonnen wurden (EGMR NJW 2010, 3149), wie etwa Spuren an einer Leiche, deren Fundort dem Täter abgenötigt wurde. Eine Einschränkung besteht insoweit nur, wenn die Verurteilung des Angeklagten nicht auf der Verletzung des Folterverbotes beruht. In dem Fall der Entführung u. Ermordung eines Elfjährigen (→ Rn. 2, 2a) hat die Große Kammer des EGMR – unter dem Aspekt des fairen Verf. (Art. 6 Abs. 1) – eine Fernwirkung abgelehnt, da die sachlichen Beweismittel, die aufgrund des durch unmenschliche Behandlung gewonnenen Geständnisses erlangt wurden, für den Schuldnachweis des geständigen Angeklagten nicht notwendig waren u. damit der Kausalzusammenhang zwischen der verbotenen Vernehmungsmethode u. der Verurteilung u. Bestrafung des Angeklagten unterbrochen worden war (EGMR NJW 2010, 3149; vgl. auch die zuvor ergangene Kammerentscheidung des EGMR NStZ 2008, 699, die eine Fernwirkung noch damit verneint hatte, dass den sachlichen Beweismitteln, die aufgrund der unmenschlichen Behandlung erlangt worden waren, nur eine „Nebenrolle" im Beweisgebäude zukam u. ansonsten die Rechte der Verteidigung gewahrt wurden; vertiefend u. krit. hierzu Grabenwarter NJW 2010, 3128; vgl. auch Satzger IntStrafR § 11 Rn. 71 zur Bewertung v. Verstößen gegen das Folterverbot unter dem Blickwinkel des fairen Verf. iSv Art. 6 Abs. 1). 6

Verbot der Sklaverei und der Zwangsarbeit

4 (1) **Niemand darf in Sklaverei oder Leibeigenschaft gehalten werden.**

(2) **Niemand darf gezwungen werden, Zwangs- oder Pflichtarbeit zu verrichten.**

(3) **Nicht als Zwangs- oder Pflichtarbeit im Sinne dieses Artikels gilt**

a) eine Arbeit, die üblicherweise von einer Person verlangt wird, der unter den Voraussetzungen des Artikels 5 die Freiheit entzogen oder die bedingt entlassen worden ist;
b) eine Dienstleistung militärischer Art oder eine Dienstleistung, die an die Stelle des im Rahmen der Wehrpflicht zu leistenden Dienstes tritt, in Ländern, wo die Dienstverweigerung aus Gewissensgründen anerkannt ist;
c) eine Dienstleistung, die verlangt wird, wenn Notstände oder Katastrophen das Leben oder das Wohl der Gemeinschaft bedrohen;
d) eine Arbeit oder Dienstleistung, die zu den üblichen Bürgerpflichten gehört.

1 **A. Sklaverei und Leibeigenschaft (Abs. 1).** Sklaverei und Leibeigenschaft (Abs. 1) sind in den Mitgliedstaaten des Europarats seit langem abgeschafft. Für die BRD ist das Verbot ohne Bedeutung, vgl. aber zu den Begriffen EGMR NJW 2007, 41. Menschenhandel fällt in den Anwendungsbereich u. begründet die Pflicht des Staates nach Art. 4, iRd ihm Möglichen Opfer o. künftige Opfer zu schützen u. entspr. Straftaten effektiv zu verfolgen (EGMR NJW 2010, 3003).

2 **B. Zwangs- oder Pflichtarbeit. I. Verbot (Abs. 2).** Schon nach Art. 12 Abs. 2 S. 1, Abs. 3 GG ist Zwangsarbeit (dazu EGMR EuGRZ 1985, 477; NJW 2007, 41) nur bei einer gerichtlich angeordneten Freiheitsentziehung zulässig.

3 Abs. 2 hat keine weitergehende Bedeutung.

4 **II. Ausnahmen (Abs. 3). 1. Häftlinge oder bedingt freigelassene Verurteilte (Buchst. a):** Die Vorschr. lässt die Arbeit zu, die üblicherweise v. nach Art. 5 rechtmäßig in Haft gehaltenen Personen verlangt wird; neben Art. 12 Abs. 3 GG hat sie keine Bedeutung. In der BRD besteht eine Arbeitspflicht nur für Strafgefangene (§§ 37, 103 Abs. 1 Nr. 7 StVollzG) u. Sicherungsverwahrte (§ 130 StVollzG); die (frühere) Arbeitspflicht für junge UGefangene (UVollzO 80 Abs. 2; verfassungsrechtliche Bedenken hiergegen bei AG Zweibrücken NJW 1979, 1557; Eisenberg/Kölbel JGG § 89c Rn. 84 mwN) ist den Regelungen in den UVollzGen der Länder gewichen (vgl. zB § 75 Abs. 3 JVollzGB II; § 161 Abs. 1 S. 1 NJVollzG; Ostendorf/Rose SchlHA 2009, 207). Die Weisung an einen Jugendlichen o. Heranwachsenden, Arbeitsleistungen zu erbringen (§§ 10 Abs. 1 S. 3 Nr. 4, 105 Abs. 1 **JGG**), verstößt nicht gegen Abs. 3 Buchst. a, weil sie eine Freiheitsstrafe nicht verschärfen, sondern abwenden soll (Guradze EMRK Rn. 9).

5 Nach Abs. 3 Buchst. a sind auch Arbeitsauflagen für bedingt freigelassene Verurteilte zulässig. Das gilt sowohl bei der Aussetzung der Vollstreckung der Strafe nach § 56 StGB, §§ 21, 57 **JGG** (vgl. § 56b Abs. 2 Nr. 3 StGB: Erbringen gemeinnütziger Leistungen; § 23 Abs. 1 S. 2 JGG: Auflagen) als auch bei der Aussetzung des Restes einer teilverbüßten Freiheitsstrafe nach §§ 57, 57a StGB, § 88 **JGG** (einschr. KK-StPO/Lohse/Jakobs Rn. 6). In diesem Fall gelten § 56b StGB (vgl. §§ 57 Abs. 3 S. 1, 57a Abs. 3 S. 2 StGB) u. § 23 JGG (vgl. § 88 Abs. 6 S. 1 **JGG**) entspr.

6 **2. Wehr- und Ersatzdienst (Buchst. b):** Vgl. Art. 12a GG. Der Staat ist berechtigt, die im Zusammenhang mit diesen Dienstleistungen stehende Arbeit v. den wehrpflichtigen Bürgern zu verlangen.

7 **3. Notstandspflichten (Buchst. c)** sind Feuerwehr-, Wasserwehr- u. Deichpflichten, Hilfspflichten beim polizeilichen Notstand u. Dienstleistungen nach §§ 1 Abs. 1 Nr. 1 und 2, 2 Abs. 1 Nr. 9 des Bundesleistungsgesetzes idF v. 27.9.1961 (BGBl. I 1769 (1820)). Bei Notstand u. in Katastrophenfällen ergibt sich eine Arbeitspflicht auch aus § 323c StGB. Sie ist aber an strengere Anforderungen geknüpft, als Abs. 3 Buchst. c aufstellt; denn die Strafvorschrift setzt die Zumutbarkeit der Hilfeleistung voraus.

8 **4. Normale Bürgerpflichten (Buchst. d):** Hierzu gehören alle Straßenreinigungs-, Streu- u. Schneeräumungspflichten sowie Hand- u. Spanndienste, die auch Art. 12 Abs. 2 GG zulässt, weil sie iRe herkömmlichen, für alle gleichen

öffentl. Dienstleistungspflicht geleistet werden (vgl. Dürig/Herzog/Scholz/Scholz GG Art. 12 Rn. 489; Echterhölter JZ 1956, 144). Zur Diskussion um die Einf. eines sozialen Pflichtjahres bei Abschaffung der Wehrpflicht vgl. SK-StPO/Paeffgen Rn. 21: Kein Verstoß gegen Art. 4.

C. Maßnahmen zum Schutz von Opfern. Art. 4 kann dazu verpflichten, 9
Maßnahmen zum Schutz von Opfern o. möglichen Opfern des Menschenhandels zu treffen, wenn die Behörden v. Umständen wussten o. hätten wissen müssen, die den glaubhaften Verdacht begründen, dass eine bestimmte Person in unmittelbarer Gefahr war o. ist, Opfer v. Menschenhandel und/oder sexueller Ausbeutung zu sein; dabei dürfen allerdings den Behörden, die Prioritäten zu setzen u. auf Ressourcen Bedacht zu nehmen haben, keine unmöglichen o. unverhältnismäßigen Lasten aufgebürdet werden (EGMR NJW 2010, 3003 (3007)). Im Übrigen ergibt sich aus Art. 4 die verfahrensrechtliche Pflicht, vAw Tatumstände möglichen Menschenhandels zu ermitteln (EGMR NJW 2010, 3003).

Recht auf Freiheit und Sicherheit

5 (1) [1]**Jede Person hat das Recht auf Freiheit und Sicherheit.** [2]**Die Freiheit darf nur in den folgenden Fällen und nur auf die gesetzlich vorgeschriebene Weise entzogen werden:**

a) rechtmäßige Freiheitsentziehung nach Verurteilung durch ein zuständiges Gericht;
b) rechtmäßige Festnahme oder Freiheitsentziehung wegen Nichtbefolgung einer rechtmäßigen gerichtlichen Anordnung oder zur Erzwingung der Erfüllung einer gesetzlichen Verpflichtung;
c) rechtmäßige Festnahme oder Freiheitsentziehung zur Vorführung vor die zuständige Gerichtsbehörde, wenn hinreichender Verdacht besteht, dass die betreffende Person eine Straftat begangen hat, oder wenn begründeter Anlass zu der Annahme besteht, dass es notwendig ist, sie an der Begehung einer Straftat oder an der Flucht nach Begehung einer solchen zu hindern;
d) rechtmäßige Freiheitsentziehung bei Minderjährigen zum Zweck überwachter Erziehung oder zur Vorführung vor die zuständige Behörde;
e) rechtmäßige Freiheitsentziehung mit dem Ziel, eine Verbreitung ansteckender Krankheiten zu verhindern, sowie bei psychisch Kranken, Alkohol- oder Rauschgiftsüchtigen und Landstreichern;
f) rechtmäßige Festnahme oder Freiheitsentziehung zur Verhinderung der unerlaubten Einreise sowie bei Personen, gegen die ein Ausweisungs- oder Auslieferungsverfahren im Gange ist.

(2) **Jeder festgenommenen Person muss innerhalb möglichst kurzer Frist in einer ihr verständlichen Sprache mitgeteilt werden, welches die Gründe für ihre Festnahme sind und welche Beschuldigungen gegen sie erhoben werden.**

(3) [1]**Jede Person, die nach Absatz 1 Buchstabe c von Festnahme oder Freiheitsentziehung betroffen ist, muss unverzüglich einem Richter oder einer anderen gesetzlich zur Wahrnehmung richterlicher Aufgaben ermächtigten Person vorgeführt werden; sie hat Anspruch auf ein Urteil innerhalb angemessener Frist oder auf Entlassung während des Verfahrens.** [2]**Die Entlassung kann von der Leistung einer Sicherheit für das Erscheinen vor Gericht abhängig gemacht werden.**

(4) **Jede Person, die festgenommen oder der die Freiheit entzogen ist, hat das Recht zu beantragen, dass ein Gericht innerhalb kurzer Frist über die Rechtmäßigkeit der Freiheitsentziehung entscheidet und ihre Entlassung anordnet, wenn die Freiheitsentziehung nicht rechtmäßig ist.**

(5) **Jede Person, die unter Verletzung dieses Artikels von Festnahme oder Freiheitsentziehung betroffen ist, hat Anspruch auf Schadensersatz.**

1 **A. Freiheitsentziehung (Abs. 1).** Wie in Art. 2 Abs. 2 S. 2 GG ist nur der, auch kurzfristige, Freiheitsentzug ieS (im Gegensatz zur bloßen Freiheitsbeschränkung) gemeint (Vogler ZStW 89 (1977), 767; vgl. auch EGMR NJW 1984, 544 (547)); ein Polizeikordon, der aus Gründen der öffentl. Sicherheit eine Gruppe v. zT gewaltbereiten Demonstranten isoliert, gehört nicht hierzu (EGMR NVwZ-RR 2013, 785), ebenso wenig der aufgrund einer Pandemie zur Abwehr v. Gesundheitsgefahren angeordnete Lockdown (EGMR NJW 2021, 2101). Die Fälle der zulässigen Freiheitsentziehung führt Art. 5 Abs. 1 S. 2, anders als Art. 104 Abs. 1 GG, erschöpfend auf (EGMR EuGRZ 2011, 20 (23); StV 2010, 181 (182); vgl. auch EGMR NJW 2014, 283: „Behinderung des Verfahrens", „verächtliches Verhalten gegenüber dem Gericht"). Der Katalog kann auch mit Rücksicht auf die Pflicht der Staaten, potenzielle Opfer vor Straftaten zu schützen, nicht erweitert werden (EGMR NJW 2014, 369; BeckRS 2013, 80202). Die Praxis der sog. **„extraordinary renditions"** – dh die außergerichtliche Überstellung einer Person v. einem Staat in einen anderen zum Zwecke der Festnahme u. Vernehmung außerhalb des normalen Rechtssystems bei konkreter Gefahr v. Folter o. unmenschlicher Behandlung – bedeutet die vollständige Negation aller Schutzgarantien für Inhaftierte u. verstößt (selbstverständlich) gegen Art. 5 (EGMR NVwZ 2013, 631; BeckRS 2014, 82235). Auch Art. 5 stellt aber iÜ nur Mindestanforderungen an den Gesetzgeber u. schreibt vor, dass die materiellen u. verfahrensrechtlichen Vorschr. des innerstaatlichen Rechts, die ihrerseits ausreichende Vorkehrungen gegen Willkür bieten müssen, eingehalten werden (EGMR NJW 2004, 2209; 2011, 3423 (3426); BeckRS 2011, 143330; erg. zur Rspr. des EGMR Grabenwarter/Pabel EMRK § 21 Rn. 2 ff.).

1a Die Haft ist grds. rechtmäßig, wenn sie aufgrund einer (nicht willkürlichen: EGMR NJW 2015, 2095) **gerichtlichen Anordnung** erfolgt. Die nachträgliche Feststellung, dass dem Gericht nach innerstaatlichem Recht bei dem Erlass der Anordnung ein Fehler unterlief, bedeutet nicht notwendigerweise, dass die dazwischen liegende Haft rückwirkend für unrechtmäßig erklärt wird (EGMR NJW 2014, 369; 2012, 3422; StV 2008, 475 (478), bestätigt durch Große Kammer EuGRZ 2009, 566 (572) (anders nur bei groben offensichtlichen Mängeln)), da die Konvention auch der Rechtskraft v. Urt., die Rechtssicherheit als Teil des Rechtsstaatsprinzips sichert, einen hohen Stellenwert einräumt (EGMR NJW 2014, 369). Dies gilt gleichermaßen für ein geringfügiges Überschreiten der ges. vorgeschriebenen Höchstdauer der Haft (EGMR NJW 2011, 3017: 30 Min). Ein Verstoß gegen Abs. 1 hat daher auch nicht ohne weiteres die Unzulässigkeit der Strafverfolgung zur Folge (OLG Düsseldorf NJW 1984, 2050 (2052)). Im Einzelnen sind folgende Freiheitsentziehungen, wenn sie ges. ausdr. bestimmt sind, auf dem ges. vorgeschriebenen Weg zulässig (Abs. 1 S. 2; vgl. auch zu § 7 Abs. 2 JGG BGH NJW 2010, 1539):

2 **I. Freiheitsentziehung aufgrund richterlicher Verurteilung (Buchst. a).** „Nach" Verurteilung durch das zuständige Gericht bedeutet, dass ein ausreichender kausaler Zusammenhang zwischen Urt. u. Freiheitsentziehung bestehen muss (EGMR NJW 2012, 2093; EuGRZ 2011, 20 (23); NJW 2010, 2495). In Betracht kommen Freiheitsstrafen, freiheitsentziehende Maßregeln der Besserung u. Sicherung, insbes. auch die Anordnung der Sicherungsverwahrung zusammen mit dem die Schuld feststellenden Urt. (EGMR EuGRZ 2011, 20 (23); NJW 2012, 1707) sowie die Unterbringung nach § 63 StGB (EGMR NJW 2014, 369). Auch der Vorbehalt der Unterbringung in der Sicherungsverwahrung (§ 66a StGB nF; → StPO § 275a Rn. 1a) begründet einen ausreichenden Kausalzusammenhang, da er zusammen mit der Feststellung des erkennenden Gerichts über die Schuld des Betroffenen ausgesprochen wird; die spätere Anordnung der Unterbringung durch dieses Gericht ist damit in der ursprünglichen richterlichen Verurteilung angelegt u. ergibt sich aus dieser (zur Vereinbarkeit mit Verf. u. Konvention BVerfG NJW

2012, 3357). Die notwendige kausale Verbindung zwischen Verurteilung u. nachträglicher Freiheitsentziehung wurde aber bei der 1. Sicherungsverwahrung über 10 Jahren in sog. Altfällen (§ 67d StGB aF) sowie der nachträglichen Sicherungsverwahrung (§ 66b StGB aF) unterbrochen (EGMR StV 2010, 181). Das BVerfG hat in der Folge dieser Judikatur (**aM** noch BVerfGE 109, 133 = NJW 2004, 739 zum aus Art. 104 Abs. 1 S. 1 GG abgeleiteten Bestimmtheitsgebot bei Freiheitsentziehungen) eine Verletzung des rechtsstaatlichen Vertrauensschutzgebots aus Art. 2 Abs. 2 S. 2 iVm Art. 20 GG angenommen; bis zum Inkrafttreten einer ges. Neuregelung, längstens jedoch bis 31.5.2013, durfte in diesen Fällen die Sicherungsverwahrung nur angeordnet werden, wenn eine hochgradige Gefahr schwerster Gewalt- o. Sexualstraftaten aus konkreten Umständen abzuleiten war u. der Täter an einer psychischen Störung iSv Buchst. e litt (BVerfGE 128, 326 = NJW 2011, 1931, erg. BVerfG NJW 2011, 2711; → Rn. 6, ferner → Art. 7 Rn. 1 sowie → StPO § 275a Rn. 2, 2a); dies gilt auch, wenn der Betroffene zuvor in einem psychiatrischen Krankenhaus untergebracht war (BVerfG StV 2013, 626). Der EGMR hat die Wende der Rspr. des BVerfG begrüßt (EGMR NJW 2013, 1791 mwN), der Gesetzgeber hat den Anwendungsbereich der nachträglichen Sicherungsverwahrung durch Abschaffung der früheren Absätze 1 und 2 des § 66b StGB weitgehend reduziert (Fischer/Fischer/Anstötz StGB § 66b Rn. 1) u. das Abstandsgebot im Recht der Sicherungsverwahrung durch G v. 5.12.2012 neu geregelt (dazu Renzikowski NJW 2013, 1638).

Nicht ausreichend ist auch die rein präventive Unterbringung rückfallgefährdeter hochgefährlicher Straftäter nach Landesrecht durch die StVollstrK, da diese keine neue Feststellungen zur strafrechtlichen Schuld trifft u. deshalb kein „Strafgericht" iSd Terminologie des EGMR darstellt (EGMR NJW 2011, 3423; vgl. auch EGMR BeckRS 2011, 145635: Entsch. der StVollstrK, den Beschwerdeführer weiter in der Sicherungsverwahrung zu halten, nicht ausreichend). Straf- u. Jugendarrest, auch die Ordnungshaft nach § 890 ZPO (Guradze EMRK Rn. 12) sind dagegen nach Buchst. a zulässig. Der Strafbefehl steht dem Urt. gleich (Trechsel JR 1981, 137). Die Rechtskraft des Urt. wird nicht vorausgesetzt (Vogler ZStW 89 (1977), 770). Haft aufgrund Sicherungshaftbefehls nach § 453c StPO u. zur Sicherung der Vollstreckung ausl. Urt. (§ 58 IRG) ist ebenfalls zulässig. 2a

II. Ordnungs- und Erzwingungshaft (Buchst. b). Die Vorschr. enthält eine Art Generalklausel (Guradze EMRK Rn. 13), die alle in den innerstaatlichen Verfahrensordnungen vorgesehenen Festnahme- u. Vorführungsfälle sowie die Fälle unmittelbaren Zwangs (→ Einl. Rn. 46; vgl. etwa → StPO § 81a Rn. 28 ff.) deckt, soweit sie nicht durch andere Bestimmungen des Art. 5 erfasst werden. Unter Abs. 1 Buchst. b fallen insbes. die Ordnungs- u. Beugehaft nach §§ 51, 70 Abs. 1 und Abs. 2 (BGHSt 36, 236 (239)), 95 Abs. 2 StPO, §§ 380 Abs. 1, 390, 888, 901, 918 ZPO, §§ 177, 178 GVG, § 21 Abs. 3 InsO, die Erzwingungshaft nach § 96 OWiG, die Festhaltung nach §§ 164, 231 Abs. 1 StPO, die Vorführung nach §§ 51 Abs. 1, 134, 230 Abs. 2, 457 Abs. 2 StPO, § 380 Abs. 2 ZPO, § 21 Abs. 3 InsO, die UHaft nach §§ 127b Abs. 2, 230 Abs. 2 StPO u. die polizeiliche Festhaltung v. Störern (Guradze EMRK Rn. 13; Maaß NVwZ 1985, 155). Polizeigewahrsam aufgrund ordnungsrechtlicher Tatbestände kann nach Buchst. b als „Erzwingung der Erfüllung einer gesetzlichen Verpflichtung" zulässig sein, wenn die zulässige Höchstdauer strikt beachtet wird (EGMR NVwZ 2014, 43: Festhalten v. sog. Hooligans; NVwZ 2006, 797). Die (allg.) Pflicht, keine Straften zu begehen, genügt allerdings nicht (EGMR EuGRZ 2012, 141 zur Präventivhaft bei Großdemonstrationen). 3

III. Vorläufige Festnahme und Verhinderung einer Straftat (Buchst. c). 4
Die Vorschr. enthält zwei Tatbestände. Eine „**rechtmäßige Festnahme**" muss innerstaatlichen Vorschr. entsprechen u. verlangt darüber hinaus nur Tatverdacht o. Fluchtgefahr; der Verdachtsgrad, den sie voraussetzt, ist geringer als der nach §§ 112 ff., 127 StPO. Haft zum Zweck der Vorführung iSd Vorschr. ist auch u. insbes. die UHaft (BGHZ 57, 33), ferner die einstweilige Unterbringung nach

§ 126a StPO (vgl. EGMR EuGRZ 1992, 535; Pollähne/Ernst StV 2009, 706 Fn. 14 mwN). Weiterhin ist die Freiheitsentziehung nach Buchst. c möglich, wenn begründeter Anlass besteht, dass sie zur **Verhütung einer „konkreten und spezifischen“ Straftat** erforderlich ist (EGMR EuGRZ 2012, 141; StV 2010, 181 (183, 184)). Nach der auf den Wortlaut u. den systematischen Zusammenhang mit Abs. 3 gestützten Rspr. des Gerichtshofes sind damit ausschl. Freiheitsentziehungen iRe strafrechtlichen Untersuchung gestattet (EGMR NVwZ 2006, 797; vgl. ferner EGMR NVwZ 2014, 43; EuGRZ 2011, 255), zu denen auch die UHaft wegen Wiederholungsgefahr nach § 112a StPO gehört (Renzikowski JR 2004, 273), nicht aber Freiheitsentziehungen aus präventiven Gründen wegen potenzieller Gefahren, die sich – wie bei der Sicherungsverwahrung, die nur nach Buchst. a gerechtfertigt sein kann (dazu → Rn. 2) – auf den fortbestehenden Hang des Betroffenen zur Begehung v. Straftaten stützen (EGMR StV 2010, 181 (184); EuGRZ 2011, 255), ebenso wenig solche, die auf der Erfüllung ausschl. präventiv-polizeilicher bzw. ordnungsrechtlicher Aufgaben ohne Bezug zu einer Straftat beruhen u. als „Erzwingung einer gesetzlichen Verpflichtung“ Buchst. b unterfallen können (EGMR NVwZ 2006, 797: Durchsetzung eines Platzverweises; erg. → Rn. 3). Ebenfalls nicht zulässig sind Internierungen o. präventive Haft im Rahmen bewaffneter Konflikte wegen des Verdachts terroristischer Aktivitäten, wenn nicht beabsichtigt ist, binnen angemessener Frist Anklage zu erheben (EGMR BeckRS 2011, 25294).

4a Die Vollstreckung eines **Europäischen Haftbefehls** soll nach der Rspr. des EuGH nur in den Fällen der Art. 3, 4, 4a des RB 2002/584/JI des Rates v. 13.6.2002 in der durch RB 2009/299/JI des Rates v. 26.2.2009 geänd. Fassung abgelehnt werden können (EuGH NJW 2013, 1145 – Radu; 2013, 1215 – Melloni); dies impliziert, dass eine Ablehnung der Vollstreckung selbst in Ausnahmefällen nicht unter Berufung auf eine Verletzung der insbes. in Art. 5 Abs. 1, Abs. 3 und Abs. 4 sowie Art. 6 Abs. 1 EMRK niedergelegten Rechte zulässig ist (mit Recht krit. dazu Brodowski HRRS 2013, 54; Gaede NJW 2013, 1279; erg. → StPO Vor § 112 Rn. 9 ff.).

5 **IV. Haftanordnung gegen Minderjährige aus Erziehungsgründen (Buchst. d).** Zulässig sind Heimerziehung (§§ 1666, 1666a BGB; §§ 34, 42, 43 SGB VIII; §§ 5, 9, 12 Nr. 2 JGG) u. Vorführung vor Gericht nach § 90 Abs. 2 S. 2 FamFG.

6 **V. Haft wegen Allgemeingefährlichkeit (Buchst. e).** Vgl. §§ 126a, 413 ff. StPO, § 30 Abs. 2 IFSG sowie die Unterbringungsgesetze der Länder (vgl. auch EGMR EuGRZ 1992, 535; NJW 2004, 2209; NStZ 2010, 263 (264)). Haft bei **psychischen Störungen** nach Buchst. e setzt voraus, dass eine solche durch medizinische Gutachten hinreichend sicher festgestellt (EGMR NJW 2011, 3423; EuGRZ 2011, 255 (260)) u. sie so schwerwiegend ist, dass sie eine zwangsweise Unterbringung notwendig macht (EGMR EuGRZ 2012, 383 (389); NJW 2011, 3427). Sie darf nur so lange andauern, wie die Störung fortbesteht (EGMR EuGRZ 2012, 383 (389); NJW 2011, 3427; 18.10.2011 – 53783/09). Der Begriff „psychisch Kranke“ lässt sich nicht exakt definieren, weil sich seine Bedeutung mit dem Fortschreiten der psychiatrischen Forschung ständig verändert; bei seiner Beurteilung steht den innerstaatlichen Behörden ein gewisses Ermessen zu (EGMR JR 2013, 78 mAnm Peglau; EuGRZ 2012, 383 (389) mwN). Eine dissoziale Persönlichkeitsstörung o. eine Psychopathie können ausreichen (EGMR BeckRS 2003, 158100; vgl. auch EGMR NJW 2017, 1007 (1011): sexuelle Devianz), selbst wenn sie nicht die Voraussetzungen der §§ 20, 21 StGB erfüllen (BGH NStZ 2011, 631; BVerfG BeckRS 2011, 54839 unter Hinweis auf die Gesetzesmaterialien zum ThUG – *BT-Drs. 17/3403*, 53 f.), lediglich sozial abw. Verhalten nicht (EGMR NJW 2004, 2209; BeckRS 1979, 108522; zusf. Renzikowski ZIS 2011, 531 (536 ff.); SK-StPO/Paeffgen Rn. 42, 42a; vgl. auch Dannhorn StRR 2012, 297). Die Freiheitsentziehung muss nach der Rspr. des Gerichtshofs in einem **Verfahren** angeordnet werden, das – wie zB die Unterbringung nach § 63 StGB, nicht aber die nach § 66 StGB – speziell auf psychische Störungen zugeschnitten ist (EGMR

NJW 2011, 3423 (3425 f.); BeckRS 2011, 143330) u. in einem Krankenhaus, einer Klinik o. einer anderen geeigneten Einrichtung vollzogen wird (EGMR NJW 2014, 369; EuGRZ 2012, 383 (389); positiv zu den in Deutschland unternommenen Anstrengungen EGMR NJW 2017, 1007). Allerdings wird es in der Praxis häufig keine scharfe Trennlinie zwischen „nur" gefährlichen u. deshalb in der Sicherungsverwahrung unterzubringenden Personen u. solchen geben, die zugleich psychisch gestört sind u. deshalb im psychiatrischen Krankenhaus (§ 63 StGB) untergebracht werden müssen.

Nach dem Urteil des BVerfG v. 4.5.2011 (BVerfGE 128, 326; erg. BVerfG BeckRS 2011, 52631; 2011, 54839; NJW 2011, 2711) setzt die Anordnung u. Vollstreckung der **Sicherungsverwahrung** voraus, dass der gebotene Abstand zur Strafe gewahrt ist (vgl. auch EGMR EuGRZ 2011, 255 (260), der v. einer „gewissen Relation" zwischen dem Grund der Freiheitsentziehung u. den Unterbringungsbedingungen spricht, die EGMR EuGRZ 2012, 383 (390), dem BVerfG folgend, hins. der Unterbringungsbedingungen in der Sicherungsverwahrung nicht als gegeben angesehen hat). Der Gesetzgeber hat dieser Forderung durch G v. 5.12.2012, in Kraft ab 1.6.2013, Rechnung getragen (BGBl. 2012 I 2425; dazu Renzikowski NJW 2013, 1638). Außerdem muss der Täter an einer psychischen Störung iSv § 1 Abs. 1 Nr. 1 ThUG leiden, welche inhaltlich dem v. Buchst. e vorausgesetzten Begriff des „psychisch Kranken" entspr. (BVerfGE 128, 326; BGH NStZ 2011, 631; OLG Saarbrücken StV 2012, 31 (37 f.); OLG Karlsruhe StV 2012, 228 erg. → Rn. 2). Inwieweit sich allerdings für die Rechtsanwendung praktikable Maßstäbe finden lassen werden, die den unbestimmten u. mit psychiatrisch-psychologischen Kriterien nur schwer zu fassenden Begriff der „psychischen Störung" handhabbar machen, erscheint nicht unzw. (dazu Morgenstern ZIS 2011, 974 ff.; Höffler/Stadtland StV 2012, 239 ff.; Dannhorn StRR 2012, 297). **6a**

VI. Abschiebungs- und Auslieferungshaft gegen Ausländer (Buchst. f). Vgl. § 62 AufenthG, §§ 15, 16, 34 IRG. Auch die Haft zur Sicherung der Durchlieferung nach § 45 IRG ist durch Abs. 1 Buchst. f abgedeckt (Schorn S. 165). **7**

B. Unterrichtungspflicht (Abs. 2). Vgl. § 114a StPO, Nr. 181 Abs. 2 RiStBV. **8**

C. Vorführungspflicht (Abs. 3 S. 1 Hs. 1). Vgl. Art. 104 Abs. 3 GG, §§ 115, 115a, 128 StPO. Die Vorschr. gilt nur für die Festnahme o. Verhaftung nach Abs. 1 Buchst. c (EGMR NJW 2007, 3699). Um eine Festnahme iS Abs. 3 handelt es sich daher nicht bei der Vorführung zur Vernehmung nach §§ 51 Abs. 1 S. 3, 133 Abs. 2, 134, 135, 161a Abs. 1 S. 2, 163a Abs. 3 S. 2 StPO. Nach Erlass eines Urt. gilt nur Abs. 1 Buchst. a (Vogler ZStW 89 (1977), 770). **9**

Zur **Begründung** v. Entsch., die Haft anordnen o. aufrechterhalten, genügt nicht die bloße Aufzählung der Haftgründe; vielmehr sind diese mit stichhaltigen u. ausreichenden Angaben zu untermauern, wobei auch zu überprüfen ist, ob die Gründe im Voranschreiten des Verf. noch gültig sind (EGMR – Große Kammer – NJW 2010, 213). **9a**

D. Beschleunigungsgebot (Abs. 3 S. 1 Hs. 2). Ein Anspruch auf Aburteilung innerhalb angemessener Frist besteht nach Art. 6 Abs. 1 S. 1 allg. (eing. dazu → Art. 6 Rn. 7 ff.; vgl. auch → Einl. Rn. 160). Dass er **Inhaftierten in bes. Maße** zusteht, ergibt sich bereits aus Art. 2 Abs. 1 S. 2 GG (BVerfGE 20, 45). Abs. 3 S. 1 Hs. 2 bestimmt darüber hinaus, dass der Inhaftierte aus der Haft zu entlassen ist, wenn dem Beschleunigungsgebot nicht entsprochen wird (EGMR NJW 2007, 3699). Das Wort oder" bedeutet nicht, dass der Verhaftete insoweit ein Wahlrecht hat (Guradze EMRK Rn. 32). Haftentlassung gegen Sicherheitsleistung (Abs. 3 S. 2) sieht § 116 Abs. 1 S. 2 Nr. 4 StPO vor. Die Vertraulichkeit der Kontakte zwischen Inhaftiertem u. Verteidiger ist zu achten (vgl. §§ 97, 148 StPO); dem entspr. verletzt es Abs. 3, wenn aus diesem Anlass gefertigte Gesprächsnotizen des Anwalts beschlagnahmt werden (EGMR BeckRS 2012, 18028). **10**

11 Für die Beurteilung der **Angemessenheit der Frist,** die nicht in abstracto, sondern im Hinblick auf die Umstände des Einzelfalls geprüft werden muss (EGMR EuGRZ 1993, 384; NJW 2005, 3125; erg. → Art. 6 Rn. 7b, 8) ist der Zeitraum v. der nach Festnahme o. nach Auslieferung einsetzenden UHaft bis zu dem Tag maßgebend, an dem über die Begründetheit der Anklage entschieden wird (EGMR JR 1968, 463), also bis zum Erlass des erstinstanzlichen Urt. (EGMR NJW 2015, 3773 mwN). Dabei kann eine fortdauernde Inhaftierung durch ein bes. öffentl. Interesse an der Strafverfolgung – etwa bei schwerwiegenden Straftaten mit int. Bezug – gerechtfertigt sein (EGMR NJW 2015, 3773). Die Weitergeltung der Gründe für die U-Haft ist im Laufe des Verf. zu überprüfen (EGMR NJW 2010, 213 (214)). Dauer der UHaft über 6 Monate ist nach § 121 Abs. 1 StPO nur unter den dort genannten Voraussetzungen zulässig. Dauert die UHaft schon überaus lange, muss das Prozessgericht mit bes. Beschleunigung verhandeln (EGMR NJW 2005, 3125: Verstoß gegen Art. 5 Abs. 3 bei 2jähriger UHaft u. weniger als 4 Verhandlungsterminen pro Monat mit durchschnittlich weniger als 2½ Stunden Verhandlungsdauer). Auch insoweit ist eine schematische Betrachtung allerdings nicht angebracht; größere zeitliche Lücken zwischen einzelnen Hauptverhandlungsterminen können zB vertretbar sein, wenn sie auf Problemen der int. Rechtshilfe beruhen (EGMR NJW 2015, 3773). Nach Urteilserlass schützt Art. 6 Abs. 1, der auch den Zeitraum bis zur Rechtskraft des Urt. umfasst (vgl. EGMR NJW 2015, 3773). Dass die UHaft die Strafe übersteigt, die aE ausgesprochen wird, beweist nicht ohne weiteres einen Verstoß gegen Abs. 3 (Morvay ZaöRV 2021, 331; Vogler ZStW 82 (1970), 759).

12 Die **Überschreitung der angemessenen Frist** führt zwar zur Beendigung der Haft, grds. aber nicht zur Einstellung des Verf. (erg. → Art. 6 Rn. 9, 9b aE); zu § 126a StPO vgl. OLG Hamm StV 2009, 703 mAnm Pollähne/Ernst).

13 **E. Haftprüfungsverfahren (Abs. 4).** Vgl. §§ 115, 117, 118, 121, 122, 128 StPO. Die Vorschr. ist lex specialis zu Art. 6 (EGMR BeckRS 2005, 156945). Verhaftete Personen haben Anspruch auf einen Rechtsbehelf, der sich auf die verfahrens- u. die materiellrechtlichen Voraussetzungen für die Rechtmäßigkeit der Freiheitsentziehung erstreckt (EGMR NJW 2002, 2013; 2012, 2331; 2014, 283). Das Verf. muss kontradiktorisch sein u. Waffengleichheit zwischen der StA u. dem Verhafteten gewährleisten, wozu auch die Einsicht in die für eine wirksame Anfechtung der Rechtmäßigkeit der Haft wesentlichen Schriftstücke u. die Wahrung des Grundsatzes des rechtlichen Gehörs gehört (EGMR NJW 2002, 2013; 2013, 2409; StV 2010, 490; BeckRS 2017, 161296; EuGRZ 2009, 472 (474); Morgenstern ZIS 2011, 240 (242); erg. → StPO § 147 Rn. 25a). Die Entsch. über die Haftfortdauer muss innerhalb einer den konkreten Umständen des Falles angemessenen Frist (dazu EGMR NJW 2012, 2331; 2019, 2143: regelmäßig innerhalb v. 20 Tagen; krit. dazu Weigend StV 2019, 561, der mit Recht darauf hinweist, dass eine derartige Höchstgrenze den ganz unterschiedlichen prozessualen Ausgangslagen nicht gerecht wird) u. erforderlichenfalls in regelmäßigen Zeitabständen erfolgen (EGMR StV 2008, 475 (479), bestätigt durch Große Kammer EuGRZ 2009, 566 (576); vgl. iE SK-StPO/Paeffgen Rn. 65 ff.). Regelmäßig ist dabei nur die bei größtmöglicher Beschleunigung erreichbare Minimaldauer hinnehmbar (BGH StV 2008, 633; vgl. auch BVerfG NJW 2023, 3487). Im Prüfungsverfahren nach § 67e StGB muss einem nach § 63 StGB Untergebrachten idR rechtlicher Beistand gewährt werden (EGMR NJW 1992, 2945). Zur Prüfung der Rechtmäßigkeit einer (vorl.) Unterbringung zur Erstellung eines psychiatrischen Gutachtens vgl. EGMR NJW 2004, 2209.

14 **F. Schadensersatzanspruch (Abs. 5).** Die Vorschr. begründet unmittelbar einen **Entschädigungsanspruch gegen den Staat** (BGHZ 45, 30 (34) = NJW 1966, 924), u. zwar gegen die öffentlich-rechtliche Körperschaft, in deren Bereich die Verhaftung eingetreten ist (vgl. Brückler DRiZ 1965, 255) bzw. im Fall der nachträglich verlängerten Sicherungsverwahrung das Bundesland, in dem die Freiheit konventionswidrig entzogen wurde (BGH JZ 2013, 1161); er kann nur im

Zivilrechtsweg geltend gemacht werden (OLG München NStZ-RR 1996, 125). Der Anspruch setzt rechtswidrige Haft, aber kein Verschulden voraus (BGHZ 45, 58 (66)), wobei die Rechtswidrigkeit sowohl an den innerstaatlichen Gesetzen als auch an den Bestimmungen der EMRK gemessen werden kann (BGHZ 45, 58; 57, 33), u. geht daher über den Anspruch nach § 839 BGB hinaus, der aber neben dem nach Abs. 5 bestehen bleibt (Rüping Strafverfahren Rn. 710). Ansprüche nach dem **StrEG** schließen den Anspruch nach Abs. 5 nicht aus (→ StrEG Vor § 1 Rn. 3). Die Vorschr. gilt jedoch nicht für den Fall der Strafverbüßung aufgrund eines unrichtigen, aber formell rechtmäßigen Urt. (BGHZ 57, 33), nach OLG Hamm (NStZ 1989, 327 mablAnm Seebode) auch nicht bei einer gegen den Verhältnismäßigkeitsgrundsatz verstoßenden, jedoch nicht willkürlich angeordneten Unterbringung in einem psychiatrischen Krankenhaus. Der Anspruch nach Abs. 5 ist kein Aufopferungsanspruch (**aM** Guradze EMRK Rn. 43; Schorn S. 178; Herzog JZ 1966, 657), sondern ein Fall der Gefährdungshaftung mit deliktsähnlichem Einschlag (BGHZ 45, 58 (66 ff.)); für die Verjährung gilt daher § 195 (früher § 852) BGB entspr. (BGHZ 45, 58). Nach Abs. 5 wird der volle Schaden ersetzt (BGHZ 45, 58 (68)), auch der immaterielle (BGH NJW 1993, 2927; NStZ 2010, 229), an dessen Nachw. keine überspannten Anforderungen gestellt werden dürfen (EGMR 2.9.2009 – 9411/05). Vgl. auch Strafner StV 2010, 275. Zum Ganzen Brockhaus/Ullrich StV 2016, 678.

Recht auf ein faires Verfahren

6 (1) [1]**Jede Person hat ein Recht darauf, dass über Streitigkeiten in Bezug auf ihre zivilrechtlichen Ansprüche und Verpflichtungen oder über eine gegen sie erhobene strafrechtliche Anklage von einem unabhängigen und unparteiischen, auf Gesetz beruhenden Gericht in einem fairen Verfahren, öffentlich und innerhalb angemessener Frist verhandelt wird.** [2]**Das Urteil muss öffentlich verkündet werden; Presse und Öffentlichkeit können jedoch während des ganzen oder eines Teiles des Verfahrens ausgeschlossen werden, wenn dies im Interesse der Moral, der öffentlichen Ordnung oder der nationalen Sicherheit in einer demokratischen Gesellschaft liegt, wenn die Interessen von Jugendlichen oder der Schutz des Privatlebens der Prozessparteien es verlangen oder – soweit das Gericht es für unbedingt erforderlich hält – wenn unter besonderen Umständen eine öffentliche Verhandlung die Interessen der Rechtspflege beeinträchtigen würde.**

(2) **Jede Person, die einer Straftat angeklagt ist, gilt bis zum gesetzlichen Beweis ihrer Schuld als unschuldig.**

(3) **Jede angeklagte Person hat mindestens folgende Rechte:**

a) innerhalb möglichst kurzer Frist in einer ihr verständlichen Sprache in allen Einzelheiten über Art und Grund der gegen sie erhobenen Beschuldigung unterrichtet zu werden;

b) ausreichende Zeit und Gelegenheit zur Vorbereitung ihrer Verteidigung zu haben;

c) sich selbst zu verteidigen, sich durch einen Verteidiger ihrer Wahl verteidigen zu lassen oder, falls ihr die Mittel zur Bezahlung fehlen, unentgeltlich den Beistand eines Verteidigers zu erhalten, wenn dies im Interesse der Rechtspflege erforderlich ist;

d) Fragen an Belastungszeugen zu stellen oder stellen zu lassen und die Ladung und Vernehmung von Entlastungszeugen unter denselben Bedingungen zu erwirken, wie sie für Belastungszeugen gelten;

e) unentgeltliche Unterstützung durch einen Dolmetscher zu erhalten, wenn sie die Verhandlungssprache des Gerichts nicht versteht oder spricht.

Übersicht

1 **A. Anwendungsbereich.** Der Begriff „strafrechtliche Anklage" ist **autonom auszulegen.** Er erfasst bereits den Vorwurf eines strafbaren Verhaltens, vergleichbar der Beschuldigteneigenschaft im deutschen Strafprozess (EGMR BeckRS 2016, 111649; Jahn JuS 2017, 177). Die Vorschr. gilt zudem nicht nur für die Strafgerichtsbarkeit, sondern auch für das Bußgeldverfahren (EGMR NJW 1985, 1273; EuGH WM 2010, 65; OLG Bamberg NJW 2009, 2468; str.). Sie findet – allerdings abhängig v. der Sanktions-Intensität – auch im Auslieferungsverfahren Anwendung (SK-StPO/Paeffgen Rn. 24); im verwaltungsgerichtlichen Verf. gilt sie jedenfalls nicht, wenn der Organwalter hoheitlich tätig wird (dazu eing. SK-StPO/Paeffgen Rn. 20 ff.). Sie ist entgegen ihrem Wortlaut nicht nur auf Angeklagte (vgl. § 157 StPO), sondern auf jeden Beschuldigten anzuwenden (EGMR NJW 2009, 3709; Kempf FS 25 Jahre AG StrafR DAV, 2009, 595; erg. → Rn. 8). Sie gilt auch im Revisionsverfahren u. im Verf. vor dem VerfG, dagegen nicht für die Vollstreckung rkr. Strafurteile (EGMR BeckRS 2009, 142013) sowie die Wiederaufnahme eines Strafverfahrens (EGMR NJW 2010, 3704 (3705)). Auf ein Überstellungsverfahren ist Art. 6 ausnahmsweise anwendbar, wenn eine „sehr enge" Verbindung zwischen diesem u. dem Strafverfahren besteht; dies hat der EGMR angenommen, wenn sich das Verf. der Überstellung auf eine Zusicherung der StA während des Strafverfahrens bezieht (EGMR NStZ-RR 2011, 113). Zum Geltungsbereich des Art. 6 iE vgl. auch KK-StPO/Lohse/Jakobs Rn. 7 ff.. In berufsrechtlichen Disziplinarverfahren ist Abs. 1, auch wenn es um anwaltliche Tätigkeit geht, (lediglich) unter seinem zivilrechtlichen Aspekt anwendbar (EGMR NJW 2014, 1791 mwN).

2 **B. Anspruch auf faires Verfahren und öffentliche Anhörung in angemessener Frist (Abs. 1 S. 1). I. Bedeutung und Auslegungsgrundsätze.** Die Vorschr. enthält den dem anglo-amerikanischen Strafverfahren entstammenden **fair trial-Grundsatz** (EKMR NJW 1963, 2247). Sie bedeutet nicht materielle, sondern **prozessuale Fairness** (EGMR 6.7.2010 – 54 111/07). Zum fairen Verf. zählt etwa das Verbot des *venire contra factum proprium* (Engländer JZ 2009, 1180), insbes. aber der **Grundsatz der Waffengleichheit** zwischen staatlicher Strafverfolgung u. Verteidigung (dazu → Einl. Rn. 88), der allerdings in dem v. der Aufklärungspflicht des Gerichts (§ 244 Abs. 2 StPO) u. der Objektivitätspflicht der StA (§ 161 Abs. 2 StPO) geprägten deutschen Strafverfahren nicht denselben Inhalt u. dieselbe Bedeutung haben kann wie im angelsächsischen Parteienprozess (s. aber EGMR NJW 2020, 3019, der v. einem „Recht auf ein kontradiktorisches Verfahren" ausgeht, was allerdings mit einem inquisitorischen Verständnis des Straf-

verfahrens unvereinbar ist u. die Unterschiede der Rechtstraditionen der Vertragsstaaten außer Acht lässt).

Der Begriff wird in der Rspr. des EGMR **umfassend** verstanden, sodass sich ein Verstoß gegen Art. 6 nur aus einer Gesamtschau des Verf. ergeben kann (EGMR NJW 2001, 2387; erg.→ Rn. 16, 22; ebenso die deutsche Rspr.: BGH NJW 2025, 1584 mwN). Abs. 1 S. 1 hat damit allg. Bedeutung für den gesamten Bereich des Art. 6, erstreckt sich also auch auf die normierten Einzelgewährleistungen (vgl. Harris/O'Boyle/Warbrick/Bates Law of the European Convention S. 201; HK-EMRK/Meyer-Ladewig Rn. 35 ff.). Dabei akzeptiert der Gerichtshof bis zur Grenze der Willkür die Auslegung des innerstaatlichen Rechts bzw. auch des Völkerrechts durch die staatlichen Gerichte (EGMR NJW 2012, 3502; 3419: Strafmilderung als Gegenleistung für ein Geständnis iRe Absprache). Die **Revision** muss dem entspr. vortragen, dass das Verfahren insgesamt unfair gewesen sei (vgl. BGH NJW 2022, 1826; 30.7.2025 – 5 StR 185/25). 3

Bei der erforderlichen **Gesamtbetrachtung** (vgl. EGMR NJW 2019, 1999; 2017, 2811) nach Abs. 1 sind die widerstreitenden Interessen der Verteidigung, des Opfers, der Zeugen u. des öffentl. Interesses an einer effektiven Strafrechtspflege gegeneinander abzuwägen, ferner das Gewicht des Verstoßes gegen innerstaatliches Recht o. gegen Konventionsrecht (EGMR NJW 2006, 3117 (3122 f.); vgl. auch BVerfG NJW 2012, 907 (911); BGH NJW 2025, 1584). Auch die Besonderheiten des jew. betroffenen Rechtssystems sind zu berücksichtigen (vgl. EGMR (Große Kammer) BeckRS 2011, 142771 zu Abs. 3 Buchst. d; Meyer HRRS 2012, 117). Dies ermöglicht es, bei der Bewertung der Fairness zu berücksichtigen, dass die Gerichte in Deutschland gehalten sind, den Sachverhalt auch unabhängig v. Beweisbegehren der StA o. der Verteidigung vAw umfassend aufzuklären (vgl. EGMR BeckRS 2013, 80687 zu § 244 Abs. 2 StPO). Einen v. vorneherein reduzierten Prüfungsumfang beim Verdacht des Terrorismus gibt es nicht (EGMR BeckRS 2016, 111649). Der plakative u. unscharfe Begriff der Fairness entzieht sich allerdings weitgehend einer an objektiven Kriterien orientierten Inhaltsbestimmung u. birgt die Gefahr in sich, zur Durchsetzung subjektiver, die rollenspezifischen Interessen o. rechtspolitischen Vorstellungen widerspiegelnder Überlegungen v. Gerechtigkeit u. „Fairness" instrumentalisiert zu werden. 3a

Bei **„flagranten Rechtsverweigerungen"** ist ohne weiteres ein Verstoß gegen Art. 6 gegeben. Diese nimmt der EGMR bei schweren u. offenkundigen Fairnessverstößen durch Vorenthalten elementarer Verteidigungs- u. Beschuldigtenrechte an, welche die Integrität eines rechtsstaatlichen Strafverfahrens irreparabel schädigen (EGMR BeckRS 2014, 82235 zur Praxis der sog. „extraordinary renditions" Terrorverdächtiger; vgl. auch EGMR NJW 2015, 2095). Umgekehrt hat ein Straftäter aus Abs. 1 grds. **keinen „Anspruch"** darauf, dass die Ermittlungsbehörden **rechtzeitig gegen ihn einschreiten,** um seine Taten zu verhindern (BGH NJW 2022, 1826, 1827 mwN). Dies kann ausnahmsweise anders zu beurteilen sein, wenn die rechtliche Qualität der Tat nicht vom Verhalten des Täters, sondern allein vom Zeitpunkt der Einleitung des Ermittlungsverfahrens abhängt (vgl. BGH NJW 2020, 1826 (1828); NJW 2005, 763: Zuwarten mit der Einleitung eines steuerstrafrechtlichen Strafverfahrens, um den Beschuldigten wg. vollendeter statt nur wg. versuchter Steuerhinterziehung verfolgen zu können). 3b

Tatopfer werden nur dann in den Schutzbereich des Abs. 1 S. 1 einbezogen, wenn sie im Strafverfahren einen nach nationalem Recht anerkannten zivilrechtlichen Anspruch („civil right") verfolgen, für dessen Wahrnehmung der Ausgang des Strafverfahrens v. entscheidender Bedeutung ist (EGMR (Große Kammer) BeckRS 2004, 151260). *Dies* wird jedenfalls zu bejahen sein, wenn das Opfer Entschädigungsansprüche im Adhäsionsverfahren geltend macht, erscheint aber bei einer allein punitive Ziele verfolgenden Nebenklage zw. (wohl **aM** Helmken StV 2016, 456 (460)). 3c

II. Aussage- und Selbstbelastungsfreiheit. Der Grundsatz der **Aussage- und Selbstbelastungsfreiheit,** dh die Entscheidungsfreiheit eines Verdächtigen, 4

ob er Angaben machen o. schweigen will, ist ein grdl. Bestandteil des in Art. 6 Abs. 1 garantierten fairen Verfahrens (EGMR NJW 2010, 213; 2008, 3549; Satzger IntStrafR § 11 Rn. 70; zur in den Mitgliedsstaaten allerdings iE unterschiedlich verstandenen Reichweite des nemo-tenetur-Grundsatzes EGMR 8.2.1996 – 18731/91; BVerfG JZ 2016, 1113). Hierunter fällt auch der Schutz des Berufsgeheimnisses des Verteidigers (EGMR NJW 2020, 3507). Verständigungsverfahren, die dem Angeklagten Strafnachlass für ein Geständnis in Aussicht stellen, unterliegen unter diesem Aspekt keinen grds. Bedenken (EGMR NJW 2012, 3419). Schwierig zu beurteilen sind allerdings va denkbare Verstöße in Fällen, in denen belastenden Äußerungen auf einer nicht offen geführten Vernehmung des Beschuldigten beruhen. Der nemo-tenetur-Grundsatz kann je nach den Umständen auch in einem solchen Fall verletzt sein, wenn die Angaben des Beschuldigten aufgrund v. Maßnahmen der Ermittlungsbehörden erlangt wurden, die sich bei wertender Betrachtung als funktionales Äquivalent einer formellen Polizeivernehmung darstellen (s. EGMR StV 2003, 257 (259): Selbst belastende Angaben ggü. einem in derselben Zelle einsitzenden, v. der Polizei instruierten u. beharrlich insistierenden Informanten unter Ausnutzung eines vermeintlichen Vertrauensverhältnisses; vgl. auch BGH NStZ 2009, 343; 2023, 560). Dies gilt namentlich, wenn der Beschuldigte durch – psychischen – Druck in eine Lage gebracht wird, die einem Aussagezwang nahekommt (BGHSt 55, 138: Drohung mit einem empfindlichen Übel; vgl. auch BGH NJW 2024, 3603; NStZ 2023, 560) o. wenn er bereits bei einer förmlichen Vernehmung v. seinem Schweigerecht Gebrauch gemacht hat (BGHSt 52, 11; NStZ 2024, 572 mAnm Georg; vgl. auch EGMR StV 2003, 257 (259)). Kein Verstoß gegen die Selbstbelastungsfreiheit liegt dagegen bei einem durch einen Informanten der Polizei heimlich aufgenommenen Gespräch vor, das der auf freiem Fuß befindliche u. noch nicht polizeilich vernommene Verdächtige aus freien Stücken geführt hatte (EGMR NJW 2010, 2013 (2015); vgl. auch BGH NStZ 2011, 596: Die Informantin hatte sich der Polizei v. sich aus zur Vfg. gestellt u. war v. dieser nicht instruiert u. angeleitet worden). Der BGH hat einen Verstoß ebenfalls verneint bei der wahrheitswidrigen Angabe von Ermittlungsbeamten, alle anderen Gewahrsamszellen seien belegt; damit sei keine Aussage in dem Sinne verbunden, die in einem – akustisch überwachten – Haftraum gemeinsam untergebrachten Beschuldigten könnten sich ungestört und ohne jegliche Überwachung über den Tatvorwurf austauschen (BGH NJW 2024, 3603 mablAnm Eisenberg u. Diebel/El-Ghazi StV 2025, 441). Das nemo-tenetur-Prinzip verbietet grds. auch nicht die zwangsweise Erlangung v. Beweisen v. Beschuldigten, die unabhängig v. seinem Willen vorhanden sind, wie zB Proben v. Atemluft, Blut, Urin o. Körpergewebe, es sei denn, sie wurden nach den Umständen des Einzelfalls unter Verstoß gegen Art. 3 gewonnen (EGMR NJW 2006, 3117 (3123 f.): Brechmitteleinsatz bei Betäubungsmitteldelikt; erg. → Art. 3 Rn. 2, Einl. Rn. 29a – 29c).

4a **III. Einsatz eines polizeilichen Lockspitzels.** Der **Einsatz eines polizeilichen Lockspitzels** verletzt Art. 6 Abs. 1, wenn Mitglieder der Polizeikräfte o. Personen, die in ihrem Auftrag tätig werden, diejenigen, auf die sie angesetzt sind, dazu anstiften, eine Straftat zu begehen, die sie sonst nicht begangen hätten (EGMR NJW 2021, 3515; 2012, 3502; 2009, 3565; NStZ 1999, 47). Bei der Beurteilung, ob eine Anstiftung idS vorgelegen hat, stellt der Gerichtshof va darauf ab, ob es im Vorhinein stichhaltige Gründe dafür gab, dass der Betroffene bereit war, Straftaten zu begehen u. ob sich die beteiligten Beamten nicht auf eine im Wesentlichen passive Rolle beschränkt, sondern aktiv auf die Begehung der Straftat hingewirkt haben (EGMR NJW 2021, 3515; 2015, 3631; 2012, 3502; 2009, 3565); selbst wenn man objektiv eine Tatgeneigtheit bejaht, rechtfertigt dies allerdings nicht ein zur Tat anstiftendes, sie provozierendes Verhalten des polizeilichen Lockspitzels. Für die Frage der **Tatgeneigtheit** können einschlägige Vorstrafen, die Vertrautheit mit den Usancen der betr. Straftaten (zB des Drogenhandels) sowie das Vorhandensein v. Anhaltspunkten sprechen, welche einen konkreten Tatverdacht begründen (s. etwa BGH NStZ 2014, 277: „gewisser Anfangsverdacht"; BGHSt

60, 238; 60, 276; BGH NStZ 2016, 232; vgl. auch BVerfG NJW 2015, 1083: „ausreichende tatsächliche Anhaltspunkte"). Zur Beurteilung des **Verhaltens des polizeilichen Lockspitzels** nimmt der BGH eine Abwägung aller Umstände vor, ob das tatprovozierende Verhalten „unvertretbar übergewichtig" war (BGHSt 60, 238; 60, 276; BGH NStZ 2018, 355 mkritAnm Esser; 2016, 232; BeckRS 2018, 17767; erg. → Einl. Rn. 148a). Eine rechtsstaatswidrige Tatprovokation setzt voraus, dass **mit einiger Erheblichkeit** tatstimulierend auf den Täter eingewirkt wird (BGH NJW 2022, 1826 (1829)). Von bes. Bedeutung ist, mit welcher Beharrlichkeit der polizeiliche Lockspitzel auf den Betroffenen eingewirkt hat, ob sich ein etwaiges „Drängen" auf die Vornahme des Geschäftes als solches o. lediglich auf dessen beschleunigte Abwicklung bezog (BGH NStZ 2016, 232) u. ob der Betroffene auch selbst initiativ geworden ist (EGMR NJW 2009, 3565 (3568); BeckRS 2011, 145248; BGHSt 60, 276; vgl. auch OLG Bremen NZWiSt 2012, 465 mablAnm Waßmer zu jugendlichen Testkäufern v. Alkohol; erg. zum Ganzen Esser StV 2021, 383); auch ein außergewöhnlich langer Zeitraum der Einwirkung sowie der Umstand, dass die übrigen Ermittlungen keinerlei belastende Momente ergeben haben, können berücksichtigt werden (BGH NStZ 2014, 277). Ein bloßes Ansprechen ohne sonstige Einwirkung reicht für die Annahme einer Tatprovokation nicht aus (BGH BeckRS 2018, 17767). Der Konventionsverstoß kann sich nach Maßgabe des Einzelfalls auf nicht direkt provozierte Tatbeteiligte erstrecken, wenn sich die Ermittlungsbehörden darüber im Klaren waren, dass durch die Tatprovokation auch andere Personen verstrickt würden (BGH BeckRS 2018, 17767). Schließlich bedarf es angemessener u. ausreichender prozessualer Sicherungen gegen Missbrauch, insbes. eindeutiger u. vorhersehbarer Verfahrensregeln, um die fraglichen Ermittlungsmaßnahmen zu genehmigen, durchzuführen u. zu überwachen (EGMR NJW 2009, 3566; 2012, 3502). Ruppert StraFo 2020, 445 fordert mit Blick auf Divergenzen in der Rspr. eine Regelung durch den Gesetzgeber. Zur Frage der Verwertung der durch eine unzulässige Tatprovokation erlangten Beweise sogleich → Rn. 4b.

IV. Beweisverwertung. Art. 6 enthält keine grds. Bestimmungen über die Zulässigkeit v. Beweismitteln o. die Beweiswürdigung u. schreibt insbes. nicht vor, dass nach nationalem Recht rechtswidrig erlangte Beweismittel prinzipiell nicht verwertet werden dürfen (EGMR EuGRZ 2010, 281; NJW 2012, 3502; 2010, 1865; ebenso EGMR NJW 2017, 2811; 2010, 213 (215) für unter Verstoß gegen Art. 8 erlangte Beweise; zu Art. 6 Abs. 3 Buchst. d näher → Rn. 22d; vgl. dazu auch BVerfG NJW 2012, 907 sowie BVerfG NJW 2015, 1083; zur Verletzung rechtshilferechtlicher Bestimmungen über die Beweiserhebung im Ausland BGHSt 58, 32); die Abwägungslösung des BGH (vgl. nur BGHSt 31, 304 (307); 44, 243 (248); näher → Einl. Rn. 55, 55a) entspr. den sich aus der EMRK ergebenden sowie den verfassungsrechtlichen Anforderungen an ein faires Verf. (BVerfG NJW 2012, 907; 2015, 1083). Art. 6 Abs. 1 gebietet dementspr. auch nicht, **„fruits of the poisonous tree"** generell v. der Verwertung auszuschließen (EGMR NJW 2017, 2811 mAnm Byczyk HRRS 2016, 509; vgl. auch EGMR NJW 2017, 2811 für durch eine rechtswidrige Durchsuchung erlangte Beweise). **Verwertungsverbote** nimmt der EGMR **ausnahmsweise** an für Beweise, die aufgrund v. **Folter** o. unmenschlicher Behandlung (EGMR NJW 2010, 3148; 2006, 3117; BeckRS 2014, 82235; erg. → Art. 3 Rn. 5). Das Gleiche gilt für Fälle **unzulässiger Tatprovokation** (EGMR NJW 2021, 3515; 2015, 3631; 2009,). Eine Berücksichtigung auf der Ebene der Strafzumessung ist insoweit nicht ausreichend (EGMR NJW 2021, 3515 mAnm Hoven); vor diesem Hintergrund dürfte die deutsche Rspr. zur Tatprovokation (etwa BGHSt 47, 44 (47); BGH NStZ 2014, 277; näher dazu → Einl. Rn. 148a), die dem Verstoß auf der Ebene der Strafzumessung Rechnung trägt, nicht mit Art. 6 Abs. 1 vereinbar sein (vgl. dazu schon Esser/Gaede/Tsambikakis NStZ 2011, 142). Für diese Auff. sprechen diverse neuere Entsch. des EGMR (EGMR NJW 2021, 3515 mAnm Hoven und Klaus ZIS 2021, 388; EGMR StraFo 2014, 504 mAnm Sommer; Pauly StV 2015, 411; Petzsche JR **4b**

2015, 88; Meyer/Wohlers JZ 2015, 761 u. Sinn/Maly NStZ 2015, 379), in denen der Gerichtshof ausdr. eine Reduzierung der Strafe nicht als ausreichende Kompensation gewertet, sondern einen Ausschluss der durch Verstoß gegen Art. 6 erlangten Beweismittel, dagegen nicht zwingend die Annahme eines Verfahrenshindernisses, für erforderlich erachtet (weitergehend BGHSt 60, 276 = NJW 2016, 91 (2. StS) mAnm Eisenberg; Mitsch NStZ 2016, 57; Eidam StV 2016, 129; Lochmann StraFo 2015, 492; Hoven FS Barton, 2023, 25 (36): regelmäßig Verfahrenshindernis; dagegen wiederum BGHSt 60, 238 (1. StS); erg. → StPO § 163 Rn. 4a, 34a, 34b, → Einl. Rn. 148a). Das **BVerfG** betont in seiner Entsch. v. 18.12.2014 (NJW 2015, 1083) dass das nationale Rechtssystem nicht zwingend dem dogmatischen Ansatz des Gerichtshofs folgen müsse (ebenso BGHSt 60, 238 (1. StS); **aM** Meyer/Wohlers JZ 2015, 761 (768); Jahn/Kudlich JR 2016, 54), vielmehr die Rspr. des EGMR möglichst schonend in das vorhandene, dogmatisch ausdifferenzierte nationale Rechtssystem einzufügen sei u. dass die „Strafzumessungslösung“ schlüssig in das deutsche Strafrechtssystem passe; allerdings schließt das BVerfG auch eine Verfahrenseinstellung nicht aus, die mit Rücksicht auf das Interesse an einer der materiellen Gerechtigkeit dienenden Strafverfolgung allerdings „nur in extremen Ausnahmefällen“ in Betracht komme (BVerfG NJW 2015, 1083). Mit Rücksicht auf die **Entscheidung des EGMR vom 15.10.2020,** die der Strafzumessungslösung eine ausdr. Absage erteilt und dabei abl. auf die Entscheidung des BVerfG eingeht (EGMR NJW 2021, 3515, 3523), dürfte sich dies jedoch nicht mehr halten lassen (s. Hoven NJW 2021, 3524; Klaus ZIS 2021, 388; Esser StV 2021, 383, 388 f.; Zeyher NZWiSt 2022, 197). Danach kommt als konventionskonforme Rechtsfolge unzulässiger Tatprovokation nur noch der Ausschluss aller durch die polizeiliche Anstiftung gewonnenen Beweise, sofern irgendein Zusammenhang zwischen ihnen und der Anstiftung besteht, d. h. auch eines Geständnisses (s. EGMR NJW 2021, 3515 (3521, 3523)), oder die Annahme eines Verfahrenshindernisses in Betracht (der EGMR NJW 2021, 3515, 3521 spricht insoweit davon, dass das durch Beweisverwertung gewonnene Ergebnis auch auf andere vergleichbare Weise herbeigeführt werden könne; näher dazu → Einl. 148a). Das Revisionsgericht kann die Sache auch zur Nachholung fehlender Feststellungen o. wenn die Bewertung der Tatprovokation v. einer Würdigung der v. Tatrichter erhobenen Beweise abhängt, an das Tatgericht zurückverweisen (BGH NStZ-RR 2016, 42; BeckRS 2018, 17767). Zum Ganzen Esser StV 2021, 383; I. Roxin FS Neumann, 2017, 1359; Roxin FS Rogall, 2018, 651; Dölp StraFo 2016, 265; Schmidt ZIS 2017, 56; erg. → Einl. Rn. 148a.

4c Darüber hinaus lässt sich der **Rspr. des BGH** die **Tendenz** entnehmen, sich bei angenommenen Verstößen gegen den **Grundsatz der Selbstbelastungsfreiheit** auf Art. 6 Abs. 1 S. 1 zu beziehen u. ein Verwertungsverbot für dadurch erhaltene Aussagen anzunehmen (BGHSt 53, 294 (304 ff.): Heimliche Überwachung v. Ehegattengesprächen im Besuchsraum der JVA; BGHSt 55, 138: Verdecktes Verhör eines inhaftierten Beschuldigten durch einen als Besucher getarnten Polizeibeamten unter Zwangseinwirkung; BGHSt 52, 11 (17 ff.): Angaben eines Beschuldigten, der sich auf sein Schweigerecht berufen hat, ggü. einem verdeckten Ermittler; erg. → Rn. 4 sowie eing. dazu Sowada FS Geppert, 2011, 689 (704 ff.)).

5 **V. Konkretisierung des fair-trial Prinzips durch den Gesetzgeber.** Es ist **primär Aufgabe des Gesetzgebers** zwischen möglichen Alt. bei der normativen Ausgestaltung des Rechts auf ein faires Verf. zu wählen (BVerfG NJW 2011, 591 (592)). Insofern stellen die einfachgesetzlichen Regelungen der StPO in einem demokratischen u. rechtsstaatlichen Gesetzgebungsprozess zustande gekommene Konkretisierungen eines fairen, rechtsstaatlichen Strafverfahrens dar u. genügen damit grds. den Anforderungen des Abs. 1 S. 1. Dies zeigt sich namentlich durch die Gewährung des rechtlichen Gehörs (§§ 33, 33a, 308 Abs. 1, 311a StPO), des Rechts auf Verteidigung (§§ 137 ff., 265 Abs. 3, 4 StPO; vgl. EGMR HRRS 2009, 471 Ls.: auch bei unentschuldigtem Ausbleiben des Angeklagten), die Aussagefreiheit des Beschuldigten (EGMR NJW 2002, 499; 2010, 213 (215); JR 2005,

423; BGHSt 53, 294 (304 f.)), dessen Schweigen allein nicht als belastendes Indiz gewertet werden darf (→ StPO § 261 Rn. 15; weitergehend erlaubt EGMR NJW 2011, 201, dass Schlüsse aus dem Schweigen des Angeklagten gezogen werden können, wenn ihm Umstände nachgewiesen werden, die eindeutig einer Erkl. bedürfen), den Grundsatz der freien Beweiswürdigung (§ 261), die Einräumung v. Rechtsmitteln (§§ 296 ff.), die Rechtsmittelbelehrung (§ 35a) ua. Die Auslegung der EMRK durch den EGMR ist jedoch bei der Anwendung der StPO zu beachten u. wird auch in der Rspr. des BGH zunehmend berücksichtigt (BGHSt 53, 294; 46, 93 (97); erg. → Vor Art. 1 Rn. 4a sowie → Einl. Rn. 19).

Verstöße gegen den Grundsatz des fairen Verf. müssen mit einer **Verfahrensrüge** geltend gemacht werden (offengelassen v. BGHSt 45, 321 (323) u. BGH NStZ 2001, 553; vgl. aber BGH NStZ 2010, 294). 5a

VI. Öffentliche Anhörung. Vgl. § 169 GVG. Die Beschränkungen der Öffentlichkeit nach den §§ 170 ff. GVG, §§ 48, 109 Abs. 1 S. 4 **JGG** sind durch Abs. 1 S. 2 gedeckt (EGMR NJW 2013, 521; Guradze EMRK Rn. 17). Zu den Ausschlussgründen nach Abs. 1 S. 2 eing. SK-StPO/Paeffgen Rn. 90 ff.; Morscher/Christ EuGRZ 2010, 274 ff. Die Rechtsmittelverwerfung durch schriftlich bekanntgemachten Beschl. schließt Abs. 1 S. 2, der nicht buchstabengetreu angewendet werden muss, nicht generell aus (EGMR EuGRZ 1985, 225; 548; 1991, 415 (419, 420); vgl. auch EKMR NJW 1963, 2247). Das Strafbefehlsverfahren (§§ 407 ff. StPO) ist zulässig (EKMR bei Strasser EuGRZ 1992, 277). 6

VII. Innerhalb angemessener Frist. Die Vorschr. verpflichtet die Regierungen, ihre Gerichtsbarkeit so zu organisieren, dass sie den Anforderungen des Abs. 1 gerecht wird (EGMR NJW 1984, 2749; 1999, 3545; BGH NStZ 2010, 230); hiergegen wird auch durch eine unzureichende Ausstattung des für gutachtliche Untersuchungen als zuständig bestimmten LKA verstoßen (BGH BeckRS 2010, 3744). Sie ergänzt Art. 5 Abs. 3 S. 2 dahin, dass jeder, nicht nur der inhaftierte Beschuldigte (BGH NStZ 2003, 384), einen unmittelbaren Anspruch auf Beschleunigung des Verf. hat (→ Art. 5 Rn. 10; erg. → Rn. 9g; zum Ermittlungsverfahren eing. Mansdörfer GA 2010, 153). Sie gilt auch für Verf. vor dem BVerfG (EGMR StV 2009, 561) und dem BGH (vgl. OLG Frankfurt BeckRS 2024, 20353 mAnm Nippen/Wiesener HRRS 2024, 402). Nach Übernahme eines Ermittlungsverfahrens durch die BRD ist eine in einem abgebenden Vertragsstaat der EMRK bereits eingetretene rechtsstaatswidrige Verfahrensverzögerung allerdings nicht zu kompensieren (BGHSt 57, 1). 7

1. Die **Angemessenheit der Frist** hängt v. den Umständen des Einzelfalls ab (so ausdr. § 198 Abs. 1 S. 2 GVG; vgl. ferner EGMR NJW 2015, 3773; BeckRS 2013, 13478; BVerfG NJW 1992, 2472; BGH NStZ 2004, 345; vgl. auch BGH BeckRS 2009, 24818; 2009, 24826: kein rein rechnerischer Maßstab). Nicht jede im Strafprozess vorkommende Verzögerung führt zu einer konventionswidrigen Verletzung des Beschleunigungsgebotes (BGH BeckRS 2013, 981; BVerfG 25.9.2012 – 2 BvR 2819/11). Ein lediglich vorübergehender Engpass in der Arbeits- u. Verhandlungskapazität der Strafverfolgungsorgane führt deshalb nicht zu einem Verstoß (BGH wistra 2005, 34; vgl. auch BGHSt 54, 133 zum Vorwurf, es hätte noch intensiver ermittelt werden können). Zu berücksichtigen sind die Schwere des Tatvorwurfs, Umf. u. Schwierigkeit des Verf. (§ 198 Abs. 1 S. 3 GVG: „Schwierigkeit und Bedeutung des Verfahrens"), die Art u. Weise der Ermittlungen, die konkrete Belastung durch das Verf. für den Beschuldigten u. sein eigenes – auch prozessual zulässiges – Verhalten (vgl. EGMR NJW 1986, 647; EuGRZ 1985, 548; BVerfG NStZ-RR 2005, 346; StV 2009, 673; BGHSt 46, 159 (173); BGH NJW 2010, 1155; StV 2010, 228 (230)). Die Probleme bei der Durchführung v. Strafverfahren mit int. Bezügen u. dem Erfordernis int. Rechtshilfe sind zu berücksichtigen (EGMR NJW 2015, 3773; BGH NStZ 2015, 221). Art. 6 Abs. 1 S. 1 ist nicht verletzt, wenn u. soweit die überlange Verfahrensdauer v. Beschwerdeführer verursacht wurde (EGMR NJW 2015, 3773; EuGRZ 2009, 315; vgl. nunmehr auch die Formulierung in § 198 Abs. 1 S. 3 GVG: Verhalten der 7a

Verfahrensbeteiligten). Wird den Ermittlungsbehörden nicht Untätigkeit, sondern ein fehlerhaftes Vorgehen angelastet, ist eine rechtsstaatswidrige Verzögerung allenfalls bei kaum verständlichen, schwerwiegenden Ermittlungsfehlern in Betracht zu ziehen (EGMR NJW 2015, 3773; BGH NStZ 2010, 531 (533)). Eine Verfahrensdauer v. mehr als 7 Jahren (BVerfG NStZ 2004, 335) o. gar 9 bis 11 Jahren ist regelmäßig, aber nicht zwingend (s. EGMR NJW 2015, 3773) übermäßig lang (vgl. EGMR EuGRZ 1983, 346; StV 2005, 475; 2009, 519 (521); NJW 2011, 3353 zu überlanger Dauer des Verf. beim BVerfG; BVerfG NJW 1993, 3254 (3255); weitere Nachw. zur Rspr. des EGMR bei HK-EMRK/Meyer-Ladewig Rn. 82). In sog. Umfangsverfahren muss grds. mind. zweimal wöchentlich verfahrensfördernd verhandelt werden (BVerfG StraFo 2013, 160; StV 2006, 318; OLG Hamburg NJW 2006, 2792; erg. → StPO § 121 Rn. 1a), eine Forderung, die sich in der Praxis aufgrund v. Terminschwierigkeiten der Bet. sowie v. parallel zu betreibenden weiteren Verf. häufig nicht verwirklichen lässt. Haftsachen haben Vorrang vor Nichthaftsachen (OLG Hamm StV 2006, 319). Die angemessene Frist nach Abs. 1 S. 1 kann länger sein als die für die Dauer der UHaft nach Art. 5 Abs. 3 S. 1 Hs. 2 vertretbare (BGH StV 2008, 633; erg. → Rn. 9g). Ergänzend zum Begriff der Angemessenheit der Frist → Art. 5 Rn. 11.

7b Ob allein die durch **Aufhebung des Urteils und Zurückverweisung der Sache** bedingte längere Verfahrensdauer eine rechtsstaatswidrige Verfahrensverzögerung begründet, wird v. BVerfG und v. BGH unterschiedlich beantwortet: Während ersteres dies – jedenfalls in früheren Entsch. – bejaht, lehnt letzterer es grds. ab (vgl. BGH StV 2006, 237 u. BGH StV 2006, 241, jew. mit ausf. Nachw.; BGH NJW 2008, 307; NStZ-RR 2010, 40 Ls. zu Art. 5 Abs. 1; wie BGH auch EGMR EuGRZ 2009, 566 (575); vgl. auch eing. dazu OLG Koblenz StV 2006, 645) u. bejaht es nur bei erheblichen, kaum verständlichen Rechtsfehlern (BGH NStZ 2009, 104; ähnlich EGMR NJW 2015, 3773: „grave procedural error") o. bei wiederholter Aufhebung u. Zurückverweisung (BGH NStZ 2009, 472; vgl. dazu auch BGH NStZ-RR 2014, 314; StV 2009, 692). Die Aufhebung eines tatrichterlichen Urt. allein im Strafausspruch erfasst grds. nicht die Frage der Kompensation einer bis zur revisionsgerichtlichen Entsch. eingetretenen rechtsstaatswidrigen Verfahrensverzögerung (BGH BeckRS 2013, 3630 mwN).

7c **Keine zu beanstandende Verzögerung** ist die Durchführung des Vorlageverfahrens zum GSSt des BGH nach § 132 GVG (BGH StV 2011, 407) bzw. des Eilvorlageverfahrens an den EuGH (Art. 267 Abs. 4 AEUV; → StPO § 121 Rn. 21), die Ausschöpfung der Frist des § 275 Abs. 1 StPO zur Urteilsabsetzung (BGH NStZ 2004, 504), das vorübergehende Vorgehen der StA gem. § 154 Abs. 1 StPO nach sachlich vertretbarer Wiederaufnahme (BGH NStZ 2011, 651), wohl aber 1 Jahr „Pause" aus gerichtsorganisatorischen Gründen nach erfolgreicher Ablehnung (BGH StraFo 2009, 245; ähnlich BGH BeckRS 2009, 87427) o. eine „willkürliche" Berufungseinlegung durch die StA (OLG Karlsruhe NJW 2004, 1887). Verzögerungen, die durch die Verteidigung verursacht worden sind, bleiben selbst dann außer Betracht, wenn es sich um zulässiges Prozessverhalten handelt (BGH BeckRS 2013, 981; BVerfG 25.9.2012 – 2 BvR 2819/11; EGMR NJW 2015, 3773). Bei einer insges. angemessenen Verfahrensdauer führt eine gewisse Untätigkeit während eines einzelnen Verfahrensabschnitts noch nicht zu einem Verstoß gegen Abs. 1 S. 1 (BGH 2009, 245; NStZ 2005, 582; NStZ-RR 2006, 50; 2007, 150; NJW 2010, 1155; krit. Theile ZIS 2009, 450 mwN). Die zur sorgfältigen Vorbereitung u. Terminierung erforderliche Zeit führt selbst dann nicht zu einer zu kompensierenden Verzögerung, wenn nicht näher belegt ist, wie dieser Zeitraum v. Gericht genutzt wurde (BGH NJW 2012, 1458; vgl. auch BGH StV 2014, 6). In umfangreichen **Steuer- und Wirtschaftsstrafsachen** sind nach der Rspr. des BGH Besonderheiten zu berücksichtigen, die regelmäßig einen Vorrang der Gründlichkeit vor der Schnelligkeit gebieten (BGH NJW 2012, 1458; vgl. auch BGH wistra 2007, 392: trotz überdurchschnittlich langer Verfahrensdauer keine rechtsstaatswidrige Verfahrensverzögerung; der EGMR (wistra 2004, 177) hat allerdings in einem Einzelfall ein 5-jähriges Ermittlungsverfahren als zu lang beanstandet; eing. zum Recht auf Verfahrensbeschleunigung in Steuer- u. Wirtschaftsstrafsachen Gaede wistra 2004, 166 ff.); allerdings dürfte dieser Grundsatz für alle Strafverfahren Geltung beanspruchen. Die Zustimmung des Angeschuldigten zur Einstellung des Strafverfahrens schließt die Rüge wegen überlanger Verfahrensdauer aus (EGMR EuGRZ 2008, 277).

Die **Frist beginnt,** wenn der Beschuldigte v. der Einleitung des Ermittlungsverfahrens in Kenntnis gesetzt wird (EGMR NJW 2020, 1047; BVerfG NJW 1993, 3254; BGH NStZ-RR 2023, 114; 29.10.2025 – 3 StR 487/24), u. endet nicht schon mit Erlass des Urt. (OLG Hamburg MDR 1983, 71), sondern erst mit dem rkr. Abschluss des Verf. (BGHSt 35, 137 (141); EGMR EuGRZ 1978, 417; 1983, 371 (380)), ggf. also sogar erst mit Rechtskraft eines Gesamtstrafenbeschlusses nach § 460 StPO (EGMR EuGRZ 1983, 346; vgl. auch BGH NStZ 1987, 232); sie ist folglich auch im **Revisionsverfahren** zu beachten (BVerfG NStZ 2005, 456), darüber hinaus auch im **Verfahren vor dem** BVerfG (EGMR NJW 2001, 211; 2002, 2856; StV 2009, 519 (521); 2009, 561). Die Frist läuft nicht, wenn die Strafverfolgung kraft Gesetzes (zB wegen Immunität) nicht fortgesetzt werden kann (BGHSt 36, 363 (372)). Nicht zu berücksichtigen ist auch **Auslieferungshaft** im Ausland, sofern der Betroffene sich zuvor durch Flucht dem Zugriff der Behörden entzogen hatte (EGMR BeckRS 2011, 142778). 8

2. Grundsätzlich kein Verfahrenshindernis wird durch die Verletzung des Beschleunigungsgebots begründet (BGHSt 21, 81; 24, 239; 27, 274; 35, 137 (140)), auch nicht nach Art. 54 SDÜ, wenn ein Verf. im Ausland als Kompensation überlanger Verfahrensdauer eingestellt wurde (BGH NStZ 2017, 174; erg. → Rn. 177a –c). Etwas anderes gilt nur in ganz außergewöhnlichen Einzelfällen, wenn sonst eine angemessene Berücksichtigung des Verstoßes iRe Sachentscheidung nicht mehr in Betracht kommt (BGHSt 46, 159; BGH NStZ 2024, 631 mAnm Esser; OLG Koblenz StraFo 2018, 23; OLG Rostock StV 2011, 220; OLG Saarbrücken StV 2007, 178; OLG Schleswig StV 2003, 379; vgl. auch EGMR StV 2001, 489; 2009, 519 (521); ebenso BVerfG NJW 1984, 967; 1992, 2473; OLG Koblenz NJW 1994, 1887; OLG Zweibrücken NStZ 1989, 134; erg. → Einl. Rn. 147). Solches kann sich in jeder Lage des Verf. ergeben (BVerfG 4.9.2009 – 2 BvR 1089/09). Im Einstellungsurteil müssen dann die Verfahrenstatsachen, die Feststellungen zum Schuldumfang des Angeklagten u. die der Prognose über die weitere Verfahrensdauer zugrunde liegenden Tatsachen dargelegt werden (BGHSt 46, 159; Becker NStZ-RR 2003, 104 – BGH RsprÜ; BayObLG StV 2003, 375; abl. zur Einbeziehung der Schuldhöhe I. Roxin FS Neumann, 2017, 1359; Trunit/Schroth StraFo 2005, 363). In Fällen bes. schwerwiegender Verfahrensverzögerung kommt auch eine Verfahrenseinstellung nach §§ 153, 153a StPO in Betracht (BGH NStZ 2010, 641). 9

3. Mit Hilfe der sog. **Vollstreckungslösung** wird iÜ seit der Entsch. des GrS des BGH v. 17.1.2008 (BGHSt 52, 124) die übermäßige u. von dem Beschuldigten nicht zu vertretende rechtsstaatswidrige Verzögerung ausgeglichen (zur früheren Strafabschlagslösung BVerfG NJW 2003, 2225 (2228); BGH NJW 2003, 2759). Danach lässt die rechtsstaatswidrige Verfahrensverzögerung die Frage des Unrechts, der Schuld u. der Strafhöhe unberührt. Die Kompensation wird aus dem Vorgang der Strafzumessung herausgelöst, u. der Angeklagte ist zu der angemessenen Strafe zu verurteilen. In leichten Fällen nur unbedeutender Verzögerung/Belastung genügt als Kompensation deren ausdr. Feststellung in den Urteilsgründen (BGH StraFo 2008, 297; NJW 2010, 1155; NStZ 2010, 640; vgl. auch BGH NStZ-RR 2010, 106: Bewährungsstrafe wegen Verzögerung). Ist die bloße Feststellung nicht ausreichend, muss in entspr. Anwendung des § 51 Abs. 1 S. 1, Abs. 4 S. 2 StGB in der Urteilsformel ausgesprochen werden, dass (zur Entschädigung für die überlange Verfahrensdauer) ein bezifferter Teil der verhängten (Gesamt-)Strafe als vollstreckt gilt. Die Kompensation mit Hilfe der Vollstreckungslösung gilt gem. § 199 Abs. 3 S. 1 GVG als ausreichende Wiedergutmachung auf andere Weise als durch finanzielle Entschädigung (§ 198 Abs. 2 S. 2 GVG); insoweit findet auch § 198 Abs. 4 GVG (Feststellung der Unangemessenheit der Verfahrensdauer durch das Entschä- 9a digungsgericht) keine Anwendung. Das Entschädigungsgericht (zu Zuständigkeit u. Verf. s. § 201 Abs. 1–3 GVG) ist iÜ hins. der Beurteilung der Angemessenheit der Verfahrensdauer an die Entsch. des Strafgerichts gebunden (§ 199 Abs. 3 S. 2 GVG), u. es hat das Verf. auszusetzen, solange das Strafverfahren noch nicht abgeschlossen ist (§ 201 Abs. 3 S. 2 GVG). Regelmäßig wird daher der Ausgleich bei überlangen Strafverfahren weiterhin in dem v. der Rspr. entwickelten rechtlichen Rahmen der Vollstreckungslösung erfolgen. Haben die nationalen Gerichte die Konventionsverletzung ausdr. o. der Sache nach anerkannt u. hinreichende Wiedergutmachung geleistet, verliert der Betroffene seinen Opferstatus nach Art. 34 (EGMR BeckRS 2013, 13478 mwN).

9b Die **Höhe der Kompensation** ist aufgrund einer wertenden Betrachtung aller maßgeblichen Umstände des Einzelfalls vorzunehmen (BGH StV 2008, 298). Der Tatrichter ist verpflichtet, Art u. Ausmaß der Verzögerung sowie ihre Ursachen zu ermitteln u. im Urt. konkret festzustellen (BGH NStZ-RR 2014, 21; BeckRS 2015, 20198). Dabei ist es rechtsfehlerhaft, allein auf den äußeren Verfahrensgang abzustellen (BGH NStZ-RR 2011, 239). Maßstab ist vielmehr der Umf. der staatlich zu verantwortenden Verzögerung, das Maß des Fehlverhaltens der Strafverfolgungsorgane u. die daraus folgenden individuellen Belastungen für den Angeklagten (BGH NStZ-RR 2012, 244; NStZ 2010, 230). Namentlich bei nicht inhaftierten Angeklagten kann es **ausreichen,** den **Konventionsverstoß festzustellen** u. erforderlichenfalls die Dauer der Verfahrensverzögerung bei der Strafzumessung nach § 46 StGB zu berücksichtigen (BGH NStZ 2012, 470; 2012, 653; 26.7.2023 – 3 StR 506/22; s. aber auch BGH NStZ 2015, 601). Bei der Beurteilung der der Justiz zuzurechnenden Verzögerungen sind der Umf. u. die Schwierigkeit des Verf. zu berücksichtigen (BGH NStZ 2009, 287). Zeiträume, die bei sachgerechter Behandlung beansprucht werden durften, sind nicht in Rechnung zu stellen. Eine Verzögerung während eines Verfahrensabschnitts kann durch eine beschleunigte Bearb. während eines anderen ausgeglichen werden (BGH NStZ-RR 2011, 239; 13.8.2024 – 5 StR 388/24; erg. → Rn. 9d). Das Gewicht der Tat u. das Maß der Schuld spielen weder für die Frage, ob das Verf. rechtswidrig verzögert ist, noch für Art u. Umf. der zu gewährenden Kompensation eine Rolle (BGHSt 54, 133). Regelmäßig wird sich die Anrechnung auf einen **eher geringen Bruchteil der Strafe** zu beschränken haben (BGH StV 2011, 603; 2008, 298; NStZ 2008, 234 (236); wistra 2015, 241: 3 Monate bei einer Verzögerung v. 1 ½ Jahren; BeckRS 2015, 20198). Das Revisionsgericht hat zu prüfen, ob die Kompensation den Umständen des Einzelfalls gerecht wird (→ Rn. 7a). Die Höhe der Kompensation soll allerdings ein zulässiger **Verständigungsgegenstand** iSd § 257c StPO sein, wenn eine überlange Verfahrensdauer hins. Art, Ausmaß u. Ursachen prozessordnungsgemäß festgestellt ist (BGH StV 2016, 415; vgl. auch → StPO § 257c Rn. 10). Bei auf Revision erfolgter Aufhebung des Urt. u. Zurückverweisung der Sache gilt § 358 Abs. 2 StPO (Weber JR 2008, 38) u. zwar entspr. auch bei Aufhebung einer Revisionsentscheidung durch das BVerfG (BGH BeckRS 2011, 16904).

9c **Die Kompensation betrifft nur die Gesamtstrafe,** nicht die Einzelstrafen (BGH BeckRS 2009, 24581). Bei einer **Geldstrafe** ist ein bezifferter Teil der zugemessenen Tagessätze als bereits vollstreckt zu bezeichnen. Bei Verhängung einer **lebenslangen Freiheitsstrafe** (bei der die Gewährung eines Strafabschlags umstr. war, vgl. BGH NJW 2006, 1529, bestätigt durch BVerfG NStZ 2006, 680) kann Anrechnung auf die Mindestverbüßungsdauer iSd § 57a Abs. 1 Nr. 1 StGB erfolgen (zust. EGMR StV 2009, 561 (563); einschr. Reichenbach NStZ 2009, 120). Bei einer ausschl. auf die Schwere der Schuld gestützten **Jugendstrafe** ist die Vollstreckungslösung ebenfalls anwendbar (BGH NStZ 2010, 94); dies gilt nach neuerer Judikatur des BGH auch für eine auf schädliche Neigungen u. Schwere der Schuld gestützte Jugendstrafe (BGH NStZ 2019, 218; vgl. auch BGH NStZ 2011, 524; 2020, 301; näher zu den Auswirkungen v. Verzögerungen im Jugendstrafverfahren Rose NStZ 2013, 315). Bei Jugendarrest kommt die Anwendung der Vollstreckungslösung nicht in Betracht (OLG Hamm BeckRS 2012, 2848), ebenso wenig bei jugendgerichtlichen Auflagen u. Weisungen (BGH BeckRS 2017, 112024 mwN: Berücksichtigung bei der Bestimmung des Maßes des Erziehungsbedarfs). Bei nachträglicher Auflösung der Gesamtstrafe nach **§ 55 Abs. 1 StGB** ist die angeordnete Kompensation, die dabei nicht eingeschränkt werden darf, entspr. auf die neuen Strafen zu verteilen (zur Berechnung iE Kraatz JR 2008, 194). Wenn die Kompensation die schuldangemessene (Einzel-)Strafe erreicht, kommt – wie bisher auch schon – die Anwendung der §§ 59 ff. StGB (BVerfG NStZ 2004, 335), des § 60 StGB, wenn das G das zulässt (BGH StV 2004, 420; Krehl/Eidam NStZ 2006, 9; **aM** Gaede JZ 2008, 422) o. die (teilw.) Einstellung nach §§ 153, 153a, 154, 154a StPO in Betracht (BGH StV 2008, 299; NStZ 2010, 641).

Prüfungsreihenfolge: Neben der im Wege der Vollstreckungslösung erfolgenden Kompensation der Verletzung des Beschleunigungsgebotes nach Abs. 1 S. 1 sind unv. als selbständige Strafmilderungsgründe der lange zeitliche Abstand zwischen Tat u. Urt. sowie die Belastungen durch lange Verfahrensdauer zu bedenken (BGH NJW 1999, 1198; NStZ 2008, 478; KG StV 2009, 694; OLG Jena StV 2009, 132). Somit ist nach der Rspr. des BGH **folgendermaßen vorzugehen:** Zunächst sind nach den Kriterien des § 46 StGB die schuldangemessenen, die rechtsstaatswidrige Verfahrensverzögerung außer Acht lassenden Einzelstrafen festzusetzen, u. aus diesen ist eine Gesamtstrafe zu bilden. Dabei ist zu prüfen, inwieweit der zeitliche Abstand zwischen den begangenen Taten u. dem Urt. sowie die Verfahrensdauer als solche bei der Straffestsetzung mildernd zu berücksichtigen sind. Es kann ausreichen, den Konventionsverstoß festzustellen u. die Verzögerung mildernd bei der Strafzumessung nach § 46 StGB zu berücksichtigen (BGH NStZ 2012, 470; 653). Die entspr. Erörterungen sind als bestimmende Zulassungsfaktoren in den Urteilsgründen kenntlich zu machen (§ 267 Abs. 3 S. 1 StPO); einer Bezifferung des Maßes der Strafmilderung bedarf es nicht. Für den Fall, dass allein die Feststellung einer rechtsstaatswidrigen Verfahrensverzögerung als Kompensation nicht ausreicht, ist entspr. § 39 StGB im Urteilstenor festzulegen, welcher bezifferte Teil der Gesamtstrafe zur Kompensation der Verzögerung als vollstreckt gilt (BGH NJW 2009, 307; BeckRS 2009, 22492 (nicht als Bruchteil der verhängten Strafe); BeckRS 2009, 20286 (nicht: „⅖ der Verzögerung“)). Entscheidend für diese Festlegung sind der Umf. der staatlich zu verantwortenden Verzögerung, das Maß des Fehlverhaltens der Strafverfolgungsorgane o. einer anderen staatlichen Stelle (BGH NStZ-RR 2012, 244; NStZ 2010, 230; KG StV 2009, 694) sowie die Auswirkungen all dessen auf den jeweiligen Angeklagten (BGH wistra 2009, 271; NStZ 2009, 287; erg. → Rn. 9b). Dabei ist im Auge zu behalten, dass die mit der Verfahrensdauer als solcher verbundenen Belastungen des Angeklagten bereits mildernd in die Strafbemessung eingeflossen sind u. es nur noch um einen Ausgleich für die rechtsstaatswidrige Verursachung dieses Umstandes geht (BGH StV 2010, 479). Eine Kompensation, die die Dauer einer nach § 51 Abs. 1 S. 1 StGB anrechenbaren Zeit der UHaft (nahezu) erreicht o. gar überschreitet, ist nur ausnahmsweise bei deutlich gravierenden individuellen Belastungen angemessen (BGH StV 2008, 633; vgl. auch – noch restriktiver – BGH StV 2011, 603; StV 2010, 228 (230); BeckRS 2011, 5632; 2009, 5118; NStZ 2011, 97; erg. → Rn. 9b aE). 9d

Ist **nach Erlass des tatrichterlichen Urteils** das Beschleunigungsgebot in erheblicher Weise verletzt worden (BGH NStZ 2004, 504: nicht bei einer Dauer v. 3 Monaten zwischen dem Eingang der Revisionsbegründung beim LG u. Übersendung des gesamten Vorgangs an den GBA), kann dies die Aufhebung des angefochtenen Urt., soweit eine Kompensation unterblieben ist, nur noch in Ausnahmefällen auch die Aufhebung des (sonst fehlerfreien) Strafausspruchs (BGH StV 2009, 638 (mehrjährige Verzögerung)), den unmittelbaren Ausspruch der Kompensation (Feststellung, ggf. Bezifferung des als vollstreckt geltenden Teils der Strafe; BGH wistra 2009, 437; NStZ 2010, 94 (Jugendsache); BeckRS 2010, 10701 (StPO § 354 Abs. 1 Buchst. a 2)), die Einstellung des Verf. nach § 153 Abs. 2 StPO (BGH NJW 1990, 1000; Kusch NStZ 1996, 21 – BGH RsprU) o. – wenn eine Sachentscheidung nicht mehr in Betracht kommt (→ Rn. 9) – sogar die Einstellung des Verf. wegen eines Verfahrenshindernisses zur Folge haben 9e

(→ Rn. 9). Die Rspr. nimmt hier ggf. auch einen „Abbruch des Verfahrens" vor (vgl. BGHSt 35, 137 (140); 49, 189 (195) = NStZ 2005, 36 mit insoweit abl. Anm. Gribbohm u. insoweit zust. Anm. Bröhmer/Bröhmer; OLG Düsseldorf MDR 1989, 935; OLG Rostock StRR 2010, 426; OLG Zweibrücken NStZ 1995, 49), was aber nichts anderes als eine Verfahrenseinstellung u. als eine „erfundene" eigene Art einer Verfahrensbeendigung unzulässig ist (eing. dazu Meyer-Goßner FS Eser, 2005, 383); schon gar nicht ist eine solche Verfahrensweise im Berufungsverfahren erlaubt (so aber OLG Stuttgart NStZ 1993, 450 = JR 1994, 81 mablAnm Meurer). Das Revisionsgericht hat einen nach Ablauf der Revisionsbegründungsfrist begangenen Verstoß auf die zulässige Revision vAw zu beachten (BGH 12.3.2024 – 5 StR 88/24; NStZ 2001, 52; NStZ-RR 2002, 166; 2005, 320), ggf. auch noch auf Gegenvorstellung (→ StPO § 349 Rn. 24). Das gilt auch, wenn sich das Verf. bei Vorlage der Sache nach § 132 GVG unangemessen verzögert hat (BGH BeckRS 2006, 2037; 2006, 2035; BGH NStZ 2007, 719 sowie BGH StV 2011, 407 sehen hierin hingegen keine rechtsstaatswidrige Verfahrensverzögerung („grundsätzlich" ebenso BVerfGE 122, 248 (280) = NJW 2009, 1469 (1476); BGH NJW 2010, 1010 (1012)). Eine Verfahrensrüge ist aber erforderlich, wenn das Urt. nach Einlegung der Revision wegen eines Zustellungsmangels erneut zugestellt werden musste u. der Revisionsführer dadurch die Möglichkeit hatte, die ihm bekannte Verzögerung innerhalb der neu in Gang gesetzten Frist des § 345 Abs. 1 StPO geltend zu machen (BGH NJW 2007, 2647).

9f Bei **Freispruch** o. Einstellung aus mit der Verfahrenslänge nicht zusammenhängenden Gründen (o. bei durch Strafmilderung nicht genügend ausgleichbarer Verfahrensdauer) wird eine entspr. Anwendung des StrEG iVm Art. 41 (= Art. 50 aF) EMRK diskutiert (vgl. Scheffer Strafverfahren Rn. 262 ff.). BGHSt (GSSt) 52, 124 (140) schließt die entspr. Anwendung der Vorschr. des StrEG wegen dessen „abschließenden Charakters" allerdings aus. Dem zust. empfiehlt deswegen Volkmer NStZ 2008, 608 eine Geldentschädigung iRd öffentlich-rechtlichen Folgenbeseitigungsanspruchs (zur Höhe mit entspr. Anwendung der Regelung des § 7 Abs. 3 StrEG); in einem anwaltsgerichtlichen Verf. hat der BGH (BeckRS 2009, 87608) der Verletzung des Beschleunigungsgrundsatzes iRd auf entspr. Anwendung des § 21 GKG gestützten Kostenentscheidung Rechnung getragen (vgl. auch BGH NJW 2010, 1155 zur Kompensation im berufsrechtlichen Verf. der Steuerberater). EGMR StV 2009, 519 fordert eine angemessene Entschädigung für den materiellen u. den immateriellen Schaden (näher Esser/Gaede/Tsambikakis NStZ 2011, 140 (141); vgl. auch EGMR bei Artkämper StRR 2009, 227).

9g 4. In der **Revision** muss **grundsätzlich** eine **Verfahrensrüge** erhoben werden, wenn eine der Justiz zuzurechnende Verletzung des Beschleunigungsgrundsatzes beanstandet werden soll (BGH StV 1999, 205; NStZ 2000, 418; NStZ-RR 2006, 50; 56); dies gilt gleichermaßen, wenn die StA zu Ungunsten eines Angeklagten geltend macht, der Kompensationsausspruch halte sich nicht innerhalb des dem Tatgericht zustehenden Beurteilungsspielraums, weil Tatsachen, aus denen sich die angenommene Verzögerung ergibt, nicht hinreichend dargelegt seien (BGH NStZ-RR 2014, 21). Mit der Verfahrensrüge sind gem. § 344 Abs. 2 S. 2 StPO die die Verfahrensverzögerung begründenden Tatsachen so genau darzulegen (BGH StV 1998, 377; 2008, 345; NStZ 2004, 504; OLG Düsseldorf StraFo 2000, 379;), dass das Revisionsgericht allein aufgrund der Revisionsschrift den behaupteten Verstoß prüfen kann (BGH BeckRS 2014, 23581; vgl. ferner BGH NStZ-RR 2009, 92; zur Frage, ob zur Erhebung einer Verzögerungsrüge vorgetragen werden muss, → **GVG** § 199 Rn. 4). Wird der Zeitpunkt, an dem der Angekl. von dem gegen ihn gerichteten Verfahren Kenntnis erlangt hat, nicht mitgeteilt, ist das Vorliegen einer rechtsstaatswidrigen Verfahrensverzögerung nicht rechtsfehlerfrei festgestellt (BGH NStZ-RR 2023, 114; 29.10.2025 – 3 StR 487/24; zum Fristbeginn → Rn. 8). Allerdings dürfen die Anforderungen auch nicht überspannt werden (BGH NJW 2008, 2451 (2452); in der Tendenz ebenso BVerfG StV 2009, 673; vgl. noch BGH StraFo 2010, 112; NStZ-RR 2011, 338). Diese Darlegungsanforderungen gelten richtiger Ansicht nach auch, soweit wegen außergewöhnlich langer Verzögerung ein Verfahrenshindernis geltend gemacht wird (Meyer-Goßner NStZ 2003, 173; unentschieden insoweit etwa BGH wistra 2004, 29 (30) u. BGH BeckRS 2003, 8239; **aM** Wohlers JR 2005, 189 mit der nicht überzeugenden Folgerung, die vorzunehmende Amtsprüfung sei abzubrechen, wenn nur eine „einfache Überlänge" gegeben sein könnte). Mit der Aufklärungsrüge (→ StPO § 244 Rn. 101 ff.) kann beanstandet werden, dass das Gericht es unterlassen hat, eine verfahrensverzögernde Sachbehandlung durch StA u. Gericht aufzuklären (BGH StV 1992, 452; 1994, 652).

Die (allg.) **Sachrüge** kann aber **ausnahmsweise** zur Urteilsaufhebung – nicht **9h** auch zugunsten v. Nichtrevidenten (→ StPO § 357 Rn. 11) – führen, wenn sich die Verfahrensverzögerung aus den Revisionsakten (BGH BeckRS 2016, 110122: Verzögerungen im Revisionsverfahren) o. aus den Urteilsgründen ergibt o. diese ausreichende Anhaltspunkte enthalten, die das Tatgericht zur Prüfung einer solchen Verfahrensverzögerung drängen mussten (BGHSt 49, 342; BGH NStZ-RR 2022, 122; 9.1.2024 – 1 StR 425/23; vgl. auch BGH NStZ-RR 2011, 171: im Urt. mitgeteilte Eckdaten zum Verfahrensablauf; zur Beschränkung des Rechtsmittels auf die Kompensationsentscheidung → StPO § 318 Rn. 30b.) Allerdings darf der sachlich-rechtliche Erörterungsbedarf mit Rücksicht auf die vielen denkbaren Verfahrensvorgänge, die für die Entsch. eine Rolle spielen können, nicht überspannt werden; es reicht deshalb aus, wenn das Revisionsgericht anhand der Ausführungen im Urt. iSe Schlüssigkeitsprüfung nachvollziehen kann, ob sich eine getroffene Kompensationsentscheidung innerhalb des dem Tatrichter insoweit eingeräumten Beurteilungsspielraums hält (BGH NStZ-RR 2014, 21; NStZ 2015, 540). Die lange Zeitspanne zwischen Beendigung der Tat u. ihrer Aburteilung stellt unabhängig davon einen wesentlichen Strafmilderungsgrund dar (vgl. → Rn. 9, 9b), bei dessen Nichtberücksichtigung der Strafausspruch des Urt. auf die Sachrüge aufzuheben ist (BGH NStZ-RR 1999, 108; NStZ 2010, 230).

Hebt das Revisionsgericht das angefochtene Urt. nur im **Strafausspruch auf,** **9i** erfasst dies grds. nicht die Frage der Kompensation einer bis dahin eingetretenen rechtsstaatswidrigen Verfahrensverzögerung; ist im ersten Durchgang eine Kompensationsentscheidung nicht ergangen, darf der Tatrichter im zweiten Durchgang wegen der eingetretenen Teilrechtskraft keine Entschädigung wegen eines vor der Revisionsentscheidung liegenden Verstoßes gegen Art. 6 zusprechen, hat allerdings ggf. über einen solchen Verstoß nach der Aufhebung im Wege der Gesamtbetrachtung des ganzen Verf. zu entscheiden (BGHSt 54, 133); vgl. auch zur Abgrenzung BGH StV 2010, 479: Aufhebung des Rechtsfolgenausspruchs).

5. Nicht anzuwenden ist die **Vollstreckungslösung** auf andere konventions- **9j** rechtlich begründete Kompensationsfälle (zB Verstoß gegen Art. 36 Abs. 1 Buchst. b WÜK, dazu BGHSt 52, 110 (118); BGH StV 2011, 603; erg. → StPO § 114b Rn. 9; offengelassen für fair trial in BGH NStZ 2010, 294), bei Tatprovokation (**aM** Kraatz JR 2008, 194) o. allg. zur Kompensation v. Verfahrensfehlern (BGHSt 52, 110 (118); BGH wistra 2011, 386; NJW 2010, 1470), wohl aber auf einen parallelen Verstoß gegen Art. 5 Abs. 3 S. 1 Hs. 2 (BGH NStZ 2010, 229 (230)); reicht insoweit trotz vollständiger Anrechnung der U-Haft die Feststellung dieses Konventionsverstoßes nicht aus (hierzu Mansdörfer GA 2010, 165: iaR keine weitere Kompensation), ist eine einheitliche Kompensation festzusetzen (BGH NStZ 2011, 97; 2010, 229 (230)). Bei Verhängung lebenslanger Freiheitsstrafe ist der Härteausgleich für erledigte, an sich gesamtstrafenfähige Vorstrafen im Vollstreckungsmodell zu gewähren (BGH NJW 2010, 1157; 2010, 1470). Der 5. StS des BGH hat das Vollstreckungsmodell auch auf einen Härteausgleich wegen entgangener Bewährung infolge des Wegfalls einer den Angeklagten begünstigenden Zäsur angewendet (BGH StV 2010, 239), nicht aber bei ausl. Vorverurteilung (BGH StV 2010, 238 (239)).

VIII. Unabhängiges und unparteiisches Gericht. Art. 6 geht nicht weiter **10** als die Garantie der rechtsprechenden Gewalt in Art. 92 GG (Jescheck NJW 1954, 785 Fn. 28). Vgl. iÜ Art. 97 GG, § 1 GVG, §§ 25, 26 DRiG, §§ 22 ff. StPO,

§§ 41 ff. ZPO. Es dürfen nach objektiven u. subjektiven Maßstäben keine Zweifel an der Unparteilichkeit des Gerichts bestehen (EGMR NJW 2006, 2901; 2007, 3553). Allgemeine Kriterien sind die Art der Bestellung der Richter u. ihre Amtszeit, die Existenz v. Sicherungen gegen Druck v. außen sowie der äußere Anschein v. Unabhängigkeit (EGMR BeckRS 2011, 143488 mwN).

10a Für die Annahme v. **Befangenheit im Einzelfall** setzt der EGMR hohe Hürden. Die persönliche Unparteilichkeit des Richters wird bis zum Beweis des Gegenteils vermutet (EGMR NJW 2016, 1563; 2007, 3553; 2011, 3633 (3634); 2006, 2901 (2903)). Bei der Prüfung, ob objektive Gesichtspunkte für Befangenheit vorliegen, ist nicht entscheidend auf den Standpunkt desjenigen abzustellen, der Parteilichkeit geltend macht, sondern auf nachweisbare Tatsachen, die entspr. Zweifel objektiv begründen können (EGMR NJW 2011, 3633 (3634)). Der Umstand allein, dass ein Richter bereits über ähnliche Vorwürfe, auch gegen einen – früheren – Mitangeklagten in einem gesonderten Verf. verhandelt hat, begründet nicht den Vorwurf der Befangenheit (EGMR NJW 2007, 3553 (3554); 2011, 3633 (3634)), ebenso wenig das Angebot einer Absprache (Strafmilderung gegen Geständnis), das im Interesse einer zügigen Verfahrensführung u. geordneten Rechtspflege gerechtfertigt sein kann (EGMR NJW 2011, 3633 (3634)). Kommen allerdings besondere Umstände hinzu, kann dies die gebotene Unaprteilichkeit in Frage stellen (EGMR NJW 2021, 2947 mAnm Rzadkowski; ausf. → § 24 StPO Rn. 13a, 13b). Die Überlassung des wesentlichen Ermittlungsergebnisses an über dessen Bedeutung aufgeklärte Schöffen, begründet gunds. keine Befangenheit (EGMR NJW 2009, 2871; dazu näher Esser/Gaede/Tsambikakis NStZ 2011, 143; erg. → GVG § 30 Rn. 2). Richter müssen allerdings im Zusammenhang mit den v. ihnen behandelten Fällen wegen ihres herausragenden Amtes sowie der übergeordneten Anforderungen an die Justiz bei Erklärungen ggü. der Presse äußerst zurückhaltend sein; dies gilt selbst dann, wenn sie provoziert worden sind (EGMR NJW 2006, 2901 (2903); ausf. zur Rspr. des EGMR zur Unabhängigkeit u. Meinungsfreiheit der Richter Weber DRiZ 2012, 16 ff. (59 ff.)). **Widerlegt sein** kann die Vermutung der Unparteilichkeit auch beim Vorliegen v. Tatsachen, die unabhängig v. Verhalten des Richters Zweifel an seiner Unabhängigkeit begründen. Dies ist etwa anzunehmen, wenn der Richter mehrere Funktionen im Verf. ausübt, er eine Beziehung zu Verfahrensbeteiligten hat (EGMR NJW 2006, 2901 (2903)) o. er sich zu dem betr. Verf. bereits öffentl. geäußert hat (EGMR NJW 2016, 1563).

11 **IX. Gesetzlicher Richter.** Mit der Formulierung, dass das Gericht auf dem G beruhen muss, soll sichergestellt werden, dass die Justizorganisation nicht v. Ermessen der Exekutive abhängt, sondern durch Rechtsnormen bestimmt wird, die v. den Parlamenten verabschiedet wurden (EGMR BeckRS 2011, 143321); Abs. 1 S. 1 erfasst insoweit auch die Besetzung des Gerichts in jedem einzelnen Fall (EGMR BeckRS 2011, 143321). Vgl. Art. 101 Abs. 1 GG, §§ 16, 21a GVG.

11a **X. Begründung gerichtlicher Entscheidungen.** Abs. 1 verpflichtet die Gerichte zwar, ihre Entsch. zu begründen; das bedeutet allerdings nicht, dass sie auf jedes Argument detailliert eingehen müssen (EGMR NJW 1999, 2429). Es kann ausreichen, dass eine obere Instanz einen Rechtsbehelf nur mit dem Hinweis auf Vorschr. zurückweist, die ein solches Vorgehen erlauben, wenn die mit dem Rechtsbehelf aufgeworfenen Fragen keine bes. Bedeutung haben o. er keine hinreichende Aussicht auf Erfolg hat (EGMR NJW 2012, 3502 (3504)); dies gilt namentlich für die Beschlusspraxis der Revisionsgerichte nach § 349 Abs. 2 StPO (EGMR JR 2015, 95 sowie BVerfG JR 2015, 92; BGH NStZ-RR 2016, 383).

12 **C. Unschuldsvermutung (Abs. 2).** Die Unschuldsvermutung (Abs. 2; vgl. auch Art. 48 Abs. 1 GRCh) folgt schon aus dem **Rechtsstaatsprinzip** (BVerfGE 22, 254 (265); BVerfG NJW 1990, 2741) u. ist nunmehr auch in Art. 48 Abs. 1 der Charta der Grundrechte der EU verankert (→ Vor Art. 1 Rn. 8). Sie erfasst das gesamte Strafverfahren u. ist auch nach dessen Abschluss anwendbar, wenn ein Zusammenhang zwischen dem abgeschlossenen Verf. u. dem nachf. Verf. besteht

(EGMR JR 2014, 533). Sie will verhüten, dass jemand als schuldig behandelt wird, ohne dass ihm in einem ges. geregelten Verf. seine Schuld nachgewiesen ist (EGMR NJW 2011, 1789 (1790)). Die Unschuldsvermutung ist verletzt, wenn Erklärungen o. Entsch. den Eindruck erwecken, der Betroffene – auch ein Verstorbener (EGMR BeckRS 2012, 214544; NJW 2020, 1275) – sei schuldig, sofern die Person nicht entspr. den ges. Bestimmungen schuldig gesprochen worden ist (EGMR BeckRS 2012, 214544; NJW 2016, 3645), wenn die Öffentlichkeit dazu veranlasst wird, an seine Schuld zu glauben, o. wenn die Beurteilung des zuständigen Richters vorweggenommen wird (EGMR NJW 2021, 1149 mwN), nicht aber bei bloßem Äußern eines Verdachts (EGMR BeckRS 2012, 214544). Bei **Äußerungen von Amtsträgern** kommt es auf die Wortwahl sowie die konkreten Umstände an, unter denen die Aussage gemacht wurde (EGMR NJW 2021, 1149; BGH NJW 2016, 3670 mAnm Stuckenberg JR 2017, 231). Maßnahmen, die den vollen Nachw. der Schuld erfordern, dürfen nicht getroffen werden, bevor er erbracht ist (BGH NJW 1975, 1829 (1831)). Das gilt insbes. bei Verfahrenseinstellungen (EGMR NJW 2006, 1113), auch nach § 383 Abs. 2 StPO (BVerfGE 74, 358 (370 ff.)). Beim Widerruf der Strafaussetzung liegt kein Verstoß vor, wenn der Beschuldigte entweder wegen der neuen Tat (erstinstanzlich) verurteilt worden ist o. ein glaubhaftes, nicht widerrufenes Geständnis abgelegt hat (EGMR NJW 2004, 43; BVerfG NJW 2005, 817; KG StV 1988, 26); ein polizeiliches Geständnis dürfte ausreichen (vgl. OLG Hamm BeckRS 2020, 41018; Beukelmann NJW-Spezial 2021, 153). Art. 6 Abs. 2 steht Vermutungen tatsächlicher o. rechtlicher Art in Strafgesetzen nicht entgegen, sofern die Vermutung widerlegbar ist u. die Verteidigungsrechte gewahrt sind (EuGH WM 2010, 65 (69); vgl. auch EGMR NJW 2011, 201). Die Unschuldsvermutung schützt Dritte nicht vor faktischen Belastungen, die sich daraus ergeben, dass iRe gegen andere Personen ergangenen Strafurteils Feststellungen über eine Beteiligung ihrerseits getroffen werden (BVerfG NJW 2009, 3569; EGMR NJW 2015, 37: keine Verletzung der Unschuldsvermutung durch Ausführungen im Urt. gegen Mittäter, wobei der EGMR es allerdings im Gegensatz zum BVerfG nicht für ausgeschlossen gehalten hat, dass die Unschuldsvermutung nach Verfahrenstrennung im Urt. gegen gesondert verfolgte Mitbeschuldigte betroffen sein kann; vgl. auch EGMR NJW 2025, 2083 sowie eingehend → § 24 StPO Rn. 12 ff.).

Die Unschuldsvermutung gebietet auch eine **unvoreingenommene Behandlung** des Beschuldigten im Verf. (§§ 22 ff. StPO); Richter dürfen bei ihrer Amtsausübung nicht v. der vorgefassten Meinung ausgehen, der Betroffene habe die ihm vorgeworfene Tat begangen (EGMR NJW 2011, 1789 (1790)). Staatliche Organe dürfen nicht durch Erklärungen o. Entsch. in der Öffentlichkeit den Eindruck erwecken, der Betroffene sei schuldig, bevor der ges. Nachw. der Schuld erbracht ist (EGMR NJW 2011, 1789 (1790) mwN; 2006, 1113; BGH NJW 2016, 3670). Erforderlich ist ferner eine Güterabwägung bei öffentl. Fahndung (OLG Hamburg NJW 1980, 842) u. Zurückhaltung bei behördlicher Unterstützung der **Publikation einer strafrechtlichen Beschuldigung** (Trüg NJW 2011, 1041 f.; vgl. auch EGMR HRRS 2009, 226 Ls.; OLG Koblenz StV 1987, 430; s. allerdings auch BGH NJW 2016, 3670: Gesamtbetrachtung aller Umstände erforderlich). Auch steht Art. 6 Abs. 2 der Berücksichtigung einer noch nrkr abgeurteilten Tat bei der Prognoseentscheidung nach § 57 StGB grds. entgegen (vgl. → StPO § 453c Rn. 4). Sie bindet zwar nur die staatliche Strafgerichtsbarkeit (OLG Frankfurt a. M. NJW 1980, 597; **aM** Grave NJW 1981, 209, Marxen GA 1980, 365; → Art. 1 Rn. 4) u. Träger öffentl. Gewalt, wie etwa den Justizminister in einem Fernsehinterview o. Justizpressestellen (Kühl FS Müller-Dietz, 2001, 415 mwN), hat aber insofern eine mittelbare Drittwirkung, als sie den Maßstab für die Beurteilung v. öffentl. Berichten über Strafverfahren abgibt (OLG Frankfurt a. M. NJW 1980, 597; OLG Köln JMBl. NRW 1985, 282; Bornkamm NStZ 1983, 103; Lampe NJW 1973, 217; zu weitgehend Stapper AfP 1996, 349: Presse ist an die Unschuldsvermutung gebunden; vgl. auch Zabel GA 2011, 347 (360)). Eine heftige **Pressekampagne** gegen den Angeklagten ohne staatliche Einflussnahme kann 13 zwar die Fairness des Verf. tangieren, wird aber regelmäßig keinen Verstoß iSd Art. 6 begründen; dies gilt jedenfalls dann, wenn Berufsrichter über die Anklage entscheiden (EGMR NJW 2016, 3147).

14 Die Unschuldsvermutung berührt nicht die **Zulässigkeit von Strafverfolgungsmaßnahmen** aufgrund bestimmten Verdachts, zB die vorl. Festnahme o. UHaft (vgl. Art. 5 Abs. 1 Buchst. c), Maßnahmen nach § 119 StPO (vgl. BVerfGE 35, 307) u. die Erhebung der strafrechtlichen Anklage (Abs. 1 S. 1); denn diese Maßnahmen bezwecken erst die Klärung des Tatvorwurfs. Sie verwehrt also nicht die Beurteilung des Grades des Verdachts einer strafbaren Handlung eines Beschuldigten (BVerfG NJW 1990, 2741). Auch die Berücksichtigung v. Vor- o. Nachtaten, die nicht o. noch nicht zu einer rkr. Verurteilung geführt haben, bei der Beweiswürdigung (BGHSt 34, 209), der Strafzumessung (s. EGMR NJW 2019, 203; erg. → StPO § 154 Rn. 23, 25) o. einer Strafrestaussetzung nach § 57 StGB (BVerfG NStZ 1988, 21) soll durch Abs. 2 nicht ausgeschlossen sein, wenn das Gericht v. ihrer Begehung überzeugt ist (BVerfG BeckRS 2010, 48605; vgl. auch Peukert EuGRZ 1980, 261; **aM** Vogler FS Tröndle, 1989, 423); dies erscheint jedoch jedenfalls in dieser Absolutheit mit Rücksicht auf die Rspr. des EGMR zu § 56f Abs. 1 Nr. 1 StGB, § 26 Abs. 1 Nr. 1 JGG in diesen Fällen nicht mehr unzw. (EGMR NJW 2016, 3645 (3648); dazu sogleich → Rn. 15).

15 Die **Vermutung der Unschuld endet** mit der Rechtskraft der Verurteilung (BVerfGE 35, 202 (232); vgl. auch EGMR NJW 2019, 203). Die Herbeiführung der Rechtskraft durch einen Rechtsmittelverzicht als Gegenstand einer Verständigung im Strafprozess verstößt grds. nicht gegen Abs. 2 (EGMR NJW 2012, 3419). Wird das gerichtliche Verf. eingestellt, so hindert die Unschuldsvermutung nicht, den Beschuldigten die ihm entstandenen Auslagen selbst tragen zu lassen, die Regelung des § 467 Abs. 3–5 ist daher unbedenklich (EGMR NJW 1988, 3257; BVerfG NJW 1990, 2741; BGH NJW 1975, 1829 (1831); OLG München NStZ 1984, 185; erg. → StPO § 467 Rn. 16, 19); Art. 6 Abs. 2 gibt dann auch kein Recht auf Entschädigung für rechtmäßige UHaft (EGMR NJW 2006, 1113). Es verstößt gegen Abs. 2, ohne zumindest erstinstanzliche Verurteilung bzw. ein Geständnis des Verurteilten einen **Widerruf der Strafaussetzung** zur Bewährung nach § 56f Abs. 1 Nr. 1 StGB bzw. § 26 Abs. 1 Nr. 1 JGG auszusprechen (s. BVerfG NStZ 2005, 204; Peglau JR 2014, 539 mwN); dies gilt auch, wenn der Widerruf auf ein ohne anwaltlichen Beistand abgelegtes Geständnis vor einem Richter gestützt wird, das der Beschuldigte später widerrufen hat (EGMR NJW 2016, 3645), nicht dagegen, wenn das Geständnis in Gegenwart des Verteidigers abgelegt u. erst nach der Widerrufsentscheidung der Fachgerichte widerrufen wurde (EGMR NJW 2016, 3645 mN). Dies gilt auch, wenn die StVollstrK iRe Antrags auf gerichtliche Entsch. gegen die Auferlegung einer Disziplinarmaßnahme feststellt, dass der Betroffene eine bestimmte Straftat begangen habe, obwohl diese noch nicht abgeurteilt ist u. sie der Betroffene nicht gestanden hat (OLG Hamm NStZ 2013, 174).

15a Nach der Rspr. des EGMR kann Abs. 2 ausnahmsweise auch durch ein **freisprechendes Urteil** verletzt werden, wenn die Urteilsgründe zum Ausdruck bringen, der Angeklagte habe die ihm zur Last gelegte Tat tatsächlich begangen; insoweit kommt es darauf an, ob sprachlich die Feststellung v. Schuld zum Ausdruck gebracht o. lediglich der Zustand eines verbleibenden Tatverdachts beschrieben wird (EGMR StV 2016, 1 mwN; krit. zur insoweit uneinheitlichen Rspr. des EGMR Weigend FS Rogall, 2018, 739 (753 ff.)). Unbedenklich ist es dagegen, einen Betroffenen ausdr. als Bet. an einer Straftat in einem gegen andere Personen ergangenen Strafurteil zu erwähnen, wenn dies für die Schuldbeurteilung v. Mitbeschuldigten unvermeidbar ist (EGMR NJW 2015, 37). Die Rspr. des Gerichtshofs bedeutet auch nicht, dass das Erfordernis der Tenorbeschwer (→ StPO § 296 Rn. 11, 13) als Zulässigkeitsvoraussetzung für ein Rechtsmittel gegen Abs. 2 verstößt; es genügt daher nicht, dass der Angeklagte bei einem Freispruch durch die Urteilsgründe in irgendeiner Weise belastet wird (BGH NStZ 2016, 560; StraFo 2020, 204). Dies folgt schon daraus, dass in einem Strafprozesssystem, das Rechtsmittel gegen Freisprüche ermöglicht, ein solches freisprechendes Urt. sich mit allen wesentlichen aus der Beweisaufnahme ergebenden Umständen auseinandersetzen muss, um dem Revisionsgericht eine rechtliche Überprüfung zu ermöglichen; diese Begründungsanforderungen erstrecken sich auch auf die gegen den Angeklagten sprechenden Indizien. Eingehend dazu Ahlbrecht StV 2016, 257.

Eine festgestellte Verletzung der Unschuldsvermutung begründet **keine Kompensation nach dem Vollstreckungsmodell** (BGH NJW 2016, 3670); festgestellte konkrete Belastungen können auf der Ebene der Strafzumessung berücksichtigt werden (dahingestellt v. BGH NJW 2016, 3670). 15b

D. Mindestrechte des Angeklagten (Abs. 3). Die Vorschr. erweitert die Garantien des Abs. 1 (EKMR NJW 1978, 477). Da ihre Gewährleistungen aber bes. Ausprägungen des allg. fair trial-Gebotes sind (→ Rn. 4), **prüft der EGMR Beschwerden unter dem Gesichtspunkt v. Abs. 3 und Abs. 1 zusammengenommen** (EGMR NJW 2003, 2297; 2001, 2387 (2390); 1999, 2353; erg. → Rn. 3). Verstöße gegen Abs. 3 führen nach der Rspr. des EGMR nicht automatisch zu einem Verwertungsverbot, sondern nur dann, wenn das Verf. nach einer Gesamtbetrachtung nicht mehr fair war (vgl. dazu EGMR NJW 2006, 3117 (3122); Eisele JR 2004, 15; Gaede JR 2009, 495; erg. → Rn. 3, 4 sowie → Rn. 22). Das ist insbes. anzunehmen, wenn der Beschuldigte auf das Verf. keinen Einfluss nehmen u. an ihm nicht teilnehmen konnte (vgl. EGMR NJW 2010, 213). Beauftragt das erkennende Gericht während lfd. HV die Polizei mit einer Wahlgegenüberstellung des Angeklagten, so muss es den Verteidiger vor deren Durchführung unterrichten (anders bei einer Wahllichtbildvorlage), nicht aber den Versuch unternehmen, eine effektive Teilhabe der Verteidigung hieran zu gewährleisten (Schneider NStZ 2010, 54 in zutr. krit. Anm. zu BGH NStZ 2010, 53 (*obiter dictum*)). 16

I. Bekanntgabe der Beschuldigung (Buchst. a). Der Angeklagte hat Anspruch auf Unterrichtung über den Grund der Anklage innerhalb möglichst kurzer Frist, dh über die tatsächlichen Vorkommnisse, die ihm zur Last gelegt werden, u. über die Art der Anklage, dh über die rechtliche Würdigung dieser Vorkommnisse (EKMR NJW 1977, 2011; EGMR NJW 1999, 3545). Die Mitteilung muss die Einzelheiten enthalten, deren Kenntnis für den Angeklagten zur Vorbereitung der Verteidigung erforderlich ist. Die Angabe der Beweismittel schreibt Abs. 3 Buchst. a nicht vor (EKMR NJW 1977, 2011; EGMR NJW 1999, 3545). Der Anspruch auf Unterrichtung besteht bei Festnahme schon im Ermittlungsverfahren (Art. 5 Abs. 2); nach einer weitergehenden Ansicht folgt aus Art. 6 Abs. 3 Buchst. a, dass der Beschuldigte bereits zu Beginn jedes Ermittlungsverfahrens zu unterrichten sei (Frister StV 1998, 159; Müller FS Koch, 1989, 196 (196 f.); Weigend StV 2000, 385; **aM** Schroeder FS Goltdammer, 1993, 210), es sei denn, der Untersuchungserfolg könne dadurch vereitelt werden (Frister StV 1998, 159 (162)). 17

In einer ihm verständlichen Sprache muss dem Angeklagten die Beschuldigung bekanntgegeben werden u. zwar nicht erst in der HV (LG Heilbronn StV 1987, 192), anders aber bei der Antragsschrift (§ 417 StPO) im beschleunigten Verf. (OLG Stuttgart NStZ 2005, 471). Beherrscht er die deutsche Sprache nicht hinreichend, so muss ihm neben der Anklageschrift eine schriftliche Übersetzung in seine Muttersprache o. eine andere Sprache, die er versteht, vor der Eröffnungsentscheidung (BGH 21.2.2024 – 3 StR 373/23) übersandt werden (BGH NStZ-RR 2024, 218; OLG Düsseldorf StV 2010, 512 mwN), es sei denn, er ist anderweitig ausreichend über die Anklagegründe informiert worden (EGMR 9.3.2010 – 60705/08); mündliche Übersetzung genügt nur in Ausnahmefällen (BGH NStZ 2014, 725; OLG Hamburg NStZ 1993, 53), dh dann, wenn der Verfahrensgegenstand rechtlich u. tatsächlich leicht überschaubar ist (BGH NStZ-RR 2024, 218; OLG Düsseldorf NJW 2003, 2766; OLG Hamburg StV 2006, 175 (177); Döllel/Dreeßen SchlHA 2005, 259 – OLG Schleswig RsprÜ; **aM** OLG Hamm StV 2004, 364; OLG Karlsruhe StraFo 2005, 370; → § 187 **GVG** Rn. 7, 7a). Das Gleiche gilt für den Strafbefehl (LG München II NJW 1972, 405), aber 18 nicht für den Strafbefehlsentwurf der StA (LG Aachen NStZ 1984, 283 Ls.). Die schriftliche o. mündliche Übersetzung des gesamten Akteninhalts o. wesentlicher Teile davon in eine ihm verständliche Sprache kann der Angeklagte nicht verlangen (OLG Düsseldorf JZ 1986, 508; OLG Hamm NStZ-RR 1999, 158 (159); Vogler ZStW 89 (1977), 787). Dies gilt auch für Urt. u. Revisionsbegründungen (OLG Köln NStZ 2012, 471 mwN). Erg. → § 187 **GVG** Rn. 5 ff.

19 **II. Zeit und Gelegenheit zur Vorbereitung der Verteidigung (Buchst. b).** Zeit und Gelegenheit zur Vorbereitung der Verteidigung muss dem Angeklagten gegeben werden (vgl. EGMR NJW 2020, 3019 zur Akteneinsicht); OLG Stuttgart JR 1979, 170 (172); → Einl. Rn. 131; → StPO § 147 Rn. 8; → StPO § 40 Rn. 3a). Die Vorschr. gilt auch für die StA, soweit v. ihren Anträgen die Zeit der Vorbereitung der Verteidigung abhängt, zB bei dem Antrag nach § 417 StPO (Dünnebier GA 1959, 163). Dass die starren ges. Fristen nicht verlängert werden können, verstößt nicht gegen Abs. 3 Buchst. b (BGH 5.8.1958 – 5 StR 232/59 zu § 345 Abs. 1 StPO; IntKommEMRK/Vogler Rn. 494).

20 **III. Recht auf Verteidigung (Buchst. c).** Der Angekl. hat das Recht, **sich selbst zu verteidigen;** dieses Recht wird durch eine Pflichtverteidigerbestellung in den Fällen der notwendigen Verteidigung (§§ 140 ff. **StPO**) nicht berührt (EGMR EuGRZ 1992, 542; BGH NStZ 2023, 115; BeckRS 2023, 22278, jew. mwN).

20a Das Recht des Beschuldigten, sich durch einen **Anwalt seiner Wahl** verteidigen zu lassen, gehört zu den wesentlichen Elementen eines fairen Verf. (EGMR NJW 2012, 3709). Der Angeklagte hat Anspruch auf „konkrete und wirkliche" Verteidigung (EGMR EuGRZ 1980, 662; 1985, 234; BGHSt 46, 36 (44)), der verletzt ist, wenn ihm nicht schon v. der ersten Vernehmung durch die Polizei an Zugang zu einem Verteidiger gewährt wird (EGMR NJW 2019, 1999; 2012, 3709; 2009, 3707: Einschränkung nur bei zwingenden Gründen; vgl. dazu etwa EGMR BeckRS 2016, 111649), ihm unüberwachte persönliche Kontakte mit dem Anwalt verweigert werden (EGMR NJW 2019, 1999; 1992, 3090), ihm das Recht, sich v. dem Anwalt seines Vertrauens vertreten zu lassen, aufgrund ermessensfehlerhafter Ablehnung bzw. Nichtbescheidung eines Terminsverlegungsantrags genommen wird (OLG Oldenburg StV 2015, 156) o. mit diesem trotz eingeschränkter Verteidigungsfähigkeit „substantiell" verhandelt wird (BGH StV 2009, 565 (567), auch zum Verhältnis zu Buchst. b). Bei einer Rechtshilfevernehmung des Beschuldigten in einem anderen Vertragsstaat ist ein anwesender Richter des ersuchenden Staates jedenfalls dann verpflichtet, die Verantwortlichen der Vernehmung im ersuchten Staat auf das Erfordernis eines anwaltlichen Beistands hinweisen, wenn er selbst um die Beiordnung eines Anwalts ersucht hatte (EGMR NJW 2012, 3709). Der Beschuldigte darf sich selbst verteidigen o. einen Verteidiger wählen. Ist er mittellos, so muss ihm ein Verteidiger beigeordnet werden, wenn es im Interesse der Rechtspflege erforderlich ist; insoweit sind alle Umstände, insbes. die Schwere der Tat u. der Strafdrohung, die Schwierigkeit der Sache u. die persönliche Situation des Angeklagten zu berücksichtigten (EGMR NJW 2019, 2005; vgl. → StPO § 140 Rn. 1 ff.). Der Regelungszweck besteht darin, jede Ungleichheit unter Angeklagten zu vermeiden (EKMR NJW 1978, 477). Zulässig ist die Beschränkung der Zahl der Verteidiger (§ 137 Abs. 1 S. 2 StPO) u. des Personenkreises, der verteidigen darf (§ 138 StPO; EKMR EuGRZ 1978, 314). Der Angekl. hat Anspruch auf einen Verteidiger seines Vertrauens, sofern dem kein wichtiger Grund entgegensteht (→ StPO § 142 Rn. 37 ff.). Eine Pflicht zur Ablösung des beigeordneten RA kommt nur ganz ausnahmsweise in Betracht (EGMR NJW 2008, 2317 (2318); 29.9.2009 – 28154/05; BGH 20.4.2022 – 1 StR 33/22; erg. → StPO § 143a Rn. 24a ff.), eine solche, den RA dazu zwingen, entgegen seiner Überzeugung zu den Erfolgsaussichten ein Rechtsmittel einzulegen, besteht nicht (EGMR NJW 2008, 2317). **Versäumnisse eines Pflichtverteidigers** – zB die Versäumung v. Fristen – können ausnahmsweise (vgl. BGH 22.7.2024 – 1 StR 165/24) zu „positiven Maßnahmen" der zuständigen Behörden verpflichten, wenn das Versagen des Pflichtverteidigers **offenkundig** ist o. wenn sie davon unterrichtet wurden (EGMR NJW 2003, 1229; 2008, 2317); als positive Maßnahme idS kann etwa die Bestellung eines neuen Pflichtverteidigers gewertet werden, wenn der Verteidiger die Revision des Angeklagten pflichtwidrig nicht form- u. fristgerecht begründet (BGH wistra 2021, 160), ferner, wenn sich aus einem Schreiben der StA ergibt, welches Hindernis der Zulässigkeit eines Wiedereinsetzungsgesuchs entgegensteht (BGH NStZ 2021, 189). Ein derartiger offenkundiger Mangel der Verteidigung kann ausgeschl. sein, wenn den Angekl. ein erhebliches eigenes Verschulden trifft (vgl. BGH 20.4.2022 – 1 StR 33/22). **Revisionshauptverhandlungen** in Strafsachen sind mit Rücksicht auf Abs. 3c in Anwesenheit des v. Angeklagten gewählten Verteidigers durchzuführen. Nach deutschem Recht gilt dies grds. nur für den Fall der notwendigen Verteidigung (§ 350 Abs. 2 S. 2 StPO sowie → StPO § 350 Rn. 7 ff.). Erscheint ein Wahlverteidiger zur HV vor dem Revisionsgericht nicht, o. teilt er vorab mit, er werde nicht erscheinen, ist er idR zum Pflichtverteidiger für die Revisionshauptverhandlung zu bestellen (BGH NJW 2014, 3527 – Vfg. des Vorsitzenden).

Nach der **Rechtsprechung des Gerichtshofs durfte entgegen § 329 Abs. 1 S. 1 StPO aF** die Berufung des Angeklagten nicht ohne Verh. zur Sache verworfen werden, wenn zwar der Angeklagte ausblieb, aber ein verteidigungsbereiter Verteidiger erschienen war (EGMR StraFo 2012, 490 mzustAnm Püschel u. Gerst NStZ 2013, 310; abl. Mosbacher NStZ 2013, 312; sehr krit. auch Frisch FS Paeffgen, 2015, 589; vgl. auch die bereits auf dieser Linie liegenden, andere Vertragsstaaten betr. Entsch. EGMR BeckRS 2015, 16488; NJW 1999, 2353; 2001, 2387). Diese Judikatur war unvereinbar mit der Rspr. des BVerfG (27.12.2006 – 2 BvR 534/09), u. ist mit den Strukturprinzipien der deutschen StPO kaum zu vereinbaren (OLG München StV 2013, 301; Mosbacher NStZ 2013, 312; OLG Düsseldorf StV 2013, 299; OLG Celle NStZ 2013, 615; OLG Bremen StV 2014, 211 StV 2014, 242; OLG Hamm BeckRS 2012, 24376; vgl. auch das in der Sache abw. – iE allerdings der Entsch. des EGMR zust. – Sondervotum der Richterinnen Power-Forde u. Nussberger StraFo 2012, 492). Um weitere Verurteilung Deutschlands zu vermeiden hat der Gesetzgeber § 329 StPO mit G v. 1.7.2015 neugefasst u. damit einen konventionskonformen Zustand hergestellt (näher → StPO § 329 Rn. 14 ff.). 20b

Dass der Verurteilte die **Kosten des Pflichtverteidigers** nachträglich der Staatskasse erstatten muss (KV 9007 GKG), steht dem Sinn des Abs. 3 Buchst. c nicht entgegen (OLG Düsseldorf NStZ 1984, 283 mwN; OLG Koblenz JBlRP 1998, 90; OLG Zweibrücken NStZ 1990, 51 mwN; vgl. auch BVerfG NJW 2003, 196: verfassungsrechtlich unbedenklich; erg. → StPO § 464a Rn. 1); eine allg. Befreiung des Verurteilten v. der Erstattung dieser Auslagen lässt sich aus der Vorschr. nicht herleiten (OLG Bamberg JurBüro 1986, 1057; 1987, 254; OLG Köln JurBüro 1991, 855; OLG München StV 2013, 301; **aM** OLG Düsseldorf NStZ 1985, 370 mablAnm Schikora). Nur wenn der Angeklagte auch nach der Rechtskraft des Urt. noch mittellos ist, braucht er die Verteidigerkosten nicht zu tragen (EKMR StV 1985, 89 Ls.; Peukert EuGRZ 1980, 276); das schließt den Kostenansatz aber nicht aus (OLG Köln JurBüro 1991, 856). Die Erstattung der durch die „aufgedrängte" Bestellung eines weiteren Verteidigers entstandenen Kosten kann v. Angeklagten nicht verlangt werden (Neumann NJW 1991, 266; **aM** EGMR EuGRZ 1992, 542; EKMR bei Strasser EuGRZ 1992, 280; OLG Zweibrücken NJW 1991, 309; LG Göttingen Nds. Rpfl. 1992, 241). 21

IV. Heranziehung und Befragung von Zeugen (Buchst. d). Das aus anglo-amerikanischen Rechtsvorstellungen eines kontradiktorischen Strafprozesses stammende (Weigend FS Wolter, 2013, 1145 (1150); Widmaier FS Nehm, 2006, 366; Jung GA 2009, 235 f.) sog. **Konfrontationsrecht** soll gewährleisten, dass Belastungszeugen nicht alleine v. den Strafverfolgungsbehörden vernommen werden, sondern unmittelbar auch v. dem Angeklagten befragt werden können (allg. dazu Jung GA 2009, 235; Harris/O'Boyle/Warbrick/Bates Law of the European 22

Convention S. 322; EGMR JR 2015, 95; eine krit. Würdigung der Rspr. des EGMR findet sich bei Lonati EuCLR 2018, 116 ff.). Es geht mit seiner Zielsetzung der „Waffengleichheit“ der Verteidigung in allen Stadien des Strafverfahrens über im deutschen Strafprozessrecht verankerte Frage- u. Anwesenheitsrechte (vgl. §§ 168c, 219, 220, 239, 240 Abs. 2, 244, 245, 255a Abs. 2 S. 2 StPO) sowie den vorrangig der Zuverlässigkeit der Beweisgewinnung dienenden Grundsatz der Unmittelbarkeit (§ 250 S. 2 StPO) hinaus (Schmitt FS Rissing-van Saan, 2011, 546 ff.; Weigend Weigend FS Wolter, 2013, 1145 (1148 f.), der v. einem „Fremdkörper“ spricht u. das Konfrontationsrecht wie Walther GA 2003, 204 als eigenständiges Prozessrecht versteht; Gaede StV 2012, 51 (54 ff.) sieht es als Anspruch des Angekl. auf Beweisteilhabe). Zeuge iSd Abs. 3 Buchst. d ist jeder, dessen Aussage vor Gericht als Beweismittel zur Entscheidungsfindung verwendet wird, unabhängig davon, ob sie vor Gericht o. außerhalb des Gerichts o. von einem Mitbeschuldigten gemacht wurde (BGH NStZ 2010, 589; EGMR NStZ 2007, 103). Die (unbeeinflusste) Ausübung des Schweigerechts des Mitangeklagten ggü. Fragen der Verteidiger der anderen Angeklagten ist jedoch v. Gericht zu respektieren (BGH NStZ 2009, 581; dazu Dehne-Niemann HRRS 2010, 189 mN). Das Konfrontationsrecht ist nicht betroffen, wenn es nicht um die Ersetzung der Vernehmung einer Zeugin, sondern lediglich um die Einf. bestimmter früherer Vernehmungsinhalte in die HV geht (vgl. BGH NStZ 2021, 687).

22a **1. Gesamtwürdigung des Verfahrens:** Da der EGMR das Konfrontationsrecht als bes. Ausformung des allg. in Art. 6 Abs. 1 S. 1 verankerten Prinzips der Verfahrensfairness versteht (EGMR (Große Kammer) BeckRS 2011, 142771; NJW 2003, 2297; 2001, 2387), kommt es für die Frage eines Konventionsverstoßes darauf an, ob die Verteidigungsrechte gewahrt wurden u. das Verf. bei einer Würdigung aller Umstände in seiner Gesamtheit fair gewesen ist (EGMR NStZ 2007, 103; StraFo 2007, 107; BeckRS 2015, 114495; BVerfG NJW 2010, 925; BGH NStZ 2004, 505; NStZ-RR 2005, 321, bestätigt durch BVerfG NJW 2007, 204; BGH NJW 2005, 1132; vgl. auch BGH StV 2005, 533; 2009, 346; NStZ-RR 2010, 83 (84); erg. → Rn. 16); dabei werden unter Berücksichtigung der Besonderheiten der jew. betroffenen Rechtsordnung die widerstreitenden Interessen v. Verteidigung, Opfer u. Zeuge sowie das öffentl. Interesse an einer wirksamen Strafverfolgung gegeneinander abgewogen (EGMR (Große Kammer) BeckRS 2011, 142771; zur jüngeren Rspr. des EGMR Dionysopoulou ZIS 2017, 629). Allerdings stellt das BVerfG bei der erforderlichen Gesamtschau pointierter als der Gerichtshof auf dem Konfrontationsrecht uU entgegenstehende Erfordernisse einer funktionstüchtigen Strafrechtspflege sowie Belange eines effektiven Opferschutzes ab (BVerfG NJW 2010, 925). Darüber hinaus messen das BVerfG u. auch der BGH dem Umstand, ob Einschränkungen des Befragungsrechts der Justiz zuzurechnen sind o. nicht, im Einzelfall eine noch größere Bedeutung als der Gerichtshof bei (s. BVerfG NJW 2010, 925; BGHSt 51, 150 (155) einerseits, EGMR StraFo 2007, 108 f.; Reid ECHR S. 210 mwN andererseits; vgl. dazu auch Esser/Gaede/Tsambikakis NStZ 2011, 148; Safferling NStZ 2006, 75; Schmitt FS Rissing-van Saan, 2011, 631 ff.; Widmaier FS Nehm, 2006, 357 (361 ff.)). Diese zT unterschiedlichen, Gewichtungen wirken sich allerdings iErg kaum aus u. dürfen in ihren praktischen Auswirkungen nicht überschätzt werden (→ Rn. 22f, 22g).

22b 2. Die **Befragung des Zeugen** hat grds., wenn auch nicht zwingend, in öffentl. HV in Anwesenheit des Angeklagten zu erfolgen (EGMR (Große Kammer) BeckRS 2011, 142771; NJW 2013, 3225; EuGRZ 1992, 476; NJW 2003, 2893; 2006, 2753; BVerfG NJW 2010, 925). Ist der Zeuge nur im Ermittlungsverfahren o. sonst außerhalb der HV vernommen worden, ist der Konvention regelmäßig Genüge getan, wenn der Angeklagte zu irgendeinem Zeitpunkt des Verf. Gelegenheit hatte, einen gegen ihn aussagenden Zeugen zu befragen o. durch seinen Verteidiger befragen zu lassen (BGHSt 51, 150 (154); 46, 93; EGMR StV 1990, 481; NJW 2003, 2297; 2003, 2893). Besondere Bedeutung kommt dabei der Einhaltung v. Vorschr. zu, die im Ermittlungsverfahren die Teilhabe der Verteidigung ermöglichen sollen (EGMR BeckRS 2015, 114495: § 168c Abs. 2, 5 StPO iVm §§ 141 Abs. 2 Nr. 1–3, 140 Abs. 1 Nr. 10 StPO; erg. → StPO § 168c Rn. 4, → StPO § 140 Rn. 20b–d). Bei Vorliegen anerkannter Gründe (zu diesen anschließend → Rn. 22c, 22d) kann auch ganz auf die Konfrontation des Zeugen mit dem Angeklagten verzichtet werden, wenn die Justiz das Defizit durch prozessuale Maßnahmen u. bei der Beweiswürdigung ausgleicht (vgl. EGMR (Große Kammer) BeckRS 2011, 142771). Es geht zu Lasten des Beschuldigten, wenn eine unterbliebene Befragung ihm zuzurechnen ist, etwa weil die Abwesenheit eines Zeugen auf Bedrohung o. Einschüchterung durch den Beschuldigten beruht (Jung GA 2009, 239) o. er bzw. sein Verteidiger einer Vernehmung fernbleiben, bei der sie das Fragerecht hätten ausüben können (BGH StV 2005, 533 (534)).

3. Ausreichende Gründe für Beschränkungen: Das Konfrontationsrecht darf **22c** grds. nur bei Vorliegen ausreichender Gründe beschränkt werden (EGMR BeckRS 2011, 142771 spricht v. „good reason for non attendance of a witness"). Anerkannt ist allg. die trotz aller gebotenen Bemühungen der Justiz bestehende **tatsächliche oder rechtliche Unmöglichkeit,** die Anwesenheit des Belastungszeugen sicherzustellen u. eine direkte Befragung durch den Angeklagten zu ermöglichen (EGMR JR 2015, 95; NStZ 2007, 103: Unmögliches wird v. der Justiz nicht verlangt; vgl. auch EGMR JR 2006, 289 mN; BGHSt 51, 150). Als faktische Unmöglichkeit kommen in Betracht Krankheit, Unerreichbarkeit (EGMR JR 2015, 95; BeckRS 2015, 114495: aktive Suche nach dem Zeugen, ggf. Rückgriff auf Rechtshilfe erforderlich) o. Tod (EGMR (Große Kammer) BeckRS 2011, 142771) des Zeugen, als rechtliche Unmöglichkeit die Verweigerung der Rechtshilfe durch einen anderen Staat o. das Fehlen eines Rechtshilfeabkommens (Nachw. bei Grabenwarter/Pabel EMRK § 24 Rn. 118; Harris/O`Boyle/Warbrick/Bates Law of the European Convention S. 324 f.) sowie die Weigerung eines Mitangeklagten, Fragen des Angeklagten zu beantworten (BGH BeckRS 2017, 105968). Die v. der Konvention ebenfalls als Ausprägung eines fairen Verf. geschützte Aussage- u. Selbstbelastungsfreiheit, wie sie etwa in § 55 StPO zum Ausdruck kommt, schränkt das Konfrontationsrecht ein (EGMR BeckRS 2013, 80687; BGH NStZ-RR 2014, 246; NStZ 2022, 496, 497; erg. → Rn. 4). Das Befragungsrecht kann darüber hinaus in Konflikt mit gegenläufigen Schutzinteressen, insbes. mit dem Opferschutz sowie dem Gebot der Wahrheitsermittlung treten, denen im Einzelfall der Vorrang einzuräumen ist. Dies ist va der Fall, wenn das Leben, die Freiheit o. die Sicherheit v. Zeugen sowie sonstige Interessen betroffen sind, die ihrerseits dem Schutzbereich des Art. 8 unterfallen (EGMR StraFo 2003, 362; StV 1997, 619; zum Zeugenschutz im Lichte der Rspr. des EGMR Gaede StV 2006, 599). Insoweit sind auch EU-Vorschr. wie der RB 2001/220/JI des Rates v. 15.3.2001 über die Stellung des Opfers im Strafverfahren (s. allerdings EuGH NJW 2012, 595 zum weiten Ermessen der nationalen Behörden bei der konkreten Umsetzung) sowie int. Verträge zum Schutz v. Opfern u. Zeugen zu beachten, die mit den Justizbehörden zusammenarbeiten (so etwa das Übk. des Europarates v. 16.5.2005 zur Bekämpfung des Menschenhandels, das namentlich in seinen Art. 28 und 30 Maßnahmen zum Schutz des Privatlebens, der Identität u. der Sicherheit der Opfer während gerichtlicher Verf. vorsieht). Konkret sind in der Rspr. anerkannt die Gefährdung der Sicherheit eines Zeugen, auch verdeckt operierender Polizeibeamter (BGH NJW 1991, 646, bestätigt durch BVerfG NJW 1992, 168; BGH NStZ 2023, 560; vgl. auch EGMR 18.12.2014 – 14212/10; BVerfG NJW 2010, 925 f.), die Sicherstellung künftiger Einsätze verdeckter Ermittler (EGMR StV 1997, 619; erg. → StPO § 96 Rn. 12a) bzw. der Schutz des Vertrauens in staatliche Vertraulichkeitszusagen (BVerfG NJW 2010, 925 f. (926)), der Schutz jugendlicher Zeugen u. von Opfern einer Sexualstraftat (EGMR NJW 2003, 2297 f.; BGH NJW 2007, 2341), die Befürchtung, dass ein Zeuge in Gegenwart des Angeklagten nicht die Wahrheit sagen werde (BGHSt 46, 93 (96) mwN), uU sogar die nachgewiesene Angst vor einer Aussage in öffentl. Verh. (EGMR (Große Kammer) BeckRS 2011, 142771) sowie die Gefährdung der nationalen Sicherheit (EGMR StraFo 2003, 362). Fehlt es an einem derartigen legitimen Grund führt dies zwar nicht automatisch zur Annahme eines Verstoßes gegen Art. 6 Abs. 1,

Abs. 3d); jedoch wird dieser Umstand bei der Gesamtabwägung, ob das Verf. fair war, regelmäßig entscheidend sein (EGMR BeckRS 2015, 114495).

22d **Durch Abs. 3 Buchst. d nicht ausgeschlossen** wird die Verlesung v. Vernehmungsprotokollen nach § 251 StPO (BGH NStZ 1985, 376; EGMR JR 2015, 95), die Vorführung v. Bild-Ton-Aufzeichnungen nach § 255a StPO, wenn der Angeklagte u. sein Verteidiger Gelegenheit hatten, an der früheren richterlichen Vernehmung teilzunehmen (BGHSt 48, 268; BGH NJW 2011, 3382; vgl. auch EGMR BeckRS 2011, 19859; Weigend Gutachten 62. DJT, 1998, C 63 ff.) u. die Vernehmung v. Zeugen v. Hörensagen (Gollwitzer GS Meyer, 1990, 156), insbes. v. Verhörsbeamten anonymer V-Leute (BVerfG NJW 2010, 925; BGHSt 17, 382 (388); BGH NStZ 2000, 265; Peukert EuGRZ 1980, 258; Vogler ZStW 89 (1977), 788; **aM** Grünwald FS Dünnebier, 1982, 359; krit. auch SK-StPO/Paeffgen Rn. 157; erg. → StPO § 250 Rn. 5), o. die Vernehmung eines V-Mannes unter Wahrung seiner Anonymität (EGMR NJW 1992, 3088). Es besteht nach der polizeilichen Videovernehmung einer Belastungszeugin, zu der der Angeklagte nicht hinzugezogen werden konnte, weil er als Täter noch nicht ermittelt war, jedenfalls ohne ausdr. Antrag keine Verpflichtung zu einer erg. richterlichen Zeugenvernehmung in Anwesenheit des Angeklagten bzw. seines Verteidigers (BGH BeckRS 2013, 526). Der in der Rspr. des BGH anerkannte Verzicht des Opferzeugen auf das in § 252 StPO normierte Verwertungsverbot ist allerdings mit Rücksicht auf Abs. 3 Buchst. d nicht unproblematisch (näher → StPO § 252 Rn. 16b). Stehen der Vernehmung des Belastungszeugen keine absoluten tatsächlichen o. rechtlichen Hindernisse entgegen, müssen das Gericht o. allg. die staatlichen Behörden die ihnen zumutbaren Schritte unternehmen, um die konfrontative Befragung zu ermöglichen (EGMR EuGRZ 1992, 476; Grabenwarter/Pabel EMRK § 24 Rn. 118). Eine allg. **Zurechnung des Verfahrensgangs anderer Mitgliedsstaaten der EMRK** u. dort möglicherweise aufgetretener Defizite findet nach der Rspr. des BGH jedoch nicht statt (BGHSt 55, 70 mablAnm Schramm HRRS 2011, 156; abl. auch Gleß FS Wolter, 2013, 1355 (1362 f.); dem BGH zust. Stiebig ZJS 2012, 614); dies steht im Einklang mit der Rspr. des Gerichtshofs, der seine Unzuständigkeit ratione personae annimmt, wenn die behauptete Verletzung der Konvention nicht durch den betr. Staat erfolgte o. ihm nicht zurechenbar ist (EGMR BeckRS 2011, 2094; 2002, 165874; s. aber zu Abs. 3 Buchst. c EGMR NJW 2012, 3709 für die Rechtshilfevernehmung in einem Vertragsstaat unter Mitwirkung eines Richters aus dem ersuchenden Vertragsstaat; erg. dazu → Rn. 20).

22e **4. Kompensation im Verfahren:** Durch andere Maßnahmen im Verf. müssen Einschränkungen des Fragerechts soweit wie möglich ausgeglichen werden (EGMR (Große Kammer) BeckRS 2011, 142771; StraFo 2007, 107; 2003, 362; NJW 2003, 2893 (2894): sog. „counterbalancing measures" sowie „strong procedural safeguards"; vgl. auch BVerfG NJW 2010, 925). Dabei können allg. auch **Strukturprinzipien des nationalen Strafverfahrensrechts** als kompensierende Faktoren berücksichtigt werden (vgl. EGMR (Große Kammer) BeckRS 2011, 142771; Meyer HRRS 2012, 117 (119); du Bois-Pedain HRRS 2012, 120 (129 ff.)). Wird etwa ein Zeuge in der HV vernommen u. weigert sich lediglich, Fragen der Verteidigung zu beantworten, kann auch die im deutschen Rechtssystem bestehende Aufklärungspflicht des Gerichts nach § 244 Abs. 2 StPO iVm dem Umstand, dass sich das Gericht selbst einen Eindruck v. der Aussageperson verschaffen konnte, eine Rolle spielen (vgl. EGMR BeckRS 2013, 80687). Eine Kompensation kann ferner darin bestehen, dass wenigstens der Verteidiger bei der Vernehmung anwesend ist (BVerfG NJW 2010, 925; NJW 1996, 3408; BGH NStZ 2018, 51) o. notfalls der Verteidigung Gelegenheit gegeben wird, dem Zeugen durch das Gericht einen vorbereiteten Fragenkatalog vorzulegen (BVerfG NJW 2010, 925; BGH NStZ 1993, 292; Becker NStZ-RR 2001, 268 – BGH RsprÜ); allerdings hat es der EGMR in einer Reihe v. Fällen bei der Gesamtschau für unzureichend erachtet, dem anonymen Zeugen schriftlich Fragen vorlegen zu lassen; s. etwa EGMR StV 1990, 481; Safferling NStZ 2006, 78 mwN). Eine

Videosimultanvernehmung des Zeugen – erforderlichenfalls unter optischer u. akustischer Abschirmung – kann unter dem Aspekt der Kompensation geboten sein, um eine Verletzung v. Abs. 3 Buchst. d zu vermeiden (BGHSt 45, 188 (190); 46, 93 (103); 51, 232; BGH NStZ 2007, 477; BVerfG NJW 2010, 925; NStZ 2007, 534). Eine Reduzierung des tatrichterlichen Anordnungsermessens bei § 247a StPO auf Null wird in diesen Fällen aber regelmäßig nicht bestehen (→ StPO § 247a Rn. 7). Die audiovisuelle Konfrontationsvernehmung kann zB zum Schutz gefährdeter Zeugen abgelehnt werden, wenn selbst bei Abschirmung des Zeugen Sprachduktus, Mimik u. Gestik zur Aufdeckung seiner Identität führen können (vgl. BVerfG NJW 2010, 926). Bei Auslandszeugen kann sie an tatsächlichen o. rechtlichen Hindernissen scheitern, die im Einflussbereich des anderen Staates liegen u. der deutschen Justiz nicht zuzurechnen sind (EGMR NStZ 2007, 103; BGHSt 55, 70 zu anderen Vertragsstaaten der Konvention). Im Ermittlungsverfahren kann es geboten sein, dem unverteidigten Beschuldigten bereits vor seiner richterlichen Vernehmung einen Verteidiger zu bestellen, wenn er selbst – zB aus Gründen des Zeugenschutzes (§ 168c Abs. 3 StPO) – v. der Vernehmung ausgeschlossen ist (BGHSt 46, 93 (99); EGMR NJW 2013, 3225; erg. anschl. → Rn. 22g sowie → StPO § 168c Rn. 4). Wegen des verfassungsrechtlich abgesicherten Grundsatzes der Selbstbelastungsfreiheit (vgl. nur BVerfG NStZ 2002, 378) muss das Gericht dagegen keine aktiven Schritte unternehmen, um dem Angeklagten bzw. seinem Verteidiger die Befragung eines Mitangeklagten o. eines zur Verweigerung der Auskunft nach § 55 StPO berechtigten Zeugen zu ermöglichen, der v. seinem (partiellen) Schweigerecht Gebrauch macht (BGH NStZ 2009, 581; EGMR BeckRS 2013, 80687, der in einem solchen Fall die Erklärungsrechte nach §§ 257, 258 StPO als prozessuale Kompensation gewertet hat). Bei einer im Wege der **Rechtshilfe** durch einen anderen Mitgliedstaat der EMRK durchgeführten, nichtkonfrontativen Vernehmung scheidet die Zurechnung jedenfalls dann aus, wenn das deutsche Gericht seinerseits alles Erforderliche getan hat, um die Anwesenheit des Verteidigers bzw. des Angeklagten zu erreichen u. der ausl. Staat in deren Abwesenheit den Zeugen in Übereinstimmung mit seinen verfahrensrechtlichen Vorschr. vernommen hat (BGHSt 55, 70; vgl. aber EGMR NJW 2012, 3709, der bei einer Rechtshilfevernehmung in einem ersuchten Vertragsstaat ohne anwaltlichen Beistand für den Beschuldigten eine Verpflichtung des ersuchenden Staates angenommen hat, die Fairness des Verf. unter dem Blickwinkel v. Abs. 3 Buchst. c zu prüfen; erg. → Rn. 20).

5. Kompensation bei der Beweiswürdigung: Ein Beweisverwertungsverbot **22f** ist hins. der unkonfrontiert gebliebenen Aussage regelmäßig nicht anzunehmen (BVerfG NJW 2010, 926; vgl. auch EGMR NJW 2003, 2297; BGHSt 51, 150 (155); BGH StV 2017, 776; offengelassen v. BGH NStZ 2017, 602, der für den Fall der Annahme eines Verwertungsverbotes das Erfordernis eines Widerspruchs in der HV erwägt; Schmitt FS Rissing-van Saan, 2011, 559), erst recht kommt eine Einstellung wegen eines Verfahrenshindernisses nicht in Betracht (vgl. BGH StV 2017, 776). Dies gilt selbst dann, wenn die fehlende Befragung der Justiz zuzurechnen ist (BGH StV 2017, 776; BGHSt 46, 93 (96); Weigend FS Wolter, 2013, 1145 (1159 f.)), wobei in einem solchen Fall allerdings der Beweiswert der bemakelten Aussage deutlich reduziert ist (BGH NStZ 2007, 166 (167)). Der Ausschluss des Fragerechts ist vielmehr bei der Beweiswürdigung zu kompensieren (BVerfG NJW 2010, 926; BGHSt 46, 93 (104 f.); BGH NStZ 2023, 560 mAnm Mosbacher JuS 2023, 736, 737; BGH NStZ-RR 2014, 246). Dabei hängen die Anforderungen zunächst davon ab, in welchem Maße sich die Zeugenaussage auf die Verurteilung ausgewirkt hat. Je bedeutsamer sie für die Beweisführung war, umso mehr zusätzliche u. valide Beweismittel müssen vorliegen (vgl. EGMR StraFo 2002, 160). Die Aussage eines nicht konfrontativ befragten Belastungszeugen selbst, dessen Angaben aber über Prot., Zeugen v. Hörensagen o. Vernehmungsbeamte in die HV eingeführt wurden, ist äußerst **sorgfältig u. zurückhaltend zu würdigen** (EGMR NStZ 2007, 103; BGH NStZ 2022, 496, 498 mablAnm Esser; NStZ-RR 2023, 322). Auch die erforderliche Gesamtwürdigung unterliegt erhöhten Anforderungen an Sorgfältigkeit u. Vollständigkeit (BGH NStZ-RR 2012, 52). Darüber hinaus kann eine Verurteilung nicht allein auf die Angaben des Zeugen gestützt, sondern muss durch andere **gewichtige Gesichtspunkte außerhalb der Aussage** bestätigt werden (BVerfG NJW 2010, 926; BGHSt 51, 150; 51, 280; 46, 93 (106); BGH NStZ 2022, 496, 498 mablAnm Esser; NStZ 2018, 51; NStZ-RR 2023, 322; krit. zu einer schematischen Handhabung idS allerdings BGH StV 2017, 776, der darauf hinweist, dass der Umstand, dass ein Verstoß gegen das Konfrontationsrecht der Justiz zuzurechnen ist, auch unter Berücksichtigung des Grundsatzes der freien Beweiswürdigung (§ 261) keine Bedeutung für die Frage hat, ob die Angaben des Zeugen als zuverlässig anzusehen sind). Die Aussage darf nach der Rspr. des BVerfG allerdings nicht nur dann verwertet werden, wenn die Beweise auch ohne sie für eine Überführung des Angeklagten genügen würden, weil dies in der Sache einem – v. Verf. wegen nicht gebotenen – Beweisverwertungsverbot nahekäme (BVerfG NJW 2010, 926 unter Hinweis auf BVerfGE 57, 250 (283 ff.)). Insofern können etwa Aussagen anonymer Zeugen nicht nur zur Abrundung des Beweisergebnisses, sondern auch als tragendes Element der Beweiswürdigung verwertet werden (BVerfGE 57, 250 (283 ff.)).

22g **Im rechtlichen Ansatz restriktiver** verlangt der **EGMR,** dass das Urt. grds. nicht alleine o. in einem entscheidenden Ausmaß („solely or to a decisive extent") auf die nicht konfrontierte Aussage gestützt werden dürfe, sondern maßgeblich auf anderen Beweisen beruhen müsse (EGMR NJW 2013, 3225; 2003, 2893; StraFo 2007, 107 (108 f.); Reid ECHR S. 210; Harris/O`Boyle/Warbrick/Bates Law of the European Convention S. 324 f.; Weigend FS Wolter, 2013, 1145 (1154 ff.); Grabenwarter/Pabel EMRK § 24 Rn. 120, jew. mwN). Die unterschiedlich formulierten Voraussetzungen an die Beweiswürdigung wirken sich allerdings in der Rechtsanwendung regelmäßig nicht aus. Dies ist darauf zurückzuführen, dass nach der Rspr. des Gerichtshofs selbst ein Urt., das alleine o. entscheidend auf einer nicht konfrontierten Aussage beruht, nicht automatisch eine Verletzung v. Abs. 1 zur Folge hat (EGMR BeckRS 2011, 142771; vgl. auch EGMR BeckRS 2015, 114495, jew. Große Kammer). Bei der gebotenen, flexiblen (EGMR BeckRS 2011, 142771; 2015, 114495), Gesamtwürdigung unter dem Gesichtspunkt des fairen Verf. (→ Rn. 22) berücksichtigt der Gerichtshof ausschlaggebend, ob die nationalen Gerichte die ihnen zur Vfg. stehenden Anstrengungen zur Herbeiführung einer konfrontativen Aussage unternommen haben u. ob eine ausreichende verfahrensrechtliche Kompensation erfolgt ist (EGMR BeckRS 2011, 142771; 2015, 114495; JR 2015, 95; erg. → Rn. 3, 22e). Ist dies zu bejahen, verneint er iErg einen Konventionsverstoß in Übereinstimmung mit den v. BVerfG und v. BGH praktizierten Grundsätzen, wenn die Verurteilung noch auf ausreichend andere wesentliche Beweismittel gestützt u. die Aussage selbst äußerst sorgfältig gewürdigt wurde (EGMR BeckRS 2011, 142771; 2015, 114495; NStZ 2007, 103 (105 f.); StraFo 2007, 107 (108); EuGRZ 1992, 476). Bei **Versäumnissen der Justiz** ist der Gerichtshof allerdings weniger großzügig u. stellt zur Vermeidung eines Konfrontationsverstoßes Anforderungen an die Qualität der zusätzlichen Beweise, die je nach Lage des Einzelfalls einem Beweisverwertungsverbot nahekommen können (s. etwa EGMR NJW 2013, 3225 zu einer richterlichen Vernehmung der zentralen Belastungszeugen nach § 168c StPO, bei der dem nach § 168c Abs. 3 ausgeschlossenen Beschuldigten kein Verteidiger bestellt worden war); allerdings hat der BGH in einem obiter dictum die Relevanz eines der Justiz vorwerfbaren Verstoßes für die Beweiswürdigungslösung in Frage gestellt (BGH JR 2018, 207 (211) mAnm Lohse JR 2018, 183). Insgesamt hat die Rspr. des Gerichtshofs zu Abs. 3 Buchst. d die Konsequenz, dass er im Einzelfall nach Aktenlage umfassende eigene Würdigungen der Beweise u. Spekulationen hins. möglicher Prozessausgänge vornimmt, was seiner Aufgabe als eur. Gericht zur Wahrung v. Grundrechten u. Grundfreiheiten kaum gerecht werden dürfte (zutr. Esser/Gaede/Tsambikakis NStZ 2012, 619 (622); s. dazu etwa EGMR (Große Kammer) BeckRS 2015, 114495). Zugleich führen Einzelfallbetrachtung u. Unschärfe der Beweismaßstäbe zu einer erheblichen Rechtsunsicherheit bei der Anwendung der

Vorschr. (vgl. dazu Weigend FS Wolter, 2013, 1145 (1155 f.); du Bois-Pedain HRRS 2012, 120 (127 ff.)).

6. Revision: Eine Verletzung des Konfrontationsrechts muss mit der Verfahrensrüge geltend gemacht werden (§ 344 Abs. 2 S. 2 StPO; allg. dazu → Rn. 20 ff.). Dies stellt an die Revisionsbegründung mit Rücksicht auf die komplexen Voraussetzungen für die Annahme eines solchen Verfahrensverstoßes (soeben → Rn. 22a–22g) hohe Anforderungen. Es ist erforderlich, alle Verfahrensvorgänge mitzuteilen, welche für die notwendige Gesamtwürdigung v. Bedeutung sein können, also va alle, auch audiovisuelle, Vernehmungen der Beweisperson, urkundsbeweisliche Verlesungen u. ggf. jew. damit zusammenhängende prozessuale Entsch. u. Vermerke (vgl. BGH BeckRS 2020, 20707), auch solche, die für eine etwaige Kompensation im Verf. v. Bedeutung sein könnten (→ Rn. 22d). **22h**

V. Dolmetscher (Buchst. e). 1. Ausländer in der BRD haben die gleichen prozessualen Grundrechte sowie den gleichen Anspruch auf ein rechtsstaatliches Verf. u. auf umfassenden u. objektiven gerichtlichen Schutz wie Deutsche (BVerfGE 40, 95 mwN). Einem ausl. Angeklagten, der die deutsche Sprache nicht hinreichend beherrscht, muss daher ohne Rücksicht auf seine finanzielle Lage unentgeltlich ein Dolmetscher beigeordnet werden (EKMR NJW 1978, 477; → GVG § 185 Rn. 4), u. zwar für das gesamte Strafverfahren (BGH NJW 2001, 309), auch für vorbereitende Gespräche mit einem Verteidiger (OLG Hamm NStZ-RR 2014, 328); ein verhafteter Beschuldigter ist auf dieses Recht hinzuweisen (§ 114b Abs. 2 S. 2 StPO; → StPO § 114b Rn. 8; ebenso in den Fällen §§ 127 Abs. 4, 127b Abs. 1 S. 2, 163c Abs. 1 S. 3 StPO). Zum Rechtsraum der EU erg. RL 2010/64/EU v. 20.10.2010 (ABl. 2010 L 280). **23**

2. Die **Erstattung der Dolmetscherkosten** darf zwar v. Privatkläger (BVerfG NStZ 1981, 230), nicht aber v. dem Angeklagten, auch nicht im Fall der Verurteilung verlangt werden (EGMR NJW 1979, 1091), auch nicht im Bußgeldverfahren, wie in Befolgung der Rspr. des EGMR (NJW 1985, 1273) in KV 9005 Abs. 4 GKG klargestellt ist (vgl. → StPO § 464a Rn. 1), es sei denn, dem freigesprochenen Angeklagten seien nach § 467 Abs. 2 StPO die Kosten seiner Säumnis o. dem Verurteilten seien nach § 464c StPO die Auslagen des Dolmetschers auferlegt worden. Der Angeklagte darf auch nicht mit den Kosten belastet werden, die bei Verfahrensaussetzung wegen Ausbleibens des Dolmetschers entstanden sind (LG Hamburg StV 1985, 500). Von den Kosten für die Übersetzung v. Briefen zwecks Kontrolle ist der ausl. Gefangene freigestellt (BVerfG NJW 2004, 1095 mwN), ebenso v. den bei der Besuchsüberwachung des UGefangenen entstandenen Kosten (BVerfG NJW 2004, 1095) o. den Kosten der Überwachung eines Telefongesprächs (OLG Stuttgart StV 1995, 260); denn die v. Staat erzwungene Überwachung kostenmäßig dem Gefangenen zu überbürden, verstößt gegen Art. 3 Abs. 3 S. 1 GG (BVerfG NJW 2004, 1095). Stattdessen ist notfalls eine Beschränkung des Briefverkehrs anzuordnen (BVerfG NJW 2004, 1095 (1096) mwN; → StPO § 119 Rn. 18; vgl. auch § 146 Abs. 4 NJVollzG). Eine Freistellung v. Kosten für eine angeordnete Telefonüberwachung nach § 100a StPO scheidet aber aus (BVerfG NJW 2004, 1095), ebenso v. Kosten im Vollstreckungsverfahren (AG Montabaur NStZ 1997, 616; dagegen Kotz NStZ-RR 1999, 164). **24**

3. Die im **Verkehr mit dem Wahlverteidiger** entstandenen Dolmetscherkosten sind dem Verurteilten zu erstatten (BVerfG NJW 2004, 50; BGHSt 46, 178). Dies gilt auch, wenn zusätzlich ein Pflichtverteidiger tätig ist (LG Osnabrück StraFo 2011, 89), uU sogar für einen 2. Wahlverteidiger, wenn dessen Hinzuziehung für einen verhafteten Beschuldigten geboten war, um erstmals eine persönliche anwaltliche Beistandsleistung zu erhalten (OLG Oldenburg NStZ 2011, 719). Der Beschuldigte hat unabhängig v. seiner finanziellen Lage für das gesamte Strafverfahren u. damit auch für vorbereitende u. abschl. (OLG München StraFo 2008, 88) Gespräche mit einem Verteidiger Anspruch auf unentgeltliche Zuziehung eines Dolmetschers, u. zwar auch dann, wenn kein Fall der notwendigen Verteidigung nach § 140 StPO gegeben ist; ein Pflichtverteidiger ist ihm nicht – wie früher **25**

vielfach vertreten – allein deswegen beizuordnen, weil er die deutsche Sprache nicht beherrscht u. wegen seiner Mittellosigkeit nicht in der Lage ist, die Kosten für einen Dolmetscher aufzubringen (erg. → StPO § 140 Rn. 30b; → GVG § 185 Rn. 5). Von einer vor der Zuziehung erteilten gerichtlichen Bewilligung ist die Kostenerstattung für den Dolmetscher nicht abhängig (BVerfG NJW 2004, 50), auch dann nicht, wenn zusätzlich ein Pflichtverteidiger bestellt ist (OLG Brandenburg StraFo 2005, 415); eines nachträglichen, gesonderten Ausspruchs bedarf es ebenfalls nicht (OLG Karlsruhe StraFo 2009, 527; vgl. aber OLG Düsseldorf NStZ 2011, 719: Kein Vergütungsanspruch gegen das Gericht für Dolmetscher, der v. keiner der in § 1 JVEG genannten Stelle, sondern v. Verteidiger herangezogen wurde). Zu den Dolmetscherkosten für ein Gespräch mit dem deutschen „Einvernehmensanwalt" (→ StPO § 138 Rn. 3) vgl. KG NStZ 2002, 52.

26 **4. Zu übersetzen** sind neben staatsanwaltschaftlichen u. gerichtlichen Äußerungen auch Erklärungen des Beschuldigten sowie frühere ausl. Urt. u. Urk., soweit sie für das Verf. eine Rolle spielen (OLG Dresden NStZ-RR 2012, 64 Ls.), nach Art. 3 Abs. 2 der RL 2010/64/EU ferner jede Anordnung einer freiheitsentziehenden Maßnahme sowie Anklageschriften; einen Anspruch auf Übersetzung der gesamten Akten hat der Beschuldigte aber nicht (EGMR ÖJZ 1990, 412; OLG Dresden NStZ-RR 2012, 64 Ls.; Kotz StV 2012, 626 (628)).

27 **Gerichtsentscheidungen,** die in seiner Abwesenheit ergangen sind, werden dem Ausländer, der die deutsche Sprache nicht hinreichend beherrscht, mit schriftlicher Übersetzung in einer ihm verständlichen Sprache bekanntgemacht (vgl. Nr. 181 Abs. 2 RiStBV; **aM** OLG Köln VRS 63, 457; OLG Stuttgart Justiz 1986, 307), grds. aber nicht Urt., die in seiner Anwesenheit unter Mitwirkung eines Dolmetschers verkündet u. begründet worden sind (BGH GA 1981, 262; OLG Düsseldorf JZ 1985, 200; OLG Frankfurt a. M. NJW 1980, 1238; OLG Hamburg NJW 1978, 2462; OLG Hamm StV 1990, 101; OLG Köln NStZ-RR 2006, 51; OLG Stuttgart NStZ 1981, 225; **aM** SK-StPO/Paeffgen Rn. 170). Eine Ausnahme gilt, wenn der Angeklagte für seine weitere Verteidigung auf die Übersetzung angewiesen ist (Römer NStZ 1981, 474), aber nicht schon deshalb, weil er Berufung (OLG Stuttgart MDR 1983, 256) o. Revision eingelegt hat (OLG Stuttgart NStZ 1981, 225; **aM** Sieg MDR 1983, 636), jedenfalls nicht, wenn ein Verteidiger mitwirkt (BVerfGE 64, 135 (151) = NJW 1983, 2762 (2764); BVerfG NStZ-RR 2005, 273 Ls.; OLG Düsseldorf JZ 1985, 200; vgl. auch Löwe/Rosenberg/Hilger StPO § 464a Rn. 12). Ob sich diese Rspr. mit Rücksicht auf Art. 3 Abs. 2 der RL 2010/64/EU, der im Rechtsraum der EU für den Regelfall einen Anspruch auf schriftliche Übersetzung postuliert, wird aufrechterhalten lassen, erscheint zw. (s. Kotz StV 2012, 626 (629)).

28 Über die **Rechtsmittelbelehrung** vgl. → StPO § 35a Rn. 9. Ladungen erfolgen nur in deutscher Sprache (→ GVG § 184 Rn. 3).

Keine Strafe ohne Gesetz

7 (1) [1] **Niemand darf wegen einer Handlung oder Unterlassung verurteilt werden, die zur Zeit ihrer Begehung nach innerstaatlichem oder internationalem Recht nicht strafbar war.** [2] **Es darf auch keine schwerere als die zur Zeit der Begehung angedrohte Strafe verhängt werden.**

(2) **Dieser Artikel schließt nicht aus, dass jemand wegen einer Handlung oder Unterlassung verurteilt oder bestraft wird, die zur Zeit ihrer Begehung nach den von den zivilisierten Völkern anerkannten allgemeinen Rechtsgrundsätzen strafbar war.**

1 **A. Verbot der Rückwirkung (Abs. 1).** Vgl. Art. 103 Abs. 2 GG, §§ 1, 2 Abs. 2 StGB. Der Begriff der „Strafe" ist autonom auszulegen. Dabei kommt es im Ausgangspunkt darauf an, ob die Maßnahme nach Verurteilung wegen einer Straftat auferlegt worden ist, ferner auf Natur u. Zweck, ihre Schwere sowie das Verf. bei ihrer Anwendung u. ihrem Vollzug (EGMR NJW 2010, 2495 (2497 f.)).

Unter Zugrundelegung dieser Kriterien nimmt der EGMR an, dass Abs. 1 auch für die Sicherungsverwahrung gilt (krit. Hörnle FS Rissing-van Saan, 2011, 242 ff.; vgl. allerdings EGMR NJW 2017, 1007 (1011) zu einem Ausnahmefall bei Vorliegen einer psychischen Störung). Deren nachträgliche rückwirkende Verlängerung (§ 67d StGB aF) bzw. ihre nachträgliche Verhängung (§ 66b StGB aF) verletzt Art. 7 (EGMR NJW 2017, 1007 zu § 67d StGB aF mAnm Eschelbach; vgl. auch EGMR BeckRS 2017, 161594; dazu → StPO § 275a Rn. 2, 2a sowie → Art. 5 Rn. 2, 6a; Radtke NStZ 2010, 537; **aM** zu Art. 103 Abs. 2 GG noch BVerfGE 109, 133). In seiner Entsch. v. 4.5.2011 (BVerfGE 128, 326 = NJW 2011, 1931) hat das BVerfG allerdings unter Beibehaltung der dogmatischen Einordnung der Sicherungsverwahrung als Maßregel (dazu Landau NStZ 2011, 537 (540)) die grds. Verfassungswidrigkeit der betr. Vorschr. aus einer Verletzung des „Abstandsgebotes" zur Strafe u. dem rechtsstaatlichen Vertrauensschutzgebot v. Art. 2 Abs. 2 S. 2 GG iVm Art. 20 Abs. 3 GG abgeleitet (vgl. auch BGH NStZ 2010, 567; NJW 2010, 1539; 2010, 3315); der Gesetzgeber hat den Anwendungsbereich des § 66b StGB inzwischen deutlich eingeschränkt (näher Fischer/Fischer/Anstötz StGB § 66b Rn. 1). Art. 7 gilt aber nicht für Präventionsmaßnahmen, Disziplinarstrafen (eing. SK-StPO/Paeffgen Rn. 5) u. für Ehrengerichtsverfahren; es bezieht sich auch nicht auf Maßnahmen, die die Vollstreckung bzw. den Vollzug der Strafe betreffen (vgl. EGMR NJW 2017, 1007), sowie auf die richterliche Gesetzesauslegung (BVerfG NStZ 1990, 537; BGH BeckRS 2009, 27533; BayObLGSt 1990, 78; **aM** Hettinger/Engländer FS Meyer-Goßner, 2001, 145). Aus der Vorschr. ergibt sich ein sachlich-rechtliches Analogieverbot (→ Einl. Rn. 198). Zur Einordnung der strafrechtlichen Vermögensabschöpfung (§§ 73 ff. StGB), vgl. → **EGStGB** Art. 316h Rn. 2; → **StPO** Vor § 421 Rn. 2.

Zum erforderlichen Grad der **Bestimmtheit von Strafnormen** hat der EGMR 1a ausgeführt, dass sie mit Rücksicht auf ihre generelle Anwendbarkeit nicht in jeder Hinsicht präzise sein könnten; die Vorhersehbarkeit eines strafbaren Verhaltens hänge in einem beträchtlichen Maß v. Inhalt u. Gegenstand der getroffenen Regelung sowie Anzahl u. Status derer ab, an die sie sich richte (EGMR NJW-RR 2012, 1502 zu strafbarem Insiderhandel). Zu den Grenzen revisionsrichterlicher Rechtsfortbildung in Strafsachen mit Blick auf Bestimmtheitserfordernis u. Rückwirkungsverbot Kempf/Schilling NJW 2012, 1849.

B. Ausnahme (Abs. 2). Die Ausnahme (Abs. 2) v. dem Rückwirkungsverbot 2 erklärt sich in 1. Hinsicht aus dem Bestreben, die Nürnberger Kriegsverbrecherurteile vor dem Vorwurf zu schützen, sie verstießen gegen den Grundsatz nulla poena sine lege (Jescheck NJW 1954, 785; v. Weber ZStW 65 (1953), 348). Die BReg hat auf Wunsch des BT den „Vorbehalt" erklärt, dass sie die Vorschr. nur in den Grenzen des Art. 103 Abs. 2 anwenden wird. Dabei handelt es sich nicht um einen Vorbehalt iSd Art. 64 Abs. 2, sondern um einen bloßen Ausdruck der Missbilligung (Jescheck NJW 1954, 785; v. Weber ZStW 65, 347; vgl. auch Guradze EMRK Rn. 11); dass Art. 103 Abs. 2 GG dem Art. 7 vorgeht, der nur Mindestrechte gewährt (→ Art. 1 Rn. 1), ist ohnehin selbstverständlich. Vgl. zu Art. 7 Abs. 2 auch die Urt. des EGMR v. 22.3.2001 in NJW 2001, 3035 (betr. Streletz/Keßler/Krenz) u. NJW 2001, 3042.

C. Justizgewährleistungen. Zu den Justizgewährleistungen nach dem 7. ZP 3 (→ Vor Art. 1 Rn. 2) – Recht auf Überprüfung v. Strafurteilen, Recht auf Entschädigung nach Fehlurteilen, Verbot der Doppelbestrafung – vgl. SK-StPO/Paeffgen Anh. Art. 7; speziell zu Inhalt u. Reichweite des in Art. 103 Abs. 3 GG, Art. 50 GrC u. Art. 54 SDÜ jew. erfassten Doppelbestrafungsverbotes → Einl. Rn. 177a–177h sowie EuGH NJW 2014, 3007; 2014, 3010 mAnm Gaede NJW 2014, 2990 u. Hiéramente StraFo 2014, 445; ferner EuGH HRRS 2016 Nr. 628 mAnm Wegner HRRS 2016, 396; BVerfG StraFo 2022, 423; NJW 2012, 1202; BGHSt 59, 120; BGH NStZ-RR 2016, 290.

Recht auf Achtung des Privat- und Familienlebens

8 (1) **Jede Person hat das Recht auf Achtung ihres Privat- und Familienlebens, ihrer Wohnung und ihrer Korrespondenz.**

(2) **Eine Behörde darf in die Ausübung dieses Rechts nur eingreifen, soweit der Eingriff gesetzlich vorgesehen und in einer demokratischen Gesellschaft notwendig ist für die nationale oder öffentliche Sicherheit, für das wirtschaftliche Wohl des Landes, zur Aufrechterhaltung der Ordnung, zur Verhütung von Straftaten, zum Schutz der Gesundheit oder der Moral oder zum Schutz der Rechte und Freiheiten anderer.**

1 **A. Privatsphäre.** Die Privatsphäre als Rechtsposition wird hier, ebenso wie durch Art. 1 Abs. 2, 2 Abs. 2 GG, gewährleistet. Sie wird v. Gerichtshof **umfassend** verstanden (EGMR NJW 2011, 3773), u. ihre einzelnen Begriffe werden autonom interpretiert. Mit **Bezug zum Strafverfahrensrecht** (zum Anwendungsbereich iÜ EGMR NJW 2011, 3773 (3774)) werden Durchsuchungen u. Beschlagnahmen sowie Telefongespräche erfasst (EGMR NJW 2010, 2111; 2007, 1433). Der Begriff „Wohnung" kann auch Geschäftsräume umfassen, insbes. die Kanzlei eines RAs (EGMR NJW 2020, 3507; 2010, 2109; 2006, 1495). Das systematische Sammeln u. Speichern v. Daten über bestimmte Personen durch Sicherheitsdienste stellt auch ohne heimliche Überwachung ebenso einen Eingriff dar wie Filmaufnahmen auf einer Polizeiwache o. auf öffentl. Plätzen, verdachtsunabhängige Personenkontrollen u. körperliche Durchsuchungen einer Person (EGMR NLMR 2010, 26) sowie die Überwachung v. Verdächtigen mittels GPS (EGMR NJW 2011, 1333 mwN; zu den Schutzbereichen iE vgl. ferner EGMR NJW 2020, 3507 (Reichweite des Begriffes der „Korrespondenz" bei Beschlagnahmen in einer Anwaltskanzlei), EuGRZ 2014, 285 (DNA-Identifizierungsmuster zum Zwecke der Identitätsfeststellung in künftigen Strafverfahren); 2009, 299 (Zellproben, DNA-Profile, Fingerabdrücke); NJW 2009, 3637; SK-StPO/Paeffgen Rn. 17 ff.). Auch die heimliche ununterbrochene Aufzeichnung der Stimme eines Beschwerdeführers, um zu Identifizierungszwecken eine Stimmprobe zu erhalten, fällt grds. unter Art. 8 (EGMR NJW 2011, 1333 (1335) mN), ebenso die Durchsuchung u. Beschlagnahme v. Daten (EGMR NJW 2013, 3081) und die Kommunikation einer Person mit ihrem RA bei einer Rechtsberatung (EGMR NJW 2024, 2743) sowie die Auswertung von Informationen auf einem Mobiltelefon zu Telefongesprächen (EGMR NJW 2025, 3343). Zusammenfassend kann man festhalten, dass potenziell alle staatlichen Ermittlungs- u. Zwangsmaßnahmen, die in der StPO geregelt sind, dem Prüfungsmaßstab des Art. 8 unterworfen werden können.

2 **B. Eingriff gesetzlich vorgesehen (Abs. 2).** Eingriff gesetzlich vorgesehen (Abs. 2; dazu Schweizer DuD 2009, 467 u. eing. SK-StPO/Paeffgen Rn. 103 ff.): Eingriffe sind nur aufgrund ges. Vorschr. zulässig, welche die **Anwendungsvoraussetzungen hinreichend präzise** festlegen (EGMR NJW 2016, 2013; 2011, 1333 (1336); NLMR 2010, 26). Das G muss mit dem Grundsatz der Rechtsstaatlichkeit übereinstimmen u. die Betroffenen müssen – ohne dass absolute Bestimmtheit verlangt wird – in der Lage sein, seine Auswirkungen auf sie vorherzusehen (EGMR NJW 2021, 3647 (3649) mwN). Der Einsatz technischer Überwachungsmaßnahmen im Strafverfahren erfordert eine ges. Regelung, die einen hinreichenden Schutz gegen Willkür bietet (EGMR NJW 2016, 2013 sowie EGMR NJW 2007, 1433 (1437 ff.); 2010, 213 (214 ff.); dazu Esser/Gaede/Tsambikakis NStZ 2011, 143 (144) mwN). Besondere Anforderungen an die Bestimmtheit der gesetzlichen Regelung werden gestellt, wenn es um das Recht auf Achtung der Korrespondenz von Rechtsanwälten geht (EGMR NJW 2025, 3343). Räumt das G Ermessen ein, muss es dessen Umf. u. die Art seiner Ausübung ausreichend deutlich bestimmen (EGMR NJW 2010, 213). Zu den – abschl. aufgezählten – zulässigen Eingriffszwecken gehören die Strafverfolgung u. ihre Fortsetzung in Strafvollstreckung u. -vollzug (→ Einl. Rn. 65 ff.; vgl. zur Vorratsdatenspeicherung Klug/Reif RDV 2008, 91 (erg. → § 100g Rn. 7)). Grundsätzlich wird zwar jedes

Strafgesetz, das den Prinzipien eines demokratischen Rechtsstaats entspr., durch Abs. 2 gedeckt (BVerfGE 6, 389).

Der Eingriff muss aber auch nach Abs. 2 **„in einer demokratischen Gesellschaft notwendig“** sein. Dies setzt nach der Rspr. des Gerichtshofs voraus, dass er einem dringenden sozialen Bedürfnis – wie namentlich der Verfolgung v. Straftaten – entspr. u. in Bezug auf das rechtmäßig verfolgte Ziel bei der Anwendung im Einzelfall verhältnismäßig ist (EGMR NJW 2011, 1333 (1336); 2006, 1495). Insofern besteht ein Beurteilungsspielraum des Vertragsstaates. 3

Dieser ist bei unterschiedsloser u. unbefristeter Aufbewahrung v. Fingerabdrücken, Zellproben u. DNA-Profilen verdächtiger, aber nicht schuldig gesprochener Personen überschritten (EGMR EuGRZ 2009, 299 (311)). Zulässig ist aber zB die Kontrolle u. Beschlagnahme des Postverkehrs eines UGefangenen (Pfeiffer NStZ 1982, 188 – BGH RsprÜ; zu den Grenzen zulässiger Zensurmaßnahmen vgl. aber EGMR EuGRZ 1992, 99; 535), auch in Fällen des Terrorismus und der organisierten Kriminalität unter engen Voraussetzungen die mit dem Verteidiger nach § 148 Abs. 2 StPO (EGMR NJW 2019, 3131; vgl. auch EGMR NJW 2024, 2743). Auch §§ 81g (EGMR EuGRZ 2014, 285), 99, 100a, 102, 103 StPO u. § 1 **G 10** sind mit Abs. 2 vereinbar (EGMR NJW 1979, 1755; 2007, 1433; vgl. aber auch EGMR NJW 1993, 718; 2006, 1495; 2008, 3409; 2013, 3081: Verhältnismäßigkeitsgrundsatz ist zu beachten), ebenso § 100c Abs. 1 Nr. 1b StPO (EGMR NJW 2011, 1333; vgl. dazu auch BVerfGE 112, 304), § 100f (Hauck NStZ 2010, 20 Fn. 51), ferner der Einsatz eines V-Mannes iVm einer Telefonüberwachung (EGMR NJW 1992, 3088). Die Verwertung der Niederschrift eines überwachten Gesprächs zwischen Anwalt u. Mandant verstößt nicht gegen Art. 8, wenn der Inhalt vermuten lässt, dass der Anwalt selbst an einer Straftat bet. war, u. soweit dies das Recht des Mandanten auf Verteidigung nicht beeinträchtigt (EGMR NJW 2017, 3577). 4

Zulässig sind grds. auch bestimmte Einschränkungen des ZVR eines RAs bei Entbindung v. der Schweigepflicht (s. EGMR NJW 2021, 3647 zu § 53 Abs. 2 StPO iVm § 53 Abs. 1 Nr. 3 StPO). Ein durch die dem Staat zurechenbare Einwirkung v. Privatpersonen in die Strafverfolgung erfolgender Eingriff kann Art. 8 verletzen (EGMR StV 2004, 1: „Hörfalle“; zust. Gaede StV 2004, 46; erg. → StPO § 136a Rn. 4a) u. ein Auslieferungshindernis darstellen (OLG Karlsruhe NStZ-RR 2014, 387). Die Verwertung eines unter Verstoß gegen Art. 8 erhobenen Beweises macht das Verf. aber nicht stets unfair iSv Art. 6 Abs. 1 (EGMR NJW 2010, 213; erg. → Art. 6 Rn. 4b). 5

Gedanken-, Gewissens- und Religionsfreiheit

9 (1) **Jede Person hat das Recht auf Gedanken-, Gewissens- und Religionsfreiheit; dieses Recht umfasst die Freiheit, seine Religion oder Weltanschauung zu wechseln, und die Freiheit, seine Religion oder Weltanschauung einzeln oder gemeinsam mit anderen öffentlich oder privat durch Gottesdienst, Unterricht oder Praktizieren von Bräuchen und Riten zu bekennen.**

(2) **Die Freiheit, seine Religion oder Weltanschauung zu bekennen, darf nur Einschränkungen unterworfen werden, die gesetzlich vorgesehen und in einer demokratischen Gesellschaft notwendig sind für die öffentliche Sicherheit, zum Schutz der öffentlichen Ordnung, Gesundheit oder Moral oder zum Schutz der Rechte und Freiheiten anderer.**

Freiheit der Meinungsäußerung

10 (1) [1]**Jede Person hat das Recht auf freie Meinungsäußerung.** [2]**Dieses Recht schließt die Meinungsfreiheit und die Freiheit ein, Informationen und Ideen ohne behördliche Eingriffe und ohne Rücksicht auf Staatsgrenzen zu empfangen und weiterzugeben.** [3]**Dieser Artikel hindert**

die Staaten nicht, für Hörfunk-, Fernseh- oder Kinounternehmen eine Genehmigung vorzuschreiben.

(2) **Die Ausübung dieser Freiheiten ist mit Pflichten und Verantwortung verbunden; sie kann daher Formvorschriften, Bedingungen, Einschränkungen oder Strafdrohungen unterworfen werden, die gesetzlich vorgesehen und in einer demokratischen Gesellschaft notwendig sind für die nationale Sicherheit, die territoriale Unversehrtheit oder die öffentliche Sicherheit, zur Aufrechterhaltung der Ordnung oder zur Verhütung von Straftaten, zum Schutz der Gesundheit oder der Moral, zum Schutz des guten Rufes oder der Rechte anderer, zur Verhinderung der Verbreitung vertraulicher Informationen oder zur Wahrung der Autorität und der Unparteilichkeit der Rechtsprechung.**

1 Einen **Eingriff in die hier garantierte Freiheit der Meinungsäußerung** durch Strafverfahrensrecht stellen Zwangsmaßnahmen wie Haft, Durchsuchung einer Wohnung u. die dabei erfolgte Beschlagnahme v. Beweismitteln dar. Die Pressefreiheit wird zwar anders als in Art. 5 Abs. 1 **GG** nicht ausdr. erwähnt, ist aber hiervon mit erfasst ((vgl. BGH 31.7.2025 – 5 StR 78/25).

2 Ein solcher Eingriff ist mit Abs. 1 nur vereinbar, wenn er eine ges. Grdl. im staatlichen Recht hat (EGMR NJW-RR 2011, 1266) u. durch die in Abs. 2 benannten übergeordneten Erfordernisse des öffentl. Interesses gerechtfertigt ist. Es muss ein „dringendes soziales Bedürfnis" für den Eingriff bestehen, u. er muss verhältnismäßig zu dem verfolgten berechtigten Ziel sein (vgl. EGMR NJW 2008, 2563; NJW-RR 2011, 984; 2010, 1487). Die staatlichen Behörden müssen zu seiner Rechtfertigung Gründe angeführt haben, die stichhaltig u. ausreichend sind (EGMR NJW 2008, 2563; NJW-RR 2011, 984; 2010, 1487). Angesichts der Schranken in Abs. 2 lassen sich aus Art. 10 EMRK keine weiter gehenden Rechte als die aus Art. 5 Abs. 1 **GG** ableiten (BGH 31.7.2025 – 5 StR 78/25 zur Vereinbarkeit der Strafvorschrift des § 353d Nr. 3 StGB mit Art. 10 EMRK).

3 Die Garantien des Art. 10 EMRK sind v. bes. Bedeutung für den Schutz journalistischer Quellen (zum Ganzen EGMR NJW 2008, 2563; 2008, 2565; NJW-RR 2011, 1266; erg. → StPO § 53 Rn. 26 ff.); dieser muss durch ges. Verfahrensgarantien, va eine Überprüfung etwaiger Anordnungen vor ihrem Vollzug, abgesichert werden (EGMR NJW-RR 2011, 1266). Zur Auslegung v. Art. 10 vgl. auch EGMR NJW 2016, 1373; 2008, 3412; erg. → StPO § 102 Rn. 5a.

Versammlungs- und Vereinigungsfreiheit

11 (1) **Jede Person hat das Recht, sich frei und friedlich mit anderen zu versammeln und sich frei mit anderen zusammenzuschließen; dazu gehört auch das Recht, zum Schutz seiner Interessen Gewerkschaften zu gründen und Gewerkschaften beizutreten.**

(2) [1] **Die Ausübung dieser Rechte darf nur Einschränkungen unterworfen werden, die gesetzlich vorgesehen und in einer demokratischen Gesellschaft notwendig sind für die nationale oder öffentliche Sicherheit, zur Aufrechterhaltung der Ordnung oder zur Verhütung von Straftaten, zum Schutz der Gesundheit oder der Moral oder zum Schutz der Rechte und Freiheiten anderer.** [2] **Dieser Artikel steht rechtmäßigen Einschränkungen der Ausübung dieser Rechte für Angehörige der Streitkräfte, der Polizei oder der Staatsverwaltung nicht entgegen.**

Recht auf Eheschließung

12 **Männer und Frauen im heiratsfähigen Alter haben das Recht, nach den innerstaatlichen Gesetzen, welche die Ausübung dieses Rechts regeln, eine Ehe einzugehen und eine Familie zu gründen.**

Recht auf wirksame Beschwerde

13 **Jede Person, die in ihren in dieser Konvention anerkannten Rechten oder Freiheiten verletzt worden ist, hat das Recht, bei einer innerstaatlichen Instanz eine wirksame Beschwerde zu erheben, auch wenn die Verletzung von Personen begangen worden ist, die in amtlicher Eigenschaft gehandelt haben.**

A. Beschwerderecht. Art. 13 verlangt eine **wirksame Beschwerdemöglichkeit** – auch gegen Verfahrensverzögerungen (EGMR NJW 2010, 3355; 2006, 2389; 2001, 2694 (2699)) – vor einer nationalen Instanz (EMGR EuGRZ 1977, 419; 1979, 278), schafft aber sonst keine neuen Rechtsschutzmöglichkeiten, gibt also kein Beschwerderecht gegen eine nach deutschem Recht unanfechtbare Entsch. (BGHSt 20, 68). Der Begriff „wirksame Beschwerde" verweist auf die innerstaatliche Rechtsordnung. Soweit sie ein Rechtsmittel zulässt, kann damit die Verletzung der innerstaatlich unmittelbar anwendbaren Bestimmungen der EMRK geltend gemacht werden (→ Vor Art. 1 Rn. 6). Soweit dies nicht der Fall ist, verlangt der EGMR bei strukturellen Problemen, dass im innerstaatlichen Recht ein Rechtsbehelf geschaffen wird, mit dem eine Konventionsverletzung festgestellt werden kann (EGMR NJW 2010, 3355 zur überlangen Dauer v. Zivilverfahren in Deutschland, umgesetzt durch das G über den Rechtsschutz bei überlangen Gerichtsverfahren u. strafrechtlichen Ermittlungsverfahren v. 24.11.2011, BGBl. I 2302). Aus der Formulierung „auch wenn" kann nicht geschlossen werden, dass die EMRK erst recht für die Eingriffe des einen Bürgers gegen den anderen gilt. Weitergehende Rechtsbehelfsgarantien der EMRK (zB Art. 5 Abs. 3, Abs. 4, 6 Abs. 1) gehen grds. als Spezialregelungen Art. 13 vor; der EGMR NJW 2001, 2694 mablAnm Meyer-Ladewig NJW 2001, 2679 hat sich allerdings für eine Gewährleistungs-Konkurrenz ausgesprochen). Bei allen Konventionsverletzungen ist in der BRD im Hinblick auf Art. 19 Abs. 4 GG grds. der Weg zu den Gerichten eröffnet, jedoch kein weiterer außerordentlicher Rechtsbehelf gegen einen einmaligen Konventionsverstoß durch ein letztinstanzliches Gericht gegeben. 1

B. Verfassungsbeschwerde. Die Verfassungsbeschwerde kann **auf Verletzungen der EMRK nicht gestützt** werden (BVerfGE 10, 271 (274); 34, 384 (395); 41, 126 (149); BVerfG EuGRZ 1986, 439). Nur soweit Verstöße gegen die Menschenrechte u. Grundfreiheiten der EMRK zugleich das GG o. Landesverfassungsrecht verletzen, können sie mit der Verfassungsbeschwerde geltend gemacht werden (→ Einl. Rn. 231, → Art. 26 Rn. 1). Die Rspr. des EGMR entfaltet allerdings bei der Auslegung des Verfassungsrechts eine „normative Leit- und Orientierungsfunktion" (Voßkuhle NVwZ 2010, 1 (4) mN) u. vermag bei Abweichungen zu einer Überwindung der Rechtskraft v. Entsch. des BVerfG führen (BVerfGE 128, 326 = NJW 2011, 1931; erg. → Vor Art. 1 Rn. 4a, 4b). 2

Diskriminierungsverbot

14 **Der Genuss der in dieser Konvention anerkannten Rechte und Freiheiten ist ohne Diskriminierung insbesondere wegen des Geschlechts, der Rasse, der Hautfarbe, der Sprache, der Religion, der politischen oder sonstigen Anschauung, der nationalen oder sozialen Herkunft, der Zugehörigkeit zu einer nationalen Minderheit, des Vermögens, der Geburt oder eines sonstigen Status zu gewährleisten.**

Abweichen im Notstandsfall

15 (1) **Wird das Leben der Nation durch Krieg oder einen anderen öffentlichen Notstand bedroht, so kann jede Hohe Vertragspartei Maßnahmen treffen, die von den in dieser Konvention vorgesehenen Verpflichtungen abweichen, jedoch nur, soweit es die Lage unbedingt erfor-**

dert und wenn die Maßnahmen nicht in Widerspruch zu den sonstigen völkerrechtlichen Verpflichtungen der Vertragspartei stehen.

(2) **Aufgrund des Absatzes 1 darf von Artikel 2 nur bei Todesfällen infolge rechtmäßiger Kriegshandlungen und von Artikel 3, Artikel 4 Absatz 1 und Artikel 7 in keinem Fall abgewichen werden.**

(3) [1]**Jede Hohe Vertragspartei, die dieses Recht auf Abweichung ausübt, unterrichtet den Generalsekretär des Europarats umfassend über die getroffenen Maßnahmen und deren Gründe.** [2]**Sie unterrichtet den Generalsekretär des Europarats auch über den Zeitpunkt, zu dem diese Maßnahmen außer Kraft getreten sind und die Konvention wieder volle Anwendung findet.**

Beschränkungen der politischen Tätigkeit ausländischer Personen

16 Die Artikel 10, 11 und 14 sind nicht so auszulegen, als untersagten sie den Hohen Vertragsparteien, die politische Tätigkeit ausländischer Personen zu beschränken.

Verbot des Missbrauchs der Rechte

17 Diese Konvention ist nicht so auszulegen, als begründe sie für einen Staat, eine Gruppe oder eine Person das Recht, eine Tätigkeit auszuüben oder eine Handlung vorzunehmen, die darauf abzielt, die in der Konvention festgelegten Rechte und Freiheiten abzuschaffen oder sie stärker einzuschränken, als es in der Konvention vorgesehen ist.

Begrenzung der Rechtseinschränkungen

18 Die nach dieser Konvention zulässigen Einschränkungen der genannten Rechte und Freiheiten dürfen nur zu den vorgesehenen Zwecken erfolgen.

Abschnitt II. Europäischer Gerichtshof für Menschenrechte

Errichtung des Gerichtshofs

19 [1]**Um die Einhaltung der Verpflichtungen sicherzustellen, welche die Hohen Vertragsparteien in dieser Konvention und den Protokollen dazu übernommen haben, wird ein Europäischer Gerichtshof für Menschenrechte, im Folgenden als „Gerichtshof" bezeichnet, errichtet.** [2]**Er nimmt seine Aufgaben als ständiger Gerichtshof wahr.**

1 **A. EGMR.** Der ständige **Europäische Gerichtshof für Menschenrechte** (EGMR) in Straßburg ist seit 1.11.1998 an die Stelle der früher zuständigen Europäischen Kommission für Menschenrechte (EKMR) u. des früher nicht ständig tagenden EGMR getreten; das Ministerkomitee des Europarates ist nunmehr darauf beschränkt, die Einhaltung der Urt. zu überwachen (Art. 46 Abs. 2). Der Gerichtshof besteht aus ebenso vielen Richtern, wie es Vertragsstaaten gibt (Art. 20). Die Richter werden v. der Parlamentarischen Versammlung des Europarates für 9 Jahre gewählt; Wiederwahl ist nicht zulässig (Art. 23 Abs. 1). Vgl. iE Meyer-Ladewig/Petzold NJW 2009, 3749. Eingehend zu Stellung, Funktion u. Reform des EGMR Wildhaber EuGRZ 2009, 541.

2 **B. Entscheidungen.** Seine Entscheidungen trifft der EGMR in Einzelrichterbesetzung, in Ausschüssen mit 3 Richtern, in Kammern mit grds. 7 Richtern u. in einer Großen Kammer mit 17 Richtern (Art. 26 Abs. 1). Die Kammern des Ge-

richtshofs bilden die Ausschüsse für einen bestimmten Zeitraum (Art. 26 Abs. 1). Einzelrichter u. Ausschüsse (diese durch einstimmigen Beschl.) können eine Individualbeschwerde (vgl. Art. 34) endg. für unzulässig erklären o. im Register streichen, wenn sie offensichtlich unbegründet ist (Art. 27 Abs. 1, 28 Abs. 1 Buchst. a); die Ausschüsse können darüber hinaus einstimmig durch endg. Sachurteil entscheiden, wenn die aufgeworfenen Fragen Gegenstand einer gefestigten Rspr. des Gerichtshofs sind (Art. 28 Abs. 1 Buchst. b). Einzelrichter u. Ausschüsse übernehmen daher die Filterwirkung, die früher der EKMR zukam. Sonst entscheidet über Zulässigkeit u. Begründetheit die Kammer, die aber die Sache an die Große Kammer abgibt, wenn eine schwerwiegende Frage der Auslegung der EMRK o. der Zusatzprotokolle (vgl. → Vor Art. 1 Rn. 2) zu entscheiden o. eine Divergenz v. einer früheren Entsch. des EGMR möglich ist; die Abgabe ist jedoch nicht zulässig, wenn eine Partei widerspricht (Art. 30). Die Große Kammer entscheidet ferner, wenn ein Ausschuss v. 5 Richtern der Großen Kammer eine v. einer Partei innerhalb v. 3 Monaten nach Urteilserlass der Kammer beantragte Verweisung annimmt; dies ist nur für Ausnahmefälle bei Fragen grds. Bedeutung vorgesehen (Art. 43).

C. Verfahren. Verfahren (ausf. hierzu SK-StPO/Paeffgen Einl. Rn. 102 ff.): Die 3
Beschwerde wird bei der beim EGMR bestehenden Kanzlei (Art. 24) eingelegt, die prüft, ob die Beschwerde formal in Ordnung ist, u. den Beschwerdeführer ggf. darauf hinweist, wenn Angaben o. Unterlagen fehlen (Meyer-Ladewig NJW 1998, 513). Nach Registrierung gelangt die Sache an einen Einzelrichter (→ Rn. 2), der sie im Falle der Zulässigkeit des Rechtsbehelfs an einen Ausschuss o. eine Kammer weitergibt (Art. 27 Abs. 3); dort wird sie nach Bestimmung eines Berichterstatters geprüft. Erweist sich die Beschwerde als zulässig (Art. 35) u. bedarf sie – weil keine gefestigte Rspr. des EGMR zu der aufgeworfenen Frage vorliegt (Art. 28 Abs. 1 Buchst. b) – einer näheren Prüfung, wird sie der Regierung des betroffenen Landes zur Stellungnahme zugeleitet, auf die der Beschwerdeführer erwidern kann (vgl. zur Beteiligung des Kommissars für Menschenrechte des Europarats Art. 36 Abs. 3). Das Gericht stellt den Sachverhalt fest u. führt erforderlichenfalls eine Beweisaufnahme durch (Art. 38). Das Gericht prüft, ob eine gütliche Einigung möglich ist; das hierfür eingeschlagene Verf. ist vertraulich (Art. 39). Kommt eine gütliche Einigung nicht zustande, entscheidet die Kammer idR im schriftlichen Verf. durch Urt., das begründet u. veröff. wird (Art. 45 Abs. 1, 44 Abs. 3). Der EGMR kann zur Wiedergutmachung für die Folgen der Menschenrechtsverletzung (Vermögens- u. Nichtvermögensschaden sowie Kosten u. Auslagen) eine Entschädigung zusprechen (Art. 41).

D. Verfahrensordnung. Nach der Verfahrensordnung v. 4.11.1998 4
(BGBl. 2006 II 693; zul. geänd. mWv 1.7.2009 (www.echr.coe.int)) sind 5 Sektionen gebildet. Jeder Richter gehört einer Sektion an, aus der die Kammern gebildet werden. Da der nationale Richter in der Kammer sitzen muss, wenn ein Fall gegen sein Land verhandelt wird, „folgt der Fall dem Richter"; der Fall wird also der Kammer zugewiesen, in der der nationale Richter sitzt (Art. 26 Abs. 4; vgl. auch Art. 28 Abs. 3 für die Ausschüsse).

E. Verbindlichkeit. Die Urteile sind verbindlich; alle Vertragsstaaten haben 5
sich verpflichtet, das endg. Urt. des Gerichtshofs in allen Rs., in denen sie Partei sind, zu befolgen (Art. 46 Abs. 1). Das endg. Urt. wird dem Ministerkomitee zugeleitet, das seine Durchführung überwacht (Art. 46 Abs. 2–5). Eine festgestellte Menschenrechtsverletzung führt zur Wiederaufnahme des Verf., wenn das angefochtene Urt. auf ihr beruht (vgl. → StPO § 359 Rn. 52).

20-33 *[nicht abgedruckt]*

Individualbeschwerden

34 [1]**Der Gerichtshof kann von jeder natürlichen Person, nichtstaatlichen Organisation oder Personengruppe, die behauptet, durch eine**

der Hohen Vertragsparteien in einem der in dieser Konvention oder den Protokollen dazu anerkannten Rechte verletzt zu sein, mit einer Beschwerde befasst werden. [2]Die Hohen Vertragsparteien verpflichten sich, die wirksame Ausübung dieses Rechts nicht zu behindern.

Zulässigkeitsvoraussetzungen

35 (1) **Der Gerichtshof kann sich mit einer Angelegenheit erst nach Erschöpfung aller innerstaatlichen Rechtsbehelfe in Übereinstimmung mit den allgemein anerkannten Grundsätzen des Völkerrechts und nur innerhalb einer Frist von vier Monaten nach der endgültigen innerstaatlichen Entscheidung befassen.**

(2) **Der Gerichtshof befasst sich nicht mit einer nach Artikel 34 erhobenen Individualbeschwerde, die**

a) anonym ist oder

b) im Wesentlichen mit einer schon vorher vom Gerichtshof geprüften Beschwerde übereinstimmt oder schon einer anderen internationalen Untersuchungs- oder Vergleichsinstanz unterbreitet worden ist und keine neuen Tatsachen enthält.

(3) **Der Gerichtshof erklärt eine nach Artikel 34 erhobene Individualbeschwerde für unzulässig,**

a) wenn er sie für unvereinbar mit dieser Konvention oder den Protokollen dazu, für offensichtlich unbegründet oder für missbräuchlich hält oder

b) wenn er der Ansicht ist, dass dem Beschwerdeführer kein erheblicher Nachteil entstanden ist, es sei denn, die Achtung der Menschenrechte, wie sie in dieser Konvention und den Protokollen dazu anerkannt sind, erfordert eine Prüfung der Begründetheit der Beschwerde.

(4) **[1]Der Gerichtshof weist eine Beschwerde zurück, die er nach diesem Artikel für unzulässig hält. [2]Er kann dies in jedem Stadium des Verfahrens tun.**

1 **A. Erschöpfung des innerstaatlichen Rechtswegs. Jedermann,** der sich in seinen Rechten nach der EMRK verletzt fühlt, kann den EGMR anrufen, ohne dass eine Unterwerfungserklärung des betroffenen Staates erforderlich wäre.

2 Allerdings befasst sich der EGMR als Ausdruck des Grundsatzes der Subsidiarität des Konventionssystems (dazu → Vor Art. 1 Rn. 4, → Art. 1 Rn. 1, 1a) erst nach **Erschöpfung des innerstaatlichen Rechtswegs,** für die der Beschwerdeführer die Beweislast trägt (vgl. iE EGMR (Große Kammer) EuGRZ 2009, 566 (577); 2012, 514), mit der Sache (EGMR NJW 2001, 55). Der Beschwerdeführer muss sich vor einem innerstaatlichen Gericht zwar nicht unbedingt unter Anführung der EMRK, aber wenigstens substanziell auf die angeblich verletzte EMRK-Bestimmung unter Einhaltung der Form- u. Fristvorschriften des staatlichen Rechts berufen haben (EGMR NJW 2012, 2093); die innerstaatlichen Rechtsbehelfe sind deshalb nicht erschöpft u. die Beschwerde ist unzulässig, wenn ein Rechtsmittel wegen eines Verfahrensfehlers nicht zugelassen wird (EGMR NJW 2012, 2093). Von der Erschöpfung des Rechtswegs kann aber abgesehen werden, wenn nach der Rspr. der obersten Gerichte ein Rechtsmittel v. vornherein aussichtslos ist (EGMR (Große Kammer) EuGRZ 2009, 566 (577)), nicht aber schon dann, wenn nur Zweifel hins. der Erfolgsaussichten bestehen (EGMR NStZ 2001, 335 Ls.). Zum Rechtsweg gehört nicht nur ein Rechtsmittelverfahren ieS, sondern jede rechtliche Möglichkeit der Abhilfe, die zugänglich u. geeignet erscheint (EGMR NJW 1982, 497; Vogler ZStW 89 (1977), 792), auch die Richterablehnung (Peukert EuGRZ 1980, 249), die Dienstaufsichtsbeschwerde (→ StPO Vor § 296 Rn. 22), der Antrag nach §§ 23, 37 EGGVG (Vogler ZStW 89 (1977), 792) u. die Verfassungsbeschwerde nach § 90 BVerfGG (Kühne StrafProzR Rn. 36). Soweit sich die in der EMRK

verbürgten Rechte u. Grundfreiheiten mit den Grundrechten des GG decken, muss daher vor Anrufung des EGMR eine erfolglose Verfassungsbeschwerde eingelegt worden sein (EKMR NJW 1956, 1376; VerfGH Koblenz NJW 1959, 1628; Peukert EuGRZ 1980, 249; Weigend StV 2000, 389; → Einl. Rn. 230 ff.), sofern das BVerfG nicht in einem ähnlichen Fall bereits eine Verfassungsbeschwerde verworfen hat (Vogler ZStW 89 (1977), 792). Hat das BVerfG die Verfassungsbeschwerde wegen fehlender Substantiierung des Beschwerdegegenstandes verworfen, so ist der innerstaatliche Rechtsweg nicht erschöpft (EKMR NJW 1988, 1441); das gilt aber nicht, wenn das BVerfG zu Unrecht fehlende Substantiierung gerügt o. gleichwohl eine (teilw.) Sachprüfung vorgenommen hatte (EGMR StV 2005, 475; vgl. auch EGMR StraFo 2006, 406). Hatte der Beschwerdeführer seine gegen das Urt. eingelegte Berufung zurückgenommen, ist die Beschwerde unzulässig (EGMR NJW 2008, 3273). Ein Wiederaufnahmeverfahren braucht nicht beantragt worden zu sein (Vogler ZStW 89 (1977), 792). Eine wegen Nichterschöpfung des Rechtsweges für unzulässig erklärte Beschwerde kann nach Erschöpfung der Rechtsbehelfe wiederholt werden (Vogler ZStW 89 (1977), 793).

B. Frist. Die Beschwerde nach Art. 34 muss dem EGMR so rechtzeitig vor- 3
liegen, dass er sich noch vor Fristablauf mit ihr befassen kann. Die 4-Monatsfrist beginnt mit der (förmlichen o. formlosen) Bekanntmachung der innerstaatlichen Entsch. (Einzelheiten zur Fristberechnung bei EGMR NJW 2012, 2943; Ladewig NJW 2011, 1559; erg. → StPO § 35 Rn. 5 ff.). Wiedereinsetzung ist nicht zulässig (→ StPO Vor § 42 Rn. 3).

C. Form. Die Einlegung erfolgt schriftlich (vgl. Meyer-Ladewig/Petzold NJW 4
2009, 3751); sie kann in deutscher Sprache abgefasst werden; erst nach der Zulässigkeitserklärung durch eine Kammer (→ Art. 19 Rn. 3) müssen die Schriftsätze in einer der beiden Amtssprachen (Englisch u. Französisch) verfasst sein (vgl. Willinger NJW 2001, 1239). Das Verf. ist insges. für den Beschwerdeführer gebührenfrei.

D. Zurückweisung. Als **unzulässig** zurückgewiesen (Art. 35 Abs. 4) wird die 5
Beschwerde, wenn die Voraussetzungen des Art. 35 Abs. 1 oder Abs. 2 oder Abs. 3 (zur Vereinbarkeit der Beschwerde mit der EMRK in persönlicher, zeitlicher u. sachlicher Hinsicht vgl. zB EGMR NJW 2009, 3775; 2012, 3709) gegeben sind. Offensichtlich unbegründet iSv Abs. 3 Buchst. a ist eine Beschwerde nach der Rspr. des Gerichtshofs ua, wenn er in der Sache als „Vierte Instanz", dh als eine Art Berufungs- o. Revisionsgericht tätig werden soll, das Urt. nationaler Gerichte aufhebt; dies ist va der Fall, wenn ihm angesonnen wird, angebliche Fehler bei der Sachverhaltsfeststellung o. Beweiswürdigung bzw. die fehlerhafte Anwendung des innerstaatlichen Rechts zu überprüfen, ohne dass ein Verstoß gegen Konventionsrechte in Betracht kommt (vgl. EGMR 22.2.2007 – 17721/04). Bei bewusst falschen Tatsachenbehauptungen sowie dem Verschweigen wesentlicher Informationen ist ein Missbrauch des Beschwerderechts anzunehmen (EGMR EuGRZ 2009, 316). Ein „erheblicher Nachteil" iSv Abs. 3 Buchst. b liegt nur vor, wenn die behauptete Verletzung ein Minimum an Schwere aufweist. Dies ist bei geringfügigen materiellen Schäden nicht der Fall, es sei denn, die Beschwerde wirft eine Grundsatzfrage auf (EGMR NJW 2010, 3081). Zu querulatorischen Beschwerden EGMR NJW 2012, 3501; zum Verfahrensgang iÜ vgl. → Art. 19 Rn. 3.

36-59 *[nicht abgedruckt]*

Gesetz über die Entschädigung für Strafverfolgungsmaßnahmen (StrEG)

Vom 8. März 1971 (BGBl. I S. 157; FNA 313-4)

Zuletzt geändert durch G v. 30.9.2020 (BGBl. I S. 2049)

– Auszug –

Vorbemerkung zu § 1

A. Entschädigungsanspruch. Der Entschädigungsanspruch nach dem StrEG ist seiner Rechtsnatur nach ein Aufopferungsanspruch (BGHZ 72, 302 = NJW 1979, 425; OLG Nürnberg MDR 1975, 779; Kunz StrEG Einl. Rn. 31; **aM** Paeffgen UntersuchungshaftR S. 211 ff.: Gefährdungstatbestand eigener Art). Er setzt voraus, dass der Betroffene ein unveranlasstes Sonderopfer erbracht hat (BGHZ 60, 302 = NJW 1973, 1322; OLG Karlsruhe MDR 1976, 515). Auf den Nachw. seiner Unschuld kommt es nicht an. Aus der Regelung der Entschädigungspflicht nach dem StrEG lässt sich daher nicht schließen, dass die Anordnung der Strafverfolgungsmaßnahme o. ihr Vollzug rechtswidrig war. Wird das sachliche Recht geänd. u. der Angeklagte deswegen nach § 206b StPO freigesprochen, so kommt jedoch eine Entschädigung in Betracht, weil keiner der Ausschließungsgründe (§§ 5, 6) greift (Löwe/Rosenberg/Stuckenberg Rn. 18; SK-StPO/Paeffgen Rn. 13, je zu § 206b StPO; **aM** KG JR 1977, 334; Schätzler GA 1990, 37); dasselbe gilt, wenn der erneut verurteilte Angeklagte nur wegen einer Gesetzesänderung milder bestraft worden ist (OLG München StV 1984, 471 mzustAnm H. Schmidt). 1

B. Entschädigungsberechtigung. Entschädigungsberechtigt können nur der in einem Strafverfahren Beschuldigte, Angeschuldigte, Angeklagte o. Verurteilte, gegen den die schadensbegründende Strafverfolgungsmaßnahme gerichtet gewesen ist (KG StraFo 2009, 437; OLG Hamburg MDR 1994, 310; OLG Hamm wistra 2006, 359; OLG Karlsruhe StraFo 1998, 33), o. ein Unterhaltsberechtigter (§ 11) sein (KG NJW 1978, 2406). Für Ausländer gelten keine Einschränkungen. Wer sonst durch Strafverfolgungsmaßnahmen einen Schaden erlitten hat, wird nicht nach dem StrEG entschädigt (OLG Celle Nds. Rpfl. 1986, 38 (40); OLG Nürnberg NStZ-RR 2003, 62; OLG Schleswig SchlHA 1989, 78; LG Freiburg NJW 1990, 399; LG Kassel NStZ 1994, 497; Meyer StrEG Einl. Rn. 50; erg. → § 2 Rn. 7). Insbesondere Zeugen, gegen die zu Unrecht Erzwingungshaft nach § 70 Abs. 2 StPO angeordnet wurde, o. Einziehungs- ua Nebenbeteiligte müssen ihre Ansprüche im Zivilrechtsweg geltend machen (BGHSt 36, 236 mwN; OLG Düsseldorf VRS 83, 198). 2

C. Andere Entschädigungsregelungen. Andere Entschädigungsregelungen, wie § 74f StGB u. die Bestimmungen über die notwendigen Auslagen nach §§ 464 ff. StPO (→ § 7 Rn. 5), sowie Schadensersatzansprüche nach Art. 34 GG, § 839 BGB u. nach Art. 5 Abs. 5 **EMRK** (→ EMRK Art. 5 Rn. 14) bleiben unberührt (OLG Karlsruhe Justiz 1988, 87; Lorenzen/Görl SchlHA 1990, 132 – OLG Schleswig RsprÜ; Einzelheiten bei Meyer StrEG Einl. Rn. 53 ff.). Für vor Inkrafttreten des EVertr erlassene Urt. der DDR gelten §§ 1, 2 nicht (vgl. § 16a). 3

D. Entsprechende Anwendbarkeit. Entsprechend anwendbar ist das StrEG auf Verfolgungsmaßnahmen wegen einer OWiG (§ 46 Abs. 1 OWiG; RiStBV 295). Nur für das v. einer VerwB abgeschlossene Bußgeldverfahren gelten nach § 110 OWiG Besonderheiten für das Verfahren. Für zu Unrecht erlittene Auslieferungshaft kann das StrEG nur dann entspr. angewendet werden, wenn die 4

Behörden der BRD die unberechtigte Verfolgung zu vertreten haben (BGHSt 30, 152; 32, 221; LG Berlin StraFo 2008, 311; **aM** KG NStZ-RR 2011, 207; OLG Düsseldorf NJW 1992, 646; Schätzler GA 1990, 37: stets ausgeschlossen; offengelassen v. OLG Hamm NStZ 1997, 246; vgl. auch Gillmeister NJW 1991, 2251; D. Meyer JurBüro 1991, 1592), nicht aber bei etwa bei Auslieferungshaft auf Ersuchen ausl. Behörden (BGH BeckRS 2020, 36807 mwN). Entsprechendes gilt für im Ausland aufgrund ausl. Vorschr. vollzogene Untersuchungs- o. Strafhaft (OLG Düsseldorf NStZ 1988, 371).

5 **E. Keine entspr. Anwendbarkeit.** Nicht entspr. anwendbar ist das StrEG bei irrtümlicher Verhaftung (OLG Düsseldorf StraFo 2000, 429) o. zu Unrecht erlittener Abschiebungshaft nach § 62 AufenthG (AG Kiel JurBüro 1984, 1060 mAnm D. Meyer; vgl. aber zu einem Ausnahmefall Lorenzen/Thamm SchlHA 1995, 37 – OLG Schleswig RsprÜ), auch nicht bei Ordnungsmitteln nach § 178 GVG (Ernesti/Lorenzen SchlHA 1983, 121 – OLG Schleswig RsprÜ) o. bei einer Entsch. nach § 57a StGB (OLG Köln StraFo 1998, 286) o. bei einer Nachfolgeentscheidung im Vollstreckungsverfahren (OLG Nürnberg NStZ-RR 2012, 223). Erg. → § 2 Rn. 1.

Entschädigung für Urteilsfolgen

1 (1) **Wer durch eine strafgerichtliche Verurteilung einen Schaden erlitten hat, wird aus der Staatskasse entschädigt, soweit die Verurteilung im Wiederaufnahmeverfahren oder sonst, nachdem sie rechtskräftig geworden ist, in einem Strafverfahren fortfällt oder gemildert wird.**

(2) **Absatz 1 gilt entsprechend, wenn ohne Verurteilung eine Maßregel der Besserung und Sicherung oder eine Nebenfolge angeordnet worden ist.**

1 **A. Schaden durch strafgerichtliche Verurteilung.** Entschädigt wird nur, wer als Verurteilter (→ Vor § 1 Rn. 2) durch die frühere Verurteilung (Abs. 1) o. durch selbständig angeordnete Maßregeln o. Nebenfolgen (Abs. 2) einen Schaden erlitten hat. Dem Urt. steht der Strafbefehl (§ 407 StPO) gleich (dazu Meyer StrEG Rn. 6 ff.). Maßregeln der Besserung u. Sicherung sind die in § 61 StGB vorgesehenen Rechtsfolgen. Nebenfolgen sind Einziehung u. Unbrauchbarmachung, die nach § 76a StGB, §§ 435, 436 StPO selbständig angeordnet werden können. Der Schaden muss nicht unmittelbar durch die Rechtsfolge entstanden sein (vgl. OLG Düsseldorf MDR 1980, 958: Schaden infolge des durch die Verurteilung veranlassten Widerrufs der in einem anderen Verf. bewilligten Strafaussetzung). Für einen auf die Strafe angerechneten Disziplinararrest der Bundeswehr wird kein Ersatz geleistet (OLG Schleswig MDR 1979, 165).

2 **B. Fortfall oder Milderung der Verurteilung.** Der **Wegfall einer Rechtsfolge in dem Verf. nach §§ 359 ff. StPO** führt, vorbehaltlich der §§ 5, 6, zur Entschädigung. Eine Ausnahme gilt, wenn der 1. Richter in Kenntnis der neuen Tatsachen eine andere Rechtsfolge verhängt hätte, im Wiederaufnahmeverfahren aber das Verbot der Schlechterstellung nach § 373 Abs. 2 StPO zum Freispruch zwingt (Kunz StrEG Rn. 17; **aM** OLG Nürnberg MDR 1975, 779; Meyer StrEG Rn. 23; erg. → § 6 Rn. 6). Neben dem Wiederaufnahmeverfahren kommen nur ähnliche Korrekturen einer rkr. strafgerichtlichen Entsch. (zB in Anwendung des § 357 StPO o. des § 95 Abs. 2 BVerfGG; vgl. OLG Stuttgart NJW 1997, 206) in Betracht. Dazu gehört auch Wiedereinsetzung gegen die Versäumung der Einspruchsfrist, nachdem aufgrund des rkr. Strafbefehls die Ersatzfreiheitsstrafe bereits vollstreckt war (BayObLGSt 1986, 25; **aM** D. Meyer JurBüro 1987, 1603; vgl. aber auch OLG Saarbrücken NStZ 1992, 442: nicht bei nur teilw. Verbüßung u. Aussetzung des Strafrestes zur Bewährung). § 1 ist nicht anwendbar, wenn die bedingte Entlassung nach §§ 57 oder 67d Abs. 2 StGB verspätet angeordnet worden ist (OLG Hamm EuGRZ 1986, 546; OLG Karlsruhe MDR 1976, 515). Der

Erlass einer rkr. verhängten Strafe durch Gnadenerweis o. Amnestie führt nicht zur Anwendung des StrEG (Meyer StrEG Rn. 12, 13; Kunz StrEG Rn. 32). Auf die nachträgliche Herabsetzung einer rechtskräftig verhängten Gesamtfreiheitsstrafe infolge des kraft Gesetzes erfolgten Erlasses einer zuvor einbezogenen Einzelstrafe nach Art. 316p, 313 Abs. 4 EGStGB ist § 1 Abs. 1 ebenfalls nicht anwendbar, da es sich insoweit nicht um die materiell-rechtliche Korrektur einer rechtskräftigen Entscheidung, sondern um eine Amnestiekorrektur handelt, die der Anpassung der Vollstreckung an eine neue Gesetzeslage dient (OLG Oldenburg BeckRS 2025, 22225).

C. Milderung der Rechtsfolgen. Ob der spätere Rechtsfolgenausspruch milder ist als der frühere, ergibt ein Vergleich der ursprünglichen mit den jetzigen Rechtsfolgen aufgrund einer **ganzheitlichen Betrachtungsweise** (OLG München StV 1984, 471; Meyer StrEG Rn. 27; D. Meyer JurBüro 1987, 1602; erg. → StPO § 331 Rn. 12). Das gilt auch bei Wegfall einer tatmehrheitlichen Handlung (OLG Frankfurt a. M. NJW 1983, 2398 aE). Auf der Anwendung eines milderen Strafgesetzes muss die Milderung nicht beruhen (Kunz StrEG Rn. 15). 3

D. Ausschluss- und Versagungsgründe. Die Ausschluss- und Versagungsgründe der §§ 5 und 6 **gelten auch im Fall des § 1** (OLG Saarbrücken NJW 1975, 792). Die §§ 3, 4, die nur die Maßnahmen nach § 2 betreffen, sind v. Bedeutung, wenn solche Maßnahmen in dem wiederaufgenommenen Verf. vollzogen worden sind. Da dieses u. das frühere Verf. eine Einheit bilden (vgl. → StPO § 473 Rn. 37), sind auch die in dem früheren Verf. vollzogenen Maßnahmen iSd § 2 entschädigungsfähig, soweit der Anspruch nicht mit dem nach § 1 zusammenfällt (Meyer StrEG Rn. 35), wie etwa angerechnete Haft. 4

Entschädigung für andere Strafverfolgungsmaßnahmen

2 (1) **Wer durch den Vollzug der Untersuchungshaft oder einer anderen Strafverfolgungsmaßnahme einen Schaden erlitten hat, wird aus der Staatskasse entschädigt, soweit er freigesprochen oder das Verfahren gegen ihn eingestellt wird oder soweit das Gericht die Eröffnung des Hauptverfahrens gegen ihn ablehnt.**

(2) **Andere Strafverfolgungsmaßnahmen sind**

1. **die einstweilige Unterbringung und die Unterbringung zur Beobachtung nach den Vorschriften der Strafprozeßordnung und des Jugendgerichtsgesetzes,**
2. **die vorläufige Festnahme nach § 127 Abs. 2 der Strafprozeßordnung,**
3. **Maßnahmen des Richters, der den Vollzug des Haftbefehls aussetzt (§ 116 der Strafprozeßordnung),**
4. **die Sicherstellung, die Beschlagnahme, der Vermögensarrest nach § 111e der Strafprozeßordnung und die Durchsuchung, soweit die Entschädigung nicht in anderen Gesetzen geregelt ist,**
5. **die vorläufige Entziehung der Fahrerlaubnis,**
6. **das vorläufige Berufsverbot.**

(3) **Als Strafverfolgungsmaßnahmen im Sinne dieser Vorschrift gelten die Auslieferungshaft, die vorläufige Auslieferungshaft, die Sicherstellung, die Beschlagnahme und die Durchsuchung, die im Ausland auf Ersuchen einer deutschen Behörde angeordnet worden sind.**

A. Nichtverurteilte Angeschuldigte. Nichtverurteilte Angeschuldigte, im Fall des § 9 auch Beschuldigte, haben Anspruch auf **Entschädigung für den Vollzug,** nicht für die bloße Anordnung (BGH MDR 1979, 562; OLG Hamburg MDR 1982, 519), der in Abs. 1, Abs. 2 abschl. aufgezählten (OLG Jena NStZ-RR 2001, 160 Maßnahmen, sofern sich nicht eine Ausnahme o. Einschränkung aus §§ 3, 5 oder 6 ergibt. Dem Freispruch stehen nicht nur die (endgültige; vgl. → § 3 Rn. 1; → § 8 Rn. 2) Einstellung des Verf. aufgrund zwingender Vorschr. (§§ 170 Abs. 2, 1

206a, 206b, 260 Abs. 3 StPO) u. die Ablehnung der Eröffnung des Hauptverfahrens (§ 204 StPO) gleich, sondern auch die in Abs. 1 nicht erwähnte Ablehnung des Erlasses eines Strafbefehls (Meyer StrEG Rn. 33) u. die Ablehnung des Antrags auf Anordnung der Unterbringung nach § 63 StGB (BGH NStZ-RR 2010, 296) o. der nachträglichen Sicherungsverwahrung nach § 66b StGB, § 275a StPO (BGH BeckRS 2006, 2989) sowie des Antrags im Sicherungsverfahren nach § 414 Abs. 2 S. 4 StPO (OLG Stuttgart NStZ-RR 2000, 190; erg. → StPO § 467 Rn. 1). Auch die Teilfreisprechung kann zur Entschädigung führen (Meyer StrEG Rn. 26). Nachteile, die auf der Einleitung eines Ermittlungsverfahrens beruhen, werden nicht entschädigt (OLG Schleswig SchlHA 2000, 68). Erg. → § 1 Rn. 1.

2 **B. Schaden durch Vollzug der UHaft (Abs. 1).** UHaft ist die Haft nach §§ 112 ff., 230 Abs. 2, 231 (OLG Frankfurt a. M. NStZ-RR 2005, 96), 236, 329 Abs. 4 StPO), nicht aber der Vollzug eines Sicherungshaftbefehls nach § 453c StPO (KG JR 1981, 87; OLG Düsseldorf MDR 1982, 958; Burmann StV 1986, 80; **aM** Bringewat Strafvollstreckung StPO § 453c Rn. 21; v. Meding NJW 1977, 914) o. die Strafvollstreckung aufgrund Widerrufs der Strafaussetzung zur Bewährung, wenn der Widerruf nachträglich wieder aufgeh. wird (OLG Düsseldorf MDR 1993, 808; Katzenstein StV 2003, 363). Der Schaden muss unmittelbar durch die Freiheitsentziehung entstanden sein; Rufschaden wird als immaterieller Schaden nicht ersetzt, wohl aber, wenn er zu einer Vermögensschädigung geführt hat (→ § 7 Rn. 3; BGH MDR 1979, 562; Kunz StrEG § 7 Rn. 59). § 4 dehnt die Regelung des Abs. 1 auf Fälle aus, in denen das Verf. mit Verurteilung endet.

3 **C. Andere Strafverfolgungsmaßnahmen (Abs. 2). I. Nr. 1.** Vgl. §§ 81, 126a StPO, § 73 **JGG.** Hierzu gehören auch die einstweilige Unterbringung nach § 275a Abs. 5 StPO (BGHSt 52, 213 (219); BGH StraFo 2008, 266; OLG Koblenz NStZ 2007, 56 Ls. = JBlRP 2006, 38) sowie die einstweilige Unterbringung nach §§ 71 Abs. 2, 72 Abs. 4 **JGG** (KG NStZ 2010, 284).

4 **II. Nr. 2.** Der vorl. Festnahme nach § 127 Abs. 2 StPO steht die nach § 127 Abs. 1 StPO auch dann nicht gleich, wenn sie durch einen Strafverfolgungsbeamten zur alsbaldigen Identitätsfeststellung vorgenommen worden ist. Die Vorschr. muss aber auch im Fall des § 127b Abs. 1 StPO gelten; bei der Einfügung dieser Vorschr. in die StPO ist die Änd. der Nr. 2 offensichtlich vergessen worden.

5 Keine vorl. Festnahme ist die Verbringung zur Blutprobenentnahme (→ StPO § 81a Rn. 29), die Zuführung zur erkennungsdienstlichen Behandlung (→ StPO § 81b Rn. 15) u. das Festhalten zur Identitätsfeststellung (→ StPO § 163b Rn. 7).

6 **III. Nr. 3.** Die weniger einschneidenden Maßnahmen nach § 116 StPO können die Bewegungsfreiheit u. dadurch die Erwerbsmöglichkeiten einschränken o., bei Sicherheitsleistung, Darlehenszinsen o. Zinsverluste verursachen (Kunz StrEG Rn. 50). Anordnungen ua Maßnahmen zur Abwendung der UHaft gegen Jugendliche (§ 72 Abs. 1 **JGG**) fallen nicht unter Nr. 3 (**aM** Meyer StrEG Rn. 50).

7 **IV. Nr. 4.** Die Vorschr. gilt nur subsidiär. In Betracht kommt der Vollzug, nicht schon die Anordnung, der Maßnahmen nach §§ 94, 99, 108 Abs. 1 S. 1, 111b, 111e, 132 Abs. 3, 290, 443 StPO. Die Führerscheinbeschlagnahme nach § 94 Abs. 3 StPO fällt unter die Vorschr., wenn keine Anordnung nach § 111a StPO ergangen ist (OLG Stuttgart VerkMitt 1983, 45); sonst gilt Nr. 5. Der Entschädigungsanspruch besteht auch, wenn der Betroffene der Sicherstellung nicht widersprochen (LG Memmingen NJW 1977, 347), keine richterliche Entsch. nach §§ 98 Abs. 2 S. 2, 111e Abs. 2 S. 3 StPO beantragt o. die Sache sogar freiwillig hrsg. hat, um der sonst zu erwartenden Beschlagnahme zuvorzukommen (BGH NJW 1975, 347 (348); OLG Hamm NJW 1972, 1477; VRS 47, 201; AG Osnabrück DAR 1984, 94; einschr. LG Flensburg GA 1978, 341; Meyer StrEG Rn. 20, 63: wenn die Beschlagnahme mit Sicherheit zu erwarten ist). Durchsuchung iS Nr. 4 ist nur die nach §§ 102, 103 StPO, nicht die nach § 111 StPO (Meyer StrEG Rn. 55). Entschädigt wird nur der Beschuldigte selbst, gegen den sich die Maßnahme gerichtet hat (OLG Celle Nds. Rpfl. 1986, 38 (40); OLG Frankfurt a. M. NStZ-

RR 2002, 320; LG Freiburg NJW 1990, 399; erg. → Vor § 1 Rn. 2), u. nur für die typischen Folgen des Vollzugs der Maßnahme; eine durch sie eingetretene Diskriminierung gehört dazu nicht (BGH MDR 1979, 562); zum Verlust des Arbeitsplatzes vgl. → § 7 Rn. 3. Entschädigungsfähig ist aber der durch die Herausgabe einer beschlagnahmten Sache an einen Nichtberechtigten entstandene Verlust (BGHZ 72, 302 = NJW 1979, 425; OLG Jena NStZ-RR 2005, 125). Zur Haftungssituation bei Ausbleiben der Einziehungsanordnung Rönnau/Hohn wistra 2002, 448.

V. Nr. 5. Die freiwillige Herausgabe des Führerscheins steht der Beschlagnahme 8 gleich (→ Rn. 7). Für die vorl. Entziehung der Fahrerlaubnis (§ 111a StPO) wird kein Ersatz geleistet, wenn die Fahrerlaubnis schon vorher rkr. entzogen war (OLG Zweibrücken VRS 54, 203). Die Beschlagnahme nach § 111a Abs. 6 S. 2 StPO ist nicht entschädigungsfähig (Kunz StrEG Rn. 66; **aM** Meyer StrEG Rn. 70). Einen bes. Ausschlussgrund enthält § 5 Abs. 1 Nr. 4.

VI. Nr. 6. Vgl. § 132a StPO. Nr. 6 gilt nicht bei einem vorl. Tierhaltungs- 9 verbot nach § 20a TierschG (OLG Jena NStZ-RR 2001, 160).

D. Strafverfolgungsmaßnahmen im Ausland (Abs. 3). Strafverfolgungs- 10 maßnahmen im Ausland (Abs. 3), die v. den Behörden der BRD veranlasst worden sind, werden in der Entschädigungsfrage wie inländische behandelt. Wegen der entspr. Anwendung des Abs. 3 auf Maßnahmen, die auf Ersuchen eines ausl. Staates im Inland angeordnet worden sind, vgl. → Vor § 1 Rn. 4.

E. Aufrechnung. Die Aufrechnung gegen einen Entschädigungsanspruch aus 11 § 2 StrEG mit einer noch offenen Forderung wegen Wertersatzverfall ist möglich (BGH NJW 2023, 3230 (Zivilsenat); erg. → § 459g Rn. 8).

Entschädigung bei Einstellung nach Ermessenvorschrift

3 Wird das Verfahren nach einer Vorschrift eingestellt, die dies nach dem Ermessen des Gerichts oder der Staatsanwaltschaft zuläßt, so kann für die in § 2 genannten Strafverfolgungsmaßnahmen eine Entschädigung gewährt werden, soweit dies nach den Umständen des Falles der Billigkeit entspricht.

A. Einstellung nach Ermessen. Gemeint ist die **endg. Verfahrenseinstel-** 1 **lung** nach §§ 153 Abs. 1, Abs. 2, 153b, 153d, 153e, 154c, 383 Abs. 2, 390 Abs. 5 StPO, §§ 45, 47 **JGG,** § 398 **AO.** Hierzu gehören aber auch die Einstellungen nach § 153a StPO (OLG Hamburg OLGSt StrEG § 3 Nr. 2; OLG Stuttgart MDR 1991, 978; Kunz StrEG Rn. 20; **aM** Grohmann BA 1985, 234) u. nach §§ 154, 154b StPO (vgl. → § 8 Rn. 2), wobei aber bei Anrechnung der UHaft in einem anderen Verf. die Entschädigung natürlich ausgeschlossen ist (OLG Frankfurt a. M. NStZ-RR 2000, 159). Die Verfolgungsbeschränkung nach § 154a StPO ist keine Einstellung; eine Entschädigung ist daher idR ausgeschlossen (Meyer StrEG Rn. 23; D. Meyer JurBüro 1984, 343; erg. → § 8 Rn. 2). § 3 ist auch nicht entspr. anwendbar, wenn v. der Einziehung nach §§ 421 StPO abgesehen wird (Meyer StrEG Rn. 25).

B. Entschädigung aus Billigkeitsgründen. Die **Ausschlussgründe der §§ 5** 2 **und 6 haben Vorrang** (KG Rpfleger 1999, 350). Die Billigkeitsentscheidung ist nicht die Regel, sondern die Ausnahme (OLG Braunschweig NStZ-RR 2013, 95; LG Flensburg GA 1985, 329; Kunz StrEG Rn. 27; **aM** Dahs Strafverteidiger-HdB Rn. 366) u. setzt voraus, dass sich der Fall v. anderen auffallend abhebt (Meyer StrEG Rn. 45; D. Meyer MDR 1980, 722). Billigkeitsgründe werden insbes. bei der Einstellung nach § 153 StPO (LG Flensburg MDR 1979, 76) nur vorliegen, wenn der Tatverdacht, der bei der Einstellung noch besteht, erheblich hinter dem zurückbleibt, der zu der Verfolgungsmaßnahme geführt hat (zB UHaft wegen Raubes, verbleibender Verdacht einer Tat nach § 248a StGB).

3 Von der Stärke des bei der Einstellung vorhandenen Tatverdachts darf die Entsch. aber sonst nicht abhängig gemacht werden; denn der Beschuldigte gilt nach Art. 6 Abs. 2 **EMRK** in jedem Fall als unschuldig (vgl. Kühl NJW 1980, 806; **aM** Meyer StrEG Rn. 38, 39; vgl. auch → StPO § 467 Rn. 19). Fahrlässige Herbeiführung der Verfolgungsmaßnahme u. das Vorliegen eines der Gründe des § 6 Abs. 1 Nr. 1 schließen die Entschädigung idR aus. Auch der Verzicht des Betroffenen (→ § 8 Rn. 3) führt zur Versagung (allg. dazu Seebode NStZ 1982, 144, der den Verzicht nur im Fall des § 153a StPO zulassen will). Gegebenenfalls ist eine teilw. Entschädigung zu bewilligen. Zur Frage der unterschiedlichen Entsch. nach § 3 und § 467 Abs. 4 StPO vgl. Meyer StrEG Rn. 50 ff.

Entschädigung nach Billigkeit

4 (1) **Für die in § 2 genannten Strafverfolgungsmaßnahmen kann eine Entschädigung gewährt werden, soweit dies nach den Umständen des Falles der Billigkeit entspricht,**

1. wenn das Gericht von Strafe abgesehen hat,

2. soweit die in der strafgerichtlichen Verurteilung angeordneten Rechtsfolgen geringer sind als die darauf gerichteten Strafverfolgungsmaßnahmen.

(2) **Der strafgerichtlichen Verurteilung im Sinne des Absatzes 1 Nr. 2 steht es gleich, wenn die Tat nach Einleitung des Strafverfahrens nur unter dem rechtlichen Gesichtspunkt einer Ordnungswidrigkeit geahndet wird.**

1 **A. Absehen von Strafe (Abs. 1 Nr. 1).** Vgl. die Aufzählung → StPO § 153b Rn. 1. Je näher die Grenzen zwischen Absehen u. Festsetzung v. Strafe beieinander liegen, desto mehr spricht gegen die Entschädigung. Sie kommt nur in seltenen Ausnahmefällen in Betracht (Meyer StrEG Rn. 34, 35; D. Meyer JurBüro 1987, 1604).

2 **B. Überschießende Strafverfolgungsmaßnahme (Abs. 1 Nr. 2). I. Strafverfolgungsmaßnahmen.** Strafverfolgungsmaßnahmen iSd Abs. 1 Nr. 2 sind solche, die einen der Tatbestände des § 2 erfüllen (OLG Düsseldorf NStZ 1988, 371), va UHaft u. vorl. Unterbringung. Auch eine Beschlagnahme kann aber eine zeitlich überschießende Maßnahme sein. Die überschießende vorl. Entziehung der Fahrerlaubnis regelt § 5 Abs. 1 Nr. 3. UHaft, die das Gericht nicht nach § 51 Abs. 1 S. 2 StGB, § 52a Abs. 1 S. 2 **JGG** auf die Strafe angerechnet hat, wird nicht berücksichtigt (§ 5 Abs. 1 Nr. 1). UHaft, die die verhängte Freiheitsstrafe nicht übersteigt, ist auch dann keine überschießende Maßnahme, wenn die Vollstreckung der Strafe zur Bewährung ausgesetzt ist (Kunz StrEG Rn. 19). Für im Ausland erlittene Freiheitsentziehung, deren tatsächliche Dauer hinter der erkannten Freiheitsstrafe zurückbleibt, wird auch dann keine Entschädigung gewährt, wenn sich in Anwendung des § 51 Abs. 4 S. 2 StGB ein Überschuss ergibt (OLG Karlsruhe MDR 1991, 978).

3 Bei Teilfreispruch wird für UHaft, die wegen der nicht erwiesenen Tat vollzogen wurde, nicht entschädigt, sondern sie wird auf die Strafe angerechnet (BGHSt 28, 29; OLG Schleswig NJW 1978, 115; vgl. auch OLG Düsseldorf MDR 1986, 422; OLG Hamm StV 2008, 365).

4 **II. Grundlage der Billigkeitsentscheidung.** Es muss ein **ursächlicher Zusammenhang** zwischen dem Verhalten des Angeklagten u. der Zwangsmaßnahme bestehen (LG Bamberg StraFo 2013, 306). Erforderlich ist sodann eine Gesamtabwägung der vorl. Maßnahmen u. der endg. Rechtsfolgen (BGH GA 1975, 208; OLG Düsseldorf MDR 1987, 80; NStZ 1982, 252; vgl. → StPO § 331 Rn. 12). Der dem Richter eingeräumte Ermessensspielraum (OLG Hamm JMBl. NRW 1975, 177; OLG München MDR 1972, 1056) wird umso mehr eingeengt, je stärker die vorl. Maßnahme die endg. angeordnete übersteigt (OLG Karlsruhe NJW 1974, 1008). Bei geringfügiger Abweichung wird kein Anspruch zuerkannt

(BGHR StrEG § 4 UHaft 4: wenige Tage mehr; OLG Frankfurt a. M. DAR 1973, 161: Rückgabe des Führerscheins eine Woche nach Ablauf der festgesetzten Sperre; zust. Meyer StrEG Rn. 52, 53; krit. Hentschel Trunkenheit Rn. 1057); bei einem Missverhältnis ist die Zuerkennung geboten (BGH EzSt StrEG § 5 Nr. 2). Der Billigkeit entspr. es idR, den Betroffenen zu entschädigen, wenn die verhängte Strafe in keinem angemessenen Verhältnis zur UHaft steht (BGH GA 1975, 208; OLG Düsseldorf StV 1989, 29; OLG Hamm BeckRS 2015, 360: verbüßte UHaft übersteigt die verhängte Sanktion um mehr als 50 %). Ein solches Missverhältnis liegt vor, wenn die UHaft 6 Monate dauerte, aber nur ein 4-wöchiger Dauerarrest verhängt wurde (OLG Stuttgart StV 2002, 556), nicht aber schon dann, wenn die UHaft nur unerheblich länger als die erkannte Freiheitsstrafe gedauert hat. Auch bes. Härten, die durch den faktischen Vorwegvollzug der Strafe im Wege der UHaft für den Angeklagten entstanden sind, müssen berücksichtigt werden (BGH StV 2008, 369). Ob die Freiheitsstrafe zur Bewährung ausgesetzt wurde o. nicht, spielt für den anzustellenden Vergleich selbst keine Rolle, sondern kann nur iRd Billigkeitsbeurteilung v. Bedeutung sein (Meyer StrEG Rn. 38; **aM** Hofmann StraFo 2007, 52, die aber verkennt, dass Strafaussetzung zur Bewährung nur hins. einer Freiheitsstrafe möglich ist, die nicht durch UHaft verbüßt ist, vgl. BGHSt 31, 25, u. dass durch Anrechnung kompensierte Strafverfolgungsmaßnahmen nicht entschädigungspflichtig sind, vgl. auch Kunz StrEG Rn. 19). In Betracht kommt auch eine Teilentschädigung, wenn das der Billigkeit entspricht.

Auch **andere Gesichtspunkte** sind zu berücksichtigen, insbes. die Schwere der Schuld, die Auswirkungen der Strafverfolgungsmaßnahmen auf die Person u. die Lebensverhältnisse des Angeklagten (OLG Karlsruhe Justiz 1977, 393; OLG Stuttgart OLGSt StrEG § 2 S. 21; einschr. OLG Stuttgart NStZ-RR 1998, 95). Die Entschädigung kann zB versagt werden, wenn zwar v. vornherein nur eine geringe Straferwartung bestand, der Täter aber wohnungs- u. ausweislos war u. daher in UHaft genommen werden musste (OLG Karlsruhe NJW 1974, 1008). Auch sonst muss der Betroffene gegen sich gelten lassen, dass eine Aussetzung des Haftvollzugs aus in seiner Person liegenden Gründen nicht in Betracht kam (OLG Hamm JMBl. NRW 1975, 177). Bei der Billigkeitsentscheidung spielt auch eine Rolle, ob der Betroffene die Maßnahme leicht fahrlässig (bei grober Fahrlässigkeit gilt § 5 Abs. 2; vgl. OLG Düsseldorf NStZ 1989, 232) verursacht hat (Meyer StrEG Rn. 16, 45; Göhler/Thoma OWiG § 110 Rn. 11). Das ist zB der Fall bei schuldhaft ausgelöstem Verdacht einer weitergehenden strafbaren Tätigkeit, der weitere Ermittlungen veranlasst u. die UHaft verlängert hat (OLG Hamburg MDR 1977, 74). Zu berücksichtigen ist ferner, dass die Strafe mit Rücksicht auf die überschießende Verfolgungsmaßnahme niedriger festgesetzt wurde (Göhler/Thoma OWiG § 110 Rn. 11) o. dass das Berufungsgericht nur durch § 331 StPO an der Anordnung einer Sicherungsmaßregel gehindert war (OLG Stuttgart NJW 1977, 641: Fahrerlaubnisentziehung). 5

C. Gleichstellung von strafgerichtlicher Verurteilung und Bußgeldfestsetzung (Abs. 2). Die Gleichstellung von strafgerichtlicher Verurteilung und Bußgeldfestsetzung (Abs. 2) entspr. der Gleichstellung der Entschädigungspflicht v. Strafverfolgungsmaßnahmen u. Maßnahmen zur Verfolgung einer OWi (→ Vor § 1 Rn. 4). Auch eine Strafverfolgungsmaßnahme, die nur der Verfolgung der Tat als Straftat zu dienen bestimmt u. geeignet war, kann zu den Rechtsfolgen, die schließlich v. der VerwB oder v. Gericht allein unter dem rechtlichen Gesichtspunkt einer OWi ausgesprochen worden sind, in Beziehung gesetzt werden. 6

Ausschluß der Entschädigung

5 (1) **Die Entschädigung ist ausgeschlossen**

1. für die erlittene Untersuchungshaft, eine andere Freiheitsentziehung und für die vorläufige Entziehung der Fahrerlaubnis, soweit deren Anrechnung auf die verhängte Strafe unterbleibt,

2. für eine Freiheitsentziehung, wenn eine freiheitsentziehende Maßregel der Besserung und Sicherung angeordnet oder von einer solchen Anordnung nur deshalb abgesehen worden ist, weil der Zweck der Maßregel bereits durch die Freiheitsentziehung erreicht ist,

3. für die vorläufige Entziehung der Fahrerlaubnis und das vorläufige Berufsverbot, wenn die Entziehung der Fahrerlaubnis oder das Berufsverbot endgültig angeordnet oder von einer solchen Anordnung nur deshalb abgesehen worden ist, weil ihre Voraussetzungen nicht mehr vorlagen,

4. für die Beschlagnahme und den Vermögensarrest (§§ 111b bis 111h der Strafprozeßordnung), wenn die Einziehung einer Sache angeordnet ist.

(2) [1] **Die Entschädigung ist auch ausgeschlossen, wenn und soweit der Beschuldigte die Strafverfolgungsmaßnahme vorsätzlich oder grob fahrlässig verursacht hat.** [2] **Die Entschädigung wird nicht dadurch ausgeschlossen, daß der Beschuldigte sich darauf beschränkt hat, nicht zur Sache auszusagen, oder daß er unterlassen hat, ein Rechtsmittel einzulegen.**

(3) **Die Entschädigung ist ferner ausgeschlossen, wenn und soweit der Beschuldigte die Strafverfolgungsmaßnahme dadurch schuldhaft verursacht hat, daß er einer ordnungsgemäßen Ladung vor den Richter nicht Folge geleistet oder einer Anweisung nach § 116 Abs. 1 Nr. 1 bis 3, Abs. 3 der Strafprozeßordnung zuwidergehandelt hat.**

1 **A. Zwingende Ausschlussgründe.** Die zwingenden Ausschlussgründe **gelten bei allen Entschädigungstatbeständen der §§ 1 und 2.** Soweit sie durchgreifen, schließen sie die Gewährung einer Entschädigung nach §§ 3, 4 und 6 aus (Meyer StrEG Rn. 4). Auch eine Teilentschädigung ist dann unzulässig. Die Anwendung des § 5 hat stets Vorrang vor der des § 6 (→ § 6 Rn. 1). Die Entsch. ist erst nach endg. strafrechtlicher Erledigung des historischen Geschehens, dem die Strafverfolgung zugrunde liegt, veranlasst (OLG Celle StraFo 2013, 526).

2 **B. Nichtanrechnung von Verfolgungsmaßnahmen (Abs. 1 Nr. 1).** Die Nichtanrechnung der UHaft ua Freiheitsentziehungen auf die Freiheits- u. Geldstrafe kann der Tatrichter nach § 51 Abs. 1 S. 2 StGB, § 52a Abs. 1 S. 2 **JGG** anordnen, die der vorl. Entziehung der Fahrerlaubnis auf das Fahrverbot nach § 51 Abs. 4 StGB. Insoweit ist die Entschädigung ausgeschlossen. Die entspr. Anwendung der Nr. 1 auf die Verfahrenseinstellung nach §§ 153 ff. StPO kommt nicht in Betracht (Meyer StrEG Rn. 9; **aM** Kunz StrEG Rn. 15). Soweit eine der genannten Maßnahmen nach § 450 StPO bei der Vollstreckung angerechnet wird, ist eine Entschädigung nur auf dem Weg über § 1 möglich (Meyer StrEG Rn. 10).

3 **C. Vorläufige Freiheitsentziehung zur Sicherung einer freiheitsentziehenden Maßregel (Abs. 1 Nr. 2).** Bei der 1. Alt. handelt es sich um eine durch die Anordnung im Urt. gedeckte vorl. Maßnahme, bei der 2. Alt. um eine Art formloser Anrechnung. Der Zweck der Maßregel ist durch die Freiheitsentziehung erreicht, wenn er durch die Vollzugswirkung an sich o. durch ärztliche Behandlung während des Vollzugs, zB eine Entziehungsbehandlung, die eine Unterbringung nach § 64 StGB entbehrlich macht, eingetreten ist (Kunz StrEG Rn. 23). Zum Verhältnis des Abs. 1 Nr. 2 zu § 6 Abs. 1 Nr. 2 vgl. Meyer StrEG Rn. 11; D. Meyer MDR 1979, 192.

4 **D. Vorläufige Entziehung der Fahrerlaubnis und vorläufiges Berufsverbot (Abs. 1 Nr. 3).** Auch hier handelt es sich bei der 1. Alt. („endgültig angeordnet"), die auch bei Freispruch vorliegen kann (§§ 69, 70 StGB), um einen durch die Anordnung im Urt. gedeckten vorl. Eingriff, bei der 2. Alt. („Voraussetzungen nicht mehr vorliegen") um eine Art formlose Anrechnung der Maßnahmen nach §§ 111a, 132a StPO, sei es auch erst in der Berufungsinstanz (Rüth DAR 1974, 177 – BayObLG RsprÜ). Auf den Fall, dass das Berufungsgericht nur durch § 331 StPO an der Anordnung der Maßregel gehindert ist, kann Abs. 1 Nr. 3 nicht entspr. angewendet werden (OLG Stuttgart NJW 1977, 641). Auch bei unverhält-

nismäßig langer Dauer der vorl. Entziehung kommt eine Entschädigung nicht in Betracht (OLG Düsseldorf NZV 2001, 177; Kunz StrEG Rn. 26; **aM** BayObLGSt 1986, 83; Meyer StrEG Rn. 23; D. Meyer DAR 1977, 68).

E. Beschlagnahme; Vermögensarrest (Abs. 1 Nr. 4). Der Ausschlussgrund ist erforderlich, weil (Wertersatz-)Einziehung auch ohne Verurteilung zu einer Strafe angeordnet werden können (§ 76a StGB, §§ 435, 436 StPO). Auf Beschlagnahmen zu Beweiszwecken nach § 94 StPO bezieht er sich nicht. Nr. 4 gilt, wenn die Einziehung eines nach §§ 111b Abs. 1, 111c StPO beschlagnahmten Gegenstandes angeordnet worden ist. Der Vermögensarrest nach § 111e StPO sichert nicht die Einziehung einer „Sache“, sondern die Einziehung eines Geldbetrages. Nr. 4 muss deshalb so gelesen werden: „[…] wenn die Einziehung des Wertersatzes angeordnet ist“ (so auch Meyer StrEG Rn. 31). 5

F. Vorsätzliche oder grob fahrlässige Verursachung (Abs. 2). I. Ursächlicher Zusammenhang. Die Vorschr. beruht auf dem **Rechtsgedanken des § 254 BGB.** Es genügt nicht, dass sich der Beschuldigte irgendwie verdächtig gemacht hat; vielmehr muss er durch eigenes Verhalten einen wesentlichen Ursachenbeitrag geleistet haben (vgl. BGH NStZ-RR 2023, 56). 6

Es ist darauf abzustellen, wie sich der Sachverhalt den Ermittlungsbehörden bzw. -gerichten im Zeitpunkt der Anordnung o. Aufrechterhaltung der Strafverfolgungsmaßnahme dargestellt hat (BGH NStZ-RR 2021, 217). Gleichgültig ist, ob das ursächliche Verhalten des Beschuldigten bereits in der Tat selbst o. vor ihr lag o. ihr erst nachfolgte (BayObLGSt 1973, 83; KG Rpfleger 1999, 350; OLG Düsseldorf AnwBl 1987, 151; OLG Stuttgart NStZ 1981, 484). 7

Das Verhalten des Beschuldigten ist **nicht o. nicht mehr ursächlich,** wenn die Maßnahme auch ohne sein Verhalten angeordnet worden wäre (KG StraFo 2009, 129; OLG Karlsruhe NStZ-RR 2005, 255: UHaft), aber auch, wenn sie allein o. überw. aufgrund v. Zeugenaussagen (BGH NStE StrEG § 5 Nr. 5; OLG Düsseldorf StV 1988, 446; OLG Köln StraFo 2001, 146; LG Freiburg StV 1990, 80) o. eines groben Bearbeitungsfehlers der Strafverfolgungsbehörde angeordnet u. vollzogen o. aufrechterhalten worden ist (BGH NStZ-RR 2017, 264: Fehlender Strafantrag; KG NStZ-RR 2012, 30; OLG Hamm MDR 1975, 167; OLG Jena NStZ-RR 2005, 125; OLG Karlsruhe 1993, 148; OLG Stuttgart NJW 1977, 641), insbes. bei abwegiger o. schlechthin unvertretbarer Beweiswürdigung o. rechtsfehlerhafter Verfahrensweise, die bei sorgfältiger Prüfung ohne weiteres erkennbar war (OLG Hamm MDR 1984, 253: aber nicht stets bei Verfahrensfortführung trotz Strafklageverbrauchs). Der Ausschluss nach II entfällt daher für die Zeit, v. der an die v. dem Beschuldigten gesetzte Kausalität nicht mehr fortwirkt u. die Maßnahme hätte aufgeh. werden müssen (BGHSt 29, 168 (172); BGHR StrEG § 5 Ursächlichkeit 2; KG NStZ-RR 2012, 30; OLG Hamm VRS 58, 69; OLG Celle StV 2017, 657: verzögerliche Sachbearbeitung nach Entsch. durch das Revisionsgericht; Göhler/Thoma OWiG § 110 Rn. 19). 7a

Als **zurechenbare Ursachen scheiden** die Weigerung des Beschuldigten, Angaben zur Sache (anders bei Angaben zur Person, anders auch bei Zeugenaussage, OLG Frankfurt a. M. NStZ-RR 1999, 349 gegen OLG Oldenburg NStZ 1992, 245) zu machen, u. die Nichteinlegung v. Rechtsmitteln **aus** (**Abs. 2 S. 2**). Das Gleiche gilt, wenn der Beschuldigte es unterlässt, entlastendes Beweismaterial vorzulegen (OLG Düsseldorf StV 1984, 108; OLGSt StrEG § 5 Nr. 6). Maßnahmen, die auch beim Schweigen des Beschuldigten angeordnet worden wären, sind nicht durch die vorwerfbare Art der Einlassung verursacht (Sieg MDR 1980, 907). In solchen Fällen kommt auch der Ausschluss der Entschädigung unter dem Gesichtspunkt des Rechtsmissbrauchs idR nicht in Betracht (OLG Oldenburg Nds. Rpfl. 1983, 253). Ein Ausschließungsgrund nach Abs. 2 liegt aber vor, wenn sich der Beschuldigte mit einem Alkoholtest einverstanden erklärt, dann jedoch nicht sachgerecht mitwirkt u. dadurch den gegen ihn bestehenden Verdacht verstärkt (LG Passau JurBüro 1986, 1218), o. wenn der Beschuldigte nicht aus der UHaft ent- 7b lassen werden will u. sich deshalb weigert, eine Sicherheitsleistung zu erbringen (BGH NStZ 1992, 286).

8 **II. Vorsatz.** Der Begriff umfasst den bedingten Vorsatz (Kunz StrEG Rn. 66). Bei Schuldunfähigen genügt die natürliche Einsicht (KG VRS 100, 317; OLG Hamburg NStZ 1983, 30; **aM** LG München I StraFo 2008, 266).

9 **III. Grobe Fahrlässigkeit.** Grob fahrlässig ist **iSd §§ 276 Abs. 2, 277 BGB zu verstehen** (BGH EzSt StrEG § 5 Nr. 1; OLG Düsseldorf AnwBl 1987, 151; OLG Hamburg MDR 1982, 870; OLG Köln VRS 50, 207; OLG Saarbrücken NJW 1975, 792; Meyer StrEG Rn. 44; Kunz StrEG Rn. 69). Der Vorwurf trifft den Beschuldigten (bei Einstellung wegen eines Verfahrenshindernisses) schon wegen der Tatbegehung (BGHSt 29, 168 (172); BGH NJW 1995, 1297 (1301); OLG Stuttgart NStZ 1981, 484), wobei aber auch zu berücksichtigen ist, ob die Einsichts- u. Steuerungsfähigkeit des Beschuldigten im Zeitpunkt des ursächlichen Verhaltens erheblich eingeschränkt war (OLG Celle StraFo 2011, 159). Sonst handelt grob fahrlässig, wer nach objektiven, abstrakten Maßstäben (BGH EzSt StrEG § 5 Nr. 1; OLG Düsseldorf JurBüro 1989, 1301; OLG Frankfurt a. M. MDR 1978, 514; OLG Karlsruhe StV 1988, 447; OLG Stuttgart NStZ 1981, 484) in ungewöhnlichem Maß die Sorgfalt außer Acht lässt, die ein verständiger Mensch in gleicher Lage anwenden würde, um sich vor Schaden durch die Strafverfolgungsmaßnahme zu schützen (BGH StraFo 2010, 87; BayObLGSt 1986, 25; KG VRS 64, 373; OLG Düsseldorf JZ 1985, 400; VRS 78, 115; OLG Frankfurt a. M. NJW 1978, 1017; OLG Köln VRS 50, 207; OLG Zweibrücken NStZ 1986, 129). Grob fahrlässig handelt aber auch, wer nicht bedenkt, was im gegebenen Fall jedem einleuchten müsste (OLG Düsseldorf MDR 1977, 866; OLG Hamm NJW 1975, 2033; Meyer StrEG Rn. 48), o. wer ein jeglichen Regeln über das Verhalten eines ordentlichen Kaufmanns widersprechendes Geschäftsgebaren zeigt (OLG Düsseldorf NStE StrEG § 5 Nr. 12). Missbräuchliches o. sonst unlauteres Verhalten wird nicht vorausgesetzt (BayObLGSt 1973, 83; OLG Düsseldorf MDR 1984, 1048; OLG Stuttgart NStZ 1981, 484).

9a Ein grob fahrlässiges Verhalten liegt regelmäßig ebenso vor, wenn sich der Beschuldigte gegenüber den Ermittlungsbehörden **wahrheitswidrig selbst belastet;** dies gilt umso mehr, je schwerer der Tatvorwurf wiegt (OLG Köln NStZ-RR 2023, 359). Es gilt allerdings nicht ohne weiteres, wenn der Selbstbelastung ein Verstoß gegen die Belehrungspflicht gem. §§ 136 Abs. 1, 163a StPO zugrunde liegt (OLG Köln NStZ-RR 2023, 359).

9b **Ergebnisse einer Telefonüberwachung** rechtfertigen nicht die Annahme einer groben Fahrlässigkeit (OLG Karlsruhe StV 1988, 447; zw. OLG Düsseldorf NStE StrEG § 5 Nr. 11; vgl. aber auch OLG Düsseldorf JMBl. NRW 1991, 33: Starke objektive Verdachtsgründe genügen nicht). Grob fahrlässig handelt auch nicht, wem die Verursachung der Strafverfolgungsmaßnahme wegen fehlender Verantwortlichkeit gem. § 827 S. 1 BGB nicht zugerechnet werden kann; für Billigkeitserwägungen durch eine analoge Anwendung des § 829 BGB ist kein Raum (KG StraFo 2022, 213). Vgl. iÜ zu einem Fall willkürlicher Ablehnung einer Entschädigung BVerfG NJW 1996, 1049. Zur Angabe eines falschen Alibis KG StraFo 2009, 129.

10 **1. Beurteilungsgrundlagen:** Bei der Beurteilung, ob der Anspruch ausgeschlossen ist, wird nicht auf das Erg. der HV, sondern darauf abgestellt, wie sich der Sachverhalt in dem Zeitpunkt dargestellt hat, in dem die Maßnahme angeordnet o. aufrechterhalten wurde (BGH EzSt StrEG § 5 Nr. 1; BGHR StrEG § 5 Fahrlässigkeit, grobe 6; KG VRS 64, 373; OLG Braunschweig VRS 42, 50; OLG Düsseldorf NJW 1992, 326; OLG Frankfurt a. M. MDR 1978, 514; OLG Karlsruhe NJW 2004, 3356; OLG Stuttgart NStZ 1981, 484). Bei Freispruch durch das Berufungsgericht wirkt das Erg. der Beweiswürdigung nicht ohne weiteres auf den Zeitpunkt des 1. Urt. zurück (OLG Hamm VRS 49, 56; OLG Karlsruhe Justiz 1976, 367; OLG Koblenz VRS 50, 303; **aM** OLG Celle VRS 45, 375). Der Anspruch ist aber nicht etwa deshalb ausgeschlossen, weil ein nach neuer höchst-

richterlicher Rspr. strafloses Verhalten zur „Tatzeit" als strafbar angesehen wurde (OLG Düsseldorf NStZ 1990, 39 mablAnm D. Meyer = GA 1990, 34 mablAnm Schätzler; zust. aber Hentschel JR 1990, 33).

2. Bei **UHaft** entfällt der Entschädigungsanspruch, wenn der Beschuldigte durch die Tat o. durch sein Prozessverhalten den Erlass des Haftbefehls herausgefordert hat (→ Rn. 9; vgl. auch die Rspr.-Übersicht bei Meyer StrEG Rn. 51, 54), zB durch ein falsches Geständnis (OLG Frankfurt a. M. MDR 1978, 514), auch wenn er es noch vor Erlass des Haftbefehls widerrufen hat (OLG Düsseldorf JurBüro 1984, 1858), durch unglaubhafte, wechselnde Einlassung, die den Tatverdacht dringend machte (Holtz MDR 1983, 450 – BGH RsprÜ; OLG Frankfurt a. M. bei Sieg MDR 1980, 907), durch Untertauchen trotz Zusage, auf Ladung zu erscheinen, durch illegalen Aufenthalt in der BRD (OLG Hamburg MDR 1975, 166; OLG Karlsruhe Justiz 1973, 28), durch Flucht ins Ausland (KG NStZ-RR 2013, 192 Ls.), allg. durch ein Verhalten, das indiziert, dass der Beschuldigte sich dem Verf. entziehen will (BGH NStZ-RR 2017, 264), auch wenn der Haftbefehl ohnehin erlassen worden wäre (OLG Hamburg MDR 1980, 79), durch den Versuch, sich ein falsches Alibi zu verschaffen (OLG Frankfurt a. M. NStZ-RR 1998, 341; OLG Karlsruhe MDR 1975, 251) o. einen Zeugen zu einer bestimmten Aussage zu veranlassen. Die UHaft hat auch selbst verschuldet, wer ein Alibi grundlos verschweigt o. es sonst unterlässt, durch zumutbares Verhalten den Tatverdacht zu entkräften (BGH StraFo 2008, 352; D. Meyer JurBüro 1991, 746), o. wer sich trotz einschlägiger Vorstrafen erneut in eine Schlägerei verwickeln lässt (OLG Hamburg NStZ 1981, 396) o. wer in einem nicht genehmigten u. zT bewaffneten Aufzug mitmarschiert u. bei seiner Festnahme Widerstand leistet (Holtz MDR 1984, 980 (981) – BGH RsprÜ: Verdacht des Landfriedensbruchs). Es genügt nicht, dass der Beschuldigte sich irgendwie verdächtig gemacht hat (BGH StraFo 2010, 87). 11

3. Bei **vorläufiger Entziehung der Fahrerlaubnis** (§ 111a StPO) wegen Führens eines Kfz nach Alkoholgenuss wurde grobe Fahrlässigkeit idR schon bei 0,8 ‰ Blutalkoholgehalt angenommen (BayObLG JR 1990, 436; OLG Düsseldorf VRS 81, 124; OLG Hamm NJW 1975, 790); nach der Änd. des § 24a StVG durch G v. 27.4.1998 (BGBl. I 795) ist dies schon ab 0,5 ‰ zu bejahen (zw. Hentschel JR 1999, 479). Bei noch geringerem Blutalkoholgehalt setzt der Ausschluss voraus, dass sich der Beschuldigte vorwerfbar verkehrswidrig verhalten u. dadurch schuldhaft den Tatverdacht verstärkt hat, so dass die Verursachung insges. als grob fahrlässig zu beurteilen ist (OLG Düsseldorf MDR 1977, 866; OLG Köln VRS 50, 207; Ernesti/Lorenzen SchlHA 1986, 121 – OLG Schleswig RsprÜ; OLG Zweibrücken VRS 53, 284; vgl. auch LG Flensburg JurBüro 1985, 1209: schon bei 0,2 ‰). Dass der Alkoholtest positiv war, genügt allein nicht (OLG Hamm NJW 1975, 790; LG Passau JurBüro 1987, 559; Grohmann BA 1985, 234; **aM** LG Flensburg MDR 1976, 954; LG Krefeld DAR 1979, 337; LG Münster NJW 1974, 1008; LG Osnabrück DAR 1985, 94; Meyer StrEG Rn. 62; D. Meyer JurBüro 1987, 1607; vgl. auch Hentschel Trunkenheit Rn. 1063 ff.); wer die durch § 24a Abs. 1 Nr. 2 StVG gesetzte Grenze v. 0,5 ‰ Blutalkohol einhält u. fahrtüchtig ist, darf nicht deswegen Nachteile erleiden, weil das Alcotestverfahren ungenau ist. Grob fahrlässig verhält sich aber, wer nach einem Unfall zu einem Zeitpunkt, in dem noch mit polizeilichem Einschreiten zu rechnen ist, Alkohol nachtrinkt (KG VRS 44, 122; OLG Hamm VRS 58, 69; OLG Karlsruhe Justiz 1978, 373; OLG Köln VRS 65, 218; OLG Nürnberg NStZ-RR 1997, 189; OLG Stuttgart MDR 1972, 539), ohne dass dies (ausnahmsweise) entschuldigt ist (Ernesti/Lorenzen SchlHA 1986, 121 – OLG Schleswig RsprÜ; LG Flensburg BA 1984, 89), uU auch, wer einen Nachtrunk verschweigt (LG Saarbrücken NZV 2019, 105), wer sich v. Unfallort entfernt u. dadurch die Ausräumung des gegen ihn bestehenden Verdachts verhindert (KG VRS 64, 373) o. wer den Namen des wahren Fahrers verschweigt o. sonst das Einschreiten der Polizei herausfordert (LG Flensburg VRS 68, 46). Grob fahrlässig handelt auch, wer nach Einnahme eines berauschenden Mittels iSd § 24a Abs. 2, Abs. 5 StVG, zB in engem zeitlichem Zusammenhang mit Haschischkon- 12 sum, ein Kfz im Verkehr führt (BGHR StrEG § 5 Fahrlässigkeit, grobe 7; BayObLG NJW 1994, 2427; OLG Düsseldorf JR 1999, 474 (476)). Vgl. ferner die Zusammenfassung v. Sandherr DAR 2007, 420.

13 **IV. Leicht fahrlässige Verursachung.** Die nur leicht fahrlässige Verursachung der Strafverfolgungsmaßnahme durch den Betroffenen, die für den Ausschluss nach Abs. 2 nicht ausreicht, hat nur bei Abs. 3 und bei der Anwendung des § 4 (→ § 4 Rn. 5) u. des § 6 Abs. 1 Nr. 1 Bedeutung. Sonst darf der Strafrichter die Entschädigung nicht nach § 254 BGB versagen; denn Abs. 2 beschränkt den Ausschluss ausdr. auf Vorsatz u. grobe Fahrlässigkeit (Kunz StrEG Rn. 72; Göhler/Thoma OWiG § 110 Rn. 18; D. Meyer NJW 1976, 761; **aM** BGHZ 63, 209 (214) = NJW 1975, 350; OLG Hamm NJW 1975, 2033).

14 **G. Nichtbefolgung der Ladung oder der Anweisungen bei der Haftverschonung (Abs. 3).** Hier genügt auch einfache Fahrlässigkeit iSd § 276 Abs. 2 BGB (vgl. BGH BeckRS 2016, 19499). Der Ausschlussgrund liegt nicht nur vor, wenn wegen des Ausbleibens des Angeklagten ein Haftbefehl nach § 230 Abs. 2 StPO ergeht u. vollzogen wird (dazu OLG Saarbrücken NJW 1975, 792; Löffler MDR 1978, 726), sondern auch, wenn die HV vertagt werden muss u. die Dauer bereits angeordneter Strafverfolgungsmaßnahmen dadurch verlängert wird (Meyer StrEG Rn. 89). Der Widerruf der Aussetzung des UHaft-Vollzugs erfolgt nach § 116 Abs. 4 Nr. 2 StPO (dazu LG Flensburg MDR 1979, 77).

Versagung der Entschädigung

6 (1) **Die Entschädigung kann ganz oder teilweise versagt werden, wenn der Beschuldigte**

1. **die Strafverfolgungsmaßnahme dadurch veranlaßt hat, daß er sich selbst in wesentlichen Punkten wahrheitswidrig oder im Widerspruch zu seinen späteren Erklärungen belastet oder wesentliche entlastende Umstände verschwiegen hat, obwohl er sich zur Beschuldigung geäußert hat, oder**
2. **wegen einer Straftat nur deshalb nicht verurteilt oder das Verfahren gegen ihn eingestellt worden ist, weil er im Zustand der Schuldunfähigkeit gehandelt hat oder weil ein Verfahrenshindernis bestand.**

(2) **Die Entschädigung für eine Freiheitsentziehung kann ferner ganz oder teilweise versagt werden, wenn das Gericht die für einen Jugendlichen geltenden Vorschriften anwendet und hierbei eine erlittene Freiheitsentziehung berücksichtigt.**

1 **A. Ermessen des Gerichts.** Im Ermessen des Gerichts steht die volle o. teilw. Versagung der Entschädigung aus Billigkeitsgründen (vgl. BGH 18.9.2024 – 3 StR 259/24). Die Teilversagung kann sich auf einzelne Maßnahmen, Teile davon, bestimmte Zeitabschnitte o. auf Bruchteile des Schadens beziehen (Meyer StrEG Rn. 5; Kunz StrEG Rn. 40). Sind die Voraussetzungen des § 5 Abs. 2 erfüllt, so hat dieser Ausschlussgrund den Vorrang (BGHSt 29, 168; KG NStZ-RR 2012, 30; OLG Celle wistra 2011, 239). Gegenüber §§ 3 und 4 ist § 6 dagegen die speziellere Vorschr. (LG Flensburg JurBüro 1976, 1407; Meyer StrEG § 4 Rn. 11).

2 **B. Eigene Veranlassung der Maßnahme (Abs. 1 Nr. 1).** Die Regelung ist an § 467 Abs. 3 S. 2 Nr. 1 StPO angeglichen (→ StPO § 467 Rn. 7 ff.); sie gilt auch im Fall des § 1, immer aber nur für den Zeitraum, für den den Betroffenen der Vorwurf der überwiegenden Verursachung trifft (→ § 5 Rn. 7). Die Ursächlichkeit endet, wenn die Maßnahme auch bei Berücksichtigung des Verhaltens des Betroffenen hätte aufgeh. werden müssen (KG VRS 44, 122; OLG Schleswig NJW 1976, 1467) o. auch bei Angabe der entlastenden Umstände nicht aufgeh. worden wäre (OLG Oldenburg StraFo 2005, 384). Der Versagungsgrund gilt auch, wenn der Betroffene fahrlässig nicht erkannt hat, dass er die Strafverfolgungsmaßnahme durch sein eigenes Verhalten veranlasst (LG Flensburg VRS 68, 46). Vorsatz

kann schon deshalb nicht verlangt werden, weil § 5 Abs. 2, der dem § 6 vorgeht (→ Rn. 1), grobe Fahrlässigkeit genügen lässt.

I. Wahrheitswidrige oder mit späteren Erklärungen im Widerspruch stehende Selbstbelastung. Es muss sich um wesentliche Punkte handeln (→ StPO § 467 Rn. 13). Bei widersprüchlicher Einlassung kommt es nicht darauf an, welche davon wahr ist (Kunz StrEG Rn. 8); eine Einlassung muss aber die Strafverfolgungsmaßnahme veranlasst haben (OLG Düsseldorf JurBüro 1991, 425). 3

II. Verschweigen wesentlicher entlastender Umstände. Der Betroffene muss sich als Beschuldigter (OLG Oldenburg NStZ 1992, 245; zust. D. Meyer JurBüro 1992, 518) zur Sache mind. teilw. geäußert (dazu Meyer StrEG Rn. 9), u. er muss einen wesentlichen entlastenden Umstand, dessen er sich bewusst gewesen ist (OLG Hamm StV 1984, 472 Ls.; OLG Stuttgart MDR 1984, 427) u. dessen Bedeutung er verstanden (vgl. BGH NJW 1994, 334) o. fahrlässig verkannt hat, verschwiegen haben. In Betracht kommt insbes. das Verschweigen des wahren Täters (LG Flensburg VRS 68, 46). Das gilt auch, wenn der Betroffenen damit den Rat seines Verteidigers befolgt hat (OLG Düsseldorf NStZ-RR 1996, 223). Ob der Berücksichtigung der Aussage im Strafverfahren möglicherweise ein Verwertungsverbot entgegenstand (→ StPO § 136 Rn. 20), spielt hier idR keine Rolle (OLG Karlsruhe NStZ 1998, 211; OLG Koblenz JBlRP 2005, 223; **aM** Abramenko NStZ 1998, 177; **diff.** OLG Köln NStZ-RR 2023, 359, 360). Vgl. auch → StPO § 467 Rn. 13 ff. 4

C. Schuldunfähigkeit und Verfahrenshindernisse (Abs. 1 Nr. 2). I. Schuldunfähigkeit. Die **Versagung der Entschädigung ist die Regel** (vgl. aber KG NStZ-RR 2013, 32 u. OLG Stuttgart NStZ-RR 2000, 190: anders, wenn die Anordnung der Unterbringung o. der UHaft erkennbar verfehlt war), setzt aber voraus, dass die (nicht ausschließbare, vgl. OLG Schleswig NStE StrEG § 6 Nr. 5) Schuldunfähigkeit der einzige Grund für die Verfahrensbeendigung ist (OLG Düsseldorf JurBüro 1986, 249; Meyer StrEG Rn. 31). 5

Bei der **Ausübung des Ermessens** ist zum einen darauf abzustellen, wie hoch der Unrechtsgehalt der rechtswidrigen Taten ist u. ob durch sie der Rechtsfrieden empfindlich gestört wurde, zum andern ist das Maß des Sonderopfers zu betrachten, das der Betroffene durch die Strafverfolgungsmaßnahme zu erleiden hatte (BGH NStZ-RR 2010, 296; OLG Hamm NJW 2012, 3046). Eine Entschädigung ist zu versagen, wenn die Maßregel nach § 63 StGB rechtsfehlerhaft nur deshalb unterblieben ist, weil sie schon in anderer Sache angeordnet worden war (OLG Schleswig MDR 1979, 165). Erfolgt im Wiederaufnahmeverfahren Freispruch nach § 20 StGB, so kommt eine Entschädigung nicht in Betracht, wenn das 1. Gericht bei Kenntnis der Schuldunfähigkeit die Unterbringung nach § 63 StGB angeordnet hätte (OLG Saarbrücken MDR 1975, 1044; **aM** D. Meyer MDR 1979, 192; erg. → § 1 Rn. 2). Der Schuldunfähigkeit steht das Fehlen der Verantwortungsreife Jugendlicher (§ 3 JGG) gleich, nicht aber das Vorliegen eines Schuldausschließungsgrundes (Meyer StrEG Rn. 32, 33). Die Vorschr. gilt auch im Sicherungsverfahren (OLG Köln StraFo 2012, 41 mwN). 6

II. Verfahrenshindernisse. Die Regelung entspr. § 467 Abs. 3 Nr. 2 StPO (→ StPO § 467 Rn. 16 ff.). Die Schuld des Angeklagten muss gerichtlich festgestellt sein (BGHSt 29, 168 (171); OLG Hamm NStZ-RR 1997, 127). Da die Tatbegehung selbst schon dem Beschuldigten vorzuwerfen ist (→ § 5 Rn. 9) u. § 5 Abs. 2 vorgeht (→ Rn. 1), kommt die Vorschr. nur bei leichter Fahrlässigkeit zur Anwendung (BGHSt 29, 168 (172)). Die Entschädigung ist idR zu versagen, wenn das Verfahrenshindernis erst nach Beendigung des Vollzugs der Maßnahme eintritt o. bekannt wird (Kunz StrEG Rn. 31). § 6 Abs. 1 Nr. 2 ist entspr. anwendbar, wenn nur das Verbot des § 331 StPO die Anordnung einer Sicherungsmaßregel hindert (OLG Stuttgart NJW 1977, 641; **aM** Meyer StrEG Rn. 38), nicht aber, wenn freigesprochen werden muss, weil eine Wahlfeststellung rechtlich unzulässig ist (**aM** OLG Karlsruhe NStZ 1981, 228). 7

8 **III. Tod des Beschuldigten.** (→ StPO § 206a Rn. 8). Eine vor dem Tod des Betroffenen erlassene zuerkennende Entsch. kommt seinen Erben zugute (erg. → § 13 Rn. 3); sie wird nicht etwa durch den Tod gegenstandslos (Kunz StrEG § 8 Rn. 37). Bei Tod des Beschuldigten während des Strafverfahrens ist nach Abs. 1 Nr. 2 über die Entschädigungspflicht zu befinden (Becker NStZ-RR 2003, 103 – BGH RsprÜ; OLG Hamm NJW 1978, 177; erg. → StPO § 464 Rn. 14, 22).

9 **D. Berücksichtigung einer Freiheitsentziehung bei Anwendung von Jugendrecht (Abs. 2).** Die Regelung, die auf demselben Rechtsgedanken beruht wie § 5 Abs. 1 Nr. 2 (Kunz StrEG Rn. 37), gilt zB, wenn unter Berücksichtigung der erlittenen UHaft eine Ahndung nach §§ 45 Abs. 1, 47 Abs. 1 Nr. 1 **JGG** für entbehrlich gehalten wird (dazu KG NStZ 2010, 284; Eisenberg/Reuther, Kindschaftsrecht und Jugendhilfe, 2006, 490). Zur Anwendung des StrEG im Jugendstrafverfahren iE eing. Eisenberg GA 2004, 385.

Umfang des Entschädigungsanspruchs

7 (1) **Gegenstand der Entschädigung ist der durch die Strafverfolgungsmaßnahme verursachte Vermögensschaden, im Falle der Freiheitsentziehung auf Grund gerichtlicher Entscheidung auch der Schaden, der nicht Vermögensschaden ist.**

(2) **Entschädigung für Vermögensschaden wird nur geleistet, wenn der nachgewiesene Schaden den Betrag von fünfundzwanzig Euro übersteigt.**

(3) **Für den Schaden, der nicht Vermögensschaden ist, beträgt die Entschädigung 75 Euro für jeden angefangenen Tag der Freiheitsentziehung.**

(4) **Für einen Schaden, der auch ohne die Strafverfolgungsmaßnahme eingetreten wäre, wird keine Entschädigung geleistet.**

1 **A. Vermögensschaden (Abs. 1, Abs. 2).** Dem bürgerlichen Recht (§§ 249–252 BGB) ist der Begriff entnommen (BGHZ 65, 170 = NJW 1975, 2341). Der Antragsteller trägt die Beweislast für das Entstehen des Schadens (LG Flensburg JurBüro 1991, 1382; LG Karlsruhe AnwBl 1985, 158; Meyer StrEG Rn. 55; Kunz StrEG Rn. 13). Eine Ersatzgrenze besteht nach unten (Abs. 2), nicht nach oben. Ausgaben, die der Berechtigte infolge Inhaftierung für Verpflegung u. Unterkunft erspart, können im Wege der Vorteilsausgleichung angerechnet werden, aber nur, soweit ein innerer Zusammenhang zwischen Vor- u. Nachteil besteht (OLG Düsseldorf StraFo 2007, 35; LG Frankfurt a. M. NStZ 1985, 30). Mitwirkendes Verschulden (§ 254 BGB) ist zu berücksichtigen (BGH NJW 1988, 1141; Kunz StrEG Rn. 88 ff.; erg. → § 5 Rn. 13). Im Einzelnen gilt:

2 **I. Geldstrafen und -auflagen.** Die Rückzahlung einer später weggefallenen Geldstrafe vollzieht sich außerhalb des StrEG (→ StPO § 373 Rn. 9). Vermögensschaden ist aber die Zahlung für eine Geldauflage nach § 56b Abs. 2 Nr. 2, 4 StGB, auch Zinsaufwendungen zur Aufbringung v. Strafe, Geldauflage u. Kosten (OLG Stuttgart NJW 1997, 206; D. Meyer MDR 1979, 459). Bei Vollstreckung einer Geldstrafe durch freie Arbeit (→ StPO § 459e Rn. 7) ist Entschädigung iHd Wertes der geleisteten Arbeit zu gewähren (so zutr. D. Meyer StV 2003, 240 gegen OLG Dresden StV 2003, 239).

3 **II. Entgangener Gewinn.** Vermögensschäden sind va der Verdienstausfall infolge der Inhaftierung (nicht wegen unbezahlten Urlaubs zwecks Slg. v. Wiederaufnahmematerial; OLG Koblenz Rpfleger 1973, 144; **aM** OLG Hamm MDR 1988, 414: bloßer, nicht entschädigungsfähiger Rufschaden), auch der Verlust des Arbeitsplatzes (BGHZ NJW 1988, 1141; MDR 1988, 385: wegen Sicherstellung der Fahrerlaubnis) ua entgangene Gewinne, auch entgangene Naturalbezüge, Arbeitgeberanteile zur Sozialversicherung. Der Ersatz kann in der Form wiederkehrender Leistungen gewährt werden (vgl. § 16 S. 4), zB bei Unterhaltsleistungen (vgl. auch § 11). Bei der Berechnung des Vermögensschadens infolge Freiheits-

entziehung wird das v. Arbeitgeber bezogene Urlaubsgeld nicht v. dem zu ersetzenden entgangenen Arbeitslohn abgezogen (GStA Nürnberg MDR 1973, 249).

III. Zeitweiliger Nutzungsausfall bei einem Kfz. Zeitweiliger Nutzungsausfall bei einem Kfz (o. auch bei einem anderen Gegenstand, LG Stuttgart NStZ-RR 2010, 128 Ls.: Computer) infolge vorl. Entziehung der Fahrerlaubnis (§ 2 Abs. 2 Nr. 5, § 111a StPO): Zu erstatten sind nur tatsächliche finanzielle Mehraufwendungen o. sonstige wirtschaftliche Nachteile, die dem Betroffenen durch die Maßnahme entstanden sind, zB für Fahrgelder, Verdienstausfall, Nutzungsausfall eines Kfz (OLG Celle VRS 107, 166; OLG Schleswig NJW-RR 1986, 775), Mietwagenkosten, Anstellung eines Fahrers (BGHZ 63, 203 = NJW 1975, 347; BGH DAR 1979, 171). Dass der Antragsteller das Fahrzeug nicht benutzen konnte, weil ihm das Führen v. Kraftfahrzeugen vorl. untersagt war, begründet allein keinen Entschädigungsanspruch (BGHZ 65, 170 = NJW 1975, 2341; Hentschel Trunkenheit Rn. 1085; **aM** Nickel DAR 1972, 181). 4

IV. Ersatz notwendiger Auslagen, insbesondere von Verteidigungskosten. Der Anspruch nach Abs. 1 schließt den Ersatz der Auslagen ein, die für die Beseitigung der erstattungsfähigen Strafverfolgungsmaßnahme notwendig waren, soweit die §§ 464 ff. StPO die Möglichkeit einer prozessualen Kostenerstattung nicht vorsehen (BGHSt 30, 152 (157); BGHZ 65, 170 = NJW 1975, 2341; OLG Nürnberg MDR 1975, 414; str.). Das hat insbes. Bedeutung für den Fall, dass das Verf. durch die StA eingestellt wird, ohne dass die Voraussetzungen des § 467a StPO vorliegen (Kunz StrEG Rn. 25 ff.; Stoll JZ 1976, 284). Verteidigerkosten werden nur bis zum Höchstmaß der ges. Gebühren (**aM** v. Galen FS 25 Jahre AG StrafR DAV, 2009, 495) und, wenn der Verteidiger auch sonst tätig war, nur anteilig erstattet (BGHZ 68, 86 = NJW 1977, 957). Lässt sich die Verteidigung gegen die entschädigungsfähigen Strafverfolgungsmaßnahmen v. der allg. Verteidigung nicht abgrenzen, so ist der ersatzfähige Anteil nach § 287 ZPO zu schätzen; das gilt auch dann, wenn die anwaltliche Tätigkeit „deckungsgleich" ist, dh wenn während des gesamten Zeitraums sowohl das Ermittlungsverfahren lief als auch die Strafverfolgungsmaßnahme aufrechterhalten wurde (BGH NJW 2009, 2682). 5

Auch wenn ein Verteidiger erst **nach Durchführung einer Durchsuchung** beauftragt wird, sind die Anwaltskosten nach der v. ihm betriebenen gerichtlichen Feststellung der Rechtswidrigkeit der Maßnahme zu erstatten (vgl. auch BGH NJW 2009, 2682 (2683)); das folgt allerdings nicht aus dem StrEG, sondern ist nun ausdr. in § 473a StPO festgelegt (zur – gleichen – Rechtslage vor Inkrafttreten dieser Vorschr. BVerfG NJW 2010, 360). 5a

V. Kosten der Geltendmachung des Anspruchs. Wird der Entschädigungsanspruch durch einen RA geltend gemacht, so werden seine Gebühren hierfür (§§ 16 Nr. 1, 17 Nr. 1 RVG mit VV 2400 RVG) in den Entschädigungsbetrag einbezogen (vgl. dazu Kunz StrEG Rn. 31); die Zuziehung eines RA muss aber notwendig gewesen sein (LG Koblenz NStZ 2001, 500. Eine Anrechnung der durch UHaft ersparten Verpflegung ist ausgeschlossen (LG Frankfurt a. M. NStZ 1985, 30). 6

VI. Besteuerung. Versteuern muss der Entschädigungsempfänger die Beträge (vgl. § 24 Nr. 1 Buchst. a EStG). Hat er keinen festen Wohnsitz o. gewöhnlichen Aufenthalt im Inland, so wird der v. der FBeh zu bestimmende Steuerbetrag unmittelbar an sie abgeführt u. von dem auszuzahlenden Betrag abgezogen. 7

B. Immaterieller Schaden (Abs. 1, Abs. 3). Immaterieller Schaden (Abs. 1, Abs. 3) wird nur bei Freiheitsentziehung u. nur in der Form der Pauschale nach Abs. 3 ersetzt (erg. → § 2 Rn. 2). Eine höhere Entschädigung für solchen Schaden ist ausgeschlossen; eine niedrigere kann sich in den Fällen der §§ 3, 4, 6 ergeben. Eine Vorteilsausgleichung (→ Rn. 1) ist unzulässig (Kunz StrEG Rn. 83; Baukelmann NStZ 1985, 31). Zur Entschädigung wegen entgangenen Urlaubs vgl. OLG Köln MDR 1994, 658. Auf eine **konventionswidrige vollzogene Sicherungs-** 8

verwahrung ist Abs. 3 nicht anwendbar (OLG Hamm BeckRS 2015, 245: regelmäßig 500 Euro pro Tag zu gewähren).

9 **C. Kausalität (Abs. 4).** Die Beweislast hat die JVerwB (Meyer StrEG Rn. 56). Entschädigung wird nicht geleistet, wenn der Schaden schon aufgrund des Ermittlungsverfahrens entstanden ist (vgl. → § 2 Rn. 2 für den Rufschaden). Denn ein Schaden, der nur äußerlich durch die Strafverfolgung ausgelöst wird, in der Sache aber nur auf dem bekanntgewordenen Fehlverhalten des Beschuldigten beruht, stellt kein Sonderopfer (→ Vor § 1 Rn. 1) dar. Daher wird zB auch dann kein Ersatz für Verdienstausfall geleistet, wenn anlässlich einer Strafverfolgung eine bis dahin verborgene Krankheit des Beschuldigten entdeckt wird u. zu seiner vorzeitigen Versetzung in den Ruhestand führt (vgl. BGH NJW 1968, 2287). Ursächlich ist aber die Kündigung des Arbeitsverhältnisses wegen Verlustes der Fahrerlaubnis (BGH MDR 1988, 385; OLG Düsseldorf VersR 1976, 1134). Zur Ursächlichkeit muss hinzukommen, dass der Schaden dem Staat zuzurechnen ist (vgl. BGHZ 60, 302 = NJW 1973, 1322 (1325): Verletzung in der UHaft durch einen Mitgefangenen).

10 **D. Anrechnung von Freiheitsentziehung durch Gnade und Verzicht auf Entschädigung.** Ist der Antragsteller berechtigt, die Entschädigung für eine Freiheitsentziehung zu verlangen, so kann er wirksam auf die Entschädigung für den Fall verzichten, dass die Freiheitsentziehung auf eine zu verbüßende Freiheitsstrafe im Gnadenweg angerechnet wird.

11 **E. Abtreten von Ansprüchen.** Der zur Entschädigung nach §§ 1 ff. Verpflichtete kann in Anwendung des Grundgedankens des § 255 BGB verlangen, dass der Berechtigte ihm kongruente Schadensersatzansprüche gegen Dritte wegen schuldhafter Vertragsverletzung abtritt (BGH NStZ 1989, 479).

Entscheidung des Strafgerichts

8 (1) [1] **Über die Verpflichtung zur Entschädigung entscheidet das Gericht in dem Urteil oder in dem Beschluß, der das Verfahren abschließt.** [2] **Ist die Entscheidung in der Hauptverhandlung nicht möglich, so entscheidet das Gericht nach Anhörung der Beteiligten außerhalb der Hauptverhandlung durch Beschluß.**

(2) **Die Entscheidung muß die Art und gegebenenfalls den Zeitraum der Strafverfolgungsmaßnahme bezeichnen, für die Entschädigung zugesprochen wird.**

(3) [1] **Gegen die Entscheidung über die Entschädigungspflicht ist auch im Falle der Unanfechtbarkeit der das Verfahren abschließenden Entscheidung die sofortige Beschwerde nach den Vorschriften der Strafprozeßordnung zulässig.** [2] **§ 464 Abs. 3 Satz 2 und 3 der Strafprozeßordnung ist entsprechend anzuwenden.**

Übersicht

A. Entscheidung über die Entschädigungspflicht (Abs. 1). Die Entscheidung über die Entschädigungspflicht (Abs. 1) ergeht mit dem Abschluss des Verf. (→ StPO § 464 Rn. 5 ff.) u. ist Bestandteil der Hauptentscheidung. Im Vollstreckungsverfahren entscheidet das nach § 462a StPO zuständige Gericht (OLG Düsseldorf MDR 1982, 958; vgl. auch Kusch NStZ 1994, 27 – BGH RsprÜ). Die Entschädigungspflicht wird nur dem Grunde nach festgestellt (BGHZ 63, 209 = NJW 1975, 350; BGHZ 103, 113 = NJW 1988, 1141); bei Beschlagnahmen ist auch die Klärung, ob beschlagnahmte Gegenstände im Eigentum des Anspruchsberechtigten standen, dem Betragsverfahren vorzubehalten (OLG Schleswig 10.12.2021 – 2 Ws 144/21). Bei der Entsch. ist die Unschuldsvermutung zu beachten; ist das Verf. vor Schuldspruchreife abgeschlossen worden, darf nicht auf strafrechtliche Schuld, sondern nur auf einen verbleibenden Tatverdacht abgestellt werden (BVerfG NJW 1992, 2011; erg. → StPO § 467 Rn. 16 ff.). Der Strafrichter bestimmt nur den Entschädigungsberechtigten u. die Maßnahmen, für deren Vollzug er entschädigt wird (OLG Düsseldorf NStZ-RR 1996, 287). Die Entsch. ist die Grdl. für das Betragsverfahren (§§ 10, 13) u. in diesem bindend (BGHZ 103, 113 = NJW 1988, 1141; BGHZ 108, 14 = NJW 1989, 2619; OLG Dresden OLG-NL 1996, 216; OLG Düsseldorf MDR 1985, 504; OLG München MDR 1976, 228), auch in der Frage, wofür entschädigt wird u. wer anspruchsberechtigt ist (BGH MDR 1979, 562), selbst bei offenbarer Unrichtigkeit (LG München I AnwBl 1981, 292), es sei denn, die Grundentscheidung entbehrt jeder ges. Grdl. (OLG Jena NStZ-RR 2001, 160). Zur umstr. Zulässigkeit der Erg. unvollständiger Entsch. durch das Strafgericht eing. LG Saarbrücken NStZ-RR 2011, 262 (erg. → Rn. 7), zur Erg. durch das Zivilgericht vgl. Odenthal MDR 1990, 961. Die strafrichterliche Entsch. steht unter dem stillschweigenden Vorbehalt, dass dem Betroffenen überhaupt ein Schaden entstanden ist; geprüft wird das erst im Betragsverfahren nach den §§ 10, 13 (BGHZ 63, 209 = NJW 1975, 350; BGHZ 103, 113 = NJW 1988, 1141; OLG Frankfurt a. M. StraFo 2010, 262). Daher wird eine Entsch. auch getroffen, wenn ein Schaden offensichtlich nicht entstanden ist (OLG Bamberg NStZ 1989, 185; OLG Düsseldorf NStZ-RR 1996, 223; **aM** OLG Jena NStZ-RR 2005, 125; Meyer StrEG Rn. 6). 1

B. Verfahrensabschließende Entscheidung. Es gelten dieselben Grundsätze wie bei § 464 Abs. 2 StPO (→ StPO § 464 Rn. 11). Hierzu gehört auch der Strafbefehl (D. Meyer MDR 1992, 219), nicht aber die Einstellung wegen Fehlens eines Eröffnungsbeschlusses, wenn dieser nachholbar ist (OLG Bamberg NStZ-RR 2016, 264; OLG Frankfurt a. M. NStZ-RR 2006, 159). Die vorl. Verfahrenseinstellung gibt keinen Anlass zu einer Entsch. über die Entschädigungspflicht. Das gilt aber nicht bei der Einstellung nach § 154 StPO (OLG Düsseldorf NJW 1981, 833; MDR 1988, 164; OLG Frankfurt a. M. JR 1984, 389; **aM** KG JR 1973, 167; OLG München NJW 1975, 68; erg. → StPO § 464 Rn. 6) u. nach § 154b StPO (OLG Düsseldorf MDR 1990, 568; OLG Hamburg NStZ 1981, 187; Kunz StrEG § 2 Rn. 39); die Frist des § 154 Abs. 4 StPO muss allerdings abgelaufen sein (OLG Düsseldorf StraFo 1999, 176). Bei einer Beschränkung nach § 154a StPO kommt eine Entschädigungsentscheidung idR nicht in Betracht (BGHR StrEG § 5 Abs. 2 S. 1 Fahrlässigkeit, grobe 7). Ist eine ausgesetzte Strafe ganz o. teilw. in der irrigen Annahme rkr. Widerrufs vollstreckt worden, so ist die Entschädigungsentscheidung erst zu treffen, wenn über den Erlass der Strafe u. damit auch abschl. über die 2 sachliche Berechtigung der Vollstreckung entschieden wird (OLG Oldenburg MDR 1976, 166; **aM** Meyer StrEG Rn. 17: StrEG ist auf diesen Fall nicht anwendbar).

3 **C. Von Amts wegen.** Von Amts wegen nach Anhörung der Bet. (§ 33 Abs. 1–3 StPO) ergeht die Entscheidung. Im erfolgreichen Wiederaufnahmeverfahren ist sie stets erforderlich, sonst nur, wenn eine entschädigungspflichtige Strafverfolgungsmaßnahme (§§ 1, 2) vollzogen war (Meyer StrEG Rn. 5) u. das G die Möglichkeit einer Entschädigung vorsieht. Der Berechtigte kann auf die Entsch. nicht wirksam verzichten (BGH NJW 1990, 1000 (1001); KG VRS 72, 380; OLG Karlsruhe Justiz 1976, 367; OLG München NJW 1973, 721; AG Pasewalk NStZ-RR 2004, 352; Seebode NStZ 1982, 146; **aM** OLG Stuttgart MDR 1992, 897; Meyer StrEG Vor §§ 1–6 Rn. 14; D. Meyer JurBüro 1991, 1593; vgl. auch Kunz StrEG Rn. 15 ff.). Er kann aber, auch bevor sie ergangen ist, darauf verzichten, Ansprüche aus ihr herzuleiten (erg. → § 3 Rn. 2; vgl. hierzu die umfangr. Abh. v. Friehe, Der Verzicht auf Entschädigung für Strafverfolgungsmaßnahmen, 1997, die jeden abgesprochenen Verzicht für unwirksam erachtet).

4 **D. Annex zum Strafverfahren.** Annex zum Strafverfahren ist die Entsch. über den Grund (BGHSt 26, 250 (252); Meyer StrEG Rn. 10, Vor §§ 8–9 Rn. 8). Daher gelten insoweit noch die Vollmacht o. Bestellung des Verteidigers u. § 145a StPO (OLG Düsseldorf NStZ-RR 2002, 109). In der HV stellt der StA beim Vorliegen eines entschädigungsfähigen Tatbestandes einen Antrag zur Entschädigungsentscheidung, ebenso, wenn er eine verfahrensabschl. Entsch. durch das Gericht außerhalb der HV beantragt o. sich mit ihr einverstanden erklärt (zB im Fall des § 153 Abs. 2 StPO).

5 **E. Isolierte Entschädigungsentscheidung (Abs. 1 S. 2). I. Teil des Hauptverfahrens.** Teil des Hauptverfahrens ist die isolierte Entsch.; daher bedarf sie keiner Kostenentscheidung (OLG Bremen MDR 1975, 602; Meyer StrEG Rn. 22).

6 **II. Voraussetzungen.** Die Entsch. ist in der HV nicht möglich, wenn Hindernisse bestehen, deren Überwindung zur Aussetzung o. längeren Unterbrechung der HV zwingen würde, zB weil über die Entscheidungsgrundlagen nach §§ 3–6 zusätzliche Beweise erhoben werden müssen (OLG Düsseldorf NJW 1973, 1660).

7 Entgegen dem zu engen Gesetzeswortlaut ist die isolierte Entsch. nach hM auch zulässig, wenn die Entsch. in der HV aus anderen Gründen unterblieben ist (KG NStZ 2010, 284; OLG Celle StraFo 2011, 419; OLG Düsseldorf NJW 1999, 2830; OLG Nürnberg NJW 2006, 1826; **aM** KG StraFo 2009, 437; OLG München AnwBl 1998, 50; Meyer StrEG Rn. 18 ff. mwN); dasselbe gilt im Strafbefehlsverfahren (**aM** D. Meyer MDR 1992, 220). Anders als bei § 464 Abs. 2 StPO (→ StPO § 464 Rn. 12) bedeutet das bloße Schweigen im Urt. keine Versagung der Entschädigung (OLG Celle StraFo 2011, 419; OLG Stuttgart NStZ 2001, 496; OLG Zweibrücken VRS 47, 443; Meyer StrEG Rn. 28; **aM** Naton NJW 1973, 479; Seier Beschwerde S. 25), auch wenn nur eine von mehreren Strafverfolgungsmaßnahmen unberücksichtigt geblieben ist (OLG Düsseldorf GA 1981, 173; OLG Karlsruhe StV 1984, 474; OLG München NJW 1977, 2090), anders aber, wenn mit dem Urt. über das Rechtsmittel der sofortigen Beschwerde „gegen die nicht ausgesprochene Haftentschädigung" belehrt wurde (OLG Nürnberg NJW 2006, 1826), o. wenn Entschädigung nur für einen Teil ein u. derselben Strafverfolgungsmaßnahme zugesprochen wurde (OLG Düsseldorf NStZ-RR 2001, 159: dann nur sofortige Beschwerde nach Abs. 3). Die unterbliebene Entsch. darf u. muss im Beschlussverfahren nachgeholt werden (Rüth DAR 1973, 210 – BayObLG RsprÜ; OLG Celle StraFo 2011, 419; OLG Düsseldorf NJW 1999, 2830; Kunz StrEG Rn. 28; **aM** LG Bautzen NStZ 1996, 446; Seier NStZ 1982, 272). Das gilt auch, wenn sich eine Entsch. zwar in den Urteilsgründen befindet, aus Gründen der Rechtssicherheit aber eine Klarstellung geboten ist (OLG Oldenburg VRS 67, 37). Für ein Rechtsmittel ist vor Erlass der isolierten Entsch. kein Raum (OLG Celle

StraFo 2011, 419; OLG München NJW 1977, 2090), auch nicht in einem aus anderen Gründen anhängigen Beschwerdeverfahren (OLG Stuttgart NStZ 2001, 496). Die Nachholung ist auch zulässig, wenn die abschl. Entsch. durch Beschl. außerhalb der HV getroffen worden ist (OLG Hamm NJW 1974, 374).

III. Tod des Beschuldigten. Vgl. → § 6 Rn. 8. 8

F. Inhalt des Ausspruchs (Abs. 2). I. Art der Maßnahme. Im Fall des § 1 muss die fortgefallene Verurteilung o. die Milderung (Differenz zwischen früherer u. neuer Verurteilung) angegeben werden, ggf. auch bestimmte Verfolgungsmaßnahmen aus dem ersten, später wiederaufgenommenen Verf. (→ § 1 Rn. 4). 9

Im Fall des § 2 sind Angaben über die erlittene UHaft o., genau u. erschöpfend (BGH MDR 1979, 562; LG Flensburg SchlHA 1992, 12), die sonstigen Verfolgungsmaßnahmen zu machen. Soweit erforderlich (zB bei Beschlagnahme) muss auch angegeben werden, in welcher Weise die Maßnahme vollzogen worden ist (BGH MDR 1979, 562). 10

II. Zeitraum. Die Angabe des Zeitraums ist bei freiheitsentziehenden Maßnahmen (BGH StraFo 2010, 87 (88); OLG Düsseldorf JMBl. NRW 1986, 30) u. Beschlagnahme (BGHZ NJW 1988, 1141; OLG Düsseldorf JMBl. NRW 1987, 198) notwendig, in anderen Fällen (zB bei § 111a StPO) zweckmäßig (BGHZ 108, 14 = NJW 1989, 2619; **aM** Odenthal MDR 1990, 961: immer erforderlich). In Betracht kommt auch die Einschränkung der Entschädigungspflicht bis zu dem sich aus § 5 Abs. 3 ergebenden Zeitpunkt, bis zum Zeitpunkt der Äußerung des Beschuldigten, bei der er einen wesentlichen entlastenden Umstand verschwiegen u. dadurch den Ausschlussgrund des § 6 Abs. 1 Nr. 1 geschaffen hat, o. bis zur Entstehung des Verfahrenshindernisses im Fall des § 6 Abs. 1 Nr. 2. Die nachträgliche Berichtigung o. Erg. ist zulässig (OLG Düsseldorf MDR 1980, 958; Odenthal MDR 1990, 961 964; **aM** Meyer StrEG Rn. 44: § 458 Abs. 2 StPO gilt entspr.). Die teilw. Gewährung o. Versagung in den Fällen der §§ 3, 4 Abs. 2, Abs. 3, 6 kann nach Zeiträumen näher bestimmt werden (→ § 6 Rn. 1). 11

III. Begründung des Ausspruchs (Abs. 3 iVm § 34 StPO). Sie ist insbes. erforderlich, wenn der Anspruch nach § 5 ausgeschlossen ist o. nach § 6 versagt wird (Kunz StrEG Rn. 43). Bei allen Ermessensentscheidungen bedarf es einer eing. Abwägung aller entscheidungserheblichen Umstände (BGHSt 11, 383 (389) zum früheren Recht). 12

G. Zuständigkeit. I. Tatrichter. Der Tatrichter, der das abschl. Urt. o. den abschl. Beschl. erlässt, entscheidet auch über die Entschädigungsfrage. Hatte eine StrVollstrK die Vollstreckungsmaßnahme angeordnet, für die Entschädigung verlangt wird, so ist sie auch für die Entsch. über die Entschädigung zuständig (OLG Köln NStZ-RR 2013, 392; OLG München NStZ-RR 1996, 125; Ernesti/Lorenzen SchlHA 1986, 122 – OLG Schleswig RsprÜ; **aM** LG Krefeld NJW 1977, 117). 13

Ergeben sich entschädigungspflichtige Tatbestände erst im Beschwerdeverfahren, so entscheidet das Beschwerdegericht (OLG Hamm EuGRZ 1986, 546). 14

II. Berufungsgericht. Das Berufungsgericht entscheidet vAw nur bei vollem o. teilw. Erfolg des Rechtsmittels erneut über die Entschädigungsfrage (BayObLGSt 1972, 10; OLG Celle MDR 1977, 74; VRS 50, 122; 51, 440; OLG Karlsruhe NJW 1972, 2323; **aM** Meyer StrEG Rn. 35: bei jeder Sachentscheidung), auch wenn es das Verf. nach § 153a StPO einstellt (OLG Düsseldorf NStE StrEG § 8 Nr. 2). Bei Verwerfung der Berufung prüft es die Entsch. des 1. Rechtszugs nur auf eine sofortige Beschwerde nach Abs. 3 S. 1 (OLG Düsseldorf JMBl. NRW 1995, 250 mwN). Die Beschwerdeentscheidung ist nicht anfechtbar, auch wenn sie in den Urteilsgründen getroffen wird (OLG Celle VRS 51, 440; OLG Düsseldorf JMBl. NRW 1995, 250; OLG Oldenburg VRS 67, 37). 15

III. Revisionsgericht. Das Revisionsgericht hat über die Entschädigungspflicht zu entscheiden, wenn es das Verf. durch freisprechendes o. einstellendes Urt. o. einen entspr. Beschl. **abschließt** (BGH NStZ-RR 2023, 56; 2021, 217). Es darf 16 diese Aufgabe grds. nicht dem Tatrichter überlassen (OLG Düsseldorf NStZ 1990, 39 mit insoweit zustAnm D. Meyer u. Schätzler GA 1990, 36; **aM** OLG Düsseldorf VRS 54, 44; OLG Hamm NJW 1957, 209; erg. → StPO § 305a Rn. 5; → StPO § 464 Rn. 25). Von einer Entsch. sieht es nur ab, wenn dazu noch tatrichterliche Feststellungen nötig sind (BGH BeckRS 2015, 10915; NJW 1990, 2073; 1991, 1839 (1840) aE; weitergehend BGH NJW 1984, 1312 aE; 1988, 2483 (2485) aE), o. eine Fortführung des teilw. nach § 154 Abs. 2 StPO eingestellten Verf. in Betracht kommt (BGH NJW 1994, 2966; BGHR StrEG § 8 Verfahrensabschluss 1, 2) o. wenn das Verf. beim Revisionsgericht nur teilw. anhängig (BGH NJW 1999, 1562 (1564)) o. schon früher rkr. abgeschlossen worden war (Kusch NStZ 1994, 230 – BGH RsprÜ).

17 **IV. Wiederaufnahmeverfahren.** Im Wiederaufnahmeverfahren trifft das nach § 373 StPO entscheidende Gericht die Entschädigungsentscheidung (OLG Köln GA 1992, 180).

18 **H. Sofortige Beschwerde (Abs. 3). I. Einlegung.** Die Einlegung des Rechtsmittels ist nicht in der Einlegung der Berufung o. Revision enthalten. Sie muss vielmehr ausdr. erklärt werden (OLG Düsseldorf JMBl. NRW 1995, 250; OLG Frankfurt a. M. NJW 1974, 202; OLG Karlsruhe NJW 1972, 2323; erg. → StPO § 464 Rn. 21), u. zwar innerhalb der Frist des § 311 Abs. 2 S. 1 StPO. Bei Fristversäumung ist dem Antragsteller das Verschulden seines Verteidigers zuzurechnen (→ StPO § 44 Rn. 19).

19 **II. Zulässigkeit.** Zulässig ist die sofortige Beschwerde ohne Rücksicht darauf, ob die Hauptentscheidung anfechtbar ist. Die Einschränkung des § 464 Abs. 3 S. 1 Hs. 2 StPO gilt für § 8 Abs. 3 S. 2 nicht (vgl. BGH NStZ-RR 2022, 128). Auch gegen das Unterlassen der Entsch. ist sofortige Beschwerde zulässig (OLG Düsseldorf NJW 1999, 2830). Die isolierte Anfechtung einer OLG-Entsch. schließt § 304 Abs. 4 S. 2 aus (BGHSt 26, 250). Der Verzicht auf die Entschädigung (→ Rn. 3) macht die sofortige Beschwerde unzulässig (OLG Karlsruhe Justiz 1981, 450).

20 Die **Wertgrenze des § 304 Abs. 3 StPO** gilt nicht; denn die Entsch. nach § 8 Abs. 1 betr. nur den Grund, nicht die noch völlig ungeklärte Höhe des Anspruchs (KG JR 1981, 524; OLG München NJW 1973, 721; MDR 1975, 68; Kunz StrEG Rn. 54; **aM** OLG Düsseldorf JMBl. NRW 1978, 170; Meyer StrEG Rn. 50; Seier Beschwerde S. 120).

21 **III. Bindung des Beschwerdegerichts.** Die Bindung des Beschwerdegerichts an die Urteilsfeststellungen ordnet Abs. 3 S. 2 unter Verweisung auf § 464 Abs. 3 S. 2 StPO an (zum Umf. vgl. OLG Schleswig MDR 1979, 165; → StPO § 464 Rn. 23). Sie gilt auch für die Tatsachen, aufgrund deren die grobe Fahrlässigkeit nach § 5 Abs. 2 zu beurteilen ist (OLG Frankfurt a. M. NJW 1978, 1392). Zusätzliche Feststellungen aufgrund des Akteninhalts sind zulässig (OLG Düsseldorf JurBüro 1986, 249; OLG Frankfurt a. M. NJW 1978, 1017; OLG Karlsruhe Justiz 1973, 360; OLG Schleswig NJW 1976, 1467; → StPO § 464 Rn. 24). Richtet sich die sofortige Beschwerde gegen das Unterlassen der Entsch. nach Abs. 3 S. 1, so wird das Beschwerdegericht uU nicht selbst entscheiden können, sondern die Sache an den Tatrichter zurückgeben müssen (OLG Düsseldorf VRS 73, 457 (461); NStE StrEG § 8 Nr. 2; **aM** D. Meyer JurBüro 1990, 798).

22 **Ermessensentscheidungen** des Tatrichters prüft das Beschwerdegericht in vollem Umfang. Eine Beschränkung der Prüfungsbefugnis auf Ermessensfehler besteht nicht (OLG Hamm NJW 2012, 3046; OLG Schleswig NJW 1976, 1467 (1468); Meyer StrEG Rn. 57; **aM** KG NStZ 2010, 284; OLG Frankfurt a. M. NStZ-RR 1996, 286; erg. → StPO § 309 Rn. 4). Das Verbot der Schlechterstellung (§ 331 StPO) gilt nicht (LG Flensburg JurBüro 1982, 882; Meyer StrEG Rn. 58; Kunz StrEG Rn. 46; vgl. → StPO Vor § 304 Rn. 5).

23 **IV. Zuständiges Beschwerdegericht.** Vgl. → StPO § 464 Rn. 25.

Verfahren nach Einstellung durch die Staatsanwaltschaft

9 (1) [1] **Hat die Staatsanwaltschaft das Verfahren eingestellt, so entscheidet das Amtsgericht am Sitz der Staatsanwaltschaft über die Entschädigungspflicht.** [2] **An die Stelle des Amtsgerichts tritt das Gericht, das für die Eröffnung des Hauptverfahrens zuständig gewesen wäre, wenn**

1. die Staatsanwaltschaft das Verfahren eingestellt hat, nachdem sie die öffentliche Klage zurückgenommen hat,
2. der Generalbundesanwalt oder die Staatsanwaltschaft beim Oberlandesgericht das Verfahren in einer Strafsache eingestellt hat, für die das Oberlandesgericht im ersten Rechtszug zuständig ist.

[3] **Die Entscheidung ergeht auf Antrag des Beschuldigten.** [4] **Der Antrag ist innerhalb einer Frist von einem Monat nach Zustellung der Mitteilung über die Einstellung des Verfahrens zu stellen.** [5] **In der Mitteilung ist der Beschuldigte über sein Antragsrecht, die Frist und das zuständige Gericht zu belehren.** [6] **Die Vorschriften der §§ 44 bis 46 der Strafprozeßordnung gelten entsprechend.**

(2) **Gegen die Entscheidung des Gerichts ist die sofortige Beschwerde nach den Vorschriften der Strafprozeßordnung zulässig.**

(3) **War die Erhebung der öffentlichen Klage von dem Verletzten beantragt, so ist über die Entschädigungspflicht nicht zu entscheiden, solange durch einen Antrag auf gerichtliche Entscheidung die Erhebung der öffentlichen Klage herbeigeführt werden kann.**

A. Verfahren nach Einstellung durch die StA. Auch **nach Einstellung des Ermittlungsverfahrens** durch StA o. FBeh (§ 399 **AO**) entscheidet stets das Gericht über den Entschädigungsanspruch. Vorausgesetzt wird wegen des Grundsatzes der Verfahrenseinheit regelmäßig, dass das gesamte Verf. durch die Einstellung endg. abgeschlossen ist (→ § 8 Rn. 2); im Falle einer Teileinstellung ist die Feststellung einer Entschädigung nur für solche Maßnahmen möglich, die sich isoliert auf denjenigen Verfahrensteil bezogen haben, welcher mit der Teileinstellung beendet worden ist (OLG Celle StraFo 2020, 163). Um eine Einstellung nach Abs. 1 S. 1 handelt es sich auch, wenn die StA nach § 376 StPO verfährt o. wenn sie die Sache nach § 43 Abs. 1 OWiG an die VerwB abgibt. In diesem Fall wirkt die StA idR darauf hin, dass das Gericht nicht über die Entschädigungspflicht entscheidet, solange das Bußgeldverfahren nicht abgeschlossen ist. 1

B. Zustellung und Belehrung (Abs. 1 S. 4, 5). Liegt ein entschädigungsfähiger Tatbestand vor (§§ 1, 2), so muss die StA o. FBeh (§ 399 **AO**) die Einstellungsverfügung dem Antragsberechtigten (→ Vor § 1 Rn. 2) förmlich zustellen (Abs. 1 S. 4 iVm § 35 Abs. 2 S. 1 StPO), dem Beschuldigten auch dann, wenn er sonst nach § 170 Abs. 2 S. 2 StPO nur formlos v. der Einstellung unterrichtet werden müsste (Meyer StrEG Rn. 24). § 145a StPO ist anwendbar. Bei jugendlichen Beschuldigten wird auch den Erziehungsberechtigten u. ges. Vertretern zugestellt (§ 67 Abs. 1, Abs. 2 **JGG**). Die Einstellungsverfügung muss die in Abs. 1 S. 5 vorgeschriebene Belehrung enthalten. Hatte der Verletzte Strafanzeige erstattet, so wird der Beschuldigte auch darüber belehrt, dass über die Entschädigungspflicht nicht entschieden wird, solange durch einen Antrag nach § 172 Abs. 2 StPO die Erhebung der Klage herbeigeführt werden kann (Abs. 3). 2

Die **Belehrung** muss konkret sein, dh auch die Art der Maßnahme (vgl. § 8 Abs. 3) u. ggf. die Dauer ihres Vollzugs angeben. Sie ist so zu fassen, dass sie nicht als Zusicherung missverstanden werden kann. Das kann durch allg. o. bes. Hinweise auf Ausschluss- u. Versagungsgründe u. durch den Hinweis auf § 7 Abs. 2 erreicht werden. 3

C. Antragstellung (Abs. 1 S. 3). Das Gericht entscheidet nur auf Antrag des Beschuldigten (OLG Stuttgart NStZ 1994, 291: auch des Verdächtigen, gegen den eine Durchsuchung gem. § 102 StPO durchgeführt wurde) o. des nach § 11 4

Unterhaltsberechtigten. Für den Beschuldigten kann der im Ermittlungsverfahren bevollmächtigte Verteidiger den Antrag stellen (LG Bonn StV 1984, 476). Tatunbeteiligte Dritte haben kein Antragsrecht (LG Flensburg JurBüro 1984, 419). Ein schon im Ermittlungsverfahren gestellter Antrag wird mit der Verfahrenseinstellung wirksam (LG Passau JurBüro 1986, 1218). Der Antragsteller kann sich darauf beschränken, die Feststellung der Entschädigungspflicht der Staatskasse zu beantragen. Ausdrückliche Angaben über Verfolgungsmaßnahmen o. über die Schadensentstehung sind entbehrlich (vgl. LG Krefeld VRS 42, 293). Auch die Voraussetzungen des § 7 Abs. 2 brauchen nicht dargetan zu werden.

5 **D. Antragsfrist und Wiedereinsetzung (Abs. 1 S. 4, 6).** Die Monatsfrist (Abs. 1 S. 4) beginnt mit der Zustellung der Einstellungsverfügung, auch wenn die Belehrung nach Abs. 1 S. 5 ganz o. teilw. unterblieben ist (LG Aschaffenburg NStZ 1982, 167; LG Freiburg NStZ-RR 2002, 367 (368); Budach SchlHA 1973, 203). Ihre Unterlassung ist Wiedereinsetzungsgrund in entspr. Anwendung des § 44 S. 2 StPO, wobei die Belehrung einer Rechtsmittelbelehrung (§ 35a StPO) entspricht. Bei Versäumung der Antragsfrist aus anderen Gründen muss sich der Antragsteller nach dem Grundsatz des § 85 Abs. 2 ZPO das Verschulden seines Verteidigers zurechnen lassen (OLG Hamburg NStZ 1990, 191; erg. → StPO § 44 Rn. 19).

6 **E. Gerichtliche Zuständigkeit (Abs. 1 S. 1, 2). I. Amtsgericht.** Das **AG am Sitz der StA (Abs. 1 S. 1),** bei einer Zweig- o. Außenstelle der StA (→ GVG § 141 Rn. 3) an deren Sitz (Meyer StrEG Rn. 12), ist zuständig, auch wenn die Strafsache, falls es zur Anklage gekommen wäre, bei einem anderen Gericht hätte anhängig gemacht werden müssen o. wenn die StA Anklage beim LG erhoben, die Tat, in deren Zusammenhang eine Entschädigung beantragt ist, aber nach § 154a StPO v. der Verfolgung ausgenommen hat (OLG Düsseldorf JMBl. NRW 1984, 20; dazu D. Meyer JurBüro 1984, 343; vgl. auch OLG Koblenz NStZ-RR 1999, 52 zur Zuständigkeit bei getrennten Verfahrensteilen). Hat die FBeh das Verf. eingestellt (§§ 386, 399 **AO**), so ist das AG an seinem Sitz zuständig, auch wenn es nicht das AG des § 391 Abs. 1 **AO** ist (OLG Nürnberg 28.3.1972 – 3 AR 13/72).

7 Welcher Richter beim AG zuständig ist, bestimmt die Geschäftsverteilung des AG (§ 22e Abs. 1 GVG). Die Bestellung zum ER begr. die Zuständigkeit nach Abs. 1 S. 1 nicht. Zum Zusammentreffen verschiedener Zuständigkeiten vgl. OLG Düsseldorf NStZ 1991, 141.

8 **II. Hypothetisches Eröffnungsgericht (Abs. 1 S. 2).** Welcher Richter beim AG o. welcher Spruchkörper beim LG o. OLG zuständig ist, bestimmt sich im Fall des Abs. 1 S. 2 nach der allg. Verteilung der Strafsachen.

9 **F. Prüfung des Gerichts.** Die Prüfung des Gerichts bezieht sich auf die tatsächlichen u. rechtlichen Voraussetzungen der Entschädigungspflicht dem Grunde nach (→ § 8 Rn. 1). Das Gericht entscheidet nach Anhörung der StA u. ist dabei an die Einstellungsverfügung gebunden, nicht aber an die tatsächlichen Feststellungen, auf denen sie beruht. Diese braucht es der Entsch. nicht ungeprüft zugrunde zu legen. Vor der Entsch. ist der Ablauf der Frist des § 172 Abs. 2 S. 1 StPO abzuwarten **(Abs. 3).**

10 **G. Sofortige Beschwerde (Abs. 2).** Die sofortige Beschwerde (Abs. 2) kann v. Beschuldigten, dem Verteidiger, in den Fällen des § 67 Abs. 1, Abs. 2 **JGG** auch v. Erziehungsberechtigten o. ges. Vertreter eingelegt werden, auch v. ges. Vertreter des Erwachsenen (§ 298 StPO) u. von der StA (§ 296 Abs. 1, Abs. 2 StPO). Ist der Beschl. v. dem im 1. Rechtszug zuständigen OLG (Abs. 1 S. 1 Nr. 2) erlassen worden, so ist die sofortige Beschwerde zum BGH nach § 304 Abs. 4 S. 2 StPO unzulässig (BGHSt 26, 250). Das gilt auch für die sofortige Beschwerde gegen die Versagung der Wiedereinsetzung (BGH NJW 1976, 525).

Anmeldung des Anspruchs; Frist

10 (1) [1] **Ist die Entschädigungspflicht der Staatskasse rechtskräftig festgestellt, so ist der Anspruch auf Entschädigung innerhalb von sechs Monaten bei der Staatsanwaltschaft geltend zu machen, welche die Ermittlungen im ersten Rechtszug zuletzt geführt hat.** [2] **Der Anspruch ist ausgeschlossen, wenn der Berechtigte es schuldhaft versäumt hat, ihn innerhalb der Frist zu stellen.** [3] **Die Staatsanwaltschaft hat den Berechtigten über sein Antragsrecht und die Frist zu belehren.** [4] **Die Frist beginnt mit der Zustellung der Belehrung.**

(2) [1] **Über den Antrag entscheidet die Landesjustizverwaltung.** [2] **Eine Ausfertigung der Entscheidung ist dem Antragsteller nach den Vorschriften der Zivilprozeßordnung zuzustellen.**

A. Betragsverfahren. Das Betragsverfahren (dazu Matt Rpfleger 1997, 468) gehört nicht mehr zum Strafverfahren, sondern ist ein dem Rechtsweg (§ 13) vorgeschaltetes Verwaltungsverfahren zur Festsetzung der Höhe der Entschädigung (BGHZ 66, 122 (124) = NJW 1976, 1218). Die Entsch. des Strafgerichts über die Entschädigungspflicht dem Grunde nach (§§ 8 Abs. 1, 9 Abs. 1) ist bindend (→ § 8 Rn. 1). 1

B. Belehrung durch die StA (Abs. 1 S. 3). Steht mit der Rechtskraft der gerichtl. Entsch. nach § 8 oder § 9 die Entschädigungspflicht der Staatskasse dem Grunde nach fest, so stellt die StA, die insoweit als Verwaltungsbehörde tätig wird (Meyer StrEG Vor §§ 10–13 Rn. 2; Kunz StrEG Rn. 1), dem Berechtigten unverzüglich eine Belehrung über sein Antragsrecht u. die Antragsfrist zu. Eine verfrühte o. unrichtige Belehrung u. die Zustellung an einen nicht bes. bevollmächtigten Vertreter sind wirkungslos (Schätzler/Kunz Rn. 3, 6). Ist bekannt o. besteht nach den Umständen die Möglichkeit, dass ein Fall des § 11 Abs. 1 vorliegt, so soll den Unterhaltsberechtigten die Belehrung nach § 11 Abs. 2 S. 2 zugestellt werden. Zuständig ist stets die StA, die die Ermittlungen im 1. Rechtszug zul. geführt hat, um Steuerstrafverfahren die an die Stelle der StA getretene Finanzbehörde (§ 386 Abs. 2 **AO**). 2

C. Antragstellung (Abs. 1 S. 1). Der Entschädigungsantrag ist bei der StA geltend zu machen, auch wenn die FBeh die Ermittlungen geführt hat; denn die Rechte der StA hat sie nur im Ermittlungsverf. (§ 399 Abs. 1 **AO**). Zur Antragstellung ist derjenige berechtigt, „zu dessen Gunsten die Entschädigungspflicht ausgesprochen worden ist" (vgl. § 11 Abs. 1 S. 1). Die Unterhaltsberechtigten haben ein zusätzl. eigenes Antragsrecht (§ 11 Abs. 1). Ist der Beschuldigte nach der rkr. Entstehung des Anspruchs gestorben, so sind seine Erben als Rechtsnachfolger berechtigt (→ § 13 Rn. 3), auch wenn sie nicht zu den Unterhaltsberechtigten gehören. Der Antrag kann v. einem bevollmächtigten Vertreter gestellt werden (BGHZ 66, 122 = NJW 1976, 1218. Der Verteidiger braucht dazu eine bes. Vollmacht (Meyer StrEG Rn. 9; → StPO Vor § 137 Rn. 5); denn das Betragsverf. gehört nicht mehr zum Strafverfahren (→ Rn. 1). 3

Die **Geltendmachung des Anspruchs** z. Zweck der Festsetzung seiner Höhe ist der Inhalt des Antrags. Gleichwohl ist die Bezifferung der Schadenshöhe nicht unbedingt erforderl. (Meyer StrEG Rn. 13; Kunz StrEG Rn. 8a). Angaben u. Nachw. können nachgereicht werden. Jedoch genügt die bloße Erklärung, die Entschädigung werde „dem Grunde nach" angemeldet, nicht (BGHZ 108, 14 = NJW 1989, 2619; Meyer JurBüro 1991, 1598). Wird in dem Antrag auch die Erstattung v. Verfahrensauslagen aufgrund einer Kosten- u. Auslagenentsch. verlangt, so wird eine Ablichtung zu den Akten genommen u. nach § 464b StPO behandelt; vgl. auch → § 7 Rn. 5). Zum Anspruch auf Zahlung eines Vorschusses vgl. Meyer JurBüro 1991, 771. 4

D. Versäumung der Antragsfrist (Abs. 1 S. 2). Die 6-Monatsfrist des § 10 Abs. 1 S. 1 beginnt mit der Zustellung der Belehrung an den Berechtigten (Abs. 1 5

S. 3, 4). Die Zustellung an den nicht bes. bevollmächtigten Verteidiger setzt sie nicht in Lauf (BGHZ 29, 334 = NJW 1959, 1129 zum früheren Recht). Bei nicht schuldhafter Versäumung der Antragsfrist kann die Behörde nach Abs. 1 S. 2 Nachsicht gewähren (Kunz StrEG Rn. 13; Schütz StV 2008, 53; **aM** Meyer StrEG Rn. 15; Kröner FS Baumann, 1992, 416). Das Verschulden seines Verfahrensbevollmächtigten muss sich der Antragsteller nach dem Grundsatz des § 85 Abs. 2 ZPO zurechnen lassen (BGHZ 66, 122 = NJW 1976, 1218). Eine absolute Ausschlussfrist setzt § 12 fest (Schütz StV 2008, 53).

6 **E. Prüfungs- und Entscheidungsstelle (Abs. 2).** Wenn nicht ihr Leiter selbst mit der Prüfung des Anspruchs betraut ist, legt die StA den Antrag der Prüfungsstelle mit den Akten u. einem Bericht vor. Prüfungsstelle ist je nach Delegation der Leiter der StA beim LG o. beim OLG. Ist die Prüfungsstelle nicht selbst zur Entsch. befugt, so berichtet sie an die Entscheidungsstelle. Die Zustellung der Entsch. nach den Vorschr. der ZPO setzt die Frist für den Rechtsweg nach § 13 Abs. 1 in Lauf (Abs. 2 S. 2).

Ersatzanspruch des kraft Gesetzes Unterhaltsberechtigten

11 (1) [1] **Außer demjenigen, zu dessen Gunsten die Entschädigungspflicht der Staatskasse ausgesprochen worden ist, haben die Personen, denen er kraft Gesetzes unterhaltspflichtig war, Anspruch auf Entschädigung.** [2] **Ihnen ist insoweit Ersatz zu leisten, als ihnen durch die Strafverfolgungsmaßnahme der Unterhalt entzogen worden ist.**

(2) [1] **Sind Unterhaltsberechtigte bekannt, so soll die Staatsanwaltschaft, bei welcher der Anspruch geltend zu machen ist, sie über ihr Antragsrecht und die Frist belehren.** [2] **Im übrigen ist § 10 Abs. 1 anzuwenden.**

1 Außer dem Hauptanspruchsberechtigten haben Personen einen Entschädigungsanspruch, denen er kraft Gesetzes unterhaltspflichtig war. In Betracht kommen nur Unterhaltsansprüche nach §§ 1360, 1361, 1569 ff., 1601, 1615a ff. BGB. Ihre vertragl. vereinbarte Höhe ist zu berücksichtigen (Kunz StrEG Rn. 5; **aM** Meyer StrEG Rn. 9). Ersatz wird nur insoweit geleistet, als der Hauptberechtigte eine Entschädigung verlangen kann u. die Strafverfolgungsmaßnahme für den Entzug des Unterhalts ursächlich war (Abs. 1 S. 2).

2 Die **Gesamtleistung** der Staatskasse darf den Hauptanspruch nicht übersteigen (OLG Düsseldorf JMBl. NRW 1986, 30; Kunz StrEG Rn. 7). Der Hauptanspruchsberechtigte u. der Unterhaltsberechtigte haben eine ähnliche Stellung wie Gesamtgläubiger nach § 428 BGB (Meyer StrEG Rn. 3). Die Staatskasse muss aber die Unterhaltsansprüche gesondert erfüllen, wenn das geboten erscheint. Sie muss eine Einigung der Bet. auf Aufteilung der Gesamtentschädigung herbeiführen; notfalls ist der Entschädigungsbetrag zu hinterlegen.

3 Die **Belehrung** (Abs. 2; → § 10 Rn. 2) ist entbehrlich, wenn nach der Sachlage nicht damit gerechnet zu werden braucht, dass Unterhalt entzogen worden ist o. dass der Hauptberechtigte die Entschädigung nicht auch zum Ausgleich verwenden wird (Meyer StrEG StrEG Rn. 19). Eine Nachforschung nach bisher unbekannten Unterhaltsberechtigten findet nicht statt. Die Frist zur Geltendmachung des Anspruchs beginnt für den Unterhaltsberechtigten mit der Zustellung der Belehrung an ihn (§§ 11 Abs. 2 S. 2, 10 Abs. 1 S. 4).

Ausschluß der Geltendmachung der Entschädigung

12 **Der Anspruch auf Entschädigung kann nicht mehr geltend gemacht werden, wenn seit dem Ablauf des Tages, an dem die Entschädigungspflicht rechtskräftig festgestellt ist, ein Jahr verstrichen ist, ohne daß ein Antrag nach § 10 Abs. 1 gestellt worden ist.**

A. Absolute Ausschlussfrist. Die absolute Ausschlussfrist (OLG Düsseldorf JMBl. NRW 1986, 30) wird in ihrem Lauf durch das Unterlassen der Belehrung über das Antragsrecht u. die Antragsfrist o. deren Zustellung (§§ 10 Abs. 1 S. 3, 11 Abs. 2 S. 1) nicht beeinträchtigt. Sie macht jeglichen Antrag unzulässig, gleichgültig, aus welchen Gründen der Antrag verspätet gestellt worden ist (OLG Düsseldorf JMBl. NRW 1986, 30). Eine Wiedereinsetzung kommt nicht in Betracht (BGHZ 108, 14 = NStZ 1990, 131). Den Beginn der Ausschlussfrist hat das Zivilgericht selbständig zu prüfen (BGHZ 108, 14 = NStZ 1990, 131). 1

B. Hemmung der Frist. Eine Hemmung der Frist tritt in entspr. Anwendung des § 210 BGB ein, wenn der Berechtigte geschäftsunfähig o. in seiner Geschäftsfähigkeit beschr. wird u. keinen ges. Vertreter hat (BGHZ 79, 1 = NJW 1981, 285). 2

Rechtsweg; Beschränkung der Übertragbarkeit

13 (1) [1] **Gegen die Entscheidung über den Entschädigungsanspruch ist der Rechtsweg gegeben.** [2] **Die Klage ist innerhalb von drei Monaten nach Zustellung der Entscheidung zu erheben.** [3] **Für die Ansprüche auf Entschädigung sind die Zivilkammern der Landgerichte ohne Rücksicht auf den Wert des Streitgegenstandes ausschließlich zuständig.**

(2) **Bis zur rechtskräftigen Entscheidung über den Antrag ist der Anspruch nicht übertragbar.**

A. Rechtsweg (Abs. 1). Der **Rechtsweg (Abs. 1)** zu den ordentlichen Gerichten steht offen, soweit dem Antrag im Betragsverfahren (→ § 10 Rn. 1) nicht entsprochen worden ist. Darüber u. über die Klagefrist (Abs. 1 S. 2) ist der Berechtigte bei der Antragsablehnung zu belehren; das Unterlassen der Belehrung berührt den Fristablauf jedoch nicht (BGH VRS 65, 416; StV 1984, 477 Ls.). Eine Partei, die sich für bedürftig halten darf, wahrt die Ausschlussfrist, wenn sie rechtzeitig einen vollständigen Prozesskostenhilfeantrag stellt u. die Klage unverzüglich nach der v. ihr nicht verzögerten Entsch. über ihr Gesuch zugestellt wird (BGH NJW 2007, 439; 2007, 441; Schütz StV 2008, 53). Die Klage, für die das LG ausschl. zuständig ist (Abs. 1 S. 3), muss sich gegen das nach § 15 ersatzpflichtige Land richten, dessen Vertretung (meist durch den GStA beim OLG) das Landesrecht bestimmt. Falls die StA über einen Antrag ohne zureichenden Grund in angemessener Frist nicht entscheidet, gilt § 75 VwGO entspr. (OLG Köln NStZ 1988, 508; **aM** D. Meyer JurBüro 1991, 1599: Verpflichtungsklage beim VG). 1

B. Unübertragbarkeit (Abs. 2). Die **Unübertragbarkeit (Abs. 2)** des Anspruchs, auch auf Vorschusszahlung (OLG Hamm NJW 1975, 2075), bedeutet zugleich Unpfändbarkeit (§ 851 ZPO), Unverpfändbarkeit (§ 1274 Abs. 2 BGB) u. den Ausschluss der Aufrechnung (§ 394 BGB); § 134 BGB gilt entspr. Eine Teilungsabrede, bei der der Berechtigte zunächst Inhaber des Anspruchs bleibt, ist zulässig (BGH NJW 1982, 2504). Übertragbar wird der Anspruch grds. erst, wenn er im Rechtsweg rkr. festgestellt ist. Jedoch kann auch der im Betragsverfahren (§ 10) unabänderbar zuerkannte Anspruch schon vor der Auszahlung übertragen werden (OLG Hamm NJW 1975, 2075). Insoweit kann die Staatskasse wegen ihrer Ansprüche (Geldstrafe, Kosten, Wertersatz usw) aufrechnen (LG Stuttgart MDR 1980, 590). 2

C. Vererblichkeit. Vererblich wird der Anspruch schon mit seiner Entstehung dem Grunde nach (Meyer StrEG Vor §§ 10–13 Rn. 13). Denn weder das öffentl. Recht (vgl. BVerwGE 21, 302 (303)) noch das BGB enthält eine ausdr. o. entspr. anwendbare gegenteilige Vorschrift. Der Erbfall gilt auch nicht als Forderungsübergang iSd § 412 BGB. Zum Fall des Todes des Betroffenen vgl. → § 6 Rn. 8. 3

Nachträgliche Strafverfolgung

14 (1) [1] **Die Entscheidung über die Entschädigungspflicht tritt außer Kraft, wenn zuungunsten des Freigesprochenen die Wiederaufnahme des Verfahrens angeordnet oder wenn gegen den Berechtigten, gegen den das Verfahren eingestellt worden war, oder gegen den das Gericht die Eröffnung des Hauptverfahrens abgelehnt hatte, nachträglich wegen derselben Tat das Hauptverfahren eröffnet wird.** [2] **Eine bereits geleistete Entschädigung kann zurückgefordert werden.**

(2) **Ist zuungunsten des Freigesprochenen die Wiederaufnahme beantragt oder sind gegen denjenigen, gegen den das Verfahren eingestellt worden war, oder gegen den das Gericht die Eröffnung des Hauptverfahrens abgelehnt hatte, die Untersuchung oder die Ermittlungen wiederaufgenommen worden, so kann die Entscheidung über den Anspruch sowie die Zahlung der Entschädigung ausgesetzt werden.**

1 **A. Außerkrafttreten der Entscheidung über die Entschädigungspflicht (Abs. 1 S. 1).** Im Fall der Wiederaufnahme aus einem der Gründe des § 362 StPO (nicht nur bei Freispruch) tritt diese Wirkung mit dem Beschl. nach § 370 Abs. 2 iVm § 362 StPO ein, im Fall der nachträglichen Eröffnung des Hauptverfahrens mit dem Eröffnungsbeschluss, dem der Erl. eines Strafbefehls gleichsteht. OLG Düsseldorf StV 2001, 517 wendet die Vorschr. bei Entschädigung trotz Anrechnung der UHaft nach § 51 StGB entspr. an.

2 **B. Rückforderung (Abs. 1 S. 2).** Darüber entscheidet die für das Betragsverfahren zuständige Stelle (→ § 10 Rn. 6). Sie betreibt auch die Wiedereinziehung der geleisteten Entschädigung.

3 **C. Aussetzung des Betragsverfahrens und der Zahlung (Abs. 2).** Die zuständige Stelle (→ § 10 Rn. 6) ist v. Wiederaufnahmeanträgen u. -entscheidungen zu unterrichten. Sie entscheidet über die Aussetzung nach pflichtgemäßem Ermessen.

Ersatzpflichtige Kasse

15 (1) **Ersatzpflichtig ist das Land, bei dessen Gericht das Strafverfahren im ersten Rechtszug anhängig war oder, wenn das Verfahren bei Gericht noch nicht anhängig war, dessen Gericht nach § 9 Abs. 1 über die Entschädigungspflicht entschieden hat.**

(2) [1] **Bis zum Betrag der geleisteten Entschädigung gehen die Ansprüche auf die Staatskasse über, welche dem Entschädigten gegen Dritte zustehen, weil durch deren rechtswidrige Handlungen die Strafverfolgungsmaßnahme herbeigeführt worden war.** [2] **Der Übergang kann nicht zum Nachteil des Berechtigten geltend gemacht werden.**

1 **A. Ersatzpflichtige Landeskasse (Abs. 1).** Maßgebend ist der Sitz des Gerichts des 1. Rechtszugs, bei dessen Wechsel (§§ 12 ff. StPO) des zul. entscheidenden Gerichts, im Fall des § 9 Abs. 1 des Gerichts, das den Beschl. erlassen hat. Bei erstinstanzlicher Zuständigkeit des OLG (§ 120 GVG) kann das Land nach Art. 3 des G zur allg. Einf. eines zweiten Rechtszuges in Staatsschutz-Strafsachen v. 8.9.1969 (BGBl. I 1582; FNA 300-2-1) die Erstattung der geleisteten Entschädigung v. Bund verlangen.

2 **B. Forderungsübergang (Abs. 2).** Zivilrechtliche Ansprüche des Entschädigungsberechtigten gegen einen Dritten (zB nach §§ 823 Abs. 2, 826 BGB), der die Strafverfolgungsmaßnahme verursacht hat, gehen bis zur Höhe der geleisteten Entschädigung kraft Gesetzes auf die Staatskasse über.

16 *[nicht abgedruckt]*

Entschädigung für die Folgen einer rechtskräftigen Verurteilung, einer freiheitsentziehenden oder anderen vorläufigen Strafverfolgungsmaßnahme in der Deutschen Demokratischen Republik

16a **[1] Die §§ 1 und 2 finden keine Anwendung auf die Folgen einer strafgerichtlichen Verurteilung, einer Maßregel oder Nebenfolge oder einer freiheitsentziehenden oder anderen vorläufigen Strafverfolgungsmaßnahme, die vor dem Wirksamwerden des Beitritts in der Deutschen Demokratischen Republik erfolgte oder angeordnet wurde. [2] Die Voraussetzungen der Entschädigung für diese Folgen richten sich nach den bis zu diesem Zeitpunkt in der Deutschen Demokratischen Republik geltenden Vorschriften über die Entschädigung für Untersuchungshaft und Strafen mit Freiheitsentzug (§§ 369 ff. der Strafprozeßordnung der Deutschen Demokratischen Republik), soweit nicht eine Rehabilitierung nach dem Strafrechtlichen Rehabilitierungsgesetz erfolgt oder ein Kassationsverfahren nach den vom 3. Oktober 1990 bis zum Inkrafttreten des Strafrechtlichen Rehabilitierungsgesetzes geltenden Vorschriften abgeschlossen ist. [3] Für Art und Höhe der Entschädigung gelten die Vorschriften des Strafrechtlichen Rehabilitierungsgesetzes entsprechend.**

Nicht nur §§ 1 und 2 gelten nicht (S. 1), sondern dementsprechend auch §§ 3–7 **1**
nicht, §§ 8 und 9 sind hingegen anzuwenden (D. Meyer JurBüro 1991, 899 ff.). Für die Realisierung eines dem Grunde nach festgestellten Anspruchs u. das dabei einzuhaltende Verf. gelten die §§ 10 ff. (BGH NStZ 1991, 245; LG Berlin NStZ 1991, 200). Die Voraussetzungen der Entschädigung richten sich grds. nach §§ 369 –372 StPO-DDR (vgl. dazu KG NJW 1994, 601 u. Meyer StrEG Rn. 14 ff.), es sei denn, die Rehabilitierung erfolgt nach dem StrRehaG o. ein Kassationsverfahren wurde nach dem 3.10.1990 bis zum 4.11.1992 (= Inkrafttreten des StrRehaG) abgeschlossen. Art u. Höhe der Entschädigung richten sich stets nach §§ 16 ff. StrRehaG.

17-21 *(aufgehoben)*

Anhang

1. Jugendgerichtsgesetz (JGG)

In der Fassung der Bekanntmachung vom 11. Dezember 1974 (BGBl. I 3427; FNA 451-1)
Zuletzt geändert durch G vom 25.6.2021 (BGBl. I 2099)
– Auszug –

Erster Teil. Anwendungsbereich

§ 1 Persönlicher und sachlicher Anwendungsbereich. (1) Dieses Gesetz gilt, wenn ein Jugendlicher oder ein Heranwachsender eine Verfehlung begeht, die nach den allgemeinen Vorschriften mit Strafe bedroht ist.

(2) Jugendlicher ist, wer zur Zeit der Tat vierzehn, aber noch nicht achtzehn, Heranwachsender, wer zur Zeit der Tat achtzehn, aber noch nicht einundzwanzig Jahre alt ist.

(3) Ist zweifelhaft, ob der Beschuldigte zur Zeit der Tat das achtzehnte Lebensjahr vollendet hat, sind die für Jugendliche geltenden Verfahrensvorschriften anzuwenden.

§ 2 Ziel des Jugendstrafrechts; Anwendung des allgemeinen Strafrechts. (1) [1] Die Anwendung des Jugendstrafrechts soll vor allem erneuten Straftaten eines Jugendlichen oder Heranwachsenden entgegenwirken. [2] Um dieses Ziel zu erreichen, sind die Rechtsfolgen und unter Beachtung des elterlichen Erziehungsrechts auch das Verfahren vorrangig am Erziehungsgedanken auszurichten.

(2) Die allgemeinen Vorschriften gelten nur, soweit in diesem Gesetz nichts anderes bestimmt ist.

Zweiter Teil. Jugendliche

Erstes Hauptstück. Verfehlungen Jugendlicher und ihre Folgen

§§ 3–32 *[nicht abgedruckt]*

Zweites Hauptstück. Jugendgerichtsverfassung und Jugendstrafverfahren

Erster Abschnitt. Jugendgerichtsverfassung

§ 33 Jugendgerichte. (1) Über Verfehlungen Jugendlicher entscheiden die Jugendgerichte.

(2) Jugendgerichte sind der Strafrichter als Jugendrichter, das Schöffengericht (Jugendschöffengericht) und die Strafkammer (Jugendkammer).

(3) [1] Die Landesregierungen werden ermächtigt, durch Rechtsverordnung zu regeln, daß ein Richter bei einem Amtsgericht zum Jugendrichter für den Bezirk mehrerer Amtsgerichte (Bezirksjugendrichter) bestellt und daß bei einem Amts-

gericht ein gemeinsames Jugendschöffengericht für den Bezirk mehrerer Amtsgerichte eingerichtet wird. [2]Die Landesregierungen können die Ermächtigung durch Rechtsverordnung auf die Landesjustizverwaltungen übertragen.

§ 33a Besetzung des Jugendschöffengerichts. (1) [1]Das Jugendschöffengericht besteht aus dem Jugendrichter als Vorsitzenden und zwei Jugendschöffen. [2]Als Jugendschöffen sollen zu jeder Hauptverhandlung ein Mann und eine Frau herangezogen werden.

(2) Bei Entscheidungen außerhalb der Hauptverhandlung wirken die Jugendschöffen nicht mit.

§ 33b Besetzung der Jugendkammer. (1) Die Jugendkammer ist mit drei Richtern einschließlich des Vorsitzenden und zwei Jugendschöffen (große Jugendkammer), in Verfahren über Berufungen gegen Urteile des Jugendrichters mit dem Vorsitzenden und zwei Jugendschöffen (kleine Jugendkammer) besetzt.

(2) [1]Bei der Eröffnung des Hauptverfahrens beschließt die große Jugendkammer über ihre Besetzung in der Hauptverhandlung. [2]Ist das Hauptverfahren bereits eröffnet, beschließt sie hierüber bei der Anberaumung des Termins zur Hauptverhandlung. [3]Sie beschließt eine Besetzung mit drei Richtern einschließlich des Vorsitzenden und zwei Jugendschöffen, wenn

1. die Sache nach den allgemeinen Vorschriften einschließlich der Regelung des § 74e des Gerichtsverfassungsgesetzes zur Zuständigkeit des Schwurgerichts gehört,
2. ihre Zuständigkeit nach § 41 Absatz 1 Nummer 5 begründet ist oder
3. nach dem Umfang oder der Schwierigkeit der Sache die Mitwirkung eines dritten Richters notwendig erscheint.

[4]Im Übrigen beschließt die große Jugendkammer eine Besetzung mit zwei Richtern einschließlich des Vorsitzenden und zwei Jugendschöffen.

(3) Die Mitwirkung eines dritten Richters ist nach Absatz 2 Satz 3 Nummer 3 in der Regel notwendig, wenn

1. die Jugendkammer die Sache nach § 41 Absatz 1 Nummer 2 übernommen hat,
2. die Hauptverhandlung voraussichtlich länger als zehn Tage dauern wird oder
3. die Sache eine der in § 74c Absatz 1 Satz 1 des Gerichtsverfassungsgesetzes genannten Straftaten zum Gegenstand hat.

(4) [1]In Verfahren über die Berufung gegen ein Urteil des Jugendschöffengerichts gilt Absatz 2 entsprechend. [2]Die große Jugendkammer beschließt ihre Besetzung mit drei Richtern einschließlich des Vorsitzenden und zwei Jugendschöffen auch dann, wenn mit dem angefochtenen Urteil auf eine Jugendstrafe von mehr als vier Jahren erkannt wurde.

(5) Hat die große Jugendkammer eine Besetzung mit zwei Richtern einschließlich des Vorsitzenden und zwei Jugendschöffen beschlossen und ergeben sich vor Beginn der Hauptverhandlung neue Umstände, die nach Maßgabe der Absätze 2 bis 4 eine Besetzung mit drei Richtern einschließlich des Vorsitzenden und zwei Jugendschöffen erforderlich machen, beschließt sie eine solche Besetzung.

(6) Ist eine Sache vom Revisionsgericht zurückverwiesen oder die Hauptverhandlung ausgesetzt worden, kann die jeweils zuständige Jugendkammer erneut nach Maßgabe der Absätze 2 bis 4 über ihre Besetzung beschließen.

(7) § 33a Abs. 1 Satz 2, Abs. 2 gilt entsprechend.

§ 34 Aufgaben des Jugendrichters. (1) Dem Jugendrichter obliegen alle Aufgaben, die ein Richter beim Amtsgericht im Strafverfahren hat.

(2) [1]Dem Jugendrichter sollen für die Jugendlichen die familiengerichtlichen Erziehungsaufgaben übertragen werden. [2]Aus besonderen Gründen, namentlich

wenn der Jugendrichter für den Bezirk mehrerer Amtsgerichte bestellt ist, kann hiervon abgewichen werden.

(3) Familiengerichtliche Erziehungsaufgaben sind

1. die Unterstützung der Eltern, des Vormunds und des Pflegers durch geeignete Maßnahmen (§ 1631 Absatz 3, § 1802 Absatz 1 Satz 1, § 1813 Absatz 1 des Bürgerlichen Gesetzbuchs),
2. die Maßnahmen zur Abwendung einer Gefährdung des Jugendlichen (§§ 1666, 1666a, auch in Verbindung mit § 1802 Absatz 2 Satz 3 und § 1813 Absatz 1 des Bürgerlichen Gesetzbuches).

§ 35 Jugendschöffen. (1) [1] Die Schöffen der Jugendgerichte (Jugendschöffen) werden auf Vorschlag des Jugendhilfeausschusses für die Dauer von fünf Geschäftsjahren von dem in § 40 des Gerichtsverfassungsgesetzes vorgesehenen Ausschuß gewählt. [2] Dieser soll eine gleiche Anzahl von Männern und Frauen wählen.

(2) [1] Der Jugendhilfeausschuß soll ebensoviele Männer wie Frauen und muss mindestens die doppelte Anzahl von Personen vorschlagen, die als Jugendschöffen und Jugendersatzschöffen benötigt werden. [2] Die Vorgeschlagenen sollen erzieherisch befähigt und in der Jugenderziehung erfahren sein.

(3) [1] Die Vorschlagsliste des Jugendhilfeausschusses gilt als Vorschlagsliste im Sinne des § 36 des Gerichtsverfassungsgesetzes. [2] Für die Aufnahme in die Liste ist die Zustimmung von zwei Dritteln der anwesenden stimmberechtigten Mitglieder, mindestens jedoch der Hälfte aller stimmberechtigten Mitglieder des Jugendhilfeausschusses erforderlich. [3] Die Vorschlagsliste ist im Jugendamt eine Woche lang zu jedermanns Einsicht aufzulegen. [4] Der Zeitpunkt der Auflegung ist vorher öffentlich bekanntzumachen.

(4) Bei der Entscheidung über Einsprüche gegen die Vorschlagsliste des Jugendhilfeausschusses und bei der Wahl der Jugendschöffen und Jugendersatzschöffen führt der Jugendrichter den Vorsitz in dem Schöffenwahlausschuß.

(5) Die Jugendschöffen werden in besondere für Männer und Frauen getrennt zu führende Schöffenlisten aufgenommen.

(6) Die Wahl der Jugendschöffen erfolgt gleichzeitig mit der Wahl der Schöffen für die Schöffengerichte und die Strafkammern.

§ 36 Jugendstaatsanwalt. (1) [1] Für Verfahren, die zur Zuständigkeit der Jugendgerichte gehören, werden Jugendstaatsanwälte bestellt. [2] Richter auf Probe und Beamte auf Probe sollen im ersten Jahr nach ihrer Ernennung nicht zum Jugendstaatsanwalt bestellt werden.

(2) [1] Jugendstaatsanwaltliche Aufgaben dürfen Amtsanwälten nur übertragen werden, wenn diese die besonderen Anforderungen erfüllen, die für die Wahrnehmung jugendstaatsanwaltlicher Aufgaben an Staatsanwälte gestellt werden. [2] Referendaren kann im Einzelfall die Wahrnehmung jugendstaatsanwaltlicher Aufgaben unter Aufsicht eines Jugendstaatsanwalts übertragen werden. [3] Die Sitzungsvertretung in Verfahren vor den Jugendgerichten dürfen Referendare nur unter Aufsicht und im Beisein eines Jugendstaatsanwalts wahrnehmen.

§ 37 Auswahl der Jugendrichter und Jugendstaatsanwälte. (1) [1] Die Richter bei den Jugendgerichten und die Jugendstaatsanwälte sollen erzieherisch befähigt und in der Jugenderziehung erfahren sein. [2] Sie sollen über Kenntnisse auf den Gebieten der Kriminologie, Pädagogik und Sozialpädagogik sowie der Jugendpsychologie verfügen. [3] Einem Richter oder Staatsanwalt, dessen Kenntnisse auf diesen Gebieten nicht belegt sind, sollen die Aufgaben eines Jugendrichters oder Jugendstaatsanwalts erstmals nur zugewiesen werden, wenn der Erwerb der Kenntnisse durch die Wahrnehmung von einschlägigen Fortbildungsangeboten oder eine anderweitige einschlägige Weiterqualifizierung alsbald zu erwarten ist.

(2) Von den Anforderungen des Absatzes 1 kann bei Richtern und Staatsanwälten, die nur im Bereitschaftsdienst zur Wahrnehmung jugendgerichtlicher oder jugendstaatsanwaltlicher Aufgaben eingesetzt werden, abgewichen werden, wenn andernfalls ein ordnungsgemäßer und den betroffenen Richtern und Staatsanwälten zumutbarer Betrieb des Bereitschaftsdiensts nicht gewährleistet wäre.

(3) [1] Als Jugendrichter beim Amtsgericht oder als Vorsitzender einer Jugendkammer sollen nach Möglichkeit Personen eingesetzt werden, die bereits über Erfahrungen aus früherer Wahrnehmung jugendgerichtlicher oder jugendstaatsanwaltlicher Aufgaben verfügen. [2] Davon kann bei Richtern, die nur im Bereitschaftsdienst Geschäfte des Jugendrichters wahrnehmen, abgewichen werden. [3] Ein Richter auf Probe darf im ersten Jahr nach seiner Ernennung Geschäfte des Jugendrichters nicht wahrnehmen.

§ 37a Zusammenarbeit in gemeinsamen Gremien. (1) Jugendrichter und Jugendstaatsanwälte können zum Zweck einer abgestimmten Aufgabenwahrnehmung fallübergreifend mit öffentlichen Einrichtungen und sonstigen Stellen, deren Tätigkeit sich auf die Lebenssituation junger Menschen auswirkt, zusammenarbeiten, insbesondere durch Teilnahme an gemeinsamen Konferenzen und Mitwirkung in vergleichbaren gemeinsamen Gremien.

(2) An einzelfallbezogener derartiger Zusammenarbeit sollen Jugendstaatsanwälte teilnehmen, wenn damit aus ihrer Sicht die Erreichung des Ziels nach § 2 Absatz 1 gefördert wird.

§ 38 Jugendgerichtshilfe. (1) Die Jugendgerichtshilfe wird von den Jugendämtern im Zusammenwirken mit den Vereinigungen für Jugendhilfe ausgeübt.

(2) [1] Die Vertreter der Jugendgerichtshilfe bringen die erzieherischen, sozialen und sonstigen im Hinblick auf die Ziele und Aufgaben der Jugendhilfe bedeutsamen Gesichtspunkte im Verfahren vor den Jugendgerichten zur Geltung. [2] Sie unterstützen zu diesem Zweck die beteiligten Behörden durch Erforschung der Persönlichkeit, der Entwicklung und des familiären, sozialen und wirtschaftlichen Hintergrundes des Jugendlichen und äußern sich zu einer möglichen besonderen Schutzbedürftigkeit sowie zu den Maßnahmen, die zu ergreifen sind.

(3) [1] Sobald es im Verfahren von Bedeutung ist, soll über das Ergebnis der Nachforschungen nach Absatz 2 möglichst zeitnah Auskunft gegeben werden. [2] In Haftsachen berichten die Vertreter der Jugendgerichtshilfe beschleunigt über das Ergebnis ihrer Nachforschungen. [3] Bei einer wesentlichen Änderung der nach Absatz 2 bedeutsamen Umstände führen sie nötigenfalls ergänzende Nachforschungen durch und berichten der Jugendstaatsanwaltschaft und nach Erhebung der Anklage auch dem Jugendgericht darüber.

(4) [1] Ein Vertreter der Jugendgerichtshilfe nimmt an der Hauptverhandlung teil, soweit darauf nicht nach Absatz 7 verzichtet wird. [2] Entsandt werden soll die Person, die die Nachforschungen angestellt hat. [3] Erscheint trotz rechtzeitiger Mitteilung nach § 50 Absatz 3 Satz 1 kein Vertreter der Jugendgerichtshilfe in der Hauptverhandlung und ist kein Verzicht nach Absatz 7 erklärt worden, so kann dem Träger der öffentlichen Jugendhilfe auferlegt werden, die dadurch verursachten Kosten zu ersetzen; § 51 Absatz 2 der Strafprozessordnung gilt entsprechend.

(5) [1] Soweit nicht ein Bewährungshelfer dazu berufen ist, wacht die Jugendgerichtshilfe darüber, dass der Jugendliche Weisungen und Auflagen nachkommt. [2] Erhebliche Zuwiderhandlungen teilt sie dem Jugendgericht mit. [3] Im Fall der Unterstellung nach § 10 Absatz 1 Satz 3 Nummer 5 übt sie die Betreuung und Aufsicht aus, wenn das Jugendgericht nicht eine andere Person damit betraut. [4] Während der Bewährungszeit arbeitet sie eng mit dem Bewährungshelfer zusammen. [5] Während des Vollzugs bleibt sie mit dem Jugendlichen in Verbindung und nimmt sich seiner Wiedereingliederung in die Gemeinschaft an.

(6) [1] Im gesamten Verfahren gegen einen Jugendlichen ist die Jugendgerichtshilfe heranzuziehen. [2] Dies soll so früh wie möglich geschehen. [3] Vor der Erteilung von Weisungen (§ 10) sind die Vertreter der Jugendgerichtshilfe stets zu hören; kommt eine Betreuungsweisung in Betracht, sollen sie sich auch dazu äußern, wer als Betreuungshelfer bestellt werden soll.

(7) [1] Das Jugendgericht und im Vorverfahren die Jugendstaatsanwaltschaft können auf die Erfüllung der Anforderungen des Absatzes 3 und auf Antrag der Jugendgerichtshilfe auf die Erfüllung der Anforderungen des Absatzes 4 Satz 1 verzichten, soweit dies auf Grund der Umstände des Falles gerechtfertigt und mit dem Wohl des Jugendlichen vereinbar ist. [2] Der Verzicht ist der Jugendgerichtshilfe und den weiteren am Verfahren Beteiligten möglichst frühzeitig mitzuteilen. [3] Im Vorverfahren kommt ein Verzicht insbesondere in Betracht, wenn zu erwarten ist, dass das Verfahren ohne Erhebung der öffentlichen Klage abgeschlossen wird. [4] Der Verzicht auf die Anwesenheit eines Vertreters der Jugendgerichtshilfe in der Hauptverhandlung kann sich auf Teile der Hauptverhandlung beschränken. [5] Er kann auch während der Hauptverhandlung erklärt werden und bedarf in diesem Fall keines Antrags.

Zweiter Abschnitt. Zuständigkeit

§ 39 Sachliche Zuständigkeit des Jugendrichters. (1) [1] Der Jugendrichter ist zuständig für Verfehlungen Jugendlicher, wenn nur Erziehungsmaßregeln, Zuchtmittel, nach diesem Gesetz zulässige Nebenstrafen und Nebenfolgen oder die Entziehung der Fahrerlaubnis zu erwarten sind und der Staatsanwalt Anklage beim Strafrichter erhebt. [2] Der Jugendrichter ist nicht zuständig in Sachen, die nach § 103 gegen Jugendliche und Erwachsene verbunden sind, wenn für die Erwachsenen nach allgemeinen Vorschriften der Richter beim Amtsgericht nicht zuständig wäre. [3] § 209 Abs. 2 der Strafprozeßordnung gilt entsprechend.

(2) Der Jugendrichter darf auf Jugendstrafe von mehr als einem Jahr nicht erkennen; die Unterbringung in einem psychiatrischen Krankenhaus darf er nicht anordnen.

§ 40 Sachliche Zuständigkeit des Jugendschöffengerichts. (1) [1] Das Jugendschöffengericht ist zuständig für alle Verfehlungen, die nicht zur Zuständigkeit eines anderen Jugendgerichts gehören. [2] § 209 der Strafprozeßordnung gilt entsprechend.

(2) Das Jugendschöffengericht kann bis zur Eröffnung des Hauptverfahrens von Amts wegen die Entscheidung der Jugendkammer darüber herbeiführen, ob sie eine Sache wegen ihres besonderen Umfangs übernehmen will.

(3) Vor Erlaß des Übernahmebeschlusses fordert der Vorsitzende der Jugendkammer den Angeschuldigten auf, sich innerhalb einer zu bestimmenden Frist zu erklären, ob er die Vornahme einzelner Beweiserhebungen vor der Hauptverhandlung beantragen will.

(4) [1] Der Beschluß, durch den die Jugendkammer die Sache übernimmt oder die Übernahme ablehnt, ist nicht anfechtbar. [2] Der Übernahmebeschluß ist mit dem Eröffnungsbeschluß zu verbinden.

§ 41 Sachliche Zuständigkeit der Jugendkammer. (1) Die Jugendkammer ist als erkennendes Gericht des ersten Rechtszuges zuständig in Sachen,

1. die nach den allgemeinen Vorschriften einschließlich der Regelung des § 74e des Gerichtsverfassungsgesetzes zur Zuständigkeit des Schwurgerichts gehören,
2. die sie nach Vorlage durch das Jugendschöffengericht wegen ihres besonderen Umfangs übernimmt (§ 40 Abs. 2),

3. die nach § 103 gegen Jugendliche und Erwachsene verbunden sind, wenn für die Erwachsenen nach allgemeinen Vorschriften eine große Strafkammer zuständig wäre,
4. bei denen die Staatsanwaltschaft wegen der besonderen Schutzbedürftigkeit von Verletzten der Straftat, die als Zeugen in Betracht kommen, Anklage bei der Jugendkammer erhebt und
5. bei denen dem Beschuldigten eine Tat der in § 7 Abs. 2 bezeichneten Art vorgeworfen wird und eine höhere Strafe als fünf Jahre Jugendstrafe oder die Unterbringung in einem psychiatrischen Krankenhaus zu erwarten ist.

(2) [1] Die Jugendkammer ist außerdem zuständig für die Verhandlung und Entscheidung über das Rechtsmittel der Berufung gegen die Urteile des Jugendrichters und des Jugendschöffengerichts. [2] Sie trifft auch die in § 73 Abs. 1 des Gerichtsverfassungsgesetzes bezeichneten Entscheidungen.

§ 42 Örtliche Zuständigkeit. (1) Neben dem Richter, der nach dem allgemeinen Verfahrensrecht oder nach besonderen Vorschriften zuständig ist, sind zuständig

1. der Richter, dem die familiengerichtlichen Erziehungsaufgaben für den Beschuldigten obliegen,
2. der Richter, in dessen Bezirk sich der auf freiem Fuß befindliche Beschuldigte zur Zeit der Erhebung der Anklage aufhält,
3. solange der Beschuldigte eine Jugendstrafe noch nicht vollständig verbüßt hat, der Richter, dem die Aufgaben des Vollstreckungsleiters obliegen.

(2) Der Staatsanwalt soll die Anklage nach Möglichkeit vor dem Richter erheben, dem die familiengerichtlichen Erziehungsaufgaben obliegen, solange aber der Beschuldigte eine Jugendstrafe noch nicht vollständig verbüßt hat, vor dem Richter, dem die Aufgaben des Vollstreckungsleiters obliegen.

(3) [1] Wechselt der Angeklagte seinen Aufenthalt, so kann der Richter das Verfahren mit Zustimmung des Staatsanwalts an den Richter abgeben, in dessen Bezirk sich der Angeklagte aufhält. [2] Hat der Richter, an den das Verfahren abgegeben worden ist, gegen die Übernahme Bedenken, so entscheidet das gemeinschaftliche obere Gericht.

Dritter Abschnitt. Jugendstrafverfahren

Erster Unterabschnitt. Das Vorverfahren

§ 43 Umfang der Ermittlungen. (1) [1] Nach Einleitung des Verfahrens sollen so bald wie möglich die Lebens- und Familienverhältnisse, der Werdegang, das bisherige Verhalten des Beschuldigten und alle übrigen Umstände ermittelt werden, die zur Beurteilung seiner seelischen, geistigen und charakterlichen Eigenart dienen können. [2] Der Erziehungsberechtigte und der gesetzliche Vertreter, die Schule und der Ausbildende sollen, soweit möglich, gehört werden. [3] Die Anhörung der Schule oder des Ausbildenden unterbleibt, wenn der Jugendliche davon unerwünschte Nachteile, namentlich den Verlust seines Ausbildungs- oder Arbeitsplatzes, zu besorgen hätte. [4] § 38 Absatz 6 und § 70 Absatz 2 sind zu beachten.

(2) [1] Soweit erforderlich, ist eine Untersuchung des Beschuldigten, namentlich zur Feststellung seines Entwicklungsstandes oder anderer für das Verfahren wesentlicher Eigenschaften, herbeizuführen. [2] Nach Möglichkeit soll ein zur Untersuchung von Jugendlichen befähigter Sachverständiger mit der Durchführung der Anordnung beauftragt werden.

§ 44 Vernehmung des Beschuldigten bei zu erwartender Jugendstrafe. Ist Jugendstrafe zu erwarten, so soll der Staatsanwalt oder der Vorsitzende des Jugendgerichts den Beschuldigten vernehmen, ehe die Anklage erhoben wird.

§ 45 Absehen von der Verfolgung. (1) Der Staatsanwalt kann ohne Zustimmung des Richters von der Verfolgung absehen, wenn die Voraussetzungen des § 153 der Strafprozeßordnung vorliegen.

(2) [1]Der Staatsanwalt sieht von der Verfolgung ab, wenn eine erzieherische Maßnahme bereits durchgeführt oder eingeleitet ist und er weder eine Beteiligung des Richters nach Absatz 3 noch die Erhebung der Anklage für erforderlich hält. [2]Einer erzieherischen Maßnahme steht das Bemühen des Jugendlichen gleich, einen Ausgleich mit dem Verletzten zu erreichen.

(3) [1]Der Staatsanwalt regt die Erteilung einer Ermahnung, von Weisungen nach § 10 Abs. 1 Satz 3 Nr. 4, 7 und 9 oder von Auflagen durch den Jugendrichter an, wenn der Beschuldigte geständig ist und der Staatsanwalt die Anordnung einer solchen richterlichen Maßnahme für erforderlich, die Erhebung der Anklage aber nicht für geboten hält. [2]Entspricht der Jugendrichter der Anregung, so sieht der Staatsanwalt von der Verfolgung ab, bei Erteilung von Weisungen oder Auflagen jedoch nur, nachdem der Jugendliche ihnen nachgekommen ist. [3]§ 11 Abs. 3 und § 15 Abs. 3 Satz 2 sind nicht anzuwenden. [4]§ 47 Abs. 3 findet entsprechende Anwendung.

§ 46 Wesentliches Ergebnis der Ermittlungen. Der Staatsanwalt soll das wesentliche Ergebnis der Ermittlungen in der Anklageschrift (§ 200 Abs. 2 der Strafprozeßordnung) so darstellen, daß die Kenntnisnahme durch den Beschuldigten möglichst keine Nachteile für seine Erziehung verursacht.

§ 46a Anklage vor Berichterstattung der Jugendgerichtshilfe. [1]Abgesehen von Fällen des § 38 Absatz 7 darf die Anklage auch dann vor einer Berichterstattung der Jugendgerichtshilfe nach § 38 Absatz 3 erhoben werden, wenn dies dem Wohl des Jugendlichen dient und zu erwarten ist, dass das Ergebnis der Nachforschungen spätestens zu Beginn der Hauptverhandlung zur Verfügung stehen wird. [2]Nach Erhebung der Anklage ist der Jugendstaatsanwaltschaft und dem Jugendgericht zu berichten.

Zweiter Unterabschnitt. Das Hauptverfahren

§ 47 Einstellung des Verfahrens durch den Richter. (1) [1]Ist die Anklage eingereicht, so kann der Richter das Verfahren einstellen, wenn

1. die Voraussetzungen des § 153 der Strafprozeßordnung vorliegen,
2. eine erzieherische Maßnahme im Sinne des § 45 Abs. 2, die eine Entscheidung durch Urteil entbehrlich macht, bereits durchgeführt oder eingeleitet ist,
3. der Richter eine Entscheidung durch Urteil für entbehrlich hält und gegen den geständigen Jugendlichen eine in § 45 Abs. 3 Satz 1 bezeichnete Maßnahme anordnet oder
4. der Angeklagte mangels Reife strafrechtlich nicht verantwortlich ist.

[2]In den Fällen von Satz 1 Nr. 2 und 3 kann der Richter mit Zustimmung des Staatsanwalts das Verfahren vorläufig einstellen und dem Jugendlichen eine Frist von höchstens sechs Monaten setzen, binnen der er den Auflagen, Weisungen oder erzieherischen Maßnahmen nachzukommen hat. [3]Die Entscheidung ergeht durch Beschluß. [4]Der Beschluß ist nicht anfechtbar. [5]Kommt der Jugendliche den Auflagen, Weisungen oder erzieherischen Maßnahmen nach, so stellt der Richter das Verfahren ein. [6]§ 11 Abs. 3 und § 15 Abs. 3 Satz 2 sind nicht anzuwenden.

(2) [1]Die Einstellung bedarf der Zustimmung des Staatsanwalts, soweit er nicht bereits der vorläufigen Einstellung zugestimmt hat. [2]Der Einstellungsbeschluß kann auch in der Hauptverhandlung ergehen. [3]Er wird mit Gründen versehen und ist nicht anfechtbar. [4]Die Gründe werden dem Angeklagten nicht mitgeteilt, soweit davon Nachteile für die Erziehung zu befürchten sind.

(3) Wegen derselben Tat kann nur auf Grund neuer Tatsachen oder Beweismittel von neuem Anklage erhoben werden.

§ 47a Vorrang der Jugendgerichte. [1]Ein Jugendgericht darf sich nach Eröffnung des Hauptverfahrens nicht für unzuständig erklären, weil die Sache vor ein für allgemeine Strafsachen zuständiges Gericht gleicher oder niedrigerer Ordnung gehöre. [2]§ 103 Abs. 2 Satz 2, 3 bleibt unberührt.

§ 48 Nichtöffentlichkeit. (1) Die Verhandlung vor dem erkennenden Gericht einschließlich der Verkündung der Entscheidungen ist nicht öffentlich.

(2) [1]Neben den am Verfahren Beteiligten ist dem Verletzten, seinem Erziehungsberechtigten und seinem gesetzlichen Vertreter und, falls der Angeklagte der Aufsicht und Leitung eines Bewährungshelfers oder der Betreuung und Aufsicht eines Betreuungshelfers untersteht oder für ihn ein Erziehungsbeistand bestellt ist, dem Helfer und dem Erziehungsbeistand die Anwesenheit gestattet. [2]Das gleiche gilt in den Fällen, in denen dem Jugendlichen Hilfe zur Erziehung in einem Heim oder einer vergleichbaren Einrichtung gewährt wird, für den Leiter der Einrichtung. [3]Andere Personen kann der Vorsitzende aus besonderen Gründen, namentlich zu Ausbildungszwecken, zulassen.

(3) [1]Sind in dem Verfahren auch Heranwachsende oder Erwachsene angeklagt, so ist die Verhandlung öffentlich. [2]Die Öffentlichkeit kann ausgeschlossen werden, wenn dies im Interesse der Erziehung jugendlicher Angeklagter geboten ist.

§ 49 *(aufgehoben)*

§ 50 Anwesenheit in der Hauptverhandlung. (1) Die Hauptverhandlung kann nur dann ohne den Angeklagten stattfinden, wenn dies im allgemeinen Verfahren zulässig wäre, besondere Gründe dafür vorliegen und die Jugendstaatsanwaltschaft zustimmt.

(2) [1]Der Vorsitzende soll auch die Ladung der Erziehungsberechtigten und der gesetzlichen Vertreter anordnen. [2]Die Vorschriften über die Ladung, die Folgen des Ausbleibens und die Entschädigung von Zeugen gelten entsprechend.

(3) [1]Der Jugendgerichtshilfe sind Ort und Zeit der Hauptverhandlung in angemessener Frist vor dem vorgesehenen Termin mitzuteilen. [2]Der Vertreter der Jugendgerichtshilfe erhält in der Hauptverhandlung auf Verlangen das Wort. [3]Ist kein Vertreter der Jugendgerichtshilfe anwesend, kann unter den Voraussetzungen des § 38 Absatz 7 Satz 1 ein schriftlicher Bericht der Jugendgerichtshilfe in der Hauptverhandlung verlesen werden.

(4) [1]Nimmt ein bestellter Bewährungshelfer an der Hauptverhandlung teil, so soll er zu der Entwicklung des Jugendlichen in der Bewährungszeit gehört werden. [2]Satz 1 gilt für einen bestellten Betreuungshelfer und den Leiter eines sozialen Trainingskurses, an dem der Jugendliche teilnimmt, entsprechend.

§ 51 Zeitweilige Ausschließung von Beteiligten. (1) [1]Der Vorsitzende soll den Angeklagten für die Dauer solcher Erörterungen von der Verhandlung ausschließen, aus denen Nachteile für die Erziehung entstehen können. [2]Er hat ihn von dem, was in seiner Abwesenheit verhandelt worden ist, zu unterrichten, soweit es für seine Verteidigung erforderlich ist.

(2) [1]Der Vorsitzende kann auch Erziehungsberechtigte und gesetzliche Vertreter des Angeklagten von der Verhandlung ausschließen, soweit

1. erhebliche erzieherische Nachteile drohen, weil zu befürchten ist, dass durch die Erörterung der persönlichen Verhältnisse des Angeklagten in ihrer Gegenwart eine erforderliche künftige Zusammenarbeit zwischen den genannten Personen und der Jugendgerichtshilfe bei der Umsetzung zu erwartender jugendgerichtlicher Sanktionen in erheblichem Maße erschwert wird,
2. sie verdächtig sind, an der Verfehlung des Angeklagten beteiligt zu sein, oder soweit sie wegen einer Beteiligung verurteilt sind,
3. eine Gefährdung des Lebens, des Leibes oder der Freiheit des Angeklagten, eines Zeugen oder einer anderen Person oder eine sonstige erhebliche Beeinträchtigung des Wohls des Angeklagten zu besorgen ist,
4. zu befürchten ist, dass durch ihre Anwesenheit die Ermittlung der Wahrheit beeinträchtigt wird, oder
5. Umstände aus dem persönlichen Lebensbereich eines Verfahrensbeteiligten, Zeugen oder durch eine rechtswidrige Tat Verletzten zur Sprache kommen, deren Erörterung in ihrer Anwesenheit schutzwürdige Interessen verletzen würde, es sei denn, das Interesse der Erziehungsberechtigten und gesetzlichen Vertreter an der Erörterung dieser Umstände in ihrer Gegenwart überwiegt.

[2]Der Vorsitzende kann in den Fällen des Satzes 1 Nr. 3 bis 5 auch Erziehungsberechtigte und gesetzliche Vertreter des Verletzten von der Verhandlung ausschließen, im Fall der Nummer 3 auch dann, wenn eine sonstige erhebliche Beeinträchtigung des Wohls des Verletzten zu besorgen ist. [3]Erziehungsberechtigte und gesetzliche Vertreter sind auszuschließen, wenn die Voraussetzungen des Satzes 1 Nr. 5 vorliegen und der Ausschluss von der Person, deren Lebensbereich betroffen ist, beantragt wird. [4]Satz 1 Nr. 5 gilt nicht, soweit die Personen, deren Lebensbereiche betroffen sind, in der Hauptverhandlung dem Ausschluss widersprechen.

(3) § 177 des Gerichtsverfassungsgesetzes gilt entsprechend.

(4) [1]In den Fällen des Absatzes 2 ist vor einem Ausschluss auf ein einvernehmliches Verlassen des Sitzungssaales hinzuwirken. [2]Der Vorsitzende hat die Erziehungsberechtigten und gesetzlichen Vertreter des Angeklagten, sobald diese wieder anwesend sind, in geeigneter Weise von dem wesentlichen Inhalt dessen zu unterrichten, was während ihrer Abwesenheit ausgesagt oder sonst verhandelt worden ist.

(5) Der Ausschluss von Erziehungsberechtigten und gesetzlichen Vertretern nach den Absätzen 2 und 3 ist auch zulässig, wenn sie zum Beistand (§ 69) bestellt sind.

(6) [1]Werden die Erziehungsberechtigten und die gesetzlichen Vertreter für einen nicht unerheblichen Teil der Hauptverhandlung ausgeschlossen, so ist für die Dauer ihres Ausschlusses von dem Vorsitzenden einer anderen für den Schutz der Interessen des Jugendlichen geeigneten volljährigen Person die Anwesenheit zu gestatten. [2]Dem Jugendlichen soll Gelegenheit gegeben werden, eine volljährige Person seines Vertrauens zu bezeichnen. [3]Die anwesende andere geeignete Person erhält in der Hauptverhandlung auf Verlangen das Wort. [4]Wird keiner sonstigen anderen Person nach Satz 1 die Anwesenheit gestattet, muss ein für die Betreuung des Jugendlichen in dem Jugendstrafverfahren zuständiger Vertreter der Jugendhilfe anwesend sein.

(7) Sind in der Hauptverhandlung keine Erziehungsberechtigten und keine gesetzlichen Vertreter anwesend, weil sie binnen angemessener Frist nicht erreicht werden konnten, so gilt Absatz 6 entsprechend.

§ 51a Neubeginn der Hauptverhandlung. Ergibt sich erst während der Hauptverhandlung, dass die Mitwirkung eines Verteidigers nach § 68 Nummer 5 notwendig ist, so ist mit der Hauptverhandlung von neuem zu beginnen, wenn der Jugendliche nicht von Beginn der Hauptverhandlung an verteidigt war.

§ 52 Berücksichtigung von Untersuchungshaft bei Jugendarrest. Wird auf Jugendarrest erkannt und ist dessen Zweck durch Untersuchungshaft oder eine andere wegen der Tat erlittene Freiheitsentziehung ganz oder teilweise erreicht, so kann der Richter im Urteil aussprechen, daß oder wieweit der Jugendarrest nicht vollstreckt wird.

§ 52a Anrechnung von Untersuchungshaft bei Jugendstrafe. (1) [1]Hat der Angeklagte aus Anlaß einer Tat, die Gegenstand des Verfahrens ist oder gewesen ist, Untersuchungshaft oder eine andere Freiheitsentziehung erlitten, so wird sie auf die Jugendstrafe angerechnet. [2]Der Richter kann jedoch anordnen, daß die Anrechnung ganz oder zum Teil unterbleibt, wenn sie im Hinblick auf das Verhalten des Angeklagten nach der Tat oder aus erzieherischen Gründen nicht gerechtfertigt ist. [3]Erzieherische Gründe liegen namentlich vor, wenn bei Anrechnung der Freiheitsentziehung die noch erforderliche erzieherische Einwirkung auf den Angeklagten nicht gewährleistet ist.

(2) *(aufgehoben)*

§ 53 Überweisung an das Familiengericht. [1]Der Richter kann dem Familiengericht im Urteil die Auswahl und Anordnung von Erziehungsmaßregeln überlassen, wenn er nicht auf Jugendstrafe erkennt. [2]Das Familiengericht muß dann eine Erziehungsmaßregel anordnen, soweit sich nicht die Umstände, die für das Urteil maßgebend waren, verändert haben.

§ 54 Urteilsgründe. (1) [1]Wird der Angeklagte schuldig gesprochen, so wird in den Urteilsgründen auch ausgeführt, welche Umstände für seine Bestrafung, für die angeordneten Maßnahmen, für die Überlassung ihrer Auswahl und Anordnung an das Familiengericht oder für das Absehen von Zuchtmitteln und Strafe bestimmend waren. [2]Dabei soll namentlich die seelische, geistige und körperliche Eigenart des Angeklagten berücksichtigt werden.

(2) Die Urteilsgründe werden dem Angeklagten nicht mitgeteilt, soweit davon Nachteile für die Erziehung zu befürchten sind.

Dritter Unterabschnitt. Rechtsmittelverfahren

§ 55 Anfechtung von Entscheidungen. (1) [1]Eine Entscheidung, in der lediglich Erziehungsmaßregeln oder Zuchtmittel angeordnet oder die Auswahl und Anordnung von Erziehungsmaßregeln dem Familiengericht überlassen sind, kann nicht wegen des Umfangs der Maßnahmen und nicht deshalb angefochten werden, weil andere oder weitere Erziehungsmaßregeln oder Zuchtmittel hätten angeordnet werden sollen oder weil die Auswahl und Anordnung der Erziehungsmaßregeln dem Familiengericht überlassen worden sind. [2]Diese Vorschrift gilt nicht, wenn der Richter angeordnet hat, Hilfe zur Erziehung nach § 12 Nr. 2 in Anspruch zu nehmen.

(2) [1]Wer eine zulässige Berufung eingelegt hat, kann gegen das Berufungsurteil nicht mehr Revision einlegen. [2]Hat der Angeklagte, der Erziehungsberechtigte oder der gesetzliche Vertreter eine zulässige Berufung eingelegt, so steht gegen das Berufungsurteil keinem von ihnen das Rechtsmittel der Revision zu.

(3) Der Erziehungsberechtigte oder der gesetzliche Vertreter kann das von ihm eingelegte Rechtsmittel nur mit Zustimmung des Angeklagten zurücknehmen.

(4) Soweit ein Beteiligter nach Absatz 1 Satz 1 an der Anfechtung einer Entscheidung gehindert ist oder nach Absatz 2 kein Rechtsmittel gegen die Berufungsentscheidung einlegen kann, gilt § 356a der Strafprozessordnung entsprechend.

§ 56 Teilvollstreckung einer Einheitsstrafe. (1) [1]Ist ein Angeklagter wegen mehrerer Straftaten zu einer Einheitsstrafe verurteilt worden, so kann das Rechtsmittelgericht vor der Hauptverhandlung das Urteil für einen Teil der Strafe als vollstreckbar erklären, wenn die Schuldfeststellungen bei einer Straftat oder bei mehreren Straftaten nicht beanstandet worden sind. [2]Die Anordnung ist nur zulässig, wenn sie dem wohlverstandenen Interesse des Angeklagten entspricht. [3]Der Teil der Strafe darf nicht über die Strafe hinausgehen, die einer Verurteilung wegen der Straftaten entspricht, bei denen die Schuldfeststellungen nicht beanstandet worden sind.

(2) Gegen den Beschluß ist sofortige Beschwerde zulässig.

Vierter Unterabschnitt. Verfahren bei Aussetzung der Jugendstrafe zur Bewährung

§ 57 Entscheidung über die Aussetzung. (1) [1]Die Aussetzung der Jugendstrafe zur Bewährung wird im Urteil oder, solange der Strafvollzug noch nicht begonnen hat, nachträglich durch Beschluß angeordnet. [2]Ist die Entscheidung über die Aussetzung nicht im Urteil vorbehalten worden, so ist für den nachträglichen Beschluss das Gericht zuständig, das in der Sache im ersten Rechtszug erkannt hat; die Staatsanwaltschaft und der Jugendliche sind zu hören.

(2) Hat das Gericht die Entscheidung über die Aussetzung nicht einem nachträglichen Beschluss vorbehalten oder die Aussetzung im Urteil oder in einem nachträglichen Beschluss abgelehnt, so ist ihre nachträgliche Anordnung nur zulässig, wenn seit Erlaß des Urteils oder des Beschlusses Umstände hervorgetreten sind, die allein oder in Verbindung mit den bereits bekannten Umständen eine Aussetzung der Jugendstrafe zur Bewährung rechtfertigen.

(3) [1]Kommen Weisungen oder Auflagen (§ 23) in Betracht, so ist der Jugendliche in geeigneten Fällen zu befragen, ob er Zusagen für seine künftige Lebensführung macht oder sich zu Leistungen erbietet, die der Genugtuung für das begangene Unrecht dienen. [2]Kommt die Weisung in Betracht, sich einer heilerzieherischen Behandlung oder einer Entziehungskur zu unterziehen, so ist der Jugendliche, der das sechzehnte Lebensjahr vollendet hat, zu befragen, ob er hierzu seine Einwilligung gibt.

(4) § 260 Abs. 4 Satz 4 und § 267 Abs. 3 Satz 4 der Strafprozeßordnung gelten entsprechend.

§ 58 Weitere Entscheidungen. (1) [1]Entscheidungen, die infolge der Aussetzung erforderlich werden (§§ 22, 23, 24, 26, 26a), trifft der Richter durch Beschluß. [2]Der Staatsanwalt, der Jugendliche und der Bewährungshelfer sind zu hören. [3]Wenn eine Entscheidung nach § 26 oder die Verhängung von Jugendarrest in Betracht kommt, ist dem Jugendlichen Gelegenheit zur mündlichen Äußerung vor dem Richter zu geben. [4]Der Beschluß ist zu begründen.

(2) Der Richter leitet auch die Vollstreckung der vorläufigen Maßnahmen nach § 453c der Strafprozeßordnung.

(3) [1]Zuständig ist der Richter, der die Aussetzung angeordnet hat. [2]Er kann die Entscheidungen ganz oder teilweise dem Jugendrichter übertragen, in dessen Bezirk sich der Jugendliche aufhält. [3]§ 42 Abs. 3 Satz 2 gilt entsprechend.

§ 59 Anfechtung. (1) [1]Gegen eine Entscheidung, durch welche die Aussetzung der Jugendstrafe angeordnet oder abgelehnt wird, ist, wenn sie für sich allein oder nur gemeinsam mit der Entscheidung über die Anordnung eines Jugendarrests nach § 16a angefochten wird, sofortige Beschwerde zulässig. [2]Das gleiche gilt, wenn ein Urteil nur deshalb angefochten wird, weil die Strafe nicht ausgesetzt worden ist.

(2) [1] Gegen eine Entscheidung über die Dauer der Bewährungszeit (§ 22), die Dauer der Unterstellungszeit (§ 24), die erneute Anordnung der Unterstellung in der Bewährungszeit (§ 24 Abs. 2) und über Weisungen oder Auflagen (§ 23) ist Beschwerde zulässig. [2] Sie kann nur darauf gestützt werden, daß die Bewährungs- oder die Unterstellungszeit nachträglich verlängert, die Unterstellung erneut angeordnet worden oder daß eine getroffene Anordnung gesetzwidrig ist.

(3) Gegen den Widerruf der Aussetzung der Jugendstrafe (§ 26 Abs. 1) ist sofortige Beschwerde zulässig.

(4) Der Beschluß über den Straferlaß (§ 26a) ist nicht anfechtbar.

(5) Wird gegen ein Urteil eine zulässige Revision und gegen eine Entscheidung, die sich auf eine in dem Urteil angeordnete Aussetzung der Jugendstrafe zur Bewährung bezieht, Beschwerde eingelegt, so ist das Revisionsgericht auch zur Entscheidung über die Beschwerde zuständig.

§ 60 Bewährungsplan. (1) [1] Der Vorsitzende stellt die erteilten Weisungen und Auflagen in einem Bewährungsplan zusammen. [2] Er händigt ihn dem Jugendlichen aus und belehrt ihn zugleich über die Bedeutung der Aussetzung, die Bewährungs- und Unterstellungszeit, die Weisungen und Auflagen sowie über die Möglichkeit des Widerrufs der Aussetzung. [3] Zugleich ist ihm aufzugeben, jeden Wechsel seines Aufenthalts, Ausbildungs- oder Arbeitsplatzes während der Bewährungszeit anzuzeigen. [4] Auch bei nachträglichen Änderungen des Bewährungsplans ist der Jugendliche über den wesentlichen Inhalt zu belehren.

(2) Der Name des Bewährungshelfers wird in den Bewährungsplan eingetragen.

(3) [1] Der Jugendliche soll durch seine Unterschrift bestätigen, daß er den Bewährungsplan gelesen hat, und versprechen, daß er den Weisungen und Auflagen nachkommen will. [2] Auch der Erziehungsberechtigte und der gesetzliche Vertreter sollen den Bewährungsplan unterzeichnen.

§ 61 Vorbehalt der nachträglichen Entscheidung über die Aussetzung. (1) Das Gericht kann im Urteil die Entscheidung über die Aussetzung der Jugendstrafe zur Bewährung ausdrücklich einem nachträglichen Beschluss vorbehalten, wenn

1. nach Erschöpfung der Ermittlungsmöglichkeiten die getroffenen Feststellungen noch nicht die in § 21 Absatz 1 Satz 1 vorausgesetzte Erwartung begründen können und
2. auf Grund von Ansätzen in der Lebensführung des Jugendlichen oder sonstiger bestimmter Umstände die Aussicht besteht, dass eine solche Erwartung in absehbarer Zeit (§ 61a Absatz 1) begründet sein wird.

(2) Ein entsprechender Vorbehalt kann auch ausgesprochen werden, wenn

1. in der Hauptverhandlung Umstände der in Absatz 1 Nummer 2 genannten Art hervorgetreten sind, die allein oder in Verbindung mit weiteren Umständen die in § 21 Absatz 1 Satz 1 vorausgesetzte Erwartung begründen könnten,
2. die Feststellungen, die sich auf die nach Nummer 1 bedeutsamen Umstände beziehen, aber weitere Ermittlungen verlangen und
3. die Unterbrechung oder Aussetzung der Hauptverhandlung zu erzieherisch nachteiligen oder unverhältnismäßigen Verzögerungen führen würde.

(3) [1] Wird im Urteil der Vorbehalt ausgesprochen, gilt § 16a entsprechend. [2] Der Vorbehalt ist in die Urteilsformel aufzunehmen. [3] Die Urteilsgründe müssen die dafür bestimmenden Umstände anführen. [4] Bei der Verkündung des Urteils ist der Jugendliche über die Bedeutung des Vorbehalts und seines Verhaltens in der Zeit bis zu der nachträglichen Entscheidung zu belehren.

§ 61a Frist und Zuständigkeit für die vorbehaltene Entscheidung. (1) [1] Die vorbehaltene Entscheidung ergeht spätestens sechs Monate nach Eintritt der

Rechtskraft des Urteils. [2]Das Gericht kann mit dem Vorbehalt eine kürzere Höchstfrist festsetzen. [3]Aus besonderen Gründen und mit dem Einverständnis des Verurteilten kann die Frist nach Satz 1 oder 2 durch Beschluss auf höchstens neun Monate seit Eintritt der Rechtskraft des Urteils verlängert werden.

(2) Zuständig für die vorbehaltene Entscheidung ist das Gericht, in dessen Urteil die zugrunde liegenden tatsächlichen Feststellungen letztmalig geprüft werden konnten.

§ 61b Weitere Entscheidungen bei Vorbehalt der Entscheidung über die Aussetzung. (1) [1]Das Gericht kann dem Jugendlichen für die Zeit zwischen Eintritt der Rechtskraft des Urteils und dem Ablauf der nach § 61a Absatz 1 maßgeblichen Frist Weisungen und Auflagen erteilen; die §§ 10, 15 Absatz 1 und 2, § 23 Absatz 1 Satz 1 bis 3, Absatz 2 gelten entsprechend. [2]Das Gericht soll den Jugendlichen für diese Zeit der Aufsicht und Betreuung eines Bewährungshelfers unterstellen; darauf soll nur verzichtet werden, wenn ausreichende Betreuung und Überwachung durch die Jugendgerichtshilfe gewährleistet sind. [3]Im Übrigen sind die §§ 24 und 25 entsprechend anzuwenden. [4]Bewährungshilfe und Jugendgerichtshilfe arbeiten eng zusammen. [5]Dabei dürfen sie wechselseitig auch personenbezogene Daten über den Verurteilten übermitteln, soweit dies für eine sachgemäße Erfüllung der Betreuungs- und Überwachungsaufgaben der jeweils anderen Stelle erforderlich ist. [6]Für die Entscheidungen nach diesem Absatz gelten § 58 Absatz 1 Satz 1, 2 und 4, Absatz 3 Satz 1 und § 59 Absatz 2 und 5 entsprechend. [7]Die Vorschriften des § 60 sind sinngemäß anzuwenden.

(2) Ergeben sich vor Ablauf der nach § 61a Absatz 1 maßgeblichen Frist hinreichende Gründe für die Annahme, dass eine Aussetzung der Jugendstrafe zur Bewährung abgelehnt wird, so gelten § 453c der Strafprozessordnung und § 58 Absatz 2 und 3 Satz 1 entsprechend.

(3) Wird die Jugendstrafe zur Bewährung ausgesetzt, so wird die Zeit vom Eintritt der Rechtskraft des Urteils, in dem die Aussetzung einer nachträglichen Entscheidung vorbehalten wurde, bis zum Eintritt der Rechtskraft der Entscheidung über die Aussetzung auf die nach § 22 bestimmte Bewährungszeit angerechnet.

(4) [1]Wird die Aussetzung abgelehnt, so kann das Gericht Leistungen, die der Jugendliche zur Erfüllung von Weisungen, Auflagen, Zusagen oder Anerbieten erbracht hat, auf die Jugendstrafe anrechnen. [2]Das Gericht hat die Leistungen anzurechnen, wenn die Rechtsfolgen der Tat andernfalls das Maß der Schuld übersteigen würden. [3]Im Hinblick auf Jugendarrest, der nach § 16a verhängt wurde (§ 61 Absatz 3 Satz 1), gilt § 26 Absatz 3 Satz 3 entsprechend.

Fünfter Unterabschnitt. Verfahren bei Aussetzung der Verhängung der Jugendstrafe

§ 62 Entscheidungen. (1) [1]Entscheidungen nach den §§ 27 und 30 ergehen auf Grund einer Hauptverhandlung durch Urteil. [2]Für die Entscheidung über die Aussetzung der Verhängung der Jugendstrafe gilt § 267 Abs. 3 Satz 4 der Strafprozeßordnung sinngemäß.

(2) Mit Zustimmung des Staatsanwalts kann die Tilgung des Schuldspruchs nach Ablauf der Bewährungszeit auch ohne Hauptverhandlung durch Beschluß angeordnet werden.

(3) Ergibt eine während der Bewährungszeit durchgeführte Hauptverhandlung nicht, daß eine Jugendstrafe erforderlich ist (§ 30 Abs. 1), so ergeht der Beschluß, daß die Entscheidung über die Verhängung der Strafe ausgesetzt bleibt.

(4) Für die übrigen Entscheidungen, die infolge einer Aussetzung der Verhängung der Jugendstrafe erforderlich werden, gilt § 58 Abs. 1 Satz 1, 2 und 4 und Abs. 3 Satz 1 sinngemäß.

§ 63 Anfechtung. (1) Ein Beschluß, durch den der Schuldspruch nach Ablauf der Bewährungszeit getilgt wird (§ 62 Abs. 2) oder die Entscheidung über die Verhängung der Jugendstrafe ausgesetzt bleibt (§ 62 Abs. 3), ist nicht anfechtbar.

(2) Im übrigen gilt § 59 Abs. 2 und 5 sinngemäß.

§ 64 Bewährungsplan. [1] § 60 gilt sinngemäß. [2] Der Jugendliche ist über die Bedeutung der Aussetzung, die Bewährungs- und Unterstellungszeit, die Weisungen und Auflagen sowie darüber zu belehren, daß er die Festsetzung einer Jugendstrafe zu erwarten habe, wenn er sich während der Bewährungszeit schlecht führe.

Sechster Unterabschnitt. Ergänzende Entscheidungen

§ 65 Nachträgliche Entscheidungen über Weisungen und Auflagen. (1) [1] Nachträgliche Entscheidungen, die sich auf Weisungen (§ 11 Abs. 2, 3) oder Auflagen (§ 15 Abs. 3) beziehen, trifft der Richter des ersten Rechtszuges nach Anhören des Staatsanwalts und des Jugendlichen durch Beschluß. [2] Soweit erforderlich, sind der Vertreter der Jugendgerichtshilfe, der nach § 10 Abs. 1 Satz 3 Nr. 5 bestellte Betreuungshelfer und der nach § 10 Abs. 1 Satz 3 Nr. 6 tätige Leiter eines sozialen Trainingskurses zu hören. [3] Wenn die Verhängung von Jugendarrest in Betracht kommt, ist dem Jugendlichen Gelegenheit zur mündlichen Äußerung vor dem Richter zu geben. [4] Der Richter kann das Verfahren an den Jugendrichter abgeben, in dessen Bezirk sich der Jugendliche aufhält, wenn dieser seinen Aufenthalt gewechselt hat. [5] § 42 Abs. 3 Satz 2 gilt entsprechend.

(2) [1] Hat der Richter die Änderung von Weisungen abgelehnt, so ist der Beschluß nicht anfechtbar. [2] Hat er Jugendarrest verhängt, so ist gegen den Beschluß sofortige Beschwerde zulässig. [3] Diese hat aufschiebende Wirkung.

§ 66 Ergänzung rechtskräftiger Entscheidungen bei mehrfacher Verurteilung. (1) [1] Ist die einheitliche Festsetzung von Maßnahmen oder Jugendstrafe (§ 31) unterblieben und sind die durch die rechtskräftigen Entscheidungen erkannten Erziehungsmaßregeln, Zuchtmittel und Strafen noch nicht vollständig ausgeführt, verbüßt oder sonst erledigt, so trifft der Richter eine solche Entscheidung nachträglich. [2] Dies gilt nicht, soweit der Richter nach § 31 Abs. 3 von der Einbeziehung rechtskräftig abgeurteilter Straftaten abgesehen hatte.

(2) [1] Die Entscheidung ergeht auf Grund einer Hauptverhandlung durch Urteil, wenn der Staatsanwalt es beantragt oder der Vorsitzende es für angemessen hält. [2] Wird keine Hauptverhandlung durchgeführt, so entscheidet der Richter durch Beschluß. [3] Für die Zuständigkeit und das Beschlußverfahren gilt dasselbe wie für die nachträgliche Bildung einer Gesamtstrafe nach den allgemeinen Vorschriften. [4] Ist eine Jugendstrafe teilweise verbüßt, so ist der Richter zuständig, dem die Aufgaben des Vollstreckungsleiters obliegen.

Siebenter Unterabschnitt. Gemeinsame Verfahrensvorschriften

§ 67 Stellung der Erziehungsberechtigten und der gesetzlichen Vertreter. (1) Soweit der Beschuldigte ein Recht darauf hat, gehört zu werden oder Fragen und Anträge zu stellen, steht dieses Recht auch den Erziehungsberechtigten und den gesetzlichen Vertretern zu.

(2) Die Rechte der gesetzlichen Vertreter zur Wahl eines Verteidigers und zur Einlegung von Rechtsbehelfen stehen auch den Erziehungsberechtigten zu.

(3) [1] Bei Untersuchungshandlungen, bei denen der Jugendliche ein Recht darauf hat, anwesend zu sein, namentlich bei seiner Vernehmung, ist den Erziehungsberechtigten und den gesetzlichen Vertretern die Anwesenheit gestattet, soweit
1. dies dem Wohl des Jugendlichen dient und
2. ihre Anwesenheit das Strafverfahren nicht beeinträchtigt.

[2] Die Voraussetzungen des Satzes 1 Nummer 1 und 2 sind in der Regel erfüllt, wenn keiner der in § 51 Absatz 2 genannten Ausschlussgründe und keine entsprechend § 177 des Gerichtsverfassungsgesetzes zu behandelnde Missachtung einer zur Aufrechterhaltung der Ordnung getroffenen Anordnung vorliegt. [3] Ist kein Erziehungsberechtigter und kein gesetzlicher Vertreter anwesend, weil diesen die Anwesenheit versagt wird oder weil binnen angemessener Frist kein Erziehungsberechtigter und kein gesetzlicher Vertreter erreicht werden konnte, so ist einer anderen für den Schutz der Interessen des Jugendlichen geeigneten volljährigen Person die Anwesenheit zu gestatten, wenn die Voraussetzungen des Satzes 1 Nummer 1 und 2 im Hinblick auf diese Person erfüllt sind.

(4) [1] Das Jugendgericht kann die Rechte nach den Absätzen 1 bis 3 Erziehungsberechtigten und gesetzlichen Vertretern entziehen, soweit sie verdächtig sind, an der Verfehlung des Beschuldigten beteiligt zu sein, oder soweit sie wegen einer Beteiligung verurteilt sind. [2] Liegen die Voraussetzungen des Satzes 1 bei einem Erziehungsberechtigten oder einem gesetzlichen Vertreter vor, so kann der Richter die Entziehung gegen beide aussprechen, wenn ein Mißbrauch der Rechte zu befürchten ist. [3] Stehen den Erziehungsberechtigten und den gesetzlichen Vertretern ihre Rechte nicht mehr zu, so bestellt das Familiengericht einen Pfleger zur Wahrnehmung der Interessen des Beschuldigten im anhängigen Strafverfahren. [4] Die Hauptverhandlung wird bis zur Bestellung des Pflegers ausgesetzt.

(5) [1] Sind mehrere erziehungsberechtigt, so kann jeder von ihnen die in diesem Gesetz bestimmten Rechte der Erziehungsberechtigten ausüben. [2] In der Hauptverhandlung oder in einer sonstigen gerichtlichen Verhandlung werden abwesende Erziehungsberechtigte als durch anwesende vertreten angesehen. [3] Sind Mitteilungen oder Ladungen vorgeschrieben, so genügt es, wenn sie an eine erziehungsberechtigte Person gerichtet werden.

§ 67a Unterrichtung der Erziehungsberechtigten und der gesetzlichen Vertreter. (1) Ist eine Mitteilung an den Beschuldigten vorgeschrieben, so soll die entsprechende Mitteilung an die Erziehungsberechtigten und die gesetzlichen Vertreter gerichtet werden.

(2) [1] Die Informationen, die der Jugendliche nach § 70a zu erhalten hat, sind jeweils so bald wie möglich auch den Erziehungsberechtigten und den gesetzlichen Vertretern zu erteilen. [2] Wird dem Jugendlichen einstweilig die Freiheit entzogen, sind die Erziehungsberechtigten und die gesetzlichen Vertreter so bald wie möglich über den Freiheitsentzug und die Gründe hierfür zu unterrichten.

(3) Mitteilungen und Informationen nach den Absätzen 1 und 2 an Erziehungsberechtigte und gesetzliche Vertreter unterbleiben, soweit
1. auf Grund der Unterrichtung eine erhebliche Beeinträchtigung des Wohls des Jugendlichen zu besorgen wäre, insbesondere bei einer Gefährdung des Lebens, des Leibes oder der Freiheit des Jugendlichen oder bei Vorliegen der Voraussetzungen des § 67 Absatz 4 Satz 1 oder 2,
2. auf Grund der Unterrichtung der Zweck der Untersuchung erheblich gefährdet würde oder
3. Erziehungsberechtigte oder gesetzliche Vertreter binnen angemessener Frist nicht erreicht werden können.

(4) [1]Werden nach Absatz 3 weder Erziehungsberechtigte noch gesetzliche Vertreter unterrichtet, so ist eine andere für den Schutz der Interessen des Jugendlichen geeignete volljährige Person zu unterrichten. [2]Dem Jugendlichen soll zuvor Gelegenheit gegeben werden, eine volljährige Person seines Vertrauens zu bezeichnen. [3]Eine andere geeignete volljährige Person kann auch der für die Betreuung des Jugendlichen in dem Jugendstrafverfahren zuständige Vertreter der Jugendgerichtshilfe sein.

(5) [1]Liegen Gründe, aus denen Mitteilungen und Informationen nach Absatz 3 unterbleiben können, nicht mehr vor, so sind im weiteren Verfahren vorgeschriebene Mitteilungen und Informationen auch wieder an die betroffenen Erziehungsberechtigten und gesetzlichen Vertreter zu richten. [2]Außerdem erhalten sie in diesem Fall nachträglich auch solche Mitteilungen und Informationen, die der Jugendliche nach § 70a bereits erhalten hat, soweit diese im Laufe des Verfahrens von Bedeutung bleiben oder sobald sie Bedeutung erlangen.

(6) Für den dauerhaften Entzug der Rechte nach den Absätzen 1 und 2 findet das Verfahren nach § 67 Absatz 4 entsprechende Anwendung.

§ 68 Notwendige Verteidigung. Ein Fall der notwendigen Verteidigung liegt vor, wenn

1. im Verfahren gegen einen Erwachsenen ein Fall der notwendigen Verteidigung vorliegen würde,
2. den Erziehungsberechtigten und den gesetzlichen Vertretern ihre Rechte nach diesem Gesetz entzogen sind,
3. die Erziehungsberechtigten und die gesetzlichen Vertreter nach § 51 Abs. 2 von der Verhandlung ausgeschlossen worden sind und die Beeinträchtigung in der Wahrnehmung ihrer Rechte durch eine nachträgliche Unterrichtung (§ 51 Abs. 4 Satz 2) oder die Anwesenheit einer anderen geeigneten volljährigen Person nicht hinreichend ausgeglichen werden kann,
4. zur Vorbereitung eines Gutachtens über den Entwicklungsstand des Beschuldigten (§ 73) seine Unterbringung in einer Anstalt in Frage kommt oder
5. die Verhängung einer Jugendstrafe, die Aussetzung der Verhängung einer Jugendstrafe oder die Anordnung der Unterbringung in einem psychiatrischen Krankenhaus oder in einer Entziehungsanstalt zu erwarten ist.

§ 68a Zeitpunkt der Bestellung eines Pflichtverteidigers. (1) [1]In den Fällen der notwendigen Verteidigung wird dem Jugendlichen, der noch keinen Verteidiger hat, ein Pflichtverteidiger spätestens bestellt, bevor eine Vernehmung des Jugendlichen oder eine Gegenüberstellung mit ihm durchgeführt wird. [2]Dies gilt nicht, wenn ein Fall der notwendigen Verteidigung allein deshalb vorliegt, weil dem Jugendlichen ein Verbrechen zur Last gelegt wird, ein Absehen von der Strafverfolgung nach § 45 Absatz 2 oder 3 zu erwarten ist und die Bestellung eines Pflichtverteidigers zu dem in Satz 1 genannten Zeitpunkt auch unter Berücksichtigung des Wohls des Jugendlichen und der Umstände des Einzelfalls unverhältnismäßig wäre.

(2) § 141 Absatz 2 Satz 2 der Strafprozessordnung ist nicht anzuwenden.

§ 68b Vernehmungen und Gegenüberstellungen vor der Bestellung eines Pflichtverteidigers. [1]Abweichend von § 68a Absatz 1 dürfen im Vorverfahren Vernehmungen des Jugendlichen oder Gegenüberstellungen mit ihm vor der Bestellung eines Pflichtverteidigers durchgeführt werden, soweit dies auch unter Berücksichtigung des Wohls des Jugendlichen

1. zur Abwehr schwerwiegender nachteiliger Auswirkungen auf Leib oder Leben oder die Freiheit einer Person dringend erforderlich ist oder

2. ein sofortiges Handeln der Strafverfolgungsbehörden zwingend geboten ist, um eine erhebliche Gefährdung eines sich auf eine schwere Straftat beziehenden Strafverfahrens abzuwenden.

[2]Das Recht des Jugendlichen, jederzeit, auch schon vor der Vernehmung, einen von ihm zu wählenden Verteidiger zu befragen, bleibt unberührt.

§ 69 Beistand. (1) Der Vorsitzende kann dem Beschuldigten in jeder Lage des Verfahrens einen Beistand bestellen, wenn kein Fall der notwendigen Verteidigung vorliegt.

(2) Der Erziehungsberechtigte und der gesetzliche Vertreter dürfen nicht zum Beistand bestellt werden, wenn hierdurch ein Nachteil für die Erziehung zu erwarten wäre.

(3) [1]Dem Beistand kann Akteneinsicht gewährt werden. [2]Im übrigen hat er in der Hauptverhandlung die Rechte eines Verteidigers. [3]Zu einer Vertretung des Angeklagten ist er nicht befugt.

§ 70 Mitteilungen an amtliche Stellen. (1) [1]Die Jugendgerichtshilfe, in geeigneten Fällen auch das Familiengericht und die Schule werden von der Einleitung und dem Ausgang des Verfahrens unterrichtet. [2]Sie benachrichtigen die Jugendstaatsanwaltschaft, wenn ihnen bekannt wird, daß gegen den Beschuldigten noch ein anderes Strafverfahren anhängig ist. [3]Das Familiengericht teilt der Jugendstaatsanwaltschaft ferner familiengerichtliche Maßnahmen sowie ihre Änderung und Aufhebung mit, soweit nicht für das Familiengericht erkennbar ist, daß schutzwürdige Interessen des Beschuldigten oder einer sonst von der Mitteilung betroffenen Person oder Stelle an dem Ausschluß der Übermittlung überwiegen.

(2) [1]Von der Einleitung des Verfahrens ist die Jugendgerichtshilfe spätestens zum Zeitpunkt der Ladung des Jugendlichen zu seiner ersten Vernehmung als Beschuldigter zu unterrichten. [2]Im Fall einer ersten Beschuldigtenvernehmung ohne vorherige Ladung muss die Unterrichtung spätestens unverzüglich nach der Vernehmung erfolgen.

(3) [1]Im Fall des einstweiligen Entzugs der Freiheit des Jugendlichen teilen die den Freiheitsentzug durchführenden Stellen der Jugendstaatsanwaltschaft und dem Jugendgericht von Amts wegen Erkenntnisse mit, die sie auf Grund einer medizinischen Untersuchung erlangt haben, soweit diese Anlass zu Zweifeln geben, ob der Jugendliche verhandlungsfähig oder bestimmten Untersuchungshandlungen oder Maßnahmen gewachsen ist. [2]Im Übrigen bleibt § 114e der Strafprozessordnung unberührt.

§ 70a Unterrichtung des Jugendlichen. (1) [1]Wenn der Jugendliche davon in Kenntnis gesetzt wird, dass er Beschuldigter ist, so ist er unverzüglich über die Grundzüge eines Jugendstrafverfahrens zu informieren. [2]Über die nächsten anstehenden Schritte in dem gegen ihn gerichteten Verfahren wird er ebenfalls unverzüglich informiert, sofern der Zweck der Untersuchung dadurch nicht gefährdet wird. [3]Außerdem ist der Jugendliche unverzüglich darüber zu unterrichten, dass

1. nach Maßgabe des § 67a die Erziehungsberechtigten und die gesetzlichen Vertreter oder eine andere geeignete volljährige Person zu informieren sind,
2. er in den Fällen notwendiger Verteidigung (§ 68) nach Maßgabe des § 141 der Strafprozessordnung und des § 68a die Mitwirkung eines Verteidigers und nach Maßgabe des § 70c Absatz 4 die Verschiebung oder Unterbrechung seiner Vernehmung für eine angemessene Zeit verlangen kann,
3. nach Maßgabe des § 48 die Verhandlung vor dem erkennenden Gericht grundsätzlich nicht öffentlich ist und dass er bei einer ausnahmsweise öffentlichen Hauptverhandlung unter bestimmten Voraussetzungen den Ausschluss der Öffentlichkeit oder einzelner Personen beantragen kann,

4. er nach § 70c Absatz 2 Satz 4 dieses Gesetzes in Verbindung mit § 58a Absatz 2 Satz 6 und Absatz 3 Satz 1 der Strafprozessordnung der Überlassung einer Kopie der Aufzeichnung seiner Vernehmung in Bild und Ton an die zur Akteneinsicht Berechtigten widersprechen kann und dass die Überlassung der Aufzeichnung oder die Herausgabe von Kopien an andere Stellen seiner Einwilligung bedarf,
5. er nach Maßgabe des § 67 Absatz 3 bei Untersuchungshandlungen von seinen Erziehungsberechtigten und seinen gesetzlichen Vertretern oder einer anderen geeigneten volljährigen Person begleitet werden kann,
6. er wegen einer mutmaßlichen Verletzung seiner Rechte durch eine der beteiligten Behörden oder durch das Gericht eine Überprüfung der betroffenen Maßnahmen und Entscheidungen verlangen kann.

(2) Soweit dies im Verfahren von Bedeutung ist oder sobald dies im Verfahren Bedeutung erlangt, ist der Jugendliche außerdem so früh wie möglich über Folgendes zu informieren:

1. die Berücksichtigung seiner persönlichen Verhältnisse und Bedürfnisse im Verfahren nach Maßgabe der §§ 38, 43 und 46a,
2. das Recht auf medizinische Untersuchung, das ihm nach Maßgabe des Landesrechts oder des Rechts der Polizeien des Bundes im Fall des einstweiligen Entzugs der Freiheit zusteht, sowie über das Recht auf medizinische Unterstützung, sofern sich ergibt, dass eine solche während dieses Freiheitsentzugs erforderlich ist,
3. die Geltung des Verhältnismäßigkeitsgrundsatzes im Fall des einstweiligen Entzugs der Freiheit, namentlich
   a) des Vorrangs anderer Maßnahmen, durch die der Zweck des Freiheitsentzugs erreicht werden kann,
   b) der Begrenzung des Freiheitsentzugs auf den kürzesten angemessenen Zeitraum und
   c) der Berücksichtigung der besonderen Belastungen durch den Freiheitsentzug im Hinblick auf sein Alter und seinen Entwicklungsstand sowie der Berücksichtigung einer anderen besonderen Schutzwürdigkeit,
4. die zur Haftvermeidung in geeigneten Fällen generell in Betracht kommenden anderen Maßnahmen,
5. die vorgeschriebenen Überprüfungen von Amts wegen in Haftsachen,
6. das Recht auf Anwesenheit der Erziehungsberechtigten und der gesetzlichen Vertreter oder einer anderen geeigneten volljährigen Person in der Hauptverhandlung,
7. sein Recht auf und seine Pflicht zur Anwesenheit in der Hauptverhandlung nach Maßgabe des § 50 Absatz 1 und des § 51 Absatz 1.

(3) Wird Untersuchungshaft gegen den Jugendlichen vollstreckt, so ist er außerdem darüber zu informieren, dass

1. nach Maßgabe des § 89c seine Unterbringung getrennt von Erwachsenen zu erfolgen hat,
2. nach Maßgabe der Vollzugsgesetze der Länder
   a) Fürsorge für seine gesundheitliche, körperliche und geistige Entwicklung zu leisten ist,
   b) sein Recht auf Erziehung und Ausbildung zu gewährleisten ist,
   c) sein Recht auf Familienleben und dabei die Möglichkeit, seine Erziehungsberechtigten und seine gesetzlichen Vertreter zu treffen, zu gewährleisten ist,
   d) ihm der Zugang zu Programmen und Maßnahmen zu gewährleisten ist, die seine Entwicklung und Wiedereingliederung fördern, und
   e) ihm die Religions- und Weltanschauungsfreiheit zu gewährleisten ist.

(4) Im Fall eines anderen einstweiligen Entzugs der Freiheit als der Untersuchungshaft ist der Jugendliche über seine dafür geltenden Rechte entsprechend Absatz 3 Nummer 2 zu informieren, im Fall einer polizeilichen Ingewahrsamnah-

me auch über sein Recht auf die von Erwachsenen getrennte Unterbringung nach den dafür maßgeblichen Vorschriften.

(5) § 70b dieses Gesetzes und § 168b Absatz 3 der Strafprozessordnung gelten entsprechend.

(6) Sofern einem verhafteten Jugendlichen eine schriftliche Belehrung nach § 114b der Strafprozessordnung ausgehändigt wird, muss diese auch die zusätzlichen Informationen nach diesem Paragrafen enthalten.

(7) Sonstige Informations- und Belehrungspflichten bleiben von den Bestimmungen dieses Paragrafen unberührt.

§ 70b Belehrungen. (1) [1] Vorgeschriebene Belehrungen des Jugendlichen müssen in einer Weise erfolgen, die seinem Alter und seinem Entwicklungs- und Bildungsstand entspricht. [2] Sie sind auch an seine anwesenden Erziehungsberechtigten und gesetzlichen Vertreter zu richten und müssen dabei in einer Weise erfolgen, die es diesen ermöglicht, ihrer Verantwortung im Hinblick auf den Gegenstand der Belehrung gerecht zu werden. [3] Sind Erziehungsberechtigte und gesetzliche Vertreter bei der Belehrung des Jugendlichen über die Bedeutung vom Gericht angeordneter Rechtsfolgen nicht anwesend, muss ihnen die Belehrung darüber schriftlich erteilt werden.

(2) Sind bei einer Belehrung über die Bedeutung der Aussetzung einer Jugendstrafe zur Bewährung oder über die Bedeutung des Vorbehalts einer diesbezüglichen nachträglichen Entscheidung auch jugendliche oder heranwachsende Mitangeklagte anwesend, die nur zu Erziehungsmaßregeln oder Zuchtmitteln verurteilt werden, soll die Belehrung auch ihnen ein Verständnis von der Bedeutung der Entscheidung vermitteln.

§ 70c Vernehmung des Beschuldigten. (1) Die Vernehmung des Beschuldigten ist in einer Art und Weise durchzuführen, die seinem Alter und seinem Entwicklungs- und Bildungsstand Rechnung trägt.

(2) [1] Außerhalb der Hauptverhandlung kann die Vernehmung in Bild und Ton aufgezeichnet werden. [2] Andere als richterliche Vernehmungen sind in Bild und Ton aufzuzeichnen, wenn zum Zeitpunkt der Vernehmung die Mitwirkung eines Verteidigers notwendig ist, ein Verteidiger aber nicht anwesend ist. [3] Im Übrigen bleibt § 136 Absatz 4 Satz 2 der Strafprozessordnung, auch in Verbindung mit § 163a Absatz 3 Satz 2 oder Absatz 4 Satz 2 der Strafprozessordnung, unberührt. [4] Wird die Vernehmung in Bild und Ton aufgezeichnet, gilt § 58a Absatz 2 und 3 der Strafprozessordnung entsprechend.

(3) [1] Eine Aufzeichnung in Bild und Ton nach Absatz 2 lässt die Vorschriften der Strafprozessordnung über die Protokollierung von Untersuchungshandlungen unberührt. [2] Wird eine Vernehmung des Beschuldigten außerhalb der Hauptverhandlung nicht in Bild und Ton aufgezeichnet, ist über sie stets ein Protokoll aufzunehmen.

(4) [1] Ist oder wird die Mitwirkung eines Verteidigers zum Zeitpunkt einer Vernehmung des Beschuldigten oder einer Gegenüberstellung (§ 58 Absatz 2 der Strafprozessordnung) notwendig, ist diese für eine angemessene Zeit zu verschieben oder zu unterbrechen, wenn ein Verteidiger nicht anwesend ist und kein Fall des § 68b vorliegt. [2] Satz 1 gilt nicht, wenn der Verteidiger ausdrücklich auf seine Anwesenheit verzichtet hat.

§ 71 Vorläufige Anordnungen über die Erziehung. (1) Bis zur Rechtskraft des Urteils kann der Richter vorläufige Anordnungen über die Erziehung des Jugendlichen treffen oder die Gewährung von Leistungen nach dem Achten Buch Sozialgesetzbuch anregen.

(2) [1] Der Richter kann die einstweilige Unterbringung in einem geeigneten Heim der Jugendhilfe anordnen, wenn dies auch im Hinblick auf die zu erwartenden Maßnahmen geboten ist, um den Jugendlichen vor einer weiteren Gefährdung seiner Entwicklung, insbesondere vor der Begehung neuer Straftaten, zu bewahren. [2] Für die einstweilige Unterbringung gelten die §§ 114 bis 115a, 117 bis 118b, 120, 125 und 126 der Strafprozeßordnung sinngemäß. [3] Die Ausführung der einstweiligen Unterbringung richtet sich nach den für das Heim der Jugendhilfe geltenden Regelungen.

§ 72 Untersuchungshaft. (1) [1] Untersuchungshaft darf nur verhängt und vollstreckt werden, wenn ihr Zweck nicht durch eine vorläufige Anordnung über die Erziehung oder durch andere Maßnahmen erreicht werden kann. [2] Bei der Prüfung der Verhältnismäßigkeit (§ 112 Abs. 1 Satz 2 der Strafprozeßordnung) sind auch die besonderen Belastungen des Vollzuges für Jugendliche zu berücksichtigen. [3] Wird Untersuchungshaft verhängt, so sind im Haftbefehl die Gründe anzuführen, aus denen sich ergibt, daß andere Maßnahmen, insbesondere die einstweilige Unterbringung in einem Heim der Jugendhilfe, nicht ausreichen und die Untersuchungshaft nicht unverhältnismäßig ist.

(2) Solange der Jugendliche das sechzehnte Lebensjahr noch nicht vollendet hat, ist die Verhängung von Untersuchungshaft wegen Fluchtgefahr nur zulässig, wenn er

1. sich dem Verfahren bereits entzogen hatte oder Anstalten zur Flucht getroffen hat oder
2. im Geltungsbereich dieses Gesetzes keinen festen Wohnsitz oder Aufenthalt hat.

(3) Über die Vollstreckung eines Haftbefehls und über die Maßnahmen zur Abwendung seiner Vollstreckung entscheidet der Richter, der den Haftbefehl erlassen hat, in dringenden Fällen der Jugendrichter, in dessen Bezirk die Untersuchungshaft vollzogen werden müßte.

(4) [1] Unter denselben Voraussetzungen, unter denen ein Haftbefehl erlassen werden kann, kann auch die einstweilige Unterbringung in einem Heim der Jugendhilfe (§ 71 Abs. 2) angeordnet werden. [2] In diesem Falle kann der Richter den Unterbringungsbefehl nachträglich durch einen Haftbefehl ersetzen, wenn sich dies als notwendig erweist.

(5) Befindet sich ein Jugendlicher in Untersuchungshaft, so ist das Verfahren mit besonderer Beschleunigung durchzuführen.

(6) Die richterlichen Entscheidungen, welche die Untersuchungshaft betreffen, kann der zuständige Richter aus wichtigen Gründen sämtlich oder zum Teil einem anderen Jugendrichter übertragen.

§ 72a Heranziehung der Jugendgerichtshilfe in Haftsachen. [1] Die Jugendgerichtshilfe ist unverzüglich von der Vollstreckung eines Haftbefehls zu unterrichten; ihr soll bereits der Erlaß eines Haftbefehls mitgeteilt werden. [2] Von der vorläufigen Festnahme eines Jugendlichen ist die Jugendgerichtshilfe zu unterrichten, wenn nach dem Stand der Ermittlungen zu erwarten ist, daß der Jugendliche gemäß § 128 der Strafprozeßordnung dem Richter vorgeführt wird.

§ 72b Verkehr mit Vertretern der Jugendgerichtshilfe, dem Betreuungshelfer und dem Erziehungsbeistand. [1] Befindet sich ein Jugendlicher in Untersuchungshaft, so ist auch den Vertretern der Jugendgerichtshilfe der Verkehr mit dem Beschuldigten in demselben Umfang wie einem Verteidiger gestattet. [2] Entsprechendes gilt, wenn der Beschuldigte der Betreuung und Aufsicht eines Betreuungshelfers untersteht oder für ihn ein Erziehungsbeistand bestellt ist, für den Helfer oder den Erziehungsbeistand.

§ 73 Unterbringung zur Beobachtung. (1) [1]Zur Vorbereitung eines Gutachtens über den Entwicklungsstand des Beschuldigten kann der Richter nach Anhören eines Sachverständigen und des Verteidigers anordnen, daß der Beschuldigte in eine zur Untersuchung Jugendlicher geeignete Anstalt gebracht und dort beobachtet wird. [2]Im vorbereitenden Verfahren entscheidet der Richter, der für die Eröffnung des Hauptverfahrens zuständig wäre.

(2) [1]Gegen den Beschluß ist sofortige Beschwerde zulässig. [2]Sie hat aufschiebende Wirkung.

(3) Die Verwahrung in der Anstalt darf die Dauer von sechs Wochen nicht überschreiten.

§ 74 Kosten und Auslagen. Im Verfahren gegen einen Jugendlichen kann davon abgesehen werden, dem Angeklagten Kosten und Auslagen aufzuerlegen.

Achter Unterabschnitt. Vereinfachtes Jugendverfahren

§ 75 (weggefallen)

§ 76 Voraussetzungen des vereinfachten Jugendverfahrens. [1]Der Staatsanwalt kann bei dem Jugendrichter schriftlich oder mündlich beantragen, im vereinfachten Jugendverfahren zu entscheiden, wenn zu erwarten ist, daß der Jugendrichter ausschließlich Weisungen erteilen, Hilfe zur Erziehung im Sinne des § 12 Nr. 1 anordnen, Zuchtmittel verhängen, auf ein Fahrverbot erkennen, die Fahrerlaubnis entziehen und eine Sperre von nicht mehr als zwei Jahren festsetzen oder die Einziehung aussprechen wird. [2]Der Antrag des Staatsanwalts steht der Anklage gleich.

§ 77 Ablehnung des Antrags. (1) [1]Der Jugendrichter lehnt die Entscheidung im vereinfachten Verfahren ab, wenn sich die Sache hierzu nicht eignet, namentlich wenn die Anordnung von Hilfe zur Erziehung im Sinne des § 12 Nr. 2 oder die Verhängung von Jugendstrafe wahrscheinlich oder eine umfangreiche Beweisaufnahme erforderlich ist. [2]Der Beschluß kann bis zur Verkündung des Urteils ergehen. [3]Er ist nicht anfechtbar.

(2) Lehnt der Jugendrichter die Entscheidung im vereinfachten Verfahren ab, so reicht der Staatsanwalt eine Anklageschrift ein.

§ 78 Verfahren und Entscheidung. (1) [1]Der Jugendrichter entscheidet im vereinfachten Jugendverfahren auf Grund einer mündlichen Verhandlung durch Urteil. [2]Er darf auf Hilfe zur Erziehung im Sinne des § 12 Nr. 2, Jugendstrafe oder Unterbringung in einer Entziehungsanstalt nicht erkennen.

(2) [1]Der Staatsanwalt ist nicht verpflichtet, an der Verhandlung teilzunehmen. [2]Nimmt er nicht teil, so bedarf es seiner Zustimmung zu einer Einstellung des Verfahrens in der Verhandlung oder zur Durchführung der Verhandlung in Abwesenheit des Angeklagten nicht.

(3) [1]Zur Vereinfachung, Beschleunigung und jugendgemäßen Gestaltung des Verfahrens darf von Verfahrensvorschriften abgewichen werden, soweit dadurch die Erforschung der Wahrheit nicht beeinträchtigt wird. [2]Die Vorschriften über die Anwesenheit des Angeklagten (§ 50), die Stellung der Erziehungsberechtigten und der gesetzlichen Vertreter und deren Unterrichtung (§§ 67, 67a), die Mitteilungen an amtliche Stellen (§ 70) und die Unterrichtung des Jugendlichen (§ 70a) müssen beachtet werden. [3]Bleibt der Beschuldigte der mündlichen Verhandlung fern und ist sein Fernbleiben nicht genügend entschuldigt, so kann die Vorführung angeordnet werden, wenn dies mit der Ladung angedroht worden ist.

Neunter Unterabschnitt. Ausschluß von Vorschriften des allgemeinen Verfahrensrechts

§ 79 Strafbefehl und beschleunigtes Verfahren. (1) Gegen einen Jugendlichen darf kein Strafbefehl erlassen werden.

(2) Das beschleunigte Verfahren des allgemeinen Verfahrensrechts ist unzulässig.

§ 80 Privatklage und Nebenklage. (1) [1] Gegen einen Jugendlichen kann Privatklage nicht erhoben werden. [2] Eine Verfehlung, die nach den allgemeinen Vorschriften durch Privatklage verfolgt werden kann, verfolgt der Staatsanwalt auch dann, wenn Gründe der Erziehung oder ein berechtigtes Interesse des Verletzten, das dem Erziehungszweck nicht entgegensteht, es erfordern.

(2) [1] Gegen einen jugendlichen Privatkläger ist Widerklage zulässig. [2] Auf Jugendstrafe darf nicht erkannt werden.

(3) [1] Der erhobenen öffentlichen Klage kann sich als Nebenkläger nur anschließen, wer verletzt worden ist

1. durch ein Verbrechen gegen das Leben, die körperliche Unversehrtheit oder die sexuelle Selbstbestimmung oder nach § 239 Absatz 3, § 239a oder § 239b des Strafgesetzbuches, durch welches das Opfer seelisch oder körperlich schwer geschädigt oder einer solchen Gefahr ausgesetzt worden ist,
2. durch einen besonders schweren Fall eines Vergehens nach § 177 Absatz 6 des Strafgesetzbuches, durch welches das Opfer seelisch oder körperlich schwer geschädigt oder einer solchen Gefahr ausgesetzt worden ist, oder
3. durch ein Verbrechen nach § 251 des Strafgesetzbuches, auch in Verbindung mit § 252 oder § 255 des Strafgesetzbuches.

[2] Im Übrigen gelten § 395 Absatz 2 Nummer 1, Absatz 4 und 5 und §§ 396 bis 402 der Strafprozessordnung entsprechend.

§ 81 Adhäsionsverfahren. Die Vorschriften der Strafprozeßordnung über das Adhäsionsverfahren (§§ 403 bis 406c der Strafprozeßordnung) werden im Verfahren gegen einen Jugendlichen nicht angewendet.

Zehnter Unterabschnitt. Anordnung der Sicherungsverwahrung

§ 81a Verfahren und Entscheidung. Für das Verfahren und die Entscheidung über die Anordnung der Unterbringung in der Sicherungsverwahrung gelten § 275a der Strafprozessordnung und die §§ 74f und 120a des Gerichtsverfassungsgesetzes sinngemäß.

Drittes Hauptstück. Vollstreckung und Vollzug

Erster Abschnitt. Vollstreckung

Erster Unterabschnitt. Verfassung der Vollstreckung und Zuständigkeit

§ 82 Vollstreckungsleiter. (1) [1] Vollstreckungsleiter ist der Jugendrichter. [2] Er nimmt auch die Aufgaben wahr, welche die Strafprozeßordnung der Strafvollstreckungskammer zuweist.

(2) Soweit der Richter Hilfe zur Erziehung im Sinne des § 12 angeordnet hat, richtet sich die weitere Zuständigkeit nach den Vorschriften des Achten Buches Sozialgesetzbuch.

(3) In den Fällen des § 7 Abs. 2 und 4 richten sich die Vollstreckung der Unterbringung und die Zuständigkeit hierfür nach den Vorschriften der Strafprozessordnung, wenn der Betroffene das einundzwanzigste Lebensjahr vollendet hat.

§ 83 Entscheidungen im Vollstreckungsverfahren. (1) Die Entscheidungen des Vollstreckungsleiters nach den §§ 86 bis 89a und 89b Abs. 2 sowie nach den §§ 462a und 463 der Strafprozeßordnung sind jugendrichterliche Entscheidungen.

(2) Für die bei der Vollstreckung notwendig werdenden gerichtlichen Entscheidungen gegen eine vom Vollstreckungsleiter getroffene Anordnung ist die Jugendkammer in den Fällen zuständig, in denen
1. der Vollstreckungsleiter selbst oder unter seinem Vorsitz das Jugendschöffengericht im ersten Rechtszug erkannt hat,
2. der Vollstreckungsleiter in Wahrnehmung der Aufgaben der Strafvollstreckungskammer über seine eigene Anordnung zu entscheiden hätte.

(3) [1] Die Entscheidungen nach den Absätzen 1 und 2 können, soweit nichts anderes bestimmt ist, mit sofortiger Beschwerde angefochten werden. [2] Die §§ 67 bis 69 gelten sinngemäß.

§ 84 Örtliche Zuständigkeit. (1) Der Jugendrichter leitet die Vollstreckung in allen Verfahren ein, in denen er selbst oder unter seinem Vorsitz das Jugendschöffengericht im ersten Rechtszuge erkannt hat.

(2) [1] Soweit, abgesehen von den Fällen des Absatzes 1, die Entscheidung eines anderen Richters zu vollstrecken ist, steht die Einleitung der Vollstreckung dem Jugendrichter des Amtsgerichts zu, dem die familiengerichtlichen Erziehungsaufgaben obliegen. [2] Ist in diesen Fällen der Verurteilte volljährig, steht die Einleitung der Vollstreckung dem Jugendrichter des Amtsgerichts zu, dem die familiengerichtlichen Erziehungsaufgaben bei noch fehlender Volljährigkeit oblägen.

(3) In den Fällen der Absätze 1 und 2 führt der Jugendrichter die Vollstreckung durch, soweit § 85 nichts anderes bestimmt.

§ 85 Abgabe und Übergang der Vollstreckung. (1) Ist Jugendarrest zu vollstrecken, so gibt der zunächst zuständige Jugendrichter die Vollstreckung an den Jugendrichter ab, der nach § 90 Abs. 2 Satz 2 als Vollzugsleiter zuständig ist.

(2) [1] Ist Jugendstrafe zu vollstrecken, so geht nach der Aufnahme des Verurteilten in die Einrichtung für den Vollzug der Jugendstrafe die Vollstreckung auf den Jugendrichter des Amtsgerichts über, in dessen Bezirk die Einrichtung für den Vollzug der Jugendstrafe liegt. [2] Die Landesregierungen werden ermächtigt, durch Rechtsverordnung zu bestimmen, daß die Vollstreckung auf den Jugendrichter eines anderen Amtsgerichts übergeht, wenn dies aus verkehrsmäßigen Gründen günstiger erscheint. [3] Die Landesregierungen können die Ermächtigung durch Rechtsverordnung auf die Landesjustizverwaltungen übertragen.

(3) [1] Unterhält ein Land eine Einrichtung für den Vollzug der Jugendstrafe auf dem Gebiet eines anderen Landes, so können die beteiligten Länder vereinbaren, daß der Jugendrichter eines Amtsgerichts des Landes, das die Einrichtung für den Vollzug der Jugendstrafe unterhält, zuständig sein soll. [2] Wird eine solche Vereinbarung getroffen, so geht die Vollstreckung auf den Jugendrichter des Amtsgerichts über, in dessen Bezirk die für die Einrichtung für den Vollzug der Jugendstrafe zuständige Aufsichtsbehörde ihren Sitz hat. [3] Die Regierung des Landes, das die Einrichtung für den Vollzug der Jugendstrafe unterhält, wird ermächtigt, durch Rechtsverordnung zu bestimmen, daß der Jugendrichter eines anderen Amtsgerichts zuständig wird, wenn dies aus verkehrsmäßigen Gründen günstiger erscheint. [4] Die Landesregierung kann die Ermächtigung durch Rechtsverordnung auf die Landesjustizverwaltung übertragen.

(4) Absatz 2 gilt entsprechend bei der Vollstreckung einer Maßregel der Besserung und Sicherung nach § 61 Nr. 1 oder 2 des Strafgesetzbuches.

(5) Aus wichtigen Gründen kann der Vollstreckungsleiter die Vollstreckung widerruflich an einen sonst nicht oder nicht mehr zuständigen Jugendrichter abgeben.

(6) [1] Hat der Verurteilte das vierundzwanzigste Lebensjahr vollendet, so kann der nach den Absätzen 2 bis 4 zuständige Vollstreckungsleiter die Vollstreckung einer nach den Vorschriften des Strafvollzugs für Erwachsene vollzogenen Jugendstrafe oder einer Maßregel der Besserung und Sicherung an die nach den allgemeinen Vorschriften zuständige Vollstreckungsbehörde abgeben, wenn der Straf- oder Maßregelvollzug voraussichtlich noch länger dauern wird und die besonderen Grundgedanken des Jugendstrafrechts unter Berücksichtigung der Persönlichkeit des Verurteilten für die weiteren Entscheidungen nicht mehr maßgebend sind; die Abgabe ist bindend. [2] Mit der Abgabe sind die Vorschriften der Strafprozeßordnung und des Gerichtsverfassungsgesetzes über die Strafvollstreckung anzuwenden.

(7) Für die Zuständigkeit der Staatsanwaltschaft im Vollstreckungsverfahren gilt § 451 Abs. 3 der Strafprozeßordnung entsprechend.

Zweiter Unterabschnitt. Jugendarrest

§ 86 Umwandlung des Freizeitarrestes. Der Vollstreckungsleiter kann Freizeitarrest in Kurzarrest umwandeln, wenn die Voraussetzungen des § 16 Abs. 3 nachträglich eingetreten sind.

§ 87 Vollstreckung des Jugendarrestes. (1) Die Vollstreckung des Jugendarrestes wird nicht zur Bewährung ausgesetzt.

(2) Für die Anrechnung von Untersuchungshaft auf Jugendarrest gilt § 450 der Strafprozeßordnung sinngemäß.

(3) [1] Der Vollstreckungsleiter sieht von der Vollstreckung des Jugendarrestes ganz oder, ist Jugendarrest teilweise verbüßt, von der Vollstreckung des Restes ab, wenn seit Erlaß des Urteils Umstände hervorgetreten sind, die allein oder in Verbindung mit den bereits bekannten Umständen ein Absehen von der Vollstreckung aus Gründen der Erziehung rechtfertigen. [2] Sind seit Eintritt der Rechtskraft sechs Monate verstrichen, sieht er von der Vollstreckung ganz ab, wenn dies aus Gründen der Erziehung geboten ist. [3] Von der Vollstreckung des Jugendarrestes kann er ganz absehen, wenn zu erwarten ist, daß der Jugendarrest neben einer Strafe, die gegen den Verurteilten wegen einer anderen Tat verhängt worden ist oder die er wegen einer anderen Tat zu erwarten hat, seinen erzieherischen Zweck nicht mehr erfüllen wird. [4] Vor der Entscheidung hört der Vollstreckungsleiter nach Möglichkeit das erkennende Gericht, die Staatsanwaltschaft und die Vertretung der Jugendgerichtshilfe.

(4) [1] Die Vollstreckung des Jugendarrestes ist unzulässig, wenn seit Eintritt der Rechtskraft ein Jahr verstrichen ist. [2] Im Falle des § 16a darf nach Ablauf von drei Monaten seit Eintritt der Rechtskraft der Vollzug nicht mehr begonnen werden. [3] Jugendarrest, der nach § 16a verhängt wurde und noch nicht verbüßt ist, wird nicht mehr vollstreckt, wenn das Gericht

1. die Aussetzung der Jugendstrafe widerruft (§ 26 Absatz 1),
2. auf eine Jugendstrafe erkennt, deren Verhängung zur Bewährung ausgesetzt worden war (§ 30 Absatz 1 Satz 1), oder
3. die Aussetzung der Jugendstrafe in einem nachträglichen Beschluss ablehnt (§ 61a Absatz 1).

Dritter Unterabschnitt. Jugendstrafe

§ 88 Aussetzung des Restes der Jugendstrafe. (1) Der Vollstreckungsleiter kann die Vollstreckung des Restes der Jugendstrafe zur Bewährung aussetzen, wenn der Verurteilte einen Teil der Strafe verbüßt hat und dies im Hinblick auf die Entwicklung des Jugendlichen, auch unter Berücksichtigung des Sicherheitsinteresses der Allgemeinheit, verantwortet werden kann.

(2) [1] Vor Verbüßung von sechs Monaten darf die Aussetzung der Vollstreckung des Restes nur aus besonders wichtigen Gründen angeordnet werden. [2] Sie ist bei einer Jugendstrafe von mehr als einem Jahr nur zulässig, wenn der Verurteilte mindestens ein Drittel der Strafe verbüßt hat.

(3) [1] Der Vollstreckungsleiter soll in den Fällen der Absätze 1 und 2 seine Entscheidung so frühzeitig treffen, daß die erforderlichen Maßnahmen zur Vorbereitung des Verurteilten auf sein Leben nach der Entlassung durchgeführt werden können. [2] Er kann seine Entscheidung bis zur Entlassung des Verurteilten wieder aufheben, wenn die Aussetzung aufgrund neu eingetretener oder bekanntgewordener Tatsachen im Hinblick auf die Entwicklung des Jugendlichen, auch unter Berücksichtigung des Sicherheitsinteresses der Allgemeinheit, nicht mehr verantwortet werden kann.

(4) [1] Der Vollstreckungsleiter entscheidet nach Anhören des Staatsanwalts und des Vollzugsleiters. [2] Dem Verurteilten ist Gelegenheit zur mündlichen Äußerung zu geben.

(5) Der Vollstreckungsleiter kann Fristen von höchstens sechs Monaten festsetzen, vor deren Ablauf ein Antrag des Verurteilten, den Strafrest zur Bewährung auszusetzen, unzulässig ist.

(6) [1] Ordnet der Vollstreckungsleiter die Aussetzung der Vollstreckung des Restes der Jugendstrafe an, so gelten § 22 Abs. 1, 2 Satz 1 und 2 sowie die §§ 23 bis 26a sinngemäß. [2] An die Stelle des erkennenden Richters tritt der Vollstreckungsleiter. [3] Auf das Verfahren und die Anfechtung von Entscheidungen sind die §§ 58, 59 Abs. 2 bis 4 und § 60 entsprechend anzuwenden. [4] Die Beschwerde der Staatsanwaltschaft gegen den Beschluß, der die Aussetzung des Strafrestes anordnet, hat aufschiebende Wirkung.

§ 89 Jugendstrafe bei Vorbehalt der Entscheidung über die Aussetzung. [1] Hat das Gericht die Entscheidung über die Aussetzung der Jugendstrafe einem nachträglichen Beschluss vorbehalten, darf die Jugendstrafe vor Ablauf der nach § 61a Absatz 1 maßgeblichen Frist nicht vollstreckt werden. [2] Dies gilt nicht, wenn die Aussetzung zuvor in einem auf Grund des Vorbehalts ergangenen Beschluss abgelehnt wurde.

§ 89a Unterbrechung und Vollstreckung der Jugendstrafe neben Freiheitsstrafe. (1) [1] Ist gegen den zu Jugendstrafe Verurteilten auch Freiheitsstrafe zu vollstrecken, so wird die Jugendstrafe in der Regel zuerst vollstreckt. [2] Der Vollstreckungsleiter unterbricht die Vollstreckung der Jugendstrafe, wenn die Hälfte, mindestens jedoch sechs Monate, der Jugendstrafe verbüßt sind. [3] Er kann die Vollstreckung zu einem früheren Zeitpunkt unterbrechen, wenn die Aussetzung des Strafrestes in Betracht kommt. [4] Ein Strafrest, der auf Grund des Widerrufs seiner Aussetzung vollstreckt wird, kann unterbrochen werden, wenn die Hälfte, mindestens jedoch sechs Monate, des Strafrestes verbüßt sind und eine erneute Aussetzung in Betracht kommt. [5] § 454b Absatz 4 der Strafprozeßordnung gilt entsprechend.

(2) [1] Ist gegen einen Verurteilten außer lebenslanger Freiheitsstrafe auch Jugendstrafe zu vollstrecken, so wird, wenn die letzte Verurteilung eine Straftat betrifft, die der Verurteilte vor der früheren Verurteilung begangen hat, nur die lebenslange Freiheitsstrafe vollstreckt; als Verurteilung gilt das Urteil in dem Verfahren, in dem

die zugrundeliegenden tatsächlichen Feststellungen letztmals geprüft werden konnten. [2] Wird die Vollstreckung des Restes der lebenslangen Freiheitsstrafe durch das Gericht zur Bewährung ausgesetzt, so erklärt das Gericht die Vollstreckung der Jugendstrafe für erledigt.

(3) In den Fällen des Absatzes 1 gilt § 85 Abs. 6 entsprechend mit der Maßgabe, daß der Vollstreckungsleiter die Vollstreckung der Jugendstrafe abgeben kann, wenn der Verurteilte das einundzwanzigste Lebensjahr vollendet hat.

§ 89b Ausnahme vom Jugendstrafvollzug. (1) [1] An einem Verurteilten, der das 18. Lebensjahr vollendet hat und sich nicht für den Jugendstrafvollzug eignet, kann die Jugendstrafe statt nach den Vorschriften für den Jugendstrafvollzug nach den Vorschriften des Strafvollzuges für Erwachsene vollzogen werden. [2] Hat der Verurteilte das 24. Lebensjahr vollendet, so soll Jugendstrafe nach den Vorschriften des Strafvollzuges für Erwachsene vollzogen werden.

(2) Über die Ausnahme vom Jugendstrafvollzug entscheidet der Vollstreckungsleiter.

Vierter Unterabschnitt. Untersuchungshaft

§ 89c Vollstreckung der Untersuchungshaft. (1) [1] Solange zur Tatzeit Jugendliche das 21. Lebensjahr noch nicht vollendet haben, wird die Untersuchungshaft nach den Vorschriften für den Vollzug der Untersuchungshaft an jungen Gefangenen und nach Möglichkeit in den für junge Gefangene vorgesehenen Einrichtungen vollzogen. [2] Ist die betroffene Person bei Vollstreckung des Haftbefehls 21, aber noch nicht 24 Jahre alt, kann die Untersuchungshaft nach diesen Vorschriften und in diesen Einrichtungen vollzogen werden.

(2) [1] Hat der Jugendliche das 18. Lebensjahr noch nicht vollendet, darf er mit jungen Gefangenen, die das 18. Lebensjahr vollendet haben, nur untergebracht werden, wenn eine gemeinsame Unterbringung seinem Wohl nicht widerspricht. [2] Mit Gefangenen, die das 24. Lebensjahr vollendet haben, darf er nur untergebracht werden, wenn dies seinem Wohl dient.

(3) [1] Die Entscheidung nach Absatz 1 Satz 2 trifft das Gericht. [2] Die für die Aufnahme vorgesehene Einrichtung und die Jugendgerichtshilfe sind vor der Entscheidung zu hören.

Zweiter Abschnitt. Vollzug

§ 90 Jugendarrest. (1) [1] Der Vollzug des Jugendarrestes soll das Ehrgefühl des Jugendlichen wecken und ihm eindringlich zum Bewußtsein bringen, daß er für das von ihm begangene Unrecht einzustehen hat. [2] Der Vollzug des Jugendarrestes soll erzieherisch gestaltet werden. [3] Er soll dem Jugendlichen helfen, die Schwierigkeiten zu bewältigen, die zur Begehung der Straftat beigetragen haben.

(2) [1] Der Jugendarrest wird in Jugendarrestanstalten oder Freizeitarresträumen der Landesjustizverwaltung vollzogen. [2] Vollzugsleiter ist der Jugendrichter am Ort des Vollzugs.

§ 91 *(aufgehoben)*

§ 92 Rechtsbehelfe im Vollzug. (1) [1] Gegen eine Maßnahme zur Regelung einzelner Angelegenheiten auf dem Gebiet des Jugendarrestes, der Jugendstrafe und der Maßregeln der Unterbringung in einem psychiatrischen Krankenhaus oder in einer Entziehungsanstalt (§ 61 Nr. 1 und 2 des Strafgesetzbuches) oder in der Sicherungsverwahrung kann gerichtliche Entscheidung beantragt werden. [2] Für die

Überprüfung von Vollzugsmaßnahmen gelten die §§ 109 und 111 bis 120 Abs. 1 des Strafvollzugsgesetzes sowie § 67 Absatz 1, 2 und 5 und § 67a Absatz 1 entsprechend; das Landesrecht kann vorsehen, dass der Antrag erst nach einem Verfahren zur gütlichen Streitbeilegung gestellt werden kann.

(2) [1] Über den Antrag entscheidet die Jugendkammer, in deren Bezirk die beteiligte Vollzugsbehörde ihren Sitz hat. [2] Die Jugendkammer ist auch für Entscheidungen nach § 119a des Strafvollzugsgesetzes zuständig. [3] Unterhält ein Land eine Einrichtung für den Vollzug der Jugendstrafe auf dem Gebiet eines anderen Landes, können die beteiligten Länder vereinbaren, dass die Jugendkammer bei dem Landgericht zuständig ist, in dessen Bezirk die für die Einrichtung zuständige Aufsichtsbehörde ihren Sitz hat.

(3) [1] Die Jugendkammer entscheidet durch Beschluss. [2] Sie bestimmt nach Ermessen, ob eine mündliche Verhandlung durchgeführt wird. [3] Auf Antrag des Jugendlichen ist dieser vor einer Entscheidung persönlich anzuhören. [4] Hierüber ist der Jugendliche zu belehren. [5] Wird eine mündliche Verhandlung nicht durchgeführt, findet die Anhörung in der Regel in der Vollzugseinrichtung statt.

(4) [1] Die Jugendkammer ist außer in den Fällen des Absatzes 2 Satz 2 mit einem Richter besetzt. [2] Ein Richter auf Probe darf dies nur sein, wenn ihm bereits über einen Zeitraum von einem Jahr Rechtsprechungsaufgaben in Strafverfahren übertragen worden sind. [3] Weist die Sache besondere Schwierigkeiten rechtlicher Art auf oder kommt ihr grundsätzliche Bedeutung zu, legt der Richter die Sache der Jugendkammer zur Entscheidung über eine Übernahme vor. [4] Liegt eine der Voraussetzungen für eine Übernahme vor, übernimmt die Jugendkammer den Antrag. [5] Sie entscheidet hierüber durch Beschluss. [6] Eine Rückübertragung ist ausgeschlossen.

(5) Für die Kosten des Verfahrens gilt § 121 des Strafvollzugsgesetzes mit der Maßgabe, dass entsprechend § 74 davon abgesehen werden kann, dem Jugendlichen Kosten und Auslagen aufzuerlegen.

(6) [1] Wird eine Jugendstrafe gemäß § 89b Abs. 1 nach den Vorschriften des Strafvollzugs für Erwachsene vollzogen oder hat der Jugendliche im Vollzug einer freiheitsentziehenden Maßregel das vierundzwanzigste Lebensjahr vollendet, sind die Absätze 1 bis 5 nicht anzuwenden. [2] Für die Überprüfung von Vollzugsmaßnahmen gelten die Vorschriften der §§ 109 bis 121 des Strafvollzugsgesetzes.

§ 93 Gerichtliche Zuständigkeit und gerichtliches Verfahren bei Maßnahmen, die der vorherigen gerichtlichen Anordnung oder der gerichtlichen Genehmigung bedürfen. [1] Beim Vollzug des Jugendarrestes, der Jugendstrafe und der Maßregeln der Unterbringung in einem psychiatrischen Krankenhaus oder in einer Entziehungsanstalt oder in der Sicherungsverwahrung ist, soweit nach den Vollzugsgesetzen eine Maßnahme der vorherigen gerichtlichen Anordnung oder der gerichtlichen Genehmigung bedarf, das Amtsgericht zuständig, in dessen Bezirk die Maßnahme durchgeführt wird. [2] Unterhält ein Land eine Einrichtung für den Vollzug der in Satz 1 genannten Freiheitsentziehung auf dem Gebiet eines anderen Landes, können die beteiligten Länder vereinbaren, dass das Amtsgericht zuständig ist, in dessen Bezirk die für die Einrichtung zuständige Aufsichtsbehörde ihren Sitz hat. [3] Für das Verfahren gelten § 121b des Strafvollzugsgesetzes sowie § 67 Absatz 1, 2 und 5 sowie § 67a Absatz 1, 3 und 5 entsprechend.

§ 93a Unterbringung in einer Entziehungsanstalt. (1) Die Maßregel nach § 61 Nr. 2 des Strafgesetzbuches wird in einer Einrichtung vollzogen, in der die für die Behandlung suchtkranker Jugendlicher erforderlichen besonderen therapeutischen Mittel und sozialen Hilfen zur Verfügung stehen.

(2) Um das angestrebte Behandlungsziel zu erreichen, kann der Vollzug aufgelockert und weitgehend in freien Formen durchgeführt werden.

Viertes Hauptstück. Beseitigung des Strafmakels

§§ 94–96 (weggefallen)

§ 97 Beseitigung des Strafmakels durch Richterspruch. (1) [1]Hat der Jugendrichter die Überzeugung erlangt, daß sich ein zu Jugendstrafe verurteilter Jugendlicher durch einwandfreie Führung als rechtschaffener Mensch erwiesen hat, so erklärt er von Amts wegen oder auf Antrag des Verurteilten, des Erziehungsberechtigten oder des gesetzlichen Vertreters den Strafmakel als beseitigt. [2]Dies kann auch auf Antrag des Staatsanwalts oder, wenn der Verurteilte im Zeitpunkt der Antragstellung noch minderjährig ist, auf Antrag des Vertreters der Jugendgerichtshilfe geschehen. [3]Die Erklärung ist unzulässig, wenn es sich um eine Verurteilung nach den §§ 174 bis 180 oder 182 des Strafgesetzbuches handelt.

(2) [1]Die Anordnung kann erst zwei Jahre nach Verbüßung oder Erlaß der Strafe ergehen, es sei denn, daß der Verurteilte sich der Beseitigung des Strafmakels besonders würdig gezeigt hat. [2]Während des Vollzugs oder während einer Bewährungszeit ist die Anordnung unzulässig.

§ 98 Verfahren. (1) [1]Zuständig ist der Jugendrichter des Amtsgerichts, dem die familiengerichtlichen Erziehungsaufgaben für den Verurteilten obliegen. [2]Ist der Verurteilte volljährig, so ist der Jugendrichter zuständig, in dessen Bezirk der Verurteilte seinen Wohnsitz hat.

(2) [1]Der Jugendrichter beauftragt mit den Ermittlungen über die Führung des Verurteilten und dessen Bewährung vorzugsweise die Stelle, die den Verurteilten nach der Verbüßung der Strafe betreut hat. [2]Er kann eigene Ermittlungen anstellen. [3]Er hört den Verurteilten und, wenn dieser minderjährig ist, den Erziehungsberechtigten und den gesetzlichen Vertreter, ferner die Schule und die zuständige Verwaltungsbehörde.

(3) Nach Abschluß der Ermittlungen ist der Staatsanwalt zu hören.

§ 99 Entscheidung. (1) Der Jugendrichter entscheidet durch Beschluß.

(2) Hält er die Voraussetzungen für eine Beseitigung des Strafmakels noch nicht für gegeben, so kann er die Entscheidung um höchstens zwei Jahre aufschieben.

(3) Gegen den Beschluß ist sofortige Beschwerde zulässig.

§ 100 Beseitigung des Strafmakels nach Erlaß einer Strafe oder eines Strafrestes. [1]Wird die Strafe oder ein Strafrest bei Verurteilung zu nicht mehr als zwei Jahren Jugendstrafe nach Aussetzung zur Bewährung erlassen, so erklärt der Richter zugleich den Strafmakel als beseitigt. [2]Dies gilt nicht, wenn es sich um eine Verurteilung nach den §§ 174 bis 180 oder 182 des Strafgesetzbuches handelt.

§ 101 Widerruf. [1]Wird der Verurteilte, dessen Strafmakel als beseitigt erklärt worden ist, vor der Tilgung des Vermerks wegen eines Verbrechens oder vorsätzlichen Vergehens erneut zu Freiheitsstrafe verurteilt, so widerruft der Richter in dem Urteil oder nachträglich durch Beschluß die Beseitigung des Strafmakels. [2]In besonderen Fällen kann er von dem Widerruf absehen.

Fünftes Hauptstück. Jugendliche vor Gerichten, die für allgemeine Strafsachen zuständig sind

§ 102 Zuständigkeit. [1]Die Zuständigkeit des Bundesgerichtshofes und des Oberlandesgerichts werden durch die Vorschriften dieses Gesetzes nicht berührt. [2]In den zur Zuständigkeit von Oberlandesgerichten im ersten Rechtszug gehörenden Strafsachen (§ 120 Abs. 1 und 2 des Gerichtsverfassungsgesetzes) entscheidet der Bundesgerichtshof auch über Beschwerden gegen Entscheidungen dieser Oberlandesgerichte, durch welche die Aussetzung der Jugendstrafe zur Bewährung angeordnet oder abgelehnt wird (§ 59 Abs. 1).

§ 103 Verbindung mehrerer Strafsachen. (1) Strafsachen gegen Jugendliche und Erwachsene können nach den Vorschriften des allgemeinen Verfahrensrechts verbunden werden, wenn es zur Erforschung der Wahrheit oder aus anderen wichtigen Gründen geboten ist.

(2) [1] Zuständig ist das Jugendgericht. [2] Dies gilt nicht, wenn die Strafsache gegen Erwachsene nach den allgemeinen Vorschriften einschließlich der Regelung des § 74e des Gerichtsverfassungsgesetzes zur Zuständigkeit der Wirtschaftsstrafkammer oder der Strafkammer nach § 74a des Gerichtsverfassungsgesetzes gehört; in einem solchen Fall sind diese Strafkammern auch für die Strafsache gegen den Jugendlichen zuständig. [3] Für die Prüfung der Zuständigkeit der Wirtschaftsstrafkammer und der Strafkammer nach § 74a des Gerichtsverfassungsgesetzes gelten im Falle des Satzes 2 die §§ 6a, 225a Abs. 4, § 270 Abs. 1 Satz 2 der Strafprozeßordnung entsprechend; § 209a der Strafprozeßordnung ist mit der Maßgabe anzuwenden, daß diese Strafkammern auch gegenüber der Jugendkammer einem Gericht höherer Ordnung gleichstehen.

(3) Beschließt der Richter die Trennung der verbundenen Sachen, so erfolgt zugleich Abgabe der abgetrennten Sache an den Richter, der ohne die Verbindung zuständig gewesen wäre.

§ 104 Verfahren gegen Jugendliche. (1) In Verfahren gegen Jugendliche vor den für allgemeine Strafsachen zuständigen Gerichten gelten die Vorschriften dieses Gesetzes über

1. Verfehlungen Jugendlicher und ihre Folgen (§§ 3 bis 32),
2. die Heranziehung und die Rechtsstellung der Jugendgerichtshilfe (§§ 38, 46a, 50 Abs. 3),
3. den Umfang der Ermittlungen im Vorverfahren (§ 43),
4. das Absehen von der Verfolgung und die Einstellung des Verfahrens durch den Richter (§§ 45, 47),

4a. den Ausschluss der Öffentlichkeit (§ 48 Absatz 3 Satz 2),

5. die Untersuchungshaft (§§ 52, 52a, 72, 89c),
6. die Urteilsgründe (§ 54),
7. das Rechtsmittelverfahren (§§ 55, 56),
8. das Verfahren bei Aussetzung der Jugendstrafe zur Bewährung und der Verhängung der Jugendstrafe (§§ 57 bis 64),
9. die Beteiligung und die Rechtsstellung der Erziehungsberechtigten und der gesetzlichen Vertreter (§ 50 Absatz 2, § 51 Absatz 2 bis 7, §§ 67, 67a),
10. die notwendige Verteidigung (§§ 68, 68a),
11. Mitteilungen an amtliche Stellen (§ 70),

11a. die Unterrichtung des Jugendlichen (§ 70a),

11b. Belehrungen (§ 70b),

11c. die Vernehmung des Beschuldigten (§ 70c),

12. die Unterbringung zur Beobachtung (§ 73),
13. Kosten und Auslagen (§ 74),
14. den Ausschluß von Vorschriften des allgemeinen Verfahrensrechts (§§ 79 bis 81) und
15. Verfahren und Entscheidung bei Anordnung der Sicherungsverwahrung (§ 81a).

(2) Die Anwendung weiterer Verfahrensvorschriften dieses Gesetzes steht im Ermessen des Gerichts.

(3) Soweit es aus Gründen der Staatssicherheit geboten und mit dem Wohl des Jugendlichen vereinbar ist, kann das Gericht anordnen, dass die Heranziehung der Jugendgerichtshilfe unterbleibt und dass die in § 67 Absatz 1 und 2 genannten Rechte der Erziehungsberechtigten und der gesetzlichen Vertreter ruhen.

(4) [1]Hält das Gericht Erziehungsmaßregeln für erforderlich, so hat es deren Auswahl und Anordnung dem Familiengericht zu überlassen. [2]§ 53 Satz 2 gilt entsprechend.

(5) Dem Jugendrichter, in dessen Bezirk sich der Jugendliche aufhält, sind folgende Entscheidungen zu übertragen:

1. Entscheidungen, die nach einer Aussetzung der Jugendstrafe zur Bewährung erforderlich werden;
2. Entscheidungen, die nach einer Aussetzung der Verhängung der Jugendstrafe erforderlich werden, mit Ausnahme der Entscheidungen über die Festsetzung der Strafe und die Tilgung des Schuldspruchs (§ 30);
3. Entscheidungen, die nach dem Vorbehalt einer nachträglichen Entscheidung über die Aussetzung der Jugendstrafe erforderlich werden, mit Ausnahme der vorbehaltenen Entscheidung selbst (§ 61a).

Dritter Teil. Heranwachsende

Erster Abschnitt. Anwendung des sachlichen Strafrechts

§ 105 Anwendung des Jugendstrafrechts auf Heranwachsende. (1) Begeht ein Heranwachsender eine Verfehlung, die nach den allgemeinen Vorschriften mit Strafe bedroht ist, so wendet der Richter die für einen Jugendlichen geltenden Vorschriften der §§ 4 bis 8, 9 Nr. 1, §§ 10, 11 und 13 bis 32 entsprechend an, wenn

1. die Gesamtwürdigung der Persönlichkeit des Täters bei Berücksichtigung auch der Umweltbedingungen ergibt, daß er zur Zeit der Tat nach seiner sittlichen und geistigen Entwicklung noch einem Jugendlichen gleichstand, oder
2. es sich nach der Art, den Umständen oder den Beweggründen der Tat um eine Jugendverfehlung handelt.

(2) § 31 Abs. 2 Satz 1, Abs. 3 ist auch dann anzuwenden, wenn der Heranwachsende wegen eines Teils der Straftaten bereits rechtskräftig nach allgemeinem Strafrecht verurteilt worden ist.

(3) [1]Das Höchstmaß der Jugendstrafe für Heranwachsende beträgt zehn Jahre. [2]Handelt es sich bei der Tat um Mord und reicht das Höchstmaß nach Satz 1 wegen der besonderen Schwere der Schuld nicht aus, so ist das Höchstmaß 15 Jahre.

§ 106 Milderung des allgemeinen Strafrechts für Heranwachsende; Sicherungsverwahrung. (1) Ist wegen der Straftat eines Heranwachsenden das allgemeine Strafrecht anzuwenden, so kann das Gericht an Stelle von lebenslanger Freiheitsstrafe auf eine Freiheitsstrafe von zehn bis zu fünfzehn Jahren erkennen.

(2) Das Gericht kann anordnen, daß der Verlust der Fähigkeit, öffentliche Ämter zu bekleiden und Rechte aus öffentlichen Wahlen zu erlangen (§ 45 Abs. 1 des Strafgesetzbuches), nicht eintritt.

(3) [1]Sicherungsverwahrung darf neben der Strafe nicht angeordnet werden. [2]Das Gericht kann im Urteil die Anordnung der Sicherungsverwahrung vorbehalten, wenn

1. der Heranwachsende zu einer Freiheitsstrafe von mindestens fünf Jahren verurteilt wird wegen eines oder mehrerer Verbrechen

a) gegen das Leben, die körperliche Unversehrtheit oder die sexuelle Selbstbestimmung oder
b) nach § 251 des Strafgesetzbuches, auch in Verbindung mit § 252 oder § 255 des Strafgesetzbuches,

durch welche das Opfer seelisch oder körperlich schwer geschädigt oder einer solchen Gefahr ausgesetzt worden ist, und

2. auf Grund der Gesamtwürdigung des Heranwachsenden und seiner Tat oder seiner Taten mit hinreichender Sicherheit feststellbar oder zumindest wahrscheinlich ist, dass bei ihm ein Hang zu Straftaten der in Nummer 1 bezeichneten Art vorliegt und er infolgedessen zum Zeitpunkt der Verurteilung für die Allgemeinheit gefährlich ist.

(4) Unter den übrigen Voraussetzungen des Absatzes 3 Satz 2 kann das Gericht einen solchen Vorbehalt auch aussprechen, wenn

1. die Verurteilung wegen eines oder mehrerer Vergehen nach den §§ 176a und 176b des Strafgesetzbuches erfolgt,
2. die übrigen Voraussetzungen des § 66 Absatz 3 des Strafgesetzbuches erfüllt sind, soweit dieser nicht auf § 66 Absatz 1 Satz 1 Nummer 4 des Strafgesetzbuches verweist, und
3. es sich auch bei den maßgeblichen früheren und künftig zu erwartenden Taten um solche der in Nummer 1 oder Absatz 3 Satz 2 Nummer 1 genannten Art handelt, durch welche das Opfer seelisch oder körperlich schwer geschädigt oder einer solchen Gefahr ausgesetzt worden ist oder würde.

(5) [1] Wird neben der Strafe die Anordnung der Sicherungsverwahrung vorbehalten und hat der Verurteilte das siebenundzwanzigste Lebensjahr noch nicht vollendet, so ordnet das Gericht an, dass bereits die Strafe in einer sozialtherapeutischen Einrichtung zu vollziehen ist, es sei denn, dass die Resozialisierung des Täters dadurch nicht besser gefördert werden kann. [2] Diese Anordnung kann auch nachträglich erfolgen. [3] Solange der Vollzug in einer sozialtherapeutischen Einrichtung noch nicht angeordnet oder der Gefangene noch nicht in eine sozialtherapeutische Einrichtung verlegt worden ist, ist darüber jeweils nach sechs Monaten neu zu entscheiden. [4] Für die nachträgliche Anordnung nach Satz 2 ist die Strafvollstreckungskammer zuständig. [5] § 66c Absatz 2 und § 67a Absatz 2 bis 4 des Strafgesetzbuches bleiben unberührt.

(6) Das Gericht ordnet die Sicherungsverwahrung an, wenn die Gesamtwürdigung des Verurteilten, seiner Tat oder seiner Taten und ergänzend seiner Entwicklung bis zum Zeitpunkt der Entscheidung ergibt, dass von ihm Straftaten der in Absatz 3 Satz 2 Nummer 1 oder Absatz 4 bezeichneten Art zu erwarten sind; § 66a Absatz 3 Satz 1 des Strafgesetzbuches gilt entsprechend.

(7) Ist die wegen einer Tat der in Absatz 3 Satz 2 Nr. 1 bezeichneten Art angeordnete Unterbringung in einem psychiatrischen Krankenhaus nach § 67d Abs. 6 des Strafgesetzbuches für erledigt erklärt worden, weil der die Schuldfähigkeit ausschließende oder vermindernde Zustand, auf dem die Unterbringung beruhte, im Zeitpunkt der Erledigungsentscheidung nicht bestanden hat, so kann das Gericht die Unterbringung in der Sicherungsverwahrung nachträglich anordnen, wenn

1. die Unterbringung des Betroffenen nach § 63 des Strafgesetzbuches wegen mehrerer solcher Taten angeordnet wurde oder wenn der Betroffene wegen einer oder mehrerer solcher Taten, die er vor der zur Unterbringung nach § 63 des Strafgesetzbuches führenden Tat begangen hat, schon einmal zu einer Freiheitsstrafe von mindestens drei Jahren verurteilt oder in einem psychiatrischen Krankenhaus untergebracht worden war und
2. die Gesamtwürdigung des Betroffenen, seiner Taten und ergänzend seiner Entwicklung bis zum Zeitpunkt der Entscheidung ergibt, dass er mit hoher Wahrscheinlichkeit erneut Straftaten der in Absatz 3 Satz 2 Nr. 1 bezeichneten Art begehen wird.

Zweiter Abschnitt. Gerichtsverfassung und Verfahren

§ 107 Gerichtsverfassung. Von den Vorschriften über die Jugendgerichtsverfassung gelten die §§ 33 bis 34 Abs. 1 und §§ 35 bis 38 für Heranwachsende entsprechend.

§ 108 Zuständigkeit. (1) Die Vorschriften über die Zuständigkeit der Jugendgerichte (§§ 39 bis 42) gelten auch bei Verfehlungen Heranwachsender.

(2) Der Jugendrichter ist für Verfehlungen Heranwachsender auch zuständig, wenn die Anwendung des allgemeinen Strafrechts zu erwarten ist und nach § 25 des Gerichtsverfassungsgesetzes der Strafrichter zu entscheiden hätte.

(3) [1] Ist wegen der rechtswidrigen Tat eines Heranwachsenden das allgemeine Strafrecht anzuwenden, so gilt § 24 Abs. 2 des Gerichtsverfassungsgesetzes. [2] Ist im Einzelfall eine höhere Strafe als vier Jahre Freiheitsstrafe oder die Unterbringung des Beschuldigten in einem psychiatrischen Krankenhaus, allein oder neben einer Strafe, oder in der Sicherungsverwahrung (§ 106 Absatz 3, 4, 7) zu erwarten, so ist die Jugendkammer zuständig. [3] Der Beschluss einer verminderten Besetzung in der Hauptverhandlung (§ 33b) ist nicht zulässig, wenn die Anordnung der Unterbringung in der Sicherungsverwahrung, deren Vorbehalt oder die Anordnung der Unterbringung in einem psychiatrischen Krankenhaus zu erwarten ist.

§ 109 Verfahren. (1) [1] Von den Vorschriften über das Jugendstrafverfahren (§§ 43 bis 81a) sind im Verfahren gegen einen Heranwachsenden die §§ 43, 46a, 47a, 50 Absatz 3 und 4, die §§ 51a, 68 Nummer 1, 4 und 5, die §§ 68a, 68b, 70 Absatz 2 und 3, die §§ 70a, 70b Absatz 1 Satz 1 und Absatz 2, die §§ 70c, 72a bis 73 und 81a entsprechend anzuwenden. [2] Die Bestimmungen des § 70a sind nur insoweit anzuwenden, als sich die Unterrichtung auf Vorschriften bezieht, die nach dem für die Heranwachsenden geltenden Recht nicht ausgeschlossen sind. [3] Die Jugendgerichtshilfe und in geeigneten Fällen auch die Schule werden von der Einleitung und dem Ausgang des Verfahrens unterrichtet. [4] Sie benachrichtigen den Staatsanwalt, wenn ihnen bekannt wird, daß gegen den Beschuldigten noch ein anderes Strafverfahren anhängig ist. [5] Die Öffentlichkeit kann ausgeschlossen werden, wenn dies im Interesse des Heranwachsenden geboten ist.

(2) [1] Wendet der Richter Jugendstrafrecht an (§ 105), so gelten auch die §§ 45, 47 Abs. 1 Satz 1 Nr. 1, 2 und 3, Abs. 2, 3, §§ 52, 52a, 54 Abs. 1, §§ 55 bis 66, 74 und 79 Abs. 1 entsprechend. [2] § 66 ist auch dann anzuwenden, wenn die einheitliche Festsetzung von Maßnahmen oder Jugendstrafe nach § 105 Abs. 2 unterblieben ist. [3] § 55 Abs. 1 und 2 ist nicht anzuwenden, wenn die Entscheidung im beschleunigten Verfahren des allgemeinen Verfahrensrechts ergangen ist. [4] § 74 ist im Rahmen einer Entscheidung über die Auslagen des Antragstellers nach § 472a der Strafprozessordnung nicht anzuwenden.

(3) In einem Verfahren gegen einen Heranwachsenden findet § 407 Abs. 2 Satz 2 der Strafprozeßordnung keine Anwendung.

Dritter Abschnitt. Vollstreckung, Vollzug und Beseitigung des Strafmakels

§ 110 Vollstreckung und Vollzug. (1) Von den Vorschriften über die Vollstreckung und den Vollzug bei Jugendlichen gelten § 82 Abs. 1, §§ 83 bis 93a für Heranwachsende entsprechend, soweit der Richter Jugendstrafrecht angewendet (§ 105) und nach diesem Gesetz zulässige Maßnahmen oder Jugendstrafe verhängt hat.

(2) Für die Vollstreckung von Untersuchungshaft an zur Tatzeit Heranwachsenden gilt § 89c Absatz 1 und 3 entsprechend.

§ 111 Beseitigung des Strafmakels. Die Vorschriften über die Beseitigung des Strafmakels (§§ 97 bis 101) gelten für Heranwachsende entsprechend, soweit der Richter Jugendstrafe verhängt hat.

Vierter Abschnitt. Heranwachsende vor Gerichten, die für allgemeine Strafsachen zuständig sind

§ 112 Entsprechende Anwendung. [1]Die §§ 102, 103, 104 Abs. 1 bis 3 und 5 gelten für Verfahren gegen Heranwachsende entsprechend. [2]Die in § 104 Abs. 1 genannten Vorschriften sind nur insoweit anzuwenden, als sie nach dem für die Heranwachsenden geltenden Recht nicht ausgeschlossen sind. [3]Hält der Richter die Erteilung von Weisungen für erforderlich, so überläßt er die Auswahl und Anordnung dem Jugendrichter, in dessen Bezirk sich der Heranwachsende aufhält.

Vierter Teil. Sondervorschriften für Soldaten der Bundeswehr

§§ 112a–112d *[nicht abgedruckt]*

§ 112e Verfahren vor Gerichten, die für allgemeine Strafsachen zuständig sind. In Verfahren gegen Jugendliche oder Heranwachsende vor den für allgemeine Strafsachen zuständigen Gerichten (§ 104) sind die §§ 112a und 112d anzuwenden.

Fünfter Teil. Schluß- und Übergangsvorschriften

§§ 113–116 *[nicht abgedruckt]*

§§ 117–120 *(aufgehoben)*

§ 121 Übergangsvorschrift. (1) Für am 1. Januar 2008 bereits anhängige Verfahren auf gerichtliche Entscheidung über die Rechtmäßigkeit von Maßnahmen im Vollzug der Jugendstrafe, des Jugendarrestes und der Unterbringung in einem psychiatrischen Krankenhaus oder einer Entziehungsanstalt sind die Vorschriften des Dritten Abschnitts des Einführungsgesetzes zum Gerichtsverfassungsgesetz in ihrer bisherigen Fassung weiter anzuwenden.

(2) Für Verfahren, die vor dem 1. Januar 2012 bei der Jugendkammer anhängig geworden sind, ist § 33b Absatz 2 in der bis zum 31. Dezember 2011 geltenden Fassung anzuwenden.

(3) Hat die Staatsanwaltschaft in Verfahren, in denen über die im Urteil vorbehaltene oder die nachträgliche Anordnung der Sicherungsverwahrung zu entscheiden ist, die Akten dem Vorsitzenden des zuständigen Gerichts vor dem 1. Januar 2012 übergeben, ist § 74f des Gerichtsverfassungsgesetzes in der bis zum 31. Dezember 2011 geltenden Fassung entsprechend anzuwenden.

§§ 122–124 *(aufgehoben)*

§ 125 Inkrafttreten. Dieses Gesetz tritt am 1. Oktober 1953 in Kraft.

2. Gesetz über das Zentralregister und das Erziehungsregister (Bundeszentralregistergesetz – BZRG)

In der Fassung der Bekanntmachung vom 21. September 1984
(BGBl. I S. 1229, ber. 1985 I S. 195; FNA 312-7)
Zuletzt geändert durch G vom 19.7.2024 (BGBl. 2024 I Nr. 245)
– Auszug –

Erster Teil. *[nicht abgedruckt]*

Zweiter Teil. Das Zentralregister

Erster bis dritter Abschnitt. *[nicht abgedruckt]*

Vierter Abschnitt. Tilgung

§ 45 Tilgung nach Fristablauf. (1) Eintragungen über Verurteilungen (§ 4) werden nach Ablauf einer bestimmten Frist getilgt.

(2) [1] Eine zu tilgende Eintragung wird ein Jahr nach Eintritt der Tilgungsreife aus dem Register entfernt. [2] Während dieser Zeit darf über die Eintragung nur der betroffenen Person Auskunft erteilt werden.

(3) Absatz 1 gilt nicht

1. bei Verurteilungen zu lebenslanger Freiheitsstrafe,
2. bei Anordnung der Unterbringung in der Sicherungsverwahrung oder in einem psychiatrischen Krankenhaus oder
3. bei Verurteilungen wegen einer Straftat nach den §§ 176c oder 176d des Strafgesetzbuches, durch die erkannt worden ist
   a) auf Freiheitsstrafe von mindestens fünf Jahren oder
   b) auf Freiheitsstrafe von mindestens drei Jahren bei zwei oder mehr im Register eingetragenen Verurteilungen nach den §§ 176c oder 176d des Strafgesetzbuches.

§ 46 Länge der Tilgungsfrist. (1) Die Tilgungsfrist beträgt

1. fünf Jahre
   bei Verurteilungen
   a) zu Geldstrafe von nicht mehr als neunzig Tagessätzen, wenn keine Freiheitsstrafe, kein Strafarrest und keine Jugendstrafe im Register eingetragen ist,
   b) zu Freiheitsstrafe oder Strafarrest von nicht mehr als drei Monaten, wenn im Register keine weitere Strafe eingetragen ist,
   c) zu Jugendstrafe von nicht mehr als einem Jahr,
   d) zu Jugendstrafe von nicht mehr als zwei Jahren, wenn die Vollstreckung der Strafe oder eines Strafrestes gerichtlich oder im Gnadenwege zur Bewährung ausgesetzt worden ist,
   e) zu Jugendstrafe von mehr als zwei Jahren, wenn ein Strafrest nach Ablauf der Bewährungszeit gerichtlich oder im Gnadenwege erlassen worden ist,
   f) zu Jugendstrafe, wenn der Strafmakel gerichtlich oder im Gnadenwege als beseitigt erklärt worden ist,
   g) durch welche eine Maßnahme (§ 11 Abs. 1 Nr. 8 des Strafgesetzbuchs) mit Ausnahme der Sperre für die Erteilung einer Fahrerlaubnis für immer und

des Berufsverbots für immer, eine Nebenstrafe oder eine Nebenfolge allein oder in Verbindung miteinander oder in Verbindung mit Erziehungsmaßregeln oder Zuchtmitteln angeordnet worden ist,

1a. zehn Jahre
bei Verurteilungen wegen einer Straftat nach den §§ 171, 174 bis 180a, 181a, 182 bis 184g, 184i bis 184l, 201a Absatz 3, den §§ 225, 232 bis 233a, 234, 235 oder § 236 des Strafgesetzbuches, wenn
a) es sich um Fälle der Nummer 1 Buchstabe a bis f handelt,
b) durch sie allein die Unterbringung in einer Entziehungsanstalt angeordnet worden ist,

2. zehn Jahre
bei Verurteilungen zu
a) Geldstrafe und Freiheitsstrafe oder Strafarrest von nicht mehr als drei Monaten, wenn die Voraussetzungen der Nummer 1 Buchstabe a und b nicht vorliegen,
b) Freiheitsstrafe oder Strafarrest von mehr als drei Monaten, aber nicht mehr als einem Jahr, wenn die Vollstreckung der Strafe oder eines Strafrestes gerichtlich oder im Gnadenwege zur Bewährung ausgesetzt worden und im Register nicht außerdem Freiheitsstrafe, Strafarrest oder Jugendstrafe eingetragen ist,
c) Jugendstrafe von mehr als einem Jahr, außer in den Fällen der Nummer 1 Buchstabe d bis f,

3. zwanzig Jahre bei Verurteilungen wegen einer Straftat nach den §§ 174 bis 180 oder 182 des Strafgesetzbuches zu einer Freiheitsstrafe oder Jugendstrafe von mehr als einem Jahr,

4. fünfzehn Jahre
in allen übrigen Fällen.

(2) Die Aussetzung der Strafe oder eines Strafrestes zur Bewährung oder die Beseitigung des Strafmakels bleiben bei der Berechnung der Frist unberücksichtigt, wenn diese Entscheidungen widerrufen worden sind.

(3) [1] In den Fällen des Absatzes 1 Nr. 1 Buchstabe e, Nr. 2 Buchstabe c sowie Nummer 3 und 4 verlängert sich die Frist um die Dauer der Freiheitsstrafe, des Strafarrestes oder der Jugendstrafe. [2] In den Fällen des Absatzes 1 Nummer 1a verlängert sich die Frist bei einer Verurteilung zu einer Jugendstrafe von mehr als einem Jahr um die Dauer der Jugendstrafe.

§ 47 Feststellung der Frist und Ablaufhemmung. (1) Für die Feststellung und Berechnung der Frist gelten die §§ 35, 36 entsprechend.

(2) [1] Die Tilgungsfrist läuft nicht ab, solange sich aus dem Register ergibt, daß die Vollstreckung einer Strafe oder eine der in § 61 des Strafgesetzbuchs aufgeführten Maßregeln der Besserung und Sicherung noch nicht erledigt oder die Strafe noch nicht erlassen ist. [2] § 37 Abs. 1 gilt entsprechend.

(3) [1] Sind im Register mehrere Verurteilungen eingetragen, so ist die Tilgung einer Eintragung erst zulässig, wenn für alle Verurteilungen die Voraussetzungen der Tilgung vorliegen. [2] Die Eintragung einer Verurteilung, durch die eine Sperre für die Erteilung der Fahrerlaubnis für immer angeordnet worden ist, hindert die Tilgung anderer Verurteilungen nur, wenn zugleich auf eine Strafe erkannt worden ist, für die allein die Tilgungsfrist nach § 46 noch nicht abgelaufen wäre.

§ 48 Anordnung der Tilgung wegen Gesetzesänderung. [1] Ist die Verurteilung ausschließlich wegen einer Handlung eingetragen, für die das nach der Verurteilung geltende Gesetz keine Strafe mehr vorsieht, oder droht das neue Gesetz für die Handlung nur noch Geldbuße allein oder Geldbuße in Verbindung mit einer Nebenfolge an, wird die Eintragung auf Antrag der betroffenen Person getilgt. [2] Die Tilgung erfolgt nur, wenn sich die Voraussetzungen des Satzes 1 anhand der nach § 5 eingetragenen Daten feststellen lassen. [3]Andere gesetzliche Bestimmungen über die Tilgung von Eintragungen wegen Rechtsänderungen bleiben unberührt.

§ 49 Anordnung der Tilgung in besonderen Fällen. (1) [1]Die Registerbehörde kann auf Antrag oder von Amts wegen anordnen, daß Eintragungen entgegen den §§ 45, 46 zu tilgen sind, falls die Vollstreckung erledigt ist und das öffentliche Interesse der Anordnung nicht entgegensteht. [2]Die Registerbehörde soll das erkennende Gericht und die sonst zuständige Behörde hören. [3]Betrifft die Eintragung eine Verurteilung, durch welche eine freiheitsentziehende Maßregel der Besserung und Sicherung angeordnet worden ist, so soll sie auch die Stellungnahme eines oder einer in der Psychiatrie erfahrenen medizinischen Sachverständigen einholen.

(2) Hat der Verurteilte infolge der Verurteilung durch ein Gericht im Geltungsbereich dieses Gesetzes die Fähigkeit, öffentliche Ämter zu bekleiden und Rechte aus öffentlichen Wahlen zu erlangen, oder das Recht, in öffentlichen Angelegenheiten zu wählen oder zu stimmen, verloren, so darf eine Anordnung nach Absatz 1 nicht ergehen, solange er diese Fähigkeit oder dieses Recht nicht wiedererlangt hat.

(3) [1]Gegen die Ablehnung einer Anordnung nach Absatz 1 steht dem Antragsteller innerhalb zwei Wochen nach der Bekanntgabe der Entscheidung die Beschwerde zu. [2]Hilft die Registerbehörde der Beschwerde nicht ab, so entscheidet das Bundesministerium der Justiz.

§ 50 Zu Unrecht getilgte Eintragungen. Die Registerbehörde hat vor ihrer Entscheidung darüber, ob eine zu Unrecht im Register getilgte Eintragung wieder in das Register aufgenommen wird, der betroffenen Person Gelegenheit zur Stellungnahme zu geben.

Fünfter Abschnitt. Rechtswirkungen der Tilgung

§ 51 Verwertungsverbot. (1) Ist die Eintragung über eine Verurteilung im Register getilgt worden oder ist sie zu tilgen, so dürfen die Tat und die Verurteilung der betroffenen Person im Rechtsverkehr nicht mehr vorgehalten und nicht zu ihrem Nachteil verwertet werden.

(2) Aus der Tat oder der Verurteilung entstandene Rechte Dritter, gesetzliche Rechtsfolgen der Tat oder der Verurteilung und Entscheidungen von Gerichten oder Verwaltungsbehörden, die im Zusammenhang mit der Tat oder der Verurteilung ergangen sind, bleiben unberührt.

§ 52 Ausnahmen. (1) Die frühere Tat darf abweichend von § 51 Abs. 1 nur berücksichtigt werden, wenn

1. die Sicherheit der Bundesrepublik Deutschland oder eines ihrer Länder eine Ausnahme zwingend gebietet,
2. in einem erneuten Strafverfahren ein Gutachten über die Voraussetzungen der §§ 20, 21, 63, 64, 66, 66a oder 66b des Strafgesetzbuchs zu erstatten ist, falls die Umstände der früheren Tat für die Beurteilung der Schuldfähigkeit oder Gefährlichkeit der betroffenen Person von Bedeutung sind,
3. die Wiederaufnahme des früheren Verfahrens beantragt wird,
4. die betroffene Person die Zulassung zu einem Beruf oder einem Gewerbe, die Einstellung in den öffentlichen Dienst oder die Erteilung einer Waffenbesitzkarte, eines Munitionserwerbscheins, Waffenscheins, Jagdscheins oder einer Erlaubnis nach § 27 des Sprengstoffgesetzes beantragt, falls die Zulassung, Einstellung oder Erteilung der Erlaubnis sonst zu einer erheblichen Gefährdung der Allgemeinheit führen würde; das gleiche gilt, wenn die betroffene Person die

Aufhebung einer die Ausübung eines Berufes oder Gewerbes untersagenden Entscheidung beantragt oder
5. dies in gesetzlichen Bestimmungen unter Bezugnahme auf diese Vorschrift vorgesehen ist.

(2) [1] Abweichend von § 51 Absatz 1 darf eine frühere Tat ferner
1. in einem Verfahren, das die Erteilung oder Entziehung einer Fahrerlaubnis zum Gegenstand hat,
2. zur Ergreifung von Maßnahmen nach dem Fahreignungs-Bewertungssystem nach § 4 Absatz 5 des Straßenverkehrsgesetzes

berücksichtigt werden, solange die Verurteilung nach den Vorschriften der §§ 28 bis 30b des Straßenverkehrsgesetzes verwertet werden darf. [2] Außerdem dürfen für die Prüfung der Berechtigung zum Führen von Kraftfahrzeugen Entscheidungen der Gerichte nach den §§ 69 bis 69b des Strafgesetzbuches verwertet werden.

Sechster Abschnitt. Begrenzung von Offenbarungspflichten des Verurteilten

§ 53 Offenbarungspflicht bei Verurteilungen. (1) Verurteilte dürfen sich als unbestraft bezeichnen und brauchen den der Verurteilung zugrunde liegenden Sachverhalt nicht zu offenbaren, wenn die Verurteilung
1. nicht in das Führungszeugnis oder nur in ein Führungszeugnis nach § 32 Abs. 3, 4 aufzunehmen oder
2. zu tilgen ist.

(2) Soweit Gerichte oder Behörden ein Recht auf unbeschränkte Auskunft haben, können Verurteilte ihnen gegenüber keine Rechte aus Absatz 1 Nr. 1 herleiten, falls sie hierüber belehrt werden.

Siebter Abschnitt. Internationaler Austausch von Registerinformationen

§ 53a Grenzen der internationalen Zusammenarbeit. [1] Die Eintragung einer Verurteilung, die nicht durch ein deutsches Gericht im Geltungsbereich dieses Gesetzes ergangen ist, in das Register oder die Erteilung einer Auskunft aus dem Register an eine Stelle eines anderen Staates oder an eine über- und zwischenstaatliche Stelle ist unzulässig, wenn die Verurteilung oder die Erteilung der Auskunft wesentlichen Grundsätzen der deutschen Rechtsordnung widerspricht. [2] Liegt eine Verurteilung oder ein Ersuchen eines Mitgliedstaates der Europäischen Union vor, ist die Eintragung der Verurteilung oder die Erledigung des Ersuchens unzulässig, wenn die Verurteilung oder die Erledigung des Ersuchens im Widerspruch zur Charta der Grundrechte der Europäischen Union steht.

§ 54 Eintragungen in das Register. (1) Strafrechtliche Verurteilungen, die nicht durch deutsche Gerichte im Geltungsbereich dieses Gesetzes ergangen sind, werden in das Register eingetragen, wenn
1. die verurteilte Person die deutsche Staatsangehörigkeit besitzt oder im Geltungsbereich dieses Gesetzes geboren oder wohnhaft ist,
2. wegen des der Verurteilung zugrunde liegenden oder sinngemäß umgestellten Sachverhalts auch nach dem im Geltungsbereich dieses Gesetzes geltenden Recht, ungeachtet etwaiger Verfahrenshindernisse, eine Strafe oder eine Maßregel der Besserung und Sicherung hätte verhängt werden können,
3. die Entscheidung rechtskräftig ist.

(2) Erfüllt eine Verurteilung die Voraussetzungen des Absatzes 1 Nr. 2 nur hinsichtlich eines Teils der abgeurteilten Tat oder Taten, so wird die ganze Verurteilung eingetragen.

(3) [1] Ist eine Verurteilung einzutragen oder ist sie bereits eingetragen, wird auch Folgendes eingetragen:
1. als Folgemaßnahmen spätere Entscheidungen oder sonstige Tatsachen, die sich auf die Verurteilung beziehen,
2. bei der Übermittlung einer Strafnachricht mitgeteilte Bedingungen, die die Verwendung des Mitgeteilten beschränken,
3. soweit es sich um eine Verurteilung aus einem Mitgliedstaat der Europäischen Union handelt, Mitteilungen zu
   a) der Tilgung,
   b) dem Ort der Tatbegehung und
   c) den Rechtsverlusten, die sich aus der Verurteilung ergeben,
4. eine deutsche Entscheidung, durch die die ausländische Freiheitsstrafe oder Maßregel der Besserung und Sicherung für vollstreckbar erklärt wurde.

[2] Wird eine eingetragene Verurteilung durch die Eintragung einer Folgemaßnahme ergänzt, ist § 55 Absatz 2 nicht anzuwenden.

§ 55 Verfahren bei der Eintragung. (1) Die Registerbehörde trägt eine Verurteilung, die nicht durch ein deutsches Gericht im Geltungsbereich dieses Gesetzes ergangen ist, ein, wenn ihr die Verurteilung von einer Behörde des Staates, der sie ausgesprochen hat, mitgeteilt worden ist und sich aus der Mitteilung nicht ergibt, daß die Voraussetzungen des § 54 nicht vorliegen.

(2) [1] Die betroffene Person soll unverzüglich zu der Eintragung gehört werden, wenn ihr Aufenthalt feststellbar ist. [2] Ergibt sich, daß bei einer Verurteilung oder einem abtrennbaren Teil einer Verurteilung die Voraussetzungen des § 54 Abs. 1 nicht vorliegen, so ist die Eintragung insoweit zu entfernen. [3] Lehnt die Registerbehörde einen Antrag der betroffenen Person auf Entfernung der Eintragung ab, so steht der betroffenen Person innerhalb von zwei Wochen nach der Bekanntgabe der Entscheidung die Beschwerde zu. [4] Hilft die Registerbehörde der Beschwerde nicht ab, so entscheidet das Bundesministerium der Justiz.

§ 56 Behandlung von Eintragungen. (1) [1] Eintragungen nach § 54 werden bei der Anwendung dieses Gesetzes wie Eintragungen von Verurteilungen durch deutsche Gerichte im Geltungsbereich dieses Gesetzes behandelt. [2] Hierbei steht eine Rechtsfolge der im Geltungsbereich dieses Gesetzes geltenden Rechtsfolge gleich, der sie am meisten entspricht; Nebenstrafen und Nebenfolgen haben für die Anwendung dieses Gesetzes keine Rechtswirkung.

(2) [1] Für die Nichtaufnahme einer nach § 54 eingetragenen Verurteilung in das Führungszeugnis und für die Tilgung der Eintragung bedarf es nicht der Erledigung der Vollstreckung. [2] Satz 1 gilt nicht, soweit die Verurteilung im Geltungsbereich dieses Gesetzes vollstreckt wird.

(3) Die §§ 39 und 49 gelten entsprechend.

§ 56a *(aufgehoben)*

§ 56b Speicherung zum Zweck der Auskunftserteilung an Mitgliedstaaten der Europäischen Union. (1) [1] Übermittelt eine Zentralbehörde eines anderen Mitgliedstaates eine strafrechtliche Verurteilung über eine Person, die die deutsche Staatsangehörigkeit besitzt, und ist die Eintragung der Verurteilung nicht zulässig, weil die Voraussetzungen des § 54 Absatz 1 Nummer 2 nicht vorliegen, werden die Verurteilung sowie eintragungsfähige Folgemaßnahmen im Register gesondert gespeichert. [2] Speicherungen nach dieser Vorschrift dürfen an einen anderen Mitgliedstaat nur zur Unterstützung eines strafrechtlichen Verfahrens in diesem Staat auf Grund eines Ersuchens übermittelt werden.

(2) Die §§ 42 und 55 Absatz 2 gelten entsprechend.

(3) Die Speicherung wird im Register gelöscht, wenn

1. mitgeteilt wird, dass eine Tilgung durch den Urteilsmitgliedstaat erfolgt ist, oder
2. fünf Jahre abgelaufen sind; § 47 Absatz 1 gilt bei der Fristberechnung entsprechend.

§ 57 Auskunft an ausländische sowie über- und zwischenstaatliche Stellen. (1) Ersuchen von Stellen eines anderen Staates sowie von über- und zwischenstaatlichen Stellen um Erteilung einer unbeschränkten Auskunft aus dem Register oder um Erteilung eines Führungszeugnisses an Behörden werden nach den hierfür geltenden völkerrechtlichen Verträgen, soweit an ihnen nach Artikel 59 Absatz 2 Satz 1 des Grundgesetzes die gesetzgebenden Körperschaften mitgewirkt haben, von der Registerbehörde ausgeführt.

(2) [1] Soweit kein völkerrechtlicher Vertrag im Sinne des Absatzes 1 vorliegt, kann die Registerbehörde als ausführende Behörde den in Absatz 1 genannten Stellen für die gleichen Zwecke und in gleichem Umfang eine unbeschränkte Auskunft aus dem Register oder ein Führungszeugnis an Behörden erteilen wie vergleichbaren deutschen Stellen. [2] Die empfangende Stelle ist darauf hinzuweisen, dass sie die Auskunft nur zu dem Zweck verwenden darf, für den sie erteilt worden ist. [3] Die Übermittlung personenbezogener Daten muss im Einklang mit Kapitel V der Verordnung (EU) 2016/679 und den sonstigen allgemeinen datenschutzrechtlichen Vorschriften stehen.

(3) [1] Regelmäßige Benachrichtigungen über strafrechtliche Verurteilungen und nachfolgende Maßnahmen, die im Register eingetragen werden (Strafnachrichten), werden nach den hierfür geltenden völkerrechtlichen Verträgen, die der Mitwirkung der gesetzgebenden Körperschaften nach Artikel 59 Abs. 2 des Grundgesetzes bedurften, erstellt und übermittelt. [2] Absatz 2 Satz 2 gilt entsprechend. [3] Ist eine Strafnachricht übermittelt worden, wird der empfangenden Stelle auch die Entfernung der Eintragung aus dem Register mitgeteilt.

(4) Die Verantwortung für die Zulässigkeit der Übermittlung trägt die übermittelnde Stelle.

(5) [1] Eine nach § 54 Absatz 3 Satz 1 Nummer 2 eingetragene Bedingung ist bei der Ausführung von Ersuchen nach den Absätzen 1 und 2 zu beachten. [2] Ist im Register zu einer nach § 54 eingetragenen Verurteilung eines anderen Mitgliedstaates die Tilgung der Verurteilung im Urteilsmitgliedstaat eingetragen, unterbleibt eine Auskunft aus dem Register über diese Verurteilung.

(6) Die Registerbehörde erteilt Eurojust die Zustimmung gemäß Artikel 17 Absatz 3 der Verordnung (EU) 2019/816, wenn ein Ersuchen des anfragenden Drittstaates oder einer internationalen Organisation nach den Absätzen 1 bis 5 voraussichtlich beantwortet werden würde.

§ 57a Austausch von Registerinformationen mit Mitgliedstaaten der Europäischen Union. (1) [1] Strafnachrichten über Personen, die die Staatsangehörigkeit eines anderen Mitgliedstaates der Europäischen Union besitzen, werden erstellt und der Registerbehörde des Mitgliedstaates übermittelt, dessen Staatsangehörigkeit die verurteilte Person besitzt. [2] Besitzt die Person die Staatsangehörigkeit mehrerer Mitgliedstaaten, ist jedem betroffenen Mitgliedstaat eine Strafnachricht zu übermitteln. [3] Die Sätze 1 und 2 sind auch anzuwenden, wenn die verurteilte Person zugleich die deutsche Staatsangehörigkeit besitzt. [4] § 57 Absatz 3 Satz 3 gilt entsprechend.

(2) [1] Ersuchen eines anderen Mitgliedstaates um Erteilung einer unbeschränkten Auskunft aus dem Register zur Unterstützung eines strafrechtlichen Verfahrens werden von der Registerbehörde erledigt; in die Auskunft sind auch die Eintragungen nach § 56b aufzunehmen. [2] § 57 Absatz 5 gilt entsprechend.

(3) [1] Für Ersuchen eines anderen Mitgliedstaates um Erteilung einer unbeschränkten Auskunft aus dem Register oder um Erteilung eines Führungszeugnisses an Behörden zur Unterstützung eines nichtstrafrechtlichen Verfahrens oder eines Verfahrens wegen einer Ordnungswidrigkeit gilt § 57 Absatz 1, 2 und 5 entsprechend. [2] Enthält die im Register eingetragene Verurteilung eines anderen Mitgliedstaates eine nach § 54 Absatz 3 Satz 1 Nummer 2 eingetragene Bedingung, die die Verwendung der Mitteilung der Verurteilung auf strafrechtliche Verfahren beschränkt, wird dem ersuchenden Mitgliedstaat, falls dem Ersuchen stattgegeben wird, nur mitgeteilt,

1. dass eine strafrechtliche Verurteilung eines anderen Mitgliedstaates vorhanden ist, deren Verwendung auf strafrechtliche Verfahren beschränkt ist, und
2. in welchem Mitgliedstaat die Verurteilung ergangen ist.

(4) [1] Ersuchen eines Mitgliedstaates der Europäischen Union um Erteilung einer Auskunft aus dem Register für nichtstrafrechtliche Zwecke, deren Art oder Umfang in diesem Gesetz nicht vorgesehen ist, erledigt die Registerbehörde, soweit die Erteilung nach Maßgabe von Rechtsakten der Europäischen Union geboten ist, es sei denn, dass eine besondere fachliche Bewertung zur Beschränkung der Auskunft erforderlich ist. [2] Ist eine solche Bewertung erforderlich, erhält die für die internationale Amtshilfe zuständige Behörde eine Auskunft aus dem Register. [3] § 57 Absatz 1, 2 und 4 sowie § 8e des Verwaltungsverfahrensgesetzes gelten entsprechend.

(5) [1] Zur Aufnahme von deutschen Registerinformationen in das Führungszeugnis eines anderen Mitgliedstaates ist diesem auf sein Ersuchen ein Führungszeugnis für Private oder zur Vorlage bei einer Behörde nach § 30 über eine Person zu erteilen. [2] Aus dem Ersuchen muss hervorgehen, dass ein entsprechender Antrag der Person im ersuchenden Mitgliedstaat vorliegt. [3] Ein Führungszeugnis nach § 30a wird zu dem in Satz 1 genannten Zweck erteilt, wenn die Voraussetzungen nach § 30a Absatz 1 und 2 Satz 2 vorliegen.

(6) Die Verantwortung für die Zulässigkeit der Übermittlung trägt die übermittelnde Stelle.

(7) Ersuchen, die ausschließlich die Erteilung einer Auskunft aus dem Strafregister eines anderen Mitgliedstaates der Europäischen Union zum Inhalt haben und ihrem Umfang nach einer unbeschränkten Auskunft nach § 41 oder einem Behördenführungszeugnis nach § 31 vergleichbar sind, werden über die Registerbehörde an die Zentralbehörde des ersuchten Mitgliedstaates gerichtet.

§ 57b Speicherung und Austausch von Registerinformationen im Zusammenhang mit einem Partnerstaat. Die §§ 56b und 57a Absatz 1 bis 3 und 5 bis 7 gelten entsprechend für die Speicherung und den Austausch von Registerinformationen im Zusammenhang mit einem Partnerstaat.

§ 58 Berücksichtigung von Verurteilungen. [1] Eine strafrechtliche Verurteilung gilt, auch wenn sie nicht nach § 54 in das Register eingetragen ist, als tilgungsreif, sobald eine ihr vergleichbare Verurteilung im Geltungsbereich dieses Gesetzes tilgungsreif wäre. [2] § 53 gilt auch zugunsten der außerhalb des Geltungsbereichs dieses Gesetzes Verurteilten.

Achter Abschnitt. Verarbeitung personenbezogener Daten zu den Zwecken der Verordnung (EU) 2019/816 und der Verordnung (EU) 2019/818

§ 58a Ersuchen um Übermittlung personenbezogener Daten von ECRIS-TCN. Die Registerbehörde darf das zentralisierte System zur Ermittlung der Mitgliedstaaten, in denen Informationen zu Verurteilungen von Drittstaatsangehörigen und Staatenlosen vorliegen (ECRIS-TCN), um Übermittlung der erforderlichen personenbezogenen Daten ersuchen und die empfangenen personenbezogenen Daten verarbeiten, soweit dies neben den Zwecken der Verordnung (EU) 2019/816 erforderlich ist

1. für die Erteilung einer Auskunft aus dem Register für nichtstrafrechtliche Zwecke oder
2. für die Erteilung eines Führungszeugnisses.

§ 58b Austausch von personenbezogenen Daten zwischen der Registerbehörde und dem Bundeskriminalamt. (1) Die Registerbehörde darf das Bundeskriminalamt zu Zwecken der Verordnung (EU) 2019/816 um Übermittlung der nach § 81b oder § 163b Absatz 1 Satz 3 der Strafprozessordnung aufgenommenen Fingerabdrücke ersuchen.

(2) [1] Die Registerbehörde darf die auf Ersuchen nach Absatz 1 übermittelten Fingerabdrücke erheben, speichern und verwenden, soweit dies zu Zwecken der Verordnung (EU) 2019/816 erforderlich ist. [2] Ist eine Verwendung zu diesen Zwecken nicht mehr erforderlich, so sind die Fingerabdrücke unverzüglich zu löschen.

(3) [1] Werden der Registerbehörde bei Ersuchen nach § 57a Absatz 2 bis 4 infolge eines Treffers in ECRIS-TCN Fingerabdrücke der betroffenen Person übermittelt, darf die Registerbehörde dem Bundeskriminalamt die erforderlichen personenbezogenen Daten einschließlich der Fingerabdrücke übermitteln und um einen Abgleich der Identität ersuchen. [2] Dies gilt auch zur Prüfung von Mehrfachidentitäten nach Artikel 29 der Verordnung (EU) 2019/818 des Europäischen Parlaments und des Rates vom 20. Mai 2019 zur Errichtung eines Rahmens für die Interoperabilität zwischen EU-Informationssystemen (polizeiliche und justizielle Zusammenarbeit, Asyl und Migration) und zur Änderung der Verordnungen (EU) 2018/1726, (EU) 2018/1862 und (EU) 2019/816 (ABl. L 135 vom 22.5.2019, S. 85; L 10 vom 15.1.2020, S. 5).

(4) Das Bundeskriminalamt darf

1. auf Ersuchen nach Absatz 1 zu Zwecken der Verordnung (EU) 2019/816 die nach § 81b oder § 163b Absatz 1 Satz 3 der Strafprozessordnung aufgenommenen Fingerabdrücke an die Registerbehörde übermitteln,
2. auf Ersuchen nach Absatz 3 Amtshilfe bei der Auswertung der in Absatz 3 genannten Daten zur Identitätsfeststellung leisten und das Ergebnis der Auswertung der Registerbehörde übermitteln.

§ 58c Ablauf der Speicherfrist in ECRIS-TCN. Die Speicherfrist nach Artikel 8 der Verordnung (EU) 2019/816 endet mit dem Eintritt der Tilgungsreife.

§ 58d Kennzeichnung eines Datensatzes. (1) Zur Kennzeichnung eines Datensatzes in ECRIS-TCN nach Artikel 5 Absatz 1 Buchstabe c der Verordnung (EU) 2019/816 unterrichtet die für die Mitteilung nach § 20 Absatz 1 Satz 1 zuständige Stelle die Registerbehörde darüber, ob eine strafgerichtliche Verurteilung aufgrund einer terroristischen oder aufgrund einer sonstigen Straftat erfolgt ist, die

1. mit einer Freiheitsstrafe im Höchstmaß von mindestens drei Jahren bedroht ist und
2. zu einer der im Anhang zur Verordnung (EU) 2018/1240 des Europäischen Parlaments und des Rates vom 12. September 2018 über die Einrichtung eines Europäischen Reiseinformations- und -genehmigungssystems (ETIAS) und zur Änderung der Verordnungen (EU) Nr. 1077/2011, (EU) Nr. 515/2014, (EU) 2016/399, (EU) 2016/1624 und (EU) 2017/2226 (ABl. L 236 vom 19.9.2018, S. 1; L 323 vom 19.12.2018, S. 37; L 193 vom 17.6.2020, S. 16), die zuletzt

durch die Verordnung (EU) 2021/1152 (ABl. L 249 vom 14.7.2021, S. 15) geändert worden ist, aufgeführten Deliktsgruppen gehört.

(2) [1] Die Registerbehörde darf die nach Absatz 1 übermittelten personenbezogenen Daten erheben, speichern und verwenden, soweit dies zu Zwecken der Verordnung (EU) 2019/816 erforderlich ist. [2] Ist eine Verwendung zu diesen Zwecken nicht mehr erforderlich, so sind die personenbezogenen Daten unverzüglich zu löschen.

Dritter Teil. Das Erziehungsregister

§ 59 Führung des Erziehungsregisters. Für das Erziehungsregister gelten die Vorschriften des Zweiten Teils, soweit die §§ 60 bis 64 nicht etwas anderes bestimmen.

§ 60 Eintragungen in das Erziehungsregister. (1) In das Erziehungsregister werden die folgenden Entscheidungen und Anordnungen eingetragen, soweit sie nicht nach § 5 Abs. 2 in das Zentralregister einzutragen sind:

1. die Anordnung von Maßnahmen nach § 3 Satz 2 des Jugendgerichtsgesetzes,
2. die Anordnung von Erziehungsmaßregeln oder Zuchtmitteln sowie eines diesbezüglich verhängten Ungehorsamsarrestes (§§ 9 bis 16 des Jugendgerichtsgesetzes), Nebenstrafen oder Nebenfolgen (§ 8 Abs. 3, § 76 des Jugendgerichtsgesetzes) allein oder in Verbindung miteinander,
3. der Schuldspruch, der nach § 13 Absatz 2 Satz 2 aus dem Zentralregister entfernt worden ist, sowie die Entscheidung, die nach § 13 Absatz 3 aus dem Zentralregister entfernt worden ist,
4. Entscheidungen, in denen das Gericht die Auswahl und Anordnung von Erziehungsmaßregeln dem Familiengericht überläßt (§§ 53, 104 Abs. 4 des Jugendgerichtsgesetzes),
5. Anordnungen des Familiengerichts, die auf Grund einer Entscheidung nach Nummer 4 ergehen,
6. der Freispruch wegen mangelnder Reife und die Einstellung des Verfahrens aus diesem Grunde (§ 3 Satz 1 des Jugendgerichtsgesetzes),
7. das Absehen von der Verfolgung nach § 45 des Jugendgerichtsgesetzes und die Einstellung des Verfahrens nach § 47 des Jugendgerichtsgesetzes,
8. *(aufgehoben)*
9. vorläufige und endgültige Entscheidungen des Familiengerichts nach § 1666 Abs. 1 und § 1666a des Bürgerlichen Gesetzbuchs sowie Entscheidungen des Familiengerichts nach § 1802 Absatz 2 Satz 3 in Verbindung mit § 1666 Abs. 1 und § 1666a des Bürgerlichen Gesetzbuchs, welche die Sorge für die Person des Minderjährigen betreffen; ferner die Entscheidungen, durch welche die vorgenannten Entscheidungen aufgehoben oder geändert werden.

(2) In den Fällen des Absatzes 1 Nr. 7 ist zugleich die vom Gericht nach § 45 Abs. 3 oder § 47 Abs. 1 Satz 1 Nr. 3 des Jugendgerichtsgesetzes getroffene Maßnahme einzutragen.

(3) Ist ein Jugendarrest angeordnet worden, wird auch seine vollständige Nichtvollstreckung eingetragen.

§ 61 Auskunft aus dem Erziehungsregister. (1) Eintragungen im Erziehungsregister dürfen – unbeschadet der §§ 21a, 42a – nur mitgeteilt werden

1. den Strafgerichten und Staatsanwaltschaften für Zwecke der Rechtspflege sowie den Justizvollzugsbehörden für Zwecke des Strafvollzugs einschließlich der Überprüfung aller im Strafvollzug tätigen Personen,

2. den Familiengerichten für Verfahren, welche die Sorge für die Person des im Register Geführten betreffen,
3. den Jugendämtern und den Landesjugendämtern für die Wahrnehmung von Erziehungsaufgaben der Jugendhilfe,
4. den Gnadenbehörden für Gnadensachen,
5. den für waffen- und sprengstoffrechtliche Erlaubnisse sowie den für luftsicherheitsrechtliche Zuverlässigkeitsüberprüfungen zuständigen Behörden mit der Maßgabe, dass nur Entscheidungen und Anordnungen nach § 60 Abs. 1 Nr. 1 bis 7 mitgeteilt werden dürfen,
6. den Verfassungsschutzbehörden des Bundes und der Länder, dem Bundesnachrichtendienst und dem Militärischen Abschirmdienst für die diesen Behörden übertragenen Sicherheitsaufgaben, wenn eine Auskunft nach § 41 Absatz 1 Nummer 3 im Einzelfall nicht ausreicht, und mit der Maßgabe, dass nur Entscheidungen und Anordnungen nach § 60 Absatz 1 Nummer 1 bis 7 mitgeteilt werden dürfen.

(2) Soweit Behörden sowohl aus dem Zentralregister als auch aus dem Erziehungsregister Auskunft zu erteilen ist, werden auf ein Ersuchen um Auskunft aus dem Zentralregister (§ 41 Absatz 3) auch die in das Erziehungsregister aufgenommenen Eintragungen mitgeteilt.

(3) Auskünfte aus dem Erziehungsregister dürfen nicht an andere als die in Absatz 1 genannten Behörden weitergeleitet werden.

§ 62 Suchvermerke. Im Erziehungsregister können Suchvermerke unter den Voraussetzungen des § 27 nur von den Behörden gespeichert werden, denen Auskunft aus dem Erziehungsregister erteilt wird.

§ 63 Entfernung von Eintragungen. (1) Eintragungen im Erziehungsregister werden entfernt, sobald die betroffene Person das 24. Lebensjahr vollendet hat.

(2) Die Entfernung unterbleibt, solange im Zentralregister eine Verurteilung zu Freiheitsstrafe, Strafarrest oder Jugendstrafe oder eine freiheitsentziehende Maßregel der Besserung und Sicherung eingetragen ist.

(3) [1]Die Registerbehörde kann auf Antrag oder von Amts wegen anordnen, daß Eintragungen vorzeitig entfernt werden, wenn die Vollstreckung erledigt ist und das öffentliche Interesse einer solchen Anordnung nicht entgegensteht. [2]§ 49 Abs. 3 ist anzuwenden.

(4) Die §§ 51, 52 gelten entsprechend.

§ 64 Begrenzung von Offenbarungspflichten der betroffenen Person. (1) Eintragungen in das Erziehungsregister und die ihnen zugrunde liegenden Sachverhalte braucht die betroffene Person nicht zu offenbaren.

(2) Soweit Gerichte oder Behörden ein Recht auf Auskunft aus dem Erziehungsregister haben, kann die betroffene Person ihnen gegenüber keine Rechte aus Absatz 1 herleiten, falls sie hierüber belehrt wird.

Vierter bis Fünfter Teil. *[nicht abgedruckt]*

3. Richtlinien für das Strafverfahren und das Bußgeldverfahren (RiStBV)

Neufassung vom 28. März 2023 (BAnz AT 19.6.2023 B1)

Inhaltsübersicht

Einführung

[1] Die Richtlinien sind vornehmlich für den Staatsanwalt bestimmt. [2] Einige Hinweise wenden sich aber auch an den Richter. [3] Soweit diese Hinweise nicht die Art der Ausführung eines Amtsgeschäfts betreffen, bleibt es dem Richter überlassen, sie zu berücksichtigen. [4] Auch im Übrigen enthalten die Richtlinien Grundsätze, die für den Richter von Bedeutung sein können. [5] Die Richtlinien können wegen der Mannigfaltigkeit des Lebens nur Anleitungen für den Regelfall geben. [6] Der Staatsanwalt hat daher in jeder Strafsache selbständig und verantwortungsbewusst zu prüfen, welche Maßnahmen geboten sind. [7] Er kann wegen der Besonderheiten des Einzelfalles von den Richtlinien abweichen. [8] Für Verfahren, die zur Zuständigkeit der Jugendgerichte gehören, gelten diese Richtlinien nur, wenn in den Richtlinien zum Jugendgerichtsgesetz nichts anderes bestimmt ist.

Richtlinien für das Strafverfahren

Allgemeiner Teil

1. Abschnitt. Vorverfahren

1. Allgemeines

1. Der Staatsanwalt. [1]Das vorbereitende Verfahren liegt in den Händen des Staatsanwalts. [2]Er ist Organ der Rechtspflege. [3]Im Rahmen der Gesetze verfolgt er Straftaten und leitet verantwortlich die Ermittlungen der sonst mit der Strafverfolgung befassten Stellen.

2. Zuständigkeit. (1) Die Ermittlungen führt grundsätzlich der Staatsanwalt, in dessen Bezirk die Tat begangen ist.

(2) Für Sammelverfahren und in den Fällen des § 36 des Gesetzes über das Bundeskriminalamt und die Zusammenarbeit des Bundes und der Länder in kriminalpolizeilichen Angelegenheiten (BKAG) gelten die Nummern 25 bis 29.

3. Persönliche Ermittlungen des Staatsanwalts. (1) [1]Der Staatsanwalt soll in bedeutsamen oder in rechtlich oder tatsächlich schwierigen Fällen den Sachverhalt vom ersten Zugriff an selbst aufklären, namentlich den Tatort selbst besichtigen, die Beschuldigten und die wichtigsten Zeugen selbst vernehmen. [2]Bei der Entscheidung, ob er den Verletzten als Zeugen selbst vernimmt, können auch die Folgen der Tat von Bedeutung sein.

(2) [1]Auch wenn der Staatsanwalt den Sachverhalt nicht selbst aufklärt, sondern seine Ermittlungspersonen (§ 152 Absatz 1 GVG), die Behörden und Beamten des Polizeidienstes (§ 161 Absatz 1 StPO) oder andere Stellen damit beauftragt, hat er die Ermittlungen zu leiten, mindestens ihre Richtung und ihren Umfang zu bestimmen. [2]Er kann dabei auch konkrete Einzelweisungen zur Art und Weise der Durchführung einzelner Ermittlungshandlungen erteilen (vgl. auch Anlage A).

(3) [1]Bei formlosen mündlichen Erörterungen mit dem Anzeigenden, dem Beschuldigten oder mit anderen Beteiligten sind die Vorschriften der §§ 52 Absatz 3 Satz 1, 55 Absatz 2, 163a Absatz 3 Satz 2 StPO zu beachten. [2]Über das Ergebnis der Erörterung ist ein Vermerk niederzulegen.

4. Grundsatz der Verhältnismäßigkeit. Der Verfassungsgrundsatz der Verhältnismäßigkeit ist insbesondere bei Eingriffen in grundgesetzlich geschützte Rechte (z. B. Freiheit der Person, Unverletzlichkeit der Wohnung, Brief-, Post- und Fernmeldegeheimnis, Pressefreiheit) zu berücksichtigen; dies gilt vor allem bei der Anordnung von Maßnahmen, von denen Unverdächtige betroffen werden (z. B. Einrichtung von Kontrollstellen, Durchsuchung von Gebäuden).

4a. Keine unnötige Bloßstellung des Beschuldigten. [1]Der Staatsanwalt vermeidet alles, was zu einer nicht durch den Zweck des Ermittlungsverfahrens bedingten Bloßstellung des Beschuldigten führen kann. [2]Das gilt insbesondere im Schriftverkehr mit anderen Behörden und Personen. [3]Sollte die Bezeichnung des Beschuldigten oder der ihm zur Last gelegten Straftat nicht entbehrlich sein, ist deutlich zu machen, dass gegen den Beschuldigten lediglich der Verdacht einer Straftat besteht.

4b. Ermittlungen gegen eine Vielzahl von Personen. Wird bei der Suche nach einem Täter gegen eine Vielzahl von Personen ermittelt, achtet der Staatsanwalt darauf, dass diesen die Erforderlichkeit einer gegen sie gerichteten Maßnahme erläutert wird, soweit der Untersuchungszweck nicht entgegensteht.

4c. Rücksichtnahme auf den Verletzten. Der Staatsanwalt achtet darauf, dass die für den Verletzten aus dem Strafverfahren entstehenden Belastungen möglichst gering gehalten und seine Belange im Strafverfahren berücksichtigt werden.

5. Beschleunigung. (1) [1] Die Ermittlungen sind zunächst nicht weiter auszudehnen, als nötig ist, um eine schnelle Entscheidung über die Erhebung der öffentlichen Klage oder die Einstellung des Verfahrens zu ermöglichen. [2] Hierbei sind insbesondere die Möglichkeiten der §§ 154, 154a StPO zu nutzen.

(2) Die Ermittlungshandlungen sind möglichst gleichzeitig durchzuführen (vgl. Nummer 12).

(3) Der Sachverhalt, die Einlassung des Beschuldigten und die für die Bemessung der Strafe oder für die Anordnung einer Maßnahme (§ 11 Absatz 1 Nummer 8 StGB) wichtigen Umstände sind so gründlich aufzuklären, dass die Hauptverhandlung reibungslos durchgeführt werden kann.

(4) [1] In Haftsachen sind die Ermittlungen besonders zu beschleunigen. [2] Das gleiche gilt für Verfahren wegen Straftaten, die den öffentlichen Frieden nachhaltig gestört oder die sonst besonderes Aufsehen erregt haben, und für Straftaten mit kurzer Verjährungsfrist.

5a. Kostenbewusstsein. [1] Die Ermittlungen sind so durchzuführen, dass unnötige Kosten vermieden werden (vgl. auch Nummer 20 Absatz 1, Nummer 58 Absatz 3). [2] Kostenbewusstes Handeln ist etwa möglich durch

a) die frühzeitige Planung der Ermittlungen und Nutzung der gesetzlichen Möglichkeiten, von der Strafverfolgung oder der Erhebung der öffentlichen Klage abzusehen (vgl. auch Nummer 101 Absatz 1, Nummer 101a Absatz 1 Satz 2),
b) die Nutzung der Möglichkeit zu standardisiertem Arbeiten (Textbausteine, Abschlussentscheidungen nach Fallgruppen),
c) den Verzicht auf die förmliche Zustellung, etwa wenn keine Zwangsmaßnahmen zu erwarten sind (vgl. auch Nummer 91 Absatz 2),
d) die Vermeidung einer Verwahrung, jedenfalls die rasche Rückgabe von Asservaten (vgl. auch Nummer 75 Absatz 1).

5b. Vorläufige Aufzeichnung von Protokollen. [1] Bei der vorläufigen Aufzeichnung von Protokollen (§ 168a Absatz 2 StPO) soll vom Einsatz technischer Hilfsmittel (insbesondere von Tonaufnahmegeräten) möglichst weitgehend Gebrauch gemacht werden. [2] Die Entscheidung hierüber trifft jedoch allein der Richter, in den Fällen des § 168b StPO der Staatsanwalt.

6. Verfolgung von Antragsdelikten. (1) [1] Wegen einer Straftat, die nur auf Antrag zu verfolgen ist, wird der Staatsanwalt in der Regel erst tätig, wenn ein ordnungsgemäßer Strafantrag vorliegt. [2] Ist zu befürchten, dass wichtige Beweismittel verloren gehen, kann es geboten sein, mit den Ermittlungen schon vorher zu beginnen.

(2) Hält der Staatsanwalt eine Strafverfolgung im öffentlichen Interesse für geboten und ist die Straftat oder das Antragserfordernis dem Antragsberechtigten offenbar noch unbekannt, kann es angebracht sein, ihn von der Tat zu unterrichten und anzufragen, ob ein Strafantrag gestellt wird.

(3) Enthält eine von Amts wegen zu verfolgende Straftat zugleich eine nur auf Antrag verfolgbare Tat, verfährt der Staatsanwalt nach Absatz 2.

(4) [1] Wird der Strafantrag zu Protokoll gestellt, soll der Antragsteller über die möglichen Kostenfolgen bei Rücknahme des Strafantrages (§ 470 StPO) und

darüber belehrt werden, dass ein zurückgenommener Antrag nicht nochmals gestellt werden kann. [2] (§ 77d Absatz 1 Satz 3 StGB).

(5) Kommt eine Ermächtigung eines obersten Staatsorgans des Bundes oder eines Landes zur Strafverfolgung (§ 89a Absatz 4, § 89b Absatz 4, § 89c Absatz 4, § 90 Absatz 4, § 90b Absatz 2, § 97 Absatz 3, § 129b Absatz 1 Satz 3, § 194 Absatz 4, § 353a Absatz 2, § 353b Absatz 4 StGB) oder ein Strafantrag eines solchen Organs wegen Beleidigung (§ 194 Absatz 1, 3 StGB) in Betracht, so sind die besonderen Bestimmungen der Nummer 209, 210 Absatz 1, 2, Nummer 211, 212 zu beachten.

7. Haftbefehl bei Antragsdelikten. (1) Wird der Beschuldigte vorläufig festgenommen oder gegen ihn ein Haftbefehl erlassen, bevor ein Strafantrag gestellt ist, hat der Staatsanwalt alle Ermittlungen vorzunehmen, die keinen Aufschub dulden.

(2) Ist eine Tat nur mit Ermächtigung oder auf Strafverlangen verfolgbar, gilt Absatz 1 sinngemäß.

8. Namenlose Anzeigen. [1] Auch bei namenlosen Anzeigen prüft der Staatsanwalt, ob ein Ermittlungsverfahren einzuleiten ist. [2] Es kann sich empfehlen, den Beschuldigten erst dann zu vernehmen, wenn der Verdacht durch andere Ermittlungen eine gewisse Bestätigung gefunden hat.

9. Benachrichtigung des Anzeigenden. (1) Wird ein Ermittlungsverfahren auf Grund einer Anzeige eingeleitet, wird der Eingang der Anzeige bestätigt, sofern dies nicht nach den Umständen entbehrlich ist.

(2) Ist der Anzeigeerstatter zugleich der Verletzte, ist für die Bestätigung der Anzeige nach § 158 Absatz 1 Satz 3 und 4 StPO hinsichtlich der angezeigten Tat die Angabe der amtlichen Überschrift des Straftatbestandes ausreichend.

10. Richterliche Untersuchungshandlungen. [1] Der Staatsanwalt beantragt richterliche Untersuchungshandlungen, wenn er sie aus besonderen Gründen für erforderlich erachtet, z. B. weil der Verlust eines Beweismittels droht, ein Geständnis festzuhalten ist (§ 254 StPO) oder, wenn eine Straftat nur durch Personen bewiesen werden kann, die zur Verweigerung des Zeugnisses berechtigt sind. [2] Dies gilt insbesondere auch für die Aufzeichnung der Vernehmung in Bild und Ton als richterliche Vernehmung nach § 58a Absatz 1 StPO.

11. Ermittlungen durch andere Stellen. (1) Den Behörden und Beamten des Polizeidienstes und den anderen Stellen, die zu den Ermittlungen herangezogen werden, ist möglichst genau anzugeben, welche Erhebungen sie vornehmen sollen; Wendungen wie „zur Erörterung", „zur weiteren Aufklärung" oder „zur weiteren Veranlassung" sind zu vermeiden.

(2) Ist zu erwarten, dass die Aufklärung einer Straftat schwierig sein wird oder umfangreiche Ermittlungen erforderlich werden, empfiehlt es sich, die durchzuführenden Maßnahmen und deren Reihenfolge mit den beteiligten Stellen zu besprechen.

12. Versendung der Akten, Hilfs- oder Doppelakten. (1) [1] Ermittlungsersuchen sind möglichst so zu stellen, dass die Ermittlungen gleichzeitig durchgeführt werden können (Nummer 5 Absatz 2, Nummer 10, 11). [2] Von der Beifügung der Ermittlungsakten ist abzusehen, wenn durch die Versendung eine Verzögerung des Verfahrens eintreten würde und wenn der für die Ermittlung maßgebliche Sachverhalt in dem Ersuchen dargestellt oder aus einem Aktenauszug entnommen werden kann.

(2) [1] In geeigneten Fällen sind Hilfs- oder Doppelakten anzulegen. [2] Dies gilt insbesondere, wenn Haftprüfungen oder Haftbeschwerden zu erwarten sind.

13. Feststellung der persönlichen Verhältnisse des Beschuldigten. (1) [1]Die persönlichen Verhältnisse des Beschuldigten, insbesondere die richtige Schreibweise seines Familien- und Geburtsnamens, sein Geburtstag und Geburtsort und seine Staatsangehörigkeit, sind sorgfältig festzustellen; führt er einen abgekürzten Vornamen, ist auch der volle Vorname anzugeben. [2]Bei Personen ohne deutsche Staatsangehörigkeit sind die Passnummer und die Namen der Eltern (einschließlich deren Geburtsnamen) festzustellen. [3]Wird bei einer Vernehmung auf die Angaben zur Person in einer früheren polizeilichen Vernehmung verwiesen, sind diese mit dem Beschuldigten im Einzelnen durchzusprechen und, wenn nötig, zu ergänzen. [4]Können die Eintragungen im Bundeszentralregister für die Untersuchung von Bedeutung sein und ist eine Registerauskunft bei den Akten, ist der Beschuldigte auch hierüber zu vernehmen. [5]Bestreitet er, die in der Auskunft genannte Person zu sein, oder behauptet er, die Eintragungen seien unrichtig, ist auch dies in die Niederschrift aufzunehmen.

(2) Der Beschuldigte soll ferner befragt werden, ob er sozialleistungsberechtigt ist (Angaben über Rentenbescheid, Versorgungsbescheid, Art der Verletzung), ob er Betreuungen, Vormundschaften oder Pflegschaften führt, ob er die Erlaubnis zum Führen von Kraft-, Luft- oder Wasserfahrzeugen, eine gewerbliche Erlaubnis oder Berechtigung, einen Jagd- oder Fischereischein, eine waffen- oder sprengstoffrechtliche Erlaubnis oder Genehmigung, ein Schiffer- oder Lotsenpatent besitzt (Angabe der ausstellenden Behörde und der Nummer des Ausweises), ob er für die laufende oder für die nächste Wahlperiode als Schöffe gewählt oder ausgelost ist (Angabe des Ausschusses nach § 40 GVG) und ob er ein richterliches oder ein anderes Ehrenamt in Staat oder Gemeinde ausübt.

(3) [1]Ist der Beschuldigte ein Soldat der Bundeswehr, sind der Dienstgrad, der Truppenteil oder die Dienststelle sowie der Standort des Soldaten festzustellen. [2]Bei Reservisten der Bundeswehr genügt die Angabe des letzten Dienstgrades.

(4) Besteht Fluchtgefahr, ist festzustellen, ob der Beschuldigte einen Pass oder einen Personalausweis besitzt.

(5) Nach dem Religionsbekenntnis darf der Beschuldigte nur gefragt werden, wenn der Sachverhalt dazu Anlass gibt.

(6) Die Angaben des Beschuldigten sind, soweit veranlasst, nachzuprüfen; wenn nötig, ist eine Geburtsurkunde anzufordern.

14. Aufklärung der wirtschaftlichen Verhältnisse des Beschuldigten. (1) [1]Die Einkommens- und Vermögensverhältnisse des Beschuldigten sind aufzuklären. [2]Es ist festzustellen, welchen Beruf der Beschuldigte erlernt hat und welchen er ausübt (Angabe des Arbeitgebers). [3]Bei verheirateten Beschuldigten ist auch der Beruf des Ehegatten, bei Minderjährigen auch der der Eltern anzugeben. [4]Es ist ferner zu ermitteln, wie viel der Beschuldigte verdient, welche anderen Einkünfte, z. B. Zinsen aus Kapital, Mieteinnahmen er hat, ob er Grundstücke oder anderes Vermögen besitzt und welche Umstände sonst für seine Zahlungsfähigkeit von Bedeutung sind. [5]In geeigneten Fällen soll der Beschuldigte befragt werden, ob er die Finanz- und Steuerbehörden ermächtigt, den Justizbehörden Auskunft zu erteilen. [6]Dabei kann er auch darauf hingewiesen werden, dass seine Einkünfte, sein Vermögen und andere Grundlagen für die Bemessung eines Tagessatzes geschätzt werden können (§ 40 Absatz 3 StGB).

(2) Ist der Beschuldigte erwerbslos, ist zu ermitteln, wie viel Unterstützung er erhält und welche Kasse sie zahlt.

(3) [1]Bestehen gegen die Angaben des Beschuldigten über seine wirtschaftlichen Verhältnisse Bedenken oder wird vermutet, dass sie sich nachträglich wesentlich geändert haben, kann sich der Staatsanwalt der Gerichtshilfe (§ 160 Absatz 3 StPO) bedienen. [2]In manchen Fällen wird es genügen, eine Auskunft des Gerichtsvollziehers oder des Vollziehungsbeamten der Justiz oder eine Auskunft aus dem Schuldnerverzeichnis des Amtsgerichts einzuholen. [3]Ist es nicht vermeidbar, eine

Polizei-, Gemeinde- oder andere Behörde um eine Auskunft über die wirtschaftlichen Verhältnisse des Beschuldigten zu ersuchen, soll sich das Ersuchen möglichst auf bestimmte Fragen beschränken.

15. Aufklärung der für die Bestimmung der Rechtsfolgen der Tat bedeutsamen Umstände. (1) [1] Alle Umstände, die für die Strafbemessung, die Strafaussetzung zur Bewährung, die Verwarnung mit Strafvorbehalt, das Absehen von Strafe, die Nebenstrafe und Nebenfolgen oder die Anordnung von Maßregeln der Besserung und Sicherung, der Einziehung oder sonstiger Maßnahmen (§ 11 Absatz 1 Nummer 8 StGB) von Bedeutung sein können, sind schon im vorbereitenden Verfahren aufzuklären. [2] Dazu kann sich der Staatsanwalt der Gerichtshilfe bedienen (§ 160 Absatz 3 StPO).

(2) [1] Gemäß Absatz 1 ist der dem Verletzten durch die Tat entstandene Schaden aufzuklären, soweit er für das Strafverfahren von Bedeutung sein kann. [2] Der Staatsanwalt prüft auch, ob und mit welchem Erfolg sich der Beschuldigte um eine Wiedergutmachung bemüht hat.

(3) Gehört der Beschuldigte zum Leitungsbereich einer juristischen Person oder Personenvereinigung und kommt die Festsetzung einer Geldbuße gegen diese in Betracht (Nummer 180a), sind schon im vorbereitenden Verfahren Ermittlungen zur Höhe des durch die Tat erlangten wirtschaftlichen Vorteils zu führen.

(4) [1] Die für eine in Betracht kommende Einziehung nach §§ 73 bis 76b StGB bedeutsamen Tatsachen sind zu ermitteln. [2] Kommt die Einziehung von Taterträgen oder des Wertes von Taterträgen bei Tätern, Teilnehmern oder anderen (§§ 73 ff. StGB) oder kommt die Festsetzung einer Geldbuße (Nummer 180a) in Betracht, sind das Taterlangte sowie dessen Wert konkret zu bestimmen. [3] Ist dies nicht möglich, sind die für eine Schätzung (§ 73d Absatz 2 StGB) erforderlichen Tatsachen aufzuklären. [4] In Fällen mit Tatverletzten ist zu prüfen, ob und in welchem Umfang der Anspruch des Tatverletzten auf Rückgewähr des Erlangten oder auf Ersatz des Wertes des Erlangten erloschen ist (§ 73e Absatz 1 StGB).

(5) [1] Bei Körperverletzungen sind Feststellungen über deren Schwere, die Dauer der Heilung, etwaige Dauerfolgen und über den Grad einer etwaigen Erwerbsminderung zu treffen. [2] Bei nicht ganz unbedeutenden Verletzungen wird ein Attest des behandelnden Arztes anzufordern sein (Nummer 68).

(6) Soweit Anhaltspunkte für rassistische, fremdenfeindliche, antisemitische oder sonstige menschenverachtende Beweggründe bestehen, sind die Ermittlungen auch auf solche Tatumstände zu erstrecken.

16. Feststellung von Eintragungen im Bundeszentralregister und anderen Registern. (1) [1] Für die öffentliche Klage ist in der Regel eine Auskunft aus dem Bundeszentralregister und, soweit dies angezeigt ist, aus den Strafregistern anderer Mitgliedstaaten der Europäischen Union, soweit es sich um Personen mit einer Staatsangehörigkeit eines anderen Mitgliedstaates der Europäischen Union oder eines Drittstaates oder unbekannter Staatsangehörigkeit handelt, gegebenenfalls auch aus dem Erziehungsregister, einzuholen. [2] Gleiches gilt, wenn ein Absehen von der öffentlichen Klage (§ 153a StPO) in Betracht kommt.

(2) [1] Bei der Erörterung von Registereintragungen im Sinne des Absatzes 1 ist darauf zu achten, dass dem Beschuldigten oder seiner Familie durch das Bekanntwerden der eingetragenen Tatsachen keine Nachteile entstehen, die vermeidbar sind oder zur Bedeutung der Strafsache außer Verhältnis stehen. [2] Werden die Akten an andere mit dem Strafverfahren nicht unmittelbar befasste Stellen versandt, ist die Registerauskunft zurückzubehalten; wird ihnen Akteneinsicht gewährt, ist sie aus den Akten herauszunehmen.

(3) Sind Anhaltspunkte dafür gegeben, dass ein Widerruf der Beseitigung des Strafmakels hinsichtlich einer früher erkannten Jugendstrafe in Betracht kommt (§ 101 des Jugendgerichtsgesetzes (JGG)), empfiehlt sich ein ausdrückliches Er-

suchen um Auskunft aus dem Zentralregister im Sinne des § 41 Absatz 2 und 3 des Bundeszentralregistergesetzes (BZRG).

16a. DNA – Maßnahmen für künftige Strafverfahren. Der Staatsanwalt wirkt darauf hin, dass bei Beschuldigten, bei denen die Voraussetzungen des § 81g StPO gegeben sind, unverzüglich die erforderlichen DNA-Maßnahmen für Zwecke künftiger Strafverfahren erfolgen.

17. Mehrere Strafverfahren gegen denselben Beschuldigten. (1) Die Ermittlungen sollen sich auch darauf erstrecken, ob gegen den Beschuldigten noch weitere Strafverfahren anhängig sind und ob er eine frühere Strafe noch nicht voll verbüßt hat.

(2) [1] Hat jemand mehrere selbständige Straftaten begangen, sorgt der Staatsanwalt dafür, dass die Verfahren verbunden oder die Ergebnisse des einen Verfahrens in dem anderen berücksichtigt werden. [2] Nummer 2 ist zu beachten (vgl. auch Nummer 114).

(3) [1] Vor Anordnung oder Beantragung einer verdeckten Ermittlungsmaßnahme prüft der Staatsanwalt nach Möglichkeit, z. B. anhand des Auszugs aus dem zentralen staatsanwaltschaftlichen Verfahrensregister, ob gegen den Betroffenen der Maßnahme weitere Ermittlungsverfahren anhängig sind. [2] In geeigneten Fällen, insbesondere wenn anhängige Ermittlungsverfahren Straftaten von erheblicher Bedeutung betreffen können, stimmt er sein Vorgehen mit dem das weitere Ermittlungsverfahren führenden Staatsanwalt ab, um unkoordinierte Ermittlungsmaßnahmen zu verhindern.

18. Gegenüberstellung und Wahllichtbildvorlage. (1) [1] Soll durch eine Gegenüberstellung geklärt werden, ob der Beschuldigte der Täter ist, sind dem Zeugen nicht nur der Beschuldigte, sondern auch eine Reihe anderer Personen gleichen Geschlechts, ähnlichen Alters und ähnlicher Erscheinung gegenüberzustellen, und zwar in einer Form, die nicht erkennen lässt, wer von den Gegenübergestellten der Beschuldigte ist (Wahlgegenüberstellung). [2] Die Wahlgegenüberstellung kann auch mittels elektronischer Bildtechnik durchgeführt werden (wie z. B. Wahlvideogegenüberstellung).

(2) [1] Die Gegenüberstellung soll grundsätzlich nacheinander und nicht gleichzeitig erfolgen. [2] Sie soll auch dann vollständig durchgeführt werden, wenn der Zeuge zwischenzeitlich erklärt, eine Person erkannt zu haben. [3] Bei einer Gegenüberstellung mit dem Beschuldigten ist für die Wahrung der Rechte des Beschuldigten und des Verteidigers nach Maßgabe des § 58 Absatz 2 Satz 2 bis 5 StPO Sorge zu tragen. [4] Die Einzelheiten sind aktenkundig zu machen.

(3) Absatz 1 und 2 Satz 1, 2 und 4 gelten bei der Vorlage von Lichtbildern (Wahllichtbildvorlage) mit der Maßgabe, dass dem Zeugen mindestens acht Personen gezeigt werden sollen, entsprechend.

19. Vernehmung von Kindern und Jugendlichen. (1) Eine mehrmalige Vernehmung von Kindern und Jugendlichen vor der Hauptverhandlung ist wegen der damit verbundenen seelischen Belastung dieser Zeugen nach Möglichkeit zu vermeiden.

(2) [1] Bei Zeugen unter achtzehn Jahren soll unbeschadet der Nummer 19a Absatz 3 zur Vermeidung wiederholter Vernehmungen von der Möglichkeit der Aufzeichnung in Bild und Ton Gebrauch gemacht werden (§ 58a Absatz 1 Satz 2 Nummer 1, § 255a Absatz 1 StPO). [2] Hierbei ist darauf zu achten, dass die vernehmende Person und der Zeuge gemeinsam und zeitgleich in Bild und Ton aufgenommen und dabei im Falle des § 52 StPO auch die Belehrung und die Bereitschaft des Zeugen zur Aussage (§ 52 Absatz 2 Satz 1 StPO) dokumentiert werden. [3] Für die Anwesenheit einer Vertrauensperson soll nach Maßgabe des

§ 406f Absatz 2 StPO Sorge getragen werden. [4]Mit Blick auf eine spätere Verwendung der Aufzeichnung als Beweismittel in der Hauptverhandlung (§ 255a StPO) empfiehlt sich auch in anderen als in Nummer 19a Absatz 3 genannten Fällen eine richterliche Vernehmung (§§ 168c, 168e StPO). [5]Bei Straftaten im Sinne des § 255a Absatz 2 Satz 1 StPO soll rechtzeitig darauf hingewirkt werden, dass der Beschuldigte und sein Verteidiger Gelegenheit haben, an der Vernehmung mitzuwirken.

(3) In den Fällen des § 52 Absatz 2 Satz 2 StPO wirkt der Staatsanwalt möglichst frühzeitig auf die Anordnung einer Ergänzungspflegschaft (§ 1909 Absatz 1 Satz 1 des Bürgerlichen Gesetzbuches (BGB)) durch das zuständige Familiengericht (§ 152 des Gesetzes über das Verfahren in Familiensachen und in den Angelegenheiten der freiwilligen Gerichtsbarkeit (FamFG)) hin.

(4) [1]Alle Umstände, die für die Glaubwürdigkeit eines Kindes oder eines Jugendlichen bedeutsam sind, sollen möglichst frühzeitig festgestellt werden. [2]Es ist zweckmäßig, hierüber Eltern, Lehrer, Erzieher oder andere Bezugspersonen zu befragen; gegebenenfalls ist mit dem Jugendamt Kontakt aufzunehmen.

(5) Bleibt die Glaubwürdigkeit zweifelhaft, ist ein Sachverständiger, der über besondere Kenntnisse und Erfahrungen auf dem Gebiet der Kinderpsychologie verfügt, zuzuziehen.

19a. Vernehmung des Verletzten als Zeuge. (1) [1]Ist erkennbar, dass mit der Vernehmung als Zeuge für den Verletzten eine erhebliche psychische Belastung verbunden sein kann, wird ihm bei der Vernehmung mit besonderer Einfühlung und Rücksicht zu begegnen sein; auf §§ 68a, 68b StPO wird hingewiesen. [2]Ist eine mehrmalige Vernehmung nicht vermeidbar, werden die Vernehmungen des Verletzten im Sinne des Satzes 1 grundsätzlich von denselben Personen durchgeführt, es sei denn, dies ist nicht im Sinne einer geordneten Rechtspflege. [3]Der nach § 406g Absatz 3 StPO beigeordnete Prozessbegleiter hat bei der Vernehmung des Verletzten ein Anwesenheitsrecht. [4]Einer Vertrauensperson nach § 406f Absatz 2 StPO sowie einem nicht beigeordneten psychosozialen Prozessbegleiter (§ 406g Absatz 4 Satz 1 StPO) ist die Anwesenheit zu gestatten, wenn der Untersuchungszweck nicht gefährdet wird.

(2) [1]Die Vernehmung eines Zeugen soll nach Würdigung der dafür jeweils maßgeblichen Umstände in Bild und Ton aufgezeichnet werden und als richterliche Vernehmung erfolgen, wenn zu besorgen ist, dass der Zeuge in der Hauptverhandlung nicht vernommen werden kann und die Aufzeichnung zur Erforschung der Wahrheit erforderlich ist (§ 58a Absatz 1 Satz 2 Nummer 2 StPO). [2]Dies wird insbesondere dann anzunehmen sein, wenn ein Zeuge im Ausland lebt, lebensgefährlich erkrankt, gebrechlich oder gefährdet ist oder zu besorgen ist, dass einem minderjährigen Zeugen die Teilnahme an der Hauptverhandlung aus berechtigter Sorge um dessen Wohl von dessen Erziehungsberechtigten nicht gewährt werden wird.

(3) [1]Bei Verletzten von Straftaten gegen die sexuelle Selbstbestimmung (§§ 174 bis 184j StGB) muss unter den weiteren Voraussetzungen des § 58a Absatz 1 Satz 3 StPO eine richterliche Vernehmung erfolgen, die aufzuzeichnen ist. [2]Eine vernehmungsersetzende Vorführung in der Hauptverhandlung ist unter den Voraussetzungen des § 255a Absatz 2 Satz 1 bis 3 StPO zulässig.

(4) [1]Bei der richterlichen Vernehmung des Verletzten wirkt der Staatsanwalt durch Anregung und Antragstellung auf eine entsprechende Durchführung der Vernehmung hin. [2]Er achtet insbesondere darauf, dass der Verletzte durch Fragen und Erklärungen des Beschuldigten und seines Verteidigers nicht größeren Belastungen ausgesetzt wird, als im Interesse der Wahrheitsfindung hingenommen werden muss.

(5) Eine mehrmalige Vernehmung des Verletzten vor der Hauptverhandlung kann für diesen zu einer erheblichen Belastung führen und ist deshalb nach Möglichkeit zu vermeiden.

19b. Widerspruchsrecht des Zeugen bei Aufzeichnung der Vernehmung in Bild und Ton. (1) Wird die Vernehmung eines Zeugen auf Bild-Ton-Träger aufgezeichnet (§ 58a StPO), ist dieser darauf hinzuweisen, dass er der Überlassung einer Kopie der Aufzeichnung seiner Vernehmung im Wege der Akteneinsicht an den Verteidiger oder den Rechtsanwalt des Verletzten widersprechen kann.

(2) Wird die richterliche Zeugenvernehmung eines Verletzten nach § 58a Absatz 1 Satz 3 StPO in Bild und Ton aufgezeichnet, ist der Verletzte unmittelbar nach der Vernehmung darauf hinzuweisen, dass er der späteren vernehmungsersetzenden Vorführung der Aufzeichnung in der Hauptverhandlung nur sofort widersprechen kann (vgl. § 255a Absatz 2 Satz 1 a. E. StPO).

20. Vernehmung von Gefangenen und Verwahrten. (1) Personen, die sich in Haft oder sonst in amtlicher Verwahrung befinden, sind in der Regel in der Anstalt zu vernehmen; dies gilt vor allem dann, wenn die Gefahr des Entweichens besteht oder die Vorführung besondere Kosten verursacht.

(2) Erscheint auf Grund der Vernehmung die Besorgnis begründet, dass ein Gefangener oder Verwahrter die Ordnung in der Anstalt beeinträchtigt oder sich selbst gefährdet, ist der Anstaltsleiter zu unterrichten.

21. Umgang mit behinderten Menschen. (1) Behinderten Menschen ist mit besonderer Rücksichtnahme auf ihre Belange zu begegnen.

(2) Im Hinblick auf die Ausübung des Wahlrechts nach § 186 Absatz 1 GVG teilt der Staatsanwalt mit Erhebung der öffentlichen Klage in geeigneter Form eine ihm bekanntgewordene Hör- oder Sprachbehinderung mit.

(3) [1] Es empfiehlt sich, hörbehinderte Personen zur Wiederholung dessen zu veranlassen, was sie von Fragen, Zeugenaussagen oder mündlichen Erörterungen verstanden haben. [2] Wenn sie auch mit technischen Hilfsmitteln zu einer Wiederholung nicht in der Lage sind oder von ihrem Wahlrecht nach § 186 Absatz 1 GVG keinen Gebrauch gemacht haben, ist darauf hinzuwirken, dass eine die Verständigung ermöglichende Maßnahme nach § 186 Absatz 2 GVG ergriffen wird.

(4) Bei Vernehmungen von geistig behinderten oder lernbehinderten Zeugen empfiehlt es sich, in geeigneten Fällen darauf hinzuwirken, dass nach Möglichkeit eine Vertrauensperson des Behinderten an der Vernehmung teilnimmt, die in der Lage ist, sprachlich zwischen diesem und dem Vernehmenden zu vermitteln.

(5) Bei Vernehmungen von hör- oder sprachbehinderten Beschuldigten, Verurteilten oder nebenklageberechtigten Personen im vorbereitenden Verfahren soll, sofern dies zur Ausübung der strafprozessualen Rechte dieser Personen erforderlich ist, der Staatsanwalt darauf hinwirken, dass ein Dolmetscher oder Übersetzer herangezogen wird.

22. Unterbrechung der Verjährung. [1] Der Staatsanwalt hat während des ganzen Verfahrens darauf zu achten, dass die Verjährung rechtzeitig unterbrochen wird, besonders wenn kürzere Verjährungsfristen laufen. [2] Dabei ist jedoch der Grundgedanke der Verjährung zu berücksichtigen und deren Eintritt nicht wahllos, vor allem nicht in minder schweren Fällen, die erst nach Jahren zur Aburteilung kämen, zu verhindern. [3] Auf Nummer 274 wird hingewiesen.

23. Zusammenarbeit mit Presse und Rundfunk. (1) [1] Bei der Unterrichtung der Öffentlichkeit ist mit Presse, Hörfunk und Fernsehen unter Berücksichtigung ihrer besonderen Aufgaben und ihrer Bedeutung für die öffentliche Meinungsbildung zusammenzuarbeiten. [2]Diese Unterrichtung darf weder den Untersuchungszweck gefährden noch dem Ergebnis der Hauptverhandlung vorgreifen; der Anspruch des Beschuldigten auf ein faires Verfahren darf nicht beeinträchtigt werden. [3]Auch ist im Einzelfall zu prüfen, ob das Interesse der Öffentlichkeit an einer vollständigen Berichterstattung gegenüber den Persönlichkeitsrechten des Beschuldigten oder anderer Beteiligter, insbesondere auch des Verletzten, überwiegt. [4]Eine unnötige Bloßstellung dieser Person ist zu vermeiden. [5]Dem allgemeinen Informationsinteresse der Öffentlichkeit wird in der Regel ohne Namensnennung entsprochen werden können. [6]Auf Nummer 129 Absatz 1 und Nummer 219 Absatz 1 wird hingewiesen. [7]Die entsprechenden Verwaltungsvorschriften der Länder sind zu beachten (vgl. auch Anlage B).

(2) Über die Anklageerhebung und Einzelheiten der Anklage darf die Öffentlichkeit grundsätzlich erst unterrichtet werden, nachdem die vollständige Anklageschrift dem Beschuldigten mit ausreichendem zeitlichen Vorlauf zugestellt oder sonst bekanntgemacht worden ist.

24. Verkehr mit ausländischen Vertretungen. Für den Verkehr mit ausländischen diplomatischen und konsularischen Vertretungen in der Bundesrepublik sind die Nummern 133 bis 137 der Richtlinie für den Verkehr mit dem Ausland in strafrechtlichen Angelegenheiten (RiVASt) zu beachten.

2. Sammelverfahren, Fälle des § 36 BKAG und kontrollierte Transporte

25. Sammelverfahren. [1]Im Interesse einer zügigen und wirksamen Strafverfolgung ist die Führung einheitlicher Ermittlungen als Sammelverfahren geboten, wenn der Verdacht mehrerer Straftaten besteht, eine Straftat den Bezirk mehrerer Staatsanwaltschaften berührt oder ein Zusammenhang mit einer Straftat im Bezirk einer anderen Staatsanwaltschaft besteht. [2]Dies gilt nicht, sofern die Verschiedenartigkeit der Taten oder ein anderer wichtiger Grund entgegensteht.

26. Zuständigkeit. (1) Die Bearbeitung von Sammelverfahren obliegt dem Staatsanwalt, in dessen Bezirk der Schwerpunkt des Verfahrens liegt.

(2) [1]Der Schwerpunkt bestimmt sich nach den gesamten Umständen des Tatkomplexes. [2]Dabei sind vor allem zu berücksichtigen:

a) die Zahl der Einzeltaten, der Täter oder der Zeugen;
b) der Sitz einer Organisation;
c) der Ort der geschäftlichen Niederlassung, wenn ein Zusammenhang mit der Tat besteht;
d) der Wohnsitz oder der gewöhnliche Aufenthaltsort des (Haupt-)Beschuldigten, wenn dieser für Planung, Leitung oder Abwicklung der Taten von Bedeutung ist;
e) das Zusammenfallen des Wohnsitzes mit einem Tatort.

(3) Lässt sich der Schwerpunkt nicht feststellen, ist der Staatsanwalt zuständig, der zuerst mit dem (Teil-)Sachverhalt befasst war.

(4) Die Führung eines Sammelverfahrens darf nicht allein mit der Begründung abgelehnt werden, dass wegen eines Teils der Taten bereits ein gerichtliches Verfahren anhängig ist.

27. Verfahren bei Abgabe und Übernahme. (1) Ist die Führung eines Sammelverfahrens geboten, soll der Staatsanwalt bei ihm anhängige Einzelverfahren unverzüglich unter Bezeichnung der Umstände, aus denen sich der Schwerpunkt des Verfahrens ergibt (Nummer 26 Absatz 2), an den für das Sammelverfahren zuständigen Staatsanwalt abgeben.

(2) [1] Der um Übernahme gebetene Staatsanwalt hat unverzüglich, möglichst binnen drei Tagen, zu entscheiden, ob er das Verfahren übernimmt. [2] Die Ablehnung der Übernahme ist zu begründen.

(3) [1] Verbleibt der Staatsanwalt, dessen Verfahren nicht übernommen worden ist, bei seinem Standpunkt, berichtet er dem Generalstaatsanwalt. [2] Können die Generalstaatsanwälte eines Landes sich nicht binnen einer Woche über die Frage des Schwerpunkts einigen, ist unverzüglich eine Entscheidung der Landesjustizverwaltung herbeizuführen; im Übrigen ist nach § 143 Absatz 3 GVG zu verfahren.

(4) Bis zur Entscheidung über die Übernahme des Verfahrens hat der abgebende Staatsanwalt alle Amtshandlungen vorzunehmen, bei denen Gefahr im Verzuge ist.

(5) Der übernehmende Staatsanwalt setzt den Anzeigenden von der Übernahme des Verfahrens in Kenntnis, sofern dies nicht nach den Umständen entbehrlich ist.

28. Regelung zu § 36 BKAG. (1) Unterrichtet das Bundeskriminalamt die Generalstaatsanwälte nach § 36 BKAG darüber, dass es angezeigt erscheine, die polizeilichen Aufgaben auf dem Gebiet der Strafverfolgung einheitlich wahrzunehmen, so ist wie folgt zu verfahren:

a) Der Generalstaatsanwalt, in dessen Bezirk ein Sammelverfahren geführt wird, stellt, wenn er eine Zuweisungsanordnung nach § 36 BKAG für erforderlich hält, unverzüglich, möglichst binnen drei Tagen, das Einvernehmen für diese Anordnung mit der obersten Behörde der Innenverwaltung seines Landes her.

b) Hält das Bundeskriminalamt es für angezeigt, dass die polizeilichen Aufgaben auf dem Gebiet der Strafverfolgung einem anderen als dem Land übertragen werden, in dem das staatsanwaltschaftliche Sammelverfahren geführt wird, verständigen sich die beteiligten Generalstaatsanwälte unverzüglich, möglichst binnen drei Tagen, darüber, ob eine Zuweisungsanordnung erforderlich ist und ob das Sammelverfahren von einer Staatsanwaltschaft des vom Bundeskriminalamt bezeichneten Landes übernommen werden soll. Der Generalstaatsanwalt, in dessen Bezirk das Sammelverfahren übernommen werden soll, führt unverzüglich das für die Zuweisungsanordnung erforderliche Einvernehmen mit der obersten Behörde der Innenverwaltung seines Landes herbei.

c) Wird ein staatsanwaltschaftliches Sammelverfahren noch nicht geführt, verständigen sich die beteiligten Generalstaatsanwälte fernmündlich oder fernschriftlich unverzüglich, möglichst binnen drei Tagen, darüber, ob die Einleitung eines Sammelverfahrens angezeigt ist und welche Staatsanwaltschaft das Sammelverfahren führen soll. Hält der Generalstaatsanwalt, in dessen Bezirk das Sammelverfahren geführt werden soll, eine Zuweisungsanordnung für erforderlich, stellt er das Einvernehmen für diese Zuweisungsanordnung mit der obersten Behörde der Innenverwaltung seines Landes her.

(2) [1] Bei der Entscheidung darüber, welche Staatsanwaltschaft ein Sammelverfahren führen soll, kann vor den sonstigen für die Führung von Sammelverfahren maßgebenden Gesichtspunkten kriminaltaktischen Erwägungen besondere Bedeutung zukommen. [2] Können die Generalstaatsanwälte sich nicht einigen, sind die zuständigen Landesjustizverwaltungen zu beteiligen.

(3) Der Generalstaatsanwalt, in dessen Bezirk das Sammelverfahren geführt wird, unterrichtet unverzüglich das Bundeskriminalamt über das Ergebnis seiner Verhandlungen mit der obersten Behörde der Innenverwaltung seines Landes und benennt gegebenenfalls die das Sammelverfahren führende Staatsanwaltschaft, deren Aktenzeichen sowie die sachbearbeitende Polizeidienststelle.

(4) [1] Auch wenn die Einleitung eines staatsanwaltschaftlichen Sammelverfahrens nicht in Betracht kommt, ist unter Berücksichtigung kriminaltaktischer Erwägungen zu prüfen, ob eine Zuweisungsanordnung nach § 36 BKAG erforderlich ist. [2] Die beteiligten Generalstaatsanwälte verständigen sich unverzüglich, möglichst binnen drei Tagen, darüber, ob das Einvernehmen erklärt werden soll. [3] Vor einer Entscheidung, dass das Einvernehmen zu einer Zuweisungsanordnung nicht erklärt

werden soll, sind die zuständigen Landesjustizverwaltungen zu unterrichten. [4] Ein beteiligter Generalstaatsanwalt des Landes, dem die polizeilichen Aufgaben insgesamt zugewiesen werden sollen, stellt das Einvernehmen für die Zuweisungsanordnung mit der obersten Behörde der Innenverwaltung seines Landes her und unterrichtet unverzüglich das Bundeskriminalamt über das Ergebnis der Verhandlungen.

(5) [1] Hält der ein Sammelverfahren bearbeitende Staatsanwalt eine Zuweisungsanordnung des Bundeskriminalamtes für angezeigt, berichtet er dem Generalstaatsanwalt. [2] Hält der Generalstaatsanwalt eine solche Anordnung des Bundeskriminalamtes für erforderlich, stellt er unverzüglich das Einvernehmen mit der obersten Behörde der Innenverwaltung seines Landes her und regt beim Bundeskriminalamt eine Zuweisungsanordnung an.

29. Mitteilung an das Bundeskriminalamt. Der Staatsanwalt, der ein Sammelverfahren führt, bittet alsbald das Bundeskriminalamt, dies in das Bundeskriminalblatt aufzunehmen.

29a. Kontrollierter Transport. Kontrollierte Durchfuhr ist der von den Strafverfolgungsbehörden überwachte illegale Transport von Betäubungsmitteln, Waffen, Diebesgut, Hehlerware u.Ä. vom Ausland durch das Inland in ein Drittland; kontrollierte Ausfuhr ist der vom Inland ausgehende überwachte illegale Transport in das Ausland; kontrollierte Einfuhr ist der überwachte illegale Transport vom Ausland in das Inland.

29b. Voraussetzungen. (1) [1] Ein kontrollierter Transport kommt nur in Betracht, wenn auf andere Weise die Hintermänner nicht ermittelt oder Verteilerwege nicht aufgedeckt werden können. [2] Die Überwachung ist so zu gestalten, dass die Möglichkeit des Zugriffs auf Täter und Tatgegenstände jederzeit sichergestellt ist.

(2) Im Übrigen müssen für Durchfuhr und Ausfuhr folgende Erklärungen der ausländischen Staaten vorliegen:

a) Einverständnis mit der Einfuhr oder Durchfuhr;
b) Zusicherung, den Transport ständig zu kontrollieren;
c) Zusicherung, gegen die Kuriere, Hintermänner und Abnehmer zu ermitteln, die Betäubungsmittel, Waffen, das Diebesgut, die Hehlerware u.ä. sicherzustellen und die Verurteilung der Täter sowie die Strafvollstreckung anzustreben;
d) Zusicherung, dass die deutschen Strafverfolgungsbehörden fortlaufend über den jeweiligen Verfahrensstand unterrichtet werden.

29c. Zuständigkeit. [1] Bei der kontrollierten Durchfuhr führt, wenn wegen der Tat noch kein Ermittlungsverfahren bei einer deutschen Staatsanwaltschaft anhängig ist, das Verfahren grundsätzlich der Staatsanwalt, in dessen Bezirk der Grenzübergang liegt, über den die Tatgegenstände in das Inland verbracht werden. [2] Dies gilt auch bei der kontrollierten Einfuhr. [3] Bei der kontrollierten Ausfuhr führt das Verfahren grundsätzlich der Staatsanwalt, in dessen Bezirk der Transport beginnt.

29d. Zusammenarbeit. (1) [1] Die Entscheidung über die Zulässigkeit des kontrollierten Transports trifft der zuständige Staatsanwalt (Nummer 29c). [2] Er unterrichtet den Staatsanwalt, in dessen Bezirk ein Transport voraussichtlich das Inland verlässt. [3] Auch der für den Einfuhrort zuständige Staatsanwalt ist zu unterrichten, wenn ein anderer als dieser das Verfahren führt.

(2) Die Behörden und Beamten des Polizei- und Zolldienstes wenden sich grundsätzlich an den nach Nummer 29c zuständigen Staatsanwalt.

3. Fälle des § 4 Absatz 1 bis 3 BKAG

30. Allgemeines. (1) [1] Wird dem Staatsanwalt ein Sachverhalt bekannt, der den Verdacht einer der in § 4 Absatz 1 Satz 1 BKAG bezeichneten Straftaten begründet, unterrichtet er unverzüglich, erforderlichenfalls fernschriftlich oder fernmündlich, das Bundeskriminalamt und das Landeskriminalamt. [2] Er erörtert die Art der Ermittlungsführung in dem erforderlichen Umfange mit dem Bundeskriminalamt.

(2) Hält der Staatsanwalt zu Beginn oder im weiteren Verlaufe des Verfahrens Sofortmaßnahmen für erforderlich, die von dem Bundeskriminalamt nicht getroffen werden können, erteilt er die notwendigen Aufträge bei gleichzeitiger Benachrichtigung des Bundeskriminalamts an die sonst zuständigen Polizeibehörden (vgl. § 4 Absatz 3 Satz 2 BKAG).

(3) Die Benachrichtigung der in § 4 Absatz 3 Satz 1 BKAG bezeichneten Stellen obliegt in den Fällen des § 4 Absatz 1 Satz 1 und Absatz 2 Nummer 1 BKAG dem Bundeskriminalamt, in den Fällen des § 4 Absatz 2 Nummer 2 und 3 BKAG der Stelle, von der die Anordnung oder der Auftrag ausgeht, es sei denn, diese Stellen übertragen im Einzelfalle die Benachrichtigung dem Bundeskriminalamt.

31. Verfahren in den Fällen des § 4 Absatz 1 Satz 1 Nummer 1 BKAG. (1) [1] Die Frage, ob eine Zusammenhangstat im Sinne des § 4 Absatz 1 Satz 1 Nummer 1 BKAG vorliegt, ist nach § 3 StPO zu beurteilen. [2] Vor seiner Entscheidung soll sich der Staatsanwalt mit den beteiligten Polizeibehörden und dem Bundeskriminalamt ins Benehmen setzen.

(2) [1] Bei seiner Entscheidung, ob die Ermittlungen einer anderen sonst zuständigen Polizeibehörde übertragen werden (vgl. § 4 Absatz 1 Satz 2 BKAG), berücksichtigt der Staatsanwalt insbesondere, ob eine rasche und wirksame Aufklärung besser durch zentrale Ermittlungen des Bundeskriminalamtes oder durch Ermittlungen der Landespolizeibehörden erreicht werden kann. [2] Vor seiner Entscheidung erörtert der Staatsanwalt die Sachlage mit dem Bundeskriminalamt und den Polizeidienststellen, die für die weitere Durchführung der Ermittlungen in Betracht kommen.

32. Verfahren in den Fällen des § 4 Absatz 1 Satz 1 Nummer 2 und 3b BKAG. In den Fällen des § 4 Absatz 1 Satz 1 Nummer 2 und 3b BKAG führt der Staatsanwalt zugleich mit der Unterrichtung des Bundeskriminalamts (vgl. Nummer 30 Absatz 1) unmittelbar die nach § 4 Absatz 1 Satz 3 BKAG erforderliche Zustimmung des für innere Angelegenheiten zuständigen Bundesministeriums herbei, es sei denn, dem Bundeskriminalamt ist wegen der Eilbedürftigkeit bereits die Zustimmung erteilt worden.

4. Leichenschau und Leichenöffnung

33. Voraussetzungen. (1) [1] Sind Anhaltspunkte dafür vorhanden, dass jemand eines nicht natürlichen Todes gestorben ist oder wird die Leiche eines Unbekannten gefunden, prüft der Staatsanwalt, ob eine Leichenschau oder eine Leichenöffnung erforderlich ist. [2] Eine Leichenschau wird regelmäßig schon dann nötig sein, wenn eine Straftat als Todesursache nicht von vornherein ausgeschlossen werden kann. [3] Die Leichenschau soll möglichst am Tatort oder am Fundort der Leiche durchgeführt werden.

(2) [1] Lässt sich auch bei der Leichenschau eine Straftat als Todesursache nicht ausschließen oder ist damit zu rechnen, dass die Feststellungen später angezweifelt werden, veranlasst der Staatsanwalt grundsätzlich die Leichenöffnung. [2] Dies gilt

namentlich bei Sterbefällen von Personen, die sich in Haft oder sonst in amtlicher Verwahrung befunden haben.

(3) [1] Die Leichenschau nimmt in der Regel der Staatsanwalt vor. [2] Die Vornahme der Leichenschau durch den Richter und die Anwesenheit des Richters bei der Leichenöffnung sollen nur beantragt werden, wenn dies aus besonderen Gründen, etwa um die Verlesung der Niederschrift nach § 249 StPO zu ermöglichen, erforderlich ist.

(4) [1] Der Staatsanwalt nimmt an der Leichenöffnung nur teil, wenn er dies nach seinem pflichtgemäßen Ermessen im Rahmen einer umfassenden Sachaufklärung für geboten erachtet. [2] Eine Teilnahme des Staatsanwalts wird in der Regel in Betracht kommen in Kapitalsachen, nach tödlichen Unfällen zur Rekonstruktion des Unfallgeschehens, bei Todesfällen durch Schusswaffengebrauch im Dienst, bei Todesfällen im Vollzug freiheitsentziehender Maßnahmen oder in Verfahren, die ärztliche Behandlungsfehler zum Gegenstand haben.

34. Exhumierung. [1] Bei der Ausgrabung einer Leiche sollte einer der Obduzenten anwesend sein. [2] Bei der Exhumierung soll das Mittelstück der Bodenfläche des Sarges herausgenommen und aufbewahrt werden; von dem Erdboden, auf dem der Sarg stand, und von dem gewachsenen Boden der Seitenwände des Grabes sind zur chemischen Untersuchung und zum Vergleich Proben zu entnehmen. [3] Wenn der Verdacht einer Vergiftung besteht, empfiehlt es sich, zur Ausgrabung und zur Sektion der Leiche den chemischen Sachverständigen eines Untersuchungsinstitutes beizuziehen, damit er die Aufnahme von Erde, Sargschmuck, Sargteilen, Kleiderstücken und Leichenteilen selbst vornehmen kann.

35. Entnahme von Leichenteilen. (1) [1] Der Staatsanwalt hat darauf hinzuwirken, dass bei der Leichenöffnung Blut- und Harnproben, Mageninhalt oder Leichenteile entnommen werden, falls es möglich ist, dass der Sachverhalt durch deren eingehende Untersuchung weiter aufgeklärt werden kann. [2] Manchmal, z.B. bei mutmaßlichem Vergiftungstod, wird es sich empfehlen, einen besonderen Sachverständigen zuzuziehen, der diese Bestandteile bezeichnet.

(2) [1] Werden Blut-, Harn- oder sonstige Proben, Mageninhalt oder Leichenteile zur weiteren Begutachtung versandt, ist eine Abschrift der Niederschrift über die Leichenöffnung beizufügen. [2] Die Ermittlungsakten sind grundsätzlich nicht zu übersenden (vgl. Nummer 12).

(3) Sind anlässlich der Leichenöffnung Körperglieder, Organe oder sonstige wesentliche Körperteile abgetrennt oder entnommen und aufbewahrt worden, trägt der Staatsanwalt regelmäßig dafür Sorge, dass ein Totensorgeberechtigter hierüber in geeigneter Weise spätestens bei der Freigabe der Leiche zur Bestattung (§ 159 Absatz 2 StPO) unterrichtet und auf die weitere Verfahrensweise, insbesondere die Möglichkeit einer Nachbestattung, hingewiesen wird.

36. Beschleunigung; Tod durch elektrischen Strom. (1) Leichenschau und Leichenöffnung sind mit größter Beschleunigung herbeizuführen, weil die ärztlichen Feststellungen über die Todesursache auch durch geringe Verzögerungen an Zuverlässigkeit verlieren können.

(2) [1] Dies gilt besonders bei Leichen von Personen, die möglicherweise durch elektrischen Strom getötet worden sind; die durch Elektrizität verursachten Veränderungen werden durch Fäulniserscheinungen rasch verwischt. [2] In der Regel wird es sich empfehlen, bereits bei der Leichenöffnung einen auf dem Gebiet der Elektrotechnik erfahrenen Sachverständigen zu beteiligen. [3] In den Fällen, in denen eine Tötung durch elektrischen Strom wahrscheinlich ist, können Verletzungen oder andere Veränderungen oft gar nicht oder nur von einem besonders geschulten Sachverständigen festgestellt werden; daher kann es ferner geboten sein, in schwierig zu deutenden Fällen außer dem elektrotechnischen Sachverständigen nach

Anhörung des Gerichtsarztes auch einen erfahrenen Pathologen zu der Leichenöffnung zuzuziehen.

37. Leichenöffnung in Krankenhäusern. [1]Besteht der Verdacht, dass der Tod einer Person, die in einem Krankenhaus gestorben ist, durch eine Straftat verursacht wurde, haben der Staatsanwalt und seine Ermittlungspersonen darauf hinzuwirken, dass die Leiche nicht von den Krankenhausärzten geöffnet wird. [2]Da die Krankenhausärzte indes an der Leichenöffnung vielfach ein erhebliches wissenschaftliches Interesse haben, empfiehlt es sich, ihnen die Anwesenheit zu gestatten, sofern nicht gewichtige Bedenken entgegenstehen. [3]Hat das Krankenhaus einen pathologisch besonders ausgebildeten Arzt zur Verfügung, kann es zweckmäßig sein, auch ihn zu der Leichenöffnung zuzuziehen.

38. Feuerbestattung. [1]Aus dem Bestattungsschein muss sich ergeben, ob auch die Feuerbestattung genehmigt wird. [2]Bestehen gegen diese Bestattungsart Bedenken, weil dadurch die Leiche als Beweismittel verloren geht, wird die Genehmigung hierfür zu versagen sein. [3]Solange der Verdacht eines nicht natürlichen Todes besteht, empfiehlt es sich, die Feuerbestattung nur im Einvernehmen mit dem Arzt, der mit der Leichenschau oder der Leichenöffnung betraut ist (§ 87 Absatz 1 Satz 1, Absatz 2 Satz 1 und 2 StPO), zu genehmigen.

5. Fahndung

39. Allgemeines. (1) Ist der Täter nicht bekannt, hält er sich im Ausland auf oder ist sein Aufenthalt oder der eines wichtigen Zeugen nicht ermittelt, so veranlasst der Staatsanwalt, soweit nicht ausschließlich ein Gericht dazu berufen ist, die erforderlichen Fahndungsmaßnahmen nach Maßgabe der §§ 131 bis 131c StPO und beantragt die Ausstellung eines Europäischen Haftbefehls, sofern die Voraussetzungen dafür vorliegen.

(2) Soweit erforderlich, veranlasst der Staatsanwalt nach Wegfall des Fahndungsgrundes unverzüglich die Rücknahme aller Fahndungsmaßnahmen.

40. Fahndungshilfsmittel. (1) Fahndungshilfsmittel des Staatsanwalts, die auch dann eingesetzt werden können, wenn die Voraussetzungen einer Öffentlichkeitsfahndung nicht gegeben sind, sind neben Auskünften von Behörden oder anderen Stellen insbesondere:

a) das Bundeszentralregister,
das Fahreignungsregister,
das Gewerbezentralregister,
das Ausländerzentralregister,
b) das EDV-Fahndungssystem der Polizei (INPOL),
c) Dateien nach §§ 483 ff. StPO, die Fahndungsinformationen enthalten,
d) die Landeskriminalblätter,
e) das Schengener Informationssystem (SIS).

(2) Sollen für eine Öffentlichkeitsfahndung Publikationsorgane in Anspruch genommen oder öffentlich zugängliche elektronische Medien wie das Internet genutzt werden, ist Anlage B zu beachten.

41. Fahndung nach dem Beschuldigten. (1) [1]In den Fällen des § 131 StPO veranlasst der Staatsanwalt die Ausschreibung des Beschuldigten zur Festnahme und die Niederlegung eines entsprechenden Suchvermerks im Bundeszentralregister. [2]Die Ausschreibung ist grundsätzlich auch dann bei der Polizeidienststelle zu veranlassen, die für die Dateneingabe in das Informationssystem der Polizei (INPOL) und gegebenenfalls auch in das Schengener Informationssystem (SIS) zuständig ist (vgl. auch Nummer 43), wenn der Haftbefehl (Unterbringungsbefehl) zur Auslösung einer gezielten Fahndung der für den mutmaßlichen Wohnsitz des Gesuchten zuständigen Polizeidienststelle übersandt wird. [3]Der für die Dateneingabe zuständigen Polizeidienststelle ist eine beglaubigte Abschrift der Haftunterlagen zu übersenden. [4]Wenn die überörtliche Ausschreibung aus Verhältnismäßigkeitserwägungen nicht in Frage kommt, ist dies gegenüber der zur örtlichen Fahndung aufgeforderten Polizeidienststelle zum Ausdruck zu bringen.

(2) [1]Bei auslieferungsfähigen Straftaten ist gleichzeitig mit Einleitung der nationalen Fahndung zur Festnahme einer Person auch in allen Mitgliedstaaten der Europäischen Union, den Schengen-assoziierten Staaten[1] und dem Vereinigten Königreich Großbritannien und Nordirland auf Grundlage des Europäischen Haftbefehls zu fahnden, es sei denn, dass eine entsprechende Fahndung unverhältnismäßig ist. [2]Eine darüber hinausgehende Fahndung, insbesondere in der INTERPOL-Zone 2 (übriges Europa), ist zu prüfen (vgl. Nummer 4 Anlage F). [3]Erfolgt keine internationale Fahndung zur Festnahme, ist die gesuchte Person im SIS zur Aufenthaltsermittlung auszuschreiben (vgl. Anlage F); der Grundsatz der Verhältnismäßigkeit ist zu berücksichtigen.

(3) [1]Erfolgt eine Ausschreibung zur Festnahme nach Absatz 1, ohne dass ein Haft- oder Unterbringungsbefehl vorliegt, ist § 131 Absatz 2 Satz 2 StPO zu beachten. [2]Nach Erlass des Haft- oder Unterbringungsbefehls ist die Ausschreibung entsprechend zu aktualisieren.

(4) [1]Ist der Beschuldigte ausländischer Staatsangehöriger und liegen Anhaltspunkte dafür vor, dass er sich im Ausland befindet, so setzt sich der Staatsanwalt, bevor er um Ausschreibung zur Festnahme ersucht, in der Regel mit der Ausländerbehörde in Verbindung. [2]Besteht ein Aufenthaltsverbot oder sind bei einer späteren Abschiebung Schwierigkeiten zu erwarten, prüft der Staatsanwalt bei Straftaten von geringerer Bedeutung, ob die Ausschreibung unterbleiben kann.

(5) [1]Liegen die Voraussetzungen des § 131 StPO nicht vor, veranlasst der Staatsanwalt die Ausschreibung zur Aufenthaltsermittlung (§ 131a StPO) und die Niederlegung eines entsprechenden Suchvermerkes im Bundeszentralregister. [2]Er veranlasst gegebenenfalls daneben die Ausschreibung zur Aufenthaltsermittlung im SIS.

(6) Ist der Beschuldigte im Zusammenhang mit einer Haftverschonung nach § 116 Absatz 1 Satz 2 StPO angewiesen worden, den Geltungsbereich der Strafprozessordnung nicht zu verlassen, veranlasst der Staatsanwalt die Ausschreibung zur Festnahme im geschützten Grenzfahndungsbestand.

(7) [1]Eine Fahndung zur polizeilichen Beobachtung wird unter den Voraussetzungen des § 163e StPO auch in Verbindung mit § 463a StPO durchgeführt. [2]Liegen die Voraussetzungen vor, kann auch eine Ausschreibung im SIS zur verdeckten Kontrolle erfolgen (vgl. Anlage F).

42. Fahndung nach einem Zeugen. [1]Ist der Aufenthalt eines wichtigen Zeugen nicht bekannt, kann der Staatsanwalt nach Maßgabe der § 131a Absatz 1, Absatz 3 bis 5, § 131b Absatz 2 und 3, § 131c StPO eine Fahndung veranlassen. [2]Ersuchen zur Aufnahme von Zeugen in die INPOL-Fahndung und gegebenenfalls in das SIS (vgl. Anlage F) sind an die für die Dateneingabe zuständige Polizeidienststelle zu richten.

43. Internationale Fahndung. (1) [1]In den in Nummer 41 Absatz 2 Satz 1 genannten Staaten wird durch das SIS gefahndet. [2]In anderen Staaten erfolgt die Fahndung durch INTERPOL.

(2) [1]Liegen Anhaltspunkte vor, dass sich die gesuchte Person in einem bestimmten Staat aufhält, kann eine internationale Fahndung durch ein gezieltes Mitfahn-

[1] **[Amtl. Anm.:]** Island, Liechtenstein, Norwegen und Schweiz (Stand 1. Dezember 2021).

dungsersuchen veranlasst werden. [2]Dies schließt die Ausschreibung der gesuchten Person im SIS nicht aus, um möglichen Reisebewegungen zuvorzukommen.

(3) [1]Alle in Absatz 1 und 2 genannten Ausschreibungen zur internationalen Fahndung können zur Festnahme oder Aufenthaltsermittlung erfolgen, um möglichen Reisebewegungen zuvorzukommen. [2]Befindet sich die gesuchte Person in einem der in Nummer 41 Absatz 2 Satz 1 genannten Staaten in Haft und steht eine Haftentlassung nicht zeitnah bevor, soll ohne internationale Ausschreibung auf dem justiziellen Geschäftsweg ein gezieltes Auslieferungsersuchen gestellt oder ein Europäischer Haftbefehl übersandt werden. [3]Die internationale Fahndung zur Festnahme ist nur einzuleiten, wenn beabsichtigt ist, ein Auslieferungsersuchen anzuregen oder zu stellen.

(4) Zeugen können zur Aufenthaltsermittlung ausgeschrieben werden.

(5) Für die internationale Fahndung nach Personen, einschließlich der Fahndung nach Personen im SIS und aufgrund eines Europäischen Haftbefehls, gelten die hierfür erlassenen Richtlinien (vgl. Anlage F.

6. Vernehmung des Beschuldigten

44. Ladung und Aussagegenehmigung. (1) [1]Die Ladung eines Beschuldigten soll erkennen lassen, dass er als Beschuldigter vernommen werden soll. [2]Der Gegenstand der Beschuldigung wird dabei kurz anzugeben sein, wenn und soweit es mit dem Zweck der Untersuchung vereinbar ist. [3]Der Beschuldigte ist durch Brief zu laden. [4]Der Verteidiger ist von dem Termin vorher zu benachrichtigen (§ 163a Absatz 3 Satz 2 und Absatz 4 Satz 3 StPO, § 168c Absatz 5 StPO).

(2) In der Ladung zu einer richterlichen oder staatsanwaltschaftlichen Vernehmung sollen Zwangsmaßnahmen für den Fall des Ausbleibens nur angedroht werden, wenn sie gegen den unentschuldigt ausgebliebenen Beschuldigten voraussichtlich auch durchgeführt werden.

(3) [1]Soll ein Richter, Beamter oder eine andere Person des öffentlichen Dienstes als Beschuldigter vernommen werden und erstreckt sich die Vernehmung auf Umstände, die der Amtsverschwiegenheit unterliegen können, ist der Beschuldigte in der Ladung darauf hinzuweisen, dass er, sofern er sich zu der Beschuldigung äußern will, einer Aussagegenehmigung des Dienstherrn bedarf. [2]Erklärt der Beschuldigte seine Aussagebereitschaft, soll ihm Gelegenheit gegeben werden, diese Aussagegenehmigung einzuholen. [3]Im Übrigen gilt Nummer 66 Absatz 2 und 3 entsprechend.

45. Form der Vernehmung und Niederschrift. (1) [1]Die Belehrung des Beschuldigten vor seiner Vernehmung nach § 136 Absatz 1, § 163a Absatz 3 Satz 2 StPO ist aktenkundig zu machen (§ 168b Absatz 3 Satz 1 StPO). [2]Dies gilt auch für die Entscheidung des Beschuldigten darüber, ob er vor seiner Vernehmung einen von ihm zu wählenden Verteidiger befragen möchte, sowie für sein Einverständnis zu einer Vernehmung vor der Bestellung eines Pflichtverteidigers in den Fällen des § 141a Satz 1 StPO (§ 168b Absatz 3 Satz 2 StPO).

(2) [1]Bei bedeutsamen Teilen der Vernehmung sind die Fragen, Vorhalte und Antworten möglichst wörtlich in die Niederschrift aufzunehmen, Legt der Beschuldigte ein Geständnis ab, sind die von ihm geschilderten Einzelheiten der Tat ebenfalls möglichst wörtlich wiederzugeben. [2]Es ist darauf zu achten, dass besonders solche Umstände aktenkundig gemacht werden, die nur der Täter wissen kann. [3]Die Namen der Personen, die das Geständnis mit angehört haben, sind zu vermerken.

(3) [1]Hinsichtlich der Möglichkeit und gegebenenfalls Pflicht zur Aufzeichnung der Vernehmung des Beschuldigten in Bild und Ton sind § 136 Absatz 4 StPO bzw. § 70c Absatz 2 Satz 2, § 109 Absatz 1 Satz 1 JGG zu beachten. [2]In Fällen

fehlender Aufzeichnungstechnik am Vernehmungsort ist der Einsatz mobiler Aufzeichnungsgeräte zu prüfen. [3] Wird die Vernehmung aufgezeichnet, ist eine Niederschrift zu fertigen, die auch den wesentlichen Inhalt der Aussage zu erfassen hat. [4] Insoweit genügt regelmäßig ein zusammenfassendes Inhaltsprotokoll.

7. Untersuchungshaft, einstweilige Unterbringung und sonstige Maßnahmen zur Sicherstellung der Strafverfolgung und der Strafvollstreckung

46. Begründung der Anträge in Haftsachen. (1) Der Staatsanwalt hat alle Anträge und Erklärungen, welche die Anordnung, Fortdauer und Aufhebung der Untersuchungshaft betreffen, zu begründen und dabei die Tatsachen anzuführen, aus denen sich

a) der dringende Tatverdacht,
b) der Haftgrund

ergeben.

(2) Wenn die Anwendung des § 112 Absatz 1 Satz 2 StPO nahe liegt, hat der Staatsanwalt darzulegen, weshalb er auch bei Berücksichtigung des Grundsatzes der Verhältnismäßigkeit die Anordnung der Untersuchungshaft für geboten hält.

(3) Soweit durch Bekanntwerden der angeführten Tatsachen die Staatssicherheit gefährdet wird, ist auf diese Gefahr besonders hinzuweisen (§ 114 Absatz 2 Nummer 4 StPO).

(4) Besteht in den Fällen des § 112 Absatz 3 und des § 112a Absatz 1 StPO auch ein Haftgrund nach § 112 Absatz 2 StPO, sind die Feststellungen hierüber aktenkundig zu machen.

47. Beschränkungen in der Untersuchungshaft, Unterrichtung der Vollzugsanstalt. (1) [1] Der Staatsanwalt hat im Zusammenhang mit dem Vollzug von Untersuchungshaft frühzeitig, möglichst mit Stellung des Antrages auf Erlass des Haftbefehls darauf hinzuwirken, dass die zur Abwehr einer Flucht-, Verdunkelungs- oder Wiederholungsgefahr nach § 119 Absatz 1 StPO erforderlichen Beschränkungen angeordnet und mit dem Aufnahmeersuchen verbunden werden. [2] Im Eilfall trifft er vorläufige Anordnungen gemäß § 119 Absatz 1 Satz 4 StPO selbst und führt nach § 119 Absatz 1 Satz 5 StPO die nachträgliche richterliche Entscheidung herbei.

(2) Wird dem Staatsanwalt darüber hinaus ein Sachverhalt bekannt, der eine Gefährdung der Sicherheit und Ordnung der Vollzugsanstalt (einschließlich einer Selbstgefährdung des Untersuchungsgefangenen) begründet, unterrichtet er unverzüglich in geeigneter Weise die Vollzugsanstalt, damit diese in eigener Zuständigkeit Beschränkungsanordnungen nach den Regelungen des Untersuchungshaftvollzugsgesetzes des Landes prüfen kann (vgl. § 114d Absatz 1 Satz 2 Nummer 7, Absatz 2 Satz 1 StPO).

48. Abschrift des Haftbefehls für den Beschuldigten. (1) Um sicherzustellen, dass dem Beschuldigten bei der Verhaftung eine Abschrift des Haftbefehls und gegebenenfalls eine Übersetzung in einer für ihn verständlichen Sprache ausgehändigt wird (vgl. § 114a Satz 1 StPO), empfiehlt es sich, entsprechende Abschriften bei den Akten bereitzuhalten.

(2) Wird eine bestimmte Polizeibehörde auf Grund eines Haftbefehls um die Festnahme des Beschuldigten ersucht, ist dem Ersuchen eine Abschrift des Haftbefehls und gegebenenfalls eine Übersetzung für den Beschuldigten beizufügen, wenn dies möglich ist.

49. (weggefallen)

50. Untersuchungshaft bei Soldaten der Bundeswehr. Kann den Erfordernissen der Untersuchungshaft während des Vollzuges von Freiheitsstrafe, Strafarrest, Jugendarrest oder Disziplinararrest durch Behörden der Bundeswehr nicht Rechnung getragen werden, prüft der Staatsanwalt, ob der Soldat im dortigen Vollzug verbleiben kann oder ob die Vollstreckung zu unterbrechen oder die Übernahme des Soldaten in den allgemeinen Vollzug erforderlich ist.

51. Symbolische Vorführung. Kann eine vorläufig festgenommene Person wegen Krankheit nicht in der vorgeschriebenen Frist (§ 128 StPO) dem Richter vorgeführt werden, sind diesem die Akten innerhalb der Frist vorzulegen, damit er den Festgenommenen nach Möglichkeit an dem Verwahrungsort vernehmen und unverzüglich entscheiden kann, ob ein Haftbefehl zu erlassen ist.

52. Kennzeichnung der Haftsachen. [1] In Haftsachen erhalten alle Verfügungen und ihre Abschriften den deutlich sichtbaren Vermerk „Haft". [2] Befindet sich der Beschuldigte in anderer Sache in Haft, ist auch dies ersichtlich zu machen.

53. Ausländische Staatsangehörige und staatenlose Personen. [1] Wird ein ausländischer Staatsangehöriger in Untersuchungshaft genommen (vgl. § 114b Absatz 2 Satz 4 StPO), sind für seinen Verkehr mit der diplomatischen oder konsularischen Vertretung seines Landes die Nummern 135 und 136 RiVASt und die hierzu ergangenen Verwaltungsvorschriften der Länder zu beachten. [2] Dies gilt für staatenlose Personen mit der Maßgabe entsprechend, dass diese berechtigt sind, mit dem nächsten zuständigen Vertreter des Staates, in dem sie ihren gewöhnlichen Aufenthalt haben, in Verbindung zu treten.

54. Überwachung, Haftprüfung. (1) [1] Der Staatsanwalt achtet in jeder Lage des Verfahrens darauf,

a) ob die Voraussetzungen der Untersuchungshaft noch vorliegen und ob die weitere Untersuchungshaft zu der Bedeutung der Sache und der zu erwartenden Strafe oder Maßregel der Besserung und Sicherung nicht außer Verhältnis steht (§ 120 StPO);

b) ob der Zweck der Untersuchungshaft nicht auch durch weniger einschneidende Maßnahmen erreicht werden kann (§ 116 Absatz 1 bis 3 StPO).

[2] Gegebenenfalls stellt er die entsprechenden Anträge.

(2) [1] Der Staatsanwalt achtet darauf, dass einem Beschuldigten, der dem Gericht zur Entscheidung über die Untersuchungshaft oder einstweilige Unterbringung vorgeführt werden soll, unverzüglich ein Verteidiger bestellt wird (vgl. § 140 Absatz 1 Nummer 4, § 141 Absatz 2 Satz 1 Nummer 1 StPO). [2] Es empfiehlt sich, zugleich mit der Belehrung nach § 114b Absatz 2 Satz 1 Nummer 4 und 4a StPO zu klären, ob der Beschuldigte bereits einen Verteidiger gewählt hat oder die Bestellung eines Verteidigers seiner Wahl wünscht.

(3) Haftprüfungen und Haftbeschwerden sollen den Fortgang der Ermittlungen nicht aufhalten.

55. Anordnung der Freilassung des Verhafteten. (1) [1] Hebt das Gericht den Haftbefehl auf, ordnet es zugleich die Freilassung des Untersuchungsgefangenen an. [2] Allein im Fall eines das Gericht bindenden Antrags der Staatsanwaltschaft auf Aufhebung des Haftbefehls vor Anklageerhebung (§ 120 Absatz 3 StPO) ordnet die Staatsanwaltschaft zugleich die Freilassung des Untersuchungsgefangenen an.

(2) [1] Wird der Haftbefehl in der Hauptverhandlung aufgehoben, wird der Angeklagte sofort freigelassen, wenn keine Überhaft vorgemerkt ist. [2] Jedoch kann der

Hinweis an ihn angebracht sein, dass es sich empfiehlt, in die Anstalt zurückzukehren, um die Entlassungsförmlichkeiten zu erledigen.

(3) Der Staatsanwalt achtet darauf, dass der Verhaftete nach Aufhebung des Haftbefehls entlassen wird.

56. Haft über sechs Monate. (1) [1] Ist es geboten, die Untersuchungshaft über sechs Monate hinaus aufrechtzuerhalten, und liegen die besonderen Voraussetzungen des § 121 Absatz 1 StPO vor, leitet der Staatsanwalt die Akten dem zuständigen Gericht (§§ 122, 125, 126 StPO) so rechtzeitig zu, dass dieses sie durch Vermittlung der Staatsanwaltschaft innerhalb der Frist dem Oberlandesgericht oder in den Fällen des § 120 GVG dem Bundesgerichtshof vorlegen kann. [2] Liegen die Akten dem zuständigen Gericht bereits vor, wirkt der Staatsanwalt auf die rechtzeitige Vorlage der Akten hin. [3] Er legt die Gründe dar, die nach seiner Auffassung die Fortdauer der Haft über sechs Monate hinaus rechtfertigen. [4] Zugleich beantragt er, falls erforderlich, eine dem letzten Ermittlungsstand entsprechende Ergänzung oder sonstige Änderung des Haftbefehls.

(2) [1] Die Akten sind besonders zu kennzeichnen. [2] Sie sind mit Vorrang zu behandeln und beschleunigt zu befördern.

(3) Hat das Oberlandesgericht oder in den Fällen des § 120 GVG der Bundesgerichtshof die Fortdauer der Untersuchungshaft angeordnet, sorgt der Staatsanwalt dafür, dass auch die weiteren nach §§ 122 Absatz 3 und 4, 122a StPO erforderlichen gerichtlichen Entscheidungen rechtzeitig herbeigeführt werden.

(4) Soll eine Entscheidung des Oberlandesgerichts oder des Bundesgerichtshofs nicht herbeigeführt werden, hat der Staatsanwalt dafür Sorge zu tragen, dass der Haftbefehl nach Ablauf der Frist von sechs Monaten aufgehoben oder außer Vollzug gesetzt wird (§ 121 Absatz 2, § 120 Absatz 3 StPO).

57. Aussetzung des Vollzugs. (1) Hat der Richter den Vollzug des Haftbefehls nach § 116 StPO ausgesetzt, überwacht der Staatsanwalt, ob die erteilten Anweisungen befolgt werden.

(2) [1] Liegen die Voraussetzungen des § 116 Absatz 4 StPO vor, beantragt der Staatsanwalt, den Vollzug des Haftbefehls anzuordnen. [2] In den Fällen des § 123 Absatz 1 StPO beantragt er, die nach § 116 StPO angeordneten Maßnahmen aufzuheben.

(3) [1] Bei der Erteilung von Anweisungen nach § 116 StPO an Soldaten der Bundeswehr sollte der Eigenart des Wehrdienstes Rechnung getragen werden. [2] Der Staatsanwalt wirkt darauf hin, dass Anweisungen, denen der zur Truppe zurückgekehrte Soldat nur schwer nachkommen kann, oder die dem nicht rückkehrwilligen Soldaten Anlass zu dem Versuch geben könnten, sein Fernbleiben von der Truppe zu rechtfertigen, vermieden werden. [3] Es kann sich daher empfehlen, eine Anweisung an den Soldaten anzuregen, sich bei seiner Einheit (Disziplinarvorgesetzten) zu melden (§ 116 Absatz 1 Satz 2 Nummer 1 StPO).

58. Unterbringung von Untersuchungsgefangenen in einem Krankenhaus. (1) [1] Muss ein Untersuchungsgefangener in einem Krankenhaus außerhalb der Vollzugsanstalt ärztlich behandelt werden, rechtfertigt dies allein die Aufhebung des Haftbefehls nicht. [2] Entscheidend ist vielmehr, ob die Voraussetzungen für die Untersuchungshaft wegen der Krankheit weggefallen sind.

(2) Hebt der Richter wegen der Art, der Schwere oder der voraussichtlichen Dauer der Krankheit den Haftbefehl auf, ist es nicht Aufgabe der Justizbehörden, den Beschuldigten in einem Krankenhaus unterzubringen, vielmehr ist es den Verwaltungsbehörden zu überlassen, notwendige Maßnahmen zu treffen.

(3) [1] Wird der Haftbefehl aufgehoben, nachdem der Beschuldigte in einem Krankenhaus untergebracht worden ist, teilt der Staatsanwalt die Aufhebung des

Haftbefehls und die Haftentlassung dem Beschuldigten selbst und dem Krankenhaus unverzüglich mit. [2]Dem Krankenhaus ist gleichzeitig zu eröffnen, dass der Justizfiskus für die weiteren Kosten der Unterbringung und Behandlung nicht mehr aufkommt. [3]Die Polizei darf nicht im Voraus ersucht werden, den Beschuldigten nach seiner Heilung erneut vorläufig festzunehmen oder zu diesem Zweck den Heilungsverlauf zu überwachen; auch darf nicht gebeten werden, die Entlassung mitzuteilen, da solche Maßnahmen dahin ausgelegt werden könnten, dass die Untersuchungshaft trotz der Entlassung tatsächlich aufrechterhalten werden soll und der Justizfiskus für die Kosten der Unterbringung und Behandlung in Anspruch genommen werden kann.

(4) [1]Wird der Haftbefehl trotz der Krankheit aufrechterhalten, rechtfertigt es allein der Umstand, dass der Verhaftete vorübergehend in einem Krankenhaus unterzubringen ist, nicht, den Haftbefehl außer Vollzug zu setzen. [2]Der Beschuldigte ist vielmehr auf Kosten des Justizfiskus unterzubringen.

59. Einstweilige Unterbringung. Auf die einstweilige Unterbringung sind die Nummern 46 bis 55 sinngemäß anzuwenden.

60. Besondere Maßnahmen zur Sicherung der Strafverfolgung und Strafvollstreckung. [1]Im Rahmen der besonderen Maßnahmen (§§ 127a, 132 StPO) zur Sicherung der Strafverfolgung und der Strafvollstreckung gegen Beschuldigte, die im Geltungsbereich der StPO keinen Wohnsitz haben, sind bei der Bemessung der Sicherheitsleistung die bei einschlägigen Straftaten erfahrungsgemäß festgesetzten Beträge für Geldstrafen und Kosten zu Grunde zu legen. [2]Kann der Beschuldigte einen Zustellungsbevollmächtigten eigener Wahl zunächst nicht benennen, ist er darauf hinzuweisen, dass er einen Rechtsanwalt oder einen hierzu bereiten Beamten der Geschäftsstelle des zuständigen Amtsgerichts bevollmächtigen kann.

8. Beobachtung in einem psychiatrischen Krankenhaus

61. Allgemeines. (1) Der für die Anordnung der Unterbringung des Beschuldigten in einem psychiatrischen Krankenhaus geltende Grundsatz der Verhältnismäßigkeit (§ 81 Absatz 2 Satz 2 StPO) ist auch bei der Vollstreckung der Anordnung zu beachten.

(2) [1]Der auf freiem Fuß befindliche Beschuldigte darf in der Regel erst dann zwangsweise in das psychiatrische Krankenhaus verbracht werden, wenn er unter Androhung der zwangsweisen Zuführung für den Fall der Nichtbefolgung aufgefordert worden ist, sich innerhalb einer bestimmten Frist in dem psychiatrischen Krankenhaus zu stellen, und er dieser Aufforderung nicht nachgekommen ist. [2]Einer solchen Aufforderung bedarf es nicht, wenn zu erwarten ist, dass der Beschuldigte sie nicht befolgt.

62. Dauer und Vorbereitung der Beobachtung. (1) Der Sachverständige ist darauf hinzuweisen, dass die Unterbringung nicht länger dauern darf, als zur Beobachtung des Beschuldigten unbedingt notwendig ist, dass dieser entlassen werden muss, sobald der Zweck der Beobachtung erreicht ist, und dass das gesetzliche Höchstmaß von sechs Wochen keinesfalls überschritten werden darf.

(2) [1]Der Sachverständige ist zu veranlassen, die Vorgeschichte möglichst vor der Aufnahme des Beschuldigten in die Anstalt zu erheben. [2]Dazu sind ihm ausreichende Zeit vorher die Akten und Beiakten, besonders Akten früherer Straf- und Ermittlungsverfahren, Akten über den Aufenthalt in Justizvollzugsanstalten, in einer Entziehungsanstalt oder in einem psychiatrischen Krankenhaus (mit Krankenblättern), Betreuungs-, Entmündigungs-, Pflegschafts-, Ehescheidungs- und Renten-

akten zugänglich zu machen, soweit sie für die Begutachtung von Bedeutung sein können.

(3) Angaben des Verteidigers, des Beschuldigten oder seiner Angehörigen, die für die Begutachtung von Bedeutung sind, z. B. über Erkrankungen, Verletzungen, auffälliges Verhalten, sind möglichst schnell nachzuprüfen, damit sie der Gutachter verwerten kann.

(4) Sobald der Beschluss nach § 81 StPO rechtskräftig ist, soll sich der Staatsanwalt mit dem Leiter des psychiatrischen Krankenhauses fernmündlich darüber verständigen, wann der Beschuldigte aufgenommen werden kann.

63. Strafverfahren gegen Hirnverletzte. (1) In Strafverfahren gegen Hirnverletzte empfiehlt es sich in der Regel, einen Facharzt für Nerven- und Gemütsleiden (Neurologie und Psychiatrie) oder einen auf einem dieser Fachgebiete vorgebildeten und besonders erfahrenen Arzt als Gutachter heranzuziehen.

(2) [1] Die Kranken- und Versorgungsakten sind in der Regel für die fachärztliche Begutachtung von Bedeutung; sie sind daher rechtzeitig beizufügen. [2] Soweit möglich, sollte der Staatsanwalt auf die Einwilligung des Beschuldigten hinwirken. [3] Im Übrigen sind die Vorschriften der §§ 67 ff. des Sozialgesetzbuches (SGB) X, insbesondere § 73 SGB X, zu beachten.

9. Zeugen

64. Ladung. (1) [1] Die Ladung eines Zeugen muss erkennen lassen, dass er als Zeuge vernommen werden soll. [2] Der Name des Beschuldigten ist anzugeben, wenn der Zweck der Untersuchung es nicht verbietet, der Gegenstand der Beschuldigung nur dann, wenn dies zur Vorbereitung der Aussage durch den Zeugen erforderlich ist. [3] Mit der Ladung ist der Zeuge auf die seinem Interesse dienenden verfahrensrechtlichen Bestimmungen und die vorhandene Möglichkeit der Zeugenbetreuung hinzuweisen.

(2) Ist anzunehmen, dass der Zeuge Schriftstücke oder andere Beweismittel besitzt, die für die Untersuchung von Bedeutung sein können, soll er in der Ladung aufgefordert werden, sie bei der Vernehmung vorzulegen.

(3) [1] Die Zeugen sollen durch einfachen Brief, nicht durch Postkarte, geladen werden. [2] Nur bei Vorliegen besonderer Umstände ist die Ladung zuzustellen. [3] Wegen der Ladung zur Hauptverhandlung wird auf Nummer 117 hingewiesen.

65. Belehrung des Zeugen. [1] Die Belehrung des Zeugen über sein Zeugnisverweigerungsrecht nach § 52 StPO und sein Auskunftsverweigerungsrecht nach § 55 StPO (§ 163 Absatz 3 Satz 2, § 161a Absatz 1 Satz 2 StPO) ist aktenkundig zu machen. [2] Entsprechendes gilt für eine Belehrung seines gesetzlichen Vertreters.

66. Vernehmung von Personen des öffentlichen Dienstes. (1) [1] Soll ein Richter, ein Beamter oder eine andere Person des öffentlichen Dienstes als Zeuge vernommen werden und erstreckt sich die Vernehmung auf Umstände, die der Amtsverschwiegenheit unterliegen, holt die Stelle, die den Zeugen vernehmen will, die Aussagegenehmigung von Amts wegen ein. [2] Bestehen Zweifel, ob sich die Vernehmung auf Umstände, die der Amtsverschwiegenheit unterliegen, erstrecken kann, ist dies vor der Vernehmung durch eine Anfrage bei dem Dienstvorgesetzten zu klären.

(2) [1] Um die Genehmigung ist der Dienstvorgesetzte zu ersuchen, dem der Zeuge im Zeitpunkt der Vernehmung untersteht oder dem er im Falle des § 54 Absatz 4 StPO zuletzt unterstanden hat. [2] Bezieht sich die Vernehmung auf einen Vorgang, der sich bei einem früheren Dienstherrn ereignet hat, darf die Genehmigung nur mit dessen Zustimmung erteilt werden (vgl. § 37 Absatz 3 Satz 3 des

Beamtenstatusgesetzes (BeamtStG), § 67 Absatz 3 Satz 3 BBG); die Zustimmung hat der derzeitige Dienstvorgesetzte einzuholen. [3]Auf § 37 Absatz 3 Satz 4 BeamtStG wird hingewiesen.

(3) [1]Der Antrag auf Erteilung einer Aussagegenehmigung muss die Vorgänge, über die der Zeuge vernommen werden soll, kurz, aber erschöpfend angeben, damit der Dienstvorgesetzte beurteilen kann, ob Versagungsgründe vorliegen. [2]Der Antrag ist so rechtzeitig zu stellen, dass der Dienstvorgesetzte ihn prüfen und seine Entscheidung noch vor dem Termin mitteilen kann. [3]In eiligen Sachen wird deshalb die Aussagegenehmigung schon vor der Anberaumung des Termins einzuholen sein.

67. Schriftliche Aussage. (1) [1]In geeigneten Fällen kann es ausreichen, dass ein Zeuge sich über bestimmte Fragen zunächst nur schriftlich äußert, vorausgesetzt, dass er glaubwürdig erscheint und eine vollständige Auskunft von ihm erwartet werden kann. [2]In dieser Weise zu verfahren, empfiehlt sich besonders dann, wenn der Zeuge für seine Aussage Akten, Geschäftsbücher oder andere umfangreiche Schriftstücke braucht.

(2) Befindet sich der Zeuge im Ausland, ist bei der schriftlichen Befragung Nummer 121 RiVASt zu beachten.

68. Behördliches Zeugnis. [1]Die Vernehmung von Zeugen kann entbehrlich sein, wenn zum Beweis einer Tatsache die Verlesung einer der in § 256 Absatz 1 StPO genannten Erklärungen genügt. [2]In geeigneten Fällen wird der Staatsanwalt daher ein behördliches Zeugnis einholen, das in der Hauptverhandlung verlesen werden kann.

10. Sachverständige

69. Allgemeines. [1]Ein Sachverständiger soll nur zugezogen werden, wenn sein Gutachten für die vollständige Aufklärung des Sachverhalts unentbehrlich ist. [2]Nummer 68 gilt sinngemäß.

70. Auswahl des Sachverständigen und Belehrung. (1) Während des Ermittlungsverfahrens gibt der Staatsanwalt dem Verteidiger Gelegenheit, vor Auswahl eines Sachverständigen Stellung zu nehmen, es sei denn, dass der Gegenstand der Untersuchung ein häufig wiederkehrender, tatsächlich gleichartiger Sachverhalt (z. B. Blutalkoholgutachten) ist oder eine Gefährdung des Untersuchungszwecks (vgl. § 147 Absatz 2 Satz 1 StPO) oder eine Verzögerung des Verfahrens zu besorgen ist.

(2) Ist dem Staatsanwalt kein geeigneter Sachverständiger bekannt, ersucht er die Berufsorganisation oder die Behörde um Vorschläge, in deren Geschäftsbereich die zu begutachtende Frage fällt.

(3) Es empfiehlt sich, für die wichtigsten Gebiete Verzeichnisse bewährter Sachverständiger zu führen, damit das Verfahren nicht durch die Auswahl von Sachverständigen verzögert wird.

(4) Sollen Personen des öffentlichen Dienstes als Sachverständige vernommen werden, gilt Nummer 66 sinngemäß.

(5) Für die Belehrung des Sachverständigen gilt Nummer 65 entsprechend.

71. Arbeitsunfälle. [1]Bei Arbeitsunfällen empfiehlt es sich, der für den Betrieb zuständigen Berufsgenossenschaft oder ihren technischen Aufsichtsbeamten neben den für die Gewerbeaufsicht zuständigen Stellen Gelegenheit zu geben, sich gutachtlich zu äußern. [2]Auch kann es geboten sein, sie schon zur Besichtigung der Unfallstelle zuzuziehen. [3]Bei folgenschweren Arbeitsunfällen (insbesondere solche mit erheblichem Personenschaden) kann es sich empfehlen, zur Vermeidung eines Beweismittelverlustes frühzeitig einen Sachverständigen hinzuzuziehen, der u. a. Feststellungen zur Einhaltung von Arbeitsschutzvorschriften trifft.

72. Beschleunigung. (1) Vor Beauftragung des Sachverständigen soll gegebenenfalls geklärt werden, ob dieser in der Lage ist, das Gutachten in angemessener Zeit zu erstatten.

(2) [1] Dem Sachverständigen ist ein genau umgrenzter Auftrag zu erteilen; nach Möglichkeit sind bestimmte Fragen zu stellen. [2] Oft ist es zweckmäßig, die entscheidenden Gesichtspunkte vorher mündlich zu erörtern.

(3) Bis zur Erstattung des Gutachtens wird der Staatsanwalt sonst noch fehlende Ermittlungen durchführen.

(4) Bestehen Zweifel an der Eignung des Sachverständigen, ist alsbald zu prüfen, ob ein anderer Sachverständiger beauftragt werden muss.

11. Akten über Vorstrafen

73. [Akten über Vorstrafen]. Ist wegen der Vorstrafen des Beschuldigten zu prüfen, ob die Anordnung der Sicherungsverwahrung (§ 66 StGB) in Betracht kommt, oder kann es für die Strafbemessung wichtig sein, dass der Beschuldigte wegen gleichartiger Straftaten vorbestraft ist, sind die vollständigen Akten beizuziehen.

11a. Durchsuchung und Beschlagnahme

73a. [Durchsuchung und Beschlagnahme]. [1] Durchsuchung und Beschlagnahme stellen erhebliche Eingriffe in die Rechte des Betroffenen dar und bedürfen daher im Hinblick auf den Verhältnismäßigkeitsgrundsatz einer sorgfältigen Abwägung. [2] Bei der Prüfung, ob bei einem Zeugnisverweigerungsberechtigten die Voraussetzungen für eine solche Maßnahme vorliegen (§ 97 Absatz 2 Satz 3, Absatz 5 Satz 2 StPO), ist ein strenger Maßstab anzulegen.

12. Behandlung der amtlich verwahrten Gegenstände

74. Sorgfältige Verwahrung. [1] Gegenstände, die in einem Strafverfahren oder einem selbstständigen Einziehungsverfahren beschlagnahmt oder sonst in amtliche Verwahrung genommen worden sind, müssen zur Vermeidung von Schadensersatzansprüchen vor Verlust, Entwertung oder Beschädigung geschützt werden. [2] Die Verantwortung hierfür trifft zunächst den Beamten, der die Beschlagnahme vornimmt; sie geht auf die Stelle (Staatsanwaltschaft oder Gericht) über, der die weitere Verfügung über den verwahrten Gegenstand zusteht. [3] Die Verwaltungsvorschriften der Länder über die Verwahrung sind zu beachten.

75. Herausgabe. (1) Bewegliche Sachen, deren Einziehung oder Unbrauchbarmachung nicht in Betracht kommt, sind herauszugeben, sobald sie für das Strafverfahren entbehrlich sind und die Voraussetzungen für die Herausgabe offenkundig sind (§ 111n StPO).

(2) [1] Unter den Voraussetzung des Absatzes 1 werden bewegliche Sachen an den letzten Gewahrsamsinhaber herausgegeben (§ 111n Absatz 1 StPO), es sei denn, dass dieser der Herausgabe an einen anderen zugestimmt hat oder ein Fall des § 111n Absatz 2 oder 3 StPO vorliegt. [2] Die folgenden Absätze 3 und 4 bleiben unberührt. [3] Sind gefährliche Sachen an einen Gefangenen oder Untergebrachten

herauszugeben, sind diese an die Leitung der Justizvollzugsanstalt oder Unterbringungseinrichtung unter Hinweis auf die Gefährlichkeit zu übersenden.

(3) [1]Bestehen für die Herausgabe an einen Dritten (§ 111n Absatz 3 StPO) lediglich Anhaltspunkte für dessen Berechtigung, kann der Staatsanwalt dem Dritten unter Bestimmung einer Frist Gelegenheit zum Nachweis seiner Berechtigung geben. [2]Lässt der Dritte die Frist ungenutzt verstreichen, ist nach Absatz 2 Satz 1 zu verfahren.

(4) Ergibt sich im Laufe der Ermittlungen zweifelsfrei, dass eine Sache unrechtmäßig in die Hand des letzten Gewahrsamsinhabers gekommen ist, lässt sich der Berechtigte aber nicht ermitteln, ist nach § 983 BGB und den dazu erlassenen Vorschriften zu verfahren.

(5) [1]In der Herausgabeanordnung sind die Sachen und der Empfangsberechtigte genau zu bezeichnen. [2]Die Sachen dürfen nur gegen eine Bescheinigung des Empfangsberechtigten oder dessen ausgewiesenen Bevollmächtigten herausgegeben werden. [3]Anordnung und Herausgabe sind aktenkundig zu machen.

(6) Bei Sachen, deren Besitz oder Führen einer gesonderten Erlaubnis bedürfen, ist die Herausgabe von der Vorlage der entsprechenden Erlaubnis abhängig zu machen.

76. Beweissicherung. (1) In Verfahren gegen unbekannte Täter sind Gegenstände, die für Zwecke des Strafverfahrens noch benötigt werden, in der Regel bis zum Eintritt der Verfolgungsverjährung aufzubewahren.

(2) [1]Dies gilt nicht für Gegenstände, die einem Dritten, insbesondere dem Geschädigten, als letzten berechtigten Gewahrsamsinhaber zugeordnet werden können oder die für Zwecke des Strafverfahrens nicht im Original benötigt werden. [2]Diese sollen nach spurentechnischer Untersuchung und fotografischer Dokumentation regelmäßig wieder an den letzten berechtigten Gewahrsamsinhaber herausgegeben bzw. vernichtet werden, wobei besonderes Augenmerk auf die ordnungsgemäße Dokumentation der Spurensicherung zu richten ist, um gegebenenfalls späteren Einwendungen der Verteidigung wirksam begegnen zu können.

13. Beschlagnahme von Postsendungen

77. Umfang der Beschlagnahme. (1) In dem Antrag auf Beschlagnahme von Postsendungen und Telegrammen sowie in einer Beschlagnahmeanordnung des Staatsanwalts sind die Briefe, Telegramme und andere Sendungen nach ihren äußeren Merkmalen so genau zu bezeichnen, dass Zweifel über den Umfang der Beschlagnahme ausgeschlossen sind.

(2) [1]Der Staatsanwalt prüft, ob die Beschlagnahme aller Postsendungen und Telegramme an bestimmte Empfänger notwendig ist oder ob sie auf einzelne Gattungen von Sendungen beschränkt werden kann. [2]Durch die Beschränkung und den Umstand, dass andere Sendungen ausgeliefert werden, kann verhindert werden, dass die Beschlagnahme vorzeitig bekannt wird.

(3) [1]Für die einzelnen Gattungen von Sendungen können folgende Bezeichnungen verwendet werden:

a) Briefsendungen (§ 4 Nummer 2 Postgesetz);
b) adressierte Pakete;
c) Postanweisungen, Zahlungsanweisungen und Zahlkarten;
d) Bücher, Kataloge, Zeitungen oder Zeitschriften;
e) Telegramme.

[2]Soll die Beschlagnahme auf einen engeren Kreis von Sendungen beschränkt werden, ist deren Art in der Beschlagnahmeanordnung so zu beschreiben, dass der Adressat die betreffenden Sendungen eindeutig identifizieren kann. [3]Erforderli-

chenfalls ist die Formulierung durch Rücksprache mit den jeweils als Adressaten in Betracht kommenden Personen oder Unternehmen, die geschäftsmäßig Post- und Telekommunikationsdienste erbringen oder daran mitwirken (Post- oder Telekommunikationsunternehmen), zu klären.

(4) Auf dem Aktenumschlag ist der Vermerk „Postbeschlagnahme" deutlich anzubringen.

78. Inhalt der Beschlagnahmeanordnung. (1) [1] Die Beschlagnahme von Sendungen, die bei einer inländischen Betriebsstätte eines Post- oder Telekommunikationsunternehmens für einen bestimmten Empfänger eingehen, z. B. an den Beschuldigten oder an eine von ihm verwendete Deckanschrift, ist in der Regel anderen Möglichkeiten vorzuziehen. [2] Der volle Name, bei häufig wiederkehrenden Namen, zumal in Großstädten, auch andere Unterscheidungsmerkmale, der Bestimmungsort, bei größeren Orten die Straße und die Hausnummer und die Betriebsstätte eines Post- oder Telekommunikationsunternehmens, sind anzugeben.

(2) [1] Bei der Beschlagnahme von Sendungen nach anderen Merkmalen, z. B. eines bestimmten Absenders, ist die Annahme-/Einlieferungsstelle des jeweiligen Post- oder Telekommunikationsunternehmens zu bezeichnen, bei der die Einlieferung erwartet wird. [2] Dasselbe gilt, wenn Sendungen an bestimmte Empfänger nicht bei der Auslieferungsstelle, z. B. weil diese im Ausland liegt, sondern bei anderen Betriebsstätten beschlagnahmt werden sollen. [3] Beschlagnahmen solcher Art sollen nur beantragt werden, wenn sie unentbehrlich sind. [4] In diesen Ausnahmefällen sind alle Merkmale, nach denen die Beschlagnahme ausgeführt werden soll, so genau zu beschreiben, dass kein Zweifel darüber besteht, welche Sendungen das Unternehmen auszuliefern hat.

(3) In zweifelhaften oder schwierigen Fällen wird sich der Staatsanwalt vorher mit dem betreffenden Post- oder Telekommunikationsunternehmen darüber verständigen, wie die Beschlagnahme am zweckmäßigsten durchgeführt wird.

79. Verfahren bei der Beschlagnahme. [1] Der Staatsanwalt prüft, welche Post- oder Telekommunikationsunternehmen als Adressaten einer Beschlagnahmeanordnung in Betracht kommen. [2] Hierzu ist zunächst festzustellen, welche Unternehmen eine Lizenz für die Beförderung von Sendungen der zu beschlagnahmenden Art in dem betreffenden geographischen Bereich besitzen. [3] Die Beschlagnahmeanordnung ist allen Post- oder Telekommunikationsunternehmen zu übersenden, bei welchen die Beschlagnahme erfolgen soll. [4] In Zweifelsfällen ist bei der Bundesnetzagentur für Elektrizität, Gas, Telekommunikation, Post und Eisenbahnen (Tulpenfeld 4, 53113 Bonn) festzustellen, welche Unternehmen als Adressaten einer Beschlagnahmeanordnung in Betracht kommen[1]. [5] Bei der Adressierung der Beschlagnahmeanordnung ist die jeweilige Betriebsstruktur des Adressaten zu beachten (z. B. das Bestehen rechtlich selbständiger Niederlassungen, Franchise-Unternehmen). [6] In Zweifelsfällen empfiehlt sich eine vorherige Kontaktaufnahme mit dem jeweiligen Unternehmen.

80. Aufhebung der Beschlagnahme. (1) [1] Die Beschlagnahme soll in der Regel von vornherein auf eine bestimmte Zeit (etwa einen Monat) beschränkt werden. [2] Wegen der mit jeder Beschlagnahme verbundenen Verzögerung der Postzustellung achtet der Staatsanwalt darauf, dass die Beschlagnahme nicht länger als erforderlich aufrechterhalten wird.

[1] **[Amtl. Anm.:]** Eine Aufstellung der Lizenzunternehmen kann im Internet abgerufen werden unter http://www.bundesnetzagentur.de/cln_1421/DE/Sachgebiete/Post/Unternehmen_Institutionen/Lizenzierung/ErteilteLizenzen/erteiltelizenzen-node.html.

(2) Sobald ein Beschlagnahmebeschluss erledigt ist, beantragt der Staatsanwalt unverzüglich, ihn aufzuheben und verständigt sofort die betroffenen Post- oder Telekommunikationsunternehmen.

(3) Der Vermerk „Postbeschlagnahme" (Nummer 77 Absatz 4) ist zu beseitigen.

81. Postsendungen mit staatsgefährdenden Inhalten. Bei Postsendungen mit staatsgefährdenden Inhalten ist Nummer 208 zu beachten.

82. (weggefallen)

13a. Beschlagnahme und Vermögensarrest zur Sicherung der Einziehung und der Wertersatzeinziehung, Insolvenzverfahren

83. Vorrangige Insolvenzantragsrechte anderer Stellen. [1]Die Staatsanwaltschaft sieht von einem Antrag nach § 111i Absatz 2 Satz 1 StPO ab, wenn das Insolvenzantragsrecht einer anderen Stelle ausschließlich zugewiesen ist. [2]Dies gilt insbesondere in den Fällen der § 46b Absatz 1 Satz 4 des Kreditwesengesetzes (KWG), § 312 Absatz 1 Satz 1 des Vermögensanlagegesetzes (VAG), § 21 Absatz 4 Satz 4 des Gesetzes über die Beaufsichtigung von Zahlungsdiensten (ZAG) und § 43 Absatz 1 des Kapitalanlagegesetzbuches (KAGB) in Verbindung mit § 46b Absatz 1 Satz 4 KWG. [3]Eine Insolvenzantragstellung durch die Staatsanwaltschaft kommt hingegen in Betracht, wenn die spezialgesetzlichen Regelungen keine Anwendung finden, beispielsweise wenn keine Erlaubnis zum Geschäftsbetrieb durch die Aufsichtsbehörde erteilt wurde.

14. Auskunft über die Telekommunikation

84. (weggefallen)

85. Telekommunikation. [1]Das Gericht und unter den Voraussetzungen des § 100e Absatz 1 Satz 2 und 3 StPO auch die Staatsanwaltschaft können nach § 100g Absatz 1 StPO die Erhebung von Verkehrsdaten (§ 9 und § 12 des Telekommunikation-Telemedien-Datenschutz-Gesetzes und § 2a Absatz 1 des Gesetzes über die Errichtung einer Bundesanstalt für den Digitalfunk der Behörden und Organisationen mit Sicherheitsaufgaben) und nach § 100k Absatz 1 und 2 StPO die Erhebung von Nutzungsdaten (§ 2 Absatz 2 Nummer 3 des Telekommunikation-Telemedien-Datenschutz-Gesetzes) anordnen (vgl. § 101a Absatz 1 Satz 1 und Absatz 1a StPO). [2]Dazu gehören auch die Standortdaten eines Mobilfunkgerätes (§ 100g Absatz 1 Satz 3 und 4 und § 100k Absatz 1 Satz 2 und 3 StPO).

15. Öffentliches Interesse bei Privatklagesachen

86. Allgemeines. (1) Sobald der Staatsanwalt von einer Straftat erfährt, die mit der Privatklage verfolgt werden kann, prüft er, ob ein öffentliches Interesse an der Verfolgung von Amts wegen besteht.

(2) Ein öffentliches Interesse wird in der Regel vorliegen, wenn der Rechtsfrieden über den Lebenskreis des Verletzten hinaus gestört und die Strafverfolgung ein gegenwärtiges Anliegen der Allgemeinheit ist, z. B. wegen des Ausmaßes der Rechtsverletzung, wegen der Rohheit oder Gefährlichkeit der Tat, der rassistischen, fremdenfeindlichen, antisemitischen oder sonstigen menschenverachtenden Beweggründe des Beschuldigten, wegen der besonderen Schutzbedürftigkeit des Verletzten, der Stellung des Verletzten im öffentlichen Leben oder wegen relevan-

ter Voreintragungen des Beschuldigten in einem inländischen oder ausländischen Strafregister.

(3) Ist der Rechtsfrieden über den Lebenskreis des Verletzten hinaus nicht gestört worden, kann ein öffentliches Interesse auch dann vorliegen, wenn dem Verletzten wegen seiner persönlichen Beziehung zum Beschuldigten nicht zugemutet werden kann, die Privatklage zu erheben, und die Strafverfolgung ein gegenwärtiges Anliegen der Allgemeinheit ist.

(4) Der Staatsanwalt kann Ermittlungen darüber anstellen, ob ein öffentliches Interesse besteht.

87. Verweisung auf die Privatklage. (1) [1]Die Entscheidung über die Verweisung auf den Privatklageweg trifft der Staatsanwalt. [2]Besteht nach Ansicht der Behörden oder der Beamten des Polizeidienstes kein öffentliches Interesse an der Strafverfolgung, legen sie die Anzeige ohne weitere Ermittlungen dem Staatsanwalt vor.

(2) [1]Kann dem Verletzten nicht zugemutet werden, die Privatklage zu erheben, weil er die Straftat nicht oder nur unter großen Schwierigkeiten aufklären könnte, soll der Staatsanwalt die erforderlichen Ermittlungen anstellen, bevor er den Verletzten auf die Privatklage verweist, z. B. bei Beleidigung durch namenlose Schriftstücke. [2]Dies gilt aber nicht für unbedeutende Verfehlungen.

16. Einstellung des Verfahrens

88. Mitteilung an den Beschuldigten. [1]In der Mitteilung an den Beschuldigten nach § 170 Absatz 2 StPO sind die Gründe der Einstellung nur auf Antrag und dann auch nur soweit bekannt zu geben, als kein schutzwürdiges Interesse entgegensteht. [2]Hat sich herausgestellt, dass der Beschuldigte unschuldig ist oder das gegen ihn kein begründeter Verdacht mehr besteht, ist dies in der Mitteilung auszusprechen.

89. Bescheid an den Antragsteller und Mitteilung an den Verletzten. (1) Der Staatsanwalt hat dem Antragsteller den in § 171 StPO vorgesehenen Bescheid über die Einstellung auch dann zu erteilen, wenn die Erhebung der öffentlichen Klage nicht unmittelbar bei der Staatsanwaltschaft beantragt worden war.

(2) [1]Die Begründung der Einstellungsverfügung darf sich nicht auf allgemeine und nichtssagende Redewendungen, z. B. „da eine Straftat nicht vorliegt oder nicht nachgewiesen ist", beschränken. [2]Vielmehr soll in der Regel – schon um unnötige Beschwerden zu vermeiden – angegeben werden, aus welchen Gründen der Verdacht einer Straftat nicht ausreichend erscheint oder weshalb sich sonst die Anklageerhebung verbietet. [3]Dabei kann es genügen, die Gründe anzuführen, die ein Eingehen auf Einzelheiten unnötig machen, z.B., dass die angezeigte Handlung unter kein Strafgesetz fällt, dass die Strafverfolgung verjährt oder aus anderen Gründen unzulässig ist oder dass kein öffentliches Interesse an der Strafverfolgung besteht.

(3) Auch bei einer Einstellung nach §§ 153 Absatz 1, 153a Absatz 1, 153b Absatz 1 StPO erteilt der Staatsanwalt dem Anzeigenden einen mit Gründen versehenen Bescheid.

(4) Der Staatsanwalt soll den Einstellungsbescheid so fassen, dass er auch dem rechtsunkundigen Antragsteller verständlich ist.

(5) Erhält der Verletzte nicht bereits gemäß Absatz 1 oder Absatz 3 Kenntnis von der Einstellung des Verfahrens, ist ihm letztere auf Antrag mitzuteilen, soweit das Verfahren ihn betrifft.

90. Anhörung von Behörden und Körperschaften des öffentlichen Rechts bei Einstellungen nach den §§ 153, 153a oder 170 Absatz 2 StPO. (1) [1]Hat eine Behörde oder eine Körperschaft des öffentlichen Rechts die Strafanzeige erstattet oder ist sie sonst am Ausgang des Verfahrens interessiert, soll ihr der Staatsanwalt, bevor er das Verfahren einstellt oder die Zustimmung des Gerichts zu einer Einstellung einholt, die Gründe mitteilen, die für die Einstellung sprechen, und ihr Gelegenheit zur Äußerung geben. [2]Dies gilt auch für die Zustimmung des Staatsanwalts zu einer Einstellung außerhalb einer Hauptverhandlung, die das Gericht beabsichtigt (§ 153 Absatz 2, § 153a Absatz 2 StPO). [3]Zur Vereinfachung können Ablichtungen aus den Akten beigefügt werden. [4]Stellt der Staatsanwalt entgegen einer widersprechenden Äußerung ein, soll er in der Einstellungsverfügung auch die Einwendungen würdigen, die gegen die Einstellung erhoben worden sind.

(2) Hat ein oberstes Staatsorgan des Bundes oder eines Landes die Ermächtigung zur Strafverfolgung nach § 89a Absatz 4, § 89b Absatz 4, § 89c Absatz 4, § 90 Absatz 4, § 90b Absatz 2, § 97 Absatz 3, § 129b Absatz 1 Satz 3, § 194 Absatz 4, § 353a Absatz 2 oder § 353b Absatz 4 StGB erteilt oder Strafantrag wegen Beleidigung gestellt, ist Nummer 211 Absatz 1 und 3 Buchstabe a zu beachten.

91. Bekanntgabe. (1) [1]Dem Beschuldigten wird die Einstellungsverfügung grundsätzlich formlos durch einfachen Brief bekannt gegeben. [2]Die Mitteilung über die Einstellung wird dem Beschuldigten zugestellt, wenn gegen ihn eine Strafverfolgungsmaßnahme im Sinne des § 2 des Gesetzes über die Entschädigung für Strafverfolgungsmaßnahmen (StrEG) vollzogen worden ist. [3]Wegen der in der Einstellungsnachricht nach diesem Gesetz zu erteilenden Belehrung wird auf die Ausführungsvorschriften zum Gesetz über die Entschädigung für Strafverfolgungsmaßnahmen (Anlage C) verwiesen.

(2) [1]Die Mitteilung über die Einstellung des Verfahrens ist dem Antragsteller (§ 171 StPO) im Regelfall formlos zu übersenden. [2]Der Staatsanwalt soll die Zustellung nur dann anordnen, wenn im Einzelfall Anhaltspunkte dafür bestehen, dass mit einer Beschwerde und einem Antrag auf Durchführung des Klageerzwingungsverfahrens zu rechnen ist.

92. Kostenpflicht des Anzeigenden. [1]Ist ein Verfahren durch eine vorsätzliche oder leichtfertig erstattete unwahre Anzeige veranlasst worden, prüft der Staatsanwalt, ob die Kosten des Verfahrens und die dem Beschuldigten erwachsenen notwendigen Auslagen dem Anzeigeerstatter aufzuerlegen sind. [2]Dies gilt auch dann, wenn die unwahren Angaben, die zur Einleitung des Verfahrens geführt haben, bei einer Vernehmung gemacht worden sind.

93. Einstellung nach § 153a StPO. (1) [1]Bei einer Einstellung nach § 153a StPO prüft der Staatsanwalt, ob eine Wiedergutmachungsauflage (§ 153a Absatz 1 Satz 2 Nummer 1 StPO) in Betracht kommt. [2]Dabei achtet der Staatsanwalt auch darauf, dass die Auflagen einen durch die Straftat erlangten Vermögensvorteil abschöpfen. [3]Im Übrigen sollen unredlich erzielte Vermögensvorteile bei der Festsetzung einer Geldauflage nach § 153a Absatz 1 Satz 2 Nummer 2 StPO berücksichtigt werden. [4]In geeigneten Fällen können Auflagen miteinander kombiniert werden.

(2) Bei einer Einstellung nach § 153a StPO, bei der die Auflage erteilt wird, einen Geldbetrag zugunsten einer gemeinnützigen Einrichtung zu zahlen, oder bei der Erklärung der Zustimmung dazu, beachtet der Staatsanwalt neben spezialpräventiven Erwägungen, dass bei der Auswahl des Zuwendungsempfängers insbesondere Einrichtungen der Opferhilfe, Kinder- und Jugendhilfe, Straffälligen- und Bewährungshilfe, Gesundheits- und Suchthilfe sowie Einrichtungen zur Förderung von Sanktionsalternativen und Vermeidung von Ersatzfreiheitsstrafen in angemessenem Umfang berücksichtigt werden.

93a. (weggefallen)

94. Einstellung nach § 153c Absatz 1 StPO. (1) [1]In den Fällen des § 153c Absatz 1 StPO kann der Staatsanwalt nach pflichtgemäßem Ermessen von der Verfolgung absehen. [2]Dies wird insbesondere in Betracht kommen, wenn die in § 153c Absatz 2 StPO bezeichneten Gründe vorliegen können, wenn eine Strafverfolgung zu unbilligen Härten führen würde oder ein öffentliches Interesse an der strafrechtlichen Ahndung nicht oder nicht mehr besteht.

(2) [1]Der Staatsanwalt prüft im Einzelfall, ob völkerrechtliche Vereinbarungen die Verpflichtung begründen, bestimmte außerhalb des räumlichen Geltungsbereichs der Strafprozessordnung begangene Taten so zu behandeln, als ob sie innerhalb dieses Bereichs begangen wären. [2]Auskunft über derartige Vereinbarungen erteilt das für Justiz zuständige Bundesministerium.

(3) [1]Bestehen in den Fällen des § 153c Absatz 1 StPO Anhaltspunkte dafür, dass die Gründe des § 153c Absatz 3 StPO gegeben sein könnten, holt der Staatsanwalt unverzüglich die Entscheidung des Generalstaatsanwalts ein, ob die Tat verfolgt werden soll. [2]Der Generalstaatsanwalt berichtet vor seiner Entscheidung unverzüglich der Landesjustizverwaltung.

(4) [1]Können die in § 153c Absatz 3 StPO bezeichneten Gründe der Strafverfolgung entgegenstehen, holt der Staatsanwalt unverzüglich die Entscheidung des Generalstaatsanwalts ein, wenn er wegen Gefahr im Verzuge eine Beschlagnahme, eine Durchsuchung oder eine mit Freiheitsentziehung verbundene Maßnahme für erforderlich hält. [2]Der Generalstaatsanwalt unterrichtet vor seiner Entscheidung die Landesjustizverwaltung. [3]Ist eine Entscheidung des Generalstaatsanwalts nicht rechtzeitig zu erlangen, unterrichtet der Staatsanwalt die Landesjustizverwaltung unmittelbar. [4]Ist auch das nicht möglich, trifft er selbst die notwendige Entscheidung.

95. Einstellung nach § 153c Absatz 3 StPO. (1) [1]Bei Straftaten, die durch eine außerhalb des räumlichen Geltungsbereichs der Strafprozessordnung ausgeübte Tätigkeit begangen sind, deren Erfolg jedoch innerhalb dieses Bereichs eingetreten ist (Distanztaten), klärt der Staatsanwalt beschleunigt den Sachverhalt und die Umstände auf, die für eine Entscheidung nach § 153c Absatz 3 StPO von Bedeutung sein können. [2]Er beschränkt sich dabei auf solche Maßnahmen, die den Zweck der Vorschrift nicht gefährden.

(2) [1]Bestehen Anhaltspunkte dafür, dass die Voraussetzungen des § 153c Absatz 3 StPO gegeben sein könnten, holt der Staatsanwalt unverzüglich die Entscheidung des Generalstaatsanwalts ein, ob die Tat verfolgt werden soll. [2]Der Generalstaatsanwalt unterrichtet vor seiner Entscheidung unverzüglich die Landesjustizverwaltung. [3]Bei der Entscheidung, ob die Tat verfolgt werden soll, ist Art. 5 des OECD-Übereinkommens über die Bekämpfung der Bestechung ausländischer Amtsträger im internationalen Geschäftsverkehr (Vertrags- und Umsetzungsgesetz: Gesetz zur Bekämpfung internationaler Bestechung vom 10. September 1998, Bundesgesetzblatt (BGBl. 1998 II S. 2327))[1] zu beachten.

(3) Hält der Staatsanwalt wegen Gefahr im Verzuge eine Beschlagnahme, eine Durchsuchung oder eine mit Freiheitsentziehung verbundene Maßnahme für erforderlich, gelten Absatz 2 sowie Nummer 94 Absatz 4 Satz 3 und 4 entsprechend.

---

[1] **[Amtl. Anm.:]** Artikel 5 des OECD-Übereinkommens hat folgenden Wortlaut: Ermittlungsverfahren und Strafverfolgung wegen Bestechung eines ausländischen Amtsträgers unterliegen den geltenden Regeln und Grundsätzen der jeweiligen Vertragspartei. Sie dürfen nicht von Erwägungen nationalen wirtschaftlichen Interesses, der möglichen Wirkung auf Beziehungen zu einem anderen Staat oder der Identität der beteiligten natürlichen oder juristischen Personen beeinflusst werden.

96. Einstellung nach § 153c Absatz 4 StPO. In den Fällen des § 153c Absatz 4 StPO gelten die Nummern 94 und 95 sinngemäß.

97. Einstellung nach § 153c Absatz 5 StPO. [1]In den Fällen des § 153c Absatz 5 StPO klärt der Staatsanwalt alle für die Entscheidung des Generalbundesanwalts bedeutsamen Umstände mit größter Beschleunigung, jedoch unter Beschränkung auf solche Maßnahmen, die den Zweck dieser Vorschrift nicht gefährden; er unterrichtet fernmündlich oder fernschriftlich den Generalbundesanwalt unter gleichzeitiger Benachrichtigung des Generalstaatsanwalts. [2]Die Vorgänge reicht er mit einem Begleitschreiben dem Generalbundesanwalt unverzüglich nach; eine Abschrift des Begleitschreibens leitet er dem Generalstaatsanwalt zu. [3]Sind die Akten nicht entbehrlich, werden dem Generalbundesanwalt Ablichtungen vorgelegt. [4]In Verfahren, die nach § 142a Absatz 2 und 4 GVG an die Landesstaatsanwaltschaft abgegeben worden sind, ist entsprechend zu verfahren. [5]Fordert der Generalstaatsanwalt die Vorgänge zum Zwecke der Prüfung an, ob die Voraussetzungen für eine Einstellung des Verfahrens nach § 153c Absatz 1, 3 und 4 StPO vorliegen, trifft der Staatsanwalt weitere Verfolgungsmaßnahmen nur im Einverständnis mit dem Generalbundesanwalt.

98. Einstellung nach § 153d StPO. [1]Ergeben sich für den Staatsanwalt Anhaltspunkte dafür, dass die Voraussetzungen des § 153d StPO vorliegen, sind die in Nummer 97 getroffenen Anordnungen zu beachten. [2]Eine Entscheidung des Generalbundesanwalts, solche Straftaten nicht zu verfolgen, bewirkt, dass polizeiliche und staatsanwaltschaftliche Verfolgungsmaßnahmen insoweit zu unterbleiben haben; diese Entscheidung kann schon vor der Einleitung von Verfolgungsmaßnahmen getroffen werden.

99. Benachrichtigung der Polizeidienststellen in den Fällen der §§ 153c, 153d StPO. (1) Wird von der Strafverfolgung nach §§ 153c, 153d StPO abgesehen, kann neben der unverzüglichen Benachrichtigung der Polizeidienststelle, die mit der Sache unmittelbar befasst ist, die sofortige Benachrichtigung weiterer Polizeidienststellen erforderlich sein, um sicherzustellen, dass Verfolgungsmaßnahmen unterbleiben.

(2) [1]In derartigen Fällen unterrichtet der Staatsanwalt neben der mit der Sache unmittelbar befassten Polizeidienststelle unverzüglich das für innere Angelegenheiten zuständige Bundesministerium und nachrichtlich das Bundeskriminalamt, Thaerstraße 11, 65193 Wiesbaden, von seiner Entscheidung, mit der von der Strafverfolgung abgesehen wird. [2]Einen Abdruck der schriftlichen Nachricht erhält die Landesjustizverwaltung/das für Justiz zuständige Bundesministerium.

(3) Sieht der Staatsanwalt einstweilen von weiteren Strafverfolgungsmaßnahmen ab, unterrichtet er unverzüglich die mit der Sache befasste Polizeidienststelle.

100. Einstellung nach § 153e StPO. (1) [1]Die Möglichkeit einer Einstellung des Verfahrens nach § 153e StPO (gegebenenfalls in Verbindung mit § 4 NATO-Truppen-Schutzgesetz)[1] soll mit dem Beschuldigten und seinem Verteidiger nur erörtert werden, wenn diese selbst Fragen danach stellen oder wenn nach den bereits bekannten Umständen des Einzelfalles deutliche Anhaltspunkte dafür vorliegen, dass eine Anwendung des § 153e StPO in Betracht kommt und eine Erörterung hierüber aus besonderen Gründen zweckmäßig erscheint. [2]Bei einer solchen Erörterung ist jedoch darauf zu achten, dass sie nicht als Zusicherung einer Einstellung des Verfahrens nach § 153e StPO missverstanden wird.

(2) Der Staatsanwalt legt die Akten dem Generalbundesanwalt vor, wenn Anhaltspunkte dafür bestehen, dass die Einstellung nach 153e StPO in Betracht kommt.

---

[1] **[Amtl. Anm.:]** Vgl. Fundstellennachweis A zum Bundesrecht.

101. Einstellung nach § 154 StPO. (1) [1]Von den Möglichkeiten einer Einstellung nach § 154 Absatz 1 StPO soll der Staatsanwalt in weitem Umfang und in einem möglichst frühen Verfahrensstadium Gebrauch machen. [2]Er prüft zu diesem Zweck vom Beginn der Ermittlungen an, ob die Voraussetzungen für eine Beschränkung des Prozessstoffes vorliegen. [3]Der Staatsanwalt erteilt der Polizei allgemein oder im Einzelfall die Weisungen, die erforderlich sind, um die Rechtzeitigkeit der Prüfung zu gewährleisten.

(2) Wird das Verfahren nach § 154 Absatz 1 StPO eingestellt, gilt für den Bescheid an den Anzeigenden Nummer 89 entsprechend.

(3) Ist mit Rücksicht auf eine wegen einer anderen Tat zu erwartende Strafe nach § 154 Absatz 1 StPO von der Verfolgung einer Tat abgesehen oder nach § 154 Absatz 2 StPO das Verfahren vorläufig eingestellt worden, prüft der Staatsanwalt nach Abschluss des wegen dieser Tat eingeleiteten Verfahrens, ob es bei der Einstellung verbleiben kann.

101a. Einstellung nach § 154a StPO. (1) [1]Soweit die Strafverfolgung nach § 154a StPO beschränkt werden kann, soll der Staatsanwalt von dieser Möglichkeit Gebrauch machen, wenn dies das Verfahren vereinfacht. [2]Nummer 101 Absatz 1 gilt entsprechend.

(2) Beschränkungen nach § 154a StPO werden aktenkundig gemacht; erfolgt die Beschränkung vor Erhebung der öffentlichen Klage, wird in der Anklageschrift darauf hingewiesen.

(3) Nummer 101 Absatz 3 gilt entsprechend.

102. Einstellung zugunsten des Verletzten einer Nötigung oder Erpressung. (1) Eine Einstellung nach § 154c StPO soll grundsätzlich nur erfolgen, wenn die Nötigung oder die Erpressung strafwürdiger ist als die Tat des Genötigten oder Erpressten.

(2) Die Entscheidung, ob zugesichert werden kann, dass das Verfahren eingestellt wird, ist dem Behördenleiter vorzubehalten.

103. Mitteilung an den Anzeigenden. Sieht der Staatsanwalt nach § 154e StPO von der Erhebung der öffentlichen Klage vorläufig ab, teilt er dies dem Anzeigenden mit.

104. Vorläufige Einstellung nach § 154f StPO. (1) [1]Unter den Voraussetzungen des § 154f StPO soll der Staatsanwalt das Ermittlungsverfahren vorläufig einstellen, wenn der Sachverhalt so weit wie möglich aufgeklärt ist und die Beweise, soweit notwendig, gesichert sind; eine förmliche Beweissicherung (§§ 285 ff. StPO) soll indessen nur in wichtigen Fällen stattfinden. [2]Der Staatsanwalt hat in bestimmten, nicht zu lange bemessenen Abständen zu prüfen, ob die Hinderungsgründe des § 154f StPO noch fortbestehen.

(2) Kann nach dem Ergebnis der Ermittlungen mit einer Eröffnung des Hauptverfahrens auch dann nicht gerechnet werden, wenn die Hinderungsgründe des § 154f StPO wegfallen, stellt der Staatsanwalt das Verfahren sofort ein.

(3) Nummer 103 gilt entsprechend.

105. Beschwerde gegen die Einstellungsverfügung. (1) [1]Einer Beschwerde gegen die Einstellung des Verfahrens kann der Staatsanwalt, der die Einstellung verfügt hat, abhelfen. [2]Werden in der Beschwerde neue und wesentliche Tatsachen oder Beweismittel angeführt, nimmt er die Ermittlungen wieder auf.

(2) [1]Geht eine Beschwerde des Verletzten bei dem Staatsanwalt ein, dessen Entscheidung angegriffen wird, prüft er unverzüglich, ob er ihr abhilft. [2]Hilft er ihr nicht ab, legt er sie unverzüglich dem vorgesetzten Staatsanwalt (§ 147 GVG) vor.

[3] Im Übersendungsbericht legt er dar, aus welchen Gründen er die Ermittlungen nicht wieder aufnimmt; neue Tatsachen oder Beweismittel oder neue rechtliche Erwägungen, welche die Beschwerdeschrift enthält, sind zu würdigen. [4] Werden dem Beschuldigten weitere selbständige Straftaten vorgeworfen, ist zu berichten, was insoweit bereits veranlasst oder was nach Rückkunft der Akten beabsichtigt ist. [5] Die Akten sind dem Übersendungsbericht beizufügen oder, wenn sie nicht verfügbar oder nicht entbehrlich sind, nachzureichen.

(3) [1] Ist die Beschwerde bei dem vorgesetzten Staatsanwalt eingereicht worden und hat er um Bericht oder um Beifügung der Vorgänge ersucht, ist dieser Auftrag nur auszuführen, wenn die Ermittlungen nicht wieder aufgenommen werden; sonst genügt eine kurze Anzeige über die Wiederaufnahme der Ermittlungen. [2] Kann die Beschwerde nicht sofort geprüft werden, sind die Gründe hierfür anzugeben; die Akten sind nicht beizufügen.

(4) Dem Beschwerdeführer ist die Wiederaufnahme der Ermittlungen mitzuteilen.

(5) Für die Bekanntgabe des Bescheides des vorgesetzten Staatsanwalts gilt Nummer 91 Absatz 2 entsprechend.

17. Verteidiger

106. Auswahl des Verteidigers. [1] Die Bitte eines Beschuldigten, ihm einen für seine Verteidigung geeigneten Rechtsanwalt zu bezeichnen, ist abzulehnen. [2] Möchte der Beschuldigte vor seiner Vernehmung einen Verteidiger befragen, sind ihm Informationen, wie das von der Bundesrechtsanwaltskammer bereitgestellte amtliche Anwaltsverzeichnis (Bundesweites Amtliches Anwaltsverzeichnis (https://bravsearch.bea-brak.de/bravsearch/index.brak)), zur Einsicht zur Verfügung zu stellen, die es ihm erleichtern, einen Verteidiger zu kontaktieren. [3] Auf bestehende anwaltliche Notdienste ist dabei hinzuweisen.

107. (weggefallen)

108. Unterrichtung des Verteidigers. [1] Der Verteidiger, der nach § 145a Absatz 1 StPO als ermächtigt gilt, Zustellungen für den Beschuldigten anzunehmen, ist über § 145a StPO hinaus über alle Entscheidungen zu unterrichten, die dem Beschuldigten mitgeteilt werden. [2] Der Verteidiger soll dabei neben dem Beschuldigten und gleichzeitig mit diesem unterrichtet werden.

18. Abschluss der Ermittlungen

109. [Abschluss der Ermittlungen]. (1) Bei der Fertigung des Vermerkes über den Abschluss der Ermittlungen sind die besonderen verfahrensrechtlichen Wirkungen (§ 147 Absatz 2, § 406e Absatz 2 Satz 3 StPO) zu beachten.

(2) Richtet sich das Verfahren gegen mehrere Beschuldigte, wird vor dem Vermerk über den Abschluss der Ermittlungen gegen einzelne von ihnen der Stand der Ermittlungen gegen die übrigen zu berücksichtigen sein.

(3) [1] Der Vermerk über den Abschluss der Ermittlungen ist mit Datum und Namen des Staatsanwalts in die Akte aufzunehmen. [2] Richtet sich das Verfahren gegen mehrere Beschuldigte, muss der Vermerk erkennen lassen, gegen welche Beschuldigten die Ermittlungen abgeschlossen sind.

2. Abschnitt. Anklage

110. Form und Inhalt der Anklageschrift. (1) Die Anklageschrift muss klar, übersichtlich und vor allem für den Angeschuldigten verständlich sein.

(2) In der Anklageschrift sind anzugeben:

a) der Familienname und die Vornamen (Rufname unterstrichen), Geburtsname, Beruf, Anschrift, Familienstand, Geburtstag und Geburtsort (Kreis, Bezirk) des Angeschuldigten und seine Staatsangehörigkeit, bei Minderjährigen Namen und Anschriften der gesetzlichen Vertreter;

b) der Verteidiger;

c) der Anklagesatz;
er umfasst:
die Tat, die dem Angeschuldigten zur Last gelegt wird, sowie Zeit und Ort ihrer Begehung, die gesetzlichen Merkmale der Straftat – gegebenenfalls in vereinfachter Form, z.B. beim Versuch –, die anzuwendenden Strafvorschriften, die Umstände, welche die Anordnung einer Maßnahme (§ 11 Absatz 1 Nummer 8 StGB) rechtfertigen, bei Verletzungen mehrerer Strafvorschriften auch die Angabe, ob Tateinheit oder Tatmehrheit angenommen wird;

d) bei Antragsdelikten ein Hinweis auf den Strafantrag;
wird in Fällen, in denen das Gesetz dies zulässt, bei einem Antragsdelikt die öffentliche Klage erhoben, ohne dass ein Strafantrag gestellt ist, soll in der Anklageschrift erklärt werden, dass wegen des besonderen öffentlichen Interesses an der Strafverfolgung ein Einschreiten von Amts wegen geboten ist;

e) Hinweise auf Verfolgungsbeschränkungen nach § 154a StPO;

f) die Zeugen (mit den nach § 200 Absatz 1 Satz 3 und 5 StPO gebotenen und gegebenenfalls mit den nach § 200 Absatz 1 Satz 4 StPO zulässigen Einschränkungen) und anderen Beweismittel;

g) das wesentliche Ergebnis der Ermittlungen (§ 200 Absatz 2 StPO) und alle Umstände, die für die Strafbemessung, die Strafaussetzung zur Bewährung, die Verwarnung mit Strafvorbehalt, das Absehen von Strafe, die Nebenstrafe und Nebenfolgen von Bedeutung sein können.

(3) [1] Die Anklageschrift hat ferner den Antrag auf Eröffnung des Hauptverfahrens und die Angabe des Gerichts zu enthalten, vor dem die Hauptverhandlung stattfinden soll. [2] Sie hat auch den Spruchkörper (z. B. Wirtschaftsstrafkammer, Jugendkammer, Staatsschutzkammer) zu bezeichnen, den der Staatsanwalt als zuständig ansieht.

(4) [1] War oder ist der Angeschuldigte in Untersuchungshaft, sind Ort und Dauer der Haft zu vermerken; dies gilt auch für eine andere Freiheitsentziehung. [2] Zur Frage der Fortdauer ist ein bestimmter Antrag zu stellen. [3] Auf den Ablauf der in § 121 Absatz 2 StPO bezeichneten Frist ist hinzuweisen.

(5) Beantragt der Staatsanwalt die Beteiligung der juristischen Person oder Personenvereinigung und kündigt er die Beantragung der Festsetzung einer Geldbuße gegen diese an (Nummer 180a Absatz 2), führt er sie als Nebenbeteiligte an und gibt die tatsächliche und rechtliche Grundlage für die begehrte Maßnahme an.

111. Auswahl der Beweismittel. (1) Der Staatsanwalt soll nur die Beweismittel aufführen, die für die Aufklärung des Sachverhalts und für die Beurteilung der Persönlichkeit des Angeschuldigten wesentlich sind.

(2) Haben mehrere Zeugen über denselben Vorgang im Vorverfahren übereinstimmend ausgesagt, wird es häufig nicht nötig sein, jeden zu benennen.

(3) [1] Für Sachverständige gilt Absatz 2 entsprechend. [2] Soweit es zulässig ist, ein schriftliches Gutachten in der Hauptverhandlung zu verlesen (§ 256 Absatz 1 StPO), wird dieses oft ein ausreichendes Beweismittel sein; dies gilt nicht, wenn der Sachverständige ein Gutachten nur unter dem Eindruck der Hauptverhandlung

erstatten kann, z. B. über die Schuldfähigkeit oder über besondere seelische oder geistige Eigenschaften des Angeschuldigten oder eines sonstigen Prozessbeteiligten.

(4) [1]Der Staatsanwalt darf dem Gericht oder dem Vorsitzenden Akten, Schriftstücke oder Beweisstücke nur vorlegen, wenn er sie gleichzeitig zu Bestandteilen der gerichtlichen Akten erklärt und damit auch dem Verteidiger zugänglich macht. [2]Legt er sie erst in der Hauptverhandlung vor, hat er sie dadurch zum Gegenstand der Verhandlung zu machen, dass er die Vorlegung auch dem Angeklagten oder dem Verteidiger bekannt gibt.

112. Ermittlungsergebnis. (1) Auch wenn die Anklage vor dem Strafrichter erhoben wird, soll das wesentliche Ergebnis der Ermittlungen (§ 200 Absatz 2 StPO) in die Anklageschrift aufgenommen werden, wenn die Sach- oder Rechtslage Schwierigkeiten bietet.

(2) Sind die Akten umfangreich, soll auf die Aktenstellen und möglichst auch auf die Beweismittel für die einzelnen Tatvorgänge verwiesen werden.

113. Zuständiges Gericht. (1) Bei der Beurteilung der Frage, ob ein Fall von besonderer Bedeutung vorliegt und deshalb die Anklage beim Landgericht (§ 24 Absatz 1 Satz 1 Nummer 3 GVG) zu erheben ist, prüft der Staatsanwalt, ob die besondere Bedeutung einer Sache sich etwa aus dem Ausmaß der Rechtsverletzung oder den Auswirkungen der Straftat, z. B. nach einer Sexualstraftat, ergibt.

(2) [1]Erhebt der Staatsanwalt wegen der besonderen Schutzbedürftigkeit von Verletzten der Straftat, die als Zeugen in Betracht kommen, des besonderen Umfangs oder der besonderen Bedeutung des Falles Anklage beim Landgericht (§ 24 Absatz 1 Satz 1 Nummer 3 GVG), macht er die hierfür bedeutsamen Umstände aktenkundig, sofern diese nicht offensichtlich sind. [2]Satz 1 gilt entsprechend, wenn der Staatsanwalt Anklage zur Wirtschaftsstrafkammer nach § 74c Absatz 1 Satz 1 Nummer 6 GVG erhebt, weil zur Beurteilung des Falles besondere Kenntnisse des Wirtschaftslebens erforderlich sind.

(3) Erhebt der Staatsanwalt Anklage beim Landgericht und hält er aus den in § 76 Absatz 2 GVG genannten Gründen die Mitwirkung eines dritten Richters für erforderlich, regt er dies an.

(4) Ist die Sache umfangreich, z. B. wegen der großen Anzahl der Angeschuldigten oder Zeugen, und erhebt der Staatsanwalt nicht Anklage beim Landgericht, beantragt er, einen zweiten Richter beim Amtsgericht zuzuziehen (§ 29 Absatz 2 GVG).

114. Zusammenhängende Strafsachen. [1]Zusammenhängende Strafsachen (§§ 2, 3 StPO) sind in einer Anklage zusammenzufassen (vgl. Nummer 17). [2]Hiervon kann abgesehen werden, wenn die Erhebung der öffentlichen Klage wegen einer Tat durch die Aufklärung der anderen Tat erheblich verzögert würde und wenn gewichtige Interessen der Allgemeinheit oder des Beschuldigten nicht entgegenstellen.

3. Abschnitt. Hauptverfahren

1. Eröffnung des Hauptverfahrens

115. [Eröffnung des Hauptverfahrens]. (1) Beschließt das Gericht, die Anklage mit Änderungen nach § 207 Absatz 2 StPO zuzulassen, legt es die Akten mit diesem Beschluss der Staatsanwaltschaft vor.

(2) Reicht der Staatsanwalt nach § 207 Absatz 3 StPO eine neue Anklageschrift ein, empfiehlt es sich in der Regel, das wesentliche Ergebnis der Ermittlungen darzustellen, wenn ausgeschiedene Teile einer Tat in das Verfahren wieder ein-

bezogen werden oder, wenn die ursprüngliche Anklageschrift durch Änderungen im Eröffnungsbeschluss unübersichtlich oder unverständlich geworden ist.

2. Vorbereitung der Hauptverhandlung

116. Anberaumung der Termine. (1) Die Hauptverhandlung findet grundsätzlich am Sitz des Gerichts statt; nur wenn es wegen der Besonderheit des Falles geboten erscheint, soll sie an einem anderen Ort durchgeführt werden.

(2) Für die Festsetzung der Terminstage sind die örtlichen Feiertage, auch wenn sie gesetzlich nicht anerkannt sind, von Bedeutung.

(3) [1]Bei der Festsetzung der Terminsstunden wird den Beteiligten jeder vermeidbare Zeitverlust zu ersparen und daher zu prüfen sein, wie lange die Verhandlung der einzelnen Sachen voraussichtlich dauern wird und in welchen Abständen die einzelnen Termine daher anzuberaumen sind. [2]Sind an einer Verhandlung Personen beteiligt, die außerhalb des Sitzungsortes wohnen, sind auch die Verkehrsverhältnisse zu berücksichtigen.

(4) [1]Ist für die Verhandlung eine längere Zeit (ein ganzer Tag oder mehrere Tage) vorgesehen, kann es sich empfehlen, die einzelnen Zeugen und Sachverständigen, sofern dies die Hauptverhandlung nicht erschwert, erst für den Zeitpunkt zu laden, in dem sie voraussichtlich benötigt werden (§ 214 Absatz 2 StPO). [2]In geeigneten Fällen kann es zweckmäßig sein, den Zeugen mit der Auflage zu laden, dass er sich zu einem bestimmten Zeitpunkt oder während eines bestimmten Zeitraumes auf Abruf bereithalten möge.

(5) Stellt sich nachträglich heraus, dass die Verhandlung einer Sache vermutlich länger dauern wird, kann es geboten sein, die folgenden Sachen auf eine spätere Terminsstunde zu verlegen und die Beteiligten umzuladen.

117. Ladung und Benachrichtigung. (1) [1]Die Ladung zur Hauptverhandlung soll dem auf freiem Fuß befindlichen Angeklagten, den Zeugen und den Sachverständigen zugestellt werden, damit sie nachweisbar ist. [2]Bei Zeugen und Sachverständigen kann eine einfachere Form der Ladung gewählt werden.

(2) [1]Absatz 1 Satz 2 gilt auch für andere Prozessbeteiligte, soweit gesetzlich nichts anderes bestimmt ist. [2]Ist eine Behörde am Verfahren zu beteiligen, ist ihr der Termin zur Hauptverhandlung so rechtzeitig mitzuteilen, dass ihre Vertreter sich auf die Hauptverhandlung vorbereiten und die Akten vorher einsehen können.

(3) [1]Bei der Ladung von Zeugen ist zu berücksichtigen, dass eine direkte Begegnung mit dem Beschuldigten in den Räumen der Justiz als bedrohlich oder belastend empfunden werden kann. [2]Dies gilt insbesondere für durch die Tat verletzte Zeugen.

(4) [1]Mit der Ladung ordnet der Vorsitzende an, dass die nach § 395 Absatz 1 und Absatz 2 Nummer 1 StPO zur Nebenklage berechtigten Verletzten Mitteilung vom Termin erhalten, wenn aktenkundig ist, dass sie dies beantragt haben. [2]Unter der letztgenannten Voraussetzung sollen auch sonstige gemäß § 406g Absatz 1 StPO zur Anwesenheit in der Hauptverhandlung berechtigte Verletzte eine solche Mitteilung erhalten.

118. Unterrichtung über die Beweismittel. (1) [1]Die vom Gericht geladenen Zeugen und Sachverständigen sind dem Angeklagten und der Staatsanwaltschaft in der Regel in der Ladung oder Terminsmitteilung, sonst unverzüglich mitzuteilen (§ 222 Absatz 1 Satz 1 und 3 StPO). [2]Sind sie bereits in der Anklageschrift benannt, kann auf sie Bezug genommen werden.

(2) Nach Eingang der Mitteilung nach Absatz 1 Satz 1 prüft der Staatsanwalt, ob Anlass besteht, von dem unmittelbaren Ladungsrecht (§ 214 Absatz 3 StPO) Ge-

brauch zu machen; gegebenenfalls unterrichtet er Gericht und Angeklagten (§ 222 Absatz 1 Satz 2 und 3 StPO).

(3) Dem Angeklagten sollen ferner, um eine Aussetzung oder Unterbrechung nach § 246 Absatz 2 StPO zu vermeiden, mit der Ladung auch die als Beweismittel dienenden Gegenstände angegeben werden, soweit sie nicht in der Anklageschrift bezeichnet sind.

119. Beiakten. Der Eingang von Beiakten, die das Gericht angefordert hat, soll dem Staatsanwalt und dem Verteidiger rechtzeitig mitgeteilt werden, damit sie diese möglichst noch vor der Hauptverhandlung einsehen können.

120. Befreiung des Angeklagten von der Pflicht zum Erscheinen. (1) Ist die persönliche Anwesenheit des Angeklagten in der Hauptverhandlung entbehrlich, empfiehlt es sich, ihn über sein Antragsrecht nach § 233 StPO schon vor der Ladung zu belehren.

(2) Der Staatsanwalt prüft, ob er auf die Terminsnachricht (§ 233 Absatz 3 StPO) verzichten kann.

(3) [1]Zur Hauptverhandlung ist der Angeklagte zu laden, wenn er nicht ausdrücklich darauf verzichtet hat. [2]In der Ladung ist er darüber zu belehren, dass er zum Erscheinen nicht verpflichtet ist.

121. Kommissarische Vernehmung von Zeugen und Sachverständigen. (1) [1]Die kommissarische Vernehmung von Zeugen oder Sachverständigen ist zu vermeiden, wenn eine hinreichende Aufklärung nur von der Vernehmung in der Hauptverhandlung zu erwarten ist oder wenn das Gericht aus anderen Gründen gezwungen sein wird, den Zeugen oder Sachverständigen unmittelbar zu vernehmen, z.B., weil die Verlesung der Aussage in der Hauptverhandlung nur unter weiteren Voraussetzungen zulässig ist (vgl. § 223 Absatz 2 in Verbindung mit § 251 Absatz 2 Nummer 2 StPO). [2]Auf Bedenken gegen eine kommissarische Vernehmung hat der Staatsanwalt rechtzeitig hinzuweisen.

(2) Sind mehrere Zeugen oder Sachverständige bei verschiedenen Gerichten kommissarisch zu vernehmen, kann es sich empfehlen, die Gerichte möglichst gleichzeitig unter Übersendung von Aktenauszügen um die Vernehmung zu ersuchen.

(3) Ist die Sache umfangreich, sollen dem ersuchten Richter die Teile der Akten bezeichnet werden, die für die Vernehmung wichtig sind.

(4) Der Staatsanwalt prüft jeweils, ob er auf Terminsnachrichten verzichten kann.

122. Verhandlung in Abwesenheit des Angeklagten bei selbstverschuldeter Verhandlungsunfähigkeit. (1) [1]Sind Anhaltspunkte dafür vorhanden, dass der Angeklagte vorsätzlich und schuldhaft seine Verhandlungsunfähigkeit herbeiführen und dadurch wissentlich die ordnungsgemäße Durchführung der Hauptverhandlung in seiner Gegenwart verhindern wird (§ 231a Absatz 1 Satz 1 StPO), ist ihm möglichst frühzeitig Gelegenheit zu geben, sich vor einem Richter zur Anklage zu äußern (§ 231a Absatz 1 Satz 2 StPO). [2]Erforderlichenfalls wirkt der Staatsanwalt hierauf hin. [3]In Verfahren von größerer Bedeutung soll der Staatsanwalt von seinem Anwesenheitsrecht Gebrauch machen.

(2) Kommt eine Verhandlung in Abwesenheit des Angeklagten in Betracht, wirkt der Staatsanwalt darauf hin, dass

a) dem Angeklagten, der keinen Verteidiger hat, ein Verteidiger bestellt wird (§ 231a Absatz 4 StPO) und,

b) der Beschluss über die Durchführung der Hauptverhandlung in Abwesenheit des Angeklagten so rechtzeitig gefasst wird, dass die Rechtskraft des Beschlusses vor der Hauptverhandlung eintreten kann.

3. Hauptverhandlung

123. Allgemeines. Der Staatsanwalt vermeidet alles, was auch nur den Schein einer unzulässigen Einflussnahme auf das Gericht erwecken könnte; deshalb soll er den Sitzungssaal nicht gemeinsam mit dem Gericht betreten oder verlassen, sich nicht in das Beratungszimmer begeben und während der Verhandlungspausen sich nicht mit Mitgliedern des Gerichts unterhalten.

124. Äußere Gestaltung der Hauptverhandlung. (1) Die Hauptverhandlung soll im Sitzungssaal des Gerichts, nicht im Amtszimmer des Richters, durchgeführt werden.

(2) [1]Pflicht des Staatsanwalts, des Urkundsbeamten und des Verteidigers ist es, schon vor Erscheinen des Gerichts ihren Platz im Sitzungssaal einzunehmen. [2]Beim Eintritt des Gerichts zu Beginn der Sitzung, bei der Vereidigung von Zeugen und Sachverständigen und bei der Verkündung der Urteilsformel erheben sich sämtliche Anwesende von ihren Plätzen. [3]Im Übrigen steht es allen am Prozess Beteiligten frei, ob sie bei der Abgabe von Erklärungen und bei Vernehmungen sitzen bleiben oder aufstehen.

125. Platzzuteilung. (1) Der Justizwachtmeister hat vor dem Erscheinen des Gerichts und während der Verhandlung dafür zu sorgen, dass die Platzordnung im Gerichtssaal eingehalten wird.

(2) Der Angeklagte soll in eine umfriedete Anklagebank nur dann verwiesen werden, wenn besondere Umstände vorliegen (z. B. Fluchtgefahr, Störung des Verhandlungsablaufs).

(3) Für die Presseberichterstatter sollen im Voraus geeignete Plätze in ausreichender Zahl bereitgestellt werden.

126. Schöffen. (1) [1]Der Vorsitzende soll die mitwirkenden Schöffen vor Beginn der Sitzung über die Unfähigkeitsgründe (§§ 31, 32 GVG) und – unter Hinweis auf die einzelnen Strafsachen, die verhandelt werden – über die Ausschließungsgründe (§§ 22, 23, 31 StPO) belehren sowie auf die Umstände hinweisen, die eine Ablehnung wegen Besorgnis der Befangenheit rechtfertigen könnten (§ 24 StPO). [2]Ein Hinweis auf das Merkblatt für Schöffen kann genügen.

(2) [1]Die Berufsrichter sollen dazu beitragen, dass die Schöffen die ihnen vom Gesetz zugewiesene Aufgabe erfüllen können. [2]Die Verhandlung ist so zu führen, dass die Schöffen ihr folgen können; Förmlichkeiten und Fachausdrücke, die ihnen nicht verständlich sind, müssen erläutert werden.

(3) [1]Die Anklageschrift darf den Schöffen nicht zugänglich gemacht werden. [2]Ihnen kann jedoch, namentlich in Verfahren mit einem umfangreichen oder schwierigen Sachverhalt, für die Dauer der Hauptverhandlung eine Abschrift des Anklagesatzes nach dessen Verlesung überlassen werden.

127. Pflichten des Staatsanwalts in der Hauptverhandlung. (1) [1]Der Staatsanwalt wirkt darauf hin, dass das Gesetz beachtet wird. [2]Er sorgt durch geeignete Anträge, Fragen oder Anregungen dafür, dass nicht nur die Tat in ihren Einzelheiten, sondern auch die persönlichen und wirtschaftlichen Verhältnisse des Angeklagten und alle Umstände erörtert werden, die für die Strafbemessung, die Strafaussetzung zur Bewährung, die Verwarnung mit Strafvorbehalt, das Absehen von Strafe, die Nebenstrafe und Nebenfolgen oder die Anordnung von Maßregeln der Besserung und Sicherung, der Einziehung oder sonstiger Maßnahmen (§ 11 Absatz 1 Nummer 8 StGB) bedeutsam sein können. [3] Nummer 4c ist zu beachten.

(2) [1] Der Staatsanwalt soll darauf hinwirken, dass ungeeignete oder nicht zur Sache gehörende Fragen zurückgewiesen werden. [2] Dies gilt namentlich dann, wenn sie lediglich auf eine Ausforschung von Privat-, Geschäfts- oder Dienstgeheimnissen hinzielen.

(3) Der Staatsanwalt wirkt darauf hin, dass die gesetzlichen Möglichkeiten zur Beschleunigung und Vereinfachung der Hauptverhandlung genutzt werden.

128. Wahrung der Ordnung. (1) [1] Der Staatsanwalt wirkt darauf hin, dass die Hauptverhandlung geordnet abläuft. [2] Obwohl ihm kein förmliches Recht, Ordnungsmittel zu beantragen, zusteht, ist er nicht gehindert, unter Umständen sogar verpflichtet, eine Ungebühr zu rügen und ein Ordnungsmittel anzuregen, vor allem, wenn die Ungebühr mit seiner Amtsausübung in der Verhandlung zusammenhängt. [3] Eine bestimmte Maßnahme soll er grundsätzlich nicht anregen. [4] Ist die Ungebühr auf Ungewandtheit, Unerfahrenheit oder verständliche Erregung zurückzuführen, wirkt der Staatsanwalt gegebenenfalls darauf hin, dass von einem Ordnungsmittel abgesehen wird.

(2) Auf Vorgänge, welche die Erforschung der Wahrheit vereiteln oder erschweren können, hat der Staatsanwalt das Gericht unverzüglich hinzuweisen, z. B. wenn ein Zuhörer Aufzeichnungen macht und der Verdacht besteht, dass er sie verwenden will, um noch nicht vernommene Zeugen über den Verlauf der Verhandlung zu unterrichten.

(3) [1] Der Vorsitzende wird, soweit erforderlich, bei der Aufrechterhaltung der Ordnung in der Hauptverhandlung durch einen Justizwachtmeister unterstützt. [2] Dieser ist für die Dauer der Sitzung möglichst von jedem anderen Dienst freizustellen. [3] Er hat dem Vorsitzenden jede Ungebühr im Sitzungssaal mitzuteilen und bei drohender Gefahr sofort selbständig einzugreifen.

129. Berichterstattung durch Presse und Rundfunk. (1) [1] Presse, Hörfunk und Fernsehen dürfen in ihrer Berichterstattung nicht mehr beschränkt werden, als das Gesetz und der Zweck der Hauptverhandlung es gebieten. [2] Die Aufgabe des Gerichts, die Wahrheit zu erforschen, darf nicht vereitelt oder erschwert, das Recht des Angeklagten, sich ungehindert zu verteidigen, nicht beeinträchtigt werden; auch sind die Persönlichkeitsrechte des Angeklagten und anderer Beteiligter, insbesondere auch des Verletzten, zu berücksichtigen (vgl. Nummer 23).

(2) Mit Ausnahme der in § 169 Absatz 2 und 3 GVG geregelten Fälle sind Ton- und Fernseh-Rundfunkaufnahmen sowie Ton- und Filmaufnahmen während der Hauptverhandlung, einschließlich der Urteilsverkündung, zum Zwecke der öffentlichen Vorführung oder Veröffentlichung ihres Inhalts unzulässig.

(3) Ob und unter welchen Voraussetzungen im Sitzungssaal sonst Ton-, Film- und Bildaufnahmen gemacht werden dürfen, entscheidet der Vorsitzende.

(4) Über die Zulässigkeit von Ton-, Film- und Bildaufnahmen im Gerichtsgebäude außerhalb des Sitzungssaales entscheidet der Inhaber des Hausrechts.

(5) [1] Bei Entscheidungen nach Absatz 2 bis 4 sind die Persönlichkeitsrechte der Beteiligten zu berücksichtigen. [2] Wird die Erlaubnis erteilt, empfiehlt es sich klarzustellen, dass die Rechte der betroffenen Personen unberührt bleiben.

130. Belehrung der Zeugen und Sachverständigen. [1] Die Belehrung der Zeugen und Sachverständigen über die Bedeutung des Eides und über die strafrechtlichen Folgen einer unrichtigen oder unvollständigen Aussage soll in angemessener und wirkungsvoller Form erfolgen. [2] Sie wird im Sitzungsprotokoll vermerkt, der Staatsanwalt wirkt darauf hin, dass dies auch bei Zeugen oder Sachverständigen geschieht, die zu einem späteren Zeitpunkt vorgeladen worden sind.

130a. Schutz der Zeugen. (1) [1]Unter den Voraussetzungen des § 247a StPO prüft der Staatsanwalt, ob es geboten ist, dass sich ein Zeuge während seiner Vernehmung an einem anderen Ort aufhält. [2]Stellt der Staatsanwalt einen entsprechenden Antrag, ist in der Begründung dazu Stellung zu nehmen, ob die Vernehmung aufgezeichnet werden soll.

(2) [1]Besteht Anlass zu der Besorgnis, dass durch die Angabe der vollständigen Anschrift oder durch die Offenbarung der Identität oder des Wohn- oder Aufenthaltsortes der Zeuge oder eine andere Person gefährdet wird, prüft der Staatsanwalt, ob Schutzmaßnahmen erforderlich sind. [2]Unter den Voraussetzungen des § 68 Absatz 2 oder 3 StPO wirkt er darauf hin, dass dem Zeugen gestattet wird, seine vollständige Anschrift, seinen Wohn- oder Aufenthaltsort oder seine Identität nicht preiszugeben. [3]Im Fall des § 172 Nummer 1a. GVG beantragt er den Ausschluss der Öffentlichkeit.

(3) Für die Vernehmung des Verletzten in der Hauptverhandlung gilt Nummer 19a Absatz 2.

(4) Unter den Voraussetzungen des § 255a StPO wirkt der Staatsanwalt auf eine Ersetzung der Vernehmung von Zeugen durch die Vorführung einer Aufzeichnung seiner früheren Vernehmung in Bild und Ton hin, soweit der Schutz des Zeugen dies gebietet.

131. Ausschluss der Öffentlichkeit Allgemeines. (1) [1]Unabhängig vom Gericht hat auch der Staatsanwalt zu prüfen, ob es geboten ist, die Öffentlichkeit für die ganze Hauptverhandlung oder für einen Teil auszuschließen. [2]Stellt er einen solchen Antrag, hat er ihn zu begründen.

(2) [1]Verpflichtet das Gericht die Anwesenden zur Geheimhaltung nach § 174 Absatz 3 GVG, empfiehlt es sich, auf die Strafbarkeit eines Verstoßes gegen die Schweigepflicht hinzuweisen (§ 353d Nummer 2 StGB). [2]Ist zu befürchten, dass geheim zu haltende Tatsachen über den Kreis der Zeugen und Zuhörer hinaus durch Presse und Rundfunk verbreitet werden, sollen der Vorsitzende und der Staatsanwalt die Berichterstatter zu einer freiwilligen Beschränkung in ihrem Bericht veranlassen, wenn es nicht geboten ist, auch sie zur Geheimhaltung zu verpflichten. [3]Hält ein Berichterstatter die übernommene Verpflichtung nicht ein, hat der Staatsanwalt – unbeschadet anderer Maßnahmen – darauf hinzuwirken, dass ihm der Zutritt zu Verhandlungen, in denen die Öffentlichkeit ausgeschlossen ist, nicht mehr gestattet wird.

131a. Ausschluss der Öffentlichkeit zum Schutz des Verletzten. [1]Wird beantragt, die Öffentlichkeit nach § 171b GVG auszuschließen, nimmt der Staatsanwalt dazu in der Regel Stellung. [2]Wird ein Antrag nicht gestellt, liegen aber die Voraussetzungen für einen Ausschluss der Öffentlichkeit vor, beantragt der Staatsanwalt den Ausschluss, wenn die betroffenen Personen in der Hauptverhandlung nicht anwesend oder vertreten sind oder wenn sie ihr Antragsrecht nicht sachgerecht ausüben können.

132. Ausschluss der Öffentlichkeit wegen Gefährdung der Sittlichkeit. [1]Die Öffentlichkeit wegen Gefährdung der Sittlichkeit auszuschließen, kann schon dann gerechtfertigt sein, wenn Jugendliche durch die öffentliche Erörterung sittlicher Verfehlungen erheblich gefährdet würden. [2]Aus den gleichen Erwägungen kann jugendlichen Personen auch der Zutritt zu einer Verhandlung versagt werden, für die sonst die Öffentlichkeit nicht ausgeschlossen zu werden braucht (§ 175 Absatz 1 GVG).

133. Ausschluss der Öffentlichkeit wegen Gefährdung der öffentlichen Ordnung. (1) [1]Maßnahmen und Einrichtungen der Polizei und anderer an der Strafverfolgung beteiligter Stellen, die der Verhütung oder der Aufklärung von

Straftaten dienen, bleiben vielfach nur wirksam, solange sie geheim gehalten werden können. [2]In öffentlicher Hauptverhandlung soll daher möglichst nicht erörtert werden, mit welchen Mitteln und auf welchem Wege die Polizei die Täter überführt. [3]Lässt sich dies weder vermeiden noch genügend einschränken, beantragt der Staatsanwalt für diese Teile der Hauptverhandlung die Öffentlichkeit wegen Gefährdung der öffentlichen Ordnung auszuschließen.

(2) Das gleiche gilt, wenn Einzelheiten über neue oder eigenartige Begehungsformen von Straftaten, z. B. von Fälschungen, Betrügereien, Vergiftungen oder Einbruchsdiebstählen erörtert werden müssen.

(3) [1]Auch Bauweise, Einrichtung, Belegung und Sicherheitssystem einer Vollzugsanstalt sollen in der Regel nicht in öffentlicher Hauptverhandlung erörtert werden. [2]Gegebenenfalls wirkt der Staatsanwalt auf den Ausschluss der Öffentlichkeit hin.

134. Feststellung von Registereintragungen. [1]Bei der Erörterung von Registereintragungen, insbesondere Eintragungen im Bundeszentralregister und in Strafregistern eines anderen Mitgliedstaates der Europäischen Union, ist darauf zu achten, dass dem Angeklagten durch das Bekanntwerden der eingetragenen Tatsachen keine Nachteile entstehen, die vermeidbar sind oder zur Bedeutung der Straftat außer Verhältnis stehen. [2]Hält der Staatsanwalt abweichend von der Ansicht des Vorsitzenden (§ 243 Absatz 5 Satz 5 und 6 StPO) die Feststellung von Eintragungen für geboten, bleibt es ihm unbenommen, hierüber eine Entscheidung des Gerichts herbeizuführen. [3]Da es der Feststellung etwaiger Eintragungen in der Regel dann nicht bedarf, wenn eine Verurteilung des Angeklagten nicht zu erwarten ist, kann es angebracht sein, einen hierauf gerichteten Antrag bis zum Ende der Beweisaufnahme aufzuschieben.

135. Zeugen und Sachverständige. (1) Über das Erforderliche hinausgehende Begegnungen von Zeugen, insbesondere von Verletzten, mit dem Angeklagten sollen vermieden, spezielle Warteräume für Zeugen genutzt werden.

(2) Zeugen und Sachverständige, die für die weitere Verhandlung nicht mehr benötigt werden, sollen nach ihrer Vernehmung entlassen werden.

(3) [1]Kinder und Jugendliche sind möglichst vor anderen Zeugen zu vernehmen. [2]In den Warteräumen sollen sie beaufsichtigt und, soweit möglich, betreut werden.

(4) Der Staatsanwalt soll durch geeignete Anträge auf eine entsprechende Verfahrensweise hinwirken.

136. Verdacht strafbarer Falschaussagen. [1]Ergibt sich im Laufe der Verhandlung ein begründeter Verdacht, dass sich ein Zeuge oder ein Sachverständiger einer Eidesverletzung oder einer falschen uneidlichen Aussage schuldig gemacht hat, beantragt der Staatsanwalt, die beanstandete Aussage zur Feststellung des Tatbestandes für ein künftiges Ermittlungsverfahren zu beurkunden (§ 183 GVG, § 273 Absatz 3 StPO). [2]Er sorgt für die Einleitung eines Ermittlungsverfahrens und veranlasst, wenn nötig, die vorläufige Festnahme des Zeugen oder Sachverständigen.

137. Unterbrechung und Aussetzung der Hauptverhandlung. (1) Wird die Hauptverhandlung unterbrochen, gibt der Vorsitzende den Anwesenden bekannt, wann sie fortgesetzt wird, und weist darauf hin, dass weitere Ladungen nicht ergehen.

(2) [1]Wird die Verhandlung ausgesetzt und beraumt das Gericht den Termin für die neue Hauptverhandlung sofort an, kann eine schriftliche Ladung der Zeugen und Sachverständigen dadurch ersetzt werden, dass der Vorsitzende sie unter Hinweis auf die gesetzlichen Folgen ihres Ausbleibens zu dem neuen Termin mündlich lädt. [2]Dies ist im Protokoll zu vermerken. [3]Der Angeklagte und der Verteidiger

sind zu dem neuen Termin schriftlich zu laden, der Verteidiger jedoch nur, wenn er nicht auf die Ladung verzichtet.

(3) [1] Wird die Verhandlung ausgesetzt oder unterbrochen, weil gegen einen Verteidiger ein Ausschließungsverfahren eingeleitet worden ist (§ 138c Absatz 4 StPO), empfiehlt es sich, dem über die Ausschließung entscheidenden Gericht mit der Vorlage (§ 138c Absatz 2 StPO) auch die Aussetzung oder Unterbrechung mitzuteilen. [2] Wird die Hauptverhandlung unterbrochen, ist auch mitzuteilen, an welchem Tag sie spätestens fortgesetzt werden muss.

138. Schlussvortrag des Staatsanwalts. (1) [1] Der Staatsanwalt erörtert in seinem Schlussvortrag das Gesamtergebnis der Hauptverhandlung und würdigt es tatsächlich und rechtlich. [2] Darüber hinaus weist er in geeigneten Fällen darauf hin, welche Bedeutung der Strafvorschrift für das Gemeinwohl zukommt.

(2) [1] Hält der Staatsanwalt die Schuld des Angeklagten für erwiesen, erörtert er auch die Strafzumessungsgründe (§ 46 StGB; vgl. auch Nummer 15) sowie alle Umstände, die für die Strafbemessung, die Strafaussetzung zur Bewährung, die Verwarnung mit Strafvorbehalt, das Absehen von Strafe, die Nebenstrafe und Nebenfolgen oder die Anordnung von Maßregeln der Besserung und Sicherung, der Einziehung (§§ 73 bis 76a StGB), des erweiterten Verfalls oder sonstiger Maßnahmen (§ 11 Absatz 1 Nummer 8 StGB) von Bedeutung sein können. [2] Von einem Antrag auf Anordnung einer Maßregel der Besserung und Sicherung (z. B. eines Berufsverbotes nach § 70 StGB) soll regelmäßig nicht schon im Hinblick auf mögliche Maßnahmen der Verwaltungsbehörden oder der Berufsgerichtsbarkeit abgesehen werden.

(3) Kommt eine Verwarnung mit Strafvorbehalt (§ 59 StGB) in Betracht, wägt der Staatsanwalt die besonderen Umstände des Falles gegen das Gebot der Verteidigung der Rechtsordnung ab.

(4) [1] Beantragt der Staatsanwalt eine Freiheitsstrafe unter sechs Monaten, nimmt er dazu Stellung, aus welchen Gründen die Verhängung einer Geldstrafe nicht ausreicht und deshalb eine Freiheitsstrafe unerlässlich ist (§ 47 StGB). [2] Von der Geldstrafe darf nicht allein deshalb abgesehen werden, weil der Angeklagte sie nicht oder nicht sofort zahlen kann. [3] Gegebenenfalls ist eine Anordnung gemäß § 42 StGB zu erörtern.

(5) [1] Beantragt der Staatsanwalt eine Freiheitsstrafe von nicht mehr als zwei Jahren, nimmt er dazu Stellung, ob die Voraussetzungen für die Strafaussetzung zur Bewährung vorliegen (§ 56 StGB). [2] Beantragt der Staatsanwalt Verwarnung mit Strafvorbehalt, Strafaussetzung zur Bewährung oder eine Maßregel der Besserung und Sicherung, schlägt er gegebenenfalls zugleich geeignete Auflagen und Weisungen vor; für Auflagen gilt Nummer 93 sinngemäß.

(6) Hat der Angeklagte sich durch die Tat bereichert oder zu bereichern versucht, nimmt der Staatsanwalt in geeigneten Fällen auch dazu Stellung, ob Geldstrafe neben Freiheitsstrafe zu verhängen ist (§ 41 StGB).

(7) [1] Besteht Anlass, vom Angeklagten erlittene Untersuchungshaft oder eine andere Freiheitsentziehung nicht auf die Strafe anzurechnen, hat sich der Staatsanwalt hierzu zu äußern (vgl. § 51 Absatz 1 Satz 2 StGB). [2] Er hat ferner zu der Frage Stellung zu nehmen, ob der Haftbefehl noch aufrechtzuerhalten oder aufzuheben ist. [3] Hat die Verhandlung Haftgründe gegen den auf freiem Fuß befindlichen Angeklagten ergeben, beantragt der Staatsanwalt einen Haftbefehl. [4] Untersuchungshaft wegen Verdunklungsgefahr wird jedoch nach Verkündung des Urteils nur ausnahmsweise in Betracht kommen.

(8) Beim Antrag zum Kostenausspruch beachtet der Staatsanwalt die Ausnahmen von der Haftung für die Auslagen bei bestimmten Untersuchungen (§ 465 Absatz 2 StPO).

139. Anträge zum Freispruch des Angeklagten. (1) Beantragt der Staatsanwalt, den Angeklagten freizusprechen oder das Verfahren gegen ihn einzustellen, nimmt er in geeigneten Fällen in seinem Antrag zugleich zur Frage der Auferlegung der Kosten (§§ 467 Absatz 2 Satz 1, 470 StPO) und des Ersatzes der dem Angeklagten erwachsenen notwendigen Auslagen (§ 467 Absatz 2 Satz 2, Absatz 3, 4; § 470 StPO) Stellung.

(2) Hat die Hauptverhandlung ergeben, dass eine unwahre Anzeige vorsätzlich oder leichtfertig erstattet worden ist, regt der Staatsanwalt eine Entscheidung nach § 469 StPO an.

(3) [1]Kann eine Entschädigung nach den §§ 1, 2 des Gesetzes über die Entschädigung für Strafverfolgungsmaßnahmen (StrEG) in Betracht kommen, wirkt der Staatsanwalt darauf hin, dass das Gericht gemäß § 8 des Gesetzes über die Entschädigungspflicht entscheidet. [2]Der Staatsanwalt nimmt unter Berücksichtigung der §§ 3 bis 6 dieses Gesetzes und des § 254 BGB dazu Stellung, ob und in welchem Umfang eine Verpflichtung zur Entschädigung besteht, und vermerkt dies in den Handakten.

140.[1] Mitteilung der Entscheidung und des Standes der Vollstreckung. [1]Von einem rechtskräftigen Urteil sowie von einem in § 268a StPO genannten Beschluss über Strafaussetzung zur Bewährung ist dem Verurteilten oder Freigesprochenen und, sofern er einen Verteidiger hat, auch diesem eine Abschrift zu übersenden. [2]In Verfahren gegen Jugendliche und Heranwachsende sowie in Staatsschutzsachen kann im Einzelfall hiervon abgesehen werden. [3]Andere Entscheidungen werden auf Antrag übersandt.

141. Form des Urteils. (1) [1]Im Urteil wird der Angeklagte so genau bezeichnet, wie es für die Anklage vorgeschrieben ist (Nummer 110 Absatz 2 Buchstabe a). [2]Werden die Urteilsgründe in die Verhandlungsniederschrift vollständig aufgenommen (§ 275 Absatz 1 Satz 1 StPO) und enthält diese auch die in Nummer 110 Absatz 2 Buchstabe a vorgesehenen Angaben, ist es nicht mehr nötig, das Urteil gesondert abzusetzen. [3]Eine von der Niederschrift getrennte Absetzung der Urteilsgründe allein ist unzureichend. [4]Ergeht das Urteil gegen mehrere Angeklagte, sind die angewendeten Vorschriften (§ 260 Absatz 5 StPO) für jeden Angeklagten gesondert anzugeben.

(2) [1]Das Urteil ist unverzüglich abzusetzen. [2]Die in § 275 Absatz 1 Satz 2 StPO bestimmte Frist ist einzuhalten; erforderlichenfalls empfiehlt es sich, den Berichterstatter und gegebenenfalls auch den Vorsitzenden von anderen Dienstgeschäften freizustellen. [3]Ist das Urteil in unterschriebener Form fristgerecht zu den Akten gebracht worden, kann eine etwa erforderlich werdende Reinschrift auch noch nach Fristablauf hergestellt werden.

(3) Wird eine Überschreitung der Urteilsabsetzungsfrist durch einen im Einzelfall nicht voraussehbaren unabwendbaren Umstand veranlasst (§ 275 Absatz 1 Satz 4 StPO), ist es zweckmäßig, die Gründe hierfür aktenkundig zu machen.

142. Belehrung über Rechtsmittel und Rechtsbehelfe. (1) [1]Ist der Angeklagte bei der Verkündung des Urteils anwesend, belehrt ihn der Vorsitzende über die zulässigen Rechtsmittel (§ 35a StPO). [2]Dabei wird dem Angeklagten ein Merkblatt ausgehändigt, auf das wegen der Einzelheiten verwiesen werden kann. [3]Bei einem Angeklagten, der der deutschen Sprache nicht hinreichend mächtig ist, hat die durch den hinzugezogenen Dolmetscher (Nummer 181 Absatz 1) zu vermittelnde Rechtsmittelbelehrung den Hinweis zu enthalten, dass die schriftliche

[1] **[Amtl. Anm.:]** In Bayern gilt diese Vorschrift in einer abweichenden Fassung (Bekanntmachung des Bayerischen Staatsministeriums der Justiz über die Einführung der Richtlinien für das Strafverfahren und das Bußgeldverfahren, Justizministerialblatt).

Rechtsmitteleinlegung in deutscher Sprache erfolgen muss. [4]Die Belehrung wird im Protokoll über die Hauptverhandlung vermerkt.

(2) [1]Der Angeklagte soll nicht veranlasst werden, im unmittelbaren Anschluss an die Urteilsverkündung zu erklären, ob er auf Rechtsmittel verzichtet. [2]Erklärt er, ein Rechtsmittel einlegen zu wollen, ist er an die Geschäftsstelle zu verweisen.

(3) [1]Ist der Angeklagte bei der Verkündung des Urteils abwesend, ist er über die Einlegung des zulässigen Rechtsmittels schriftlich zu belehren; es genügt, wenn dem zuzustellenden Urteil ein Merkblatt beigefügt und dies in der Zustellungsurkunde vermerkt wird. [2]In den Fällen der §§ 232, 329 Absatz 1, 2 Satz 1 Alternative 2 und Absatz 4 Satz 2 sowie des § 412 StPO ist der Angeklagte bei der Zustellung auch über sein Recht zu belehren, die Wiedereinsetzung in den vorigen Stand zu beantragen (§§ 235, 329 Absatz 7 StPO).

143. Beurkundung eines Rechtsmittelverzichts. (1) [1]Ein unmittelbar nach der Urteilsverkündung erklärter Verzicht auf Rechtsmittel ist im Protokoll zu beurkunden. [2]Es empfiehlt sich, im Protokoll zu vermerken, dass die Erklärung über den Rechtsmittelverzicht verlesen und genehmigt worden ist (§ 273 Absatz 3 StPO).

(2) Verzichtet ein in Untersuchungshaft befindlicher Angeklagter auf Rechtsmittel, ist der Zeitpunkt des Verzichts nach Stunde und Minute in das Protokoll aufzunehmen.

144. Die Beurkundung der Hauptverhandlung. (1) [1]Der Urkundsbeamte hat das Protokoll über die Hauptverhandlung wegen dessen besonderer Bedeutung (§ 274 StPO) sorgfältig abzufassen. [2]Der Vorsitzende überwacht die ordnungsgemäße Beurkundung, namentlich der Förmlichkeiten des Verfahrens (z. B. §§ 265, 303 StPO) und der Beweisanträge. [3]Er prüft das Protokoll auf Richtigkeit und Vollständigkeit und veranlasst nötige Abänderungen und Ergänzungen. [4]Als Tag der Fertigstellung des Protokolls (§ 271 Absatz 1 Satz 2 StPO) ist der Tag anzugeben, an dem die zweite Urkundsperson das Protokoll unterschreibt.

(2) [1]Bei der Aufnahme von Zeugenaussagen kann auf amtliche, auch außergerichtliche Niederschriften über eine frühere Vernehmung des Zeugen im Vorverfahren Bezug genommen werden. 2Ändert oder ergänzt der Zeuge jedoch seine früheren Erklärungen oder bestreitet ein Beteiligter die Richtigkeit der Aussage, ist es in der Regel geboten, die Aussage vollständig, in den entscheidenden Punkten unter Umständen sogar wörtlich, in das Protokoll aufzunehmen, damit für ein späteres Ermittlungsverfahren wegen einer unrichtigen Aussage ausreichende Unterlagen vorhanden sind. [3]Auf nichtamtliche Niederschriften von Aussagen soll grundsätzlich nicht Bezug genommen werden.

145. Festsetzung der notwendigen Auslagen des Beschuldigten. (1) [1]Vor dem Erlass des Festsetzungsbeschlusses soll der Rechtspfleger den Vertreter der Staatskasse hören. [2]Dieser kann zu der von ihm beabsichtigten Äußerung oder zu Einzelfragen eine Stellungnahme des Leiters der Strafverfolgungsbehörde beim Landgericht herbeiführen.

(2) [1]Der Festsetzungsbeschluss des Rechtspflegers ist dem Vertreter der Staatskasse zuzustellen (§ 464b Satz 3 StPO, § 104 Absatz 1 Satz 3 der Zivilprozessordnung (ZPO)). [2]Dieser prüft, ob gegen den Festsetzungsbeschluss innerhalb der gesetzlichen Frist namens der Staatskasse ein Rechtsbehelf (Erinnerung oder sofortige Beschwerde) einzulegen ist. [3]Dabei kann er den Leiter der Strafverfolgungsbehörde beim Landgericht beteiligen. [4]Wird von einem Rechtsbehelf abgesehen, teilt der Vertreter der Staatskasse dies dem Rechtspfleger mit. [5]Legt der Vertreter der Staatskasse einen Rechtsbehelf ein, beantragt er gleichzeitig, die Vollziehung des Festsetzungsbeschlusses auszusetzen. [6]Er teilt dem Rechtspfleger unverzüglich die Entscheidung des Gerichts über diesen Antrag mit.

(3) [1] Die Entscheidung des Gerichts über die Erinnerung wird dem Vertreter der Staatskasse zugestellt, wenn gegen sie die sofortige Beschwerde statthaft ist. [2] Für die sofortige Beschwerde und für den Antrag auf Aussetzung der Vollziehung der angefochtenen Entscheidung gilt Absatz 2 Satz 2 bis 6 entsprechend.

(4) [1] Soweit der Rechtspfleger bei der Festsetzung der Auslagen der Stellungnahme des Vertreters der Staatskasse entspricht, ordnet er gleichzeitig mit dem Erlass des Festsetzungsbeschlusses die Auszahlung an. [2] Die Auszahlung von Auslagen, deren Festsetzung der Vertreter der Staatskasse widersprochen hat, wird bereits vor der formellen Rechtskraft des Festsetzungsbeschlusses angeordnet, wenn

a) die Frist zur Einlegung des statthaften Rechtsbehelfs für den Vertreter der Staatskasse abgelaufen ist,
b) der Vertreter der Staatskasse erklärt hat, dass ein Rechtsbehelf nicht eingelegt werde, oder
c) der Vertreter der Staatskasse einen Rechtsbehelf eingelegt hat und
   aa) die Vollziehung des Kostenfestsetzungsbeschlusses oder
   bb) die Vollziehung der Entscheidung über die Erinnerung für den Fall, dass diese mit der sofortigen Beschwerde angefochten werden kann,
   nicht innerhalb einer Woche nach Ablauf der Frist zur Einlegung des jeweiligen Rechtsbehelfs ausgesetzt wird.

[3] Wird der Kostenfestsetzungsbeschluss nur zum Teil angefochten, ist der Teil der Auslagen, dessen Festsetzung nicht angefochten ist, sofort zu erstatten; auf dem Auszahlungsbeleg ist auf die Teilanfechtung hinzuweisen.

4. Beschleunigtes Verfahren

146. [Beschleunigtes Verfahren]. (1) [1] In allen geeigneten Fällen ist die Aburteilung im beschleunigten Verfahren (§ 417 StPO) zu beantragen; dies gilt vor allem, wenn der Beschuldigte geständig ist oder andere Beweismittel zur Verfügung stehen. [2] Das beschleunigte Verfahren kommt nicht in Betracht, wenn Anlass besteht, die Person des Beschuldigten und sein Vorleben genau zu erforschen oder wenn der Beschuldigte durch die Anwendung dieses Verfahrens in seiner Verteidigung beeinträchtigt werden würde.

(2) Zur Vereinfachung und Erleichterung des Verfahrens soll der Staatsanwalt die Anklage nach Möglichkeit schriftlich niederlegen, sie in der Hauptverhandlung verlesen und dem Gericht einen Abdruck als Anlage für die Niederschrift übergeben.

4. Abschnitt. Rechtsmittel

1. Einlegung

147. Rechtsmittel des Staatsanwalts. (1) [1] Der Staatsanwalt soll ein Rechtsmittel nur einlegen, wenn wesentliche Belange der Allgemeinheit oder der am Verfahren beteiligten Personen es gebieten und wenn das Rechtsmittel aussichtsreich ist. [2] Entspricht eine Entscheidung der Sachlage, kann sie in der Regel auch dann unangefochten bleiben, wenn eine Rechtsnorm nicht oder nicht richtig angewendet worden ist. [3] Zur Nachprüfung des Strafmaßes ist ein Rechtsmittel nur einzulegen, wenn die Strafe in einem offensichtlichen Missverhältnis zu der Schwere der Tat steht. [4] Die Tatsache allein, dass ein anderer Beteiligter ein Rechtsmittel eingelegt hat, ist für den Staatsanwalt kein hinreichender Grund, das Urteil ebenfalls anzufechten.

(2) Von diesen Grundsätzen kann abgewichen werden, wenn ein Gericht in einer häufiger wiederkehrenden, bedeutsamen Rechtsfrage eine nach Ansicht des

Staatsanwalts unzutreffende Rechtsauffassung vertritt oder wenn es im Strafmaß nicht nur vereinzelt, sondern allgemein den Aufgaben der Strafrechtspflege nicht gerecht wird.

(3) [1]Der Staatsanwalt soll ein Rechtsmittel zugunsten des Angeklagten einlegen (§ 296 Absatz 2 StPO), wenn dieser durch einen Verfahrensverstoß oder durch einen offensichtlichen Irrtum des Gerichts benachteiligt worden ist oder wenn die Strafe unter Würdigung aller Umstände des Falles unangemessen hoch erscheint. [2]Dass das Rechtsmittel zugunsten des Angeklagten eingelegt wird, muss deutlich zum Ausdruck gebracht werden.

148. Vorsorgliche Einlegung von Rechtsmitteln. (1) [1]Nur ausnahmsweise soll ein Rechtsmittel lediglich vorsorglich eingelegt werden. [2]Dies kann in Betracht kommen, wenn es geboten erscheint, die Entschließung der vorgesetzten Behörde herbeizuführen oder wenn das Verfahren eine Behörde besonders berührt und ihr Gelegenheit gegeben werden soll, sich zur Durchführung des Rechtsmittels zu äußern. [3]Nummer 211 Absatz 2 und 3 Buchstabe b ist zu beachten.

(2) In der Rechtsmittelschrift darf nicht zum Ausdruck kommen, dass das Rechtsmittel nur vorsorglich oder auf Weisung eingelegt wird.

(3) [1]Wird ein Rechtsmittel lediglich vorsorglich eingelegt, ist in der Rechtsmittelschrift nur die Tatsache der Einlegung mitzuteilen. [2]Wenn so verfahren wird, braucht die Rechtsmittelschrift dem Angeklagten nicht zugestellt zu werden.

149. Unterzeichnung der Rechtsmittelschrift. Der Staatsanwalt hat die Reinschrift der Rechtsmittel- und der Begründungsschrift mit seinem Namenszusatz zu versehen.

150. Rechtsmittel des Angeklagten zu Protokoll der Geschäftsstelle. (1) [1]Legt der Angeklagte die Berufung zu Protokoll der Geschäftsstelle ein oder begründet er sie in dieser Form, ist er zu befragen, ob er das Urteil in seinem ganzen Umfang anfechten oder die Anfechtung auf bestimmte Beschwerdepunkte beschränken will (§ 318 StPO). [2]Das Protokoll muss dies klar erkennen lassen. [3]Wird eine erneute Beweisaufnahme begehrt, sind neue Beweismittel genau zu bezeichnen. [4]In den Fällen des § 313 Absatz 1 Satz 1 StPO ist der Angeklagte im Hinblick auf die Entscheidung über die Annahme der Berufung nach § 313 Absatz 2 StPO auf die Möglichkeit der Begründung des Rechtsmittels hinzuweisen.

(2) [1]Rechtfertigt der Angeklagte die Revision zu Protokoll der Geschäftsstelle (§ 345 Absatz 2 StPO), soll der Rechtspfleger dafür sorgen, dass er die Gerichtsakten, mindestens aber eine Abschrift des angefochtenen Urteils zur Hand hat. [2]Der Rechtspfleger belehrt den Angeklagten über die richtige Art der Revisionsrechtfertigung und wirkt auf eine den gesetzlichen Vorschriften entsprechende Fassung hin. [3]Der Rechtspfleger ist an den Wortlaut und die Form des zur Begründung der Revision Vorgebrachten nicht gebunden, wohl aber an dessen sachlichen Kern. [4]Er nimmt in das Protokoll auch das Vorbringen auf, für das er die Verantwortung ablehnt; er belehrt den Angeklagten über die sich daraus ergebenden Folgen und vermerkt diese Belehrung im Protokoll.

(3) [1]Das Protokoll muss aus sich heraus verständlich sein. [2]Bezugnahmen auf andere Schriftstücke sind unwirksam. [3]Dies gilt vor allem für handschriftliche Erklärungen des Beschwerdeführers. [4]Diese können auch nicht dadurch zu einer zulässigen Begründung der Revision werden, dass sie äußerlich die Form des Protokolls erhalten oder dass sie in das Protokoll übernommen werden, ohne dass sie der Rechtspfleger geprüft und ihnen eine möglichst zweckmäßige Form gegeben hat.

(4) [1]Es ist ein bestimmter Antrag aufzunehmen. [2]Dieser muss erkennen lassen, ob der Beschwerdeführer das Urteil im Ganzen anfechten oder ob er die Revision

beschränken will; der Umfang der Beschränkung ist genau anzugeben (§ 344 Absatz 1 StPO).

(5) [1] Will der Beschwerdeführer rügen, dass das Strafgesetz nicht richtig angewandt worden sei, ist die Erklärung aufzunehmen, dass die Verletzung sachlichen Rechts gerügt wird (§ 344 Absatz 2 Satz 1 StPO); Zusätze müssen rechtlicher Natur sein. [2] Die allgemeine Sachrüge ist angebracht, wenn dem Revisionsgericht die materielle Überprüfung des Urteils im Ganzen ermöglicht werden soll.

(6) [1] Wird ein Verfahrensverstoß geltend gemacht, muss der prozessuale Vorgang, in dem der Mangel gefunden wird, z. B. die Ablehnung eines Beweisantrages oder eines Antrages auf Bestellung eines Verteidigers, genau wiedergegeben werden. [2] Es genügt nicht, auf Aktenstellen Bezug zu nehmen. [3] Wohl aber ist es angebracht, auf die Aktenstellen hinzuweisen, aus denen sich die behaupteten Verfahrenstatsachen ergeben. [4] Wird gerügt, dass die Aufklärungspflicht verletzt worden sei, müssen auch die angeblich nicht benutzten Beweismittel bezeichnet werden.

151. Empfangsbestätigung. [1] Die Geschäftsstelle hat dem Beschwerdeführer auf Verlangen den Eingang einer Rechtsmittel- oder Begründungsschrift zu bescheinigen. [2] Von Rechtsanwälten kann verlangt werden, dass sie eine vorbereitete Empfangsbescheinigung vorlegen.

2. Verzicht und Rücknahme

152. [Verzicht und Rücknahme]. (1) [1] Verzichtet ein Verteidiger auf die Einlegung eines Rechtsmittels oder beschränkt er ein Rechtsmittel von vornherein oder nachträglich auf einen Teil der Entscheidung (Teilverzicht) oder nimmt er ein Rechtsmittel zurück, ist zu prüfen, ob seine Ermächtigung zum Verzicht oder zur Rücknahme nachgewiesen ist (§ 302 Absatz 2 StPO). [2] Das Ergebnis der Prüfung ist aktenkundig zu machen. [3] Fehlt der Nachweis für die Ermächtigung, ist sie vom Verteidiger oder vom Angeklagten einzufordern.

(2) [1] Liegen die Akten bereits dem Rechtsmittelgericht vor, wird die Rücknahmeerklärung erst wirksam, wenn sie bei dem Rechtsmittelgericht eingeht; daher sind in diesem Falle die Rücknahmeerklärungen, die bei der Staatsanwaltschaft oder beim Gericht des früheren Rechtszuges eingehen, unverzüglich weiterzuleiten. [2] Ist Revision eingelegt, ist darüber hinaus dem Revisionsgericht oder der Staatsanwaltschaft bei diesem Gericht unverzüglich formlos mitzuteilen, dass eine Rücknahmeerklärung eingegangen ist.

(3) Nimmt der Angeklagte ein Rechtsmittel zurück, ist der Staatsanwalt (gegebenenfalls auch der Nebenkläger), nimmt der Staatsanwalt oder der Nebenkläger ein Rechtsmittel zurück, sind der Angeklagte und sein Verteidiger durch das mit der Sache befasste Gericht zu benachrichtigen, auch wenn ihnen die Rechtsmittelschrift nicht zur Kenntnis gebracht worden ist (Nummer 148 Absatz 3 Satz 2).

3. Verfahren nach der Einlegung

A. Gemeinsame Bestimmungen

153. Beschleunigung. Rechtsmittelsachen sind stets als Eilsachen zu behandeln.

154. Zustellung des Urteils. (1) [1] Das Urteil, gegen das der Angeklagte ein Rechtsmittel eingelegt hat, ist dem Verteidiger zuzustellen, wenn sich dessen Vollmacht bei den Akten befindet (Wahlverteidiger) oder wenn er zum Verteidiger bestellt worden ist (Pflichtverteidiger). [2]Kann an mehrere Verteidiger rechtswirksam zugestellt werden, soll die Zustellung nur an einen von ihnen erfolgen. [3]Die weiteren Verteidiger und der Angeklagte sind von der Zustellung zu unterrichten; eine Abschrift des Urteils ist beizufügen.

(2) [1]Hat der gesetzliche Vertreter des Angeklagten ein Rechtsmittel eingelegt, wird ihm das Urteil zugestellt. [2]Haben beide das Rechtsmittel eingelegt, ist das Urteil jedem von ihnen zuzustellen.

155. Antrag auf Wiedereinsetzung in den vorigen Stand. Wenn ein Antrag auf Wiedereinsetzung in den vorigen Stand wegen Versäumung einer Rechtsmittelfrist mit dem Verschulden anderer Personen (Urkundsbeamten, Bediensteten der Vollzugsanstalt, Verteidiger usw.) begründet wird, ist eine (dienstliche) Äußerung dieser Personen herbeizuführen.

156. Rechtsmittelbegründung. (1) Der Staatsanwalt muss jedes von ihm eingelegte Rechtsmittel begründen, auch wenn es sich nur gegen das Strafmaß richtet.

(2) Eine Revisionsbegründung, die sich – abgesehen von den Anträgen – darauf beschränkt, die Verletzung sachlichen Rechts zu rügen, genügt zwar den gesetzlichen Erfordernissen; der Staatsanwalt soll aber seine Revision stets so rechtfertigen, dass klar ersichtlich ist, in welchen Ausführungen des angefochtenen Urteils er eine Rechtsverletzung erblickt und auf welche Gründe er seine Rechtsauffassung stützt.

(3) Stützt der Staatsanwalt seine Revision auf Verletzungen von Verfahrensvorschriften, sind die formellen Rügen nicht nur mit der Angabe der die Mängel enthaltenen Tatsachen zu begründen (§ 344 Absatz 2 Satz 2 StPO), sondern es sind auch die Aktenstellen, auf die sich die Rügen beziehen, z. B. Teile des Protokolls über die Hauptverhandlung, abschriftlich in der Revisionsrechtfertigung anzuführen.

157. Urteilsabschrift an den Beschwerdegegner. Mit der Zustellung der Berufungs- oder Revisionsschriften ist dem Gegner des Beschwerdeführers, falls noch nicht geschehen, eine Abschrift des Urteils mit Gründen zu übersenden.

B. Berufungsverfahren

158. Benennung von Beweismitteln. Bei Übersendung der Akten an das Berufungsgericht (§ 321 Satz 2 StPO) benennt der Staatsanwalt nur solche Zeugen und Sachverständige, deren Vernehmung zur Durchführung der Berufung notwendig ist.

158a. Annahmeberufung. (1) Hat in den Fällen des § 313 Absatz 1 Satz 1 StPO der Angeklagte oder der Nebenkläger Berufung eingelegt, nimmt der Staatsanwalt gegenüber dem Berufungsgericht zur Frage der Zulässigkeit des Rechtsmittels Stellung und stellt einen Antrag zu der nach den §§ 313 Absatz 2, 322a StPO zu treffenden Entscheidung.

(2) In den Fällen des § 313 Absatz 3 StPO (Berufung gegen ein auf Geldbuße, Freispruch oder Einstellung wegen einer Ordnungswidrigkeit lautendes Urteil) gilt Nummer 293 Absatz 2 entsprechend.

C. Revisionsverfahren

159. Zustellung des Urteils an die Staatsanwaltschaft. [1]Wird das Urteil der Staatsanwaltschaft durch Vorlegen der Urschrift (§ 41 StPO) zugestellt, hat die

Geschäftsstelle der Staatsanwaltschaft auf der Urschrift den Tag zu bescheinigen, an dem das Urteil eingegangen ist („Zur Zustellung eingegangen am …….“). [2] Bleibt die Urschrift nicht bei den Akten, vermerkt die Geschäftsstelle der Staatsanwaltschaft auf der mit der Urschrift vorgelegten, für die Akten bestimmten Abschrift des Urteils: „Die Urschrift des Urteils ist zur Zustellung am …….. eingegangen“. [3] Beide Vermerke sind vom Staatsanwalt zu zeichnen.

160. Akteneinsicht durch den Verteidiger. Während die Frist zur Revisionsbegründung läuft, sind die Akten zur Einsichtnahme durch den Verteidiger bereitzuhalten.

161. Berichtigung des Verhandlungsprotokolls. (1) Wird beantragt, das Protokoll über die Hauptverhandlung zu berichtigen, führt der Staatsanwalt eine Erklärung des Vorsitzenden und des Urkundsbeamten herbei.

(2) Wird – ohne einen förmlichen Antrag auf Berichtigung – nur in der Revisionsbegründung geltend gemacht, dass das Protokoll unrichtig oder unvollständig sei, wird es sich empfehlen, dies vor der Einsendung der Akten an das Revisionsgericht durch Rückfrage aufzuklären.

162. Gegenerklärung des Staatsanwalts. (1) Begründet der Angeklagte oder der Nebenkläger seine Revision nur mit der Verletzung des sachlichen Rechts, kann der Staatsanwalt in der Regel von einer Gegenerklärung (§ 347 Absatz 1 Satz 2 StPO) absehen.

(2) [1] Wird das Urteil wegen eines Verfahrensmangels angefochten, gibt der Staatsanwalt eine Gegenerklärung fristgemäß ab, wenn anzunehmen ist, dass dadurch die Prüfung der Revisionsbeschwerde erleichtert wird (§ 347 Absatz 1 Satz 3 StPO), insbesondere zeitraubende Rückfragen und Erörterungen vermieden werden. [2] Die Gegenerklärung soll die Tatsachen, auf die sich die Verfahrensrügen erstrecken, erschöpfend darstellen; die in Betracht kommenden Aktenstellen sind abzulichten oder abschriftlich wiederzugeben. [3] Ausführungen des angefochtenen Urteils, die Gegenstand einer Verfahrensrüge sind, werden in die Gegenerklärung nicht aufgenommen. [4] Wird die Behandlung von Beweisanträgen gerügt, so ist aus dem Protokoll über die Hauptverhandlung festzustellen, ob die Beteiligten auf weitere Beweise verzichtet oder sich mit der Schließung der Beweisaufnahme einverstanden erklärt haben. [5] Trifft dies zu, ist dieser Teil des Protokolls in der Gegenerklärung wörtlich wiederzugeben. [6] Ist über einen Antrag, namentlich einen Beweisantrag, im Urteil entschieden worden, ist auf die betreffende Urteilsstelle (nach der Seite der Abschrift) zu verweisen. [7] Bezieht sich die Verfahrensrüge auf einen Vorgang, der aus einem Protokoll über die Hauptverhandlung nicht ersichtlich und auch von dem Sitzungsstaatsanwalt nicht wahrgenommen worden ist, wird es zweckmäßig sein, über den Vorgang eine Äußerung der Beteiligten herbeizuführen.

(3) [1] Der Staatsanwalt teilt eine Gegenerklärung dem Beschwerdeführer mit und legt sie dem Gericht vor. [2] Anlagen (dienstliche Äußerungen usw.), auf die Bezug genommen wird, sind der Vorlage an das Gericht beizufügen. [3] Enthält die Gegenerklärung erhebliche neue Tatsachen oder Beweisergebnisse, ist sie dem Beschwerdeführer zuzustellen. [4] Wird keine Gegenerklärung abgegeben, braucht das Gericht hiervon nicht unterrichtet zu werden.

(4) Der Vorsitzende leitet die Akten der Staatsanwaltschaft zur weiteren Verfügung zu, wenn er von der Gegenerklärung Kenntnis genommen hat oder wenn die Frist (§ 347 Absatz 1 Satz 2 StPO) abgelaufen ist.

163. Übersendung der Akten an das Revisionsgericht. (1) [1] Die Akten werden dem Revisionsgericht durch die Staatsanwaltschaft bei diesem Gericht vorgelegt. [2] Ist der Bundesgerichtshof zur Entscheidung über die Revision zuständig und betreibt der Staatsanwalt allein oder neben einem anderen Beteiligten die Revision, werden die Akten über den Generalstaatsanwalt beim Oberlandesgericht geleitet. [3]Dies gilt nicht, wenn das Amt des Staatsanwalts bei dem Oberlandesgericht durch den Generalbundesanwalt ausgeübt wird (§ 142a GVG). [4]Der Vorlage an den Bundesgerichtshof ist ein Übersendungsbericht beizufügen; dies gilt auch für die Vorlage an ein Revisionsgericht eines Landes, soweit nichts anderes bestimmt ist.

(2) Absatz 1 gilt entsprechend, wenn der Beschwerdeführer Wiedereinsetzung in den vorigen Stand oder die Entscheidung des Revisionsgerichts nach § 346 Absatz 2 StPO beantragt hat.

(3) [1]Vor der Übersendung prüft der Staatsanwalt, ob die Zustellungen und Vollmachten in Ordnung sind und veranlasst, dass alle Mängel beseitigt werden. [2]Ist die Urschrift des Urteils schwer lesbar, ist eine beglaubigte Abschrift des Urteils beizuheften.

164. Form und Inhalt des Übersendungsberichts. (1) Der Übersendungsbericht soll folgende Angaben enthalten:

a) die Namen und die zuletzt bekannten vollständigen Anschriften aller Verfahrensbeteiligten (Angeklagte, Verteidiger, gesetzliche Vertreter, Nebenbeteiligte, Einziehungsbeteiligte usw.) sowie die Aktenstellen, aus denen sich Beiordnungen und Vollmachten von Rechtsanwälten ergeben;
b) die Angabe, ob der Angeklagte bei der Verkündung des Urteils anwesend war;
c) das Eingangsdatum und die Aktenstelle der Schriften über die Einlegung und die Begründung der Revision;
d) den Tag der Zustellung des Urteils an den Beschwerdeführer und der Revisionsbegründung an den Gegner des Beschwerdeführers sowie im Fall des § 345 Absatz 1 Satz 2 StPO der Zeitpunkt, zu dem das Urteil zu den Akten gebracht worden ist;
e) die Aktenstelle der Gegenerklärung und der Mitteilung der Gegenerklärung an den Beschwerdeführer;
f) die Anzahl der Abschriften der Revisionsentscheidung, die für Mitteilungen gebraucht werden;
g) den Hinweis auf nur örtlich geltende gesetzliche Feiertage, wenn das Ende einer Frist, die für das Revisionsverfahren wesentlich ist, auf einen solchen Tag fällt;
h) den Hinweis auf die Zulassung eines Nebenklägers (§ 396 Absatz 2 StPO) mit Angabe der Aktenstelle;
i) en Hinweis auf einen in Beiakten anberaumten Termin oder auf andere Beschleunigungsgründe, die übersehen werden könnten.

(2) [1]In Haftsachen ist ferner anzugeben, wo der Angeklagte verwahrt wird. [2]Auf dem Übersendungsbericht ist deutlich sichtbar „Haft" zu vermerken (vgl. Nummer 52). [3]Dieser Vermerk ist durch nähere Angaben (z. B. „Strafhaft in der Sache …") zu erläutern.

(3) Auf andere Strafverfolgungsmaßnahmen (vorläufige Entziehung der Fahrerlaubnis, vorläufiges Berufsverbot u.a.), die eine Entschädigungspflicht auslösen könnten, ist hinzuweisen.

(4) Legt der Staatsanwalt wegen der Bedeutung der Strafsache oder aus anderen Gründen, z. B. weil gegen den Angeklagten Haftbefehl erlassen ist, Wert darauf, über die Entscheidung des Revisionsgerichts beschleunigt unterrichtet zu werden, weist er hierauf hin; wird eine besondere Übermittlungsart gewünscht (z. B. auf elektronischem Wege), ist dies deutlich hervorzuheben.

165. Anlagen zum Übersendungsbericht. (1) Für das Revisionsgericht sind beizufügen je eine beglaubigte Abschrift

a) des angefochtenen und jedes weiteren in diesem Verfahren gegen den Angeklagten ergangenen Urteils, sowie eines nach § 346 Absatz 1 StPO ergangenen

Beschlusses, wobei einzelne Teile der Entscheidung, die einen anderen Angeklagten oder eine der Revisionsentscheidung nicht unterliegende Straftat betreffen, in der Abschrift ausgelassen werden können,

b) der Schriftstücke über die Einlegung und die Rechtfertigung der Revision, der sonstigen die Revision betreffenden Schriften (Wiedereinsetzungsantrag, Antrag nach § 346 Absatz 2 StPO usw., jeweils versehen mit dem Eingangsdatum), der Gegenerklärung mit den Anlagen und der Erwiderung.

(2) Kommen für die Entscheidung landesrechtliche oder örtliche Vorschriften in Betracht, die nur in Amts-, Kreis- oder ähnlichen Blättern von örtlicher Bedeutung veröffentlicht sind, sind Abdrucke oder beglaubigte Abschriften beizufügen.

(3) Für die Staatsanwaltschaft beim Revisionsgericht sind je eine beglaubigte Abschrift der in den Absatz 1 und 2 bezeichneten Schriftstücke beizufügen.

166. Übersendung von Überführungsstücken und Beiakten. (1) Dem Revisionsgericht sind nur die für die Entscheidung über die Revision nötigen Überführungsstücke und Akten zu übersenden, z. B. die Akten, die für die Nachprüfung von Prozessvoraussetzungen oder für die Anwendung der §§ 66, 69, 70 StGB von Bedeutung sind.

(2) [1] Schriftstücke, Skizzen und Lichtbilder, auf die in dem angefochtenen Urteil Bezug genommen ist oder die zum besseren Verständnis des Urteils beitragen (z. B. Verkehrsunfallskizzen, Lichtbilder), sind zu übersenden. [2] Welche anderen Überführungsstücke und Akten zu übersenden sind, entscheidet der Staatsanwalt.

167. Beschleunigung. [1] Ist über Haft-, Dienstaufsichts- oder sonstige Beschwerden oder über Anträge auf Festsetzung von Kosten, Vergütungen oder Entschädigungen zu entscheiden, sind Gnadengesuche von Mitverurteilten zu bearbeiten oder ist gegen diese die Strafvollstreckung einzuleiten, ist zu prüfen, ob diese Entscheidungen auf Grund von Aktenteilen, die für das Revisionsgericht entbehrlich sind, oder auf Grund von Abschriften oder Ablichtungen getroffen werden können. [2] Ist dies nicht der Fall, ist zu erwägen, ob die Angelegenheit bis zur Rückkunft der Akten aus der Revisionsinstanz zurückgestellt werden kann. [3] Eine Zurückstellung unterbleibt bei Vollstreckungsmaßnahmen und Gnadenverfahren.

168. Überprüfung durch den Generalstaatsanwalt und Rücknahme der Revision. (1) [1] Ist zur Entscheidung über die Revision der Staatsanwaltschaft der Bundesgerichtshof zuständig, prüft der Generalstaatsanwalt beim Oberlandesgericht, ob die Förmlichkeiten beachtet worden sind und ob die Revision durchgeführt werden soll. [2] Hält er sie nicht für angebracht oder verspricht er sich von ihr keinen Erfolg, nimmt er die Revision entweder selbst zurück oder weist die Staatsanwaltschaft an, sie zurückzunehmen. [3] Bei der Weiterleitung der Akten soll der Generalstaatsanwalt zum Ausdruck bringen, ob er der Revisionsbegründung beitritt oder aus welchen anderen Gründen er die Revision durchzuführen wünscht.

(2) Absatz 1 gilt entsprechend, wenn das Oberlandesgericht zur Entscheidung über die Revision zuständig ist.

169. Rückleitung der Akten. (1) [1] Nach Erledigung der Revision werden die Akten über den Generalstaatsanwalt beim Oberlandesgericht an die Staatsanwaltschaft zurückgeleitet. [2] Die Akten werden unmittelbar an die Staatsanwaltschaft zurückgeleitet, wenn lediglich der Angeklagte Revision eingelegt und der Generalstaatsanwalt bei dem Oberlandesgericht darauf verzichtet hat, dass die Akten über ihn zurückgeleitet werden.

(2) In Haftsachen ist die Rückleitung zu beschleunigen; der Zeitpunkt, zu dem das Urteil rechtskräftig geworden ist, soll nach Stunde und Minute angegeben und dem Staatsanwalt, wenn nötig, fernmündlich oder in der von ihm sonst gewünschten Art im Voraus mitgeteilt werden.

(3) [1]In den Fällen der Nummer 164 Absatz 3 sind die Akten beschleunigt zurückzusenden. [2]Dasselbe gilt, wenn die Befugnis zuerkannt worden ist, die Verurteilung innerhalb einer Frist öffentlich bekanntzumachen.

5. Abschnitt. Wiederaufnahme des Verfahrens

170. Allgemeines. (1) Der Staatsanwalt, der die Anklage oder die Antragsschrift verfasst hat oder der an der Hauptverhandlung gegen den Verurteilten teilgenommen hat, soll in der Regel in dem von dem Verurteilten beantragten Wiederaufnahmeverfahren nicht mitwirken.

(2) Der Generalstaatsanwalt beim Oberlandesgericht soll im Wiederaufnahmeverfahren von seiner Befugnis gemäß § 145 Absatz 1 GVG, die Amtsverrichtungen der Staatsanwaltschaft selbst zu übernehmen oder mit ihrer Wahrnehmung einen anderen als den zunächst zuständigen Beamten (§§ 140a, 143 GVG) zu beauftragen, nur in besonders begründeten Ausnahmefällen Gebrauch machen.

171. Erneuerung der Hauptverhandlung. (1) [1]Ist die Wiederaufnahme des Verfahrens angeordnet, muss in der Regel eine neue Hauptverhandlung stattfinden, weil nur so die meist vorhandenen Widersprüche geklärt und das gesamte Beweismaterial umfassend gewürdigt werden kann und weil nur dadurch gesichert ist, dass die Umstände, die für die frühere Verurteilung maßgebend waren, neben dem Ergebnis der neuen Beweisaufnahme gebührend berücksichtigt werden. [2]Der Staatsanwalt wird deshalb einem Freispruch ohne neue Hauptverhandlung nur ausnahmsweise zustimmen können.

(2) Eine solche Ausnahme kann vorliegen, wenn einwandfrei festgestellt ist, dass der Verurteilte zur Zeit der Tat geisteskrank war, oder wenn seine Unschuld klar zutage tritt und es wegen der besonderen Umstände des Falles unzweckmäßig ist, die Hauptverhandlung zu erneuern; jedoch ist zu berücksichtigen, dass der Verurteilte mitunter ein berechtigtes Interesse daran hat, dass seine Ehre in öffentlicher Verhandlung wiederhergestellt wird.

6. Abschnitt. Beteiligung des Verletzten (§ 373b StPO) am Verfahren

1. Privatklage

172. Übernahme der Verfolgung durch den Staatsanwalt. (1) Legt das Gericht dem Staatsanwalt die Akten nach § 377 Absatz 1 Satz 2 StPO vor oder erwägt der Staatsanwalt von sich aus, die Verfolgung zu übernehmen, hält er aber noch weitere Ermittlungen für nötig, teilt er dies dem Gericht mit und ersucht, die Entscheidung nach § 383 StPO zurückzustellen.

(2) [1]Übernimmt der Staatsanwalt die Verfolgung (vgl. Nummer 86), teilt er dies dem Gericht und dem Privatkläger mit; der Privatkläger ist zugleich auf eine etwa bestehende Nebenklagebefugnis und auf die Kostenfolge des § 472 Absatz 3 Satz 2 StPO hinzuweisen. [2]Hält der Staatsanwalt später die Einstellung des Verfahrens für angezeigt, legt er dem Gericht seine Auffassung dar und beantragt, das Hauptverfahren nicht zu eröffnen. [3]Verneint er das öffentliche Interesse an weiterer Verfolgung, gibt er die Akten dem Gericht mit einem entsprechenden Vermerk zurück.

2. Entschädigung des Verletzten

173. Unterrichtung des Verletzten über das Entschädigungsverfahren. [1]Der Staatsanwalt trägt dafür Sorge, dass Verletzte oder deren Erben so früh wie möglich, spätestens aber mit Anklageerhebung, auf die Möglichkeit, einen Entschädigungsanspruch nach den §§ 403 ff. StPO geltend zu machen, hingewiesen werden. [2]Dabei wird der Verletzte über die Möglichkeit der Prozesskostenhilfe (§ 404 Absatz 5 StPO), Form und Inhalt des Antrags (§ 404 Absatz 1 StPO) und über das Recht auf Teilnahme an der Hauptverhandlung (§ 404 Absatz 3 StPO) zu belehren sein. [3]Auch wird er darauf hinzuweisen sein, dass es sich in der Regel empfiehlt, den Antrag möglichst frühzeitig zu stellen, dass er seinen Anspruch, soweit er ihm nicht zuerkannt wird, noch im Zivilrechtsweg verfolgen kann (§ 406 Absatz 3 StPO) und dass das Gericht aus bestimmten Gründen von der Entscheidung über den Antrag absehen kann (§ 406 Absatz 1 StPO).

174. Stellung des Staatsanwalts im Entschädigungsverfahren. (1) [1]Der Staatsanwalt soll zur Eignung des Entschädigungsantrages für eine Erledigung im Strafverfahren Stellung nehmen (§ 406 Absatz 1 Satz 4 und 5 StPO). [2]Im Übrigen äußert er sich, wenn dies nötig ist, um die Tat strafrechtlich zutreffend zu würdigen.

(2) Der Staatsanwalt hat den bei ihm eingegangenen Entschädigungsantrag dem Gericht beschleunigt zuzuleiten, weil die Rechtswirkungen des Antrags (§ 404 Absatz 2 StPO) erst eintreten, wenn dieser bei Gericht eingegangen ist.

3. Sonstige Befugnisse des Verletzten

174a. Unterrichtung des Verletzten, seiner Angehörigen und Erben. [1]Sobald der Staatsanwalt mit den Ermittlungen selbst befasst ist, prüft er, ob die Informationen gemäß § 406i Absatz 1, §§ 406j bis 406l StPO erteilt worden sind. [2]Falls erforderlich, holt er dies nach. [3]Dazu kann er das übliche Formblatt verwenden. [4]Er weist den Verletzten insbesondere in den Fällen, in denen eine Beiordnung nach § 406g Absatz 3 StPO naheliegt, möglichst frühzeitig auf die Möglichkeit der psychosozialen Prozessbegleitung hin.

174b. Bestellung des Beistandes und des psychosozialen Prozessbegleiters. [1]Geht während eines Ermittlungsverfahrens oder im Klageerzwingungsverfahren (§ 172 StPO) bei der Staatsanwaltschaft ein Antrag des Verletzten auf Bestellung eines Rechtsanwalts als Beistand oder auf Bewilligung von Prozesskostenhilfe für die Hinzuziehung eines Rechtsanwalts nach den §§ 406h, 397a StPO ein, ist dieser Antrag unverzüglich an das zuständige Gericht weiterzuleiten. [2]Gleiches gilt, wenn während eines Ermittlungsverfahrens bei der Staatsanwaltschaft ein Antrag des Verletzten auf Beiordnung eines psychosozialen Prozessbegleiters nach § 406g StPO eingeht.

174c. Umgang mit Anträgen des Verletzten nach § 406d Absatz 2 StPO. Anträge nach § 406d Absatz 2 StPO sind in das Vollstreckungsheft aufzunehmen und deutlich sichtbar zu kennzeichnen sowie gegebenenfalls der Justizvollzugsanstalt oder der Einrichtung des Maßregelvollzugs mitzuteilen.

7. Abschnitt. Besondere Verfahrensarten

1. Verfahren bei Strafbefehlen

175. Allgemeines. (1) Erwägt der Staatsanwalt, den Erlass eines Strafbefehls zu beantragen, vermerkt er den Abschluss der Ermittlungen in den Akten (vgl. Nummer 109).

(2) [1]Der Erlass eines Strafbefehls soll nur beantragt werden, wenn der Aufenthalt des Beschuldigten bekannt ist, so dass in der regelmäßigen Form zugestellt werden

kann. [2] Sonst ist das Verfahren vorläufig einzustellen oder, wenn sich die Abwesenheit des Beschuldigten erst nach dem Antrag auf Erlass des Strafbefehls herausgestellt hat, die vorläufige Einstellung des Verfahrens (§ 205 StPO) zu beantragen.

(3) [1] Im Übrigen soll von dem Antrag auf Erlass eines Strafbefehls nur abgesehen werden, wenn die vollständige Aufklärung aller für die Rechtsfolgenbestimmung wesentlichen Umstände oder Gründe der Spezial- oder Generalprävention die Durchführung einer Hauptverhandlung geboten erscheinen lassen. [2] Auf einen Strafbefehlsantrag ist nicht schon deswegen zu verzichten, weil ein Einspruch des Angeschuldigten zu erwarten ist.

(4) Bei verhafteten oder vorläufig festgenommenen Personen ist zu prüfen, ob das beschleunigte Verfahren nach § 417 StPO eine raschere Erledigung ermöglicht.

175a. Strafbefehl nach Eröffnung des Hauptverfahrens. Ein Antrag auf Erlass eines Strafbefehls nach Eröffnung des Hauptverfahrens (§ 408a Absatz 1 Satz 1 StPO) kommt namentlich in Betracht, wenn

a) der Angeklagte mit bekanntem Aufenthalt im Ausland wohnt, seine Einlieferung zur Durchführung der Hauptverhandlung aber nicht möglich oder nicht angemessen wäre,
b) der Angeklagte der Hauptverhandlung entschuldigt fernbleibt, weil er infolge einer längeren Krankheit an ihr nicht teilnehmen kann, obwohl seine Verhandlungsfähigkeit im Übrigen nicht beeinträchtigt ist,
c) der Angeklagte der Hauptverhandlung fernbleibt und nicht nach § 232 StPO ohne ihn verhandelt werden kann oder
d) der unmittelbaren Beweisaufnahme in der Hauptverhandlung erhebliche Hinderungsgründe entgegenstehen und die Voraussetzungen des § 251 Absatz 1 Nummer 3 StPO nicht vorliegen, der Sachverhalt aber nach dem Akteninhalt genügend aufgeklärt erscheint.

176. Anträge. (1) [1] Zur Vereinfachung und Beschleunigung des Geschäftsgangs hat der Staatsanwalt, wenn nicht besondere Umstände ein abweichendes Verfahren rechtfertigen, den Strafbefehlsantrag so zu stellen, dass er einen Strafbefehlsentwurf einreicht und beantragt, einen Strafbefehl dieses Inhalts zu erlassen. [2] In den Fällen des § 444 StPO in Verbindung mit § 30 des Gesetzes über Ordnungswidrigkeiten (OWiG) ist im Strafbefehlsentwurf die Anordnung der Beteiligung der juristischen Person oder Personenvereinigung und die Festsetzung einer konkreten Geldbuße aufzunehmen. [3] In den Fällen des § 407 Absatz 2 Satz 2 StPO schlägt er gegebenenfalls zugleich geeignete Auflagen und Weisungen vor; für Auflagen gilt Nummer 93 sinngemäß.

(2) Dem Entwurf ist die zur Zustellung des Strafbefehls und für etwa vorgeschriebene Mitteilungen nötige Zahl von Durchschlägen beizufügen.

177. Fassung des Strafbefehlsentwurfs. (1) [1] Der Strafbefehlsentwurf muss klar, übersichtlich und leicht verständlich sein. [2] Er darf sich nicht darauf beschränken, die Straftat formelhaft mit den Worten des Gesetzes zu bezeichnen.

(2) Soll die Fahrerlaubnis nicht entzogen oder eine Sperre für die Erteilung nicht angeordnet werden, obwohl dies nach der Art der Straftat in Betracht kommt, müssen die Gründe dafür im Strafbefehlsentwurf angegeben werden (vgl. § 409 Absatz 1 Satz 3 StPO).

(3) Beantragt der Staatsanwalt die Beteiligung der juristischen Person oder Personenvereinigung und die Festsetzung einer Geldbuße gegen diese (Nummer 180a Absatz 2), führt er sie als Nebenbeteiligte an und gibt die tatsächliche und rechtliche Grundlage für die begehrte Maßnahme an.

178. Prüfung durch den Richter. (1) Hat der Richter Bedenken, ohne Hauptverhandlung zu entscheiden, oder will er von der rechtlichen Beurteilung im

Strafbefehlsantrag abweichen oder eine andere als die beantragte Rechtsfolge festsetzen (§ 408 Absatz 3 Satz 2 StPO), teilt er vor einer Entscheidung über die Anberaumung der Hauptverhandlung seine Auffassung dem Staatsanwalt mit und bittet ihn um Äußerung.

(2) [1] Tritt der Staatsanwalt der Auffassung des Richters bei, gibt er die Akten mit einem entsprechenden Vermerk und dem abgeänderten Strafbefehlsantrag zurück. [2] Sonst erklärt er, dass er seinen Antrag aufrechterhalte.

(3) Verfährt der Richter nach § 408 Absatz 1 Satz 2 StPO, legt der Staatsanwalt seine Auffassung über die Zuständigkeit bei Weiterleitung der Akten dar.

(4) Der Beschluss, durch den der Antrag auf Erlass eines Strafbefehls zurückgewiesen wird, ist dem Angeschuldigten mitzuteilen, wenn das Verfahren durch den Beschluss abgeschlossen wird.

179. Zustellung. (1) [1] Der Strafbefehl muss dem Angeklagten, oder in den Fällen des § 145a StPO seinem Verteidiger, förmlich zugestellt werden (§§ 35, 409 StPO). [2] Soweit an dem Verfahren Einziehungsbeteiligte oder Nebenbetroffene beteiligt sind, ist der Strafbefehl auch diesen oder deren bevollmächtigten Vertretern (§§ 432, 438 Absatz 3 StPO, § 428 Absatz 1 StPO in Verbindung mit § 145a StPO) förmlich zuzustellen.

(2) Ist der Angeklagte verhaftet, ist der Zeitpunkt der Zustellung und, falls auf Einspruch verzichtet wird, auch der des Verzichts nach Stunde und Minute festzustellen.

(3) Hat der Angeklagte einen gesetzlichen Vertreter, wird diesem eine Abschrift des Strafbefehls übersandt (§ 409 Absatz 2 StPO).

2. Selbständiges Einziehungsverfahren

180. [Selbständiges Einziehungsverfahren]. (1) [1] Für das selbständige Einziehungsverfahren nach den §§ 435 ff. StPO (in den Fällen des § 76a StGB) besteht keine Antragspflicht. [2] Soweit die Möglichkeit besteht, auf durch die Straftat erlangte Vermögensvorteile zuzugreifen, soll die Staatsanwaltschaft in der Regel die Anordnung der selbständigen Einziehung beantragen. [3] Sie kann jedoch von dem Antrag absehen, insbesondere wenn das Erlangte nur einen geringen Wert hat oder das Verfahren einen unangemessenen Aufwand erfordern würde (§ 435 Absatz 1 Satz 2 StPO). [4] Auch bei einem geringen Wert des Erlangten kann im Einzelfall (etwa wegen der Bedeutung der Sache oder wenn bereits vorläufige Sicherungsmaßnahmen ergriffen worden sind) eine Antragstellung geboten sein.

(2) Ist es wegen der Bedeutung oder der Schwierigkeit der Sache oder im Interesse einer Person, die von der Einziehung im Falle ihrer Anordnung betroffen wäre, geboten, beantragt die Staatsanwaltschaft, auf Grund mündlicher Verhandlung zu entscheiden.

(3) [1] Sind keine Personen vorhanden, die von der Einziehung im Falle ihrer Anordnung betroffen wären, oder haben sie – gegebenenfalls nach Hinweis auf die Rechtslage – auf ihre Rechte und auf die Durchführung des selbständigen Einziehungsverfahrens verzichtet oder kommt ihre Befragung nicht in Betracht, kann der Gegenstand in der Regel formlos aus dem Verkehr entfernt werden. [2] Die Staatsanwaltschaft leitet auch in diesen Fällen das selbständige Einziehungsverfahren ein, wenn die Herbeiführung einer gerichtlichen Entscheidung wegen der tatsächlichen oder rechtlichen Schwierigkeit oder sonstigen Bedeutung der Sache zweckmäßig ist.

3. Verfahren bei Festsetzung einer Geldbuße gegen eine juristische Person oder Personenvereinigung

180a. [Verfahren bei Festsetzung einer Geldbuße gegen eine juristische Person oder Personenvereinigung]. (1) [1] Gehört der Beschuldigte zum Leitungsbereich einer juristischen Person oder Personenvereinigung, prüft der Staatsanwalt, ob auch die Festsetzung einer Geldbuße gegen die juristische Person oder Personenvereinigung in Betracht kommt (§ 30 OWiG, § 444 StPO; vgl. aber Nummer 270 Satz 3). [2] Ist dies der Fall, sind schon im vorbereitenden Verfahren die Vertreter der juristischen Person oder Personenvereinigung wie Beschuldigte zu hören (§ 444 Absatz 2, § 426 StPO).

(2) [1] Der Staatsanwalt beantragt in der Anklageschrift oder im Strafbefehlsantrag die Beteiligung der juristischen Person oder Personenvereinigung (§ 444 Absatz 1 StPO), insbesondere wenn die Festsetzung einer Geldbuße gegen diese die Möglichkeit eröffnet, die wirtschaftlichen Verhältnisse der juristischen Person oder Personenvereinigung auch im Hinblick auf den durch die Tat erlangten wirtschaftlichen Vorteil angemessen zu berücksichtigen (§ 30 Absatz 3 i. V. m. § 17 Absatz 4 OWiG). [2] In der Anklageschrift kündigt er zudem die Beantragung der Festsetzung einer Geldbuße an und im Strafbefehlsantrag beantragt er diese. [3] Dies kann vor allem bei Delikten der Wirtschaftskriminalität, einschließlich Korruptions- und Umweltdelikten, in Betracht kommen.

(3) Für den Antrag auf Festsetzung einer Geldbuße im selbständigen Verfahren gegen die juristische Person oder Personenvereinigung in den – auch die Einstellungen nach §§ 153, 153a StPO, 47 OWiG erfassenden – Fällen des § 30 Absatz 4 OWiG (§ 444 Absatz 3 in Verbindung mit §§ 435, 436 in Verbindung mit § 434 Absatz 2 oder 3 StPO) gilt Absatz 2 entsprechend.

8. Abschnitt. Verfahren gegen Sprachunkundige

181. [Verfahren gegen Sprachunkundige]. (1) Bei der ersten verantwortlichen Vernehmung des Beschuldigten ist aktenkundig zu machen, ob er die deutsche Sprache soweit beherrscht, dass ein Dolmetscher nicht hinzugezogen zu werden braucht und, falls dies nicht der Fall ist, für welche Sprache ein Dolmetscher benötigt wird.

(2) [1] Ladungen, Haftbefehle, Strafbefehle, Anklageschriften, nicht rechtskräftige Urteile und sonstige schriftlich abgefasste Sachentscheidungen sind einem Sprachunkundigen im Sinne des Absatzes 1 mit einer Übersetzung in eine ihm verständliche Sprache bekanntzugeben, wenn er nicht wirksam auf eine Übersetzung verzichtet hat. [2] Eine Übersetzung eines nicht rechtskräftigen Urteils ist nicht erforderlich, wenn der Angeklagte verteidigt ist, er und sein Verteidiger bei der Urteilsverkündung anwesend waren und dem Angeklagten die Urteilsgründe durch einen Dolmetscher mündlich in eine für ihn verständliche Sprache übertragen wurden, sofern der Angeklagte nicht ausnahmsweise ein berechtigtes Interesse an einer Übersetzung hat.

9. Abschnitt. Erteilung von Auskünften, Überlassung von Kopien und Gewährung von Akteneinsicht

182. Geltungsbereich. [1] Für die Erteilung von Auskünften, die auch durch eine Überlassung von Kopien aus den Akten erfolgen kann (§ 478 StPO), und die Gewährung von Akteneinsicht gegenüber Dritten nach den §§ 474 ff. StPO (auch in Verbindung mit § 487 Absatz 2 Satz 1 StPO) gelten ergänzend die nachfolgenden Bestimmungen. [2] Sie gelten hingegen insbesondere nicht

1. für die Erteilung von Auskünften und Akteneinsicht nach anderen gesetzlichen Bestimmungen als §§ 474 ff. StPO (z. B. nach §§ 147, 385, 406e, 487 Absatz 1, §§ 491, 492 Absatz 3 Satz 2 und 3, Absatz 4, § 495 StPO, §§ 3 ff. SGB X),
2. für die Vorlage von Akten an im Verfahren mitwirkende Stellen, übergeordnete und untergeordnete Instanzgerichte bzw. Behörden z. B. nach § 27 Absatz 3, §§ 41, 163 Absatz 2, § 306 Absatz 2, §§ 320, 321, 347, 354, 355 StPO oder im Rahmen der Wahrnehmung von Aufsichts-, Kontroll- und Weisungsbefugnissen anderer Stellen,
3. für Mitteilungen nach den §§ 12 ff. des Einführungsgesetzes zum Gerichtsverfassungsgesetz (EGGVG) sowie den Bestimmungen der Anordnung über Mitteilungen in Strafsachen (MiStra).

183. Zuständigkeit für die Erteilung von Auskünften und die Gewährung von Akteneinsicht. (1) [1]Soweit nach § 480 Absatz 1 StPO die Staatsanwaltschaft die Entscheidung über die Erteilung von Auskünften und die Akteneinsicht zu treffen hat, obliegt diese Entscheidung grundsätzlich dem Staatsanwalt, im Vollstreckungsverfahren auch dem Rechtspfleger. [2]In den Fällen des § 476 StPO ist Nummer 189 Absatz 2 zu beachten.

(2) [1]Von der Möglichkeit der Delegation an die Behörden des Polizeidienstes nach § 480 Absatz 1 Satz 3 StPO soll nur insoweit Gebrauch gemacht werden, als dies im Interesse aller Beteiligten zur einfacheren oder beschleunigten Unterrichtung des Ersuchenden sachdienlich erscheint. [2]Soweit eine Delegation in Betracht kommt, wird es grundsätzlich angezeigt sein, diese auf einfach und schnell zu erledigende Auskünfte zu beschränken.

184. Vorrang der Verfahrensbearbeitung, Gefährdung der Ermittlungen. [1]Auskünfte und Akteneinsicht unterbleiben nach § 479 Absatz 1 StPO u. a. dann, wenn Zwecke des Strafverfahrens entgegenstehen. [2]Dies gilt insbesondere dann, wenn das Verfahren unangemessen verzögert oder der Untersuchungszweck – auch in einem anderen Strafverfahren – gefährdet würde.

185. Vorrang der Erteilung von Auskünften. [1]Abgesehen von den Fällen des § 474 Absatz 1 StPO räumt das Gesetz im Hinblick auf die Vermeidung einer Übermittlung von Überschussinformationen der Erteilung von Auskünften grundsätzlich Vorrang vor der Gewährung von Einsicht in die Verfahrensakten ein, soweit nicht die Aufgabe oder das berechtigte Interesse des Ersuchenden oder der Zweck der Forschungsarbeit die Einsichtnahme in Akten erfordert. [2]Wenn mit der Auskunftserteilung – gegebenenfalls in der Form der Überlassung von Kopien aus den Akten (§ 478 StPO) – ein unverhältnismäßiger Aufwand verbunden wäre, kann dem Ersuchen grundsätzlich auch durch – gegebenenfalls teilweise (siehe Nummer 186) – Gewährung der Einsicht in die Akten nachgekommen werden (§ 474 Absatz 3, § 475 Absatz 2, § 476 Absatz 2 StPO).

186. Umfang der Akteneinsicht. (1) [1]Die Akteneinsicht soll außer in den Fällen des § 474 Absatz 1 StPO nur in dem Umfang erfolgen, als dies zur Erfüllung der Aufgaben der ersuchenden öffentlichen Stelle, zur Wahrnehmung des berechtigten Interesses der Privatperson oder sonstigen Stelle oder zur Erreichung des Forschungszweckes erkennbar erforderlich ist. [2]Wenn eine derartig beschränkte Akteneinsicht nur mit unverhältnismäßigem Aufwand möglich wäre, kann umfassende Akteneinsicht gewährt werden.

(2) [1]Da die Frage der Einsichtsgewährung nicht immer für die Gesamtheit der Verfahrensakte einheitlich beantwortet werden kann, erscheint es angebracht, Aktenteile, die erkennbar sensible personenbezogene Daten enthalten, gesondert zu führen und hinsichtlich der Einsichtsgewährung einer besonderen Prüfung zu unterziehen. [2]Damit wird zugleich der Aufwand für eine beschränkte Akteneinsicht gering gehalten und bei verdeckten und technischen Maßnahmen (§§ 101,

101a StPO) die Erkennbarkeit erhöht, wodurch im Interesse des Schutzes sensibler personenbezogener Daten eine beschränkte Akteneinsicht häufiger ermöglicht wird. [3] Zu den gesondert zu führenden Aktenteilen zählen regelmäßig:
- medizinische und psychologische Gutachten, mit Ausnahme solcher im Sinne des § 256 Absatz 1 Nummer 2, 3 und 4 StPO,
- Berichte der Gerichts- und Bewährungshilfe sowie anderer sozialer Dienste,
- personenbezogene Daten aus verdeckten und technischen Ermittlungsmaßnahmen (§§ 101, 101a StPO),
- Konto- und Bankunterlagen.

[4] Nummer 16 Absatz 2 Satz 2 und Nummer 220 Absatz 2 Satz 1 sind zu beachten.

(3) [1] Von der Einsicht sind die Handakten der Staatsanwaltschaft und andere innerdienstliche Vorgänge auszuschließen. [2] In Akten einer anderen Verwaltung darf nur mit deren ausdrücklicher Zustimmung Einsicht gewährt werden, deren Nachweis dem Antragsteller obliegt.

(4) Bei Verschlusssachen ist Nummer 213 zu beachten.

187. Überlassung der Akten. (1) Öffentlichen Stellen kann die Akteneinsicht in Abweichung von § 32f Absatz 2 StPO im Einzelfall auch durch Übersendung der Akten gewährt werden.

(2) [1] Rechtsanwälten und Rechtsbeiständen werden auf besonderen Antrag Akten, die in Papierform vorliegen, im Umfang der gewährten Akteneinsicht mit Ausnahme der Beweisstücke zur Einsichtnahme mitgegeben oder übersandt, soweit nicht wichtige Gründe entgegenstehen (§ 32f Absatz 2 Satz 3 StPO). [2] Soweit die Akte, Aktenteile oder Ermittlungsergebnisse, z. B. Verschriftungen der Erkenntnisse aus einer Telekommunikationsüberwachung oder Online-Durchsuchung, auf Datenträgern gespeichert sind, können diese mit Ausnahme der Beweisstücke einem Rechtsanwalt oder Rechtsbeistand in der Regel zur Akteneinsicht auf gesichertem elektronischem Wege zur Verfügung gestellt werden (§ 32f Absatz 2 Satz 2 StPO).

(3) [1] Die Akteneinsicht in Akten, die in Papierform vorliegen, kann in den übrigen Fällen, soweit nicht wichtige Gründe entgegenstehen, auch durch Bereitstellen des Inhalts der Akten zum Abruf, durch Übermittlung des Inhalts der Akte auf einem sicheren Übermittlungsweg oder durch Bereitstellen einer Aktenkopie zur Mitnahme gewährt werden (§ 32f Absatz 2 Satz 2 StPO). [2] Im Übrigen ist die Akteneinsicht nur in den Diensträumen der Staatsanwaltschaft oder des Gerichts oder bei Delegation auf die Behörden des Polizeidienstes in deren Räumen zu gewähren.

188. Bescheid an den Antragsteller. (1) [1] Wird die Erteilung der Auskunft oder die Gewährung von Akteneinsicht versagt, wird dem Ersuchenden ein kurzer Bescheid erteilt. [2] Ist in dem Ersuchen ein berechtigtes oder ein rechtliches Interesse an der Akteneinsicht dargelegt, muss der Bescheid erkennen lassen, dass dieses Interesse gegen entgegenstehende Interessen abgewogen worden ist. [3] Eine Begründung des Bescheides unterbleibt, soweit hierdurch der Untersuchungszweck gefährdet werden könnte.

(2) Ist der Antrag von einer Privatperson oder einer privaten Einrichtung gestellt worden, soll, wenn dem Gesuch nicht nach § 475 Absatz 4 StPO entsprochen werden kann, auf die Möglichkeit der Akteneinsicht durch einen bevollmächtigten Rechtsanwalt hingewiesen werden.

189. Auskünfte und Akteneinsicht für wissenschaftliche Vorhaben. (1) [1] Wenn die Voraussetzungen der §§ 476, 479 Absatz 2 Satz 2 StPO gegeben sind und Zwecke des Strafverfahrens nicht entgegenstehen (§ 479 Absatz 1 StPO), ist die Übermittlung personenbezogener Daten zu Forschungszwecken grundsätzlich zulässig. [2] Ob Auskünfte und Akteneinsicht erteilt werden, steht im pflichtgemäßen Ermessen der zuständigen Stelle. [3] Gegen die Erteilung von Auskünften und die Gewährung von Akteneinsicht kann insbesondere sprechen, dass es sich um ein vorbereitendes Verfahren oder ein Verfahren mit sicherheitsrelevanten Bezügen handelt.

(2) Soweit in den Fällen des § 476 StPO die Staatsanwaltschaft nach § 480 Absatz 1 StPO die Entscheidung über die Erteilung von Auskünften und Akteneinsicht zu treffen hat, obliegt diese Entscheidung dem Behördenleiter.

(3) [1] Betrifft ein Forschungsvorhaben erkennbar mehrere Staatsanwaltschaften, ist der gemeinschaftlichen übergeordneten Behörde auf dem Dienstweg ein Absichtsbericht vorzulegen. [2] Sind erkennbar Staatsanwaltschaften mehrerer Länder betroffen, ist der jeweils obersten Dienstbehörde auf dem Dienstweg ein Absichtsbericht vorzulegen.

(4) Stammt ein Ersuchen nach § 476 StPO von einer Einrichtung, die ihren Sitz außerhalb des Geltungsbereichs der Strafprozessordnung hat, ist der obersten Dienstbehörde auf dem Dienstweg ein Absichtsbericht vorzulegen.

10. Abschnitt. Einholung der Entscheidung des Bundesverfassungsgerichts

190. [Einholung der Entscheidung des Bundesverfassungsgerichts]. (1) [1] Hat das Gericht beschlossen, die Entscheidung des Bundesverfassungsgerichts nach Artikel 100 Absatz 1 und 2 oder Artikel 126 des Grundgesetzes (GG) in Verbindung mit § 13 Nummer 11, 12, 14, §§ 80, 83 oder 86 Absatz 2 des Bundesverfassungsgerichtsgesetzes (BVerfGG) zu beantragen, leitet der Vorsitzende die Akten dem Bundesverfassungsgericht unmittelbar zu (§ 80 Absatz 1 BVerfGG). [2] Das Begleitschreiben ist von dem Vorsitzenden zu unterschreiben. [3] Es wird Bestandteil der Akten des Bundesverfassungsgerichts; eine beglaubigte Abschrift ist als Versendungsbeleg zurückzubehalten.

(2) [1] Der Antrag an das Bundesverfassungsgericht ist zu begründen (§ 80 Absatz 2 BVerfGG). [2] Seine Urschrift bleibt Bestandteil der Strafakten.

(3) Dem Begleitschreiben sind außer den Akten eine beglaubigte und 50 einfache Abschriften des Antrages für das Bundesverfassungsgericht beizufügen.

11. Abschnitt. Strafsachen gegen Mitglieder des Deutschen Bundestages, der gesetzgebenden Körperschaften der Länder sowie des Europäischen Parlaments

191. Prozesshindernis der Immunität. (1) [1] Wegen einer mit Strafe bedrohten Handlung darf ein Abgeordneter des Deutschen Bundestages nur mit Genehmigung des Bundestages zur Verantwortung gezogen oder verhaftet werden, es sei denn, dass er bei der Begehung der Tat oder im Laufe des folgenden Tages festgenommen wird (Artikel 46 Absatz 2 GG). [2] Entsprechende Vorschriften sind in den Verfassungen der Länder enthalten.[1]

(2) Ein Ermittlungs- oder Strafverfahren, dessen Durchführung von der vorhergehenden gesetzgebenden Körperschaft genehmigt oder das vor dem Erwerb des Mandats eingeleitet worden war, darf nur mit Genehmigung der gesetzgebenden Körperschaft fortgesetzt werden, der der Abgeordnete zur Zeit der Fortsetzung angehört.[2]

---

[1] **[Amtl. Anm.:]** Sonderregelungen in Artikel 58 der Verfassung Brandenburgs, in Artikel 15 der Verfassung Hamburgs und Artikel 58 der Landesverfassung Sachsen-Anhalts. Nach Artikel 51 Abs. 3 der Verfassung von Berlin gilt die in Satz 1 bezeichnete Ausnahme nur, wenn der Abgeordnete bei Ausübung der Tat festgenommen wird.

[2] **[Amtl. Anm.:]** Sonderregelungen in Bayern, Berlin und Saarland; vgl. die jeweiligen Verwaltungsvorschriften.

(3) Die Immunität hindert nicht,

a) ein Verfahren gegen einen Abgeordneten einzuleiten und durchzuführen, wenn er bei der Begehung der Tat oder spätestens im Laufe des folgenden Tages festgenommen wird;[1]
b) ein Verfahren gegen einen Abgeordneten zum Zwecke der Einstellung einzuleiten, wenn der Sachverhalt die Einstellung ohne Beweiserhebung rechtfertigt;
c) zur Prüfung der Frage, ob ein Vorwurf offensichtlich unbegründet ist, diesen dem Abgeordneten mitzuteilen und ihm anheimzugeben, dazu Stellung zu nehmen;
d) in einem Verfahren gegen eine andere Person den Abgeordneten als Zeugen zu vernehmen, bei ihm Durchsuchungen nach §§ 103, 104 StPO vorzunehmen oder von ihm die Herausgabe von Gegenständen nach § 95 StPO zu verlangen; §§ 50, 53 Absatz 1 Nummer 4, §§ 53a, 96 Satz 2 und § 97 Absatz 4 StPO sind zu beachten;
e) ein Verfahren gegen Mittäter, Anstifter, Gehilfen oder andere an der Tat eines Abgeordneten beteiligte Personen einzuleiten oder durchzuführen;
f) unaufschiebbare Maßnahmen zur Sicherung von Spuren (z. B. Messungen, Lichtbildaufnahmen am Tatort) in unmittelbarem zeitlichen Zusammenhang mit einer Straftat zu treffen;
g) bei Verkehrsunfällen, an denen ein Abgeordneter beteiligt ist, seine Personalien, das amtliche Kennzeichen und den Zustand seines Fahrzeuges festzustellen, die Vorlage des Führerscheins und des Fahrzeugscheins zu verlangen sowie Fahr-, Brems- und andere Spuren, die von seinem Fahrzeug herrühren, zu sichern, zu vermessen und zu fotografieren;
h) einem Abgeordneten unter den Voraussetzungen des § 81a StPO eine Blutprobe zu entnehmen, wenn dies innerhalb des in Buchstabe a) genannten Zeitraums geschieht.

(4) Zur Klärung der Frage, ob es sich um eine offensichtlich unbegründete Anzeige handelt, kann der Staatsanwalt Feststellungen über die Persönlichkeit des Anzeigeerstatters sowie über andere für die Beurteilung der Ernsthaftigkeit der Anzeige wichtige Umstände treffen.

(5) [1] Wird gegen einen Abgeordneten ein Ermittlungsverfahren eingeleitet, ohne dass es hierzu einer Genehmigung der gesetzgebenden Körperschaft bedarf (Artikel 46 Absatz 2 GG und die entsprechenden Vorschriften der Landesverfassungen), unterrichtet der Staatsanwalt unverzüglich und unmittelbar den Präsidenten der betreffenden gesetzgebenden Körperschaft von der Einleitung des Verfahrens. [2] Abschriften seiner Mitteilung übersendet er gleichzeitig dem Generalstaatsanwalt und der Landesjustizverwaltung, bei Abgeordneten des Deutschen Bundestages auch dem für Justiz zuständigen Bundesministerium. [3] Im weiteren Verfahren teilt der Staatsanwalt in gleicher Weise jede richterliche Anordnung einer Freiheitsentziehung und einer Freiheitsbeschränkung gegen den Abgeordneten sowie die Erhebung der öffentlichen Klage mit.

(6) [1] In jedem Stadium des Verfahrens ist bei Auskünften und Erklärungen gegenüber Presse, Hörfunk und Fernsehen der Funktionsfähigkeit und dem Ansehen der betreffenden gesetzgebenden Körperschaft Rechnung zu tragen. [2] Das Interesse der gesetzgebenden Körperschaft, über eine die Immunität berührende Entscheidung früher als die Öffentlichkeit unterrichtet zu werden, ist zu berücksichtigen. [3] Auf Nummer 23 wird hingewiesen.

192. Aufhebung der Immunität von Mitgliedern des Deutschen Bundestages und der gesetzgebenden Körperschaften der Länder. (1) Beabsichtigt der Staatsanwalt, gegen einen Abgeordneten ein Ermittlungsverfahren einzuleiten oder ein auf Freiheitsstrafe lautendes Urteil zu vollstrecken oder sonst eine geneh-

[1] **[Amtl. Anm.:]** Vgl. Fußnote zu Nummer 191 Absatz 1 Satz 2.

migungsbedürftige Strafverfolgungsmaßnahme zu treffen, beantragt er, einen Beschluss der gesetzgebenden Körperschaft, der der Abgeordnete angehört, über die Genehmigung der Strafverfolgung oder der Strafvollstreckung oder zur Durchführung der beabsichtigten Maßnahme herbeizuführen.

(2) [1] Der Antrag ist mit einer Sachdarstellung und einer Erläuterung der Rechtslage zu verbinden. [2] Die Beschreibung der zur Last gelegten Tat soll die Tatsachen enthalten, in denen die gesetzlichen Merkmale der Straftat gesehen werden, sowie Zeit und Ort ihrer Begehung angeben; die Strafvorschriften sind zu bezeichnen, die als verletzt in Betracht kommen. [3] Auf eine aus sich heraus verständliche Darstellung ist zu achten. [4] Bei Anträgen auf Genehmigung der Strafvollstreckung genügt die Bezugnahme auf ein vorliegendes oder beigefügtes Strafurteil.

(3) [1] Der Antrag ist auf dem Dienstweg an den Präsidenten der betreffenden Körperschaft zu richten, bei Abgeordneten des Deutschen Bundestages auch über das für Justiz zuständige Bundesministerium. [2] Für die Landesjustizverwaltung und – bei Abgeordneten des Deutschen Bundestages – für das für Justiz zuständige Bundesministerium sind Abschriften des Antrages beizufügen; eine beglaubigte Abschrift ist zu den Akten zu nehmen.

(4) In Privatklagesachen führt der Staatsanwalt die Genehmigung nur herbei, wenn er die Verfolgung übernehmen will (§§ 377, 376 StPO).

(5) Die Mitteilung nach § 8 EGStPO erfolgt auf dem Dienstweg.

192a. Allgemeine Genehmigung zur Durchführung von Ermittlungsverfahren (vereinfachte Handhabung). (1) [1] Der Deutsche Bundestag sowie die gesetzgebenden Körperschaften der Länder pflegen regelmäßig zu Beginn einer neuen Wahlperiode eine allgemeine Genehmigung zur Durchführung von Ermittlungsverfahren gegen Abgeordnete zu erteilen; ausgenommen sind Ermittlungen wegen Beleidigungen (§§ 185, 186, 188 Absatz 1 StGB) politischen Charakters. [2] Diese allgemeine Genehmigung wird im Einzelfall erst wirksam, nachdem dem Präsidenten der gesetzgebenden Körperschaft eine Mitteilung nach Absatz 3 zugegangen ist.[1]

(2) [1] Die allgemeine Genehmigung umfasst nicht
a) die Erhebung der öffentlichen Klage in jeder Form,[2]
b) im Verfahren nach dem Gesetz über Ordnungswidrigkeiten den Hinweis des Gerichts, dass über die Tat auch auf Grund eines Strafgesetzes entschieden werden kann (§ 81 Absatz 1 Satz 2 OWiG),
c) freiheitsentziehende und freiheitsbeschränkende Maßnahmen im Ermittlungsverfahren,
d) den Vollzug einer angeordneten Durchsuchung oder Beschlagnahme in dem genehmigten Verfahren, vorbehaltlich etwaiger von den gesetzgebenden Körperschaften der Länder getroffener abweichender Regelungen,
e) den Antrag auf Verhängung eines vorläufigen Berufsverbotes (§ 132a StPO).

[2] Die allgemeine Genehmigung umfasst jedoch die vorläufige Entziehung der Fahrerlaubnis (§ 111a StPO).

(3) [1] Soweit Ermittlungsverfahren allgemein genehmigt sind, ist dem Präsidenten der gesetzgebenden Körperschaft und, soweit nicht Gründe der Wahrheitsfindung entgegenstehen, dem betroffenen Abgeordneten mitzuteilen, dass die Einleitung

---

[1] **[Amtl. Anm.:]** Abweichend Berlin, Bremen, Rheinland-Pfalz, Sachsen: 48 Stunden nach Zugang; Deutscher Bundestag, Bayern: 48 Stunden nach Zugang (Fällt das Ende der Frist auf einen Samstag, einen Sonntag oder einen Feiertag, endet die Frist mit Ablauf des nächsten Werktags); Mecklenburg-Vorpommern, Nordrhein-Westfalen, Saarland, Schleswig-Holstein: 48 Stunden nach Absendung.

[2] **[Amtl. Anm.:]** Abweichend Bayern: Die allgemeine Genehmigung umfasst auch den Antrag auf Erlass eines Strafbefehls wegen einer Straftat, die der Beschuldigte beim Führen eines Kraftfahrzeuges oder unter Verletzung der Pflichten eines Kraftfahrzeugführers begangen hat, wenn der Beschuldigte damit einverstanden ist.

eines Ermittlungsverfahrens beabsichtigt ist. [2]In der Mitteilung an den Präsidenten ist zu erklären, dass der Abgeordnete gleichzeitig benachrichtigt worden ist; ist eine Mitteilung an den Abgeordneten unterblieben, ist der Präsident auch hiervon unter Angabe der Gründe zu unterrichten. [3]Die Mitteilung ist unmittelbar an den Präsidenten der gesetzgebenden Körperschaft zu richten.[1] [4]Für ihren Inhalt gilt Nummer 192 Absatz 2 entsprechend; in den Fällen der Nummer 191 Absatz 3 Buchstabe c) soll auch der wesentliche Inhalt einer Stellungnahme des Abgeordneten mitgeteilt werden. [5]Abschriften der Mitteilung sind gleichzeitig dem Generalstaatsanwalt und der Landesjustizverwaltung sowie, bei Abgeordneten des Deutschen Bundestages, auch dem für Justiz zuständigen Bundesministerium zu übersenden.

(4) [1]Will der Staatsanwalt nach dem Abschluss der Ermittlungen die öffentliche Klage erheben, beantragt er, einen Beschluss der gesetzgebenden Körperschaft über die Genehmigung der Strafverfolgung herbeizuführen. [2]Für den Inhalt und den Weg des Antrags gilt Nummer 192 Absatz 2 und 3. [3]Stellt er das Verfahren nicht nur vorläufig ein, verfährt er nach Nummer 192 Absatz 5.

(5) [1]Beabsichtigt der Staatsanwalt, die Genehmigung zur Durchführung der Strafverfolgung wegen einer Beleidigung politischen Charakters einzuholen, verfährt er nach Nummer 192 Absatz 1 bis 3. [2]Zur Vorbereitung seiner Entscheidung, ob die Genehmigung zur Strafverfolgung wegen einer Beleidigung politischen Charakters herbeigeführt werden soll, teilt der Staatsanwalt dem Abgeordneten den Vorwurf mit und stellt ihm anheim, hierzu Stellung zu nehmen.

(6) Für Bußgeldsachen wird auf Nummer 298 verwiesen.

192b. Aufhebung der Immunität eines Mitglieds des Europäischen Parlaments. (1) [1]Einem Mitglied des Europäischen Parlaments aus der Bundesrepublik Deutschland steht die einem Abgeordneten des Deutschen Bundestages zuerkannte Immunität zu. [2]Ein ausländisches Mitglied des Europäischen Parlaments kann im Inland weder festgehalten noch gerichtlich verfolgt werden. [3]Die Immunität nach den vorstehenden Sätzen besteht während der Dauer der fünfjährigen Wahlperiode und auch während der Reise zum und vom Tagungsort des Europäischen Parlaments. [4]Bei Ergreifung auf frischer Tat kann die Immunität nicht geltend gemacht werden (Artikel 4 Absatz 2 des Aktes des Rates der Europäischen Gemeinschaften vom 20. September 1976 zur Einführung allgemeiner unmittelbarer Wahlen der Abgeordneten der Versammlung – BGBl. 1977 II S. 733, 735 – in Verbindung mit Artikel 10 des Protokolls über die Vorrechte und Befreiungen der Europäischen Gemeinschaften vom 8. April 1965 – BGBl. 1965 II S. 1453, 1482). [5]Nummer 191 Absatz 3 Buchstabe b) bis e) und Absatz 4 gilt entsprechend.

(2) Das Europäische Parlament hat eine allgemeine Genehmigung zur Durchführung von Ermittlungsverfahren nicht erteilt.

(3) Beabsichtigt der Staatsanwalt, gegen ein Mitglied des Europäischen Parlaments ein Ermittlungsverfahren einzuleiten oder ein auf Freiheitsstrafe lautendes Urteil zu vollstrecken oder sonst eine genehmigungsbedürftige Strafverfolgungsmaßnahme zu treffen, beantragt er, einen Beschluss des Europäischen Parlaments über die Aufhebung der Immunität herbeizuführen.

(4) Zur Vorbereitung seiner Entschließung teilt der Staatsanwalt, soweit nicht Gründe der Wahrheitsfindung entgegenstellen, dem Abgeordneten den Vorwurf mit und stellt ihm anheim, Stellung zu nehmen.

(5) [1]Der Antrag ist an den Präsidenten des Europäischen Parlaments, Generalsekretariat, Plateau du Kirchberg, L-2929 Luxemburg, zu richten und auf dem Dienstweg, auch über das für Justiz zuständige Bundesministerium, zu übermitteln.

---

[1] **[Amtl. Anm.:]** Abweichend Bremen: Die Mitteilung ist über den Präsidenten des Senats an den Präsidenten des Deutschen Bundestages oder den Präsidenten der Bremischen Bürgerschaft, im Übrigen unmittelbar an den Präsidenten der gesetzgebenden Körperschaft zu richten; Sachsen-Anhalt: Die Mitteilung ist über das Ministerium der Justiz an den Präsidenten des Landtages von Sachsen-Anhalt zu richten.

[2]Nummer 192 Absatz 2, Absatz 3 Satz 2 und Absatz 4 gilt entsprechend. [3]Nummer 192 Absatz 5 gilt mit der Maßgabe entsprechend, dass die Übermittlung über das für Justiz zuständige Bundesministerium erfolgt.

12. Abschnitt. Behandlung der von der deutschen Gerichtsbarkeit befreiten Personen

193. Allgemeines. (1) Handlungen, die eine Ausübung der inländischen Gerichtsbarkeit darstellen, sind gegenüber den Personen, die nach §§ 18 bis 20 GVG oder nach anderen Rechtsvorschriften von der Deutschen Gerichtsbarkeit befreit sind, ohne ihre Zustimmung grundsätzlich unzulässig.

(2) Sache der Justizbehörden ist es, im Einzelfall die nötigen Feststellungen zu treffen und darüber zu befinden, ob und wieweit Personen nach den §§ 18 und 19 GVG von der deutschen Gerichtsbarkeit befreit sind.

194. Ausweise von Diplomaten und anderen von der inländischen Gerichtsbarkeit befreiten Personen. Die Art der Ausweise von Diplomaten und der anderen von der inländischen Gerichtsbarkeit befreiten Personen ergibt sich aus dem Rundschreiben des Auswärtigen Amtes zur Behandlung von Diplomaten und anderen bevorrechtigten Personen in der Bundesrepublik Deutschland vom 15. September 2015 (Gemeinsames Ministerialblatt – GMBl. – S. 1206).

195. Verhalten gegenüber Diplomaten und den anderen von der inländischen Gerichtsbarkeit befreiten Personen. (1) [1]Gegen Personen, die rechtmäßig den Ausweis eines Diplomaten oder einer anderen von der inländischen Gerichtsbarkeit befreiten Person besitzen oder die ihre Befreiung von der deutschen Gerichtsbarkeit anders glaubhaft machen, ist nicht einzuschreiten. [2]Der Staatsanwalt hat sich darauf zu beschränken, die zulässigen Ermittlungen beschleunigt durchzuführen. [3]Er unterrichtet unverzüglich unter Beigabe der Akten das Bundesamt für Justiz über die Landesjustizverwaltung. [4]Für diese und das Auswärtige Amt sind Abschriften beizufügen.

(2) In besonders eiligen Fällen kann unmittelbar beim Auswärtigen Amt in Berlin (Tel.-Nummer: 030/5000-3411 bzw. 0228/9917-2633 von 9.00 bis 16.00 Uhr, ansonsten im Lagezentrum unter 030/5000-2911) bzw. beim Bundeskanzleramt (Telefon 01888/400-0 oder 030/4000-0, Telefax 030/4000-2357) Auskunft erbeten werden.

(3) [1]Ist nach Absatz 2 eine Auskunft erbeten worden oder liegt ein Fall von besonderer Bedeutung vor, ist die vorläufige Unterrichtung des für Justiz zuständigen Bundesministeriums geboten, falls noch weitere Ermittlungen nötig sind. [2]Absatz 1 Satz 3 und 4 gilt sinngemäß.

(4) [1]Über Verkehrsordnungswidrigkeiten exterritorialer Personen ist das Auswärtige Amt unmittelbar zu unterrichten. [2]Die Akten brauchen der Mitteilung nicht beigefügt zu werden. [3]Einer Unterrichtung des für Justiz zuständigen Bundesministeriums und der Landesjustizverwaltung bedarf es in diesen Fällen nicht.

196. Zustellungen. (1) Für die Zustellung von Schriftstücken, z. B. von Ladungen oder Urteilen, an Diplomaten oder andere von der inländischen Gerichtsbarkeit befreite Personen ist stets die Vermittlung des Auswärtigen Amts in Anspruch zu nehmen.

(2) [1]Das Schreiben an das Auswärtige Amt, in dem um Zustellung ersucht wird, ist mit einem Begleitbericht der Landesjustizverwaltung vorzulegen, die es an das Auswärtige Amt weiterleitet. [2]Das zuzustellende Schriftstück ist beizufügen.

(3) In dem Schreiben an das Auswärtige Amt ist der Sachverhalt kurz darzustellen und außerdem anzugeben:

a) Name, Stellung und Anschrift der Person, der zugestellt werden soll;
b) Bezeichnung des zuzustellenden Schriftstücks, z. B. Ladung als Zeuge, Sachverständiger, Privat- oder Nebenkläger;
c) Name und Stellung der Parteien in Privatklagesachen.

(4) Die Reinschrift des Schreibens an das Auswärtige Amt hat der Richter oder der Staatsanwalt handschriftlich zu unterzeichnen.

(5) Als Nachweis dafür, dass das Schriftstück dem Empfänger übergeben worden ist, übersendet das Auswärtige Amt ein Zeugnis.

(6) Ist ein Angehöriger einer diplomatischen Vertretung als Privatkläger oder Nebenkläger durch einen mit schriftlicher Vollmacht versehenen Rechtsanwalt vertreten, kann nach § 378 StPO an den Anwalt zugestellt werden.

(7) Stellt der von einem Gericht oder einem Staatsanwalt mit der Zustellung beauftragte Beamte nach Empfang des Schriftstücks fest, dass die geforderte Amtshandlung nach den vorstehenden Bestimmungen nicht vorgenommen werden darf, hat er den Auftrag unter Hinweis auf diese Bestimmung an die ersuchende Stelle zurückzugeben.

197. Ladungen. (1) [1]Bei der Ladung eines Diplomaten oder einer anderen von der inländischen Gerichtsbarkeit befreiten Person sind weder Vordrucke zu verwenden noch Zwangsmaßnahmen anzudrohen. [2]Es ist vielmehr eine besondere Vorladung zu fertigen, in der die von der Gerichtsbarkeit befreite Person unter genauer Bezeichnung des Gegenstandes und der Art der Verhandlung gebeten wird, zu erklären, ob sie bereit ist, sich zu dem angegebenen Zeitpunkt einzufinden oder ob sie sich stattdessen in ihren Wohn- oder Diensträumen vernehmen lassen oder über den Gegenstand der Vernehmung eine schriftliche Äußerung abgeben möchte.

(2) Die Ladung ist nach Nummer 196 zuzustellen.

(3) Abgesehen von besonders dringlichen Fällen ist der Tag der Vernehmung in der Regel so festzusetzen, dass zwischen der Absendung der Ladung mit Begleitbericht an die Landesjustizverwaltung und der Vernehmung mindestens vier Wochen liegen.

198. Vernehmungen. (1) Erscheint ein Diplomat oder eine andere von der inländischen Gerichtsbarkeit befreite Person vor Gericht, soll sie möglichst bald vernommen und entlassen werden.

(2) [1]Die Vernehmung in den Dienst- oder Wohnräumen eines Diplomaten oder einer anderen von der inländischen Gerichtsbarkeit befreiten Person darf nur unter den Voraussetzungen der Nummer 199 Absatz 1 erfolgen. [2]Andere an dem Strafverfahren Beteiligte dürfen nur anwesend sein, wenn der Leiter der fremden Dienststelle ausdrücklich zugestimmt hat. [3]Die Teilnahme eines sonst Beteiligten ist in dem Antrag auf Zustimmung zur Vernehmung in den Dienst- oder Wohnräumen besonders zu begründen.

199. Amtshandlungen in den Dienst- und Wohnräumen. (1) [1]In den Diensträumen der diplomatischen Vertretungen, der konsularischen Vertretungen sowie von Organisationen und Stellen, die auf Grund allgemeiner Regeln des Völkerrechts, völkerrechtlicher Vereinbarungen oder sonstiger Rechtsvorschriften Unverletzlichkeit genießen, dürfen Amtshandlungen, durch die inländische Gerichtsbarkeit ausgeübt wird, nur mit Zustimmung des Leiters der Vertretung, der Organisation oder Stelle vorgenommen werden. [2]Entsprechendes gilt für die Wohnräume der Mitglieder der diplomatischen Vertretungen.

(2) [1]In den vorgenannten Dienst- und Wohnräumen dürfen Amtshandlungen nach Absatz 1 einschließlich Zustellungen ohne Zustimmung des Leiters der Vertretung, der Organisation oder der Stelle auch nicht gegenüber Personen vor-

genommen werden, die nicht von der inländischen Gerichtsbarkeit befreit sind. [2]Ihnen kann nach Nummer 196, 197 zugestellt werden.

(3) Die Zustimmung des Leiters nach Absatz 1 ist in entsprechender Anwendung der Nummer 196 zu beantragen.

(4) Zur Vornahme der Amtshandlung dürfen die Dienst- und Wohnräume nur betreten werden, wenn die Zustimmung schriftlich vorliegt.

13. Abschnitt

Der Abschnitt ist weggefallen.

14. Abschnitt. Verfahren nach Feststellung der Entschädigungspflicht nach dem Gesetz über die Entschädigung für Strafverfolgungsmaßnahmen

201. [Verfahren nach Feststellung der Entschädigungspflicht nach dem StrEG]. Wegen der Belehrung über Recht und Frist zur Antragstellung nach rechtskräftiger Feststellung der Entschädigungspflicht sowie hinsichtlich des weiteren Verfahrens zur Feststellung der Höhe des Anspruchs wird auf die Ausführungsvorschriften zum Gesetz über die Entschädigung für Strafverfolgungsmaßnahmen (Anlage C) verwiesen.

Besonderer Teil

1. Abschnitt. Strafvorschriften des StGB

1. Staatsschutz und verwandte Strafsachen

202. Strafsachen, die zur Zuständigkeit der Oberlandesgerichte im ersten Rechtszug gehören. (1) Vorgänge, aus denen sich der Verdacht einer zur Zuständigkeit der Oberlandesgerichte im ersten Rechtszug gehörenden Straftat (§ 120 GVG, §§ 1 und 3 NATO-Truppen-Schutzgesetz) ergibt, übersendet der Staatsanwalt mit einem Begleitschreiben unverzüglich dem Generalbundesanwalt.

(2) [1]Das Begleitschreiben soll eine gedrängte Darstellung und eine kurze rechtliche Würdigung des Sachverhalts enthalten sowie die Umstände angeben, die sonst für das Verfahren von Bedeutung sein können. [2]Erscheinen richterliche Maßnahmen alsbald geboten, ist hierauf hinzuweisen. [3]Das Schreiben ist dem Generalbundesanwalt über den Generalstaatsanwalt, in dringenden Fällen unmittelbar bei gleichzeitiger Übersendung von Abschriften an den Generalstaatsanwalt, zuzuleiten.

(3) [1]Der Staatsanwalt hat jedoch die Amtshandlungen vorzunehmen, bei denen Gefahr im Verzuge ist; dringende richterliche Handlungen soll er nach Möglichkeit bei dem Ermittlungsrichter des Bundesgerichtshofes (§ 169 StPO) beantragen. [2]Vor solchen Amtshandlungen hat der Staatsanwalt, soweit möglich, mit dem Generalbundesanwalt Fühlung zu nehmen; Nummer 5 findet Anwendung.

(4) Die Pflicht der Behörden und Beamten des Polizeidienstes, ihre Verhandlungen in Strafsachen, die zur Zuständigkeit der Oberlandesgerichte im ersten Rechtszug gehören, unmittelbar dem Generalbundesanwalt zu übersenden (§ 163 Absatz 2 Satz 1 StPO; § 142a Absatz 1 GVG), wird durch Absatz 1 nicht berührt.

203. Behandlung der nach § 142a Absatz 2 und 4 GVG abgegebenen Strafsachen. (1) [1]Gibt der Generalbundesanwalt ein Verfahren nach § 142a Absatz 2 oder 4 GVG an eine Landesstaatsanwaltschaft ab, ist er über den Ausgang zu unterrichten. [2]Die Anklageschrift und die gerichtlichen Sachentscheidungen sind ihm in Abschrift mitzuteilen.

(2) [1]Ergeben sich Anhaltspunkte dafür, dass der Generalbundesanwalt nach § 142a Absatz 3 GVG zuständig ist oder dass infolge einer Veränderung des rechtlichen Gesichtspunktes die Voraussetzungen für die Abgabe nach § 142a Absatz 2 Nummer 1 GVG entfallen, sind dem Generalbundesanwalt die Akten unverzüglich zur Entscheidung über die erneute Übernahme vorzulegen. [2]Der Generalbundesanwalt ist ferner unverzüglich zu unterrichten, sobald sonst Anlass zu der Annahme besteht, dass er ein nach § 142a Absatz 2 oder 4 GVG abgegebenes Verfahren wieder übernehmen wird. [3]Bei der Vorlage ist auf die Umstände hinzuweisen, die eine erneute Übernahme des Verfahrens durch den Generalbundesanwalt nahe legen.

(3) Überweist ein Oberlandesgericht ein Verfahren nach § 120 Absatz 2 Satz 3 GVG an ein Landgericht, unterrichtet der Staatsanwalt den Generalbundesanwalt über den Ausgang des Verfahrens und teilt ihm die gerichtlichen Sachentscheidungen in Abschrift mit.

(4) Für die Unterrichtung nach Absatz 1, 2 und 3 gilt Nummer 202 Absatz 2 Satz 3 sinngemäß.

(5) Beschwerden und weitere Beschwerden, über die der Bundesgerichtshof zu entscheiden hat, übersendet der Generalstaatsanwalt dem Generalbundesanwalt mit einer kurzen Stellungnahme.

204. Strafsachen, die zur Zuständigkeit der zentralen Strafkammern gehören. (1) Vorgänge, aus denen sich der Verdacht einer zur Zuständigkeit der Staatsschutzkammer gehörenden Straftat (§ 74a Absatz 1 GVG, §§ 1 und 3 NATO-Truppen-Schutzgesetz) ergibt, übersendet der Staatsanwalt unverzüglich dem hierfür zuständigen Staatsanwalt; er hat jedoch die Amtshandlungen vorzunehmen, bei denen Gefahr im Verzuge ist.

(2) [1]Besteht ein Anlass zu der Annahme, dass der Generalbundesanwalt einem zur Zuständigkeit der Staatsschutzkammer gehörenden Fall besondere Bedeutung (§ 74a Absatz 2 GVG) beimessen wird, unterrichtet der zuständige Staatsanwalt den Generalbundesanwalt möglichst frühzeitig über den Sachverhalt und dessen bisherige rechtliche Würdigung sowie über die Gründe, aus denen er die besondere Bedeutung des Falles folgert; Nummer 202 Absatz 2 Satz 3 gilt sinngemäß. [2]Der Staatsanwalt hat jedoch die Ermittlungen fortzuführen; er soll aber vor Ablauf eines Monats seit der Unterrichtung des Generalbundesanwalts keine abschließende Verfügung treffen, sofern der Generalbundesanwalt nicht vorher die Übernahme des Verfahrens abgelehnt hat. 3Übernimmt der Generalbundesanwalt das Verfahren nicht, gilt Nummer 203 Absatz 2 und 4 sinngemäß.

205. Unterrichtung der Behörden für Verfassungsschutz in Staatsschutz- und anderen Verfahren. (1) [1]In Staatsschutzstrafverfahren (§§ 74a, 120 Absatz 1 und 2 GVG, §§ 1 und 3 NATO-Truppen-Schutzgesetz) arbeitet der Staatsanwalt mit dem Bundesamt für Verfassungsschutz und den Landesbehörden für Verfassungsschutz in geeigneter Weise nach Maßgabe der gesetzlichen Vorschriften insbesondere unter Berücksichtigung des informationellen Trennungsprinzips zusammen, damit dort gesammelte Informationen bei den Ermittlungen des Staatsanwalts und dessen Erkenntnisse für die Aufgaben des Verfassungsschutzes ausgewertet werden können. [2]Dies gilt auch für andere Verfahren, bei denen tatsächliche Anhaltspunkte dafür bestehen, dass es um Straftaten zur Durchsetzung verfassungsfeindlicher Ziele geht.

(2) [1]Der Staatsanwalt unterrichtet das Bundesamt für Verfassungsschutz bei Bekanntwerden von Tatsachen nach § 18 Absatz 1 des Bundesverfassungsschutzgesetzes (BVerfSchG) und die Verfassungsschutzbehörden des Landes nach Maßgabe des entsprechenden Landesrechts von sich aus in geeigneter Weise über die Einleitung

und den Fortgang von Verfahren sowie die für eine Auswertung wesentlichen Entscheidungen (z. B. Anklageschriften, Urteile, Einstellungsverfügungen). [2]Eine Unterrichtung nach Satz 1 soll insbesondere erfolgen in Verfahren wegen

– Vorbereitung oder Aufnahme von Beziehungen zur Begehung einer schweren staatsgefährdenden Gewalttat (§§ 89a und 89b StGB) oder Terrorismusfinanzierung (§ 89c StGB),
– Landesverrats und Gefährdung der äußeren Sicherheit (§§ 94 bis 100a StGB),
– Straftaten nach den §§ 129a und 129b StGB und damit in einem möglichen Sachzusammenhang stehenden Straftaten,
– Straftaten nach den §§ 17, 18 des Außenwirtschaftsgesetzes (AWG) und nach den §§ 19 bis 22a des Gesetzes über die Kontrolle von Kriegswaffen (KrWaffKontrG) mit Bezügen zu ausländischen Nachrichtendiensten,
– Straftaten unter Anwendung von Gewalt, sofern tatsächliche Anhaltspunkte dafür bestehen, dass sie zur Durchsetzung verfassungsfeindlicher Ziele begangen wurden.

[3]Im Übrigen unterrichtet der Staatsanwalt unter den Voraussetzungen des § 18 Absatz 1b BVerfSchG das Bundesamt für Verfassungsschutz und nach Maßgabe des Landesrechts die Verfassungsschutzbehörde des Landes jedenfalls dann, wenn dies für deren Aufgabenerfüllung erforderlich und über den Einzelfall hinaus von Bedeutung ist.

(2a) Der Staatsanwalt soll bei allen Verfahren im Sinne der Absätze 1 und 2 nach Maßgabe der gesetzlichen Vorschriften die Behörden für Verfassungsschutz um Übermittlung der dort vorhandenen Informationen ersuchen, die für das Ermittlungsverfahren von Bedeutung sein können.

(3) [1]Der Staatsanwalt unterrichtet die Behörden für Verfassungsschutz auf deren Ersuchen über vorhandene Erkenntnisse (vgl. § 18 Absatz 3 BVerfSchG und entsprechende Landesregelungen). [2]Er kann ihnen auch Niederschriften über Vernehmungen oder Vermerke über andere Ermittlungshandlungen überlassen.

(4) Auf die Übermittlungsverbote nach § 23 BVerfSchG, den Minderjährigenschutz des § 24 BVerfSchG und die entsprechenden Landesregelungen wird hingewiesen.

(5) [1]Angehörige der Behörden für Verfassungsschutz können als Sachverständige oder Auskunftspersonen zu Vernehmungen und anderen Ermittlungshandlungen (z. B. Tatortbesichtigung, Durchsuchung oder Beschlagnahme) zugezogen werden. [2]Ihre Zuziehung ist in den Akten zu vermerken.

(6) Unbeschadet bestehender Berichtspflichten ist im Rahmen der Absätze 1 bis 3 und des Absatzes 5 der unmittelbare Geschäftsverkehr mit den in Absatz 1 bezeichneten Behörden zulässig.

206. Unterrichtung des Militärischen Abschirmdienstes und des Bundesnachrichtendienstes. [1]Der Staatsanwalt unterrichtet den Militärischen Abschirmdienst von sich aus nach Maßgabe des § 22 in Verbindung mit § 18 Absatz 1, 1b und 2 BVerfSchG und auf dessen Ersuchen nach Maßgabe des § 22 in Verbindung mit § 18 Absatz 3 BVerfSchG. [2]Er unterrichtet den Bundesnachrichtendienst von sich aus zu dessen Eigensicherung nach Maßgabe des § 10 Absatz 2 des Gesetzes über den Bundesnachrichtendienst (BNDG) sowie auf dessen Ersuchen nach Maßgabe des § 10 Absatz 3 BNDG in Verbindung mit § 18 Absatz 3 BVerfSchG. [3]Nummer 205 ist jeweils entsprechend anzuwenden.

207. Benachrichtigung des Bundeskriminalamtes. (1) [1]Von der Einleitung eines Verfahrens wegen eines Organisationsdeliktes (§§ 84, 85, 129, 129a, 129b StGB; § 20 Absatz 1 Satz 1 Nummer 1 bis 4 des Vereinsgesetzes; § 95 Absatz 1 Nummer 8 des Aufenthaltsgesetzes) ist das Bundeskriminalamt, Thaerstraße 11, 65193 Wiesbaden, zu benachrichtigen. [2]Dieses gibt auf Anfrage anhand der von ihm geführten Karteien Auskünfte darüber, ob und wo wegen des gleichen oder eines damit zusammenhängenden Organisationsdeliktes ein weiteres Verfahren anhängig ist oder anhängig gewesen ist.

(2) [1] Die Staatsanwaltschaft übersendet in Ermittlungs- und Strafverfahren wegen

1. Gefährdung des demokratischen Rechtsstaats in den Fällen der §§ 84, 85, 89a, 89b, 89c und 91 StGB,
2. Landesverrats und Gefährdung der äußeren Sicherheit in den Fällen der §§ 93 bis 101a StGB,
3. Straftaten gegen die Landesverteidigung in den Fällen des § 109h StGB,
4. Straftaten gegen die öffentliche Ordnung in den Fällen der §§ 129, 129a und 129b StGB,
5. politisch motivierter Gewaltstraftaten der Deliktsgruppen:
   a) Widerstandsdelikte in den Fällen der §§ 113 bis 115 StGB,
   b) Landfriedensbruch in den Fällen der §§ 125 und 125a StGB,
   c) Straftaten gegen die sexuelle Selbstbestimmung in den Fällen der §§ 176b, 177 und 178 StGB,
   d) Straftaten gegen das Leben in den Fällen der §§ 211 und 212 StGB,
   e) Straftaten gegen die körperliche Unversehrtheit in den Fällen der §§ 223 bis 227 und 231 StGB,
   f) Freiheitsberaubung in den Fällen der §§ 234 und 239 bis 239b StGB,
   g) Raub und Erpressung in den Fällen der §§ 249 bis 255 StGB,
   h) Gemeingefährliche Straftaten in den Fällen der §§ 306 bis 306c, 308 Absatz 1 bis 5, § 309 Absatz 3 und 4, § 310 Absatz 1 Nummer 2, § 315 Absatz 1 bis 5, § 315b Absatz 1 bis 4, §§ 316a, 316c und 318 Absatz 3 und 4 StGB,
6. Straftaten nach § 20 Absatz 1 Satz 1 Nummer 1 bis 4 des Vereinsgesetzes,
7. Straftaten nach § 95 Absatz 1 Nummer 8 des Aufenthaltsgesetzes

dem Bundeskriminalamt – unabhängig von einem polizeilichen Informationsaustausch – alsbald nach Abschluss des Verfahrens eine Kopie der staatsanwaltschaftlichen oder gerichtlichen Abschlussentscheidung (z. B. Urteil mit Gründen, Strafbefehl, Einstellungsverfügung), möglichst in elektronischer Form, zur Auswertung. [2] Ausgenommen sind:

a) Verfahren, die keinerlei Erkenntnisse sachlicher oder personeller Art enthalten, z. B. Verfahren, die mangels Anhaltspunkten für eine Aufklärung eingestellt worden sind, und
b) Entscheidungen über selbständige Einziehungsverfahren.

(3) Straftaten im Sinne von Absatz 2 Satz 1 Nummer 5 sind politisch motiviert, wenn bei Würdigung der Umstände der Tat und/oder der Einstellung des Beschuldigten Anhaltspunkte dafür vorliegen, dass sie

- den demokratischen Willensbildungsprozess beeinflussen sollen, der Erreichung oder Verhinderung politischer Ziele dienen oder sich gegen die Umsetzung politischer Entscheidungen richten,
- sich gegen die freiheitliche demokratische Grundordnung bzw. eines ihrer Wesensmerkmale, den Bestand und die Sicherheit des Bundes oder eines Landes richten oder eine ungesetzliche Beeinträchtigung der Amtsführung von Mitgliedern der Verfassungsorgane des Bundes oder eines Landes zum Ziel haben,
- durch Anwendung von Gewalt oder darauf gerichtete Vorbereitungshandlungen auswärtige Belange der Bundesrepublik Deutschland gefährden,
- gegen eine Person wegen ihrer politischen Einstellung, Nationalität, Volkszugehörigkeit, Rasse, Hautfarbe, Religion, Weltanschauung, Herkunft oder aufgrund ihres äußeren Erscheinungsbildes, ihrer Behinderung, ihrer sexuellen Orientierung oder ihres gesellschaftlichen Status gerichtet sind und die Tathandlung damit im Kausalzusammenhang steht bzw. sich in diesem Zusammenhang gegen eine Institution, Sache oder ein Objekt richtet.

208. Verfahren betreffend staatsgefährdende Inhalte. (1) [1] Ist ein Inhalt (§ 11 Absatz 3 StGB) zur Begehung einer Straftat nach den §§ 80a bis 100a, 130

StGB, § 20 Absatz 1 Satz 1 Nummer 1 bis 4 des Vereinsgesetzes oder nach § 95 Absatz 1 Nummer 8 des Aufenthaltsgesetzes gebraucht worden oder bestimmt gewesen, benachrichtigt der Staatsanwalt das Bundeskriminalamt, Thaerstraße 11, 65193 Wiesbaden, unverzüglich von der Einleitung des Verfahrens. [2] Einer gesonderten Benachrichtigung von der Einleitung des Verfahrens bedarf es nicht, wenn das Bundeskriminalamt binnen kürzester Frist durch ein Auskunftsersuchen nach Absatz 2 oder durch eine Mitteilung nach Absatz 4 benachrichtigt wird.

(2) [1] Bevor der Staatsanwalt die Beschlagnahme oder die Einziehung beantragt, holt er eine Auskunft des Bundeskriminalamtes darüber ein, ob und wo wegen der Inhalte (§ 11 Absatz 3 StGB) schon ein Verfahren anhängig ist oder anhängig gewesen ist und ob und wo bereits Beschlagnahme- oder Einziehungsentscheidungen beantragt oder ergangen sind. [2] In Eilfällen kann die Auskunft auch fernmündlich, fernschriftlich oder telegrafisch eingeholt werden. [3] Ergibt sich aus der Auskunft des Bundeskriminalamtes, dass in einem wegen derselben Inhalte (§ 11 Absatz 3 StGB) bereits anhängigen Verfahren eine die gesamte Auflage erfassende (allgemeine) Beschlagnahmeanordnung beantragt oder ergangen oder eine allgemeine Einziehung beantragt oder angeordnet, aber noch nicht rechtskräftig geworden ist, wartet der Staatsanwalt den Abschluss dieses Verfahrens ab, wenn für ihn lediglich die Durchführung des selbständigen Einziehungsverfahrens in Betracht käme. [4] In allen anderen Fällen gilt Nummer 249 sinngemäß.

(3) [1] In selbständigen Einziehungsverfahren ist zu prüfen, ob auf die Herbeiführung einer gerichtlichen Beschlagnahme verzichtet und zugleich die Einziehung beantragt werden kann; von dieser Möglichkeit wird in der Regel bei selbständigen Einziehungsverfahren betreffend Masseninhalten Gebrauch zu machen sein. [2] Anträge auf Beschlagnahme sollen nach Möglichkeit beim Amtsgericht am Sitz der in § 74a GVG bezeichneten Strafkammer gestellt werden. [3] Anträge auf Beschlagnahme oder Einziehung sollen, soweit nicht Rechtsgründe entgegenstehen, die gesamte Auflage erfassen.

(4) [1] Das Bundeskriminalamt ist von allen auf Beschlagnahme- und Einziehungsanträge hin ergehenden Entscheidungen sowie von der Rücknahme solcher Anträge unverzüglich zu benachrichtigen. [2] Handelt es sich um die Entscheidungen, durch welche die Beschlagnahme oder Einziehung nicht periodischer Verkörperungen eines Inhalts angeordnet, wieder aufgehoben oder abgelehnt wird, kann zugleich um Bekanntmachung der Entscheidung im Bundeskriminalblatt ersucht werden; dasselbe gilt bei periodischen Verkörperungen eines Inhalts, die im räumlichen Geltungsbereich des Strafgesetzbuches erscheinen.

(5) [1] Im Übrigen gelten die Nummer 226 Absatz 1 Satz 4 und Absatz 2, 251, 252 und 253 sinngemäß. [2] Für die Verwertung der in Staatsschutzverfahren eingezogenen Filme gilt die bundeseinheitlich getroffene Anordnung vom 2. April 1973.

(6) [1] Postsendungen, die von den Zollbehörden gemäß § 2 des Gesetzes zur Überwachung strafrechtlicher und anderer Verbringungsverbote vom 24. Mai 1961[1] der Staatsanwaltschaft vorgelegt, jedoch von dieser nach Prüfung freigegeben werden, sind beschleunigt an die Empfänger weiterzuleiten. [2] Geöffnete Sendungen sind zu verschließen sowie mit dem Vermerk:

„Auf Grund des Gesetzes zur Überwachung strafrechtlicher und anderer Verbringungsverbote vom 24. Mai 1961 zollamtlich geöffnet und von der Staatsanwaltschaft freigegeben."

und mit dem Dienststempel der Staatsanwaltschaft zu versehen.

209. Verfahren wegen Verunglimpfung und Beleidigung oberster Staatsorgane. (1) [1] Bei Verunglimpfungen und Beleidigungen oberster Staatsorgane des Bundes (§§ 90, 90b, 185 bis 188 StGB) ist das für Justiz zuständige Bundesministerium, bei Verunglimpfungen oder Beleidigungen oberster Staatsorgane eines

[1] **[Amtl. Anm.:]** Vgl. Fundstellennachweis A zum Bundesrecht.

Landes die Landesjustizverwaltung beschleunigt zu unterrichten, damit der Verletzte eine Entschließung darüber treffen kann, ob die Sache verfolgt werden soll. [2] Zu diesem Zweck sind die im Interesse der Beweissicherung notwendigen Ermittlungen zu führen, von der Vernehmung des Beschuldigten ist jedoch zunächst abzusehen. [3] Der Bericht soll eine gestraffte Darstellung des Sachverhalts mit kurzer rechtlicher Würdigung sowie Angaben über die persönlichen Verhältnisse des Beschuldigten, sofern diese bekannt sind, enthalten. [4] Bei Verunglimpfungen und Beleidigungen oberster Staatsorgane des Bundes ist der Bericht dem für Justiz zuständigen Bundesministerium unmittelbar unter gleichzeitiger Übersendung von Abschriften an die Landesjustizverwaltung und die vorgesetzten Behörden zu erstatten.

(2) [1] Erwägt ein oberstes Staatsorgan, eine Ermächtigung zur Strafverfolgung zu erteilen oder Strafantrag zu stellen, so ist der Sachverhalt beschleunigt aufzuklären. [2] Der abschließende Bericht soll den Sachverhalt erschöpfend darstellen und rechtlich würdigen, die für die Entschließung des Verletzten bedeutsamen Umstände, wie besondere Tatumstände, Persönlichkeit, Verhältnis, Vorstrafen und Reue des Beschuldigten, Entschuldigungen, Widerruf oder sonstige Wiedergutmachung bzw. die Bereitschaft dazu, darlegen sowie mit der Verunglimpfung oder Beleidigung zusammentreffende, von Amts wegen zu verfolgende Straftaten einbeziehen; soweit nach der Beweislage eine Überführung des Beschuldigten zweifelhaft erscheint, soll hierauf hingewiesen werden. [3] Dem Bericht sind die erforderliche Anzahl von Abschriften für die Ermächtigungs- oder Antragsberechtigten sowie in der Regel die Akten beizufügen. [4] Der Bericht ist auf dem Dienstweg, in dringenden Fällen (z. B. bei bevorstehendem Fristablauf) unmittelbar, dem für Justiz zuständigen Bundesministerium oder der Landesjustizverwaltung unter gleichzeitiger Übersendung von Abschriften an die vorgesetzten Behörden zu erstatten.

(3) Ist die Befugnis zur Bekanntgabe der Verurteilung anzuordnen, gilt Nummer 231 sinngemäß.

(4) Kann bei Verunglimpfungen oder Beleidigungen oberster Staatsorgane selbständig auf Einziehung und Unbrauchbarmachung erkannt werden (Nummer 180), gelten die Absätze 1 bis 3 entsprechend.

210. Verfahren wegen Handlungen gegen ausländische Staaten (§§ 102 und 104 StGB). (1) Bei Handlungen gegen ausländische Staaten (§§ 102, 104 StGB) soll der Staatsanwalt beschleunigt die im Interesse der Beweissicherung notwendigen Ermittlungen durchführen sowie die Umstände aufklären, die für die Entschließung des verletzten ausländischen Staates, ein Strafverlangen zu stellen, von Bedeutung sein können.

(2) [1] Von dem Ergebnis dieser Ermittlungen ist das für Justiz zuständige Bundesministerium auf dem Dienstweg zu unterrichten. [2] Für die Berichterstattung gilt Nummer 209 Absatz 2 Satz 2 sinngemäß. [3] Dem Bericht sind drei Abschriften für die Bundesregierung.

211. Anhörung und Unterrichtung oberster Staatsorgane sowie oberster Bundes- und Landesbehörden. (1) [1] In den Fällen, in denen ein oberstes Staatsorgan oder eine oberste Behörde des Bundes oder eines Landes die Ermächtigung zur Strafverfolgung nach § 89a Absatz 4, § 89b Absatz 4, § 89c Absatz 4, § 90 Absatz 4, § 90b Absatz 2, § 97 Absatz 3, § 129b Absatz 1 Satz 3, § 194 Absatz 4 StGB erteilt oder Strafantrag wegen Beleidigung gestellt hat, teilt der Staatsanwalt, bevor er das Verfahren nach § 170 Absatz 2 Satz 1 StPO oder nach § 153 Absatz 1, § 153a Absatz 1 StPO einstellt oder einer vom Gericht beabsichtigten Einstellung nach § 153 Absatz 2, § 153a Absatz 2 StPO zustimmt, dem obersten Staatsorgan oder der obersten Behörde unter Beifügung der Akten die Gründe mit, die für die Einstellung des Verfahrens sprechen, und gibt ihm Gelegenheit zur Stellungnahme. [2] Wenn der Staatsanwalt entgegen einer widersprechenden Stellungnahme des obersten Staatsorgans oder der obersten Behörde das Verfahren einstellt oder der Einstellung des Verfahrens durch das Gericht zustimmt, soll er dabei auch die Einwendungen würdigen, die gegen die Einstellung erhoben worden sind.

(2) [1]Wird in den in Absatz 1 Satz 1 bezeichneten Fällen die Eröffnung des Hauptverfahrens abgelehnt, das Verfahren durch das Gericht eingestellt oder der Angeklagte freigesprochen und erscheint ein Rechtsmittel nicht aussichtslos, gibt der Staatsanwalt dem obersten Staatsorgan oder der obersten Behörde Gelegenheit zur Stellungnahme, bevor er von der Einlegung eines Rechtsmittels absieht, auf die Einlegung eines Rechtsmittels verzichtet oder ein Rechtsmittel zurücknimmt. [2]Dies gilt auch, wenn der Staatsanwalt der Auffassung ist, dass die erkannte Strafe in einem Missverhältnis zur Schwere der Tat steht. [3]Bei drohendem Fristablauf wird in der Regel die vorsorgliche Einlegung eines Rechtsmittels geboten sein.

(3) In den in Absatz 1 Satz 1 bezeichneten Fällen gibt der Staatsanwalt dem obersten Staatsorgan oder der obersten Behörde ferner Gelegenheit zur Stellungnahme,

a) bevor er von einem Antrag auf Einziehung und Unbrauchbarmachung im selbständigen Verfahren absieht,
b) bevor er von der Durchführung eines Rechtsmittels gegen eine Entscheidung absieht, durch die das Gericht einem Antrag des Staatsanwalts auf Einziehung und Unbrauchbarmachung im selbständigen Verfahren nicht stattgegeben hat, sofern nicht ein Rechtsmittel aussichtslos erscheint.

(4) [1]Das für Justiz zuständige Bundesministerium, bei Beteiligung eines obersten Staatsorgans oder einer obersten Behörde eines Landes die Landesjustizverwaltung, ist in angemessenen Zeitabständen über den Fortgang des Verfahrens sowie über dessen Ausgang zu unterrichten. [2]Abschriften der Einstellungsverfügungen und der gerichtlichen Sachentscheidungen sind in der erforderlichen Zahl für die beteiligten obersten Staatsorgane oder obersten Behörden beizufügen.

(5) Für die Berichterstattung nach Absatz 1 bis 4 gilt Nummer 209 Absatz 2 Satz 4 sinngemäß; Nummer 5 Absatz 4 findet Anwendung.

212. Verfahren bei weiteren Ermächtigungsdelikten. (1) [1]Wird dem Staatsanwalt eine Straftat nach §§ 353a oder 353b StGB bekannt, holt er unter Mitteilung des bekanntgewordenen Sachverhalts, jedoch in der Regel vor weiteren Ermittlungen, über das für Justiz zuständige Bundesministerium bzw. über die Landesjustizverwaltung die Entscheidung ein, ob die Ermächtigung zur Strafverfolgung erteilt wird. [2]Die Vorschriften der Nummer 209 Absatz 2 Satz 3 und 4, 211 gelten sinngemäß.

(2) [1]Bei Straftaten betreffend die Bildung krimineller oder terroristischer Vereinigungen im Ausland außerhalb der Europäischen Union (§§ 129, 129a in Verbindung mit § 129b StGB) soll der Staatsanwalt beschleunigt die zur Beweissicherung notwendigen Ermittlungen durchführen sowie die Umstände aufklären, die für die Entschließung des für Justiz zuständigen Bundesministeriums, die Ermächtigung zur Strafverfolgung zu erteilen, von Bedeutung sein können. [2]Von dem Ergebnis dieser Ermittlungen ist das für Justiz zuständige Bundesministerium auf dem Dienstweg zu unterrichten. [3]In Eilfällen (zum Beispiel Haftsachen) kann die Unterrichtung unmittelbar unter gleichzeitiger Übersendung von Abschriften an die vorgesetzte Behörde erfolgen. [4]Der Bericht soll die Erkenntnisse zu der Vereinigung, die Gegenstand des Verfahrens ist, zusammenfassend darstellen.

(3) Bei Straftaten nach den §§ 89a, 89b oder 89c StGB gilt Absatz 2 Satz 1 bis 3 sinngemäß.

213. Geheimhaltung. (1) Geheimzuhaltende Tatsachen und Erkenntnisse, insbesondere Staatsgeheimnisse (§ 93 StGB), dürfen in Sachakten nur insoweit schriftlich festgehalten werden, als dies für das Verfahren unerlässlich ist.

(2) [1]Bei der Behandlung von Verschlusssachen sind die Vorschriften der Verschlusssachenanweisung, bei der Behandlung von Verschlusssachen zwischenstaatlichen oder überstaatlichen Ursprungs die für diese geltenden besonderen Geheimschutzvorschriften zu beachten. [2]Das gilt auch bei der Mitteilung von Verschlusssachen an Verteidiger, Sachverständige und sonstige Verfahrensbeteiligte (z. B. Dolmetscher), soweit nicht zwingende Rechtsgrundsätze entgegenstehen.

(3) [1]Auch wenn bei der Mitteilung von Verschlusssachen an Verteidiger, Sachverständige oder sonstige Verfahrensbeteiligte zwingende Rechtsgrundsätze den Vorschriften der Verschlusssachenanweisung oder den besonderen Geheimschutzvorschriften entgegenstehen, sind die Empfänger gleichwohl eindringlich auf ihre Geheimhaltungspflicht (§§ 93 ff., 203, 353b StGB) hinzuweisen; dabei ist ihnen zu empfehlen, bei der Behandlung der Verschlusssachen nach den im Einzelfall einschlägigen Vorschriften zu verfahren, die ihnen zu erläutern sind. 2Über den Hinweis und die Empfehlungen ist ein Vermerk zu den Akten zu nehmen; dieser soll vom Empfänger unterschrieben werden.

(4) [1]Der Mitteilung von Verschlusssachen an Verteidiger im Sinne der Absätze 2 und 3 steht die Akteneinsicht gleich, wenn sie sich auf Verschlusssachen erstreckt. [2]Bei Akten, die Verschlusssachen des Geheimhaltungsgrades VS-VERTRAULICH, GEHEIM oder STRENG GEHEIM enthalten, ist besonders sorgfältig zu prüfen,

a) ob nicht wichtige Gründe entgegenstehen, Einsicht durch Bereitstellen des Inhalts der Akte zum Abruf oder durch Bereitstellen einer Aktenkopie zur Mitnahme zu gewähren oder dem Verteidiger die Akten zur Einsichtnahme in seine Geschäftsräume oder in seine Wohnung mitzugeben (§ 32f Absatz 1 Satz 4, Absatz 2 Satz 2 und 3 StPO);
b) ob rechtliche Bedenken gegen die Anfertigung von Notizen, Abschriften, Auszügen oder Ablichtungen durch den Verteidiger bestehen.

[3]Dies gilt sinngemäß bei Sachverständigen und sonstigen Verfahrensbeteiligten.

(5) [1]In geeigneten Fällen soll der Staatsanwalt die Verteidiger, Sachverständigen und sonstigen Verfahrensbeteiligten zur Geheimhaltung der ihnen mitgeteilten geheimhaltungsbedürftigen Umstände unter Hinweis auf die Strafbarkeit der Geheimnisverletzung (§ 353b Absatz 2 StGB) förmlich verpflichten. [2]Dabei ist zu beachten, dass eine derartige Verpflichtung zur Geheimhaltung nur auf Grund eines Gesetzes oder mit Einwilligung des Betroffenen möglich ist. 3Über die Einwilligung des Betroffenen und über die Vornahme der Verpflichtung ist ein Vermerk zu den Akten zu nehmen, der von dem Verpflichteten unterschrieben werden soll.

(6) [1]Ist eine Gefährdung der Staatssicherheit zu besorgen, hat der Staatsanwalt durch entsprechende Anträge auf gerichtliche Maßnahmen nach §§ 172 und 174 Absatz 2 GVG hinzuwirken. [2]Im Übrigen ist Nummer 131 zu beachten.

214. Verlust oder Preisgabe von Verschlusssachen. [1]Bei Ermittlungen, die den Verlust oder die Preisgabe von Verschlusssachen betreffen, ist zu prüfen, ob eine Verpflichtung besteht, ausländische Geheimhaltungsinteressen wahrzunehmen. [2]Hierzu kann es sich empfehlen, eine Anfrage an das für innere Angelegenheiten zuständige Bundesministerium zu richten, das eine Liste der internationalen Geheimschutzvereinbarungen führt.

2. Geld- und Wertzeichenfälschung

215. Internationale Abkommen. [1]Bei der Verfolgung der Geld- und Wertzeichenfälschung (Münzstrafsachen) sind völkerrechtliche Vereinbarungen, insbesondere das Internationale Abkommen vom 20. April 1929 zur Bekämpfung der

Falschmünzerei[1] zu beachten. [2]Auskunft erteilt das für Justiz zuständige Bundesministerium.

216. Zusammenwirken mit anderen Stellen. (1) Bei der Verfolgung von Münzstrafsachen arbeitet der Staatsanwalt insbesondere mit folgenden Stellen zusammen:

a) dem Bundeskriminalamt und den Landeskriminalämtern,
b) der deutschen Bundesbank, Wilhelm-Epstein-Str. 14, 60431 Frankfurt am Main und deren Falschgeldstelle H 31, Hegelstraße 65, 55122 Mainz, als nationales Analysezentrum (NAZ) und nationales Münzanalysezentrum (MAZ), wenn es sich um in- oder ausländische Noten oder Münzen handelt,
c) der Bundesrepublik Deutschland-Finanzagentur GmbH, Olof-Palme-Straße 35, 60439 Frankfurt am Main, wenn es sich um Schuldverschreibungen oder Zins- und Erneuerungsscheine des Deutschen Reiches, der Deutschen Reichspost, des Preußischen Staates, der Bundesrepublik Deutschland, der Deutschen Bundesbahn oder der Deutschen Bundespost handelt.

(2) Bei Münzstrafsachen, die Schuldverschreibungen oder deren Zins- oder Erneuerungsscheine betreffen, soll die Körperschaft (z. B. das Land, die Gemeinde, der Gemeindeverband) beteiligt werden, die echte Schuldverschreibungen dieser Art ausgegeben hat oder in ihnen als Ausgeber genannt ist.

217. Nachrichtensammel – und Auswertungsstelle bei dem Bundeskriminalamt. (1) Bei der Verfolgung von Münzstrafsachen beachtet der Staatsanwalt, dass das Bundeskriminalamt auf diesem Gebiet die Aufgaben einer Zentralstelle wahrnimmt (vgl. Artikel 12, 13 des Internationalen Abkommens zur Bekämpfung der Falschmünzerei) und die folgenden Sammlungen unterhält:

a) Falschgeldtypenlisten,
   in denen alle bekannt gewordenen in- und ausländischen Falschgeldtypen registriert sind unter Angabe der Orte, an denen Falschgeld in Erscheinung getreten ist;
b) eine Geldfälscherkartei,
   die untergliedert ist in
aa) eine Hersteller- und Verbreiterkartei;
   aus ihr kann Auskunft über die Personen erteilt werden, die als Hersteller oder Verbreiter von Falschgeld in Erscheinung getreten sind;
bb) eine Typenherstellerkartei;
   aus ihr kann Auskunft erteilt werden über die Hersteller bestimmter Fälschungstypen (bei Münzen) oder Fälschungsklassen (bei Noten).

(2) Auch die Landeskriminalämter unterhalten eine Nachrichtensammelstelle zur Bekämpfung von Geldfälschungen; sie stehen in enger Verbindung mit dem Bundeskriminalamt und erhalten von diesem regelmäßig Bericht mit Angaben über die Anfallmenge, Anfallorte und Verausgabungsstellen, mit Hinweisen auf vermutliche Verbreitungszusammenhänge sowie mit einer Übersicht über die Menge der angehaltenen Fälschungstypen, Fälschungsklassen und die Verbreitungsschwerpunkte.

218. Verbindung mehrerer Verfahren. (1) Mehrere dieselbe Fälschungsklasse betreffende Verfahren, die von derselben Staatsanwaltschaft geführt werden, sind regelmäßig zu verbinden.

(2) [1]Werden gegen mehrere Verbreiter oder gegen Hersteller und Verbreiter durch verschiedene Staatsanwaltschaften Verfahren geführt, wird eine Verbindung nur zweckmäßig sein, wenn zwischen den Beschuldigten unmittelbare Zusammenhänge feststellbar sind. [2]Ist ein Zusammenhang (Ringbildung) erkennbar, ist die Verbindung regelmäßig geboten.

---

[1] **[Amtl. Anm.:]** Vgl. Fundstellennachweis B zum Bundesgesetzblatt Teil II.

219. Unterrichtung und Ausschluss der Öffentlichkeit. (1) [1] Über Münzstrafsachen unterrichtet der Staatsanwalt die Öffentlichkeit grundsätzlich nur im Einvernehmen mit den in Nummer 216 Absatz 1 Buchstabe a und b genannten Stellen. [2] Dies gilt auch für die Bezeichnung der Fälschungsklasse und die Reihennummern der einzelnen Falschstücke.

(2) In der Anklageschrift sind über die in Absatz 1 bezeichneten Umstände, sowie über die bei Münzstraftaten angewandten Verfahren und die Mittel zur Bekämpfung dieser Straftaten nur die unbedingt notwendigen Angaben zu machen.

(3) [1] In der Hauptverhandlung soll der Staatsanwalt den Ausschluss der Öffentlichkeit sowie die Auferlegung der Schweigepflicht beantragen (§§ 172 Nummer 1, 174 Absatz 3 GVG; vgl. auch Nummer 131 Absatz 2); regelmäßig ist dies für die Erörterung des Herstellungsverfahrens und der anderen in den Absätzen 1 und 2 bezeichneten Umstände geboten. [2] Auch wenn es sich nur um die Verbreitung von Falschgeld handelt, ist dies zweckmäßig.

3. Sexualstraftaten

220. Rücksichtnahme auf Verletzte. (1) [1] Die Anordnung und Durchführung der körperlichen Untersuchung erfordern Behutsamkeit, Einfühlungsvermögen sowie hinreichende Betreuung und Information. [2] Die Durchführung der körperlichen Untersuchung sollte mit Rücksicht auf das Schamgefühl des Verletzten möglichst einer Person gleichen Geschlechts oder einer ärztlichen Kraft (§ 81d StPO) übertragen werden. [3] Bei berechtigtem Interesse soll dem Wunsch, die Untersuchung einer Person oder einem Arzt bestimmten Geschlechts zu übertragen, entsprochen werden. [4] Auf Verlangen der betroffenen Person soll eine Person des Vertrauens zugelassen werden. [5] Auf die beiden vorgenannten Regelungen ist die betroffene Person hinzuweisen.

(2) [1] Lichtbilder von Verletzten, die sie ganz oder teilweise unbekleidet zeigen, sind in einem verschlossenen Umschlag oder gesondert zu den Akten zu nehmen und bei der Gewährung von Akteneinsicht – soweit sie nicht für die verletzte Person selbst erfolgt – vorübergehend aus den Akten zu entfernen. [2] Der Verteidigung ist insoweit Akteneinsicht in den Diensträumen zu gewähren (§ 32f Absatz 1 Satz 2 und 4, Absatz 2 Satz 1 StPO). [3] Der Gewährung von Akteneinsicht durch Bereitstellen des Inhalts der Akte zum Abruf, durch Übermittlung des Inhalts der Akte auf einem sicheren Übermittlungsweg, durch Bereitstellen einer Aktenkopie zur Mitnahme oder durch Mitgabe der Akten an den Verteidiger in seine Geschäftsräume oder in seine Wohnung werden insoweit regelmäßig wichtige Gründe entgegenstehen (§ 32f Absatz 1 Satz 4, Absatz 2 Satz 2 und 3 StPO).

221. Beschleunigung in Verfahren mit kindlichen Verletzten. (1) Das Verfahren ist zu beschleunigen, vor allem deswegen, weil das Erinnerungsvermögen von Kindern rasch verblasst und weil sie besonders leicht zu beeinflussen sind.

(2) [1] Wird ein Beschuldigter, der in häuslicher Gemeinschaft mit dem Geschädigten lebt oder der auf diesen in anderer Weise unmittelbar einwirken kann, freigelassen, ist das Jugendamt unverzüglich zu benachrichtigen, damit die erforderlichen Maßnahmen zum Schutze des Geschädigten ergriffen werden können. [2] Die Benachrichtigung obliegt derjenigen Stelle, welche die Freilassung veranlasst hat.

222. Vernehmung von Kindern, Ausschluss und Beschränkung der Öffentlichkeit. (1) [1] Werden Kinder als Zeugen vernommen, sind die Nummern 19, 19a, 130a Absatz 2 und 135 Absatz 1, 3 und 4 zu beachten. [2] Im Einzelfall kann es sich empfehlen, schon zur ersten Vernehmung einen Sachverständigen beizuziehen, der über besondere Kenntnisse und Erfahrungen auf dem Gebiet der Kinderpsychologie verfügt.

(2) Hat der Beschuldigte ein glaubhaftes Geständnis vor dem Richter abgelegt, ist im Interesse des Kindes zu prüfen, ob dessen Vernehmung noch nötig ist (vgl. Nummer 111 Absatz 4).

(3) Wegen des Ausschlusses oder der Beschränkung der Öffentlichkeit sind Nummer 131a, 132 zu beachten.

222a. Anhörung des durch eine Straftat nach den §§ 174 bis 182 StGB Verletzten. (1) [1] Vor der Einleitung verfahrensbeendender Maßnahmen nach den §§ 153 Absatz 1, 153a Absatz 1, 153b Absatz 1 oder 154 Absatz 1 StPO soll dem Verletzten Gelegenheit zur Stellungnahme zu dem beabsichtigten Verfahrensabschluss gegeben werden, in den Fällen des § 154 Absatz 1 StPO jedoch nur, wenn die Einstellung im Hinblick auf andere Taten zum Nachteil Dritter erfolgen soll. [2] Hiervon kann abgesehen werden, wenn der Verletzte bereits bei seiner Vernehmung als Zeuge hierzu befragt worden ist. [3] Widerspricht der Verletzte einer beabsichtigten Maßnahme und wird das Verfahren eingestellt, soll eine Würdigung seiner Einwendungen in den Bescheid über die Einstellung (Nummer 89, 101 Absatz 2) aufgenommen werden.

(2) [1] Dem Verletzten soll auch Gelegenheit gegeben werden, sich durch einen anwaltlichen Beistand bei einer etwaigen Erörterung des Verfahrensstands nach § 160b StPO sowie im Hinblick auf eine etwaige Entscheidung über die Anklageerhebung nach § 24 Absatz 1 Nummer 3 GVG oder § 26 Absatz 2 GVG (vgl. Nummer 113 Absatz 2) zu seiner besonderen Schutzbedürftigkeit zu äußern. [2] In geeigneten Fällen kann auch der Verletzte selbst an der Erörterung des Verfahrensstands beteiligt werden.

4. Verbreitung und Zugänglichmachen gewaltdarstellender, pornographischer und sonstiger jugendgefährdender Inhalte

223. Zentralstellen der Länder. [1] Die Zentralstellen der Länder zur Bekämpfung gewaltdarstellender, pornographischer und sonstiger jugendgefährdender Schriften bzw. Inhalte sorgen dafür, dass Straftaten nach den §§ 131, 184, 184a, 184b, 184c StGB und §§ 15, 27 des Jugendschutzgesetzes (JuSchG), § 23 des Jugendmedienschutz-Staatsvertrages (JMStV) und Ordnungswidrigkeiten nach den § 119 OWiG, § 33 Absatz 2 Nummer 14 des Gesetzes zum Schutz von in der Prostitution tätigen Personen (ProstSchG), § 28 Absatz 1 Nummer 1 bis 4, Nummer 9, Nummer 14 bis 20, Absatz 2, 3 und 4 JuSchG, § 24 JMStV nach einheitlichen Grundsätzen verfolgt werden, und halten insbesondere in den über den Bereich eines Landes hinausgehenden Fällen miteinander Verbindung. [2] Sie beobachten auch die in ihrem Geschäftsbereich erscheinenden oder verbreiteten Zeitschriften und Zeitungen.

224. Mehrere Strafverfahren. (1) Das Bundeskriminalamt gibt Auskunft darüber, ob ein Inhalt (§ 11 Absatz 3 StGB) bereits Gegenstand eines Strafverfahrens nach den §§ 131, 184, 184a, 184b, 184c StGB oder den §§ 15, 27 JuSchG, § 23 JMStV gewesen ist.

(2) Um zu verhindern, dass voneinander abweichende Entscheidungen ergehen, sind folgende Grundsätze zu beachten:

a) Leitet die Staatsanwaltschaft des Verbreitungsortes ein Verfahren wegen einer gewaltdarstellenden, pornographischen oder sonstigen jugendgefährdenden Inhalts ein, unterrichtet sie gleichzeitig die Staatsanwaltschaft des Erscheinungsortes. Diese teilt ihr unverzüglich mit, ob sie ebenfalls ein Verfahren eingeleitet hat oder einzuleiten beabsichtigt, und unterrichtet sie über den Ausgang des Verfahrens.

b) Will die Staatsanwaltschaft des Verbreitungsortes aus besonderen Gründen ihr Verfahren durchführen, bevor das Verfahren am Erscheinungsort abgeschlossen ist, führt sie die Entscheidung der Landesjustizverwaltung (bzw. der Zentralstelle, falls ihr die Entscheidungsbefugnis übertragen ist) herbei.
c) Die Genehmigung der Landesjustizverwaltung (bzw. der Zentralstelle) ist auch dann einzuholen, wenn wegen eines Inhalts eingeschritten werden soll, obwohl ein anderes Verfahren wegen desselben Inhalts bereits deswegen zur Einstellung, zur Ablehnung der Eröffnung des Hauptverfahrens, zu einem Freispruch oder zur Ablehnung der Einziehung geführt hat, weil er nicht als gewaltdarstellend, pornographisch oder sonst jugendgefährdend erachtet worden ist.

(3) Auf Inhalte, bei denen ein inländischer Erscheinungsort nicht bekannt ist, findet Absatz 2a) und b) keine Anwendung.

(4) Bei unkörperlich verbreiteten Inhalten ist
a) der Verbreitungsort der Ort der Wahrnehmbarkeit des Inhalts und
b) der Erscheinungsort der Ort, von dem aus der Inhalt zugänglich gemacht wird.

225. Verwahrung beschlagnahmter Verkörperungen eines Inhaltes. [1] Die beschlagnahmten Stücke sind so zu verwahren, dass ein Missbrauch ausgeschlossen ist; sie dürfen nur der Staatsanwaltschaft und dem Gericht zugänglich sein. [2] Von den verwahrten Verkörperungen eines Inhalts werden höchstens je zwei Stück in einem besonderen Umschlag (zum Gebrauch der Staatsanwaltschaft und des Gerichts) zu den Ermittlungs- oder Strafakten genommen. [3] Wenn diese Stücke nicht benötigt werden, sind sie wie die übrigen amtlich verwahrten Verkörperungen eines Inhalts unter Verschluss zu halten.

226. Veröffentlichung von Entscheidungen. (1) [1] Die Beschlagnahme gewaltdarstellender, pornographischer und sonstiger jugendgefährdender Verkörperungen eines Inhalts ist im Bundeskriminalblatt bekanntzumachen, sofern nicht wegen voraussichtlich geringer oder nur örtlich beschränkter Verbreitung eine Veröffentlichung im Landeskriminalblatt genügt. [2] Beschränkt sich die Beschlagnahme auf die in § 74d Absatz 3 StGB bezeichneten Verkörperungen eines Inhalts, wird hierauf in der Bekanntmachung hingewiesen. [3] Nummer 251 Absatz 2 bis 6 gilt sinngemäß. [4] Wird die Beschlagnahme aufgehoben, ist dies in gleicher Weise bekanntzumachen.

(2) Bei rechtskräftigen Entscheidungen, die auf Einziehung einer Verkörperung eines Inhalts erkennen, ist nach § 81 der Strafvollstreckungsordnung (StVollstrO) zu verfahren.

(3) [1] Rechtskräftige Entscheidungen, in denen das Gericht den gewaltdarstellenden, pornographischen oder sonst jugendgefährdenden Charakter eines Inhalts (§ 11 Absatz 3 StGB) verneint und den Angeklagten freigesprochen oder die Einziehung abgelehnt hat, sind im Bundeskriminalblatt auszugsweise zu veröffentlichen, wenn der Medieninhalt genau genug bezeichnet werden kann. [2] Ist der Medieninhalt nur geringfügig (etwa nur in wenigen Stücken) oder nur in örtlich begrenztem Gebiet verbreitet worden, genügt die Veröffentlichung im Landeskriminalblatt.

227. Unterrichtung des Bundeskriminalamts. [1] Gerichtliche Entscheidungen über den gewaltdarstellenden, pornographischen oder sonst jugendgefährdenden Charakter eines Inhalts (§ 11 Absatz 3 StGB), insbesondere über die Beschlagnahme oder die Einziehung von Verkörperungen eines Inhalts nach den §§ 74d, 76a StGB, teilen die Zentralstellen der Länder dem Bundeskriminalamt auch dann mit, wenn eine Bekanntmachung oder Veröffentlichung im Bundeskriminalblatt nicht verlangt wird oder nicht erfolgt ist. [2] Von der Mitteilung wird abgesehen, sofern die Aufnahme von Medien mit entsprechenden Inhalten in die Liste nach § 18 JuSchG bereits bekanntgemacht ist.

228. Unterrichtung der Bundeszentrale für Kinder- und Jugendmedienschutz. (1) [1] Ist rechtskräftig festgestellt, dass ein Inhalt (§ 11 Absatz 3 StGB) einen in den §§ 86, 130, 130a, 131, 184, 184a, 184b oder 184c StGB bezeichneten Charakter hat, übersenden die Zentralstellen der Länder eine beglaubigte Abschrift dieser Entscheidung der Bundeszentrale für Kinder- und Jugendmedienschutz zum Zwecke des § 18 Absatz 5 Jugendschutzgesetz. [2] Die beglaubigte Abschrift soll mit Rechtskraftvermerk versehen sein.

(2) Rechtskräftige Entscheidungen, in denen das Gericht den gewaltdarstellenden, pornographischen oder sonstigen jugendgefährdenden Charakter eines Inhalts (§ 11 Absatz 3 StGB) verneint hat, teilen die Zentralstellen der Länder der Bundeszentrale für Kinder- und Jugendmedienschutz in gleicher Form mit.

5. Beleidigung

229. Erhebung der öffentlichen Klage. (1) [1] Von der Erhebung der öffentlichen Klage soll der Staatsanwalt regelmäßig absehen, wenn eine wesentliche Ehrenkränkung nicht vorliegt, wie es vielfach bei Familienzwistigkeiten, Hausklatsch, Wirtshausstreitigkeiten der Fall ist. [2] Liegt dagegen eine wesentliche Ehrenkränkung oder ein Fall des § 188 StGB vor, wird das öffentliche Interesse meist gegeben sein. [3] Auf Nummer 86 wird verwiesen.

(2) [1] Auch wenn ein Strafantrag nach § 194 Absatz 3 StGB gestellt ist, prüft der Staatsanwalt, ob ein öffentliches Interesse an der Strafverfolgung besteht. [2] Will er es verneinen, gibt er dem Antragsteller vor der abschließenden Verfügung Gelegenheit, sich hierzu zu äußern.

(3) [1] Ist kein Strafantrag nach § 194 Absatz 3 StGB gestellt, folgt daraus allein noch nicht, dass kein öffentliches Interesse an der Strafverfolgung besteht. [2] Will der Staatsanwalt die öffentliche Klage erheben, gibt er dem nach § 194 Absatz 3 StGB Berechtigten Gelegenheit, einen Strafantrag zu stellen. [3] Dies gilt sinngemäß, sofern eine Beleidigung nur mit Ermächtigung der betroffenen politischen Körperschaften (§ 194 Absatz 4 StGB) zu verfolgen ist.

230. Wahrheitsbeweis. Dem Versuch, die Zulassung des Wahrheitsbeweises zur weiteren Verunglimpfung des Beleidigten zu missbrauchen und dadurch den strafrechtlichen Ehrenschutz zu unterlaufen, tritt der Staatsanwalt im Rahmen des § 244 Absatz 2, 3 StPO entgegen.

231. Öffentliche Bekanntgabe der Verurteilung. [1] Ist nach § 200 StGB die Bekanntgabe der Verurteilung anzuordnen, hat der Staatsanwalt darauf hinzuwirken, dass der Name des Beleidigten in die Urteilsformel aufgenommen wird. [2] Ist die öffentliche Bekanntgabe der Verurteilung zu vollziehen (§ 463c StPO), sind die dazu ergangenen Vorschriften der Strafvollstreckungsordnung zu beachten.

232. Beleidigung von Justizangehörigen. (1) Wird ein Justizangehöriger während der Ausübung seines Berufs oder in Beziehung auf ihn beleidigt und stellt die vorgesetzte Dienststelle zur Wahrung des Ansehens der Rechtspflege Strafantrag nach § 194 Absatz 3 StGB, ist regelmäßig auch das öffentliche Interesse an der Strafverfolgung im Sinne des § 376 StPO zu bejahen (vgl. Nummer 229).

(2) [1] Wird in Beschwerden, Gnadengesuchen oder ähnlichen Eingaben an Entscheidungen und anderen Maßnahmen von Justizbehörden oder -angehörigen in beleidigender Form Kritik geübt, ist zu prüfen, ob es sich um ernst zu nehmende Ehrenkränkungen handelt und es zur Wahrung des Ansehens der Rechtspflege geboten ist, einzuschreiten (vgl. Nummer 229 Absatz 1). [2] Offenbar haltlose Vorwürfe unbelehrbarer Querulanten oder allgemeine Unmutsäußerungen von Personen, die sich in ihrem Recht verletzt glauben, werden regelmäßig keine Ver-

anlassung geben, die öffentliche Klage zu erheben, es sei denn, dass wegen falscher Verdächtigung vorzugehen ist.

(3) Für ehrenamtliche Richter gelten die Absätze 1 und 2 entsprechend.

6. Körperverletzung

233. Erhebung der öffentlichen Klage. [1] Das öffentliche Interesse an der Verfolgung von Körperverletzungen ist vor allem dann zu bejahen, wenn eine rohe Tat, eine erhebliche Misshandlung oder eine erhebliche Verletzung vorliegt (vgl. Nummer 86). [2] Dies gilt auch, wenn die Körperverletzung in einer engen Lebensgemeinschaft begangen wurde; Nummer 235 Absatz 3 gilt entsprechend.

234. Besonderes öffentliches Interesse an der Strafverfolgung (§ 230 Absatz 1 StGB). (1) [1] Ein besonderes öffentliches Interesse an der Verfolgung von Körperverletzungen (§ 230 Absatz 1 Satz 1 StGB) wird namentlich dann anzunehmen sein, wenn der Beschuldigte einschlägig vorbestraft ist, roh oder besonders leichtfertig oder aus rassistischen, fremdenfeindlichen, antisemitischen oder sonstigen menschenverachtenden Beweggründen gehandelt hat, durch die Tat eine erhebliche Verletzung verursacht wurde oder dem Verletzten wegen seiner persönlichen Beziehung zum Beschuldigten nicht zugemutet werden kann, Strafantrag zu stellen, und die Strafverfolgung ein gegenwärtiges Anliegen der Allgemeinheit ist. [2] Nummer 235 Absatz 3 gilt entsprechend. [3] Andererseits kann auch der Umstand beachtlich sein, dass der Verletzte auf Bestrafung keinen Wert legt.

(2) Ergibt sich in einem Verfahren wegen einer von Amts wegen zu verfolgenden Tat nach Anklageerhebung, dass möglicherweise nur eine Verurteilung wegen Körperverletzung (§ 230 Absatz 1 StGB) in Betracht kommt oder dass eine derartige Verurteilung nach dem Ergebnis der Beweisaufnahme zusätzlich dringend geboten erscheint, erklärt die Staatsanwaltschaft, ob sie ein Einschreiten von Amts wegen für geboten hält.

(3) Bei im Straßenverkehr begangenen Körperverletzungen ist Nummer 243 Absatz 3 zu beachten.

235. Kindesmisshandlung. (1) [1] Auch namenlosen und vertraulichen Hinweisen geht der Staatsanwalt grundsätzlich nach; bei der Beweissicherung beachtet er insbesondere § 81c Absatz 3 Satz 3 StPO. [2] Im Übrigen gelten die Nummern 220, 221, 222 Absatz 1 und 2 sinngemäß.

(2) [1] Bei einer Kindesmisshandlung ist das besondere öffentliche Interesse an der Strafverfolgung (§ 230 Absatz 1 Satz 1 StGB) grundsätzlich zu bejahen. [2] Eine Verweisung auf den Privatklageweg gemäß § 374 StPO ist in der Regel nicht angezeigt.

(3) Sind sozialpädagogische, familientherapeutische oder andere unterstützende Maßnahmen eingeleitet worden und erscheinen diese erfolgversprechend, kann ein öffentliches Interesse an der Strafverfolgung entfallen.

7. Betrug

236. Schwindelunternehmen, Vermittlungsschwindel. (1) [1] Bei der Bekämpfung von Schwindelunternehmen kann es zweckmäßig sein, mit dem Deutschen Schutzverband gegen Wirtschaftskriminalität e. V. Frankfurt am Main, Landgrafenstraße 24b, 61348 Bad Homburg v. d. H., in Verbindung zu treten. [2] Auf Grund seiner umfangreichen Stoffsammlungen kann er Auskünfte erteilen und Sachverständige benennen.

(2) Der Immobilienverband Deutschland (IVD) Bundesverband der Immobilienberater, Makler, Verwalter und Sachverständigen e.V., Littenstraße 10, 10179 Berlin, und der Deutsche Schutzverband gegen Wirtschaftskriminalität e. V. Frankfurt am Main, Landgrafenstraße 24b, 61348 Bad Homburg v. d. H., haben sich bereit erklärt, zur Bekämpfung der Wirtschaftskriminalität Material zur Verfügung zu stellen und Auskünfte zu erteilen.

(3) [1]Verstöße gegen vom Bundeskartellamt nach §§ 24 bis 27 GWB anerkannte Wettbewerbsregeln können nach den Vorschriften des UWG mit Strafe oder nach § 81 GWB als Ordnungswidrigkeiten mit Geldbuße bedroht sein. [2]Dies ist insbesondere von Bedeutung, wenn in Ermittlungsverfahren gegen Makler ein Betrug nicht nachweisbar ist. [3]Ferner ist die Verordnung über die Pflichten der Makler, Darlehensvermittler, Bauträger und Baubetreuer (Makler- und Bauträgerverordnung – MaBV)[1] zu beachten.

237. Abzahlungsgeschäfte. (1) Bei Strafanzeigen, die Abzahlungsgeschäfte zum Gegenstand haben, berücksichtigt der Staatsanwalt die Erfahrung, dass Abzahlungskäufer nicht selten leichtfertig des Betruges verdächtigt werden, um zivilrechtliche Ansprüche des Anzeigeerstatters unter dem Druck eines Strafverfahrens durchzusetzen.

(2) In den Fällen, in denen beim Abschluss von Abzahlungsgeschäften Unerfahrenheit, Ungewandtheit und Leichtgläubigkeit der Käufer ausgenutzt worden sind, prüft der Staatsanwalt, ob insoweit eine Straftat vorliegt.

238. Betrügerische Bankgeschäfte. [1]Besteht gegen Geschäftsleiter von Kreditinstituten der Verdacht einer Straftat, setzt sich der Staatsanwalt in der Regel möglichst frühzeitig mit der Aufsichtsbehörde in Verbindung. [2]Nach dem Gesetz über das Kreditwesen[1*] besteht eine allgemeine Fachaufsicht über sämtliche Kreditinstitute, die die Bundesanstalt für Finanzdienstleistungsaufsicht (Graurheindorfer Straße 108, 53117 Bonn) ausübt. [3]Die Sonderaufsicht (Staatsaufsicht) bestimmt sich nach Landes- oder Bundesrecht (§ 52 Kreditwesengesetz).

8. Mietwucher

239. (weggefallen)

9. Glücksspiel und Ausspielung

240. Glücksspiel. [1]Gutachten darüber, ob es sich bei der Benutzung von mechanisch betriebenen Spielgeräten um ein Glücksspiel oder ein Geschicklichkeitsspiel handelt, erstattet die Physikalisch-Technische Bundesanstalt, Abbestraße 2 –12, 10587 Berlin. [2]Gutachten über den Spielcharakter nichtmechanischer Spiele (Glücks- oder Geschicklichkeitsspiele) werden vom Bundeskriminalamt erstellt.

241. Öffentliche Lotterien und Ausspielungen. [1]Gewerbliche Unternehmen versuchen oft, in unlauterer Weise ihren Kundenkreis dadurch zu erweitern, dass sie unter dem Deckmantel eines Preisrätsels oder in ähnlicher Art (z. B. durch Benutzung des sogenannten Schneeball- oder Hydrasystems) öffentliche Lotterien oder Ausspielungen veranstalten. [2]Anlass zum Einschreiten besteht regelmäßig schon dann, wenn in öffentlichen Ankündigungen ein Hinweis auf die behördliche Genehmigung der Lotterie oder Ausspielung fehlt.

[1] **[Amtl. Anm.:]** Vgl. Fundstellennachweis A zum Bundesrecht.

10. Straftaten gegen den Wettbewerb

242. [Straftaten gegen den Wettbewerb]. (1) [1]Bei der Verfolgung von wettbewerbsbeschränkenden Absprachen bei Ausschreibungen (§ 298 StGB) ist, wenn auch der Verdacht einer Kartellordnungswidrigkeit besteht, frühestmöglich eine Zusammenarbeit von Staatsanwaltschaft und Kartellbehörde sicherzustellen. [2]Durch die vertrauensvolle gegenseitige Abstimmung können unnötige Doppelarbeiten dieser Behörden vermieden und die Gefahr sich widersprechender Entscheidungen vermindert werden.

(2) Hat die Kartellbehörde in den Fällen des § 82 Satz 1 des Gesetzes gegen Wettbewerbsbeschränkungen (GWB) ein § 30 OWiG betreffendes Verfahren nicht nach § 82 Satz 2 GWB an die Staatsanwaltschaft abgegeben, ist grundsätzlich eine gegenseitige Unterrichtung über geplante Ermittlungsschritte mit Außenwirkung sowie eine Abstimmung der zu treffenden oder zu beantragenden Rechtsfolgen angezeigt.

(3) Bei Zweifeln, ob die Landeskartellbehörde oder das Bundeskartellamt zuständig ist, ist regelmäßig mit der Landeskartellbehörde Kontakt aufzunehmen.

242a. Besonderes öffentliches Interesse an der Strafverfolgung (§ 301 Absatz 1, §§ 299, 300 StGB). (1) Ein besonderes öffentliches Interesse an der Strafverfolgung wegen Bestechung und Bestechlichkeit im geschäftlichen Verkehr (§ 299 StGB) wird insbesondere dann anzunehmen sein, wenn

- der Beschuldigte einschlägig (vermögensstrafrechtlich, insbesondere wirtschaftsstrafrechtlich) vorbestraft ist,
- der Beschuldigte im Zusammenwirken mit Amtsträgern gehandelt hat,
- mehrere geschäftliche Betriebe betroffen sind,
- der Betrieb mehrheitlich im Eigentum der öffentlichen Hand steht und öffentliche Aufgaben wahrnimmt,
- ein erheblicher Schaden droht oder eingetreten ist oder
- zureichende Anhaltspunkte dafür bestehen, dass ein Antragsberechtigter aus Furcht vor wirtschaftlichen oder beruflichen Nachteilen einen Strafantrag nicht stellt.

(2) Kommt ein besonders schwerer Fall (§ 300 StGB) in Betracht, kann das besondere öffentliche Interesse an der Strafverfolgung nur ausnahmsweise verneint werden.

10a. Bestechung ausländischer und internationaler Bediensteter nach §§ 334, 335a StGB

242b. Einstellung nach § 153a StPO. (1) [1]Bei einer Einstellung eines Verfahrens nach § 153a StPO wegen Bestechung ausländischer und internationaler Bediensteter berücksichtigt der Staatsanwalt nach pflichtgemäßem Ermessen auch, ob, in welchem Umfang und in welchem Verfahrensstadium der Beschuldigte zur Aufklärung der Tat beigetragen hat. [2]Weiter sind die Höhe des dem ausländischen bzw. internationalen Bediensteten gewährten Vorteils und die Bedeutung der als Gegenleistung angestrebten Diensthandlung bei der Einstellungsentscheidung zu berücksichtigen.

(2) [1]Die Staatsanwaltschaft prüft nach pflichtgemäßem Ermessen, ob und gegebenenfalls in welchem Umfang eine Unterrichtung der Öffentlichkeit in den Fällen des Absatz 1 in Betracht kommt. [2]Dabei berücksichtigt sie die Empfehlung der OECD Arbeitsgruppe für Bestechungsfragen im internationalen Geschäftsverkehr (Working Group on Bribery in International Business Transactions) vom 14. Juni 2018 (https://www.oecd.org/corruption/anti-bribery/Germany-Phase-4-Report-

GER.pdf), durch geeignete Mittel sicherzustellen, dass gewisse Elemente aus den Verfahren gemäß § 153a StPO, wie die Rechtsgrundlage für die Wahl dieses Verfahrens, die zugrundeliegenden Fakten, die von der Einstellung betroffenen natürlichen Personen (wenn erforderlich in anonymisierter Form) sowie die vorgesehenen Auflagen und Weisungen, soweit dies angemessen und nach deutschem Datenschutz- und Verfassungsrecht sowie unter Beachtung des Steuergeheimnisses (§ 30 der Abgabenordnung (AO)) möglich ist, veröffentlicht werden.

11. Straßenverkehr

243. Verkehrsstraftaten, Körperverletzungen im Straßenverkehr. (1) [1] In Verkehrsstrafsachen wird der Staatsanwalt, wenn nötig (vgl. Nummer 3), die Ermittlungen selbst führen, den Tatort besichtigen, die Spuren sichern lassen und frühzeitig – in der Regel schon bei der Tatortbesichtigung – einen geeigneten Sachverständigen zuziehen, falls dies zur Begutachtung technischer Fragen notwendig ist. [2] Neben einer Auskunft aus dem Zentralregister soll auch eine Auskunft aus dem Fahreignungsregister eingeholt werden.

(2) Besteht der Verdacht, dass der Beschuldigte unter Alkoholeinwirkung gehandelt hat, ist für eine unverzügliche Blutentnahme zur Bestimmung des Blutalkoholgehalts zu sorgen.

(3) [1] Ein Grundsatz, dass bei einer im Straßenverkehr begangenen Körperverletzung das besondere öffentliche Interesse an der Strafverfolgung (§ 230 Absatz 1 Satz 1 StGB) stets oder in der Regel zu bejahen ist, besteht nicht. [2] Bei der im Einzelfall zu treffenden Ermessensentscheidung sind das Maß der Pflichtwidrigkeit, insbesondere der vorangegangene Genuss von Alkohol oder anderer berauschender Mittel, die Tatfolgen für den Verletzten und den Beschuldigten, einschlägige Vorbelastungen des Beschuldigten sowie ein Mitverschulden des Verletzten von besonderem Gewicht.

244. Internationale Abkommen. [1] Hinsichtlich des Rechtshilfeverkehrs mit dem Ausland wird auf die völkerrechtlichen Vereinbarungen, insbesondere das Übereinkommen vom 8.11.1968 über den Straßenverkehr[1], ergänzt durch das Europäische Zusatzübereinkommen vom 1.5.1971[2] sowie gegebenenfalls das Internationale Abkommen vom 24. April 1926 über Kraftfahrzeugverkehr[3] sowie auf die Rechtsakte des Unionsrechts, insbesondere die Richtlinie 2006/126/EG des Europäischen Parlaments und des Rates vom 20. Dezember 2006 über den Führerschein, hingewiesen. [2] Zu grundsätzlichen Fragen der internationalen Rechtshilfe in Strafsachen erteilt das Bundesamt für Justiz Auskunft.

12. Bahnverkehr, Schifffahrt und Luftfahrt

245. Transportgefährdung. (1) Bei dem Verdacht einer strafbaren Transportgefährdung, die wegen ihrer Folgen oder aus anderen Gründen in der Öffentlichkeit Aufsehen erregen kann, führt der Staatsanwalt, wenn nötig, die Ermittlungen selbst und besichtigt den Tatort (vgl. Nummer 3).

(2) [1] Für die Frage, ob Leib oder Leben eines anderen oder fremde Sachen von bedeutendem Wert im Sinne der §§ 315, 315a StGB gefährdet worden sind, ist die Art des Verkehrsmittels von Bedeutung. [2] Der Staatsanwalt wird daher in Verbindung treten bei Beeinträchtigung der Sicherheit

a) des Betriebs der Eisenbahnen des Bundes:
mit der örtlichen Außenstelle des Eisenbahnbundesamtes;

---

[1] **[Amtl. Anm.:]** Vgl. Fundstellennachweis B zum Bundesgesetzblatt Teil II.

b) des Betriebs anderer Schienenbahnen oder von Schwebebahnen:
mit der zuständigen Aufsichtsbehörde;
c) des Betriebs der Schifffahrt:
mit der zuständigen Wasser- und Schifffahrtsdirektion;
d) des Luftverkehrs:
mit der obersten Landesverkehrsbehörde.

(3) Im Betrieb der Eisenbahn wird eine Gefahr für Leib oder Leben eines anderen oder für fremde Sachen von bedeutendem Wert in der Regel dann bestehen, wenn der Triebfahrzeugführer bei Erkennen des Fahrthindernisses oder einer anderen Beeinträchtigung der Sicherheit des Betriebs pflichtgemäß die Schnellbremsung einzuleiten hätte.

(4) 1 Wegen der Eigenart der in Absatz 2 genannten Verkehrsmittel können schon geringfügige Versehen Betriebsbeeinträchtigungen verursachen, die den Tatbestand des § 315 Absatz 5, 6 StGB erfüllen. 2 Ist in solchen Fällen die Schuld des Beschuldigten gering, wird der Staatsanwalt prüfen, ob §§ 153 Absatz 1, 153a Absatz 1 StPO (vgl. Nummer 93 Absatz 1) anzuwenden sind.

246. Unfälle beim Betrieb von Eisenbahnen. (1) Zur Aufklärung eines Unfalls beim Betrieb von Eisenbahnen, der wegen seiner Folgen oder aus anderen Gründen in der Öffentlichkeit Aufsehen erregen kann, setzt sich der Staatsanwalt sofort mit der zuständigen Polizeidienststelle und gegebenenfalls der zuständigen Aufsichtsbehörde der Eisenbahn in Verbindung und begibt sich in der Regel selbst unverzüglich an den Unfallort, um die Ermittlungen zu leiten (vgl. Nummer 3 und 11).

(2) 1 Soweit im weiteren Verfahren Sachverständige benötigt werden, sind in der Regel fachkundige Angehörige der zuständigen Aufsichtsbehörde heranzuziehen. 2 Wenn andere Sachverständige beauftragt werden, ist auch der Aufsichtsbehörde Gelegenheit zur gutachtlichen Äußerung zu geben.

247. Schifffahrts- und Luftverkehrssachen. (1) In Strafverfahren wegen Gefährdung des Schiffsverkehrs (§ 315a Absatz 1 Nummer 2 StGB) und bei der Untersuchung von Schiffsunfällen können namentlich folgende Vorschriften zur Sicherung des Schiffsverkehrs von Bedeutung sein:
a) im Bereich des Seeschiffsverkehrs
das Seeaufgabengesetz (SeeAufgG)[1] und die hierauf beruhenden Rechtsverordnungen, insbesondere
die Verordnung zu den Internationalen Regelungen von 1972 zur Verhütung von Zusammenstößen auf See[1],
die Seeschifffahrtsstraßen-Ordnung (SeeSchStrO)[1],
die Verordnung über die Sicherung der Seefahrt[1],
die Schiffssicherheitsverordnung (SchSV)[1],
die Verordnung über die Beförderung gefährlicher Güter mit Seeschiffen (GGV See)[1],
die Internationalen Übereinkommen zum Schutze des menschlichen Lebens auf See (SOLAS 74)[2] und zum Schutze der Umwelt (MARPOL)[1],
b) im Bereich des Binnenschiffsverkehrs
das Binnenschifffahrtsaufgabengesetz (BinSchAufgG)[1] und die hierauf beruhenden folgenden Verordnungen:
die Binnenschiffs-Untersuchungsordnung (BinSchUO)[1],
die Rheinschifffahrtspolizeiverordnung[1],
die Moselschifffahrtspolizeiverordnung[1],
die Binnenschifffahrtsstraßen-Ordnung[1] nebst ihren Einführungsverordnungen,
die Donauschifffahrtspolizeiverordnung[1] nebst ihrer Anlage A,

[1] **[Amtl. Anm.:]** Vgl. Fundstellennachweis A zum Bundesrecht.
[2] **[Amtl. Anm.:]** Vgl. Fundstellennachweis B zum Bundesgesetzblatt Teil II.

die Binnenschifferpatentverordnung[1],
die Gefahrgutverordnung Straße, Eisenbahn und Binnenschifffahrt (GGVSEB)[1].

(2) [1] In solchen Verfahren empfiehlt es sich in der Regel, die Wasser- und Schifffahrtsdirektionen zu hören. [2] Bei Verstößen gegen Sicherheitsvorschriften sind im Bereich des Seeschiffsverkehrs die Berufsgenossenschaft Verkehrswirtschaft Post-Logistik Telekommunikation (BG Verkehr) und gegebenenfalls das Bundesamt für Seeschifffahrt und Hydrographie in Hamburg und im Bereich des Binnenschiffsverkehrs die Berufsgenossenschaft für Transport und Verkehrswirtschaft zu beteiligen.

(3) [1] Verstöße gegen die in Absatz 1 Buchstabe a) genannten Seeverkehrsvorschriften sind überwiegend auch Seeunfälle im Sinne des Seesicherheits-Untersuchungs-Gesetzes (SUG)[1], die von den Seeämtern Rostock, Kiel, Hamburg, Bremerhaven und Emden förmlich untersucht werden. [2] Die Seeämter sind zu beteiligen.

(4) In Strafverfahren wegen Zuwiderhandlungen gegen luftrechtliche Vorschriften, die der Abwehr von Gefahren für den Luftverkehr dienen (§§ 59, 60, 62 Luftverkehrsgesetz)[1] und bei der Untersuchung von Luftfahrzeugunfällen sind die obersten Verkehrsbehörden der Länder, die Bundesstelle für Flugunfalluntersuchung (BFU, Hermann-Blenk-Straße 16, 38108 Braunschweig, Telefon 0531/35480) oder das für Verkehr zuständige Bundesministerium zu beteiligen.

13. Förderung der Prostitution, Menschenhandel und Zuhälterei

248. [Förderung der Prostitution, Menschenhandel und Zuhälterei]. (1) Es empfiehlt sich, nach der ersten Aussage einer Prostituierten, über den Anwendungsbereich des § 58a Absatz 1 Satz 2 Nummer 2, Satz 3 StPO hinaus, unverzüglich, möglichst im Anschluss an die polizeiliche Vernehmung, eine richterliche Vernehmung herbeizuführen, da Prostituierte erfahrungsgemäß nicht selten ihre Aussage gegen den Zuhälter in der Hauptverhandlung nicht aufrechterhalten oder zu diesem Zeitpunkt nicht mehr erreichbar sind.

(2) Ist zu befürchten, dass ein Zeuge wegen der Anwesenheit bestimmter Personen in der Hauptverhandlung die Wahrheit nicht sagen werde, wirkt der Staatsanwalt auf gerichtliche Maßnahmen nach § 172 GVG oder §§ 247, 247a StPO hin.

(3) [1] Ist in einem Strafverfahren die Ladung einer von der Tat betroffenen ausländischen Person als Zeuge zur Hauptverhandlung erforderlich und liegt deren Einverständnis für einen weiteren befristeten Aufenthalt in der Bundesrepublik Deutschland vor, informiert der Staatsanwalt die zuständige Ausländerbehörde mit dem Ziel, aufenthaltsbeendende Maßnahmen für die Dauer des Strafverfahrens zurückzustellen. [2] Wird die ausländische Person nicht mehr als Zeuge für das Strafverfahren benötigt, setzt der Staatsanwalt die Ausländerbehörde hiervon umgehend in Kenntnis.

14. Pressestrafsachen

249. Allgemeines. (1) Pressestrafsachen im Sinne dieses Abschnitts sind Strafsachen, die Verstöße gegen die Pressegesetze der Länder oder solche Straftaten zum Gegenstand haben, die durch Verbreitung von Druckschriften (Druckwerken) begangen werden.

(2) Ist eine Straftat nach §§ 80a bis 101a, 129 bis 131 StGB, § 20 Absatz 1 Satz 1 Nummer 1 bis 4 des Vereinsgesetzes oder nach § 95 Absatz 1 Nummer 8 des Aufenthaltsgesetzes (Nummer 208 Absatz 1 Satz 1), eine Verunglimpfung oder

[1] **[Amtl. Anm.:]** Vgl. Fundstellennachweis A zum Bundesrecht.

eine Beleidigung oberster Staatsorgane (Nummer 209 Absatz 1 Satz 1) oder eine Beleidigung fremder Staatspersonen (Nummer 210 Absatz 1) mittels einer Druckschrift begangen worden, gelten die Nummern 202 bis 214.

(3) Auf Straftaten nach §§ 131, 184, 184a, 184b, 184c StGB und §§ 15, 27 JuSchG, § 23 JMStV finden die Nummern 223 bis 228 Anwendung.

(4) Die Vorschriften dieses Abschnitts finden auf die in den Absätzen 2 und 3 bezeichneten Straftaten nur Anwendung, soweit es besonders bestimmt ist.

(5) [1] Durch rasches Handeln ist zu verhindern, dass Druckschriften strafbaren Inhalts weitere Verbreitung finden; dies gilt vor allem, wenn Flugblätter, Handzettel, verbotene Zeitungen und Zeitschriften heimlich verbreitet werden. [2] Beschleunigung ist auch wegen der kurzen Verjährungsfristen von Pressestrafsachen geboten.

(6) Die Akten sind als Pressestrafsache kenntlich zu machen und mit einem Hinweis auf die kurze Verjährungsfrist zu versehen.

250. Einheitliche Bearbeitung verschiedener, dieselbe Druckschrift betreffende Verfahren. (1) [1] Strafsachen, welche dieselbe Veröffentlichung betreffen, sind möglichst einheitlich zu bearbeiten. [2] Leitet der Staatsanwalt wegen einer Veröffentlichung in einer Druckschrift, die nicht in seinem Bezirk erschienen ist, ein Verfahren ein, hat er dies dem Staatsanwalt des Erscheinungsortes unverzüglich mitzuteilen (vgl. § 7 StPO). [3] Dieser prüft, ob ein Verfahren einzuleiten oder das bei der anderen Staatsanwaltschaft anhängige Verfahren zu übernehmen ist.

(2) Werden die Verfahren getrennt geführt, unterrichten sich die beteiligten Staatsanwälte gegenseitig.

(3) Die Absätze 1 und 2 gelten sinngemäß, wenn die Veröffentlichung im Wesentlichen ein Abdruck aus einer anderen Veröffentlichung oder mit einer anderen Veröffentlichung im Wesentlichen inhaltsgleich ist.

250a. Anordnung einer Beschlagnahme. [1] Zuständig für die Anordnung der Beschlagnahme einer periodisch erscheinenden Verkörperung eines Inhalts oder einer zu deren Herstellung gebrauchten oder bestimmten Vorrichtung im Sinne des § 74d StGB ist allein das Gericht. [2] Die Beschlagnahme einer Verkörperung eines anderen Inhalts, anderer Verkörperungen eines Inhalts oder einer zu deren Herstellung gebrauchten oder bestimmten Vorrichtung darf bei Gefahr im Verzug auch die Staatsanwaltschaft anordnen, die sodann binnen drei Tagen die gerichtliche Bestätigung einholt (§ 111q Absatz 4 Satz 1 bis 3 StPO).

251. Vollstreckung einer Beschlagnahmeanordnung. (1) Maßnahmen zur Vollstreckung einer Beschlagnahmeanordnung sind der Bedeutung des Falles sowie dem Umfang und der Art der Verbreitung der Druckschrift anzupassen.

(2) Ist die Druckschrift offenbar noch nicht verbreitet, wird es in der Regel genügen, wenn sich der Staatsanwalt in den Besitz der erreichbaren Stücke setzt.

(3) Ist eine nur örtliche Verbreitung der Druckschrift anzunehmen, ist lediglich die Polizeidienststelle, in deren Bereich die Verbreitung vermutlich stattgefunden hat oder stattfinden könnte, und, wenn die Verbreitung über einen örtlichen Polizeibezirk hinausgeht, auch das zuständige Landeskriminalamt zu ersuchen, die Vollstreckung der Beschlagnahme zu veranlassen.

(4) Ist es unmöglich oder unangebracht, die Durchführung der Beschlagnahme örtlich zu beschränken, empfiehlt es sich, das Ersuchen um Vollstreckung der Beschlagnahmeanordnung den Polizeidienststellen durch den Sprech- und Datenfunk der Polizei bekanntzumachen.

(5) [1] Die Ersuchen sind auf schnellstem Wege zu übermitteln. [2] Es ist dafür zu sorgen, dass die Beschlagnahmeanordnung nicht vorzeitig bekannt wird. [3] Mitunter

wird es nötig sein, Vollstreckungsersuchen an die Polizeidienststellen in verschlüsselter (chiffrierter) Form weiterzugeben.

(6) In dem Ersuchen sind die ersuchende Behörde, die zugrunde liegende Anordnung (nach Aktenzeichen, anordnender Stelle, Ort und Datum der Anordnung) und der genaue Titel der Druckschrift (mit Verlag und Erscheinungsort) anzugeben.

252. Aufhebung der Beschlagnahme. Wird die Beschlagnahme aufgehoben, sind davon unverzüglich alle Behörden und Stellen, die um die Vollstreckung ersucht worden sind, auf demselben Wege unter Rücknahme des Vollstreckungsersuchens zu benachrichtigen.

253. Einziehung, Unbrauchbarmachung und Ablieferung. [1]Die Staatsanwaltschaft hat bei Veröffentlichungen strafbaren Inhalts durch geeignete Anträge, notfalls durch Einlegung der zulässigen Rechtsmittel, darauf hinzuwirken, dass auf Einziehung und Unbrauchbarmachung (§§ 74d, 75 StGB) erkannt wird. [2]Kann wegen der Straftat aus tatsächlichen oder rechtlichen Gründen keine bestimmte Person verfolgt oder verurteilt werden, ist zu prüfen, ob die Anordnung der Selbständigen Einziehung gemäß §§ 435 ff. StPO zu beantragen ist.

254. Sachverständige in Presseangelegenheiten. Soweit Sachverständige in Presseangelegenheiten benötigt werden, wendet sich der Staatsanwalt oder das Gericht

a) für grundsätzliche Fragen an den Deutschen Presserat, Fritschestraße 27/28, 10585 Berlin;
b) für journalistische Fragen an den Deutschen Journalisten-Verband, Geschäftsstelle Berlin, Torstraße 49, 10119 Berlin;
c) für das Zeitungswesen an den Bundesverband Deutscher Zeitungsverleger, Markgrafenstr. 15, 10969 Berlin;
d) für das Zeitschriftenwesen an den Verband Deutscher Zeitschriftenverleger e.V., Markgrafenstr. 15, 10969 Berlin;
e) für das Buchverlagswesen an den Börsenverein des Deutschen Buchhandels e.V., Braubachstr. 16, 60311 Frankfurt am Main.

2. Abschnitt. Strafvorschriften des Nebenstrafrechts

A. Allgemeines

255. Strafvorschriften des Nebenstrafrechts – Allgemeines. (1) [1]Auch die Straftaten des Nebenstrafrechts sind Zuwiderhandlungen, die ein sozialethisches Unwerturteil verdienen; sie sind deshalb nach den gleichen Grundsätzen und mit dem gleichen Nachdruck zu verfolgen wie Zuwiderhandlungen gegen Vorschriften des Strafgesetzbuchs. [2]Dies gilt auch für die Anwendung der §§ 153, 153a StPO. [3]Maßnahmen zur Abschöpfung des durch die Tat erlangten wirtschaftlichen Vorteils einer juristischen Person oder Personenvereinigung nach Nummer 180a können auch bei Straftaten des Nebenstrafrechts in Betracht kommen. [4]Den zuständigen Fachbehörden soll nach Nummer 90 Gelegenheit zur Äußerung gegeben werden.

(2) Maßnahmen zur Einziehung des durch die Tat erlangten wirtschaftlichen Vorteils einer juristischen Person oder Personenvereinigung nach Nummer 180a können auch bei Straftaten des Nebenstrafrechts in Betracht kommen.

(3) [1]Bei der Verfolgung von Straftaten des Nebenstrafrechts arbeitet der Staatsanwalt mit den zuständigen Fachbehörden zusammen. [2]Die Fachbehörden können vor allem bei der Benennung geeigneter Sachverständiger Hilfe leisten.

B. Einzelne Strafvorschriften

1. Waffen- und Sprengstoffsachen

256. [Waffen- und Sprengstoffsachen]. (1) Bei der Verfolgung von Straftaten nach dem Waffengesetz oder dem Ausführungsgesetz zu Artikel 26 Absatz 2 GG (Gesetz über die Kontrolle von Kriegswaffen) einschließlich der auf Grund dieser Gesetze erlassenen Rechtsverordnungen empfiehlt es sich, auch die hierzu ergangenen Verwaltungsvorschriften, namentlich die allgemeine Verwaltungsvorschrift zum Waffengesetz (WaffVwV), heranzuziehen.

(2) [1] Ein besonderes Augenmerk ist auf die Erkennung überörtlicher Zusammenhänge zu richten. [2] In geeigneten Fällen ist mit der Zollbehörde zusammenzuarbeiten. [3] Es empfiehlt sich, möglichst frühzeitig Strafregisterauszüge aus den Staaten, in denen sich der Beschuldigte vermutlich aufgehalten hat, anzufordern.

(3) Bevor der Staatsanwalt Schusswaffen, insbesondere auch nachträglich veränderte (z. B. durchbohrte oder verkürzte) Schreckschuss-, Reizstoff- und Signalwaffen in amtliche Verwahrung nimmt, prüft er, ob der Schusswaffenerkennungsdienst durchgeführt ist.

(4) Der Staatsanwalt teilt der Polizei oder der Verwaltungsbehörde unverzüglich alle Umstände mit, aus denen sich der Verdacht ergibt, dass

a) vorschriftswidrig mit Sprengstoffen umgegangen oder gehandelt wurde oder diese Stoffe vorschriftswidrig befördert worden sind,
b) vorschriftswidrig Schusswaffen hergestellt, gehandelt oder erworben worden sind.

2. Straftaten nach dem Arzneimittel-, dem Betäubungsmittel-, dem Neue-psychoaktive-Stoffe- und dem Anti-Doping-Gesetz

257. [Straftaten nach AMG, BtMG, NpSG und AntiDopG]. (1) Bei Straftaten nach dem Arzneimittel- dem Betäubungsmittel-, dem Neue-psychoaktive-Stoffe- und dem Anti-Doping-Gesetz gilt Nummer 256 Absatz 2 entsprechend.

(2) Der Staatsanwalt arbeitet auch mit den Stellen zusammen, die sich um die Betreuung von Suchtkranken bemühen, namentlich mit den Gesundheitsämtern, Jugendämtern und Verbänden der öffentlichen und freien Wohlfahrtspflege.

257a. Dopingstraftaten. In Ermittlungsverfahren, die Straftaten nach § 4 AntiDopG zum Gegenstand haben und einen Bezug zu Leistungssportlern bzw. deren Ärzten, Trainern, Betreuern oder Funktionären aufweisen, kann es zweckmäßig sein, mit der Nationalen Anti Doping Agentur Deutschland (NADA) – Stiftung privaten Rechts – Heussallee 38, 53113 Bonn, (www.nada-bonn.de), in Verbindung zu treten, die gegebenenfalls sachdienliche Auskünfte erteilen kann.

3. Arbeitsschutz

258. [Arbeitsschutz]. (1) Vorschriften zum Schutze der Arbeitskraft und der Gesundheit der Arbeitnehmer sind namentlich enthalten in

a) dem Arbeitsschutzgesetz[1] und dem Arbeitszeitgesetz[1],
b) dem Atomgesetz[1],
c) dem Bundesberggesetz[1],
d) dem Chemikaliengesetz[1],

[1] **[Amtl. Anm.:]** Vgl. Fundstellennachweis A zum Bundesrecht.

e) dem Gesetz über den Ladenschluss[1] oder den Gesetzen der Länder über die Ladenöffnungszeiten,
f) der Gewerbeordnung[1],
g) dem Heimarbeitsgesetz[1],
h) dem Jugendarbeitsschutzgesetz[1],
i) dem Mutterschutzgesetz[1],
j) dem Seearbeitsgesetz[1],
k) dem Sprengstoffgesetz[1],
l) dem Gesetz über Betriebsärzte, Sicherheitsingenieure und andere Fachkräfte für Arbeitssicherheit[1],
m) dem Bundesurlaubsgesetz[1],
n) Teil 2 des Sozialgesetzbuches (SGB) IX[1].

(2) Arbeitsschutzrechtliche Vorschriften enthalten auch das Strahlenschutzgesetz, die Strahlenschutzverordnung[1], die Gefahrstoffverordnung[1], die PSA-Benutzungsverordnung (Verordnung über Sicherheit und Gesundheitsschutz bei der Benutzung persönlicher Schutzausrüstungen bei der Arbeit)[1], die Lastenhandhabungsverordnung[1], die Arbeitsstättenverordnung[1], die Biostoffverordnung[1] und die Baustellenverordnung[1].

(3) Fachbehörden sind das Gewerbeaufsichtsamt, das Bergamt oder die sonst nach Landesrecht zuständigen Stellen.

259. Schutz des Arbeitsmarktes. (1) Vorschriften zum Schutze des Arbeitsmarktes und gegen die missbräuchliche Ausnutzung fremder Arbeitskraft sind namentlich enthalten im

a) Drittes Sozialgesetzbuch – Arbeitsförderung –[1],
b) Arbeitnehmerüberlassungsgesetz[1].

(2) Zuständige Fachbehörde ist die Bundesagentur für Arbeit.

4. Unlauterer Wettbewerb

260. Öffentliches Interesse an der Strafverfolgung. [1]Das öffentliche Interesse an der Strafverfolgung wegen unlauteren Wettbewerbs (§ 299 StGB, § 16 des Gesetzes gegen den unlauteren Wettbewerb (UWG), § 23 des Gesetzes zum Schutz von Geschäftsgeheimnissen (GeschGehG)) wird in der Regel zu bejahen sein, wenn eine nicht nur geringfügige Rechtsverletzung vorliegt. [2]Dies gilt in Fällen

1. des § 16 Absatz 1 UWG vor allem, wenn durch unrichtige Angaben ein erheblicher Teil der Verbraucher irregeführt werden kann (vgl. auch § 144 Markengesetz in Bezug auf geographische Herkunftsangaben);
2. des § 16 Absatz 2 UWG vor allem, wenn insgesamt ein hoher Schaden droht, die Teilnehmer einen nicht unerheblichen Beitrag zu leisten haben oder besonders schutzwürdig sind.

[3]Die Verweisung auf die Privatklage (§ 374 Absatz 1 Nummer 5a, 7, § 376 StPO) ist in der Regel nur angebracht, wenn der Verstoß leichter Art ist und die Interessen eines eng umgrenzten Personenkreises berührt.

260a. Besonderes öffentliches Interesse an der Strafverfolgung. (1) Ein besonderes öffentliches Interesse an der Strafverfolgung von Verletzungen von Geschäftsgeheimnissen (§ 23 des Gesetzes zum Schutz von Geschäftsgeheimnissen (GeschGehG)) wird insbesondere dann anzunehmen sein, wenn der Beschuldigte wirtschaftsstrafrechtlich vorbestraft ist, ein erheblicher Schaden droht oder eingetreten ist, die Tat Teil eines gegen mehrere Unternehmen gerichteten Plans zur

[1] **[Amtl. Anm.:]** Vgl. Fundstellennachweis A zum Bundesrecht.

Ausspähung von Geschäftsgeheimnissen ist oder den Verletzten in seiner wirtschaftlichen Existenz bedroht.

(2) [1]Kommt ein Fall des § 23 Absatz 4 GeschGehG in Betracht, kann das besondere öffentliche Interesse an der Verfolgung nur ausnahmsweise verneint werden. [2]Das Gleiche gilt, auch bezüglich § 23 Absatz 3 GeschGehG, wenn der Beschuldigte davon ausgeht, dass das Geheimnis im Ausland genutzt werden soll, oder er es selbst im Ausland nutzt.

260b. Geheimhaltung von Geschäftsgeheimnissen. (1) Bittet der Verletzte um Geheimhaltung oder stellt er keinen Strafantrag, sollen Geschäftsgeheimnisse in der Sachakte nur insoweit schriftlich festgehalten werden, als dies für das Verfahren unerlässlich ist.

(2) [1]Wird in den Fällen des Absatzes 1 Akteneinsicht gewährt, ist darauf hinzuweisen, dass die Akte Geschäftsgeheimnisse enthält; hierüber ist ein Vermerk zu den Akten zu nehmen. [2]Dies gilt sinngemäß bei sonstigen Mitteilungen aus den Akten. [3]Es ist zu prüfen, ob nicht wichtige Gründe entgegenstehen, Akteneinsicht durch Bereitstellen des Inhalts der Akte zum Abruf, durch Übermittlung des Inhalts der Akte auf einem sicheren Übermittlungsweg oder durch Bereitstellen einer Aktenkopie zur Mitnahme zu gewähren oder dem Verteidiger die Akten zur Einsichtnahme in seine Geschäftsräume oder in seine Wohnung mitzugeben (§ 32f Absatz 1 Satz 1 und 4, Absatz 2 Satz 2 und 3 StPO).

(3) Vor Gewährung von Akteneinsicht an Dritte ist, auch wenn die Voraussetzungen des Absatzes 1 nicht vorliegen, besonders sorgfältig zu prüfen, ob nicht schutzwürdige Interessen des Verletzten entgegenstehen.

260c. Auskünfte. Bei unlauteren Wettbewerbsmethoden von örtlicher Bedeutung können die Industrie- und Handelskammern Auskünfte geben; im Übrigen erteilen Auskünfte:

- die Zentrale zur Bekämpfung unlauteren Wettbewerbs e. V. Frankfurt am Main, Landgrafenstraße 24b, 61348 Bad Homburg v. d. H., die mit den Spitzenverbänden der deutschen gewerblichen Wirtschaft zusammenarbeitet;
- der Deutscher Industrie- und Handelskammertag e.V., Gutachterausschuss für Wettbewerbsfragen, Breite Straße 29, 10178 Berlin;
- der Deutsche Schutzverband gegen Wirtschaftskriminalität e. V. Frankfurt am Main, Landgrafenstraße 24b, 61348 Bad Homburg v. d. H.;
- Pro Honore e.V., Große Johannisstraße 19, 20457 Hamburg;
- Verbraucherzentrale Bundesverband e. V. (vzbv), Rudi-Dutschke-Straße 17, 10969 Berlin.

5. Straftaten nach den Gesetzen zum Schutze des geistigen Eigentums

261. Öffentliches Interesse an der Strafverfolgung. [1]Das öffentliche Interesse an der Strafverfolgung von Verletzungen von Rechten des geistigen Eigentums (§ 142 Absatz 1 des Patentgesetzes, § 25 Absatz 1 des Gebrauchsmustergesetzes, § 10 Absatz 1 des Halbleiterschutzgesetzes, § 39 Absatz 1 des Sortenschutzgesetzes, § 143 Absatz 1, § 143a und § 144 Absatz 1 und 2 des Markengesetzes, § 51 Absatz 1 und § 65 Absatz 1 des Gesetzes über den rechtlichen Schutz von Design, §§ 106 bis 108 und § 108b des Urheberrechtsgesetzes und § 33 des Gesetzes betreffend das Urheberrecht an Werken der bildenden Künste und der Photografie) wird in der Regel zu bejahen sein, wenn eine nicht nur geringfügige Schutzrechtsverletzung vorliegt. [2]Zu berücksichtigen sind dabei insbesondere das Ausmaß der Schutzrechtsverletzung, der eingetretene oder drohende wirtschaftliche Schaden und die vom Beschuldigten erstrebte Bereicherung.

261a. Besonderes öffentliches Interesse an der Strafverfolgung. Ein besonderes öffentliches Interesse an der Strafverfolgung (§ 142 Absatz 4 des Patentgesetzes, § 25 Absatz 4 des Gebrauchsmustergesetzes, § 10 Absatz 4 des Halbleiterschutzgesetzes, § 39 Absatz 4 des Sortenschutzgesetzes, § 143 Absatz 4 des Markengesetzes, §§ 51 Absatz 4, 65 Absatz 2 des Geschmacksmustergesetzes, § 109 des Urheberrechtsgesetzes) wird insbesondere dann anzunehmen sein, wenn der Beschuldigte einschlägig vorbestraft ist, ein erheblicher Schaden droht oder eingetreten ist, die Tat den Verletzten in seiner wirtschaftlichen Existenz bedroht oder die öffentliche Sicherheit oder die Gesundheit der Verbraucher gefährdet.

261b. Öffentliche Bekanntmachung der Verurteilung. [1] Ist die Bekanntmachung der Verurteilung anzuordnen, hat der Staatsanwalt darauf hinzuwirken, dass der Name des Verletzten in die Urteilsformel aufgenommen wird. [2] Ist die öffentliche Bekanntmachung der Verurteilung zu vollziehen (§ 463c StPO), ist § 59 der Strafvollstreckungsordnung zu beachten.

6. Verstöße gegen das Lebensmittelrecht

262. [Verstöße gegen das Lebensmittelrecht]. Strafvorschriften des Lebensmittelrechts sind insbesondere enthalten

a) im Lebensmittel-, Bedarfsgegenstände- und Futtermittelgesetzbuch[1],
b) im Milch- und Margarinegesetz[1]

sowie in den auf Grund dieser Gesetze erlassenen Rechtsverordnungen.

7. Verstöße gegen das Weingesetz

263. [Verstöße gegen das Weingesetz]. [1] Als Sachverständige für Fragen der Herstellung und des gewerbsmäßigen Verkehrs mit Weinen und weinähnlichen Getränken kommen namentlich die hauptberuflichen Kontrolleure sowie die Beamten und Angestellten) der Staatlichen Versuchs- und Lehranstalten für Obst- und Weinbau in Betracht. [2] Für Fragen des Weinbaues benennen die landwirtschaftlichen Berufsvertretungen (z. B. Landwirtschaftskammern) Sachverständige.

8. Verstöße gegen das Futtermittelgesetz

264. [Verstöße gegen das LFGB]. In Verfahren wegen Straftaten nach §§ 58, 59 des Lebensmittel-, Bedarfsgegenstände- und Futtermittelgesetzbuches[1] kommen als Sachverständige vor allem die mit der Futtermitteluntersuchung betrauten wissenschaftlichen Beamten (Angestellten) der öffentlich-rechtlichen oder unter öffentlicher Aufsicht stehenden Untersuchungs- und Forschungsinstitute oder die vereidigten Handelschemiker, ferner sachkundige Leiter (Inhaber) von Herstellerbetrieben und anderen Handelsfirmen, leitende Angestellte landwirtschaftlicher Genossenschaften oder Landwirte in Betracht.

9. Verstöße gegen das Außenwirtschaftsgesetz

265. [Verstöße gegen das Außenwirtschaftsgesetz]. (1) [1] In Verfahren wegen Straftaten nach dem Außenwirtschaftsgesetz[1] und der Außenwirtschaftsverordnung[1] kann der Staatsanwalt Ermittlungen auch durch die Hauptzollämter oder die Zollfahndungsämter und in Fällen überörtlicher Bedeutung auch durch das Zoll-

[1] **[Amtl. Anm.:]** Vgl. Fundstellennachweis A zum Bundesrecht.

kriminalamt vornehmen lassen. 2 Auf die Koordinierungs- und Lenkungsfunktion des Zollkriminalamtes (§ 3 Absatz 5 des Gesetzes über das Zollkriminalamt und die Zollfahndungsämter) wird hingewiesen.

(2) 1 Zuständige Verwaltungsbehörde ist das Hauptzollamt. 2 Ort und Zeit der Hauptverhandlung sind ihm mitzuteilen; sein Vertreter erhält in der Hauptverhandlung auf Verlangen das Wort (vgl. § 22 Absatz 2 des Außenwirtschaftsgesetzes).

10. Verstöße gegen die Steuergesetze (einschließlich der Gesetze über Eingangsabgaben)

266. Zusammenwirken mit den Finanzbehörden. (1) Ermittelt der Staatsanwalt wegen einer Steuerstraftat/Zollstraftat, unterrichtet er das sonst zuständige Finanzamt/Hauptzollamt.

(2) 1 Bei der Verfolgung von Straftaten gegen die Zoll- und Verbrauchssteuergesetze und gegen Einfuhr-, Ausfuhr- und Durchfuhrverbote kann der Staatsanwalt die Zollfahndungsämter oder ihre Zweigstellen zur Mitwirkung heranziehen. 2 Nach Übersendung des Schlussberichts durch das Zollfahndungsamt richtet der Staatsanwalt Anfragen, die das Besteuerungsverfahren oder das Steuerstrafverfahren betreffen, an das sonst zuständige Hauptzollamt.

267. Zuständigkeit. (1) Von dem Recht, das Verfahren wegen einer Steuerstraftat/Zollstraftat an sich zu ziehen, macht der Staatsanwalt Gebrauch, wenn dies aus besonderen Gründen geboten erscheint, etwa wenn der Umfang und die Bedeutung der Steuerstraftat/Zollstraftat dies nahe legen, wenn die Steuerstraftat/Zollstraftat mit einer anderen Straftat zusammentrifft oder wenn der Verdacht der Beteiligung eines Angehörigen der Finanzverwaltung besteht.

(2) Im Interesse einer einheitlichen Strafzumessungspraxis unterrichtet sich der Staatsanwalt über die den Strafbefehlsanträgen des Finanzamtes/Hauptzollamtes zugrundeliegenden allgemeinen Erwägungen.

11. Umwelt- und Tierschutz

268. [Umwelt- und Tierschutz]. (1) 1 Dem Schutz der Umwelt dienen die §§ 307 Absatz 2 bis 4, 309 Absatz 3 und 6, 310, 311, 312, 324 bis 330a StGB. 2 Außerdem dienen dem Schutz der Umwelt in weiteren Bundesgesetzen enthaltene Straf- und Bußgeldvorschriften, soweit sie folgende Bereiche betreffen:

1. Abfall- und Abwässerbeseitigung,
2. Boden-, Gewässer- und Grundwasserschutz,
3. Lärmbekämpfung,
4. Luftreinhaltung,
5. Naturschutz und Landschaftspflege,
6. Pflanzenschutz,
7. Strahlenschutz,
8. Tierschutz,
9. Tierkörperbeseitigung oder
10. Trinkwasserschutz.

3 Solche Vorschriften enthalten unter anderem

1. das Kreislaufwirtschaftsgesetz[1]
2. das Wasserhaushaltsgesetz[1],
   das Bundeswasserstraßengesetz[1],
   das Wasch- und Reinigungsmittelgesetz[1];

---

[1] **[Amtl. Anm.:]** Vgl. Fundstellennachweis A zum Bundesrecht.

3. die Verordnung über das umweltgerechte Verhalten in der Seeschifffahrt[1], das Gesetz zu dem Übereinkommen vom 29. April 1958 über die Hohe See[1], das Gesetz zu dem Internationalen Übereinkommen vom 29. November 1969 über Maßnahmen auf Hoher See bei Ölverschmutzungs-Unfällen[1], das Gesetz zu dem Übereinkommen vom 15. Februar 1972 und 29. Dezember 1972 zur Verhütung der Meeresverschmutzung durch das Einbringen von Abfällen durch Schiffe und Luftfahrzeuge[1], das Gesetz zu dem Internationalen Übereinkommen von 1973 zur Verhütung der Meeresverschmutzung durch Schiffe und zu dem Protokoll von 1978 zu diesem Übereinkommen[1];
4. das Bundes-Immissionsschutzgesetz[1], das Luftverkehrsgesetz[1], das Benzinbleigesetz[1], das Chemikaliengesetz[1], die Chemikalienverbotsverordnung[1], das Gesetz über die Beförderung gefährlicher Güter[1], die Gefahrstoffverordnung[1];
5. das Bundesnaturschutzgesetz[1], das Pflanzenschutzgesetz[1], die Reblaus-Verordnung[1], das Düngegesetz[1];
6. das Infektionsschutzgesetz[1], as Tiergesundheitsgesetz[1];
7. das Atomgesetz[1], das Strahlenschutzgesetz[1], die Strahlenschutzverordnung[1];
8. das Tierschutzgesetz[1], die Tierschutz-Schlachtverordnung[1], das Bundesjagdgesetz[1], das Tierische Nebenprodukte-Beseitigungsgesetz[1];
9. das Gentechnikgesetz[1];
10. das Umweltschutzprotokoll-Ausführungsgesetz[1].

(2) [1] Von erheblicher Bedeutung sind außerdem landesrechtliche Straf- und Bußgeldvorschriften. [2] Auf die in einzelnen Ländern bestehenden Sammlungen von Straf- und Bußgeldvorschriften auf dem Gebiet des Umweltschutzes wird hingewiesen.

Richtlinien für das Bußgeldverfahren

1. Abschnitt. Zuständigkeit

269. Abgrenzung der Zuständigkeit zwischen Staatsanwaltschaft und Verwaltungsbehörde. (1) [1] Die Staatsanwaltschaft ist im Vorverfahren für die Verfolgung einer Ordnungswidrigkeit nur ausnahmsweise zuständig (vgl. Nummer 270). [2] Sie ist nicht befugt, ausschließlich wegen einer Ordnungswidrigkeit Anklage zu erheben.

(2) [1] Im gerichtlichen Verfahren ist die Staatsanwaltschaft für die Verfolgung einer Ordnungswidrigkeit stets zuständig (vgl. Nummer 271). [2] In Verfahren nach Einspruch gegen einen Bußgeldbescheid wird sie dies, sobald die Akten bei ihr eingehen (§ 69 Absatz 4 Satz 1 OWiG).

---

[1] **[Amtl. Anm.:]** Vgl. Fundstellennachweis A zum Bundesrecht.

270. Zuständigkeit der Staatsanwaltschaft im vorbereitenden Verfahren. [1]Die Staatsanwaltschaft ist im vorbereitenden Verfahren wegen einer Straftat zugleich auch für die Verfolgung einer Ordnungswidrigkeit zuständig, soweit

a) die Verfolgung der Tat auch unter dem rechtlichen Gesichtspunkt einer Ordnungswidrigkeit in Betracht kommt (§ 40 OWiG),
b) die Verfolgung einer Ordnungswidrigkeit wegen des Zusammenhangs mit einer Straftat übernommen worden ist (§ 42 OWiG).

[2]Die Übernahme der Verfolgung einer Ordnungswidrigkeit nach § 130 OWiG eines zum Leitungsbereich einer juristischen Person oder Personenvereinigung gehörenden Betroffenen kommt insbesondere dann in Betracht, wenn die Ordnungswidrigkeit andernfalls nicht verfolgt werden könnte und die Übernahme die Möglichkeit der Verhängung einer Verbandsgeldbuße nach § 30 OWiG eröffnet; im Fall der Übernahme gilt Nummer 180a entsprechend. [3]In den Fällen des § 82 GWB ist die Staatsanwaltschaft nur zuständig, wenn die Kartellbehörde das betreffende Verfahren abgegeben hat.

271. Zuständigkeit der Staatsanwaltschaft im gerichtlichen Verfahren. (1) Die Zuständigkeit der Staatsanwaltschaft für die Verfolgung einer Ordnungswidrigkeit im gerichtlichen Verfahren erstreckt sich auf

1. das Verfahren nach Einspruch gegen einen Bußgeldbescheid, sobald die Akten bei der Staatsanwaltschaft eingegangen sind (§ 69 Absatz 4 Satz 1 OWiG),
2. das Verfahren nach Anklage wegen einer Straftat, soweit es hier auf den rechtlichen Gesichtspunkt einer Ordnungswidrigkeit ankommt (§§ 40, 82 OWiG),
3. das Verfahren wegen Ordnungswidrigkeiten, die mit Straftaten zusammenhängen (§§ 42, 83 OWiG),
4. das Wiederaufnahmeverfahren gegen einen Bußgeldbescheid (§ 85 Absatz 4 Satz 2 OWiG) oder gegen eine gerichtliche Bußgeldentscheidung,
5. das Nachverfahren gegen einen Bußgeldbescheid (§ 87 Absatz 4 OWiG) oder gegen eine gerichtliche Bußgeldentscheidung.

(2) Im Verfahren nach Antrag auf gerichtliche Entscheidung gegen eine Maßnahme der Verwaltungsbehörde (§ 62 OWiG) ist die Staatsanwaltschaft nicht beteiligt.

2. Abschnitt. Zusammenarbeit der Staatsanwaltschaft mit den Verwaltungsbehörden

272. [Zusammenarbeit der Staatsanwaltschaft mit den Verwaltungsbehörden]. (1) [1]Im Interesse einer sachgerechten Beurteilung und einer gleichmäßigen Behandlung berücksichtigt der Staatsanwalt, soweit er für die Verfolgung von Ordnungswidrigkeiten zuständig ist, die Belange der Verwaltungsbehörde und macht sich ihre besondere Sachkunde zunutze. [2]Dies gilt namentlich bei Verstößen gegen Rechtsvorschriften, die nicht zum vertrauten Arbeitsgebiet des Staatsanwalts gehören.

(2) [1]Auch in den Fällen, die in den nachstehenden Bestimmungen nicht ausdrücklich genannt sind, prüft der Staatsanwalt, bevor er Anträge stellt oder Entschließungen trifft, ob hierfür die besondere Sachkunde der zuständigen Verwaltungsbehörde von Bedeutung sein kann oder deren Interessen in besonderem Maße berührt sind. [2]Trifft dies zu, hört er die Verwaltungsbehörde.

(3) [1]Sind mehrere Verwaltungsbehörden sachlich oder örtlich zuständig, wendet sich der Staatsanwalt an die Verwaltungsbehörde, der nach § 39 Absatz 1 Satz 1 OWiG der Vorzug gebührt. [2]Besteht keine Vorzugszuständigkeit, wählt der Staatsanwalt unter mehreren zuständigen Verwaltungsbehörden diejenige aus, deren Einschaltung wegen ihrer besonderen Sachkunde oder im Interesse der Beschleunigung oder Vereinfachung des Verfahrens oder aus anderen Gründen sachdienlich

erscheint; gegebenenfalls wendet er sich an die Verwaltungsbehörde, die auf Grund Vereinbarung mit der Verfolgung der Ordnungswidrigkeit betraut ist. [3] Dabei ist zu berücksichtigen, dass der Staatsanwalt durch Übersendung der Akten an eine der mehreren zuständigen Verwaltungsbehörden bei sinngemäßer Anwendung des § 39 Absatz 1 Satz 1 OWiG deren Vorzugszuständigkeit herbeiführt, wenn der Betroffene wegen der Tat bereits vernommen ist.

3. Abschnitt. Einbeziehung von Ordnungswidrigkeiten in das vorbereitende Verfahren wegen einer Straftat

1. Berücksichtigung des rechtlichen Gesichtspunktes einer Ordnungswidrigkeit

273. Umfang der Ermittlungen. (1) Der Staatsanwalt erstreckt die Ermittlungen wegen einer Straftat auch auf den rechtlichen Gesichtspunkt einer Ordnungswidrigkeit, soweit er für die Beurteilung der Tat von Bedeutung ist oder sein kann.

(2) [1] Ist eine Handlung gleichzeitig Straftat und Ordnungswidrigkeit, kann das ordnungswidrige Verhalten für die Strafbemessung von Bedeutung sein oder die Grundlage für die Anordnung einer Nebenfolge bilden (§ 21 Absatz 1 Satz 2 OWiG). [2] Im Übrigen ist zu berücksichtigen, dass die Ordnungswidrigkeit selbständige Bedeutung erlangt, wenn sich der Verdacht der Straftat nicht erweist oder wenn eine Strafe nicht verhängt wird (§ 21 Absatz 2 OWiG).

(3) [1] Umfasst die dem Beschuldigten zur Last gelegte Tat mehrere Handlungen im materiell-rechtlichen Sinne und ist eine von ihnen eine Ordnungswidrigkeit, prüft der Staatsanwalt, ob die Verfolgung der Ordnungswidrigkeit geboten ist (§ 47 Absatz 1 Satz 1 OWiG). [2] Bejaht er dies, macht er seine Entschließung aktenkundig und klärt den Sachverhalt auch unter dem rechtlichen Gesichtspunkt der Ordnungswidrigkeit auf, ohne dass es einer Übernahme der Verfolgung (vgl. Abschnitt III/2) bedarf. [3] Ist jedoch zweifelhaft, ob ein einheitliches Tatgeschehen vorliegt, ist es zweckmäßig, die Verfolgung der Ordnungswidrigkeit ausdrücklich zu übernehmen (vgl. Nummer 277 Absatz 3).

274. Unterbrechung der Verjährung. Kommt eine Ahndung der Tat auch unter dem rechtlichen Gesichtspunkt einer Ordnungswidrigkeit in Betracht (vgl. Nummer 273 Absatz 1, 3), ist es, namentlich in Verkehrssachen, vielfach geboten, die Verjährung der Ordnungswidrigkeit zu unterbrechen (§ 33 OWiG), damit diese geahndet werden kann, wenn der Beschuldigte wegen der anderen Rechtsverletzungen nicht verurteilt wird.

275. Einstellung des Verfahrens wegen der Ordnungswidrigkeit. (1) [1] Erwägt der Staatsanwalt, das Verfahren wegen einer Straftat auch unter dem rechtlichen Gesichtspunkt der Ordnungswidrigkeit (§ 40 OWiG) oder nur hinsichtlich einer mit der Straftat zusammenhängenden Ordnungswidrigkeit (§ 42 Absatz 1 OWiG) einzustellen, gibt er der Verwaltungsbehörde Gelegenheit zur Stellungnahme (§ 63 Absatz 3 OWiG). [2] Hiervon kann abgesehen werden, wenn der Staatsanwalt in der Beurteilung bestimmter Ordnungswidrigkeiten ausreichende Erfahrung hat oder wenn die Einstellung des Verfahrens allein von einer Rechtsfrage abhängt, für deren Entscheidung es auf die besondere Sachkunde der Verwaltungsbehörde nicht ankommt.

(2) [1] Bei Ordnungswidrigkeiten nach den Steuergesetzen (einschließlich der Gesetze über Eingangsabgaben und Monopole) ist die sonst zuständige Verwaltungsbehörde (Finanzamt, Hauptzollamt) vor der Einstellung zu hören. [2] Dasselbe gilt bei Ordnungswidrigkeiten nach dem Wirtschaftsstrafgesetz 1954[1], dem Außenwirt-

[1] **[Amtl. Anm.:]** Vgl. Fundstellennachweis A zum Bundesrecht.

schaftsgesetz[1] und dem Gesetz zur Durchführung der gemeinsamen Marktorganisationen und der Direktzahlungen (MOG)[1], da die Verwaltungsbehörde in diesen Fällen auch im Strafverfahren stets zu beteiligen ist (§ 13 Absatz 2 des Wirtschaftsstrafgesetzes 1954, § 22 Absatz 2 des Außenwirtschaftsgesetzes, § 38 Absatz 2 MOG).

(3) Würde die Anhörung der Verwaltungsbehörde das Verfahren unangemessen verzögern, sieht der Staatsanwalt von der Einstellung des Verfahrens unter dem rechtlichen Gesichtspunkt einer Ordnungswidrigkeit ab; in diesem Falle gibt er die Sache, sofern er die Tat nicht als Straftat weiterverfolgt, an die Verwaltungsbehörde ab, wenn Anhaltspunkte dafür vorhanden sind, dass die Tat als Ordnungswidrigkeit verfolgt werden kann (§ 43 Absatz 1 OWiG).

(4) Stellt der Staatsanwalt das Verfahren sowohl wegen der Straftat als auch wegen der Ordnungswidrigkeit ein, trifft er eine einheitliche Einstellungsverfügung.

(5) 1 Stellt der Staatsanwalt das Verfahren unter dem rechtlichen Gesichtspunkt der Ordnungswidrigkeit ein, braucht er dem Anzeigenden die Gründe für die Einstellung in der Regel nicht mitzuteilen. 2 Hatte die Verwaltungsbehörde wegen der Ordnungswidrigkeit bereits ein Bußgeldverfahren eingeleitet, teilt der Staatsanwalt auch ihr die Einstellung mit.

276. Einstellung des Verfahrens nur wegen der Straftat. (1) 1 Der Staatsanwalt gibt die Sache an die Verwaltungsbehörde ab, wenn er das Verfahren nur wegen der Straftat einstellt, aber Anhaltspunkte dafür vorhanden sind, dass die Tat als Ordnungswidrigkeit verfolgt werden kann (§ 43 Absatz 1 OWiG). 2 Die Nummern 88 ff. sind zu beachten.

(2) 1 Der Verwaltungsbehörde werden im Falle des Absatzes 1 Satz 1 die Vorgänge oder Abdrucke der Vorgänge, soweit sie sich auf die Ordnungswidrigkeit beziehen, übersandt. 2 Bei der Abgabe der Sache ist mitzuteilen, worin die Anhaltspunkte dafür gesehen werden, dass die Tat als Ordnungswidrigkeit verfolgt werden kann; dies gilt nicht, wenn ein solcher Hinweis für die Verwaltungsbehörde entbehrlich ist.

(3) 1 Wird gegen die Einstellung des Verfahrens wegen der Straftat Beschwerde eingelegt, hindert dies den Staatsanwalt nicht, die Sache wegen des Verdachts der Ordnungswidrigkeit an die Verwaltungsbehörde abzugeben. 2 Die Abgabe wird in diesem Falle namentlich dann geboten sein, wenn die Beschwerde unbegründet erscheint und die Verfolgung der Ordnungswidrigkeit zu verjähren droht.

2. Übernahme der Verfolgung einer Ordnungswidrigkeit

277. Übernahme. (1) 1 Der Staatsanwalt soll die Verfolgung einer Ordnungswidrigkeit nur dann übernehmen, wenn diese Verfahrensgestaltung wegen besonderer Umstände sachdienlich erscheint (§ 42 Absatz 2 OWiG). 2 Das wird in erster Linie zu bejahen sein, wenn die Taten in einer engen zeitlichen oder räumlichen Beziehung zueinander stehen. 3 Auch sonst kann die Übernahme zweckmäßig sein, z. B. wenn einheitliche Ermittlungen den Betroffenen oder die Ermittlungsbehörden weniger belasten.

(2) 1 Der Staatsanwalt soll grundsätzlich nicht die Verfolgung solcher Ordnungswidrigkeiten übernehmen, mit deren Beurteilung er im Allgemeinen nicht vertraut ist (z. B. Ordnungswidrigkeiten nach den innerstaatlichen EG-Durchführungsbestimmungen). 2 Erscheint es zweifelhaft, ob die Übernahme der Verfolgung sachdienlich ist, hört die Staatsanwaltschaft vor der Übernahme die sonst zuständige Verwaltungsbehörde.

[1] **[Amtl. Anm.:]** Vgl. Fundstellennachweis A zum Bundesrecht.

(3) Der Staatsanwalt macht die Übernahme aktenkundig und unterrichtet zugleich die Verwaltungsbehörde, wenn sie bereits ein Bußgeldverfahren eingeleitet hat oder diese Möglichkeit naheliegt.

(4) Übernimmt der Staatsanwalt die Verfolgung nicht, gilt Nummer 276 Absatz 2 entsprechend.

278. Verfahren nach Übernahme. (1) Ergeben die Ermittlungen wegen der Ordnungswidrigkeit, dass deren weitere Verfolgung im Zusammenhang mit der Straftat nicht sachdienlich erscheint, gibt der Staatsanwalt insoweit die Sache an die Verwaltungsbehörde ab (§ 43 Absatz 2 Halbsatz 1 OWiG); Nummer 276 Absatz 2 gilt entsprechend.

(2) [1] Erwägt der Staatsanwalt, das Verfahren wegen der übernommenen Ordnungswidrigkeit einzustellen, ist § 63 Absatz 3 OWiG zu beachten. [2] Im Übrigen gilt Nummer 275 Absatz 3 entsprechend.

279. Einstellung des Verfahrens nur wegen der Straftat. Stellt der Staatsanwalt nach Übernahme der Verfolgung einer Ordnungswidrigkeit das Verfahren nur wegen der zusammenhängenden Straftat ein (§ 43 Absatz 2 Halbsatz 2 OWiG), gilt Nummer 276 entsprechend.

4. Abschnitt. Erstreckung der öffentlichen Klage auf die Ordnungswidrigkeit

280. [Erstreckung der öffentlichen Klage auf die Ordnungswidrigkeit]. (1) Erstreckt der Staatsanwalt die öffentliche Klage auf die übernommene Ordnungswidrigkeit (§§ 42, 64 OWiG), sind die Straftat und die Ordnungswidrigkeit in einer einheitlichen Anklageschrift zusammenzufassen.

(2) [1] In der Anklageschrift ist die Ordnungswidrigkeit zu bezeichnen, die dem Angeschuldigten oder einem Betroffenen zur Last gelegt wird (§ 42 Absatz 1 Satz 2, 2. Fall OWiG). [2] Die Nummern 110 bis 112 gelten sinngemäß auch für den Teil der Anklage, der sich auf die Ordnungswidrigkeit bezieht. [3] Wer nur wegen einer Ordnungswidrigkeit verfolgt wird, ist in der Anklageschrift als „Betroffener" zu bezeichnen.

(3) § 63 Absatz 2 OWiG ist zu beachten.

(4) Für den Antrag auf Erlass eines Strafbefehls gelten die Absätze 1 bis 3 entsprechend.

5. Abschnitt. Verfahren nach Einspruch gegen den Bußgeldbescheid

281. Prüfung der Zulässigkeit des Einspruchs; Wiedereinsetzung in den vorigen Stand. [1] Werden die Akten nach Einspruch gegen den Bußgeldbescheid über die Staatsanwaltschaft an das Amtsgericht übersandt und stellt der Staatsanwalt dabei fest, dass der Einspruch nicht rechtzeitig, nicht in der vorgeschriebenen Form oder sonst nicht wirksam eingelegt ist, gibt er die Akten an die Verwaltungsbehörde zur Entscheidung über die Zulässigkeit des Einspruchs (§ 69 Absatz 1 Satz 1 OWiG) zurück. [2] Satz 1 gilt entsprechend, wenn der Betroffene wegen Versäumung der Einspruchsfrist die Wiedereinsetzung in den vorigen Stand beantragt und die Verwaltungsbehörde hierüber noch nicht entschieden hat.

282. Prüfung des Vorwurfs. (1) Bei einem zulässigen Einspruch prüft der Staatsanwalt, ob der hinreichende Verdacht einer Ordnungswidrigkeit besteht, die Verfolgung geboten ist (§ 47 Absatz 1 OWiG) und Verfahrenshindernisse nicht entgegenstehen.

(2) Im Rahmen seiner Prüfung kann der Staatsanwalt selbst Ermittlungen vornehmen oder Ermittlungsorgane darum ersuchen oder von Behörden oder sonstigen Stellen die Abgabe von Erklärungen über dienstliche Wahrnehmungen, Untersuchungen und Erkenntnisse (§ 77a Absatz 2 OWiG) verlangen.

(3) [1] Stellt der Staatsanwalt das Verfahren ein, teilt er dies dem Betroffenen und der Verwaltungsbehörde formlos mit; Nummer 275 Absatz 2 gilt für die dort genannten Fälle entsprechend. [2] Eine Auslagenentscheidung nach § 108a Absatz 1 OWiG trifft die Staatsanwaltschaft in der Regel nur auf Antrag des Betroffenen oder eines anderen Antragsberechtigten; die Entscheidung kann auch von Amts wegen getroffen werden, z. B. dann, wenn sich aus den Akten ergibt, dass dem Betroffenen notwendige Auslagen entstanden sind und das Verfahren mangels hinreichenden Verdachts eingestellt wird. [3] Für die Festsetzung der notwendigen Auslagen des Betroffenen (§ 108a Absatz 3 OWiG, § 464b StPO) gilt Nummer 145 entsprechend.

(4) Bei der Einstellung des Verfahrens wegen eines Halt- oder Parkverstoßes hat der Staatsanwalt auch zu prüfen, ob eine Kostenentscheidung nach § 25a des Straßenverkehrsgesetzes (StVG) in Betracht kommt.

283. Zustimmung zur Rückgabe der Sache an die Verwaltungsbehörde. [1] Eine Zustimmung zur Rückgabe der Sache an die Verwaltungsbehörde wegen offensichtlich ungenügender Aufklärung des Sachverhalts (§ 69 Absatz 5 Satz 1 OWiG) kommt namentlich in Betracht, wenn

1. nach dem Akteninhalt Beweismittel zur Feststellung der Beschuldigung fehlen oder naheliegende Beweise hierzu nicht erhoben sind oder
2. Beweisanregungen des Betroffenen, die für die Entscheidung von wesentlicher Bedeutung sind, ohne Angabe von Gründen nicht entsprochen ist.

[2] Die Zustimmung zur Rückgabe ist in diesen Fällen geboten, wenn es angezeigt ist, die Verwaltungsbehörde auch für künftige Fälle zu einer näheren Prüfung nach § 69 Absatz 2 OWiG zu veranlassen.

284. Stellungnahme des Staatsanwalts bei Vorlage. (1) Bei der Vorlage der Akten an das Gericht soll sich der Staatsanwalt dazu äußern, ob er

a) einer Entscheidung durch Beschluss (§ 72 OWiG) widerspricht,
b) an der Hauptverhandlung nicht teilnehmen wird (vgl. auch § 47 Absatz 2 OWiG) und auf Terminsnachricht verzichtet,
c) die Vorladung eines Zeugen für erforderlich hält oder eine vereinfachte Art der Beweisaufnahme für ausreichend erachtet (§ 77a OWiG),
d) die schriftliche Begründung des Urteils beantragt.

(2) Stimmt der Staatsanwalt einer Entscheidung durch Beschluss zu, äußert er sich zugleich zur Sache und stellt einen bestimmten Antrag.

285. Hauptverhandlung. (1) [1] Für die Hauptverhandlung sind, soweit nichts anderes bestimmt ist, die Nummern 116 bis 145 sinngemäß anzuwenden. [2] Dabei ist auch zu prüfen, ob die Anwendung einzelner Vorschriften im Hinblick auf die unterschiedliche Bewertung von Straftaten und Ordnungswidrigkeiten angemessen ist.

(2) [1] Es wird sich empfehlen, die Termine zur Hauptverhandlung in ihrer Aufeinanderfolge von denen in Strafsachen getrennt festzusetzen. [2] Auch in der Bezeichnung der Sachen auf Formularen und Terminszetteln sollten Bußgeld- und Strafverfahren möglichst getrennt behandelt werden.

286. Umfang der Sachaufklärung. Bei der Aufklärung der Sache wird die Erörterung der persönlichen und wirtschaftlichen Verhältnisse und die Prüfung, ob der Betroffene bestraft oder gegen ihn schon früher eine Geldbuße festgesetzt worden ist, nur dann in Betracht kommen, wenn dies für die Entscheidung von Bedeutung sein kann.

287. Teilnahme an der Hauptverhandlung. (1) Der Staatsanwalt nimmt an der Hauptverhandlung teil, wenn
a) er einer Entscheidung durch Beschluss widersprochen hat (§ 72 Absatz 1 OWiG), oder
b) Anhaltspunkte dafür vorhanden sind, dass die Tat auch unter dem rechtlichen Gesichtspunkt einer Straftat beurteilt werden kann (§ 81 OWiG; vgl. Nummer 290).

(2) [1]Der Staatsanwalt soll im Übrigen an der Hauptverhandlung teilnehmen, wenn seine Mitwirkung aus besonderen Gründen geboten erscheint. [2]Das kommt vor allem in Betracht, wenn
a) das Gericht ihm mitgeteilt hat, dass es seine Mitwirkung an der Hauptverhandlung für angemessen hält (§ 75 Absatz 1 Satz 2 OWiG),
b) die Aufklärung des Sachverhalts eine umfangreiche Beweisaufnahme erfordert,
c) eine hohe Geldbuße oder eine bedeutsame Nebenfolge in Betracht kommt,
d) eine Rechtsfrage von allgemeiner Bedeutung zu entscheiden ist,
e) die Verwaltungsbehörde die Teilnahme des Staatsanwalts an der Hauptverhandlung angeregt hat oder
f) mit einer gerichtlichen Einstellung des Verfahrens nach § 47 Absatz 2 Satz 1 OWiG in Fällen zu rechnen ist, in denen dies vom Standpunkt des öffentlichen Interesses nicht vertretbar erscheint (vgl. § 75 Absatz 2 OWiG).

288. Beteiligung der Verwaltungsbehörde. (1) [1]Der Termin zur Hauptverhandlung wird der Verwaltungsbehörde so rechtzeitig mitgeteilt, dass ihr Vertreter sich auf die Hauptverhandlung vorbereiten und die Akten vorher einsehen kann (§ 76 Absatz 1 OWiG). [2]Nummer 275 Absatz 2 Satz 2, Absatz 3 gilt entsprechend.

(2) Kann nach Auffassung des Staatsanwalts die besondere Sachkunde der Verwaltungsbehörde für die Entscheidung von Bedeutung sein, wirkt er darauf hin, dass ein Vertreter der Verwaltungsbehörde an der Hauptverhandlung teilnimmt.

(3) § 76 Absatz 4 OWiG ist zu beachten.

289. Rücknahme der Klage. (1) [1]Erwägt der Staatsanwalt, die Klage zurückzunehmen, prüft er, ob die Verwaltungsbehörde vorher zu hören ist (§ 76 Absatz 3 OWiG). [2]Nummer 275 Absatz 2, 3 gilt entsprechend.

(2) Nimmt der Staatsanwalt die Klage zurück, teilt er dies dem Betroffenen und der Verwaltungsbehörde formlos mit.

290. Übergang vom Bußgeld- zum Strafverfahren. (1) [1]Ergibt sich nach Einspruch gegen den Bußgeldbescheid, dass der hinreichende Verdacht einer Straftat besteht, übersendet der Staatsanwalt die Akten dem Gericht mit dem Antrag, den Betroffenen auf die Veränderung des rechtlichen Gesichtspunktes hinzuweisen (§ 81 Absatz 2 Satz 1 OWiG). [2]In diesem Falle widerspricht er zugleich einer Entscheidung durch Beschluss (§ 72 OWiG).

(2) [1]Auch im weiteren Verlauf des Verfahrens hat der Staatsanwalt darauf zu achten, ob der hinreichende Verdacht einer Straftat besteht. [2]Gegebenenfalls wird der Betroffene auf die Veränderung des rechtlichen Gesichtspunktes hinzuweisen sein (vgl. § 81 Absatz 2 Satz 1 OWiG).

(3) Wegen der weitreichenden Folgen, die sich aus dem Hinweis auf die Veränderung des rechtlichen Gesichtspunktes ergeben (§ 81 Absatz 2 OWiG), soll der Staatsanwalt darauf hinwirken, dass das Gericht den Betroffenen und seinen Ver-

teidiger vor dem Hinweis hört, wenn er beantragt, den Hinweis zu geben, oder das Gericht dies erwägt.

6. Abschnitt. Rechtsbeschwerdeverfahren

291. Rechtsbeschwerde und Antrag auf deren Zulassung. Für die Rechtsbeschwerde und den Antrag auf deren Zulassung gelten, soweit nichts anderes bestimmt ist, die Nummern 147 bis 152 sinngemäß.

292. Vorsorgliche Einlegung. Hat die Verwaltungsbehörde angeregt, gegen eine gerichtliche Entscheidung ein Rechtsmittel einzulegen, und bestehen Zweifel, ob die Anregung sachlich berechtigt ist, kann das Rechtsmittel ausnahmsweise vorsorglich eingelegt werden, wenn die Zweifel vor Ablauf der Rechtsmittelfrist nicht behoben werden können.

293. Verfahren nach Einlegung. (1) [1] Für das Verfahren nach Einlegung der Rechtsbeschwerde und des Antrags auf deren Zulassung gelten die Nummer 153 bis 169 sinngemäß. [2] Ein Übersendungsbericht ist abweichend von Nummer 163 Absatz 1 Satz 4 nur in umfangreichen Sachen beizufügen.

(2) Beantragt der Staatsanwalt, die Rechtsbeschwerde zuzulassen (§ 80 OWiG), ist anzugeben, aus welchen Gründen die Nachprüfung des Urteils zur Fortbildung des Rechts oder zur Sicherung einer einheitlichen Rechtsprechung oder die Aufhebung des Urteils wegen Versagung des rechtlichen Gehörs geboten erscheint.

7. Abschnitt. Bußgelderkenntnis im Strafverfahren

294. [Bußgelderkenntnis im Strafverfahren]. (1) Der Staatsanwalt achtet nach Erhebung der öffentlichen Klage wegen einer Straftat darauf, dass das Gericht über die Tat zugleich unter dem rechtlichen Gesichtspunkt einer Ordnungswidrigkeit entscheidet, wenn sich der Verdacht der Straftat nicht erweist oder eine Strafe nicht verhängt wird (§ 82 Absatz 1 OWiG).

(2) Ist eine Handlung gleichzeitig Straftat und Ordnungswidrigkeit, prüft der Staatsanwalt weiterhin, ob bei einer Bestrafung die Anordnung einer Nebenfolge der Ordnungswidrigkeit in Betracht kommt (vgl. Nummer 273 Absatz 2 Satz 1) und berücksichtigt dies bei seinem Antrag zur Entscheidung in der Sache.

8. Abschnitt. Entschädigung für Verfolgungsmaßnahmen

295. [Entschädigung für Verfolgungsmaßnahmen]. [1] Das Gesetz über die Entschädigung für Strafverfolgungsmaßnahmen gilt sinngemäß auch für das Bußgeldverfahren (§ 46 Absatz 1 OWiG). [2] Auf die Ausführungsvorschriften zu diesem Gesetz (Anlage C]) wird verwiesen.

9. Abschnitt. Akteneinsicht

296. [Akteneinsicht]. Die Nummern 182 bis 189 gelten für das Bußgeldverfahren sinngemäß.

10. Abschnitt. Einholung der Entscheidung des Bundesverfassungsgerichts

297. [Einholung der Entscheidung des Bundesverfassungsgerichts]. Die Nummer 190 ist auch im Bußgeldverfahren anzuwenden.

11. Abschnitt. Bußgeldsachen gegen Mitglieder der gesetzgebenden Körperschaften

298. [Bußgeldsachen gegen Mitglieder der gesetzgebenden Körperschaften]. [1]Die Immunität der Mitglieder der gesetzgebenden Körperschaften hindert nicht, gegen diese ein Bußgeldverfahren durchzuführen. [2]Dagegen ist der Übergang zum Strafverfahren nach § 81 OWiG nur mit Genehmigung der gesetzgebenden Körperschaft zulässig (vgl. Nummer 191 ff.); dies gilt auch für die Anordnung der Erzwingungshaft.

12. Abschnitt. Behandlung der von der deutschen Gerichtsbarkeit befreiten Personen

299. [Behandlung der von der deutschen Gerichtsbarkeit befreiten Personen]. Die Nummern 193 bis 199 gelten für das Bußgeldverfahren entsprechend.

13. Abschnitt. Rechtshilfeverkehr mit dem Ausland

300. [Rechtshilfeverkehr mit dem Ausland]. Die Staatsanwaltschaft kann im Bußgeldverfahren der Verwaltungsbehörde im Wege der Amtshilfe bei ausländischen Behörden Rechtshilfe erbitten, soweit dies in zwischenstaatlichen Verträgen vereinbart ist oder aufgrund besonderer Umstände (z. B. eines Notenwechsels zwischen der Bundesregierung und einer ausländischen Regierung) damit gerechnet werden kann, dass der ausländische Staat die Rechtshilfe auch ohne vertragliche Regelung gewähren wird.

14. Abschnitt. Verkehr mit der Europäischen Staatsanwaltschaft

301. Strafsachen, die in die Zuständigkeit der Europäischen Staatsanwaltschaft fallen. (1) [1]Vorgänge, aus denen sich der Verdacht einer in die Zuständigkeit der Europäischen Staatsanwaltschaft nach den Artikeln 22 und 23 der Verordnung (EU) 2017/1939 des Rates vom 12. Oktober 2017 zur Durchführung einer Verstärkten Zusammenarbeit zur Errichtung der Europäischen Staatsanwaltschaft (EUStA-VO) fallenden Straftat ergibt, übersendet der Staatsanwalt gemäß Artikel 24 Absatz 1 oder 2 EUStA-VO mit einem Bericht unverzüglich der Europäischen Staatsanwaltschaft, sofern nach den Umständen erkennbar ist, dass der Tatzeitpunkt nach Inkrafttreten der EUStA-VO am 20. November 2017 liegt (siehe Artikel 120 Absatz 2 Unterabsatz 1 EUStA-VO) und die Europäische Staatsanwaltschaft gemäß Artikel 25 Absatz 2 und 3 EUStA-VO ihre Zuständigkeit ausüben könnte. [2]Satz 1 gilt auch dann, wenn zum Zeitpunkt der Unterrichtung nicht erkennbar ist, ob die Kriterien des Artikels 25 Absatz 2 EUStA-VO erfüllt sind. [3]Vor Übersendung des Vorgangs nach Artikel 24 Absatz 2 EUStA-VO hat der Staatsanwalt nach Möglichkeit Kontakt mit dem zuständigen deutschen Zentrum der Delegierten Europäischen Staatsanwälte aufzunehmen, um eine zeitgerechte Entscheidung über die Evokation zu ermöglichen.

(2) [1]Der Bericht an die Europäische Staatsanwaltschaft enthält mindestens eine Beschreibung des Sachverhaltes einschließlich einer Bewertung des entstandenen oder voraussichtlichen Schadens, die mögliche rechtliche Würdigung und alle vorliegenden Informationen über mögliche Opfer, Verdächtige und andere Beteiligte (Artikel 24 Absatz 4 EUStA-VO) sowie die Mitteilung, ob die Meldung nach Artikel 24 Absatz 1 oder 2 EUStA-VO erfolgt, insbesondere ob nach deutschem Recht bereits ein Ermittlungsverfahren als eingeleitet gilt. [2]Auf besondere Umstände (z. B. drohende Verjährung, Untersuchungshaft, erforderliche eilige richterliche Maßnahmen) ist hinzuweisen. [3]Der Vorgang und der Bericht sind der Europäischen Staatsanwaltschaft über den Generalstaatsanwalt, in dringenden Fällen unmittelbar bei gleichzeitiger Übersendung von Abschriften an den Generalstaatsanwalt, zuzuleiten.

(3) [1]Ein Bericht nach Artikel 24 Absatz 2 EUStA-VO erfolgt auch in den Fällen des Artikel 24 Absatz 3 EUStA-VO, in denen der Staatsanwalt der Auffassung ist, dass die Europäische Staatsanwaltschaft gemäß Artikel 25 Absatz 3 EUStA-VO ihre Zuständigkeit nicht ausüben könnte. [2]In diesen Fällen ist eine Übersendung des Vorgangs in der Regel nicht erforderlich. [3]Etwas anderes gilt dann, wenn bereits zum Zeitpunkt der Unterrichtung ein Einverständnis mit der Übernahme des Verfahrens durch die Europäische Staatsanwaltschaft gemäß Artikel 25 Absatz 4 in Verbindung mit Absatz 3 Buchstabe b EUStA-VO besteht. [4]In diesem Fall ist das Einverständnis im Bericht nach Absatz 2 ausdrücklich zu erklären. [5]Bei der Prüfung, ob ein solches Einverständnis erklärt werden soll, ist insbesondere zu berücksichtigen, ob es sich um eine Straftat handelt, die grenzüberschreitende Bezüge oder Bedeutung aufweist, an der eine kriminelle Vereinigung beteiligt ist oder die Straftat eine ernste Gefahr für die finanziellen Interessen der Union oder für die Glaubwürdigkeit ihrer Institutionen und das Vertrauen ihrer Bürger darstellen könnte (Erwägungsgrund 60 der EUStA-VO).

(4) Absatz 1 und 2 gelten auch, wenn die Europäische Staatsanwaltschaft auf anderem Weg als durch einen Bericht Kenntnis erhält, dass eine Staatsanwaltschaft bereits in Bezug auf eine Straftat Ermittlungen, für die die Europäische Staatsanwaltschaft zuständig sein könnte, durchführt und um Unterrichtung gemäß Artikel 24 Absatz 2 EUStA-Verordnung bittet (Artikel 27 Absatz 3 EUStA-VO).

(5) [1]Nach Übersendung des Vorgangs gemäß Absatz 1 und des Berichts gemäß Absatz 2 hat der Staatsanwalt bis zur Entscheidung der Europäischen Staatsanwaltschaft über die Einleitung eines Verfahrens (Artikel 26 Absatz 1 EUStA-VO) oder die Übernahme des Verfahrens (Artikel 27 Absatz 1 EUStA-VO) nur solche Maßnahmen vorzunehmen, die dringend erforderlich sind, um effektive Ermittlungen und eine effektive Strafverfolgung sicherzustellen. [2]Vor solchen Amtshandlungen hat der Staatanwalt, soweit möglich, mit dem zuständigen Delegierten Europäischen Staatsanwalt Fühlung zu nehmen.

(6) Bei Beantwortung von Anfragen der Europäischen Staatsanwaltschaft nach Artikel 24 Absatz 9 EUStA-VO sind die Informationen der Europäischen Staatsanwaltschaft über den Generalstaatsanwalt, in dringenden Fällen unmittelbar bei gleichzeitiger Übersendung von Abschriften an den Generalstaatsanwalt, zuzuleiten.

(7) [1]Der zuständige Delegierte Europäische Staatsanwalt ist unverzüglich über alle neuen Sachverhalte zu unterrichten, die die Europäische Staatsanwaltschaft dazu veranlassen könnten, ihre Entscheidung, ihre Zuständigkeit nicht auszuüben, zu überprüfen (Artikel 27 Absatz 7 EUStA-VO). [2]Bei der Unterrichtung ist auf die Umstände hinzuweisen, die eine Übernahme des Verfahrens durch die Europäische Staatsanwaltschaft nahelegen. [3]Absatz 2 Satz 3 gilt sinngemäß.

(8) Besteht Uneinigkeit darüber, ob die strafbare Handlung in den Anwendungsbereich der Artikel 22 Absatz 2 und 3 oder Artikel 25 Absatz 2 und 3 EUStA-VO fällt, leitet die Staatsanwaltschaft dem Generalbundesanwalt die Akten zusammen

mit einer kurzen Stellungnahme über den Generalstaatsanwalt zur Entscheidung zu (Artikel 25 Absatz 6 EUStA-VO, § 142b Absatz 2 Satz 1 GVG).

(9) Erhält der Staatsanwalt die Mitteilung, dass die Europäische Staatsanwaltschaft gemäß Artikel 26 Absatz 1 EUStA-VO ein Verfahren eingeleitet hat (§ 12 Absatz 2 des Gesetzes zur Ausführung der EU-Verordnung zur Errichtung der Europäischen Staatsanwaltschaft (EUStAG)), prüft der Staatsanwalt, ob damit zusammenhängende Verfahren anhängig sind und unterrichtet gegebenenfalls den mit den Ermittlungen betrauten Delegierten Europäischen Staatsanwalt gemäß Absatz 1 und 2.

(10) Trifft ein Staatsanwalt dringend erforderliche Maßnahmen gemäß Artikel 28 Absatz 2 EUStA-VO, ist der mit den Ermittlungen betraute Delegierte Europäische Staatsanwalt unverzüglich und unmittelbar über die ergriffenen Maßnahmen bei gleichzeitiger Übersendung von Abschriften an den Generalstaatsanwalt zu unterrichten.

(11) [1]Die Übersendung von Vorgängen und Berichten erfolgt nach Maßgabe der von den deutschen Zentren der Delegierten Europäischen Staatsanwälte herausgegebenen Richtlinien für die Kommunikation mit den nationalen Behörden und, soweit möglich, auch elektronisch. [2]Der Staatsanwalt soll ein Aktendoppel behalten.

302. Amtshilfe bei Ermittlungsmaßnahmen der Europäischen Staatsanwaltschaft. (1) [1]Die Staatsanwaltschaften (im Sinne des § 142 Absatz 1 Nummer 2 und 3 GVG) leisten der Europäischen Staatsanwaltschaft nach dem Grundsatz der loyalen Zusammenarbeit (Artikel 5 Absatz 6 EUStA-VO) auf deren Ersuchen im Wege der Amtshilfe die erforderliche Unterstützung bei Ermittlungsmaßnahmen der Europäischen Staatsanwaltschaft (§ 13 EUStAG). [2]Dies kommt z. B. bei Durchsuchungsmaßnahmen oder wenn die Europäische Staatsanwaltschaft Unterstützung bei Vernehmungen von ortsfernen Zeugen benötigt, in Betracht. [3]Sofern die Staatsanwaltschaft im jeweiligen Einzelfall zustimmt, kann die Europäische Staatsanwaltschaft im Wege der Amtshilfe auch auf deren Wirtschaftsreferenten zugreifen.

(2) Die Übernahme von außergewöhnlich hohen Kosten für die Amtshilfeleistung hat die Staatsanwaltschaft vorab mit dem mit den Ermittlungen betrauten Delegierten Europäischen Staatsanwalt zu klären (Artikel 91 Absatz 6 EUStA-VO, EG Nummer 112 EUStA-VO).

(3) Die Staatsanwaltschaft unterrichtet den Generalstaatsanwalt von ihrer Entscheidung, der Europäischen Staatsanwaltschaft Amtshilfe zu leisten, und teilt dabei mit, welche Unterstützungsmaßnahmen erfolgen werden.

303. Vollstreckungsverfahren. Räumt der Vollstreckungsstaatsanwalt dem mit den Ermittlungen betrauten Delegierten Europäischen Staatsanwalt die Möglichkeit der Stellungnahme gemäß § 10 Absatz 2 EUStAG ein, leitet er dem zuständigen Delegierten Europäischen Staatsanwalt den Vorgang über den Generalstaatsanwalt, in dringenden Fällen unmittelbar bei gleichzeitiger Übersendung von Abschriften an den Generalstaatsanwalt, zu.

304. Beteiligung der Staatsanwaltschaft durch die Europäische Staatsanwaltschaft bei Einstellung des Verfahrens und im vereinfachten Strafverfolgungsverfahren. (1) Konsultiert die Europäische Staatsanwaltschaft vor der Einstellung eines Ermittlungsverfahrens gemäß Artikel 39 Absatz 3 EUStA-VO den Generalbundesanwalt, leitet der Generalbundesanwalt dieses Ersuchen über den Generalstaatsanwalt an die zuständige Staatsanwaltschaft weiter.

(2) [1]Die Staatsanwaltschaft übermittelt ihre Stellungnahme gemäß Artikel 39 Absatz 3 EUStA-VO bzw. ihr Ersuchen nach Artikel 34 Absatz 6 EUStA-VO über den Generalstaatsanwalt dem Generalbundesanwalt. [2]Der Generalbundesanwalt

leitet dem mit den Ermittlungen betrauten Delegierten Europäischen Staatsanwalt die Stellungnahme zu.

(3) Konsultiert die Europäische Staatsanwaltschaft vor der Durchführung eines vereinfachten Strafverfolgungsverfahrens gemäß Artikel 40 Absatz 1 Unterabsatz 2 EUStA-VO die Staatsanwaltschaft, leitet diese dem mit den Ermittlungen betrauten Delegierten Europäischen Staatsanwalt ihre Stellungnahme über den Generalstaatsanwalt zu.

305. Verweisung von Verfahren durch die Europäische Staatsanwaltschaft. [1] Ersucht die Europäische Staatsanwaltschaft die ansonsten zuständige Staatsanwaltschaft um Übernahme des Ermittlungsverfahrens (Artikel 34 Absatz 1, 2 oder 3 EUStA-VO), leitet die Staatsanwaltschaft ihre Entscheidung in der Regel innerhalb von 30 Tagen über den Generalstaatsanwalt an die Europäische Staatsanwaltschaft zurück. [2] Wenn die Entscheidung nicht innerhalb der 30-Tages-Frist bei der Europäischen Staatsanwaltschaft eingeht, bleibt sie in den Fällen des Artikels 34 Absatz 2 und 3 EUStA-VO für das Verfahren zuständig (Artikel 34 Absatz 5 EUStA-VO).

4. Anordnung über Mitteilungen in Strafsachen (MiStra)

in der ab dem 1. August 2022 geltenden Fassung
vom 10. Mai 2022
(BAnz AT 20.7.2022 B1)

Inhaltsübersicht

Nummer 25b: Strafsachen gegen Geschäftsleiterinnen und Geschäftsleiter, Mitglieder der Verwaltungs- oder Aufsichtsorgane von Versicherungsunternehmen oder Pensionsfonds sowie gegen Inhaberinnen und Inhaber bedeutender Beteiligungen an Versicherungsunternehmen oder Pensionsfonds oder deren gesetzliche Vertreterinnen und Vertreter oder persönlich haftende Gesellschafterinnen und Gesellschafter

Nummer 25c: Strafsachen gegen bedeutend beteiligte Inhaberinnen und Inhaber, Geschäftsleiterinnen und Geschäftsleiter oder Mitglieder der Verwaltungs- oder Aufsichtsorgane von Verwaltungsgesellschaften, extern verwalteten Investmentgesellschaften oder Verwahrstellen oder deren jeweilige gesetzliche Vertreterinnen und Vertreter oder persönlich haftende Gesellschafterinnen und Gesellschafter

Nummer 26: Strafsachen gegen Angehörige der Heil- und Gesundheitsfachberufe

Nummer 27: Strafsachen gegen an Schulen, Hochschulen, Kinderheimen, Kindertagesstätten und vergleichbaren Einrichtungen tätigen Personen

Nummer 28: Strafsachen gegen Betreiberinnen und Betreiber von sowie Beschäftigte in Alten- und Pflegeeinrichtungen, betreuten Wohnformen, ambulanten Pflegediensten und Werkstätten für Menschen mit Behinderung, Einrichtungen oder Gruppen, die den Werkstätten angegliedert sind, sowie Tagesförderstätten, Leistungserbringern der Eingliederungshilfe sowie erlaubnispflichtigen Einrichtungen für Kinder und Jugendliche mit Behinderung

Nummer 29: Sonstige Mitteilungen über Personen, die einer Dienst-, Staats-, Standesaufsicht oder berufsrechtlichen Aufsicht unterliegen

3. Abschnitt. Sonstige Mitteilungen wegen der persönlichen Verhältnisse der Betroffenen

Nummer 30: Strafsachen gegen Inhaberinnen und Inhaber von Titeln, Orden und Ehrenzeichen

Nummer 31: Mitteilungen an das Betreuungsgericht und an das Familiengericht

Nummer 32: Mitteilungen an die Jugendgerichtshilfe in Strafsachen gegen Jugendliche und Heranwachsende

Nummer 33: Mitteilungen an die Schule in Strafsachen gegen Jugendliche und Heranwachsende

Nummer 34: Mitteilungen an andere Prozessbeteiligte in Strafsachen gegen Jugendliche

Nummer 35: Mitteilungen zum Schutz von Kindern und Jugendlichen

Nummer 36: Mitteilungen über Inhaberinnen und Inhaber einer waffenrechtlichen oder sprengstoffrechtlichen Berechtigung sowie über sonstige nach dem WaffG oder SprengG berechtigte Personen

Nummer 36a: Sonstige Mitteilungen aus waffenrechtlichen oder sprengstoffrechtlichen Gründen

Nummer 37: Strafsachen gegen Inhaberinnen und Inhaber von Jagdscheinen und gegen Personen, die einen Antrag auf Erteilung eines Jagdscheins gestellt haben

Nummer 37a: Strafsachen gegen Inhaberinnen und Inhaber von Fischereischeinen und Personen, die einen Antrag auf Erteilung eines Fischereischeins gestellt haben

Nummer 38: Mitteilungen über Inhaberinnen und Inhaber einer luftrechtlichen Erlaubnis oder Genehmigung sowie über sonstige nach dem Luftverkehrsgesetz oder nach dem Luftsicherheitsgesetz berechtigte Personen

Nummer 39: Strafsachen gegen Inhaberinnen und Inhaber von Berechtigungen und gegen Gewerbetreibende, Verkehrsleiter im Sinne von Artikel 4 der VO 1071/2009 sowie Betriebsleiterinnen und Betriebsleiter der Schienenbahnen des öffentlichen Personenverkehrs, der Seilbahnen, der Eisenbahnen und der Kraftfahrtunternehmen im Personenverkehr

Nummer 40: Strafsachen gegen mit Atomanlagen und Kernbrennstoffen oder sonstigen radioaktiven Stoffen verantwortlich befasste Personen

Nummer 41: Strafsachen gegen Angehörige ausländischer Konsulate

Nummer 42: Mitteilungen über Ausländerinnen und Ausländer

Nummer 42a: Mitteilungen über Asylsuchende

Nummer 43: Strafsachen gegen Gefangene und Untergebrachte

Erster Teil. Allgemeine Vorschriften

1. Grundsatz

(1) [1] In Strafsachen sind Gerichte und Staatsanwaltschaften nach der gesetzlichen Regelung im Zweiten Abschnitt des EGGVG (§§ 12 ff.) zur Mitteilung personenbezogener Daten von Amts wegen an öffentliche Stellen für andere Zwecke als die des Strafverfahrens, für die die Daten erhoben worden sind, befugt. [2] Verpflichtet sind sie zu Mitteilungen nur, wenn dies im Folgenden angeordnet oder in besonderen Vorschriften bestimmt ist.

(2) [1] Wichtige in besonderen Vorschriften enthaltene Mitteilungspflichten werden in dieser Verwaltungsvorschrift neben den erst durch diese Verwaltungsvorschrift angeordneten Mitteilungspflichten wiedergegeben. [2] Auf weitere besondere Vorschriften (Mitteilungspflichten und -befugnisse) wird im Anhang hingewiesen.

(3) [1] Darüber hinaus ist im Einzelfall eine Mitteilung auch dann zu machen, wenn sie weder in einer besonderen Vorschrift noch im Folgenden vorgeschrieben, jedoch rechtlich zulässig und wegen eines besonderen öffentlichen Interesses unerlässlich ist, etwa in Fällen des § 17 EGGVG. [2] Die Entscheidung treffen Richterinnen oder Richter, Staatsanwältinnen oder Staatsanwälte.

(4) [1] Diese Verwaltungsvorschrift gilt nicht für Mitteilungen für Zwecke des Verfahrens, in dem die Daten erhoben worden sind, für Mitteilungen an Privatpersonen sowie für Auskünfte und Akteneinsicht auf Ersuchen. [2] Die Nummern 11, 32 und 34 bleiben unberührt.

2. Einschränkung vorgeschriebener Mitteilungspflichten

(1) [1] Eine an sich vorgeschriebene Mitteilung unterbleibt im Einzelfall, wenn ihr eine besondere bundesrechtliche Verwendungsregelung, insbesondere § 30 AO, § 78 SGB X, oder eine entsprechende landesrechtliche Verwendungsregelung entgegensteht. [2] In anderen als den in § 13 Absatz 1 EGGVG genannten Fällen unterbleibt eine Mitteilung ferner, wenn im Einzelfall für die übermittelnde Stelle offensichtlich ist, dass schutzwürdige Interessen Betroffener an dem Ausschluss der Übermittlung überwiegen (§ 13 Absatz 2 EGGVG). [3] Gesetzlich besonders geregelte Mitteilungspflichten und deren Einschränkungen bleiben von § 13 Absatz 2 EGGVG unberührt. [4] Schließlich unterbleibt eine Mitteilung, solange Zwecke des Strafverfahrens entgegenstehen.

(2) Die Entscheidung treffen Richterinnen oder Richter, Staatsanwältinnen oder Staatsanwälte.

3. Auskunft an die und Unterrichtung der Betroffenen

(1) [1] Vorbehaltlich besonderer und abschließender fachgesetzlicher Regelungen richten sich die Voraussetzungen von Auskunft (auf Antrag) und Unterrichtung (von Amts wegen) der Betroffenen nach § 21 EGGVG. [2] Diesen ist grundsätzlich nur auf schriftlichen Antrag Auskunft über Mitteilungen zu erteilen. [3] Von Amts wegen sind die Betroffenen vorbehaltlich des Absatzes 2 gleichzeitig mit der Übermittlung über den Inhalt und den Empfänger der Mitteilung zu unterrichten.

(2) [1] Auf die Beschränkungen in § 21 Absatz 3 und 4 EGGVG wird hingewiesen. [2] Die Entscheidung, dass Auskunft oder Unterrichtung unterbleiben, treffen Richterinnen oder Richter, Staatsanwältinnen oder Staatsanwälte.

(3) [1] Die Form der Auskunftserteilung und Unterrichtung unterliegt pflichtgemäßem Ermessen. [2] Grundsätzlich empfiehlt es sich, Betroffenen einen Abdruck der Mitteilung zu übersenden. [3] Von der Beifügung der Schriftstücke (etwa Urteile), die Betroffenen schon übermittelt worden sind, kann abgesehen werden.

(4) Eine nach § 21 Absatz 4 EGGVG unterbliebene Unterrichtung ist nachzuholen, sobald die Beschränkungen entfallen sind.

4. Mitteilungspflichtige Stellen und dort funktional zuständige Personen

(1) [1] Mitteilungspflichtige Stelle ist, soweit nichts anderes bestimmt ist,

1. die Staatsanwaltschaft für Mitteilungen bis zur Erhebung der öffentlichen Klage,
2. das Gericht für Mitteilungen nach der Erhebung der öffentlichen Klage oder der Privatklage bis zur Rechtskraft der Entscheidung,
3. die Vollstreckungsbehörde für Mitteilungen nach der Rechtskraft der Entscheidung.

[2] Die oberste Justizbehörde kann, insbesondere aus Gründen der Verwaltungsvereinfachung, eine andere Bestimmung treffen.

(2) [1] Richterinnen oder Richter, Staatsanwältinnen oder Staatsanwälte ordnen die Mitteilung in den Fällen an, in denen dies ausdrücklich bestimmt ist oder in denen sie sich die Anordnung ausdrücklich vorbehalten haben. [2] Auch in anderen Fällen können sie Mitteilungen anordnen. [3] Amtsanwältinnen und Amtsanwälte stehen im Rahmen ihrer Zuständigkeit Staatsanwältinnen und Staatsanwälten gleich.

(3) [1] Im Übrigen ordnen Mitteilungen an

1. bei der Staatsanwaltschaft von der Behördenleitung bestimmte Bedienstete,
2. bei dem Gericht Urkundsbeamtinnen oder Urkundsbeamte der Geschäftsstelle,
3. bei der Vollstreckungsbehörde Beamtinnen oder Beamte des gehobenen Justizdienstes,

soweit vorgesetzte Stellen nichts anderes bestimmen. [2] Die Durchführung einer angeordneten Mitteilung kann einer anderen Justizbehörde überlassen werden; die Verantwortung der anordnenden Stelle für die Zulässigkeit der Mitteilung bleibt unberührt.

5. Kenntlichmachung der Mitteilungspflicht auf den Akten, Dokumentation der Mitteilung

(1) Die Mitteilungspflichten sind auf der Vorderseite der Akten in geeigneter Form kenntlich zu machen; dies gilt nicht für die Mitteilungspflicht nach Nummer 11.

(2) [1] Sind Mitteilungen gemacht, ist dies in geeigneter Form zu dokumentieren. [2] In Betracht kommt z. B. ein Vermerk. [3] Ein Abdruck der Mitteilungen – ohne

etwaige Anlagen – soll zur Dokumentation benutzt werden, wenn dies ohne größeren Aufwand möglich ist.

(3) Liegen die Beschränkungen des § 21 Absatz 3 und 4 EGGVG vor, sind die Kenntlichmachung der Mitteilungspflichten und die Dokumentation der Mitteilung in den Handakten oder in sonst geeigneter Weise vorzunehmen.

6. Inhalt und Zeitpunkt der Mitteilungen

(1) [1]Der Inhalt und der Zeitpunkt der Mitteilungen richten sich nach den besonderen Vorschriften. [2]Neben den mitzuteilenden Daten dürfen weitere Daten unter den Voraussetzungen des § 18 Absatz 1 EGGVG übermittelt werden. [3]Im Übrigen gelten die folgenden Bestimmungen.

(2) [1]Ist die Einleitung eines Verfahrens mitzuteilen, richtet sich der Inhalt der Mitteilung nach deren Zweck und den Umständen des Einzelfalles. [2]Die Mitteilung unterbleibt, solange kein begründeter Verdacht vorliegt.

(3) [1]Ist der Erlass und der Vollzug eines Haft- oder Unterbringungsbefehls mitzuteilen, sind auch die Aufhebung dieser Entscheidungen sowie die Aussetzung des Vollzuges mitzuteilen. [2]Der Haft- oder der Unterbringungsbefehl selbst werden grundsätzlich nicht übermittelt. [3]Soll der Erlass eines Haft- oder Unterbringungsbefehls vor dessen Vollzug mitgeteilt werden, ist besonders zu prüfen, ob Zwecke des Strafverfahrens dem entgegenstehen (Nummer 2 Absatz 1 Satz 4).

(4) [1]Ist die Erhebung der öffentlichen Klage mitzuteilen, sind die Anklageschrift, eine an ihre Stelle tretende Antragsschrift nach § 414 Absatz 2 Satz 2 StPO, der Antrag auf Erlass eines Strafbefehls, der Antrag auf Entscheidung im beschleunigten Verfahren (§ 417 StPO) bzw. der Antrag im vereinfachten Jugendverfahren (§ 76 JGG) zu übermitteln. [2]Staatsanwältinnen oder Staatsanwälte können im Einzelfall anordnen, dass die Übermittlung des wesentlichen Ergebnisses der Ermittlungen unterbleibt.

(5) [1]Ist das Urteil mitzuteilen, sind die Urteilsformel und die Urteilsgründe zu übermitteln. [2]Richterinnen oder Richter, Staatsanwältinnen oder Staatsanwälte können im Einzelfall anordnen, dass die Übermittlung der Urteilsgründe unterbleibt. [3]Mitzuteilen ist auch, ob und von wem ein Rechtsmittel gegen das Urteil eingelegt worden ist.

(6) [1]Ist die rechtskräftige Entscheidung (Urteil, Strafbefehl, Gesamtstrafenbeschluss) mitzuteilen, ist auch anzugeben, wann sie rechtskräftig geworden ist. [2]Ist mit der rechtskräftigen Entscheidung ein Rechtsmittel verworfen worden oder wird darin auf eine angefochtene Entscheidung Bezug genommen, ist auch die angefochtene Entscheidung mitzuteilen; Absatz 5 Satz 2 gilt entsprechend.

(7) [1]Ist der Ausgang des Verfahrens mitzuteilen, ist jede das Verfahren endgültig oder – außer in den Fällen des § 153a StPO – vorläufig abschließende Entscheidung mit Begründung mitzuteilen, insbesondere die Einstellungsverfügung (Ablehnung der Strafverfolgung) der Staatsanwaltschaft, der nicht mehr anfechtbare Beschluss, der die Eröffnung des Hauptverfahrens ablehnt, die Einstellung des Verfahrens durch gerichtlichen Beschluss und die rechtskräftige Entscheidung. [2]Richterinnen oder Richter, Staatsanwältinnen oder Staatsanwälte können im Einzelfall anordnen, dass die Übermittlung der Begründung unterbleibt.

7. Folgemitteilungen, Antrag auf gerichtliche Entscheidung

(1) [1]Unter den Voraussetzungen des § 20 EGGVG sind Folgemitteilungen notwendig. [2]Absatz 1 ordnet – eingeschränkt durch Absatz 3 – Folgemitteilungen für den Fall an, dass eine Mitteilung vor Beendigung des Verfahrens ergangen, insbesondere eine übermittelte Entscheidung abgeändert oder aufgehoben worden ist. [3]Absatz 2 Satz 1 regelt – wiederum eingeschränkt durch Absatz 3 – die unverzügliche Berichtigung unrichtiger Daten. [4]Die Entscheidung darüber, dass eine Folge-

mitteilung nach § 20 Absatz 3 EGGVG unterbleibt, treffen Richterinnen oder Richter, Staatsanwältinnen oder Staatsanwälte.

(2) [1] Senden Empfänger Unterlagen zurück, weil sie für ihre Zwecke nicht erforderlich sind, ist sicherzustellen, dass sie keine Folgemitteilungen erhalten. [2] Leiten Empfänger Unterlagen gemäß § 19 Absatz 2 Satz 3 EGGVG weiter, sind Folgemitteilungen an die nach ihren Angaben tatsächlich zuständige Stelle zu machen.

(3) [1] Wird ein Antrag auf gerichtliche Entscheidung gestellt, ist der Empfänger zu unterrichten (§ 22 Absatz 2 Satz 1 EGGVG). [2] Auf § 22 Absatz 2 Satz 2 EGGVG soll er hingewiesen werden.

8. Mitteilungen bei Tateinheit

Ist eine Mitteilung wegen der Art des verletzten Strafgesetzes vorgeschrieben, ist sie auch dann zu machen, wenn die Straftat zugleich ein anderes Strafgesetz verletzt und die Strafe diesem entnommen werden muss oder entnommen worden ist.

9. Form der Mitteilungen

(1) [1] Soweit dies möglich und nichts anderes vorgeschrieben ist, werden Mitteilungen durch Übersendung einer Mehrfertigung des mitzuteilenden Schriftstücks bewirkt. [2] Im Übrigen wird die Form der Mitteilungen von der übermittelnden Stelle nach pflichtgemäßem Ermessen bestimmt.

(2) [1] Ein automatisiertes Verfahren zur Durchführung von Mitteilungen kann eingerichtet werden, wenn diese Form der Datenübermittlung – unter Berücksichtigung der schutzwürdigen Interessen der Betroffenen und der Aufgaben der beteiligten Stellen – wegen der Vielzahl der Übermittlungen oder aus anderen Gründen angemessen ist. [2] Der automatisierte Abruf durch die empfangenden Stellen ist unzulässig. [3] Die datenschutzrechtlichen Bestimmungen, die für die übermittelnde Stelle gelten, sind zu beachten.

(3) Mehrfertigungen sind nur zu beglaubigen, wenn dies besonders bestimmt ist.

(4) Soweit es nicht der Übersendung einer Mehrfertigung bedarf, sollen Vordrucke oder Muster verwendet werden.

(5) [1] Auf der Mitteilung wird vermerkt:

„(Absendende Stelle) ………………………………, den …………… 20……

An

……………………………………………………… – vertraulich behandeln –

………………………………………………………

Zum dortigen Aktenzeichen (falls bekannt): ……………………………………

Mitteilung nach Nr. ……

der Anordnung über Mitteilungen in Strafsachen.

Die Mitteilung darf nur im Rahmen der §§ 19 Absatz 1, 18 Absatz 1 Satz 2 EGGVG verwertet werden, es sei denn, dass eine zweckändernde Nutzung ausdrücklich gesetzlich vorgesehen ist. Der Zweck ergibt sich aus der angegebenen Bestimmung der MiStra. Sind die übermittelten Daten im Sinne von § 19 Absatz 2 Satz 1 EGGVG nicht erforderlich, ist nach § 19 Absatz 2 Satz 2 EGGVG zu verfahren.“

[2] Die §§ 18, 19 EGGVG sowie die einschlägige Bestimmung des zweiten Teils dieser Verwaltungsvorschrift sind der Mitteilung im Wortlaut beizufügen, wenn die Kenntnis der empfangenden Stelle nicht vorausgesetzt werden kann.

(6) Die Mitteilung wird – sofern kein automatisiertes Verfahren Anwendung findet – verschlossen übersandt.

10. Mitteilungsweg

(1) [1]Die Mitteilungen werden vorbehaltlich besonderer Vorschriften der empfangenden Stelle unmittelbar übersandt. [2]Berichtspflichten bleiben unberührt.

(2) Soweit dies nach der Art der zu übermittelnden Daten und der Organisation der empfangenden Stelle veranlasst oder im Folgenden ausdrücklich angeordnet ist, trifft die übermittelnde Stelle angemessene Vorkehrungen, um sicherzustellen, dass Mitteilungen unmittelbar die bei der empfangenden Stelle funktionell zuständigen Bediensteten erreichen.

Zweiter Teil. Die einzelnen Mitteilungspflichten

1. Abschnitt. Allgemeine Mitteilungspflichten

11. Mitteilungen an die Polizei

§ 482 StPO

(1) Die Staatsanwaltschaft teilt der Polizeibehörde, die mit dem Verfahren befasst war, ihr Aktenzeichen mit.

(2) Die Staatsanwaltschaft teilt der Polizeibehörde, die mit dem Verfahren befasst war, den Ausgang des Verfahrens mit.

(3) [1]Die Mitteilung nach Absatz 2 erfolgt

1. in den Fällen des § 20 Absatz 1 Satz 1 BZRG durch Übersendung einer Mehrfertigung der Mitteilung an das Bundeszentralregister,
2. im Übrigen grundsätzlich nur durch Übermittlung der Entscheidungsformel (Tenor), der entscheidenden Stelle sowie des Datums und der Art der Entscheidung (Urteil, Beschluss, Entschließung der Staatsanwaltschaft).

[2]Eine Mehrfertigung des Urteils (gegebenenfalls auch der nach § 267 Absatz 1 Satz 3, Absatz 4 Satz 1 StPO in Bezug genommenen Abbildungen und Schriftstücke) oder einer mit Gründen versehenen Einstellungsentscheidung kann auf Ersuchen der befassten Polizeibehörde übersandt werden.

(4) [1]Die Mitteilung des Verfahrensausgangs von Amts wegen unterbleibt in Verfahren gegen Unbekannt sowie bei Verkehrsstrafsachen, soweit sie nicht unter die §§ 142, 315 bis 315c StGB fallen. [2]Die Befugnis zur Erteilung von Auskünften oder der Gewährung von Akteneinsicht auf Ersuchen bleibt hiervon unberührt.

12. Mitteilungen zum Wählerverzeichnis

§ 13 Absatz 1 Nummer 5 EGGVG

(1) [1]In Strafsachen gegen deutsche Staatsangehörige sowie gegen Staatsangehörige der übrigen Mitgliedstaaten der Europäischen Gemeinschaft (Unionsbürger), die in der Bundesrepublik Deutschland eine Wohnung innehaben oder sich sonst gewöhnlich aufhalten, ist der zuständigen Verwaltungsbehörde die Tatsache der rechtskräftigen Verurteilung (ohne Angabe der rechtlichen Bezeichnung der Tat und ohne Angabe der angewendeten Strafvorschriften) mitzuteilen, wenn

1. wegen eines Verbrechens auf eine Freiheitsstrafe von mindestens einem Jahr erkannt worden ist,
2. die Fähigkeit aberkannt worden ist, öffentliche Ämter zu bekleiden oder Rechte aus öffentlichen Wahlen zu erlangen, oder
3. das Recht aberkannt worden ist, in öffentlichen Angelegenheiten zu wählen oder zu stimmen.

[2]In den Fällen der Ziffern 2 und 3 ist auch die Zeit mitzuteilen, für die die Aberkennung wirksam ist.

(2) [1]Die Mitteilungen sind der Verwaltungsbehörde zu machen, in deren Bezirk die Verurteilte oder der Verurteilte die Wohnung, bei mehreren Wohnungen die Hauptwohnung innehat. [2]Haben Verurteilte keine Wohnung im Gebiet der Bundesrepublik Deutschland oder lässt sich eine solche Wohnung nicht feststellen, so sind die Mitteilungen an die Verwaltungsbehörde zu machen, in deren Bezirk die Verurteilte oder der Verurteilte die letzte Wohnung, bei mehreren Wohnungen die letzte Hauptwohnung gehabt hat.

(3) [1]In den Fällen des Absatz 1 sind auch der Tag des Ablaufs des Verlustes der Amtsfähigkeit, der Wählbarkeit und des Wahl- und Stimmrechts sowie die Wiederverleihung dieser Fähigkeiten und Rechte mitzuteilen. [2]Die Mitteilung ist an den Empfänger der Erstmitteilung und in den Fällen, in denen eine neue Wohnung aktenkundig ist, an die nunmehr zuständige Verwaltungsbehörde zu richten.

13. Bewährungs- und Führungsaufsichtsfälle

§ 477 Absatz 2 Nummer 3 StPO

(1) Ist durch eine Entscheidung des Gerichts oder durch eine Gnadenentscheidung

1. die Vollstreckung einer Freiheitsstrafe oder des Restes einer Freiheitsstrafe,
2. die Vollstreckung oder weitere Vollstreckung einer Unterbringung,
3. ein Berufsverbot,
4. die Vollstreckung einer Jugendstrafe oder des Restes einer Jugendstrafe,
5. die Vollstreckung eines Strafarrestes oder des Restes eines Strafarrestes zur Bewährung ausgesetzt oder
6. die Strafe oder der Strafarrest nach Ablauf der Bewährungszeit erlassen

worden, ist dem Gericht oder der Gnadenbehörde Mitteilung zu machen, sobald Umstände bekannt werden, die zu einem Widerruf der Aussetzung oder des Straferlasses oder des Erlasses des Strafarrestes führen können.

(2) Ist durch die Entscheidung eines Gerichts oder kraft Gesetzes Führungsaufsicht eingetreten, so ist dem Gericht sowie der Führungsaufsichtsstelle Mitteilung zu machen, sobald Umstände bekannt werden, die zu nachträglichen Entscheidungen führen können.

(2a) [1]Ist eine unter Bewährung stehende Verurteilte bzw. ein unter Bewährung stehender Verurteilter in anderer Sache in Strafhaft genommen worden, so ist der die Bewährungsstrafe vollstreckenden Staatsanwaltschaft zur Weiterleitung an das bis zu diesem Zeitpunkt die Bewährungsaufsicht führende Gericht Mitteilung zu machen. [2]Gleiches gilt in den Fällen, in denen Maßregeln der Besserung und Sicherung vollstreckt werden.

(3) Ist die Verurteilung zu einer Geldstrafe vorbehalten oder die Entscheidung über die Verhängung einer Jugendstrafe ausgesetzt worden, ist dem Gericht Mitteilung zu machen, sobald Umstände bekannt werden, die zur Verurteilung zu der vorbehaltenen Strafe oder zur Verhängung einer Jugendstrafe führen können.

(4) Ist Bewährungs- oder Führungsaufsicht angeordnet, ist die Mitteilung in zwei Stücken zu machen.

14. Ermittlungen über einen Todesfall

§ 13 Absatz 1 Nummer 1 EGGVG

(1) Werden in einem Strafverfahren amtliche Ermittlungen über den Tod einer Person durchgeführt, ist dem Standesamt (§ 28 in Verbindung mit § 30 Absatz 3

PStG), in dessen Bezirk die Person gestorben ist, Mitteilung zu machen, wenn das Gericht oder die Staatsanwaltschaft hierfür zuständig ist.[1]

(2) In der Mitteilung sollen nach Möglichkeit angegeben werden

1. die Vornamen und der Familienname der verstorbenen Person, ihr Geschlecht und Wohnort sowie Ort und Tag der Geburt,
2. die Vornamen und der Familienname des Ehegatten bzw. der Ehegattin oder des eingetragenen Lebenspartners bzw. der eingetragenen Lebenspartnerin oder die Tatsache, dass die verstorbene Person nicht verheiratet oder verpartnert war,
3. Ort, Tag und Stunde des Todes.

(3) Ist der Sterbeort nicht festzustellen, ist die Mitteilung an das Standesamt zu richten, in dessen Bezirk die Leiche gefunden worden ist.

2. Abschnitt. Mitteilungen über Personen, die einer Dienst-, Staats-, Standesaufsicht oder berufsrechtlichen Aufsicht unterliegen

15. Strafsachen gegen Personen in einem Beamten- oder Richterverhältnis § 115 BBG, § 49 BeamtStG, §§ 46, 71 DRiG

(1) In Strafsachen gegen Personen, die in einem Beamten- oder Richterverhältnis stehen, sind mitzuteilen

---

[1] **Amtliche Anmerkung:**

BW Behörde, die die amtliche Ermittlung führt (keine besondere Regelung)
BY Polizei (Artikel 5 Absatz 2 des Gesetzes zur Ausführung des Personenstandsgesetzes vom 8. Juli 2008; GVBl. S. 344)
BE Polizeibehörde (§ 1 Absatz 4 der Verordnung zur Ausführung des Personenstandsgesetzes im Land Berlin vom 26. März 2013 (GVBl. S. 107)
BB Behörde, die die amtliche Ermittlung führt (§ 1 Absatz 4 des Brandenburgischen Gesetzes zur Ausführung des Personenstandsgesetzes vom 9. Oktober 2003; GVBl. I/03, S. 270, geändert durch Artikel 1 des Gesetzes vom 15. April 2009; GVBl. I/09, S. 66)
HB Behörde, die die amtliche Ermittlung führt (§ 4 Absatz 3 Bremisches Ausführungsgesetz zum Personenstandsgesetz (BremAGPStG) vom 16. Dezember 2008; Brem.GBl. S. 418)
HH Gerichte, Staatsanwaltschaften, Behörde für Inneres und Sport (Ziffer IV der Anordnung zur Durchführung des Personenstandsgesetzes vom 3. November 2009; Amtl. Anz. S. 2093)
HE Behörde, die die amtliche Ermittlung führt (keine besondere Regelung)
MV Behörde, die die amtliche Ermittlung führt (§ 1 Absatz 4 des Landespersonenstandsausführungsgesetzes Mecklenburg-Vorpommern (LPStAG M-V) vom 1. Dezember 2008; GVOBl. M-V S. 461)
NI Staatsanwaltschaft (Nummer 1 des Gem. RdErl. d. MJ u. d. MI v. 12. Dezember 2019; Nds. MBl. 2020, 24)
NW Behörde, die die amtliche Ermittlung führt (§ 3 Absatz 2 der Verordnung zur Durchführung des Personenstandsgesetzes (PStVO NRW) vom 16. Dezember 2008; GV. NRW. 2008 S. 859)
RP Polizeibehörde, die die amtlichen Ermittlungen führt (§ 3 Absatz 2 der Landesverordnung zur Durchführung des Personenstandsgesetzes vom 10. Dezember 2008; GVBl. S. 321)
SL Behörde, die die amtliche Ermittlung führt (§ 6 Absatz 2 der Saarländischen Verordnung zur Ausführung des Personenstandsgesetzes vom 4. Dezember 2008 in der Fassung der Bekanntmachung vom 8. Mai 2012 (Amtsbl. I S. 127)
SN Polizei (§ 4 Absatz 3 des Sächsischen Gesetzes zur Ausführung des Personenstandsgesetzes (Sächs-AGPStG) vom 11. Dezember 2008; SächsGVBl. 2008, Bl.-Nr. 20, S. 938)
ST Behörde, die die amtliche Ermittlung führt (§ 3 Absatz 3 des Gesetzes zur Ausführung des Personenstandsgesetzes im Land Sachsen-Anhalt (PStG-AG LSA) vom 5. Dezember 2008; GVBl. LSA S. 406)
SH Behörde, die die amtliche Ermittlung führt (keine besondere Regelung)
TH Polizei (§ 3 Absatz 3 des Thüringer Ausführungsgesetzes zum Personenstandsgesetz vom 18. September 2008; GVBl. S. 313).

1. der Erlass und der Vollzug eines Haft- oder Unterbringungsbefehls,
2. die Anklageschrift oder eine an ihre Stelle tretende Antragsschrift,
3. der Antrag auf Erlass eines Strafbefehls und
4. die einen Rechtszug abschließende Entscheidung mit Begründung sowie gegebenenfalls mit dem Hinweis, dass ein Rechtsmittel eingelegt worden ist.

(2) [1] Absatz 1 gilt in Verfahren wegen Privatklagedelikten nur, wenn die Staatsanwaltschaft das öffentliche Interesse an der Strafverfolgung bejaht hat; Nummer 29 bleibt unberührt. [2] In Verfahren wegen fahrlässig begangener Straftaten sind Mitteilungen nach Absatz 1 Ziffer 2 bis 4 nur zu machen, wenn

1. es sich um schwere Verstöße, namentlich Vergehen der Trunkenheit im Straßenverkehr oder der fahrlässigen Tötung, handelt oder
2. in sonstigen Fällen die Kenntnis der Daten auf Grund der Umstände des Einzelfalls erforderlich ist, um zu prüfen, ob dienstrechtliche Maßnahmen zu ergreifen sind.

(3) [1] Entscheidungen über Verfahrenseinstellungen, die nicht bereits nach Absatz 1 oder 2 zu übermitteln sind, sollen übermittelt werden, wenn die in Absatz 2 Ziffer 2 genannten Voraussetzungen erfüllt sind. [2] Dabei ist zu berücksichtigen, wie gesichert die zu übermittelnden Erkenntnisse sind. [3] Übermittelt werden sollen insbesondere Einstellungsentscheidungen gemäß § 170 Absatz 2 StPO, die Feststellungen zu einer Schuldunfähigkeit nach § 20 StGB enthalten. [4] Die Mitteilung ordnen Richterinnen oder Richter, Staatsanwältinnen oder Staatsanwälte an.

(4) Übermittlungen nach den Absätzen 1 bis 3 sind auch zulässig, soweit sie Daten betreffen, die dem Steuergeheimnis (§ 30 AO) unterliegen.

(5) Die Mitteilungen sind an die zuständigen Dienstvorgesetzten oder deren Vertretung im Amt zu richten und als „Vertrauliche Personalsache" zu kennzeichnen.

(6) [1] Bei Personen im Beamten- oder Richterverhältnis im Geschäftsbereich des Bundesministeriums der Verteidigung sind die Mitteilungen zum Zwecke der Weiterleitung an die zuständige Stelle zu richten an das:

Bundesamt für Personalmanagement der Bundeswehr

Referat V 2.Z

Niederberg-Kaserne

Alte Heerstraße 81

53757 Sankt Augustin

[2] Die Mitteilungen sind als „Vertrauliche Personalsache" zu kennzeichnen. [3] Dabei sind nur die Personendaten der Beamtinnen und Beamten bzw. Richterinnen und Richter, die zur Ermittlung der zuständigen Stelle erforderlich sind (Name, Geburtsname, Vorname, Geburtsdatum, Amtsbezeichnung, Dienststelle sowie Standort), dem Bundesamt für das Personalmanagement der Bundeswehr mitzuteilen. [4] Die übrigen Daten sind zur Weiterleitung in einem verschlossenen Umschlag zu übermitteln. [5] Ist das Beamten- bzw. Richterverhältnis zwischenzeitlich beendet, soll neben den bekannten, zuletzt gültigen Personendaten auch die bekannte Anschrift der entlassenen Beamtinnen oder Beamten bzw. Richterinnen oder Richter mitgeteilt werden.

16. Strafsachen gegen Personen in einem Arbeitnehmer- oder sonstigen Beschäftigungsverhältnis im öffentlichen Dienst

§ 13 Absatz 2, § 14 Absatz 1 Nummer 5, Absatz 2 EGGVG

(1) In Strafsachen gegen Personen, die in einem privatrechtlichen Arbeitnehmer- oder Ausbildungsverhältnis zum Bund, einem Land, einer Gemeinde, einem Gemeindeverband oder einer anderen Körperschaft, Anstalt oder Stiftung des öffent-

lichen Rechts stehen, sind, soweit es um den Vorwurf eines Verbrechens geht, mitzuteilen

1. der Erlass und der Vollzug eines Haft- oder Unterbringungsbefehls,
2. die Erhebung der öffentlichen Klage,
3. die Urteile,
4. der Ausgang des Verfahrens, wenn eine Mitteilung nach den Ziffern 1 bis 3 zu machen war.

(2) Entsprechend ist in Strafsachen wegen eines Vergehens zu verfahren, wenn der Tatvorwurf auf eine Verletzung von Pflichten schließen lässt, die bei der Ausübung des Dienstes bzw. des Berufs zu beachten sind, oder er in anderer Weise geeignet ist, Zweifel an der Eignung, Zuverlässigkeit oder Befähigung zur Ausübung der dienstlichen bzw. beruflichen Tätigkeit im Allgemeinen oder auch nur in bestimmten Umfeldern oder Einsatzorten hervorzurufen.

(3) [1] In Privatklageverfahren, in Verfahren wegen fahrlässig begangener Straftaten und in sonstigen Verfahren bei Verurteilung zu einer anderen Maßnahme als einer Strafe oder einer Maßnahme im Sinne des § 11 Absatz 1 Nummer 8 StGB unterbleibt die Mitteilung, wenn nicht besondere Umstände des Einzelfalls sie erfordern. [2] Sie ist insbesondere erforderlich, wenn die Tat bereits ihrer Art nach geeignet ist, Zweifel an der Zuverlässigkeit oder Eignung für die gerade ausgeübte berufliche Tätigkeit hervorzurufen. [3] Die Mitteilung ordnen Richterinnen oder Richter, Staatsanwältinnen oder Staatsanwälte an. [4] Die Sätze 1 bis 3 gelten nicht bei Straftaten, durch die der Tod eines Menschen verursacht worden ist, und bei gefährlicher Körperverletzung.

(4) [1] In Strafsachen gegen Personen, die in einem öffentlich-rechtlichen Beschäftigungsverhältnis stehen, das nicht unter Nummer 15 fällt, ist diese Bestimmung dann anzuwenden, wenn für das Rechtsverhältnis im Gesetz auf die Regelungen des Beamtenrechts verwiesen wird. [2] Ist dies nicht der Fall, ist nach den Absätzen 1 bis 3 zu verfahren.

(5) Die Mitteilungen sind an die Leitung der Behörde oder Beschäftigungsstelle oder die Vertretung im Amt zu richten und als „Vertrauliche Personalsache" zu kennzeichnen.

(6) [1] Bei Personen, die in einem privatrechtlichen Arbeitnehmer- oder Ausbildungsverhältnis zu einer Dienststelle im Geschäftsbereich des Bundesministeriums der Verteidigung stehen, sind die Mitteilungen zum Zwecke der Weiterleitung an die zuständige Stelle zu richten an das:

Bundesamt für Personalmanagement der Bundeswehr

Referat V 2.Z

Niederberg-Kaserne

Alte Heerstraße 81

53757 Sankt Augustin

[2] Die Mitteilungen sind als „Vertrauliche Personalsache" zu kennzeichnen. [3] Dabei sind nur die Personendaten der Beschäftigten, die zur Ermittlung der zuständigen Stelle erforderlich sind (Name, Geburtsname, Vorname, Geburtsdatum, Amtsbezeichnung, Dienststelle sowie Standort), dem Bundesamt für das Personalmanagement der Bundeswehr mitzuteilen. [4] Die übrigen Daten sind zur Weiterleitung in einem verschlossenen Umschlag zu übermitteln. [5] Ist das Arbeitnehmer- oder Ausbildungsverhältnis zwischenzeitlich beendet, soll neben den bekannten, zuletzt gültigen Personendaten auch die bekannte Anschrift der ausgeschiedenen Arbeitnehmerin oder des ausgeschiedenen Arbeitnehmers oder des oder der ausgeschiedenen Auszubildenden mitgeteilt werden.

17. Strafsachen gegen ehrenamtliche Richterinnen und Richter

§ 13 Absatz 2, § 14 Absatz 1 Nummer 5, Absatz 2 EGGVG

(1) In Strafsachen gegen ehrenamtliche Richterinnen und Richter aller Zweige der Gerichtsbarkeit sind rechtskräftige Entscheidungen mitzuteilen, die den Verlust der Fähigkeit, öffentliche Ämter zu bekleiden, zur Folge haben oder in denen wegen einer vorsätzlichen Tat eine Freiheitsstrafe von mehr als sechs Monaten festgesetzt worden ist.

(2) Darüber hinaus sind in Strafsachen wegen einer Tat, die den Verlust der Fähigkeit zur Bekleidung öffentlicher Ämter zur Folge haben kann, mitzuteilen:

1. bei Schöffinnen und Schöffen, Jugendschöffinnen und Jugendschöffen sowie ehrenamtlichen Richterinnen und Richtern in Handels- und Landwirtschaftssachen die Einleitung des Ermittlungsverfahrens und der Ausgang des Verfahrens,
2. bei den übrigen ehrenamtlichen Richterinnen und Richtern die Erhebung der öffentlichen Klage und der Ausgang des Verfahrens.

(3) Bei ehrenamtlichen Richterinnen und Richtern der Finanzgerichtsbarkeit sind ferner alle rechtskräftigen Verurteilungen wegen einer Steuer- oder Monopolstraftat mitzuteilen.

(4) [1] Die Mitteilungen sind an die Präsidentin oder den Präsidenten oder an die Direktorin oder den Direktor des Gerichts, bei dem die ehrenamtliche Richterin oder der ehrenamtliche Richter tätig ist oder tätig werden soll, zu richten. [2] Bei ehrenamtlichen Richterinnen und Richtern an einem Arbeitsgericht oder Landesarbeitsgericht sind die Mitteilungen an die oberste Arbeitsbehörde des Landes[1], bei ehrenamtlichen Richterinnen und Richtern am Bundesarbeitsgericht an das Bundesministerium für Arbeit und Soziales zu richten. [3] Sie sind als „Vertrauliche Personalsache" zu kennzeichnen.

18. Strafsachen gegen Versorgungsberechtigte, Alters- und Hinterbliebenengeldberechtigte

§ 13 Absatz 1 Nummer 5, Absatz 2, § 14 Absatz 1 Nummer 6, Absatz 2 EGGVG

(1) In Strafsachen gegen Personen, denen aufgrund früherer Dienstverhältnisse als Richterinnen oder Richter, Beamtinnen oder Beamte, Soldatinnen oder Soldaten Ansprüche auf Versorgungsbezüge oder Altersgeld zustehen oder Versorgungsleistungen gewährt werden, sind mitzuteilen

1. der für die Festsetzung der Versorgungsbezüge zuständigen Behörde das rechtskräftige Urteil, wenn
   a) wegen einer vor Beendigung des Amts- oder Dienstverhältnisses begangenen vorsätzlichen Tat
      aa) eine Freiheitsstrafe von mindestens einem Jahr verhängt,
      bb) eine Freiheitsstrafe von mindestens sechs Monaten – bei Soldatinnen und Soldaten eine Freiheitsstrafe in beliebiger Höhe – nach den Vorschriften über Friedensverrat, Hochverrat, Gefährdung des demokratischen Rechtsstaats, Landesverrat, Gefährdung der äußeren Sicherheit oder – soweit sich die Tat auf eine Diensthandlung im Hauptamt bezieht – Bestechlichkeit verhängt,
      cc) die Fähigkeit zur Bekleidung öffentlicher Ämter aberkannt oder
      dd) nur bei Soldatinnen und Soldaten – eine Maßregel der Besserung und Sicherung nach den §§ 64, 66 StGB angeordnet
   worden ist oder

---

[1] **Anmerkung:** In Baden-Württemberg, der Freien und Hansestadt Hamburg, Mecklenburg-Vorpommern, Rheinland-Pfalz, Sachsen, Sachsen-Anhalt und Thüringen sind die Mitteilungen an die oberste Justizbehörde zu richten.

b) wegen einer nach Beendigung des Amts- oder Dienstverhältnisses begangenen vorsätzlichen Tat
   aa) eine Freiheitsstrafe von mindestens zwei Jahren oder
   bb) eine Freiheitsstrafe von mindestens sechs Monaten nach den Vorschriften über Friedensverrat, Hochverrat, Gefährdung des demokratischen Rechtsstaats oder Landesverrat und Gefährdung der äußeren Sicherheit

   verhängt worden ist,

2. der nach den §§ 17, 84 BDG oder den entsprechenden landesrechtlichen Vorschriften oder der nach der WDO zuständigen Einleitungsbehörde, wenn die Tat vor Beendigung des Amts- oder Dienstverhältnisses begangen wurde oder wenn bei einer nach diesem Zeitpunkt begangenen Tat die besonderen Voraussetzungen gemäß § 2 Absatz 1 Nummer 2 Buchstabe b BDG in Verbindung mit § 77 Absatz 2 BBG oder gemäß den entsprechenden landesrechtlichen Vorschriften in Verbindung mit § 47 Absatz 2 BeamtStG oder gemäß § 1 Absatz 2 Satz 2 WDO in Verbindung mit § 23 Absatz 2 SG vorliegen:
   a) die Erhebung der öffentlichen Klage,
   b) die Urteile,
   c) der Ausgang des Verfahrens, wenn eine Mitteilung nach Buchstabe a oder b zu machen war.

Nummer 15 Absatz 2 gilt in diesen Fällen entsprechend.

(2) In Strafsachen gegen Personen, denen aufgrund einer früheren Tätigkeit in einem privatrechtlichen Arbeitnehmerverhältnis im öffentlichen Dienst oder als Hinterbliebene einer solchen Person gegen eine Zusatzversorgungseinrichtung des öffentlichen Dienstes Ansprüche auf Betriebsrenten aufgrund einer Pflichtversicherung oder auf Besitzstandsrenten oder Ansprüche und Anwartschaften auf Versorgungsleistungen zustehen, sind der für die Festsetzung der Leistungen zuständigen Stelle rechtskräftige Urteile mitzuteilen, wenn:

1. wegen einer vorsätzlichen Tat eine Freiheitsstrafe von mindestens zwei Jahren oder
2. wegen einer vorsätzlichen Tat, die nach den Vorschriften über Friedensverrat, Hochverrat, Gefährdung des demokratischen Rechtsstaats oder Landesverrat und Gefährdung der äußeren Sicherheit strafbar ist, eine Freiheitsstrafe von mindestens sechs Monaten

verhängt worden ist.

(3) In Strafsachen gegen sonstige Personen, denen gegen eine öffentliche Kasse Ansprüche auf Leistungen mit Versorgungscharakter zustehen oder denen solche Leistungen gewährt werden, sind der für die Festsetzung der Leistungen zuständigen Stelle rechtskräftige Urteile mitzuteilen, in denen wegen einer vorsätzlichen Tat, die

1. vor Beendigung des Amts- oder Dienstverhältnisses begangen wurde, eine Freiheitsstrafe von mindestens einem Jahr verhängt oder die Fähigkeit zur Bekleidung öffentlicher Ämter aberkannt worden ist,
2. nach Beendigung des Amts- oder Dienstverhältnisses begangen wurde, eine Freiheitsstrafe von mindestens zwei Jahren verhängt worden ist oder
3. die nach den Vorschriften über Friedensverrat, Hochverrat, Gefährdung des demokratischen Rechtsstaats oder Landesverrat und Gefährdung der äußeren Sicherheit strafbar ist, eine Freiheitsstrafe von mindestens sechs Monaten verhängt worden ist.

(4) In Strafsachen gegen Hinterbliebene von Personen im Sinne der Absätze 1 und 3, die Anspruch auf Versorgungsbezüge oder Hinterbliebenengeld haben oder Versorgungsleistungen erhalten, sind der für die Festsetzung der Versorgungsbezüge zuständigen Stelle rechtskräftige Urteile mitzuteilen, wenn:

1. wegen eines Verbrechens eine Freiheitsstrafe von mindestens zwei Jahren oder
2. wegen einer vorsätzlichen Tat, die nach den Vorschriften über Friedensverrat, Hochverrat, Gefährdung des demokratischen Rechtsstaats oder Landesverrat und

Gefährdung der äußeren Sicherheit strafbar ist, eine Freiheitsstrafe von mindestens sechs Monaten

verhängt worden ist.

19. Strafsachen gegen Soldatinnen und Soldaten

§ 89 Absatz 1 und 3 SG, § 115 BBG

(1) [1] In Strafsachen gegen Soldatinnen und Soldaten der Bundeswehr sind mitzuteilen

1. der Erlass und der Vollzug eines Haft- oder Unterbringungsbefehls,
2. die Anklageschrift oder eine an ihre Stelle tretende Antragsschrift,
3. der Antrag auf Erlass eines Strafbefehls und
4. die einen Rechtszug abschließende Entscheidung mit Begründung sowie gegebenenfalls mit dem Hinweis, dass ein Rechtsmittel eingelegt worden ist.

[2] Endet das Wehrdienstverhältnis nach der Übermittlung einer Mitteilung, so ist der Empfänger vom Ausgang des Verfahrens nach § 20 Absatz 1 EGGVG zu unterrichten, soweit er hierauf nicht verzichtet hat.

(2) [1] Absatz 1 gilt in Verfahren wegen Privatklagedelikten nur, wenn die Staatsanwaltschaft das öffentliche Interesse an der Strafverfolgung bejaht hat; Nummer 29 bleibt unberührt. [2] In Verfahren wegen fahrlässig begangener Straftaten sind Mitteilungen nach Absatz 1 Ziffer 2 bis 4 nur zu machen, wenn

1. es sich um schwere Verstöße, namentlich Vergehen der Trunkenheit im Straßenverkehr oder der fahrlässigen Tötung, handelt oder
2. in sonstigen Fällen die Kenntnis der Daten aufgrund der Umstände des Einzelfalles erforderlich ist, um zu prüfen, ob dienstrechtliche Maßnahmen zu ergreifen sind.

(3) [1] Entscheidungen über Verfahrenseinstellungen, die nicht bereits nach Absatz 1 oder 2 zu übermitteln sind, sollen übermittelt werden, wenn die in Absatz 2 Ziffer 2 genannten Voraussetzungen erfüllt sind. [2] Dabei ist zu berücksichtigen, wie gesichert die zu übermittelnden Erkenntnisse sind. [3] Übermittelt werden sollen insbesondere Einstellungsentscheidungen gemäß § 170 Absatz 2 StPO, die Feststellungen zu einer Schuldunfähigkeit nach § 20 StGB enthalten. [4] Die Mitteilung ordnen Richterinnen oder Richter, Staatsanwältinnen oder Staatsanwälte an.

(4) Übermittlungen nach den Absätzen 1 bis 3 sind auch zulässig, soweit sie Daten betreffen, die dem Steuergeheimnis (§ 30 AO) unterliegen.

(5) [1] Mitteilungen sind zu richten

1. bei Erlass und Vollzug eines Haft- oder Unterbringungsbefehls schriftlich an die nächsten Disziplinarvorgesetzten oder deren Vertretung im Amt,
2. in allen übrigen Fällen zum Zwecke der Weiterleitung an die zuständige Stelle an das Kommando Territoriale Aufgaben der Bundeswehr (Kurt-Schumacher-Damm 41, 13405 Berlin).

[2] Die Mitteilungen sind als „Vertrauliche Personalsache" zu kennzeichnen. [3] Im Falle der Ziffer 2 sind nur die Personendaten der Soldatinnen oder Soldaten, die zur Ermittlung der zuständigen Stelle erforderlich sind (Name, Geburtsname, Vorname, Geburtsdatum, Dienstgrad, Truppenteil oder Dienststelle sowie Standort), dem Kommando Territoriale Aufgaben der Bundeswehr mitzuteilen. [4] Die übrigen Daten sind zur Weiterleitung in einem verschlossenen Umschlag zu übermitteln. [5] Ist das Wehrdienstverhältnis zwischenzeitlich beendet, soll neben den bekannten, zuletzt gültigen Personendaten auch die bekannte Anschrift der entlassenen Soldatinnen oder Soldaten mitgeteilt werden.

20. Strafsachen gegen Soldatinnen und Soldaten im Ruhestand, frühere Berufssoldatinnen und Berufssoldaten und frühere Soldatinnen und Soldaten auf Zeit

§ 89 Absatz 2 SG

(1) [1]In Strafsachen gegen Berufsoffiziere und -unteroffiziere im Ruhestand, frühere Berufsoffiziere und -unteroffiziere und frühere Offiziere und Unteroffiziere auf Zeit sind mitzuteilen

1. die Erhebung der öffentlichen Klage,
2. die Urteile,
3. der Ausgang des Verfahrens, wenn eine Mitteilung nach den Ziffern 1 oder 2 zu machen war, wenn der Tatvorwurf
   a) die §§ 80 bis 100a, 105, 106, 129, 129a StGB oder § 20 des Vereinsgesetzes betrifft und die Tat eine Betätigung gegen die freiheitliche demokratische Grundordnung im Sinne des Grundgesetzes zum Ziel hatte oder
   b) auf unwürdiges Verhalten im Sinne des § 23 Absatz 2 Nummer 2 SG schließen lässt

und nicht erkennbar ist, dass schutzwürdige Interessen der Betroffenen an dem Ausschluss der Übermittlung überwiegen. [2]In Privatklageverfahren und in Verfahren wegen fahrlässig begangener Straftaten sind Mitteilungen nach dieser Bestimmung nicht zu machen.

(2) [1]Die Mitteilungen sind zum Zwecke der Weiterleitung an die zuständige Stelle an das Kommando Territoriale Aufgaben der Bundeswehr (Kurt-Schumacher-Damm 41, 13405 Berlin) zu richten und als „Vertrauliche Personalsache“ zu kennzeichnen. [2]Es sind nur die Personendaten der Beschuldigten mitzuteilen, die für die Ermittlung der zuständigen Stelle erforderlich sind. [3]Hierzu sollen Name, Geburtsname, Vorname, Geburtsdatum, der frühere Dienstgrad und die Anschrift der Beschuldigten angegeben werden. [4]Die übrigen Daten sind dem Kommando Territoriale Aufgaben der Bundeswehr in einem verschlossenen Umschlag zu übermitteln.

(3) Die Mitteilung ordnen Richterinnen oder Richter, Staatsanwältinnen oder Staatsanwälte an.

21. Strafsachen gegen Zivildienstleistende

§ 45a ZDG, § 115 BBG

(1) [1]In Strafsachen gegen Zivildienstleistende sind mitzuteilen

1. der Erlass und der Vollzug eines Haft- oder Unterbringungsbefehls,
2. die Anklageschrift oder eine an ihre Stelle tretende Antragsschrift,
3. der Antrag auf Erlass eines Strafbefehls und
4. die einen Rechtszug abschließende Entscheidung mit Begründung sowie gegebenenfalls mit dem Hinweis, dass ein Rechtsmittel eingelegt worden ist.

[2]Endet das Zivildienstverhältnis nach Übermittlung einer Mitteilung, ist der Empfänger über den Ausgang des Verfahrens nach § 20 Absatz 1 EGGVG zu unterrichten, soweit er hierauf nicht verzichtet hat.

(2) [1]Absatz 1 gilt in Verfahren wegen Privatklagedelikten nur, wenn die Staatsanwaltschaft das öffentliche Interesse an der Strafverfolgung bejaht hat; Nummer 29 bleibt unberührt. [2]In Verfahren wegen fahrlässig begangener Straftaten sind Mitteilungen nach Absatz 1 Ziffer 2 bis 4 nur zu machen, wenn

1. es sich um schwere Verstöße, namentlich Vergehen der Trunkenheit im Straßenverkehr oder der fahrlässigen Tötung, handelt oder
2. in sonstigen Fällen die Kenntnis der Daten aufgrund der Umstände des Einzelfalles erforderlich ist, um zu prüfen, ob dienstrechtliche Maßnahmen zu ergreifen sind.

(3) [1] Entscheidungen über Verfahrenseinstellungen, die nicht bereits nach Absatz 1 oder 2 zu übermitteln sind, sollen übermittelt werden, wenn die in Absatz 2 Ziffer 2 genannten Voraussetzungen erfüllt sind. [2] Dabei ist zu berücksichtigen, wie gesichert die zu übermittelnden Erkenntnisse sind. [3] Übermittelt werden sollen insbesondere Einstellungsentscheidungen gemäß § 170 Absatz 2 StPO, die Feststellungen zu einer Schuldunfähigkeit nach § 20 StGB enthalten. [4] Die Mitteilung ordnen Richterinnen oder Richter, Staatsanwältinnen oder Staatsanwälte an.

(4) Übermittlungen nach den Absätzen 1 bis 3 sind auch zulässig, soweit sie Daten betreffen, die dem Steuergeheimnis (§ 30 AO) unterliegen.

(5) Die Mitteilungen sind an das

Bundesamt für Familie und zivilgesellschaftliche Aufgaben

50964 Köln

Telefon: 0221/3673-0

zu richten und als „Vertrauliche Personalsache" zu kennzeichnen.

22. Strafsachen gegen Geistliche und Beamtinnen und Beamte öffentlichrechtlicher Religionsgesellschaften

§ 12 Absatz 2, § 13 Absatz 2, § 14 Absatz 1 Nummer 4 und 6, Absatz 2 EGGVG

(1) Mitteilungen an Stellen der öffentlich-rechtlichen Religionsgesellschaften sind nur zulässig, sofern sichergestellt ist, dass bei dem Empfänger ausreichende Datenschutzmaßnahmen getroffen sind.

(2) In Strafsachen gegen Geistliche einer Kirche oder gegen Personen, die ein entsprechendes Amt bei einer anderen öffentlich-rechtlichen Religionsgesellschaft bekleiden, sowie gegen Beamtinnen und Beamte einer Kirche oder einer Religionsgesellschaft sind mitzuteilen

1. der Erlass und der Vollzug eines Haft- oder Unterbringungsbefehls,
2. die Erhebung der öffentlichen Klage,
3. die Urteile,
4. der Ausgang des Verfahrens, wenn eine Mitteilung nach den Ziffern 1 bis 3 zu machen war.

(3) [1] In Privatklageverfahren, in Verfahren wegen fahrlässig begangener Straftaten und in sonstigen Verfahren bei Verurteilung zu einer anderen Maßnahme als einer Strafe oder einer Maßnahme im Sinne des § 11 Absatz 1 Nummer 8 StGB unterbleibt die Mitteilung, wenn nicht besondere Umstände des Einzelfalles sie erfordern. [2] Sie ist insbesondere erforderlich, wenn die Tat bereits ihrer Art nach geeignet ist, Zweifel an der Zuverlässigkeit oder Eignung für die gerade ausgeübte berufliche oder ehrenamtliche Tätigkeit hervorzurufen. [3] Die Mitteilung ordnen Richterinnen oder Richter, Staatsanwältinnen oder Staatsanwälte an. [4] Die Sätze 1 bis 3 gelten nicht bei Straftaten, durch die der Tod eines Menschen verursacht worden ist, und bei gefährlicher Körperverletzung.

(4) [1] Entscheidungen über Verfahrenseinstellungen, die nicht bereits nach den Absätzen 2 und 3 zu übermitteln sind, sollen nur übermittelt werden, wenn die Kenntnis der Daten aufgrund der Umstände des Einzelfalles erforderlich ist, um zu prüfen, ob disziplinarrechtliche Maßnahmen zu ergreifen sind. [2] Dabei ist zu berücksichtigen, wie gesichert die zu übermittelnden Erkenntnisse sind. [3] Übermittelt werden sollen insbesondere Einstellungsentscheidungen nach § 170 Absatz 2 StPO, wenn sie Feststellungen zu einer Schuldunfähigkeit nach § 20 StGB enthalten. [4] Die Mitteilung ordnen Richterinnen oder Richter, Staatsanwältinnen oder Staatsanwälte an.

(5) Für die in Absatz 2 genannten Personen gelten, wenn sie sich im Ruhestand befinden, die Absätze 2 bis 4 entsprechend.

(6) Die Mitteilungen sind an die jeweils zuständige Oberbehörde der öffentlich-rechtlichen Religionsgesellschaft zu richten und als „Vertrauliche Personalsache“ zu kennzeichnen.

23. Strafsachen gegen Notarinnen, Notare und Angehörige der rechtsberatenden Berufe

§ 13 Absatz 1 Nummer 1, Absatz 2, § 14 Absatz 1 Nummer 4, Absatz 2 EGGVG, § 64a Absatz 2 BNotO, § 36 Absatz 2 BRAO auch in Verbindung mit § 59m Absatz 2, § 207 Absatz 2 Satz 1, § 209 Absatz 1 Satz 3 BRAO, § 4 Absatz 1, § 34a EuRAG, § 34 Absatz 2 auch in Verbindung mit § 52m Absatz 2 PAO, § 19 Absatz 4, § 21 Absatz 2 Satz 1 EuPAG, § 18 Absatz 1 Satz 3 und 4 RDG

(1) In Strafsachen gegen

- Notarinnen, Notare, Notarassessorinnen und Notarassessoren,
- Rechtsanwältinnen und Rechtsanwälte, einschließlich der niedergelassenen europäischen Rechtsanwältinnen und Rechtsanwälte im Sinne von § 2 EuRAG, der dienstleistenden europäischen Rechtsanwältinnen und Rechtsanwälte im Sinne von § 25 EuRAG und der niedergelassenen ausländischen Rechtsanwältinnen und Rechtsanwälte im Sinne von § 206 BRAO,
- Patentanwältinnen und Patentanwälte, einschließlich der niedergelassenen ausländischen Patentanwältinnen und Patentanwälte im Sinne von § 20 EuPAG und der dienstleistenden europäischen Patentanwältinnen und Patentanwälte im Sinne von § 13 EuPAG,
- Geschäftsführerinnen und Geschäftsführer einer Rechtsanwaltsgesellschaft oder Patentanwaltsgesellschaft mit beschränkter Haftung,
- registrierte Rechtsdienstleisterinnen und Rechtsdienstleister, qualifizierte Personen im Sinne von § 12 Absatz 4 RDG, Rechtsbeistände sowie sonstige Rechtsdienstleisterinnen und Rechtsdienstleister, gegen die Maßnahmen nach § 9 Absatz 1 oder den §§ 13a, 15b RDG oder Mitteilungen nach § 18 Absatz 2 RDG in Verbindung mit § 8d Absatz 1 VwVfG in Betracht kommen,

sind mitzuteilen

1. der Erlass und der Vollzug eines Haft- oder Unterbringungsbefehls,
2. Entscheidungen, durch die ein vorläufiges Berufsverbot angeordnet oder ein solches aufgehoben worden ist,
3. die Erhebung der öffentlichen Klage,
4. die Urteile,
5. der Ausgang des Verfahrens, wenn eine Mitteilung nach den Ziffern 1 bis 4 zu machen war.

(1a) In Strafsachen gegen Notarinnen außer Dienst (a.D.) und Notare a. D. sind rechtskräftige Entscheidungen eines Gerichts mitzuteilen, wenn

1. eine Freiheitsstrafe von mindestens einem Jahr wegen einer vorsätzlichen Tat verhängt,
2. eine Freiheitsstrafe von mindestens sechs Monaten wegen einer vorsätzlichen Tat nach den Vorschriften über Friedensverrat, Hochverrat, Gefährdung des demokratischen Rechtsstaats, Landesverrat und Gefährdung der äußeren Sicherheit oder, soweit sich die Tat auf eine Diensthandlung im Hauptamt bezieht, Bestechlichkeit verhängt oder
3. die Fähigkeit zur Bekleidung öffentlicher Ämter aberkannt

worden ist.

(2) In besonderen Fällen, namentlich in Verfahren, die die pflichtwidrige Verwendung von Mandantengeldern, einen Parteiverrat, einen Betrug, eine Urkundenfälschung, die unterlassene Herausgabe von Behördenakten oder einen sonstigen Vorwurf, der zu einem Berufs- oder Vertretungsverbot oder einer Amtsenthebung führen kann, zum Gegenstand haben, oder wenn im Verfahren

Feststellungen zu einer Schuldunfähigkeit nach § 20 StGB getroffen werden, sind auch die Einleitung sowie der Ausgang des Ermittlungsverfahrens mitzuteilen.

(3) [1] In Privatklageverfahren und in Verfahren wegen fahrlässig begangener Straftaten unterbleibt die Mitteilung, wenn nicht besondere Umstände des Einzelfalles sie erfordern. [2] Sie ist insbesondere erforderlich, wenn die Tat bereits ihrer Art nach geeignet ist, Zweifel an der Zuverlässigkeit oder Eignung für die gerade ausgeübte berufliche Tätigkeit hervorzurufen. [3] Die Mitteilung ordnen Richterinnen oder Richter, Staatsanwältinnen oder Staatsanwälte an. [4] Die Sätze 1 bis 3 gelten nicht bei Straftaten, durch die der Tod eines Menschen verursacht worden ist.

(4) [1] Die Mitteilungen sind zu richten

1. bei Notarinnen, Notaren, Notarassessorinnen, Notarassessoren, Notarinnen a. D. und Notaren a. D. an die Landesjustizverwaltung, die Präsidentin oder den Präsidenten des Oberlandesgerichts, des Landgerichts und der Notarkammer;
2. bei Rechtsanwältinnen und Rechtsanwälten beim Bundesgerichtshof an das Bundesministerium der Justiz, die Generalbundesanwältin oder den Generalbundesanwalt beim Bundesgerichtshof und die Rechtsanwaltskammer beim Bundesgerichtshof;
3. bei den übrigen Rechtsanwältinnen und Rechtsanwälten gemäß Absatz 1 sowie bei Rechtsbeiständen, die Mitglieder einer Rechtsanwaltskammer sind,an die Generalstaatsanwaltschaft und die Rechtsanwaltskammer;
4. bei nichtanwaltlichen und nichtpatentanwaltlichen Geschäftsführerinnen und Geschäftsführern einer Rechtsanwaltsgesellschaft mit beschränkter Haftung an die gemäß den §§ 120, 119 Absatz 2, § 60 Absatz 1 Satz 2 BRAO zuständige Generalstaatsanwaltschaft und die gemäß § 60 Absatz 1 Satz 2 BRAO zuständige Rechtsanwaltskammer (§§ 74, 113, 115c und 120 BRAO);
   bei nichtanwaltlichen und nichtpatentanwaltlichen Geschäftsführerinnen und Geschäftsführern einer Patentanwaltsgesellschaft mit beschränkter Haftung an die Generalstaatsanwaltschaft München (§§ 86, 104, 105 PAO) und die Patentanwaltskammer (§§ 53, 58, 70, 95, 97a PAO);
5. bei Patentanwältinnen und Patentanwälten gemäß Absatz 1 – auch als Geschäftsführerinnen oder Geschäftsführer einer Patentanwaltsgesellschaft mit beschränkter Haftung – an die Präsidentin oder den Präsidenten des Deutschen Patent- und Markenamtes, die Generalstaatsanwaltschaft München und die Patentanwaltskammer (§§ 53, 58, 70, 86, 95, 97a, 104, 105 PAO);
   bei Geschäftsführerinnen und Geschäftsführern einer Rechtsanwaltsgesellschaft mit beschränkter Haftung zusätzlich an die gemäß den §§ 120, 119 Absatz 2, § 60 Absatz 1 Satz 2 BRAO zuständige Generalstaatsanwaltschaft und die gemäß § 60 Absatz 1 Satz 2 BRAO zuständige Rechtsanwaltskammer (§§ 74, 113, 115c, 120 BRAO);
6. bei den in den Ziffern 3 und 5 genannten Angehörigen rechtsberatender Berufe, die Gesellschafterinnen oder Gesellschafter, Geschäftsführerinnen oder Geschäftsführer, Prokuristinnen oder Prokuristen oder Handlungsbevollmächtigte zum gesamten Geschäftsbetrieb einer Rechtsanwaltsgesellschaft mit beschränkter Haftung sind, zusätzlich an die für die Rechtsanwaltsgesellschaft zuständige Rechtsanwaltskammer, wenn die Mitteilung ein Berufsverbot betrifft; ist der Mitteilungsempfänger mit den nach Ziffer 3 zu unterrichtenden Stellen identisch, ist eine zusätzliche Mitteilung nicht erforderlich;
7. bei den in den Ziffern 3 und 5 genannten Angehörigen rechtsberatender Berufe, die Gesellschafterinnen oder Gesellschafter, Geschäftsführerinnen oder Geschäftsführer, Prokuristinnen oder Prokuristen oder Handlungsbevollmächtigte zum gesamten Geschäftsbetrieb einer Patentanwaltsgesellschaft mit beschränkter Haftung sind, zusätzlich an die Präsidentin oder den Präsidenten des Deutschen Patent- und Markenamtes (§ 52g Absatz 1, § 52h Absatz 3 PAO) und die Patentanwaltskammer (§ 53 Absatz 1, § 97a PAO), wenn die Mitteilung ein Berufsverbot betrifft; sind die Mitteilungsempfänger mit den nach Ziffer 5 zu unterrichtenden Stellen identisch, ist eine zusätzliche Mitteilung nicht erforderlich;

8. bei registrierten Rechtsdienstleisterinnen und Rechtsdienstleistern, qualifizierten Personen im Sinne von § 12 Absatz 4 RDG, Rechtsbeiständen sowie sonstigen Rechtsdienstleisterinnen und Rechtsdienstleistern:
   an die auf der Grundlage von § 19 RDG nach Landesrecht zuständige Stelle.

[2] Die Mitteilungen sind als „Vertrauliche Personalsache" zu kennzeichnen.

24. Strafsachen gegen Angehörige bestimmter Berufe des Wirtschaftslebens und Sachverständige

§ 13 Absatz 2, § 14 Absatz 1 Nummer 4, 5 und 7, Absatz 2 EGGVG, § 36a Absatz 3 Nummer 2, § 65 Absatz 2, § 130 Absatz 1 WiPrO, § 10 Absatz 2 StBerG, § 2 BewachV

(1) In Strafsachen gegen

- Wirtschaftsprüferinnen und Wirtschaftsprüfer,
- vereidigte Buchprüferinnen und vereidigte Buchprüfer,
- Steuerberaterinnen und Steuerberater,
- Steuerbevollmächtigte,
- Vorstandsmitglieder, Geschäftsführerinnen und Geschäftsführer, persönlich haftende Gesellschafterinnen und Gesellschafter oder Partnerinnen und Partner einer Wirtschaftsprüfungsgesellschaft,
  Steuerberatungsgesellschaft oder
  Buchprüfungsgesellschaft,
- Dispacheurinnen und Dispacheure,
- Markscheiderinnen und Markscheider,
- öffentlich bestellte oder bauaufsichtlich anerkannte Vermessungsingenieurinnen und Vermessungsingenieure,
- bauaufsichtlich anerkannte Prüfingenieurinnen und Prüfingenieure,
- bauaufsichtlich anerkannte Prüfsachverständige,
- Geschäftsleiterinnen und Geschäftsleiter eines Börsenträgers,
- Mitglieder des Verwaltungs- oder Aufsichtsratsorgans eines Börsenträgers,
- Inhaber einer bedeutenden Beteiligung an einem Börsenträger oder Personen, die einen solchen Erwerb beabsichtigen, wenn es sich um eine juristische Person handelt, auch gesetzliche Vertreter, oder, wenn es sich um eine Personenhandelsgesellschaft handelt, auch Gesellschafterinnen und Gesellschafter,
- Geschäftsführerinnen und Geschäftsführer einer Börse,
- Mitglieder eines Börsenrates,
- Vorstandsmitglieder, Geschäftsführerinnen und Geschäftsführer, geschäftsführende und gleichzeitig vertretungsberechtigte Gesellschafterinnen und Gesellschafter, Geschäftsinhaberinnen und Geschäftsinhaber eines zur Teilnahme am Börsenhandel zugelassenen Unternehmens und Personen, die für ein solches Unternehmen an der Börse handeln (Börsenhändler),
- öffentlich bestellte und vereidigte Sachverständige, öffentlich bestellte und vereidigte sowie allgemein beeidigte Dolmetscherinnen und Dolmetscher, ferner öffentlich bestellte und vereidigte sowie ermächtigte Übersetzerinnen und Übersetzer,
- Architektinnen und Architekten, Innenarchitektinnen und Innenarchitekten, Landschaftsarchitektinnen und Landschaftsarchitekten, Stadtplanerinnen und Stadtplaner, Ingenieurinnen und Ingenieure, soweit diese in einer von einer Berufskammer geführten Liste eingetragen sind, sowie
- Vorstandsmitglieder, Geschäftsführerinnen und Geschäftsführer, geschäftsführende und gleichzeitig vertretungsberechtigte Gesellschafterinnen und Gesellschafter, Geschäftsinhaberinnen und Geschäftsinhaber eines Bewachungsunternehmens, die mit der Leitung des Betriebs oder einer Zweigniederlassung beauftragten Personen (Bewacherinnen und Bewacher, §§ 31, 34a GewO) und Personen, die für ein solches Unternehmen Bewachungsaufgaben durchführen (Wachpersonen),

sind, wenn der Tatvorwurf auf eine Verletzung von Pflichten schließen lässt, die bei der Ausübung des Berufs oder der aufgrund des Berufs ausgeübten besonderen Tätigkeit zu beachten sind, oder er in anderer Weise geeignet ist, Zweifel an der Eignung, Zuverlässigkeit oder Befähigung hervorzurufen, mitzuteilen

1. der Erlass und der Vollzug eines Haft- oder Unterbringungsbefehls,
2. die Entscheidung, durch die ein vorläufiges Berufsverbot angeordnet oder ein solches aufgehoben worden ist,
3. die Erhebung der öffentlichen Klage,
4. der Ausgang des Verfahrens, wenn eine Mitteilung nach den Ziffern 1 bis 3 zu machen war.

(2) [1] In Privatklageverfahren, in Verfahren wegen fahrlässig begangener Straftaten und in sonstigen Verfahren bei Verurteilung zu einer anderen Maßnahme als einer Strafe oder einer Maßnahme im Sinne des § 11 Absatz 1 Nummer 8 StGB unterbleibt die Mitteilung, wenn nicht besondere Umstände des Einzelfalles sie erfordern. [2] Sie ist insbesondere erforderlich, wenn die Tat bereits ihrer Art nach geeignet ist, Zweifel an der Zuverlässigkeit oder Eignung für die gerade ausgeübte berufliche Tätigkeit hervorzurufen. [3] Die Mitteilung ordnen Richterinnen oder Richter, Staatsanwältinnen oder Staatsanwälte an. [4] Die Sätze 1 bis 3 gelten nicht bei Straftaten, durch die der Tod eines Menschen verursacht worden ist, und bei gefährlicher Körperverletzung.

(3) [1] In Strafsachen gegen amtlich anerkannte Sachverständige oder Prüferinnen und Prüfer für den Kraftfahrzeugverkehr gelten die Absätze 1 und 2 mit der Maßgabe, dass sich die Mitteilungspflicht auch auf die vorläufige Entziehung der Fahrerlaubnis gemäß § 111a StPO oder die Sicherstellung, Inverwahrnahme oder Beschlagnahme des Führerscheins gemäß § 94 StPO erstreckt. [2] Gleiches gilt für Prüfingenieurinnen und Prüfingenieure von amtlich anerkannten Überwachungsorganisationen, die mit der Durchführung von Untersuchungen betraut sind (Anl. VIII b zur StVZO).

(4) Die Mitteilungen sind zu richten an

1. die zuständige Landesbehörde in Fällen, in denen eine rechtskräftige Entscheidung ein Berufsverbot anordnet oder den Verlust der Fähigkeit zur Bekleidung öffentlicher Ämter zur Folge hat,
2. die zuständige Berufskammer, wenn eine solche als Körperschaft des öffentlichen Rechts besteht,
3. die für die Bestellung zuständige Behörde oder Stelle (Kammer) in Strafsachen gegen öffentlich bestellte und vereidigte Sachverständige, öffentlich bestellte und vereidigte sowie allgemein beeidigte Dolmetscherinnen und Dolmetscher, öffentlich bestellte und vereidigte sowie ermächtigte Übersetzerinnen und Übersetzer,
4. die für die Aufsicht über Dispacheurinnen und Dispacheure, Markscheiderinnen und Markscheider, Öffentlich bestellte oder bauaufsichtlich anerkannte Vermessungsingenieurinnen und Vermessungsingenieure, die für die amtliche Anerkennung der Sachverständigen und Prüferinnen und Prüfer für den Kraftfahrzeugverkehr sowie die für die Zustimmung zur Betrauung von Prüfingenieurinnen und Prüfingenieuren jeweils zuständige Stelle,
5. die für die bauaufsichtliche Anerkennung von Prüfingenieurinnen und Prüfingenieuren sowie Prüfsachverständigen jeweils zuständige Stelle,
6. die zuständige Börsenaufsichtsbehörde soweit Geschäftsleiterinnen und Geschäftsleiter eines Börsenträgers, Mitglieder des Verwaltungs- oder Aufsichtsorgans eines Börsenträgers, Inhaber einer bedeutenden Beteiligung an einem Börsenträger oder Personen, die einen solchen Erwerb beabsichtigten, wenn es sich um eine juristische Person handelt, auch gesetzliche Vertreter, oder, wenn es sich um eine Personenhandelsgesellschaft handelt, auch Gesellschafterinnen und Gesellschafter, Geschäftsführerinnen und Geschäftsführer einer Börse oder Mitglieder eines Börsenrates betroffen sind,

7. die zuständige Börsenaufsicht sowie die Geschäftsführung der betroffenen Börse soweit Vorstandsmitglieder, Geschäftsführerinnen und Geschäftsführer, geschäftsführende und gleichzeitig vertretungsberechtigte Gesellschafterinnen und Gesellschafter, Geschäftsinhaberinnen und Geschäftsinhaber eines zur Teilnahme am Börsenhandel zugelassenen Unternehmens und Personen, die für ein solches Unternehmen an der Börse handeln (Börsenhändler), betroffen sind,
8. die Generalstaatsanwältin oder den Generalstaatsanwalt, die oder der für die Einleitung des berufsgerichtlichen Verfahrens zuständig ist (§§ 84, 130 Absatz 1 WiPrO, § 113 StBerG), in Strafsachen gegen Wirtschaftsprüferinnen und Wirtschaftsprüfer, vereidigte Buchprüferinnen und vereidigte Buchprüfer, Steuerberaterinnen und Steuerberater sowie Steuerbevollmächtigte, gegen Vorstandsmitglieder, Geschäftsführerinnen und Geschäftsführer, persönlich haftende Gesellschafterinnen und Gesellschafter oder Partnerinnen und Partner einer Wirtschaftsprüfungsgesellschaft, Steuerberatungsgesellschaft oder Buchprüfungsgesellschaft,
9. die Behörde, die die Berechtigung erteilt hat oder für die Untersagung der Berufs- oder Gewerbeausübung zuständig ist, in Strafsachen gegen Vorstandsmitglieder, Geschäftsführerinnen und Geschäftsführer, geschäftsführende und gleichzeitig vertretungsberechtigte Gesellschafterinnen und Gesellschafter, Geschäftsinhaberinnen und Geschäftsinhaber eines Bewachungsunternehmens sowie die mit der Leitung des Betriebs oder einer Zweigniederlassung beauftragten Personen (Bewacherinnen und Bewacher, §§ 31, 34a GewO) und Personen, die für ein solches Unternehmen Bewachungsaufgaben durchführen (Wachpersonen),
10. in Strafsachen gegen Wirtschaftsprüferinnen und Wirtschaftsprüfer die Abschlussprüferaufsichtsstelle beim Bundesamt für Wirtschaft und Ausfuhrkontrolle, Uhlandstraße 88–90, 10717 Berlin.

25. Strafsachen gegen Inhaberinnen und Inhaber, Geschäftsleiterinnen und Geschäftsleiter von Kredit-, Finanzdienstleistungs-, Zahlungs- und E-Geld-Instituten sowie gegen Inhaberinnen und Inhaber bedeutender Beteiligungen an Instituten oder deren gesetzliche Vertreterinnen oder Vertreter oder in den Fällen des § 60a KWG auch deren persönlich haftende Gesellschafterinnen und Gesellschafter sowie Mitglieder der Verwaltungs- oder Aufsichtsorgane

§ 60a Absatz 1, Absatz 1a und 2 KWG, § 65 ZAG

(1) [1] In Strafsachen gegen Inhaberinnen und Inhaber oder Geschäftsleiterinnen und Geschäftsleiter von Kredit-, Finanzdienstleistungs-, Zahlungs- und E-Geld-Instituten sowie gegen Inhaberinnen und Inhaber bedeutender Beteiligungen an solchen Instituten oder deren gesetzliche Vertreterinnen und Vertreter oder in den Fällen des § 60a Absatz 1 KWG auch deren persönlich haftende Gesellschafterinnen und Gesellschafter sowie Mitglieder der Verwaltungs- oder Aufsichtsorgane wegen Verletzung ihrer Berufspflichten oder anderer Straftaten bei oder im Zusammenhang mit der Ausübung eines Gewerbes oder dem Betrieb einer sonstigen wirtschaftlichen Unternehmung, sind der

Bundesanstalt für Finanzdienstleistungsaufsicht
Bankenaufsicht
Graurheindorfer Straße 108
53117 Bonn
mitzuteilen

1. die Anklageschrift oder eine an ihre Stelle tretende Antragsschrift, in Strafsachen, die eine Straftat nach § 54 KWG oder § 63 ZAG zum Gegenstand haben, bereits die Einleitung des Ermittlungsverfahrens,

2. der Antrag auf Erlass eines Strafbefehls und
3. die das Verfahren abschließende Entscheidung mit Begründung, wenn eine Mitteilung nach den Ziffern 1 oder 2 zu machen war.

[2] Ist gegen die Entscheidung ein Rechtsmittel eingelegt worden, ist die Entscheidung unter Hinweis auf das eingelegte Rechtsmittel zu übermitteln.

(2) In Verfahren wegen fahrlässig begangener Straftaten werden die in Absatz 1 Satz 1 Ziffer 1 und 2 bestimmten Übermittlungen nur vorgenommen, wenn aus der Sicht der übermittelnden Stelle unverzüglich Entscheidungen oder andere Maßnahmen der Bundesanstalt für Finanzdienstleistungsaufsicht geboten sind.

(3) [1] Werden sonst in einem Strafverfahren – gleichgültig, gegen wen es sich richtet – Tatsachen bekannt, die auf Missstände in dem Geschäftsbetrieb eines Instituts hindeuten, sind diese der Bundesanstalt für Finanzdienstleistungsaufsicht mitzuteilen, soweit nicht erkennbar ist, dass schutzwürdige Interessen der oder des Betroffenen überwiegen. [2] Dabei ist zu berücksichtigen, wie gesichert die zu übermittelnden Erkenntnisse sind.

25a. Strafsachen gegen Inhaberinnen und Inhaber, Geschäftsleiterinnen und Geschäftsleiter oder deren gesetzliche Vertreterinnen und Vertreter oder persönlich haftende Gesellschafterinnen und Gesellschafter von Wertpapierdienstleistungsunternehmen und sonstige an Wertpapierdienstleistungsgeschäften beteiligte Personen

§ 122 Absatz 1, 2, 4 und 5 WpHG

(1) [1] In Strafsachen wegen Straftaten nach § 119 WpHG teilt die Staatsanwaltschaft die Einleitung des Ermittlungsverfahrens, die Anklageschrift bzw. den Antrag auf Erlass eines Strafbefehls und die Einstellung des Ermittlungsverfahrens der

Bundesanstalt für Finanzdienstleistungsaufsicht

Wertpapieraufsicht
Marie-Curie-Straße 24–28
60439 Frankfurt

mit.

[2] Das Gericht teilt in diesen Verfahren der Bundesanstalt für Finanzdienstleistungsaufsicht den Termin zur Hauptverhandlung und die Entscheidung, mit der das Verfahren abgeschlossen wird, mit.

(2) [1] In Strafsachen gegen Inhaberinnen und Inhaber oder Geschäftsleiterinnen und Geschäftsleiter von Wertpapierdienstleistungsunternehmen oder deren gesetzliche Vertreterinnen und Vertreter oder persönlich haftende Gesellschafterinnen und Gesellschafter wegen Straftaten zum Nachteil von Kundinnen und Kunden bei oder im Zusammenhang mit dem Betrieb des Wertpapierdienstleistungsunternehmens, ferner in Strafsachen, die Straftaten nach § 119 WpHG zum Gegenstand haben, sind im Fall der Erhebung der öffentlichen Klage der Bundesanstalt für Finanzdienstleistungsaufsicht

1. die Anklageschrift oder eine an ihre Stelle tretende Antragsschrift,
2. der Antrag auf Erlass eines Strafbefehls und
3. die das Verfahren abschließende Entscheidung mit Begründung

zu übermitteln. [2] Ist gegen die Entscheidung ein Rechtsmittel eingelegt worden, ist die Entscheidung unter Hinweis auf das eingelegte Rechtsmittel zu übermitteln.

(3) In Verfahren wegen fahrlässig begangener Straftaten werden die in Absatz 2 Nummer 1 und 2 bestimmten Übermittlungen nur vorgenommen, wenn aus der Sicht der übermittelnden Stelle unverzüglich Entscheidungen oder andere Maßnahmen der Bundesanstalt für Finanzdienstleistungsaufsicht geboten sind.

(4) [1] Werden sonst in einem Strafverfahren – gleichgültig, gegen wen es sich richtet – Tatsachen bekannt, die auf Missstände in dem Geschäftsbetrieb eines Wertpapierdienstleistungsunternehmens hindeuten, sind diese der Bundesanstalt für

Finanzdienstleistungsaufsicht mitzuteilen, soweit nicht erkennbar ist, dass schutzwürdige Interessen der oder des Betroffenen überwiegen. [2]Dabei ist zu berücksichtigen, wie gesichert die zu übermittelnden Erkenntnisse sind.

25b. Strafsachen gegen Geschäftsleiterinnen und Geschäftsleiter, Mitglieder der Verwaltungs- oder Aufsichtsorgane von Versicherungsunternehmen oder Pensionsfonds sowie gegen Inhaberinnen und Inhaber bedeutender Beteiligungen an Versicherungsunternehmen oder Pensionsfonds oder deren gesetzliche Vertreterinnen und Vertreter oder persönlich haftende Gesellschafterinnen und Gesellschafter

§ 334 Absatz 1, 2, 2a und 3 VAG

(1) [1]In Strafsachen gegen Geschäftsleiterinnen und Geschäftsleiter von Versicherungsunternehmen oder Pensionsfonds, Mitglieder der Verwaltungs- oder Aufsichtsorgane von Versicherungsunternehmen oder Pensionsfonds sowie Inhaberinnen und Inhaber bedeutender Beteiligungen an Versicherungsunternehmen oder Pensionsfonds oder deren gesetzliche Vertreterinnen und Vertreter oder persönlich haftende Gesellschafterinnen und Gesellschafter wegen Verletzung ihrer Berufspflichten oder anderer Straftaten bei oder im Zusammenhang mit der Ausübung eines Gewerbes oder dem Betrieb einer sonstigen wirtschaftlichen Unternehmung, ferner in Strafverfahren, die Straftaten nach § 331 VAG zum Gegenstand haben, sind – und zwar auch, wenn eine Landesbehörde die Aufsicht ausübt – der

Bundesanstalt für Finanzdienstleistungsaufsicht
Versicherungsaufsicht
Graurheindorfer Straße 108
53117 Bonn

mitzuteilen

1. in Strafsachen, die eine Straftat nach § 331 Absatz 1 und 2 Nummer 1 VAG zum Gegenstand haben, die Einleitung des Ermittlungsverfahrens,
2. die Anklageschrift oder eine an ihre Stelle tretende Antragsschrift,
3. der Antrag auf Erlass eines Strafbefehls, wenn diesem nicht umgehend entsprochen wird, und
4. die das Verfahren abschließende Entscheidung mit Begründung.

[2]Ist gegen die Entscheidung ein Rechtsmittel eingelegt worden, ist die Entscheidung unter Hinweis auf das eingelegte Rechtsmittel zu übermitteln.

(2) In Verfahren wegen fahrlässig begangener Straftaten werden die in Absatz 1 Satz 1 Ziffer 2 und 3 bestimmten Übermittlungen nur vorgenommen, wenn aus der Sicht der übermittelnden Stelle unverzüglich Entscheidungen oder andere Maßnahmen der Bundesanstalt für Finanzdienstleistungsaufsicht geboten sind.

(3) [1]Werden sonst in einem Strafverfahren – gleichgültig, gegen wen es sich richtet – Tatsachen bekannt, die auf Missstände in dem Geschäftsbetrieb eines Versicherungsunternehmens oder eines Pensionsfonds einschließlich des Außendienstes hindeuten, sind diese der Bundesanstalt für Finanzdienstleistungsaufsicht mitzuteilen, soweit nicht erkennbar ist, dass schutzwürdige Interessen der oder des Betroffenen überwiegen. [2]Dabei ist zu berücksichtigen, wie gesichert die zu übermittelnden Erkenntnisse sind. [3]Tatsachen, die auf die Unzuverlässigkeit eines Aufsichtsratsmitglieds, einer Geschäftsleiterin oder eines Geschäftsleiters, einer Verantwortlichen Aktuarin oder eines Verantwortlichen Aktuars oder einer Inhaberin oder eines Inhabers einer bedeutenden Beteiligung schließen lassen, deuten in der Regel auf Missstände im Geschäftsbetrieb hin.

25c. Strafsachen gegen bedeutend beteiligte Inhaberinnen und Inhaber, Geschäftsleiterinnen und Geschäftsleiter oder Mitglieder der Verwaltungs- oder Aufsichtsorgane von Verwaltungsgesellschaften, extern verwalteten Investmentgesellschaften oder Verwahrstellen oder deren jeweilige gesetzliche Vertreterinnen und Vertreter oder persönlich haftende Gesellschafterinnen und Gesellschafter

§ 341 Absatz 1, 2 und 3 KAGB

(1) [1] In Strafsachen gegen bedeutend beteiligte Inhaberinnen und Inhaber, Geschäftsleiterinnen und Geschäftsleiter oder Mitglieder der Verwaltungs- oder Aufsichtsorgane von Verwaltungsgesellschaften, extern verwalteten Investmentgesellschaften oder Verwahrstellen oder deren jeweilige gesetzliche Vertreterinnen und Vertreter oder persönlich haftende Gesellschafterinnen und Gesellschafter wegen Verletzung ihrer Berufspflichten oder anderer Straftaten bei oder im Zusammenhang mit der Ausübung eines Gewerbes oder dem Betrieb einer sonstigen wirtschaftlichen Unternehmung sind der

Bundesanstalt für Finanzdienstleistungsaufsicht
Wertpapieraufsicht
Marie-Curie-Straße 24–28
60439 Frankfurt am Main
mitzuteilen

1. die Anklageschrift oder eine an ihre Stelle tretende Antragsschrift, in Strafsachen, die eine Straftat nach § 339 KAGB zum Gegenstand haben, bereits die Einleitung des Ermittlungsverfahrens,
2. der Antrag auf Erlass eines Strafbefehls,
3. die das Verfahren abschließende Entscheidung mit Begründung, wenn eine Mitteilung nach den Ziffern 1 oder 2 zu machen war.

[2] Ist gegen die Entscheidung ein Rechtsmittel eingelegt worden, ist die Entscheidung unter Hinweis auf das eingelegte Rechtsmittel zu übermitteln.

(2) In Verfahren wegen fahrlässig begangener Straftaten werden die in Absatz 1 Satz 1 Ziffer 1 und 2 bestimmten Übermittlungen nur vorgenommen, wenn aus der Sicht der übermittelnden Stelle unverzüglich Entscheidungen oder andere Maßnahmen der Bundesanstalt für Finanzdienstleistungsaufsicht geboten sind.

(3) [1] Werden sonst in einem Strafverfahren – gleichgültig, gegen wen es sich richtet – Tatsachen bekannt, die auf Missstände in dem Geschäftsbetrieb einer Verwaltungsgesellschaft, extern verwalteten Investmentgesellschaft oder Verwahrstelle hindeuten, sind diese der Bundesanstalt für Finanzdienstleistungsaufsicht mitzuteilen, soweit nicht erkennbar ist, dass schutzwürdige Interessen der oder des Betroffenen überwiegen. [2] Dabei ist zu berücksichtigen, wie gesichert die zu übermittelnden Erkenntnisse sind.

26. Strafsachen gegen Angehörige der Heil- und Gesundheitsfachberufe

§ 13 Absatz 2, § 14 Absatz 1 Nummer 4 und 5, Absatz 2 EGGVG

(1) In Strafsachen gegen

- Ärztinnen und Ärzte,
- Zahnärztinnen und Zahnärzte,
- Tierärztinnen und Tierärzte,
- Apothekerinnen und Apotheker,
- Psychotherapeutinnen und Psychotherapeuten
- Psychologische Psychotherapeutinnen und Psychologische Psychotherapeuten,
- Kinder- und Jugendlichenpsychotherapeutinnen und Kinder- und Jugendlichenpsychotherapeuten,
- Heilpraktikerinnen und Heilpraktiker,

– Hebammen und Entbindungspfleger,
– Altenpflegerinnen und Altenpfleger,
– Diätassistentinnen und Diätassistenten,
– Ergotherapeutinnen und Ergotherapeuten,
– Gesundheits- und Kinderkrankenpflegerinnen und Gesundheits- und Kinderkrankenpfleger,
– Gesundheits- und Krankenpflegerinnen und Gesundheits- und Krankenpfleger,
– Logopädinnen und Logopäden,
– Masseurinnen und medizinische Bademeisterinnen und Masseure und medizinische Bademeister,
– Orthoptistinnen und Orthoptisten,
– Physiotherapeutinnen und Physiotherapeuten,
– Podologinnen und Podologen,
– Rettungsassistentinnen und Rettungsassistenten,
– Notfallsanitäterinnen und Notfallsanitäter,
– Anästhesietechnische Assistentinnen und Anästhesietechnische Assistenten,
– Operationstechnische Assistentinnen und Operationstechnische Assistenten,
– Technische Assistentinnen und Assistenten in der Medizin (Medizinisch-technische Assistentinnen/Assistenten für Funktionsdiagnostik; Medizinisch-technische Laboratoriumsassistentinnen/Laboratoriumsassistenten; Medizinisch-technische Radiologieassistentinnen/Radiologieassistenten; veterinärmedizinisch-technische Assistentinnen/Assistenten),
– Pharmazeutisch-technische Assistentinnen und Assistenten,
– Pflegefachfrauen und Pflegefachmänner,
– Angehörige der landesrechtlich geregelten Pflege- und Gesundheitsfachberufe (zum Beispiel Altenpflegehelferinnen und Altenpflegehelfer, Krankenpflegehelferinnen und Krankenpflegehelfer, Rettungssanitäterinnen und Rettungssanitäter oder Gesundheits- und Pflegeassistentinnen und Gesundheits- und Pflegeassistenten),

sind, wenn der Tatvorwurf auf eine Verletzung von Pflichten schließen lässt, die bei der Ausübung des Berufes zu beachten sind, oder er in anderer Weise geeignet ist, Zweifel an der Eignung, Zuverlässigkeit oder Befähigung hervorzurufen, mitzuteilen

1. der Erlass und der Vollzug eines Haft- oder Unterbringungsbefehls,
2. die Entscheidung, durch die ein vorläufiges Berufsverbot angeordnet oder ein solches aufgehoben worden ist,
3. die Erhebung der öffentlichen Klage,
4. der Ausgang des Verfahrens, wenn eine Mitteilung nach den Ziffern 1 bis 3 zu machen war.

(2) [1] In Privatklageverfahren, in Verfahren wegen fahrlässig begangener Straftaten und in sonstigen Verfahren bei Verurteilung zu einer anderen Maßnahme als einer Strafe oder einer Maßnahme im Sinne des § 11 Absatz 1 Nummer 8 StGB unterbleibt die Mitteilung, wenn nicht besondere Umstände des Einzelfalles sie erfordern. [2] Sie ist insbesondere erforderlich, wenn die Tat bereits ihrer Art nach geeignet ist, Zweifel an der Zuverlässigkeit oder Eignung für die gerade ausgeübte berufliche Tätigkeit hervorzurufen. [3] Die Mitteilung ordnen Richterinnen oder Richter, Staatsanwältinnen oder Staatsanwälte an. [4] Die Sätze 1 bis 3 gelten nicht bei Straftaten, durch die der Tod eines Menschen verursacht worden ist, und bei gefährlicher Körperverletzung.

(3) [1] Die Mitteilungen sind zu richten an

1. die zuständige Behörde und
2. die zuständige Berufskammer, wenn eine solche als Körperschaft des öffentlichen Rechts besteht.

[2] Sie sind als „Vertrauliche Personalsache“ zu kennzeichnen.

27. Strafsachen gegen an Schulen, Hochschulen, Kinderheimen, Kindertagesstätten und vergleichbaren Einrichtungen tätige Personen

§ 13 Absatz 2, § 14 Absatz 1 Nummer 5, Absatz 2 EGGVG

(1) In Strafsachen gegen

1. Hochschullehrerinnen und Hochschullehrer, Honorarprofessorinnen und Honorarprofessoren, außerplanmäßige Professorinnen und außerplanmäßige Professoren, Gastprofessorinnen und Gastprofessoren, Privatdozentinnen und Privatdozenten, Gastdozentinnen und Gastdozenten, Lehrbeauftragte an Hochschulen und Berufsakademien,
2. Schulleiterinnen und Schulleiter, Lehrerinnen und Lehrer und andere Personen, die an Schulen und sonstigen vergleichbaren Ausbildungsstätten tätig sind,
3. Leiterinnen und Leiter, Erzieherinnen und Erzieher und andere Personen, die in Einrichtungen und Diensten der Kinder- und Jugendhilfe, insbesondere Kinderheimen, Kindertagesstätten, Kindergärten oder ähnlichen Einrichtungen tätig sind,

gilt Nummer 16 Absatz 1 bis 3 entsprechend, wenn sie entweder an staatlich anerkannten Hochschulen, an Berufsakademien oder an Schulen in freier Trägerschaft oder in einer privaten Einrichtung der in Ziffer 3 genannten Art oder – ohne in einem Arbeitnehmer- oder Beamtenverhältnis zu stehen – an staatlichen Hochschulen oder öffentlichen Schulen oder in einer der in Ziffer 3 genannten öffentlichen Einrichtungen tätig sind.

(2) Die Mitteilungen sind unter Nennung der Beschäftigungsstelle an die zuständige Aufsichtsbehörde und gegebenenfalls an die zuständige Stelle, die die Berufsberechtigung erteilt hat oder für die Anerkennung der Berufsberechtigung zuständig ist, zu richten und als „Vertrauliche Personalsache" zu kennzeichnen.

28. Strafsachen gegen Betreiberinnen und Betreiber von sowie Beschäftigte in Alten- und Pflegeeinrichtungen, betreuten Wohnformen, ambulanten Pflegediensten und Werkstätten für Menschen mit Behinderung, Einrichtungen oder Gruppen, die den Werkstätten angegliedert sind, sowie Tagesförderstätten, Leistungserbringern der Eingliederungshilfe sowie erlaubnispflichtigen Einrichtungen für Kinder und Jugendliche mit Behinderung

§ 13 Absatz 2, § 14 Absatz 1 Nummer 5, Absatz 2 EGGVG

(1) In Strafsachen gegen Betreiberinnen oder Betreiber, Vertretungsberechtigte juristischer Personen als Betreiber, Leiterinnen oder Leiter von sowie Pflegedienstleiterinnen oder Pflegedienstleiter und andere pflegerisch oder betreuerisch tätige Beschäftigte in

- Einrichtungen im Sinne der landesrechtlichen Vorschriften zum Heimrecht,
- Werkstätten für Menschen mit Behinderung, Einrichtungen oder Gruppen, die den Werkstätten angegliedert sind, Einrichtungen anderer Leistungsanbieter im Sinne von § 60 SGB IX sowie Tagesförderstätten und vergleichbaren Angeboten der Behindertenhilfe,
- ambulanten Pflegediensten nach SGB V und SGB XI und
- Diensten der Eingliederungshilfe nach SGB IX Teil 2 und
- erlaubnispflichtigen Einrichtungen für Kinder und Jugendliche mit Behinderung

sind, wenn der Tatvorwurf auf eine Verletzung von Pflichten schließen lässt, die bei der Ausübung der Tätigkeit zu beachten sind, oder er in anderer Weise geeignet ist, Zweifel an der Eignung, Zuverlässigkeit oder Befähigung hervorzurufen, mitzuteilen

1. der Erlass und der Vollzug eines Haft- oder Unterbringungsbefehls,
2. die Erhebung der öffentlichen Klage,
3. der Ausgang des Verfahrens, wenn eine Mitteilung nach den Ziffern 1 oder 2 zu machen war.

(2) [1] In Privatklageverfahren, in Verfahren wegen fahrlässig begangener Straftaten und in sonstigen Verfahren bei Verurteilung zu einer anderen Maßnahme als einer Strafe oder einer Maßnahme im Sinne des § 11 Absatz 1 Nummer 8 StGB unterbleibt die Mitteilung, wenn nicht besondere Umstände des Einzelfalles sie erfordern. [2] Sie ist insbesondere erforderlich, wenn die Tat bereits ihrer Art nach geeignet ist, Zweifel an der Zuverlässigkeit oder Eignung für die gerade ausgeübte berufliche Tätigkeit hervorzurufen. [3] Die Mitteilung ordnen Richterinnen oder Richter, Staatsanwältinnen oder Staatsanwälte an. [4] Die Sätze 1 bis 3 gelten nicht bei Straftaten, durch die der Tod eines Menschen verursacht worden ist, und bei gefährlicher Körperverletzung.

(3) Die Mitteilungen sind unter Nennung der Beschäftigungsstelle an die für die jeweilige Einrichtung zuständige Aufsichtsbehörde und an die zuständige oberste Landesbehörde zu richten und als „Vertrauliche Personalsache" zu kennzeichnen.

29. Sonstige Mitteilungen über Personen, die einer Dienst-, Staats-, Standesaufsicht oder berufsrechtlichen Aufsicht unterliegen

§ 17 Nummer 3 und 4 EGGVG, § 115 Absatz 4 BBG, § 49 Absatz 4 BeamtStG, §§ 46, 71 DRiG, § 89 Absatz 1 SG, § 45a Absatz 1 ZDG, § 64a Absatz 2 BNotO, § 36 Absatz 2 auch in Verbindung mit § 59m Absatz 2, § 207 Absatz 2 Satz 1, § 209 Absatz 1 Satz 3, BRAO, § 4 Absatz 1, § 34a EuRAG, § 34 Absatz 2 auch in Verbindung mit § 52m Absatz 2 PAO, § 19 Absatz 4, § 21 Absatz 2 Satz 1 EuPAG, § 154b Absatz 2, § 18 Absatz 1 Satz 3 und 4 RDG, § 122 Absatz 5 WpHG, §§ 36a Absatz 3 Nummer 2, 65 Absatz 2, 130 Absatz 1 WiPrO, § 10 Absatz 2 StBerG, § 2 BewachV, § 60a Absatz 2 KWG, § 65 Satz 3 ZAG, § 341 Absatz 3 KAGB, § 334 VAG

(1) [1] Sonstige Tatsachen, die in einem Strafverfahren – gleichgültig, gegen wen es sich richtet – bekannt werden, sind mitzuteilen, wenn ihre Kenntnis aufgrund besonderer Umstände des Einzelfalls für dienst-, disziplinar-, standes- oder berufsrechtliche Maßnahmen gegen eine der nachfolgend genannten Personen oder für aufsichtsrechtliche Maßnahmen gegen deren Geschäftsbetrieb erforderlich ist:

1. Beamtinnen und Beamte, Richterinnen und Richter (Nummer 15)
2. Versorgungsberechtigte, Alters- und Hinterbliebenengeldberechtigte (Nummer 18)
3. Soldatinnen und Soldaten der Bundeswehr (Nummer 19)
4. Zivildienstleistende (Nummer 21)
5. Notarinnen und Notare sowie Angehörige der rechtsberatenden Berufe (Nummer 23)
6. Wirtschaftsprüferinnen und Wirtschaftsprüfer, vereidigte Buchprüferinnen und vereidigte Buchprüfer, Steuerberaterinnen und Steuerberater sowie Steuerbevollmächtigte, Bewacherinnen und Bewacher sowie Wachpersonen (Nummer 24)
7. Inhaberinnen und Inhaber, Geschäftsleiterinnen und Geschäftsleiter von Kredit-, Finanzdienstleistungs-, Zahlungs- und E-Geld-Instituten sowie gegen Inhaberinnen und Inhaber bedeutender Beteiligungen an Instituten oder deren gesetzliche Vertreterinnen und Vertreter oder in den Fällen des § 60a KWG auch deren persönlich haftenden Gesellschafterinnen und Gesellschafter sowie Mitglieder der Verwaltungs- oder Aufsichtsorgane (Nummer 25)
8. Inhaberinnen und Inhaber, Geschäftsleiterinnen und Geschäftsleiter von Wertpapierdienstleistungsunternehmen, deren gesetzliche Vertreterinnen und Vertreter sowie persönlich haftende Gesellschafterinnen und Gesellschafter und sonstige an Wertpapierdienstleistungsgeschäften beteiligte Personen (Nummer 25a)
9. Geschäftsleiterinnen und Geschäftsleiter, Mitglieder der Verwaltungs- oder Aufsichtsorgane von Versicherungsunternehmen oder Pensionsfonds sowie Inhaberinnen und Inhaber bedeutender Beteiligungen an Versicherungsunter-

nehmen oder Pensionsfonds, deren gesetzliche Vertreterinnen und Vertreter sowie persönlich haftende Gesellschafterinnen und Gesellschafter (Nummer 25b)
10. bedeutend beteiligte Inhaberinnen und Inhaber, Geschäftsleiterinnen und Geschäftsleiter oder Mitglieder der Verwaltungs- oder Aufsichtsorgane von Verwaltungsgesellschaften, extern verwalteten Investmentgesellschaften oder Verwahrstellen oder deren jeweilige gesetzliche Vertreterinnen und Vertreter oder persönlich haftenden Gesellschafterinnen und Gesellschafter (Nummer 25c)
11. Angehörige der Heil- und Gesundheitsfachberufe (Nummer 26)
12. Personen, die an Schulen, Hochschulen, in Kinderheimen, Kindertagesstätten und vergleichbaren Einrichtungen tätig sind (Nummer 27)
13. Betreiberinnen und Betreiber von sowie Beschäftigte in Alten- und Pflegeeinrichtungen, betreuten Wohnformen, ambulanten Pflegediensten und Werkstätten für Menschen mit Behinderung, Einrichtungen oder Gruppen, die den Werkstätten angegliedert sind, sowie Tagesförderstätten, anderen Leistungsanbietern im Sinne von § 60 SGB IX, sonstigen Leistungserbringern der Eingliederungshilfe nach dem SGB IX Teil 2 sowie erlaubnispflichtigen Einrichtungen für Kinder und Jugendliche mit Behinderung (Nummer 28).

[2]Erforderlich ist die Kenntnis der Daten auch, wenn diese Anlass zur Prüfung bietet, ob Maßnahmen der genannten Art zu ergreifen sind.

(2) [1]Mitteilungen unterbleiben, soweit für die übermittelnde Stelle erkennbar ist, dass schutzwürdige Interessen der betroffenen Person an dem Ausschluss der Übermittlung das öffentliche Interesse überwiegen. [2]Dabei ist zu berücksichtigen, wie gesichert die zu übermittelnden Erkenntnisse sind.

(3) Die Mitteilung ordnen Richterinnen oder Richter, Staatsanwältinnen oder Staatsanwälte an.

(4) Die Mitteilungen sind an die Stellen zu richten, die in den in Absatz 1 genannten Bestimmungen aufgeführt sind, und als „Vertrauliche Personalsache" zu kennzeichnen.

3. Abschnitt. Sonstige Mitteilungen wegen der persönlichen Verhältnisse der Betroffenen

30. Strafsachen gegen Inhaberinnen und Inhaber von Titeln, Orden und Ehrenzeichen

§ 4 Absatz 2 und 3 des Gesetzes über Titel, Orden und Ehrenzeichen

(1) Ergibt sich aus einem Strafurteil, dass die oder der Verurteilte Inhaberin oder Inhaber von Titeln, Orden oder Ehrenzeichen ist, die nach dem 8. Mai 1945 verliehen worden sind, so sind rechtskräftige Verurteilungen mitzuteilen, in denen erkannt ist

1. auf eine Freiheitsstrafe von mindestens einem Jahr wegen eines Verbrechens,
2. auf eine Freiheitsstrafe von mindestens sechs Monaten wegen einer vorsätzlichen Tat, die nach den Vorschriften über Friedensverrat, Hochverrat, Gefährdung des demokratischen Rechtsstaates, Landesverrat oder Gefährdung der äußeren Sicherheit strafbar ist,
3. auf Aberkennung der Fähigkeit, öffentliche Ämter zu bekleiden.

(2) [1]Die Mitteilungen sind zu richten

1. bei Titeln, Orden und Ehrenzeichen, die von einer Stelle innerhalb des Geltungsbereichs des Gesetzes über Titel, Orden und Ehrenzeichen verliehen worden sind, an die oder den Verleihungsberechtigten,
2. bei Titeln, Orden und Ehrenzeichen, die von einem ausländischen Staatsoberhaupt, einer ausländischen Regierung oder einer anderen Stelle außerhalb des

Geltungsbereichs des Gesetzes über Titel, Orden und Ehrenzeichen verliehen worden sind, an das Bundespräsidialamt.

[2]Die Mitteilung umfasst den Urteilstenor sowie den verliehenen Titel oder die verliehene Auszeichnung.

31. Mitteilungen an das Betreuungsgericht und an das Familiengericht

§ 22a FamFG, § 70 Satz 1 JGG

(1) Werden in einem Strafverfahren – gleichgültig, gegen wen es sich richtet – Tatsachen bekannt, die Maßnahmen des Betreuungs- oder des Familiengerichts erfordern können, so sind diesen die Tatsachen mitzuteilen, soweit nicht für die übermittelnde Stelle erkennbar ist, dass schutzwürdige Interessen der Betroffenen an dem Ausschluss der Übermittlung das Schutzbedürfnis von Minderjährigen oder Betreuten oder das öffentliche Interesse an der Übermittlung überwiegen.

(2) Die Mitteilung ordnen Richterinnen oder Richter, Staatsanwältinnen oder Staatsanwälte an.

32. Mitteilungen an die Jugendgerichtshilfe in Strafsachen gegen Jugendliche und Heranwachsende

§§ 38, 50, 70 Absatz 1 Satz 1 und Absatz 2, §§ 72a, 107, 109 Absatz 1 JGG

In Strafsachen gegen Jugendliche und Heranwachsende sind der Jugendgerichtshilfe mitzuteilen

1. die Einleitung des Verfahrens zu den in § 70 Absatz 2 JGG genannten Zeitpunkten,
2. vorläufige Anordnungen über die Erziehung,
3. der Erlass und der Vollzug eines Haft- oder Unterbringungsbefehls sowie die Unterbringung zur Beobachtung,
4. der Verzicht auf die Erfüllung von Anforderungen an die Jugendgerichtshilfe (§ 38 Absatz 7 Satz 1 und 2 JGG),
5. die Erhebung der öffentlichen Klage,
6. Ort und Zeit der Hauptverhandlung,
7. die Urteile,
8. der Ausgang des Verfahrens,
9. der Name und die Anschrift der Bewährungshelferin oder des Bewährungshelfers,
10. die nachträglichen Entscheidungen, die sich auf Weisungen oder Auflagen beziehen oder eine Aussetzung der Vollstreckung einer Jugendstrafe oder des Restes einer Jugendstrafe zur Bewährung, eine Aussetzung der Verhängung der Jugendstrafe oder die Führungsaufsicht betreffen.

33. Mitteilungen an die Schule in Strafsachen gegen Jugendliche und Heranwachsende

§ 70 Satz 1, § 109 Absatz 1 JGG

(1) [1]In Strafsachen gegen Jugendliche und Heranwachsende sind Mitteilungen an die Schule nur in geeigneten Fällen zu machen. [2]Es wird in der Regel genügen, die Schule von dem Ausgang des Verfahrens zu unterrichten. [3]Die Einleitung des Verfahrens oder die Erhebung der öffentlichen Klage wird mitzuteilen sein, wenn aus Gründen der Schulordnung, insbesondere zur Wahrung eines geordneten Schulbetriebs oder zum Schutz anderer Schülerinnen oder Schüler, sofortige Maßnahmen geboten sein können.

(2) Die Mitteilungen sind an die Leiterin oder den Leiter der Schule oder die Vertretung im Amt zu richten.

(3) Die Mitteilung ordnen Richterinnen oder Richter, Staatsanwältinnen oder Staatsanwälte an.

34. Mitteilungen an andere Prozessbeteiligte in Strafsachen gegen Jugendliche

§ 67 Absatz 5, §§ 67a, 43 Absatz 1 JGG, Artikel 104 Absatz 4 GG

(1) Sind in Strafsachen gegen Jugendliche durch verfahrensrechtliche Bestimmungen Mitteilungen an die Beschuldigten vorgeschrieben, so sind diese auch zu richten an
1. die Erziehungsberechtigten,
2. die gesetzlichen Vertreterinnen und gesetzlichen Vertreter,
3. die Verfahrenspflegerin oder den Verfahrenspfleger,
4. andere für den Schutz der Interessen des Jugendlichen geeignete volljährige Personen, wenn ein Fall des § 67a Absatz 3 JGG vorliegt.

(2) [1] Die in Absatz 1 bezeichneten Personen werden ferner benachrichtigt von
1. der Einleitung des Verfahrens
2. der Verhaftung, Verwahrung oder Unterbringung.

[2] Die Mitteilungen nach Satz 1 Ziffer 1 können bei Geringfügigkeit der Verfehlung unterbleiben.

(3) Die Mitteilung ordnen Richterinnen oder Richter, Staatsanwältinnen oder Staatsanwälte an, soweit nicht in den Akten dokumentiert ist, dass sie bereits durch die Polizei erfolgt ist.

35. Mitteilungen zum Schutz von Kindern und Jugendlichen

§ 13 Absatz 2, § 14 Absatz 1 Nummer 5, § 17 Nummer 5 EGGVG, § 5 KKG

(1) [1] Werden in einem Strafverfahren – gleichgültig, gegen wen es sich richtet – Tatsachen bekannt, deren Kenntnis aus der Sicht der übermittelnden Stelle zur Prüfung gewichtiger Anhaltspunkte für die Gefährdung des Wohls eines Kindes oder Jugendlichen erforderlich ist, sind diese unverzüglich der zuständigen öffentlichen Stelle mitzuteilen. [2] Nummer 2 Absatz 1 bleibt unberührt.

(2) Mitteilungen erhalten insbesondere
1. das Jugendamt und das Familiengericht, wenn wegen einer vollendeten oder versuchten Straftat gegen die sexuelle Selbstbestimmung von Kindern und Jugendlichen (Dreizehnter Abschnitt des Besonderen Teils des StGB), nach den §§ 171, 225, 232 bis 233a, 234 bis 236 StGB oder nach § 145a StGB, soweit Führungsaufsicht wegen einer in § 181b StGB genannten Tat angeordnet oder kraft Gesetzes eingetreten ist, ein Verfahren eingeleitet wird oder wenn der Täter wegen einer solchen Straftat verurteilt wurde,
2. die zuständige Aufsichtsbehörde für betriebserlaubnispflichtige Kinder- oder Jugendeinrichtungen nach § 45 SGB VIII, wenn Anlass zur Prüfung von Maßnahmen zur Abwendung einer drohenden Beeinträchtigung oder Gefährdung des Wohls eines Kindes und Jugendlichen besteht,
3. das Jugendamt und die für die Gewerbeaufsicht zuständige Stelle, wenn eine Verurteilung wegen Zuwiderhandlungen gegen die §§ 27, 28 JuSchG ausgesprochen worden ist,
4. das Familiengericht, wenn Anlass zur Prüfung gerichtlicher Maßnahmen wegen Kindeswohlgefährdung nach § 1666 BGB oder der Anordnung einer Vormundschaft (Pflegschaft) besteht,
5. die für die Gewerbeaufsicht zuständige Stelle, das Landesjugendamt sowie die sonst zuständigen Stellen, wenn der Schutz von Kindern und Jugendlichen die Unterrichtung dieser Stellen erfordert (vgl. §§ 28, 29, 32 BBiG, §§ 22, 22a, 23 HwO, §§ 25, 27 JArbSchG),

6. das Jugendamt zur Einschätzung des Gefährdungsrisikos in sonstigen Fällen, wenn gewichtige Anhaltspunkte für die Gefährdung des Wohls eines Kindes und Jugendlichen bekannt werden. Gewichtige Anhaltspunkte liegen insbesondere in den in § 5 Absatz 2 KKG genannten Fällen vor.

(3) In Strafsachen gegen einen Elternteil wegen einer an seinem minderjährigen Kind begangenen rechtswidrigen Tat ist die Erhebung der öffentlichen Klage oder die Einstellung des Verfahrens wegen Schuldunfähigkeit dem Familiengericht und dem Jugendamt mitzuteilen.

(4) In Strafsachen, die eine Gefährdung von Kindern und Jugendlichen erkennen lassen, sowie in Jugendschutzsachen (§ 26 Absatz 1 Satz 1 GVG) werden dem Jugendamt Ort und Zeit der Hauptverhandlung mitgeteilt.

(5) Die Mitteilung ordnen Richterinnen oder Richter, Staatsanwältinnen oder Staatsanwälte an.

36. Mitteilungen über Inhaberinnen und Inhaber einer waffenrechtlichen oder sprengstoffrechtlichen Berechtigung sowie über sonstige nach dem WaffG oder SprengG berechtigte Personen

§ 13 Absatz 2, § 14 Absatz 1 Nummer 5, 7 Buchstabe b, Absatz 2, § 17 Nummer 3 EGGVG

(1) In Strafsachen gegen
1. Inhaberinnen und Inhaber
   a) einer Erlaubnis, Bescheinigung oder Ausnahmebewilligung nach dem Waffengesetz,
   b) einer sprengstoffrechtlichen Erlaubnis nach § 7 oder § 27 SprengG oder eines Befähigungsscheins nach § 20 SprengG,
2. eine mit der Leitung eines Betriebes, einer Zweigniederlassung oder einer unselbständigen Zweigstelle zur Waffenherstellung oder zum Waffenhandel beauftragte Person oder
3. eine mit der Leitung eines Betriebes, einer Zweigniederlassung oder einer unselbständigen Zweigstelle zum Umgang oder Verkehr mit explosionsgefährlichen Stoffen beauftragte Person

sind Mitteilungen über Verfahren zu machen, die zum Gegenstand haben
   a) eine vorsätzliche Straftat,
   b) eine gemeingefährliche fahrlässige Straftat,
   c) eine im Zustand der Trunkenheit oder unter dem Einfluss anderer berauschender Mittel begangene Straftat, wenn die Täterin oder der Täter bereits mindestens einmal wegen einer solchen Tat verurteilt worden ist,
   d) eine fahrlässige Straftat im Zusammenhang mit dem Umgang mit Waffen, Munition oder Sprengstoff,
   e) eine Straftat nach dem Waffengesetz, dem Gesetz über die Kontrolle von Kriegswaffen, dem Sprengstoffgesetz oder dem Bundesjagdgesetz.

(2) In den Fällen des Absatz 1 sind mitzuteilen
1. der Erlass und der Vollzug eines Haft- oder Unterbringungsbefehls,
2. die Erhebung der öffentlichen Klage,
3. der Ausgang des Verfahrens, wenn eine Mitteilung nach den Ziffern 1 oder 2 zu machen war,
4. die Einstellung des Verfahrens nach § 170 Absatz 2 StPO, wenn sie Feststellungen zu einer Schuldunfähigkeit nach § 20 StGB enthält.

(3) [1] Werden sonst in einem Strafverfahren – gleichgültig, gegen wen es sich richtet – Tatsachen bekannt, sind diese mitzuteilen, wenn ihre Kenntnis aufgrund besonderer Umstände des Einzelfalls für waffen- oder sprengstoffrechtliche Maßnahmen erforderlich ist. [2] Dies gilt insbesondere in Strafsachen nach Absatz 1 gegen eine Person, die auf Grund eines Arbeitsverhältnisses eine Schusswaffe nach den Weisungen der Inhaberin oder des Inhabers eines Waffenscheins zu führen hat.

[3]Dabei ist zu berücksichtigen, wie gesichert die zu übermittelnden Erkenntnisse sind. [4]Die Mitteilung ordnen Richterinnen oder Richter, Staatsanwältinnen oder Staatsanwälte an.

(4) Die Mitteilungen sind an die für die Erteilung der Berechtigung zuständige Behörde zu richten:

1. im Falle des Absatz 1 Ziffer 1 Buchstabe a und Ziffer 2, soweit die Person, die die Erlaubnis innehat, ein Gewerbe oder eine wirtschaftliche Unternehmung nach § 21 WaffG betreibt: an die Behörde, in deren Bezirk sich die gewerbliche Hauptniederlassung befindet; fehlt eine gewerbliche Niederlassung, so richtet sich die örtliche Zuständigkeit nach Ziffer 5,
2. im Falle einer Ausnahmebewilligung nach § 42 Absatz 2 WaffG: an die Behörde, in deren Bezirk die Veranstaltung stattfinden soll,
3. im Falle einer Erlaubnis nach § 10 Absatz 5 oder § 27 Absatz 1 WaffG: an die Behörde, in deren Bezirk geschossen werden soll,
4. im Falle einer Bescheinigung nach § 55 Absatz 2 WaffG: an die sachlich und örtlich zuständige Behörde,
5. in den übrigen Fällen einer waffenrechtlichen Berechtigung: an die Behörde, in deren Bezirk die betroffene Person ihren gewöhnlichen, bei Fehlen eines solchen ihren jeweiligen Aufenthaltsort hat,
6. im Falle des Absatz 1 Ziffer 3 oder einer Erlaubnis nach § 7 SprengG: an die Behörde, in deren Bezirk sich die Hauptniederlassung befindet; bezieht sich die Erlaubnis nur auf eine Zweigniederlassung, so richtet sich die Zuständigkeit nach dem Ort dieser Niederlassung; fehlt eine Niederlassung, so richtet sich die Zuständigkeit nach § 36 Absatz 2 SprengG,
7. im Falle eines Befähigungsscheins nach § 20 SprengG: an die sachlich und örtlich zuständige Behörde,
8. im Falle einer Erlaubnis nach § 27 SprengG: an die Behörde, in deren Bezirk die betroffene Person ihren gewöhnlichen Aufenthalt hat oder zuletzt hatte.

36a. Sonstige Mitteilungen aus waffenrechtlichen oder sprengstoffrechtlichen Gründen

§ 13 Absatz 2, § 14 Absatz 1 Nummer 7 Buchstabe b, Absatz 2, § 17 Nummer 3 EGGVG

(1) In Strafsachen wegen

1. unbefugten Erwerbs von Schusswaffen oder Munition, unbefugten Führens von Schusswaffen oder unbefugter Ausübung der tatsächlichen Gewalt über Schusswaffen oder über in Abschnitt 1 der Anlage 2 zum WaffG (Waffenliste) bezeichnete Gegenstände,
2. einer mit oder im Zusammenhang mit Schusswaffen, Munition oder in Abschnitt 1 der Anlage 2 zum WaffG (Waffenliste) bezeichneten Gegenständen begangenen Straftat,
3. unbefugten Umgangs oder Verkehrs mit explosionsgefährlichen Stoffen oder
4. einer mit oder im Zusammenhang mit solchen Stoffen begangenen Straftat

sind mitzuteilen

a) die Erhebung der öffentlichen Klage,
b) der Ausgang des Verfahrens, wenn eine Mitteilung nach Buchstabe a zu machen war,
c) die Einstellung des Verfahrens nach § 170 Absatz 2 StPO, wenn sie Feststellungen zu einer Schuldunfähigkeit nach § 20 StGB enthält.

(2) In den Fällen des Absatz 1 Ziffer 2 und 4 ordnen die Mitteilung Richterinnen oder Richter, Staatsanwältinnen oder Staatsanwälte an.

(3) Die Mitteilungen sind an die zuständige Behörde zu richten, in deren Bereich die Betroffenen eine Wohnung haben.

37. Strafsachen gegen Inhaberinnen und Inhaber von Jagdscheinen und gegen Personen, die einen Antrag auf Erteilung eines Jagdscheins gestellt haben

§ 13 Absatz 1 Nummer 5, Absatz 2, § 14 Absatz 1 Nummer 7 Buchstabe b, Absatz 2, § 17 Nummer 3 EGGVG

(1) In Strafsachen gegen Inhaberinnen und Inhaber von Jagdscheinen und gegen Personen, die einen Antrag auf Erteilung eines Jagdscheins gestellt haben, sind Mitteilungen zu machen über Verfahren wegen

1. eines Verbrechens,
2. einer vorsätzlichen Straftat gegen das Leben, die Gesundheit oder die persönliche Freiheit, einer der in § 181b StGB genannten Straftaten, Land- oder Hausfriedensbruchs, Widerstandes gegen die Staatsgewalt, einer gemeingefährlichen Straftat, einer Straftat gegen das Eigentum oder das Vermögen oder einer Wilderei,
3. einer fahrlässigen Straftat im Zusammenhang mit dem Umgang mit Waffen, Munition oder Sprengstoff,
4. einer Straftat nach jagd-, tierschutz- oder naturschutzrechtlichen Vorschriften, dem Waffengesetz, dem Gesetz über die Kontrolle von Kriegswaffen oder dem Sprengstoffgesetz.

(2) Mitzuteilen sind

1. die Erhebung der öffentlichen Klage,
2. der Ausgang des Verfahrens, wenn eine Mitteilung nach Ziffer 1 zu machen war,
3. die Einstellung des Verfahrens nach § 170 Absatz 2 StPO, wenn sie Feststellungen zu einer Schuldunfähigkeit nach § 20 StGB enthält.

(3) In sonstigen Strafsachen gegen eine der in Absatz 1 bezeichneten Personen ist die rechtskräftige Entscheidung mitzuteilen, wenn

1. Führungsaufsicht angeordnet ist oder kraft Gesetzes eintritt,
2. eine Entziehung des Jagdscheins, eine Sperrfrist zur Erteilung des Jagdscheins oder ein Verbot der Jagdausübung angeordnet worden ist.

(4) Die Mitteilungen sind an die für die Erteilung des Jagdscheins zuständige Behörde zu richten.

(5) Die Pflicht zur Mitteilung nach Nummer 36 bleibt unberührt.

37a. Strafsachen gegen Inhaberinnen und Inhaber von Fischereischeinen und Personen, die einen Antrag auf Erteilung eines Fischereischeins gestellt haben

§ 13 Absatz 1 Nummer 5, Absatz 2, § 14 Absatz 1 Nummer 7 Buchstabe b, Absatz 2 EGGVG

(1) In Strafsachen gegen Inhaberinnen und Inhaber von Fischereischeinen und gegen Personen, die einen Antrag auf Erteilung eines Fischereischeins gestellt haben, sind Mitteilungen zu machen über Verfahren wegen

1. einer Straftat nach § 293 StGB,
2. einer auf ein Gewässer bezogenen, fischereirechtsrelevanten Straftat nach § 242 StGB,
3. einer Straftat nach tierschutzrechtlichen Vorschriften.

(2) Mitzuteilen sind

1. die Erhebung der öffentlichen Klage,
2. der Ausgang des Verfahrens, wenn eine Mitteilung nach Ziffer 1 zu machen war,
3. die Einstellung des Verfahrens nach § 170 Absatz 2 StPO, wenn sie Feststellungen zu einer Schuldunfähigkeit nach § 20 StGB enthält.

(3) Die Mitteilungen sind an die für die Verfolgung von Ordnungswidrigkeiten sowie für die Erteilung des Fischereischeins nach den Fischereigesetzen der Länder zuständigen Behörden zu richten.

38. Mitteilungen über Inhaberinnen und Inhaber einer luftrechtlichen Erlaubnis oder Genehmigung sowie über sonstige nach dem Luftverkehrsgesetz oder nach dem Luftsicherheitsgesetz berechtigte Personen

§ 13 Absatz 2, § 14 Absatz 1 Nummer 5, 7 Buchstabe b, Absatz 2, § 17 Nummer 3 EGGVG

(1) In Strafsachen gegen

1. Inhaberinnen und Inhaber
   a) einer Erlaubnis für das Luftfahrtpersonal, die Ausbildung von Luftfahrerinnen und Luftfahrern, das Flugsicherungspersonal oder die Ausbildung von Flugsicherungspersonal oder
   b) eines Luftverkehrsbetreiberzeugnisses für gewerblichen Luftverkehrsbetrieb, einer Genehmigung für Luftfahrtunternehmen,
2. eine für die Leitung eines Luftfahrtunternehmens oder einer Luftfahrerschule verantwortliche Person,
3. eine Person, die von den Verpflichteten nach den §§ 8 bis 9a LuftSiG mit der Mitwirkung in § 8 Absatz 1 Satz 1 Nummer 1 bis 8, § 9 Absatz 1 Satz 1 Nummer 1 bis 6 und § 9a Absatz 1 LuftSiG aufgeführten Sicherheitsmaßnahmen beauftragt ist, oder
4. eine nach § 16a LuftSiG zur Wahrnehmung der dort genannten Aufgaben nach dem Luftsicherheitsgesetz beliehene natürliche Person oder eine von einer beliehenen teilrechtsfähigen Vereinigung oder juristischen Person des Privatrechts zur Wahrnehmung der Aufgaben gemäß § 16a Absatz 1 LuftSiG beauftragte Person

ist die rechtskräftige Verurteilung mitzuteilen, wenn die Tat geeignet ist, Zweifel an der Eignung, Zuverlässigkeit und Befähigung der Person für die vorgenannte Tätigkeit hervorzurufen.

(2) [1] Sonstige Tatsachen, die in einem Strafverfahren – gleichgültig, gegen wen es sich richtet – bekannt werden, sind mitzuteilen, wenn ihre Kenntnis die Annahme rechtfertigt, dass jemand für eine der in Absatz 1 genannten Tätigkeiten ungeeignet ist. [2] Dabei ist zu berücksichtigen, wie gesichert die zu übermittelnden Erkenntnisse sind. [3] Die Mitteilung ordnen Richterinnen oder Richter, Staatsanwältinnen oder Staatsanwälte an.

(3) Mitteilungen über Inhaberinnen oder Inhaber einer Erlaubnis für das Luftfahrtpersonal sind an das

Luftfahrt-Bundesamt
Postfach 30 54
38020 Braunschweig,

sonstige Mitteilungen sind an die für die Erteilung der luftrechtlichen Erlaubnis oder Genehmigung oder an die für die Erteilung des Luftverkehrsbetreiberzeugnisses zuständige Stelle oder an die für die Zuverlässigkeitsüberprüfung zuständige Luftsicherheitsbehörde zu richten.

39. Strafsachen gegen Inhaberinnen und Inhaber von Berechtigungen und gegen Gewerbetreibende, Verkehrsleiter im Sinne von Artikel 4 der Verordnung (EG) Nr. 1071/2009 sowie Betriebsleiterinnen und Betriebsleiter der Schienenbahnen des öffentlichen Personenverkehrs, der Seilbahnen und der Eisenbahnen und der Kraftfahrtunternehmen im Personenverkehr

§ 13 Absatz 2, § 14 Absatz 1 Nummer 5, 7 Buchstabe b, Absatz 2 EGGVG, § 52 FahrlG

(1) In Strafsachen gegen Inhaberinnen und Inhaber von Berechtigungen und gegen Gewerbetreibende, Verkehrsleiter im Sinne von Artikel 4 der VO 1071/2009 sowie Betriebsleiterinnen und Betriebsleiter der Schienenbahnen des öffentlichen Personenverkehrs, der Seilbahnen, der Eisenbahnen und der Kraftfahrtunternehmen im Personenverkehr sind rechtskräftige Entscheidungen mitzuteilen, wenn Grund zu der Annahme besteht, dass Tatsachen, die den Gegenstand des Verfahrens betreffen und auf eine Verletzung von Pflichten schließen lassen, die bei der Ausübung des Berufs oder des Gewerbes zu beachten oder in anderer Weise geeignet sind, Zweifel an der Eignung, Zuverlässigkeit oder Befähigung hervorzurufen, den Widerruf, die Rücknahme oder die Einschränkung einer behördlichen Erlaubnis, Genehmigung oder Zulassung zur Ausübung eines Gewerbes oder eines Berufs, zum Führen einer Berufsbezeichnung, die Untersagung der gewerblichen Tätigkeit oder der Einstellung, Beschäftigung oder Beaufsichtigung von Kindern und Jugendlichen zur Folge haben können.

(2) [1] In Privatklageverfahren, in Verfahren wegen fahrlässig begangener Straftaten und in sonstigen Verfahren bei Verurteilung zu einer anderen Maßnahme als einer Strafe oder einer Maßnahme im Sinne des § 11 Absatz 1 Nummer 8 StGB unterbleibt die Mitteilung, wenn nicht besondere Umstände des Einzelfalles sie erfordern. [2] Sie ist insbesondere erforderlich, wenn die Tat bereits ihrer Art nach geeignet ist, Zweifel an der Eignung, Zuverlässigkeit oder Befähigung für die gerade ausgeübte berufliche oder gewerbliche Tätigkeit hervorzurufen. [3] Die Sätze 1 und 2 gelten nicht bei Straftaten, durch die der Tod eines Menschen verursacht worden ist, und bei gefährlicher Körperverletzung.

(3) Eine Mitteilungspflicht besteht ferner, wenn in der Entscheidung

1. die Ausübung des Gewerbes untersagt oder
2. eine Untersagung der Ausübung des Gewerbes ausdrücklich abgelehnt worden ist.

(4) Die Mitteilung – mit Ausnahme der in Absatz 3 Ziffer 1 – ordnen Richterinnen oder Richter, Staatsanwältinnen oder Staatsanwälte an.

(5) Die Mitteilungen sind an die Behörde zu richten, die die Berechtigung erteilt hat oder für die Untersagung der Berufs- oder Gewerbeausübung zuständig ist.

40. Strafsachen gegen mit Atomanlagen und Kernbrennstoffen oder sonstigen radioaktiven Stoffen verantwortlich befasste Personen

§ 13 Absatz 1 Nummer 5, Absatz 2, § 14 Absatz 1 Nummer 7 Buchstabe b, Absatz 2, § 17 Nummer 3 EGGVG

(1) In Strafsachen gegen Personen, die bei der Errichtung, Leitung oder Beaufsichtigung des Betriebes von kerntechnischen Anlagen, dem Umgang mit Kernbrennstoffen oder sonstigen radioaktiven Stoffen oder der Beförderung oder sonstigen Verwendung solcher Stoffe verantwortlich tätig sind, sind mitzuteilen

1. die Einleitung des Verfahrens,
2. der Ausgang des Verfahrens,

wenn Grund zu der Annahme besteht, dass eine atomrechtliche Genehmigung oder Zulassung, die ihnen oder demjenigen erteilt ist, der sie mit seiner Tätigkeit beauftragt hat, widerrufen, zurückgenommen oder eingeschränkt wird oder dass Maßnahmen der atomrechtlichen Aufsicht getroffen werden.

(2) [1] In Privatklageverfahren, in Verfahren wegen fahrlässig begangener Straftaten und in sonstigen Verfahren bei Verurteilung zu einer anderen Maßnahme als einer Strafe oder einer Maßnahme im Sinne des § 11 Absatz 1 Nummer 8 StGB unterbleibt die Mitteilung, wenn nicht besondere Umstände des Einzelfalles sie erfordern. [2] Sie ist insbesondere erforderlich, wenn die Tat bereits ihrer Art nach geeignet ist, Zweifel an der Zuverlässigkeit oder Eignung für die gerade ausgeübte Tätigkeit hervorzurufen. [3] Die Sätze 1 und 2 gelten nicht bei Straftaten, durch die der Tod eines Menschen verursacht worden ist, und bei gefährlicher Körperverletzung.

(3) Die Mitteilung ordnen Richterinnen oder Richter, Staatsanwältinnen oder Staatsanwälte an.

(4) [1] Die Mitteilungen sind an die Behörde zu richten, welche die Genehmigung oder Zulassung erteilt hat oder für die Aufsicht zuständig ist. [2] Wird in der Entscheidung die Ausübung einer in Absatz 1 Satz 1 aufgeführten Tätigkeit untersagt, so ist der dort bezeichneten Behörde die rechtskräftige Entscheidung ohne Gründe mitzuteilen.

41. Strafsachen gegen Angehörige ausländischer Konsulate

Artikel 42 Wiener Übereinkommen über konsularische Beziehungen (BGBl. 1969 II S. 1585), § 16 EGGVG

(1) In Strafsachen gegen

1. Konsularbeamtinnen und -beamte ausländischer konsularischer Vertretungen,
2. Bedienstete des Verwaltungs- oder technischen Personals und Mitglieder des dienstlichen Hauspersonals ausländischer konsularischer Vertretungen

sind mitzuteilen

a) die Einleitung des Verfahrens,
b) die Festnahme und der Vollzug eines Haft- oder Unterbringungsbefehls.

(2) Wird die Person in Untersuchungshaft genommen oder einstweilig untergebracht, ordnet die Richterin oder der Richter, dem die festgenommene Person erstmals vorgeführt wird, die Mitteilung an.

(3) Die Mitteilungen sind sofort telefonisch oder durch Telefax an

1. das Bundesamt für Justiz, 53094 Bonn, Telefon: 0228/9941040, Telefax: 0228/994105050,
2. die Staatskanzlei (Senatskanzlei) des Landes, in dem die konsularische Vertretung ihren Sitz hat,
3. die Leiterin oder den Leiter der konsularischen Vertretung, es sei denn, dass sie oder er von der Maßnahme selbst betroffen ist, und
4. das Auswärtige Amt/Referat 703, 11013 Berlin, Telefon: 030/5000-3411, Telefax: 030/18173402, sofern die Leiterin oder der Leiter der konsularischen Vertretung von der Maßnahme betroffen ist,

zu richten.

42. Mitteilungen über Ausländerinnen und Ausländer

§ 87 Absatz 2 und 4, § 88 Absatz 2 und 3 AufenthG, auch in Verbindung mit § 11 Absatz 1 und 7 FreizügG/EU, § 74, auch in Verbindung mit § 79 AufenthV

(1) [1] In Strafsachen gegen Ausländerinnen und Ausländer (§ 2 Absatz 1 AufenthG) sind unverzüglich mitzuteilen

1. die Einleitung des Verfahrens unter Angabe der gesetzlichen Vorschriften,
2. der Erlass und die Aufhebung eines Haftbefehls, solange dies nicht den Untersuchungszweck gefährdet,
3. die Erhebung der öffentlichen Klage,
4. der Ausgang des Verfahrens,
5. der Widerruf einer Strafaussetzung zur Bewährung,

6. der Widerruf der Zurückstellung der Strafvollstreckung.

[2]Die Mitteilung nach Ziffer 1 kann unterbleiben, wenn in den Akten dokumentiert ist, dass sie bereits durch die Polizei erfolgt ist.

(2) [1]Wird in einem Strafverfahren – gleichgültig, gegen wen es sich richtet –

1. der Aufenthalt einer Ausländerin oder eines Ausländers, wenn weder ein erforderlicher Aufenthaltstitel erteilt noch die Abschiebung ausgesetzt ist,
2. der Verstoß gegen eine räumliche Beschränkung,
3. die unberechtigte Inanspruchnahme oder Beantragung von Sozialleistungen durch eine Ausländerin oder einen Ausländer, für sich selbst, ihre oder seine Familienangehörigen oder für sonstige Haushaltsangehörige in den Fällen des § 7 Absatz 1 Satz 2 Nummer 2 oder Satz 4 SGB II oder in den Fällen des § 23 Absatz 3 Satz 1 Nummer 2, 3 oder 4, Satz 3, 6 oder 7 SGB XII oder
4. ein sonstiger Ausweisungsgrund

bekannt, so ist dies unverzüglich mitzuteilen. [2]Die Mitteilung kann unterbleiben, wenn in den Akten dokumentiert ist, dass sie bereits durch andere Stellen erfolgt ist.

(2a) [1]Absatz 2 Satz 1 findet keine Anwendung auf Ausländerinnen und Ausländer, die das Recht auf Einreise und Aufenthalt nach Maßgabe des Gesetzes über die allgemeine Freizügigkeit von Unionsbürgern (FreizügG/EU) haben. [2]Bei diesen sind die in Absatz 2 Satz 1 genannten Umstände dann mitzuteilen, wenn sie für die Feststellung nach § 2 Absatz 7, § 5 Absatz 4 und § 6 Absatz 1 FreizügG/EU entscheidungserheblich sein können. [3]Die in Absatz 2 Satz 1 genannten Umstände sind bei Personen, die

1. sich selbst als drittstaatsangehörige Familienangehörige im Bundesgebiet aufgehalten haben und nach § 3 Absatz 2 FreizügG/EU nach dem Tod eines Unionsbürgers ein Aufenthaltsrecht behalten,
2. nicht Unionsbürger sind, sich selbst als Ehegatten oder Lebenspartner im Bundesgebiet aufgehalten haben, und die nach der Scheidung oder Aufhebung der Ehe oder Aufhebung der Lebenspartnerschaft nach § 3 Absatz 4 FreizügG/EU ein Aufenthaltsrecht behalten,
3. als nahestehende Personen eines Unionsbürgers ein Aufenthaltsrecht nach § 3a Absatz 1 FreizügG/EU haben oder
4. ein Recht auf Einreise und Aufenthalt nach § 16 FreizügG/EU (Britische Staatsangehörige und ihre Familienangehörigen) haben, wenn ein Verhalten, auf Grund dessen eine Beendigung des Aufenthalts erfolgt oder durchgesetzt wird, nach dem 31. Dezember 2020 stattgefunden hat,

ohne die Einschränkungen des Satzes 2 mitzuteilen.

(3) Bei den Mitteilungen sind, soweit bekannt, jeweils folgende Daten mit anzugeben:

1. Familiennamen,
2. Geburtsnamen,
3. Vornamen,
4. Tag und Ort mit Angabe des Staates der Geburt,
5. Geschlecht
6. Staatsangehörigkeiten,
7. Anschrift,
8. zum Zwecke der eindeutigen Zuordnung die AZR-Nummer in den Fällen und nach Maßgabe des § 10 Absatz 4 Satz 2 Nummer 4 des AZR-Gesetzes.

(4) Personenbezogene Daten, die von einer Ärztin, einem Arzt oder einer der in § 203 Absatz 1 Nummer 1, 2, 4 bis 7 und Absatz 4 StGB bezeichneten Personen in Strafverfahren zugänglich gemacht worden sind, dürfen übermittelt werden,

1. wenn dies zur Abwehr von erheblichen Gefahren für Leib und Leben der Ausländerin oder des Ausländers oder von Dritten erforderlich ist, die Ausländerin oder der Ausländer die öffentliche Gesundheit gefährdet und besondere

Schutzmaßnahmen zum Ausschluss der Gefährdung nicht möglich sind oder von der Ausländerin oder dem Ausländer nicht eingehalten werden oder
2. soweit die Daten für die Feststellung erforderlich sind, ob die in § 54 Absatz 2 Nummer 4 AufenthG bezeichneten Voraussetzungen vorliegen.

(5) Personenbezogene Daten, die nach § 30 AO dem Steuergeheimnis unterliegen, dürfen übermittelt werden, wenn gegen die Ausländerin oder den Ausländer wegen eines Verstoßes gegen eine Vorschrift des Steuereinschließlich des Zoll- und des Monopolrechts oder des Außenwirtschaftsrechts oder gegen Einfuhr-, Ausfuhr-, Durchfuhr- oder Verbringungsverbote oder -beschränkungen ein strafrechtliches Ermittlungsverfahren eingeleitet worden ist.

(6) Die Mitteilungen sind an die nach jeweiligem Landesrecht örtlich zuständige Ausländerbehörde zu richten.

(7) [1] In den Fällen des Absatzes 2 Satz 1 Ziffer 1 und 2 und sonstiger nach dem Aufenthaltsgesetz strafbarer Handlungen kann statt der Ausländerbehörde die zuständige Polizeibehörde unterrichtet werden, wenn eine der in § 71 Absatz 5 AufenthG bezeichneten Maßnahmen (Zurückschiebung, Festnahme, Durchsetzung der Verlassenspflicht, Durchführung der Abschiebung) in Betracht kommt. [2] Absatz 2a gilt entsprechend.

(8) In den Fällen des Absatzes 5 dürfen auch die mit der polizeilichen Kontrolle des grenzüberschreitenden Verkehrs betrauten Behörden unterrichtet werden, wenn ein Ausreiseverbot nach § 46 Absatz 2 AufenthG erlassen werden soll.

(9) Mitteilungen nach Absatz 2a Satz 2 und 3 sowie den Absätzen 4, 5 und 8 ordnen Richterinnen oder Richter, Staatsanwältinnen oder Staatsanwälte an.

42a. Mitteilungen über Asylsuchende

§ 8 Absatz 1a AsylG

(1) In Strafsachen gegen Ausländerinnen und Ausländer im Sinne des § 1 Absatz 1 AsylG sind unverzüglich mitzuteilen

1. die Einleitung des Verfahrens, soweit dadurch eine Gefährdung des Untersuchungszwecks nicht zu erwarten ist, und die Erhebung der öffentlichen Klage, wenn eine Freiheitsstrafe von mindestens drei Jahren zu erwarten ist,
2. die Einleitung des Verfahrens, soweit dadurch eine Gefährdung des Untersuchungszwecks nicht zu erwarten ist, und die Erhebung der öffentlichen Klage wegen einer oder mehrerer vorsätzlicher Straftaten gegen das Leben, die körperliche Unversehrtheit, die sexuelle Selbstbestimmung, das Eigentum oder wegen Widerstands gegen Vollstreckungsbeamte, sofern die Straftat mit Gewalt, unter Anwendung von Drohung mit Gefahr für Leib oder Leben oder mit List begangen worden ist oder eine Straftat nach § 177 des Strafgesetzbuches ist, wenn eine Freiheits- oder Jugendstrafe von mindestens einem Jahr zu erwarten ist, und
3. die Erledigung eines Verfahrens
   a) durch eine rechtskräftige Verurteilung zu einer Freiheitsstrafe von mindestens drei Jahren,
   b) durch eine rechtskräftige Verurteilung zu einer Freiheits- oder Jugendstrafe von mindestens einem Jahr wegen einer oder mehrerer vorsätzlicher Straftaten gegen das Leben, die körperliche Unversehrtheit, die sexuelle Selbstbestimmung, das Eigentum oder wegen Widerstands gegen Vollstreckungsbeamte, sofern die Straftat mit Gewalt, unter Anwendung von Drohung mit Gefahr für Leib oder Leben oder mit List begangen worden ist oder eine Straftat nach § 177 des Strafgesetzbuches ist, oder
   c) in sonstiger Weise im Falle einer vorausgegangenen Unterrichtung nach Nummer 1 oder 2.

(2) Die Mitteilungen und, soweit bekannt, zum Zwecke der eindeutigen Zuordnung die AZR-Nummer in den Fällen und nach Maßgabe des § 10 Absatz 4 Satz 2 Nummer 4 des AZR-Gesetzes sind an das

Bundesamt für Migration und Flüchtlinge

90343 Nürnberg

zu richten.

(3) Die Mitteilungen ordnen Staatsanwältinnen und Staatsanwälte an.

43. Strafsachen gegen Gefangene und Untergebrachte

§ 477 Absatz 2 Nummer 1 und 2 StPO

Wird gegen Untersuchungsgefangene, Strafgefangene, Sicherungsverwahrte oder in einem psychiatrischen Krankenhaus oder in einer Entziehungsanstalt Untergebrachte ein weiteres Verfahren eingeleitet, sind der Leitung der Justizvollzugsanstalt, des psychiatrischen Krankenhauses oder der Entziehungsanstalt mitzuteilen

1. die Einleitung des Verfahrens,
2. die Erhebung der öffentlichen Klage,
3. der Ausgang des Verfahrens.

4. Abschnitt. Mitteilungen wegen der Art des verletzten Strafgesetzes

44. Betriebsunfälle

§ 13 Absatz 2, § 14 Absatz 1 Nummer 5 und 8 Buchstabe a, Absatz 2, § 17 Nummer 3 EGGVG

In Strafsachen, in denen Zuwiderhandlungen gegen Unfallverhütungsvorschriften bekannt werden, sind der für die Aufsicht zuständigen Stelle mitzuteilen

1. die Einleitung des Verfahrens,
2. die Erhebung der öffentlichen Klage,
3. der Ausgang des Verfahrens.

45. Fahrerlaubnissachen

§ 13 Absatz 1 Nummer 5, Absatz 2, § 17 Nummer 1, 3 EGGVG

(1) In Strafsachen, in denen die Entziehung der Fahrerlaubnis (§§ 69, 69a Absatz 1 Satz 1 und 2 StGB) oder nur eine Sperre nach § 69a Absatz 1 Satz 3 StGB in Betracht kommt, sind der nach § 73 Absatz 1 bis 3 FeV zuständigen Verwaltungsbehörde mitzuteilen

1. die Beschlüsse nach § 111a StPO,
2. der Ausgang des Verfahrens, in den Fällen des § 69a Absatz 1 Satz 3, Absatz 5 und 6 StGB unter Angabe des Zeitpunktes, in dem die Sperre abläuft,
3. die rechtskräftigen Beschlüsse nach § 69a Absatz 7 StGB.

(2) [1] Sonstige Tatsachen, die in einem Strafverfahren – gleichgültig, gegen wen es sich richtet – bekannt werden, sind der nach § 73 Absatz 1 bis 3 FeV zuständigen Verwaltungsbehörde mitzuteilen, wenn ihre Kenntnis für die Beurteilung erforderlich ist, ob die Inhaberin oder der Inhaber einer Fahrerlaubnis zum Führen von Fahrzeugen ungeeignet ist. [2] Dies gilt insbesondere, wenn Anhaltspunkte für Erkrankungen oder Mängel, die die Eignung zum Führen von Kraftfahrzeugen längere Zeit beeinträchtigen oder aufheben können, nach der Anlage 4 zur FeV vorliegen. [3] Dabei ist zu berücksichtigen, wie gesichert die zu übermittelnden Erkenntnisse sind. [4] Die Mitteilung ordnen Richterinnen oder Richter, Staatsanwältinnen oder Staatsanwälte an.

(3) Der für die Wohnung der oder des Beschuldigten zuständigen Polizeidienststelle sind die Beschlüsse nach § 111a StPO und, sofern sie die Ermittlungen nicht selbst geführt hat und daher schon nach Nummer 11 unterrichtet wird, die Entscheidungen nach den §§ 44, 69 und 69a StGB mitzuteilen.

(4) Ist die oder der Betroffene Inhaberin oder Inhaber einer Fahrerlaubnis, die von einer Dienststelle der Bundeswehr, der Bundes- oder Landespolizei erteilt worden ist, sind auch dieser Stelle die in den Absätzen 1 und 2 vorgesehenen Mitteilungen zu machen.

(5) In der Mitteilung sind die Fahrerlaubnis, insbesondere durch Nennung der Listennummer bzw. der Nummer des Führerscheins, und die Person der oder des Betroffenen durch Nennung von Name, Geburtsname, Vorname, Geburtsdatum und Wohnort näher zu bezeichnen.

(6) [1] In Strafsachen, in denen eine ausländische Fahrerlaubnis entzogen wird, die von einer Behörde eines Mitgliedstaates der Europäischen Union oder eines anderen Vertragsstaates des Abkommens über den Europäischen Wirtschaftsraum erteilt worden ist, und deren Inhaberin oder Inhaber ihren oder seinen ordentlichen Wohnsitz in der Bundesrepublik Deutschland hat, sind mitzuteilen

1. die rechtskräftige Entscheidung,
2. der Zeitpunkt des Beginns und des Ablaufs der Sperrfrist.

[2] Der Mitteilung nach Satz 1 ist der Führerschein beizufügen (§ 56 Absatz 2 Satz 1 StVollstrO). [3] Die Mitteilung ist an das

Kraftfahrt-Bundesamt
24932 Flensburg
zu richten.

46. Straftaten gegen Vorschriften zum Schutz der Arbeitskraft und der Gesundheit der Arbeitnehmerinnen und Arbeitnehmer

§ 13 Absatz 2, § 14 Absatz 1 Nummer 8 Buchstabe b, Absatz 2 EGGVG

(1) In Strafsachen wegen Straftaten gegen Vorschriften zum Schutz der Arbeitskraft und zum Schutz der Gesundheit von Arbeitnehmerinnen und Arbeitnehmern sind mitzuteilen

1. die Erhebung der öffentlichen Klage,
2. der Ausgang des Verfahrens, wenn eine Mitteilung nach Ziffer 1 zu machen war.

(2) [1] Vorschriften zum Schutz der Arbeitskraft und der Gesundheit von Arbeitnehmerinnen und Arbeitnehmern sind namentlich enthalten in

1. dem Arbeitsschutzgesetz,
2. dem Arbeitszeitgesetz,
3. dem Bundesberggesetz,
4. dem Chemikaliengesetz,
5. dem Gentechnikgesetz,
6. dem Produktsicherheitsgesetz,
7. dem Medizinprodukterecht-Durchführungsgesetz und dem Medizinproduktegesetz – soweit noch anwendbar,
8. dem Gesetz über den Ladenschluss oder den Gesetzen über die Ladenöffnungszeiten,
9. dem Titel X der Gewerbeordnung,
10. dem Heimarbeitsgesetz,
11. dem Jugendarbeitsschutzgesetz,
12. dem Mutterschutzgesetz,
13. dem Seearbeitsgesetz,
14. dem Sprengstoffgesetz,
15. dem Heilmittelwerbegesetz.

[2] Arbeitsschutzrechtliche Vorschriften finden sich auch in Rechtsverordnungen, namentlich der Baustellenverordnung, der Betriebssicherheitsverordnung, der Biostoffverordnung und der Gefahrstoffverordnung.

(3) Die Mitteilungen sind an die jeweils zuständige Aufsichtsbehörde zu richten.

47. Straftaten nach dem Gesetz zur Bekämpfung der Schwarzarbeit und illegalen Beschäftigung und dem Arbeitnehmerüberlassungsgesetz

§ 6 SchwarzArbG, § 405 Absatz 6 SGB III, § 18 Absatz 3 AÜG

(1) In Strafsachen, die Straftaten nach den §§ 10, 10a und 11 SchwarzArbG oder den §§ 15 und 15a AÜG zum Gegenstand haben, sind zur Verfolgung von Ordnungswidrigkeiten mitzuteilen

1. die Einleitung des Verfahrens unter Angabe der Personendaten der oder des Beschuldigten, des Straftatbestandes, der Tatzeit und des Tatortes,
2. die das Verfahren abschließende Entscheidung; ist mit der Entscheidung ein Rechtsmittel verworfen worden oder wird darin auf die angefochtene Entscheidung Bezug genommen, ist auch diese zu übermitteln.

(2) [1] Mitzuteilen sind ferner Erkenntnisse, die aus der Sicht der übermittelnden Stelle zur Verfolgung von Ordnungswidrigkeiten nach § 404 Absatz 1 oder 2 Nummer 1, 3, 5 bis 9 und 11 bis 13 SGB III erforderlich sind. [2] Eine Mitteilung unterbleibt in diesen Fällen, wenn erkennbar ist, dass schutzwürdige Interessen der Betroffenen oder anderer Verfahrensbeteiligter an dem Ausschluss der Übermittlung überwiegen. [3] Dabei ist zu berücksichtigen, wie gesichert die zu übermittelnden Erkenntnisse sind.

(3) Die Mitteilungen sind an die örtlich zuständige Behörde der Zollverwaltung und an die Regionaldirektion der Bundesagentur für Arbeit zu richten.

48. Mitteilungen zur Bekämpfung der Schwarzarbeit und illegalen Beschäftigung

§ 6 Absatz 1 Satz 2, § 13 Absatz 3 in Verbindung mit § 1 Absatz 2 und § 8 SchwarzArbG

(1) [1] Erkenntnisse, die aus der Sicht der übermittelnden Stelle zur Verfolgung von Ordnungswidrigkeiten nach § 8 SchwarzArbG erforderlich sind, sind mitzuteilen. [2] Eine Mitteilung unterbleibt, wenn erkennbar ist, dass schutzwürdige Interessen der oder des Betroffenen oder anderer Verfahrensbeteiligter an dem Ausschluss der Übermittlung überwiegen. [3] Dabei ist zu berücksichtigen, wie gesichert die zu übermittelnden Erkenntnisse sind.

(2) [1] Die Mitteilungen in den Fällen des § 8 Absatz 1 Nummer 1 Buchstabe d und e und § 8 Absatz 1 Nummer 2 SchwarzArbG, soweit ein Zusammenhang mit der Ordnungswidrigkeit nach § 8 Absatz 1 Nummer 1 Buchstabe d und e SchwarzArbG besteht, sind an die nach Landesrecht für die Verfolgung und Ahndung von Ordnungswidrigkeiten nach dem SchwarzArbG zuständigen Behörden zu richten. [2] In den Fällen des § 8 Absatz 2 SchwarzArbG sind sie an die Behörden der Zollverwaltung zu richten.

(3) Die Mitteilung ordnen Richterinnen oder Richter, Staatsanwältinnen oder Staatsanwälte an.

49. Strafsachen wegen Verstoßes gegen das Außenwirtschaftsgesetz oder das Gesetz über die Kontrolle von Kriegswaffen

§ 26 AWG

(1) [1] In Strafsachen wegen Verstoßes gegen das Außenwirtschaftsgesetz oder das Gesetz über die Kontrolle von Kriegswaffen sind mitzuteilen

1. die Einleitung des Verfahrens,
2. die Erhebung der öffentlichen Klage,
3. der Ausgang des Verfahrens, wenn eine Mitteilung nach den Ziffern 1 oder 2 zu machen war.

[2] Dies gilt nicht bei Verstößen gegen das Außenwirtschaftsgesetz, die unter dem Blickwinkel der Ausfuhrkontrolle und der Außenpolitik offensichtlich unbedeutend sind, und bei Verstößen gegen das Gesetz über die Kontrolle von Kriegswaffen, die sich nicht auf Ausfuhren, Durchfuhren oder Auslandsgeschäfte beziehen.

(2) Die Mitteilungen sind über die Landesjustizverwaltung an das

Bundesministerium der Justiz

10117 Berlin

zu richten.

(3) Ist die mitteilungspflichtige Stelle der Ansicht, dass wegen der besonderen Umstände des Einzelfalles der Untersuchungszweck des Strafverfahrens gefährdet werden kann, wenn der Empfänger der Mitteilung die darin enthaltenen personenbezogenen Daten an andere öffentliche Stellen als Oberste Bundesbehörden weiterübermittelt, sind diese Umstände bei der Mitteilung aufzuführen.

(4) Die Mitteilung ordnen Richterinnen oder Richter, Staatsanwältinnen oder Staatsanwälte an.

50. Betäubungsmittelsachen

§ 27 Absatz 3 und 4 BtMG

(1) In Strafsachen nach dem Betäubungsmittelgesetz sind mitzuteilen:

1. der für die Überwachung nach § 19 Absatz 1 Satz 3 BtMG zuständigen Landesbehörde die rechtskräftige Entscheidung mit Begründung, wenn
   a) auf eine Strafe oder eine Maßregel der Besserung und Sicherung erkannt oder der bzw. die Angeklagte wegen Schuldunfähigkeit freigesprochen worden ist und
   b) die Entscheidung Informationen zum Betäubungsmittelverkehr bei Ärztinnen und Ärzten, Zahnärztinnen und Zahnärzten, Tierärztinnen und Tierärzten oder in Apotheken, tierärztlichen Hausapotheken, Krankenhäusern und Tierkliniken enthält,
2. dem
   Bundesinstitut für Arzneimittel und Medizinprodukte
   Kurt-Georg-Kiesinger-Allee 3
   53175 Bonn
   in Verfahren gegen Ärztinnen und Ärzte, Zahnärztinnen und Zahnärzte, Tierärztinnen und Tierärzte,
   a) die Anklageschrift oder eine an ihre Stelle tretende Antragsschrift,
   b) der Antrag auf Erlass eines Strafbefehls und
   c) die das Verfahren abschließende Entscheidung mit Begründung; ist mit dieser Entscheidung ein Rechtsmittel verworfen worden oder wird darin auf die angefochtene Entscheidung Bezug genommen, ist auch diese zu übermitteln.

(2) [1] In gegen Ärztinnen und Ärzte, Zahnärztinnen und Zahnärzte, Tierärztinnen und Tierärzte, Apothekerinnen und Apotheker gerichteten sonstigen Strafsachen ist der für die Überwachung nach § 19 Absatz 1 Satz 3 BtMG zuständigen Landesbehörde die abschließende Entscheidung mit Begründung mitzuteilen, wenn

1. ein Zusammenhang der Straftat mit dem Betäubungsmittelverkehr im Sinne von Absatz 1 Ziffer 1 Buchstabe b besteht und
2. die Kenntnis der Entscheidung aus der Sicht der übermittelnden Stelle für dessen Überwachung erforderlich ist.

[2] Absatz 1 Ziffer 2 Buchstabe c zweiter Halbsatz gilt entsprechend.

51. Straftaten gegen Vorschriften zum Schutz der Umwelt

§ 13 Absatz 2, § 14 Absatz 1 Nummer 9, Absatz 2, § 17 Nummer 3 EGGVG

(1) In Strafsachen wegen Straftaten gegen Vorschriften zum Schutz der Umwelt sind mitzuteilen

1. die Einleitung des Verfahrens,
2. der Ausgang des Verfahrens,

wenn dies zur Abwehr erheblicher Nachteile für Tiere und Pflanzen, Boden, Wasser, Luft, Klima und Landschaft erforderlich ist.

(2) In Verfahren wegen fahrlässig begangener Straftaten und in sonstigen Verfahren bei Verurteilung zu einer anderen Maßnahme als einer Strafe oder einer Maßnahme im Sinne des § 11 Absatz 1 Nummer 8 StGB unterbleibt die Mitteilung, wenn nicht besondere Umstände des Einzelfalles sie erfordern.

(3) Vorschriften zum Schutz der Umwelt im Sinne des Absatzes 1 sind namentlich Bestimmungen aus folgenden Sachgebieten

1. Abfall- und Abwasserentsorgung,
2. Gewässerschutz,
3. Bodenschutz,
4. Lärmbekämpfung,
5. Luftreinhaltung,
6. Naturschutz und Landschaftspflege,
7. Pflanzenschutz,
8. Schutz der Wasserversorgung,
9. Strahlenschutz,
10. Tierschutz und Tierseuchenschutz,
11. Gentechnik,
12. Chemikaliensicherheit.

(4) Die Mitteilung nach Absatz 1 Ziffer 1 und Absatz 2 ordnen Richterinnen oder Richter, Staatsanwältinnen oder Staatsanwälte an.

(5) Die Mitteilungen sind an die zuständige Behörde und, bei Verstößen gegen Bestimmungen zur Verhütung von Meeresverschmutzungen auch an das

Bundesamt für Seeschifffahrt und Hydrographie
Postfach 301220
20305 Hamburg
zu richten.

52. Verdachtsfälle nach dem Geldwäschegesetz

§ 42 Absatz 1 GwG

(1) In Strafsachen, in denen die Zentralstelle für Finanztransaktionsuntersuchungen das Ergebnis ihrer operativen Analyse nach § 32 Absatz 2 des Geldwäschegesetzes an die Strafverfolgungsbehörden übermittelt hat, sind mitzuteilen

1. die Erhebung der öffentlichen Klage,
2. der Ausgang des Verfahrens einschließlich aller Einstellungsentscheidungen.

(2) Die Mitteilungen sind an die Generalzolldirektion
– Zentralstelle für Finanztransaktionsuntersuchungen (FIU) –
Postfach 850555
51030 Köln
zu richten.

53. Mitteilungen wegen Verstoßes gegen den Jugendmedienschutz-Staatsvertrag

§ 17 Nummer 5 EGGVG

(1) [1] Werden in einem Strafverfahren – gleichgültig, gegen wen es sich richtet – Angebote in Telemedien bekannt, bei denen Anhaltspunkte bestehen, dass sie unzulässig im Sinne des § 4 Jugendmedienschutz-Staatsvertrag sind, ist den Landesmedienanstalten die Internetadresse mitzuteilen, unter der das Angebot zu finden ist, soweit nicht eine entsprechende Mitteilung durch eine andere Stelle, z. B. die Polizei, erfolgt ist oder das Angebot vom Anbieter nicht nur vorübergehend gelöscht wurde. [2] Eine Unterrichtung unterbleibt, solange Zwecke des Strafverfahrens entgegenstehen.

(2) Die Mitteilung ist an die Landesmedienanstalt des Bundeslandes zu richten, in dem sich die mitteilende Stelle befindet.

(3) Die Mitteilung ordnen Richterinnen oder Richter, Staatsanwältinnen oder Staatsanwälte an.

54. Straftaten nach dem Kulturgutschutzgesetz

§ 78 Absatz 3 und 4 KGSG

(1) In Strafsachen wegen Verstoßes gegen die Vorschriften des Kulturgutschutzgesetzes (§ 83 KGSG) sind mitzuteilen

1. die Einleitung des Verfahrens,
2. der Ausgang des Verfahrens.

(2) Die Mitteilungen ordnen Richterinnen oder Richter, Staatsanwältinnen oder Staatsanwälte an und sind an die nach dem KGSG zuständigen Behörden des Bundes und des Landes zu richten.

Anhang

Wichtige Mitteilungspflichten, die außerhalb der Anordnung über Mitteilungen in Strafsachen geregelt sind

Die Mitteilungspflichten betreffen:

Abgeordneter	§ 8 EGStPO, Nummer 191 Absatz 5, Nummer 192 Absatz 5, Nummer 192a Absatz 3 und 5, Nummer 192b Absatz 4 und Absatz 5 Satz 2 RiStBV, Nummer 13a RiVASt
Auslandsverurteilungen	
– Mitteilungen ausländischer Stellen	Nummer 148 RiVASt
Ausländer	
– Geschäftsverkehr mit ausländischen Vertretungen in Haftsachen	Nummer 135 RiVASt; Artikel 36 Absatz 1 Buchstabe b des Wiener Übereinkommens über konsularische Beziehungen vom 24. April 1963 (BGBl. 1969 II S. 1585), in Kraft für die Bundesrepublik Deutschland seit 7. Oktober 1971 (BGBl. II S. 1285)
– Benachrichtigung des Bundeszentralregisters und der Ausländerbehörde bei Absehen von der Vollstreckung bei Auslieferung oder Ausweisung	§ 17 Absatz 1 Satz 2 StVollstrO
– Exterritoriale	Nummer 195 RiStBV

Auslieferung, Rechtshilfe, Vollstreckungshilfe	
– Mitteilung grundsätzlicher Entscheidungen	Nummer 13 RiVASt
– Inländische Strafverfolgungs- oder Verwaltungsmaßnahmen	Nummer 24 RiVASt
– Verdacht einer Auslandsstraftat	Nummer 35 RiVASt
– Mitteilung der vorläufigen Festnahme an die ausländische Behörde	Nummer 38 RiVASt
– Mitteilung an Ausländerbehörde über Einleitung eines Auslieferungsverfahrens	Nummer 46 Satz 3 RiVASt
– Asylverfahren	Nummer 47 Absatz 2 RiVASt
– Deutsche Strafansprüche	Nummer 61 Satz 1 RiVASt
– Ablehnung der Auslieferung deutscher Staatsangehöriger	Nummer 158 Absatz 4 RiVASt
– Auslieferung ausländischer Staatsangehöriger	Nummer 159 Absatz 4 RiVASt
– Einbürgerungsverfahren	Nummer 48 Absatz 1 RiVASt
– Nachricht von dem Abschluss des Auslieferungsverfahrens	Nummer 55 RiVASt
– Mitteilung an das Bundeszentralregister (§§ 55 Absatz 3, 56 Absatz 2 IRG)	Nummer 71 RiVASt, §§ 55 Absatz 3 Satz 1, 56 Absatz 2 des Gesetzes über die internationale Rechtshilfe in Strafsachen (IRG) vom 27. Juni 1994 (BGBl. I S. 1537)
Berufsverbote	§ 9 EGStPO
Bundeskriminalamt	Nummer 30 Absatz 1 RiStBV
Bundeswehr	§ 47 StVollstrO
Bundeszentralregister	§ 20 BZRG
Deutscher Bundesrat	§ 8 EGStPO, Nummer 191 Absatz 5, Nummer 192 Absatz 5 und Nummer 192a Absatz 3 und 5 RiStBV
Deutscher Bundestag	§ 8 EGStPO, Nummer 191 Absatz 5, Nummer 192 Absatz 5 und Nummer 192a Absatz 3 und 5 RiStBV
Eingezogene Gegenstände	
– Abgabe als Forschungs- oder Lehrmittel	§ 67 StVollstrO
– Arzneimittel und chemische Stoffe	§ 74 Absatz 1 StVollstrO
– Betäubungsmittel und neue psychoaktive Stoffe	§ 75 StVollstrO
– Brenn- und Reinigungsgeräte	§ 86 StVollstrO
– Devisenwerte	§ 77 StVollstrO
– Falschgeld	§ 76 StVollstrO
– Funkanlagen	§ 72 Absatz 2 StVollstrO
– Fischereigeräte	§ 71 Absatz 1 und 2 StVollstrO
– Jagdwaffen, Jagd- und Forstgeräte	§ 69 Absatz 1 bis 3 StVollstrO

– andere Waffen und verbotene Gegenstände	§ 70 StVollstrO
– radioaktive Stoffe	§ 74a StVollstrO
– Schriften, Ton- und Bildträger, Abbildungen und Darstellungen	§ 81 Absatz 3 StVollstrO
– Wein	§ 82 Absatz 5 StVollstrO
– andere unter das Weingesetz fallende Erzeugnisse und Getränke	§§ 83, 84 StVollstrO
– virtuelle Währungen	§ 77a StVollstrO
Einstellungen nach § 153c und § 153d StPO	Nummer 94 Absatz 4, Nummer 95 Absatz 2, Nummer 97, Nummer 99 Absatz 2 und 3 RiStBV
Energiewirtschaft	
– Beteiligung der Bundesnetzagentur und Mitteilung	§ 58b EnWG
Europäisches Parlament	§ 8 EGStPO, Nummer 192 Absatz 5, Nummer 192b Absatz 4 und 5 Satz 2 RiStBV
Freiheitsentziehungen	
– Unterrichtung des Landeskriminalamts über Beginn, Unterbrechung und Ende richterlich angeordneter Freiheitsentziehungen	§ 32 Absatz 2 BKAG
Führungsaufsicht	§ 54a StVollstrO
Gewaltverherrlichende, pornographische und sonstige jugendgefährdende Schriften und andere Abbildungen	
– mehrere Strafverfahren	Nummer 224 RiStBV
– Unterrichtung des Bundeskriminalamts	Nummer 227 RiStBV
– Unterrichtung der Bundeszentrale für Kinder- und Jugendmedienschutz	Nummer 228 RiStBV
Gesetzgebende Körperschaften der Länder	§ 8 EGStPO, Nummer 192 Absatz 5, Nummer 192a Absatz 3 und 5 RiStBV
Immunitätssachen	§ 8 EGStPO, Nummer 192 Absatz 5, Nummer 192a Absatz 3 und 5, Nummer 192b Absatz 4 und 5 Satz 2 RiStBV
Jugendstrafsachen	
– Benachrichtigung des Jugendamts von der beabsichtigten Erhebung der Anklage	Nummer 7 der Richtlinien zu § 43 JGG[1]
– Erhebung der Anklage gegen einen Beschuldigten, der eine Jugendstrafe noch nicht vollständig verbüßt hat	Nummer 2 der Richtlinien zu § 42 JGG[1]

[1] **[Amtl. Anm.:]** Die Richtlinien zum Jugendgerichtsgesetz in der Fassung ab 1. August 1994 korrespondieren teilweise nicht mehr ausreichend mit den Vorschriften des Jugendgerichtsgesetzes in der Fassung der Bekanntmachung vom 11. Dezember 1974 (BGBl. I S. 3427), das zuletzt durch Artikel 21 des Gesetzes vom 25. Juni 2021 (BGBl. I S. 2099) geändert worden ist.

– Heranwachsende, Benachrichtigung des Schulleiters von dem Vollzug einer Freiheitsstrafe	Nummer 1 der Richtlinien zu § 110 JGG[1]
– Einstellung eines Verfahrens wegen Schuldunfähigkeit	Nummer 2 der Richtlinien zu § 1 JGG[1]
– Vollstreckung bei Erziehungsmaßregeln	Nummer III.1, III.2 der Richtlinien zu den §§ 82 bis 85 JGG[1]
– Vollstreckung von Auflagen	Nummer IV.2 der Richtlinien zu den §§ 82 bis 85 JGG[1]
– Vollstreckung des Jugendarrestes	Nummer V.7 der Richtlinien zu den §§ 82 bis 85 JGG[1]
– Vollstreckung der Jugendstrafe (Vollzugsanstalt)	Nummer VI.3 der Richtlinien zu den §§ 82 bis 85 JGG[1]
– Vollstreckung der Jugendstrafe (weitere Mitteilungen)	Nummer VI.4 der Richtlinien zu den §§ 82 bis 85 JGG[1]
Korruption	
– Mitteilung über die Zuwendung von Vorteilen	§ 4 Absatz 5 Satz 1 Nummer 10 Satz 2 EStG
Lebensmittel und Futtermittel	
– Mitteilung an die Verwaltungsbehörde	§ 42 Absatz 6 LFGB
Luftsicherheit	
– Mitteilung über die Verhaftung und Verfolgung wegen bestimmter Straftaten an Bord von Luftfahrzeugen	Artikel 13 Absatz 5 des Abkommens vom 14. September 1963 über strafbare und bestimmte andere an Bord von Luftfahrzeugen begangene Handlungen (BGBl. 1969 II S. 121), in Kraft für die Bundesrepublik Deutschland seit 16. März 1970 (BGBl. II S. 276); Artikel 6 Absatz 4 des Übereinkommens vom 16. Dezember 1970 zur Bekämpfung der widerrechtlichen Inbesitznahme von Luftfahrzeugen (BGBl. 1972 II S. 1505), in Kraft für die Bundesrepublik Deutschland seit 10. November 1974 (BGBl. 1975 II S. 1204)
– Mitteilung an die Luftsicherheitsbehörde über Informationen, die für die Beurteilung der Zuverlässigkeit von Bedeutung sind	§ 7 Absatz 9 Satz 1 LuftSiG
Meeresverschmutzung	§ 18 des Flaggenrechtsgesetzes
Ordnungswidrigkeiten	
– Mitteilungen an die Verwaltungsbehörde	§ 63 Absatz 2, § 76 Absatz 1 Satz 3, Absatz 4 OWiG; Nummer 275 Absatz 5 Satz 2, Nummer 277 Absatz 3, Nummer 288 Absatz 1, Nummer 289 Absatz 2 RiStBV

[1] **[Amtl. Anm.:]** Die Richtlinien zum Jugendgerichtsgesetz in der Fassung ab 1. August 1994 korrespondieren teilweise nicht mehr ausreichend mit den Vorschriften des Jugendgerichtsgesetzes in der Fassung der Bekanntmachung vom 11. Dezember 1974 (BGBl. I S. 3427), das zuletzt durch Artikel 21 des Gesetzes vom 25. Juni 2021 (BGBl. I S. 2099) geändert worden ist.

– Mitteilungen an die Finanzbehörde (vgl. § 386 Absatz 1 Satz 2 AO) in Verfahren wegen Steuerordnungswidrigkeiten	§ 403 Absatz 3 in Verbindung mit § 410 Absatz 1 Nummer 8, § 407 Absatz 1 Satz 3, Absatz 2 in Verbindung mit § 410 Absatz 1 Nummer 11 AO, auch soweit diese Vorschriften nach anderen Gesetzen anwendbar sind (z. B. § 29a Absatz 2 BerlinFG)
Parlament	§ 8 EGStPO, Nummer 191 Absatz 5, Nummer 192 Absatz 5, Nummer 192a Absatz 3 und 5, Nummer 192b Absatz 4 und 5 Satz 2 RiStBV
Pornographische Schriften	Nummer 223 ff. RiStBV
Pressestrafsachen	
– Aufhebung der Beschlagnahme	Nummer 252 RiStBV
– Einheitliche Bearbeitung verschiedener, dieselbe Druckschrift betreffender Verfahren	Nummer 250 RiStBV
Rechtshilfe	siehe unter „Auslieferung"
Sexualstraftaten an Kindern	
– Benachrichtigung des Jugendamtes	Nummer 221 Absatz 2 RiStBV
Sicherstellungsvorschriften, strafbare Verstöße	
– Mitteilungen an die Verwaltungsbehörde	§ 13 Absatz 2 Wirtschaftsstrafgesetz 1954 in Verbindung mit § 63 Absatz 2, § 76 Absatz 1 Satz 3, Absatz 4 OWiG
– Mitteilungen an die Finanzbehörde	§ 38 Absatz 2 MOG, § 22 Absatz 2 AWG jeweils in Verbindung mit § 63 Absatz 2, § 76 Absatz 1 Satz 3, Absatz 4 OWiG
Sprengstoffsachen	Nummer 256 Absatz 4 RiStBV
Staatsschutz- und verwandte Strafsachen	
– Unterrichtung des Generalbundesanwalts	Nummer 202 ff. RiStBV
– Unterrichtung von Verfassungsschutzbehörden	§ 18 BVerfSchG (bzw. der entsprechenden landesrechtlichen Vorschriften) in Verbindung mit Nummer 205, 206 RiStBV
– Unterrichtung des Bundeskriminalamtes	Nummer 207, 208 RiStBV
– Unterrichtung oberster Staatsorgane	Nummer 209, 211, 212 RiStBV
– Handlungen gegen ausländische Staaten	Nummer 210 Absatz 2 RiStBV
Steuerstrafsachen (Zollstrafsachen)	
– Mitteilung an das Finanzamt bei Verdacht einer Steuerstraftat	§ 116 AO
– Mitteilungen an die Finanzbehörde (vgl. § 386 Absatz 1 Satz 2 AO) im staatsanwaltschaftlichen und gerichtlichen Verfahren	§ 403 Absatz 3, § 407 Absatz 1 Satz 3, Absatz 2 AO, auch soweit diese Vorschriften nach anderen Gesetzen anwendbar sind, Nummer 266 Absatz 1 RiStBV (vgl. dazu die Hinweise unter „Ordnungswidrigkeiten")
Straftaten in der Sitzung	§ 183 S. 2 GVG

Strafunterbrechung	
– bei Vollzugsuntauglichkeit	§ 46 Absatz 1 und 2 StVollstrO
– bei Verurteilten, welche die Vollzugsbehörde bereits vor der Strafunterbrechung in eine Krankenanstalt, ein psychiatrisches Krankenhaus oder in eine entsprechende Einrichtung außerhalb des Bereichs der Justizverwaltung verbracht hat	§ 46 Absatz 3 StVollstrO
Subventionsbetrug	
– Mitteilung an die Strafverfolgungsbehörden bei Verdacht eines Subventionsbetrugs	§ 6 SubvG und – soweit das Verfahren Leistungen nach Landesrecht betrifft, die Subventionen im Sinne des § 264 StGB sind – das Subventionsgesetz des jeweiligen Bundeslandes
– Mitteilung an das Finanzamt, soweit der Subventionsbetrug eine Investitionszulage betrifft	§ 403 Absatz 3, § 407 Absatz 1 Satz 3, Absatz 2 AO in Verbindung mit § 20 BerlinFG, § 5a InvZulG 1986, § 9 InvZulG 1991 – 1996, § 8 InvZulG 1999, § 7 InvZulG 2005, § 14 InvZulG 2007, § 15 InvZulG 2010, § 10 InvZulGVO
Untersuchungsgefangene	
– Unterrichtung der Vollzugsanstalt über bedeutsame Umstände	Nummer 20 Absatz 2, Nummer 47 Absatz 2, Nummer 174c RiStBV
Verfahren gegen Abwesende	
– Beschlagnahme des Vermögens bei Abwesenheit des Angeschuldigten	§ 292 Absatz 2 StPO
Verkehrsstrafsachen	
– Mitteilungen an das Kraftfahrt-Bundesamt	§ 28 Absatz 4 StVG
– Mitteilungen an die Vertragsstaaten über gerichtliche Entscheidungen, durch die den Inhabern von im Ausland ausgestellten Führerscheinen das Recht aberkannt worden ist, die genannten Scheine zu gebrauchen	Artikel 10 Absatz 2 des Internationalen Abkommens über Kraftfahrzeugverkehr vom 24. April 1926 (RGBl. II 1930 S. 1233)
Verteidigerausschluss	
– Antrags- oder Vorlagemitteilung an den Vorstand der Rechtsanwaltskammer	§ 138c Absatz 2 Satz 3 StPO
Visa-Warndatei	§ 4 Nummer 4 VWDG
Waffen- und Sprengstoffsachen	Nummer 256 Absatz 4 RiStBV
Wehrbeauftragte/r	
– Mitteilungen an den Wehrbeauftragten, wenn der Justizbehörde die Vorgänge vom Wehrbeauftragten zugeleitet worden sind	§ 12 des Gesetzes über den Wehrbeauftragten (BGBl. 1957 I S. 652), neugefasst durch Bekanntmachung vom 16. Juni 1982 (BGBl. I S. 677), zuletzt geändert durch Gesetz vom 30. März 1990 (BGBl. I S. 599)
Wettbewerbsregister	§ 4 Absatz 1 und 3 in Verbindung mit § 2 Absatz 1 und § 3 Absatz 1 WRegG sowie § 4 WRegV

Wirtschaftsstrafsachen siehe unter „Sicherstellungsvorschriften" und „Subventionsbetrug" und „Wettbewerbsregister"
Zollstrafsachen siehe unter „Steuerstrafsachen"

Sachverzeichnis

(Die Zahlen beziehen sich auf die Nummern der MiStra; „Ahg" verweist auf den Anhang zu MiStra)

[1] Richtig wohl: „37".

Sachverzeichnis

Die fetten Zahlen bezeichnen die Paragraphen/Artikel, bzw. Gesetze, die mageren Zahlen die Randnummern.

C

D

E

H

I

J

L

O

V

Z